བོད་ཀྱི་ལོ་རྒྱུས་རགས་རིམ་གཡུ་ཡི་ཕྲེང་བ།

སྟོད་ཆ།

བོད་ལྗོངས་སྤྱི་ཚོགས་ཚན་རིག་ཁང་ནས་སྒྲིག་སྒྲོམ་བྱས་པ།
བོད་ལྗོངས་བོད་ཡིག་དཔེ་རྙིང་དཔེ་སྐྲུན་ཁང་།

图书在版编目(CIP)数据

西藏简明通史 ·松石宝串 ：全3册 ：藏文 / 恰白·次旦平措等编著. －－ 2版. －－ 拉萨 ：西藏藏文古籍出版社，2016.10

ISBN ISBN 978－7－80589－844－5

Ⅰ. ①西… Ⅱ. ①恰… Ⅲ. ①西藏－地方史－藏语

Ⅳ. ①K297.5

中国版本图书馆 CIP 数据核字(2016)第 228597 号

西藏简明通史 · 松石宝串

（上册）

编纂者	恰白·次旦平措　诺昌·吴坚
责任编辑	恰白·次旦平措　诺昌·吴坚
再版终校	索朗次旦　拉巴扎西
编　　纂	西藏社会科学院
出版发行	西藏藏文古籍出版社出版
印　　刷	四川嘉创印务有限责任公司
开　　本	850×1168　1/32
印　　张	69.4
印　　数	13,001－18,000
版　　次	2016 年 8 月第 2 版
印　　次	2024 年 10 月第 5 次印刷
书　　号	ISBN 978－7－80589－844－5

定价(上、中、下)145.00 元

བསྐྱར་པར་གསལ་བཤད།

བོད་ལྗོངས་སྤྱི་ཚོགས་ཚན་རིག་ཁང་གིས་མཁས་དབང་རྒན་གྲས་སྒྲིག་འཛུགས་ཀྱིས་ནན་ཏན་དང་ཞིབ་ཚགས་ཆེན་པོས་རྩོམ་འབྲི་མཛད་པའི་གལ་ཆེའི་ལོ་རྒྱུས་དཔྱད་ཡིག《བོད་ཀྱི་ལོ་རྒྱུས་རགས་རིམ་གཡུ་ཡི་ཕྲེང་བ》(སྟོད་ཆ། བར་ཆ། སྨད་ཆ།)ཞེས་པ་ཡིག་འབྲུ་ཁྲི་བརྒྱ་དང་ཉི་ཤུ་ལྷག་ཟིན་པ་འདི་ཉིད་འདི་ག་དཔེ་སྐྲུན་ཁང་ནས་སྤྱི་ལོ་༡༩༨༩ལོའི་ལོ་མཇུག་ཏུ་ཐེངས་དང་པོར་པར་བསྐྲུན་འགྲེམས་སྤེལ་ཞུས་ཤིང་། སྐབས་དེ་ཤེད་ཀྱི་རང་སྐྱོང་ལྗོངས་ཏང་ཨུད་ཀྱི་ཧྲུའུ་ཅི་ བློ་མཐུན་ཧྲུའུ་ཅིན་ཐའོ་དང་། ཧྲུའུ་ཅི་སྐུ་གཞོན་རག་ཏིས། གྲུའུ་ཞི་སྐུ་གཞོན་མཐུ་སྟོབས་རྡོ་རྗེ་སོགས་པར་བསྐྲུན་འགྲེམས་སྤེལ་མཛད་སྒོར་ཞུགས་པ་དང་འབྲེལ་གལ་ཆེའི་མཇུབ་སྟོན་ཡང་གནང་ཞིང་དཔེ་དེབ་འདི་རྒྱ་ཡིག་ཏུ་ཕབ་སྒྱུར་གྱིས་པར་བསྐྲུན་འགྲེམས་སྤེལ་བྱ་དགོས་པའི་རེ་བ་ཡང་བཏོན་གནང་མཛད་པའི་དགོངས་དོན་ལ་གཞིགས་ཏེ་འདི་ག་དཔེ་སྐྲུན་ཁང་ནས་སྤྱི་ལོ་༡༩༩༧ལོར་རྒྱ་ཡིག་གི་པར་གཞི་དང་པོ་བསྒྲིགས་པ་དང་པར་ཐེངས་དང་པོ་བཏབ་ནས་འགྲེམས་སྤེལ་ཞུས་རྗེས་པར་གྲངས་ཡོངས་རྫོགས་སྤུས་ཚོང་ཟིན་ལ་སྤྱི་ལོ་༢༠༠༩ལོར་བོད་ཡིག་གི་པར་ཐེངས་གཉིས་པ་བཏབ་པ་ཡང་ད་ལྟ་རྫོགས་ཟིན།

དཔེ་དེབ་འདི་ནི་བོད་ཀྱི་དཔེ་རྙིང་དཔྱད་ཡིག་ཁག་གཞིར་བཟུང་སྟེ་སྒྲིག

རྩོམ་བྲིས་པ་ཞིག་ཡིན་པས་ལོ་རྒྱུས་ཀྱི་དཔྱད་ཡིག་ཤིན་ཏུ་ཕུན་སུམ་ཚོགས་ལ། དཔྱད་ཡིག་མི་ཉུང་བ་ཞིག་ནི་དེབ་འདིར་ཐེངས་དང་པོར་འདྲེན་བཀོལ་བྱས་པ་ཞིག་ཡིན། དཔེ་དེབ་འདིའི་ནང་བོད་ཀྱི་གནའ་བོའི་སྤྱི་ཚོགས་ནས་བོད་ཞི་བས་བཅིངས་འགྲོལ་བཏང་བའི་བར་གྱི་ལོ་རྒྱུས་དག་ཙུང་བརྒྱུད་རིམ་དང་ལྡན་པའི་ཐོག་ནས་བསྟར་ཆགས་སུ་བཀོད་ཡོད་པས་བོད་མི་རིགས་ཀྱི་སྤྱི་ཚོགས་དང་ལོ་རྒྱུས་འཕེལ་རིམ་གྱི་དོན་གནད་ལག་ཇེ་བཞིན་དུ་མཚོན་པར་བྱས་ཡོད་པ་དང་། ཕྱོགས་མཚུངས་བོད་འདི་བཞིན་རང་རེའི་ཀྲུང་གོའི་མངའ་ཁོངས་ཀྱི་ཆ་ཤས་བསྐྲལ་མེད་ཅིག་ཡིན་པའི་ལོ་རྒྱུས་ཀྱི་དངོས་དོན་དེ་ཉིད་རིགས་པས་ཁུངས་སྐྱེལ་བྱས་ཡོད་པ་སོགས་ལེགས་ཆ་དུ་མས་ཕྱུག་པར་བརྟེན་རྒྱ་ཆེའི་ཀློག་པ་པོ་དང་། རྒྱལ་ཁབ་ཕྱི་ནང་གི་བོད་རིག་པར་ཞིབ་འཇུག་གནང་མཁན་ཚོའི་ཚད་མཐོའི་གདེང་འཇོག་ཐོབ་པ་མ་ཟད། དཔེ་དེབ་འདིར་སྤྱི་ལོ་༡༩༩༩ལོར་རྒྱལ་ནང་དཔེ་དེབ་ཀྱི་བྱ་དགའ་རིམ་པ་མཐོ་ཤོས་ཏེ་རྒྱལ་ཁབ་དཔེ་དེབ་ཀྱི་བྱ་དགའ་ཞེས་པ་དེ་ཐོབ་པ་དང་། སྤྱི་ལོ་༢༠༠༨ལོའི་ཟླ་༥པར་ཀྲུང་གོའི་བོད་རིག་པ་ཞིབ་འཇུག་གི་ཇོ་མོ་གླང་མའི་དམིགས་བསལ་བྱ་དགའ་ཞེས་པ་ཐོབ་པ་དང་། རྒྱ་ཡིག་ཏུ་བསྒྱུར་བའི་དཔེ་དེབ་ལའང་ཀྲུང་གོའི་བོད་རིག་པ་ཞིབ་འཇུག་གི་ཇོ་མོ་གླང་མའི་བྱ་དགའ་ཨང་དང་པོ་དེ་ཐོབ་པ་རེད།

དཔེ་དེབ་འདི་བཞིན་འདི་ག་དཔེ་སྐྲུན་ཁང་ནས་སྤྱི་ལོ་༡༩༨༩ལོར་པར་ཐེངས་དང་པོ་དང་༢༠༠༨ལོར་པར་ཐེངས་གཉིས་པ་བཏབ་པའི་དེབ་གྲངས་ཀྱིས་རྒྱ་ཆེའི་ཀློག་པ་པོའི་དགོས་མཁོ་སྐོང་མ་ཐུབ་པར་མངགས་ཉོ་གནང་མཁན་

ཟམ་མི་ཆད་པ་བྱུང་ཞིང་། བོད་ཀྱི་ལོ་རྒྱུས་ལ་དོན་གཉེར་དང་ཐུགས་འཁུར་གནང་མཁན་མང་པོས་སླར་ཡང་བསྐྱར་དཔར་མཛད་རྒྱུའི་རེ་བསྐུལ་ཐེངས་མང་གནང་བར་བརྟེན་ད་ལོང་ཆོས་པར་ཐེངས་གསུམ་པ་འདི་བཏབ་པ་ལགས།

བསྐྱར་དཔར་ཞུ་བའི་བརྒྱུད་རིམ་ནང་ཐེངས་དང་པོའི་མ་ཡིག་གི་འབྲུ་དོན་ལ་སྣོན་འཕྲི་སྤུ་ཙམ་མེད་པའི་རྩ་དོན་ཐོག་ཞུས་དག་བྱས་པའི་ནང་ངེས་འཕྲུལ་ཏུ་བཅོས་པ་བཅས་དཔེ་དེབ་ཀྱི་སྤུས་ཚད་འགན་སྲུང་ཞུས་ཁུལ་བགྱིས་ཡོད་པས་རྒྱ་ཆེའི་དོན་གཉེར་ཅན་ཆོས་ཐུགས་འཇགས་འཚལ།

བོད་ལྗོངས་བོད་ཡིག་དཔེ་རྙིང་དཔེ་སྐྲུན་ཁང་ནས།
སྤྱི་ལོ་༢༠༡༨ལོའི་ཟླ་༣་པར།

འགོ་བརྗོད།

རང་ཅག་བོད་མི་རིགས་ནི། གནའ་དུས་ནས་བཟུང་ལས་ལ་བརྩོན་ཞིང་། ཤེས་རིག་བགྲ་བ། དཀའ་སྤྱད་བབ་ཆགས་ཀྱི་གཤིས་རྒྱུད་བཟང་པོ་དང་ལྡན་པའི་ཕུལ་བྱུང་གི་མི་རིགས་ཤིག་ཡིན། མི་རིགས་འདི་ལ་དུས་ཡུན་ཧ་ཅང་རིང་བའི་ལོ་རྒྱུས་ཡོད་ལ་འོད་སྟོང་རབ་ཏུ་འཕྲོ་བའི་གནའ་རབས་ཀྱི་རིག་གནས་ཐུན་མོང་མ་ཡིན་པ་ཞིག་ཀྱང་ཡོད། ལོ་རྗེ་སྟོང་ཕྲག་དུ་མའི་རིང་གི་རིག་དངོས་རྗེས་ཤུལ་དང་། དུས་རབས་སོ་སོའི་ལོ་རྒྱུས་ཀྱི་བཤད་ཚུལ་མི་འདྲ་བ་འཁོད་པའི་ཡིག་ཚང་དང་། རྒྱལ་རབས། ཆོས་འབྱུང་། དེབ་ཐེར་ལ་སོགས་པའི་ཡིག་རིགས་ཀྱང་རང་རྒྱལ་གྱི་གྲངས་ཉུང་མི་རིགས་གཞན་དག་དང་བསྡུར་ན་ཕོན་འཕོར་ཆེ་ཤོས་དང་། ཕུན་སུམ་ཚོགས་ཤོས་ཡིན་པ་ནི་འཛམ་གླིང་ན་གྲགས་པ་ལྟར་དོན་ལ་གནས་པ་ཞིག་ཡིན། འོན་ཀྱང་ད་ཕན་བོད་ཀྱི་ལོ་རྒྱུས་ཐོག་མཐའ་བར་གསུམ་ཅུང་ཟད་བརྒྱུད་རིམ་དང་ལྡན་པ་བསྟར་ཆགས་སུ་འཁོད་པའི་ཡིག་རིགས་ཤིན་ཏུ་དཀོན། དེ་ཡང་བོད་ཀྱི་གནའ་རབས་ལོ་རྒྱུས་ཐད་བཙན་པོའི་རྒྱལ་རབས་སྐབས་བསྐྱུན་པའི་རྗེ་རིང་དང་བྲག་བརྐོས་ཡིག་རིས་འདྲ་ཤུས་དང་། རང་རྒྱལ་ཀན་སུ་ཞིང་ཆེན་ཡོངས་ཏུན་ཧོང་གི་ས་ཕུག་ནས་ཐོན་པའི་ཡིག་རྙིང་ཁག་ཅིག དེ་མིན་བསམ་ཡས་ཀྱི་དཀར་མཛོད་ནས་བྱུང་བའི་ཡིག་ཆ་ཆ་ཤས་ཀྱི་བཤུས་བཅས་ཡིད་རྟོན་རུང་བའི་དཔྱད་གཞི་རིན་ཐང་བྲལ་བ་ཐར་ཐོར་ཙམ་བཞུགས་པ་ཕུད། དེ་མིན་མང་པོ་ཞིག་ནི་སྙིང་

གཏམ་གྱི་བཤད་ཚུལ་དུ་མཆིས་པ་དང་། དེ་རྗེས་བོད་སིལ་བུའི་དུས་རབས་སོགས་མི་ལོ་བརྒྱ་ཕྲག་འགའ་ཞིག་གི་ལོ་རྒྱུས་ཀྱང་དམ་པའི་ཆོས་ཀྱི་འབྱུང་ཚུལ་ཞིབ་ཅིང་རྒྱས་པར་གསལ་བ་ལས། འཇིག་རྟེན་མི་ཆོས་ཀྱི་བྱུང་རབས་སམ་སྤྱི་ཚོགས་ཀྱི་ལོ་རྒྱུས་དངོས་ནི་ཆོས་འབྱུང་སྣ་ཚོགས་དང་། དུས་རབས་སོ་སོའི་བླ་མ་མང་པོའི་རྣམ་ཐར་གྱི་ཁྲོད་དུ་ཆ་ཤས་ཐར་ཐོར་དང་། ཡང་ན་ཤུགས་བསྟན་གྱི་མཚོན་ཚུལ་དམ་དུམ་ཙམ་གསལ་བ་ལས་མ་ལག་ཚང་བའི་ཡིག་རིགས་གང་དུའང་རྙེད་དཀའ་བ། ཉེ་རབས་ས་གནས་སྲིད་གཞུང་གི་ཡིག་རིགས་རྣམས་རྩ་བའི་ཐོག་ནས་ཆ་ཚང་ཙམ་ཡོད་རུང་། དེ་དག་ཕྱོགས་སྒྲིག་དང་མཁོ་འདོན་བྱ་རྒྱུ་ནི་ད་དུང་ལས་འགོར་ཆེ་ལ་དཀའ་ཚེགས་ལྡན་པས་ད་ལྟའི་ཆར་ཞིབ་ཕྲ་བརྟག་འཚོལ་ཐུབ་རྒྱུ་དཀའ་བའི་གནས་སུ་གྱུར་བ་བཅས་དང་ཡང་འབྲེལ་བ་ཡོད་པ་ནི་སྨོས་ཅི་དགོས།

གནས་ཚུལ་དེ་ལྟ་བུའི་འོག་བོད་རིགས་མང་ཚོགས་སྤྱི་དང་། ཅི་ཕྲག་གཞོན་ནུའི་མི་རབས་རྣམས་ལ་མི་རིགས་རང་ཉིད་ཀྱི་ལོ་རྒྱུས་ངོ་མ་ཇི་ཡིན་ཆ་རྒྱུས་མེད་པའི་མཚམས་སུ་གྱུར་ཡོད། དེང་སྐབས་གོང་རིམ་ནས་རྒྱ་ཆེའི་མི་དམངས་མང་ཚོགས་ཀྱི་ཕྱོགས་གང་ཅིའི་ཤེས་རིག་གོང་སྤེལ་གཏོང་རྒྱུར་ཐུགས་འཁུར་ཆེན་པོ་གནང་མུས་ཀྱི་མཇུབ་སྟོན་ལྟར་སྤུ་ལོ་སྔོངས་ཆབ་སྲིད་གྲོས་ཚོགས་དང་། སྔོངས་སྤྱི་ཚོགས་ཚན་རིག་ཁང་། བོད་སྔོངས་སློབ་གྲྭ་ཆེ་མོ་སོགས་འབྲེལ་ཡོད་སྡེ་ཚན་འགའ་ཤས་སྒྲིག་འཛུགས་དང་འབྲེལ་མཉམ་གྲོས་ལས་བགོས་ཀྱིས《བོད་ཀྱི་ལོ་རྒྱུས་ཤེས་བྱ་》ཞེས་པའི་རླུང་འཕྲིན་བཤད་ཁྲིད་ཀྱི་ལེ་ཚན་སྒྲིག་རྩོམ་བྱས་ཏེ་བོད་སྔོངས་ཀུན་ཁྱབ་རླུང་འཕྲིན་ཁང་དང་། བོད་སྔོངས་བརྙན་འཕྲིན་ཁང་སོ་སོ་ནས་སྣ་རྗེས་སུ་བརྒྱུད་བསྒྲགས་བྱས་དང་བྱེད་བཞིན་པ་

དེས་མང་ཚོགས་ཀྱི་ཁྲིད་དུ་བོད་ཀྱི་ལོ་རྒྱུས་ཐོག་མའི་ཤེས་ཚོར་རགས་ཙམ་ཡོང་བར་ཕན་འབྲས་ངེས་ཅན་ཞིག་ཐུབ་ཡོད། དེར་བརྟེན་འདི་ག་བོད་ལྗོངས་སྤྱི་ཚོགས་ཚན་རིག་ཁང་ནས་གོང་གསལ་ཀླུང་འཕྲིན་བཤད་ཁྲིད་ཀྱི་རྩོམ་ཟིན་ལག་བསྡུ་རུབ་ཞུས་ཐོག དེ་དག་གི་ཁྲོད་ནས་བདམས་གསེས་དཔྱད་ཞིབ་དང་། མཐུད་སྒྲིག ལྷག་ལེན་ཆད་གསབ་ཁར། དགོས་ངེས་ཀྱི་ལེ་ཚན་མང་ཙམ་གསར་སྣོན་སོགས་རང་ནུས་ཡོད་རྒྱ་བཏོན་ནས་རྩོམ་ཞུས་གང་ཐུབ་ཞུས་ཏེ་《བོད་ཀྱི་ལོ་རྒྱུས་རགས་རིམ་གཡུ་ཡི་ཕྲེང་བ་》ཞེས་པའི་དཔེ་དེབ་འདི་གསར་སྒྲིག་དཔེ་སྐྲུན་ཞུས་པ་ཡིན།

དེབ་འདི་སྟོད་སྨད་གཉིས་སུ་ཕྱེ་བར་ཕྱོན་བསྡོམས་ས་བཅད་ཆེ་བ་བདུན་དུ་དབྱེ་ཡོད་པ་སྟེ་སྟོད་ཆའི་ནང་། ས་བཅད་དང་པོ་བོད་ཀྱི་གདོད་མའི་ལོ་རྒྱུས་དང་། གཉིས་པ་སྤུ་རྒྱལ་གདུང་རབས་ཀྱི་བྱུང་ཚུལ། གསུམ་པ་བོད་གཅིག་གྱུར་གྱི་བཙན་པོའི་རྒྱལ་རབས་སྐོར། བཞི་པ་བོད་སིལ་བུའི་དུས་རབས་ཀྱི་སྐོར་བཅད་དང་། དེབ་སྨད་ཆའི་ནང་། ས་བཅད་ལྔ་པ་བོད་དུ་ས་སྐྱ་པའི་དབང་བསྒྱུར་དུས་རབས་ཀྱི་སྐོར་དང་། དྲུག་པ་ཕག་མོ་གྲུ་པའི་དབང་བསྒྱུར་དུས་རབས་ཀྱི་སྐོར། བདུན་པ་དགའ་ལྡན་ཕོ་བྲང་པའི་དབང་བསྒྱུར་དུས་རབས་ཀྱི་སྐོར་བཅས་ཡིན།

ང་ཚོའི་སྒྲིག་རྩོམ་ཞུ་སྐབས་ནི། གཙོ་བོ་བོད་ཀྱི་དངོས་བྱུང་ལོ་རྒྱུས་གཞི་འཛིན་ས་བྱས་ཏེ་རྩ་བའི་དཔྱད་གཞི་བོད་རང་གི་ཡི་གེར་འཀོད་པའི་ལོ་རྒྱུས་ཀྱི་ཡིག་རིགས་གཞིར་བཟུང་ཐོག བཞེད་པ་མི་མཐུན་པའི་རིགས་ལ་འབྲེལ་ཡོད་ཀྱི་ལོ་རྒྱུས་ཡིག་ཆ་གང་རྙེད་འཚོལ་ཞིབ་དང་འབྲེལ་ཕྱོགས་ཡོངས་ནས་བལྟ་བསྡུར་དབྱེ་ཞིབ་ཅི་ནུས་བགྱིས་མཐར་དེའི་ཁྲོད་ནས་གང་ཞིག་རྒྱུ་མཚན་ཆེ་བ་

བདམས་གསེས་ཀྱིས་དེའི་བཞེད་པ་ལྟར་བཀོད་ཐོག་སྐབས་བསྟུན་གསལ་བཤད་དགོས་རིགས་རགས་བསྡུས་ཙམ་རེ་ཞུས་ཡོད་པ་དང་། བོད་ཡིག་རྒྱ་ཆར་མ་འཁོད་པའམ་ཡང་ན་གསལ་པོ་མེད་རིགས་རང་རྒྱལ་གྱི་འབྲེལ་ཡོད་རྒྱའི་ལོ་རྒྱུས་ཡིག་རྙིང་བོད་ཡིག་ཏུ་བསྒྱུར་བ་ནས་ཁ་སྐོང་འགའ་ཤས་ཀྱང་བྱས་ཡོད། དེ་མིན་ལོ་རྒྱུས་ཀྱི་དོན་རྐྱེན་ལ་ལ་ཡོངས་གྲགས་རྒྱ་ཁྱབ་ཆེ་བའི་ཡིག་ཚང་ནང་མཐོང་དཀོན་པའི་རིགས་གང་རྙེད་འདིར་དུས་སྐབས་སོ་སོའི་ནང་དམིགས་སུ་བཀར་ནས་ཆ་ཚང་འདྲེན་གང་ཐུབ་ཞུས་ཡོད།

རྩོམ་འབྲིའི་རྩ་དོན་ནི་ཀློག་པ་པོ་རྣམས་ཀོ་བདེ་ཙམ་ཡོང་བའི་རེ་འདུན་གཙོར་བཟུང་ཞུ་ཁུལ་ཡིན་མོད། འོན་ཀྱང་གལ་ཆེའི་ལོ་རྒྱུས་རྣམས་མ་དཔེ་གང་ལས་དྲངས་པའི་ཐོག་མའི་རྗོད་ཚིག་ཇི་མ་ཇི་བཞིན་མ་བཀོད་ན་མི་རྣམས་ཡིད་ཆེས་དཀའ་བ་མ་ཟད། ཚིག་དོན་གོ་བ་ལེན་སྟངས་ལ་ལར་ནོར་འཁྲུལ་ཡང་ཉེར་སྲིད་པ་བཅས་ལ་བརྟེན་སྔར་གྱི་ཚིག་རིས་ཇི་ལྟ་བ་བཞིན་དྲངས་ཤིང་། གོ་དཀའ་ལ་གལ་འགངས་ཆེ་བ་ལ་ལར་གཤམ་དུ་ནང་དོན་གོ་བདེར་ཕབ་པའི་བསྒྱུར་བཤད་ཀྱང་ཞུས་ཡོད། དེ་མིན་ཕྱིར་བཏང་རྣམས་མ་ཡིག་གང་ལ་གསལ་བའི་མཚན་བྱང་དང་སྤྱིགས་ནང་དོན་རྣམས་ཀོ་བདེ་དང་མགོ་བཏུས་ཀྱི་རྣམ་པས་བྲིས་ཐོག་སྣད་མ་དཔེ་དང་གཟིགས་བསྡུར་གནང་བདེ་ཡོང་བ་བྱས་ཡོད། དེ་བཞིན་ཡིག་ཚོགས་ཧ་ཅང་ཆེ་བའི་དོན་གནད་འགའ་ཞིག་འདིར་སྙིང་བསྡུས་ཙམ་གླེང་ས་ནས་དེའི་སྐོར་ཞིབ་པ་ཡིག་ཆ་འདི་ལ་གཟིགས་དགོས་ཞེས་ངོ་སྤྲོད་ཞུས་ཡོད། གཞན་ཡང་དུས་རབས་སོ་སོའི་ལོ་རྒྱུས་རྣམས་ཡིག་ཚང་གང་ལས་དྲངས་པའམ། ཡང་ན་གཞི་འཛིན་ས་གང་ཞིག་ལ་བྱས་པའི་ལུང་ཁུངས་རྣམས་གཟིགས་བདེ་བའི་ཆེད་མ་ཡིག་དཔེ་དེབ་ཀྱི་མཚན་བྱང་དང་། ཤོག་གྲངས་དེབ་

ངོས་བཅས་འཁོད་པའི་མཚན་བྱ་པར་ངོས་སོ་སོའི་གཤམ་ཆར་བཀོད་ཡོད་པ་དང་། ལུང་འདྲེན་སྐབས་མ་ཡིག་གི་མཚན་བྱར་གུག་རྟགས་【 】འདི་དང་། རྩོམ་འབྲི་མཁན་གྱི་མཚན་བྱར་གུག་རྟགས་( )འདིས་སྐབས་ཕྱེ་བ་བཅས་མདོར་ན་དཔེ་དེབ་འདི་ཀློག་པ་པོ་རྣམས་ཀྱི་ཐུགས་ལ་བབས་ཙམ་ཞིག་ཡོང་བར་དམིགས་ནས་ང་ཚོས་རང་འགོས་གང་ཐོགས་ཀྱི་འབད་བརྩོན་ཞུ་བའི་ལྷག་བསམ་ན་མར་བཅངས་པ་ཡིན། འོན་ཀྱང་གཙོ་ཆེ་ཤོས་ནི་བདག་ཅག་སྒྲིག་རྩོམ་བྱེད་པ་པོའི་ཐོས་རྒྱ་དང་ཤེས་ཚད་ཤིན་ཏུ་དམན་པའི་ཁར། ལོ་རྒྱུས་དུས་ཡུན་ཧ་ཅང་རིང་ལ་བརྩམ་གཞིའི་ཁྱབ་ཁོངས་སུ་མཐའ་མེད་ཅིང་། རྟོག་འཛིན་གི་དཀའ་ཚེགས་ཀྱང་གཞན་ལས་ཆེ་བའི་ཁར། འདི་ལྟ་བུའི་བརྒྱུད་རིམ་ལྡན་པའི་ལོ་རྒྱུས་ཀྱི་དེབ་ཐེར་གཅིག་སྒྲིག་རྩོམ་ཞུ་བར་དགོས་ངེས་ཀྱི་དཔྱད་གཞིའི་རྒྱུ་ཆ་ཕུན་སུམ་ཚོགས་པ་ཞིག་ད་དུང་ལག་ཏུ་མ་སོན་པ་དང་དཔྱད་འཚོལ་བསྐྱར་ཞིབ་ཡང་ནན་ཏན་བྱ་རྒྱུར་དུས་ཚོད་ཀྱང་མ་འདང་བ་སོགས་ཀྱི་རྐྱེན་པས་སྤྱིར་ན་བོད་ཀྱི་ལོ་རྒྱུས་ཆ་ཚང་བ་ཞིག་སྒྲིག་མ་ཐུབ་པ་མ་ཟད། ལྷག་པར་ལོ་རྒྱུས་ཀྱི་གནད་དོན་རྟོག་འཛིན་ཆེ་བ་འགའ་ཞིག་ལ་མཐའ་དཔྱོད་ཡང་དག་པ་མ་བྱུང་བ་སོགས་ཀྱི་སྐྱོན་དང་ནོར་འཁྲུལ་ཅི་རིགས་ཤོར་སྲིད་པར་དཔྱོད་ལྡན་རྣམས་ཀྱིས་སྐྱོན་བརྗོད་དང་རོགས་རམ་སྣ་གསང་མེད་པ་གནང་སྐྱོང་ཞུ་རྒྱུ་ཡིན།

ཐེངས་འདིར་བོད་ཀྱི་ལོ་རྒྱུས་རགས་རིམ་སྒྲིག་རྩོམ་དཔེ་སྐྲུན་གྱི་གཙོ་བོའི་དམིགས་ཡུལ་ནི་རྒྱ་ཆེའི་བོད་རིགས་མང་ཚོགས་རྣམས་ཀྱིས་མི་རིགས་རང་ཉིད་ཀྱི་བརྒྱུད་རིམ་ལྡན་པའི་ལོ་རྒྱུས་བྱུང་ཚུལ་དང་། འཕེལ་རྒྱས་ཀྱི་གོ་རིམ་རགས་པ་ཙམ་ཞིག་ལ་ཐོག་མའི་ཤེས་རྟོགས་ཡོང་བ་བརྒྱུད་བོད་མི་རིགས་ལ་ཡོད་པའི་དཀའ་སྤྱད་འབད་འཐབ་ཀྱི་སྙིང་སྟོབས་དང་། ཤེས་རིག་ལ་དགའ་བའི་བརྩོན

སེམས། གཞིས་རྒྱུད་དང་ཀུན་སྤྱོད་བཟང་པོ་རྣམས་གནའ་བཟང་དེང་སྤྱོད་ཀྱི་ཐུལ་འཛིན་འཕེལ་རྒྱས་སུ་གཏོང་བ་དང་། ལོ་རྒྱུས་ཐོག་གི་ཡིན་མིན་ཆེན་པོའི་གནད་དོན་རྣམས་དོན་དངོས་ཀྱི་ཐོག་ནས་གསལ་འབྱེད་ཐུབ་སྟེ་རྒྱལ་གཅེས་རིང་ལུགས་ཀྱི་གོ་རྟོགས་ཟམ་མི་འཆད་པ་གོང་མཐོར་སྤེལ་ནས་མེས་རྒྱལ་གྱི་བོད་ལྗོངས་གསར་པ་འཛུགས་སྐྲུན་བྱེད་པའི་སྐད་དུ་རང་ནུས་འདོན་སྤེལ་ཐུར་བས་ལྷག་པ་ཞིག་ཡོང་བ་བཅས་ཀྱི་དོན་དུ་ཡིན། དེ་དང་དུས་མཚུངས་བོད་རིག་པ་མཁས་ཅན་རྣམ་པ་ཚོས་བོད་ཀྱི་ལོ་རྒྱུས་ཅུང་ཟད་བསྟར་ཆགས་ཐོག་མའི་རགས་བྲིས་འདི་གཟིགས་ཞིབ་གནང་རྗེས་ཞན་ཆ་དང་མ་འདང་ས་རྣམས་གསལ་མཁྱེན་ཡོང་རྒྱུར་ཆད་མཐུད་ཡོ་བསྒྲང་དང་འབྲེལ་བའི་བོད་ཀྱི་ལོ་རྒྱུས་ཧྲིལ་པོ་འདི་བས་ཆ་ཚང་བ་དང་། ཡང་དག་པ། བརྒྱུད་རིམ་ལྡན་པ་ཞིག་གསར་དུ འདོན་སྤེལ་ཡོང་བར་ཞབས་སྐྱུལ་གྱི་ཆ་རྐྱེན་དུ་འགྱུར་རེ་དེ་ནི་བདག་ཅག་སྒྲིག་རྩོམ་པ་ཟུང་གི་སྙིང་ཐག་པ་ནས་རེ་འདུན་ཞུ་བ་ལགས་སོ།

ཆབ་སྲིད་ཆེ་བརྟན་ཕུན་ཚོགས་དང་།

ནོར་བྲང་ཨོ་རྒྱན་གཉིས་ཀྱིས་བྲིས།

དཀར་ཆག

ས་བཅད་དང་པོ། བོད་ཀྱི་གདོད་མའི་ལོ་རྒྱུས། ……… (1)

དང་པོ། བོད་ཅེས་བྱ་བའི་མིང་བྱུང་ཚུལ་སྐོར། ………… (1)

གཉིས་པ། བོད་ཀྱི་ས་ཁམས་ཆགས་ཚུལ་སྐོར། ………… (7)

གསུམ་པ། བོད་དུ་མི་ཡི་འགྲོ་བ་བྱུང་ཚུལ་སྐོར། ……… (12)

1. བོད་མི་ནི་སྤྲེའུ་དང་བྲག་སྲིན་འདུས་པ་ལས་ཆད་པའི་སྐོར། ………………………………… (15)

2. བོད་ཀྱི་གནའ་མིའི་རུས་ཚན་གྱེས་ཚུལ་སྐོར། ……… (20)

3. བོད་མིའི་རྒྱུད་པ་མི་རིགས་གཞན་ལས་ཆད་ཚུལ་སྐྱ བར་མཐའ་དཔྱོད་དང་། ས་འོག་ནས་ཐོན་པའི་འབྲེལ་ཡོད་གནའ་རྫས་ཀྱི་སྐོར། ………………… (22)

བཞི་པ། རྒྱལ་ཕྲན་བཅུ་གཉིས་དང་། སིལ་མ་བཞི་བཅུའི་སྐོར། ………………………… (29)

ས་བཅད་གཉིས་པ། སྤུ་རྒྱལ་གྱི་གདུང་རབས་བྱུང་ཚུལ། ……………………………………… (32)

དང་པོ། བོད་རྗེ་གཉའ་ཁྲི་བཙན་པོའི་འབྱུང་ཁུངས་དང་མཛད་པ། ……………………… (32)

གཉིས་པ། གནམ་གྱི་ཁྲི་བདུན་དང་སྟོད་ཀྱི་སྟེང་ས་བརྒྱ་
ཚུལ་སྐོར། …………………………… (42)
གསུམ་པ། མུ་ཁྲི་བཙན་པོ་ནས། གྲི་གུམ་བཙན་པོའི་
བར། ……………………………… (46)
བཞི་པ། སྤུ་ལྡེ་གུང་རྒྱལ་ནས། ཁྲི་ཐོག་རྗེ་བཙན་
གྱི་བར། ……………………………… (52)
ལྔ་པ། ལྷ་ཐོ་ཐོ་རི་སྙན་བཙན་ནས། འབྲོ་མཉེན་ལྡེ་
རུའི་བར། ……………………………… (61)
དྲུག་པ། སྟག་བུ་སྙ་གཟིགས་ཀྱི་སྐོར། ……………… (64)
བདུན་པ། གནམ་རི་སྲོང་བཙན་གྱི་སྐོར། …………… (69)
ས་བཅད་གསུམ་པ། བོད་ཀྱི་བཙན་པོའི་རྒྱལ་རབས་བྱུང་ཚུལ།
…………………………………… (75)
དང་པོ། བཙན་པོ་སྲོང་བཙན་སྒམ་པོའི་སྐོར། ………… (75)
1. བོད་ཡོངས་གཅིག་གྱུར་བཟོས་པ། ……………… (75)
2. བོད་དུ་སྤྱི་ཚོགས་ཀྱི་སྒྲིག་གཞི་དང་། ཁྲིམས་སྲོལ་
གཏན་ལ་ཕབ་པ། ……………………… (90)
3. ད་ལྟའི་བོད་ཡིག་འདི་ཉིད་གསར་གཏོད་མཛད་པའི་སྐོར། … (143)
4. བཙུན་མོ་ཆེ་ཆུང་ཁབ་ཏུ་བཞེས་པའི་སྐོར། ……… (159)
5. ལྷ་ས་གཙུག་ལག་ཁང་སོགས་བཞེངས་ནས་བོད་དུ་
སངས་རྒྱས་ཆོས་ལུགས་སྲོལ་བཏོད་མཛད་པའི་སྐོར།
…………………………… (177)

6. ཆབ་སྲིད་མཐའ་བཞིར་བཀྱེད་ནས་བོད་ཀྱི་དཔལ་
འབྱོར་གོང་སྤེལ་མཛད་པའི་སྐོར། ………………… (189)
7. ཐང་བོད་གཉིས་ཀྱི་དབར་མཛའ་མཐུན་གྱི་འབྲེལ་བ་
ཆེན་པོ་བཙུགས་པའི་སྐོར། ………………… (200)
གཉིས་པ། གུང་སྲོང་གུང་བཙན་དང་མང་སྲོང་མང་
བཙན་གྱི་སྐོར། ………………… (210)
གསུམ་པ། བཙན་པོ་འདུས་སྲོང་མང་པོ་རྗེའི་སྐོར། …… (221)
བཞི་པ། བཙན་པོ་ཁྲི་ལྡེ་གཙུག་བརྟན་མེས་ཨག་
ཚོམ་གྱི་སྐོར། ………………… (243)
ལྔ་པ། བཙན་པོ་ཁྲི་སྲོང་ལྡེ་བཙན་གྱི་སྐོར། ………… (261)
1. སྲིད་ཕྱོགས་ཀྱི་མཛད་པ་གལ་ཆེ་བའི་སྐོར། ……… (262)
2. མཁན་སློབ་གཉིས་གདན་དྲངས་ཏེ་བོད་དུ་སངས་རྒྱས་
ཀྱི་བསྟན་པ་དར་སྤེལ་གནང་བའི་སྐོར། ………… (270)
3. བསམ་ཡས་གཙུག་ལག་ཁང་བཞེངས་པའི་སྐོར།
………………………………… (286)
4. སད་མི་བདུན་སོགས་རབ་ཏུ་བྱུང་བའི་སྐོར། ……… (294)
5. སྟོན་རྩེན་གཉིས་ཀྱི་རྩོད་པའི་སྐོར། ……………… (300)
6. གཡུ་ཐོག་སྙིང་མ་ཡོན་ཏན་མགོན་པོའི་སྐོར། ……… (307)
དྲུག་པ། ལྷ་སྲས་མུ་ནེ་བཙན་པོའི་སྐོར། …………… (315)
བདུན་པ། བཙན་པོ་ཁྲི་ལྡེ་སྲོང་བཙན་སད་ན་ལེགས་
ཀྱི་སྐོར། ………………………… (326)

བརྒྱད་པ། བཙན་པོ་ཁྲི་གཙུག་ལྡེ་བཙན་རལ་པ་ཅན།
ཀྱི་སྐོར། ………………………… (361)
དགུ་པ། བཙན་པོ་དར་མ་འུ་དམ་བཙན་གྱི་སྐོར། ………… (388)
ས་བཅད་བཞི་པ། བོད་སིལ་བུའི་དུས་སྐབས་སྐོར། … (399)
དང་པོ། མངའ་བདག་འོད་སྲུངས་དང་། ཡུམ་བརྟན་
རྒྱུད་པ་དང་བཅས་པའི་ལོ་རྒྱུས་དང་། བོད་
དུ་ཁེང་ལོག་བྱུང་བའི་སྐོར།……………… (399)
1. མངའ་བདག་འོད་སྲུངས་དང་། ཡུམ་བརྟན་འཁྲུངས་
དུས་སྐོར། ……………………………… (399)
2. མངའ་བདག་གནམ་ལྡེ་འོད་སྲུངས་དང་། དབུ་གཡོར་
འཁྲུག་པའི་སྐོར། ………………………… (412)
3. བོད་དུ་ཁེང་ལོག་བྱུང་བའི་སྐོར། ……………… (427)
4. འོད་སྲུངས་ཀྱི་གདུང་རྒྱུད་སྐོར། ……………… (451)
(1) འོད་སྲུངས་ཀྱི་སྲས་དཔལ་འཁོར་བཙན་གྱི་སྐོར། … (451)
(2) ཁྲི་བཀྲ་ཤིས་བརྩེགས་པ་དཔལ་དང་། སྐྱིད་ལྡེ་
ཉི་མ་མགོན་གྱི་སྐོར། …………………… (461)
(3) སྨད་ཀྱི་ལྡེ་གསུམ་སྐོར། …………………… (468)
(4) སྟོད་ཀྱི་མགོན་གསུམ་སྐོར། ………………… (512)
5. ཡུམ་བརྟན་དང་། དེ་ལས་གྱེས་པའི་གདུང་རབས་
སྐོར། ………………………………… (538)
གཉིས་པ། བོད་དུ་བསྟན་པ་ཕྱི་དར་གྱི་ལོ་རྒྱུས་སྐོར།…… (548)

གསུམ་པ། བསྟན་པ་ཕྱི་དར་སྐབས་མཁས་གྲུབ་ལོ་པཎ་
རིམ་བྱོན་སྐོར། ······················· (575)
བཞི་པ། བོད་སིལ་བུའི་དུས་བྱུང་བའི་སངས་རྒྱས་ཆོས་
ལུགས་གྲུབ་མཐའ་ཁག་གི་སྐོར། ············ (602)
1. བཀའ་གདམས་པའི་སྐོར། ······················· (602)
2. བཀའ་བརྒྱུད་པའི་སྐོར། ······················· (627)
3. ས་སྐྱ་པའི་སྐོར། ······························ (667)

ས་བཅད་དང་པོ། བོད་ཀྱི་གདོད་མའི་ལོ་རྒྱུས།

དང་པོ། བོད་ཅེས་བྱ་བའི་མིང་བྱུང་ཚུལ།

ཐོག་མར་རང་རེའི་ཡུལ་འདི་ལ་བོད་ཅེས་འབོད་པའི་མིང་དེ་ཇི་ལྟར་བྱུང་བའམ། དེའི་གོ་དོན་གང་ཡིན་པའི་སྐོར་ལ། བོད་ཀྱི་ལོ་རྒྱུས་རྒྱལ་རབས་དང་ཆོས་འབྱུང་སོགས་ཀྱི་ནང་མིང་ཚིག་དེའི་འགྲེལ་བཤད་འཁོད་པ་ཞིག་མ་མཐོང་ཞིང་། ཉེ་རབས་ཀྱི་ལོ་རྒྱུས་སྨྲ་བའི་མཁས་དབང་དགེ་འདུན་ཆོས་འཕེལ་གྱིས་མཛད་པའི་དེབ་ཐེར་དཀར་པོའི་ནང་ཐ་སྙད་འདི་ལ་ཐོག་མའི་དཔྱད་པ་ཞིག་གནང་སྐྱོང་བ་ལྟར་ཞིབ་པ་ཡིག་ཆ་དངོས་ལ་གསལ་དོན་དེའི་ནང་དུ་བསྟན་པར། "བོད་ཅེས་བྱ་བའི་ཚིག་དེའི་དོན་གང་ཡིན་ཟེར་ན། རྣམ་པ་གཅིག་ཏུ་ན་དོན་ཅི་ཡང་བཤད་དུ་མེད་པའི་འདོད་རྒྱལ་ཙམ་ཡིན་པའང་སྲིད་"①ཅེས་གསུངས་ཤིང་། དེའི་མུ་མཐུད་ནས་ཡང་ན་རྒྱལ་པོའི་མཚན་ཡུལ་ལ་ཐོགས་པའམ། གཡུང་དྲུང་བོན་གྱི་འདོད་ཚུལ་ལྟར་ན། "ཐོག་མར་བོན་གྱི་ཡུལ་ཞེས་གྲགས་པ་ལ་རྗེས་སུ་བོད་ཀྱི་ཡུལ་ཞེས་ཟུར་ཆག་པ་ཡིན་" ཟེར་བ་སོགས་དཔྱད་གཞིར་འདོན་གནང་མཛད་པ་ལས། ཚིག་ཐག་ད་དུང་བཅད་གནང་མེད་པ་ནི་དོན་གྱི་མཁས་པའི་དགོངས་གཞི་ཡི་རངས་སྐྱེ་འོས་པ་ཞིག་ཏུ་མངོན། འོན་ཀྱང་ཁོང་གིས་ཐོག་མ་ཁོ་ནར་བོད་ཅེས་པའི་མིང་དེ་རྒྱ་གར་དང་། རྒྱ་ནག ཁ་ཆེ།

① (དེབ་ཐེར་དཀར་པོ་ཤིང་པར་མའི་ཤོག་གྲངས་གསུམ་པའི་མཇུག་གསལ་)

སོག་པོ། ཐ་ན་དབྱིན་སྐད་སོགས་ཕྱི་རྒྱལ་གཞན་གྱི་འབོད་ཚུལ་ཡན་ལ་རེ་རེ་བཞིན་སྒྲ་རིག་པའི་གཏན་ཚིགས་ཀྱི་ཐོག་ནས་དབྱེ་ཞིབ་ཚན་རིག་དང་མཐུན་པ་ཞིག་གནང་སྟེ། མདོར་ན་བོད་ཅེས་པ་ནི་བོད་མིས་རང་གི་ཡུལ་ལ་བཏགས་པའི་མིང་དེ་ག་རང་ཡུལ་གཞན་གྱི་སྐད་ལ་ཕར་སྒྱུར་ཆག་པ་འབའ་ཞིག་ལས། ཡུལ་གཞན་གྱི་མིས་ཚུར་བཏགས་པ་ཞིག་མ་ཡིན་པ་རིགས་པས་ཁུངས་སྐྱེལ་གནང་བ་དེ་ནི། རང་རེར་གནད་དོན་འདིའི་ཐད་ལ་བསམ་གཞིགས་དང་ཞིབ་འཇུག་བྱ་རྒྱུའི་རྩ་བའི་གཞི་འཛིན་ས་གསེར་གྱི་ས་གཞི་ལྟ་བུ་ཞིག་ཡིན་ནོ།

རང་ཅག་གི་ཡུལ་འདིའི་མིང་ལ་བོད་ཅེས་བྱ་བ་དེ་དུས་ནམ་ཞིག་ལ་བྱུང་བའི་ཐད་དེབ་ཐེར་དཀར་པོའི་ནང་། "དེ་ཡང་རང་རེའི་ཡུལ་འདི་ལ་ཆེས་སྔ་མོ་ཞིག་ནས། རང་སྐད་དུ་བོད་ཀྱི་ཡུལ་ཞེས་བྱ་བར་གྲགས།"①ཞེས་གསུངས་པ་བཞིན་བོད་ཅེས་པའི་ཐ་སྙད་དེ་ནི་གདོད་མའི་དུས་ནས་བྱུང་བར་མངོན། དཔེར་ན་བོན་གྱི་ལོ་རྒྱུས་སམ། ཁུ་སྟོན་བརྩོན་འགྲུས་གཡུང་དྲུང་གིས་མཛད་པའི་ལོ་རྒྱུས་ཆེ་མོ་སོགས་བོད་གནའ་རབས་ཀྱི་ངག་རྒྱུན་འཁོད་པའི་ཡིག་རིགས་དག་ལས། གདོད་མའི་དུས་སུ་ཡུལ་འདིར་གནོད་སྦྱིན་ལ་སོགས་མི་མ་ཡིན་གྱི་དབང་མཛད་བཅུ་སོགས་བྱུང་བའི་བརྒྱུད་རིམ་བཤད་ཡོད། ང་ཚོས་མི་མ་ཡིན་ཞེས་ཐོས་མ་ཐག་དེ་ནི་དངོས་མེད་ལྷ་སྲུང་ཡིན་ཟེར་ནས་རྣ་བ་མི་བཟེད་པ་གཏན་ནས་བྱ་མི་རུང་། མི་མ་ཡིན་གྱི་དབང་མཛད་བཅུ་བྱུང་ཞེས་པ་ནི་ས་མཐོའི་སྒྲ་མི་རྣམས་ད་དུང་གནའ་མི་མཚན་ཉིད་པ་ཞིག་ཏུ་མ་གྱུར་པའི་གོང་རོལ་གྱི་དོན་ཞིག་ཡིན་པ་གོ་དགོས། དེ་དག་གི་བརྒྱུད་རིམ་བཤད་པའི་ནང་།

① (དེབ་དཀར་ཤིང་པར་མའི་ཤོག་གྲངས་གསུམ་པའི་མདུན་གསལ་)

“……བདུན་པ་མ་སངས་རྟུས་དགུས་དབང་བྱས་ཏེ།
ཡུལ་གྱི་མིང་ནི་བོད་ཁ་ཉ་དྲུག་ཟེར།”①

ཞེས་གསལ་བས་བོད་ཅེས་པའི་ཡུལ་མིང་ནི་ཐོག་མ་དེ་དུས་ནས་ཡོད་པ་མཐོང་ཐུབ། དེ་ནས་ད་ཕན་ལོ་གྲངས་ཇི་ཙམ་སོང་བ་ནི་བརྗོད་ཀྱིས་མི་ལང་བ་སྨྲས་ཅི་དགོས། རྒྱུ་མཚན་དེ་དག་ལ་བསམ་དུས་བོད་བྱ་བ་ནི་བོད་རང་གི་མིས་བཏགས་པ་དེ་བས་ཀྱང་ཚད་མར་གྲུབ་ཅིང་། དེ་ཡང་འདོད་རྒྱལ་གྱི་མིང་ཙམ་ཡིན་ཤས་ཆེ་ལ། གོ་དོན་ལྡན་པའི་དབང་དུ་བཏང་ནའང་དཔྱད་གཞི་གང་མང་བསགས་ནས་བརྟག་དཔྱད་ཞིབ་འཇུག་མུ་མཐུད་དེ་བྱ་དགོས་པ་ལས། ཕྱོགས་རེ་བའི་སྒོ་ནས་ཁ་ཚོན་གཅོད་མི་འོས་པ་གསལ་པོར་རྟོགས་ཐུབ། འོན་ཀྱང་བོད་ཀྱི་ལོ་རྒྱུས་ཤེས་བྱར་དོ་སྣང་བྱེད་དགོས་ན་བོད་ཅེས་པའི་ཐ་སྙད་དེ་ཇི་ལྟར་བྱས་ནས་བྱུང་བ་དང་། དེའི་གོ་དོན་གང་ཡིན་ལ་བསམ་ཞིབ་བྱ་རྒྱུ་ནི་གལ་འགངས་ཆེ་བ་ཞིག་ལོས་ཡིན། དེར་བརྟེན་དེབ་དཀར་ནང་དཔྱད་གཞི་བཀོད་གནང་བ་རྣམས་ལ་མུ་མཐུད་ནས་བརྟག་དཔྱད་ཁ་གསབ་བྱ་དགོས་པ་མ་ཟད། དེ་མིན་གྱི་དཔྱད་གཞི་གཞན་དག་ཀྱང་བསྡད་འཚོལ་བྱ་རྒྱུ་དེ་དགོས་ངེས་ཤིག་ཏུ་མཐོང་།

བོད་ཅེས་པའི་ཡུལ་མིང་འདིའི་གོ་དོན་སྐོར་ལ་དམངས་ཁྲོད་དུ་མི་རབས་ནས་མི་རབས་བརྒྱུད་པའི་བཤད་ཚུལ་ཡང་འགའ་ཞིག་ཐོས། དཔེར་ན་ལ་ལས་ཟེར་ན། གནའ་སྔ་མོ་ཡུལ་འདིར་ཞིང་ལས་ཐོན་སྐྱེད་མ་དར་བའི་གོང་ལ་མི་རྣམས་རི་དྭགས་རྔོན་པ་དང་། དེ་ནས་རིམ་བཞིན་ཕྱུགས་རིགས་གསོ་སྐྱོང་ལ་

---

① （ཆོས་འབྱུང་མཁས་པའི་དགའ་སྟོན་ལྷོ་ཕྱོགས་པར་མའི་དེབ་ངོས152པར་གསལ་）

བརྟེན་ནས་འཚོ་ཐབས་བྱེད། སྐབས་དེར་ཕྱུགས་རིགས་རྣམས་འཕེལ་བ་དང་བསྟུན་ནས་རྩྭ་བཟའ་འདང་ངེས་ཤིག་ཡོད་པའི་དོན་དུ་འབྲོག་པ་ཚོ་རུབ་སྡོད་བྱ་ཐབས་མེད་པར་ཁ་ཐོར་ནས་རི་ཀླུང་རྩྭ་ཆུ་གང་བཟང་དུ་གནས་ངེས་མེད་ཀྱི་སྐྱུ་སྤོ་བྱེད་དགོས་པ་ཆགས། རྒྱང་ཐག་རིང་པོར་ཁ་གྲམ་ནས་སྡོད་པའི་འབྲོག་པ་དེ་རྣམས་ལ་རང་བྱུང་ཁམས་ལས་བྱུང་བའི་ཆག་སྒོ་དང་། ཇག་རྐུན་ནམ། གཅན་གཟན་གྱི་གནོད་འཚེ་འཕྲད་པ་སོགས་པན་ཚུན་འབྲེལ་བ་བྱེད་དགོས་སྐབས། སྐད་རིང་གི་བརྡ་སྦྱོར་ཐུབ་པའི་རྒྱང་ཚད་དུ་གནས་བཅའ་བ་དང་། གནས་ཚུལ་བྱུང་སྐབས་རི་མཐོ་ས་སྣང་ནས་སྐད་ཆེན་པོས་ཀ་ཡེའམ། ཨ་ཡེ་ཞེས་གདངས་རིང་གིས་བརྡ་སྤྲོད་བྱེད་པ་དེ་ལ་" འབོད་པ་ཞེས་ཟེར་" དེ་ལྟར་ཡང་ཡང་བོད་པའི་སྒྲ་སྒྲོག་པས་ཡུལ་དེའི་མིང་ལའང་" བོད་" ཅེས་ཐོགས་པ་ཡིན་ཟེར་རོ།

དེ་མིན་ཀན་རབས་ཀྱི་བཤད་སྲོལ་གཞན་ཞིག་ནི། རང་ཅག་གི་ཡུལ་འདིའི་རང་བྱུང་གི་ཆགས་བབ་ནི་ནུབ་དང་བྱང་ཕྱོགས་མཐོ་ཞིང་། ཤར་དང་ལྷོ་གཉིས་ཁད་ཀྱིས་དམའ་བ་ཡོད་པ་ལས་གནའ་མའི་དུས་ནས་སྤྱི་ཚོགས་ཀྱི་ཐོན་སྐྱེད་རིམ་བཞིན་འཕེལ་རྒྱས་འགྲོ་བའི་བྱ་རིམ་ནང་ཕྱི་རོལ་ཡུལ་གྱི་ཆ་རྐྱེན་དང་བསྟུན་པའི་གཙོ་བོའི་ཐོན་སྐྱེད་ལས་རིགས་གསུམ་དུ་དབྱེ་བ་སྟེ། མཐོ་སར་ཕྱུགས་རིགས་གཉེར་སྐྱོང་ཁོ་ན་བྱེད་པའི་ས་ལ་འབྲོག་ཅེས་དང་། དམའ་སར་ནགས་ལས་གསོ་གཉེར་བྱེད་པའི་ས་ལ་རོང་ཞེས་གྲགས་ཤིང་། དེ་གཉིས་ཀྱི་བར་དུ་དྲོ་གྲང་སྙོམས་སར་ཞིང་ལས་གསོ་བོར་གཉེར་བའི་ས་ལ་བོད་ཅེས་པའི་མིང་ཆགས་པ་ཡིན། ལོ་རྒྱུས་ཐོག་སྤུ་རྒྱལ་བཙན་པོའི་གདུང་རབས་དེ་ཡར་ལུང་

དུ་བྱུང་ཞིང་། ས་ཁུལ་དེ་ནི་སྐབས་དེའི་ས་མཐོའི་ཞིང་ལས་གཙོ་བོར་གཉེར་བའི་ལྟེ་བ་ལྟ་བུ་ཡིན་སྐབས་བོད་ཡུལ་ཞེས་འབོད་པ་དང་། སྤུ་རྒྱལ་བཙན་པོའི་གདུང་རྒྱུད་ལའང་ཡུལ་གྱི་མིང་དེ་ལ་ཐོགས་ནས་བོད་ཀྱི་བཙན་པོ་ཞེས་གྲགས། རྗེས་སུ་བོད་ཀྱི་བཙན་པོའི་གདུང་རབས་ཀྱིས་ཡར་ལུང་གི་མཐའ་འཁོར་དང་། དེ་ནས་རིམ་བཞིན་དབུས་གཙང་དུ་མངའ་འབངས་རྒྱ་བསྐྱེད་ཅིང་། ལྷག་པར་བོད་རྗེ་སྲོང་བཙན་སྒམ་པོའི་སྐུ་དུས་ནས་དེ་བས་ཀྱང་ཕྱོགས་བཞི་མཚམས་བརྒྱད་མངའ་འོག་ཏུ་བསྡུས་ཤིང་། རྒྱལ་ཁམས་ཆེས་ཆེར་བསྐྱེད་པ་བཅས་བརྒྱུད་རྗེའི་མཚན་ཡུལ་ལ་ཆགས་ཏེ་བོད་ཀྱི་བཙན་པོའི་མངའ་ཁོངས་རྣལ་མར་གཏོགས་པ་མཐའ་དག་ལ་བོད་ཅེས་མིང་ཐོགས་པ་ཡིན་ཟེར་རོ།

སྤྱིར་ན་མིའི་རིགས་ཀྱི་ལོ་རྒྱུས་དང་ཤེས་རིག་མཐའ་དག་ཐོན་སྐྱེད་འཕེལ་རྒྱས་འགྲོ་བ་དང་ཁ་འབྲལ་ཐབས་མེད་ལ། ཁྱད་པར་གདོད་མའི་དུས་ནས་བྱུང་ཞིང་ཆགས་པའི་མིང་ཚིག་ནི་དེ་བས་ཀྱང་དེ་ལྟར་ཡིན་སྲིད་པར་བརྟེན་གོང་དུ་དྲངས་པའི་བཤད་རྒྱུན་དེ་རིགས་ཕྱི་ཡུལ་རང་བྱུང་ཁམས་ཀྱི་ཆགས་བབ་དང་། གནའ་བོའི་སྤྱི་ཚོགས་ཀྱི་ཐོན་སྐྱེད་བྱ་གཞག་དང་འབྲེལ་བ་ཡོད་སྐབས་འདིར་ཡང་དཔྱད་གཞིའི་ཁ་སྐོང་ཙམ་དུ་བཀོད་པ་ལགས་ཤིང་། བཤད་སྲོལ་ཕྱི་མ་འདིའི་ཐད་ཐོག་མ་ཞིང་ལས་ས་ཁུལ་ལ་བོད་ཅེས་པའི་ཐ་སྙད་ཐོགས་པ་ཡིན་ན། བོད་རྗེ་སྲོང་བཙན་སྒམ་པོའི་སྤྱི་རིལ་དུ་ཡར་ལུང་ཁུལ་དུ་མ་གཏོགས་ཞིང་ལས་དར་སྲོལ་མེད་དམ་ཞེ་ན། དེ་ནི་ཐོག་མའི་མིང་གི་འབྱུང་ཁུངས་ཙམ་བཤད་པ་ལས་ངེས་པ་མེད་ཅིང་། ད་དུང་ཏུན་ཧོང་གི་ཡིག་རྙིང་ལས་འབྱུང་བ་ལྟར་ན་བཙན་པོ་གནམ་རི་སྲོང་བཙན་གྱི་ལོ་རྒྱུས་ནང་། “རྒྱལ་པོ་འདིའི་རིང་ལ། ཕྱུང་པོ་སྤུང་སད་ཀྱིས་རྩང་བོད་ཀྱི་རྗེ་པོ་མར་མུན་མགོ་བཆད（བཅད）དེ།

རྩང་བོད་ཁྲིམ་ཉི་གྲི་(ཉིས་ཁྲི་) བཙན་པོའི་ཕྱག་ཏུ་ཕུལ་(ཕུལ་) ཏེ། ཟླ་ཚེ་སྨྲ་བ་ཉེ་འོ། འུང་ནས་བཙན་པོ་སློན་བཙན་གྲིས། རྩང་བོད་ཁྲིམ་ཉི་གྲི། ཟླ་ཚེ་སྨྲ་བ་ཉེ་བའི་བྲ་དགར་སྨལ་ཏོ་"①ཞེས་གསལ་བ་ལྟར་དུས་དེ་སྐབས་དུ་གཙང་ཁུལ་ཡར་ལུང་གཙང་པོའི་ལྷོ་བྱང་བརྒྱུད་ཀྱི་ས་གནས་དེ་དག་བཙན་པོའི་མངའ་འོག་ཏུ་མ་ཚུད་གོང་ནས་ཞིང་ལས་གཙོ་བོར་གཉེར་ཁུལ་ཡིན་སྲིད་ཅིང་། དེར་བརྟེན་རྩང་བོད་ཅེས་བོད་ཀྱི་ཐ་སྙད་ཀྱང་ཐོགས་ཟེན་པ་མཚོན་པས་དེས་ན་བོད་ཅེས་པ་ཞིང་ལས་ས་ཁུལ་ལ་ཐོགས་པ་ཡིན་ཟེར་བར་སྒྲུབ་བྱེད་དུ་འགྱུར་བ་མ་གཏོགས་གནོད་པ་མེད་དོ། གཞན་ཡང་ཕྱར་གྱི་ཟླ་མའི་རྣམ་ཐར་སོགས་ལོ་རྒྱུས་ཀྱི་ཡིག་རིགས་དང་དེ་ཕྱའི་བོད་ས་གནས་སྲིད་གཞུང་གི་ཡིག་ཆ་མང་པོའི་ནང་། " བོད་ འབྲོག་ མི་ སེར་ " དང་ " བོད་ འབྲོག་ བརྗེ་ ཚོང་ " " རོང་ བོད་ ས་མཚམས" དང་" རོང་བོད་སྐྱིལ་མཚམས" ཞེས་པ་སོགས་མཐོང་རྒྱུ་ཡོད་པ་མ་ཟད། དམངས་ཁྲོད་དུའང་བོད་འབྲོག་ཟེར་བ་དང་རོང་བོད་ཅེས་པའི་སྐད་སྒྲོལ་ད་ལྟའང་མཆིས་པ་དེ་དག་གི་བོད་ཟེར་བའི་གོ་དོན་ཡང་ཞིང་ལས་ཐོན་སྐྱེད་གཙོ་བོར་གཉེར་བའི་ས་ཆ་ལ་ངོས་འཛིན་བྱེད་ཚུལ་མཚོན་པ་བཅས་འབོད་སྒྲོལ་འདི་རྣམས་ཀྱང་གནའ་བོའི་ལུལ་རྒྱུན་དང་འབྲེལ་བ་ངེས་ཅན་ཞིག་ཡོད་སྙམ་པ་དཔྱད་གཞིའི་ཚུལ་དུ་འཕྲོས་པ་ལགས། ཡང་ཁམས་བོད་ཅེས་པའི་གོ་དོན་གང་ཡིན་སྙམ་ན་ཁམས་ནི་མཐའ་ཁུལ་ལ་ཟེར་ཏེ་དཔེར་ན་མཐའི་རྒྱལ་ཕྲན་ལ་ཁམས་ཀྱི་རྒྱལ་ཕྲན་ཞེས་གྲགས་པ་ལྟར་བོད་དབུས་ནས་རྩིས་ན་ཤར་ཕྱོགས་ཀྱི་མཐའ་ཁུལ་ལ་ཁམས་ཞེས་མིང་ཆགས་པས་ཁམས་བོད་ནི་མཐའ་དབུས་ཀྱི་དོན་

---

① (ཏུན་ཧོང་ནས་ཐོན་པའི་བོད་ཀྱི་ལོ་རྒྱུས་ཡིག་ཆ་ལྡུགས་པར་མའི་དེབ་ངོས56)

ཡིན་པ་བཅས་བོད་ཅེས་བྱ་བའི་མིང་བྱུང་ཚུལ་གྱི་དཔྱད་གཞི་མདོ་ཙམ་བརྗོད་པའོ།

གཉིས་པ། བོད་ཀྱི་ས་ཁམས་ཆགས་ཚུལ་སྐོར།

སྔོན་གྱི་ཡིག་ཚང་དུ་མའི་ནང་འདི་ལྟར་འཁོད་ཡོད་དེ།

"སྟོད་ཀྱི་མངའ་རིས་བསྐོར་གསུམ་རྫིང་གི་ཚུལ། །
བར་དུ་དབུས་གཙང་རུ་བཞི་ཡུར་བ་འདྲ། །
སྨད་དུ་མདོ་ཁམས་སྒང་གསུམ་ཞིང་ལྟ་བུ། །
ཀུན་ཀྱང་ཆུ་ཡི་རྒྱ་མཚོར་གྱུར་པའི་ནང་……"ཞེས་དང་།
"མཚོ་དེ་འཁོལ་བ་ཞི་ཞིང་རབ་ཏུ་བསིལ། །
གོང་གི་ཆུ་བརླག་ཅེས་བྱའི་ཐྲོམ་བྱེ་བས། །
རུ་བཞི་ཆུ་ཡིས་གང་བ་དེ་རུ་ཐིམ། །
ཆུ་གཞན་དག་ཀྱང་དེ་ལྟར་ཐིམ་པ་ཡིས། །
བོད་ཁམས་ཡུལ་གྱི་རྣམ་པ་གསལ་པོར་དོད། །"①

ཅེས་གསལ་བ་ལྟར་དང་ཐོག་བོད་ཡུལ་སྟོད་སྨད་བར་གསུམ་ཐམས་ཅད་ཆུ་ཡིས་ཡོངས་སུ་གང་བའི་རྒྱ་མཚོ་ཆེན་པོ་ཞིག་ཡིན་པ་དང་། དེ་ནས་རིམ་བཞིན་གོང་ཆུ་བརླག་ཁ་བྱེ་ནས་ཆུ་རྣམས་དེར་ཐིམ་སྟེ་བོད་ཡུལ་གྱི་རྣམ་པ་གསལ་པོར་ཐོན་པ་ཡིན་ཞེས་བསྟན་ཅིང་། དེང་སྐབས་གནའ་རབས་ཀྱི་ས་

① (ཆོས་འབྱུང་མཁས་པའི་དགའ་སྟོན། ལྕགས་པར་དེབ་ངོས149 – 150)

ཁམས་དང་འགྱུར་རྗེ་ལ་ཞིབ་འཇུག་བྱེད་མཁན་ཚན་ཞིབ་པ་ཆོས་སྒོམ་ཆོག་བཞག་པ་ལྟར་ནའང་། "དུས་རབས་རྙིང་མར་རྩིས་པའི་སྐབས་ཀྱི་ཐོག་མའི་དུས་དང་བར་མའི་དུས་སྐབས་སུ་མཚོ་བོད་ས་མཐོ་འདི་ནི་ལྷེམ་ལྷེམ་དུ་འཁྱིལ་བའི་རྒྱ་མཚོ་ཆེན་པོ་ཞིག་ཡིན་ཞིང་། དུས་རབས་གསར་མའི་འགོ་ཚུགས་པ་ནས་བཟུང་ད་གཟོད་རིམ་བཞིན་སྐམ་སའི་ཡུལ་བྱུང་བ་དང་། ས་མཐོ་འདི་རྒྱ་མཚོའི་ངོས་ལས་མཐོ་ཚད་སྤྱི་ཁྲི་ཉིས་སྟོང་ཡས་མས་ཙམ་ཡིན་ལ། ས་ཡི་ཆགས་ཚུལ་ཡང་ལྷོ་ཤར་གཉིས་དམའ་ཞིང་ནུབ་ཕྱོགས་ཅུང་མཐོ་བ། ནུབ་བྱང་གཉིས་སུ་ལོ་འདབ་རིང་མོ་ཅན་དང་ལེབ་མོ་ཅན་གྱི་སྡོན་ཤིང་འཁྲིགས་པའི་ནགས་ཚལ་ཡོད་ཅིང་། ལྷོ་ཤར་གཉིས་སུ་འདམ་རྫ་དང་སྤང་རྩྭས་ཁེབས་པ་མ་ཟད། མཚེའུ་དང་རྫིང་བུ་ཧ་ཅང་མང་བས་མཁའ་ལ་སྐར་ཚོགས་བཀྲ་བ་བཞིན་དུ་ཡོད།" ①ཅེས་གསལ་བ་དང་མཐུན་པས་ལོ་རྒྱུས་དེ་དག་ནི་འཛིག་རྟེན་ཆགས་རིམ་གྱི་སྐོར་ལ་རྣམ་དཔྱོད་ཀྱི་འོད་སྣང་འཕྲོ་བ་ཞིག་ལོས་ཡིན།

མཚོ་ངོས་ལས་འཕགས་པའི་སྐམ་སའི་ཐོག་དུས་ཡུན་ཧ་ཅང་རིང་བའི་བརྒྱུད་རིམ་ནང་སྲོག་ཆགས་མང་པོ་བྱུང་བའི་སྐོར་ལའང་། བོད་ཀྱི་ཡིག་ཚང་ལས།

"མངའ་རིས་བསྐོར་གསུམ་ཤྭ་རྒྱང་རི་དྭགས་གླིང་། །
བར་གྱི་རུ་བཞི་སྟག་གཟིག་གཅན་གཟན་གླིང་། །
སྨད་ཀྱི་སྒང་དྲུག་འདབ་ཆགས་བྱ་ཡི་གླིང་། །"②ཞེས་དང་།

---

① (བོད་ལྗོངས་ཞིབ་འཇུག1984ལོའི་བོད་ཡིག་དེབ་བཞི་པའི་པར་ངོས3)

② (ཆོས་འབྱུང་མཁས་དགའ། དེབ་ངོས150)

“བོད་ཁམས་གསུམ་གླིང་དགུ་བྱ་བ་ན། །
རིན་པོ་ཆེ་འོད་ཀྱི་གླིང་དཀར་པོ། །
སྟོད་ཁམས་གསུམ་གངས་དང་གཡའི་ར་བ་རྫིང་འདྲ་བ་ན། །
ཤ་བ་དང་དགོ་བ་ལ་སོགས་པ་རི་དྭགས་ཀྱིས་ཡུལ་འཛིན། །
རུ་བཞི་སོག་ཁའི་གླིང་སྐད་པ། །
བར་ཁམས་གསུམ་བྲག་དང་སྤང་གི་གཞོང་ཡུར་བ་འདྲ་བ་ན། །
སྤྲེའུ་དང་བྲག་སྲིན་ལ་སོགས་པ་གནས། །
ཐ་བྱ་འོད་ཀྱི་གླིང་སྐད་པ། །
སྨད་ཁམས་གསུམ་ནགས་ཀྱི་ལྗོངས་ཞིང་དང་འདྲ་བ་ན། །
གླང་པོ་ཆེ་དང་འདབ་ཆགས་ལ་སོགས་པ་ལས། །
འགྲོ་བ་མི་བྱ་བ་གཅིག་ཀྱང་མེད……”①ཅེས་འཁོད་ཅིང་། དེ་མིན་རྒྱལ་རབས་གཞན་ནའང་བཤད་ཚུལ་ཆ་ཤས་འདྲ་མིན་ཙམ་ལས། རྩ་དོན་མཚོ་ཁྲི་ནས་ནགས་ཚལ་སྟུག་པོ་ཆགས་པ་དང་སྟོད་སྨད་བར་གསུམ་དུ་སྲོག་ཆགས་སྣ་ཚོགས་ཀྱིས་གང་བ་སོགས་གཅིག་མཐུན་དུ་གསལ་ཡོད། དེ་ལྟ་བུའི་ས་ཁམས་ཆགས་ཚུལ་དང་རིམ་འགྱུར་གྱི་བཤད་རྒྱུན་དེ་དག་ཀྱང་ལྷ་སྒྲུང་དང་རྨོངས་དད་ཡིན་ཞེས་ཟོད་ག་ལ་རུང་། ཚན་རིག་གིས་དཔྱད་པ་བྱས་པའི་སྙོམ་ཚོག་ལྟར་ནའང་། “དུས་སྐབས་དེ་ཉིད་དུ་རི་བོ་ཏི་མ་ལ་ཡ་ད་དུང་འཕུར་དུ་ཐོན་མེད་པས། རྒྱ་གར་ཕྱོགས་ཀྱི་རྒྱ་མཚོ་ཆེན་པོའི་བརླན་གཤེར་དང་། དྲོད་ཁྲོལ་ཚ་བ་ལ་སོགས་པ་འགོག་པའི་བཀག་རྒྱ་མེད་སྟབས་མཚོ་བོད་ས་མཐོའི་ཡུལ་ཁམས་

① （ཆོས་འབྱུང་མེ་ཏོག་སྙིང་པོ་སྦྲང་རྩིའི་བཅུད། དེབ་ངོས144－145）

འདིའི་གནམ་གཤིས་ནི་དྲོད་གཤེར་གཉིས་ལྡན་གྱི་རང་བཞིན་ཡོད་པ་དང་། ལོ་ཧྲིལ་པོའི་ཚ་གྲང་ཆ་སྙོམས་བྱས་ན། ℃10ཡས་མས་ཡིན་ལ། ལོ་རེར་ཆར་ཆུ་འབབ་ཚད་ཀྱང་ཏའོ་ཧྲེང་ཉིས་སྟོང་ནས་ལྔ་སྟོང་བར་ཡིན་ཏེ། སྐབས་དེར་དྲོད་ཁུལ་དུ་རན་པའི་སྐྱེ་དངོས་རིགས་མང་པོ་ས་མཐོ་འདིའི་ཕྱོགས་སོ་སོར་ཁྱབ་ཡོད་པ་མ་ཟད། སྐྱེ་དངོས་དེ་དག་གི་ཁྲོད་རྩ་ཆེའི་རིགས་རྣམ་གྲངས་བཞི་སྟོང་ཙམ་ཡོད་ཅིང་། དེ་ལྟ་བུའི་ཡུལ་ཁམས་འདིར་སུག་མ་སུམ་ལྡན་གྱི་རྐྱང་རྐོད་ཀྱང་ཡོད་ལ། དེས་མ་ཚད་ཁྱི་དང་། གླང་པོ། རི་བོང་། ཤ་བ་ལ་སོགས་པའི་དབྱིབས་གཟུགས་དང་འདྲ་བའི་རི་དྭགས་མང་པོ་ཡོད་པ་དང་། རྗེས་སུ་རིམ་བཞིན་རི་བོ་ཧི་མ་ལ་ཡ་འབུར་དུ་ཐོན་པ་དང་རྗེ་མཐོ་རྗེ་མཐོར་སོང་སྟེ། སྔོན་ཆད་རྒྱ་གར་ཕྱོགས་ནས་རྒྱུ་བའི་ཁ་དབུགས་དང་ཚ་དྲོད་བཀག་པས་མཚོ་ཐོད་ས་མཐོ་འདིའི་གནམ་གཤིས་དང་། རང་བྱུང་གི་ཁོར་ཡུག་ལའང་འགྱུར་ལྡོག་བྱུང་སྟེ་གྲང་ཞིང་འཁྱགས་པའི་ཡུལ་དུ་གྱུར་པའོ་" ①ཞེས་བསྟན་པ་ལྟར་ཡིན། དེའི་ཐོག་ནས་རང་རེས་ཤེས་རྟོགས་བྱེད་ཐུབ་པར་ཆུ་བོ་ནི་མཐོ་ས་ནས་དམའ་སར་འབབ་པའི་རང་བཞིན་ཅན་ཡིན་པ་སྟེ། རང་བྱུང་ཁམས་ཀྱི་མཐོ་སར་ཆགས་པའི་ཡུལ་ཁམས་ནི་གདོད་མའི་དུས་སུ་རྒྱ་མཚོའི་ངོས་ལས་ཆེས་ཐོག་མར་འབུར་དུ་ཐོན་པའི་སྐམ་སའི་གླིང་ཡིན་དགོས་ཏེ། དེ་ལྟ་བས་ན་ཧི་མ་ལའི་རི་རྒྱུད་ནི་གདོད་མ་ནས་འདི་བཞིན་དུ་འཕགས་པ་ཞིག་ཡིན་པའི་རྐྱེན་གྱིས་ད་ལྟའི་བོད་ལྗོངས་ས་ཁུལ་གྱི་བྱང་རྒྱུད་དང་མཚོ་སྔོན་ས་ཁུལ་ཧྲིལ་པོའི་ཡུལ་ཁམས་འདི་ལས་

① (བོད་ལྗོངས་ཞིབ་འཇུག1984ལོའི་བོད་ཡིག་དེབ་བཞི་པའི་པར་ངོས3 – 4ནས་བཀྲུད་འདྲེན་བྱས་)

ཆེ་འབྲིང་ཆུང་གསུམ་དུ་འབབ་པའི་ཆུ་ཀླུང་མང་པོ་ཕྱོགས་མཚམས་སོ་སོར་བཞུར་བཞིན་ཡོད་དེ། གངས་རི་རྫ་གསེབ་དག་ལས་འབབ་པའི་ཆུ་ཕྲན་རྣམས་རིམ་བཞིན་ཆུ་ཀླུང་དུ་གྱུར་ནས་བཞུར་བའི་རྣམ་པ་འདི་ལས་བོད་དང་མཚོ་སྔོན་གྱི་ས་མཐོ་འདི་ནི་སྤྱི་ཡོངས་ཀྱི་ས་ཁམས་ལས་ཆེས་ཐོག་མར་ཆགས་པ་ཞིག་ཡིན་པ་རང་བཞིན་གྱིས་གྲུབ་ཅིང་། སྐབས་དེའི་ཡུལ་ཁམས་འདིའི་གནམ་གཤིས་དང་། མཁའ་རླུང་། དྲོད་གྲང་གི་ཚད་གཞི་སོགས་ནི་རྒྱ་མཚོ་ལས་སྐམ་སར་བྱུད་པའི་སྲོག་ཆགས་རྣམས་འཚོ་འཕེལ་ཡོང་བར་ཏ་ཅང་འཚམ་པོ་ཡིན་པ་དང་། སྲོག་ཆགས་དེ་རིགས་ཡུན་རིང་པོའི་ནང་གི་འགྱུལ་སྐྱོད་ལ་བརྟེན་ནས་རིམ་བཞིན་ཉུ་འཐྲུང་གི་སྲོག་ཆགས་རིགས་དུ་མ་བྱུང་ཞིང་འཕེལ། གདོད་མའི་སྤྲ་ཡི་རིགས་ཀྱང་དེའི་ཁྲོད་ནས་ཆེས་ཁྱད་པར་ཅན་དུ་ལོགས་སུ་ཐོན་པ་ཡིན་པར་མངོན། དེང་སྐབས་འགྱུར་རྗོར་ཞིབ་འཇུག་བྱས་པར་གཞིགས་ན་མཚོ་སྐྱེས་སྲོག་ཆགས་ལས་སྐམ་སའི་སྲོག་ཆགས་ཀྱི་རིགས་སུ་གྱུར་པ་དང་། སྐམ་སའི་སྲོག་ཆགས་རྣམས་རིམ་འགྱུར་བྱུང་བ་ལས་ཉུ་འཐྲུང་གི་སྲོག་ཆགས་རིགས་མང་པོ་འཕེལ་ཞིང་། དེ་རྣམས་དུས་ཡུན་ཏ་ཅང་རིང་བའི་ནང་ནགས་ཚལ་དུ་ཤིང་འབྲས་དང་སྲོག་ཆགས་ཆུང་རིགས་རྣམས་འཚོ་རྟེན་དུ་བྱེད་པ་དང་། ཡུན་རིང་གི་འཚོ་ཐབས་ནང་ཕན་ཚུན་འདེད་བཟུང་གནོད་འཚེ་བྱེད་པའི་འཐབ་རྩོད་ཀྱི་ཁྲོད་བྱེད་རྩོལ་གྱི་རྣམ་པ་མི་མཐུན་པའི་རིགས་དུ་མ་བྱུང་བ་དང་། དུས་མཚུངས་སུ་རང་བྱུང་ཁམས་ཆེན་པོ་འགྱུལ་སྐྱོད་ཀྱི་འཕེལ་འགྱུར་ལས་རི་བོ་ཏི་མ་ལ་ཡའི་རི་རྒྱུད་མུ་མཐུད་ནས་ཡར་འཕགས་པ་དེས་ཡུལ་ཁམས་འདིའི་གནམ་གཤིས་མཁའ་རླུང་ལ་འགྱུར་བ་ཆེན་པོ་བྱུང་བའི་རྐྱེན་གྱིས་སྲོག་ཆགས་དེ་དག་གི་རང་བྱུང་གི་འཚོ་རྟེན་རིམ་བཞིན་ཧེ་ཞུང་དུ་སོང་ཞིང་། སྐམ་སའི་སྲོག་ཆགས་

ནས་འཕེལ་འགྱུར་བྱུང་བའི་གདོང་མའི་སྤྲ་རིགས་དེ་རྣམས་ཀྱི་འཚོ་ཐབས་ལའང་དོ་ཕོག་མི་ཐེབས་པ་ཅི་ལ་སྲིད། དེ་ལྟར་གནམ་གཤིས་དང་རང་བྱུང་གི་ཆ་རྐྱེན་རྣམས་ལ་བྲོན་ཡོངས་ནས་འགྱུར་ལྡོག་རིམ་བཞིན་བྱུང་བ་དང་བསྟུན་ནས་ས་མཐོའི་ཡུལ་ཁམས་འདིར་ཆེས་སྦྱ་བའི་གདོང་མའི་སྤྲ་མིའི་རིགས་ཐོན་པའི་ཆ་རྐྱེན་རང་བཞིན་གྱིས་གྲུབ་པ་བཅས་ནི་བོད་ཀྱི་མི་རྒྱུས་ཡིག་ཚང་ནང་ཐར་ཐོར་དུ་འབྱུང་བའི་ཚིག་རིས་དང་། བོད་ཀྱི་ས་ཁམས་ཆགས་ཚུལ་ལམ་དཔན་ས་འོག་ནས་ཐོན་པའི་འགྱུར་རྫོའི་རིགས་སོགས་ལ་དེང་རབས་ཚན་རིག་གི་བརྟག་ཞིབ་བྱས་པའི་སྡོམ་ཚིག་རྣམས་མཐུན་པའི་སྒོ་ནས་གསལ་བཤད་བྱུང་བ་ལགས་སོ།

གསུམ་པ། བོད་དུ་མི་ཡི་འགྲོ་བ་བྱུང་ཚུལ།

སྤྱིར་ན་འཛམ་གླིང་གི་ཡུལ་གྲུ་མཐའ་དག་ཏུ་མི་ཡི་འགྲོ་བ་ཐོག་མར་བྱུང་ཚུལ་སྐོར་ལ་བཤད་ཚུལ་འདྲ་མིན་སྣ་ཚོགས་ཡོད་པ་དཔེར་ན། ནུབ་ཕྱོགས་ཀྱི་རྒྱལ་ཁབ་ཁག་ནང་དཀོན་ཅོག་གིས་འཛིམ་པ་ལས་གཡའ་ཏང་ཟེར་བའི་མི་སྐྱེས་པ་ཞིག་བཟོས་རྗེས་དེའི་རྩིབས་མ་གཅིག་བཀོག་ནས་ཤྭ་བ་ཟེར་བའི་བུད་མེད་གཅིག་བཟོས་ཐོག་ཕོ་མོ་གཉིས་འདོད་པ་ལོངས་སུ་སྤྱོད་པ་ལས་བུ་ཕྲུག་མང་ཙམ་བྱུང་ནས་མིའི་འགྲོ་བ་འཕེལ་བ་ཡིན་ཟེར་བ་དང་། རང་རྒྱལ་གྱི་གནའ་རབས་བཤད་སྲོལ་ལ་ནུད་དབའ་ཧྲེ་ཞེས་པའི་ལྷ་མོ་ཞིག་ཡོད་པ་དེས་རང་ཉིད་གཅིག་པུར་སྡོད་སྐབས་སྐྱོ་སྣང་སྐྱེས་པར་བརྟེན་འཛིམ་པ་ལ་མི་ཡི་གཟུགས་འགའ་ཞིག་བཟོས་པ་དང་། དེ་དག་ལ་ཕུ་གཅིག་བཏབ་སྐབས་མི་གསོན་པོར་གྱུར་པ་ལས།

མི་ཡི་འགྲོ་བ་བྱུང་བ་ཡིན་ཟེར་རོ།

རང་ཅག་བོད་དུའང་ཡོངས་གྲགས་སུ་པ་སྤྲེལ་རྒན་བྱང་ཆུབ་སེམས་དཔའ་དང་། མ་སྲིན་མོ་བྲག་སྲིན་གཉིས་ཀྱི་བུ་རྒྱུད་ལས་མིའི་རིགས་འཕེལ་བ་ཡིན་ཟེར་བ་དང་། བོན་གྱི་ལུགས་ལྟར་ན།

"འབྱུང་བ་ལྔའི་སྙིང་པོ་ལས། །
སྒོང་ཆེན་པོ་གཅིག་ཡོང་བ། །
ཕྱིའི་སྒོང་ཤུན་ལ་ལྷ་བྲག་དཀར་པོ་ཆགས། །
ནང་གི་སྒོང་ཆུ་ལ། །
དུང་མཚོ་དཀར་མོར་འཁྱིལ། །
བར་གྱི་སྒོང་འི་ངར་ཆ་ལ། །
རིགས་དྲུག་སེམས་ཅན་ཀུན་ཏུ་གྲོལ། །
སྒོང་ཕྲུམ་གྱི་བཅོ་བརྒྱད་ཆགས། །
སྒོང་བཅོ་བརྒྱད་འབྲིང་བ་དེ། །
དུང་སྒོང་གཅིག་ཏུ་ཡར་ནས་བྱུང་། །

དེ་ནི་སྟོན་པའི་མི་པོ་ལུམ་ལུམ་ཡིན་……"① དེ་ལ་མིག་དང་། རྣ་བ། སྣ། སོ། ལྕེ། རྐང་ལག་སོགས་ངོད་ནས་ཡེ་སྨོན་རྒྱལ་པོ་བྱ་བ་བྱུང་། དེ་དང་ཆུ་ལྕུག་རྒྱལ་མོ་འདུས་པ་ལས་རིམ་བཞིན་མིའི་འགྲོ་བ་འཕེལ་བ་ཡིན་ཟེར། གདོད་མའི་དུས་སུ་སྐྱེ་ཚོགས་ཀྱི་ཐོན་སྐྱེད་ཆུ་ཚད་ཧ་ཅང་དམའ་བ་དང་ཚན་རིག་དར་ཁྱབ་མེད་སྐབས་མི་རྣམས་ཀྱིས་རང་བྱུང་ཁམས་ཀྱི་སྣང་ཚུལ་དང་།

---

① (རླངས་ཀྱི་པུ་ཏི་བསེ་རུ་རྒྱས་པ་ལྷུགས་པར་དེབ་ངོས4 – 5)

མི་ཡི་འགྲོ་བ་འཕེལ་ཚུལ་སོགས་ལ་ཚན་རིག་དང་མཐུན་པའི་འགྲེལ་བཤད་རྒྱག་མི་ཐུབ་པས་ལྷ་སྲུང་ལྷ་བུའི་བཤད་རྒྱུན་དེ་རིགས་གང་སར་ཁྱབ་ཡོད། འོན་ཀྱང་སྐྱེ་ཚོགས་གོང་དུ་འཕེལ་བ་དང་ཆབས་ཅིག་ཏུ་མི་རྣམས་ཀྱིས་རང་བྱུང་ཁམས་དང་སྐྱེ་ཚོགས་ལ་ངོས་འཛིན་བྱེད་ཚད་གཏིང་ཟབ་ཏུ་ཕྱིན་ཏེ་སྐྱེ་དངོས་དང་། སྲོག་ཆགས། མི་ཡི་འགྲོ་བ་འཕེལ་ཚུལ་སོགས་ཀྱི་ཤེས་བྱ་ཕུན་སུམ་ཇེ་ཚོགས་སུ་གྱུར་པ་བརྒྱུད། དབྱིན་ཇིའི་སྐྱེ་དངོས་རིག་པ་མཁས་ཅན་ཏར་ཝུན་གྱིས་སྲོག་ཆགས་དང་སྐྱེ་དངོས་སོགས་འཕེལ་འགྱུར་ལ་རྒྱུན་རིང་བརྟག་ཞིབ་གནང་ཐོག་བོད་རབ་བྱུང་བཅུ་བཞི་པའི་ས་ལུག་སྤྱི་ལོ1859ལོར《དངོས་པོའི་རིགས་ཀྱི་འབྱུང་ཁུངས》ཞེས་པའི་འཛམ་གླིང་ན་གྲགས་ཆེ་བའི་དཔེ་དེབ་ཅིག་བརྩམས་ཤིང་། དེབ་དེའི་ནང་སྐྱེ་དངོས་ནི་སྐབས་བདེ་ནས་རྙོག་འཛིང་ཅན་དང་། དམའ་རིམ་ནས་མཐོ་རིམ་ལ་འཕེལ་བའི་ཆོས་ཉིད་གསལ་པོར་བསྟན་ཡོད་ཅིང་ཏར་ཝུན་གྱི་རྒྱུད་འཛིན་པ་དབྱིན་ཇིའི་སྐྱེ་དངོས་རིག་པ་མཁས་ཅན་ཧ་ཁའོ་ཤུས་ལེས། 《རང་བྱུང་ཁམས་སུ་མིའི་རིགས་ཀྱི་གནས་བབ་ཀྱི་དཔང་རྟགས》ཞེས་པའི་དེབ་ཅིག་བརྩམས་ཏེ་ལུས་ཁམས་ཆགས་ཚུལ་རིག་པ་དང་། སྲོག་ཆགས་ཆགས་ཚུལ་རིག་པ་སོགས་ཀྱི་སྒོར་ནས་སྲོག་ཆགས་གཞན་དག་དང་མིའི་བར་གྱི་འབྲེལ་བར་གསལ་བཤད་གནང་ཐོག་མི་དང་སྤྲེ་རིགས་རྣམས་ཕ་མེས་གཅིག་ཡིན་པའི་འདོད་ཚུལ་བསྟན་ཡོད། བོད་རབ་བྱུང་བཅོ་ལྔ་པའི་ལྕགས་ལུག་ལོར་ཏར་ཝུན་གྱིས་སླར་ཡང་མིའི་རིགས་བྱུང་ཚུལ་སྐོར་གྱི་དེབ་ཅིག་བརྩམས་ནས་ཚན་རིག་གི་དཔང་རྟགས་མང་པོ་དྲངས་ཏེ་མི་དང་སྤྲེ་རིགས་དབར་གཉེན་ཚན་གྱི་འབྲེལ་བ་ཡོད་པ་དེའི་ཐོག་ནས་མི་ཡི་འགྲོ་བ་ནི་གནའ་རབས་ཀྱི་སྤྲེ་རིགས་ཤིག་ལས་རིམ་བཞིན་འགྱུར་ཏེ་བྱུང་བ་ཡིན་པ་དེ་བས་གསལ་

པོར་བསྟན་ཡོད། ཏར་ཝུན་གྱི་ལྟ་བ་འདི་རིགས་ད་ལྟ་འཛམ་གླིང་ཐོག་མི་མང་ཆེ་བས་ཁས་ལེན་པ་མ་ཟད། ལྟ་བ་འདི་རིགས་ནི་ཏར་ཝུན་གྱིས་གསར་དུ་རྙེད་པའི་རིག་པ་ལྟ་བུ་ཡིན་པར་ངོས་འཛིན་བྱེད་ཀྱི་ཡོད།

1. བོད་མི་ནི་སྤྲེའུ་དང་བྲག་སྲིན་མོ་འདུས་པའི་རྒྱུད་ལས་ཆད་པ།

དོན་དངོས་ཐོག་ཏར་ཝུན་མ་སྐྱེས་གོང་གི་ལོ་སྟོང་ཕྲག་གི་སྔ་རོལ་ནས་བོད་དུ་བོད་མིའི་འབྱུང་ཁུངས་ཕ་སྤྲེའུ་དང་། མ་བྲག་སྲིན་མོ་འདུས་པ་ལས་བྱུང་བ་ཡིན་ཟེར་བའི་ངག་རྒྱུན་ཡོད་པ་མ་ཟད། དེ་གཞིར་བཟུང་ནས་སྤྱི་ལོའི་དུས་རབས་བཅུ་གཅིག་པར་བྲིས་པའི་“རྒྱལ་པོའི་བཀའ་ཐེམས”ནང་བོད་མིའི་བྱུང་ཚུལ་ནི་སྤྱན་རས་གཟིགས་ཀྱི་སྤྲུལ་པ་ཕ་སྤྲེའུ་བྱང་ཆུབ་སེམས་དཔའ་དང་། རྗེ་བཙུན་སྒྲོལ་མའི་སྤྲུལ་པ་མ་བྲག་སྲིན་མོ་འདུས་པ་ལས་བྱུང་བའི་ཕྲུ་གུ་དེ་དག་འཕེལ་ནས་ཚན་བཞིར་གྱེས་པ་ལ་མིའུ་རིགས་བཞི་སྟེ་བསེ་དང་། རྨུ། ལྡོང་དང་། སྟོང་བཞི་བྱུང་བ་ལས་བོད་མི་འཕེལ་བ་ཡིན་ཞེས་ཡིག་ཐོག་ཏུ་འཁོད་ནས་ཀྱང་ད་ཕན་མི་ལོ་དགུ་བརྒྱ་ལྷག་ཙམ་སོང་ཟིན། དེ་རྗེས་བརྩམས་པའི་བོད་ཀྱི་ལོ་རྒྱུས་ཡིག་རིགས་བརྒྱ་ཆ་དགུ་བཅུ་ལྷག་གི་ནང་བོད་མིའི་འབྱུང་ཁུངས་ནི་ཕ་སྤྲེའུ་བྱང་ཆུབ་སེམས་དཔའ་དང་། མ་བྲག་སྲིན་མོ་འདུས་པ་ལས་བྱུང་ཚུལ་ཁོ་ན་འཁོད་པ་མ་ཟད། ལ་ལར་སྤྲེའུ་ཕྲུག་རྣམས་མིར་འགྱུར་བའི་བརྒྱུད་རིམ་རགས་བསྡུས་ཙམ་ཡང་གསལ་ཡོད། བོད་ཀྱི་མི་རྒྱུད་ཐོག་མ་ཕ་སྤྲེའུ་དང་མ་བྲག་སྲིན་འདུས་པ་ལས་འཕེལ་ཞིང་རིམ་འགྱུར་བྱུང་བའི་གནའ་རབས་ཀྱི་བཤད་ཚུལ་འདི་ནི་དངོས་གཙོའི་ལྟ་ཚུལ་བབ་ཆགས་པ་ཞིག་ལོས་ཡིན། འོན་ཀྱང་སྔོན་གྱི་ལོ་རྒྱུས་སྨྲ་བ་རྣམས་ལ་རང་བྱུང་ཁམས་ཀྱི་དངོས་པོའི་གྲུབ་ཚུལ་དང་འཕེལ་འགྱུར་སོགས་བརྟག་དཔྱད་ཞིབ་འཇུག་གནང་རྒྱུའི་ཆ་རྐྱེན་མ་

འཇོམས་པས་དེ་དག་ལ་ཚན་རིག་དང་མཐུན་པའི་འགྲེལ་བཤད་ཡོང་ཐབས་མེད་པ་ནི་སྨོས་ཅི་དགོས། འོན་ཀྱང་དེང་རབས་ཀྱི་མཁས་པ་ཁ་ཅིག་གིས་བཤད་ཚུལ་དེ་རིགས་ནི་ལྷ་སྲུང་ཡིན་ཟེར་ནས་བསུབ་རྒྱང་བྱེད་པ་དེ་ཤིན་ཏུ་མི་འཐད་པ་ལོས་ཡིན། གནའ་རབས་ཀྱི་འདུ་ཤེས་འཛིན་སྟངས་དང་དེ་ལས་བྱུང་བའི་བཤད་ཚུལ་རྣམས་ཚན་རིག་དང་ཡོངས་སུ་མཐུན་པ་ཞིག་ག་ལ་ཡོང་ཐུབ། རང་རེས་ལོ་རྒྱུས་དངོས་གཙོ་སྨྲ་བའི་ལྟ་ཚུལ་གྱི་ཐོག་ནས་དཔྱད་ཞིབ་བྱེད་དགོས། དེ་ཡང་འདིར་སྲིའུ་ཞེས་པ་དེ་ལ་བོད་ཀྱི་སྐད་ཡིག་ཐོག་ནས་དཔྱད་ན། སྲ་ཆུང་ཆུང་ཞེས་པའི་གོ་དོན་ཡོད། དཔེར་ན་བོད་ཀྱི་སྐད་ཡིག་ནང་རྟ་ཆུང་ཆུང་ལ་རྟེའུ་དང་། བ་ཆུང་ཆུང་ལ་བེའུ། ར་ཆུང་ཆུང་ལ་རེའུ། མཚོ་ཆུང་ཆུང་ལ་མཚེའུ་དང་། རྡོ་ཆུང་ཆུང་ལ་རྡེའུ་སོགས་འུ་ཡིག་གིས་ཆུང་ངུ་མཚོན་པར་བྱེད་པ་ཤིན་ཏུ་མང་བ་ལྟར་སྲ་ཆུང་ཆུང་ལ་སྲིའུ་ཞེས་བརྗོད་པ་ཡིན། དེ་བཞིན་བྲག་སྲིན་མོ་ཞེས་པའང་གནས་ཡུལ་བྲག་གི་ཕུག་པར་བཅའ་བ་དང་གདོད་མའི་སྤྲ་མི་རྣམས་ལྟར་སྒྲོག་ཆགས་གཞན་གྱི་ཤ་ཁྲག་ཟ་ཞིང་འཚོ་བའི་སྤྲ་རིགས་ཤིག་ཡིན་པ་ལ་གནས་སའི་བྲག་དང་འཚོ་ཐབས་ལ་སྲིན་མོ་ཞེས་བཏགས་པ་ལས་དངོས་མེད་ཀྱི་འདྲེ་མོའམ། གདོན་འདྲེ་མོ་ཞེས་པའི་གོ་དོན་ནི་གཏན་ནས་མ་ཡིན་ནོ། མདོར་ན་བོད་ཀྱི་མིའི་འབྱུང་ཁུངས་ནི་ཡར་ཀླུང་གཙང་པོའི་ཆུ་བརྒྱུད་ཀྱི་ནགས་ཚལ་དུ་གནས་ཤིང་ཤིང་འབྲས་ཟ་བའི་སྤྲ་རིགས་ཆུང་བ་དང་། བྲག་ཕུག་ཏུ་སྡོད་ཅིང་སྒྲོག་ཆགས་ཀྱི་ཤ་ཁྲག་ལ་རོལ་བའི་སྤྲ་རིགས་ཆེ་བ་གཉིས་ཕན་ཚུན་འདུས་པ་ལས་འཕེལ་བའི་སྤྲེ་གུ་རྣམས་རིམ་འགྱུར་གྱི་བྱུང་བ་དེ་ཡིན་པ་ཤེས་པར་བྱའོ། བཤད་ཚུལ་དེ་རིགས་ནི་ལོ་རྒྱུས་དངོས་གཙོ་སྨྲ་བའི་ལྟ་བ་དང་མཐུན་པ་ཞིག་ཡིན་ལ། འཛམ་གླིང་ཐོག་མི་ཡི་འགྲོ་བ་འཕེལ་ཚུལ་གྱི་གཞུང་

ལུགས་ཐད་ལ་རང་རེའི་མི་རིགས་འདིས་ཆེས་སྔ་བོས་ཀྱི་བྱས་རྗེས་རླབས་པོ་ཆེ་བཞག་པ་ཞིག་ཀྱང་ཡིན།

དེ་ནས་ལོ་ངོ་ཁྲི་ཕྲག་དུ་མ་འདས་པའི་རྗེས་སུ་སྤྲ་མི་རྣམས་རང་ཉིད་འཚོ་གནས་ཀྱི་ཆེད་རང་བྱུང་ཁམས་ལ་ཡུན་རིང་འཐབ་རྩོད་ཀྱི་ངལ་རྩོལ་བྱས་པ་བརྒྱུད་རིམ་བཞིན་མིར་གྱུར་པ་དང་། ཐོན་སྐྱེད་ནུས་ཤུགས་ཧ་ཅང་དམའ་བའི་སྤྱི་ཚོགས་ནང་དཀའ་སྡུག་ཆེ་བའི་འཚོ་བ་སྐྱེལ་དགོས་བྱུང་བའི་སྐོར། ཆོས་འབྱུང་མཁས་པའི་དགའ་སྟོན་ལས།

"ལོ་ཏོག་ཟོས་པས་དེ་ཀུན་མི་ཉིད་གྱུར། །
མ་རྨོས་འབྲུ་ཟ་གོས་སུ་ཤིང་ལོ་གྱོན། །
ནགས་ན་རི་དྭགས་ལྟ་བུར་གནས་པ་ཡི། །
སློ་དང་མོན་ལྟར་སྤྱོད་པས་བོད་ཡུལ་གང་། །"

ཞེས་གསལ་བ་དང་། ད་དུང་བོད་ཀྱི་གདོང་མའི་ལོ་རྒྱུས་འཆད་སྐབས་མི་མ་ཡིན་གྱི་དབང་མཛད་བཅུའམ་བཅུ་གཉིས་སོགས་རིམ་པར་བྱུང་ཚུལ་དེ་དག་ཀྱང་ལེགས་པར་དཔྱད་ན་སྤྲ་མི་ནས་གནའ་མིར་འགྱུར་བའི་བརྒྱུད་རིམ་གྱི་དཔྱད་གཞི་ཞིག་ཡིན་ལས་ཆེ་སྙམ། དེ་ཡང་ལོ་རྒྱུས་ཆེན་མོ་སོགས་ལས།

"དང་པོར་གནོད་སྦྱིན་ནག་པོས་དབང་བྱས་ཏེ། །
ཡུལ་གྱི་མིང་ཡང་བཟང་ཡུལ་རྒྱན་མེད་ཟེར། །
མཚོན་ཆ་མདའ་གཞུ་དེ་ཡི་དུས་སུ་བྱུང་། །
དེ་ནས་རེ་ཏེ་མགོ་གཡག་བདུད་ཀྱིས་བྱས། །
མིང་ཡང་བདུད་ཡུལ་ཁ་རག་རོང་དགུར་བཏགས། །
སྟ་རེ་དགྲ་སྟ་དེ་ཡི་དུས་སུ་བྱུང་། །

དེ་ནས་སྲིན་པོ་གཞའ་རེངས་ཁྲག་མིག་བྱུས། །
ཡུལ་མིང་སྲིན་པོ་ནག་པོ་དགུ་ཡུལ་ཟེར། །
སྲིན་མོ་རྐང་དང་སྒྲོགས་གཉིས་ལག་ཆར་བྱུང་། །
བཞི་པ་དམར་འཛམ་ལྷ་ཡིས་དབང་བྱས་ཏེ། །
ལྷ་ཡུལ་གུང་ཐང་ལག་ཆར་ཆུ་གྲི་བྱུང་། །
ལྔ་པར་རྨུ་རྒྱལ་ཁྱི་རྫེ་ཞེས་བྱས་བཟུང་། །
ད་ཕྲང་ཅང་ཕྲང་ལག་ཆར་ཞགས་པ་འཕེན། །
དྲུག་པར་ཀློག་ཀློག་འདྲེ་ཡིས་དབང་བྱས་ཏེ། །
ལང་ཏང་ལིང་དང་བར་ཁའུར་རྡོ་འཕེན། །
བདུན་པ་མ་སངས་རུས་དགུས་དབང་བྱས་ཏེ། །
ཡུལ་གྱི་མིང་ནི་བོད་ཁ་ཉ་དྲུག་ཟེར། །
ལག་ཆར་རྡོང་རལ་གྲི་ཆ་ཕུབ་ཆུང་བྱུང་། །
བརྒྱད་པ་ཀླུས་བཟུང་བོད་ཁམས་གླིང་དགུ་བཏགས། །
དགུ་པ་རྒྱལ་པོས་དབང་བྱས་ངམ་པོ་ཅེ། །
བཅུ་པ་འགོང་པོ་དཔུན་དགུས་དབང་བྱས་ཏེ། །
ཡུལ་གྱི་མིང་ཡང་སྟོང་བདེ་བཙོ་བརྒྱད་ཟེར། །”①

ཞེས་གསལ་ཞིང་། མཁས་པ་ལྡེའུའི་ཆོས་འབྱུང་ནང་ཕལ་ཆེ་གོང་དང་འདྲ་ཡང་། ལག་ཆར་ཁ་ཏམ་རྩེ་གསུམ་དང་། མདུང་དང་། རྒྱུག་པ་ཀྱོག་ཅན་ཞེས་པ་སོགས་མི་མཐུན་ཙམ་འདུག དེ་དག་གདོད་མའི་གཏམ་རྒྱུད་ཙམ་ལ་

① （ཆོས་འབྱུང་མཁས་དགའ་དེབ་ངོས151 – 152）

བརྟེན་ནས་བྱུང་བས་དངོས་དོན་དང་ལག་ཆ་དར་བའི་གོ་རིམ་སོགས་ཚན་རིག་དང་མཐུན་པ་ཞིག་ཡོང་མི་སྲིད་ཀྱང་། གདོད་མའི་སྤྲ་མི་རྣམས་མིར་འགྱུར་བའི་འཕེལ་རིམ་ནང་། ཤིང་དང་། རྡོ། ཐག་པ། ལྕགས་རིགས་སོགས་ཐོན་སྐྱེད་ཀྱི་ལག་ཆ་རིམ་བཞིན་བེད་སྤྱོད་བྱས་ནས་གོང་འཕེལ་སོང་བའི་རྩ་བའི་ལོ་རྒྱུས་འཕེལ་འགྱུར་དང་འབྲེལ་བ་ཡོད་པར་བརྟེན་འདིར་དུས་རབས་བཅུ་གཅིག་པའི་ནང་ཁུ་སྟོན་བརྩོན་འགྲུས་གཡུང་དྲུང་གིས་མཛད་པའི་《ལོ་རྒྱུས་ཆེན་མོ་》ཞེས་པ་ལས་དྲངས་གནང་བ་འདི་དཔྱད་གཞི་ཙམ་དུ་བཀོད་པ་ཡིན།

གཞན་ཡང་དབང་མཛད་ཀྱི་སྐོར་འདི་བོན་གྱི་ལོ་རྒྱུས《བསྟན་འབྱུང་》ཞེས་པ་ལས་བྱུང་བའི་ནང་ནས་དུས་བུ་ཞིག་དྲངས་ན"……

དེ་རྗེས་བདུད་དང་སྲིན་མོས་དབང་བྱས་ཤིང་། །

བྲག་རི་དམར་ནག་ནགས་ཁྲོད་ལ་གནས་བཅས། །

འགྲོ་བ་མི་ལ་གནོད་བྱེད་དངོས་སུ་ཟ། །

མི་རྣམས་དུད་འགྲོའི་ཤ་ཟ་གདོང་པ་དམར། །

ཡུལ་མིང་བདུད་ཡུལ་ནག་པོ་དགུ་སྤུལ་ལམ། །

ཁ་རག་སྒོ་དགུ་ལྷ་སྲིན་གཉིས་ཀྱི་ཡུལ། །

མི་དང་སྲིན་འབྲེལ་སྲིན་གྱི་ཚ་བོའང་མང་། །

འགལ་རྐྱེན་བྱུང་ན་ཡུལ་ལྷ་དམར་གྱིས་གསོལ། །" ཞེས་དང་།

"དེ་རྗེས་མི་ལས་གདོན་གྱུར་བདུད་ཀྱིས་བཟུང་། །

རྩེ་ཤིང་རྫོ་ཁང་བྲག་ལ་གནས་བཅས་ནས། །

བོད་ཀྱི་རྒྱ་བོ་བཞི་འདུས་འགོ་མཛུག་བཟུང་། །

མི་དང་བསྲོངས་ཏེ་གཤེན་ལ་དོ་ཏུ་བསྟོས། །

བདུད་སྲིན་མི་དང་སྲིད་སྐྱེབས་དམག་དཔུང་དྲངས། །

སྟོན་པ་བྱོན་དུས་ཐམས་ཅད་དབང་དུ་སྡུད། །

ལྷ་སྲིན་སྡེ་བརྒྱད་བཀའ་བསྒོས་དམ་ལ་བཞག །

མི་ལ་ལྷ་གསོལ་བྱུར་ཕུད་བཀའ་ལུང་ཐོག །

འདི་ཡན་ལྷ་སྲིན་མི་དང་མ་བྱེའི་དུས། །

བསྐལ་པའི་དུས་རབས་ཆེན་པོ་དྲུག་ཙམ་བྱུང་། །

མི་ལོ་དུ་མའི་བར་དུ་དེ་ལྟར་གནས། །

མི་ཡི་ཁྲིམ་ཡང་ས་ཁྱུང་ཐྲག་ཕུག་དང་། །

རྗོ་ཡི་ཁང་བུ་བརྩིགས་འབུབ་བྱེད་པ་ལས། །

ཤིང་གཙོད་ཐག་ཆེམས་སོགས་ཀྱི་ལས་མི་ཤེས། །

ཟས་ནི་སར་སྐྱེས་ལྕུམ་དང་ཤ་ཟ་ལས། །

ཞིང་ལས་བཟའ་ཤིང་འཛུགས་པའི་རིག་པ་མེད། །"①

ཅེས་སོགས་འཁོད་པ་དེ་དག་ལས་གདོད་མའི་བོད་ཀྱི་སྤྱི་མི་རྣམས་རིམ་བཞིན་གནའ་མིར་གྱུར་པའི་བརྒྱུད་རིམ་རགས་པ་ཙམ་མཚོན་ཐུབ་པའི་དཔྱད་གཞི་ཁྱད་པར་ཅན་ཞིག་ཏུ་མཐོང་བས་འདིར་དྲངས་པ་ཡིན།

2. བོད་ཀྱི་གནའ་མིའི་དུས་ཚན་གྱི་རྩལ།

དེ་ལྟར་གནའ་མི་རྣམས་ཀྱི་རྒྱུད་པ་རིམ་བཞིན་འཕེལ་བ་ལས་བོད་ཀྱི་མིའུ་རིགས་བཞི་ཞེས་སེ་དང་། རྨུ་དང་། ལྡོང་དང་། སྟོང་སྟེ་དུས་ཚན་ཆེན་པོ་བཞི་ཆགས་པ་དང་། ཡང་དེའི་སྟེང་དབྲ་དང་འགྲུ་གཉིས་བསྣན་པས་མིའུ་

① （འབེལ་གཏམ་ལུང་གི་སྙིང་པོ། ཕྱི་པར་དེབ་ངོས24－25）

རིགས་དྲུག་བྱུང་ཞེས་ཀྱང་གྲགས།

བོད་ཀྱི་གདོད་མའི་རུས་ཚན་གྱིས་ཚུལ་སྐོར་ལའང་བཤད་སྲོལ་འདྲ་མིན་སྣ་ཚོགས་མཆིས་ཀྱང་། རུས་ཚན་གྱི་མ་ལག་འདྲེན་ཚུལ་རུང་ཆ་ཚང་བ་ཞིག་ལ་འདི་ལྟར་སྣང་སྟེ། "ཕ་སྤྲེལ་རྒན་བྱང་ཆུབ་སེམས་དཔའ་དེའི་རྒྱུད་རིམ་པར་འཕེལ་ཞིང་། རུས་རིགས་བཞི་རུ་དབྱེ་བ་ལ། སེ་དང་། རྨུ། ལྡོང་དང་། སྟོང་སྟེ་བཞིའོ།

དེ་ལས་སོ་སོར་ཕྱེ་བ་ལ། །
སེ་ལས་བྱུས་ལེགས་བུ་བཞི་སྲིད། །
རྨུ་ལས་གོད་ལེ་ཁྲ་བརྒྱད་སྲིད། །
ལྡོང་ལས་རུས་ཆེན་བཅོ་བརྒྱད་སྲིད། །
སྟོང་ལས་རྗེ་བཞི་ཁོལ་བརྒྱད་སྲིད། །

ཅེས་སེ་ལས་གྱེས་པའི་རུས་རིགས་ནི། རྒྱལ་ནང་རྗེ། གྲོ་ནང་ཉེད་བ། འོ་གོག་བཙན། དེ་སྟོང་སེ་དང་བཞིའོ། སྟོང་ལ་རྗེ་བཞི་ཁོལ་བརྒྱད་སོ་སོར་གྱེས་པའི་རུས་ཀྱི་མིང་ནི། ཅོག་ས་རྗེ། ཆང་རྗེ་ཐོད་དཀར་རྗེ། ཏེ་ཅོག་ཉལ་པོ་རྗེ། སྐྱགས་རྗེ་ཐོག་སྐམ་རྗེ་དང་བཞིའོ། འབངས་ནི་དམར་དང་། མར་མ་དང་། སྐལ་དང་། སྐལ་དབེན། རྔོག་དང་། ཁྲོག རོག་དང་། སྲས་ཏེ་བརྒྱད་ཡིན་ནོ། རྨུ་ལས་གོད་ལེ་ཁྲ་བརྒྱད་སོ་སོར་གྱེས་པའི་རུས་ཀྱི་མིང་ནི། ངབ་དང་། གཞུབ་དང་། བཞུ་དང་། སྨོན་དང་། འགར་དང་། དཀར་དང་། སྒོ་དང་། ངན་ལམ་སྟེ་བརྒྱད་ཡིན་ནོ། ལྡོང་གི་རུས་ཆེན་བཅོ་བརྒྱད་སོ་སོར་གྱེས་པའི་རུས་ཀྱི་མིང་ནི། ཅོག་དང་། ཅོག་སྟེ། ཅོག་རོ་དང་། འབྲོམ་དང་། ཁྱུང་པོ། རླ་བ་དང་། འབྲིང་དང་། ལྷ་ལུང་། ལྷ་སྟེ་དང་། གྲང་

དང་། དགེས་པ། ཁུན་དང་། ཉ་དང་། ཚོ་སྤྱོང་། ཝུ་ནག་དང་། སྐེ་དང་། ཕོ་གོ། ཐག་བཟང་ལ་ཧུས་ཆེན་བཅོ་བརྒྱད་ཟེར་བ་ཡིན། སྔོན་གྱི་དུས་སུ་བོད་ཀྱི་ཧུས་མིང་གི་རྩ་བ་དེ་རྣམས་ལས་མེད་ཀྱང་། ཕྱིས་ནས་མི་རྒྱུད་དང་ལུང་ཕྲན་གྱིས་པ་ལས་བྱུ་བའི་གནས་སྐབས་དང་སྦྱར་བའི་ཧུས་ཀྱི་མིང་དང་། ཡུལ་སྐད་སོ་སོའི་སྒྲ་གདངས་ཀྱི་སྐད་ཟུར་ཆག་པ་དང་རིགས་ཧུས་ཀྱི་མིང་སོ་སོ་ལྷ་བུ་སྣང་བ་ཡིན་"①ཞེས་གསལ་བ་ལྟར་གནའ་དུས་སུ་རང་རེ་བོད་མི་ཚང་མར་རང་རང་གི་ཧུས་མིང་ཡོད་པ་ནི་ལོ་རྒྱུས་ཀྱི་ཡིག་རྙིང་མཐའ་དག་ལས་གསལ་པོ་མཐོང་ཐུབ་ཅིང་། བོད་སིལ་བུ་ཁ་ཐོར་གྱི་དུས་མཇུག་ཏུ་སངས་རྒྱས་ཆོས་ལུགས་ཀྱི་གྲུབ་མཐའ་མང་པོ་དར་རྒྱས་བྱུང་སྟེ་ཆོས་ཀྱི་དགོངས་དོན་དང་མཐུན་པའི་མི་མིང་འདོགས་སྲོལ་དར་ཁྱབ་ཏུ་གྱུར་པ་ནས་བཟུང་ཧུས་མིང་རྣམས་རིམ་བཞིན་འབོད་སྲོལ་མེད་པར་གྱུར། འོན་ཀྱང་མདོ་སྨད་དང་ཁམས་ཁུལ་ས་ཁུལ་ལ་ལར་ད་ལྟའང་ཧུས་མིང་གི་འབོད་སྲོལ་མ་ཉམས་པའང་ཡོད་པར་སྣང་། དེ་དག་ཐམས་ཅད་ཀྱི་ཐོག་ནས་རང་ཅག་བོད་མི་རིགས་ཀྱི་རྩ་བ་ནི་ས་གནས་འདི་རང་དུ་བྱུང་ཞིང་འཕེལ་བའི་ལོ་རྒྱུས་ཡུན་ཏ་ཅང་རིང་པོ་ཡོད་པ་གླེང་མེད་ཀྱི་སྒོ་ནས་ར་འཕྲོད་ཐུབ་པ་ཡིན།

3. བོད་མིའི་རྒྱུད་པ་མི་རིགས་གཞན་ལས་ཆད་རྩལ་སྒྲ་བར་མཐའ་དཔྱོད་དང་། བོད་ཀྱི་ས་འོག་ནས་ཐོན་པའི་འབྲེལ་ཡོད་གནའ་རྫས་ཀྱི་སྐོར།

རྒྱ་གར་གྱི་མཁས་པ་ཤེས་རབ་གོ་ཆས་ལྷ་ལས་ཕུལ་བྱུང་གི་བསྟོད་འགྲེལ་དུ་རིག་བྱེད་ཀྱི་གཏམ་རྒྱུད་ལས་བཤད་པའི། "སྔོན་རྩོད་ལྡན་གྱི་ཐོག་མར་རྒྱལ་

①（རྗེ་འབངས་རྣམས་ཀྱི་རིགས་ཧུས་གསལ་བའི་སྒྲོན་མེ་ཁྲིམས་མ་ཤོག་གྲངས47）

པོ་སྐྱ་སེང་གེ་བུ་ལྷ་དང་དགྲ་ངན་དཔུང་ཚོགས་བཅུ་གཉིས་འཐབ་པ་ན། རྒྱལ་པོ་རུ་པ་ཏི་བྱ་བ་འཁོར་བརྒྱ་དང་བཅས་བུད་མེད་ཀྱི་ཆས་སུ་ཞུགས་ཏེ་རི་ཁ་བ་ཅན་གྱི་ཁྲོད་དུ་བྲོས་པ་ལས་འཕེལ་བ་ལ་དེང་སང་ཡང་བོད་ཅེས་གྲགས་སོ” ①ཞེས་བྲིས་པ་ཁུངས་སུ་བྱས་ཏེ་ཆོས་འབྱུང་རེ་ཟུང་ནང་བོད་མིའི་འབྱུང་ཁུངས་རྒྱ་གར་ནས་ཡིན（བུ་སྟོན་ཆོས་འབྱུང་）ཟེར་བ་དེ་ནི་གནའ་རབས་བཙན་པོའི་དུས་ཀྱི་ཡིག་རིགས་ཀུན་དང་མི་མཐུན་ལ། བོད་ཀྱི་རྒྱལ་རབས་ཆོས་འབྱུང་གཞན་དག་གིས་ཀྱང་དང་ལེན་མི་བྱེད་པ་མ་ཟད། ནེའུ་པཎྜི་ཏ་སྨོན་ལམ་བློ་གྲོས་ཀྱིས་ནི། གཉའ་ཁྲི་བཙན་པོའི་འབྱུང་ཁུངས་ཀྱི་མཚམས་སུ“ བོད་ཀྱི་རྒྱལ་ཁམས་ཆེན་པོ་འདིའི་བདག་པོར་གྱུར་པ་ནི། རི་བྲག་པ་སྐྱབས་སེང་གེའི་བུ་ལྷ་ཚོགས་པ་ཡིན་པར། སློབ་དཔོན་ཤེས་རབ་གོ་ཆས་མཛད་པའི་ལྷ་ལས་ཕུལ་དུ་བྱུང་བའི་བསྟོད་པའི་འགྲེལ་པ་ལས་བཤད་ཅེས་ཟེར་བ་ནི། སྨར་ཐང་པ་རིག་རལ་གྱི་རྫུན་ཡིན་ཏེ། དེ་ལས་མ་བཤད་པའི་ཕྱིར་རོ” ②ཞེས་གསལ་འདུག་པ་དང་དཔའ་བོ་གཙུག་ལག་ཕྲེང་བས་ཀྱང་། “ཀུན་མཁྱེན་བུས་བསྟོད་འགྲེལ་གྱི་ལུང་གིས་བོད་སྤྱིའི་མི་རྣམས་རུ་པ་ཏི་ལས་ཆད་པ་ཞེས་སོགས་མང་དུ་སྣང་ཡང་དག་པར་མ་མཐོང་” ③ཞེས་དགག་པ་གནང་ཡོད་པ་ལྟར་བཤད་ཚུལ་དེ་ལ་ནི་ལོ་རྒྱུས་དང་དོན་དངོས་གང་གི་ཐད་ནས་ཀྱང་གཞི་འཛིན་ས་གང་ཡང་མེད་དོ། ཡང་ལ་ལས་འཇང་རིགས་ཀྱི་ཁོངས་སུ་ནུབ་ཀྱི་འཇང་ཞེས་དང་། བོད་འཇང་

① （མཁས་པའི་དགའ་སྟོན་དེབ་དང་པོ158）
② （སྟོན་གྱི་གཏམ་མེ་ཏོག་ཕྲེང་བ། ཡིག་རྙིང་བྲིས་མ་ཤོག་གྲངས2）
③ （མཁས་པའི་དགའ་སྟོན157）

ཞེས་པ་སོགས་ཡོད་པ་དེ་དག་ནི་བོད་རིགས་ཀྱི་མེས་པོ་ཡིན་ཞེས་ཟེར། འཇང་ཞེས་པའི་རྒྱ་ཡིག་གི་ཡིག་འབྲུ་གྲུབ་སྟངས་དེར་འགྲེལ་བཤད་ཞིབ་གསལ་བྱས་ན་སྔོན་དུ“ ཡང་” ཞེས་ར་ལུག་ཅེས་པའི་ཡི་གེ་དེ་དང་། འོག་ཏུ“ རིའན་” ཏེ་མི་ཞེས་པའི་ཡིག་འབྲུ་གཉིས་ལས་གྲུབ་པ་ཞིག་ཡིན། དེའི་གོ་དོན་ནི་ར་ལུག་འཚོ་མཁན་གྱི་མི་ཟེར་བ་ཡིན། སྐབས་དེར་རང་རྒྱལ་གྱི་ནུབ་བྱང་ས་ཁུལ་དུ་གནས་པའི་འབྲོག་ལས་བྱེད་མི་རྣམས་ཀྱི་སྤྱི་མིང་དུ་འཇང་ཟེར་བ་ལས་མི་རིགས་ཤིག་གི་མིང་མ་ཡིན་སྙམ། འདི་ནི་རང་རྒྱལ་བྱང་ཕྱོགས་ས་ཁུལ་དུ་གནས་པའི་གྲངས་ཉུང་མི་རིགས་རྣམས་ཀྱི་སྤྱི་མིང་དུ“ ཧུའུ་” ཞེས་འབོད་པ་དང་། ལྷོ་ཕྱོགས་ས་ཁུལ་དུ་གནས་པའི་གྲངས་ཉུང་མི་རིགས་རྣམས་ཀྱི་སྤྱི་མིང་དུ“ གཡོད་” ཅེས་འབོད་པ་ལྟ་བུ་ཡིན། འཇང་པ་རང་ཉིད་ཀྱིས་ཀྱང་སོ་སོའི་མི་རིགས་དེའི་མིང་ལ་འར་རྒྱའ་དང་ཡང་ན་འར་ཚན་ཟེར་བ་ལས་འཇང་ཟེར་གྱི་མེད། མིའི་རིགས་ཀྱི་སྤྱི་ཚོགས་དབྱར་མཚོ་རྒྱས་པ་ལྟར་ཉིན་བཞིན་གོང་དུ་འཕེལ་བ་དང་སྤྲགས་སྤྱི་ཚོགས་ཚན་རིག་དེའང་བརྗོད་པར་དཀའ་བའི་འཕེལ་རྒྱས་ཕྱིན་སྐབས། མི་ཡི་འགྲོ་བ་ཇི་ལྟར་དར་ཚུལ་དེ་ལའང་ཚན་རིག་དང་མཐུན་པའི་འགྲེལ་བཤད་བྱེད་ཐུབ་པ་བྱུང་བ་དང་། ལྷག་པར་བོད་དུ་དེང་རབས་ལོ་བརྒྱ་ཕྲག་གཉིས་གསུམ་རིང་ས་འོག་ནས་གནའ་རབས་ཀྱི་དངོས་རྫས་འབོར་ཆེན་ཐོན་པ་དེ་ལས་བོད་ཡུལ་དུ་མིའི་འགྲོ་བ་ཇི་ལྟར་དར་བའི་སྐོར་ལ་ཚན་རིག་གི་དཔང་རྟགས་ཇི་སྙེད་ཅིག་བྱུང་ཡོད། ད་ཐན་ལོ་བརྒྱ་ཕྲག་གཉིས་གསུམ་རིང་བརྟག་ཞིབ་བྱས་པ་བརྒྱུད་རྡོ་ཆས་རྙིང་མའི་དུས་སྐབས་དང་རྡོ་ཆས་གསར་མའི་དུས་སྐབས་ཀྱི་རྡོ་ཡི་ལག་ཆ་སྣ་ཚོགས་དང་། རྫ་ཆས། རུས་ཆས། རྒྱན་ཆ། འབྲུ་རིགས་ཀྱི་སོན། དེ་བཞིན་གནའ་མིའི་རུས་པ་སོགས་གནའ་རྫས་

འཐོར་ཆེན་གྲོན་པ་དཔེར་ན། ཉེ་ཁྲིའི་ཉང་ཆུའི་འགྲམ་ནས་གནའ་རབས་ཀྱི་མི་ཡི་རུས་པ་གྲོན་པ་དེ་དག་ལ་ཆེད་ལས་མཁས་པས་བརྟག་ཞིབ་ཀྱི་ངོས་འཛིན་བྱས་གསལ་ཏུ། "ཉེ་ཁྲིའི་མི" ཡི་རུས་པ་དེ་ཚོར་སྤྲ་མིའི་གདོད་མའི་རང་རྟགས་མེད་པར་གྱུར་ཟིན་པས་དེང་རབས་ཀྱི་མིའི་ཁོངས་སུ་གཏོགས་པ་དང་། "ཉེ་ཁྲིའི་མི" ཡི་རུས་པ་དེ་ཚོ་ནི་ལོ་ངོ་བཞི་སྟོང་ལྷག་ཙམ་གོང་སྔེ་རྡོ་ཆས་གསར་མའི་དུས་རབས་དང་། ཡང་ན་ལྕགས་རྡོ་ཟུང་འབྲེལ་བེད་སྤྱོད་བྱེད་པའི་དུས་རབས་ཀྱི་མི་ཡིན་ཟེར།

དེ་བཞིན་གཉའ་ལམ་དང་། དིང་རི། ཤན་ཚ། མེ་ཏོག ཆབ་མདོ་སོགས་བོད་ཀྱི་སྟོད་སྨད་བར་གསུམ་ནས་རྡོ་ཆས་དང་། རྫ་ཆས། གནའ་མིའི་རུས་པ་སོགས་གནའ་རྫས་མང་པོ་ཞིག་རྙེད་པ་དང་། ལྷག་པར་དུ་ཆབ་མདོ་ཁ་རུབ་ནས་གནའ་མིའི་ཁང་པ་དང་། འབྲུ་རིགས་ཀྱི་སོན། ཕྱུག་ཆགས་ཀྱི་རུས་པ། རྡོ་ཆས། རྫ་ཆས་སོགས་རྙེད་པ་དེས་བོད་ཡུལ་འདིར་མི་ཡི་འགྲོ་བ་ཇི་ལྟར་བྱུང་ཚུལ་དང་། བོད་ཀྱི་གནའ་རབས་རིག་གནས་འཕེལ་འགྲིབ་སྐོར་ཞིབ་འཇུག་བྱེད་པར་སྣ་མང་ཕུན་སུམ་ཚོགས་པའི་ཚན་རིག་གི་གཞི་འཛིན་ས་བྱུང་ཡོད། ཁ་རུབ་ཟེར་བའི་ས་མིང་ཐོབ་ཚུལ་ནི་ཡུལ་དེའི་ཉེ་འགྲམ་དུ་བྲག་རི་ཁ་རུབ་ནས་བསྡད་པ་ལྟ་བུ་ཞིག་ཡོད་པར་བརྟེན་དེའི་ཁུལ་གྱི་ས་ཆ་ལའང་ཁ་རུབ་ཟེར་བ་ཡིན་ཟེར། ཡང་ལ་ལས་ཧོར་གོང་མའི་དམག་དཔོན་ཆེན་པོ་དོར་རྟ་དཔུང་དམག་དང་བཅས་པ་བོད་དུ་ཡོང་སྐབས་ཆབ་མདོ་ཁུལ་དུ་དམག་མི་གཏོང་རྩིས་བྱས་སྐབས་ཡུལ་མི་རྣམས་ནས་ཡུལ་དེར་མཁར་རྫོང་བརྒྱབ་སྟེ་རྒོལ་ལན་སློག་པའི་གྲབས་བྱས། དེ་རྗེས་མཁར་རྫོང་དེ་རྣམས་བདག་མེད་དུ་སོང་སྟེ་མཁར་རོར་གྱུར། ཕྱིས་ས་ཆ་དེར་གྲོང་ཚོ་ཞིག་ཆགས་པ་ལ་མཁར་རོ་གྲོང་ཚོ

ཞེས་འཐོད་ཡེར། གཏོང་མའི་ཁ་རུབ་གྲོང་ཚེ་དེ་ནི་རྫ་ཆུའི་ནུབ་ངོས་ཆུ་འགྲམ་དུ་གནས་ཡོད་ལ། རྒྱ་མཚོའི་ངོས་ལས་མཐོ་ཚད་སྤྱི་ཁྲི་སུམ་སྟོང་བརྒྱ་ཙམ་ཡོད། ཚོད་དཔག་ལྟར་ན། གནས་ཡུལ་གྱི་རྒྱ་ཁྱོན་ནི་སྤྱི་ཁྲི་ངོས་སྙོམས་གྲུ་བཞི་མ་ཆིག་ཁྲི་ཙམ་ཡོད་པ་ལས་ད་ཕན་སྔོག་ཐེངས་སྤྱ་རྗེང་གཉིས་ལ་བསྡོམས་རྒྱ་ཁྱོན་སྤྱི་ཁྲི་ངོས་སྙོམས་གྲུ་བཞི་མ་ཆིག་སྟོང་བརྒྱད་བརྒྱ་ཙམ་བསྔོགས་ཏེ་ས་འོག་ནས་ཐོན་པའི་གནའ་རྫས་རིགས་མི་འདྲ་བ་ནི། ཁང་པའི་རྗེས་ཤུལ་ཁག་ཉི་ཤུ་རྩ་དགུ་དང་། རྡོ་རྩིག་དུམ་བུ་གསུམ། རྡོ་རྩིག་གི་སྟེང་ཆ་སྒོར་མོ་གཉིས། རྡོ་ཡི་ར་སྒོར་གསུམ། མེ་ཐབ་ཕུང་དོང་ཁག་བཞི་བཅས་ཡོད་པ་དང་། གནའ་རྫས་རྡོ་ཆས་ངོ་གྲངས་བདུན་སྟོང་དགུ་བརྒྱ་བདུན་ཅུ་དོན་བརྒྱད་དང་། རུས་ཆས་ངོ་གྲངས་སུམ་བརྒྱ་དྲུག་ཅུ་རེ་བརྒྱད། རྫ་ལེབ་ཉིས་ཁྲི་ལྷག་ཙམ་ཡོད་ཐོག་ནས་ལྷུག་སྒྲིག་ཐུབ་པ་ངོ་གྲངས་བཞི་བཅུ་ཞེ་དྲུག རྒྱན་ཆ་དངོས་རིགས་མི་འདྲ་བ་གཉིས་བཅས་ཡོད་ཅིང་། རྩྭ་བསྲེས་འདམ་པའི་ཁང་པ་ལའང་སྒོར་མོ་དང་། གྲུ་བཞི། ནར་མོ་སོགས་བཟོ་དབྱིབས་མི་འདྲ་བ་ཡོད་ལ་ཁང་པ་དེ་ཚོའི་དབུས་སུ་སྒྲིད་རྡོ་རྐང་གསུམ་སོགས་ཀྱི་ཐབ་ཀྱང་ཡོད།

ས་འོག་ནས་ཐོན་པའི་རུས་ཆས་ནི་ཉུང་ཙམ་ཡིན་ཞིང་རུས་ཆས་ཀྱི་གྲས་སུ། སླུང་བུ་དང་། ཁབ། སྟ་རེ། རུས་ལེབ་སོག་ལེའི་ཁ་ཅན། རྣ་སླུང་སོགས་དང་། དེ་བཞིན་སེམས་ཅན་གྱི་རུས་པ་མང་པོ་ཐོན་པ་དང་། རུས་ཆས་མང་ཆེ་བ་ནི་བཟོ་དབྱིབས་ཞིབ་ཚགས་ཤིང་། རུས་ཁབ་ལ་ལར་ལི་ཀྲིད་ཉི་ཤུ་རྩ་བཞི་ཙམ་ལས་མེད་ལ་ཁབ་མིག་ཀྱང་སྐྱོན་མེད་དུ་བསྣད་ཡོད་པས་མཐོང་བ་ཙམ་གྱིས་ཧ་ལས་དགོས་པ་ཡོད།

རྫ་ཆས་ནི་ཁོག་མ་དང་། སླང་། ཐོར་པ་སོགས་རིགས་ཉུང་ཙམ་ལས

མེད་ཏུང་། དེ་དག་གི་རི་མོ་ནི་ཧ་ཅང་ཕུན་སུམ་ཚོགས་པ་སྟེ། བཀྲིས་རིས་དང་། ཐག་རིས། ལེབ་ཤད་རི་མོ། འཚེར་ཅན་རི་མོ། སྦྲུག་གཟེབ་རི་མོ་སོགས་རིགས་ཧ་ཅང་མང་ཞིང་། རྫ་ཆས་ཀྱི་མདོག་ནི་དམར་པོ་དང་། སེར་པོ། ཐལ་མདོག ནག་པོ་བཅས་ཡོད་ལ་རྫ་ཆས་མང་ཆེ་བ་འཇམ་ཤ་དོད་ལ་ཕྱུས་ཀ་དག་པོ་མཆིས།

མཛེས་རྒྱན་དངོས་ཆས་གྲས་སུ་སྐྲ་གཟེར་དང་། སོ་གོར། རྣ་ལོང་། ཕྲེང་རིལ། མགུལ་རྒྱན། ཕྲུལ་ཕྲུལ། འཁྲོན་བུ་སོགས་ཡོད་པ་དང་། དེ་དག་གི་རྒྱུ་ཆ་ནི་རྡོ་དང་། གཡང་ཏི། རུས་པ་སོགས་ཡིན་ལ་མཛེས་ཤིང་ཕྱུས་ཀ་དག་པ་དང་སྣ་མང་ཕུན་སུམ་ཚོགས་པོ་ཡོད།

ས་འོག་ནས་ཐོན་པའི་དངོས་པོ་མང་ཆེ་བ་ནི་རྡོ་ལས་གྲུབ་པའི་ཐོན་སྐྱེད་ལག་ཆ་ཡིན་ཞིང་། དེའི་ནང་རྡོ་ཆས་ཕྲ་མོ་དང་། བརྡར་བཟོས་རྡོ་ཆས་བཅས་རིགས་གསུམ་ཡོད་ལ། ལག་ཆ་དེ་རྣམས་ཀྱི་རྣམ་གྲངས་ནི་སྦྲུག་མ་དང་། སྟ་རེ། འཇོར། གཤོལ། མདུང་རྩེ། མདའ་རྩེ། འབྲེག་གཏུབ་ཀྱི་ལག་ཆ་དང་། གཙབ་གཙོད་ཀྱི་ལག་ཆ། འཇོག་རྟེང་གི་ལག་ཆ་སོགས་ཁྱོན་བསྡོམས་རྣམ་གྲངས་དྲུག་སྟོང་བརྒྱད་བརྒྱ་ལྷག་ཙམ་ཡོད།

ཁ་རུབ་ཀྱི་རིག་གནས་ནི་རྡོ་ཆས་གསར་མའི་དུས་རབས་ཀྱི་རིག་གནས་ཀྱི་ཁོངས་སུ་གཏོགས་པ་དང་། ད་བར་མི་ལོ་བཞི་སྟོང་ལྔ་བརྒྱ་ནས་ལྔ་སྟོང་བར་སོང་ཟིན་ཅིང་། རིག་གནས་དེ་དག་གི་ཐོག་ནས་ལྷོ་ནུབ་དང་ནུབ་བྱང་གི་གནའ་མི་རྣམས་ཕན་ཚུན་འགྲོ་འོང་དང་རིག་གནས་སྤེལ་རེས་ཀྱི་གནས་ཚུལ་མཐོང་ཐུབ་ལ། མཁར་ལས་འཛུགས་སྐྲུན་གྱི་གོམས་གཤིས་དང་སྒྱིད་རྡོ་གསུམ་ལྡན་གྱི་མེ་ཐབ་འཛུགས་སྲོལ་སོགས་ཐུན་མོང་མ་ཡིན་པའི་ས་གནས་ཀྱི་ཁྱད་ཆོས

ཀྱང་ལྡན་ཡོད་པ་བཅས་བོད་མིའི་ཐོག་མའི་མེས་པོ་ས་མཐོ་འདི་རང་ནས་བྱུང་བའི་སྐོར་ལ་མུ་མཐུད་དཔྱད་ཞིབ་བྱ་རྒྱུའི་རིན་ཐང་ཆེན་པོ་ལྡན་ཡོད། རིགས་གཅིག་ཀྱང་འཛིན་པ་ལ་ལས་དཔྱེ་ཞིབ་གནང་བ་ལྟར་ན། ཁ་རུབ་ཡུལ་ཚོའི་གནའ་མི་རྣམས་ཀྱི་འཚོ་བའི་འབྱུང་ཁུངས་གཙོ་བོ་ནི་ཞིང་ལས་ཡིན་པ་དང་། རི་དྭགས་རྔོན་པ་དེའང་མེད་དུ་མི་རུང་བའི་གཞོགས་འདེགས་ཀྱི་བྱ་ཐབས་ཤིག་ཏུ་སྣང་། ཁ་རུབ་ཀྱི་རིག་གནས་ནི་སྣ་མང་ཕུན་སུམ་ཚོགས་པ་དང་། བོད་ལྗོངས་ས་མཐོའི་ཐོག་ད་ལྟ་རྙེད་པའི་དཔེ་མཚོན་རང་བཞིན་ལྡན་པའི་གནའ་རབས་ཀྱི་རིག་གནས་རྗེས་ཤུལ་ཞིག་ཡིན་ལ། ཀྲུང་ཧྭ་མི་རིགས་ཀྱི་རིག་གནས་བང་མཛོད་ནང་གི་ངོ་མཚར་ཆེ་ལ་འོད་ཟེར་འཕྲོ་བའི་ནོར་བུ་ཞིག་ཀྱང་ཡིན།

མདོར་ན་གོང་གསལ་ལོ་རྒྱུས་ཀྱི་ཡིག་རིགས་དེབ་ཐེར་ཁག་དང་། གནའ་རབས་ཀྱི་རིག་གནས་དངོས་པོ་འབོར་ཆེན་ཐོན་པ། དམངས་ཁྲོད་ཀྱི་གཏམ་རྒྱུད་སོགས་ཚང་མའི་ཐོག་ནས་མི་ལོ་སྟོང་ཕྲག་མང་པོ་དང་། ཡང་ན་མི་ལོ་ཁྲི་ཕྲག་འགའ་ཞིག་གི་སྔོན་ནས་བོད་ཀྱི་ཡུལ་འདི་ཉིད་དུ་བྱུང་ཞིང་འཕེལ་བའི་འགྲོ་བ་མིའི་རིགས་གནས་ཡོད་པ་ལས། ཡུལ་ཕྱོགས་གང་ཞིག་ནས་གསར་དུ་སྤྱོས་འོངས་ཏེ་དེའི་རྒྱུད་པ་ལས་བོད་ཀྱི་མི་རྣམས་བྱུང་བ་ནི་རྩ་བ་ནས་མ་ཡིན་ནོ། འོན་ཀྱང་བོད་རིགས་འདི་འང་མི་རིགས་གཞན་དང་འདྲ་བར་མི་རིགས་ཀྱི་གྲུབ་ཆའི་ངོས་ནས་བཤད་ན། གྲུབ་ཆ་གཅིག་ཁོ་ན་མ་ཡིན་པར་གྲུབ་ཆ་མང་པོ་ཡོད་པའི་མི་རིགས་ཤིག་ཡིན་སྟེ། དཔེར་ན། བོད་ཀྱི་མི་རིགས་ཆགས་པའི་བརྒྱུད་རིམ་ནང་རྒྱ་རིགས་དང་། འཇང་རིགས། སོག་རིགས་སོགས་ཉེ་འདབས་ས་འབྲེལ་གྱི་ཡུལ་གྲུར་གནས་པའི་མི་རྣམས་ཕན་ཚུན་རྒྱུད་པ་འདྲེས་ཏེ་མི་རིགས་སོ་སོའི་ཁོངས་སུ་གཏོགས་པའང་བྱུང་ཡོད་པ་ནི་སྨོས་མ་དགོས་པ

ལགས་སོ།

བཞི་པ། རྒྱལ་ཕྲན་བཅུ་གཉིས་དང་། སིལ་མ་བཞི་བཅུའི་སྐོར།

བོད་ཀྱི་གནའ་མི་རྣམས་མི་ལོ་སྟོང་ཕྲག་དུ་མའི་རིང་རང་བྱུང་ཁམས་ལ་དཀའ་ཚོགས་ཆེ་བའི་འཐབ་རྩོད་བྱས་ཏེ་འཚོ་ཐབས་བྱེད་པའི་ནང་། ཐོག་མར་རང་བྱུང་གི་རྡོ་ཆས་སྤྱོད་པ་ནས་རིམ་བཞིན་རྡོ་ཆས་ཐབས་ཆག་བཟོ་ཤེས་པ་དང་། དེ་ཡང་རིམ་པས་འཕེལ་རྒྱས་བྱུང་བ་སོགས་ལ་བརྟེན་ནས་ཐོག་མར་རི་དྭགས་རྔོན་པ་དང་། དེ་ནས་ཐོག་མའི་འབྲོག་ལས་དར་བ། ས་བབ་ཀྱི་ཆ་རྐྱེན་ལ་བརྟེན་ནས་ལ་ལར་རགས་རྩོ་རགས་འདེབས་ཀྱི་ཞིང་ལས་ཀྱང་གཉེར་བ་སོགས་མདོར་ན་མིའི་རིགས་ཀྱིས་ཐོན་སྐྱེད་ལ་ཞུགས་པ་དང་ལག་ཆ་སྤྱོད་ཅིང་བཟོ་ཤེས་པ་ནས་རིམ་བཞིན་འཕེལ་རྒྱས་བྱུང་མཐར་མི་གྲངས་ཀྱང་ཆེས་ཆེར་འཕེལ་སྐབས་རུས་ཚན་མང་པོར་གྱེས་ཤིང་། རུས་ཚོ་སོ་སོར་ཡང་དར་འཕེལ་ཆ་མི་སྙོམས་པའི་ཐོན་རྫས་ཀྱི་ལྷག་མ་བྱུང་བ་དང་བསྟུན་ནས་ཚོ་པའི་ཁྲིད་ཀྱི་མི་རྒན་རབས་ཉམས་མྱོང་དང་ལྡན་པ་ཞིག་གིས་ཐུན་མོང་གི་ཐོན་སྐྱེད་དང་འཚོ་བའི་འགན་འཁུར་བས་འགོ་པ་རང་བཞིན་གྱིས་ཆགས་པ་དང་། ཁོང་ཚོས་ཚོ་པ་ཐུན་མོང་ལ་བསམ་གཞིགས་དང་བཀོད་འདོམས་བྱེད་ཅིང་། དེ་ལ་ཀུན་གྱིས་བརྩི་བཀུར་བྱེད་པའི་སྲོལ་དང་རུས་ཚན་གྱི་ཚོ་པ་སོ་སོའི་རྣམ་པ་ཆེ་ཆུང་ཅི་རིགས་སུ་ཆགས་པའི་དུས་རིམ་ཧ་ཅང་རིང་པོ་ཞིག་བརྒྱུད་མྱོང་བ་ཡིན་ནོ།

ད་ཕན་མི་ལོ་སྟོང་ཕྲག་གཉིས་ལྷག་ཙམ་གྱི་གོང་དུ་སླེབས་དུས་བོད་ཀྱི་

གནའ་མིའི་ཟླ་ཚེས་རྣམས་དར་རྒྱུད་སྔ་ཚོགས་བྱུང་ནས་ཟླ་ཚེས་སྟོབས་ཤུགས་ཆེ་བ་རེ་རེས་ཟླ་ཚན་ཆུང་བ་འགའ་ཤས་དབང་དུ་བསྡུས་ནས་བོད་ཁམས་སྟོད་སྨད་བར་གསུམ་དུ་སྡེ་དཔོན་ནམ་རྒྱལ་ཕྲན་བཅུ་གྲངས་ཤིག་ཆགས་པ་དང་། ཐག་རིང་ས་བཙན་དུ་གནས་པའི་ཟླ་ཚན་དེ་བས་མང་བ་ཞིག་ སྤར་བཞིན་གྲམ་ནས་སོ་སོར་སྡོད་པ་བཅས་ལ་བོད་ཀྱི་ཡིག་ཚང་ནང་རྒྱལ་ཕྲན་བཅུ་གཉིས་དང་། སིལ་མ་བཞི་བཅུ་ཞེས་ཡོངས་སུ་གྲགས། འོན་ཀྱང་དེ་དག་བགྲང་ཚུལ་ལ་མི་འདྲ་བ་ཅུང་ཟད་མཆིས་པས་འདིར་ཏུན་ཧོང་གི་ཡིག་རྙིང་ལས་ཇི་ལྟར་འབྱུང་བ་བཞིན་བཀོད་པ་འདི་སྐད་དོ། “རྒྱལ་ཕྲན་(ཕྲན་)ཡུལ་ཡུལ་ན། མཁར་བུ་རེ་རེ་ན་གནས་སྟེ། རྒྱལ་ཕྲན་(ཕྲན་)བགྱིད་པ་དང་། རྒྱལ་ཕྲན་གྱི་བློན་པོ་བགྱིད་པའི་རང་(རབས་)ལ། ཞང་ཞུང་དར་པའི་རྗེ་(རྗེ་)། པོ་ལིགས་སྣ་ཤུར། བློན་པོ་ཁྱུང་པོ་ར་སངས་རྗེ་དང་། སྟོང་ལོམ་མ་ཙེ་གཉིས། མྱང་རོའི་ཕྱེད་(ཕྱེད་)ཀར་ན། རྗེ་རྨང་རྗེའི་ཐོད་ཀར། བློན་པོ་སུ་ཟུ་དང་གནང་གཉིས། ཡུལ་གནུབས་ཀྱི་སླིང་དགུ་ན། རྗེ་གནུབས་རྗེའི་སྲིས་པ། བློན་པོ་མེའུ་དང་གྲོ་གཉིས། ཡུལ་མྱང་རོའི་ཤམས་པོ་ན། རྗེ་ལོ་ངམ་གྱི་བྲམ་ཚ། བློན་པོ་མྱུ་དང་བྲེ་གཉིས། ཡུལ་སྐྱི་རོའི་ལྗང་སྔོན་ན། རྗེ་ཀྱི་རྗེའི་མང་པོ། བློན་པོ་ཤེའུ་དང་སུག་གཉིས། ཡུལ་ངས་པོའི་ཁྲ་གསུམ་ན། རྗེ་དགུག་གྲི་འི་ཟིང་པོ་རྗེ། བློན་པོ་མགར་དང་གཉན་གཉིས། ཡུལ་དབྱེ་རོ་ཡུལ་བཞི་ན། རྗེ་དབྱེ་རྗེ་འི་མཁར་པ། བློན་པོ་དབོ་དང་རྟུག་གཉིས། ཡུལ་འོ་ཡུལ་གྱི་སྤང་ཀར་ན། རྗེ་འོ་རྗེའི་ཟིན་ཕྲང་ཚ། བློན་པོ་རྗེ་དང་དབའས་གཉིས། ཡུལ་རྗེགས་ཡུལ་གྱི་གྲུ་བཞི་ན། རྗེ་རྗོག་ རྗེའི་ལ་ཕྲང་། བློན་པོ་སས་པ་དང་མྱང་ནད་གཉིས། ཡུལ་ཀློམ་རོའི་ཡ་སུམ་ན། རྗེ་ནམ་པའི་བུ་གསེང་ཏེ། བློན་པོ་མྱང་དང་སྦྲང་གཉིས།

ཡུལ་སྲིབས་ཡུལ་གྱི་རལ་མོ་གོང་ན། རྗེ་དྲང་རྗེའི་རྡོལ་ནམ། བློན་པོ་ཞུག་ཚམས་དང་དབྲད་གཉིས། ཡུལ་རྐོང་ལ་བྲེ་སྣར་ན། རྗེ་རྐོང་རྗེའི་ཀར་པོ། བློན་པོ་མཁར་པ་དང་ཕ་དྲུག་གཉིས། ཡུལ་མྱང་ཡུལ་གྱི་ཊ་གསུམ་ན། རྗེ་མྱང་ཙང་སླང་རྒྱལ། བློན་པོ་འོ་ཏུ་དང་སྦྲགས་གཉིས། ཡུལ་དགས་ཀྱི་གྲུ་བཞི་ན། རྗེ་དགས་རྒྱལ་གྱི་སྦྲག་ཟེན། བློན་པོ་ཕོ་གུ་དང་པོག་རོལ་གཉིས། ཡུལ་མཆིམས་ཡུལ་གྱི་དགུའ་ཡུལ་ནའ། རྗེ་མཆིམས་རྗེའི་ནེ་ཙུ། བློན་པོ་དང་དང་དིང་དི་གཉིས། ཡུལ་སུམ་ཡུལ་གྱི་ཡ་སུམ་ནའ། རྗེ་འབས་ལྡེ་མང་ཏུ་ཏེ། བློན་པོ་ཧླང་དང་ཀམ་གཉིས། ཡུལ་འབྲོག་མོ་སྣམ་གསུམ་ནའ། རྗེ་སེ་རི་ཁྲི། བློན་པོ་སྐྱང་རེ་གནག ……གནའ་ཡུལ་ཡུལ་ན་རྒྱལ་ཕྲན་དང་བློན་པོ་འདི་ལྟར་བབ་སྟེ། མྱི་མང་གི་རྗེ། ཡུལ་ཆེའི་བདག་བྱེད་བྱེད་པ་ལས། རྒྱལ་པོ་བཙན་པ་དང་། བློན་པོ་འཇངས་པ་དཀའ་པོ་ཆེ་རྣམས་ཀྱིས་གཆིག（གཅིག་）ཤེས་གཆིག་བརླག་སྟེ། འབངས་སུ་བཀུག་ན། མཐའ་མ་འོ་ལྡེ་སྤུ་རྒྱལ་གྱི་དབུ་རྔོག་མ་ཐོབ་①ཅེས་གསལ་བ་དེའི་ཐོག་ནས་རང་རེས་བོད་ཀྱི་སྤྱི་ཚོགས་འདི་བྲན་གཡོག་ལམ་ལུགས་ཀྱི་སྤྱི་ཚོགས་སུ་སླེབས་པའི་དུས་རིམ་སྐབས་ཤིག་གི་ཡུལ་གྲུ་སོ་སོའི་སྡེ་ཚན་དང་དབང་སྒྱུར་པའི་མིང་སོགས་རགས་པ་ཙམ་ཞིག་ཤེས་པར་ནུས་སོ།

---

① （ཏུན་ཧོང་ནས་ཐོན་པའི་བོད་ཀྱི་ལོ་རྒྱུས་ཡིག་ཆ་ལྷུགས་པར་དེབ་ངོས95－97）

ས་བཅད་གཉིས་པ། སྲུ་རྒྱལ་གྱི་གདུང་རབས་བྱུང་ཚུལ།

དང་པོ། བོད་རྗེ་གཉའ་ཁྲི་བཙན་པོའི་འབྱུང་ཁུངས་དང་མཛད་པའི་སྐོར།

གནའ་རབས་ཀྱི་དུས་སུ་ནི་བོན་གྱི་ལུགས་ལྟར་གནམ་གྱི་ལྷ་ལས་མིའི་རྗེ་བོར་ཕེབས་པ་ཡིན་ཟེར་བ་ཡོངས་སུ་གྲགས་པ་དང་། དེ་རྗེས་བསྟན་པ་ཕྱི་དར་གྱི་དུས་ནས་བཟུང་རྒྱ་གར་གྱི་ཤཱཀྱའི་རིགས་ཀྱི་རྒྱལ་རྒྱུད་འདི་དང་དེའི་སྲས་བོད་དུ་ཡུལ་འཁྱར་བ་ཡིན་ཟེར། ཡང་རྒྱའི་ཡིག་ཚང་ཁ་ཅིག་ཏུ་ནི་རྒྱལ་ནང་ནས་ནུབ་ཕྱོགས་སུ་ཡུལ་གྱུར་བའི་འཕན་མྱི་ཟེར་བ་ཞིག་བྱུང་བ་དེ་ཡིན་ཟེར། བོད་ཀྱི་ལོ་རྒྱུས་ཆོས་འབྱུང་སྔ་ཕྱོགས་ཀྱི་གྲས་ལ་ལར་ནི་གནའ་རབས་དམངས་ཁྲོད་ཀྱི་བཤད་རྒྱུན་ལྟར་ན་སྤུ་བོའི་ཡུལ་ནས་ཡར་ལུང་དུ་ཕྱིན་པ་ཡིན་ཟེར་བའི་ཕྱོད་སྐྱོལ་ཡང་དྲངས་ཡོད་པ་བཅས་འདོད་ཚུལ་མང་ལ་གཅིག་གྱུར་བྱུང་མེད་ཁར། མི་རྣམས་ཀྱི་བསམ་བློར་ཡང་འཁྲུལ་སྣང་གི་ཤུགས་རྐྱེན་ཆེ་ཙམ་ཡོད་སྐབས་འདིར་བཤད་ཚུལ་མི་འདྲ་བ་རྣམས་མདོར་བསྡུས་ཙམ་རེ་དྲངས་ཏེ་མཐའ་སྤྱོད་ཚུང་ཟད་ཅིག་མི་བྱེད་ཀ་མེད་དུ་གྱུར།

1. གནམ་གྱི་ལྷ་ལས་མི་ཡུལ་གྱི་རྗེ་བོར་བྱོན་པ་ཞེས་པ་ནི། བོན་གྱི་ལོ་རྒྱུས་སྔ་ཤོས་སུ་གྲགས་པ་ཡོ་ག་ལྷ་གྱེས་ཅན་ལས་རྒྱུས་པར་བཤད་ཡོད་པ་དང་། འདིར་གནའ་བོའི་བཤད་ཚུལ་མདོ་ཙམ་མཚོན་ཆེད་ཏུན་ཧོང་གི་ཡིག་རྙིང་ལས

དྲངས་ན། “ལྷ་གནམ་ནས་གཤེགས་པའི་གནམ་ལྷབ་ཀྱི་བླ་ན། ཡབ་ལྷ་བདལ་དྲུག་བཞུགས་པའི་སྲས་གཅེན་གསུམ་གཅུང་གསུམ་ན། །ཁྲིའི་བདུན་ཚིགས་དང་བདུན། །ཁྲི་ཡི་བདུན་ཚིགས་ཀྱི་སྲས། །ཁྲི་ཉག་ཁྲི་བཙན་པོ། །ས་དོག་ལ་ཡུལ་ཡབ་ཀྱི་རྗེ། །དོག་ཡབ་ཀྱི་ཆར་གཤེགས་སོ། །ལྷ་རི་གྱང་དོར་གཤེགས་ན……” ཞེས་གསལ་བ་ལྟར་བོད་ཡོངས་ལ་བཙན་པོའི་གདུང་རྒྱུད་ཀྱིས་དབང་སྒྱུར་བའི་དུས་སུ་བཤད་ཚུལ་དེ་ནི་བཙན་པོར་ཆེ་བསྟོད་ཞུ་བའི་གུས་སྲོལ་ཡོངས་ཁྱབ་ཏུ་དང་ལེན་བྱེད་དགོས་པའི་སྤྱི་འགྲོས་ཤིག་ཏུ་གྱུར་པ་ནི། སྐབས་དེ་ཤེད་དུ་བསྒྲུན་པའི་བོད་ཀྱི་གནའ་ཤུལ་རྗེ་རིང་གི་ཡི་གེ་ཁག་ལ་བལྟས་པ་ཙམ་གྱིས་ཤེས་ནུས། བྲན་གཡོག་ལམ་ལུགས་ཀྱི་སྤྱི་ཚོགས་ནང་། མི་ཡུལ་དུ་དངོས་སུ་བྱུང་བའི་རྒྱལ་པོའི་མི་རབས་དང་པོ་དེ་ལྷའམ་ཡང་ན་ལྷའི་དབང་པོའི་སྤྲུལ་འཕྲུལ་གྱི་སྲས་རྒྱུད་ཡིན་ཟེར་བ་ལ་སོགས་པ་ལྷ་སྐྲུང་དང་མཉམ་བསྲེས་ཀྱི་གཏམ་རྒྱུད་དེ་རིགས་ཏ་ལམ་འཛམ་གླིང་ཐོག་གི་མི་རིགས་སམ། ས་གནས་མང་པོའི་ལོ་རྒྱུས་ནང་རྟག་ཏུ་ཐོས་རྒྱུ་ཡོད་པ་དེ་ནི་མིའི་རིགས་ཀྱི་སྤྱི་ཚོགས་གོང་འཕེལ་འགྲོ་བའི་འཕེལ་རིམ་ངེས་ཅན་ཞིག་གི་སྐབས་ཐོན་སྲིད་པའི་སྤྱིར་བཏང་གི་གནས་ཚུལ་ཞིག་ཡིན་སྟབས། འདིར་ཡང་ལོ་རྒྱུས་ཀྱི་ཡིག་ཆར་གསལ་འབྱེད་ཅིག་བྱེད་པ་ལས་བདེན་དང་རྫུན་གྱི་རྩོད་གླེང་དགོས་དོན་མེད།

2. གཉའ་ཁྲི་བཙན་པོ་རྒྱ་གར་གྱི་རྒྱལ་རྒྱུད་ལས་ཆད་པ་ཡིན་ཟེར་བ་སྟེ། བཤད་ཚུལ་འདི་ནི་སྤྱི་ལོའི་དུས་རབས་བཅུ་གཅིག་པའི་ནང་ཙམ་ནས་ཐོན་འགོ་ཚུགས་པ་ཞིག་ཏུ་སྣང་། དེ་ཡང་ཐོག་མར། 《བཀའ་ཆེམས་ཀ་ཁོལ་མ་》 (འདི་ལ་རྒྱས་བསྡུས་ཁ་ཤས་ཡོད་) ནང་རྒྱ་གར་གྱི་ཤཱཀྱའི་རིགས་རྒྱུད་རྒྱས་པར་དྲངས་པའི་མཇུག་ཏུ། “བུ་རམ་ཤིང་པའི་རྒྱུད་ནི་རྒྱལ་རིགས་ཞེས་བྱ་སྟེ།

དེའི་རིགས་མང་དུ་གནས་སོ། དེ་ཡང་རྒྱལ་པོ་དོན་གྲུབ་ཀྱི་དུས་སུ། རབ་ཏུ་གྲགས་པའི་རྒྱལ་པོ། རྒྱལ་པོའི་ཁབ་ན་གཟུགས་ཅན་སྙིང་པོ། ཀོ་ས་ལ་ན་གསལ་རྒྱལ། པདྨ་ཅན་ན་པདྨ་ཆེན་པོ། པདྨ་ས་ལ་ན་འཆར་བྱེད། འཆར་བྱེད་ཀྱི་བུ་ཤར་པ། ཤར་པའི་བུ་དམག་རྒྱལ། དེའི་བུ་ཡངས་པ་ཅན་དུ་སྐྱུགས་པས་དེ་གངས་ཀྱི་ནང་ནས་མར་ཕྲིས་ནས། ལྷ་རི་གྱང་ཐོར་ཕྱིན……གཉའ་ཁྲི་བཙན་པོ་བྱ་བར་གྲགས་སོ། བོད་ཀྱི་བཙད་པོ་ལ་སྤྱ་བ་དེ་ཡིན་ནོ་”①ཞེས་གསལ་བ་དང་། དེ་རྗེས《མ་ཎི་བཀའ་འབུམ་》དུ། “དེའི་ཚེ་བོད་ལ་རྗེ་འབངས་ཀྱི་རྣམ་དབྱེ་མེད་པ་ལས། ཤཱཀྱའི་རིགས་ལ་ཤཱཀྱ་ཆེན་པོ་དང་། ཤཱཀྱ་ལི་ཙ་བྱི། ཤཱཀྱ་རི་བྲག་པ་གསུམ་ལས། མཐའ་མ་ལ། རྒྱལ་པོ་སྐྱབས་སེང་ཞེས་བྱ་བའི་བུ་ཆུང་བ་ཅིག་དཔུང་གི་ཚོགས་དང་བཅས་གངས་ཅན་གྱི་ཕྱོགས་སུ་བྲོས་པ་ལས། བོད་ཡུལ་དུ་སླེབས་ནས་ཡར་ལུང་ལྷ་རི་རོལ་པའི་རྩེ་ནས། ལྷ་སྐས་ལས་བཙན་ཐང་སྒོ་བཞིར་བབས་པ་དང་གནམ་ནས་འོངས་པའི་བཙན་པོ་ཅིག་འདུག་པས་རང་ཅག་རྣམས་ཀྱི་རྗེར་ཞུའོ་ཟེར་ནས་གཉའ་བར་ཁྲི་ལ་བཏེགས་ནས་རྒྱལ་པོར་བཀུར་བས་རྗེ་གཉའ་ཁྲི་བཙན་པོ་ཞེས་གྲགས་སོ་”②ཞེས་འཁོད་པ་དེ་དག་ནི་བོད་དུ་བཤད་ཚུལ་འདི་རིགས་དར་བའི་གཞི་འཛིན་ས་ཡིན་ཅིང་། དེ་རྗེས་རིམ་བཞིན་བརྩམས་པའི་རྒྱལ་རབས་དང་ཆོས་འབྱུང་སོགས་ལོ་རྒྱུས་ཀྱི་ཡིག་ཆ་ཕལ་མོ་ཆེར་རྒྱལ་རྒྱུད་ཀྱི་བཤད་ཚུལ་ཅུང་ཟད་འདྲ་མིན་ལས། དོན་ལ་གཉའ་ཁྲི་བཙན་པོ་རྒྱ་གར་གྱི་ཤཱཀྱའི་རྒྱལ་རྒྱུད་ལས་ཆད་པ་ཡིན་ཟེར་བའི་བཤད་

① （རྒྱལ་པོའི་བཀའ་ཐེམས་ཤོག་གྲིལ་ལས་ངོ་བཤུས་པ། དཔེ་རྙིང་ཕྲིས་མ་གྲངས9）
② （མ་ཎི་བཀའ་འབུམ་ཤིང་པར་སྡོད་ཚའི་ཤོག་གྲངས161）

ཚུལ་དེ་རྒྱ་ཆེར་འཕེལ་ཡོད། འོན་ཀྱང་བཤད་ཚུལ་དེ་དག་ནི་སངས་རྒྱས་ཆོས་ལུགས་ཀྱི་ལུང་དང་ཡང་མི་མཐུན་པ་འགལ་བས་ཁེངས་པ་ཞིག་ཡིན་པའི་སྐོར། ལོ་རྒྱུས་སྨྲ་བའི་དབང་པོ་དཔའ་བོ་གཙུག་ལག་ཕྲེང་བས་དཔྱད་པ་གནང་བའི་སྙིང་དོན་གནད་བསྡུས་ཙམ་དྲངས་ན་འདི་ལྟར་ཏེ། གཉའ་ཁྲིའི་འབྱུང་ཁུངས་ཐད་ཆོས་འབྱུང་ལོ་རྒྱུས་འདི་དག་ཏུ་གཟུགས་ཅན་སྙིང་པོ་དང་། གསལ་རྒྱལ། གཏུམ་པོ་རབ་སྣང་། ཤར་པ་སོགས་ཀྱི་རྒྱུད་པར་བཤད་ཅིང་། དེ་དག་ཤཱཀྱ་ལི་ཙ་ཁྱིའི་རྒྱུད་ཡིན་ཚུལ་དང་། ཡང་ན་སྟོན་པ་གྲོན་པའི་རྗེས་སུ་སྐྱབས་སེང་བུ་ལྔ་སོགས་བྱུང་བར་བྱས་ནས་རུ་པ་ཏི་ལུང་བསྟན་གྱི་མདོ་ཡོད་ཟེར་བ་དང་། བུ་སྟོན་གྱིས་བོད་སྤྱིའི་མི་རྣམས་རུ་པ་ཏི་ལས་ཆད་པ་དང་། གཉའ་ཁྲི་ནི་རྒྱ་གར་གྱི་རྒྱལ་པོ་འཆར་བྱེད་དམ། གསལ་རྒྱལ། གཟུགས་ཅན་སྙིང་པོ་གང་རུང་གི་བུ་ཡིན་ཚུལ་སོགས་མང་དུ་སྣང་ཡང་དག་པར་མ་མཐོང་སྟེ་ཞེས་བཀག་ནས་དེའི་རྒྱུ་མཚན། སྐྱབས་སེང་བུ་ལྔ་ནི་སྟོན་པ་གྲོན་པ་ལས་ཆེས་སྔ་བ་སྐྱུབ་བྱེད་ཀྱི་ལུང་《རྒྱ་ཆེར་རོལ་པའི་མདོ་》ལས་ཞིབ་ཏུ་དྲངས་པ་དང་། གཟུགས་ཅན་སྙིང་པོ་སོགས་ཀྱང་ཤཱཀྱའི་རིགས་སུ་མདོ་ལས་བཤད་པ་མ་མཐོང་ལ། སྤྱིར་གོང་གསལ་རྒྱལ་པོ་བཞི་ནི་སྟོན་པ་དང་དགུང་མཉམ་ཡིན་ཞིང་། ཕལ་ཆེར་སྟོན་པའི་གོང་དུ་འདས་པར་འདུལ་བ་ལས་གསུངས་པས་སྟོན་པ་འདས་ནས་བྱུང་བ་འདྲ་བའི་ལོ་རྒྱུས་དེ་རྣམས་མི་འགྲིག་ཅེས་ཚིག་ཐག་བཅད་གནང་བ་དང་། གཉའ་ཁྲི་ནི་སྟོན་པ་འདས་ནས་ལོ་མང་སོང་བའི་རྗེས་སུ་བྱུང་བ་སོགས་ཁུངས་དྲངས་ཏེ་རུ་པ་ཏི་བྱ་བ་དེ་ལྟ་བུ་ཞིག་བོད་ཀྱི་ལོ་རྒྱུས་ཐོག་སྟོན་ཆད་གྲགས་པ་མི་སྣང་ངོ་①ཞེས་

---

① （མཁས་པའི་དགའ་སྟོན་ཤིང་པར་ཇ་པའི་ཤོག་གྲངས5）

བསྟན་པ་བཅས་རགས་བསྡུས་ཙམ་བཀོད་པ་ཞིབ་ཕྲ་མ་ཡིག་ཏུ་གསལ་བ་ལྟར་དེ་བས་ལྷག་པའི་མཐའ་དཔྱོད་མ་དགོས་པ་དང་། ཤཱཀྱའི་རྒྱལ་རྒྱུད་ཡིན་ཟེར་བའི་བཤད་ཚུལ་དེ་ནི་གནའ་རབས་ཀྱི་རྗེ་རིང་དང་བྲག་བརྐོས་ཀྱི་ཡི་གེ་སོགས་གང་དང་མི་མཐུན་ལ། དོན་དངོས་ཀྱི་གཞི་འཛིན་ས་ཅི་ཡང་མེད་པ་ཞིག་ཡིན་ནོ།

3. གཉའ་ཁྲི་བཙན་པོ་ནི་ཤར་ཕྱོགས་ནས་ཡོང་བའི་འཕན་མྱི་ཡིན་ཟེར་བ་དེ་གཙོ་བོ་རྒྱའི་《ཐང་ཧྲུའུ་རྙིང་མའི་》ནང་བྲིས་པ་ལས་མཆེད་པར་མངོན་ཙང་། དེའི་ནང་དུ། "ཐུ་ཧྥན་ཅེས་བྱ་བ་ནི་ཁྲང་ཨན་ནུབ་ཕྱོགས་ཀྱི་ལི་དབར་བརྒྱད་སྟོང་གི་སར་མཆིས་ཤིང་། མ་གཞིར་ས་ཆ་དེ་ནི་ཧན་རྒྱལ་རབས་ཀྱི་དུས་སུ་འཇང་ནུབ་མའི་མངའ་རིས་སོ། དེའི་རིགས་རྒྱུད་དང་ཚོ་པ་རྣམས་ཀྱི་འབྱུང་ཁུངས་མི་ངེས་ཀྱང་། ཁ་ཅིག་གིས་ནན་ལེང་གི་ཐུའུ་ཕ་ལི་ལོའུ་ཀུའུ་ཞེས་པའི་རྒྱུད་པ་ཡིན་ཟེར། ལི་ལོའུ་ཀུའུ་ལ་སྲས་གཅིག་བྱུང་བར་འཕན་མྱི་ཞེས་བྱ།" དེ་ཉམས་གྱུད་དུ་གྱུར་ནས་འཕོར་ལྷག་མ་རྣམས་ཁྲིད་དེ་ནུབ་ཕྱོགས་སུ་ཐྲིས། རྨ་ཆུ་བརྒལ། རི་བོ་ཅི་ཧྲི་བརྒྱུད་དེ་འཇང་གི་ས་ཆར་རྒྱལ་ཁབ་གཅིག་བཙུགས་ཚུལ་དང་། འཕན་མྱི་དེ་རང་བཞིན་བཟང་བས་འཇང་པ་རྣམས་ཀྱིས་བཀུར་ཞིང་འབངས་སུ་བསྡུས་ཚུལ། "དེ་ནས་འཕན་མྱིས་རང་གི་ནུས་ཤུགས་རྒྱལ་དུ་བྱས་ཤིང་། རྒྱལ་ཁབ་ཀྱི་མིང་ཐུ་ཕ་བྱ་བར་བཏགས། ཕྱིས་ཐུ་ཕ་ཞེས་པ་སྒྲ་འགྱུར་ཏེ་ཐུ་ཧྥན་དུ་ཆགས།"①ཞེས་གསལ་བ་ལྟར་ཐང་དེབ་ཏུའང་། ཐུ་ཧྥན་ཀྱི་རིགས་རྒྱུད་དང་ཚོ་པ་རྣམས་ཀྱི་འབྱུང་ཁུངས་མི་ངེས་ཀྱང་ཞེས་ངེས་གཏན་ཤེས་རྟོགས་མེད་པ་ཁས་བླངས་པའི་མཇུག་ཏུ་ཁ་ཅིག་གིས་ཞེས་མི་ལ་ལའི་བཤད་

① (ཐང་དེབ་གསར་རྙིང་། བོད་ཡིག་ལྷུགས་པར་དེབ་ངོས128)

རྒྱུན་ཙམ་དཔྱད་གཞིར་བཀོད་པ་གསལ་པོར་མཐོང་ཞིང་། གཞི་ནས་རང་རྒྱལ་གྱི་ཚད་ལྡན་ཡིག་ཆར་དཔྱད་ན་འཕན་མི་ཞུབ་ཕྱོགས་སུ་ཐོས་པའི་ལོ་དུས་ནི་སྤྱི་ལོ414ལོར་ཡིན་པ་དང་། གཉའ་ཁྲི་བཙན་པོ་ཡར་ལུང་དུ་ཕྱིན་པའི་ལོ་ཚད་ནི་བཅྭེ་ཚུལ་ཞུང་ཨོས་ལྟར་བྱས་ནའང་སྤྱི་ལོ་འགོ་མ་ཚུགས་གོང་གི་ལོ་བརྒྱ་དང་ཉི་ཤུ་རྩ་དྲུག་པ་བོད་ཤིང་སྟག་ལོར་བརྩེ་བ་ཡིན་པས་མ་མཐར་ཡང་མི་ལོ་ལྔ་བརྒྱ་ལྷག་ཙམ་གྱི་ཧེ་བག་ཡོད་སྟབས་རྒྱུ་མཚན་འདི་གཅིག་པུའི་ཐོག་ནས་ཀྱང་གཉའ་ཁྲིའི་འབྱུང་ཁུངས་དང་འཕན་མི་ཞུབ་བསྐྱོད་དབར་འབྲེལ་བ་སྤུ་ཙམ་མེད་པ་གསལ་ཐག་ཆོད་ཡིན་ནོ།

4. གཉའ་ཁྲི་བཙན་པོ་ནི་བོད་རང་གི་མི་ཞིག་ཡིན་ཞེས་པ་འདི་ནི་ཆེས་གནའ་དུས་ནས་ཡོད་པའི་བཤད་ཚུལ་ཞིག་ཡིན་ཏེ། ཏུན་ཧོང་ནས་ཐོན་པའི་བོད་ཀྱི་ལོ་རྒྱུས་ཡིག་སྙིང་ལས་དྲངས་པ་ལྟར་ན། "ཡུལ་དང་མཁར་དུ་བཅས་པའང་། སོ་སོ་བོད་བཞི་ལས། སྤུ་རྒྱལ་བོན་གྱི་བཙན་པོ་ལྡེའུ་རྒྱལ་པོ་འོད་རྒྱལ་བྱུང་སྟེ། ལ་ལ་ནི་གཅེར་ནས་ནི། རྒྱལ་ཕྲན་བཅུ་གཉིས་ལ་གཏོགས་ཤེས་ཀྱང་མཆི། མི་གཏོགས་ཤེས་ཀྱང་མཆི……"[①] ཞེས་གསལ་བ་ལྟར་གཉའ་ཁྲི་བཙན་པོ་སོ་སོ་བོད་བཞི་ལས་བྱུང་བ་ཐག་བཅད་ཅིང་། གལ་ཏེ་རྒྱལ་ཕྲན་བཅུ་གཉིས་ཀྱི་ཁོངས་སུ་མ་གཏོགས་ན་སིལ་མ་བཞི་བཅུའི་ཁོངས་སུ་གཏོགས་པ་ཡིན། ཡིག་སྙིང་དེའི་ནང་དུའང་གཉའ་ཁྲིའི་རིགས་རྒྱུད་གསུམ་དུ་འདོད་ཚུལ་དྲངས་འདུག་པ་ནི་དང་པོ་མ་སངས་དང་། གཉིས་པ་གདོང་དམར་གདོལ་པ་ཤ་ཟ། གསུམ་པ་ལྷ་བཅས་གང་རུང་ཡིན་པར་བཤད་པ་ལས། གདོང་དམར་གདོལ་པ་

① （འབེལ་གཏམ་ལུང་གི་སྙིང་པོ། ཕྱི་པར་མའི་དེབ་ངོས67）

ཤ་ཟའི་རིགས་ཟེར་བ་ནི་མ་བྲག་སྲིན་མའི་རིགས་སུ་གཏོགས་པའི་བོད་ཀྱི་དམངས་རིགས་ལ་བརྗོད་པ་དཔེ་རྙིང་དུ་མར་གསལ་ཡོད། མདོར་ན་ལྷ་དང་གནོད་སྦྱིན་ཟེར་བའི་དངོས་མེད་ཀྱི་རིགས་མིན་ན་བོད་མི་རང་གི་རིགས་ལས་འགྲོ་ས་མེད་དོ།

དེ་བས་གསལ་བ་ཞིག་ནི། སྤྱི་ལོའི་དུས་རབས་བཅུ་གཉིས་པར་བརྩམས་པའི《ལྡེའུ་ཆོས་འབྱུང་》གི་ནང་དེའི་སྐོར་འཁོད་པ་འདི་ལྟར། "ཡུལ་སྲུ་བོའི་ཡུལ་ནས། སྲུའི་མི་མོ་མོ་བཙུན་བྱ་བའི་རུམ་ནས་ཐེ་བྲང་སྤུན་དགུ་སྐྱེས་པའི་ཆུང་དག་ཐེ་རང་མ་སྣ་ཨུ་བེ་ར་བྱ་བ། ལྕེས་གདོང་གི་དཀྱིལ་འཁོར་ཁེབས་པ། ཕྱག་སོར་དྲ་བ་འབྲེལ་བ། ཞིན་ཏུ་གདུག་རྩུབ་དང་ནུས་མཐུ་ཆེ་བ་གཅིག་བྱུང་བས། འདི་ཐུ་དྲགས་བཤུག་དགོས་ཟེར་ནས། སྲུ་བོའི་ཡུལ་གྱི་བན་བོན་ནུས་མཐུ་ཅན་རྣམས་ཀྱིས་ཐེ་བྲང་སྐྱུས་འདེབས་བྱས་ནས། བོད་དུ་བཤུགས་པ་ལ། དེར་བོད་ཀྱི་མི་རྗེ་འཚོལ་བ་དང་ཕྲད་ནས་ཁྱོད་ཅི་འདྲ་ཞིག་ཡིན་བྱས་པས། ང་སྲུ་བོའི་ཡུལ་གྱི་མི་གཅིག་ཡིན་ཟེར་བས། འོ་ན་ཕྱག་སོར་དང་ལྕེ་ངོ་མཚར་ཆེ་བ་གཅིག་འདུག་པ། ཁྱོད་ལ་ནུས་མཐུ་འདྲ་བ་ཅི་ཡོད་བྱས་པས། ལོ་ན་རེ་ནུས་མཐུ་དང་རྫུ་འཕྲུལ་ཆེ་གྲགས(དྲགས)པས་བཤུགས་པ་ཡིན་ཟེར། འོ་ངེད་ཀྱི་རྗེ་བཙོལ་ལོ་བྱས་ནས་གཉའ་བའི་ཁྲི་ལ་བླངས། འདི་རྗེ་གཉའ་ཁྲི་བཙན་པོ་ཡིན་བྱས་ནས་རྗེ་བཙོལ་བའི་ལོ་རྒྱུས་གདའ་སྟེ། དེ་ནི་རྗེའི་ཏན་ནམ་འཚང(མཚང)ལགས་སོ་"①ཞེས་འཁོད་པ་ལྟར་བཤད་ཚུལ་འདི་རིགས་ཀྱི་རྒྱུན་པས་དཔེ་རྙིང་དེ་ལ་སྟོན་ཚད་དམ་དྲག་ཡུན་རིང་ཐོག་མྱོང་བ་ཡིན། དེ་རྗེས་

---

① (མཁས་པ་ལྡེའུའི་ཆོས་འབྱུང་། ཡིག་རྙིང་དཔེ་སྒྲིག་ཁང་ནས་ཤོག་གྲངས127མཇུག)

ལྗོང་སྣང་པ་རོལ་པའི་རྡོ་རྗེས་མཛད་པའི་ཡུམ་བུ་བླ་སྒང་གི་དཀར་ཆག་ནང་དུ་འང་། གཉའ་ཁྲིའི་འབྱུང་ཁུངས་སྐོར་སྐབས་“སྤར་སྤུ་བོའི་ཡུལ་ན། བྱ་མོ་བཙུན་བྱ་བའི་མངལ་ནས་ཐེའུ་བྲང་བུ་སྤུན་དགུ་སྐྱེས་པའི་ཆུང་མཐའ་ཨུ་བེ་ར་བྱ་བ་བཞིན་གྱི་དཀྱིལ་འཁོར་ལེགས་པ། ཕྱག་སོར་དྲ་བས་འབྲེལ་བ། ཤིན་ཏུ་མཐུ་ཆེ་བས་ཡུལ་མི་ཀུན་གྱིས་སྤྱུགས་ཏེ་བོད་དུ་བྱོན་པའི་ཚེ། བོད་རྣམས་རྗེ་བོ་འཚོལ་བ་དང་བྱང་ལམ་གཡའ་ལེ་གོང་དུ་ཕྲད་ནས་ཁྱོད་སུ་ཡིན། གང་ནས་འོངས་དྲིས་པས། ང་སྤུ་བོའི་ཡུལ་ནས་འོངས། ད་བོད་ལ་འགྲོ་བྱས་པས། འོ་ན་ཁྱེད་ལ་ནུས་པ་ཅི་ཡོད་ཟེར། དེ་ན་རེ་ང་ནུས་མཐུ་ཆེ་བས་ཡུལ་མི་ཀུན་གྱིས་སྤྱུགས་པ་ཡིན་ཟེར། འོ་ན་ཁྱོད་ཀྱིས་བོད་ཀྱི་རྗེ་ཨེ་ནུས་བྱས་པས། ཁྱོད་རང་རྣམས་ཀྱིས་གཉའ་བར་ཁྲི་ལ་བཏེག་ཅིག་དང་། མཐུ་སྟོབས་རྫུ་འཕྲུལ་གྱིས་གདོན་མི་ཟ་ཟེར་བ་དང་། དེར་ཇི་ལྟར་གསུངས་པ་བཞིན་གཉའ་བར་བཏེགས་ནས་རྗེ་རུ་ཁུར་བས་མཚན་ཡང་གཉའ་ཁྲི་བཙན་པོར་ཐོགས”①ཞེས་གསལ་བ་ཡང་རྩ་དོན་ཐོག་གོང་དང་མཐུན་པར་སྣང་། 《ཉང་རལ་ཆོས་འབྱུང་》དུ་འང་“ལ་ལ་ན་རེ། ཐེའུ་རང་ལ་སོགས་པའི་རྒྱུད་ཡིན་ཟེར་ཏེ་དེ་ཡང་མ་ཡིན་ནོ”ཞེས་བཤད་ཚུལ་དེ་སྔར་ནས་ཡོད་པ་གསལ་པོ་འཁོད་འདུག གོང་དུ་དྲངས་པའི་བཤད་ཚུལ་མི་འདྲ་བ་བཞིའི་ནང་ནས་ཕྱི་མ་འདི་ཁོ་ན་ལོ་རྒྱུས་ཀྱི་དོན་དངོས་དང་མཐུན་པར་མཐོང་། བཤད་ཚུལ་འདི་ལྟར་ན་གཉའ་ཁྲི་བཙན་པོ་འཁྲུངས་པའི་ས་ཆ་ནི་བོད་ལྡོངས་སྤུ་བོའི་ཡུལ་ཏེ། ད་ལྟ་ཉིང་ཁྲི་ས་ཁུལ་ཁོངས་སྤོ་མེས་རྫོང་ནས་ཡིན་པ་དང་། ཁོང་གི་ཡུམ་ནི་སྤུ་ཡུལ་གྱི་བུད་མེད་མོ་བཙུན་བྱ་

① （ཡུམ་བུ་བླ་སྒང་གི་དཀར་ཆག་འབྲིང་པོ་）

བ་དེ་ཡིན་པའི་བུ་སྲུན་དགུའི་ཐ་ཆུང་དུ་གྱུར་ཅིང་། ཕ་ཡུལ་དང་བྲལ་ནས་བོད་ཀྱི་དབུས་ཕྱོགས་སུ་འབྱོན་དགོས་པའི་རྒྱུ་རྐྱེན་ཡང་ཁོང་ཐུགས་རྒྱུད་སྦྱོང་ལ་རྩལ་སྟོབས་ཆེ་བས་ཡུལ་དེའི་འགོ་པའི་བརྙས་དམོད་དང་བསྡམས་ཁྲིམས་སོགས་འཁྲུར་དུ་མ་འདོད་པས་ཡུལ་མི་ཆོས་ཕྱིར་འབུད་བྱས་ཚུལ་རྣམས་སྐབས་དེའི་སྤྱི་ཚོགས་འཕེལ་རིམ་དང་། ས་ཡུལ་གྱི་ཆགས་བབ་སོགས་ཡུལ་དུས་ཀྱི་ལོ་རྒྱུས་དངོས་བབ་ཆགས་པ་ཞིག་ཡིན་པ་མ་ཟད། ལྷག་པར་ལྡེའུ་ཆོས་འབྱུང་ནང་བོན་གྱི་འདོད་ཚུལ་དྲངས་ཏེ་གཉའ་ཁྲི་བཙན་པོའི་གཤེགས་རབས་ཉི་ཤུ་རྩ་བདུན་ཞེས་པའི་ནང་གི་ས་མིང་དཔེར་ན་གཡུ་ཡུལ་གཡམ་ཁང་དུ་གཤེགས། དེ་ནས་ལྷ་འབྲུམ་གྲུང་མདོར་གཤེགས། ཞེས་དང་དེ་ནས་དགས་ཡོན་མཁར་དུ་གཤེགས། དེ་ནས་ང་ལ་གཡའ་མ་གོང་དུ་གཤེགས། དེ་ནས་དགས་ཡུལ་ཤེང་ནག་ཏུ་གཤེགས། དེ་ནས་ལྷ་ལུང་སྟག་པར་གཤེགས། དེ་ནས་ཡར་ཁྲིམ་སོག་ཀར་གཤེགས། དེ་ནས་ཙན་ཐང་སྒོ་བཞིར་གཤེགས་ཞེས་པ་སོགས་ས་མིང་མང་པོ་ཞིག་ད་ལྟའང་ངོས་འཛིན་རྒྱུ་ཡོད་པ་མ་ཟད། གོ་རིམ་ཡང་སྲུ་ཡུལ་ནས་གོང་པོ་དང་། དེ་ནས་དྭགས་པོ་བརྒྱུད་ཡར་ལུང་དུ་ཕེབས་པ་གསལ་པོ་མཚོན་གྱི་ཡོད། ལྷག་པར་དུ་ལྷ་འབྲུམ་གྲུང་མདོ་ཞེས་པ་ནི་ཡིག་ཚང་དུ་མའི་ནང་གཉའ་ཁྲི་བཙན་པོ་ཐོག་མ་“ལྷ་རི་གྱང་དོར” ཕེབས་ཚུལ་འཁོད་པ་དེར་སྣང་ཞིང་། ལྷ་རི་གྱང་དོ་ནི་ཀོང་པོ་ཉིང་ཁྲི་རྫོང་ཁོངས་སྟག་རྩེ་ཆུས་ཀྱི་ན་དུ་གྲོང་ཚོའི་འགྲམ་དུ་ཡོད་པའི་དུས་ཕྱིས་བོན་རིར་གྲགས་པ་སྟོན་པ་གཤེན་རབ་ཀྱི་གནས་རི་དེ་ཡིན་པ་དང་། ང་ལ་གཡའ་མ་གོང་ཞེས་པ་ནི་ལྷུང་སྣང་པས་བྱང་ལམ་གཡའ་ལེ་གོང་གསུངས་པ་དང་དོན་གཅིག་ཡིན་ལ། དེ་ནི་དྭགས་པོ་སྐྱེམ་སྟོང་ནས་སྣང་རྫོང་དུ་ཡོང་བའི་ལམ་བར་ན་ཡོད་པའི་དེང་སང་ཡང་གོང་པོ་ང་ལ་ཞེས་ཡོངས་

སུ་གྲགས་པའི་ལ་ཆེན་དེ་ཡིན། ཡར་ཁྲིམ་སོག་ག་ནི་ཡར་ལུང་སོག་ཁ་ཞེས་པ་ས་དབྱིབས་སོག་པའི་གཟུགས་ལྟར་ལ་བཤད་པ་ཡིག་ཚང་གཞན་དུའང་གསལ་ཞིང་། མཐར་ཡར་ལུང་གི་བཙན་ཐང་སྒོ་བཞིར་ཕེབས་པ་སོགས་ངེས་པ་རྙེད་པའི་ར་འཕྲོད་ཐུབ་པ་དང་། དུས་མཚུངས་གཉའ་ཁྲི་བཙན་པོ་དང་ཤོང་གི་གདུང་རྒྱུད་ལ་སྤུ་རྒྱལ་ཞེས་པའི་མཚན་ཐོགས་དོན་ཐད་བཤད་ཚུལ་དུ་མ་ཡོད་ཀྱང་། སྤུ་བོའི་ཡུལ་ནས་བྱོན་པའི་རྒྱལ་པོ་དེ་ལ་མཚན་སྤུ་རྒྱལ་ཞེས་གས་པ་ལོ་རྒྱུས་བྱུང་བ་དངོས་ཀྱི་ཐོག་ནས་གསལ་བཤད་གང་ལེགས་བྱུང་བ་བཅས་མདོར་ན་གཉའ་ཁྲི་བཙན་པོ་ནི་ལྷ་དང་ཐེ་རང་མ་ཡིན་ལ། རྒྱ་གར་དང་རྒྱ་ནག་གི་མི་ཡང་མ་ཡིན་པར་བོད་རང་གི་མི་ཞིག་ཡིན་ནོ།

དེ་ལྟར་གཉའ་ཁྲི་བཙན་པོས་བོད་ཀྱི་རྗེ་བོ་མཛད་པ་དེ་ནས་བཟུང་སྤུ་རྒྱལ་གྱི་གདུང་རབས་དགུ་བརྙེས་ཤིང་། བཙན་པོ་དེའི་སྐུ་བོན་ནི་མཚེ་མི་སྐྱུ་རྒྱལ་དང་། ཙོ་མི་ཕྱུག་གར་གཉིས་ཀྱིས་བྱས། སྐུ་མཁར་ཡུམ་བུ་བླ་སྒང་བརྩིགས། བོན་གྱི་ལོ་རྒྱུས་ལ་ལར་གསས་མཁར་གཡུང་དྲུང་ལྷ་རྩེ་བྱ་བ་དང་། སྐུ་མཁར་ཕྱིང་བ་སྟག་རྩེ་ཡང་བཙན་པོ་འདིའི་རིང་ལ་བརྩིགས་པར་བཤད། བོན་གྱི་ལུགས་དར་རྒྱས་སུ་མཛད་ཅིང་། མཚེ་མི་གཤེན་གྱི་སྐྱུ་རྒྱལ་གྱིས་བོན་བསྒྱུར་བར་གྲགས། འོན་ཀྱང་བཙན་པོ་འདིས། སུམ་པའི་བོན་པོ་ཨ་ཡོང་རྒྱལ་བ་བཏུལ་ཞེས་གསལ་བར་དཔགས་ན་སྐབས་དེ་དུས་ནས་བོད་ཀྱི་གྲུབ་མཐའ་གསར་རྙིང་དབར་དུའང་འགལ་བ་རྙོ་ངར་ཅན་ཞིག་བྱུང་སྲིད་པར་མངོན་ནོ། སྟབས་རྗེ་སྲིད་པ་ལ་སོགས་འབངས་སུ་འདུས་ཤིང་། སྐབས་དེའི་འགོ་དཔོན་གྱི་ཁྲོད་དུ་དགུ་སྟོག་བཙན་ལ་སྙན་གྲགས་ཆེ་བ་ཞིག་བྱུང་བར་སྣང་། གནམ་མུག་མུག་གམ་མུ་ཚོ་བཟའ་བྱ་བ་ཁབ་ཏུ་བཞེས་པར་སྲས་མུ་ཁྲི་བཙན་པོ་འཁྲུངས།

སྲུས་ཀྱི་ཆིབས་ཁ་ཐུབ་པ་ཙམ་ན་ཡབ་གནམ་དུ་གཤེགས་ཞེས་གྲགས་པས་སྐུ་ཚེ་དེ་ཙམ་གྱི་རིང་པོ་མ་བཞུགས་པར་མངོན། བོན་གྱི་ལོ་རྒྱུས་དང་། རྒྱལ་རབས་ཆོས་འབྱུང་ལ་ལར་མཇོད་པ་བསྐྱང་ཚུལ་རྒྱུས་བསྟུས་མི་འདྲ་བ་འགའ་གསལ་ཡང་དོ་གལ་ཆེ་ཞིང་འཆད་པར་འོས་པ་ནི་དེ་ཙམ་ཞིག་ལགས་སོ།

གཉིས་པ། གནམ་གྱི་ཁྲི་བདུན་དང་སྟོད་ཀྱི་སྟེངས་བརྩི་ཚུལ་སྐོར།

སྤུ་རྒྱལ་གྱི་གདུང་རབས་བགྲང་ཚུལ་སྐོར་ལ་བོད་ཀྱི་ལོ་རྒྱུས་ཡིག་ཚང་ཁག་གི་ནང་། བཙན་པོ་ལ་ལའི་མཚན་དང་གོ་རིམ་སྒྲིག་སྟངས་སོགས་མི་མཐུན་པ་མང་ཙམ་མཆིས་པ་དང་། ལྷག་པར་གལ་ཆེ་བ་ཞིག་ནི་ཐོག་མར་གནམ་གྱི་ཁྲི་བདུན་བརྩི་ཚུལ་དང་། དེ་ལ་བརྟེན་ནས་བར་རམ་སྟོད་ཀྱི་སྟེངས་བྱ་བ་དེ་གཅིག་གམ་ཡང་ན་གཉིས་ཡིན་པའི་ཐད་བཞེད་པ་མི་འདྲ་བ་ཁག་གཉིས་འདུག དཔེར་ན་ཡོངས་གྲགས་ཀྱི་རྒྱལ་རབས་ཆོས་འབྱུང་མང་ཆེ་བའི་འདྲེན་ཚུལ་ཙུང་ཆ་ཚང་བ་ཞིག་ནི་འདི་ལྟར་སྟེ། ཉ་གཉའ་ཁྲི་བཙན་པོ། དེ་དང་གནམ་མུག་མུག་གི་སྲས་མུ་ཁྲི་བཙན་པོ། དེ་དང་ས་དིང་དིང་གི་སྲས་དིང་ཁྲི་བཙན་པོ། དེ་དང་སོ་ཐམ་ཐམ་གྱི་སྲས་སོ་ཁྲི་བཙན་པོ། དེ་དང་དོག་མེར་མེར་གྱི་སྲས་མེར་ཁྲི་བཙན་པོ། དེ་དང་གདགས་ཀྱི་ལྷ་མོ་དཀར་མོའི་སྲས་གདགས་ཁྲི་བཙན་པོ། དེ་དང་སྲིབ་ཀྱི་ལྷ་མོའི་སྲས་སྲིབ་ཁྲི་བཙན་པོ། འདི་རྣམས་གནམ་གྱི་ཁྲི་བདུན་ནོ། སྲིབ་ཁྲི་བཙན་པོ་དང་ས་བཙུན་ཀླུང་རྗེའི་སྲས་དྲི་གུམ་བཙན་པོ། དེ་དང་ཀླུ་བཙན་མེར་ལྷུམ་ལ་སྲས་……བྱ་ཁྲིའམ་སྤུ་དེ་

གུང་རྒྱལ། རྒྱལ་པོ་དེ་དག་བར་གྱི་སྟེང་ས་ཡིན་”[①]ཞེས་གསལ་བ་ལྟར་ཚོལ་པའི་དེབ་དམར་དང་། འགོས་ལོའི་དེབ་སྔོན། རྒྱལ་རབས་གསལ་བའི་མེ་ལོང་། ཆོས་འབྱུང་མཁས་པའི་དགའ་སྟོན་ལ་སོགས་པ་བོད་ན་གྲགས་ཆེ་ཞིང་། མི་རྣམས་ཀྱི་བསམ་བློར་བག་ཆགས་ཟབ་ཙམ་ཡོད་པའི་རྒྱལ་རབས་དང་ཆོས་འབྱུང་ཕལ་མོ་ཆེའི་ནང་དུ་བཙན་པོ་ལ་ལའི་མཚན་ཙུང་ཟད་འདྲ་མིན་དང་། ཡུམ་གྱི་མཚན་འཁོད་དང་མ་འཁོད་ཙམ་ལས། རྩ་བའི་འདྲེན་ཚུལ་ནི་གོང་དང་གཅིག་གྱུར་ཡིན། དེང་རབས་ཀྱི་མཁས་པ་མང་པོས་ཀྱང་དེ་ལ་རྩ་བ་འཛིན་གྱི་ཡོད་པར་སྣང་།

འོན་ཀྱང་བརྩི་ཚུལ་གཞན་ཞིག་ཡོད་པ་ནི། སྤྱི་ལོའི་དུས་རབས་བཅུ་གཉིས་པར་བྱོན་པའི་ས་སྐྱ་གོང་མ་རྣམ་ལྔའི་ཡ་གྱལ་རྗེ་བཙུན་གྲགས་པ་རྒྱལ་མཚན་གྱིས་ཆེད་དུ་བརྩམས་པའི་《རྒྱལ་རབས་》ཞེས་པ་དེའི་ནང་འདི་ལྟར་བཀྲང་བར་མཛད་འདུག

“གཉའ་ཁྲི་བཙན་པོ་དིང་ཁྲི་བཙན་པོ་དང་། །
སོ་ཁྲི་བཙན་པོ་སྲིབས་ཁྲི་བཙན་པོ་དང་། །
གདགས་ཁྲི་བཙན་པོ་ཁྲི་ཡེས་བཙན་པོ་དང་། །
གྲི་གུམ་བཙན་པོ་གནམ་གྱི་ཁྲི་བདུན་ཡིན། །
སྤུ་དེ་གུང་རྒྱལ་སྟེང་ས་གཅིག་བྱ་བ་འོ། །”[②]

ཞེས་གསལ་བ་མ་ཟད། སྤུ་རྒྱལ་བཙན་པོའི་གདུང་རབས་འབའ་ཞིག་ལ་

---

① (རྒྱལ་རབས་དཔྱིད་ཀྱི་རྒྱལ་མོའི་གླུ་དབྱངས། ཤོག་གྲངས་ལྟགས་པར་སྤྱམའི་དེབ་ངོས18)
② (རྒྱལ་རབས་དཔེ་སྙིང་བྲིས་མ་ཤོག་གྲངས5མདུན་)

དཔྱད་པ་གནང་བའི་རྩོམ་ཡིག་དེའི་སྦྱོར་བྱང་དུའང་། "རྒྱལ་རབས་མ་དག་པ་འགའ་མཐོང་ནས་རྒྱ་མཚན་དུ་མས་དཔྱད་ཅིང་བརྟག་པས་དག་པ་འགའ་ཞིག་ཀྱང་མཐོང་ནས་སྤྱིར་པོ་ཏི་གཅིག་ཙམ་ལས་ལེགས་པར་བཏུས་ཏེ་མདོར་བསྡུས་ཤིང་དག་པར་བསྡུས་པ་འདི། ཤཱཀྱའི་དགེ་བསྙེན་གྲགས་པ་རྒྱལ་མཚན་གྱིས་དཔལ་ས་སྐྱའི་གཙུག་ལག་ཁང་དུ་སྦྱར་བའོ་"①ཞེས་འཁོད་པ་ནི་དཔྱད་རྩོམ་ཞིག་ཡིན་པས་དོ་སྣང་བྱེད་འོས་པ་ལོས་ཡིན། ཡང་དུས་རབས་དེ་དང་ཧ་ལམ་མཉམ་པའི་ཉང་ཉི་མ་འོད་ཟེར་གྱི་ཆོས་འབྱུང་ནང་། རང་ཉིད་ཀྱི་བཞེད་པ་ཆོས་འབྱུང་ཁྲིངས་དང་མཚུངས་ཀྱང་། མཇུག་ཏུ་སྟར་གྱི་ཡིག་སྙིང་དྲངས་པ་འདི་ལྟར།

"ཧེ་གཉའ་ཁྲི་བཙན་པོའི་སྲས། །
མུ་ཁྲི་བཙན་པོ་དེ་ཡི་སྲས། །
དིང་ཁྲི་བཙན་པོ་དེ་ཡི་སྲས། །
སོ་ཁྲི་བཙན་པོ་དེ་ཡི་སྲས། །
ཁྲི་ཡིས་བཙན་པོ་བྱ་བ་སྟེ། །
དེའི་སྲས་ཁྲི་ཡེར་བྱ་བ་ཡིན། །
དེ་ལ་གྲི་གུམ་བཙན་པོ་འབྲུངས། །
དེ་ཚེ་གནམ་གྱི་ཁྲི་བདུན་ཡིན། །
གྲི་གུམ་བཙན་པོའི་སྲས་གསུམ་ལ། །
འབྲིང་པོ་ཉ་ཁྲི་སྤུ་བོར་སྤྱུགས། །

① (རྒྱལ་རབས། དཔེ་སྙིང་ཁྲིམས་མ་ཤོག་གྲངས8རྒྱབ་)

ཁ་ཅིག་འདི་ལ་སྟོད་སྟངས་ཟེར། །
ཊ་ལ་སྐྱེས་ཀྱིས་དེ་སྤྱན་དྲངས། །
སྤུ་དེ་གུང་རྒྱལ་བྱ་བར་གྲགས། །"①

ཞེས་འཁོད་པའང་ཙ་དོན་གོང་དང་འདྲ། དེའི་རྗེས་སུ་ནེའུ་པཎྜི་ཏས་མཛད་པའི་ཆོས་འབྱུང་ནང་དུའང་། "ཁྲི་བདུན། སྟེངས་གཅིག ལེགས་དྲུག ལྡེ་བརྒྱད། བཙན་ལྔ་སྟེ། ཉི་ཤུ་ཙ་བདུན་སྔོན་གྱི་རྒྱལ་པོ་ཡིན་ཞེས་པ་ཡིག་རྙིང་དག་ལས་བྱུང་སྟེ། རྗེ་གཉའ་ཁྲི་བཙན་པོའི་བུ། དིང་ཁྲི་བཙན་པོ། དེ་ལྟར་མུ་ཁྲི་བཙན་པོ། སྲིབས་ཁྲི་བཙན་པོ། གདགས་ཁྲི་བཙན་པོ། ཁྲི་པོ་བཙན་པོ། དེའི་རིང་སྐྱུང་འདེབས་བྱུང་། གྲི་གུམ་བཙན་པོ་སྟེ་བདུན་ནོ། སྟེངས་གཅིག་ནི་འོ་དེ་སྤུ་རྒྱལ་པོ།……"②ཞེས་གསལ་བ་བཙན་པོ་མཐའ་མའི་མཚན་སྤུ་དེ་གུང་རྒྱལ་ཡིན་པ་འབྲི་ནོར་ཙམ་ལས། དེ་ཁྱིངས་གྲགས་རྒྱན་རྒྱལ་རབས་དང་གཅིག་མཐུན་བྱུང་ངོ་། འོན་ཀྱང་དེ་ཙམ་གྱིས་གཏན་འཁེལ་ག་ལ་ཐུབ་ཡང་། ངོ་མཚར་ཆེ་བ་ཞིག་ལ་ཏུན་ཧོང་ས་ཕུག་ནས་ཐོན་པའི་བོད་ཀྱི་ལོ་རྒྱུས་ཡིག་རྙིང་ནང་སྤུ་རྒྱལ་གྱི་གདུང་རབས་བགྲངས་པ་འདི་ལྟ་སྟེ། "ལྡེ་ཉག་ཁྲི་བཙན་པོ་དང་གནམ་མུག་མུག་ཏུ་བཞེས་པའི་སྲས། མུ་ཁྲི་བཙན་པོ། མུག་ཁྲི་བཙན་པོ་དང་ས་དིང་དིང་དུ་བཞེས་པའི་སྲས། དིང་ཁྲི་བཙན་པོ། དིང་ཁྲི་བཙན་པོ་དང་སོ་ཐམ་ཐམ་དུ་བཞེས་པའི་སྲས་སོ་ཁྲི་བཙན་པོ། སོ་ཁྲི་བཙན་པོའི་སྲས། དེ་ཁྲི་བཙན་པོ། དེ་ཁྲི་བཙན་པོའི་སྲས། ཁྲི་སྤེ་བཙན་པོ། ཁྲི་སྤེ་བཙན་པོའི་

① (ཆོས་འབྱུང་མེ་ཏོག་སྙིང་པོ་དཔེ་རྙིང་དྲིས་མ་ཤོག་གྲངས530)

② (སྔོན་གྱི་གཏམ་མེ་ཏོག་ཕྲེང་བ། དཔེ་རྙིང་དྲིས་མ་ཤོག་གྲངས2ཀྱི་རྒྱབ་)

སྲས། ཁྲི་གྲུམ་བཙན་པོ། ཁྲི་གྲུམ་བཙན་པོའི་སྲས། སྤུ་དེ་གུང་རྒྱལ་……”①ཞེས་འཁོད་པ་གྲགས་རྒྱན་རྒྱལ་རབས་དང་བསྡུར་ན། མུ་དིང་གཉིས་སྤྱ་རྟེང་ཕྱོག་པ་དང་། བཙན་པོ་ལ་ལའི་མཚན་བྱུར་མི་འདྲ་བ་ཙམ་དེ་དག་ལའང་རྒྱུ་མཚན་བསྙད་དུ་མཆིས་ཤིང་། གལ་ཆེ་ཤོས་ནི་ཁྲི་གྲུམ་བཙན་པོ་སྤུ་རྒྱལ་གྱི་གདུང་རབས་བདུན་པ་དང་། སྤུ་དེ་གུང་རྒྱལ་བརྒྱད་པ་ཡིན་པ་ཡིག་ཆ་དེ་དག་ཐད་དེ་གཅིག་མཐུན་བྱུང་བ་དེ་ཡིན། ད་དུང་དེ་བས་ཀྱང་ཡིད་རྟོན་འཕེར་བའི་བདེན་དཔང་གཞན་ཞིག་ནི་ཀོང་པོ་དེ་མོའི་རྗེ་རིང་ཞེས་གྲགས་པ་བཙན་པོ་ཁྲི་ལྡེ་སྲོང་བཙན་གྱི་སྐུ་དུས་སུ་བསྐྲུན་པའི་རྡོ་བཀོས་ག་ཞོགས་ཀྱི་ཡི་གེ་དེའི་ཕྲེང་བཞི་པར། “ཉེ་ཁྲི་བཙན་པོ་མྱི་ཡུལ་གྱི་རྗེར། ལྷ་རི་གྱང་ཐོར་བཤེགས་པ་ཚུན་ཆད། ཁྲི་གྲུམ་བཙན་པོ་ཡན་ཆད། གདུང་རབས་བདུན་གྱི་བར་དུ་ཕྱིང་བ་སྟག་རྩེ་ན་བཞུགས་བཞུགས་པ།……”②ཞེས་ད་ལྟའང་སྲིད་པའི་ཕ་ཐོང་ཆེན་པོ་དེའི་ཐོག་ཁྲ་ལྷམ་མེར་གསལ་བ་ལས་དྲི་གྲུམ་བཙན་པོ་ནི་གནམ་གྱི་ཁྲི་བདུན་གྱི་མཐའ་མ་དེ་ཡིན་པ་ར་སྤྲོད་གསལ་པོ་བྱུང་ཡོད། དེ་ལྟར་ཚུ་འགོ་གངས་གཏུགས་ཀྱི་དཔྱད་ཞིབ་བྱས་པ་བརྒྱུད་འདིར་སྤུ་རྒྱལ་བཙན་པོའི་གདུང་རབས་ཀྱི་གོ་རིམ་ཡང་ཏུན་ཧོང་གི་བོད་ཀྱི་ལོ་རྒྱུས་ཡིག་རྙིང་ནང་འཁོད་པ་གཞིར་བཟུང་ནས་སྒྲིག་པར་བྱའོ།

གསུམ་པ། མུ་ཁྲི་བཙན་པོ་ནས། ཁྲི་གྲུམ་བཙན་པོའི་བར།

① （ཏུན་ཧོང་ནས་ཐོན་པའི་བོད་ཀྱི་རྒྱུས་ཡིག་ཆ་ཞུགས་པར་དེབ་ངོས98）
② （བོད་ཀྱི་གནའ་རབས་ཡིག་ཆ་གཅེས་བསྡུས། ཞུགས་པར་དེབ་ངོས63）

 སྤུ་རྒྱལ་གྱི་གདུང་རབས་གཉིས་པ་མུ་ཁྲི་བཙན་པོ་ནི། ཡབ་གཉའ་ཁྲི་བཙན་པོ་དང་། ཡུམ་མུ་ཚོ་བཟའ་འམ་གནམ་མུག་མུག་གཉིས་ཀྱི་སྲས་སུ་འཁྲུངས། བོན་གྱི་ལོ་རྒྱུས་ལྟར་ན། བཙན་པོ་འདིས་ས་སྨན་ཏིང་ཏིང་མའམ་ས་དིང་དིང་མ་ཁབ་ཏུ་བཞེས། སྐུ་གཤེན་ཚོའུ་ལན་ཚས་མཛད། གསས་མཁར་ཁོ་མ་ནེའུ་ཆུང་བཞེངས། ཞང་ཞུང་ནས་མཁས་པ་ཆེན་པོ་གཤེན་ནམ་མཁའ་སྣང་བ་མདོག་ཅན་ལ་སོགས་པ་བརྒྱ་དང་རྩ་བརྒྱད་གདན་དྲངས། བོད་དུ་བོན་གྱི་འདུ་གནས་ཆེན་པོ་བཞི་བཅུ་རྩ་ལྔ་བཙུགས། བོན་གྱི་གསུང་རབ་མདོ་འབུམ་རྒྱུད་མཛོད་སོགས་པོ་ཏི་མང་པོ་བསྒྱུར་ཞེས་དང་། དེ་ཡང“དག་པ་ལྷ་ཡི་ཡི་གེ་སྟག་གཟིག་སྤྲུངས་ཡིག་ཏུ་བསྒྱུར། སྟག་གཟིག་གི་སྤྲུངས་ཡིག་ཞང་ཞུང་གི་ཡིག་རྙིན་དུ་བསྒྱུར། ཡིག་རྙིན་སྨར་སྲག་ཏུ་བསྒྱུར། དེ་སྨར་ཆེ་ཆུང་དུ་བསྒྱུར། སྨར་ཆེན་དཔུ་ཆེན་ནམ་གཟབ་ཏུ་བསྒྱུར། ཡིག་སྣ་འབྲུ་མ་ལས་བརྩམས་སོ།”① ཞེས་དུས་དེ་ཤེད་དུའང་བོད་ལ་ཡི་གེ་ཡོད་ཟེར་བ་དཔྱད་གཞི་ཙམ་དུ་བཀོད། མདོར་ན་མུ་ཁྲི་ནི་བོད་དུ་གཡུང་དྲུང་གི་བོན་དར་རྒྱས་སུ་མཛད་པའི་གདུང་རབས་ཁྲོད་ཀྱི་གཙོ་བོ་ཡིན་པར་གྲགས་ཤིང་། བོན་རྣམས་ཀྱིས་བརྩི་བཀུར་ཆེན་པོ་བྱེད་པར་སྣང་ངོ་།

སྤུ་རྒྱལ་གྱི་གདུང་རབས་གསུམ་པ་དིང་ཁྲི་བཙན་པོ་ནི། ཡབ་མུ་ཁྲི་དང་ཡུམ་ས་དིང་དིང་མ་གཉིས་ཀྱི་སྲས་སུ་བལྟམས། སྐུ་གཤེན་ཚོའུ་སྨིན་དཀར་གྱིས་བྱས། གསས་མཁར་ཁོ་མ་ཡོངས་རྩེ་བཞེངས། སོ་ཐམ་ཐམ་མ་ཁབ་ཏུ་བཞེས་སོ།

① (ལུང་གི་སྙིང་པོ། ཕྱི་པར་དེབ་ངོས72－74)

སྤྲུ་རྒྱལ་གྱི་གདུང་རབས་བཞི་པ་སོ་ཁྲི་བཙན་པོ་ནི། ཡབ་དིང་ཁྲི་དང་ཡུམ་སོ་ཐམ་ཐམ་གཉིས་ཀྱི་སྲས་སུ་འཁྲུངས། སེ་བཟའ་སྨན་མོ་ཁབ་ཏུ་བཞེས། སྐུ་གཤེན་ཚོའུ་འོད་དཀར་གྱིས་བྱས། གསས་མཁར་དགུ་ར་དགུ་འཕྲུད་བཞེངས་སོ།

གདུང་རབས་ལྔ་པ་དེ་ཁྲི་བཙན་པོ་ནི། ཡབ་སོ་ཁྲི་བཙན་པོ་དང་ཡུམ་སེ་བཟའ་སྨན་མོ་གཉིས་ཀྱི་སྲས་སུ་འཁྲུངས། སྐུ་གཤེན་ཚོའུ་ཤང་ས་དཀར་གྱིས་བྱས། གསས་མཁར་ཟྲ་བོ་ཁྱུང་ལག་བཞེངས། ཁབ་ཏུ་དར་བཟའ་མ་བྱ་བ་བཞེས་སོ།

གདུང་རབས་དྲུག་པ་ཁྲི་སྤེ་བཙན་པོ་ནི། ཡབ་དེ་ཁྲི་དང་ཡུམ་དར་བཟའ་མའི་སྲས་སུ་འཁྲུངས། སྨན་ཁྲི་ཕྱུག་མོ་ཁབ་ཏུ་བཞེས། སྐུ་གཤེན་ཚོ་ན་མི་ཆེན། གསས་མཁར་གཡུང་དྲུང་ལྷ་རྩེ་བཞེངས། ཉང་རལ་ཆོས་འབྱུང་ལས། "བོད་ཀྱི་ཡི་གེ་ཡང་ཁྲི་པེ་བཙན་པོའི་རིང་ལ་བྱུང་བར་འདོད་པ་ཡང་ཡོད་དོ་"①ཞེས་གསལ། འདི་ཡན་ཆད་གདུང་རབས་རྣམས་འདྲ་སྟེ་སྲས་ཆེབས་ཁ་ཐུབ་པ་ན། ཡབ་དགུང་དུ་གཤེགས་པར་གྲགས་སོ།

གདུང་རབས་བདུན་པ་དྲི་གུམ་བཙན་པོ་ནི། ཡབ་ཁྲི་སྤེ་བཙན་པོ་དང་ཡུམ་སྨན་ཁྲི་ཕྱུག་མོ་གཉིས་ཀྱི་སྲས་སུ་འཁྲུངས། སྐུ་གཤེན་ཚོའུ་ཚེམས་དཀར་གྱིས་བྱས། །གསས་མཁར་ས་ལེ་བྱེལ་ཚང་བཞེངས། །དབལ་བཟའ་ཁྲི་བཙུན་ཁབ་ཏུ་བཞེས། བཙན་པོ་འདིའི་ལོ་རྒྱུས་བཤད་ཚུལ་འདྲ་མིན་རྟོག་འཛིངས་སུ་སྣང་བས་འདིར་ཏུན་ཧོང་ཡིག་རྙིང་གི་དོན་ལྟར་ཙུང་གོ་བདེ་བར་བཀོད་ན།

---

① (ཆོས་འབྱུང་མེ་ཏོག་སྙིང་པོ་སྦྲང་རྩིའི་བཅུད། དཔེ་རྙིང་ དཔེ་སྐྲུན་ཁང་ཤོག་གྲངས་175རྒྱབ་)

དྲི་གུམ་བཙན་པོ་སྐུ་ཆུང་དུའི་དུས་མཚན་ཅི་ཞིག་གདག་ཅེས་མ་མ་གྲོ་ཞལ་སྐྱི་བརླིང་མ་ལ་དྲིས་པ་ན། མ་མ་ན་རེ། སྐྱི་བྲག་དམར་ཉིལ་ལམ་མ་ཉིལ། སྤྱང་དན་མ་འབྲི་སྤྱང་མེས་ཚོག་གམ་མ་ཚོག་མཚོ་དམ་ལེ་དབལ་མཚོ་སྐམས་སམ་མ་སྐམས། ཞེས་དྲིས་པར། བྲག་མ་ཉིལ། མཚོ་ཡང་མ་སྐམས། སྤྱང་ཡང་མེས་མ་ཚོག་ཅེས་སྨྲས་ན་ཡང༌། མ་མ་གྲོ་ཞལ་མ། ལོ་རྒྱས་ནས་རྣ་བ་འོན་པས་ལན་ལོག་པར་གོ་སྟེ། བྲག་ཀྱང་ཉིལ། སྤྱང་ཡང་མེས་ཚོག མཚོ་ཡང་སྐམ་འདུག་ཟེར་བ་ཐོས་ནས། འོ་ན་ཆུར་ཤི་གྲིར་ཐེབ་པས། མཚན་གྱི་གུམ་བཙན་པོར་ཐོགས་ཞེས་ཟེར་བ་ལྟར་བཏགས་ནས། མཚན་འདོགས་ཉེས་ཤོར་ཏེ། ཐུགས་ལ་གདོན་འདྲེ་ཞུགས་ཤིང༌། རྒྱལ་སྲས་མིའི་ཚུལ་ལས་འདས་པ་ནམ་མཁར་ཐོགས་མེད་འགྲོན་པ་ལ་སོགས་པ་འཕྲུལ་དང་གཟི་བྱིན་ཆེན་པོ་མངའ་བར་བརྟེན་ཐུགས་རྒྱལ་དང་ཁེངས་དྲེགས་གནོན་མ་ཐུབ་པར། ཡབ་འབངས་ཕ་ཚན་དགུ་དང༌། ཡུམ་འབངས་རུས་ཚན་གསུམ་ཀུན་ལ་བཙན་ཤེད་ཀྱི་བཀའ་ཕབ་ནས། ངའི་དགྲ་ཟླར་ལངས་ཏེ་འཐབ་ཕོད་པ་སུ་ཡོད་ཐོན་དགོས་ཞེས་བསྐུལ་བར། ཐམས་ཅད་ཀྱིས་མི་ཕོད་ཅེས་ཞུས་ཤིང༌། ལོ་ངམ་རྟ་རྫིས་ཀྱང་འཐབ་མི་ཕོད་གསོལ་ཡང༌། མ་གསན་པས་མཐར་ལོ་ངམ་གྱིས་ཞུས་པ། གལ་ཏེ་བཀའ་འཁྲོལ་ན། ལྷའི་དཀོར་མདུང་རང་འདེབས་དང༌། རལ་གྲི་རང་གཅོད། ཁྲབ་རང་གྱོན། ཕུབ་རང་འགེབས་ལ་སོགས་པ་རྒྱལ་པོའི་འཕྲུལ་གྱི་གོ་མཚོན་རྣམས་བདག་ལ་གནང་ན་འཐབ་ཕོད་ཅེས་གསོལ། དེ་བཞིན་ལྷའི་འཕྲུལ་ནོར་ཐམས་ཅད་གནང་ངོ༌། དེ་ནས་ལོ་ངམ་རྟ་རྫི་མཁར་མྱང་རོ་ཤམ་པོར་སྟོན་ལ་ཕྱིན་ནས་འཐབ་གྲ་བསྒྲིགས། བཙན་པོ་ཡང་མྱང་རོ་ཤམ་པོར་ཕེབས་ནས། མྱང་རོ་ཐལ་བ་ཚལ་དུ་གཡུལ་འགྱེད་པ་ན། རྟ་རྫིས་ཞུས་པ།

དབུ་འབྲེང་སྨུ་ཐག་ཀྱང་གཅོད་པར་ཞུ། སྨུ་སྐས་རྟེན་དགུ་ཡང་མགོ་མཇུག་སློག་པར་ཞུ་ཞེས་གསོལ་བ་ཡང་དེ་བཞིན་དུ་གནང་ངོ་། དེ་ནས་ལོ་ངམ་གྱིས་བ་གླང་བརྒྱ་ལ་མདུང་རྩེ་རྣོན་ཉིས་བརྒྱ་བྲེད་ལ་བཏགས་ཏེ། རྒྱབ་ཏུ་ཐལ་བའི་རྐྱལ་པ་བཀལ་ནས་བཏང་བས། གླང་རྣམས་ཕན་ཚུན་འཐབ་སྟེ་ཐལ་འཚུབ་འཕྱུར་བའི་གསེང་ནས་ལོ་ངམ་གྱིས་རྒྱུགས་སོ། བཙན་པོ་གྲི་གུམ་ལྡེ་བླ་གུང་རྒྱལ་གྱིས་གནམ་དུ་དྲངས་པ་ན། ལོ་ངམ་གྱིས་མཚན་ཁྱུང་ནས་སྟེའུ་ཕྱུངས་པས། ལྡེ་བླ་གུང་རྒྱལ་ནི་ཏི་སེའི་གངས་སྤུབ་ཏུ་འཕངས་ཏེ་གཤེགས་སོ། བཙན་པོ་དྲི་གུམ་ཡང་དེ་རུ་བཀྲོང་ནས་ཕྱུར་ཟངས་ཆེན་ཁ་སྦྱར་གྱི་ནང་དུ་བཅུག་སྟེ་གཙང་ཆུའི་གཞུང་ལ་བསྐྱུར་རོ། གཙང་ཆབ་ཀྱི་མཇུག་གསེར་ཚངས་བྱ་བར་ཀློ་འོད་དེ་རིང་མོའི་ལྟོ་བར་གཤེགས་སོ།……"①ཞེས་འཁོད་པ་ལྟར་རྒྱལ་རབས་ཆོས་འབྱུང་མང་ཆེ་བར་ཡང་རྩ་དོན་གོང་དང་འདྲ་བར་གསལ་ཡོད། འོན་ཀྱང་བོན་གྱི་མཁས་པ་ལ་ལས། བོད་ཀྱི་རྒྱལ་རབས་ཕལ་ཆེ་བ་ནས་གྲི་གུམ་དང་ལོ་ངམ་གཉིས་འཁྲུགས་པའི་རྒྱུ་མཚན་གང་ལ་ཐུག་མ་བཤད་པར་འཛིང་པའི་ལོ་རྒྱུས་ཡ་མཚན་ཅན་ཞིག་བཤད་པ་མང་གསུངས་པ་དེའང་རྒྱུ་མཚན་ཅན་དུ་སྣང་སྟེ། བོན་གྱི་མཛོད་སྒྲ་འགྲེལ་སོགས་ལས་འབྱུང་བ་ལྟར་ན། ཡབ་མེས་རྣམས་ཀྱིས་བོན་པོའི་སྐུ་གཤེན་དག་ལ་བཀུར་སྟི་དང་ཆེ་བསྟོད་ཇི་མཐོར་གནང་བའི་ལུགས་ལྟར་གྲི་གུམ་གྱིས་ཀྱང་མཛད་པས། སྐབས་དེར་རྒྱལ་གཤེན་དོ་མཉམ་པ་ཙམ་ཆགས་པ་མ་ཟད། "གཤེན་ངག་ཚིག་གསུམ་མ་བྱུང་བར། རྒྱལ་པོས་བཀའ་མི་སྩོལ། བློན་པོས་གྲོས་མི་འཆའ། གཤེན་སྒྲུ་དེང་གསུམ་མ་བླངས་པར། རྒྱལ་

① （ཏུན་ཧོང་ནས་ཐོན་པའི་བོད་ཀྱི་ལོ་རྒྱུས་ཡིག་ཆ་ལྷུགས་པར་དེབ་ངོས42 –43）

སློན་གླུ་བྲོ་མི་རོལ་” ཞེས་པ་སོགས་མཐའ་ན་བཙན་པོའི་གོང་དུ་སྐུ་གཉེན་ཆེ་བའི་སྲོལ་ཆགས་པར་བརྗེན། སློན་པོ་ལི་བཙན་བཞེར་སོགས་ཀྱིས་བཙན་པོ་ལ་གསོལ་པ་“ དབུའི་ཞྭ་ཆེན་ལུས་པོ་རྟུལ་གྱི་ལྷིད། ཟས་ཞིམ་པོ་མྱངས་དྲགས་ན་སྐྱུག་བྲོ། ཤིག་འབྲུམས་རྐང་ལ་ཞུགས་ནས། སྤྱི་བོའི་གཙུག་རྙིག” “ དུས་ད་ལྟ་རྒྱལ་གཉེན་དོ་མཉམ་ཙམ་དུ་གདའ་སྟེ། དུས་ལན་གཅིག་ཙམ་ན། སྲས་དཔོན་རྣམས་ཀྱི་སྐུ་རིང་ལ། རྒྱལ་སྲིད་པོན་པོས་འཕྲིར་བར་མཆིའོ་” “ པོན་ལ་ཆབ་གསོལ་བར་(གསོད་པའི་དོན་) བཀའ་མི་ཕེབས་པས། གཉེན་པོ་མཐའ་རུ་སྐྱུགས་པའི་བཀའ་མཆིད་བསྲིང་བར་ཞུ” ཞེས་སོགས་ཡང་ཡང་གླེངས་པས་རྒྱལ་པོ་ཡང་ཐུགས་འཁྲུགས་ནས་བདེན་སྙམ་པ་བྱུང་སྟེ། སྐུ་སྲུང་བའི་པོན་ཙམ་ལས། གཉེན་པོ་ཐམས་ཅད་མཐའ་ལ་སྐྱུགས་ནས་པོན་བསྐྱུབས་ཚུལ་①སོགས་མང་དུ་གསལ་བ་ལ་དཔགས་ན་སྐབས་དེ་དུས་ཀྱང་པོན་གཉེན་རྣམས་དང་རྒྱལ་སློན་གྱི་བར་སྲིད་དབང་འཐོག་སྲུང་གི་འཐབ་རྩོད་རྡོ་ངར་ཅན་ཞིག་བྱུང་བ་མངོན་པས། ལོ་ངམ་བྱ་བ་ཡང་རྒྱལ་ཕྲན་ཞིག་ཡིན་སྟབས་པོན་གྱི་རྒྱབ་བྱས་ནས་དམག་འཁྲུག་ལངས་པའི་ནང་བཙན་པོ་བཀྲོངས་ནས་རེ་ཞིག་རྒྱལ་སྲིད་ཀྱང་ལོ་ངམ་ལ་ཤོར་བར་སྣང་བས་རགས་བསྡུས་དཔྱད་གཞི་ཙམ་དུ་བཀོད་པ་ལགས་སོ།

---

① (ལུང་གི་སྙིང་པོ། ཕྱི་པར་དེབ་ངོས88 –99བར་)

བཞི་པ། ཕྱུ་དེ་གུང་རྒྱལ་ནས། ཁྲི་ཐོག་རྗེ་བཙན་གྱི་བར།

ཕྱུ་རྒྱལ་གྱི་གདུང་རབས་བརྒྱད་པ་ཕྱུ་དེ་གུང་རྒྱལ་ནི། ཡབ་གྲི་གུམ་བཙན་པོ་དང་དཔལ་བཟའ་ཁྲི་བཙུན་གྱི་སྲས་སུ་འཁྲུངས། མཚམས་འདིར་བོད་ཀྱི་རྒྱལ་རབས་ཆོས་འབྱུང་དང་། བོན་གྱི་ལོ་རྒྱུས་མང་ཆེ་བར་གྲི་གུམ་བཙན་པོ་ལོ་ངམ་གྱི་བཀྲོངས་པའི་རྗེས་སུ། སྲས་ཤ་ཁྲི་དང་། བྱ་ཁྲི། ཉ་ཁྲི་གསུམ་ཡོད་པ་ཀོང་པོའི་ཕྱོགས་སུ་བྲོས་པའམ། ཡང་ན་སྤྱུགས་ཞེས་གསལ་བ་མ་ཟད། ཕྱུ་དེ་གུང་རྒྱལ་ནི་སྲས་འབྲིང་པོ་བྱ་ཁྲི་ཡིན་ཞེས་བཤད་པ་མང་། འོན་ཀྱང་བོན་གྱི་ཡིག་ཆ《བསྟན་པའི་རྣམ་བཤད་དར་རྒྱས་གསལ་སྒྲོན་》ཞེས་པའི་ནང་ལོ་ངམ་གྱིས་གྲི་གུམ་བཀྲོངས་རྗེས“སྲས་སྤྱུ་ལྡེ་དང་ཉ་ཁྲི་གཉིས་དྭགས་ཀོང་གཉིས་སུ་སྤྱུགས……དེར་ཪུ་ལས་ཀྱིས་ཕྱུ་ལྡེ་སྤྱན་དྲངས། བྱི་བ་སྟག་རྩེའི་རྒྱལ་སར་བཏོན་”[1]ཞེས་དང་། དེ་བཞིན་བོན་གྱི《ཡོངས་རྫོགས་འགྲེལ་པ་》ལས་ཀྱང་། “སྲས་སྤྱུ་ལྡེ་དང་ཧ་རི་གཉིས་ཀྱང་ཉང་སྐོང་གཉིས་སུ་སྤྱུགས།”[2] ཞེས་གསལ་འདུག་ཀྱང་། སྔོན་ཆད་བོན་གྱི་ཡིག་སྙིང་ལ་དོ་སྣང་དང་དཔྱད་ཞིབ་བྱེད་མཁན་བྱུང་མེད། འོན་ཀྱང་གོང་དུ་དྲངས་པའི་ཀོང་པོ་དེ་མོའི་རྫོ་བརྐོས་ཡིག་ཚོགས་ཡིག་གི་ཕྲེང་ལྟ་བར། “གྲི་གུམ་བཙན་པོའི་སྲས་གཅེན་ཉ་ཁྱི་དང་། གཅུང་ཤ་ཁྱི་གཉིས་ལ། གཅུང་ཤ་ཁྱི་ནི་ལྷ་བཙན་པོ། གཅེན་ཉ་ཁྱི་ནི་

---

① (ལུང་གི་སྙིང་པོ། དེབ་ངོས109)

② (ལུང་གི་སྙིང་པོ། དེབ་ངོས113)

ཁྲོང་དཀར་པོའི་རྗེ་……”① ཞེས་གསལ་ཐག་ཆོད་འཁོད་པ་ལྟར་གྲི་གུམ་བཙན་པོར་སྲས་གཉིས་ལས་མེད་པ་དང་། དེ་ཡང་ཆེ་བ་ཉ་ཁྲི་འམ་ཉ་ཁྲི་ཀོང་པོར་བཞུགས་པ་དང་། ཆུང་བ་ཤ་ཁྲི་འམ་ཤ་ཁྲི་ནི་སྤུ་ལྡེ་གུང་རྒྱལ་ཏེ་བོད་ཀྱི་བཙན་པོའི་གདུང་འཛིན་ཡིན་པ་རྣམས་གླེང་མེད་ཀྱིས་བསྟན་ཡོད་པ་བཅས་འདི་ཁོ་ན་བཙན་པར་དོགས་པ་ཅི་ཡང་བྱ་མ་དགོས། ད་དུང་འདིའི་ཐད་ཏུན་ཧོང་གི་ཡིག་རྙིང་ནང་ཇི་ལྟར་འཁོད་ཡོད་ཅེ་ན“……སྲས་གཉིས་ཀྱང་ཤ་ཁྲི་དང་ཉ་ཁྲིར་བཏགས་སྟེ་ཁྲོང་ཡུལ་དུ་སྤྱུགས་སྟེ་བཀྱེའོ་……ཁྲོང་ཡུལ་བྲེ་སྣར་སྲས་ཤ་ཁྲི་དང་ཉ་ཁྲི་དང་ཡང་མཇལ་ལོ”② ཞེས་གསལ་བ་ཡང་གོང་དང་གཅིག་མཐུན་བྱུང་བར་བརྟེན་དེ་བས་ཀྱང་ཡིད་ཆེས་མི་སྐྱེ་བ་ག་ལ་སྲིད། འདི་ནི་བར་སྐབས་ཀྱི་གསལ་བཤད་ཙམ་མོ། སྤུ་དེ་གུང་རྒྱལ་སྐོར་ཡང་སྤུ་རྒྱལ་གྱི་རྒྱལ་ས་བཟུང་བའི་སྐོར་ལ་གོང་གསལ་ཏུན་ཧོང་གི་ཡིག་རྙིང་དུ་མུ་མཐུད་གསལ་བ་ལྟར་ན། དེའི་རྗེས་སུ་སྣ་ནམ་བཙན་བཞེང་རྒྱལ་ཟེར་བ་སོགས་མི་གཉིས་ཀྱིས་ཁྲི་བཟང་པོ་གཉིས་ཀྱི་སྤུ་ལ་དུག་ཉུས་པ་ཅན་བྱུགས་ཤིང་། ཡུལ་མྱང་རོ་ཤམ་པོར་གསང་སྟབས་ཀྱིས་ཕྱིན་ཏེ། རྟ་རྗེ་བརྒྱུད་ནས་ཁྲི་དེ་གཉིས་ལོ་ངམ་གྱི་དྲུང་དུ་འཁྱོལ་ཐབས་བྱས། ལོ་ངམ་གྱིས་ཁྲི་བཟང་པོར་མཐོང་སྟེ་ལག་པས་སྤུ་ལ་བྱུལ་བྱུལ་བགྱིས་པས་བཙན་དུག་ཕོག་ནས་ལོ་ངམ་བསད་དེ་དགྲ་ཤ་བླངས་སོ། དེ་རྗེས་བཀྲགས་ཀྱི་བུ་ལྷ་བུ་རུ་ལ་སྐྱེས་ཕ་ཚན་དང་། རྒྱ་ཕ་ཚན་པན་ཚུན་འཁྲུགས་ནས་བཀྲགས་ཀྱི་མི་རྒྱུད་རབས་ཆད། ཕྱི་ནང་གི་རྒྱུ་ནོར་ཕྱུགས་རིགས་གང་ཡོད་

① （བོད་ཀྱི་གནའ་རབས་ཡིག་ཆ་གཅེས་བསྡུས། ལྷུགས་པར་དེབ་ངོས64）

② （ཏུན་ཧོང་ནས་ཐོན་པའི་བོད་ཀྱི་ལོ་རྒྱུས་ཡིག་ཆ། ལྷུགས་པར་དེབ་ངོས43）

ཀྱང་འཁྲོགས་སོང་། བཀྲགས་ཀྱི་ཆུང་མ་ཞིག་བྲོས་ཏེ་མོ་རང་གི་ཕ་ཁྱིམ་དུ་སླེབས། མོའི་ལྟོ་བར་སྦྲུམ་མ་བཙའ་རྒྱུ་ཡོད་པ་དེ་ལས་བུ་ཞིག་སྐྱེས། བུ་དེ་ཕྲུས་མོ་འཁྱེར་ནུས་ཙམ་ནས་ཨ་མ་ལ། མི་ཚང་མར་ཕ་ཡོད་པར་ངའི་ཕ་གར་ཡོད། མི་ཚང་མར་དཔོན་ཡོད་པར་ངའི་དཔོན་གང་དུ་ཡོད་དྲིས་པར་མས། མི་ཆུང་ཁ་མ་ཆེ་ངས་མི་ཤེས་སྨྲས་ཀྱང་། མི་ཤོད་ན་ང་ཤི་རྒྱུ་ཡིན་ཟེར་བས་མཐར་ཨ་མས། ཁྱོད་ཀྱི་ཕ་ནི་རྒྱས་བསད་དོ། རྗེ་བོ་ནི་ལོ་ངམ་གྱིས་བསྒྲོངས་ཏེ་ཕྱུར་གཙང་ཆུར་བསྐྱུར། སྲས་མཆེད་གཉིས་ནི་ཤ་ཁྲི་དང་ཉ་ཁྲིར་བཏགས་ནས་ཀོང་པོར་ཕུད་དོ་ཞེས་བཤད། དེ་ནས་ཕྲུས་ཀྱི་བུ་ངར་ལ་སྐྱེས་ན་རེ་ང་མི་བརླགས་པའི་རྗེས་བཙད། ཆུ་བརླགས་པའི་ཤུལ་འཚོལ་དུ་འགྲོ་ཟེར་ནས་ཆས་ཏེ་སོང་ངོ་། ཀོང་ཡུལ་བྲི་སྣར་སྲས་ཤ་ཁྲི་དང་ཉ་ཁྲི་དང་ཡང་མཇལ་ལོ། སླུ་འོད་དེ་རིང་མོ་དང་ཡང་མཇལ་ཞིང་། བཙན་པོའི་ཕྱུར་བླུས་ནས། གཡང་ཏོ་བླ་འབུབས་ཀྱི་མགུར་དུ་བང་སོ་བརྩིགས་སོ། སྲས་ཉ་ཁྲིས་ནི་ཡབ་ཀྱི་འདས་མཆོད་མཛད། ཤ་ཁྲི་ནི་སྐུའི་ཤ་ལན་ལེན་དུ་གཤེགས་སོ། དམག་སུམ་སྟོང་སུམ་བརྒྱ་དང་བཅས་མེན་པ་འཕྲེང་བའི་ལ་དང་། ཏིང་སྲིབ་རོང་རིང་སོགས་བརྒལ་ནས། བ་ཚོས་གུང་ཐང་དུ་ཕེབས། དེ་ནས་མྱང་རོ་ཤམ་པོར་དམག་དྲངས་པ་ན། ལོ་ངམ་གྱི་ཕོ་བརྒྱ་ནི་ཟངས་བུ་བརྒྱ་མགོ་ལ་བཀབ་ནས་ལྟེབས་སོ། ལོ་ངམ་གྱི་མོ་བརྒྱ་ནི་སླ་ང་བྲང་ལ་སྦྲུར་ཏེ་བརྒྱལ་ལོ། མཁར་མྱང་རོ་ཤམ་པོ་ཕབ་བོ། མི་རྣམས་བཙོན་དུ་བཟུང་། དུད་འགྲོ་རྣམས་དཔའ་རྟགས་སུ་བཞེས་ནས། བ་ཚོས་གུང་དང་དུ་ཕེབས་སོ། བཙན་པོས་མགུར་འདི་ཞེས་གསུངས་སོ། "འ་བ་ཉེ་ཉེ་པས་ཉིད། །ཁྲ་རོ་རོ་ན་མདུང་གི་རྩེ་རང་ཞིག །ཡོས་རོ་རོ་ན་ལྷམ་གྱི་གོང་ར་ཞིག །བརླའ་བརྡུངས། །ཕྱུར་བཏབ། འོབ་དེ་མྱེད་ཕྱུ་དེ་མྱེད།" ཅེས་

གསུངས་སོ། སྣར་ཕྱིང་བ་སྟག་རྩེར་ཕེབས་སོ། བཞུགས་ན་ནི་སྤྲུ་དེ་གུང་རྒྱལ་གྲོང་ནས་ནི་གྲང་མོ་གནམ་བསེའི་བང་སོ་བརྩིགས། འཕྲེང་མགོ་ནག་གི་རྗེ། དུད་རྗོག་ཆགས་ཀྱི་བདག་པོར་བྱོན་ནོ།①ཞེས་གསལ་བའི་མགུར་ཚིག་གི་དོན་རགས་པ་ཙམ་ནི། ཨ་ཁུ་བས་སྙིང་ཉེ་ཁྱོད། བྱ་རེ་རེ་ནི་མདུང་གི་རྩེ་ལ་འཛོར། ཕོས་རེ་རེ་ཟ་ཞིང་ཁ་མཚར་གཏམ་རེ་སླེང་། དགྲ་བཅོམ། བང་སོ་བཞེངས། ཉེན་མེད་འཁོན་མེད། ཅེས་བྱ་བ་ཡིན་ཞེས་མཁས་པའི་གསུང་ལས་ཐོས་པ་ལྟར། མི་ལོ་ཉིས་སྟོང་ཙམ་གྱི་གོང་རང་ཅག་བོད་ཀྱི་གནའ་བོའི་རྩོམ་རིག་གི་ཚིག་སྦྱོར་ནི་འདི་ལྟ་བུ་ཡིན་པ་མཚོན་བྱེད་དང་། དེའི་ཐོག་ནས་ཀྱང་བོད་རིགས་ཀྱི་རིག་གནས་ལ་ཡུན་ཅི་ཙམ་རིང་བའི་ལོ་རྒྱུས་ལྡན་པ་རྟོགས་པའི་དོན་དུ་འདིར་ཟུར་ཙམ་སྨོས་པ་ལགས་སོ།

བཙན་པོ་སྤུ་དེ་གུང་རྒྱལ་གདན་འདྲེན་མཁན་དེ་རུ་ལས་སྐྱེས་སམ། ཡང་ན་དེའི་བུ་ངར་ལས་སྐྱེས་ཡིན་དང་། རུ་ལས་སྐྱེས་དེ་བཙན་པོ་དང་ཡུམ་གཅིག་པ་ཡིན་མིན་སོགས་རྒྱལ་རབས་གཞན་ན་མི་འདྲ་བ་འགའ་ཞིག་མཆིས་རུང་། འདིར་ནི་ཏུན་ཧོང་གི་ཡིག་རྙིང་གཞིར་བཟུང་བ་ཡིན་ཅིང་། སློན་པོ་དེའི་བྱས་རྗེས་ཀྱི་སྐོར་ལ་མཁས་པའི་དགའ་སྟོན་ལས་འདི་ལྟར་འབྱུང་སྟེ།

" རྒྱལ་པོས་མི་མཆོག་རུ་ལས་སྐྱེས་ཁྱོད་ཀྱིས། །
ང་ཡི་ཡབ་ཀྱི་གོ་བགྲིས་རྒྱལ་སར་བཏོན། །
སྲས་ཀྱི་གོ་བགྲིས་ཡབ་ཀྱི་སྐུ་མཚལ་གཉེར། །
ཆེ་ཆུང་མེད་པའི་མི་ཀུན་ཁྱོད་ལ་སྨོན། །

① (ཏུན་ཧོང་ནས་ཐོན་པའི་བོད་ཀྱི་ལོ་རྒྱུས་ཡིག་ཆ། ལྷུགས་པར་དེབ་ངོས43 – 46)

མིང་ཡང་ཁྲི་བོ་ལྷ་བུ་སྨོན་གཟུང་ཞེས། །
བཏགས་ཤིང་དྲིན་དུ་གཟོ་བ་རྒྱ་ཆེར་བྱས། །
རྒྱལ་པོས་ཁྲི་བོར་ཁྲུར་བས་ཁྲིའི་རུས་སུ་ཐོགས་སྐད། །
བོད་ཡུལ་འཕྲུལ་བློན་མཛངས་པའི་མི་བདུན་གྱི། །
ཐོག་མར་གྱུར་པ་རུ་ལས་སྐྱེས་འདི་ཡིན། །
མཛངས་པའི་ལས་སུ་ཤིང་བསྲེག་སོལ་བ་བྱུང་། །
དེ་ཡིས་རྡོ་བཞུ་གསེར་དངུལ་ཟངས་ལྕགས་ཕྱུང་། །
ཤིང་ལ་མིག་ཕུག་གཤོལ་དང་གཉའ་ཤིང་བྱས། །
ས་གཞི་བརྐོས་ནས་ཕུ་ཆུ་ཡུར་དུ་དྲངས། །
རྨོན་པ་དོར་སྡེབས་སྤང་ཐང་ཞིང་དུ་རྨོས། །
བཀལ་བས་མི་ཐར་ཆུ་ལ་ཟམ་པ་བཙུགས། །
རྨོས་པའི་སོ་ནམ་ཐོག་མར་འདི་ནས་བྱུང་། །"[1]ཞེས་གསལ།

གཞན་ཡང་བཙན་པོ་འདིའི་སྐུ་རིང་ལ་ཞང་ཞུང་ནས་གཤེན་པོ་དུ་མ་སྤྱན་དྲངས་ཤིང་། བོན་གྱི་དཔེ་མང་དུ་བསྒྱུར་ནས་སླར་ཡང་བོན་གྱི་བསྟན་པ་རྒྱས་པར་མཛད་ཅེས་གྲགས་སོ།

ས་ལ་ལེགས་དྲུག་སྟེ། གདུང་རབས་དགུ་པ་ཐོ་ལེགས་བཙན་པོ་ནི། ཡབ་སྤྲུ་དེ་གུང་རྒྱལ་དང་ཡུམ་བུམ་ཐང་སྨན་མཚོ་གཉིས་ཀྱི་སྲས་སུ་འཁྲུངས། བོན་ལི་ཤོ་སྟག་རིང་བསྟེན། ལྷ་བོན་ཅོ་ཉག་ཞེར་ཐོད་དཀར་གྱིས་བྱས། དམུ་ལྕམ་ལ་ན་ཁབ་ཏུ་བཞེས་སོ། མཁས་པའི་དགའ་སྟོན་ལས།

① （ཆོས་འབྱུང་མཁས་པའི་དགའ་སྟོན་ལྷུགས་པར་དེབ་ངོས163）

“ལིགས་དྲུག་ཐོག་མ་ཨེ་ཤོ་ལིགས་ཞེས་བྱ། །
དེ་ཡི་སློན་པོ་ལྷ་བུ་མགོ་དཀར་ཞེས། །
ཁྱེ་ཁྱེ་རུ་ལས་སྐྱེས་ཀྱི་བུ་ཡིས་བྱས། །
འཕྲུལ་སློན་མཛངས་མི་བདུན་གྱི་གཉིས་པ་ཡིན། །
མཛངས་པའི་ལས་སུ་ཞིང་ལ་དོར་ཁ་བརྩིས། །
འབྲོག་ལ་ཐུལ་རྩིས་ཕྱུ་ཆུ་ཡུར་དུ་དྲངས། །
མདའ་རུ་ཆུམ་སྐྱོ་བ་འདི་ནས་དང་། །”①ཞེས་གསལ་ལོ།

གདུང་རབས་བཅུ་པ་ཤོ་ལིགས་བཙན་པོ་ནི། ཡབ་ཐོ་ལིགས་བཙན་པོ་དང་ཡུམ་དམུ་ལྕམ་ལ་ན་གཉིས་ཀྱི་སྲས་སུ་བལྟམས། བོན་དབོན་གསས་ལྷུན་སྤྱངས་བསྟེན། ལྷ་བོན་ཚེ་སྟག་ཀླུ་གསལ་གྱིས་བྱས། ཀླུ་སྨན་མེར་མོ་བྱ་བ་ཁབ་ཏུ་བཞེས་སོ།

གདུང་རབས་བཅུ་གཅིག་པ་གོ་རུ་ལིགས་བཙན་པོ་ནི། ཡབ་ཤོ་ལིགས་བཙན་པོ་དང་ཡུམ་ཀླུ་སྨན་མེར་མོ་གཉིས་ཀྱི་སྲས་སུ་འཁྲུངས། དབོན་གསལ་འབེ་ཤོ་ཀྲམ་བསྟེན། ལྷ་བོན་བཙོ་ཕན་གྲགས་ཀྱིས་བྱས། བཙན་མོ་གུར་སྨན་བྱ་བ་ཁབ་ཏུ་བཞེས་སོ།

གདུང་རབས་བཅུ་གཉིས་པ་འབྲོང་ཞི་ལིགས་བཙན་པོ་ནི། ཡབ་གོ་རུ་ལིགས་བཙན་ པོ་ དང་ ཡུམ་ བཙན་ མོ་ གུར་ སྨན་ གཉིས་ ཀྱི་ སྲས་ སུ་ འཁྲུངས། དབོན་གསས་གུ་རུབ་བཙན་དོ་མི་སེར་བསྟེན། ལྷ་བོན་ཚེ་སྟན་རིང་གིས་བྱས། མཚོ་སྨན་འབྲོང་མོ་ཁབ་ཏུ་བཞེས་སོ།

---

① （ཆོས་འབྱུང་མཁས་དགའ་དེབ་ངོས་165）

གདུང་རབས་བཅུ་གསུམ་པ་ཐྲི་ཐོ་ལེགས་བཙན་པོ་ནི། ཡབ་འབྲོང་ཞི་ལེགས་བཙན་པོ་དང་། ཡུམ་མཚོ་སྨན་འབྲོང་མོའི་སྲས་སུ་བལྟམས། དགོན་གསས་ཕྱུ་ལུ་གྲུ་འཛིན་བསྐྱེན། ལྷ་བོན་སེག་གཤེན་བདུད་འདུལ་གྱིས་བྱས། ས་སྨན་བུ་མོ་ཁབ་ཏུ་བཞེས་སོ།

གདུང་རབས་བཅུ་བཞི་པ་ཨི་ཐོ་ལེགས་བཙན་པོ་ནི། ཡབ་ཐྲི་ཐོ་ལེགས་བཙན་པོ་དང་ཡུམ་ས་སྨན་བུ་མོའི་སྲས་སུ་འཁྲུངས། སྐུ་བོན་ཨ་ལ་དུན་ཙུག་གིས་བྱས། དམུ་ལྕམ་རྣང་ལེགས་བྱ་བ་ཁབ་ཏུ་བཞེས་སོ། "འདིའི་དུས་ན་བློན་པོ་རིག་པ་ཅན་གྱིས། རྒྱལ་པོ་མང་ན་འགྲན་ཟླར་གྱུར་པས་གཅིག་རྒྱལ་སར་བཞག་ནས་གཞན་ཐང་མཚམས་སུ་འབེབས་ཏེ། འདིའི་གཅེན་པོ་ཐང་མཚམས་སུ་ཕབ་པ་རིགས་ནི་ཡར་གར་གནང་ཞེས་བྱ་ཏེ་ཞང་ལྷ་གཅེན་པར་གྲགས་སོ།" ①ཞེས་གསལ་བ་ལྟར་དེ་ནས་བཟུང་སྤུ་རྒྱལ་གྱི་གདུང་རབས་ལ་སྲས་འགའ་ཤས་བྱུང་ན་འོས་པ་ཞིག་རྒྱལ་སར་བསྐོས་ཏེ་གཞན་རྣམས་ཐང་མཚམས་སུ་ཕབ་པ་ཞེས་ཟུར་དུ་འཛོག་གི་ཡོད་པར་སྣང་། ཐང་མཚམས་ཞེས་པ་ནི་བཙན་པོ་ལས་ཞན་ཙམ་དང་། བློན་འབངས་ལས་དྲག་ཙམ་གྱི་དོན་ཡིན་ཞེས་ཡིག་ཚང་གཞན་ལས་འབྱུང་ངོ་། ལེགས་དྲུག་གི་བང་སོ་དོན་མཁར་གྱི་གཡའ་དང་སྤྱང་ལ་བཏབ་ཅེས་གྲགས།

བོན་གྱི་ལོ་རྒྱུས་ལྟར་ན། "ས་ལ་ལེགས་དྲུག་གི་རིང་ལ། བོན་གྱི་རྒྱུད་གཞུང་དུ་མ་དང་། རིག་པའི་གནས་ལྔ་རྣམས་དར་ཞིང་། རིག་པའི་གནས་ལྔ་ནི།

---

① (ཆོས་འབྱུང་བསྟན་པའི་རྒྱལ་མཚན་ལྷུགས་པར་དེབ་ངོས104)

ནད་ཀྱིས་གདུང་བ་སྨན་གྱིས་གསོ། །

གདོན་གྱིས་གཙེས་པ་སྔགས་ཀྱིས་བཅོམ། །

རྒས་རྒུད་འཆི་འཕོ་རྫིས་ཀྱིས་བཏུལ། །

ཕས་ཀྱི་རྒོལ་བ་སྲུས་ཚར་གཅོད། །ཅེས་སོ་” ① ཞེས་གསལ་བའང་དཔྱད་གཞིར་དྲངས་པ་ལགས་སོ།

ཚུ་ལ་ལྡེ་བརྒྱད་དེ།

གདུང་རབས་བཅོ་ལྔ་པ་བཙན་པོ་ཟྭ་གནམ་ཟིན་ལྡེ་ནི། ཡབ་ཨི་ཤོ་ལེགས་བཙན་པོ་དང་ཡུམ་དམུ་ལྕམ་རྗང་ལེགས་གཉིས་ཀྱི་སྲས་སུ་འཁྲུངས། ཞང་ཞུང་གཡུང་དྲུང་རྒྱལ་པོས་སྐུ་བོན་བྱས། མཚོ་སྨན་ཁྲི་དཀར་བྱ་བ་ཁབ་ཏུ་བཞེས་སོ།

གདུང་རབས་བཅུ་དྲུག་པ་ལྡེ་འཕྲུལ་པོ་ནམ་ཞུང་བཙན་ནི། ཡབ་ཟྭ་གནམ་ཟིན་ལྡེ་དང་ཡུམ་མཚོ་སྨན་ཁྲི་དཀར་གཉིས་ཀྱི་སྲས་སུ་འཁྲུངས། ཞང་ཞུང་མཚོ་མི་ཀུན་སྣང་གིས་སྐུ་བོན་བྱས། བསེ་གཉན་མང་མོ་ཞེས་པ་ཁབ་ཏུ་བསུས་སོ།

གདུང་རབས་བཅུ་བདུན་པ་བཙན་པོ་སེ་སྣོལ་ནམ་ལྡེ་ནི། ཡབ་ལྡེ་འཕྲུལ་པོ་ནམ་གཞུང་བཙན་དང་ཡུམ་བསེ་གཉན་མང་མོ་གཉིས་ཀྱི་སྲས་སུ་འཁྲུངས། བཙུན་མོ་ཀླུ་ཐང་མེར་མོ་ཞེས་པ་ཁབ་ཏུ་བསུས་(འདི་ཏུན་ཧོང་རྒྱལ་རབས་ནང་ཆད་པ་ཡར་ལུང་ཆོས་འབྱུང་། ལྷུགས་པར་དེབ་ངོས46ནས་ཁ་སྐོང་བྱས་)

① (ལུང་གི་སྙིང་པོ་ཕྱི་པར་དེབ་ངོས128)

གདུང་རབས་བཅོ་བརྒྱད་པ་བཙན་པོ་ལྡེ་གོལ་ནི། ཡབ་ལྡེ་འཕྲུལ་པོ་ནམ་ཞུང་བཙན་(བསེ་སྣོལ་ལྡེ་ནམ་) དང་ཡུམ་ཀླུ་ཐང་མེར་མོ་གཉིས་ཀྱི་སྲས་སུ་བལྟམས། ཞང་ཞུང་ཨ་སོ་གཙུག་ཕུད་ཀྱིས་སྐུ་བོན་བྱས། འོ་བཟའ་རི་མོ་མཚོ་ཁབ་ཏུ་བཞེས་སོ།

གདུང་རབས་བཅུ་དགུ་པ་བཙན་པོ་གནམ་ལྡེ་རྣོལ་ནམ་ནི། ཡབ་བཙན་པོ་ལྡེ་གོལ་དང་ཡུམ་འོ་བཟའ་རི་མོ་མཚོ་གཉིས་ཀྱི་སྲས་སུ་འཁྲུངས། ཞང་ཞུང་ཨ་ལ་དན་ཅིས་སྐུ་བོན་བྱས། ཁྲི་སྨན་རྗེ་མ་བྱ་བ་ཁབ་ཏུ་བཞེས་སོ།

གདུང་རབས་ཉི་ཤུ་པ་བཙན་པོ་བསེ་ལྡེའུ་རྣོལ་པོ་ནི། ཡབ་གནམ་ལྡེ་རྣོལ་ནམ་དང་ཡུམ་ཁྲི་སྨན་རྗེ་མ་གཉིས་ཀྱི་སྲས་སུ་འཁྲུངས། ཞང་ཞུང་དར་མ་ཏ་རིས་སྐུ་བོན་བྱས། ས་བཙུན་སླན་རྗེ་ཞེས་པ་ཁབ་ཏུ་བསུས་སོ།

གདུང་རབས་ཉེར་གཅིག་པ་བཙན་པོ་ལྡེ་རྒྱལ་པོ་ནི། ཡབ་བསེ་རྣོལ་པོ་དང་ཡུམ་ས་བཙུན་སླན་རྗེ་གཉིས་ཀྱི་སྲས་སུ་བལྟམས། ཞང་ཞུང་ད་ས་ཏ་རིས་སྐུ་བོན་བྱས། སྨན་བཙུན་ལུང་གོང་བྱ་བ་ཁབ་ཏུ་བཞེས་སོ།

གདུང་རབས་ཉེར་གཉིས་པ་བཙན་པོ་རྒྱལ་སྲིན་བརྩན་ནི། ཡབ་ལྡེ་རྒྱལ་པོ་དང་ཡུམ་སྨན་བཙུན་ལུང་གོང་གཉིས་ཀྱི་སྲས་སུ་འཁྲུངས། ཞང་ཞུང་མུ་ལ་མ་ཧོས་སྐུ་བོན་བྱས། གཉན་བཙུན་མང་མོ་རྗེ་ཞེས་པ་ཁབ་ཏུ་བསུས་སོ།

གདུང་རབས་ཉེར་གསུམ་པ་རྒྱལ་ཧོ་རེ་ལོངས་བརྩན་ནི། ཡབ་རྒྱལ་སྲིན་བརྩན་དང་ཡུམ་གཉན་བཙུན་མང་མོ་རྗེ་གཉིས་ཀྱི་སྲས་སུ་བལྟམས། ཞང་ཞུང་ཏ་ར་ལ་ཧ་རིས་སྐུ་བོན་བྱས། འདི་མན་ཆད་འབངས་དང་གཉེན་བསྒྲེས་ཞེས་གྲགས་ཏེ་འོ་མ་ལྡེ་བཟའ་ཁྲི་བཙུན་བྱ་བ་ཁབ་ཏུ་བཞེས། བཙན་པོ་འདིའི་གཙུང་པོ་ལྷབ་ནག་ཅེས་པ་ཐང་མཚམས་སུ་ཕབ། དེའི་རྒྱུད་ལ་ཞང་ལྷ་གཙུང་

པ་ཞེས་གྲགས་སོ།

གདུང་རབས་ཉེར་བཞི་པ་ཁྲི་བཙན་ནམ་ནི། ཡབ་རྒྱལ་ཧོ་རེ་ལོངས་བརྟན་དང་ཡུམ་འོ་མ་ལྡེ་བཟའ་ཁྲི་བཙུན་གཉིས་ཀྱི་སྲས་སུ་འཁྲུངས། ཞང་ཞུང་ཨུ་ཏ་ལ་རྒྱལ་གྱིས་སྐུ་བོན་བྱས། བཙུན་མོ་སྨན་ས་ཁྲི་དཀར་བྱ་བ་ཁབ་ཏུ་བཞེས་སོ།

གདུང་རབས་ཉེར་ལྔ་པ་ཁྲི་སྒྲ་སྤུང་བརྟན་ནི། ཡབ་ཁྲི་བཙན་ནམ་དང་ཡུམ་སྨན་ས་ཁྲི་དཀར་གཉིས་ཀྱི་སྲས་སུ་འཁྲུངས། ཞང་ཞུང་ཨུ་ཏ་ལ་རྒྱལ་གྱིས་ཨུ་མཐུད་སྐུ་བོན་བྱས། སྨན་བཟའ་ཀླུ་སྟེངས་ཞེས་པ་ཁབ་ཏུ་བསུས་སོ།

གདུང་རབས་ཉེར་དྲུག་པ་ཁྲི་ཐོག་བརྟན་ནི། ཡབ་ཁྲི་སྒྲ་སྤུང་བརྟན་དང་ཡུམ་སྨན་བཟའ་ཀླུ་སྟེངས་གཉིས་ཀྱི་སྲས་སུ་འཁྲུངས། འདིའི་གཙུང་པོ་ཀྲུང་མཐའ་དང་། སྤུབས་མཐའ། འཕྲིང་སྣ། སྣ་འཕྲིང་བཞི་ཐང་མཚམས་སུ་ཕབ། ཞང་ཞུང་ཨུ་ཏ་ལ་རྒྱལ་གྱིས་ཨུ་མཐུད་གདུང་རབས་གསུམ་གྱི་སྐུ་བོན་བྱས། རུ་ཡོང་བཟའ་སྟོང་རྒྱལ་མཚོ་བྱ་བ་ཁབ་ཏུ་བཞེས་སོ། འདི་སྐབས་སུ་བོན་གྱི་བསྟན་པ་རྒྱས་པར་མཛད་ཅེས་གྲགས།

ལྔ་པ། ལྷ་ཐོ་དོ་རི་སྙན་བཙན་ནས། འབྲོ་མཉེན་ལྡེ་རུའི་བར།

གདུང་རབས་ཉེར་བདུན་པ་ལྷ་ཐོ་དོ་སྙན་བཙན་ནི། ཡབ་ཁྲི་ཐོག་བརྟན་དང་ཡུམ་རུ་ཡོང་བཟའ་སྟོང་རྒྱལ་མཚོ་གཉིས་ཀྱི་སྲས་སུ་བལྟམས། གཙོ་ཡི་བོན་པོ་གཡང་སྐྱེས་དང་། མཚོའི་བོན་པོ་འདུལ་སྲོང་། འཕྲིའི་བོན་པོ་ཤོད་དྲི་གསུམ་གྱིས་སྐུ་བོན་བྱས། གནོ་བཟའ་མང་མོ་རྗེ་ཛི་དགོས་ཞེས་པ་ཁབ་ཏུ

བསྒྲུབས་སོ།

རྒྱལ་རབས་ཆོས་འབྱུང་ཁག་ན་བཙན་པོ་འདིའི་དུས་ལ་བོད་དུ་སངས་རྒྱས་ཀྱི་ཆོས་ལུགས་དབུ་བརྙེས་པར་བཤད། འོན་ཀྱང་དེའི་སྐོར་ཡང་འཆད་ཚུལ་མི་འདྲ་བ་མང་ཞིང་། འདིར་ཡར་ལུང་ཆོས་འབྱུང་ལས་དྲངས་ན། "སྐུ་མཁར་ཡུམ་བུ་བླ་སྒང་གི་སྟེང་དུ་སྤང་ཀོང་ཕྱག་རྒྱ་པ་དང་། གསེར་གྱི་མཆོད་རྟེན་ཁྲུ་གང་པ་གཅིག མདོ་སྡེ་ཟ་མ་ཏོག སྙིང་པོ་ཡི་གེ་འབྲུ་དྲུག་པ། ཆོས་རྒྱ་མ་ཊིའི་རྐོས་ཕོར། མུ་ཏྲའི་ཕྱག་རྒྱ་རྣམས་ནམ་མཁའ་ལས་བྱོན་"① ཞེས་གསལ་ཞིང་། ནེལ་པའི་ཆོས་འབྱུང་ལས་ནི། "བོན་པོ་གནམ་ལ་དགའ་བས་དེ་ནས་བབས་ཟེར་བ་ཡིན་གྱི། དོན་ལ་པཎྜི་ཏ་བློ་སེམས་མཚོ་དང་། ལོ་ཙཱ་བ་ལི་ཐེ་སེས་ཆོས་དེ་རྣམས་ཁྱེར་འོངས་པ། རྒྱལ་པོས་ཡི་གེའི་ཚིག་དོན་མ་གོ་བས་ཆོས་རྣམས་བཞག་སྟེ་ལོ་པཎ་ཕྱིར་ལོག་ཟེར་"② ཞེས་འཁོད་པ་ལྟར། ཅི་ཡིན་ཟེ་མ་ཉེས་ཀྱང་། ཇོ་མཚར་སྐྱེས་ནས་ཕོ་བྲང་གི་དཀོར་ཁང་དུ་བཞུགས་སུ་གསོལ་ཏེ། གསེར་སྐྱེམས་དང་གཡུ་སྔོན་གྱིས་མཆོད་པས་བཙན་པོ་དགུང་ལོ་དྲུག་ཅུ་ལོན་པ་ལ་སེའུ་སྐྱེས། དབུའི་སྐྲ་དཀར་རྣམས་ཀྱང་ནག་པོར་གྱུར། གཉེར་མ་མེད་ཅིང་སྐུ་གཞོན་ཤ་ཅན་དུ་གྱུར་ནས། དགུང་ལོ་བརྒྱ་དང་ཉི་ཤུ་ཐུབ་པ་ཡིན་ཞེས་གྲགས། མཆོད་པའི་རྟེན་དེ་དག་ལ་གཉན་པོ་གསང་བ་ཞེས་པའི་མཚན་གསོལ་ཞིང་། བོད་དུ་སངས་རྒྱས་ཆོས་ལུགས་ཀྱི་དབུ་དེ་ནས་བརྙེས་པར་བརྩི་བ་ལགས་སོ། བཙན་པོ་འདིའི་གཙུང་ལྷ་བཟངས་བྱ་བ་ཐང་མཚམས་སུ་ཕབ་པར་

① (ཡར་ལུང་ཇོ་བོའི་ཆོས་འབྱུང་ལྷུགས་པར་མ་དེབ་ངོས47)

② (རྒྱལ་རབས་འཕྲུལ་གྱི་ལྡེ་མིག ལྷུགས་པར་དེབ་ངོས18)

གྲགས།

གཏུང་རབས་ཉེར་བརྒྱད་པ་ཁྲི་སྣ་ཟླུང་བརྩན་ནི། ཡབ་ལྷ་ཐོ་དོ་སྙན་བརྩན་དང་ཡུམ་གནོ་བཟའ་མང་མོ་རྗེ་ཇི་དགོས་གཉིས་ཀྱི་སྲས་སུ་འཁྲུངས། ཁུའི་བོན་པོ་མང་སྣྲ་ལེགས་པས་སྐུ་བོན་བྱས། འབྲོ་བཟའ་དུང་སྐྱང་བཞེར་བྱ་བ་ཁབ་ཏུ་བཞེས་སོ། “ཁྲི་གཉན་མཆད་པ་དོན་མཁར་མདའ་རུ་བརྩིགས། དེ་ཡང་ཐུལ་མེད་ས་ཐུང་བརྡལ་བ་འདྲ།”①ཞེས་གསལ་ལོ།

གཏུང་རབས་ཉེར་དགུ་པ་བཙན་པོ་འབྲོ་གཉེན་ལྡེ་རུ་ནི། ཡབ་ཁྲི་སྣ་ཟླུང་བརྩན་དང་ཡུམ་འབྲོ་བཟའ་དུང་སྐྱང་བཞེར་གཉིས་ཀྱི་སྲས་སུ་བལྟམས། ཁུའི་བོན་པོ་མང་རྗེ་ལོད་པོས་སྐུ་བོན་བྱས། བཙན་པོ་དེའི་གཅུང་པོ་ཟླུ་བཙན་དང་མོན་བུ་རྒྱལ་མཚན་གཉིས་ཐང་མཚམས་སུ་ཕབ། འབྲོ་གཉེན་ལྡེ་རུ་སྐུ་གཞོན་ནུའི་དུས་སུམ་པའི་ཡུལ་དུ་བྱོན་སྐབས། བོན་པོ་ཞིག་གི་ཚུང་མ་རྒྱ་མོ་ཚ་ལྕམ་བྱ་བ་དང་འབྲེལ་བ་བྱུང་ནས་སྲས་སུམ་རི་རིང་པོ་ཞེས་པ་ཞིག་འཁྲུངས་ཀྱང་ངོ་མ་བླངས་པར་ཡོད་པ་དང་། དེ་རྗེས་མཆིམས་བཟའ་ཀླུ་རྒྱལ་ངན་མོ་མཚོ་ཁབ་ཏུ་བཞེས། བཙུན་མོ་དེ་ཕྱི་མདངས་ཉམས་ནས་མི་མཛེས་པར་གྱུར་པ་ལ། རྒྱུ་དྲིས་པར་ང་རང་གི་ཡུལ་ན་ཟས་ཤིག་ཡོད་པ་དེ་མ་བྱུང་བས་ལན་ནམ་ཟེར། དེ་ལེན་དུ་ཚུག་གསུངས་པས་གཡོག་མོས་སྦལ་པ་མར་ལ་བཙོས་པ་མང་དུ་བཙོས་ནས་མཛོད་དུ་སྦས་ཏེ་བཙུན་མོ་ལ་དྲངས་པས་མདངས་རྒྱས་ཤིང་ཤིན་ཏུ་མཛེས་པར་གྱུར་སྐབས་བཙན་པོས་ཟས་དེ་ང་རང་ཡང་ཟའོ་དགོངས་ནས་ལྷེ་ཚབ་ཀྱིས་སྒོ་ཕྱེ་ནས་གཟིགས་སྐབས། སྦལ་རོ་མཐོང་བས་རྣམ་རྟོག་སྐྱེས་པ་ལས

① (ཆོས་འབྱུང་མཁས་པའི་དགའ་སྟོན། ལྟགས་པར་དེབ་ངོས169)

སྐུ་ལ་མཛེ་ནད་ཕོག་པ་དང་། བཙུན་མོ་ལ་སྲས་གཅིག་བྱུང་བ་དེ་ཡང་དམུས་ལོང་ཞིག་འཁྲུངས་སོ། དེ་ཙུང་ཟད་ཆེར་ལོངས་པ་ན་ཡབ་ཀྱིས། ཁྱོད་འ་ཞའི་ཡུལ་ནས་སྨན་པ་ཁོས་ཏེ་མིག་ཕྱེ་ལ་རྒྱལ་ས་ཟུངས། གལ་ཏེ་མིག་འབྱེད་མ་ཐུབ་ན་སུམ་པའི་ཡུལ་དུ་བོན་པོའི་ཚང་མ་རྒྱ་མོ་ཆ་ལྷམ་བྱ་བ་ལ་ངའི་བུ་སུམ་རི་རིང་པོ་ཞེས་པ་ཡོད། དེ་ཁོས་ནས་ཁྱོད་རང་གཤེགས་རྗེ་ཐོབ་ལ་ཁོང་རྒྱལ་སར་ཆུག་ཅེས་གསུངས་ཏེ། ཡབ་ཡུམ་གཉིས་སློན་པོ་སྣགས་ཐང་པ་ཡར་རྗེ་དང་བཅས་པ་གདུང་རྒྱུད་ལ་སྨུན་མི་ཕོག་པའི་ཆེད་དུ་ཡར་ལུང་ཞང་མདར་བང་སོ་བརྩིགས་ནས་གསོན་པོར་དུར་དུ་བཞུགས་པར་གྲགས་ཤིང་། བང་སོའི་མིང་ལའང་གསོན་མཆད་ཀླུམ་པོ་ཞེས་ཟེར་རོ།

དྲུག་པ། ལྷག་ཐུ་སྙ་གཟིགས་ཀྱི་སྐོར།

གདུང་རབས་སུམ་ཅུ་པ་བཙན་པོ་ལྷག་ཐུ་སྙ་གཟིགས་ནི། ཡབ་འབྲོ་མཉེན་ལྡེ་རུ་དང་ཡུམ་མཆིམས་བཟའ་ཀླུ་རྒྱལ་ངན་མོ་མཚོ་གཉིས་ཀྱི་སྲས་སུ་སྐུ་བལྟམས། ར་སངས་ཁྲི་ནེ་ཁོད་ཀྱིས་སྐུ་བོན་བྱས། ཡབ་ཀྱི་ཞལ་ཆེམས་ལྟར་འ་ཞའི་ཡུལ་ནས་སྨན་པ་མཁས་ཅན་གདན་དྲངས་ནས། དེས་སྤྱན་ཕྱེ་སྐབས་སྟག་མོ་རི་ལ་རི་དྭགས་གཉན་འགྲོ་བ་གཟིགས་པས་མཚན་ཡང་དམུས་ལོང་བཀོན་པ་བཀྲ་བྱ་བ་བསྒྱུར་ནས་སྟག་རི་གཉན་གཟིགས་སུ་གསོལ་བ་ཡིན་ཞེས་གྲགས། འོལ་གོད་བཟའ་སྟོང་བཙུན་འབྲོ་ག་ཁབ་ཏུ་བཞེས། བཙན་པོ་འདིའི་རིང་ལ་མཆིམས་དྭགས་པོའི་ཡུལ་དང་། བན་པ་རྗེ་སོགས་ཉེ་འདབས་ཀྱི་རྒྱལ་ཕྲན་འགའ་ཞིག་དབང་དུ་བསྡུས་པར་གྲགས་ཤིང་། དབུ་རྨོག་བཙན་ལ་སླན་གྲགས

ཆེ་བ་ཞིག་བྱུང་ངོ་།

དེ་ཡང་ཏུན་ཧོང་གི་ཡིག་རྙིང་ལས་ཀྱང་འདི་ལྟར་འབྱུང་སྟེ། "མཁར་ཕྱིང་བ་སྟག་རྩེ་ན་ནི་རྒྱལ་སྟག་བུ་སྙ་གཟིགས་བཞུགས། ཉེན་ཀའི་རྟིང་བ་ན་ནི་ཟིང་པོ་རྗེ་སྟག་སྐྱ་བོ་མཆིས། གྲུར་བའི་ཡུ་སྣ་ནི་ཟིང་པོ་རྗེ་ཁྲི་པངས་སུམ་མཆིས"①ཞེས་གསལ་བ་ལྟར་སྐབས་དེ་ཤེད་ན་བོད་དབུས་ཀྱི་ཆ་འདིར་རྒྱལ་ཕྲན་སྟོབས་ཆེ་བ་དེ་དག་གསུམ་ཙམ་དུ་སྣང་། དེ་ཡང་རྒྱལ་ཕྲན་དེ་གཉིས་སྤུ་རྒྱལ་གྱི་ཆབ་འབངས་སུ་གྱུར་ཚུལ་སྐོར་གཏམ་རྒྱུད་མཚར་ལ་སྙན་པ་ཞིག་མཆིས་པ་དེ་ཙུང་གོ་བདེ་བར་བཤད་ན་འདི་ལྟ་སྟེ། ཟིང་པོ་རྗེ་སྟག་སྐྱ་བོ་ནི། བྱ་བ་གང་དང་གང་ཡང་ཕྱིན་ཅི་ལོག་པ་ཤ་སྟག་བྱེད་དེ། ལེགས་པ་རྣམས་ཉེས་པར་བཏང་། ཉེས་པ་རྣམས་ལེགས་པར་བསྟོ། བློ་གྲོས་ལྡན་ཞིང་བསམ་པ་རྣམ་དག་གིས་ལེགས་པའི་གྲོས་བཏོན་པ་རྣམས་ལ་ནི་མི་ཉན་པ་དང་། མི་ཁ་མཁས་ངོ་བསྟོད་སྨྲེལ་ལད་འཁྲབ་མཁན་གྱིས་གང་བཤད་ལ་ཉན་ནོ། དེ་ལྟ་བུའི་སྤྱོད་པར་མི་རྣམས་ཞེ་ཁྲེལ་ལོ། མཁས་མཛངས་དྲང་བདེན་བྱེད་མཁན་དང་། དཔའ་བོ་བྱས་པ་ཅན་ལ་སྣང་ཟླུག་གིས་བརྙས་དམོད་བྱེད། མ་འོས་པའི་ཉེས་ཆད་ནི་ཤིན་ཏུ་ལྕི་བ་གཅོད་པ་སོགས་བྱེད་མི་རུང་བའི་རྣམ་གྲངས་ནི་ཧ་ཅང་མང་ངོ་། དེ་ལྟར་ཟིང་པོ་རྗེ་སྟག་སྐྱ་བོ་ཆོས་ཉམས་ཤིང་སྲིད་འགྱུར་བས་རྗེ་བོ་བྱ་བ་ངན་རྒྱུ་བྱེད་པ་མི་གཅིག་གིས་མཐོང་ཡང་། མི་ལེགས་ཞེས་གསལ་འདེབས་ཞུས་ན། དེ་ལ་མི་འོས་པའི་ཉེས་ཆད་ནན་པོ་གཅོད་ཅིང་། གཤེ་གཤེ་དྲག་པོ་ཕོག་པས། སུ་ཞིག་གིས་ཀྱང་རྒྱུ་མཚན་ཤོད་མི་ཕོད་དོ། དཔོན་པོ་ནི་གོང་ན་ཁྲི

① (ཏུན་ཧོང་ནས་ན་པའི་བོད་ཀྱི་ལོ་རྒྱུས་ཡིག་ཆ་ལྷུགས་པར་དེབ་ངོས50)

ཞིང་གཏུམ། ཁྲན་གཡོག་ནི་འོག་ན་སྐྲག་ཅིང་འདར། དཔོན་པོ་ནི་གོང་ན་སྨྱོ། འབངས་འཁོར་ནི་འོག་ན་ཁ་ཐོར་རོ། གཅིག་ལ་གཅིག་ཡིད་མི་རྟོན་ཏེ་བསམ་པ་ཐ་དད་དུ་གྱུར་ཏོ། ཟིང་པོ་རྗེ་ངན་ལང་དུ་ཤོར་ཏེ། གང་དང་ཅི་ལ་ཡང་ཕྱོག་ཕྱོགས་ཀྱི་ངན་པ་རྒྱ་བྱས་པས། ཡུལ་གྱི་ཆབ་སྲིད་ཀྱང་ཉམས་པར་གྱུར་ཏོ། མི་ཀུན་ཀྱང་དཔོན་པོ་ལ་སྙིག་ལབ་རྒྱུག་གོ། དེ་ནས་ཟིང་པོ་རྗེ་སྟག་སྐྱ་བོའི་བློན་པོ་གཉན་འཛི་ཟུང་ནག་པོས་རྗེ་པོ་ལ་ཞུས་པ། རྗེ་བོ་ཁྱེད་གང་ལའང་ལོག་པ་ཞེ་ཅིག་མཛད་པས། རང་ཅག་གི་སྲིད་ནི་སྲིད་དང་མི་མཐུན། ཆོས་ནི་ཆོས་དང་མི་མཐུན་པས། ཡུལ་གྱི་མི་དབུལ། སྲིད་ཀྱི་ཉམས་དམའ་སྟེ། ཕལ་ཆེར་བརླག་ཟིན་པས་ཅི་དྲག་ཅེས་སྨྲས་ན་ཡང་། ཟིང་པོ་རྗེ་ཉན་དུ་མ་འདོད་པར། དེ་སྐད་ཟེར་བ་ཉེས་སོ་ཞེས་འཛི་ཟུང་བློན་པོ་ནས་ཕུད་དོ། དེ་ནས་འཛི་ཟུང་ཡི་མ་རངས་པར་ཟིང་པོ་རྗེ་ཁྲི་པངས་སུམ་ལ་མགོ་བཏགས་ཏེ། གནོད་སེམས་བཅངས་ནས་སྟག་སྐྱ་བོར་ངོ་ལོག་བརྒྱབ། དྲེའུ་འདྲོགས་ཏེ་བསེ་སྒ་བཅག་པའི་དཔེ་ལྟར། སྟག་སྐྱ་བོའི་མངའ་ཁོངས་ཡུལ་ཡེལ་རབས་སྔེ་བཞི་དང་ཀློང་ཡ་གསུམ་རྣམས་ཟིང་པོ་རྗེ་ཁྲི་པངས་སུམ་གྱི་མངའ་འོག་ཏུ་བསྡུས་སོ། དེའི་བྱ་དགར་མནའ་གསོགས་དོན་ཐོག་ཏུ་བཀལ་ནས་མཁར་སྟུར་བས་བཅད་དེ། ཀློང་ཡ་གསུམ་གྱི་སྨད་གཉན་འཛི་ཟུང་གི་ཁྲན་དུ་ཕྲད་དོ། དེའི་ཁོངས་སུ་མྱང་ནམ་ཏོ་རེ་ཁྲུ་གུ་དང་། སྨོན་ཏོ་རེ་ཅེང་སྐྱུ་ཕ་བུ་ཡང་འཛི་ཟུང་གི་ཁྲན་དུ་ཚུད་དོ། དེ་ནས་འཛི་ཟུང་གི་ཆུང་མ་པ་ཚབ་བཟས་མྱང་ཁྲན་དུ་ཐོབ་པ་ལ་ཁེངས་དྲེགས་སྐྱེས་ཏེ། བརྙས་བཅོས་མ་རུངས་པ་བྱས་པ་ལ། མྱང་ཅེང་སྐྱུ་ཁོང་ཁྲོ་ལངས་ནས། ཟིང་པོ་རྗེ་ཁྲི་པངས་སུམ་ལ། གཉན་གྱི་ཁྲན་གཡོག་བྱེད་མི་ཐུབ་ཅེས་ནན་གྱིས་ཞུས་སོ། ཟིང་པོ་རྗེས། གཉན་འཛི་ཟུང་ལས་ང་ལ་བློ་དགར་བ་མེད་

ན། ཁོའི་བྲན་དུ་ཁྱོད་བཀོལ་མི་འོས་པ་མེད། ཇོ་མོས་བརྙས་བཅོས་དེ་ལྷག་བྱས་ནའང་ཇོ་མོ་ལ་དབང་ཡོད་པས་ཉེས་པ་མེད་དོ་ཟེར་ནས་ཁས་མ་བླངས་སོ། ཚིག་དེས་ཅེང་སྐྲུ་ཤིན་ཏུ་མ་དགའ་བར་ཡི་ཆད་དོ། དེ་ནས་ཡང་ཟེང་པོ་ཇོའི་གཉེར་པ་དབས་ཤོས་ཏེ་ར་ཁུ་གུ་དང་། གཤེན་ཁྲི་བཞེར་འདོན་ཁོང་གཉིས་འཕྲེན་པའི་རྫིང་གི་ཁར་འཁྲུག་འཛིང་ཐུག་ནས་གཤེན་གྱིས་དབས་བསད་དོ། དབས་ཀྱི་ཕུ་བོ་ཕངས་ཧྲོ་རེ་དབྱི་ཚབ་ཀྱིས་ཟེང་པོ་ཇོ་ལ། ངའི་ནུ་བོ་གཤེན་གྱིས་བསད་སོང་བས་སྟོང་འབབ་གནང་རོགས་ཞེས་ཞུས་པར། ཟེང་པོ་ཇོས། གཤེན་ཁྲི་བཞེར་ཁོལ་ཚབ་ནང་སློན་བྱེད་པའི་ངོ་མ་གཅིག་པར། དགེ་བས་མི་དགེ་བ་བསད་ན། བསད་དུ་ཟད་དོ་ཞེས་ཟེར་རོ། ཚིག་དེས་དབྱི་ཚབ་ཀྱང་ཤིན་ཏུ་མ་འདོད་པར་ཡི་ཆད་དོ། དེ་ནས་མྱང་དང་དབས་གཉིས་ཀ་ཡི་ཆད་དེ་མཉམ་དུ་ལོག་གོ། དབྱི་ཚབ་སྟོན་ན་འགྲོ། ཅེང་སྐྲུ་རྗེས་སུ་བསྐྱོད་བཞིན་ཁྱིམ་དུ་འོང་སྐབས། ཅེང་སྐྲུས་ཚིག་ལབ་བརྒྱབ་ནས་སྨྲས་པ།

ཆུ་བོ་ཆུ་བོའི་ཕ་རོལ་ན། །
ཡར་ཆབ་གཙང་པོའི་ཕ་རོལ་ན། །
མི་ནི་མི་ཡི་བུ་ཡིན་ཡང་། །
དོན་ལ་ལྷ་ཡི་སྲས་པོ་བཞུགས། །
བདེན་པའི་རྗེ་ཡིས་བཀོལ་ན་དགའ། །
བདེན་པའི་སྐད་ནི་གཏད་ན་བདེ། །

ཞེས་ཡིད་ལ་བསམ་པ་ཁ་ནས་ཤོར་བ་དེ། དབྱི་ཚབ་མདུན་ན་འགྲོ་བའི་རྣ་བར་ལྷང་ངེར་ཐོས་ནས། ཅེང་སྐྲུ་ཁྱོད་ལས་བདེན་པ་མེད། ང་ཡང་འདི་ལས་མ་རངས་པ་མེད་པས། ཁྱོད་བསམ་པ་དང་མི་འདྲ་རི་ཞེས་མནའ་བསྐྱལ་

སོ། དེ་ནས་མྱུང་དབས་གཉིས་ཟེང་པོ་རྗེ་ལ་བློ་སོག་སྟེ། བཙན་པོ་སྤུ་རྒྱལ་ལ་ངོ་བལྟ་བར་འདོད་ནས་མནའ་ཐོ་ཡང་ཆེན་པོ་བཅད་དོ། དེ་རྗེས་དབས་དབྱི་ཚབ་ཀྱིས་ཞང་པོ་མནོན་བཟང་ཧོ་རེ་སྤྱིན་དང་ཡང་གྲོས་བྱས་ཏེ་མནའ་བསྐྱལ་བ་ལས། མནོན་ཧོ་རེ་ཤི་ནས་ཁོའི་བུ་པང་སུམ་འདྲོན་པོ། ཟེང་པོ་རྗེའི་ནང་འཁོར་བྱེད་པ་ཡང་གྲོས་ལ་བཙུག་ནས་མནའ་བསྐྱལ་ལོ། དེ་ནས་མྱུང་དབས་མནོན་གསུམ་གྱིས་ཚེས་པོང་ནག་སེང་བརྒྱུད་ནས། སྤུ་རྒྱལ་སྟག་བུའི་སྣན་དུ་སྔོན། བཙན་པོའི་ཞལ་ནས་ངའི་སྲིང་མོ་ཞིག་ཀྱང་ཟེང་པོ་རྗེའི་གམ་ན་ཡོད་མོད་ཀྱང་། བྱེད་ཅག་ཟེར་བ་བཞིན་བྱའོ་ཞེས་བཀའ་བསྩལ་ནས། མྱང་དབས་མནོན་གསུམ་མནའ་སྐྱེལ་དམ་བཅའ་འཇོག་ཕྱིར་མཁར་ཕྱིང་བ་སྟག་རྩེར་བསྐྱོད་དོ། ཉིན་མོ་ནི་ཕག་ཚལ་བྱ་བའི་ནགས་གསེབ་ཏུ་གབ་ཅིང་། མཚན་མོ་ཕྱིང་བར་ཕྱིན་ནས་གསང་གྲོས་མནའ་ཚིག་འཇོག་པའི་དུས་སུ། ཡར་ལུང་གི་འབངས་མི་རྣམས་ཀྱི་དཔྱད་པ་བརྗོད་པར།

མི་ཕྲུག་རྟ་བཟང་ཞོན་པ་འགའ། །
ཉིན་བཞིན་ཕག་ཚལ་ནགས་སུ་ཡིབ། །
མཚན་བཞིན་ཕྱིང་བ་སྟག་རྩེར་འགྲོ། །
དགྲ་པོ་ཡིན་ནམ་གཉེན་ཅི་ཨང་། །

ཞེས་སྨྲའོ། འོན་ཀྱང་ཟེང་པོ་རྗེ་ལ་དམག་མ་དྲངས་གོང་དུ་བཙན་པོ་སྟག་བུ་སྙ་གཟིགས་སྐུ་གཤེགས་སོ①ཞེས་གསལ་བ་དེ་ལས་སྐབས་དེར་སྤུ་རྒྱལ་གྱི་ཆབ་སྲིད་སྟོབས་ཤུགས་འཕེལ་རྒྱས་འགྲོ་ཕྱོགས་དེ་གང་ལེགས་མཚོན་གྱི་ཡོད།

① (ཏུན་ཧོང་ནས་ཐོན་པའི་བོད་ཀྱི་ལོ་རྒྱུས་ཡིག་ཆ། ལྷགས་པར་དེབ་ངོས50 – 53)

ཆོས་འབྱུང་མཁས་པའི་དགའ་སྟོན་ལས།

"འདི་དུས་ཁྲི་ངོར་སྣང་བཙུན་མོང་གི་བུས། །

བྲེ་ཕུལ་སྲང་བཅོས་འབྲུ་མར་ཚད་ཀྱིས་བཅལ། །

དགའ་གཉིས་ཚོང་བྱས་མཐུན་གཉིས་ལ་ལུང་སྩེབས། །

དེ་གོང་བོད་ན་ཚོང་དང་བྲེ་སྲང་མེད། །

དེ་ཕྱིར་མཛངས་མི་བདུན་གྱི་གསུམ་པར་གྲགས། །"

ཞེས་གསལ་བ་དང་སྟག་བུ་སྙ་གཟིགས་གཤེགས་རྗེས།

"གདུང་གི་བང་སོ་དོན་མཁར་མདའ་རུ་བརྩིགས། །

གྲལ་ནི་ཁྲི་བཟུང་བང་སོའི་གཡོན་ན་ཡོད། །

དེ་ཡང་ཕུལ་མེད་ས་ཕུང་བརྟལ་བ་འདྲ། །

དེ་ཡི་འོག་ན་བཙུན་མོ་འབྲོ་བཟའ་སྣན་བཙུན་དང་། །

མོན་བུ་རྒྱལ་མཚན་གཉིས་ཀྱི་བང་སོ་ས་ཕུང་གཉིས་ཡོད། །"① ཅེས་གསལ་ལོ།

བདུན་པ། གནམ་རི་སྲོང་བཙན་གྱི་སྐོར།

གདུང་རབས་སོ་གཅིག་པ་སློན་བཙན་རླུང་ནམ་མམ་གནམ་རི་སྲོང་བཙན་ནི། ཡབ་སྟག་བུ་སྙ་གཟིགས་དང་ཡུམ་འོལ་གོད་བཟའ་སྟོང་རྩུན་འབྲོ་ག་གཉིས་ཀྱི་སྲས་སུ་འཁྲུངས། གཙོའི་བོན་པོ་ཁྲི་ཁྱུང་གྲགས་པས་སྐུ་བོན་བྱས།

① (ཆོས་འབྱུང་མཁས་དགའ་ལྷགས་པར་དེབ་ངོས171)

ཚེ་སྤྱོང་བཟའ་འབྲི་མ་ཐོད་དཀར་བྱ་བ་ཁབ་ཏུ་བཞེས། གཙུང་པོ་འོལ་གོད་ཚ་སྟོན་གེར་ལེགས་བྱ་བ་ཐང་མཚམས་སུ་ཕབ་པོ། རྒྱལ་རབས་ཆོས་འབྱུང་དག་ལས་འབྱུང་བ་ལྟར་ན། "རྒྱལ་པོ་འདིའི་རིང་ལ་རྒྱ་ནག་ནས་སྨན་དང་རྩིས་བྱུང་། སྐུ་མཁར་ཁྲི་བརྩེགས་འབུམ་གདུགས་བྱ་བ། བ་དམར་མོའི་འོ་མས་སྦྱུས་པའི་འཇིམ་པས་བརྩིགས། དམུས་ཏེ་ལོང་བ་ཁྲིད་དེ་ཐྲག་གསུམ་དིང་མའི་མཚོ་འགྲམ་ནས་རྟ་འདོ་བ་ཙང་ཤེས་བཙལ་ནས་རྟེད་དེ་རྒྱལ་པོའི་ཆིབས་པ་བྱས། སྤྲང་དགའ་བོ་དང་རྨུ་དཔུང་རྒྱང་རིང་པོ་ཞེས་པའི་གྲུད་མི་གཉིས་ཀྱིས་ཞབས་ཏོག་བྱས་ཏེ། ཕུང་གཡག་ཐལ་དཀར་རུ་རིང་བྱ་བའི་བྱང་འབྲོང་ན་ལེ་ཐོང་ཟན་བསད་ནས། ཤ་རྟ་སྒ་ལ་བཏགས་པ་ལམ་བར་དུ་ལྷུང་བ་ལས་ལན་ཚྭ་རྙེད་དོ་"①ཞེས་པ་ཙམ་ལས་མ་གསལ་ཞིང་། ཏུན་ཧོང་གི་ཡིག་རྙིང་ལས་འབྱུང་བ་ལྟར་ཟིང་པོ་རྗེའི་མངའ་ཁོངས་དངོས་སུ་དབང་དུ་བསྡུས་པ་ནི་བཙན་པོ་གནམ་རིའི་དུས་སུ་ཡིན་ཏེ། དེ་ཡང་ཡབ་གཤེགས་པའི་རྗེས་སུ་འདི་ལྟར་འཁོད་ཡོད། "བཙན་པོ་སློན་བརྩན་དང་། སློན་ཀོལ་སྐུ་མཆེད་གཉིས་ལ། མྱང་ཙེང་ས་སྐུ་དང་། དབས་དབྱི་ཚབ། དབས་མྱེས་སྨང་། དབས་པུ་ཚབ། མནོན་འདྲོན་པོ། ཚེས་པོང་ནག་སེང་དྲུག་གིས་མནའ་སྐྱེལ་དམ་བཅའ་ཕུལ་བའི་ཚིག་ནི། ད་ཕན་ཆད། ཟིང་པོ་རྗེ་རྒྱབ་ཏུ་མི་འདོར་རོ། ཕྱི་རྒྱལ་ཕྱང་དུ་མི་ལེན་རོ། བཙན་པོ་ཕྱི་རྒྱལ་ལ་གློ་ལོག་བྱེད་རོ། ཞབས་འདྲེན་ཞུ་རོ། གསང་རྒྱ་ཐུབ་པ་མི་བྱེད་རོ། ཕྱི་མ་ནང་བྱེད་རོ། ཐེ་ཚོམ་བྱེད་རོ། བརྟུལ་ཕོད་པར་མི་བྱེད་རོ། སྲོག་གློས་གཏོང་མི་བྱེད་རོ། བཙན་པོ་སློན་བརྩན་གྱིས་བཀའ་ཅི་གནང་བ་

① (ཡར་ལུང་ཇོ་བོའི་ཆོས་འབྱུང་། ལྷུགས་པར་དེབ་ངོས51)

བཞིན་མི་ཉན་རེ། གཞན་སུས་བསླུས་ཀྱང་ཉན་རེ་ཞེས་མནའ་ཆོག་ཕུལ་ལོ། སྲུང་ཅེང་ཀུང་དང་། སྲུང་སྲུ་གསེང་། ཆོས་པོང་ན་གྱུ། དབས་སྲེས་སྣང་། དབས་པུ་ཚབ་རྣམས་ཀྱང་མནའ་ཆོག་འབུལ་བའི་ཁོངས་སུ་གཏོགས་སོ། དེ་ནས་དམག་འདྲེན་པའི་དུས་ཚོད་གཏན་འཁེལ་གནང་བ་ལྟར་ལ་ཁོ་ཚོ་འགྱུར། གཙུང་སློན་ཀོལ་དང་ཡུམ་སྟོང་ཙུན་རྣམ་གཉིས་ཡུལ་དུ་བཞུགས་ཤིང་། བཙན་པོ་ཁྲི་སློན་བཙན་སྐུ་ངོ་མས་དམག་མི་ཁྲི་ཕྲག་ཙམ་ཁྲིད་ནས་དཔུང་དྲངས་སོ། སྲུང་ཅེང་སྐུ་དང་། མཉོན་འདྲོན་པོ་གཉིས་སྟག་པ་ཤ་ཏུ་ལ་ཚུན་ཆད་དུ་སོ་ལྟ་སྲུལ་ཞིབ་བྱེད་པར་སྔོན་ལ་བཏང་ངོ་། དབས་དབྱི་ཚབ་དང་ཆོས་པོང་ནག་སེང་གཉིས་ཀྱིས་བཙན་པོ་སྤྱན་དྲངས་ནས། རྒྱ་ཆེན་པོར་རབ་བརྒྱལ་ནས་ལམ་བཏོད། ནགས་ཚལ་དང་ན་ཐང་གཤགས་སྟེ་གཡུལ་བཤམས་ནས། མཁར་ཡུ་སྣ་ནི་གཏོར། དགུ་གྲི་ཟིང་པོ་རྗེ་ནི་བརླག་གོ། མང་པོ་རྗེ་གསུམ་བུ་ནི་དྲུ་གུའི་ཡུལ་དུ་བྲོས་སོ། ཕག་གི་ཡུང་བ་སྣ་མན་ཆད། ཀོང་པོ་བྲེ་སྣ་ཡན་ཆད་བཙན་པོའི་ཕྱག་ཏུ་ལོན་ནོ། བཙན་པོ་ཁྲི་སློན་བཙན་གྱིས་བཀའ་ཕབ་སྟེ། སྔར་ཡུལ་ངས་པོ་ཟེར་བར། འཕན་ཡུལ་ཞེས་མིང་བརྗེས་སོ། སྲུང་དབས་སོགས་ཀྱིས་བསྟོད་པའི་གླུ་ཕུལ་ཞིང་། ཡུལ་ངས་པོའི་འབངས་དབྱི་ཚབ་ལ་སོགས་པས། བཙན་པོ་ལ་མཚན་གསོལ་པ། །ཆབ་སྲིད་གནམ་བས་མཐོ། །དབུ་རྨོག་རི་བས་བཙན་ཏེ། གནམ་རི་སློན་བཙན་དུ་བཏགས་སོ། སྲུང་། དབས། མཉོན་གསུམ་གྱིས། ཟིང་པོ་རྗེའི་ཆབ་སྲིད་བཙན་པོ་སྤུ་རྒྱལ་གྱི་ཕྱག་ཏུ་ཕུལ་ལོ། དེ་ནས་གནམ་རི་སློན་བཙན་སྐུ་ངོ་མས་ཕྱག་གིས་བཅད་དེ། སྲུང་ཅེང་སྐུའི་བྲོ་དགར། གཉན་འཛི་ཟུང་གི་མཁར་སྟུར་བ་དང་། ཐན་གཡོག་ཁྱིམ་ཚང་ཆིག

སྟོང་ལྔ་བརྒྱ་བསྐུལ་ཏོ། དབས་དབྱི་ཚབ་ཀྱི་བྱ་དགར། ཟ་གད་གཉེན་གྱི་ཡུལ་ས་དང་། མལ་གྲོ་སྐྱོགས་ནས་བྲན་གཡོག་ཁྱིམ་དུད་ཆིག་སྟོང་ལྔ་བརྒྱ་བསྐུལ་ཏོ། མནོན་འདྲོན་པོའི་བྱ་དགར། ཁོ་ནའི་པུ་ནུ་པོ་མནོན་ལ་སོགས་པ་བྲན་གཡོག་ཁྱིམ་དུད་ལྔ་བརྒྱ་གནང་ངོ་། ཚེས་པོང་ནག་སེང་གི་བྱ་དགར། འོན་གྱི་སྨོན་མཁར་ནས་བྲན་གཡོག་ཁྱིམ་དུད་སུམ་བརྒྱ་བསྐུལ་ཏོ། དེ་ལྟར་མྱུར། དབས་མནོན། ཚེས་པོང་བཅས་བཞིས་སྤུ་རྒྱལ་ལ་གློ་དཀར་བྱས་པས་བྲན་གཡོག་ཁྱིམ་དུད་མང་པོ་དང་། ཡུལ་ཆེན་པོ་ལ་དབང་ཞིང་། བཙན་པོའི་བློན་པོར་བཙུགས་སོ།། ཞེས་དང་།

རྒྱལ་པོ་འདིའི་རིང་ལ། ཁྱུང་པོ་སྤུང་སད་ཀྱིས་རྩང་བོད་ཀྱི་རྗེ་བོ་མར་མུན་ཞེས་པ་མགོ་བཅད་དེ། རྩང་བོད་ཀྱི་འབངས་མི་ཁྱིམ་དུད་ཁྲི་ཕྲག་གཉིས་སྤུར་རྒྱལ་བཙན་པོའི་མངའ་འབངས་སུ་ཕུལ་ལོ། དེ་ནས་བཙན་པོ་གནམ་རི་སྲོང་བཙན་གྱིས་རྩང་བོད་ཀྱི་འབངས་ཁྱིམ་ཉིས་ཁྲི་ཟུ་རྩེ་བློ་དཀར་བའི་བྱ་དགར་བསྐུལ་ཏོ། དེའི་རྗེས་སུ་བཙན་པོ་སྐུ་མཆེད་ལ། མོང་སྤོན་པོ་བློ་ལོག་ནས་གཡོ་རྫུས་བརྩམས་པ་དེ། ཟུ་ཙེས་ལྷག་བསམ་གྱིས་མཚང་བརྗོལ་ནས། བཙན་པོ་སྐུ་མཆེད་ཀྱི་སྐུ་ལ་གནོད་པ་མ་བཏང་གོང་དུ་མོང་སྤོན་པོ་བསད་དོ། དེ་ནས་དྭགས་པོ་བཙན་པོའི་འབངས་སུ་མངའ་བ་ལས་ངོ་ལོག་གོ། རྗེ་བློན་རྣམས་ཡོངས་རྫོགས་འདུས་ཏེ་དྭགས་པོ་ཚུར་ལེན་པའི་བཀའ་གྲོས་མཛད་ནས་དམག་དཔོན་སུས་བྱེད་གསུངས་པ་ན། སེང་གོ་མི་ཆེན་གྱིས་བདག་གིས་ཕྱིན་ཆོག་ཅེས་ཁས་བླངས་པའི་ཚེ། ཁྱུང་པོ་སྤུང་སད་ན་རེ། ཁྱོད་ལྟ་བུས་དམག་དཔོན་འོང་ངམ། མི་མཛངས་པ་བྱ་བ་ནི་སྦྲེ་མོའི་ནང་དུ་སྟུང་བུ་བཙུག་པ་དང་འདྲ་བ་དགོས་པ་ཡིན། ཁྱོད་ལྟ་བུ་བཙན་པོའི་གཟིམ་གཡོག་པ་བསྐོ་གཞག་གནང་ནས

ལོ་མང་པོ་སོང་ནའང་དཔའ་མཛངས་ལྡན་ནོ་ཞེས་མི་སུ་གཅིག་གིས་བསྟོད་པ་ངས་མ་ཐོས་ན། ཁྱོད་འདྲ་བས་མི་འཇོན་འཇོན་མདོག་བྱས་ན། ཆབ་འབངས་ཆུད་ཐོས་སུ་གཏོང་ངོ་ཞེས་སྨྲས་སོ། སེང་གོ་ན་རེ། མི་ཚང་མས་བདག་ལ་བསྟོད་བསྔགས་མི་བྱེད་པ་བདེན་ནོ། བདག་སྟོན་ཆད་སྐྱེ་མོའི་ནང་དུ་མ་ཞུགས་ལ། རྩེ་མོ་ཕྱིར་མ་ཐོན་པ་ཡང་བདེན་ནོ། གལ་ཏེ་ཁོ་བོ་སྟོན་ཆད་སྐྱེ་མོའི་ནང་ཞུགས་ཡོད་པ་ཡིན་ན། རྩེ་མོ་མ་ཟད་ཡུ་བ་ཡང་ཕྱིར་བཏོན་ཟིན་ནོ། ད་ལྟ་བདག་གིས་ཁས་ལེན་ཞུ་བ་འདི་ཡང་། སྟོན་ཆད་གང་དུའང་མ་ཞུགས་པས་ད་གཟོད་འཇུག་པར་གསོལ་བ་ཡིན་ནོ་ཞེས་སྨྲས་སོ། དེ་ནས་བཙན་པོས་ཀྱང་། མི་ཆེན་གྱི་གསོལ་བ་བཞིན་གནང་ནས། དྭགས་པོ་ཆབ་འབངས་སུ་འགུག་པའི་དམག་དཔོན་དུ་བསྐོ་བཞག་བསྐུལ་ཏོ། སེང་གོ་མི་ཆེན་གྱིས་དྭགས་པོ་ལྷ་དེ་ལ་བརྒལ་ཏེ་དྭགས་པོ་ཡོངས་རྫོགས་སྐར་ཡང་བཙན་པོའི་མངའ་འབངས་སུ་བཀུག་གོ མི་ཆེན་གྱི་བྱ་དགར། གསེར་ཁྱུང་རེའུ་རྒྱལ་གྱི་མི་དང་འབྲོག་ཕྱུགས་བཅས་གནང་ངོ་། དེའི་དུས་མི་རྣམས་ཀྱི་ཁ་ལས།

“སེང་གོ་མི་ཆེན་གྱིས། །
དྭགས་ཡུལ་བསེན་མཁར་དུ། །
མདུང་གཡུག་ཐེངས་གཅིག་ལ། །
འབྲོག་དུད་ཐང་གང་ཐོབ། །

ཅེས་པའི་གཏམ་བྱུང་། སེང་གོ་མི་ཆེན་དཔའ་བའི་ཡུལ་དུ་གྱུར་ནས། ཉི་མ་གཅིག་ལ་དྭགས་པོ་མི་བརྒྱ་བསད་ཅེས་གྲགས་སོ་”[1]ཞེས་གསལ་བ་དེ་དག་

[1] (ཏུན་ཧོང་ནས་ཐོན་པའི་བོད་ཀྱི་ལོ་རྒྱུས་ཡིག་ཆ། ལྷུགས་པར་དེབ་ངོས56－57)

ལས། བཙན་པོ་འདིའི་སྐུ་དུས་སུ་སྤུ་རྒྱལ་གྱི་མངའ་ཞབས་རྒྱ་སྐྱེད་ནས་དབུས་གཙང་ཕལ་ཆེ་བ་ཆབ་འོག་ཏུ་བཙུག་པར་མངོན་ཞིང་། བཙན་པོའི་བཞུགས་གནས་ཀྱང་ཡར་ཀླུང་གཙང་པོའི་བྱང་ཕྱོགས་སུ་སྤོས་ཏེ་མལ་གྲོའི་ཕོ་བྲང་བྱམས་པ་མི་འགྱུར་གླིང་བཞེངས་པར་སྣང་ངོ་། འོན་ཀྱང་བཙན་པོ་འདིའི་རིང་ཤར་ནུབ་བྱང་བཅས་སུ་མངའ་ཁོངས་གློ་བུར་རྒྱ་སྐྱེད་པ་དང་། སྔོན་ཆད་མི་ལོ་བརྒྱ་སྟོང་དུ་མའི་རིང་རྒྱལ་ཕྲན་སིལ་བུ་ཁ་ཕྲོར་གྱིས་ས་ཆ་བཅད་བཟུང་བྱས་ནས་ཕན་ཚུན་གཏོལ་རེས་བྱེད་པའི་ལམ་སྲོལ་གྱི་བག་ཆགས་ཟབ་མོ་ཡོད་པ། དམག་དཔོན་སོ་སོས་བྱས་རྗེས་བཞག་ནས་བླངས་པའི་ས་ཁྲུལ་ཆེན་པོ་རྣམས་རང་རང་ལ་བཅད་ནས་གནང་བ་སོགས་ལ་བརྟེན། སྤུ་རྒྱལ་བཙན་པོ་རང་གི་ཆབ་སྲིད་ཀྱི་རྨང་གཞི་ནི་ད་དུང་སྲ་བརྟན་ཞིག་འཛུགས་ཐུབ་མེད་ཅིང་། མཐར་ཐུག་བཙན་པོ་གནམ་རི་སྲོང་བཙན་རང་ཉིད་ལ་ཡང་མོན་དུག་ཕུལ་ནས་བཀྲོངས་པར་གྲགས་སོ།

"བང་སོ་གྲུ་བཞིར་བརྩིག་པ་དེ་ནས་བྱུང་། །
གྲལ་ནི་ཁྲི་བཟུང་བང་སོའི་གཡས་ན་ཡོད། །
ཕུལ་ཆེ་དབྱིབས་ནི་གྲུ་བཞི་སོག་ཁ་རིས། །
མིང་དུ་གུང་རི་སོག་ཁར་བཏགས་སོ་སྐད། །"①ཅེས་གསལ་ལོ།

① (ཆོས་འབྱུང་མཁས་དགའ། སྨད་ཆ། སྟོད་ཆ།)

ས་བཅད་གསུམ་པ། བོད་ཀྱི་བཙན་པོའི་རྒྱལ་རབས་བྱུང་རྩལ།

དང་པོ། བཙན་པོ་སྲོང་བཙན་སྒམ་པོའི་སྐོར།

1. བོད་ཡོངས་གཅིག་གྱུར་བཟོས་པ།

བོད་ཀྱི་བཙན་པོ་སྲོང་བཙན་སྒམ་པོ་ནི་རང་ཅག་བོད་མི་རིགས་ཚང་མས་དགའ་གུས་དང་དད་སེམས་དཔག་མེད་བྱེད་པའི་མི་རིགས་ཀྱི་སྔོན་བྱོན་དཔའ་བོ་འགྲན་ཟླ་མེད་པ་ཞིག་ཡིན་ལ། ཁོང་གི་མཚན་སྙན་ནི་རྒྱལ་ཡོངས་དང་འཛམ་གླིང་གླིང་ཆེན་ཁག་ལ་དུས་ད་ལྟའང་ཉམས་པ་མེད་པར་གནས་པའི་ལོ་རྒྱུས་ཀྱི་མི་སྣ་ཆེན་པོ་ཞིག་ཡིན། གང་གི་རླབས་ཆེ་བའི་མཛད་པ་རྣམས་ནི་བསམ་གྱིས་མི་ཁྱབ་པ་དང་བརྗོད་ཀྱིས་མི་ལང་བ་ཞིག་ཡིན་ན་ཡང་། ད་ཡོད་ཀྱི་ལོ་རྒྱུས་ཡིག་རིགས་ལས་འབྱུང་བའི་ཁྲིད་ནས་རང་བློས་གང་ལྕོགས་ཙམ་ཞིག་མདོར་བསྡུས་པ་དང་གོ་བདེ་བའི་ཚུལ་དུ་བརྗོད་པར་བྱའོ།

དེ་ལ་ཐོག་མར་བཙན་པོ་ཁྲི་སྲོང་བཙན་སྒམ་པོ་འཁྲུངས་གཟིགས་ཀྱི་ལོ་ཚིགས་གང་ཡིན་དེ་ནི་བོད་ཀྱི་རྒྱལ་རབས་ཆོས་འབྱུང་ཁག་ནང་བཞེད་ཚུལ་མི་མཐུན་པ་མང་ལ། ཡུན་རིང་ནང་གཅིག་གྱུར་མ་ཐུབ་པའི་ལོ་རྒྱུས་ཀྱི་རྩོད་གཞི་གལ་འགངས་ཆེ་བ་ཞིག་ཡིན་པ་མ་ཟད། དེའི་རྗེས་ཀྱི་བཙན་པོའི་རྒྱལ་རབས་གཞན་རྣམས་ཀྱི་ལོ་ཚིགས་ལའང་འགལ་བ་ཟམ་མི་འཆད་པ་ཐོན་པའི་འབྱུང་རྩ་ཞིག་ཀྱང་ཡིན། དེ་ཡང་སྤྱིར་ན་སྲོང་བཙན་སྒང་གི་ལོ་ལ་འཁྲུངས་པ་དང་ཁྲིའི་

ལོ་ལ་གཤེགས་པ་དེ་ལོ་རྒྱུས་ཀྱི་ཡིག་རིགས་མང་ཆེ་བ་གཅིག་གྱུར་ཡིན་མོད། འོན་ཀྱང་ལོ་རྟགས་དེ་གཉིས་ཀྱི་དབང་ཐང་ཌེ་ཡིན་མི་མཐུན་པ་དང་། ཐ་ན་ལ་ལར་དྲུག་ཅུ་སྐོར་སྤྱི་རྗེང་གང་ལ་བྱེད་མི་མཐུན་པའི་རྗེ་བག་ཀྱང་ཆགས་ཡོད། དེའི་ཐད་ཉེ་རབས་ཀྱི་མཁས་པའི་དབང་པོ་དགེ་འདུན་ཆོས་འཕེལ་མཆོག་གིས《དེབ་ཐེར་དཀར་པོ་》ནང་བོད་ཀྱི་ལོ་རྒྱུས་ཐོག་སྔོན་ཆད་བྱུང་མ་མྱོང་བའི་དཔྱད་པ་རྡོན་དངོས་དང་མཐུན་པ་ཞིག་མཛད་ཡོད་པ་དེ་ལ་དེང་སྐབས་རྒྱལ་ཁབ་ཕྱི་ནང་གི་ལོ་རྒྱུས་སྨྲ་བ་ཆེས་མང་ཆེ་བས་ཚད་འཛིན་དང་། གདེང་འཇོག་ཆེན་པོ་གནང་བཞིན་ལྟར་དེ་བས་ལྷག་པའི་བསྐྱར་དཔྱད་དགོས་དོན་མེད་པ་ལྟ་བུར་མཐོང་། དེའི་ནང་སྲོང་བཙན་སྒམ་པོ་སྤྱི་ལོ617བོད་མེ་གླང་ལོར་འཁྲུངས་པར་བསྟན་པ་དེ་ནི། བོད་ཀྱི་སྔོན་བྱོན་ལོ་རྒྱུས་སྨྲ་བ་ཤང་ཉེ་མ་འོད་ཟེར་གྱི《ཆོས་འབྱུང་མེ་ཏོག་སྙིང་པོ་སྦྲང་རྩིའི་བཅུད་》དང་། ས་ཆེན་གྲགས་པ་རྒྱལ་མཚན་གྱི《རྒྱལ་རབས་》ནེའུ་པཎྜི་ཏའི《སྔོན་གྱི་གཏམ་མེ་ཏོག་ཕྲེང་བ་》ཚལ་པ་ཀུན་དགའ་རྡོ་རྗེའི《དེབ་ཐེར་དམར་པོ་》ས་སྐྱ་པ་བླ་མ་བསོད་ནམས་རྒྱལ་མཚན་གྱི《རྒྱལ་རབས་གསལ་བའི་མེ་ལོང་》ཡར་ལུང་ཇོ་བོ་ཤཱཀྱ་རིན་ཆེན་གྱི《ཆོས་འབྱུང་》སྟག་ཚང་པ་དཔལ་འབྱོར་བཟང་པོའི《རྒྱ་བོད་ཀྱི་ཡིག་ཚང་མཁས་པ་དགའ་བྱེད་ཆེ་མོ་》པཎ་ཆེན་བསོད་ནམས་གྲགས་པའི《རྒྱལ་རབས་འཕྲུལ་གྱི་ལྡེ་མིག་》དཔའ་བོ་གཙུག་ལག་ཕྲེང་བའི《ཆོས་འབྱུང་མཁས་པའི་དགའ་སྟོན་》སོགས་བོད་ན་གྲགས་ཆེ་བའི་རྒྱལ་རབས་ཆོས་འབྱུང་དུ་མ་ཞིག་དང་གཅིག་མཐུན་ཡིན་པ་དང་། དེབ་དཀར་ནང་སྲོང་བཙན་གཤེགས་པའི་ལོ་ཚིགས་སྤྱི་ལོ650བོད་ལྕགས་ཁྱི་ལོར་གཏན་འཁེལ་གནང་བ་དེ་ནི་མཁས་པའི་དབང་པོ་འགོས་ལོ་གཞོན་ནུ་དཔལ་བའི《ཆོས་འབྱུང་དེབ་ཐེར་

སྔོན་པོ་》དང་། ཏུན་ཧོང་ནས་ཐོན་པའི་བོད་ཀྱི་རྒྱལ་རབས་ཡིག་རྙིང་། རང་རྒྱལ་གྱི་《ཐང་དེབ་རྙིང་མ་》སོགས་དང་ཡོངས་སུ་མཐུན་པ་མ་ཟད། སྲོང་བཙན་འཁྲུངས་གཤེགས་ཀྱི་ལོ་ཚིགས་དེ་ལྟར་རྩིས་པ་ཡིན་ན། སྲོང་བཙན་སྒམ་པོ་ནས། མངའ་བདག་ཁྲི་རལ་བར་གྱི་བཙན་པོའི་རྒྱལ་རབས་སོ་སོ་དང་། ཐང་ཐའི་རྩུང་ནས། ཐང་མུའུ་རྩུང་བར་གྱི་ཐང་རབས་གོང་མ་སོ་སོའི་སྐབས་ཕན་ཚུན་ཞི་དྲག་མཐུན་འཐབ་ཀྱི་འབྲེལ་གཏུགས་ཟམ་མ་ཆད་པ་བྱུང་བའི་མི་ལོ་ཉིས་བརྒྱར་ཉེ་བ་དེའི་རིང་གི་ལོ་རྒྱུས་གལ་ཆེ་རིགས་རྣམས་རྒྱ་བོད་ཀྱི་གནའ་བོའི་ཡིག་རྙིང་ཁུངས་བཙུན་ཁག་དང་། ལྷག་པར་བཙན་པོའི་དུས་རབས་སུ་བསྐྲུན་པའི་བོད་ཀྱི་རྡོ་རིང་ངམ། བྲག་བརྐོས། རྡོ་བརྐོས་ཀྱི་ཡི་གེ་ཁག་བཅས་རྩ་བའི་ཆ་ནས་གྲུང་སྒྲིག་ཐུབ་པ་མ་ཟད། ལ་ལའི་སར་ཕན་ཚུན་སྔོང་ཆ་གསབ་རྒྱུ་དང་། མི་དང་ས་ཆའི་མིང་སོགས་དག་བཅོས་བྱེད་ཚོག་པ་ལྟ་བུ་མཆིས་པས་ཇི་ཙམ་ཞིབ་འཇུག་བགྱིས་ན་དེ་ཙམ་གྱི་ངེས་ཤེས་རྙེད་རྒྱུ་ཡོད་པར་སྣང་། རྒྱུ་མཚན་དེ་དག་ལ་བརྟེན་ནས་འདིར་ཡང་བཙན་པོ་སྲོང་བཙན་སྒམ་པོ་འཁྲུངས་གཤེགས་ཀྱི་ལོ་ཚིགས་ནི་དེབ་དཀར་གཞིར་བཟུང་བ་ཤེས་པར་བྱའོ།

བཙན་པོ་སྲོང་བཙན་སྒམ་པོ་ནི་སྤུ་རྒྱལ་གྱི་གདུང་རབས་ཡབ་གནམ་རི་སྲོང་བཙན་དང་། ཡུམ་ཚེ་སྤོང་བཟའ་འབྲི་མ་ཐོད་དཀར་བྱ་བ་གཉིས་ཀྱི་སྲས་སུ་སྤྱི་ལོ617བོད་མེ་གླང་ལོར་མལ་གྲོ་རྒྱ་མ་ནང་གི་ཕོ་བྲང་བྱམས་པ་མི་འགྱུར་གླིང་དུ་སྐུ་བལྟམས། སྔོན་གྱི་རྒྱལ་རབས་ཆོས་འབྱུང་རྣམས་སུ་གསལ་བ་ལྟར་རྒྱལ་པོའི་སྲས་དེ་ནི་བལྟམས་མ་ཐག་པ་ནས་སྐུ་མདོག་དཀར་ལ། མཚན་བཟང་པོ་དང་ལྡན་པ། བྱིས་པ་གཞན་ལས་སྐྱེད་ཆེ་ཞིང་ངོ་མཚར་ཁྱད་དུ་འཕགས་པ་ཞིག་བྱུང་བར་བརྟེན་ཡབ་ཡུམ་བློན་འབངས་དང་བཅས་པ་ཡིད་དགའ་ཞིང་

ཚེམས་པར་གྱུར་ནས་སྲས་འཁྲུངས་པའི་བཙས་སྟོན་གཟབ་ཅིང་རྒྱས་པ་ཞིག་བཤམས་པར་གྲགས། རྒྱལ་སྲས་དེ་ཉིད་རིམ་བཞིན་འཚར་ལོངས་བྱུང་སྟེ་སྐུ་གཞོན་ནུའི་དུས་ནས་མཁྱེན་རབ་ལྷག་པར་གསལ་བ་དང་། བློ་གྲོས་ཀྱི་གཏིང་དཔོག་པར་དཀའ་བ། དཔའ་མཛངས་བརྟུལ་ཕོད་པའི་སྙིང་སྟོབས་ཀྱི་ཀོ་ཆ་ཤིན་ཏུ་བཙན་པ་སོགས་ངོ་མཚར་མཐའ་ཡས་པ་དང་ལྡན་པར་བརྟེན་ཡབ་རྒྱལ་པོ་ཧ་ཅང་དགྱེས་ཤིང་། བློན་འཁོར་རྣམས་ཀྱང་དགའ་ཞིང་གུས་པའི་བསྟོད་བརྗོད་ཀྱི་སྙན་གྲགས་ཀུན་ཏུ་ཁྱབ་པར་གྱུར། འོན་ཀྱང་བོད་དུ་སྐབས་དེའི་སྐྱི་ཚོགས་ཀྱི་དུས་བབ་གང་འདྲ་ཞིག་ཆགས་ཡོད་དམ་ཞེ་ན། སྟོན་ཚད་མེས་སྟག་རི་གཉན་གཟིགས་ཀྱི་སྐབས་བན་པ་རྗེ་དང་། བྲང་གར་རྗེ་ལ་སོགས་པ་རྒྱལ་ཕྲན་འགའ་ཞིག་དབང་དུ་བསྡུ་བའི་འགོ་ཚུགས་པ་དང་། ཡབ་གནམ་རི་སྲོང་བཙན་གྱི་སྐུ་དུས་སུ་དབུས་ཕྱོགས་ཀྱི་ཟིང་པོ་རྗེ་དང་། གཙང་གི་རྒྱལ་པོ་མར་མུན། དྭགས་པོ་ས་ཁྲུལ་སོགས་མངའ་ཁོངས་སུ་བསྡུག་སྟེ་བོད་དབུས་གཙང་གི་རྒྱལ་ཕྲན་དང་རུས་རྒྱུད་ཚོ་པ་རྣམས་གཅིག་གྱུར་བཟོ་རྒྱུའི་རྨང་གཞི་འདིང་བའི་རྣམ་པ་ཙམ་ཆགས་ན་ཡང་། ཕྱི་ནང་གང་སར་སྲིད་དབང་བརྟན་ལྷིང་ཞིག་ད་དུང་བྱུང་མེད་པ་ནི། ཏུན་ཧོང་ནས་ཐོན་པའི་ཡིག་རྙིང་ནང་འདི་ལྟར་གསལ་ཏེ། "བཙན་པོ་སྲོང་བཙན་སྒམ་པོའི་རིང་ལ། ཡབ་འབངས་ནི་འཁྲུས། ཡུམ་འབངས་ནི་ལོག གཉེན་ཞང་ཞུང་། མཛེ་སུམ་པ། ཉག་ཉི་དགས་པོ། ཀོང་པོ་མྱང་པོ་ཀུན་ཀྱང་ལོག ཡབ་གནམ་རི་སློན་མཚན་དུག་བོན་ཏེ་བཀྲོངས་སོ……"①ཞེས་འཁོད་པ་དེ་ལས་མཐོང་ཐུབ་པ་ནི། ཡབ་ཀྱི་སྐུ་ཚེའི་སྨད་ལ

---

① (ཏུན་ཧོང་ནས་ན་ལའི་བོད་ཀྱི་ལོ་རྒྱུས་ཡིག་ཆ་དེབ་ངོས65)

བསྐྱུར་ནས་ཆབ་འོག་ཏུ་བཙུག་མ་ཐག་པའི་དྭགས་པོ་དང་། རྐོང་པོ། མྱང་པོ་ལ་སོགས་པའི་ཡུལ་དེ་དག་ཏུ་བཙན་པོའི་དབང་སྒྱུར་གྱི་སྟོབས་ཤུགས་སྲ་ཞིང་བརྟན་པ་ཞིག་དང་དུང་འཛུགས་མ་ཐུབ་པར་བརྟེན་སྔར་གྱི་བྲན་གཡོག་བདག་པོ་རྣམས་ཀྱིས་ཕན་ཚུན་ངན་འབྲེལ་བྱས་ནས་ཚུར་རྒོལ་བྱེད་པ་དང་། དེ་བཞིན་ས་ཐག་རིང་བའི་ཞང་ཞུང་དང་མཛོ་སུམ་པ་སོགས་རྒྱལ་ཕྲན་ནམ་ཚོ་པ་འགའ་ཞིག་སྟོན་ཚད་མངའ་འབངས་སུ་གཏོགས་པར་ཁས་བླངས་པ་ཙམ་ལས། འབངས་རྣལ་མ་ཞིག་ཏུ་འགྱུར་ཐུབ་མེད་པར་བརྟེན་གལ་སྲིད་གོ་སྐབས་ཤིག་བྱུང་མ་ཐག་ལམ་སེང་ཁ་གཏད་དུ་ལང་རྒྱུ་ཡིན་པ་ནི་སྨོས་མ་དགོས་པ་དང་། དུས་མཚུངས་ཕྱི་རྒྱ་ནས་ཟིང་སློང་གི་རྣམ་པ་དེ་འདྲ་ཞིག་ལངས་དུས་ཡབ་མེས་གོང་མའི་སྐབས་ཀྱི་བློན་འབངས་རྙིང་པ་ལ་ལས་ཀྱང་མ་འདོད་པའི་འཁང་ར་དང་། གྱེན་ལོག་བྱེད་པའི་སྣང་ཚུལ་ཐོན་པ་མ་ཟད། ཐ་ན་ནང་འཁོར་ངན་པ་ཉུང་ཤས་ཀྱིས་དགྲ་བོ་དང་ལག་འབྲེལ་བྱས་ཏེ་ཡབ་གནམ་རི་སྲོང་བཙན་ལ་ཟས་དུག་ཕུལ་ནས་བཀྲོངས་པ་བཅས་མདོར་ན། གསར་དུ་རྒྱ་སྐྱེད་བྱུང་མ་ཐག་པའི་སྤུ་རྒྱལ་གདུང་རབས་ཀྱི་ཆབ་སྲིད་དེ་རླུང་ནང་གི་མར་མེ་བཞིན་དུ་ཆགས་འཇིག་རྗེ་ཡོང་ལ་ཐུག་པའི་ཉེན་ཁ་ཚབས་ཆ་ཅན་ཆེ་བ་ཞིག་དང་འཕྲད་ཡོད་པ་དེ་ཡིན།

གནས་ཚུལ་དེ་ལྟ་བུའི་འོག སྲོང་བཙན་དགུང་ལོ་བཅུ་གསུམ་ལ་ཁ་གཏད་མ་ཐག་པ་དེ་བློན་ཆེན་མྱང་མང་པོ་རྗེ་ཞང་སྣང་དང་། མགར་མང་ཞམ་སུམ་སྣང་། ཁྱུང་པོ་སྤུང་སད་ཟུ་ཙེ། དབས་དབྱི་ཚབ་ལ་སོགས་པ་རྣམས་ཀྱིས་ཞབས་ནས་བཏེགས་ཏེ་བཙན་པོའི་ཁྲི་ལ་མངའ་གསོལ་ཞིང་། སྐབས་དེར་ལྷགས་པའི་ཆབ་སྲིད་དང་དམག་དོན་གྱི་སྣང་ཚུལ་ཛ་དྲག་པོ་དེས་དགུང་ན་ཕ་ཙང་ཕྲ་བའི་བཙན་པོ་གསར་པ་དེ་ལ་དངོས་འབྲེལ་བཟོད་པར་དཀའ་བའི་ཚོད་

བགམ་ནན་པོ་ཞིག་འཕྲད་ཡོད། འོན་ཀྱང་སྐྱེ་སྟོབས་ཀྱི་དཔལ་འབར་བའི་བཙན་པོ་གཞོན་ནུ་དེ་ནི་འཇིགས་སྐྲག་དང་ཉེན་ཁ་ཇི་ཙམ་འཕྲད་པ་དེ་ཙམ་གྱིས་བློ་གྲོས་ཇེ་འཕེལ་དང་སྙིང་སྟོབས་ཇེ་བརྟན་དུ་གྱུར་པ་ལས། ཡིད་ཐང་ཆད་ནས་དཔའ་ཞུམ་པ་ཞིག་རྩ་བ་ནས་བཟོ་མ་ཐུབ་པ་མ་ཟད། དེ་ལས་ལྡོག་སྟེ་འཐབ་རྩོད་ཀྱི་བརྒྱུད་རིམ་ནང་བརྩོ་སྦྱོང་ཡང་ཡང་བྱས་པའི་ངར་ལྷུགས་ཀྱི་ཕ་བོང་ལྟ་བུ་ཞིག་ཆགས་པ་དེ་ནི། བཙན་པོ་འདི་ཉིད་ཀྱིས་སྐུ་ཚེ་ཧྲིལ་པོར་ནླབས་ཆེན་གྱི་མཛད་པ་བློ་ཡུལ་ལས་འདས་པ་གཅིག་རྗེས་གཉིས་མཐུད་དུ་སྒྲུབ་གནང་མཛད་ཐུབ་པའི་མཐུན་རྐྱེན་ཁྱད་དུ་འཕགས་པ་ཞིག་ཆགས་གྲུབ་བྱུང་བ་ལགས་སོ།

དེ་ཡང་ནུ་མཐུད་ཡིག་རྙིང་དེ་ཉིད་ལས་མདོར་བསྟན་པར། "སྲས་སྲོང་བཙན་སྐུ་གཞོན་མ་ཕན་ཏེ། གཟོད་མ་དཀའ་བ་དང་། དུག་པ་རྣམས་རབས་འཆད་དོ། དེའི་རྗེས་ལ། དེ་འི་མྱི་ལོག་ཀུན་འབབས་སུ་སླར་བཀུག་གོའ"①
ཞེས་འཁོད་པ་ལྟར། སྲས་ཁྲི་སྲོང་བཙན་སྐུ་ཆུང་ངུ་ལས་ཆེར་བཞེངས་ཏེ་མྱང་ཞང་སྣང་ལ་སོགས་པ་བློན་པོ་རྣམས་དང་བཀའ་གྲོས་གནང་ཞིང་ཐབས་མཁས་རྣམ་པ་སྣ་ཚོགས་ལ་བརྟེན་ནས་དང་བཀའ་གྲོས་གནང་ཞིང་ཐབས་མཁས་རྣམ་པ་སྣ་ཚོགས་ལ་བརྟེན་ནས་དང་ཐོག་སྲིད་འགྱུར་གྱི་གཡོ་རྒྱུས་འགོད་མཁན་དེ་དག་རེ་རེ་བཞིན་ཚར་བཅད་པ་དང་། དུས་མཚུངས་ཡབ་གནམ་རི་སྲོང་བཙན་ལ་དུག་འབུལ་མཁན་རྣམས་མཐར་ཕྱིན་པ་དྲག་པོའི་ཁྲིམས་ལ་སྦྱར་ནས་གཙང་དག་བཟོས་ཏེ་སྐྱེ་བོ་མི་སྲུན་པ་རྣམས་སྤྱ་བཀོང་བར་མཛད་པ་དང་། དེའི་རྗེས

① (ཧུན་ཧོང་ནས་ཐོན་པའི་བོད་ཀྱི་ལོ་རྒྱུས་ཡིག་ཆ་དེབ་ངོས66)

སྤུ་ཡབ་མེས་དུས་ཀྱི་ཆབ་འབངས་ངོ་ལོག་པ་མཐའ་དག་རིམ་བཞིན་སླར་ཡང་བཙན་པོའི་མངའ་ཞབས་སུ་བཀུག་པར་མཛད་པ་གསལ་བར་བསྟན་ཡོད།

བོད་ཀྱི་བྱང་ཤར་དུ་ཡོད་པའི་སུམ་པའི་རྒྱལ་ཁམས་དབང་དུ་བསྡུས་ཚུལ་སྐོར་ཏུན་ཧོང་གི་ཡིག་རྙིང་ལས་ཟུར་ཙམ་འབྱུང་བ་ནི། "ཞང་གི་འོག་དུ་མྱང་མང་པོ་རྗེ་ཞང་སྣང་གིས། སུམ་པ་མཐའ་དག་དམ་གིས་གདབ་མྱི་དགོས་པར། ལུག་རྟུག་གིས་སྤྱུ་ཕབ་སྟེ། ལྟེའི་ཐོར་ཐོ་ལ་བརྗོད་ནས། ཁྲིམ་གྲངས་མ་ཕོར་པར་ཡོངས་ཀྱིས་འབངས་རྣལ་མར་བཀུག་གོ"① ཞེས་གསལ་བའི་དོན་ནི། དེའི་རྗེས་སུ་བཙན་པོའི་བློན་ཆེན་པོ་མྱང་མང་པོ་རྗེ་ཞང་སྣང་གིས་དམག་རྒྱག་མ་དགོས་པར་སུམ་པའི་ཡུལ་ཁམས་ཡོངས་རྫོགས་ཐབས་མཁས་ཀྱི་བྱ་བ་ལ་བརྟེན་ནས། ཆོ་པའི་འགོ་གཙོ་དག་ལ་སྟན་པའི་གཏམ་དང་ཞི་བའི་གྲོས་བཏབ་སྟེ་ཡུལ་ཚན་སོ་སོའི་ཐེམ་དུད་གཅིག་ཀྱང་ཕྱིར་ཐྲས་དང་། ཐོར་གྲུར་མེད་པ་བོད་བཙན་པོའི་ཆབ་འབངས་ཁོངས་དངོས་སུ་བཙུག་པའི་ཕྱག་རྗེས་བཟང་པོ་བཞག་ཡོད་པ་དེ་ཡིན་នོ།

དེའི་རྗེས་སུ་བཙན་པོ་རང་ཉིད་སྐུ་ངོ་མ་བྱང་ལམ་དུ་ཐེབས་ཏེ། དམག་དཔུང་འདེགས་མ་དགོས་པ་དང་། དམག་རྒྱག་མ་དགོས་པར་བྱང་ངོས་ཀྱི་རྒྱ་དང་འ་ཞས་དཔྱའ་ཁྲལ་འཇལ་ཞིང་། དེ་ནས་བཟུང་འ་ཞ་ཡང་བོད་ཀྱི་ཆབ་འབངས་སུ་ཐོག་མ་ཚུད་དོ། དེ་ནས་བཙན་པོ་དང་མྱང་མང་པོ་རྗེ་ཞང་སྣང་གི་བར་དུ། ཁྲུང་པོ་སྤུང་སད་ཟུ་ཙེས་ཕྲ་མ་བཙུག་སྟེ་བཙན་པོའི་སྤྱན་སྔར། ཞང་སྣང་བློ་མ་ལོག་པ་ལ་བློ་ལོག་ཅེས་ཞུ་བ་དང་། ཡང་ཞང་སྣང་གི་དྲུང་དུ་བཙན

པོས་བཀའ་བསྐྱོན་མི་གནང་བ་ལ་བཀའ་བསྐྱོན་གནང་གི་འདུག་ཅེས་བཤད་པར་ཞང་སྣང་གིས་ཡིད་ཆེས་བྱས་ཏེ་བཙན་པོའི་བཀའ་བྱུང་ན་ཡང་། ནད་ཀྱིས་མནར་ཞིང་མ་ཕྱིན་པར་བརྟེན་བཙན་པོའི་ཐུགས་ལ་ཡང་ཞང་སྣང་བློ་ལོག་ཟེར་བ་བདེན་པར་འདུག་དགོངས་ནས། མཁར་ཕྱུར་བ་མཐའ་ནས་བསྐོར་བ་དང་། དེ་རྗེས་ཞང་སྣང་རང་གི་འཁོར་གཡོག་པ་ཚབ་གྲིམ་ཕོ་ཟེར་བས་བསླུ་ཐབས་ཀྱིས་ཞང་སྣང་བཀུམ་པ་བཅས①གསལ་ཡོད། མྱང་མང་པོ་རྗེ་ཞང་སྣང་ནི་ཡབ་གནམ་རི་སློང་བཙན་སྐབས་ཀྱི་བློན་པོ་ཡིན་པ་དང་། ཁོང་གིས་བཙན་པོ་སྲུས་ཁྲི་སློང་བཙན་ལ་ཞབས་འདེགས་ཞུས་ནས་སུམ་པའི་ཡུལ་ཁམས་འབངས་སུ་བཀུག་པ་སོགས་བྱ་བ་བཟང་པོ་བསྒྲུབས་ཡོད་ཀྱང་གཡོ་དང་སྒྱུ་ལ་མཁས་པའི་ཁྱུང་པོ་སྤུང་སད་ཟུ་ཙེས་བློན་པོ་ཆེ་བའི་དབང་ཆ་འཕྲོག་ཆེད་བཙན་པོ་སྐུ་གཞོན་ནུའི་སྐབས་དང་བསྟུན་རྗེ་བློན་དབར་དབྱེན་སྦྱོར་དཀྲུག་ཉིང་བྱས་ནས་མ་འོས་པའི་སྐྱོ་གནས་དེ་ལྟ་བུ་ཞིག་བཟོས་པར་སྣང་། སྐབས་ཤིག་རིང་བློན་པོའི་ཁྲིད་ན་སྤུང་སད་ཟུ་ཙེ་བཙན་པོའི་སྐུ་ལ་ཉེ་ཤོས་ཤིག་བྱས་པར་གྲགས་ཤིང་། དེ་རྗེས་ཟུ་ཙེ་རྒས་ནས་ཉེ་མ་འདེར་གནང་བ་ཞེས་ལས་གནས་མེད་པར་ངལ་གསོལ་བྱས་ཚོག་པ་གནང་བ་དང་། དེ་ནས་བློན་པོ་མགར་སྟོང་བཙན་ཡུལ་ཟུང་བཙན་པོའི་བཀའ་ཡི་བློན་པོར་གྱུར་པ་ལགས་སོ།

བོད་ཀྱི་རྒྱལ་རབས་ཆོས་འབྱུང་དག་ལས་འབྱུང་བ་བཞིན་དེ་ནས་བཙན་པོས་ཡབ་མེས་ཀྱི་དགོངས་གཞི་ལྟར་བོད་ཡུལ་གཅིག་གྱུར་དང་བདེ་བར་སྐྱོང་བའི་དོན་དུ་ཐོག་མར་ཕོ་བྲང་གི་གནས་གཞི་དེ་སྤོ་དགོས་པར་དགོངས་ནས་བློན་

① （ཏུན་ཧོང་ནས་ཐོན་པའི་བོད་ཀྱི་ལོ་རྒྱུས་ཡིག་ཆ་དེབ་ངོས66）

པོ་རྣམས་དང་བཀའ་བགྲོས་ཐོག བོད་དབུས་འགྱུར་གྱི་ལྗོངས་འདིར་ཡུལ་གྱི་བཀོད་པ་དང་ སའི་དཔྱད་པ་སོགས་ལ་བརྟག་དཔྱད་ཞིབ་མོ་མཛད་མཐར། དབུ་རུ་ཤོད་ཆེན་གྱི་སའི་ལྟེ་བ་འོ་ཐང་གི་མཚོའུའི་འགྲམ་དེར་ཡུལ་ལྗོངས་ཉམས་དགའ་ལ། ས་གཞི་འཁོད་སློམས་པའི་དབུས་སུ་གཡས་གཡོན་གྱི་རི་རྒྱུད་གཞན་དང་མ་འདྲེས་པའི་རི་དེའུ་སེང་གེ་གནམ་ལ་འཕྱོ་བ་ལྟ་བུ་སྟེ། ད་ལྟའི་ཕོ་བྲང་ཆེན་པོ་པོ་ཏ་ལ་ཆགས་ཡུལ་དམར་པོ་རི་འདི་ཉིད་ས་དཔྱད་ཁྱད་དུ་འཕགས་ཤིང་། དེའི་རྩེ་མོ་ནས་འཁོར་ཡུག་གི་སྣང་ཚུལ་ཚང་མ་ལག་མཐིལ་དུ་བླངས་པ་ལྟར་མཐོང་ཐུབ་པ་སོགས་ཕ་རོལ་གཞན་སྡེ་རྣམ་པར་གནོན་པའི་དགེ་མཚན་དང་ཡང་ལྡན་པར་གཟིགས་ནས། དམར་པོ་རིའི་ཐོག་ཏུ་ཕོ་བྲང་མཐོ་ཞིང་བཙན་པ་ཞིག་བཞེངས་ཏེ་རྒྱལ་བློན་དཔུང་དང་བཅས་པ་དེར་བཞུགས་ནས་བོད་ཡོངས་ལ་དབང་བསྒྱུར་བའི་མདུན་ས་ཆེན་པོ་འཛུགས་པར་མཛད།

དེ་ནས་བཙན་པོས་སྔར་གྱི་ཆབ་འབངས་རྣམས་ཚོ་པ་རེ་རེ་བཞིན་ཞིབ་བཤེར་བདེ་འཛུགས་སུ་བཀོད་པ་དང་། ཐུས་ཚོ་ཀུན་ལ་ཉེ་རིང་མེད་པར་བསྐྱངས་ནས། "བཟང་པོ་ལ་བྱ་དགའ་སྟེར་ཞིང་། ངན་པ་ལ་ཆད་པ་གཅོད་པ། མཐོ་བ་རྣམས་ཁྲིམས་ཀྱིས་གནོན་ཅིང་། དམའ་བ་རྣམས་ཐབས་ཀྱིས་སྐྱོང་བ་" སོགས་ཞི་བ་དང་དྲག་པོའི་འཕྲིན་ལས་གང་ལ་དེ་འཚམས་ནན་ཏན་ཡང་དག་པར་ཕྱག་ལེན་གནང་ཡོད།

དཔེར་ན། དེབ་དཀར་ལས་འབྱུང་བ་ལྟར་སྲོང་བཙན་སྐུ་གཞོན་ནུའི་སྐབས། ཡབ་ཀྱི་བློན་པོ་བྱས་རྗེས་ཅན་དབས་དབྱི་ཚབ་ལོ་རྒས་ནས་རང་ཁྱིམ་དུ་ངལ་གསོ་བཞིན་བསྡད་ཡོད་པའི་སྐབས་དབྱི་ཚབ་ཀྱིས། བཙན་པོའི་ནང་བློན་ཁྲིན་སྣ་དོ་རེ་གཙུག་བློན་བརྒྱུད་ནས་བཙན་པོ་སྲོང་བཙན་སྒམ་པོ་ལ་སྙན་

སེང་ཞུས་པར། ཕོ་བོས་སྟོན་ཚད་ཟེང་པོ་རྗེ་རྒྱབ་ཏུ་བསྐྱུར། ཕྲུ་རྒྱལ་པང་དུ་བླངས་ནས་བཙན་པོའི་ཆབ་སྲིད་རྒྱ་ཆེར་སྐྱེད་པའི་ཞབས་འདེགས་ཞུས་པ་དང་། བདག་ཅག་ཕ་བུ་སུས་ཀྱང་བཙན་པོ་ལ་བློ་མ་ལོག་ཅིང་། ཞབས་འདྲེན་མ་ཞུས་པར་མཆིས་པ་ལགས། ད་ནི་བདག་ལོ་རྒས་ཤིང་ལུས་སྟོབས་ཉམས་པས་རང་ཉིད་མ་ཤིའི་གོང་དུ་བུ་རྣམས་དང་བཅས་པར་དབུ་སྙུང་རྩུང་ཟད་ཙམ་ཞིག་གནང་ཞིང་བཞེས་པའི་ཆེད། བདག་གི་ཁྱིམ་དུ་བཙན་པོ་མཆོག་ཞབས་སོར་འཁོད་པ་ཞིག་གནང་སྐྱོང་ཞེས་ཞུས་པར། བཙན་པོ་སྲོང་བཙན་གྱིས“དྲིན་ཅན་མི་ཡི་ཡིད་མི་གཙོད། ལྷ་ཡི་ཧ་ལ་སྐྱལ་མི་དབྱུང་།” ཟེར་བ་ལྟར་ཁྱེད་ཕ་ཚན་ནམ་ཡང་བློ་མ་ལོག་པར་བསྟེད་པས་རང་ཁྱིམ་དུ་གདན་དྲངས་པ་ལྟར་ཕེབས་རྒྱུ་ཡིན་ལ། དབུ་མནའ་ཡང་གནང་ཚིག་ཅེས་ཞལ་གྱིས་བཞེས་ནས། དབྱི་ཚབ་ཀྱི་ཁྱིམ་དུ་ཆང་སྟོན་ཆེན་པོ་ཞིག་བཤམས། དེར་བཙན་པོས་དབྱི་ཚབ་བློ་དཀར་བས་གྲོངས་ན་དུར་ཁྲུང་བཙན་པོ་རང་གི་ཕྱག་རེག་ནས་བརྩིག་རྒྱུ་དང་། བུ་ཚ་སུ་འོངས་གཅིག་ལ་གསེར་ཡིག་རྒྱུན་མི་འཆད་པ་གནང་རྒྱུའི་དབུ་མནའ་བཞེས་ཤིང་། མགུར་ཡང་བསྟུལ། དབའས་དབྱི་ཚབ་ཕ་བུ་བདུན་གྱིས་ཀྱང་། དུས་ནམ་ཡང་ཕྲུ་རྒྱལ་ལ་བློ་མི་ལོག་པ་སོགས་ཀྱི་མནའ་བསྐྱལ་ཞིང་། གླུ་ལན་ཡང་ཕུལ་བར་གྲགས། བོད་ཀྱི་གནའ་སྲོལ་ལ་མནའ་སྐྱེལ་དུས་ལག་ཏུ་རྫ་བ་ཞིག་བཟུང་སྟེ་མནའ་ཚིག་འདོན་པ་ཡིན་འདུག་པས། སྐབས་དེར་དབུ་སྙུང་གནང་བའི་རྫ་དཀར་པོ་དེ་རྗེས་སོར་དབྱི་ཚབ་གྲོངས་པའི་དུས་སུ་དུར་ཁྲུང་གི་ནང་རྫར་བརྩིགས་པ་སོགས་བྱས་ཅན་ལ་དེ་ལྟ་བུའི་གཟེངས་བསྟོད་གནང་བའི་ལོ་རྒྱུས་གསལ་ཡོད།

དུས་མཚུངས་ཏུན་ཧོང་གི་ཡིག་རྙིང་ལས་འབྱུང་བ་ལྟར། བཙན་པོ་སྲོང་

བཙུན་སྨམ་པོ་མཛད་འཕྲིན་དར་ལ་དྲག་པའི་འགོ་ཚུགས་སྐབས་བློན་ཆེན་བྲུར་པ་ཁྲུང་པོ་སྤུང་སད་བྲུ་ཙེས་ཕྱི་ཚུལ་དུ་དགའ་གུས་ཆེན་པོ་ཡོད་པའི་རྣམ་པ་བསྟན་ནས་ཞུས་པར། རྗོན་ཆད་བཙན་པོ་ཡབ་གནམ་རི་སྲོང་བཙན་གྱི་སྐབས་སུ། བདག་གིས་གཙང་ཕྱོགས་རྣམས་སྤུ་རྒྱལ་གྱི་ཆབ་འབངས་སུ་བཀུག་ན་ཡང་། གཙང་གི་ས་ཕྱོགས་འདི་ཡབ་ཀྱི་སྤྱན་གྱིས་མ་གཟིགས་ལ་ཞབས་ཀྱིས་བཅགས་མ་ཐུབ་པས། ད་ཆ་བཙན་པོ་སྲས་ཀྱིས་དངོས་སུ་ཕེབས་ནས་གཟིགས་ཙམ་གནང་བ་དང་། བདག་གི་མཁར་སྟུམ་པ་ཁྲི་པོམས་སུ་དགྱེས་སྐྱེམས་གསོལ་སྟོན་ཞིག་ཀྱང་བཤམས་ཚོག་པ་ཞེས་གདན་ཞུ་བྱས་པར། བཙན་པོས་ཀྱང་ཞལ་གྱིས་བཞེས་ཏེ་བློན་པོ་མགར་སྟོང་བཙན་ཡུལ་ཟུང་བཀས་མངགས་ནས་སྔོན་ལ་གྲ་སྒྲིག་ཏུ་གཏོང་གནང་མཛད་པ་ལྟར་མགར་གྱིས་བརྟག་དཔྱད་བྱས་པ་བརྒྱུད། སྤུང་སད་ཟུ་ཙེས་སྐོག་ཏུ་དམག་དཔུང་སྦས་ཏེ་བཙན་པོ་བགྲོང་རྒྱུའི་གཡོ་སྒྱུ་བཤམས་པ་ཤེས་ནས་གསང་སྟབས་སུ་བཙན་པོའི་སྤྱན་སྔར་ཐོས་ཤིང་། མགར་ཐོས་པ་དེ་ཤེས་པར་བརྟེན་ཁྲུང་པོ་སྤུང་སད་ཀྱིས་རང་གི་བུ་ངག་རེ་ཁྲུང་ཟེར་བ་དེ་ལ་ཁ་ཆེམས་བཞག་ནས་ཁོ་རང་རང་སྲོག་བཅད་པ་དང་། ངག་རེ་ཁྲུང་གིས་ཁ་ཆེམས་བཞིན་ཕའི་མགོ་བྲེག་ནས་སྐྱ་མཁར་ཕྱིང་བར་རྒྱུགས་ཡོང་སྟེ། བདག་གི་ཕ་རྒན་བཙན་པོ་ལ་བློ་ལོག་ནས་བར་ཆད་བརྩམས་པ་མགར་གྱིས་ཀྱང་ཤེས་པ་ལྟར་བདག་གིས་རང་གི་ཕའི་མགོ་བཅད་དེ་བཙན་པོའི་དྲུང་དུ་བཅར་བ་ལགས་ན། བདག་ཅག་གི་ཁྱིམ་སྲིད་ལ་བཀའ་ཉེས་མེད་པ་ཞིག་གནང་སྐྱོང་ཞེས་ཞུས་པར། བཙན་པོས་ཀྱང་དེ་བཞིན་ཞལ་གྱིས་བཞེས་ཏེ་ཤུལ་མའི་ཁྱིམ་སྲིད་བདག་དབང་ལ་ཉེས་ཆད་མི་དགོས་པ་རང་འཇགས་གནང་། དེ་དང་དེ་ལྟ་བུའི་བཙན་པོ་མཆོག་གི་མཁས་མཛངས་ཟབ་དཀྱིལ་ཆེ་བའི་དགོངས་པ་དང་

མཐུ་སྟོབས་ཀྱི་སྒྲོན་གྲགས་ཆེན་པོ་ཡོངས་སུ་ཁྱབ་པ་དང་། མགར་སྟོང་བཙན་གྱིས་གཙོས་པའི་བློན་པོ་དང་དམག་དཔོན་དག་གིས་ཀྱང་དཔའ་ཞིང་འཕྲུལ་མཛངས་ལྡན་པའི་རྒྱལ་ཐབས་ཀྱི་བྱ་བ་སྣ་ཚོགས་སྤེལ་བ་བཅས་ལ་བརྟེན་བོད་ཀྱི་རྒྱལ་ཁྲིད་དང་། ཆོ་ག་ཐམས་ཅད་རིམ་བཞིན་པརྣོའི་མཆོ་ལ་ངང་མོ་འདུ་བ་བཞིན་ཕྱོགས་དང་ཕྱོགས་མཚམས་ཀུན་ནས་བཙན་པོའི་ཞབས་ལ་ཕྱག་འཚལ་ཞིང་ཆབ་འབངས་སུ་འདུས་པར་གྱུར་ཏོ།

དུས་མཚུངས་བོད་ཀྱི་នུབ་ཕྱོགས་（སྟོད་མངའ་རིས་）དང་བྱང་ངོས་ཀྱི་འབྲོག་ཐང་ཆེན་པོ་ནི་སྐབས་དེར་ཞང་ཞུང་གི་རྒྱལ་ཁམས་ཡིན་ཅིང་། དེ་དབང་དུ་བསྡུས་ཚུལ་སྐོར་ཏུན་ཧོང་གི་ཡིག་རྙིང་ལས་འབྱུང་བ་ལྟར་ན། ཐོག་མ་བཙན་པོ་སྲོང་བཙན་སྒམ་པོའི་སྲིང་མོ་བཙན་མོ་སད་མ་དཀར་བྱ་བ་དེ། ཞང་ཞུང་གི་རྒྱལ་པོ་ལིག་མི་རྒྱའི་བཙུན་མོར་གནང་ནས་ད་ལྟའི་མངའ་རིས་ས་ཁུལ་གྱི་རྩ་མདའ་རྫོང་ཁོངས་སུ་ཡོད་པའི་ཁྱུང་ལུང་གི་ཕོ་བྲང་དུ་ཕེབས་ཤིང་། ཞང་ཞུང་གི་རྒྱལ་པོ་དེ་ལ་སྔར་འདྲིས་ཀྱི་བྱུར་གྲོགས་བུ་མོ་ཤུད་ཀེ་བཟའ་རྩལ་ཧྲིང་ཤགས་ཞེས་པ་ཞིག་ཡོད་སྐབས། དེ་དང་རྒྱལ་པོ་གཉིས་ཕན་ཚུན་སྙིང་ཉེ་ཞིང་མཛའ་གཅུགས་དམ་པོ་ཆགས་ཡོད། དེ་འདྲ་ཡིན་ཅང་ཞང་ཞུང་རྒྱལ་པོ་ནི་དུས་རྒྱུན་དུ་ཤུད་ཀེ་བཟའ་དང་སྐྱིག་ཏུ་འགྲོགས་པ་དང་། བཙན་མོ་སད་མ་དཀར་དང་ལྷན་དུ་མི་བཞུགས་ཤིང་ཐུགས་མི་མཐུན་པ་ཆགས་པར་བརྟེན་བཙན་མོ་ཡང་ཞང་ཞུང་རྒྱལ་པོའི་ཁབ་དང་སྲིད་མི་འཛིན་པར་ཡོགས་ཤིག་ཏུ་བཞུགས་ནས་མཛའ་འབྲེལ་ཡག་པོ་མེད་པའི་ཚུལ་དེ་དག་བཙན་པོ་སྲོང་བཙན་གྱི་སྙན་དུ་གསན་ཞིང་། བཙན་པོས་བློན་པོ་སྣུག་གྱིམ་བརྩན་རྨང་ཆུང་བྱ་བ་ཞིག་ཞང་ཞུང་ལ་ཆེད་དུ་མངགས་ནས། བཙན་མོ་སད་མ་ཀར་ལ་དེ་ལྟར་

མཛད་ན་ཞང་བོད་ཚབ་སྲིད་ཀྱི་དཀྲུག་རྐྱེན་དུ་འགྱུར་བས་ཁྱེན་ཚད་དེ་ལྟ་བུ་མི་གནང་བར་ལིག་མི་རྒྱའི་ཁྲིམ་སྲིད་འཛིན་དགོས་ཞེས་བཀའ་འཕྲིན་བསྒྲལ་ཏོ། རྨང་ཆུང་གིས་མྱུར་མགྱོགས་ངང་ཁྱུང་ལུང་པོ་བྲང་དུ་ཕྱིན་པ་ན། བཙན་མོ་ནི་ཡུལ་དེར་མི་བཞུགས་པར་མ་ཕམ་གཡུ་མཚོའི་དྲུང་དུ་ཚབ་ལ་རོལ་ཞིང་འཁྲུས་ཀྱི་ཆེད་དུ་ཕེབས་པར་ཐོས། རྨང་ཆུང་གིས་ཀྱང་མཚོ་མ་ཕམ་དུ་བསྐྱོད་ནས་བཙན་མོ་ཞལ་མཇལ་བས་ཕྱག་ཕུལ་བ་ན། བཙན་མོའི་ཞལ་ནས། གཅེན་བཙན་པོ་སྲོང་བཙན་སྐུ་ཁམས་བདེ་འམ། སློན་རྨང་ཆུང་ལམ་བགྲོད་བདེ་འམ་ཞེས་འཚམས་འདྲི་གནང་བར་བདེ་བར་ཡོད་ལགས་ཞེས་ལན་ཕུལ་བའི་རྗེས་སུ། བཙན་པོའི་བཀའ་འདི་དང་འདི་ལགས་ཞེས་ཆད་ལུས་མེད་པར་སྙན་དུ་སྒྲོན། དེ་དག་གསན་རྗེས་བཙན་མོས། ཁྱེད་ནི་བཙན་པོའི་བཀས་མངགས་པ་ཡིན་པས་མགྲོན་གྱི་ཕྱག་ལན་ཡོངས་ཤིག་ཅེས་ཕྱག་ལན་མཛད་པའི་མཇུག་ཏུ། གསུང་མགུར་སྙན་པོ་དཔེ་དང་གབ་ཚིག་གིས་བརྒྱན་པའི་ཚིགས་བཅད་རྐང་པ་བདུན་ཙུ་ལྷག་ཙམ་ཡོད་པ་ཞིག་གསུངས་སོ། དེའི་ཚིག་སྦྱོར་གང་འདྲ་ཞིག་ཡོད་དམ་བསམ་ན་འགོ་ནས་རྣ་སོ་ཀ་གཉིས་ལ་འདི་ལྟར་ཏེ།

"ཡུལ་གྱི་ནི་སྐལ་པོག་པ། །
ཁྱུང་ལུང་ནི་རྫུལ་མཁར་ཞིག །
མུ་སུ་ནི་གཞན་ན་རེ། །
ཕྱི་ལྟས་ནི་ངམ་དང་བྲག །
ནང་བལྟས་ནི་གསེར་དང་དབྱིག །
བདག་གི་ནི་གཡར་སྟེ་ཙུ། །
མཆིས་ཆུ་ནི་མ་ཕོ་འམ། །

སྐྱོ་མོ་ནི་བསེང་བསེང་མོ། །……” ཞེས་པ་ལ་སོགས་འདི་ལྟ་བུ་ཡིན། ནང་དོན་གཙོ་བོ་ཁོང་རང་གི་འཚོ་བ་དང་གནས་བབ་སོགས་མི་གཞན་གྱིས་བལྟས་ན་ཡིད་སྨོན་བྱེད་པ་ཞིག་ཡོད་མོད། འོན་ཀྱང་དོན་དངོས་ལ་ཐེ་ཚོམ་བསམ་ན་དེ་ཚམ་གྱིས་དཀའ་སྡུག་དང་ཡིད་སྨུག་པ་ཁོ་ན་ལས་མི་འདུག་ཅེས་པ་ཡིན་ཅིང་། དེའི་མཇུག་ཏུ་བྱང་ཐང་གི་འབྲོང་གཅིག་པུ་དེ་ཕུ་ནས་ཀྱི་འདེབས་པ་དང་། མདའ་ནས་གཡབ་མོ་བྱེད་པའི་བར་དུ་གཅུར་ནས་བསད་ན་མགོ་རྣ་ཐུར་དང་བཅས་པ་ཕྱིང་བ་སྡུག་རྩེའི་བཅུད་དང་། ཤ་པགས་སོགས་ནི་བྱས་རྗེས་འཛོག་མཁན་ལ་འཐོབ་ཐུབ་ཟེར་བ་སོགས་མདོར་ན་ཞང་ཞུང་དུ་དཔྱང་འཇུག་བྱས་ནས་དབང་དུ་བསྡུ་དགོས་པའི་གབ་ཚིག་གི་གོ་བ་ལྡན་པ་ཞིག་གསུངས་ཡོད། མགུར་དེ་ལྟར་བཞེས་པའི་མཇུག་ཏུ། གཅེན་བཙན་པོ་མཆོག་ལ་བཀའ་ལན་ཞུ་ཡིག་ཐོག་འབུལ་འོས་པ་ནི་ཅི་ཡང་མེད། བཙན་པོ་སྐྱ་ཁམས་བདེ་བར་བཞུགས་པ་ནི་ཡིད་ལ་དགའ་བ་བརྟས། ད་ལམ་བཀའ་སློབ་གནང་བ་རྣམས་ཤི་གསོན་ལ་མ་ལྟོས་པར་རང་ནུས་གང་ཡོད་ཀྱིས་འབད་འབུངས་ཞུས་ཚོག་པ་ཞུ་དགོས། བཙན་པོའི་ཕྱག་ཏུ་འདི་ཕུལ་ཅིག་གསུངས་ཏེ་ཞུ་རྟེན་དམ་ཆས་ཀྱིས་མནན་པ་ཞིག་བསྐུར་བར་མཛད། དེ་ནས་རྒྱང་ཚུང་གིས་བཙན་མོར་ཕྱི་ཕྱག་ཕུལ་ཞིང་མགྱོགས་པར་ཕྱིར་ལོག་སྟེ་བཙན་པོའི་ཕོ་བྲང་དུ་འགྱུར་ནས་འདི་སྐད་ཞུས། བཙན་མོས་བཀའ་ལན་ཡིག་ཐོག་ཏུ་གནང་བ་ནི་མེད། མགུར་ཞེས་པའི་ཚིག་དོན་ནི་འདི་དང་འདི་ལྟར་གསུངས། ཕྱག་རྒྱས་མནན་ནས་བསྐུར་བའི་འབུལ་རྟེན་ནི་འདི་ལགས་སོ་ཞེས་ཕུལ་བ་ན། འབུལ་རྟེན་གྱི་རྒྱ་བཤིག་ནས་གཟིགས་སྐབས་དེའི་ནང་བོད་གཡུ་རྙིང་མ་ཧ་ཙང་ལེགས་པ་སུམ་ཅུ་ཙམ་ཞིག་བླུགས་ཡོད་པ་གཟིགས། བཙན་པོས་མགུར་གྱི་ཚིག་དོན་དང་བསྟུན་

ནས་དེའི་གོ་དོན་ལ་དགོངས་པ་ཡང་ནས་ཡང་དུ་བཞེས་པའི་མཐར་བློན་པོ་རྣམས་ལ་བཀའ་བསྩལ་པ། རང་རེས་ཞང་ཞུང་ལིག་མི་རྒྱ་ལ་ཕར་རྒོལ་བྱེད་ཐོད་ན་ནི་གཡུ་ཐོགས་ཤིག གལ་ཏེ་ཕར་རྒོལ་བྱེད་མ་ནུས་ན་ནི་བུད་མེད་དང་འདྲ་བས་ཞུ་གྱོན་ཅིག་ཟེར་བར་གདའ་ཞེས་གསུངས་སོ། དེའི་ཐོག་ནས་གནའ་རབས་ནས་གཡུ་ནི་རང་ཅག་བོད་རིགས་ཕོ་མོ་ཀུན་གྱི་རྒྱན་དུ་བྱེད་པ་མཚོན་ལ། དེ་ཡང་མགུལ་ལམ་རྣ་རྒྱན་དུ་གཡུ་འདོགས་པ་ནི་དཔའ་བོའི་ཆ་བྱད་དང་། གཡུ་རྣམས་སྐར་ལ་བཀོད་པའི་མགོ་རྒྱན་གྱོན་པ་ནི་བུད་མེད་ཀྱི་ཆ་ལུགས་ཡིན་པ་ང་ཚོས་ཤེས་རྟོགས་བྱེད་ཐུབ། བཙན་པོས་མགུར་ཚིག་དང་ཞུ་རྟེན་ལ་འགྲེལ་བཤད་དེ་ལྟར་གནང་བས་བློན་པོ་རྣམས་ཀྱིས་ཀྱང་དོན་དེ་གསལ་བར་གོ་ནས་འཕྲུལ་མར་སྟོད་ཕྱོགས་སུ་དྲག་པོའི་དཔུང་འཇུག་བྱས་ཤིང་། ཞང་ཞུང་རྒྱལ་པོའི་སྲིད་དབང་གཏོར་ནས་ཡུལ་དེ་སྤུ་རྒྱལ་བཙན་པོའི་ཆབ་འོག་ཏུ་བཅུག་པར་སྣང་སྟེ། ཏུན་ཧོང་གི་ཡིག་རྙིང་ནང་ལོ་རྒྱུས་ཀྱི་བྱུང་བ་དེ་དག་བཀོད་པའི་མཇུག་བསྡོམས་ལྟ་བུར། "རྒྱལ་པོ་འདིའི་རིང་ལ། ཞང་ཞུང་གི་རྒྱལ་པོ་ལ་དམག་དྲངས་ཏེ་ཆབ་སྲིད་མཛད་ནས་ཞང་ཞུང་གི་རྒྱལ་པོ་ལིག་མི་རྷྱའི་སྲིད་བཅླག་སྟེ། ཞང་ཞུང་ཐམས་ཅད་འབངས་སུ་བཀུག་གོ"①ཞེས་འཁོད་ཡོད། དུས་མཚུངས་པར་ཤར་ལྷོའི་ཕྱོགས་ཀྱི་འཇང་ཡུལ་ཡང་རིམ་བཞིན་ཆབ་འོག་ཏུ་བཙུད་པ་བཅས་མདོར་ན། བོད་ཡོངས་གཅིག་གྱུར་བྱས་ནས་བཙན་པོའི་མངའ་ཁོངས་ཀྱི་རྒྱ་ཁྱོན་ཇེ་ཆེར་སྤེལ་བའི་མཛད་རྗེས་བསམ་བརྗོད་ལས་འདས་པ་ཞིག་འཇོག་གནང་མཛད་པ་ཡིན།

① （ཏུན་ཧོང་ནས་ཐོན་པའི་བོད་ཀྱི་ལོ་རྒྱུས་ཡིག་ཆ་དེབ་ངོས79）

དེ་ལྟར་བསིལ་ལྡན་གྱི་ལྗོངས་འདིར་བྱུང་ཞིང་རིམ་གྱིས་འཕེལ་བའི་འགྲོ་བ་མིའི་རིགས་རྣམས་བསྐལ་པ་ཡར་ཐོག་ནས་བཟུང་མི་ལོ་ཁྲི་སྟོང་མང་པོའི་རིང་ས་ཁུལ་འདི་བྲག་པ་སོ་སོར་བཅད་ཅིང་གཏུབ་ནས་ཁ་ཐོར་དུ་འཚོ་ཞིང་གནས་པ་ལས། བཙན་པོ་སྲོང་བཙན་སྒམ་པོ་འདི་ཉིད་ཀྱི་སྐུ་དུས་སུ་གཞི་ནས་བོད་ཅེས་པའི་ཐ་སྙད་ཀྱི་ཁྱབ་ཁོངས་སུ་ཡོངས་རྫོགས་གཅིག་གྱུར་ཡོང་བ་མཛད་པ་དེས། མི་རིགས་འདི་བཞིན་གཅིག་ཏུ་བསྒྲིལ་ནས་དཔའ་མཛངས་ཤེས་རིག་དང་ལྡན་པ་ཞིག་ཆགས་པ་བརྒྱུད་རང་གི་སྟོབས་ཤུགས་མཐའ་བཞིར་བཀྱེད་ཅིང་། ཕྱོགས་དང་ཕྱོགས་མཚམས་སུ་གནས་པའི་ཤེས་རིག་སྟོབས་འབྱོར་དར་བའི་ཁྱིམ་མཚེས་རྒྱལ་ཁམས་སྤྱི་དང་། ལྷག་པར་ཆེན་པོ་ཐང་གི་རྒྱལ་རབས་དང་འབྲེལ་བ་དམ་ཟབ་བརྩུགས་ཐོག ཨེ་ཤེ་ཡའི་གླིང་ཆེན་འདིར་གནའ་རབས་འཛམ་གླིང་གི་ཤེས་རིག་འཕེལ་རྒྱས་ཆེ་ཤོས་ཡིན་པའི་རྒྱལ་ཁམས་དེ་དག་ལས། ཆོས་དང་འཇིག་རྟེན་ལུགས་ཀྱི་གཙུག་ལག་ཕུལ་དུ་བྱུང་བ་རྣམས་བླངས་ཏེ་སློབ་སྦྱོང་བྱས་ཤིང་། དེ་དག་མི་རིགས་རང་ཉིད་ཀྱི་སྲོལ་རྒྱུན་དང་ཟུང་འབྲེལ་ལེགས་པར་བྱེད་པ་སོགས་མདོར་ན་འཛམ་གླིང་སའི་གོ་ལའི་ཡང་རྩེ་འདིར་བོད་མི་རིགས་ཀྱི་ཆབ་སྲིད་དང་། དཔལ་འབྱོར། རིག་གནས། དམག་དོན། ཁྲིམས་ལུགས་ལ་སོགས་པ་ཕྱོགས་གང་ཅིའི་ཐད་རླབས་ཆེ་བའི་ཕྱག་རྗེས་བསུབ་ཐབས་མེད་པ་ཞིག་འཇོག་གནང་མཛད་པའི་འགོ་གཏོད་པ་ལགས་སོ།

2. བོད་དུ་སྤྱི་ཚོགས་ཀྱི་སྒྲིག་གཞི་དང་། ཁྲིམས་སྲོལ་གཏན་ལ་ཕབ་པའི་སྐོར།

བཙན་པོ་སྲོང་བཙན་སྒམ་པོའི་མཛད་པ་རླབས་པོ་ཆེའི་ནང་ནས་བོད་གཅིག་གྱུར་མཛད་པའི་རྗེས་བོད་ཀྱི་སྤྱི་ཚོགས་ཀྱི་སྒྲིག་གཞི་དང་། ཁྲིམས་སྲོལ་

ཐོག་མར་འཛུགས་གནང་མཛད་པ་དེའི་སྤྱི་མིང་ལ་བོད་ཀྱི་ཕོད་སུམ་ཅུ་སོ་དྲུག་བྱ་བ་ཡིན།

སྔར་གྱི་ལོ་རྒྱུས་དེབ་ཐེར་ནང་“ཕོད་”ཅེས་པའི་ཡི་གེའི་དག་ཆར་རྗེས་འཇུག་“ད་”དང་“ས་”བྱས་པ་གང་རུང་དུ་སྣང་བར་ད་ཕན་ངེས་པ་རྙེད་པའི་ཚིག་འགྲེལ་ཞིག་མི་འདུག་པ་སྐབས་འདིར་དཔྱད་གཞིའི་ཆེད་དུ་ཚིག་འགྲེལ་ཙམ་ཞུ་ན། རྗེས་འཇུག་“ད་”ཡོད་པའི་ཕོད་ཅེས་པ་ནི་ཕོད་སྙམ་པའམ། ཆ་སྙོམ་པ་སྟེ་ཉེ་རྒྱང་མེད་པར་ཁྲིམས་སྲོལ་དྲང་པོ་བཅོས་པའི་དོན་ལ་གོ་དགོས། རྗེས་འཇུག་“ས་”སྦྱར་བའི་ཕོས་ཞེས་པ་ནི་དགའ་བྱའི་དངོས་པོ་ཕོས་ཤིག་ཅེས་པའི་སྐུལ་ཚིག་ལ་འཇུག་པ་ལྟར། བོད་རྩིས་པོའི་སྤྱི་ཚོགས་ཀྱི་སྒྲིག་གཞི་དང་། དབང་བའི་ས་ཁུལ། ཁྲིམས་དང་ཀུན་སྤྱོད་སོགས་བྱ་གཞག་གི་རིམ་པ་མཐའ་དག་སོ་སོར་འབྱེད་དགོས་པའི་བཙན་པོའི་བཀས་བསྐུལ་བའི་བརྡ་མཚོན་ཡིན་པར་གོ་དགོས་སྙམ།

ཕོད་སོ་དྲུག་གཏན་ལ་ཕབ་པའི་དགོས་པ་དངོས་ནི། སྲོང་བཙན་སྒམ་པོས་བོད་ཀྱི་རྒྱལ་ཕྲན་དང་ཚོ་པ་རྣམས་ཡོངས་རྫོགས་དབང་དུ་བསྡུས་ཏེ་བོད་ཡོངས་ལ་གཅིག་གྱུར་གྱི་སྲིད་དབང་བཙུགས་པ་དེ་སྲ་བརྟན་ཡོང་བ་དང་། སྟོབས་དང་ལྡན་པ། སྤྱི་ཚོགས་བདེ་འཇགས་ཀྱི་སྒོ་ནས་ཞིང་འབྲོག་ཐོན་སྐྱེད་གོང་འཕེལ་ཡོང་བ། མཐའ་མཚམས་བརྟན་སྲུང་བཅས་དགོས་པ་དུ་མའི་ཆེད་དུ་ཡིན་པ་ནི་སྨོས་མ་དགོས་མེད། འོན་ཀྱང་བོད་ཀྱི་ལོ་རྒྱུས་དེབ་ཐེར་ནང་དེའི་འབྱུང་རྐྱེན་སྐོར་བཤད་ཚུལ་འདི་འདྲ་བ་ཞིག་འཁོད་ཡོད་པ་སྟེ་སྲོང་བཙན་སྒམ་པོའི་བཀས་བསྐུལ་བ་ལྟར་ཐོན་མི་སམྦྷོ་ཊ་རྒྱ་གར་དུ་ཐེབས་ནས་རྒྱ་གར་གྱི་ཡིག་རིགས་དང་། རིག་གནས་གཞན་མང་པོ་མཐར་ཕྱིན་པ་བསླབས་ཏེ་མཁས་པའི་

རྩེ་མོར་སོན་ཅིང་། ཁོང་བོད་དུ་འཁོར་ནས་ད་ལྟ་རང་རེས་སྤྱོད་བཞིན་པའི་བོད་ཡིག་འདི་ཉིད་གསར་གཏོད་གནང་བའི་སྟེང་སྒྱུར་བཅོ་སྦྱོད་སོགས་རིག་པའི་གནས་རྣམས་ཐོག་མར་རྒྱལ་པོས་གསན་སྦྱོང་གནང་བར་བཞེད་ནས་ཕོ་བྲང་མ་རུའམ་ཕ་བོང་ཁར་སྒྲོང་བཙན་སྨམ་པོ་དང་ཐོན་མི་གཉིས་ལོ་བཞིའི་རིང་སྐུ་མཚམས་དམ་པོར་བཞུགས་པ་དེ་ལ་འབངས་རྣམས་ཀྱིས་རྒྱལ་པོ་ལོ་བཞིའི་རིང་ཕོ་བྲང་ནས་ཕྱིར་མི་འབྱོན་པ་གླེན་པ་ཞིག་ཡོད་པར་འདུག བོད་བདེ་བ་བློན་པོ་རྣམས་ཀྱིས་བྱས་ཟེར་བ་རྒྱལ་པོས་གསན་ནས། ང་གླེན་པར་བརྩི་ན་བོད་མི་འཕྲུལ་དགོངས་ཏེ་འབངས་རྣམས་བསགས་ནས་བཀའ་བསྩལ་པར། ང་ཕོ་བསྐྱུས་མ་བྱས་པར་ཕོ་བྲང་གཅིག་ཏུ་འདུག་ན་འབངས་རྣམས་བདེ་བ་ཡིན་ཏེ་རྒྱལ་པོ་གླེན་པར་འདུག རྒྱལ་ཁམས་བདེ་བ་བློན་པོས་བྱས་ཟེར་བ་འདུག་པས་དེ་མ་ཡིན། རྒྱལ་ཁམས་བདེ་བའི་བྱ་བ་འདི། ངས་བློན་པོ་རྣམས་ལ་བཀའ་བསྒོས་ཏེ་བྱེད་དུ་བཅུག་པ་ཡིན། ད་ནི་རྒྱལ་ཁམས་ཡུན་དུ་བདེ་བའི་ཁྲིམས་ཆེན་པོ་ཞིག་བཟོ་དགོས། སྔོན་ཆད་ཀྱང་བོད་ལ་གཅིག་གྱུར་གྱི་ཁྲིམས་ཤིག་མེད་པས་རྒྱལ་ཕྲན་དང་ཚོ་པ་སོ་སོར་འཁྱར་ནས་འབངས་རྣམས་སྡུག་བསྔལ་མྱོང་བ་ཡིན། ད་དུང་གཅིག་གྱུར་གྱི་ཁྲིམས་ཤིག་མེད་ན། ཉེས་བྱེད་དར་བས་ངའི་འབངས་རྣམས་སྡུག་བསྔལ་བར་འགྱུར་བས་དེའི་ཕྱིར་ཁྲིམས་བཅའ་བར་བྱའོ་ཞེས་གསུངས་ནས་ཁོད་སོ་དྲུག་གཏན་ལ་ཕབ་པར་གྲགས།

དེ་ལྟར་རྒྱལ་པོས་བློན་པོ་རྣམས་ལ་ཁོད་བཟོ་དགོས་པའི་རྒྱུ་མཚན་རྣམས་བཀའ་ཕབ་སྟེ་ཁོད་བཅའ་ཡུལ་གྱི་ས་གནས་དང་། ཁོད་དཔོན་རྣམས་གཏན་ལ་ཕབ་པ་ནི། བོད་ཀྱི་ཁོད་བཅའ་ཡུལ་སྐྱིད་ཤོད་ཤོ་མ་ར་དང་ཁོད་དཔོན་བློན་ཆེན་པོ་མགར་སྟོང་བཙན་ཡུལ་བཟུང་། ཞང་ཞུང་གི་ཁོད་བཅའ་ཡུལ་ཁྱུང་ལུང་

རྫུ་ལ་མཁར་དང་ཁོད་དཔོན་ཁྲུང་པོ་པུན་ཟླ་རྩེ། སུམ་པའི་ཁོད་བཅའ་ཡུལ་ནམ་ར་ཞ་དོན་གྲམ་པ་ཚལ་དང་ཁོད་དཔོན་ཧོར་བྱ་ཞུ་རིང་པོ། ཆེབས་ཀྱི་ཁོད་བཅའ་ཡུལ་རི་བོ་གཡའ་དམར་དང་ཁོད་དཔོན་དབང་བཙན་བཟང་དཔལ་ལེགས་རྣམས་བཙན་པོའི་བཀས་བཅད་དོ། །[1]

དེ་ནས་མགར་གྱིས་བོད་ཀྱི་ཁོད་བཅའ་བའི་ཕྱིར་རྩེའུ་དང་། ཤིང་བུ་ག་སོགས་སུ་བཟུང་སྟེ་ཤིང་གི་བྱང་བུ་མཛོ་ཁལ་དྲུག་ལོངས་པ་བྲིས་པས་བྱང་ཁྲམ་མ་ཐེབས་པར་འཁྲུགས་པ་སྟེ་བྱང་ཁྲམ་མང་དྲགས་ནས་དེ་རྣམས་འཛིངས་ཤིང་ཁོད་བཅའ་མ་ཐུབ་སྐད། མཚམས་འདིར་ལོ་རྒྱུས་ཀྱི་སྙིང་ཞིག་ཀྱང་འཁོད་ཡོད་པ་ནི། མགར་གྱིས་འཕན་ཡུལ་དར་རྒྱལ་ན་ཕྲུ་གུ་མང་པོ་རྗེ་བྱ་བ་སྤྱང་གྲུང་འཛོམས་ལ་རིག་པ་ཤིན་ཏུ་རྣོ་བ་ཞིག་ཡོད་པ་ཐོས་ནས་བློན་པོ་བཞི་ཕྲུ་གུ་དེ་འཚོལ་དུ་བཏང་བས་འཕན་ཡུལ་དུ་ན་མ་ཆེན་པོ་ཞིག་གི་སྟེར་ཕྲུ་གུ་དང་འཕྲད་ཀྱང་ངོ་མ་ཤེས། བློན་པོ་ཆོས་ཕྲུ་གུ་དེ་ལ་འདི་ནས་ཕར་འགྲོ་བ་ལ་ན་གཞུང་འདིའི་དཀྱིལ་ལ་ཐད་ཀར་འགྲོའམ། ཡང་ན་མཐའ་བསྐོར་ན་ལེགས་ཞེས་དྲིས་པས་ཕྲུ་གུ་དེས་ཁྱོད་ཚོ་དལ་ན་གཞུང་ཚོད། རིང་ན་མཐའ་བསྐོར་བ་ལེགས་ཞེས་བཤད་པ་དེའི་གོ་དོན་ནི་ན་གཞུང་དེའི་དཀྱིལ་ལ་ཕྱིན་ན་འདམ་དོང་ནང་ཚུད་དེ་ཡུན་རིང་འགོར་སྲིད་པ་དང་། མཐའ་བསྐོར་ན་འདམ་དོང་མེད་པ་ལམ་བདེ་བས་མགྱོགས་པར་སླེབས་ཐུབ་ཅེས་བོད་ཀྱི་གཏམ་དཔེར་བསྐོར་ན་ལམ་བདེ་ཞེས་ཟེར་རྒྱུན་ཡོད་པ་ལྟར་ཡིན་རུང་། བློན་པོ་ཆོས་དར་རྒྱལ་གྱི་སྐད་ཆ་དེ་ལོག་གཏམ་ལྟ་བུར་གོ་ནས་ན་གཞུང་དེའི་དཀྱིལ་ལ་ཐད་ཀར་ཕྱིན་པས་

---

[1] （ཆོས་འབྱུང་མཁས་པའི་དགའ་སྟོན་དེབ་ངོས185）

འདམ་དོང་ནང་ཚུད་ནས་ཡུན་རིང་འགོར། དེ་ནས་གྲོང་ཚོ་ཞིག་ལ་སླེབས་དུས་ཕྲུ་གུ་དེ་ནི་ཁོང་ཚོའི་སྟོན་ལ་འཁྱེར་ཟིན་འདུག་པ་ལ་ཁྱོད་རང་གི་ཕ་མ་གཉིས་གང་དུ་སོང་ངམ་ཞེས་དྲིས་པར། ཕྲུ་གུ་དེས་ཨ་ཕ་གཏམ་འཚོལ་དུ་སོང་། ཨ་མ་མིག་འཚོལ་དུ་སོང་། ཞེས་ལན་བཏབ། གཏམ་དེར་ཡ་མཚན་སྐྱེས་ནས་བསྡད། དེ་ནས་ཡུད་ཙམ་སོང་བ་ན་ཕྲུ་གུ་དེའི་ཨ་ཕས་ཆང་ཞིག་འཁྱེར་ཐུབ་པ་དང་། ཨ་མས་སྒྲོན་མེ་ཞིག་འཁྱེར་ཐུབ་པས་བློན་པོ་ཚོའི་སེམས་ལ་ཆང་ནི་གཏམ་འཕེལ་བའི་རྒྱུན་དང་། སྒྲོན་མེ་ནི་མཚན་མོའི་མིག་ཡིན་ཟེར་བ་རྟོགས་ནས་ཕྲུ་གུ་དེ་དངོས་འབྲེལ་རིག་པ་རྗེ་བས་དར་རྒྱལ་མང་པོ་རྗེ་ཡིན་པ་ཤེས་ཏེ་ཁོང་འཕན་ཡུལ་ནས་སྐྱིད་ཤོད་དུ་ཁྲིད་དེ་མགར་གྱིས་ཁོད་ཤོམ་དུ་བཅུག་རུང་ཁོས་ཀྱང་གཤོམ་མ་ཐུབ་པར་གྲགས།

དེ་ནས་དར་རྒྱལ་མང་པོ་རྗེས་མཆིམས་མང་བཤེར་ངན་པ་ཟེར་བ་དེ་ཡོན་ཏན་ཅན་ཞིག་ཡིན་པར་ཐོས་ནས་དེའི་བློ་རྐུ་བའི་ཕྱིར་རི་ལ་ཆང་སྦྱར། ཤ་སྐམ་ཚྭ་ཚ་སྦྲུགས་པ་གུད་དུ་འཁྱེར་ནས་མཆིམས་མང་བཤེར་ལུག་རྫི་བྱེད་རེས་འཁེལ་བའི་ཉིན་མཆིམས་ཀྱི་རྗེས་དེད་ནས་ཕྱིན་ཏེ་མཆིམས་ལ་བོད་ཀྱི་ཡོད་དར་རྒྱལ་མང་པོ་རྗེས་ཤོམ་ཟེར་བ་ཐོས་པས་ཤོམ་ནུས་སམ་ཞེས་བློ་རྐུ་བའི་ཕྱིར་དྲིས་པ་ན། མཆིམས་ཀྱིས་བོད་ཀྱི་ཁོད་ཤོམ་ནུས་པ་ང་མ་གཏོགས་གཞན་སུ་ཡང་མེད། འོན་ཀྱང་ང་ནི་ཁོད་ཤོམ་འདོད་མི་འདུག་ཅེས་ལན་བཏབ། དེ་ནས་མང་པོ་རྗེས་མཆིམས་ལ་ཤ་སྐམ་ཚྭ་ཚ་སྦྲུགས་པ་དེ་ཡང་ཡང་བྱིན་པ་བཟས་པས་མཆིམས་ཁ་སྐོམ་སྐྱེ་བཟོད་ཐབས་མེད་པར་གྱུར་རྗེས་ད་ལྟ་ང་ལ་སྐོམ་ཆང་སྟེར་མཁན་ཞིག་བྱུང་ན་མི་དེས་ཅི་ཟེར་ཉན་ཞེས་བཤད་པ་བཞིན་ཆང་བཏོན་ནས་མཆིམས་ལ་ཡང་ཡང་དྲངས་ཏེ་བཟིར་བཅུག དེ་ནས་མཆིམས་ལ་བོད་ཀྱི་ཁོད་

ཇི་ལྟར་རྙོམ་དགོས་དྲིས་པར། ཁོས་ཐོག་མར་ཏུ་མཚམས་དབྱེ་སྟངས་དང་། ཡུལ་བགོད་སྟངས། རྐོད་གཡུང་གི་སྡེ་འབྱེད་པ་སོགས་ཞིབ་པར་སྨྲས་ནས་མཚམས་གཉིད་དུ་སོང་བའི་སྐབས་མང་པོ་རྗེ་དེ་ནས་བྲིས་ཏེ་མཚམས་ཀྱིས་ཁོད་རྙོམ་སྟངས་བཤད་པ་ཇི་བཞིན་མགར་སྟོང་བཙན་དང་། དར་རྒྱལ་མང་པོ་རྗེ་གཉིས་ཀྱིས་བོད་ཀྱི་ཁོད་བཤམས་པར་གྲགས། གཏམ་རྒྱུད་དེ་ཡིས་སྒྲུང་ལྟ་བུར་སྣང་མོད། འོན་ཀྱང་ལོ་བརྒྱ་ཕྲག་དུ་མའི་སྔོན་གྱི་ལོ་རྒྱུས་ཀྱི་ཡིག་རིགས①ནང་དེ་ལྟར་གསལ་འཁོད་ཡོད་པ་མ་ཟད། གཏམ་རྒྱུད་དུམ་བུ་དེའི་ཐོག་ནས་ལོ་རྒྱུས་ཀྱི་དོན་དངོས་གང་ཞིག་མཚོན་ཡོད་དམ་ཞེ་ན། ཁོད་བཤམ་རྒྱུ་དེ་ནི་སྐབས་དེའི་བོད་གཅིག་གྱུར་སྲ་བརྟན་དང་། རྒྱལ་པོའི་ཆབ་སྲིད། འབངས་ཀྱི་བདེ་སྡུག་སོགས་ལ་ཐུག་པའི་བྱ་བ་གཞི་ཁྲོན་དང་གལ་འགངས་ཆེན་པོ་ཞིག་ཡིན་པར་བརྟེན་སྲོང་བཙན་སྒམ་པོས་གལ་པོ་ཆེ་ལ་ནན་ཏན་གྱི་དཔེ་ལྟར་རྒྱལ་པོ་རང་གིས་དོན་དེ་སྐེར་གཙོད་མ་མཛད་པར་ཕྱོགས་གཅིག་ནས་བཀའི་བློན་པོ་རྣམས་ལ་གྲོས་བསྡུར་དང་འབྲེལ་ཁོད་བཟོ་བའི་སྒྲིག་གཞི་འཛུགས་པ་དང་། ཁོད་ཇི་ལྟར་བཟོ་བའི་གནད་དོན་ཐད་བློན་འབངས་མི་སེར་དང་བཅས་པའི་རྒྱ་ཁྱབ་ཀྱི་བསམ་འདུན་དང་། ཐབས་ཤེས་བཟང་པོ་སྐྱེ་ཕན་ཡོད་ཀྱི་ཆ་རྐྱེན་ཡོད་ཀུ་གཅིག་སྤུད་བྱེད་ཐུབ་པའི་ཆེད་དབུས་ཀྱི་འདུན་ས་སྐྱེ་རྒྱལ་བློན་གྲོས་ཚོགས་ཁོ་ནས་ཐག་གཅོད་མ་མཛད་པ་ད་དུང་སྤྱི་ཚོགས་སམ། འབངས་མིའི་ནང་ཤེས་ཡོན་ལྡན་པའི་མི་སྣ་བརྩད་འཚོལ་འདེམས་སྒྲུག་གིས་ཁོད་བཟོ་བའི་ནང་དམངས་ཀྱི་བློ་གྲོས་བསྡུ་ལེན་བྱ་རྒྱུར་ཐབས་ཇུས་དུ་མ་བརྟོན་པ་གང་ལེགས་

① （ཆོས་འབྱུང་མཁས་དགའ་དེབ་ངོས85－86）

མཚོན་ཞིང་། "རྗེའི་བཀའ་བསྟུལ་ལ་གྲོས་ཀྱི་རྒྱུ་བྱས། འབངས་ཀྱི་མཆིད་ཚིག་ལ་གྲོས་ཀྱི་ཕྱུན་བྱ་བགྱིས་"① ཞེས་འཁོད་པ་དོན་ལ་གནས་པས་རྒྱལ་བློན་འབངས་གསུམ་ཐུན་མོང་གི་བསམ་འདུན་ལ་གཞིགས་ནས་སྲིད་འཛིན་གྱི་སྒྲིག་གཞི་གཏན་འབེབས་གནང་བ་དེ་མཚོན་པ་ཡིན། ཁོད་བཟོ་བའི་ཡུལ་དུས་གནས་ཚུལ་སྐོར་"རྒྱལ་པོ་འདིའི་སྐུ་ཚེ་སྟོད་ལ་བོད་རུ་བཞིར་ཕྱེ། སུམ་པའི་རུ་ལག་སྟེར་བཅད། བསྐོས་པའི་རྒྱལ་པོ་སྟེ་བཞི་མངའ་འོག་ཏུ་བསྡུས། སོ་ཁ་རྒྱ་ཡུལ་དུ་བཅས། རྒྱལ་ཕྲན་བཅུ་གཉིས་བྲན་དང་འབངས་སུ་བཅད། ཞང་གསུམ་བློན་བཞིས་དཔུས་ཀྱི་འདུན་ས་འཛིན། དཔའ་སྟེ་ལྟོང་སྟོང་གིས་མཐའི་རྒྱ་དྲུག་འདུལ། ཁབ་སྟོང་སྟེ་སུམ་བརྒྱ་དྲུག་ཅུས་དམག་དང་མུ་བྱེད། ཆ་མི་ཁྲིམ་བརྒྱ་ཡིས་ཞིང་རྫོད་ཐ་རྐོད་འདུལ། མཁན་དྲུག རྗེ་བདུན་དང་། ཚོང་པ་མི་ལྔ་དང་། གཡུང་པོ་མི་ཕྱེད་དང་བརྒྱད་ཀྱིས་ཉིང་འབངས་སུམ་འབངས་བྱས་ནས་རྗེའི་ཐུགས་དམ་སྐོང་སྐད་ཅེས་དང་། རྒྱལ་པོ་སྲོང་བཙན་སྒམ་པོས་ཡུལ་ཡར་ལུང་སོག་ཁ་རུ་སྤུ་རྒྱལ་གྱི་མངའ་རིས་སུ་བསྡུས་པའི་བོད་ཐམས་ཅད་ཚོགས་ནས་ལྷའི་ཕོ་བྲང་ནི་ཕྱིང་ང་སྟག་རྩེ། རྗེ་མོའི་བཞུགས་གནས་ནི་དཔག་བསམ་གྱི་ལྷུང་བུ། རྒྱལ་བུ་མཆེད་ནི་ཡར་སྟོད་གྲང་ང་འབྲམ་སྣང་ན་བཞུགས་པའི་དུས། གླང་གི་དབྱར་ཟླ་ར་བའི་ཉ་ལ་སྐར་མ་རྒྱལ། གཟའ་པ་སངས་རྒྱུ་བའི་དུས་སུ་བཅས་སོ"②ཞེས་འཁོད་པའི་གླང་གི་དབང་ཐང་ལྕགས་ལ་རྩིས་ན་སྲོང་བཙན་སྒམ་པོ་དགུང་ལོ་ཉེར་ལྔར་ཕེབས་པའི་ལྕགས་མོ་གླང་གི་ལོ་ཡིན་དགོས་

① (མཁས་པ་ལྡེའུའི་ཆོས་འབྱུང་ཤོག་གྲངས254)

② (མཁས་པ་ལྡེའུའི་ཆོས་འབྱུང་ཤོག་གྲངས254)

སླམ། ཁོད་དངོས་གཞི་ནི་དྲུག་ཚན་དྲུག་ལ་ཁོད་སུམ་ཅུ་སོ་དྲུག་ཟེར་བའི་དོན་མདོར་བསྡུས་ཙམ་བརྗོད་ན།

དང་པོ། བཀའ་ཡི་ཁྲིམས་ཡིག་ཆེན་པོ་དྲུག་ཅེས་པ་དེའི་ནང་དོན་ནི། སྲིད་འཛིན་ས་ཁུལ་ཁག་གི་དབྱེ་མཚམས་དང་། སྲིད་འཛིན་དང་དམག་དོན་གྱི་སྒྲིག་གཞི། བློན་པོ་སོགས་དཔོན་རིགས་ཀྱི་གོ་གནས་དང་ལས་འགན། ཞིང་འབྲོག་གི་དབང་རིས། མིའི་སྤྱོད་བཟང་། འཇལ་གཞོར་འདེགས་གསུམ་གྱི་ཚད་གཞི། རྗེ་བློན་གྱི་བླང་དོར་རིམ་པ་སོགས་ཁྲིམས་ལ་གཏོགས་པ་དང་། མིའི་སྤྱོད་བཟང་ལ་གཏོགས་པའི་གནད་དོན་ཧ་ཅང་མང་པོ་ཚུད་ཡོད།

གཉིས་པ། བཀའ་གྲོས་ཆེན་པོ་དྲུག་ཅེས་པ་ནི། རྒྱལ་སྲིད་སྐྱོང་ཐབས་ཀྱི་སྒྲིག་སྲོལ་གཙོ་ཆེ་བ་འགའ་ཞིག་གཏན་ལ་ཕབ་པའི་སྐོར་ཡིན།

གསུམ་པ། ཡིག་ཚང་དྲུག་ནི་བློན་འབངས་བྱས་པ་ཅན་ལ་གཟེངས་བསྟོད་ཀྱི་རིམ་པ་ཇི་ལྟར་གཏན་ལ་ཕབ་པའི་སྐོར་ཡིན།

བཞི་པ། ཕྱག་རྒྱ་དྲུག་ནི། རྒྱལ་པོའི་མཛད་པ་གཙོ་བོ་རིགས་མི་འདྲ་བ་སོ་སོའི་མཚོན་བྱེད་ཀྱི་རྟགས་མཚན་གཏན་ལ་ཕབ་པའི་སྐོར་ཡིན།

ལྔ་པ། རྒྱན་དྲུག་ནི། བཟང་ལ་བྱ་དགའ་དང་། ངན་ལ་དམའ་འབེབས་ཀྱི་བདག་རྒྱན་གཏན་ལ་ཕབ་པའི་སྐོར་ཡིན།

དྲུག་པ། དཔའ་མཚན་དྲུག་ནི། རྒྱལ་ཁམས་ཀྱི་བདེ་འཇགས་དང་། མཐའ་མཚམས་བརྟན་སྲུང་གི་བྱས་རྗེས་ཡོད་པའི་དཔའ་བོར་གཟེངས་བསྟོད་བྱེད་ལུགས་ཀྱི་སྐོར་གཏན་ལ་ཕབ་པ་བཅས་ཡིན།

ཞིབ་པར་ཕྱེ་བ་ནི་གཙོ་བོ་ཆོས་འབྱུང་མཁས་པའི་དགའ་སྟོན་ལས་འབྱུང་བ་གཞིར་བཟུང་སྟེ་བརྗོད་པར་བྱ་བ་ལ།

དང་པོ། ཁོད་སོ་དྲུག་གི་ནང་གསེས་བཀའ་ཡི་ཁྲིམས་ཡིག་ཆེན་པོ་དྲུག་ནི།

གཅིག ཁྲི་རྗེ་འབུམ་བཞེར་གྱི་ཁྲིམས།

གཉིས། འབུམ་གསེར་ཐོག་ཤ་བ་ཅན་གྱི་ཁྲིམས།

གསུམ། རྒྱལ་ཁམས་དཔེར་བླངས་ཀྱི་ཁྲིམས།

བཞི། མདོ་ལོན་ཞུ་བཅད་ཀྱི་ཁྲིམས།

ལྔ། དབང་ཆེན་བཅད་ཀྱི་ཁྲིམས།

དྲུག ཁབ་སོ་ནང་པའི་ཁྲིམས་རྣམས་སོ།

གཅིག ཁྲི་རྗེ་འབུམ་བཞེར་གྱི་ཁྲིམས་ནས་སྲིད་པ་དང་། ཁོད་སྡོན་པ་དེ་ལའང་ནང་གསེས་དབྱེ་བ་དྲུག་ཡོད་པ་ནི།

(1) བོད་ཡུལ་རུ་ཆེན་ལྔ་རུ་ཕྱེ་བ།

(2) ཡུལ་གྱི་དབང་རིས་རྣམ་པ་བཅོ་བརྒྱད་དུ་བཅད་པ།

(3) ཁྲོད་ཀྱི་སྟོང་སྡེ་དྲུག་ཅུ་རྩ་གཅིག་ཏུ་ཕྱེ་བ།

(4) གཡུང་གི་མི་སྡེ་ལེང་དང་ཡང་ལེང་འབྱེད་པ།

(5) ཞང་གསུམ་བློན་བཅས་ཀྱིས་དབུས་ཀྱི་འདུན་ས་འཛིན་པ།

(6) དཔའ་སྡེ་གསུམ་གྱིས་མཐའི་སོ་ཁ་སྲུང་བ་བཅས་དྲུག་ལ་བོད་ཀྱི་ཁོད་དྲུག་ཏུ་ཡང་གྲགས།

དེ་ཡང་ཁྲི་རྗེ་འབུམ་བཞེར་གྱི་ཁྲིམས་འདིས་སྲིད་པ་དང་། ཁོད་སྡོན་པ་ཞེས་པ་ནི་ལམ་སེང་བློ་ལ་འཆར་དཀའ་བས་མིང་དེར་ཚིག་འགྲེལ་ཞིག་བྱས་ན་ཁྲིམས་ལུགས་དེའི་ནང་སྲིད་འཛིན་གྱི་སྒྲིག་གཞི་དང་། ཁྲིམས་ལུགས། མིའི་ཀུན་སྤྱོད་ཀྱི་གནད་དོན་སོགས་ནང་དོན་མང་པོ་བསྟན་ཡོད་པས་ཁྲིམས་ལུགས་

ཁྲིའི་རྩེ་མོ་དང་། འབུམ་ཕྲག་གི་ཉིང་ཁུ་བཏུས་པ་ཞིག་ཡིན་པ་དེ་ལ་རྫེ་འབངས་ཀུན་གྱིས་སྙིང་མེད་དུ་བརྩི་བཀུར་ཞུ་དགོས་པའི་དོན་ཡིན་སྙམ། རྒྱུ་མཚན་ནི། གནམ་རི་སྲོང་བཙན་གྱི་སྐུ་དུས་བཞེངས་པའི་སྐུ་མཁར་ཁྲི་བརྩེགས་འབུམ་གདུགས་ཞེས་བྱ་བར་ཕོ་བྲང་བརྩེགས་པ་འབུམ་དང་མཉམ་པའི་དོན་དུ་བཞེད་པ་དང་། བཞེར་ཞེས་པའི་བརྡ་ཉིང་དེ་བརྩི་བཀུར་དང་། སྔར་གྲ་སྒྲིག་པར་འཇུག་པའི་སྐབས་ཡོད་པས་སྐབས་འདིར་བརྩི་བཀུར་ལ་སྒྱུར་ན་འོས་པའམ། ཡང་ན་ཡབ་གནམ་རི་སྲོང་བཙན་སྐབས་ཁྲི་རྩེ་འབུམ་གདུགས་ཀྱི་ཁྲིམས་བཅས་པར་གྲགས་པ་དེ་དང་སྒོ་བསྟུན་པ་ཡང་ཡིན་སྲིད་སྙམ།

(1) བོད་ཡུལ་ནུ་ཆེན་ལྔ་ནུ་སྟེ། ཞེས་ལོ་རྒྱུས་དེབ་ཐེར་ནང་གསལ་བ་ལྟར་སྲོང་བཙན་སྒམ་པོའི་སྐུ་དུས་བོད་ཀྱི་ས་ཁུལ་རྣམས་དྲག་པོ་གཡུལ་གྱི་སྒྲིག་གཞི་གཙོ་བོར་བྱས་པའི་དབང་འཛིན་གྱི་ས་ཁུལ་ཆེན་པོ་ལྔར་དབྱེ་བ་དེ་ནི་དབུ་རུ་དང་། གཡོ་རུ། གཡས་རུ། རུ་ལག སུམ་པའི་རུ་བཅས་ལྔ་ཡིན། དབུ་རུ་སྟེ། དབུས་ཀྱི་རུ་སྡེའི་དབྱེ་མཚམས་ནི། ཤར་འོལ་ཁའི་ཤུགས་པ་དཔུན་བདུན། (འོལ་ཁ་རྫོང་ཁོངས) ལྷོ་རྨ་ལ་ལ་བརྒྱུད། (གཙང་ཆབ་དང་སྐྱིད་ཆུའི་བར་གྱི་རི་བརྒྱུད) ནུབ་གཞུ་སྙེ་མོ། (སྙེ་མོ་རྫོང་ཁོངས་གཞུ) བྱང་ཕྲགས་ཀྱི་སྣང་མ་གུར་ཐུབ། ( ) དབུས་ཀྱི་ཚད་ལྷ་ས་ར་མོ་ཆེ་ལ་བྱས་པ་དབུ་རུ། གཡོ་རུ་སྟེ་གཡོན་རུའི་རུ་མཚམས་ནི་ཤར་ཀོང་ཡུལ་བྲེས་སྣ། (དེང་སང་ཀོང་པོ་ཉིང་ཁྲི་རྫོང་ཁོངས) ལྷོ་ཤ་འུག་སྟག་སྒོ། (མཚོ་སྣ་རྫོང་ལེགས་པོ་ཆུས་ཤ་འུག་གྲོང་ཚོ) ནུབ་ཁ་རག་གངས་རྩེ། (དེང་སང་སྣ་དཀར་རྩེ་རྫོང་དཔལ་དེ་ཆུས་ཀྱི་ཁ་རག) བྱང་རྨ་ལ་ལ་བརྒྱུད། ( ) དབུས་ཚད་ཡར་ལུང་ཁྲ་འབྲུག (སྣེ་གདོང་རྫོང་ཁོངས) ལ་བྱས་པ་གཡོ་རུ།

གཡས་རུ་སྟེ་གཙང་ཁུལ་ཡར་ཆབ་བྱང་ཕྱོགས་ཀྱི་རུ་མཚམས་ནི། ཤར་ཕྲག་གས་ཀྱི་སླང་མ་གུར་ཕུབ། (   ) ལྷོ་གཉའ་ནང་གཡག་པོའི་སྣ། (དེང་སང་གཉའ་ནང་རྫོང་ཁོངས་) ནུབ་བྱེ་མ་ལ་དགུ། (དེང་སང་ངམ་རིང་རྫོང་ཁོངས་བྱེ་མ་ལ་ཟེར་བའི་རི་) བྱང་སྨྱི་དྷི་ཆུ་ནག (དེང་སང་ལྷ་རི་རྫོང་ཁོངས་སྨྱི་དྷི་ཁ་) དབུས་ཚད་ཤངས་ཀྱི་ཞོང་པ་ཚལ། (ཤངས་རྣམ་གླིང་རྫོང་ཁོངས་གཞོང་གཞོང་) ལ་བྱས་པ་གཡས་རུ།

རུ་ལག་སྟེ་གཙང་ཁུལ་ཡར་ཆབ་ལྷོ་ཕྱོགས་ཀྱི་རུ་མཚམས་ནི། ཤར་འཛམ་ནེ་བཀྲ། (   ) ལྷོ་བལ་པོ་གླང་སྣ། (བལ་བོད་མཐའ་མཚམས་) ནུབ་ལ་ཀེམ་གཡག་མིག (   ) བྱང་བྱེ་མ་ལ་སྒོན། (   ) དབུས་སུ་ཀྱི་དྲུར་པ་སྣ། (དེང་སང་ས་སྐྱ་རྫོང་ཁོངས་སྲིད་ཆུས་ཀྱི་ཁོངས་) ལ་བྱས་པ་རུ་ལག་གོ།

སུམ་པའི་རུ་མཚམས་ནི། ཤར་གཉེ་ཡུལ་ཐུ་ནག ལྷོ་སྨྱི་དྷི་ཆུ་ནག ནུབ་ཡེལ་ཞབས་སྡིང་པོ་ཆེ། བྱང་ནགས་ཤོད་གཟི་འཕྲང་། དབུས་ཚད་རྒྱ་ཤོད་སྟག་པ་ཚལ་ལ་བྱས་པ་སུམ་པའི་རུ་བཅས་སོ།

སྲོང་བཙན་སྒམ་པོའི་སྐུ་དུས་རུ་ཆེན་བཞིའི་དམག་དཔུང་གི་སྒྲིག་གཞིའི་སྐོར། བཙན་པོ་སྐུ་ངོ་མའི་བཀོད་འདོམས་འོག་རང་རང་རུ་ཆེན་ལ་བཀོད་འདོམས་བྱེད་མཁན་དམག་དཔོན་དང་། རུ་དཔོན། དེའི་ལས་རོགས་བཅས་སུ་དང་སུ་ཡིན་པ། རུ་རྟའི་ཕྱུ་མདོག་དང་། རུ་དར་གྱི་མཚོན་རྟགས་གང་ཡིན་པ། ཡིག་ཚང་སྟེ་ཐོབ་ཐང་གང་ཡིན་པ། དམག་དཔུང་སོ་སོར་ཐུན་མོང་མིན་པའི་ཁྱད་ཆོས་གང་དང་གང་ཡོད་པའི་སྐོར།

དབུ་རུ་སྟོད་ཀྱི་རུ་དཔོན་ནམ། དམག་དཔོན་སྣ་ནམ་རྒྱལ་ཏ་ཀན། རུ་

དཔོན་གྱི་རྟེང་གནོན་ནམ་དཔའ་ཟླ་གནོན་པན་སུམ་མགྲོན་པོ་སྐྱེས། ཊུ་ཏ་ཟེ་དཀར་ཏ་སྐྱུ། ཊུ་དར་དམར་པོ་ལྷེ་ཁྲ་བོ་ཡིག་ཚང་ཟངས་བཅས་ཡིན།

དབུ་ཊུ་སྨད་ཀྱི་ཊུ་དཔོན། དབས་སྐྱེས་བཟང་སྟག་སྣང་། དཔའ་ཟླ་ཤུད་བུ་ཁུ་རིང་ཁོང་བཙན། ཊུ་ཏ་མཚལ་ལུ་གཟིག་རིས། ཊུ་དར་དཔལ་དར་དམར་པོ། ཡིག་ཚང་ཟངས།

དབུ་ཊུ་སྟོད་སྨད་ཀྱི་དམག་གི་བཞེད་ནི་མཚོ་ལ་གངས་བབས་པ་བཞིན་འོང་བ་ལགས།

གཡོ་ཊུ་སྟོད་ཀྱི་དམག་དཔོན་ནམ་ཊུ་དཔོན་ནི། མྱང་སྟག་གཟིག་གཡུ་བཙན། དཔའ་ཟླ་གཡས་མང་བཤེར་ལྟོས་ཆུང་། ཊུ་ཏ་མིག་རོ་བུན་བུན། ཊུ་དར་སེང་གེ་དམར་པོ། ཡིག་ཚང་ཟངས།

གཡོ་ཊུ་སྨད་ཀྱི་ཊུ་དཔོན་ནམ། དམག་དཔོན་ནི། མཆིམས་རྒྱལ་གཟིགས་ཤུད་ཧིང་། དཔའ་ཟླ་སོ་གད་གཉའ་བཤེར་ལྷ་ཐྲུ། ཊུ་ཏ་མཚལ་ལུ་རྟེང་དཀར། ཊུ་དར་དར་དཀར་སྙིང་ནག ཡིག་ཚང་ཟངས།

གཡོ་ཊུ་སྟོད་སྨད་ཀྱི་སྟོང་སྡེའི་དམག་གི་བཞེད་ནི་མཚོ་ལ་སྦྲང་ཆར་བབས་པ་བཞིན་དུ་འོང་སྐད།

གཡས་ཊུ་སྟོད་ཀྱི་ཊུ་དཔོན་ནི། རྒྱལ་ལྷོ་ཡོ་སྟེ་དྲུག་གི་མེས་པོ་ཁྱུང་པོ་སྟག་བཟང་ཉ་སྟོང་། དཔའ་ཟླ་སྤྱ་ཚབ་མཚོ་བཞེར་ཙང་ལོད། ཊུ་ཏ་མཚལ་ལུ་མེ་སྟག ཊུ་དར་དར་ནག་སྙིང་དཀར་ལ་བྱ་ཁྱུང་བྲིས་པ། ཡིག་ཚང་ཟངས།

གཡས་ཊུ་སྨད་ཀྱི་ཊུ་དཔོན་ནམ། དམག་དཔོན་ནི། མགོས་ཁྲི་གཉེར་ཡང་འཛུགས། དཔའ་ཟླ་ལང་པ་མགོན་ནེ། ཊུ་ཏ་སྔོན་པོ་གཡུ་ཏ། ཊུ་དར་སྐྱེར་ཁ་གོང་ཁྲ། ཡིག་ཚང་ཟངས།

གཡས་རུའི་དམག་གི་བཞེད་ནི་སྤྱང་ལ་མེ་ལྕེ་མཆེད་པ་ལྟར་འོང་སྐད།

རུ་ལག་སྟོད་ཀྱི་རུ་དཔོན། འབྲོ་རྒྱལ་མཚན་སེང་གེ དཔའ་ཟླ་གནམ་སྡེ་གུར་ཚབ། རུ་རྟ་ངང་པ་ཐུང་དམར། རུ་དར་སེང་གེ་དཀར་མོ་གནམ་དུ་འཕྱོ་བ། ཡིག་ཚང་ཟངས།

རུ་ལག་སྨད་ཀྱི་རུ་དཔོན། ཁྱུང་པོའི་མེས་པོ་གཡུའི་ཟུར་ཕུད་ཅན། དཔའ་ཟླ་མཆིམས་བཙན་བཞེར་ལྷ་གཟིགས། རུ་རྟ་རག་པ་རྗོག་ནག རུ་དར་དཔལ་དར་ནག་པོ། ཡིག་ཚང་ཟངས།

རུ་ལག་སྟོད་སྨད་ཀྱི་དམག་གི་བཞེད་ནི་གངས་ལ་སེང་གེ་འགྲིམ་པ་བཞིན་འོང་སྐད་དོ།

(2) ཡུལ་གྱི་དབང་རིས་རྣམ་པ་བཅོ་བརྒྱད་ཅེས་པ་ནི་སྲོང་བཙན་སྒམ་པོས་བོད་གཅིག་གྱུར་མ་གནང་གོང་དུས་རྒྱུད་ཆེ་བའི་འགོ་དཔོན་ཁག་གིས་བོད་ཀྱི་ས་ཆ་དུམ་བུར་བཅད་བཟུང་དབང་བསྒྱུར་བྱེད་པ་རྣམས་སླད་བཙན་པོའི་བཀའ་ལུང་ལ་གཅིག་གྱུར་གྱིས་བརྩི་བཀུར་དང་། ཁྲལ་ཁྲིམས་འཁྱེར་ལེན་བྱེད་པའི་ཆ་རྐྱེན་འོག་ས་ཞིང་དང་ནོར་ཕྱུགས་ཁྲན་གཡོག་སོགས་ཀྱི་བདག་གཉེར་སྔར་བཞིན་རུས་ཚོའི་འགོ་པ་སོ་སོར་མུ་མཐུད་རྒྱུད་འཛིན་བྱེད་བཅུག་པ་དེ་ལ་ཡུལ་གྱི་དབང་རིས་ཞེས་བྱ་བར་འབོད་པ་ཡིན། དེ་ལ་ཡང་ནང་གསེས་ཀྱི་དབྱེ་བ་ནི་བཙན་པོ་སྟོས་བཅས་ཀྱི་ཐད་ཀར་འཛིན་སྐྱོང་གནང་བ་ཐུད། དྭང་ས་ཁྲུལ་སུམ་ཙུ་སོ་གཅིག་ནི་ཁྱུ་དང་སྣྐགས་ལ་སོགས་པ་རུས་ཚོ་ཆེ་བའི་འགོ་པ་ཉེ་ཤུ་རྩ་ལྔས་བདག་བཟུང་རྒྱུན་འཛིན་བྱེད་པའི་ཡུལ་ཡིན། དེ་ཡང་ཞིབ་པར་དབྱེ་བ་ནི།

“དབུ་རུ་སྟོད་ཆེན་བཙན་པོ་མངའ་བདག་ཡུལ། །

ཚོ་བྲང་སྣེ་ཆེ་བཙན་པོ་རྒྱལ་འབངས་ཡུལ། །

ཡར་ལུང་སོག་ཁ་ཁྲུ་དང་སྣགས་ཀྱི་ཡུལ། །

ཡ་འབྲོག་གངས་ཁྲིམ་ཀུ་རིང་སྡེ་ལྡེའི་ཡུལ། །

འཆིང་ང་འཆིང་ཡུལ་མགོས་དང་སྣུབས་ཀྱི་ཡུལ། །

བྱ་འུག་ས་ཚོགས་དྲང་རྗེ་ཕ་ལྡེའི་ཡུལ། །

བྲད་དང་ཞིང་པ་སྣ་ནམ་ཡུལ་དུ་བཅད། །

བྲག་རུམ་སྟོད་སྨད་ཚེ་སྤོང་ཡུལ་དུ་བྱས། །

གཙང་སྟོད་གཙང་སྨད་འབྲོ་དང་ཁྱུང་པོའི་ཡུལ། །

གླིང་ཤོད་ནམ་པོ་འདྲུ་དང་སྤྱུགས་མཚམས་ཡུལ། །

འཕན་ཡུལ་སྟོང་སྡེ་སྦྲོ་དང་རྔ་ཡི་ཡུལ། །

ཉང་རོ་གྲམ་པ་འབྲེ་དང་ལྡེ་ཡི་ཡུལ། །

ཤང་དང་གླེ་ཕྱི་རི་དང་གླེ་ཡི་ཡུལ། །

ཡུང་བ་ཆེ་ཆུང་བྲན་ཀའི་ཡུལ་དུ་བཅད། །

ཞ་གད་སྡེ་གསུམ་སློན་པོ་སྦས་ཀྱི་ཡུལ། །

ནམ་ར་ཆག་གོང་འབྲིང་དང་ཆག་གི་ཡུལ། །

འདམ་ཤོད་དཀར་མོ་སྦྲ་དང་རྣ་ཡི་ཡུལ། །

མདོ་ཁམས་མདོ་ཆེན་རྨོད་སྟོང་སྡེ་བརྒྱད་ཡུལ། །" ① ཞེས་ལོ་རྒྱུས་དེབ་ཐེར་ནང་འཁོད་པ་དེའི་ནང་ནས། དབུ་རུ་ཤོད་ཆེན་བཙན་པོ་མངའ་བདག་གི་ཡུལ་དང་། ཚོ་བྲང་སྣེ་ཆེ་བཙན་པོ་རྒྱལ་འབངས་ཀྱི་ཡུལ་དེ་གཉིས་བཙན་པོ་

① （མཁས་པའི་དགའ་སྟོན་ལྷུགས་པར་དེབ་ངོས186）

སྟོབས་བཅས་ཀྱིས་ཐད་ཀར་དབང་བསྒྱུར་བ་ཐུབ། དེ་མིན་ས་ཁུལ་ཁག་ནི་ཁུ་སོགས་རུས་ཆེ་ཁག་གི་དབང་རིས་སོ་སོར་གཏན་ལ་ཕབ་པ་ཡིན།

མཁས་པ་ལྡེའུའི་ཆོས་འབྱུང་ལས་འབྱུང་བ་ལྟར་རུ་སྡེ་རེ་རེའི་ཁོངས་སུ་ཡུལ་དཔོན་ཚན་པ་བཅུ་དྲུག་རེ་ཡོད་པར་གྲགས།

དབུ་རུའི་ཡུལ་གྱི་དཔོན་ཚན་བཅུ་དྲུག་ནི། སྟོད་ལུང་ལ་ཡུལ་དཔོན་གཅིག ཀླུང་ཤོད་ལ་ཡུལ་དཔོན་གཅིག མལ་གྲོ་ལ་གཅིག འདམ་ཤོད་ལ་གཅིག ཟ་གད་ལ་གཅིག རགྐ་ལ་གཅིག བ་ལམ་ལ་གཅིག ངན་ལམ་ལ་གཅིག བྲང་ཡུལ་ལ་གཅིག དབུལ་ལྡེ་ལ་གཅིག གཟད་ཆུ་ཤུལ་ལ་གཅིག འཕྲང་པོ་ལ་གཅིག གཉོན་ལུང་པ་ལ་གཅིག གསང་ལ་གཅིག བྲག་རུམ་ལ་གཅིག འཕན་ཡུལ་ལ་གཅིག་བཅས་སོ།

གཡོ་རུའི་ཡུལ་གྱི་དཔོན་ཚན་བཅུ་དྲུག་ནི། ང་རབས་ལ་ཡུལ་དཔོན་གཅིག གུང་པོ་ལ་གཅིག གང་བར་ལ་གཅིག ཡར་མདའ་ལ་གཅིག མཆིངས་ལུང་ལ་གཅིག གྲོང་ང་ལ་གཅིག རོག་པ་ལ་གཅིག ལོ་རོ་ལ་གཅིག བན་པ་ལ་གཅིག ལྷམ་ཤུལ་ལ་གཅིག ཕོ་མཐིང་ལ་གཅིག བྲག་ལུང་ལ་གཅིག དོལ་གཞུང་གཉིས་ལ་གཅིག གྲ་ལུང་པ་ལ་གཅིག ཁབ་སོ་ལ་གཅིག ཡ་འབྲོག་རྣམ་གསུམ་ལ་གཅིག་བཅས་སོ།

གཡས་རུའི་ཡུལ་གྱི་དཔོན་ཚན་བཅུ་དྲུག་ནི། བྱང་ཐུག་ལ་ཡུལ་དཔོན་གཅིག ཟང་ཟང་ལ་གཅིག ཟངས་དཀར་ལ་གཅིག དུང་ལུང་པ་ལ་གཅིག གཏོག་ལུང་པ་ལ་གཅིག བགྱིད་ལུང་པ་ལ་གཅིག བཤག་ལུང་པ་ལ་གཅིག འབྱད་ལུང་པ་ལ་གཅིག རྟ་ནག་ལུང་པ་ལ་གཅིག ཞའ་ཐག་ལ་གཅིག མཚོ་ཉང་ལ་གཅིག རྟ་ཧུ་ལ་གཅིག གཙང་ཤོད་ལ་གཅིག ཙ་ཡུག་ལ་གཅིག སྐྱེ་

མོ་ལ་གཅིག དགྲ་ཡག་ལ་གཅིག་བཅས་སོ།

རྟ་ལག་གི་ཡུལ་དཔོན་ཚན་བཅུ་དྲུག་ནི། མང་ཡུལ་ལ་དཔོན་གཅིག སྐྱི་ནམ་ལ་གཅིག དཔའ་ཚད་ལ་གཅིག གྲང་སོ་ལ་གཅིག གྲོམ་ལྡིང་ལ་གཅིག ཤབ་ལྡིང་པ་ལ་གཅིག སྲས་ལྡིང་པ་ལ་གཅིག མྱང་མདའ་ལྡིང་པ་ལ་གཅིག ཁྲི་ཐང་པ་ལ་གཅིག ཐང་འབྲང་ལ་གཅིག ཉལ་པོ་ལ་གཅིག གཡུ་ལྡིང་པ་ལ་གཅིག དྭང་ལྡིང་པ་ལ་གཅིག མྱང་སྟོད་པ་ལ་གཅིག གད་སྲམ་ལྡིང་པ་ལ་གཅིག སྤྲ་རོངས་ལ་ཡུལ་དཔོན་གཅིག་བཅས་སོ།

（3） ཁྲོད་ཀྱི་སྟོང་སྡེ་དྲུག་ཅུ་རྩ་གཅིག་གྱི། ཞེས་པའི་ཁྲོད་ནི་འབངས་ཀྱི་ནང་ནས་མི་རྒྱུ་གཉིས་ལྡན་རང་གསོམ་གྱིས་དྲག་པོ་གཡུལ་གྱི་ལས་ལ་གཞུག་ཐུབ་པའི་ཕོ་ཁྲོད་ཀྱི་དོན་ཡིན་པས་དེ་ལྟར་གྲགས། སྟོང་སྡེ་ཞེས་པ་ནི་དམག་དཔུང་ཚན་པ་དྲུག་ཅུ་རྩ་གཅིག་ཏུ་ཕྱེ་བ་དེ་ལ་ཟེར་ཞིང་། རྟ་རེ་ལ་སྟོང་སྡེ་བརྒྱད་རེ་དང་། སྟོང་བུ་ཆུང་རེ། སྐུ་སྲུང་སྟོང་སྡེ་རེ་དང་བཅུར་ཕྱེ་བ། དེ་ཡང་སྐབས་འདིར་ཞང་ཞུང་བསྣན་པའི་རྟ་ཆེན་དྲུག་ཏུ་ཕྱེ་བའི་ནང་ནས་དབུ་རུ། གཡོ་རུ། གཡས་རུ། རུ་ལག ཞང་ཞུང་གི་རུ་བཅས་ལ་སྟོང་སྡེ་བཅུ་རེ་དང་། སུམ་པའི་རུ་ལ་སྟོང་སྡེ་བཅུ་གཅིག་བཅས་བསྡོམས་ན་སྟོང་སྡེ་དྲུག་ཅུ་རེ་གཅིག་ཡོད་དོ།

དབུ་རུའི་སྟོང་སྡེ་བཅུ་ནི། དོར་སྡེ་སྡེ་མཚམས་གཉིས་（སྨ་དང་ཀ་བའི་སྟོང་སྡེ་）ཕྱུགས་མཚམས་འབྲང་མཚམས་གཉིས་（ཕྱུགས་མཚམས་ཀྱི་སྟོང་སྡེ་）བཙོམ་པ་འཕྲི་མཚམས་གཉིས་（ཅོག་རོའི་སྟོང་སྡེ་）སྐྱིད་སྟོད་སྐྱིད་སྨད་གཉིས་（སྲས་ཀྱི་སྟོང་སྡེ་）བཅས་སོ་སོར་སྟོང་སྡེ་གཉིས་རེ་ཡིན་པ་གཤམ་ལ་རིགས་བསྒྲེ། ཡེལ་རབ་སྟོང་བུ་ཆུང་། སྐུ་སྲུང་ཤར་ཕྱོགས་པ་དང་བཅས་པའོ།

གཡོ་རུའི་སྟོང་སྡེ་བཅུ་ནི། ཡར་ལུང་འཆིང་ལུང་གཉིས། (སྐྱགས་དང་ཆེ་སྤྱོང་གི་སྟོང་སྡེ་) ཡར་མཚམས་གཡུ་འབངས་གཉིས། (སྣ་ནམ་དང་། མྱང་གི་སྟོང་སྡེ་) དྭགས་པོ་ཉག་ཉི་གཉིས། (ཞྭ་དང་མཆིམས་ཀྱི་སྟོང་སྡེ་) དཀྱིལ་དང་ལྷོ་བྲག་གཉིས། (སྐྱི་བའི་སྟོང་སྡེ་) ལོ་རོ་སྟོང་བུ་ཆུང་། སྐུ་སྲུང་བྱང་ཕྱོགས་པ་རྣམས་སོ།

གཡས་རུའི་སྟོང་སྡེ་བཅུ་ནི། སྟོང་ཆེན་ཤང་ཆེན་གཉིས། (ཁྱུང་པོའི་སྟོང་སྡེ་) ལང་མི་ཕོད་དཀར་གཉིས། (པ་ཚབ་ཀྱི་སྟོང་སྡེ་) ཉེན་ཀར་འབྲང་མཚམས་གཉིས། (ལང་སའི་སྟོང་སྡེ་) ཕྱུ་རབ་སྟོང་སྡེ་གཉིས། (མགོས་ཀྱི་སྟོང་སྡེ་) ཤངས་སྟོང་བུ་ཆུང་། སྐུ་སྲུང་ནུབ་ཕྱོགས་པ་རྣམས་སོ།

རུ་ལག་གི་སྟོང་སྡེ་བཅུ་ནི། མང་དཀར་ཁྲི་ཕོམ་གཉིས། (འབྲོའི་སྟོང་སྡེ་) གྲོམ་པ་ལྷ་རྩེ་གཉིས། (སྦྲའི་སྟོང་སྡེ་) མྱང་རོ་ཁྲི་འབངས་གཉིས། (འབྲོ་དང་ཁྱུང་པོའི་སྟོང་སྡེ་) ཁང་གསར་གད་ཁྲམ་གཉིས། (ཤུད་ཀེ་དང་མགོས་ཀྱི་སྟོང་སྡེ་) མཚོ་ངོས་སྟོང་བུ་ཆུང་། (སྦྲའི་སྟོང་སྡེ་) སྐུ་སྲུང་ལྷོ་ཕྱོགས་པ་བཅས་སོ།

ཞང་ཞུང་སྟོད་ཀྱི་སྟོང་སྡེ་ལྔ་ནི། བོད་དང་གྲུ་གུའི་མཚམས་ན་འོ་ཅོ་མང་མ་གཉིས། གཉེ་མ་ཙ་མོ་གཉིས། བ་ག་སྟོང་བུ་ཆུང་བཅས་སོ།

ཞང་ཞུང་སྨད་ཀྱི་སྟོང་སྡེ་ལྔ་ནི། བོད་དང་སུམ་པའི་མཚམས་ན་གུ་གེ་ཅོག་ལ་གཉིས། སྤྱི་གཙང་ཡར་གཙང་གཉིས། ཙེ་དེ་སྟོང་བུ་ཆུང་བཅས་སོ།

སུམ་པའི་རུ་སྟོང་ཁྱབ་རྒྱ་ལྷན་གྱི་སྟོང་སྡེ་བཅུ་གཅིག་ནི། རྩེ་མཐོན་པོ་ཐོན་གཉིས། རྐོད་ཚང་སྟོད་སྨད་གཉིས། འཛོང་སྟོད་འཛོང་སྨད་གཉིས། དྲེ་སྟོད་དྲེ་སྨད་གཉིས། ཁ་རོ་ཁ་ཟངས་གཉིས། ནགས་ཤོད་སྟོང་བུ་ཆུང་བཅས

སོ།

དེ་ལྟར་ཆོད་ཀྱི་སྟོང་སྡེ་དྲུག་ཅུ་རྩ་གཅིག་སོ་སོར་སྟོང་དཔོན་རེ་ཡོད་པས་སྟོང་དཔོན་ཡང་དྲུག་ཅུ་རེ་གཅིག་ཡོད་པ་དང་། ད་དུང་སྟོང་སྡེ་མ་ལོངས་པའི་སྟོང་བུ་ཆུང་གི་རྗེ་བོ། ལྔ་བརྒྱ་ཆེན་པོ་ལ་སོགས་པའི་དཔོན་རིགས་ཀྱང་ཡོད་པར་སྣང་།

སྟོང་སྡེ་དེ་རྣམས་ནི་རྒྱུན་བཙུགས་ཀྱི་དངོས་གཞིའི་དམག་དཔུང་ལྟ་བུ་ཡིན་མི་སྲིད་ཅིང་། དེ་སྔ་བོད་བྱང་འབྲོག་ཁུལ་དུ་ས་སྲུང་དང་། དམག་ཚོ་ཞེས་པ་རྒྱུན་གཏན་འབྲོག་ལས་ཐོན་སྐྱེད་ནང་ཞུགས་པ་དང་། ཡུལ་དེར་ཧག་དམག་སོགས་ལྷགས་དུས་ཧག་འདུལ་དུ་འགྲོ་དགོས་པ་དེ་དང་འདྲ་བར་སྐབས་དེ་དུས་ཀྱི་དམག་དཔུང་ཡང་རྒྱུན་གཏན་ཐོན་སྐྱེད་དང་ཁ་མ་བྲལ་བའི་དམག་དཔུང་ཡིན། དཔེར་ན་ཤིན་ཅང་ནས་ཐོན་པའི་བཙན་པོའི་དུས་ཀྱི་ཁྲམ་བྱང་ནང་"འ་ཞ་རྒྱ་བ་ལས་གཞི་མཁན་རྗེ་མཆིས་པ་སྨྲོས་ན་མཆིས་ན་སོ་པའི་གྲངས་ཚོད་དེ་ཐོང་ཤིག"①ཅེས་པའི་དོན་ནི་འ་ཞ་དུད་ཚང་རྣམས་ཀྱི་ནང་ནས་རྒྱུན་སྡོད་དུད་ཚང་ག་ཚོད་ཡོད་པར་གཞིགས་ནས་སོ་པའི་མི་གྲངས་ཐག་གཅོད་བྱས་ནས་ཐོངས་ཤིག་ཟེར་བ་དང་། ཡང་"སོ་བབས་རྒྱ(དུད་ཚང་ངམ་ཏ་པ་)ཉི་ཤུ་རྩ་བདུན་མཆིས"ཞེས་དང་། "འོ་ཆོ་པ་གི་སྡེ་འོ་ཏུ་ཕྱི་ཚབ། སོ་ལ་བཏུས་པ་ལས་བྲོ་འཚལ་ནས། སོ་ལ་མཆི་བའི་རྗེ་མི་ཏོག་ནས་ཀོ་ན་སྟོང་སྡེ་ནང་དུ་སྣ་ཤུར་སློག་ཏ་དང་། སོ་སྤྱ་ཕྱིར་སྡེ་བརྗེས་ཏེ། སློག་ཏ་རེས་ཕྱི་ཚབ་མཆི་བར་

① (བོད་ཀྱི་གནའ་རབས་ཡིག་ཆ་གཅེས་བསྡུས་ལྷུགས་པར་མ་ཤོག་གྲངས169)

བགྲིས།”①ཞེས་པའི་དོན་ནི། འོ་ཚོ་ཕག་གི་སྡེའི་ཡོངས་སུ་མི་མིང་ལ་འོ་རུ་ཕྱི་ཚབ་ཞེས་པ་སོ་དམག་ཡོངས་བསྡུས་པ་ལུས་ལ་ན་ཚ་བྱུང་བའི་རྐྱེན་གྱིས་སོ་ལ་འགྲོ་མི་ཐུབ་པ་ཕྱིར་འཐེན་བྱེད་དགོས་བྱུང་བས། སྟོང་སྡེའི་ནང་དུ་སྣ་ཤུར་སྒྲོག་ཏ་ཞེས་པ་དང་སོ་རེས་སྤྱ་རྗེང་བརྗེས་ནས་སྒྲོག་ཏར་སོ་རེས་འཁེལ་ཚབ་ཏུ་འོ་རུ་ཕྱི་ཚབ་འགྲོ་རྒྱུ་བྱུས་ཟེར་བ་ཡིན། དེ་དག་ལས་མཐའ་མཚམས་ཀྱི་སོ་ལྷ་བྲ་རྒྱུ་ནི་ས་ཁྲུལ་སོ་སོའི་དུད་ཚང་མི་བབ་ལ་གཞིགས་པའི་འགྲོ་དགོས་པ་དང་། སོ་པ་བབས་པའི་དུད་ཚང་ག་ཚོད་ཡོད་པ། སོ་པ་འགྲོ་རེས་སྐབས་ནད་མནར་བྱུང་ཚེ་སོ་རེས་གཞན་དང་བརྗེ་ཚོག་པ་བཅས་གསལ་པོར་འཁོད་པས་སྐབས་དེའི་དམག་མི་ནི་རྒྱུན་གཏན་ཞིང་འབྲོག་ཐོན་སྐྱེད་མཁན་ཡིན་ལ། དམག་དོན་གྱི་ལས་འགན་སྒྲུབ་སྐབས་དམག་མི་ཡང་ཡིན་པ་གསལ་བཤད་བྱུང་ཡོད།

སྟོང་སྡེ་དེ་རྣམས་ཀྱི་དམག་མིའི་འབོར་གྲངས་ཇི་ཡོད་སྐོར་ལོ་རྒྱུས་ཡིག་ལམ་ནང་འཁོད་པ་ནི། བཀའ་ཐང་སྡེ་ལྔའི་ནང་། རུ་བཞིའི་སྟོང་སྡེ་སུམ་ཅུ་སོ་དྲུག་ཁོ་ནར་དམག་མི་ཁྲི་སུམ་བརྒྱ་བཅུ་མེད་བཞི་ཡོད་ལུགས་དང་། ལྡེའུ་ཆོས་འབྱུང་ནང་ཁབ་སྟོང་སྡེ་སུམ་བརྒྱ་དྲུག་ཅུས་དམག་དང་མུ་བྱེད་ཅེས་སྟོང་སྡེ་དེ་མི་གྲངས་སྟོང་ཡོད་པའི་དམག་སྡེར་ཆ་བཞག་ན། དམག་འབོར་མི་གྲངས་ཁྲི་སུམ་ཅུ་སོ་དྲུག་ཟིན་པ་སོགས་ལ་དཔག་ན། བོད་རིག་པའི་མཁས་དབང་ལ་ལས་རྒྱའི་ཡིག་རིགས་ཚུད་པའི་ཡིག་ལམ་མང་པོ་དཔྱད་གཞིར་བཟུང་སྟེ་སྟོམ་ཚོག་གནང་བར་སྟོང་སྡེ་དྲུག་ཅུ་རྩ་གཅིག་ནི་དམག་མི་ཁྲི་རེ་ཡོད་པའི་དམག་སྡེ་ཡིན་དགོས་པ་དེས་ན་དམག་འབོར་ཁྲི་དྲུག་ཅུ་རེ་གཅིག་ཡོད་ངེས་གསུངས་པ་

---

① （བོད་ཀྱི་གནའ་རབས་ཡིག་ཆ་གཅེས་བསྡུས་ལྷུགས་པར་མ་ཤོག་གྲངས170）

སོགས་དཔྱད་པར་བྱའོ། །སྤྱིར་བཏང་གི་དམག་མིའི་ཆས་གོས་མི་སེར་སྤྱི་དང་འདྲ་བ་སྟེ་སྐབས་དེའི་གྱོན་ཆས་སྐོར། ཤིན་ཅང་གི་ཁྲམ་བྱང་ནང་“འདྲེ་མྱུས་གསས་ལེགས་ལ་གཏད་པའ། ནབ་ཟ་རྒྱ་དགས་ཀྱི་རལག་གཅིག རེའུ་དཀར་གྱི་རལག་གཅིག གཙོས་ཀྱི་སྟོད་གོར་གཉིས། ཟ་འོག་གི་སླག་པ་གཅིག གཙོས་ཀྱི་སྟོད་ནམ་གཅིག ཤམ་གཅིག དབུ་ཐོད་གསར་རྙིང་གཉིས། སེ་ལེག་ལྷེ་སོགས།”①ཞེས་པ་ནི་འདྲེ་མས་གསལ་ལེགས་ལ་ན་བཟའ་རྒྱ་ཐགས་ཀྱི་སྟོད་གོས་ཕུ་མེད་གཅིག རེའུ་དཀར་གྱི་སྟོད་གོས་ཕུ་མེད་གཅིག གཙོད་ལྤགས་ཀྱི་ཕྱམ་ཅེ་གཉིས། གོས་ཆེན་གྱི་སློག་པ་གཅིག གཙོད་ལྤགས་ཀྱི་སྟོད་གོས་གཅིག གོས་ཆེན་མེན་དྲིའི་ཤམ་གོས་གཅིག མགོ་དཀྲིས་གསར་རྙིང་གཉིས། དར་གྱི་སྐ་རགས་ལྷེ་སོགས་སྤྲད་པའི་དོན་ཡིན་པ་འདིའི་ཐོག་ནས་བཙན་པོའི་སྐབས་བོད་རིགས་སྐྱེས་པའི་ཆས་ནི། ཕྱུ་པའི་སྟེང་སྨམ་བུ་དང་། པགས་རིགས། གོས་ཆེན་སོགས་ཀྱི་སྟོད་གོས་ཕུ་མེད་གྱོན་པ་དང་། དེའི་ཁར་པགས་རིགས་ལ་སོགས་པའི་རླ་གམ་ལྷེབ་གྱོན། ཤམ་གོས་སམ་གོ་ཐུང་། མགོ་ལ་དར་ཐོད་དཀྲི་སྲོལ་ཡོད་པ་བཅས་མཚོན་ཅིང་། དམག་གི་བྱ་བར་ཞུགས་སྐབས་ཁྲབ་རྨོག་གྱོན་པ་དང་། མཚོན་ཆའི་སྐོར་ཡང་ཤིན་ཅང་གི་ཁྲམ་བྱང་ནང་“ཉེན་ཀར་གྱི་སྡེ་དེ་ག་ལྷ་སྐྱེས་རྗེ་བླས་དགོན་གྱི་བརྗེད་བྱང་། ཕུབ། རལ་གྲི་མ་རལ་གྲི་རུ། མདའ་བཅར། གཞུ་རྒྱུད་དང་། ངར་རྫང་། རྟེ་སྒྲི། ཅུ་རྟོ། མདའ་རོལ་དོང་”②ཞེས་པ་ནི་ཉེན་དཀར་གྱི་སྡེའི་ཁོངས་ལྷ་སྐྱེས་ཀྱིས་བཙན་པོའི་ལས་དོན་སྒྲུབ་པར་

---

① （བོད་ཀྱི་གནའ་རབས་ཡིག་ཆ་གཅེས་བསྡུས་ལྷུགས་པར་མ་ཤོག་གྲངས་178）

② （བོད་ཀྱི་གནའ་རབས་ཡིག་ཆ་གཅེས་བསྡུས་ལྷུགས་པར་མ་ཤོག་གྲངས་168）

མཁོ་བའི་ཀོ་མཆོན་བླངས་པའི་བརྗེད་ཐོ། ཞུབ་དང་། རལ་གྲི་གྲི་ཤུབ་སྦྲགས་མ། མདའ་དང་གཞུ་རྒྱུད་སྒྱུར། ངར་རྫང་། རྡོ་སྡོད་སྐྱེ་ཞུ། ཞུར་རྡོ། མདའ་དོང་བཅས་བྱ་བའི་དོན་ཡིན་པ་དེས་སྐབས་དེའི་དམག་མིའི་མཚོན་ཆ་གང་ཞིག་སྤྱོད་པ་སོགས་རགས་ཙམ་ཤེས་རྟོགས་ཐུབ་པོ།

(4) གཡུང་གི་མི་སྔེ་ཁེང་དང་ཡང་ཁེང་འབྱེད། ཅེས་པ་ནི་བཙན་པོའི་ཆབ་འོག་ཏུ་གཏོགས་པའི་འབངས་ལ་གྲོད་དང་། གཡུང་ཞེས་རིགས་གཉིས་སུ་ཕྱེ་བའི་གྲོད་ནི་དྲག་པོ་གཡུལ་གྱི་ལས་སྒྲུབ་མཁན་ཧེ་གོང་དུ་གསལ་བ་ལྟར་དང་། གཡུང་ཞེས་པ་ནི་གྲོད་པའི་ཕྱོག་ཟླ་སྟེ་བརླིང་བའམ་བརྟན་པའི་དོན་ཡིན། སྐབས་འདིར་ཞི་བའི་བྱ་ལས་སྒྲུབ་པའི་འབངས་ཀྱི་སྤྱི་མིང་ལ་གོ་དགོས། དེ་ལའང་ནང་གསེས་རྗེ་ཕྲན་དང་། ཁེང་དང་། ཡང་ཁེང་སོགས་རབ་འབྱིང་མཐའི་དབྱེ་བ་ཡོད། གཡུང་གི་ཁོངས་སུའང་རྗེ་བྲན་རིམ་པ་ལྔར་ཕྱེ་བ་དེ་དག་ནི། རང་འོག་ལ་བདག་གཉེར་བྱེད་པའི་དབང་རིས་ཆེ་ཆུང་སྣ་ཚོགས་ཡོད་ཀྱང་། བཙན་པོ་ལ་དཔྱའ་དང་སྐྱེས་སམ། ལས་ཁྲལ་རྒྱུགས་དགོས་པས་འབངས་སུ་གཏོགས་པ་ཡིན་ཞེས་ལོ་རྒྱུས་དེབ་ཐེར་ནང་གསལ་བ་ཞིབ་ཏུ་དཔྱེ་ན། རྗེ་དགུ་དང་། རྗེ་བདུན། མཁན་དྲུག ཚོང་ལྔ་ཞེས་པ་རྣམས་ནི་རྗེ་ཕྲན་དང་། དེ་མིན་ལས་རིགས་སྣ་ཚོགས་ཏེ་གཞུང་ཕྱོགས་ཀྱི་ཕྱུགས་རིགས་སོགས་ལ་དོ་དམ་བྱེད་མཁན་ནམ། ཡང་ན་ལས་རིགས་དེ་དང་དེ་ལ་དོ་དམ་གྱིས་གཞུང་ལས་སྒྲུབ་མཁན་རྣམས་ཀྱང་གཡུང་གི་ཁོངས་སུ་གཏོགས་ཤིང་། དེ་དག་གི་འོག་ཏུ་གནས་པའི་འབངས་རྣམས་ལ་ཁེང་དང་། ཉིང་གཡོག་རྣམས་ལ་ཡང་ཁེང་ཟེར།

རྗེ་བྲན་རིམ་པ་ལྔ་ཡོད་པ་ནི། མཁས་པའི་དགའ་སྟོན་ལས། "སྲུབ་རྗེ་

སྲིད་པ་ལ་སོགས་རྫེ་དགུ། ལོ་ངམ་ཏ་རྫི་ལ་སོགས་རྫི་བདུན། ག་རོད་སྣ་མཁན་ལ་སོགས་མཁན་དྲུག ཀྱ་ཛ་ཚོང་པ་ལ་སོགས་ཚོང་པ་ལྔ། གདགས་སྦྲ་འཛིན་ལ་སོགས་འཛིན་གསུམ་སྟེ་འདི་རྣམས་ཁེང་དང་། ཡང་ཁེང་། ཉེང་ཁེང་དུ་བྱེ་བའི་དགོས་པ་ཐམས་ཅད་སྒྲུབ་ལ། ནམ་པ་ལྡེ་རྒྱལ། བལ་པོ་ལི་རྒྱལ། སུམ་པ་ལྷུགས་རྒྱལ། མོན་རྩེ་རྒྱལ་ཞེས་ཕྱོགས་ཀྱི་རྒྱལ་པོ་བཞིས་དཔུང་བསྡུས་ནས་འབུལ་བས་འབངས་ལ་གཏོགས་སོ་”①ཞེས་དང་། ལྡེའུ་ཆོས་འབྱུང་དུ། སྲིད་པ་དགུ། རྫི་བདུན། མཁན་དྲུག ཚོང་ལྔ། རྒྱལ་བཞི། འཛིན་གསུམ་འབྱུང་བའི་གྲངས་འདྲེན་དང་སོ་སོའི་དབྱེ་བ་ཞིབ་ཏུ་གསལ་བ་ནི།

（1） སྲིད་པ་དགུ་ནི། རྒྱལ་པོའི་འབངས་སུ་གཏོགས་ཀྱང་རང་རང་ལ་ས་ཞིང་ནོར་ཕྱུགས་བྲན་གཡོག་སོགས་འོས་འཚམས་དབང་ཞིང་། བཙན་པོས་གཏན་འབེབས་གནང་བའི་ཁྲིམས་ལུགས་ལ་བརྩི་སྲུང་ཞུ་བ་དང་། ལོ་རེའི་དཔྱའ་ཁྲལ་གཏན་འབེབས་ལྟར་འབུལ་བ་ལས་རང་རང་གི་ཁོངས་སུ་གཏོགས་པའི་དབང་རིས་བདག་བཟུང་ཆོག་པའི་རྗེ་ཕྲན་ནམ། རྒྱལ་ཕྲན་དགུ་ཡོད་པ་ནི། སྐྱབས་རྗེ་སྲིད་པ། རྔོ་རྗེ་སྣང་པ། ལྡེ་རྗེ་སྣིང་པ། མཆིམས་སྲུང་པ། ཉག་ཉི་ཕྱུག་པ། བྱང་ང་སྙོས་པ། ཕྱི་ནེ་སྲེའུ་པ། ཤེའུ་འཆང་པ། སོ་བྱེ་པ་རྣམས་སོ།

（2） རྫི་བདུན་ནི་བཙན་པོ་ལ་ཐད་ཀར་གཏོགས་པའམ། ཡང་ན་གཞུང་ཕྱོགས་ཀྱིས་གཉེར་སྐྱོང་བྱེད་པའི་གཞུང་བདག་ཕྱུགས་རིགས་དོ་དམ་བྱེད་མཁན་རྫི་བོའི་མིང་ཐོབ་པ་ཁག་བདུན་ཡོད་པ་ནི། ལོ་ངམ་ཏ་རྫི། ལྟམ་པ་

① （མཁས་པའི་དགའ་སྟོན་ལྷུགས་པར་མའི་ཤོག་གྲངས187）

འབྲི་རྔེ། ར་ག་ར་རྔེ། འཁར་པ་ལུག་རྔེ། འགོས་པོང་རྔེ། བྱ་ཁྲི་རྔེ། རྫོག་ཕག་རྔེ་བཅས་སོ།

(3) མཁན་དྲུག་ནི། ལག་ཤེས་བཟོ་ལས་ངོ་དམ་བྱེད་པའི་འགོ་འཛིན་མཁན་ཁག་དྲུག་ཡིན་པ་སྟེ། ཀར་ཡོ་མགར་མཁན། ག་ཏུ་སྨ་མཁན། སྤྲག་གཞུ་མཁན། ར་ཤག་མདའ་མཁན། བྱ་བ་ཁྲབ་མཁན། ཚོང་རྩེ་ལྷ་མཁན་བཅས་སོ།

(4) ཚོང་ལྔ་ནི། ཐོན་ཟོག་མི་འདྲ་བའི་ས་གནས་ཁག་གི་བརྗེ་ཚོང་གི་ལས་སྒྲུབ་པ་ཁག་ལྔ་ཡོད་པ་ནི། རྒྱ་ཇ་ཚོང་། གྲུ་གུ་གཡུ་རྫོང་། འ་ཞ་གྲི་ཚོང་། ལྷན་མ་དར་ཚོང་། སླན་ཚྭ་ཚོང་ངོ་།

(5) རྒྱལ་བཞི་ནི། བཙན་པོའི་ཆབ་འོག་ཏུ་གཏོགས་པར་ཁས་ལེན་ཞིང་། ལོ་དུས་ཀྱི་དཔྱའ་ཁྲལ་འབུལ་དགོས་པ་ལས་ནང་ཁུལ་རྗེ་ཕྲན་རྣམས་དང་ཙུང་མི་འདྲ་བ་ས་ཐག་རིང་བའི་རྒྱལ་ཕྲན་བཞི་ཡོད་པ་ནི། ནམ་པ་ལྡེ་རྒྱལ། (ཞང་ཞུང་) བལ་པོ་ལི་རྒྱལ། (བལ་པོ་) སུམ་པ་ལྕགས་རྒྱལ། (མཚོ་སྔོན་དང་། བར་ཁམས་ཁུལ་) མོན་རྩེ་རྒྱལ། (མོན་པ་ཏུས་རྒྱུད་ཚོ་པ་) བཅས་སོ།

(6) འཛིན་གསུམ་ནི། དམིགས་བསལ་གྱི་དངོས་པོ་འཛིན་དུ་ཡོད་པ་སྟེ། གདགས་སྨྲ་འཛིན། མྱང་པོ་ལྕགས་འཛིན། གྲོད་བྱ་འཛིན་ནོ།

(7) ཞང་གསུམ་བློན་བཅས་དབུས་ཀྱི་འདུན་ས་འཛིན། ཞེས་པ་ནི་བཙན་པོའི་འོག་ཏུ་ཡབ་མེས་ཡུམ་རྒྱུད་ཀྱི་ཞང་པོ་གསུམ་དང་། བློན་ཆེན་པོ་བཅས་ཀྱིས་སྲིད་དོན་གལ་ཆེ་གྲོས་མོལ་བྱེད་པའི་ཞང་བློན་ལྷན་འཛོམས་ཀྱི་མིང་ཡིན། སྤྱིར་སྤྱོང་བཙན་སྣམ་པོས་རྒྱལ་སྲིད་ལ་དབང་བསྒྱུར་བ་དེའི་ཚེ་རྒྱལ་ཁབ་ཀྱི་བྱ་བ་གལ་ཆེན་རྣམས་བཙན་པོས་བཀྱ་ཁ་གཅིག་གཅོད་མི་གནང་བར་ཞང་

བློན་མཉམ་ཚོགས་གྲོས་བསྡུར་གྱི་སྒོ་ནས་གཏན་འབེབས་དང་ཐག་གཅོད་གནང་བར་མཛོན། མཛད་ཕྱོགས་དེ་ནི་སྐབས་དེའི་ལོ་རྒྱུས་དངོས་ཡིན་པའི་མཚོན་དོན་དུམ་བུ་འདི་འདྲ་ཞིག་ཡོད་པ་སྟེ། རྒྱ་བལ་ནས་སངས་རྒྱས་ཀྱི་སྐུ་རྟེན་གདན་འདྲེན་པ་དང་། གོང་ཇོ་གཉིས་ཁབ་ཏུ་བསུ་བའི་སྐོར་གྱི་བཀའ་གྲོས་ཆེན་པོ་གནང་སྐབས་བཙན་པོས་དགུང་བློན་ཆེན་པོ་མགར་སྟོང་བཙན་ཡུལ་སྲུང་དང་། ཐོན་མི་སམ་བྷོ་ཊ་གཉིས་ལ་བཀའ་ཕེབས་པ་ལྟར་ཕོང་གཉིས་ཀྱིས་གྲོང་ཁྱེར་གཙོ་ཆེ་བ་བདུན་ནས་གཙོ་བོ་མི་བདུན་དང་བཅས་པ་མཉམ་དུ་ཚོགས་ཏེ་གྲོས་གཏན་འགེལ་རྒྱུར་ཁ་འཆམས། དེའི་སང་ཉིན་འཚོག་རྐྱེན་རེ་འཁྱེར་ལ་འོ་ཐང་གི་མཚོ་འགྲམ་(གཙུག་ལག་ཁང་བསྐྲུན་ཡུལ་) དུ་ནི་གསེང་དང་། སླ་བའི་ཚལ་སྟར་ཁའི་སྟོང་པོའི་རྩར་སྤུས་ཤིག་ཅེས་འཕྲིན་བསྒྲིངས་པ་ལྟར་འཛོམས། བློན་ཆེན་པོ་གཉིས་དང་། གཙོ་བོ་མི་བདུན་གྱི་འཚོགས་ཆས་བསྡུས་པས་ཤ་ཕོག་མ་ཉམས་པ་གཅིག་བྱུང་བར། ཐོན་མིས་འདུན་མ་འདུན་རྐྱེན་གྱིས་བཅད་པ་བྱ་བ་ཡིན་པས་ད་རེས་འདུན་རྐྱེན་ཤིན་ཏུ་ཆ་ཚང་བས་བཀྲ་ཤིས་ཅི་བསམ་འགྲུབ་པས་འདུན་མ་རྒྱ་མ་ཚུང་བ་མཛོད་ཅེས་གླེང་ཞིང་འདུན་མ་རྒྱ་ཆེ་བྲུ་རྒྱུར་གྲོས་འཆམས། དེ་ནས་རྒྱལ་བློན་བཀའ་གྲོས་ལ་ཞུགས་ཏེ་རྟེན་གཉིས་དང་། བཙུན་མོ་གཉིས་སྤྱན་འདྲེན་པའི་གྲོས་ཐག་བཅད་ལུགས་ལོ་རྒྱུས་ཡིག་ཚང་དུ་མར་གསལ་ཡོད་པ་ལས་མཐོང་ཐུབ།

དེ་ལྟར་རྒྱལ་ཁམས་ཀྱི་བྱ་གཞག་ཆེན་པོ་རྣམས་རྒྱལ་པོའི་བཀའ་བཀོད་འོག་དགུང་བློན་དང་། ནང་བློན་ལ་སོགས་པ་བློན་པོ་ཚོས་སྒྲུབ་ཅིང་། ནང་བློན་ནི་བཙན་པོ་རང་གི་འབྲུངས་ཡུམ་གྱི་རུས་ཚོའི་འགོ་གཙོ་དང་། བཙན་པོ་གོང་མ་རྣམས་ཀྱི་ཚེ་འབྲང་དུ་གཏོགས་པའི་རིགས་རུས་ཀྱི་འགོ་གཙོ་ལ་ནང་བློན་

ཞེས་ལས་གནས་འདྲ་བའི་སྨན་པོ་ལས་མིང་གི་ཐོབ་ཐང་ཆེ་བ་ཙམ་ཡིན། བོད་ཀྱི་ལོ་རྒྱུས་དེབ་ཐེར་ནང་དགུང་སྨན་དང་། ནང་སྨན་སོགས་ཀྱི་ནང་དུ་ཞང་སྨན་གྱི་མིང་ཙམ་ཇེ་སྔེད་མཐོང་རྒྱུ་ཡོད་པས་ཞང་སྨན་སོ་སོའི་འཛིན་ཐང་ལ་གཞིགས་པའི་དགུང་སྨན་དང་། ནང་སྨན་སོགས་ཀྱི་འགན་དབང་སྤྱོད་ཐུབ་པ་ལས། ཞང་སྨན་གྱི་མིང་ཐོབ་རང་ལ་ལྟོས་ན་དམིགས་བསལ་གྱི་འགན་དབང་ཞིག་མེད་པར་མངོན། དཔེར་ན། སྲོང་བཙན་སྒམ་པོའི་དུས་སུ་ཞང་གསུམ་སྨན་བཅས་དབུས་ཀྱི་འདུན་ས་འཛིན། ཞེས་འབྱུང་བའི་ཞང་གསུམ་ནི་སྟོད་ན་འབྲོ (རྒྱལ་མཚན་སེང་གེ) སྨད་ན་མཆིམས (རྒྱལ་གཟིགས་ཤུད་ཏིང) བར་ན་སྣ་ནམ (སྣ་ནམ་རྒྱལ་ཀན) སྨན་པོ་སྦས (སྐྱེས་བཟང་སྟག་སྣ) རྣམས་ལ་ཞང་གསུམ་སྨན་དང་བཞི་ཟེར (ཆོས་འབྱུང་མཁས་དགའ) ཡང་ལྡེའུ་ཆོས་འབྱུང་ནང་ཞང་གསུམ་སྨན་བཞིས་དབུས་ཀྱི་འདུན་ས་འཛིན། ཞེས་འབྱུང་བའི་ཞང་གསུམ་ནི། སྣ་ནམ། མཆིམས། འབྲོ། སྨན་བཞི་ནི། ཁུ་དང་། མགར། སྦས། འགོས་བཅས་ཡིན་པར་གྲགས་པ་དེ་རྣམས་ནི་དབུས་ཀྱི་འདུན་ས་སྟེ་གྲོས་ཚོགས་གོང་མའི་གྲུབ་ཆ་ལྟ་བུ་ཡིན་མོད། ཞང་གསུམ་སྨན་བཅས་ཞེས་པའི་སྨན་པོ་དེ་རྣམས་ཀྱི་གཙོ་བོའི་འགན་དབང་ནི་རུ་ཆེན་ཁག་ལ་བཀོད་འདོམས་བྱེད་ཀྱི་ཡོད་པར་སྣང་། དེ་ཡང་སྟོ་ཁ་ལྟེ་བར་བཟུང་བས་སྟོད་ན་འབྲོ་སྟེ། དབུས་གཙང་རུ་བཞིའི་སྟོད་ཆ་རུ་ལག་སྟོད་ཀྱི་རུ་དཔོན་འབྲོ་རྒྱལ་མཚན་སེང་གེ་དང་། སྨད་ན་མཆིམས་ཏེ་གཡོ་རུ་སྨད་ཀྱི་རུ་དཔོན་མཆིམས་རྒྱལ་གཟིགས་ཤུད་ཏིང་། བར་ན་སྣ་ནམ་དང་། སྨན་པོ་སྦས་ཏེ་སྐབས་དེའི་རྒྱལ་ས་གནས་པའི་ཡུལ་ལྟེ་བ་དབུ་རུ་སྟོད་སྨད་ཀྱི་དམག་དཔོན་སྣ་ནམ་རྒྱལ་ཀན་དང་། སྦས་སྐྱེས་བཟང་སྟག་སྣ་ཡིན་པ་ཡིག་ལམ་ནང་གསལ་པོ་འཁོད་ཡོད། དེ་བཞིན་

ཞང་སྨྲོན་ཞེས་པ་བཙན་པོའི་ཆོ་འབྲང་དུ་གཏོགས་པའི་རིགས་རུས་ནས་བྱུང་བ་ཡང་། སྐབས་འདིར་གླེང་བའི་ཞང་གསུམ་ལ་མཚོན་ན་འབྲོ་རྒྱལ་མཚན་སེང་གེ་ནི་བཙན་པོ་འབྲོ་གཉན་ལྡེ་རུའི་ཡུམ་འབྲོ་ཟ་མོ་དུར་ཡང་དང་། མཆིམས་རྒྱལ་གཟིགས་ཤུད་ཏིང་ནི་སྟག་རི་གཉན་གཟིགས་ཀྱི་ཡུམ་མཆིམས་བཟའ་ཀླུ་རྒྱལ་གྱི་རིགས་རུས་ལ་གཏོགས་པའི་མི་ཡིན་པ་ལྟ་བུའོ། གཞན་ཡང་། བོད་སྐད་དུ་མ་རྒྱུད་ཀྱི་སྤུན་ཟླར་ཞང་ཞེས་འབོད་པའི་སྲོལ་དེ་ཡང་། སྤུ་རྒྱལ་གྱི་གདུང་རབས་ཉེར་བདུན་པ་ཐོ་ཐོ་རི་གཉན་བཙན་གྱི་བཙུན་མོ་རྗེ་ཟ་མང་དཀར་ལ་ལྷ་སྲས་ཁྲི་གཉན་གཟུངས་བཙན་འཁྲུངས་པ་དེས་ཡུམ་གྱི་ཉེ་དུར་གཏོགས་པའི་རིགས་རུས་རྗེ་ལ་ཞང་དུ་བོས་པ་དེ་ནས་ཞང་ཞེས་པའི་མིང་དེ་ཆགས། བོད་དུ་ཞང་ལ་སྤ་བ་རྗེ་ཡིན་པ་དང་། དེ་ཡན་ལ་ཞང་པོ་ལ་རྗེ་བོ་ཞེས་འབོད་པར་གྲགས་པ་ལྟར་ན་ཞང་སྨྲོན་ཞེས་པ་འབྲོ་གཉན་ལྡེ་རུ་ཚུན་ཆད་ནས་བྱུང་བར་སེམས། སྲོང་བཙན་གྱི་སྐུ་དུས་སྨྲོན་པོ་ཆེ་དགུ་ཞེས་ལས་འགན་མི་འདྲ་བའི་འགོ་གཙོ་སྨྲོན་པོའི་དབྱེ་བ་དགུ་ཡོད་པ་ནི། དགུང་སྨྲོན་ཆེ་འབྲིང་ཆུང་གསུམ་དང་། ནང་སྨྲོན་ཆེ་འབྲིང་ཆུང་གསུམ། བཀའ་ཡོ་གལ་འཆོས་པ་སྟེ། བཀའ་སྨྲོན་ཆེ་འབྲིང་ཆུང་གསུམ་བཅས་ཡིན་པར་གྲགས་སོ།

དགུང་སྨྲོན་ནི། ལས་ཐབས་ཁྲི་དང་འདྲ་བར་ཕྱི་རྒྱ་རླབས་ཀྱིས་གཅོད་ཅེས་དགུང་སྨྲོན་གྱི་ལས་འགན་ནི་ཕྱི་ཕྱོགས་ལས་དོན་གྱི་གཙོ་འགན་བྱེད་པ་དཔེར་ན། ཕྱོགས་བཞིའི་རྒྱལ་ཁམས་དང་མཛའ་མཐུན་གྱི་འབྲེལ་བ་འཛུགས་པའམ། ཡང་ན་དྲག་པོ་གཡུལ་གྱི་འདུ་འགོད་བྱེད་པ་ལ་སོགས་པ་ཁྲིམ་ཚང་ཞིག་ལ་སྟོས་ན་པ་ཕའི་ལས་ཀ་དང་འདྲ་བར་ཕྱི་རྒྱའི་ལས་དོན་མཐའ་དག་བག་ཁུམས་སམ། གཉེད་ཆུང་ཞུས་མེད་མ་ཡིན་པར་རྒྱལ་ཁམས་ཕྱི་ཕྱོགས་ཀྱི་བྱ་བ་

ༀབས་ཆེན་པོས་སྐྱབ་མཁན་གྱི་སྨན་ཆེན་ལ་དཀྱུང་སྨན་ཟེར་ཞིང་། དཔེར་ན། དཀྱུང་སྨན་མགར་སྟོང་བཙན་ཡུལ་བཟུང་དང་། ཐོན་མི་སམྦྷོ་ཊས་སྲོང་བཙན་གྱི་བཀའ་དང་བསྟུན་པའི་རྒྱལ་ཁམས་ཀྱི་དོན་ཆེན་བསྒྲུབས་པའི་ལོ་རྒྱུས་ནས་གསལ་པོར་མཐྱེན་ཐུབ། དཀྱུང་སྨན་སོགས་ལ་ཆེ་ཆུང་གི་རིམ་པ་དང་། ཡིག་ཚང་དང་། སྟོང་ཐོབ་མི་འདྲ་བའི་དབྱེ་མཚམས་ཡོད་པ་གཤམ་དུ་གསལ་ཞིང་། ད་ཡོད་དཔྱད་གཞི་ལྟར་ན་སྲོང་བཙན་སྒམ་པོའི་སྐྱ་དུས་སུ་མེད་ཐབས་མེད་པའི་སྨན་པོ་བཞི་ཡོད་པ་ནི། མགར་སྟོང་བཙན་（སྟོད་ལུང་རམ་པ་བ་）ཐོན་མི་སམྦྷོ་ཊ་（སྙེ་མོ་ཐོན་ལུག་ར་ཁ་བ་）འབྲི་སེ་རུ་གུང་སྟོན་（འབྲི་གུང་བ་）ཉང་ཁྲི་བཟང་ཡང་སྟོན་（ཉང་སེར་བ་）བཅས་ཡིན་པར་གྲགས།

ནང་སྨན་ནི། བུད་མེད་མཛངས་མ་ལྟར་ནང་གི་ཆོས་བྱེད་ཅེས་གྲགས་པའི་ནང་སྨན་གྱི་ལས་འགན་ནི་ནང་སྲིད་སྐྱོང་བའི་གཙོ་འགན་འཁུར་བ་ཁྲིམ་ཚང་ནང་གི་ཨ་མ་དང་མཚུངས་པར་བང་མཛོད་གསོག་སྲུང་དང་། འབངས་ཀྱི་འཚོ་ཆོས་ལ་ལྟ་སྐྱོང་བྱེད་པ་སོགས་ནང་ཁྲུལ་གལ་ཆེའི་ལས་དོན་གཉེར་སྐྱོང་བྱེད་མཁན་གྱི་སྨན་ཆེན་ཡིན་པ་དེ་ལའང་། ཆེ་འབྲིང་ཆུང་གསུམ་གྱི་རིམ་པའི་དབྱེ་བ་ཡོད་ཅིང་། སྲོང་བཙན་སྒམ་པོའི་སྐྱ་དུས་ནང་སྨན་ཆེན་པོ་དྲུག་ཡོད་པ་ནི། འཕྲུལ་གྱི་སྣ་ཆེན་རིགས་བཟང་（ཁྲ་འབྲུག་པ་）ཞང་པོ་རྒྱལ་གྱི་ཁྲིམ་བཟང་།（ཧོར་པ་）ཅོག་རོ་རིག་པའི་སྐད་བཟང་།（ཅོག་རོ་）ལྷ་གཟིགས་ཤོག་པོ་བརྟན་བཟང་།（ཁམས་པ་）སྣ་ཡི་གཉགས་སྟོན་འཕེལ་བཟང་།（རྒྱ་མ་ཡར་སྟོན་པ་）སྤྲས་ཅང་དཔལ་གྱི་ལེགས་བཟང་（སྤྲས་ཀྱི་སྐྱིད་ཐག་རིང་མོའང་ཟེར་）བཅས་ནང་སྨན་བཟང་པོ་དྲུག་ཡོད།

བཀའ་སྨན་ནི། བཀའ་ཡོ་གལ་འཚོས་པས་ལེགས་ན་དགྲའི་བུས་ལེགས་

ཀྱང་བྱ་དགའ་གསོལ། ཞེས་ན་རང་གི་བུས་ཞེས་ཀྱང་ཆད་པ་གཅོད་ཅེས་པའི་བཀའ་སློན་གྱི་ལས་འགན་ནི། བཀའ་ཁྲིམས་ལག་ལེན་བསྟར་མིན་ཡོ་བསྲུང་བྱེད་པ་དང་། ཞེས་དོན་དྲང་པོའི་ལམ་ནས་ཐག་གཅོད་བྱེད་པ་དཔེར་ན་རྒྱལ་པོའི་བཀའ་ཁྲིམས་ཚུལ་བཞིན་དུ་སྲུང་ཞིང་བྱ་བ་ལེགས་པོ་བྱས་ན་རང་སྐེར་གྱི་དགྲའི་བུ་ཡིན་ཡང་གཟེངས་བསྟོད་དགོས་པ་དང་། ཁྲིམས་འགལ་གྱི་སྤྱོད་ངན་བྱས་ན་རང་གི་བུ་ཡིན་རུང་ཡ་ང་མེད་པར་ཁྲིམས་གཅོད་བྱེད་པ་ལྟ་བུ་ཁྲིམས་འཛིན་བཀའི་སློན་པོ་ཡིན་པ་དེ་ལའང་ནང་གསེས་ཆེ་འབྲིང་ཆུང་གསུམ་གྱི་རིམ་པའི་དབྱེ་བ་ཡོད། སྲིད་བཙན་གྱི་སྐུ་དུས་བཀའ་སློན་ཆེ་འབྲིང་ཆུང་གསུམ་གྱི་མིང་གྲངས་ངེས་གཏན་འཁེལ་བའི་ཡིག་ལམ་མ་རྙེད།

ཐང་ཡིག་ཆེ་མོའི་ནང་དཀུང་སློན་དང་ནང་སློན་གོང་ལྟར་དང་། ད་དུང་ཕྱི་སློན་བཙན་པོ་རྣམ་དྲུག་ཅེས་ཁྲུང་པོ་སྣོན་བཟང་བཙན་（བྱང་གི་ཁྲུང་པོ་）ལམ་ཁྲི་བདེ་སླག་ཁྲི་བཙན།（ཡར་སྟོད་པ་）ཨུ་ཁྲི་རྗེ་རྗེ་གནམ་བཙན།（འཕན་ཡུལ་རྒྱལ་བ་）མཐིང་གི་བྱང་ཆུབ་མཆོག་བཙན།（འཇད་པ་）ཐར་པ་ཀླུའི་དཔལ་བཙན།（མཆོང་རྒྱས་པ་）རྔང་པོ་འཕྲུལ་གྱི་ལྡེ་བཙན།（ཡར་ལུང་སོན་པ་） བཅས་ཀྱིས་ཕྱི་སློན་བྱེད་ཅེས་ཀུན་དྲིལ་ན་འཕྲུལ་སློན་བཅུ་དྲུག་གིས་ཐོག་དྲངས་པའི་སློན་པོ་སུམ་བརྒྱ་ཐམ་པ་ཡོད་སྐད་དང་། སློན་པོ་རྣམས་ཀྱི་ཐོབ་ཐང་ཆེ་ཆུང་ནི་གཙོ་བོ་ཡིག་ཚང་གང་ཡིན་ལ་རག་ལུས་པ་ཧུན་ཧྲང་གི་གནའ་བོའི་བོད་ཡིག་ནང་ནས་གསལ་པོར་རྟོགས་ཐུབ།

སློན་པོ་དེ་རྣམས་ཀྱི་ནང་ནས་གཙོ་བོར་གྱུར་པ་ནི་ཧུན་ཧྲང་གི་ཡིག་རྙིང་ནང་“ བླ་ན་རྗེ་སྐམ་ན། ཁྲི་སྲོང་བཙན། འོག་ན་སློན་འཇང་ན་སྟོང་བཙན་ཡུལ་ཟུང་། རྗེ་ནི་གནམ་རི་སྤུའི་ལུགས། སློན་པོ་ནི་སའི་ངམ་ལེན་（མཐའ་

བསྐོར་ནས་བརྟེགས་པ་) གྱི་རྩུལ་མངའ་ཐང་ཆེན་པོའི་རྐྱེན་དུ། ཇི་དང་ཇེར་ལྡན་དེ། ཕྱི་འི་(ཕྱིའི་) ཆབ་སྲིད་ཀྱི་ཕྱོགས་(ཕྱོགས་) བཞིར་བསྐྱེད། ནང་གི་ཁ་སོ་ནི་མྱི་ཉམས་པར་ལྡུན་སྟུག……” ཅེས་གསལ་བས་སྲོང་བཙན་སྒམ་པོའི་སྐུ་དུས་རྒྱལ་སྲིད་ཀྱི་བྱ་བ་ཞི་དྲག་ཀུན་ལ་བཀོད་འདོམས་བྱེད་ནུས་པ་བློན་པོའི་ནང་ནས་འགྲན་ཟླ་མེད་པའི་བློན་ཆེན་ནི་མགར་སྟོང་བཙན་ཡུལ་བཟུང་ཡིན་པ་དང་། བོད་ཡིག་གསར་གཏོད་ལ་སོགས་པ་རིག་པའི་གནས་སྤེལ་བ་དང་། དམ་པའི་ཆོས་བསྒྱུར་བའི་བྱ་བར་གཞན་དྲིང་མི་འཇོག་པའི་བློན་པོ་ཐོན་མི་སམྦྷོ་ཊ་ཡིན་ནོ།

བློན་པོ་ཆེ་དགུའི་གཤམ་དུ་གཞུང་གི་ལས་དོན་སྒྲུབ་པའི་དཔོན་རིགས་ཁག་བདུན་ཡོད་པ་ལས།

(1) ཡུལ་དཔོན་གྱི་ལས་སུ་ཡུལ་ཆུང་ཁྲིམས་ཀྱི་འཚོ་ཞེས་པ་ནི། གོང་དུ་གླེང་བ་བཞིན་རུ་ཆེན་ལྔའི་ཁོངས་བཙན་པོ་དང་རུས་ཚོའི་དབང་རིས་བཅོ་བརྒྱད་ཕུད། གཞུང་ལ་གཏོགས་པའི་འབངས་རྣམས་ཀྱི་འགོ་འདོན་འཚོ་སྐྱོང་བྱེད་མཁན་ཡུལ་དཔོན་ཚན་པ་བཅུ་དྲུག་རེ་ཡོད་པ་དེ་རྣམས་ཀྱིས་ཡུལ་ཚན་སོ་སོའི་འབངས་མི་སེར་སྐྱོང་ཐབས་དང་། གཞུང་འབབ་ཀྱི་ཁྲལ་བསྡུ་ཁྲིམས་གཙོན་གྱི་འགན་འཁུར་གྱི་ཡོད་པར་སྣང་།

(2) དམག་དཔོན་གྱི་ལས་སུ་དགྲ་འདུལ། ཞེས་པ་ནི་ཁོད་ཀྱི་སྟོང་སྡེ་དྲུག་ཅུ་རྩ་གཅིག་ཅེས་དྲག་པོ་གཡུལ་གྱི་འདུ་འགོད་ལ་མངགས་པའི་དམག་དཔུང་ཚན་པ་དྲུག་ཅུ་རེ་གཅིག་གོང་དུ་གླེང་བའི་རུ་ཆེན་སོ་སོའི་རུ་དཔོན་ནམ་དམག་དཔོན་རྣམས་དང་། རང་རང་སྟོང་སྡེའི་བཀོད་འདོམས་ནི་སྟོང་སྡེ་རེར་སྟོང་དཔོན་རེ་དང་། སྟོང་བུ་ཆུང་སྡེ། སྟོང་སྡེ་མ་ལོངས་པའི་སྟོང་དཔོན། སྐུ་

སྤྱང་སྟོང་དཔོན། དེ་མིན་ལྷ་བརྒྱ་ཆེན་པོ་སོགས་ཡོད་པ་སོ་སོས་བྱེད། དམག་དཔོན་དེ་དག་གི་ལས་འགན་ནི། གཙོ་བོ་ཕྱི་ནང་གི་དགྲ་བོ་རྣམས་འདུལ་དགོས་པ་དེ་ལགས་སོ།

(3) ཚེས་དཔོན་གྱིས་གཤེགས་པའི་ཟླུལ་མཚོན། ཞེས་པ་དེ་ནི་རྒྱལ་བློན་རྣམས་ཀྱི་ཚེས་རྟ་དང་། དམག་རྟ་བསྐུ་གཏོང་བྱེད་མཁན་གྱི་དཔོན་རིགས་ཤིག་ཡིན་ཅིང་། བཙན་པོ་གང་དུ་གཤེགས་པར་ཚེས་དཔོན་གྱིས་སློབས་དགོས་པས་དེ་ལྟར་གྲགས་སོ།

(4) མངན་དཔོན་གྱིས་འབྲུ་དང་གསེར་དངུལ་གཉེར་བྱེད་པ། ཞེས་པ་དེ་ནི་གཞུང་གི་འབྲུ་རིགས་དང་། གསེར་དངུལ་སོགས་དཔལ་འབྱོར་དོ་དམ་བྱེད་མཁན་གྱི་དཔོན་རིགས་ཤིག་ཡིན་པས། དཔལ་འབྱོར་གཏོང་ལེན་གྱི་གནད་དོན་ཐད་མི་ཚང་མའི་འདོད་བློ་ཁེངས་དཀའ་བས་མགུ་མཁན་ཉུང་ཞིང་ཕྱི་ནང་གཉིས་ཀ་ནས་མི་འདོད་པའི་འཁང་ར་དང་། སྐྱོན་འཛུགས་སམ་མངན་བགྲང་མང་བ་ལྟོག་ཐབས་མེད་པས་མིང་ལའང་མངན་དཔོན་དུ་ཐོགས།

(5) ཕྲུ་དཔོན་གྱིས་འབྲི་མཛོ་ཁྲུ་མའི་གཉེར་བྱེད། ཅེས་པ་ནི་འབྲོག་ཁུལ་གྱི་ནོར་ཕྱུགས་སྐྱེ་འཕེལ་གསོ་ཚགས་དང་། འབྲོག་ལས་སོགས་དོ་དམ་བྱེད་མཁན་གྱི་དཔོན་རིགས་ཡིན་ནོ།

(6) སྣེ་དཔོན་གྱིས་མི་སྣེའི་དོན་བྱེད། ཅེས་པ་ཚོ་པ་སོ་སོའི་སྣེ་དཔོན་གྱིས་རང་རང་གི་མི་སྣེའི་དོན་བསྒྲུབ་དགོས་པའོ།

(7) དྲང་དཔོན་གྱིས་ཞལ་ལྕེ་གཅོད་པ་ཞེས་པ་ནི་ཁྲིམས་དཔོན་གྱི་ལས་འགན་གཙོ་བོ་ཞལ་ལྕེ་དྲང་པོར་གཅོད་པའོ།

དེ་རྣམས་ལ་དཔོན་བདུན་ཟེར་ཞིང་། ད་དུང་ཞིང་དཔོན་དང་། རྩིས་

པ་ཆེན་པོ། ཁྲལ་དཔོན། སྣམ་ཕྱི་པ་སོགས་དཔོན་རིགས་རིམ་པ་མང་པོ་ཡོད་པར་གྲགས་སོ།

(8) དཔའ་སྡེ་གསུམ་གྱིས་མཐའ་ཡི་སོ་ཁ་སྲུང་། ཞེས་པ། སྟོང་སྡེ་དྲུག་ཅུ་རེ་གཅིག་གི་ནང་བོད་ཀྱི་མཐའ་མཚམས་སྲུང་བ་དང་། ཕྱི་དགྲའི་གནོད་འཚེ་འགོག་པར་དམིགས་བསལ་གྱི་བྱས་རྗེས་ཡོད་མཁན་དཔའ་བའི་དམག་སྡེ་གསུམ་ཡོད་པའི་དཔའ་བའི་དཔའ་ལུགས་སྐོར་ལོ་རྒྱུས་ཡིག་ལམ་ནང་གཏམ་རྒྱུད་འདི་འདྲ་ཞིག་འཁོད་ཡོད་པ་སྟེ། "རེ་ཁྲང་སྟག་པ་གོང་གིས་ཡར་བཅད། མོན་དབྲལ་ཁ་བཞིས་མར་བཅད་ཀྱི་ཡུལ་དེ་ན་གནས་པའི་གུ་གེ་དང་། ཅོག་ལ་གཉིས་ལ་སྡེ་ལྔ་ཡོད་པར་འབྲོ་ཁྲུང་མགར་སྨུབས་གཉན་ལྔས་དཔོན་བྱས། གྲུ་གུའི་རྒྱལ་པོ་གསེར་མིག་ཅན་གྱི་ཆུང་མ་ཧོར་མོ་བང་མདུང་ཅན་བྱ་བ་ནུ་མ་གཡས་པ་མེ་བཙས་བསྲེགས་ཏེ་འཛིགས་རྔམ་སྟོན་ཅིང་། མདའ་སྒྱར་མོ་གསུམ་གྱི་མགོ་ཙམ་པ་འཕེན་པའི་ཚེ་ན་རྡོ་ལེབ་ལའང་ཙུར་ཏེ་འགྲོ་བ་(ཐལ་ཕྱུང་དུ་ཕུག་པ་)འཛིགས་པ་ཅན་ལ་ཇི་མི་སྙམ་པར་འཐབ་ཚེ། དཔའ་མཚན་སྟག་གི་སྐྱིལ་བུ་ཕུབ། འོག་རྟ་གཡུལ་ས་དེ་ཁར་བསད། མགོ་སྐྲ་ཟེང་། གདོང་པ་ཁྲག་གིས་བསྒྲུགས་ཏེ་སླར་མི་ལྡོག་པའི་ཚུལ་བྱས་ནས་འཐབ་སྟེ་གྲུ་གུ་བཏུལ་བའི་དཔའ་རྟགས་བླངས་པ། (ཞང་ཞུང་སྟོང་སྡེའི་ནང་གི་བོད་དང་སུམ་པའི་མཚམས་ན་ཡོད་པའི་གུག་ཅོག་སྟོང་སྡེ་གཉིས་སོ།)

བར་གྱི་སྟོང་སྡེ་ནི། རི་སྤྱིན་མ་ལུང་གིས་ཡར་བཅད། ཆ་སྐོར་དར་བས་མར་བཅད་ཀྱི་ཡུལ་དེ་ན། སྦས་སྡེ་བཅུ་གཉིས་གནས་པ་ནགས་ཤོད་ཀྱིས་དཔོན་བྱས། ལྷང་མོ་ཐག་མདུང་གིས་རྩེ་མོ་བཙུགས་ནས་དམག་གསེབ་ཏུ་འཛིགས་རམ་དང་བཅས་རྒྱུགས་པ་ལ་རྩོལ་བའི་ཚེ་དཔའ་རྟགས་སུ་རལ་གྲི་ལ་རི་མོ་བྲིས།

(རལ་གྲི་བཀོལ་དགོས་དོན་མེད་པའི་མཚོན་རྟགས་) དུར་རྒྱགས་ལྟོས་བཟློས་(ཤི་རྒྱུར་ཐག་བཅད་པའི་མཚོན་རྟགས་) ཚེ་སློག་རྒྱབ་ཏུ་གོན་(མི་ཚེའི་འཕྲོ་དམག་སར་འདའ་བའི་རྟགས་) ཏེ་སྣར་ཁྲིམ་དུ་མི་ལྡོག་པའི་ཆས་སུ་བྱས་ནས་གོལ་ཏེ་ལྡིང་བཏུལ་བའི་དཔའ་རྟགས་བླངས་པ། (སུམ་པ་རུ་ཆེན་གྱི་ནགས་ཤོད་སྟོང་བུ་ཆུང་གི་སྨས་སྡེ་བཅུ་གཉིས་ནགས་ཤོད་ཀྱིས་དཔོན་བྱས་པ།)

སྨད་ཀྱི་དཔའ་སྡེ་ནི། སྨའི་སྤྱོམ་རས་མར་བཅད། བཀའ་ཐང་གླུ་ཚེས་ཡར་བཅད་ན་མཐོང་ཁྲབ་སྲིད་སྡེ་དགུ་དང་། འ་ཞ་སྟོང་སྡེ་དྲུག་གནས་པའི་དཔོན་སྟོང་ལྟོང་གི་བུ་ཕྱུགས་མཚམས་ཀྱིས་བྱས་ཏེ། རྒྱའི་སོ་མཁར་གྱི་ལྕགས་རིའི་སྟེང་དུ་རྟ་པ་དགུ་སྒྲིག་རྒྱུགས་པའི་ནང་ནས་མི་མཁར་ཐུང་ཙམ་གྱིས་དགྲ་སྟའི་ཁ་ཁྲུ་རེ་ཙམ་པ་ཐོགས་ཏེ་རྒོལ་བའི་ཚེ། དཔའ་མཚན་དུ། རལ་གྲིའི་ཐུབས་བཅག(རལ་གྲི་བཀོལ་མཚམས་མི་འཇོག་པའི་རྟགས་) ཁ་ཆེམས་གཉེན་ཉེ་ལ་བཞག བུ་སྨད་ཉེ་དྲུང་ལ་བཅོལ་ཏེ་སྣར་དམག་ས་ནས་མི་ལྡོག་པའི་རྩིས་ཀྱིས་རྒོལ་ཏེ་རྒྱ་བཏུལ་བའི་དཔའ་རྟགས་བླངས། ལྟོང་སྟོང་གཉིས་ཀྱིས་གཏན་དུ་དགྲ་ཐུལ་བར་གྲགས་ཤིང་། རྒྱ་དང་སེས་མི་རབས་རེ་རེ་ལས་མ་ཐུབ་སྐད། ”①

དཔའ་སྡེ་གསུམ་གྱི་གཏམ་རྒྱུད་ནས་དོན་དངོས་གང་ཞིག་མཚོན་ཡོད་ཅེ་ན། དཔའ་སྡེ་དེ་རྣམས་ཀྱིས་དམག་དོན་ཐོག་གཞན་དང་མི་འདྲ་བའི་བྱས་རྗེས་བཞག་ཡོད་པ་དེར་དཔའ་བའི་དཔའ་ལུགས་གཞན་གྱི་སྔར་མི་ཤོང་བ་ཆེད་དུ་བྱས་པར་སེམས།

---

① (ཆོས་འབྱུང་མཁས་དགའ་དེབ་ངོས189)

དེ་རྣམས་ནི་དམག་དོན་གྱི་རིམ་པ་རགས་ཙམ་མོ།

གཉིས། འབྲུམ་གསེར་ཐོག་ཤ་བ་ཅན་གྱི་ཁྲིམས་ཞེས་པ་ནི། མཁས་པའི་དགའ་སྟོན་དུ།

“བྲི་སྲང་སྲུལ་འཁྱེར་འོ་ནམ་སེ་བསྲུན་སོགས། །
བཀའ་ལ་བཏགས་པ་ཁྲིམས་ཡིག་གཉིས་པ་སྟེ། །
འབྲུམ་གྱི་གསེར་ཐོག་ཤ་བ་ཅན་ཞེས་གྲགས། །”

ཞེས་གསལ་བ་ལྟར་འབྲུ་མར་གསེར་དངུལ་སོགས་ཀྱི་གཞལ་བྱའི་འཇལ་གཞོར་འདེགས་གསུམ་གྱི་ཚད་གཞི་གཅིག་གྱུར་བཟོས་པ་དེར་ཟེར་བ་ཡིན།

དེ་ཡང་བོད་ཀྱི་ལོ་རྒྱུས་ཡིག་ལམ་ནང་གསལ་བར་གཞིགས་ན། བཙན་པོ་སྟག་རི་གཉན་གཟིགས་ཀྱི་བློན་པོ་ཁྲི་ངོར་སྣང་བརྩུན་ཞེས་པ་དེས་བོད་དུ་བྲེ་སྲང་གི་ཚད་གཞི་ཐོག་མར་བཟོས་པར་གྲགས་ཀྱང་སྐབས་དེར་ས་ཁུལ་དེ་རང་དུ་འདེགས་གཞོར་གྱི་བྲེ་སྲང་བཟོ་ཐུབ་པ་ཙམ་ལས་དེའི་ཚད་གཞི་བོད་ཡོངས་ལ་གཅིག་གྱུར་ཡོང་མི་སྲིད་པ་དེ་ནི་སྐབས་དེའི་སྲིད་དབང་ཁྱབ་ཁོངས་ལ་རག་ལུས་པ་ལོས་ཡིན། གང་ཡིན་ཞེ་ན། སྐབས་དེའི་བཙན་པོའི་དབང་རིས་ཀྱི་ཁྱབ་ཁོངས་ནི་སྲོང་བཙན་སྒམ་པོའི་སྐུ་དུས་ལྟར་བོད་སྡོངས་གཅིག་གྱུར་བྱུང་མེད་པ་ད་དུང་ས་ཁུལ་མང་པོ་བྲན་བདག་གམ། རྒྱལ་ཕྲན་གྱིས་བཅད་བཟུང་ཁུལ་དུ་གནས་ཤིང་། སྲོང་བཙན་སྒམ་པོའི་སྐུ་དུས་གཞི་ནས་བོད་འདི་གཅིག་གྱུར་གྱི་རྒྱལ་ཁམས་སུ་གྱུར་པ་དེས་བོད་ཀྱི་ཆབ་སྲིད་དང་། དཔལ་འབྱོར་ཡར་རྒྱས་འགྲོ་བའི་དགོས་མཁོ་དང་མཐུན་པའི་འཇལ་གཞོར་འདེགས་གསུམ་གྱི་ཚད་གཞི་གཅིག་གྱུར་བཟོ་དགོས་པ་དེ་ཡང་གལ་ཆེའི་གནད་དོན་དུ་གྱུར། དེའི་ཐོག་ནས་སྲོང་བཙན་སྒམ་པོའི་སྐུ་དུས་བོད་ཀྱི་ཞིང་འབྲོག་ཐོན་སྐྱེད་དང་བརྗེ་ཚོང་གི་ཚད་གཞི་

གོང་འཕེལ་ཆེ་ཙམ་བྱུང་བ་དང་། དཔལ་འབྱོར་གྱི་སྟོབས་ཤུགས་ཀྱང་གང་འཚམས་ལྡན་ཡོད་པ་མཚོན་གྱི་ཡོད།

འོ་ན་སྐབས་དེའི་འཇལ་གཞོར་འདེགས་གསུམ་གྱི་ཚད་གཞི་དེ་ཡང་སྙིང་ཅི་འདྲ་ཞིག་ཡིན་ནམ་ཞེ་ན། ད་ཡོད་དཔྱད་གཞིའི་ཡིག་ཆར་གཞིགས་ཏེ་མཁས་དབང་འགའ་ཞིག་ནས་ཚོད་རྟོམ་གནང་བ་ལྟར་ན། སྲོང་བཙན་སྒམ་པོ་ནས་ཁྲི་རལ་པ་ཅན་གྱི་བར་བཙན་པོའི་རྒྱལ་རབས་སྐབས་ཀྱི་བྲེ་ཚད་ནི་འབྲུ་རིགས་ཡ་ཁྱོར་ཉི་ཤུ་རྩ་གཅིག་ལ་བྲེ་གང་དུ་བརྩི་བ་དང་། དེ་ཡང་ཡ་ཁྱོར་གསུམ་དང་ཕྱེད་ཀ་ལ་ཕུལ་གང་དུ་བརྩི་བའི་ཕུལ་དྲུག་ལ་བྲེ་གང་། བྲེ་ཉི་ཤུ་ལ་ཁལ་གཅིག་བརྩི་བའི་ལུགས་གཅིག་དང་། ཡང་ཡ་ཁྱོར་གསུམ་ལ་ཕུལ་གང་དང་ཕུལ་བདུན་ལ་བྲེ་གང་། བྲེ་ཉི་ཤུ་ལ་ཁལ་གཅིག་བརྩི་བའི་ལུགས་གཉིས་ཡོད་ཅིང་། གང་ལྟར་ཡ་ཁྱོར་ཉི་ཤུ་རྩ་གཅིག་ལ་བྲེ་གང་བརྩི་བར་ཁྱད་པར་མེད་པ་དེ་ནི་སྐབས་དེའི་འབྲུ་རིགས་གཞོར་འཇལ་གྱི་ཁལ་དང་བྲེའི་ཚད་གཞི་ཡིན་ལ་བྲེ་ནི་ཤིང་བྲེ་ཡིན། ཤ་མར་སོགས་འདེགས་བྱེད་སྲང་གི་ཚད་གཞི་ནི། ནས་རྡོག་ཆེ་བ་གཉིས་དང་། འབྲིང་བ་གཉིས། ཆུང་བ་གཉིས་བཅས་ནས་འབྲུ་ཆེ་ཆུང་དྲུག་གི་ལྗིད་ཚད་ལ་སེ་བ་གང་། སེ་བ་ཉི་ཤུའི་ལྗིད་ལ་ཞོ་གང་། ཞོ་བཅུའི་ལྗིད་ལ་སྲང་གང་། སྲང་བཞི་འམ་སྲོར་བཞི་ལ་ཉག་གང་། ཉག་ཉི་ཤུ་སྟེ་སྲང་བརྒྱད་ཅུ་ཐམ་པ་ལ་ཁལ་གཅིག་བརྩི་བ་ནི་སྐབས་དེའི་འདེགས་འཇལ་གྱི་སྲང་ཚད་ཡིན། འདེགས་བྱེད་ཀྱི་སྲང་ནི་ཤིང་སྲང་ཡིན་པར་གྲགས། གསེར་དངུལ་སོགས་ཀྱི་འདེགས་ཚད་ནི་སྲང་བདུན་ལ་ནམ་གཅིག ནམ་བདུན་ལ་ཞོ་གང་། ཞོ་བཅུ་ལ་སྲང་གང་ཡིན་པར་གྲགས། སྐབས་དེའི་རིང་ཐུང་འཇལ་ཚད་ཇི་ཡིན་ལོ་རྒྱུས་ཡིག་ལམ་ནང་འཁོད་པ་མ་མཐོང་ཅིང་། སོར་བཅུ་གཉིས་ལ་མཐོ་གང་། མཐོ་དོ་ལ་ཁྲུ་གང་།

ཁྲུ་བཞི་ལ་འདོམ་རེ་བརྩི་ལམ་ཉེ་རབས་བར་རྒྱུན་ཆགས་སུ་གནས་ཡོད་པ་ལྟར་བོད་སྤྱི་རབས་པའི་རིང་ཐུང་འཇལ་བྱེད་ཀྱི་ཚད་གཞི་ཡང་དེ་རང་མིན་ནམ་སྙམ་པ་དཔྱད་གཞི་བཅས་དེ་ལྟར་སྲོང་བཙན་སྒམ་པོའི་སྐུ་དུས་གཞོར་འདེགས་ཀྱི་འཇལ་ཚད་བྲེ། སྲང་། ཞུལ། ཕྱེར། ཞོ། ནམ། སེ། སྲན་སོགས་བཀའ་ལ་བཏགས་པ་སྟེ་བཙན་པོའི་བཀས་བཅས་པ་ནི་ཁྲིམས་ཡིག་གཉིས་པ་འབུམ་གསེར་ཐོག་ཤ་བ་ཅན་གྱི་ཁྲིམས་སུ་གྲགས་པའོ། འཇལ་གཞོར་འདེགས་གསུམ་གྱི་ཚད་གཞི་གཅིག་གྱུར་བཟོས་པ་དེས་སྐབས་དེའི་ཞིང་འབྲོག་ཐོན་ཟས་བརྗེ་ལེན་དང་། ཚོང་ལས་སོགས་དཔལ་འབྱོར་འཕེལ་རྒྱས་འགྲོ་བར་སྟབས་བདེའི་ནུས་པ་ཧ་ཅང་ཆེན་པོ་ཐོན་པ་ནི་སྨོས་མ་དགོས། འབུམ་གསེར་ཐོག་ཤ་བ་ཅན་གྱི་ཁྲིམས་ཞེས་པར་ཚིག་འགྲེལ་ཞིག་བྱས་ན། འབུམ་ཞེས་པ་མང་ཚིག་ཡིན་པས་འབྲུ་སོགས་ཐོན་འབོར་ཇི་ལྟར་ཆེ་ཡང་ཚད་དེས་འཇལ་ཐུབ་པ་དང་། གཞོར་སྐབས་ལག་པས་སློམས་པར་གཅོད་པ་དེ་ཐོག་བཀབ་པ་དང་མཚུངས་པ་ལྟ་བུ་དཔེའི་སྒོ་ནས་བྲེ་མཚོན་པ་དང་། ཤ་བ་ཅན་ཡང་རི་དྭགས་ཤྭ་བ་ནི་སེམས་རྒྱུད་དྲང་ལ་དེའི་མགོ་ལ་སྐྱེས་པའི་ར་ཅོའི་གཟུགས་ཀྱང་ཉ་གའི་ཚུལ་དང་མཚུངས་པས་དོན་གྱི་སྒོ་ནས་ཉ་གས་ལྕི་ཡང་དྲང་པོ་དྲང་བཞག་བྱེད་པ་དང་དཔེའི་སྒོ་ནས་ཉ་ག་ནི་ཤྭ་བའི་ར་ཅོའི་དབྱིབས་དང་མཚུངས་པ་དེ་དག་གི་གཤམ་དུ་ཅན་སྦྲས་བདག་པོའི་དོན་སྟོན་པ་ནི་བྲེ་སྲང་ལག་ཏུ་འཛིན་པ་པོས་འབྲུ་མར་དེ་ལ་གཅལ་ཏེ་དྲང་པོ་བྱེད་དགོས་པའི་ཁྲིམས་ཡིན་ཞེས་བཤད་ན་ཉུང་ངམ་སྙམ་པ་དཔྱད་གཞི་ཙམ་ལགས་སོ།

གསུམ། རྒྱལ་ཁམས་དཔེར་བླངས་ཀྱི་ཁྲིམས་ནི། མཁས་པའི་དགའ་སྟོན་ལས།

“གསུམ་པ་རྒྱལ་ཁམས་དཔེར་བླངས་ཁྲིམས་ཞེས་པ། །
བྱ་བར་འོས་དང་མི་འོས་སྟོན་པ་སྟེ། །”

ཞེས་འབྱུང་བ་ནི། སྐབས་དེར་སྤྱི་ཚོགས་ནང་ཡོངས་ཁྱབ་ཏུ་གནས་པའི་སྤྱོད་ཚུལ་སྣ་ཚོགས་དཔེར་བླངས་ཐོག ལེགས་པའི་ཕྱོགས་སྨྲ་མཐུད་རྒྱུན་འཛིངས་འཕེལ་རྒྱས་གཏོང་དགོས་པ་དང་། ཉེས་པའི་ཕྱོགས་དངོས་ཤུགས་ནས་བཀག་འགོག་ཇི་ལྟར་བྱེད་དགོས་བཅས་སྐེགས་དོར་བཅུད་ལེན་གྱིས་ཁྲིམས་ལུགས་གཏན་ལ་ཕབ་པ་དེ་ཡིན། ཁྲིམས་ལུགས་འདིའི་མིང་ལ་ཚིག་འགྲེལ་ཞུ་མ་དགོས་པ་ཏ་ཙང་གསལ་ཞིང་། འོན་ཀྱང་མིང་དང་ནང་དོན་གྱི་ཐོག་ནས་བཙན་པོ་རྒྱལ་བློན་རྣམས་ཀྱིས་སྐབས་དེའི་སྤྱི་ཚོགས་ཀྱི་དངོས་ཡོད་གནས་ཚུལ་ཆེ་ཕྲ་སྣ་ཚོགས་ལ་རྟོག་དཔྱོད་ཞིབ་མོ་མཛད་དེ་གཏན་འབེབས་གནང་བ་གསོན་ཉམས་དོད་པོས་མཚོན་ཐུབ་པ་འདི་ལ་ནང་གསེས་དབྱེ་ན་རྒྱལ་ཁྲིམས་བཅོ་ལྔ་དང་། ཁྲིམས་ཆེན་བདུན། མི་ཆོས་གཙང་མ་བཅུ་དྲུག་བཅས་བསྡོམས་པས་ཁྲིམས་ཕྲན་སུམ་ཅུ་སོ་བརྒྱད་བསྡུས་ཡོད།

1. རྒྱལ་ཁྲིམས་བཅོ་ལྔའི་སྐོར།

(1) མཛད་པ་གསུམ་ནི།

“དགྲ་བཏུལ་རྒྱལ་ཁམས་བདེ་བར་མཛད། །
ནང་གི་ཚིག་མཛད་འབངས་འཁོར་སྐྱོང་། །
ཕྱི་མར་ཕན་ཕྱིར་དམ་ཆོས་བྱས། །”

ཞེས་འབྱུང་བ་ཕྱི་ཡི་དགྲ་བཏུལ་ནས་རྒྱལ་ཁམས་བདེ་འཇགས་སུ་འགོད་པ་དང་གཅིག ནང་གི་ཆབ་སྲིད་ལེགས་པར་སྐྱོང་ཞིང་རང་གི་ཆབ་འོག་འཁོར་འབངས་དང་བཅས་པ་བདེ་བར་སྐྱོང་བ་དང་གཉིས། ཚེ་ཕྱི་མར་ཕན་པའི་ཆེད་

ཏུ་ལྷ་ཆོས་དགེ་བ་བཅུ་ལག་བསྟར་མཛད་པ་དང་གསུམ་ནི་རྒྱལ་པོ་རང་གིས་ཕྱག་ལེན་གནང་དགོས་པའི་ཁྲིམས་སམ་ཆབ་སྲིད་ཀྱི་སྲོལ་རྒྱུན་བཟང་པོ་གསུམ་ཡིན།

(2) མི་མཛད་པ་གསུམ་ནི།

"ཡ་རབས་རྒྱུ་རྐྱེན་ལྷ་ཆོས་ནི། །
སྣོད་མིན་ཁེང་པོ་ལ་མི་བཤད། །
གསང་སྔགས་རྫོགས་འཚང་རྒྱ་བའི་རྒྱུ། །
ནོར་དུ་མི་བཙོང་སྙིང་ལ་བཅང་། །
ངན་པ་བསྟོད་ན་གཉིས་ཀ་ཕུང་། །
དེ་བས་ཁེང་པོ་རྗེར་མི་དབྱུང་། །"

ཞེས་འབྱུང་བ་ནི་དད་པ་མེད་པའི་མི་ཕལ་པ་ལ་དམ་པའི་ཆོས་མི་ཤོད་པ་དང་གཅིག གསང་སྔགས་ནི་སངས་རྒྱས་འཐོབ་པའི་རྒྱུ་ཡིན་པ་དེ་ནོར་གྱི་ཕྱིར་དུ་མི་འཚོང་བ་སྙེ་འབྲུལ་རྟེན་ལ་བལྟས་ནས་དམ་ཚིག་དང་མི་ལྡན་པར་གསང་སྔགས་ཀྱི་ཆོས་མི་འཆད་པ་དང་གཉིས། ཁེང་པོ་སྙེ་བྲན་གཡོག་རྗེ་དཔོན་དུ་མི་བསྐོ་བ་དང་གསུམ་བཅས་རྒྱལ་པོས་ཕྱག་ལེན་མཛད་མི་འོས་པ་གསུམ་ཡིན།

(3) བསྟོད་པ་གསུམ་ནི།

"དཔའ་ལ་སྨག་གི་མ་བསྟོད་ན། །
དཔའ་བར་བྱེད་པའི་རུ་མ་མེད། །
མཛངས་ལ་ཡིག་ཚང་མ་བསྟོད་ན། །
ཕྱིན་ཆད་མཛངས་ངན་ཤན་མི་ཕྱེད། །
ལེགས་ལ་བྱ་དགས་མ་བསྟོད་ན། །

སྨན་ཚད་ལེགས་པ་སུ་ཡིས་བྱེད། །”

ཅེས་འབྱུང་བ་ནི། གཡུལ་ངོར་དགྲ་བོ་ལས་རྣམ་པར་རྒྱལ་བའི་དཔའ་བོ་བྱས་རྗེས་ཅན་ལ་སྟག་སློག་གི་གོས་སོགས་བྱ་དགར་བྱིན་ནས་བསྟོད་དགོས་པ་རྣམས་མ་བསྟོད་ན། ཕྱིན་ཆད་དཔའ་བོ་ཐོན་པའི་རྟ་མ་སྐྱེ་གཞི་རྐྱེན་མེད་པར་འགྱུར་བས་ངེས་པར་དཔའ་རྟགས་ཀྱིས་བསྟོད་དགོས་པ་དང་གཅིག ནང་སྲིད་ལ་མཁས་ཤིང་མཛངས་པའི་བློན་པོ་དང་མི་སྣ་བྱས་རྗེས་ཅན་ལ་གཡུ་དང་། གསེར་སོགས་རིན་པོ་ཆེའི་ཡིག་ཚང་གིས་མ་བསྟོད་ན། ཕྱིན་ཆད་མཛངས་པའི་མི་དང་ངན་པའི་མི་ཤན་མི་ཕྱེ་བས་ངེས་པར་དུ་མཁས་ཤིང་མཛངས་པའི་མི་རྣམས་ཡིག་ཚང་གིས་བསྟོད་དགོས་པ་དང་གཉིས། རྗེ་འབངས་ཀྱི་དོན་དུ་ལྷག་བསམ་གྱིས་ལས་ཀ་ལེགས་པོ་བྱེད་མཁན་མི་ཕྱུལ་བྱུང་རྣམས་ལ་བྱ་དགས་ཚིམ་པར་བྱས་ནས་མ་བསྟོད་ན་སྨན་ཚད་ཕུར་བརྩོན་ལྷག་བསམ་དང་ལྡན་པའི་མི་སྣ་ཐོན་མི་སྲིད་པས་ངེས་པར་དུ་དངོས་པོའི་བྱ་དགས་བསྟོད་དགོས་པ་དང་གསུམ་ནི་དམག་སྲིད། འབངས་གསུམ་གྱི་ནང་ནས་ཐོན་པའི་སྐྱེ་བོ་ཕུལ་དུ་བྱུང་བ་རྣམས་གཟེངས་སུ་བསྟོད་དགོས་པའི་སྐོར་ཡིན།

(4) དམད་པ་གསུམ་ནི།

“སྙར་མ་ཕ་ཞུས་མ་དམད་ན། །
དཔའ་དང་སྙར་མ་ཤན་མི་ཕྱེད། །
ངན་ལ་ནན་ཏུར་མ་བྱས་ན། །
ནམ་ཡང་དྲན་ཤེས་རེམ་མི་འགྱུར། །
ཉེས་ལ་ཆད་པ་མ་བཅད་ན། །
ཕྱི་ནས་ཉེས་བྱེད་རྒྱུན་མི་འཆད། །”

ཅེས་འབྱུང་བ་སྟེ། དགག་རྩར་ཐུག་སྐབས་དགྲ་བོར་མགོ་སྒྲུར་བའམ། ཕྱིར་བཤོལ་བ་ལ་སོགས་པ་མི་སྡར་མ་གླད་མེད་རྣམས་ལ་ཕ་མོའི་གཞུ་གུ་མགོ་ལ་བསྐོན་ནས་དམད་པ་སྟེ་དམའ་མ་ཕབ་ན། དཔའ་བོ་དང་སྡར་མའི་དབྱེ་བ་མི་ཕྱེ་བས་ངེས་པར་དུ་ཕ་ཞུས་དམད་དགོས་པ་དང་གཅིག མི་ངན་ལ་ཁྲིམས་དང་བསྟུན་པའི་ནན་པོ་མ་བྱས་ན། ངན་པ་ལང་ཤོར་གྱིས་ནམ་ཡང་དྲན་ཤེས་བརྟེན་མི་སྲིད་པས་ངེས་པར་དུ་གཉའ་ནས་གནོན་དགོས་པ་དང་གཉིས། ཁྲིམས་འགལ་གྱི་བྱ་བ་བྱེད་མཁན་ནག་ཉེས་ཅན་ལ་ཁྲིམས་ཆད་ནན་པོ་མ་བཅད་ན། སྐད་ཕྱིན་ཉེས་གསོག་བྱེད་མཁན་རྒྱུན་མི་འཆད་པས་ངེས་པར་དུ་ཉེས་ཆད་ནན་པོ་གཅོད་དགོས་པ་དང་གསུམ་ནི་སྐྱེ་བོ་མ་རབས་རྣམས་ལ་འཛིན་དགོས་པའི་སྒྲིག་སྲོལ་ཡིན།

(5) མི་མནར་བ་གསུམ་ནི།

“ལུས་སྐྱེས་ཕ་མ་མནར་བ་ན། །
འཕྲལ་ཕུགས་གཉིས་ཀར་ལ་ཡོགས་སྡིག །
རང་གི་མཆན་གྱི་བུ་མནར་ན། །
ཕྱི་རོལ་དགྲའི་ཡང་ཞེ་ཁ་འབྱེད། །
བཟའ་གྲོགས་མནར་ན་ཕྱི་ནང་གི །
ཆེས་དང་སོ་ནམ་ཡལ་བར་འཚོར། །”

ཞེས་འབྱུང་བ་སྟེ། རང་ལུས་སྐྱེད་པའི་ཕ་མར་དྲིན་ལན་མི་གསོ་བར་སྡུག་སྦྱོང་གི་མནར་གཅོད་བཏང་བ་ན། ཕྲལ་གང་རང་ལ་མི་ཀུན་གྱི་ངན་སྨྲས་ཐོག་པའི་རྒྱུ་དང་། ཕུགས་ཡུལ་ལ་ཡོགས་འཁོར་བའི་སྡིག་པའི་རྒྱུར་འགྲོ་བས་ངེས་པར་དུ་ཕ་མ་ལ་བཀུར་སྟི་བྱེད་པ་ལས་བརྙས་བཅོས་རྩ་བ་ནས་མི་བྱེད་པ་

དང་གཅིག རང་གི་མཚན་འོག་གི་བུ་བྲམས་བརྩེས་མི་སྐྱོང་བར་མནར་གཅོད་བཏང་ན། བུ་ཕྲུག་ཕ་མར་ཞེན་པ་ལོག་པ་མ་ཟད། ཕྱི་རོལ་གྱི་དགྲ་བོས་ཀྱང་འཕྱ་སྨོད་བྱེད་སྲིད་པས་ངེས་པར་དུ་བུ་ཕྲུག་བརྩེ་ཞེན་གྱིས་སྐྱོང་བ་ལས་སྡུག་གཅོད་ཀྱིས་མི་མནར་བ་དང་གཉིས། རང་གི་བཟའ་ཚང་ལ་སྐྱོང་མཁས་མ་བྱས་པར་ཞེ་ཁྲེལ་བའི་རྒྱུ་མནར་གཅོད་བཏང་ན་རང་ཁྱིམ་གྱི་བྱ་བ་དང་། སོ་ནམ་སོགས་འཐུས་ཤོར་འགྱུར་ངེས་པས་ན་ངེས་པར་དུ་བཟའ་ཚང་ཕན་ཚུན་མཛའ་གཅུགས་འཚམ་མཐུན་ཡོང་བ་བྱེད་པ་ལས་མནར་དུ་མི་འཇུག་པ་དང་གསུམ་བཅས་ནི་ཚང་མས་བྱེད་དགོས་པའི་ཁྲིམས་སམ་སྤྱོད་བཟང་གསུམ་མོ།

གོང་གསལ་མཛད་པ་གསུམ། མི་མཛད་པ་གསུམ། བསྟོད་པ་གསུམ། དམད་པ་གསུམ། མི་མནར་བ་གསུམ་བཅས་ལ་རྒྱལ་ཁྲིམས་བཅོ་ལྔར་གྲགས་པ་ནི། རྒྱལ་པོས་རྒྱལ་ཁྲིམས་སྐྱོང་བའི་སྐབས་ངེས་པར་དོ་སྣང་བྱེད་དགོས་པའི་ཁྲིམས་ལུགས་དང་། སྤྱི་ཚོགས་ཀྱི་སྲོལ་བཟང་པོ་དར་སྤེལ་གཏོང་དགོས་པའི་དོན་ཆེན་རྣམས་ལགས་སོ།

2. ཁྲིམས་ཆེན་བདུན་ནི། སངས་རྒྱས་ཆོས་ལུགས་ཀྱི་ལྷ་ཆོས་དགེ་བ་བཅུའི་ནང་ནས་སྲོག་གཅོད་པ་དང་། མ་བྱིན་པར་ལེན་པ། ལོག་པར་གཡེམ་པ། རྫུན་སྨྲ་བ་བཅས་རྩ་བ་བཞི་དང་། ཆང་སྤྱོད་པ་བཅས་ལྔའི་ཁར། ཁེང་མི་ལྟོག་པ་སྟེ་འབངས་གྱེན་ལོག་མི་བྱེད་པ་དང་། བང་སོ་མི་འདྲུ་བ་གཉིས་བསྣན་པས་བདུན་བྱུང་བ་རྣམས་ལ་བྱེད་མི་ཆོག་པའི་ཁྲིམས་ཆེན་བདུན་ཟེར།

(1) མིའི་སྲོག་མི་གཅོད་པའི་ཁྲིམས་ཏེ་མི་བསད་རྨས་ཀྱི་ཉེས་ཁྲིམས་སྐོར་གཞིན་སྟོང་དང་གསོན་སྟོང་གཉིས་ལས་གཞིན་སྟོང་ནི་ཕན་ཚུན་བར་འཐབ་རྩོད་དམ་འཁྲུག་འཛིངས་བྱུང་ནས་མི་བསད་པའམ་རྐྱེན་གཞན་དག་ལ་

བརྟེན་ནས་མི་རྐྱེན་འདས་གྱུར་རིགས་ལ་གཉེན་སྐྱོང་ཞེས་འདས་པོ་དེའི་རྗེས་ཤུལ་ལ་འདས་མཆོད་དང་དུར་རྫོངས་བཅས་ཀྱི་འགྲོ་གྲོན་དང་། འདས་པོའི་སྲུག་སྐྱིན་དུ་དངོས་པོའི་གུན་གསབ་སྤྲོད་དགོས་པ་དང་། གསོན་སྐྱོང་ནི་འཐབ་རྩོད་དམ། འཁྲུག་འཛིངས་ཀྱི་ནང་དུ་རྨས་སྐྱོན་ཐུབ་པའམ་ཡང་ན་རྐྱེན་གཞན་དག་ལ་བརྟེན་ནས་རྨས་སྐྱོན་ཐུབ་པའི་རིགས་ལ་རྨས་སྐྱོན་བཟོ་མཁན་གྱིས་རྨས་སྐྱོན་ཐུབ་པའི་མི་ལ་ནད་གསོས་སྨན་བཅོས་ཀྱི་གུན་གསབ་སྤྲོད་དགོས་པ་དེ་ཡིན། གཉེན་སྐྱོང་དང་། གསོན་སྐྱོང་འཇལ་སྐབས་ཤི་རྨས་གཏོང་ཡུལ་རིམ་གྲས་མཐོ་དམའ་ལ་གཞིགས་པའི་གསོན་གཉེན་གྱི་སྐྱོང་འཇལ་སྤྲོད་བྱེད་དགོས་པའི་གཏན་འབེབས་རགས་རིམ་གནང་ཡོད་ཀྱང་། དེ་རྗེས་བཙན་པོ་ཁྲི་སྲོང་ལྡེ་བཙན་གྱི་སྐབས་བློན་པོ་མགོས་ཁྲི་བཟང་ཡབ་ལྷག་གིས་སྟར་ལས་ཞིབ་ཚགས་པ་དང་ཆ་ཚང་བའི་བཅོས་སྒྲིག་གཏན་འབེབས་བྱས་པ་ལས། སྲོང་བཙན་སྐབས་ཀྱི་ཐོག་མའི་གཉེན་གསོན་སྐྱོང་འབབ་ཀྱི་རིམ་པ་དང་གྲངས་ཚད་སོགས་འཁོད་པའི་ཡིག་ལམ་མ་མཐོང་ཞིང་། འོན་ཀྱང་མགོས་ཁྲི་བཟང་ཡབ་ལྷག་གིས་གཏན་ལ་ཕབ་པའི་སྐྱོང་འབབ་སྤྲོད་འཇལ་གྱི་གཞི་འཛིན་ས་ཐོག་མའི་ཁྲིམས་ཡིག་ལ་བྱས་ཡོད་པ་ནི་སྨོས་མ་དགོས་པ་ལགས་སོ། བཙན་པོའི་སྐབས་མི་སྐྱོང་སྐྱབ་འཇལ་སྐོར་གྱི་ཁྲིམས་ཡིག་འགའ་ཞིག་ཏུན་ཧོང་གི་གནའ་བོའི་བོད་ཡིག་ཤོག་དྲིལ་དུ་འཁོད་པའི་ནང་རི་དྭགས་རྒྱག་དུས་མདའ་ཐོག་སྟེ་མི་ཤི་བ་དང་གཡག་དང་འབྲིས་བརྫིས་ཏེ་མི་ཤི་བ། ཁྱིས་ཟད་ནས་མི་གསོད་ཐུབ་པ་བཅས་ཀྱི་ལེ་འཁྲི་རི་དྭགས་རྒྱག་མཁན་ནམ། འབྲི་གཡག་དང་ཁྱིའི་བདག་པོ་ནས་མི་སྐྱོང་འཇལ་ལུགས་སྐོར་མི་ཤིའི་གནས་ཚུལ་དང་། ཤི་མཁན་མིའི་རིམ་གྲས་མཐོ་དམའ་སོགས་ལ་གཞིགས་ཏེ་མི་སྐྱོང་འཇལ་དགོས་དང་མི་དགོས། འཇལ་ཆེ

ཆུང་། མི་སྟོང་དེའི་ཐོག་ནས་འདས་པོའི་ནང་མི་དང་། ཉེས་དོན་དེ་གོང་ལ་ཞུ་མཁན་ལ་གཟིགས་གཟོས་ལྟ་བུ་ཐོབ་ཆ་ཇི་ལྟར་སྤྲོད་དགོས་པ་བཅས་ཀྱི་གནས་ལུགས་གསལ་པོར་འཁོད་ཡོད་པའི་ཁྲིམས་དེ་རྣམས་ཀྱང་སྲོང་བཙན་གྱི་སྐུ་དུས་སམ་ཡང་ན་དེ་ལས་ཅུང་ཕྱི་ཙམ་སྟེ་གང་ལྟར་བཙན་པོའི་དུས་ཀྱི་ཁྲིམས་ལུགས་ཡིན། སྟོང་ཐང་གསོས་ཐང་ནི་གསེར་དངུལ་སྨར་ཐོག་གཏན་འབེབས་བྱས་པ་ཞིག་ཡིན་རུང་། དངོས་གཞི་སྤྲུབ་འཇལ་སྐབས་དངུལ་དངོས་གང་བདེས་འཇལ་སྤྲུབ་ཆོག་པ་དཔེར་ན། ཤིན་ཅང་ནས་ཐོན་པའི་ཁྲམ་བྱང་ནང་“སྟོང་ཐང་སྲུམ་གཅིག་ལ་སྲང་བཞི། ཕོ་ཐང་གཅིག་ལ་སྲང་གསུམ། དགྱེའུ་ཐང་(ཐང་ཕྲུག་)གཅིག་ལ་སྲང་གཉིས། སླ་ནི་འཕྲུལ་ཞག་ཏུ་ཐོགས་པ་ལས་ཉིན་རེ་བྲེ་རེའི་ཐང་དུ་དུད་ཀྱལ་ལས་བཀྱལ་ཏེ་སྐྱལ་ཏེ་”①ཞེས་འབྱུང་བ་ལྟར་ལགས།

(2) མ་བྱིན་ལེན་འགོག་པའི་ཁྲིམས་ཏེ་རྐུ་ཇག་གི་ཉེས་ཁྲིམས་སྐོར། ལྷ་ཁང་དང་རྟེན་གསུམ་བཅས་ཀྱི་ནོར་བརྐུས་ན་དེའི་ཉེས་ཆད་ལ་བརྒྱ་འཇལ་ཞེས་བརྐུས་པའི་ནོར་ངོ་མ་ཕྱིར་སྤྲོད་བྱས་པའི་ཐོག་འཇལ་ཐོབ་བརྐུ་དངོས་ཀྱི་ལྡབ་བརྒྱ་དང་། རྒྱལ་བློན་གྱི་ནོར་བརྐུས་ན་བརྒྱད་ཅུ་འཇལ་ཞེས་བརྐུ་དངོས་ཀྱི་ལྡབ་བརྒྱད་ཅུ། འབངས་མིའི་ནོར་བརྐུས་ན་བརྒྱད་འཇལ་ངོ་དང་དགུ་ཞེས་བརྐུ་དངོས་ལྡབ་བརྒྱད་འཇལ་དགོས།

གཞན་ཡང་མི་དཔུང་གྲ་སྟེབས་ཀྱིས་གཞན་དངོས་རྐུ་ཇག་བྱས་པའི་བྱེད་གཏེ་སྲོག་ཐོག་གཏོང་བའམ། ཡང་ན་རྒྱང་འབུད་གཏོང་བ། དེ་བཞིན་ལེ་འཁྲི་གཞན་ཚོར་ཉེས་ཆད་ཆེ་ཆུང་ཇི་ལྟར་ཐོབ་པ་བཅས་བརྐུ་ཡུལ་གྱི་རིམ་པ་མཐོ

① (བོད་ཀྱི་གནའ་རབས་ཡིག་ཆ་གཅེས་བསྡུས་དེབ་ངོས175)

དམན་དང་། ཀུ་ཛྫས་ཀྱི་གྲངས་འབོར་སོགས་ཉེས་དོན་ལྟི་ཡང་བཅས་ལ་གཞིགས་པའི་ཐག་གཅོད་བྱེད་སྟངས་ཀྱི་ཞལ་ལྕེ་ཧུན་རོང་གི་གནའ་བོའི་བོད་ཡིག་ཤོག་དྲིལ་ནང་ཞིབ་ཕྲ་འཁོད་འདུག་པ་ཡང་སྲོང་བཙན་གྱི་སྐུ་དུས་སམ། ཡང་ན་དེ་ལས་ཅུང་ཕྱི་བའི་དུས་སུ་བཅས་པ་གང་ལྟར་བཙན་པོའི་སྐབས་ཀྱི་ཁྲིམས་ལུགས་ལགས་སོ།

(3) ལོག་གཡེམ་འགོག་པའི་ཁྲིམས་ནི། མིའི་ལུས་ལ་གནོད་འཚེ་བཏང་བའི་ཉེས་པ་ཆེན་པོར་བརྩི་བ་སྟེ་བཙན་པོའི་སྐབས་ཀྱི་ཁྲིམས་ཡིག་ཏུ་བྱེ་བྲས་པའི་ཡན་ལག་གི་བྲན་བཅད་ནས་ཡུལ་གཞན་དུ་སྤྱུགས་ཞེས་རྒྱལ་པོའི་བཙུན་མོ་སོགས་རིམ་གྲས་མཐོ་བའི་བུད་མེད་ལ་ལོག་གཡེམ་བྱས་པའི་ཉེས་ཆད་དུ་ཡན་ལག་གཅོད་འབྲེག(ལྡེའུ་ཆོས་འབྱུང་ནང་། བྱི་འཇལ་སྣ་བཅད་པ་དང་། མིག་དབྱུང་བ་ཞེས་གསལ་)གིས་ཡུལ་མཐར་སྤྱུགས་པ་སྟེ་རྒྱང་འབུད་དུ་གཏོང་བ་དང་། ཐ་ན་སྲོག་གི་ཉེས་ཆད་གཅོད་ཀྱི་ཡོད་པ། དཔེར་ན་ཤིན་ཅང་ནས་ཐོན་པའི་ཁྲམ་ཡིག་ནང་། "བྱི་བ(བོ)བགྱིས་པ་ཁྲིམས་ཆེ་ལ་ཐུག་པ། དམག་དཔོན་དང་། སྤྱན་གྱིས་དབྱུངས་དཀྱིགས་ལ་གསོལ(གསོད)ཅིག"① ཅེས་པའི་དོན་ནི། གཞན་གྱི་ཆུང་མར་ལོག་གཡེམ་བྱས་པ་དེ་ནི་ཁྲིམས་ཆེན་པོ་ལ་ཐུག་པས་དམག་དཔོན་དང་སྤྱན་པས་སྐྱེ་ཐག་བསྡམས་ཏེ་དཔྱང་ནས་གསོད་ཅིག་ཅེས་པའི་དོན་ལགས་ཤིང་། གཞན་ཡང་བོད་གནའ་རབས་པའི་ལུགས་ལ་རྒྱང་འབུད་གཏོང་བ་དེ་ནི་ཁྲིམས་གཅོད་ནང་ནས་ཆེས་ལྷི་བ་ཞིག་ཏུ་བརྩིས་ཏེ་རང་གི་མངའ་ཁོངས་ཀྱི་མཐའ་མཚམས་དང་། ཐ་ན་རང་གི་ས་མཚམས་བསྒྲལ་

① (བོད་ཀྱི་གནའ་རབས་ཡིག་ཆ་གཅེས་བསྡུས་ཤོག་གྲངས174)

ནས་གཞན་ཡུལ་དུ་རྒྱང་འབུད་གཏོང་སྲོལ་ཡོད། དེ་ནི་ཉེས་ཅན་པ་རང་ཡུལ་དུ་བཞག་ན་སྤྱི་ཚོགས་ལ་ཕན་པ་ཡོང་རྒྱུ་ཕར་བཞག ཁྲིམས་འགལ་ལུགས་དཀྲུག་གིས་སྤྱི་ཚོགས་ཀྱི་བདེ་འཇགས་དང་ཡུལ་ལུང་གི་བདེ་སྐྱིད་ལ་གནོད་པས་མི་དེའི་གྲས་སྤྱི་ཚོགས་ཀྱི་མིའི་ཐོབ་ཐང་རྩ་བ་ནས་མེད་པར་བཅོས་ཏེ་གཞན་ཡུལ་དུ་བསྐྲད་པས་ཉེས་ཅན་པ་དེར་ལྟོས་ན་གྲོགས་མེད་ཁེར་རྐྱང་དུ་བཞག་པ་དང་། སྤྱི་ཚོགས་ལ་ལྟོས་ན་ཉེས་ཅན་པ་དེའི་རིགས་རང་གི་ཡུལ་དུ་མ་ལྷགས་པ་བྱེད་པའི་དོན་དུ་ཡིན། དེ་ལྟར་ལོག་གཡེམ་གྱི་ཉེས་གསོག་ནི་ཁྲིམས་ཆེན་ལ་གཏོགས་པའི་ཉེས་པ་ཆེན་པོར་བརྩི་བ་དེ་ལ་ཡང་། བདག་པོ་ཡོད་པའི་བུད་མེད་ལ་སྐྱེས་པས་བཙན་ཤེད་ལོག་གཡེམ་བྱས་པའམ། བུད་མེད་ཀྱིས་བདག་ཅན་གྱི་སྐྱེས་པ་གཞན་བཙལ་ཏེ་ཕོ་མོའི་འབྲེལ་བ་བྱུང་ན་བདག་པོར་བྱེ་ཆད་ཅེས་གྲུན་གསབ་ཀྱི་དངོས་པོ་སྤྲོད་དགོས་པའི་ཐོག་ཁྲིམས་སར་སྨད་འཇལ་གྱི་ཉེས་པ་ཡང་གསོན་ཐང་མཐོ་དམའི་བབ་ལ་བལྟས་ཏེ་འཇལ་དགོས།

(4) རྫུན་འགོག་པའི་ཁྲིམས་ནི། གཙོ་བོར་ཉེས་ཅན་ནམ། གྲོད་གཞི་བྱུང་སྐབས་གྲོད་ཡ་ཕན་ཚུན་ནས་ཁྲིམས་སར་རྒྱུ་རྐྱེན་གང་ཡིན་ཇི་མ་ཇི་བཞིན་ཞོད་དགོས་པ་ལས་ནག་ཉེས་ངོས་ལེན་མི་བྱེད་པའམ། ཡང་ན་ཧམ་བསྙོན་གྱིས་ཁྲིམས་ལས་ཐར་ཐབས་རིགས་བྱས་ན་རང་རང་སོ་སོའི་ལྷ་སྲུང་དཔང་པོར་བཞག་སྟེ་མནའ་སྐྱེལ་དུ་འཇུག་དགོས་པ་དེ་ལ་དུས་ཕྱིས་བསྙོན་ཧམ་མནའ་དག་གི་ཞལ་ལྟེ་ཞེས་པ་དེ་ལགས།

(5) ཆང་བག་མེད་པར་བཏུང་བ་འགོག་པའི་ཁྲིམས་ནི། གཙོ་བོ་སངས་རྒྱས་ཆོས་ལུགས་ནས་ཆང་ནི་ཉེས་པ་ཀུན་གྱི་རྩ་བ་ཡིན་ཞེས་སྤང་བྱར་གསུངས་པ་དང་རྗེས་སུ་མཐུན་པར་བཀག་རྒྱ་གནང་བ་ཙམ་ཞིག་ལས། ཆང་

ཚད་བརྒལ་བཏུང་བའི་ཉེས་པ་འདི་ཡིན་རང་མེད་པ་གཙོ་བོར་ཚང་མས་དོན་འདིར་བག་ཡོད་བྱེད་དགོས་པར་བསྟན་པ་ཞིག་ཡིན་པར་སྣང་། གལ་སྲིད་ཆང་ཚོད་མེད་བཏུང་བའི་རྗེས་ནག་ཉེས་ཆེན་པོ་བསགས་ན་དེ་དང་དེའི་ཁྲིམས་ཐོག་རྒྱུ་ནི་སྨོས་མ་དགོས་པ་ལགས།

གོང་གསལ་ཁྲིམས་ཆེན་ལྔ་ནི། སངས་རྒྱ་ཆོས་ལུགས་ཀྱི་གཏན་ཁྲིམས་ལྔ་སྟེ་རྩ་བ་བཞི་དང་། ཆང་བཅས་བཀག་རྒྱུར་གསུངས་པར་དཔེ་མཚོད་ནས་ཁྲིམས་ཆེན་ལྔར་གྲགས་ཀྱང་། ནང་གསེས་དབྱེ་ན། མི་གསོད་ཀྱི་ཉེས་ཁྲིམས། རྐུན་མའི་ཉེས་ཁྲིམས། ལོག་གཡེམ་གྱི་ཉེས་ཁྲིམས་བཅས་ནི་ཁྲིམས་ལུགས་དངོས་ཡིན་ལ། རྫུན་སྫོང་བའི་ཁྲིམས་བདེན་རྫུན་མནའ་དག་གི་ཞལ་ལྕེ་ནི་ཉེས་དོན་དབྱེ་འབྱེད་བྱེད་སྐབས་ཀྱི་ཐབས་ཤེས་ཤིག་ལས་དེ་ནི་ཉེས་ཁྲིམས་ཤིག་ཡིན་པར་ངོས་འཛིན་མི་རུང་བ་དང་། ཆང་ནི་བག་མེད་པར་སྤྱོད་མི་རུང་བར་བསྟན་པ་ཙམ་ལགས་སོ།

(6) ཁེང་མི་ལྡོག་པ་སྐྱེ་འབངས་གྱེན་ལོག་མི་བྱེད་པའི་ཁྲིམས་ནི། འབངས་དང་བྲན་གཡོག་སོགས་ཀྱིས་རང་རང་སོ་སོའི་རྗེ་དཔོན་གྱི་དབང་སྒྱུར་ལ་བརྩི་སྲུང་དང་། ཁྲལ་ཁྲིམས་ཁུར་ལེན་བྱེད་དགོས་པ་ལས་རྒྱབ་གཏོད་དང་། གདོང་གཏུགས་ཀྱི་གྱེན་ལོག་སོགས་བྱེད་མི་ཆོག་པ་དེ་ལ་ཟེར།

(7) བང་སོ་མི་འབྲུ་བའི་ཁྲིམས་ནི། གཤིན་པོའི་ཆེད་དུ་བརྩིགས་པའི་བང་སོའི་ནང་གི་རྒྱུ་ནོར་རྐུ་བར་འདོད་ནས་བང་སོ་རྟོག་འབྲུ་བྱེད་མི་ཆོག་པ་དེ་ཡིན།

གོང་གསལ་བདུན་ལ་ཁྲིམས་ཆེན་བདུན་ཟེར་བ་འགའ་ཞིག་ནི་ཁྲིམས་ཀྱི་གནད་དོན་དང་། འགའ་ཞིག་ནི་ཀུན་སྤྱོད་ཀྱི་གནད་དོན་བཅས་སྐབས་སོ་སོར་

གླེང་བ་ལྟར་ལགས་སོ།

3. མི་ཆོས་གཙང་མ་བཅུ་དྲུག་ནི། (1) དཀོན་མཆོག་ལ་དད་གུས་བྱེད་དགོས་པ།(2) ཆོས་དང་ཡི་གེ་སློབ་སྦྱོང་བྱེད་དགོས་པ། (3) ཕ་མ་ལ་གུས་ཞབས་དང་བཀྲི་བཀུར་ཞུ་དགོས་པ། (4) ཡོན་ཏན་ཅན་གྱི་མི་ལ་གུས་བཀུར་བྱེད་དགོས་པ། (5) རིགས་མཐོ་བ་དང་རང་ལས་རྒན་པའི་མི་ལ་ཞེ་ས་དང་གུས་བཀུར་ཞུ་དགོས་པ། (6) རང་གི་གྲོགས་པོ་ལ་ཕྱི་ཐག་རིང་པོ་བྱེད་དགོས་པ། (7) ཡུལ་མི་དང་ཁྱིམ་མཚེས་ལ་ཕན་འདོགས་གང་ཐུབ་བྱེད་དགོས་པ། (8) བསམ་བློ་དང་བྱ་སྤྱོད་དྲང་པོ་དྲང་བཞག་དགོས་པ། (9) ཡ་རབས་སྤྱོད་བཟང་ལྡན་པའི་མི་ལ་མིག་དཔེ་བལྟ་དགོས་པ། (10) ཟས་དང་རྒྱུ་ནོར་ལ་ཆོག་ཤེས་བྱེད་དགོས་པ། (11) དྲིན་ཅན་གྱི་མི་ལ་དྲིན་ལན་འཇལ་དགོས་པ། (12) བྲེ་སྲང་ལ་གཡོ་སྒྱུ་མི་བྱེད་པ། (13) སྤྱི་ལ་ཕན་སེམས་ཆེ་ཞིང་ཕྲག་དོག་མི་བྱེད་པ། (14) ངག་འཇམ་པོའི་སྒོ་ནས་སྐད་ཆ་ཤོད་དགོས་པ། (15) བཟོད་སྙོམ་ཆེ་ཞིང་བློ་ཁོག་ཡངས་པོ་དགོས་པ། (16) བུད་མེད་ཀྱི་ཁ་ལ་མི་ཉན་པ་བཅས་སོ།

དེ་ལྟར་མི་ཆོས་གཙང་མ་བཅུ་དྲུག་ནི་མིའི་སྤྱོད་བཟང་ཁོ་ནར་སྟོས་ཏེ་སྨོས་པ་ཞིག་ལས་བཀའ་ཁྲིམས་སུ་བརྩི་མི་རུང་ཡང་། གླང་དོར་གྱི་ངོས་ནས་བཤད་ན་མི་རྣམས་ཀྱིས་དེ་ལས་འགལ་ན་མི་འགྲིག་པ་དང་། འགལ་ན་མིའི་སྤྱོད་བཟང་གི་ཁྲིམས་སྲོལ་ལས་འདའ་བར་རྩིས་ཆོག

གོང་གསལ་རྒྱལ་ཁམས་དཔེར་གླངས་ཀྱི་ཁྲིམས་ལ་ནང་གསེས་ཁྲིམས་ཕྲན་སོ་བརྒྱད་ཡོད་པ་དེའི་ནང་ནས་ཀྱང་ཤས་རྒྱལ་ཁྲིམས་ཀྱི་གནད་དོན་མ་གཏོགས་མང་ཆེ་བ་ཡ་རབས་སྤྱོད་བཟང་གི་རྒྱུན་སྲོལ་ཤ་སྟག་ཡིན་པ་དེའི་ཐོག

ནས་སྤྱོང་བཙན་གྱི་སྐུ་དུས་ཏེ་གནའ་བོའི་དུས་སུ་ཡང་བོད་འདི་རིག་གནས་ཡོད་པ་དང་། སྤྱོད་བཟང་ལྡན་པ། ཁྲིམས་ལུགས་ཡོད་པ་བཅས་ཀྱི་སྤྱི་ཚོགས་སུ་སླེབས་ཡོད་པ་དེ་གསལ་བཤད་བྱས་ཡོད།

བཞི། མདོ་ལོན་ཞུ་བཅད་ཀྱི་ཁྲིམས།

" ཁ་དྲག་རྣམས་ལ་མ་སྐྱེངས་ཚམ་དུ་བཅད།......"

ཅེས་འབྱུང་བ། ཁྲིམས་སར་ཞུ་གཏུགས་བྱེད་མཁན་གཉིས་ཀྱི་ཞུ་དོན་ལ་བདེན་རྫུན་བརྟགས་པའི་མཐར་ཁ་དྲག་པའི་མི་ཁམ་སྐྱེངས་ཚམ་དང་། ཉམས་ཆུང་རྣམས་བློ་མ་ཕམ་ཙམ་གྱི་སྒོ་ནས་ཁྲིམས་ཐག་གཅོད་དགོས་པ་ལ་ཟེར་རོ།

ལྔ། དབང་ཆེན་བཅད་ཀྱི་ཁྲིམས་ནི། མཁས་པ་ལྡེའུའི་ཆོས་འབྱུང་ལས་འབྱུང་བ་ལྟར་ན། " རྗེའི་བང་སོ་བརྩིགས་པའི་དུས་ཉི་མ་རེ་ལ་ཕོ་མ་བྱུང་ན་ར་གཅིག་དང་། མོ་མ་བྱུང་ན་བོང་བུ་གཅིག་གི་ཁྲིམས་བཅས་སོ" ཞེས་མཚོན་དོན་དུ་གསུངས་འདུག་པ་ལྟར་གལ་ཆེ་དམིགས་བསལ་གྱི་རིགས་ལ་གོང་ནས་བཀས་ཇི་ལྟར་བཅད་པ་བཞིན་ལ་ཞུ་རེ་ཀ་གོར་མེད་པར་བསྒྲུབ་དགོས་པའི་དོན་ཡིན་པར་མངོན་ནོ།

དྲུག ཁབ་སོ་ནང་པའི་ཁྲིམས་ནི། ཁ་བྱང་ཙམ་ལས་དོན་དང་མཐུན་པའི་འགྲེལ་བཤད་འཁོད་པ་མ་མཐོང་ཡང་། ཚིག་ཟིན་ལྟར་ན་བཙན་པོའི་ཁབ་སོ་སྟེ་བང་མཛོད་ཀྱི་དཀོར་ནོར་གསོག་འཇོག་དང་། སྲུང་འཛོམས་སོགས་ཕོ་བྲང་ནང་ཁུལ་གྱི་བྱེད་སྒོའི་སྡོམ་ཁྲིམས་ཤིག་ཡིན་ནམ་སྙམ།

བཀའ་ཡི་ཁྲིམས་ཡིག་ཕྱི་མ་འདི་གཉིས་ལ། 《ཆོས་འབྱུང་མཁས་པའི་དགའ་སྟོན་》ལས།

" གཉིས་ཀས་ལན་ལ་དབྱུག་པ་ཅན་བཞིན་དང་། །

གཉིས་ཀ་བདེན་ལ་རིགས་གཉིས་པ་ལྟར་བཅད། །”①

ཅེས་དབང་ཆེན་བཅད་ཀྱི་ཁྲིམས་ལ་བྲམ་ཟེ་དབྱུག་པ་ཅན་གྱི་གཏམ་རྒྱུད་དང་། ཁབ་སོ་ནང་པའི་ཁྲིམས་ལ་ཁྱེའུ་རིགས་གཉིས་པའི་གཏམ་རྒྱུད་དྲངས་ནས་འགྲེལ་བཤད་གནང་འདུག་ཀྱང་། དེ་དག་ནི་མདོ་ལོན་ཞུ་བཅད་ཀྱི་བྱ་ཐབས་དང་འབྲེལ་བ་ཡོད་ན་ལས། ཁྲིམས་ཡིག་ལྷ་པ་དང་དྲུག་པའི་ཁ་བྱང་དང་མི་མཐུན་སྙམ་པ་དང་། གཞི་ནས་སྒྲོང་བཙན་སྐབས་ཀྱི་ཁྲིམས་ལུགས་ལ་མདོ་མཛངས་བླུན་ལས་འབྱུང་བའི་རྒྱ་གར་གྱི་གཏམ་རྒྱུད་ནས་འགྲེལ་བཤད་གནང་བ་དེ་འཐད་པར་མ་མཐོང་བས་དཔྱད་པར་འཚལ་ལོ།

གཉིས་པ། ཁོད་སོ་དྲུག་གི་ནང་གསེས་བཀའ་གྲོས་ཆེན་པོ་དྲུག་ནི། རྒྱལ་པོར་སྤྱི་ཞུ་ཇི་ལྟར་བྱ་བ་ལ་སོགས་པ་རྒྱལ་སྲིད་སྐྱོང་ལུགས་སྐོར་ཡིན་ཏེ།

གཅིག ཇེའི་སྐུ་འཚོ་ཞིང་ཞོ་ཤ་སྨྲར་དབུལ་ཞེས་འབྱུང་བ་ནི། རྒྱལ་པོའི་སྐུ་འཚོ་བའི་སྤྱི་ཞུར་བློན་པོ་རྣམས་ཀྱིས་འབད་བརྩོན་བྱེད་དགོས་པ་དང་། འབངས་མི་སེར་རྣམས་ཀྱིས་རང་རང་བདག་གཉེར་ཐོན་སྐྱེད་བྱེད་པའི་ས་ཞིང་དང་། ཕྱུགས་རིགས་སོགས་ལ་འཁྲི་བའི་དཔྱའ་ཁྲལ་རྣམས་དུས་ཐོག་སྨྲར་དབུལ་བ་སྟེ་གོང་དུ་རྒྱལ་པོར་འབུལ་དགོས་པ་དེ་ཡིན།

གཉིས། རྐོད་ཀྱི་གཉའ་མནན་ཞིང་། ཡང་ཁེང་གི་རྒྱབ་བརྟེན་པ། ཞེས་པ་ནི། རྒྱལ་ཁྲིམས་ཀྱིས་དབང་ཆེ་ཞིང་། ཁ་དྲག་ཅན་ནམ་མི་རྐོད་དབང་ཤེད་ཅན་རྣམས་ཀྱི་གཉའ་བ་ནས་གནོན་ཞིང་། ཡང་ཁེང་སྟེ་འབངས་ཀྱི་ཐ་མ་ཉམས་ཆུང་རྣམས་ཀྱི་རྒྱབ་བརྟེན་བྱས་ཏེ་སུས་ཀྱང་བརྙས་བཅོས་བྱེད་མི་ཚོག་པ་

① （མཁས་དགའ་དེབ་ངོས193）

འཁོར་སུ་ཐེབས་པར་གནས་འཇུག་པའི་དོན་ཡིན།

གསུམ། ཁེང་རྒོད་དུ་མི་བཏང་ཞིང་། མོ་བཙུན་བཀའ་ལ་མི་གདགས་ཞེས་པ་ནི། ཐུན་གཡོག་དམག་དཔུང་ནང་མི་འཇུག་ཅིང་། བུད་མེད་རྣམས་གཞུང་ཕྱོགས་ཀྱི་སྲིད་དབང་ལ་ཐེ་ཇུས་བྱེད་དུ་མི་འཇུག་པ།

བཞི། སོ་མཚམས་སྲུང་ཞིང་། འབངས་ཀྱི་ཚལ་ཞིང་རྟ་དཀྲུས་ཀྱིས་མི་གཙོད་པ་ཞེས་པ་ནི། མཐའ་བཞིའི་སོ་མཚམས་བརྟན་པོར་སྲུང་དགོས་ཤིང་། འབངས་ཀྱི་བཏབ་པའི་ས་ཞིང་ཁར་རྟ་དམག་བཤར་བསྐྱོད་སོགས་ཞིང་ནང་རྟ་ལམ་བཅའ་མི་ཆོག་པ་སྟེ་འབངས་ཀྱི་ཞིང་ལས་ཐོན་སྐྱེད་ལ་གནོད་འཚེ་བྱས་མི་ཆོག་པ་དེ་ཡིན།

ལྔ། དགྲ་བཏུལ་ཞིང་། འབངས་བསྐྱངས་ཞེས་པ་ནི། ཕྱིའི་དགྲ་བོ་རྣམས་མ་ལུས་པར་འདུལ་དགོས་པ་དང་། ནང་དུ་འབངས་ཀྱི་འཚོ་ཆེས་ལ་བལྟ་སྐྱོང་སོགས་འབངས་རྣམས་བདེ་བར་སྐྱོང་དགོས་པ་དེ་ཡིན།

དྲུག དགེ་བཅུ་སྒྲུབ་ཅིང་། མི་དགེ་བ་བཅུ་སྤོང་ཞེས་པ་ནི། རྗེ་འབངས་རྣམས་ཀྱིས་དུས་རྟག་ཏུ་དགེ་བ་བཅུ་དང་དུ་ལེན་ཅིང་། མི་དགེ་བ་བཅུ་སྤོང་དགོས་པ་དེ་ཡིན།

གསུམ་པ། བོད་སོ་དྲུག་གི་ནང་གསེས་ཡིག་ཚང་དྲུག་ཅེས་པ་ནི། རྒྱལ་པོས་བློན་ཆེན་དང་། དེ་བཞིན་བྱས་པ་ཅན་གྱི་མི་སྣ་གཟེངས་སྟོད་པའི་ཆེད་དུ་ཡིག་ཚང་གི་ཐོབ་ཐང་མི་འདྲ་བ་བསྐལ་རྒྱུ་དེ་ནི་སྐབས་དེའི་བློན་པོའི་རིམ་པའམ་ཐོབ་ཐང་ཆེ་ཆུང་མཚོན་བྱེད་ཅིག་ཡིན་ལ། བློན་འབངས་ལ་སྐྱལ་མ་གནང་བའི་ཐབས་མཆོག་ཅིག་ཀྱང་ཡིན། དེ་ལ་གཡུའི་ཡི་གེ་ཆེ་ཆུང་དང་། གསེར་ཡིག་ཆེ་ཆུང་ལ་སོགས་པའི་རིན་པོ་ཆེ་དེ་དང་དེའི་རིན་ཐང་དང་འདྲ་

བའི་ཐོབ་ཐང་ཡོད་ལུགས་མཚོན་པར་བྱེད་པ་ཞིག་ཡིན། དེ་ཡང་། སྐབས་འདིར་གསེར་ལས་གཡུ་རིན་ཐང་ཆེ་བར་བརྩི་བ་དེ་ནི་སྤྱིར་བཏང་རིན་པོ་ཆེའི་རིན་ཐང་ཆེ་ཆུང་གི་གནད་དོན་ཙམ་མ་ཡིན་པ་བོད་རིགས་ཀྱིས་གཡུ་ལ་གཞན་ལས་དགའ་བའི་གོམས་གཤིས་ཐུན་མོང་མ་ཡིན་པ་ཞིག་ཡོད་པ་དང་བཅས་ཡིག་ཚང་གི་དང་པོར་གཡུ་ཡིག་འཇོག་དགོས་པར་རྒྱུ་མཚན་ངེས་པ་ཅན་ཡོད་སྙམ། དེ་ཡང་རབ་གཡུ་གསེར་གཉིས། འབྲིང་དངུལ་དང་ཟྲ་མེན། ཐ་མ་ཟངས་ལྕགས་ཏེ་དྲུག་པོ་རེ་རེ་ལ་ཆེ་ཆུང་གཉིས་རེ་ཕྱེ་བས་བཅུ་གཉིས་དང་། ད་དུང་འཁར་བ་དང་། ཤིང་སྐྱ་ཆུ་རིས་ཀྱི་ཡི་གེ་ཡང་ཡོད།

ཡིག་ཚང་དེ་དག་ནི་རིམ་པ་བཞིན་དགུང་བློན་ཆེན་པོ་ལ་གཡུ་ཡིག་ཆེན་པོ། དགུང་བློན་འབྲིང་དང་། ནང་བློན་ཆེན་པོར་གཡུ་ཡིག་ཆུང་ངུ། དགུང་བློན་ཐ་ཆུང་དང་། ནང་བློན་འབྲིང་། བཀའ་བློན་ཆེན་པོ་བཅས་ལ་གསེར་ཡིག་ཆེན་པོ། ནང་བློན་ཐ་ཆུང་དང་། བཀའ་བློན་འབྲིང་ལ་གསེར་ཡིག་ཆུང་ངུ། བཀའ་བློན་ཐ་ཆུང་ལ་ཟྲ་མེན། ཆོས་གྲྭའི་སློབ་དཔོན་དང་། སྐུའི་སྲུགས་མཁན། སྟོད་སྨད་ཀྱི་དབང་བློན་རྣམས་ལ་དངུལ་གྱི་ཡི་གེ་ཆེན་པོ། སྐུ་འཚོ་བའི་དཔོན་པོ་དང་། གཟིམ་མལ་བརྩིགས་ཁབ། བྱང་ཐང་གི་ས་མཁན། མཐའི་སོ་ཁ་སྲུང་བ་དང་། སྐུ་མཁར་གྱི་རྩེ་སྲུང་སོགས་ལ་དངུལ་ཡིག་ཆུང་བ། ཡབ་འབངས་རུས་དྲུག་སོགས་ལ་འཁར་བའི་ཡི་གེ སྟོང་དཔོན་རུ་དཔོན་སོགས་ལ་ཟངས་ཡིག གཡུལ་དུ་དཔའ་བ་ལ་ལྕགས་ཡིག ཡང་ཐ་ཤིང་སྐྱ་ཆུ་རིས་ཀྱི་ཡི་གེ་འབངས་ཕལ་པ་རྣམས་ལ་གནང་སྐད་དོ།

གོང་གསལ་ཡིག་ཚང་གི་རིམ་པ་འདི་རྣམས་མཁས་པའི་དགའ་སྟོན་གཞིར་བཞག་ནས་བཀོད་ཅིང་། ལྡེའུ་ཆོས་འབྱུང་ནང་ཞིབ་ཆ་དོད་ཙམ་འདུག

རྟུང་། སྤྱོད་བཙན་གྱི་སྐུ་དུས་རང་ལ་ཡིན་པ་མ་ངེས་པས་རེ་ཞིག་དཔྱད་རྒྱུར་འདི་ཁོངས་བསྡུས་མེད།

བཞི་པ། ཁོད་སོ་དྲུག་གི་ནང་གསེས་ཕྱག་རྒྱ་དྲུག་ནི། རྒྱལ་པོས་ཆབ་སྲིད་སྐྱོང་སྐབས་མཛད་རྗེས་བསྒྲུབ་ཏུ་མེད་པ་རྣམས་ཀྱི་ནང་ནས་གཙོ་བོ་མཚོན་བྱེད་ཀྱི་རྟགས་མཚན་དེ་ལ་ཕྱག་རྒྱའམ་རྟགས་ཞེས་བཤད་པ་ཡིན། དེ་ཡང་རྒྱལ་པོའི་བཀའ་བཏགས་ཀྱི་ཕྱག་རྒྱ་སྟེ་བཀའ་ཡིག་མཚོན་བྱེད་ཀྱི་ཕྱག་རྒྱ་ནི་བཀའ་ཤོག་གི་སྤྲིམ་བུ་ཡིན། ཁྲིམ་རྟགས་ཀྱི་ཕྱག་རྒྱ་སྟེ་བཙན་པོའི་དམག་དཔུང་ཆེན་པོ་མཚོན་བྱེད་ཀྱི་ཕྱག་རྒྱ་ནི་རུ་མཚོན་མཐོན་པོར་སྒྲེང་བ་དེ་ཡིན། རྒྱལ་པོ་གང་དུ་བཞུགས་པའི་ཡུལ་གྱི་ཕྱག་རྒྱའམ་མཚོན་བྱེད་ནི་རྒྱལ་པོའི་སྐུ་མཁར་བཙན་པོ་རྣམས་ཡིན། རྒྱལ་པོས་དམ་པའི་ཆོས་སྤེལ་བར་མཛད་པའི་ཆོས་རྟགས་ཀྱི་ཕྱག་རྒྱ་ནི་གཙུག་ལག་ཁང་ལ་སོགས་པའི་ལྷ་ཁང་གསར་དུ་བཞེངས་པ་རྣམས་ཡིན། དགྲ་བོ་དཔའ་བཀོང་བའི་དཔའ་རྟགས་ཀྱི་ཕྱག་རྒྱ་ནི་དཔའ་བོ་རྣམས་ལ་སྟག་སློག་བསྐོན་ཏེ་གཟེངས་སུ་བསྟོད་པ་དེ་ཡིན། རྒྱལ་སྲིད་ཀྱི་བྱ་བར་མཁས་ཤིང་ཤེས་ཡོན་ལྡན་པའམ་མཛངས་རྟགས་ཀྱི་ཕྱག་རྒྱ་ནི་བློན་པོ་ཆེ་དགུ་ལ་སོགས་པར་གཡུ་དང་གསེར་གྱི་ཡིག་ཚང་གིས་གཟེངས་བསྟོད་པ་དེ་རྣམས་ཡིན་ནོ།

ལྔ་པ། ཁོད་སོ་དྲུག་གི་ནང་གསེས་རྐྱེན་དྲུག་ནི། རྒྱལ་སྲིད་ཀྱི་བྱ་བར་བྱས་རྗེས་བཞག་པའམ། ཡང་ན་བྱ་བ་ངན་པ་བྱས་པ་རྣམས་ལ་གཞུང་ཕྱོགས་དང་། སྤྱི་ཚོགས་ཀྱིས་གདེང་འཇོག་བྱེད་སྟངས་ལ་བཟང་པོའི་རྐྱེན་དང་། ངན་པའི་རྐྱེན་གྱི་དབྱེ་བ་དྲུག་ཏུ་བཞག་པ་ཞིག་སྟེ། དེ་ཡང་དཔའ་བའི་རྐྱེན་དུ་གུང་དང་སྟག་བསྐོས། སྡར་མའི་རྐྱེན་དུ་མགོ་ལ་ཞ་ཞུ་བསྐོས། ཡ་རབས་ཀྱི་རྐྱེན་དུ་ལྷ་ཆོས་བསྐོས། མ་རབས་གཡུང་པོའི་རྐྱེན་དུ་ཐགས་དང་བོན་བསྐོས།

མཛངས་པའམ་ཤེས་ལྡན་མི་སྣའི་རྒྱེན་དུ་ཡིག་ཚང་བསྐོས། ངན་པའི་རྒྱེན་དུ་རྐུན་མ་བསྐོས་ཞེས་སྲིད་འཛིན་གྱི་རྣོན་པོ་དང་། འབངས་ལ་སྟོས་ཏེ་དེ་ལྟའི་དབྱེ་བ་མཛད་པ་ཡིན་པར་སྣང་།

དྲུག་པ། བོད་སོ་དྲུག་གི་ནང་གསེས་དཔའ་མཚན་དྲུག་ནི། གཙོ་བོར་རྒྱལ་ཁམས་ཀྱི་བདེ་འཇགས་དང་། མཐའ་མཚམས་བརྟན་སྲུང་སོགས་དམག་དཔོན་གྱི་བྱ་བར་ལག་རྗེས་ཡོད་པའི་དྲག་པོ་གཡུལ་གྱི་དཔའ་བོ་གཟེངས་བསྟོད་པའི་ཐབས་ཤེས་ཤིག་སྟེ་དེ་ཡང་དཔའ་ཆེ་ཆུང་དང་། བྱས་པ་ཆེ་ཆུང་ལ་གཞིགས་ཏེ་མིང་ཐོབ་ཀྱི་ཁྱད་པར་དྲུག་ལ་ཕྱེ་བ་སྟེ། སྟག་སྟོད་སྟག་སྨད་གཉིས། ཟར་ཆེན་ཟར་ཆུང་གཉིས། སྟག་སློག་གཟིག་སློག་གཉིས་ཏེ་དྲུག་ཡིན་པ་ནི་དཔའ་བོའི་རྟེར་སོན་རླབས་ཆེན་གྱི་བྱས་རྗེས་བཞག་པར་དཔའ་མཚན་དྲུག་ག་ཐོབ་པ་དང་། དེ་བཞིན་ལྷའམ་རིམ་བཞིན་གཅིག་གི་བར་བྱས་རྗེས་ཆེ་ཆུང་དང་། ཐེངས་གྲངས་མང་ཉུང་སོགས་མཚོན་པར་བྱེད་པའི་གཟིགས་གཟྲས་ཆ་མཐོང་གི་དབྱེ་བ་གསལ་བའི་སྐུལ་མ་མཛད་ཐབས་ཤིག་ཡིན་པར་མངོན།

བོད་སོ་དྲུག་ནང་བསྡུས་པའམ། གསལ་ཁ་ཆེར་མེད་པའི་ཁྲིམས་ཐྲན་འགའ་ཞིག་སྐོར། མཁས་པ་ལྡེའུས་མཛད་པའི་རྒྱ་བོད་ཀྱི་ཆོས་འབྱུང་རྒྱས་པའི་ནང་། ནྭ་ལྡེ་ནི་ཞལ་ལྕེ་སྣ་ལྔ། དཔའ་སྣ་ལྔ། རྐོད་སྣ་ལྔ། མགྱོགས་སྣ་ལྔ། ཁྲིམས་སྣ་ལྔ་བཅས་ལྔ་ཚན་ལྔ་གྲངས་འདྲེན་བྱ་རྒྱུ་ཡོད་པ་མང་ཆེ་བ་བོད་ཀྱི་ནང་གསེས་སུ་བསྡུས་ཤིང་། ཞལ་ལྕེ་སྣ་ལྔའི་ནང་གི་གཉེན་བྱེད་ཆོས་ཀྱི་ཞལ་ལྕེ་ནི་གཉེན་སྒྲིག་སྐོར་གྱི་ཁྲིམས་སྲོལ་ཡིན་པ་དང་། སྟོན་བརྩོལ་དཀར་མིའི་ཞལ་ལྕེ་ནི་མ་ཉེས་ཁ་གཡོགས་ཀྱི་ཁྲིམས་ཐོག་པར་དག་སེལ་དཀར་འདོན་བྱེད་སྟངས་ཀྱི་ཁྲིམས་སྲོལ་ཡིན་པ། ཉེ་དུ་འདུམ་ཆོས་ཀྱི་ཞལ་ལྕེ་ནི་བཟའ་མི་བྱེ་བྲལ་ལམ།

ཁྲིམ་ཚང་གྱིས་འདུམ་གྱི་ཞལ་ལྕེ་ཡིན་པ་འདིའི་ནང་ཁྲིམ་དངོས་རྒྱུད་འཛིན་གྱི་གནད་དོན་ཡང་ཚུད་ཡོད་པ་འདི་ཆོ་ནི་ཁྲིམས་ལུགས་ཀྱི་ནང་ནས་ཅུང་གལ་ཆེ་བའི་གྲས་ཡིན་པ་བཅས་ད་ཡོད་དཔྱད་གཞིའི་ནང་གསལ་བའི་བཙན་པོའི་སྐུ་དུས་སུ་གཏན་ལ་ཕབ་པའི་སྤྱི་ཚོགས་ཀྱི་སྒྲིག་གཞི་དང་། ཁྲིམས་སྲོལ་སྐོར་རགས་རིམ་དེ་ཙམ་མོ།

སྐབས་འདིར་བསྟན་པའི་བོད་ཀྱི་སྤྱི་ཚོགས་སྒྲིག་གཞི་དང་། ཁྲིམས་སྲོལ་ནི་སྲོང་བཙན་སྒམ་པོས་བོད་ཀྱི་རྒྱལ་ཁྲབ་དང་སིལ་མ་རྣམས་དབང་དུ་བསྡུས་ཏེ་བོད་གཅིག་གྱུར་གྱི་བཙན་པོའི་རྒྱལ་རབས་དང་། གཅིག་གྱུར་གྱི་སྒྲིག་གཞི། གཅིག་གྱུར་གྱི་ཁྲིམས་སྲོལ་གཏན་འབེབས་གནང་བ་དེ་སྔར་གྱི་ཡིག་ཚང་གཞིར་བཟུང་བོད་གཅིག་གྱུར་གྱི་སྤྱི་ཚོགས་ཀྱི་ཐོག་མའི་སྒྲིག་གཞི་དང་། ཁྲིམས་ལུགས་ལ་ངེས་བཟུང་བྱས་ཏེ་ཞུས་པ་ཞིག་ལགས།

འོན་ཀྱང་སྒྲིག་གཞི་དང་། ཁྲིམས་སྲོལ་དེ་རྣམས་སྲོང་བཙན་སྒམ་པོས་བོད་གཅིག་གྱུར་མ་གནང་གོང་ཐོར་བུར་གནས་པའི་སྒྲིག་གཞི་དང་། ཁྲིམས་སྲོལ་རྣམས་ལ་དཔྱད་གཞི་མཛད་དེ་སྐབས་དེའི་དངོས་ཡོད་གནས་ཚུལ་དང་མཐུན་པར་རིམ་བཞིན་གཏན་འབེབས་གནང་བ་མ་ཟད། ད་དུང་སྒྲིག་གཞི་དང་། ཁྲིམས་སྲོལ་འགའ་ཞིག་ནི་སྲོང་བཙན་སྐབས་ཀྱི་གཏན་འབེབས་གཞི་ལ་བཞག་སྟེ་དཔོན་སྲས་རྣམས་ཀྱི་དུས་རིམ་བཞིན་འཕྲུས་སྣོ་ཇེ་ཚང་དུ་བཏོས་ཏེ་མཐར་སྲིད་འཛིན་གྱི་སྒྲིག་གཞི་དང་། ཁྲིམས་སྲོལ་རབས་དང་རིམ་པ་ཅུང་ཆ་ཚང་བ་ཞིག་བྱུང་བར་ངོས་འཛིན་བྱས་ན་འཚམས་པ་ཡིན་སྙམ་མོ།

གནའ་རབས་བོད་ཀྱི་ཕྱོད་བཟོ་སྟངས་འདིའི་ཐོག་ནས་ཀྱང་སྲོང་བཙན་སྒམ་པོ་ནི་བོད་མི་རིགས་ཀྱི་མེས་པོ་ནུབས་ཆེན་ཞིག་དང་། བོད་ཀྱི་ལོ་རྒྱུས་ནང

སྨད་དུ་བྱུང་བའི་མཛད་པ་མངའ་བའི་བཙན་པོ་བླ་ན་མེད་པ་ཞིག་ཡིན་པ་མཐོང་ཐུབ་ལ། སྲོང་བཙན་སྒམ་པོས་བོད་གཅིག་གྱུར་བཟོས་ནས་བཙུགས་པའི་བཙན་པོའི་རྒྱལ་རབས་དེ་སྟོབས་འབྱོར་གཉིས་ལྡན་ཡོང་བའི་རྒྱུ་རྐྱེན་གཙོ་བོ་ཞིག་ནི་རྒྱ་ཆེའི་མང་ཚོགས་ཀྱིས་གུས་བཀུར་ཞུ་བའི་བཙན་པོའི་གདུང་རབས་རིམ་བྱུང་གི་སྨད་དུ་བྱུང་བའི་མཛད་པ་དང་། དུས་སྐབས་དེ་དག་གི་སྤྱི་ཚོགས་ཀྱི་ངོ་བོ་དང་མཐུན་པའི་ཁྲིམས་ཆ་ཚང་བ་འདི་འདྲ་ཞིག་ཡོད་པ་དང་ཡང་ཁ་འབྲལ་ཐབས་མེད་པ་ལགས་སོ།

3. ད་ལྟའི་བོད་ཡིག་འདི་ཉིད་གསར་གཏོད་མཛད་པ།

ཡི་གེ་ནི་མིའི་རིགས་ཀྱི་འཚོ་བའི་ནང་ཕན་ཚུན་གྱི་བསམ་བློ་མཚོན་པའི་སྐད་བརྡ་སྤྲོད་པ་དང་། མི་རྣམས་ཀྱིས་རང་བྱུང་ཁམས་ལ་འཐབ་རྩོད་བྱས་ནས་ཐོབ་པའི་ཉམས་མྱོང་དང་སྤྱི་ཚོགས་ཀྱི་འཚོ་བ་དངོས་ཀྱི་ལག་ལེན་ནང་འཕྲོད་པའི་ཕམ་ཉེས་དང་། ཐོབ་པའི་རྒྱལ་ཁར་ཕྱོགས་བསྡོམས་ཡང་ཡང་དང་། ལག་ལེན་ཡང་ཡང་བྱས་པའི་བརྒྱུད་རིམ་ནང་ཕམ་ཉེས་རྣམས་བསལ་ཞིང་། རྒྱལ་ཁ་ཐོབ་པའི་ཉམས་མྱོང་རྩ་ཆེན་ཕྱི་རབས་ཀྱི་ལམ་སྟོན་སྒྲོན་མེ་དང་མཚུངས་པའི་ཤེས་རིག་དང་། སྤྱི་ཚོགས་འཕེལ་རྒྱས་ཀྱི་ལོ་རྒྱུས་མི་རབས་རྗེས་མར་བརྒྱུད་སྤྲོད་བྱེད་པ་བཅས་མིའི་རིགས་ཀྱི་འཚོ་བའི་ནང་ཡི་གེ་ནི་མེད་ཐབས་མེད་ལ་ཡོན་ཏན་ཀུན་གྱི་གཞི་རྩ་ཡང་ཡིན། ཡི་གེ་ནི་མི་རྣམས་ཀྱི་སྐད་གདངས་མཚོན་བྱེད་ཀྱི་རི་མོ་ཞིག་ཡིན་པ་འདིས་སྔོན་བྱུང་གི་ལོ་རྒྱུས་དང་། གང་བྲིས་པའི་ཤེས་བྱ་མཐའ་དག་མེ་ལོང་གཙང་མའི་ངོས་ཀྱི་གཟུགས་བརྙན་ཇི་བཞིན་མཐོང་ཐུབ་པས་སྐད་ཆའི་ཚབ་ཡི་གེས་བྱེད་ཐུབ་པ་བཅས་དེང་སྐབས་འཛིག་རྟེན་ཐོག་གི་བྱ་དངོས་འཕེལ་རྒྱས་ཀྱི་ཚད་གཞི་བསམ་གྱིས་མི་ཁྱབ་ལ་བརྗོད་ཀྱིས

མི་ལང་བ་བྱུང་དང་འབྱུང་བཞིན་པའི་རྒྱུ་རྐྱེན་གལ་ཆེ་ཤོས་ཀྱི་གྲས་ཤིག་ཀྱང་ཡི་གེ་ཞེས་པ་འདིར་ཐུག་ཡོད། ལྷག་པར་འཛམ་གླིང་ནང་མི་རིགས་ཅི་འདྲ་ཞིག་ཡིན་རུང་། རང་གི་སྐད་དང་མཐུན་པའི་ཡི་གེ་ཡོད་དམ་མེད་ནི་མི་རིགས་དེའི་ཆབ་སྲིད་དང་། དཔལ་འབྱོར། རིག་གཞུང་བཅས་འཕེལ་རྒྱས་འགྲོ་ཚད་ལ་ཁྱད་པར་ཆེ་ཁར། མི་རིགས་དེའི་ལོ་རྒྱུས་ལ་གདེང་འཛོག་བྱེད་སྐབས་ཀྱང་ཡི་གེ་ཡོད་མེད་ནི་ཚད་འཛིན་སའི་རྗེ་རིང་ལྷ་བུར་བརྩི་བ་ཚང་མས་མཁྱེན་ཐུབ། རྒྱུ་མཚན་དེར་བརྟེན་བཙན་པོས་ད་ལྟའི་བོད་ཡིག་འདི་ཉིད་གསར་གཏོད་མཛད་རྒྱུའི་རྩ་བའི་བཞེད་པ་ཡང་སྐབས་དེའི་ཆབ་སྲིད་ཀྱི་འདུ་འགོད་དང་སྤྱི་ཚོགས་གོང་དུ་སྤེལ་བར་མེད་ཐབས་མེད་པའི་དགོས་མཁོ་ཆགས་པ་ནི་སྨོས་ཅི་དགོས། འོན་ཀྱང་གནད་དོན་དེ་ཁ་ཚ་དགོས་གཏུགས་སུ་གྱུར་པའི་འཕྲལ་རྐྱེན་ནི་བོད་ཀྱི་ལོ་རྒྱུས་ཡིག་ཚམ་ནང་འདི་འདྲ་ཞིག་འཁོད་ཡོད་པ་སྟེ། སྲོང་བཙན་སྒམ་པོ་དགུང་ལོ་བཅུ་གསུམ་ལ་ཕེབས་དུས（སྤྱི་ལོ629ས་མོ་གླང་）རྒྱལ་སྲིད་ཀྱི་འཁུར་ཆེན་པོ་བཞེས་པའི་དགའ་སྟོན་རྒྱ་ཆེན་པོའི་སྐབས་བོད་ཀྱི་མཐའ་བཞི་ན་གནས་པའི་རྒྱལ་པོ་རྒྱལ་ཕྲན་ཚོས་སྲོང་བཙན་ཁྲི་ལ་བཞུགས་པའི་དགའ་སྟོན་རྟེན་འབྲེལ་ཞུ་བར་རང་རང་གི་ཕོ་ཉ་མངགས་ཏེ་འཚམས་ཞུའི་ཡི་གེ་དང་། འབུལ་སྐྱེས་རིན་ཐང་ཅན་འདི་དང་འདི་ཕུལ་བ་ཡིན་ཞེས་སོ་སོའི་ཡུལ་གྱི་ཡི་གེར་བྲིས་ནས་བསྐུར་བ་ལ། དེ་དུས་བོད་རང་ལ་ཡི་གེ་མེད་པས་རྒྱལ་ཁམས་དེ་ཚོར་སྐྱེས་ལ་སྐྱེས་ལན་འཕྲིན་ལ་འཕྲིན་ལན་བསྐུར་བར་རྒྱལ་ཁམས་དེ་དང་དེའི་ཡི་གེར་འབྲི་བའམ། ཡང་ན་ངག་འཕྲིན་ཙམ་ལས་བསྐུར་མ་ཐུབ་པར་རྒྱལ་པོ་ཐུགས་སྐྱོང་བ་པ་དང་། བཙན་པོའི་དགོངས་པར་བོད་ལ་རང་གི་ཡི་གེ་མེད་པ་འདིས་རྒྱལ་སྲིད་ཀྱི་བྱ་བ་བསྒྲུབ་དཀའ་བ་དང་། ཉེ་སྐོར་གྱི་རྒྱལ་ཁམས་ ཆོས་

ཀྱང་འཕྲུ་བའི་གནས་སུ་འགྱུར་འགྲོ་བས་ན། ད་ནི་རྒྱལ་ཁམས་གཞན་གྱི་སྐད་བརྡར་མ་ལྟོས་པར་བོད་རང་གི་སྐད་དང་མཐུན་པའི་ཡི་གེ་ཞིག་གསར་སྐྲུན་མ་བྱས་ཐབས་མེད་འདུག་སྙམ་པ་རྒྱལ་པོའི་ཐུགས་ལ་འཆར་བ་དེ་ནི་ད་ལྟའི་བོད་ཡིག་འདི་ཉིད་གསར་གཏོད་མཛད་པའི་འཕྲུལ་རྐྱེན་ཡིན་པར་གྲགས་སོ།

ད་ལྟའི་བོད་ཡིག་གསར་གཏོད་མཛད་པ་པོ་སློན་ཆེན་ཐོན་མིའི་སྐོར། དེ་ཡང་ཐོན་མིའི་འབྲུངས་ཡུལ་གང་ནས་ཡིན་པ་དང་། ཡབ་དང་ཁོང་རང་ཉིད་ཀྱི་མཚན་ལ་ཇི་ལྟར་ཞུ་བའི་ཐད་བོད་ཀྱི་ལོ་རྒྱུས་དེབ་ཐེར་ནང་བཞེད་ཚུལ་གཅིག་གྱུར་མེད་པ་ཞིག་ཡིན་མོད། སྐབས་འདིར་གཙོ་བོ་ཆོས་འབྱུང་མཁས་པའི་དགའ་སྟོན་གཞིར་བཟུང་བ་དང་ཆབས་ཅིག་བཞེད་པ་གཞན་དག་ཀྱང་དཔྱད་གཞིའི་ཆེད་སྙེ་ཚན་མ་འདྲེས་པར་ཞུ་རྒྱུ་ཡིན།

དེ་ཡང་། མཁས་པའི་དགའ་སྟོན་ནང་། "ཐོན་གྱི་ལུག་ར་ཁ་ནས་ཐོན་ཏ་ཨ་ནུ་ར་ག་ཏའི་བུ་ཐོན་མི་སམྦྷོ་ཊ་བྱ་བའི་མི་ཆུང་བློ་གསལ་བ་ཞིག་ལ་གསེར་ཕྱེ་བྱེ་གང་བསྐུར་ཏེ་བཏང་སྐད"① ཅེས་འཁོད་པས་ཐོན་མིའི་འབྲུངས་ཡུལ་ཐོན་གྱི་ལུག་ར་ཁ་དང་། ཡབ་ཀྱི་མཚན་ལ་ཐོན་མི་ཨ་ནུ་ར་ག་ཏ། ཁོང་རང་གི་མཚན་ལ་སམྦྷོ་ཊ་ཡིན་པ་བཅས་བསྟན་པས་ཐོན་གྱི་ལུག་ར་ཁ་ཞེས་པ་ནི་སྙེ་མོ་རྫོང་ཁོངས་སུ་ད་ལྟའང་མིང་མ་ཉམས་པར་ཡོད་པས་འབྲུངས་ཡུལ་དེ་རང་ཡིན་པར་ཐེ་ཚོམ་མི་དགོས་པ་ལྟ་བུར་སྣང་མོད། འོན་ཀྱང་དེའི་ཚིག་མཇུག་ཏུ་"གསེར་ཕྱེ་བྲེ་གང་བསྐུར་ནས་བཏང་སྐད"ཅེས་པའི་"སྐད"ཀྱི་ཡིག་འབྲུ་གཅིག་པུ་དེར་བསམ་བློ་གཏོང་དགོས་པའི་གནད་ཅིག་ཡོད། དེ་ཡང་སྔོང་

① (མཁས་དགའ་དེབ་ངོས178)

བཙན་སྐམ་པོས་ཐོན་མི་རྒྱ་གར་དུ་མངགས་པ་དང་། ཕྱག་རྗེན་གསེར་བསྐུར་བ་བཅས་ནི་མཁས་པའི་བཞེད་པ་གཅིག་མཐུན་ཡོངས་གྲགས་ཡིན་སྟབས། སྐབས་འདིའི་བཏང་བ་“ སྐད་” ཅེས་པའི་སྒྲ་དེའི་ཤུགས་ལ་དོན་དེར་ད་དུང་ཞིབ་མོར་དཔྱོད་དགོས་པའི་ཐེ་ཚོམ་གྱི་གནད་ཅིག་མཚོན་པ་ནི་ཐོན་མིའི་འབྲུངས་ཡུལ་གང་ཡིན་དང་། ཡབ་སྲུས་ཀྱི་མཚན་ལ་ཇི་ལྟར་ཞུ་བའི་སྐོར་མཁས་པའི་བཞེད་པ་གཞན་དག་ཡོད་པ་དེར་ཐུག་ཡོད། དཔའ་བོ་གཙུག་ལག་ཕྲེང་བའི་བཞེད་པ་དེ་དང་མཐུན་པ་ཡིག་ལམ་གཞན་དུ་ཡང་གསལ་བ་མ་ཟད། སླེ་མོ་ཐོན་ལུག་རའི་བརྒྱུད་ཀྱི་མང་ཚོགས་ཁྲོད་ཐོན་མི་དེར་བྱུང་བའི་ལོ་རྒྱུས་ཀྱི་སྒྲུང་ཡང་ཤོད་རྒྱུན་ཡོད།

དེ་མིན་གྱི་བཞེད་པ་ནི། སྐྱོགས་སྟོན་རིན་ཆེན་བཀྲ་ཤིས་ཀྱིས་མཛད་པའི་བརྡ་གསར་རྙིང་གི་ཁྱད་པར་སྟོན་པ་ལི་ཤིའི་གུར་ཁང་ནང་། “དེ་ཡང་འདིར་བརྡ་གསར་རྙིང་གི་ཐ་སྙད་བཤད་པ་ལ། ཐུ་མི་ས་འབོ་ར་(ལྷོ་གཉལ་གྱི་སྣང་གྲགས་ཀྱི་བུ་ཨ་ནུ་སྟེ་སམྦྷོ་ཊ་དང་། སམྦྷོ་ཊ་སོགས་རྒྱ་སྐད་དུ་བཞེད་པ་བྱུང་ཡང་། འདི་གཉལ་ན་ཡོད་པ་ས་འབུར་པོ་ཞིག་འདུག་པས། ས་འབོ་ར་ཡིན་པ་འདྲ། གང་ནའང་བོད་སྐད་དུ་སྣང་)”ཞེས་འཁོད་པས་ཐོན་མི་འམ། ཐུ་མིའི་འབྲུངས་ཡུལ་ནི་(ལྷོ་ཁ་ལྷུན་རྩེ་རྫོང་ཁོངས་)གཉལ་ནས་ཡིན་པ་དང་། ཡབ་ཀྱི་མཚན་ལ་སྣང་གྲགས་དང་། ཁོང་རང་གི་མཚན་ལ་ཨ་ནུ་འམ། བཞུགས་གནས་དེའི་ས་དབྱིབས་ཁོང་གི་མཚན་ལ་ཐོགས་ཏེ་ས་འབོ་ར་བྱ་བ་སྟེ་སམྦྷོ་ཊ་འམ། སམྦྷོ་ཊ་ཞེས་པ་རྒྱ་གར་སྐད་དུ་མཁས་པས་བཞེད་ལུགས་གསུང་ཞིང་། སྐབས་འདིའི་ས་འབོ་ར་ཞེས་པ་ནི་སྐྱོགས་སྟོན་རང་གིས་ཐོན་མིའི་འབྲུངས་ཡུལ་ས་བབ་ལ་གཞིགས་ཏེ་སྟོམ་ཚིག་བཞག་པ་ཞིག་ལས་སམྦྷོ་ཊ་དང་། སམྦྷོ་ཊ་ཞེས་

བྱ་བ་རྒྱ་གར་སྐད་རྣལ་མ་མིན་པའི་རྒྱུ་མཚན་དུ་གོ་མི་ཧུང་བ་བཅས་བསྒོམས་ན་ཐོན་མིའི་འབྱུངས་ཡུལ་དང་། ཡབ་ཀྱི་མཚན། ཁོང་སྐུ་གཞོན་ནུའི་སྐབས་ཀྱི་མཚན་ཇི་ཡིན་ད་ཕན་ཐག་ཆོད་པ་ཞིག་བྱུང་མེད། དཔེར་ན་མཁས་པའི་དབང་པོ་སྡེ་སྲིད་སངས་རྒྱས་རྒྱ་མཚོས་ཀྱང་བཻཌཱུར་གཡའ་སེལ་ནང་། "ཐོན་མི་འབྱུངས་ཡུལ་འགའ་ཞིག་ཐོན་ལུག་ར་ཁ་པར་འདོད་པ་དང་། འགའ་ཞིག་གཉལ་པ་སྣང་གྲགས་ཀྱི་བུར་བཞེད་ཅིང་། ས་འབུར་པོ་ཡོད་པས་ས་འབོ་ར་ཡིན་ཞེས་དང་། ཨ་ནུ་ཡང་མཚན་དངོས་སམ། ཡབ་ཀྱི་མཚན་སོགས་བཞེད་ཚུལ་མི་འདྲ་ཞིང་། ལེགས་སྦྱར་དུའང་ས་མཧཱ་ཛྷ་ཊ་སྡེ་ཀུན་ཏུ་བཟང་པོར་འབོད་པ་དང་། སམྦྷོ་ཊ་རང་ལ་བོད་ཡང་དག་པར་བཞེད་པ་སོགས་ཇི་སྙེད་ཅིག་མཆིས་ཀྱང་། སློབ་འགྲོ་པ་ཆ་ཆེན་གྱི་བཞེད་པར་དོན་གཡོར་པོ་ཡུལ་དགུའི་ནང་ཚན་ཐྲ་ཞེས་པའི་རིགས་སུ་འབྱུངས་པ་མཚན་"སམ"བསྣུགས་པ་དང་། "བྷོ་ཊ"བོད་དེ་བོད་བསྣུགས་པར་བཞེད"ཅེས་གསུངས་པས་སྡེ་སྲིད་ལྷ་བུས་ཀྱང་བཞེད་ཚུལ་དེ་དག་མཐའ་སྤྱོད་གནང་དཀའ་བར་གྱུར་ནས་མཐར་སློབ་འགྲོ་པ་ཆ་ཆེན་གྱི་གསུང་ཁུངས་སུ་མཛད་དེ་འབྱུངས་ཡུལ་གཉལ་དང་། མཚན་སམ་བྷོ་ཊ་ཡིན་པར་བཞེད་པ་ཙམ་སྨོམ་ཚིག་ཏུ་གསུངས་པ་ལགས་སོ།

མཁས་པའི་དགའ་སྟོན་སོགས་ལས་འབྱུང་བ་ལྟར་དེ་ནས་སྲོང་བཙན་སྒམ་པོས་བོད་ཀྱི་བློན་པོའི་བུ་རིག་པ་རྣོ་བ་བཅུ་དྲུག་ལ་གསེར་གྱི་རྫོངས་བ་དང་བཅས་རྒྱ་གར་དུ་ཡི་གེ་སློབ་ཏུ་བཏང་ཡང་། ལ་ལ་ལམ་བགྲོད་དཀའ་བ་ལ་འཇིགས་ནས་འགྲོ་མ་ནུས། ལ་ལ་རྒྱ་གར་དུ་སླེབས་ཀྱང་ཚད་པས་ཤི། ལ་ལ་རྒྱ་སྐད་མ་ཤེས་པར་ཕྱིར་ལོག་པ་བཅས་ཀྱིས་རྒྱལ་པོའི་དགོངས་པ་མ་འགྲུབ་ནས། རྒྱལ་པོས་སླར་ཡང་ཐོན་མི་སམྦྷོ་ཊ་ཞེས་བྱ་བ་མཁས་ལ་མཛངས་པ། ཡིད་

གཞུངས་པ། སློ་རྡོར་བ། དབང་པོ་སྐྱེ་མཆེད་གསལ་བ་ལ་སོགས་པ་ཡོན་ཏན་དུ་མ་ལྡན་པའི་ཁྱིའུ་དེ་ལ་སྟག་ལོ་དེ་ཁྲིང་སོགས་འཁོར་དང་བཅས་པ་ལ་གསེར་ཕྱེ་བྲེ་གང་དང་། རྒྱ་གར་གྱི་རྒྱལ་པོ་དཔལ་སྦྱིན་བྱེད་བློ་ན་ལྷ་ཆེན་ཞེས་པ་ལ་འཚམས་སྐྱེས་དང་བཅས་ཏེ་བཏངས་ཤིང་། ལམ་བར་དུ་ནཻ་པ་ལའི་རྒྱལ་པོ་ལ་སྐྱེས་ཕུལ་ཏེ་ཚད་པ་ལ་ཕན་པའི་སྨན་ག་པུར་དང་། ཙུ་གང་དང་། ཙན་དན་གྱི་ཆུ་ལ་སོགས་པ་གནང་བ་དེ་རྣམས་དགོས་དུས་སྤྱད་ཅིང་སོང་བས་ཚད་པ་སོགས་ཀྱིས་ཅི་ཡང་མ་གནོད་པར་རྒྱ་གར་དུ་བདེ་བར་འབྱོར། དེ་ནས་རྒྱ་གར་གྱི་ཡུལ་ཁམས་ཆེ་བ་ཀུན་ཉུལ་ཞིང་སོང་བའི་མཐར་རྒྱ་གར་ལྷོ་ཕྱོགས་ཀྱི་མཁས་པ་ཆེན་པོ་བྲམ་ཟེ་ལི་བྱིན་བྱ་བ་དེ་ནི་ཡི་གེའི་རིགས་ལ་མཁས་ཤིང་། རང་གི་སློབ་དཔོན་དུ་བསྟེན་འོས་པའི་ཡོན་ཏན་ཀུན་ཚང་བར་ཐོས་ནས་ཕྱག་རྟེན་གསེར་ཕུལ་ཏེ་ཡིག་རིགས་སློབ་པའི་སློབ་དཔོན་དུ་བསྟེན་པ་དང་། ད་དུང་མཁས་པ་ཡ་མི་ཏྲ་ཞེས་བྱ་བའི་སློབ་མ་པཎྜི་ཏ་ལྷ་རིག་པའི་སེང་གེ་ལས་སྒྲ་པཱ་ཎི་པ་དང་། ཀ་ལཱ་པ། ཙནྡྲ་པ་རྣམས་དང་། རྟོགས་སླ་བ་རྒྱལ་པོ་ལུགས་ཀྱི་བསྟན་བཅོས། རྟོགས་དཀའ་བ་པཎྜི་ཏ་ལུགས་ཀྱི་བསྟན་བཅོས། དམ་པའི་ཆོས་སྤྱན་རས་གཟིགས་ཀྱི་མདོ་རྒྱུད་ཉི་ཤུ་རྩ་གཅིག་དང་བཅས་པ་ལ་ལོ་བདུན་རིང་རིག་པ་རྩེ་གཅིག་ཏུ་སྒྲིམ་ནས་བསླབས་པས་མཁས་པའི་རྩེ་མོར་སོན་པར་གྲགས།

དེ་ནས་ཡི་གེའི་སློབ་དཔོན་ལི་བྱིན་ལ་གསེར་གྱི་རྟེན་དང་བཅས་བསྒུགས་པ་བརྗོད་པ་རྒྱ་ཆེར་མཛད་དོ།

དེ་ནས་བོད་དུ་ཕྱིར་ལོག་གནང་ཁར་སྒྲ་རིག་པའི་བསྟན་བཅོས་ཁག་གི་རྒྱ་དཔེ་དང་། འདུས་པ་རིན་པོ་ཆེའི་ཏོག མདོ་ཟ་མ་ཏོག་བཀོད་པ། སྤྱན་

རས་གཟིགས་ཀྱི་མདོ་རྒྱུད་ཉི་ཤུ་རྩ་གཅིག དགེ་བ་བཅུའི་མདོ་ལ་སོགས་པའི་རྒྱ་དཔེ་རྣམས་ཀུང་ཆབས་ཅིག་བསྣམས་ཕེབས་པ་འདི་རྣམས་ནི་ཐོ་ཐོ་རི་གཉན་བཙན་སྐབས་གཉན་པོ་གསང་བ་བོད་དུ་ཕྱིན་སྣང་ས་ལ་མཁས་པའི་བཞེད་པ་ཅི་རིགས་སྣང་མོད། བོད་རང་གི་ལོ་རྒྱུས་བས་རྒྱ་གར་ནས་བཀའ་མདོ་རྒྱུད་འདྲེན་པའི་ཐོག་མ་འདི་ཡིན། རྒྱ་གར་རྒྱལ་པོས་སྲོང་བཙན་སྒམ་པོར་སྐྱེས་ལན་དུ། མདོ་སྡེ་དཀོན་མཆོག་སྤྲིན་དང་། དམ་པའི་ཆོས་པདྨ་དཀར་པོ། གཙུག་ཏོར་དྲི་མེད་ཀྱི་གཟུངས། ནོར་བུ་གེ་ཏུ་བཅས་བསྐུར་བ་བསྣམས་ནས་བོད་ལ་བདེ་བར་ཕྱིན།

དེ་ནས་སྲོང་བཙན་སྒམ་པོས་བོད་ཡིག་གསར་གཏོད་གནང་བར་བཞེད་ནས་ཐོག་མར་རྒྱལ་པོ་རང་ཉིད་ཀྱིས་ཐོན་མི་སམྦྷོ་ཊ་སློབ་དཔོན་དུ་བསྟེན་ཏེ་ལྷ་སའི་སྐུ་མཁར་མ་རུ（དེང་སང་ཕ་བོང་ཁ་ཞེས་འབོད་）ཞེས་བྱ་བར་ལོ་གསུམ་མམ། བཞིའི་རིང་སྐུ་མཚམས་དམ་པོར་བཅད་ནས་ཡི་གེ་འབྲི་ཀློག་ལ་མཁས་པར་སྦྱངས་ཤིང་། ཐོན་མི་སམྦྷོ་ཊ་ལ་རྒྱལ་པོས་བཀུར་སྟི་དང་། གཟེངས་བསྟོད་བློར་མི་ཤོང་བ་མཛད་དེ་ཐོན་མིར་སློབ་དཔོན་ཞེས་པའི་མཚན་ཡང་མཚམས་འདི་ནས་ཐོགས་པ་ཡིན།

སྐབས་དེར་རྒྱལ་པོས་ཐོན་མི་ལ་བཀུར་བཟོས་ཚད་མེད་གནང་བ་བློན་པོ་འགའ་ཞིག་གི་བློ་ལ་མ་བབས་ནས་རྒྱལ་པོས་འབངས་ལ་འདི་ལྟར་བཀུར་བ་མི་རིགས་ཞེས་པའི་སྐྱོག་ལབ་བརྒྱབ་པ་ཐོན་མིས་གསན་ནས། ཉིན་ཞིག་རྒྱལ་བློན་གདན་འཛོམས་པའི་དབུས་སུ་ཐོན་མི་ཡར་བཞེངས་ནས་མགུར་དབྱངས་བཞེས་པར་གྲགས་པ་འདི་ལྟ་སྟེ།

“ང་དྲིན་ཆེན་གྱི་བློན་པོ་ཐོན་མི་ངས། །

ལམ་བགྲོད་པར་དགའ་བའི་རྒྱ་གར་དུ། །
ལུས་ཚ་གྲང་ཆེ་ཡང་དགའ་བ་སྐྱིད། །
སོང་མཁས་པ་བྲམ་ཟེ་ལི་བྱིན་ལ། །
ཡིད་གུས་པའི་ཚུལ་གྱིས་མོས་གུས་བྱས། །
ནོར་རིན་ཆེན་གསེར་གྱི་ཕྱག་རྟེན་ཕུལ། །
དོན་སྙེད་པར་དགའ་བའི་ཡིག་འབྲུ་བསྟན། །
བློ་ཐེ་ཚོམ་སེལ་བའི་མཛུབ་ཁྲིད་བྱས། །
ཚིག་དབྱངས་ཡིག་རྣམས་ལ་མཁས་པར་སྦྱངས། །
རྒྱ་ཡིག་ལྔ་བཅུ་ཐམ་པ་དེ། །
བོད་ཡིག་སུམ་ཅུར་གཏན་ལ་ཕབ། །
རང་མཁས་པའི་ངེས་ཤེས་བློ་ལ་ཤར། །
འཕྲུལ་ཡོན་ཏན་ཐམས་ཅད་སོང་དུ་ཆུད། །
དུས་ད་ལྟ་དགའ་ལ་ཕྱི་མ་སྐྱིད། །
ཡུལ་མཐའ་འཁོབ་བོད་ཀྱི་རྒྱལ་ཁམས་འདིར། །
མི་མཁས་པ་སློབས་པའི་སྟོན་མ་ཡིན། །
ང་མུན་པ་སེལ་བའི་སྒྲོན་མེ་ཡིན། །
རྗེ་རྒྱལ་པོ་ཉི་ཟླའི་ཚུལ་དུ་བཞུགས། །
གྲོགས་བློན་པོའི་ཁྲིད་ན་ང་ཙམ་མེད། །
བོད་ཁ་བ་ཅན་གྱི་མི་རྣམས་ལ། །
ང་ཐོན་མི་བཀའ་དྲིན་མི་ཆེ་འམ། །”

ཞེས་ཐོན་མིའི་ང་རྒྱལ་དུ་གྲགས་པའི་མགུར་ཚིག་འདི་ལམ་ཙམ་དོན་ཚན་

གསུམ་ལ་བསྡུ་ཚོག་པ་སྟེ། ང་དྲིན་ཅན་གྱི་ཞེས་པ་ནས་ཚིག་དབྱངས་ཡིག་རྣམས་ལ་མཁས་པར་སྦྱངས་ཞེས་པའི་བར་གྱི་ཀྲང་པ་དགུས་ཐོན་མི་རང་ཉིད་ཀྱིས་བསྒྲོད་དཀའ་བའི་ལམ་དང་། ཚ་གྲང་སོགས་དཀའ་བ་ཚད་མེད་སྤྱད་དེ་རྒྱ་གར་དུ་ཕེབས་ནས་ཡིག་རིགས་སོགས་རིག་གནས་གསན་སྦྱོང་གནང་བའི་ཚུལ་དང་། རྒྱ་ཡིག་ལྔ་བཅུ་ཞེས་པ་ནས་དུས་ད་ལྟ་དགའ་ལ་ཕྱི་མ་སྐྱིད་ཅེས་པའི་བར་གྱི་ཀྲང་པ་ལྔས་བོད་ཡིག་གསར་གཏོད་གནང་བ་དེས་རང་གི་བཞེད་དོན་གྲུབ་པའི་ཚུལ། ཡུལ་མཐའ་འཁོབ་ཅེས་པ་ནས་མཇུག་མ་རྫོགས་བར་ཀྲང་པ་བདུན་གྱིས་ཁོང་གི་རླབས་པོ་ཆེའི་མཛད་རྗེས་དེ་ལ་སུས་ཀྱང་འགྲན་པར་མི་ནུས་པ་དང་། ང་ནི་བོད་འབངས་རྣམས་ལ་བཀའ་དྲིན་ཆེ་བའི་མི་ཞིག་ཡིན་མིན་ལེགས་པར་སོམས་ཤིག་ཅེས་ཐུགས་རྒྱལ་གྱི་རྣམ་པ་དང་བཅས་ཏེ་ཁོང་གི་བཀའ་དྲིན་རྗེས་དྲན་དགོས་པར་གདམས་པ་དེས་སྐབས་དེའི་བློན་པོ་རྣམས་ཀྱི་འགྲན་སེམས་མཐའ་དག་རང་ཞིར་འགྱུར་བ་མཛད་པ་ལགས་སོ།

ད་ལྟའི་བོད་ཡིག་འདིའི་འབྱུང་ཁུངས་དང་། ཁྱད་ཆོས། ཐོན་མི་བཀའ་དྲིན་ཅན་གྱིས་གསར་གཏོད་གནང་བའི་ད་ལྟའི་བོད་ཡིག་འདིའི་ཕྱི་མོ་གང་ལ་མཛད་པའི་སྐོར་མཁས་པའི་བཞེད་པ་མི་འདྲ་བ་མཆིས་ཏེ།

དེ་ཡང་མཁས་པའི་དཀའ་སྟོན་ལས་འབྱུང་བ་ནི། རྒྱ་གར་གྱི་ཡི་གེའི་ནང་གསེས་ནཱ་ག་ར་དང་། ཁ་ཆེའི་ཡི་གེ་ལ་དབྱངས་གསལ་གྱི་དཔེ་མཛད་ནས་སྒྲ་མཁར་མ་ཧུར་བོད་ཀྱི་ཡི་གེའི་གཟུགས་བརྩམས། ཡིག་གཟུགས་ཀྱི་དཔེའམ་ཕྱི་མོ་ནི། ལྷ་ཡིག་ལཉྫ་ལ་དཔེ་མཛད་ནས་དབུ་ཅན་དང་། ཀླུ་ཡིག་ཝརྟུ་ལ་དཔེ་མཛད་ནས་ཟུར་ཅན་ཏེ་དབུ་ཆུང་བཟོས། ལྷ་ཡིག་དང་ཀླུ་ཡིག་ཅེས་པ་ནི་རྒྱ་གར་གྱི་གནའ་རབས་ཡི་གེའི་གཟུགས་མི་འདྲ་བ་གཉིས་ལ་བཏགས་པའི་ཐ་སྙད་

ཡིན།

རྒྱ་གར་གྱི་དབྱངས་གསལ་ལྔ་བཅུའི་ནང་གི་དབྱངས་བཅུ་དྲུག་ནས་བོད་དུ་དབྱངས་ཨི་ཨུ་ཨེ་ཨོ་བཞིར་བསྡུས། གསལ་བྱེད་སོ་བཞིའི་ནང་ནས་ཊ་ཋ་ཌ་ཎ་སྟེ་ལོག་པའི་ཡི་གེ་བཞི་དང་། ཛྲོ་བའི་ཡི་གེ་ཀྵ། གྷ་ཛྷ་ཌྷ་དྷ་བྷ་སྟེ་འཕྲུག་པོའི་ཡི་གེ་ལྔ། མཐར་གནས་ཀླུ་ཡིག་བཅས་ཡི་གེ་བཅུ་གཅིག་བོད་སྐད་ལ་མི་མཁོ་བ་ཛོར་བའི་འཕྲོས་ཡི་གེ་ཉི་ཤུ་རྩ་གསུམ་ཁར། བོད་ཀྱི་སྐད་ལ་ཉེ་བར་མཁོ་བ་ཙ་ཚ་ཛ་གསུམ་དང་ཞ་ཟ་འ་དྲུག་གསར་དུ་བསྣན་པ་དང་། བོད་ཡིག་གི་སྐབས་སུ་ལེགས་སྦྱར་ལྟར་གསལ་བྱེད་ཀྱི་སྟོག་ཏུ་ཞུགས་པ་དང་དབྱངས་ཕན་ཚུན་མཚམས་སྦྱོར་བ་སོགས་ཨ་ཡིག་ལ་དབྱངས་ཡིག་གི་བྱ་བ་སྒྲུབ་ཏུ་མེད་པས་ཨ་ཡིག་གསལ་བྱེད་ཀྱི་མཐར་སྦྱར་ཏེ་གསལ་བྱེད་སུམ་ཅུར་གཏན་ལ་ཕབ། གསལ་བྱེད་སུམ་ཅུའི་ནང་ནས་ཡི་གེ་ཀུན་གྱི་རྗེས་སུ་འཇུག་པའི་ཡི་གེ་བཅུ་དབྱེ། དེ་ལས་ཀྱང་རྗེས་འཇུག་གི་རྗེས་སུ་ཡང་བསྐྱར་དབྱེ་བའི་སྒོ་ནས་འཇུག་པ་ཡང་འཇུག་གཉིས་དབྱེ། ཡང་རྗེས་འཇུག་བཅུའི་ནང་ནས་སྒྲ་དོན་ལ་མེད་དུ་མི་རུང་བའི་སྔོན་འཇུག་གི་ཡི་གེ་ལྔ་དབྱེ། གསལ་བྱེད་སུམ་ཅུའི་ནང་ནས་སྔོན་རྗེས་ཀྱི་ཡི་གེ་བཅུ་ལྷུད་འཕྲོས་སྔོན་རྗེས་ལ་མི་འཇུག་པའི་མིང་གཞིའི་ཡི་གེ་ཉི་ཤུར་ངེས་པ་བྱས། ར་ལ་ས་གསུམ་གྱི་མགོ་ཅན་དང་། ཡ་ར་ལ་ཝའི་སྨད་འདོགས་བཅས་གཏན་ལ་ཕབ་པ་སོགས་ཞིབ་ཆ་སུམ་རྟགས་ཀྱི་གཞུང་ལས་ཤེས་པར་བྱ་ཞིང་། སྐབས་འདིར་གླེང་འོས་པ་ཞིག་ནི། རྒྱ་གར་ལ་མེད་པའི་ཡི་གེ་དྲུག་གསར་དུ་བསྣན་པའི་སྐོར། བོད་ཀྱི་བརྡ་སྤྲོད་པའི་བསྟན་བཅོས་ནང་དེའི་འབྱུང་ཚུལ་ལ་བཞེད་པ་མི་འདྲ་བ་ཡོད་རུང་། གྲགས་ཆེ་བ་ལྟར་ན། ཐོན་མི་བཀའ་དྲིན་ཅན་གྱིས་བོད་ཡིག་གསར་བཟོ་གནང་བཞིན་པའི་སྐབས་བོད་ཀྱི་སྐད་ལ་ངེས་པར་དུ

མཁོ་བའི་ཡི་གེ་འགའ་ཞིག་སྔོན་དགོས་པར་དགོངས་ཀྱང་། འཕྲུལ་འཕྲུལ་ཐུགས་བློར་མ་ཤར་བ་དེའི་ཚེ་ལམ་དུ་འགྲོ་བའི་མགྲོན་པོ་ཞིག་དང་འཕྲད་ནས་དེ་ལ་ཐོན་མིས་ཁྱེད་གང་ནས་ཕྱིན་བྱས་པས་ཞང་ཞུང་ནས་འོངས་ཟེར། གང་དུ་འགྲོ་བྱས་པས་ཟ་ཧོར་དུ་འགྲོ་ཟེར། གང་གི་དོན་དུ་འགྲོ་བྱས་པས་ཛ་ཉེ་རུ་འགྲོ་ཟེར། ནམ་སླེབས་བྱས་པས་ཙི་ཚ་ཟེར་བ་དེའི་སྐད་ལ་དཔྱད་པ་མཛད་ནས་ཞང་ཞུང་ཞེས་པས་ཞ་ཡིག་སྔོན་དགོས་པ་ཐུགས་ལ་ཤར། དེ་བཞིན་འོངས་ཞེས་པས་འ་དང་། ཟ་ཧོར་ཞེས་པས་ཟ་དང་། ཛ་ཞེས་པས་ཛ་དང་། ཙི་ཚ་ཞེས་པས་ཙ་ཚ་གཉིས་བཅས་སྔོན་དགོས་པར་དགོངས་ནས་ཀ་ཁའི་སྟོད་དུ་ཙ་ཚ་ཛ་གསུམ་དང་། སྨད་དུ་ཞ་ཟ་འ་གསུམ་བསྣན་ཞེས་པའི་དུམ་བུ་འདི་གཏམ་རྒྱུད་ལྟ་བུར་སྣང་ཡང་། དེས་གང་ཞིག་གསལ་བཤད་བྱས་ཡོད་དམ་ཞེ་ན། ཐོན་མིས་བོད་ཡིག་གསར་གཏོད་གནང་སྐབས་རྒྱ་གར་གྱི་ཡི་གེའི་ནང་མེད་པ་བོད་ལ་ད་དུང་ཡི་གེ་གང་དག་དང་། སྒྲ་ཇི་ལྟར་བྱ་བ་གསར་གཏོད་གནང་རྒྱུ་དེ་གལ་ཆེའི་ལྟུ་ཚོགས་སུ་བཟུང་སྟེ་འཚོ་བ་ཇོ་མའི་ནང་ཕྱོགས་གང་ཐད་ལ་བརྟག་དཔྱད་ཞིབ་འཇུག་གནང་བ་དེ་མཚོན་པ་དང་། ད་ལྟའི་བོད་ཡིག་འདིའི་ཕྱི་མོ་རྒྱ་གར་གྱི་དབྱངས་གསལ་ལྔ་བཅུ་ལས་བོད་ལ་མཁོ་བའི་ཡི་གེ་དྲུག་ཕུད་པའི་གསལ་བྱེད་ཉེར་བཞི་དང་། དབྱངས་བཞི་རྒྱ་གར་གྱི་ཡི་གེ་ནས་བླངས་པ་དེ་མཚོན་ཞིང་། ཐོན་མིས་ཡི་གེ་གསར་བཟོ་གནང་སྐབས་ཐོག་མར་སྐད་གདངས་གཉིས་ཀྱི་རྩོམ་གཞིར་གྱུར་པ་ཡི་གེའི་མཚན་ཉིད་ཅེས་པའི་སྤྱི་འགྲོས་དེ་དང་ཡོངས་སུ་མཐུན་པ་བོད་ཀྱི་སྐད་གདངས་ལ་ཞིབ་འཇུག་དཔྱིས་ཕྱིན་པ་མཛད་དེ་བོད་ཀྱི་སྐད་ལ་རྒྱ་གར་གྱི་ཡི་གེའི་ནང་ནས་ལེན་འོས་པ་རྣམས་བླངས། དོར་འོས་པ་རྣམས་དོར། ད་དུང་མ་འདང་བའི་ཡི་གེ་གང་དང་གང་གསར་གཏོད་

མཛད་འོས་པ་ཚུལ་བཞིན་དུ་གསར་གཏོད་མཛད་པ་ཡང་མཚོན་པ་བཅས་ད་ལྟའི་བོད་ཡིག་འདི་མ་ལག་ཆ་ཚང་བའི་ཡིག་རིགས་ཡར་ཐོན་ཅན་ཐ་ན་དེང་རབས་ལ་སྟོས་ནའང་འཛམ་གླིང་ཡིག་རིགས་ཀྱི་མདུན་གྲལ་དུ་སླེབས་ཐུབ་པ་མ་ལས་བུ་བཙན་པའི་དཔེ་ལྟར་བོད་ཡིག་གི་ཕྱི་མོ་གནའ་རབས་རྒྱ་གར་གྱི་ཡི་གེ་ལས་ཀྱང་ཆེས་ཡར་ཐོན་ཆེ་བ་ཞིག་ཆགས་ཐུབ་པ་འདི་ནི་ཕྱིར་སྲོང་བཙན་སྒམ་པོའི་རླབས་པོ་ཆེའི་དགོངས་བཞེད་དང་། ཡང་སྔོས་ཐོན་མིའི་མཁྱེན་རབ་ཕུལ་དུ་ཕྱུང་བ་ལས་ཐོན་པ་དེའི་ཐོག་ནས་བོད་མི་རིགས་ནི་གནའ་སྔ་མོ་ནས་ཤེས་རིག་ལྡན་པའི་མི་རིགས་ངོ་གནོང་མི་དགོས་པ་ཞིག་ཡིན་པ་མཚོན་ནོ།

བོད་ཡིག་གི་མ་དཔེ་གང་ལས་མཛད་པའི་སྐོར་ལ་མཁས་དབང་དགེ་འདུན་ཆོས་འཕེལ་གྱི་དེབ་དཀར་ནང་དཔྱད་པ་གནང་བ་ལྟར་ན། "ཐུ་མི་དེ་རྒྱ་གར་ན་གུཔྟའི་རྒྱལ་རྒྱུད་དག་གིས་སྲིད་སྐྱོང་བའི་སྐབས་སུ་ཕྱིན་པ་ཡིན་ཞིང་། ཤིན་ཏུ་ངོ་མཚར་བ་ནི། ཐུ་མི་དང་དུས་མཉམ་པའི་རྒྱ་གར་གྱི་རྒྱལ་པོ་ཧརྵ་དང་། ཀུ་མ་ར་གུཔྟ། སུཏྟ་ཕཀྲ་ན་སོགས་ཀྱི་དུས་སུ་བྱུང་བའི་ཟངས་ཀྱི་གླེགས་བུ་ལ་སོགས་པ་ད་ལྟའི་བར་རྒྱ་གར་གྱི་ཡུལ་སོ་སོར་ཡོད་པ་དག་ལ། ཡི་གེ་བཀོད་པ་རྣམས་བོད་ཡིག་དང་ཧ་ཅང་འདྲ་ཆེ་ཞིང་ཅུང་ཟད་རྒྱུང་ནས་བལྟས་ཚེ་ལག་མི་མཁས་པ་ཞིག་གིས་བོད་ཡིག་བྲིས་སམ་སྙམ་པ་འཆར། ཡིག་འབྲུ་ཕལ་ཆེར་མ་བསླབ་ཀྱང་ཐོར་རེ་བ་ཞིག་ཀློག་ཐུབ་པར་འདུག དཔེ་མཚོན་ཙམ་བཀོད་ན། གཞོན་ནུ་སྦས་པའི་ཟངས་ཀྱི་གླེགས་བུ་ལ།" ཞེས་དཔེ་རིས་དངོས་སུ་འགོད་གནང་བ་དང་། "དེས་ན་བོད་ཡིག་གང་ལ་དཔེར་བཅད་པའི་ཕྱི་མོ་དེ་ཡང་གུཔྟའི་ཡི་གེ་འདི་ཡིན་ནམ་སྙམ། དེར་མ་ཟད་རྙིང་མའི་གཏེར་ཡིག་གི་གྲས་ཀྱི་བརྡ་ཡིག་དེ་དག་ཀྱང་གུཔྟའི་ཡི་གེ་ལ་ཤིན་ཏུ་འདྲ་བ་མང་། གཞན་ཡང་ཞིབ་ཏུ

བརྟག་ཚེ། དབུ་ཅན་དབུ་མེད་གཉིས་ཀྱང་ཐོག་མ་ཞིག་ནས་མཉམ་དུ་མཛད་པ་མིན་པར། དབུ་ཅན་འདི་ག་རང་མགྱོགས་པར་བྲིས་པ་ལས་དབུ་མེད་རང་བཞིན་གྱིས་བྱུང་བ་ལྟར་མངོན་ཏེ། སྔོན་གྱི་ཡིག་རྙིང་མང་པོ་དང་། ད་ལྟ་ཡང་འབྲུག་ཡུལ་ན་དར་སྲོལ་ཆེ་བའི་ལྷོ་ཡིག་ཏུ་གྲགས་པའི་གཟུགས་རྣམས་ལ་བལྟས་ན། དབུ་ཅན་དབུ་མེད་དུ་འགྱུར་ཚུལ་མངོན་སུམ་དུ་མཐོང་བ་ལྟར་འདུག་སྟེ། དཔེར་ན་”[1]ཞེས་དཔེ་རིས་ངོ་མཚར་ཅན་ཡང་སྟོན་གནང་མཛད་པ་འདི་དག་ལོ་རྒྱུས་ཀྱི་དུས་སྐབས་དང་། དོན་དངོས་ཀྱི་དཔྱད་གཞི་སོགས་ཚན་རིག་དང་མཐུན་པའི་དཔྱད་པ་སྔ་ན་མ་གྲགས་པ་ཞིག་ཡིན་པར་བརྟེན་མཚམས་འདིར་རགས་བསྡུས་ཙམ་དྲངས་ཤིང་། ཞིབ་པར་མཁྱེན་འདོད་མཁན་ཚོས་དེབ་དཀར་ལ་གཟིགས་པར་འཚལ།

ད་ལྟའི་བོད་ཡིག་འདི་ལ་ཁྱད་པར་འཕགས་པའི་དགེ་མཚན་འགའ་ཡོད་དེ། དང་པོ། བོད་ཡིག་ནི་སྒྲ་སྦྱོར་གྱི་ཡི་གེ་ཡིན་པ་རྩ་བའི་ཡིག་འབྲུ་དབྱངས་གསལ་སོ་བཞི་ལས་མེད་པས་ཀློག་བདེ་ཞིང་། ངེས་སླ་བ། ཤེས་མགྱོགས་པ། སྒྲ་གདངས་དབྱེ་བ་གསལ་ལ་མི་འགྱུར་བ། ཡི་གེའི་ངོ་བོ་དང་ཤིན་ཏུ་མཐུན་པ། དཔེར་ན། ཀ་སོགས་གསལ་བྱེད་སུམ་ཅུ་དང་། ཨི་སོགས་དབྱངས་ཡིག་བཞི། དེ་བཞིན་ཕན་ཚུན་སྒྲ་སྦྱོར་ལས་འབྱུང་བའི་སྒྲ་ནི་ཐོན་མིས་ཐོག་མར་གསར་གཏོད་གནང་བ་ནས་ཐམ་ད་ལྟའི་བར་ལ་རྩ་བའི་ཐོག་ནས་ཀློག་པའི་སྒྲ་དེ་རང་སོ་ན་གནས་པ་ལས་འགྱུར་བ་ཆེར་མེད་ལ། བོད་རིགས་གནས་པའི་ས་ཁུལ་ཆེས་མང་བར་ཡུལ་སྐད་འདྲ་མིན་ཅི་རིགས་ཡོད་ཀྱང་། ཡི་གེ་ཀློག་པའི་སྒྲ་དོན་

[1] (དེབ་དཀར་ཤིང་པར་མའི་ཤོག་གྲངས30)

རྩ་བ་གཅིག་གྱུར་ཡིན་པ་ལས་ཡུལ་ཚན་སོ་སོར་གོ་དོན་མི་འདྲ་བ་མེད་པ་འདི་ནི་དེང་འཛམ་གླིང་གི་སྔོན་ཐོན་ཆེ་ཤོས་ཀྱི་ཡི་གེའི་ཁྱད་ཆོས་དང་མཐུན་ཤས་ཆེ་བའི་ཕུལ་བྱུང་གི་ངོ་མཚར་ལྡན་ཡོད།

གཉིས་པ། ད་ལྟའི་བོད་ཡིག་གསར་གཏོད་གནང་ནས་ལོ་ངོ་ཆིག་སྟོང་སུམ་བརྒྱ་ལྷག་སོང་ཞིང་། ཡུལ་སྐད་ལ་འཕེལ་འགྱུར་ཅི་རིགས་བྱུང་རུང་། སྐབས་དེར་གང་བྲིས་པའི་ཡི་གེའི་སྦྲ་སྦྱོར་བོད་ཡིག་ཤེས་སོ་ཚོག་གིས་ད་ལྟའང་ཇི་མ་ཇི་བཞིན་ཀློག་ཐུབ་པ་མ་ཟད། རིག་གནས་ཀྱི་ཆུ་ཚད་ངེས་ཅན་ཡོད་པའི་མིས་གོ་དོན་ཡང་རྟོགས་ཐུབ་པ། དཔེར་ན་བཙན་པོའི་སྐབས་བརྩུགས་པའི་རྡོ་རིང་གི་ཡི་གེ་དང་། ཏུན་ཧོང་ནས་ཐོན་པའི་བཙན་པོའི་དུས་ཀྱི་བོད་ཀྱི་ཡིག་ཆའི་ནང་འཁོད་པའི་ལོ་རྒྱུས་ཀྱི་གལ་ཆེའི་ནང་དོན་རྣམས་བོད་རིག་པའི་ཚན་ཁག་གི་ཞིབ་འཇུག་ནང་ཁྱབ་གདལ་དུ་སྤྱོད་ཐུབ་པ་ལྟ་བུའོ།

གསུམ་པ། བོད་ཡིག་གི་སྦྲ་སྦྱོར་ནི། འོས་པར་སྦྱོར་ཤེས་ན་མི་རིགས་གང་འདྲ་ཞིག་དང་། རྒྱལ་ཁབ་གང་འདྲ་ཞིག་གི་སྐད་གདངས་ཏ་ལམ་ཇི་བཞིན་ཐོན་ཐུབ་པ། དེའི་ཐོག་ནས་བོད་ཡིག་ནི་འཛིག་རྟེན་ན་བྱུང་དང་འབྱུང་འགྱུར་གྱི་སྒྲ་གདངས་གསར་པ་འཛད་མཐའ་མེད་པ་ཞིག་སྦེབ་སྦྱོར་བྱེད་ཐུབ་པས་ཡིག་རིགས་གཞན་དང་མི་འདྲ་བའི་སྐྱེ་སྟོབས་ཀྱི་ནུས་པ་ཆེས་ཆེར་འབར་བ་ཞིག་ཡིན་པ།

བཞི་པ། རྒྱ་ཆེ་ལ་རྣམ་གྲངས་མང་ཞིང་གཏིང་ཟབ་པའི་ནང་དོན་ཅི་འདྲ་ཞིག་འབྲི་བ་དང་། དེའི་དོན་སྟོན་དགོས་ནའང་དབྱངས་གསལ་སོ་བཞི་དང་། སྔོན་རྗེས། ཚིག་ཕྲད་རྣམ་དབྱེ་སོགས་ཀྱི་གཞུང་ལུགས་ལ་མ་སྦྱོངས་ཕྱིན་རང་རང་སྐབས་སུ་གང་བབས་ཀྱི་སྦེབ་སྦྱོར་ལ་བརྟེན་ནས་གོ་དོན་སྟོན་ཐུབ་

པ་མ་ཟད། སྤྱན་ལྷ་མི་རིགས་དང་། ཚན་རིག་དར་རྒྱས་ཆེ་བའི་རྒྱལ་ཁབ་ཀྱི་རིག་གནས་ཀྱང་རང་ཉིད་ཀྱི་སྐད་དུ་བསྒྱུར་ཐུབ་པའི་ཁྱད་ཆོས་མངོན་པར་གསལ་བ་ཐོན་མི་བཀའ་དྲིན་ཅན་ཉིད་ཀྱིས་བསྒྱུར་བའི་སྤྱན་རས་གཟིགས་ཀྱི་མདོ་རྒྱུད་ཉེར་གཅིག་ལ་སོགས་པ་སྐབས་དེར་ཕྱོས་ན་བོད་ལ་རྩ་བ་ནས་མ་དར་བའི་དམ་པའི་ཆོས་སམ། རིག་པའི་གནས་ཏ་ཅང་མང་པོ་བསྒྱུར་གནང་མཛད་པ་བཅས་ཀྱིས་ཁོང་ནི་བོད་ཀྱི་འཕྲུལ་སློན་མཛངས་མི་བདུན་གྱི་ནང་ནས་བཞི་པར་གྲགས་ལ་སློན་པོ་གཞན་དག་སུས་ཀྱང་འགྲན་པའི་ཟླ་དང་བྲལ་བའི་འཕྲུལ་སློན་གྱི་ཏོག་ལྟ་བུ་ཡིན་ལ་བོད་ཀྱི་ལོ་ཙཱ་བའི་ཐོག་མ་མིག་དཔེར་འོས་པ་དེ་ལྟ་བུ་ཞིག་བྱུང་བ་ལས་ཀྱང་གསལ་པོར་རྟོགས་ཐུབ་ཅིང་། ཕྱིར་འདས་པའི་དུས་སུ་ལོ་པཎ་རྣམས་ཀྱིས་བོད་དུ་བསྒྱུར་བའི་བཀའ་བསྟན་བཅོས་གྲངས་ལས་འདས་པ་དེ་རྣམས་ཀྱི་ནང་དོན་རྒྱ་དཔེ་ཇི་མ་ཇི་བཞིན་ཐོན་པའི་ཁྱད་ཆོས་མངོན་པར་གསལ་བར་རྒྱལ་ཁབ་ཕྱི་ནང་གི་མཁས་པ་མང་པོས་འཛམ་གླིང་ནང་འདི་འདྲ་བའི་འགྱུར་ཡིག་ཁྱུངས་བཙན་པོ་དང་། ཕན་འབོར་ཆེ་བ་མཐོང་དཀོན་པའི་ངོ་མཚར་ལ་ཚད་མཐོའི་གདེང་འཇོག་དང་། བསྔགས་བརྗོད་བྱེད་དང་བྱེད་བཞིན་པ་དེའི་ཐོག་ནས་བོད་ཡིག་འདིར་བརྗོད་བྱ་གང་ཞིག་ཡིན་རུང་རྗོད་བྱེད་ཀྱི་ཐོགས་པ་མེད་པ་དེ་མཚོན་གྱི་ཡོད།

ལྔ་པ། བོད་ཡིག་འདི་ལ་དབྱངས་གསལ་གྱི་བསྒོམས་གྲངས་ཏ་ཅང་ཉུང་ཞིང་། དེ་རྣམས་མཚོན་བྱེད་ཡིག་གཟུགས་ལ་ཕྱོས་ནའང་ཏ་ཅང་སྟབས་བདེ་ཡིན། འབྲུག་ཡིག་ལྟ་བུར་མཚོན་ན་སྒྱུ་གུ་གཡུག་ཐེངས་གཅིག་གིས་ཡིག་འབྲུ་རེ་རེ་འབམ། ཉིས་སྦྲེལ། སུམ་སྦྲེལ། བཤར་མར་འབྲི་ཐུབ་ལ། རྩང་འབྲི་དཀའ་བ་དབུ་ཅན་ལྟ་བུར་མཚོན་ན་ཡང་། སྒྱུག་ཁམ་མང་ཐོས་ཀྱི་ཡི་གེ "ཨ་" ཡིག་ལ་

ཡང་སྨྲུག་ཁམ་ལྔ་ལས་མེད་པ་དང་། ཉུང་བ་ཁམ་གཉིས་ཀྱིས་གྲུབ་པ་“ན་”ལྟ་བུ། བར་མཚམས་ཚེག་གིས་བཅད་པས་ཚིག་འཁྲུག་དོགས་མེད་པ་བཅས་ངོ་མཚར་ཆེན་པོ་ལྡན་ཡོད།

དྲུག་པ། ཀོ་རིམ་ལྡན་པ་དང་། མ་ལག་ཚང་བའི་བརྡ་སྤྲོད་རིག་པ་ཁུངས་བཙན་ཡོད་པས་བདག་གཞན་དུས་གསུམ་དང་། བྱ་བྱེད་ལས་གསུམ་སོགས་ཚུལ་བཞིན་སྦྱོར་ཤེས་ན་སྒྲ་འདྲ་ཡང་དོན་མི་འདྲ་བ་དུ་མ་སོ་སོར་སྟོན་ནུས་ཤིང་། མིང་གཅིག་དོན་མང་ལ་འཇུག་པ་དང་། དོན་གཅིག་མིང་གི་རྣམ་གྲངས་ལ་སོགས་པའི་གཏིང་ཚད་ཏ་ལམ་དཔོག་མི་ཐུབ་པ་ལྟ་བུ་དེ་དག་ཚུལ་བཞིན་སྦྱོར་ཤེས་ན་འབྲི་བ་པོས་བརྗོད་འདོད་ཀྱི་དོན་གང་ཞིག་ཀྱང་འཁྲུལ་པ་མེད་ལ་གསོན་ཉམས་ལྡན་པ་མིག་མདུན་གྱི་བཀློས་གར་དང་མཚུངས་པ་གསལ་ལེར་འཆར་རྒྱུ་ཡོད་པ་བཅས་སོ།

ཐོན་མིས་བོད་ཡིག་གསར་བཟོ་མཛད་པའི་རྗེས་སུ་སྒྲ་རིག་པ་དང་། ཡི་གེའི་རིག་པ་གཏན་ལ་འབེབས་པར་བརྡ་སྤྲོད་པའི་བསྟན་བཅོས་ཆེན་པོ་བརྒྱད་མཛད་པར་གྲགས་ཤིང་། ད་ལྟ་བཞུགས་པ་སུམ་ཅུ་པ་དང་། རྟགས་ཀྱི་འཇུག་པ་གཉིས་ལས་འཕྲོས་དྲུག་གླང་དར་མའི་སྐབས་ནུབ་པར་གྲགས་པ་དེའི་རྐྱེན་གྱིས་སུམ་རྟགས་ཀྱི་གཞུང་དུ་ད་དྲག་གི་རྗེས་སུ་གང་ཐོབ་ཀྱི་ཚིག་ཕྲད་དང་། ལྷག་པར་བྱ་བྱེད་ལས་གསུམ་དང་སྐུལ་ཚིག མིང་རྐྱང་གི་དག་ཡིག་ཡོངས་རྫོགས་ཀྱི་བསྒྲུབ་གཞི་རྣམས་དངོས་བསྟན་དུ་མ་བྱུང་བ་ནི་གནད་དེ་ལ་ཐུག་པར་མངོན། ད་དུང་སྙེབ་སྦྱོར་སྒྲིག་པའི་གཞི་མ། ཐོན་མི་མདོ་རྗེའི་སྒྲ་མདོ་ཞེས་བྱ་བ་ཞིག་ཀྱང་ཡོད་པར་གྲགས།

ཐོན་མིའི་བསྒྱུར་ཆོས་ནི། སྲོང་བཙན་སྒམ་པོས་བཀས་བསྐུལ་བ་ལྟར་

སྤྱན་རས་གཟིགས་ཀྱི་མདོ་རྒྱུད་ཉི་ཤུ་རྩ་གཅིག་དང་། འདུས་པ་རིན་པོ་ཆེའི་ཏོག་གི་གཟུངས། མདོ་ཏིང་ངེ་འཛིན་རྒྱལ་པོ། མདོ་སྡེ་དཀོན་མཆོག་སྤྲིན། དམ་པ་ཏོག་དཀར་གྱི་མདོ། དགེ་བ་བཅུའི་མདོ། ཤེར་ཕྱིན་སྟོང་ཕྲག་བརྒྱ་པ་ལ་སོགས་དམ་པའི་ཆོས་མང་དུ་བསྒྱུར་ཡོད།

མདོར་ན་བཙན་པོ་སྲོང་བཙན་སྒམ་པོའི་སྐུ་རིང་ལ་རང་ཅག་བོད་མི་རིགས་ཆོས་ད་ལྟ་སྤྱོད་བཞིན་པའི་ཡི་གེ་རྨད་དུ་བྱུང་བ་འདི་ལྟ་བུ་ཞིག་གསར་དུ་བྱུང་བ་དེས་བོད་ཀྱི་ལོ་རྒྱུས་ཐོག་ཆབ་སྲིད་དང་། དཔལ་འབྱོར། རིག་གནས། དམག་དོན། ཁྲིམས་ལུགས་སོགས་གང་གི་ཐད་ལའང་དར་རྒྱས་ཕུན་སུམ་ཚོགས་པ་ཡར་ངོའི་ཟླ་བ་བཞིན་འཕེལ་རྒྱས་འགྲོ་བར་དཔོག་པར་དཀའ་བའི་ནུས་པ་འདོན་སྤེལ་བྱེད་ཐུབ་པ་བྱུང་ཡོད་དོ།

4. བཙུན་མོ་ཆེ་ཆུང་ཁབ་ཏུ་བཞེས་པའི་སྐོར།

རྒྱལ་པོའི་ཐུགས་ལ་བོད་ཡུལ་ཁ་བ་ཅན་པའི་རིགས་ཅན་རྣམས་ནམ་ཡང་ཕན་པ་དང་བདེ་བའི་དཔལ་ལ་སྤྱོད་པ་དང་། རྒྱལ་ཁམས་ཀྱི་མངའ་ཐང་མི་ཉམས་གོང་དུ་སྤེལ་བ། བཙན་པོའི་ཆབ་སྲིད་མི་ནུབ་ཡུན་དུ་གནས་པ་བཅས་དགོས་ན་ཅི་ནས་ཀྱང་རྒྱལ་སྲིད་སྐྱོང་བའི་རྒྱུད་འཛིན་གདུང་རྒྱུད་ཡོད་དགོས་པ་ནི་ཤིན་ཏུ་གལ་ཆེ་བ་ཞིག་ཡིན་པར་དགོངས། དེ་ལྟར་བཙན་པོའི་གདུང་རྒྱུད་འབྱུང་ཚེད་སྔ་རྗེས་སུ་མོང་བཟའ་ཁྲི་ལྕམ་དང་། ཞང་ཞུང་བཟའ་ལི་ཐིག་སྨན། མི་ཉག་རུ་ཡོང་བཟའ་རྒྱལ་མོ་བཙུན་བཅས་རིགས་མཐུན་གྱི་བཙུན་མོ་གསུམ་ཁབ་ཏུ་བཞེས། དེ་དག་གི་ནང་ནས་ཞང་ཞུང་བཟའ་དང་རུ་ཡོང་བཟའ་གཉིས་ལ་རིགས་སྲས་ཀྱི་སྨུ་གུ་ལྡན་པར་མ་གྱུར་ཞིང་། བོད་ཡུལ་དབུས་ཀྱི་སའི་ཆ་སྟོད་ལུང་དུ་གྲགས་པའི་ལུང་ཚན་མོང་ཞེས་བྱ་བ་སྟེ་ད་ལྟའི་དུས་སུའང་ཡུལ་མིང་སོ་

ན་གནས་པའི་ཡུལ་དེ་ནས་ཞང་སློན་གྱི་བུ་མོ་རིགས་གཟུགས་ལང་ཚོའི་དཔལ་ཡོན་སོགས་ཕྱི་དང་ནང་གི་མཛེས་ཆོས་ཡོན་ཏན་མ་ཚང་བ་མེད་པའི་མོང་བཟའ་ཁྲི་ལྕམ་བྱ་བ་བཙུན་མོ་ཀུན་གྱི་ཐོག་མ་ཉིད་དུ་ཁབ་ཏུ་བཞེས་པ་ནི་བོད་ཀྱི་ཚད་ལྡན་ལོ་རྒྱུས་ཡིག་ཆ་དག་གི་ནང་། "བཙུན་མོ་སྔ་མ་མོང་བཟའ་ཁྲི་བཙུན……དེའི་ཕྱི་མ་ཞང་ཞུང་བཟའ་ཁྲི་བཙུན……（དེ་ནས）རུ་ཡོང་བཟའ་རྒྱལ་མོ་བཙུན……" ཞེས་འཁོད་ཡོད་པ་ལྟར་བཙུན་མོ་ཐམས་ཅད་ཀྱི་སྔ་མར་གྱུར་པ་མོང་བཟའ་ཁྲི་ལྕམ་འདི་ཉིད་ལ་རྒྱལ་སྲས་གུང་རི་གུང་བཙན་ཞེས་པ་བཙན་པོའི་གདུང་རྒྱུད་དྲི་མས་མ་གོས་པ་ཞིག་བདེ་བར་འཁྲུངས། དེ་ལྟར་རྒྱལ་སྲས་ཟླ་བ་གསར་པ་གངས་ཅན་ཤར་རིའི་རྩེ་ནས་ལྷགས་པས་བཙན་པོ་ཡབ་ཡུམ་སློན་འབངས་དང་བཅས་ཐུགས་ཡིད་ཀྱི་སྤྲོ་བ་རབ་ཏུ་འཕེལ་ཞིང་། བཅས་སྟོན་ཡང་ཤིན་ཏུ་རྒྱ་ཆེར་མཛད་དོ།

མོང་བཟའ་ཁྲི་ལྕམ་དང་། ཞང་ཞུང་བཟའ་ལི་ཐིག་སྨན། མི་ཉག་རུ་ཡོང་བཟའ་བཅས་འདི་གསུམ་ལ་རིགས་མཐུན་གྱི་བཙུན་མོ་རྣམ་གསུམ་ཞེས་འབོད་དགོས་དོན་ནི། 《རྒྱལ་པོའི་བཀའ་ཆེམས་ཀ་ཁོལ་མ》ཞེས་པའི་ནང་མོང་བཟའ་ཁྲི་བཙུན་དང་། ཞང་ཞུང་བཟའ་ཁྲི་བཙུན། རུ་ཡོང་བཟའ་རྒྱལ་མོ་བཙུན་བཅས་ལ"ཇོ་མོ་བོད་མོ"ཞེས་དམིགས་སུ་བཀར་ནས་གསུངས་པ་ལྟར་དེ་དག་བོད་མིའི་རིགས་ཅན་དུ་གྱུར་པའི་དབང་གིས་ཡིན། ཕྱོགས་མཚུངས་མོང་བཟའ་ཁྲི་ལྕམ་གྱིས་བྲག་ཡེར་པའི་ལྷ་ཁང་དང་། མི་ཉག་རུ་ཡོང་བཟས་བྲག་ལྷ་མགོན་པོའི་ལྷ་ཁང་། ཞང་ཞུང་བཟའ་ལི་ཐིག་སྨན་གྱིས་ཐིམ་བུ་སྐྱག་གི་ལྷ་ཁང་བཅས་བཞེངས་ཚོག་པ་བཙན་པོའི་སྣང་དུ་གསོལ་བ་བཞིན་ལྷ་ཁང་ཁག་གསུམ་བཞེངས་པའི་ནང་ནས་ཐིམ་བུ་སྐྱག་གི་ལྷ་ཁང་ཆགས་ཡུལ་ས་ཆ

འདི་ཡིན་ཞེས་ད་ལྟ་ངེས་བཟུང་དཀའ་བའི་གནས་སུ་གྱུར་ཡོད། ལྷ་ཁང་སྟ་མ་གཉིས་ནི་ད་ལྟའང་བྲག་ཡེར་པ་དང་བྲག་ལྷ་ཀླུ་སྒུག་ཅེས་ཡོངས་སུ་གྲགས་པ་ལྟར། "རུ་ཡོང་བཟས་བྲག་ལྷ་ཀླུ་ཕུག་གི་སྐུ་རང་བྱུང་རྣམས་གསལ་བར་བཀོས་ཏེ་ཚྭ་ལ་བརྒྱད་བཅུ་སྟེའི་དུས་བྲག་ཕྱི་བྲི་རེ་ཕེད་པ་ལ་ཚྭ་བྲི་རེ་ཕྱིན་ནས་བྲག་ལ་སྐོར་ཁང་བཀོས……" ཞེས་ཆོས་འབྱུང་མཁས་པའི་དགའ་སྟོན་སོགས་ལས་གསུངས་པ་སྟེ་དེང་གི་དུས་སུ་ཡང་རང་ཅག་ཚང་མའི་མཐོང་ཆོས་སུ་གྱུར་པའི་བྲག་རྡོ་སྐོར་ཁང་ཅན་གྱི་བྲག་ལ་རྗོ་བོ་ཤཱཀྱའི་སྐུ་གཟུགས་འབུར་དུ་དོད་པ་གཙོ་བོར་བྱས་པའི་ལྷ་སྐུ་དང་སྲོང་བཙན་སྒམ་པོ་སོགས་ཀྱི་སྣང་བརྙན་སྣ་ཚོགས་ཡོད་པའི་བྲག་ཕུག་འདི་ཉིད་ཡིན།

བོད་ཀྱི་ལོ་རྒྱུས་དེབ་ཐེར་མང་ཆེ་བའི་ནང་འཁོད་པ་ལྟར་སྲོང་བཙན་སྒམ་པོས་སྟ་རྗེས་སུ་བཙན་མོ་ལྔ་ཁབ་ཏུ་བཞེས་པ་དང་། དེ་དག་གི་ནང་ནས་མཆོག་ཏུ་གྱུར་པའི་བཙུན་མོ་གསུམ་གྱི་གྲས་མོང་བཟའ་ཁྲི་ལྕམ་ནི་བཙན་པོའི་གདུང་རྒྱུད་ཀྱི་རིགས་སྲས་ལྡན་པའི་བཙུན་མོ་ཁོ་ན་ཉིད་དུ་ངེས་པས་བོད་མི་ཡོངས་ཀྱིས་ཁོང་ལ་བརྩིས་མ་མ་ཡིན་པའི་གུས་བརྩི་ཞུ་བ་མ་ཟད། རྗེ་སྲིད་བར་དྲན་གསོ་ཞུ་ཆེད་སྔ་དུས་ར་ས་འཕྲུལ་སྣང་གཙུག་ལག་ཁང་གི་འོག་ཤོད་ལྟེ་བའི་གཙང་ཁང་སྟེ་རྗེ་ཁང་གི་བར་ཁྱམས་བྱང་ངོས་ལན་ཀན་གྱིས་བརྒྱན་པའི་ཁྲི་སྟེགས་ཐོག་ཏུ་བཙན་པོ་ཡབ་ཡུམ་གསུམ་གྱི་སྐུ་བརྙན་དང་ལྷན་དུ་མོང་བཟའ་ཁྲི་ལྕམ་གྱིས་རྒྱལ་སྲས་གུང་རི་གུང་བཙན་སྐུ་པང་དུ་བཏབ་ནས་བཞུགས་པའི་འཇིམ་སྐུའི་སྣང་བརྙན་མཚར་ཉམས་ལྡན་པ་བཞེངས་ཡོད་ལ། ཕྱིས་ཀྱི་དུས་ལའང་བྱམས་པ་མཆེད་བཞིའི་ལྷ་ཁང་གི་ཕྱི་ཁྱམས་ཤར་ངོས་ལྡེབས་རིས་ལ་བཙན་པོ་ཡབ་ཡུམ་གསུམ་དང་ལྷན་དུ་མོང་བཟའ་ཁྲི་ལྕམ་ཡུམ་སྲས་ཀྱི་སྣང་

བརྙན་བྲིས་ནས་ཡོད་པའང་རང་ཅག་ཚང་མའི་མིག་གི་སྤྱོད་ཡུལ་དུ་གྱུར་པ་ལྟར་ཡིན།

བལ་བཟའ་ཁྲི་བཙུན་ཁབ་ཏུ་བཞེས་པ།

དེ་ཡང་བོད་ཀྱི་ལོ་རྒྱུས་ཡིག་ཚང་ཁག་ལས་འབྱུང་བ་ལྟར། སྲོང་བཙན་སྒམ་པོ་ནི་སངས་རྒྱས་ཆོས་ལུགས་ལ་ཐུགས་སྨོགས་པ་ཞིག་ཡིན་པ་མ་ཟད། ཚབ་སྲིད་ཀྱི་སྤྱན་རྒྱང་ཤིན་ཏུ་རིང་བ་དང་། མཁས་མཛངས་ལྡན་ལ་དཔའ་ཞིང་བརྟུལ་ཕོད་པའི་མཁྱེན་རླབས་མཆོག་ཏུ་མངའ་བའི་རྒྱལ་པོ་ཞིག་ཡིན། ཁོང་གིས་བོད་ཡུལ་འདིར་སངས་རྒྱས་ཀྱི་བསྟན་པ་ཉི་མ་ཤར་བ་ལྟར་དར་ཞིང་རྒྱས་པ་འབྱུང་ཆེད་དང་། རྒྱ་བལ་ལ་སོགས་པའི་ཡུལ་གྱི་རིག་གནས་དང་ཕུན་སུམ་ཚོགས་པའི་དངོས་པོ་ཐམས་ཅད་ཁབ་ལེན་རྡོ་ཡིས་ལྕགས་ཕྱེ་འདྲེན་པའི་ངང་ཚུལ་ལྟར་དང་གིས་འདུ་ཞིང་འབྱུང་བར་འགྱུར་བའི་སླད་དུ་ནེ་པ་ལ་དང་། ཙིནའི་ཡུལ་སོ་སོ་ནས་སྟོན་པ་ཤཱཀྱ་ཐུབ་པ་དགུང་ལོ་བརྒྱད་པ་དང་བཅུ་གཉིས་པའི་སྐུ་ཚད་ཅན་གྱི་སྣང་བརྙན་བོད་ཡུལ་དུ་གདན་འདྲེན་པའི་དམ་བཅའ་ཐུགས་ལ་བརྟན་པོར་བཀོད། དེས་ན་བལ་པོའི་ཡུལ་གྱི་ལྷ་གཅིག་ཁྲི་བཙུན་དང་། རྒྱ་ནག་ཡུལ་གྱི་ལྷ་གཅིག་ཀོང་ཇོ་གཉིས་འཛིག་རྟེན་མི་ཆོས་དང་བསྟུན་པའི་སྒོ་ནས་བཙུན་མོར་བཞེས་རྒྱུ་ནི་ཐབས་ལམ་མཆོག་ཏུ་གྱུར་པ་ཞིག་ཡིན་པ་ཐུགས་ལ་མངའ་བཞིན་པའི་མུར་ཕྱི་ཉིན་སྔ་དྲོ་བློན་པོ་ཐམས་ཅད་རྒྱལ་པོའི་དྲུང་དུ་གུས་པའི་ཕྱག་བྱེད་པར་བྱུང་སྟེ། "བཙན་པོའི་སྐུ་ལ་བསྙུན་མི་མངའ་ལགས་སམ། སྐུ་བཟོ་མདོག་ལེགས་ལ། ཐུགས་བདེ་བ་དང་ལྡན་ལགས་སམ་ཞེས་མགྲིན་གཅིག་ཏུ་ཞུས་པར། རྒྱལ་པོས། ཤིན་ཏུ་བདེ་བ་དང་ལྡན་ཏེ། མདང་ངའི་རྨི་ལམ་དུ་ནུབ་ཕྱོགས་ནས་བལ་རྗེའི་སྲས་མོ་མཛེས་མ་ཞིག་དང་། ཤར་

ཕྱུགས་ནས་རྒྱ་རྗེའི་སྲས་མོ་མཛེས་མ་ཞིག་ངའི་ཁབ་ཏུ་བྱུང་བ་རྨིས་སོ་གསུངས……” རྒྱལ་པོས་རང་ཉིད་ཀྱི་དགོངས་གཞི་མནལ་ལམ་དུ་བྱུང་བའི་ཚུལ་བསྟན་པ་སྟེ་ཐབས་ལ་མཁས་པའི་ངང་ཚུལ་ལྷུར་བཞེས་པ་དེའི་ཐོག་ནས “མཛངས་པར་གྲགས་པ་རྣམས་ཀྱིས་ཀྱང་དགོངས་པའི་གཏིང་དཔོག་པར་མི་ནུས་པ་ཤིན་ཏུ་སྣམ་པས་སྣམ་པོ” ཞེས་པའི་མཚན་བརྗོད་ཀྱི་བརྟགས་པ་དོན་ལ་གནས་པའང་མཚོན་ནུས་པ་ཞིག་ཡིན། དེ་ལྟར་བློན་པོ་མགར་དང་ཐུ་མི་གཉིས་ཀྱིས་རྒྱལ་པོ་ལ་མནལ་ལམ་དུ་བྱུང་བའི་ལྷ་གཅིག་དེ་གཉིས་བདག་ཅག་བློན་པོ་རྣམས་ཀྱིས་རྒྱལ་པོའི་བཙུན་མོར་སྤྱན་འདྲེན་པ་ལགས་ན་མནལ་ལམ་དེ་གཞན་ལ་མི་གསུང་བར་ཞུ་ཞུས་སོ།

དེ་ནས་མགར་གྱིས་ཕྱི་ནང་བར་གསུམ་གྱི་བློན་པོར་གྲགས་པ་གཙོ་བོ་མི་བདུན་དང་བཅས་པ་རྣམས་ཚོགས་ཧེན་ཟས་ཆང་ཤ་གཟུགས་རེ་དང་བཅས་འཁྱེར་ནས་ཕྱི་ཉིན་སྤྲ་བར་དཔེན་པའི་གནས་འོ་ཐང་གི་མཚོ་འགྲམ་ནེ་གསེང་དང་སླ་བའི་ཚལ་སྐྱར་ཁའི་སྟོང་པོ་ཡོད་པའི་རྩར་འདུས་ཏེ་གྲོས་ཐབས་འདོན་པར་ཐག་བཅད་པ་ལྟར་དུས་སུ་འཚོགས་ཤིང་། དེ་ལྟར་བློན་པོ་རྣམས་ཀྱིས་བཙན་པོའི་བཙུན་མོར་རྒྱ་བལ་གྱི་རྗེ་བོའི་སྲས་མོ་ཁྲབ་ཏུ་བསུ་བའི་དོན་འདི་ནི་རྒྱལ་སྲིད་ཀྱི་བྱ་བ་གལ་པོ་ཆེ་དང་འབྲེལ་བའི་དོན་ཆེན་ཞིག་ཡིན་པར་བརྩིས་ཏེ་ཚང་མས་བློ་རྟུས་འདོན་སྤེལ་ལེགས་པར་བྱས་མཐར་རྒྱ་བལ་གྱི་རྗེ་བོའི་སྲས་མོ་གཉིས་བོད་རྒྱལ་བཙན་པོའི་བཙུན་མོར་བསུ་བར་ཐམས་ཅད་བློ་རྩེ་གཅིག་ཏུ་མཐུན་པ་བྱུང་། དེ་ནས་བློན་པོ་མགར་གྱིས་གཙོ་བོ་མི་བདུན་དང་བཅས་པ་རྣམས་ཀྱི་བློ་གྲོས་ཐབས་རྟུས་རྣམས་རྒྱལ་པོའི་སྣན་དུ་གསོལ་བས་རྒྱལ་པོས་ཀྱང་ལེགས་སོ་ཞེས་བཀའ་ཡིས་གནང་བ་བཞིན་ཐོག་མར་བལ་རྗེའི་སྲས་མོ་ལྷ་གཅིག

ཁྲི་བཙུན་ཁབ་ཏུ་བསུ་བའི་ལས་ལ་མངོན་པར་ཕྱོགས།

དེ་ཡང་མགར་སྟོང་བཙན་ཡུལ་བཟུང་དང་ཐུ་མི་གཉིས་ཀྱིས་ཐོག་དྲངས་པའི་བློན་འཁོར་རྟ་པ་བརྒྱ་ལམ་དུ་ཆས་ནས་མཐར་བལ་པོའི་ཡུལ་གྱི་གྲོང་ཁྱེར་ཁོ་པོམ་(ཁོམ་)སླུ་ཡི་ཕོ་བྲང་བྱ་བར་རྒྱལ་པོ་དེ་བ་ལྷ་སྐྱེ་འོད་ཟེར་གོ་ཆའི་དྲུང་དུ་སླེབས། རྒྱལ་པོ་དེ་ལ་གསེར་ལ་སོགས་པ་རིན་པོ་ཆེའི་དངོས་པོ་མང་པོ་དང་རིན་པོ་ཆེ་བཻ་ཌཱུརྻའི་སྒྲོག་ལ་པདྨ་རཱ་གའི་ཕྲ་བཏབ་པ་རིན་ཐང་གཞལ་བར་དཀའ་བའི་ཁྱད་ནོར་གྱི་འབུལ་རྟེན་བཅས་ཕུལ་ནས་མགར་སྟོང་བཙན་ཡུལ་བཟུང་གིས་གུས་ལུགས་དང་ལྡན་པའི་སྒོ་ནས་མཁྱེན་པ་གཟིངས་སུ་བསྟོད་དེ་རིན་པོ་ཆེ་བཻ་ཌཱུརྻའི་སྒྲོག་གི་ཁྱད་པར་འཕགས་པའི་ཡོན་ཏན་ལ་བཤད་པ་བརྒྱབ་སྟེ་ལྷ་གཅིག་བོད་ཀྱི་བཙན་པོའི་བཙུན་མོར་སློང་བའི་ཚིག་དོན་བལ་རྗེའི་སྙན་ལ་ལྷུག་པོར་གསོལ། དེར་བལ་རྗེའི་ཞལ་ནས་ལྷ་གཅིག་བྱིན་དུ་མི་འདོད་པའི་ཚུལ་གྱི་གཏམ་ལན་གསུམ་དུ་བྱུང་བར་བོད་ཀྱི་བློན་པོ་དེས་སྲོང་བཙན་སྒམ་པོའི་བཀའ་ཤོག་ཁག་རིམ་པར་བལ་རྗེའི་ཕྱག་ཏུ་ཕུལ་བས་གཅིག་ནས་བོད་ཀྱི་བཙན་པོའི་ཟིལ་ཤུགས་མ་བཟོད་པ་དང་། གཉིས་ནས་མཁས་མཛངས་ལྡན་ལ་དཔའ་ཞིང་བརྟུལ་ཕོད་པའི་བཙན་པོ་གཞོན་ནུའི་ཡོན་ཏན་ལ་ཡིད་སྨོན་པ་བཅས་བལ་པོའི་རྒྱལ་པོས་ལྷ་གཅིག་ཁྲི་བཙུན་བོད་ཀྱི་བཙན་པོའི་བཙུན་མོར་སྟེར་བར་ཞལ་གྱིས་བཞེས། དེའི་ཚེ་ལྷ་གཅིག་ཁྲི་བཙུན་ནི་བོད་ཡུལ་ས་ཐག་རིང་ལ་ལམ་འཕྲང་བགྲོད་པར་དཀའ་བ་དང་། ཕ་མ་འཕྲད་དཀའ་ཞིང་ཆ་རྐྱུས་མེད་པའི་རྒྱལ་ཁམས་བྱང་ཕྱོགས་ཁ་བ་ཅན་གྱི་ཡུལ་དུ་གཤེགས་པ་ལ་ཐུགས་སྐྱོ་བའི་ངང་ཚུལ་མཆིས་མོད། འོན་ཀྱང་ཡབ་རྗེ་རྒྱལ་པོའི་བཀའ་དང་འགལ་བར་མི་ནུས་པ་བཅས་བོད་ཀྱི་བཙན་པོའི་ཁབ་ཏུ་འགྲོ་བར་ཐུགས་ཕྱོགས་པ་ལྟར་ཡབ་ལ་གལ་ཏེ་

བུ་མོ་བདག་བོད་ཡུལ་དུ་ཅིས་ཀྱང་འགྲོ་དགོས་པར་ཡབ་ཀྱི་བཀའ་གནང་ན་འགྲོ་བ་ལགས་ཀྱང་། བོད་ཡུལ་དུ་དམ་པའི་ཆོས་སྤེལ་ཕྱིར་ཇོ་བོ་མི་བསྐྱོད་རྡོ་རྗེ་དང་། ཐུབ་པའི་རྒྱལ་ཚབ་བྱམས་པ་མགོན་པོའི་སྐུ་བརྙན། ཙནྡན་གྱི་རྗེ་མོ་སྒྲོལ་མ་སོགས་མཆོད་གནས་ཀྱི་རྟེན་དུ་ཞུ་བ་དང་བོད་ཀྱི་རྒྱལ་ཁམས་སུ་བདག་གི་སྤྱོད་ལམ་དང་བྱ་བ་ཇི་ལྟར་བགྱི་བ་སོགས་བསླབ་བྱ་མཛད་དུ་གསོལ་ཞེས་ཞུས་པར་ཡབ་རྗེ་རྒྱལ་པོས་རྟེན་སྐལ་དང་རིན་པོ་ཆེའི་རྫོངས་སྐྱེས་དཔག་ཏུ་མེད་པ་ལྷ་གཅིག་ཇི་ལྟར་བཞེད་པ་ལྟར་གནང་ཞིང་། ལུགས་གཉིས་ཀྱི་བསླབ་བྱ་བཟང་པོ་མང་དུ་མཛད།

དེ་ནས་ལྷ་གཅིག་ཁྲི་བཙུན་ཉིད་རྒྱན་གྱིས་བརྒྱན་པའི་བཞོན་པ་གླང་པོ་ཆེའི་སྟེང་གི་སྒྲོམ་གྱི་ཁང་བུ་ཆུང་དུ་བཞུགས་ནས་ཇོ་བོ་མི་བསྐྱོད་རྡོ་རྗེ་དང་། བྱམས་པ་ཆོས་འཁོར། ཙནྡན་གྱི་སྒྲོལ་མ་སོགས་ཀྱིས་གཙོས་སྐུ་གསུང་ཐུགས་ཀྱི་རྟེན་དང་རིན་པོ་ཆེ་ལ་སོགས་པའི་རྫོངས་སྐྱེས་མང་པོ། བྲན་མོ་འཁོར་གཡོག་བཟོ་རིགས་དང་བཅས་པ་དུ་མ་བོད་དུ་བརྫངས།

དེ་ལྟར་བོད་ཀྱི་བློན་པོ་རྭ་པ་བརྒྱ་དང་བཅས་པ་རྣམས་ཀྱིས་ལྷ་གཅིག་ཁྲི་བཙུན་བོད་ཀྱི་བཙན་པོའི་བཙུན་མོར་སྤྱན་དྲངས་པ་ལ་བསུ་བའི་བཀོད་པ་ཁྱད་པར་འཕགས་པ་དང་དགའ་སྟོན་གྱི་འདུ་འགོད་རྒྱ་ཆེན་པོ་དང་བཅས་ཐོ་བྲང་དམར་པོ་རིར་རྒྱལ་པོ་སྲོང་བཙན་སྒམ་པོ་དང་ལྷ་གཅིག་ཁྲི་བཙུན་གཉིས་ཞལ་འཛོམས་ཤིང་། ལྷ་གཅིག་བཙུན་མོ་རིན་པོ་ཆེའི་ཁྲི་ལ་དབང་བསྐུར་བར་གྱུར་ཏོ།

དེ་ནས་ལྷ་གཅིག་ཁྲི་བཙུན་གྱིས་སྔོན་དུས་ཡབ་རྗེ་རྒྱལ་པོས་བཙན་པོའི་སྐུ་མཁར་ཐོ་བྲང་བཙན་པོ་འཆོས་ཤིག་ཅེས་པའི་བསླབ་བྱ་མཛད་པ་ཐུགས་ལ་

དྲན་ཏེ་རྒྱལ་པོར་ཕོ་བྲང་བཙན་པོ་ཞིག་བཞེངས་དགོས་པར་གསོལ་བ་བཞིན་གནང་སྟེ་དམར་པོ་རིའི་ས་ཕྱོགས་སུ་ལྷུགས་རིའི་ཕྲེང་བ་གསུམ་གྱིས་བསྐོར་བའི་ནང་དུ་མཁར་དགུ་བརྒྱ་དགུ་བཅུ་རྩ་དགུ། ཡང་རྩེ་མཁར་དམར་དང་བཅས་སྟོང་དུ་ཚང་བ། ཕྱོགས་བཞི་ན་འདོད་རྒུའི་ཡོ་བྱད་མཐའ་དག་དང་གེས་འདུ་བའི་སྒོ་བཞི་ལྟེག་བཞིས་རྣམ་པར་མཛེས་པ། ཕྱི་རོལ་དུ་ རྟ་རྒྱུག་ས་ཟབ་ལ་འདོམ་དོ། ཞེང་འདོམ་བཅོ་བརྒྱད། དཀྱུས་སུ་འདོམ་སུམ་བརྒྱ་ཡོད་པ་ལ་གདུང་ལེབ་བསྒྲིགས་པའི་ཐོག་སོ་ཕག་བཏིང་བ། རྟ་གཅིག་རྒྱུག་ཀྱང་དུ་མ་བརྒྱུགས་པའི་སྒྲ་འབྱུང་བ་སོགས་ངོ་མཚར་ཅན་གྱི་ཕོ་བྲང་ཁྲི་རྩེ་དམར་པོ་བཞེངས་པ་བཅས་མཛད་ནས་རྒྱལ་པོ་ཡབ་ཡུམ་བློན་འབངས་དང་བཅས་པ་འདོད་ཡོན་ཕུན་ཚོགས་ཀྱི་དཔལ་ལ་ཅི་དགར་ལོངས་སྤྱོད་པར་གྱུར་ལ། དེའི་རྗེས་ཇོ་བོ་མི་བསྐྱོད་རྡོ་རྗེ་སོགས་སྐུ་གསུང་ཐུགས་ཀྱི་རྟེན་རྣམས་བཞུགས་སུ་གསོལ་བའི་ལྷ་ཁང་ཡང་བཞེངས་པ་ནི་ར་སའི་འཕྲུལ་སྣང་གི་གཙུག་ལག་ཁང་དུ་གྲགས་པ་དེ་ཡིན་ནོ།

《དེབ་ཐེར་དཔྱིད་ཀྱི་རྒྱལ་མོའི་གླུ་དབྱངས་》སོགས་ལས་ཕོ་བྲང་ཁྲི་རྩེ་དམར་པོ་ནི་དཔོན་སྲས་མང་སྲོང་མང་བཙན་གྱི་སྐུ་དུས་སུ་རྒྱ་བོད་གཡུལ་བསྲེ་བའི་དུས“……པོ་ཏ་ལའི་ཕོ་བྲང་མེ་ལ་བསྲེགས།……”ཞེས་འབྱུང་བ་དང་། དེའི་རྗེས་ཁྲི་སྲོང་ལྡེའུ་བཙན་གྱི་སྐུ་དུས་ལ“……ལྷ་ས་དམར་པོ་རི་ལ་ཐོག་རྒྱབ།……”པའི་སྐོར《སྦ་བཞེད་》སོགས་སུ་གསལ་བ་བཅས་འདས་ཟིན་པའི་ལོ་རྒྱུས་ཀྱི་ལོ་རབས་ནང་དམག་འཁྲུག་གི་ཡོ་ལང་དང་རང་བྱུང་ཁམས་ཆེན་པོའི་འབྱུང་བའི་འཚེ་བ་སོགས་ཀྱིས་ཕོ་བྲང་ཁྲི་རྩེ་དམར་པོར་རྩ་གཏོར་རང་བཞིན་གྱི་གནོད་འཚེ་ཐེངས་འགའ་བྱུང་ཡོད་པར་གྲགས། ད་ལྟ་རང་རེའི་མིག་

ལམ་དུ་གྱུར་པའི་བརྗེད་ཆགས་ལྟ་ན་སྡུག་པའི་རྩེ་པོ་ཏ་ལའི་ཕོ་བྲང་འདི་སྔར་གྱི་ཕོ་བྲང་ཁྲི་རྩེ་དམར་པོའི་ཞུལ་དུ་སྤྱི་ལོའི་དུས་རབས་བཅུ་བདུན་པའི་ནང་གོང་ས་ཏཱ་ལའི་བླ་མ་སྐུ་ཕྲེང་ལྔ་པ་མཆོག་གི་བཀའ་བཞིན་སྡེ་སྲིད་སངས་རྒྱས་རྒྱ་མཚོས་གཙོ་འགན་བཞེས་ཏེ་བཞེངས་བསྐྲུན་མཛད་པ་ལགས་སོ།

རྒྱ་བཟའ་ཨུན་ཁྲིང་ཀོང་ཇོ་བཙུན་མོར་བཞེས་པ།

དེ་ཡང་བལ་བཟའ་ཁྲི་བཙུན་བོད་དུ་གདན་དྲངས་པའི་མཇུག་ཏུ། བློན་པོ་མགར་ལ་སོགས་པས་རྒྱལ་པོ་སྲོང་བཙན་སྒམ་པོའི་ཞབས་དྲུང་དུ་གུས་ཕྱག་དང་བཅས་ད་ནི་རྒྱ་ནག་ཡུལ་གྱི་ལྷ་གཅིག་དེ་ཡང་གདན་འདྲེན་པར་བྱེད་པས་བཀའ་ཡིས་གནང་བར་ཞུ་ཞེས་གསོལ་བ་ལ། རྒྱལ་པོས་ཀྱང་ཆོས་སྲིད་རྒྱལ་ཐབས་ཀྱི་མཛད་འཕྲིན་རླབས་པོ་ཆེའི་ཐབས་རྟུས་སུ་གྱུར་པ་ཤར་ཕྱོགས་རྒྱ་རྗེའི་སྲས་མོ་ལྷ་གཅིག་ཀོང་ཇོ་ཁབ་ཏུ་བསུ་བ་ལ་ཐུགས་ཡིད་མངོན་པར་ཕྱོགས་ཏེ་གསེར་གྱི་དངོས་པོ་མང་པོ་དང་། གསེར་གྱིས་བརྒྱན་པའི་གོས་བཟང་པོ་དྲི་མས་མ་གོས་པ། རིན་པོ་ཆེ་བཻ་ཌཱུརྱའི་ཁྲབ་ལ་པདྨ་རཱ་གའི་ཕྲ་བཏབ་པ་སོགས་ཁྱད་པར་འཕགས་པའི་འབུལ་སྐྱེས་ཀྱི་དངོས་པོ་མང་པོ་དང་། བཀའ་ཤོག་རྒྱ་ཅན་བཅས་གནང་ནས་མགར་གྱིས་གཙོས་པའི་བློན་འཁོར་རྟ་པ་བརྒྱ་ལྷ་གཅིག་ཀོང་ཇོ་བཙུན་མོར་སློང་བར་མངགས་པ་ལྟར་རྒྱལ་པོའི་ཕོ་བྲང་ཁྲི་རྩེ་དམར་པོ་ནས་ཤར་ཕྱོགས་རྒྱ་ནག་གི་ཡུལ་དུ་བསྐྱོད་པའི་བཞུལ་རིང་གི་ལམ་དུ་ཆས།

དེ་ནས་རྒྱ་ནག་ཟེམ་ཤིང་བཀྲ་ཤིས་སྒོ（ཐའན་ཤིས་ཁྲང་ཨན）ཞེས་པ་མི་ཁྱིམ་འབུམ་ཚོ་ཙམ་གྱིས་བསྐོར་བའི་ཐང་གོང་མ་ཐའི་རྫོང་བཞུགས་པའི་ཕོ་བྲང་དུ་སླེབས། བོད་ཀྱི་ཆོས་འབྱུང་ལོ་རྒྱུས་ནང་། རྒྱ་བཟའ་ཀོང་ཇོ་བཙན་པོའི་བཙུན་མོར་བསུས་པའི་སྐོར་ལ་རིག་རྩལ་གྱི་གཏམ་རྒྱུད་མཚར་ལ་སླན་པ

ཞིག་ཡོད་པའི་སྙིང་བསྡུས་ཙམ་གླེང་ན། དེ་གར་རྒྱ་གར་དང་། སྟག་གཟིག་ཁྲོམ་གེ་སར། ཛྫ་ཏ་ཧོར་ལ་སོགས་པའི་བློན་པོ་དག་ཀུང་ཀོང་ཇོ་སློང་བ་ལ་འཛོམས་ནས་ཡོད། བོད་ཀྱི་བློན་པོ་རྣམས་གོང་མའི་ཕོ་བྲང་གི་བྱང་ཤར་མཚམས་སུ་ཡོད་པའི་མགྲོན་ཁང་དུ་གནས་བཅས། ཡུལ་ཁག་གཞན་གྱི་བློན་པོ་རྣམས་ལ་རིང་པོར་མ་ཐོགས་པར་གོང་མའི་མཇལ་འཕྲད་ཐོབ། འོན་ཀྱང་བོད་བློན་རྣམས་ཀྱིས་མཇལ་བར་ཞུས་ཀྱང་མ་གནང་བར་ཞག་གྲངས་བདུན་ཙམ་རིང་སྒུག་སྡོད་བྱེད་དགོས་པ་བྱུང་། དེ་ནི་སྔ་དུས་ཐང་བོད་ཀྱི་དབར་གཡུལ་འགྱེད་ཐེངས་འགའ་བྱས་པ་དང་ཕན་ཚུན་འགྲན་པར་བཟོད་པའི་དཔུང་སྟོབས་བཙན་པོའི་ཁ་གཏད་དུ་གྱུར་པ་བཅས་ཀྱིས་ཡིན་པ་ནི་བོད་བློན་རྣམས་ཀྱིས་ཀྱང་གོ་བས་ཆོད་ཀྱི་ཡོད། འོན་ཀྱང་"གཡུལ་ངོར་དཔའ་བའི་སྐྱེ་བོ་ཟུང་། །འཐབ་པའི་མཐའ་མ་གྲོགས་སུ་འགྱུར།" ཞེས་པའི་དཔེ་བཞིན་ཐང་བོད་དབར་མཛའ་མཐུན་གཉེན་ཉེའི་འབྲེལ་བ་མངོན་དུ་འགྱུར་བའི་ཉི་མ་ཞིག་འཆར་ངེས་སྙམ་བཞིན་སྒུག་སྡོད་བྱས། དེ་ནས་ཉིན་ཞིག་གོང་མ་ཐའི་ཙུང་བློན་འཁོར་དང་བཅས་པ་ཕོ་བྲང་གི་ཕྱི་རོལ་དུ་ཕྱིན་པ་ལ་མགར་གྱིས་གསེར་གྱི་དངོས་པོ་ཕྲམ་མཐོ་བའི་ཞུ་རྟེན་དང་། དེ་བཞིན་རིན་པོ་ཆེ་བཻཌཱུརྻའི་ཁྲབ་ལ་པདྨ་རཱ་གའི་ཕྲ་བཏབ་པ་མདུན་དུ་བཞག་སྟེ། ཉིན་ཞག་མང་པོར་གོང་མའི་མཇལ་འཕྲད་མ་བྱུང་བར་བློ་ཡིད་མི་དགའ་ན་ཡང་ཇི་མི་སྙམ་པའི་རྣམ་པས་གུས་ལུགས་དང་ལྡན་པའི་སྒོ་ནས་བཻཌཱུརྻའི་ཁྲབ་ཀྱི་ཡོན་ཏན་གྱི་བཤད་པ་རྒྱག་པ་དང་ཕྲགས་ལྷ་གཅིག་མཛངས་མ་དེ་ཉིད་ངེད་བོད་ཀྱི་རྒྱལ་པོའི་བཙུན་མོར་གནང་བ་ཞུ་ཞེས་གསོལ། གོང་མ་ཐའི་ཙུང་གིས་རང་གི་ཆེ་བ་ངོམ་པའི་ཆེད་ལྷ་གཅིག་སྐྱེར་དུ་མི་འདོད་པའི་གསུང་ལན་ཐེངས་འགའ་བྱུང་བ་ལ་མགར་གྱིས

བཙན་པོའི་བཀའ་ཤོག་རིམ་པར་གོང་མའི་ཕྱག་ཏུ་ཕུལ། ཤར་ཕྱོགས་ཐང་གི་རྒྱལ་ཁམས་ལ་སྐོས་ནས་བཤད་ན་བོད་འདི་དཔུང་སྟོབས་བཙན་པའི་ཁྲིམ་མཆོས་རྒྱལ་ཁམས་གཅིག་ཡིན་པ་དང་། སྲོང་བཙན་སྒམ་པོ་ནི་མཁས་མཛངས་ལྡན་ལ་དཔའ་ཞིང་བརྩལ་ཡོད་པའི་ནུས་མཐུ་མངའ་བའི་རྒྱལ་པོ་གཞོན་ནུ་ཞིག་ཀྱང་ཡིན་པས་རྒྱ་རྗེ་གོང་མའི་ཐུགས་ལའང་ལྷ་གཅིག་འདོད་མཁན་མང་ཡང་ཕྱོགས་སུ་བོད་ཀྱི་རྒྱལ་པོ་རང་ལ་སྟེར་དགོས་པ་ཨེ་ཡིན་དགོངས་བཞིན་པར་ཕོ་བྲང་དུ་ཕྱིན། ཐེངས་འདིར་གོང་མ་ཐའི་ཙུང་འཁོར་བཅས་ཕོ་བྲང་ཕྱི་རོལ་དུ་ཕྱིན་པས་བོད་ཀྱི་བློན་པོ་ལ་མཇལ་འཕྲད་སྐྱེས་དབང་དུ་བྱུང་བ་ལྟ་བུར་སྣང་ཡང་། ཕྱོགས་གཞན་ཞིག་ནས་བཤད་ན་དོན་དུ་ཐང་གིས་ཀྱང་བོད་དང་མཛའ་མཐུན་གཉེན་གྱི་འབྲེལ་བ་འཛུགས་འདོད་ཡོད་པ་ཞིག་ཡིན་པས་ན་དེ་ཉིན་གོང་མ་མཇལ་བ་དེ་ཡང་སྐྱེས་དབང་ཁོ་ནར་ངེས་པ་ག་ལ་ཡིན།

དེ་ནས་གོང་མ་ཐའི་ཙུང་དང་། བཙུན་མོ། རྒྱལ་བུ། ལྷ་གཅིག་དང་བཅས་པ་རྣམས་དོན་དེར་བཀའ་གྲོས་མཛད་ཅིང་། ཡུམ་གྱིས་སྟག་གཟིག་ནོར་གྱི་རྒྱལ་པོ་ལ་སྟེར་འདོད་པ་དང་། རྒྱལ་བུས་ཧྥ་ཏ་ཧོར་གྱི་རྒྱལ་པོ་ལ་སྟེར་འདོད་པ། ལྷ་གཅིག་ནི་ཁྲིམ་གེ་སར་དམག་གི་རྒྱལ་པོ་ལ་མོས་པ་བྱུང་། འོན་ཀྱང་གོང་མ་ཐའི་ཙུང་གིས་གཉེན་སློང་བའི་བློན་པོ་རྣམས་བསྡུས་ནས་ཁྲིད་གཉེ་པོ་རྣམས་ལ་ཉེ་རིང་མེད་པས་རིག་པ་སུ་རྣོ་བ་ལ་ལྷ་གཅིག་སྟེར་རྒྱུ་ཡིན་པས་རིག་པ་འགྲན་པར་གྱིས་ཤིག་གསུངས། དེ་ལྟར་གོང་མའི་བླ་གཡུ་སྒོར་མོ་ཕུབ་ཙམ་པ་བུ་ག་སྒོར་འཁྱིལ་དུ་ཡོད་པ་ལ་དར་སྐུད་སུས་ཚུད་བསྟུར་བ་དང་། ཤིང་རྟམ་བུ་བརྒྱའི་རྩ་རྩེ་མ་ནོར་བར་སུས་འབྱེད་ཤེས་པ། བྱ་མ་བརྒྱ་བུ་བརྒྱ་སུས་ངོ་འཕྲོད་པ་བྱེད་པ་སོགས་རིག་སྟོབས་འགྲན་པའི་སྐབས་རྒྱལ་ཁམས་གཞན་གྱི་བློན་པོས

མ་བསྒྲུབས་པར་རྣམ་གྲངས་མཐའ་དག་མགར་གྱིས་ཐབས་འཕྲུལ་མཁས་མཛངས་ལྡན་པས་རེ་རེ་བཞིན་ལེགས་པར་བསྒྲུབས་ཏེ་འགྲན་ཡ་ཀུན་ལས་རྣམ་པར་རྒྱལ་བས་བོད་ཀྱི་བློན་པོ་རིག་པ་ཅན་ཞེས་བྱ་བའི་སྙན་པ་ཡང་ཐོབ་པར་གྲགས། འོན་ཀྱང་ད་དུང་ལྷ་གཅིག་མ་གནང་བར་མཐའ་མཇུག་གི་བློ་རིག་འགྲན་པའི་ཐབས་ཚུལ་ཏེ་ཆས་གོས་གཅིག་ཏུ་མཚུངས་པའི་བུ་མོ་སུམ་བརྒྱ་གྲལ་དུ་སྒྲིག་པའི་ཁྲོད་ནས་ལྷ་གཅིག་ཀོང་ཇོ་སུ་ཞིག་གིས་ངོས་ཟིན་པ་དེ་ལ་སྟེར་རོ་གསུངས་པས་མགར་གྱིས་ལྷ་གཅིག་ཀོང་ཇོ་དང་འགྲོགས་ཡུན་རིང་བའི་མ་མ་རྒད་མོ་ཞིག་གསེར་གྱིས་བསླུས་ཏེ་ལྷ་གཅིག་གི་བྱད་བཞིན་སྣེག་ཆེས་སོགས་ཀྱི་ཁྱད་པར་གང་དང་གང་ཡོད་པ་མ་མས་བསྟན་པ་རྣམས་བློ་ལ་ངེས་པ་བྱས་ཏེ་བུ་མོ་སུམ་བརྒྱའི་ཁྲོད་ནས་ལྷ་གཅིག་ཀོང་ཇོ་འཁྲུལ་པ་མེད་པར་ངོས་བཟུང་ཐུབ་པ་བྱུང་། ལྷ་གཅིག་ཀོང་ཇོ་ནི་ཤར་ཕྱོགས་རྒྱ་ཡི་ཡུལ་ནས་ནུབ་ཕྱོགས་བོད་ཀྱི་རྒྱལ་ཁམས་སུ་གཤེགས་དགོས་པར་ཐུགས་ཡིད་སྐྱོ་བའི་རྣམ་པ་མངོན་པའི་ཚེ་མགར་གྱིས་སྤྲོ་བ་བསྐྱེད་པའི་ཕྱིར་གླུ་བླངས་པ་ནི་འདི་ལྟར།

ཨེ་མ་ངོ་མཚར་ཆེ། །
ལྷ་གཅིག་ཀོང་ཇོ་ཁྱེད། །
བདག་གི་ཚིག་ལ་གསོན། །
བཀྲ་ཤིས་ཉམས་སུ་དགའ། །
བོད་ཀྱི་རྒྱལ་ཁམས་ན། །
མི་རྗེ་ལྷ་ཡིས་མཛད། །
སྲོང་བཙན་སྒམ་པོ་དེ། །
རིགས་གཟུགས་དཔལ་གྱིས་བརྗིད། །

མཐོང་ན་ཡིད་སེམས་འཕྲོག །

ཐུགས་རྗེ་ཆེན་པོ་ལགས། །

རྒྱལ་སྲིད་ཆོས་བཞིན་བསྐྱངས། །

འབངས་རྣམས་བཀའ་ལ་ཉན། །

རྒྱལ་བློན་འཁོར་འབངས་རྣམས། །

དགའ་སྐྱིད་སླུ་རུ་ལེན། །

ཆོས་ཀྱི་ཉི་མ་ཤར། །

དཔལ་གྱི་སྒྲོན་མེ་བཏེགས། །

རི་ལ་ཤིང་སྔོ་ཚང་། །

ས་གཞི་ཡངས་པ་ལ། །

འབྲུ་སྣ་ལྔ་ཡི་ཚོགས། །

ལོ་མཚམས་མེད་པར་སྨིན། །

གསེར་དངུལ་ཟངས་ལྕགས་སོགས། །

རིན་ཆེན་དུ་མ་ཡོད། །

གནག་རྟ་ལུག་གསུམ་རྒྱས། །

དགའ་སྐྱིད་དེ་ལྟར་ཡོད། །

ཨེ་མ་ངོ་མཚར་ཆེ། །

ལྷ་གཅིག་གོང་ཇོ་གསོན། །

ཞེས་ཞུས་པར་མགར་གྱི་སྤྲོ་བ་བསྐྱེད་པའི་གླུས་གོང་ཇོའི་ཐུགས་ལ་དགའ་སྤྲོ་སྣང་ཅིག་ཏུ་འགྲན་པ་ལྟ་བུར་གྱུར་པ་དང་། “ལྷ་གཅིག་གིས་མགར་ལ། བོད་ན་ལ་ཞུངས་དང་། ས་ཁམ་པ། རྩྭ་དྲིས་མ། ཇོ་སྲིན་ཟན། ཤིང་སེ་

པ་རྣམས་ཡོད་དམ་དྲིས་པས། གཞན་ཡོད་ལ་ཞུགས་མེད་ཟེར་བས། འོ་ན་ཡུལ་བཟུང་དུ་བཏུབ་ཀྱི་གསུངས་ཏེ་ལ་ཞུགས་ཀྱི་སོན་ཁྱེར་" ①ཞེས་གསལ་ཞིང་། གོང་མ་ཐའི་ཛུང་གེས་ཀྱང་བོད་དང་། རྒྱ་གར། སྟག་གཟིག ཁྲོམ་དང་ཧོར་ལ་སོགས་པའི་བློན་པོ་ཀུན་འདུས་པའི་སར་ལྷ་གཅིག་ཀོང་ཇོ་བོད་ཀྱི་བཙན་པོའི་བཙུན་མོར་སྟེར་བའི་བཀའ་བསྒྲགས། དེ་ལྟར་ལྷ་གཅིག་ཀོང་ཇོ་བོད་ཀྱི་བཙན་པོའི་བཙུན་མོར་འཐོབ་པའི་ཆེད་དུ་བོད་ཀྱི་བློན་པོས་ཐུལ་དུ་བྱུང་བའི་རིག་སྟོབས་འགྲན་པ་སོགས་ཀྱིས་མཚོན་པའི་གཏམ་རྒྱུད་དེ་དག་བོད་ཀྱི་དམངས་ཁྲོད་ངག་རྒྱུན་དུ་གྲགས་པ་ཁོ་ན་ཙམ་མ་ཡིན་པར། རྒྱལ་རབས་དང་ཆོས་འབྱུང་ལོ་རྒྱུས་རྒྱས་པ་ཕལ་མོ་ཆེའི་ནང་འཁོད་པ་མ་ཟད། བོད་ཀྱི་ལྷ་མོའི་ཟློས་གར་ཆེན་པོ་བརྒྱད་ཀྱི་ཡ་གྱལ《རྒྱ་བཟའ་བལ་བཟའ》ཞེས་པའི་འཁྲབ་གཞུང་ནང་དེ་ལྟར་ཐར་ནས་བཟུང་ད་ལྟའང་འཁྲབ་སྟོན་བྱེད་བཞིན་པ་ཡིན་མོད། འོན་ཀྱང་དེ་དག་ལོ་རྒྱུས་ཀྱི་དོན་དངོས་ཤིག་ཡིན་མི་སྲིད་པ་ནི། 《ཆོས་འབྱུང་མཁས་པའི་དགའ་སྟོན》ལས་ཀྱང་གཏམ་རྒྱུད་དེ་རྣམས་དྲངས་པའི་མཇུག་ཏུ"དགོན་པའི་འདུ་ཤེས་སྐྱེད་པའི་ཕྱིར་སྤྱན་འདྲོངས་དཀའ་བར་བསྟན་གྱིས་རང་རྒྱུད་པ་ནི་མ་ཡིན་ནོ" ②ཞེས་གསལ་བ་ལྟར་བོད་ཀྱི་བློན་པོས་དཀའ་བ་མང་པོ་སྤྱད་མཐར་འཐོབ་པར་དཀའ་བའི་ཐང་གོང་མའི་ཀོང་ཇོ་ལྷ་གཅིག་རྒྱ་བཟའ་བོད་ཀྱི་བཙན་པོའི་བཙུན་མོར་བསུས་ཚུལ་གཅིག་ནས་ལྷ་གཅིག་ཝུན་ཁྲིང་ཀོང་ཇོའི་ཆེ་བ་བརྗོད་པ་དང་། གཉིས་ནས་བློན་པོ་མགར་གྱི་དཔའ་

① (ཆོས་འབྱུང་མཁས་དགའ། དེབ་ངོས209)
② (མཁས་དགའ་དེབ་ངོས214)

མཛངས་ཐབས་མཁས་ཐུན་མོང་མ་ཡིན་པའི་བྱུས་རྗེས་ལ་བསྟོད་བསྔགས་བྱེད་པ་བཅས་ཀྱི་ཆེད་རབ་བཏགས་སྒྱུ་རྩལ་གྱི་སྒོ་ནས་ཆེད་དུ་བརྗོད་པའི་གཏམ་རྒྱུད་ཙམ་དུ་ངེས་པ་ནི་སྨོས་མ་དགོས་ཀྱང་། དེའི་ཐོག་ནས་བོད་མི་དམངས་ཀྱིས་ཐང་བོད་གཉེན་འབྲེལ་གྱི་ལོ་རྒྱུས་དེ་ལ་དགའ་ཞེན་དང་བརྩེ་མཐོང་ཆེན་པོ་ཅི་འདྲ་བྱེད་པ་དེ་གང་ལེགས་མཚོན་གྱི་ཡོད།

དེ་ནས་ལྷ་གཅིག་ཀོང་ཇོས་གོང་མ་ཐང་ཐའི་ཛུང་ལ་རང་ཉིད་བོད་ཀྱི་བཙན་པོའི་ཁབ་ཏུ་འགྲོ་བ་ལ་ངོ་མཚར་ཁྱད་དུ་འཕགས་པའི་ཇོ་བོ་ཤཱཀྱ་མུ་ནེའི་སྐུ་བརྙན་འདི་རྟེན་གྱི་སྐལ་བ་དང་། དེ་བཞིན་གཙུག་ལག་གི་གབ་རྩེ་དང་། བཟོ་ཡི་རིག་བྱེད། བཏགས་ཐབས་བརྒྱད་དང་དཔྱད་སྦྱོང་དྲུག སྦྱོར་སྡེ་བཞི་སོགས་སྨན་དཔྱད། རིན་པོ་ཆེའི་དངོས་པོ་ཟད་མི་ཤེས་པ་ལ་སོགས་པའི་རྫོངས་སྐྱེས་གནང་བར་ཞུས་པ་ཐམས་ཅད་ཕངས་པ་མེད་པར་བསྩལ་ཅིང་། འཇིག་རྟེན་ལུགས་ཀྱི་བསླབ་བྱ་བཟང་པོ་དུ་མའང་གནང་ངོ་།

དེ་ནས་ཇོ་བོ་ཤཱཀྱ་མུ་ནེ་ཤིང་རྟའི་འཁོར་ལོའི་ཐོག་བཞུགས་སུ་གསོལ། ཀྱིད་ལྷ་དགའ་དང་གླུ་དགས་ཤིང་རྟ་དྲངས།...... དེ་བཞིན་རིན་པོ་ཆེ་མང་པོ་དང་། ཟ་འོག་དར་གོས་ལ་སོགས་པའི་དངོས་པོ་ཁྱེ་སྙེད་པ་དང་འཕྲུལ་གྱི་ཡོ་བྱད་སོགས་བཀལ་བའི་རྟ་དང་། དྲེའུ། ཟ་མོང་ལ་སོགས་པ་བརྒྱ་ཕྲག་དུ་མ་དང་བཅས་པ་དུས་གཅིག་ཏུ་ལམ་དུ་ཞུགས་པ་དང་། གཉེན་ཉེ་བསུ་སྐྱེལ་གྱི་བོད་རྒྱའི་བློན་པོ་འཁོར་ཚོགས་དང་ལྷན་གཅིག་ཏུ་ལྷ་གཅིག་ཀོང་ཇོ་རིན་པོའི་ཆེའི་རྒྱན་མང་པོས་བརྒྱན་ཏེ་བོད་ཡུལ་གྱི་ཕྱོགས་སུ་ཆིབས་ཁ་བསྒྱུར། གཞན་ཡང་རྒྱའི་ལོ་རྒྱུས་ཡིག་ཚང་དུ་འཁོད་པ་ལྟར་ན། "མགར་འདི་ཡི་གེར་སྦྱོངས་ཀྱང་རང་བཞིན་རིག་པ་རྣོ་ཞིང་ངང་ཚུལ་བརྟན་ལ། གཡུལ་གྱི་བྱ་བར་མཁས།

སྤྱོད་པ་རྣམས་ཀྱིས་རྒྱབ་བརྟེན་ཁོ་ལ་བཅོལ་ཏེ་རྒྱལ་ཁབ་སྟོབས་ཆེར་གྱུར་པ་ཡིན། ཁོ་དང་ཐོག་ཕོ་བྲང་དུ་འཁྱེར་དུས་སྐྱེས་པའི་གཏམ་རྣམས་ལ་གོང་མའང་ཐུགས་མཉེས། ཐེ་ཙུང་གིས་ཁོ་ལ་ཡུག་ལྷེ་དམག་དཔོན་ཆེན་མོའི་ཚོ་ལོ་བསྐུལ་ཅིང་། ལང་ཡ་གོང་ཇོའི་ཚ་མོ་ཞིག་ཆུང་མར་གནང་བ་ལ། མགར་ན་རེ། བློན་ལ་ཁྱིམ་ཐབ་ཅིག་མཆིས་པས་བཀའ་ལྟར་བགྱིད་པའང་མི་ཐོད། ལར་བཙན་པོས་གོང་ཇོའི་ཞལ་ཡང་མ་གཟིགས་པར། བློན་པོ་ངས་དེ་ལྟར་བགྱི་བའང་མི་རུང་བྱས་གོང་མའང་གཏམ་དེར་ལྷག་པར་མཉེས”①ཞེས་དང་། “ཀྲིན་གོན་ཁྲི་ལོ་བཅོ་ལྔ་པ（སྤྱི་ལོ641）གོང་མ་ཐེ་ཙུང་གིས་ལྷུན་ཁྲིང་གོང་ཇོ་བག་མར་གནང་། ལིའུ་པུའུ་ཧྲང་ཧྲུའུ་འམ་ཧང་ཞ་ཙུན་ཞང་གི་ཐབས་ཡོད་པ་ལི་ཏོ་ཙུང་ལ་གཉེན་གྱི་འགོ་འཛིན་དུ་བཙུག་ཅིང་། གོང་མའི་བཀའ་ཡིག་བསྐམས་ཏེ་གོང་ཇོ་བོད་དུ་སྐྱེལ་བར་མངགས། ཁྲི་སྲོང་བཙན་འཁོར་དང་བཅས་པ་མཚོ་ནག་ལ་འབྱོར་ཞིང་། བཙན་པོ་རི་ཡོན་དུ་གོང་ཇོ་བསུ་བར་ཕེབས……”②ཞེས་སོགས་འཁོད་ཡོད།

དེ་ནས་ལི་ཏོ་ཙུང་གིས་ཐོག་དྲངས་པའི་ཐང་བོད་ཀྱི་བློན་པོ་མཁོར་བཅས་ཀྱིས་ཇོ་བོ་ཤཱཀྱ་མུ་ནེ་དང་ལྷ་གཅིག་གོང་ཇོ་སྤྱན་དྲངས་ཏེ་མཚོ་ནག་སྟེ་རྨ་སྟོད་མཚོ་སྐྱ་རེངས་སྔོ་རེངས་སུ་བོད་པའི་སའི་ཆར་ཕེབས་འབྱོར་བྱུང་།

དེ་ལྟར་ལྷ་གཅིག་གོང་ཇོ་དང་རྟེན་གྱི་སྐལ་བར་ཐོབ་པའི་ཇོ་བོ་ཤཱཀྱ་མུ་ནེའི་སྣང་བརྙན་དང་བཅས་པ་ས་ཐག་རིང་ཞིང་། ལམ་བར་ཡུལ་ཁག་གཞན་

① （ཐང་དེབ་གསར་མ་བོད་ཡིག་དེབ་ངོས15）

② （ཐང་དེབ་རྙིང་མ་བོད་ཡིག་དེབ་ངོས135）

གྱི་འཛམ་རྒྱལ་ཡང་ཐོག་ཉེན་ཡོད་པའི་ཤར་ཕྱོགས་རྒྱ་ཡི་ཡུལ་ནས་ལྷོ་ནུབ་བོད་ཀྱི་ཡུལ་ཕྱོགས་སུ་འགྲོན་བཞིན་ཡོད་པའི་ཚུལ་དེར་བོད་ཀྱི་བཙན་པོས་ཐུགས་འཁྲུར་མི་མཛད་པ་མི་སྲིད་པ་བཞིན་སངས་རྒྱས་ཆོས་ལུགས་ལ་དད་གུས་མཛད་མཁན་བཙན་པོ་སྲོང་བཙན་སྒམ་པོས་རིང་མོའི་སྔོན་ནས་ཐུགས་ལ་དམ་བཅའ་བཀོད་པའི་དགོངས་འདུན་ལྷབས་པོ་ཆེ་ཇོ་བོ་ཤཱཀྱ་མུ་ནེའི་ཞབས་པད་སྤྱི་བོས་བསྟེན་པའི་སྣང་དང་ལྷ་གཅིག་ཀོང་ཇོ་དེ་ལ་ཡང་ཐུགས་ཀྱི་བརྩེ་བ་ནམ་ཡང་མི་ལྡོད་པ་བཅས་ཀྱིས་མཚོ་ནག་གི་བར་དུ་བསུ་བར་བྱོན་པ་དེ་ནི་བཙན་པོ་འདི་པའི་ཐུགས་བསྐྱེད་དམ་བཅའ་འགྱུར་མེད་རྡོ་རྗེའི་བྲག་རི་དང་མཚུངས་པའི་དཔང་རྟགས་སུ་གྱུར་པ་ཞིག་ཡིན།

དེ་ནས་བོད་ཡུལ་དབུས་སུ་ཕེབས་པའི་ཚུལ་ནི་བོད་ཀྱི་ཆོས་འབྱུང་ལོ་རྒྱུས་སོགས་ལས། ཇོ་བོ་ཤཱཀྱ་དང་ཀོང་ཇོ་འཁོར་དང་བཅས་པ་རྣམས་བགྲོད་པར་དཀའ་བའི་རི་ཆུ་དང་། ནགས་ཚལ། ཀླུང་ཐང་ལ་སོགས་པ་མང་པོ་བརྒྱལ་ནས་མཐར་ལྷ་སར་ཕེབས་པའི་ཚེ་བཙན་པོའི་བཀའ་ཡི་དྲིལ་བསྒྲགས་པ་ལྟར་བསུ་བའི་དགའ་སྟོན་གྱི་བཀོད་པ་ཁྱད་པར་འཕགས་པ་བཤམས་ནས་ལྷ་སའི་ཕྱོགས་ཀུན་ནས་གཟབ་འཚོར་སྤྲས་པའི་སྐྱེ་བོ་ཕོ་མོ་བརྒྱ་སྟོང་དུ་མ་དུས་གཅིག་ཏུ་ལྷགས་ཏེ་ཇོ་བོ་ཤཱཀྱ་དང་ལྷ་གཅིག་ཀོང་ཇོ་ལ་དད་གུས་ཚད་མེད་ཀྱི་སྒོ་ནས་བསུ་བ་ཞུས་ཤིང་། ར་མོ་ཆེའི་ཐང་ལ་ཕེབས་པའི་ཚེ་དེ་གར་ཤིང་རྟ་བྱེ་མའི་འདམ་དུ་བྱིངས་ནས་གྱད་ལྷ་དགའ་དང་ཀླུ་དགས་ཀྱང་མ་འདྲོངས་པ་ལ་ལྷ་གཅིག་ཀོང་ཇོས་ས་དཔྱད་བརྟག་ཆེད་གཙུག་ལག་སྤྱིར་ཐང་གི་རྩིས་མཛད་པས་བོད་ཀྱི་ས་དབྱིབས་སྲིན་མོ་གན་རྐྱལ་དུ་ཉལ་བའི་དབྱིབས་སུ་གཟིགས་པ་དང་། ར་མོ་ཆེ་ན་ཀླུའི་ཕོ་བྲང་མཆིས་པའི་སྟེང་དུ་ཇོ་བོ་བཞུགས་ན་ནོན་པར་མཁྱེན་

ནས་དེ་ཉིད་དུ་ཕྱོགས་བཞིར་ཀ་བ་བཙུགས་ནས་དར་དཀར་གྱི་ཡོལ་བས་མཐའ་བསྐོར་ཏེ་མཆོད་པའི་རོལ་མོ་དྲི་ཟའི་རྒྱུད་མངས་ལྷ་བུར་དཀྲོལ་ཞེས་གྲགས་ལ། དེ་རྗེས་གནས་དེར་ཇོ་བོ་ཤཱཀྱ་བཞུགས་པའི་ལྷ་ཁང་བཏབ་པ་ནི་ར་མོ་ཆེ་གཙུག་ལག་ཁང་ཞེས་གྲགས་པ་དེ་ཡིན། དེ་ལྟར་ལྷ་གཅིག་ཀོང་ཇོ་ཟ་འོག་དར་གོས་ཀྱི་ན་བཟས་བརྒྱུབས་ཤིང་། རིན་པོ་ཆེའི་རྒྱན་མང་པོས་རྣམ་པར་བརྒྱན། མཛེས་པའི་བུ་མོ་ཉི་ཤུ་རྩ་ལྔས་པི་ཝང་དང་རོལ་མོ་དཀྲོལ། སྣ་ཆེན་པོ་ལ་སོགས་པ་བོད་བློན་རྣམས་ཀྱིས་སྟོན་བསུས། གོང་མ་ཐའི་ཙུང་གིས་མངགས་པའི་གཉེན་ཉེ་སྐྱེལ་བའི་འགོ་འཛིན་པ་ཅུན་ཞང་གི་ཐབས་ཡོད་པ་ལི་ཏོ་ཙུང་དང་བཅས་དམར་པོ་རིའི་ཕོ་བྲང་གི་བཀྲ་ཤིས་མཛད་སྒོའི་མདུན་སར་ཕེབས་ནས་བཙན་པོ་སྲོང་བཙན་སྒམ་པོ་དང་ལྷ་གཅིག་ཨུན་ཁྲིང་ཀོང་ཇོ་གཉིས་ཞལ་འཛོམས་དགྱེས་རྒྱའི་དཔལ་ལ་རོལ་བ་དང་ལྷ་གཅིག་ཀོང་ཇོ་དེ་ཉིད་བོད་ཀྱི་བཙན་པོའི་བཙུན་མོ་དམ་པའི་ཁྲི་ལ་དབང་བསྐུར་བར་གྱུར་ཏོ།

དེ་ལྟར་རྒྱ་བཟའ་ཨུན་ཁྲིང་ཀོང་ཇོ་བོད་དུ་ཕེབས་སྐབས་གཙུག་ལག་སྒྲོར་ཐང་གི་རྩིས་དང་། སྨན་དཔྱད། བཟོ་ཡི་རིག་བྱེད་སྣ་ཚོགས་ལ་སོགས་པའི་གཞུང་ལུགས་མང་པོ་བསྣམས་ཡོད་པ་དང་། ཤོག་བུ་བཟོ་ཐབས་དང་། རྡོ་བཟོ། བཏུང་བ་རྩི་བཙུད་ཀྱི་སྦྱོར་ཐབས་ལ་སོགས་པའི་ལག་རྩལ་མཁས་པ་མང་པོ་ཡང་མཉམ་ཁྲིད་གནང་ཡོད། དེའི་རྗེས་སུ་ཡང་ཐང་བོད་ཀྱི་དབར་དཔལ་འབྱོར་དང་ རིག་གནས་ སྤེལ་ རེས་ བྱེད་ པའི་ དོན་ ལའང་ མཛད་ རྗེས་ ཆེན་ པོ་འཛོག་གནང་མཛད་པ་མ་ཟད། ཐང་བོད་ཀྱི་དབར་ལ་གཉེན་ཉེའི་འབྲེལ་བ་མངོན་དུ་གྱུར་པ་དེས་བོད་རྒྱ་མི་རིགས་གཉིས་ཡུན་རིང་མཛའ་མཐུན་ལྡན་པར་འགྱུར་བ་སོགས་ཀྱི་ཐད་ལ་རྒྱང་རིང་གཏིང་ཟབ་ཀྱི་ལོ་རྒྱུས་དོན་སྙིང་ལྡན་པའི་

ཕན་ནུས་ཆེན་པོ་ཐོན་ཡོད་དོ།

5. ལྷ་ས་གཙུག་ལག་ཁང་སོགས་བཞེངས་ནས་བོད་དུ་སངས་རྒྱས་ཆོས་ལུགས་སྲོལ་གཏོད་མཛད་པའི་སྐོར།

བཙན་པོ་སྲོང་བཙན་སྒམ་པོས་ཐོག་མར་བོད་ཡོངས་གཅིག་གྱུར་གྱི་སྲིད་དབང་བཙུགས་པ་དང་། སྲི་ཚོགས་ཀྱི་སྒྲིག་གཞི་དང་ཁྲིམས་སྲོལ་གཏན་འབེབས། དམག་དོན་གྱི་སྟོབས་ཤུགས་སྒྲིག་འཛུགས། བོད་ཡིག་གསར་བཅོས་སོགས་རླབས་ཆེ་བའི་མཛད་པ་རབས་དང་རིམ་པ་ཞིག་ཕྱག་ལེན་གནང་བའི་ནང་། བོད་ཡུལ་འདི་ཡུན་རིང་བདེ་སྐྱིད་ཀྱི་དཔལ་ལ་འགོད་དགོས་ན་ད་དུང་དེ་ཙམ་གྱིས་མི་འདང་བར་དགོངས་ཤིང་། དེ་ཡང་སྟོན་ཆད་མི་ལོ་སྟོང་ཕྲག་དུ་མའི་དུས་ཡུན་རིང་པོའི་ནང་སིལ་བུར་ཐོར་ནས་གནས་པའི་བོད་ཀྱི་རུས་རྒྱུད་ཚོ་པ་རྣམས་གདོད་མའི་ཆོས་ལུགས་ཀྱི་ཤུལ་བཞག་པའི་རང་རང་ཕ་མེས་ཀྱི་རུས་ལྷ་གཉན་པོ་མི་འདྲ་བ་སོ་སོར་སྐྱབས་སུ་འགྲོ་ཞིང་། ཕན་ཚུན་གཅིག་འོག་གཅིག་མི་འདུ་བའི་རུས་ཞེན་དགྲ་འཛིན་གྱི་བག་ཆགས་ཤུགས་ཆེན་པོ་ལྡན་པ་དང་། རུས་ཚོ་ཁག་དབར་འཐབ་འཁྲུག་རྒྱུན་མི་ཆད་པ་རྒྱག་པའི་ནང་ཕན་ཚུན་དམར་གསོད་ཀྱི་དགྲ་ཤ་ལེན་རེས་བྱེད་པའི་འཁོན་འཛིན་ཆེ་བ་སོགས་དང་། ལྷག་པར་བཙན་པོ་མེས་སྟག་རི་གཉན་གཟིགས་དང་། ཡབ་གནམ་རི་སྲོང་བཙན་གྱི་སྐུ་དུས་སུ་སྤུ་རྒྱལ་གྱི་མངའ་འབངས་སུ་འདུས་པའི་རྒྱལ་ཕྲན་ཚོ་པ་དེ་དག་གིས་གོ་སྐབས་ཤིག་རྙེད་མ་ཐག སྤུ་རྒྱལ་ལ་ངོ་ལོག་པའི་དུས་ཟིང་ཡང་ཡང་བྱུང་བ་དང་། བཙན་པོ་རང་ཉིད་ཀྱི་སྐུ་རིང་ལའང་ཁྱུང་པོ་སྤུང་སད་ཟུ་ཙེས་སྙིག་གཡོ་བཤམས་ཏེ་བཙན་པོའི་སྐུ་ལ་ཐོ་འཚམས་པའི་ངོ་ལོག་རྒྱག་རྩིས་བྱས་པ་སོགས་ལ་བརྟེན་འབྱུང་འགྱུར་བོད་མི་རིགས་ཀྱི་ཤེས་རིག་རྒྱ་ཆེར་གཏོང་བ་དང་། གཅིག

གྱུར་གྱི་བསམ་བློའི་ཀ་རྟེན་ཞིག་ངེས་པར་འཛུགས་དགོས་པར་དགོངས་པ་གཏད། དེ་ཡང་སྐབས་དེར་ཡ་གླིང་ན་ཤེས་རིག་དར་བའི་ཤར་ཕྱོགས་ཐང་གི་རྒྱལ་ཁམས་དང་། ཧོར་རྒྱ་གར། ནུབ་བལ་པོ། བྱང་ལི་ཡུལ་ལ་སོགས་བོད་ཀྱི་མཐའ་བཞིའི་རྒྱལ་ཁམས་ན་སྟོན་པ་ཤཱཀྱ་མུ་ནེས་བསྟན་པའི་སངས་རྒྱས་ཀྱི་ཆོས་ལུགས་དེ་དར་སྤེལ་དང་སྙན་གྲགས་ཆེ་བའི་སྐབས་ཡིན་པས་དེའི་སྙན་པའི་གྲགས་པ་རིང་ནས་གསན་པ་དང་། ལྷག་པར་དུ་རྒྱ་བལ་ནས་བསུས་པའི་བཙུན་མོ་རྣམ་གཉིས་ཆོས་ལ་དད་ཅིང་། རྫོངས་སྐྱེས་སུ་གསེར་གྱི་ལྷ་སྐུ་ཤཱཀྱ་མུ་ནེ་དང་ཇོ་བོ་མི་བསྐྱོད་རྡོ་རྗེ་གཉིས་ཀྱིས་གཙོས་པའི་སྐུ་གསུང་ཐུགས་ཀྱི་རྟེན་མང་པོ་བོད་དུ་གདན་དྲངས་པ་དང་། དེ་བཞིན་བློན་པོ་ཐོན་མི་སམ་བྷོ་ཊས་རྒྱ་གར་ནས་ཐེག་པ་ཆེན་པོའི་དམ་ཆོས་མང་པོ་སྤྱན་དྲངས་ཤིང་བསྒྱུར་ནས་གཟིགས་སུ་ཕུལ་བ་སོགས་རྒྱུ་རྐྱེན་དུ་མ་འཛོམས་པ་དང་། བཙུན་མོ་དེ་གཉིས་ཀྱིས་སྐུལ་མ་ཞུས་པ་ལས་ཐོག་མར་བོད་ཀྱི་ལྷ་གནས་སུ་གཙུག་ལག་ཁང་ཞིག་བཞེང་བའི་དགོངས་པ་འཆར། དེའི་ཐད་རྒྱུས་པ་བོད་ཀྱི་རྒྱལ་རབས་ཆོས་འབྱུང་རྣམས་སུ་ཕན་ཚུན་བཞེད་པ་མཐུན་མིན་གྱི་འཆད་ཚུལ་སྣ་ཚོགས་ཤིག་འབྱུང་བ་ལྟར་འདིར་གོ་བདེ་བའི་ལོ་རྒྱུས་རགས་བསྡུས་ཙམ་འཆད་པར་བྱའོ།

ཐོག་མར་བཙན་པོས་བོད་དུ་ཐེག་པ་ཆེན་པོའི་བསྟན་པ་དར་བར་མཛད་པའི་ཕྱིར་ཡི་དམ་གྱི་ལྷ་སྐུ་ཞིག་བཞེངས་དགོས་པར་དགོངས་ནས་ནང་རྟེན་དང་སྐུ་རྒྱུ་སོགས་ཀྱི་འདུ་འགོད་རྒྱ་ཆེར་གནང་ཐོག་བལ་པོའི་ལྷ་བཟོ་བ་བཀུག་སྟེ། སྨན་འཛེམ་ལས་གྲུབ་པའི་འཕགས་པ་སྤྱན་རས་གཟིགས་བཅུ་གཅིག་ཞལ་ཕྱག་སྟོང་སྤྱན་སྟོང་གི་སྐུ་བརྙན་འཕགས་པ་རང་བྱུང་ལྔ་ལྡན་དུ་གྲགས་པ་འདི་ཉིད་འཁོར་བརྒྱད་དང་བཅས་པ་བཞེངས་པར་མཛད། འདི་ནི་བོད་དུ་ལྷ་སྐུ

བཞེངས་པའི་ཐོག་མ་ཡིན་པར་གྲགས་ཤིང་། རེ་ཞིག་རྒྱལ་པོའི་ཕོ་བྲང་དུ་བཞུགས་པར་བཤད་ཡོད། དེ་རྗེས་ར་ས་གཙུག་ལག་ཁང་དང་ར་མོ་ཆེའི་གཙུག་ལག་ཁང་གཉིས་ས་གནས་འདི་དག་ཏུ་བཞེངས་དགོས་པའི་རྒྱུ་རྐྱེན་ནི། ཆོས་འབྱུང་དག་ལས་འབྱུང་བ་ལྟར་ན། རྒྱ་བཟའ་ཀོང་ཇོ་འདི་གར་ཕེབས་སྐབས་ལྷ་ཤཱཀྱ་མུ་ནེ་བཞུགས་པའི་ཤིང་རྟ་འཁོར་ལོ་དེ། ར་མོ་ཆེར་བྱེ་འདམ་གྱི་ནང་དུ་ཐིམས་ནས་ཇི་ལྟར་བྱས་ཀྱང་འདོན་མ་ཐུབ་པར་བརྟེན་རྒྱ་བཟའ་ཀོང་ཇོས་སྤྱིར་ཐང་བརྒྱད་ཅུའི་གབ་རྩེ་བཏིངས་ནས་བོད་ཀྱི་ས་དཔྱད་རྩིས་པར། ས་གནས་དེར་ཀླུ་བདུད་གདུག་པ་ཅན་ཞིག་གི་ཕོ་བྲང་གནས་པའི་ཁ་གནོན་དུ་བཞུགས་དགོས་པར་མཁྱེན་ནས། ལྷ་སྐུའི་ཕྱོགས་བཞིར་ཀ་བ་རེ་བཙུགས་ཤིང་དེ་ལ་དར་དཀར་གྱི་ཡོལ་བ་བཏང་ནས་བཞག་པ་དེ་བལ་བཟའ་ཁྲི་བཙུན་གྱིས་གཟིགས་པ་དང་། བལ་བཟའི་ཐུགས་ལ་བོད་དུ་རྒྱ་བཟའ་ཀོང་ཇོས་སྔོན་ལ་ལྷ་ཁང་བརྩིགས་པར་དོགས་པ་སྐྱེས་ནས་བཙན་པོ་ལ་ང་ལྷ་ཁང་ཞིག་བརྩིག་རྒྱུ་ཡིན་ན་ས་ཆ་གནང་བ་ཞུ་ཞུས་ནས་ལྷ་ཁང་རྩིག་པའི་འགོ་བརྩམས་ན་ཡང་། བཞེང་མ་བཏུབ་པར་མཐར་རྒྱ་བཟའ་ཀོང་ཇོ་ལ་ས་དཔྱད་བརྩི་དགོས་པའི་རེ་བ་བཏོན་པ་ལྟར་ཀོང་ཇོས་སླར་ཡང་ས་དཔྱད་རྒྱས་པར་བརྩིས་དོན། བོད་ཡུལ་གྱི་སའི་དཔྱད་ནི་སྲིན་མོ་གན་རྒྱལ་དུ་འགྱེལ་བ་ལྟ་བུའི་དབྱིབས་སུ་འདུག འོ་ཐང་གི་མཚོ་ནི་སྲིན་མོའི་སྙིང་ཁྲག་ངན་སོང་གི་སྒོ་ཡིན་པས། དེ་བསུབས་ནས་ལྷ་ཁང་བརྩིག་དགོས་པར་བསྟན། གཞན་ཡང་སྲིན་མོའི་དཔུང་འགོ་གཉིས་དང་དཔྱི་འགོ་གཉིས་ཏེ་ཚིགས་ཆེན་བཞི་དང་། གྲུ་མོ་གཉིས་དང་པུས་མོ་གཉིས་ཏེ་ཚིགས་ཕྲན་བཞི། ལག་མཐིལ་གཉིས་དང་རྐང་མཐིལ་གཉིས་ཏེ་མཐིལ་ཆེན་བཞི་བཅས་གནོན་པའི་ཆེད་སོ་སོར་ལྷ་ཁང་རེ་བཞེངས་དགོས་པ། ར་མོ་ཆེ་ན་

སྐུ་བདུད་ཀྱི་ཕོ་བྲང་ཡོད་པ་ཇོ་བོ་ཤཱཀྱས་ཅོན་པར་བཤད། དེ་མིན་ཉེ་བའི་ས་དགྲ་བརྒྱད་མཆིས་པའི་བཅོས་ཐབས་ཀྱང་སོ་སོར་བསྟན་ཅིང་། ས་དགྲ་དེ་རྣམས་བཅོས་ན་ཡུལ་འདིའི་ཕྱོགས་བཞིར་ཡོན་ཏན་གྱི་རི་བོ་བཞི་ཡོད་པའི་དགེ་མཚན་རྣམས་དུས་གཅིག་ཏུ་འཆར་ནུས་པ་དང་། གནམ་འཁོར་ལོ་རྩིབས་བརྒྱད། ས་པདྨ་འདབ་བརྒྱད། སོགས་བཀྲ་ཤིས་རྟགས་བརྒྱད་ཚང་བ། ཁོར་ཡུག་གི་རི་བོ་ལ་གསེར་དངུལ་ཟངས་ལྕགས་ཀྱི་གཏེར་ཁ་ཡོད་པ་སོགས་བཀྲ་ཤིས་པའི་ས་དཔྱད་རྣམས་ཀྱང་རྒྱས་པར་བསྟན་ནས་ད་གཟོད་གཙུག་ལག་ཁང་ལེགས་པར་རྩིག་ཐུབ་ཅེས་དང་། འོ་ཐང་གི་མཚོའུ་ཇི་ལྟར་བསུབ་པའི་ཐབས་ཤེས་བཅས་ལེགས་པར་བསྟན་ཅེས་གྲགས། ཚུལ་དེ་དག་རྒྱལ་པོས་གསན་ནས་རབ་ཏུ་དགྱེས་ཏེ། “བོད་འབངས་རྣམས་ངའི་ལྷ་ཁང་རྩིག་པའི་གྲོགས་བྱ་དགོས་སོ་ཞེས་བཀའ་བསྒྲལ་བས་ཐམས་ཅད་ཡུལ་གྲུ་སོ་སོར་འདུས་ནས་ལྷ་ཁང་རྩིག་པའི་འདུན་མ་བྱེད་དོ་”①ཞེས་གསལ་བ་ལྟར། བོད་འབངས་རྣམས་ལས་ལ་བསྐུལ་ཞིང་། བལ་བཟའ་ཁྲི་བཙུན་གྱིས་གཙུག་ལག་ཁག་བཞེང་བའི་གཙོ་གཉེར་མཛད་དེ་བལ་པོའི་ཡུལ་ནས་རིག་བྱེད་ལ་མཁས་པའི་བཟོ་བོ་མང་པོ་བཀུག དེ་དང་དུས་མཚུངས་པར་རྒྱ་བཟའ་ཀོང་ཇོས་ཀྱང་རྒྱ་ཡུལ་ནས་བཟོ་པ་མཁས་པ་མང་པོ་བཀུག་སྟེ་ར་མོ་ཆེའི་གཙུག་ལག་ཁང་བཞེང་བའི་གཙོ་གཉེར་གནང་བར་གྲགས། དེ་ཡང་ཐོག་མར་འོ་ཐང་གི་མཚོའུ་བསུབ་པའི་སྐོར་ལ་རྒྱལ་རབས་གསལ་བའི་མེ་ལོང་སོགས་ལས་འབྱུང་བ་ལྟར།

“བོད་འབངས་ཐམས་ཅད་ལས་ལ་བསྐུལ། །

① (ཆོས་འབྱུང་མཁས་དགའ་དེབ་དོན233 –234)

སྐྱེ་ཚུ་སྲུ་བ་གཏོང་ལ་བསྒྱུར། །”

ཅེས་སོགས་འཁོད་པ་བཞིན་མཚོ་ཚུ་རྣམས་ལྷོ་ཕྱོགས་སྐྱིད་ཆུའི་རྒྱུགས་ལམ་དུ་ཁ་གཙུ་བའི་ས་ཁྲ་རྡོ་རྫོང་གི་ལས་གྲྭ་རྒྱ་ཁྱོན་ཆེ་བ་ཞིག་བཙུགས་ནས་མཚོ་བསྐུབས་པ་དང་། དེ་རྗེས་བོད་ཀྱི་ལས་མི་སྟོང་ཕྲག་འགའ་དང་རྒྱ་བལ་གྱི་བཟོ་པ་རྣམས་མཉམ་ལས་ཀྱིས་རྒྱའི་རྟེན་ཁང་པེ་ཧར་བྱ་བ་ལ་དཔེ་བལྟས་ཏེ་གཙུག་ལག་ཁང་གི་རྒྱ་ཁྱོན་ནི་སྐབས་དེའི་རྒྱ་མཚོར་བགྲོད་པའི་གྲུ་གཟིངས་འབྲིང་པོ་ཞིག་གི་ཚད་དུ་བཟུང་ནས་རྨང་བཏིངས་པར་གྲགས། དེ་ཡང་རྩིག་རྨང་གི་དབྱིབས་ནི་འབྱུང་འགྱུར་རབ་བྱུང་གི་དོན་དུ་འདུལ་བའི་ལུགས་དྲི་གཙང་ཁང་དང་བཅས་པ་བྱང་ཕྱོགས་སོ་བདུན་མཚོན་པའི་རེའུ་མིག་སོ་བདུན་མཛད། སྐྱེ་བོ་སྤྱིའི་དོན་དུ་ཆོས་གང་བྱེད་ལམ་གྱི་སྦྱོར་ཚང་བར་བྱེད་དགོས་པའི་བརྡར་ཕྱི་གྲུ་བཞིར་མཛད། བོན་པོའི་དོན་དང་ཆོས་ཉིད་མི་འགྱུར་བ་མཚོན་ཕྱིར་ཟུར་བཞི་གཡུང་དྲུང་རིས་སུ་མཛད། སྔགས་པའི་དོན་དང་འབྲས་བུ་སངས་རྒྱས་ཀྱི་ས་མཚོན་པའི་ཕྱིར་དབུས་སུ་ངག་གི་དབང་ཕྱུག་དྲག་པོའི་དཀྱིལ་འཁོར་གྱི་ཚད་དུ་མཛད་པ་བཅས་ཀྱི་ཤུལ་ཐལ་ཆེར་ད་ལྟའང་མཐོང་རྒྱུ་ཡོད་དོ།

དེ་ནས་རྒྱལ་རབས་གསལ་མེ་ལས་འབྱུང་བ་ལྟར། “རྒྱལ་པོས་འབངས་རྣམས་ཟས་ཆང་གིས་ཚིམ་པར་བྱས་ཏེ་ལས་ལ་བསྐུལ་ནས། ལ་ལས་སོ་ཐག་བཏང་། ལ་ལས་རྩིག་པ་བྱས། ལ་ལས་འཇིམ་པ་བཏང་སྟེ་འོག་ཁང་གི་རྩིག་པ་ཟིན་པར་བྱས་སོ་” ཞེས་དང་། “དེར་ཡང་ལ་ལས་ཀ་བ་བཙེས། ལ་ལས་གདུང་མ་གཞོག ལ་ལས་ལྕམ་གྲུ་བཞིར་བཙེས། ཡང་ལ་ལས་ཀ་བ་བཙུགས། ལ་ལས་གདུང་མ་བཀལ། ལ་ལས་ལྕམ་བསྒྲིགས། ལ་ལས་པང་ལེབ་བཏང་། ཐོག་ཕུབ་ནས་མཛེས་པར་བྱས་སོ།” ཞེས་འཁོད་པ་ལྟར་ར་ས་གཙུག་ལག་ཁང་

གྲུ་བཞི་ཤོ་འདྲ་བ་ཕོག་སོ་གཉིས་ལྡན་གཅིག་བཞེངས་པའི་སྐབས་དེའི་ལྷ་ཁང་གི་ཕྱི་སྒོ་ནི་ད་ལྟ་སེང་ལྡེང་སྒོ་མོར་གྲགས་པའི་གཟིམ་སྒོ་ནང་མ་འདི་ཡིན་ནོ།

སྐབས་དེར་གཙུག་ལག་ཁང་ལྟེ་བའི་ཤར་ངོས་སུ་གཙང་ཁང་གསུམ་ཡོད་པའི་དབུས་མ་ད་ལྟ་ཇོ་ཁང་དུ་གྲགས་པ་འདིའི་ནང་། རྟེན་གཙོ་རྒྱལ་བ་མི་འཁྲུགས་པ་སྐྱབས་སྦྱིན་གྱི་ཕྱག་རྒྱ་ཅན་དུས་ཕྱིས་ཇོ་བོ་མི་འགྲོ་གསུང་བྱོན་དུ་གྲགས་པ་འདི་ལ་འཁོར་ཉེ་བའི་སྲས་བརྒྱད་དང་། སྒོ་སྲུང་ཁྲོ་བོ་གཉིས་བཅས་བཞེངས་སྟབས་ཀྱིས་བསྐོར་བ་དང་། དེའི་གཡས་ཕྱོགས་ཀྱི་ལྷ་ཁང་ནང་གཙོ་སྐུ་འོད་དཔག་མེད་ལ་འཁོར་བྱང་སེམས་བརྒྱད་དཀྱིལ་དཀྱུང་ཅན་གྱིས་བསྐོར་བ། གཙང་ཁང་གཡོན་ན་བལ་བཟའི་རྟེན་སྐལ་བྱམས་པ་ཆོས་འཁོར་མ་ལ་སྤྲུལ་མ་བརྒྱད་ཀྱིས་བསྐོར་བ་བཅས་བཞེངས། བྱང་ཕྱོགས་ཀྱི་གཙང་ཁང་དཀྱིལ་མ་དུས་ཕྱིས་ཐུགས་རྗེ་ལྷ་ཁང་དུ་གྲགས་པ་འདིའི་ནང་བཙན་པོའི་ཐུགས་དམ་གྱི་རྟེན་འཕགས་པ་བཅུ་གཅིག་ཞལ་རང་བྱུང་ལྔ་ལྡན་ལ་འཁོར་བརྒྱད་ཀྱིས་བསྐོར་བ་རྣམས་བཞུགས་སུ་གསོལ། ལྷོ་ཕྱོགས་ཀྱི་གཙང་ཁང་དཀྱིལ་མར་བལ་བཟའི་རྟེན་སྐལ་ཇོ་བོ་མི་བསྐྱོད་རྡོ་རྗེ་སྟེ་ད་ལྟར་རྨོ་ཆེའི་ཇོ་བོར་གྲགས་པ་འདི་ལ་འཁོར་སྟོང་ཆེན་རབ་འབྱམས་སོགས་ཁྲོ་བོ་དྲུག་དང་། གནོད་སྦྱིན་ཛམ་བྷ་ལ་དང་ནམ་ཐོས་སྲས་བཅས་བརྒྱད་ཀྱིས་བསྐོར་བ་རྣམས་བཞེངས། ནུབ་ཕྱོགས་གཙང་ཁང་གི་དོད་དུ་སེང་ལྡེང་སྒོ་མོའི་ཕོད་ཀྱི་ལྷ་ཁང་ད་ལྟ་བར་ཁང་ཆོས་རྒྱལ་ལྷ་ཁང་དུ་གྲགས་པ་དེའི་ནང་སངས་རྒྱས་རབ་བདུན་གྱི་སྐུ་བརྙན་བཞེངས། སེང་ལྡེང་སྒོ་མོའི་ནང་གཡས་གཡོན་སྒོ་སྲུང་ཁང་གཉིས་སོ་སོར་གནོད་སྦྱིན་དང་། ཀླུའི་རྒྱལ་པོའི་གཟུགས་བརྙན་ཁག་གཅིག་བཞེངས་པ་བཅས་མདོར་ན་སྲོང་བཙན་གྱི་སྐུ་དུས་སུ་གཙུག་ལག་ཁང་འདིར་ཁྱོན་བསྡོམས་ལྷ་ཁང་བརྒྱད་དང་།

ཤར་སྟོའི་བྲུར་ཕྱོག་ཏུ་དཔལ་ལྷ་མོའི་རྟེན་མཁར་ཞིག་འཛུགས་པར་མཛད་པ་བཅས་ཡིན།

དུས་དེ་ནས་བཟུང་གཙུག་ལག་ཁང་འདི་ཉིད་བོད་དུ་སངས་རྒྱས་ཀྱི་བསྟན་པ་དར་བའི་རྟེན་གཞིར་གྱུར་པ་ལྟར་འཕེལ་འགྱུར་གྱི་རིམ་པ་དུ་མ་བྱུང་ཞིང་། ཇོ་ཤཱཀ་རྣམ་གཉིས་བཞུགས་གནས་ཕན་ཚུན་བརྗེས་པ་ནི་མང་སྲོང་གི་སྐབས་སུ་ཡིན་ལ། ཇོ་བོ་ཤཱཀྱ་མུ་ནེ་ད་ལྟའི་གཙུག་ལག་ཁང་གི་གཙང་ཁང་ལྟེ་བ་འདིར་བཞུགས་སུ་གསོལ་བ་ནི་བཙན་པོ་ཁྲི་ལྡེ་གཙུག་བརྟན་གྱི་བཙུན་མོ་རྒྱ་བཟའ་རྗེས་མ་གྱིམ་ཤིང་ཀོང་ཇོའི་སྐབས་སུ་ཡིན་པ་དང་། དེ་བཞིན་མངའ་བདག་ཁྲི་རལ་པ་ཅན་གྱི་བར་བཙན་པོའི་དཔོན་སྲས་རྒྱལ་རབས་རིམ་བྱུང་གིས་སངས་རྒྱས་ཀྱི་ཆོས་ལུགས་དར་སྤེལ་གནང་བའི་སྐབས། མེས་སྲོང་བཙན་སྒམ་པོའི་གཙུག་ལག་ཁང་འདི་ཉིད་བོད་དུ་སངས་རྒྱས་ཀྱི་བསྟན་པ་སྤེལ་བའི་ལྟེ་གནས་སུ་བཟུང་སྟེ་རང་རང་གི་ཐུགས་དམ་གྱི་རྟེན་ལྷ་ཁང་གསར་དུ་བཞེངས་པ་དག་གི་ས་ཕུད་དང་རྗེ་ཕུད་སོགས་ཀྱང་འདིར་ཕུལ་ཞིང་། བཀུར་སྟི་དང་ཞབས་ཏོག་རིམ་པར་མཛད་པ་སོགས་དང་། དེ་མིན་བསྟན་པ་ཕྱི་དར་གྱི་རྗེས་གཙུག་ལག་ཁང་ལྟེ་བའི་སྒོ་འབུར་ཤར་ནུབ་རྒྱ་བསྐྱེད་དང་། སུམ་ཐོག སྟེང་ཐོད་བར་གསུམ་གྱི་ལྷ་ཁང་གཞན་དག རྩེ་མོའི་ཕྱོགས་བཞིའི་གསེར་ཟངས་ཀྱི་རྒྱ་ཕིབས་དང་། བྲུར་ཕྱོག དེ་བཞིན་འཁྲམས་ར་ཆེ་མོ་དང་། སྐོར་ལམ་མཐའ་སྐོར། གླ་བྲང་སྟེང་སྐོར་བཅས། ཤིང་ར་དང་། སྟོ་རྒྱུད་ཁངས་སྐོར་སོགས་ནི་རིམ་བཞིན་དུས་རབས་བཅུ་གཅིག་པ་ནས་བཟུང་ཟངས་དཀར་ལོ་ཙཱ་བ་འཕགས་པ་ཤེས་རབ་དང་། དྭགས་པོ་སྒོམ་པ་ཚུལ་ཁྲིམས་སྙིང་པོ། ལྷ་རྗེ་དགེ་བ་འབུམ། ཚལ་པ་ཁྲི་དཔོན་སྨོན་ལམ་རྡོ་རྗེ་ཡབ་སྲས། རྗེ་ཙོང་ཁ་པ་ཆེན་

པོ། ལྷག་པར་གོང་ས་ཏཱ་ལའི་བླ་མ་སྐུ་ཕྲེང་ལྔ་པ་དང་། སྡེ་སྲིད་སངས་རྒྱས་རྒྱ་མཚོ། དེ་རྗེས་ཏཱ་ལའི་བླ་མ་སྐུ་ཕྲེང་བརྒྱད་པ་དང་བཅུ་གསུམ་པ་སོགས་ཀྱིས་རིམ་པར་དུས་རབས་སོ་སོའི་ནང་ཉམས་གསོ་དང་རྒྱ་སྐྱེད། རྒྱས་སྐྱུན་བཅས་ཐེངས་མང་གནང་བ་བརྒྱུད་ད་ལྟའི་རྣམ་པ་འདི་ལྟར་ཆགས་པའི་སྐོར་ལོ་རྒྱུས་ཞིབ་པ་ཡིག་ཆ་གཞན་ལས་མཁྱེན་དགོས་པ་དང་། གཙུག་ལག་ཁང་འདིས་བོད་དུ་སངས་རྒྱས་ཀྱི་བསྟན་པ་དར་སྤེལ་ཙམ་དུ་མ་ཟད། ཐོག་མཐའ་བར་གསུམ་དུ་རྒྱ་བོད་ཧོར་སོགས་ཕྱུན་ཟླ་མི་རིགས་ཀྱི་འབྲེལ་བའི་སྒྲོག་ཐག་ལྟ་བུར་གྱུར་ཏེ་ལོ་རྒྱུས་ཐོག་མེས་རྒྱལ་གཅིག་གྱུར་གྱི་བྱ་གཞག་ལ་བསྒྲུབ་ཐབས་མེད་པའི་ལེགས་སྐྱེས་ཕུལ་ཡོད་དོ།

གཙུག་ལག་ཁང་འདིའི་མཚན་གྱི་སྐོར། དང་ཐོག་འོ་ཐང་གི་མཚོ་བསྒྲུབ་པའི་སྐབས་ར་ལ་ས་བཀལ་ནས་བསྐྱལ་བས་ར་ས་གཙུག་ལག་ཁང་དུ་གྲགས་པ་བཙན་པོའི་དུས་ཀྱི་རྡོ་རིང་དག་ལའང་གསལ་ཡོད། ཆོས་འབྱུང་ལོ་རྒྱུས་ལས་འབྱུང་བ་ལྟར་ན་ལྷ་ཁང་གི་བཟོ་དབྱིབས་ལ་བརྟེན་པ་དང་། བོན་པོ། ཐུགས་པ། བོད་འབངས་བཅས་སོ་སོར་དགའ་བས་དགའ་བཞི་དང་། བཟོ་རྩལ་རྣམས་སྒྱུ་འཕྲུལ་ལྟ་བུར་སྣང་བས་འཕྲུལ་སྣང་སྟེ་མཚན་ཆ་ཚང་ལ། "ར་ས་དགའ་བཞི་འཕྲུལ་སྣང་གི་གཙུག་ལག་ཁང་" ཞེས་སུ་གྲགས། དེ་རྗེས་བཙན་པོ་ཁྲི་རལ་པ་ཅན་གྱི་སྐབས་ཙམ་ནས་"ར་ས" དེ་"ལྷ་ས" ཞེས་པར་བསྒྱུར་པ་དགོན་ཞང་རྡོ་རིང་གི་ཡི་གེར་ཡང་གསལ་ཞིང་། དེ་ནས་བཟུང་ལྷ་ས་གཙུག་ལག་ཁང་ཞེས་ཀུན་ཏུ་གྲགས་པ་ཡིན་ལ། ལྷ་ཁང་འདི་ཉིད་ལྟེ་བར་བྱས་ནས་ཆགས་པའི་གྲོང་ཁྱེར་གྱི་མིང་ལའང་ལྷ་ས་ཞེས་རིམ་བཞིན་ཐོགས་པ་ཡིན་ནོ།

རྒྱ་བཟའ་ཀོང་ཇོ་ཁྲིད་ཀོང་ཇོས་གཙོ་གཉེར་གནང་སྟེ་རྒྱ་བོད་བལ་པོ་སོགས་

ཀྱི་ལས་བཟོས་བསྐྲུན་པའི་བོད་ཀྱི་གཙོ་གནད་ལྷ་ཁང་གཉིས་པ་ར་མོ་ཆེའི་གཙུག་ལག་ཁང་འདི་ཡང་རྒྱལ་རབས་གསལ་མེ་སོགས་ལས་འབྱུང་བ་ལྟར་ར་ས་གཙུག་ལག་ཁང་དང་དུས་མཉམ་དུ་ལེགས་པར་གྲུབ་ཅིང་། དང་ཐོག་གཙང་ཁང་ལྟེ་བར་ཇོ་བོ་ཤཱཀྱ་མུ་ནེ་ལ་འཁོར་ཉེ་བའི་སྲས་ཆེན་བརྒྱད་ཀྱིས་བསྐོར་བ་སོགས་བཞེངས་པ་དང་། ལྷ་ཁང་གི་དབྱིབས་ཀྱང་རྒྱའི་ལུགས་ལྟར་བཞེངས་པའི་ཡང་ཐོག་ཏུ་གཡུ་རྩེའི་རྒྱ་ཕིབས་རྣམ་པར་བཀྲ་བ་རྒྱ་སྟག་གནམ་ལ་འཕྱོ་བ་ལྟ་བུ་ཞིག་སྟོན་པས"མཚན་ཡང་རྒྱ་སྟག་ར་མོ་ཆེའི་གཙུག་ལག་ཁང་"ཞེས་གྲགས་པ་ཡིན། ཇོ་བོ་ཤཱཀྱ་མུ་ནེ་ལོ་ཤས་འདི་གར་བཞུགས་པའི་རྗེས་ར་ས་གཙུག་ལག་ཁང་དུ་གདན་དྲངས་པ་ནས་བཟུང་། ལྷ་ཁང་འདིའི་རྟེན་གཙོར་ཇོ་བོ་མི་བསྐྱོད་རྡོ་རྗེ་བཞུགས་སུ་གསོལ་ཞིང་། རྣ་བཞེད་སོགས་ལས་འབྱུང་བ་ལྟར་གནའ་དུས་འདིའི་གནས་བརྟན་དུ་རྒྱའི་ཧྭ་ཤང་ཡུན་རིང་བཞུགས་པའི་ལོ་རྒྱུས་ཀྱང་ཡོད། དེ་རྗེས་སྟོན་མེན་དང་རྩེན་མེན་རྩོད་པའི་སྔ་རྗེས་དང་། བཙན་པོ་དར་མའི་སྐབས་སོགས་དུས་ཀྱི་ལོ་ལང་གི་རྐྱེན་ལས་ལྷ་ཁང་འདིར་ཡང་དར་རྒུད་སྣ་ཚོགས་ཤིག་བྱུང་བར་སྣང་ཞིང་། བསྟན་པ་ཕྱི་དར་གྱི་རྗེས་དུས་རབས་རིམ་ཅན་ནང་གོང་གསལ་ར་སར་ཉམས་གསོ་གནང་རིམ་ལྟར་ར་ཆེ་གཙུག་ལག་ཁང་འདིར་ཡང་ཉམས་གསོ་ཐེངས་མང་བྱུང་བ་དང་། དུས་རབས་བཅོ་ལྔ་པའི་མཇུག་ཙམ་ལ་ཚལ་པས་ཞིག་གསོ་རྒྱ་བསྐྱེད་ཆེ་ཙམ་བྱས་ནས་དཔལ་ལྡན་རྒྱུད་སྟོད་གྲྭ་ཚང་གི་འདུ་ཁང་སོགས་བསྐྲུན་པ་དང་། ལྷག་པར་དུས་རབས་བཅུ་བདུན་པའི་སྨད་ཆར་ཀུན་མཁྱེན་ལྔ་པ་ཆེན་པོས་སྟེང་ཁང་སྐོར་ལམ་སོགས་རྒྱས་སྐྲུན་དང་འབྲེལ་གསེར་ཟངས་ཀྱི་རྒྱ་ཕིབས་གསར་བཞེ་སོགས་མཛད་པ་བརྒྱུད་ད་ལྟའི་བཟོ་དབྱིབས་དང་གཞི་ཁྲོན་འདི་ལྟར་དུ་ཆགས་པ་ཡིན།

དེ་བཞིན་སྲོང་བཙན་གྱི་བཙུན་མོ་ཞང་ཞུང་བཟའ་ལི་ཐིག་སྨན་གྱིས་ཐེམ་བུ་སྐྱོག་གི་ལྷ་ཁང་དང་། མི་ཉག་གི་རུ་ཡོང་བཟས་བྲག་ལྷ་མགོན་པོའི་ལྷ་ཁང་། མོང་བཟའ་ཁྲི་ལྕམ་གྱིས་བྲག་ཡེར་པའི་ལྷ་ཁང་སོགས་ཀྱང་བཙན་པོ་ལ་ཞུས་ནས་བོད་འབངས་ལས་ལ་བསྐུལ་ཏེ་སོ་སོར་བཞེངས་པར་གྲགས། ཞང་ཞུང་བཟས་བཞེངས་པའི་ཐེམ་བུ་སྐྱོག་གི་ལྷ་ཁང་ནི། བོན་གྱི་ལོ་རྒྱུས་འགའ་ཤས་ལས་འབྱུང་བ་ལྟར་ན་གཡུང་དྲུང་བོན་གྱི་ལྷ་ཁང་ཡིན་པར་བཤད་འདུག་ཅིང་། བོད་ཀྱི་ཆོས་འབྱུང་ལོ་རྒྱུས་དག་ན་ལྷ་ཁང་དེའི་མིང་ཙམ་ལས་རྟེན་གྱི་དཀར་ཆག་དང་ལོ་རྒྱུས་སོགས་ཅི་ཡང་མི་གསལ་ཁར། ཐུ་ས་ནས་ཤུལ་ཙམ་ཡང་མེད་པ་སོགས་ལ་དཔགས་ན་བོན་གྱི་ལྷ་ཁང་ཡིན་སྐད་དེ་དོན་ལ་གནས་པ་ལྟ་བུར་སྣང་བས། སལ་ཆེར་ཁྲི་སྲོང་ཡབ་སྲས་ཀྱི་སྐུ་དུས་ཙམ་ལ་བོན་བསྣུབས་སྐབས་ལྷ་ཁང་དེ་ཡང་ཐོར་ཞིག་ཏུ་སོང་བ་ཡིན་ནམ་སྙམ་མོ།

གཞན་ཡང་གོང་དུ་རྒྱ་བཟའ་ཀོང་ཇོའི་རྩིས་ཁོག་ནས་བསྟན་པར་གྲགས་པའི་ཉེ་བའི་ས་དཔྱ་བརྒྱད་འགོག་བཅོས་བྱས་པ་ནི། ཤར་ན་བ་ལམ་གྲུམ་པ་རི་(སྟག་རྩེ་རྫོང་ཁོངས)ཆུ་སྲིན་དེའུའི་ཁར་ཐོན་པ་འདྲ་བ་ལ་དུང་དཀར་བསྟན་པ་དང་། ཤར་ལྷོར་བྱང་སྟོད་སེ་ཐུག་(སྟག་རྩེ་རྫོང་ཁོངས)སྲིན་མོ་འདོམ་བཟེད་པ་འདྲ་བ་ལ་དབང་ཕྱུག་ཆེན་པོའི་རྟེན་བསྟན། ལྷོ་ནུབ་ཡུག་མའི་ཤར་རི་ལ་སྡིག་པ་ནག་པོ་གཟན་ལ་རུབ་པ་འདྲ་བ་ལ་བྱ་ཁྱུང་གི་རུ་ཊ་བསྟན། ནུབ་ན་ཤུན་གྱི་བྲག་བདུད་ནག་པོ་བྱ་ར་བྱེད་པ་ལྟ་བུ་དང་རི་སྲིན་མོ་རལ་པ་ཐྲེང་བ་འདྲ་བ་ལ་རྡོའི་མཆོད་རྟེན་བསྟན། བྱང་ན་ཉང་བྲན་དང་དོག་སྡེའི་དབུས་རི་སླང་ཆེན་གཡུལ་དུ་ཞུགས་པ་འདྲ་བ་ལ་རྡོ་ཡི་སེང་གེ་བསྟན་ཅེས་སོགས་ཆོས་འབྱུང་ཡིག་རིགས་ལས་འབྱུང་བ་ལྟར། བཀློག་ཐབས་ཀྱི་རྡོ་བཀོས་གཟུགས་

བརྟན་དེ་དག་གཙུག་ལག་ཁང་ལྟེ་བའི་ཐོག་སོ་གཉིས་པའི་ཕྱོགས་དང་ཕྱོགས་མཚམས་སོ་སོའི་ཕྱི་རྩིག་གི་ལྡེབས་སུ་ད་ལྟའང་གསལ་པོར་བལྟ་རྒྱུ་ཡོད་པ་ནི་སྐབས་དེའི་བོད་ཀྱི་རྡོ་བརྐོས་ལག་རྩལ་ལ་དཔྱད་གཞི་བྱེད་པའི་རིག་དངོས་རྩ་ཆེ་ཞིག་ཡིན། དུས་མཚུངས་གཙུག་ལག་ཁང་ནང་གི་སྒོ་དང་ཀ་གདུང་སོགས་ཀྱི་ཤིང་བརྐོས་རི་མོ་དང་། སྒོ་སྲུང་ལྷ་ཁང་གཉིས་ཀྱི་ལྡེབས་རིས་སོགས་སྐབས་དེའི་མཛེས་རྩལ་ལག་རིས་ཁག་གཅིག་གི་ཐོག་ནས། བོད་དང་རྒྱ་བལ་གྱི་དབར་གནའ་རབས་ལག་རྩལ་སྤེལ་རེས་ཀྱི་ཤུལ་རྒྱུན་མཚོན་ཐུབ་པ་སོགས་བོད་ཀྱི་དགོན་སྡེ་ལྷ་ཁང་གཞན་དག་གང་དུ་ཡང་མཐོང་རྒྱུ་མེད་པའི་ངོ་མཚར་ཆེ་བའི་གནའ་བོའི་སྒྱུ་རྩལ་གྱི་རིག་དངོས་མི་ཉུང་བ་ཞིག་དངོས་སུ་མཇལ་རྒྱུ་ཡོད་དོ།

གཞན་ཡང་མཐའ་འདུལ་ཡང་འདུལ་གྱི་ལྷ་ཁང་བཅུ་གཉིས་ནི། སྲིན་མོའི་དཔུང་འགོ་གཡོན་གནོན་པ་ལ་ཡར་ཀླུང་ཁྲ་འབྲུག་བྱམས་པ་མི་འགྱུར་བའི་ལྷ་ཁང་བཞེངས། (སྣེ་གདོང་རྫོང་ཁོངས་) སྲིན་མོའི་དཔུང་འགོ་གཡས་གནོན་པ་ལ་དབུ་རུ་ཀ་ཚལ་གྱི་ལྷ་ཁང་བཞེངས། (མལ་གྲོ་གུང་དཀར་རྫོང་ཁོངས་) སྲིན་མོའི་དཔྱི་འགོ་གཡས་གནོན་པ་ལ་གཡས་རུར་གཙང་འགྲམ་གྱི་ལྷ་ཁང་བཞེངས། (རྣམ་གླིང་རྫོང་ཁོངས་) དཔྱི་འགོ་གཡོན་གནོན་པ་ལ་རུ་ལག་ཏུ་གྲོམ་པ་རྒྱང་གི་ལྷ་ཁང་བཞེངས། (ལྷ་རྩེ་རྫོང་ཁོངས་) དེ་དག་ནི་མཐའ་འདུལ་གྱི་གཙུག་ལག་ཁང་བཞི་ཡིན་ནོ། དེ་ནས་སྲིན་མོའི་གྲུ་མོ་གཡས་པ་གནོན་པ་ལ་ཀོང་པོ་བུ་ཆུ་ལྷ་ཁང་བཞེངས། (ཉིང་ཁྲི་རྫོང་ཁོངས་) གྲུ་མོ་གཡོན་གནོན་པ་ལ་ལྷོ་བྲག་ཁོ་ཐིང་ལྷ་ཁང་བཞེངས། (ལྷོ་བྲག་རྫོང་ཁོངས་) སྲིན་མོའི་པུས་མོ་གཡས་གནོན་པ་ལ་མང་ཡུལ་བྱམས་སྤྲིན་དགེ་རྒྱས་ལྷ་ཁང་བཞེངས། (སྐྱིད་གྲོང་རྫོང་ཁོངས་) པུས་མོ་གཡོན་གནོན་པ་ལ་བྱང་སྤྲ་དུན་

རྩེའི་ལྷ་ཁང་བཞེངས། (འབྲོང་པ་རྫོང་ཁོངས་) དེ་རྣམས་ནི་ཡང་འདུལ་གྱི་གཙུག་ལག་ཁང་བཞི་ཡིན་ནོ། སྲིན་མོའི་ལག་མཐིལ་གཡས་པ་གནོན་པ་ལ་ཁམས་ཀློང་ཐང་སྒྲོལ་མ་ལྷ་ཁང་བཞེངས། (ཟི་ཁྲིན་ཞིང་ཆེན་ཁོངས་སྡེ་དགེ་རྫོང་) ལག་མཐིལ་གཡོན་གནོན་པ་ལ་མོན་སྐྱེར་ཆུ་ལྷ་ཁང་བཞེངས། (ལྷོ་འབྲུག་གི་ཁོངས་) སྲིན་མོའི་རྐང་མཐིལ་གཡས་གནོན་པ་ལ་མཚལ་རིགས་སྒྲོལ་མ་ལྷ་ཁང་བཞེངས། (   ) རྐང་མཐིལ་གཡོན་གནོན་པ་ལ་བྱང་ཚངས་པ་རླུང་གནོན་གྱི་ལྷ་ཁང་བཞེངས། (   ) དེ་དག་ལ་ཡང་གནོན་གྱི་ལྷ་ཁང་བཞི་ཞེས་གྲགས་སོ། ད་དུང་ཆོས་འབྱུང་འགའ་ཞིག་ནང་མཐའ་འདུལ་གྱི་གཙུག་ལག་ཁང་སོ་སོར་ཡན་ལག་གི་ལྷ་ཁང་དང་། འཕྲོང་གི་ལྷ་ཁང་བཞེངས་ཚུལ་དང་། ཕྱོགས་བཞི་མཚམས་བརྒྱད་དུ་ས་ཆུ་མེ་རླུང་སོགས་འབྱུང་བའི་ཁ་གནོན་ལྷ་ཁང་དགུ་སོགས་ཀྱང་བཞེངས་པར་བཤད་ཅིང་། གཅིག་གྱུར་ཡོངས་གྲགས་ཀྱི་གཙུག་ལག་ཁང་གཙོ་ཆེ་བ་ནི་གོང་གསལ་དེ་རྣམས་ལགས་སོ། ལྷ་ཁང་དེ་དག་ཆགས་ཡུལ་ཐད་སྲིན་མོ་ཉལ་གཟུགས་ཀྱི་ལུས་གནད་ལྟར་བཤད་པ་ནི་ཕྱོགས་གཅིག་ནས་སྐབས་དེའི་ཆོས་ཕྱོགས་ཀྱི་ངོས་འཛིན་དེ་ལྟར་ཡིན་པའང་སྲིད་ཅིང་། དོན་དངོས་ཐོག་བཙན་པོ་སྲོང་བཙན་སྒམ་པོས་བོད་མི་རིགས་གཅིག་གྱུར་བཟོས་རྗེས་འཕངས་རྒྱལ་མར་གཏོགས་པ་རྣམས་གང་དུ་གནས་ཤིང་འདུ་བའི་ས་དེར་སངས་རྒྱས་ཀྱི་ཆོས་ལུགས་དར་འཕེལ་གཏོང་བའི་རྟེན་གཞི་རེ་སྟོད་སྨད་སྟོ་བྱང་མཐའ་དབུས་རྒྱ་ཁྱབ་ཏུ་འཛུགས་གནང་མཛད་པ་གསལ་པོར་མཐོང་ཐུབ་པ་ཡིན་ནོ།

གཞན་ཡང་ཆོས་འབྱུང་མཁས་པའི་དགའ་སྟོན་ལས་འབྱུང་བ་ལྟར་ན། སྐབས་དེར་བཙན་པོས་རྒྱ་གར་གྱི་མཁས་པ་ཀུ་ས་ར་དང་། བྲམ་ཟེ་ཤང་ཀ་ར།

ཁ་ཆེ་ཏ་ནུ། བལ་པོ་ཤྲཱི་ལ་མཉྫུ། རྒྱ་ནག་ཧྭ་ཤང་མ་ཧཱ་དེ་ཝ་ཆེ་རྣམས་གདན་དྲངས་ནས་བོད་དུ་ཕྱིན་པ་དང་། ལོ་ཙཱ་བ་ཐོན་མི་སམྦྷོ་ཊ་དང་། དྷརྨ་ཀོ་ཥ་དང་། ལྷ་ལུང་རྡོ་རྗེ་དཔལ་སོགས་ཀྱིས་བྱས་ཏེ་དམ་ཆོས་འདུས་པ་རིན་པོ་ཆེ་ཏོག་གི་གཟུངས་དང་། ཟླ་བ་སྒྲོལ་མ། དཀོན་མཆོག་སྤྲིན་སོགས་བསྒྱུར་ཅིང་། གཙོ་བོར་ཐུགས་རྗེ་ཆེན་པོའི་མདོ་རྒྱུད་ཉི་ཤུ་རྩ་གཅིག་བསྒྱུར་པ་དང་། ད་དུང་བཙན་པོས་ཐོན་མི་ལ་སྤྱར་ཡབ་མེས་ཀྱི་གཉན་པོ་གསང་བ་དེ་ཅིར་འདུག་གློགས་དང་གསུངས་པས། པང་ཀོང་ཕྱག་རྒྱ་དང་། མདོ་སྡེ་ཟ་མ་ཏོག ཙིནྟ་མ་ཎིའི་གཟུངས། མདོ་སྡེ་ལས་རྣམ་འབྱེད་རྣམས་བྱུང་སྐད་བཅས་མདོར་ན་བཙན་པོ་འདིའི་སྐུ་རིང་ལ་བོད་དུ་སངས་རྒྱས་ཆོས་ལུགས་སྤེལ་བའི་སྲོལ་བཏོད་ཅིང་། བློན་འབངས་རྣམས་ལའང་ལྷ་ཆོས་དགེ་བ་བཅུ་དང་། མི་ཆོས་གཙང་མ་བཅུ་དྲུག་གི་ཀུན་སྤྱོད་བཟང་པོ་འགོ་འཛུགས་པར་མཛད་པ་མ་ཟད། དེ་དང་ཆབས་ཅིག་ཏུ་རྒྱ་གར་དང་། རྒྱ་ནག ཏ་ཟིག བལ་པོ། ལི་ཡུལ་ལ་སོགས་པ་ནས་བཟོ་དང་། སྨན་རྩིས་སོགས་རིག་གནས་ཀྱི་ཤེས་བྱ་བཟང་པོ་རྣམས་ཀྱང་རིམ་བཞིན་བརྗེ་ལེན་དང་དར་སྤེལ་གྱི་འགོ་ཚུགས་པ་བཅས་མདོར་ན་དུས་དེ་ནས་བཟུང་བོད་མི་རིགས་ཀྱི་ཤེས་རིག་དང་། ཀུན་སྤྱོད། ལག་རྩལ་སོགས་ཕྱོགས་གང་སར་ཡར་རྒྱས་སྤར་ན་མ་གྲགས་པ་ཞིག་བྱུང་བ་ལགས་སོ།

6. ཆབ་སྲིད་མཐའ་བཞིར་བཀྱེད་ནས་བོད་ཀྱི་དཔལ་འབྱོར་གོང་སྤེལ་མཛད་པ།

བཙན་པོ་སྲོང་བཙན་སྒམ་པོ་ནི་དགོངས་པ་ཟབ་ཅིང་ཡངས་ལ་ཤིན་ཏུ་དཀྱིལ་ཆེ་བ་ཞིག་ཡིན་པས། གལ་ཏེ་མི་རིགས་གཅིག་དར་རྒྱས་ཕུན་སུམ་ཚོགས་པའི་འཕེལ་ལམ་དུ་བསྐྱོད་དགོས་ན། ངེས་པར་དུ་འཛིག་རྟེན་ཕྱོག་གི་སྟོན་ཕྱོན་

བྱ་གཞག་ཀུན་གྱི་སྙིང་བཅུད་བསྡུ་ལེན་བྱས་ཏེ་རང་ཉིད་སྟོབས་དང་ལྡན་པ་ཞིག་ཏུ་འགྱུར་དགོས་པ་དེ་གཟིགས་ཡོད། བོད་ཡོངས་གཅིག་གྱུར་དང་མངའ་ཁོངས་རྒྱ་ཆེར་བསྐྱེད་པའི་ཆ་རྐྱེན་འོག མཐའ་བཞིའི་རྒྱལ་ཁམས་རྣམས་དང་འབྲེལ་བ་རྒྱ་ཆེར་འཛུགས་པའི་ཐབས་ཤེས་ལ་བརྟེན་ནས་གཅིག་གྱུར་བྱུང་མ་ཐག་པའི་བོད་ཀྱི་ཆབ་སྲིད། རིག་གནས། དམག་དོན་ཙམ་དུ་མ་ཟད། ལྷག་པར་སྲི་ཚོགས་ཀྱི་དཔལ་འབྱོར་སྲ་བརྟན་དང་འཕེལ་རྒྱས་གཏོང་བའི་ཐད་ལའང་མཛད་རྗེས་ནྲབས་པོ་ཆེ་ཞིག་འཇོག་གནང་མཛད་ཡོད། བོད་ཀྱི་ཆོས་འབྱུང་མཱ་རྒྱས་ལས་འབྱུང་བ་ལྟར་ན།

"ཤར་ཕྱོགས་རྒྱ་དང་མི་ཉག་ནས། །
བཟོ་དང་རྩིས་ཀྱི་དཔེ་རྣམས་ལེན། །
ལྷོ་ཕྱོགས་དཀར་པོའི་རྒྱ་གར་ནས། །
དམ་པའི་ཆོས་ཀྱི་སྒྲ་རྣམས་བསྒྱུར། །
ནུབ་ཕྱོགས་སོག་པོ་བལ་པོ་ནས། །
ཟས་ནོར་ལོངས་སྤྱོད་གཏེར་ཁ་འབྱེད། །
བྱང་ཕྱོགས་ཧོར་དང་ཡུ་གུར་ནས། །
ཁྲིམས་དང་ལས་ཀྱི་དཔེ་རྣམས་ལེན། །
དེ་ལྟར་ཕྱོགས་བཞིར་དབང་བསྒྱུར་ནས། །
མཐའ་ཡི་ལོངས་སྤྱོད་དབང་དུ་སྡུད། །"①

ཅེས་སོགས་འཁོད་པ་ནི་ཆོས་ཀྱི་འབྱུང་ཚུལ་གཙོ་བོར་སྟོན་པའི་དེབ་ཐེར་

① (ཆོས་འབྱུང་མཁས་དགའ་དེབ་ངོས184)

ནང་ཞོར་འཕྲོས་སུ་དཔེ་མཚོན་ཙམ་ཚོགས་སུ་བཅད་པའི་ལམ་ནས་མདོར་བསྡུས་སུ་བཤད་པ་ལས། ཞིབ་ཕྲའི་ངེས་ཏིག་མ་གསལ་མོད། འོན་ཀྱང་དེའི་ཐོག་ནས་མཐོང་ཐུབ་པ་ནི། བཙན་པོ་སྲོང་བཙན་སྒམ་པོ་བློན་འཁོར་དང་བཅས་པས་སྐབས་དེ་དུས་ཀྱི་ཡུལ་གཞན་གང་ཞིག་དང་མི་རིགས་གཞན་གང་ཞིག་ལ་མ་ལྟོས་པར་ཆབ་སྲིད་ཀྱི་གཙུག་ལག་དང་། དཔལ་འབྱོར་གྱི་ཐབས་ལམ། རིག་གནས་ཀྱི་གཞུང་ལུགས། བཟོ་རིག་གི་ལག་རྩལ། ཁྲིམས་སྲོལ་དང་ཀུན་སྤྱོད། ཐོན་སྐྱེད་ཀྱི་ལས་རིགས་ལ་སོགས་པ་འཛིག་རྟེན་གྱི་བྱ་གཞག་གང་དང་གང་གི་ཐད་སྟོན་ཐོན་དང་། བོད་ལ་ཕན་པའི་དགེ་མཚན་གྱི་རིགས་ཤིག་ཡིན་ཕྱིན་ཕྱོགས་རིས་མེད་པར་ལེགས་ཆ་མཐའ་དག་བསྡུ་ལེན་དང་སློབ་སྦྱོང་བྱས་ཏེ། བོད་མི་རིགས་རང་ཉིད་སྟོབས་འབྱོར་དང་དཔལ་ཡོན་ལྡན་སུམ་ཚོགས་པའི་སྟོན་བསྐྲུད་ཀྱི་མི་རིགས་ཕུལ་བྱུང་ཞིག་ཏུ་འགྱུར་བར་འབད་བརྩོན་ཆེན་པོ་ཅི་འདྲ་ཞིག་མཛད་ཚུལ་མཚོན་གྱིན་ཡོད།

རྒྱ་བལ་ནས་བཙུན་མོ་བསུས་ཤིང་། བཟོ་རིག་མཁས་པ་མང་པོ་བསྐྲོངས་ནས་ལྷ་ཁང་བཞེངས་པ་བརྒྱུད་བོད་ཀྱི་གནའ་རབས་འཛུགས་སྐྲུན་གྱི་བྱ་གཞག་གོང་མཐོར་བཏང་བ་དང་། རྒྱ་གར་ནས་ཡི་གེའི་དཔེ་བླངས་ཏེ་བོད་ཡིག་གི་སྲོལ་བཏོད་པ། ཕྱོགས་བཞི་ནས་དམ་ཆོས་སོགས་ཀྱི་གཞུང་ལུགས་བསྒྱུར་ཅིང་བོད་ཀྱི་རིག་གནས་རྒྱ་ཆེར་སྤེལ་བ། ལྷག་པར་ཆེན་པོ་ཐང་གི་རྒྱལ་ཁམས་དང་མཛའ་འབྲེལ་རྒྱ་ཆེ་གཉེན་ཟབ་ཅིག་བཙུགས་ཏེ་བོད་ཀྱི་ཆབ་སྲིད་དང་དམག་དོན་སོགས་འཛིག་རྟེན་ལུགས་ཀྱི་གཙུག་ལག་ཡར་རྒྱས་མཛད་པ་སོགས་ལེ་ཚན་ཟུར་དུ་འཁོད་པ་རྣམས་འདིར་བསྐྱར་བློས་མ་དགོས་ཤིང་། གོང་གསལ་ཚོགས་སུ་བཅད་པའི་ནང་ནས“ ནུབ་ཕྱོགས་སོག་པོ” ཞེས་པ་ནི་སྐབས་

འདིར་ཧ་ཟིག་ལ་གོ་དགོས་པ་དང་། ནོར་དང་ལོངས་སྤྱོད་ཀྱི་གཏེར་ཁ་འབྱེད་ཅེས་པ་དེ་ཡང་དཔྱད་དང་སྐྱེས་འབུལ་བ་ཙམ་མ་ཟད། གཙོ་བོ་བོད་དང་འབྲེལ་ཡོད་མཐའ་བཞིའི་རྒྱལ་ཁམས་གཞན་དག་ཐམས་ཅད་ཀྱི་བར་ཐོན་ཟོག་བརྗེ་ལེན་བྱེད་པའི་དཔལ་འབྱོར་གྱི་ཚོང་ལམ་རྒྱ་ཆེར་བྱེ་བ་དེ་ཡིན། འོན་ཀྱང་ཚོང་ལམ་གྱི་འབྲེལ་བ་དེ་ནི་ནུབ་ཕྱོགས་ཁོ་ན་ཙམ་ག་ལ་ཡིན་ཏེ། ཕྱོགས་བཞི་མཚམས་བརྒྱད་དུ་ཡངས་པོར་བྱེ་ཡོད། འདིའི་སྐོར་ལྡེའུ་ཆོས་འབྱུང་ལས་འབྱུང་བ་ལྟར། སྲོང་བཙན་གྱི་མཛད་པ་མདོར་བསྟན་པའི་ནང་གསེས"ལ་བརྒྱད་དང་ཁེ་བརྒྱད"ཅེས་འཁོད་པའི་འགྲེལ་བཤད་དུ། ཁེ་བརྒྱད་ནི། "སྟོད་ན་ཁྲོམ་ཁ་ཆེན་པོ་གསུམ་སྟེ། གྲུ་ཞའི་རྒྱལ་ཁམས(ཀཤྨིར)དང་། དྲུ་གུ་དང་། བལ་པོའོ། སྨད་ཀྱི་ཁྲོམ་ཁ་གསུམ་ལ། གར་ལོག་དང་། རོང་རོང་། ལྡན་མའོ། དབུས་ཀྱི་ཁྲོམ་ཁ་གཉིས་ནི་སྟོང་སྟོང་གཉིས་སོ"①ཞེས་གསལ་བའི་ཁྲོམ་ཁ་ཆེན་པོ་ཞེས་པ་ནི། བོད་དང་ཡུལ་ཁམས་གཞན་དག་དབར་ཐོན་ཟོག་བརྗེ་ལེན་བྱེད་པའི་ཚོང་འདུས་ཆེན་པོ་ལ་ཟེར་བ་ཡིན། དབུས་ཀྱི་ཁྲོམ་ཁ་སྟོང་སྟོང་གཉིས་ཞེས་པ་ནི་ལྷ་དང་བྱང་གི་ཚོང་འདུས་ལ་ཟེར་བར་སྣང་། དེ་དག་ནི་ཉེ་འདབས་ཀྱི་མང་ཚོགས་རྣམས་ཕན་ཚུན་རང་མོས་ཀྱི་ཐོན་ཟོག་བརྗེ་ཚོང་བྱེད་པའི་ཚོང་འདུས་ཡིན་ཅིང་། ལ་བརྒྱད་ཀྱི་འགྲེལ་བཤད་ནི། "ལ་སྒོ་ཆེན་པོ་བཞི་ལ་མངའ་མཛད་པ་སྟེ། འབྲོ་རྗེ་ཁྲི་གསུམ་རྗེ་སྟག་སྣང་གིས། ཤར་དང་དང་ཟས་ཀྱི་ལ་སྒོ་ཕྱེ་སྟེ་མངའ་མཛད། འགོས་ཁྲི་སླེབ་འོལ་མས། ལྷོ་འབྲས་དང་ཁྲིའི་ལ་སྒོ་ཕྱེ་སྟེ་མངའ་མཛད། འབྲོང་ཚུང་གཟའ་འོར་མས། ནུབ་རམ་

① (ལྡེའུ་ཆོས་འབྱུང་དེབ་ངོས284)

དང་རྒྱ་སྐྱེག་གི་ལ་སྒོ་ཕྱེ་སྟེ་མངའ་མཛད། ཁྲུང་པོ་སྤུངས་སྟངས་ཀྱིས། བྱང་ཚོ་དང་མཇོའི་ལ་སྒོ་ཕྱེ་སྟེ་མངའ་མཛད། ལ་སྒོ་བཞི་ལ་ལེ་ཚུང་བཞི་བཏགས་པའི་བརྒྱད་ལ། བོད་ཐམས་ཅད་ཁེ་ལ་ཞུགས་པས་ཁེ་བརྒྱད་ཅེས་བྱའོ་”① ཞེས་གསལ་འདུག་པ་ལྟར་ཤར་ཕྱོགས་ཐང་གི་རྒྱལ་ཁམས་ནས་དར་གོས་དང་། ཟས་ཀྱི་བྱེ་བྲག་སྣ་ཚོགས་འབྱུང་བའི་ཚོང་སྒོ་ཕྱེ་བ་དང་། ལྷོ་ཕྱོགས་མོན་རྒྱ་གར་གྱི་ཡུལ་ནས་འབྲས་དང་ཁྲི་སོགས་བོད་ན་མེད་པའི་འབྲུ་རིགས་དང་འབྲས་བུའི་རིགས་འབྱུང་བའི་ཚོང་སྒོ་ཕྱེ་བ། ནུབ་ཕྱོགས་ཏ་ཟིག་དང་། བལ་པོ། ལ་དྭ་སོགས་ནས་བོད་ཀྱི་སྨན་ཆས་ལ་མེད་དུ་མི་རུང་བའི་ཆོས་རིགས་རམ་དང་། རྒྱ་སྐྱེག་སྟེ་རྒྱ་ཚོས་སོགས་གཙོ་བོར་བྱས་པའི་སྤྱོད་ཟློག་སྣ་ཚོགས་འབྱུང་བའི་ཚོང་སྒོ་ཕྱེ་བ། བྱང་ཕྱོགས་ལི་ཡུལ་དང་སོག་པོ་སོགས་ནས་ཚྭ་དང་། འབྲོག་ལས་ཀྱི་ཐོན་ཟློག་འབྱུང་བའི་ཚོང་སྒོ་བཅས་ཕྱེ་བ་མ་ཟད། ཕྱི་ཕྱོགས་ཀྱི་ཚོང་སྒོ་ཆེན་པོ་དེ་དག་ལ་མཐའ་མཚམས་སོ་སོར་གནས་པའི་འབྲོ་དང་། འགོས། ཁྲུང་པོ་ལ་སོགས་པའི་སྡེ་ཚོའི་འགོ་པ་ཆོས་དེ་དམ་བྱེད་ཀྱི་ཡོད་པ་བཅས་མཆོན་པ་དང་། ལེ་ཚུང་ཞེས་པ་ནི་ལ་སྒོ་ཆེན་པོ་དེ་དག་གི་ལེ་ལག་གམ་ལ་སྒོ་ཚུང་བ་གཞན་ཡང་ཡོད་པར་བསྟན་ཅིང་། བོད་ཐམས་ཅད་ཁེ་ལ་ཞུགས་པ་ཞེས་པ་ནི་སྟོད་སྨད་ལྷོ་བྱང་གི་བོད་མི་རྣམས་ཀྱང་ཚོང་ཟློག་བརྗེ་རེས་བྱེད་པའི་ཁེ་ལས་ཀྱི་བྱ་བར་ཞུགས་པས་ཁེ་བརྒྱད་ཅེས་གྲགས་པ་ཡིན། དེ་ལྟར་ཚིག་བསྡུས་ཆེ་བའི་ལོ་རྒྱུས་ཉུང་ཤས་དེ་དག་ལ་ཞིབ་པར་དཔྱད་ན། སྐབས་དེ་དུས་བོད་ཀྱི་སྟོབས་འབྱོར་དར་ཞིང་རྒྱས་པས་ཕྱོགས་དང་ཕྱོགས་མཚམས་ཀུན་ཏུ་དངོས་ཟློག་བརྗེ་ལེན་གྱི་

① （ལྡེའུ་ཆོས་འབྱུང་དེབ་ངོས284）

ཚོང་ལམ་རྒྱ་ཆེར་བཏོད་པ་དང་བརྗེ་ཚོང་འཕེལ་རྒྱས་ལ་བརྟེན་ནས་སླར་ཡང་བོད་ཀྱི་ཞིང་འབྲོག་ཐོན་སྐྱེད་ནུས་ཤུགས་ལ་སྐྱུལ་འདེད་དང་། མི་རྣམས་ཀྱི་འཚོ་བའི་ལོངས་སྤྱོད་སྟར་དང་མི་འདྲ་བར་གྲ་རྒྱས་ཕུན་སུམ་ཚོགས་སུ་གཏོང་བ་བཅས་བོད་ཀྱི་སྤྱི་ཚོགས་དཔལ་འབྱོར་གོང་སྤེལ་འགྲོ་རྒྱུར་དུས་རབས་གསར་པ་ཞིག་ཕྱེ་བ་མཐོང་ཐུབ་ཀྱི་ཡོད།

མདོར་ན་རང་ཅག་བོད་མི་རིགས་ཀྱི་ལོ་རྒྱུས་ཐོག་བཙན་པོ་སྲོང་བཙན་སྒམ་པོའི་དུས་རབས་ནས་བཟུང་ལོ་ངོ་བརྒྱ་ཕྲག་གི་རིང་སྟོབས་ཤུགས་དང་དར་འཕེལ་ཆེ་ཤོས་ཀྱི་སྐབས་ཤིག་ཏུ་སོན་ཏེ་ཨེ་ཤེ་ཡའི་གླིང་ཆེན་འདིར་སྙན་གྲགས་ཀྱི་བ་དན་ལྷབ་ལྷུབ་ཏུ་གཡོ་བས་མ་ཚད། སྐབས་དེའི་ལོ་རྒྱུས་ཀྱི་མཚན་སྙན་ད་ལྟའང་འཛམ་གླིང་དུ་གསལ་བ་ཞིག་བྱུང་བ་དེ་ལ་རྒྱུ་རྐྱེན་མང་པོ་ཡོད་ཀྱང་། གལ་ཆེ་བའི་ཉམས་མྱོང་ཞིག་ནི་ཡུལ་ཁམས་གཞན་དང་མི་རིགས་གཞན་གྱི་སྔོན་ཐོན་ཡིན་པའི་ལེགས་ཆ་མཐའ་དག་སློབ་སྦྱོང་ངམ། བཅུད་ལེན་བྱས་ཏེ་རང་གི་མི་རིགས་དེ་འབྱོར་སྟོབས་དང་དཔལ་ཡོན་འབར་བ་ཞིག་ཏུ་འགྱུར་བར་མཛད་པ་དེ་ཡིན། འདི་ཡང་གནའ་བཟང་དེང་སྤྱོད་ཀྱི་བསླབ་བྱའི་དོན་སྙིང་ཆེན་པོ་ལྡན་པ་ཞིག་ལགས་སོ།

མཐའ་བཞིར་འབྲེལ་ལམ་རྒྱ་ཆེར་འཛུགས་པ་དང་ཆབ་ཅིག་བོད་ནང་ཁུལ་གྱི་ཐོན་སྐྱེད་ལའང་བསྐོས་སྐྲིག་དང་སྐུལ་འདེད་ཆེན་པོ་ཞིག་གནང་ཡོད།

དཔེར་ན་ཏུན་ཧོང་གི་ཡིག་རྙིང་ལས་བྱུང་བའི་བཙན་པོ་སྲོང་བཙན་སྒམ་པོའི་མཛད་རྗེས་མདོར་བསྡུས་དུ་བཀོད་པ་འདི་ལྟར། “བློན་རྗེ་སྒམ་ན། ཁྲི་སྲོང་བཙན། འོག་ན་བློན་མཛངས་ན། སྟོང་རྩན་ཡུལ་ཟུང……”ཞེས་པའི་དུམ་བུ་དེའི་ནང་ནས་བོད་ཀྱི་ཁོད་སུམ་ཅུ་སོ་དྲུག་སོགས་ཀྱི་ནང་གོང་དུ་སོང་

ཟིན་པ་རྣམས་བསྐྱར་ཟློས་མི་བྱེད་ཅིང་། དེ་མིན་ཐོན་སྐྱེད་དང་འབྲེལ་བ་ཡོད་པའི་གནད་དོན་གལ་ཆེ་བ་འགའ་ཤས་ལ་ཚིག་འགྲེལ་ཙམ་ཞུ་ན། "……འབངས་མགོ་ནག་པོ་ཡང་མཐོ་དམན་ནི་སྙོམས། དཔྱའ་སྒྱུ་ནི་བསྐྱུངས་" ཞེས་པའི་དོན་ནི། འབངས་མགོ་ནག་པོ་ཟེར་བ་གནའ་རབས་ཀྱི་བོད་སྐད་ལ། མགོ་ནག་མི་ཞེས་འབངས་མི་སྤྱི་ཡོངས་ཀྱི་དོན་ཡིན་ཅིང་། མཐོ་དམན་ནི་སྙོམས་ཟེར་བ། མི་ཡོད་ཚད་མཐོ་དམན་གྱི་ཁྱད་མེད་པར་སྙོམས་པའི་དོན་མ་ཡིན་ལ། སྐབས་དེར་དེ་ལྟ་བུ་ཡོང་ཡང་ག་ལ་སྲིད། དོན་དངོས་ནི་སྟོན་ཚད་བྲན་གཡོག་བདག་པོ་ཚོས་ས་ཞིང་ངམ་ཕྱུགས་རིགས་སོགས་མང་ཆེ་བ་རང་གིར་བཟུང་སྟེ། གཞུང་ཕྱོགས་ཀྱི་དཔྱའ་ཁྲལ་ཡོངས་རྫོགས་འབངས་མི་སེར་རྣམས་འཇལ་དུ་འཇུག་པ་ལ། ཐེངས་འདིར་བཙན་པོས་ཐོན་སྐྱེད་རྒྱུ་ཆས་བདག་གིར་བཟུང་མང་ཉུང་ལ་གཞིགས་ནས་ཆེ་ཐོབ་ཆུང་ཐོབ་ཀྱི་དཔྱའ་ཁྲལ་ཚད་གཞི་ལྟར་སོ་སོས་འབུལ་དགོས་པ་གཏན་ལ་ཕབ་སྟེ། གཞུང་ཁྲལ་འཇལ་རྒྱུར་གནས་བབ་དང་གོ་ས་མཐོ་དམན་གྱི་དབྱེ་བ་མེད་པ་སྙོམས་པར་བཟོས་པའི་དོན་ཡིན་ཅིང་། དེར་བརྟེན"དཔྱའ་སྒྱུ་ནི་བསྐྱུངས་" ཞེས་པ་དཔྱའ་ཁྲལ་འཇལ་སྒྲུབ་ཐད་ཀྱི་དེ་སྔའི་གཡོ་སྒྱུ་སྦྱུག་འདྲེན་རྣམས་མེད་པར་བཟོས་པའི་དོན་ཡིན།

དེ་བཞིན།

"དལ་དུ་ནི་མཆིས། །
སྟོན་དཔྱིད་ནི་བསྐྱལ། །
འཁོར་བར་ནི་སྤྱད། །" ཅེས་པའི་དོན་ནི། སྟོན་ཚད་བོད་འབངས་རྣམས་རྒྱལ་ཕྲན་ནམ། ཏུས་ཚོ་ཕན་ཚུན་ཏུས་རྟག་ཏུ་འཐབ་འཁྲུག་བརྒྱབ་ནས་མི་ཐམས་ཅད་བག་ཕེབས་བདེ་སྐྱིད་ཀྱི་སྐབས་མེད་པར་གསོད་

བརྟུང་འཁྲུག་བཙོམ་སོགས་ཀྱིས་མནར་བ་ལས། ད་ལྟ་ནི་བོད་གཅིག་གྱུར་བཙན་པོའི་བཀའ་ཁྲིམས་ཀྱི་འོག་འབངས་རྣམས་བློ་བདེ་བག་ཕེབས་དང་རང་རང་ཞིང་འབྲུག་ཐོན་སྐྱེད་རྒྱུན་གཏན་དང་བྱེད་རྒྱུ་བྱུང་བས་ན"དལ་དུ་ནི་མཆིས"བོད་འབངས་ཕལ་པ་རྣམས་སྟོན་ཆད་སྟོན་དུས་བཟའ་བཏའ་སྲུང་ཟད་འཕེལ་རུང་། དཔྱིད་ཀར་བཟའ་རྒྱུ་རྫོགས་པའི་གནས་ཚུལ་དེ་ད་ཆ་མེད་པ་ཆགས་ནས་སྟོན་དུས་ལྟར་དཔྱིད་ཀ་ཡང་འགྲོལ་བས་ན"སྟོན་དཔྱིད་ནི་བསྐྱལ"སྤྱི་ལོའི་ཟས་ལྷག་གིས་འདི་ལོའི་སྟོན་འབྲས་མ་བླངས་བར་འདང་བས་ན་ལོ"འཁོར་བར་ནི་སྤྱད"ཅེས་པའི་དོན་ཏེ་མདོར་ན་བོད་འབངས་ཕལ་པ་ཀུན་ཀྱང་བཀྲེས་ལྟོགས་ཀྱི་སྡུག་བསྔལ་ལས་ཐར་བ་དེ་མཚོན་པ་ཡིན། དེའི་གཤམ་དུ།

"འདོད་པ་ནི་ཕྱིན། །
གནོད་པ་ནི་ཕྱི། །
བཙན་པ་ནི་བརྟུགས། །
སྟོ་བ་ནི་སྨད། །
འཇིགས་པ་ནི་མནན། །
བདེན་པ་ནི་བསྙེན། །
འཛངས་པ་ནི་བསྟོད། །
དཔའ་བོ་ནི་བཀུར། །
སྨན་པར་ནི་བཀོལ། །
ཆོས་བཟང་སྲིད་མཐོ་སྟེ། །

སྨྲི་ཡོངས་ཀྱི་སྙིང་པོ། །”① ཞེས་འཁོད་པ་ལས་“སྟོ་བ་ནི་སྨད”ཟེར་བ་བཙན་པོའི་བཀའ་དང་ཁྲིམས་ལུགས་ལ་དོ་སྟོ་བ་སྟེ་མི་བསྡེ་མཁན་རྣམས་ནི་ཆམ་ལ་འབེབས་པའི་དོན་ཡིན་ཅིང་། གཞན་རྣམས་གོ་བདེ་བས་འགྲེལ་བཤད་མ་དགོས་སོ། ཡིག་རྙིང་དེའི་མཇུག་ཏུ་ད་དུང་གལ་ཆེ་བ་ཞིག་ནི་“ཞིང་འབྲོག་གི་ཐུལ་ཀ་དང་དོར་ཀ་དང་། སླུངས་ཀྱི་གོ་བར་བསླམས……”ཞེས་པ་དེ་ཡིན་ཏེ་ས་ཞིང་གི་རྒྱ་ཁྱོན་འཇལ་ཐབས་དོར་ཀ་བརྩི་བ་ནི། རྐྱང་ཕྱུགས་ཆ་གཅིག་གིས་ཉིན་གཅིག་ལ་རྨོ་ཐུབ་པའི་ས་ཞིང་གི་རྒྱ་ཁྱོན་ལ་དོར་གཅིག་གི་ཚད་བཟོས་པ་དང་། ཕྱུགས་རིགས་ཆེ་ཆུང་ལ་ཐུལ་ཀ་བརྩི་སྟངས་ནི། མི་གཟུགས་ཚད་ལྡན་གཅིག་གི་གྱོན་ཐུལ་འདང་བའི་པགས་པ་ལ་ཐུལ་ཀ་གཅིག་ཟེར་ཞིང་དེ་ལྟར་རྩིས་གཞིར་བཟུང་ནས་སྒོ་ཕྱུགས་ཆེ་ཕྲུང་གི་བསྡུར་གྲངས་བཟོས་པའི་དོན་ཡིན་པ་དང་། “སླུངས་ཀྱི་གོ་བར་བསླམས”ཞེས་པ་ནི་ཐོན་སྐྱེད་བྱས་པའི་ཐོན་རྫས་རྣམས་བགོ་བཤའ་ཆ་སྙོམས་བརྒྱབ་པའི་དོན་ཡིན་པར་བཤད་འདུག་པ་དེ་ལྟར་ན། སྐབས་དེའི་ལམ་ལུགས་འོག་སྟོན་ཆད་བྲན་གཡོག་བདག་པོ་ཚོས་ཐོན་སྐྱེད་ཀྱི་ཡོང་འབབ་ཚང་མ་རང་གིས་བླངས་ནས་བྲན་གཡོག་འཆི་གསོན་ལ་མི་ལྟ་བ་དེ་ལྟར་མི་ཚོག་པར་བྲན་གཡོག་རྣམས་ལའང་ཐོན་རྫས་ཀྱི་ཐོག་ནས་ཐོབ་ཆ་འོས་འཚམས་ཤིག་སྤྲོད་དགོས་པའི་གཏན་འབེབས་གནང་བའི་དོན་ཡིན་དགོས་སྙམ། འོན་ཀྱང་སྐབས་དེའི་བོད་ཀྱི་དཔལ་འབྱོར་སྐོར་ཡིད་རྟོན་རུང་བའི་དཔྱད་གཞིའི་ཡིག་རིགས་གཞན་དག་མ་རྙེད་ཁར། ཏུན་

ཧོང་གི་ཡིག་རྙིང་དུམ་བུ་འདིའི་ཚིག་སྣ་ཤ་ཅང་བསྡུས་དྲགས་པ་དང་བརྡ་རྙིང་

① （ཏུན་ཧོང་ཡིག་རྙིང་དེབ་ངོས81）

རེ་ཟུང་གོ་དཀའ་བ་བཅས་ལ་བརྟེན་འདིར་ཚིག་འགྲེལ་བྱས་པ་ལ་ལ་དོན་དང་མཐུན་མིན་ཆ་མ་འཚལ་ཏུང་། ནང་དོན་རྣམས་ཏ་ཙང་གལ་ཆེ་བས་འདོར་བར་ཕངས་ནས་ཐེངས་དང་པོའི་དཔྱད་གཞི་ཙམ་ཡོང་ཆེད་སྤྱི་བརྗོལ་བསྐྱེད་དེ་བྲིས་པ་ཡིན། ཡིག་རྙིང་ཏུམ་བུ་དེའི་མཇུག་བསྡོམས་སུའང་"……བོད་ཀྱི་ཆོས་ཀྱི་གཞུང་བཟང་པོ་ཀུན། བཙན་པོ་ཁྲི་སྲོང་བཙན་གྱི་རིང་ལས་བྱུང་ངོ་། །མྱི་ཡོངས་ཀྱིས་བཀའ་དྲིན་དྲན་ཞིང་ཆོར་བས། སྲོང་བརྩན་སྒམ་པོ་ཞེས་མཚན་གསོལ་ཏོ།" ཞེས་འཁོད་ཡོད། "ཆོས་ཀྱི་གཞུང་" ཞེས་པ་སངས་རྒྱས་ཆོས་ལུགས་རྐྱང་པའི་གོ་དོན་མ་ཡིན་པར་ལམ་ལུགས་བཟང་པོ་ཀུན་ཟེར་བའི་དོན་ཡིན་ནོ།

གཞན་ཡང་ཆོས་འབྱུང་མཁས་པའི་དགའ་སྟོན་ལས་འབྱུང་བ་ལྟར་ན་བཙན་པོ་འདིའི་སྐུ་དུས་སུ་བོད་ཀྱི་མཛངས་མི་བདུན་གྱི་ལྔ་པ་སྣགས་ཁྲི་བཟང་ཡང་སྟོན་བྱུང་བར་བཤད་པ་འདི་ལྟར།

"གཞན་ཡང་ཁྲི་བཟང་ཡང་སྟོན་སྣགས་ཀྱི་བུས། །
མཛངས་པའི་ལས་སུ་རི་ཁྲིམ་ཀླུངས་སུ་ཕབ། །
སྤྱི་མཐོ་མཁར་དུ་བརྩིགས་ནས་གྲོང་ཁྱེར་བཙུགས། །
འདི་ཡན་བོད་ཀྱི་ཁང་ཁྱིམ་རི་ལ་ཡོད། །
དེའི་ཕྱིར་བོད་ཀྱི་མཛངས་མི་ལྔ་པ་ཡིན། །"

ཞེས་གསལ་བ་བཞིན་བཙན་པོ་སྲོང་བཙན་གྱི་ཡན་དུ་བོད་ཀྱི་ཁང་ཁྱིམ་རི་ལ་བཅས་ཡོད་ཅེས་པ་འདི་ནི་ཤས་ཆེ་བའི་དབང་དུ་བྱས་པ་ཡིན་སྙམ་ཞིང་། དེ་ཡང་ཕྱོགས་གཅིག་ནས་སྟོན་ཆད་རང་གར་འཐོར་བའི་ཚོ་པ་སོ་སོའི་དབང་རྟག་ཏུ་ཕན་ཚུན་འཐབ་འཁྲུག་དང་། གསོད་རྡུང་། འཕྲོག་བཅོམ་སོགས་དཔུང་པ་

སུ་བཟང་གིས་རང་སྣང་གང་དྲན་བྱེད་པ་ལ་གཅིག་གྱུར་ཁྲིམས་ལུགས་ཀྱི་འགན་སྲུང་སོགས་མེད་པར་བརྟེན། མི་ཚང་མས་རང་གི་ལུས་སྲོག་ཡོངས་སྐྱོད་སྲུང་བའི་ཕྱིར་ རི་ལ་འཁྲིས་ནས་བཙན་ས་ཞིག་མ་བཟུང་ཀ་མེད་བྱུང་བ་དང་། ཕྱོགས་གཞན་ཞིག་ནས་དེ་སྔོན་བོད་ཀྱི་ཐོན་སྐྱེད་གཙོ་བོ་རི་དྭགས་བརྔོན་པ་དང་། འཁྲུག་ལས་བྱེད་པ་ཡིན་པས་དཔྱར་དུས་རི་བོ་མཐོ་ས་དང་། དགུན་དུས་རི་བོའི་འདབས་སོགས་རྩྭ་ཆུ་གང་བཟང་དུ་འཕོ་སྐྱུས་བྱས་ནས་སྡོད་ཀྱི་ཡོད་པ་མཚོན། སྐབས་འདིར་སླེབས་དུས་བཙན་པོའི་བཀའ་ཁྲིམས་ཀྱི་གདུགས་དཀར་གཅིག་གི་གྲིབ་བསིལ་འོག བོད་འབངས་དྲག་ཞན་ཚང་མ་བདེ་འཛགས་འཁོས་སུ་ཕེབས་པས་མི་འཛིགས་པའི་སྐྱབས་སྦྱིན་ཐོབ་པ་དང་། དུས་མཚུངས་སྤྱི་ཚོགས་འཕེལ་རྒྱས་སོང་བའི་དབང་གིས་ཞིང་འབྲོག་གི་ལས་བགོས་རྒྱ་ཆེར་གྱུར་ནས་གང་སར་ཞིང་ལས་ཆེ་གཉེར་བྱེད་པའི་མཐོ་རླབས་ཤིག་འཕྱུར་བ་དང་། དེ་དུས་བློན་པོ་སྟག་ཁྲི་བཟང་ཡང་སྟོན་ནི་གཙོ་བོ་ཞིང་ལས་གོང་སྤེལ་དང་། ཞིང་གྲོང་འཛུགས་སྐྲུན་གྱི་ལས་འགན་འཁུར་མཁན་ཞིག་ཡིན་པ་གསལ་པོར་མཚོན་ཞིང་། ཁོང་གི་བཀོད་འདོམས་འོག་ས་རྒྱུ་གཤིན་པའི་ཀླུང་ཐང་མང་པོ་གསར་སྤོལ་བྱེད་བཙུག་པ་དང་ཚབས་ཅིག་གང་དུ་ཞིང་ཐང་ཆགས་པ་དེ་གར་ཞིང་དུད་ཀྱི་སྡོད་ཁང་གསར་དུ་བརྩིགས་པ་མངོན། གང་ས་གང་དུ་དེ་ལྟ་བུའི་གྲོང་ཚོ་ཆེ་ཆུང་མང་པོ་རིམ་བཞིན་ཐོན་པའི་བྱ་གཞག་ནང་ཁྲི་བཟང་ཡང་སྟོན་གྱིས་ཐབས་དང་ཇུས་བཀོད་སོགས་བྱས་རྗེས་གཟེངས་སུ་ཐོན་པ་ཞིག་བཞག་པར་བརྟེན་ཁོང་ལ་བོད་བློན་མཛངས་པའི་མི་བདུན་གྱི་ལྷ་པར་གྲགས་པའི་མཚན་སྙན་ཐོབ་པའོ།

གོང་དུ་དྲངས་པའི་ལོ་རྒྱུས་ཀྱི་དཔྱད་གཞི་དེ་དག་གི་ཐོག་ནས། བཙན་

པོ་སྲོང་བཙན་སྒམ་པོས་སྐབས་དེའི་སྤྱི་ཚོགས་ཀྱི་ལམ་ལུགས་འོག་བོད་ཀྱི་ཐོན་སྐྱེད་འཕྲེལ་བའི་ཕྱོགས་འགར་ཞིག་གི་ཐད་ལ་བོད་འབངས་མང་ཚོགས་ཀྱི་རེ་བ་དང་མཐུན་པའི་ཕན་ཡོད་ཀྱི་བཅོས་སྒྲིག་དང་། ལེགས་བཅོས་ངེས་ཅན་ཞིག་གནང་བ་བརྒྱུད་ངལ་རྩོལ་པའི་ཧུར་བརྩོན་རང་བཞིན་ལ་སྐུལ་འདེད་བྱུང་བས་བོད་ཡོངས་ཀྱི་ཐོན་སྐྱེད་ནུས་ཤུགས་གོང་དུ་སྤེལ་བར་ནུས་པ་ཆེ་ཙམ་ཐོན་པ་དང་། རྨང་གཞིའི་དཔལ་འབྱོར་འཕེལ་རྒྱས་བྱུང་བ་དེ་ལ་བརྟེན་ནས་སྤྱི་ཚོགས་རྒྱལ་པོའི་ཕྱོགས་གང་ཅིའི་ཐད་སྔོན་ཆད་བྱུང་མ་མྱོང་བའི་ཡར་རྒྱས་གཟེངས་སུ་ཐོན་པའི་མཛད་རྗེས་ཕུལ་དུ་བྱུང་བ་ཅི་འདྲ་ཞིག་འཛོག་གནང་མཛད་ཡོད་པ་རང་རེས་མཐོང་ཐུབ་ཡོད།

7. ཐང་བོད་གཉིས་ཀྱི་དབར་མཛའ་མཐུན་གྱི་འབྲེལ་བ་ཆེན་པོ་བཙུགས་པའི་སྐོར།

བཙན་པོ་སྲོང་བཙན་སྒམ་པོ་སྐུ་ངོ་མས་སྲོལ་བཏོད་གནང་བའི་ཐང་བོད་གཉིས་དབར་གྱི་འབྲེལ་བ་ནི། སྐབས་དེའི་མཐའ་བཞིའི་རྒྱལ་ཁམས་གཞན་དག་བར་ཆགས་པའི་ཕྱིར་བཏང་གི་འབྲེལ་བ་དང་མི་འདྲ་བ་ཞིག་ཡིན་ཅིང་། དེ་ནི་བཙན་པོའི་རྒྱལ་རབས་སྐབས་བསྐྲུན་པའི་ལྷ་ས་གཙུག་ལག་ཁང་མདུན་གྱི་དཔོན་ཞང་དབུ་སྙུང་རྡོ་རིང་ཤར་ངོས་ཀྱི་ཡིག་ཕྲེང་13 – 18བར་ལ། བཙན་པོའི་དུས་རབས་སུ་བོད་དང་མཐའ་བཞིའི་རྒྱལ་ཁམས་ཁག་དབར་གྱི་འབྲེལ་བའི་གནས་བབ་གསལ་བར་འཀོད་པའི་ནང་འདི་ལྟར་གསལ་ཡོད། “……ཤར་ཕྱོགས་ཀྱི་མོན་རྒྱ་གར་དང་། ནུབ་ཕྱོགས་ཀྱི་ཏ་ཟིག་དང་། བྱང་ཕྱོགས་ཀྱི་དྲུ་གུ་ནེ་ཞེལ་ལ་སྩོགས་པ……ཀུན་གྱིས་ཀྱང་། འཕྲུལ་གྱི་ལྷ་བཙན་པོའི་དབུ་རྨོག་བརྩན་པོ་དང་། བཀའ་དྲང་བོར་ཆེ་ཕྱོགས་མྱི་གྱུས་པ་མྱེད་དེ། ཕན་ཚུན

དགྲེས་ཤིང་བཀའ་སྩལད་དོ་ཚོག ཉན་པ་ཡིན་” ཞེས་བོད་ཀྱི་སྟོ་ནུབ་བྱང་གསུམ་གྱི་རྒྱལ་པོ་རྣམས་བཙན་པོའི་བཀའ་ལ་ཉན་པའི་འབྲེལ་བ་འདྲ་མཚུངས་སུ་བཞག་པའི་མཇུག་ཏུ། རྡོ་རིང་གི་ཡིག་ཕྲེང་18ནས་འགོ་ཚུགས་ཏེ་ཐང་བོད་དབར་གྱི་འབྲེལ་བ་བཀོད་པའི་ནང་། “ཤར་ཕྱོགས་ནི་རྒྱ་འདུག་པ། མཚོ་ཆེན་པོའི་ཚུན་ཤར་པ་ལོགས་ཀྱི་རྒྱལ་པོ་སྟེ། སྟོ་བལ་གཞན་དང་མི་འདྲ་བར། ཆོས་བཟང་། གཙུག་ལག་ཆེ་བས། བོད་དང་ཡང་། འཐབ་ཀྱི་ཟླ་དང་——གྲོགས་ཀྱི་དོ་སྟེ། དང་པོ་རྒྱ་རྗེ་ལི་རྒྱལ་སར་ཞུགས་ནས། དེའི་ཏང་(ཐང་)གི་སྲིད་ལོ་ཉི་ཤུ་རྩ་གསུམ་ལོན། རྒྱལ་རབས་གཅིག་གི་འོག་ཏུ། འཕྲུལ་གྱི་ལྷ་བཙན་པོ་ཁྲི་སྲོང་བརྩན་དང་། རྒྱ་རྗེ་ཐེ་ཙོང་བུན་བུ་ཞིང་། (ཝུན་ཝུ་ཧྲེང་)ཧྟང་ཏེ་གཉིས། ཆབ་སྲིད་གཅིག་ཏུ་མོལ་ནས། ཅེང་(ཀྲེང་)ཀྭན་གྱི་ལོ་ལ། མུན་ཤེང་(ཝུན་ཁྲིང་)ཀོང་ཅོ་བཙན་པོའི་ཁབ་ཏུ་བླངས།……”① ཞེས་སོགས་དུས་དེ་ནས་བཟུང་རྡོ་རིང་སྒྲུབ་པའི་བར་ཐང་བོད་དབར་མི་ལོ་ཉིས་བརྒྱ་ལ་ཉེ་བའི་རིང་མཛའ་མཐུན་གྱི་འབྲེལ་བ་རྒྱུན་མ་ཆད་པ་དང་། ཇེ་ཟབ་ཏུ་སོང་བའི་ལོ་རྒྱུས་རགས་བསྡུས་སུ་བཀོད་པ་ནི་ད་ལྟའང་དངོས་སུ་བལྟག་རྒྱུ་ཡོད། བཙན་པོའི་དུས་རབས་ཀྱི་རྡོ་རིང་གི་ཡི་གེའི་ཐོག་ནས། རྒྱ་བོད་མི་རིགས་གཉིས་དབར་གྱི་འབྲེལ་བ་ནི་མཐའ་བཞིའི་རྒྱལ་ཁམས་གཞན་དག་དང་མི་འདྲ་བའི་གནས་ལུགས་དང་། མཛའ་འབྲེལ་དེ་འབྱུང་འགྱུར་མི་རབས་ཁྲིའི་བར་དུ་རྒྱུན་འཁྱོངས་བྱེད་དགོས་པ་གསལ་པོར་བསྟན་ཡོད། དེ་ལྟ་བུའི་འབྲེལ་བ་ཆེན་པོ་ནི་བཙན་པོ་སྲོང་བཙན་སྒམ་པོའི་སྐུ་དུས་ནས་འགོ་འཛུགས་མཛད་པ་ཞིག

① (བོད་ཀྱི་གནའ་རབས་ཡིག་ཆ་གཅེས་བསྡུས་དེབ་ངོས11)

ཡིན།

དེ་ཡང་བོད་ཀྱི་རྒྱལ་རབས་དེབ་ཐེར་དཀར་དམར་སོགས་ལས་འབྱུང་བ་ལྟར། བཙན་པོ་ཁྲི་སྲོང་བཙན་དགུང་ལོ་བཅོ་བརྒྱད་ལ་ཕེབས་སྐབས་བོད་ནས་ཕོ་ཉ་ཞིག་ཆེད་དུ་མངགས་ཏེ། ཐང་གི་གོང་མ་ཐའི་ཙུང་ལ་ལེགས་སྐྱེས་འབུལ་དུ་བཏང་བ་དེ་ནི་གྲེན་ཀོན་གྱི་ཁྲི་ལོ་བརྒྱད་པ་སྟེ་སྤྱི་ལོ634བོད་ཤིང་རྟ་ལོར་ཡིན་ཅིང་། ཐང་གོང་མས་ཀྱང་བོད་དུ་གསེར་ཡིག་པ་ཞིག་མངགས་ནས་བཙན་པོ་ལ་སྐྱེས་ལན་འབུལ་དུ་བཏང་བ་བཅས་ཐང་བོད་བར་གཞུང་ཕྱོགས་ཀྱི་འབྲེལ་བ་ཐོག་མ་དེ་ནས་འགོ་ཚུགས་པ་ཡིན། དེ་དུས་ཕོ་ཉའི་ངག་ལས་ཐང་གོང་མའི་སྲས་མོ་ཞིག་ཐུ་ཀུའི་རྒྱལ་པོ་ལ་བག་མར་གནང་བའི་གནས་ཚུལ་སྲོང་བཙན་གྱི་སྙན་དུ་གསན་པ་དང་། བོད་ནས་སླར་ཡང་ཕོ་ཉ་འབུལ་སྐྱེས་དང་བཅས་པ་ཁྲང་ཨན་དུ་བཏང་སྟེ། ཐང་གི་སྲས་མོ་ཞིག་བཙན་པོའི་བཙུན་མོར་གནང་དགོས་ཞུས་ན་ཡང་། གོང་མས་མ་གནང་། དེ་ལ་སྲོང་བཙན་སྣམ་པོ་ཐུགས་ཁྲོས་ནས་བོད་ཀྱི་དམག་དཔུང་བཏང་སྟེ་ཐང་གི་གཉེན་ཉེར་གྱུར་པ་ཐུ་ཀུ་རྒྱལ་པོའི་ཡུལ་བཅོམ། ཐུ་ཀུ་རྣམས་ས་མ་ཆགས་པར་མཚོ་སྔོན་བྱང་ཕྱོགས་སུ་བྲོས་ཤིང་། ཐུ་ཀུའི་ཕྱུགས་རིགས་དང་དངོས་ནོར་རྣམས་བོད་དམག་གི་ལག་ཏུ་ཐོབ། དེ་རྗེས་ཏང་ཞང་དང་། པེ་ལན། འཛང་བཅས་ཀྱང་བོད་ཀྱི་ཆབ་འོག་ཏུ་བསྡུག་པ་མ་ཟད། ད་དུང་བོད་ཀྱི་བཙན་པོས་དམག་དཔུང་འབུམ་ཕྲག་གཉིས་ཁྲིད་དེ་རྒྱ་ཡུལ་དུ་དྲངས་ནས། རྒྱའི་ས་ཁོངས་ཡུལ་ཟྫོང་ཀྲའུ་ཞེས་པ་བཅོམ་ཞིང་། དེའི་མཚམས་སུ་བཙན་པོས་ཐང་གོང་མའི་སར་ཡང་བསྐྱར་ཕོ་ཉ་མངགས་ཏེ་གསེར་གྱི་ཁྲབ་གཅིག་སྐྱེས་སུ་ཕུལ་ནས་སྲས་མོ་སློང་བ་དང་། གལ་ཏེ་མི་སྟེར་ན་ད་དུང་དམག་རྒྱག་རྒྱུ་ཡིན་ཟེར་བའི་ཡི་གེ་ཕུལ། འོན་ཀྱང་གོང་

མས་མ་གསན་པར་རྒྱའི་དམག་དཔོན་ཧྲན་ཕེ་ཟེར་བ་ཞིག་དམག་ཉུང་ཙམ་ཁྲིད་ནས་འཐབ་ཏུ་བཏང་ཟུང་། བོད་དམག་གིས་ཁོང་ཚོ་ཕམ་པར་བྱས་པ་དང་། དེ་དུས་རྒྱའི་ཁོངས་སུ་ཡོད་པའི་འཛང་པ་རྣམས་ཀྱང་རྒྱ་ལ་ངོ་ལོག་སྟེ་བོད་ཀྱི་ཁོངས་སུ་མགོ་བཏགས། དེར་བརྟེན་གོང་མས་དམག་དཔོན་ཉིའུ་ཅིན་ཏ་ཟེར་བ་ལ་བཀའ་ཕབ་སྟེ། དམག་དཔུང་ཁྲི་ཕྲག་ལྔ་དང་བཅས་བོད་དམག་གི་ཐོག་ཏུ་རྒོལ་བར་བཏང་། རྒྱའི་དམག་དཔུང་གིས་ཟོང་ཀྲའུ་ན་ཡོད་པའི་བོད་ཀྱི་དམག་སྒར་ལ་མཚན་འགེབས་བརྒྱབ་ནས་བོད་དམག་སྟོང་ཕྲག་གཅིག་ཙམ་བསད་པར་བརྗེད། བོད་དམག་རྣམས་སྐྲག་ནས་ཕྱིར་འཐེན་བྱས་པར་གྲགས། མཚམས་འདིར་རྒྱའི་རྒྱལ་རབས་ཐང་དེབ་གསར་མ་ལས་འབྱུང་བ་ལྟར་ན། བོད་དམག་དང་ཐོག་ཤར་ནས་བཏེགས་ཏེ་ལོ་མུར་དམག་མཚམས་མ་བཞག་པ་དང་། བོད་ཀྱི་བློན་པོ་རྣམས་ཀྱིས་ཕྱིར་ལོག་གནང་དགོས་ཞུས་ནའང་བཙན་པོས་མ་གསན་ཞིང་། སྐབས་དེར་བོད་བློན་བརྒྱད་ཀྱིས་རང་སྲོག་རང་གིས་བཅད་པས་སྲོང་བཙན་ཡང་ཚུང་ཟད་ཐུགས་ངོགས་སྐྱེས་ནས་བོད་དམག་རྣམས་ཕྱིར་འཐེན་”① ཟེར། གང་ལྟར་བོད་ཀྱི་དམག་དཔུང་རྣམས་ཕྱིར་འཐེན་ནས་ཐང་གོང་མའི་དྲུང་དུ་བཙན་པོས་ཕོ་ཉ་མངགས་ཏེ་བཟོད་གསོལ་བྱས་ཤིང་། སྲས་མོ་བཙུན་མོར་གནང་རོགས་ཞུས་པར་གོང་མས་ཀྱང་གཞི་ནས་ཁས་ལེན་གནང་། སྐབས་དེར་བཙན་པོས་བློན་ཆེན་མགར་སྟོང་བཙན་ལ་གསེར་སྲེ་བྲེ་ལྔ་སྟོང་དང་། རིན་པོ་ཆེའི་རྒྱན་སྣ་ཚོགས་བསྐུར་ནས་སྐྱེས་སུ་ཕུལ་བས་ཐང་གོང་མ་ཡང་མཉེས་ཏེ། བློན་པོ་མགར་རང་ལ་འང་རྒྱའི་དཔོན་རིགས་

① （ཐང་དེབ་གསར་མ་བོད་ཡིག་དེབ་ངོས11）

ཀྱི་བུ་མོ་ཞིག་ཆུང་མར་གནང་། འོན་ཀྱང་མགར་གྱིས། ང་རང་ལ་ཡུལ་ན་ཆུང་མ་ཡོད་པས་དེ་དང་ཁ་འབྲལ་དུ་ཡང་མི་རུང་། ལར་ནས་ངེད་ཀྱི་བཙན་པོས་བཙུན་མོ་མ་བཞེས་པའི་སྔོན་དུ་ངས་ཆུང་མ་བླངས་ན་འང་མི་འགྲིག་ཅེས་བུ་མོ་ལེན་དུ་མ་འདོད་པས། གོང་མ་ཡང་ལྷག་པར་ཐུགས་དགྱེས་པར་གྱུར་ཏོ་ཞེས་ཐུགས། ཀྱིན་ཀོན་གྱི་ཁྲི་ལོ་བཅོ་ལྔ་པ་སྟེ། སྤྱི་ལོ641བོད་ལྷ་སྐྱང་ཡོར་རྒྱ་བཟའ་ཀོང་ཇོ་ཁྲང་ཨན་ནས་བོད་ལ་ཕེབས་ཐོན་གནང་། རྒྱ་བཟའ་ཀོང་ཇོ་བཙུན་མོར་བསུས་པའི་སྐོར་ཞིབ་ཕྲ་ལེ་ཚན་གོང་དུ་གསལ་བས་འདིར་བསྐྱར་ཟློས་མ་བྱས་ཤིང་། མདོར་ན་ཐང་བོད་ཀྱི་རྒྱལ་པོ་གཉིས་གཉེན་འབྲེལ་བ་ནས་བཟུང་ཕྱོགས་གང་ཅིའི་ཐད་ཀྱི་མཛའ་འབྲེལ་རྒྱ་ཆེར་གྱུར་པ་ཡིན། དཔེར་ན་བོད་ཀྱི་མི་དྲག་ཚོའི་བུ་མང་པོ་རྒྱ་ཡུལ་དུ་བཏང་ནས་ཡི་གེ་བསླབ་པ་མ་ཟད། རྩི་ཅིན་དང་། རྟང་རྟུའུ་ཟེར་བའི་འཇིག་རྟེན་གྱི་གཞུང་ལུགས་སོགས་ཀྱང་སྦྱངས་པ་དང་། བོད་ནས་གོང་མ་ལ་ཞུས་པ་ལྟར་རྒྱ་མི་ཡི་གེ་མཁས་པ་འགའ་ཤས་བོད་དུ་མངགས་ནས་ཡིག་མཁན་ཡང་བྱེད་དུ་བཅུག ད་དུང་ཚལ་པའི་དེབ་དམར་ནང་“ གོང་ཇོས་རྒྱལ་པོ་ལ་ཞུས་ནས་བོད་ཀྱི་ཡི་གེ་དང་ཡིག་ཚང་རྣམས་བཅས” ཞེས་འཁོད་ཡོད།

གཞན་ཡང་རྒྱ་བོད་ཡིག་ཚང་མཁས་པ་དགའ་བྱེད་ལས་འབྱུང་བ་ལྟར་ན“ སྲོང་བཙན་གྱི་དགོངས་པར་འཇིག་རྟེན་པ་རྣམས་རྣམ་རྟོག་གི་དྲ་བ་སེལ་ཐབས་རྒྱ་དཀར་ནག་གི་རྩིས་ཀྱང་རྒྱས་པར་སྤེལ་ནས། རྒྱལ་ཁམས་ལ་ཕན་གདགས་དགོས་དགོངས་ཏེ་བོད་མི་བློ་གསལ་ཤེས་རབ་དང་ལྡན་པ་འབྲི་སྣ་བརྟན་དང་། ལང་ཚོ་སྔོང་ལེགས། བྱ་གག་སྟོང་ཀུན། འདར་མི་སྟག་ཁ་ཟེར་བ་བཅས་བཞི་ལ་གསེར་གྱི་སྲ་རྡོ་དངུལ་གྱི་ཡང་ཁོལ(ཤུབས་) ཅན་བརྒྱད་

དང་། གསེར་ཐྲ་ཏུ་རེ་རེ། ལམ་ཆས་གསེར་ཕྱེ་བྲེ་ཕྱེད་དང་བཅས་པ་བསྐུར་ནས། ཁྱེད་རྣམས་རྒྱ་ནག་ཡུལ་དུ་སོང་ལ། བོད་ཀྱི་རྒྱལ་ཁམས་འདིར་ཕན་པའི་གཙུག་ལག་སློབ་ལ་ཤོག་ཅིག་ཟེར་བོད་ན་...... དཀར་ནག་གི་རྩིས་མ་དར་བས། གསོན་གཤིན་གྱི་རྩིས་དང་། ནམ་ཟླ་དུས་བཞིའི་རྩིས་ཐབ་ལུགས་རྒྱ་ནག་པོ་ལ་གཏུགས་དགོས་པར་འདུག་པས། མཁས་པར་སློབ་ལ་ཤོག་ཅིག བྱ་དགའ་ཆེན་པོ་སྦྱིན་པ་ཡིན་ནོ་གསུང་བའི་བཀའ་བསྐོས་ནས་བརྫངས། ཁོང་བཞི་པོས་ཕྱིན་ཏེ་རྒྱ་ནག་ཏུ་ཐོན་ལ་མཁས་པ་མི་བཞི་ལ་རང་སར་གཏུགས། དེའི་ནང་ནས་ནམ་ཟླའི་རྩིས་ལ་མཁས་པ་རྒྱ་ཁྲི་མ་ཧཱ་ཡ་ན་བྱ་བ་ལ་བོད་མི་བཞི་ཀས་ཞུས། ལོ་གཅིག་དང་ཟླ་བ་བདུན་བསྡད། གཞན་གྱི་རྒྱུད་ཆེན་ལ་སོགས་མ་བུ་ཚང་མ་རང་ནི་མ་གནང་། རྒྱུད་སྣང་གསལ་སྒྲོན་མེ་དང་། ཐང་རྒྱ་ཕྲ་མ། གནམ་ས་རྗེས་གཅོད། ཕྱག་ཤོག་འཁྲིང་བུའི་གབ་རྩེ་ཅམ་བཅས་གནང་། ཟླ་གསལ་དེ་རྣམས་ཀྱིས་གསོན་གཤིན་གྱི་རྩིས་དང་། ནམ་ཟླ་དུས་བཞིའི་ཤན་འབྱེད་པ་བྱས་ནས། ཡར་སླེབས་ནས་ལོག་འོངས། དེའི་སྐབས་ན་བོད་དུ་བསླབས་ཤེས་ཀྱི་ཡོན་ཏན་གང་ལའང་། སྟངས་(རྒྱུགས་)འབུལ་དགོས་པས་ན། རྗེ་རྒྱལ་པོ་དབུ་ལ་བཞུགས་པའི་ཁྲིམ་ཚོགས་སར། བཙན་པོས་ནག་རྩིས་གང་ཤེས་པ་རྣམས་བོད་སྐད་དུ་བསྒྱུར་ལ། སྟངས་ཕུལ་ཅིག་གསུངས་པ་ན། ཐོག་མར་འབྲེ་སྣ་བརྟན་གྱིས་གང་ཤེས་བཤད། དེ་ལ་བྱ་གག་གིས་དགག་པ་བཏང་། དེ་རྗེང་ལང་ཚོ་ལྡོང་ལེགས་ཀྱིས་བཤད། དེ་ལའང་བྱ་གག་གིས་སྐྱོན་བརྗོད། དེ་ནས་བྱ་གག་རང་གིས་བཤད་པས། ཟླ་སྒོ་གསུམ་ག་ཕྱེ། རྒྱལ་བློན་ཐམས་ཅད་མཉེས། འདར་མི་སྟག་ཁ་ནི། བྱ་གག་གི་རྗེས་སུ་འབྲེང་ཟེར་བས་བཤད་མ་དགོས་པ་བྱུང་སྟེ་དེའི་སློབ་མར་གྱུར། བྱ་གག་སྟོང་ཀུན་དེ་ནི་རྒྱ་ནག

གེ་རྩིས་གང་ལའང་མཁས་པར་གྱུར་ཏེ། དེའི་བུ་བྲེ་གག་རྒྱ་མཚོ་བྲེ་བ་ལགས་ཤིང་། ཁོང་ཚོ་ཕ་ཚ་བུ་རབས་སུ་བཙན་པོའི་བླ་རྩིས་པ་བྱས་སོ། བོད་དུ་ནག་རྩིས་དར་བའི་སྔ་མ་འདི་རྣམས་ཡིན་པར་བྱེད་” ཅེས་གསལ་ཡོད། གཞན་ཡང་བུ་སྟོན་ཆོས་འབྱུང་ནང་ཟུར་ཙམ་གསལ་བ་ལྟར་ན། སྲོང་བཙན་གྱིས་ཐང་གོང་མར་ཞུས་ནས་ཧྭན་ཤིའི་ཡུལ་དུ་ཡོད་པའི་རི་བོ་རྩེ་ལྔར་བོད་ཀྱི་ལྷ་ཁང་བཞེངས་ཏེ་རྒྱ་བོད་དབར་སངས་རྒྱས་ཆོས་ལུགས་སྤེལ་རེས་ཀྱི་རྟེན་གཞི་ཡང་འཛུགས་གནང་མཛད་པར་གྲགས།

དེབ་ཐེར་དཀར་དམར་ལས་གོང་མ་ཐང་ཐའི་ཙུང་གིས་ཀོ་རི་ཡའི་ཡུལ་དུ་དམག་དྲངས་ནས་ཕྱིར་ཕེབས་སྐབས། བོད་ཀྱི་བཙན་པོས་བློན་ཆེན་མགར་སྟོང་བཙན་སླར་ཡང་རྒྱ་ཡུལ་དུ་མངགས་ཏེ་ཡི་གེ་འབུལ་གནང་མཛད་པའི་ནང་། “གོང་མ་ཁྱེད་ཕྱོགས་ལས་རྣམ་པར་རྒྱལ་ཏེ། ཉི་ཟླའི་འོག་ན་གང་ཡོད་རང་དབང་དུ་འདུས་ཀྱང་། ཀོ་རི་ཡ་བ་རྣམས་ཡུལ་ཐག་རིང་སྐབས་བཀའ་ལ་མ་རྩིས་པར་བརྟེན། གནམ་གྱི་སྲས་རང་ཉིད་དཔུང་དང་བཅས་པ་ཆུ་ཆེན་ལེ་བོ་གཙང་པོའི་བར་ཕེབས་ཤིང་། མཁར་རྫོང་ཕབ་ནས་གཡུལ་གྱི་ལས་བཤམས། རིང་པོར་མ་ཐོགས་པར་རྣམ་པར་རྒྱལ་ཏེ་ཕྱིར་ཕེབས་པར་ཐོས། ཁྱིམ་གྱི་ངང་པ་ནི། རིའི་ངང་པ་ལྟ་བུའི་གཟུགས་རྩལ་མི་ལྡན་ཡང་། ངང་པའི་རིགས་སུ་མཐུན་པས་ན། འདིར་གསེར་གྱི་ངང་པ་ཞིག་སྐྱེས་སུ་ཕུལ་བ་ལགས་” ཞེས་གསལ་ཡོད། འབུལ་རྟེན་ཆང་སྣོད་གསེར་གྱི་ངང་པ་དེའི་རིང་ཚད་ལ་ཆག་ཤིང་བདུན་ཡོད་པར་བཤད་འདུག དེ་བཞིན་སྐབས་དེའི་རྒྱ་གར་གྱི་རྒྱལ་པོ་ཧར་ཁ་ཞེས་པ་མ་གྲོངས་པའི་གོང་དུ་བྲམ་ཟེ་ཞིག་ཐང་གོང་མར་སྐྱེས་འབུལ་དུ་མངགས་པ་དང་། ཀྲིན་ཀུན་གྱི་ཁྲི་ལོ་ཉེར་གཉིས་པ་སྟེ་སྤྱི་ལོ648ལོར་ཐང་གོང་མས་

སྐྱེས་ལན་འབུལ་བར་བློན་པོ་ཞང་ཞོན་ཆེ་ཟེར་བ་འཁོར་རྟ་པ་སུམ་ཅུ་དང་བཅས་པ་རྒྱ་གར་དུ་བཏང་ཡང་། དེ་དུས་རྒྱལ་པོ་ཧར་ཁ་གྲོངས་ཟིན་ཅིང་། རྒྱལ་ཁམས་མི་བདེ་བའི་སྐབས་དང་འཕྲད། ཧར་ཁ་ལ་སྲས་མེད་པའི་རྐྱེན་གྱིས་བློན་པོ་ཨརྫུ་ན་ཟེར་བ་ཞིག་རྒྱལ་པོའི་ཁྲི་ལ་བསྙད་ཅིང་། ནང་པ་རྣམས་ལ་ཤིན་ཏུ་སྡང་བར་བྱས། རྒྱའི་གསེར་ཡིག་པ་ཡང་བཙོམ་སྟེ་དངོས་ཆས་རྣམས་འཕྲོགས་ཤིང་། འཁོར་ཕལ་ཆེར་བསད། ཞང་ཞོན་ཆེ་རང་ཉིད་རོགས་པ་འགའ་ཤས་དང་བཅས་མཚན་ལ་བྲོས་ཏེ། བོད་ཀྱི་ཆབ་འབངས་སུ་གཏོགས་པའི་བལ་ཡུལ་དུ་སླེབས་ནས། སྲོང་བཙན་ལ་སྐྱབས་བཅོལ་བས། བོད་ཀྱི་བཙན་པོས་བོད་དམག་གོ་ཧྲུག་ཆེག་སྟོང་ཉིས་བརྒྱ་དང་། བལ་ཡུལ་གྱི་དམག་མི་རྟ་པ་སྟོང་ཕྲག་བདུན་བཅས་རྒྱ་གར་དུ་མངགས་ཤིང་། ཐང་གི་གསེར་ཡིག་པ་དང་ལྷན་ཅིག་ཏུ་ཡུལ་ཏི་ར་ཧི་ཏ་ལ་སླེབས། ཉི་མ་གསུམ་ཙམ་ལས་འཐབ་མ་དགོས་པར་རྒྱལ་ས་གཙོ་བོ་བཟུང་། རྒྱ་གར་བ་སུམ་སྟོང་ཙམ་སྐེ་བྲེགས་ཤིང་། སྟོང་གཅིག་ཙམ་ཉེ་འཁོར་ན་ཡོད་པའི་ཆུ་ཀླུང་ནང་དུ་བསྐྱུར། རྒྱལ་པོ་ཨརྫུ་ན་བྲོས་ཤོར་བ་ན། ཁོས་སླར་ཡང་དམག་དཔུང་གསར་པ་དག་ཁྲིད་ནས་འཛིང་དུ་བྱུང་ན་ཡང་། བོད་ཀྱི་དམག་དཔུང་གིས་ཁོ་ཚོ་ཕམ་ཉེས་བཏང་སྟེ་ཨརྫུ་ན་གཉེན་ཚན་དང་བཅས་པ་བཟུང་ནས། རྒྱའི་གོང་མའི་དྲུང་དུ་བརྫངས། གོང་མ་ཤིན་ཏུ་མཉེས་ནས་མཐར་ཐང་ཐའི་ཙུང་གྲོངས་པའི་སྐབས་སུ་ཡང་། ཞལ་ཆེམས་ལྟར་བང་སོའི་མདུན་དུ་བོད་ཀྱི་བཙན་པོའི་འདྲ་སྐུ་ཞིག་ཀྱང་ཆེད་དུ་བཞེངས། སྐབས་དེའི་དམག་འཁྲུག་ནང་བོད་ཀྱི་དམག་དཔུང་གིས་རྒྱ་གར་བ་བསད་པ་དང་བཟུང་བའི་གྲངས་བསྡོམས་པར་ཆིག་ཁྲི་སུམ་སྟོང་ཙམ་ཡོངས་པ་བྱུང་། བ་ཕྱུགས་སུམ་ཁྲི་བཀྲལ་བ་འཕྲོགས་ཤིང་། ལྷུགས་རི་ཅན་གྱི་གྲོང་ཁྱེར་བརྒྱ་དང་

བརྒྱད་ཙུ་ཙམ་བོད་འབངས་སུ་བཙུག ཚུལ་དེ་ཐོས་ནས་རྒྱལ་པོ་ཨརྫུ་ནའི་དགྲ་ཟླ་ཀཱ་མ་རཱུ་པའི་རྒྱལ་པོ་ཀུ་མ་ར་ཟེར་བ་ཡང་དགའ་ཞིང་མགུ་ནས། རྟ་ཕྱུགས་དང་རྒྱུ་ནོར་མང་པོ་བོད་ལ་སྐྱེས་སུ་བརྫངས①ཞེས་གསལ་ཡོད།

གོང་མ་ཐང་ཐའི་ཙུང་གྲོངས་པའི་རྗེས། ཡུན་ཧྭེའི་ཁྲི་ལོ་དང་པོ་སྟེ་སྤྱི་ལོ649བོད་ས་མོ་བྱ་ལོར། གོང་མ་ཐང་ཀའོ་ཙུང་ཁྲི་ལ་བཞུགས་ཤིང་། སྲོང་གེས་སྲོང་བཙན་ལ“ཕུ་མཱ་ཧུ་ཝེ”ཞེས་མག་པའི་ཆེ་ལོ་དང་། “ཞི་ཧྲས་ཙུན་ཝང་”ཞེས་མཚོ་སྔོན་གྱི་རྒྱལ་པོའི་གོ་ས་ཕུལ། དེ་དུས་བཙན་པོས་ཀྱང་རྒྱ་དཔོན་ཁྲང་སུན་ཝུའུ་ཅི་ཟེར་བ་བརྒྱུད་ནས་གོང་དུ་ཡི་གེ་ཕུལ་བར། “གནམ་གྱི་སྲས་ཁྲི་ལ་གསར་དུ་བཞུགས་པ་ལགས། གལ་ཏེ་གོང་མའི་ཆབ་འབངས་ངོ་ལོག་པ་བྱུང་ན། ཁོ་བོས་དམག་དྲངས་ཏེ་གྲོགས་དན་བྱས་པས་ཆོག འདིར་གསེར་གྱི་ཡོ་བྱད་རྣམ་གྲངས་བཅོ་ལྔ་གོང་མའི་མདུན་དུ་ཕུལ”②ཞེས་འཁོད་ཡོད། དེ་རྗེས་གོང་མ་གསར་པས་བཙན་པོ་ལ་སྐྱར་ཡང་“ཚུང་ཝང་”ཞེས་རྒྱལ་པོའི་ཆེ་ལོ་ཕུལ་ཞིང་། རྒྱ་ལུགས་ཀྱི་སྣོན་ཆེན་བཏེགས་པ་མ་ཟད། བོད་ནས་རེ་འདུན་ཞུས་པ་ལྟར་རྒྱ་ཡུལ་ནས་དར་གྱི་སྲིན་འབུ་གསོ་མཁན་དང་། ཤེལ་བཟོ་བ་དང་། འབྲས་ཆང་བཟོ་ཤེས་པ། རྡོའི་རང་འཐག་བཟོ་མཁན་ལ་སོགས་པའི་ལག་ཤེས་པ་མང་པོ་བོད་དུ་གཏོང་བར་མཛད། དེ་རྗེས་བཙན་པོ་སྲོང་བཙན་སྐུ་གཤེགས་པའི་སྐབས་སུ་ཐང་གོང་མས་སེམས་གསོ་འཚམས་འདྲིའི་གསེར་ཡིག་པ་བོད་དུ་མངགས་ཤིང་། བཙན་པོའི་ཕུར་ལ་གདུང་མཆོད་ཀྱང་

① （དེབ་དཀར་ཤིང་པར་ཤོག་གྲངས34 – 35）
② （དེབ་དཀར་ཤིང་པར་ཤོག་གྲངས35མདུན་）

བཤམས་པར་གྲགས། གོང་གསལ་དེ་དག་ནི་རྒྱལ་རབས་དེབ་ཐེར་ནང་འཁོད་པའི་ཐང་བོད་འབྲེལ་བའི་སྐོར་གལ་ཆེ་རིགས་རང་གིས་མཐོང་བ་རྣམས་ཡིན།

གཞན་ཡང་རྒྱ་བཟའ་ཨུན་ཁྲིང་ཀོང་ཇོ་ནི་བཙན་པོ་སྲོང་གཤེགས་པའི་རྗེས་སུ་ད་དུང་ལོ་ངོ་སུམ་ཅུ་ཙམ་བོད་དུ་བཞུགས་པའི་རིང་ལའང་ཐང་བོད་དབར་གྱི་མཛའ་འབྲེལ་དམ་ཟབ་ཏུ་སྤེལ་བར་ཕྱག་རྗེས་བཞག་ཡོད་པ་མ་ཟད། བོད་དུ་སྤྱི་ཚོགས་ཀྱི་འཚོ་བ་དང་རིག་གནས་ལ་ཕན་བཏགས་པའི་བག་ཆགས་གཏིང་ཟབ་མོ་ཞིག་ཀྱང་འཇོག་གནང་མཛད་ཡོད་པར་བརྟེན་བོད་རིགས་དམངས་ཁྲོད་དུ་སོ་ནམ་ཞིང་ལས་བྱེད་ཐབས་དང་། ཆུ་འཁོར་འཛུགས་པ། སྣམ་བུ་འཁེལ་འཐག་སོགས་ཀྱི་བྱ་གཞག་མང་པོ་ཞིག་ཨ་ཅེ་རྒྱ་བཟས་དར་སྤེལ་གནང་ལུགས་ཀྱི་གཏམ་རྒྱུད་དང་། གཞས་ཚིག་རྒྱ་བཟའ་བོད་དུ་ཕེབས་པར་བསུ་བ་ཞུས་རྩལ་སོགས་ཁོང་ལ་བསྟོད་པའི་གླུ་གཞས་སྣ་ཚོགས་བོད་རིགས་གནས་པའི་ས་ཆ་སྟོད་སྨད་སྟོ་བྱང་གང་སར་ད་ལྟའང་ཁྱབ་གདལ་དུ་སྒྲོག་བཞིན་ཡོད་པ་དང་། བོད་ཀྱི་ལྷ་མོའི་ཟློས་གར་ཆེན་པོ་བརྒྱད་ཀྱི་གྲས་"རྒྱ་བཟའ་བལ་བཟའ"ཞེས་པའི་འཁྲབ་གཞུང་དེའི་ནང་དོན་བརྒྱ་ཆ་དགུ་བཅུ་ཡང་ལྷ་གཅིག་རྒྱ་བཟའ་བཙན་པོའི་བཙུན་མོར་འབྱོན་པའི་ཆེད་འབད་བརྩོན་ཆེན་པོ་བྱས་པའི་སྐོར་ཡིན་པ་བཅས་དེ་དག་ཚང་མའི་ཐོག་ནས་མི་ལོ་ཆིག་སྟོང་སུམ་བརྒྱའི་གོང་ནས་བཙུགས་པའི་རྒྱ་བོད་མི་རིགས་ཀྱི་འབྲེལ་བ་དེ་ནི་སྲིད་པའི་ཆུ་ཀླུང་ཆེན་པོ་ཞིག་དང་འདྲ་བར་རྒྱུན་མི་ཆད་པར་བསྲིངས་པ་བརྒྱུད་འབྱུང་འགྱུར་མེས་རྒྱལ་གཅིག་གྱུར་ཡོང་བའི་རྨང་གཞི་ཆགས་པ་འདི་ཡང་བཙན་པོ་སྲོང་བཙན་སྒམ་པོས་སྲོལ་བཏོད་གནང་བའི་མཛད་རྗེས་གལ་ཆེ་བའི་གྲས་ཤིག་ལགས་སོ།

དེ་ལྟར་རང་ཅག་བོད་མི་རིགས་ཡོངས་ཀྱི་མིག་དཔེར་འོས་པའི་ལོ་རྒྱུས་ཀྱི་མི་སྣ་རླབས་ཆེན། སྲོ་རྒྱལ་བཙན་པོའི་རྒྱལ་རབས་ཡོངས་ཀྱི་དབུས་ན་རྒྱལ་མཚན་གྱི་ཏོག་ལྟར་མངོན་པར་འཕགས་པ། འཛམ་གླིང་གི་གླིང་ཆེན་ལྔ་ན་མཚན་སྙན་གྱི་གྲགས་པའི་བ་དན་དུ་ལྟའང་ལྷབ་ལྷུབ་གཡོ་བའི་བོད་ཀྱི་བཙན་པོ་ཁྲི་སྲོང་བཙན་སྒམ་པོ་དེ་ཉིད་མཐར་འཕན་ཡུལ་ཟལ་མོའི་སྒང་འོད་ཟེར་དམ་པའི་ཕོ་བྲང་དུ་བཞུགས་པའི་དུས་སུ། དང་ཐོག་མགུལ་ཚམ་ཕོག་པ་ལས་སྙུན་ལོག་ཐེབས་ཏེ་མཐར་ཚད་པར་གྱུར་ནས། སྤྱི་ལོ་650བོད་ལྕགས་ཁྱི་ལོར་སྐུ་གཤེགས་པ་ལགས། བློན་ཆེན་མགར་སྟོང་བཙན་གྱིས་གཙོ་འགན་འཁུར་ཏེ་བཙན་པོའི་སྐུ་ཕུར་ལ་ཙནྡན་གྱི་ལྡེ་གུས་བྱུགས་ཤིང་། དར་ཟབ་ཀྱི་ན་བཟས་ཀླུབས་པ་སྟག་ལྤགས་ཀྱི་སྟེང་དུ་བཞག་ནས་ཤིང་རྟ་ལ་གདན་དྲངས། ཡར་ལུང་འཕྱོང་པོའི་ནང་དུ་བང་སོ་ལྷ་ཁང་ལྔ་ཡོད་པ་ཞིག་བཞེངས་པའི་རི་མིག་དབུས་མའི་ནང་བཞུགས་སུ་གསོལ། ཕྱི་ལོགས་རི་བོ་ལྟ་བུར་བྱིབས་ནས་བཙན་པོ་དབོན་སྲས་མང་སྲོང་བློན་འབངས་དང་བཅས་པས་མཆོད་པ་ཕུལ་ཏེ་ཕྱག་དང་བསྐོར་བ་བྱས་ཤིང་། ཕྱིན་ཆད་ཀྱང་ལོ་དུས་སུ་མཆོད་པ་དང་བསྐོར་བ་མཛད་པར་གྲགས་སོ།

གཉིས་པ། གུང་སྲོང་གུང་བཙན་དང་མང་སྲོང་མང་བཙན་གྱི་སྐོར།

བཙན་པོ་གུང་སྲོང་གུང་བཙན་ནི། ཡབ་བཙན་པོ་སྲོང་བཙན་སྒམ་པོ་དང་ཡུམ་མོང་བཟའ་ཁྲི་ལྕམ་གཉིས་ཀྱི་སྲས་སུ་འཁྲུངས་ཤིང་། བཙུན་མོ་འ་ཞ་བཟའ་ཁོ་འཇོ་མང་མོ་རྗེ་ཁབ་ཏུ་བསུས་པར་སྲས་མང་སྲོང་མང་བཙན་བྱུང་། རིང་པོར་མ་ཐོགས་པར་གུང་སྲོང་གུང་བཙན་ཡབ་ཀྱི་གོང་དུ་གཤེགས་པར་

གྲགས།

གུང་སྲོང་བང་སོ་དོན་མཁར་མདའ་རུ་བརྩིགས། །

གྲལ་ནི་གནམ་རི་སྲོང་བཙན་གཡོན་ན་ཡོད། །

མིང་ནི་གུང་རི་གུང་ཆེན་ལགས་སོ་སྐད། །

[1]ཞེས་འཁོད་པ་ལྟར་བཙན་པོ་དེ་ནི་སྐུ་གཞོན་ནུར་གྲོངས་པས་མཛད་པའི་ལོ་རྒྱུས་ངེས་རྙེད་གཞན་མ་མཇལ་ལོ།

མཚམས་འདིར། མཁས་དབང་དགེ་འདུན་ཆོས་འཕེལ་གྱིས་མང་སྲོང་གི་སྐོར་ལ། རྒྱའི་དེབ་ཐེར་ནང་། "སྲོང་བཙན་སྐུ་འདས། གོང་མའི་ཕོ་ཉ་བོད་དུ་སེམས་གསོ་ལ་བཏང་ཞིང་། གདུང་ལ་མཆོད་འབུལ་བྱས། སྲོང་བཙན་ལ་སྲས་མེད་པས། ཚ་བོ་ཞིག་ཁྲི་ལ་འཁོད། དེ་ན་ཆུང་སྟབས་རྒྱལ་སྲིད་ཀྱི་བྱ་བ་རྣམས་མགར་སྟོང་བཙན་གྱིས་བསྐྱངས་སོ" ཞེས་པ་དྲངས་ནས "དེ་ལ་ཚ་བོ་འདི་སྲས་གུང་སྲོང་གུང་བཙན་ཐར་ནས་གྲོངས་པ་དེའི་སྲས་ཡིན་ཞེས་རྒྱལ་རབས་ཡོངས་གྲགས་རྣམས་སུ་བྱུང་། སྤྱིར་སྲོང་བཙན་ལ་སྐུའི་གཉེན་ཚན་དུ་གྱུར་པ་ནི། སྐུ་སྲིང་སད་མ་ཀར་བྱ་བ་དང་། ཡང་(ཏུན་ཧོང་ནས་ཐོན་པའི་རྒྱལ་རབས)ཐོག་དྲིལ་ག་པའི་དབུ་ཐོག་རལ་བ་དེའི་ཐད་ན། སྲོང་བཙན་གྱི་གཙུང་བཙན་སྲོང་དང་སྐུ་མཆེད་གཉིས་མ་འཆམ་པའི་མཐར། བཙན་སྲོང་གཞལ་གྱི་ཡུལ་དུ་བཞུགས་སུ་བཙུག་ཅེས་བྲིས་འདུག་པས། གཙུང་བཙན་སྲོང་བྱ་བ་ཞིག་ཀྱང་འདུག་པ་དེ་དག་གི་ལོ་རྒྱུས་ཀྱང་བརྟད་བཙད་པར་བྱའོ" [2]ཞེས་

[1] (ཡར་ལུང་ཇོ་བོའི་ཆོས་འབྱུང་དེབ་ངོས56)

[2] (དེབ་ཐེར་དཀར་པོ་ཤིང་པར་གྲགས35)

གསུངས་འདུག་པ་འདི་དཔྱད་གཞི་གནད་ཆེ་ཞིག་ཏུ་དགོངས་པར་མངོན། འོན་ཀྱང་དེའི་སྐོར་ལྡེའུ་ཇོ་སྲས་ཀྱི་ཆོས་འབྱུང་ནང་། སྲོང་བཙན་གྱིས་སྐབས། "དེའི་གཅུང་པོ་ཚེས་སྲོང་ཚ་ཞུགས་ནི་དམྱལ་དུ་བཞག་པས་མི་གྲིར་བཀྲོངས་ཏེ་ཐང་མཚམས་སུ་ཕབ་པོ་" ① ཞེས་གསལ་བ་ཙམ་ལས་རྒྱལ་རབས་ཆོས་འབྱུང་གཞན་ན་འཁོད་པ་མ་མཐོང་ངོ་།

བཙན་པོ་མང་སྲོང་མང་བཙན་ནི། ཡབ་གུང་སྲོང་གུང་བཙན་དང་ཡུམ་འ་ཞ་བཟའ་མང་མོ་རྗེ་ཁྲི་དཀར་ཞུ་བ་གཉིས་ཀྱི་སྲས་སུ་སྐུ་བལྟམས་པ་དང་། འཁྲུངས་ལོ་ནི་བཞེད་ཚུལ་མི་འདྲ་བ་མང་བས་ངེས་རྙེད་དཀའ་ཡང་། དེབ་དཀར་ནང་སྤྱི་ལོ650ཐོད་ལྟགས་ཁྱི་ལོར་སྲོང་བཙན་སྒམ་པོ་སྐུ་གཤེགས་པའི་རྗེས་སུ་མང་སྲོང་བཙན་པོའི་ཁྲི་ལ་མངའ་གསོལ་སྐབས་དགུང་ལོ་བཞིར་ཕེབས་པའི་དཔྱད་གཞི་ཞིག་བཏོན་གནང་མཛད་འདུག་པ་ལྟར་ན་སྤྱི་ལོ646ཐོད་མེ་རྟ་ལོར་འཁྲུངས་པར་མངོན། ཁོང་སྐུ་ན་མ་སོན་པར་ཕྱི་ནང་གི་བྱ་བ་ཐམས་ཅད་བློན་ཆེན་མགར་སྟོང་བཙན་ཡུལ་བཟུང་གིས་འགན་འཁུར་ཏེ་ལོ་བཅོ་བརྒྱད་ཙམ་གྱི་རིང་བོད་བཙན་པོའི་ཆབ་སྲིད་མུ་མཐུད་ལེགས་པར་བསྐྱངས་པ་དང་། འབྲོ་བཟའ་ཁྲི་མ་ལོད་བྱ་བ་བཙུན་མོར་བསུས་པ་ཡིན་ནོ།

ཐུན་ཧོང་གི་རྒྱལ་རབས་ལས་འབྱུང་བ་ལྟར་སྤྱི་ལོ651ཐོད་ལྕགས་ཕག་ལོར་འཕྲོངས་རྒྱས་ཕྱིང་བ་སྟག་རྩེར་མེས་ཁྲི་སྲོང་བཙན་གྱི་འདས་མཆོད་བྱས་ཤིང་། ཐང་གོང་མས་ཀྱང་འདས་མཆོད་སྒྲུབ་པར་ཐོ་ཞ་ཆེད་དུ་མངགས་པ་དང་། སྐབས་འདི་དག་ཏུ་བློན་ཆེན་མགར་སྟོང་བཙན་གྱིས་གློ་བོ་དང་རྩང་སྐྱ

① (ཆོས་འབྱུང་བསྟན་པའི་རྒྱལ་མཚན་དེབ་ངོས118)

ནེ་པལ་བོད་དབར་གྱི་རི་རོང་ཁུལ་དུ་གནས་པའི་ཡུལ་ཚན་དང་མི་སྡེ་རྣམས་ཆབ་འབངས་སུ་བསྡུས་པ་དང་། ཁོང་གིས་བོད་ཀྱི་འཁྲུག་ལས་ལ་ཞིབ་བཤེར་གྱིས་འཁྲུག་ཁྲལ་གཏན་ལ་ཕབ་ཅིང་། སྲོང་བཙན་གྱི་སྐུ་དུས་སུ་བོད་ཀྱི་སྤྱི་ཚོགས་སྲིག་གཞི་བཟོ་སྐབས་བློན་པོ་མགར་ལ་ལག་རོགས་བྱེད་མཁན་དར་རྒྱལ་མང་པོ་རྗེ་ཟེར་བ་དེས་སྐབས་དེར་ས་ཞིང་ལ་ཞིབ་བཤེར་བྱས་པ་དང་། དེ་བཞིན་ར་སང་རྗེ་ཞེས་པའི་རྒྱལ་ཕྲན་ཞིག་དང་དངོས་ཟོག་བརྗེ་ཚོང་གི་འབྲེལ་བ་འཛུགས་པ་བྱས་ཚུལ་སོགས་གསལ་བ་དེ་དག་ལས་སྐབས་དེ་དུས་བོད་ཀྱི་ཞིང་འབྲོག་ཐོན་སྐྱེད་བདག་གཉེར་དང་། བརྗེ་ཚོང་སྤེལ་རེས་སོགས་དཔལ་འབྱོར་གོང་སྤེལ་གྱི་བྱ་གཞག་དེ་དག་ལོ་རྒྱུས་ཀྱི་བྱ་བ་གལ་ཆེན་པོར་བརྩིས་ནས་རྒྱལ་རབས་ཀྱི་དོན་ཆེན་གནད་བསྡུས་ལོ་ཚིགས་ནང་དུའང་བཀོད་ཡོད།

མང་སྲོང་གི་ཁྲི་ལོ་ལྔ་པ་སྟེ་སྤྱི་ལོ654བོད་ཤིང་སྟག་ལོར་བློན་ཆེན་པོ་མགར་སྟོང་བཙན་གྱིས། མོང་པུ་སྤྲལ་ཛོང་ཟེར་བའི་ས་གནས་སུ(སྟོད་ལུང་མོང་གི་ཕུར་)ཆབ་འོག་གི་འགོ་གཙོ་རྣམས་བསྐོངས་ནས་འདུན་མ་བསྡུ་བའི་སྲོལ་བཏོད། འདུ་ཚོགས་དེའི་ཐོག་སྲོང་བཙན་སྐབས་གཏན་ལ་ཕབ་པའི་བོད་འབངས་རྒོད་གཡུང་དབྱེ་བ་འབྱེད་པ་སྟེ་འབངས་མི་སེར་གྱི་ཁྲོད་ནས་རྒོད་ཅེས་པ་དྲག་པོ་དམག་གི་བྱ་གཞག་ལ་གཞུག་ཐུབ་པའི་མི་དང་དངོས་པོའི་ཆ་རྐྱེན་འཛོམས་པ་རྣམས་དམག་གི་སྟོང་སྡེ་སོ་སོའི་ཁོངས་སུ་འཇུག་པ་དང་། གཡུང་ཞེས་པ་ནི་བཙན་པོའི་གཞུང་ཕྱོགས་ཀྱི་ཞི་བའི་ལས་དོན་སྒྲུབ་མཁན་ཏེ་ལས་རིགས་ཀྱི་དོ་དམ་པ་སོགས་ཡོད་ལ། ཞིང་ལས་དང་འབྲོག་ལས། དེ་མིན་རྒྱུན་གཏན་གྱི་ཁྲལ་འུལ་རྒྱུགས་མཁན་སོགས་མི་སེར་དཀྱུས་མའི་རིགས་ཀྱང་ཚུད་པ་བཅས་མདོར་ན་འབངས་མི་སེར་རྣམས་ཞི་དྲག་གི་ལས་རིགས་ཆེན་པོ་གཉིས་སུ

དབྱེ་ནས་རང་རང་གི་བྱེད་སྒོ་ཚགས་སུ་ཚུད་པ་ཞིག་ཡོང་ཐབས་བྱེད་པ་དེ་ནི་སྐབས་དེའི་ལས་དོན་གལ་ཆེན་ཞིག་ཡིན་པ་མཐོང་ཐུབ་ཅིང་། ལོ་དེར་རྫོང་གཡུང་དབྱེ་ཞིབ་ཀྱི་གྲབས་གཞོམ་ཆེན་པོ་བྱས་ཐོག ལོ་ཕྱི་མར་བློན་ཆེན་པོས་འགོར་ཏེ་ཟེར་བའི་ས་གནས་སུ་དོན་གནད་དེ་རྣམས་གཏན་ལ་འབེབས་པའི་བཀའ་ཁྲིམས་ཀྱི་ཡི་གེ་བྲིས་ཚུལ་སོགས་གསལ་བར་འཁོད་ཡོད་པ་མ་ཟད། དེའི་རྗེས་སུ་མང་སྲོང་གི་སྐུ་ཚེའི་སྨད་ནས་བཟུང་འདུན་མ་འདུ་བ་ཞེས་བློན་ཆེན་པོས་གཙོ་སྐྱོང་བྱེད་པའི་འོག་འབྲེལ་ཡོད་ཀྱི་འགོ་གཙོ་རྣམས་འཛོམས་ཏེ་ཆབ་སྲིད་ཀྱི་དོན་ཆེན་དང་། དམག་དོན་ཞིབ་བཤེར། ཞིང་འབྲོག་གི་རྫོར་ཀ་དང་ཐུལ་ཀ་བརྩི་བ་སོགས་གལ་ཆེའི་དོན་གནད་སྐོར་གྲོས་བསྡུར་དང་གཏན་འབེབས་གནང་བའི་འདུ་ཚོགས་ཆེན་པོ་དེ་ལོ་ལྟར་སྐོང་འཚོགས་བྱེད་པའི་ལམ་སྲོལ་ཡང་བསྟར་ཆགས་སུ་མཛད་ལམ་བྱུང་ཡོད།

གཞན་ཡང་བཙན་པོ་མང་སྲོང་མང་བཙན་གྱི་རིང་ལ་ཐང་བོད་གཉིས་དབར་འབྲེལ་བ་ལྷུ་མཐུད་ནས་ཇེ་ཆེར་གྱུར་པ་ཡིན། དེ་ཡང་ཕན་ཚུན་གཞུང་ཕྱོགས་ཀྱི་མཛའ་མཐུན་ཕོ་ཉ་གཏོང་རེས་རྒྱུན་མི་ཆད་པའི་འགྲོ་འོང་བྱས་པ་དང་། ཕྱོགས་གཞན་ཞིག་ནས་རྒྱ་བོད་ས་མཚམས་སུ་གནས་པའི་གྲུ་གྲུ་དང་། འཇང་སོགས་རྒྱལ་ཕྲན་ཁག་གི་འགལ་བའི་ཉེར་ལེན་ལས་ཐང་བོད་དབར་སྐབས་རེ་ཕན་ཚུན་དམག་འཐབ་དང་། སྐབས་འགར་ཞི་འཕྲོས་སོགས་ཀྱི་འབྲེལ་གཏུགས་ཀྱང་མི་ཉུང་བ་ཞིག་བྱུང་ཡོད།

སྔོན་གྱི་ཆོས་འབྱུང་ལས་འབྱུང་བ་ལྟར་ན་རྒྱལ་པོ་སྲོང་བཙན་སྐུ་གཤེགས་རྗེས་རྒྱའི་དམག་དཔུང་ཆེན་པོ་བོད་དུ་འོང་བའི་སྒྲིར་གྲགས་བྱུང་བ་དང་། དེ་ལ་བརྟེན་ནས་རྒྱ་བཟའ་ཀོང་ཇོའི་རྟེན་སྐལ་ཇོ་བོ་ཤཱཀྱ་མུ་ནེའི་སྐུ་བརྙན་དེ་སྦར་

རྒྱ་ཡུལ་དུ་འཁྱེར་གྱི་དོགས་པས་ར་མོ་ཆེ་ནས་ར་ས་གཙུག་ལག་ཁང་དུ་གདན་དྲངས་ཤིང་། དཀྱིལ་འཁོར་མཐིལ་ལྷོ་ངོས་ཀྱི་ལྷ་ཁང་ལྷོ་སྒོ་མེ་ལོང་ཅན་ཟེར་བ་དེའི་ནང་བཞུགས་སུ་གསོལ་ནས་སྒོ་བཙིགས་ཏེ་ཞལ་བ་བརྒྱབ་པའི་སྟེང་འཇམ་དབྱངས་ཀྱི་སྐུ་བརྙན་ཞིག་བྲིས་ཏེ་སྦས་ཞེས་གསལ། དེ་ཡང་ཆོས་ལུགས་ཀྱི་བཤད་སྲོལ་ལྟར་ན། རྒྱ་ཡུལ་ནི་འཕགས་པ་འཇམ་དཔལ་དབྱངས་ཀྱི་གདུལ་ཞིང་ཡིན་པ་དང་། རྒྱའི་གོང་མ་རྣམས་ཀྱང་འཇམ་དབྱངས་ཀྱི་སྤྲུལ་པ་འབྱུང་བར་གྲགས་པས་གལ་ཏེ་རྒྱ་དམག་ལྷགས་རུང་། འཇམ་དབྱངས་ཀྱི་སྐུ་བརྙན་བཤིག་མི་ཕོད་པའི་ཕྱིར་ཡིན་པར་གྲགས། སྐབས་དེར་བལ་བཟའི་རྟེན་སྐལ་ཇོ་བོ་མི་བསྐྱོད་རྡོ་རྗེ་ར་མོ་ཆེར་སྤྱས་པ་བཅས་ཇོ་ཤཱཀ་རྣམ་གཉིས་ཀྱི་བཞུགས་གནས་ཀྱང་བཙན་པོ་འདིའི་དུས་སུ་ཕན་ཚུན་བརྗེས་པར་བཤད་ཡོད།

དེབ་ཐེར་དཀར་པོ་ལས་འབྱུང་བ་ལྟར་སྤྱི་ལོ658བོད་ས་རྟ་ལོར་བློན་ཆེན་པོ་མགར་སྟོང་བཙན་ཡུལ་བཟུང་གིས་ཐང་བོད་ཀྱི་མཛའ་འབྲེལ་སྣུ་མཐུད་དམ་ཟབ་ཏུ་སྤེལ་བའི་ཆེད་སླར་ཡང་རྒྱ་ནག་ཏུ་ཕྱིན་པ་དང་། ཐང་གོང་མ་ལ་མཇལ་རྟེན་གསེར་གཞོང་ཆེན་པོ་ཞིག་ཕུལ་ཞིང་། གསར་དུ་ཁྲི་ལ་བཞུགས་པའི་བོད་ཀྱི་བཙན་པོ་ལ་སྔར་བཞིན་ཐང་གི་གོང་ཇོ་ཞིག་བཙུན་མོར་གནང་དགོས་པའི་རེ་འདུན་ཡང་ཞུས་པ་དང་། དེའི་རྗེས་སུ་ཐང་བོད་དབར་དམག་འཁྲུག་ལངས་པའི་རྒྱུ་རྐྱེན། བོད་ཀྱི་ཁོངས་སུ་གཏོགས་པའི་གྲུ་གུ་རྣམས་རྒྱ་ལ་ཤོར་བའི་གནས་ཚུལ་བློན་པོ་མགར་གྱིས་གོ་ཐོས་བྱུང་བར་བརྟེན། ཁོང་ཇོ་མས་བོད་ཀྱི་དམག་དཔུང་གོ་ཧུག་རྣམས་ཁྲིད་ནས་གྲུ་གུའི་ཡུལ་དུ་དམག་རྒྱག་པར་ཕེབས་ཤིང་། སྐབས་དེ་དུས་གྲུ་གུའི་ཁོངས་ཀྱི་དཔོན་པོ་ཟོ་ཧོ་གེ་ཟེར་བ་ཞིག་བོད་དམག་གི་ཕྱོགས་སུ་བྲོས་ཡོང་ནས་རང་ཡུལ་གྱི་ཆ་རྒྱུས་རྣམས་ཞིབ་པར་བཤད་པ

དང་། དེ་ནས་བོད་དམག་དང་གྲུ་གུ་ཕྱོགས་གཉིས་ཀས་དམག་འཐབ་དངོས་སུ་བྱས་པར་གྲགས། ཕྱོགས་གཞན་ཞིག་ནས་བོད་དང་གྲུ་གུ་ཕྱོགས་སོ་སོས་ཐང་གོང་མ་ལ་ཡི་གེ་ཕུལ་ཏེ་རང་ཉིད་ལ་རྒྱབ་སྐྱོར་གནང་རོགས་ཞུས་ན་ཡང་། ཐང་གོང་མས་སུ་ལ་ཡང་རྒྱབ་སྐྱོར་མ་བྱས་པར་བར་གནས་སུ་བསྡད་ཅིང་། ཕན་ཚུན་དམག་འཐབ་ལན་མང་བྱས་པའི་མཐའ་མར་བོད་ཀྱི་དམག་དཔུང་གིས་གྲུ་གུ་ཕམ་ཉེས་སུ་བཏང་བ་དང་། གྲུ་གུའི་རྒྱལ་པོ་མུ་ཡུན་ནོ་ཧ་པོ་དང་། བཙུན་མོ་ཧྲམ་ཧྭ་ཟེར་བ་གཉིས་བློན་འཁོར་ཧྲག་བསྡུས་དང་བཅས་པ་རང་ཡུལ་སྤངས་ནས་རྒྱ་ཡུལ་ལན་ཀྲའུ་ཕྱོགས་སུ་བྲོས་དགོས་བྱུང་། གནས་ཚུལ་དེ་ལྟ་བུ་བྱུང་བ་ཐང་གོང་མས་གསན་སྐབས་བོད་དམག་གིས་གྲུ་གུའི་རྒྱལ་པོ་རྗེས་འདེད་དུ་ཡོང་རྒྱུ་འགོག་པའི་ཆེད་དམག་དཔོན་གཉིས་ལན་ཀྲའུ་དང་། ཧྲན་ཀྲའུ་སོ་སོར་བཏང་ཐོག་ཕུ་དིན་མཁན་ཟེར་བ་ལ་སྤྱི་ཁྱབ་དམག་དཔོན་གྱི་ལས་འགན་ཡང་བསྐོས་པར་གྲགས།

དེ་ནས་བོད་ཀྱི་བློན་པོ་སྟ་རྩེང་གཉིས་ཙམ་ཁྲང་ཨན་དུ་བཏང་སྟེ་གྲུ་གུའི་ཉེས་དོན་བཤད་པ་དང་། ཁྱིན་ཆད་བོད་དང་གྲུ་གུ་གཉིས་འདུམ་འགྲིག་བྱེད་དགོས་ན་རྒྱའི་ས་ཁོངས་ཆེ་ཤུའི་ཟེར་བ་དེ་བོད་ལ་སྤྲོད་དགོས་ཚུལ་སོགས་འབྲོས་མོལ་ཞུས་ནའང་གོང་མའི་ཁས་ལེན་མ་ཐོབ་ཅེས་གསལ་འདུག

སྤྱི་ལོ667བོད་མེ་ཡོས་ལོར་བོད་དུ་སྙན་གྲགས་དང་བྱས་རྗེས་ཏ་ཅང་ཆེ་བའི་བློན་པོ་ཆེན་པོ་མགར་སྟོང་བཙན་ཡུལ་བཟུང་ལ་འབྲས་ཀྱི་ནད་(གཉན་གྲོག་ཚང་)ཐོག་པ་ལ་བརྟེན་ནས་རིས་པུ་ཟེར་བའི་ས་ཆར་གྲོངས་པ་དང་། མགར་ལ་བུ་བཞི་ཡོད་པའི་ནང་གི་ཆེ་ཤོས་མགར་བཙན་སྙ་ལྡོམ་བུ་བཙན་པོས་པའི་གོ་སར་བསྐོས་ཏེ་བློན་ཆེན་བྱས་པ་དང་། དེ་འོག་མགར་ཁྲི་འབྲིང་བཙན་

ཁྲིད་སོགས་གཞོན་པ་གསུམ་གྱིས་དམག་དཔོན་བྱས་ཏེ་ལོ་དེ་རང་ལ་རྒྱའི་ས་མཚམས་སུ་དམག་དྲངས་ནས་འཇང་རིགས་ཀྱི་ཡུལ་ཚན་བཅུ་གཉིས་ཙམ་བཅོམ་པ་དང་། དེའི་ཚེ་ཐང་གི་རྒྱལ་བློན་གཙོ་གཞན་རྣམས་མདུན་གྲོས་བྱས་ཏེ་གྲུ་གུའི་མི་ནོར་ལྷག་མ་དེ་དག་ལྡོ་ཕྱོགས་སུ་གནས་སྤོས་བྱ་རྒྱུ་དང་། བོད་ལ་དམག་རྒྱག་རྒྱུའི་སྐོར་གྲོས་བསྡུར་བྱས་ཀྱང་བློན་ཆེན་རྣམས་ཀྱི་བློ་གྲོས་མ་མཐུན་པར་ཐག་མ་ཆོད་པ་དེ་མུར་ལུས། དེ་རྗེས་བོད་དམག་གིས་ནུབ་ཕྱོགས་གྲུ་གུ་ཚོ་ཆེན་བཅུ་བོད་ཀྱི་ཆབ་འོག་ཏུ་བཙུག་པ་དང་། སླར་ཡང་བོད་དམག་དང་། ལི་ཡུལ་（ཤིན་ཅང་）པ་རྣམས་མཉམ་དུ་སྡེབས་ནས་རྒྱའི་ཡུལ་ཚན་མང་པོ་བཟུང་བ་བཅས་ལ་བརྟེན་ཐང་གོང་མས་ཀྱང་དམག་དཔོན་ཞོའི་རེན་ཀོས་དང་གོ་ཞི་ཕྷན་ཟེར་བ་གཉིས་དམག་དཔུང་འབུམ་ཕྲག་གཅིག་ཙམ་ཁྲིད་ནས་བོད་དམག་ལ་འཐབ་པར་བཏང་། འོན་ཀྱང་ཁོ་ཚོས་བོད་དམག་ལས་རྒྱལ་ཁ་ལེན་མ་ཐུབ་པར་ཕམ་ཉེས་འཁེལ་ཞིང་། མཐར་བོད་ཀྱི་བློན་ཆེན་མགར་བཙན་སྙ་ལྡོམ་བུ་དང་། ཐང་གིས་དམག་དཔོན་ཞོའི་རེན་ཀོས་གཉིས་འདུམ་བྱས་ཏེ་དམག་དཔོན་དེ་རྒྱ་ཡུལ་དུ་ལོག་པར་གྲགས།①

སྤྱི་ལོ672བོད་ཆུ་སྤྲེལ་ལོར། བོད་ཀྱི་བཙན་པོས་བློན་པོ་འཛིན་འཛིན་ཟེར་བ་ཞིག་ཐང་གོང་མའི་དྲུང་དུ་ལེགས་སྐྱེས་འབུལ་བར་བཏང་། བློན་པོ་དེ་ནི་གཞོན་ནུའི་དུས་ནས་རྒྱའི་སློབ་གྲྭར་སྐད་ཡིག་དང་ཡོན་ཏན་སྦྱངས་མྱོང་བའི་མཁས་པ་ཞིག་ཡིན། ཐང་གོང་མས་ཁོང་མདུན་དུ་བོས་ནས་བོད་ཡུལ་གྱི་གནས་ཚུལ་དང་བོད་ཀྱི་བཙན་པོའི་སྐོར་འདྲི་རྟོག་གནང་སྐབས། བློན་པོ་དེས་ལན་

① （དེབ་དཀར་ཤིང་པར་ཤོག་གྲངས43）

ཞུས་པར། ང་ཚོའི་བཙན་པོ་ནི་མཁྱེན་རྒྱ་དང་སྙིང་སྟོབས་བཙན་པོ་སྤྱི་མ་ལས་
ཀྱང་ལྷག་པ་ཙམ་བཞུགས། ཆབ་སྲིད་ལ་དོ་དམ་ཆེ་ཞིང་། བློན་པོ་རྣམས་ཀྱིས་
དབུ་སྐོར་ཞུ་མི་ཐུབ་པ་ཞིག་ཡོད། བོད་འབངས་རྣམས་གྲང་ངར་ཆེ་བའི་ཡུལ་
དུ་གནས་པས་སྟོན་ཐོག་ཉུང་ཞིང་ནོར་ཕྱུགས་སྐྱོང་བ་ཡིན། མཚོ་ནག་གི་བྱང་
ངོས་སུ་དབྱར་ཁ་ཡང་གངས་མི་བཞུ་བར་སྡོད་ཀྱི་ཡོད། མི་རྣམས་དབྱར་དུས་
སུ་བལ་གྱི་ཕྱིང་པ་དང་། དགུན་ཁ་སློག་པ་གྱོན་ཞིང་། ལུང་ཁུག་ཏུ་བབས་ཏེ་
སྦྲ་གུར་སོགས་ཕུབ་ནས་སྡོད་ཀྱི་ཡོད། དུས་རྒྱུན་རྩྭ་ཆུ་གང་དུ་བཟང་བའི་སར་
སྡོད་གནས་སྤོས་སྤོ་བྱེད་པ་ཡིན། ཚོང་ཟོག་ནི་རྒྱའི་ཡུལ་ལས་ཧ་ཅང་དཀོན།
ཡིན་ནའང་དཔལ་ཕྱུག་ཚང་མ་བློ་སེམས་གཅིག་ཏུ་མཐུན་ཞིང་། གཅིག་རོགས་
གཅིག་གིས་བྱེད་པ་ཡིན་པས་བོད་ཀྱི་རྒྱལ་ཁམས་སྟོབས་ཤུགས་ཆེ་བའི་རྒྱུ་མཚན་
ཡང་དེ་ཡིན་ཞེས་ཞུས། དེ་ནས་གོང་མས་ཁྱོད་རང་ཚོ་བོད་དང་གྲུ་གུའི་རྒྱལ་
རིགས་གཉིས་པན་ཚུན་གཉེན་ཚན་ཡིན་པས་མཐུན་ལམ་བཟང་པོ་ཞིག་དགོས་
རྒྱུ་ཡང་། གྲུ་གུའི་དཔོན་པོ་ཟོ་ཧོ་ཀེ་རང་ཡུལ་ལ་ངོ་ལོག་ནས་བོད་དུ་བྲོས་པར།
བོད་ཀྱི་བཙན་པོས་ཁོ་ལ་གོ་གནས་སྦྲད་པ་དང་། ད་དུང་བོད་དམག་བཏང་སྟེ་
གྲུ་གུ་བཙོམ་པ། ངེད་ནས་དམག་དཔོན་ཞོའི་རེན་ཀོས་བར་འདུམ་བྱེད་པར་
བཏང་ན་ཡང་། བོད་དམག་གིས་ད་དུང་ཐུ་ཡོན་བཙོམ་ཞིང་། ང་ཚོའི་ལན་
ཀྱིའུ་ཡང་འཁྲུག་པའི་རྒྱུ་མཚན་གང་ཡིན་ཞེས་དྲི་བ་གནང་། དེ་ལ་བློན་པོ་
འཛིན་འཛིན་གྱིས་ཡར་ལངས་ནས་གོང་མ་ལ་ཕྱག་འཚལ་ཏེ་ལན་ཞུས་པར།
བདག་ནི་བཙན་པོའི་བཀའ་ལྟར་གོང་མ་ལ་སྐྱེས་འབུལ་དུ་འོང་བ་མ་གཏོགས།
དེ་མ་ཡིན་པའི་ཞུ་སྐོར་གཞན་དག་གང་ཡང་མེད་ཅེས་གསོལ་བས་གོང་མ་ཡང་

ཐུགས་མཉེས་པར་གྱུར་ཞེས་གྲགས། [1] དེ་ལྟར་བཙན་པོ་མང་སྲོང་གི་རིང་ལའང་ཐང་བོད་གཉིས་ཀྱི་དབར་ཆབ་སྲིད་དང་། དམག་དོན། དེ་མིན་ཡང་མང་སྐྱེས་འབུལ་བའི་ཕོ་ཉ་མངགས་པ་སོགས་འགྲོ་འོང་གི་འབྲེལ་བ་རྒྱུན་མི་ཆད་པ་བྱུང་བ་བརྒྱུད་རྒྱ་བོད་མི་རིགས་བར་ཕན་ཚུན་ཤེས་རྟོགས་དང་། འབྲེལ་འདྲིས་ཇེ་ཆེར་གྱུར་པ་བྱུང་།

སྤྱི་ལོ671བོད་ལུགས་ལུག་ལོར་བཙན་པོ་མང་སྲོང་གི་སྐུ་མཆེད་བཙན་མོ་སྣ་མོ་སྙིང་ཞུ་བ་གཅིག སྣ་ཤུར་ར་སང་རྗེ་སྤུངས་རྒྱ་རྒྱུག་ལ་བག་མར་ཕེབས་ཞེས་གསལ། འདི་ནི་གོང་དུ་ཚོང་གི་འབྲེལ་བ་འཛུགས་ཡུལ་ར་སང་རྗེ་ཟེར་བའི་རྒྱལ་ཁྲབ་དེ་ཡིན་འདུག་ཅིང་། ཕལ་ཆེར་ཞང་ཞུང་གི་སའི་ཆར་གཏོགས་པ་ཞིག་ཡིན་པར་སྣང་།

སྤྱི་ལོ673བོད་ཆུ་བྱི་ལོར་བློན་ཆེན་མགར་བཙན་སྣ་སྟོམ་བུ་དང་། མགར་ཁྲི་འབྲིང་བཙན་བྲོད་གཉིས་ཀྱིས་གདོང་ཀའི་ནེ་ཙོ་ལུང་ཟེར་བའི་ས་གནས་སུ། འདུན་ཚོགས་བསྡུས་ནས་འཁྲུག་ལས་ལ་སྐྱར་ཡང་ཞིབ་བཤེར་ཆེན་པོ་ཞིག་བྱས་འདུག

སྤྱི་ལོ675བོད་ཤིང་ཕག་ལོའི་དཔྱིད་དུས་སུ་བཙན་པོ་མང་སྲོང་མང་བཙན་ཞེ་ཤིང་ཞེས་པ་བཙུན་མོ་འབྲོ་བཟའི་འཁྲུངས་ཡུལ་དུ་ཕེབས་ཤིང་། དེར་བཙུན་མོ་འབྲོ་བཟའ་ཁྲི་མ་ལོད་ཀྱིས་དགྱེས་སྐྱེམས་ཀྱི་གསོལ་སྟོན་ཆེན་པོ་ཞིག་བཤམས་པ་དང་། དཔོན་ད་རྒྱལ་ཁྲི་ཟུང་གིས་གསེར་དང་ཟངས་ཀྱི་འབུལ་བ་ཆེན་པོ་བཏེགས་སོ། ལོ་དེའི་དབྱར་དུས་སུ་བཙན་པོ་བལ་པོའི་ཡུལ་ན་བཞུགས

---

① （དེབ་དཀར་ཤིང་པར་ཤོག་གྲངས44）

ཤིང་། སློབ་ཆེན་པོ་བཙན་སླས་ཞིམས་ཀྱི་གུ་རན་ཟེར་བའི་ཡུལ་དུ་ཞང་ཞུང་གི་ཁོས་བཀྲིས་པ་སྟེ། ཞང་ཞུང་ཡོངས་ཀྱི་ལས་ཀར་ཞིབ་བཤེར་དང་ལམ་སྲོལ་གཏན་འབེབས་བྱས་འདུག

སྤྱི་ལོ676བོད་མེ་བྱི་ལོའི་དགུན་དུས་སུ་བཙན་པོ་མང་སྲོང་མང་བཙན་ཚང་བང་སྣ་ཟེར་བའི་ས་གནས་སུ་སྐུ་གཤེགས་དང་། བང་སོ་ཡང་ནོར་སྣ་མང་པོས་བཀང་སྟེ་མེས་སྲོང་བཙན་གྱི་བང་སོའི་གཡོན་དུ་བརྩིགས་ཤིང་། མིང་ལ་སྔོ་བཞེར་ཕྲུལ་པོ་ཞེས་གྲགས་པ་ཡིན།

དེ་ལྟར་བཙན་པོ་མང་སྲོང་མང་བཙན་ནི་སྐུ་ཚེ་ཐུང་ཞིང་། མཁྱེན་རྒྱ་དང་དཔའ་རྩལ་གང་ཅིའི་ཐད་ཀྱང་དེ་ཙམ་གྱི་ངོ་མཚར་ཆེ་བ་ཞིག་མ་བྱུང་བར་མངོན། འོན་ཀྱང་གཙོ་བོ་རྒྱལ་ཐབས་ཆབ་སྲིད་ཀྱི་བྱ་གཞག་སྤྱི་དང་། བྱེ་བྲག་དྲག་པོ་གསུམ་གྱི་ལས་ཐབས་ལ་བྱུང་ཆུབ་པའི་སློན་ཆེན་པོ་མགར་སྟོང་བཙན་ཡུལ་བཟུང་གིས་བཙན་པོ་སྲོང་བཙན་སྒམ་པོ་མཆོག་གི་དཔའ་མཛངས་ལྡན་པའི་དགོངས་གཞི་དང་མཛད་འཕྲིན་ཇི་ལྟ་བ་མཐའ་འཁྱོངས་གནང་སྟེ། བོད་ཡུལ་ཡོངས་ཀྱི་སྤྱི་ཚོགས་བདེ་སྐྱིད་འཁོས་སུ་ཕེབས་པ་དང་། ཞིང་འབྲོག་ལས་ཀྱི་ཐོན་སྐྱེད་བདག་གཉེར་ཚགས་སུ་ཚུད་པ། ཁྲིམ་མཆོས་ས་འདྲེས་དང་བརྗེ་ཚོང་གི་འབྲེལ་བ་འཛུགས་སྤེལ་སོགས་དཔལ་འབྱོར་འཕེལ་རྒྱས་ཡོང་ཐབས་དང་། སྤྱི་ཚོགས་དང་དམག་དོན་གྱི་སྒྲིག་གཞི་རྣམས་མུ་མཐུད་འཐུས་སྒོ་ཚང་དུ་བཏང་བ་མ་ཟད། ཐང་བོད་ཀྱི་འབྲེལ་བ་སྔར་བས་ཇེ་དམ་དུ་གཏོང་རྒྱུར་དོ་སྣང་དང་འབད་བརྩོན་ཆེན་པོ་གནང་ཞིང་། ཕྱོགས་གཞན་ཞིག་ནས་ཕྱོགས་བཞིའི་མཐའ་མཚམས་ཀྱི་སོ་ཁ་རྣམས་བརྟན་སྲུང་ཐོག མངའ་འོག་ཆབ་འབངས་གསར་དུ་རྒྱ་བསྐྱེད་པ་སོགས་བྱས་རྗེས་ཆེན་པོ་བཞག་ཡོད་པ་དང་།

ད་དུང་ཁོང་རང་ཉིད་ཀྱིས་གསོ་སྐྱོང་ངམ་ཁྲིད་སྦྱོང་ནན་པོ་གནང་བའི་བུ་ཆན་པ་མགར་བཙན་སྣ་ལྡེམ་བུ་དང་། བུ་འབྲིང་བ་མགར་ཁྲི་འབྲིང་བཙན་བྲོད་ཀྱིས་གཙོས་པའི་བུ་རྒྱུད་རྣམས་ཀུང་ཞི་དྲག་གི་བྱ་བ་གང་ལའང་ཤེས་ཡོན་དང་དཔའ་མཛངས་བརྟུལ་ཕོད་ཅན་ཤ་སྟག་བྱུང་བར་བརྟེན་ཁོང་ཚོས་ཕ་ཤུལ་བུ་འཛིན་གྱི་ནུས་པ་གཟིངས་སུ་ཐོན་པ་ཞིག་བཏོན་ཡོད་པ་བཅས་མདོར་ན། བཙན་པོ་མང་སྲོང་གི་སྐུ་ཚེའི་རིང་ལ་ཡང་ཆབ་སྲིད་མངའ་ཐང་དང་། བོད་ཀྱི་སྤྱི་ཚོགས་ཡར་རྒྱས་སོགས་གང་སར་ལྷུ་མཐུད་མི་ཉམས་གོང་འཕེལ་གྱི་ཕྱོགས་སུ་བསྐྱོད་ཐུབ་པ་ཞིག་བྱུང་བ་ལགས་སོ།

གསུམ་པ། བཙན་པོ་འདུས་སྲོང་མང་རྗེའི་སྐོར།

བཙན་པོ་འདིའི་མཚན་ཆ་ཚང་ལ་འདུས་སྲོང་མང་པོ་རྗེ་རླུང་ནམ་འཕྲུལ་གྱི་རྒྱལ་པོ་ཞེས་ཟེར་བ་ཡིན། ཁོང་ནི་ཡབ་བཙན་པོ་མང་སྲོང་མང་བཙན་དང་ཡུམ་འབྲོ་བཟའ་ཁྲི་མ་ལོད་གཉིས་ཀྱི་སྲས་སུ་སྤྱི་ལོ676བོད་མེ་བྱི་ལོར་སྒྲགས་ཀྱི་ལྷ་ལུང་དུ་འཁྲུངས། ལོ་དེ་རང་གི་དགུན་ཁར་ཡབ་མང་སྲོང་སྐུ་གཤེགས་ནས་ལོ་ངོ་གསུམ་གྱི་རིང་གསང་རྒྱ་བྱས་པའི་མཇུག་སྲས་འདུས་སྲོང་ལ་བཙན་པོའི་མཚན་གསོལ་ཞིང་། ཆབ་སྲིད་ཀྱི་འགན་དབང་ཡུམ་ཁྲི་མ་ལོད་ཀྱིས་བཟུང་། ཏུན་ཧོང་གི་རྒྱལ་རབས་ལས་འབྱུང་བ་ལྟར་ན་བཙུན་མོ་འདི་ནི་སྲས་འདུས་སྲོང་སྐུ་ཚེའི་རིང་དང་། དཔོན་ཁྲི་ལྡེ་གཙུག་བརྟན་སྐུ་གཞོན་ནུའི་སྐབས་བཅས་པར་བཙན་པོ་ཡབ་སྲས་ཀྱི་ཆབ་སྲིད་སྐྱོང་རོགས་གནང་བས་བོད་བཙན་པོའི་རྒྱལ་རབས་ཀྱི་བཙུན་མོའི་ནང་ནས་ཆབ་སྲིད་ཀྱི་མཁྱེན་རྒྱ་དང་། དབང་ཐང་སྙན་གྲགས་བཅས་ཆེ་ཤོས་ཤིག་བྱུང་བར་སྣང་། བཙན་པོ་ཁྲི་འདུས་སྲོང་ནི་སྐུ་ན་ཆུང་དུའི་དུས་ནས་གཞན་དང་མི་འདྲ་བའི་སྙིང་སྟོབས་དང་དཔའ་ངར་ལྡན་པ་

ཞིག་ཡོད་པར་གྲགས། ཏུན་ཧོང་གི་ཡིག་རྙིང་ལས་འབྱུང་བ་ལྟར་ན་ཁོང་སྐུ་གཞོན་ནུའི་སྐབས་ནས་ཕག་གྲོད་བཏུལ་བ་དང་། འབྲོང་བྲེ་སེར་སྲོག་གི་ནང་དུ་བཙུད་པ། སྟག་དམར་ཡག་གི་རྣ་བ་ནས་བཟུང་བ་ལ་སོགས་པ་ཐུགས་སྣམ་པའི་སྟེང་དུ། སྐུ་རྩལ་ཆེན་པོ་དང་ལྡན་པས་མི་ཕལ་པ་དང་མི་འདྲ་བ་ཁྱད་དུ་འཕགས་པར་བརྟེན་ཉེ་འོག་གི་རྒྱལ་ཕྲན་ཐམས་ཅད་དང་། འབངས་མགོ་ནག་ཀུན་གྱིས་མཚན་ལྷ་དགས་འཕྲུལ་གྱི་རྒྱལ་པོ་ཞེས་བཏགས་ཏེ། དཔེར་འོས་ཀྱི་བསྟོད་བསྔགས་བྱེད་དོ①ཞེས་གསལ་ཡོད། བཙུན་མོ་མཆིམས་བཟའ་བཙན་མོ་ཏོག་ཁབ་ཏུ་བཞེས་པ་དང་། བློན་ཆེན་ནི་མགར་གྱི་བུ་ཆེ་བ་བཙན་སྙ་ལྡོམ་བུས་བྱས་ཤིང་། ཁོང་གྲོངས་རྗེས་མགར་གྱི་བུ་འབྲིང་བ་ཁྲི་འབྲིང་བཙན་བྲོད་ཀྱིས་བྱས་པ་ཡིན།

ཏུན་ཧོང་ནས་ཐོན་པའི་རྒྱལ་རབས་ལས་བྱུང་བ་ལྟར། ཡབ་གྲོངས་པའི་ལོ་གཉིས་པར་སྐྱེ་ཤིང་ཁུ་བུལ་བུ་དང་། ལྡོག་ལ་རིང་ཙུག་སྐོར་གཉིས་བློ་ལོག་ནས་ཞང་ཞུང་ཁུལ་དུ་ངོ་ལོག་གི་དུས་ཟིང་བྱུང་བ་དང་། ལོ་གསུམ་པ་དེར་རང་སང་རྗེ་ཕྱུངས་སྐྱེ་རྐྱུག་དང་། ཁུ་ཁྲི་སྣ་དགྲ་ཟུང་ལ་ཆད་པ་བཅད་ཅིང་། བཙན་པོ་ཡབ་སྐུ་གཤེགས་པའི་གསང་རྒྱ་ཡང་བརྗོལ་བ་ཡིན།

སྤྱི་ལོ681བོད་ལུགས་སྤྲེལ་ལོར་མེས་སྲོང་བཙན་སྒམ་པོའི་བཙུན་མོ་རྒྱ་བཟའ་ཨུན་ཁྲིང་ཀོང་ཇོ་སྐུ་གཤེགས་པ་དང་། ཐང་གོང་མས་ཁྲང་ཨན་ནས་འདས་མཆོད་དུ་མངགས་པའི་ཕོ་ཉ་སྐྱེས་དང་བཅས་པའང་འབྱོར་ཞིང་། སྤྱི་ལོ683བོད་ཆུ་ལུག་ལོར་རྒྱ་བཟའ་ཀོང་ཇོའི་འདས་མཆོད་ཀྱི་ཚོ་ག་གཟབ་ཅིང་

① （ཏུན་ཧོང་ནས་ཐོན་པའི་བོད་ཀྱི་ལོ་རྒྱུས་ཡིག་ཆ་དེབ་ངོས68）

རྒྱས་པར་མཛད།

སྤྱི་ལོ685བོད་ཤིང་བྱ་ལོར་ཤངས་ཀྱི་སུམ་ཆུ་བོ་ཞེས་པའི་ས་ཆར་བློན་ཆེན་པོ་མགར་བཙན་སྙ་སྟོམ་བུ་དང་། མགར་གྱི་བུ་རྒྱུད་མང་ཉེན་སྟག་ཙབ་ཟེར་བ་གཉིས་སྤུན་མཆེད་ནང་དམེ་བྱུང་ནས་བློན་བཙན་སྙ་གྲོངས་པ་དང་། དེ་ནས་བཙན་པོས་བང་སོ་བང་དཀར་ཟེར་བའི་ས་ཆར་མགར་ཁྲི་འབྲིང་བཙན་བྲོད་ལ་བློན་ཆེན་བསྐོ་བཞག་གནང་སྟེ་ཆབ་སྲིད་ཀྱི་ལས་འགན་ཁོང་གིས་བསྐྱངས། སྤྱི་ལོ695བོད་ཤིང་ལུག་ལོར་མགར་བཙན་ཉེན་གུང་རྟོན་བཙན་པོ་ལ་བློ་ལོག་པ་དང་། ལོ་དེའི་དགུན་དུས་སུ་བཙན་པོ་བྲག་མར་དུ་ཕེབས་ཏེ་ཤ་ཚལ་ཟེར་བའི་ས་ཆར་མགར་གུང་རྟོན་ལ་བཀའ་ཁྲིམས་ཀྱི་ཐག་གཅོད་གནང་ནས། ཉེན་ཀར་ལྕང་བུ(སྟོད་ལུང་མཚུར་ཕུ)ཞེས་པའི་ས་གནས་སུ་བཙན་པོའི་བཀའ་བསྒྲགས་ཏེ་མགར་བཙན་ཉེན་གུང་རྟོན་སྲོག་ཐོག་ཏུ་བཏང་བ་དང་། ལོ་དེར་བློན་ཆེན་པོ་མགར་ཁྲི་འབྲིང་གིས་འ་ཞ་ཡུལ་དུ་དམག་དྲངས་ཤིང་། རྒྱའི་དམག་དཔོན་ཝང་ཞའོ་ཤི(ཡང་ཞའོ་ཅེ)དང་གཡུལ་སྤྲད་དེ་ཕམ་པར་བྱས་ནས་ཤར་ཕྱོགས་སུ་རྒྱལ་ཁམས་རྒྱ་བསྐྱེད་པ་སོགས་བྱས་པར་གྲགས། དེ་ལྟར་མགར་གྱི་བུ་དང་ཚ་རྒྱུད་མང་ཞིང་རྟག་ལ། དཔའ་མཛངས་དང་ལྡན་པ་རིམ་པར་ཐོན་ནས་བཙན་པོ་རྒྱལ་རབས་གསུམ་གྱི་རིང་ལ་བློན་པོ་མགར་སྟོང་བཙན་དང་། བུ་ཆེ་བ་མགར་བཙན་སྙ་སྟོམ་བུ། འབྲིང་བ་མགར་ཁྲི་འབྲིང་བཙན་བྲོད་གསུམ་གྱིས་བློན་ཆེན་པོའི་འགན་དབང་བསྟུད་མར་ཤུལ་འཛིན་བྱས་ཏེ་བོད་ཀྱི་ཆབ་སྲིད་དང་། དཔལ་འབྱོར། དམག་དོན་སོགས་གང་ཅིར་བྱས་འབྲས་གཟེངས་སུ་ཐོན་པ་ཞིག་བཞག་ཡོད། འོན་ཀྱང་བྱས་པ་ཆེ་ན་ལེས་དྲིགས་ཀྱང་འཕེལ་བ་ཡིན་པས་སྐབས་འདི་ཙམ་ལ་སླེབས་དུས་མགར་གྱི་བུ་རྒྱུད་རྣམས

ང་མིན་སུ་ཡིན་གྱི་ང་རྒྱལ་དང་སྤོབས་སེམས་ཇེ་ཆེར་གྱུར་པ་དང་། བོད་འབངས་རྣམས་ཀྱང་ཁོང་ཚོར་འཇིགས་ཤིང་བརྩི་འཛོག་ཆེ་བ་བཅས་ལ་བརྟེན་མགར་གྱི་བུ་རྒྱུད་ཀྱིས་བཙན་པོ་འདུས་སྲོང་ལའང་ལྷར་སྣང་དུ་གུས་ཚུལ་སྟོན་པ་ཙམ་ལས། དོན་དམ་དུ་བརྩི་བཀུར་དང་དགའ་གུས་དེ་ཙམ་རང་མི་བྱེད་པའི་རྣམ་འགྱུར་ཞིག་རིམ་བཞིན་ཇེ་གསལ་དུ་ཕྱིར་མངོན་པར་གྱུར་ཏེ་རྗེ་བློན་བར་དུ་འགལ་བ་རྙོ་ངར་ཅན་ཞིག་ཆགས། བཙན་པོ་འདུས་སྲོང་ཡང་དགུང་ན་དང་མཁྱེན་སྟོབས་ལྡན་ཅིག་འཚར་ལོངས་བྱུང་བ་དང་བསྟུན་ནས་རྒྱལ་བློན་བར་གྱི་གནས་བབ་ཚུལ་དང་མི་མཐུན་པ་དེ་ལ་ཉེན་བཞིན་ཐུགས་བློ་མི་བདེ་བར་གྱུར་པ་མ་ཟད། མཐར་མགར་གྱི་བུ་རྒྱུད་ཚོས་སྲིད་འགྱུར་སློང་བའི་ཉེན་ཁ་ཡང་མཆིས་དགོངས་པ་ཐུགས་ལ་འཆར། དེའི་ཐད་ཏུན་ཧོང་གི་གནའ་ཡིག་ནང་འཁོད་པའི“མགར་གློ་བ་རིངས་པའི་ཚེ། བཙན་པོ་འདུས་སྲོང་གིས་མགུར་གླངས་པ”ཞེས་པའི་མགུར་ཚིག་གི་ནང་དོན་ལས་གསལ་ཐག་ཆོད་ཤེས་རྟོགས་བྱེད་ཐུབ་ཀྱི་ཡོད། གསུང་མགུར་དེ་ནི་སྐབས་དེའི་རྒྱལ་བློན་ནང་འགལ་སྲིད་དོན་སྐོར་གྱི་དོན་དངོས་མཚོན་པ་ཞིག་ཡིན་ལ། ཚིག་སྦྱོར་གྱི་ཐད་ནས་རང་ཅག་བོད་མི་རིགས་རང་གི་གནའ་བོའི་རྩོམ་རིག་ཡུལ་དུ་བྱུང་བ་ཞིག་ཀྱང་ཡིན་པར་བརྟེན་མགུར་ཚིག་ཆ་ཚང་དེ་ཡིག་ཚོགས་ལ་མ་འཛེམས་པར་གཤམ་དུ་མཚམས་སྦྱོར་ཞུ་རྒྱུ་ཡིན།

“ཀྱི་གནའི་ནི་ཐོག་མ་ཏུ། །
གཞི་འི་ནི་དང་པོ་ཏུ། །
དགུང་སྔོ་ནི་མ་འོག་གི །
དོག་སོན་ནི་ཡ་སྟེངས་ན། །

གཙུག་གཙུག་ནི་བཙུགས་ལེགས་སྐྱེ། །
མཐོས་ཧེ་ནི་དཀྱུང་མྱི་རྫེབ། །
ཧོག་མོ་ནི་སྙིང་མྱི་ཉམས། །
དཀྱུང་ལ་ནི་གཉེ་ཤར་བ། །
ཧྲ་ཧྲོ་ནི་ས་ལ་ཧྲོ། །
སྒྲོ་བཏགས་ནི་བཏགས་ལེགས་སྐྱེ། །
བཙའ་ན་ནི་དཔལ་ཡང་དཔལ། །
འཕངས་ན་ནི་ཤ་ཡང་ཁྲུམས། །
ཤ་ཁྲུམས་ནི་མྱི་ཡང་གསོས། །
ཀྱེ་དེ་རིང་ནི་སང་ལྷ་ན། །
ཧོག་སྲིང་ནི་སྤྲུར་བུ་འིས། །
བྱ་ལྷར་ནི་བཙོས་བཙོས་སྐྱེ། །
གནམ་དུ་ནི་འཕུར་འདོད་ཀྱང་། །
འཕུར་དུ་ནི་འདབ་མ་མཆིས། །
འཕུར་དུ་ནི་འདབ་མཆིས་ཀྱང་། །
དཀྱུང་སྟོ་ནི་ཕང་མཐོས་སྐྱེ། །
སྲིན་ནི་ཡོ་གྱི་འདའས། །
ཡ་རུ་ནི་དཀྱུང་མ་སླེབས། །
མ་རུ་ནི་ཧོག་མ་སླེབས། །
མ་མཐོ་ནི་མ་དམའ་སྐྱེ། །
ཁྲ་འི་ནི་གཟན་དུ་སྤྱུར་ད། །

བྱ་པུ་ནི་ལུང་ཆུངས་ན། །
འབངས་ཞིག་ནི་རྗེ་རུ་རེ། །
མགར་བུ་ནི་རྗེ་རུ་རེ། །
སྤྲལ་པ་ནི་འཕྲུར་རུ་རེ། །
འབངས་ལས་ནི་རྗེ་རེ་བ། །
མཐིང་བྲང་ནི་གྱེན་དུ་འགྱུར། །
པ་ཕོང་ནི་རི་ལ་འདྲིལ། །
བྱ་མདའི་ནི་སྤྲ་འོར་ཀྱིས། །
གྱེན་དུ་ནི་འདྲིལ་འདྲིལ་ཡང་། །
ཤན་པོ་ནི་རྩེ་མོ་རུ། །
ཕྱིན་སླམ་ནི་ལེང་མྱི་བཀྱེད། །
ཤམས་པོ་ནི་གངས་དྲུང་དུ། །
སྣང་དང་ནི་ཞུགས་བལྟམ་ཡང་། །
ཤམ་པོ་ནི་གངས་མྱི་ཞུ། །
ཡར་ཆབ་ནི་སྔོན་པོ་ལ། །
ཆུ་བཆད་ནི་ཡུར་དྲངས་ཀྱང་། །
ཡར་ཆབ་ནི་གཟུང་མྱི་སྐམས། །
ཕོད་ཀྱི་ནི་ཕྱུ་རྒྱལ་དུ། །
སེམས་ཞིང་ནི་རེ་རེ་ཡང་། །
ཕྱུ་རྒྱལ་ནི་གདུང་མྱི་འཆད། །
བྱ་པུ་ནི་ལུང་ཆུངས་ནས། །

སྤྲང་ཞིག་ནི་རྫི་ཡངས་ཀྱང་། །
ཕོ་མའི་ནི་སྙིང་པོ་ཆེ། །
རྫི་ཡངས་ནི་སྣར་མྱི་མནམ། །
རྫི་ཡངས་ནི་སྣར་མནམ་ཡང་། །
ཁྲུས་བཏབ་ནི་སྙིང་མྱི་གཡོའོ། །
མོན་ཀའི་ནི་སྟག་ཚིག་པའ། །
བྱ་ལྡིངས་ནི་མྱིག་མྱི་ལྟ། །
བསྒྲིགས་ཀྱང་ནི་སྤུ་མྱི་ཡངས། །
ཙོང་ལྡིང་ནི་བྲག་གྲུ་དང་། །
ཡར་ལྷ་ནི་ཤམ་པོ་གཉིས། །
གང་ཆེ་ནི་གང་ཆུང་བ། །
འཁྲིང་བརྒྱའ་ནི་ཀུན་ཀྱང་འཚལ། །
སྐྱུ་ཆུ་ནི་སྔོན་མོ་དང་། །
ཡར་ཆབ་ནི་ཆུ་བོ་ཆེ། །
གར་རིང་ནི་གང་ཐུང་བ། །
ཐང་ལྷ་ནི་ཡར་བཞུར་མཁྱེན། །
གནུབས་མཚོ་ནི་སྤྲིང་དཀྲུའ་དང་། །
གྲང་པོ་ནི་མཚོ་ལེ་གོང་། །
གང་ཆེ་ནི་གག་ཆུང་བ། །
ཤ་མྱེད་ནི་གངས་དཀར་མཁྱེན། །
སྤྱ་མདའི་ནི་ཁང་སྐྱུ་དང་། །

ཕྱིང་པའི་ནི་སྣག་རྩེ་གཉིས། །

གང་མཐོ་ནི་གག་དམའ་བ། །

ཡར་ལྷ་ནི་ཤམ་པོ་མཁྱེན། །

བྱ་པུ་ནི་ལུང་ཆུངས་ན། །

མཁར་ཁོལ་ནི་རྨང་བ་དང་། །

ཡར་ལུངས་ནི་ཕྱིང་ལུངས་ན། །

སྐྱ་རྗེགས་ནི་འཕན་པ་གཉིས། །

གང་འཕན་ནི་གག་རགས་པ། །

གཉེ་ཟླ་ནི་ཡ་བིས་གཟིགས། །

ལྡེའུ་རྗེ་ནི་ཉེན་དགས་མཁྱེན། །

འགྲེང་བརྒྱའ་ནི་ཀུན་ཀྱང་འཚལ། །

ཡར་མོ་ནི་རྗེ་ལངས་པས། །

བ་བདག་ནི་ཇོ་མ་འཚལ། །

འབངས་ཀྱིས་ནི་རྗེ་བཀོལ་ཏམ། །

རྗེ་འིས་ནི་འབངས་བཀོལ་བའ། །

དགུང་སྔོ་ནི་ཡ་བི་མཁྱེན། །

མྱི་འིས་ནི་རྟ་བཞོན་ནམ། །

རྟ་འིས་ནི་མྱི་བཞོན་བ། །

ཕྱུའི་ནི་གཙུག་མཁན་མཁྱེན། །

རྨེ་འིས་ནི་ཟྱར་གཆད་དམ། །

ཟྱར་གྱིས་ནི་རྨ་གཆད་པ། །

ངོག་སྔོན་ནི་མ་ཕི་མཁྱེན། །
ད་ཙམ་ནི་དཀུང་མཐའ་ཡང་། །
གཉེ་ཟླ་ནི་སྤྱན་གྱིས་གཟིགས། །
དཀུང་རྩོ་ནི་སྙན་གྱིས་གསན། །
ལྷྭའི་ནི་གཙུག་མི་འགྱུར། །
མདའི་ནི་སྦྲོ་མི་འབོག །
བདེན་ནམ་ནི་བརྫུན་པ་འདི། །
སང་ཕྱི་ནི་གནངས་སླད་ན། །
འབངས་ཀྱིས་ནི་རྗེ་མི་བཀོལ། །
རྟ་འིས་ནི་མྱི་མྱི་ཞོན། །
རྫེ་འིས་ནི་ཟོར་མྱི་གཆད། །
ཕྱིང་བའི་ནི་སྟག་རྩེ་ན། །
ཕྲུ་རྒྱལ་ནི་གདུང་མྱི་འཆད། །
དེ་རིང་ནི་སང་ལྟ་ནའ། །
བྱི་ཕྲུ་ནི་ལུང་ཆུངས་སུ། །
ཁུར་པུ་ནི་ཁྱུ་ཆིག་པོ། །
ཁུར་བས་ནི་བསྐྱོད་དྲགས་པས། །
མ་མོ་ནི་ཁྲ་འིས་མཚལ། །
ཁུར་ཕྲུག་ནི་ཐང་ལ་གྲམ། །
སང་ཕྱི་ནི་གནངས་སླད་ན། །
ཉོངས་ཤིང་ནི་མ་འགྲོད་ཆིག །

གསེར་གྱི་ནི་དོང་རལ་ན། །

གཡུ་འི་ནི་མདའ་ཚིག་མ། །

མ་འཕངས་ནི་ཤ་མྱི་ཁྲུམས། །

འཕངས་ན་ནི་རལ་ཡང་སྐྱོངས། །

རེ་ན་ནི་གཐང་དུ་ན། །

རེ་དཀུར་ནི་མཚུལ་དུ་དཀུར།"①

ཞེས་གསལ་བའི་གནའ་ཚིག་ལ་ལ་གོ་དཀའ་བས་རེ་ཞིག་རྩང་ཟད་གོ་བདེ་བའི་ཚུལ་དུ་བརྗོད་ན་འདི་ལྟར།

ཀྱེ༔ གནའ་རབས་དུས་ཀྱི་ཐོག་མ་རུ། །

དུས་སྐབས་དེ་ཡི་དང་པོ་རུ། །

དགུང་སྔོན་གནམ་གྱི་འོག་རོལ་དང་། །

དོག་མོ་ས་ཡི་ཡང་སྟེང་ན། །

བཙུགས་པའི་ཕོ་བྲང་ཉམས་དགའ་སྟེ། །

མཐོ་ནས་དགུང་སྔོན་མར་མི་རེབ། །

དོག་མོ་ས་ཡི་བརྗིད་མི་ཉམས། །

དགུང་ལ་ཞི་མ་ཤར་བ་ཡིས། །

ས་གཞི་ཁྱོན་ལ་དྲོ་སྐྱིད་འབར། །

མདའ་མོ་སྦྲ་ཡིས་བརྒྱན་ལེགས་ཏེ། །

བཅངས་ན་དཔའ་བའི་དཔལ་ཡང་སྐྱེད། །

---

①（ཏུན་ཧོང་ནས་ཐོན་པའི་ཡིག་རྙིང་དེབ་དོན82－87）

འཕངས་ན་སྟོང་བའི་དགྲ་ཤ་ལེན། །
དགྲ་ཤ་བླངས་ནས་འབངས་རྣམས་སྐྱོང་། །
ཀྱེ་ དེ་རིང་སང་གི་དུས་སུ་ནི། །
ས་འོག་འབུ་སྲིན་ཕྲ་མོ་ཡིས། །
འདབ་ཆགས་བྱ་ལྷར་རློམས་རློམས་ནས། །
ནམ་མཁའི་དབྱིངས་སུ་འཕུར་འདོད་ཀྱང་། །
འཕུར་བར་འདབ་གཤོག་མ་མཆིས་སོ། །
འཕུར་བའི་འདབ་གཤོག་ཡོད་ཀྱང་རུང་། །
དགུང་སྔོན་ནམ་མཁར་མཐོ་མཐའ་མེད། །
སྤྲིན་གྱི་གོ་ཡང་འདའ་མི་ནུས། །
ཡར་ལ་ནམ་མཁར་མི་སླེབས་ཞིང་། །
མར་ལ་ས་གཞིར་འབབ་མི་ཐུབ། །
མ་མཐོ་མ་དམའི་བར་ལག་ཏུ། །
འདབ་ཆགས་ཁྲ་ཡི་ཟས་སུ་འགྱུར། །
བྱ་ཕུ་བས་མཐའི་ལུང་ཆུང་ན། །
འབངས་ཤིག་རྗེ་བོ་བྱེད་པར་འདོད། །
མགར་ཕྲུག་རྗེ་བོ་བྱེད་ལ་རེ། །
སྤྲལ་པ་གནམ་ལ་འཕར་འདོད་བྱེད། །
འབངས་འཁོར་རྗེ་བོ་བྱེད་རེ་བ། །
ཆུ་ཆེན་གྱེན་དུ་བསྐྱུར་དང་མཚུངས། །
ཕ་བོང་རི་རྩེར་འགྲིལ་ལོ་སྐད། །

བྱ་མདའ་ལུང་པའི་ཁུར་སྐད་ཀྱིས། །
རི་བོའི་གྱེན་དུ་འགྲེལ་འགྲེལ་ཡང་། །
ཡར་ལྷ་ཤམ་པོའི་རྩེ་མོ་རུ། །
སྐྱེལ་སྣམ་མངོན་དུ་འགྱུར་མི་སྲིད། །
གངས་རི་ཡར་ལྷ་ཤམ་པོའི་འགྲམ། །
མི་དང་སྒྲོན་མེ་ཅི་སྤྱར་ཡང་། །
ཤམ་པོའི་གངས་རི་བཞུ་མི་ནུས། །
ཡར་གླུང་གཙང་ཆབ་སྔོན་མོ་ལ། །
ཆུ་བཅད་ཡུར་པོར་དྲངས་ན་ཡང་། །
ཡར་ཆབ་ནམ་ཡང་སྐམས་མི་ཐུབ། །
རང་ཉིད་བོད་ཀྱི་རྒྱལ་པོ་རུ། །
འགྱུར་སེམས་ཇི་ཙམ་རེ་ན་ཡང་། །
སྲུ་རྒྱལ་གདུང་རབས་རྒྱུན་མི་འཆད། །
བྱ་ཕུ་བས་མཐའི་ལུང་ཚང་ནས། །
སྤྱང་ཚང་ཞིག་གི་རྫི་ལངས་ཀྱང་། །
སྙིང་སྟོབས་ཆེ་བའི་བྲེ་སེར་འཁྲོང་། །
རྫི་ཀླུང་སྣ་ལ་སྙོམ་མི་བྱེད། །
རྫི་ཀླུང་སྣ་ལ་སྙོམ་ན་ཡང་། །
ཀེ་སྦྲ་བཏབ་ལ་བག་མི་ཚ། །
མོན་ཡུལ་རྒྱ་སྟག་ཁྲ་བོ་ཡིས། །
བྱ་གག་ལྡིང་བར་མིག་མི་ལྟ། །

ཚེ་འདི་བྱེད་ཀྱང་སྒྲུ་མི་འགྲུལ། །
ཚོང་ལྷིང་གྲག་གུའི་རི་ཆུང་དང་། །
གངས་རི་ཡར་ལྷ་ཤམ་པོ་གཉིས། །
གང་ཞིག་མཐོ་དང་གང་ཞིག་དམའ། །
རྐང་གཉིས་མི་བརྒྱ་ཀུན་གྱིས་ཤེས། །
སྐྱུ་ཡུལ་ཕུ་ཆུ་སྔོན་མོ་དང་། །
སྲིད་པའི་ཡར་ཀླུང་གཙང་ཆབ་གཉིས། །
གང་ཞིག་རིང་དང་གང་ཞིག་ཐུང་། །
གཉན་ཆེན་ཐང་ལྷ་ཡམ་ཤུད་མཁྱེན། །
ཡར་འབྲོག་གཡུ་མཚོ་ཕྱུག་མོ་དང་། །
གྲང་པོའི་མཚོའུ་ལེ་གོང་གཉིས། །
གང་ཞིག་ཆེ་དང་གང་ཞིག་ཆུང་། །
མཚོ་སྨན་ཤ་མེད་གངས་དཀར་མཁྱེན། །
བྱ་མདའི་མགར་ཁང་སྐྱུ་པོ་དང་། །
འཁྱོངས་རྒྱས་ཕྱིང་བར་སྟག་རྩེ་གཉིས། །
གང་ཞིག་མཐོ་དང་གང་ཞིག་དམའ། །
ཡར་ལུང་ཡར་ལྷ་ཤམ་པོས་མཁྱེན། །
བྱ་ཕུ་བས་མཐའི་ལུང་ཆུང་ན། །
འབངས་འཁོར་མགར་གྱི་བུ་ཚ་དང་། །
ཡར་ལུང་སོག་ཁའི་ཕྱིང་ལུང་ན། །
བྱས་ཅན་བཟང་པོའི་གདུང་རྒྱུད་གཉིས། །

གང་ཞིག་ལེགས་དང་གང་ངན་པ། |
ཡ་གིའི་ཉི་མ་ཟླ་བས་གཟིགས། |
སྐུ་ལྷ་ལྷེའུ་རྗེ་ཟིན་དགས་མཁྱེན། |
རྐང་གཉིས་མི་བརྒྱ་ཀུན་གྱིས་ཤེས། |
ཡར་མ་བ་ལ་ཤེད་ལངས་པས། |
བ་ཡི་བདག་པོ་ངོ་མི་ཤེས། |
འབངས་ཀྱིས་རྗེ་བོ་བྲན་བཀོལ་ལམ། |
རྗེ་བོས་འབངས་འཁོར་བྲན་དུ་བཀོལ། |
ཡ་གི་ནམ་མཁའ་སྔོན་པོས་མཁྱེན། |
མི་ཡིས་རྟ་ལ་ཕར་བཞོན་ནམ། |
རྟ་ཡིས་མི་ལ་ཚུར་བཞོན་པ། |
ཕྱྭ་ཡི་གཙུག་ལག་མཁན་པོས་མཁྱེན། |
རྩྭ་ཡིས་ཟོར་བ་ཚུར་གཅོད་དམ། |
ཟོར་བས་རྩེ་ཏོག་ཕར་གཅོད་པ། |
མ་གིའི་དོག་མོ་ས་ཡིས་མཁྱེན། |
ད་ཙམ་དབུས་མཐའ་ཀུན་ལ་ཁྱབ། |
ཉི་མ་ཟླ་བས་སྤྱན་གྱིས་གཟིགས། |
ནམ་མཁའ་སྔོན་པོས་སྙན་གྱིས་གསན། |
ཕྱྭ་ཡི་བསྐོས་ཐང་འགྱུར་མི་སྲིད། |
ཉག་ཕྲན་མདའ་ཡི་སྒྲོ་མི་ལྷུང་། |
བདེན་པ་ཡིན་ནམ་རྫུན་པ་ཡིན། |

སང་ཕོད་གནངས་ལོ་སོང་བའི་མཇུག །

འབངས་ཀྱིས་རྫེ་བོ་བྲན་མི་བཀོལ། །

རྟ་ཡིས་མི་ལ་ཚུར་མི་བཞོན། །

ཛྭ་ཡིས་ཟོར་བ་གཅོད་མི་སྲིད། །

འཕྱོངས་རྒྱས་ཕྱིང་བར་སྣག་རྩེ་ན། །

གྲུ་རྒྱལ་བཙན་པོའི་གདུང་མི་འཆད། །

དེ་རིང་སང་གི་དུས་འདི་ན། །

བྲ་ཕུ་བས་མཐའི་ལུང་ཆུང་དུ། །

ཁུར་སྒྲོག་བྲེ་ཁུ་ཁྲུ་གཅིག་པོ། །

ཁུར་སྒྲ་སྒྲོག་པ་ཐལ་ཆེ་བས། །

བྲེ་ཁུ་ཨ་མ་ཁྲ་ཡིས་ཟ། །

བྲེལ་ཕྲུག་ཐམས་ཅད་ཐང་ལ་འཐོར། །

ས་ཕོད་གནངས་ལོ་ཤར་བའི་དུས། །

ཉོངས་ཤིང་འཁྱོད་པ་མ་བྱེད་ཅིག །

གསེར་གྱི་མདའ་རྡོང་ནང་བཙུད་ན། །

རིན་ཆེན་གཡུ་ཡི་མདའ་གཅིག་འདི། །

མ་འཕངས་དགྲ་ཤ་ལེན་མི་ཐུབ། །

འཕངས་ན་གསེར་གྱི་རྡོང་རལ་སྟོངས། །

རེ་བར་བཏུད་ན་བདེ་བར་གཏང་། །

རེ་འགལ་སྨྱུར་དུ་བརླག་པར་བྱེད། །

ཅེས་མགུར་ཚིག་མང་ཆེ་བའི་གོ་དོན་མ་ནོར་བ་ཡིན་ཁུལ་ཡང་། ཚིགས་

བཅད་མཐའ་མ་གཉིས་ལྷ་བུའི་གྲས་བཙ་ཧྲིང་གི་གོ་དོན་ཇི་བཞིན་ལོན་དཀའ་བ་ཞུང་ཤས་རེ་ཞིག་འོལ་ཚོད་ཀྱིས་ཚིག་གྲ་སྒྲིག་ཐུབ་ཙམ་བྱས་པའང་ཡོད་པས་མཁས་པ་རྣམས་ཀྱིས་དག་བཅོས་ཡོ་སྲོང་མཛད་རྒྱུའི་རེ་བ་ཞུ་ཞིང་། མགུར་རྩོམ་དེའི་ཐོག་ནས་སྐབས་དེའི་བོད་ནང་ཁུལ་དུ་བྱུང་བའི་ཇོ་བློན་གཙོ་བོའི་བར་གྱི་འགལ་ཟླ་དེ་རགས་ཙམ་ཤེས་རྟོགས་ཐུབ་པ་དང་། དུས་མཚུངས་འདུས་སྲོང་གི་མཚོན་པའི་དེ་དུས་ཀྱི་གོང་རིམ་མི་སྣའི་འདུ་ཤེས་འཛིན་སྟངས་ཐད་ད་དུང་བོན་གྱི་ལུགས་གཙོ་བོར་འཛིན་པ་ལས། སངས་རྒྱས་ཆོས་ལུགས་ཀྱི་ལྷ་བའི་ཤུགས་རྐྱེན་མེད་པ་མཐོང་བས་སྤྱི་ལོའི་དུས་རབས་བདུན་པའི་མཇུག་དང་བརྒྱད་པའི་སྟོད་ཆ་བར་བོད་མི་རིགས་ཀྱི་ཡིད་ཁམས་ལ་ཞིབ་འཇུག་བྱ་རྒྱུར་གལ་ཆེའི་དཔྱད་གཞི་མཐོ་འདོན་བྱུང་བ་དང་། ལྷག་པར་བོད་གནའ་རབས་པའི་རྩོམ་རིག་གི་སྒྲུ་རྩལ་ངོ་མ་དེ་འདི་ལྟ་བུ་ཞིག་ཡོད་སྙམ་པ་ཤེས་ཐུབ་པ་མ་ཟད། བོད་རིགས་ས་ཁུལ་ཡོངས་སུ་ཁྱབ་ཅིང་འཛམ་གླིང་ན་གྲགས་པའི་《གེ་སར་རྒྱལ་པོའི་སྒྲུང་》གི་རྩོམ་སྲོལ་དེའི་ཕྱི་མོ་གང་ལས་བྱུང་བ་ཡང་ཞལ་གྱིས་དྲན་ཐུབ་པ་སོགས་མི་རིགས་ཀྱི་རིག་གནས་སྒྲུ་རྩལ་ལོ་རྒྱུས་ལ་དཔྱད་ཞིབ་བྱ་རྒྱུར་ཡང་ཡིད་རྟོན་རུང་བའི་རྒྱུ་ཆ་རིན་ཐང་གཞལ་དུ་མེད་པ་ཞིག་ཡིན་སྙམ་མོ།

ཏུན་ཧོང་ནས་ཐོན་པའི་རྒྱལ་རབས་ལོ་ཚིགས་ནང་། སྤྱི་ལོ698ལོ་སྟེ་བོད་ས་ཁྱི་ལོར། བཙན་པོ་འདུས་སྲོང་དབྱར་དུས་བྱང་ཕྱོགས་སུ་ཐེབས་པ་དང་། དགུན་དུས་བློན་ཆེན་པོ་མགར་ཁྲི་འབྲིང་བཙན་བྲོད་ཀྱིས་མདོ་སྨད་ཙོང་ཁ་ཆེ་ཆུང་དུ་དམག་དྲངས། དགུན་ལོ་དེ་རང་ལ་བཙན་པོས་མགར་ལ་བཀྱོན་ཐབ་ཅེས་པ་ཙམ་ལས་ཞིབ་པ་མ་འཁོད་ཀྱང་། དེ་ནས་བཟུང་མགར་ཁྲི་འབྲིང་གི་བློན་ཆེན་པོའི་ལས་གནས་དབྱུངས་པ་མཚོན་ཞིང་། དེའི་ཕྱི་ལོར་སྒྲགས་ཀྱི་

བྱ་ཚལ་ཞེས་པའི་ས་གནས་སུ་བཀོད་ཕབ་ཀྱི་ནོར་རྫིས་ཞེས་གསལ་བ་དེ་ལས། མགར་ཁྲིམ་ཚང་གི་རྒྱ་ནོར་གཞུང་བཞེས་བཏང་བ་བཅས་གསལ་པོར་མཚོན་པ་དང་། དེའི་སྐོར་རྒྱའི་ཐང་དེབ་གསར་མ་ལས་འབྱུང་བ་འདི་ལྟར། ཁྲི་འབྲིང་གིས་དམག་དཔུང་ཁྲིད་ནས་ཕྱི་ཕྱོགས་སུ་སྡོད་པ་ལ། བཙན་པོས་རི་དྭགས་བཙོན་དུ་ཕེབས་རྒྱུར་ཞལ་གཡར་ཏེ་ཕྱོགས་དེར་དཔུང་བསྐྱོད་ཀྱིས་གཡུལ་བསྒྲེས་ནས་ཁྲི་འབྲིང་གི་དམག་མི་ཉིས་སྟོང་ལྷག་བསད་པ་དང་། ཕོ་ཉ་མངགས་ཏེ་ཁྲི་འབྲིང་སྤུན་གཉིས་འགུག་པར་བཏང་ཡང་བཀའ་ལ་མ་རྩིས། དེ་ནས་བཙན་པོ་རང་གིས་དམག་སྣ་ཁྲིད་དེ་ཕྱིན་པས་དམག་རྒྱུག་མ་དགོས་པར་ཁྲི་འབྲིང་གི་དཔུང་དམག་ཁ་ཐོར་བ་དང་། ཁྲི་འབྲིང་རང་སྲོག་དོར་བ་མ་ཟད། བློ་ཐུབ་ཀྱི་མི་བརྒྱ་ལྷག་ཙམ་ཡང་མཉམ་དུ་ལྕེབས། སྤུན་བཙན་པོའམ་སྟག་ར་ཁོང་ལོད་ཟེར་བ་རང་གི་དམག་དཔུང་དང་གཅེན་པོའི་བུ་མང་པོ་རྗེ་སྟག་ཚབ་སོགས་ཁྲིད་ནས་ཐང་གི་རྒྱལ་ཁམས་སུ་བྲོས། གོང་མའི་སྐུ་སྲུང་རྟ་དམག་གིས་བསུ་བ་བྱས་པ་དང་། ཐང་གོང་མས་བློན་བཙན་པོ་ལ་ཐེ་ཅིན་དང་ཕུའུ་གོ་དམག་དཔོན་ཆེན་པོ། ཀོས་ཏེ་ཙུན་ཧྲང་སོགས་ཀྱི་གོ་མིང་གནང་། ཚ་བོ་མང་པོ་རྗེ་སྟག་ཚབ་ལ་གོང་མའི་སྐུ་སྲུང་གཡོན་ཙུའི་དམག་སྤྱི་དང་། ཨན་གོ་གུང་གི་གོ་མིང་གནང་ཚུལ་སོགས་①འཁོད་ཡོད།

བཙན་པོ་འདིའི་སྐུ་དུས་སུའང་ཐང་བོད་དབར་ཕན་ཚུན་ཕོ་ཉ་མངགས་རེས་དང་། རྒྱ་ཡུལ་ནས་ཇ་དང་དཀར་ཡོལ། རོལ་མོའི་རྣམ་གྲངས་སོགས་དཔལ་འབྱོར་ལག་རྩལ་དང་རིག་གནས་ཀྱི་འབྲེལ་བ་ཡང་རྒྱུན་མ་ཆད་པ་བྱུང་

① (ཐང་དེབ་གསར་མ་བོད་ཡིག་དེབ་དོན31)

ཡོད། བོད་དུ་ཛ་དང་དཀར་ཡོལ་སོགས་བཙན་པོ་འདིའི་དུས་ལ་དར་ཚུལ་ཚོལ་པའི་དེབ་དམར་དང་། ཛ་དང་དཀར་ཡོལ་བརྟག་པའི་བསྟན་བཅོས་སོགས་ལ་ཡང་གསལ་ཞིང་། ད་དུང་ཡིག་ཚང་མཁས་པ་དགའ་བྱེད་ཀྱི་ནང་འདུས་སྒྲོང་མང་པོ་རྗེའི་སྐུ་དུས་སུ་རྒྱ་ཡུལ་ནས་བོད་དུ་ཛ་དང་དཀར་ཡོལ་དར་བའི་སྐོར་ལ་ལོ་རྒྱུས་ཀྱི་སྒྲུང་ཐུང་འདི་འདྲ་ཞིག་གསལ་ཡོད་“དུས་ནམ་ཞིག རྒྱལ་པོ་སྟོང་དྲག་པོ་ཞིག་གིས་ཐེབས་པའི་དུས་སུ། བོད་ན་སྨན་དཔྱད་གཞུང་བཞིན་དུ་ཤེས་པ་ནི་མེད། ཟས་དང་སྤྱོད་ལམ་རིག་བཟོ་ལ་བརྟེན་པ་ཙམ་ཡོད་པས། སྐུ་ངལ་གསོས་ནས་བཞུགས་ཡོད་པའི་སྐབས་སུ། ཕོ་བྲང་གི་པུ་ཤུའི་ཟུར་ན། བྱ་ཡིད་དུ་འོང་བ་ཕར་མ་མཐོང་བ་གཅིག་གི་ཁ་ན། ཤིང་ཕྲན་ལོ་འདབ་དང་བཅས་པ་ཞུང་ཤས་ཤིག་ཁྱེར་ནས། སྐད་སྙན་པར་སྒྲོག་གིན་འདུག་པ་བཙན་པོས་གཟིགས་ནའང་། ཐུགས་སྣང་ཆེར་མ་མཛད། སང་གནངས་ལའང་ཉེ་མ་ཤར་མཚམས་སུ་དེ་བཞིན་བྱེད་ཀྱིན་འདུག་པས། བཙན་པོའི་ཐུགས་ལའང་ཐེ་ཚོམ་སྐྱེས་ཏེ་ཤིང་ལོ་དེ་རྣམས་ལ་ཞིབ་པར་གཟིགས་པ་ན། ཕར་མེད་པའི་ཤིང་ཞིག་ཏུ་འདུག་ཅིང་ཤིང་ལོའི་རྩེ་མོ་ཞལ་དུ་བཞེས་ནས་བྲོ་བ་མྱངས་པ་ན། ཞལ་སྐྱོམས་པ་གསོས་ཤིང་། བཏུང་བའི་མཆོག་ཏུ་གྱུར་པར་མངོན་ནས་བཀའ་བསྩལ་པ། ཁྱེད་བློན་འབངས་རྣམས་ཉོན་ཅིག ང་ན་བའི་སྐབས་འདིར་བཟའ་བཏུང་གཞན་གང་ཡང་མི་འདོད། བྱས་འཁྱེར་བའི་ཤིང་ལོ་འདི་ནི་བཏུང་བའི་མཆོག་དང་། ལུས་ཀྱི་གསོས། ནད་ཀྱི་སྨན་དུ་འདུག་པས། ང་ལ་སྙིང་ཉེ་བ་རྣམས་ཀྱིས་ཤིང་འདི་ལྟ་བུ་གར་ཡོད་ཀྱང་འཚོལ་བར་གྱིས་ཤིག སུ་ལ་རྙེད་ཀྱང་བྱ་དགའ་ཆེན་པོ་སྦྱིན་ནོ་གསུངས་པ་ན། བློན་འབངས་ཚང་མས་བོད་ཡུལ་གྱི་ས་ཆ་སྟོད་སྨད་ཐམས་ཅད་དུ་བཙལ་ཀྱང་མ་རྙེད། བློན་པོ་བློ་ཉེ་ཤོས་

བཙན་པོ་ཁོ་ན་ལས་བསམ་རྒྱུ་མེད་པ་ཞིག་གིས་བོད་ཀྱི་ས་མཐའ་བརྒྱལ་ནས་འཁྱམས་འཁྱམས་པ་ལས། རྒྱ་ཡུལ་གྱི་ཤིང་ནགས་སྟུག་པོ་སྨུག་ལིང་ངེ་བ་ཞིག་མཐོང་། ནགས་ཕ་གི་འདྲ་བའི་གསེབ་ན་ཤིང་དེ་རིགས་ཡོད་པར་ངེས་བསམ་དེ་ལ་གཏད་ནས་ཕྱིན་པ་ན། ནགས་དེའི་ཚུར་རོལ་དུ་ཆུ་ཆེན་པོ་གཅིག་འདུག་པར་འགྲོ་མ་ནུས། བཙན་པོ་ཡིད་ལ་དྲན་ཞིང་ཆུ་ཁར་བསྡད་པའི་སྐབས་ཡུད་ཙམ་ན་ཉ་ཆེན་པོ་ཞིག་གིས་ཁོའི་མདུན་ངོས་ནས་ཆུའི་ཕར་ངོས་སུ་བཤར་སོང་བ་ལ་བལྟ་སྐབས། ཆུ་ཁ་ཞིང་ཆེ་བ་མ་གཏོགས་གཏིང་མི་ཟབ་པར་འདུག་པས་དགའ་དྲགས་ནས་དེའི་རྗེས་ལ་བརྒྱལ་ཕྱིན་ཏེ་ནགས་གསེབ་ཏུ་སླེབས། ནགས་ཚལ་དེའི་ཤིང་ཕལ་ཆེ་བ་ནི་བྱས་འཁྱེར་བའི་ཤིང་དེར་འདུག་པས། ད་ནི་བདག་ཅག་གི་བཙན་པོའི་སྐུ་དྲངས་བར་ངེས་སྙམ་དགའ་སྤྲོ་སྐྱེ་བཞིན་ཤིང་ཁུར་པོ་གཅིག་བཟས། ཡང་བསམ་པར་ས་ཐག་རིང་བར་འདུག་པས་ད་ལན་ཁལ་འགེལ་སའི་ཕྱུགས་ཤིག་ཡོད་ན་ཅི་མ་རུང་སྙམ་པའི་སྐབས། ནགས་གསེབ་ནས་ཤ་བ་ཡུར་མོ་གཅིག་འཛིགས་སྣང་མེད་པར་ཁོའི་འགྲམ་དུ་འོང་། ཁུར་པོ་འགེལ་བའི་གྲབས་བྱས་པར་འདོད་པ་བཞིན་བྱུང་ནས་ཤ་བའི་ཁལ་རྒྱབ་གཅིག་དང་། ཁོ་རང་གི་ཁུར་པོ་གཅིག་འཁུར་ཡོང་སྟེ་ལམ་ཞག་ཟླ་བའི་བར་དུ་སོང་ན་ཡང་ཤ་བས་ཀྱང་འཁུར་ནས་བོད་བཙན་པོའི་ཕོ་བྲང་མཐོང་སར་བསྐྱལ་ལོ། བཙན་པོར་ཕུལ་བས་ཤིན་ཏུ་དགྱེས་ནས། ཁོ་ལ་བྱ་དགའ་ཆེན་པོ་གནང་། སྨྱུང་གཞི་གསོ་བ་ལ་ཡང་ཕན་འབྲས་ཆེན་པོ་ཐོན་པར་གྱུར། དེ་ནས་བཙན་པོས། འདི་ནི་བཏུང་བའི་མཆོག་ཏུ་འདུག་པས། འདི་འཐུང་བའི་སྣོད་ཀྱང་སྤྱར་ཡོད་པའི་གཟི་འཚོང་། གསེར། དངུལ་ལ་སོགས་པའི་ཞལ་སྐྱོགས་འདི་རྣམས་མ་ཡིན་པའི་སྤྱར་མེད་ཀྱི་སྣོད་ཅིག་འཚོལ་དགོས་པར་འདུག དེའང་རྒྱ་

ནག་རྒྱལ་པོ་ལ་དཀར་ཡོལ་ཟེར་བ་ཞིག་ཡོད་འདུག་པ་སྣང་ས་ལ་ཐོག་ཅིག་གསུངས་ནས་གསེར་ཡིག་པ་བཏང་བར། རྒྱ་ནག་རྒྱལ་པོས། རང་རེ་རྒྱ་བོད་གཉིས་འཐབ་འཁྲུག་དང་མཐུན་འབྲེལ་ལན་མང་དུ་བྱུང་ཡོད། བོད་ལ་ཕན་གདགས་པའི་ཕྱིར་དུ་ངེད་ཀྱིས་སྨན་རྫས་དང་། བཟོ་གནས། རོལ་མོ་མཁན་སོགས་རིམ་པར་བཏང་ནའང་། བོད་ཀྱིས་བསམ་དུ་མ་འདོད་པས་དཀར་ཡོལ་མི་བསྐུར། བོད་རང་ལ་བཟོ་བའི་རྒྱུ་ཆ་ཡོད་ན། བཟོ་མཁན་ཞིག་གཏོང་དགོས་པ་ཡིན་ཡོང་གསུངས་ནས། རྒྱའི་དཀར་ཡོལ་བཟོ་མཁན་མི་སྣ་ཁྲིད་ཡོང་། བཙན་པོས་རྒྱ་དང་ཆ་རྐྱེན་ཅི་འདྲ་དགོས་སོགས་ཤིག་གསུངས། བཟོ་པ་ན་རེ། རྒྱའི་རབ་ནི་རིན་པོ་ཆེའི་འཆིང་བུ། འབྲིང་ནི་འཛིང་། ཐ་མ་རྗེ་དཀར་པོ་ལའང་རུང་ངོ་ཟེར་བས། གན་མཛོད་ནས་རྒྱུ་གསུམ་པོ་གང་དགོས་པ་ཕྲད། དཀར་ཡོལ་ལ་རིགས་རྣམ་པ་མང་བས་ཇི་ལྟར་བྱ་ཟེར་བ་ལ། བཙན་པོས་བཟོ་གནས་ཀྱི་རིགས་ནི་སྔར་རྒྱ་ནག་ཏུའང་མ་དར་བ་ཞིག་བཟོ་དགོས་པས། གཟུགས་ནི་ཁ་གཡེར་བ། སྲབ་པ། རྐང་པ་ཐུང་བ། མདོག་དཀར་ལ་འཇམ་པ། སྒོ་དངས་ལྡན་པ་ཞིག་དགོས། མིང་ནི་བོད་ན་སྔར་མེད་པ་དར་བས་ན་དར་དང་། སྔོད་དེ་བསྟེན་པས་ཚེ་དང་དཔལ་འབྱོར་འཕེལ་བར་བྱེད་པས་ན། དར་ཚེ་ཞེས་པར་ཐོགས་ཤིག དེ་ལ་རི་མོའི་རྣམ་པ་ནི། དང་པོ་འདབ་ཆགས་བྱས་ཤིང་ལོ་འཁྱེར་བྱུང་བས་རྐྱེན་པ་ཡིན་པས། དཀར་ཡོལ་རབ་དེའི་ནང་དུ་བྱ་ཁན་ཤིང་འཁྱེར་བ་རེ་བྲིས། འབྲིང་ལ་ཆུ་ཉ་དང་བཅས་པ་རེ་གྲིས། ཐ་མ་རྣམས་ལ་སྤྱང་རི་ཤྭ་བ་དང་བཅས་པ་རེ་གྲིས། དེ་རྣམས་ལས་ཞན་པ་བྱུང་ན། རི་མོ་དང་རྣམ་གྲངས་གང་འོས་བཟོ་བོའི་བློས་དཔྱོད་ལ་གྲིས་ཤིག་གསུངས་སོ། དེ་ནས་བཟོ་བོས་རྒྱ་བཟང་ངན་དང་། དྭངས་སྙིགས་ལས་ཕྱེ་ནས། དར་ཚེ་ལ་

རྣམ་པ་དྲུག་ཏུ་ཏེ། བཙན་པོས་བཀའ་གནང་བ་གསུམ་པོ་ལ། ཤབ་ཚོ། ལན་ཚོ། ཤང་ཚོ་ཞེས་པར་མིང་བཏགས། ཕལ་པ་གསུམ་པོ་ལ། ཐེག་ཚོ། དེས་ཚོ། རྗེ་ཚོ་ཞེས་པར་མིང་བཏགས་པའོ། བོད་དཀར་དར་ཚེའི་རིགས་འདི་རྣམས་ནི། དེ་སྔོན་རྒྱ་ནག་ནའང་མེད་པར་བྱེད་ཅིང་། བོད་དུ་ཛ་དང་དཀར་ཡོལ་བྱུང་བའི་སྔོན་མ་འདི་ཡིན་པར་འདོད་དོ་" ①ཞེས་གསལ་ཡོད།

གོང་དུ་དྲངས་པའི་དུམ་བུ་དེ་ནི་གཞི་རྐང་ལོ་རྒྱུས་ཀྱི་སྙིང་ཞིག་ཡིན་པ་བཤད་མ་དགོས་སོད། འོན་ཀྱང་གཏམ་རྒྱུད་དེ་དག་མི་ལོ་བརྒྱ་ཕྲག་མང་པོའི་རིང་རིམ་བརྒྱུད་ཀྱིས་ཆགས་པའི་བཤད་ཚུལ་ཞིག་ཡིན་ཅིང་། ལོ་རྒྱུས་ཡིག་ཚང་ཐོག་འཁོད་ནས་ཀྱང་ད་ཕན་མི་ལོ་ལྔ་བརྒྱ་ལྔ་བཅུ་ལྷག་ཙམ་སོང་ཟིན་པ་བཅས་གནའ་རབས་ཀྱི་གཏམ་རྒྱུད་དེ་ཚོའི་ཐོག་ནས་བོད་དུ་རྒྱ་ཡུལ་ནས་ཛ་དང་། དཀར་ཡོལ་དར་འཕེལ་བྱུང་བའི་དུས་མཚམས་བསྟན་པ་མ་ཟད། རྒྱ་བོད་མི་རིགས་གཉིས་དབར་ཆབ་སྲིད་ཙམ་དུ་མ་ཟད་འཚོ་བ་དང་། བཟོ་རྩལ་སོགས་གང་ཅིའི་ཐད་ཀྱི་འབྲེལ་བ་ཆེན་པོ་དེ་རིགས་ལ་མི་ལོ་ཆིག་སྟོང་སུམ་བརྒྱའི་ལོ་རྒྱུས་ཡོད་པ་གསལ་བར་མཚོན་གྱི་ཡོད། འདུས་སྲོང་གི་སྐུ་དུས་སུ་བོད་དུ་དཀར་ཡོལ་ཐོག་མ་བཟོས་པའི་ས་གནས་ཀྱང་ལྡོ་ཁའི་སོལ་ནག་ཐང་པོ་ཆེར་ཡིན་ཚུལ་ཕག་གྲུའི་དབང་སྒྱུར་སྐབས་ཀྱི་དཔྱད་པ་མཁས་ཅན་ བློ་གྲོས་དཔལ་བཟང་གིས་བརྩམས་པའི་དཀར་ཡོལ་དཔྱད་ཐབས་ཀྱི་ནང་དུ་གསལ་ཡོད། ཡུལ་དེ་ལ་སོལ་ནག་ཐང་པོ་ཆེ་ཟེར་དོན་ཡང་དཀར་ཡོལ་བཟོ་དུས་བསྲེག་རྫས་ཀྱི་སོལ་ནག་ཕུང་པོ་གང་སར་སྤུངས་སྟབས་ས་མིང་དེ་ལྟར་ཐོགས་པ་ཡིན་ཞེས་ཟེར་སྲོལ་ཡོད།

① (ཡིག་ཚང་མཁས་པ་དགའ་བྱེད་དེབ་ངོས172－176བར་)

གཞན་ཡང་རྒྱལ་རབས་ཆོས་འབྱུང་ལས་འབྱུང་བ་ལྟར། བཙན་པོ་འདིའི་སྐུ་དུས་ལ་བོད་དུ་སྔོན་པོ་རྩལ་པོ་ཆེ་མི་བདུན་ཟེར་བ་བྱུང་། དེ་ཡང་དང་པོ་སྔོན་རྗེ་རིང་ལ་ནག་པོ་ཟེར་བ་དེས་གླང་པོ་ཆེའི་ཕྲུ་གུ་པང་དུ་འདེགས་ཐུབ་པ་དང་། གཉིས་པ་སྔོན་པོ་རྗེ་གླིང་ཁམས་ཞེས་པས་གཡག་བྲུས་པོ་ཆེ་ལག་པས་ཐེག་པ། གསུམ་པ་གནོན་རྒྱལ་མཚན་ཟེར་བས་མདའ་སྟེ་ཁམ་འཕངས་ཏེ་བྱ་ཁྲ་ཡི་སྙིང་པ་གཅོད་ཐུབ་པ། བཞི་པ་སྟས་ཀོད་གདོང་ཅན་གྱིས་མིག་རྒྱང་གསུམ་གྱི་ས་ལ་མདའ་རྒྱང་གཅིག་གིས་སླེབས་ཐུབ་པ། ལྔ་པ་མགོས་གཡག་ཆུང་ཞེས་པས་ཤ་བའི་སྙིད་བུ་བྱེ་མས་བཀང་སྟེ་ཐུད་ལ་བསྐོར་ཐུབ་པ། དྲུག་པ་ཅོག་རོ་འབྲོང་ཤོང་ཟེར་བས་འབྲོང་ཐུར་དུ་རྒྱུག་པ་གྱེན་དུ་འཐེན་ཐུབ་པ། བདུན་པ་གནོན་ཁྲི་བདུན་གཡུ་བྱིན་གྱིས་རྟ་བཟང་པོ་གཡང་ལ་མཆོང་བ་གྱེན་ལ་འདྲེན་ནུས་པ་བཅས་བྱུང་བ་ཡིན་ཞེས་གསལ་ཡོད། བཤད་ཚུལ་དེ་ཚོའི་ཐོག་ནས་ང་ཚོས་མཐོང་ཐུབ་པ་ནི། སྐབས་དེ་ཙམ་ན་བོད་ཀྱི་མི་རིགས་འདི་དར་རྒྱས་ཆེས་ཆེར་འགྲོ་བའི་དུས་སྐབས་ཡིན་ལ། པོ་གཞོན་རྣམས་པོ་རྩལ་གྱི་སྟོབས་ནུས་སྦྱོང་བརྩོན་བྱ་རྒྱུར་དང་ཞེན་དང་ཕན་ཚུན་འགྲན་བསྡུར་བྱས་ནས་གཅིག་ལས་གཅིག་བརྒྱལ་ཐུབ་པ་བྱེད་པའི་དཔའ་སེམས་དང་སྙིང་སྟུས་ཆེན་པོ་ཡོད་པ་དེ་གསལ་པོར་མཚོན་གྱི་ཡོད་དོ།

དེ་ནས་ཏུན་ཧོང་གི་རྒྱལ་རབས་གནད་བསྡུས་ལས་འབྱུང་བ་ལྟར་སྤྱི་ལོ700བོད་ལུགས་བྱི་ལོ་ནས་བཟུང་བསྟུད་མར་བཙན་པོ་རང་ཉིད་ཀྱིས་བཀོད་འདོམས་གནང་ནས་སུང་ཀྲའུ་དང་། ཐའི་ཀྲའུ་སོགས་ལ་དམག་དྲངས་ཤིང་། སྤྱི་ལོ703བོད་ཆུ་ཡོས་ལོར་བཙན་པོས་འཇང་ཡུལ་དུ་དམག་དྲངས་ཏེ་འཇང་པ་རྣམས་ཆམ་ལ་ཕབ་པ་དང་། དེའི་ཕྱི་ལོ་འཇང་ཡུལ་གྱི་ཉེ་འདབས་མྱུ་ཞེས

པའི་ཡུན་ནན་ཁུལ་དུ་དཔུང་འཇུག་གནང་ཞིང༌། ལོ་དེ་རང་གི་དགུན་དུས་སུ་བཙན་པོ་འདུས་སྲོང་མང་པོ་རྗེ་འཇང་ཡུལ་དུ་སྐུ་གཤེགས། ལྡེའུ་ཇོ་སྲས་ཀྱི་ཆོས་འབྱུང་ནང༌། བཙན་པོ་འདུས་སྲོང་“འཇང་ཡུལ་དུ་ཧོར་གྱིས་བཀྲོངས་ཏེ་ཅིག་རོ་ཕོང་ཁྲི་དང༌། ཅང་དཀར་སོར་བཞིས་ཕྱུར་བཟུང་ནས་ཚུར་ལ་བརྣ་ཤ་གཡས་པ་ལས་མ་ལོན་ཟེར། བང་སོ་ནི་སེང་གེ་བརྩེགས་མ་ཅན་བྱ་བ་ཡབ་ཀྱི་གཡོན་ན་ཡོད་དོ། འདིའི་གཙུང་པོ་རྟ་སྦྱོང་ཚ་དུར་བུའི་བདག་དང༌། སུ་ཆུའི་བདག་བྱ་བ་གཉིས་ཐང་མཚམས་སུ་ཕབ་བོ་”① ཞེས་གསལ་ལོ། དེ་ལྟར་བཙན་པོ་འདིས་དགུང་ལོ་ཉེ་ཤུ་རྩ་བདུན་འཚོ་བཞུགས་རིང་བོད་ཀྱི་ཆབ་སྲིད་མེས་སྲོང་བཙན་སྒམ་པོའི་ལུགས་ལྟར་ལེགས་པར་བསྐྱངས་ཤིང༌། མངའ་འོག་ཆབ་འབངས་ཀྱང་མུ་མཐུད་ནས་རྒྱ་ཆེར་བཀྱེད་པ་སྟེ་དེབ་དམར་ནང་རྒྱའི་ཐང་དེབ་ལས་དྲངས་པར། “དེའི་དུས་སུ་བོད་ཀྱི་རྒྱལ་ པོའི་ས་མཐའ་བཞི་ནི། ཤར་བྲུ་ཅེའུ། མུ་ཅེའུ། ཝུ་ཅེའུ་དང་གསུམ་ཡིན། ལྷོ་ཕྱོགས་བྲམ་ཟེའི་ཡུལ་ལ་སླེབས། ནུབ་ཕྱོགས་འུ་ཐེན་ལ་སླེབས། བྱང་ཕྱོགས་ཧོར་ལ་སླེབས། དེ་རྣམས་བསྐོར་བ་ལ་དཔག་ཚད་མང་པོ་ཡོད། བོད་ལྷ་བུ་དཔའ་བ་དང༌། བཏུལ་ཞོད་པ། རྒྱའི་རྒྱལ་པོ་ཧན་དང༌། གཡུ། ཅེའུ་ལ་སོགས་པའི་དུས་སུའང་བྱུང་བ་མེད་ཅེས་གྲག་གོ་”②ཞེས་འཁོད་ཡོད།

བཞི་པ། བཙན་པོ་ཁྲི་ལྡེ་གཙུག་བརྟན་གྱི་སྐོར།

བཙན་པོ་ཁྲི་ལྡེ་གཙུག་བརྟན་མེས་ཨག་ཚོམ་ནི། ཉུན་ཧོང་གི་རྒྱལ་

① (ཆོས་འབྱུང་བསྟན་པའི་རྒྱལ་མཚན་དེབ་ངོས119)

② (ཚལ་པའི་དེབ་དམར་དེབ་ངོས19)

རབས་ཡིག་རྙིང་ལས་འབྱུང་བ་ལྟར་ཡབ་བཙན་པོ་འདུས་སྲོང་མང་པོ་རྗེ་དང་ཡུམ་མཆིམས་བཟའ་བཙན་མ་ཏོག་གཉིས་ཀྱི་སྲས་སུ་སྤྱི་ལོ704བོད་ཤིང་ཕོ་འབྲུག་གི་ལོའི་དཔྱིད་དུས་སུ་ཕོ་བྲང་ཚལ་དུ་སྐུ་བལྟམས། ཐོག་མའི་མཚན་ལ་རྒྱལ་གཙུག་རུ་ཞེས་གསོལ། ལོ་དེ་གའི་དགུན་དུས་སུ་ཡབ་འདུས་སྲོང་འཇང་ཡུལ་དུ་མྱི་ཞེས་པར་གཡུལ་བཤམས་པའི་འགོ་འཛིན་དུ་ཕེབས་པ་ལས་གཡུལ་ངོར་སྐུ་གཤེགས། རྒྱལ་བུ་སྐུ་ན་ཕྲ་བས་ཕྱི་ནང་གི་ཆབ་སྲིད་ཐུགས་འགན་ནི་བཙན་པོ་མེས་མང་སྲོང་མང་བཙན་གྱི་བཙུན་མོ་སྟེ། ཡབ་འདུས་སྲོང་གི་ཡུམ་དང་བཙན་པོ་འདི་ཉིད་ཀྱི་ཕྱི་མོ་འབྲོ་བཟའ་ཁྲི་མ་ལོད་བྱ་བ་དབང་གྲགས་ཅན་ཞིག་བྱུང་བ་དེས་བསྐྱངས། བཙན་པོ་ཡབ་གཤེགས་ནས་སྲས་སྐུ་ནར་མ་སོན་པའི་ཐོག་མའི་དུས་དེར་བློན་འབངས་ཁ་ཅིག་གིས་ངོ་ལོག་བྱེད་པའི་དུས་ཟིང་བསླངས་ཤིང་། སྤྱི་ལོ705བོད་ཤིང་སྦྲུལ་ལོར་ལྡེག་རེན་པ་མནོན་སྣང་གྲགས་དང་། ཁེ་རྒད་མདོ་སྣང་ཟེར་བ་སོགས་ཀྱིས་འགོ་བྱས་ཏེ་ངོ་ལོག་བརྒྱབ་པར་དྲག་གནོན་གྱིས་བོན་མོ་ན་ལ་ཙེར་ཞེས་པའི་ས་གནས་སུ་ལྡེག་རེན་པ་ངོ་ལོག་བྱེད་མཁན་རྣམས་བསད་ཅིང་། ལོ་དེའི་དགུན་དུས་སུ་ཁུ་མང་པོ་རྗེ་ལྷ་ཟུང་བྱ་བ་བློན་ཆེན་པོར་བསྐོ་གཞག་གནང་། འོན་ཀྱང་ཕྱི་མོ་ཁྲི་མ་ལོད་ཀྱི་སྙན་དུ་ཕྲམ་བྱུང་བས་རིང་པོར་མ་ལོན་པར་གླིང་རིང་ཚལ་དུ་ཁུ་མང་པོ་རྗེ་ལྷ་ཟུང་ལ་ཁྲིམས་ཉེས་ཕབ་ཅིང་། དེའི་ཚབ་ཏུ་དབས་ཁྲི་གཟིགས་ཞང་ཉེན་བྱ་བ་བློན་ཆེན་དུ་བསྐོས། གཞན་ཡང་སེ་རིབ་ཅེས་པའི་རྒྱལ་ཕྲན་སོགས་ནས་ངོ་ལོག་བརྒྱབ་པ་རྣམས་ཀྱང་དམག་དང་ཁྲིམས་ཀྱིས་མནན་ཅིང་། སྤྱི་ལོ709བོད་ས་བྱ་ལོར་སེ་རིབ་ཀྱི་རྒྱལ་པོ་ཡང་གསོན་བཟུང་བྱེད་ཐུབ་པ་སོགས་བྱུང་ནས་བཙན་པོའི་ཆབ་སྲིད་ཇེ་བརྟན་དང་། བོད་ཡུལ་བདེ་འཇགས་སུ་གནས་པ་བྱུང་བར་སྣང་།

མཚམས་འདིར་བཙན་པོ་ཁྲི་ལྡེ་གཙུག་བརྟན་གྱི་བཙུན་མོར་ཐང་གོང་མའི་རྒྱལ་རྒྱུད་ཀྱི་སྲས་མོ་གྱིམ་ཤིང་ཀོང་ཇོ་བོད་དུ་ཕེབས་པའི་ལོ་དུས་སྐོར་ལ་ཡོངས་གྲགས་བོད་ཀྱི་རྒྱལ་རབས་ཆོས་འབྱུང་མང་པོའི་ནང་ཕན་ཚུན་བཞེད་པ་མི་མཐུན་པ་མང་ཞིང་། ད་ཕན་མི་ལོ་དྲུག་བརྒྱ་ཙམ་གྱི་རིང་ལ་སྔོན་བྱོན་མཁས་པ་དུ་མས་དཔྱད་ཞིབ་གནང་འདུག་ཀྱང་། གཅིག་གྱུར་མ་བྱུང་བ་དང་། དུས་མཚུངས་གྱིམ་ཤིང་ཀོང་ཇོ་དང་འབྲེལ་ཡོད་བཤད་ཚུལ་འགའ་ཞིག་ཀྱང་ལོ་རྒྱུས་ཀྱི་དོན་དངོས་དང་མི་མཐུན་པ་བཅས་ནི། སྐབས་དེར་གནའ་རབས་བཙན་པོའི་དུས་སྐབས་སུ་བཀོད་པའི་རྒྱལ་རབས་ལོ་ཚིགས་བརྒྱུད་རིམ་ལྡན་པའི་ཡིག་ཚང་དང་། རྒྱའི་ཐང་རབས་ཀྱི་དེབ་ཐེར་ཁུངས་བཙན་ཆ་ཚང་བ་སོགས་ཞིབ་འཇུག་གནང་ཡུལ་གྱི་དཔྱད་གཞིའི་ཆ་རྐྱེན་མ་འཛོམས་པའི་དབང་གིས་ནོར་འཛོལ་ཡོང་སྲིད་པ་དེ་ནི་གཡོལ་ཐབས་མེད་པ་ཞིག་ལོས་ཡིན། དེང་སྐབས་དཔྱད་གཞི་འཛོམས་ཐོག་མཁས་པ་མང་པོས་ཞིབ་འཇུག་ཀྱང་གནང་ཡོད་པ་ལྟར་གྱིམ་ཤིང་ཀོང་ཇོ་བོད་དུ་ཕེབས་པའི་ལོ་ཁམས་ནི་སྤྱི་ལོ710བོད་ལུགས་ཁྱི་ལོར་ཡིན་པ་དང་། བཙུན་མོ་བསུ་ཡུལ་བཙན་པོ་ནི་ཁྲི་ལྡེ་གཙུག་བརྟན་མེས་ཨག་ཚོམ་རང་ཡིན་པ་དེ་ཏུན་ཧོང་ནས་ཐོན་པའི་ལོ་རྒྱུས་ཡིག་རྙིང་དོན་ཆེན་གནད་བསྡུས་ཀྱི་ལོ་ཚིགས་ནང་གསལ་པོར་འཁོད་པ་འདི་ལྟར། "ཁྱིའི་ལོ་ལ་བབ་སྟེ། བཙན་པོ་（ཁྲི་ལྡེ་གཙུག་བརྟན་）བལ་པོ་ན་བཞུགས། ཡུམ་（མེས་མོ་ཁྲི་མ་ལོད་）ཌྲོན་ན་བཞུགས། མཁྲིས་ཕ་ཏང་དུ་འདུན་མ་བསྡུས་ཏེ་བཙན་མོ་ཁོང་ཅོ།（གྱིམ་ཤིང་ཀོང་ཇོ་）གཤེགས་པའི་ཡོ་བྱད་བཀྲལ། ཞང་བཙན་ཧྲ་རེ་ལྷས་བྱིན་ལས་རྩོགས་པས། གཉེ་པོ་བགྱི་སྟེ། བཙན་མོ་གིམ་ཤང་ཁོང་ཅོ་ར་སའི་ཤ་ཙལ་（ལྷ་སའི་ཚལ་）དུ་གཤེགས། དགུན་བཙན་པོ་སྤྲངས་

དཔྱལ་(ཁྲི་ལྡེ་གཙུག་བརྟན་དང་གྲིམ་ཤེང་ཀོང་ཇོ་ཁྲོ་ཤུག་) ཐག་དམར་ན་བཞུགས། ཕྱི་(ཁྲི་མ་ལོད་) ལྷ་སྣང་བཙལ་ན་བཞུགས་སྟེ། མདོ་སྨད་ཀྱི་མདུན་མ་གཙོ་ནམ་ཡོར་དུ་ཞང་རྒྱ་སྟོ་དང་། ལྷ་གུ་རི་ཅབ་ཀྱིས་བསྡུས་པར་ལོ་ཆིག" ① ཅེས་གསལ་ཡོད་ཅིང་དེ་ནི་ཐང་གི་ལོ་རྒྱུས་ཡིག་ཚང་དང་ཡང་གཅིག་མཐུན་བྱུང་བས་ཐེ་ཚོམ་མི་དགོས་པ་ཞིག་ཡིན། འོན་ཀྱང་རང་རེའི་རྒྱལ་རབས་ཆོས་འབྱུང་ནང་རྒྱ་བཟའ་གྲིམ་ཤེང་ཀོང་ཇོ་ནི། བཙན་པོ་ཁྲི་ལྡེ་བཙུག་བརྟན་གྱི་སྲས་འཇང་ཚ་ལྷ་དབོན་ཞེས་པའི་བཙུན་མོར་བསུས་ནའང་། ཀོང་ཇོ་བོད་དུ་ཐོན་པའི་ལམ་བར་དུ་ཡོད་སྐབས་སྲས་འཇང་ཚ་སྐུ་གཤེགས་པས་མཐར་ཡབ་ཀྱི་བཙུན་མོར་བཞེས་ཚུལ་སོགས་འཁོད་པ་དེ་ནི་གོང་དུ་དྲངས་པའི་སྐབས་དེའི་ལོ་རྒྱུས་ཀྱི་ཡིག་ཚང་ངོ་མ་དང་མི་མཐུན་པ་མ་ཟད། གལ་སྲིད་དེ་ལྟར་རྩིས་ན་དེ་རྗེས་ཀྱི་བཙན་པོ་ཁྲི་སྲོང་ལྡེ་བཙན་དང་། ཁྲི་ལྡེ་སྲོང་བཙན། ལྷག་པར་ཁྲི་བཙུག་ལྡེ་བཙན་རལ་པ་ཅན་བཅས་ཀྱི་དུས་ལ་བཙུགས་པའི་རྡོ་རིང་གི་ཡི་གེའི་ནང་དོན་དང་ལོ་ཁམས་སོགས་ཚང་མ་འཁྲུག་སྟེ་ཇི་ལྟར་བྱས་ཀྱང་གྲུང་འགྲིག་ཐབས་བྲལ་བར་བརྟེན་སྔོན་ཀྱིན་མཁས་པ་རྣམས་ཀྱི་བཞེད་པའང་གཅིག་གྱུར་མ་ཐུབ་པར་ལུས་པ་ཡིན། ད་ལྟ་རང་རེས་བཙན་པོའི་དུས་རབས་དེ་རང་ལ་ཁྲིས་པའི་རྒྱལ་རབས་ལོ་ཚིགས་རིམ་འཁོད་ཏུན་ཧོང་གི་ཡིག་རྙིང་དངོས་སུ་མཇལ་རྒྱུ་ཡོད་པ་དང་། ཐང་རྒྱལ་རབས་ཀྱི་ལོ་རྒྱུས་ཞིབ་འཁོད་ཐང་དེབ་གསར་རྙིང་དང་ཡང་ཡན་ཚུན་བལྟ་བསྡུར་བྱས་ཆོག་པ། དེ་དག་གཞིར་བཟུང་ནས་བོད་ས་གནས་རང་དུ་འགྱིང་ངེར་གནས་པའི་བཙན་པོའི་སྐབས་ཀྱི་རྡོ་རིང་

① (ཏུན་ཧོང་ནས་ཐོན་པའི་བོད་ཀྱི་ལོ་རྒྱུས་ཡིག་ཆ་ལྷུགས་པར་དེབ་ངོས26)

དང་བྲག་བརྐོས་སོགས་གནའ་བོའི་ཡིག་རིགས་སྤྱི་དང་། ཐེ་བྲག་ལོ་དང་ཁམས་གཉིས་ཀ་འཁྲུལ་མེད་གསལ་པོར་འཁོད་པའི་ལྷ་སའི་དགོན་ཞང་དབུ་སྟོད་གི་རྡོ་རིང་ཡི་གེ་བཅས་ལྟར་ཞིབ་ཏུ་བརྩི་སྐབས་གྲེམ་ཤིང་ཀོང་ཇོ་བོད་ལ་ཕེབས་པའི་ལོ་ཚིགས་དང་། བཙན་པོ་སྲུ་ཞིག་གི་བཙུན་མོར་བསུས་པ་སོགས་ཀྱི་དོན་དངོས་གཏན་ལ་འབེབས་ཐུབ་པ་བྱུང་ཡོད། རྒྱལ་རབས་ཆོས་འབྱུང་ནང་སྲས་ཀྱི་བཙུན་མོ་ཡབ་ཀྱིས་བཞེས་པ་བྱ་བ་དེའང་རྒྱུ་མེད་རྐྱེན་མེད་ཅིག་ཡིན་མི་སྲིད་དེ། གྲེམ་ཤིང་ཀོང་ཇོ་བོད་དུ་བསུས་པའི་བརྒྱུད་རིམ་ལ་དཔྱད་ན་ཐོག་མ་བཙན་པོ་ཡབ་འདུས་སྲོང་མང་པོ་རྗེའི་བཙུན་མོར་ཐང་གི་ཀོང་ཇོ་ཞིག་སློང་ནའང་། ཐང་བོད་དབར་གྱི་འབྲེལ་བའི་གནས་བབ་ཀྱིས་རྐྱེན་པས་ལོ་ཤས་འགྱངས་པའི་བར་དུ་འདུས་སྲོང་སྐུ་གཤེགས་པ་དང་། དེ་རྗེས་ཐང་བོད་འབྲེལ་བའི་གནས་ཚུལ་ལེགས་སུ་ཕྱིན་ནས་གྲེམ་ཤིང་ཀོང་ཇོ་བོད་དུ་ཕེབས་ཏེ་བཙན་པོ་སྲས་ཁྲི་ལྡེ་གཙུག་བརྟན་གྱི་བཙུན་མོར་བཞེས་པའི་དངོས་བྱུང་ལོ་རྒྱུས་དེ་ཡུན་རིང་ངག་རྒྱུན་དུ་བརྒྱུད་པའི་མཐར་ཡབ་སྲས་གོ་ལྡོག་ནས་སྲས་ལ་བསུས་པའི་ཀོང་ཇོ་དེ་ཡབ་ཀྱིས་བཞེས་པ་ཟེར་བར་རྒྱུན་འབྱམས་པའི་བཤད་ཚུལ་དུ་གྱུར་པ་དེ་དུས་ཕྱིས་ཡིག་རིགས་སུ་འཁོད་པ་ཞིག་ཡིན་ལས་ཆེ། ལོ་རྒྱུས་ཀྱི་དོན་དངོས་ནི་གྲེམ་ཤིང་ཀོང་ཇོ་བོད་དུ་ཕེབས་ནས་ལོ་སུམ་ཅུ་ཙམ་བཞུགས་པ་དང་། ཀོང་ཇོ་སྐུ་གཤེགས་པའི་ལོ་ནང་དེ་རང་ལ་བཙན་པོའི་བཙུན་མོ་ཆུང་མ་འཇང་བཟའི་སྲས་འཇང་ཚ་ལྷ་དབོན་ཡང་གྲོངས་པ་ཡིན་ཏེ། ཏུན་ཧོང་གི་ཡིག་རྙིང་རྒྱལ་རབས་དོན་ཆེན་གནད་བསྡུས་ཀྱི་ལོ་ཚིགས་ནང་། "ཡོས་བུའི་ལོ་ལ། བཙན་པོ་དབྱར་ཆབ་སྲིད་ལ་བེག་ཏུ་གཤེགས་སྟེ། སྲས་ལྷ་བོན་དྲོན་ན་བཞུགས་བཞུགས་པ་ལས་ནོངས། བཙན་པོ་ཡབ་དགུན་བོད་ཡུལ་དུ་སླར་གཤེགས།

བཙན་མོ་ཀིམ་ཤིང་ཁོང་ཅོ་ནོང་པར་ལོ་ཚིག ”①ཅེས་གསལ་བ་ལྟར་རྒྱལ་རབས་རིམ་ཅན་དེའི་ལོ་ཚིགས་བསྡར་ཆགས་སུ་བརྩིས་དུས་ཡོས་བུའི་ལོ་དེ་ནི་སྤྱི་ལོ739ཐོད་ས་ཡོས་ལོར་ཡིན་པ་དང་། དེ་ནས་ལོ་གཉིས་སོང་བ་ན། “སྤྱལ་གྱི་ལོ་ལ། བཙན་པོ་དབྱར་ཆབ་སྲིད་ལ་གཤེགས་སྟེ།…… བཙན་པོ་སྲས་ལྷས་བོན་དང་། བཙན་མོ་ཁོང་ཅོ་གཉིས་ཀྱི་མདད་བཏང་བར་ལོ་གཅིག ”② ཅེས་འཁོད་པ་བཞིན་གསང་བརྗོལ་ནས་འདས་མཆོད་བསྒྲུབས་པའི་ལོ་དེར་རྒྱ་ཡུལ་དུ་གྱིམ་ཤིང་ཀོང་ཇོ་གྲོངས་པའི་བརྙ་ལན་འཁྱེར་པ་སོགས་ཐང་དེབ་ཏུ་ཡང་ཕྱོགས་མཐུན་གསལ་ཡོད། ཀོང་ཇོ་འདས་ནས་ལོ་བཅོ་ལྔ་སོང་རྗེས་གཞི་ནས་བཙན་པོ་ཁྲི་ལྡེ་གཙུག་བརྟན་སྐུ་གཤེགས་པ་ཡིན་ནོ། དེས་ན་ཀོང་ཇོ་གཞོན་ནུ་མ་ཞིག “ཡབ་བཀྲིས་པོ་དབུ་སྐྲ་ཐམས་ཅད་དཀར་པོ། ཞལ་ཐམས་ཅད་ནི་སྨ་ར་དཀར་པོས་ཁེངས་པ་ཞལ་གང་ན་ཡོད་ཅེ་མི་ཤེས་པ་དེ་འདྲ་ཞིག ”③ གེ་བཙུན་མོར་བཞེས་ཚུལ་སོགས་མ་དག་རྒྱུན་འབྱམས་ཀྱི་ཡོངས་གྲགས་བཤད་ཚུལ་དང་། ལོ་ཚིགས་འཕྲུགས་པ་རྣམས་ཡོ་བསྲང་ཡོང་བའི་ཆེད་གསལ་བཤད་རགས་བསྡུས་དེ་ཙམ་ཞིག་མི་ཞུ་མཐུ་མེད་བྱུང་བ་ལགས་སོ།

ད་ནི་ལོ་རྒྱུས་ཀྱི་དཀྱུས་ལ་འཇུག་པར་བྱ་སྟེ། དེ་ལྟར་སྤྱི་ལོ710ཐོད་ལྕགས་ཁྱི་ལོར་བོད་ཀྱི་བློན་པོ་ཞང་ཧོ་རེ་ལྷས་བྱིན་ལ་སོགས་པ་རྒྱ་བཟའ་གྱིམ་ཤིང་ཀོང་ཇོ་བཙན་པོའི་བཙུན་མོར་བསུ་བའི་གཉེ་པོ་རྣམས་རྒྱལ་ས་ཁྲང་ཨན་དུ་

① （ཏུན་ཧོང་ནས་ཐོན་པའི་བོད་ཀྱི་ལོ་རྒྱུས་ཡིག་ཆ་ལྷུགས་པར་དེབ་ངོས34）

② （ཏུན་ཧོང་ནས་ཐོན་པའི་བོད་ཀྱི་ལོ་རྒྱུས་ཡིག་ཆ་ལྷུགས་པར་དེབ་ངོས35）

③ （ཆོས་འབྱུང་མེ་ཏོག་སྙིང་པོ་སྦྲང་རྩིའི་བཅུད། ལྷུགས་པར་དེབ་ངོས270）

འཁྱེར་ཏེ་ཐང་གོང་མར་བཙུན་མོ་སློང་བའི་འཕྲུལ་རྟེན་རྣམས་ཕུལ་ནས་རྒྱ་མཚན་ཞུས་པས་རྒྱལ་རྒྱུད་ཀྱི་སྲས་མོ་ཁྲིམ་ཤིང་ཀོང་ཇོ་གནང་བར་ཞལ་གྱིས་བཞེས། བོད་ཀྱི་ཕོ་ཉ་རྣམས་ལའང་སྣེ་ལེན་གཟབ་རྒྱས་གནང་། སྐབས་འདིར་བོད་ཀྱི་བློན་པོ་རྣམས་ཀྱིས་རྒྱལ་ས་ཁྲང་ཨན་དུ་རྟ་ཐོག་ནས་པོ་ལོ་འཕེན་པའི་སྒྱུ་རྩལ་འགྲན་ཟླ་བྲལ་བ་ཞིག་དངོམ་པར་གྲགས་པ་བོད་ཀྱི་ལོ་རྒྱུས་ཡིག་རིགས་ནང་འཁོད་པ་མ་མཐོང་ཡང་། དེ་ནི་རང་རེའི་མེས་པོ་རྣམས་གནའ་རབས་ནས་སྒྱུ་རྩལ་ལ་བྱང་ཆུབ་པ་དང་། བོད་རྒྱ་མི་རིགས་གཉིས་རིག་གནས་སྤེལ་རེས་བྱས་པའི་དཔྱད་གཞིའི་ལོ་རྒྱུས་གལ་ཆེན་ཞིག་ཡིན་པར་བརྟེན་འདིར་རྒྱའི་ཡིག་ཚང་ལས་འབྱུང་བའི་ཚུལ་རྣམས་རགས་བསྡུས་ཙམ་བཀོད་པ་འདི་ལྟར། བོད་བློན་རྣམས་ཕྱིར་ལོག་ཁར་ཉིན་གཅིག་རྒྱ་རྗེ་ཐང་ཀྲུང་ཙུང་གིས་བོད་ཀྱི་བློན་པོ་རྣམས་ལི་ཡོན་ཐེང་ཙེ་ཞེས་པའི་གནས་དེར་རྟ་ཐོག་པོ་ལོ་གཟིགས་མོར་གདན་ཞུ་གནང་། ཐང་གོང་མ་དང་བོད་ཀྱི་བག་མ་བསུ་བའི་ཕོ་ཉ་རྣམས་ལྷན་དུ་རྟ་ཐོག་ནས་པོ་ལོ་རྒྱག་པའི་འགྲན་རྩེད་ལ་གཟིགས་མོ་གཟིགས་སྐབས་བོད་བློན་རྣམས་ཀྱི་འདོད་དོན་ལྟར་བོད་ཀྱི་ཕོ་ཉ་ཚོ་དང་རྒྱལ་ས་ཁྲང་ཨན་དུ་ཡོད་པའི་གོང་མའི་པོ་བྲང་གི་ཁོངས་གཏོགས་རྟ་ཐོག་པོ་ལོ་རུ་ཁག་གཉིས་འགྲན་བསྡུར་བྱས། ཐེངས་དང་པོར་བོད་ཀྱི་ཕོ་ཉ་ཚོར་རྒྱལ་ཁ་ཐོབ་ནས་གོང་མའི་རྟ་ཐོག་པོ་ལོ་རུ་ཁག་ཕམ། དེའི་སྐབས་ལྟད་མོ་བའི་འདུ་ཚོགས་ཀྱི་ཁྲོད་དུ་ཐང་ཝེན་ཙུང་ལི་ལུང་ཅིའམ་མཚན་གཞན་ཞིག་ཏུ་ཐང་མིང་ཧོང་ཞུ་བ་དེ་ཡང་ཕེབས་ཡོད། ཁོང་ནི་ཐང་གོང་མའི་རྒྱལ་རྒྱུད་ཀྱི་སྲས་ཤིག་ཡིན་པ་དང་། རྣམ་ཀུན་རྟ་ཐོག་ནས་པོ་ལོ་རྒྱག་རྒྱུར་ཤིན་ཏུ་མཁས་པོ་ཡོད་པ་ཐང་ཀྲུང་ཙུང་གིས་མཁྱེན་སྐབས། ཐང་ཀྲུང་ཙུང་གིས་ཐང་ཝེན་ཙུང་ཡང་ཐེངས་དེའི་རྟ་རྩེད་པོ་ལོང་

འགྲན་བསྡུར་ནང་གཞུག་དགོས་ཞེས་བཀའ་ཕབ། ཐང་གོང་མའི་བཀའ་བཞིན་ཐང་ཞོན་ཙུང་ཡང་འཕྲལ་དུ་རྟ་ཐོག་ཕོ་ལོང་འགྲན་བསྡུར་ནང་ཞུགས། ཐང་གོང་མའི་རྟ་ཐོག་ཕོ་ལོང་ཏུ་ཁག་དང་བོད་ཀྱི་ཕོ་ཉ་རྣམས་འགྲན་བསྡུར་ཉིན་གང་བྱས་རུང་རྒྱལ་ཕམ་དབྱེ་བ་མ་ཆོད་པར་དགོང་དྲོ་མུ་མཐུད་ནས་འགྲན་བསྡུར་བྱས། དེའི་སྐབས་ཕྱོགས་བཞིར་ལྷང་བཞུའི་འོད་མདངས་ཁྲ་ལམ་མེར་འཁྲིས་ནས་ལྟད་མོ་བ་ཚོར་ཉིན་མོ་ཡིན་པ་ལྟ་བུ་ལས་མཚན་མོའི་སྣང་ཚུལ་ཡང་མ་འཆར་བ་དང་། ཕོ་ལོང་རྒྱག་མཁན་ཚོས་ཀྱང་དྭངས་ཤིང་གཙང་བའི་མེ་ལོང་ལྟ་བུའི་ཐང་ཆེན་ཐོག་ང་ལ་སྣང་སྤུ་ཙམ་མེད་པར་རང་རང་གི་ཕུལ་དུ་བྱུང་བའི་ཁྱད་རྩལ་ངོམ་སྐབས། ཕོ་ལོང་རྒྱག་མཁན་ཚོ་རྟ་ཐོག་ནས་ལྷུང་གི་དོགས་པའི་དངངས་འཚབ་ཀྱིས་ལྟད་མོ་བ་ཚོའི་ལུས་པོ་ཡམ་ཡོམ་དུ་གཡོ་བ་དང་། ཕོ་ལོང་རྒྱག་མཁན་ཚོའི་སྒྱུ་རྩལ་གྱི་སྙེག་ཉམས་ལ་ལྟད་མོ་བའི་ཁྲོད་དུ་བསྔགས་བརྗོད་ཀྱང་དར་དེར་དུ་སྒྲོག དེ་ལྟར་ཉིན་མཚན་གཅིག་རིང་མི་སེམས་གཡོ་བའི་འགྲན་བསྡུར་བྱས་མཐར། ཐང་གོང་མའི་ཕོ་ལོང་ཏུ་ཁག་དང་། བོད་ཀྱི་བག་མ་བསུ་མཁན་གྱི་ཕོ་ཉ་རྣམས་ཕན་ཚུན་རྒྱལ་ཕམ་མེད་པར་འདྲ་མཉམ་ཐོག་ནས་རྟ་ཐོག་ཕོ་ལོང་གི་འགྲན་བསྡུར་དེའང་མཛའ་བརྩེའི་རྣམ་པའི་ཁྲོད་དུ་མཇུག་སྒྲིལ་བར་གྱུར་ཏོ།

རྟ་ཐོག་ནས་ཕོ་ལོང་རྒྱག་པའི་སྒྱུ་རྩལ་དེ་ནི་གནའ་བོའི་དུས་སུ་བོད་མི་རིགས་ཀྱི་ཁྲོད་དུ་དར་ཁྱབ་ཆེ་ལ་མི་རྣམས་ཀྱིས་ཧ་ཅང་དགའ་པོ་བྱེད་པའི་རྩལ་སྦྱོང་ཞིག་ཡིན་པ་དང་། རྩལ་སྦྱོང་དེར་དམག་དོན་གྱི་ཁྱད་ཆོས་ཀྱང་ལྡན་ཡོད། དེ་ཐབས་ལམ་གང་འདྲ་ཞིག་བརྒྱུད་ནས་ཐང་རྒྱལ་རབས་སུ་དར་བ་ཡིན་ནམ་ཞེ་ན། དེའང་དུས་རབས་བདུན་པའི་སྐབས་བོད་རྗེ་སྲོང་བཙན་སྒམ་པོའི་སྐུ་དུས

སུ་ཐང་བོད་གཉིས་དབར་གཉེན་གྱི་འབྲེལ་བ་ཐེངས་དང་པོ་དེ་བཙུགས་རྗེས་བོད་ནས་ཐོག་མར་ཤེས་རབ་ཆེ་བའི་གཞོན་ནུ་ཁག་ཅིག་འདེམས་སྒྲུག་གིས་ཐང་རྒྱལ་རབས་ཀྱི་རྒྱལ་ས་ཁྲང་ཨན་དུ་ཡོད་པའི་"གོའ་ཚོའོ"ཞེས་པའི་སློབ་གྲྭར་ཡི་གེ་དང་གཙུག་ལག་རིག་པའི་གནས་སྦྱོང་བར་བཏང་བ་དང་། སྲོང་བཙན་རྗེས་ཀྱི་བཙན་པོ་རིམ་བྱོན་དུས་སུའང་གཞོན་ནུ་འདེམས་སྒྲུག་གིས་ཁྲང་ཨན་དུ་སློབ་སྦྱོང་བྱེད་པར་བཏང་ཡོད་པ་དེ་དག་སློབ་གསེང་གི་དུས་ཚོད་ལ་ཇ་ཐོག་ནས་ཕོ་ལོང་རྒྱག་རྒྱུར་ཧ་ཅང་དགའ་པོ་ཡོད་ཅིང་། ཕོང་ཚོས་རྟག་ཏུ་ཁྲང་ཨན་གྲོང་ཁྱེར་གྱི་ཉེ་འདབས་སུ་ཇ་ཐོག་ཕོ་ལོང་རྒྱག་གི་ཡོད། དེ་སྔོན་ཐང་རྒྱལ་རབས་ལ་ཇ་ཐོག་ནས་ཕོ་ལོང་རྒྱག་སྲོལ་མེད་སྐབས། མི་རྣམས་ལ་མཚན་ཆེན་པོས་ཇ་ཐོག་ཕོ་ལོང་རྒྱག་སར་ལྟད་མོ་བལྟ་བར་ཡོང་གི་ཡོད་ཅིང་། དེ་ལྟར་བྱས་པ་བརྒྱུད་རིམ་བཞིན་ཁྲང་ཨན་གྲོང་ཁྱེར་ནང་དུ་ཇ་ཐོག་ནས་ཕོ་ལོང་རྒྱག་སྲོལ་མགྱོགས་མྱུར་དར་བ་དང་། ལྷག་པར་མི་དྲག་འཁོར་ལྡན་གྱི་བུའི་ཁྲོད་དུ་དར་ཁྱབ་ཆེན་པོ་བྱུང་སྟེ། ཕོང་ཚོས་རྟག་ཏུ་ཇ་ཐོག་ནས་ཕོ་ལོང་རྒྱག་པའི་འགྲན་བསྡུར་བྱེད་ཀྱི་ཡོད། ཕོང་ཚོའི་ཁྲོད་དུ་ཐང་ཞོན་ཙུང་ལི་ལུང་ཅི་ལྷ་བུ་ཇ་ཐོག་ནས་ཕོ་ལོང་རྒྱག་པའི་སྒྱུ་རྩལ་བྱང་ཆུབ་པའང་མི་ཉུང་བ་ཞིག་ཐོན་ཡོད། ཐང་གོང་མ་ཀྲུང་ཙུང་དང་བོད་རྗེ་ཁྲི་ལྡེ་གཙུག་བརྟན་མེས་ཨག་ཚོམ་གྱི་སྐུ་དུས་སུ། ཐང་རྒྱལ་རབས་ཀྱི་རྒྱལ་ས་ཁྲང་ཨན་དུ་ཐང་བོད་གཉིས་དབར་མཛའ་བརྩེའི་ངང་ཇ་ཐོག་ཕོ་ལོང་གི་འགྲན་བསྡུར་བྱས་པའི་གནས་ཚུལ་དེ་ཐང་རྒྱལ་རབས་ཀྱི་རི་མོ་བ་གྲགས་ཅན་ཡན་ལི་པན་གྱིས་སྐབས་དེ་རང་དུ་ཇི་མ་ཇི་བཞིན་རི་མོའི་ལམ་དུ་བཀོད་པའི《ཐང་མིང་ཧོང་གིས་མཚན་མོར་ཇ་ཐོག་ཕོ་ལོང་འགྲན་པ་》ཞེས་པ་ལོ་རྒྱུས་ཀྱི་དོན་སྙིང་ལྡན་པའི་དཔེ་རིས་དེ། རྒྱལ་ས་པེ་ཅིང་གི་གནའ

པའི་ཕོ་བྲང་ནང་རྩ་ཆེའི་རིག་དངོས་ལ་བརྟེན་ནས་ཉར་ཚགས་བྱས་པ་ད་ལྟའང་མཐོང་རྒྱུ་ཡོད། ལོ་རྒྱུས་ཀྱི་རི་མོ་གྲགས་ཅན་དེ་ནི་ཐང་གོང་མ་ཀྲུང་ཙུང་དང་བོད་རྗེ་ཁྲི་ལྡེ་གཙུག་བརྟན་གྱི་སྐུ་དུས་སུ་རྒྱ་བོད་གཉིས་དབར་མཛའ་བརྩེའི་འགྲོ་འོང་དང་རིག་གནས་བརྗེ་རེས་སོགས་མཐུན་འབྲེལ་དམ་ཟབ་བྱས་པའི་ནུས་ལྡན་གྱི་དཔང་རྟགས་ཤིག་ཡིན། ལོ་ངོ་ཆིག་སྟོང་སུམ་བརྒྱར་ཉེ་བའི་སྔོན་ནས་བོད་མི་རིགས་ཀྱི་ཁྱད་ཆོས་ལྡན་པའི་རྩལ་སྒྱུར་སྟེ་ཇ་ཐོག་གི་ཕོ་ལོང་སྒྱུ་རྩལ་དེ་ཐང་རྒྱལ་རབས་ཀྱི་རྒྱལ་ས་ཁྲང་ཨན་དུ་དར་བ་དང་། དེ་རྗེས་ཀྱི་ལོ་ངོ་བདུན་ཅུ་ཙམ་གྱི་རྗེས་སུ་ཁྲང་ཨན་དུ་ཐང་རྒྱལ་རབས་ཀྱི་ཇ་ཐོག་ཕོ་ལོང་ཏུ་ཁག་དང་བོད་ཀྱི་ཕོ་ཉ་རྣམས་ཇ་ཐོག་ནས་ཕོ་ལོང་རྒྱག་པའི་འགྲན་བསྡུར་བྱས་པ་དེའི་ཐོག་ནས་ཀྱང་རྒྱ་བོད་མི་རིགས་དབར་གནའ་དུས་ནས་བན་ཚུན་རིག་གཞུང་སྤེལ་རེས་བྱེད་པ་དེ་ལེགས་པར་མཚོན་ཐུབ།

དེ་ནས་ཐང་གོང་མས་ཀྱིམ་ཤིང་ཀོང་ཇོ་ཐང་བོད་གཉིས་ཀྱི་ཆབ་སྲིད་མཛའ་མཐུན་ཡོང་བའི་དོན་དུ་ཐག་རིང་བོད་དུ་མི་གཏོང་ག་མེད་བྱུང་བ་ཐུགས་ལ་གཅགས་པས་རྫོངས་སྐྱེས་སྐྱེལ་མ་སོགས་གཟབ་ཅིང་རྒྱས་པ་གནང་བའི་སྐོར་བོད་ཀྱི་རྒྱལ་རབས་ལས་འབྱུང་བར། “དེར་ཡང་རྒྱལ་པོ་དེས་རྫོངས་དཔག་ཏུ་མེད་པ་བསྐུར། རྒྱལ་པོ་ཡང་འཁོར་མང་པོ་དང་བཅས་པ་བུ་མོ་སེམས་ལ་འཕྲེང་བས། ཞིང་ཕེན་ཧན་ཟེར་བའི་མཁར་རྩིག་ཆེན་པོ་གཅིག་ཡོད་པའི་ས་ཆ་བར་དུ་སྐྱེལ་ཐུང་མཛད་དོ། དེར་གུར་ཆེན་པོ་ཕུབ་ཅིང་། བོད་ཀྱི་གསེར་ཡིག་པ་རྣམས་ལ་སྟོན་མོ་ཆེན་པོ་བྱས་ཏེ། རྒྱལ་པོའང་སྤྱན་ཆབ་མང་པོ་ཕྱུང་ནས་སྲས་མོ་ལ་བསླབ་བྱ་མང་པོ་མཛད། མཁར་དེ་ལ་གཏོགས་པའི་ཉེས་པ་ཅན་ཐམས་ཅད་ཐར་དུ་བཅུག་གོ ལོ་གཅིག་གི་བར་ལ་དམག་དང་འདབ་ནོར་

ཐམས་ཅད་མེད་པར་མཛད་དེ་མཁར་དེའི་མིང་ཀྱིམ་ཤིང་རྩེ་བྱ་བར་བཏགས་སོ།”①ཞེས་འཁོད་པ་དང་། དེ་བས་ཞིབ་ཙམ་ཐང་དེབ་གསར་མའི་ནང་འཁོད་པར། “གོང་མས་ཀོང་ཇོ་ལོ་ན་གཞོན་པར་སེམས་ནས་དར་དང་གོས་ཆེན་ཡུག་ཁྲི་ཕྲག་འགའ་ཙམ་དང་། རྩེད་མོ་མཁན་དང་བཟོ་བོ་སྣ་ཚོགས་པའི་རྫོང་སྣ་གྱ་ནོམ་པ་བསྐུར་ཅིང་། ཆེའུ་ཆེ་ཞེས་བྱའི་རོལ་མོ་དཀྱིལ་མཁན་ཡང་མངགས། ཙོ་ལྷེ་དམག་དཔོན་ཆེན་པོ་དབྱང་ཅེའུ་བྱ་བས་གོང་མའི་བཀའ་རྟགས་བཟུང་སྟེ་ཕེབས་སྐྱེལ་ཞུས། གོང་མ་རང་ཡང་ཧྲེ་ཕྲིན་དུ་ཕེབས་ནས་བློན་པོའི་འཁོར་དང་བོད་ཀྱི་ཕོ་ཉ་བ་རྣམས་དང་ལྷན་དུ་གསོལ་སྟོན་བསྒྲིགས་ཏེ་ཆང་སྐྱེམ་བཞེས་པ་ལ། གོང་མ་སྙིང་རྗེ་ཚད་མེད་པ་ཞིག་སྐྱེས་ནས། ཧྲེ་ཕྲིན་ཞན་གྱི་བཙོན་མ་རྣམས་བཙོན་གྲོལ་བཏང་བ་དང་། སྲོག་ཆད་བཅད་པ་རྣམས་ཀྱང་མེད་པར་བྱས། ལོ་གཅིག་ལ་དེ་གའི་འབངས་རྣམས་ཀྱིས་ཁྲལ་འཇལ་མི་དགོས་པར་བྱས། ཞན་དེའི་མིང་ལ་ཅིན་ཁྲིན་ཞེས་པར་བཏགས་”② ཞེས་སོགས་གསལ་བ་དེ་ལས་ཀོང་ཇོ་བོད་དུ་བཟུང་བ་དེ་ནི་ཐང་བོད་དབར་སྲིད་དོན་གྱི་བྱ་བ་ཆེན་པོ་ཞིག་ཏུ་རྩིས་པ་མཚོན་གྱི་ཡོད། ད་དུང་དེབ་དམར་དུ“……ཕྱིས་མི་ཉག་གི་ཡུལ་ཁམས་ཐམས་ཅད་ཀྱང་ཀོང་ཇོ་ལ་བྱིན།” ③ ཞེས་དྲངས་འདུག་པ་དང་། རྒྱའི་དེབ་ཐེར་དུའང་། “སྐབས་དེར་གོང་མས་དབྱང་རུ་བྱ་བ་ཧྲན་ཀྲའུ་ཡི་ཏུའུ་ཏུའུ་ལ་བསྐོས། སྙིད་ནས་ཕོ་ཉ་བ་མངགས་ཏེ་དབྱང་རུ

① （རྒྱལ་རབས་གསལ་བའི་མེ་ལོང་ལྷུགས་པར་དེབ་ངོས197）

② （ཐང་དེབ་གསར་མ་བོད་ཡིག་ལྷུགས་པར་དེབ་ངོས34－35）

③ （ཚལ་པའི་དེབ་དམར་ལྷུགས་པར་དེབ་ངོས21）

སྐྱེས་ཀྱིས་ཚོམས་པར་བྱས་ཤིང་། ཧེ་ཞི་གྲིག་ཆུའི་ས་ཆ་གོང་རྫོང་བཀོད་སྐལ་དུ་བསྐྱངས་པ་ལ། དབྱང་ཅུ་ནས་གོང་མའི་སྣན་དུ་གསོལ་ཏེ་ས་ཆ་དེ་རྫོང་ལ་བྱིན། དེར་གྲིག་ཆུ་རྫོང་གྱིས་བཟུང་། ས་དེར་རྩ་ཆུ་འཛོམས་པས་དམག་སྒར་འདེབས་པ་དང་ཕྱུགས་ཀྱི་འཚོ་སྐྱོང་ལ་ཤིན་ཏུ་སྨན།……”①ཞེས་འཁོད་པ་དེའི་ཐོག་ནས་སྐབས་དེར་ཐང་བོད་ཁྲིམ་ཚང་གཅིག་ལྟ་བུའི་མཛའ་མཐུན་ཅི་འདྲ་ཆགས་པ་མཐོང་ཐུབ། འོན་ཀྱང་དེ་རྗེས་ས་མཚམས་ཀྱི་སོ་སྲུང་དམག་དཔོན་ཚོས་ཕན་ཚུན་དུ་འཁྲུག་བཙོམ་བྱེད་རེས་དང་། ས་ཆ་བཟུང་རེས་ཀྱི་འཐབ་འཁྲུག་ཀྱང་ལན་འགའ་བྱུང་བར་སྣང་།

གྲིམ་ཤིང་གོང་ཇོ་བོད་དུ་ཕེབས་ནས་ཐང་བོད་དབར་གྱི་ས་མཚམས་འཁྲུག་ཟིང་འཇགས་ཐབས་ཀྱི་བྱ་བར་འབད་བརྩོན་དང་ནུས་པ་ཆེན་པོ་བཏོན་ཡོད་པར་སྣང་། ཐང་དེབ་ནང་“ཅིན་ཁྲིང་གོང་ཇོས་ཡི་གེ་བཏང་སྟེ་འདུམ་བྱེད་རྒྱུ་དང་། བཙན་པོ་རྗེ་བློན་རྣམས་ཀྱིས་གོང་མ་དང་ལྷན་དུ་བཀའ་གསྟོགས་བཅས་ཏེ་ཇོ་རིང་འཛུགས་འདོད་ཚུལ་ཞུས”②ཞེས་དང་། དེ་རྗེས་ཐང་ཕྱོགས་ནས་ཀྱང་བློན་པོ“……ཕྱེ་མེན་ན་རེ། སྔར་བཙན་པོ་ན་སོ་གཞོན་སྐབས། བློན་པོ་དམག་ལ་དགའ་བ་ཚོས་གཡོ་བྱས་ཏེ་གོང་མ་ཉིད་ཀྱི་ཐུགས་དཀྲུགས། ཡར་རྒྱལ་ཁམས་གཉིས་ལ་འཁོན་བྱུང་ན་དམག་བྱེད་ངེས། དམག་བྱས་ན་ནོར་གྱི་གྱོང་གུད་འབྱུང་ངེས། དམག་བློན་ཚོས་བྱས་རྗེས་ཟུན་ཞུ་བྱས་ནས་གོང་མའི་སྐྱེས་ལེན་ཐབས་བྱས་ཏེ། རང་གི་འདོད་པ་ཚིམ་པ་བྱས

①（ཐང་དེབ་རྙིང་མ་བོད་ཡིག་དེབ་ངོས155）

②（ཐང་དེབ་གསར་མ་བོད་ཡིག་ལྟགས་པར་དེབ་ངོས37－38）

པར་མཛོད། དེང་ནི་ཧེ་ཞི་དང་ལུང་ཡུག་ཏུ་ནོར་དབུལ་ཞིང་དམག་བྱེད་པའི་སྐབས་ཀྱང་ཟད་པས། གོང་མ་མཆོག་གིས་འདུམ་བྱེད་པར་འཐད་པའི་ལྟགས་ལུང་ཞིག་ཅིན་ཁྲིན་ཀོང་ཇོ་ལ་གནང་སྟེ་བཙན་པོའི་སྙན་དུ་གསོལ་བ་ནི། ས་མཚམས་ཀྱི་སྐྱོད་ཞི་བར་འགྱུར་བ་དང་། འབངས་རྣམས་བདེ་ལ་འགོད་པའི་ཐབས་ཧུས་མཆོག་ཏུ་གྱུར་པ་ཞིག་ཡིན་ཞེས་ཞུས་པ་ལ། གོང་མས་དེ་བཞིན་དུ་གནང་ཏེ། ལྷེ་མེན་དང་བློན་པོ་ཀྲང་ཡོན་ཧྲུང་གཉིས་རྫོང་ལ་མངགས་ཏེ། ཀོང་ཇོ་ལ་ཡི་གེ་ཕུལ། ལྷེ་མེན་གྱིས་བཙན་པོའི་ཞལ་མཇལ་ནས་གོང་མའི་ཐུགས་འདུན་ཞུས་པ་ན། བཙན་པོའང་ཤིན་ཏུ་མཉེས་ཏེ། ཀྲིན་ཀོན་ཁྲི་ལོའི་ཚུན་ལ་གོང་མས་སྤྲིངས་པའི་ཡི་གེ་རྣམས་བརྟོན་ནས་ལྷེ་མེན་ལ་ལྟ་རུ་བཅུག་ཅིང་། སྐྱེས་ཀྱང་ཕུན་སུམ་ཚོགས་པ་སྦྱར། དེ་ནས་རྫོང་གྱིས་མནན་ཞི་ལི་(མན་བཞེར་) བྱ་བ་ཐང་གི་ཕོ་ཉ་དང་ལྷན་དུ་བརྫངས་ཏེ་གོང་མ་ལ་ཡི་གེ་ཕུལ་བར། དཔོན་ངེད་ནི་གོང་མ་ཞང་སྤུ་མའི་ཉེ་བ་ལགས། སྔར་ཀྲང་ཞོན་པོའོ་དང་། ལི་ཀྲི་ཀྲུའུ་བྱ་བ་གཉིས་ཀྱིས་ཕྲམ་བཅུག་པས་དཔོན་ཞང་བར་འཕོན་བྱུང་། ཕྲུན་ཁྲིན་ཀོང་ཇོ་དང་ཅིན་ཁྲིན་ཀོང་ཇོ་གཉིས་ཀྱི་ངོ་ལ་བལྟས་ནས་དཔོན་གྱིས་ལུགས་མེད་ཀྱི་བྱ་བ་བགྱིད་ག་ལ་སྤྲོབས། སྔར་ཁོ་བོ་ན་སོ་གཞོན་པས། ས་མཚམས་ཀྱི་དམག་དཔོན་དག་གི་གཡོ་འཚིག་ཚུད། གལ་སྲིད་སྐྱོད་དེ་མེད་པར་བཏང་ན་ཕོ་བོ་ཤི་ཡང་འདོད་པ་ཆོམ་པ་ཡིན། ལར་ལོ་ཁྲི་སྟོང་ཙམ་ཕྱིན་ཀྱང་ངེད་ནི་སྤྱ་བ་བྱས་ཏེ་བཀའ་གཙིགས་དང་འགལ་སེམས་མེད། ཅེས་ཞུས་ཤིང་། རིན་པོ་ཆེའི་སྐྱེས་ཀྱང་ཕུལ། རྫོང་གྱི་ཕོ་ཉ་བ་སླེབས་དུས། གོང་མ་མཇལ་སའི་ཁང་ཆེན་གྱི་ཁྲི་ལ་བཞུགས། སྐུ་སྲུང་དམག་གིས་རུ་སྟར་བསྒྲིགས་ཏེ་ཕོ་ཉ་བ་མཇལ་དུ་བསུས། མནན་ཞི་ལི་འདེས་རྒྱ་ཡིག་རུང་ཙམ་ཤེས་པས། གསོལ་སྟོན་དུ་རྒྱུའི་

སྐད་ཀྱིས་སློང་མོལ་བགྱིས་ཤིང་། གོང་མས་ཕོ་ལ་སྐྱེས་ཀྱང་མང་པོ་བསྐུལ། གོང་མས་མནབས་བཟའ་དང་གསེར་ཞའི་ཐོབ་རྟགས་གནང་བ་ལ། ཞི་ལེ་ཡིས་མནབས་བཟའ་བཞེས་ཤིང་། ང་ཚོའི་ཁབ་ཏུ་འདི་འདྲ་བ་མེད་པས་ལེན་དུ་མིན་ཞེས་གསེར་ཞའི་ཐོབ་རྟགས་དེ་མ་བླངས། དེ་ནས་གོང་མས་དབྱི་ཧྲི་ཏ་སྦྲུའུ་ཡི་ཐབས་ཡོད་པ་ཚོས་ལེན་བྱ་བ་བོད་དུ་མངགས་སོ།”①ཞེས་གསལ་ཞིང་། དེ་ནས་མུ་མཐུད་དེ་བོད་ནས་ཁྲི་ལེན་ས་ཚར་རྟ་སྤྲད་ནས་ཉོ་ཚོང་བྱེད་པ་དང་། ཁྲི་ལེན་ཐང་བོད་ཀྱི་ས་མཚམས་སུ་བྱུས་ཤིང་རྗོ་རིང་བཙུགས་ནས་བཀའ་ག་སྩོགས་ཀྱི་མདོ་ཡི་གེར་བཀོད་པ་མ་ཟད། གོང་མས་པོ་ཉ་ཀྲང་སྦྲུའུ་ཀོས་དང་། ལི་ཞིན་ལྷེ་བྱ་བ་མངགས་ཏེ་བོད་ཀྱི་བློན་པོ་མང་པོ་རྗེ་དང་མཉམ་དུ་ཙན་ནན་དང་། ཧྲི་ཞི་ཀྲུའུ་སོགས་ལ་སོང་ནས“ད་ནི་རྒྱལ་ཁམས་གཉིས་ཀ་འདུམ་བྱུང་བས། ཕན་ཚུན་དམག་བྱེད་མི་ཆོག་ཅེས་ཁྲབ་པར་བསྒྲགས” པ་སོགས་ཞིབ་ཕྲ་ཡི་གེ་མང་བར་རྟོགས་ནས་མ་བྲིས་ཤིང་། གོང་གསལ་ལོ་རྒྱུས་ཀྱི་དུམ་བུ་དེ་ཙམ་ཞིག་མཐོང་ན། གཞི་ནས་བོད་ཀྱི་བཙན་པོའི་རྒྱལ་རབས་ཀྱི་བཙུན་མོར་ཐང་གི་ཀོང་ཇོ་སློང་དགོས་དོན་གང་ཡིན་པ་དང་། ཐང་རྒྱལ་རབས་ཀྱིས་ཀྱང་རང་གི་རྒྱལ་རྒྱུད་ཀྱི་བུ་མོ་སྤྱ་རྟེང་དུ་ཐག་རིང་བོད་ཀྱི་ཡུལ་དུ་གཏོང་དགོས་དོན་ཅི་ཡིན་པ། ཝུན་ཤིང་ཀོང་ཇོ་དང་གྱིམ་ཤིང་ཀོང་ཇོ་གཉིས་བོད་དུ་ལོ་བརྒྱ་ཕྲག་འགའ་ཞིག་བཞུགས་རིང་ཐང་བོད་གཉིས་ཀྱི་བདེ་འཇགས་དང་མཛའ་མཐུན་གྱི་འབྲེལ་བར་གལ་ཆེའི་ལེགས་སྐྱེས་ཇི་ལྟར་ཕུལ་ཡོད་པ་སོགས་གཞི་ནས་བསམ་བློས་དཔག་ནུས་པ་མ་ཟད། རྒྱུན་སྲོལ་གཉེན་སྒྲིག་ཕལ་པའི་ལྟ་བ་ཁྱེར་ནས

① （ཐང་དེབ་གསར་མ་བོད་ཡིག་དེབ་ངོས45 –47）

བཙན་པོ་ཁྲི་ལྡེ་གཙུག་བརྟན་དང་རྒྱ་བཟའ་ཀྱིམ་ཤིང་ཀོང་ཇོ་གཉིས་ཀྱི་ལོ་ཚོད་བསྡུར་ཏེ་མཚར་སྣང་ཁྱད་གསོད་བྱེད་པ་སོགས་ནི་ཐང་བོད་རྒྱལ་ཁམས་གཉིས་ཀྱི་ལོ་རྒྱུས་ངོ་མ་དང་སྐབས་དེའི་ཆབ་སྲིད་ཀྱི་ཐབས་ཇུས་སོགས་ལ་དཔྱད་པ་མ་འདང་བ་ཕོ་ནར་ཟད་དོ། གཞན་ཡང་བོད་ཀྱི་རྒྱལ་རབས་ཆོས་འབྱུང་ནང་འབྱུང་བ་ལྟར་ཀྱིམ་ཤིང་ཀོང་ཇོས་བོད་དུ་ཆོས་དང་སྨན་རྩིས་ལ་སོགས་པའི་དཔེ་དེབ་དུ་མ་བསྒྱུར་ཅིང་། རོལ་མོའི་བྱེ་བྲག་དར་སྤེལ་བཅས་རིག་གནས་ཕུན་སུམ་ཚོགས་སུ་བཏང་བ་སོགས་མདོར་ན་ཐང་བོད་དབར་གཉེན་ཐོག་གཉེན་བརྩེགས་ཀྱི་མི་རིགས་མཛའ་མཐུན་སྡོར་བས་དམ་ཟབ་ཏུ་འགྱུར་བར་ལོ་རྒྱུས་ཀྱི་ཕྱག་རྗེས་བཟང་པོ་བཞག་ཡོད་དོ།

སྤྱི་ལོ712བོད་ཆུ་བྱི་ལོའི་དགུན་དུས་སུ་བཙན་པོ་རྒྱལ་གཙུག་རུ་ཕོ་བྲང་བྲག་དམར་ན་བཞུགས་པའི་སྐབས། བློན་ཆེན་པོ་དབས་ཁྲི་གཟིགས་ཞང་ཉེན་ལ་སོགས་པས་བཙན་པོའི་མཚན་ཁྲི་ལྡེ་གཙུག་རྩན་དུ་གསོལ། ལོ་འདིར་བཙན་མོ་ཕྱི་ཁྲི་མ་ལོད་གྲོངས། དཔོན་ད་རྒྱལ་བཙན་ཟུང་དང་བློན་པོ་ཁྲི་གཟིགས་ཀྱིས་ཆབ་སྲིད་ཀྱི་གཙོ་འགན་འཁུར། སྤྱི་ལོ721བོད་ལྕགས་བྱ་ལོར་བློན་ཆེན་པོ་ཁྲི་གཟིགས་ཞང་ཉེན་ལོ་བཅུ་བདུན་བློན་ཆེན་བྱས་ནས་གྲོངས་པའི་ཚབ་ཏུ་དབས་ཁྲི་གསུམ་རྗེ་རྩན་བཞེར་བློན་ཆེན་པོར་བསྐོ་བཞག་གནང་། ལོ་དེར་བཙན་པོའི་ཡུམ་མཆིམས་བཟའ་བཙན་མ་ཏོག་ཀུང་སྐུ་གཤེགས་པ་ཡིན་ནོ། དེ་རྗེས་ལོ་བཞི་སོང་བའི་སྤྱི་ལོ725བོད་ཤིང་གླང་ལོར་བློན་ཆེན་པོ་ཁྲི་གསུམ་རྗེ་གྲོངས་ཤིང་། དེའི་ཚབ་ཏུ་མང་ཞམ་སྟག་ཙབ་བློན་ཆེན་པོར་བསྐོས། ལོ་གཉིས་ལས་མ་སོང་བར་སྤྱི་ལོ727བོད་མེ་ཡོས་ལོར་གྲོངས་པའི་ཚབ་དབས་སྟག་སྒྲ་ཁོང་ས་ལོད་བློན་ཆེན་དུ་བསྐོས་ཏེ་ང་བྱ་བ་རྣམས་ཇི་བཞིན་མ་བྱུང་བས

ལོ་གཅིག་ལས་མ་གནས་པར་གནས་ལས་དབྱུང་སྟེ། སྤྱི་ལོ728བོད་ས་འབྲུག་ལོར་འགྲོ་ཚུང་བཟང་འོར་མང་བློན་ཆེན་པོར་བསྐོ་བཞག་གནང་། ཧུན་ཧོང་གི་ཡིག་རྙིང་ལས་འབྱུང་བ་ལྟར་དུས་སྐབས་འདི་དག་ཏུ་རྒྱའི་ཕོ་ཉ་ལིས་ཙོང་ཀན་དང་དེ་རྗེས་ཡང་རྒྱའི་ཕོ་ཉ་ཙྭ་དེ་པུ། ཞང་འདོ་ཤི རྗེའུ་ཇན་ཤི ལི་ཁེང་། ལི་ཞང་ཤོ། འོང་འདོ་ཤི་ལ་སོགས་པ་ཐང་གི་ཕོ་ཉ་ཧ་ལམ་ལོ་རེ་བཞིན་བོད་དུ་འགྱོར①པ་དང་། དེ་བཞིན་ཐང་དེབ་ཏུ་གསལ་བ་ལྟར་བོད་ཀྱི་ཕོ་ཉ་ཡང་ཁྲང་ཨན་དུ་ལན་མང་སླེབས་པ་སོགས་རྒྱ་བོད་དབར་གྱི་མཛའ་མཐུན་གྱི་འབྲེལ་བ་དམ་ཟབ་རྒྱུན་མ་ཆད་པ་མཚོན་ཞིང་། འོན་ཀྱང་རྒྱ་བོད་ས་མཚམས་ཁག་ལ་སྐབས་རེ་སོ་སྲུང་དམག་དཔུང་དབར་འཐབ་འཁྲུག་ལངས་པ་སོགས་དུས་མི་བདེ་བའི་ཚུལ་ཡང་ལན་ཁ་ཡར་བྱུང་སྲིད་བ་ཡིན་ནོ། སྤྱི་ལོ739བོད་ས་ཡོས་ལོར་བཙུན་མོ་གྱིམ་ཤིང་ཀོང་ཇོ་སྐུ་གཤེགས་པ་དང་། དེ་ནས་ལོ་བཞི་སོང་བའི་སྤྱི་ལོ742བོད་ཆུ་རྟ་ལོར་བཙན་པོ་ཁྲི་ལྡེ་གཙུག་བརྟན་གྱི་བཙུན་མོ་ཚུང་བ་སྣ་ནམ་བཟའ་མང་མོ་རྗེ་ལ་སྲས་ཁྲི་སྲོང་ལྡེ་བཙན་སྐུ་བལྟམས་ཤིང་། ལོ་དེ་རང་གི་ནང་མང་མོ་རྗེ་སྐུ་གཤེགས་པ་བཅས་ནི་གཙོ་བོ་ཧུན་ཧོང་གི་ཡིག་རྙིང་དང་། རྒྱའི་དེབ་ཐེར་ཁུངས་བཙན་རྣམས་གཅིག་ཏུ་མཐུན་པས་ཡིད་རྟོན་རུང་བ་ལགས་སོ། གཞན་ཡང་ཆོས་འབྱུང་ལོ་རྒྱུས་ལས་འབྱུང་བ་ལྟར་བཙན་པོ་འདིའི་སྐབས་སུ་བོད་དུ་སངས་རྒྱས་ཀྱི་ཆོས་ལུགས་སྤེལ་བའི་དགོངས་པ་གཏད་དེ་བྲན་ཀ་མུ་ལེ་ཀྭ་ཤ་དང་། གཉགས་ཛྙ་ན་ཀུ་མ་ར་བྲ་བ་གཉིས་རྒྱ་གར་དུ་ཆོས་འཚོལ་དུ་བཏང་བས་རྒྱ་གར་གྱི་པཎྜི་ཏ་སངས་རྒྱས་གསང་བ་དང་། སངས་རྒྱས་ཞི་བ་

① （ཧུན་ཧོང་ནས་ཐོན་པའི་བོད་ཀྱི་ལོ་རྒྱུས་ཡིག་ཆ་དེབ་ངོས32－34）

ཞེས་པ་གཉིས་གངས་ཏི་སེ་ལ་སྒོམ་དུ་བྱོན་པ་ཐོས་ཏེ་ཁོང་གཉིས་སྤྱན་དྲངས་ཀྱང་མ་འཛོངས། དེ་གཉིས་ཀྱི་ཐུགས་ནས་དམ་པའི་ཆོས་མདོ་སྡེ་ལས་རྣམ་འབྱེད་དང་། གསེར་འོད་དམ་པ། ཀྲི་ཡ་དང་ཨུ་པ་ཆ་ཤས་ཙམ་ཞུས། གླེགས་བམ་སྤྱན་དྲངས་ནས་རྒྱལ་པོའི་མཆོད་གནས་སུ་ཕུལ་བས་དེ་རྣམས་བཞུགས་ཡུལ་དུ་ལྷ་ཁང་ལྔ་བཞེངས་པར་གྲགས་སྟེ། ལྷ་ས་མཁར་བྲག་དང་། བྲག་དམར་མགྲིན་བཟང་། མཆིམས་ཕུ་ནམ་རལ། བྲག་དམར་ཀ་ཏུ། མ་ས་གོང་གི་གནས་ཏེ་ལྔ་བཞེངས་པར་མཛད་པ་དང་། རྒྱ་བཟའ་ཁྲིམ་ཤིང་ཀོང་ཇོ་བོད་དུ་ཕེབས་སྐབས་ངའི་ནེ་ནེ་མོ་ཀོང་ཇོའི་ལྷ་གསེར་གྱི་ཤཱཀྱ་མུ་ནེ་ལྷ་གསུངས་ནས་ལྷ་སར་བྱོན་པས་ར་མོ་ཆེ་ན་ཇོ་བོ་མ་བཞུགས་པ་གཟིགས། མཆོད་པ་ཕུལ་ཞིང་ཐམས་ཅད་དུ་བཙལ་ཀྱང་མ་རྙེད་ནས་ར་ས་འཕྲུལ་སྣང་དུ་མཆོད་པ་འབུལ་བར་བྱོན་ཞིང་། ཀོང་ཇོའི་ཞལ་ནས་གཙང་ཁང་སྒོ་ལྟའི་བཙོས་རབས་འདུག་པ་ལ་བཞི་ལས་མེད་པ་འདི་ན་གཙང་ཁང་ཞིག་ཡོད་པར་འདུག་གསུངས་ནས། སྒོ་འབུར་སྟོ་ངོས་ཡ་ཀླད་ཀྱི་གོང་དུ་ཕྱག་གིས་བརྡུངས་པས་སེར་ཀ་གཅིག་བྱུང་། དེ་བརྐོས་ནས་སྒོ་ཕྱེ་བས་ཤཱཀྱ་མུ་ནེ་བཞུགས་པར་གཟིགས་ནས། ནེ་ནེ་མོའི་ལྷ་ཞལ་ཀུན་ལ་བསྟན་དུ་གསོལ་ཞེས་གསུངས་ནས་ལྷ་ཞལ་མཐོང་གི་མཆོད་པའི་རྒྱུན་བཙུགས། སྔར་བློན་པོ་ཤི་བ་ལ་ཟན་སྐལ་མེད་པས་ངེད་རྒྱ་ནག་ཆོས་དར་བས་མི་ཤི་བ་ལ་བདུན་ཚིགས་ཡོད། བོད་དུ་ཆོས་མ་དར་བས་བློན་པོ་སྙིང་རེ་རྗེ་གསུངས་ནས། མི་ཤི་མ་ཐག་ཏུ་ལྷ་མི་སྟོང་ལ་མཆོད་སྦྱིན་སྩལ་ཏེ་བོད་ཀྱི་ཚེ་ཞེས་གཤིན་དགེའི་སྲོལ་བཙུགས།”①ཞེས་གསལ་ཞིང་བཙན་པོ་ཉིད་སྐུ་མ་གཤེགས

① （ཆོས་འབྱུང་མཁས་དགའ་དེབ་ངོས266）

པའི་སྤྱི་གོང་དུ་བློན་པོ་སྦ་སང་ཤི་སོགས་མི་བཞི་ཐང་གོང་མའི་དྲུང་དུ་བཀའ་ཤོག་གི་སྨྲོམ་བུ་དང་སྐྱེས་བཅས་བསྐུར་ཏེ་རྒྱ་ཡུལ་ནས་ཆོས་ཀྱི་གཙུག་ལག་ལེན་དུ་མངགས་པ་དང་། རྒྱ་རྗེས་མཐིང་ཤོག་ལ་གསེར་ཆུས་བྲིས་པའི་ཆོས་བམ་པོ་སྟོང་གནང་ཚུལ་མཁས་པའི་དགའ་སྟོན་ནང་གསལ་ཞིང་། རྒྱའི་དེབ་ཐེར་དུའང“རྗོད་ནས་ཧྥུའུ་ཅིན་བྱ་བ་སྟེ་བོད་སྐད་དུ་དེབ་ལྷ་བྱ་བ་དེ་གདན་དྲངས་པ་ལ། གོང་མས་དྲུང་ཡིག་ལ་འབྲི་རུ་བཅུག་པ་མ་ཟད། ཀུང་ཕུའུ་ཧྲང་ཧྲུའུ་ཡི་ཐབས་ཡོད་པ་ལི་ཧྲོ་བྱ་བ་བོད་དུ་མངགས་ནས་སྐྱེས་མང་དུ་བསྐུལ།”① ཞེས་གསལ་བ་སོགས་སངས་རྒྱས་ཆོས་ལུགས་དར་སྤེལ་གཏོང་རྒྱུར་ཐུགས་བཞེད་ཆེན་པོ་བཅངས་པ་མཚོན་ཞིང་། འོན་ཀྱང་བོད་ཀྱི་ཞང་བློན་ཆེ་རྒྱ་མང་ཆེ་བ་ནི་སྔར་གྱི་བོན་ལུགས་ཕོ་ནར་ཞེན་ཆེ་བ་སོགས་རྒྱལ་བློན་གྱི་བར་དུའང་འགལ་བ་ཆེན་པོ་ཞིག་ཆགས་ཡོད་པར་སྣང་།

མཐར་བཙན་པོ་འདི་ཉིད་སྐུ་གཤེགས་པའི་ལོ་དུས་ཐད་བོད་ཀྱི་རྒྱལ་རབས་ཆོས་འབྱུང་རྣམས་བཞེད་པ་མི་མཐུན་པ་མང་ཞིང་། ཏུན་ཧོང་ཡིག་རྙིང་གི《དོན་ཆེན་གནད་བསྡུས་ཀྱི་ལོ་ཚིགས》ནང་དུའང་སྤྱི་ལོ748ནས756བར་གྱི་ལོ་དགུའི་རིང་མི་གསལ་མོད། འོན་ཀྱང་སྲས་ཁྲི་སྲོང་ལྡེ་བཙན་དགུང་ལོ་བཅུ་གསུམ་ཐོག་ཡབ་སྐུ་གཤེགས་པའི་བཤད་ཚུལ་གཅིག་གྱུར་ལས་རྩིས་ན། སྤྱི་ལོ754བོད་ཤིང་ཕོ་རྟའི་ལོ་ལ་ངེས་ཤིང་། ལོ་དེར་བཙན་པོ་ཁྲི་ལྡེ་གཙུག་བརྟན་མཆོག་ཡར་འབྲོག་སྦྲ་ཚལ་དུ་ཆིབས་འགྲོགས་ནས་སྐུ་གཤེགས་པར་གྲགས་ཀྱང་། དོན་ལ་བློན་པོ་འབལ་ལྡོང་ཙབ་དང་། ལང་

① （ཐང་དེབ་གསར་མ་བོད་ཡིག་དེབ་དོས47）

སྐྱེས་གཟིགས་གཉིས་ཀྱིས་ཕྱོག་ཏུ་བཀོད་པ་ཡིན་ནོ།

"དེ་ཡི་བང་སོ་མུ་ར་རི་ལ་བརྩིགས།།
གྲལ་ནི་འཕྲུལ་གྱི་རྒྱལ་པོའི་གཡོན་ན་ཡོད།།
མིང་ནི་ལྷ་རི་གཙུག་ནམ་བྱ་བ་ལགས།།"①

ཞེས་གསལ་ལོ།

ལྔ་པ། བཙན་པོ་ཁྲི་སྲོང་ལྡེ་བཙན་གྱི་སྐོར།

བཙན་པོ་ཁྲི་སྲོང་ལྡེ་བཙན་ནི། སྤུ་རྒྱལ་གདུང་རབས་ཀྱི་ཕྲེང་བའི་ནང་རྒྱལ་ཐབས་ཀྱི་འཕྲིན་ལས་ཕྱོགས་བརྒྱར་བཀྱེད་ཅིང་། བོད་ཁམས་ཀྱི་སྐྱབས་འགྱུར་དགེ་མཚན་དར་ལ་དྲག་པར་མཛད་པའི་ཕྱག་རྗེས་ཆྲབས་པོ་ཆེ་དང་ལྡན་པ་ཆོས་སྲིད་ལུགས་གཉིས་ཀྱི་དཔལ་ལ་མངའ་དབང་བསྒྱུར་བས་ཆོས་རྒྱལ་མེས་དབོན་རྣམ་གསུམ་ཞེས་མཚན་སྙན་ཀུན་ཏུ་གྲགས་པའི་ཡ་གྱལ་སྲོང་བཙན་གཉིས་པ་ལྟ་བུ་གཞན་གྱི་ངོ་ཟླ་མེད་པ་ཞིག་ལགས་ཤིང་། བཙན་པོ་དེ་ཉིད་ཡུམ་དང་འཁྲུངས་དུས་སོགས་ཀྱི་སྐོར་དེང་རབས་ཀྱི་མཁས་པ་མང་པོས་བོད་རྒྱའི་ལོ་རྒྱུས་ཡིག་ཚང་དུ་མར་བསྡེག་བཅད་བརྡར་གསུམ་གྱི་ཞིབ་འཇུག་མཐའ་ཆོད་པ་གནང་སྟེ། 《བོད་ལྗོངས་ཞིབ་འཇུག》དུས་དེབ་ཐོག་དཔྱད་རྩོམ་རབས་དང་རིམ་པ་སྤེལ་བས་འདིར་བསྐྱར་ཟློས་ཞུ་མ་དགོས་པར་བཙན་པོའི་རྒྱལ་རབས་ཀྱི་དུས་སུ་བྲིས་པའི་ཏུན་ཧོང་ནས་ཐོན་པའི་བོད་ཡིག་ཡིག་རྙིང་ནང་། "རྟའི་ལོ་ལ་བཙན་པོ་པོ་(ཕོ་) བྲང་དབྱརད་མཚར་བུ་སྣ་ན་བཞུགས……བཙན་པོ་ཁྲི་སྲོང་ལྡེ་བཙན་བྲག་དམར་དུ་བལྟམས། ཡུམ་མང་མོ་རྗེ་ནོངས་ཕར་(པར་)

① (ཆོས་འབྱུང་མཁས་དགའ་དེབ་ངོས303)

ལོ་གཅིག"①ཅེས་འཁོད་པ་དང་། ཡང་ཡིག་ཆ་དེ་ཉིད་ཀྱི་རྒྱལ་རབས་རིམ་བྱུང་ཞེས་པའི་ནང་། "ཁྲི་ལྡེ་གཙུག་བརྟན་དང་། རྗ་ནམ་བཟའ་མང་མོ་རྗེ་བཞི་སྟེང་དུ་བཞོས་པའི་སྲས། ཁྲི་སྲོང་ལྡེ་བརྟན"②ཞེས་གསལ་པོར་འབྱུང་བ་ལྟར་སྤྱི་ལོ742བོད་རྒྱ་ཕོ་རྟའི་ལོར་བཙན་པོ་ཡབ་ཁྲི་ལྡེ་གཙུག་བཙན་དང་ཡུམ་རྗ་ནམ་བཟའ་མང་མོ་རྗེ་གཉིས་ཀྱི་སྲས་སུ་ཁྲི་སྲོང་ལྡེ་བཙན་པོ་བྲང་བྲག་དམར་དུ་སྐུ་བལྟམས་པ་དེ་ནི་ཡིད་རྟོན་རུང་བའི་ལོ་ཚིགས་འབའ་ཞིག་ཡིན་ནོ།

1. སྲིད་ཕྱོགས་ཀྱི་མཛད་པ་གལ་ཆེ་བའི་སྐོར།

ཁྲི་སྲོང་ལྡེ་བཙན་དགུང་ལོ་བཅུ་གསུམ་དུ་སོན་པའི་སྐབས་ཏེ། སྤྱི་ལོ754བོད་ཤིང་རྟ་ལོར་བློན་པོ་འབལ་སྐྱེས་བཟང་ལྡོང་ཚབ་དང་། ལང་མྱེས་གཟིགས་ཟེར་བ་གཉིས་བློ་ལོག་སྟེ་བཙན་པོ་ཡབ་ཁྲི་ལྡེ་གཙུག་བཙན་སྐྲག་ཏུ་བཀྲོངས་ནས་སྲིད་འགྱུར་སློང་རྩིས་བྱས་པ་དང་། ཚུལ་དེ་བློན་པོ་སྟག་སྒྲ་ཀླུ་ཁོང་གིས་རྟོགས་ནས་བཙན་པོ་ཁྲི་སྲོང་ལྡེ་བཙན་གྱི་སྙན་དུ་སྒྲོན་པའི་སྐོར་པོ་ཏ་ལའི་ཞོལ་རྡོ་རིང་ཕྱི་མའི་ལྷོ་ངོས་ཀྱི་ཡི་གེ་ཕྲེང་ལྔ་པ་ནས་ཉེ་ཤུའི་བར་དུ"འབལ་ལྡོང་ཚབ་དང་། ལང་མྱེས་ཟིགས་བློན་པོ་ཆེན་པོ་བྱེད་བྱེད་པ་ལས། བློ་བ་རིངས་ནས། བཙན་པོ་ཡབ་ཁྲི་ལྡེ་གཙུག་རྟན་གྱི་སྐུ་ལ་དརད་ཏེ་དགོང་དུ་གཤེགས་སོ། བཙན་པོ་སྲས་ཁྲི་སྲོང་ལྡེ་བཙན་གྱི་སྐུ་ལ་དརད་དུ་ཉེ། བོད་མགོ་ནག་པོའི་སྲིད་ནི་འཕྲུག་ཏུ་བྱེད་པ་ལས། ཀླུ་ཁོང་གིས། འབལ་དང་། ལང་གྲོ་བ་རིངས་པའི་གཏན་གཙིགས། བཙན་པོ་སྲས་ཁྲི་སྲོང་ལྡེ་བརྟན་གྱི་སྙན་དུ

---

① （ཏུན་ཧོང་ནས་ཐོན་པའི་བོད་ཀྱི་ལོ་རྒྱུས་ཡིག་ཆ། ལྷགས་པར་དེབ་ངོས35）

② （ཏུན་ཧོང་ནས་ཐོན་པའི་བོད་ཀྱི་ལོ་རྒྱུས་ཡིག་ཆ། ལྷགས་པར་དེབ་ངོས99）

གསོལ་ཏད་ནས་འབབ་དང་། ལང་སློ་བ་རིངས་པ། བདེན་པར་འགྱུརད་ཏེ། ཁོང་ཏ་ཧི་བཀྱེན་ཕབ་སྟེ། གླུ་ཁོང་སློ་བ་ཉེའོ་”①ཞེས་འཁོད་ཡོད་ཅིང་། ཏུན་ཧོང་ཡིག་རྙིང་དུའང་། “ལུག་གི་ལོ། ཡབ་ཀྱི་ཁོར་པ་དག་དམག་མྱིས་ཕབ། སྟོང་སར་སྟོང་སྡེ་གསུམ་གྱི་སྟོང་དཔོན་བསྐོས། ལང་འབབ་གྱི་བྲན་སྤྱུག་སྟེ། གཏོང་སོད་དུ་བཏོན་……དགུན་འདུན་ཞང་རྒྱལ་གཟིགས་གྱིས་རག་ཏག་གི་ཀོག་ཏུ་བསྡུསྟེ། ལང་འབབ་བཀྱེན་ཕབ་པའི་ནོར་བརྩིས་པར་ལོ་ཅིག་”②ཅེས་གསལ་བ་ལྟར་ཡབ་བཀྲོངས་པའི་ལོ་ཕྱི་མ་སྟེ། སྤྱི་ལོ755བོད་ཤིང་ལུག་ལོར། ཡབ་ཀྱི་སྐུ་ལ་བསྡོ་བའི་ལག་དམར་བ་རྣམས་དམག་དཔུང་གིས་ཆམ་ལ་ཕབ་པ་དང་། ལང་འབབ་གྱི་མགོ་འཛིན་བྱེད་པའི་སྟོང་སྡེ་གསུམ་ལ་སྟོང་དཔོན་གསར་དུ་བསྐོས་ཤིང་། ལང་འབབ་གྱི་ངན་རོགས་བྲན་འཁོར་རྣམས་མཐའ་ལ་རྒྱང་འབུད་དུ་བཏང་སྟེ། བྱེད་གཏེ་ཚེ་སྲོག་ཚབ་ཏུ་དམར་གསོད་ཀྱི་ཁྲིམས་བཅད་པ་དང་། དགུན་དུས་ཀྱི་འདུན་ཚོགས་ཞང་རྒྱལ་གཟིགས་ཀྱིས་གཙོ་བོ་བྱས་པའི་རག་ཏག་གི་ཀོག་ཅེས་པའི་ས་གནས་སུ་བསྐྱངས་ཐོག ལང་འབབ་ལ་ཁྲིམས་ཆད་བཅད་པའི་རྒྱུ་ནོར་རྣམས་ཞིབ་རྩིས་བཅས་བྱས་པར་བསྟན། དེའི་ཕྱི་ལོ་སྟེ་སྤྱི་ལོ756བོད་མེ་སྤྲེལ་ལོར་བློན་འབངས་རྣམས་ཀྱིས་བཙན་པོའི་སྲས་ཀྱི་མཚན་ལ་ཁྲི་སྲོང་ལྡེ་བཙན་དུ་གསོལ་ཞིང་། ཆབ་སྲིད་ཕྱག་ཏུ་བཞེས། མཐའ་བཞིའི་མངའ་འབངས་ཡོངས་ལ་བཀའ་ཤོག་ཆེན་པོ་བསྒྲགས་ཏེ་དུས་དེ་ནས་བཟུང་དངོས་སུ་དབང་བསྒྱུར་མཛད་པ་ཡིན་ནོ།

---

① （བོད་ཀྱི་གནའ་རབས་ཡིག་ཆ་གཅེས་བསྡུས། ཤོག་གྲངས་ལྔ་བཅུ་པ་དེབ་ངོས50）
② （ཏུན་ཧོང་ནས་ཐོན་པའི་བོད་ཀྱི་ལོ་རྒྱུས་ཡིག་ཆ་ཤོག་གྲངས་པར་དེབ་ངོས37）

བཙན་པོ་ནི་ཐུགས་རབ་ཆེ་ཞིང་སྙིང་སྟོབས་ཀྱི་ཕོ་ལག་རྫོགས་པ་ཞིག་ཡིན་ལ་སྐབས་འདི་ཤེད་དུ་བློན་ཆེན་པོ་སྣང་བཞེར་ཟླ་བཙན་དང་། ཞང་མཆིམས་རྒྱལ་གཟིགས་ཤུ་ཐེང་། བློན་སྐྱེས་བཟང་རྒྱལ་གོང་། ཞང་སྟོང་རྩན། སྦྲང་རྒྱལ་སྒྲ་ལེགས་གཟིགས། དབས་བརྩན་བཞེར་མདོ་ལོད། བློན་ཁྲི་སྒྲ་སྟག་ཚབ། སྟག་སྒྲ་ཀླུ་ཁོང་ལ་སོགས་པ་མཁས་ཤིང་མཛངས་ལ་དཔའ་ཞིང་བརྟུལ་ཕོད་པའི་ཞང་བློན་དེ་དག་གིས་ཞབས་ནས་འདེགས་པས་ཆབ་སྲིད་སྟར་བས་དར་རྒྱས་སུ་བསྐྱངས། ཐང་བོད་དབར་གྱི་འབྲེལ་བ་ནི་རྒྱུན་མི་འཆད་པར་ཕན་ཚུན་པོ་ཉ་བཏང་ནས་རྟེ་སྐྱེས་འབུལ་བ་དང་། སྐབས་རེ་ས་མཚམས་སུ་དམག་འཁྲུག་དང་མཇལ་འདུམ་ཡང་ལན་འགའ་བྱེད་པ་བྱུང་ཞིང་། བོད་དམག་སྟོང་ཁ་ཆེ་ཆུང་དང་། ཀ་རྒྱ། ཟིང་ཆུ་སོགས་ལ་དྲངས་ཏེ་མཁར་བཙན་མང་པོ་ཡང་ཕབ་པར་གྲགས། ཁྱད་པར་སྤྱི་ལོ762བོད་ཆུ་ཕོ་སྟག་གི་ལོར་ཞང་རྒྱལ་གཟིགས་དང་། བློན་སྟག་སྒྲ་ཀླུ་ཁོང་། ཞང་སྟོང་རྩན་ལ་སོགས་པས་བོད་དམག་འབུམ་ཕྲག་ཙམ་ཁྲིད་དེ་རྒྱལ་ས་ཁྲང་ཨན་ལ་ཕར་རྒོལ་བྱས་ནས་གོང་མ་ཐང་ཏའི་ཙུང་རེ་ཞིག་ཤེན་ཙུར་བྲོས་ཤིང་། བོད་དམག་གིས་ཁྲང་ཨན་ཉིན་བཅོ་ལྔ་བཟུང་མཐར་ཕྱིར་འཐེན་བྱས་པ་སོགས་རྒྱ་བོད་ཀྱི་ཡིག་ཚང་ཁུངས་བཙན་རྣམས་ན་ཕན་ཚུན་མཐུན་པར་གསལ་ཡོད། བཙན་པོ་དགུང་ལོ་ཉེར་གཉིས་བཞེས་པ་སྤྱི་ལོ763བོད་ཆུ་ཡོས་ལོར་བོད་དུ་མོལ་ཆེན་ཞེས་དམིགས་བསལ་གྱི་འདུ་ཚོགས་གལ་ཆེན་པོ་ཞིག་སྐོང་འཚོགས་གནང་སྟེ། བྱས་པ་ཅན་གྱི་ཞང་བློན་རྣམས་ལ་གཟེངས་བསྟོད་མཛད་པའི་སྐོར། "ཡོས་བུའི་ལོ་ལ་བབ་སྟེ། ཕོ་བྲང་བྲུར་གྱི་ལྷུང་བུ་ན་བཞུགས། དབྱར་འདུན་སླག་གི་བུ་ཙུང་དུ་འདུས། མདོ་སྨད་ཀྱི་དབྱར་འདུན་བློན་ཁྲི་སྒྲ་སྟག་ཚབ་གྱིས། སླ་ཤོད་ཀྱི་སྣིག་དུ་བསྡུས།

བོད་ཡུལ་དུ་མོལ་ཅེན། མོལ་ཅེན་མཛད་དེ། ཞང་བློན་ཆེན་པོ། སྤོ་ནླག་མཛད་དེ། བློན་ཆེན་སྣང་བཞེར་ཀོ་ཀོ་ཧུའི་ཡི་གེ་སྩལ་དེ། བློན་ཆེར་བཅུག་ཞང་རྒྱལ་གཟིགས་ཆེན་པོ་གཡུའི་ཡི་གེ་བསྩལ་དེ། མགར་འཛི་རྨུན་གྱི་ཐང་དུ་ཚོག་ཤེས་སུ་བསྟོད། བློན་ཁྲི་བཟང་བློན་ཅེར་བཅུག སྟོང་རྩན་གཡུའི་ཡི་གེ་སྩལ་ཏེ། སོ་མཐའ་བཞི་དམག་པོན་དུ་བཀའ་སྩལད་པར་ལོ་ཅིག” ① ཅེས་འཁོད་འདུག

གཞན་ཡང་ཏུན་ཧོང་གི་གནའ་ཡིག་ལས། “བཙན་པོ་རིམ་བྱོན་གྱི་ལོ་རྒྱུས” ཞེས་པའི་ལེའུ་བརྒྱད་པར། བཙན་པོ་འདིའི་མཛད་རྗེས་མདོར་བསྡུས་ཤིག་བཀོད་འདུག་པ་དེ་ཙུང་ཟད་གོ་བདེ་བར་བསྒྱུར་ན་འདི་ལྟར། བཙན་པོ་ཁྲི་སྲོང་ལྡེ་བཙན་གྱི་སྐུ་དུས་སུ། གཞུང་ལུགས་བཟང་ཞིང་ཆབ་སྲིད་དར་ཏེ། རྒྱལ་པོ་ནི་གནམ་ས་གཉིས་ཀྱི་བར་མི་ཡུལ་ན་ལྷམ་མེར་བཞུགས་ཤིང་། འགྲེང་མགོ་ནག་མི་དང་། དུད་སྣ་ཕྱུགས་གཉིས་ཀྱི་རྗེ་དང་བདག་པོ་མཛད་པའི་གཙུག་ལག་ཆེན་པོ། མིའི་རིགས་ཀྱི་མིག་དཔེར་འོས་པ་མཛད་དོ། མཁས་པ་དང་དཔའ་བོའི་རིགས་ལ་བཀུར་གཟྲས་ཀྱིས་བསྟོད་དོ། ངན་པ་མ་རབས་རྣམས་ནི་ཐབས་ཀྱིས་གསོ་བར་གནང་། དེའི་ཚེ་བློན་པོ་སྲིད་ཀྱི་བྱ་བ་བྱེད་པ་རྣམས་ཀྱང་བློ་མཐུན་ཞིང་གྲོས་གཅིག་སྟེ། ཕྱིའི་དགྲ་བྱུང་བ་ལ་ཐབས་འཕྲུལ་དང་། བག་མི་ཚ་བ་བྱེད། ནང་གི་རྒྱལ་ཐབས་བྱ་བ་ལ་དྲང་ཞིང་བརྩོན་འགྲུས་སུ་བྱེད། ཕྲག་དོག་མེད་ལ། ཉེས་པ་མི་བྱེད། དཔའ་མཛངས་གཉིས་ནི་ནོར་བརླག་པ་བཞིན་གང་སར་བཙལ་ཏེ། མཛངས་པ་དང་དཔའ་བོ་ནི་འོས་ཤིང་

① （ཏུན་ཧོང་ནས་ཐོན་པའི་བོད་ཀྱི་ལོ་རྒྱུས་ཡིག་ཆ་ལྷུགས་པར་དེབ་ངོས41）

རིགས་པར་བསྐྱོད་ནས་གང་ལ་གང་འཚམ་གྱི་གནས་སུ་བཀོད་དོ། འབངས་འོག་མ་རྣམས་དལ་ཞིང་ཡུལ་ན་གནས་པ་རྣམས་ནི། མཛངས་པ་དང་དྲང་པོ་ལ་སློབ་བོ། དམག་མི་སོ་སྲུང་ལ་འཁོད་པ་རྣམས་ནི་དཔའ་བའི་ཐབས་དང་དྲག་རྩལ་ལ་སློབ་བོ། བློ་གྲོས་དང་སྒྱུ་རྩལ་རླབས་ཆེན་ལྡན་པས། སྣང་དགྲ་ལྷགས་པ་ཡང་མ་མཆིས། སངས་རྒྱས་ཀྱི་ཆོས་བླ་ན་མེད་པར་མངའ་བརྙེས་ཏེ་དེ་བཞིན་མཛད་ནས་དབུས་མཐའ་ཀུན་ཏུ་གཙུག་ལག་ཁང་བརྩིགས་ཏེ། ཆོས་ཁྲིམས་བཙུགས་ནས། ཐམས་ཅད་ཀྱང་བྱམས་དང་སྙིང་རྗེ་ལ་ཞུགས་ཤིང་དྲན་ཤེས་ཀྱིས་འཁོར་བ་ལས་བསྒྲལ་ནས་རྟག་བརྟན་གྱི་བདེ་བ་ལ་བཀོད་དོ། རྒྱལ་བློན་བཀའ་གྲོས་གནང་སྟེ། ཞང་མཆིམས་རྒྱལ་གཟིགས་ལ་སོགས་པས་རྒྱའི་མཁར་ཀེང་ཤི་ཕབ་སྟེ། རྒྱ་རྗེ་གཡང་བུ་གོང་མར་བསྐོས་སོ། ལེགས་པ་བྱས་པའི་བྱ་དགར་གཡུའི་ཡི་གེ་ཆུང་ངུ་ནམ་ཡང་མི་འགྱུར་བར་བསྩལ་ལོ། དབས་སྐྱེས་བཟང་སྟག་སྣང་གིས་རྒྱའི་དམག་དཔོན་རྫོན་རྗེ་སངས་དང་། འགུ་ཡོག་སྣང་དུ་དམག་འཐབ་ནས། རྒྱ་མང་པོ་བསད་དེ། འགུ་ཡོག་རྒྱ་དུར་དུ་བཏགས་སོ། སྤྲང་རྒྱལ་སྒྲ་ལེགས་གཟིགས་ཀྱིས་སྟོད་ཕྱོགས་སུ་དམག་དྲངས་ཏེ། སུ་རྫོངས་སུ་ཚུར་རྒོལ་བཟློག་ནས། ལུང་གི་རྒྱལ་པོ་ནུང་ཀོག་མན་ཆད་མངའ་འབངས་སུ་བཙུག དབས་བཙན་བཞེར་མདོ་ཡོད་ལ་སོགས་པས་མཁར་ཚན་ཡན་ཆད་དུ་དམག་དྲངས་ཏེ། མཁར་ཙུ་བ་བརྒྱད་ཕབ་ནས། མཁར་དཔོན་ངོ་ཡོག་པ་རྣམས་ཕུད་དེ་ཆབ་འབངས་སུ་བཙུག་གོ། ཆབ་སྲིད་རྒྱ་བསྐྱེད་ནས་ཡོང་ཤན་རི་རྒྱུད་ཡན་ཆད་མངའ་འོག་ཏུ་བསྡུས་ཏེ། མཐོང་ཁྱབ་ཁྲི་སྡེ་ལྔ་བཙུགས། བློན་ཁམས་ཆེན་པོ་གཅིག་གསར་དུ་བསྐྱེད་དོ། བློན་ཆེན་མང་（སྣང་）བཞེར་ལྷ་བཙན་མཛངས་ཤང་མཁས་ལ། བཀྲ་ཤིས་ཤིང་ཁ་དྲོ་བས། ནོར་བུ་རིན་པོ་

ཚེའི་ཡི་གེ་བསྒྱུལ་ལོ། འབངས་ཀྱི་ནང་ན། དོར་སྡེ་ཕྱུགས་མཚམས་སྡེ་འཛོམ་དཔའ་བའི་རྟགས་མཚན་དུ་སྟག་གི་ཐོག་བུ་བསྒྱུལ་ལོ། བཙན་པོ་མཆོག་གི་ཐུགས་སྒམ་པའི་ལྡབས་དང་། དབུ་རྨོག་བཙན་པོའི་གཟི་བྱིན་གྱིས། ཉི་འོག་གི་རྒྱལ་པོ་གཞན་ནས་དཔུང་ཁྲལ་བསྡུ་བ་དང་། རྒྱལ་ཕྲན་འབངས་སུ་བཀུག་པ་ལ་སོགས་པ་ཕྱི་ཕྱོགས་སུ་ཆབ་སྲིད་སྤྱར་བས་མཐའ་བཞིར་རྒྱ་བསྐྱེད་ཅིང་། ནང་གི་བདེ་སྐྱིད་ནི་སྐྱོམས་པར་མཛད་དེ། བོད་འབངས་ཀྱི་ནང་ནས་སྟོབས་ཉུས་ཞབས་འདེབས་སུ་འབུལ་དང་འབུལ་བཞིན་པ་རྣམས་ཀྱང་། ཡང་དག་པར་མི་འགྱུར་བའི་བཀའ་དྲིན་གྱིས་མ་བསྐྱངས་པ་མེད་དོ། བཙན་པོ་འདི་ལས་ཆབ་སྲིད་མངའ་ཐང་ཆེ་བ། སྔོན་ཆད་གདུང་རབས་ཀྱི་མཛད་པ་ལ་ནི་མ་བྱུང་ངོ་།①ཞེས་གསལ་བ་འདི་ནི་བཙན་པོ་ཁྲི་སྲོང་ལྡེ་བཙན་སྐུ་དུས་ཀྱི་གཙོ་བོའི་མཛད་པ་རྣམས་སྐབས་དེ་རང་གི་བོད་མིས་གནད་བསྡུས་སུ་བཀོད་པ་སྒྲོ་བཏགས་སྤྱངས་པ་ཞིག་ལ་བརྟེན་ས་ཆ་དང་། མིའི་མིང་སོགས་རྩ་བ་རང་སོར་བཞག་ནས་གནའ་ཚིག་གོ་དཀའ་བ་རྣམས་ཙུང་ཟད་གོ་བདེར་བྲིས་ཁུལ་ཡང་། གཙོ་བོ་ཡིག་རྙིང་དེབ་དང་བསྡུར་གཟིགས་ཡོང་བ་ཞུ།

གཞན་ཡང་ཆོས་འབྱུང་མཁས་པའི་དགའ་སྟོན་ལས་སྐབས་དེའི་བོད་ཀྱི་བཙན་པོའི་མངའ་ཐང་བཤད་པའི་ནང་དུའང་། "……ཤར་སྐར་མ་སྨིན་དྲུག་འཆར་བའི་མཐའ་གེམ་ཤིང་ཁྲི་སྣོ་ལ་ཐུག ལྷོ་མི་བཞི་འཆར་བའི་མཐའ་ཆུ་བོ་གངྒཱའི་འགྲམ་དུ་རྡོ་རིང་བཙུགས་པ་ལ་ཐུག་སྟེ་འཛམ་བུའི་གླིང་སུམ་གཉིས་ལ་

① （ཏུན་ཧོང་ནས་ཐོན་པའི་བོད་ཀྱི་ལོ་རྒྱུས་ཡིག་ཆ་ལྷུགས་པར་དེབ་ངོས72－73）

མངའ་མཛད་དོ་”①ཞེས་གསལ་བ་མ་ཟད། རྒྱ་གར་བྱང་ཕྱོགས་དང་བལ་པོ་སོགས་བོད་ཀྱི་ཆབ་འོག་ཏུ་བཙུད་པའི་སྐོར་དེབ་ཐེར་དཀར་པོར་ཡང་གསལ་ཞིང་། ནུབ་ཕྱོགས་ཏ་ཟིག་དང་། བྱང་ཕྱོགས་ལི་ཡུལ་བཅས་ལ་གཏུགས་པའི་ལོ་རྒྱུས་ཀྱི་ཤུལ་རྒྱུན་མང་དུ་མཆིས་སོ། གོང་གསལ་ཆོས་འབྱུང་ལས་འབྱུང་བ་ལྟར་དེའི་དུས་སུ་བློན་པོ་མགོས་ཁྲི་བཟང་ཡབ་ལྷག་གིས་བཀའ་ཁྲིམས་ཞལ་ལྕེ་སྡེ། གསོས་ཐང་སྟོང་ཐང་གི་ཞལ་ལྕེ་དང་། གཉེན་བྱེ་བྲལ་གྱི་ཞལ་ལྕེ། བསྟོན་ཐོལ་དཀར་མིའི་ཞལ་ལྕེ་སོགས་གཏན་ལ་ཕབ་པ་དང་། ཁྲིམས་གཏུགས་སྐབས་གོང་འབུལ་གྱི་ཡིག་བྱང་ལ། བྱང་ཟས་དང་། སྲུལ་མགོ སྨིག་ནག ཐེན་བྱང་། མཆུ་སྐྱུང་། ཞེས་སྤྱིར་བློ་ཡུས་ཀྱི་བྱང་བུ་ལྔ་དང་། གོང་ནས་དཔྱད་མཚམས་གཏོང་བའི་ཡིག་བྱང་ལ་ཟང་ཡག་དང་། རྐེད་ཁྲ། ཁ་དམར་ཏེ་ཞལ་ལྕེའི་བྱང་བུ་གསུམ་དང་། སྤྱིར་རྒྱུག་པའི་རྒྱ་བྱང་བཅས་ཁྱོན་བྱང་བུ་དགུ མི་བསད་པའི་སྟོང་ཐང་ཐད། “དེ་ཡང་དགུང་བློན་ཆེན་པོ་ནི་འབྲན་གྱི་དོ་མེད་དེ་བསད་ན་སྟོང་ཐང་ཁྲི་ཚིག་སྟོང་། དགུང་བློན་འབྲིང་པོ་དང་ནང་བློན་ཆེན་པོ་གཉིས་མཉམ་སྟེ་ཁྲི། དགུང་བློན་ཆུང་ངུ་ནང་བློན་འབྲིང་པོ་བཀའ་ཡོ་གལ་འཆོས་པ་ཆེན་པོ་གསུམ་མཉམ་སྟེ་དགུ་སྟོང་། ནང་བློན་ཐ་ཆུང་དང་བཀའ་ཡོ་གལ་འཆོས་པ་འབྲིང་མཉམ་སྟེ་བརྒྱད་སྟོང་། བཀའ་བློན་ཆུང་ངུ་ལ་བདུན་སྟོང་ངོ་། དེ་བཞིན་དུ་འབངས་ཡང་ཐའི་བར་དུ་རིམ་པས་བཅད་དེ་ཁྲིམས་ཡིག་ཏུ་བཀོད་པས་བློན་པོ་ཕྱི་མ་རྣམས་ལ་ཤིན་ཏུ་དྲིན་ཆེ་བས་བོད་སྤྲུག་མཛངས་པའི་མི་

① (ཆོས་འབྱུང་མཁས་པའི་དགའ་སྟོན་ལྷུགས་པར་དེབ་ངོས377)

བདུན་གྱི་དྲུག་པར་འདྲེན་ནོ་"①ཞེས་གསལ་ཡོད། བོད་དུ་མི་བསད་པ་ལ་སྟོང་ཞེས་པའང་དེ་ནས་གྲགས་པར་མངོན། འོན་ཀྱང་གོང་གི་"སྟོང་ཐང་ཁྲི་ཆིག་སྟོང་"ཞེས་པ་གྲངས་ཙམ་ལས་དངོས་པོ་གསེར་དངུལ་སོགས་གང་ཡིན་དང་། འཇལ་ཚད་ཀྱང་སྲང་དང་ཞོ་ཛེ་ཡིན་མ་གསལ་ཞིང་། དུས་ཕྱིས་བོད་ཀྱི་ལག་བསྟར་ཁྲིམས་ཡིག་སྤྱི་ཉོས་སུ་གྲགས་པ་《གཡུ་འབྲུག་སྒྲིག་པའི་ཞལ་ལྕེ་བཅོ་ལྔ་》ལས་"སྔོན་གྱི་དུས་ན་མི་དྲག་པ་ལ་འཇལ་སྲང་སྟོང་དང་ཞོ་སྟོང་དུ་སྤྱོད་པས་ན་སྟོང་ཞེས་བྱའོ་"②ཞེས་འཁོད་པས་འཇལ་ཚད་དེ་ཞོ་ཁྲི་ཆིག་སྟོང་ཡིན་པ་ར་འཕྲོད་ཅིང་། སྟོང་ཞེས་པའི་དོན་ཡང་གྲངས་ཀྱི་མིང་ལས་ཐོགས་པ་གསལ་བཤད་བྱུང་མེད། འོན་ཀྱང་དངོས་པོ་གང་ཡིན་གྱི་དབྱེ་བ་ད་དུང་མ་གསལ་རུང་། སྡེ་སྲིད་སངས་རྒྱས་པས་མཛད་པའི་ཁྲིམས་ཡིག་ཞལ་ལྕེ་བཅུ་གསུམ་པའི་ནང་། "ཕྱིས་མི་རབ་ཀྱི་རབ་བདེ་གཟར་ཡུལ་འཁྲོམས་ཀྱི་དུས་མ་གཏོགས་བསད་པ་ཆེར་མི་ཡོང་ཞིང་བྱུང་ཡང་ས་ཆའི་གཅོད་སྒྱུར་དང་། གསེར་སེལ་མའི་སྤྱོད་འཇལ་སྐབས་དང་སྒྱུར་བ……"③ཞེས་གསུངས་པབ་ལ་གཞིགས་ན་གནའ་རབས་ཀྱི་ཐོག་མའི་སྟོང་ཐང་གི་གཞི་འཛིན་ས་གསེར་ལ་བྱེད་པ་མངོན་གྱི་འདུག

དེ་བཞིན་ཁྲི་སྲོང་གི་བློན་པོ་གཉེར་སྟག་བཙན་གདོང་གཟིགས་ཀྱིས། འབངས་མི་ཁྲིམ་རེ་ལ་ཧྭ་རེ་དང་། མཛོ་རེ། བ་རེ། གླང་རེ་ལ་སོགས་པ་

① (ཆོས་འབྱུང་མཁས་དགའ་དེབ་ངོས78)

② (བོད་ཀྱི་སྔ་རབས་ཁྲིམས་སྲོལ་ཡིག་ཆ་བདམས་བསྒྲིགས་དེབ་ངོས63)

③ (ཁྲིམས་སྲོལ་ཡིག་ཆ་བདམས་བསྒྲིགས་དེབ་ངོས167)

གཉེར་སྐྱོང་བྱེད་དགོས་པའི་གཏན་འབེབས་བཟོས་ཤིང་། དབྱར་གྱི་དུས་སུ་རྫ་རྫོན་པོ་བཏགས་ཏེ་སྐམས་ནས་དགུན་དུས་ཀྱི་ཕྱུགས་གསོས་གསོག་འཇོག་བྱེད་དགོས་པ་སོགས་ཀྱི་ལམ་སྲོལ་བཙུགས་པས་བོད་ཕྱུག་མཛངས་མི་བདུན་པར་གྲགས་སོ།[①] ཞེས་གསལ་བ་ལྟར་འབངས་མི་ཁྲིམ་རེར་ཧ་རེ་མཛོ་རེ་ཞེས་པ་སོགས་ནི་ཞུང་མཐར་ཡིན་པ་སྨོས་མ་དགོས་ཤིང་། མདོར་ན་ཁོང་གིས་འབྲོག་ལས་ཐོན་སྐྱེལ་གྱི་སྐོར་ལ་དམིགས་བསལ་གྱི་བྱས་རྗེས་བཞག་པར་མངོན། དེ་དག་གི་ཐོག་ནས་སྐབས་དེར་ཁྲིམས་སྲོལ་ཞིབ་ཕྲ་ཅན་དུ་འགྱུར་བ་དང་། ཐོན་སྐྱེད་ཀྱི་བྱ་བར་མཐོང་ཆེན་བྱེད་པ་མ་ཟད། གསར་གཏོད་ཀྱི་བྱ་བ་རྩོམ་མཁན་ལ་སྙན་གྲགས་དང་གཟེངས་བསྟོད་ཆེན་པོ་གནང་བའང་གང་ལེགས་མཚོན་གྱི་ཡོད།

2. མཁན་སློབ་གཉིས་གདན་དྲངས་ཏེ་བོད་དུ་སངས་རྒྱས་ཀྱི་བསྟན་པ་དར་སྤེལ་གནང་བ།

བཙན་པོ་ཁྲི་སྲོང་ལྡེ་བཙན་གྱིས་བོད་དུ་སངས་རྒྱས་ཀྱི་བསྟན་པ་འཛུགས་སྤེལ་གནང་བའི་སྐོར།

བཙན་པོ་སྲོང་བཙན་སྒམ་པོའི་སྐུ་དུས་སུ་བོད་དུ་སངས་རྒྱས་ཆོས་ལུགས་ཐོག་མར་དར་ན་ཡང་། དེ་རྗེས་མང་སྲོང་དང་འདུས་སྲོང་གཉིས་ཀྱི་སྐབས་ཆོས་ལུགས་འཕེལ་རྒྱས་མ་བྱུང་བར་མངོན་ཞིང་། བཙན་པོ་ཁྲི་ལྡེ་གཙུག་བརྟན་གྱི་སྐབས་སླར་ཡང་སངས་རྒྱས་ཀྱི་ཆོས་ལུགས་དར་སྤེལ་ཆེད་རྒྱལ་ནང་དུ་བློན་པོ་བཏང་ནས་དམ་ཆོས་པམ་པོ་སྐོང་ཕྲག་གདན་དྲངས་པ་སོགས་དེ་དག་ནི་བལ་

① （ཆོས་འབྱུང་མཁས་དགའ་དེབ་ངོས378）

བཟའ་དང་། རྒྱ་བཟའ་སྤྱ་རྗེས་སོགས་བཙུན་མོ་རྣམས་ཀྱི་ཤུགས་རྐྱེན་དང་ཡང་འབྲེལ་བ་ཡོད་པར་སྣང་། འོན་ཀྱང་བོད་དུ་གདོད་མ་ནས་བཟུང་དར་ཁྱབ་བྱུང་ཟིན་པའི་བོན་གྱི་ཆོས་ལུགས་དེ་མི་རྣམས་ཀྱི་བསམ་བློར་བག་ཆགས་གཏིང་ཟབ་པས་བློན་འབངས་ཕལ་མོ་ཆེས་ནི་སངས་རྒྱས་ཆོས་ལུགས་ལ་འགོག་འཛིན་བྱེད་ཀྱི་ཡོད་པར་སྣང་སྟེ། བཙན་པོ་ཡབ་ཁྲི་ལྡེ་གཙུག་བརྟན་སྐུ་གཤེགས་པའི་རྗེས། "རྒྱལ་བུ་ཆབ་སྲིད་བཞེས་མ་ཐག་ཏུ་སྐུ་ནར་མ་སོན་པས་ཞང་བློན་མ་ཞང་གྲོམ་པ་སྐྱེས་ན་རེ། རྒྱལ་པོ་སྐུ་ཚེ་ཐུང་བ་ཆོས་བྱས་པས་ལན་ཏེ་བཀྲ་མི་ཤིས། ཚེ་ཕྱི་མ་སྐྱེ་བ་ལེན་ཟེར་བ་རྫུན་ཡིན། ཚེ་འདིའི་རྐྱེན་ཟློག་བོན་གྱིས་བྱེད། སུ་ཆོས་བྱེད་པ་ཕོ་རེང་དུ་མཐར་སྐྱུག་གོ་ཞེས་ཁྲིམས་བུ་ཆུང་བཅས"① ཞེས་གསལ་ཞིང་། སྐབས་དེར་གསེར་གྱི་ལྷ་ཤཱཀྱ་མུ་ནེ་བྱེ་དོང་དུ་སྦས་པ་དང་། མཁར་བྲག་དང་མགྲིན་བཟང་གི་ལྷ་ཁང་སོགས་བཤིག ལྷ་ས་གཙུག་ལག་ཁང་དུ་བཤས་ར་བྱས་པར་གྲགས། དེ་དུས་སྦ་གསལ་སྣང་གིས་སངས་རྒྱས་ཀྱི་གསུང་རབ་འཚོལ་བའི་སླད་དུ་རྒྱ་གར་དང་བལ་ཡུལ་དུ་འགྲོ་ཆོག་པ་ཞེས་བཙན་པོ་ལ་ཞུས་པ་ལྟར། འོ་ན་ངས་མང་ཡུལ་གྱི་ཁ་བློན་དུ་བསྐོའོ་གསུངས་ནས་མང་ཡུལ（ད་ལྟའི་སྐྱིད་གྲོང་རྫོང་ཁོངས་）དུ་མངགས། མ་ཞང་གིས་ཁྲིམས་བཅས་པའི་ལུང་དང་འགལ་ཏེ་རྒྱ་གར་དུ་གནས་མཇལ་བར་ཕྱིན། ཕྱིར་ལམ་བལ་ཡུལ་དུ་མཁན་ཆེན་པོ་ཞི་ བ་ཏྶ་མཇལ་ཏེ་བལ་རྗེ་ལ་ཞུས་ནས་མང་ཡུལ་དུ་གདན་དྲངས། ལྷ་ཁང་གཉིས་ཀྱང་བཞེངས། མཁན་པོ་སླར་བོད་དུ་འབྱོན་པར་གསོལ་བ་ཞལ་གྱིས་བཞེས་ནས་རེ་ཞིག་བལ་ཡུལ་དུ་ཕྱིར་ཕེབས་པར་གྲགས་སོ།

---

① （ཆོས་འབྱུང་མཁས་དགའ་དེབ་ཐེར303）

བཙན་པོ་ཁྲི་སྲོང་ལྡེ་བཙན་སངས་རྒྱས་ཀྱི་ཆོས་ལ་ཐུགས་གཏད་པའི་རྒྱུ་རྐྱེན་ཐུན་མོང་མ་ཡིན་པ་ནི་ཆོས་འབྱུང་རྒྱལ་རབས་དག་ལས་རྒྱས་པར་གསུངས་ཡོད་པས་འདིར་བསྐྱར་ཟློས་མ་བྱས་ཤིང་། འཕྲུལ་གྱི་རྐྱེན་ཡ་མཚན་པ་ཞིག་བྱུང་བ་ནི་བཙན་པོ་དེ་རང་གི་དུས་སུ་བསམ་ཡས་བཞེངས་པའི་སྐབས་ཆོས་ག་སྟོགས་ཀྱི་རྡོ་རིང་བརྩུགས་པའི་ཡི་གེའི་མཇུག་ན་“……ག་སྟོགས་ཀྱི་ཡི་གེ་ཞིབ་མོ་གཅིག་ནི་གུད་ན་མཆིས་སོ་”ཞེས་བྱུང་བའི་ག་སྟོགས་ཀྱི་ཡི་གེ་ཞིབ་མོ་དེའི་གླེང་གཞིའི་ནང་འདི་ལྟར་སྣང་ཏེ། “༄༅ བཙན་པོ་བའི་མེས་ཁྲི་སྲོང་བཙན་གྱི་རིང་ལ། ར་སའི་པེ་ཧར་བརྩིགས་ཏེ་སངས་རྒྱས་ཀྱི་ཆོས་ཐོག་མ་མཛད་ཚུན་ཆད། བཙན་པོ་ཡབ་ཁྲི་ལྡེ་གཙུག་བརྟན་གྱི་རིང་ལ། བྲག་དམར་གྱི་ཀ་ཆུར་གཙུག་ལག་ཁང་བརྩིགས་ཏེ་སངས་རྒྱས་ཀྱི་ཆོས་མཛད་པ་ནད་ཆད་གདུང་རབས་ལྔ་ལོན་ནོ། ༄།བཙན་པོ་ཡབ་དགུང་དུ་གཤེགས་ཀྱི་འོག་ཏུ་ཞང་བློན་ཁ་ཅིག་གིས་ཧུར་འདུམས་ཀྱི་བློ་ཞིག་བྱུང་སྟེ། ཡབ་མེས་ཀྱི་རིང་ཚུན་ཆད། སངས་རྒྱས་ཀྱི་ཆོས་མཛད་པ་ཡང་བཤིག་གོ དེ་ནས་ཡང་སྔད་ནི་ཕྱི་བལ་གྱི་ལྷ་དང་ཆོས་བོད་ཡུལ་དུ་བགྱི་བའི་མི་རིགས་ཤེས། གཞན་ཡང་ཕྱིན་ད་ཆད་བགྱིད་དུ་མི་གནང་བར་བཀའ་ཁྲིམས་བྲིས་སོ། ༄།དེ་ནས་བཙན་པོ་ཞལ་སྔ་ནས་ལོ་ཉི་ཤུ་བཞེས་པ་ན། ཐོག་མ་ནི་ཕྱུག་སྲིད་དང་ལྷས་ཤིག་ངན་ཏེ། ཆོ་ག་ཅི་མཛད་པས་བཤད་ཀྱང་། དགུང་ཟླ་དུ་མར་ཕྱུག་སྲིད་དང་ལྷས་ངན་ནས། སངས་རྒྱས་ཀྱི་ཆོས་བགྱིད་དུ་མི་གནང་བའི་བཀའ་ཁྲིམས་ཀྱང་ཁྲིམས་སུ་མི་བགྱི་བར་དོར། དཀོན་ཅོག་གསུམ་གྱི་མཆོད་པ་ཡང་བགྱི་ཞེས་བགྱིས་ན་གཟོད་བཟང་པོར་གྱུརད་ཏོ། ༄།དེ་ནས་དགེ་བའི་བཤེས་གཉེན་གྱིས་བསྟངས་ཏེ་ཆོས་ཀྱང་གསན། ཡི་གེ་ཡང་སྤྱན་སྔར་བྲིམས་ནས་སངས་རྒྱས་ཀྱི་ཆོས་སྤྱེལ་ཞིང་

མཛད་པར་སྨྲོམས་སོ། དེ་ན་བོད་ཀྱི་ཆོས་རྙིང་པ་མ་ལགས་ལ། སྐུ་ལྷ་གསོལ་བ་དང་ཚོ་ག་མི་མཐུན་པས། ཀུན་ཀྱང་མ་ལེགས་སུ་དོགས་ཏེ། ལ་ལ་ནི་སྐུ་ལ་དམར་ཡང་དོགས། ལ་ལ་ནི་ཆབ་སྲིད་གོད་ཀྱིས་ཀྱང་དོགས། ལ་ལ་ནི་མི་ནད་ཕྱུགས་ནད་བྱུང་གིས་ཀྱང་དོགས། ལ་ལ་ནི་མུ་གེ་ལངས་བབ་ཀྱིས་ཀྱང་དོགས་སོ་……”①ཞེས་འཁོད་པ་དེའི་ཐོག་ནས་བཙན་པོ་ཁྲི་སྲོང་ལྡེ་བཙན་དགུང་ལོ་ཉི་ཤུར་ཕེབས་པའི་ལོར། ཐོག་མར་ཕྱུག་ལ་སྲིད་ནད་ཕོག་པ་དང་མཚན་ལྟས་ཀྱང་ངན་པ་བྱུང་བར། བོན་གྱི་སྐུ་ལྷ་གསོལ་བ་ལ་སོགས་པ་རིམ་གྲོའི་ཚོ་ག་ཅི་དང་ཅི་མཛད་ཀྱང་། ཟླ་བ་མང་པོར་ཕྱུག་གི་སྲིད་ནད་ལ་དྲག་སྐྱེད་མ་བྱུང་བ་དང་། ལྟས་དང་མཚན་མ་ངན་པ་མུ་མཐུད་དེ་བྱུང་ནས། ཐུགས་ལ་ཡབ་མེས་ཀྱི་དུས་ནས་གཙུག་ལག་ཁང་བཞེངས་ཏེ་སངས་རྒྱས་ཀྱི་ཆོས་མཛད་བཞིན་པ་ཡང་། བཙན་པོ་ཡབ་གཤེགས་པའི་རྗེས་སུ་ཞང་བློན་འགའ་ཤས་ཀྱིས་རྩོལ་རྒྱུགས་ཀྱི་བསམ་བློ་ཞིག་བཏང་ནས། ཡབ་མེས་ཀྱི་དུས་ནས་མཛད་པའི་སངས་རྒྱས་ཀྱི་ཆོས་ལུགས་བསྣུབས་ཤིང་། སྐད་འདོགས་ས་ནི་སྔོ་བལ་གྱི་ལྷ་དང་ཆོས་བོད་ཡུལ་དུ་བྱེད་པ་མི་རིགས་ཞེས་ཕྱིན་ཆད་ཀྱང་བྱེད་མི་ཆོག་པའི་བཀའ་ཁྲིམས་བཅས་པ་དེ་མ་ལེགས་སྙམ་པའི་ཐུགས་དོགས་འཁྲུངས་ཏེ། སངས་རྒྱས་ཀྱི་ཆོས་བྱེད་མི་ཆོག་པའི་བཀའ་ཁྲིམས་དེ་བརྩེ་མེད་དུ་བཏང་ནས། དཀོན་ཅོག་གསུམ་ལ་མཆོད་པ་ཡང་སྔར་ལྟར་གྱིས་ཞེས་བཀའ་བསྒྲུལ་བ་ལྟར་བྱས་པས་གཞི་ནས་བཙན་པོའི་སྙུན་ནད་དང་ལྟས་ངན་པ་རྣམས་ཀྱང་བཟང་པོ་གྱུར། དེ་ནས་བཟང་བཙན་པོས་དགེ་བའི་བཤེས་གཉེན་བསྟེན་ཏེ་ཆོས་གསན་ཅིང་། སངས་

① （ཆོས་འབྱུང་མཁས་པའི་དགའ་སྟོན་ལྷུགས་པར་དེབ་ངོས373－374）

རྒྱས་ཀྱི་ཆོས་འདི་སྤེལ་བར་མཛད་པའི་ཐུགས་དགོངས་གཏད་པ་དེ་གསལ་པོར་མཚོན་གྱི་ཡོད། གནའ་བོའི་ཡིག་རྙིང་ནང་གི་བཤད་ཚུལ་འདི་དག་ནི་ཐུན་མོང་གི་སྐྱེ་བོའི་བསམ་སྣང་དང་མཐུན་པ་ཞིག་ཡིན་སྐབས་འདིར་ཡང་ཟུར་ཙམ་ཞིག་དྲངས་པ་ཡིན།

དུས་སྐབས་དེའི་ཡས་མས་སུ་སྦ་གསལ་སྣང་མང་ཡུལ་ནས་སླར་ཡོག་སྟེ་ཡུལ་དུ་སླེབས། བཙན་པོའི་ཞལ་མཇལ་དུ་མཆི་བའི་ཕོ་ཉ་མངགས་ནས་སྙན་དུ་གསོལ་བས་གནང་སྟེ་ཕོ་བྲང་ལྷུང་ཚུབས་སུ་མཆིས་ནས་རྗེ་ལ་ཞེ་ས་ཕུལ། རྗེའི་ཞལ་ནས་གསལ་སྣང་ཁྱོད་ལྷ་ཆོས་ཤཱཀྱ་ཐུབ་ཅིང་འདུག་ཟེར་ན་ཞང་གིས་ཁྱོད་སྤྱུགས་པར་མ་དོགས་སམ་ཞེས་བཀའ་བསྩལ་པ་དང་། ལན་དུ་བདག་མང་ཡུལ་གྱི་སྟོད་ན་མཆིས་པས་སྤྱུགས་པ་དང་ཡང་འདྲ་ཞེས་གསོལ་ལོ། བཞེས་པ་འདྲེན་པའི་ཆེ་ས་དབེན་པ་ཞིག་ཏུ་བཙན་པོ་ལ། ལྷ་ཆོས་བཟང་པོ་མཛད་པར་རིགས་པ་དང་། མཁན་པོ་ཞི་བ་འཚོའི་མཁས་ཤིང་བཙུན་པའི་ཡོན་ཏན་རྣམས་ཞུས་ཤིང་། སློད་དགེ་བའི་བཤེས་གཉེན་དུ་འབྱོན་པར་གསོལ་བ་ལ་མཁན་པོས་ཇི་ལྟར་གསུངས་པ་ཞིབ་ཏུ་ཞུས་པར། བཙན་པོས་གཞན་གྱིས་ཐོས་ན་ཞང་བློན་ཆོས་ཁྲིད་གསོད་དུ་འོང་གི །ངས་ཞང་ཉ་བཟང་ལ་སྙིག་ཏུ་གྲོས་བྱས་ཏེ་ཞང་བློན་གྱི་མདུན་སར་སློ་ཐུར་དུ་ཞུ་འཇུག་གོ། ཁྱོད་རང་རེ་ཞིག་ཡུལ་དུ་སོང་སྟེ་ཡིབ་ལ་སྡོད་ཅིག་ཅེས་བཀའ་གནང་བར་གྲགས་སོ།

དུས་སྐབས་འདི་ཙམ་ན་སྦར་ཡབ་ཀྱིས་རྒྱ་ནག་ཏུ་ཆོས་ལེན་པར་མངགས་པའི་སང་ཤི་འཁོར་བཅས་བྱ་བ་ལེགས་པར་གྲུབ་ནས་བོད་དུ་འཁོར། ཐང་གོང་མའི་འཕྲིན་ལན་དང་སྐྱེས་བཅས་བཙན་པོའི་ཕྱག་ཏུ་ཕུལ། སང་ཤི་ལ་བློན་ཆེན་པོའི་ཐབས་དང་མིང་ཡང་བསྩལ། རྒྱ་ནས་དྲངས་པའི་ཆོས་དཔེ་རྣམས་རེ་ཞིག

ཱུ་གསེབ་ཏུ་སྦས་པར་གྲགས། བཙན་པོས་ཞང་ཞུང་གི་ཡུལ་ན་དཀོར་ནོར་ཁྱད་པར་ཅན་ཡོད་པ་རྣམས་བཙན་པོའི་བང་མཛོད་དུ་སོན་པའི་ཆེད་པོ་ཉ་ཡང་ཡང་བཏང་རུང་། གཅིག་ཀྱང་ཕྱིར་མ་བྱུང་བ་ལ་རྒྱ་ཕྲུག་སང་ཤི་འདི་བཏང་ན་སོན་འོང་དགོངས་ནས་དཀོར་ནོར་ལེན་དུ་བཏང་བ་ལས་གསེར་གྱི་སྐྱོགས་བདུན་དང་། གཡུ་འོད་མེ་ལྟར་འབར་བ་སོགས་སོན་པའི་ལྷ་སྒྲུང་ཞིག[1]གསལ་བ་ནི། བཙན་པོ་འདིའི་སྐབས་སུ་ཞང་ཞུང་དང་ཏ་ཟིག་ཕྱོགས་དམག་དང་པོ་ཉ་བཏང་ནས་རྒྱུ་ནོར་རིན་ཐང་ཅན་མང་པོ་བོད་དུ་བླངས་པའི་བྱུང་བ་དངོས་ནང་གི་གཏམ་རྒྱུད་ཐོར་བུ་ཞིག་ཡིན་པར་མངོན།

གཞན་ཡང་བཙན་པོ་ཁྲི་སྲོང་ལྡེ་བཙན་གྱིས་སངས་རྒྱས་ཆོས་ལུགས་སླར་གསོ་དང་དར་སྤེལ་གནང་བའི་བརྒྱུད་རིམ་དེ་ཡང་ཆོས་འབྱུང་མཁས་པའི་དགའ་སྟོན་ལས་འབྱུང་བ་ལྟར་ན། "དེ་ནས་རྒྱལ་པོ་སྐུ་ནར་སོན་པ་དང་ཡབ་མེས་ཀྱི་ཡི་གེ་གཟིགས་ནས་ཞང་བློན་རྣམས་དང་གྲོས་མཛད་དེ། ངའི་ཡབ་མེས་ཀྱི་ཡི་གེ་ན་འབངས་བདེ་བའི་ཆོས 'རྨའི་ལེའུ་ཚེ' དང་སྦྱར་ན་ངའི་ཡབ་མེས་ཀྱིས་ཧྲུ་འཕྲུལ་བརྙེས་པ་འདྲ་གསུངས། བློན་པོ་དག་ན་རེ་ཡབ་མེས་ཀྱི་ལེའུ་ཚེ་དེ་ཅི་འདྲ་བ་ཞིག་བདོག་ཟེར། དེར་བཙན་པོས་རྒྱ་བཟའ་མེ་མགོ་ལ་གསུངས་པ། ངའི་ཡབ་ཀྱི་སྐུ་རིང་ལ་རྒྱའི་ཙུག་ལག་ལེའུ་ཀོ་ཙེ་ཞེས་བྱ་བ་ཞིག་བྱུང་ཞེས་གྲགས་ན་དེ་ཇི་ལྟ་ཞེས་གསུངས་པ་དང་། མེ་མགོས་ལེའུ་ཙེ་ཇི་ལྟར་ལགས་པ་ཡི་གེ་བསླུགས་པ་དང་། བཙན་པོའི་ཞལ་ནས་གཙུག་ལག་དེ་ནི་ཧེ་པོར་བཟང་ངོ་ངའི་ཡབ་མེས་ཀྱི་ཆོས་ལུགས་བཟང་པོ་ཞིག་སྐུ་ཉམས་སུ་བཞེས་སོ། ད་འཇིག་

[1] （ཆོས་འབྱུང་མཁས་དགའ་དེབ་ངོས308）

རྗེན་གྱི་སྤྱོད་པ་བཟང་པོ་ཅི་འབྱུང་ན་བལྟ་ཞེས་གསུངས་པ་དང་སང་ཤེས······རྒྱའི་ལྷ་ཆོས་བཟང་པོ་བྱུང་ན་ལེའུ་ཅེ་དེ་དག་དེའི་ཕྲུ་མའི་སྔོར་ཡང་མི་ཚུད་དོ་ཞེས་གསོལ་བ་དང་། བཙན་པོའི་ཞལ་ནས་རྒྱའི་ལྷ་ཆོས་བཟང་པོའི་གཏན་ཚིགས་ཁྱོད་ལ་ཡོད་དམ་ཞེས་བཀའ་གནང་བ་དང་། བདག་ཅག་རྒྱ་ལ་མཆིས་སོ་ཞེས་གསོལ་ནས་རྗེ་འབངས་དབེན་པར་གསང་སྟེ་རྣམ་མཆིམས་བུའི་ཛ་ལ་སྦས་པ་བླངས་ཏེ་གིམ་ཧྭ་ཤང་གི་ལུང་བཞིན་དུ་བྲིམས་པ་ནི། དང་པོར་དགེ་བ་བཅུའི་མདོ་བསྒྲགས། དེ་ལ་རྒྱལ་པོ་དད་པ་སྐྱེས་སྤྱོད་པ་དག་པར་གོ། དེ་ནས་རྫོ་རྗེ་གཅོད་པ་བསྒྲགས། དེས་ལྟ་བ་དག་པར་གོ། རྒྱལ་པོ་དད་པ་ཆེར་སྐྱེས། དེ་ནས་སཱ་ལུ་ལྗང་པ་བསྒྲགས། ལྟ་སྤྱོད་ཟུང་འབྲེལ་དུ་གོ་ནས་ཆོས་ལ་ཡིད་ཆེས། ······བཙན་པོའི་ཞལ་ནས་འདི་ལྟ་བུའི་ཆོས་བཟང་པོ་འདི་ངའི་སྐུ་རིང་ལ་རྙེད་པ་གནམ་བྱམས་ས་བྱམས་ལྷ་ཐམས་ཅད་ལ་གཏང་རག་བཏང་ངོ་”①ཞེས་གསལ་བ་ལྟར“རྒྱའི་ལེའུ་ཆེ་བྱ་བ་དང་། ལེའུ་གེ་ཅེ་བྱ་བ་སོགས་ཀྱི་ནང་དོན་མ་གསལ་ཡང་། དེ་དག་ནི་རྒྱ་ཡུལ་ནས་དར་བའི་ཐང་རྒྱལ་རབས་ཀྱི་མི་ཆོས་སྟོན་པའི་གཙུག་ལག་གི་གྲས་ཤིག་ཡིན་པར་མངོན་ཅིང་། ལྷག་པར་བཙན་པོ་ཁྲི་སྲོང་ལྡེ་བཙན་གྱིས་ཐོག་མར་གསན་ཅིང་ཐུགས་ལ་འཁྲིད་པའི་སངས་རྒྱས་ཀྱི་ཆོས་དགེ་བ་བཅུའི་མདོ་ལ་སོགས་པ་དེ་དག་ཀྱང་རྒྱ་ཡུལ་ནས་སྤྱན་དྲངས་པ་ཞིག་ཡིན་པ་ནི་ཧ་ཅང་གསལ་ལོ།

དེ་ནས་བཙན་པོ་དང་། ཞང་ཉ་བཟང་། བློན་ཆེན་པོ་མགོས་ལ་སོགས་པ་སངས་རྒྱས་ཀྱི་ཆོས་ལ་མོས་པ་རྣམས་འཚོགས་ནས་དམ་ཆོས་ཇི་ལྟར་སྤེལ་བའི་

---

① (ཆོས་འབྱུང་མཁས་དགའ་དེབ་ངོས308－309)

བཀའ་གྲོས་མཛད། ཞང་མ་ཞང་རོ་ངན་ཞིང་ཆོས་ལ་མི་དགའ་བས་བཙན་པོའི་ཐུགས་དགོངས་འགྲུབ་མི་ཐུབ་ཅེས་ཟེར་བར། བློན་པོ་མགོས་ཀྱིས་ཐབས་བརྟན་ནས། བླ་འོག་གི་མོ་མ་དང་ལྟས་མཁན་ཀུན་ལ་སྐོག་ཏུ་བྱ་དགའ་བསྐུལ་ནས་ཐམས་ཅད་མཐུན་པར། རྒྱལ་པོའི་སྐུ་ལ་བར་ཆད་དང་ཆབ་སྲིད་ལ་གནོད་པ་འོང་བའི་ལུང་བསྟན་ཅིང་། རྗེའི་སྐུ་རིམ་དུ་ཞང་བློན་སུ་ཆེ་བ་གཉིས་ལོ་གསུམ་གྱི་རིང་མཚད་པའི་ནང་གཞུག་ན་རྗེའི་སྐུ་ཚེ་དང་ཆབ་སྲིད་ལ་གེགས་མི་འོང་ཞེས་ལུང་གང་སར་བཀྲམས་ནས་སྐྱེ་པོ་འདུ་བའི་ཁྲིད་ན་མང་དུ་གླེང་བར་བྱས། དེ་ནས་རྗེ་འབངས་ཀུན་ཚོགས་པའི་དུས་སུ་ཞང་ཉ་བཟང་གིས། རྒྱལ་པོའི་སྐུ་ཆག་སེལ་བའི་ཆེད་རིམ་གྲོ་བསྒྲུབ་དགོས། དེ་ལ་རྗེའི་ཞབས་ཏོག་སུ་ཆེ་བ་ཁས་ལོངས་ཤིག་ཅེས་བསྒྲགས་པ་ན། ཐོག་མ་ཁོ་ནར་བློན་ཆེན་པོ་མགོས་ཀྱི་ཡར་ལངས་ཏེ་རྗེའི་ཞབས་ཏོག་ཏུ་ང་ཆེ། བུ་ཚའི་དགེ་དང་ཡིག་ཚང་སོགས་ང་ལས་ཆེ་བ་སུ་ཡོད། གཅིག་ངས་བྱེད་ཅེས་སྐད་ཆེན་པོས་སྨྲས་པ་ན། མ་ཞང་གྲོམ་པ་སྐྱེས་ངར་ལངས་ནས་ཞང་བློན་ང་ལས་ཆེ་བ་གཞན་མེད་པས་རྗེའི་ཞབས་ཏོག་པ་གཅིག་ངས་བྱེད་ཟེར་ཁས་བླངས། ད་མཚད་པ་གར་བརྩིག་ཅེས་གླེང་བ་ན། མ་ཞང་ན་རེ་སྟ་ནམ་ཐང་བུ་ལ་རྩིག་གོ་ཟེར། མཚད་པ་ལེགས་པར་བརྩིགས། ཆུས་མི་བྲེལ་བའི་ཐབས་སུ་ར་ཙོ་མཐུད་ནས་ནང་དུ་ཆུ་འོང་བ་དང་ཕྱིར་འབུད་པ་སོགས་བྱས། མི་ལྟོགས་པའི་ཟས། མི་འཁྱགས་པའི་གོས། མི་སྐྱབས་པའི་གསེང་ལ་སོགས་པ་བྱས། མགོས་ཀྱིས་ལོ་ཧྲེ་གུ་སྣང་གོང་སོགས་དང་གྲོས་བྱས་ནས། མཆོད་པ་འཁྱོངས་པ་དང་བློན་ཆེན་པོ་མགོས་དང་ཞང་མ་ཞང་གཉིས་མཚད་པའི་ནང་ཞུགས་པ་དང་། མགོས་ཀྱིས་འདིར་ཞང་གི་གཟིམ་མལ་བྱ། འདིར་ངའི་ཉལ་ས་བྱེད། འདིར་ཆུ་ཞོག་ཟེར་ཡར་འགྲོ་ཚུར་འཆམས་བྱེད་

བཞིན་སློ་བུར་ཕྱིར་ཐོན་མ་ཐག ལོ་ཏེ་གུ་སྟང་གོང་སོགས་ཀྱིས་ཕ་བོང་གིས་སྣོ་བཀག ར་མཐུད་པའི་ཆུ་ལམ་གཏོར་ནས་མ་ཞང་གསོན་དུར་ནང་བཅུག་ཅེས་གྲགས་སོ།”

དེ་ནས་བཙན་པོས་རྒྱལ་བློན་ཚོགས་པའི་མདུན་སར་སླད་བོད་དུ་སངས་རྒྱས་ཀྱི་བསྟན་པ་འཛུགས་ཤིང་སྤེལ་བར་བྱེད་དགོས་ཞེས་བཀའ་ཕབ་སྟེ་སྦ་གསལ་སྣང་ཡུལ་ནས་བཀུག་ཅིང་། རྒྱ་གར་དང་བལ་པོའི་མཁན་པོ་ལས་ཆོས་མཁས་པའི་ལོ་རྒྱུས་ཅན་སུ་ཡོད་ཅེས་བཀའ་བསྐུལ་པར། གསལ་སྣང་གིས་ཟ་ཧོར་གྱི་རྒྱལ་པོའི་སྲས་དགེ་སློང་ཤཱནྟ་ཀྵི་ཏ་བྱ་བ་གཙུག་ལག་ལ་མཁས་པ་ཞིག་ད་ལྟ་བལ་ཡུལ་ན་མཆིས་ལགས་ཞེས་གསོལ། བཙན་པོས་དེ་མི་དགུག་ཏུ་མི་རུང་གིས་ཁྱོད་བལ་ཡུལ་དུ་སོང་ཞེས་བལ་ཇོ་ལ་བཙན་པོའི་བཀའ་འཕྲིན་གྱི་སྒྲོམ་བུ་ཡང་བསྐུལ་ཏོ། གསལ་སྣང་བལ་ཡུལ་དུ་སོང་ནས་བལ་ཇོ་དང་གཉིས་ཀས་མཁན་པོ་བོད་ཡུལ་དུ་གཤེགས་པར་ཞུ་ཞུས་པས་ཞལ་གྱིས་བཞེས་ནས་བལ་པོའི་ལོ་ཙཱ་བ་ཞིག་ཞམ་རིང་དུ་ཁྲིད་དེ་མང་ཡུལ་དུ་ཕྱིན། ཚུལ་དེ་གསན་ནས་བཙན་པོས་ནང་འཁོར་བ་ལང་གྲོ་སྣང་ར་དང་། གཉེར་སྟག་བཙན་གདོང་གཟིགས། སྦྲང་རྒྱལ་ལེགས་གཟིགས་གསུམ་མང་ཡུལ་དུ་བསུ་བར་མངགས་ནས་མཁན་པོ་ར་སའི་གཙུག་ལག་ཁང་དུ་གདན་དྲངས། གསལ་སྣང་ཕོ་བྲང་དུ་ཕྱིན་ནས་ཇོ་བློན་རྣམས་ཀྱི་སྔན་དུ་གསོལ། ཞང་བློན་ཆེན་པོ་དག་གིས་ལྷོ་བལ་གྱི་བན་རྙེ་ཆོས་ལོག་དང་ངན་སྔགས་སོགས་བྱེད་དམ་མི་བྱེད་བརྟག་དཔྱད་མཛད་དགོས་པར་ཞུས་པས། མཆིམས་མེ་ལྷ་དང་། སེང་མགོ་ལྷ་ལུང་གཟིགས། སང་ཤི་བཅས་རྟོག་དཔྱོད་བྱེད་དུ་བཏང་བ་ལྟར་བརྟགས་པས་བཟང་པོར་ཤེས་ཏེ་ཐུགས་རྫོགས་གནང་དགོས་པ་མ་མཆིས་ཞེས་གསོལ་ཞིང་། བཙན་པོ་དང་

མཛལ། "དེ་ནས་ཕོ་བྲང་རླུང་ཚུབས་སུ་ཁ་ཆེ་ཨཱ་ནནྡ་སེ་ཏཱ་བགྱིས་ཏེ་དགེ་བ་བཅུ་དང་། ཁྲིམས་བཅོ་བརྒྱད་དང་། རྟེན་འབྲེལ་བཅུ་གཉིས་ལ་སོགས་པའི་ཆོས་བཤད་དེ་ཟླ་བ་ཁ་ཤས་སོང་བ་ན། ཕོ་བྲང་འཕང་ཐང་ཆུས་འཁྱེར་བ་དང་། དམར་པོ་རི་ལ་ཐོག་བརྒྱབ། མི་ནད་དང་ཕྱུགས་ནད། ལོ་ཉེས་སོགས་བྱུང་བས་བོད་འབངས་ཐམས་ཅད་ཁ་ལོག་ནས་བཙན་པོས་ཆོས་བྱས་པས་ལན། ཨཱ་ནནྡ་ཡར་སྒྱུགས་ཤིག་ཟེར་ཏེ་ཆོས་བགྱིད་དུ་མ་སྟེར་རོ་"①དེ་ནས་བཙན་པོས་མཁན་པོ་ལ་གསེར་མང་པོ་ཕུལ་ནས། བདག་སྐལ་བ་ཆུང་ལ་བོད་ནག་པོ་ལ་ཞེན་པས་དེ་ལས་ལྡོག་པར་དཀའ། ཐབས་མི་མཁས་ན་ལྷ་ཆོས་མི་འགྲུབ་པར་ཤེས། རེ་ཞིག་མཁན་པོ་ཕྱིར་ཕེབས་ལ་བལ་ཡུལ་དུ་བཞུགས་ཤིག སླད་ཐབས་བགྱིས་ཏེ་ཆ་རྐྱེན་འཛོམ་མ་ཐག་ཏུ་སྤྱན་འདྲེན་གཏོང་བར་བྱའོ་ཞེས་ཞུས། མཁན་པོས་བོད་ཀྱི་ལྷ་ཀླུ་གདུག་པ་ཅན་རྣམས་མ་བཏུལ་ན་ལྷ་ཆོས་སྤེལ་མི་ཐུབ་པས་ཨོ་རྒྱན་གྱི་རྒྱལ་པོའི་སྲས་པདྨ་སམྦྷ་བ་ཞེས་པ་བཞུགས་ཏེ་བདག་གིས་སྤྱན་དྲངས་ལ་ཡོང་། སླད་ཕྱིན་རྒྱལ་པོའི་དགོངས་པ་འགྲུབ་ཅིང་བོད་ཁམས་སུ་སངས་རྒྱས་ཀྱི་ཆོས་ཀྱང་སླད་ནས་རྗེས་སུ་བརྟན་པར་འགྱུར་བས་དེ་བགྱིད་པར་དམ་བཅའ་མཛད། ཨཱ་ནནྡ་བསྐྲད་པ་ལྟར་བྱས་ནས་ཡར་བཞུད་དོ།

དེ་ནས་བཙན་པོས་སྦ་གསལ་སྣང་རྒྱ་ཡུལ་དུ་ཕོ་ཉར་འགྲོ་དགོས་པའི་བཀའ་གནང་སྟེ་བཙན་པོའི་དགོངས་པ་ལྟར་འགྲུབ་ན་དངུལ་ཆེན་པོ་ཟླ་ཐབས་སུ་བུ་ཆེ་བ་ལ་གནང་བར་གསོལ་བཅས། "ཕོ་ཉའི་ཁང་དཔོན་སྦྲན་གཙང་གཞེར། འཚག་དཔོན་དུ་སང་ཤི ཆོས་ཀྱི་སྤྱན་པ་སྦ་གསལ་སྣང་བསྐོས་དཔོན་

① (ཆོས་འབྱུང་མཁས་དགའ་དེབ་ཇོས316)

གཡོག་སུམ་ཙུ་ཙམ་ཆས་” ཏེ་ཀེང་ཤེར་ཕྱིན། “རྒྱ་རྗེས་ཀྱང་རྩིག་ངོས་དང་ནམ་མཁའ་ཀུན་ དར་ གྱིས་ གཡོགས་ ཏེ་ བཀབ་ ནས་ བདུག་ སྤོས་ དང་ རོལ་ མོས་ བསུས།” སྦ་གསལ་སྣང་ལ་གཏང་མས་“ངའི་ཐུགས་སུ་ཁྱོད་ལས་འཐད་པ་མ་བྱུང་ན་ཁྱོད་ལ་བྱ་དགའ་ཅི་འདོད་པ་སྦྱིན་ནོ་ཞེས་བཀའ་བསྩལ་བ་ལས་གསལ་སྣང་གིས་གསོལ་པ། རྗེའི་ཞལ་མཐོང་སྐྱེ་སློ་བ་དགའ་བའི་སྐྱེང་དུ་བཀའ་ལུང་སྩལ་པ་དེ་བས་བྱ་དགའ་ཆེ་བ་མ་མཆིས་ན་གཞན་ཅི་ཡང་མི་འཚལ་ཏེ། སྒོམ་ལུང་འཐོབ་པའི་ཧྭ་ཤང་ཞིག་དང་སྤྲོད་པར་ཅི་གནང་ཞེས་གསོལ་བ་དང་” གཏང་མས་ནང་འཁོར་ཉུང་ངུ་ཞིག་རྟ་ལ་བསྐྱོན་ནས་ཨོག་ཆུར་བཏང་སྟེ་ཧྭ་ཤང་བཀུག་པ་དེ་ལས་སྒོམ་ལུང་དང་མན་ངག་ནོད། “འགྲོ་ཁར་གསལ་སྣང་ལ་རྒྱ་བྱེའུ་ཤོག་སྲང་བརྒྱ་པ་གཅིག་དང་། དར་ཡུག་ལྔ་བརྒྱ། ཕྲ་མེན་གྱི་བྱ་དང་ཕྲ་མེན་གྱི་གཞོང་པ་སྲང་བརྒྱ་པ་"ཞིག མུ་ཏིག་སྲན་མ་ཙམ་འདོམ་གང་བ་ཕྲེང་བཅུ། ཟ་འོག་བེའུ་བེན་ཅེ་ཧྭན་ཡུག་གཅིག་སྟེ་བྱ་དགའ་གཞན་པས་ལྷག་པར་དཔགས་ཏེ་བསྩལ། བོད་ཀྱི་བཙན་པོའི་བཀའ་ཤོག་གི་སྒྲོམ་བུ་དང་བསྟུན་པའི་ཆད་བྱས། བཙན་པོ་ལ་སྐྱེས་སུ་དར་ཡུག་ཁྲི། ཕྲ་མེན་གྱི་ཞྭ་དང་། བླ་གོར་གྱི་སྡེར་མ་འདོམ་གང་པ་ཞིག་བསྐུར། ཕོ་ཉ་གཞན་རྣམས་ལ་བྱ་དགའ་ཆེ་ཐང་དུ་བསྩལ་ནས་མཆེད་ལན་དང་བཅས་ཏེ་སླར་བོད་ཡུལ་དུ་མཆིས་”① ཞེས་གསལ། ཐེངས་འདིར་བོད་ཀྱི་བློན་པོ་གསུམ་མངགས་པའི་དོན་དོ་མ་གང་ཡིན་གསལ་པོ་མ་བྱུང་ཡང་། ཕལ་ཆེར་ཐང་བོད་དབར་ཞི་གྲོས་བྱ་རྒྱུའི་སྐོར་ཡིན་ལས་ཆེ་མོད། འོན་ཀྱང་འདིར་གསལ་སྣང་གིས་ཧྭ་ཤང་ལས་ཆོས་ཀྱི་སྒོམ་ལུང་ཞུས་པ་དེ་གཙོ་

① （ཆོས་འབྱུང་མཁས་དགའ་དེབ་ངོས318）

ཕོར་བཏོན་ནས་བཀོད་པར་སྣང་ངོ་།

སྔ་བཞེད་ལས། གསལ་སྣང་རྒྱ་ནག་ནས་འཁོར་མ་ཐག་ཏུ། བཙན་པོས་དེ་ནི་པོ་ཏི་ས་ཏྭ་སྤྱན་དྲངས་ཞེས་བཀའ་བསྩལ་ནས་གསལ་སྣང་གིས་ཀྱང་མཁན་པོ་སྤྱན་འདྲེན་པར་བལ་ཡུལ་དུ་ཕྱིན་པ་དང་། པོ་ཏི་ས་ཏྭས་པདྨ་སམྦྷ་བ་སྤྱན་དྲངས་ཏེ་མང་ཡུལ་དུ་ཕེབས་པ་དང་མཇལ་ནས་རིམ་གྱིས་ཕྱིན་པའི་ལམ་བར་དུ་བསྟན་མ་བཅུ་གཉིས་དང་། གཉན་ཆེན་ཐང་ལྷ་ལ་སོགས་པ་བོད་ཀྱི་ལྷ་ཀླུ་གདུག་པ་ཅན་རྣམས་སློབ་དཔོན་གྱིས་རྫུ་འཕྲུལ་བསྟན་ནས་བཏུལ་ཏེ་བཀའ་བསྒོ་དམ་འདོགས་གནང་ནས་ཕེབས་པར་གྲགས་སོ། དེ་ནས་བཙན་པོ་དང་ཞལ་མཇལ། མཁན་པོས། སྔོན་ཆད་བཙན་པོ་ཆོས་མཛད་དུ་མི་བགྱིད་པར་རྟགས་མཚན་མ་ངན་རྒྱ་གཏོང་ཞིང་བར་ཆད་བགྱིད་པའི་ལྷ་ཀླུ་གདོན་བགེགས་རྣམས་ད་ཆ་ཨོ་རྒྱན་གྱི་སློབ་དཔོན་པདྨ་འབྱུང་གནས་ཀྱིས་འདུལ་བར་ནུས་པས་གདན་དྲངས་ཡོད། དེ་ལྟར་མཛད་ན་གཙུག་ལག་ཁང་བཞེང་བ་དང་རྒྱལ་པོའི་དགོངས་པ་རྣམས་འགྲུབ་པར་འགྱུར་རོ་གསུངས། དེ་ནས་སློབ་དཔོན་པདྨས་དཀྱིལ་འཁོར་བྲིས་ཏེ་གཟིམ་མལ་བ་ལྷ་ལུང་མཆོ་བཞེར་སྐྱན་ལེགས་ལ་པྲ་རྟེན་བྱས་ནས་པྲ་སེ་ན་ཏ་ཕབ་སྟེ་སྨྲ་རུ་བཅུག་པས་བོད་ཀྱི་ལྷ་ཀླུ་མི་སྲུན་པ་རེལ་གྱི་མིང་སྨྲས། འཕང་ཐང་དུ་ཆུ་ཕབ་པ་ཤམ་པོ་དང་ལྷ་སར་ཐོག་འབེབས་པ་ཐང་ལྷ། ཀླུ་གེ་དང་ལོ་ཉེས་མི་ནད་གཏོང་བ་བསྟན་མ་བཅུ་གཉིས་ལ་སོགས་པ་ཐམས་ཅད་སྨྲས་སོ། དེའི་སང་རིགས་བཟང་པོའི་བུ་ཚོ། ཕ་མ་མེས་ཕྱི་ཚང་བ་བཅུ་ཙམ་བསགས་ཏེ་པྲ་རྟེན་བགྱིས་ནས་རྒྱལ་པོ་ཆེན་པོ་བཞིའི་པྲ་ཕབ། ལྷ་ཀླུ་མ་རུངས་པ་དངོས་སུ་མི་ལ་ཕབ་ནས་པདྨ་སམྦྷ་བས་བསྡིགས་ཤིང་གཟིར། དཀར་པོ་ལ་ཆོས་བཤད་ནས་དམ་ལ་འདོགས་པ་ནི་པོ་ཏི་ས་ཏྭས་མཛད། མ་

འཕྲུལ་བ་རྣམས་པདྨ་སམྦྷ་བས་སྦྱིན་སྲེག་མཛད་ནས་བཏུལ། ཟུར་ཕུད་རྒྱང་དུ་ཚལ་དུ་ཀླུ་མ་གྲོ་གཟི་ཅན་དང་། དེ་བཞིན་ཡར་ལྷ་ཤམ་པོ་སོགས་དམ་ལ་བཏགས་པར་གྲགས་སོ།

གཞན་ཡང་སློབ་དཔོན་པདྨའི་ཞལ་ནས། བོད་འབངས་རྣམས་སྐྱིད་པར་བྱེད་པའི་ཆེད་དུ་གནོད་སྦྱིན་ལས་ནོར་བསླངས། འཛམ་བུ་གླིང་གི་ནོར་ཁུང་ཡོད་ཚད་བོད་དུ་འབྱུང་བར་བྱ། ངམ་ཤོད་སོགས་ཆུ་དཀོན་པ་རྣམས་སུ་ཆུ་བཏོན་ནས་གྲམ་པ་ཐམས་ཅད་ཞིང་དུ་བསྒྱུར་ནས་ཞིང་གིས་བོད་ཀུན་འཚོ་བར་བྱ། གཙང་ཆུ་སྦུབས་སུ་འཇུག་པ་དང་། བྱེ་མ་ཐམས་ཅད་ནགས་ཚལ་དང་ནེའུ་གསིང་དུ་བསྒྱུར། བོད་ཡུལ་ངན་པ་ཀུན་བཟང་པོར་བྱའོ་གསུངས་པར་འདུན་ས་ཆུང་ངུར་རྗེ་བློན་བཀའ་གྲོས་མཛད་ནས་འགྲུབ་དང་མི་འགྲུབ་ཉམས་སད་པ་ན། སློབ་དཔོན་གྱིས་ཟླ་འཕྲུལ་ངོ་མཚར་ཅན་མང་པོ་བསྟན་པས "བློན་པོ་དག་ན་རེ། བོད་ཡུལ་བཟང་པོར་བྱེད་པའི་སྔགས་མཁན་གྱི་མཐུ་དང་སྒྱུར་ན་ཆབ་སྲིད་རྒྱ་གར་གྱིས་འཕྲོག་སྙེ་འགྲོ་ཞེས་མདུན་ས་ཆུང་ངུར་གྲོས་བྱས་ནས་འཁྲོ་འགྱུམ་པར་ཆད་དེ་སློབ་དཔོན་གྱིས་ད་ཞིང་བྱའོ་གསུངས་པས་ཞིང་ཡར་ལུང་ས་ཀྱིས་ཚོག་ཟེར་ཏེ་སྔགས་མཁན་ལ་ཕྱག་བྱས་ཏེ་བྱ་དགའ་ཆེན་པོ་ཕུལ་ནས་སླར་རྒྱ་གར་དུ་ཕྱུད་པར་ཞུ་བ་བསྐུལ……"①ཞེས་སོགས་གསལ་ཞིང་། རྒྱལ་པོ་མ་དགྱེས་ནས་གསེར་གྱི་འབུལ་ཆེན་ཕུལ་ཚུལ་དང་། སློབ་དཔོན་གྱིས་བྲག་དམར་འོམ་བུ་ཚལ་དུ་རྗེ་འབངས་ཉི་ཤུ་རྩ་གཅིག་ལ་མན་ངག་ལྷ་བའི་ཕྲེང་བ་གསུངས་ཤིང་། གསང་སྔགས་ཟབ་མོའི་དམ་ཆོས་ཀྱི་དཔེ་མང་པོ་གཏེར་དུ་

---

① (ཆོས་འབྱུང་མཁས་དགའ་དེབ་ངོས327－328)

སྦྲས། བཙན་པོ་ལ་ཞལ་གདམས་དུ་མ་དང་ཐེག་པ་ཆེན་པོ་གསང་སྔགས་ཀྱི་ལུང་གནང་། ཕུར་བུ་འབུམ་སྡེ་གསུངས་ནས་སྨོན་ལམ་འོག་མིན་གྱི་གནས་སུ་གདབ་གསུངས། སྤྱིན་སྲིག་གི་འཁྲི་མ་གྲུབ་པར་སླར་གཤེགས་ཚུལ་སོགས་གསལ་བའི་མཇུག་ཏུ་འདི་ལྟར་འཕོད་དེ། "དེས་ན་སྦྲ་བཞིད་ལས་བསམ་ཡས་ཀྱི་རྨང་མ་བཏིང་བར་སློབ་དཔོན་སྲིན་ཡུལ་དུ་གཤེགས་པ་འདྲ་བ་ཞིག་སྣང་བ་འདི་ནི་སློབ་དཔོན་ཆེན་པོའི་ལོ་རྒྱུས་རྣམས་ཕྱོགས་གཅིག་ཏུ་བསྡེབས་ནས་བྲིས་པ་ཅིག་ཡིན་པ་སླམ་སྟེ་བསམ་ཡས་རབ་གནས་ལ་སློབ་དཔོན་ཆེན་པོ་ངེས་པར་བཞུགས་པ་འཁོར་སའི་རི་མོ་ལ་གསལ་བ་དང་། བཀའ་ག་སྟོགས་ཆེ་མོར།

སློབ་དཔོན་པདྨ་འབྱུང་གནས་ཀྱིས། །

ལྷ་འདྲེ་ཟིལ་གནོན་ཞེས་པ་བླངས། །

ཅེས་བྱུང་ངོ་། ཕྱིར་སློབ་དཔོན་ཆེན་པོས་བཙན་པོ་ལ་ནང་གི་སྐྱེད་རྫོགས་སྡེ་གསུམ་བསྟན་ནས་སྨིན་གྲོལ་དུ་མཛད། བཙན་པོས་ཀྱང་བཙུན་མོ་མཁར་ཆེན་བཟའ་མཚོ་རྒྱལ་དབང་ཡོན་དུ་ཕུལ་བས་བློན་པོ་རྣམས་མ་རངས་ཏེ་སྔོན་དུ་བཙུན་མོ་ཕྲོགས་ད་ནི་རྒྱལ་སྲིད་འཕྲོག་པར་ངེས་སོ་ཟེར་ནས་སླར་གཤེགས་པར་འགྲོ་བ་ཞིག་བྱུང་བར་སྣང་བས་བློན་པོ་རྣམས་ཀྱིས་ཞུས་པ་བཞིན་སླར་གཤེགས་པ་ལྟར་བྱས་ནས་རྒྱལ་པོ་དང་བཀའ་བགྲོས་ཏེ་བོད་ཀྱི་རྡོ་རི་ཏྲ་དང་མཁར་ཆུ་ལ་སོགས་པའི་གནས་རྣམས་དང་གཡའ་ཁྲིད་དང་གངས་ཁྲིད་སོགས་མི་མ་ཡིན་གྱི་གནས་རྣམས་སུ་སྤྱན་དྲངས་ཏེ་གཙོ་བོར་མི་མ་ཡིན་གྱི་དོན་མཛད་ནས་སླར་བསམ་ཡས་སུ་གཤེགས་པར་སྣང་ལ། ས་སྐྱ་བླ་མ་དམ་པའི་

ཆོས་འབྱུང་ལས་ཀྱང་དེ་འདྲ་བར་བཤད་དོ་”①ཞེས་གསལ་བ་དང་། འདིའི་སྐོར་ཇོ་ནང་རྗེ་བཙུན་ཏཱ་ར་ན་ཐས། སློབ་དཔོན་པདྨ་“བོད་དུ་ཇི་ཙམ་བཞུགས་པ་ལ་ཡང་། འགའ་ཞིག་ལས་ལོ་གསུམ། འགའ་ཞིག་ལས་ལོ་དྲུག གཞན་འགའ་ལས་ལོ་བཅུ་གཉིས། ཁག་ཅིག་ཏུ་བཅོ་བརྒྱད་སོགས་ཡོད་ལ། གཏེར་མ་ལས་ནི་ཉུང་བ་རྣམས་ལ་ལྔ་བཅུ་དང་། ཕལ་ཆེར་ལས་བརྒྱ་ལྷག་པར་འཆད་དོ། དེ་ལ་དོན་གཞན་གདུལ་བྱ་སྣང་བ་དག་པ་རྣམས་ཀྱི་སྣང་ངོར་བསམ་ན་ནི། ད་ལྟར་ཡང་བཞུགས་ཤིང་། ཞིང་ཁམས་ཀུན་ཏུ་སྐུའི་སྣང་བ་གཅིག་ཅར་རྟག་ཏུ་སྟོན་པའང་ཡིན་པས་ཕྱོགས་གཅིག་ནས་ཚད་གང་ལྟར་བྱས་ཀྱང་རུང་མོད། འོན་ཀྱང་སྤྱི་ཕྱིར་དུས་སྒྲིག་པ་སོགས་ལ་ནི་དེ་མི་རུང་སྟེ། འདི་ལ་ནི་དེ་སྐབས་ཀྱི་མིའི་འགྲོ་བ་ཕལ་པ་རྣམས་ཀྱི་སྤྱི་མཐུན་པའི་སྣང་ངོར་སྣང་དུ་རུང་བ་གཅིག་གི་སྟེང་ནས་འཛོག་པའི་ཕྱིར་རོ་”②ཞེས་གསལ་བའི་ནང་རྒྱ་གར་དང་། ཨོ་རྒྱན་གྱི་ཡུལ་ལ་སོགས་པར་ཕེབས་བཞུགས་ཀྱི་ལོ་རྒྱུས་དཔྱད་པ་ཞིབ་ནན་གནང་བའི་མཇུག་ཏུ་བསྟན་པར། “སྦ་བཞེད་ན་བོད་ཡུལ་དབུས་སུ་ཟླ་བ་བཅོ་བརྒྱད་བཞུགས་བྱ་བ་དང་། སྦ་བཞེད་ཁ་སྐོང་ཅན་ན་བོད་ཡུལ་དུ་ཟླ་བ་བཅོ་བརྒྱད་བྱ་བ་དང་། ཟླ་བཞེད་ན་ཟླ་གྲངས་ཀྱི་གསལ་ཁ་མེད་ཅིང་། རྒྱལ་བཞེད་ཀྱི་དོན་སླངས་ཏེ་བྲིས་ཟེར་བའི་ཡིག་རྙིང་རྣམས་ན། བོད་ཡུལ་དབུས་ཀྱི་བྲག་དམར་དུ་ཟླ་བ་བཅོ་བརྒྱད་བཞུགས་བྱ་བ་ཡོད་པས། དུས་རིང་ཐུང་ལ་འདོད་ལུགས་སྤྲ་མོ་ཙམ་མ་གཏོགས་གཙོ་བོའི་དོན་ལ་མཐུན་ནོ་”③ཞེས་

---

① （ཆོས་འབྱུང་མཁས་དགའ་དེབ་ངོས330）

② ②（པདྨ་འབྱུང་གནས་ཀྱི་རྣམ་ཐར་ཡིད་ཆེས་གསུམ་ལྡན་ཡིག་རྙིང་བྲིས་མ་ཤོག་གྲངས7）

གསུངས་པ་ལྟར་སློབ་དཔོན་བོད་དུ་བཞུགས་པའི་ལོ་དུས་ངེས་གཏན་ཁ་ཚོན་ཆོད་པ་ཞིག་བརྗོད་དཀའ་བ་མཚོན་ཕྱིར་འབྲེལ་ཡོད་དཔྱད་གཞི་ཙུང་ཟད་ཙམ་སྨོས་པ་ལགས་སོ།

"དེ་ནས་ཆོས་ཀྱི་མདུན་ས་ནི་བྲག་དམར་མཆོ་མོ་མགུར་དུ་ཕུབ། གསལ་སྣང་ཆོས་ཀྱི་ཚུགས་དཔོན་བླར་བསྐོས་སོ། དུས་དེར་བོན་པོ་དང་བོན་བློན་རྣམས་ཁ་ལོག་ནས་ཆོས་མི་བྱེད། བོན་བྱའོ་ཞེས་ཟེར་བས་བོ་ཧྲི་ས་ཏྭའི་ཞལ་ནས་རྒྱལ་ཁམས་གཅིག་ཏུ་ཆོས་ལུགས་གཉིས་བྱུང་ན་ཤིན་ཏུ་སྡིག་ཆེ། འོ་ཅག་རྩོད་པ་བྱས་ལ་ཕྱེད་རྒྱལ་ན་ང་འགྲོ་བོན་སྤེལ། ཆོས་རྒྱལ་ན་བོན་བསྣུབས་ལ་དམ་པའི་ལྷ་ཆོས་བྱ་གསུངས་སོ། དེ་ནས་ཕག་གི་ལོ་ལ་བཙན་པོ་ཕོ་བྲང་ཟུར་ཕུད་རྒྱང་བུ་ཚལ་ན་བཞུགས་པའི་ཚེ། ཆོས་ཀྱི་ཁ་འཛིན་ཞང་ཉ་བཟང་དང་། གཉེར་སྟག་བཙན་གདོང་གཟིགས་དང་། སེང་མགོ་ལྷ་ལུང་གཟིགས་དང་། ཉང་ཤོམ་དང་བཞི་པོ་བོ་ཧྲི་ས་ཏྭའི་ཁ་འཛིན་དང་ཤགས་འདེབས་སུ་བསྐོས། བོན་གྱི་ཁ་འཛིན་ངམ་ཏ་ར་ཀླུ་གོང་དང་། རྒྱས་པ་ཆེན་པོ་ཁྲུང་པོ་དོམ་ཚུགས། ཁྲུང་པོ་རྒྱེ་བ། ཚེ་མི་དང་ཅོག་ལ་སོགས་པ་བསྐོས་ཏེ་རྩོད་པ་ལས་བོན་ཁུངས་ངན་ལ་གཏན་ཚིགས་ཆུང་། ལྷ་ཆོས་ཁུངས་བཟང་ལ་གཏན་ཚིགས་རྒྱ་ཆེ་ཞིང་ཟབ་ལ་གཏིང་རིང་ཤགས་བཟང་ལ་རྡོ་སྟེ་མ་ཐུབ་ནས་ཕྱིན་ཆད་བོན་བགྱིད་དུ་མི་གནང་བར་ཆད། གཤེན་གྱི་ཕྱིར་གནག་རྟ་དང་སྲོག་ཆགས་གསོད་པ་དང་ཤ་འདེབས་སུ་མི་གནང་། རྗེའི་སྐུ་རིམ་དང་བར་ཆད་སེལ་བ་ལ་འདྲེ་སྲིན་ལ་དུས་བོན་རེ་བྱེད་ན་ཚེ་མི་དང་ཞང་ཞུང་མ་གཏོགས་གཞན་བགྱིད་དུ་མི་གནང་བར་བཅད་སྟེ་བོན་གྱི་དཔེ་ཀུན་ཆུ་ལ་བསྐུར། ལྷག་མ་རྣམས་ཕྱིས་མཆོད་རྟེན་ནག་

པོར་མནན་ནོ་”[1]ཞེས་གསལ་ཡོད།

3. བསམ་ཡས་གཙུག་ལག་ཁང་བཞེངས་པའི་སྐོར།

དེ་ནས་“བསམ་ཡས་རྩིག་པར་བཞེད་ནས་རྗེ་སློབ་བཀའ་གྲོས་གནང་བ་ན་སློབ་དཔོན་མགོས་ཀྱིས་ཞུས་པར། བཙན་པོ་ལགས་དགོངས་གཞི་དེ་ཐབས་མཁས་ཀྱི་སྒོ་ནས་མ་མཛད་ན། བོད་འབངས་ཁ་ལོག་ནས་ཆོས་མཛད་དུ་མི་ཐུབ་པས་ལྷ་ཁང་བཞེང་བ་དེ་འགྲུབ་དཀའ་བའི་བྱ་བ་གཞན་དག་དང་གདམ་ག་བོར་བ་ཞིག་མཛད་ན་ལེགས་ཞེས་གསོལ་ཏེ་སྐོག་ཏུ་བགྲོས། དེ་ནས་བོད་འབངས་ཀུན་བསྡུས་ནས་འཚོགས་པ་ན་བཙན་པོས་བཀའ་བསྒྲལ་པ། འཛམ་གླིང་ན་བོད་ཀྱི་རྒྱལ་པོ་ཆེ། བོད་ཀྱི་རྒྱལ་པོའི་ནང་ནས་ང་ལས་ཆེ་བ་ནི་སྔར་མ་བྱུང་ན། ང་ལ་ཕྱག་རིས་མེད་པས་ད་ཕྱག་རིས་ངོ་མཚར་ཆེ་བ་ཞིག་འཛུག་དགོས། ཁྱེད་ཅག་བོད་འབངས་མཛངས་པ་རྣམས་གླེངས་ཤིག་ཅེས་གསུངས་པ་ན། སློབ་ཆེན་པོ་མགོས་ན་རེ། རྗེའི་བཀའ་བསྒྲལ་ནི་འདུད་པས་ཉན། ཁྲིམས་ཀྱི་ལ་རྩེ་ནི་དགུང་བས་མཐོ། ཕྱག་རྗེས་གང་མཛད་པ་བཀའ་ལུང་ཞུའོ་ཞེས་གསོལ་བ་དང་། བཙན་པོའི་ཞལ་ནས། ངའི་མཁར་ཆེན་པོ་ཞང་པོ་རྒྱའི་ཡུལ་མཐོང་བ་ཞིག་རྩིག་གམ། ཤེལ་གྱི་མཆོད་རྟེན་ཤར་རི་འདི་ཙམ་ཞིག་རྩིག་གམ། ཕ་ལུང་གྲོག་མོ་གསེར་ཕྱེས་འགེང་ངམ། ཧས་པོ་རི་ཟངས་ཀྱིས་བསྐུམས་ནས་གཟེར་མགོ་ཐམས་ཅད་ནང་དུ་བསྟན་པ་ཞིག་བྱའམ། ཡར་ཀླུང་གཙང་པོ་ཟངས་ཀྱི་སྦུབས་སུ་བཙུག་ལ་མཆོང་རུང་བ་ཞིག་བྱའམ། ག་ཆུའི་ཐང་ལ་ཁྲོན་པ་འདོམ་དགུ་བརྒྱ་དང་དགུ་བཅུ་རྩ་གཅིག་ཡོད་པ་ཞིག་འབྲུའམ། ལྷ་ཁང་བྲི་

---

① (ཆོས་འབྱུང་མཁས་དགའ་དེབ་ངོས332 －333)

ཙམ་པ་ཞིག་རྩིག་གམ་དེ་རྣམས་ནས་གང་བྱེད་འདོམས་ཤིག་ཅེས་བཀའ་བསྐུལ་པས་བཙན་པོའི་བཀའ་ལུང་ཆེ་ལ་བསྒྲུབ་དཀའ་བས་འབངས་རྣམས་འཛིགས་ཤིང་། གདམ་ཀ་གང་ཡང་ཁས་ལེན་བྱེད་མ་ཐོད་པའི་སྐབས་དེར། ཞང་ཉ་བཟང་ན་རེ། བཙན་པོ་དགོངས་ཤིག་མཁར་མཐོ་བ་དེ་ལྟ་བུ་སྲ་དྲགས་ན་འགྲེལ་འགྲོ་བ་དང་། ཆེ་ན་ནི་འགྲུབ་མི་ཐུབ། ཤེལ་རིན་པོ་ཆེ་འབྱོར་དཀའ་བས་མཆོད་རྟེན་དེ་འདྲ་བ་ཡང་མི་འབྱོང་། ཕྱ་ལུང་གྲོག་མོ་གསེར་བྱེ་ལྟར་བཞག བྱེ་མས་ཀྱང་འགེངས་མི་ཐུབ། རྟས་པོ་རི་ནི་འབངས་ཀུན་གྱི་ཟར་བུ་ཚོན་ཆད་ཟངས་སུ་འགྱུར་ནའང་མི་འཐུམས། ཡར་ཆབ་གཙང་པོ་སྦུབས་སུ་དགུན་ཚོད་ཀྱང་དབྱར་འཁྱེར་འགྲོ། ཀ་རུའི་ཐང་ལ་ཁྲོན་པ་འདོམ་གང་བྲུས་ནའང་ཆུ་བཙོལ་བས་ན་འདོམ་དགུ་བརྒྱ་དང་དགུ་ཅུ་རྩ་གཅིག་ཇི་ལྟར་འབྲུ། དེ་བས་ལྷ་ཁང་བྲེ་ཙམ་པ་ཞིག་བཞེང་བ་ལས་འོས་པ་ཅང་གདའམ་ཞེས་ཟེར། བོད་འབངས་རྣམས་དགའ་ནས་དེ་རང་ཡིན་ཞེས་ཁས་ལེན་བྱས་ཚུལ་བཅས་སྔར་གྱི་ཆོས་འབྱུང་དུ་མར་གསལ་བའི་གཏམ་རྒྱུད་དེའི་ཐོག་ནས་སྐབས་དེར་ལྷ་ཁང་བཞེང་བར་འགོག་རྐྱེན་ཡོད་པ་དང་དེ་ལ་རྒྱལ་བློན་རྣམས་ཀྱིས་ཕྱི་ནང་གསང་བའི་ཐབས་ཇུས་མང་པོ་ཞིག་བརྩམས་ཡོད་པ་དེ་མཚོན་གྱི་ཡོད།

"དེ་ནས་ལྷ་ཁང་གི་ས་བརྟག་པའི་ཕྱིར་མཁན་པོ་དང་། བཙན་པོ། གསལ་སྣང་དང་། གཉེར་གདོང་གཟིགས་ཏེ་བཞེས་རྟས་པོ་རིའི་རྩེར་བྱོན་ནས་གཟིགས་པ་ན། དེ་ཙ་ན་བསམ་ཡས་ཀྱི་ས་གཞི་དེ་སྐྱ་བ་ཐོར་རེ་བ་རྩེ་སྐྱ་ཅན་འཛག་སྐྱ་ཚོད་དེ་མཆིས་པ་ལས། སློབ་དཔོན་པོ་དྷི་ས་ཏྭས་ས་དཔྱད་མཛད་པ་ནི། ཤར་རི་རྒྱལ་པོ་གདན་ལ་བཞུགས་པ་འདྲ་བ། རྟས་པོ་རི་བཙུན་མོ་དར་དཀར་གྱི་གོ་ཟླ་གྱོན་པ་འདྲ། རི་ནག་ལྷུགས་ཕུར་བཏབ་པ་འདྲ། མེ་ཡར་དྲེའུ་

ཆུ་འཕྲུང་བ་འདྲ་བས་བཟང་། ས་གཞི་འདི་འཁར་གཞོང་གྲུར་གྲུམ་གྱིས་བཀང་བ་འདྲ་བས་ཐུགས་དམ་གྱི་རྟེན་འདིར་བཞེངས་ན་བཟང་བར་ལུང་བསྟན།”

དེ་ནས་ལྷ་ཁང་བཞེངས་པའི་རྒྱུ་རྐྱེན་གྱི་ཚད་ནི། བཙན་པོས་ཕྱོགས་བཞིའི་ལྟུགས་རི་ལ་ངའི་མདའ་རྒྱང་གང་གང་བྱེད་གསུངས་པ་ལ་སྐྱིག་ཏུ་བློན་པོ་རྣམས་ཀྱིས་དེ་ནི་ཐལ་པའི་མདའ་རྒྱང་གསུམ་ལས་རིང་བས་མདའ་དེ་བློན་པོའི་མདའ་ལ་མཛད་པར་ཞུ་ཞེས་མདའི་ནང་དངུལ་ཆུ་བླུགས་ཏེ་ཕུལ་བ་འཕངས་པ་ན་སྔར་གྱི་སུམ་ཆ་གཅིག་ཙམ་དུ་ལུས་པར་གྲགས། ཡོགས་རེ་ལ་ཐལ་པའི་མདའ་རྒྱང་གཉིས་རེ་ཡོད་དོ། ཐོག་མར་ས་ཕུད་དང་རྗེ་ཕུད་ཡེར་པར་ཕུལ་ཏེ་མཆོད་རྟེན་བཞེངས། ལྷ་སར་ས་ཕུད་ལ་འཕྲུལ་སྣང་གི་གཙང་ཁང་དབུས་མའི་སྒོ་སྲུང་རྒྱལ་ཆེན་བཞི་(རྗེ་ཁང་གི་པང་བཅལ་སྟེང་ཡོད་པ་འདི་ཡིན་) བྱས། ཤིང་གི་ཕུད་ལ་སྒོ་མོ་ཆེ་རྟ་བབས་ཀྱིས་བརྒྱན་པ་ཕུལ་ལོ། བརྩིགས་ཚུལ་དཔེས་ནི་སྦ་བཞེད་ལས། དེ་ལྟར་ས་བརྟག་པའི་ཚ་ག་བགྱིས། དེ་ནས་ས་ཚོག་བྱས་ཏེ་ཡ་རབས་ཞང་བློན་གྱི་བུ་ཚ་ཕ་མ། མེས་ཕྱི་(སྤྱི་བོ་རྫོའི་) ཚང་བ་བཞི་བཙན་པོ་ཉིད་དང་ལྷ་རྒྱན་གྱིས་བརྒྱན་ཏེ་ཐོག་མར་བཙན་པོས་གསེར་གྱི་འཇོར་ཕྱག་ཏུ་བསྣམས་ནས་ཐེངས་གསུམ་བརྐོས། དེ་ནས་བུ་ཚ་བཞིས་རེས་ཀྱིས་བརྐོས་སོ། ཐོག་མར་སྐྱེ་ངོས་ཨཏྟུ་པ་ལོའི་གླིང་བརྩིགས་ཏེ་ཐོག་ཕུབ་པ་དང་། “རྟེན་ཁང་བེ་ཏར་ནས་ཚུར་ལ་རྒྱ་མཚལ་བུ་ཅན་ནམ། རྒྱ་མཚལ་ན་མཁན་ཡང་ཟེར་བ་ཞིག་ཚོན་རྩིའི་གོང་བུ་གོང་ཙེ་གང་ཁྱེར། པིར་ཚག་པ་གཅིག་ཐོགས་ནས་འཇིམ་གཟུགས་དང་རི་མོ་བྱེད་པ་ལ་ཛམྦུ་གླིང་ན་ང་མཁས་ཏེ། བོད་ཀྱི་རྒྱལ་པོ་ལྷ་ཁང་རྩིག་ཟེར་ན་ངས་གཟུགས་ཤེས་ཟེར་བ་དེ་བཀུག ལྷ་བཟོ་ན་རེ་ལྷ་རྒྱ་གར་དང་རྒྱའི་ལུགས་གང་བགྱི་ཟེར། གྲོས་བགྱིས་པས་མཁན་པོའི་ཞལ་ནས་སངས་རྒྱས་རྒྱ་གར་དུ

ཐྱོན་པ་ཡིན་པས་རྒྱ་གར་ལུགས་སུ་གྱིས་གསུངས། བཙན་པོའི་ཞལ་ནས་བོད་ཀྱི་ལུགས་སུ་བགྱིས་ན་བོད་ནག་པོ་ལ་ཞེན་པ་རྣམས་དད་པ་སྐྱེད་རེ་བ་ཡིན་པས་ལྷ་བོད་ལུགས་སུ་བྱ་བར་ཅི་གནང་ཞེས་ཞུས་པས་འོ་ན་བོད་འབངས་ཀུན་སྤུས་ཤིག་ལྷ་བོད་ལུགས་སུ་བྱའོ་གསུངས། བོད་མིའི་གཟུགས་སུ་བགྱིད་པའི་དཔེ་བོད་འབངས་ཚོགས་པ་ལས་དེའི་ནང་ནས་གཟུགས་བཟང་བ་ཁུ་སྟག་ཚབ་ལ་དཔེ་བགྱིས་ཏེ་གཙོ་བོ་ཨཪྻ་པ་ལོའི་ཁསརྤ་ཎི་བཞེངས། ཐང་བཟང་སྟག་ལོད་ལ་དཔེ་བྱས་ཏེ་ཡི་གེ་དྲུག་པ་གཡས་སུ་བྱས། རྨ་གསང་གོང་ལ་དཔེ་བྱས་ཏེ་ཧ་མགྲིན་སྒོ་སྲུང་དུ་བྱས། ལྷ་མོའི་དཔེ་བུད་མེད་ལ་མཛེས་པ་ཅོག་རོ་བཟའ་ལྷ་བུ་སྨན་ལ་དཔེ་བགྱིས་ཏེ་སྒྲོལ་མ་གཡས་སུ་བྱས། ཅོག་རོ་བཟའ་ནུ་ཆུང་ལ་དཔེ་བྱས་ཏེ་འོད་ཟེར་ཅན་མ་གཡོན་དུ་བྱས”①དེ་ནས་མཁན་པོའི་གསུང་ལྟར་ལྷ་ཁང་དེའི་དབུས་ཀྱི་སྟེང་དུ་ཨ་མི་ཏྭ་བྷ་གཙོ་འཁོར་ལྔའི་ལྷ་ཁང་ཞིག་མོད་ལ་བརྩིགས་ཏེ་ཞལ་བསྒྲུབས་ཞེས་བྱུང་ངོ། བསམ་ཡས་གཙུག་ལག་ཁང་གི་དཔེ་གཞི་ནི་རྒྱ་གར་གྱི་ཨོ་ཏན་ཏ་པུ་རིའི་གཙུག་ལག་ཁང་ལ་བྱས་ནས་བཞེངས་པར་གྲགས་ཤིང་། དབུ་རྩེ་ཡང་ཐོག་རྒྱ་གར་གྱི་ལུགས་སུ་ཤིང་ལས་གྲུབ་པ་དང་། བར་ཐོག་རྒྱ་ནག་གི་ལུགས་སུ་སོ་ཕག་ལས་གྲུབ་པ། འོག་ཐོག་བོད་ཀྱི་ལུགས་སུ་རྡོ་ལས་གྲུབ་པ་བཅས་སུ་བཞེངས་པས་མཚན་ཡང་། བསམ་ཡས་ལུགས་གསུམ་མི་འགྱུར་ལྷུན་གྱིས་གྲུབ་པའི་གཙུག་ལག་ཁང་ཞེས་སུ་གྲགས། ལྷ་ཁང་བཞེངས་པའི་རྣམ་གྲངས་ཙུང་མདོར་བསྡུས་ཤིང་གོ་བདེ་བ་ནི་ཉང་རལ་གྱི་ཆོས་འབྱུང་ལས། “སློབ་དཔོན་པོ་ཧྲི་ས་ཏྭ་དང་ཆོས་རྒྱལ་ཉིད་ཀྱིས་དབུ་རྩེ་རིགས་གསུམ་རི་རབ་

① （ཆོས་འབྱུང་མཁས་དགའ་དེབ་ངོས336－337）

ཀྱི་ཚུལ་དུ་བྱས། གླིང་བཞི་གླིང་ཕྲན་བརྒྱད་དུ་བྱས་ཏེ། དེ་ལ་ཡང་ཤར་དུ་རྣམ་དག་ཁྲིམས་ཁང་གླིང་། མཁྱེན་རབ་འཛམ་དཔལ་གླིང་། ཚང་མང་ཀེ་རུ་གླིང་། ལྷོ་རུ་བདུད་འདུལ་སྔགས་པ་གླིང་། ཨཪྱ་པ་ལོའི་གླིང་། སྒྲ་བསྒྱུར་རྒྱ་གར་གླིང་། ནུབ་ཏུ་མི་གཡོ་བསམ་གཏན་གླིང་། རྗེ་སྐྱ་བྱང་ཆུབ་གླིང་། དགའ་ལྡན་བྱམས་པ་གླིང་། བྱང་དུ་སྣ་ཚོགས་རིན་ཆེན་གླིང་། མ་ཆགས་པདྨ་ཅན་གྱི་གླིང་། པེ་ཧར་དཀོར་མཛོད་གླིང་། ཉི་མ་ལྷ་ཁང་། ཟླ་བ་ལྷ་ཁང་། གཞན་ཡང་ཤར་ལྷོར་མཆོད་རྟེན་དཀར་པོ་སངས་རྒྱས་སྟོང་གིས་བརྒྱན་པ། ལྷོ་ནུབ་ཏུ་མཆོད་རྟེན་དམར་པོ་པདྨ་སྟོང་གིས་བརྒྱན་པ། ནུབ་བྱང་དུ་མཆོད་རྟེན་ནག་པོ་མཆོད་རྟེན་སྟོང་གིས་བརྒྱན་པ། བྱང་ཤར་དུ་མཆོད་རྟེན་སྔོན་པོ་ལྷ་ཁང་བཅུ་དྲུག་གིས་བརྒྱན་པ་བཞེངས། ནུབ་ཕྱོགས་སུ་ཡ་མཚན་རྫུ་འཕྲུལ་སྟོན་པ་ཀླུའི་གླིང་བཞེངས། སློབ་དཔོན་པདྨའི་གཟིམ་ཁང་ཡཀྵ་ལྷག་འོག་བཞེངས། ཧར་ཀ་ཆེན་པོ་བཞི་ལ། ཕྱོགས་བཞིར་ཁྲིན་ཁ་ཆེན་པོ་བཞི། མེ་བཙའ་ཆེན་པོ་བཞི་ལ། རི་སྣ་བཞི་ལ་མཆོད་རྟེན་བཞི། ཕོ་བྲང་རིམ་དགུ་དང་། ཕོ་བྲང་སེང་ཁང་དང་། རྒྱའི་ཧྭ་ཤང་ལྷ་ཁང་དང་། ཕྱི་ལྕགས་རི་མུ་ཁྱུད་ནག་པོ་དང་། དེའི་ཕྱོགས་བཞིར་སྒོ་བཞི་ལ་མགོན་ཁང་བཞི་དང་བཅས་པ་བཞེངས་སོ་”① ཞེས་གསལ་ཞིང་། ནང་གི་རྟེན་གང་དང་གང་བཞེངས་པ་དང་། ལྷེབས་རིས་གང་དང་གང་བཀོད་པ། ཆོས་སྐྱོང་གང་དང་གང་ལ་གཉེར་གཏད་པ་སོགས་ཞིབ་པར་མཁྱེན་འདོད་ན་ཆོས་འབྱུང་མཁས་པའི་དགའ་སྟོན་སོགས་ལ་གཟིགས་པར་འཚལ་ལོ།

① （ཆོས་འབྱུང་མེ་ཏོག་སྙིང་པོ་སྦྲང་རྩིའི་བཅུད་ལྦུགས་པར་དེབ་ངོས287－288）

གཞན་ཡང་བཙན་པོ་འདིས་བཙུན་མོ་ལྷ་ཁབ་ཏུ་བཞེས་པ་ལས་མཆིམས་བཟའ་ལྷ་མོ་བཙན་དང་། མཁར་ཆེན་བཟའ་མཚོ་རྒྱལ་གཉིས་སྲུབ་པ་མཛད་པས་ཕྲུག་རིས་མེད། འབྲོ་བཟའ་ཁྲི་རྒྱལ་མོ་བཙན་ནམ་ཕྱིས་རབ་ཏུ་བྱུང་བའི་མཚན་བྱང་ཆུབ་རྗེར་གསོལ་བ་དེས་ཕྲུག་རིས་དགེ་རྒྱས་བྱེ་མ་གླིང་བཞེངས་པ་དང་། ཇོ་མོ་ཚེ་སྤོང་བཟའ་མེ་ཏོག་སྒྲོན་གྱིས་དབུ་རྩེ་ལ་དཔེ་བླངས་ནས་ཁམས་གསུམ་ཟངས་ཁང་གླིང་བཞེངས། ཕོ་ཡོང་བཟའ་རྒྱལ་མོ་བཙུན་གྱིས་བུ་ཚལ་གསེར་ཁང་གླིང་བཟོ་སྦྱ་བཅུ་གསུམ་གྱིས་ཁྱད་དུ་འཕགས་པ་བཞེངས། དེ་དག་སོ་སོ་ལ་ཁྱད་ཆོས་མི་འདྲ་བ་ལྡན་པ་གསལ་ཡང་ཡི་གེ་མང་བར་འཇིགས་པས་ཆོས་འབྱུང་གཞན་ལས་མཁྱེན་པར་མཛོད་ཅིག བསམ་ཡས་ཞལ་བསྒྲོ་རབ་གནས་ཀྱི་སྟོན་མོ་རྒྱས་པར་མཛད། “བཙན་པོས་མེ་ཏོག་ཏུ་གསེར་གཞོང་པ་གང་ཕུལ་ལོ། ཞལ་བསྒྲོ་ཆེན་པོའི་དུས་ཕྱིའི་ལྟུགས་རིའི་སྟེང་གི་མཆོད་རྟེན་གྱི་བར་གསེང་ཐམས་ཅད་ཁ་ཟས་རིགས་དང་། ཐུད་རྒྱལ་གྱིས་བཀང་སྟེ་ལྟད་མོ་བ་རྣམས་ལ་ཟས་ཀྱི་སྟོན་མོ་བཤམས་པས་མི་རེ་ལ་སྐལ་བ་གཉིས་གསུམ་རེ་ཐོབ། ཆད་པ་ནི་ཡེ་མ་མཆིས། དེའི་རྗེས་ལ་ཀུན་གྱིས་ལྟད་མོ་ཆེ་ཐང་རེ་བྱས” པའི་ཚུལ་སོགས་ཀྱང་རྒྱས་པར་ཡིག་ཚང་གཞན་ལ་འཁོད་ཡོད་དོ།

སྐབས་འདིར་ཆོས་འབྱུང་མཁས་པའི་དགའ་སྟོན་སོགས་ལས་འབྱུང་བ་ལྟར་ན། དགའ་ལྡན་བྱམས་པ་གླིང་དུ་འདྲེ་མོ་འོད་ཅན་མ་གནོན་པའི་མཆོད་རྟེན་འོད་འབར་བརྩིགས་པ་དང་བཅས་“མཆོད་རྟེན་ལྷ་པོ་ལ་ནང་རྫོང་མ་མཆིས་ནས་རྗེས(བཙན་པོ་)སློབ་དཔོན་ལ་ཞུས་པས་མ་ག་དྷའི་རྒྱལ་པོའི་ཁབ་ཀྱི་སྒོ་མདུན་ན་ཛ་ཏུ་ཙེ་ཏ་བྱ་བའི་མཆོད་རྟེན་ཞིག་གི་ནང་ན་རྒྱལ་པོ་མ་སྐྱེས་དགྲའི་སྐལ་བ་དེ་བཞིན་གཤེགས་པའི་རིང་བསྲེལ་མ་ག་དྷའི་བྲེའི་ཁལ་གཅིག

བཞུགས་པར་གྲགས་སོ་གསུངས། རྒྱལ་པོས་དེ་སྤྱན་དྲངས་པའི་ཕྱིར་བོད་ཀྱི་རྟ་རྫོག་ཆགས་སྨ་མནན་མ་ཐག་པ་གཅིག་ཡན་ཆད་མ་ལུས་པར་ཆད་པ་ལ་བསྡོས་ཏེ་མགོས་ཀྱི་ཕག་རིར་དུས་བཏབ། སློབ་དཔོན་གྱིས་ལམ་རྒྱུས་མཛད་ནས་མཐའ་འཁོབ་བོད་ཀྱི་རྟ་པའི་དམག་ཕྱིན་ནས་དཔའ་མོ་དཔལ་ཐང་ལ་དམག་གྲང་(སྐར་)བཏབ་པས་རྟ་པ་བྱེ་བ་ཕྲག་བཅུ་བཞི་བྱུང་། རྒྱ་གར་མཐའ་འཁོབ་ཏུ་སླེབས་པ་དང་ཡུལ་དེའི་རྒྱལ་པོ་བྲེད་ནས་མཐའ་འཁོབ་ཀྱི་རྒྱལ་པོའི་རྟ་པ་འདི་འདྲ་ན། དཔུང་བུ་ཆུང་དང་། ཤིང་རྟ་པ་དང་། གླང་པོ་ཆེའི་ཚོགས་ཅི་འདྲ་བར་འགྱུར་ཟེར་ནས་ཕོ་བྲང་གི་སྒོའི་ཡ་ཀླད་ལ་བོད་རྒྱལ་པོའི་ལྷམ་བཏགས་ནས། དེའི་འོག་ན་ཕར་འཁོར་དང་བཅས་པས་འཇལ་ཏེ་ངའི་རྒྱལ་ཁམས་ནི་བཙན་པོ་ཁྱོད་ཀྱི་འོག་ཏུ་འཇུལ་ཞིང་དཔྱ་དང་སྐྱེས་ལོ་ཐང་དུ་འབུལ་ལོ་ཟེར་ཞིང་མངར་འདུས་སོ། དེ་ནས་ཆུ་བོ་གངྒཱ་བརྒལ་ནས་མ་ག་དྷར་དམག་དྲངས་པས་མ་ག་དྷ་པ་ཐམས་ཅད་ནོར་རྣམས་ཨོ་ཏྲན་པུ་རིར་བསྐྱུས། མི་རྣམས་རྒྱ་གར་ཤར་ཕྱོགས་སུ་བྲོས་ཏེ་གཡུལ་སྦྱོད་མ་དགོས་པར་དཔལ་རྡོ་རྗེ་གདན་དང་བྱང་ཆུབ་ཀྱི་ཤིང་ལ་མཆོད་པ་བྱས། མཆོད་གནས་སྤྱན་དྲངས། དེ་ནས་མཆོད་རྟེན་ཁ་ཕྱེ་བའི་ནང་ནས་མཚོན་ཆའི་འཁོར་ལོ་འཁོར་བའི་དཀྱིལ་ན་རིན་པོ་ཆེའི་བུམ་པ་འདུག་པས་སུས་ཀྱང་གླང་བར་རྗེ་མ་ཐོགས། རྒྱ་གར་གྱི་རྒན་པོ་གཅིག་འདུག་པ་ན་རེ་ང་ལ་སྔོན་གྱི་མེས་སློང་བའི་ལོ་རྒྱུས་ཡོད། མཆོད་རྟེན་འདིའི་བྱང་ངོས་ན་རྗེ་ལེབ་ཆེན་པོའི་དཀྱིལ་གྱི་བུག་པ་ན་མར་ཐག་པ་ལ་བུམ་པ་བཏགས་ཏེ་བཏང་བས་བུམ་པ་དེ་ཆུས་གང་བ་འབྱུང་། དེ་ནས་ཡར་ལ་གཞལ་བས་མཆོད་རྟེན་གྱི་སྙེད་པ་དང་ཐད་ཀར་མཉམ་པ་ན་རྗེང་བུའི་གསེང་ཁུང་གི་བར་ཆུ་འགྲོ་བ་དེ་རྫ་དང་བྱེ་མས་བཀག་སྟེ་ཆུ་བསྐྱགས་ན་ཆུ་ཆད་ནས་

མཚོན་ཆའི་འཁོར་ལོ་རྡེག་ཟེར་ཏེ་འཁོར་འཁྲུ་ཆད་པ་ཡིན་ཟེར། དེས་ཇེ་སྐད་ཟེར་བ་ལྟར་བྱས་པས་བདེན་པར་བྱུང་ནས་རིན་པོ་ཆེའི་བུམ་པ་ནས་སངས་རྒྱས་ཤཱཀྱ་ཐུབ་པའི་རིང་བསྲེལ་བྲེ་དྲུག་སྤྱན་དྲངས། ཡང་སྔར་ལྟར་རྗེ་ཤིང་བསལ་ནས་ཆུ་བཏང་བས་མཚོན་ཆའི་འཁོར་ལོ་སྔ་མ་ལྟར་འཁོར་ཏེ་སྔར་ལྟར་རྒྱས་བཏབ་བོ། དེ་ནས་ཚུར་ཕྱིན་ཏེ་ཆུ་བོ་གཙྭའི་འགྲམ་དུ་བོད་ཀྱི་མི་བཞི་བསྐོས་ནས་འདི་ཚུན་ཆད་བོད་ཀྱི་ས་བཅད་ཡིན་པས་རྗེ་རིང་གྱིས་ཤིག་ཅེས་བཀའ་བསྩལ། མི་མང་པོས་བྱེ་ཁུང་དུ་ལྕུགས་ཀྱི་ཀ་བ་བཙུགས་ཏེ་ཕྱིས་བྲུ་ཤའི་དམག་གིས་དེ་བཤིག་པས་མ་ཞིག་ནས་མེས་བཞུ་བའི་འཁྲུ་ཡོད་སྐད། དེའི་ཁུང་འབུགས་ན་འཛུགས་མཁན་གྱི་མི་བཞི་པོ་（གཞིས་）ཆགས་པ་ཀློ་དྲ་ཐ་བཀའ་བཀོད་ཀྱི་ངོ་བོ་ལྡན་པའི་འཆར་གཞི། ཀླ་རའི་རིགས་བྱ་བའི་གྲོང་ཁྱེར་ཆེན་པོ་ཞིག་ཀྱང་ཡོད་དོ་”①ཞེས་གསལ་བའི་གཏམ་རྒྱུད་ཡོངས་རྫོགས་ལོ་རྒྱུས་ཀྱི་དོན་དངོས་དང་མཐུན་པ་ཞིག་ཡིན་ཞེས་བརྗོད་པར་མི་སྤོབས་མེད། མཁས་དབང་དགེ་འདུན་ཆོས་འཕེལ་མཆོག་གིས་ཀྱང་《སྔ་བཞེད་》ནས་གོང་གི་ལོ་རྒྱུས་དྲངས་པའི་མཇུག་ཏུ། “འདིར་རྒྱ་གར་གྱི་རྒྱལ་པོ་སུ་ཡིན་གསལ་བར་མ་སྨོས་ཀྱང་། དུས་སྐྲིག་ན་ཟ་ཧོར་གྱི་རྒྱལ་པོ་གོ་པཱ་ལ་ཡིན་ནམ་སྙམ། ཐ་ཀུ་ར་བྱ་བ་སྤྱིར་ལྷ་དང་རྒྱལ་རིགས་ཀྱི་མིང་ཡིན་ཞིང་། དེ་འདྲའི་གྲོང་ཁྱེར་ཡོད་པ་ནི་མ་ཐོས་མེད། ཐ་ཀུ་ར་བྱ་བའི་རིགས་ནི་རྒྱ་གར་བའི་ཁྲོད་ན་མང་དུ་ཡོད་ལ། དེ་དག་གི་ཐོག་མའི་རུས་ཁུངས་ཀྱང་ཀླ་ཀློ་དང་བྲམ་ཟེ་གཉིས་འདུས་པ་ཞིག་ཡིན་

① （ཆོས་འབྱུང་མཁས་པའི་དགའ་སྟོན་ལྕུགས་པར་དེབ་ངོས347－348）

ནོ་ཞེས་གྲགས་པས་ངེས་པར་དཔྱད་དགོས་པ་ཞིག་འདུག.........”།①ཅེས་གསུངས་པ་ལྟར་འདིར་ཡང་དཔྱད་གཞི་ཙམ་དུ་བཀོད་པ་ལགས་སོ།

4. **སད་མི་བདུན་སོགས་རབ་ཏུ་བྱུང་བའི་སྐོར།**

དེ་ལྟར་སྔོན་ཆད་བཞི་མེས་སྲོང་བཙན་སྒམ་པོའི་དུས་ར་ས་དང་ར་མོ་ཆེ་སོགས་ལྷ་ཁང་མང་དུ་བཞེངས་པ་དང་། ཡབ་ཁྲི་ལྡེ་གཙུག་བརྟན་གྱི་སྐབས་བྲག་དམར་མགྲིན་བཟང་སོགས་བཞེངས་ནས་སངས་རྒྱས་ཀྱི་ཆོས་མཛད་པའི་ཚེ་ར་ས་དང་། ར་མོ་ཆེ་སོགས་ནི་རྒྱའི་ཧྭ་ཤང་གིས་དཀོན་གཉེར་བྱེད་ཀྱི་ཡོད་པ་སྨྲ་བཞིན་སོགས་ལས་ཡང་ཡང་བྱུང་ཞིང་། འོན་ཀྱང་བོད་ཀྱི་མི་སངས་རྒྱས་ཀྱི་བསྟན་པའི་སྐོར་ཞུགས་པ་ནི་བྱུང་མེད། བཙན་པོའི་ཐུགས་ལ་སངས་རྒྱས་ཀྱི་བསྟན་པ་དེ་འཛིན་དགེ་འདུན་གྱི་སྡེ་ལ་རག་ལུས་པས་སྐད་ཕྱིན་བོད་དུ་བསྟན་པ་དར་ཞིང་ཡུན་དུ་གནས་པའི་ཕྱིར་དགེ་འདུན་གྱི་སྡེ་འཛུགས་པར་བཞེད་ནས་མཁན་པོ་ལ་ཞུས་ཏེ་ལང་གྲོ་སྣང་བཞེར་དང་། གཉེར་སྟག་བཙན་གདོང་གཟིགས། སེང་མགོ་ལྷ་ལུང་གཟིགས། མཆིམས་མེ་ལྷ་རྣམས་རྒྱ་གར་དུ་མངགས་ཏེ་ཁྲི་ཀ་མ་ཤི་ལའི་གཙུག་ལག་ཁང་ནས་གཞི་ཐམས་ཅད་ཡོད་པར་སྨྲ་བའི་དགེ་སློང་བཅུ་གཉིས་སྤྱན་དྲངས་སོ། བཙན་པོའི་ཞལ་ནས་ངའི་བོད་ལ་དགེ་སློང་མེད་པས་ངའི་ཞང་བློན་དག་ལ་དགེ་སློང་བཏུབ་བམ་ཞུས་པས་སློབ་དཔོན་གྱིས་བཏུབ་བམ་སད་ཅིག་གསུངས། ཉམས་སད་པའི་ཕྱིར་ཐོག་མར་མི་བདུན་རབ་ཏུ་བྱུང་བ་ལ་སད་མི་བདུན་ཞེས་སུ་གྲགས། འོན་ཀྱང་ཆོས་འབྱུང་ལོ་རྒྱུས་ནང་དེ་དག་གི་མཚན་མཐུན་མིན་སྣ་ཚོགས་མཆིས་པར་ལོ་རྒྱུས་སྨྲ་བའི་

① (དེབ་ཐེར་དཀར་པོ་ཤོག་གྲངས13)

མཁས་དབང་དཔའ་བོ་གཙུག་ལག་ཕྲེང་བས་ཡིག་རིགས་ཁག་ལ་ཞིབ་བསྡུར་མཛད་འདུག་པ་ལྟར་ན་བོ་རྡི་ས་ཏྭས་མཁན་པོ་མཛད་ནས་སྦ་རཏྣ་དང་། སྦ་གསལ་སྣང་། ངན་ལམ་རྒྱལ་བ་མཆོག་དབྱངས། ལྷ་ལུང་རབ་འབྱོར་དབྱངས། རྨ་བན་རིན་ཆེན་མཆོག ལ་གསུམ་བྱང་ཆུབ་རྒྱལ་བ། པ་གོར་བཻ་རོ་ཙ་ན་སྟེ་སད་མི་བདུན་རབ་ཏུ་བྱུང་ངོ་། "གཞན་ཡང་སྦ་བཞེད་ལས། དུས་དེར་བཙན་པོའི་ཞལ་ནས་སངས་རྒྱས་ཀྱི་བསྟན་པ་སྐྱུབ་པར་བྱེད་ན་རབ་ཏུ་བྱུང་དགོས་པ་ཡིན་པས་ད་དུང་བཙུན་མོ་སྲིད་མ་ཟིན་པ་དང་། ཞང་བློན་གྱི་བུ་དང་པ་ཅན་ཐམས་ཅད་རབ་ཏུ་ཕྱུང་ཞིག་ཅེས་གསུངས་པས་བློན་པོ་རྣམས་ན་རེ། རབ་ཏུ་བྱུང་ན་འཚོ་བ་མེད་དོ་ཞེས་ཟེར་བས། བཙན་པོའི་ཞལ་ནས་ངས་འཚོ་བ་བླ་ནས་སྦྱོར་རོ་གསུངས། དམག་དང་ཁྲལ་མ་བྱས་ན་ཆད་པ་འོང་ཟེར་བས། དེ་ལ་ངས་ཞབས་འོག་ནས་བཏོན་ལ་བདེ་བ་སྦྱིན་དབུའི་མཆོད་གནས་སུ་བྱའོ་གསུངས། སྐེ་སྟོད་གསུམ་ག་སློབ་མི་ནུས་ཟེར་བས་དགེ་བ་ཉམས་དང་དཔགས་ལ་སྤྱོད་ཅིག་ཅེས་བཀའ་གནང་ངོ་" ཞེས་དང་། "དེ་ནས་པྲ་ཧི་ཏ་རའི་དུས་ཀྱི་མཆོད་པ་མཛད་པའི་ཚེ་ཇོ་མོ་གཅེན་ཁྲི་རྒྱལ་མོ་བཙན་དང་སྦྲུ་བཙན་མོ་རྒྱལ་ལ་སོགས་པ་བརྒྱ་རབ་ཏུ་བྱུང་བའི་མཁན་པོ་ཐ་རཏྣས་བགྱིས། ཕྱིར་དེ་དུས་སུ་མི་སུམ་བརྒྱ་རབ་ཏུ་བྱུང་" ① ཞེས་གསལ་བ་ལྟར་བོད་དུ་རབ་བྱུང་གི་སྡེ་དེ་ལྟར་འཕེལ་རྒྱས་བྱུང་བ་ཡིན་ནོ།

གཞན་ཡང་དུས་དེ་ནས་བཟུང་བཀའ་ཤོག་ཆེན་པོ་བསྩལ་ཏེ་ཆོས་ཁྲིམས་བཅས། སྨན་ཆད་ཆབ་འོག་གི་འབངས་ལ་ཕོ་མིག་འདོན་པ་དང་། མོ་སྣ་མི་

① (ཆོས་འབྱུང་མཁས་དགའ་དེབ་ངོས362)

གཙོད་པ། མཚང་ཅན་སྲོག་མི་བཀུམ་པ་སོགས་ཆོས་ཀྱི་བཀའ་ཁྲིམས་ཆེན་པོ་བསྒྲུལ་བ་ཀུན་ལ་བསྒྲགས། དེ་ལྟར་བྱ་བའི་ཆེད་དུ་བཙན་པོ་ཡབ་སྲས་དང་སྣ་ཆེན་པོ་མ་གཏོགས་པ་བློན་ཆེན་པོ་མན་ཆད་ནས་སྣ་ལ་གཏོགས་པ་རིལ་གྱིས་བྲོ་བོར་ཏོ། ཆོས་གཙིགས་མཛད། བཀའ་གཙིགས་ཀྱི་རྡོ་རིང་བཙུགས། རབ་ཏུ་བྱུང་བའི་ཆོས་གྲྭའི་སློབ་དཔོན་དང་ཉ་མའི་སློབ་དཔོན་བསྐོས། དེང་ཕན་ཆད་དཀོན་མཆོག་གསུམ་དང་དགེ་འདུན་གྱི་བཤོས་(གསོལ་ཆས་)ནི་ཁབ་སོ་ཆེན་པོ་(བཙན་པོའི་བང་མཛོད་)ལས་སྒྱུར། སྦར་ཡེ་ཤེས་དབང་པོ་དང་སློབ་དཔོན་པོ་ཧྲི་ས་ཏྲས་གསོལ་བ་བཞིན་ཆོས་ལ་འཇུག་པར་ཆད་ནས་སྒྲ་བསྒྱུར་བཙུགས་ཏེ་ལོ་ཙྪ་བ་ཆེན་པོ་ནི་རྒྱ་གར་གྱི་ལོ་ཙྪ་བྱས། རྒྱ་ནག་གི་ལོ་ཙྪ་བྲན་ཀ་ལེགས་ཀོང་དང་། ལྷ་ལུང་སླུ་གོང་དང་། འོག་གོམ་དབུས་གོང་དང་། བྲུང་པོ་ཅེ་ཅེ་སོགས་ཀྱིས་བྱས་རྒྱའི་ཧྭ་ཤང་མ་ཀོ་ལེ་སྤྱན་དྲངས་ནས་ཆོས་བསྒྱུར་བ་ལས། སྲ་རཏྣ་ཤེས་རབ་འབུམ་ཐོག་མར་བསྒྱུར་ཅེས་སོགས་བྱུང་བས་འདི་ནི་ཁྲི་སྲོང་སྐབས་ཀྱི་ལོ་ཙྪ་བ་ཐོག་མ་དེ་ཡིན་པར་སྣང་ཞིང་། "ནུས་པ་ཡོད་པ་ཀུན་གྱིས་རྒྱ་དཔེ་རྙེད་ཚད་བསྒྱུར། འཚོ་བ་ཐམས་ཅད་བླ་ནས་སྦྱར་ཏེ་ཚང་མང་གེ་རུ་གླིང་ན་གཡོས་(རུང་ཁང་)བྱས་ནས་རབ་ཏུ་བྱུང་བ་སུམ་བརྒྱ་ལ་ཟས་སྣ་བཅུ་གསུམ་རེ་འདྲེན་པའི་ལག་དཔོན་རྡོ་མོ་བྱང་ཆུབ་རྗེས་མཛད།" ཅེས་གསལ་བ་དང་སྐབས་དེར་རྒྱ་གར་གྱི་མཁས་པ་དང་། སྔན་གྲགས་ཆེ་བའི་ལོ་ཙྪ་བ་སོགས་ཀྱིས་ཆོས་བསྒྱུར་བའི་སྐོར། "བུ་སྟོན་ཆོས་འབྱུང་ལས། རྒྱ་གར་གྱི་མཁན་པོ་བི་མ་ལ་མི་ཏྲ་དང་། སངས་རྒྱས་གསང་བ། ཤཱནྟི་གརྦ། བི་ཤུདྡྷ་སིདྡྷི་ལ་སོགས་པ་དང་། བོད་ཀྱི་སད་མི་བདུན་དང་། ཆོས་ཀྱི་སྣང་བ། བན་ཧེ་ནམ་མཁའ། སྒྲོ་རིན་ཆེན་སྡེ། རྣམ་པར་མི་རྟོག་པ། ཀླུའི་འོད་ལ་སོགས་པས་ལོ་ཙྪ་བྱས་ཏེ་

ཆོས་མང་པོ་བསྒྱུར། ……བསྟན་པ་ཡོངས་སུ་རྫོགས་པ་དར་བར་བྱས་ཏེ་འབྲུག་གི་ལོ་ལ་ཕོ་བྲང་ལྷན་དཀར་ན་བཞུགས་པའི་སྟོན་སྒྲ་སྒྱུར་གྱི་བན་རྙེ་དཔལ་བརྩེགས་དང་བན་རྙེ་ཀླུའི་དབང་པོ་ལ་སོགས་པས་བོད་ཁམས་སུ་དམ་པའི་ཆོས་འགྱུར་རོ་འཚལ་གྱི་མཚན་བྱང་བམ་པོ་དང་ཤློ་ཀའི་གྲངས་སུ་མཆིས་པར་གཏན་ལ་ཕབ་ནས་དཀར་ཆག་ཏུ་བྲིས་སོ" ཞེས་འབྱུང་བ་དེ་ནི《དཀར་ཆག་ལྡན་དཀར་མ》ཞེས་བོད་དུ་དམ་པའི་ཆོས་བསྒྱུར་བའི་དཀར་ཆག་སྔ་ཤོས་ཡིན་པར་གྲགས། སྐབས་དེར་བྱུང་བའི་པཎྜི་ཏ་དང་ལོ་ཙཱ་བ་དེ་དག་གིས་བསྒྱུར་བའི་ཆོས་ཀྱི་རྣམ་གྲངས་སོགས་རྒྱས་པར་མཁྱེན་འདོད་ན་ཆོས་འབྱུང་གཞན་ལ་གཟིགས་དགོས་སོ།

མཚམས་འདིར་ཉང་རལ་གྱི་ཆོས་འབྱུང་ལས། "ལོ་ཙཱ་བའི་གསོལ་ཐང་(ཕོགས་)ནི་བློན་པོ་ཆེན་པོ་ཀུན་དང་མཉམ་མོ། བློན་པོ་ཆེན་པོའི་ཟ་ཐང་ནི། རྒྱལ་པོས་གསོལ་བའི་སུམ་ཆ་གཅིག་ཡིན་ནོ། རྒྱལ་པོ་ཆེན་པོའི་གསོལ་ཐང་ནི། སྐྱུ་སྒྲུང་བརྒྱ་བརྒྱའི་ཆས་དང་བཅས་པ་ན་མ་རེ་རེ་ལ་ཡོད་དོ"①ཞེས་གསལ་བ་ལྟར་རྩིས་ན་ལོ་ཙཱ་བ་རེ་རེ་ལ་བཙན་པོའི་སྐྱུ་སྒྲུང་བའི་དམག་མི་སུམ་ཅུ་སོ་གསུམ་གྱི་ཕོགས་ཐོབ་ལྷག་ཙམ་རེ་ཡོད་པར་སྣང་། གཞན་ཡང་དགེ་འདུན་རྣམས་ཀྱི་འཚོ་བ་བླ་ནས་སྦྱོར་བའི་ཚད་གཞི་ཡང་། "ཆོས་དཔོན་ལ་ལོ་རེ་རེར་ནས་ཁལ་བདུན་ཅུ་རྩ་ལྔ། ན་བཟའ་དགུ་ཕྲུག་རེ་རེ། སྤྱོད་མར་སྲང་སྟོང་ཆེག་བརྒྱ། ཆིབས་འོག་ཐེག་རྟ་རེ། ཤོག་བུ་དེབ་བཅུ་བཞི། སྣག་ཚ་ཡུག་གསུམ། ལན་ཚྭ་ཟད་ལེན། མཆིམས་ཕུའི་སློམ་ཆེན་ཉི་ཤུ་རྩ་ལྔ་ལ། ནས་ཁལ་ལྔ་བཅུ་རྩ་ལྔ་རེ།

① (ཆོས་འབྱུང་མེ་ཏོག་སྙིང་པོ་སྦྲང་རྩིའི་བཅུད་དེབ་ངོས394)

སྤྱོད་མར་སྲུང་བརྒྱད་བརྒྱ་རེ། ན་བཟའ་དྲུག་ཕྲུག་རེ། མཚམས་ཀྱི་བན་རྡེ་རང་ཁམ་རྣམས་ལ། ནས་ཁལ་བརྒྱད་བརྒྱད། ཤོག་དེབ་གཉིས་རེ། སྣག་ཚ་ཡུག་རེ། སློབ་དཔོན་གྱི་གཉེར་པ་ཉི་ཤུ་རྩ་ལྔ་ལ། ནས་ཁལ་ཉི་ཤུ་རྩ་ལྔ། གོས་སུམ་ཕྲུག་རེ་རེ། ཐོས་བསམ་དང་དགེ་བ་ཉམས་དང་དཔགས་ནས་བྱེད་པ་རྣམས་ལ་ཟན་དང་ཚོད་མའི་ཚུལ་རྒྱུན་དུ་གནང་། ཡོན་བདག་ཕོ་མོ། ཉ་མ་ཚོས་ཉན་རྣམས་ལ་ཡང་དུས་དུས་སུ་དགའ་སྟོན། བཟའ་མགྲོན་གྱི་བྱ་དགའ་ཡང་རྒྱུན་དུ་གནང་ནས་ཆོས་དར་བར་བྱས་པས་རྗེ་བཀའ་དྲིན་ཆེ་བ་ལགས།”①

ཞེས་འཁོད་པ་ལས་སྐབས་དེའི་ཆོས་བྱེད་ལས་རིགས་ཀྱི་ཐོབ་ཐང་དང་རིམ་པ་སོགས་རགས་ཙམ་ཞིག་ཤེས་རྟོགས་བྱེད་ཐུབ།

སྦ་བཞེད་ལས། དེ་ནས་རིང་ཞིག་ན་མཁན་པོ་བོ་དྷི་ས་ཏྭ་ཕོ་བྲང་རིམ་དགུའི་འོག་ཏུ་ཧས་ཕྲ་བ(རྩིག་ཐོ)བརྒྱབ་སྟེ་ཞལ་ཆེམས་སྦ་ཡེ་ཤེས་དབང་པོ་ལ་བཞག་སྟེ་སྐུ་གཤེགས། དེའི་ཕྱིར་ཁང་ཏས་པོ་རིའི་རྒྱབ་ཏུ་བཞུགས་ནས་མཆོད་རྟེན་གཅིག་ཀྱང་བརྩིགས་སོ། དེ་ནས་བཙན་པོས་ཡེ་ཤེས་དབང་པོ་ཆོས་ཀྱི་རིང་ལུགས་སུ་བསྐོས་ཏེ། རྒྱལ་བློན་འབངས་བཅས་ཀྱི་དགེ་བའི་བཤེས་གཉེན་སངས་རྒྱས་ཀྱི་སྐུ་ཚབ་འདྲ་བས་ཐོབ་ཐང་ཡང་བཅོམ་ལྡན་འདས་ཀྱི་རིང་ལུགས་སུ་བཀས་བསྐོས་ཏེ་བཙན་པོའི་གོང་དུ་བཀུར། ཆོས་ཀྱི་བཀའ་ལ་བཏགས། ཡིག་ཚང་གསེར་གྱི་ཡི་གེ་ཆེན་པོ་གནང་སྟེ་གྲལ་ཡང་ཞང་བློན་ཆེན་པོའི་གོང་དུ་བཞག ཆོས་ཀྱི་གྲོས་ཚོགས་ཀྱང་ཞང་བློན་གྲོས་ཚོགས་ཆུང་དུའི་གོང་དུ་བཏོན་ནས། བཅོམ་ལྡན་འདས་ཀྱི་རིང་ལུགས་ཀྱིས་ཞང་བློན་ཆེན་པོའི་

① (ཆོས་འབྱུང་མེ་ཏོག་སྙིང་པོ་སྦྲང་རྩིའི་བཅུད་དེབ་ངོས་ 408－409)

གྲོས་ཚོགས་ཚུང་བར་གྱིས་ཤིག་ཅེས་རྗེ་སློབ་རྣམས་ཚོགས་པའི་ཐོག་ཏུ་བཙན་པོ་རང་གིས་བཀའ་བསྩལ་ཏེ་བཅོམ་ལྡན་འདས་ཀྱི་རིང་ལུགས་སུ་བསྒྲིམས། འདི་ནི་བོད་དུ་སངས་རྒྱས་ཀྱི་ཆོས་ལུགས་སྤེལ་བའི་ཐོག་མར་ཆོས་ལུགས་ཀྱི་གཙོ་འཛིན་མི་སྣར་བཙན་པོས་གནང་བའི་མཚན་གནས་ཐེངས་དང་པོ་དེ་ཡིན་པར་སྣང་། འོན་ཀྱང་དེ་དུས་སྲིད་དབང་དང་འབྲེལ་བ་གཏན་ནས་མེད། དེ་ནས་ཡེ་ཤེས་དབང་པོས་བཙན་པོ་ལ་གསོལ་པར། དཀོན་མཆོག་གསུམ་གྱི་རྟེན་རྣམས་ནམ་ཡང་མི་ཉམས་པར་གནས་པའི་ཆེད་དུ། དཀོན་མཆོག་གི་མཆོད་པ་དང་དགེ་འདུན་གྱི་གསོལ་ཚས་རྣམས་རྗེ་འབངས་སུ་དང་ཡང་མི་འདྲེས་པར་དེའི་སྒྲུབ་རྟེན་འབྱུང་ཁུངས་ཁྲིམས་ཐོག་ནས་ཟུར་བཅད་གནང་ན་སྣད་ཕྱིན་ལེགས་ལམ་ཆེ་ཞེས་ཞུས་པ་ལྟར་བཙན་པོས་ཞལ་གྱིས་བཞེས་ནས། བན་རྡེ་རེ་རེ་ལ་འབངས་མི་ཁྱིམ་ཚང་བདུན་རེ་ཟུར་བཅད་ཀྱིས་བསྩལ་ན་དགོངས་ཚུལ་གསུངས་པར། ཡེ་ཤེས་དབང་པོས། ཆོས་ཀྱི་ཕན་ཡོན་ལས་བཤད་ན། སྟོན་ཚད་མི་སྣེར་གཅིག་ལ་བྲན་གཡོག་ཁྱིམ་ཚང་དགུ་བརྒྱ་གནང་བ་དང་བསྡུར་ཚེ། དམ་པའི་ཆོས་ནི་བཙན་པོའི་སྐུ་དང་ཆབ་སྲིད་ལ་ཕན་པ་མ་ཟད། རྗེ་འབངས་རྣམས་འདི་ཕྱི་གཏན་དུ་དགེ་བ་སོགས་ཡོན་ཏན་བརྗོད་ཀྱིས་མི་ལང་བ་ཞིག་ཡོང་བས་མཆོད་ཚས་ཀྱི་འབྱུང་ཁུངས་བཀས་བསྩལ་བ་དེ་ཙམ་ཞིག་གནང་ན་ཡང་མ་འོས་པ་མེད་སྙད། འོན་ཀྱང་ཕྱིན་ཆད་རྒྱལ་ཁམས་ལ་གོད་ཆག་ཆེན་པོ་ཞིག་བསྐྱོད་ནས་བྱུང་བའམ། མི་ནད་དང་ཕྱུགས་ནད་ཆེན་པོ་ཞིག་བྱུང་བའམ། གནམ་འོག་གི་དགྲ་བོ་ཞིག་ཡུལ་འདིར་བྱུང་བའམ། མུ་གེ་ཆེན་པོ་ཞིག་བསྐྱོད་མར་བྱུང་བ་སོགས་ཡིན་ན། ད་ལྟའི་དགོངས་པ་འདི་མཐའ་མི་འགྱུར་བ་དང་། དཀོན་མཆོག་གསུམ་གྱི་རྟེན་ཡང་མི་གནས་པ། རྒྱལ་རབས་རྗེས་མའི་རྗེ་

འབབས་ལ་སྡིག་པ་ཆེན་པོར་འགྱུར་བ་སོགས་མི་ལེགས་པ་མང་པོའི་རྒྱུར་འགྲོ་བས། དཀོན་མཆོག་གི་མཆོད་པའི་རྟེན་དུ་འབབས་མི་ཁྲིམ་ཚང་ཉིས་བརྒྱ་དང་། གྲྭ་བཙུན་རེ་ལ་འབབས་མི་ཁྲིམ་དུད་གསུམ་རེ་རྩིས་གཞིར་བྱས་ནས་ཟུར་དུ་བཅད་ཕོག་དེའི་དབང་དགེ་འདུན་ལ་གནང་ནས་ལྷ་རིས་ཀྱི་འབབས་མི་སེར་ས་ཞིང་དང་བཅས་པར་གོང་ནས་དབང་ཆ་མི་གནང་བ་མཛད་ན་དུས་ནམ་དུ་ཡང་བརྟན་པོར་གནས་ཤིང་ལེགས་པ་འོང་ཞེས་ཞུས་པ་ན། ཡེ་ཤེས་དབང་པོས་གསོལ་བ་བཞིན་བསྒྲུབ་ཏོ། བན་རྒྱི་མྱང་ཏིང་ངེ་འཛིན་ལ་སོགས་པ་ཡེ་ཤེས་དབང་པོའི་ཞལ་ལ་མི་ཉན་པ་རྣམས་ཀྱིས་མི་ཤོད་དགུ་ཤོད་དང་མི་ཟེར་དགུ་ཟེར་བྱས་པར་གྲགས། ལྷ་རིས་ཏེ་ཆོས་འབབས་ནི་རྐོད་དང་མི་དྲག་སོགས་ཀྱི་ཁོངས་ས་མིའི་ཆ་རྐྱེན་བཟང་པོ་ཡོད་ས་ནས་བདམས་ཏེ་ཟུར་བཅད་ཀྱིས་གནང་ངོ་། དེ་ནས་མྱང་ལ་སོགས་པས་ལོག་བཤད་ཀྱི་ཉེས་པ་བསགས་པས་ཡེ་ཤེས་དབང་པོ་ཐུགས་འབྱུང་སྟེ་བཙན་པོ་ལ་སྒོམ་དུ་འགྲོ་ཆོག་པར་གསོལ་ནས་ལྷོ་བྲག་མཁར་ཆུ་བཙན་གྱི་དབེན་གནས་སུ་གསང་སྔགས་ཀྱིས་བྲོས་ཏེ་ཐེབས། བན་རྒྱི་དཔལ་དབྱངས་བཙོམ་ལྡན་འདས་ཀྱི་རིང་ལུགས་སུ་བསྐྱོས་སོ"①ཞེས་འཁོད་པ་འདིར་རགས་བསྡུས་ཙམ་གོ་བདེ་བར་བྲིས་ཁུལ་ལས་ཞིབ་པ་མ་དཔེ་ལ་གཟིགས་པར་འཚལ།

5. སྟོན་རྩེན་གཉིས་ཀྱི་རྩོད་པའི་སྐོར།

དེ་ཡང་བཙན་པོ་ཁྲི་སྲོང་ལྡེ་བཙན་གྱི་དུས་སྐབས་ཤིག་ན་བྲག་དམར་ན་བཞུགས་པའི་རྒྱ་ནག་གི་ཧྭ་ཤང་གྲན་ཙུང་གི་སློབ་དཔོན་མ་ཧཱ་ཡ་ན་བྱ་བ་དེས།

① (ཆོས་འབྱུང་མཁས་དགའ་དེབ་ངོས381 –382)

ལུས་ངག་གི་ཆོས་སྤྱོད་ལ་དགོས་པ་མེད། ལུས་ངག་གི་དགེ་བས་སངས་མི་རྒྱ། དྲན་པ་མེད་ཅིང་ཡིད་ལ་བྱར་མེད་པ་བསྒོམས་པས་སངས་རྒྱས་ཟེར་ནས་སྒོམ་བསླབས་པས་བོད་ཀྱི་གྲྭ་བཙུན་ཚང་མ་ཁོང་གི་ཆོས་ལ་སློབ་ཅིང་། ལྷ་ས་དང་བསམ་ཡས་སོགས་ཀྱི་གཙུག་ལག་ཁང་ལ་མཆོད་པ་བྱེད་པ་ཉུང་དུ་སོང་། སློབ་གཉེར་དང་ལུས་ངག་གི་དགེ་བའི་རྒྱུན་ཆད་པར་གྱུར། སྦྱ་རཏྣ་དང་བཻ་ཙོ་ན་ལ་སོགས་པ་ཉུང་ཤས་གཅིག་པོ་ཧྲི་ས་དྭའི་ཆོས་ལ་སྤྱོད་དོ། དེ་ལྟར་ལྟ་བ་མ་མཐུན་པས་དགེ་འདུན་གྱི་ཁྲིད་དུ་རྩོད་པ་ཆེན་པོ་བྱུང་བ་དེ་ལ་ལོ་རྒྱུས་ཡིག་སྟོན་རྩེན་གྱི་རྩོད་པ་ཞེས་གྲགས་སོ། སྟོན་རྩེན་ཞེས་པ་ནི་རྒྱ་སྐད་ཡིན་ཏེ་དེ་གཉིས་ཀྱི་དབྱེ་བ་ནི། སྟོན་མེན་ཞེས་པ་སྟོན་ཆོས་ཀྱི་དོན་ནམ་གཅིག་ཆར་ཉིད་དུ་གྲུབ་པའི་ཆོས་བྱ་བ་ཡིན། རྩེན་མེན་ཞེས་པ་ནི་རིམ་གྱིས་གྲུབ་པའི་ཆོས་བྱ་བ་སྟེ། སངས་རྒྱས་ཀྱི་གོ་འཕང་ཐོབ་པར་སྒྲིབ་གཉིས་སྦྱོང་ཞིང་། ཚོགས་གཉིས་གསོག་པའི་དཀའ་སྤྱད་ལ་རིམ་གྱིས་བརྟེན་ན་ད་གཟོད་མཆོག་གི་འབྲས་བུ་ཐོབ་པའི་དོན་ཡིན་པར་གྲགས་སོ། སྐབས་དེར་བཙན་པོ་ཁྲི་སྲོང་ལྡེ་བཙན་གྱིས་ཆོས་ལུགས་ཀྱི་ལྟ་བ་དེ་གཉིས་སོ་སོའི་རྒྱུ་མཚན་ལ་དཔྱད་པ་གནང་ནས། སྤྱིར་ལྟ་བ་དང་སྤྱོད་པ་ཟུང་དུ་འབྲེལ་བའི་ཆོས་རྩེན་མེན་པའི་ལུགས་དེ་ཡིན་གསུངས་པས། སྟོན་མེད་པ་རྣམས་ཡི་མ་རངས་པར་ཧྭ་ཤང་གི་སློབ་མ་ཉང་ཤ་མི་དང་། སྣགས་བྱེ་མ་ལ། རྫོག་རིན་པོ་ཆེ། རྒྱའི་ཧྭ་ཤང་མེ་མགོ་སོགས་རང་སྲོག་དོར་ནས་ལྡེབས་པ་དང་། གཞན་རྣམས་ཀྱིས་ཀྱང་སྒྲོ་གྲི་རེ་རེ་བཟུང་སྟེ་སྟོན་ལ་རྩེན་མེན་པ་ཚང་མ་བསད་དེ་མཐར་རང་ཉིད་ཀྱང་འཆི་རྒྱུ་ཡིན་ཟེར། དེ་བཙན་པོའི་སྙན་དུ་གསན་ནས་སྟོན་རྩེན་གྱི་བན་དྷེ་རྣམས་སོ་སོར་ཕྱེ་སྟེ་སྲུང་བྱ་བསྐོས་ནས་བསྐོར་སྐྱིལ་གནང་ཞིང་། བན་དྷེ་དབར་ལྟ་བ་མ་མཐུན་པའི་རྩོད་པ་དེ་ཇི་ལྟར་ཐག་གཅོད་

དགོས་པ་མ་མཁྱེན་པར་ཕོ་ཉ་མངགས་ཏེ་སྨྲ་ཡེ་ཤེས་དབང་པོ་བཀུག་ནས་བཀའ་གྲོས་མཛད། ཡེ་ཤེས་དབང་པོས་ཞུས་པ་ལྟར་བལ་ཡུལ་ནས་བོ་དྷིས་ཏྭའི་སློབ་མ་ཀ་མ་ལ་ཤཱི་ལ་གདན་དྲངས། “དེ་ནས་བསམ་ཡས་བྱང་ཆུབ་གླིང་དུ་ཁྲི་བཤམས་ཏེ་བཙན་པོ་དཀྱུང་ལ་བཞུགས། ཧྭ་ཤང་གཡས་ངོས་ཀྱི་ཁྲི་ལ་བཞུགས་པའི་གཤམ་དུ་སྟོན་མིན་གྱི་སློབ་མ་རྣམས་གྲལ་ལ་འཁོད་དེ་ཇོ་མོ་བྱང་ཆུབ་དང་། སྲུ་ཡང་དག བན་ཧྐེ་ལྷ་ལ་སོགས་པ་མང་བས་གྲལ་རིང་པོ་ཞིག་བྱུང་། ཀ་མ་ལ་ཤཱི་ལ་བཙན་པོའི་གཡོན་ངོས་ཀྱི་ཁྲི་ལ་བཞུགས་པའི་གཤམ་ལ་རྩེན་མིན་གྱི་སློབ་མ་སྨྲ་དཔལ་དབྱངས་དང་། བཻ་རོ་ཙ་ན། ཡེ་ཤེས་སྙིང་པོ་ལ་སོགས་པ་ཉུང་ཤས་ཤིག་ལས་མ་བྱུང་། བཙན་པོས་སྟོན་རྩེན་གྱི་མཁན་པོ་གཉིས་དང་། སློབ་མ་ཀུན་ལ་མེ་ཏོག་དཀར་པོའི་ཕྲེང་བ་རེ་རེ་ཕྱག་ཏུ་ཕུལ་ནས། བོད་དུ་སངས་རྒྱས་ཆོས་ལུགས་སྤེལ་ཚུལ་དང་སྟོན་རྩེན་གྱི་རྩོད་པ་བྱུང་ལུགས་རྣམས་གསུངས་པའི་མཇུག་ཏུ། མཁན་པོ་གཉིས་ཀྱིས་རང་རང་གི་ལྟ་བའི་ཁུངས་དང་རྒྱུ་མཚན་རྣམས་ཕན་ཚུན་བསྟུར་ལ་གཏན་ཚིགས་གང་བཟང་བ་དེ་ལ་གཏན་ཚིགས་ཞན་པ་དེས་ང་རྒྱལ་མི་བྱེད་པར་ཆོས་ཀྱི་ལུགས་བཞིན་དུ་མེ་ཏོག་ཕྲེང་བ་ཕུལ་ཅིག ཅེས་བཀའ་བསྩལ་པ་དང་། ཧྭ་ཤང་ན་རེ་ང་གཞི་ལ་སྔ་བས་ངས་དྲིའམ་ལན་གདབ་གསུངས། ཀ་མ་ལ་ཤཱི་ལས་སྔོན་ལ་ཁྱེད་ཀྱིས་ཤགས་ཐོབ་ཅིག་གསུངས་པར། ཧྭ་ཤང་གིས་ཐམས་ཅད་སེམས་ཀྱི་རྣམ་པར་རྟོག་པས་བསྐྱེད་པས་ལས་དགེ་དང་མི་དགེས་མཐོ་རིས་དང་ངན་སོང་གི་འབྲས་བུ་མྱོང་ཞིང་འཁོར་བ་ན་འཁོར་རོ། གང་ཞིག་ཅི་ལ་ཡང་མི་སེམས་ཤིང་ཅི་ཡང་མི་བྱེད་པ་དེ་འཁོར་བ་

ལས་ཡོངས་སུ་ཐར་བར་འགྱུར་རོ་……”[1] ཞེས་དེའི་སྒྲུབ་བྱེད་རྣམས་གསུངས་པ་ལ། ཀ་མ་ལས། “དེ་ལྟར་ཅི་ཡང་མི་བསམ་ཟེར་བ་དེ་ནི་སོ་སོར་རྟོག་པའི་ཤེས་རབ་སྤངས་པ་ཡིན་ནོ། ཆོས་ཐམས་ཅད་ཀྱི་རང་བཞིན་ཆོས་དབྱིངས་རྣམ་པར་མི་རྟོག་པ་དེ་ནི་སོ་སོར་རྟོག་པའི་ཤེས་རབ་ཀྱིས་རྟོགས་དགོས་པ་ཡིན། ཡང་དག་པའི་ཡེ་ཤེས་ཀྱི་རྩ་བ་ནི་སོ་སོར་རྟོག་པའི་ཤེས་རབ་ཡིན་ན་དེ་སྤངས་པས་འཇིག་རྟེན་ལས་འདས་པའི་ཡེ་ཤེས་སམ་ཤེས་རབ་ཀྱང་སྤངས་པར་འགྱུར་ཏེ་སོ་སོར་རྟོག་པའི་ཤེས་རབ་མེད་པར་རྣལ་འབྱོར་པས་ཐབས་གང་གིས་རྣམ་པར་མི་རྟོག་པ་ལ་གནས་པར་འགྱུར་……” ཞེས་སོགས་ཕན་ཚུན་རང་གི་ལྟ་བ་སྒྲུབ་བྱེད་དང་། གཞན་ཕྱོགས་དགག་པའི་རྩོད་གླེང་གནང་བ་རྣམས་ཞིབ་པར་གཟིགས་འདོད་ན། 《ཉང་རལ་ཆོས་འབྱུང་》དང་《མཁས་པའི་དགའ་སྟོན་》སོགས་ལ་གསལ་བས་འདིར་ཡི་གེ་མང་དོགས་ནས་དེ་ཙམ་ལས་མ་དྲངས་སོ། མཐར་སྟོན་མིན་པས་ཤགས་ལན་འཇལ་མ་ཐུབ་པས་ཕམ་པར་ཁས་བླངས་ཏེ་རྩེན་མིན་པ་ལ་མེ་ཏོག་ཕུལ་ལོ། སྟོན་མིན་གྱི་སློབ་མ་ཅོ་རྨ་རྨ་བྱ་བ་རང་སྲོག་བཅད་ནས་ལྷེབས་པར་གྲགས། དེ་ནས་བཙན་པོས་ཁྲི་ཚད་བོད་དུ་སྟོན་མིན་གྱི་ཆོས་ལུགས་སྤེལ་མི་ཆོག་པར་བོད་རྣམས་ལྟ་བ་ཀླུ་སྒྲུབ་ཀྱི་ལུགས་དང་། སྤྱོད་པ་ཕ་རོལ་ཏུ་ཕྱིན་པ་དྲུག་ལ་སློབ་དགོས་པ་པ་སོགས་བཀས་བཅད་ཅིང་། ད་ཕྱིན་ཆད་བོད་ཀྱི་རྗེ་བློན་འབངས་དང་བཅས་པ་རྣམས་ཀྱིས། རྒྱ་གར་གྱི་མཁས་པ་ཡོངས་སུ་གྲགས་པ་བཙན་པོས་སྤྱན་དྲངས་ཏེ་སྦྱིན་བདག་བྱས། ལོ་ཙཱ་བ་མཁས་པས་གཏན་ལ་ཕབ་པའི་ཆོས་དེ་རིགས་ལ་འཇུག་པར་བྱའོ། བཙན་པོས་

---

① (ཆོས་འབྱུང་མཁས་དགའ་དེབ་ངོས386)

སྤྲིན་བདག་མ་བྱས་པ་དང་ཡོ་རྫ་བ་མཁས་པས་གཏན་ལ་མ་ཕབ་པའི་ཆོས་ལ་འཇུག་པར་མི་བྱའོ་ཞེས་བཀའ་ནན་དྲག་ཏུ་བསྒྲུལ་ནས་བཀའ་ག་སྩོགས་ཀྱི་ཡི་གེ་ཞིབ་མོ་གསུམ་དུ་བྱས་པ་བསེའི་སྒྲོམ་བུར་བཅུག་སྟེ་བཙན་པོའི་བང་མཛོད་དུ་བཞག་པ་དང་། རགས་བསྡུས་ཙམ་ནི་ཞང་བློན་རྣམས་ལ་ཁྱབ་པར་གྲགས། འདི་ནི་བཀས་བཅད་དང་པོ་བྱ་བ་དེ་ཡིན་ནམ་སྙམ། དེ་ནས་ཏྭ་ཤང་མ་ཧཱ་ཡ་ནས་གཙུག་ལག་ཁང་ཞིག་བཞེངས་པའི་མཇུག་རྒྱ་ཡུལ་དུ་ཕྱིར་ཕེབས་སོ།

དེའི་རྗེས་སུ"བཙན་པོའི་དགོངས་པར་སློབ་དཔོན་པདྨ་ས་སམྦྷ་བའི་བཀའ་ཆོས་ཀྱང་གནང་འགྲོ་ལ་ལུས་པས་ཐུགས་མ་ཚིམས་ནས་བཻ་རོ་ཙ་ན་དང་། གཙང་བཙུན་ལེགས་གྲུབ་གཉིས་རྒྱ་གར་ལ་ཆོས་འཚོལ་དུ་བཏང་བ་སྣར་ལོག་པ་ལ་པཎྜི་ཏ་མ་སྦྱིན་པས་གོ་བ་མ་ཆེ་སྟེ་རྒྱ་གར་གྱི་སྔན་ཕྲའི་དབང་དུ་ཤོར་ནས་བཻ་རོ་ཙ་ན་ཚ་བ་རོང་དུ་བསྐྲད། ཀ་མ་ལ་ཤཱི་ལ་མུ་སྟེགས་ཀྱིས་གཤེད་མ་བཏང་བས། མཆན་མོ་སྒྲ་བསྒྱུར་གྱི་ཁང་པའི་ནང་གཟིམ་མལ་དུ་མཁལ་མ་མཉེས་ནས་བཀྲོངས་སོ་ཞེས་བྱུང་ངོ་"① ཞེས་གསལ་ཞིང་། ཀ་མ་ལ་ཤཱི་ལ་བཀྲོངས་པའི་སྐོར《ཉང་རལ་ཆོས་འབྱུང་》དུ"ནུབ་མོ་སྒྲ་བསྒྱུར་གྱི་ཁང་པར་ཀ་མ་ལ་ཤཱི་ལ་མུ་སྟེགས་ཀྱིས་གཤེད་མ་བཏང་བས་གཟིམ་མལ་དུ་མཁལ་མ་མཉེས་ནས་བཀྲོངས་ཀྱང་ཟེར་ཏེ། དེ་ནི་གཡོག་པོ་གསེར་གཉེར་བ་རྒྱ་གར་ཧྥ་ན་ཤྲཱི་བྱ་བས་བསད་པ་ཡིན་ནོ"②ཞེས་འཁོད་འདུག བཻ་རོ་ཙ་ན་རྒྱ་གར་དུ་ཕྱིན་ནས་བཀའ་རྫོགས་པ་ཆེན་པོའི་ཆོས་འཁོར་ལོན་པའི་ཆེད་དུ་དཀའ་བ་ཚད་མེད་སྤྱད་ཚུལ་

① (ཆོས་འབྱུང་མཁས་དགའ་དེབ་ངོས398)

② (ཆོས་འབྱུང་མེ་ཏོག་སྙིང་པོ་སྦྲང་རྩིའི་བཅུད་དེབ་ངོས409)

དང་། བོད་དུ་འཁོར་རྗེས་རྒྱལ་མོ་ཚ་བ་རོང་དུ་སྤྱུགས་ཚུལ་སོགས་རྒྱས་པ་མཁྱེན་འདོད་ན《ཉང་རལ་ཆོས་འབྱུང་》སོགས་ལ་གཟིགས་འཚལ་ལོ། གོང་དུ་སྐབས་དེའི་སངས་རྒྱས་ཆོས་ལུགས་འཕེལ་འགྱུར་གྱི་དུམ་བུ་ཆེ་ཡོང་ཙམ་བྲིས་པ་དེ་དག་ལས་བཙན་པོ་ཁྲི་སྲོང་ལྡེ་བཙན་གྱི་སྐུ་དུས་སུ་བོད་དུ་སངས་རྒྱས་ཀྱི་ཆོས་ལུགས་དངོས་སུ་འཛུགས་སྤེལ་ཇི་ལྟར་མཛད་པ་དང་། ཆོས་ལུགས་མི་སྣའི་གྲུབ་ཆ། དགེ་འདུན་རྣམས་ཀྱི་འཚོ་བའི་ཡོང་འབབ་དང་། སྡེ་ཚོགས་ཀྱི་གནས་བབ། བོན་དང་ཆོས་ལུགས་བར་གྱི་འཐབ་རྩོད་དང་། སངས་རྒྱས་ཆོས་ལུགས་ནང་ཁུལ་གྱི་འཐབ་རྩོད། མཐོ་རིམ་ཆོས་ལུགས་མི་སྣའི་བར་གྱི་འགལ་ཟླ་སོགས་སྐབས་དེའི་བོད་ཀྱི་སྤྱི་ཚོགས་ནང་བྱུང་བའི་ལོ་རྒྱུས་ཙུང་བརྒྱུད་རིམ་དང་ལྡན་པ་ཞིག་མཐོང་ཐུབ་བོ།

མདོར་ན་བཙན་པོ་ཁྲི་སྲོང་ལྡེ་བཙན་གྱི་སྐུ་ཚེའི་རིང་ལ་ཕྱོགས་གཅིག་ནས་བཙན་པོའི་ཆབ་སྲིད་ཕྱོགས་བཞིར་རྒྱ་སྐྱེད་པ་སོགས་བོད་མི་རིགས་དར་བའི་རྩེ་མོར་སོན་པ་དང་། ཕྱོགས་གཞན་ཞིག་ནས་རྒྱ་གར་དང་། རྒྱ་ནག ལི་ཡུལ། ཁ་ཆེ། བལ་པོ་སོགས་ཕྱོགས་ཀུན་ནས་སངས་རྒྱས་ཀྱི་བཀའ་གཙོ་བོར་བྱས་པའི་ཆོས་ཀྱི་གཞུང་ལུགས་དང་། དེ་མིན་གྱི་རིག་གནས་མང་པོ་ཞིག་ཡིག་རིགས་སྣ་ཚོགས་པ་ལས་བོད་རང་གི་ཡི་གེར་བསྒྱུར་བའི་མཐོ་རླབས་ཤིག་འཕྱུར་བ། དགེ་འདུན་གྱི་སྡེ་བཙུགས་ནས་འཆད་རྩོད་རྩོམ་གསུམ་གྱི་བྱ་བ་འཕེལ་རྒྱས་སུ་མཛད་པ་དེས་བོད་ཡུལ་དུ་སངས་རྒྱས་ཆོས་ལུགས་དར་སྤེལ་གནང་བ་དང་དུས་མཚུངས་མི་རིགས་ཀྱི་ཤེས་ཡོན་དང་། སེམས་ཁམས། ཀུན་སྤྱོད། ཡུལ་སྲོལ་གོམས་གཤིས་སོགས་ཕྱོགས་གང་སར་འགྱུར་ལྡོག་གཏིང་ཟབ་པོ་ཞིག་འགྲོ་བའི་འགོ་ཚུགས་པ་ཡིན་ནོ།

ཆོས་འབྱུང་མཁས་པའི་དགའ་སྟོན་ལས་འབྱུང་བ་ལྟར། ཡེ་ཤེས་དབང་པོ་གཤེགས་ནས་རིང་པོར་མ་ལོན་པ་ན། བཙན་པོའི་ཞབས་ནས་ཨ་ཙཪྻ་ཆེན་པོ་ཆེ་འདའ་བ་དང་སྦྱར་ན་ཁོ་བོའི་ཚེ་ཡང་རིང་པོར་མི་ཐུབ་པོ་གསུངས་ཤིང་། ཨ་ཙཪྻ་བི་མ་མི་ཏྲ་ལ་ཆོས་གསན་ནས་སྒོམ་དུ་གཤེགས་པར་བཞེད་དེ་བསམ་ཡས་དབུ་རྩེ་ན་བཙན་པོ་བློན་བཅས་སྲས་ཆེ་བ་མུ་ནེ་བཙན་པོ་ལ་ཆབ་སྲིད་བསྐོ་བ་དང་། བློན་པོ་སྣ་ནམ་ཞང་དབུ་རིང་བྱ་བ་སྲས་ཀྱི་བློན་པོར་བསྐོ་བའི་བཀའ་གྲོས་མཛད་ཀྱིན་ཡོད་པ་བཙུན་མོ་མེ་ཏོག་སྒྲོན་གྱིས་མཁྱེན་ཏེ་ཐུགས་གཏུམ་པས་ཆབ་སྲིད་སྣ་ནམ་པར་སྟེར་ངེས་སྙམ་སྟེ་སྲས་འཁྲིད་པོ་མུ་ཏིག་བཙན་པོ་ལ་བཤད་པས། ཁོང་གིས་བློན་དབུ་རིང་སྒོའི་བར་དུ་རལ་གྲི་བསྣུན་ནས་བསད་དེ་གྲི་ཁྲག་ཅན་དེ་ཕོར་ནས་བར་ཁང་དུ་བྲོས། དེ་ལ་བློན་ཆེན་མགོས་ཀྱིས་ཞལ་ལྕེ་དགའ་གསུམ་དུ་བཅད་ནས་མུ་ཏིག་བཙན་པོ་རེ་ཞིག་མཐའ་ལ་སྤྱུགས་པར་གྲགས། ཡབ་ཁྲི་སྲོང་དགུང་ལོ་ལྔ་བཅུ་ང་ལྔ་བཞེས་སྐབས་སུ་ཟུང་མཁར་སྤྱུག་མ་ཚལ་གྱི་ཕོ་བྲང་དུ་སྒོམ་ལ་གཤེགས་པར་གྲགས་ཤིང་། ཡིག་ཆ་ལ་ལར་འདས་པར་ཡང་བཤད་འདུག་པས་གང་ལྟར་ལོ་དེ་རང་ནང་སྐུ་གཤེགས་པར་མངོན།

“སྐུ་ཡི་བང་སོ་མུ་ར་རི་ལ་བརྩིགས། །
གྲལ་ནི་ཡབ་ཀྱི་རྒྱབ་ངོས་གཡས་ན་ཡོད། །
ཡབ་ཀྱི་འོད་པ་སྲུང་བ་ཡིན་ནོ་སྐད། །
ནང་དུ་དཀོར་ནོར་རིན་ཆེན་སྣ་ཚོགས་བཀང་། །
མིང་དུ་འཕྲུལ་རི་གཙུག་སྣང་བྱ་བར་བཏགས། །
རྩ་བར་རྡོ་རིང་ཡི་གེ་ཅན་ཞིག་བཙུགས། །
འདི་ནི་བོན་བློན་རྣམས་ཀྱི་སེམས་སྲུང་ཕྱིར། །

རྒྱལ་པོ་བཞུགས་དུས་ཉིད་དུ་བརྩིགས་སོ་སྐད། །”①

ཅེས་གསལ་ལོ།

6. གཡུ་ཐོག་སྙིང་མ་ཡོན་ཏན་མགོན་པོའི་སྐོར།

གཡུ་ཐོག་སྙིང་མ་ཡོན་ཏན་མགོན་པོ་ནི་ཡབ་བཙན་པོ་འདུས་སྲོང་མང་པོ་རྗེའི་བླ་སྨན་གཡུ་ཐོག་ཁྱུང་པོ་རྡོ་རྗེ་དང་། ཡུམ་རྒྱ་ས་ཆོས་སྒྲོན་གཉིས་ཀྱི་སྲས་སུ་སྤྱི་ལོ708བོད་ས་སྤྲེལ་ལོར་སྟོད་ལུང་སྐྱིད་སྨར་སྐུ་འཁྲུངས། མཚན་ལ་གཡུ་ཐོག་ཡོན་ཏན་མགོན་པོ་ཞེས་གསོལ། དགུང་ལོ་གསུམ་ལ་ཕེབས་དུས་ཡབ་གཡུ་ཐོག་ཁྱུང་པོ་རྡོ་རྗེའི་དྲུང་ནས་མིང་ཚིག་བརྗོད་པ་ཀུན་གྱི་གཞིར་གྱུར་པ་ཡི་གེ་འབྲི་ཀློག་སློབ་པའི་འགོ་ཚུགས། དེ་ནས་རིམ་བཞིན་རིག་གནས་སྤྱི་དང་། ཁྱད་པར་གསོ་དཔྱད་སྨན་གྱི་རིག་པའི་གདམ་ངག་སློབ་སྦྱོང་མཛད། དེ་སྐབས་ཁོང་སྐུ་ན་ཏ་ཅང་ཕྲ་ཡང་མཁྱེན་རབ་དང་བརྩོན་འགྲུས་རབ་ཏུ་ཆེ་བས་རིང་པོར་མ་ཐོགས་པར་གསོ་བ་རིག་པའི་གཞུང་ལུགས་ལ་སྦྱངས་པའི་རྩལ་རྫོགས་ཏེ་མཁས་པའི་གོ་སར་ཕེབས། ཡབ་ཁྱུང་པོ་རྡོ་རྗེའི་ཐུགས་དགོངས་སུ་ངའི་བུ་འདི་ཡི་གེ་འབྲི་ཀློག་སོགས་རིག་གནས་སྤྱི་དང་། ཁྱད་པར་གསོ་དཔྱད་ཀྱི་གཞུང་ལུགས་ལ་ཐོགས་བརྟགས་དང་ཉམ་ང་བག་ཚ་མི་མངའ་བས། ད་ནས་བཟུང་ནད་པ་བསྐོར་དུ་བཏང་ནས་ལག་ལེན་དངོས་ནང་སྦྱོང་བརྡར་བྱེད་དགོས་པ་འདུག་དགོངས་ཏེ་སྲས་ལ་གསུངས་པ་དང་ཐུགས་སློབ་མ་དགེ་བ་རྡོ་རྗེ་བྱ་བ་ཕྱག་ཕྱིར་མངགས་ནས་ནད་པ་མང་པོར་སྨན་བཅོས་བྱེད་བཅུག་པ་ལྟར་སྲས་གཡུ་ཐོག་མགོན་པོས་ཀྱང་ཡབ་ཀྱི་བཀའ་ལ་བརྩི་བཀུར་ཞུས་ཏེ་གསོ་དཔྱད་ཀྱི་

---

① （ཆོས་འབྱུང་མཁས་དགའ་དེབ་ངོས398）

ཕྱག་རྩལ་ལ་བརྟེན་ནས་ནད་པ་མང་པོའི་དོན་དུ་དུས་སྐད་ཅིག་ཙམ་ཡང་མི་གཡེལ་བར་གཞན་དོན་འབའ་ཞིག་ལྷུར་བཞེས་གནང་བས་སྐྱེ་བོ་རྣམས་ངོ་མཚར་དང་དད་མོས་ཆེན་པོས་སྨན་བླ་གཉིས་པ་ཡོན་ཏན་མགོན་པོ་ཞེས་ཆེད་བསྟོད་ཀྱི་མཚན་གསོལ་བར་གྲགས། དུས་དེའི་ཚེ་གཡུ་ཐོག་ཆེན་པོའི་མཁྱེན་སྤྱོད་དང་རྩལ་ཡོན་གྱི་སྙན་གྲགས་དེ་བཙན་པོ་ཡབ་ཁྲི་ལྡེ་བཙུག་བརྟན་གྱི་སྙན་དུ་འཁྱོལ་སྐབས་བཙན་པོ་ཉིད་ནས་བློན་པོ་ཆེད་དུ་མངགས་ཏེ་གཡུ་ཐོག་ཆེན་པོ་བསམ་ཡས་ཕོ་བྲང་བྲག་དམར་དུ་གདན་ཞུ་མཛད་ནས་ཐོག་མར་ཉམས་སད་པའི་སླད་དུ་དེར་ཡོད་པའི་རྒྱལ་པོ་ཉིད་ཀྱི་བླ་སྨན་ཆེན་པོ་བྲང་ཏི་རྒྱལ་གཉེར་མཁར་ཐུག་སོགས་སྨན་པ་མཁས་པ་རྣམས་དང་གསོ་རིག་གཞུང་ལུགས་སྐོར་ལ་ཕན་ཚུན་དྲི་རྩོད་ཀྱིས་རྩོད་དུ་བཅུག དེའི་ཚེ་གཡུ་ཐོག་ཡོན་ཏན་མགོན་པོ་རྩོད་པ་ལས་རྒྱལ་བ་མ་ཟད། ཁུལ་དེར་སྨན་པ་གཞན་གྱི་ཡུན་རིང་བཅོས་མ་ཐུབ་པའི་གློ་བའི་གཅོང་ནད་ཀྱིས་མནར་བའི་ནད་པ་ཉམ་ཐག་ཅན་ཞིག་ཡོད་པ་དེ་གཡུ་ཐོག་ཆེན་པོར་གཏད་པ་ཁོང་གིས་བཅོས་ཐུབ་པ་བྱུང་བ་དང་། ད་དུང་བཙན་པོ་ཉིད་ཀྱི་སྤྱན་དང་ཚེམས་ཀྱི་བསྟུན་གཞི་ཡང་གཡུ་ཐོག་ཆེན་པོས་བཅོས་པ་བཅས་ཁྱད་དུ་འཕགས་པའི་སྨན་དཔྱད་ཀྱི་ཕྱག་རྩལ་དང་། མཐུ་ལྡན་གྱི་མན་ངག་ལ་བརྟེན་ནས་རིགས་པའི་གཞུང་ལུགས་དང་སྨན་བཅོས་ལག་ལེན་གཉིས་ཀའི་ཐོག་ནས་ཉམས་སད་ཐེག་ཐུབ་པ་བྱུང་སྟེ་སྙན་གྲགས་ཀྱི་བ་དན་ཕྱོགས་བཅུར་གཡོས་པས་བཙན་པོ་ཉིད་གཡུ་ཐོག་ཆེན་པོར་ཐུགས་དགྱེས་ཆེན་པོ་བྱུང་ཞིང་། ཡབ་རྗེ་མེས་ཨག་ཚོམ་དང་། སྲས་ཁྲི་སྲོང་ལྡེ་བཙན་གཉིས་ཀའི་བླ་སྨན་བསྐོ་བཞག་མཛད། ཆིབས་རྟ་སྒ་སྲབ་དང་བཅས་པའི་བྱ་དགའ་གྱི་ནོམ་པའང་བསྩལ་ཅིང་། བསྔགས་བརྗོད་ཆེ་ཐང་དུ་མཛད་པ་དེས་གཡུ་ཐོག་ཆེན་

པོས་བོད་ཀྱི་གསོ་རིག་བསྟན་པའི་སྒྲོན་མེ་ཆེས་ཆེར་སྤར་རྒྱུའི་ཐུགས་སྐྱོབས་དང་སྤྱོབས་སེམས་ལ་སྐུལ་མ་ཆེས་ཆེ་བ་ཞིག་བྱུང་། བཙན་པོ་ཁྲི་སྲོང་ལྡེའུ་བཙན་གྱི་དགོངས་པར་བོད་ཀྱི་གསོ་རིག་དེ་དར་རྒྱས་གོང་འཕེལ་གཏོང་བར་ངེས་པར་དུ་མི་རིག་རང་ཉིད་ཀྱི་ཤེས་རིག་ལ་བརྟེན་དགོས་པ་མ་ཟད། ད་དུང་མི་རིགས་གཞན་དག་གི་ཡུལ་བྱུང་རིག་གནས་ལ་སློབ་སྦྱོང་དང་དེ་དག་གི་ཉིང་ཁུ་བསྡུ་ལེན་བྱེད་རྒྱུ་དེ་བོད་ཀྱི་གསོ་རིག་དར་རྒྱས་གཏོང་བར་ཕན་ཡོད་ཀྱི་དགེ་མཚན་ཆེས་ཆེ་བར་དགོངས་ནས་གསེར་མང་པོ་བསྐུར་ཏེ་རྒྱ་གར་དང་། རྒྱ་ནག བལ་པོ། ཏ་ཟིག ཁ་ཆེ་སོགས་ཉེ་འཁོར་གྱི་རྒྱལ་ཁམས་རྣམས་སུ་པོ་ཉ་ཆེད་གཏོང་གིས་ཕྱོགས་སོ་སོའི་སྨན་པའམ་མཁས་པ་མི་དགུ་བྱ་བ་གདན་དྲངས་ཏེ་རྒྱལ་པོ་མཆོག་གི་ཕོ་བྲང་དུ་སྤྱི་ལེན་གྱི་ནོམ་པ་མཛད་པའི་ཐོག་སྨན་པ་དེ་རྣམས་སོ་སོའི་ཐུན་མོང་མ་ཡིན་པའི་གསོ་དཔྱད་ཀྱི་གདམ་ངག་རྣམས་བོད་དུ་སྤེལ་ཐུབ་པའི་ཐུགས་འདུན་གྱིས་སྨན་པ་མཁས་པ་དེ་རྣམས་གཡུ་ཐོག་པ་དང་ཞལ་འཛོམས་མཛད་དུ་བཅུག་པའི་ཚེ་ན། དང་ཐོག་ཁོང་རྣམས་ཕན་ཚུན་མཁས་པའི་དྲེགས་པ་དང་བཅས་ཏེ་གསོ་རིག་སྐོར་ལ་འདྲི་རྨེད་དང་། བགྲོ་གླེང་གི་རྩོད་པའང་མཛད་པ་དང་། དེ་རྗེས་མཐའ་བཞིའི་སྨན་པ་སོ་སོས་གཡུ་ཐོག་པར་བོད་ཀྱི་གསོ་རིག་ལོ་རྒྱུས་དང་། དར་རྒྱས་སྐོར་ལ་དྲི་བ་མང་པོ་འདོན་གནང་མཛད་པ་སྟེ། དཔེར་ན་རྒྱ་ནག་གི་སྨན་པ་སྟོང་གསུམ་གང་བ་(མཚན་དངོས་རྒྱ་ཕྲུག་ཟེའུ་ཐོ་) ཞུ་བ་དེས་བོད་དུ་སྨན་པའི་ལོ་རྒྱུས་ཇི་ལྟར་ཡོད་དམ་ཞེས་དང་། རྒྱ་གར་གྱི་སྨན་པ་ཤཱནྟི་ག་བར་བྷ་ཞུ་བ་དེས་རྒྱ་གར་རྒྱ་ནག་དང་བལ་པོ་བོད་སོགས་ལ་གསོ་རིག་གི་བཀའ་བབས་ཚུལ་གང་ཡིན་ཞེས་དང་། བལ་པོའི་སྨན་པ་དྷརྨ་ཤི་ལ་ཞུ་བ་དེས་སྨན་པ་མཁས་པ་སོ་སོའི་ལུགས་ཇི་ཙམ་ཡོད་དམ་ཞེས་དང་།

ཧོལ་པོའི་སྨན་པ་སེང་མདོ་འོད་ཆེན་ཞུ་བ་དེས་རྒྱ་གར་དང་རྒྱ་ནག་བལ་པོ། བོད་སོགས་སོ་སོར་སྨན་པ་ལ་ལྟ་བ་སུ་ཞིག་ཡིན་པ་དང་། རྒྱལ་པོ་ལ་ལྟ་བ་སུ་ཞིག་ཡིན་ཞེས་པ་སོགས་ཀྱི་དྲི་ཚིག་རྣམས་སོ་སོར་གཡུ་ཐོག་ཡོན་ཏན་མགོན་པོས་གནང་ལ་འཁེལ་བའི་ལན་འདེབས་མཛད། ལྷག་པར་དུ་བལ་པོའི་སྨན་པའི་དྲི་བར་ལན་སྐྱོན་སྐབས་ཞང་ཞུང་གི་ལུགས་ལ་ནད་ཐུར་དུ་སྦྱོང་བ་བཤལ་གྱི་བརྒྱུད་དང་། གཡུང་དྲུང་བོན་གྱི་ལུགས་ལ་ནད་ཞི་བར་བྱེད་པ་དུགས་ལུམ་བྱུག་གསུམ་གྱི་རྒྱུད། ཁྲིམ་གྱི་ལུགས་ལ་ཆུ་དཔྱད་བླ་བསིལ་གྱི་རྒྱུད། བོད་ཀྱི་ལུགས་ལ་ནད་ཞི་བར་བྱེད་པ་གཉེན་པོ་བཞི་ལྡན་གྱི་རྒྱུད་སོགས་ཡོད་ཅེས་གསུངས་སྐབས་མཐའ་བཞིའི་སྨན་པ་ཀུན་གཡུ་ཐོག་པ་ཆེན་པོར་ངོ་མཚར་སྐྱེས་ནས་བོད་ན་སྐྱེས་མཆོག་དམ་པ་འདི་ལྷ་བུ་ཐོན་པ་དང་བཞུགས་པ་ནི་ངོ་མཚར་ཆེ་ཞེས་དེར་ཚོགས་པའི་སྨན་པ་ཀུན་གཡུ་ཐོག་པའི་མཁྱེན་ཡོན་ལ་ཧ་ལས་ཏེ་ཀུན་གྱིས་ཕྱག་མཛད་པས་རྒྱལ་པོ་འཁོར་དང་བཅས་པ་ཡང་དེ་བས་ངོ་མཚར་ཞིང་དད་པ་འཁྲུངས་པར་གྱུར། དེ་ནས་གཡུ་ཐོག་ཆེན་པོས་ཀྱང་རྒྱ་ནག་གི་སྨན་པའི་དྲུང་ནས《བྲ་ཁྲི་གཟའ་གསུམ་》གྱི་གདམ་པ་གསན་པས་མཆོད་ཕྱོགས་སོ་སོའི་སྨན་པ་མཁས་པ་རྣམས་ལས་གདམ་ངག་མང་པོ་གསན་པ་དང་། གསོ་དཔྱད་སྐོར་གྱི་དཔེ་ཆ་ཡང་མང་པོ་ཞུས་ཐོག ཆེད་དུ་བསྟོད་པ་ཡང་མཛད་དོ།

དེ་ནས་གཡུ་ཐོག་ཡོན་ཏན་མགོན་པོ་སྐུ་ནར་སོན་ཅིང་རྣམ་དཔྱོད་ཤེས་རབ་ཀྱི་རྩལ་རྫོགས་པས་ཁོང་གི་དགོངས་པར་བོད་ཀྱི་གསོ་རིག་འདི་ཉིད་དར་རྒྱས་གོང་འཕེལ་གཏོང་དགོས་ན་ཐོག་མར་མི་རིགས་རང་ཉིད་ཀྱི་ཐུན་མོང་མ་ཡིན་པའི་ཁྱད་ཆོས་རྣམས་རྒྱུན་འཛིན་བྱེད་དགོས་པའི་ཐོག ད་དུང་མི་རིགས་གཞན་གྱི་ཡུལ་བྱུང་གི་རིག་གནས་སློབ་སྦྱོང་དང་དེའི་སྙིང་བཅུད་བསྡུ་ལེན་བྱེད

མཁས་པོ་བྱས་ཏེ། མི་རིགས་རང་ཉིད་ཀྱི་གསོ་རིག་སྤར་བས་ཕུན་སུམ་ཚོགས་སུ་གཏོང་དགོས་པའི་དགོངས་གཞི་ལྷབས་ཆེན་དེར་གཞིགས་ནས་བཙན་པོ་ཁྲི་སྲོང་ལྡེ་བཙན་གྱིས་བཀོལ་བཏབ་ཀྱང་མ་གསན་པར་གསེར་མང་པོ་སྐྲུབ་ཐོག་བགྲོད་དགའ་བའི་ལམ་དང་། རྐུན་ཇག གཅན་གཟན་སོགས་ཀྱི་འཇིགས་སྐྲག་དང་། ཚ་གྲང་གི་གདུང་བ་གང་ལའང་ཇི་མི་སྙམ་པར་བལ་ཡུལ་བརྒྱུད་རྒྱ་གར་ལ་སྤྱི་ཕྱིར་ཐེངས་གསུམ་ཕེབས་ཏེ་ཁྲིན་ལོ་དགུ་དང་ཟླ་བ་བརྒྱད་ལྷག་ཙམ་བཞུགས་ཤིང་། དེའི་རིང་བལ་པོའི་སྨན་པ་མཁས་པ་ཆེན་པོ་ཧ་ན་ཤྲི་ལ་ཏ་དང་། རྒྱ་གར་གྱི་མཁས་པ་ཆེན་པོ་པཎ་ཆེན་ཙནྡྲ་དེ་བ་དང་། མི་དབང་སོགས་སློབ་དཔོན་བརྒྱ་དང་རྩ་གཅིག་ཙམ་བསྟེན་ནས་གསོ་རིག་གི་གདམ་ངག་མང་པོ་གསན་པ་དང་། ལྷག་པར་བལ་པོའི་སྨན་པ་ཧ་ན་ཤྲི་ལ་ཏའི་དྲུང་ནས《མན་ངག་ཚད་པ་སྒོ་བཅོས》དང་《རྫས་རྟུམ་སྡེའི་མན་ངག》པཎ་ཆེན་ཙནྡྲ་དེ་བ་དང་། མཁས་པ་མི་དབང་གི་དྲུང་ནས་རྒྱུད་ཀྱི་ཁ་སྐོང་ཟླ་ཏིག་ཐྲེང་བ་དང་། གབ་པ་གསལ་བྱེད་ཀྱི་ཐོ་བྱང་། རྒྱུད་ཀྱི་ཆ་ལག་སྡེ་སྐོར་ཕྱི་ནང་གསང་གསུམ། རོ་བཀྲ་འཕྲུལ་གྱི་མེ་ལོང་། བྱང་ཁོག་གསང་དཔེ་མཛུབ་བཙུགས་སོགས་གསོ་རིག་གིས་མཚོན་པའི་གདམ་ངག་མང་པོ་གསན་བསམ་མཛད་ཐུབ་པ་བྱུང་བས་གཡུ་ཐོག་པ་ཐུགས་དགྱེས་ནས་བོད་དུ་ཕྱིར་ཕེབས་པར་རྒྱལ་པོ་ཡང་ཤིན་ཏུ་དགྱེས་ཏེ་གཡུ་ཐོག་པའི་མཛད་རྗེས་རྣམས་ཀུན་ལ་དྲིལ་བསྒྲགས་གནང་། ལྷག་པར་གཡུ་ཐོག་པས་བོད་མི་རིགས་རང་ཉིད་ཀྱི་གསོ་རིག་སྤྱི་དང་། ལོ་པཎ་རྣམས་ཀྱིས་བོད་དུ་སྤྱི་ཕྱིར་བསྒྱུར་ཞིང་དར་བར་མཛད་པའི《མི་འཇིགས་པའི་མཚོན་ཆ》དང་། 《སོ་མ་རཱ་ཛ》《ཟླ་དཔྱད་ཀྱི་གཞུང་འཚོ་བའི་མདོ》《རྒྱལ་པོའི་ཟླ་ཡིག་འོད་འབར》 《རྒྱལ་པོའི་ཟླ་དཔྱད་པུ་ཏི་སྨུག་པོ》སོགས་

རིས་སུ་མ་ཚད་པའི་གསོ་དཔྱད་ཀྱི་གཞུང་མན་ངག་དང་བཅས་པ་རྣམས་ལ་སྒོ་ཀུན་ནས་དཔྱད་ཞིབ་ཀྱིས་སྙིང་པོ་སྤྱུང་ཐོག་བརྒྱུད་རིམ་ལྡན་ལ་རིགས་པའི་གཞུང་ལུགས་ཀྱི་མ་ལག་ཡོད་པ་དང་། མི་རིགས་རང་ཉིད་ཀྱི་ཡུལ་དུས་དབང་པོའི་སྒོ་དང་ཉེ་བར་འཚམས་ཤིང་། དམིགས་བསལ་གྱི་ཁྱད་ཆོས་མཚོན་པ་བཅས་ཀྱི་གསོ་བ་རིག་པའི་གཞུང་ལུགས་ཆེན་པོ་《བདུད་རྩི་སྙིང་པོ་གསང་བ་མན་ངག་གི་རྒྱུད་》(ད་ལྟའི་གསོ་རིག་རྒྱུད་བཞི་འདི་རྩ་གཞི་དེའི་ཐོག་ཁ་སྐོང་གནང་བ་ཡིན་)ཅེས་བྱ་བ་བརྩམས་པ་དང་། ད་དུང་《ཉམས་ཡིག་མཐོང་བ་དོན་ལྡན་》《གསོ་དཔྱད་སུ་ཏིག་ཕྲེང་བ་》ཁྱད་པར་ཟབ་པ་རྣམ་གསུམ་སོགས་རྒྱུད་ཀྱི་ཆ་ལག་དང་གསོ་དཔྱད་ཀྱི་དཔེ་མང་པོ་བརྩམས་པར་མཛད་པ་དེ་དག་གིས་བོད་ཀྱི་གསོ་རིག་གོང་འཕེལ་གཏོང་བའི་བྱ་གཞག་ལ་གཞལ་བར་མི་ནུས་པའི་མཛད་རྗེས་ལྷབས་པོ་ཆེ་འཇོག་གནང་མཛད་པར་བརྟེན་བཙན་པོ་ཡང་ཤིན་ཏུ་དགྱེས་ཏེ་དྭགས་ཀོང་ཁྱུང་གསུམ་གྱི་འབངས་རིས་བྱ་དཀར་བསྩལ་བར་གྲགས། དེ་བཞིན་རྒྱལ་པོའི་བླ་སྨན་ཆེན་པོ་བདུན་ནས་དགུ་སོགས་བོད་སྨན་མཁས་པ་རྣམས་ཀྱིས་ཀྱང་ཆེད་དུ་བསྟོད་ཅིང་གཙུག་ཏུ་བཀུར་བར་གྱུར། ཁོང་གིས་མཛད་པའི་《བདུད་རྩི་སྙིང་པོ་གསང་བ་མན་ངག་གི་རྒྱུད་》འདིའི་ནང་བསྟན་པའི་གསོ་བ་རིག་པའི་གཞི་རྩའི་རིགས་པའི་གཞུང་ལུགས་ཀྱི་ཤེས་བྱའི་གྲས་ཡིན་པའི་བྱུང་ཁོག་དོན་སྟོད་ཀྱི་ཡུལ་ཐིག་དང་། ཤ་རྩ་རུས་ནད་ཀྱི་གནས་ལུགས་སོགས་ཀྱི་ནང་དོན་རྣམས་ཚན་རིག་དང་མཐུན་པའི་སྒོ་ནས་རྒྱས་བཤད་མཛད་པ་བཅས་ཀྱིས་བོད་ཀྱི་གསོ་བ་རིག་པ་དེ་དུས་མཚམས་དང་། ཆུ་ཚད་གསར་པ་ཞིག་ཏུ་འཕུར་མཆོང་བྱུང་བ་དང་། དུས་དེ་ནས་བཟུང་མི་རིགས་རང་ཉིད་ཀྱི་གསོ་རིག་འདི་དེ་བས་ཆ་ཚང་ཞིང་བརྒྱུད་རིམ་ལྡན་པ་ཞིག

ཏུ་འཕེལ་རྒྱས་འགྲོ་ཐུབ་པ་བྱུང་བ་ལགས།

དེ་ནས་གཡུ་ཐོག་ཆེན་པོ་དགུང་ལོ་ལྔ་བཅུ་ང་ལྔ་ཙམ་བཞེས་པའི་སྐབས་སུ་སློབ་མ་བདེ་བ་དཔལ་སོགས་དཔོན་འཁོར་བུ་སློབ་དང་བཅས་ཕྱུག་ཕྱིར་ཁྲིད་དེ་ཀོང་པོ་སྨན་ལུང་བྱ་བར་ཕྱིན་ནས་དེར་སྨན་སློབ་ཀྱི་དགོན་པ་ལྟ་ན་སྟུག་ཅེས་བྱ་བ་ཕྱག་བཏབ་ཐོག སློབ་མ་མི་གྲངས་སུམ་བརྒྱ་ལྷག་ཙམ་བསྡུ་སྐོང་མཛད་དེ་གཡུ་ཐོག་པ་སྐུ་ངོ་མས་མཛད་པའི་《བདུད་རྩི་སྙིང་པོ་གསང་བ་མན་ངག་གི་རྒྱུད་》དང་། དེའི་ཆ་ལག་རྣམས་སློབ་གཞི་གཙོ་བོར་མཛད་ཐོག ད་དུང་ སྔ་ཕྱིར་རྒྱ་དཀར་ནག་བོད་བཅས་པའི་ལོ་པཎ་རྣམས་ཀྱིས་བསྒྱུར་རྩོམ་མཛད་པའི་གསོ་རིག་གི་གཞུང་ལུགས་ཁག་བཅས་བཤད་ཁྲིད་དང་། སློབ་ཁྲིད་གནང་བ་བརྒྱུད་སློབ་མ་སོ་སོའི་ཞིབ་ཕྲའི་སྦྱང་འབྲས་དང་། ཡོན་ཚད་ལ་གཞིགས་ཏེ་སྨན་པ་འབུམ་རམས་པ་དང་། རབ་འབྱམས་པ། དཀའ་བཅུ་པ། བསྡུས་ར་བ་བཅས་རིམ་པ་བཞིར་དབྱེ་ནས་སོ་སོར་མཚན་གནས་གནང་རྒྱུའི་གཏན་འབེབས་མཛད་པ་དང་། ཕྱོགས་མཚུངས་དེ་དག་སོ་སོའི་སློབ་གཞིའི་ནང་དོན་དང་། རྒྱ་ཁྱོན་གྱི་གཞུང་ཚད། གསོ་སྐྱོང་གི་དམིགས་ཚད་སོགས་ཀྱང་ཞིབ་ཕྲའི་གཏན་འབེབས་མཛད། སྐབས་དེར་སྨན་པ་འབུམ་རམས་པའི་མཚན་གནས་ཐོབ་མཁན་མི་གྲངས་ལྔ་བཅུ་ཙམ། སྨན་པ་རབ་འབྱམས་པའི་མཚན་གནས་ཐོབ་མཁན་མི་གྲངས་ལྔ་བཅུ་ཙམ། སྨན་པ་དཀའ་བཅུ་པའི་མཚན་གནས་ཐོབ་མཁན་མི་གྲངས་བརྒྱ་ཙམ། ད་དུང་སྨན་པ་བསྡུས་ར་བའི་མཚན་གནས་ཐོབ་མཁན་དེ་བས་མང་བ་བཅས་བྱུང་བར་གྲགས། དེ་ནས་གཡུ་ཐོག་པ་ཆེན་པོས་སླར་ཡང་དུས་ཚོད་ངེས་ཅན་ཞིག་སྒྲུབ་དེ་སློབ་མ་དེ་རྣམས་སྨན་བཅོས་ཀྱི་ལག་ལེན་དངོས་ནང་སྦྱོང་བརྡར་བྱེད་དུ་འཇུག་པར་མཛད་པ་དང་། འབྱུང་

འགྱུར་སྨན་བཅོས་ཀྱི་བྱ་བའི་ཐད་ཡིད་འཇོག་དགོས་པའི་སློབ་གསོ་གནང་བ་སྟེ། "ཁྱེད་རྣམས་རང་འདོད་དང་སེར་སྣ་ངན་གཡོ་བོར་ལ་བྱང་ཆུབ་སེམས་ཀྱི་གོ་ཆ་ཟུངས། མི་ངོ་དང་ཟས་ངོ་ལ་མ་བལྟས་པར་ནད་ལ་ཕན་པའི་སྨན་པ་མཛོད། ཆེ་བཙུན་གྱི་ฮླ་སྨན་མི་བྱེད་པར་ཕྲུང་སློང་བརྩེ་བས་སྐྱོངས། ཧ་དྲེལ་བཞོན་པ་སྐྱོངས་ལ་ནད་པའི་བྲན་དུ་རྒྱུགས། མི་སྲོག་ཚོད་ལེན་མ་བྱེད་རང་གིས་མི་ཤེས་པ་ངོས་ལོངས།" ཞེས་པ་ལ་སོགས་ཐུགས་བརྩེ་བ་ཆེན་པོས་གསུངས་ཏེ་སྨན་གྱི་སློབ་གྲྭ་དེ་ནས་ཐོན་རྗེས་རང་རང་སོ་སོའི་གནས་སུ་སྨན་བཅོས་བྱེད་པར་གཏོང་གནང་མཛད། དེ་ནས་གཡུ་ཐོག་པ་ཆེན་པོ་དགུང་གྲངས་བརྒྱད་ཅུར་ཉེ་བ་བཞེས་པའི་ཚེ་ན་དཔོན་གཡོག་བུ་སློབ་དང་བཅས་པ་ཕྱུག་ཕྱིར་ཁྲིད་ནས་སྤུ་ཕྱིར་ཙ་རི་དང་། མདོ་ཁམས་དར་མདོ། སྟོད་གངས་དཀར་ཏི་སེ། བལ་ཡུལ་བཅས་སུ་ཕེབས་ནས་ཉིན་མཚན་དབྱེར་མེད་དུ་གསོ་རིག་གི་བསྟན་པ་སྤྱི་དང་འགྲོ་བ་ནད་པའི་དོན་ཁོ་ནས་དུས་འདའ་བར་མཛད་པའི་མཐར་དགུང་གྲངས་བརྒྱ་དང་ཉེར་ལྔ་ཕེབས་པ་སྤྱི་ལོ832བོད་ཆུ་བྱི་ལོ་སྐུ་གཤེགས་པར་གྲགས་སོ།

གཡུ་ཐོག་རྙིང་མ་ཡོན་ཏན་མགོན་པོ་ནི་བོད་གངས་ཅན་པའི་གསོ་རིག་གཞུང་ལུགས་ཀྱི་བསྟན་པའི་ཤིང་རྟ་ཆེན་པོ་ཞིག་ཡིན་པ་དང་། ཁོང་སྐུ་ཚེ་ཧྲིལ་པོའི་ནང་གི་ཐུགས་ནུས་ཡོངས་རྫོགས་བོད་ཀྱི་གསོ་བ་རིག་པའི་བསྟན་པ་འཛིན་སྐྱོང་སྤེལ་གསུམ་གྱི་བྱ་གཞག་ནང་སྤྱོད་གནང་མཛད་དེ་འགྲོ་བ་མིའི་རིགས་ཀྱི་འཚོ་གནས་ལ་ཆེས་ནུས་ཆེ་ཞིང་འོད་སྟོང་འཕྲོ་བའི་ཕྱུག་རྗེས་འཇོག་གནང་མཛད་ཡོད་སྐབས་གངས་ལྗོངས་འཛིན་མའི་ཁྱོན་ལ་གནས་པའི་སྐྱེ་བོ་མཁས་བློན་བར་མ་དང་བཅས་པ་ཀུན་གྱིས་ཁོང་ལ་དད་གུས་དང་དགའ་ཞེན་ཚད་མེད་ཀྱིས་སྨན་བླ་གཉིས་པ་ཡོན་ཏན་མགོན་པོ་ཞེས་བསྔགས་བརྗོད་ཀྱི་མེ་ཏོག་འཐོར་

བཞིན་མཆིས། བོད་དུ་གསོ་བ་རིག་པ་འཕེལ་རྒྱས་ཆེན་པོ་བྱུང་བ་འདིའང་བཙན་པོ་ཁྲི་སྲོང་ལྡེ་བཙན་གྱི་མཛད་རྗེས་གལ་ཆེ་བའི་གྲས་ཤིག་ལགས་སོ།

དྲུག་པ། ལྷ་སྲས་མུ་ནེ་བཙན་པོའི་སྐོར།

ཆོས་འབྱུང་མཁས་པའི་དགའ་སྟོན་ལས་འབྱུང་བ་ལྟར་ན་བཙན་པོ་ཁྲི་སྲོང་ལྡེ་བཙན་དང་བཙུན་མོ་ཚེ་སྤོང་བཟའ་མེ་ཏོག་སྒྲོན་གཉིས་ལ་སྲས་བཞི་བྱུང་བའི་ཆེ་བ་མུ་ཁྲི་སྲོང་པོ་སྐུ་ཆུང་དུ་ལ་གཤེགས་པས་བང་སོ་ཡང་མེད། གཉིས་པ་མུ་ནེ་བཙན་པོ་དང་། གསུམ་པ་མུ་ཏིག(རུག)བཙན་པོ། བཞི་པ་ཁྲི་ལྡེ་སྲོང་བཙན་རྣམས་རིམ་པར་བལྟམས་ཚུལ་དང་། ཡབ་ཁྲི་སྲོང་དགུང་གྲངས་ང་ལྔ་བཞེས་སྐབས་ཟུང་མཁར་སྒྱུག་མ་ཚལ་གྱི་ཕོ་བྲང་དུ་སྙོམ་པར་གཤེགས་ཏེ་སྲས་མུ་ནེ་བཙན་པོ་རྒྱལ་སར་བཀོད་ཅེས་གྲགས། དཔྱད་གཞིའི་ཡིག་རིགས་ལྟར་ན་མུ་ནེ་ཁྲི་ལ་ཕེབས་པ་དེ་སྤྱི་ལོ796ཙམ་ལ་ཡིན་དགོས་རུང་། ཆོས་འབྱུང་ཁག་བཞེད་པ་མི་མཐུན་པ་མང་བས་ཁ་ཆོན་གཅོད་པར་དཀའ། ལྷ་སྲས་མུ་ནེ་བཙན་པོ་ཁྲི་ལ་འཁོད་མ་ཐག་འཕྲོད་པའི་གནད་དོན་དང་པོ་ནི་ཕོ་བྲང་ནང་འཁོར་གྱི་ཁྲིད་དུ། བོན་དང་སངས་རྒྱས་ཆོས་ལུགས་པའི་དབར་རྩོད་གླེང་གི་འགལ་ཟླ་རྡོ་ངར་ཅན་ཞིག་བྱུང་བ་དེ་ཡིན། བོད་དུ་བཙན་པོའི་རྒྱལ་རབས་ཀྱི་སྨད་ཆར་བོན་དང་ཆོས་ལུགས་ཤོག་ཁག་གཉིས་ཀྱི་དབར་འཐབ་རྩོད་རྒྱུན་མ་ཆད་པ་ཞིག་བྱུང་བར་གྲགས་ཀྱང་། སྐབས་སོ་སོའི་རྩོད་གླེང་གི་ནང་དོན་དང་སྲིད་དོན་གྱི་འབྲེལ་བ་ཇི་ཡོད་སོགས་འཁོད་པའི་ཡིག་རིགས་གང་དུའང་མཐོང་དཀོན་པར་བརྟེན་ཐེངས་འདིར་དཔའ་བཞེད་ཅེས་པའི་དཔེ་རྙིང་བྲིས་མ་ཞིག་ལག་སོན་བྱུང་བའི་ནང་། བཙན་པོ་ཁྲི་སྲོང་སྐུ་གཤེགས་རྗེས་འདས་མཇུག་དེ

བོན་ནམ་ཆོས་ལུགས་གང་ཞིག་བྱེད་པའི་སྐོར་རྩོད་གླེང་བྱས་པའི་ལོ་རྒྱུས་ཤིག་གསལ་འདུག་པ། འདིའི་སྐོར་སྐོང་ཆ་གསབ་ཆེད་འབྲེལ་ཡོད་དུམ་བུ་དེ་ཆ་ཚང་དཔྱད་གཞིར་བཀོད་པ་གཤམ་གསལ། "རྟའི་ལོའི་དཔྱིད་ཟླ་ར་བའི་ངོ་ལ་བཙན་པོ་ཁྲི་སྲོང་ལྡེ་བཙན་ནི་འདས། སྲས་མུ་ནེ་བཙན་པོ་ནི་སྐུ་ཆུངས། ཆོས་སྤྱོད་པ་ལ་དགའ་བ་ཞུང་སྟེ། ལྷ་སྲས་ཡབ་ཀྱི་འདད་བགྱི་བར་བཙད་པ་ན། མཆིམས་བཙན་བཞེར་ལེགས་གཟིགས་དང་། སྣ་ནམ་རྒྱལ་ཚ་ལྷ་སྣང་དང་། ངན་ལམ་སྟག་ར་ཀླུ་གོང་ལ་སོགས་པ་བློན་པོ་ནག་པོ་རྣམས་ཀྱིས་ཆོས་ནུབ་པར་བྱ་བའི་ཕྱིར་དང་། བོན་བཙུན་པར་བྱ་བའི་ཕྱིར། བྲག་དམར་མཆོ་མོའི་འགུར་དུ་རེའུ་(སྦྲ་གུར་)ཆེན་པོ་ཕུབ་སྟེ། ཆིབས་ལས་རྟ་པོ་ཆེ་དང་མགྱོགས་པ་མང་པོ་དང་། ཆིབས་ཀྱི་རྒྱེན་ས་ར་ཆས་དང་། རིང་གུར་ལགས་པའི་བཟོ་འདྲུབས་པས་གཞི་བཟུང་སྟེ། བོན་པོ་ཡང་འཕན་ཡུལ་གྱི་ཨ་ཤེན་དང་། ཁྱི་སྤྲུ་དང་། མཆེ་པོག་དང་། ཡ་ངལ་ལ་སོགས་པ་བརྒྱ་ཉི་ཤུ་རྩ་བདུན་བསོགས་ཏེ་འདད་བགྱིད་པར་བཙད་པ་ལས། སྲས་མུ་ནེ་བཙན་པོས་ཞང་བློན་ཆེན་པོའི་མདུན་སར་སྤྲིང་བ། ངའི་མདང་གི་རྨང་ལམ་ན། འོག་མིན་གྱི་གནས་ལྷུང་ལོ་ཅན་གྱི་ཕོ་བྲང་ཟེར་བ་ཞིག་ན། བཅོམ་ལྡན་འདས་དཔལ་རྣམ་པར་སྣང་མཛད་དང་། ཕྱག་ན་རྡོ་རྗེ་དང་། འཇམ་དཔལ་གཞོན་ནུར་གྱུར་པ་དང་། ཡབ་ཁྲི་སྲོང་ལྡེ་བཙན་རྣམས་ཐབས་གཅིག་ཏུ་བཞུགགས་ཏེ། མདོ་སྡེའི་ལུང་ཁུངས་དང་། བསྟན་བཅོས་ཀྱི་གཏམ་རྒྱུད་མང་པོ་གསུང་ཞིང་འདུག་པ་རྨིས་ཏེ། མཚན་ལྟས་འདི་དང་སྦྱར་ན་ལྷ་སྲས་ཡབ་ཀྱི་འདད་ནི་བོན་དུ་བྱར་མི་རུང་གི་དཀར་ཆོས་སུ་བྱ་དགོས་པས་བཅོམ་ལྡན་འདས་ཀྱི་རིང་ལུགས་དང་། སྦྲ་སྒྱུར་གྱི་ལོ་ཙྪ་བ་དང་། མདུན་ས་ཆེ་ཆུང་དུ་གཏོགས་པའི་ཞང་བློན་ཆེན་པོ་དག་ཞིབ་

ཏུ་མཆེད་གྲོས་མཐུན་པར་གཉེར་དུ་ཁྲུམས་ཅིག་ཅེས་བཀའ་སྩལ་བཟྟངས་སོ། དེ་ནས་འཁོན་ཀླུའི་དབང་པོ་དང་། མཁས་པ་རྣ་ཆ་ཅན་གཉིས་ཀྱིས། ཉིན་ལ་མཚན་དུ་བརྒྱུགས་ཏེ། ཚ་བ་ཚ་ཤོད་ཀྱི་རྒྱལ་ཁམས་ནས། པ་གོར་བཻ་རོ་ཙ་ན་དང་། རྒྱལ་མོ་གཡུ་སྒྲ་སྙིང་པོ་གཉིས་སྤྱན་དྲངས་ཏེ། རིང་ལུགས་ཀྱི་བན་དེ་རྣམས་དང་། ལྷ་ལུང་ལྷུན་གྱི་དཔལ་དང་། ཡོ་རྩེ་བ་མཆིམས་ཤཱཀྱ་པྲ་བྷ་བ་དང་། ཨ་ཙ་ར་པ་གོར་བཻ་རོ་ཙ་ན་དང་། སྣ་ནམ་ཡེ་ཤེས་སྡེ་ལ་སོགས་པ་མཆེད་གྲོས་སུ་འཚལ་བ་ལས། གཡས་གྲལ་བོན་པོས་བཟུང་། གཡོན་གྲལ་བློན་པོས་བཟུང་། གུང་ལ་རྒྱལ་བུ་བཞུགས་ཏེ་བན་དེ་ལ་གྲལ་མ་སྟེར་བས་འཚོགས་ཏེ། ཆོས་དང་མཐུན་པའི་གྲལ་མེད་པ་ལ། སློབ་དཔོན་བཻ་རོ་ཙ་ནས་བསྟུག་ཞ་ཆེན་པོ་ཅིག་གསོལ། སྤྱ་གུག་རིང་པོ་གཅིག་བསྣམས། གསེར་ཕྱལ་ཆེན་པོ་གཅིག་གསོལ་ནས། རྒྱལ་བུ་ལ་ཞེ་ས་གཞུང་བཞིན་དུ་ཕྱུལ་ནས། མངའ་བདག་གི་འོག་གཡས་གྲལ་དང་པོ་ན་མཆིམས་བཙན་བཞེར་ལེགས་གཟིགས་ཡོད་པའི་རྒྱབ་ཏུ་འཁར་བའི་ཨོཾ་ཚུགས་མཛད་ནས་བཞུགས་པས་བཙན་བཤེར་ལེགས་གཟིགས་ལྷམས་ལ་བཟློད་མ་བདེ་ནས་ཕྱིར་མིག་བལྟས་པས། བཻ་རོ་ཙ་ནའི་སྣ་རའི་གསེབ་ན་ཁྲོ་ཆུ་ཞུངས་དཀར་ཙམ་ཤིག་ཤིག་སྣང་བ་དང་། ཤིན་ཏུ་སྐྲག་ནས་གོག་གིས་ལངས་པའི་ཤུལ་དུ་བཻ་རོ་ཙ་ནས་བཞུགས་པས་བན་དེ་ལ་གཡས་གྲལ་ཐོར། དེ་ལྟར་མདུན་སར་བགྲིགས་(བསྒྲིགས་)ཏེ་བཞུགས་པའི་དུས་སུ། རྒྱལ་བུའི་འཕྲིན་གྱི་བྱང་བཟངས་སླག་(བསླག་)པར་གཟས་པ་དང་། ཞང་བཙན་བཞེར་ལེགས་གཟིགས་ཀྱིས་འདི་སྐད་སྨྲས་ཏེ། ཧུཾ་ལགས་རིང་ལུགས་ཀྱི་བན་དེ་ཆེན་པོ་དང་། ཨ་ཙ་ར་དག་སྤྱིར་བདག་ཅག་གིས་གསལ་(གསོལ་)ན་མི་འཚལ་ཞིང་། མཐའ་བཞི་ཉེ་འོག་དང་བཏའ་མཐའ་ཏེ་གསང་སྔོ་ཕྱི་ནའང་།

འོ་སྐོལ་མངའ་རིས་བོད་ཀྱི་རྒྱལ་ཁམས་སུ། ཛེ་མི་ལྡེ། ལྷ་ལྡེ་སྲུ་རྒྱལ་གཉའ་ཁྲི་བཙན་པོ་ལྷ་བུ་ཞིག་འགྲེང་མགོ་ནག་གི་རྗེར་གཤེགས་པའི་ཚེ། ཡ་ཚན་ཅན་གྱི་ཀོར་(དཀོར་)ཏུ་ཏུང་དཀར་ཆེན་དཀར་ཚུང་། གཉན་གཡུ་ཏུ་ལྡེ་མདོངས། རྫོག་རྒྱ་ལུགས། རྒྱ་ཁྲབ་ཞོལ་མོ། གཞུ་རང་བརྟུངས། རྒྱ་མདུང་ཐང་ཡག་རལ་གྲི་གཤེན་གྱི་ཐླ་མཚོ། དམུ་ཐུབ་གོང་ཁྲ་ལ་སོགས་པ་མང་པོ་ནི་མངའ། དེ་ཙ་ན་འབངས་ཞབས་འབྲིང་བ་སྐུ་གཤེན་ཚེ་ཚོག་དང་སྟབས་ཅིག་ཏུ་བཞུགས་ཏེ། ཤིང་སྡོང་པོ་ནི་སྐྱ་ཏུད་ཏུད། གོར་ཕ་བོང་ནི་འཕང་ཐང་ཐང་། རྫུ་འཕྲུལ་དང་ཡ་མཚན་ཆེ་བའི་ཚད་གཅིག་མཆིས་སོ། དུས་དེ་ཙམ་ན་མི་གུམ་ཀྱང་ས་ལ་འདད་གཏང་བ་དང་བང་སོ་བརྩིག་མི་འཚལ། དེ་ནས་སྲས་ཆེབས་ཁ་ཐུབ་ནས་ཡབ་དགུང་དུ་གཤེགས་ཏེ་འདད་བཏང་བ་ཚུན་ཆད་དུ། ལྷ་ཐོ་དོ་རི་སྙན་ཤལ་དང་གྲང་ལུང་གི་གུང་སྣན་དུ་བཤོས་ཏེ། གཏོང་འདད་གཏོང་བ་ཡང་གྲང་ལུང་གི་གུང་སྣན་གྱིས་གཏོང་ངོ་། ལྷ་ལ་ལྷ་འདུར་ཞེས་ཀྱང་བགྱི་སྟེ། རྗེའི་གཏོང་འདད་དང་། འབངས་ཀྱི་འདུར་ལུགས་དེ་ཚུན་ཆད་དུ་བྱུང་བ་ལགས་ཏེ། འདད་བཏང་བ་ཚུན་ཆད་དུ་བཞུགས་ཀྱི་སྐུ་མཁར་ནི་བཙན་ཐང་སྒོ་བཞི་བརྩིགས་པས་བཀྲ་ཤིས་ཞིང་ཞལ་གྲོ་བ་ལགས། བརྟེན་པའི་སྐུ་ལྷ་ནི་ཡར་ལ་ཤམ་པོ། གྲོངས་ཀྱི་བང་སོ་ར་བ་ཐང་དུ་བཏབ་སྟེ། ཡར་ལ་ཤམ་པོ་ནི་གཉན་ཞིང་མཐུ་ཆེ། ཕྱི་ལུགས་ར་བ་ཐང་ནི་བཀྲ་ཤིས། དེ་ཙ་ན་གཡོ་ཏུ་སྣད་ནས་ཉུང་ཤས་ཙམ་གཅིག་ལས། ཟེ་(ཟེང་)པོའི་རྗེ་ཁྲི་འཕང་གསུམ་དང་། ཞང་ཞུང་གི་རྒྱལ་པོ་གཉའ་ཞུར་ལག་མིག་ལ་སོགས་པ་རྒྱལ་རིགས་ཕྲ་མོ་མངའ་རིས་སུ་འདུས་པ་ལགས། མངའ་ཐང་ཆེ་བ་དང་ཆབ་སྲིད་མཐོ་བ་ནི་གཙུག་ལག་དང་ལྡན་པས་བྱུང་སྟེ། སྐུ་གཤེན་ཚེ་ཚོག་དག་གི་གཏོ་དཔྱད་ཀྱང་ལེགས་པ་འདྲ།

ཕ་བ་སྐུ་གཉེན་པ་དག་གི་སྟོང་འདོད་ཆེ་ཞིང་ཞལ་གྲོ་བ་ལས། ད་འདི་ལས་བཟློག་སྟེ་འདོད་པན་དེས་མཛད་དེ། རྒྱ་གར་གྱི་ཆོས་ལུགས་སམ་མཛད་སྤྱོད་ལྟར་བགྱིས་ནས། གལ་ཏེ་བཀྲ་མི་ཤིས་པ་དག་བྱུང་ན། བླ་སྒོ་གཉིས་བར་གྱི་ཆབ་སྲིད་དམས་པར་ངེས་པས། རིང་ལུགས་ཀྱི་བན་དེ་ཆེན་པོ་དང་བློན་པོ་རྣམས་འཐུན་པར་གྱིས་ལ་འདོད་བོན་ལུགས་སུ་བྱ་བར་རིགས་སོ་ཞེས་གླེང་སོ། དེ་ནས་བཻ་རོ་ཙ་ནའི་ཞལ་ནས་ཚིག་དེས་ལྟང་(གོ་)མི་ཆོད་པས། གཡས་གླུ་པོའི་ཡི་གེ་ལྷག་པ་བཤོལ་ཅིག་གསུང་ནས་ལན་བཏབ་པ། ཨོཾ་བྱང་ཆུབ་སེམས་པའི་གདུང་རྒྱུད། རིགས་གསུམ་མགོན་པོའི་སྤྲུལ་པ། ཐུགས་རྗེ་ཆེན་པོའི་མངའ་བདག མི་རྗེ་ལྷའི་དཔོན་སྲས། རིན་པོ་ཆེ་གསེར་གྱི་གཉའ་ཤིང་ལྟ་བུ་དབུ་ལ་བཞུགས་ལགས། ཆབ་འོག་ན་མཆིས་པ་འབངས་ཀྱི་རད་པ་(ཉག་ཉོག་)མང་ཞིག་མི་གསོལ། ཅུང་ཟད་ཞུ་བས་ས་ས་ནས་སྙན་གསན་པར་ཞུ་ལགས། ད་སོ་ངན་པ་སུག་ལས་ཀྱི་སྐལ་བས་སྙོ་བལ་གྱི་སྐད་བསླབས་ཏེ་མཐའ་བཞི་ཉེ་འོག་གི་རྒྱལ་རིགས་ཀུན་གྱི་ཁ་བརྒྱུད་ནས། ཤིག་དོང་དང་སྤྲུལ་གདུག་པ་ཅན་གྱི་དོང་དུ་བསྐྱལ་བས་ཤ་སྲབ་པའི་དབང་པོ་མི་གསལ་བར་གྱུར་ཏེ་འཚོལ་བའི་སྒོ་ཆུང་གིས་ཀྱང་ནི་ཐོས་པ་མང་པོའི་སྒོ་ནས་གཞི་བླངས་ཏེ། སྤྱི་ཆེད་ཉུང་ཤས་ཙམ་གཅིག་གསོལ་ན། ཡོངས་འཛམ་བུའི་གླིང་གི་འཇིག་རྟེན་གྱི་ཁམས་ན། སྲིད་པ་ཇི་ལྟར་སྤྱོད་པ་ཅི་ལགས་ཞེ་ན། དཔེར་ན་བར་སྣང་འདི་རྗེ་རྗེའི་ཕ་བོང་གཅིག་གིས་རང་གིས་རང་འགྲིལ་ཏེ་ས་གཅིག་ནས་གཅིག་འདས་ཀྱང་མི་འགྱུར་བ་བཞིན་དུ། མི་གཅིག་ཁ་ཤར་ཕྱོགས་སུ་བལྟས་ཏེ་ལ་གཅིག་རྒལ། ཆུ་གཅིག་འགོགས། ཐང་གཅིག་རྒལ་ཏེ་ཚོའི་མཐར་ཐུག་པར་སོང་ཡང་མི་དང་ཡུལ་ལ་ཟད་པ་མ་མཆིས་སོ། དེ་ལ་ཞང་བཙན་བཞེར་ན་རེ། བཞུགས་

ཀྱི་སྐུ་འཁར་ནི་བཙན་ཐང་སྒོ་བཞི། སྟེན་གྱི་སྐུ་ལྷ་ནི་ཡར་ལ་ཤམ་པོ། གྲོངས་ཀྱི་བང་སོ་ནི་ར་བ་ཐང་དུ་བཏབ་པས་བཀྲ་ཤིས་བགྱི་བ་དེ་ཤོ་པེ་བ་ལགས་ཏེ། དེ་བས་བཀྲ་ཤིས་པ་རྒྱ་གར་གྱི་ཡུལ་ཤྲཱི་ན་ལེན་དྲའི་གཙུག་ལག་ཁང་ན། དམ་པའི་ཆོས་ལ་ཐུགས་ཆེས་ཤིང་དཀར་ཕྱོགས་ལ་མོས་པའི་བྱིན་རླབས་ཀྱིས། རྒྱལ་པོ་ད་ན་ཏ་ལོ་ལ་སྲས་ཐུ་རེ་ཛ་ཧ་ཏི་དང་། སྲས་མོ་པ་ལ་ནི་ལ་སོགས་པ་པཎྜི་ཏ་ཉེར་ལྔས་ལོ་སྟོང་ལྔ་བརྒྱ་དང་། ལོ་སྟོང་སུམ་བརྒྱ་ལོན་པ་བཞུགས་སོ། ཡང་རྒྱ་གར་གྱི་རྒྱལ་པོ་རྣམ་ར་ཧྣ་དང་། ཨུ་རྒྱན་གྱི་རྒྱལ་པོ་ཨིན་དྲ་བྷུ་ཏི་ལ་མི་རབས་བཅུ་བཞིའི་བར་དུ་ཕ་ཁྲུ་ཡང་ཚེ་མི་ཛེ་(བཛེ་) བུ་ཚ་ཡང་རབས་མི་འཆད། ལེགས་པའི་ཡོན་ཏན་དུས་གཅིག་ལ་རྫོགས་པའི་སངས་རྒྱས་ཀྱི་ཞིང་གྲུབ་པ་ཞིག་ཀྱང་མཆིས་སོ། ཡང་རི་རབ་ཀྱི་རྩེ་མོ་སུམ་ཅུ་རྩ་གསུམ་དགའ་ལྡན་ལྷའི་གནས་རྣམ་པར་རྒྱལ་བའི་ཁང་བཟང་ཞེས་བྱ་བ་ན། གུང་ལ་ལྷའི་དབང་པོ་བརྒྱ་བྱིན་བཞུགས། ཅོག་ཆེན་པོ་བཞི་ན་གནོད་སྦྱིན་བཞི་བཞུགས། བ་གམ་སུམ་ཅུ་རྩ་གཉིས་ན་འཁོར་ཉེ་དབང་སུམ་ཅུ་རྩ་གཉིས་བཞུགས་ཏེ་དགྱེས་པ་ལ་ལོངས་སྤྱོད་ཅིང་། རིན་པོ་ཆེའི་གཞལ་ཡས་ཁང་གདན་མནན་ན་ནེམ་ཞེས་བྱེད་ཅིང་། བཏེག་ན་འཕར་བ་ལ་བཞུགས་པ་མཆིས་སོ། ཡང་འོག་མིན་ཆོས་ཀྱི་དབྱིངས་ཀྱི་ཕོ་བྲང་དང་སངས་རྒྱས་ཀྱི་ཞིང་ཡོངས་སུ་དག་པ་བདེ་བ་ཅན་ནམ། པད་མ་ཅན་ཞེས་པ་ན། སྐྱེ་འཆི་དང་འདུ་བྲལ་མེད་པ་བཀྲ་ཤིས་པ་བགྱི་བ་དེ་ལྟ་བུ་ལགས་སོ། ཡར་ལ་ཤམ་པོ་གཉན་བགྱི་བ་དེ་ཤོ་པེ་བ་ལགས་ཏེ། དེ་བས་གཉན་ཞིང་མཐུ་ཆེ་བ་རྒྱལ་པོ་ཆེན་པོ་བཞི་འམ། མཐུ་སྟོབས་ཀྱི་བདག་པོ་ཕྱག་ན་རྡོ་རྗེ་ལ་སོགས་པ་རིགས་གསུམ་མགོན་པོའམ། ཐུགས་རྗེ་ཆེ་ལ་ཐབས་མཁས་པ་བཅོམ་ལྡན་འདས་རྣམ་པར་སྣང་མཛད་སྐུ་མདུན་རྒྱབ་མི་གསལ་བ་སྲིད་པའི་

ཆོས་ཐམས་ཅད་ལ་དབང་སྒྱུར་བ་མཆིས་ཏེ། གཉན་ཞིང་མཐུ་ཆེ་བ་དེ་ལྟ་བུ་ལགས་སོ། བོན་གྱི་གཏོ་དཔྱད་དང་གཙུག་ལག་ལེགས་བྱ་བ་དེའང་ཤོ་པེ་བ་ལགས་ཏེ། ཟིང་པོའི་རྒྱལ་པོ་ཁྲི་འཕང་གསུམ་གྱིས་ལྷ་སྙིང་རྗེ་མེད་པའི་ཐང་ལྷ་ཡར་ལྷ་གསོལ། འཕན་ཡུལ་གྱི་ཨག་གཤེན་གཉིས་ཀྱིས་གནག་ལུག་དང་རྟ་ལ་སོགས་པ་དུད་འགྲོ་མང་པོ་ནི་བསད། འདྲེར་འགྲིན་དང་གཙོ་མི་ལ་སོགས་པ་འདྲི་གསུར་འདོད་དང་། བོན་ཤྭགས་འདོད་མང་པོ་བསགས། སྡིག་སྤྱ་མའི་སྙིང་དུ་ཕྱི་མ་མནན་ཏེ་འཁྲུལ་བའི་ཆོས་ལ་སྤྱོད་པས། ཕོའི་བྲན་ཤང་སྲས་གནོན་དང་གསུམ། ཚེ་སྤོང་ས་འཕྲིན་དང་བཞི། མཁར་ཁྲུང་ལུང་རྒྱབ་བུ་སྟང་དང་ཆས་ནས་སྦྲུ་རྒྱལ་བོད་ཀྱི་མངའ་རིས་སུ་འདུས་པ་ལགས་ཏེ། དེ་ཧོ་ཆེ་ཞིང་ཞལ་བསོད་པ་ལགས་སམ། ཞང་ཞུང་གི་རྒྱལ་པོ་གཉའ་ཞུར་ལག་མིག་གིས་ལྷ་སྙིང་རྗེ་མེད་པའི་གྱི་གདོ་དང་ལུ་ཐུར་ནི་གསོལ། ཞང་ཞུང་གི་ཆོས་ལུགས་རྣམ་པ་བཞིར་བོན་ཤེད་བཏང་བས་ཞང་ཞུང་གི་རྒྱལ་སྲིད་བརླག་ནས། མཁར་རྩེ་མཐོ་དང་། རྐོད་ལྡིང་ལ་སོགས་པ་སྦྲུ་རྒྱལ་གྱི་མངའ་རིས་སུ་འདུས་པ་ལགས་སོ། དབོན་འ་ཞའི་རྒྱལ་པོས་ལྷ་སྙིང་རྗེ་མེད་པའི་སྲིབ་དྲི་དཀར་པོ་ནི་གསོལ། དབོན་འ་ཞ་རྗེ་ཉིད་ཀྱི་ལུགས་སུ་བོན་ཤེད་ནག་པོ་བཏབ་པས་འ་ཞའི་རྒྱལ་སྲིད་བརླག་སྟེ་སྦྲུ་རྒྱལ་གྱི་མངའ་རིས་སུ་འདུས་པ་ལགས་སོ། མཆིམས་དྭགས་པོའི་རྒྱལ་པོས་བོན་ཤེད་ནག་པོ་བཏང་བས་མཆིམས་ཀྱི་རྒྱལ་སྲིད་བརླག་སྟེ་ད་ལྟ་ཞང་བཙན་བཞེར་དག་ཀྱང་འབངས་ཚད་མར་གྱུར་པ་ལགས་སོ། སྐྱབས་རྗེ་སྲིབས་པོས་ལྷ་སྙིང་རྗེ་མེད་པའི་སྐྱབས་ལྷ་མཐོན་དྲུག་ནི་གསོལ། བྱུར་མི་བཏུབ་པའི་བོན་ཤེད་ནག་པོ་བཏང་བས། སྐྱབས་ཀྱི་རྒྱལ་སྲིད་རླག་སྟེ་སྐྱབས་མཁར་སྐྱི་མོ་དང་ཆས་ཏེ་བོད་ཀྱི་མངའ་རིས་སུ་འདུས་པ་ལགས་སོ། དེ་ཙམ་དུ་ཉེས་པ་ཆེ

བའི་རྒྱུ་མཚན་གྱིས་ཤིད་བོན་ལུགས་སུ་བྱུར་མི་བཏུབ་པ་འདྲའོ། དམ་པའི་ཆོས་ནི་ལུང་ཚད་མས་ཟིན་ཏེ། དགེ་བ་བྱས་པས་མཐོ་རིས་དང་། སྡིག་གཅོད་སོགས་པ་མི་དགེ་བ་བྱས་པས་ངན་སོང་དུ་ལྷུང་ཞེས་འབྱུང་བས། འོ་སྐོལ་གྱི་རྗེ་ཁྲི་སྲོང་ལྡེ་བཙན་ལྟ་བུ་ཞིག་གཟུགས་ཕུང་སྐད་ཅིག་མིའི་ལུས་བླངས་ཀྱིས་ཀྱང་། དགོངས་པ་སངས་རྒྱས་སུ་བཞུགས་ཏེ་གཟུགས་བརྙན་གྱི་དཀྱིལ་འཁོར་བརྒྱ་རྩ་བརྒྱད་བཞེངས་པ་དང་། ཤེས་རབ་ཀྱི་ཕ་རོལ་དུ་ཕྱིན་པའི་མདོ་སྡེ་བརྒྱ་རྩ་བརྒྱད་བཞེངས་ཏེ་དགེ་བའི་འཕྲོ་བཟང་བས་དེ་དང་རྗེས་སུ་འཐུན་པར་བགྱིད་འཚལ། འཕྲུལ་པའི་སྤྱོད་པ་ངན་པས་བསླུས་ན་དཔེར་ན་ཏ་དཀར་པོ་ལ་སྟན་ནག་པོ་བསྟད་པ་ལྟར་སྟར་གྱི་སྒྲིབ་པ་དང་གེགས་སུ་འགྱུར་ངེས་པས་ལྷ་སྲས་ཀྱི་གཏོང་འདད་འདི་ཆོས་ལུགས་སུ་བགྱིད་པར་ཞུ་ཞེས་གསུངས་པས། མཆིམས་བཙན་བཞེར་ལེགས་གཟིགས་ན་རེ། བན་དེ་དག་ཁྱེད་ཀྱི་མཆིད་ཤགས་དེ་ཁྱུངས་ན་ནམ་མཁའ་སྟོང་པ་ལས་བྱུང་། དུས་ཚོད་ནི་ཚེ་ཕྱི་མ་ལ་བཏབ། ཁ་ཟིན་ནི་ལྷ་སྲས་ཀྱིས་མཛད། བདག་ཅག་གི་མཆིད་གྲོས་ལྟར་མི་འགྱུར་ན་ཅི་ལེགས་པར་མངའ་གསོལ། ཕོ་བྲང་གི་མདུན་ས་ཡང་བན་དེས་ཟུང་། རྗེའི་ཞབས་ཐོག་ཀྱང་བན་དེས་ཀྱིས། མཐའི་སོ་ཁ་ཡང་བན་དེས་སྲུངས་ཟེར་ཏེ་སྤྱུགས་རབ་བྱས་སོང་བས། གཞན་སུས་ཀྱང་མ་སྤོབས་ཏེ་སྨྲ་བ་མ་བྱུང་བ་ལ། སློབ་དཔོན་བཻ་རོ་ཙ་ནས། སྐར་གཉེར་ངེད་རང་བན་དེས་བྱེད་ཅེས་གསུངས་པས་ལྷ་སྲས་ཀྱང་རབ་ཏུ་མཉེས་སོ། དེ་ནས་བན་དེ་རྣམས་ཀྱིས་ལྷའི་བུ་དྲི་མ་མེད་པའི་མདོ་གཙུག་གཏོར་(ཏོར་)དྲི་མེད་ཀྱི་གཟུགས་(གཟུངས་)ལ་བརྟེན་ནས་འདད་ཤིད་དཀར་ཆོས་སུ་མཛད་དོ། དེའི་དུས་སུ་རྗེ་རྗོ་དབྱིངས་ཀྱི་དཀྱིལ་འཁོར་བཞེངས་ཏེ་ལྷ་སྲས་ཁྲི་སྲོང་གི་འདད་བཏང་། བཻ་རོ་ཙ་ནས

སྤྱུགས་བདག་མཛད། གཡུ་སྒྲ་སྙིང་པོས་ཆོག་མཛད། ངན་ལམ་རྒྱལ་བ་མཆོག་དབྱངས་དང་། འཁོན་ཀླུའི་དབང་པོ་དང་། སྣུམས་(སྣུབས་)ནམ་མཁའ་སྙིང་པོ་ལ་སོགས་པས་ཤེས་རབ་ཀྱི་ཕ་རོལ་ཏུ་ཕྱིན་པ་སྲས་ཡུམ་མང་དུ་སླགས་(བསླགས་)ཏེ་ལྷ་སྲས་ཀྱི་འདད་རྒྱས་པར་བཏང་ངོ་། དེ་ནས་མངའ་བདག་མུ་ནེ་བཙན་པོ་དང་། བཻ་རོ་ཙ་ན་དང་། རྒྱལ་མོ་གཡུ་སྒྲ་སྙིང་པོ་གསུམ་གྱིས། ལྷན་དཀར་ཏ་མོ་རར་བཀའ་ངེས་པའི་ལུང་དོན་མན་ངག་རྣམས་རྒྱ་སྐད་ལས་བོད་སྐད་དུ་བསྒྱུར། སྲས་མུ་ནེ་བཙན་པོས་བཀའ་ངེས་པའི་ལུང་དོན་མན་ངག་ཟབ་པ་རྣམས་སྟོད་དང་ལྷན་པ་ལ་གཏད། ལ་ལ་དབུ་རྩེ་ཟངས་ཁང་གི་བསེ་སྒྲོམ་ནག་པོར་སྦས་ཏེ་བཞག་གོ། དེ་ནས་གཡུ་སྒྲ་སྙིང་པོ་ཉིད་ཚ་བའི་ཡུལ་དུ་བཞུད། བཻ་རོ་ཙ་ན་ནུབ་ཕྱོགས་རྒྱུད་ཀྱི་ཡུལ་མ་ག་རྣའི་བྲག་ཕུག་ཏུ་ཡུན་གྱི་དགོངས་པ་ལ་གཤེགས་སོ། ལ་ལ་ན་རེ་ཤར་ཕྱོགས་ལིའི་ཡུལ་ཤེར་འཁར་དཀར་པོའི་ནང་ན། ལི་རྗེ་དཀར་པོའི་བུ་མོ་ལི་ཟ་ཚུལ་ཁྲིམས་མཚོ་བྱ་བ་ཁྲིད་ནས་བྱང་ཕྱོགས་ཀྱི་ལྷ་ཁང་ཁྲབ་སྒོ་ཅན་གསོས་ཀྱང་ཟེར་རོ། དེ་ནས་ཕྱིས་ངན་སོང་སྦྱོང་རྒྱུད་ལ་བརྟེན་ནས། ཀུན་རིག་དང་གཙུག་ཏོར་དགུའི་དཀྱིལ་འཁོར་ལ་བརྟེན་ནས། ཤིད་རྣམས་བྱས་སོ། གྱེར་ཤི་བ་ལ་ཁྲོ་བོ་ཉི་མའི་དཀྱིལ་འཁོར་ལ་བརྟེན་ནས། ཤིད་བྱས། དེའི་གཏད་ཡར་དང་གྲི་འདུལ་ལ་སོགས་པ་རྣམས་མདོ་སྔེའི་ཁུངས་དང་སྦྱར་ནས་མཛད། དུས་དེ་ནས་ཤིད་ཐམས་ཅད་ཆོས་སུ་བྱེད་པ་བྱུང་སྟེ། དེ་ཡང་བོན་ལུགས་གླེན་པ་དག་ནོར་ལོངས་སྤྱོད་མང་པོ་གཏེར་དུ་སྦེད་པ་ཡོད་སྐད། དེ་ནི་གོད་ཆེ་ལ་ཕན་ཆུང་བར་དགོངས་ནས་ཆོས་ལུགས་མཁས་པ་དག་གིས་ཟས་གཏད་ཀྱི་ཕྱག་བཞེས་འདི་མཛད་སྐད་དོ། ཟས་གཏད་ཀྱི་ལོ་རྒྱུས

རྫོགས་སོ་”①ཞེས་གསལ་བའི་ནང་གི་བསྡུས་ཡིག་རྣམས་ཕྲལ་ཞིང་། ཨང་གཟུགས་ཀྱིས་ཡི་གེའི་ཚབ་བྱས་པ་རྣམས་ཡི་གེར་ཕབ་པ་ལས། དེ་མིན་མ་དེ་ཛེ་ལྟ་བ་ལྟར་བཤུས་ཏེ་ཡིག་ནོར་གོ་བ་ལེན་རྒྱུར་འབྲེལ་བ་ཡོད་པ་ཞུང་ཤས་ལ་སྙོར་རྟགས་ནང་དག་བཅོས་བྱས་ཡོད། མ་དཔེ་འདིའི་བརྗོད་བྱའི་དོན་དང་རྗོད་བྱེད་ཀྱི་ཚིག ཡིག་གཟུགས་ཀྱང་དབུ་མེད་ཀྱི་ཁྲོད་དུ་དབུ་ཅན་མགྱོགས་བྲིས་ཀྱི་ཤུལ་རྗེས་གསལ་པོ་མངོན་པ་སོགས་གང་ལ་དཔྱད་ཀྱང་མ་མཐར་ཡང་བོད་སིལ་བུའི་དུས་ཀྱི་ཡིག་རྙིང་ཞིག་ཡིན་འདུག་སྟབས་ཡལ་བར་ཕངས་པས་དུམ་བུ་དེ་ཆ་ཚང་བྲིས་པ་ཡིན།

གོང་གསལ་ཡིག་རྙིང་དེའི་ནང་ནས་རང་རེས་སྐབས་དེའི་བཙན་པོའི་ཕོ་བྲང་གི་ནང་འཁོར་ཁྲོད་དུ་འདུ་ཤེས་འཛིན་སྟངས་ཐད་ཀྱི་ཕྱོགས་འགལ་ནས་བརྩམས་པའི་སྲིད་དབང་ཇི་ལྟར་འཛིན་སྐྱོང་བྱེད་པ་དང་། མཐར་གཏུགས་ན་ཚབ་སྲིད་ཀྱི་དབང་ཆ་དེ་ཕྱོགས་ཁག་སུ་ཞིག་གི་ལག་ཏུ་འཛིན་རྒྱུའི་འགལ་ཟླ་ཉོ་ངར་ཅན་ཡོད་པ་དེ་མཐོང་ཐུབ་པ་མ་ཟད། འདས་པའི་དུས་སུ་བཙན་པོ་མེས་ཁྲི་ལྡེ་གཙུག་བརྟན་སྐུ་བཀྲོངས་མ་ཐག་མ་ཞང་ཁྲོམ་པ་སྐྱེས་སོགས་ཀྱིས་སངས་རྒྱས་ཆོས་ལུགས་བསྣུབས་པའི་ཁྲིམས་བཅས་པ་དང་། ཡབ་ཁྲི་སྲོང་སྐུ་ནར་སོན་རྗེས་མ་ཞང་གསོན་དུར་དུ་བཅུག་ནས་དམ་ཆོས་དར་བར་མཛད་པའི་ཚུལ། མ་འོངས་པའི་དུས་སུ་དཔོན་སྲས་མངའ་བདག་ཁྲི་རལ་པ་ཅན་བློན་པོས་བཀྲོངས་པ་དང་། དར་མ་འུ་དུམ་བཙན་གྱིས་ཆོས་བསྣུབས་མཐར་ལྷ་ལུང་དཔལ་རྡོར་གྱིས་བཀྲོངས་ཤིང་། དར་མའི་སྲས་གཉིས་ནང་འཁྲུགས་ཡུན་རིང་བྱས་པའི་

---

① （དབའ་བཞེད་ཡིག་རྙིང་བྲིས་མ་ཤོག་གྲངས26－31）

མཇུག་འབྲས་སུ་འབངས་གྱེན་ལོག་བྱུང་ནས་བོད་ཁམས་སིལ་བུ་ཁ་ཐོར་དུ་གྱུར་པ་སོགས་འཐབ་རྩོད་དེ་དག་གི་འབྱུང་རྐྱེན་བཟོ་ཆུན་མཁྱུད་མོ་ལྷ་བུའི་སྐར་ཆགས་ཤིག་ཡིན་པའང་རྟོགས་ཐུབ་པར་ཕན་པ་ཡོད་ཅིང་། དུས་དེ་ཙམ་ནས་བཟུང་རིང་ལུགས་ཀྱི་བན་དེ་ཆེན་པོ་རྣམས་ཀྱིས་བཙན་པོའི་ཆབ་སྲིད་ཀྱི་བྱ་བར་ཞུས་པ་ཆེན་པོ་འདོན་པའི་འགོ་ཚུགས་པ་ཡིན།

གཞན་ཡང་རྒྱལ་རབས་ཆོས་འབྱུང་ལས་འབྱུང་བ་ལྟར་མུ་ནེ་བཙན་པོས་རུ་ཡོང་བཟའ་མདོ་རྒྱལ་ཞེས་པ་བཙུན་མོར་བཞེས་ཤིང་། བསམ་ཡས་གཙུག་ལག་ཁང་དུ་དྲིལ་ཕྲེང་དང་འཕན་ཆེན་པོ་སོགས་མཆོད་རྫས་མང་དུ་སྦྱར། ལྷ་ས་དང་ཁྲ་འབྲུག་སོ་སོར་འདུལ་བ་དང་མངོན་པའི་མཆོད་པ་དང་། བསམ་ཡས་སུ་མདོ་སྡེ་དང་མངོན་པར་བྱང་ཆུབ་པའི་མཆོད་པ་སྟེ་མཆོད་ཆེན་བཞིའི་རྒྱུན་འཛུགས་པར་མཛད་པ་སོགས་སངས་རྒྱས་ཆོས་ལུགས་ལ་བསྐྱུར་སྐྱི་ཆེན་པོ་གནང་ཡོད། རྒྱལ་རབས་ཆོས་འབྱུང་དག་ལས་བཙན་པོ་འདིའི་རིང་ལ་བོད་འབངས་ཡོངས་སུ་དབུལ་ཕྱུག་ལན་གཉིས་སམ་གསུམ་དུ་སྙོམས་པར་མཛད་ཚུལ་གསལ་ཡང་། མུ་ནེ་བཙན་པོས་ཆབ་སྲིད་ལོ་གཅིག་དང་ཟླ་བ་དགུ་ལས་བསྐྱངས་མ་ཐུབ་པར་བཤད་པས་དུས་ཡུན་ཐུང་ངུ་དེ་ལྟ་བུར་བོད་ཡོངས་ལ་དབུལ་ཕྱུག་སྙོམས་པའི་བྱ་བ་ཆེན་པོ་ཐེངས་གཅིག་ཀྱང་སྒྲུབ་ཐབས་མེད་པ་ནི་གོ་བས་ཆོད་མོད། འོན་ཀྱང་ཁོང་གིས་འབངས་རྣམས་ལྟོགས་ཕྱུག་གི་བར་ཁྱད་ཆེན་པོ་ཡོད་པ་དེ་མི་འོས་པས་སྙོམ་སྒྲིག་བྱ་དགོས་པའི་དགོངས་པ་ཞིག་འཆར་ཞིང་། ལས་འགོ་བརྩམས་ནས་མཐའ་མ་འཁྱོལ་བར་ལུས་པ་ཡིན་ནམ་སྙམ། ཡབ་ཁྲི་སྲོང་ལྡེ་བཙན་སྐུ་གཤེགས་ཁར་རང་གི་བཙུན་མོ་ཆུང་བ་ཕོ་ཡོང་བཟའ་ཐུགས་ལ་གཅགས་པས་སྲས་མུ་ནེ་བཙན་པོ་ལ་གཉེར་གཏད་མཛད་ཅིང་སྲས་

གྱིས་ཀྱང་བཙུན་མོ་ཕོ་ཡོང་བཟའ་ལ་བྱམས་སྐྱོང་ཆེན་པོ་གནང་བར་བརྟེན་ཡུམ་ཚེ་སྤོང་བཟའ་མེ་ཏོག་སྒྲོན་ཐུགས་ཁྲེས་ཏེ་སྨུ་ནེ་བཙན་པོར་དུག་ཟས་དྲངས་པས་སྐུ་ག་ཤེགས་པར་གྲགས་①པ་ལགས་སོ།

གཞན་ཡང་ཉང་རལ་ཆོས་འབྱུང་ལས་འབྱུང་བ་ལྟར་ན། "རྒྱལ་པོ་འདིའི་སྐུ་རིང་ལ། ཡི་གེ་མཁན་པོ་ཚེ་སྤོང་ས་བྱང་ཆུབ་ཅེས་བྱ་བ་བྱུང་སྟེ། རྗེ་ལ་ཡི་གེའི་སྣང་ས་ཕུལ་བས། ཕྱུར་ནག་བལ་གྱིས་བཏུམས་པ་འདྲ་བ་གཅིག་བྱུང་། རྗེའི་དབུ་རྟེན་གྱི་འོག་ཏུ་སྦས་ཏེ་བསྣམས་ནས་མདོ་ཁམས་སྨད་དུ་སྤྱུགས་ཏེ། ཁམས་ཡིག་ཏུ་གྲགས་སོ།"②ཞེས་གསལ་བ་ཁམས་ཡིག་གི་ཡིག་གཟུགས་མ་ཕྱི་ཐོག་མ་དེ་ལས་ཆད་པར་བཞེད་ཅིང་། ཁྲི་སྲོང་གི་སྐུ་དུས་ནས་བཟུང་བོད་ཡིག་དར་སྤེལ་ཇེ་ཆེར་གྱུར་པ་མ་ཟད། ཡིག་གཟུགས་ལ་དང་ཞེན་དང་ཡིག་རིས་ཀྱི་ཁྱད་པར་འབྱེད་པ་སོགས་བྱུང་བར་མངོན་པས་སྣད་ཞིབ་འཇུག་གནང་མཁན་ལ་དཔྱད་གཞི་ཡོང་རེས་མཚམས་འདིར་བཏུས་པ་ཡིན་ནོ།

བདུན་པ། བཙན་པོ་ཁྲི་ལྡེ་སྲོང་བཙན་སད་ན་ལེགས་ཀྱི་སྐོར།

ཁྲི་ལྡེ་སྲོང་བཙན་ནི། ཡབ་བཙན་པོ་ཁྲི་སྲོང་ལྡེ་བཙན་དང་ཡུམ་ཚེ་སྤོང་བཟའ་མེ་ཏོག་སྒྲོན་གཉིས་ལ་སྲས་བཞི་བྱུང་བའི་ཐ་ཆུང་དེ་ལགས་ཤིང་། བཙན་པོ་འདིའི་མཚན་ལ་སད་ན་ལེགས་མཇིང་ཡོན་ཡང་ཞུ་བ་དོན་གཅིག་ཡིན། ཁྲི་སྲོང་གི་སྲས་རྣམས་ཀྱི་འཁྲུངས་ལོ་དང་། ཁྲི་ལ་བཞུགས་པའི་ལོ་གྲངས་

① (ཆོས་འབྱུང་མཁས་པའི་དགའ་སྟོན་ལྷུགས་པར་དེབ་ངོས404－405)

② (ཆོས་འབྱུང་མེ་ཏོག་སྙིང་པོ་སྦྲང་རྩིའི་བཅུད་དེབ་ངོས411)

སོགས་རྒྱལ་རབས་ཆོས་འབྱུང་དག་ན་བཞེད་པ་མི་འདྲ་བ་མང་ཞིང་། སྐབས་དེར་བསྒྲུབ་པའི་རྫོ་རིང་གི་ཡི་གེ་ལ་ནི་ལོ་ཁམས་གསལ་པོ་མ་འཁོད་པ་དང་། ཏུན་ཧོང་ནས་ཐོན་པའི་ལོ་རྒྱུས་ཡིག་རྙིང་ད་ཕན་མཇལ་རིགས་ཀྱི་ནང་དུའང་ཁྲི་སྲོང་མན་ཆད་ཀྱི་ལོ་ཚིགས་མ་རྙེད་པ་བཅས་ལ་བརྟེན་འདིར་ཡང་བཙན་པོ་ཁྲི་ལྡེ་སྲོང་བཙན་གྱི་འཁྲུངས་ལོ་དང་། ཁྲི་ལ་ཕེབས་པའི་ལོ་དུས་སོགས་འོལ་ཚོད་ཀྱིས་འབྲི་བར་མ་སྤོབས་ཤིང་། དེ་མཚུངས་རྒྱལ་རབས་ཆོས་འབྱུང་ལ་ལར་སྲས་ཆེ་བ་མུ་ནེ་བཙན་པོ་གཤེགས་པའི་རྗེས་སུ། སྲས་འབྲིང་མུ་པོ་ཏིག་བཙན་པོ་དེ་སྔ་ཡབ་བཞུགས་པའི་དུས་སུ་སྔོན་པོ་སྣ་ནམ་ཞང་དབུ་རིང་ཉེས་མེད་དུ་བསད་པར་ཞལ་ལྕེ་བཅད་པའི་དོན་ལྟར་མཐའ་ལ་སྤྱུགས་པའི་ཉེས་དུས་ཐིམ་པ་སྤྱན་དྲངས་ཏེ་ཁྲི་ལ་བསྐོ་བར་བྱས་པ་ལས། སྣ་ནམ་པས་སྔར་གྱི་ཤ་འཁོན་བཟུང་སྟེ་ལམ་བར་དུ་ཆིབས་དཀྲིག་ནས་བཀྲོངས་པར་བཤད་(ཆོས་འབྱུང་མཁས་དགའ་སོགས་) ཀྱང་དག་པར་མ་མཐོང་སྟེ། ཁྲི་ལྡེ་སྲོང་བཙན་གྱི་དུས་དབུར་སྐོན་ཞྭ་ལྷ་ཁང་དུ་བསྒྲུབ་པའི་གསོགས་ཀྱི་རྫོ་རིང་སྟེ་མའི་ཡིག་ཕྲེང་ཞེ་བརྒྱད་པར། "......ངའི་ཞ་སྔ་ནས་ཀྱང་དབུ་སྙུང་གནང་། གཅེན་མུ་རུག་བཙན་ཧྲ། རྗོ་ཇོ་མཆེད་......"① ཅེས་འཁོད་པ་ལས་སྲས་འབྲིང་པོའི་མཚན་ནི་མུ་རུག་བཙན་པོ་ཡིན་པ་དང་། ཁོང་ནི་གཙུང་ཁྲི་ལྡེ་སྲོང་བཙན་བཙན་པོའི་ཁྲི་ལ་འཁོད་རྗེས་བན་རྗེ་མྱང་ཏིང་ངེ་འཛིན་ལ་བཀའ་གསོགས་གནང་བའི་སྐབས་སུ་ཡང་ད་དུང་བཞུགས་ཡོད་པ་ར་འཕྲོད་པ་ལྟར་མུ་ནེ་བཙན་པོ་གཤེགས་དུས་ཁོང་ཉེས་དུས་མ་ཐིམ་པར་མཐའ་ལ་སྤྱུགས་པའི་སྐབས་ཡིན་པ་གོར་མ་ཆག་གོ

① (བོད་ཀྱི་རྫོ་རིང་ཡི་གེ་དང་དྲིལ་བུའི་ཁ་བྱང་། དེབ་ངོས87)

བཙན་པོ་ཁྲི་ལྡེ་སྲོང་བཙན་གྱི་ལོ་རྒྱུས་དང་མཛད་པ་སོགས་སྔོན་གྱི་རྒྱལ་རབས་ཆོས་འབྱུང་དག་ན་མདོར་བསྡུས་ཙམ་ལས་འཁོད་པ་མ་མཐོང་ཞིང་། འདིར་སྐབས་དེ་རང་གི་རྡོ་རིང་ལ་བརྐོས་པའི་ཡི་གེ་སོགས་ལས་འབྱུང་བའི་ཁུངས་བཙན་གྱི་ལོ་རྒྱུས་གང་ཐུབ་བསྡུ་སྒྲིག་བྱས་པ་ཡིན། བཙན་པོ་དེ་ནི་སྐུ་ན་ཧ་ཅང་ཕྲ་བའི་དུས་སུ་ཁྲི་ལ་བཞུགས་པར་མངོན་པས་ཏྭ་ལའི་བླ་མ་ལྔ་པ་ཆེན་པོས"སྲས་ཆུང་བ་སད་ན་ལེགས་མཛིང་ཡོན་གྱིས་དགུང་ལོ་བཞིའི་སྟེང་དུ་རྒྱལ་སྲིད་བཟུང་"①ཞེས་གསུངས་པའང་དགོངས་པ་ཅན་དུ་མངོན་ཞིང་། 《ཉང་རལ་ཆོས་འབྱུང་》དུའང་མུ་ནེ་བཙན་པོ་གཤེགས་པའི་རྗེས"དེ་ནས་འབངས་ཡོངས་གྲོས་བགྱིས་ཏེ། གཅུང་པོ་ཁྲི་ལྡེ་(སྲོང་)བཙན་དབང་བསྒྱུར་བར་བྱས་ཏེ། ཁ་ཅིག་ན་རེ། རྒྱལ་བུ་ནར་མ་སོན་འབངས་ཀྱི་ཆོས་མི་ཡོང་། དེ་བས་ལན་གཅིག་ལ་བློན་པོ་མཛངས་པ་གཅིག་བསྐོས་ཏེ། ཁྲིམས་བུ་ཆུང་བཅའོ་ཟེར། ཁ་ཅིག་ན་རེ་དེ་མི་ཡོང་། སྔོན་ཡང་མེས་ཨག་ཚོམ་འདས་པའི་དུས་སུ། རྒྱལ་བུ་ནར་མ་སོན་ནས། ཞང་བློན་གསུམ་ལ་ཁྲིམས་གཏད་ནས་ཁྲིམས་བུ་ཆུང་བཅས་ནས་ལྷ་ཆོས་བསྣུབས་པས་བོད་ཕུང་བར་བྱས། ཀྱོད་ཁ་ཆེན་པོ་ལ་གཏུགས་པས། ད་རྒྱལ་པོ་རང་དབང་བསྒྱུར་ཏེ་བློན་པོ་མཛངས་པ་བསྐོས་ནས་འབངས་ཆོས་དང་མཐུན་པར་བསྒྲུངས་པ་ལེགས་ཟེར་"②ཞེས་གསལ་བ་ལྟར་སྐབས་དེར་བཙན་པོའི་ཆབ་སྲིད་འཛིན་སྐྱོང་ཐད་བློན་པོ་རྣམས་དང་བན་ཧྭ་ཆེ་རིགས་སོགས་ཀྱི་དབར་འགལ་བ་དང་འཐབ་རྩོད་རྙོག་འཛིང་ཆེན་པོ་ཞིག་བྱུང་ཡོད་

---

① (དཔྱིད་ཀྱི་རྒྱལ་མོའི་གླུ་དབྱངས་ལྕུགས་པར་སྤྱ་མའི་དེབ་ངོས91)

② (ཆོས་འབྱུང་མེ་ཏོག་སྙིང་པོ་དེབ་ངོས414－415)

པར་སྣང་། དེ་དུས་བན་ཀྲེ་མྱང་ཏིང་ངེ་འཛིན་ལ་སོགས་པའི་སློན་པོ་ཁག་ཅིག་གིས་བཙན་པོའི་སྐུ་སྲུ་སྲུང་སྐྱོང་དང་། རོགས་སྐྱོར་ཞབས་འདེགས་ཞུས་པར་བརྟེན་རིམ་བཞིན་སྲིད་ཀྱི་དབང་ཆ་དེ་བཙན་པོ་རང་གི་ཕྱག་ཏུ་བཟུང་ཐུབ་པ་བྱུང་བ་ཡིན།

དེའི་སྐོར་བཙན་པོ་སྐུ་ནར་སོན་རྗེས་བན་ཀྲེ་མྱང་ཏིང་ངེ་འཛིན་ལ་གནང་བའི་དབུར་རྫོང་ཞྭ་ལྷ་ཁང་གི་རྡོ་རིང་ཡི་གེ་ལས་ཤེས་པར་ནུས་ཤིང་། རྡོ་རིང་གཉིས་ཀྱི་ཡི་གེ་ཇི་ལྟ་བ་ནི་《བོད་ཀྱི་རྡོ་རིང་ཡི་གེ་དང་དྲིལ་བུའི་ཁ་བྱང་》དང་། 《བོད་ཀྱི་གནའ་རབས་ཡིག་ཆ་གཅེས་བསྡུས》ཞེས་པ་ལྡུགས་པར་མའི་དེབ་གཉིས་ཀའི་ནང་ཆ་ཚང་གསལ་ཡོད་ཁར། གནའ་ཡིག་དེ་ཙུང་ཟད་གོ་དཀའ་བ་བཅས་ལ་བརྟེན་ཉེ་བའི་ཆར་དེའི་ནང་དོན་གོ་བདེར་ཕབ་པ་ཞིག་འདུག་པ་ལྟར་འདིར་རྡོ་རིང་དང་པོའི་གོ་དོན་བཏུས་པ་འདི་ལྟར་"༄༅། །སྟེང་གནམ་གྱི་ལྷ་ལས་བྱུང་བའི་རྒྱལ་པོའམ། འཕྲུལ་གྱི་ལྷ་བཙན་པོ་ཁྲི་ལྡེ་སྲོང་བཙན་གྱི་བཀའ་ལུང་གིས། བན་ཀྲེ་མྱང་ཏིང་ངེ་འཛིན་ལ་དབུ་སྙུང་བའི་གཙིགས་ཀྱི་ཡི་གེ་གཡུང་དྲུང་ལྟར་ཡུན་ནས་ཡུན་དུ་མི་འགྱུར་བའི་ཚུལ་དུ་གནང་བ་ནི། བན་ཀྲེ་ཏིང་ངེ་འཛིན་ད་ལྟ་ཙམ་དུ་མ་ཟད། ཐོག་མཐའ་ཀུན་ཏུ་བདག་ལ་སྙིང་ཉེ་བ་ཡིན་ཏེ། དེ་ཡང་ང་སྐུ་ཆུང་བའི་དུས་ནས་ཆབ་སྲིད་མ་བཞེས་པའི་བར་དུ། ཡབ་ཡུམ་གཉིས་ཀྱི་གོ་ཆོད་པར་བྱས་ཤིང་། ང་སྐུ་བཙས་པ་ནས་བཟུང་། ཞང་བློན་པོ་ཞིག་གི་གོ་ཡང་ཆོད་པར་བྱས་ཏེ། ཡབ་ཡུམ་གཅེན་གཅུང་དང་ཆབ་འོག་གི་འབངས་རྣམས་ཐུགས་དགྱེས་ཤིང་མཐུན་པའི་གནས་སུ་བཀོད། ཕྱིར་ན་ལེགས་པའི་བཀའ་གྲོས་གསོལ་བ་དང་། ལས་སུ་བྱེད་པ་སོགས་ཀྱང་ཀུན་ལ་ཕན་ཞིང་། བདག་ལ་སྙིང་ཉེ་བ་ཁོན་བྱེད་པ་ཡིན།

ཕྱིས་ཡབ་དང་གཅེན་པོ་གཉིས་སྤྱི་ཕྱིར་སྐུ་གཤེགས་པའི་རྗེས་སུ། ངས་ད་དུང་ཆབ་སྲིད་མ་བཞེས་པར་ཡོད་པའི་སྐབས་སུ། ཁ་ཅིག་གིས་ཕན་འདོགས་པར་ཁ་གཡར་ནས་གཡོ་དང་ཕྲ་མ་བརྩུག་པའང་། བན་རྡེ་ཧིང་ངེ་འཛིན་གྱིས་ཤེས་ནས་ང་ལ་ཕན་པའི་བཀའ་གྲོས་གསོལ། གྲོད་དང་ཁ་མཆུ་མེད་པར་བྱས་ཤིང་། ལེགས་པའི་བྱ་བ་ཀུན་གྱི་གཞི་བཟུང་སྟེ་ངའི་ཆབ་སྲིད་ལ་སོགས་པའི་ཐད་ལའང་ལེགས་པའི་ལས་ཀ་ཆེན་པོ་བྱས་ཤིང་། བཙན་པོ་ངའི་ཞལ་སྔར་ཆབ་སྲིད་ཀྱི་རྟུས་འདོན་པ་དང་། སྙིང་ཉེ་བར་བྱས་སྐབས། ཆབ་འོག་གི་འབངས་རྣམས་སྐྱོང་བའི་གཟུང་ཐག་ལྟ་བུར་གྱུར་ཅིང་། ཕྱོགས་ཀྱི་ས་མཚམས་དག་ཧུའང་འཁྲུག་པ་མེད་པར་ཐམས་ཅད་བདེ་མུས་སུ་མཆིས་སོ། དེར་མ་ཟད། བན་དེ་ཧིང་ངེ་འཛིན་གྱིས་ཆབ་སྲིད་ཀྱི་བློན་པོ་ཆེན་པོའི་ལས་འགན་ཁུར་དུ་བླངས་པ་ནས་བཟུང་། འཕྲུལ་ཡུན་གཉིས་ལ་ལེགས་ཤིང་ཕན་པའི་བྱ་བ་ཕོན་བྱས་ཤིང་བྱེད་མུས་སུ་མཆིས།

འདི་ལྟར་བན་དེ་ཧིང་ངེ་འཛིན་ནི་སྤྱི་ཕྱི་གཉིས་ལ་བློན་པོ་གཞན་དག་སུ་བས་ཀྱང་བདག་ལ་ལྷག་པར་དུ་སྙིང་ཉེ་ཞིང་། སྟོབས་ཤུགས་ཆེན་པོ་ཕུལ་བ་ཡིན་པས། ངའི་སེམས་ལ། སྔོན་གྱི་བཙན་པོ་སྐུ་གོང་མ་རྣམས་ཀྱི་སྲོལ་ལྟར། བཀའ་དྲིན་འོས་ཤིང་འཚམ་པ་ཞིག་སྦྱིན་དགོས་དགོངས་ན་ཡང་། བན་དེ་ཉིད་ཀྱིས་འབངས་ཀྱི་ལུགས་དང་དགེ་སློང་གི་ཚུལ་བཟུང་ནས། བཀའ་དྲིན་དེ་ལྟ་བུ་མི་འབབ་ཞེས་གསོལ། ཡིན་ན་ཡང་། སྟོབས་ཤུགས་ཕུལ་བའི་ལན་དུ་བཀའ་དྲིན་སྦྱིན་པ་ནི་འཇིག་རྟེན་གྱི་དཔེ་ཡིན་པས་ངའི་བཀའ་ལས་བན་དེ་ཧིང་ངེ་འཛིན་ལ་ག་སྟོགས་བཙན་པ་ཞིག་དང་། ཆབ་སྲིད་ཀྱི་དབང་ཆ་གཡུང་དྲུང་གི་ཚུལ་དུ་གནང་བ་འདི། ཡུན་དུ་བརྟན་ཞིང་བདེ་བར་བྱ་བ་དང་། མི་རབ་

འབྲིང་མཆོག་དམན་ཀུན་གྱིས་ཤེས་པར་བྱ་བའི་ཆེད་དུ། དཀོན་མཆོག་གི་རྟེན་གཙུག་ལག་ཁང་འདིར། གསྔགས་ཀྱི་མཁར་ཆུང་ཆུང་ཞིག་བརྩིགས་པ་དང་། དེའི་སྟེང་དུ་རྡོ་རིང་བཙུགས་ཏེ་བཀའ་གསྔགས་ཀྱི་མདོ་རྡོ་རིང་ལ་མངོན་པར་བྲིས་ཏེ་མཐའ་ཕྱག་རྒྱས་བཏབ་ནས་བཞག་པ་ཡིན།

དེང་ཕྱིན་ཆད། བུ་ཕྲུས་ཕྱི་རབས་པ་ཆབ་སྲིད་ལ་མངའ་མཛད་པ་རྣམས་དང་། ཆབ་སྲིད་ཀྱི་བློན་པོ་དབང་བྱེད་པ་སོགས་ཀྱིས་ཀྱང་། དུས་ནམ་ཡང་གསྔགས་ཀྱི་ཡི་གེ་ལས་འབྱུང་བ་དང་། རྡོ་རིང་ལ་བྲིས་པ་འདི་བཞིན་དུ་བགྱིད་པ་ལས། མི་འཕྲི། མི་བཅོས། མི་བསྒྱུར་བར་གྱིས་ཤིག་དུས་ནམ་ཞིག་ཡིན་ཀྱང་རུང་། བཙན་པོ་གདུང་རྒྱུད་ཀྱིས་བན་དེ་ཏིང་ངེ་འཛིན་གྱི་མེས་པོ་བློན་སྣང་བཟང་འདུས་ཀོང་གི་བུ་རབས་ཚ་རྒྱུད་ཀྱི་ནང་ནས། གང་འཛིན་ཐང་ཆེ་བ་དེ་གདམ་ནས་ནང་འཁོར་དུ་འཇུག་པ་དང་། ནུས་པ་ཅི་ཙམ་ཡོད་ནས་དེ་ཙམ་གྱི་གོ་གནས་སྦྱིད་རྒྱུ་མ་ཟད། མི་གཞན་གྱིས་མནར་བའམ། སླད་བཏགས་པ་ཡིན་ན་རྒྱབ་སྐྱོར་བླ་ནས་མཛད་རྒྱུ་ཡིན། གལ་ཏེ་ཉེས་པ་ཡང་དག་མེད་ན། ཕྲམ་ལ་མི་ཉན་པ་དང་སླད་ཀྱང་མི་འདོགས་པར། སྣང་བཟང་འདུས་ཀོང་གི་བུ་རབས་ཚ་རྒྱུད་ཀྱི་ཁྲིད་ནས། ལ་ལ་ཞིག་གིས་བཙན་པོའི་སྐུ་དང་ཆབ་སྲིད་ལ་སླིང་རིང་བའམ། ཉེས་པ་གཞན་ཞིག་བྱས་ན་ཡང་། གང་གིས་ཉེས་པ་དེ་ལ་བཀྲོན་འབེབས་པ་ལས། ཕུ་ནུ་དང་བུ་ཚ་མ་ཉེས་པ་གཞན་དག་ཁྲིམས་ལ་མི་སྦྱོར་བ་དང་། སྐྱིད་མི་འཚོལ་བར་མ་ཟད་བཀའ་བཀྲོན་ཡང་མི་མཛད། དེ་ལས་གཞན་པའི་ཉེས་པ་ཅི་ཞིག་བྱས་ན་ཡང་། ཉེས་ཅན་དེ་རང་ཉིད་ཀྱིས་འགན་འཁུར་བ་ལས། གཞན་རྣམས་ཀྱི་མིང་མི་བརྣག་པར་ཡི་གེ་གཡུང་དྲུང་གི་ཚུལ་དུ་སྟེར་རྒྱུ་དང་། ཆབ་སྲིད་ཀྱི་ལས་སྣ་ཆེན་པོའི་བདེ་བ་ཡུན་དུ་གནས་པར་

བྱེད་པ། སྟེ་དཔོན་གྱི་ཚོ་ལོ་རྒྱུན་དུ་གནང་རྒྱུ་མ་ཟད། སྣང་བཟང་འདུས་གོང་གི་བུ་རབས་ཚ་རྒྱུད་ཀྱི་བྲན་ཁྱིམ་དང་། ས་ཞིང་འབྲོག་ས། ཕྱུགས་ཟོག ནགས་ཚལ་ལ་སོགས་པ་རྣམས། རབས་ཆད་པའམ་ཁྲིད་ལ་ཐོགས་པའི་སྐབས་གང་ཡིན་ཀྱང་རུང་། བཙན་པོའི་ཕྱག་ཏུ་མི་བཞེས་ལ་མི་གཞན་དག་ལའང་མི་སྟེར། དེར་མ་ཟད། ཁྱིམ་བདག་མོས་མ་ཕུལ་བར་དུ། བློན་གཞན་པ་རྣམས་ཀྱིས་ཐབས་གང་གིས་ཀྱང་མི་འཕྲོག་པ་དང་། ཕྱག་ཏུ་མི་བཞེས་པར་གནང་བ་ལ་སོགས་པ་སྟེ། མདོར་ན། དུས་ནམ་ཞིག་ཡིན་ཀྱང་རུང་། བློན་སྣང་བཟང་འདུས་གོང་གི་བུ་ཚ་རྒྱུད་འཕེལ་རྣམས་ཀྱི་སྲིད་བདེ་ཞིང་བརྟན་པའི་ཆེད་དུ་གཙིགས་གནང་བ་འདི། དུས་དང་རྣམ་པ་ཀུན་ཏུ་མི་འགྱུར་མི་བཅོས་པའི་ཕྱིར་དུ་བཙན་པོ་ངའི་ཞལ་སྔ་ནས་ཀྱང་དབུ་སྙུང་གནང་བ་ཡིན། གཅེན་མུ་རུག་བཙན་དང་། ཇོ་མོ་མཆེད་དང་། རྒྱལ་ཕྲན་རྣམས། ཆབ་སྲིད་ཀྱི་བློན་པོ་མན་ཆད། ཞང་ལོན་ཆེ་ཆུང་ཀུན་ཀྱང་མནའ་ཡིས་བསྐྱགས་ཏེ། གཙིགས་གཡུང་དྲུང་བཞིན་འགྱུར་བ་མེད་པར་གནང་ངོ་།

བན་དེ་ཏིང་ངེ་འཛིན་སླེང་ཉེ་ཞིང་སྟོབས་ཤུགས་ཇི་ལྟར་ཕུལ་བ་དང་། ཕན་པའི་ལས་ཀ་ཅི་བྱས་པ། བཙན་པོ་དང་བཀའ་གཙིགས་ཅི་གནང་བ་སོགས་ཀྱི་གནས་ཚུལ་ཞིབ་མོ་ནི། གཙིགས་ཀྱི་ཡི་གེར་བྲིས་ཏེ་བཙན་པོའི་ཕྱག་སྤྱལ་དུ་བཞག དཔེ་གཅིག་ཕྱག་རྒྱས་བཏབ་སྟེ་གཙིགས་ཀྱི་མཁར་བུ་འདིར་བཞག དཔེ་གཅིག་ནི་ཕྱག་རྒྱས་བཏབས་ཏེ་བན་དེ་ཏིང་ངེ་འཛིན་གྱི་འཛིན་རྟགས་སུ་སྤྲད་པ་ཡིན།

བན་དེ་ཏིང་ངེ་འཛིན་གྱི་མེས་པོའི་ཁུ་བོ་སྟེ། དབྱི་གོང་གི་རྒྱུད་པ་རྣམས་ཀྱང་དབུ་སྙུང་གཙིགས་གནང་བར་ཞུགས་སོ། དེ་ཡང་སྔོན་ཆད་བློན་པོ་མྱང་

དང་དབས་གཉིས་སྐྱིང་ཉེ་ཞིང་། སྟོབས་ཤུགས་ཐུལ་བའི་ཆ་འདྲ་ན་ཡང་། མྱང་ནི་དབས་ཀྱི་ཟླ་ལ་སྦྱར་ན། མྱང་ལ་བཀའ་དྲིན་གནང་བ་ཆུང་བར་མངོན་སྣང་བས། ངའི་བཀའ་ལས་མྱང་གི་ག་ཙོམ་འདི་ཟུར་དུ་ཕྱུངས་ཏེ་ཁ་སྟོན་བྱས་ཏེ་གནང་བ་ཡིན།

ག་ཙོམ་ཀྱི་མཁར་བུ་འདི་དུས་ནམ་ཞིག་འཇིག་དགོས་བྱུང་ནའང་། ཕྱི་རབས་དཔོན་སྲས་ཀྱི་ཁྲིད་ནས་ཆབ་སྲིད་ཀྱི་མངའ་གང་གིས་མཛད་པ་དེས། བཅོམ་ལྡན་འདས་ཀྱི་རིང་ལུགས་པ་ཡིད་ཆེས་ཤིང་། ག་ཙོམ་འདི་ལ་གློ་དཀར་བ་གསུམ་ཡན་ཆད་བསྐོས་ཏེ། ལག་པ་སྤྲེལ་ནས་དབྱུང་དགོས་ལ། ཕྱིར་འཛུག་དུས་ཀྱང་ཚུལ་འདི་བཞིན་དུ་བཙན་པོ་དང་། བཅོམ་ལྡན་འདས་ཀྱི་རིང་ལུགས་པས་ཕྱག་རྒྱས་བཏབ་སྟེ་བཞག་པར་གནང་ངོ་" ① ཞེས་གསལ་བ་ལས་སྐབས་དེའི་བྱུང་བ་དངོས་དང་། སྤྱི་ཚོགས་ཀྱི་ལམ་ལུགས་སོགས་རགས་པ་ཙམ་རང་རེས་རྟོགས་ནུས་སོ།

བན་རྙེ་མྱང་ཏིང་ངེ་འཛིན་ལ་གནང་བའི་བཀའ་ག་ཙོམ་ཀྱི་ཡི་གེ་འདིའི་ཐོག་ནས་སྤྱི་རྗེས་ཀྱི་བརྒྱུད་རིམ་ལ་དཔགས་ན། དགེ་འདུན་གྱི་གཙོ་བོ་དག་ལ་བཅོམ་ལྡན་འདས་ཀྱི་རིང་ལུགས་པ་ཞེས་པའི་མཚན་གནས་དང་། གསེར་ཡིག་ཆེ་བའི་ཐོབ་ཐང་གནང་ནས་བློན་པོ་རྣམས་ཀྱི་གོང་དུ་བཀུར་བའི་སྲོལ་ནི་ཐོག་མ་ཡབ་ཁྲི་སྲོང་ལྡེ་བཙན་གྱི་སྐུ་དུས་ནས་བྱུང་བ་ཡིན་མོད། འོན་ཀྱང་སྐབས་དེ་ཙ་ན་ཆོས་ཀྱི་གཙོ་འཛིན་དུ་གཟེངས་སུ་བསྟོད་པ་ལས། དགེ་འདུན་རྣམས

① （བཙན་པོ་ཁྲི་ལྡེ་སྲོང་བཙན་གྱི་ལོ་རྒྱུས་མདོ་ཙམ་བརྗོད་པ་ལྷུགས་པར་དེབ་ངོས19 – 23）

བཙན་པོའི་ཆབ་སྲིད་ཀྱི་བྱ་བར་དངོས་སུ་ཞུགས་པའི་སྲོལ་མེད་པ་དང་། དེ་རྗེས་སུ་ནི་བཙན་པོས་ཆབ་སྲིད་བཞེས་མ་ཐག་པའི་སྐབས་བན་པོན་གྱི་དབར་རྩོད་གཞི་བྱུང་བ་གོང་དུ་བརྗོད་པ་ལྟར་མཐའ་མ། ཞང་བློན་མཆིམས་བཙན་བཞེར་ལེགས་གཟིགས་ཀྱི་ཤགས་ལན་ནང་། "བན་རྙེ་དག……ཁ་ཟེན་ནི་ལྷ་སྲས་ཀྱིས་མཛད། བདག་ཅག་གི་མཆིད་གྲོས་ལྟར་མི་འགྱུར་ན་ཅི་ལེགས་པར་མངའ་གསོལ། ཕོ་བྲང་གི་མདུན་ས་ཡང་བན་རྙིས་བཟུང་། རྗེའི་ཞབས་ཕྱག་ཀྱང་བན་རྙིས་ཀྱིས། མཐའི་སོ་ཁ་ཡང་བན་རྙིས་སྲུངས" ཟེར་བ་ལ། "སློབ་དཔོན་བཻ་རོ་ཙ་ནས་སྐར་གཉེར་ངེད་རང་བན་རྙིས་བྱེད་ཅེས་གསུངས་པས་ལྷ་སྲས་ཀྱང་རབ་ཏུ་མཉེས་སོ" ཞེས་གསལ་བ་ལྟར་སྲིད་ཀྱི་བློན་པོ་རྣམས་ཡི་མ་རངས་པའི་སྐབས་དང་། བཙན་པོའི་བཞེད་པ་དང་མཐུན་པས་དུས་དེ་ཙམ་ནས་བཟུང་བན་རྙེ་སྲིད་ལ་དགའ་བ་རྣམས་དངོས་སམ་བརྒྱུད་ནས་ཆབ་སྲིད་ཀྱི་བྱ་བར་ཞུགས་པའི་གོ་སྐབས་རིམ་བཞིན་ཐོབ་པར་མངོན། མུ་ནི་བཙན་པོ་སྐུ་གཤེགས་རྗེས་སྐར་ཡང་སངས་རྒྱས་ཆོས་ལུགས་སུ་མཐུད་དར་སྤེལ་བྱེད་དང་མི་བྱེད་ཀྱི་ཐད། རིང་ལུགས་ཀྱི་བན་རྙེ་རྣམས་དང་བློན་པོ་ཁག་ཅིག་དབར་འགལ་ཟླ་བྱུང་ཞིང་། བཙན་པོ་ཁྲི་ལྡེ་སྲོང་བཙན་སྐུ་ཆུང་ངུའི་སྐབས་ནས་བན་རྙེ་མྱང་ཏིང་ངེ་འཛིན་གྱིས་སྲུང་སྐྱོང་གི་ཞབས་འདེགས་ནས་འགོ་བཙུགས་ཏེ་ཆོས་ཕྱོགས་ཀྱི་སྐུ་ཡོན་འབུལ་བ་དང་། དེ་ནས་རིམ་བཞིན་སྲིད་ཕྱོགས་ཀྱི་ཐབས་ཇུས་འདོན་པ་སོགས་བྱས་པ་བརྒྱུད་བཙན་པོའི་ཆབ་སྲིད་ཀྱི་ཇུས་བཀོད་པ་ཆེན་པོ་ཞིག་ཏུ་གྱུར་པ་མཚོན་ཞིང་། ལྷག་པར་དུ་གོང་གསལ་རྗེ་རིང་གི་ཡི་གེའི་ནང་བན་རྙེ་ཏིང་ངེ་འཛིན་གྱི་བྱས་རྗེས་ནང་བཙན་པོས་སྲིད་སྐྱོང་བའི་རམ་འདེགས་པ་གཟེངས་སུ་ཐོན་པ་ཞིག་ཞུས་པའི་སྐོར་འཁོད་པ་ལས། ཆོས་ཕྱོགས་ནས་

མཁས་གྲུབ་ཀྱི་ཡོན་ཏན་གང་ཡང་གསལ་མེད་པ་དེ་ནི། བཙན་པོ་ཡབ་ཁྲི་སྲོང་ལྡེ་བཙན་གྱིས་བན་རྙེ་ཡེ་ཤེས་དབང་པོར་བཀུར་གཟིགས་གནང་བ་དང་རྩ་བ་ནས་མི་འདྲ་བའི་འགྱུར་ལྡོག་ཅིག་བྱུང་བ་གསལ་པོ་མཐོང་ཐུབ། དེ་རྗེས་བཙན་པོ་སྐུ་ནར་སོན་ནས་བྱུས་པ་དྲིན་དུ་གཟོ་བའི་ཆེད་ཆབ་སྲིད་ཀྱི་བློན་པོ་ཆེན་པོའི་ལས་ཐབས་སུ་གཟིངས་བསྐོད་གནང་བ་བཅས་མདོར་ན་བཙན་པོ་འདིའི་སྐུ་རིང་ནས་བཟུང་བན་རྙེས་ཆབ་སྲིད་ཀྱི་དབང་ཆ་ཆེན་པོ་ཐད་ཀར་དངོས་སུ་བཟུང་བར་བསྟན་ཡོད། དེའི་རྗེས་སུ་བན་རྙེ་ཆེན་པོ་བྲན་ཀ་དཔལ་གྱི་ཡོན་ཏན་གྱིས་བཀའི་དགུང་བློན་ཆེན་པོའི་དབང་ལུང་དངོས་སུ་བཟུང་ནས་བཙན་པོ་ཡབ་སྲས་རྒྱལ་རབས་གཉིས་ཀྱི་སྐུ་དུས་བཙན་པོ་གཉིས་པ་ལྷ་བུའི་དབང་གྲགས་ལྡན་མེད་པ་ཞིག་བསྐྱངས་པ་སྐབས་དེའི་རྡོ་རིང་གི་ཡི་གེ་དང་། རྒྱའི་རྒྱལ་རབས་དེབ་ཐེར་སོགས་ལས་གསལ་ཐག་ཆོད་མཆོན་གྱི་ཡོད།

བཙན་པོ་ཁྲི་ལྡེ་སྲོང་བཙན་གྱིས། རྡོ་མོ་འགྲོ་བཟའ་ཁྲི་མོ་ལེགས་དང་། མཆིམས་རྒྱལ་བཟའ་ལེགས་མོ་བརྩན། ཅོག་རོ་བཟའ་བཙན་རྒྱལ་རྣམས་ཁབ་ཏུ་བཞེས། ཡིག་ཚང་གཞན་དུ་བཙན་པོ་འདིའི་མཛད་པ་བརྒྱུད་རིམ་དང་ལྡན་པ་ཞིག་ཡི་གེར་འཁོད་པ་མ་རྙེད་ཀྱང་། གཙོ་བོའི་ཕྱུག་རྗེས་གསུམ་གྱི་ནང་ནས་དང་པོ་ནི། སྐབས་དེའི་མཛད་འཕྲིན་གལ་ཆེ་བ་ཁག་ཅིག་གི་སྙིང་དོན་རགས་བསྡུས་རྡོ་ལ་ཡི་གེར་བརྐོས་པ་དཔེར་ན། སྐར་ཆུང་གཙུག་ལག་ཁང་གི་རྡོ་རིང་དང་། དབུར་སྟོད་ཞྭ་ལྷ་ཁང་གི་རྡོ་རིང་ཕྱ་རྟིང་གཉིས། ཀོང་པོ་དེ་མོའི་རྡོ་བརྐོས་ཡི་གེ ཁམས་ཀྱི་བྲུམས་མདུན་བྲག་བརྐོས་ཡི་གེ འཕྱོངས་རྒྱས་བང་སོའི་རྡོ་རིང་ལ་སོགས་པའི་ཡི་གེ་རྣམས་མང་ཆེ་བ་ད་ལྟའང་མཇལ་རྒྱུ་ཡོད་པས་བཙན་པོའི་གདུང་རབས་ཀྱི་ཁྲིད་ནས་གནའ་བོའི་ལོ་རྒྱུས་རྡོ་ལ་བརྐོས་ནས་ཕྱི་

རབས་ཀྱི་མིག་རྒྱན་དུ་བཞག་པ་ནི་བཙན་པོ་འདི་ཕོ་ན་མང་ཤོས་ཡིན། རྗེ་ལ་བརྐོས་པའི་ཡི་གེའི་གྲངས་འབོར་ལ་མཚོན་ནའང་ཏ་ལས་པ་ལྷ་བུ་ཡོད་ཅིང་། དེ་མིན་ད་དུང་བཙན་པོ་ཡབ་ཁྲི་སྲོང་ལྡེ་བཙན་གྱི་དུས་སུ་བསམ་ཡས་ཀྱི་དཀོར་མཛོད་དུ་བཀའ་གསྟོགས་ཀྱི་ཡི་གེ་ཞིབ་མོ་སྔ་ཕྱི་གཉིས་ཡོད་པ་དང་མཉམ་དུ་བཙན་པོ་འདིའི་སྐར་ཆུང་རྡོ་རིང་གི་བཀའ་གསྟོགས་ཀྱི་ཡི་གེ་ཞིབ་མོ་ཆ་ཚང་དེའི་འདྲ་བཤུས་རྣམས་དཔའ་བོ་གཙུག་ལག་ཕྲེང་བའི་སྐུ་དྲིན་ལས་ད་ལྟའང་རང་རེས་མཇལ་རྒྱུ་ཡོད་པ་བཅས་དེ་དག་ལས་སྐབས་དེའི་བོད་ཀྱི་སྤྱི་ཚོགས་ཀྱི་ལམ་ལུགས་དང་། བཙན་པོའི་ཆབ་སྲིད་ཀྱི་འཕེལ་འགྲིབ། ཆོས་སྲིད་བར་གྱི་འབྲེལ་བ་སོགས་གནའ་རབས་བཙན་པོའི་སྐབས་ཀྱི་ལོ་རྒྱུས་ལ་ཤེས་རྟོགས་དང་། བར་སྐབས་བརྩམས་པའི་ལོ་རྒྱུས་ཡིག་རིགས་ལ་ཞིབ་བཤེར། ལྷག་པར་བཙན་པོ་ཁྲི་ལྡེ་སྲོང་བཙན་གྱི་མཛད་པའི་ཆ་ཤས་མཐོང་ཐུབ་པ་སོགས་བོད་རིག་པ་ཞིབ་འཇུག་གི་བྱ་གཞག་ལ་དཔྱད་གཞི་གསེར་གྱི་ས་གཞི་འདྲ་བ་ཞིག་འཛུག་གནང་མཛད་པ་འདི་ནི་དངོས་འབྲེལ་ལོ་རྒྱུས་ངོ་མར་དོ་སྣང་བྱེད་མཁན་ཞིག་ལ་མཚོན་ན་རིན་ཐང་གཞལ་དུ་མེད་པའི་ནོར་བུ་ལྟ་བུ་ཞིག་ཡིན་པ་དེ་ལགས་སོ།

གཉིས་པ་ནི། ཡབ་མེས་ཀྱི་ལྷ་ཁང་ཞིག་གསོ་དང་། སྐར་ཆུང་གཙུག་ལག་ཁང་གསར་དུ་བཞེངས་པ་སོགས་ཡིན་ཏེ། ཡབ་ཁྲི་སྲོང་ལྡེ་བཙན་དང་གཅེན་མུ་ནེ་བཙན་པོ་བསྐྱུད་མར་སྐུ་གཤེགས་ཤིང་། བཙན་པོ་ཉིད་སྐུ་ནར་མ་སོན་པའི་བར་སྐབས་ཤིག་ལ་སངས་རྒྱས་ཆོས་ལུགས་ཉམས་ཆག་ཆེ་ཙམ་ཞིག་བྱུང་བར་སྣང་སྟེ་སྦ་བཞེད་ལས། "བར་དུ་བསམ་ཡས་ཀྱི་དགེ་འདུན་བཤོས་(གསོལ་ཆས་)ཆད་ནས་ཁ་ཤུགས་སུ་བཏང་(ཁ་ཕྱིར་བའི་དོན་ཡིན་ནམ་)ཁབ་སོ་ནི་ཞིག(དཀོན་པའི་ཚུགས་ཀ་ཤོར་བ་)གཙུག་ལག་ཁང་གི་རྒྱང་བྱི་བྲུན་

གྱིས་གང་། གནས་ཁང་ཀུན་གྱི་སྒོ་ཡང་རྒྱུན་མས་ཕྱིར་སྐྱད་”① ཅེས་སོགས་འཁོད་པ་ལྟར་གནས་ཚུལ་དེ་ཁམས་ན་ཡོད་པའི་དགེ་སློང་ཤཱཀྱ་ཞེས་པས་ཐོས་ནས་ཁོང་བོད་དུ་ཡོང་སྟེ། རྗེ་མོ་ཁྲི་ལེགས་བྱ་བར་བསམ་ཡས་གསོ་དགོས་པའི་སྙན་སེང་ཞུས་པར། བན་རྙི་དད་པ་ཆེ་ཞིང་ཆོས་ལུགས་གསོ་བར་དགོངས་པ་ལེགས་ཀྱང་། བར་ཆད་འབྱུང་ཉེན་ཆེ་བས་བཞག་ན་ལེགས་གསུངས། དེ་ནས་དགེ་སློང་དེས་སྦ་ཡེ་ཤེས་དབང་པོའི་བུ་མོ་སྤྱན་རས་གཟིགས་དང་དགེ་ལྷེམ་ཞེས་པ་གཉིས་བཙལ་ཏེ་གྲོས་བྱས་ནས་དགོན་པ་གསོ་ཞིང་། དམ་ཆོས་སྤེལ་བའི་ཆེད་བྱམས་པ་དང་མངོན་པར་བྱང་ཆུབ་པའི་མཆོད་པ་འཛུགས་པའི་ཆ་རྐྱེན་གསོག་ཕྱིར་ཤཱཀྱིས་སྤྱི་ཚོགས་ནས་སློང་མོ་བྱེད་པ་དང་། དགེ་ལྷེམ་གྱིས་ཡོ་བྱད་སྤྱར་ནས་མཆོད་པ་བྱེད་པར་བརྩམས་པ་ན། རིང་ལུགས་ཀྱི་བན་རྙི་ལང་ག་ཞེས་པས་འདི་ལྟར་དགེ་ལྷེམ་དང་མཉམ་དུ་མཆོད་པ་བྱེད་པ་ལ་ཉེས་ཆད་གཅོད་དོ་ཟེར་བར་གནས་བརྟན་དང་ཡོན་བདག་ཀུན་སྐྲག་ནས་མཆོད་པ་གསོ་རྒྱུ་བཤོལ་དགོས་ལ་ཐུག། འོན་ཏེ་དགེ་ལྷེམ་གྱིས་རྗེ་མོ་བྱང་ཆུབ་རྗེ་ལ་སྙན་སེང་ཞུས་པས་ཁོང་གིས་གྲོ་ནས་དང་མར་སོགས་ཆ་རྐྱེན་གནང་ནས་མཆོད་པ་སླར་གསོ་མཛད་པར་བརྟེན་དེ་ལ་རྐོལ་མ་ནུས་པར་བློན་པོ་སོགས་གཞན་དག་གིས་ཀྱང་ཞལ་འདེབས་ཕུལ་ནས་མཆོད་པ་སླར་གསོ་བྱུང་ཚུལ་ཡང་ཞིབ་པར་གསལ་ཞིང་། རྗེས་སུ་བཙན་པོ་སྐྱུ་ནར་སོན་རྗེས་བསམ་ཡས་ཉམས་གསོ་དང་། དགེ་འདུན་གྱི་རྒྱུན་མཐུད་པ། མཆོད་པ་རྣམས་སྔར་ལྟར་སོར་ཆུད་པ་མཛད་པ་ནི་ཉང་རལ་ཆོས་འབྱུང་ལས། “རྒྱལ་པོ་འདིས་ཡབ་མེས་ཀྱི་སྲོལ་ཁམ་ཤོར་བར་མཛད

① （ཆོས་འབྱུང་མཁས་དགའ་དེབ་ངོས407）

དེ། ཡབ་མེས་ཀྱི་ཐུགས་དམ་ཀུན་ཞིག་རལ་གསོ་བ་དང་། རྒྱན་བཏགས་པ། མཆོད་པ་འབུལ་བ། ལྷ་སའི་ཁྲམ་ཕྲ་མོ་བཞེངས་པ་ལ་སོགས་པ་ཕྱག་རྗེས་མང་པོ་མཛད་དོ། རབ་ཏུ་བྱུང་བའི་མངའ་ཐང་བསྐྱོད་”①ཅེས་གསལ་བ་ལས་ཀྱང་རྟོགས་ནུས་ཤིང་། ལྷ་ས་གཙུག་ལག་ཁང་འདི་ཐོག་མ་ལྷ་ཁང་གྲུ་བཞི་བྲེ་ཁ་ཕུབ་པ་ལྟ་བུ་ཞིག་བཞེངས་པར་གྲགས་པ་ལྟར་མདུན་ངོས་སུ་ཁྲམས་ར་དང་པོ་དེ་ཡང་བཙན་པོ་འདིས་བཞེངས་པ་ཡིན་ནོ།

བཙན་པོ་འདིས་སྐར་ཆུང་རྡོ་རྗེ་དབྱིངས་ཀྱི་གཙུག་ལག་ཁང་བཞེངས་པའི་སྐོར་ཉང་རལ་ཆོས་འབྱུང་ལས་ཅུང་ཟད་རྒྱས་པ་འབྱུང་བ་འདི་ལྟར། “རྒྱལ་པོ་དེའི་ཞལ་ནས་འཛམ་བུ་གླིང་ན་རྒྱལ་པོ་ཆེ། བོད་ཀྱི་རྒྱལ་པོ་ང་ཆེ་བས། ངའི་ལག་རིས་སུ་ལྷ་ཁང་ཉི་མ་ཙམ་ཞིག་རྩིག་གོ་ཞེས་བཀའ་བསྩལ་ནས། སློབ་དཔོན་མཛད་མཁན་ཀུན་ལ་ཉི་མ་རྒྱ་ཇི་ཙམ་ཡོད་དྲིས་པས། ཉི་མ་ལ་དཔག་ཚད་ལྔ་བཅུ་ཙམ་ཡོད་པས་བོད་ཀྱི་ས་གཞི་ལ་མི་ཤོང་གསུངས་པས། འོ་ན་ཟླ་བ་ཙམ་ཞིག་བྱེད་དོ་གསུངས། དེ་ཡང་མི་ཤོང་། སྐར་མའི་ཚད་ལ་ནི་ནབས་སོ་ལ་སོགས་པའི་སྐར་མ་ཆེ་བ་རྣམས་ལ་དཔག་ཚད་གཉིས་སོ། སྐར་ཕྲན་རྣམས་ལ་རྒྱང་གྲགས་ཏེ། གྲངས་ནི་དུང་ཕྱུར་གཉིས། བྱེ་བ་ཕྲག་བརྒྱད། ས་ཡ་ཕྲག་ལྔའོ་ཞེས་སོ། ཕྱུང་འགྲིག་ཡངས་པར་རྩིག་གོ་གསུངས་སོ། བློན་པོ་ཀུན་གྱི་མཆིད་ནས། རྒྱལ་བློན་ཀུན་གྱིས་ལོངས་སྤྱོད་དབུས་སུ་བྱེད་པས། ཕྱུང་དུ་བརྩིག་ན་ལྷ་ཁང་སྟོང་པར་ལུས་འགྲོ་ཞེས་གསོལ་བས་……རྒྱལ་སྲིད་སྐར་ཆུང་ཙམ་ཞིག་རྩིག་པར་ཆད་བྱས་ནས། སྐར་ཆུང་རྡོ་རྗེ་དབྱིངས་ཀྱི་ལྷ་ཁང་

① （ཆོས་འབྱུང་མེ་ཏོག་སྙིང་པོ་དེབ་ངོས416）

བཞེངས་སུ་གསོལ་ལོ། རྒྱང་གྲགས་གཅིག་ཡོད་པ་དེ་རྨང་བྲུས་པ་དང་། བཟོ་བོ་རྣམས་ཀྱིས་ཁེངས་དྲེགས་བྱས་ཏེ། རྩིག་པ་མཁན་པོ་ན་རེ། ངའི་རྩིག་པ་མེད་ན་གང་ཡང་བྱར་མི་བཏུབ་པས་ང་གཙོ་ཆེ་ཟེར། ལྷིར་བཟོ་མཁན་པོ་ན་རེ། ངའི་ལྷ་བཟོ་མེད་ན་དེ་དག་གང་བྱས་ཀྱང་ལྷ་ཁང་མི་འབྱུང་བས་ང་གཙོ་ཆེ་ཟེར་ནས། དང་པོ་ཀོ་བ་བཙོས་ནས་ལྷིར་བཟོ་འཕྲུལ་འཁོར་དུ་བཞེངས་སུ་གསོལ། དེ་ནས་ཀ་བ་བཙུགས་བསྐོར་བས་རྒྱ་ཕིབས་བཀལ། དེ་ནས་ཕྱི་ཐ་ལ་རྩིག་པ་བརྒྱིས་པས་ གཙུག་ ལག་ ཁང་ ཁྲིད་ པར་ འཕགས་ པ་ གྲུབ་ པ་ ལགས་”① ཞེས་ གསལ་ བ་ ལ་ ལ་ ནི་ གཏམ་ རྒྱུད་ ལྟ་ བུར་ སྣང་ མོད། འོན་ ཀྱང་ དེའི་ ཐོག་ནས་ བཙན་པོས་རང་ཉིད་ཀྱི་ཕྱག་རྗེས་ལྷ་ཁང་དེ་ཡབ་མེས་གོང་མ་རྣམས་ཀྱི་གཙུག་ལག་ཁང་དག་ལས་ཀྱང་གཞི་ཁྱོན་ཆེ་བ་ཞིག་བཞེངས་དགོངས་ཏེ་བཀའ་ནན་ཡང་ཡང་གནང་བ་དང་། བློན་འབངས་རྣམས་ཀྱིས་ལྷ་ཁང་ཆེན་པོ་དེ་ལྟ་བུ་བཞེངས་དགོས་བྱུང་ན་ཁྲལ་འུལ་སོགས་ཁག་སྤྱིར་ཆེ་བས་གཞི་རྒྱ་གང་ཆུང་ཆུང་ཞིག་ཡོང་ཐབས་ཡང་ནན་ཞུས་པ་དེ་མཚོན་ཞིང་། ལྷ་ཁང་འཛུགས་སྐྲུན་སྐབས་ལས་རིགས་མི་འདྲ་བའི་བཟོ་པ་རྣམས་ཕན་ཚུན་འགྲན་སློང་བྱས་པ་བརྒྱུད་སོ་སོས་ལག་རྩལ་གསར་གཏོད་བྱས་ཏེ་གཙུག་ལག་ཁང་དེ་སྔ་མ་ལས་ཁྱད་དུ་འཕགས་པ་ཞིག་བསྐྲུན་ཚུལ་དེ་ཡང་མཚོན་པ་ཡིན་ནོ།

སྐར་ཆུང་གཙུག་ལག་ཁང་བཞེངས་པ་དང་ཆབས་ཅིག་དེ་གར་ཆོས་གསོགས་ཀྱི་རྡོ་རིང་ཞིག་ཀྱང་འཛུགས་པར་མཛད་པའི་རྡོ་རིང་གི་ཡི་གེ་ཆ་ཚང་《བོད་ཀྱི་རྡོ་རིང་ཡི་གེ་དང་དྲིལ་བུའི་ཁ་བྱང་》ཞེས་པ་སོགས་ཀྱི་ལྗགས་པར་

① （ཆོས་འབྱུང་མེ་ཏོག་སྙིང་པོ་དེབ་ངོས415 –416）

མའི་དེབ་ནང་འཁོད་པར་གནའ་ཡིག་ལ་ལ་གོ་ཡང་དཀའ་བས་འདིར་བཀྲངས་མེད་པ་ཟུར་དུ་གཟིགས་རྒྱུ་དང་། དེའི་ནང་གལ་ཆེ་བ་ཞིག་ནི་རྫོ་རིང་གི་ཡིག་ཕྲེང33－37བར་ན། "བཙན་པོ་དཔོན་སྲས། །སྐུ་ཆུང་ངུར་བཞུགས་པ་ཡན་ཆད། །ཆབ་སྲིད་ཀྱི་མངའ་བདག་མཛད་པ་མན་ཆད་ཀྱང་། །དགེ་སློང་ལས། དགེ་བའི་བཤེས་ཉེན་བསྐོས་ཏེ། ཆོས་ཐུགས་སུ་ཅི་ཆུད་ཆུད་དུ་བསླབ་ཅིང་། བོད་ཡོངས་ཀྱིས་ཀྱང་ཆོས་སློབ་ཅིང་སྤྱོད་པའི་སྒོ་གཅད་……"①ཅེས་འཁོད་པ་དེ་ལྟ་བུ་ནི་ཡབ་ཁྲི་སྲོང་སྐབས་ཀྱི་བཀའ་གཙིགས་རྫོ་རིང་དང་། གཙིགས་ཀྱི་ཡི་གེ་ཞིབ་མོ་སོགས་ལའང་མེད་པར་སྨད་བཙན་པོའི་རྒྱལ་རྒྱུད་རྣམས་ཚང་མ་སྐུ་ཆུང་དུས་ནས་དགེ་སློང་ཞིག་ཡོངས་འཛིན་དུ་བསྐོས་ཏེ་ཐུགས་ནུས་གང་ཡོད་ཀྱིས་ཆོས་བསླབ་དགོས་པ་མནའ་ཁྲིམས་ཀྱི་སྒོ་ནས་གཏན་ལ་ཕབ་པ་ཡིན་ཅིང་། དེ་ལྟར་ལག་བསྟར་བྱས་པ་བརྒྱུད་བཙན་པོ་འདིའི་སྲས་གཙང་མ་སྐུ་ཆུང་ངུ་ནས་རབ་ཏུ་བྱུང་བ་དེ་བོད་ཀྱི་བཙན་པོའི་གདུང་རབས་ནང་ནས་རབ་ཏུ་བྱུང་བ་དང་པོ་ཐོན་པ་སོགས་ཀྱི་ཐོག་ནས་སྐབས་འདིར་བཙན་པོའི་ཕོ་བྲང་ནང་ཆོས་ལུགས་འཕེལ་རྒྱས་ཆེས་ཆེ་བ་ཞིག་འགྲོ་བ་མཚོན་པ་ཡིན། བཀའ་གཙིགས་ཀྱི་རྫོ་རིང་དེའི་མཇུག་ཏུ། "གཙིགས་བརྣན་པའི་ཡི་གེ་ཞིབ་མོ་ནི། ཡབ་ཀྱི་རིང་ལ་གཙིགས་ཀྱི་ཡི་གེ་བྲིས་པའ་ཟླ་ལ་བཞག་གོ།" ཞེས་འཁོད་པའི་གཙིགས་ཀྱི་ཡི་གེ་དེ་རྒྱ་ཁྱབ་ཏུ་མཐོང་དཀོན་པས་འདིར་དྲངས་པ་གཤམ་གསལ། "སྲས་ཁྲི་ལྡེ་སྲོང་བཙན་གྱི་སྐུ་རིང་ལ་ཞོག་བུ་ཐེང་ག་ལ་གསེར་གྱིས་བྲིས་ཏེ་འཕྲ་མེན་གྱི་སྒྲོམ་བུར་བསྩལ་ནས། བསམ་ཡས་ལྷུན་གྱིས་འགྲུབ་ཀྱི་གཙུག་ལག་ཁང་

---

① (བོད་ཀྱི་རྫོ་རིང་ཡི་གེ་དང་དྲིལ་བུའི་ཁ་བྱང་དེབ་དངོས108)

དུ་ཡབ་ཀྱི་ཟླ་ལ་བཞག་པ་ལས་དཔེ་བགྱིས་ཏེ་བྲིས་པ། ༄། དམ་པའི་ཆོས་ནམ་དུ་ཡང་མི་གཞིག་པར། བཙན་པོ་ཁྲི་ལྡེ་སྲོང་བཙན་གྱིས་ཐུགས་དམ་བཞེས་ཏེ། དབུ་སྙུང་པོར་ནས་གསྟོགས་ཀྱི་ཡི་གེར་བྲིས་པ། ༄། གསྟོགས་ཇི་ལྟར་གནང་བའི་གཏན་ཚིགས་མགོ་ནན་ལ་བྲིས་པ། ཟླ་ན་མེད་པའི་སངས་རྒྱས་ཀྱི་ཆོས་འདི། བཟང་ཞིང་ཆེད་ཆེ་སྟེ། མི་མཛད་དུ་མི་རུང་བར་ནི་དན་རྟགས་དང་གཏན་ཚིགས། ཡབ་ཁྲི་སྲོང་ལྡེ་བཙན་གྱི་སྐུ་རིང་ལ། ཆོས་ནམ་དུ་ཡང་མི་གཞིག་པར་གཅིག་མཛད་པའི་སྣང་ནན་དང་། ཆོས་ཇི་ལྟར་བརྟེན་པའི་གཏམ་གྱི་ཡི་གེ་ལས་སྨྲས་ཅིང་། ཆོས་ཀྱི་ཡི་གེ་ཉིད་ཞིབ་ཏུ་འབྱུང་བ་ཡིན་ནོ། འདི་ལྟར་སངས་རྒྱས་ཀྱི་ཆོས་འདི་བཟང་ཞིང་ཆེད་ཆེ་སྟེ། མི་མཛད་ཏུ་མི་རུང་བར། དང་པོ་མེས་སྲོང་བཙན་གྱིས་མཁྱེན་ནས། ལྷ་སའི་དཔེ་ཧར་བརྩིགས་པ་ཚུན་ཆད། ཡབ་ཁྲི་སྲོང་ལྡེ་བཙན་གྱིས་ཆོས་རྒྱ་ཆེར་ཐུགས་སུ་ཆུད་ནས། བསམ་ཡས་ལྷུན་གྱིས་གྲུབ་པ་ལ་སྩོགས་ཏེ། བོད་ཁམས་སུ་གཙུག་ལག་ཁང་མང་པོ་བརྩིགས་པ་དང་། བཙན་པོ་ཁྲི་ལྡེ་སྲོང་བཙན་ངའི་ཞལ་སྔ་ནས། ཆོས་ཐུགས་སུ་ཆུད་སྟེ་མཛད་པ་ཕན་ཅད། གདུང་རབས་བདུན་གྱི་བར་དུ་མཛད་ཀྱིས་ཀྱང་། མི་དགེ་བ་དང་མ་ལེགས་པ་མེད་པ་ལས། ཆོས་ཁོང་དུ་མ་ཆུད་པ་ཁ་ཅིག་གིས་མེས་ཁྲི་ལྡེ་གཙུག་བཙན་གྱི་རིང་ལ། བྲག་དམར་གྱི་ཀ་ཆུར་གཙུག་ལག་ཁང་བརྩིགས་ནས། ཆོས་མཛད་པ་ལས། ཡབ་ཁྲི་སྲོང་ལྡེ་བཙན་སྐུ་ཆུང་བའི་ཚེ་བཞིག་སྟེ། ཕྱིན་ཆད་ཆོས་བྱེད་དུ་མི་གནང་བར། བཀའ་ཁྲིམས་སུ་ཡང་བྲིས་པ་ལས། ཡབ་ཁྲི་སྲོང་ལྡེ་བཙན་གྱི་སྐུ་ལ་མངོའ་བར་གྱུར་ནས། སྔར་སངས་རྒྱས་ཀྱི་ཆོས་མཛད་པས་སྨན་པར་གྱུརད་སྟེ། ཆོས་ཀྱང་རྒྱ་ཆེར་མཛད་སྟེ། ནམ་དུ་ཡང་ཆོས་མི་གཞིག་པར། གསྟོགས་ཀྱང་དམ་དུ་བྲིས་པ་ལས།

ཕྱིས་ཡབ་དགུང་དུ་གཤེགས་པའི་རྗེས་ལ། ངེད་རྗེ་བློན་གྱི་སྔན་དུ་མོ་དང་རྨིས་ལྟས་ལས་དཀྱིས་ཏེ། ཆོས་མཛད་པ་འདི། བཙན་པོའི། སྐུ་དང་ཆབ་སྲིད་ལ་ཡང་དངོའ་སྐྱེ་མ་ལེགས་ཀྱིས། བཙན་པོའི། ཕོ་བྲང་ན་དཀོན་ཅོག་གསུམ་གྱི་རྟེན་བཙུགས་པ་ཡང་གུད་དུ་སྤངས་ཏེ། བསྐར་ཞིང་ཆོས་མཛད་པའི་མི་རིགས་ཅེས་གསོལ་བ་དག་ཀྱང་བྱུང་ནས། མོ་དང་རྨི་ལྟས་ལྟ་བུ་བརྫུན་པའི་ཚིག་གིས། དཀོན་ཅོག་གསུམ་གྱི་རྟེན་དང་ཆོས་ལྟ་བུ་དོན་ཆེན་པོ་སྤངས་པར་གྱུར་ད་ན། མཐའ་ལྷུན་དུ་ཡང་མི་དགེ་ཞིང་མ་ལེགས། རྗེ་བློན་ཕྱ་རབས་ཀྱིས་དམ་གཙིག་བཞེས་པའི་དབུ་སྙུང་དང་ཡང་འགལ་ནས། ཕྱ་རབས་ཀྱི་རིང་ལ་གདུང་རབས་རེ་རེ་ཞིང་ཆོས་མྱི་གཞིགས་པར་ཐུགས་དམ་བཞེས་སོ་ཞེས་འབྱུང་བ་དང་སྦྱརད་སྟེ། ཡབ་ཀྱི་རིང་ལ་དབུ་སྙུང་གཙིགས་མཛད་པའ་རྣམས་དང་། ངའི་ཐུགས་ལ་དགོངས་ཏེ། གཙིགས་གསར་དུ་བསྟན་ནས། ཡི་གེ་འདི་ལས་བྱུང་བའི་རྣམས། ནམ་ཞར་འདི་བཞིན་དུ་མྱི་མཛད་རེ་ཞེས། ངའི་ཞ་སྔ་ནས་དབུའ་སྙུང་པོར་སྟེ། ཐུགས་དམ་བཞེས། ཕྱི་ནང་གི་བློན་པོ་ཆེས་ཕྲས་ཀྱང་གནའ་པོས་སྟེ་གཙིགས་ཀྱི་ཡི་གེར་བྲིས་པའོ།

༧། ཐུགས་དམ་དང་དབུའ་སྙུང་བཞེས་ཏེ་གཙིགས་སུ་མཛད་པས། ཆོས་མཛད་པ་འདི་གཅེས་སྤྲས་ཅེ་ལ་ཡང་སྲིག་གོ་ཞེའམ། མ་ལེགས་སོ་ཞེས་མོ་དང་རྨི་ལྟས་ལས་སོགས་ཏེ་ཅིའི་ཕྱིར་ཡང་རུང་སྟེ། དཀོན་ཅོག་གསུམ་གཞིག་རེ་སྤངས་རེ། དེ་སྐད་ཅེས་ཆེ་ཆུང་སུ་གསོལད་ཀྱིས་ཀྱང་དེ་ལྟར་མཛད་རེ། བཙན་པོ། དབོན་སྲས་སྐུ་ཆུང་ངུར་བཞུགས་པ་ཡན་ཆད། ཆབ་སྲིད་ཀྱི་མངའ་བདག་མཛད་པ་མན་ཆད་ཀྱང་དགེ་སློང་ལས་དགེ་བའི་བཤེས་གཉེན་བསྐོས་ཏེ། ཆོས་ཐུགས་སུ་ཅི་ཚོད་དུ་བསླབ་ཅིང་། བོད་ཡོངས་ཀྱིས་ཀྱང་ཆོས་སློབ་ཅིང་

སྤྱོད་པའི་སྒོ་བཅད་སྟེ། ནམ་དུ་ཡང་བོད་ཡ་རབས་མནད་ཅད་བོད་འབངས་ལས་ཐརད་པར་གཟུད་པའི་སྒོ་མི་བགག་པར། དད་པའི་རྣམས་ལས་ཐར་པར་བཙུད་སྟེ། དེའི་ནང་ནས་ནུས་པ་ལས། བཅོམ་ལྡན་འདས་ཀྱི་རིང་ལུགས་རྟག་ཏུ་བསྒོ་ཞིང་། བཅོམ་ལྡན་འདས་ཀྱི་རིང་ལུགས་བྱེད་པའི་རྣམས། ཆོས་འཁོར་ནས་བྱའོ་ཅོག་གི་བཀའ་ལ་ཡང་གཏོགས་ཏེ། ཆོས་འཁོར་གྱི་ལས་དང་དབང་བྱེད་ཅིང་། དགེ་བའི་བཤེས་གཉེན་བྱེད་པར་མྱི་བསྒོ་རེ། རབ་ཏུ་བྱུང་བ་རྣམས་གཞན་གྱི་བྲན་དུ་མི་སྦྱིན། ནན་གྱི་མི་དབབ། ཁྲིམ་པའི་ཁྲིན་ལ་བཏགས་ཏེ་ཁྲོད་ལ་མི་གདགས་ཅིང་། ངེད་ཡབ་སྲས་ཀྱིས་མཆོད་གནས་སུ་གནང་བ་བཞིན་དུ་བྱས་ཏེ། བཙན་པོའི། ཕོ་བྲང་ན་དཀོནད་ཅོག་གསུམ་གྱི་རྟེན་བཙུགས་ཅིང་། མཆོད་པ་ཡང་གུད་དུ་སྦྱང་ཞིང་བསྐར་རེ། མཆེད་གནས་སུ་མྱི་བྱ་རེ། མདོར་ན། བཙན་པོའི། ཕོ་བྲང་དང་བོད་ཁམས་ན། དཀོནད་ཅོག་གསུམ་མྱེད་པ་དང་སྤང་བའི་ཐབས་ཅི་ཡང་བྱ་རེ། ཡབ་མེས་དབོན་སྲས་གང་གི་རིང་ལ་ཡང་རུང་སྟེ། དཀོནད་ཅོག་གསུམ་གྱི་རྐྱེན་བཅད་པའ་རྣམས་ཀྱང་། མ་དམས་མ་ཞིག་པའི་ཆོས་སུ་མི་བྱ་རེ། འདི་ལྟར་རྗེ་བློན་མན་ཆད་ཀུན་གྱིས་མནའ་བོར་བ་ལས། བཙན་པོའི། གདུང་རྒྱུད་ལས་དབུའ་སྙུང་བཞེས་དགོས་པའམ། ཕྱིས་རྗེ་མོའམ། ཆབ་སྲིད་ཀྱི་བློན་པོ་ལ་སྩོགས་པ་གསར་དུ་བསྒྲས་ཤིང་ཚུད་པ་ཞིག་ཡོད་ལ། མནའས་བསྣག་པའི་རིགས་པ་ལས། མནའ་མ་བོར་བ་ཞིག་ཡོད་ན། དེ་བཞིན་དུ་མནའ་མྱི་བསྣག་རེ། ༄། རྗེ་མོ་མཆེད་བྲོ་སྣལད་པ། རྗེ་མོ་འབྲོ་བཟའ་ཁྲི་མོ་ལེགས། རྗེ་མོ་མཆིམས་རྒྱལ་བཟའ་ལེགས་མོ་བརྩན། རྗེ་མོ་ཅོག་རོ་བཟའ་བརྩན་རྒྱལ། ༄།རྒྱལ་ཕྲན་བྲོ་བསྣལད་པ། དབོན་འ་ཞ་རྗེ་དུད་ཀྱི་བུལ་ཞི་ཁུད་བོར་མ་ག་ཐོ་ཡོན་གན་ཁ་གན། སྐོང་

ཀར་པོ་མང་པོ་རྫེ། སྨུག་བཙུན་ཁྲི་པོ། ༡ ཆབ་སྲིད་ཀྱི་བློན་པོ་མན་ཆད་བློན་པོ་ཆེ་ཕྲ་བྲོ་སྣ་ལྡད་པ་ལ། བན་དེ་བཀའ་ཆེན་པོ་ལ་གཏོགས་པ། བན་དེ་བྲན་ཀ་ཡོན་ཏན། བན་དེ་མྱང་ཏིང་འཛིན། ༡ ཆབ་སྲིད་ཀྱི་བློན་པོ་བཀའ་ཆེན་པོ་ལ་གཏོགས་པ། བློན་ཆེན་པོ་ཞང་འབྲོ་ཁྲི་གཟུ་རམ་ཤགས། ཞང་མཆིམས་རྒྱལ་བཙན་བཞེར་ལེགས་གཟིགས། དབའ་བློན་མང་རྗེ་ལྷ་ལོད། དབའས་བློན་ཁྲི་སུམ་བཞེར་མདོ་བཙན། ཞང་མཆིམས་རྒྱལ་ལྷ་བཞེར་ནེ་ཤགས། རླང་བློན་ཁྲི་སུམ་རྗེ་སྤེག་ལྷ། ༡ ནང་བློན་ལ། ཞང་སྣ་ནམ་ཁྲི་སྒྲ་རྒྱལ། ཞང་ཚེ་སྤོངས་མདོ་བཞེར་ཕེས་པོ། ཞང་ཚེ་སྤོང་ལྷ་བཟང་ཀླུ་དཔལ། ཞང་སྣ་ནམ་རྒྱལ་ལེགས་དགེ་ཚུག ཞང་སྣ་ནམ་ལྷ་བཞེར་སྤེ་བཙན། བྲན་ཀ་བློན་རྒྱལ་བཟང་འདུས་ཀོང་། སྨུག་བློན་ཁྲི་བཟང་ལེགས་འདུས། ལེའུ་བློན་ལྷ་བཟང་བྱིན་བྱིན། ཏོང་བློན་སྟག་སླེབས། ཞང་མཆིམས་རྒྱལ་མདོ་གཟིགས། རླང་བློན་བསམ་སྐྱེས། ཞང་ཚེ་སྤོང་ལྷ་ལུང་སྐྱོ། ཞང་སྣ་ནམ་གཉན་ལོད། འོང་ག་ལྷ་སྦྱིན། འབྲིང་ཡས་བློན་སྟག་རྒྱ། རྩང་རྗེ་བློན་ཁྱིའུ་རྩུང་། འབལ་བློན་འབྲོ་མ། སྣ་ཤུར་བློན་ད་ཙུག་སྣམ། ༡ སྣམ་ཕྱི་པ་ལ། ཁར་པ་རྗེ་བློན་བཙན་སླེབས། ཁུ་སྟག་ཚབ། ཞ་སྤྲ་གཙན་སྟག་ལོད། ཁྱུང་པོ་བློན་རྒྱལ་འབྲུང་། ཤུད་པུ་བློན་ཁོང་ཁྲི། ལེའུ་བློན་ཀླུ་གཞེར། ཞང་ཚེ་སྤོང་ཀླུ་མཆོ་སྐྱོ། པ་ཚབ་བློན་འཚོ་གཟིགས། སྨུག་བློན་ལེགས་བཙན། རླང་བློན་གསས་སླེབས། དབའ་བློན་ལྷ་སློ་བཙན། བྲན་ཀ་བློན་བསམ་པ། ཉེ་བ་བློན་ལྡོན་ཀོང་། ཤུད་པུ་བློན་སྟག་སླེབས། ཞ་སྤྲ་གསས་བཙན། ཁུ་ཐོག་བཙན། སྣ་ནམ་ལྷ་འབངས། ༡ དཔང་པོ་དང་། དམག་དཔོན་དང་། ཕྱིས་བློན་བཀའ་ལ་གཏོགས་པ་ལ། སྟོ་བློན་ཁྲི་བཟང་གཡུ་བཙན། དབས་བློན་ཁྲིམ་བཞེར། ཞང་མཆིམས་རྒྱལ་སྟོང་

སྨ་སྨོན་བཙན། ཞང་ཚེ་སྤོང་ཁྲི་གཟིགས་སྤུང་རེ་ཙུང་། ཞང་མཆིམས་རྒྱལ་སྟག་ཞེར་རྒྱལ་སླེབས། ཞང་སྣ་ནམ་བཙན་སྲ་ཁྲི་སླེབས། འབྲོམ་བློན་རྒྱལ་བཞེར་ཁར་ཙེ། ལྷ་ལུང་བློན་མང་པོ་རྗེ་སྐར་གོང་། ཞང་འབྲོ་སྟག་བཞེར་སྤྲ་བལ་སྟང་། དབའས་རྒྱལ་ཏོ་རེ་སྟག་སྣ། ཅོག་རོ་བློན་ལྷ་གོང་། ཡང་གྲོ་བློན་ཁྲོམ་ལེགས། དབའ་བློན་མདོ་བཙན། ལེའུ་བློན་ཀུ་ཙ། ཞང་འབྲོ་སྟག་སྣང་། མང་སྲ་བློན་ཀླུ་ཙ། ཞང་མཆིམས་ཙ་བཙན། རྩེ་འབྲོམ་བློན་སྣ་འགུ། ཕྱུང་པོ་བློན་མེས་ཀོལ། པ་ཙབ་བློན་སྤྲེ་མ། འབྲོམ་སེ་རེ་སྟང་། དབའས་བློན་འཕན་ལེགས། དབས་བློན་ཁྲོམ་ལེགས། སྐ་བ་བློན་མཚོ་ལོད། ཅོག་རོ་བློན་གུང་ཀེང་། དབས་བློན་མེ་སླེབས། ཁུ་མེ་གཟིགས། ཞ་སྤྱ་སུ་གཉེན། ཞང་འབྲོ་གུང་སྟང་། ཞང་མཆིམས་རྒྱས་མ་རྒྱན་བཙེ། ཞང་ཚེ་སྤོང་ཙ་བཙན། ཅོག་རོ་བརྟན་ཀོང་། གནང་ཡུལ་བཟུང་། ཅོག་རོ་ཁྲི་བཙན། སྲང་སོ་ཙ། འབྲོ་ལྡོག་སྤྲང་སྟོན། འབྲོམ་ཡང་གཟིགས་”① ཞེས་འབྱུང་བ་དེ་ལས་གནའ་རབས་བཙན་པོའི་དུས་སུ་བཀའ་གསོལ་ཀྱི་ཡི་གེ་རྒྱས་པ་རྣམས་འདི་ལྟ་བུ་ཞིག་མཆིས་པ་ཤེས་པར་བྱ་བ་དང་། གཞན་ཡང་ཆོས་གསོལ་ཀྱི་ནང་དོན་ལ་ཞིབ་འཇུག་ཐན་སྐབས་དེར་རྒྱལ་ཕྲན་གང་དང་གང་ཡོད་དང་། བཙུན་མོ་སུ་དང་སུ་ཡིན་པ། ལྷག་པར་དབང་འཛིན་གྱི་བློན་པོ་ཆེ་འབྲིང་ཆུང་གསུམ་གྱི་རིམ་པ། ཞང་བློན་ཞེས་པ་རུས་ཚོ་གང་དང་གང་ལ་འབོད་པ་ལ་སོགས་པ་དཔྱད་གཞིའི་རྒྱུ་ཆ་གལ་ཆེ་མང་བས་འདིར་ཆ་ཚང་དྲངས་པ་ཡིན་ནོ།

གསུམ་པ་ནི། དམ་པའི་ཆོས་བོད་དུ་བསྒྱུར་ཅིང་མིང་དུ་བཏགས་པ་

① (ཆོས་འབྱུང་མཁས་དགའ་དེབ་ངོས409 –413)

རྣམས་དཀར་ཆག་ཏུ་བྲིས་ཏེ་བཀས་བཅད་ནས་གཏན་ལ་ཕབ་པ་དེ་ཡིན་ཏེ། དེའི་སྐོར་《སྒྲ་སྦྱོར་བམ་གཉིས་》ལས་འབྱུང་བའི་ཚན་པ་གཅིག་འདིར་དྲངས་པ་གཤམ་གསལ། "ན་མོ་བུདྡྷ་ཡ། བམ་པོ་དང་པོ། རྟའི་ལོ་ལ་བཙན་པོ་ཁྲི་ལྡེ་སྲོང་བཙན་ཕོ་བྲང་སྐྱིའི་འོན་ཅང་དོ་ན་བཞུགས། སྟོད་སྨད་ཀྱི་དམག་རྙིང་རྗེད་དང་རྐུན་ཆེན་བཏུས་(བཏུལ་)གར་ལོག་གི་ཕོ་ཉས་ཕྱག་བཙལ། བློན་པོ་ཞང་ཁྲི་ཟུར་རམ་ཤགས་དང་། མང་རྗེ་ལྷ་ལོད་ལ་སོགས་པས་རྒྱ་ལས་གནང་མང་པོ་བཅད་དེ། ཛ་རྐ་དང་བ་ལང་ཕལ་མོ་ཆེ་ཕྱག་ཏུ་ཕུལ། ཞང་བློན་མན་ཆད་སོ་སོར་བྱ་དགའ་སྩལ་པའི་ལན་(ལོ་)ལ། ཉི་འོག་གི་མཁན་པོ་ཨཱ་ཙརྱ་ཛི་ན་མི་ཏྲ་དང་། སུ་རེནྡྲ་བོ་དྷི་དང་། ཤཱི་ལེནྡྲ་བོ་དྷི་དང་། དཱ་ན་ཤཱི་ལ་དང་། བོ་དྷི་མི་ཏྲ་དང་། བོད་ཀྱི་མཁན་པོ་རཏྣ་རཀྵི་ཏ་དང་། དྷརྨཱ་ཏཱ་ཤཱི་ལ་དང་། ལོ་ཙཱ་བ་མཁས་པར་ཆུད་པ་ཛྙཱ་ན་སེ་ན་དང་། ཛ་ཡ་རཀྵི་ཏ་དང་། མཉྫུ་ཤྲཱི་ཝརྨ་དང་། རཏྣེནྡྲ་ཤཱི་ལ་ལ་སོགས་པས་ཐེག་པ་ཆེ་ཆུང་ལས་འབྱུང་བའི་རྒྱ་གར་གྱི་སྐད་ལས་བོད་ཀྱི་སྐད་དུ་བསྒྱུར་ཅིང་མིང་དུ་བཏགས་པ་རྣམས་དཀར་ཆག་ཏུ་བྲིས་ཏེ། ནམ་དུ་ཡང་གཞུང་ལུགས་དེ་ལས་མི་བསྒྱུར་ཞིང་ཀུན་གྱིས་བསླབ་ཏུ་རུང་བར་གྱིས་ཤིག་ཅེས་བཀའ་སྩལ་ནས། སྔོན་ལྷ་སྲས་ཡབ་ཀྱི་རིང་ལ། ཨཱ་ཙརྱ་བོ་དྷི་ས་ཏྭ་དང་། ཡེ་ཤེས་དབང་པོ་དང་། ཞང་རྒྱལ་ཉེན་ཉ་བཟང་དང་། བློན་ཁྲི་བཞེར་སང་ཤི་དང་། ལོ་ཙ་བ་ཛྙཱ་ན་དེ་བ་ཀོ་ཥ་དང་། ལྕེ་ཁྱི་འབྲུག་དང་། བྲམ་ཟེ་ཨནནྟ་ལ་སོགས་པས་ཆོས་ཀྱི་སྐད་བོད་ལ་མ་གྲགས་པ་ལས་མིང་དུ་བཏགས་པ་དག་ཅིག་མཆིས་པའི་ནང་ནས་ཁ་ཅིག་ཆོས་ཀྱི་གཞུང་དང་། བྷ་ག་ར་ཎའི་ལུགས་དང་མི་མཐུན་ཏེ། མི་བཅོས་སུ་མི་རུང་བ་རྣམས་ཀྱང་བཅོས། སྐད་ཀྱི་མིང་གཅིག་སོ་འཚལ་གྱིས་ཀྱང་བསྟན་ནས་ཐེག་པ་ཆེ་ཆུང་གི་གཞུང་ལས་ཇི་ལྟར་

འབྱུང་དང་། གནའི་མཁན་པོ་ཆེན་པོ་ནཱ་གརྫུ་ན་དང་། བ་སུ་བནྡྷུ་ལ་སོགས་པས་ཇི་ལྟར་བཤད་པ་དང་། ཙཱུ་ག་ར་ཊའི་སྒྲའི་ལུགས་ལས་ཇི་སྐད་དུ་འདྲེན་པ་དང་ཡབ་བསྟུན་ཏེ། འཇམ་དཀའ་བ་རྣམས་ཀྱང་ཚིག་སོ་སོར་ཕྲལ་ནས་གཏན་ཚིགས་ཀྱིས་བཤད་དེ་གཞུང་དུ་བྲིས། སྐད་རྐྱང་པ་བཤད་མི་འཚལ་བ་སྒྲ་བཞིན་དུ་བསྒྱུར་བར་རིགས་པ་རྣམས་ཀྱང་སྒྲ་བཙན་པར་བགྱིས་ཏེ་མིང་དུ་བཏགས། སྐད་ཁ་ཅིག་དོན་བཞིན་དུ་བདགས་པར་རིགས་པ་རྣམས་ཀྱང་དོན་བཙན་པར་བགྱིས་ཏེ། མིང་དུ་བཏགས་ནས་བཙན་པོའི་སྤྱན་སྔར་བནྡེ་ཆེན་པོ་དཔལ་གྱི་ཡོན་ཏན་དང་། བནྡེ་ཆེན་པོ་ཏིང་ངེ་འཛིན་ལ་སོགས་པ་ཡང་ཚོགས་ཏེ། རྗེ་བློན་གདན་འཛོམ་པ་ལ་ཞུས་ནས་ཧྲཏྨ་བསྒྱུར་བའི་ཐབས་དང་། རྒྱ་གར་གྱི་སྐད་ལས་བོད་ཀྱི་སྐད་དུ་མིང་བཏགས་པ་རྣམས་གཏན་ལ་ཕབ་སྟེ། བཀས་བཅད་པ། དམ་པའི་ཆོས་བསྒྱུར་བའི་ལུགས་ནི་སྒྲ་དང་མཐུན་ལ། དོན་དང་ཡང་མི་འགལ་བ་ལ། བོད་སྐད་ལ་ཡང་གར་བདེ་བར་གྱིས་ཤིག ཧྲཏྨ་བསྒྱུར་བ་ལ་རྒྱ་གར་གྱི་སྐད་ཀྱི་གོ་རིམ་ལས་མི་བསྒོར་བར་བོད་ཀྱི་སྐད་དུ་བསྒྱུར་ན་དོན་དང་ཚིག་ཏུ་འབྲེལ་ཞིང་བདེ་ན་མ་སྒོར་བར་སྒྱུར་ཅིག བསྒོར་ན་བདེ་ཞིང་གོ་བ་བསྐྱེད་པ་ཞིག་ཡོད་ན། ཚིགས་བཅད་ལ་ནི་རྐང་པ་བཞི་པའམ། དྲུག་པའང་རུང་སྟེ། ཚིགས་སུ་བཅད་པ་གཅིག་གི་ནང་ན་གང་བདེ་བ་བསྒོར་ཞིང་སྒྱུར་ཅིག རྐྱང་པ་ལ་ནི་དོན་གར་སླེབས་པ་ཡན་ཆད་ཀྱི་ཚིག་དང་དོན་གཉིས་ཀ་ལ་གར་བདེ་བར་བསྒོར་ཞིང་སྒྱུར་ཅིག སྐད་ཅིག་ལ་མིང་དུ་མར་འདྲེན་པ་ནི་ལྷག་འོག་དང་བསྟུན་ལ་གར་བསླེབས་པ་བཞིན་དུ་མིང་ཐོགས་ཤིག གཽ་ཏ་མ་ལྟ་བུ་གཽའི་སྒྲ་ལས་ཚིག་དང་། ཕྱུགས་དང་། ས་དང་། འོད་དང་། རྡོ་རྗེ་དང་། བ་ལང་དང་། མཐོ་རིས་ལ་སོགས་པ་རྣམ་པ་དུ་མར་བསླེབས་པ་དང་། ཀཽ་ཤི་ག་ལྟ་བུ

རྩྭ་ཀུ་ཤ་ཐོགས་པ་དང་། མཁས་པ་དང་། པདྨ་ལ་དགའ་བ་དང་། ཞུག་པ་དང་། མཛོད་ལྡན་ལ་སོགས་པའི་སྦྲའི་ལུགས་ལས་དྲངས་ཤིང་བསྒྱུར་ན། སྐ་གྲངས་མང་བ་ཞིག་ཏུ་བསྡེབས་ལ་བསྒྱུར་བ་རྣམས་གཅིག་གི་ནང་དུ་ནི་སྐ་གྲངས་དེ་ཀུན་འདུར་ཡང་མི་བཏུབ་སྟེ། གཅིག་ཏུ་ཆད་པར་བྱུར་ཡང་གཏན་ཚིགས་ཆེན་པོ་མེད་པ་རྣམས་ནི་མི་བསྒྱུར་བར་རྒྱ་གར་གྱི་སྐད་ཁོ་ན་སོར་ཞོག་ཅིག གར་ཡང་དྲང་དུ་རུང་བའི་ཚིག་བྱུང་ན། ཕྱོགས་གཅིག་ཏུ་ཆད་པར་མི་བསྒྱུར་བར་སྤྱིར་སྡེབས་སུ་རུང་བར་གྱིས་ཤིག ཡུལ་དང་། སེམས་ཅན་དང་། མེ་ཏོག་དང་། རྩི་ཤིང་ལ་སོགས་པའི་མིང་བསྒྱུར་བ་མི་གོ་ཞིང་ཚིག་མི་བདེ་བ་དང་། འོལ་ཕྱིར་བསྒྱུར་དུ་རུང་ཡང་། དོན་དུ་དེ་ལྟར་ཡིན་ནམ་མིན་གཏོལ་མེད་པ་ནི། འགོ་ལ་ཡུལ་ཞེས་སམ། མེ་ཏོག་ཅེས་བྱ་བ་ལ་སོགས་གང་ལ་བྱ་བའི་མིང་ཅིག་སྣ་ཐབས་སུ་སྔོན་ལ་རྒྱ་གར་གྱི་སྐད་སོ་ན་ཞོག་ཅིག གྲངས་ལ་རྒྱ་གར་སྐད་བཞིན་དུ་བསྒྱུར་ན་དགེ་སློང་བརྒྱ་ཕྲག་ཕྱེད་དང་བཅུ་གསུམ་ཞེས་འབྱུང་བ་ལ་སོགས་པ་ནི། སྟོང་ཉིས་བརྒྱ་ལྔ་བཅུ་ཞེས་ཐ་མལ་པར་བོད་ཀྱི་སྐད་ཀྱི་ལུགས་བཞིན་བསྒྱུར་ན་དོན་དང་མི་འགལ་ལ་བོད་ཀྱི་སྐད་ལ་ཡང་བདེ་བས། གྲངས་བསྡོམ་དུ་རུང་བ་རྣམས་བོད་སྐད་ཀྱི་ལུགས་བཞིན་དུ་ཐོགས་ཤིག པ་རི་དང་། སམ་དང་། ཨུ་པ་ལྟ་བུ་ལ་སོགས་ཏེ། ཚིག་གི་ཕྲད་དང་རྒྱན་ལྟ་བུར་འབྱུང་བ་རྣམས་བསྒྱུར་ན་དོན་དང་མཐུན་ཞིང་འཐོར་བའི་ཐབས་ནི། ཡོངས་སུ་ཞེའམ། ཡང་དག་པ་ཞེའམ། ཉེ་བ་ཞེས་སྒྲ་བཞིན་དུ་སྒྱུར་ཅིག དོན་ལྷག་པར་སྡེབས་སུ་མེད་པ་རྣམས་ནི་ཚིག་གི་ལྷད་ཀྱིས་བསྣན་མི་དགོས་ཀྱི་དོན་བཞིན་དུ་ཐོགས་ཤིག རྣམ་གྲངས་སུ་གཏོགས་པའི་ཚིག་རྣམས་ནི་མང་འདོམ་ན་མིང་གང་བོད་སྐད་དུ་སྤྱིར་གདགས་ཤིང་ཚིག་ཏུ་གང་བདེ་བར་གདགས་སོ། འདོམ་ན་སོ་སོར་

བཏགས་པ་ (པ་) བཞིན་ དུ་ ཐོགས་ ཤིག སངས་ རྒྱས་ དང་ བྱང་ ཆུབ་ སེམས་དཔའ་ དང་ ཉན་ཐོས་ལ་སོགས་པ་ ཞེ་ས་ དང་ ཀོ་ལོང་ གི་ཚིག་གི་ རིམ་པ་ ནི་ སངས་རྒྱས་ལ་ཞེ་སའི་ཚིག་ཏུ་བསྒྱུར། གཞན་ལ་ཚིག་འཕྲིད་པོ་མན་ཆད་ཙམ་དུ་བྱ་སྟེ། སྟོན་ལྷ་ སྲས་ ཡབ་ ཀྱི་ སྤྱན་ སྔར་ མཁན་ པོ་ དང་ ལོ་ ཙྪ་ བ་ མཁས་ པ་ ཚོགས་ པས། རྗེ་དཀོན་མཆོག་སྤྲིན་དང་། ལང་ཀར་གཤེགས་པ་བསྒྱུར་ཏེ། གཏན་ལ་ཕབ་པའི་ལུགས་བཞིན་དུ་སྒྱུར་ཅིག སྐད་ཀྱི་ལུགས་འདི་ལྟར་བཀས་བཅད་པ་ལས་སོ་སོ་ནས་སུ་ཡང་ འཆོས་ ཤིང་ འོག་ ཏུ་ མིང་ གསར་ དུ་ འདོགས་ སུ་ མི་ གནང་ གི་བསྒྱུར་བ་དང་འཆད་པའི་གྲྭ་སོ་སོ་ནས་སྐད་གསར་དུ་མིང་གདགས་དགོས་པ་ཞིག་ཡོད་ན། སོ་སོའི་གྲྭ་གྲར་མིང་ཆད་པར་མི་གདགས་པར་ཆོས་ཀྱི་གཞུང་དང་སྒྲའི་ལུགས་ལས་ཇི་སྐད་དུ་བྱུང་བའི་གཏན་ཚིགས་དང་། ཆོས་ལ་ཇི་སྐད་དུ་གདགས་པར་དཔྱོད་དེ། ཕོ་བྲང་དུ་བཅོམ་ལྡན་འདས་ཀྱི་རིང་ལུགས་ཀྱི་མདུན་ས་དང་། རྗེ་ཞུ་ཆེན་འཚལ་བའི་གྲར་ཕུལ་ལ། སྙན་དུ་ཞུས་ཏེ་བཀས་བཅད་ནས། སྐད་ཀྱི་དཀར་ཆག་གི་དཀྱུས་སུ་བསྣན་ནོ། གསང་སྔགས་ཀྱི་རྒྱུད་རྣམས་གཞུང་གི་གསང་བར་བྱ་བ་ཡིན་ཏེ། སྣོད་དུ་མ་གྱུར་པ་རྣམས་ལ་བཤད་ཅིང་བསྟན་དུ་ཡང་མི་རུང་ལ། བར་དུ་བསྒྱུར་ཅིང་སྤྱོད་དུ་གནང་གིས་ཀྱང་། ལྡེམ་པོ་ངག་ཏུ་བཤད་པ་མ་ཁྲོལ་ནས་སྒྲ་ཇི་བཞིན་དུ་འཛིན་ཅིང་ལོག་པར་སྤྱོད་པ་དག་ཀྱང་འབྱུང་། སྔགས་ཀྱི་རྒྱུད་ཀྱི་ནང་ནས་ཐུ་ཞིང་བོད་སྐད་དུ་བསྒྱུར་བ་དག་ཀྱང་བྱུང་ཞེས་གདའས་ཀྱི། ཕྱིན་ཆད་གཟུངས་སྔགས་དང་རྒྱུད། བླ་ནས་བཀའ་སྩལད་ཏེ། བསྒྱུར་དུ་བཙུག་པ་མ་གཏོགས་པ། སྔགས་ཀྱི་རྒྱུད་དང་། སྔགས་ཀྱི་ཚིག་ཐུ་ཞིང་བསྒྱུར་དུ་མི་གནང་ངོ་། སྐད་ཀྱི་མིང་སྟོན་གཏན་ལ་མ་ཕབ་པ་དང་མིང་དུ་མ་ཐོགས་པ་ལས་ཐེག་པ་ཆེ་ཆུང་གི་གཞུང་དང་སྒྲའི་གཞུང་

ལས་འབྱུང་བ་དང་སྦྱར་ཏེ་བཤད་པའི་དང་པོའོ་”[①]ཞེས་འབྱུང་བའི་བཀས་བཅད་པའི་ལོ་དེ་ནི་ཕལ་ཆེར་སྤྱི་ལོ814བོད་ཤིང་རྟ་ལོ་དེ་ཡིན་པར་སྣང་། ལོ་དེར་རྒྱ་གར་དང་བོད་ཀྱི་ལོ་ཙཱ་བ་མཁས་པ་རྣམས་ཀྱིས་དེ་ཕན་ཆད་དུ་ཡུལ་ཁམས་དུ་མའི་སྐད་ནས་བོད་སྐད་ལ་བསྒྱུར་བའི་ཐེག་པ་ཆེ་ཆུང་ལས་བྱུང་བའི་ཆོས་ཀྱི་གཞུང་ལུགས་རྣམས་ཞུད་ཅིང་གཏན་ལ་ཕབ་པ་དང་། བཙན་པོ་ཁྲི་ལྡེ་སྲོང་བཙན་གྱིས་བཀས་བཅད་པ་ཡིན་ལ། དེ་ནི་བཀས་བཅད་རྣམ་པ་གསུམ་དུ་གྲགས་པའི་ནང་གི་གཉིས་པ་དེ་ཡིན་པར་འདོད། བསྒྱུར་ཡིག་གཏན་ལ་འབེབས་པའི་རྩ་དོན་ནི་དང་པོ་བླ་ཀ་ར་ཎའི་གཞུང་ལུགས་དང་མཐུན་དགོས་པ་དང་། གཉིས་པ་ཆོས་ཀྱི་གཞུང་ལས་བཤད་པའི་རྩ་བའི་བརྗོད་དོན་དང་འགལ་མི་ཆོག་པ། གསུམ་པ་བོད་མི་ཡོངས་ཁྱབ་ཀྱིས་གོ་བདེ་བ་ཞིག་ཡོང་ཐབས་བྱ་དགོས་པ་བཅས་ཡིན། ད་དུང་ཇི་ལྟར་བསྒྱུར་བའི་ཐབས་ཤེས་དང་དོ་སྣང་བྱེད་དགོས་པ་གང་ཡོད་པ་སོགས་དཔེ་དང་བཅས་པའི་སྒོ་ནས་ལེགས་པར་བསྟན་པ་སྟེ་མདོར་ན་བཙན་པོ་སྲོང་བཙན་སྒམ་པོའི་སྐུ་དུས་ནས་བཟུང་ལོ་རྒྱུས་ཐོག་ཆོས་ཀྱི་གཞུང་ལུགས་བསྒྱུར་བའི་ཉམས་མྱོང་དང་བསླབ་བྱ་རྣམས་སྐབས་འདིར་ཕྱོགས་བསྡོམས་གནང་སྟེ་ཡིག་སྒྱུར་གྱི་རིག་པའི་གཞུང་ལུགས་ཤིག་གསར་གཏོད་མཛད་པ་དེ་ནི་བོད་མི་རིགས་ཀྱི་སྐད་ཡིག་དང་རིག་གནས་གོང་དུ་སྤེལ་བའི་ལོ་རྒྱུས་ཐོག་ནམ་ཡང་བསུབ་ཏུ་མེད་པའི་ཕྱག་རྗེས་ཤིག་འཇོག་གནང་མཛད་པ་ཡིན།

གཞན་ཡང་བཙན་པོ་འདིས་བོད་ཀྱི་ཡི་གེའི་གཟུགས་བརྟན་ཚུན་ལ་

---

① （ཆོས་འབྱུང་བསྟན་པའི་པདྨ་རྒྱས་པའི་ཉིན་བྱེད་ཤོག་གྲངས95）

ཐུགས་འཁྲུར་ཏ་ཅང་ཆེན་པོ་མཛད་པར་མངོན་ཏེ། ཉང་རལ་ཆོས་འབྱུང་ནང་། “རྒྱལ་པོ་དེའི་སྐུ་རིང་ལ་ཡི་གེའི་མཁན་པོ་འབྲི་ཡོན་ཏན་ཞེས་བྱ་བ་བྱུང་སྟེ། རྗེ་ལ་ཡི་གེ་སྟངས་སུ་ཕུལ་བས། ཉ་ཕྱི་དཀར་ཆུ་ནས་བཏོན་པ་འདྲ་བ་ཞིག་བྱུང་སྟེ། གུང་བློན་རྣམས་ཀྱི་གཡར་དམ་དུ་བཟང་བས། རྗེས་རྩིས་དང་བསྙེན་བཀུར་བ་ནི། དཔུ་སྟོན། གཞུང་སྟོན། ཐ་སྟོན། ཟ་སྲུང་། ཟླ་སྟོན། སྒྲ་འཁྲུད་ཚུ་སྟོན། ཟ་འདེགས། བྱ་དགའི་སྟོན་མོ་དཔག་ཏུ་མེད་དོ་”①ཞེས་གསལ་བ་ལྟར་སྐབས་དེའི་ཡི་གེ་མཁས་པ་འབྲི་ཡོན་ཏན་གྱིས་བཙན་པོ་ལ་ཡི་གེའི་རྒྱུགས་ཚད་ཕུལ་བས་ཡིག་གཟུགས་ཕུལ་དུ་བྱུང་བ་གསར་གཏོད་བྱས་པར་བརྟེན་བློན་པོ་རྣམས་ཀྱི་ལས་འགན་བསྒྲུབ་རྒྱུར་ཕན་པ་ཆེན་པོ་བྱུང་ཞིང་། དེའི་བདག་རྐྱེན་དང་བསྙེན་བཀུར་ལ། གོང་གི་ཆོས་དཔེ་འབྲི་སྐབས་དཔུ་ཚུགས་པའི་སྟོན་མོ་དང་། གཞུང་གི་དཀྱིལ་ཚད་ལ་སོན་དུས་བར་སྟོན། མཇུག་སྒྲིལ་དུས་མཐའ་མའི་སྟོན་མོ་དང་། རྒྱུན་གཏན་ཟ་མ་འགན་སྲུང་། ཟླ་བ་འབྱུང་ངོ་ཅོག་ལ་ཟླ་བའི་སྟོན་མོ། སྒྲ་འཁྲུ་དུས་ཚུ་སྟོན་སོགས་བྱ་དགའི་སྟོན་མོ་དཔག་ཏུ་མེད་པ་གནང་ཚུལ་འཁོད་པ་དེ་དག་ལས་བཙན་པོ་འདིས་ཀྱང་ཤེས་རིག་དང་ཡོན་ཏན་ཅན་ལ་བཀུར་གཟིགས་ཆེན་པོ་མཛད་པའི་ཐབ་དཀྱིལ་གྱི་དགོངས་གཞི་ཨད་དུ་བྱུང་བ་དེ་མཚོན་གྱི་ཡོད།

བཞི་པ་ནི། བཙན་པོ་འདིའི་སྐུ་རིང་ལ་རྒྱ་བོད་བར་གྱི་མཛའ་མཐུན་འབྲེལ་བ་སྔར་བས་དམ་ཟབ་ཏུ་གྱུར་པ་དང་། སྔོན་ཆད་རྒྱ་བོད་ས་མཚམས་ཀྱི་དམག་འཁྲུག་ནང་ཕན་ཚུན་གྱིས་གསོན་བཟུང་བྱས་པའི་དཔོན་དམག་རྣམས

① (ཆོས་འབྱུང་མེ་ཏོག་སྙིང་པོ་དེབ་ངོས415)

ཕྱོགས་སོ་སོར་ཕྱིར་སློག་རྩིས་སྤྲོད་བྱས་ཤིང་། བཙན་པོ་དང་གོང་མ་ཁྲི་ལ་ཕེབས་པའམ། ཡང་ན་སྐུ་གཤེགས་པའི་སྐབས་སུ་ཕན་ཚུན་ལེགས་སྐྱེས་སམ་འདས་མཆོད་འབུལ་བ་དང་། དུས་རྒྱུན་དུའང་རྒྱ་བོད་དབར་ཕོ་ཉའི་འགྲོ་འོང་རྒྱུན་མ་ཆད་པ་གཏོང་རེས་སོགས་མཛའ་མཐུན་ཞི་བདེའི་འབྲེལ་བ་དེས་གཙོ་བོའི་གནས་བབ་བཟུང་ཡོད། ལྷག་པར་དུ་ཕན་ཚུན་གྱི་སྔོན་པོ་དང་དམག་དཔོན་ཡར་མར་བཏང་སྟེ་ཐོན་ཆད་ཡུན་རིང་པོའི་ནང་ས་མཚམས་ཀྱི་འཁྲུག་གཞི་བྱུང་བ་དག་ཞི་མོལ་གྱིས་འདུམ་སྒྲིག་གནང་རྒྱུའི་བཀའ་མཆིད་དང་། གྲོས་མོལ་ཡང་ཡང་མཛད་དེ་རྒྱ་བོད་གཉིས་ཀྱི་བར་དུས་བདེ་ཞོད་འཛུགས་མཛའ་བརྩེ་མཐུན་འགྲིག་ཡོང་བའི་རྨང་གཞི་བཟང་པོ་ཞིག་འདིང་གནང་མཛད་ཡོད་པ་ནི། བཙན་པོ་འདིའི་སྲས་ཀྱི་དུས་སུ་ལྷ་ས་གཙུག་ལག་ཁང་གི་མདུན་ངོས་སུ་བསྐྲུན་པའི་《དཔོན་ཞང་དབུ་སྙུང་རྡོ་རིང་》གི་ཤར་ལྡེབས་ཀྱི་ཡིག་ཕྲེང་34ནས47ཀྱི་བར་དེར་འདི་ལྟར་འཁོད་ཡོད། "བཙན་པོ་ཡབ་ལྷ་འཕྲུལ་ཁྲི་ལྡེ་སྲོང་བཙན་གྱི་ཞ་སྔ་ནས། སྙམ་དཀྱིལ་ཆེན་པོས་ཏེ། ཆོས་སྲིད་ཅི་ལ་ཡང་མཁས་ཤིང་གསལ། བྱམས་པའི་བཀའ་དྲིན་གྱིས་ནི། ཕྱི་ནང་མྱེད་པར། ཕྱོགས་བརྒྱད་དུ་ཁྱབ་སྟེ། མཐའ་བཞི་རྒྱལ་པོ་ཀུན་དང་ཡང་མཇལ་དུ་ཅིང་འདུམ་བར་མཛད་ན། རྒྱ་དང་ལྷ་ཞིག གཉེན་རྩིག་མ། གཉེན་རྩིག་མ། ཡུལ་ཁྲིམ་ཆོས་ཡིན་པས། ལྷག་པར་ཆབ་སྲིད་གཅིག་ཏུ་དགྱེས་ཏེ། ཕན་ཚུན་དཔོན་ཞང་དགོངས་པ་མཐུན་ནས། རྒྱ་རྗེ་ཞིང་ཤེན་བྲུན་བྲུ་ཏྲང་ཏེ་དང་། མཇལ་དུམ་དུ་མོལ་ཏེ་བཀའ་ལོན་རྙིང་པ་ནི། སྤྱང་ཤིང་གསལ། དགྱེས་པ་གསར་ནི་བསླས་ཤིང་བསྟུད་ནས། དེ་ཚུན་ཆད། བཙན་པོ་དཔོན་ནི་སྐུ་ཚེ་གཅིག རྒྱ་རྗེ་ཞང་ནི་གདུང་རབས་གསུམ་གྱི་བར་དུ། བཀའ་ལོན་གྱི་གཙུགས་ནི་མ་བྱུང་།

དགྲེས་པའི་སྲི་ཞུ་ནི་ཕན་ཚུན་ཕྲད་དེ། ཕོ་ཉ་གཅེས་པ་ལས། བཀའ་ཕྲིན་སྙན་པ་དང་། དཀོར་ནོར་བཟང་པོས་ནི། རྒྱུན་དུ་འདྲུལ་ན། མཛལ་དུས་ཀྱི་མདོ་ཆེན་པོ་ག་སྒོམས་བཅའ་བ་ལྟ་བུ་ཡང་མ་གྲུབ། དཔོན་ཞང་མོལད་པའི་རྗེས་ཀྱང་ཚར་མ་ཕྱིན་པར་ཐུགས་ནོངས་……”①ཞེས་གསལ་ཡོད། དུམ་བུ་དེའི་ནང་དོན་ཙུང་གོ་བདེ་བར་བཤད་ན། བཙན་པོ་ཡབ་ལྷའི་སྤྲུལ་པ་ཁྲི་ལྡེ་སྲོང་བཙན་མཆོག་ནི། ཐུགས་སྐམ་ཞིང་ཟབ་དཀྱིལ་ཆེ་བས་ཆོས་སྲིད་གང་ལ་ཡང་མཁས་ཤིང་དགོངས་པར་གསལ། བྱམས་པའི་བཀའ་དྲིན་གྱིས་ཕྱི་ནང་མེད་པར་ཕྱོགས་བཞི་མཚམས་བརྒྱད་དུ་ཁྱབ་པར་བསྐྱངས་ཏེ། མཐའ་བཞིའི་རྒྱལ་པོ་ཀུན་དང་ཡང་འབྲེལ་མཐུད་མཐུན་ཐབས་མཛད་པ་ཡིན་ན། རྒྱ་དང་མཛའ་མཐུན་གནང་བ་ནི་སྨོས་ཅི་དགོས་ཏེ། གཉེན་ཐོག་གཉེན་བརྩེགས་དང་། ཡུལ་ལུང་ཁྲིམ་མཚོས་ཡིན་པ་བཅས་ཀྱིས་ལྷག་པར་ཆབ་སྲིད་གཅིག་མཐུན་ཡོང་བར་དགྲེས་ཏེ། དཔོན་ཞང་གཉིས་ཀ་ཕན་ཚུན་དགོངས་པ་མཐུན་ནས་ཐང་གོང་མ་སྟེང་སྟེན་ལྷུན་ལྷུའུ་དང་། ཞི་འདུམ་གྱི་གྲོས་མོལ་གནང་སྟེ། འཁོན་འཛིན་སྙིང་པ་རྣམས་དོར་ཞིང་སེལ་བར་མཛད། མཛའ་མཐུན་གསར་པ་ནི་བརྩུགས་ཤིང་རྒྱུན་མཐུད་ནས། དུས་དེ་ཙམ་ཆད། བཙན་པོ་ཚ་བོའི་སྐུ་ཚེ་གཅིག་དང་། རྒྱ་རྗེ་ཞང་པོ་གདུང་རབས་གསུམ་(ཐང་ཧེ་ཙུང་དང་། ཐང་ཧྲུན་ཙུང་། ཐང་ཞན་ཙུང་) གྱི་བར་དུ་མི་མཐུན་པའི་འཁོན་འགྲས་ནི་མ་བྱུང་། དགྲེས་པའི་གུས་བཀུར་ནི་ཕན་ཚུན་རྒྱུན་མཐུད་དེ། གཅེས་པའི་ཕོ་ཉ་བརྒྱུད་ནས་རྣ་བར་སྙན་པའི་བཀའ་འཕྲིན་དང་། མཛོད་ནོར་བཟང་པོ་འབུལ་རེས་ཀྱི་འགྲུལ་ཞུད་

① （བོད་ཀྱི་གནའ་རབས་ཡིག་ཆ་གཅེས་བསྡུས་དེབ་ངོས12－13）

རྒྱུན་དུ་མཛད་ནའང་། ཞི་འདུམ་གྱི་རྩ་འཛིན་ཆེན་པོ་དབུ་སྐྱོང་གི་དམ་བཅའ་བ་ལྷ་བུ་ཡང་གནང་མ་གྲུབ་པ་དང་། དཔོན་ཞང་ གྲོས་མོལ་ཡང་མཐར་མ་ཕྱིན་པའི་བར་དུ་སྐུ་གཤེགས་པར་གྱུར་ཅེས་བྱ་བའོ། རྒྱའི་ཐང་དེབ་གསར་མའི་ནང་གསལ་བ་ལྟར་ན། "ཀྲིན་ཡོན་ཁྲི་ལོ་ཉི་ཤུ་པར་བཙན་པོ་(མུ་ནེ་བཙན་པོ་) དགུང་དུ་གཤེགས། གོང་མས་ཀུང་པུའུ་རྀ་ལང་གི་ཐབས་ཡོད་པ་ཀྲང་ཙན་བྱ་བ་འདས་མཆོད་དུ་མངགས། བཙན་པོའི་གཅུང་པོ་(ཁྲི་ལྡེ་སྲོང་བཙན་) རྒྱལ་སར་འཁོད། བོད་ནས་སླར་ཡང་ཕོ་ཉ་མངགས།"

"གོང་མ་ཧྲུན་ཙུང་རྒྱལ་སར་བཞུགས། ཙོ་ཅེན་ཕུའུ་ཤེ་དམག་དཔོན་ཐེན་ཅེན་ཏུའུ་དང་། ཁྲུའུ་པུའུ་ཡོན་ཤེ་ལང་གི་ཐབས་ཡོད་པ་ཞུང་ཀྲི་དབྱི་བྱ་བ་གཉིས་ཀྱིས་གོང་མའི་བཀའ་ཡིག་འཁྱེར་ཏེ་བོད་དུ་སོང་། ཡུན་ཀྲིན་ཁྲི་ལོ་དང་པོར་(བོད་ཀྱི་) བློན་ཆེ་ལེགས་ཕོ་བཟང་བྱ་བས་གོང་མ་ཡབ་ཀྱི་བང་སོ་རྫིག་པར་གསེར་དང་རྔ་ནོར་ཕུལ། གོང་མས་རིན་པོ་ཆེ་རྣམས་ཐེ་ཅི་ཕོ་ཁྲང་དུ་བཤམས་སྟོན་བྱས། ལོ་དེར། གོང་མས་ཤེ་ཤེ་ཧྲའོ་ཆེན་གྱི་ཐབས་ཡོད་པ་ཡུས་རྀ་ཀྲུང་ཁྲིན་གཅིག་སྡོགས་ཧེའུ་ཡུའུ་ཐེན་བོད་དུ་མངགས་ཏེ། གོང་མ་ཧྲུན་ཙུང་རྒྱལ་སར་བཞུགས་པའི་གཏམ་དེ་ཞུས།"

"ཞན་ཙུང་གི་དུས་འགོར། ཐང་གི་ཕོ་ཉ་བ་མངགས་ཏེ་སྨད་ཀྱི་བཟུང་དམག་ཕྱིར་ཐྲད། ཡང་ཕོ་ཉ་མངགས་ཏེ་གོང་མ་ཧྲུན་ཙུང་སྐུ་གཤེགས་པའི་གནས་ཚུལ་ཞུས། སྨད་ནས་ཀྱང་བློན་པོ་བཟང་བྱ་བ་ཕོ་ཉར་མངགས། དེ་ནས་བཟུང་སྨད་ཀྱི་ཕོ་ཉ་བ་ལོ་རེ་བཞིན་སྐྱེས་འབུལ་དུ་འོངས།"

"ཡོན་རྀ་ཁྲི་ལོ་ལྔ་པར། ཚེ་པུའུ་ལང་ཀྲུང་གི་ཐབས་ཡོད་པ་ཞུ་ཧྲུ་བྱ་བ་སྨད་དུ་ཕོ་ཉར་མངགས་ཏེ། བརྗེ་ཆེན་པོ་ལ་ཡི་གེ་ཕུལ། ཞུ་ཧྲུ་བྱ་བ་དེ་ཧྲན་

ཀྲའུ་ལ་སླེབས་ནས་ཕྱིར་ལོག ཁོའི་ལག་རོགས་པ་ལི་ཧྲིན་བྱ་བ་བཙན་པོ་མཇལ་དུ་སོང་། གོང་མས་ཞུ་ཧྲུ་ལ་བསྐུན་ཕབ། སྐད་ནས་སི་བཞེར་བྱ་བ་མངགས་ཏེ། གྲིན་ཧྲུའུ་རུ་དང་། ལུའུ་ཇི་གཉིས་ཀྱི་སྒུར་ཐང་ལ་སྤྲད། ཆེན་ཀྲའུ་དང་། ཡོན་ཀྲའུ། ཨན་ལོ་ཀྲའུ་རྣམས་ཀྱང་ཐང་ལ་ཕྱིར་འབུལ་བར་འདོད་ཚུལ་ཞུས། གོང་མས་བློན་ཆེན་ཏའུ་ཡུག་ལ་སོགས་པ་མངགས་ཏེ་ཀྲུང་ཧྲུའུ་ཁང་དུ་གྲོས་མོལ་བྱས། བློན་སི་བཞེར་གྱིས་ཕྱག་བྱས་ཤིང་། ཏའུ་ཡུག་ནས་ཀྱང་གུས་ལན་གནང་། གོང་མས་ཏའུ་ལུའུ་ཧྲའོ་ཆེན་གྱི་ཐབས་ཡོད་པ་ལེན་ཞན་དང་། ཏན་ཞང་སྐུའུ་ཀྲང་ཧྲིའི་ཐབས་ཡོད་པ་ལྷུའུ་ཡུན་བྱ་བ་གཉིས་སྐད་ལ་མངགས། སྐད་ཀྱིས་ལུང་ཀྲའུ་ཡི་ས་མཚམས་སུ་ཕོ་ཉ་མངགས་ཏེ་ཚོང་བྱེད་ཟེར་བ་ལ་གོང་མས་ཀྱང་གསན་དུ་བཞེད་དོ།"

"ཡོན་ཧྲེ་ཁྲི་ལོ་བཅུ་གཉིས་པར། བཙན་པོ་དགུང་དུ་གཤེགས། སྐད་ནས་ཕོ་ཉ་བ་བློན་ཁྲི་རན་བྱ་བ་ཐང་ལ་མངགས། གོང་མས་ཡུག་ཤེ་དམག་དཔོན་ལྷུའུ་ཁྲུང་ཆེ་བྱ་བ་དང་། ཏེན་ཀྲུང་ཧྲི་ཡུས་ཧྲེའི་ཐབས་ཡོད་པ་དོན་རུན་བྱ་བ་གཉིས་འདས་མཆོད་དུ་མངགས། ……ལྷུའུ་ཁྲུང་ཆེ་བྱ་བས། སྐུའུ་ཡུས་གྲིན་དང་ལི་ཚན་བྱ་བ་གཉིས་སྐད་ནས་ཁྲིད་འོངས། སྐུའུ་ཡུས་གྲིན་གྱི་ཕ་ཡུལ་ནི་ཏུང་སླིན་ཡིན་ལ། མ་གཞིར་རྗོ་སྟང་རུན་གྱི་ཧ་དམག་དཔོན་པོ་ཞིག་ཡིན། ལི་ཚན་གྱི་ཕ་ཡུལ་ནི་ལུང་ཞི་ཡིན། གྲིན་ཡོན་གྱི་དུས་འགོར་ཁོང་གཉིས་སྐད་དམག་གིས་འཛིན་བཟུང་བྱས། ཐང་གི་ཕོ་ཉ་བ་ལྷུའུ་ཁྲུང་ཆེ་དང་དོན་རུན་གྱིས་ཁོ་གཉིས་ཤི་མེད་པ་ཤེས་རྗེས་སྐད་ལ་ཞུས་ཏེ་ཁྲིད་འོངས་པའོ།"①ཞེས་

① (ཐང་དེབ་གསར་མ་བོད་ཡིག་གི་དེབ་ངོས94－96)

གསལ་བ་དེ་དག་གི་ཐོག་ནས་བཙན་པོ་འདིའི་སྐུ་དུས་སུ་ཐང་བོད་གཉིས་ཀྱི་དབར་ཞི་བདེ་མཛའ་མཐུན་གྱི་འབྲེལ་བ་ཟབ་མོ་ཞིག་འཛུགས་རྒྱུའི་དོན་དུ་དགོངས་བཞིན་དང་འབད་པ་སྟོད་མེད་གནང་ཡོད་པ་མ་ཟད། མ་འོངས་པ་ན་དཔོན་ཞང་བར་མཇལ་དུམ་གྱི་གཙིགས་ཆེན་པོ་བཅའ་བའི་རྨང་གཞི་འདིང་གནང་མཛད་པ་དེ་ནི་རྒྱ་བོད་མི་རིགས་ཀྱི་ལོ་རྒྱུས་ཆེན་པོའི་ཐོག་བསྲུབ་ཐབས་མེད་པའི་ཕྱག་རྗེས་ཤིག་འཇོག་གནང་མཛད་པ་ལགས་སོ།

འོན་ཀྱང་བོད་ཀྱི་རྒྱལ་རབས་ཆོས་འབྱུང་ནང་དེའི་སྐོར་འཁོད་པ་ཐལ་ཆེར་མ་མཐོང་རུང་། ཆབ་མདོ་ས་ཁུལ་གྱི་བྲག་གཡབ་རྫོང་ཁོངས། བྱམས་མདུན་ཆུས། རི་མདའ་ཤང་གི་ལྡན་མ་བྲག་རྩ་ཞེས་པའི་བྲག་ལྡེབས་ཆེན་པོ་ཞིག་གི་ངོས་སུ་བཙན་པོའི་དུས་རབས་ལ་བརྐོས་པའི་སངས་རྒྱས་ཀྱི་སྐུ་གཟུགས་དང་། གསུང་རབ་ཀྱི་ལེའུ་སོགས་ངོ་མཚར་ལྡན་པའི་གནའ་རབས་ཀྱི་བྲག་བརྐོས་རིག་དངོས་ཤིག་མཆིས་པ་དེ་ལ་ཞིབ་འཇུག་བགྱིས་སྐབས་དེ་ནི་བཙན་པོ་ཁྲི་ལྡེ་སྲོང་བཙན་གྱི་སྐུ་དུས་སུ་གསར་དུ་བརྐོས་པ་མ་ཟད། རྒྱ་བོད་མཇལ་དུམ་གྱི་ལས་འགོ་བརྩམས་པའི་བྱ་བར་ཞུགས་སྐབས་ཆེད་དུ་བརྐོས་པ་ཞིག་ཀྱང་ཡིན་པ་ངེས་ཤེས་རྙེད་བྱུང་། ཡིག་རིས་སོགས་ཀྱི་ནང་དོན་ཞིབ་ཕྲ་འདིར་འགོད་རྒྱུ་ཡིག་ཚོགས་ལ་འཇེགས་པས་བྲག་བརྐོས་དེའི་གཞམ་གྱི་འབྲེལ་ཡོད་སྙར་བྱུང་དུམ་བུ་ཞིག་དྲངས་པ་འདི་ལྟར། “སྤྲེའུ་གི་ལོའི་དབྱར། བཙན་པོ་ཁྲི་ལྡེ་སྲོང་བཙན་གྱི་རིང་ལ། དགེའ་སློང་ཆོས་དང་ཆབ་སྲིད་ཀྱི་བཀའ་ཆེན་པོ་ལ་བཏགས་ཏེ། གསེར་གྱི་བཀྱུ་རྒྱལ་མན་ཅད་ཀྱི་ཐབས་སྐྱལ། རྫོ་མོ་མཆིམས་བཟའ་ལེགས་མོ་བརྩན་ལ་སྐྱོགས་པ། རྗེ་འབངས་མང་མོ་ཞིག་ཐར་པར་བཀྱིལ། བཀའ་ཆེན་པོ་ལ་གཏོགས་པའི་དགེ་སློང་བྲན་ཀ་ཡོན་ཏན་དང་སྔ་དོན་དམ་དང་། སློན་ཆེ་

འབྲོ་ཁྲི་གཟུའ་རམ་ཤགས་དང་། ནང་བློན་□བློན་ཁྲི་སུམ་བཞེར་མདོའ་བརྩན་ལ་སྐྱོགས་པ། ཆབ་སྲིད་ལ་བཀའ་སྐུལ་ཏེ། རྒྱ་དང་མཛལ་དུམ་གྱི་མགོའ་བརྩམས་པའི་ལས་ལ་□མཁན་བོད་གོར་ཡེ་ཤེས་དབྱངས་དང་། དགེའ་སློང་སྟག་ལོ་གཞན་ཏེ་དང་། གད་ནམ་ཀའི་ཀྱའི་སླེང་པོ་དབྱངས་ཀྱིས། བཙན་པོའི་སྐུ་ཡོན་དང་སེམས་ཅན་ཐམས་ཅད་ཀྱི་བསོད་ནམས་སུ། སྐུ་གཟུགས་དང་སྨོན་ལམ་འདི་རྣམས་ཏེ། སྤྱིའི་ཞལ་ཏ་པ་ནི། འོར་ཅུའི་གནས་བརྟན། ཕྲང་མཆོག་རབ་དང་། གཉི་བཟང་པོ་དཔལ་གྱིས་བགྱིས། ལས་དཔོན་□དགེའ་སློང་ཞེ་ཧྲིའ་དགེའ་སློང་□གསེང་པབ་ཤེན་དང་ཨེན་དམ་ཡེས་བགྱིས། རྗེ་མཁན་□ཡུགས་གི་ཉག་བྲེ་ཤབ་དང་། ཤོད་ལེགས་གོང་དང་། ལྕམ་མ་འགམ་དང་། རྒྱ་ཏུན་པོང་ཅེང་ཐྱད་དང་། ཧྭ་ཧོའུ་ཧྲིན་རྣམས་ཀྱིས་བགྱིས་སོ། ༔། ……” ཞེས་གསལ་བ་འདི་བྲག་བརྐོས་ཡི་གེ་ངོ་མ་ལས་བཤུས་ཡིག་གཞིར་བཟུང་བཀོད་པ་ཡིན། བྲག་བརྐོས་ཡི་གེའི་ནང་རེ་ཟུང་གསལ་པོ་མེད་པ་རྣམས་ལ་རྟགས་□འདི་འཁོད་པ་ཡུད། དེ་བྱིངས་བརྒྱ་ཆ་དགུ་བཅུ་ཡན་ནོར་འཁྲུལ་མེད་པ་ཀློས་འགེལ་ཆོག་པ་འདུག རིག་དངོས་དེ་བསྐྲུན་པའི་ལོ་དུས་ཐད་སྤྱར་བྱུང་ནང་འཁོད་པའི་“ སྤྲེའུ་” ལོ་དེ་ཡང་སྙིང་འབྱུང་ཁམས་གང་ཡིན་དང་སྤྱི་ལོ་ཇི་ཙམ་ལ་བབས་པ་དཔྱད་བསྡུར་བྱས་པ་བརྒྱུད། ལྷ་སའི་དཔོན་ཞང་དབུ་སྟུང་རྗེ་རིང་གི་ཤར་ལྷེབས་ཡི་གེའི་ནང་། བཙན་པོ་ཡབ་ལྷ་འཕྲུལ་ཁྲི་ལྡེ་སྲོང་བཙན་གྱི་ཞ་སྔ་ནས…… ཕན་ཚུན་དཔོན་ཞང་དགོངས་པ་མཐུན་ནས། རྒྱ་རྗེ་ཞེང་ཤིན་ཝུན་ཝུ་ཧྭང་ཏེ་དང་མཛལ་དུམ་དུ་མོལ་ཏེ……” ཞེས་གསལ་བ་ལྟར་སྐབས་དེའི་ཐང་པོད་བར་ལ་མཛལ་དུམ་གནང་བའི་དུས་ཀྱི་གོང་མ་ནི། “ རྒྱ་རྗེ་ཞེང་ཤིན་ཝུན་ཝུ་ཧྭང་ཏེ” ཞེས་པ་དོན་

ལ། （རྩེང་རྩིན་ལྷུན་ལྷུ་རྫོང་ཏེ་）སྟེ་ཐང་གོང་མ་དྷ་ཙུང་གི་སྐབས་སུ་ཡིན་པ་གསལ་པོར་བསྟན་ཡོད། དེས་ན་བཙན་པོ་ཁྲི་ལྡེ་སྲོང་བཙན་ཁྲི་ལ་བཞུགས་དུས་ལྷན་མ་བྲག་བརྐོས་ཀྱི་ཡིག་རིས་བསྒྲུན་པའི་" སྤྲེའུ " ལོ་དེ་ནི། ཐང་གོང་མ་དྷ་ཙུང་མ་གྲོངས་གོང་གི་ལོ་སྤྱི་མ་སྟེ་སྤྱི་ལོ804བོད་ཤིང་ཕོ་སྤྲེའུ་ལོ་དེ་ཡིན་པ་གཏན་འཁེལ་ཐུབ་པ་འདུག་སྙམ།

བྲག་བརྐོས་ཡི་གེ་དེར་ཁྱད་ཆོས་དང་དོན་སྙིང་འགའ་ཞིག་ལྡན་ཡང་། འདིར་བརྗོད་འོས་པ་ནི། བཀའ་ཆེན་པོ་ལ་གནོགས་པ་སྟེ་སྐབས་དེའི་བཙན་པོའི་ཆབ་སྲིད་འདུན་གྲོས་ལ་དབང་བའི་དགེ་སློང་བྲན་ཀ་དཔལ་ཡོན་དང་། སྣ་དོན་དམ། བློན་ཆེན་པོ་ཞང་འབྲོ་ཁྲི་གཟུའ་རམ་ཤགས་ལ་སོགས་པར་བཙན་པོས་རྒྱ་དང་མཐུན་དུམ་བྱེད་པའི་ཆབ་སྲིད་ཀྱི་དོན་ཆེན་བཀའ་བསྒོལ་ལུགས་སྲིད་པའི་བྲག་ལ་ཡི་གེར་བརྐོས་པ་འདི་ལས། དེ་དུས་ཐང་བོད་དབར་ཞི་འདུམ་མཛའ་མཐུན་གྱི་བྱ་བ་བསྒྲུབ་རྒྱུ་དེ་ནི་བོད་ཀྱི་ཆབ་སྲིད་བྱ་གཞག་ནང་གལ་འགངས་ཆེ་ཤོས་ཀྱི་གནས་བབ་ཏུ་བརྩི་བ་གསལ་པོར་མངོན་པ་དང་། ཐང་བོད་མཐུན་དུམ་གྱི་ལས་ལ་གཞུག་མཁན་གྱིས་ས་འདིར་ཆེད་དུ་དམིགས་ནས་བྲག་ལ་སྐུ་གསུང་གི་རྟེན་དང་དེའི་སྦྱར་བྱང་གི་ཡི་གེ་སོགས་ལེགས་པར་བརྐོས་ཏེ་བཙན་པོའི་སྐུ་རིམ་དང་། དཔལ་ཡོན་རྒྱས་པ། སེམས་ཅན་བདེ་ཐབས་བཅས་སྨོན་པའི་ཁ་ཚ་དགོས་གཏུགས་ཀྱི་དམིགས་ཡུལ་ནི། རྒྱ་བོད་མི་རིགས་དབར་གྱི་ཞི་མཐུན་དང་རྒྱལ་ཁམས་བདེ་འཇགས་ཀྱི་མཛལ་དུམ་དེ་བདེ་བླག་ངང་ལེགས་འགྲུབ་ཡོང་བའི་དོན་དུ་ཡིན་པ་གང་ལེགས་མཚོན་གྱི་ཡོད། གཞན་ཡང་རྗེ་བརྐོས་ལག་རྩལ་པ་མི་དྲུག་གི་ནང་དུ་རྒྱ་རིགས་ཞུད་བོང་ཙེང་ཕ་བུ་གཉིས་དང་། ཧྭ་ཧོའུ་ཅེན་བཅས་མི་གསུམ་དངོས་སུ་འཁོད་པ་མ་ཟད། ད་

དུང་རྒྱ་ཡིག་ཡིག་འབྲུ་བརྒྱ་ཕྲག་འགའ་ཞིག་ཀྱང་གཞོགས་སུ་བཀོས་ཡོད་པ་བཅས་ཆེད་ལས་ཀྱི་གནའ་རབས་སྐྲུན་དངོས་འདིའི་ཐོག་ནས་ཀྱང་རྒྱ་བོད་མི་དམངས་ཆོས་ཕན་ཚུན་བདེ་འཇགས་དང་མཛའ་མཐུན་ཡུན་གནས་ཡོང་བའི་འདུན་པ་གཅིག་གྱུར་དུ་འཆང་བའི་ལོ་རྒྱུས་ཀྱི་བྱུང་བ་དེ་དངོས་སུ་མཚོན་གྱི་ཡོད།

དེ་ལྟར་བཙན་པོ་ཁྲི་ལྡེ་སྲོང་བཙན་མཆོག་གིས་ཆོས་སྲིད་ལུགས་གཉིས་ཀྱི་མཛད་པ་བསམ་གྱིས་མི་ཁྱབ་པ་ཞིག་ལེགས་པར་བསྒྲུབས་མཐར་སྤྱི་ལོ815བོད་ཤིང་མོ་ལུག་གི་ལོར་སྐུགས་ཀྱི་ཕུར་སྐུ་གཤེགས་པར་མངོན་ཞིང་། བང་སོ་འཕྲུལ་རྒྱལ་སྤྱི་མདུན་དུ་བརྩིགས་པ་དང་། བང་སོའི་མིང་ལ་རྒྱལ་ཆེན་འཕྲུལ་གྱི་རི་བོ་ཞེས་སུ་གྲགས། བང་སོ་དེའི་མདུན་དུ་རྡོ་རིང་བཟོ་བཀོད་ཕུལ་དུ་བྱུང་བ་ཞིག་ཀྱང་བཞེངས་ཡོད་ཅིང་། རྡོ་རིང་དེའི་ངོས་སུ་བཙན་པོ་དེ་ཉིད་ཀྱི་མཛད་རྗེས་ཡི་གེ་ཕྲེང་བཞི་བཅུ་ཞེ་བདུན་བཀོས་འདུག་ཀྱང་། གནམ་ཆའི་ཡི་གེ་རྣམས་ཕལ་ཆེ་བ་མི་གསལ་བར་གྱུར་ཅིང་། འགོ་བརྗོད་ཀྱི་ཡི་གེ་ཕྲེང་བཅུ་གཉིས་བར་གསལ་བ་འདི་ལྟར།

1. “༄།།བཙན་པོ་ལྷ་སྲས། འོ་ལྡེ་སྤུ་རྒྱལ། གནམ་གྱི
2. ལྷ་ལས་མིའི་རྗེར་གཤེགས་པ། ཆོས་ལུགས་བཟང་པོ་ནི་
3. གཞར་གཞུག་མི་འགྱུར། མངའ་ཐང་ཆེན་པོ་ནི་ནམ་ཞར་
4. ཀྱང་ཕྱིན་མི་ཉམས྄། ཆབ་སྲིད་ནི་ད་ཕྱིར་ཞིང་ཆེ། དབུ་རྨོག
5. ནི་ཡུན་དུ་བརྟན་པའོ། གཡུང་དྲུང་གི་གཙུག་ལག་ཆེན་པོ་
6. བཞིན་དུ། ལྷ་སྲས་ཁྲི་ལྡེ་སྲོང་བཙན་མྱིའི་རྗེ་
7. མཛད་པ། ལྷའི་ལུགས་དང་མཐུན་པར་ན་མངའ་ཐང་ཆེ་

8. གནམ་གྱི་ཆོས་དང་མཚུངས་པར་ནི། བཀའ་བརྩན་ཏེ།

9. ཐུགས་སྒམ་པོའི་རླབས་དང་། བཀའ་ལུང་བཟང་པོའི་

10. ལུགས་ཀྱིས། ཕྱི་ནང་གཉིས་སུ་ལེགས་དང་། ཆབ་སྲིད་ཆེ་

11. བའི་ཚུལ། ནམ་དུ་ཡང་། སྤྱི་ཡོངས་ཀྱིས་ཤེས་པར། མདོ་

12. ཙམ་ཞིག་རྡོ་རིང་ལ་བྲིས་པའོ། །”① ཞེས་གསལ་བའི་ནང་དོན་སྤུང་གོ་བདེ་བར་ཕབ་པ་ནི་འདི་ལྟར། ༄།བཙན་པོ་ལྷ་སྲས་གཉའ་ཁྲི་བཙན་པོ། གནམ་གྱི་ལྷ་ལས་མིའི་རྗེ་པོར་གཤེགས་པ་ལས། ཆོས་ལུགས་བཟང་པོ་ནི་དུས་དང་རྣམ་པ་ཀུན་ཏུ་མི་འགྱུར་ལ། མངའ་ཐང་ཆེན་པོ་ནི་དུས་ནམ་ཡང་གཟི་བྱིན་མི་ཉམས་ཏེ། ཆབ་སྲིད་ཀྱི་མངའ་རིས་ནི་རྒྱ་ཆེ་ཆེར་གྱུར། དཔའ་མཛངས་ཀྱི་དབུ་རྨོག་ཡུན་དུ་བཙན་པའི། གཡུང་དྲུང་གི་གཙུག་ལག་ཆེན་པོའི་གཞུང་བཞིན། ལྷ་སྲས་ཁྲི་ལྡེ་སྲོང་བཙན་གྱིས་མིའི་རྗེ་པོ་མཛད་པ་ཡང་། ལྷ་ཡི་ལུགས་དང་མཐུན་པ་ན། མངའ་ཐང་ནི་ཆེན་པོ་གནམ་དང་མཚུངས་པར། བཀའ་བཙན་ཞིང་ཐུགས་སྒམ་པའི་རླབས་ཆེན་པོ་དང་། བཀའ་ལུང་བཟང་པོའི་སྲོལ་ལུགས་ཀྱིས། ཕྱི་ནང་ཀུན་ཏུ་ལེགས་པ་དང་། ཆབ་སྲིད་ཀྱི་དཔལ་ཡོན་ཆེ་བའི་ཚུལ་རྣམས། རྗེ་སྲིད་བར་སྐྱེ་རྒུ་ཡོངས་ཀྱིས་ཤེས་པར་བྱ་བའི་ཕྱིར་དུ། མདོ་ཙམ་ཞིག་རྡོ་རིང་ལ་བྲིས་པའོ། ཞེས་བྱ་བ་ཡིན་པས་འདི་ཙམ་ཞིག་གིས་ཀྱང་སྐབས་དེའི་དཔོན་སྲས་དང་། བློན་འབངས་རྣམས་ཀྱིས་རྒྱལ་པོ་འདིའི་སྐུ་ཡོན་དང་མཛད་རྗེས་ལ་རྗེས་སུ་ཡི་རངས་ཆེན་པོ་ཞུ་བ་མ་ཟད། ཕྱི་རབས་པ་ཀུན་གྱིས་ཀྱང་ཁོང་གི་ཕྱག་རྗེས་དང་སྐུ་དྲིན་ལ་རྗེས་དྲན་ཞུ་དགོས

① （བོད་ཀྱི་རྡོ་རིང་ཡི་གེ་དང་དྲིལ་བུའི་ཁ་བྱང་ ། དེབ་ངོས101－102）

པའི་དོ་འཁྲུར་ཅི་འདྲ་བྱས་ཡོད་པ་དེ་གང་ལེགས་མཚོན་ཐུབ་པས་འདིར་མཇུག་བསྡོམས་ཀྱི་ཚུལ་དུ་བཀོད་པ་ལགས་སོ།

བརྒྱད་པ། བཙན་པོ་ཁྲི་གཙུག་ལྡེ་བཙན་རལ་པ་ཅན་གྱི་སྐོར།

ཐོག་མར་གསལ་བཤད་ཞུ་དགོས་པ་ཞིག་ལ། བཙན་པོ་ཡབ་ཁྲི་ལྡེ་སྲོང་བཙན་ལ་ཁྱོན་བསྡོམས་སྲས་ཆེ་ཆུང་ལྔ་བྱུང་བར་གྲགས་པ་ལས། སྲས་ལྷ་རྗེ་དང་ལྷུན་གྲུབ་གཉིས་ཆུང་དུས་ནས་གྲོངས་པས་བང་སོ་ཡང་མེད་ཅེས་ལོ་རྒྱུས་ཡིག་ཚང་ཐལ་ཆེ་བར་གཅིག་མཐུན་གསལ་བས་བརྗོད་མ་དགོས་ཤིང་། གཙོ་བོ་སྲས་ཁྲི་གཙུག་ལྡེ་བཙན་རལ་པ་ཅན་དང་། ལྷ་སྲས་གཙང་མ། དར་མ་འུ་དུམ་བཙན་བཅས་སྐུ་མཆེད་གསུམ་པོ་དེ་སུ་ཞིག་གཅེན་དང་། སུ་ཞིག་འབྲིང་པ། སུ་ཞིག་གཅུང་པོ་ཡིན་པའི་སྐོར་དང་། དེ་མཚུངས་འཁྲུངས་གཤེགས་ཀྱི་ལོ་དུས་སོགས་ལ་རྒྱལ་རབས་ཆོས་འབྱུང་ཁག་ནང་བཞེད་པ་མི་མཐུན་པ་ཤིན་ཏུ་མང་བས་འདིའི་ཐད་ང་ཚོས་གནའ་རབས་ཀྱི་རྒྱལ་རྒྱུད་ཁྲི་ལ་བཞུགས་པའི་སྤྱི་སྲོལ་དང་། འབྲེལ་ཡོད་སྐབས་དེའི་ལོ་རྒྱུས་ཀྱི་དོན་དངོས་འགའ་ལ་དཔྱད་བསྡུར་བྱས་པ་བརྒྱུད། སྐུ་མཆེད་བགྲེས་གཞོན་གྱི་གོ་རིམ་ཐད་དུས་རབས་བཅུ་གཉིས་པའི་ཡས་མས་སུ་བརྩམས་པའི་ཆོས་འབྱུང་ལོ་རྒྱུས་སྤྱི་གྲུབ་མཁས་པ་ལྡེའུས་མཛད་པའི་རྒྱ་བོད་ཀྱི་ཆོས་འབྱུང་རྒྱས་པ་དང་། ཉང་ཉི་མ་འོད་ཟེར་གྱིས་མཛད་པའི་ཆོས་འབྱུང་མེ་ཏོག་སྙིང་པོ། ལྡེའུ་ཇོ་སྲས་ཀྱིས་མཛད་པའི་ཆོས་འབྱུང་བསྟན་པའི་རྒྱལ་མཚན་རྣམས་གཅིག་མཐུན་དུ་གསལ་བའི་གོ་རིམ་ལྟར་ལྷ་སྲས་བགྲེས་པ་བཙན་པོ་རལ་པ་ཅན་དང་། འབྲིང་པོ་གཙང་མ། ཆུང་བ་དར་མ་འུ་དུམ་བཙན་བཅས་ཡིན་པར་གཞི་བཟུང་བ་དང་།

རལ་པ་ཅན་གྱི་འཁྲུངས་ལོ་དང་། ཁྲི་ལ་བཞུགས་ལོ། སྐུ་གཤེགས་པའི་ལོ་ཚོགས་བཅས《དཔོན་ཞང་དབུ་སྙུང་རྫོ་རིང་》གི་ཡི་གེ་དང་གུང་སྒྲིག་ནས་དཔྱད་སྐབས་ཀཿཐོག་རིག་འཛིན་ཚེ་དབང་ནོར་བུས་མཛད་པའི《བོད་རྗེ་ལྷ་བཙན་པོའི་གདུང་རབས་ཚིག་ཉུང་དོན་གསལ་》གྱི་བཞེད་པ་ལ་རྩ་བ་བཟུང་ན་རྫོ་རིང་གི་ལོ་ཁམས་དང་མཐུན་ཞིང་། ཐང་དེབ་ནང་འཁོད་པའི་སྐབས་དེའི་ཐང་རབས་གོང་མ་དང་བོད་ཀྱི་བཙན་པོ་སོ་སོའི་ལོ་ཚིགས་ཀྱང་ཕན་ཚུན་མི་འགལ་བ་བཅས་རྒྱུ་མཚན་ཆེ་བར་མཐོང་ནས་འདིར་ཡང་གཙིན་བཙན་པོ་རལ་པ་ཅན་སྤྱི་ལོ802བོད་ཆུ་རྟ་ལོར་འཁྲུངས་པ་དང་། དགུང་ལོ་བཅུ་གསུམ་བཞེས་པ་སྤྱི་ལོ815བོད་ཤིང་ལུག་ལོར་བཙན་པོའི་ཁྲི་ལ་ཕེབས་པ། དགུང་ལོ་སུམ་ཅུ་སོ་དགུར་སོན་པའི་སྤྱི་ལོ841བོད་ལྕགས་བྱ་ལོར་སྐུ་གཤེགས་པ་བཅས་རྩིས་གཞིར་བཟུང་བ་ལགས་སོ།

བཙན་པོ་ཁྲི་གཙུག་ལྡེ་བཙན་རལ་པ་ཅན་ནི། བཙན་པོ་ཡབ་ཁྲི་ལྡེ་སྲོང་བཙན་སད་ན་ལེགས་དང་། ཡུམ་བཙུན་མོ་ཆེན་མ་འབྲོ་བཟའ་ཁྲི་མོ་ལེགས་གཉིས་ཀྱི་སྲས་སུ་སྤྱི་ལོ802 བོད་ཆུ་ཕོ་རྟའི་ལོ་སྐུ་བལྟམས། དབུ་སྐྲ་སིལ་བ་ལ་མི་མཉེས་པས་དབུ་སྐྲེས་ལན་བུ་རྣམས་རལ་པར་ཆགས་པས་མཚན་མངའ་བདག་ཁྲི་རལ་པ་ཅན་ཞེས་ཀྱང་གྲགས། བཙན་པོ་ཡབ་ཀྱིས་ཐུགས་དམ་བཅས་པ་ལྟར་སྐུ་ཆུང་ངུའི་དུས་ནས་བཙོམ་ལྡན་འདས་ཀྱི་རིང་ལུགས་པ་དགེ་བའི་བཤེས་གཉེན་དུ་བསྟེན་ནས། ཡི་གེ་འབྲི་ཀློག་བརྡ་སྤྲོད་པའི་གཞུང་ལུགས་སོགས་རིག་པའི་གནས་སྤྱི་དང་། ཡང་སྙིང་དམ་པའི་ཆོས་ཀྱི་བསླབ་བྱ་ལ་ཐུགས་རྩེ་གཅིག་ཏུ་གཞོལ་བས་གཞོན་ནུའི་དུས་ནས་དཀོན་མཆོག་གསུམ་དང་སངས་རྒྱས་ཀྱི་བསྟན་པ་ལ་ཐུགས་དད་བླ་ན་མེད་པ་ཐོབ་ཅིང་། བཀའ་ལ་

གཏོགས་པའི་བན་དེ་ཆེན་པོ་བྲན་ཀ་དཔལ་གྱི་ཡོན་ཏན་དང་། ཉང་ཏིང་ངེ་འཛིན་བཟང་པོ་ལ་སོགས་པས་ཆོས་ཀྱི་གཙུག་ལག་དང་མཐུན་པའི་སྲིད་ཀྱི་མཁྱེན་ཡོན་རྣམས་ཕུལ་བ་བཅས་ལུགས་བཟུང་གི་ཤེས་བྱ་ཐུགས་སུ་ཆུད་པར་གྱུར། རྒྱལ་རབས་ཆོས་འབྱུང་ཕལ་མོ་ཆེའི་ནང་བོད་རྗེ་ཆོས་རྒྱལ་མེས་དབོན་རྣམ་གསུམ་ཞེས་སྲོང་བཙན་སྒམ་པོ་དང་། ཁྲི་སྲོང་ལྡེ་བཙན་གཉིས་ཀྱི་རྗེས་སུ་བཙན་པོ་འདི་ཉིད་འདྲེན་པས་བཙན་པོའི་རྒྱལ་རབས་ཀྱི་ཁྲིད་དུ་མཚན་སྙན་ཆེ་བར་གྲགས་སོ།

སྤྱི་ལོ815ཐོད་ཤིང་མོ་ལུག་གི་ལོར་ཡབ་ཁྲི་ལྡེ་སྲོང་བཙན་སྐུ་གཤེགས་པས་རལ་པ་ཅན་བཙན་པོའི་ཁྲི་ལ་མངའ་གསོལ། བློན་པོའི་གཙོ་བོ་བན་དེ་ཆེན་པོ་བྲན་ཀ་དཔལ་ཡོན་གྱིས་བྱས་ཤིང་། སྤྱི་རིང་དུ་བཙུན་མོ་"ཅོག་རོ་བཟའ་དཔལ་གྱི་ངང་ཚུལ་མ་དང་། མཆིམས་བཟའ་ཕྱུང་དཀར་མ། སྣ་ནམ་བཟའ་ཨ་རྗེ་ཐོ་ལིགས། ཚེ་སྤོང་བཟའ་ལྷུན་གྱི་བུ་མོ། ལྷ་ལུང་བཟའ་མེ་ཏོག་མ་དང་ལྔ་ཁབ་ཏུ་བཞེས་སོ"①ཞེས་གསལ་ཡང་རིགས་ཀྱི་སྲས་ནི་མ་བྱུང་བར་གྲགས།

བཙན་པོ་འདིའི་སྲིད་ཀྱི་མཛད་པ་གཙོ་ཆེ་བ་ནི་ཡབ་ཀྱི་བཞེད་པའི་མུ་མཐུད་ནས་ཐང་བོད་དབོན་ཞང་གཉིས་བར་ས་མཚམས་ཀྱི་དམག་འཁྲུག་ཞི་བས་འདུམ་པར་མཛད་པ་དེ་ཡིན།

དེ་ཡང་རྒྱ་བོད་གཉིས་ཀྱི་འབྲེལ་བའི་ཐད་ཕྱོགས་གཅིག་ནས་ཕན་ཚུན་པོ་ཉ་མངགས་ཏེ་སྐྱེས་འབུལ་རེས་གནང་ཞིང་། ཞི་གྲོས་ཀྱི་འདུམ་འགྲིག་ཡོང་བའི་

① （ཆོས་འབྱུང་མེ་ཏོག་སྙིང་པོ་དེབ་ངོས417）

འབད་རྩོལ་རྒྱུན་མི་འཆད་པ་གནང་བ་དང་། ཕྱོགས་གཞན་ཞིག་ནས་དམག་དཔུང་མངགས་ཏེ་ས་མཚམས་འཁྲུག་སློང་གི་དྲག་པོ་གཡུལ་གྱི་སྦྱོར་བའང་ལན་འགའ་ཞིག་བཤམས་པར་གྲགས། འོན་ཀྱང་དུས་དེ་ཙམ་ན་ཐང་པོད་ཕྱོགས་གཉིས་ཀར་ཕན་ཚུན་གནོན་པའི་སྟོབས་ཤུགས་དངོས་མེད་པས་དྲག་འཐབ་བྱེད་པའང་གཙོ་བོ་མཇལ་དུམ་ཞི་མཐུན་གྱི་བྱ་བ་བསྒྲུབ་པའི་ཆ་རྐྱེན་བསྐྲུན་ཐབས་ཙམ་དུ་ཟད་དེ། དཔེར་ན་ལྡེའུ་ཆོས་འབྱུང་ནང་འཁོད་པར། བཙན་པོ་རལ་པ་ཅན་གྱི“སྐུ་ཚེའི་སྟོད་ལ་མཐའི་རྒྱ་དྲུག་མ་བཏུལ་བས། ཕྱིས་སྡེ་གསུམ་འཐབ་པས་ས་མ་ཟིན། བསད་པས་མ་ཟད། ཁམས་ཀྱི་དབྱར་མོ་ཐང་དུ་དགུན་གྱི་ཟླ་བ་གསུམ་ན་དབྱར་གྱི་རྩེ་ཐོག་ཏུ་མཛད་ནས་དུམས་མཛད་དེ། རྗེ་ལ་ཉི་ཟླའི་གཟུགས་བྲིས་ནས་ཐང་ག་སྒོགས་མཛད་དོ་” ①ཞེས་འཁོད་པ་ལས་ཀྱང་གསལ་པོ་མཐོང་ཐུབ།

གཞན་ཡང་ཐང་དེབ་གསར་མའི་ནང་། བཙན་པོ་ཁྲི་གཙུག་ལྡེ་བཙན་ཁྲི་ལ་བཞུགས་རྗེས། “སྟོད་ཀྱི་ཕོ་ཉ་བ་བློན་ཁྲི་བཟང་སློས་འབུལ་དུ་འོངས……ཡོན་ཏེ་ཁྲི་ལོ་བཅུ་བཞི་པར། བློན་ཁྲི་བཟང་སོགས་བོད་དུ་བཏང་། སྟོད་ཀྱི་ཙེ་ཏུའུ་བློན་ཨར་མོ་དང་། བློན་ཆེན་ཞང་ཐར་བཟང་། ཀྲུང་ཧྲུའུ་ལིན་གྱི་ཐབས་ཡོད་པ་ཞང་ཁྲི་གསུམ་རྗེ་བཅས་ཀྱིས་དམག་ཁྲི་བཅོ་ལྔ་ཁྲིད་དེ་ཡན་ཀྲའུ་ལ་བསྐོར་ནས། གནམ་སྐས་དང་ཤིང་རྟ་སོགས་ལ་བརྟེན་ནས་མཁར་ལ་རྒོལ” ཞེས་དང་“སྟོད་དམག་གིས་ཉིན་གསུམ་རིང་འཐབ་ཀྱང་མཁར་གཏོར་མ་ཐུབ། རྩ་ཕང་གི་དམག་དཔོན་ཧྲི་ཅིན་ཕིན་བྱ་བས་རྟ་དམག་ཁྲིད་དེ་སྟོད་ཀྱི་

① (མཁས་པ་ལྡེའུའི་ཆོས་འབྱུང་དེབ་ངོས362)

རྒྱབ་ཕྱོགས་སུ་རྒྱུགས་པས། རྣོད་དམག་ལ་ཕམ་ཉེས་ཚབས་ཆེན་བྱུང་། དེ་ནས་རྣོད་དམག་ཕྱིར་ལོག"①ཅེས་དང་། དེ་བཞིན་བོད་དམག་གིས་ཧྲ་ཀྲའུ་ལ་རྐོལ་ནས་ལོ་ཤས་ལེན་མ་ཐུབ་ཀྱང་། རྗེས་སུ་མཁར་ནང་གི་འབྲུ་དང་མཚོན་ཆ་རྫོགས་པས་ཐང་གི་དམག་དཔོན་ཡན་ཁྲའོ་ཟེར་བས་ངེད་ཅག་ས་གཞན་དུ་མ་དེད་ན་ང་ཚོ་མགོ་བཏགས་པས་ཆོག་ཅེས་བཤད་པ་ལ། བོད་ཀྱི་དམག་དཔོན་ཞང་ཁྲི་གསུམ་རྗེས་ཀྱང་དེ་ལྟར་བྱ་རྒྱུ་ཁས་བླངས་ནས་བོད་ཀྱིས་ཧྲ་ཀྲའུ་བཟུང་བ་སོགས་ཀྱི་སྐོར་ཞིབ་ཙམ་འཁོད་འདུག མདོར་ན་ཕྱོགས་གཉིས་ཀས་ཕ་རོལ་གྱི་མངའ་ཁོངས་ལ་རྐོལ་བའི་སྤོབས་ཤུགས་མེད་པ་དང་། ཕན་ཚུན་འཁྲུག་སླང་གི་གནས་ཚུལ་དེ་ཡུན་རིང་རྒྱུན་ཆགས་སུ་གནས་པའི་རྐྱེན་གྱིས་རྒྱ་བོད་ཕྱོགས་གཉིས་ཀར་ས་མཚམས་བདེ་ལ་འཁོད་པ་དང་། ཕྱུགས་ཡུན་ཞི་འདུམ་ཡོང་བའི་རེ་བ་བཅོས་མིན་དུ་ཡོད་པས་མཇལ་དུམ་གྱི་ཆ་རྐྱེན་འཛོམས་པར་གྱུར།

དེ་ནས་ཐང་གི་གོང་མ་སྨུའུ་ཙུང་ཁྲི་ལ་བཞུགས་པའི་རྗེས་སུ་ཐང་བོད་གཉིས་ཡུན་དུ་བདེ་བའི་མཇལ་དུམ་ཡོང་ཐབས་ཆེད་ཕྱོགས་གཉིས་ཀས་འབད་བརྩོན་བགྱིས་པ་བརྒྱུད་བར་ཆད་ཅུང་ཟད་བྱུང་བ་ཡང་ཁྱད་དུ་བསད་དེ་མཇལ་དུམ་ཆེན་པོ་མངོན་དུ་འགྱུར་ཐུབ་པ་བྱུང་། དེ་ཡང་བོད་ཀྱི་ཡིག་ཚང་ལས། "བོད་ཀྱི་མཆོད་གནས་ལོ་པཎ་རྣམས་དང་རྒྱའི་ཧ་ཤང་རྣམས་ཀྱིས་དཔང་པོ་མཛད། རྒྱའི་གོང་གུ་རྨེ་ཙུ་ཞེས་བྱ་བར་བོད་རྒྱའི་ས་མཚམས་བྱས་ཏེ་དེར་བོད་བཙན་པོའི་གཙུག་ལག་ཁང་ཞིག་དང་། རྒྱ་རྗེའི་གཙུག་ལག་ཁང་ཞིག་བརྩིགས། གནམ་ལ་ཉི་ཟླ་ཟུང་གཅིག ས་ལ་བཙན་པོ་དཔོན་ཞང་ལས་མེད་དོ་བར་བགྲོས་

① (ཐང་དེབ་གསར་རྙིང་བོད་ཡིག་དེབ་ངོས97 –98)

ནས་ཕ་བོང་ལ་ཉི་ཟླའི་གཟུགས་བྱས། ཕྱིན་ཆད་བོད་བོད་ཡུལ་ན་བདེ། རྒྱ་རྒྱ་ཡུལ་ན་བདེ། སོ་མཚམས་རྨེ་རུ་མན་ལ་བོད་ཀྱིས་དམག་མི་དྲངས། གལ་ཏེ་དྲངས་ན་རྒྱ་རྗེའི་ཕོ་བྲང་གི་མདུན་གྱི་རྡོ་རིང་ཡི་གེ་ལན་གསུམ་ཀློག་པས་བོད་ཐམས་ཅད་འཕུང་བར་འགྱུར། རྨེ་རུ་ཡན་ལ་རྒྱའི་དམག་མི་དྲངས། གལ་ཏེ་དྲངས་ན་ལྷ་སའི་རྡོ་རིང་གི་ཡི་གེ་ལན་གསུམ་ཀློག་པས་རྒྱ་ཐམས་ཅད་འཕུང་བར་གྱུར་ཅིག་ཅེས་བཙན་པོ་དཔོན་ཞང་གིས་བདེན་པ་བཙུགས་ཏེ་དམོད་བོར། བོད་རྒྱའི་ཕོ་བྲང་གི་མདུན་སོ་མཚམས་རྨེ་རུ་དང་གསུམ་དུ་རྡོ་རིང་རེ་རེ་བཙུགས་ཏེ་ངོས་ཆེ་བ་གཉིས་ལ་བཙན་པོ་དཔོན་ཞང་གི་ག་སྙོགས་ཡིག་དང་བྲོ་ཚིག ངོས་ཆུང་བ་གཉིས་ལ་བོད་རྒྱའི་བློན་པོ་བཀའ་ལ་གཏོགས་པ་རྣམས་ཀྱི་ག་སྙོགས་ཡིག་དང་བྲོ་ཚིག་བྲིས་ཏེ། དཀོན་ཅོག་གསུམ་ལྷ་ཀླུ་གཟའ་སྐར་སྐུ་ལྷ་ཐམས་ཅད་དཔང་དུ་བཙུགས་ཏེ་བཙན་པོ་དཔོན་ཞང་གིས་དབུ་སྙུང་མཛད་……”①ཅེས་གསལ་བ་དང་། ཐང་དེབ་གསར་མའི་ནང་དུའང་། “ཁྲང་ཆེན་ཁྲི་ལོ་དང་པོར། (སྤྱི་ལོ821བོད་ལྕགས་གླང་ལོར་) ཡུ་གུར་དང་ཐང་གཉིས་འདུམ་བྱུང་བའི་གཏམ་སྙད་ཀྱིས་གསན་ཏེ། སྙད་དམག་ཆེན་སེ་པའོ་ལ་དྲངས་པ་ལི་ལྷུན་ཡོ་བྱ་བས་ཕྱིར་བཟློག་ས། དེ་ནས་བོད་ཀྱི་ཕོ་ཉ་བ་ཞང་ཁྲི་ཐོགས་བྱ་བ་སྐྱེས་འབུལ་དུ་མངགས་པར་མ་ཟད། མཇལ་དུམ་བྱེད་ཟེར་བ་ལ། གོང་མས་ཀྱང་གསན་དུ་བཞེད། ཆོས་ཀྲི་དང་། ཧུའུ་ཡོན་དབྱིན། ཞང་པོ་བྱ་བ་བཅས་ཀྱིས་གོང་མ་ལ་རོགས་བྱས་ནས་སྲིད་བསྐྱངས། ……གོང་མས་ཏྭ་ལི་ཆེན་གྱི་ཐབས་ཡོད་པ་ལིའུ་ཡོན་ཧིན་བྱ་བ་མཇལ་དུམ་བྱེད་པའི་ཕོ་ཉར་

① (ཆོས་འབྱུང་མཁས་དགའ་ལྟགས་པར་དེབ་ངོས415－416)

མངགས། ཡུའུ་སི་ལང་གི་ཐབས་ཡོད་པ་ལིའུ་ཧྲི་ལོ་བྱ་བ་དེའི་ལག་རོགས་སུ་མངགས”……① ཞེས་དང་། དེ་མིན་ཐང་གི་བློན་པོ་ཆེ་ཆུང་བཅུ་ལྷག་ཙམ་བཅས་ཀྱིས“ རྗོད་ཀྱི་ཕོ་ཉ་བ་བློན་ན་ལོད་ཞེས་པ་སོགས་དང་ལྷན་དུ་ཁྲང་ཨན་མཁར་གྱི་ནུབ་ཕྱོགས་སུ་མཇལ་དུམ་བྱས། བཙན་པོས་བཀའ་གཙིགས་ཀྱི་ཡི་གེའི་ནང་། “དེ་ལས་ཕན་ཚུན་དགྲར་མི་འཐབ། དམག་མི་དྲང་། ཡུལ་མི་བརྐམ། ཡིད་མ་ཆེས་པ་ཞིག་ཡོད་ན། མི་བཟུང་ཞིང་གཏམ་དྲིས་ཏེ། བཀྱངས་ནས་ཕྱིར་གཏོང་ངོ་” ཞེས་བྲིས་འདུག་པས། གོང་མའང་དེར་ཐུགས་འཐད། མཇལ་དུམ་ལ་ཞུགས་མཁན་བློན་ཆེན་རྣམས་ཀྱི་མིང་རྟགས་བཀའ་གཙིགས་ཀྱི་ཡི་གེར་བཀོད་……” ཅེས་དང་། “ལོ་དེའི་རྗེས་མར་(སྤྱི822བོད་ཆུ་སྟག་ལོ་) “རྗོད་ནས་ས་མཚམས་འབྱེད་རྒྱུའི་རེ་བ་བཏོན། ལིའུ་ཡོན་ཧྲིན་རྗོད་དུ་སོང་ནས་བློན་ན་ལོད་དང་ལྷན་དུ་མནའ་བོར། རྗོད་ཀྱི་བློན་པོ་རྣམས་ཀྱི་མིང་རྟགས་ཀྱང་བཀའ་གཙིགས་ཀྱི་ཡི་གེའི་ཐོག་ཏུ་བཀོད་”② ཅེས་འཁོད་ཡོད་ཅིང་། ལྷ་ས་གཙུག་ལག་ཁང་གི་གཞུང་སྒོའི་མདུན་དུ་བསྐྲུན་པའི《དཔོན་ཞང་དབུ་སྣུང་》གི་གཙིགས་ཀྱི་རྡོ་རིང་ཆེན་པོ་འདི་ནི། “བོད་ཆེན་པོའི་ལོའི་མིང་སྐྱིད་རྟག་ལོ་དགུ། རྒྱ་ཆེན་པོའི་ལོ་མིང་ཙང་གེང་(ཁྲང་ཆིང་)ལོ་གསུམ། ཆུ་མོ་ཡོས་བུ་ལོའི་དཔྱིད་ཟླ་འབྲིང་པོ་ཚེས་བཅུ་བཞི་ལ། རྡོ་རིངས་ལ་ཡི་གེ་བྲིས་སོ་”③ ཞེས་གསལ་བ་ནི་སྤྱི་ལོ823བོད་ཀྱི་ལོའི་མིང་སྐྱིད་

① (ཐང་དེབ་བོད་ཡིག་དེབ་ངོས101)

② (ཐང་དེབ་བོད་ཡིག་དེབ་ངོས103)

③ (རྡོ་རིང་ཤར་ལྡེབས་ཀྱི་ཡིག་ཕྲེང65ནས67བར་)

རྟག་ཅེས་པ་དོན་ལ་བཙན་པོ་ཁྲི་གཙུག་ལྡེ་བཙན་གྱི་ཁྲི་ལོ་དགུ་པ་དང་། རྒྱའི་ལོའི་མིང་ཅང་ཀེང་ཏེ། (ཁྲང་ཆིང་) ཞེས་པ་དོན་ལ་ཐང་གོང་མ་མུའུ་ཙུང་གི་ཁྲི་ལོ་གསུམ་པ། བོད་དཔྱིད་ཟླ་གཉིས་པའི་ཚེས་བཅུ་བཞི་ཉིན་རྡོ་རིང་ལ་ཡི་གེ་བརྐོས་པའོ།

རྡོ་རིང་གི་ཕྱོགས་བཞིའི་རྒྱ་བོད་ཀྱི་ཡིག་གེ་གལ་ཆེ་བ་རྣམས་ད་ལྟའང་གསལ་པོ་བཀླག་རྒྱུ་ཡོད་པ་མ་ཟད། མི་རིགས་དཔེ་སྐྲུན་ཁང་ནས་ཟུ་ཧྲེང་དུ་ལྕགས་པར་གྱི་དེབ་ཐོག་དཔར་སྐྲུན་བྱས་ཡོད་སྐབས་འདིར་བསྐྱར་བཀློས་མ་དགོས་ཤིང་། གཙོ་བོ་ནུབ་ལྡེབས་སུ་རྒྱ་བོད་ཤན་སྦྱར་གྱི་བཀའ་གཙིགས་ཡི་གེ་ངོ་མ་དང་། ཤར་ལྡེབས་སུ་བཙན་པོ་སྲོང་བཙན་སྒམ་པོ་ནས་བཟུང་དུས་དེའི་བར་མི་ལོ་ཉིས་བརྒྱ་ཙམ་རིང་གི་ཐང་བོད་གཉེན་ཉེ་མཛའ་མཐུན་གྱི་ལོ་རྒྱུས་རགས་བསྡུས་སུ་བཀོད་ཡོད་ཅིང་། ལྷོ་བྱང་ལྡེབས་གཉིས་ལ་སྐབས་དེའི་རྒྱ་བོད་ཀྱི་བློན་པོ་བཀའ་ལ་གཏོགས་པ་རྣམས་ཀྱི་རུས་མིང་བཅས་རྡོ་ལ་བརྐོས་ནས་རྒྱ་བོད་དབར་དམག་འཁྲུག་མི་བྱེད་པར་མི་རབས་ཁྲི་ཕྲག་གི་བར་དུ་མཛའ་མཐུན་ཞི་འཇགས་བྱ་རྒྱུའི་དམ་བཅའ་བརྟན་པོ་བཞག་ཡོད། དུས་དེ་ནས་བཟུང་རྒྱ་བོད་གཉིས་ཀྱི་དབར་གཞི་ཁྱོན་ཆེ་ཆུང་སྣ་ཚོགས་ཀྱི་དུས་ཡུན་རིང་བའི་དམག་འཁྲུག་དེ་ཙ་བའི་ཐོག་ནས་མཇུག་སྒྲིལ་ཐུབ་པ་བྱུང་བ་ཡིན་ནོ། དེ་ནི་བཙན་པོ་ཁྲི་གཙུག་ལྡེ་བཙན་གྱི་སྐུ་རིང་ལ་སྐབས་དེའི་ཐང་བོད་བར་གྱི་ཞི་མཐུན་མཛའ་འབྲེལ་ཐད་བཞག་པའི་ལོ་རྒྱུས་ཐོག་གི་ཕྱག་རྗེས་བཟང་པོ་ཞིག་ཡིན་པ་མ་ཟད། རྒྱ་བོད་མི་རིགས་གཉིས་དབར་མཛའ་མཐུན་ཡུན་བརྟན་འཕེལ་རྒྱས་ཡོང་བར་དོན་སྙིང་ལྡན་པའི་ཕྱག་རྗེས་ཆེན་པོ་ཞིག་ཀྱང་འཇོག་གནང་མཛད་པ་ལགས་སོ།

གཞན་ཡང་ཆོས་འབྱུང་ལོ་རྒྱུས་འགའ་ཞིག་ནང་བཙན་པོ་འདིའི་སྐབས་

ཆོས་ཕྱོགས་ཀྱི་མཛད་འཕྲིན་ཆེར་སྐྲོག་གནང་བའི་ཞར་ལ། ཐ་ན“བྲེ་སྲང་དང་ཞོ་ཆ་ཚུན་རྒྱ་གར་གྱི་དབུས་འགྱུར་ཚོལ་དང་མཐུན་པར་བཅོས”①ཞེས་གསལ་བར་དཔགས་ན་ཆོས་ཀྱི་ལུགས་ཙམ་མ་ཟད། འཇལ་ཚོར་གྱི་ཚད་གཞི་ཚུན་ཆད་ཅེས་པའི་ཡོངས་ཧ་ལམ་ཆབ་སྲིད་ཀྱི་ལམ་སྲོལ་ཡང་རྒྱ་གར་ཅན་དུ་བསྒྱུར་བ་ལྟ་བུ་གསུངས་པ་ནི་དོན་ལ་གནས་པ་ཞིག་མ་མཐོང་སྟེ། བཙན་པོ་ཁྲི་རལ་པ་ཅན་གྱི་སྐབས་ཆོས་ཕྱོགས་ནས་རྒྱ་གར་ལ་བརྟེན་པ་ལས། འཇིག་རྟེན་སྲིད་ལུགས་ཀྱི་ཆ་ལ་རྒྱ་གར་གྱི་དར་སྲོལ་ཕྱག་ལེན་གནང་བའི་ལོ་རྒྱུས་རྗེས་ཤུལ་མཐོང་ཐོས་ཅི་ཡང་མེད། དེ་ལས་ལྡོག་སྟེ་རྒྱ་བོད་གཉིས་ནི་སྔ་ས་ནས་ཕན་ཚུན་འགྲོ་འོང་དང་། ཉེས་རྩོགས། སློབ་སྦྱོང་བཅས་བྱེད་པའི་འབྲེལ་ཟབ་ཀྱི་མི་རིགས་གཉིས་ཡིན་ལ། ལྷག་པར་བཙན་པོ་སྲོང་བཙན་སྒམ་པོས་བོད་གཅིག་གྱུར་མཛད་པ་ནས་བཟུང་སྤྱི་རྗེས་སུ་ཐང་གི་ཀོང་ཇོ་གཉིས་བཙན་པོའི་ཁབ་ཏུ་བསུས་ཏེ་རྒྱ་བོད་དབར་དཔོན་ཞང་གི་འབྲེལ་བ་བཙུགས་པ་དང་། ཀོང་ཇོ་གཉིས་ཀ་བོད་དུ་ཡུན་རིང་ཙམ་བཞུགས་པ། མི་ལོ་ཉིས་བརྒྱ་ཙམ་གྱི་རིང་ཕན་ཚུན་གཞུང་ཕྱོགས་ཀྱི་མཛའ་མཐུན་ཕོ་ཉའི་འགྲོ་འོང་རྒྱུན་ཆད་མ་མྱོང་ཞིང་། དེ་དག་བརྒྱུད་མི་རིགས་གཉིས་རིམ་བཞིན་ཕན་ཚུན་ཆ་རྒྱུས་ལོན་པ་དང་། འབྲེལ་འདྲིས་ཇེ་ཟབ་ཏུ་འགྱུར་བའི་ཐད་ནུས་པ་ཆེན་པོ་ཐོན་པ་མ་ཟད། རྒྱ་རིགས་ཀྱི་ཙུང་སྟོན་ཐོན་ཡིན་པའི་ཐོན་སྐྱེད་བྱེད་ཚུལ་ལས། བཟོ་རིགས་ལག་རྩལ། དམག་དོན་གྱི་འཐབ་རྫུས་སོགས་བོད་ལ་རིམ་བཞིན་དར་བ་དང་། ད་དུང་ཐང་རྒྱལ་རབས་ཀྱི་རྒྱལ་སར་བོད་ཀྱི་སློབ་གཉེར་བ་མངགས་ཏེ་རྒྱའི་ལོ་རྒྱུས་དང་། ཆབ་སྲིད།

① （ཆོས་འབྱུང་མཁས་དགའ་དེབ་ངོས417）

རིག་གནས་སོགས་ལ་སློབ་སྦྱོང་བྱས་ཡོད་ལ། དེ་བཞིན་རྒྱ་རིགས་ཀྱི་ཕོ་ཉ་བ་དང་ཧྭ་ཤང་ལ་སོགས་པ་དུ་མ་མངགས་ཏེ་བོད་ཀྱི་སྤྱི་ཚོགས་དང་། ཚབ་སྲིད། ལོ་རྒྱུས། ཡུལ་གོམས་གཤིས་ལུགས་སོགས་ལ་སློབ་སྦྱོང་དང་ཞིབ་འཇུག་ཀྱང་བྱེད་སྐྱོང་ཡོད་པར་གྲགས། བྱ་རིམ་དེ་དག་གི་ནང་དུ་རང་ཅག་བོད་རིགས་མི་དམངས་ནི་གནའ་དུས་ནས་བཟུང་མི་རིགས་གཞན་གྱི་ལེགས་ཆ་ལ་སློབ་སྦྱོང་བྱ་རྒྱུར་དགའ་ཞིང་། བྱེད་མཁས་པ་ཞིག་ཀྱང་ཡིན་སྟབས་སྲིད་ལུགས་ཀྱི་ཐད་ལ་རྒྱ་རིགས་ཀྱི་ལེགས་ཆ་བླངས་པ་མང་བ་ཡིན། འདིར་སྐབས་དེ་རང་གི་གལ་ཆེ་བའི་དཔེ་མཚོན་ཞིག་བརྗོད་ན་དབོན་ཞང་དབུ་སྙུང་རྡོ་རིང་གི་ཡི་གེའི་ལོ་ཚིགས་བརྩི་ཚུལ་ཐད། "བོད་ཆེན་པོའི་ལོའི་མིང་ནི་སྐྱིད་རྟག་ལོ" ཞེས་པ་འདི་ཡང་རྒྱའི་གོང་མ་རྣམས་ལ་སོ་སོར་ཁྲི་ལོའི་མིང་རེ་ཡོད་པ་དེས་རྒྱལ་ཐོག་གང་དང་ཐུ་ཕྱི་ཇི་ཡིན་སོགས་བདེ་བླག་ངང་རྟོགས་ཐུབ་པའི་དགེ་མཚན་དེ་ལ་དཔེ་གཟིགས་ནས། བཙན་པོ་ཁྲི་གཙུག་ལྡེ་བཙན་གྱིས་ཀྱང་རང་ཉིད་ཀྱི་ཁྲི་ལོའི་མིང་སྐྱིད་རྟག་ཅེས་གཏན་འགེལ་གནང་བ་ཞིག་ཡིན། དེས་སྐྱིད་རྟག་ལོ་དང་པོ་དེ་ནི་ཁྲི་གཙུག་ལྡེ་བཙན་བཙན་པོའི་ཁྲི་ལ་འཛོམས་པའི་ལོ་ཡིན་པ་དང་། དེ་ནི་ཐང་གོང་མ་ཞན་ཙུང་གི་ཡོན་ཧེ་ཁྲི་ལོ་བཅུ་གཅིག་པ་སྟེ་སྤྱི་ལོ815བོད་ཤིང་མོ་ལུག་གི་ལོ་ཡིན་ཅིང་། དེའི་ཤུགས་ལས་ལོ་དེར་ཡབ་བཙན་པོ་ཁྲི་ལྡེ་སྲོང་བཙན་སྐུ་གཤེགས་པ་མཚོན་པ་དང་། རྡོ་རིང་ནང་འཁོད་པའི་སྐྱིད་རྟག་ལོ་བདུན་པ་དང་། བརྒྱད་པ། དགུ་པ་བཅས་སོ་སོ་ནི། ཐང་གོང་མ་མུའུ་ཙུང་གི་ཁྲང་ཆིང་ཁྲི་ལོ་དང་པོ་དང་། གཉིས་པ། གསུམ་པ་བཅས་ཏེ་སྤྱི་ལོ821 ལྕགས་གླང་དང་། 822ཆུ་སྟག 823ཆུ་ཡོས་བཅས་སོ་སོར་ཡིན་པ་ཐེ་ཚོམ་ཕྲ་ཙམ་ཡང་མེད་པར་རྟོགས་ཐུབ་པའི་དགེ་མཚན་ཕྱུང་བ་མ་ཟད། བོད་ཀྱི་ཆོས་འབྱུང་ལོ་

རྒྱུས་དག་ན་གསལ་བའི་བཙན་པོ་རལ་པ་ཅན་བཀྲོངས་པའམ། སངས་རྒྱས་ཆོས་ལུགས་བསྣུབས་པའི་ལྕགས་མོ་བྱ་ལོ་དེའང་བོད་ཀྱི་སྐྱིད་རྟག་ལོ་ཉི་ཤུ་རྩ་དྲུག་པ་སྟེ་སྤྱི་ལོ841ཡིན་པ་གླེང་མེད་དུ་བརྗེ་ཆོག་པ་སོགས་དེ་རྗེས་ཀྱི་བསྟན་པ་ཕྱི་དར་གྱི་ལོ་ཚིགས་གུང་སྒྲིག་པ་ལའང་འབྲེལ་སེལ་གྱི་གཞི་འཛིན་ས་ཡིད་རྟོན་འཕེར་བ་ཞིག་བྱུང་ཡོད།

གཞན་ཡང་གནའ་དུས་དེ་ཙམ་ན་རང་ཅག་གི་བཙན་པོ་བཞུགས་པའི་ཕོ་བྲང་གི་ཁོར་ཡུག་དང་། བཙན་པོ་ཉིད་ཀྱི་སྐུའི་ཆ་བྱད་སོགས་ཅི་ལྟ་བུ་ཞིག་ཡོད་པའམ། གལ་ཆེའི་མགྲོན་པོར་མཇལ་འཕྲད་གནང་སྐབས་ཀྱི་ཚུལ་ཇི་འདྲ་མཆིས་པ་སོགས་ཀྱང་རང་རེའི་ལོ་རྒྱུས་ཀྱི་ཡིག་ཚང་ལས་རྙེད་ཐབས་བྲལ་བ་ནི། ཉེ་རབས་ཀྱི་མཁས་དབང་དགེ་འདུན་ཆོས་འཕེལ་གྱིས། “ལར་སྔོན་དུས་ཀྱི་སྲོལ་ལུགས་སོགས་ཇི་འདྲ་ཡིན་བསམ་པའི་ཚེ། རྒྱལ་ཁམས་གཞན་གྱི་ཡི་གེར་བྲིས་པའི་ལོ་རྒྱུས་སོགས་ལ་བལྟ་བ་ཙམ་ལས། རང་གི་མིས་རང་ཡུལ་གྱི་སྲོལ་ལུགས་འདི་འདྲའོ་ཞེས་ཞིབ་ཏུ་བྲིས་པ་ཞིག་ཤིན་ཏུ་རྙེད་དཀའ་བ་འདི་ཡུལ་ཀུན་ལ་འདྲ་བ་ཡིན་ཏེ། དཔེར་ན་ད་ལྟ་བོད་ཀྱི་མིས་བྲིས་པའི་ལོ་རྒྱུས་ཀུན་ལ་བལྟས་ཀྱང་། ལྷ་སའི་གྲོང་ན། བུད་མེད་རྣམས་པང་གདན་ཁྲ་བོ་དང་། སྤ་དྲུག་ཟུར་གསུམ་ཞིག་གྱོན། སྐྱེས་པ་རྣམས་པགས་ཞྭ་རྩ་ལེབ་བཞི་ཡོད་པ་ཞིག་གྱོན་སོགས་བྲིས་པ་སྲིད་མཐའ་ཙམ་ཡིན་ལ། ད་ནས་ལོ་ལྔ་བརྒྱ་ལྷག་སོང་ཚེ། ད་ལྟའི་སྲོལ་ལུགས་འདི་ཀུན་ཀྱང་མི་རྒྱུད་རྣམས་ལ་ཤིན་ཏུ་སྙིག་གྱུར་དུ་སོང་སྟེ། ཡུལ་ཁམས་གཞན་གྱི་མིའི་ངག་སྒྲོས་རྙེད་པ་རྣམས་བསགས་ནས་རགས་ཙམ་ཞིག

ལས་དཔྱོད་མི་ཐུབ་པ་སོགས་ཡིན་ནོ་”①ཞེས་གསུངས་པ་ནི་དོན་གྱི་མཁས་པའི་གསུང་འབའ་ཞིག་ཡིན་པ་ལྟར་དཔེར་ན། 《ཐང་དེབ་གསར་མ་》ནང་སྤྱི་ལོ822བོད་ཆུ་སྟག་ལོར་ལྷ་སར་ཐང་བོད་བཀའ་གཙིགས་ཀྱི་མཛད་སྒོའི་ནང་གཞུག་མཁན་གཙོ་བོ་ཐང་གི་བློན་པོ་ལྟ་ལི་ཆེན་གྱི་ཐབས་ཡོད་པ་ལེའུ་ཡོན་ཧྲིང་བྱ་བ་བོད་དུ་ཡོང་སྐབས་ཀྱི་མཐོང་ཐོས་བཀོད་པའི་དུམ་བུ་ཞིག་དྲངས་ན“……ཡར་ལུང་གཙང་པོའི་ལྷོ་ནུབ་ནི། ས་ཁོད་སྙོམས་ཤིང་བཅུད་ཆེ་ལ། ཡུལ་ལྗོངས་ཀུང་རྣམ་པར་མཛེས། གཙང་པོའི་འགྲམ་གཉིས་སུ་འོམ་བུ་ཤིང་གིས་ཁེངས་ཤིང་། རི་སྐེད་དུ་ཤུག་པ་མང་པོ་སྐྱེས་འདུག་པ་དང་། རི་ཞབས་སུ་བང་སོ་མང་པོ་འདུག བང་སོའི་ཡོགས་སུ་ས་ཁང་བརྩིགས་པ་ཚོས་དམར་པོར་བསྒྱུར་ཡོད་ལ། ཀུང་ངོས་སུ་སྟག་དཀར་པོ་བྲིས་འདུག དེ་གར་སྦས་པ་རྣམས་ནི་མི་ཆེན་དང་གཡུལ་དུ་དཔའ་བ་རྣམས་ཀྱི་གདུང་ཡིན། ཁོང་ཧ་རྣམས་འཚོ་བའི་སྐབས་སུ་སྟག་པགས་གྱོན་ཞིང་། འདས་པའི་རྗེས་སུ་སྟག་གི་གཟུགས་བརྙན་རི་མོར་བྲིས་ཏེ་དཔའ་བོའི་རྟགས་སུ་ངོམ་པ་འདྲ། ཁོང་ཚོ་དང་ལྷན་དུ་ཤི་བའི་མི་རྣམས་ཀྱི་རོ་ཡང་བང་སོའི་ཡོགས་སུ་སྦས་འདུག སྐྱེས་ལ་སྣང་བརྒྱུད་དེ་འགྲོ་སྐབས། རི་དེར་ལམ་ཞིག་བཤགས་ཡོད་ལ། ཤིང་རྟའང་བགྲོད་ཐུབ། དེ་ནི་དང་མ(སྟོན་ཚད)ཅེན་ཁྲིན་ཀོང་ཇོ་བསུ་ཆེད་ལས་པ་རེད། དེ་ནས་ཤ་ཚལ(ལྷ་ས)དུ་སླེབས་ཏེ་མགྲོན་ཁང་ཞིག་ཏུ་བསྡད། ཡར་ཀླུང་གཙང་པོའི་བྱང་རྒྱུད་ནི་བཙན་པོ་དབྱར་དུས་བཞུགས་ས་ཡིན། ཕོ་བྲང་གི་ཁོར་ཡུག་ཏུ་མདུང་སོགས་བཙུགས་ཤིང་། གོམ་པ་བཅུ་རེའི་མཚམས་སུ་མདུང་རིང་རེ་

① (དེབ་དཀར་ཤིང་པར་ཤོག་གྲངས20མདུན་)

བཙུགས་འདུག བར་དུ་སྣོ་མོ་གསུམ་མཆིས་པ་ལ་སོ་སོར་དར་མོ་ཆེ་རེ་བསྒྲེངས།
སྣོ་དེ་དག་གི་བར་དུ་གོམ་པ་བརྒྱ་ཕྲག་རེ་འདུག ཀོ་ཆ་ཐོགས་པའི་དམག་མིས་
བྱ་ར་བྱེད་པ་དང་། བརྙེ་རྣམས་ཀྱིས་ཞྭ་མོ་རྩེ་རིང་གྱོན་ཞིང་། སྟག་པགས་ཀྱི་
སྐེ་རགས་བཅིངས། རྔ་བོ་ཆེ་བརྡུངས། ཕོ་བྲང་དུ་འགྲོ་ཚེ་སྟོག་ཞིབ་བྱེད། ཕོ་
བྲང་གི་དབུས་སུ་ཁྲི་སྟེགས་མཐོན་པོ་ཞིག་མཆིས་ཤིང་། དེའི་མཐའ་འཁོར་དུ་
རིན་པོ་ཆེའི་ཕྲུབ་ཀྱིས་བསྐོར། བཙན་པོ་ཕོ་བྲང་དུ་བཞུགས། འབྲུག་དང་སྟག་
གཟིག་སོགས་གསེར་གྱི་ཤན་པ་ཡོད་ལ། བཙན་པོའི་སྐུ་ལ་སྟག་ལྤགས་དཀར་པོ་
གསོལ། དབུ་ལ་དར་གྱི་ཐོད་དམར་པོ་བཅིངས། ཕྱག་ཏུ་གསེར་གྱི་མདའ་
གཅིག་ཐོགས། བརྙེ་ཆེན་པོ་ནི་བཙན་པོའི་གཡས་སུ་འགྲེངས། བློན་ཆེན་
རྣམས་ཁྲི་ཡི་གཤམ་དུ་བསྒྲིགས། ཐང་གི་ཕོ་ཉ་བ་སླེབས་དུས། ཙི་ཧྲི་ཀྲུང་གི་
ཐབས་ཡོད་པ་བློན་སྟག་བཞེར་བྱ་བ་མཇལ་དུས་ཀྱི་གྲོགས་བྱེད་དུ་འོངས།
བཙན་པོའི་ཕོ་བྲང་གི་གཡས་ཕྱོགས་ནས་གསོལ་སྟོན་བཤམས། ཟས་ཟ་ཞོར་དུ་
ཆང་ཡང་བཏུང་། དེ་རྣམས་ནི་རྒྱ་ཡི་སྲོལ་དང་མི་འདྲ་ས་མེད་ཅིང་། ཟས་ཟ་
དུས་རྫེ་པོ་གཡུལ་ལས་རྒྱལ་བ་ཞེས་པའི་ཐང་གི་རོལ་མོ་དཀྲོལ་བ་དང་། ལིང་
ཀྲའུ་ཡི་རོལ་མོ་དང་། ཧྲའུ་ཕྲེ་རོལ་མོ། ལྷའུ་ཡོ་རོལ་མོ་ལ་སོགས་ཀྱང་གཏོང་།
གཞས་གཏོང་མཁན་དང་གར་འཁྲབ་མཁན་ཚང་མ་རྒྱ་རིགས་རེད། མཇལ་
དུམ་བྱེད་སའི་སྟེགས་བུ་དེའི་ཞེང་ལ་གོམ་པ་བཅུ། དཔངས་ལ་ཁྲུ་དོ་ཙམ་འདུག
ཐང་གི་ཕོ་ཉ་བ་དང་སྟོད་ཀྱི་བློན་ཆེན་བཅུ་ལྷག་ཁ་སྤྲོད་དུ་བསྡད། ཚོ་དཔོན་
བརྒྱ་ལྷག་སྟེགས་བུའི་གཤམ་དུ་བསྡད། སྟེགས་བུའི་ཐོག་ཏུ་ཁྲི་ཆེན་པོ་ཞིག
བཀྲབ་པ་དང་། བརྙེ་ཆེན་པོ་དེའི་སྟེང་དུ་སོང་ནས་བཀའ་ག་ཚོམས་བསྒྲགས་པ་
དང་། གཞན་ཞིག་གིས་ལོ་ཙཱ་བྱེད། མཇལ་དུས་ཀྱི་སྐབས་སུ་བརྙེ་ཆེན་པོ་མ་

གཏོགས་གཞན་རྣམས་ཀྱི་ཁྲིག་གི་བཏུང་བ་བྱེད། མནའ་བོར་རྗེས། ཆོས་ལུགས་ཀྱི་སྲོལ་ལྟར་སླར་ཡང་མནའ་ཞིག་འདོར་བ་དང་། དབང་ཆུ་གསོལ། ཐང་གི་ཕོ་ཉ་བ་ལ་བཀྲ་ཤིས་བདེ་ལེགས་ཞུས་ཏེ། ཚོ་ག་རྫོགས་པར་གྱུར་ཏོ་”①
ཞེས་གསལ་འདུག བཀའ་ག་ཅོག་ས་ཀྱི་ཚོ་ག་སྤེལ་ཡུལ་ས་གནས་ནི། “ཕོ་བྲང་ལྷ་སའི་ཤར་ཕྱོགས་སྦྲ་སྟོད་ཚལ་དུ་” ཡིན་ཞེས་རྡོ་རིང་གི་ཡི་གེར་འཁོད་ཡོད། མཐོང་ཐོས་ཀྱི་ཡི་གེ་དེ་ཚོའི་ཐོག་ནས་སྐབས་དེའི་བོད་ཀྱི་ཡུལ་ལྗོངས་དང་། བཙན་པོའི་བཞུགས་ཡུལ། གལ་ཆེའི་མགྲོན་པོར་མཇལ་འཕྲད་སྣེ་ལེན་གནང་ཚུལ་དང་། རྒྱ་བོད་མཇལ་དུམ་བཀའ་ག་ཅོག་ས་ཀྱི་མཛད་སྒོ་དང་གསོལ་སྟོན་གནང་ཚུལ་སོགས་རགས་པ་ཙམ་རང་རེས་ཤེས་ཐུབ་པ་མ་ཟད། བཙན་པོའི་སྐབས་བོད་ཀྱི་སྲིད་ལུགས་མཛད་པ་སྐྱོང་ཚུལ་གྱི་ཐོག་ནས་ཀྱང་གནའ་དུས་ནས་རྒྱ་བོད་མི་རིགས་གཉིས་ཀྱི་འབྲེལ་འདྲིས་དམ་ཟབ་ཅི་འདྲ་ཡོད་པ་གསལ་རྟོགས་བྱེད་ཐུབ་པ་ལགས་སོ།

བཙན་པོ་རལ་པ་ཅན་གྱི་ཕྱག་རྗེས་གཙོ་ཆེ་བ་གཞན་ཞིག་ནི། བོད་ཡུལ་གྱི་སངས་རྒྱས་བསྟན་པ་ལ་བཀུར་སྟི་དང་རིམ་གྲོ་ཚད་ལས་བརྒལ་བ་མཛད་པ་དེ་ཡིན། དེ་ཡང་ཆོས་འབྱུང་ལོ་རྒྱུས་ལས་འབྱུང་བ་ལྟར་ན། ཨུ་ཤང་རྡོ་དཔེ་མེད་བཀྲ་ཤིས་དགེ་འཕེལ་གྱི་ལྷ་ཁང་བཞེངས་པའི་སྐོར་ལ་ཐོག་མར་ཐུགས་དམ་གྱི་གཙུག་ལག་ཁང་ཞིག་བཞེང་བར་དགོངས་པ་ན། “རྗེའི་ཞལ་ནས། ལྷ་ས་མཁར་དང་འདྲ། བསམ་ཡས་གྲོད་དང་འདྲ། སྐར་ཆུང་མཆོད་པ་འདྲ། ང་ལྷ་ཁང་གཤའ་མ་ཞིག་བྱེད་གསུངས་ནས་བཀའ་བསྩལ་པ་ལྟར། རྒྱ་དཀར་པོ།

---

① (ཐང་དེབ་གསར་རྙིང་བོད་ཡིག་དེབ་ངོས104－106)

རྒྱ་ནག་པོ། ལི་ཡུལ། ཁ་ཆེ། བལ་པོ། བོད་ཡུལ་གྱི་བཟོ་བོ་མཁས་པ་ཐམས་ཅད་བཀུག་ཏེ། རྒྱ་ནག་གི་ཧྭ་ཞག་མཁས་པ་ཞིག་གིས་ས་བཅལ། འོན་ཀྱང་རྡོའི་བཟོ་བོ་མཁས་པ་ཞིག་ལིའི་ཡུལ་དུ་ལྷུང་ར་སྨྱུག་པོ་ན་ལི་རྗེ་ལ་ཡོད་པ་ཐོས་ནས། སླ་བ་གཅིག་བཟུང་ནས་ལྷགས་ཀྱི་དྲ་བར་བཙུག་ནས། བོད་ཀྱི་བཙན་པོའི་སྟོབས་ཀྱི་སྣང་པོ་ཡིན་པས་འདི་བཞེས་ལ། ལི་ཡུལ་སྐྱོད་པའི་རྒྱལ་པོ་ཞེས་བྱ་བ་བཟོ་བོ་མཁས་པ་གཅིག་ཡོད་ཟེར་བས། དེ་བོད་ཀྱི་བཙན་པོའི་ཐུགས་དམ་ལྷ་ཁང་གི་བཟོ་བོ་བྱེད་པ་ལ་གནང་བར་ཞུ་བྱ་བ་དང་། དེ་མ་གནང་ན་རྒྱལ་པོ་ཐུགས་ཁྲོས་ནས་དམག་འདྲེན་ནོ་བྱ་བའི་བཀའ་ཤོག་གི་སྨྲོམ་བུ་བསྐུར་ནས་ཕོ་ཉ་བ་བཏང་། ཕོ་ཉ་བས་ལི་རྗེ་ལ་བཀའ་ཤོག་གི་སྨྲོམ་བུ་ཕུལ། ལི་རྗེས་བཀའ་ཤོག་གི་སྨྲོམ་བུ་གཟིགས་པས་སྟོབས་ཀྱི་སྣང་པོའི་རིལ་མ་ཙུན་ཆད་སྟོབས་ཀྱི་དྲི་སྣོམ་པ་བྱུང་བས་ཞུ་རྟེན་ལ་ཡང་མཉེས། བཙན་པོའི་བཀའ་ལ་མ་ཉན་ན། དམག་ཡོང་བ་ལ་ཡང་འཇིགས་ནས། བཀའ་ཤོག་སྨྲོམ་བུ་ན་ཇི་ལྟར་ཡོད་པ་བཞིན་བརྫངས་བར་ཆད་ནས། ལི་ཡུལ་སྐྱོད་པའི་རྒྱལ་པོ་ལ་བོད་ཡུལ་དུ་མཆི་འཚལ་བར་བསྒོ་བས། ངོས་རྒས་པས་ངའི་བུ་གསུམ་བཙན་པོའི་ཕྱག་ཏུ་འབུལ་ལོ་ཞེས་སོ། ལི་རྗེ་ན་རེ། ཁྱོད་དང་བཙན་པོ་གཡར་(ཞལ་)མ་མཇལ་ན། ལི་ཡུལ་དུ་བཙན་པོའི་དམག་ཡོང་བས། སྔོན་ཡང་རྒྱལ་པོ་སྲོང་བཙན་སྒམ་པོའི་རྟ་དམག་དྲངས་ནས་ལི་ཡུལ་ཕུང་། ཆམ་ལ་ཕབ་ཟེར་བས་ཁྱོད་ལི་ཡུལ་སྐྱོད་པའི་རྒྱལ་པོ་ལམ་དུ་གུམ་ཡང་མགོ་བོ་བཙན་པོའི་ཕྱག་ཏུ་ཕུལ་ཞིག བུ་ལི་གསེར་གཟུངས། གསེར་འོད། གསེར་ཐོག་གསུམ་ནི་ལྷ་བཟོ་བའི་མཁས་པའི་མཆོག་ཡིན་པས་བོད་དུ་བཟོ་བྱེད་དུ་ཐོང་། ཕོ་ཉ་བ་ལ་སྐྱེས་བསྐུར་ནས་བཏང་། དེར་ལི་ཡུལ་སྐྱོད་པའི་རྒྱལ་པོ་ཡང་མ་གུམ་པར་བཙན་པོ་དང་ཞལ་མཇལ་ཏེ། རྒྱལ་པོ

མཉེས་སོ།

དེ་ནས་འཛམ་བུའི་གླིང་ན་རྗེ་བཙོ་ལ་མཁས་པའི་བལ་པོ་རྗེ་མཁན་ལ་སོགས་པས་བཙོ་བགྱིས་ཏེ། འོག་ཁང་གསུམ་ཐོག་སྒོ་རེ་(ཊ་) བཞི་མན་ཆད་རྗེ་ལ་བྱས་པའི་རྗེ་བཟོས་ཁྱད་པར་འཕགས་པ་བྱུང་སྟེ། དེའི་སྟུད་ལ་ར་སའི་གཙུག་ལག་ཁང་དུ་མེས་ཀྱིས་ཆོས་ཀྱི་སྲོལ་བཏོད་པས་བཀའ་དྲིན་ཆེ་བས་རྗེ་རིང་ཕུལ་ལོ། རི་མོའི་ཕུད་དུ་དར་ལ་བྲིས་པའི་མ་དཔེ་བེ་འབུམ་བརྒྱ་རྩ་བརྒྱད་ཕུལ། ལྷེར་ཆོའི་ཕུད་ལ་ལྷ་ཚངས་པ་དང་བརྒྱ་བྱིན་གཉིས་བཞེངས་ནས་ཕུལ། ལུགས་མའི་ཕུད་ལ་སྟོང་ཆེན་པོ་དྲིལ་བུའི་ཚུལ་དུ་བཏགས་ནས་ཕུལ། བར་ཐོག་ལྷ་ཁང་གསུམ་པོ་སོ་ཕག་ལས་བྱས། སྟེང་ཐོག་ལྷ་ཁང་གསུམ་ཤིང་དང་ཀོ་བ་ཟངས་མ་ལ་བྱས། རྒྱ་ཕིབས་ཀྱི་འོག་ཏུ་རླུང་གི་འཁོར་ལོ་བསྐོར་ཏེ། རབ་ཏུ་བྱུང་བ་མང་པོ་སྐོར་བ་རྒྱུན་དུ་བྱེད་དོ། བྱ་འདབ་ལ་ཕྱོགས་བཞིར་ལྕགས་ཐག་བཞི་མཆོད་རྟེན་ཆེན་པོ་བཞི་ལ་བརྟོད། རླུང་ཆེན་པོ་ནུབ་ནས་བྱུང་བའི་ཚེ། ཤར་གྱི་ལྕགས་ཐག་སྟོད་ཙམ་སོང་བ་དང་རྒྱ་ཕིབས་ཤར་དུ་ཡོ་ཙམ་འགྲོ། རླུང་ཤར་ནས་གཡོ་ཙ་ན། ནུབ་ཀྱི་ལྕགས་ཐག་སྟོད་ཙམ་སོང་བས་རྒྱ་ཕིབས་ཙུང་ཟད་ནུབ་ཏུ་ཡོ་ཙམ་འགྲོ། རི་ནག་གི་རྩེ་ལ་ན་བུན་བྱུང་བ་དང་ལྷ་ཁང་གི་ཁྱུང་མགོ་ལ་ཡང་ན་བུན་ཐུལ་ལེ་ཡོང་བའི་མཐོན་པོ་ཞིག ངན་སོང་སྦྱོང་བའི་དཀྱིལ་འཁོར་དུ་བཞེངས་སུ་གསོལ། བྱ་འདབ་དགུ་བརྩེགས་ལ་སོགས་པ་ཡབ་མེས་ཀུན་གྱི་ལྷ་ཁང་ལས་ལྷག་པ། བཟོ་སྣ་བཅུ་གཉིས་ཀྱིས་ཁྱད་པར་འཕགས་པ་ངོ་མཚར་དུ་གྱུར་པས་སྣ་དྲངས་པའི་འགུར་མོ་དང་། གང་བར་དང་། བཙན་ཐང་དང་། མྱང་རོ་རྩིབས་ཀྱི་ལྷ་ཁང་ཁྲབ་སྒོ་ཅན་གྱིས་ཁ་བསྐངས་ནས་བཞེངས་སོ། དེ་དག་གི་དགེ་བསྐོས་སུ་འོས་པ་རྣམས་ལ་གཉེར་བསྐོས་ནས

བསྙེན་བཀུར་དང་གནང་སྦྱིན་ཆེ་ཐང་དུ་མཛད་”① ཅེས་གསལ་ཞིང་། 《མཁས་པའི་དགའ་སྟོན་》ནང་“……འོག་གི་ཐོག་གསུམ་རྗེ་ལས་བརྩིགས་ཏེ་དེ་ན་ཇོ་བོ་རྣམས་བཞུགས། བར་ཐོག་གསུམ་སོ་ཕག་གིས་བརྩིགས་ཏེ་ལོ་པཎ་དགེ་འདུན་རྣམས་བཞུགས། སྟེང་ཐོག་གསུམ་ཤིང་གི་འཕྲུལ་གྱིས་བཏེགས་ཏེ་ཐུགས་དམ་གྱི་རྟེན་རྣམས་བཞུགས། སྐུའི་རྟེན་ཐམས་ཅད་རྒྱ་གར་གྱི་ཡུལ་དབུས་ཀྱི་ལྷ་ལ་དཔེ་བྱས་ལི་དཀར་དམར་ལས་ལུགས་སུ་བླུག་པ་ཛམྦུ་ཆུ་བོའི་གསེར་གྱིས་གཡོགས་པ་འབབ་ཞིག་ཏུ་མཛད། ……” ཅེས་སོགས་དང་། “གཞན་ཡང་དེའི་ཚེ་བློན་པོ་འགའ་དང་མྱང་བན་ཤའི་སྤྱན་ཅན་ལ་སོགས་པས་ལྷ་སར་ཤར་དུ་དཀར་ཅུ་དང་དམར་ཅུ་གཉིས། རྫོར་དགའ་བ་དང་དགའ་བའི་འོད། ནུབ་ཏུ་བྲན་ཁང་དང་བྲན་ཁང་ཐ་མ་ལ་སོགས་པའི་ལྷ་ཁང་བྱས་”② ཞེས་འཁོད་འདུག

དམ་པའི་ཆོས་བསྒྱུར་ཅིང་མིང་དུ་བཏགས་པ་རྣམས་དཀར་ཆག་ལ་བྲིས་ཏེ་བཀས་བཅད་པའི་སྐོར། བོད་ཀྱི་ཆོས་འབྱུང་ལོ་རྒྱུས་མི་ཉུང་བ་ཞིག་ན་བཙན་པོ་རལ་པ་ཅན་གྱི་མཛད་པའི་ཁོངས་སུ་བགོད་པ་མ་ཟད། ཐ་ན་ཁྲི་ལྡེ་སྲོང་བཙན་རལ་པ་ཅན་ཞེས་ཡབ་སྲས་ཀྱི་མཚན་འདྲེས་ནས་གསུངས་པའང་མངོན་པ་སོགས་སྔོན་བྱོན་མཁས་དབང་དེ་དག་ལའང་སོ་སོར་ལུང་རིགས་ཀྱི་ཁུངས་འཛིན་ས་རེ་ཡོད་པ་ནི་གོར་མ་ཆག་མོད། འོན་ཀྱང་ཡོངས་སུ་གྲགས་པའི་བཀས་བཅད་སྒྲ་སྦྱོར་བམ་གཉིས་མ་ནི་ཡབ་ཁྲི་ལྡེ་སྲོང་བཙན་གྱི་སྐུ་རིང་ལ་

① (ཆོས་འབྱུང་མེ་ཏོག་སྙིང་པོ་དེབ་ངོས418 –420)
② (ཆོས་འབྱུང་མཁས་དགའ་དེབ་ངོས418)

གཏན་འབེབས་གནང་བ་ཚིག་གསལ་ལྷར་མཚན་དེ་ནི་སྐབས་དེར་བསྒྲུན་པའི་རྫོ་རིང་གི་ཡི་གེ་གཅིག་མིན་གཉིས་མིན་དུ་འཕོད་པ་དང་ཡོངས་སུ་མཐུན་པས་ཐེ་ཚོམ་ཏིལ་འབྲུ་ཙམ་དགོས་དོན་མ་མཆིས་ཤིང་། འོན་ཏེ་བཙན་པོ་རལ་པ་ཅན་གྱི་སྐུ་རིང་ལའང་ཡབ་ཀྱི་བཞེད་པ་མུ་མཐུད་རྗེས་འཛིན་གྱི་ཉེ་འོག་གི་མཁན་པོ་ཛི་ན་མི་ཏྲ་དང་། སུ་རེནྡྲ་བོ་དྷི་དང་། ཤི་ལེནྡྲ་བོ་དྷི་དང་། བོ་དྷི་མི་ཏྲ་དང་། བོད་ཀྱི་མཁན་པོ་རཏྣ་རཀྵི་ཏ་དང་། རཏྣ་ཤི་ལ་དང་། ལོ་ཙཱ་བ་མཁས་པ་ཛྙཱ་ན་སེ་ན་དང་། ཛ་ཡ་རཀྵི་ཏ་དང་། མཉྫུ་ཤྲཱི་ཝརྨ་དང་། ལྷག་པར་ལོ་ཙཱ་བ་སྐ་བ་དཔལ་བརྩེགས་དང་། ཅོག་རོ་ཀླུའི་རྒྱལ་མཚན་དང་། སྣ་ནམ་ཞང་ཡེ་ཤེས་སྡེ་ལ་སོགས་པ་རྣམས་ཀྱིས་བཀའ་དང་བསྟན་བཅོས་སྔར་མ་བསྒྱུར་པ་མང་པོ་བསྒྱུར་ཅིང་ཞུད་དག་གཏན་ལ་འབེབས་པ་སོགས་ཀྱི་ཕྱག་རྗེས་ཆེན་པོ་བཞག་གནང་བ་ནི་སྨོས་མ་དགོས་སོ།

གཞན་ཡང་“རྒྱལ་པོ་འདིའི་སྐུ་རིང་ལ་གྲ་ཤོད་གཉིས་བྱ་བ་ཡི་གེའི་མཁན་པོ་གཉིས་བྱུང་སྟེ། རྗེ་ལ་ཡི་གེའི་སྤྱངས་ཕུལ་བས་སེང་གེ་གནམ་མཚོང་འདྲ་བ་དང་མུ་ཏིག་སྤར་ལ་རྒྱུས་པ་འདྲ་བ་བྱུང་སྟེ། རྗེ་ས་བདག་རྒྱལ་པོའི་ཐུགས་དམ་འབྲི་བར་བཟང་བས། ཞྭའི་ག་སྟོགས་ཀྱི་རྫོ་རིང་གི་འགྲམ་དུ་ཡི་གེའི་དཔེ་གཅིག་བཏབ་ནས་བཞག གསེར་ཡིག་ནི་དགེ་རྒྱས་བྱེ་མ་གླིང་གི་བཟང་པོ་སྐྱོད་པ་དང་། ཡེར་པའི་ཕུང་པོ་གསུམ་པའི་མདོ། མདོ་སྡེ་ཚོགས་བཞུགས་པའི་གསེར་འབུམ་དེ་རྣམས་འབྲི་བའི་དུས་སུ་རྗེས་རྩིས་གནང་བ་ནི། བསུ་བ་ཞུ་རྟེན། གདན་གཡས་གྲལ། གཏང་རག་གི་འབུལ་བ་བསམ་གྱིས་མི་ཁྱབ་པ་

གནང་། རྩེ་སར་ཞིང་དོར་གཅིག སྐྱོ་རོགས་སུ་རྩེད་འཛོ་ སྣ་ཚོགས་པ་གནང་ངོ་"[1]ཞེས་གསལ་བ་དེ་དག་ལས་སྐབས་དེར་བོད་དུ་བཀའ་བསྟན་གྱི་དཔེ་མང་པོ་འབྲི་བ་སྤྱར་བས་དར་རྒྱས་སུ་གྱུར་པ་མངོན་ཞིང་། དམ་ཆོས་སྒྱུར་བའི་ལོ་པཎ་སློམ་ཅི་ཡིག་གཟུགས་མཁས་པ་ཡན་ཆོད་ལའང་རྒྱལ་པོས་བཀུར་སྟི་དང་སྲི་ཞུ་ཕུན་སུམ་ཚོགས་པ་དེ་ལྷ་བུ་གནང་བ་མཚོན་གྱི་ཡོད་དོ།

"དེ་ནས་བཙན་པོ་ཆོས་ལ་དད་པས་བོད་ཡུལ་དུ་སློམ་གྲྭ་དང་། བཤད་གྲྭ འདུལ་གྲྭ་སོགས་བཙུ་ཕྲག་འགའ་བཙུགས། རྒྱ་ནག་པོ་དང་། བོད་ཡུལ་དང་། གཞན་ཡང་རྗེ་རལ་པ་ཅན་གྱི་མངའ་འོག་ན་ཡོད་པ་རྣམས་ལ་བཀའ་བསྒྲུལ་ནས་ལྷ་ཁང་སྟོང་ཙ་དང་། མཆོད་རྟེན་བྱེ་བ་བཞེངས་སོ།" ཞེས་དང་ལྷག་པར་བཙན་པོ་འདིས་ཡབ་མེས་ཀྱི་སྐབས་ལས་ཀྱང་དགེ་འདུན་ལ་བཀུར་སྟི་ཆེར་མཛད་པའི་སྐོར། "ཆབ་སྲིད་ཀྱི་མདུན་ས་ཆུང་བ་རབ་ཏུ་བྱུང་བ་ལ་འབུལ་གསུངས་པར། ལོ་ཙཱ་བ་ཀུན་གྱི་ཞལ་ནས། བོད་འབངས་འདུལ་དཀའ་བས་ཆད་པ་ལ་བརྟེན་དགོས། རབ་ཏུ་བྱུང་བ་སྟོན་པའི་བཀའ་བཞིན་བྱེད་འཚལ་བས། ཆད་པ་བགྱིད་མི་ནུང་། མདུན་ས་གནང་བ་མི་ལེན་ཞེས་གསོལ་བས། གསུངས་བཞིན་མི་བགྱིད་པ་ལ་ངས་ཞང་བློན་ཀུན་བགྱིད་དུ་སྩལ། ཆབ་སྲིད་བཞེས་པར་ཞུ་ཞེས་གསུངས་སོ། ཐུགས་དད་པས་རྗེའི་དབུ་ཐོད་སུད་རབ་ཏུ་བྱུང་བའི་གདན་དུ་བཏིང་། རབ་ཏུ་བྱུང་མ་ཐག་ལ་ཞབས་སྤྱི་བོར་ལེན། གོས་དུར་སྨྲིག་སྐྱེ་བོས་གྱོན་པ་གཟིགས་ན་ཡང་ཕྱག་དེང་མཛད། དན་གྱི་ལྟང་ཚལ་དུ་བླ་སྒོ་དང་པོ་དགེ་འདུན་ལ་ཕུལ། ཞང་བློན་གྱིས་སྣང་ཕྱག་གི་རྟེན་ཕུལ་

[1] (ཆོས་འབྱུང་མེ་ཏོག་སྙིང་པོ་དེབ་ངོས417)

ནས་སྒུང་ཕྲུག་ཉེ་ཤུ་རྩ་གཅིག་ཕྱུལ་ཡང་ལན་མི་གནང་། བོད་ཡོངས་ལ་རྗེའི་དཔྱ་བསྡུས་ནས། དགེ་འདུན་ལ་བླ་ནས་འཚོ་བ་འབུལ། རབ་ཏུ་བྱུང་བ་རེ་རེ་ལ་ཡང་འབངས་མི་ཁྱིམ་བདུན་བདུན་ལྷ་རིས་སུ་ཕྱུལ་ནས་ན་བཟའ་སྦྱོར། རབ་བྱུང་གི་གོས་ལྷན་པ་ཅན་གཟིགས་ནས། དེའི་ལྷ་རིས་ལ་དྲིས་ནས་བཀའ་དྲག་ཏུ་རྩལ།……”①ཞེས་སོགས་གསལ་བ་དང་། “མདོ་རྒྱུད་ཀྱི་འཆད་པ་པོ་རྣམས་ལ་སེང་གེའི་ཁྲི་དང་། ཁྲི་སྟན་གྱི་གདན། གདུགས་དང་བླ་བྲེ། གཡས་ན་རྒྱལ་མཚན་དང་། གཡོན་ན་བ་དན། མདུན་ན་མཆོད་ཡོན་དང་རོལ་མོ། ཕྱུག་ཆག་ཤིང་དང་མ་བྲལ་བར་རྒྱལ་བའི་རྒྱལ་ཚབ་ཏུ་མངའ་གསོལ། མིང་བླ་མ་དང་སློབ་དཔོན་དུ་བཏགས”②ཞེས་གསལ་བ་སོགས་མདོར་ན་ཆོས་ཕྱོགས་ལ་བཀུར་སྟི་ཚད་མེད་པ་གནང་བ་མཚོན་ཞིང་། གཞི་ནས་མེས་ཁྲི་སྲོང་ལྡེ་བཙན་གྱི་སྐུ་ཚེའི་སྨད་ནས་བཟུང་བཙན་པོའི་ཆབ་སྲིད་ཀྱི་ནང་དུ་དགེ་འདུན་གྱི་གནས་བབ་དེ་རིམ་བཞིན་ཇེ་མཐོང་གྱུར་པ་དང་། བོན་པོ་དང་དེའི་ཕྱོགས་གཏོགས་ཀྱི་བློན་པོ་རྣམས་ཡིད་མི་རངས་པའི་འགལ་བ་ཆགས་ཤིང་། དེ་རྗེས་མུ་ནེ་བཙན་པོ་དང་ལྷག་པར་ཡབ་ཁྲི་ལྡེ་སྲོང་བཙན་གྱི་སྐབས་ནས་བན་རྗེ་མྱང་ཏིང་ངེ་འཛིན་དང་། བན་རྗེ་ཆེན་པོ་བྲན་ཀ་དཔལ་ཡོན་གྱིས་གཙོ་བོར་བྱས་ཏེ་ཆོས་སྲིད་ཀྱི་དབང་ཆ་བཟུང་བས་བློན་པོ་རྣམས་ཀྱི་དབང་ཆ་རིམ་བཞིན་ཉར་བ་མ་ཟད། བཙན་པོ་རལ་པ་ཅན་གྱི་སྐུ་དུས་སུ་དགེ་འདུན་གྱི་དབང་ཆ་རིམ་བཞིན་བླ་ན་མེད་པའི་ཚད་དུ་སོན་པ་དེ་ལ་བློན་པོ་དང་དམག་དཔོན་རྣམས་མི་དགའ་

---

① （ཆོས་འབྱུང་མེ་ཏོག་སྙིང་པོ་དེབ་ངོས423－424）

② （ཆོས་འབྱུང་བསྟན་པའི་རྒྱལ་མཚན་དེབ་ངོས135）

བའི་འགལ་བ་དེ་སྟེར་བས་རྙོ་ངར་རྩེ་མོར་སོན་པར་གྱུར་ཏེ་བཙན་པོའི་ཕོ་བྲང་ནང་འཁོར་མཐོ་རིམ་གྱི་ཁྲོད་དུ་འགལ་ཟླ་ཆེན་པོ་བྱུང་བར་མངོན། དེ་ཡང་ཉང་རལ་ཆོས་འབྱུང་ལས། "དེ་ནས་བཙན་པོས་མདུན་ས་ཚུང་བ་རབ་ཏུ་བྱུང་བ་ལ་ཕུལ་ནས་ཆབ་སྲིད་ཆོས་དང་མཐུན། དབང་དགེ་འདུན་ལ་བསྐུར་ཏེ་ཕུལ་བས། སློན་པོ་ནག་པོ་ལ་དགའ་བ་ཀུན་དཔྱ་མི་འཚམ་པར་བསྟུ་བ་དང་། ཁྱི་དང་རྐྱ་བ་ལ་སོགས་པ་བག་མེད་སྤྱོད་པ་ཤིན་ཏུ་དོག་པར་བྱུང་བས། རྗེའི་སྐན་དུ། ཞང་སློན་ཆོས་བསྒོས་པ་ཀུན་སྒྲུབ་པ་ལ། དཔྱ་ལོ་ཐང་དུ་བསྡུས་ནས་དམངས་དགེ་འདུན་ལ་འབུལ་བ་འཛུག་ལགས། ངེད་རྣམས་ཀྱིས་སྣུང་ཕྱག་ཉི་ཤུ་རྩ་གཅིག་རྟེན་དང་བཅས་པ་བགྱིས་ཀྱང་བཀའ་ལན་མི་གནང་བར། དམངས་རབ་ཏུ་བྱུང་བ་ལ་དགྱེས་བཞིན་དུ་ཕྱག་མཛད་པ་ཅི་ལགས་ཞེས་པ་ལ་སོགས་པ་ཞུས་པའི་ལན་དུ། བཙན་པོས་བོད་འབངས་སྐྱ་བཙུན་ཡོངས་བསྡུས་ནས་རབ་ཏུ་བྱུང་བས་མཐའ་བསྐྱོད། ཆོས་བྱེད་པར་འདོད་པ་རྣམས་ལ་ཡང་བཀའ་དྲིན་ཆེན་པོ་གནང་། ཞང་སློན་རྣམས་ལ་ཕྱག་དང་སྣུང་མེད་བཏབ་མ་དགུ་རྩེགས་ཅན་དང་། ཟེང་པོ་སྣ་ཚོགས་ཅན་ལ་སོགས་པ་རིགས་མི་འདྲ་བ་སྣ་ཚོགས་གནང་། མི་ཆོས་དང་ལྷ་ཆོས་གཉིས་ཀ་གཏན་ལ་ཕབ"①ཅེས་གསལ་བ་ལྟར་སྐབས་དེར་ཞང་སློན་ཆོས། ཕྱིན་ཆད་དཔྱ་ཁྲལ་རྣམས་མི་དམངས་ནས་ཐད་ཀར་དགེ་འདུན་ལ་འབུལ་དུ་འཛུག་ཅེས་ཁོང་ཆོས་བསྟུ་གཏོང་གི་ལས་ཀ་བྱེད་མི་དགོས་པ་དང་། ཞང་སློན་རྣམས་ཀྱི་ཕྱག་རྟེན་ཕུལ་ནས་སྣུན་འདྲི་བའི་ཕྱག་ཉི་ཤུ་རྩ་གཅིག་ཕུལ་བ་ལ་བཙན་པོས་བཀའ་ལན་ཙམ་མི་གནང་བར།

---

① （ཆོས་འབྱུང་མེ་ཏོག་སྙིང་པོ་དེབ་ངོས426）

དམངས་ཕལ་པ་ཞིག་རབ་ཏུ་བྱུང་མ་ཐག་པ་ལ་ཕྱག་མཛད་པ་དེ་ལྷ་བུའི་ཆ་མཐོང་ཚེ་ཆུང་གནང་དོན་ཅི་ཡིན་ནམ་ཞེས་ཞུ་གཏུགས་བྱས་ཀྱང་། དེའི་ལན་དུ། བོད་འབངས་སྐྱ་སེར་མང་པོ་བསྡུས་པའི་ཐོག་རབ་ཏུ་བྱུང་བ་ལ་དེ་བས་བསྟོད་བསྔགས་དང་། སླད་ཆོས་བྱེད་འདོད་ཡོད་མཁན་ལ་འཁྲོལ་ཆ་ཆེན་པོ་གནང་བ་དང་། ཞང་བློན་རྣམས་ལ་སློང་ཕྱག་སོགས་བསྒམས་ཁྲིམས་ཀྱི་རིགས་སྒྲ་ཚོགས་གཏན་ལ་འབེབས་པ་སོགས་མཛོད་ན། ཞང་བློན་རྣམས་ཀྱི་ཞུ་གཏུགས་ལ་ཕྱོག་ཕྱོགས་ཀྱི་བཀའ་ནན་ལས་མ་བྱུང་བ་གསལ་པོ་མཚོན་ཞིང་། མུ་མཐུད་ཆོས་འབྱུང་དེ་ལས་བཙན་པོས་“ ར་ས་དང་། བསམ་ཡས། སྐར་ཆུང་ལ་སོགས་པའི་ཡབ་མེས་ཀྱིས་ཐུགས་དམ་བཞེངས་པའི་འཕྲོ་ཐམས་ཅད་ཀྱང་མ་ལུས་པར་བཞེངས་པ་མཛད་དོ། ཞིག་རལ་ཐམས་ཅད་ཀྱང་གསོ་བའི་དུས་དེར་ལོ་ཉི་ཤུ་རྩ་བཞི་རྒྱལ་སྲིད་བཟུང་། དེ་ལ་འབངས་ནག་པོ་ལ་དགའ་བ་རྣམས་ཀྱིས་ངེད་འདི་ཙམ་དུ་སྤྱོད་པ་དོག་པ་དེ་ཅིས་ལན་ཞེས་གླེང་བཤེར་བྱས་པས། བློན་པོ་རྣམས་ཀྱི་སྙིང་དུ་བདུད་ཞུགས་ནས། འདི་བཙན་པོའི་ཆབ་སྲིད་དམ་དྲགས་པའི་དབང་གིས་ལན་ཟེར་བར་འཆམས་ཏེ་”①ཞེས་འཁོད་པ་དེ་ལས་ཆབ་འབངས་རྣམས་དཔྱ་ཁྲལ་དང་ཨར་ལས་སོགས་ཀྱིས་མནར་ནས་སྨྲེ་ངག་འདོན་པ་དང་། བློན་པོ་རྣམས་ཀྱིས་དེ་བེད་སྤྱད་ནས་ངན་བསྐུལ་བྱས་པ་གསལ་པོར་མཚོན། དེ་ནས་བློན་འབངས་རྣམས་ཀྱིས“ སྤྱོད་པ་རྩེང་དུ་བཏང་བས་དེ་ལ་བཀའ་བཀྲོན་ནན་ཆེར་བསྒུལ་བས། དེ་ཕ་གིས་ལན་ཟེར་ནས། རབ་བྱུང་ལ་མཇུབ་མོ་བཙུགས་པས། ངའི་རབ་ཏུ་བྱུང་བ་ལ་མཇུབ་མོ་བཙུགས་

① （ཆོས་འབྱུང་མེ་ཏོག་སྙིང་པོ་དེབ་ངོས426）

ཟེར་ཏེ། ཀེར་བྱེད་ན་མཛུབ་མོ་ཚོད་ཅིག་ཅེས་བཀའ་བསྩལ་ཏོ། མཚང་ཅན་སྐྱོན་པའི་བཟ་བྱས་པས། དེ་ཁྲིམས་ལ་སྐྱོན་ཅིག་གསུངས་ནས་མཛུབ་མོ་བྲེགས། ཡང་དེ་རྣམས་སྤྱོད་པ་དོག་པས་ཕ་གི་ཀུན་གྱིས་ཟེར་ཏེ་ལན་མཆུ་ཡོ་བྱེད་པས་ངའི་རབ་ཏུ་བྱུང་བ་ལ་མཆུ་ཡོ་བྱེད་པ་ཀུན་མཆུ་བྲེགས་ཤིག་གསུངས་ནས་མཆུ་བྲེགས། དེ་བཞིན་མིག་ཡོག་གིས་བཟ་བྱས་པས་མིག་ཕྱུང་། ཆོས་པའི་ཀ་ཙ་བཀྲུས་པ་ལ་དཀོན་མཆོག་གི་ནོར་ལ་བརྒྱད་ཙུ་འཛལ་ལེན་པ་སོགས་ཀྱི་ཁྲིམས་མཛད་”①ཅེས་འབྱུང་བ་ལྟར་རྗེ་འབངས་བར་གྱི་འགལ་བ་དེ་ཛ་དྲག་ནོ་ངར་ཅན་དུ་གྱུར་ཏོ། “དེར་ཞང་བློན་ནག་པོ་ལ་དགའ་བ་ཀུན་སྐྲིག་ཏུ་གྲོས་བྱས་ཏེ། ཆོས་ཁྲིམས་བཞིག་ཆད་བྱས་པས་དེ་ལ་བཙན་པོ་མ་བགྲོངས་ན་ཆོས་ཁྲིམས་མི་ཞིག་ཟེར། ཁ་ཅིག་ན་རེ། རྗེ་རལ་པ་ཅན་ལ་སྲས་མེད་ཀྱང་གཅུང་ལྷ་སྲས་གཙང་མ་ཆོས་ལ་དགའ་བས། སྲིད་འཛིན་ཏེ་ཆོས་ཁྲིམས་མི་ཞིག་ཟེར། ཆོས་ཀྱི་ཁ་བཟུང་གིས་དོགས་ནས་གཙང་མ་སྤྱུགས་པས་ཆོག་ཟེར། ཡང་བན་ཆེན་པོ་བྲན་ཀ་དཔལ་གྱི་ཡོན་ཏན་ཆོས་བྱེད་པ་ལ་དབང་ཆེ་བས་ཆོས་ཁྲིམས་མི་ཞིག་ཟེར། དེ་ལ་རྗེ་ལ་སྣན་ཕྲ་བཙུག་པས་ཆོག་ཟེར་”②ཞེས་དང་། བློན་པོ་དེ་རྣམས་ཀྱི་གཙོ་བོ་ནི་དབས་རྒྱལ་ཏོ་རེ་སྟག་སྣ་བྱ་བ་དེ་ཡིན་པའི་སྐོར་ལ་ཆོས་འབྱུང་གཞན་ལས་གཏམ་རྒྱུད་འདི་ལྟ་བུ་ཞིག་འབྱུང་བ་སྟེ། “དེ་ཡང་འབངས་ཀྱི་བུ་བྱས་པ་སྤྲེའུའི་མགོ་འདྲ་བ་རྣ་བ་ལ་སྟག་རིས་ཡོད་པ་དབས་རྒྱལ་ཏོ་རེ་ཞེས་པ་ཞིག་བྱུང་སྟེ་ཕོ་བྱིས་པ་མང་པོའི་ཁྲིད་ན་རྩེ་ཞིང་ཡོད་པའི་ཚེ། བློན་ཆེན་པོ་

① (ཆོས་འབྱུང་མེ་ཏོག་སྙིང་པོ་བདེ་ངོས427)

② (ཆོས་འབྱུང་མེ་ཏོག་སྙིང་པོ་དེབ་ངོས427)

བྲན་ཀ་དཔལ་ཡོན་གྱིས་རྟ་ཞོན་ཏེ་ཕྱིན་པ་ན། བྱིས་པ་དེ་དག་རྩེ་བ་ལས་ཆར་བྱུང་བས་གཞན་ཐམས་ཅད་བྲོས། དེས་གོས་ཕུད་ནས་བྱེ་མའི་ཕུང་པོར་སྦས། གཅེར་བུར་ཆུ་ནང་དུ་ཞུགས། ཞིབ་མ་མགོ་ལ་བཀབ་སྟེ་བསྡད་པ་བློན་ཆེན་པོས་མཐོང་བས་མ་རུངས་པ་ཞིག་ཏུ་ཤེས་ཏེ། ནས་སུ་མ་སྨིན་པར་སྒྲུབས་སུ་གཅར་དགོས་པ་གཅིག་དེ་ན་འདུག་ཅེས་ཁ་ནས་ཤོར་སྐད། ཕར་ཚད་དུ་སླེབས་པ་དང་དེ་སྐད་ངག་ཏུ་ཤོར་བ་བྱིས་པ་དེས་དྲན་ནམ་ལྟ་དགོས་སྙམ་ནས་ཕྱིར་ལོག་སྟེ་རྟ་ལྷག་པོར་བ་ལྟར་བྱས་ནས་མཐོང་ངམ་དྲིས་པས་དེ་ན་རེ། ཁྱོད་རང་སྒྲུབས་གཅོར་ཟེར་ཅན་ལག་ན་འདུག་ཟེར་སྐད། དེ་ཞེ་ལ་བཞག་ཕྱིས་དེ་བློན་པོར་ཕྱུད་ནས་དབའས་སྟག་རྣ་ཅན་དུ་བཏགས་"① ཞེས་འབོད་པ་ལྡེའུ་ཆོས་འབྱུང་ནའང་དེ་དང་ཕྱོགས་མཐུན་ཙམ་གསལ་ལོ། དེ་ནི་གཏམ་རྒྱུད་ཙམ་ཞིག་ཡིན་མོད། འོན་ཀྱང་བློན་ཆེན་བན་དེ་བྲན་ཀ་དཔལ་ཡོན་གྱིས་བློན་པོ་དབས་སྟག་རྣ་ཅན་ལ་སྤྲ་ས་ནས་མགོ་གཉེན་དང་དོ་སྣང་ཆེན་པོ་བྱེད་པ་དང་། དབས་སྟག་རྣས་ཀྱང་བྲན་ཀ་ལ་འཁོན་འཁྲས་ཆེན་པོ་ཡོད་པ་མཚོན་ནོ།

དེ་ནས་བློན་པོ་རྣམས་ཀྱིས་གྲོས་ངན་བཤམས་པ་ལྟར་"དབས་རྒྱལ་ཏོ་རེས། བྲན་ཀ་དཔལ་གྱི་ཡོན་ཏན་དང་བཙུན་མོ་དཔལ་གྱི་ངང་ཚུལ་མ་སྙིག་ཏུ་ཉལ་བཤམས་སོ་ཞེས་བཙན་པོའི་སྙན་དུ་གསོལ་བས། ཁྲིམས་ལ་སྦྱོར་ཞིག་ཅེས་གསུངས་པ་ན་བཙུན་མོ་ངང་ཚུལ་མ་ཤིན་ཏུ་སྡུག་བསྔལ་ཏེ་རང་ལྕེབས་ནས་ཤི བློན་ཆེན་པོ་བྲན་ཀ་དཔལ་ཡོན་གྱིས་ཁོ་རང་བསད་ན་རྒྱལ་པོ་ཡང་དགྱེས་ཀྱི་དོགས་ནས་བྱང་དུ་བྲོས་ཏེ་ལྕགས་ཀྱི་སྲོག་རྩ་སྒྲུབ། གྲུབ་ལ་ཉེ་བའི་ཚེ་དམུས་ཏེ་

---

①（ཆོས་འབྱུང་མཁས་པའི་དགའ་སྟོན་དེབ་ངོས420）

ཕོང་བ་ཞིག་ཕོང་ཁྲིད་དང་བཅས་ཏེ་ཕྱོགས་དེར་སླེབས་ནས་ཕོང་བས་ཡུལ་འདི་གང་ཡིན་དྲིས་པས། ཕོང་ཁྲིད་ཀྱིས་ལུང་སྟོང་ཡིན་ཞེས་སྨྲས། ང་ལ་དུ་བའི་དྲི་ཐྲ་བས་མི་ཡོད་པར་ངེས་ཀྱི་ཚོལ་ཟེར་ནས། ཕོང་བས་ས་ལ་དྲི་བསྣམས་ཏེ་འདི་ན་འདུག་ཟེར་བར་བལྟས་པ་ན་སེར་ག་ལས་དུ་བ་འབྱུང་བའི་རྗེས་མཐོང་། ཕོང་བས་དྲི་ལ་བརྟགས་པས་སྒོ་རྙེད་ནས་ཟས་སློམ་སློང་། གཞན་ལ་མི་སྨྲ་བའི་ངན་པར་གོས་རེ་བྱིན་པ་ཕོང་བས་རང་གི་གོས་དེ་རྩུབ་པར་ཤེས་ནས་ཁོས་སྨྲས་པ་ན། དཔའས་སྟག་རྣ་ཅན་ལ་སོགས་པས་ཀློན་ཆེན་པོ་བཟུང་ནས་བསད་”① ཅེས་གསལ་ལོ།

དེར་དཔའས་སྟག་རྣ་ཅན་གྱིས་མོ་མ་དང་ཕྱྭ་མཁན་རྣམས་ལ་ངན་པ་བྱིན་ཏེ་ལྷ་སྲས་གཙང་མ་འདིར་བཞུགས་ན་རྒྱལ་ཁྲིམས་འཇིག་པས་སྤྱུག་དགོས་ཟེར་དུ་བཅུག དེ་ཀུན་ཏུ་གྲགས་པའི་ཚེ་རྒྱལ་པོའི་སྣན་དུ་གསོལ་ནས་མོན་ཡུལ་དུ་སྤྱུགས། ཆོས་འབྱུང་ལ་ལར་ལྷོ་བྲག་ཁོ་ཐིང་གི་བར་དུ་བྱོན། དེར་སྣ་ནམ་བཟའ་མང་མོ་རྗེས་དུག་ཕུལ་ནས་བཀྲོངས་ཞེས་པ་དང་། ཡང་ལ་ལར་“ཐོག་མ་ལྷོ་བྲག་ཁོ་ཐིང་དུ་བྱོན། ཞིག་རལ་ཐམས་ཅད་གསོས། གཏེར་ཚན་གཅིག་སྦས། དེ་ནས་སྤ་གྲོར་བྱོན། སྐྱེར་ཆུའི་ལྷ་ཁང་རྙིང་པ་གསོས། གསར་པ་བརྩིགས། ཡབ་མེས་ཀྱི་བླ་དཔེ་དང་ཁྲིམས་ཀྱི་ཡིག་ཚང་སོགས་ཚན་ཆེ་བ་གཅིག་སྦས། སྟག་ཚང་དང་སེང་གེ་ཕུག་ཏུ་གཏེར་ཁ་མང་དུ་སྦས། སྤྱིལ་ཀར་བརྒྱ་རྩ་བརྒྱད་སྦས། གཏེར་ཕྲན་མང་དུ་སྦས། དེ་ནས་ལྷ་སྲས་གཙང་མ་ལ་སྤྱན་འདྲེན་མི་མེད་པས་ཐུགས་མུག་སྟེ། བསམ་ཡས་ཀ་ཚང་གི་བླ་དཔེ་ཟབ་མོ་

---

① （ཆོས་འབྱུང་མཁས་དགའ་དེབ་ངོས421）

རྣམས་དྲངས་ཏེ་སྤྱིལ་ཀའི་བྲག་ལ་སྦས། ལྷ་སྲས་ཉིད་དེར་གྲོངས་ཏེ་ཕྱིར་ཡང་བསེ་སྒྲོམ་དུ་བཅུག་སྟེ་བྲག་ལ་སྦས་”①ཞེས་པ་ཙམ་ལས་མ་གསལ་ཡང་། ལྷ་སྲས་གཙང་མ་རང་གི་དཔོན་རྒྱུད་ཀྱིས་བརྩམས་པའི་མོན་ཡུལ་གྱི་ལོ་རྒྱུས་《ཛྫེ་འབངས་རྣམས་ཀྱི་རིགས་རུས་ཀྱི་འབྱུང་ཁུངས་གསལ་བའི་སྒྲོན་མེ་》ཞེས་བྱ་བའི་ནང་བོད་ཀྱི་རྒྱལ་རབས་བྱིངས་ཡིག་ཚང་གཞན་དང་མཐུན་པར་དྲངས་པའི་མཇུག་ཏུ་ལྷ་སྲས་གཙང་མ་མོན་དུ་སྤྱུགས་པའི་སྐོར་ལ་འདི་ལྟར་གསལ་བ་སྟེ། མོན་སྤྲ་གྲོ་གནམ་ཐང་སོགས་བརྒྱུད་ནས་རིམ་བཞིན་“ལ་འོག་ཡུལ་གསུམ་དཔལ་མཁར་དུ་ཕེབས་ནས་བཞུགས་པས་བོད་ཁམས་ལ་སྡིག་རྒྱལ་དང་སྡིག་བློན་ཁ་མཐུན་ནས་སངས་རྒྱས་ཀྱི་བསྟན་པ་བཤིག་ཟེར་བའི་སྐད་ཆ་ཐོས་བྱུང་བ་དང་། བོད་ཡུལ་དང་ཐག་ཉེ་བའི་གཤིས་ཀྱིས་དེར་ཡང་བཞུགས་མ་སྒྲོ་བར་འཕྲོང་མདོ་གསུམ་བཙན་མཁར་ལ་ཕེབས་ནས། རྒྱལ་ས་བཟུང་བའི་འོས་གང་ལ་འདུག་གཟིགས་པས། མི་ཟིན་པའི་ས་ཆ་དེ་ཆུ་བྲག་གིས་བསྐོར་ཞིང་། ལུང་པ་འདུས་ཆེ་ལ་ས་བཙན་པ་འདུག་དགོངས་ནས་དེར་ཕེབས་པས་དེ་ན་ཨ་མི་དོན་གྲུབ་རྒྱལ་ཟེར་བའི་མི་ཞིག་གིས་བདག་པོ་བྱས་པའི་མི་ཁྱིམ་ཞིག་འདུག་པར་ལྷ་སྲས་ཀྱིས་དོན་གྲུབ་རྒྱལ་ལ་གསུངས་པར། ཁྱེད་རྣམས་འདིར་འོངས་ནས་མི་རབས་ཇི་ཙམ་སོང་། རིགས་རུས་དང་ལུང་ཕྱོགས་གང་ནས་ཡིན་ཟེར་བས། དོན་གྲུབ་རྒྱལ་གྱིས་སྨྲས་པ། ཡུལ་ཕྱོགས་བོད་ཡུལ་ནས་ངའི་ཕ་མའི་དུས་ལ་ཡོང་བ་ཡིན། རིགས་རུས་ནི་སློབ་དཔོན་པདྨའི་དངོས་སློབ་ཨ་མི་ཁམས་པ་གོ་ཆ་ལྡངས་ལྷ་གཟིགས་ཀྱི་རྒྱུད་པ། བྱར་པོའི་ཡུལ་དུ་ཡོད་པར་ཕ་སྤུན་ནང་

① (ཆོས་འབྱུང་མེ་ཏོག་སྙིང་པོ་དེབ་ངོས437)

འཁྲུགས་ནས་མངའ་འབངས་དབང་རྒྱ་མ་བྱུང་བ་ལས་འདིར་ཡོང་བ་ཡིན་ཟེར་བའི་ལོ་རྒྱུས་ཞིབ་ཆ་ཞུས་པས་ལྷ་སྲས་ཀྱང་ཡིད་ཆེས་ནས་དེར་གནས་ཚང་བཅའ་ནས་བཞུགས་…… ཨ་མི་དོན་གྲུབ་རྒྱལ་གྱི་བུ་མོ་བསོད་ནམས་དཔལ་སྒྲོན་ལྷ་སྲས་གཙང་མའི་བཙུན་མོར་བླངས་པས། སྲས་ཁྲི་མི་ལྷའི་དབང་ཕྱུག་དང་། བུ་མཐོང་ལེགས་ཅན་གཉིས་འཁྲུངས་ནས་སྐུ་ནར་སོན་པ་དང་། མི་ཁྲིམ་ཡུལ་གྲོང་ཐོར་བུ་ཡོད་པ་རྣམས་ལ་དབང་བསྒྱུར་ནས་རྒྱལ་མཁར་བརྩིགས་པས་བོད་ཆོས་རྒྱལ་གྱི་གདུང་ཞེས་གྲགས་པ་ཆེར་སོང་བ་དང་། ཁྲི་མི་ལྷའི་དབང་ཕྱུག་དེ་ལ་འོག་ཡུལ་གསུམ་ནས་སློན་འབངས་རྣམས་ཀྱིས་རྗེ་དཔོན་གྱི་གནས་སུ་གདན་དྲངས་ནས་ཐེབས་པས་ཕྱིས་སྲས་རྒྱུད་རྣམས་ལྷའུ་ཁམ་པ་ལ་བཞུགས་པས་ཁམ་པ་རྗེ་བོ་ཟེར་བའི་མིང་དེ་ལས་གྲགས་པ་ཡིན་ནོ། བུ་མཐོང་ལེགས་ཅན་གྱིས་རྒྱལ་མཁར་མི་ཟིན་པ་བཟུང་བའི་སྲས་ཁྲི་བརྟན་དཔལ་དང་། གུང་དཀར་རྒྱལ་དང་དཔལ་སྐྱིས་དར་གཉིས་མཉམ་པོར་འཁྲུངས། ……”① ཞེས་གསལ་བ་སོགས་མདོར་ན་ལྷ་སྲས་གཙང་མ་མོན་ཡུལ་དུ་ཐེབས་པ་ནས། ཡིག་ཚང་དེ་བརྩམས་པའི་ལོ་སྤྱི་ལོ1608བོད་རབ་བྱུང་བཅུ་པའི་ས་ཕོ་སྤྲེའུའི་ལོ་བར་མི་ལོ་བདུན་བརྒྱ་དྲུག་ཅུ་ལྷག་ཙམ་སོང་རེད། ལྷ་སྲས་གཙང་མའི་གདུང་རྒྱུད་མི་རབས་ཉི་ཤུ་རྩ་གསུམ་ཙམ་གྱིས་མོན་ཁུལ་ཡུལ་ཚོ་སོ་སོར་དབང་སྒྱུར་བྱས་པ་གསལ་པོར་འཁོད་འདུག་ཀྱང་། འདིར་ཡོངས་རྫོགས་འགོད་ཀྱིས་མི་ལང་བས་དེ་ཙམ་གྱིས་འཐུས་པར་བྱས་སོ།

① （བོད་ཀྱི་ལོ་རྒྱུས་དཔྱད་གཞིའི་རྒྱུ་ཆ་བདམ་བསྒྲིགས་འདོན་ཐེངས10དེབ་ངོས98 – 99）

དེ་ལྟར་དབས་སྟག་རྣས་གཙོ་བོ་བྱས་པའི་བློན་པོ་གདུག་རྩུབ་ཅན་རྣམས་ཀྱི་ངན་གཡོ་བརྩམས་པ་ལམ་དུ་སོང་ནས། "མངའ་བདག་ཁྲི་རལ་པ་ཅན་ལྷགས་མོ་བྱའི་ལོ་ལ་མལ་གྲོ་ཞམ་པའི་ཕོ་བྲང་ན་རྒྱུན་ཆང་མྱོས་པར་བཞེངས་ཏེ་གསེར་ཁྲི་ལ་གཟིམ་པ་ལ་དབའས་སྟག་རྣ་ཅན་དང་། ཅོག་རོ་ལྷ་ལོད་དང་། ལེགས་སྨྲ་བཙན་ཏེ་སྡིག་བློན་གསུམ་གྱིས་དབུ་ལྟག་རྒྱབ་ཏུ་བསྣོར་ནས་བཀྲོངས་སོ།"①ཞེས་གསལ་ཞིང་།

དོན་མཁར་མདའ་ཡི་གཡོན་ཕྱོགས་བང་སོ་བརྩིགས། །

མིང་དུ་ཁྲི་སྟེང་རྨང་རི་ལགས་སོ་སྐད། །ཅེས་འབོད་འདུག

དགུ་པ། བཙན་པོ་དར་མ་འུ་དུམ་བཙན་གྱི་སྐོར།

བོད་ཡོངས་གཅིག་གྱུར་ལ་དབང་བསྒྱུར་བའི་བཙན་པོའི་རྒྱལ་རབས་ཀྱི་མཐའ་མཇུག་དར་མ་འུ་དུམ་བཙན་ནི། ཡབ་བཙན་པོ་ཁྲི་ལྡེ་སྲོང་བཙན་དང་ཡུམ་འབྲོ་བཟའ་ཁྲི་མོ་ལེགས་གཉིས་ཀྱི་སྲས་སུ་འཁྲུངས། སྐྱ་མཆེད་བགྲེས་གཞོན་དང་འཁྲུངས་འདས་ཀྱི་ལོ་ཚིགས་སྐོར་ལ་ཆོས་འབྱུང་ལོ་རྒྱུས་ཁག་བཞེད་པ་མི་མཐུན་པ་ཤིན་ཏུ་མང་བས་གོང་དུ་ཁྲི་རལ་པ་ཅན་གྱི་སྐབས་གསལ་བཤད་ཞུས་པ་ལྟར་དར་མ་ནི་ཁྲི་རལ་པ་དང་། གཙང་མ་གཉིས་ཀྱི་གཅུང་པོ་ཡིན་ཅིང་འཁྲུངས་ལོ་ཡང་ཀ་ཐོག་ཱརིག་འཛིན་ཚེ་དབང་ནོར་བུས་མཛད་པའི་《བོད་རྗེ་ལྷ་བཙན་པོའི་གདུང་རབས་ཚིག་ཉུང་དོན་གསལ་》ལས་འབྱུང་བ་ལྟར་སྤྱི་ལོ815བོད་ཤིང་ལུག་ལོར་འཁྲུངས་པར་འདོད།

བོད་ཀྱི་ཡོངས་གྲགས་ཆོས་འབྱུང་ལས་འབྱུང་བ་ལྟར། ཁྲི་དར་མ་འུ་

① (ཆོས་འབྱུང་མཁས་དགའ་དེབ་ངོས422)

དུམ་བཙན་ནི། “བ་ཡང་གི་ཤ་ཚུགས་འདྲ་ཞིང་། མཁྱེན་པ་ཆུང་ལ་རྒྱུད་གྱོང་བས་འབངས་རྣམས་ཀྱིས་སླང་དར་མར་བཏགས་”①ཞེས་དང་། མཁས་པ་ལྡེའུའི་ཆོས་འབྱུང་ལས། “རྗེ་སྣན་ཚུད་ལ་དགྲེས་ཤིང་ཞང་བློན་ཁེ་རྫམ་ཆེ་བ་ལྷའི་སྣན་དུ་སྲིན་གྱི་ཆུ་སོང་”②གཞན་ཡང་《ཚལ་པའི་དེབ་དམར་》ནང་ཐང་རྒྱལ་རབས་ཀྱི་ཡིག་ཚང་བསྒྱུར་ནས་དྲངས་པར་ཡང་། “མི་ཕོ་འབྲུག་ལ་བོད་ཀྱི་རྒྱལ་པོ་འདས། སོ་དེ་ཉིད་ལ་གཙུང་ཐ་མུ་(དར་མ་)ཟེར་བ་རྒྱལ་སར་བསྐོས། དེ་ཚང་ལ་དགའ་ཞིང་སྤྱོད་པ་ངན་པས་བོད་ཀྱི་རྒྱལ་ཁམས་ཐམས་ཅད་འཁྲུགས་”③ཞེས་གསལ་བ་མ་ཟད། ཆོས་འབྱུང་ལ་ལར་བདུད་དང་ཐེ་རང་གི་སྤྲུལ་པའམ། ཡང་ན་སངས་རྒྱས་ཀྱི་བསྟན་པ་བསྣུབ་པའི་སྨོན་ལམ་ལོག་ལྟ་ཅན་བཏབ་ནས་བཙན་པོའི་གདུང་རྒྱུད་དུ་སྐྱེ་བ་གླང་སྐ་པ་སོགས་ཀྱི་གཏམ་རྒྱུད་ཀྱང་མང་དུ་སྣང་བ་ཡི་གེ་མང་དོགས་འདིར་མ་སྤྲོས།

དར་མ་བཙན་པོའི་ཁྲི་ལ་འཁོད་ནས་རེ་ཞིག་རྒྱལ་སྲིད་ཚུལ་བཞིན་བསྐྱངས་པར་གྲགས་ཏེ་ཡིག་ཚང་ལས། “ཁོང་གིས་རྒྱལ་སྲིད་བཟུང་། ལོ་གཉིས་རྒྱལ་པོ་ཚུལ་བཞིན་བྱས་” ཞེས་དང་། “གཙེན་དར་མས་འབྲི་ལྷ་ཁང་དང་། དེའི་བཙུན་མོ་བཙན་མོ་འཕན་གྱིས་ཡར་ལུང་དཔག་བསམ་ལྡོན་ཤིང་། ཕྱུག་པོ་ཆེའི་ལྷ་ཁང་བཞེངས་”④ཞེས་གསལ་ཞིང་། ཀཿཐོག་པའི་གདུང་རབས་སུ། “སྲིད་ཐོབ་ནས་ལོ་གཅིག་འཇིག་རྟེན་ཕལ་སྤྱོད་རྣལ་མ་དང་། དེ་

①（ཆོས་འབྱུང་མཁས་དགའ་དེབ་ངོས425）

②（ལྡེའུ་ཆོས་འབྱུང་དེབ་ངོས138）

③（ཚལ་པའི་དེབ་དམར་ལྷུགས་པར་མའི་དེབ་ངོས23）

④（རྒྱ་བོད་ཡིག་ཚང་མཁས་པ་དགའ་བྱེད་དེབ་ངོས207）

ནས་སྡིག་གྲོགས་ཀྱིས་བསྐྱོད་ཅིང་གདོན་གྱིས་བསླུལ་ནས་ཚུལ་ངན་ལ་སྤྱོད་པ་ཟླ་དྲུག་”①ཅེས་དང་། ས་ཆེན་རྒྱལ་རབས་སུ་ནི། “ཟླ་བ་དྲུག་ཏུ་ཚུལ་ངན་སྤྱོད་པ་བྱས། ལྕགས་མོ་བྱའི་གཞུག་ཏུ་དམ་ཆོས་བསྒྲུབས་”②ཞེས་འཁོད་པ་དང་དར་མ་ཁྲི་ལ་གནས་པའི་ལོ་ཚད་ཀྱང་མི་འདྲ་བ་མང་རུང་གང་ལྟར་དུས་ཡུན་རིང་པོ་ཞིག་ནི་བྱུང་མེད་པར་མངོན་ནོ། དར་མས་ཆོས་ཇི་ལྟར་བསྣུབ་པའི་སྐོར་ཆོས་འབྱུང་ལས། “དེ་ནས་བཙན་པོ་དར་མ་ཨུ་དུམ་བཙན་ལ་ཆབ་སྲིད་གཏད། རྒྱལ་པོར་དབང་བསྐུར། བོད་འབངས་ཆོས་ལ་གནག་པ་ཀུན་གྱིས་དཔལ་རྒྱལ་ཏོ་རེ་ཁྲིམ་མགོ་ཆོས་ལ་མི་དགའ་བ་དེ་ནང་བློན་དུ་བསྐོས། སྣ་ནམ་རྒྱལ་ཚ་ཁྲི་གསུམ་རྗེ་ཁྲ་མགོ་བ་ཕྱི་བློན་དུ་བསྐོས།”③ཞེས་དང་། “དེའི་ཚེ་པཎྜི་ཏ་ཧྣ་ན་ཤྲཱི་ལས་ར་ས་དམེ་རུར་མཚམས་བཅད་ནས། ཛམྦྷ་ལ་བསྒྲུབས་པ་ཡུན་རིང་དུ་མ་གྲུབ་པས་པཎྜི་ཏ་ཁྲོས་ནས་ལྕགས་ཀྱི་རྡོ་རྗེ་ཡིན་ཡང་ཟེར། གསེག་ཤང་གི་གཤམ་ཡིན་ཡང་ཟེར་ཏེ་ཛམྦྷ་ལའི་འཛིམ་གཟུགས་ཀྱི་ལྟོ་བར་བསྣུན་པས་གསེར་དངུལ་གྱི་འོད་པ་ཆེན་པོ་བྱུང་སྟེ་དེས་རྒྱུ་བྱས་ནས་ཁྲོམ་པ་ཊི་དང་། གསེར་གྱི་ཉེ་ཁྲི། དངུལ་བྱ་ཁྱེན་བུ་ཅན་ལ་སོགས་པ་མང་དུ་བཞེངས། དེའི་ཚེ་སད་སེར་དང་ཡམས་ནད་བྱུང་། ཆོས་བྱེད་པ་བཀྲ་མི་ཤིས་སོ་ཞེས་དེ་ལ་སྐད་བཏགས་ནས་སངས་རྒྱས་ཀྱི་བསྟན་པ་བསྣུབས། ལྷ་ས་གཞིག་པའི་ཐོག་མ་མར་མི་མཛད་ཀྱི་སྒོ་སྲུང་ཕྱག་རྡོར་གྱི་མགུལ་ལ་ཐག་པ་བཏགས་པས་དེ་མ་ཐག་

① (གདུང་རབས་ཚིག་ཉུང་དོན་གསལ་ཡིག་རྙིང་བྲིས་མ་ཤོག་གྲངས7རྒྱབ་)

② (རྒྱལ་རབས་ཡིག་རྙིང་བྲིས་མ་ཤོག་གྲངས7མདུན་)

③ (ཆོས་འབྱུང་མེ་ཏོག་སྙིང་པོ་དེབ་ངོས429)

འཇོགས་མཁན་ཁྲིག་སྐུགས་དེ་ཀར་ཤི་བས་འཇིག་མ་ནུས། ཇོ་བོ་རྣམ་གཉིས་དང་བྱམས་པ་ཆོས་འཁོར་ཆུ་ལ་སྐྱུར་ཟེར་བ་ལ་སློན་པོ་ཆོས་ལ་དགའ་བ་འགས་བསྐྱུར་ཟེན་པ་སྐད་དུ་ཐབས་བྱས་ནས་སོ་སོའི་ཁྲི་འོག་ཏུ་སྦས། གཙང་ཁང་གི་སྒོ་བརྩིགས་ནས་བཙུན་པ་ཚང་འཐུང་བའི་རི་མོ་བྲིས་ཏེ་བཞག བསམ་ཡས་གཞིག་པར་བསྒོས་ནས་མཆོད་རྟེན་འོད་འབར་ཡིན་ཡང་ཟེར། ཁམས་གསུམ་དང་དབུ་རྩེའི་བར་ན་མཆོད་རྟེན་ནག་པོ་ཆུང་ངུ་ཞིག་ཡོད་ཀྱང་ཟེར་ཏེ་དེ་བཤིག་པས་ཐོག་བབས་ནས་བཤིག་མཁན་རྣམས་ཤི་བས་འཇིག་འཕྲོ་བཅད། ལྷ་ས་བསམ་ཡས་གཉིས་ཀར་དང་པོར་བཤས་ཁང་བྱས། ཕྱིས་ཕ་ཚང་དང་སྦྱང་ཚང་བཅས། གཞན་ལྷ་ཁང་མང་དུ་བཤིག གསུང་རབ་གང་རྙེད་མེར་བསྲེགས། ཆུར་སྐྱུར། ལ་ལ་སའི་འོག་ཏུ་སྦས། པཎྜི་ཏ་བྲོས་མ་ཐར་བ་ལ་ལ་མོན་དུ་བཙོངས། རྒྱ་རིན་ཆེན་མཆོག་དང་མྱང་ཏིང་འཛིན་བཟང་པོ་སོགས་སྐྱེས་བུ་དམ་པ་མང་དུ་བཀྲོངས། རབ་ཏུ་བྱུང་བ་ཕལ་ཆེར་ས་མཐར་བྲོས་ཤིང་། མ་ཐར་བ་རྣམས་ཁྱིམ་པར་ཕབ། མ་ཉན་པ་བསད། ལ་ལ་ཁྲིད་ནས་རྒྱལ་བློན་རྣམས་ཀྱི་རྔ་འབབ་འཛེག་གི་ཚེ་སྒྲུར་དུ་བཅུག་ནས་སྟེགས་བྱེད། ལ་ལར་རྟ་གཤང་བསྐྱུར་ཏེ་རྟེན་པ་ལ་གཏོང་སྐད”①ཞེས་གསལ་བ་དང་། ཡང་ལྡེའུ་ཆོས་འབྱུང་ལས“ བོད་སྤྱི་མཐུན་ལས་ཀྱི་བསོད་ནམས་སོས་ཀའི་འབྲུགས་རོམ་བཞིན་དུ་བཞུ། མི་རྗེ་ལྷའི་བསོད་ནམས་མཚོ་སྐམ་པའི་གཉེར་མ་བཞིན་དུ་ཡལ། བོད་ཁམས་ཡོངས་ལ་བཅས་པའི་རྒྱལ་ཁྲིམས་ནི་ནམ་ཞོད་ཆེ་བའི་རྩིག་པ་བཞིན་དུ་ཞིག སེར་ཆགས་ཡོངས་ལ་བཅས་པའི་འདུལ་ཁྲིམས་ནི་རྒས་ཀུད་

---

① （ཆོས་འབྱུང་མཁས་དགའ་དེབ་ངོས425－426）

འཛོམས་པའི་ཤེས་པ་བཞིན་དུ་ཉམས། བཟང་བྱེད་ལེགས་པའི་ཡོན་ཏན་ཐམས་ཅད་དགོང་ཀའི་ཉི་མ་བཞིན་དུ་ནུབ། རྒྱལ་བློན་རྣམས་ཀྱི་ཐུགས་ལ་གདོན་གསོལ་ཏེ། མངའ་རིས་ཟླུམ་པོ་ལ་ཕྱོགས་རིས་དུམ་བུར་ཆད་” ཅེས་དང་། “དཀོན་མཆོག་རིན་པོ་ཆེ་ལ་རྒྱབ་གཏད་པའི་སྐྱོན་གྱིས་ཞང་བློན་བའི་ཡི་དབུས་ཀྱི་མདུན་ས་ཞིག ས་སྟེ་གསུམ་གྱི་མཐའི་སོ་ཁ་ཤོར། རྔན་བྱེད་བཅུ་ཡིས་དབུས་ཀྱི་གསང་བཅད། སྟེའུ་སྡེ་བཞིས་དཀོར་གྱི་འཁྲི་བཅད། རིན་པོ་ཆེའི་འབྱུང་ཁུངས་ནི་མཐའ་མོན་གྱིས་ཕྲོགས། བོད་ཐམས་ཅད་བྱང་བུ་བྱེ་རྒྱུན་ཆད་པ་བཞིན་དུ་སོང་ནས། ཕྱུ་གཡང་སྤྱིར་ཉམས་པ་ལགས་སོ་” ཞེས་དང་། ཡང་“ སྒྲུང་ཧིང་འཛིན་བཟང་པོ་དབུ་རུ་ཞྭའི་ལྷ་ཁང་དུ་བཞུགས་པ་ལ་སྐྱོན་ཕབ་པས་མན་ངག་གི་རྒྱུད་ཆད། ཇ་རིན་ཆེན་མཆོག་གསོད་མི་བཏང་བས་བུད་མེད་དུ་བརྫུས་ནས་ཕྲོས་པས་ལམ་དུ་ཕྲད་ཀྱང་ངོ་མ་ཤེས། གཙང་གི་འུ་ယུག་ཏུ་ཡིབ་ནས་བཞུགས་པ་ལ་མོ་དགུ་ན་འདས་པ་ལས་མ་ཚོར། འཕྲིང་ཁྲི་གསུམ་རྗེ་བསད་པས་དཀོར་ནོར་གྱི་ཁུངས་བསུབས། ནུབ་ཕྱོགས་བདུད་རྩིའི་ཆུ་རྒྱུན་བཅད་པས་རྒྱ་གར་ནས་པཎྜི་ཏ་འབྱོན་པའི་འཁྲི་ཆད། ཤར་ཕྱོགས་གསེར་ལམ་སེར་པོ་སུམ་ཅུ་བསྒྱུར་པས་རྒྱ་ནག་ནས་ནོར་གྱི་ཚོང་སྣ་རྒྱུན་ཆད། བྱང་ཕྱོགས་ཤ་ཞྭགས་སྐྱ་མོར་ཐིག་བཏབ་པས་ཧོར་གྱི་དམག་ཁ་ནང་དུ་བསྟན། འབྲུག་པ་བྱུས། སྔ་དོམ་སྦྲམ་ནག་པོ་ཁ་ཕྱེ་ནས་སྔོ་མོན་ལ་གཉེན་བཏགས། སེམས་ཅན་ཐམས་ཅད་མི་མཐུན་པའི་ལམ་ལ་བཀོད་”① ཅེས་གསལ་བ་བཅས་ནི་ཚབ་མཚོན་རང་བཞིན་ལྡན་པའི་ཡིག་ལམ་འགའ་ཞིག་དྲངས་པ་ལགས་སོ།

① （མཁས་པ་ལྡེའུའི་ཆོས་འབྱུང་དེབ་ངོས365 – 367）

དེ་ནས་རིང་པོ་མ་ཐོགས་པར་བཙན་པོ་དར་མ་བཀྲོངས་པའི་སྐོར་ལ་ཆོས་འབྱུང་ལས། “དེའི་ཚེ་ལྷ་ལུང་དཔལ་གྱི་རྡོ་རྗེ་ཡེར་པ་བྲག་ལྷར་རྩེ་གཅིག་ཏུ་སྒོམ་པའི་ཚེ་……རྒྱལ་པོས་བསྟན་པ་བསྣུབས་པར་ཤེས་ཏེ་སོད་ཀ་དང་ཞྭ་ནང་དཀར་ཕྱི་ནག་པོ་གྱོན། སྦུ་ཐུང་དུ་ལྷུགས་མདའ་ལྷུགས་གཞུ་བཅུག རྟ་དཀར་སོལ་བ་བྱུགས་པ་ལ་ཞོན་ནས་ཕྱིན། དེའི་ཚེ་བློན་འབངས་ཆོས་ལ་དགའ་བ་ཐམས་ཅད་འདུས་ནས་ངུ་འབོད་དང་མྱ་ངན་བྱེད། རྒྱལ་པོ་ཆེན་པོ་སངས་རྒྱས་ཀྱི་བསྟན་པ་རིན་པོ་ཆེ་ལ་འདི་ལྟ་བུ་མཛད་པར་མི་རིགས། ཡབ་མེས་ཐམས་ཅད་ཀྱི་ཡིག་ཚང་དང་དཀོར་མཛོད་ཀྱི་སྒྲོམ་བུ་རྡོ་རིང་གི་ཡི་གེ་ཐམས་ཅད་གཟིགས་ཤིག་ཅེས་མགྲིན་གཅིག་ཏུ་ངུ་འབོད་ཆེན་པོ་བྱས། རྒྱལ་པོ་ནུབ་ཕྱོགས་སླ་བའི་ཚལ་ན་མིག་མང་རྩེ་བཞིན་ཡོད་པ་འབངས་རྣམས་ཀྱི་ངུ་འབོད་ཐོས་པས་སེམས་མ་བདེ་སྟེ་རྡོ་རིང་གི་ཡི་གེ་ཀློག་གིན་ཡོད་པས་མཐོང་སྟེ་མགོན་པོ་ནག་པོ་བྱུང་ཟེར་སྐད། དེར་རྟ་བབས་རྒྱལ་པོ་རྡོ་རིང་གི་ཏུས་སྤྲལ་ལ་སྒྲུ་སྐེགས་སུ་འདུག་པ་ལ་ཕྱག་བྱེད་པ་ལྟར་བཅོས་ཏེ། ཕྱག་དང་པོ་ལ་སྦུ་ཐུང་གི་ནང་དུ་མཐེབ་སྙིང་སྦྲད། གཉིས་པ་ལ་མདའ་བཀང་། གསུམ་པ་ལ་འཕངས་པས་སྙིན་མཚམས་སུ་ཐོག་སྟེ་མདེའུ་ལྟག་པར་ཕྱུང་། ཡང་ན་ལོ་གསུམ་གྱིས་སྡིས་ཡང་ན་ལོ་གསུམ་གྱིས་ཕྱིས་ཞེས་པ་ཁ་ནས་ཤོར་ཏེ་ཕྱག་གཉིས་མདའ་ལ་འཇུས་ནས་གྲོངས། དེར་རྟ་ལ་ཞོན་ཏེ་ང་བདུད་ཡབ་བཞེར་ནག་པོ་བྱ་བ་ཡིན། རྒྱལ་པོ་སྡིག་ཅན་གསོད་ན་དེ་ལྟར་གསོད་པ་ཡིན་ཟེར་ནས་བྲོས། བློན་པོ་ཐམས་ཅད་ཀྱིས་རྗེས་བསྙེགས་པས་མི་ནག་དེས་མཚོ་ལ་རྟ་བཤལ། བེར་དང་ཞྭ་ཕྱི་ནང་སློག་སྟེ་ལྷ་གནམ་ཐེལ་དཀར་པོ་བྱ་བ་ཡིན་ཟེར་ནས་བྲོས་པས་མི་མ་ཡིན་པར་རྟོགས་ནས་འདེད་མི་རྣམས་ཚོམས། འོན་ཀྱང་རྒྱང་དེ་ནས་དེད་པས་

……ཤར་ལ་འདེད་མི་རྣམས་དགའ་མོ་གདུང་ནས་ས་སྲོས་ཏེ་ཟིན་ལ་ཁད་ཙམ་ན་ཤོར་ཟེར་སྐད་” ཅེས་དང་། “ལྷ་ལུང་དཔལ་རྡོར་གྱིས་ཀྱང་ཡེར་པར་ཡོག་སྟེ་སྒྲུབ་ཁང་དུ་ཐུག་རོན་གྱི་རྐང་པ་ནས་བཟུང་སྟེ་འཕུར་སྟངས་བྱེད་བཅུག་པས་རྟུལ་ཕབ། ཤུག་མ་སྦར་གང་གཏོར་དེ་འགྲོ་འོང་གི་རྗེས་མེད་པར་བྱས་ནས་བཞུགས་པས། བལྟ་མཁན་རྣམས་འདི་ལ་མི་ཕར་ཚུར་དུ་མ་ཕྱིན་པར་འདུག་ཟེར་ནས་ཡོག མི་རིག་པ་ཅན་ཞིག་ནང་དུ་གོ་ལེ་བྱུང་ནས་ཁོང་གི་སྙིང་གར་ལག་པ་བཞག་པས་སྐྲག་སྟེ་སྙིང་འཕར་བ་ཤེས་ནས། ནག་ཅན་གྱི་མི་འདི་ན་འདུག་སྟེ་ སྤྱིའི་ཐ་བ་ལ་སྔོས་ཀྱི་གཉོལ་མི་གཅིག་ཟེར་ནས་སོང་བས་སྐྲག་སྟེ་མདོ་ཁམས་སུ་བྲོས་ནས་སྔོམ་ཞིང་བཞུགས་སོ་” ① ཞེས་གསལ་ཞིང་། གཞན་ཡང་དེའི་སྐོར་བཤད་ཚུལ་རྒྱས་བསྡུས་དང་མི་འདྲ་བ་ཙུང་ཟད་མཆིས་ཙང་། མདོ་དོན་གོང་དང་མཐུན་པར་སྣང་ངོ་། ཞིབ་ཕྲའི་བཙན་པོ་གསོད་སྟངས་དང་བྲོས་ཚུལ་སོགས་ནི་དམངས་ཁྲོད་ཀྱི་ངག་སྒྲུང་ལྟ་བུ་མཆིས་ཀྱང་། དོན་དངོས་ནི་སྐོག་ཏུ་གསང་སྟབས་ཀྱིས་འཇབ་རྐོལ་བྱས་ནས་བསད་པ་གསལ་པོར་མཚོན་གྱིན་ཡོད།

བོད་ཀྱི་ཆོས་འབྱུང་ལོ་རྒྱུས་ཁག་གི་ནང་གླང་དར་མས་སངས་རྒྱས་ཀྱི་བསྟན་པ་སྣུབ་དགོས་དོན་གང་ཡིན་པའི་སྐོར་འཕོད་པ་ཞིག་ཏ་ལམ་མ་མཐོང་ཙང་། ལྡེའུ་ཇོ་སྲས་ཀྱིས་མཛད་པའི་ཆོས་འབྱུང་ནང་། “རྒྱལ་སྲིད་ཆོས་ལ་ཤོར་དོགས་པས་རྗེ་མེས་（ཡེས་）ཆོས་སྤྱངས་” ② ཞེས་ཚིག་དུམ་བུ་གཅིག

---

① （ཆོས་འབྱུང་མཁས་དགའ་དེབ་ངོས426－428）

② （ཆོས་འབྱུང་བསྟན་པའི་རྒྱལ་མཚན་དེབ་ ངོས140）

འཕོད་པ་འདི་ནི་གནད་དོན་དེའི་ཐད་ལ་ཞིབ་འཇུག་བྱ་རྒྱུའི་དཔྱད་གཞི་གལ་ཆེ་བ་ཞིག་ཡིན་པར་སྙམ། མདོར་ན་བཙན་པོ་དར་མས་སངས་རྒྱས་ཆོས་ལུགས་བསྣུབས་པ་ལ་སོགས་པའི་དུས་ཟིན་དེས་མཐར་སྲོང་བཙན་སྒམ་པོ་ནས་བཟུང་བཙན་པོའི་རྒྱལ་རབས་བཅུ་ཙམ་གྱི་བར་མི་ལོ་ཉིས་བརྒྱ་ལྷག་ཙམ་རིང་བོད་འདི་གཅིག་གྱུར་དང་། དཔུང་སྟོབས་བཙན་ལ། ཤེས་རིག་ལྡན་པའི་རྒྱལ་ཁམས་ཡཱ་གླིང་ན་སྟན་གྲགས་འབར་བ་ཞིག་བཙུགས་པ་དེ་ཇི་ལྟར་ཀོ་བ་སྐམ་པོ་མེ་ལ་བསྲེག་པ་བཞིན་མཐའ་བཞི་ཡོངས་ནས་ཁྱུམ་པར་གྱུར་པའི་ལོ་རྒྱུས་དངོས་བོད་ཀྱི་ཡིག་རིགས་ནང་འཕོད་པ་མ་མཐོང་ཡང་། རང་རྒྱལ་གྱི་ཐང་དེབ་གསར་མའི་མཇུག་ཆར་གསལ་བ་ལྟར་ན། ཤར་ཕྱོགས་དང་བྱང་ཕྱོགས་སུ་བོད་ཀྱི་དམག་དཔུང་རྣམས་ལྟག་ཆུ་ཆད་པའི་ཛིང་བུ་ལྟ་བུར་གྱུར་སྐབས། དམག་དཔོན་ལ་ལ་ཐང་ལ་མགོ་བཏགས་པ་དང་། ལ་ལ་ཕན་ཚུན་ནང་འཁྲུག་བརྒྱབ་མཐར་ཕམ་ཕྱིར་དུ་གྱུར་པ། ལ་ལ་རྒྱ་དང་ཡུ་གུར་གྱི་ཚོ་དཔོན་སོགས་ནས་རྐྱལ་ཏེ་ས་ཆ་རྣམས་སོ་སོར་བཟུང་བ་བཅས་ཀྱི་སྐོར་ཞིབ་ཙམ་གསལ་འདུག་ཀྱང་། ས་མིང་དང་མི་མིང་སོགས་ངེས་རྙེད་བརྗོད་དཀའ་བས་འདིར་འདྲེན་མ་ཐུབ་ཅིང་། ཞིབ་པར་མཁྱེན་འདོད་ན་སྐད་གཉིས་སྨྲ་བ་ཆོས་ཐང་དེབ་ལ་གཟིགས་པར་འཚལ། མཚོན་ཚུལ་བསྡོམས་ཚིག་ཙམ་ཞིག་དྲངས་ན། “བློན་ཆེན་ཆོས་གོང་མའི་སྙན་དུ་གསོལ་བ། “རྗེ་བོས་མཛད་རྗེས་འདྲ་འཛོམ་འདོད་ཀེ། ཕྱི་རབས་ལ་ངོམ་ཚོག་པའི་རྟགས་ཤིག་ཅིས་ཀྱང་དགོས། དེང་ངེད་ཀྱིས་དམག་མི་གཅིག་མ་བཏང་། ཆུ་གྲི་གཅིག་ལའང་ཁྲག་འགོས་མ་དགོས་པར། རྨ་ཆུ་དང་ཙོང་ཆུའི་ས་ཆ་བདག་ཏུ་བླངས་པས་གོང་མ་ལ་མཚན་ཞིག་གསོལ་བར་ཞུ།

……ཞེས་ཞུས་”①ཞེས་གསལ་ཞིང་། བོད་ཀྱི་སྔོ་དང་ནུབ་ཕྱོགས་ཀྱི་ས་ཆ་རྣམས་ཀྱང་དེ་དང་འདྲ་བར་གཞན་གྱིས་རིམ་བཞིན་བཟུང་བ་ནི་སྨོས་ཅི་དགོས། དེ་ཙམ་དུ་མ་ཟད་བོད་དབུས་གཙང་ཁམས་སོགས་ནང་ཁྲུལ་དུའང་འཁྲུག་ཟིང་རྒྱུན་མི་འཆད་པ་བྱུང་སྟེ་བོད་ཡུལ་སྤྱར་ཡང་སིལ་བུ་ཁ་ཐོར་དུ་གྱུར་པའི་མཐའ་འབྲས་ཉམས་ང་བ་ཞིག་བྱུང་བ་ཡིན་ནོ།

གཞན་ཡང་བཙན་པོ་དར་མའི་སྐོར་ལ། ཉེ་རབས་སུ་རང་རྒྱལ་གྱི་ཏུན་ཧོང་ས་ཕུག་ནས་བཙན་པོའི་དུས་ཀྱི་བོད་ཀྱི་ཡིག་རྙིང་མང་པོ་ཞིག་ཐོན་པའི་རྗེས་སུ་རྒྱལ་ཁབ་ཕྱི་ནང་དུ་ཡོད་པའི་བོད་རིག་པར་ཞིབ་འཇུག་གནང་མཁན་བོད་རིགས་འགའ་ཞིག་གིས་ཏུན་ཧོང་ནས་ཐོན་པའི་《ཝུའི་དུན་བརྟན་གྱི་བསྔོ་ཡིག》ཅེས་པའི་ཡིག་རྙིང་ནང་“བཙན་པོ་ཝུའི་དུན་བརྟན་གྱི་ཞལ་སྔ་ནས་ཀྱང་། ཚེའི་བར་ཆད་ཀྱི་བགེགས་དང་བྲལ་ཏེ། ཚེ་ལ་དབང་ཐོབ་པར་སྨོན་ནོ། གཙུག་ལག་ཁང་དང་མཆོད་རྟེན་གསར་པ་བརྩིགས་ཤིང་རྙིང་བཅོས་པ་ཡང་ལྷ་དང་མིའི་མཆོད་པའི་རྟེན་ནམ་ཉི་མ་དང་ཟླ་བ་ཡོད་ཀྱི་བར་དུ་དམ་པའི་ཆོས་མི་འཇིག་ཅིང་གནས་པར་གྱུར་ལ་འགྲོ་བ་མང་པོའི་བསོད་ནམས་ཀྱི་གཞིར་གྱུར་ཅིང་”ཅེས་དང་། ཡང་བསྔོ་ཡིག་ལས། “དམ་པའི་ཆོས་བསྲུང་བ་དང་། རྒྱལ་ཁམས་བྱིན་ཆེན་པོའི་སྲིད་བཅས་པའི་དོན་དང་། རྒྱལ་པོ་ཆེན་པོའི་དབང་དང་མཐུ་སྟོབས་ཀྱིས་དགྲར་གྱུར་པའི་སེམས་ཅན་གཞན། སྲོག་སྲིད་ལ་ཕབས་པ་མན་ཅད། གནོད་པའི་ཕྱོགས་སུ་གྱུར་ཏེ་”ཞེས་དང་ཡང་“བཙན་པོ་ཝུའི་དུན་བརྟན་གྱི་ཞལ་སྔ་ནས། ཚེ་རབས་ཀྱི་དངོས་སྡིག་གི་དྲི་མ་ནི་བྱང་། བསོད

① (ཐང་དེབ་བོད་ཡིག་དེབ་ངོས119)

ནམས་དང་ཡེ་ཤེས་ཀྱི་ཚོགས་ནི་མྱུར་དུ་རྫོགས་ཤིང་། ཕྱོགས་བརྒྱད་ཀྱི་རྒྱལ་པོ་ཐམས་ཅད་ཀྱང་། བཀའ་འོག་ཏུ་བསྡུས་པ་དང་……”① ཞེས་གསལ་བ་དང་། ཡང་ཏུན་ཧོང་ནས་རྙེད་པའི་ཡིག་རྙིང་གཞན་གཅིག་ལ།

“ཡུལ་མཐོ་ས་གཙང་བོད་ཀྱི་ཡུལ། །
གངས་རི་མཐོ་ཚང་（གཙང་）ཀུན་གྱི་གཉན། །
ཆུ་བོ་གླུང་ཡས་ཀུན་གྱི་མགོ །
ལྷ་གཉན་ཡུལ་དབྱིངས་དཀྱིལ་འདི་ན། །
རྒྱལ་པོ་ཙ་ཞེས་བྱ་བ་དེ། །
ལྷའི་རིགས་ལ་བྱང་ཆུབ་སེམས་དཔའི་རྒྱུ（རྒྱུད）། །
ལྷ་སྲས་ཁྲི་སྲོང་ལྡེ་བཙན་གྱིས། །
དམ་ཆོས་སློབ་དཔོན་རྒྱ་གར་ཡུལ་ནས་སྤྱན་དྲངས་ཏེ། །
མུན་ནག་དཀྱིལ་དུ་སྒྲོན་བཏེག་བཞིན། །
རྒྱལ་ཁམས་ཕྱོགས་ཀུང་སྤྱོད་པར་གནང་། །
བྱང་ཆུབ་མཆོག་གི་ལམ་ལ་བཀོད། །
ལྷ་སྲས་ལྷའི་དྲིན་རེ་ཆེ། །
བཀའ་ལུང་གཞུང་དང་འཐུན（མཐུན）པའི་ཚོ། །
ཕྱི་ནང་གཉིས་ཀྱི་སློབ་དཔོན་དང་། །
ལས་ཀྱི་རྡོ་རྗེ་མཁས་པ་གསུམ། །
མ་འདྲེས་སྤྱོད་ལམ་འདི་ལྟ་བུ། །

① （བོད་ལྗོངས་ཞིབ་འཇུག1986ལོའི་དེབ་དང་པོ་）

མཁས་བཙུན་སྤྱོད་ལ་འཁྲུག་པ་མེད། །
བོད་ཁམས་ཀུན་ཀྱང་བདེ་ཞིང་སྐྱིད། །
ལྷ་སྲས་དར་མ་མན་ཙད་(ཆད་)དང་། །
འོད་སྲུས་(སྲུང་)དབོན་སྲས་མན་(ཡན་)ཆད་དུ། །
སྤྱིར་ནི་དར་ཞིང་རྒྱས་ཙེས་(ཚེས་)པས། །
 མྱིར་སྐྱེས་ཀུན་ཀྱང་འགྲུབ་པར་བཞེད། །”①

ཅེས་གསལ་བ་བཅས་ཁུངས་སུ་དྲངས་ཏེ་སྔ་བཞེད་ཞབས་བཏགས་མའི་བཤད་ཚུལ་རིམ་བཞིན་ཁྱབ་པའི་འགལ་བར་མཐའ་དཔྱོད་ཐོག བཙན་པོ་དར་མས་སངས་རྒྱས་ཀྱི་ཆོས་ལུགས་ཡོངས་སུ་བསྣུབས་པ་མིན་པར་ཕྱོགས་གཅིག་ནས་སྐབས་དེའི་བོད་ཀྱི་ཆབ་འོག་ཁྱབ་རྒྱ་ཏ་ཙང་ཆེས་པས་སྲུང་དམག་གི་མི་རྒྱུའི་འགྲོ་གྲོན་མི་འདང་བ་དང་། ཕྱོགས་གཞན་ཞིག་ནས་བཙན་པོ་རལ་པ་ཅན་གྱི་དུས་རབ་ཏུ་བྱུང་བའི་གྲངས་འབོར་ཆེས་ཆེ་ལ་དེ་དག་དབང་བའི་ལྷ་འབངས་དང་བཅས་པར་ཁྲལ་དམག་བསྡུ་ཡུལ་མེད་པ་སོགས་དཔལ་འབྱོར་གྱི་དཀའ་ངལ་སེལ་བའི་ཆེད་གྲྭ་པ་དང་། དེ་ལ་དབང་བའི་མངའ་ཐང་རྣམས་མེད་པ་བཟོས་པ་ཞིག་ཡིན་ཚུལ་གྱི་དཔྱད་བརྗོད་གནང་བ་སོ་སོའི་གཟིགས་ཚུལ་འདིར་མི་སྤྲོ་ཡང་། གནའ་བོའི་ཡིག་རྙིང་དེ་གཉིས་གཞན་ན་མ་གསལ་བས་དཔྱད་གཞིའི་ཚུལ་དུ་བཀོད་པ་ཡིན།

① (ཀྲུང་གོའི་བོད་ཀྱི་ཤེས་རིག1988ལོའི་དེབ་བཞི་པ་)

ས་བཅད་བཞི་པ། བོད་སིལ་བུའི་དུས་སྐབས་སྐོར།

བོད་སིལ་བུའི་དུས་སྐབས་ཀྱི་ལོ་རྒྱུས་ཐད་རྒྱལ་རབས་ཆོས་འབྱུང་ཁག་ནང་ཕྱོར་བུ་ཕྲན་ཚེག་ལས། བསྟར་ཆགས་སུ་འཁོད་པ་ཧ་ལམ་མ་མཐོང་ཞིང་། བོད་ཀྱི་ལོ་རྒྱུས་ཤེས་འདོད་དང་། བོད་རིག་པ་ཞིབ་འཇུག་གནང་མཁན་ཚང་མར་དུས་མཚམས་འདིའི་དཔྱད་གཞིའི་རྒྱུ་ཆ་དཀོན་ལ། ཟང་ཟིང་ཆེ་བའི་ཚོར་སྣང་ཞིག་གང་ལྟར་ཡོང་གི་ཡོད། དེར་བརྟེན་ང་ཚོས་བོད་ཀྱི་ལོ་རྒྱུས་ཡིག་རིགས་ལག་ཏུ་སོན་རིགས་ལ་དཔྱད་བསྡུར་གང་ནུས་བྱས་ཏེ་ཙུང་བརྒྱུད་རིམ་ལྡན་པ་ཞིག་ཡོང་གང་ཐུབ་ཀྱི་འབད་རྩོལ་ཞུ་དགོས་པ་འདུག་སྙམ། འོན་ཀྱང་དོན་གནད་མང་པོ་ཞིག་ལ་ཡིག་ཆ་ཁག་གི་བཞེད་པ་གཅིག་གྱུར་མ་ཡིན་པར་བརྟེན་དཔྱད་བརྗོད་དང་འབྲེལ་བའི་འདམ་གསེས་བྱ་དགོས་པ་བཅས་ཡིག་ཚོགས་ལ་མ་ལྟོས་པར་ཞིབ་གསལ་ཡོང་ཐབས་ཀྱི་འབད་པ་སྔོད་མེད་བྱ་རྒྱུའི་འདུན་པ་བཅངས་ནས་བརྗོད་པར་བྱ་བ་ལགས་སོ།

དང་པོ། མངའ་བདག་འོད་སྲུངས་དང་། ཡུམ་བརྟན་གཉིས་ཀྱི་སྐོར།

1. མངའ་བདག་འོད་སྲུངས་དང་། ཡུམ་བརྟན་འཁྲུངས་དུས་སྐོར།

བོད་ཀྱི་ལོ་རྒྱུས་དེབ་ཐེར་ནང་ཁྲི་དར་མ་འུ་དུམ་བཙན་པོས་བཙུན་མོ་ཆེ་བ་སྣ་ནམ་བཟའ་(ལ་ལར་འབལ་འཕན་བཟའ་མར་འབོད་) དང་། ཆུང་བ་ཚེ་སྤོང་བཟའ་བཙན་མོ་འཕན་ཞེས་བྱ་བ་གཉིས་སྔ་རྗེས་སུ་ཁབ་ཏུ་བཞེས་པའི་སྲས་ཡུམ་བརྟན་དང་། འོད་སྲུངས་གཉིས་ཡབ་གྲོངས་པའི་སྔ་རྗེས་སུའམ། ཡང་ན་

དུས་མཉམ་དུ་འབྲུངས་པར་བཞེད། མང་ཆེ་བར་ཡུམ་བརྟན་ནི་དར་མའི་སྲས་ངོ་མ་མ་ཡིན་པར་སྨྲ་བ་སོགས་བཞེད་ཚུལ་ཅི་རིགས་འབྱུང་བ་འདི་ནི་སྨད་སིལ་ཆད་ཀྱི་བཙན་པོའི་གདུང་རབས་ཀྱི་མཛད་པ་དང་སྐབས་དེའི་ལོ་རྒྱུས་ལ་ཞིབ་འཇུག་བྱེད་པར་གལ་ཆེ་བའི་ལྷུ་ཚིགས་དང་། གནད་དོན་རྩོག་འཛིང་ཤིན་ཏུ་ཆེ་བ་ངེས་པར་ཐག་གཅོད་དགོས་པའི་དོན་ཞིག་ཡིན།

1. ལོ་རྒྱུས་དུམ་བུ་འདིའི་སྐོར་དེབ་ཐེར་ཁག་གི་བཞེད་པ་འདྲ་མིན་ཐད། མཁས་པ་ལྡེའུ་དང་། ལྡེའུ་ཇོ་སྲས་ཀྱི་ཆོས་འབྱུང་ནང་འོད་སྲུངས་"སྤྲེལ་ལོ་ཡུམ་བུ་བླ་གང་དུ་བལྟམས"ཞེས་དང་། "འོད་སྲུངས་ཡུམ་གྱི་མང་ལ་ན་གནས་པའི་ཚེ་ཡབ་གྲོངས་པའི་རྗེས་ལ་སོང་བས་ཧན་བྱུང་གི་དོགས་ནས་བློན་པོ་རྣམས་ཀྱིས་ནུབ་མོ་མར་མེ་སྤར་ནས་ཧིང་ཁྲིའི་ཁར་ཡུམ་ཆེན་བཙན་མོ་འཕན་གཟིམ་དུ་བཅུག་སྟེ་སྲུང་སྐྱོབ་བྱས་པས་མཚན་ཡང་གནམ་ལྡེ་འོད་སྲུངས་སུ་བཏགས་པ་དང་། ཡུམ་བརྟན་ནི་འོད་སྲུངས་བལྟམས་པའི་ནུབ་མོ་འབལ་བཟའ་འཕན་རྒྱལ་ཏེ་སྣ་ནམ་བཟས་སྔོན་ནས་རང་གི་བསུས་པར་འབོབ་སླབ་ནས་སྦྲུམ་བྱས་ཏེ་སྐབས་དེར་བུ་ཆུང་གཅིག་ཉོས་པ་སྐྱེས་མ་ཐག་པ་མ་རྙེད་པས་སེའུ་ཚིག་གི་ཞིག་བྱུང་བ་དེ་རང་ལ་བལྟམས་ཁུལ་བྱས་པར་བློན་པོ་རྣམས་ཀྱིས་བལྟས་པས་སེའུ་ཚིག་གི་འདུག་པས་མདང་བལྟམས་པའི་སྲས་ལ་སོ་དུང་སོ་འཁོར་བ་མི་སྲིད་དེ་ཡུམ་གྱི་བཀའ་བརྟན་དུ་ཟུག་ཅེས་མཚན་ཡང་ཡུམ་བརྟན་དུ་བཏགས་པ། ཕོང་གཉིས་མཉམ་པོར་སྐྱེས་པའི་ཁུལ་དུ་བྱས་ནས་ཕུ་བོ་སུ་བྱེད་ལ་མ་འཆམས་པར་དབུ་གཡོར་འཕྲུགས"①པ་བཅས་གསལ་ཞིང་།

---

① (མཁས་པ་ལྡེའུ་དེབ་ངོས་ཤོག་གྲངས369)

ས་ཆེན་རྒྱལ་རབས་ནང་།

འོད་སྲུང་ཡུམ་བརྟན་དགའ་ནི་གྲུབ་ཡིན་ཏེ། །

འོད་སྲུང་ཆུ་མོ་ཕག་ལ་འོམ་བུར་སྐྱེས། །"①

ཞེས་གསལ་བ་དང་། ནེའུ་པཎྜི་ཏའི་བཞེད་པ་ཡང་དེ་དང་གཅིག་མཐུན་ཡིན་པ།

རྒྱལ་རབས་གསལ་མེའི་ནང་། "རྒྱལ་པོ་སྡིག་ཅན་བསྒྲོངས་པའི་རྗེས་སུ་བཙུན་མོ་ཆུང་བ་གཅིག་ལ་གདུང་རྒྱུད་ཀྱི་སྲས་སྔོར་བྱུང་བ་དང་། བཙུན་མོ་ཆེ་བའི་བསམ་པ་ལ་འདིས་བདག་གི་མངའ་ཐང་ལ་གནོད་པར་ངེས་བསམ་སྟེ་ལུས་ལ་གོས་ཀྱིས་དཀྲིས་ཏེ་ང་ལའང་སྲས་སྔོ་པོར་ཅིག་ཡོད་དོ་ཞེས་བུ་ཆུང་ཆེ་རྫུན་བྱས་སོ། དེར་བཙུན་མོ་ཆུང་བའི་ཟླ་དུས་ཐིམ་པ་དང་། གདུང་རྒྱུད་ཡིན་ངེས་ཀྱི་སྲས་འཁྲུངས་ཏེ་སྐུ་ཤིན་ཏུ་གཅེས་པས་ཉེན་མོ་ནི་མེས་བསྐོར། མཚན་མོ་ནི་མར་མེའི་འོད་ཀྱིས་བསྲུངས་པས་མངའ་བདག་འོད་སྲུངས་ཞེས་ཟེར་རོ། དེར་བཙུན་མོ་ཆེ་བས་ཀྱང་སྤྲང་པོའི་བུ་ཆུང་སྐྱེས་མ་ཁད་ཅིག་ཉོས་ནས་ཤ་ལ་སྦྱར་ཏེ། ང་ལའང་འདི་སྐྱེས་པ་ཡིན་ནོ་ཟེར་བས། ཐམས་ཅད་ཐེ་ཚོམ་ཟ་བར་གྱུར་ཀྱང་། ཡུམ་བཙུན་མོ་དབང་ཆེ་བས་སྨྲ་ནུས་ཏེ་ཡུམ་ཇི་ལྟར་གསུངས་པ་བཞིན་བརྟན་དུ་ཆུག་པས་མངའ་བདག་ཡུམ་བརྟན་ཞེས་ཟེར་རོ་"② ཞེས་དང་།

བུ་སྟོན་ཐམས་ཅད་མཁྱེན་པས། "སྣང་དར་མའི་བཙུན་མོ་ཆེན་མས་ང་སྲས་སྦྲུམ་པ་ཡིན་བྱས་ཏེ། བུ་ཆུང་བཙས་ནས་ང་ལ་མདང་སྐྱེས་པ་ཡིན་བྱས་ཏེ་

---

① (བྲིས་མ་ཤོག་གྲངས7ན)

② (རྒྱལ་རབས་གསལ་མེ་དེབ་ངོས་ཤོག་གྲངས238)

བསྟན་པས། སློན་པོ་རྣམས་ན་རེ། མདང་སྐྱེས་པའི་བུ་ཆུང་ལ་སོ་མི་འབྱུང་སྟེ། ཡུམ་གྱི་བཀའ་བརྟན་དུ་ཆུག་གསུངས་པས། ཡུམ་བརྟན་ཞེས་གྲགས……” ཞེས་དང་། བཙུན་མོ་ཚུན་མའི་ལྷུག་ལ་སྲས་གཅིག་ཤིང་མོ་སླང་ལ་འཁྲུངས། ཆེན་མས་བསད་དམ་སྙོགས་ཀྱིས་དོགས་ནས། ཉེན་མོ་ཉེ་མའི་འོད་དང་། མཚན་མོ་མར་མེའི་འོད་རྒྱུན་མི་འཆད་པར་བྱས་ཏེ་བསྲུངས་པས་འོད་སྲུངས་སུ་གྲགས་ཏེ་རྒྱལ་སར་བཏོན་ཏེ་ལོ་དྲུག་ཅུ་རྩ་གསུམ་ལ་འདས་སོ” ①ཞེས་དང་།

བཙན་པོའི་གདུང་རབས་ཚིག་ཉུང་དོན་གསལ་ནང་“ བེའུ་(ཁྲི་དར་མ་ཨུ་དུམ་བཙན་པོར་བེའུ་འབོད་པ་ནི་“ འཇམ་དཔལ་རྩ་རྒྱུད་ལས། ས་སྲུངས་དང་ནི་བེའུ་དང་། །འོད་ལྡན་ཉིད་ནི་ཕྱི་མ་ཡིན་” ཞེས་ལུང་བསྟན་པར་གྲགས་པའི་བེའུ་ནི་སླང་དར་མར་ངོས་འཛིན་པ་ཡིན་) དར་མ་ལ་སླས་ཀྱི་བཙུན་མོ་གཉིས་མངའ་བའི་ཆུན་མ་ཚེ་སྤོང་བཟའ་བཙད་མོ་འཕེན་ལ་ལྟུགས་བྱ་ཡོར་མངལ་དུ་ཆགས་པས་ཆུ་ཁྲི་འཆར་བ་ན་ཁྲིའུ་མཚན་དང་ལྡན་པ་ཞིག་བཙས་པ་ཆེན་མས་འཕྲོག་གམ་བསད་པར་དོགས་ནས་མལ་རྩེ་དང་། མཚན་མོ་མར་མེའི་ཕྲེང་བས་བསྐོར་ནས་བསྲུང་བས་མཚན་ཡང་འོད་སྲུང་དུ་ཆགས……འོད་སྲུང་བལྟམས་པའི་ལོ་ཕྱི་མ་རྒྱལ་པོ་བེའུ་གཤེགས་སྐབས་སྣ་ནམ་བཟའ་ལ་ཁྲིའུ་ཞིག་བྱུང་བ་སློན་པོ་རྣམས་ལ་བསྟན་པས་སྐྱེས་མ་ཐག་སོ་ཡོད་པ་ཐེ་ཚོམ་ཡང་ཡུམ་གྱི་བཀའ་བཙན་པས་བརྟན་དུ་ཆུག་ སླས་པས་མཚན་ཡང་ཡུམ་བརྟན་དུ་ཆགས” ②ཞེས་འཁོད་ཡོད་པ་བཅས་སོ།

---

① (བུ་སྟོན་ཆོས་འབྱུང་ཤིང་པར་མ་ཤོག་གྲངས146ན)

② (གདུང་རབས་ཚིག་ཉུང་དོན་གསལ་བྲིས་མ་ཤོག་གྲངས8བ་)

2. བཞེད་ཚུལ་དེ་དག་ལ་དཔྱད་པ།

གྲུས་གཉིས་འཁྲུངས་པའི་དུས་ཚོད་ཐད། དེབ་ཐེར་ཕལ་མོ་ཆེའི་བཞེད་པ་ནི་ཡབ་དར་མ་གཤེགས་རྗེས་སྲས་གཉིས་འཁྲུངས་པར་བཞེད་ཅིང་། ལ་ལས་འོད་སྲུངས་ཡབ་མ་གཤེགས་གོང་འཁྲུངས་པ་དང་། ཡུམ་བརྟན་ཡབ་གཤེགས་རྗེས་འཁྲུངས་པར་བཞེད་པར་སོ་སོའི་རྒྱུ་མཚན་མང་དུ་གསུངས་པར་བསམ་གཞིགས་དགོས་པ་གཞིར་བཅས་ཀྱང་། སྲས་གཉིས་པོའི་མཚན་ཟླ་དྭགས་མ་ཡིན་པ་འབྲེལ་བ་རྒྱུ་མཚན་ཅན་ལ་དཔྱད་ན་འོད་སྲུངས་དང་། ཡུམ་བརྟན་གཉིས་དུས་མཉམ་ལ་འཁྲུངས་པ་མིན་པ་གསལ་པོར་སྣང་ཞིང་། འོན་ཀྱང་སྔ་རྗེས་ཀྱི་ཁྱད་པར་དེ་ཉིན་གཅིག་གམ། ཡང་ན་ཟླ་གཅིག ཐ་ན་ལོའི་ཁྱད་པར་གང་ཞིག་ཆགས་པ་དེར་ཐུག་པ་དང་། འཁྲུངས་དུས་སྔ་ཕྱིའི་ཁྱད་པར་དེ་ལ་བརྟེན་ནས་འོད་སྲུངས་ཀྱི་སྐུ་ཕྱར་འཚེ་བ་འབྱུང་དོགས་ཀྱི་མེལ་འཚེ་བྱ་དགོས་པ་བྱུང་།

དེ་ཡང་བློན་པོ་ངན་པའི་གཡོ་སྒྱུའི་དབང་དུ་སོང་སྟེ་བཙུན་མོ་ཆེན་ཚུན་ཐུགས་སྣང་མི་མཐུན་པའི་སྣང་ཚུལ་ཚབས་ཆེ་བ་དར་མ་མ་གཤེགས་གོང་དུ་ཡང་མངོན་གསལ་ཆེ། དཔེར་ན། ཆེན་མ་སྣ་ནམ་བཟའ་“དབང་ཆེ་བ་དང་”ཆུང་མར་སྲས་འཁྲུངས་པ་“འདིས་བདག་གི་མངའ་ཐང་ལ་གནོད་པར་ངེས་བསམ་སྟེ”གདུང་སྲས་བརྫུན་མ་བཟོས་ལུགས། ལྷག་པར་འོད་སྲུངས་མར་མེའི་འོད་ལ་བསྲུང་དགོས་པ་“ཆེན་མས་བསད་དམ་འཁྲུག་པར་དོགས”ནས་མར་མེའི་འོད་དང་ལྡན་པའི་སྒོ་ནས་བསྲུངས་པའི་བཤད་ཚུལ་འདི་དག་གིས་འོད་སྲུངས་ཀྱི་སྐུ་ལ་འཚེ་བ་འབྱུང་བའི་གཞི་ཆེན་མར་ཐུག་པ་འདི་ནི་ལོ་རྒྱུས་དངོས་ཤིག་ཡིན་སྙམ།

སྤྱིར་རྒྱལ་པོའི་བཙུན་མོ་ཕལ་ཆེ་བས་འབྱུང་འགྱུར་རང་གི་གནས་བབ་དང་། མངའ་ཐང་གི་ཆེད་རང་ལ་རྒྱལ་པོའི་རིགས་སྲས་ཡོང་བའི་རེ་བ་དང་དེ་དག་གི་ཐབས་ལ་འབད་པ། རིགས་སྲས་བྱུང་ན་རང་གི་སྲོག་ལས་གཅེས་པར་བཟུང་སྟེ་གསོ་སྐྱོང་བྱེད་པ། རིགས་སྲས་མ་བྱུང་ན་མྱ་ངན་བྱེད་པ་དང་། གདུང་སྲས་བལྟམས་པའི་བཙུན་མོ་གཞན་ལ་ཕྲག་དོག་བྱེད་པ། ཐ་ན་ཚུལ་མིན་གྱི་སྤྱོད་པ་འཛིན་པ་འགའ་ཞིག་གིས་བཙུན་མོ་གཞན་གྱི་རིགས་སྲས་མེད་པར་བཟོ་བའི་ཐབས་ལ་འབད་པ་བཅས་ནི་ཧ་ལས་ཧང་སང་དགོས་པའི་དོན་མིན་ལ་གནད་དོན་ཕྱི་མ་གཉིས་ཕུད་པའི་གཞན་མ་རྣམས་ནི་སྤྱིར་བཏང་གི་སྣང་ཚུལ་ཡང་ཡིན། ལྷག་པར་སྣ་ནམ་བཟའི་སྤྱོད་པ་དང་སྦྱར་ན་འོད་སྲུངས་མར་མེའི་འོད་དང་བཅས་ཏེ་བསྲུང་དགོས་བྱུང་བ་དེ་ཡང་ལོ་རྒྱུས་ཀྱི་དོན་དངོས་ཤིག་ཡིན་ཤས་ཁ་བ་དེས་སྲས་གཉིས་འཁྲུངས་དུས་ལ་ཁྱད་པར་ཆེ་ཙམ་ཡོད་པ་གསལ་བཤད་ཐུབ་པ་བཅས་སྐབས་དེའི་གནས་ཚུལ་མང་པོར་ཞིབ་ཏུ་དཔྱད་ན་འོད་སྲུངས་དང་ཡུམ་བརྟན་བལྟམས་པའི་དུས་ནི་ཀཿཐོག་རིག་འཛིན་ཚེ་དབང་ནོར་བུས་བཙན་པོའི་གདུང་རབས་ཚིག་ཉུང་དོན་གསལ་ནང་བསྟན་པ་ལྟར། འོད་སྲུངས་བལྟམས་པའི་དུས་ནི་ཡབ་དར་མ་མ་གཤེགས་གོང་སྤྱི་ལོ842ཆུ་ཁྱི་ལོར་ཡུམ་བུ་ཚླ་སྣང་དུ་བལྟམས་པ་དང་། ཡུམ་བརྟན་ནི་ཡབ་དར་མ་གཤེགས་པའི་ལོ་སྟེ་སྤྱི་ལོ843ཆུ་ཕག་ལོར་བལྟམས་པས་ཁོང་གཉིས་དབར་དགུང་ཁྱད་ལོ་གཅིག་ཡོད་པར་བཞེད་པ་ནི་འཐད་ལྡན་ཡིན་པ་རྒྱུ་མཚན་མང་པོ་ནས་གསལ་པོར་མཐོང་ཐུབ།

(1) བུ་སྟོན་ཐམས་ཅད་མཁྱེན་པས་ཆོས་འབྱུང་གསུང་རབ་རིན་པོ་ཆེའི་མཛོད་ནང་ཡུམ་བརྟན་གྱི་འཁྲུངས་ལོ་གསལ་བར་མ་གསུངས་ཀྱང་། ལོ་

རྒྱུས་སྨྲ་བ་མང་པོས་དར་མས་སྲིད་བསྐྱངས་ལོ་དྲུག་ཏུ་བཞེད་པ་ལྟར་བུ་སྟོན་གྱི་བཞེད་པ་ཡང་དེ་ཚོ་དང་མཐུན་འདྲ་བས་འོད་སྲུངས་ནི་དར་མ་མ་གཤེགས་གོང་འཁྲུངས་པར་རྩིས་ཆོག དེ་ཡང་བུ་སྟོན་ཆོས་འབྱུང་ནང་། "གླང་དར་མའི་བཙུན་མོ་ཆེན་མས་ང་ལ་སྲས་སྦྲུམ་པ་ཡིན་བྱས་ཏེ་བུ་ཆུང་བཙལ་ནས་ང་ལ་མདང་སྐྱེས་པ་ཡིན་བྱས་ཏེ་བསྟན་པས…… བློན་པོ་རྣམས་ན་རེ། མདང་སྐྱེས་པའི་བུ་ཆུང་ལ་སོ་མི་འབྱུང་སྟེ། ཡུམ་གྱི་བཀའ་བརྟན་དུ་ཆུག་གསུངས་པས། ཡུམ་བརྟན་ཞེས་གྲགས་ཏེ……" ཞེས་དང་། "བཙུན་མོ་ཆུང་མའི་མུག་ལ་སྲས་གཅིག་ཞིང་མོ་གླང་ལ་འཁྲུངས། ཆེན་མས་བསད་དམ་སྙོགས་ཀྱིས་དོགས་ནས་ཉིན་མོ་ཉི་མའི་འོད་དང་མཚན་མོ་མར་མེའི་འོད་རྒྱུན་མི་འཆད་པར་བྱས་ཏེ་བསྲུངས་པས་འོད་སྲུངས་སུ་གྲགས་ཏེ། རྒྱལ་སར་བཏོན་ཏེ……"① ཞེས་འབྱུང་བ་རྣམས་དཀྱུས་གཅིག་ཏུ་སྒྲིག་ནས་དཔྱད་ན། ཡུམ་བརྟན་ཐོག་མར་གསུངས་པ་ནི་སྲས་གཉིས་ཀྱི་བགྲེས་གཞོན་མཚོན་པ་མིན་ལ་བཙུན་མོ་ཆེ་ཆུང་གི་དབྱེ་བས་ཆེན་མའི་སྲས་སམ། ཆེ་སྲིད་ཀྱི་གནས་ཚུལ་སྟོན་དུ་གསུངས་པ་དང་། དེ་ཡང་དར་མས་བསྟན་པ་བསྣུབས་པའི་གནས་ལུགས་འཁྲོས་མཚམས་ཡུམ་བརྟན་འཁྲུངས་པ་དེའི་འགྲོས་ནས་དར་མ་གཤེགས་རྗེས་ཡུམ་བརྟན་བྱུང་བ་མཚོན་པ། འོད་སྲུངས་སྐབས་འཁྲུངས་ལོ་གསལ་པོར་གསུངས་པ་དེ་ནི་དར་མས་ལྷུགས་བྱ་སྲིད་བཟུང་ནས་ལོ་ལྔ་སོང་སྐབས་འོད་སྲུངས་བལྟམས། ཕྱིས་རྒྱལ་སར་བཏོན་པའི་གནས་ལུགས་ནས་འོད་སྲུངས་གཅེན་པོ་ཡིན་པར་ཐེ་ཚོམ་མ་དགོས་པས་འོད་སྲུངས་དར་མ་མ་གཤེགས་གོང་བལྟམས་

① (བུ་སྟོན་ཆོས་འབྱུང་ཞིང་པར་མ་ཤོག་གྲངས145 – 146བ)

པའི་སྒྲུབ་བྱེད་ནུས་ལྡན་ཐོན་པ།

(2) དར་མ་གཤེགས་རྗེས་འོད་སྲུངས་རྒྱལ་སྲིད་ལ་བཏོན་པ།

འོད་སྲུངས་དང་། ཡུམ་བརྟན་གྱི་བགྲེས་གཞོན་ནི་འོད་སྲུངས་གཙེན་པོ་དང་། ཡུམ་བརྟན་གཅུང་པོར་གྲུབ་པ་ཡིག་རིགས་འགའ་ནས་མཚོན་པ་དང་། སྤྱིར་བཙན་པོའི་རིགས་སྲས་ལ་གཙེན་གཅུང་གི་ཁྱད་པར་ལས་བལྟམས་མ་ཐག་ཏུ་འདི་ནི་མཆོག་གོ འདི་ནི་དམན་པའོ་ཞེས་པའི་དབྱེ་བ་བྱར་མེད་ཀྱང་། ཡུམ་གྱི་ངོས་ནས་བཤད་ན་བདག་པོའི་བརྩེ་མཐོང་དང་། ཕྱོགས་གཏོགས་བློན་པོའི་དབང་གྲགས། བཙུན་མོའི་རང་གཤིས་ཀྱི་ཁྱད་པར་བཅས་ལས་འཚོ་བ་དངོས་ནང་སྲས་ལ་བརྩེ་མཐོང་གི་ཁྱད་པར་འབྱུང་སྲིད་པ་དང་། ལྷག་པར་ཡུམ་མི་གཅིག་པའི་རྒྱལ་སྲས་རྒྱལ་སར་འདོན་སྐབས་སྲས་བགྲེས་གཞོན་གྱི་འོས་བབ་ཡིན་ནར་རག་མ་ལུས་པར་གནད་དོན་གཞན་གྱི་ཤན་ཞུགས་སྲིད་པ་ནི་སྨོས་མ་དགོས་ཤིང་། ལྷག་པར་སྤྱི་ཚོགས་ཐོག་ཡོ་འཁྲུགས་ཆེན་པོ་ཐེབས་པ་སྐབས་དར་མའི་དུས་མཇུག་ལ་ནི་ཤུགས་རྐྱེན་དེ་བས་ཀྱང་ཆེ་བ་ཐེབས་རྒྱུ་གོར་མ་ཆག

གཞན་ཡང་དར་མའི་བཙུན་མོ་གཉིས་ཀྱི་ནང་ནས་ཆེན་མ་སྣ་ནམ་བཟའ་ནི་དབང་ཤུགས་ཆེ་ལ་དར་མས་བསྟན་པ་བསྣུབས་སྐབས་དར་མར་རྒྱབ་ནས་བཀོད་རྒྱུས་གཏོང་བ་དང་། ངན་སྐུལ་བྱེད་ཀྱི་ཡོད་པ་དཔེར་ན། ཆོས་འབྱུང་མཁས་པའི་དགའ་སྟོན་ནང་བྲངས་པ་ཡིག་ཚང་རྙིང་པ་ཁག་ཅིག་ལས་“རྒྱལ་པོས་ད་ནི་ཆོས་ཐམས་ཅད་ངས་བསྣུབས་སོ་ཞེས་ང་རྒྱལ་དུ་སྣ་ཚོར་སྨྲས་པས་བཙུན་མོ་ཆེན་མ་ན་རེ། ད་དུང་གཙང་རོང་སྣུབས་ཡུལ་ན་སྣུབས་སངས་རྒྱས་ཡེ་ཤེས་བྱ་བའི་སྔགས་པ་ནུས་པ་ཅན་འཁོར་ལྔ་བརྒྱ་དང་བཅས་པ་དང་། ཡེར་པའི་བྲག་ཁུང་ན་ལྷ་ལུང་དཔལ་གྱི་རྡོ་རྗེ་ཞེས་བྱ་བའི་སྒྲུབ་པ་པོ་དངོས་གྲུབ་ཐོབ་

པ་ཡོད་དེ་རྒྱལ་པོས་སྤྱར་བསད་སྤྱུགས་ཕབ་པ་ཐམས་ཅད་ལས་དེ་གཉིས་ལྷག་གོ་ཞེས་སྨྲས་པས་ཁྲོས་ཏེ་གཉི་ག་ལ་ཕོ་ཉ་བཏང་སྟེ་བཀུག་པས་སླུབས་སངས་རྒྱས་ཡེ་ཤེས་བྱ་བ་ལ་ཁྱོད་སུ་ཡིན་ལས་སུ་ཅི་བྱེད་པ་ཅི་ཡིན་དྲིས་པས། ང་དཀོན་མཆོག་སྤྲགས་པ་བྱ་བ་ལས་སུ་སངས་རྒྱས་ཀྱི་བསྟན་པ་སྲུང་བ་ཡིན་བྱས་པས། འོ་ན་བསྟན་པ་ངས་བཤིག་ཟིན་གྱིས་ཁྱོད་ལ་ནུས་པ་ཅི་ཡོད་ཟེར་བས་ངས་སྤྲགས་བཟླས་པའི་ནུས་པ་འདི་ལ་གཟིགས་ཤིག་ཅེས་སྡིག་མཛུབ་གནམ་དུ་འཕྱར་བས་སྡིག་མཛུབ་ཀྱི་སྟེང་ན་ལྕགས་ཀྱི་སྡིག་པ་ནག་པོ་གཡག་གྲུས་པོ་ཙམ་དགུ་བརྩེགས་སུ་འདུག་པ་མཐོང་བས་རྒྱལ་པོ་སྐྲག་སྟེ་དཀོན་མཆོག་སྤྲགས་པའི་སྐུ་ལ་མི་བསྡོའོ་ཆོས་མཛོད་ཅིག་ཟེར། ད་དུང་ནུས་པ་འདི་ལ་གཟིགས་ཤིག་ཟེར་ནས་སྡིག་མཛུབ་ཀྱིས་ཐོག་ཕབ་སྟེ་ཕ་རིའི་བྲག་ལ་བསྣུན་པས་ཚལ་བར་སོང་། དེར་རྒྱལ་པོ་འཇིགས་ཤིང་སྐྲག་ནས་ཁྱེད་འཁོར་བཅས་ལ་གནོད་པ་མི་བྱེད་དོ་ཟེར་ནས་བཏང་། ཕོང་གིས་ཡེར་པར་ཕྱིན་ཏེ་ངས་རྒྱལ་པོ་སྡིག་ཅན་སྐྲག་པར་བྱས་ཡོད་ཀྱི་ཁྱོད་ཀྱིས་དགྲོལ་ཅིག་ཟེར་ནས་བསྐུལ་ཏེ་བཀྲོངས་ཞེས་ཀྱང་འབྱུང་ངོ་”① ཞེས་དཔའ་བོ་གཙུག་ལག་ཕྲེང་བས་གཞན་ལུགས་སུ་གསུངས་པ་འདིའི་ཐོག་ནས་སྣ་ནམ་བཟའ་ཡང་སློན་པོ་གདུག་པའི་སེམས་ལྡན་དབས་སྟག་རྭ་ཅན་ལ་སོགས་པའི་ཕྱོགས་ཁག་དེར་གཏོགས་པར་ཐེ་ཚོམ་མ་དགོས་ལ་དར་མ་རང་ཉིད་ཀྱང་བཙུན་མོ་དེས་ཁ་ལོ་བསྒྱུར་ཐུབ་པ་གསལ་པོར་མཚོན། དེས་ན་དར་མ་བཀྲོངས་རྗེས་དར་མའི་སྐུ་མཆེད་གཞན་མེད་པའི་གནས་ཚུལ་འོག་བཙུན་མོ་ཆེན་མོའི་གནས་བབ་དང་བཅས་དེ་བས་ཀྱང་རྒྱལ་

① （མཁས་དགའ་དེབ་ངོས428）

སྲིད་ལ་ཧུས་གཏོགས་བྱེད་སྲིད་པར་ཐེ་ཚོམ་མེད། གལ་སྲིད་དར་མའི་སྲས་གཉིས་པོ་འཁྲུངས་དུས་མཉམ་པའམ། ཡང་ན་དེ་སྐབས་ཡུམ་བརྟན་འཁྲུངས་ཟིན་ཡོད་ན་ཆེན་མ་སྣ་ནམ་བཟའི་བཀོད་ཧུས་འོག་ཡུམ་བརྟན་རྒྱལ་སར་འདོན་པ་ལས་འོད་སྲུངས་འདོན་མི་སྲིད་པ་ཚིག་ཐག་བཅད་ནས་བཤད་ཚོག འོན་ཀྱང་དར་མ་གཤེགས་རྗེས་བཙན་པོའི་ཁྲི་ལ་འོད་སྲུངས་འདོན་པར་སྣ་ནམ་བཟས་འགོག་རྐྱེན་གང་ཡང་བཟོ་ཐུབ་མེད་པ་དེའི་ཐོག་ནས་ཡུམ་བརྟན་ད་དུང་འཁྲུངས་མེད་པ་ར་འཕྲོད་གསལ་པོ་བྱུང་ཞིང་། བཙུན་མོ་ཆེ་བས་རང་གི་ལྟོ་བར་ཡོད་པའི་གདུང་སྲས་འཕྲུལ་མ་ཉིད་དུ་བལྟམས་ན་སྐྱམ་པའི་རེ་བ་དང་། རང་གི་ལྟོ་བར་ཡང་གདུང་སྲས་ཡོད་པའི་གནས་ལུགས་རྒྱ་ཆེར་བསྒྲགས་པ་ནི་སྐབས་དེའི་དོན་དངོས་ཡིན།

འོ་ན་ལོ་རྒྱུས་ཡིག་ལམ་ནང་"གཅེན་ལ་མ་འཆམས་དབུ་གཡོར་འཁྲུག"ཅེས་འབྱུང་བ་ཅི་ཡིན་ཞེ་ན། དེ་ནི་འོད་སྲུངས་ཀྱིས་རྒྱལ་སྲིད་འཛིན་བཞིན་དུ་གནས་པ་དེ་ཡུམ་བརྟན་ཕྱོགས་གཏོགས་ཀྱིས་བཙན་པོའི་གདུང་སྲས་གཅིག་པ་ཡིན་པར་བསྒྲད་དེ་འོད་སྲུངས་ཀྱི་མངའ་ཐང་འཕྲོག་རྩིས་བྱས་པའི་འགལ་བ་རྙོང་རར་ཅན་ལ་བརྟེན་ནས་ཕྱོགས་ཁག་གཉིས་པོས་དྲག་པོའི་དཔུང་ཤུགས་སྤྱད་དེ་དབུ་རུ་དང་། གཡོ་རུ་ཕྱོགས་ཁག་གཉིས་སུ་གྱེས་པའི་འཁྲུག་ཟིང་རྒྱ་ཆེར་བྱུང་སྟེ་འོད་སྲུངས་ཕྱོགས་གཏོགས་ལ་ཕམ་ཉེས་འཁེལ་བ་དང་། རང་བཞིན་བཟང་བའི་ཡུམ་ཚེ་སྤོང་བཟའ་བཙན་མོ་འཕན་བཞུགས་བཟོད་མི་བདེ་བས་དབུ་རུའི་བྱང་ཕྱོགས་སུ་བྲོས་ཐེབས་པ་བཅས་ཀྱི་ལོ་རྒྱུས་དེ་དག་ཚང་མས་འོད་སྲུངས་ནི་དར་མ་མ་གཤེགས་གོང་བལྟམས་པ་དང་། དར་མ་གཤེགས་སྐབས་བཙན་པོའི་རྒྱལ་སར་འདོན་འོས་འོད་སྲུངས་ཉིད་ལས་དེ་དུས་ཡུམ་བརྟན་འཁྲུངས་མེད་པ་

ལེགས་པར་མཚོན་ཡོད།

འོ་ན་ཡུམ་བརྟན་དར་མའི་སྲས་ངོ་མ་ཡིན་མིན་ལ་རྩོད་པ་འབྱུང་གཞི་གང་ཡིན་ཞེ་ན།

སྤྱིར་བོད་ཀྱི་མི་རིགས་ནི་རང་གི་རིགས་རུས་ཚ་འབྲང་གང་ཡིན་གྱི་ཁུངས་ལ་གསོག་ཆེར་འཛིན་པ་དང་། ལྷག་པར་བཙན་པོའི་གདུང་རྒྱུད་ནི་གཞན་ལས་ཁྱད་པར་འཕགས་པར་བརྩི་བའི་གནས་ཚུལ་འོག་གདུང་སྲས་བརྟུན་བཟོ་བྱ་རྒྱུ་ནི་ཤིན་ཏུ་དཀའ་བའི་གནས་ཡིན། འོན་ཀྱང་ལོ་རྒྱུས་ཡིག་ལམ་མང་པོར་དར་མ་འུ་དུམ་བཙན་གཤེགས་རྗེས་སྣ་ནམ་བཟས་ཐབས་འཕྲུལ་དུ་མས་གདུང་སྲས་བརྟུན་བཟོ་བྱས་པ་དང་། བློན་པོ་རྣམས་ཀྱིས་ཟུར་ཟའི་གཏམ་དང་བཅས་ཏེ་ཡུམ་གྱི་བཀའ་བརྟན་དུ་ཆུག་ཅེས་མཚན་ལ་ཡང་ཡུམ་བརྟན་ཞེས་བྱ་བར་ཐོགས་པ་བཙན་པོའི་གདུང་རབས་སུ་བཞག་པ་དང་། དེ་ལས་གྱེས་ཚོའི་ལོ་རྒྱུས་མང་པོ་གླེང་དུ་ཡོད་པ་ནི་འགལ་བ་རྙོག་དར་ཅན་གནས་པ་སྐབས་དེའི་ལོ་རྒྱུས་ཀྱི་གནས་ཚུལ་དམིགས་བསལ་ཅན་ལ་བརྟེན་ནས་ཡ་མཚན་ཅན་གྱི་བཤད་ཚུལ་དེ་རིགས་བྱུང་བར་ལོ་རྒྱུས་ཀྱི་རྒྱུ་རྐྱེན་གཉིས་ཡོད།

(1) ཡུམ་བརྟན་བལྟམས་པའི་དུས་ནི་ཡབ་གྲོངས་པའི་རྗེས་ལ་སོང་བའི་རྐྱེན་གྱིས་གདུང་རྒྱུད་ངོ་མ་ཡིན་མིན་ལ་ཐེ་ཚོམ་སྐྱེ་བའི་གཞི་བྱུང་བ།

(2) བློན་པོའི་ཁྲོད་ཀྱི་འགལ་བ་ཚབས་ཆེན་དེ་བཙུན་མོ་ཆེན་ཆུན་དབར་ཤུགས་རྐྱེན་ཆེན་པོ་ཐེབས་པས་སྣ་ནམ་བཟའ་ལ་སྲས་འཁྲུངས་པར་ཁ་གཏད་ཕྱོགས་ཀྱིས་ཀླན་ཀ་བྱ་ཡུལ་བཙལ་ཏེ་གདུང་སྲས་དངོས་མིན་པའི་རྒྱུ་མཚན་དུ་བལྟམས་མ་ཐག་པའི་ཁྱེའུར་སེའུ་ཚིག་གི་ཡོད་པ་ལ་སོགས་པ་བརྫུན་བཟོ་བྱེད་སྲིད་པའི་རང་བཞིན་ཡོང་སྲིད་པ་ཡིན་ནོ།

རྒྱ་མཚན་དེར་བརྟེན་སྐབས་དེར་ཡུམ་བརྟན་འབྲུངས་པའི་སྐོར་མང་ཚོགས་ནང་བཤད་ཚུལ་ཅི་རིགས་བྱུང་བ་ཕྱིས་ལོ་རྒྱུས་སྨྲ་བའི་ཁྲོད་དུ་ཡང་བཤད་ཚུལ་དེ་རིགས་བདེན་པར་འཛིན་དང་མི་འཛིན་གྱི་བཞེད་པ་ཁག་གཉིས་རང་བཞིན་གྱིས་ཆགས་པར་མངོན། ང་ཚོས་ལོ་རྒྱུས་དུམ་བུ་འདིར་ཞིབ་ཏུ་དཔྱད་པའི་སྟོམ་ཚིག་ནི་ལོ་རྒྱུས་སྨྲ་བའི་གཙུག་རྒྱན་ས་ཆེན་གྲགས་པ་རྒྱལ་མཚན་དང་། དཔའ་བོ་གཙུག་ལག་ཕྲེང་བ་ལ་སོགས་པའི་བཞེད་པ་ནི་དོན་ལ་གནས་པ་ཡིན། དེ་ཡང་ས་ཆེན་གྱིས།

ཨོད་སྲུང་ཡུམ་བརྟན་དག་ནི་སྲུན་ཡིན་ཏེ། །

ཨོད་སྲུང་ཆུ་མོ་ཕག་ལ་ཨོམ་བུར་སྐྱེས། །

ཞེས་གསུངས་པ་ཡང་བསྐྱར་དྲན་གསོ་བྱས་ཏེ་“སྲུན་ཡིན་”ཞེས་པའི་སྲུན་ལ་ཕ་སྲུན་དང་། མ་སྲུན་སོགས་ཉེ་འཁྱུངས་ཅི་རིགས་ལ་བཤད་དུ་རུང་ཡང་། སྣ་ནམ་བཟའ་དང་ཚེ་སྤོང་བཟའ་ནི་རུས་མཚོ་ཐ་དད་ཡིན་པས་སྐབས་དེར་ས་ཆེན་གྱིས་གཅེན་གཅུང་གི་སྲུན་རང་ལ་ངོས་འཛིན་གནང་བ་དང་། ད་དུང་དེ་བས་ཚིག་ཐག་ཆོད་པ་དཔའ་བོ་གཙུག་ལག་ཕྲེང་བས། དར་མ་འདས་པའི་“ཕྱི་ལོ་མེ་མོ་ཡོས་ལ་བཙུན་མོ་ཆུན་མ་ཚེ་སྤོང་བཟའ་བཙན་མོ་འཕན་ལ་སྦྲུ་བོར་གྱི་སྲས་གཅིག་བྱུང་བ་ཆེན་མས་བསད་དམ་ཕྲོགས་ཀྱིས་དོགས་ནས་ཨོད་དང་མ་བྲལ་བར་བསྲུངས་པས་གནམ་ལྷེ་ཨོད་སྲུང་དུ་ཐོགས། དེའི་ཚེ་ཆེན་མ་སྣ་ནམ་བཟས་ཀྱང་བུ་ཆུང་སོ་སྐྱེས་པ་ཞིག་ང་ལ་མདང་སྐྱེས་སོ་ཞེས་བསྟན་པས་བློན་པོ་རྣམས་ན་རེ་མདང་སྐྱེས་ཀྱི་བུ་ཆུང་སོ་ནི་ཅིག་གེ་ཅིག ཨོན་ཀྱང་ཡུམ་གྱི་བཀའ་བརྟན་དུ་ཆུག་ཟེར་བས་ཁྲི་ལྡེ་ཡུམ་བརྟན་དུ་ཐོགས་ཞེས་ཡི་གེ་མང་པོ་ལས་བྱུང་ཞིང་། ཡུམ་བརྟན་གདུང་རྒྱུད་མ་ཡིན་པར་གྲགས་ནའང་རྗེ་ཚན་དགུ

པོ་ཕལ་ཆེར་ཡུམ་བརྟན་གྱི་རྒྱུད་ཡིན་ལ་གདུང་རྒྱུད་མིན་ན་རྗེའི་སོ་ཁ་གཏོར་བར་མི་འགྱུར་བས་ཆེན་ཆུན་གྱི་སྲས་གཉིས་གདུང་རྒྱུད་ཁྱད་མེད་དུ་སྣང་ལ་ཡི་གེ་དེ་དག་ཀྱང་འོད་སྲུང་ལ་ཞེན་པ་རྣམས་ཀྱིས་བྲིས་པར་ཟད་དོ་”①ཞེས་གསུངས་པ་ནི་དོན་ལ་གནས་པའི་དཔྱད་པ་ཡོངས་སུ་ཡིད་རྟོན་རུང་བ་ཞིག་ཡིན། གལ་ཏེ་སྣ་ནམ་བཟས་དཔང་ཤུགས་སྐྱིད་ནས་སོ་འཁོར་མོར་སྐྱེས་ཟིན་པའི་བུ་ཞིག་མདང་ང་ལ་སྐྱེས་པའི་བཙན་པོའི་སྲས་ཡིན་ཞེས་བརྫུན་བཟོ་བྱས་པ་ཀུན་ཤེས་ཡོངས་གྲགས་དངོས་འབྲེལ་ཞིག་ཡིན་ན། འབངས་གྱེན་ལོག་གི་རྗེས་སུ་དུས་རབས་དེ་རང་གི་མང་ཚོགས་ཚོས་དབུས་གཙང་གི་ཡུལ་གྲུ་ཕལ་ཆེ་བར་ཡུམ་བརྟན་གྱི་གདུང་རྒྱུད་རང་རང་གི་རྗེ་པོར་བཀུར་བའི་རྒྱུ་མཚན་གཙོ་བོ་ནི་དེ་དག་བོད་བཙན་པོའི་གདུང་རབས་ཡིན་པ་ཁོ་ནའི་དོན་དུ་ཟད་པས་གདུང་སྲས་རྫུན་བཟོ་དེ་ལྟ་བུ་ཡོང་མི་སྲིད་པ་མ་ཟད། ཆོས་འབྱུང་རྒྱལ་རབས་དག་གི་ནང་དུའང་ཡུམ་བརྟན་གྱི་གདུང་རབས་འདྲེན་པའི་དགོས་པ་དེ་བས་ཀྱང་ཡོང་ག་ལ་སྲིད། འོན་ཀྱང་འབྲེལ་བ་རྒྱུ་མཚན་གྱིས་ཡུམ་བརྟན་གྱི་མཚན་ཐོགས་སྣངས་ལ་བལྟས་ན་ཡུམ་བརྟན་འཁྲུངས་དུས་ནི་ཡབ་གཤེགས་རྗེས་ཀྱི་དུས་ཚོད་ཙུང་ཟི་བའམ་ཡང་ན་གདུང་རྒྱུད་མིན་པའི་སྐྱན་ཀ་ཞིག་བྱུང་ངེས་ལ་སྣ་ནམ་བཟས་གདུང་རྒྱུད་དོ་མ་ཡིན་པའི་ཁུངས་སྐྱེལ་ཞིག་གནང་དགོས་བྱུང་འདྲ་བ་དང་། ཡུམ་གྱིས་གདུང་རྒྱུད་དངོས་ཡིན་པའི་གནས་ལུགས་ཇི་ལྟར་གསུངས་པ་དེ་ལྟར་དོན་ལ་བརྟན་དུ་ཆུག་ཅེས་གླེང་བར་བརྟེན་ནས་མཚན་ཡང་དེ་ལྟར་ཐོགས་པར་ངོས་འཛིན་བྱས་ན་འགྲིག

① (མཁས་དགའ་དེབ་ངོས་ཤོག་གྲངས430)

གལ་སྲིད་ཡུམ་བརྟན་གདུང་རྒྱུད་ངོ་མ་མ་ཡིན་པའི་བཞེད་པ་དེ་དག་འཐད་ལྡན་ཡིན་ན། ཉི་ལྡེ་ནམ་མཁའ་བཟང་པོས་མཛད་པའི་ལོ་རྒྱུས་ངོ་མཚར་སྣང་བ་མེ་ཏོག་ཚུན་པོའི་ནང་“སླད་དར་མའི་བཙུན་མོ་ཆེན་མས་མོ་རང་གི་མིང་པོའི་བུ་གཅིག་ལོན་པ་ལ་ང་ལ་བུ་བཙས་པ་མདང་སྐྱེས་པ་ཡིན་བྱས་པ་བློན་པོ་རྣམས་ན་རེ། མདང་སྐྱེས་པའི་བུ་ཚུང་ལ་སོ་མི་འབྱུང་སྟེ་ཡུམ་གྱི་བཀའ་བརྟན་དུ་ཚུག་ཟེར་ནས་ཡུམ་བརྟན་ཞེས་གྲགས”ཞེས་འབྱུང་བ་དང་། རྒྱའི་ཐང་ཡིག་རྙིང་མར“བཙན་པོ་ལ་སྲས་མེད་པས་མཆིམས་བཟའི་ཕུ་བོ་ཞང་ཡན་ལི་བྱ་བའི་སྲས་ཡུམ་བརྟན（ཆི་ལི་ཧུའུ）བྱ་བ་བཙན་པོར་བསྐོས། དགུང་ལོ་གསུམ་ལས་སོན་མེད་པས་བཙུན་མོས་སྲིད་བསྐྱངས”①ཞེས་འཁོད་པ་ཡུམ་བརྟན་ནི་ཡུམ་གྱི་རྒྱུད་པར་གཏོགས་པའི་བུ་ཞིག་རང་ལ་སྐྱེས་པ་ཡིན་ཁུལ་དུ་བརྫུས་པའི་བཤད་ཚུལ་དེ་དག་ལ་དཔྱད་གཞི་བྱེད་རིན་འདུག་སྙམ་པ་སྐབས་འདིར་ཞར་ལ་འཕྲོས་པའི་གཏམ་ཙམ་ལགས་སོ།

2. མངའ་བདག་གནམ་ལྡེ་འོད་སྲུངས་དང་། དབུ་གཙོར་འཁྲུག་པའི་སྐོར།

མངའ་བདག་འོད་སྲུངས་ནི་ཁྲི་དར་མ་ཨུ་དུམ་བཙན་དང་། ཁོང་གི་བཙུན་མོ་ཚུན་མ་ཚེ་སྤོང་བཟའ་བཙན་མོ་འཕན་གཉིས་ཀྱི་སྲས་སུ་ཆུ་ཁྱི་སྤྱི་ལོ842ལོར་ཡུམ་བུ་ཟླ་སྐར་དུ་འཁྲུངས།

ཆུ་ཕག་སྤྱི་ལོ843ལོར་ཡབ་དར་མ་ཨུ་དུམ་བཙན་ལྷ་ལུང་དཔལ་རྡོར་

① （ཐང་ཡིག་གསར་རྙིང་ལས་བྱུང་བའི་བོད་ཆེན་པོའི་སྲིད་ལུགས་ལྟུགས་པར་མའི་ཤོག་གྲངས337）

གྱིས་བསྒྲིངས་རྗེས་བཙན་པོའི་རྒྱལ་སྲིད་ལ་དབང་བསྒྱུར་ཞིང་། བློན་པོ་དགུ་ཁྲི་ཐོག་སྨྲ་དང་། རྫོག་དཔལ་གསུམ་སྨྲ་ཆེ། རྫོག་རྒྱལ་ཧོ་རེ་རྒྱལ་རྣམས་ཀྱིས་བྱས།

དགུང་ལོ་བཞི་པ་སྤྱི་ལོ845ཤིང་གླང་ལོར་ཕེབས་སྐབས་ཆོས་ལ་གནག་པའི་བློན་པོ་རྣམས་ཀྱིས་དར་མ་བསྒྲིངས་རྗེས་བསྟན་པ་ལ་འཚེ་བའི་བྱ་བ་མུ་མཐུད་བྱས་པར་རྐྱེན་ངན་མང་པོ་འཕྲད་དེ་ཤི་བ་ལ་སོགས་པས་ཕལ་ཆེ་བ་རྩ་མེད་དུ་སོང་བ་དང་། ཆོས་ལ་དགར་བའི་བློན་པོ་རྣམས་ཀྱིས་ཀྱང་བསྐྱལ་བར་བརྟེན་བསྟན་པ་བསྣུབས་པའི་བྱ་བ་མཚམས་འཛོག་ཐུབ་པ་སོགས་བཙན་པོའི་གདུང་རབས་ཆོག་ཞུང་དོན་གསལ་ནང་འབྱུང་བ་ལྟར་ལགས།

དགུང་ལོ་ལྔ་པ“མེ་སྟག（སྤྱི་ལོ846）ལ་འོད་སྲུངས་དང་ཡུམ་བརྟན་ཡང་རྟེན་གྱི་སྤྱན་སྔར་སྐྱབས་འགྲོ་ཁས་བླངས་ནས་དཀོན་མཆོག་གསུམ་ལ་མཆོད་པ་བྱས”①ཞེས་དང་། དེའི་ཚེ་མུ་གེ་དང་ཡམས་ནད་བྱུང་། ཆོས་བཤིག་པའི་བློན་པོ་རྣམས་ཀྱང་བཀའ་ཆད་མི་འདྲ་བ་མང་པོས་གྲུམ་པས་ཆོས་བཤིག་པས་ལན་པར་ཁ་འཆམ་ནས་ཇོ་བོ་མཆེད་གཉིས་བྱམས་པ་ཆོས་འཁོར་རྣམས་ཁྲི་ཐོག་ཏུ་སྤྱན་དྲངས་ནས་མཆོད་པ་བྱས། རྟགས་རང་གིས་བླངས་ནས་ཤམ་ཐབས་གོང་བ་ཅན་གོན། སྐྲ་གཞན་བྲེགས་གཙུག་ཕུད་བཞག་པ་དབྱར་ཟླ་གསུམ་དབྱར་གནས་བྱེད་ཟེར་ནས་གཙུག་ལག་ཁང་དུ་བསྡད་ནས་གཏན་ཁྲིམས་ལྷ་སྲུང་། དེ་ནས་དགག་དབྱེ་བྱེད་ཟེར་ཏེ་གྲོང་དུ་ཁྱིམ་ཐབ་བྱེད། མིང་དགྲ་བཅོམ་གཙུག་ཕུད་ཅན་ཟེར་བ་མང་པོ་བྱུང་ནས་སྐྱེ་བོའི་མཆོད་གནས་བྱེད། མི་དར་མ་ཤི་ན་འབུམ། གཞོན་པ་ལ་ཉི་ཁྲི། བྱིས་པ་ལ་བརྒྱད་སྟོང་པ་འདོན་

① （གདུང་རབས་ཆོག་ཞུང་དོན་གསལ་བྲིས་མ་ཤོག་གྲངས92ན）

ཀློག་མཁན་ཤེས་རབ་ཆེ་བ་འགའ་ཟུང་གིས་ཊཱི་ཀ་བཀླགས་ནས་དམར་པོ་འདི་དོན་བསྡུས་པ་དེ་ཡིན་པར་འདུག ནག་པོ་འདིས་དེ་རྒྱས་སུ་འཆད་པར་འདུག ཡིག་ཆུང་འདིས་དེ་ལ་དོགས་པ་དཔྱད་པར་འདུག་ཟེར་ནས་རྩལ་བཤད་བྱེད་པ་བག་རེ་བྱུང་། ཐུགས་པ་ཕལ་ཆེར་ཡང་སྒྲུབ་ཐབས་འཆད་པ་དང་། སྒོམ་པ་མེད་པར་པོན་པོའི་ཚིག་ལ་མིག་ལྟོས་བྱས་ཏེ་སྒྲུབ། གཞུང་ངག་འདོན་དུ་བྱེར་ནས་གྲོང་ཚོག་འགྲིམ། སྦྱོར་དགྲོལ་དང་བམ་སྒྲུབ་དར་བས་མི་ལ་གསོན་དགྲོལ་བྱེད་པ་ཅིག་བྱུང་”①ཞེས་གསལ་བ་ལྟར་ལྟ་སྒོམ་ཆ་མ་ཚང་བའི་ཆོས་ཚུལ་ཅམ་གྱིས་འཚོ་བ་དོན་གཉེར་བྱེད་པ་གང་སར་ཁྱབ་གདལ་ཆེན་པོ་ཞིག་བྱུང་བར་མཚོན།

དེ་རྗེས་གནམ་ལྷེ་འོད་སྲུངས་ལ་ལྷ་ལུང་དཔལ་གྱི་རྡོ་རྗེས་སྨན་བླ་བདེ་གཤེགས་བདུན་གྱི་ལུང་ཕུལ་བ་དང་སྨན་བླ་མདོ་ཚིག་ལ་ཡི་དམ་གྱི་སྙིང་པོར་མཛད་པ། དཀོན་མཆོག་གསུམ་ལ་གུས་པ་ཆེན་པོ་བྱས་ཞེས་གདུང་རབས་ཚིག་ཉུང་དོན་གསལ②ནང་འཁོད་པ་དང་། རྒྱལ་རབས་གསེར་གྱི་ཕྲེང་བའི་ནང་དུ་ཡང་། “སྣང་དར་མའི་སྲས་འོད་སྲུང་ཁོང་གིས་ལྷ་ལུང་དཔལ་གྱི་རྡོ་རྗེ་ནས་སྨན་བླའི་མཆོད་ཐོག་ཞུས་ནས་སྨོན་ལམ་བཏབ། སྨན་བླའི་བྱིན་རླབས་ཀྱིས་རྒྱལ་སྲིད་ཀྱང་ཟིན། མེས་པོང་མ་རྣམས་ཀྱི་བཀའ་དྲིན་ལྟར་ཆོས་ཁྲིམས་དང་། ཆོས་ག་ཡོགས་དམ་དུ་བཞེས་ཏེ་མངའ་རིས་ཆོས་བཞིན་དུ་བསྐྱངས་སོ”③ཞེས

① (མཁས་པའི་དགའ་སྟོན་ལྟག་སྨད་པར་མ་ཤོག་གྲངས430)

② (ཁྲིསམ་ཤོག་གྲངས་བརྒྱད་པ་དང་། དཀུ་པར་གསལ་)

③ (ཁྲིསམ་ཤོག་གྲངས19བ)

འོད་སྲུངས་ལ་ལྷ་ལུང་དཔལ་གྱི་རྡོ་རྗེས་སྨན་བླ་མདོ་ཆོག་གི་ལུང་ཕུལ་བ་གཅིག་མཐུན་དུ་གསུངས་འདུག་ཀྱང་འཐད་པར་མ་མཐོང་སྟེ་ལྷ་ལུང་དཔལ་རྡོར་གྱིས་དར་མ་བཀྲོངས་ནས་ཁམས་སུ་བྲོས་ཐེབས་པས་འོད་སྲུངས་སྐུ་ནར་སོན་རྗེས་ཆོས་འབུལ་བའི་སྐབས་ག་ལ་ཡོད། ཉང་ཉི་མ་འོད་ཟེར་གྱིས། བསྟན་པའི་མེ་རོ་བསླངས་པའི་སྐབས། "དེ་ལྟར་ཚུལ་ཇི་ལྟར་བསླངས་ན། དར་མའི་སྲས་ཁྲི་གནམ་ལྡེ་འོད་སྲུང་། དེའི་སྲས་དཔལ་འཁོར་བཙན། དེ་ལ་བསམ་ཡས་མཆིམས་ཕུའི་སྒྲུབ་པ་པོ་ལྷ་ལུང་དཔལ་གྱི་ཡོན་ཏན་བྱ་བས། མདོ་སྡེ་ཐར་པ་ཆེན་པོའི་ཕྱག་མཚོད། སྤང་སྐོར་གི་ཕྱག་མཚོད། དེ་བཞིན་གཤེགས་པ་སྨན་ལྷའི་མདོ་ཆོག་རྣམས་གཏད་ནས། ཁྱེད་སྟོན་ཡབ་མེས་ཀུན་གྱི་བཀྲ་ཤིས་བདེ་ལེགས་ཐམས་ཅད་འདི་ལས་བྱུང་བས་སྒྲུབས་ཤིག་གསུངས་ནས་གནང་ངོ་"①
ཞེས་དཔལ་འཁོར་བཙན་གྱི་སྐབས་སུ་གསུངས་པ་ལྷ་ལུང་དཔལ་གྱི་ཡོན་ཏན་དང་། ལྷ་ལུང་དཔལ་གྱི་རྡོ་རྗེ་གཉིས་འཁྲུལ་གཞི་བྱུང་བར་མངོན་པས་གང་ལྟར་ཉང་ཉི་མ་འོད་ཟེར་གྱིས་གསུངས་པའི་འོད་སྲུངས་ཀྱི་སྲས་དཔལ་འཁོར་བཙན་གྱི་སྐབས་ཀྱི་མཆིམས་ཕུའི་སྒྲུབ་པ་པོ་འདི་ལ་ངོས་བཟུང་ན་ཁུངས་ཆེ་བར་མཐོང་ངོ་།

འོད་སྲུངས་དགུང་ལོ་སུམ་ཅུ་སོ་དྲུག་པ་སྤྱི་ལོ879ས་ཕག་ལོའི་དུས་མདོ་ཁམས་སུ་བསྟན་པ་ཅུང་ཟད་དར་བ་ཡིན། དེ་ཡང་མང་ཐོས་ཀླུ་སྒྲུབ་རྒྱ་མཚོས། "དེ་ལྟར་ཁྲི་འོད་སྲུང་གི་དུས་སུ་ཁམས་སུ་བསྟན་པ་བྱུང་བ་ཇི་ལྟར་ཞེ་ན། ཆོས་ལ་འཇུག་པའི་སྒོ་ལས། རྒྱལ་པོ་དེའི་སྲས་གནམ་ལྡེ་འོད་སྲུང་དང་། མཆེད་ཟླ་

① (མེ་ཏོག་སྙིང་པོ་དེབ་ངོས་ཤོག་གྲངས456)

ཡུམ་བརྟན་གྱིས་རྒྱལ་སྲིད་སོ་སོར་བསྐོས་ཏེ། དེ་གཉིས་ཀྱི་སྐུ་རིང་ལ་མདོ་ཁམས་རྨ་ལུང་རྡོ་རྗེའི་བྲག་ར་དན་ཏིག་གི་ཡང་དགོན་ན། གཙང་རབ་གསལ་དང་། གཡོ་དགེ་འབྱུང་དང་། སྨར་ཤཱཀྱ་མུ་ནེ་ཞེས་བྱ་བའི་དགེ་སློང་གསུམ་བཞུགས་སོ། དེའི་ཚེ་མདོ་སྨད་དེ་ཉིད་ན་བོན་པོའི་རིགས་སུ་གྱུར་ཀྱང་། མོས་པས་སྤྱོད་པའི་བྱང་ཆུབ་སེམས་དཔའ་མོ་དུར་དགོངས་པ་རབ་གསལ་ཞེས་བྱ་བ་བྱུང་སྟེ། དེ་སངས་རྒྱས་ཀྱི་བསྟན་པ་ལ་དད་དེ། སྨར་གྱི་དགེ་སློང་གསུམ་དང་། རྒྱའི་ཧ་ཤང་ཀེ་ཝཾ་དང་། ཀེཾ་ཕག་དང་། ཊ་པོ་དང་བཅས་པ་ལས་བསྙེན་པར་རྫོགས་པར་བྱས་སོ། དེ་དག་ལ་སོགས་ཏེ་མདོ་སྨད་ཀྱི་ཁམས་གསུམ་དུ་བསྟན་པ་ཚུང་ཟད་དར་བར་གྱུར་ཏོ། ཞེས་བཤད་པ་ལས་ཤེས་སོ"①ཞེས་གསུངས་པ་ལྟར་ལགས།

བསྡོམས་ན་འོད་སྲུངས་དགུང་ན་ཕྲ་མོའི་དུས་ནས་སངས་རྒྱས་ཆོས་ལུགས་ལ་དད་མོས་གནང་བ་འདིའི་ཕྱོག་ནས་ཡབ་ཀྱི་མཛད་སྤྱོད་དེར་སྤྱི་ཚོགས་ཀྱི་རྨང་གཞི་མེད་པས་རྒྱུན་རིང་གནས་མ་ཐུབ་པ་མཚོན་ཅིང་། ལྷག་པར་འོད་སྲུངས་ཀྱིས་ཡབ་ཀྱི་མཛད་རྗེས་སུ་མ་འབྲང་བ་དེ་ནི་སྐབས་དེའི་སྤྱི་ཚོགས་ཀྱི་བསམ་པའི་འཁོར་ཕྱོགས་དང་། ཡུམ་དང་། བློན་པོ་ཆོས་ལ་དགའ་བ་རྣམས་ཀྱི་ཤུགས་རྐྱེན་ཐེབས་པ་ནུས་ལྡན་གྱི་གསལ་བཤད་ཐུབ།

འོད་སྲུངས་ཀྱི་སྐུ་ཚེའི་སྨད་ཙམ་ལ་མདོ་ཁམས་སུ་སྨར་གཡོ་གཙང་གསུམ་ལས་ལྷ་ཆེན་དགོངས་པ་རབ་གསལ་གྱིས་རབ་བྱུང་དང་། བསྙེན་རྫོགས་བཞེས་པ་སོགས་སྨད་འདུལ་དར་བའི་འགོ་ཚུགས་པ་ཙམ་ལས། གཞན་དབུས་གཙང་

① （བསྟན་རྩིས་གསལ་བའི་ཉིན་བྱེད་ལྷུགས་པར་མ་ཤོག་གྲངས64）

ད་འོད་སྲུང་ས་ཡུམ་བརྟན་ཕྱོགས་ཁག་གཉིས་སུ་གྱེས་ཏེ་མངའ་རིས་ལ་རྫོད་པའི་ནང་འཁྲུག་ཁོ་ནའི་དབང་དུ་སོང་སྟེ་བསྟན་པ་སླར་གསོ་བའི་བྱ་བར་ནུས་ཤུགས་གང་ཡང་འདོན་ཐུབ་མེད།

འཇིག་རྟེན་སྲིད་ཕྱོགས་ནས་བཤད་ན། དར་མ་འུ་དུམ་བཙན་པོས་སངས་རྒྱས་ཆོས་ལུགས་བཙྫུབས་པ་དང་དུས་མཚུངས་སྟར་ཡབ་མེས་ཀྱིས་སྲོལ་བཏོད་དར་སྤེལ་གནང་བའི་ཁྲིམས་སྲོལ་ཁག་རྣམས་ཀྱང་ཉམས་དམས་སུ་བཏང་བས་སྐབས་ཤིག་རིང་སྤྱི་ཚོགས་ཁྲོད་ཡོངས་སུ་ལྷིང་འཇགས་མེད་པས་མི་རྣམས་བཟོས་མི་བདེ་བ་དང་། ལྷག་པར"བཙུན་མོ་གཉིས་སོ་སོའི་ཕྱོགས་བློན་འབངས་ཐ་དད་ཀྱིས་བཟུང་སྟེ་ཡུམ་བརྟན་གྱིས་དབུ་རུ་དང་། འོད་སྲུང་གིས་གཡོ་རུ་བཟུང་ནས་དབུ་གཡོར་འཁྲུག་པ་བྱས། དེའི་ཕྱོགས་བོད་ཡུལ་ཕལ་ཆེར་ལ་ཁྱབ་སྟེ་ཡུལ་གྲུ་རེ་རེར་ཡང་ཆེ་སྲིད་ཆུང་སྲིད་མང་ཚན་ཉུང་ཚན་གསེར་པ་གཡུ་པ་ཤ་ཟན་རྩམ་ཟན་ཞེས་སྡེ་གཉིས་གཉིས་སུ་ཆད་དེ་རྫོད"① ཅེས་དང་། "མངའ་བདག་འདི་གཉིས་སྐུ་ནར་མ་སོན་ཀྱང་། བློན་པོ་ཆོས་ལ་དགའ་བ་རྣམས་ཀྱིས་ཞུས་ཏེ། ཇོ་བོ་རྣམ་གཉིས་དང་། བྱམས་མགོན་རྣམས་ས་འོག་ནས་བཏོན་ནས། རང་རང་གི་ཁྲི་ལ་བཞུགས་ནས་མཆོད་པ་བྱས། ལྷ་ཁང་ཞིག་པ་རྣམས་སླར་གསོས་སོ། དེ་ནས་སྲིད་ལ་མ་འཆམ་པས། འོད་སྲུང་གིས་གཡོ་རུ་བཟུང་ནས་འཁྲུག་པ་བྱས་སོ"② ཞེས་གསལ་བ་ལྟར་ཁོང་གཉིས་ཀྱིས་བསྟན་པ་ཕན་པའི་བྱ་བ་འགའ་ཞིག་བསྒྲུབས་ཐུབ་ནའང་། དབུ་གཡོར་གྱི་དུས

① (མཁས་པའི་དགའ་སྟོན་དེབ་ངོས་ཤོག་གྲངས431)

② (རྒྱལ་རབས་གསལ་མེ་དེབ་ངོས་ཤོག་གྲངས238)

ཟིང་བྱུང་ཞིང་། དེ་ནས་རིམ་བཞིན་འབྲུག་ཟིང་དེ་བོད་ཡུལ་ཕལ་ཆེར་ལ་ཁྱབ་སྟེ་ཡུལ་གྲུ་རེར་ཡང་ཡུམ་བརྟན་ཕྱོགས་གཏོགས་ལ་ཆེ་སྲིད་དང་། འོད་སྲུངས་ཕྱོགས་གཏོགས་ལ་ཆུང་སྲིད་ཅེས་པ་བཙུན་མོ་ཆེན་ཆུན་གྱི་སྲིད་ལ་ཐོགས་པའི་མིང་དུ་ཟད་ཅིང་། དེ་མིན་ཡུམ་བརྟན་ཕྱོགས་གཏོགས་སྔོན་པོ་མང་བས་མང་ཚན་དང་། འོད་སྲུངས་ཕྱོགས་གཏོགས་ཉུང་བས་ཉུང་ཚན། ཡུམ་བརྟན་ཕྱོགས་གཏོགས་ཀྱི་སྔོན་པོའི་དེ་སྐྱའི་ཐོབ་ཐང་ཞན་ཙམ་མམ། ཡང་ན་ཡུམ་བརྟན་རང་ཉིད་འོད་སྲུངས་ལས་གནས་བབ་དམའ་བ་གཅུང་པོ་ཡིན་པས་གསེར་པ་དང་། འོད་སྲུངས་ཕྱོགས་གཏོགས་ཀྱི་ཐོབ་ཐང་དེ་སྔ་ཡུམ་བརྟན་ལས་མཐོ་བས་གཡུ་པ། ཡུམ་བརྟན་ཕྱོགས་གཏོགས་ཀྱིས་དབུ་རུ་འཛིན་པས་སྐབས་དེའི་དབུ་རུའི་སྲིད་འཛིན་ས་ཁོངས་ཞིབ་ཏུ་ཕྱེ་བའི་ཡིག་ཆ་མ་མཐོང་རུང་། སྔོན་བཙན་སྐམ་པོའི་སྐུ་དུས་བོད་ཡུལ་རུ་ཆེན་ལྔ་རུ་ཕྱེ་བའི་སྲིད་འཛིན་ས་ཁོངས་གོང་དུ་གསལ་བ་ལྟར་དེང་དུས་ཀྱི་སྲིད་འཛིན་ས་ཁོངས་ལ་མཚོན་ན་རྩ་བའི་ཆ་ནས་གྲོང་ཁྱེར་ལྷ་སའི་ཁྱབ་ཁོངས་ཙམ་ལ་ཆ་བཞག་ན་འགྲིག་གམ་སྙམ་པའི་ས་ཁུལ་འདི་རྣམས་བཙན་པོའི་དུས་སྐབས་སུ་འབྲོག་ལས་ཤས་ཆེ་བས་ཁུལ་དེ་ཚོའི་མང་ཚོགས་ཀྱི་འཚོ་བའི་ནང་ཤ་རིགས་སྤྱོད་ཆེ་བས་ཤ་ཟན་དང་། འོད་སྲུངས་ཀྱིས་འཛིན་པའི་གཡོ་རུ་ནི། སྔོན་བཙན་སྐུ་དུས་ཀྱི་ས་ཁོངས་གོང་དུ་གསལ་བ་ལྟར་ད་ཕང་དུས་ལ་མཚོན་ན་རྩ་བའི་ཆ་ནས་ལྷོ་ཁ་ས་ཁུལ་ལ་རྩིས་ཆོག་པའི་ཡུལ་གྲུ་དེ་ཚོར་བཙན་པོའི་སྐབས་ནས་ཞིང་ལས་གཙོ་བོར་བྱེད་པས་མང་ཚོགས་ཀྱི་འཚོ་བར་རྩམ་པ་སྤྱོད་ཤུགས་ཆེ་སྟབས་རྩམ་ཟན་ཞེས་ཐོག་མ་དབུ་གཡོར་ལ་ཐོགས་པ་བཅས་མིང་དེ་དག་རྗེས་སུ་རིམ་བཞིན་ཡུལ་གྲུ་གཞན་དུ་ཡང་ཕྱོགས་ཁག་སོ་སོར་དེ་དང་དེའི་མིང་གིས་མཚོན་པར་བྱས་ནས་སྟེ་གཟར་ཡོངས་

ཁྱབ་ཏུ་བྱུང་བར་མངོན།

འོན་ཀྱང་ཕྱོགས་ཁག་གཉིས་སུ་གྱེས་པའི་གནས་ཚུལ་འདི་ནི་དབུ་གཡོར་འཁྲུག་པའི་ཐོག་མའི་དུས་སྐབས་ཀྱི་གནས་ཚུལ་ཡིན། འདིའི་སྐབས་འོད་སྲུངས་ཕྱོགས་གཏོགས་བློན་པོའི་སྟོབས་ཤུགས་ཞན་པའི་ཉུང་བ་ལ་སོགས་པ་འོད་སྲུངས་ལ་ཕམ་ཁ་བྱུང་བ་མཚོན་ཀྱང་སྐབས་དེའི་བཙན་པོའི་རྒྱལ་ས་ལྷོ་ཁར་གནས་པ་ད་དུང་འོད་སྲུངས་ཕྱོགས་ཀྱིས་འཛིན་པ་གསལ་པོར་མཐོང་ཐུབ།

དབུ་གཡོར་འཁྲུག་ཟིང་གི་མེ་ལྕེ་དེ་ཡུལ་གྲུ་གང་སར་ཁྱབ་རྗེས་དབུས་གཙང་གྱེས་ཤུགས་རྗེ་ཆེར་སོང་སྟེ་མཐར་འོད་སྲུངས་ཀྱི་སྐུ་ཚེའི་མཇུག་གཡོ་རུར་གནས་པའི་སྟོབས་ཤུགས་དེ་ཡང་བརྟན་གནས་མ་ཐུབ་པར་གཙང་ཕྱོགས་སུ་རིམ་བཞིན་འཕོ་བསྐྱོད་བྱེད་དགོས་བྱུང་བ་དེ་དང་ཁེང་ལོག་དབར་ཡང་འབྲེལ་བ་ངེས་ཅན་ཞིག་ཡོད་པ་ཁེང་ལོག་སྐབས་ཀྱི་ལོ་རྒྱུས་དམིགས་སུ་བཀར་ཏེ་གཤམ་དུ་བརྗོད་རྒྱུའི་ཐོག་ནས་གསལ་ལོ། འོད་སྲུངས་ཀྱི་ཡུམ་ཚེ་སྤོང་བཟའ་བཙན་མོ་འཕན་ཡང་དབུ་རུར་བཞུགས་བཟོད་མི་བདེ་བ་བྱུང་ནས་བྱང་ཕྱོགས་སུ་བྲོས་བྱོལ་གནང་དགོས་ལ་ཐུག་པ་དང་། བཙན་པོའི་རྒྱལ་རབས་ཡབ་མེས་ཀྱི་གཙོས་ཆེ་བའི་དངོས་རིགས་ཏེ་ལོ་རྒྱུས་ཡིག་ལམ་ནང་། “ནོར་སྣ་བཅོ་བརྒྱད” ཅེས་པ་ལ་སོགས་པ་ཡང་བསྡམས་ལོངས་མ་བྱུང་བ་ཡུམ་བརྟན་ཕྱོགས་ཀྱིས་འཁྱེར་བར་གྲགས། དབུ་གཡོར་འཁྲུག་ཟིང་གི་དུས་བདེ་ཞོད་འཇགས་མེད་པའི་སྐབས་དེ་དང་བསྟུན་ནས་འོད་སྲུངས་དགུང་ལོ་ཉེར་དྲུག་པ་སྤྱི་ལོ869ས་སྨད་ལོར་འབངས་གྱེན་ལོག་བྱུང་བ་དང་། དགུང་ལོ་སོ་བཞི་པ་སྤྱི་ལོ877མེ་བྱ་ལོར་བཙན་པོ་རིམ་ཅན་གྱི་བང་སོ་བྲུས་པ་བཅས་ཀྱི་སྐོར་གཤམ་དུ་འགྲོས་པར་བྱའོ།

བཙན་པོ་འདིའི་སྐབས་ཁྱིའི་སོ་ཁ་ཐོར་བ་ཡང་། ཚལ་པའི་དེབ་དམར་ནང་རྒྱའི་ཐང་ཡིག་ལས་དྲངས་པར། "མེ་ཕོ་སྟག(སྤྱི་ལོ846)ལ་རྟོན་རྫོང་གི་བུ་གསུམ་པ། ཐོན་རྫོང་བསྐོས། དེ་ནས་བོད་ཀྱི་ས་ཆ་ཐམས་ཅད་ཐལ་ཆེར་རྒྱས་གླངས། དང་པོ་ཐང་གི་རྒྱལ་ཁམས་ཀིན་ཧང་ཧྲུ་ནས་བོད་ཀྱི་བར་ལ་ས་ལེ་བར་སྟོང་ཚོ་དགུ་དང་དགུ་བརྒྱ་ཡོད། ཁྱིས་རྫོང་རྫོང་ནས་བཟུང་སྟེ་བོད་ལ་མཁར་དམིགས་སུམ་བརྒྱ་ཐོར། ཁྱིས་ཐང་གི་ཐམས་ཅད་ཐོབ། ཐོན་རྫོང་ལོ་བཅུ་བཞི་སྲིད་བཟུང་། ལོ་ལྔ་བཅུ་པ་ས་མོ་ཡོས་ལ་འདས། ལྕགས་ཕོ་འབྲུག(སྤྱི་ལོ860)ལ་དེའི་བུ་ཆེ་བ་ཡི་རྫོང་བསྐོས། དེ་ཁྱིན་ཆད་བོད་ལ་འབྲེལ་ཆད"①ཅེས་དང་། "བོད་ཀྱི་མངའ་འོག་ན་རྒྱའི་ས་ཆ་མཁར་མིག་སུམ་བརྒྱ་ཙམ་ཡོད་པ་ཡང་རྒྱའི་རྒྱལ་པོ་རང་ལ་ཐོར། གཞན་ཡང་རྒྱལ་ཁམས་མང་པོ་མངའ་འོག་ན་ཡོད་པ་ཐམས་ཅད་ལ་ཡང་མངའ་ཐང་མེད"② ཅེས་དང་། "མེ་མོ་ཡོས(སྤྱི་ལོ849)ཐང་ཞོན་ཙུང་ལི་ཁྲིན། ཏ་ཀྲུང་ཁྲི་ལོ་གསུམ་པ། ཐང་དམག་གིས་ལུང་ཡུག་གི་རྨ་ཆུ་དང་། ཙོང་ཆུའི་བརྒྱུད་ཀྱི་ས་ཆ་དབང་དུ་བསྡུས། ལྕགས་ཕོ་རྟ(སྤྱི་ལོ850)ཐང་ཐོན་ཙུང་ལི་ཁྲིན། ཏ་ཀྲུང་ཁྲི་ལོ་བཞི་པ། ཀྲང་དབྱི་ཁྲའོ་ཅུ་བས་བཀྲའ་ཀྲིག་དང་། ཧྲ་ཀྲིག་སོགས་ཀྲིག་བཅུ་གཅིག་ཐང་གི་དབང་དུ་ཚུད་པར་བྱས" ཞེས་དང་། "ལྕགས་མོ་སྦྲུལ(སྤྱི་ལོ861)ཀྲང་དབྱི་ཁྲའོ་ཅུ་བས་ལེང་ཀྲིག་ས་ཆ་ཕྱོང་མར་ཕུལ"③ཞེས་སོགས་བོད་རྒྱ་ཡིག

---

① (དེབ་དམར་དེབ་ངོས་ཐོག་གྲངས23)

② (ལོ་རྒྱུས་ངོ་མཚར་ཆུན་པོ་བཤུས་དེབ་ཐོག་གྲངས52)

③ (ཐང་ཡིག་གསར་རྙིང་ལས་བྱུང་བའི་བོད་ཆེན་པོའི་སྲིད་ལུགས་དེབ་ངོས་ཐོག་གྲངས337)

ལམ་ཁག་ནང་གསལ་བས་འོད་སྲུངས་དགུང་ལོ་བདུན་བརྒྱད་ལ་ཕེབས་པའི་སྐབས་ནས་བཙུང་སྟར་བཙན་པོའི་སྐབས་དབང་དུ་བསྡུས་པའི་ཤར་ཕྱོགས་དང་བྱང་ཕྱོགས་ཀྱི་ས་ཆ་རྣམས་གཡུལ་འགྱེད་ཀྱི་ཡོ་ལང་གང་ཡང་མ་དགོས་པར་ཐང་དམག་གིས་རིམ་པར་དབང་དུ་འདུས་པར་མངོན་ནོ།

སྐབས་འདིར་གསལ་བཤད་དགོས་པ་ཞིག་ལ་འོད་སྲུངས་ཀྱི་མཛད་པའམ། སྐབས་དེའི་བྱ་བ་ཆེ་རིགས་ཆོས་སྲིད་ཁག་གཉིས་སུ་གུང་སྒྲིག་པའི་རྐྱེན་གྱིས་འོད་སྲུངས་ཀྱི་དགུང་གྲངས་དང་། སྔ་ཕྱིའི་གོ་རིམ་འབྲུགས་པ་ལྷ་བུ་ཡོང་བ་འདི་དག་དགུས་གཅིག་ཏུ་སྒྲིག་ན། འོད་སྲུངས་དགུང་ལོ་བཞི་པར་ཡབ་ཀྱིས་བསྟན་པ་བསྐྱབས་པའི་བྱ་བ་འདི་སྐབས་མཚམས་འཛོག་ཐུབ་པ། དགུང་ལོ་ལྔ་པར་འོད་སྲུངས་ཀྱིས་རྟེན་གྱི་སྤྱན་སྟར་སྐྱབས་འགྲོ་ཁས་བླངས་ནས་དཀོན་མཆོག་གསུམ་ལ་མཆོད་པ་བྱས་པ། དགུང་ལོ་བདུན་བརྒྱད་སྐབས་ཐང་དམག་གིས་བོད་ཀྱི་ཤར་ཕྱོགས་དང་། བྱང་ཕྱོགས་ཀྱི་ས་ཆ་དབང་དུ་བསྡུས་པ། དགུང་ལོ་ཉེར་དྲུག་པའི་སྐབས་འབངས་གྱེན་ལོག་བྱུང་བ། དགུང་ལོ་སོ་བཞི་པའི་སྐབས་བང་སོ་བྲུས་པ། དགུང་ལོ་སོ་དྲུག་པའི་སྐབས་མདོ་ཁམས་སུ་བསྟན་པ་ཙུང་ཟད་དར་བ་བཅས་སོ།

འོད་སྲུངས་ཀྱི་སྲས་དཔལ་འཁོར་བཙན་འབྲུངས་པའི་སྐོར་བཞེད་ཚུལ་མི་འདྲ་བ་མཆིས་པ་གཤམ་དུ་རེའུ་མིག་ཟུར་བསྟར་བཞིན་སྐབས་འདིར་ཉང་ཉི་མ་འོད་ཟེར་གྱི་ཆོས་བྱུང་དང་། ས་ཆེན་རྒྱལ་རབས་སོགས་ཀྱི་བཞེད་པར་བསྟུན་ན་ལོ་ཚིགས་འགྲིག་ཆེ་བ་གཤམ་དུ་འདས་ལོའི་སྐབས་ཞིབ་ཏུ་འཕྲོས་རྒྱུ་ལྟར་འོད་སྲུངས་ཀྱིས་ཙོག་རོ་བཟའ་རྒྱལ་མོ་ཁབ་ཏུ་བཞེས་པར་འོད་སྲུངས་དགུང་ལོ་ལྔ་བཅུ་པ་སྤྱི་ལོ893ཆུ་གླང་ལོར་ཡར་ལུང་འཕང་ཐང་དུ་སྲས་དཔལ་

འཁོར་བཙན་འབྲུངས་པ་ཡིན། འོད་སྲུངས་སྐུ་གཤེགས་པའི་ལོ་ཚིགས་ལ་དེབ་ཐེར་ཁག་ནང་བཞེད་ཚུལ་མི་མཐུན་པ་ཡོད་ཀྱང་། དགུང་ལོ་དྲུག་ཅུ་རེ་གསུམ་ལོ་ལ་གཤེགས་པར་བཞེད་པ་དེ་འཐད་པར་མཐོང་། དེ་ཡང་འགོས་ལོ་གཞོན་ནུ་དཔལ་གྱིས་མཛད་པའི་དེབ་ཐེར་སྔོན་པོ་དང་། ཐུ་བཀྭན་ཆོས་ཀྱི་ཉི་མས་མཛད་པ་ལྕང་སྐྱ་རོལ་པའི་རྡོ་རྗེའི་རྣམ་ཐར་ནང་བླ་ཆེན་དགོངས་པ་རབ་གསལ་སྤྱི་ལོ832ཆུ་བྱི་ལོར་འཁྲུངས། དགུང་ལོ་བཅུ་པ་སྤྱི་ལོ841ལྕགས་བྱ་ལོར་དར་མས་བསྟན་པ་བསྣུབས་པ། དགུང་ལོ་བཞི་བཅུ་ཞེ་དགུ་པ་སྤྱི་ལོ879ས་ཕག་ལོར་དན་ཏིག་ཏུ་ཕེབས་ཏེ་སྨར་གཡོ་གཙང་གསུམ་དང་མཇལ་ཏེ་རབ་ཏུ་བྱུང་བ་དང་། བསྙེན་པར་རྫོགས་པ། དེ་ནས་དན་ཏིག་ཏུ་ལོ་སུམ་ཅུ་སོ་ལྔ་བཞུགས་མཐར་དགུང་ལོ་བརྒྱད་ཅུ་གྱ་བཞི་སྤྱི་ལོ915ཤིང་ཕག་ལོར་སྐུ་གཤེགས་ཞེས་གསལ་བ་དང་། མང་ཐོས་ཀླུ་སྒྲུབ་ཀྱིས་འོད་སྲུངས་སྐབས་ཁམས་སུ་བསྟན་པ་དར་བའི་ལོ་རྒྱུས་གོང་དུ་འཁྲིས་པའི་ལོ་ཚིགས་མཐུད་ཐུབ་ལ་ཡུམ་བརྟན་འདས་ལོ་དང་ཡང་མཐུན་ལ་ཉེ་བ་བཅས་ས་ཆེན་རྒྱལ་རབས་དང་། བུ་སྟོན་ཆོས་འབྱུང་སོགས་ཀྱི་བཞེད་པ་ལྟར་དགུང་གྲངས་དྲུག་ཅུ་རེ་གསུམ་པ་སྤྱི་ལོ905མེ་ཡོས་ལོར་ཡར་སྟོད་འཕང་ཐང་དུ་སྐུ་གཤེགས་པ་ལགས་སོ།

མཁས་པ་ལྡེའུས།

"གནམ་རི་འོད་སྲུང་རྩེ་རོས་དུག་གིས་བཀྲོངས། །
རྒྱུ་མཚན་ཆེན་ཚུན་མ་མཐུན་པས་སོ། །"①

ཞེས་གསུངས་པ་བཞིན་པ་དམིགས་བསལ་ཅན་ལྟ་བུར་མཐོང་ཡང་སྤྱི་

① (མཁས་པ་ལྡེའུའི་ཆོས་འབྱུང་ལྒགས་པར་མ་ཤོག་གྲངས376)

ཚོགས་ནང་འགལ་བ་ཚབས་ཆེན་གནས་པའི་སྐབས་དེའི་ལོ་རྒྱུས་དངོས་ལ་གཞིགས་ན་དེ་ལྟར་ཡིན་སྲིད་པའི་རང་བཞིན་ཆེ་ཞིང་། འོད་སྲུངས་ཀྱི་བང་སོ་ནི།

འོད་སྲུངས་གྲལ་ནི་འཕྲུལ་རྒྱལ་རྒྱབ་ན་ཡོད། །

མིང་ནི་སྐྱེས་བུ་ལྷ་བརྟེན་བྱ་བ་ལགས། །[1]

ཞེས་གསུངས་པ་ལྟར་ལགས་ཤིང་། བཙན་པོའི་བང་སོ་བརྩིགས་པའི་སྲོལ་ཡང་དེ་ནས་ནུབ་སྐད་བཅས་བང་སོ་འདི་ནི་བཙན་པོའི་བང་སོ་མཐའ་མ་ཡིན་ནོ།

བསྡོམས་ན་འོད་སྲུངས་ཀྱིས་སྲིད་དབང་འཛིན་པའི་དུས་སྐབས་སུ་སངས་རྒྱས་ཆོས་ལུགས་ལ་འཚེ་བའི་འཁྲོ་ཚད་པ་དང་། ཡབ་མེས་ཀྱི་ཐུགས་དམ་རྟེན་ཧཱུྃ་ཤཱཀྱ་རྣམ་གཉིས་དང་། བྱམས་པ་ཆོས་འཁོར་རང་རང་གི་ཁྲི་ཐོག་སྤྱན་དྲངས་པ་སོགས་བྱ་བ་བཟང་པོ་མི་ཉུང་ཙམ་བསྒྲུབས་ཡོད་ཀྱང་། དབུ་གཡོར་འཁྲུག་སྡེ་རྒྱལ་སྲིད་དུམ་བུར་གྱེས་པས་མི་རྣམས་འཁོས་སུ་མི་ཕེབས་པ་དང་དམག་འཁྲུག་གི་རྐྱེན་པས་ཐོན་སྐྱེད་ཉམས་རྒུད་ཁེར་སད་སེར་ལ་སོགས་པའི་རང་བྱུང་གནོད་འཚེ་དང་། མི་ནད་ཕྱུགས་ནད་ཀྱང་ཐེངས་ཁ་ཡར་བྱུང་བ་སོགས་ལོ་རྒྱུས་དེབ་ཐེར་མང་ཆེ་བའི་ནང་དར་མ་ཕ་སྤྱད་གསུམ་ལ་བསོད་ནམས་ཟད་པའི་རྒྱལ་པོ་ཞེས་གྲགས་སོ།

[1] (མཁས་པ་ལྡེའུའི་ཆོས་འབྱུང་དེབ་ངོས་ཤོག་གྲངས376)

མངའ་བདག་འོད་སྲུངས་ཀྱི་འཁྲུངས་འདས་ལོ་ཚིགས་རེའུ་མིག

དེབ་ཐེར་	ལོ་ཚིགས་			གསལ་བཤད།
	འཁྲུངས་ལོ་	སྲིད་བསྐྱངས་ལོ་	འདས་ལོ་	
མཁས་པ་ལྡེའུའི་ཆོས་འབྱུང་	སྤྲེལ་(ལྕགས་སྤྲེལ་840)	(སྲིད་བཞེས་)	ཞི་ལྔ་པ་གླང་(ལྕགས་གླང་881)	རང་བཞིན་ལོ་ཚིགས་འདི་ལ་དཔྱད་དགོས་པ་མང་། རྫ་རོས་དུག་གིས་བསྒྲོངས།
ལྡེའུ་ཇོ་སྲས་ཆོས་འབྱུང་	སྤྲེལ་(ལྕགས་སྤྲེལ་840)	བལྟམས་མ་ཐག་སྲིད་བཟུང་	ལྔ་བཅུ་ང་ལྔ་གླང་(ཆུ་གླང་893)	
ཆོས་འབྱུང་མེ་ཏོག་སྙིང་པོ་	ཆུ་མོ་ཕག་(ཆུ་མོ་843)		(ཤིང་གླང་ཆུ་མོ་905)	འདས་ལོ་འདི་དཔལ་འཁོར་བཙན་གྱི་འཁྲུངས་ལོ་དང་། སྲིད་བཞེས་ལོ་ནས་རིག་འདེད་བྱས་པ།
ས་ཆེན་རྒྱལ་རབས་	ཆུ་ཕག་ཆུ་མོ་843	བལྟམས་མ་ཐག་སྲིད་བཟུང་	སུམ་ཅུ་སོ་གསུམ་ཤིང་གླང་(ཆུ་མོ་905)	དཀུང་གྲངས་འདི་ཡིག་ནོར་ལས་ས་ཆེན་གྱི་བཞེད་པ་དངོས་ནི་དཀུང་གྲངས་དྲུག་ཅུ་རེ་གསུམ་པར་གཞིགས་པ་ཡིན། གལ་སྲིད་སུམ་ཅུ་སོ་གསུམ་ལ་ཤིང་ལུག་སྤྱི་ལོ875ལོར་བབས་པས་ཤིང་གླང་གསུངས་པ་དང་འགལ།

དེབ་ཐེར་	ལོ་ཚིགས་			གསལ་བཤད།
	འབྱུང་ལོ་	སྲིད་བསྐྱངས་ལོ་	འདས་ལོ་	
སྔོན་གྱི་གཏམ་མེ་ཏོག་ཕྲེང་བ།	ས་ཕག་（སྦྲུལ་ལོ་819）	ཉེར་བཞི་ཡབ་འདས་སྲིད་བཞེས་ལོ་གསུམ་ནས་འདས（ཉེར་བཞི་ཆུ་ཁྱི་842）	（ཉེར་བདུན）ཤིང་གླང་（སྦྲུལ་ལོ་845）	རང་ བཞེད་ དཔལ་ འཁོར་བཙན་བལྟམས་ལོར་གཞིགས་ན་ འབྱུང་ས་ འདས་ ལོ་ ཚིགས་འདི་ རྣམས་ ལ་ དཔྱད་ དགོས་པའི་གནད་དོན་མང་།
རྒྱལ་རབས་གསལ་མེ་	（མེ་སྟག་ཁྱི་ལོ་846）			བལྟམས་ ལོ་ འདི་ རང་ བཞེད་ཡབ་ བསྒྲོངས་ པའི་ ལོ་ དུས་ལྟར་བཀོད་པ།
བུ་སྟོན་ཆོས་འབྱུང་	ཤིང་གླང་（སྦྲུལ་ལོ་846）		དྲུག་ཅུ་རེ་གསུམ་（མེ་ཡོས་905）	

དེབ་ཐེར་	ལོ་ཚིགས་			གསལ་བཤད།
	འབྲུང་ལོ་	སྤྱིད་བསྐྱངས་ལོ་	འདས་ལོ་	
ཡར་ལུང་ཇོ་བོའི་ཆོས་འབྱུང་	ཤིང་ལུག་ (སྤྱི་ལོ་815)		སོ་དགུ་ (ཆུ་བྱ་སྤྱི་ལོ་853)	རང་བཞིན་སྲུས་དཔལ་འཁོར་བཙན་གྱི་སྲིད་བཞེས་ལོར་གཞིགས་ན་བལྟམས་ལོ་འདིའི་དབང་ཐང་འཁྲུག་པ་ཚིག་ཐག་བཅད་ཚིག་པས་རང་བཞིན་ས་ལུག་སྤྱི་ལོ839ལོར་བལྟམས་པ་དང་མེ་བྱ་སྤྱི་ལོ877ལོར་འདས་པ་ཡིན།
རྒྱ་བོད་ཡིག་ཚང་མཁས་པ་དགའ་བྱེད་	ཤིང་ལུག་ (སྤྱི་ལོ་815)		སོ་དགུ་	ལོ་ཚིགས་འདི་ནི་ཡར་ལུང་ཇོ་བོའི་བཞེད་པ་སོར་བཞག་ཡིན་པས་དཔྱད་པ་གོང་དུ་སོང་།
རྒྱལ་རབས་འཕྲུལ་ལྡེ་	(ཤིང་སྟག་སྤྱི་ལོ་845)		དྲུག་ཅུ་	རང་བཞིན་ཡབ་བཀྲོངས་པའི་ལོ་དེར་བསྙོས།
མཁས་པའི་དགའ་སྟོན་	མེ་ཡོས་ (847)		སོ་དགུ་པ་ཤིང་སྦྲུལ་ (885)	

དེབ་ཐེར་	ལོ་ ཚིགས་			གསལ་བཤད།
	འབྱུངས་ལོ་	སྲིད་བསྐྱངས་ལོ་	འདས་ལོ་	
བསྟན་རྩིས་གསལ་བའི་ཉིན་བྱེད་	ཆུ་ཁྱི་ (842)		རི་གསུམ་པ་ཤིང་བྱི་ (904)	
བསྟན་པའི་རྒྱ་མཚོར་འཇུག་པའི་གྲུ་ཆེན་	ཆུ་ཕག་ (843)	རྒྱལ་སར་བཏོན་	རི་གསུམ་ཤིང་གླང་ (905)	
ལོ་རྒྱུས་ངོ་མཚར་སྣང་བ་	ཤིང་ཕག་ (855)	རྒྱལ་སར་བཏོན་	རི་གསུམ་མེ་གླང་ (917)	
བཙན་པོའི་གདུང་རབས་ཚིག་ཉུང་དོན་གསལ་	ཆུ་ཁྱི་ (842)	ཆུ་ཕག་ (843) རྒྱལ་སར་བཏོན་	སོ་དགུ་ལྕགས་ཁྱི་ (880)	

གོང་གསལ་རེའུ་མིག་ནང་སྟོར་རྟགས་བཀོད་པ་རྣམས་ལོ་རྒྱུས་སྒྲིག་པ་པོས་གསལ་ཁ་ཕྱེས་པ་ལས་དེབ་ཐེར་སོ་སོའི་དངོས་བསྟན་མིན་ལགས།

3. བོད་དུ་འབངས་གྱེན་ལོག་བྱུང་བའི་སྐོར།

སྔོན་གྱི་ལོ་རྒྱུས་ཡིག་རིགས་ནང་བོད་དུ་ཁེང་ལོག་སྟེ་འབངས་གྱེན་ལོག་བྱུང་བའི་དུས་ནི་བཙན་པོའི་གདུང་རྒྱུད་སྲུའི་སྐབས་ཡིན་པ་དང་། བཙན་པོ་

དེ་དག་དགུང་གྲངས་གང་ལ་ཕེབས་པའི་ལོ་ཚིགས་ཐད་ལོ་རྒྱུས་སྨྲ་བ་མཁས་པ་སོ་སོའི་བཞེད་ཚུལ་གཅིག་གྱུར་མིན་པ་འགའ་ཞིག་ཆགས་ཀྱང་ས་མོ་སླང་ལོར་ཁྲི་ལྡེ་སྲོང་བཙན་དགུང་ལོ་ཉེར་དྲུག་པ་སྤྱི་ལོ869ས་མོ་སླང་ལོར་ཁེང་ལོག་བྱུང་བ་དང་། མེ་མོ་བྱ་ལོར་བང་སོ་བྲུས་པའི་ལོ་ཁམས་ལ་མི་མཐུན་པ་མེད། སྐབས་འདིར་ལོ་རྒྱུས་ཀྱི་གནད་དོན་མང་པོར་དཔྱད་སྐབས་ཁེང་ལོག་དང་། བང་སོ་འབྲུ་བའི་བྱ་བ་གཉིས་ཀ་མངའ་བདག་འོད་སྲུངས་ཀྱི་སྐུ་དུས་སུ་བྱུང་བར་བཞེད་པ་དེ་དག་ཁུངས་ཆེ་བར་མཐོང་། དེ་ཡང་མངའ་བདག་འོད་སྲུངས་དགུང་ལོ་ཉེར་དྲུག་པ་སྤྱི་ལོ869ས་མོ་སླང་ལོར་ཁེང་ལོག་བྱུང་བ་དང་། དེ་ནས་ལོ་བརྒྱད་སོང་རྗེས་འོད་སྲུངས་དགུང་ལོ་སུམ་ཅུ་སོ་བཞི་པ་སྤྱི་ལོ877མེ་མོ་བྱ་ལོར་བཙན་པོའི་བང་སོ་འབྲུ་བའི་བྱ་བ་བྱུང་བའི་འགོ་ཚུགས་པར་མངོན།

དང་པོ། ཁེང་ལོག་གི་འབྱུང་རྐྱེན་སྐོར།

བོད་ཀྱི་ལོ་རྒྱུས་ཡིག་ལམ་ནང་ཁེང་ལོག་འབྱུང་རྐྱེན་གྱི་གཏམ་རྒྱུད་ཅི་རིགས་ཡོད་པའི་ནང་ལ་ལ་ཕར་བལྟས་ན་ལྷ་སྲུང་ལྟ་བུར་སྣང་མོད། འོན་ཀྱང་གནད་དོན་དེ་ཚོར་བསམ་བློ་ཞིབ་ཏུ་བཏང་ན་ལོ་རྒྱུས་ཀྱི་དངོས་དོན་གསོན་ཉམས་ལྡན་པ་མཚོན་ཐུབ་པས་ཐོག་མར་ཁེང་ལོག་འབྱུང་རྐྱེན་གྱི་གཏམ་རྒྱུད་འགའ་ཞིག་སྨྲ་བར་བྱ། སྟེ་སློབ་ཆེན་པོ་བྲན་ཀ་དཔལ་ཡོན་ཉེས་མེད་དུ་བསད་པའི་རྗེས་སུ"པགས་པ་ཧྲིད་བུར་བཤུས་ཏེ་གསོབ་ཏུ་བརྒྱངས། ཉེ་དུ་རྣམས་ཀྱིས་རོ་ལྤག་མ་བསྡུས་ཏེ་ཡེར་པར་བསྒྲིགས་པས་དུ་བའི་ནང་ནས་འོད་དཀར་པོ་ཛ་མ་ཙམ་ཞིག་ནམ་མཁའ་ལ་ཇེ་མཐོ་ཇེ་མཐོར་སོང་བས་ཕོང་རང་གི་སྲིང་མོ་ཞིག་གིས་ངུས་ཤིང་པོས་ཏེ་སློན་ཆེན་པོ་ཁྱེད་གར་འགྲོན། དགྲས་ཉེས་མེད་དུ་བསད་པ་ལ་ལན་ཅི་ཡང་མི་འཇལ་ལམ་ཞེས་པོས། དེ་ནས་འོད་དེ་ཇེ་དམར་བབས་པ་དང་ལྷུང་དམར་ཆེན་པོ་ཞིག་ཏུ་གྱུར་ཏེ་ས་རྗེ་རི་བྲག་ལྷེག་པ་ཙམ་དུ

བྱུང་སྟེ་དེ་མ་ཐག་ལས་ཀྱི་གནོད་སྦྱིན་ཆེན་པོ་འཇིགས་སུ་རུང་བར་སྐྱེས་ཏེ་ཕྱིས་ཇོ་བོ་རྗེས་བཏུལ་ནས་ཡེར་པ་རྗེ་ཁང་གི་སྲུང་མ་བྱེད་ཅིང་གསོལ་ཀྱང་སྐྱེ་ཐང་རྒྱ་རིང་ན་འཕྲུམས་སྐྲར་ཡོད་ཅིང་ཡུལ་ལྷ་བྱེད་དོ་”①ཞེས་གསལ་བ་དང་། མཁས་པ་ལྡེའུའི་ཆོས་འབྱུང་ནང་བྲན་ཀ་གསོད་ཁར་“ ད་ཁྱོད་ལ་ཁ་ཆེམས་འདྲ་བ་མེད་དམ་བྱས་པས་བྲན་ཀ་ན་རེ།

གནམ་མཐིང་བས་སྔོ་བར་ཤོག །

ས་བྱ་བས་དམར་བར་ཤོག །

རྗེ་ཁྱིང་ལོག་པར་ཤོག །

རྒྱལ་པོའི་གདུང་ཆད་པར་ཤོག །

ཟེར་ནས། དེར་བསད་ནས་ཡར་ཕྱིན་པ་དང་། བློན་པོ་མགོས་ན་རེ། བྲན་ཀ་བསད་དམ་བྱས་པས། ཨེ་ཤཱ་མི་གསོད་པ་ཡིན་པ་ལ། ཁོ་ན་རེ་ཅི་ཟེར་བྱས་པས།

གནམ་མཐིང་བས་སྔོ་བར་ཤོག །

ས་བྱ་བས་དམར་བར་ཤོག །

རྒྱལ་པོའི་གདུང་ཆད་པར་ཤོག །

རྗེ་ཁྱིང་ལོག་པར་ཤོག་ཟེར། །

མདུང་ཤིང་ལ་སོགས་པ་ཚོ་ཁྱོག་ཟེར་ན་ཡང་དགོས་པ་མི་འདུག་བྱས་པས། བློན་པོ་མགོས་ན་རེ། ཁོས་མ་ལན་པའི་རྟགས་ཡིན། མདུང་ཤིང་བྱ་བལ་མ་དགོས་པ་དེ། ངའི་སེམས་མདུང་ཤིང་བས་སྲོང་བྱ་བའི་རྟགས་ཡིན།

---

① （མཁས་པའི་དགའ་སྟོན་དེབ་ངོས421）

གནམ་མཐིང་བས་སྔོ་བར་ཨོག་བྱ་བ་དེ་གནམ་ལ་ཐན་པ་བྱུང་ནས། ས་ལ་རྩྭ་མི་སྐྱེ་སྐྱེ་བྱ་བས་དམར་བར་འགྲོ རྒྱལ་པོའི་གདུང་ཆད་ཉེན་ཡོད། རྗེ་ཁེང་ལོག་ཀྱང་འགྲོ དེ་མ་ལེགས་ཟེར་"①ཞེས་ཁྲན་ཀ་དཔལ་ཡོན་འདའ་ཁའི་ཁ་ཆེམས་དང་། ཡང་མཁས་པའི་དགའ་སྟོན་ནང་།

"ཁེང་ལོག་བྱེད་པའི་ཕྱྭ་མཁན་མེས་པོ་ནི། །
ཁྲན་ཀ་དཔལ་གྱི་ཡོན་ཏན་ཁོ་ཡིས་བྱས། །
མི་བས་སས་ཀྱང་རྗེ་རུ་མ་ཐེག་ནས། །
ཕྱིར་ན་ལྷ་འདྲེ་ཕ་ཚན་ཀུན་གྱིས་བྱས། །
མནའ་ཐོ་འུག་པ་ཐང་དུ་འདུན་མ་ཚོགས། །
དེ་ཚེ་ཁྲན་ཀ་དཔལ་གྱི་ཡོན་ཏན་ཁོ། །
ལྕགས་ཀྱི་སྦྱང་གི་སྟོན་པོ་བཙོན་ནས་ནི། །
ལྕགས་ཀྱི་པེར་ཀས་ས་ལ་བརྫུང་བཞིན་དུ། །
ལྷ་འདྲེ་ཀུན་ལ་ཞུ་བ་འདི་སྐད་གསོལ། །
རྗེ་བློན་གཅིག་ཀྱང་མ་ལུས་བསད་པར་ཞུ། །
ཡང་ན་སོ་ཁ་བརྒྱད་དུ་གཏོར་བར་ཞུ། །
དེ་ཚེ་ཡར་ལྷ་ཤམ་པོ་ལ་སོགས་པས། །
དཔལ་གྱི་ཡོན་ཏན་ཁོ་ལ་ཞུ་བ་ཕུལ། །
ལྷ་རིའི་རྩེ་(ལྷ་རིའི་རྩ་)རུ་རྗེ་དཔོན་ཚན་དེ་ཞུས། །

① (མཁས་པ་ལྡེའུའི་ཆོས་འབྱུང་དེབ་ངོས361)

ལྷ་འདྲེ་ཕ་ཚན་འདུན་མ་དེ་ལ་འཆམས། །"①

ཞེས་བྲན་ཀ་དཔལ་ཡོན་གནོད་སྦྱིན་དུ་སྐྱེས་ནས་ཁེང་ལོག་བྱེད་དགོས་པའི་བསྐུལ་མ་བྱས་པའི་སྐོར་འཁོད་པ་རྣམས་ལ་ཞིབ་ཏུ་དཔྱད་ན། བཙན་པོ་ཁྲི་ལྡེ་སྲོང་བཙན་སད་ན་ལེགས་དང་། ཁྲི་གཙུག་ལྡེ་བཙན་རལ་པ་ཅན་གདུང་རབས་གཉིས་ཀྱི་བཀའ་ཡི་བློན་པོ་བཙན་པོས་ཀྱང་བསྟགས་བརྗོད་ཚད་མེད་གནང་བ་ རྗེ་རིང་དང་། བཀའ་ག་སྩོགས་ཡི་གེའི་ནང་གསལ་པོར་འཁོད་ཅིང་། རང་སྲོག་ལ་བརྟེན་ནས་བཙན་པོའི་སྐུ་སྲུ་དང་། ཆབ་སྲིད་སྲུང་སྐྱོབ་གནང་མཁན་བློན་པོའི་ནང་གི་ཕུལ་དུ་བྱུང་བའི་མི་སྣ་དེ་ལྷ་བུ་མཐར་བོད་ཁམས་གཅིག་གྱུར་གྱི་རྗེའི་སོ་ཁ་དུམ་བུ་མང་པོར་གཏོར་བའི་བྱེད་གཏེར་གྱུར་འདྲ་བའི་གནས་ཚུལ་འདི་ནི་ལོ་རྒྱུས་རྩུར་ཉེ་བ་འདས་ཤིང་། བཙན་པོའི་གདུང་རབས་འཕོས་པའི་སྐབས་ཡང་བསྐྱར་བྲན་ཀ་དཔལ་ཡོན་མཚོན་བྱེད་མི་སྣར་བྱས་པའི་གཏམ་རྒྱུད་འདི་ནས་དོན་དངོས་གང་ཞིག་མཚོན་ཡོད་ཅེ་ན། བཙན་པོའི་ཆབ་སྲིད་ལར་རྒྱ་དཀྱུང་ལ་འདེགས་པའི་བྱས་པ་ཅན་གྱི་བློན་པོ་མང་པོ་ཞིག་དར་མ་རྗེས་འབྲངས་དང་བཅས་པའི་ཚུལ་མིན་བྱེད་པར་བརྟེན་ནས་ཕྱིས་བློ་ཕམ་ཡིད་ཆད་དུ་གྱུར་པ་དང་། ཐ་ན་ཞེ་བློ་གཏིང་ནས་མ་ལོག་ཀ་མེད་ཀྱི་གནས་སུ་གྱུར་བ་དེ་གསལ་པོར་མཚོན།

བློན་པོ་དེ་རིགས་བོད་ཡོངས་སུ་མིང་དང་དབང་གྲགས་ལྡན་པས་ཁོ་ཚོའི་འདོད་ཕྱོགས་སྤྱི་ཚོགས་ཐོག་ཁྱབ་པ་དེས་མི་རྣམས་ཀྱི་བསམ་བློའི་འཕེལ་ཕྱོགས་ལ་འགྱུར་ལྡོག་གཏོང་སྲིད་པ་ལྟར་མི་རྣམས་ཀྱི་བསམ་བློ་འཁྲུགས་པ་དེ་ལྷ་འདྲེའི་

① (མཁས་པའི་དགའ་སྟོན་དེབ་ངོས432)

ཚེ་འཕྲུལ་དུ་ངོས་འཛིན་བྱས་པར་མཚོན་ཞིང་། ནད་པོ་ལ་ལ་སྨྲ་བཙད་ཀྱི་བརྟུལ་ཞུགས་བཟུང་ནས་སྨོད་པ་དེས་ཚུལ་མིན་སྤྱོད་པའི་ནད་པོ་རྣམས་ཀྱི་འགོག་རྐྱེན་རང་བཞིན་དུ་མེད་པར་ཆགས་ཏེ་ལོ་ཚོ་བྱ་ངན་སྤེལ་བདེ་པོ་བྱུང་བས་རིམ་བཞིན་འོད་སྣང་དང་། ཡུམ་བརྟན་ཕྱོགས་ཁག་གྱིས་ཤུགས་ཇེ་ཆེར་འགྲོ་བའི་བརྒྱུད་རིམ་སྟེ་དམག་འཁྲུག་ལོ་ངོ་མང་པོ་བྱས་པའི་ནང་རང་གི་སྟོབས་ཤུགས་སྲུང་སྐྱོབ་དང་། ཁ་གཏད་ཀྱི་སྟོབས་ཤུགས་ཉམས་ཞན་དུ་གཏོང་བ་དེའི་ཐད་སྤྱི་ཚོགས་ཀྱི་སྟོབས་ཤུགས་གཞན་མ་རྣམས་ཀུང་བེད་སྤྱོད་གཏོང་བའི་ནང་རང་རྟོགས་དང་། རང་རྟོགས་མིན་པའི་ཁེང་ལོག་འབྱུང་གཞི་བྱུང་བ། ལྷག་པར་ཕྱོགས་ཁག་གྱིས་པའི་སྟེ་གཟར་རྒྱུན་རིང་ནང་མང་ཚོགས་ཀྱི་འཚོ་བ་ཇེ་ཞན་ཇེ་སྡུག་འགྲོ་བས་དམག་འཁྲུག་དང་། ཨུ་གེ འཕྲོག་བཅོམ་གསོད་བརྡུང་སོགས་མི་འདོད་པའི་རྐྱེན་ཚོགས་ཆར་བཞིན་འབབ་པ་དང་། རང་བྱུང་གནོད་འཚེ་བྱུང་སྐབས་དེ་དག་འགོག་པའི་དུས་ཚོད་དང་། སྟོབས་ཤུགས་ཀུང་དམག་འཁྲུག་གི་དབང་དུ་གྱུར་ཏེ་ཞིང་འཕྲོག་ཐོན་སྐྱེད་ལ་ཡང་ཤུགས་རྐྱེན་ངན་པ་ཚབས་ཆེན་ཐེབ་པ། ལྷག་པར་དར་མའི་སྐབས་ནས་བཟུང་བོད་ཁམས་གཅིག་གྱུར་གྱི་ཁྲིམས་སྲོལ་བཟང་པོ་རྣམས་བརྩི་མེད་དུ་བཏང་བས་དམག་དཔོན་དང་ནད་པོའི་ཁྲོད་དུ་ཁྲིམས་ལུགས་ཀྱི་འཆིང་རྒྱ་གང་ཡང་མེད་པས་རང་གི་ཁེ་ཕན་ཕྲ་མོའི་ཆེད་མང་ཚོགས་ལ་ སྙར་མེད་པའི་འཁྲི་ཆ་འགེལ་བ་ལ་སོགས་པའི་མནར་གཅོད་ཚད་མེད་གཏོང་བ། མང་ཚོགས་ཀྱི་འཚོ་བར་སེམས་འཁུར་བྱེད་མཁན་མེད་ལ་དམག་འཁྲུག་ལ་བརྟེན་པའི་སྡུག་སྦྱོང་མང་པོ་མྱོང་དགོས་བྱུང་བ། ཇེ་འབངས་དབར་གྱི་དབང་ཁྲིད་ཇེ་ཆེར་གྱུར་པ་དཔེར་ན། མཁས་པ་ལྡེའུའི་ཆོས་

འབྱུང་ནང་། "སྤྱིར་ནི་རྗེ་ཁེང་དབང་ཁྱད་ཆེས་པས་ལན་" ①ཞེས་འཁོད་པ་འདི་ནི་ཁེང་ལོག་འབྱུང་གཞིའི་རྒྱུ་རྐྱེན་གཙོ་བོ་ཞིག་ཡིན་པ་བཅས་སྐབས་དེར་མང་ཚོགས་རྣམས་དངོས་འབྲེལ་བཟོད་བསྲན་མ་ཐུབ་རྐྱེན་གསོན་ལམ་འཚོལ་ཆེད་འབངས་གྱེན་ལོག་བྱེད་སྲིད་པ་ནི་སྨོས་ཅི་དགོས།

ཁེང་ལོག་གི་དཔེ་བྱ་ལ་བྱས་པ་དང་། གཡོ་རྡུའི་ཁེང་ལོག་སྐབས་འབེ་མོའི་གཏམ་རྒྱུད་བཅས་གསོན་ཉམས་ལྡན་པའི་མཚོན་དཔེ་དེ་ཚོའི་ཐོག་ནས་མཐོང་བ་ནི་རང་ཉིད་སྡུག་བསྔལ་རྒྱུ་བཅས་ལས་ཐར་བ་བྱ་རྒྱུའི་ཐབས་ལམ་འབའ་ཞིག་ནི་འབངས་གྱེན་ལོག་བྱ་རྒྱུ་དེ་ཡིན་པར་མཐོང་ནས་མང་ཚོགས་རྣམས་ཁེང་ལོག་ནང་ཧུར་བརྩོན་གྱིས་ཞུགས་པ་ལགས།

གཉིས་པ། ཁེང་ལོག་བྱེད་པར་འཛོམས་དགོས་པའི་གནད་དོན།

ལྡེའུ་ཇོ་སྲས་ཀྱི་ཆོས་འབྱུང་ནང་།

"ཁེང་ལོག་དཔེ་དང་ལག་དཔོན་རྒྱུ་མཚན་གསུམ། །
སྤྱི་མཁན་འདུན་ས་འཛིན་མཁན་ལྔ་དང་དྲུག །
ཡུལ་རེར་རྗེ་དཔོན་ཚན་རེ་ཆགས་དང་བདུན། །" ②

ཞེས་གསལ་བ་ལྟར་ན་ཁེང་ལོག་བྱེད་པར་འཛོམས་དགོས་པའི་ཆ་རྐྱེན་བདུན་བསྟན་པ་ནི། དང་པོ། ཁེང་ལོག་བྱེད་པའི་དཔེ་གང་ཞིག་ལ་བཞག་པ། གཉིས་པ། ལག་དཔོན་ཏེ་ཁེང་ལོག་བྱེད་སྐབས་གདོང་ལེན་སྣེ་ཁྲིད་མཁན་ཞིག་དགོས་པ། གསུམ་པ། ཁེང་ལོག་བྱེད་དགོས་པའི་རྒྱུ་མཚན་ངེས་པ་ཅན་ལྡན་

① (མཁས་པ་ལྡེའུའི་ཆོས་འབྱུང་དེབ་ངོས373)
② (ལྡེའུ་ཇོ་སྲས་ཀྱི་ཆོས་འབྱུང་དེབ་ངོས144)

དགོས་པ། བཞི་པ། ཕྱྭ་མཁན་སྐེ་རྒྱས་གཞི་འཛོན་མཁན་ལེགས་པོ་ཞིག་དགོས་པ། ལྔ་པ། འདུན་ས་འཛིན་མཁན་ཏེ་ཁེང་ལོག་སྐོར་བསམ་གྲོས་བསྡུར་བའི་གྲོས་ཚོགས་ཁང་ཞིག་དགོས་པ། དྲུག་པ། ཁེང་ལོག་གི་བྱ་བ་ལམ་ལྷོངས་ཡོང་བར་འགོ་བའི་ལྷ་ཞིག་དགོས་པ། བདུན་པ། བཙན་པོའི་གདུང་རབས་ཀྱི་ཇོ་བོ་དང་། དེའི་བློན་པོའམ། སྲིད་འཛིན་གྱི་བྱ་བ་སྒྲུབ་པའི་དཔོན་པོ་བཅས་ཇོ་དཔོན་ཚན་པ་རེ་དགོས་པ་བཅས་གསལ་པོར་བསྟན་ཡོད་པའི་ནང་ནས་མཚོན་པ་ནི། གཞི་རྩའི་ཐོག་ནས་ཡུལ་གྲུ་སོ་སོའི་ཁེང་ལོག་ནི་ཁེར་རྐྱང་དུ་བྱེད་པ་དང་། སྐེས་དབང་དུ་བྱུང་བ་ཞིག་མིན་ལ་ཕན་ཚུན་གཉོགས་འདེགས་དང་། གྲོས་འཆར་ཡོད་ལ་གོ་རིམ་དང་དམིགས་ཡུལ་ཆ་ཚང་ལྡན་པ་དེ་ལགས།

འོན་ཀྱང་ཡུལ་གྲུ་སོ་སོའི་ཁེང་ལོག་གི་བརྒྱུད་རིམ་ལ་གཞིགས་ན་ས་ཁུལ་སོ་སོར་འཕྲད་པའི་གནད་དོན་འདྲ་མིན་ལ་བརྟེན་ནས་བྱུང་བས་ཚང་མར་ཆ་རྐྱེན་དང་གོ་རིམ་དེ་ལྟར་བརྒྱུད་དགོས་པའི་ངེས་པ་ཡང་མེད། དཔེར་ན། གཡོ་རུའི་ཁེང་ལོག་འབྱུང་གཞི་ཁྱིམ་ཐབ་ཀྱི་ཀོ་ལོང་གིས་རྐྱེན་བྱས་པ་ལྟ་བུའོ།

གསུམ་པ། ཡུལ་ཚན་སོ་སོའི་ཁེང་ལོག་གི་ཞིབ་ཕྲའི་གནས་ཚུལ། མཁས་པའི་དགའ་སྟོན་ནང་། “བཙན་པོ་གཉིས་ལོ་ཉེར་གསུམ་རེ་ལོན་པའི་ས་སྤྲང་ནས་བཟུང་སྟེ་འབངས་ཀྱི་ཁེང་ལོག་རྣམས་རིམ་པར་བྱུང་སྟེ་དེ་ཡང་བར་སྣང་གི་བྱ་གཅིག་ལ་ཀུན་རུབ་པ་མཐོང་བ་ལ་དཔེ་བྱས་དང་པོ་དབའས་ཕོ་བཞེར་ལེགས་སྟེང་གིས་ལག་དཔོན་བྱས་ཏེ་མདོ་ཁམས་སུ་ཁེང་ལོག་བྱས་”①ཞེས་འཁོད་པ་ལྟར་སྤྱི་ལོ869ལོ་ནས་ཁེང་ལོག་རིམ་པར་བྱུང་བ་ཡིན།

① (མཁས་དགའ་དེབ་ངོས431)

1. ཁེང་ལོག་གི་དཔེ་བྱ་ལ་བྱས་པ་ནི། བར་སྣང་གི་བྱ་གཅིག་ལ་བྱ་གཞན་ཉུབ་སྟེ་མེད་པར་བཟོ་བ་མཐོང་བ་དཔེར་བྱས་པའམ་ཡང་ན་སྲེ་མོང་ཞུག་པའི་གཏམ་རྒྱུད་དང་སྦྱར་བ་མཁས་པ་ལྡེའུ་ཆོས་འབྱུང་ནང་། "གཞུང་ལས། དེའི་དུས་སུ་དུས་ལོག་ཁེང་ལོག་བྱུང་སྐད་པ། ཁེང་ལོག་གི་དཔེ་བྱ་ལ་བླངས་ཏེ། བྱ་སྤྲིན་བྱ་བྱ་བ་ལ་ཁོལ་པོ་སྲེ་མོང་གིས་གསང་དུས་སུ་མ་དྲངས་ན། སྤྲིན་བྱས་སྐད་བཏབ་པས་སྲེ་མོང་གི་རྨིག་བྲུལ་བ་ཡིན་པས། གསང་དུས་སུ་འདྲེན་པ་ལ་ནང་མ་གཅིག་གསང་ཁྱེར་ནས། སྤྲིན་བྱ་སྐད་འདོན་པར་འདོད་པ་ལ་སྲེ་མོང་གིས་སྐད་འདོན་ལོང་མེད་པར་སྤྲིན་བྱ་ཡི་སྐེ་བཅད་པས། དཔེ་དེ་ལ་བླངས་ནས་ཁེང་ལོག་གོ"①ཞེས་འཁོད་པའི་གཏམ་རྒྱུད་འདིའི་ཐོག་ནས་སྐབས་དེའི་དབང་སྒྱུར་མཁན་ཆེ་གེ་མོ་རྗེས་འབྲངས་དང་བཅས་པས་མི་སེར་ལ་མནར་གཅོད་ཚད་མེད་བཏང་བ་བཟོད་མི་ཐུབ་པའི་གནས་ཚུལ་འོག་སྟོབས་ཤུགས་གཅིག་སྒྲིལ་གྱིས་མནར་གཅོད་དེ་དག་ལས་ཐར་ཆེད་ཁེང་ལོག་བྱས་པའི་དཔེ་གསོན་ཉམས་ལྡན་པ་འདི་ནི་ཁེང་ལོག་ཡོངས་ལ་སྦྱར་ཆོག་པ་ཡིན།

2. ཡུལ་གྲུ་སོ་སོར་ཁེང་ལོག་རིམ་པར་བྱུང་བ་དང་། ལག་དཔོན། དམིགས་བསལ་གྱི་རྒྱུ་མཚན་བཅས་སྐོར།

དབའས་ཁོ་བཞེར་ལེགས་སྟེང་གིས་ལག་དཔོན་ནམ་སྣེ་ཁྲིད་བྱས་ཏེ་མདོ་ཁམས་སུ་ཁེང་ལོག་དང་པོ་བྱུང་བ་དེའི་གནས་ཚུལ་དབུས་གཙང་དུ་ཁྱབ་པ་འདི་དང་། དབུ་རུར་འགྲོ་སྟབས་འབྲུགས་པ་ལ་བརྟེན་ནས་དབའས་ལོ་ཐོ་ལོ་ཆུང་གིས་ལག་དཔོན་བྱས་ཏེ་ཁེང་ལོག་བྱས་པ་འདི་གཉིས་ནི་འོད་སྲུངས་བཙན་པོའི་

① （མཁས་པ་ལྡེའུའི་ཆོས་འབྱུང་དེབ་ངོས372）

ཁྲི་ལ་བཞུགས་པའི་མངའ་ཐང་ལ་ཡུམ་བརྟན་རྒྱུད་ཀྱིས་རྩོད་པའི་གནས་ཚུལ་དང་འབྲེལ་བ་དམ་ཟབ་ཡོད། དེའི་རྒྱུ་མཚན་ཡང་ཁེང་ལོག་དེ་གཉིས་ཀ་དབའས་སམ་བློན་པོ་སྦས་ཀྱིས་ལག་དཔོན་བྱས་པ་གཅིག་མཚུངས་ཡིན་པས་སོ།

དེ་ཡང་འབྲོ་སྦས་གཉིས་ནི་འོད་སྲུངས་དང་། ཡུམ་བརྟན་ཕྱོགས་སོ་སོའི་བློན་པོ་གཙོ་ཆེ་བའི་གྲས་ཡིན། བོད་ཀྱི་ལོ་རྒྱུས་ཐོག་མིང་ངན་ཡོངས་སུ་གྲགས་པ་རལ་པ་ཅན་སྐུ་བཀྲོངས་པའི་ལག་དམར་བ་དང་། དར་མས་ཆོས་བསྣུབས་པའི་སྐབས་ཀྱི་གདོང་ལེན་མཁན་སྦས་སྟག་ན་ཅན་ངོ་མ་ཁེང་ལོག་སྐབས་འདས་ཟིན་ནའང་། དེའི་བུ་རྒྱུད་ཀྱིས་ཕ་ཤུལ་བུ་འཛིན་ཡུམ་བརྟན་ཕྱོགས་སུ་ལངས་སྲིད་པ་ནི་སྨོས་མ་དགོས་པ་དང་། འོད་སྲུངས་ཀྱི་བློན་པོ་གཙོ་ཆེ་བའི་གྲས་སུ་འབྲོ་རིགས་ལས་བྱུང་བ་མིང་གསལ་མ་མཐོང་ཡང་། འོད་སྲུངས་ཀྱི་སྲས་དཔལ་འཁོར་བཙན་གྱི་བློན་པོ་འབྲོ་ཙུག་སྒྲ་ལྷ་སྣང་གིས་བྱས་པ་དེ་ལས་འབྲོ་ནི་འོད་སྲུངས་ཀྱི་ཕྱོགས་ལ་ཞེན་པའི་བློན་པོ་ཡིན། སྤྱིར་འབྲོ་སྦས་གཉིས་ཀ་བཙན་པོའི་བློན་པོ་རྙིང་ཁུངས་ཡིན་ལ་འབྲོའི་རྒྱུད་པ་ནི་གཙང་སྟོད་ལྷ་རྩེ་ནས་བྱུང་བ་དང་། སྦས་ནི་དབུ་རུར་བྱུང་བ་ཡིན།

བཙན་པོ་འོད་སྲུངས་དང་ཡུམ་བརྟན་དབར་གྱི་འགལ་བ་དང་། བློན་པོ་འབྲོ་སྦས་འཁྲུགས་པའི་ལོ་རྒྱུས་འདིའི་ཐོག་ནས་བོད་དུ་ཁེང་ལོག་བྱུང་བའི་སྐབས་དང་བསྟུན་ནས་ཡུམ་བརྟན་ཕྱོགས་གཏོགས་བློན་པོ་སྦས་ཀྱིས་དབུ་གཡོར་འཁྲུག་ཟིང་རྒྱ་ཆེར་ཕྱིན་ཏེ་འོད་སྲུངས་ཕྱོགས་གཏོགས་སླགས་མི་ཐེད་པའི་སྐབས་སྦས་ལོ་ཐོ་ལོ་ཚུང་གིས་འོད་སྲུངས་ཀྱི་ཕྱོགས་གཏོགས་འགའ་ཞིག་གྲོགས་སུ་བཀུག་ནས་འོད་སྲུངས་ཀྱི་ཁོངས་གཏོགས་རྣམས་ཡུམ་བརྟན་ཕྱོགས་ལ་མགོ་གཏད་དེ་ཐར་རང་གི་རྗེ་བོ་འོད་སྲུངས་ལ་ཁེང་ལོག་གིས་ཡུམ་བརྟན

རྒྱུད་ཀྱིས་དབུ་རུའི་ཁྲོན་ཡོངས་ལ་དབང་སྒྱུར་བྱེད་པར་ཁེང་ལོག་གིས་ནུས་པ་ཆེན་པོ་ཐོན་པ་མཚོན་ཅིང་། དབུས་གཙང་ས་གནས་གཞན་དུ་བྱུང་བའི་ཁེང་ལོག་རྣམས་ཀྱང་འདི་དང་འབྲེལ་བ་དམ་ཟབ་བམ། འདི་དང་འདྲ་བའི་གནས་ཚུལ་འབྱུང་སྲིད་པར་བརྟག་དཔྱད་བྱ་དགོས་པའི་ཁུངས་སྣེ་ཞིག་རྙེད་པ་ཡིན།

"དབུ་རུའི་ཁེང་ལོག་སྐབས་སྐུབས་སངས་རྒྱས་ཡེ་ཤེས་ལ་སྲས་དྲུག་ཡོད་པ་ལས་བཞི་ཁེང་ལོག་གིས་བཀྲོངས་པ་དང་། གཅིག་ཀླུ་ཡར། གཅིག་ཁྲིལ་མེད་དུ་ཐོར་"①ཞེས་གསལ་བ་སྲས་བཞི་བཀྲོངས་པ་དང་། གཅིག་ཀླུ་པོ་དང་ཁ་བྲལ་དགོས་པ་བྱུང་བ། གཅིག་མ་རབས་ཀྱི་སྤྱོད་པའི་དབང་དུ་སོང་འདྲ་བ་དང་། སྐུབས་སངས་རྒྱས་ཡེ་ཤེས་སྲུང་པོར་བརྫུས་ནས་བལ་ཡུལ་ལ་ཐེབས་དགོས་བྱུང་འདྲ་བ་བཅས་སྐབས་དེར་མཁས་པ་ཚོ་གཅིག་ལ་ཡང་ཐག་ཞེར་འཁྲིང་འདུད་ཀྱི་གནོད་འཚེ་བྱུང་བ་དེ་གོ་བ་ལེན་ཐུབ་པ་ཞིག་ཡིན།

དེ་ལྟར་དབུ་རུར་ཁེང་ལོག་བྱུང་རྗེས་ཡུམ་བརྟན་རྒྱུད་ཀྱིས་རྗེ་པོ་དང་། བློན་པོ་སྲས་ཀྱིས་དཔོན་བྱས་པའི་རྗེ་དཔོན་ཚན་པ་གཅིག་ཆགས་པ་ཡིན། དེ་ཡང་དཔའ་བོ་གཙུག་ལག་ཕྲེང་བས་དབུ་གཡོར་འཁྲུག་པ་དང་། དེའི་ཕྱོགས་བོད་ཡུལ་ཐལ་མོ་ཆེར་ཁྱབ་པ། ཡུལ་གྲུ་རེར་ཡང་ཆེ་སྲིད་དང་། ཆུང་སྲིད་སོགས་སྣེ་གཉིས་གཉིས་སུ་ཆད་དེ་འཐབ་རྩོད་བྱུང་བའི་ལོ་རྒྱུས་དང་། ཡང་འོད་སྲུངས་ཡུམ་བརྟན་གཉིས་པོ་སྐུ་མཆེད་ཡིན་མིན་གྱི་དཔྱད་པའི་ནང་། "རྗེ་ཚན་དགུ་པོ་ཐལ་ཆེར་ཡུམ་བརྟན་ཡིན་ལ་གདུང་རྒྱུད་མིན་ན་རྗེའི་ས་ཁ་གཏོར་བར་མི་འགྱུར་བས་ཆེན་ཆུན་གྱི་སྲས་གཉིས་གདུང་རྒྱུད་ཁྱད་མེད་དུ་སྣང་།"

① (ཉང་ཆོས་འབྱུང་དེབ་ངོས447)

ཞེས་གསུངས་པས་གནད་དོན་འདི་ཐག་གཅོད་བྱེད་པར་ནུས་ལྡན་གྱི་ཁུངས་ཤིག་བསྟན་པ་ལགས། གལ་སྲིད་སྐབས་དེའི་ཁེང་ལོག་ནི་དབང་སྒྱུར་གྲལ་རིམ་པ་ཡོད་ཚད་དམ། ཡང་ན་བཙན་པོའི་གདུང་རྒྱུད་ཁོ་ན་གཏོར་བའི་ལས་འགུལ་ཞིག་ཡིན་ན་ཁེང་ལོག་བྱས་རྗེས་ཡུལ་ཚན་སོ་སོར་བཙན་པོའི་གདུང་རྒྱུད་མེད་པའི་རྗེ་བོ་རེ་དགོས་པ་དེ་ལྟར་ཡང་། བོད་ཀྱི་ལོ་རྒྱུས་ཡིག་ལམ་གང་དུ་ཡང་སྐབས་དེའི་ལོ་རྒྱུས་ལ་དེ་ལྟའི་ལོ་རྒྱུས་མི་སྣང་བ་དེ་ནི་བོད་ཀྱི་འབངས་གྱེན་ལོག་ལ་ཞིབ་འཇུག་བྱ་རྒྱུའི་དཔྱད་གཞི་གལ་ཆེན་ཞིག་ཡིན་སྙམ།

དེ་རྗེས་གཡོ་རུར་ཁེང་ལོག་བྱུང་བའི་སྐོར། གཡོ་རུར་ཞང་རྗེ་གསས་སྣེ་བཙན་(འདི་བཙན་པོའི་རིགས་རྒྱུད་ཅི་ཡིན་གྱི་ཡིག་ཆ་མ་མཐོང་རུང་། བཙན་པོའི་རིགས་སྲུས་ཐང་མཚམས་ལ་ཕབ་པའི་རྒྱུད་དམ། ཡང་ན་ཀོང་རྗེའི་རྒྱུད་པ་ཅི་ཡིན་དཔྱད་དགོས་)གྱིས་རང་གི་དཔོན་པོ་གཡུ་སྣེ་བསད་ཅིང་། གཡུ་སྣེའི་རྩེ་ཟླ་གཉིས་ཡོད་པ་ལས་གཅིག་རང་གི་ཆུང་མར་བླངས། གཅིག་ཤོས་ཀྱི་མིང་ལ་འབེ་བཟའ་འ་མོ་སྐྱིད་དམ། འབེ་བཟའ་ཞ་མོ་གཞུང་ཞེས་བྱ་བར་འདོད་པ་དེ་གསས་སྣེས་བཙུན་མོར་མ་བླངས་པའི་ཕྲག་དོག་ཡོད་བཞིན་པའི་སྐབས་དེར་གསས་སྣེ་བཙན་གྱིས་ཁུལ་དེའི་རིའི་མགུལ་པའམ་རིའི་ངོས་ལ་ཞིང་ཆུ་འདྲེན་པའི་ཡུར་བ་གསར་བཟོ་བྱེད་བཙུག་པའི་ཁྲལ་འུལ་གྱིས་མི་སེར་རྣམས་ལ་ཁག་སྡུག་ཆེན་པོ་བྱུང་སྟེ་ཅི་བྱ་གཏོལ་མེད་ཀྱི་གནས་སུ་གྱུར་བའི་གནས་ཚུལ་དེ་འབེ་བཟས་ཞང་རྗེ་གསས་སྣེར་འཁོན་ལན་སླན་པའི་སྐབས་བཟང་པོ་ཞིག་ཏུ་མཐོང་ནས་མང་ཚོགས་ལ་རི་མགུལ་ལས་མི་མགུལ་གཅོད་པ་སླ་ཞེས་དཀའ་སྡུག་དེ་འདྲ་མྱོང་མི་དགོས་པའི་ཐབས་ཤེས་བཟང་ཤོས་དང་། ལས་སླ་ཤོས་ནི་མི་མགུལ་གཅོད་པ་སྟེ་ཞང་རྗེ་གསས་སྣེ་བཙན་བསད་ན་རིའི་ངོས་ཡུར་བ་བཟོ་མི་དགོས

པ་རང་བཞིན་གྱི་ཆགས་ཐུབ་ཅེས་བཀོད་ཇུས་བརྟན་པར་ཁ་འཆམས་ཤིང་ཁེང་ལོག་གི་ལག་དཔོན་ནམ་འགོ་འཛིན་མཆེམས་ཀོང་མི་དྲུག་སྟེ། སྐྱེ་ཚེ། ཚེ་བརྟན། སློའ་ལྷ་ལ་བསྟེན། སྐྱེ་བ་བསྟན་རྣམ། མོན་ཕྲུག་ཐོང་ཆུང་། གཡུ་ནེ་མྱུང་བཅས་ཀྱིས་བྱས་ཏེ་ལྷའི་གོང་གསུམ་བྱ་བའི་ས་གནས་སྐར་སྟོང་ཞིག་གི་འོག་ཏུ་ཁེང་ལོག་གི་གྲོས་བསྡུར་བྱས་ཐོག དེ་ཡང་སྐར་ཁའི་མེ་ཏོག་སྒྲིད་ལ་འཆར་བའི་ཚུལ་ལ་བལྟ་བར་སྣང་ནས་དཔལ་འབར་ཐོགས་ཏེ་གྱེན་ལོག་བྱས་པས་མིང་ཡང་འོད་འབར་ཁེང་ལོག་ཏུ་གྲགས། སྐབས་དེའི་གྲོས་སར་འབེ་བཟས་ར་ཆེན་དགའ་མོད། ཁྱུར་ཆུང་ན་སྐྱིད་མོད་ཅེས་བཙན་པོ་མངའ་ཐང་རྒྱས་ན་ལེགས་མོད། དེ་ལས་ཉམས་ཆུང་རྣམས་ཁྲལ་འུལ་ཐུང་ན་སྐྱིད་ཅེས་འབེ་བཟའི་གཏམ་དེ་བདེན་པར་གོ་ནས་ཚང་མས་ཞང་རྗེ་གསས་སྟེར་ཁེང་ལོག་བྱ་རྒྱུར་གྲོས་ཐག་བཅད་དེ་མཆེམས་ཡུལ་གཏིང་ནས་ཁེང་ལོག་བྱས་པས་ཞང་རྗེ་གསས་སྣེ་བཙན་མཆེམས་ཡུལ་དུ་སྡོད་མ་ནུས་པ་གོང་ཡུལ་བྲེ་སྣར་བྲོས་པས་རེ་ཞིག་སླགས་མ་སྙེད་པའི་སྐབས་དེར་སླར་ཡང་འབེ་བཟས། ང་ཡིས་མཁར་སྒོར་བྲོ་བརྡུང་གླུ་ལེན་པའི་ཚུལ་གྱིས་ཉུལ་ཞིབ་བྱ་ཡི། ཞང་རྗེ་མཁར་ནང་མ་ཕེབས་བར་དུ་ལག་པ་ཁྱེར་གཡབ་བྱེད་ནང་དུ་གཡབ་ན་ཞང་རྗེ་ཕེབས་པའི་རྟགས་ཡིན་པས་དེ་དུས་སྒོ་དྲུང་ཞང་རྗེ་གསོད་ལ་ཤོག་ཅེས་སླུས་པ་བཞིན་ཞང་རྗེ་བསད། གོང་ཡུལ་བྲེ་སྣ་འབེ་མོའི་གཡོ་སྒྱུས་ཕབ་པ་འདི་ཡང་དོན་དུ་མཆེམས་གོང་དུ་ཞང་རྗེ་གསས་སྣེ་བཙན་གྱིས་མང་ཚོགས་ལ་མནར་གཅོད་ཆེ་ཙམ་བཏང་བ་འབེ་བཟས་ཁྲིམས་ཐབས་ཀྱི་ཞེ་འཁོན་དེ་མང་ཚོགས་ལས་འགྲུལ་ནང་བེད་སྤྱད་པ་ལྟ་བུར་མངོན།

དེ་རྗེས་གཙང་སྟོད་དང་། སྐྱེ་མོ། འཕན་ཡུལ་སོགས་སུ་ཁེང་ལོག་རིམ་པར་བྱུང་བའི་ཚུལ་ལ་ཡུལ་ལྷ་དང་། བཙན་མཁར། རྗེ་དཔོན་ཚན་པའི་

དཔོན་གྱི་རུས་ཁུངས་གང་ཡིན་པ་དང་། དེ་ལྟར་གནས་པའི་ཡུལ་གྱི་མིང་ལ་ཅི་ཟེར་བ་གསལ་པོར་བསྟན་རུང་། ཡུལ་དེའི་རྗེ་ཚན་སུ་ཡིན་གསལ་པོར་བསྟན་མེད་པ་ཕྱིས་ཀྱི་ལོ་རྒྱུས་སྨྲ་བ་ཚོར་གནད་དོན་འདི་ཉིད་སྐབས་དེའི་ལོ་རྒྱུས་དངོས་དང་མཐུན་པའི་སྟོང་ཆ་ཁ་སྐོང་དགོས་པའི་འགན་ཞིག་ཕྲག་པར་བབས་ཡོད།

(1) གཙང་ལྷ་བུ་དར་ལྷ་ཡིས་ཞུ་བ་བྱས་ལུགས་སྐོར་འབྱུང་བ་ཡང་མངའ་བདག་གཉིས་པོའི་ཕྱོགས་ཁག་འཁྲུག་སྟེ་འོད་སྲུངས་ཀྱི་སྲས་དཔལ་འཁོར་བཙན་གྱི་སྐབས་རང་གི་སྟོབས་ཤུགས་དབུས་ཁུལ་གནས་མ་ཐུབ་པ་གཙང་ཕྱོགས་འཕོ་བསྐྱུས་བྱས་པའི་རྗེས་སུ་སྐབས་ཤིག་མངའ་ཐང་ཉུང་ཟད་འཕེལ་བས་གྲོམ་པ་ལྷ་རྩེའི་བྲག་ལ་ཨེ་བྲང་ངམ་བཙན་མཁར་བསྐྱུན་པ་དང་། སྒྲོལ་གྱི་སྨན་ལུང་ལ་སོགས་པའི་གཙུག་ལག་ཁང་བཞེངས་པ་བཅས་དཔོན་མངའ་ཐང་ཆེ་ན་གཡོག་སྡུག་ཐང་ཆེ་བའི་དཔེ་བཞིན་མང་ཚོགས་རྣམས་ལ་གཙེར་བསྣུན་ཆེ་ཙམ་བྱུང་བ་དང་། ལྷག་པར་རང་གི་སྲིད་དབང་བརྟན་གནས་ཆེད་མི་སེར་གནས་སྡོའི་གནས་ཚུལ་ཚབས་ཆེ་ཙམ་བྱུང་ང་མཁས་པ་ལྡེའུའི་ཆོས་འབྱུང་ནང་།

"མངའ་བདག་དཔལ་འཁོར་སྟག་རྩེ་སྐགས་ཀྱིས་བཀྲོངས། །
རྒྱུ་མཚན་སྐགས་ཕྱེད་གཙང་དུ་ཤུག་པར་བྱས་པ་དང་། །
གཙང་གི་འབྲོ་ཕྱེད་མར་ཡར་ལུངས་སུ་དབབ་པར་བྱས་པས་སོ།།"①

ཞེས་གསལ་བ་གཡོ་རུར་དབང་སྒྱུར་བའི་སྐབས་ཡར་ལུངས་པ་སྐགས་ཀྱི་

① （མཁས་པ་ལྡེའུའི་ཆོས་འབྱུང་དེབ་ངོས376）

རུས་ལས་བྱུང་བ་ནས་རང་གི་བཀོད་འོག་མི་འདུས་པ་ཚོ་གཅིག་གཙང་ཕྱོགས་སུ་རྒྱུད་འབུད་བཏང་སྟེ་ཁྲལ་ཁྲིམས་འཁུར་ལེན་བྱེད་བཅུག་པ་དང་། ཞང་རོ་དང་གྲོམ་པ་འབྲིའི་ཁུལ་ནས་གློས་འཁེལ་བའི་མི་སེར་ཚོ་གཅིག་ཡར་ལུངས་སུ་གནས་སྤོས་བྱེད་དུ་བཅུག་སྟེ་ཡར་ལུངས་པ་བྱིངས་ལ་བལྟ་སྐྱུལ་གྱི་ནུས་པ་འདོན་སྤེལ་བྱེད་དུ་བཅུག་པས་ཡར་ལུངས་སུ་རང་གི་སྟོབས་ཤུགས་ཕྲན་བུ་གནས་ཐུབ་པ་དང་། གནས་སྐབས་རིང་གཙང་སྟོད་ཁུལ་ཡུམ་བརྟན་ཕྱོགས་ཁག་གི་སྟོབས་ཤུགས་མེད་པ་བཟློས་ཏེ་དཔལ་འཁོར་བཙན་གྱིས་རྗེ་པོ་དང་། འབྲོ་ཅོག་གཉིས་ཀྱིས་དཔོན་བྱས་པའི་རྗེ་དཔོན་ཚན་པ་ཞིག་ཆགས་ཏེ་སྲིད་དབང་སྐྱོང་བཞིན་པའི་སྐབས་གཙང་དུ་རྒྱུད་འབུད་བཏང་བའི་སྒྲགས་པ་རྣམས་ལ་དཔོན་ཕྱོགས་ནས་མཐོང་ཆུང་དང་། མི་སེར་ནང་ཁུལ་དུ་ཡང་བལྟ་སྟངས་མི་འདྲ་བ་འཛིན་པ་སོགས་ཕོག་ཐུག་ཆེན་པོ་འཁེལ་བ་མ་བཟོད་པས་མཐར་སྟག་རྩེ་སྒྲགས་ཀྱིས་དཔལ་འཁོར་བཙན། གྲོམ་པ་ལྷ་རྩེར་(ལ་ལར་ཤར་ཁ་རྒྱལ་རྩེ་དང་ཡར་ལུངས་ཤམ་པོར་མཆུ་ནག་(སྒྲགས་)ཀྱིས་བཀྲོངས་པར་བཞེད་)བཀྲོངས་ཏེ་དཔལ་འཁོར་བཙན་གྱི་སྲས་གཉིས་གནས་དེར་གཞིས་ཆགས་མ་ཐུབ་པ་མངའ་རིས་ལ་ཐེབས་དགོས་བྱུང་བ་ཡིན།

(2) ཁ་རག་ཁྱུང་བཙུན་ཞེས་པ་ལ་སོགས་པས་གཞུ་སྙེ་མོ་རུ་འབྲང་མཁར་བྱེ་བཙན་ལ་བཙན་མཁར་བྱས་ཤིང་། མྱང་དང་སྣང་གི་རུས་རྒྱུད་ཀྱིས་དཔོན་བྱས་པའི་རྗེ་དཔོན་ཚན་པ་གཅིག

(3) འཕན་པོ་ཟྭ་དམ་དུ་བཙན་མཁར་བྱས་ཤིང་། སྒྲོ་དང་རྨ་ཡི་རུས་རྒྱུད་ཀྱིས་དཔོན་བྱས་པའི་རྗེ་དཔོན་ཚན་པ་གཅིག

(4) ཡར་ལུངས་སྟོད་དུ་སྣ་མོ་ཡར་རྩེ་མར་རྩེ་གཉིས་ལ་བཙན་མཁར་

བྱས་ཤིང་། མཆིམས་དང་སྣུབས་ཀྱི་རུས་རྒྱུད་ཀྱིས་དཔོན་བྱས་པའི་རྗེ་དཔོན་ཚན་པ་གཅིག

(5) སྒོ་ཐག་གཏམ་ཤུལ་དུ་བྲོ་ཚང་གུང་སྣང་ལ་བཙན་མཁར་བྱས་ཤིང་། སྐྱི་བ་ཤུད་པུ་གཉིས་ཀྱི་རུས་རྒྱུད་ཀྱིས་དཔོན་བྱས་པའི་རྗེ་དཔོན་ཚན་པ་གཅིག

(6) འཕྱོངས་རྒྱས་ཕྱོགས་སུ་ཁྱུ་གུད་ཙོ་གར་ལ་བཙན་མཁར་བྱས་ཤིང་། ཞུ་དང་སྣུབས་ཀྱི་རུས་རྒྱུད་ཀྱིས་དཔོན་བྱས་པའི་རྗེ་དཔོན་ཚན་པ་གཅིག་སོགས་རྗེ་དཔོན་ཚན་པ་དགུ་ཆགས་ལུགས་ཁུ་སྟོན་གྱི་ལོ་རྒྱུས་ཆེ་མོ་ལས་དྲངས་པ་མཁས་པའི་དགའ་སྟོན་དུ་འཁྲིས་ནས་རྗེ་ཚན་གསུམ་པོ་སོགས་སྦྲའི་ཁོངས་བསྡུས་ཤིང་། ལྡེའུ་ཆོས་འབྱུང་དུ་ཡང་རྗེ་ཚན་དྲུག་པོ་འདི་ལས་གཞན་རྣམས་གསལ་ཁ་མི་ཆེ་ཞིང་། ཆོས་འཁོར་རྐྱེན་དུ་རྗེ་ལྔ་གཅིག་ཅེས་པ་ནི་བསམ་ཡས་ཀྱི་བཙད་པོ་རྣམས་ཡིན་པར་མངོན་ཏེ། དེ་ཡང་མཁས་པ་ལྡེའུའི་ཆོས་འབྱུང་ནང་། "ཁྲི་ལྡེ་མགོན་བཙན་གྱི་རྒྱུད་འདི་བསོད་ནམས་ཆེ་སྟེ་རྗེའི་ཅན་དགུ་དང་། ཆོས་འཁོར་བསམ་ཡས་ལ་སོགས་པ་འོད་སྲུང་རྒྱུད་ལ་མེད་པས། མངའ་བདག་དཔལ་འཁོར་གོ་མ་ཆོད་པས་ལན་པ་ཡིན་སྐད་"① ཅེས་དཔལ་འཁོར་བཙན་གྱི་ལོ་རྒྱུས་སྐབས་འཁྲིས་པ་འདི་དང་། གོང་དུ་ཡང་དེའི་སྐོར་གསལ་བས་མཐའ་དཔྱོད་ལེགས་པར་གྲུབ་པ་ཡིན།

ཁེང་ལོག་ཀྱི་ཆེར་འགྲོ་བ་དང་དུས་མཚུངས་རྗེ་དཔོན་ཚན་པའི་དབར་གསར་དུ་བྱུང་བའི་འགལ་བ་ཡང་ཇེ་ཆེར་ཕྱིན་ཏེ་གང་སར་དུས་བདེ་སྐྱིད་

---

① (མཁས་པ་ལྡེའུའི་ཆོས་འབྱུང་དེབ་ངོས372)

འཇིགས་མེད་པའི་གནས་ཚུལ་འོག་སྐབས་དེའི་དཔོན་ཚན་གྱི་གྲས་སུ་གཏོགས་པ་སྙི་བ་བསམ་པོ་ཞེས་བྱ་བས་རྫེ་འབབས་བསྟུམས་པའི་གནས་ཚུལ་ཡང་བྱུང་སྲིད་པར་སྣང་། དེ་ཡང་མཁས་པའི་དགའ་སྟོན་ནང་།

"དེ་ནས་བྲན་ཀ་དཔལ་གྱི་ཡོན་ཏན་གྱིས། །
སྙི་བ་བསམ་པོར་སྤྲུལ་ནས་རྫེ་འབབས་བསྟུམས། །"①

ཞེས་གསལ་བ་སྙི་བ་བསམ་པོས་བྲན་ཀ་དཔལ་གྱི་ཡོན་ཏན་གནོད་སྦྱིན་དུ་སྐྱེས་པ་ཁོག་པར་བཙླམས་པའི་རྫུ་ལ་བརྟེན་ནས་སྤྱི་ཚོགས་སྔིང་འཇིགས་ཡོང་ཆེད་རྫེ་འབབས་ཀྱི་དབར་རམ། ཡང་ན་རྫེ་དཔོན་ཚན་པ་ཕན་ཚུན་དབར་བསྟུམ་འགྲིག་བྱས་པར་གྲགས།

3. བཙན་པོའི་བང་སོ་རྣམས་བགོས་ནས་འགའ་ཞིག་བྲུས་པའི་སྐོར།

ཆོས་འབྱུང་མཁས་པའི་དགའ་སྟོན་ལས"ཁེང་ལོག་ནས་ལོ་དགུ་པ་མེ་བྱ་ལ་ཤུད་པུ་སྟག་རྩེ་སོགས་བཞིས་གྲོས་བྱས་ནས་བང་སོ་རྣམས་བགོ་བཤའ་བྱས་པལ་ཆེར་བྲུས་ཏེ།

གཉགས་ཀྱིས་དོན་མཁར་མདའ་ཡི་བང་སོ་བྲུས། །
ཤུད་པུས་སེང་གེ་ཅན་གྱི་བང་སོ་བྲུས། །
འཕྲུལ་རྒྱལ་བང་སོ་གྲེང་འཕྱོས་ཁུ་ཡིས་བྲུས། །
སྔོ་བཞེར་སྙི་བས་ཐོབ་སྟེ་འབྲུ་འཕྲོར་ལུས། །
སྲོང་བཙན་འབྲོ་ཅོག་གཉིས་ཀྱིས་ཐོབ་སྟེ་ལུས། །

① (མཁས་དགའ་དེབ་ངོས433)

ཞེས་སྣང་ངོ་”[①] ཞེས་གསལ་བར་ལྟར་སྤྱི་ལོ869ས་གླང་ལ་ཁེང་ལོག་འགོ་ཚུགས་པ་ནས་ལོ་དགུ་སོང་བ་སྤྱི་ལོ877མེ་བྱ་ལོར་ཤུད་པུ་དང་སྟག་རྩེ་གཉགས་སོགས་རུས་ཚོ་ཆེ་བཞིས་མཉམ་དུ་གྲོས་བསྡུར་བྱས་ནས་བཙན་པོའི་བང་སོ་རྣམས་གྱེན་ལོག་བྱེད་མཁན་རུས་ཚན་སོ་སོར་བགོ་བཤའ་བརྒྱབ་སྟེ་ཕལ་ཆེར་བྲུས།

དེ་ཡང་གཉགས་ཀྱི་རུས་ཚོས་དོན་མཁར་མདའ་ཡི་བང་སོ་སྟེ། ཕྲུ་རྒྱལ་གདུང་རབས་ཁྲི་གཉན་གཟུང་བཙན་དང་། སྟག་རི་གཉན་གཟིགས། གནམ་རི་སྲོང་བཙན་སོགས་ཀྱི་བང་སོ་བྲུས་པ་དང་། ཤུད་པུའི་རུས་ཚོས་སེང་གེ་ཅན་ཧེ་ཁྲི་ལྡེ་གཙུག་བརྟན་གྱི་བང་སོ་བྲུས། གྲེང་། འབྲོས། ཁུ་བཅས་ཀྱི་རུས་ཚོས་འདུས་སྲོང་མང་པོ་རྗེ་འཕྲུལ་གྱི་རྒྱལ་པོའི་བང་སོ་བྲུས། སྣེ་བའི་རུས་ཚོས་བཙན་པོ་མང་སྲོང་མང་བཙན་གྱི་བང་སོ་སློག་བཞེར་ཕྱལ་པོ་ཐོབ་སྟེ་འབྲུ་འཁོར་ལུས་ཞེས་པ་འདི་ནི། གོང་དུ་སྣེ་བ་བསམ་པོས་རྗེ་འབངས་བསྡུམས་བྱ་བ་དང་འབྲེལ་བ་ཡོད་པར་མངོན་ཏེ་ཁོང་གིས་ཁེང་ལོག་གི་ཟིང་ཆ་འཇགས་ཐབས་བྱས་པ་ལ་དཔགས་ན། སྣེ་བ་རུས་ཚན་ལ་ཐོབ་པའི་མང་སྲོང་གི་བང་སོ་ཡང་དང་ཐོག་སློག་འགོ་བཙུགས་ཀྱང་དེ་ནས་སློག་མཚམས་བཞག་པ་ཡིན་སྙམ་མོ། སྲོང་བཙན་གྱི་བང་སོ་འབྲོ་དང་ཅོག་རོ་གཉིས་ཀྱི་རུས་ཚོར་ཐོབ་ཀྱང་མ་སློག་པར་ལུས་པ་ནི་ཁོང་གི་མཛད་རྗེས་དང་མཚན་སྙན་བོད་འབངས་ཀྱི་སྙིང་ལ་གཏིང་ཟབ་ཟུག་པས་འབངས་གྱེན་ལོག་གི་ཟིང་ཆའི་དུས་སུའང་སུས་ཀྱང་སློག་མ་ནུས་པ་གོར་མ་ཆག་གོ

① （ཆོས་འབྱུང་མཁས་དགའ་དེབ་ངོས433）

4. བོད་དུ་ཁེང་ལོག་བྱུང་སྐེ་རྗེ་ཚན་མང་པོས་དབང་རིས་བཅད་བཟུང་བྱས་པའི་གནས་ཚུལ་སྐོར།

དབུས་གཙང་དུ་ཁེང་ལོག་བྱུང་བ་ནས་ཕལ་ཆེར་ལོ་ངོ་བརྒྱ་ཡས་མས་ནང་ཡུལ་གྲུ་སོ་སོར་རྗེ་ཚན་རིམ་བཞིན་ཆགས་པ་དང་། རྗེ་དཔོན་ཚན་པ་དེ་ཚོས་ས་ཁུལ་བཅད་བཟུང་གིས་དབང་སྒྱུར་བྱེད་པའི་སྐབས་དེར་བོད་ལ་བཙན་པོའི་གདུང་རྒྱུད་ཀྱིས་གཅིག་གྱུར་གྱི་དབང་སྒྱུར་བྱེད་པའི་ལོ་རྒྱུས་མཇུག་སྒྲིལ་ཡང་། ས་ཁུལ་ཆེ་ཆུང་ལ་མ་ལྟོས་པའི་ད་དུང་རྗེ་འབངས་ཀྱི་གོ་རིམ་མ་ཞིག་པ་བོད་ཁམས་སིལ་བུར་དབང་སྒྱུར་བྱ་ཡུལ་ཡོད་པ་མ་ཟད། མདོ་སྨད་དང་། མངའ་རིས་སུ་བཙན་པོའི་དབང་སྒྱུར་མུ་མཐུད་གནས་ཤིང་། དབུས་གཙང་དུ་ཁེང་ལོག་རྗེས་རྗེ་དཔོན་ཚན་པ་དེ་ཚོས་ས་ཁུལ་ཆ་ཤས་རེ་དབང་སྒྱུར་སྐབས་ཚན་པ་དེའི་རྗེ་བོ་ནི་སྔར་བཙན་པོའི་སྐབས་ལྟར་རྒྱལ་པོ་དང་། དཔོན་པོ་ནི་བློན་པོའི་གནས་བབ་ཏུ་བརྩི་བའི་སྲོལ་བྱུང་། གལ་སྲིད་དེ་ལྟར་མིན་ན་རྗེ་དང་དཔོན་ཞེས་པའི་རིམ་པ་དགོས་དོན་མེད་པ་གཞིར་གྲུབ།

དེ་ནས་མི་ཐོག་འཛོ་གྱུར་དང་། སྤྱི་ཚོགས་ཐོག་ཀྱང་གཅིག་གྱུར་གྱི་ཁྲིམས་ལུགས་སོགས་མེད་པར་བརྟེན་རྗེ་དཔོན་ཚན་པ་ཕན་ཚུན་དང་། ཚན་པ་ནང་ཁུལ་ཡང་འགལ་བ་མང་པོ་ཆགས་ནས་ཕན་ཚུན་འཁྲུག་རྩོད་དང་། ཐ་ན་དཔུང་ཤུགས་ལ་བརྟེན་དགོས་པ་བཅས་དཔུང་པ་སུ་བཟང་ལྟ་བུས་བོད་དབུས་གཙང་ཐམས་ཅད་ཡུལ་ཚན་རེ་དཔོན་འགོ་རེས་བཟུང་སྟེ་དེ་བས་སིལ་བུར་གྱུར་ཏེ་མཐར་ས་སྐྱའི་དུས་བོད་ཁམས་གཅིག་གྱུར་སྐབས་སྔར་ཁེང་ལོག་དུས་བཙུགས་པའི་རྗེ་དཔོན་ཚན་པའི་ཁོངས་ནས་རྗེ་ཚན་ཕུད་པའི་དཔོན་ཚན་གྱི་ནང་ནས་མུ་མཐུད་དབང་སྒྱུར་རྒྱུན་འཛིན་ཐུབ་པ་ཁྲི་དཔོན་ནང་ཕལ་ཆེར

མཐོང་རྒྱ་མེད་འདྲ་བ་འདེིས་གནད་དོན་དེ་ལྟར་ཡིན་པའི་གཞི་འཛིན་ས་བྱུང་བ་ཡིན།

འོ་ན་བོད་ཁམས་ཆེས་སིལ་བུའི་དུས་མཇུག་བོད་ཀྱི་དབང་སྒྱུར་གྲལ་རིམ་པའི་གྲུབ་ཆ་ནི་ཇི་ལྟ་བུ་ཡིན་ཞེ་ན། སྔར་བཙན་པོའི་སྐབས་དབང་རིས་འཇགས་གནས་བྱས་པའི་འགོ་པ་ཚོ་གཅིག་རང་འཇགས་གནས་ཐུབ་པ་དང་། ཕལ་ཆེ་བ་སླན་གྲགས་ཅན་གྱི་བླ་མ་རེ་རང་གི་བཀུར་ཡུལ་ལམ་བརྟེན་ཡུལ་དུ་འཛིན་པའི་འགོ་པ་དང་། མཆོད་གཞིས་ལ་གཏོགས་པའི་དབང་རིས་བཅས་གཉིས་སུ་གྱུར་པ་དེ་ནི་བོད་ལ་སངས་རྒྱས་ཆོས་ལུགས་བསྐྱར་དར་བྱུང་བ་དེ་དང་སྲིད་དབང་འདྲེས་པ་ཆོས་སྲིད་ཟུང་འབྲེལ་གྱི་ལམ་ལུགས་ཙམ་པོ་བ་ཞིག་ཆགས།

དེ་ལྟ་བུའི་དབང་སྒྱུར་མཁན་གྲུབ་སྟངས་ནི། འགོ་པའི་ནང་ནས་ཚོ་གཅིག་ཁེང་ལོག་སྐབས་ཇེ་དཔོན་ཚན་པའི་གྲས་སུ་མི་གཏོགས་རུང་། ཁེང་ལོག་ལ་སོགས་པའི་སྡེ་གཟར་ནང་དམག་དོན་སོགས་ཀྱི་ཐད་འཇོན་སྟངས་ཡོད་པའི་མི་སྣ་དང་། བཙན་པོའི་སྐབས་ཀྱི་བློན་པོ་རྙིང་ཁུངས་གྲགས་ཅན་མི་སྣ། འགའ་ཞིག་ནི་སྔར་བཙན་པོའི་སྐབས་དབང་རིས་རྒྱུད་པ་དང་བཅས་པས་འཛིན་ཆོག་པ་ལ་ལ་འཁྲུག་ཟིང་ནང་དོ་ཐོག་ཆེར་མ་བྱུང་བ་བཅས་ལ་བརྟེན་ནས་གྲུབ་པ་དང་། མཆོད་གཞིས་ལ་གྲུབ་ཆ་ཁག་མང་ཙམ་མཆིས་པ། དེ་ཡང་སླན་གྲགས་ཅན་གྱི་བླ་མའི་འཁྲིད་ལས་ལ་བརྟེན་ནས་དགོན་གནས་འདེབས་པ་དང་། བཏབ་ཟིན་པར་དད་སྦྱིན་ཁག་ནས་དགོན་གནས་འདེབས་ཡུལ་ས་གནས་དང་། རྟེན་གསུམ་གྱི་མཆོད་པ་དང་དགེ་འདུན་པའི་ཐུག་ཚུལ་གྱི་ཐབས་ཇ་དང་། རང་རང་མོས་པའི་སྒྲུབ་མཆོད་སོགས་ཀྱི་མཆོད་རྒྱུན། འདས་སོན་

ལ་དམིགས་པའི་མཆོད་རྒྱུན་བཅས་སུ་དབང་རིས་སྦྱོར་འབུལ་ཞུས་པ། ལ་ལ་བླ་མས་དགོན་གནས་འདེབས་པའི་ས་གནས་ས་བདག་ནས་ཉོས་པ་དཔེར་ན་འཁོན་དཀོན་མཆོག་རྒྱལ་པོས་ཛོ་བོ་གདོང་ནག་པ་ནས་ས་སྐྱའི་དགོན་གནས་འདེབས་ཡུལ་ཉོས་པ་ལྟ་བུ་བཅས་ལས་གྲུབ་པ་བཅས་སོ།

5. ཞིང་ལོག་ལ་འཛོམས་དགོས་པའི་འདུན་ས་འཛིན་མཁན་གྱི་གནས་ལུགས།

བང་སོ་འབྲུ་བའི་གྲོས་བསྡུར་བྱུང་ཚུལ་སོགས་ལས་སྐབས་དེར་ས་ཁུལ་མང་པོར་ཞིང་ལོག་བྱུང་བས་གཅིག་གྱུར་གྱི་བཀོད་འདོམས་མཁན་ཡོང་མི་སྲིད་ཀྱང་། ཞིང་ལོག་ཚན་པ་སོ་སོས་ངོ་རྐྱལ་བྱ་ཡུལ་དང་། ཞིང་ལོག་བྱེད་དགོས་པའི་རྒྱུ་མཚན་མཐུན་དང་མི་མཐུན་གྱི་ཁྱད་པར་འབྱུང་ཡང་ཚན་པ་ཁག་དབར་ཕན་ཚུན་འགལ་བ་གནས་ལ་ཆ་ཤས་ཀྱི་གནད་དོན་ཐད་གཅིག་གྱུར་གྱི་རང་བཞིན་ཡང་གནས་པ་སྟེ་འགལ་བ་ནི་སོ་སོའི་བསྟེན་ཡུལ་རྗེ་དཔོན་ཚན་པའམ། ལྷག་པར་རྗེ་བོ་མི་འདྲ་བ་དེ་ཚོའི་དབར་འགལ་བ་ཚབས་ཆེན་གནས་པ་གཞིར་བཅས་ཀྱང་། ཞིང་ལོག་བྱེད་མཁན་གྱི་ངོས་ནས་བཤད་ན་རང་གི་ཁ་གཏད་དབང་སྒྱུར་གྲལ་རིམ་པ་ཚོ་ཁག་གཏོར་རྒྱུའི་ཐད་མཐུན་ཆ་ཡོང་སྲིད་པ་བཅས་ཞིང་ལོག་ཚོགས་པ་སོ་སོའི་སྡེ་ཁྲིད་པའི་དབར་ཕན་ཚུན་འབྲེལ་གཏུགས་བྱེད་པ་དང་། གལ་ཆེའི་སྐབས་མཉམ་འཛོམ་གྲོས་མོལ་གྱི་ཐོག་ནས་ཞིང་ལོག་པ་ནང་ཁུལ་འགལ་བ་ཆེན་པོ་མི་ཆགས་པའི་ཐབས་ལ་འབད་པ་བཅས་ཞིང་ལོག་གི་བྱ་བ་དངོས་ནང་མང་ཚོགས་ཀྱི་སེམས་སྟོབས་རྩུང་ཆ་ཚང་བ་ལག་ལེན་བསྟར་བ་མཚོན་ཏུང་། ཕྱིས་བོད་ཁམས་ཆེས་སིལ་བུར་སོང་བའི་དུས་སུ་རང་འགོ་གང་ཐོན་ལས་ཕན་ཚུན་འབྲེལ་གཏུགས་ཀྱི་དགོས་པ་ཡང་རང་བཞིན་གྱིས་མེད་པར་

ཆགས་པ་བཅས་སོ།

བཞི་པ། ཁེང་ལོག་ལ་བརྟེན་ནས་བོད་ཀྱི་སྤྱི་ཚོགས་ཐོག་ཕན་གནོད་ཀྱི་འབྲས་བུ་གང་ཐོན་པ།

1. ཕན་པའི་སྐོར།

(1) བར་སྐབས་མང་ཚོགས་ལ་དཀའ་ངལ་ཚད་མེད་བྱུང་བ་ཁེང་ལོག་བྱས་པས་དབང་སྒྱུར་གྲལ་རིམ་པ་ཚོས་མང་ཚོགས་ཀྱི་འཚོ་ཆེས་ལ་བསམ་ཞེས་མི་བྱ་མཐུ་མེད་ལ་ཐུག་པ་དེས་སྤྱི་ཚོགས་བདེ་འཛུགས་མེད་པ་དང་ཞིང་འབྲོག་ཐོན་སྐྱེད་ལམ་ལྗོངས་མེད་པའི་གནས་ཚུལ་ འོག་ རེ་ཞིག་མང་ཚོགས་འཚོ་གནས་ལ་ཕན་པ་བྱུང་བ། བྲན་གཡོག་ལམ་ལུགས་ཀྱི་རྗེས་ཤུལ་མང་ཤུང་ལ་མ་ལྟོས་པ་ཞིག་རང་བཞིན་གྱིས་སེལ་བ་དང་། རུས་རྒྱུད་ཆེ་པའི་ཤུལ་བཞག་གི་བསྣམས་ཁྲིམས་ཀྱང་ཐོར་ཞིག་ཏུ་སོང་ཞིང་། རུས་ཚན་ཕན་ཚུན་དབྱེ་ཞ་སླན་པའི་སྲོལ་ངན་སོགས་ཀྱང་རིམ་བཞིན་མེད་པ་ཆགས། མི་མང་ཕལ་མོ་ཆེའི་རང་དབང་ཤས་ཆེར་སོང་ནས་རང་རང་འཚོ་ཐབས་ཀྱི་ཆེད་དམ། ཆོས་ཀྱི་དོན་སོགས་ལ་གང་དགར་འགྲོ་སྡོད་བྱེད་པ་སོགས་ནི། རྗེ་བཙུན་མི་ལ་སོགས་སྐབས་དེའི་སྟོན་ཅན་བླ་མ་དང་། ལོ་རྒྱུས་མང་པོའི་གསུང་རྩོམ་གྱི་ནང་ལ་དཔྱད་ན་ཤུགས་ཀྱིས་གསལ་རྟོགས་བྱེད་ཐུབ་པ་ལྟར་ཡིན།

(2) རལ་པ་ཅན་ཡན་བཙན་པོ་ཡབ་མེས་ཀྱིས་གསར་གཏོད་མཛད་པའི་རིག་གཞུང་འཕེལ་རྒྱས་འགྲོ་བའི་བྱ་བ་བར་སྐབས་མཚམས་ཆད་དེ་སྒོ་བརྒྱབ་པའི་གནས་ཚུལ་དེ་མཇུག་སྒྲིལ་ཏེ་བཙན་པོ་ཡབ་མེས་ཀྱི་དགོངས་པ་སྟར་བས་དོན་ཐོག་འཁྱོལ་བ་དང་། སྟར་བས་འཕེལ་རྒྱས་སོང་བས་རྒྱ་གར་དང་། ལི་ཡུལ་སོགས་ནས་མཁས་པ་མང་པོ་བོད་དུ་ཕེབས་པ་དེ་ལ་ཡང་ཕྱིའི་རྒྱུ་རྐྱེན་

དང་། ནང་གི་རྒྱུ་རྐྱེན་གཉིས་ཡོད།

ཕྱིའི་རྒྱུ་རྐྱེན་ནི་སྤྱི་ལོ1040ཐོག་གི་རབ་བྱུང་དང་པོའི་ལྕགས་འབྲུག་ལོར་ཇོ་བོ་རྗེ་དཔལ་ལྡན་ཨ་ཏི་ཤ་བོད་ལ་ཕེབས་པའི་རྗེས་ཙམ་ནས་བཟུང་ཧིནྡུའི་ས་ཁུལ་དཀྱིལ་རྒྱུད་ལ་ཏུ་སིག་ཨ་ལ་པོའི་དམག་དཔུང་གིས་བཙན་འཛུལ་དམག་འཁྲུག་བསླངས་ཏེ་རྒྱ་གར་གྱི་ལྷོ་རྒྱུད་ས་ཁུལ་ཕུད་དེ་མིན་ས་ཁུལ་མང་ཆེ་བ་བཙན་བཟུང་བྱས་པར་བརྟེན་རྒྱ་གར་གྱི་དཀྱིལ་རྒྱུད་ལ་ཡང་ཏུ་སིག་གི་ཆོས་ལུགས་དར་ནས་སངས་རྒྱས་ཆོས་ལུགས་ཉམས་འགོ་ཚུགས་རྗེས་ཨ་སམ་དང་བལ་ཡུལ་བརྒྱུད་བོད་དུ་བྲོས་ཕེབས་པ་ཆོས་བོད་ཀྱི་རིག་གནས་འཕེལ་རྒྱས་ལ་མཛད་རྗེས་ཆླབས་པོ་ཆེ་བཞག་པ་ནི་ཕྱིའི་རྐྱེན་ཡིན།

ནང་རྐྱེན་ནི་བོད་སིལ་བུའི་དུས་དཀྱིལ་སྟོད་སྨད་ནས་འདུལ་བའི་བསྟན་པ་དར་རྒྱས་བྱུང་བས་ཇོ་བོ་རྗེ་ལ་སོགས་པ་བོད་དུ་གདན་དྲངས་པ། ལྷ་བླ་མ་བྱང་ཆུབ་འོད་ཀྱིས་བསྐུལ་ནས་ལོ་ཆེན་རིན་བཟང་ལ་སོགས་པ་རྒྱ་གར་ལ་ཕེབས་པ། བསྐུལ་བ་པོ་མེད་པར་མར་པ་ཆོས་ཀྱི་བློ་གྲོས་ལ་སོགས་པ་རྒྱ་གར་ལ་ལན་མང་པོ་ཕེབས་པ་སོགས་བསྟན་པ་ཕྱི་དར་སྐབས་བོད་ཀྱི་མི་རིགས་རིག་གནས་ཀྱང་སངས་རྒྱས་ཆོས་ལུགས་ཀྱི་གྲུབ་མཐའ་ཁག་མང་འཕེལ་བ་དང་དུས་མཚུངས་ཐོར་བས་འཕེལ་རྒྱས་སོང་བ་འདིའི་ཐད་ཐོར་བཙན་པོ་གཅིག་པུའི་ཐུགས་བརྩོན་ལ་རག་ལུས་པ་དེ་ཕྱིས་མང་ཚོགས་རང་བཞིན་ཅན་དུ་འགྱུར་བ།

(3) བོད་སིལ་བུའི་དུས་དཀྱིལ་དུ་བོད་ཁམས་ཡོངས་ལ་ཞིང་འབྲོག་ཐོན་སྐྱེད་ལ་གོང་འཕེལ་ཆེ་ཙམ་བྱུང་བ་དང་ཆབས་ཅིག་ས་གནས་ཀྱི་ལག་ཤེས་བཟོ་ལས་དང་། ཚོང་ལས་ཀྱང་འཕེལ་རྒྱས་ཆེ་ཙམ་བྱུང་སྟེ་གཙང་གི་ཚོང་འདུས་འགྱུར་མོ་དང་། དིང་རི། གཞུའ་ནང་བཅས་སུ་ཚོང་ར་ཆགས་འགོ

ཚུགས་ཤིང་། སྟོད་མངའ་རིས་ཀྱི་གུ་གེ་དང་། བྱང་གི་ལོ་རྗེང་ཁྱུལ་གསེར་གྱི་གཏེར་ཁ་ཐོན་པ། སྟོ་ཁ་དང་ངམ་རིང་གཉིས་སུ་དཀར་ཡོལ་བཟོ་བའི་ལག་རྩལ་དར་བ་བཅས་དཔལ་འབྱོར་གྱི་གནས་ཚུལ་ལེགས་པའི་ཕྱོགས་འགྲོ་འགོ་ཚུགས་པ་བཅས་སོ།

2. གནོད་པའི་སྐོར།

(1) དབུས་གཙང་དུ་ཁེང་ལོག་བྱུང་བ་དེས་བོད་ཁམས་སིལ་བུ་ནས་སིལ་བུར་འགྱུར་བས་བོད་ཁམས་སྤྱིའི་བྱ་བར་སྐྱེ་ཁྲིད་དང་། བསམ་གཞིགས་མཁན་མེད་པས་བྱ་བ་མང་པོ་བག་ལ་ཞ་བ། བོད་ཁམས་ཀྱི་དབང་རིས་ཕྱོགས་མཐའ་དག་ནས་ཁྱམས་པ་ལྟ་བུ།

(2) ཞིང་འབྲོག་ཐོན་སྐྱེད་ཀྱི་གནས་ཚུལ་ཞན་པའི་ཁར་རང་བྱུང་གནོད་འཚེ་ཡང་མང་ཙམ་བྱུང་བར་འགོག་ཤུགས་སྐྱོ་བ་བཅས་ཀྱིས་ཡུལ་ལུང་མང་པོར་མུ་གེ་དང་། ནད་ཡམས་སོགས་བྱུང་བས་དབུས་གཙང་གཉིས་ཀྱི་མི་མང་པོ་ཞིག་མདོ་སྨད་སོགས་ཞིང་འབྲོག་ཐོན་སྐྱེད་ཀྱི་ཆ་རྐྱེན་ཅུང་བཟང་སར་མུག་ཕྱོལ་བྱ་དགོས་ལ་ཐུག་ལ། ལྷག་པར་སྟེ་གཟར་ནང་གནོད་འཚེ་ཚབས་ཆེན་ཐོག་པ་བཅས་སྐབས་དེར་མི་ཤི་ཁྱིམ་སྟོངས་ཀྱི་གནས་ཚུལ་ཚབས་ཆེན་བྱུང་བ་ཕྱིས་ཀྱང་ཡུལ་གྲུ་མང་པོར་ཁང་ཁྱིམ་སྟོང་རོ་དང་། ས་ཞིང་རྩྭ་རེངས་སུ་ལུས་པའི་རྗེས་ཤུལ་མང་ཙམ་མཐོང་རྒྱུ་ཡོད་པ་བཅས་སྐབས་ཤིག་རིང་བོད་ཀྱི་དཔལ་འབྱོར་ཉམས་ཞན་དང་། མང་ཚོགས་ཀྱི་འཚོ་བའི་གནས་ཚུལ་ཆེས་ཞན་པ། མི་འབོར་ཆག་ཚབས་ཆེ་བ་བཅས་སོ།

(3) རིག་རྫས་ལ་གཏོར་བཤིག་ཚབས་ཆེན་བྱུང་བ། ཁེང་ལོག་གི་ཐོག་མའི་དུས་སྐབས་བཙན་པོའི་བང་སོ་བྲུས་ཏེ་རིག་རྫས་མང་པོ་གཏོར་བཤིག

བཏང་བ། དར་མས་བསྟན་པ་སྣུབ་སྐབས་གཙུག་ལག་ཁང་རྟེན་དང་བརྟེན་པར་བཅས་པར་སྲི་ཞུ་མེད་པ་མ་གཏོགས་ཉམས་ཆག་མ་བྱུང་བ་ཡུལ་གྲུ་སོ་སོར་གནས་པ་རྣམས་ལ་ཡང་གཏོར་བཤིག་ཐོག་པ། མཁས་པ་མང་པོར་ཡང་ཚོད་གཞི་མི་འདྲ་བའི་རྣུང་རྡེག་འཁེལ་བས་རང་གནས་སུ་བཞུགས་བཟོད་མི་བདེ་བ་ཐ་ན་ཕྱི་ཕྱོགས་ལ་ཞལ་གཟིགས་ནས་ཕེབས་དགོས་པའི་གནས་ཚུལ་ཡང་བྱུང་བ། དཔེར་ན། ཆོས་འབྱུང་མེ་ཏོག་སྙིང་པོའི་ནང་། "དེ་ནས་དབུ་རུའི་ཁང་ལོག་བྱུང་། དེའི་དུས་སུ་སྣུབས་སངས་རྒྱས་ཡེ་ཤེས་ལ་སྲས་དྲུག་ཡོད་པ་ལས་བཞི་ཁང་ལོག་གིས་བཀྲོངས། གཅིག་ཟླ་ཡར། གཅིག་ཁྲིལ་མེད་དུ་ཤོར……དེ་ནས་རྒྱ་གར་དུ་གཤེགས་སོ"①ཞེས་གསུངས་པ་ལྟར་ལགས་སོ།

4. འོད་སྲུངས་ཀྱི་གདུང་རྒྱུད་སྐོར།

(1) འོད་སྲུངས་ཀྱི་སྲས་དཔལ་འཁོར་བཙན་གྱི་སྐོར།

དཔལ་འཁོར་བཙན་གྱི་འཁྲུངས་འདས་ལོ་ཚིགས་འདི་ཡང་བཞེད་ཚུལ་མི་འདྲ་བ་ཅུང་མང་བའི་གྲས་ཤིག་ཡིན་མོད། སྐབས་འདིར་ཡབ་འོད་སྲུངས་སྐུ་གཤེགས་པའི་ལོ་ཚིགས་ས་ཆེན་རྗེས་འབྲངས་དང་བཅས་པའི་བཞེད་པ་གཞིར་བཟུང་བ་བཞིན་མངའ་བདག་འོད་སྲུངས་དང་། ཅོག་རོ་བཟའ་རྒྱལ་མོ་གཉིས་ཀྱི་སྲས་སུ་དཔལ་འཁོར་བཙན893ཆུ་མོ་གླང་གི་ལོ་ལོར་ཡར་ལུང་འཕང་ཐང་དུ་འཁྲུངས།

དགུང་ལོ་བཅུ་གསུམ་པ་སྤྱི་ལོ905ཤིང་གླང་ལོར་ཡབ་འོད་སྲུངས་སྐུ་གཤེགས་རྗེས་གཙང་གི་གྲོམ་པ་ལྷ་རྩེར་གཤེགས་རྫོངས་ཆོས་འཁོར་རྒྱ་ཆེར་

① (ཉང་ཆོས་འབྱུང་དེབ་ངོས447)

བསྐོར་བ་དང་དུས་མཚུངས་རྒྱལ་རྒྱུད་ཀྱི་ཁྲི་ལ་འཁོད་དེ་སྲིད་ལོ་བཅོ་བརྒྱད་བསྐྱངས། བློན་པོ་འབྲོ་ཚུག་སྒྲ་ལྷ་སྣང་དང་། ཅང་འ་ཕོ་གཉིས་ཀྱིས་བྱས།

དགུང་ལོ་བཅུ་དྲུག་པ་སྤྱི་ལོ908ས་འབྲུག་ལོ་སྲིད་བསྐྱངས་ནས་ལོ་གསུམ་སོང་སྐབས“ཡབ་མེས་ཀྱི་བང་སོ་ལ་ཐེགས་ཚགས་བྱས་ནས་ཞ་བཙུགས”①ཞེས་འཁོད་ཅིང་། བོད་དུ་བཙན་པོའི་བང་སོ་བྲུས་པའི་གནས་ཚུལ་བྱུང་ནས་ལོ་ངོ་སུམ་ཅུར་ཉེ་བ་འདས་ཟིན་པས་ཡབ་མེས་ཀྱི་བང་སོ་ཞེས་པ་སྲོང་བཙན་གྱི་བང་སོ་སོགས་ལྷག་མར་ལུས་པ་རྣམས་ལ་བར་སྐབས་བདག་གཅེས་བྱེད་མཁན་མ་བྱུང་བ་ཉམས་ཆག་འགྲོ་གཞིའི་རིགས་ལ་དཔལ་འཁོར་བཙན་གྱིས་དབོ་ཁ་གསར་དུ་བཅོས་པ་དང་། ཉམས་གསོ་བྱས་པར་མངོན་ཞིང་། གཞན་ཡང་སྨན་ལུང་ལ་སོགས་པ་ལྷ་ཁང་བརྒྱད་བཞེངས་པར་གྲགས་པའི་སྨན་ལུང་འདི་རྒྱ་བོད་ཡིག་ཚང་མཁས་པ་དགའ་བྱེད་ནང་། “སྐྱིལ་ཕུའི་སྨན་ལུང་ལ་སོགས་པའི་གཙུག་ལག་ཁང་བརྒྱད་བཞེངས།” （ཞེས་གསལ་བ་དེང་སྐབས་ལྷ་རྩེ་རྫོང་ཁོངས་ཕུན་གླིང་ཆུས་སྐྱིལ་དུ་སྨན་ལུང་ཞེས་པའི་ལྷ་ཁང་ཞིག་མཇལ་རྒྱུ་ཡོད་པ་དེ་ཡིན་འདྲ་བ་དང་། དེ་མིན་ལྷ་ཁང་རྣམས་མིང་གསལ་མི་སྣང་）ད་དུང“གསུང་རབ་དང་། ཁྲིམས་སྒྲ་ལ་སོགས་པ་བྱས། ཆོས་བག་རེ་མཛད་ཀྱང་། རྗེ་ཐུགས་གནག་པས་དཀོན་ཅོག་གི་དབུ་ཡོགས་བྱུང་སྟེ། རྗེའི་བློན་པོ་སྟག་ཐོག་པོ་བྱ་བའི་གོ་ཆོད་ཉོས་གཅིག་རྐུན་མས་བརྐུས་ནས་བསད། རོ་གངས་ཀྱི་སྟེང་ནས་བྱུང་། བློན་པོ་ཁྲི་མདུང་མང་བཙན་བྱ་བ་ནད་ཀྱིས་ཟིན་ཏེ་རྟེང་ནས་གུམ། དཔལ་བཟང་དགེ་འདུན་གཡག་གིས་བསད་ནས་རོ་བྲག་

① （མཁས་པ་ལྡེའུའི་ཆོས་འབྱུང་ཤོག་གྲངས371）

སྐྱབ་ཏུ་ཚུད་ནས་སེམས་སྡུག་གིས་ཉེ་མ་གཅིག་ལ་རྒྱས་ནས་ཤི་ཟེར། ཇེ་འབངས་ཐམས་ཅད་སྐྱིད་པའི་གཡུང་དྲུང་ཟད་ནས་སྡུག་པའི་རེས་མོས་ལ་བབས་ཏེ། མངའ་བདག་གི་སྲས་དཔལ་འཁོར། ཇོ་མོ་སྐྱིད་ཁྲིད་དང་བཞོས……”①ཞེས་གསལ་ཞིང་དེབ་ཐེར་ལ་ལར། “སེམས་ཀྱི་སྤྱོད་པ་ལ་དམད་ཅིང་། ཆོས་ལ་གུས་པ་ཅིག་བྱུང་”②ཞེས་དང་། རྒྱལ་རབས་གསེར་ཕྲེང་ནང་། “སྟོད་མངའ་རིས་ཀྱི་གཙུག་ལག་ཁང་ལ་སོགས་པ་གཙུག་ལག་ཁང་བརྒྱད་བཞེངས། འབུམ་ལ་སོགས་པ་གསུང་རབ་ཀྱང་མང་དུ་བཞེངས་ནས་ཆོས་གསོས་ཀྱི་དབུ་སྟུང་བ་ཡིན་”③ཞེས་གསལ་བ་ལྟར་སེམས་ཀྱི་སྤྱོད་པ་ལ་དམད་པ་དང་། ཆོས་ལ་གུས་པ་ཅིག་བྱུང་ལུགས་གསལ་བ་དེ་ནི་དོན་དངོས་དང་མཐུན་ལས་ཆེ།

ཁོང་གིས་མེས་པོ་དང་མི་འདྲ་བ་ཆོས་ཕྱོགས་ནས་སྣན་ལུང་ལ་སོགས་པའི་གཙུག་ལག་ཁང་བཞེངས་པ་དང་། སྐུ་ཚེའི་མཇུག་གཙང་དུ་ཕྱིན་ཏེ་གྲོམ་པ་ལྷ་རྩེའི་（གཞིས་རྩེ་ས་ཁུལ་ལྷ་རྩེ་རྫོང་གནས་ཡུལ་）བྲག་ལ་ཕོ་བྲང་མཛད་ནས་བཞུགས་སོ་④ཞེས་གསལ་བ་དེ་སྔའི་ལྷ་རྩེ་རྫོང་མཁར་ཐོག་མ་འདི་དུས་བྱུང་འདྲ་བ་བཅས་ལ་གཞིགས་ན་ཁོང་ལོག་བྱུང་རྗེས་གཡོ་རུའི་མངའ་ཐང་ཕལ་ཆེ་བ་ཤོར་ཏེ་གཙང་དུ་འཕོ་བསྐྱུས་གནང་དགོས་བྱུང་རུང་ད་དུང་གཙང་དུ་མངའ་ཐང་མི་དམན་ཙམ་དང་། ཕྱུག་རྗེས་ཀྱང་སྟོན་རྒྱུ་ཡོད་པ་ཞིག་བྱུང་བར་སྣང་།

---

① （མཁས་པ་ལྡེའུའི་ཆོས་འབྱུང་དེབ་ངོས371）

② （ལོ་རྒྱུས་ཇོ་མཚར་སྣང་བ་བཤུས་ཤོག54）

③ （བྲིས་མ་ཤོག་གྲངས20ན）

④ （ཆོས་འབྱུང་མེ་ཏོག་སྙིང་པོ་དེབ་ངོས457）

ཁོང་དགུང་ལོ་ཉེར་དྲུག་སོན་པ་སྤྱི་ལོ918ས་སྟག་ལོར་བོད་དུ་རབ་བྱུང་སོགས་ལས་ཀྱི་ཆོ་ག་དང་། སློག་པ་ཐོས་བསམ་གྱི་འགོ་ཚུགས་པས་བསྟན་པ་ཕྱི་དར་དབུ་བརྙེས་པར་སྣང་། དེ་ཡང་མང་ཐོས་ཀླུ་སྒྲུབ་ཀྱི་བསྟན་རྩིས་ནང་ས་ལུགས་སྟོན་པའི་“འདས་ལོ་སུམ་སྟོང་ང་གཅིག་ལོན་པ། བསྟན་པ་བསྡུབས་པའི་ལྷུགས་བྱ་ནས་ལོ་དོན་བདུན་འདས་པའི་དོན་བརྒྱད་པ་ས་ཕོ་སྟག་གི་ལོའམ་(སྤྱི་ལོ918)དཔལ་འཁོར་བཙན་གྱིས་རྒྱལ་སྲིད་བཟུང་ནས་ལོ་བཅུ་བཞི་ལོན་པའི་སྟག་གི་ཚེ། རབ་བྱུང་བསྙེན་རྫོགས་སོགས་ལས་ཀྱི་ཆོ་ག་དང་། སློག་པ་པོ་ཐོས་བསམ་གྱི་འགོ་ཚུགས་པའི་ཕྱི་དར་གྱི་དབུ་བརྙེས་སོ་ཞེས་ཁོ་བོ་སྨྲ་སྟེ། ཆོས་ལ་འཇུག་པའི་སྒོ་ལས། རྒྱལ་པོ་འོད་སྲུངས་ཀྱི་སྲས་དཔལ་འཁོར་བཙན་གྱི་སྐུ་རིང་ལ་རྨ་ལུང་ལ་སོགས་པ་གཙུག་ལག་ཁང་བརྒྱད་བརྩིགས་སོ། དེའི་དུས་སུ་གཙང་པ་མི་གཉིས་དང་། དབུས་པ་མི་གཉིས་མདོ་ཁམས་སྨད་དུ་བྱོན་ནས་སྡོམ་པ་བླངས་ཏེ་ལོ་སྟོན་རྡོ་རྗེ་དབང་ཕྱུག་དང་། ཚོང་གི་ཤེས་རབ་སེང་གེ་དང་། ཀླུ་མེས་ཚུལ་ཁྲིམས་ཤེས་རབ་དང་། འབྲི་རྗེ་ཡོན་ཏན་རྗེ་དཀར་བ་རྣམས་ཏེ་དེ་དག་གིས་དབུས་གཙང་དུ་བསྟན་པ་འོངས་སོ། ཞེས་བཤད་པས། དཔལ་འཁོར་བཙན་གྱི་སྐུའི་རིང་ལ་དབུས་གཙང་དུ་བསྟན་པ་འོངས་པར་ཆེས་གསལ་བའི་ཕྱིར་དང་། བསྟན་པ་འོངས་པའི་ས་ཕོ་སྟག་ལོ་དེ། འདས་ལོ་ནས་སུམ་སྟོང་ལྔ་བཅུ་རྩ་གཅིག་པ་དང་། དཔལ་འཁོར་བཙན་གྱིས་རྒྱལ་སྲིད་བཟུང་བའི་ལོ་བཅུ་བཞི་པ་ཡིན་པ་ཡང་། ཆོས་ལ་འཇུག་པའི་སྒོ་ལས། ཤིང་མོ་གླང་གི་ལོ་ལ་གཙང་གི་གཡོ་རུ་བཙད་པོ་ཁྲི་དཔལ་འཁོར་བཙན་གྲོམ་པ་ལྷ་རྩེ་ན་བཞུགས་ནས། ཡབ་ཀྱི་མཛད་པའི་དུས་རྩིས་ནས་སུམ་སྟོང་སུམ་ཅུ་སོ་བདུན་ལོན་ནོ། ཞེས་བཤད་པས་ཤེས་ཏེ་འོད་སྲུངས་དྲུག་ཅུ་རྩ་གསུམ་པ་ཤིང་བྱིའི་ལོ་

མཇུག་ལ་གཤེགས་ནས། ཤིང་གླང་གི་ལོ་འགོ་ཙམ་ལ་དཔལ་འཁོར་བཙན་པོ་བཅུ་གསུམ་པ་ཞིག་གིས་ཁྲོམ་པ་ལྷ་རྩེར་ཡབ་ཀྱི་གཤེགས་རྫོངས་ཆོས་འཁོར་རྒྱ་ཆེར་བསྐོར་ཏེ་རྩིས་པ་ན་འདས་ལོ་ནས་སུམ་སྟོང་སོ་བདུན་ལོན་པར（སྤྱི་ལོ904）བཤད་པ་ཡིན་པས་ལོ་དེ་ཉིད་ལ་ཁོང་གིས་རྒྱལ་སྲིད་ཀྱང་བཟུང་"①
ཞེས་འཁོད་པ་ལྟར་ལགས་པ་མ་ཟད། གསུང་སྒྲོས་དུམ་བུ་འདིའི་ནང་ལོ་ཚིགས་ལ་སོགས་པ་དང་འབྲེལ་བ་ཡོད་པའི་གནད་དོན་གལ་ཆེན་དུ་མ་མཐོང་ནས་ཆ་ཚང་བྲིས་པ་ཡིན།

མཐར་དཀྱུང་ལོ་སོ་གཅིག་པ་སྤྱི་ལོ923ཆུ་ལུག་ལོར་ཁྲོམ་པ་ལྷ་རྩེར་སྟག་རྩེ་སྣགས་ཀྱིས་བཀྲོངས་པ་ཡིན། དེ་ཡང་དཔལ་འཁོར་བཙན་གྱིས་སྟར་གཡོ་རུར་དབང་སྒྱུར་གནང་སྐབས་རང་གི་སྟོབས་ཤུགས་དང་། སྲིད་དབང་བརྟན་སྲུང་ཡོང་ཆེད་གཡོ་རུའི་ཁོངས་ནས་རང་གི་བཀོད་དབང་ལ་མི་གནས་པའི་སྟག་རྩེ་སྣགས་ཀྱི་རུས་ཚོ་འབངས་མི་མང་པོ་བཙན་ཤེད་ཀྱིས་གཙང་སྟོད་ཁུལ་རྒྱང་འབུད་ལྟ་བུར་གནས་སྤོ་བྱེད་བཅུག་པ་དང་། གཙང་སྟོད་ནས་རང་ལ་བློ་དཀར་བའི་མི་སེར་ཚོ་གཅིག་གཡོ་རུར་གནས་སྤོས་བྱེད་བཅུག་པ་དེ་རྣམས་ཀྱིས་གཡོ་རུའི་མི་སེར་བྱིངས་མར་ཚོད་འཛིན་དང་། བཙན་པོར་ཁེང་ལོག་བྱེད་མི་རུང་བའི་ནུས་པ་འདོན་སྤེལ་བྱེད་པའི་ཐབས་ལམ་སྤྱད་པས་སྐབས་དེར་ནུས་པ་ངེས་ཅན་ཐོན་ཏེ་རྗེས་སུ་གཡོ་རུ་འོད་སྲུངས་རྒྱུད་ཀྱིས་འཛིན་ཐུབ་པར་རྨང་གཞི་བཟང་པོ་ཆགས་ཀྱང་། གཡོ་རུ་ནས་གཙང་སྟོད་དུ་རྒྱང་འབུད་བཏང་བ་རྣམས་ལ་དཔོན་ཕྱུགས་ནས་གནོན་ཤུགས་དང་། མང་ཚོགས་ནང་ཁུལ་དུ་ཡང་མཐོང་

①（བསྟན་རྩིས་གསལ་བའི་ཉིན་བྱེད་དེབ་ངོས65）

ཕྱོགས་མི་ལེགས་པ་ལྷ་བྱུས་འཚོ་བ་དངོས་ནང་འཁོས་བག་མི་ཕེབས་ལ་ཐ་ན་དམིགས་བསལ་གྱི་མནར་གཅོད་ཀྱང་སྙོང་དགོས་བྱུང་འདྲ་བས་མཐར་ཐུག་དེའི་འཁོན་ལན་ སླན་ཆེད་སྟག་རྩེ་སྐྱགས་ཀྱིས་གྱེན་ལོག་བྱས་ནས་བསྐོངས་པ་ཡིན། དེ་ཡང་མཁས་པ་ལྡེའུའི་ཆོས་འབྱུང་ནང་གསང་བ་ཕྱུག་རྒྱ་ཅན་གྱི་སྐབས། "མངའ་བདག་དཔལ་འཁོར་སྟག་རྩེ་སྐྱགས་ཀྱིས་བསྐོངས། རྒྱུ་མཚན་སྐྱགས་ཕྱེད་གཙང་དུ་བཞུགས་པར་བྱས་པ་དང༌། གཙང་གི་འབྲི་ཕྱེད་མར་ཡར་ལུངས་སུ་དབབ་པར་བྱས་པས་སོ" ①ཞེས་འཁོད་པ་ལྟར་ལགས།

དཔལ་འཁོར་བཙན་གྱིས་བཙུན་མོ་གཉིས་ཁབ་ཏུ་བཞེས་པའི་ཚུན་མ་མཆིམས་བཟའ་བཙུན་ནེ་ལ་གཅེན་ཁྲི་བཀྲ་ཤིས་བརྩེགས་པ་དཔལ་དང༌། ཆེན་མ་སྣ་ནམ་བཟའ་ལེགས་བཙུན་ལ་གཅུང་སྐྱིད་ལྡེ་ཉི་མ་མགོན་གཉིས་འཁྲུངས་པ་སྐུ་ནར་སོན་པ་ན་གཅེན་ཁྲི་བཀྲ་ཤིས་བརྩེགས་པ་དཔལ་གྱིས་ཉང་སྟོད་རྒྱལ་མཁར་རྩེ་བཟུང་བ་དང༌། གཅུང་སྐྱིད་ལྡེ་ཉི་མ་མགོན་གྱིས་མངའ་རིས་སུ་ཕེབས། (དེབ་ཐེར་ལ་ལར་མངའ་རིས་སུ་སྐྱུགས་པར་བཞེད།)

དཔའ་བོ་གཙུག་ལག་ཕྲེང་བས། "འདི་གཉིས་ཀྱི་སྲིད་ཕལ་ཆེར་ཡུམ་བརྟན་གྱིས་ཁྱེར་བས་སྟོད་དུ་བྱོན་ཏེ་བཀྲ་ཤིས་བརྩེགས་པ་དཔལ་ལ་སྟོད་དུ་བཞུགས། ཉི་མ་མགོན་མངའ་རིས་སུ་བྱོན" ②ཞེས་གསུངས་པ་དེར་གཞིགས་ན་སྲས་གཉིས་སྐུ་ན་སོན་པའི་སྐབས་ཡབ་ཀྱི་མངའ་ཁྲུལ་དེ་ཡང་ཡུམ་བརྟན་རྒྱུད་ཀྱིས་འཕྲོག་སྟེ་སྟོད་ཕྱོགས་ཕེབས་དགོས་བྱུང་བར་མངོན།

---

① (མཁས་པ་ལྡེའུའི་ཆོས་འབྱུང་དེབ་ངོས376)

② (མཁས་པའི་དགའ་སྟོན་དེབ་ངོས434)

དཔལ་འཁོར་བཙན་བཀྲོངས་རྗེས་གཡོ་རུའི་འབངས་རྣམས་ཀྱིས་བྱས་ཏེ་སྲས་གཅིག་གཙང་ནས་སྐྱུན་དྲང་ངམ་བྱས་པས། ཡུམ་བརྟན་རྒྱུད་ཀྱིས་ཐུགས་གནག་བྱས་དོགས་ནས་དབུ་རུ་ནས་རྗེ་ཁྲི་ལྡེ་མགོན་བཙན་སྐྱུན་དྲངས་ནས་འཕྱོས་ཀྱི་རྗེའུ་རྣམས་ཀྱིས་སྟན་གཡུ་རལ་ལ་སོགས་པ་ཕྱུག་ཏུ་ཕུལ་ནས། ཁོང་དུ་མངའ་བདག་མེས་དཔོན་རྣམ་གསུམ་ལ་སོགས་པ་ཡབ་མེས་བཀའ་དྲིན་ཅན་རྣམས་ཀྱི་དཔོན་སྲས་སུ་གྱུར་པ་དང་། གཉིས་པ་ན་འབངས་གཡུང་དྲུང་པ་རྣམས་ལ་ཞང་སྟོད་ཀྱི་འབྲི་རྟགས་ལ་བཀའ་དྲིན་ཅན་དུ་གྱུར་པ་དང་། གསུམ་པ་བཀའ་ལུང་རྒྱལ་ཁྲིམས་ཉམས་ཀྱང་རྒྱལ་ཐབས་ཡ་རབས་དང་མཚུངས་པ་མཛད་པས་རྗེ་དེ་བླ་སྒོ་དང་པོར་འབངས་ཀྱིས་བཞག་སྐད། དེ་ལྟར་ལགས་པའི་སྟོབས་ཀྱིས་རྒྱལ་སྲིད་ལ་མི་དབང་བའི་རྒྱལ་པོ་གཅིག་ལ་ཁྲི་ལྡེ་མགོན་བཙན་གྱི་རྒྱུད་འདི་བསོད་ནམས་ཆེ་སྟེ། རྗེའི་ཅན་དགུ་དང་། ཆོས་འཁོར་བསམ་ཡས་ལ་སོགས་པ་འོད་སྲུངས་རྒྱུད་ལ་མེད་པས། མངའ་བདག་དཔལ་འཁོར་གོ་མ་ཆོད་པས་ལན་པ་ཡིན་སྐད་”[1]ཅེས་གསལ་བ་ཁེང་ལོག་མ་བྱུང་གོང་གི་གནས་ཚུལ་དུ་བཞེད་མོད། འོན་ཀྱང་དཔལ་འཁོར་བཙན་གཤེགས་རྗེས་ཁོང་གི་སྲས་གཙང་ནས་སྐྱུན་མ་དྲངས་པ་དབུ་རུ་ནས་ཡུམ་བརྟན་རྒྱུད་ཀྱི་སྲས་ཁྲི་ལྡེ་མགོན་བཙན་སྐྱུན་དྲངས། ཁོང་གིས་རྒྱལ་ཐབས་ཡ་རབས་ཀྱི་ཚུལ་དང་མཐུན་པར་བསྐྱངས་པ་བཅས་སོ།

---

① （མཁས་པ་ལྡེའུའི་ཆོས་འབྱུང་དེབ་ངོས371）

དཔལ་འཁོར་བཙན་གྱི་འཁྲུངས་འདས་ལོ་ཚིགས་རེའུ་མིག

དེབ་ཐེར་	ལོ་ ཚིགས་			གསལ་བཤད།
	འཁྲུངས་ལོ་	སྲིད་བསྐྱངས་ལོ་	འདས་ལོ་	
མཁས་པ་ལྡེའུའི་ཆོས་འབྱུང་	ས་ཁྱི་ 868	ལོ་བཅུ་གསུམ་ནས་ཡབ་གཤེགས་སྲིད་ལོ་བཅོ་བརྒྱད་(ལྕགས་གླང་881སྲིད་བཞེས་)	སུམ་ཅུ་པ་ལུག་(ས་ལུག་899)	སྟག་ རྗེ་ སྣགས་ ཀྱིས་ བཀྲོངས་ རང་ བཞེད་ ལོ་ ཚིགས་འདིར་ཡང་དཔྱད་དགོས་པ་
ལྡེའུ་ཇོ་སྲས་ཆོས་འབྱུང་	གླང་(ས་གླང་869)	ལོ་བཅུ་གསུམ་ནས་ཡབ་གཤེགས་སྲིད་ལོ་བཅོ་བརྒྱད་(ལྕགས་གླང་881)	སོ་གཅིག་པ་(ས་ལུག་899)	
ཆོས་འབྱུང་མེ་ཏོག་སྙིང་པོ་	ཆུ་གླང་(སྤྱི་ལོ་893)	བཅུ་གསུམ་ནས་རྒྱལ་སར་བཏོན་(ཤིང་གླང་སྤྱི་ལོ905)		
ས་ཆེན་རྒྱལ་རབས་	ཆུ་གླང་(སྤྱི་ལོ་893)	བཅུ་གསུམ་ཡབ་འདས་རྒྱལ་སར་ལོ་བཅོ་བརྒྱད་(བཅུ་གསུམ་ཤིང་གླང་905)	སོ་གཅིག་ཆུ་ལུག་(སྤྱི་ལོ་923)	

དེབ་ཐེར་	ལོ་ ཚིགས་			གསལ་བཤད།
	འཁྲུངས་ལོ་	སྲིད་བསྐྱངས་ལོ་	འདས་ལོ་	
སྡོན་གྱི་གཏམ་ མེ་ཏོག་ཕྲེང་བ་	ཆུ་ལུག་ (སྤྱི་ལོ་ 863)	བཅུ་གསུམ་ ཤིང་ལུག་ སྲིད་བཞེས་ ལོ་བཅོ་ བརྒྱད་བསྐྱངས་ (སྤྱི་ལོ་875)	སོ་གཅིག་ ཆུ་གླང་ (སྤྱི་ལོ་ 893)	
བུ་སྟོན་ ཆོས་འབྱུང་	ཤིང་ཡོས་ (895)	བཅུ་གསུམ་ རྒྱལ་སར་ བཏོན་སྲིད་ ལོ་བཅོ་ བརྒྱད་ (མེ་ ཡོས་907)	ཤིང་བྱ་ (925)	བལྟམས་ ལོ་ རང་ བཞེད་ ཡབ་གཤེགས་ལོ་ནས་རིག་ འདེད་བྱས་པ་
ཡར་ལུང་ ཇོ་བོའི་ ཆོས་འབྱུང་	ཤིང་བྱ་ (865)	བཅུ་གསུམ་ ཡབ་འདས་ རྒྱལ་སར་ བཏོན་ (མེ་ བྱ་877)		
རྒྱ་བོད་ཡིག་ ཚང་མཁས་ པ་དགའ་བྱེད་	ཤིང་བྱ་ (865)		སོ་གསུམ་ པ་ (མེ་ སྦྲུལ་897)	
མཁས་པའི་ དགའ་སྟོན་	ཤིང་བྱ་ (865)	ཉེར་གཅིག་ ཡབ་འདས་ རྒྱལ་ས་མཛད་	སོ་གཅིག་ ལོར་ (ཤིང་ ཡོས་ 895)	

དེབ་ཐེར་	ལོ་ ཚིགས་			གསལ་བཤད།
	འཁྲུངས་ལོ་	ཁྲིད་བསྐྱངས་ལོ་	འདས་ལོ་	
བསྟན་རྩིས་གསལ་བའི་ཉིན་བྱེད་	ཆུ་གླང་ (893)	ཤིང་གླང་ནས་ལོ་བཅོ་བརྒྱད་ (905)	སོ་གཅིག་པ་(ཆུ་ལུག་ 923)	
བསྟན་པའི་རྒྱ་མཚོར་འཇུག་པའི་གྲུ་ཆེན་	ཆུ་གླང་ (893)	སུམ་ཅུ་པ་ལ་ཡབ་འདས་རྒྱལ་སྲིད་ལོ་བཅོ་བརྒྱད་(ཤིང་གླང་905)	སོ་གཅིག་པ་ཆུ་ལུག་ (923)	སྲིད་ བསྐྱངས་ ལོའི་ སྐབས་ སུམ་ ཅུ་ པ་ ལ་ ཡབ་ འདས་ ཞེས་ ཡིག་ སྐྱོན་ ཡིན་ རང་ བཞེད་ བཅུ་ གསུམ་ པར་ ཡབ་འདས་སོ་
ལོ་རྒྱུས་ངོ་མཚར་སྣང་བ་	ཤིང་གླང་ (905)	བཅུ་གསུམ་པ་མེ་གླང་ཡབ་འདས་སྲིད་ལོ་བཅོ་བརྒྱད་བཟུང་(སྤྱི་ལོ817)	སོ་གཅིག་པ་ཤིང་ལུག་ (936)	
བཙན་པོའི་གདུང་རབས་ཚིག་ཉུང་དོན་གསལ་	ཤིང་བྱ་ (865)	ལྕགས་གླང་(སྤྱི་ལོ881)	སོ་ལྔ་ས་ལུག་ (899)	

(2) ཁྲི་བཀྲ་ཤིས་བརྩེགས་པ་དཔལ་དང་། སྐྱིད་ལྡེ་ཉི་མ་མགོན་གྱི་སྐོར།

ཡབ་མངའ་བདག་དཔལ་འཁོར་བཙན་གྱི་བཙུན་མོ་ཚུན་མ་མཆིམས་བཟའ་བཙུན་ནེ་ལ་གཅེན་ཁྲི་བཀྲ་ཤིས་བརྩེགས་པ་དཔལ་དང་། ཆེན་མ་སྣ་ནམ་བཟའ་ལེགས་བཙུན་ལ་གཅུང་སྐྱིད་ལྡེ་ཉི་མ་མགོན་འཁྲུངས།

དཔལ་འཁོར་བཙན་གྱི་སྲས་གཉིས་པོ་འཁྲུངས་དུས་ཞིབ་ཆ་འཁོད་པའི་ཡིག་ལམ་མ་རྙེད་རུང་ཡབ་ཀྱི་འཁྲུངས་འདས་ལོ་ཚིགས་ལ་གཞིགས་ན་སྤྱི་ལོའི་དུས་རབས་བཅུ་པའི་ལོ་རབས་བཅུ་ནས་ཉི་ཤུའི་བར་ལ་རིམ་བཞིན་འཁྲུངས་པར་མངོན།

(1) གཅེན་ཁྲི་བཀྲ་ཤིས་བརྩེགས་པའི་སྐོར།

ཁྲི་བཀྲ་ཤིས་བརྩེགས་པ་སྐུ་ནར་སོན་རྗེས་ཁོང་གི་མངའ་རིས་ཕལ་ཆེར་ཡུམ་བརྟན་ཕྱོགས་ཀྱིས་ཕྲོགས་པས་གཙང་དུ་ཕེབས་ཏེ་ཉང་སྟོད་རྒྱལ་མཁར་རྩེ་བཟུང་། བཙུན་མོ་ཅོག་རོ་བཟའ་མགོན་དཔལ་ཁབ་ཏུ་བཞེས་པར་སྲས་དཔལ་ལྡེ་དང་། འོད་ལྡེ། སྐྱིད་ལྡེ་བཅས་སྨད་ཀྱི་ལྡེ་གསུམ་དུ་གྲགས་པ་རིམ་བཞིན་འཁྲུངས།

ཡབ་དཔལ་འཁོར་བཙན་སྟག་རྩེ་སྟགས་ཀྱིས་བཀྲོངས་རྗེས་སྲས་འདི་རྒྱལ་སྲིད་ལ་དབང་བསྐུར་བ་འདིའི་ཐད། ལོ་རྒྱུས་ཡིག་ལམ་ནང་བཞེད་པ་མཐུན་མིན་ཅུང་ཟད་འདུག ལྡེའུ་ཇོ་སྲས་ཆོས་འབྱུང་ནང་། "སྨད་ལོ་ལ་ཁེང་ལོག་བྱུང་། མཐའི་རྒྱ་དྲུག་ཀོང་དུ་ཤོར། ལྷ་སྲས་(དཔལ་འཁོར་བཙན་)ཉིད་

ཀྱང་སྟག་རྩེ་སྐུགས་ཀྱིས་བསྐྱངས། ལྷ་སྲས་མཆེད་གཙང་དུ་བྲོས།” ①ཞེས་དང་། བུ་སྟོན་དང་། ངོར་ཆེན་དཀོན་མཆོག་ལྷུན་གྲུབ་བཞེད་པ་མཐུན་པར་བཀྲ་ཤིས་བརྩེགས་པས་རྒྱལ་སྲིད་བཟུང་ཞེས་དང་། ས་ཆེན་རྒྱལ་རབས་ནང་བཀྲ་ཤིས་བརྩེགས་པ་དཔལ་གྱིས་དབུས་གཙང་གི་རྒྱལ་པོ་བྱས་ཞེས་བཀྲ་ཤིས་བརྩེགས་པས་ཡབ་གཤེགས་རྗེས་རྒྱལ་སྲིད་བཟུང་བར་བཞེད་པ་མི་མཐུན་པ་མེད་མོད། དུས་ཚོད་ཐད་ལྡེའུ་ཇོ་སྲས་ཀྱི་བཞེད་པ་ལྟར་ན་ཡབ་བསྐྱངས་རྗེས་སྲས་གཉིས་གཙང་དུ་བྲོས་པ་དང་། དེའི་རྒྱུན་མཐུད་པ་ལྟ་བུར་ཡབ་བསྐྱངས་རྗེས་འབངས་རྣམས་བགྲོས་ནས་སྲས་གཉིས་གཙང་ནས་སྤྱན་འདྲེན་རྩིས་བྱས་པར་ཡུམ་བརྟན་རྒྱུད་ཀྱིས་ཐུགས་གནག་བྱས་དོགས་དབུ་རུ་ནས་ཁྲི་ལྡེ་མགོན་བཙན་སྤྱན་དྲངས་པའི་ལོ་རྒྱུས་འདི་གཉིས་ཙུང་ཟད་འགལ་བར་སྣང་བ་དེས་ན་དཔའ་བོ་གཙུག་ལག་ཕྲེང་བས་འདི་གཉིས་ཀྱི་སྲིད་ཐལ་ཆེར་ཡུམ་བརྟན་གྱིས་ཕྱིར་བས་སྟོད་དུ་བྱོན་ཏེ་བཀྲ་ཤིས་བརྩེགས་པ་དཔལ་ལ་སྟོད་དུ་བཞུགས། ཉི་མ་མགོན་མངའ་རིས་སུ་བྱོན་པར་བཞེད་པའི་འགྲོས་ལྟར་གོང་དུ་སྨོས་པ་བཞིན་བཀྲ་ཤིས་བརྩེགས་པ་དཔལ་ཉང་སྟོད་རྒྱལ་མཁར་རྩེ་བཟུང་བའི་སྐབས་ཡབ་དཔལ་འཁོར་བཙན་གཤེགས་ཏེ་མཚན་ཙམ་གྱི་དབུས་གཙང་རྒྱལ་པོའི་སྲིད་ལ་དབང་བསྒྱུར་བ་དང་། དེ་རྗེས་ལ་སྟོད་དུ་བཞུགས་པའི་ལོ་གྲང་ནི་ཡབ་ཀྱི་སྐུ་དུས་བཞེངས་པ་གྲོམ་པ་ལྷ་རྩེའི་བྲག་དམར་ཡིན་ནོ། ཁྲི་བཀྲ་ཤིས་བརྩེགས་པ་ནམ་གཤེགས་ཀྱི་ལོ་ཚིགས་ངེས་པ་རྙེད་པའི་ཡིག་ཆ་མ་རྙེད་ཙང་ཡབ་མཆེད་གྱིས་པའི་ལོ་ཚིགས་མང་ཐོས་བླུ་སྒྲུབ་ཀྱི་བཞེད་པ་ལྟར་ན་ཆུ་འབྲུག（སྤྱི་ལོ992）ལ་

① （ལྡེའུ་ཇོ་སྲས་ཀྱི་ཆོས་འབྱུང་ལྷུགས་པར་མ་ཤོག་གྲངས143）

གཞིགས་ན་དགུང་ལོ་བདུན་ཅུ་བརྒྱལ་སྐོར་ཞིག་བཞུགས་པ་འདྲ།

(2) སྐྱིད་ལྡེ་ཉི་མ་མགོན་གྱི་སྐོར།

སྐྱིད་ལྡེ་ཉི་མ་མགོན་སྐུ་ནར་སོན་རྗེས་ཁོང་གི་སྲིད་ཕལ་ཆེར་ཡང་ཡུམ་བརྟན་རྒྱུད་ཀྱིས་ཁྱེར་བས་བཞུགས་བཟོད་མི་བདེ་བ་བྱུང་སྟེ་མངའ་རིས་སུ་བྱོན་ཁར་"ཡབ་ཀྱི་ཞལ་ནས། སྟོ་མོན་དོང་ཁ་སྤེ་བ་འདྲ་བ་དང་། འབྲུ་ཤ་དང་། སྦལ་ཏི་དང་། ས་སྣང་གི་གྲོག་མོ་ལ་སོགས་པ་མི་དང་མི་མ་ཡིན་པའི་གནོད་པ་མང་པོ་ཡོད་པས། ཡི་དམ་དང་སྲུང་མར་མདོ་སྔགས་ཀྱི་ཆོ་ག་འདི་རྣམས་ཀྱིས་ཞིག་གསུངས་ནས་གནང་བས། མངའ་རིས་ཀྱི་བཙད་པོ་རྣམས་ཆབ་སྲིད་དང་། མངའ་རིས་མཐོ་བར་བྱེད་ནུབས་ཆེ་བ་ཡིན་"[①] ཞེས་ལོ་རྒྱུས་ཡིག་ལམ་ནང་འཁོད་ཡོད།

མངའ་རིས་སུ་བྱོན་སྐབས་སློན་པོ་ཞང་པ་ཚབ་རིན་ཆེན་ལྡེ་དང་། ཅོག་རོ་ལེགས་སྒྲ་ལྷ་ལེགས་གཉིས་ཀྱིས་གཙང་གི་བྱེ་མ་གཡུང་དྲུང་བར་ཕེབས་སྐྱེལ་དུ་ཕྱིན་པ་དང་། པ་ཚབ་ཀྱིས་སྤྱང་ཐུལ་གྱི་ན་བཟའ་དང་། ཅོག་རོས་དྲེའུ་གཅིག་ཕུལ་ནས་འབྲལ་མི་ཕོད་པ་ངུས་པར་སྐྱིད་ལྡེ་ཉི་མ་མགོན་གྱིས་ང་མངའ་རིས་སུ་འགྲོར་རྗེས་རྒྱལ་སྲིད་འདྲ་ཟིན་སྲིད་ན་ཁྱེད་གཉིས་ཀྱིས་ངའི་ཁབ་ཏུ་བུ་མོ་རེ་བཟུང་པར་ཞུ་གསུངས་ཏེ་མངའ་རིས་སུ་བྱོན་ནས་ཐོག་མར་མཚམ་ཕམ་གྱི་བྱང་དུ་བཞུགས།

སྐྱིད་ལྡེ་ཉི་མ་མགོན་མངའ་རིས་སུ་ཕེབས་པའི་སྐོར་བུ་སྟོན་ཐམས་ཅད་མཁྱེན་པས། "ཆུང་བ་སྐྱིད་ལྡེ་ཉི་མ་མགོན་མངའ་རིས་སུ་སྦྱུགས་པས་པུ་རངས

---

① (ཆོས་འབྱུང་མེ་ཏོག་སྙིང་པོ་དེབ་ངོས457)

སུ་སྐུ་མཁར་ཉི་གཟུངས་བརྩིགས་ཏེ་ཚབ་སྲིད་བཟུང་”①ཞེས་གསུངས་པ་དང་རྒྱལ་རབས་གསེར་ཕྲེང་ནང་“སྐྱིད་ལྡེ་ཉི་མ་མགོན་ནི། བོད་ཁོང་ལོག་གི་འབལ་མ་ཟུག་གར་ཁྲུང་དཔལ་ལྡན་གྲུབ་དང་། མེ་ཉག་པ་ཨཱ་ཀཱ་བཛྲ་གཉིས་ཀྱིས་གཙོ་བྱས་པའི་རྟ་པ་བརྒྱ་སྔོང་མངའ་རིས་སུ་ཕེབས་པའི་ལམ་ཁར། ཉ་དང་སྒྲོང་གསོལ་དགོས་པ་བྱུང་ནས། དེར་རས་ཀྱི་ཐུར་ནས་དྲངས་པས། ད་ལྟ་ཁ་གྲུད་རས་བོད་རྒྱལ་པོའི་ལུགས་སུ་སོང་བ་ཡིན་ནོ་”② ཞེས་འཁོད་པའི་ལོ་རྒྱུས་དུམ་བུ་འདི་རྣམས་དཀྲུས་གཅིག་ཏུ་སྒྲིག་ན་སྐྱིད་ལྡེ་ཉི་མ་མགོན་ནི་ཁོང་ལོག་གི་ཚོགས་པ་ཚེ་གེ་མོས་མངའ་རིས་སུ་རྒྱང་འབུད་བཏང་འདྲ་བས་ཕེབས་ཁར་ཡབ་ཐུགས་ཕྲེང་བའི་རྣམ་པ་དང་བཅས་ཕྱིན་ཚད་གནང་སྐོའི་བསླབ་བྱ་ཞིབ་མོ་གནང་བ་དང་། བློན་པོ་གཉིས་པོ་གཙང་སྟོད་བར་ཕེབས་སྐྱེལ་ལ་ཕྱིན་ཏེ་ན་བཟའ་དང་བཞོན་དྲེལ་ཕུལ་བ། རྒྱང་འབུད་དུ་ཕེབས་སྐབས་ལྟ་སྤྱུང་དུ་འབལ་མ་ཟུག་གར་ཁྲུང་གིས་གཙོས་པའི་རྟ་པ་ཚོ་གཅིག་ཡོད་པ། ཕེབས་ལམ་གྱི་གསོལ་ཚས་ཀྱང་ཁོང་གི་ཐུགས་སུ་མི་འབབ་པའི་ཉ་སྒྲོང་གསོལ་དགོས་པ་བཅས་ཀྱིས་སྐྱིད་ལྡེ་ཉི་མ་མགོན་མངའ་རིས་སུ་སྐྱུགས་པར་བཞེད་པ་དེ་སྐབས་དེའི་ལོ་རྒྱུས་ངོ་མ་ཡིན་པར་ཁ་ཚོན་བཅད་ཆོག

དེ་ནས་ར་ལའི་རྒྱུད་དུ་ཕེབས། ཁོང་ནི་སྤྱོད་ལམ་ལེགས་ཤིང་བློ་གྲོས་ཆེ་བས་ཁྱུལ་དེའི་མི་ཚོའི་བརྩི་བཀུར་ཐོབ་པ་དང་མངའ་ཐང་ཡང་གང་འཚམས་འཕེལ་རྒྱས་སོང་བས་རྟའི་ལོ་ (འདིའི་དབང་ཐང་གསལ་པོ་མེད་ཀྱང་ཡབ་

① (བུ་སྟོན་ཆོས་འབྱུང་ཤིང་པར་མ་ཤོག་གྲངས146བ)

② (རྒྱལ་རབས་གསེར་ཕྲེང་བྲིས་མ་ཤོག་གྲངས20ན)

གཤེགས་པའི་དུས་ནས་རིག་འདེད་བྱས་ན་ཤིང་ཕོ་རྟ་(སྤྱི་ལོ934ལོ་)ལ་ར་ལ་ཁ་དམར་བརྩིགས་པ་དང་། དེའི་ཕྱི་ལོ་སྤྱི་ལོ935ཤིང་ལུག་ལ་རྩེ་ཐོ་རྒྱ་རི་བརྩིགས་ནས་དམ་ལག་གི་གཞུང་རྣམས་ལ་ཡུལ་དང་གྲོང་ཁྱེར་མང་པོ་གསར་དུ་འཛུགས་པའི་དགོངས་པ་བཞེས་ཤིང་། མར་ཡུལ་ལ་གནོད་པ་མ་མཛད། དེའི་དུས་སུ་མར་ཡུལ་ཁོངས་ལ་དགྲ་སྟོད་གེ་སར་གྱི་རྒྱུད་པས་འཛིན་ཅིང་། ལ་དྭགས་སྨད་རྣམས་རང་དབར་སིལ་བུར་གནས་ཡོད་ཅེས་ལོ་རྒྱུས་ཡིག་ལམ་དུ་འཁོད་པ་ལྟར་ལགས།

དེ་རྗེས་སྐྱིད་ལྡེ་ཉི་མ་མགོན་གྱིས་མངའ་རིས་སྐོར་གསུམ་གྱི་གནས་ཚུལ་ཞིབ་འཇུག་བྱེད་པར་བློན་པོ་ཤེས་རིག་ལྡན་པ་གསུམ་སྐོར་གསུམ་ས་ཁུལ་སོ་སོར་བཏང་བས་པུ་རངས་ཕྱོགས་རྟོག་ཞིབ་བྱེད་མཁན་བློན་པོ་ཕྱིར་འཁོར་ནས་རྗེ་ལ་ཕྱག་བྱས་བསྙུན་ཞུས་ཤིང་། རྗེས་པུ་རངས་ཀྱི་གནས་ཚུལ་ཅི་འདྲ་འདུག་བཀའ་འདྲི་གནང་བར་པུ་རངས་ཀྱི་ལུང་པ་ནི་རྟ་བཤས་པའི་ཁོག་པ་གང་གིས་བསྐོར་བ་འདྲ་ལ་མི་ནི་སྤྲིན་པོ་འདྲ་བ་ཞིག་མཆིས་ཟེར།

གུ་གེར་འགྲོ་མཁན་བློན་པོས་གུ་གེ་ལུང་པ་ནི་ཉ་སྟོ་དཀར་གྱི་ཁོག་པ་འདྲ་བ་གཡའ་ཡིས་བསྐོར་བ་ཞིག་དང་མི་ནི་ལུག་འདྲ་བ་གདའ་ཟེར།

མར་ཡུལ་དུ་འགྲོ་མཁན་བློན་པོས་མར་ཡུལ་ནི་ཡུལ་ཀོ་མོག་ཆབ་ཀྱིས་གང་བ་གངས་ཀྱིས་བསྐོར་འདྲ་བ་དང་། མི་ནི་སྦྲུལ་པ་འདྲ་བ་ཞིག་གདའ་སོགས་ཞུས་པས་དེ་རྣམས་ཀྱི་གནས་ཚུལ་གསལ་པོར་རྟོགས། རང་རེ་རྗེ་བློན་རྣམས་ཀྱིས་བླ་མ་དཀོན་མཆོག་ལ་མཆོད་པ་འབུལ་བ་དང་། གསོལ་བ་སྨོན་ལམ་ལེགས་པོ་བཏབ་སྟེ་ས་གནས་དེ་ཚོར་རིམ་བཞིན་བསྐྱོད་པས་ཚོག་ཅེས་ཐོག་མར་པུ་རངས་སུ་ཕེབས་ནས་ཚོང་འཁོས་ཀྱི་ཐབས་ཚུལ་མང་པོ་མཛད་ཐོག

ཡུལ་དེའི་མི་རྣམས་ཟས་ཀྱིས་ཚིམས་པར་གནང་བ་སོགས་ཕོ་ཚོའི་སེམས་མགུ་བར་མཛད་པས་ཕོ་ཚོས་སྐྱིད་ལྡེ་ཉི་མ་མགོན་ལ་དད་མོས་ཐོབ་པ་བྱུང་ནས་རིམ་བཞིན་སྐབས་དང་སྦྱར་བའི་ཁྲིམས་ལུགས་གསར་བཟོ་དང་འབྲེལ་བར་པུ་རངས་དབང་དུ་འདུས་ཤིང་། དེ་ནས་དམག་ཤུགས་ལ་བརྟེན་ནས་གུ་གེ་ཡང་མངའ་འོག་ཏུ་བཅུག དེ་རྗེས་དཔུང་སྟོབས་དང་བཅས་མར་ཡུལ་དུ་ཕེབས་ཏེ་མར་ཡུལ་དབང་དུ་བསྡུས་ཤིང་། མར་ཡུལ་དུ་ཡང་འོས་འཚམས་ཀྱི་ཁྲིམས་སྲོལ་བཅས་ཐོག ཕོང་གི་བཀའ་ལ་མི་གནས་པ་རྣམས་ལས་ཉེས་པ་ཆེན་པོ་རང་མེད་པ་ཙོར་རང་གི་ཉེས་པ་ཁས་ལེན་དུ་བཅུག་པ་དང་། རང་ཉེས་ཇི་བཞིན་ཁས་མི་ལེན་པར་འགོག་རྐོལ་གྱི་རྣམ་པ་ཚབས་ཆེ་བའི་ཉེས་ཅན་འགའ་ཞིག་གི་མགོ་བྲེགས་པ་སོགས་འཛམ་རྩུབ་ཅི་རིགས་པ་ཕྲག་བསྟར་གྱིས་མངའ་རིས་སྐོར་གསུམ་ཁྱོན་ཡོངས་ལ་དབང་བསྒྱུར་བའི་མངའ་རིས་ཀྱི་རྒྱལ་པོ་མཛད་ཅིང་། པུ་རངས་སྐུ་མཁར་ཉི་གཟུང་ཞེས་བྱ་བ་བརྩིགས་པ་འདི་ནི་སྟོད་དུ་རྒྱལ་ཁྲིམས་ཞྭ་ཙམ་ཆགས་ཞེས་གསུངས་པ་དེ་ཡིན་པར་གྲགས།

སྐུ་མཁར་ཉི་གཟུང་གྲུབ་པའི་ཞལ་སྒྲོའི་སྐབས་ནམ་མཁའ་ནས་ལུང་བསྟན་པའི་སྒྲར།

"སེམས་ཅན་སྤྱི་མཐུན་ལས་ལ་ལེགས་གྲུབ་པ། །
ཉི་མ་ཞེས་བྱ་དེ་ཡི་གྲོགས་སུ་ནི། །
པུ་རངས་ཞེས་བྱར་བོད་ཀྱི་རྒྱལ་ཁབ་བྱུང་། །
སངས་རྒྱས་བསྟན་པའི་ཉི་མ་དེང་འདིར་ཤར། །"[1]

① (བཙན་པོའི་གདུང་རབས་ཚིག་ཉུང་དོན་གསལ་ཡིད་ཀྱི་མེ་ལོང་ཤོག་གྲངས12ན)

ཞེས་ཀུན་གྱིས་ཐོས་པར་གྲགས་པ་འདིའི་ཐོག་ནས་མཚོན་པ་ནི་ཁེང་ལོག་རྗེས་བཙན་པོའི་གདུང་རྒྱུད་ཀྱིས་འཛིན་པའི་ས་ཁུལ་སྲིད་དབང་ཁྱབ་རྒྱ་ཆེ་ལ་ཁྲིམས་ལུགས་དང་བཙན་མཁར་རམ་ཕོ་བྲང་སོགས་རྫུང་ཆ་ཚང་བའི་རྒྱལ་རབས་ཤིག་མངའ་རིས་སུ་ཚུགས་པ་མཚོན་ཅིང་། སྔོན་པོ་ནི་མང་དཀར་དང་། ཁྱུང་པོས་བྱས།

དེ་རྗེས་སྔོན་པོ་ཞང་པ་ཚབ་རིན་ཆེན་ལྷེ་དང་། ཅོག་རོ་ལེགས་སྒྲ་ལྷ་ལེགས་གཉིས་ཀྱིས་སྐྱིད་ལྡེ་ཉི་མ་མགོན་སྟོད་མངའ་རིས་ལ་ཐེབས་སྐབས་ཁས་ལེན་ཞུས་པ་བཞིན་སྔོན་པོ་གཉིས་པོས་རང་རང་གི་བུ་མོ་རེ་བཙུན་མོར་ཕུལ་བའི་པ་ཚབ་མ(ལ་ལར་སྟག་གཟིག་བཟའ་ཞེས་འདོད་) ལ་སྲས་མ་འཁྲུངས་པ་དང་། ཅོག་རོ་བཟའ་ཟངས་ཁམ་ལ་སྲས་ཆེ་བ་དཔལ་གྱི་རིག་པ་མགོན་དང་། བར་པ་བཀྲ་ཤིས་ལྡེ་མགོན། ཆུང་བ་ལྡེ་གཙུག་མགོན་གསུམ་རིམ་པར་འཁྲུངས་པས་སྐུ་ན་སོན་རྗེས་ཡབ་ཀྱི་སྲས་གསུམ་པོར་མངའ་རིས་སྐོར་གསུམ་སོ་སོར་བགོ་བཤའ་གནང་བ་ནི།

ཆེ་བ་དཔལ་གྱི་རིག་པ་མགོན་ལ་མར་ཡུལ་དང་། འབངས་གཞུ་ནག་ཅན། ཤར་རུ་ཐོག་དང་། གསེར་ཁ་འགོག་ལྡད་ཀྱི་སྡེ་མཆོག་དཀར་པོ། མཚམས་ཀྱི་ར་བ་དམར་པོ། ཕྲམ་ལེ་ཡི་མིག་གི་ཕ་བོང་ལ་མགོ་བར། ནུབ་ཁ་ཆེའི་ལ་རྩ། རྡོ་བུག་པ་ཅན་ཡན་ཆད། བྱང་གསེར་ཁ་འགོག་པོ་ཚུན་ཆད་ཀྱིས་རྒྱ་ལ་གཏོགས་པ་རྣམས།

བར་པ་བཀྲ་ཤིས་ལྡེ་མགོན་ལ་ཞང་ཞུང་དང་། ཡ་རྩེ།

ཆུང་བ་ལྡེ་གཙུག་མགོན་ལ་ཟངས་དཀར་སྒོ་གསུམ། སྤྱི་ཏི། སྤྱི་ལྕོག་དང་བཅས་པ་རྣམས་ཡིན།

མངའ་རིས་དུམ་བུ་གསུམ་དུ་བགོས་པའི་སྐོར་ལ་དྭགས་རྒྱལ་རབས་ནང་འཁོད་པ་ལྟར་བཀོད་ཅིང་། ས་ཆེན་རྒྱལ་རབས་དང་། མཁས་པའི་དགའ་སྟོན་ནང་གསལ་བ་དང་ཅུང་མི་མཐུན། དེ་བཞིན་བཙུན་མོའི་སྐོར་ལ་དྭགས་རྒྱལ་རབས་དང་། རྒྱལ་རབས་གསེར་ཕྲེང་བཞེད་པ་མཐུན་པ་ལྟར་ན་དགེ་བཤེས་བཀྲ་ཤིས་བཙན་གྱིས་པུ་རངས་སུ་འབྲོ་བཟའ་འཁོར་སྐྱོང་བཙུན་མོར་ཕུལ་བ་ཁབ་ཏུ་བཞེས་པར་སྟོད་ཀྱི་མགོན་གསུམ་འབྱུངས་པར་བཞེད་པ་དཔྱད་གཞིར་བསྟར་བ་བཅས་སོ།

(3) སྨད་ཀྱི་ལྡེ་གསུམ་སྐོར།

དཔལ་འཁོར་བཙན་གྱི་སྲས་ཁྲི་བཀྲ་ཤིས་བརྩེགས་པ་དཔལ་དང་བཙུན་མོ་ཅོག་རོ་བཟའ་མགོན་དཔལ་ལ་སྲས་དཔལ་ལྡེ་དང་། འོད་ལྡེ། སྐྱིད་ལྡེ་བཅས་སྨད་ཀྱི་ལྡེ་གསུམ་དུ་གྲགས་པ་རྣམས་རིམ་པར་འབྱུངས།

སྤྱི་ལོ992ཆུ་ཕོ་འབྲུག་གི་ལོ་ཡབ་མཆེད་སོ་སོར་གྱེས་ནས་ལྡེ་གསུམ་པོ་གྲམ་པ་ལྷ་རྩེར་གདན་ཕབ་སྟེ་གཙང་ཕྱོགས་ལ་མངའ་མཛད་པས་སྨད་ཀྱི་ལྡེ་གསུམ་དུ་གྲགས་ཏེ།

དེ་ཡང་དཔལ་ལྡེའི་རྒྱུད་ཀྱིས་ཟམ་པ་གསུམ་དབང་མཛད་པ་ནི། ལྷ་རྩེའི་ནས་ཟམ་སྔོན་མོ། གླིང་བུའི་ཤ་ཟམ་དམར་མོ། མང་ཡུལ་གྱི་གསེར་ཟམ་སེར་པོའོ།

འོད་ལྡེའི་རྒྱུད་ཀྱིས་སྒོ་གསུམ་ལ་དབང་མཛད་པ་ནི། དྲིན་དང་གཉའ་ནམ་རྫས་ཀྱི་སྒོ། བུད་མཁར་ར་ཤིང་གི་སྒོ། ཟར་སྟག་སྣ་རྩོད་(བཙོས་) ཀྱི་སྒོའོ།

སྐྱིད་ལྡེའི་རྒྱུད་ཀྱིས་བྱང་གི་མཛོད་གསུམ་ལ་དབང་མཛད་པ་ནི། བྱང་

གཡུ་མཚོ་སྔོན་མོ་རྔའི་མཛོད། བྱང་ཁ་སྣ་བརྒྱད་ཤའི་མཛོད། གུ་ལང་གོ་པོ་གསེར་གྱི་མཛོད། ཅེས་གྲགས་པའོ་”①ཞེས་བསྟན་རྩིས་གསལ་བའི་ཉིན་བྱེད་ནང་གསལ་པོར་འཁོད་པ་དང་། མོ་རྒྱུས་ཡིག་ལམ་གཞན་དུ་འཁོད་པའི་དབར་ཕྲ་རགས་ཙམ་གྱི་ཁྱད་པར་ལས་མ་མཐོང་བ་བཅས་ནི་སྤྲས་གསུམ་པོའི་གཞི་རྩའི་གནས་ཚུལ་ཡིན་ཅིང་། བྱེ་བྲག་གི་གནས་ཚུལ་གདུང་རབས་ཁག་ཕྱེ་ནས་ཞུ་རྒྱུ་གཤམ་གསལ།

དང་པོ། དཔལ་ལྡེའི་རྒྱུད་པའི་སྐོར།

དཔལ་ལྡེས་ཅོག་རོ་བཟའ་འབའ་རེ་ཁབ་ཏུ་བཞེས་པར་སྲས་གཅེན་འོད་ཟེར་ལྡེ་དང་། གཙུང་རྣམ་ཙགྲ་གཉིས་འཁྲུངས་ཤིང་། གཅེན་འོད་ཟེར་ལྡེ་མངའ་རིས་སྨད་མང་ཡུལ་གུང་ཐང་དུ་ཕེབས་ཏེ་གདུང་རབས་ཆགས་པར་གུང་ཐང་རྒྱལ་པོའི་གདུང་རབས་ཞེས་བྱ་བར་གྲགས་པ་ལགས།

མང་ཡུལ་གུང་ཐང་ཞེས་པའི་མིང་འབྱུང་ཚུལ་ནི། ཉི་སྲས་ནམ་མཁའ་ཉི་མའི་གུང་དུ་སླེབས་པས་གུང་ཐང་དང་། སྲིད་པའི་མ་མོ་བདུན་དང་། གྲུབ་པའི་གནས་ཆེན་མང་དུ་ཡོད་པས་མང་ཡུལ་ཞེས་བྱ་བར་གྲགས།

མང་ཡུལ་གུང་ཐང་དུ་བཙན་པོའི་རྒྱལ་རབས་ཐོག་མ་འབྱུང་སྟངས་ཇི་ལྟར་ཡིན་ཞེ་ན། བར་སྐབས་བོད་སྤྱི་ལ་དབང་བའི་རྒྱལ་པོ་མེད་པར་འོད་སྲུངས་ཡུམ་བརྟན་འཁྲུག་སྟེ་བོད་སིལ་བུར་སོང་བའི་རྗེས་གུང་ཐང་གི་ཡུལ་མི་རྣམས་བགྲོས་ནས་འུ་ཅག་ཐུན་མོང་སྐྱོང་བའི་རྗེ་བོ་ཞིག་དགོས་པ་འདུག་ཅེས་དཔལ་ལྡེ་ལ་བཙུན་མོ་ཅོག་རོ་བཟའ་འབའ་རེ་ཁབ་ཏུ་བཞེས་པའི་སྲས་གཉིས་ཀྱི་

① （བསྟན་རྩིས་གསལ་བའི་ཉིན་བྱེད་དེབ་ངོས71）

གཅེན་པོ་འོད་ཟེར་ལྡེ་ཞེས་བྱ་བ་གུང་ཐང་དུ་སྤྱན་འདྲེན་པར་མེས་པོ་སྟོད་ཀྱི་ཁྲི་ རྗེ་དང་ཞང་བཙེད་ལྷན་རིང་མོ་བྱ་བ་གཉིས་ཕྱིན་ཏེ་འོད་ཟེར་ལྡེ་གུང་ཐང་དུ་ གདན་དྲངས་ཐང་སྟོད་ཐོ་ལེ་ཞེས་པར་གདན་ཕབ་ནས་སྐུ་མཁར་བརྩིགས་ཤིང་། སྤྱན་འདྲེན་མཁན་གཉིས་ཀྱིས་བློན་པོ་བྱས་ཏེ་ཆབ་སྲིད་བསྐྱངས་པ་དེ་ནས་གུང་ ཐང་གི་རྒྱལ་རབས་བྱུང་།

འོད་ཟེར་ལྡེའི་སྲས་དཔལ་པོ་ལྡེ། དེའི་སྲས་དུང་དཀར་ལྡེ། དེའི་སྲས་ བཙན་ལྡེ་བཅས་རིམ་པར་བྱུང་ཞིང་། དེ་རྣམས་ཀྱི་སྲིད་སྐྱོང་བའི་སྐབས་སུ་སྒོ་ བཞི་བཙད་ཆུང་ཁབ་པ་དང་ལྔ་ཞེས་ཡུལ་ཚན་རེ་དཔོན་རེས་བཟུང་བའི་འགོ་ དཔོན་མཉམ་འཛོམ་གྱི་འདུ་ཚོགས་གྲེན་ཡོང་གདོང་དུ་བྱེད་ཅིང་། དེ་སྐབས་ གྲགས་པའི་བཙད་ཆུང་ཁབ་པ་ནི་མངའ་ཐང་མི་ཆེ།

བཙན་ལྡེ་ལ་སྲས་གསུམ་སྟེ། གཅེན་ལྷ་མཆོག་ལྡེའམ་འདོལ་ལེ། བར་ པ་དཀོན་མཆོག་ལྡེ། གཅུང་འོད་ལྡེའམ་རྩེ་མོ་ཞེས་བྱ་བ་རིམ་པར་བྱུང་བའི་ཐ་ ཆུང་རྩེ་མོའི་རྒྱུད་པ་ནི་ཇོ་བོ་འཇད་པ་ཡིན་ཞེས་དང་། ཕལ་མོ་ཆེར་སྟེ་པ་ཚ་ མདའ་བ་ཡིན་ཞེས་ཀྱང་བརྗོད།

གཅེན་ལྷ་མཆོག་ལྡེའི་སྐུ་རིང་ལ་མངའ་ཐང་སྤར་དང་མི་འདྲ་བ་ཡར་ རྒྱས་སོང་ཞིང་། གཞོངས་དཔུས་ནུབ་རི་སྙེང་པོ་ཆེ་དར་ཡོལ་བྲེས་པ་ལྷ་བུར་ཐོ་ བྲང་ཕྱི་ང་ཁབ་སྒང་དུ་གྲགས་པ་སྐུ་མཁར་ལྕགས་རི་འོབ་དང་བཅས་པ་བྱས་ ཤིང་། འདིའི་སྐུ་དུས་རྒྱལ་འབྱོར་གྱི་དབང་ཕྱུག་རྗེ་བཙུན་མི་ལ་རས་པ་ཡང་ གྲུབ་པ་བརྙེས་ཏེ་ཟ་འོག་ཕུག་ཏུ་ཐེབས་པ་དང་དུས་མཚུངས་པས། (རྗེ་བཙུན་མི་ ལ་རས་པ་ནི་སྤྱི་ལོ1040ལྕགས་འབྲུག་ལོར་འཁྲུངས་པ་དང་སྤྱི་ལོ1123རུ་ ཡོས་ལོར་སྐུ་གཤེགས) ཕལ་ཆེར་སྤྱི་ལོའི་དུས་རབས་བཅུ་གཅིག་པའི་མཇུག་ཙམ་

ལ་ཡིན་པར་སྣང་།

གཙུང་འོད་ལྡེའི་སྲས་དབང་ཕྱུག་ལྡེ། དེའི་སྲས་སྐྱབ་པ་ལྡེ། དེ་ལ་སྲས་མོ་གསུམ་དང་། སྲས་མགོན་པོ་ལྡེའམ་ཕྱུག་ལ་ཤ་མཚན་དམར་པོ་ཡོད་པས་དཔུང་དམར་ཞེས་ཀྱང་གྲགས་ཤིང་། དེའི་སྐུ་རིང་ལ་སྤྱང་འོད་ཆོས་གྲགས་ཀྱིས་ཡེ་ཆོའི་ཡུལ་ནས་མོན་གྱི་དམག་དྲངས་པ་དང་འཐབ་པས་མ་ཐུབ་པར་མགོན་པོ་ལྡེ་སྐྱིད་གྲོང་དུ་བྲོས་ཕེབས་པ་ས་མཚམས་ནས་ཕ་རོལ་པོས་ཟིན་ཏེ་ཁབ་ཀྱི་སྐུ་མཁར་མཐོང་སར་བཀྲོངས་ཤིང་། ཁོང་གི་དགུ་ཕྲེར་བའི་ཁྲག་ཐིགས་ཟག་པའི་ས་ལ་མཆོད་རྟེན་རེ་རེ་ཡང་བཞེངས་པར་གྲགས། ཁོང་གི་བཙུན་མོ་དངོས་ལ་སྲས་མེད་ཅིང་། ར་ལའི་བཙུན་མ་བྱང་ཆུབ་འདྲེན་ཞེས་བྱ་བ་མཁན་ཆེན (གཉོས་སྟོན་བྱང་ཆུབ) གཟུངས་ཀྱི་དཔོན་གྱི་སྲས་མོར་གྱུར་པ་ཞིག་དང་འབྲེལ་བ་ལ་མངལ་ཆགས་ནས་ཡོད་པ་ཕ་རོལ་པོ་ལ་འཇིགས་ཏེ་བྲོས་པས་ཀློང་རྫེར་སླེབས། དེར་བཙུན་མ་བརྒྱད་ཀྱིས་གཟེབ་ཀྱི་ནང་དུ་བཙུག་སྟེ་རྒྱབ་ཏུ་ཁྱེར་ནས་དཔལ་མོ་སྐྱིད་ཕུག་ཏུ་བསྐྱལ་བར་ཕུ་རིར་རང་གི་ཁུ་བོ་མཁན་ཆེན་གཉོས་སྟོན་བྱང་ཆུབ་གཟུངས་ཀྱི་སྤྱན་སྔར་ཕྱིན། མཁན་པོས་ཀྱང་གདུང་རྒྱུད་འདི་ཤིན་ཏུ་གཅེས་པ་ཡིན་ཞེས་ཕུ་རི་དང་གྲུམ་གྱི་དགེ་འདུན་རྣམས་ལ་སྐུ་རིམ་སྒྲུབ་ཏུ་བཙུག་པ་བཞིན་རྒྱལ་བུ་མཚན་དང་ལྡན་པ་ཞིག་ལུག་རར་བྱ་ཐེར་ནང་དུ་འཁྲུངས། ཡབ་གཤེགས་པའི་ལོར་བཙས་པའི་ཕྲིའུ་ལ་དབུས་སུ་ལྟོ་བོར་བ་དང་། མངའ་རིས་སུ་སྒྲོ་སྤྱངས་སུ་འབོད་ལ། རྒྱལ་བུ་སྒྲོ་སྤྱངས་དེ་བཙུན་པའི་ཆས་སུ་བཙུག་ནས་མིང་བཙུན་པ་ལྡེར་བཏགས། དེ་སྐབས་རྒྱལ་སྲིད་ཀྱི་བྱ་བ་ནེ་ནེ་ནེ་ཆུང་ཤོས་བཙུན་མར་བཞུགས་པ་ལྷ་རིན་ཆེན་མཚོ་ཞེས་པས་བྱེད་ཅིང་། ཁོང་ནི་དགྲ་གཉེན་ལ་ངར་ཐོན་ཞིང་བློ་གྲོས་ཀྱི་ལང་ཚོ་བརྟས་པ་ཞིག་སྟེ་གཅེན་

མོ་ལྷ་གཅིག་མཛེས་མ་བདག་ཉིད་ཆེན་པོ་ས་པཎ་གྱི་གཅུང་ཟངས་ཚ་བསོད་ནམས་རྒྱལ་མཚན་གྱི་བཙུན་མོའི་གྲས་སུ（ཟངས་ཚས་སྦྱ་རྗེས་སུ་བཙུན་མོ་ལྷ་ཁབ་ཏུ་བཞེས་པ་）ཡོད་པས་སྔར་ནས་གཉེན་སྐབས་དང་དེའི་（ཟངས་ཚའི་）སྲས་མོ་ཚ་བོ་བཙུན་པ་ལྡེའི་ཁབ་ཏུ་གཉེན་བརྗེགས་ཏེ་ས་སྐྱར་ཕྱག་རྟེན་བཏང་ཞིང་འཕྲིན་ལས་བཅོལ་ནས་དམག་ཁྲིར་ཆེན་པོས་ཡེ་ཚོའི་ཕྱོགས་ལ་དགྲ་ཤ་གླན་ཕྱིར་མི་མང་དུ་བསད། དེའི་སྟེག་སྒྲོང་ལ་ཁབ་གོང་གི་ལྷ་ཁང་དམར་པོ་དང་། འོར་གནས་གསར་གྱི་ལྷ་ཁང་དང་། དེ་དག་ཏུ་ག་ཊི་ཆེན་པོ་རེ་རེ། གཞན་ཡང་མཆོད་རྟེན་ཕྲ་མོ་མང་དུ་བརྗེགས། ཆོས་མཁར་དུ་རྒྱུད་བརྟག་གཉིས་དང་། འོམ་ཕུག་ཏུ་རྒྱུད་གསང་སྙིང་གི་བཤད་གྲྭ་བཙུགས། སྒོམ་གཞིས་གདུང་ཕུག་ཏུ་མཛད་དེ་དེར་མདོ་མང་གླེགས་བམ་བཞི་བཅུ་བཞེངས་ཤིང་གསུང་སྒྲོག་ན་མར་བཙུགས་པ་དང་། ཚེ་སྨད་ཐུགས་དམ་ལ་རྩེ་གཅིག་ཏུ་གཞོལ་བ་སོགས་བུད་མེད་གཅིག་ལ་ཡ་རབས་ཀྱི་དཔེར་འོས་པ་བྱུང་།

ཁོང་གིས་ས་སྐྱ་དང་གཉེན་བརྗེགས་པའི་ཚུལ་ནི་རང་ཉིད་སྐྱེ་བ་དམན་ཞིང་ཚ་བོ་སྐུ་ན་ཕྲ་བས་གཉེན་དཔོན་ཞིག་བཅོལ་དགོས་སྙམ་པ་ན། རང་གི་གཅེན་མོ་ཟངས་ཚའི་བཙུན་མོ་མཛེས་མ་ལ་སྲས་མོ་བསོད་ནམས་འབུམ་དང་། ཉི་མ་འབུམ་གཉིས་ཡོད་པའི་ཉི་མ་འབུམ་ཆུ་མིག་སྟེ་དཔོན་གྱི་བཙུན་མོར་གཤེགས་ནས་སྲས་མོ་ཞིག་འཁྲུངས་ཀྱང་ཐུགས་མ་སོང་ནས་སྟོད་གཙང་སོ་ཐང་ཆུང་བ་ཤཱཀྱ་སེང་གེའི་སྐྱན་པ་གསན་ནས་རང་གི་མིང་པོ་ཆོས་རྒྱལ་འཕགས་པ་ལ་སྐྱིད་གྲོང་གི་རྗེ་བོ་ཨ་ཏི་མཛལ་བའི་ཟློལ་གྱི་གནང་བ་ཞུས་པར་འཕགས་པའི་ཞལ་ནས། །

མ་ཞག་གཙང་པོའི་ཕྱོགས་འདི། །

ཡོང་གཏམ་ཚིག་ལ་སྨྲ་ལྟེ་བདེ། །
ལ་སྟོད་སྟོ་ཡི་ཕྱོགས་འདི། །
ཨར་རྐུན་ཇག་པའི་འཇིགས་པ་ཆེ། །
སྐྱིད་རོང་བལ་པོའི་ཕྱོགས་འདི། །
ཟས་སྐོམ་བཏུང་བཅས་ཚད་པ་ཆེ། །

ཞེས་གསུངས་ཤིང་དོན་དུ་ཞལ་བཞེས་གནང་ནས་ཡར་ལམ་ཐང་ཆུང་དུ་ཕྱིན་ཀྱང་ཤཱཀྱ་སེང་གེའི་ཐུགས་འདོད་མེད་པར་རིག་ནས་གུང་ཐང་དུ་གཉེན་འཕྲད་དང་འཕགས་པ་ཝ་ཏི་མཇལ་བར་ཕྱིན་པས་ཁབ་ཀྱི་ཆུ་ཚན་ཁར་རྒྱལ་བུ་དང་མཇལ།

སྲུ་མོ་ལྷ་རིན་ཆེན་མཚོས་ཚ་མོ་ཉི་མ་འབུམ་དགུང་ན་ཕྲ་ཡང་། ས་པཎ་ཁུ་དབོན་རྒྱ་ཧོར་རྒྱལ་པོའི་མཆོད་གནས་སུ་གྱུར་པས་སྟོབས་ཆེ་བ་དང་བཅས་སྐབས་སུ་བབས་པར་དགོངས་ནས། རྒྱལ་བུ་བཙུན་པ་ལྡེ་དང་མཚམས་སྦྱར་ནས་ཁབ་ཏུ་བཞུགས་པར་བྱས། དེའི་ཚེ་འགྲོ་མགོན་འཕགས་པས་ཨ་ལྕེ་ལ་མར་ཡོང་དགོས་པའི་ཕོ་ཉ་སྦྲན་པར་ཉི་མ་འབུམ་གྱིས་ཞུ་ཡིག་ཏུ་གསོལ་བར། སྐྱིད་གྲོང་བལ་པོའི་ཡུལ་འདི་ཚད་པ་ཚ་གསུང་བ་ལྟར་གདའ་བས་བདག་སྐོམ་ནས་ཆུ་མིག་གཅིག་ནས་ཆུ་འཐུང་པས་ཉེའུ་ཞིག་ཁོག་པར་ཤོར་བའི་རྐྱེན་གྱིས་ཕོ་མོ་སྨུར་དུ་ཡོང་ཐབས་མ་བྱུང་བས་དེ་ལ་བཅོས་པའི་བསླབ་བྱ་ཞིག་ཞུ་ཞེས་ཞུས་པར། ཆུ་མིག་ལེགས་པར་བརྟགས་ལ་གྱིས། ཉ་ཆུང་ལ་གཅེས་སྤྲས་འཚལ། རེ་ཞིག་དེར་སྡོད་ན་རུང་། ཞེས་གནང་བ་བཞིན་བདག་མོ་ཉི་མ་འབུམ་ལ་(སྤྱི་ལོ1253) ཆུ་གླང་གི་ལོར་བཙུན་པ་ལྡེ་ཡི་སྲས་སུ་ཁྲི་རྒྱལ་འབུམ་ལྡེ་མགོན་འཁྲུངས།

མངའ་བདག་འོད་སྲུངས་ལས་གྱེས་པའི་གདུང་རབས་དཔལ་འཁོར་

བཙན་སྤྱི་ལོ923ལོར་གཤེགས་པ་ནས་ཁྲི་རྒྱལ་འབུམ་ལྡེ་མགོན་སྤྱི་ལོ1253ལོ་འཁྲུངས་པའི་བར་ལོ329སོང་ཞིང་། ཁྲི་བཀྲ་ཤིས་བརྩེགས་པ་དཔལ་གྱི་སྲས་གཅེན་པོ་དཔལ་ལྡེ་ནས་ཚིག་རྒྱུད་བཙུན་པ་ལྡེ་བར་གདུང་རབས་བཅུ་གཅིག་སོང་བའི་ནང་འཚོ་གཞིས་ལོ་རྒྱུན་རིང་ཤོས་ནི་ཁྲི་བཀྲ་ཤིས་བརྩེགས་པ་དཔལ་དགུང་ལོ་བདུན་ཅུ་སྐོར་བཞུགས་འདྲ་བ་དེ་ཡིན་པར་སེམས།

འབུམ་ལྡེ་མགོན་དགུང་ལོ་དགུ་པ་(སྤྱི་ལོ1264ཤིང་སྦྲང་)ལོར་འགྲོ་མགོན་ཆོས་རྒྱལ་འཕགས་པ་ཧོར་གྱི་རྒྱལ་པོའི་ཏི་ཤྲིར་གྱུར་ཏེ་བོད་ཆོལ་ཁ་གསུམ་དབང་སྒྱུར་བའི་ལུང་དང་བཅས་ས་སྐྱར་ཕེབས་སྐབས་ཡུམ་སྲས་གཉིས་ཀས་ཕྱག་རྟེན་བཟང་པོ་དང་བཅས་མཇལ་དུ་ཕེབས་ཤིང་། སྐབས་དེར་ས་སྐྱར་ཆོས་ཁྲི་ཐང་དུ་ཁྲིམས་ཚོགས་ཤིན་ཏུ་ཆེ་བ་འདུས་པའི་སར་ཁོང་ལ་ཞེ་ས་དང་གུས་བཀུར་བྱེད་མཁན་གཅིག་ཀྱང་མ་བྱུང་བར་ཐུགས་མ་རངས་ནས་གཡས་ཀྱི་མདོང་པ་ནས་མདའ་ཞིག་བླངས་ཏེ་ནམ་མཁའ་ལ་འཕངས་པས་གར་བབས་གཏོལ་མེད་པས་ཁྲིམས་ཚོགས་རྣམས་ཅ་ཅོ་སྒྲོག་བཞིན་ཕར་བྲོས་ཚུར་བྲོས་བྱེད་པ་དང་ས་སྐྱ་བའི་ཚ་བོ་འདི་སླང་དང་འདྲ་བ་ཞིག་འདུག་ཅེས་གླེང་སྐད། དེའི་སང་ཉིན་ཆོས་རྒྱལ་འཕགས་པ་ཐོག་མར་མཇལ་སྐབས་སྐུ་ཞང་དང་། ས་སྐྱའི་ཞལ་ངོ་རྣམས་ལ་ཟབ་གོས་ཀྱི་གདན་བརྩེགས་མ་བརྒྱབ་ཡོད་ཟེར། དཔོན་མདའ་བདག་སྲས་ཆུང་རང་ལ་སྤོལ་གྲུམ་ཞིག་ལས་མེད་པར་གཟིགས་ནས་དེར་ཡང་ཙང་ཟད་མ་རངས་པས་འགྲོ་མགོན་འཕགས་པ་ལ་ཕྱག་མ་བྱས་པར་བསྣུན་གསོལ་བས་འཕགས་པའི་ཞལ་ནས་ཁ་སང་ཁྲིམས་ལ་མདའ་བརྡེགས་པ་དང་། དེ་རིང་ང་ལ་ཕྱག་འབུལ་མི་བྱེད་པའི་ཚ་བོ་འདི་སླང་ཤ་སྟག་ཏུ་འདུག་ཅེས་གསུངས་ཤིང་། ཁོང་གི་མཛད་སྤྱོད་དེར་གནས་སྐབས་སྐྱེ་བོ་གཞན་གྱིས་སྨོད་པ་

ལྟར་གྱུར་ཀྱང་དོན་དུ་དཔའ་བོ་དོར་ཐབས་ཅན་ཟིལ་གྱིས་གནོན་པའི་སྙེམས་པ་འཆང་བ་ཞིག་ཏུ་ཐམས་ཅད་ཀྱི་ཡིད་ཡུལ་དུ་འཇགས་པར་བྱས།

དེ་སྐབས་འགྲོ་མགོན་ཆོས་རྒྱལ་འཕགས་པས་ཚ་བོ་འབུམ་ལྡེ་མགོན་ལ་སྐབས་སུ་བབས་པའི་དབང་བྱིན་རླབས་དང་། དངོས་པོའི་གནང་སྐྱེས་གྱ་ནོམ་པ། དེ་བཞིན་ལུགས་གཉིས་ཀྱི་བསླབ་བྱ་བདུད་རྩི་ལྟ་བུ་བསྩལ་བ་དང་། ལྷུམ་གྱི་རྫོངས་སུ་ཆགས་པའི་ཕ་གཞིས་དུད་ཆེན་བརྒྱ་སྟེ་དོན་དུ་སྟོང་འཁོར་གནང་ནས། ཡར་འབྱོན་ཁར་སྐུ་ཚ་གཞོན་ནུ་འདི་ལ་ལོ་གསུམ་མ་སྨྱོ་ན་གྲགས་པའི་གཏམ་མི་ཐོབ་ཅེས་པ་ཡིན་པས་ཁྱོད་ཀྱི་ཡིད་ལ་ཇི་ལྟར་འདོད་པ་དེ་ལྟར་གྱིས་ཞིག་པའི་བཀའ་ཤེད་བསྐུར་དུ་བསྩལ། རྒྱབ་གཉེར་དཔོན་ཆེན་ཤཱཀྱ་བཟང་པོ་དཔུང་དང་བཅས་པ་མངགས་ནས་ཡུམ་སྲས་མངའ་རིས་གུང་ཐང་དུ་ཕེབས།

སྐབས་དེར་གུང་ཐང་སྡོ་བཞི་ཞེས་བརྗེ་དབང་ཤེད་ཤིན་ཏུ་ཆེ་བས་སྤྱར་མངའ་དབང་དུ་མ་བསྡུས་པ་ཐོག་མར་དེ་རྣམས་དབང་དུ་བསྡུ་བར་དགོངས་ནས་སྡེ་སྡོ་བཞིའི་མཁན་པོ་བཞི་བཀུག་སྟེ་ཁབ་གོང་གི་སྡོ་བཞིར་ཨན་བཙུག་སྟེ། དོར་གྱི་ཁྲིམས་སྲོལ་ལྟར་ཁྲིམས་ཇ་བཏུངས། ཐོ་རྟགས་ཕྱར། ཇ་ཐུག་སྒྲིང་ནས་ང་རོ་ཆེན་པོས་ཚམས་ཇམ་འཇིགས་འཇིགས་ལྟར་དུ་འདི་སྐད་ཅེས། "ཀྱེ། ཐམས་ཅད་ཉོན་ཅིག་གནམ་ལ་ཉི་ཟླ་ཟུང་གཅིག་ས་ལ་གོང་མ་མཆོད་ཡོན་ཞེས་སྙན་པ་འབྲུག་ལྟར་དུ་སྒྲོག་པ་དེ་མ་ཐོས་སམ། ད་ལྟའི་གུང་ཐང་ཁབ་པ་འདི་བོད་རྒྱལ་པོའི་གདུང་རྒྱུད་དྲི་མ་མེད་པ་ཆོས་རྒྱལ་སྲོང་བཙན་སྒམ་པོ་དང་། ཁྲི་སྲོང་ལྡེའུ་བཙན། ཁྲི་རལ་པ་ཅན་སོགས་ཀྱི་རྒྱུད་པ་མང་པོས་བཀུར་བའི་རིགས་ཡིན་པར་མ་གོའམ། དེ་ལ་དེང་སང་སྡེ་སྡོ་བཞི་བཙད་ཆུང་ཁབ་པ་དང་ལྡེ་ཞེས་ངོ་མཐོན་དུ་སྨྲ་བ་ཁྲིམས་ཆེན་པོ་དང་འགལ་བ་མི་བཟད་པ་ཡིན་པས་ཆད་

པ་སྔ་དགུ་ཐོབ་པ་གོ་དགོས་”①ཞེས་ཁྲིམས་བསྒྲགས་ཤིང་། དེ་ནས་ཁྲིམས་ཚིག་ཏུ་བསྒྲགས་པ་དེས་ཕ་རོལ་པོར་ལན་ཆ་ཇི་བྱུང་རྟོག་ཞིབ་བྱེད་པར་གསང་བའི་སྒོ་ནས་ཉན་རྣ་རྟོག་ཆེན་པ་བཏང་བར། བརྗེ་ཚོ་ན་རེ། འོ་ཅག་གི་མཁན་པོ་རྣམས་ཀྱི་སྐུ་ལ་ཉེས་པ་བྱེད་ན་བཟོད་ཐབས་མེད་པས་ང་ཚོས་སྲོག་དང་བསྡོས་ཏེ་རྒོལ་བར་བྱའོ། སྡིག་མོ་ཙམ་བྱས་ནས་འཛུགས་ལ་འགེལ་ན་དེང་སང་ས་སྐྱ་པའི་ཁ་གཏད་སུས་ཀྱང་མི་ཚོག་པས་ཅི་ཟེར་ཉན་པ་ལས་འོས་མེད་ཅེས་ཟེར་བ་གོ་ནས། དེའི་སང་ཉིན་ཁྲིམས་གཏམ་དུ་འོ་ལགས་སོ། ཁྱེད་རྣམས་ཀྱི་སྔར་གྱི་བྱེད་པར་དཔགས་ན་ཁྲིམས་ཅི་ཡང་ཐོབ་པར་སྣང་མོད། ངེད་ཀྱི་ཆོས་རྗེ་ཉིད་ཞི་ལ་བྱམས་པའི་ཐུགས་མངའ་ཞིང་། ཁྱེད་རྣམས་ཀྱང་རབ་ཏུ་བྱུང་བའི་ཚུལ་ཅན་དུ་འདུག་ན་ད་ལམ་ཉེས་མེད་དུ་འཇོག་པས་ཕྱིན་ཆད་རྒྱལ་རྗེ་ཁབ་པའི་ཞབས་སྤྱི་བོར་ལོངས། བཀའ་གསུང་ཅི་སྒྲུབ། དད་གུས་ཀྱི་ངོ་ཤ་ཐུལ་ཅིག གལ་སྲིད་དེ་ལས་འགལ་ན་དྲག་པོའི་གཞིར་ཡོང་ངེས་ཡིན་པས་ཡིད་ལ་འཛུགས་པ་གྱིས་ཞེས་དོན་གནད་ལ་ཕབ་པའི་ག་སྒོགས་སམ་ཡི་གེ་བླངས་ཞིང་། ཟང་ཟིང་གིས་ཀྱང་ལོ་ཚོའི་ཡིད་མགུ་བར་བྱས་པས་ལོ་ཆོས་སྔར་གྱི་ཐོ་ཅོའི་སྤྱོད་པ་སྤངས་ཤིང་། གུས་པ་ལྷུར་ལེན་པའི་འབངས་སུ་བྱས་པ་བཅས་དེ་ལྟར་མངའ་འོག་སྡེ་ཚན་མང་དུ་བརྒྱ་ཚོ་ཞེས་འབོད་ཀྱང་དོན་དུ་སྟོང་ཚོར་སྒྲིལ་བ་བཅུ་གསུམ་དུ་གཏན་ལ་ཕབ་པ་སྟེ། གུང་ཐང་(ད་ལྟའི་རྫོང་ཁ་ཁུལ་)སྐྱིད་གྲོང་། ནུབ་རི་(དུས་ཕྱིས་གོར་ཁོངས་)མ་ཞང་རྒྱ་ཚང་པ་དང་བཞི་ནི་རྩ་བའི་མི་སྡེ་རྣམ་བཞིར་འབོད་པ་དང་། གློ་སྟོད་དང་། གློ་སྨད་(དུས་ཕྱིས་གོར་ཁོངས་)

---

① (གུང་ཐང་བཙན་པོའི་གདུང་རབས་ཁྲིས་མ་ཤོག་གྲངས4བ)

ཪོལ་གྲུ་བཞི། བཟང་རྒྱུད་པ་བཞི་ལ་རལ་གྲིས་བཅད་པའི་སྡེ་བཞིར་འཕོད་པ།
གཉིས་དང་། དཔལ། ཕུ་རི་མཚོ་འཁོར། གཙང་སོ་བཟང་ཚ་བ་བཞི་ལ་གྲུས་
པས་བཏུད་པའི་མི་སྡེ་བཞིར་འཕོད་པ་བཅས་བརྒྱ་སྐོར་བཅུ་གཉིས་ཁར། ལྷམ་
གྱི་རྫོངས་ལ་བྱུང་བ་ཕ་གཞིས་ཆགས་ཀྱི་བརྒྱ་སྐོར་བཅས་ཡིན། དགུང་ལོ་བཅོ་
བརྒྱད་པ་(སྤྱི་ལོ1270) ལྷགས་ཧ་ལོར་ཕྱིས་ཀྱི་གདུང་རབས་རྣམས་ཀྱི་འཕྲལ་
ཡུན་གྱི་དགོས་པ་དུ་མའི་ཆེད་དུ་མེ་རྗེ་ཐང་དུ་ཕོ་བྲང་ཞིག་བཏབ་པར་དགོངས་
ཏེ་ས་དེའི་བདག་པོ་ཡང་ཐོག་པར་ས་རིན་ལ་རིན་པོ་ཆེའི་ཕྲེང་བ། དཔལ་གྱི་ག
ཊ། ཧ་ཀོད་མ་དཀར་པོ། དར་ཡུག་བཟང་པོ་བཅས་གནང་སྟེ་རྒྱལ་པོའི་ཁབ་
བཀྲ་ཤིས་ཁྲུང་རྫོང་དཀར་པོ་བཙུན་མོའི་སྣས་ཁང་ལྷགས་རི་དང་བཅས་པ་ད་ལྟ་
མངའ་རིས་རྫོང་དཀར་དུ་གྲགས་པ་བརྒྱ་ཚོ་བཅུ་གསུམ་བསྐྲུལ་ནས་བསྐྲུན་པ་
དང་། དེ་ནས་འགྲོ་བ་རྣམས་ཀྱི་བསོད་ནམས་ཀྱི་ཞིང་དང་། ཡབ་ཡུམ་གྱི་དགེ་
རྩར་དགོངས་ནས་བཀྲ་ཤིས་སྒོ་མང་གི་གཙུག་ལག་ཁང་ཀ་བ་དྲུག་ཅུའི་ཁྱོན་ཡོད་
པའི་ཕྱུགས་ན་གཙང་ཁང་ཀ་བ་ཉེར་བཞི་དང་། མདོ་ཁྲམས་གཙུག་ལག་ཁང་
ཆེན་པོར་ཀ་བ་སུམ་ཅུ་སོ་དྲུག་ཡོད་པ་བཀོད་པས་ཁྱད་པར་འཕགས་པ་བཞེངས་
ཤིང་། དེའི་ནང་དུ་འཕགས་པ་སྤྱན་རས་གཟིགས་དབང་ཕྱུག་གིས་ལུང་བསྟན་
པར་གྲགས་པ་མཆོད་རྟེན་བཀྲ་ཤིས་སྒོ་མང་བལ་པོའི་བཟོ་བོ་ཨུ་པ་སིདྡྷས་གཙོ་
བྱས་པ་བརྒྱད་ཀྱིས་ས་སྐྱ་རིན་ཆེན་སྒང་གི་མཆོད་རྟེན་བཀྲ་ཤིས་སྒོ་དང་ཆ་
མཐུན་པར་བཞེངས་པའི་གཟུངས་བཞུགས་སུ་འཛམ་གླིང་མཛེས་པའི་རྒྱན་དྲུག་
གི་ཡ་གྱལ་སློབ་དཔོན་ཆེན་པོ་བ་སུ་བནྡྷུ་བལ་ཡུལ་དུ་ཞི་བར་གཤེགས་པའི་དབུ་
ཐོད་བལ་པོའི་རྒྱལ་པོའི་མཛོད་དུ་བཞུགས་པ་མངའ་བདག་འབུམ་ལྡེ་མགོན་གྱི་
ཕྱག་ཏུ་འབྱོར་པ་རིན་པོ་ཆེའི་སྒྲོམ་བུར་བཞུགས་སུ་གསོལ་བ་སོགས་པ་བྱིན་

རླབས་ཀྱི་མཚན་ཁ་འབར་བས་མཚོན་པའི་སྐུ་གསུང་ཐུགས་རྟེན་མང་པོ་བཞུགས་པ་དང་། དེ་བཞིན་གསེར་བྲིས་ཀྱི་ཡུམ་ཆེ་མོ་ཤེས་རབ་ཀྱི་ཕ་རོལ་ཏུ་ཕྱིན་པ་སྟོང་ཕྲག་བརྒྱ་པའི་གླེགས་བམ་བཅུ་དྲུག་བཅས་གཙུག་ལག་ཁང་དང་གསུང་རྟེན་འདི་རྣམས་དགུང་ལོ་ཉེ་ཤུ་རྩ་ལྔ་པ་(སྤྱི་ལོ1277)མེ་མོ་གླང་ལོར་གྲུབ།

དུས་ཚོད་འདིའི་ཡས་མས་སུ་ཕྱི་རབས་ཀྱི་གདུང་རྒྱུད་ལ་སྨན་པའི་སླད་དུ་རྣམ་པར་རྒྱལ་བའི་བཙན་རྫོང་བཅུ་ཕྲག་ལྷག་འདེབས་པར་མཛད་པ་དེ་ཡང་ཇི་སྐད་དུ།

“ཀུ་གེ་པུ་རོང་ཁ་གནོན་དུ། །
དཀར་དུམ་གནམ་གྱི་ཁྱུང་རྫོང་བརྩིགས། །
ཕྱི་འབྲོག་མེན་ཞང་ཁ་གནོན་དུ། །
བྲ་རྩེ་རྣམ་རྒྱལ་ཐར་པོ་དང་། །
མཚོ་དབར་ཉེ་བའི་གླུ་སྟོད་དུ། །
ནེ་རི་གཡའ་རྫོང་དཀར་པོ་བརྩིགས། །
གླུ་པོ་མཚོ་བཞིའི་ཁ་གནོན་ལ། །
གཙང་རོང་བྲུ་ཕོའི་ཟེ་བ་བརྩིགས། །
ཏ་མང་སེ་མོན་ཁ་གནོན་དུ། །
གློ་སྨད་མུ་ཁུན་སྲིན་རྫོང་བརྩིགས། །
ཛོལ་པོ་མོན་གྱི་ཁ་གནོན་དུ། །
ཛོལ་པོའི་ཡི་གེ་དྲུག་མ་བརྩིགས། །
ལ་སྟོད་བྱང་གི་ཁ་གནོན་ལ། །

ལ་ཏུའི་གད་རྫོང་དཀར་པོ་བརྩིགས། །

ལ་སྟོད་སྟོ་ཡི་ཁ་གཏོན་ལ། །

ཁྲུན་ཚོ་གད་རྫོང་དཀར་པོ་བརྩིགས། །

སྐྱིད་རོང་སྒོ་བཞི་གནས་འཛིམ་ཁར། །

རག་མར་གྲུད་ནོན་ཐར་པོ་དང་། །

སྐྱིད་རོང་མཐིལ་དུ་སེང་གེ་རྫོང་། །

གླང་མཁར་གསལ་བའི་ཡང་རྩེ་བརྩིགས། །

རྒྱ་བལ་གཉིས་ཀྱི་ཁ་གཏོན་ལ། །

བལ་པོ་རྫོང་གི་རྫོང་དམར་བརྩིགས། །

སྙེ་ཤོང་རོང་གི་ཁ་གཏོན་ལ། །

བོང་ཚོགས་གནམ་གྱི་ཀ་བ་བརྩིགས། །

ནུབ་རི་མཐའ་འཁོབ་ཁ་གཏོན་དུ། །

ཉྫད་ཀྱི་བྲག་རྫོང་ནག་པོ་བརྩིགས། །

ཕྱུག་པ་ཡ་བཞིའི་བཙན་ས་རུ། །

ཆུ་དཀར་རྫོང་ཆུང་འཛུམ་ཤོར་བརྩིགས། །”①

ཞེས་རྫོང་ཆེན་བཅུ་གཉིས་པོ། དགུང་ལོ་བཅུ་བདུན་ནས་ཉེར་ལྔའི་བར་ལོ་བརྒྱད་ཀྱི་དུས་ཚོད་ནང་བརྩིགས་པའི་ཁོངས་ནས་སྐྱིད་རོང་གླང་སེང་གི་མཁར་སོགས་འགའ་ཞིག་གདུང་རབས་ཕྱི་མས་བརྩིགས་པར་བཞེད་པ་ཡང་ཡོད།

① (གུང་ཐང་བཙད་པོའི་གདུང་རབས་ཁྲིམས་མ་ཤོག་གྲངས8ན)

མངའ་བདག་འདི་ནི་གུང་ཐང་བཙན་པོའི་གདུང་རབས་ཀྱིས་ཚུན་ཆད་ལ་བྱུང་བའི་གུང་ཐང་བཙན་པོ་མཛད་པ་འཕྲིན་ལས་ལ་བརྟེན་ནས་ཆབ་སྲིད་དང་མངའ་ཐང་གང་ཐད་གཞན་གྱིས་འགྲན་པའི་ཟླ་དང་བྲལ་བ་ཞིག་བྱུང་བ་མ་ཟད། དུས་རྒྱུན་མཛད་པའི་ནང་ཡང་ཆེན་པོར་འོས་པའི་བྱ་བ་རྣམས་ལ་ཐུགས་སྣང་ཆེན་པོ་གནང་མཁན་ཞིག་ཡིན། དཔེར་ན་འགྲོ་མགོན་ཆོས་རྒྱལ་འཕགས་པའི་སྤྱན་སྔོས་དང་བཅས་ཆེན་པོར་འོས་པའི་ལས་ཚན་བཅུ་གསུམ་ཡང་སྒྲིག་པར་མཛད་པ་སྟེ་དམ་གཉེར་གཉིས། གསོལ་གཟིམ་གཉིས། མཇལ་ཡིག་གཉིས། སྐྱ་ཟ་གཉིས། ཐབ་འདྲེན་གཉིས། རྟ་མཛོ་གཉིས། གདུགས་འཛིན་པ་དང་བཅུ་གསུམ་མོ།

ཁོང་གིས་སེ་མ་འབུམ་སྐྱོང་རྒྱལ་མོ་ཁབ་ཏུ་བཞེས་པར་ཁྲི་རིན་ཆེན་བཟང་པོ་འཁྲུངས་ཤིང་། གཞན་ཡང་སྲས་ཁྲི་ལྷ་འབུམ་དང་། བསམ་ལྷ་གཉིས་ཀྱང་རིམ་པར་འཁྲུངས། ཡིག་ཆ་ལ་ལར་ཁྲི་ལྷ་འབུམ་གཅེན་ཡིན་ཡང་ཟེར་བ་ཡུམ་མི་གཅིག་པར་འཁྲུངས་པས་ལོ་ཁྱད་ཆེར་མེད་པ་ལྟ་བུར་མངོན།

ཁྲི་རྒྱལ་འབུམ་ལྷ་མགོན་ནི་འཇིག་རྟེན་ཕྱོགས་ཀྱི་འཕྲིན་ལས་རྒྱས་པ་ཙམ་མ་ཟད། རྣམ་པར་དགེ་བའི་མཛད་བཟང་གི་ཕྱག་རྗེས་མང་པོ་མངའ་བ་གོང་དུ་རགས་ཙམ་སྨོས་པ་ལྟར་དང་། ད་དུང་བྱང་ཆུབ་མཆོག་གི་ཉེ་ལམ་ནང་དུ་ཡང་དག་འཇོག་ལ་ཐུགས་གཞོལ་བར་བཞེད་ནས་ཆབ་སྲིད་འཕྲིན་ལས་ཀྱི་མཛད་པ་སྐྱོང་བའི་ཐུགས་གསེང་གང་བྱུང་ལ་ལིང་ང་བྲག་དམར་དུ་བཞུགས་པའི་ཞང་སྒོམ་རེ་པ་ཆེན་པོ་དང་། རོན་མདའ་ཇོང་སྒོ་སྣང་རི་གྲུབ་པའི་སྐྱེས་བུ་བརྩོན་འགྲུས་རྒྱལ་པོ་གཉིས་ཀྱི་ཞབས་ལ་གཏུགས་ནས་སྨིན་བྱེད་ཀྱི་དབང་དང་གྲོལ་བྱེད་ཀྱི་ལུང་ལེགས་པར་ནོས་ཏེ་དེ་དག་གི་དོན་ལ་རྩེ་གཅིག་མཉམ་པར་

བཞུགས་པས་ཉམས་རྟོགས་ཀྱི་ཡོན་ཏན་ཡང་ཆེས་ཆེ་བ་དང་ལྡན་ཞེས་ཡོངས་སུ་གྲགས་པ་བཅས་མཐར་དགུང་ལོ་ཉེ་ཤུ་རྩ་བརྒྱད་པ་རབ་བྱུང་ལྔ་པའི་ལྕགས་འབྲུག་(སྤྱི་ལོ1280)ལོར་འབངས་མི་སྨྱོན་པ་ཞིག་གི་གསོལ་ངན་གྱི་སྦྱོར་བས་སྐུ་གཤེགས།

དེའི་སྲས་ལྷ་རིན་ཆེན་བཟང་པོ་སྟེ་དེས་ཡོན་ཏན་བཀོད་པའི་སངས་རྒྱས་ཀྱི་སྐུ་བརྙན་མི་ཚད་རིན་པོ་ཆེའི་ཁྲ་རྒྱན་དུ་མས་མཛེས་པ་གསར་དུ་བསྐྲུན་པ་སོགས་རྣམ་དཀར་ལ་ཐུགས་གཞོལ་བའི་མཛད་པ་ཅི་རིགས་མཛད་ཅིང་། རྒྱ་ནག་ཏུ་ཧོར་གྱི་རྒྱལ་པོའི་ཕོ་བྲང་དུ་ལུང་ལས་རྟགས་ཞུ་བར་བཞེད་དེ་རྒྱ་ཡུལ་དུ་ཐེབས་པ་དེར་སྐུ་གཤེགས།

ལྷ་རིན་ཆེན་བཟང་པོ་རྒྱ་ནག་ཏུ་ཐེབས་སྐབས་ཐོག་མར་ས་སྐྱར་ཐེབས་པའི་ཚེ་ཤར་པ་ཀུན་དགའ་རིན་ཆེན་པས་ད་ལམ་ཁྱེད་ཡུལ་ཐག་རིང་དུ་ཐེབས་སྐབས་ཀྱི་ཚེར་བར་ཆད་ཡོང་ཉེན་ལ་དེས་ན་གང་གི་གདུང་རྒྱུད་ཆད་ན་ཕངས་པས་ངའི་ཁྲིམ་བདག་མོ་འདི་ལ་སྲས་གཅིག་འཚོལ་ཞེས་མཚམས་སྦྱར་བ་ལྟར་མ་གཅིག་ལྷ་མོ་འབུམ་དང་རྟེན་པས་རིང་པོར་མ་ཐོགས་པར་ལྷ་རིན་ཆེན་བཟང་པོ་གཤེགས་པའི་ལོ་སྟེ་(སྤྱི་ལོ1280)ལྕགས་འབྲུག་ལོར་སྲས་སྒྲོ་ཕུང་ས་སུ་འཁྲུངས་པར་མཚན་ཆོས་སྐྱོང་ལྷེར་བཏགས།

ཁྲི་རྒྱལ་འབུམ་གྱི་སྲས་འབྲིང་བ་མངའ་བདག་ཁྲི་ལྡེ་འབུམ་(སྤྱི་ལོ1268)རབ་བྱུང་ལྔ་པའི་ས་འབྲུག་ལོར་འཁྲུངས་ཤིང་། ཁོང་ནི་སྙིང་སྟོབས་དང་། བློ་གྲོས་ཕུན་སུམ་ཚོགས་པས་རྒྱལ་སྲིད་ཀྱང་ཡུན་རིང་ཙམ་བསྐྱངས་ཤིང་། ཡབ་ཀྱི་དགོངས་རྫོགས་སུ་སངས་རྒྱས་ཤཱཀྱ་སེང་གེའི་སྐུ་བརྙན་དགུང་ལོ་བཅུ་གཉིས་པའི་ཚད་དང་ལྡན་པ་གསར་བཞེངས་དང་ལོ་ཟླ་དུས་ཀྱི་

མཆོད་པའི་རྒྱུན་ཡང་བཙུགས།

དགུང་ལོ་བཞི་བཅུ་པ་（སྤྱི་ལོ1307）རབ་བྱུང་ལྔ་པའི་མེ་ལུག་ལོར་ཧོར་གྱི་རྒྱལ་པོའི་ལུང་ལས་ཞུ་བར་རྗེ་དཔོན་བརྒྱུད་ཏའི་ཏུར་ཕེབས་ཏེ་ཨོལ་ཇ་ཏུ་རྒྱལ་པོ་ནས། "ཁྱེད་རང་བོད་ལ་དབང་བསྒྱུར་བའི་རིགས་རྒྱུད་ཆེན་པོ་ཡིན་འདུག་པས་གནམ་གྱི་ཤེད་མོང་སྟེར་བའི་འོས་སུ་སྣང་ཞེས་བོད་ཤིང་སྒོ་བཙུགས་པའི་རྒྱལ་པོ་ཏུ་དབེན་ཤ་གསུམ་གྱི་བདག་པོ་མངའ་རིས་ཆོ་བཅུ་གསུམ་གྱི་མངའ་ཐང་ལ་དབང་བསྒྱུར་བའི་མངའ་བདག་གི་མིང་དང་། རིན་པོ་ཆེ་ལས་གྲུབ་པའི་ཐམ་ག་སླིང་བདུན་མ། ཐམ་གཡོག ཐམ་ཤུ་བཅས་རྒྱལ་ཐབས་མི་འགྱུར་གཡུང་དྲུང་རིན་པོ་ཆེས་སྤྲས་པའི་གསེར་ཡིག་མར་འབོད་པའི་འཇའ་ས་ཕྲ་སྣ་ཆེ་རྟགས་གནང་སྐྱེས་ཁྱད་པར་འཕགས་པ་བཅས་ཆོགས་མེད་པར་ཐོབ"①ནས་བོད་དུ་བདེ་བར་འཁོར་ཞིང་ཁོང་དང་ཁོང་གི་གཅུང་པོ་གཉིས་ལ་སྲས་མི་མངའ་བས་ཡར་ལམ་ས་སྐྱ་ནས་གཅེན་པོ་ཁྲི་རིན་ཆེན་བཟང་པོའི་སྲས་ཆོས་སྐྱོང་ལྷེ་ལ་བདག་རྐྱེན་མཛད་དེ་གུང་ཐང་དུ་ཕེབས་ཤིང་། དེ་སྐབས་ཀྱི་ཞབས་འབྲིང་ངམ་དཔོན་པོ་ནི། འཇངས་ཀྱི་གོ་ཆེ་ཚངས་པ། ལྷ་རིགས་གོ་ཆེ་ཚངས་པ། གཉན་རྒྱུད་གོ་ཆེ་ཚངས་པ་དང་གསུམ་ཡིན་ཟེར།

ལྷ་སྲས་ཆོས་སྐྱོང་ལྷེའི་བཙུན་མོར་ས་སྐྱ་ནས་བདག་ཉིད་ཆེན་པོ་བཟང་པོ་དཔལ་བའི་སྲས་མོ་ཀུན་དགའ་འབུམ་ཁབ་ཏུ་བསུས་པར་ཁྲི་བཀྲ་ཤིས་ལྡེ་འཁྲུངས་ཤིང་། མཐར་དགུང་ལོ་དོན་གཅིག་པ་（སྤྱི་ལོ1352）རབ་བྱུང་ལྔ་པའི་ཆུ་འབྲུག་ལོར་སྐུ་གཤེགས།

---

① （གུང་ཐང་བཙད་པོའི་གདུང་རབས་བྲིས་མ10ན）

ཆོས་སྐྱོང་ལྡེའི་སྲས་ཁྲི་བཀྲ་ཤིས་ལྡེ་འཁྲུངས་པའི་ལོ་ཚིགས་ངེས་གསལ་མི་ཆེ་ཡང་།

"ཁྱད་པར་མང་ཡུལ་སྐྱུ་ལྷའི་བྱང་ཤར་དུ། །
ས་མཁར་དུང་གི་སོ་མང་འདྲ་བ་འབྱུང་། །
དེ་རུ་རྒྱལ་རིགས་བོང་ཐུང་བྱང་སེམས་ཅན། །
ཆོས་རྒྱལ་བཀྲ་ཤིས་ལྡེ་ཞེས་བྱ་བ་དང་། །
གཏེར་འདི་འཕྲད་ན་བོད་ཡུལ་བསྟན་པ་ནི། །
མི་ལོ་ལྔ་བཅུ་རྩ་གསུམ་བསྲིང་ནུས་སོ། །"①

ཞེས་ལུང་བསྟན་པའི་ཚད་འདི་ཡང་ཁོང་གི་འཚོ་གཞིས་ལ་སྦྱར་ན་ཅུང་སྙམས་པ་དེ་ལྟར་ན་འཁྲུངས་དུས་(སྤྱི་ལོ1312)ཆུ་བྱི་ལོར་བབས།

དགུང་ལོ་སོ་དགུ་པ་(སྤྱི་ལོ1352)ཆུ་འབྲུག་ལོར་ཡབ་གཤེགས་རྗེས་རྒྱལ་ཐབས་ཀྱི་ཁྲི་ལ་མངའ་གསོལ་ཞིང་། དབང་ཀུན་དགའ་ལེགས་པའི་སྲས་མོ་བསོད་ནམས་འབུམ་ཁབ་ཏུ་བཞེས་པར་(སྤྱི་ལོ1338)རབ་བྱུང་དྲུག་པའི་ས་སྟག་ལོར་སྲས་ཁྲི་ལྷུན་ཚོགས་ལྡེ་འཁྲུངས།

ཡབ་ཆོས་སྐྱོང་ལྡེ་སྐུ་གཤེགས་པའི་དགོངས་རྫོགས་སུ་སྟོན་མཆོག་ཤཱཀྱ་སེང་གེའི་སྐུ་བརྙན་དང་། ཡུམ་གྱི་ཆེད་དུ་སྒྲོལ་མའི་སྐུ་བརྙན་གཉིས་ཀ་མི་ཚད་ལས་ཆེས་མཐོ་ཞིང་གཡུ་རྙིང་ཁྱད་པར་ཅན་སོགས་རིན་པོ་ཆེའི་ཁྲས་མཛེས་པར་བརྒྱན་པ་བཞེངས་ཤིང་། གཞན་ཡང་རྫོང་དཀར་གྱི་ལྷགས་རི་ཕྱི་མ་དང་། ལྷགས་རི་ཆེན་པོའི་ལྷགས་སྐོར། སྟག་ཚང་དཔེའུ་ཆེན་གྱི་ལྷགས་ཁང་ལྷགས་

① (གུང་ཐང་བཙད་པོའི་གདུང་རབས་ཁྲིསམ་10བ)

རིའི་འོག་ས་འོག་ནས་རྒྱུད་རིང་པོར་འཕྲོབ་པའི་གསང་སྔོ་དཔེའུ། རྫོང་གི་དབུས་དང་། ཆོས་སྡེའི་ནང་དུ་ཁྲིན་ཆུ་བཟང་པོ་བརྟན་པ་དང་། རྗེ་རྐྱང་ཆེན་པོ་སོགས་ཉེ་བར་སྤྱོད་པའི་རིགས་ཞིབ་ཚགས་དུ་མ་མཛད།

དེ་སྐབས་མངའ་ཐང་ཡང་གོང་དུ་འཕེལ་ཞིང་། ལྷག་པར་སྟོད་གངས་རི་ཏི་སེའི་ཤར་ཕྱོགས་དྲ་ལ་དང་ཉེ་བར་དྲ་ལུང་རིང་པོར་བུད་མེད་རྒན་མོ་ཞིག་གིས་ཤིང་ཐུན་ཞིག་གི་གྲ་མའི་སྟོང་པོ་འཐེན་པས་གསེར་ཐིགས་ཆེན་པོ་ཞིག་རྙེད་པ་ལ་བརྟེན་ནས་གསེར་ཁ་བཟང་པོ་བརྗོལ་ཏེ་ཁྲི་དཔོན་བྱིར་མ་གསེར་དཔོན་དུ་བསྐོས་པས། དེས་གསེར་སིལ་མ་ཀ་ཏོ་ར་ཆེན་པོ་ཞིག་བྱུར་བུར་བཀང་བའི་སྟེང་དུ་གསེར་ཐིགས་ཆེན་པོ་རྟ་མཆིན་ཙམ་ཞིག་བཞག་སྟེ་ཕུལ་བས་མངའ་བདག་དགྱེས་ནས་གསུང་འགྲོས་ཀྱི་མཐར་ང་ལ་འདི་ཙམ་སྟེར་ཕོད་པ་ཁྱོད་ལ་ཅི་ཙམ་ཡོད་གསུངས་པར་ཁྲི་དཔོན་གྱིས་ཕྱག་བཙལ་ཏེ་ངེད་ལ་འདི་ལས་ལྷག་ངེས་ཤིག་ཡོད་མཆིས་ཞུས་པས་དྲང་པོར་སྨྲ་བ་མི་ཡི་དམ་པ་ཡིན་གསུངས་ནས་སྐུ་ལ་གསོལ་འཕྲོའི་པེར་ཕྱམ་གཅིག་གིས་མཚོན་གནང་སྐྱེས་བཟང་པོ་བསྩར།

དེ་ལྟར་གསེར་གྱི་འབྱོར་པ་ཆེན་པོ་མངའ་བ་དེ་དག་དོན་དང་ལྡན་པར་བྱ་བར་དགོངས་ཏེ་དགེ་བའི་བཤེས་གཉེན་རྣམས་ལ་དཀོན་མཆོག་སྤྱི་འདུ་གང་དུ་བཏང་ན་ཕན་སླེབས་ཆེ་ཞེས་བཀའ་འདྲི་གནང་བ་བཞིན་བསྟན་བཅོས་འགྱུར་རོ་འཚལ་གསེར་གྱི་ཡང་བཞུན་གྱི་ཁུ་བས་བཞེང་རྒྱུར་ཐུགས་ཐག་བཅད་དེ་མཁས་པའི་ཁྱུ་མཆོག་མཁན་ཆེན་བྱང་ཆུབ་རྩེ་མོ་དང་། བོ་དོང་ལོ་ཙཱ་བ་ཤེས་རབ་མེ་ལྕེ་དཔོན་སློབ་ལ་སོགས་པ་མཁས་པ་དུ་མ་ཞུས་དག་མཁན་ཆེན་པོར་སྤྱན་དྲངས་ནས་བཞེངས་པའི་བསྟན་བཅོས་ཀྱི་གླེགས་བམ་མཐའ་དག་ལ་གསེར་ཆུས་བྲུག་པའི་གླེགས་ཤིང་དང་། སི་ཐ་ཧུའི་གླེགས་ཐག ཟབ་ཆེན་གྱི་ན་

བཟའ་ཕྱི་རས་བཟང་པོ་ན་བཟའ་གསུམ་སྤྲགས་བཅས་བསྩུབས་ནས་(ཕྱི་ལོ1363)ཆུ་མོ་ཡོས་ལོར་རབ་གནས་ཀྱང་ལེགས་པར་གྲུབ་པར་མཛད་པ་མ་ཟད། ད་དུང་བཀའ་འགྱུར་ཡང་གསར་བཞེངས་མཛད་རྒྱུའི་དགོངས་པ་གཏད་དེ་སྐྱིད་རོང་དུ་ཤོག་བུ་གྲ་སྒྲིག་གྲུབ་པའི་མཚམས་ཏེ་(ཕྱི་ལོ1365)རབ་བྱུང་དྲུག་པའི་ཤིང་སྦྲུལ་ལོར་སྐུ་གཤེགས།

ཁྲི་བཀྲ་ཤིས་ལྡེའི་སྲས་ཁྲི་ཕུན་ཚོགས་ལྡེ་ནི་(ཕྱི་ལོ1338)རབ་བྱུང་དྲུག་པའི་ས་སྟག་ལོར་འཁྲུངས།

ཁོང་གིས་ཡབ་གཤེགས་པའི་དགོངས་རྫོགས་སུ་དེ་བཞིན་གཤེགས་པའི་སྐུ་བརྙན་མི་ཚད་བསྐྲུན་པ་སོགས་རྣམ་དཀར་གྱི་མཛད་པ་མི་དམན་ཙམ་བསྐྱངས་པ་དང་། ས་སྐྱ་དང་སྐུ་གཉེན་རིམ་ཅན་སྟབས་སྒྲིད་འཕེལ་འདུན་མ་གཅིག་པའི་བཅའ་ཡིག་གནའ་སྒྲིག་ཀྱང་མཛད།

ཁྲི་ཕུན་ཚོགས་ལྡེ་ས་སྐྱར་བཞུགས་སྐབས་རྗེ་མོ་རེ་མདའ་མ་དང་མཐུན་པར་སྲས་ཁྲི་མཆོག་གྲུབ་ལྡེ་འཁྲུངས་ཤིང་། བཙུན་མོ་དངོས་བྱུང་པ་ཏྲ་དཔེན་གྱི་སྲས་མོ་ནམ་མཁའ་འབུམ་ཁབ་ཏུ་བཞེས། བཙུན་མོ་དངོས་ཀྱི་གྲོས་པོ་ཏྲ་དཔེན་གྱིས་ལོག་པའི་བསམ་པས་ངན་བསླུལ་བྱས་ཏེ་ཞང་རྐ་ཚག་པ་སྨོན་ལམ་རྒྱལ་མཚན་གྱིས་ཁྲི་ཕུན་ཚོགས་ལྡེ་དགུང་ལོ་སུམ་ཅུ་སོ་གསུམ་པ་(ཕྱི་ལོ1370)ལྕགས་ཁྱི་ལོར་བཀྲོངས་ཤིང་། དེའི་ལོ་ཕྱི་མ་ལྕགས་ཕག་ལོར་ཏྲ་དཔེན་གྱི་སྲས་མོར་ཁྲི་རྒྱལ་བསོད་ནམས་ལྡེ་(ཕྱི་ལོ1371)རབ་བྱུང་དྲུག་པའི་ལྕགས་ཕག་ལོར་འཁྲུངས།

དེ་སྐབས་ཏྲ་དཔེན་གྱིས་གུང་ཐང་གི་རྒྱལ་སྲིད་ལོ་ལྔ་བཟུང་སྟེ་སྒོ་མང་མཐིལ་ལ་རྟ་ར་བྱས། གུང་ཐང་ལ་འཚེ་བ་ཤིན་ཏུ་ཆེ་ཞིང་མཐར་ཏྲ་དཔེན་རང་

ཡང་སྐྱིད་གྲོང་དུ་བསྐྱོད་སྐབས་རོང་པ་རྣམས་དང་འབྲུག་སྟེ་མདའ་དགུ་ལུས་ལ་ཟུག་ནས་ཆོའི་དུས་བྱས།

སྐབས་དེར་གུང་ཐང་གི་ནློན་པོ་ལྷ་རྗེ་ཆོས་སྐྱོང་དང་། ཆེན་པོ་སྣང་མཛད་སོགས་ནློན་པོ་བཞིས་གུང་ཐང་དུ་ཡོད་པའི་དྷ་དབེན་གྱི་རྒྱུད་པ་སྟེ་བྱང་པ་བརྟན་ནས་ལྷ་བཙད་པོའི་སྲས་སྐུ་མཆེད་རྒྱལ་སར་བཞུགས་སུ་གསོལ་ཞིང་། མི་ཡི་དབང་པོ་མཆོག་གྲུབ་ལྡེ་ཡིས་མར་ཡུལ་མངའ་བདག་རས་ཆེན་གྱི་སྲས་མོ་བདག་མོ་རས་ཆེན་ཞེས་པ་ཁབ་ཏུ་བཞེས་ཀྱང་སྲས་མ་བྱུང་བས་ཕོང་རང་ཡུལ་དུ་ཕྱོག སྐབས་དེར་བསོད་ནམས་ལྡེ་དང་། སྐུ་མཆེད་གཉིས་ཀྱང་རྩུང་ཟད་ཐུགས་མ་མཐུན་པས་གཙུང་ཁྲི་རྒྱལ་བསོད་ནམས་ལྡེ་པུ་རོང་དུ་འབྱོན་པར་བཞེད་དེ་ཡར་ཐེབས་པ་དེའི་ཚེ་ཁྲི་མཆོག་གྲུབ་ལྡེ་ཆིབས་བཅག་ས་ཐོ་ལེ་ཐང་ཁར་བྱོན་པས་ཆིབས་ཀྱིས་བསྐྱུར་ཏེ་སྐུ་གཤེགས། གཙུང་སྟོད་དུ་ཐེབས་པ་སྤྱན་འདྲེན་པའི་ཕོ་ཉ་མངགས་པ་བཞིན་ཐེབས་ཏེ་གཅེན་ཁྲི་མཆོག་གྲུབ་ལྡེའི་གཤེགས་རྫོངས་ལེགས་པར་བསྒྲུབས།

གཙུང་ཁྲི་རྒྱལ་བསོད་ནམས་ལྡེ་འདི་ནི་ཐུགས་དགོངས་ཟབ་ཅིང་། ཐེས་ཀྱི་རྩོལ་བ་གཞོམ་ལ་དཔའ་ཞིང་ཆབ་སྲིད་སྐྱོང་བར་ཤིན་ཏུ་མཁས་པར་གྲགས་པ་དང་། ལྷག་པར་དམ་པའི་ཆོས་ལ་དད་གུས་ཆེ་བ་ཞིག་ལགས། ཕོང་ཐོག་མར་རྒྱལ་ཐབས་ཀྱི་ཁྲི་ལ་བཞུགས་པ་ན་སྔར་ཡབ་མེས་ནས་སྐུ་ལ་བསྟོ་བའི་ཐེས་ཀྱི་རྩོལ་བ་ལ་སྟོད་སྨད་བྱང་ཤར་པ་སོགས་བཏུལ་ནས་སྔར་མི་སྡེ་ཕྱི་གྱུར་སོང་བ་རྣམས་ཀྱང་ཚུར་བསྡུས་པ་མ་ཟད། གསར་དུ་པུ་རངས་ཀྱང་མངའ་འོག་ཏུ་བསྡུས་ཤིང་། པུ་རངས་དབང་དུ་བསྡུ་བའི་དམག་དཔོན་བྱེར་མའི་གཙུང་ཆོས་སྐྱོང་འབུམ་ལ་གཟེངས་བསྟོད་པའི་བྱ་དགར་སློ་བོ་དོལ་པོའི་མི་དཔོན་དུ་བསྐོས་

པའི་རིགས་རྒྱུད་སྐྱོ་བོ་རྒྱལ་པོར་གྲགས་པའི་རྒྱུད་པ་རྒྱུན་མ་ཆད་པར་བྱུང་བ་དེ་ཡིན།

ཁྲི་རྒྱལ་བསོད་ནམས་ལྡེ་འདིས་མངའ་འོག་རྣམས་བཞི་ཆོར་བཅད་ཅིང་། དཔལ་ཞིང་ཕོངས་པ་རྣམས་སྡུག་བསྔལ་གྱི་གནས་ལས་གྲོལ་ཕྱིར་མི་སྡེ་རྣམས་དཔལ་ཕྱུག་ལྡན་གསུམ་གྱི་བར་དུ་སྐྱོམས་པར་གྲགས།

དགུང་ལོ་བཅུ་དགུ་པ་ (སྤྱི་ལོ1389) ས་སྦྲུལ་ལོར་གཏེར་སྟོན་རིག་འཛིན་ཆེན་པོ་རྒོད་ལྡེམ་ཅན་སྤྱན་དྲངས་ནས་མང་ཡུལ་རི་བོ་དཔལ་འབར་གྱི་དགོན་གནས་གཞིས་བཅས་ཕུལ།

ཁོང་གིས་ཡོངས་སུ་འཛིན་པ་ཆེན་པོར་བོ་དོང་མཁན་ཆེན་ལོ་ཚ་བ་གྲགས་པ་རྒྱལ་མཚན་གཙུག་གི་ནོར་བུར་བཀུར། གཞན་ཡང་རྗེ་སེང་གེ་བཟང་པོ་དང་། ལོ་ཚ་བ་ངག་དབང་གྲགས་པ། རེ་མདའ་བ་གཞོན་ནུ་བློ་གྲོས་རྣམས་བླ་མར་བསྟེན།

དགུང་ལོ་ཉི་ཤུ་པ་ (སྤྱི་ལོ1390) ལྕགས་རྟ་ལོར་མཁན་ཆེན་གྲགས་པ་རྒྱལ་མཚན་གྱིས་བསྐུལ་མ་མཛད་པ་དང་བཅས་གུང་ཐང་དུ་བཤད་གྲྭ་དང་འབྲེལ་བའི་ཆོས་སྡེ་ཆེན་པོ་གྲྭ་ཚང་བཅུ་དྲུག་གི་གྲངས་དང་ལྡན་པ་ལེགས་པར་བསྐྲུན། མངའ་བདག་རང་ཉིད་ཀྱི་བཞུགས་གནས་མཐིལ་མ་ཇོང་གི་དབུས་ཆོས་སྡེའི་དབུ་རྩེ་འདུ་ཁང་། དགེ་འདུན་འདུས་ཚོགས་སོ་སོའི་སྤྱི་ཁང་ལ་སྦྲུར་ཞིང་། མཁན་ཆེན་གྲགས་པ་རྒྱལ་མཚན་ཆོས་དཔོན་དུ་མངའ་གསོལ། དབྱར་ཆོས་ཞག་བཞི་བཅུ། དཀྱུན་ཆོས་ཟླ་གཅིག་རྣམས་ཀྱི་གཞིས་རྐྱེན་འཛོག་ནག་ཚང་། ཆོས་ཞག་རྣམས་ལ་ཡང་ཚུགས་བར་གྲོལ་གསུམ་གྱི་སྟོན་མོ། ཚད་འགྲས་བློ་བསྐྱེད། དགེ་འདུན་ཉི་ཤུའི་སྤྱི་སྦྱུར་གྱི་བསྙེན་བཀུར་སོགས་གཟབ

རྒྱས་དང་། གྲྭ་ཚང་སོ་སོའི་མཆོད་གཞིས་ལ་ཁྲལ་ཆག་དང་བཅས་ཏེ་སྤྱིར་བཙུན་པ་རྣམས་བསླབ་ཁྲིམས་ལས་མི་འདའ་བའི་བཅའ་ཁྲིམས་དང་། ཤ་བཅོན་གསོད་ངེས་པ་ཡང་ཆོས་སྡེའི་སྒོ་ནང་ཡན་ཕྱོག་ཐར་བས་ཐར་པ་གླིང་དུ་མཛད།

ད་དུང་ཆོས་རྗེ་སེང་གེ་བཟང་པོའི་བཞུགས་གནས་བསམ་གཏན་གླིང་དང་། ཆོས་རྗེ་རེ་མདའ་བའི་བཞུགས་གནས་སྐྱིད་གྲོང་མེ་ཏོག་མདངས་ཅན་སོགས་བཞེངས་པའི་མཐུན་རྐྱེན་ཡང་དག་པ་མཛད་ཅིང་། ཡུམ་གཤེགས་པའི་དགོངས་རྫོགས་སུ་ཤཱཀྱ་ཏོག་གི་སྐུ་མི་ཚད་ལས་ལྷག་པ། དུས་ཀུན་སྐུ་གཟུགས་བྲིས་འབུར་དུ་མ་དང་། གསུང་རྟེན་ཆེས་མང་པོ་བཞེངས།

གུ་གེ་ནས་མངའ་བདག་མ་ཆེན་མོ་ཆོས་སྐྱོང་རྒྱལ་མོ་ཁབ་ཏུ་བཞེས་པར་སྲས་གཉིས་འཁྲུངས་པ་བཅས་མཐར་དགུང་ལོ་སུམ་ཅུ་རྩ་བཞི་(སྤྱི་ལོ1404) རབ་བྱུང་བདུན་པའི་ཤིང་སྤྲེལ་ལོར་སྐུ་གཤེགས།

ཁོང་སྐུ་གཤེགས་པའི་དགོངས་རྫོགས་ཆེད་བདག་མོ་ཆོས་སྐྱོང་རྒྱལ་མོས་སངས་རྒྱས་ཀྱི་སྐུ་བརྙན་སྟོན་མ་རྣམས་དང་མཆུངས་པ་དང་། གསེར་ཆོས་བཀའ་འགྱུར་དང་། བསྟན་འགྱུར་ཆ་ཚང་བཞེངས་པ་བཅས་དང་། འདིའི་སྲས་ནས་ཆོས་རྗེ་ཀུན་བཟང་པའི་བར་བཅས་ཁྱུག་པའི་དབང་དུ་བྱས་ན་མང་དུ་ཡོད་ཀྱང་རྐྱང་པར་བྱས་ན་དཔལ་ལྡེའི་སྲས་དམར་པོ་ལྡེ་བགྲངས་ན་ཉི་ཤུ་རྩ་བཞི་དང་། དེ་མ་བགྲངས་ན་རྒྱལ་རབས་ཉི་ཤུ་རྩ་གསུམ་སོང་བའི་ལོ་རྒྱུས་སྐོར་ཀཿཐོག་རིག་འཛིན་ཚེ་དབང་ནོར་བུས་སྤྱི་ལོ1748རབ་བྱུང་བཅུ་གསུམ་པའི་ས་འབྲུག་ལོར་གུང་ཐང་རྒྱལ་རབས་རྒྱས་བསྡུས་མང་པོའི་ཉིང་ཁུ་ཕྱུང་བའི་མང་ཡུལ་རྒྱལ་རབས《 བོད་རྗེ་ལྷ་བཙན་པོའི་གདུང་རབས་མངའ་རིས་སྨད་མང་

ཡུལ་གུང་ཐང་དུ་ཇི་ལྟར་བྱུང་བའི་ཚུལ་དེབ་ཐེར་དྭངས་ཤེལ་འཕྲུལ་གྱི་མེ་ལོང་》ཞེས་བྱ་བ་གསར་རྩོམ་གནང་བ་ནི་ཤིན་ཏུ་ཡིད་རྟོན་རུང་བའི་གནས་སུ་མཐོང་ནས་འདི་ཡན་གདུང་རབས་ཀྱི་མཛད་པ་ཆེ་ལོང་ཙམ་བཀོད་མཚམས་འདིར་བྱས་ཤིང་། བསོད་ནམས་རྒྱལ་མཚན་མན་གྱི་གདུང་རབས་སོ་སོའི་མཚན་ཙམ་སྨོས་པས་འཕྲུས་པ་བྱ་རྒྱུར་ཁོང་ཚོའི་ལོ་རྒྱུས་ཞིབ་ཆ་གཟིགས་པར་འདོད་ན་གོང་གི་དེར་ཐེར་ལ་གཟིགས་པར་འཚལ་ཞེས་ཞུས་ནས་སྐབས་དོན་བསོད་ནམས་རྒྱལ་མཚན་མན་གྱི་གདུང་རབས་སོ་སོའི་མཚན་ཙམ་སྨོས་ན།

ཁྲི་རྒྱལ་བསོད་ནམས་ལྡེའི་སྲས་བསོད་ནམས་རྒྱལ་མཚན་དང་། ཁྲི་ལྷ་དབང་རྒྱལ་མཚན།

ཁྲི་ལྷ་དབང་རྒྱལ་མཚན་གྱི་སྲས་ཁྲི་རྣམ་རྒྱལ་ལྡེ་དང་། ནམ་མཁའ་ནོར་བུ། ལྕམ་སྲིང་ཨ་གྲོལ་ཆོས་ཀྱི་སྒྲོན་མེ།

མངའ་བདག་རྣམ་རྒྱལ་ལྡེའི་སྲས་གཙེན་པོ་ཆོས་རྒྱལ་ནོར་བུ་ལྡེ། གཅུང་ཁྲི་རྒྱལ་བསམ་གྲུབ་ལྡེ། ལྕམ་སྲིང་དོན་གྲུབ་རྒྱལ་མོ། བཙུན་མོ་གཉིས་པའི་སྲས་གཙེན་གོང་མ་ཤེས་རབ་དཔལ་བཟང་དང་། གཅུང་ཀུན་དགའ་རྣམ་རྒྱལ་ལྡེ། གཅུང་མོ་མཁའ་འགྲོ་རྒྱལ་མོ།

ཆོས་རྒྱལ་ནོར་བུ་ལྡེའི་སྲས་ལྷ་བཙུན་ཀུན་དགའ་རྣམ་རྒྱལ།

ཁྲི་རྒྱལ་བསམ་གྲུབ་ལྡེའི་སྲས་གཙེན་ཁྲི་བཀྲ་ཤིས་དཔལ་འབར་དང་། བར་པ་ལྷ་བཙུན་ནམ་མཁའ་བཟང་པོ། ཐ་ཆུང་གོང་མ་ཀུན་དགའ་བློ་གྲོས།

ཁྲི་ཀུན་དགའ་རྣམ་རྒྱལ་ལྡེའི་སྲས་ཁྲི་ཀུན་བཟང་ཉི་ཟླ་གྲགས་པ།

དེའི་སྲས་གཙེན་ལྷང་མ་ཤེས་རབ་ཀུན་དགའ། གཅུང་ལྷ་ཀུན་བཟང་རྣམ་འཕྲུལ་རྒྱལ་པོ། ལྕམ་སྲིང་བདེ་ལེགས་བཟང་མོ། ཕྱིས་ཡུམ་མི་གཅིག་པའི་

སྲས་མོ་ཕུན་ཚོགས་རྒྱལ་མོ།

ཁྲི་བཀྲ་ཤིས་དཔལ་འབར་གྱི་སྲས་མོ་དཀོན་མཆོག་རྒྱལ་མོ།

ཁྲི་ཀུན་དགའ་བློ་གྲོས་ཀྱི་སྲས་ཀུན་བཟང་རྡོ་རྗེ་གྲགས་པ།

དེའི་སྲས་ཁྲི་རྒྱལ་བསམ་གྲུབ་ལྡེ། གཙུང་ལྷུན་གྲུབ་རྒྱལ་པོ། གཞན་གཅིག་དང་། ལྷམ་སྲིང་གཅིག

ཁྲི་རྒྱལ་བསམ་གྲུབ་ལྡེའི་སྲས་ཁྲི་རྒྱལ་བསོད་ནམས་དབང་ཕྱུག་ལྡེ།

དེའི་བཙུན་མོ་དངོས་ལ་སྲས་མོ་གཅིག་དང་། གཞན་གཅིག་ལ་སྲས་མོ་ནོར་འཛོན་དབང་མོ། ཆོས་རྗེ་ཀུན་བཟང་།

དེ་ལ་སྲས་རྡོ་རྗེ་བདུད་འདུལ་ཞུ་བ་ཕྱིས་ཆོས་སྐོར་ཞུགས་པའི་མཚན་རབ་འབྱམས་པ་རྒྱལ་དབང་སེང་གེ་དང་། སྲས་མོ་གཅིག་ལས་མ་འཁྲུངས་པས་གུང་ཐང་བཙད་པོའི་གདུང་རབས་འདི་ཡན་གྱིས་གྲུབ་པ་ཡིན་ནོ།

དཔལ་ལྡེའི་སྲས་གཙུང་ཧྲྀ་ཙཀྲའི་རྒྱུད་པ་ནི་ལྷ་རྩེ་བ། གླང་ལུང་རྩང་སྐོར་བ། ཀླུ་རྒྱལ་བ། སྤྱི་པ་རྣམས་ཡིན་པར་གྲགས་པ་ལས། དེ་དག་གི་ལོ་རྒྱུས་ཞིབ་པར་འཁོད་པའི་ཡིག་རིགས་མ་རྙེད་དོ།

གཉིས་པ། འོད་ལྡེའི་རྒྱུད་པའི་སྐོར།

ཁྲི་བཀྲ་ཤིས་བརྩེགས་པ་དཔལ་གྱི་སྲས་འཁྲིད་པོ་འོད་ལྡེ་ལ་སྲས་ཕ་ཕ་དེ་སེ་དང་། ཁྲི་ལྡེ། ཉག་ལྡེ། ཁྲི་ཚུང་རྣམས་རིམ་པར་འཁྲུངས་པ་ལས་ཕ་ཕ་དེ་སེ་དང་། ཁྲི་ཚུང་གཉིས་ཀྱིས་སྟར་ཡུམ་བརྟན་རྒྱུད་ལ་ཐོར་བའི་ནོར་སྣ་ཁྲིད་པར་ཅན་དགུ་ཞེས་པ་སྟེ། ཕས་ཕོག་པའི་གསེར་ཁྲི་ཆུ་དར་ཅན། གུད་པ་བང་སོ་ཅན། གསེར་སྐུ་ཆུ་རིས་ཅན་གསུམ་དང་། མས་ཕོག་པའི་ཟངས་ལྷེ་བ་ཅན། དངུལ་སྐྱོགས་ཤ་བ་ཅན། མེ་ཏོག་ཏེ་ལིག་ཅན་གསུམ། ཕྱུན་བླས་ཕོག་པའི་

མཆོད་པ་ཤན་ཐང་སྟེ་མིག་ཅན། སྲིང་མོས་རྟགས་ཕོག་པའི་མཆུར་གཡུ་འཆང་བ་ཅན། ཞེར་དམར་ཀེ་ཚེ་བྱི་སྙིད་ཅན་བཅས་ཅན་དགུ་ཚུར་ལེན་པར་འདོད་ནས་དབུས་སུ་འོངས་ཏེ་མངའ་བདག་ཁྲི་ཆུང་གིས་ཡུམ་བརྟན་ཉེ་འོད་དཔལ་མགོན་གྱི་རྒྱུད་པ་མགོན་ནེ་ཕྱིང་ང་རྗེ་ཁྱུང་བུར་བཞུགས་པ་ལ་གྱོད་བཙུགས་ཏེ་ཅན་དགུ་ཚུར་ཕྲོགས་ནས་ཡར་ལུངས་སུ་གཞིས་ཆགས་ཤིང་། ཕ་ལྷ་དེ་སེར་དངུལ་གཞོང་ཕོར་ཁ་ཅན་(ལ་ལས་དངུལས་ཀྱོགས་ཤ་བ་ཅན་དུ་བཞེད་) ཕོབ་ནས་གཙང་དུ་ཕྱིར་ཕེབས།

ཕ་ལྷ་དེ་སེའི་སྲས་དར་མ་ནྡྷ་ཛ།

དེའི་སྲས་དར་མ་བཙན་པོ།

དེའི་སྲས་ཁྲི་འབར།

དེའི་སྲས་ཁྲི་བཙན་འབར་དང་། བཀྲ་ཤིས་ལྡེ།

བཀྲ་ཤིས་ལྡེའི་སྲས་བཙན་སྲོང་།

དེའི་སྲས་བཙན་པོ་ལྡེ་འབར།

དེ་རྣམས་ཀྱི་རྒྱུད་པ་སྣུབས་ཡུལ་རོང་དང་། གཡག་སྡེ། ཉང་སྟོད་སྟག་ཚལ་བཅས་ཀྱི་ཡུལ་རྣམས་ལ་མངའ་མཛད།

ཁྲི་ལྡེའི་རྒྱུད་པའི་སྐོར། མཁས་པ་ལྡེའུའི་ཆོས་འབྱུང་ལྟར་ན་ཁྲི་ལྡེ་འོད་ཀྱི་སྲས་ལྷ་རྒྱལ་བ།

དེའི་སྲས་དར་ལྡེ།

དེའི་སྲས་དར་མ་ལྡེ།

དེ་རྣམས་ཀྱི་རྒྱུད་པ་མྱང་སྟོད་ཀོང་བུ་སྣའི་བཙན་པོར་བཞེད་ཅིང་། ཡར་ལུངས་ཇོ་བོའི་ཆོས་འབྱུང་དང་། མཁས་པའི་དགའ་སྟོན་ལ་སོགས་པའི་ལོ་

རྒྱུས་ཡིག་ལམ་ཕལ་མོ་ཆེར་ཁྲི་ལྡེ་མདོ་ཁམས་སུ་བྱོན་ཏེ་ཙོང་ཁ་ཡུལ་ཆེན་བཙོ་བརྒྱད་ལ་སོགས་པ་མདོ་སྨད་ཕལ་ཆེར་ལ་མངའ་མཛད་པས་སྨད་དུ་རྒྱལ་ཁྲིམས་ལྷམ་ཙམ་ཆགས་ཞེས་གྲགས་ཤིང་། སྤྱན་སྔ་དོན་ཆེན་ལ་སོགས་པའི་ཙོང་ཁའི་རྒྱལ་རྒྱུད་རྣམས་བྱུང་ཞེས་འགོད་པའི་བཞེད་པ་གཉིས་བྱུང་བའི་བཞེད་པ་ཕྱི་མ་འདི་དག་པར་མངོན། གལ་སྲིད་བཞེད་པ་སྔོན་མ་ཡི་དབང་ལ་ཆ་བཞག་ན་ཙོང་ཁའི་རྒྱལ་རྒྱུད་རྣམས་ཐོག་མ་གདུང་རྒྱུད་གང་ལས་གྱེས་པའི་ཁུངས་འདེད་ཡུལ་མེད་པས་སོ།

གསུམ་པ་ཉག་ལྡེའི་རྒྱུད་པ་རྣམས་ནི་གཡས་རུའི་སྐྱིན་མཁར་བཙན་པོ་ལ་ཐུག

བཞི་པ་ཁྲི་ཆུང་གིས་ཡར་ལུངས་སུ་བྱོན། འབངས་ཀྱི་ཕོ་བྲང་བརྩིགས་ནས་ཕུལ་བའི་འབངས་བརྩིགས་དང་། སྐུ་མཁར་ཕྱིང་ང་སྟག་རྩེ་བཟུང་།

དེའི་སྲས་འོད་སྐྱིད་འབར།

དེ་ལ་སྲས་བདུན་གྱི་གཅེན་ཞང་རྗེ་ཚ་ཁྲི་ལྡེ་འབར། གཅུང་གཙང་ཚ་ཕྱུན་དྲུག་ཅེས་པ་ནི་ལྷ་སྤྱན་གཡུ་སྤྱན་གཉིས། ད་ར་ལྷུན་པོ་གཉིས། འོད་བཙན་གུང་བཙན་གཉིས་ཏེ་དྲུག་ཡིན།

གཅེན་ཞང་རྗེ་ཚ་ཁྲི་ལྡེ་འབར་ལ་སྲས་དྲུག་ཡོད་པའི་གཡུ་ཐོག་ལ་སྲས་གསུམ་སྟེ་ནམ་ལྡེ་དང་། ཇོ་དགའ། རྩེ་ལྡེའོ།

ནམ་ལྡེའི་སྲས་ཇོ་ཕག་དང་། འབུམ་ལྡེ་སོགས་དྲུག

འབྲིང་པོ་ཇོ་དགའི་སྲས་ཀྱི་རྒྱུད་པ་སྣ་མོ་བ་དང་། མཆིང་ང་བ། དོན་མཁར་བ། ཐང་འཁོར་བ་རྣམས་སོ།

ཆུ་ཆུང་ལྷ་སྒོམ་དང་། གུང་ལྡེ། ཁྲི་ཐོག་ཐག་གསུམ་གྱི་གདུང་རྒྱུད་ཆད་

ནས་མེད།

ཟླ་བའི་སྲུས་ཐོག་བརྟན་དང་། ལྷེ་འཇུ་དེ་དག་གི་རྒྱུད་པ་རྟ་ཤགས་པ་དང་། ཕུན་སྣ་བའོ།

བཞེངས་ཅན་འབར་ལ་སྲས་གཉིས་གཅེན་པོ་རབ་ཏུ་བྱུང་། ཚུང་བ་ཇི་མ་ཡོད་ཀྱི་རྒྱུད་པ་མོན་མཁར་བ་དང་། ཞང་མདའ་བ། ཕྱུན་བདུན་ཐང་པ་སོགས་ཡིན།

འོད་བཙན་འབར་ལ་སྲས་གཉིས་བྲང་ང་ལྷ་ལྡེ་དང་། བྲང་ཚུང་།

བྲང་ཚུང་གི་སྲས་དཔོན་མོན་མཁར་ན་ཡོད།

གུང་བཙན་འབར་ལ་སྲས་གཉིས་གཅེན་ལྷ་སྟོན་རིང་མོ་དང་། གཅུང་ལྷ་འཕེང་དུ་གཉིས་ཀ་རབ་ཏུ་བྱུང་ནས་གདུང་ཆད་ཅེས་མཁས་པ་ལྡེའུའི་ཆོས་འབྱུང་ནང་གསལ་ཀྱང་། ཡར་ལུངས་ཇོ་བོའི་ཆོས་འབྱུང་དང་། མཁས་པའི་དགའ་སྟོན་སོགས་སུ་གུང་བཙན་ནི་རྒྱུད་པ་བཞུགས་པའི་གྲས་སུ་གསལ་བ་བརྟག་དགོས།

ལྷུན་པོ་འབར་ལ་སྲས་གསུམ་སྐྱེ་ཇོ་མགོན་དང་། ཇོ་ཁྲི། འབྲུག་ཚུང་ལྡེའོ།

འབྲུག་ཚུང་ལྡེ་ལ་སྲས་བཞི་སྐྱེ་འོད་ལྡེ། དཔལ་ལྡེ། ཁྲི་པོ། གྲུབ་པ་བཅས་སོ།

འོད་ལྡེ་ལ་སྲས་གསུམ་སྐྱེ་ཇོ་བོ་འཇིག་རྟེན་གདུང་ཆད། སེ་ཏྲ་བསྟན་གྱིས་བྱིན། ནོར་དགའ་བཅས་སོ།

ནོར་དགའི་སྲས་ཇོ་ཁྲིམ་དང་། ཇོ་འབག་གཉིས།

ཇོ་ཁྲིམ་གྱི་སྲས་ཤག་ཁྲི།

དེའི་སྲས་རྗེ་བོ་དགོས་པ།

དེའི་སྲས་རྗེ་བོ་ཁྲི་མགོན།

རྗེ་འབག་གི་སྲས་འོད་མཛེས།

དཔལ་ལྡེའི་སྲས་རྗེ་བོ་དགའ་དགའ།

དེའི་སྲས་ཁྲི་འོད།

དེའི་སྲས་ཁྲི་འབུམ།

དེའི་སྲས་ལྡེ་བདུན།

ལྷ་བཙུན་ཁྲི་པོ་གདུང་ཆད། གྲུབ་པ་ལ་སྲས་མེད།

གཙང་ཚ་དྲུག་གི་ནང་ནས་དང་པོ་ལྷ་སྤྱན་གདུང་ཆད་ཅིང་། ཕྱི་མ་བཞི་སྟེ་ད་ར་དང་། ལྷུན་པོ། འོད་བཙན། གུང་བཙན་རྣམས་ཀྱི་རྒྱུད་པ་ཁྲ་འབྲུག་དང་། ཕྱིང་པ། ཆུ་མིག་གོག་པོ་ན་ཡོད་པའི་བཙན་པོ་རྣམས་ཡིན་ནོ།

བཙན་པོ་གཡུ་ཅན་ནི་གར་མི་ཡོན་ཏན་གཡུང་དྲུང་གིས་བྱ་སར་སྤྱན་དྲངས་པ་འདི་ནས་ཡར་ལུངས་རྗེ་བོའི་གདུང་རབས་འགོ་ཚུགས་པ་ཡིན།

དེའི་སྲས་རྗེ་དགའ།

དེའི་སྲས་གསུམ་གྱི་ཆེ་བ་བྱ་ས་ལྷ་ཆེན་གྱིས་བྱ་སའི་ལྷ་ཁང་སོ་མ་བཞེངས་པར་རྒྱ་མའི་དཔོན་སྟོན་གྱིས་རབ་གནས་མཛད། དཔལ་ཕག་མོ་གྲུ་པ་བླ་མར་བསྟེན།

གཙུང་པོའང་རབ་ཏུ་བྱུང་སྟེ་ལྷ་ཞི་བར་གྲགས་པ་ལོ་མོ་སྒོམ་ཁང་དུ་བཞུགས།

བར་པ་ཁྲི་དར་མ།

དེ་ལ་སྲས་བཞི་བྱུང་བ་སྟེ་གཙུག་ལྡེ། ཁྲི་གཙུག་ལྡེ། རྣལ་འབྱོར། སྨོན་

ལམ་བཅས་རིམ་པར་འབྲུངས་པ་ལས་གཙུག་ལྷེར་སྲས་མེད། ཁྲི་གཙུག་གིས་བྱ་ས་དང་དེ་སྟོན་སོགས་བཟུང་སྟེ་ཡར་མདའི་བཙན་པོ་རྣམས་བྱུང་། སྙོན་ལམ་རབ་ཏུ་བྱུང་སྟེ་པུ་ཤུ་དོའི་གཟིམ་ཁང་དཀར་པོ་བརྩིགས་ཏེ་ཆོས་ཁྲིམས་དང་བསྟན་པའི་བྱ་བ་དུ་མ་མཛད།

ཇོ་བོ་རྣལ་འབྱོར་གྱིས་འབངས་བརྩིགས་སུ་རྒྱལ་ས་བསྐྱངས་ཏེ་སྐུ་མཆེད་འདི་རྣམས་ཀྱིས་ཇེ་སྤྱན་སྔ་བ་དང་། རྒྱལ་བ་ཐོག་བརྡུགས་པའི་སྦྱིན་བདག་མཛད།

རྣལ་འབྱོར་ལ་སྲས་གསུམ་རིམ་པར་བྱུང་བའི་བར་པ་ལྷ་ཆེན་པོའམ། ལྷ་ལུང་གི་དབང་ཕྱུག་ཏུ་གྲགས་པ་རབ་ཏུ་བྱུང་ནས་ལྷེལ་བུའི་གདན་ས་མཛད།

གཙུང་པོ་ལྷ་ངམ་ཤོད་པས་འབྲི་ཁུང་གཙུང་རིན་པོ་ཆེ་ལས་ལྷ་བཙུན་མཛད།

གཅེན་ཇོ་འབག་གིས་རྒྱལ་ས་མཛད།

གཅེན་ཇོ་འབག་ལ་སྲས་ལྔ་རིམ་པར་འབྲུངས་པ་ལས།

གཉིས་པ་ལྷ་འགྲོ་མགོན་དུ་གྲགས་པ་རབ་ཏུ་བྱུང་སྟེ་ལྷེལ་བུའི་གདན་ས་མཛད་དེ་ངོ་མཚར་མཐའ་ཡས་པ་མངའ།

གསུམ་པ་ལྷེ་པོས་འབངས་བརྩིགས་བཟུང་།

དེའི་སྲས་ཤཱཀྱ་རྒྱལ་གྱིས་གཡེ་ཆེ་ཚུང་ལ་དབང་མཛད།

དེའི་སྲས་ཤཱཀྱ་དཔལ་གྱི་སློབ་གྲོས་བཟང་པོ་བླ་མ་འཕགས་པ་ལས་རབ་ཏུ་བྱུང་སྟེ་ཉེ་གནས་མཛད།

བཞི་པ་ལྷེ་ཚུང་གཞོན་ནུར་གཤེགས།

ལྔ་པ་ཇོ་རྒྱལ་པོ་ལུར་ཐོག

དེའི་སྐབས་ཇོ་འཕེལ།

དེའི་སྐབས་ཚབ་ལྷ་བཟུར་ཁང་པ་སྟེ་ལྷིལ་བུ་བཟུང་། གཙུང་པོའི་རྒྱུད་ཁྲིམ་པོ་བ་རྣམས་ཡིན།

ཇོ་འབག་གི་སྐབས་ཆེ་བ་ཤཱཀྱ་མགོན། གཙུང་རྣམས་སོ་སོར་ཕོག་སྟེ་ཁོང་རང་གིས་ཕོ་བྲང་གནས་ཚུང་བཏབ། མངའ་ཐང་རྒྱས་ཤིང་ས་སྐྱ་པཎྜི་ཏའི་སྤྱིན་བདག་བྱས།

དེའི་སྐབས་ཤཱཀྱ་བཀྲ་ཤིས་ཀྱིས་ཕོ་བྲང་རྙིང་མ་བཏབ།

དེའི་སྐབས་ཆེ་བ་ལྷིལ་བུའི་ལྷ་བྲག་ཁ་བ་དང་། ཚུང་བ་གྲགས་པ་རིན་ཆེན་གྱིས་ཐོག་མར་རྒྱལ་བ་ཐོག་བརྟུགས་པའི་ཞེ་གནས་དང་། དེ་རྗེས་འགྲོ་མགོན་འཕགས་པའི་ཞེ་གནས་མཛད་དེ་རྒྱ་ཡུལ་དུ་ཕྱོན། སེ་ཆེན་ལས་དམ་ཁ་བླངས་ཏེ་ཕོ་བྲང་བྲག་ཁ་ལ་སོགས་བཏབ། སྐུ་གསུང་ཐུགས་རྟེན་འགའ་བཞེངས། ཇོ་སྟན་ཚོགས་པའི་ཆོས་བཞི་གཏན་དུ་འདེགས་པའི་སྲོལ་མཛད། དགུང་ལོ་ང་གསུམ་པ་ལ་སྐབས་ཤཱཀྱ་མགོན་པོ་ལ་སྲིད་གཏད་དེ་ཐུགས་དམ་ལ་གཞོལ་ཏེ་དགུང་ལོ་བདུན་ཅུ་རྩ་བཞིར་གཤེགས།

དེ་ལ་སྲས་བཞི་བྱུང་བ་ལས་ཆེ་བ་ལྷིལ་བུ་བློ་གྲོས་འོད་ཡིན།

གསུམ་པ་ལྷ་བཙུན་ཚུལ་ཁྲིམས་བཟང་པོ་ཕག་མོ་གྲུར་རབ་ཏུ་བྱུང་།

བཞི་པ་འབལ་གཞོན་ནུར་གཤེགས།

གཉིས་པ་ཤཱཀྱ་མགོན་པོས་སྲིད་བསྐྱངས་ཏེ་ཡར་ལུངས་ལོ་ཙཱ་བ་གྲགས་པ་རྒྱལ་མཚན་བསྟེན། ཕོ་བྲང་ཡུམ་བུ་བླ་སྒང་ལ་གཙུག་ལག་ཁང་བཞེངས། ཆོས་འཁོར་དུ་མའི་སྤྱིན་བདག་མཛད་ནས་བསྟན་པ་ལ་ཕན་པར་མཛད་པ་བཅས་འདི་རྣམས་ནས་བཟུང་སྟེ་ཡར་ལུངས་ཇོ་བོའི་གདུང་རྒྱུད་ཟམ་མི་འཆད་པར་

ཕྱིན་པ་རིགས་གཟུགས་དང་ཡོན་ཏན་ཁྱད་པར་འཕགས་པར་གྲགས་སོ།

འོད་ལྡེའི་རྒྱུད་པའི་ལོ་རྒྱུས་འདི་རྣམས་ཡར་ལུངས་ཇོ་བོའི་ཆོས་འབྱུང་དང་། མཁས་པའི་དགའ་སྟོན། མཁས་པ་ལྡེའུའི་ཆོས་འབྱུང་སོགས་ལ་དཔྱད་གཞི་བྱས་ཏེ་དེ་དག་ལས་བྱུང་བའི་ལོ་རྒྱུས་རགས་བསྡུས་ཙམ་བརྗོད་ཟིན་ཏོ།

གསུམ་པ་སྐྱིད་ལྡེའི་རྒྱུད་པའི་སྐོར།

གཙུང་སྐྱིད་ལྡེ་འཇམ་ཧ་ནག་ཏུ་ཐོག སྲས་དྲུག་བྱུང་བའི་ལྔ་བྱང་དུ་གཤེགས་ཏེ་འབྲོའི་བཙད་པོ་དང་། གཡས་རུ་རུ་ལག་གི་བཙན་པོ་རྣམས་དང་། ཨུས་པ། འཇམ་པ། ཧ་ནག་ན་ཡོད་པ་རྣམས་སོ། སྲས་གཅིག་གི་རྒྱུད་པ་བཙན་པོ་རྒྱལ་བ་འོད་ལ་ཐུག་གོ རྒྱ་བོད་ཡིག་ཚང་མཁས་པ་དགའ་བྱེད་སོགས་ལས་འབྱུང་བ་ལྟར་སྲས་གཅིག་གཙང་གྲོམ་པ་དང་། ཤབ་སྲད། ཉང་སྟོད་སྨད་དུ་ཕྱིན་པས་དེ་ལ་ཉང་ཁུལ་དུ་སྲས་གསུམ་བྱུང་བའི་ཆེ་བ་ལ་ཁྱུང་བཙད། བར་པ་ལ་འབྲི་བཙད། ཆུང་བ་ལ་ལྷེ་བཙད་བྱ་བར་གྲགས་ཤིང་། ཁོང་གསུམ་གྱིས་སྲིད་སྐྱོང་བའི་ཡུལ་ནི་ཕུ་གནོད་སྦྱིན་གང་བ་བཟང་པོ་ (རྒྱལ་རྩེ་རྫོང་ལུང་དམར་ཆུས་ཁོངས་) ནས་མདའ་བཙུག་པ་ཡུ་བ་གདོང་ (གཞིས་རྩེ་རྫོང་ཁོངས་ཕག་གྲོང་ཆུས་ཁོངས་) སྟེ་ཉང་གསེར་གཞུང་རིང་མོ་སྐྱ་མཆེད་སོ་སོས་མངའ་མཛད་ཡུལ་བོད་འབྲོག་ཆ་སྙོམས་པའི་ཡུལ་སྡེ་ཆེན་པོ་གསུམ་དུ་ཕྱེ་བ་ནི།

གཅེན་ཁྱུང་བཙད་ཀྱིས་མངའ་དབང་སྐྱུར་བའི་ས་ཁུལ་གྱི་ས་མཚམས་ཕུ་བྱང་ཤར་རི་ནང་སྤང་མཁར་ལ་གཏད། མདའ་ལྷོ་ནུབ་གངས་ཡེ་ཤམ་བུར་བསྟན་པའི་ས་དབྱིབས་གསེག་འགྲོས་སུ་ཡོད་པའི་ཡུལ་སྡེ་ཆེན་པོ་གཙང་གད་བྲག་ཁ་ཡན་ (ཉང་ཆོས་འབྱུང་ནང་མདའ་གཤམ་ཕུ་རྩེ་དགུ་ལ་གཏད་ཅེས་གསལ་) ཡིན་པར་གྲགས་ཤིང་། (དེང་དུས་ལ་ཆ་མཚོན་ན་རྩ་བའི་ཆ་ནས

རྒྱལ་རྩེ་རྫོང་། ཁང་དམར་རྫོང་། གམ་པ་རྫོང་བཅས་ཀྱི་ཁུལ་ཡིན་འདྲ་) ཡུལ་སྡེ་ཆེན་པོ་འདིའི་ཕུ་ན། གམ་རུ། རྒྱང་རུ། ཉིང་རུ་ཞེས་བྱ་བའི་འབྲོག་སྡེ་ཆེན་པོ་གསུམ་ཡོད། བར་ན་ཚོང་འདུས་ཆེན་པོ་གཅིག་ཡོད་པ་སྔར་གྱང་རྩེ་ས་མ་ན་ཡོད་པ་ཁྲིས་གནས་རྙིང་དུ་སྤྱོས་པ། ཁུལ་དེ་ཚོའི་ནང་གཞིས་ཀ་མི་འདྲ་བའི་མི་ཁག་གཉིས་ཡོད་པ་སྟེ། དྲག་པ་རྣམས་ཤེས་རབ་ཆེ་ལ་དགེ་བའི་ལས་ལ་བརྩོན་པ། ཁྲུང་རིན་ཆེན་གྲགས་ལ་སོགས་པ་མཁས་གྲུབ་མང་པོ་རིམ་པར་བྱོན་པ། ཞན་པ་རྣམས་ཕྱིག་ཤས་ཆེ་བ་ཤ་དང་རི་དྭགས་རྔོན་པ། ཐོང་སྣ་མི་གཅིག་པ་གསུམ་ཡོད་པ་ནི། ཞྭ་མོ་དང་། སྣམ་ཕྲུག ཕད་ཕྲུར་དང་གསུམ་ཡིན། ཁུལ་དེའི་ཡུལ་སྡེ་ནི་ཕུའི་འབྲོག་སྡེ་རྒྱ་ཆེ་བ་དང་། མདའི་ཞིང་ས་ཁྱོན་ཆུང་བ་ཞིང་འབྲོག་ཆ་མ་སྙོམས་པས་ཤ་སེ་ཁོག་ཏུ་ཉོ་ཚོང་བྱེད་པ་བྱུང་བ་བཅས་སོ།

བར་པ་འབྲི་བཙད་ཀྱིས་མངའ་སྐྱུར་བའི་ས་ཁུལ་ནི། གཙང་གད་བྲག་ཁ་མན་ནས་སྣའོ་བྲག་རྫོག་ཡན་ལ་ཡུལ་སྡེ་ཆེན་པོ་གཅིག་ཏུ་བྱས་པའི་ཕུ་བྱང་ཤར་ས་ལ་བཞུ་དང་། མདའ་སྒོ་ནུབ་གབ་ཁྱི་དཀར་ལ་བསྟན་པ་དབྱིབས་གསེག་འགྲོས་སུ་ཡོད་པ་(དེང་དུས་ལ་ཆ་མཚོན་ན་རྩ་བའི་ཆ་ནས་པ་སྣམ་རྫོང་ཁོངས་ལ་གཏོགས་པ་རྣམས་ཡིན་) ཡུལ་སྡེ་དེའི་ཕུའི་འབྲོག་སྡེ་ཆེན་པོ་གསུམ་ནི། རྒྱང་མཁར་དང་། སྐྱིན་མཁར། མ་ངག་གསུམ་མོ། བར་ན་ཚོང་འདུས་ཆེན་པོ་གཅིག་ཡོད་པ་སྔར་ཐུ་གུར་ཡོད་ཀྱང་ཁྲིས་འདུས་བྱུང་དུ་བྱེད། མི་གཤིས་མི་འདྲ་བ་གཉིས་ཆགས་པའི་དྲག་པ་རྣམས་བླུན་ལ་རང་འདོད་ཆེ་རུང་ཕྲུག་ཤས་ཆེ། ཞན་པ་རྣམས་སྐྱུང་གྱང་འཛོམ་ལ་སྨྲ་མཚུ་རྐོད་རུང་དཔུལ་ཤས་ཆེ། ཐོང་སྣ་མི་འདྲ་བ་གསུམ་ཡོད་པ་ནི། སླེའུ་དང་། གྲུམ་ཟེ། ཕྱིང་པ་གསུམ་མོ། ཕུའི་འབྲོག་སྡེ་དང་། མདའི་ཞིང་ས་རྒྱ་ཁྱོན་ཆ་སྙོམས་པས་ཤ་ཁྱེད་ཚོང་དུ་བྱེད་པ་

བཅས་སོ།

ཆུང་བ་ལྔེ་བཙོད་ཀྱིས་མངའ་དབང་སྒྱུར་བའི་ས་ཁུལ་ནི། སྣོའི་བྲག་རྫོག་མན་ནས་བཅུག་པ་ཡུ་བ་གདོང་ཡན་ལ་ཡུལ་སྡེ་ཆེན་པོ་གཅིག་བྱེད་པ་དེ་ཡང་ཕུ་བྱུང་ཤར་འཁོར་སྟོང་ལ་ཁ་དང་། མདའ་ལྷོ་ནུབ་ཕྱུག་སྒོ་གཞུང་ལ་བསྟན་པའི་ས་དབྱིབས་གསེག་འགྲོས་སུ་ཡོད་པ་(དེང་དུས་ལ་མཚོན་ན་རྫ་བའི་ཆ་ནས་གཞིས་རྩེ་གྲོང་ཁྱེར་ཁོངས་རྒྱ་མཚོ་ཤར་ཆུས་དང་གཞིས་རྩེ་གྲོང་ཁྱེར། དེ་བཞིན་ཆུ་མིག་ཆུས་ཀྱི་ཤར་ལྷོ་དང་ཕག་གྲོང་ཆུས་ཀྱི་ལྷོ་རྒྱུད་ཆ་ཤས་བཅས་ཡིན་) ཡུལ་སྡེ་ཆེན་པོ་དེའི་ཕུ་ན་འབྲོག་སྡེ་ཆེན་པོ་གསུམ་ཡོད་པ་ནི་སྒྲོལ་དང་། ལྷུགས། ར་གསུམ་མོ། བར་ན་ཚོང་འདུས་ཆེན་པོ་གཅིག་ཡོད་པ་སྔར་ཚོང་འདུས་མགུར་མོ་ན་ཡོད་ཀྱང་ཕྱིས་ཞྭ་ལུ་རུ་འདུས་པ་དང་། དེ་རྗེས་བསམ་གྲུབ་རྩེ་སྟེ་གཞིས་ཀ་རྩེར་ཚོང་འདུས་ཆགས་པ་འདི་ཡིན་པར་གྲགས། མི་གཤིས་མི་འདྲ་བ་གཉིས་ཡོད་པའི་དྲག་པ་རྣམས་མཛངས་ལ་དེས་ཤིང་། ཞན་པ་རྣམས་ཁྲམ་ཤས་ཆེ། ཐོང་སྣ་མི་འདྲ་བ་གསུམ་ཡོད་པ་ནི། གཙང་ཐེར་དང་། དར་སྐྱེགས། ལྷམ་ཐོན་རྣམས་སོ། ཕུའི་འབྲོག་སྡེ་རྒྱ་ཆུང་ཞིང་། མདའི་ཞིང་པ་རྒྱ་ཆེ་བས་ཤ་གཟུགས་ཚོང་དུ་བྱེད་པར་གྲགས་པ་བཅས་སོ།

བཙོད་པོ་མཆེད་གསུམ་གྱི་ཡུལ་བགོས་བྱས་པ་དེ་ཆ་སྙོམས་པར་བྱུང་ནའང་། གམ་རུའི་གཡམ་པ་ལེགས་པོ་དེ་སྤྱོད་སྒོ་ཆེ་ལ་མི་འཛད་པའི་གཏེར་དང་འདྲ་བ་བྱུང་། ཟ་དང་། གཡམ་པའི་རྒྱལ་པོ་ཟེར་བ་ཁྱུང་གཡམ་དུ་གྲགས་པ་ཁྱུང་བཙོད་ལ་ཐོབ་པ་ཡིན། དུས་ཕྱིས་བཙོད་པོ་མཆེད་གསུམ་གྱི་གདུང་རྒྱུད་ལ་དར་གུད་བྱུང་བའི་དབང་གིས་ཡུལ་སྡེ་ཆེན་པོ་གསུམ་སྟེ་ཉང་སྟོད་སྨད་བར་གསུམ་ལྔེ་བཙོད་གཅིག་པོས་བཟུང་བ་ཡིན། སྔར་ཁྱུང་བཙོད་སྐབས་ཉང་སྟོད་

ཀྱི་གཞུང་སྡེ་སྤྱང་ཐང་ཕལ་ཆེ་བའི་ཞིང་ག་ལ་ཆུ་མེད་པ་ཐལ་འདེབས་བྱེད་དགོས་པར་ཕྱིས་ལྷེ་བཙད་ཐུགས་བློ་ཟབ་ཅིང་། འགྱུར་སྟོབས་ཆེ་བས་ས་ཁུལ་འདི་ཚོར་སྡེ་ཚོ་བཙོས་ཐབས་དགོས་པ་འདུག་གསུངས་ནས་ཉང་སྟོད་ཀྱི་བྱང་རྒྱུད་དུ་རྩ་གནམ་གྱི་རྒྱལ་ཀ་དང་། སྨེ་རྒྱུད་དུ་སྤང་ཡུལ་ཞིང་གི་འོད་ཀ་བྱ་བ། ཉང་སྨད་བྱང་དུ་སྤྲ་ཚབ་ཀ་མོ་ཆེ་དང་། སྟོར་ན་ཀ་ཆེན་བཅས་ཀ་ཆེན་སོ་སོས་ས་ཞིང་སོན་ཁལ་ཁྲི་ཚོ་རེའི་འདེབས་ཆུ་སོགས་ཆུའི་དགོས་མཁོ་སྐོང་ཐུབ་པར་གྲགས་ཤིང་། ཀ་མོ་ཆེ་བཞི་གསར་དུ་བསྐྲུན་པ་རྣམས་སྤྲ་བརྟན་མ་ཆགས་བར་ཀ་སྲུང་པ་སྡོད་པའི་ས་མཁར་བཞེངས་པ་ནི་སྟོད་དུ་རྒྱ་གྲོང་ལྷེ་མཁར་དང་། སྨད་དུ་པ་སྣམ་ལྷེ་མཁར་གཉིས་གསར་དུ་བཟོས་པ་རེམ་བཞིན་ཁུལ་དེ་ཚོར་གྲོང་ཚོ་རྒྱ་ཆེན་ཆགས་པ་ཕྱིས་ཀྱང་གནས་པ་བཅས། དེ་ལྟ་བུའི་ཞིང་ལས་ཐོན་སྐྱེད་རྒྱ་ཆེར་སྤེལ་ཐུབ་པའི་འགག་རྩ་སྲིད་པའི་ཀ་མོ་ཆེ་བཞི་དང་། མཁར་གྲོང་གཉིས་བཅས་གསར་དུ་བསྐྲུན་པས་ལྷེ་བཙད་ཀྱིས་ཆུ་བེད་འཛུགས་སྐྲུན་དང་། མཁར་གྲོང་འཛུགས་སྐྲུན་ལ་མཛད་རྗེས་ཆླབས་པོ་ཆེ་བསྒྲུབ་ཐབས་མེད་པ་ཞིག་བཞག་ཡོད་པ་མ་ཟད། བསྟན་པ་ཕྱི་དར་སྐབས་ཀྱི་དགོན་སྡེ་ཆགས་ས་བ་ལོ་སྟོན་རྡོ་རྗེ་དབང་ཕྱུག་གིས་ཉང་སྨད་རྒྱན་གོང་གི་གཙུག་ལག་ཁང་བཏབ་པའི་སྦྱིན་བདག་གི་གཙོ་བོ་ཡང་ལྷེ་བཙད་ཀྱིས་མཛད་པ་ལོ་རྒྱུས་ཀྱི་གནས་ཚུལ་མང་པོ་ལས་རྟོགས་ཐུབ། དཔེར་ན། 《མྱང་ཡུལ་སྟོད་སྨད་བར་གསུམ་གྱི་ངོ་མཚར་གཏམ་གྱི་ལེགས་བཤད་མཁས་པའི་འཇུག་ངོགས》ཞེས་བྱ་བའི་ནང་། "དེ་དུས་ཞྭ་ལུ་པ་ཆེ་བ་རྣམ་པ་བཞི་ཟེར་བ་ཡོད་དེ། ལས་ཀ་བཞི་ཡིན་པས་ཆེ། ཡོན་བདག་བཙད་པོ་ཡིན་པས་ཆེ། སློམ་པ་རྒྱ་གར་མ་ཡིན་པས་ཆེ། དུས་པ་ལྷེ་

ཡིན་པས་ཆེ།”① ཞེས་འཁོད་པའི་དང་པོ་ཞྭ་ལུ་པའི་ཀ་བ་བཞི། གདུང་མ་བརྒྱད། བྱང་དུ་སེང་གེ་རལ་པ་ཅན་དང་དགུ། ལྷམ་བདུན་རྩུ་ཐམ་པ་ཞེས་ཡོངས་སུ་གྲགས་པའི་ཀ་བ་བཞི་ནི། དགའ་སྟོང་དམ་པ་ཆོས་ཀྱི་ཀ་བ། ཀུ་རི་བྱ་སྐྱུས་ཁ་བྲག་དཔུང་གི་ཀ་བ། གཡུས་སྐྱུ་མ་ནོར་གྱི་ཀ་བ། ནེ་སེར་མཐུའི་ཀ་བ་བཅས་སོ། གདུང་མ་བརྒྱད་ནི་ཤར་དུ་ཀྱི་གྲུ་ཤ བྱར་ཚལ། ལྷོར་འོར་མུག་པ། འབྲི་མཚམས། ནུབ་ཏུ་སྤོག ཟ་ཁང་པོ། བྱང་དུ་གཉེན་རྗེ་འབངས། ཅོག་རོ་པན་བཅས་སོ། བྱང་གི་སེང་གེ་རལ་པ་ཅན་ནི་ཀུ་ཡུག་གོས་སྟོན་ཅན་གྱི་ལུང་པ་སོགས་ལ་ངོས་འཛིན་པར་གྲགས་པ་བཅས་ལས་ཀ་བཞི་སྟེ་ཞྭ་ལུ་པའི་མཆོད་གཞིས་ལྷ་མིའི་སྟེ་དཔོན་སོགས་ལ་ངོས་འཛིན་པའི་ཆེ་བ་དང་། ཡོན་བདག་བཙད་པོ་ཡིན་པས་ཆེ་ཞེས་པ་ནི་ལོ་སྟོན་རྡོ་རྗེ་དབང་ཕྱུག་གིས་རྒྱན་གོང་ཕྱག་བཏབ་པ་དང་། དེའི་ཉེ་གནས་ལྕེ་བཙུན་ཤེས་རབ་འབྱུང་གནས་ཀྱིས་ཞྭ་ལུ་གསེར་ཁང་ཕྱག་བཏབ་པ་སོགས་ཀྱི་སྦྱིན་བདག་ལྕེ་བཙད་ཀྱིས་མཛད་པས་དགོན་པའི་སྦྱིན་བདག་ཀྱང་གཞན་དང་མི་འདྲ་བ་བཙན་པོའི་གདུང་རྒྱུད་ཀྱིས་མཛད་པའི་ཆེ་བ། སྟོམ་པ་རྒྱ་གར་མ་ཡིན་པས་ཆེ་ཞེས་ལྕེ་བཙུན་ཤེས་རབ་འབྱུང་གནས་ཀྱིས་ཞྭ་ལུ་གསེར་ཁང་གི་གཙུག་ལག་ཁང་བཞེངས་གྲུབ་པའི་རྗེས་སུ“ ལྕེ་བཙུན་གྱིས་རྒྱ་གར་རྡོ་རྗེ་གདན་ལ་བྱོན། རྡོ་རྗེ་གདན་པ་ཆེན་པོ་སློབ་དཔོན་ཨ་བྷ་ཡ་ཀ་ར་ལ་སྟོམ་པ་བླངས་ཆོས་མང་པོ་ཞུས། སྤྱན་རས་གཟིགས་ཁ་སར་པ་ཎི་སྤྱན་དྲངས་པས་རྒྱ་གར་གྱི་ལྷ་སྲུང་རྣམས་མ་དགའ་ནས། ཚུ་པོ་གཏྲ་ལ་སྤྱན་མ་འདྲོངས། དེར་ལྕེ་བཙུན་གྱིས་དཀོན་མཆོག་ལ་ཞག་གསུམ་གྱི་བར་དུ

① （མྱང་ཆོས་འབྱུང་དེབ་ངོས161）

གསོལ་བ་བཏབ་པས། མོན་པའི་མི་ཐ་མལ་བས་ཉེས་འགྱུར་གྱི་ཆེ་བ་གཅིག་བྱུང་ནས་རྣལ་འབྱོར་པ་ཁྱོད་སྐུ་འདི་གར་སྤྱན་འདྲེན་པ་ཡིན་ཟེར། བོད་ན་ཞྭ་ལུ་ཟེར་བའི་གཙུག་ལག་ཁང་གཅིག་ཡོད། དེ་རུ་སྤྱན་འདྲེན་པ་ཡིན་བྱས་པས། འོ་ན་ངས་འཁུར་གྱིས་སླ་བྱའམ་ཟེར། བོད་ཀྱི་ཞྭ་ལུ་ཚུན་བསྐྱལ་སླ་ཇི་ཙམ་དགོས་པ་སྐྱེར་གསུངས་ནས་སྤྱན་དྲངས་པར་གྲགས། ཞྭ་ལུའི་གཙུག་ལག་ཁང་གི་རྟེན་གྱི་གཙོ་བོ་ལ་བཞུགས་ཏེ་ད་ལྟ་རང་བྱོན་གྱི་སྐུ་རྒྱབ་ན་བཞུགས" ①ཞེས་གསལ་བ་ལྡེ་བཙུན་ནས་བརྒྱུད་པའི་སྟོམ་རྒྱུན་འདི་རྒྱ་གར་གྱི་ཨ་རྱ་ཡ་ནས་ཐད་ཀར་བཞེས་པའི་ཆེ་བ། རུས་པ་ལྡེ་ཡིན་པས་ཆེ་ཞེས་པ་ནི་ལྡེ་བཙུན་ནས་བཟུང་ཁོང་གི་རྒྱུད་པ་ན་རིམ་གྱིས་ཞྭ་ལུ་དགོན་གནས་འཛིན་སྐྱོང་སྤྱིལ་གསུམ་གནང་བ་དེའི་ཐོག་མའི་ལྡེའི་རུས་རྒྱུད་འབྱུང་སྣང་སྐོར། འོད་གསལ་གྱི་ལྷ་ནས་ཆེད་པ་" གནམ་རིམ་པ་བཅུ་གསུམ་གྱི་སྟེང་ནས་འབྲུག་ལྷ་བུའི་ལྡེ་དང་ས་མེར་གྱིས་ཞུ་བ་ལྷ་བུའི་བཙུན་མོ་བཞེས་པའི་སྲས་ལ་ལྷ་གནས་རྩེ་རྒྱལ་པོ་བྱུང་། དེའི་གདུང་རྒྱུད་ལ་ལྡེའི་མིང་ཐོབ། ལྷ་གནས་རྩེ་རྒྱལ་པོ་དང་ཀླུ་བཟའ་བཙུན་མོ་བཞེས་པའི་སྲས་ལ་ལྡེ་ཉི་ཟེར་འཕྲུལ་གྱི་རྒྱལ་པོ་བྱུང་། དེ་ལས་སྲས་བདུན་གྱི་ཐ་ཆུང་ཤེལ་གྱི་སྐས་ལས་བབས་ཏེ་སྟག་གཟིག་གི་ཡུལ་དང་། དེ་ནས་ཧོར། དེ་ནས་རྒྱ་ཡུལ། དེ་ནས་ཡར་རིམ་འཁྲུད་ཀྱིས་ཡར་ལུང་ས་ཕེབས་སོ" ②ཞེས་གསལ་བ་ལྟར་ལྡེའི་གདུང་རྒྱུད་ཐོག་མར་བྱུང་བ་ནས་རིམ་པར་ཆོས་རྒྱལ་སྲོང་བཙན་སྒམ་པོའི་ནང་བློན་ལྡེ་དབང་ཆེན་མོ་དང་། ཁྲི་སྲོང་ལྡེ་བཙན་དང་། སད་ན་ལེགས་ཀྱི་

① (སྲུང་ཆོས་འབྱུང་དེབ་ངོས161)

② (སྲུང་ཆོས་འབྱུང་དེབ་ངོས192)

ནང་བློན་ལྷེ་ཁྲི་འབྲུག་དང་། ཧྲི་ན་སེ་ཧྲི་སོགས་ནང་བློན་དང་སྒྲ་བསྒྱུར་གྱི་ལོ་ཙཱ་བ་ཆེན་པོ་བྱུང་བ་ནས་བཟུང་ལྷེའི་གདུང་རྒྱུད་རིམ་པར་བྱོན་པའི་སྐྱེས་བུ་དམ་པ་རྣམས་ཀྱི་གདུང་རྒྱུད་ཀྱི་ཆེ་བ་བརྗོད་པའོ།

དེ་ལྟར་ཞྭ་ལུ་བའི་ཆེ་བ་བཞིའི་ནང་དུ་ཡང་ཐོག་མར་ཞྭ་ལུའི་རྩང་གཞི་དཔལ་འཁོར་གྱི་གནས་ཚུལ་བཀོད་མ་ཐག་སྟེང་གི་བཀོད་པའི་ཐོག་མ་ཁོ་ནར་ཞྭ་ལུའི་སྦྱིན་བདག་བཙད་པོའི་ཆེ་བ་བརྗོད་པའི་གནས་ཚུལ་འདིའི་ཐོག་ནས་ཉང་སྟོད་སྨད་བར་གསུམ་བདག་གིར་བཞེས་པ་ལྷེ་བཙད་ཀྱིས་ཞྭ་ལུའི་དགོན་གནས་ཕྱག་བཏབ་རྗེས་སྦྱིན་བདག་གི་བདག་རྐྱེན་ཆེན་པོ་གནང་བ་མངོན་གསལ་དུ་ཐོན་པར་བྱས་པ་འདི་ནི་ལོ་རྒྱུས་ཀྱི་དོན་དངོས་ངོ་མ་དེ་ཡིན། འོན་ཀྱང་རྒྱ་བོད་ཡིག་ཚང་མཁས་པ་དགའ་བྱེད་ནང་། ཞྭ་ལུ་བའི་དཔོན་རྒྱུད་འདི་གདུང་རུས་བཙད་པོ་ལྷེ་བཙད་ཀྱི་རྒྱུད་པ་ཡིན་ཚུལ་གསུངས་པ་འདི་ནི་དཔྱད་དགོས་པའི་དོན་ཞིག་ཏུ་སྣང་རུང་། དོན་དངོས་ནི་ཁྲི་བཀྲ་ཤིས་བརྩེགས་པ་དཔལ་གྱི་གདུང་རྒྱུད་ཡབ་གཅིག་པའི་སྲས་གསུམ་གྱིས་བདག་གིར་བཞེས་པའི་མངའ་རིས་ས་ཁུལ་གསུམ་གྱི་འབངས་མང་ཆེ་བའི་རུས་མིང་གནས་ལ་ཆགས་པ་དེ་སྐར་བཙན་པོའི་གདུང་རྒྱུད་སོ་སོས་ས་ཁུལ་དེའི་བདག་པོ་མཛད་པ་མཚོན་པར་བྱེད་ཕྱིར་ཁྱུང་བཙད་དང་། འབྲི་བཙད། ལྷེ་བཙད་ཅེས་ངེས་བཟུང་བདེ་བའི་མཚན་མི་འདྲ་བ་ཐོགས་པ་ཞིག་ཡིན་པས་ལྷེ་བཙད་དང་ལྷེའི་གདུང་རྒྱུད་ནི་ཡོངས་སུ་ཐ་དད་ཡིན་པའི་གནད་འདི་ནོར་བར་མི་བྱ་བ་བཅས་སོ།

ཁྲི་བཀྲ་ཤིས་བརྩེགས་པ་དཔལ།

↓

དཔལ་ལྡེ།　　　　འོད་ལྡེ།　　　　སྐྱིད་ལྡེ།

↓

འོད་ཟེར་ལྡེ།　　　　ཧྲམ་ཙཀྲ།

↓　　　　↓

དབང་པོ་ལྡེ།　　　　འདིའི་རྒྱུད་པ་ནི་ལྷ་རྩེ་བ། གླང་ལུང་ཙད་སྐོར་བ། ཀླུ་རྒྱལ་བ། ཕྱི་པ་རྣམས་ཡིན་པར་གྲགས།

↓

ཏུང་དཀར་ལྡེ།

↓

བཙན་ལྡེ།

↓

ལྷ་མཆོད་ལྡེའམ་འཇོལ་ལེ། དཀོན་མཆོག་ལྡེ། འོད་ལྡེའམ་རྩེ་མོ།

↓

དབང་ཕྱུག་ལྡེ།

↓

སྐྱབ་པ་ལྡེ།

↓

ཕྲས་མོ་གསུམ་དང་། ཕྲས་མགོན་པོ་ལྡེའམ་དཔུང་དམར།

↓

བཙུན་པ་ལྷ། ←———————————

↓

ཁྲི་རྒྱལ་འབུམ་ལྷ་མགོན་(1253－1280)

↓

ཁྲི་རིན་ཆེན་བཟང་པོ། ཁྲི་ལྷ་འབུམ། བསམ་ལྷ།

(—1280) (1268—)

↓

ཆོས་སྐྱོང་ལྷ།(1280－1352)

↓

ཁྲི་བཀྲ་ཤིས་ལྷ། (1312－1365)

↓

ཁྲི་ཕུན་ཚོགས་སྡེ་དཔལ་བཟང་པོ། (1338－1370)

↓

ཁྲི་མཆོག་གྲུབ་ལྷ། ཁྲི་རྒྱལ་བསོད་ནམས་ལྷ།(1371－1404)

↓

བསོད་ནམས་རྒྱལ་མཚན། ལྷ་དབང་རྒྱལ་མཚན་(1404－1464)

↓

ཁྲི་རྣམ་རྒྱལ་ལྷ། ནམ་མཁའ་ནོར་བུ། ལྷུམ་སྤྲིང་ཨཱ་གྲོལ་ཆོས་ཀྱི་སྒྲོན་མེ།

(1422－1503)

↓

ཆོས་རྒྱལ་ནོར་བུ་ལྷ། (1450－) ཁྲི་རྒྱལ་བསམ་གྲུབ་ལྷ།

(1459 –) ལྕམ་སྲིང་དོན་གྲུབ་རྒྱལ་མོ་བཅས་དང་། སངས་རྒྱས་རྒྱལ་མོར་འབྲུངས་པ་སྲས་ཤེས་རབ་དཔལ་བཟང་། ཀུན་དགའ་རྣམ་རྒྱལ། མཁའ་འགྲོ་རྒྱལ་མོ།

ཆོས་རྒྱལ་ནོར་བུ་ལྷེའི་སྲས།

↓

ལྷ་བཙུན་ ཀུན་ དགའ་ རྣམ་ རྒྱལ། སྒོ་ ཕོར་ བཞུགས་ སྐབས་ ཀྱི་ སྲས་ འཛམ་དབྱངས་རིན་ཆེན་རྒྱལ་མཚན།

↓

མངའ་རིས་པཎ་ཆེན། གཙུང་ལེགས་ལྡན།

↓

པདྨ་རྒྱལ་པོ།

ཁྲི་རྒྱལ་བསམ་གྲུབ་ལྡེའི་སྲས།

↓

ཁྲི་བཀྲ་ཤིས་དཔལ་འབར། ལྷ་བཙུན་ནམ་མཁའ་དཔལ་མགོན།

↓

སྲས་མོ་དཀོན་མཆོག་རྒྱལ་མོ། གོང་མ་ཀུན་དགའ་བློ་གྲོས།

↓

ཀུན་བཟང་རྡོ་རྗེ་གྲགས་པ། (1528 – 1565)

↓

ཁྲི་རྒྱལ་བསམ་འགྲུབ་ལྡེ། (– 1593) ལྷ་སྲས་ལྷུན་གྲུབ་རྒྱལ་པོ། ད་དུང་སྲས་གཅིག་དང་། ལྕམ་མོ་གཅིག

ཀུན་དགའ་རྣམ་རྒྱལ་གྱི་སྲས།

↓

ཁྲི་ཀུན་བཟང་ཉི་ཟླ་གྲགས་པ།(1514 – 1560)

↓

ལྷང་མ་ཤེས་རབ་ཀུན་དགའ། ལྷ་ཀུན་བཟང་རྣམ་འཕྲུལ་རྒྱལ་པོ། ལྷམ་སྐྱིད་བདེ་ལེགས་བཟང་མོ། སྲས་མོ་ཕུན་ཚོགས་རྒྱལ་མོ།

ཁྲི་རྒྱལ་བསམ་འགྲུབ་ལྡེའི་སྲས།

ཁྲི་རྒྱལ་བསོད་ནམས་དབང་ཕྱུག་ལྡེ།(1577 –)

↓

ཆོས་རྗེ་ཀུན་བཟང་། སྲས་མོ་ནོར་འཛིན་དབང་མོ་དང་། གཞན་གཅིག

↓

རྡོ་རྗེ་བདུད་འདུལ། སྲས་མོ་གཅིག་བཅས་སོ།

འོད་ལྡེ།

↓

ཕ་བ་དེ་ས།　　ཁྲི་ལྡེ།　　ཉག་ལྡེ།　　　　ཁྲི་ཆུང་།

↓　　↓　　↓　　↓

དར་མ་ཏྲ་ཛ།　ལྷ་རྒྱལ་བ།　འདིའི་རྒྱུད་པ།　འོད་སྲིད་འབར།

↓　　↓　　གཡས་རུ་སྐྱིན་

མཁར་བཙན་

ཕོར་ཐུག

དར་མ་བཙན་པོ།　དར་ལྡེ།

↓　　↓

ཁྲི་འབར།　དར་མ་ལྡེ།

↓

ཁྲི་བཙན་འབར་དང་བཀྲ་ཤིས་ལྡེ།

↓

བཙན་སྲུང་།

↓

བཙན་པོ་ལྡེ་འབར་བཅས་སོ།

འོད་སྲིད་འབར་གྱི་སྲས་གཅེན་ཞང་རྗེ་ཚ་ཁྲི་ལྡེ་འབར།

གཙུང་གཙང་ཚ་དྲུག་སྐྱེ།

ལྷ་སྤྱན། གཡུ་སྤྱན། ད་ར། ལྷུན་པོ། འོད་བཙན། གུང་བཙན།

↓ ↓ ↓ ↓

ཇོ་དགའ། འདིའི་རྒྱུད་པ་ གཉམ་དུ་མཐུད་ མཚམས་དང་ པོར་གཟིགས།	འདིའི་རྒྱུད་པ་ གཉམ་དུ་མཐུད་ མཚམས་གཉིས་ པར་གཟིགས།	འདིའི་རྒྱུད་པ་ གཉམ་དུ་མཐུད་ མཚམས་གསུམ་ པར་གཟིགས།

གཅེན་ཞང་རྗེ་ཚ་ཁྲི་ལྡེ་འབར་གྱི་སྲས།

↓

གཡུ་ཐོག ཁྲི་ཆུང་ལྷ་སྒོམ། གུང་ལྡེ། ཁྲི་ཐོག་ཐག བླ་བ།

↓ བཞེངས་ཅན་འབར།

ནམ་ལྡེ། ཇོ་དགའ། རྗེ་ལྡེ།

བླ་བའི་སྲས།

↓

ཐོག་བརྩན། ལྡེ་འདྲུ།

བཞེངས་ཅན་འབར་གྱི་སྲས།

↓

གཅེན་རབ་ཏུ་བྱུང་བ། ཇི་མ་ལོད།

ནམ་ལྡེའི་སྲས།

↓

ཇོ་ཐག་དང་འབུམ་སྟེ་སོགས་དྲུག

གཡུ་ཐོག་ཇོ་དགར་སྲས་གཅིག

གཡུ་ཅན་ཇོ་དགའི་སྲས།

↓

བྲ་ས་ལྷ་ཆེན། ཁྲི་དར་མ། ལྷ་ཞི་བ།

↓

གཙུག་ལྡེ། ཁྲི་གཙུག་ལྡེ། རྣལ་འབྱོར། སྟོན་ལམ།

↓

ཇོ་འབག ལྷ་ཆེན་པོ། ལྷ་ངམ་སྔོད་པ།

↓

ཤཱཀྱ་མགོན། ལྷ་འགྲོ་མགོན། ལྡེ་པོ། ལྡེ་ཆུང་། ཇོ་རྒྱལ།

↓ ↓ ↓

ཤཱཀྱ་རྒྱལ། ཇོ་འཕེལ།

↓

ཤཱཀྱ་བཀྲ་ཤིས། ཚབ་ལྷ་བྱུར་ཁང་པ། གཙུང་པོའི་རྒྱུད་ཁྲོམ་པོ་བ་རྣམས་ཡིན།

ལྷ་བྲག་ཁ་བ། གྲགས་པ་རིན་ཆེན།

↓

བློ་གྲོས་འདོད། ཤཱཀྱ་མགོན་པོ། ལྷ་བཙུན་ཚུལ་ཁྲིམས་བཟང་པོ།

འབལ།

སྤྲཀྱུ་རྒྱལ་གྱི་སྲས།

↓

སྤྲཀྱུ་དཔལ་གྱི་སློ་གྲོས་བཟང་པོའོ།

མཐུད་མཚམས་དང་པོ།   ལྷུན་པོ་འབར་གྱི་སྲས།

↓

ཇོ་མགོན།   ཇོ་ཁྲི།   འབྲུག་ཆུང་ལྷེ།

↓

འོད་ལྷེ།   དཔལ་ལྷེ།   ཁྲི་པོ།   གྲུབ་པ།

↓

ཇོ་བོ་འཇིག་རྟེན། སེ་ཏུ། ནོར་དགའ།

↓

ཇོ་ཁྲིམ།   ཇོ་འབག

↓   ↓

ཤག་ཁྲི།   འོད་མཛེས།

↓

ཇོ་བོ་དགོས་པ།

↓

ཇོ་བོ་ཁྲི་མགོན་བཙས་སོ།

དཔལ་ལྷེའི་སྲས།

↓

ཛ་ཐོ་དགའ་དགའ།

↓

ཁྲི་འོད།

↓

ཁྲི་འབུམ།

↓

ལྷེ་བདུན་བཅས་སོ།

མཐུད་མཚམས་གཉིས་པ། འོད་བཙན་འབར་གྱི་སྲས།

↓

ཐང་ང་ལྷ་ལྷེ། ཐང་ཆུང་།

མཐུད་མཚམས་གསུམ་པ། གུང་བཙན་འབར་གྱི་སྲས།

↓

ལྷ་སྟོན་རིང་མོ། ལྷ་འཐེང་ངུ།

(4) སྟོད་ཀྱི་མགོན་གསུམ་སྐོར།

མངའ་བདག་དཔལ་འཁོར་བཙན་གྱི་སྲས་ཆུང་བ་(ལ་ལས་སྲས་བཀྲིས་པར་བཞེད་) སྐྱིད་ལྡེ་ཉི་མ་མགོན་མངའ་རིས་སུ་ཕེབས་པའི་སྲས་སྟོད་ཀྱི་མགོན་གསུམ་སྟེ། རིག་པ་མགོན། (དཔལ་མགོན་) བཀྲ་ཤིས་མགོན། ལྡེ་གཙུག་མགོན་གསུམ་རིམ་པར་འབྱུངས་ཤིང་། སྲས་གསུམ་གྱི་དབང་སྒྱུར་གནང་ཡུལ་གྱི་ས་ཁུལ་གང་ཡིན་དང་། མགོན་གསུམ་ལས་གྱེས་པའི་གདུང་རབས་འཁོར་རི་དང་། སྔོང་དེའི་ཡབ་གང་ཡིན་སྐོར་བོད་ཀྱི་ལོ་རྒྱུས་ཡིག་ལམ་ནང་བཞེད་པ་མི་

མཐུན་པ་མང་ཙམ་མཆིས་པ་དཔྱད་བསྡུར་བརྒྱུད་ཀཿཐོག་རིག་འཛིན་ཚེ་དབང་ནོར་བུས་མཛད་པའི་བོད་རྗེ་བཙད་པོའི་གདུང་རབས་ཚིག་ཉུང་དོན་གསལ་ནང་གསལ་བ་གཞི་རྩར་བཟུང་བ་སྟེ“ ཆེ་བ་རིག་པ་མགོན་གྱིས་མར་ཡུལ་འབྲུ་ཤའི་བར་དང་། འཁྲིང་བ་བཀྲ་ཤིས་མགོན་གྱིས་ཞང་ཞུང་ཡ་རྩེ་དང་བཅས་པ། ཆུང་བ་ལྡེ་གཙུག་མགོན་གྱིས་ཟངས་དཀར་སྤྱི་གསུམ་བཅས་བཟུང་ཞེས་པ་འདི་ནི་ཁུངས་དང་ལྡན་པ་སྟེ། གཞན་གུ་གེ་དང་། པུ་རངས་གཉིས་སུ་མགོན་གཉིས་ཐོག་པ་དེ་ནི་མ་ཡིན་ནོ། བཀྲ་ཤིས་མགོན་གྱི་སྲས་སྲོང་ངེ་དང་། འཁོར་རེ་གཉིས། སྲོང་ངེས་གུ་གེ་དང་། འཁོར་རེས་པུ་རངས་བཟུང་”① ཞེས་གསུངས་པ་ནི་འཐད་ལྡན་དུ་མཐོང་། སྤྱིར་རིག་འཛིན་ཆེན་པོ་འདི་ཉིད་ནི་བར་སྐབས་བྱོན་པའི་ལོ་རྒྱུས་སྨྲ་བའི་གཙུག་རྒྱན་མཁས་པའི་དབང་པོ་ཞིག་ཡིན་པས་ཁོང་གིས་མཛད་པའི་ལོ་རྒྱུས་དེབ་ཐེར་ནི་ཆེས་ཡིད་རྟོན་རུང་བ་ཞིག་ཡིན་པ་མ་ཟད། ལྷག་པར་མངའ་རིས་སྐོར་གསུམ་གྱི་ལོ་རྒྱུས་ལ་དེ་བས་ནང་བྱན་ཆུད་པ་ཞིག་ཡིན་འདུག ཁོང་གིས《 བོད་རྗེ་བཙད་པོའི་གདུང་རབས་ཚིག་ཉུང་དོན་གསལ་》ནི་སྤྱི་ལོ1745རབ་བྱུང་བཅུ་གཉིས་པའི་ཤིང་གླང་ལོར་བརྩམས་པ་ནས་ལོ་བཞི་སོང་བ་སྤྱི་ལོ1749རབ་བྱུང་བཅུ་གསུམ་པའི་ས་སྦྲུལ་ལོར་བལ་ཡུལ་མཆོད་རྟེན་བྱ་རུང་ཁ་ཤོར་གྱི་ཞིག་གསོ་རྒྱ་ཆེན་པོ་གནང་བའི་སྐབས་མང་ཡུལ་གུང་ཐང་ཟ་འོག་ཕུག་ཏུ་ལོ་གཅིག་བཞུགས་རིང་གུང་ཐང་རྒྱལ་རབས་ཀྱི་ཡིག་ཆ་མང་པོའི་སྙིང་བསྡུས་གནང་བ《 བོད་རྗེ་ལྷ་བཙད་པོའི་གདུང་རབས་མངའ་རིས་མང་ཡུལ་དུ་ཇི་ལྟར་བྱུང་བའི་ཚུལ་དེབ་ཐེར་དྭངས་ཤེལ་

---

① （གདུང་རབས་ཁྲིས་མ་ཤོག་གྲངས་12ན）

འཕྲུལ་གྱི་མེ་ལོང་》ཞེས་བྱ་བ་གསར་རྩོམ་གནང་བའི་སྙིང་བསྡུས་གོང་དུ་དཔལ་ལྡེའི་སྲས་འོད་ཟེར་ལྡེའི་སྐབས་ཞུས་པ་ལྟར་མང་ཡུལ་དང་མར་ཡུལ་གཉིས་ནི་ཐ་དད་ཡིན་ལ་རིག་པ་མགོན་གྱི་རྒྱུད་པ་བློ་གྲོས་མཆོག་ལྡན་གྱིས་ཁྱིས་གུ་གེ་དབང་དུ་བསྡུས་ཏེ་དཔྱའ་སོགས་མང་པོ་བསྡུས་པའི་ལོ་རྒྱུས་ནས་ཀྱང་གོང་དུ་རྩོམ་ཚོག་འཛོག་གནང་མཛད་པ་དེར་འགྲུལ་པ་མེད་པའི་གསལ་བཤད་ཐུབ་པ་ཡིན།

ཆེ་བ་ རིག་ པ་ མགོན་ ལ་ མངའ་ རིས་ མང་ ཡུལ། འབངས་ གཞུ་ ནག་བཙན། ཤར་ ཙ་ ཐོག་ དང་། གསེར་ ཁ་ གོག་ ལད་ ཀྱི་ བདེ་ མཆོག་ དཀར་ པོ། མཚམས་ཀྱི་ར་བ་དམར་པོ། ཕམ་ལེ་ཡི་མིག་གི་ཕ་བོང་གཡག་ལྡེར་རྫོ་བུག་པ་ཅན་ཡན་ཆད། བྱང་གསེར་ཁ་འགོག་པོ། ནུབ་ཁ་ཆེའི་ལ་བཙས་ལ་གཏོགས་པ་རྣམས་ཡིན་ནོ།

བར་པ་བཀྲ་ཤིས་མགོན་གྱིས་ཞང་ཞུང་དང་། ཡ་རྩེར་དབང་མཛད།

ཆུང་བ་ལྡེ་གཙུག་མགོན་གྱིས་ཟངས་དཀར། སྤོ་གསུམ། སྤྱི་ཏི། སྤྱི་ལྕོག་དང་བཅས་པ་ལ་མངའ་མཛད་པ་ཡིན་ནོ།

དང་པོ། སྲས་ཆེ་བ་རིག་པ་མགོན་གྱི་རྒྱུད་པའི་སྐོར་འདི་རྒྱལ་རབས་གསེར་གྱི་ཕྲེང་བ་དང་། ལ་དྭགས་རྒྱལ་རབས་གཙོ་བོར་བཟུང་ནས་བཀོད་པ་འདི་ལྟ་སྟེ། རིག་པ་མགོན་གྱི་སྲས་འགྲོ་མགོན་དང་། ཆོས་མགོན་གཉིས།

འགྲོ་མགོན་གྱི་སྲས་བླ་ཆེན་གྲགས་པ་ལྡེ།

དེའི་སྲས་བླ་ཆེན་བྱང་ཆུབ་སེམས་དཔའ།

དེའི་སྲས་བླ་ཆེན་རྒྱལ་པོ། དེའི་དུས་སུ་ཀླུ་དཀྱིལ་གྱི་དགོན་པ་བཏབ་ནས་དགེ་འདུན་གྱི་སྡེ་བཙུགས། གངས་རི་མཚོ་གསུམ་དུ་མང་དུས་སྒྲུབ་པ་པོ་ལྔ་བརྒྱ་ཙམ་དང་། ཉུང་དུས་བརྒྱ་ཙམ་རེ་བཞུགས་པ་ལ་འཚོ་བའི་ཡོ་བྱད་སྦྱར།

དེའི་སྲས་ལྷ་ཆེན་ཨུདྲ་ཡ། དེའི་སྐབས་ལ་དྭགས་སྟོད་གཤམ་གཉིས་ཀྱི་དམག་དྲངས་ནས་ཞུང་ཧི་ལ་བརྒྱབ་པས་ཞུང་ཧི་རྒྱལ་པོ་ཕམ་ནས་གངས་ཧི་སེ་ནམ་བཞུ་དང་། མཚོ་མ་ཕམ་ནམ་སྐམ་བར་ཏེ་ཊི་སྲིད་བར་རྒྱལ་པོར་མཛོ་དང་ལྷུགས་ལ་སོགས་པའི་ཁྲལ་དང་དཔྱའ་འབུལ་བའི་མནའ་གན་བཞག་པ་ལག་བསྟར་རྒྱུན་འཁྱོངས་བྱས་པ་དང་། ད་དུང་སློ་པོ། པུ་རངས་མན་ཆོད། སྟོ་ཕྱོགས་བྲེ་སྲང་གི་ཡུལ་ཆུ་ལ་མེ་འབར་ཚུན་ཆོད། ནུབ་ཕྱོགས་ར་ཤན་འགྲེང་ཤིང་། སྟག་ཁུ་ཚུར་ཆད། བྱང་ཕྱོགས་ཀ་བླུས་ཕན་ཆོད་མངའ་འོག་ཏུ་བསྡུས་ཏེ་ལོ་ལྟར་དཔྱའ་ཁྲལ་འབུལ་བ་དང་། རྒྱལ་པོའི་ཞལ་མཇལ་ཞུ་བར་ཡོང་རྒྱུའི་ཆོད་ཁ་བྱས་པ་སོགས་རྒྱལ་པོ་འདིའི་དུས་སུ་མངའ་ཐང་རྒྱས་ལ་དཔུང་སྟོབས་བཙན་པ་བྱུང་།

དེའི་སྲས་ལྷ་ཆེན་ནག་ལུག རྒྱལ་པོ་འདིས་སྟག་གི་ལོ་ལ་བན་ལེའི་མཁར་དང་། འབྲུག་གི་ལོ་ལ་ཁ་ལ་རྩེ་བརྩིགས་སོ།

དེའི་སྲས་ལྷ་ཆེན་དགེ་ལྡེ་དང་། དགེ་འབུམ།

དགེ་འབུམ་གྱི་སྲས་ལྷ་ཆེན་ཇོ་ཇོར།

དེའི་སྲས་བཀྲ་ཤིས་མགོན།

དེའི་སྲས་ལྷ་རྒྱལ། རྒྱལ་པོ་འདིས་གསེར་བཞུན་གྱི་ཁུ་བས་རྡོ་རྗེ་རྩེ་མོ་དང་། ངན་སོང་སྦྱོང་རྒྱུད། རྒྱུད་འབུམ་ཆ་ཚང་བཅས་བསྐྲུན།

དེའི་སྲས་ལྷ་ཆེན་ཇོ་དཔལ། རྒྱལ་པོ་འདིའི་ཆོས་སྲིད་མཛད་པ་གཞན་ལས་ཁྱད་པར་འཕགས་པ་བྱུང་བར་གྲགས།

དེའི་སྲས་ལྷ་ཆེན་དངོས་གྲུབ། རྒྱལ་པོ་འདིའི་དུས་སུ་རབ་ཏུ་བྱུང་བ་དབུས་གཙང་དུ་འཆད་ཉན་ལ་འགྲོ་བའི་སྲོལ་བཙུགས་ནས་ཡབ་མེས་ཀྱི་གཙུག་

ལག་ཁང་རྣམས་ལ་ཞིག་གསོ་མཛད་པ་དང་། ཁྱད་པར་དུ་ཆོས་རྗེ་འབྲི་གུང་པ་འཇིག་རྟེན་མགོན་པོ་(སྤྱི་ལོ1143རབ་བྱུང་གཉིས་པའི་ཆུ་ཕག་ལོར་འཁྲུངས། སྤྱི་ལོ1217རབ་བྱུང་བཞི་པའི་མེ་གླང་ལོར་གཤེགས་)མཇལ་བར་ཕེབས་ནས་གསེར་དངུལ་ལ་སོགས་པ་རིན་པོ་ཆེ་བརྒྱ་འབུལ་ཕུལ་བ། གཞན་ཡང་བཀའ་འགྱུར་ཚར་གཉིས་དང་། གསང་སྔགས་ཀྱི་དཀྱིལ་འཁོར་ཡང་མང་པོ་བཞེངས་སོ།

དེའི་སྲས་ལྷ་ཆེན་རྒྱལ་བུ་རིན་ཆེན།

དེའི་སྲས་ལྷ་ཆེན་ཤེས་རབ། རྒྱལ་པོ་འདིའི་རིང་ལ་ས་བུའི་ཧང་རྗེ་མོ་ཞེས་པའི་ཁ་ལ་གྲོང་ཁྱེར་སེང་གེ་སྒང་ཞེས་པ་བརྩིགས་ནས་མར་ཡུལ་ས་བུ་སྒྲུང་མཁར་དུ་བཏགས་སོ།

དེའི་སྲས་ལྷ་ཆེན་ཁྲི་གཙུག་ལྡེ། རྒྱལ་པོ་འདིས་གླེ་ཏུ་མཆོད་རྟེན་བརྒྱ་རྩ་དང་། ས་བུ་རུ་བརྒྱ་རྩ་གཉིས་བཅས་བཞེངས་སོ།

དེའི་སྲས་བླ་ཆེན་གྲགས་པ་འབུམ་ལྡེ་དང་། གྲགས་པ་འབུམ་གཉིས་འཁྲུངས་པ་ལས་གྲགས་པ་འབུམ་ལྡེས་གླེ་ལ་སོགས་པ་ལ་མངའ་མཛད་ནས་རྒྱ་མའམ་ཕྱག་རྗེས་སུ་གཙུག་ལག་ཁང་དམར་པོ་བཞེངས་ནས་དེའི་ནང་བཞུགས་སུ་གསོལ་རྒྱུའི་སྐུ་རྟེན་རྒྱལ་བ་བྱམས་པ་མགོན་པོ་དགུང་ལོ་བརྒྱད་པའི་སྐུ་ཚད་དང་། གཡས་གཡོན་གཉིས་སུ་འཇམ་དབྱངས་དང་། ཕྱག་ན་རྡོ་རྗེ་ཐོག་ཚད་རེ། གཙུག་ལག་ཁང་གི་ལོགས་བྲིས་ལ་བདེ་བར་གཤེགས་པའི་སྐུ་བརྙན་མང་པོ་བྲིས་ཡོད་པ་བཅས་གཙུག་ལག་ཁང་དེ་ཐོག་སོ་སུམ་བརྩིགས་མཐོ་ལེང་གི་དཔེ་བླ་ལྟ་བུ་དང་། གསུང་རྟེན་དུ་གཟུངས་འབུམ་ཆེན་མོ་དང་། དཀོན་བརྩིགས་ཡང་དཀར་གཤེགས་པ་ལ་སོགས་པ་བཞེངས།

ཐུགས་རྗེན་དུ་དེའུ་སེར་པོ་སྤྲེའི་ཡུལ་ལ་གནོད་པ་ཞིག་ཡོད་པ་དེ་བཏུམས་ནས་ཕྱི་མཆོད་རྗེན་གྱི་ཚུལ་ལ་ནང་ལྷ་ཁང་བརྒྱ་རྩ་བཀོད་པས་ཁྱད་པར་འཕགས་པ་བཞེངས་པ་དེའི་མཚན་ལ་ཏེའུ་བཀྲ་ཤིས་འོད་འཕྲོ་ཟེར།

གཞན་ཡང་སྤྲེའི་མདོ་དེ་ན་དེའུ་སྣང་པོ་ཆེ་འདྲ་བ་ཡོད་པ་རྒྱལ་པོས་རི་མ་གི་ལ་དགེ་སློང་བཞི་སྡེའི་སྒྲུབ་གྲྭ་ཞིག་བཙུགས་ཟེར་ན་ང་ཤི་ཡང་འགྱོད་པ་མེད་གསུངས་པའི་དུས་དེར་སློགས་དུས་ཀྱི་ཀུན་མཁྱེན་ཙོང་ཁ་པ་ཆེན་པོ་བློ་བཟང་གྲགས་པས་རང་གི་ཤངས་ཁྲག་ལ་འབྲུངས་པའི་ཚེ་དཔག་མེད་མཐེབ་ཚོགས་ཙམ་ཡོད་པ་བྱ་བྲལ་གཉིས་ལ་བསྐུར་ནས་མངའ་རིས་སུ་ཡང་ན་གྲགས་པའི་མཚན་ཅན་ནམ། ཡང་ན་ལྡེའི་མཚན་ཅན་གྱི་ཕྱུག་ཏུ་ཕུལ་ཞེས་གསུངས་པ་ལྟར་བྱ་བྲལ་གཉིས་པོ་མར་ཡུལ་དུ་འགྱོར་ནས་ནུབ་རི་ན་གྲགས་པ་ཞེས་བྱ་བ་ཞིག་ཡོད་པ་དེའི་དྲུང་དུ་བྱ་བྲལ་གཉིས་ཕྱིན་པར་ཁོང་གིས་སྤྱན་ཙམ་ཡང་མ་གཟིགས་པས་འབུལ་ཐབས་མ་བྱུང་བ་སྣེ་རུ་ཡོད། དེའི་ཕོ་རེངས་རྒྱལ་པོའི་ཞལ་ནས་དེ་རིང་ངའི་ཞལ་བལྟ་བ་ལ་བྱ་བྲལ་རྗེ་ད་པ་དང་། མོན་ཏི་ཤི་འོང་བས་སུས་ཀྱང་མ་ཁོགས་ཤིག་གསུངས་པ་ལྟར་བྱ་བྲལ་གཉིས་བྱུང་བར་རྒྱལ་པོས་བྱ་བྲལ་གཉིས་ལ་བསུ་བ་མཛད་ཅིང་། བྱ་བྲལ་གཉིས་ཀྱིས་ཙོང་ཁ་པ་ཆེན་པོའི་སྐུ་སྐྱེས་ཕུལ་བས་ཤིན་ཏུ་མཉེས་ནས་སངས་རྒྱས་ཀྱི་བསྟན་པ་རིན་པོ་ཆེ་ལ་དཔེས་ནས་དཔེ་ཐུབ་ཀྱི་དགོན་པ་མ་བརྩིགས་ལྷུན་གྱིས་གྲུབ་པ་དེ་ལྟ་བུ་བཏབ་ནས་དགེ་འདུན་གྱི་སྡེ་མང་པོ་བཙུགས།

དེའི་སྲས་བློ་གྲོས་མཆོག་ལྡན། རྒྱལ་པོ་འདིའི་དུས་སུ་གུ་གེ་ནས་དམུ་ཁྲབ་ཟིལ་པ་མ་མོའི་མུན་སྦྲིབ། ཁྲབ་ཆུང་དཀར་རུ། ལྷ་ཁྲབ་དཀར་པོས་གཙོས་ཁྲབ་བཅོ་བརྒྱད། རལ་གྲི་ནམ་མཁའ་ཁྲག་ལྡག འབྲོང་རྩེ་རིང་། སློག

དམར་མེ་གསོད་ལ་སོགས་པའི་རལ་གྲི་བཅོ་བརྒྱད། སྐེ་གྲི་བདུད་གྲི་ནག་པོ། དམ་གྲི་གཞུང་བརྒྱད་རྣམས་ཀྱིས་གཙོ་བྱས་པའི་སྐེ་གྲི་བཅོ་ལྔ། ལྷ་གཡུ་འོད་ལྡན། ལྷ་གཡུ་དཀར་པོ་གཉིས་ཀྱིས་གཙོས་པའི་གཡུ་བཅོ་ལྔ། སྨ་མ་ཛེ་ཁྲི་སྟེང་། བཀྲ་ཤིས་འོད་ལྡན་སོགས་སྨ་ཉི་ཤུ། ཆིབས་རྒྱ་བོ་ལྔ་བཅུ་དང་། ངང་པ་ལྔ་བཅུ། འོལ་བ་ཉི་ཤུ། ཁྲ་བོ་སུམ་ཅུ། འབྲི་ཟལ་མོ་ཉི་ཤུ། གཡག་ཁམ་པ་ཉི་ཤུ། ལུག་ལ་སོགས་པའི་དཔྱ་ཁྲལ་མང་པོ་འབུལ་བཞེས་གནང་བ་དང་། མངའ་རིས་སྐོར་གསུམ་ཆབ་འོག་ཏུ་བསྡུས་ནས་མངའ་ཐང་དར་རྒྱས་བྱུང་བར་གྲགས།

ལྷ་ཆེན་གྲགས་པ་འབུམ་གྱིས་རབ་བརྟན་ལྷ་རྩེ་དང་། ཏེ་ཡ་སོགས་ལ་མངའ་མཛད་དེ་རྒྱལ་ས་གཏིང་སྐྱང་བརྩིགས།

དེའི་སྲས་ལྷ་ཆེན་ཧྭ་ར།

དེའི་སྲས་ལྷ་ཆེན་ཧྭ་གན། རྒྱལ་པོ་འདི་འབྲུག་པ་ལ་ཤིན་ཏུ་དགའ་བ་ཞིག་ཡོད་པས་ཤེར་པ་དང་བསྟོངས་ནས་གླེའི་རྒྱལ་པོ་གྲགས་འབུམ་ལྡེའི་སྲས་བློ་གྲོས་མཆོག་ལྡན། བྱང་པ་ཨ་མི། སླ་བསྟན་དར་རྣམས་ཕབ་ནས་གླེ་མངའ་འོག་ཏུ་བསྡུས།

དེའི་སྲས་ལྷ་ཆེན་ལྷ་དབང་རྣམ་རྒྱལ་དང་། བཀྲ་ཤིས་རྣམ་རྒྱལ། ལྷ་དབང་རྣམ་རྒྱལ་དེ་སྐུ་སྟོབས་ཆེ་ལ་སྒྱུ་རྩལ་ལ་ཤིན་ཏུ་མཁས་པ་ཞིག་ཡོད་རུང་། བཀྲ་ཤིས་རྣམ་རྒྱལ་གྱི་གཡོ་འོག་ཏུ་ཚུད་དེ་གཅེན་པོའི་སྤྱན་བཏོན་ནས། གདུང་རྒྱུད་ཀྱི་ཕྱིར་བཙུན་མོ་དང་བཅས་ཕྱིང་སྐྱིད་དུ་བཞུགས་སུ་བཅུག

བཀྲ་ཤིས་རྣམ་རྒྱལ་གྱི་སྲས་ལྷ་ཆེན་ཚེ་དབང་རྣམ་རྒྱལ། རྣམ་རྒྱལ་མགོན་པོ། འཇམ་དབྱངས་རྣམ་རྒྱལ་དང་གསུམ་ཡིན། དེའི་དུས་སུ་བཀྲ་ཤིས་རྣམ་རྒྱལ་གྱིས་རྒྱལ་སྲིད་མཛད་དེ། པུ་རིག་ཡན་ཆད། གྲོ་ཤོད་མན་ཆད་

མངའ་འོག་ཏུ་བསྡུས་ནས་རྟ་ཁྲུ་བསམ་གྱིས་མི་ཁྱབ་པ་བྱུང་ཞིང་། སྐུ་མཁར་སློ་རྣམ་རྒྱལ་རྩེ་མོ་དང་། ཚུ་རྟའི་གྲོང་ཁྱེར་བཏབ། དེ་སྐབས་རྟོར་གྱི་དམག་བྱུང་བ་ལ་འཐབ་པས་རྟོར་མང་པོ་བསད། རྣམ་རྒྱལ་རྩེ་མོར་མགོན་ཁང་བཞེངས། གུང་ཆོས་རྗེ་ལྡན་མ་གདན་དྲངས་ནས་སྣང་སྟོན་བཀྲ་ཤིས་ཆོས་རྫོང་བཏབ་སྟེ་ཉེ་འཁོར་ཡུལ་ཁག་ནས་བཙུན་ཁྲལ་བསྐུལ་ཏེ་དགེ་འདུན་གྱི་སྡེ་བཙུགས། དགོན་པ་མཐོང་བའི་ས་མཚམས་སུ་དར་པོ་ཆེ་བཙུགས་ཏེ་དེའི་ནང་ཁོངས་སུ་རྐུན་ཇག་ལ་སོགས་པའི་ཉེས་ཅན་པ་ཆུད་པ་ཙམ་གྱིས་ནག་ཉེས་ལས་ཐར་བའི་ཐར་པ་གླིང་དུ་མཛད།

གཞན་ཡང་འབྲི་གུང་། ས་སྐྱ། དགེ་ལྡན། ལྷ་ས། བསམ་ཡས་སོགས་སུ་ཕེབས་བཞུགས་ཀྱིས་རྟེན་གསུམ་ལ་གསེར་ཚབ་སྒྲོན་འབུལ་དང་། དགེ་འདུན་གྱི་སྡེར་མང་ཇ། བླམར་བརྒྱ་འབུལ། བཀའ་བསྟན་འགྱུར་གྱིས་མཚོན་གསུང་རྟེན་གྱི་གླེགས་བམ་མང་པོ་དང་། མཆོད་རྟེན་མང་པོ་ཡང་བཞེངས་གནང་མཛད།

དེ་ནས་ཆོ་དབང་རྣམ་རྒྱལ་རྒྱལ་སྲིད་ལ་དབང་བསྒྱུར་ནས་སྐུ་ན་གཞོན་དུས་དམག་མཛད་པས་བྱང་ངམ་རིང་། གློ་བོ་དང་། པུ་རངས། གུ་གེ་ལ་སོགས་པ་མངའ་འོག་ཏུ་བསྡུས། སྟོ་ཕྱོགས་འཛུམ་ལང་དང་། ཞུང་ཏི། ནུབ་ཤིང་དཀར་དང་། ཁབ་གར་ཚུན་ཆོད་མངའ་འོག་ཏུ་བསྡུས་ཤིང་། ས་ཁུལ་དེ་ཚོའི་སྔར་གྱི་བདག་པོ་རྣམས་མི་གཏེར་ཉར་བ་དང་། བཀའ་གསུང་ཅི་སྒྲུབ་ཞུ་རྒྱུའི་ཡིག་དན་བྱས་པ། མཁར་རྣམས་ལ་སྐུ་ཚབ་བཞག་ནས་མར་ཡུལ་ཐམས་ཅད་དར་ཞིང་རྒྱས་པར་མཛད།

གུ་གེ་ནས་ཁྲལ་དང་དཔྱར། ལོ་ལྟར་གསེར་ཞོ་སུམ་བརྒྱ། དངུལ།

ལུག་ཚེར་མོ་བརྒྱ། ཚེབས་པ་གཅིག རྣ་ཐོག་ནས་གསེར་ཞོ་ཉིས་བརྒྱ་དྲུག་ཅུ། ལུག་ཚེར་མོ་བརྒྱ། ཚེབས་པ་གཅིག བཙོད་རྒྱལ་པ་བཅུ། མཁར་ཨོ་སྔོང་དང་། ཞིང་དར་ཆེན་དར་ཆུང་རྣམས་དང་། གཞན་ཡང་ཁྲལ་དང་དཔྱའ་ལ་སོགས་པ་ཕྱོགས་ཕྱོགས་ནས་འབུལ་མཁན་མང་པོ་བྱུང་ཡོད། ཁོང་གིས་ད་དུང་གཙུག་ལག་ཁང་རྒྱ་ཆེན་པོ་བཞེངས་པ་སོགས་མེས་རལ་པ་ཅན་ལྷ་བུའི་ཕྱག་རྗེས་ཤིག་འཇོག་པར་དགོངས་པའི་མུར་སྐུ་གཤེགས་ཤིང་། དེ་རྗེས་རྒྱལ་ཕྲན་ལྷ་བུའི་མངའ་རིས་རྣམས་ཀྱང་ཕྱོགས་ཕྱོགས་སུ་གྱེས།

དེ་རྗེས་འཛམ་དབྱངས་རྣམ་རྒྱལ་གྱིས་རྒྱལ་སྲིད་མཛད་པ་དེའི་དུས་སུ་རིག་གི་རྗེ་བོ་གཉིས་མ་མཐུན་ནས། ཚེ་རིང་མ་ལིག་ཟེར་བའི་དཔུང་རོགས་སུ་ལ་དྭགས་ནས་དམག་དཔུང་བཏང་རུང་། དུས་ཀྱི་འཁྲིབ་དུས་དང་། རྒྱལ་ཁྲིམས་ཀྱི་ཉམས་དུས་ལ་བབས་པས་ནང་གོང་དམག་དཔོན་ཨ་ལི་མིར་གྱི་དམག་རྗོལ་བ་དང་ཐུག་ཅིང་། ཁོས་གཡོ་ཐབས་ཀྱིས་ཉི་མ་འཁྱིལ་ཐབས་བྱས་པ་དང་དེ་སྐབས་ཁྲུལ་དེར་ཁ་བ་ཆེན་པོ་བབས་ནས་ལ་ལུང་ཐམས་ཅད་ཁ་བས་བཀག་ནས་རྒྱལ་པོ་དམག་དང་བཅས་པ་གར་སོག་ལ་ཡར་བ་དེའི་ཚེ་ལ་དྭགས་ཐམས་ཅད་ལ་སྦལ་ཏི་(ཁ་ཆེའི་ཆོས་ལུགས་འཛིན་མཁན་ཞིག་ཡིན་འདྲ)ཞུགས་ནས་སངས་རྒྱས་ཀྱི་གསུང་རབ་ཐམས་ཅད་མེ་ལ་བསྲེགས་པ་དང་། ཆུར་སྐྱུར་བ། གཙུག་ལག་ཁང་ཐམས་ཅད་བཤིགས་ནས་སྦལ་ཏི་རྣམས་རང་ཡུལ་དུ་ལོག

དེ་རྗེས་ཨ་ལི་མིར་ཤེར་ཧན་གྱི་སྲས་མོ་རྒྱལ་ཨམ་ཁ་ཏུན་ཞེས་པ་འཛམ་དབྱངས་རྣམ་རྒྱལ་གྱི་བཙུན་མོར་ཕུལ་རྗེས་བཙུན་མོ་དེའི་མངལ་དུ་སྲས་ཆགས་ཤིང་། སྐབས་དེར་ཨ་ལི་མིར་གྱིས་འཛམ་དབྱངས་རྣམ་རྒྱལ་ཁྲི་སྟེང་དུ་བཞུགས་སུ་གསོལ། དམག་རྣམས་ལ་སྟོན་མོ་བྱས། རྒྱལ་མོ་ཁ་ཏུན་ཡང་རྒྱུན་དུ་མས

བརྒྱུད་ནས་ཨ་ལི་མིར་གྱིས་འཇམ་དབྱངས་རྣམ་རྒྱལ་ལ་གསོལ་པ།

“ཁ་སང་ང་ཡི་རྨི་ལམ་དུ། །
མཚོ་ནས་སེང་གེ་ནར་གྱིས་མཆོངས། །
རྒྱལ་ཁ་ཏུན་ལ་ཐིམ་པར་མཐོང་། །
དེ་དང་དུས་མཚུངས་བུ་མོ་འདི། །
སེམས་ཅན་དང་ནི་ལྡན་པར་གྱུར། །
འདི་ལ་བུ་ཞིག་ངེས་པར་སྐྱེ། །
མིང་དུ་སེང་གེ་རྣམ་རྒྱལ་ཐོགས། །”①

ཞེས་ཟེར་ནས་ལ་དྭགས་ཀྱི་དམག་དང་བཅས་གནང་ནས་རྒྱལ་སྲིད་ལ་དབང་བ་ཡིན་ནོ།

འཇམ་དབྱངས་རྣམ་རྒྱལ་ལ་སྲས་སེང་གེ་རྣམ་རྒྱལ་དང་། ནོར་བུ་རྣམ་རྒྱལ་རིམ་པར་འཁྲུངས། དེའི་དུས་སུ་འཇམ་དབྱངས་རྣམ་རྒྱལ་གྱི་ཐུགས་དགོངས་ལ། ངས་པུ་རིག་ཚེ་རིང་མ་ལིག་གི་དཔུང་རོགས་ལ་དམག་དཔུང་བཏང་བའི་རྐྱེན་གྱིས་བར་སྐབས་ལ་དྭགས་ཐམས་ཅད་གཞན་དབང་དུ་གྱུར། ད་ངས་སངས་རྒྱས་ཀྱི་བསྟན་པ་དར་བའི་ཐབས་ཤིག་ཅིས་ཀྱང་བྱ་དགོས་དགོངས། དེ་ཡང་སངས་རྒྱས་ཀྱི་བསྟན་པ་དར་བ་བྱ་རྒྱུ་སྐྱེ་འགྲོའི་བདེ་སྐྱིད་ལ་རག་ལུས་གཤིས། ཐོག་མར་མི་སྡེ་རྣམས་ལ་ཁྲལ་འུལ་སོགས་ཀྱི་གཅེར་བསྣུན་མི་འབྱུང་བ་རང་གི་བུ་བཞིན་བསྐྱང་དགོས་དགོངས་ཏེ་ཡོགས་ཕྱུག་ལན་གསུམ་སྐྱེམས་ནས་འབངས་རྣམས་བདེ་བར་བཀོད་པར་གྲགས་ཤིང་འཇམ་དབྱངས་

---

① （ལ་དྭགས་རྒྱལ་རབས་ལྟག་སྒྲོག་པར་མ་ཤོག་གྲངས50）

རྣམ་རྒྱལ་འདིས་པུ་རིག་ཡན་ཆོད། བྲང་ཧི་མན་ཆོད་མངའ་འོག་ཏུ་བསྡུས།

བཙུན་མོ་རྒྱལ་ཁ་ཏུན་གྱི་སྔོན་དུ་འཇིག་རྟེན་དབང་ཕྱུག་གི་སྲས་མོ་ཚེ་རིང་རྒྱལ་མོ་ཁབ་ཏུ་བཞེས་པ་ལ་སྲས་ངག་དབང་རྣམ་རྒྱལ་དང་། བསྟན་འཛིན་རྣམ་རྒྱལ་གཉིས་འཁྲུངས་ཤིང་། སྲས་འདི་གཉིས་ཀྱིས་ཀྱང་དབུས་གཙང་དུ་བཞུགས་པའི་སྐུ་རྟེན་ལ་གསེར་ཆབ་སྤྲིན་འབུལ་དང་། འབྲས་སྤུངས་དང་། ར་ལུང་གི་ བླ་མར་གསེར་དངུལ་སོགས་ཀྱི་འབུལ་བ། དགེ་འདུན་གྱི་སྟེར་མང་འགྱེད་སོགས་རྒྱ་ཆེན་པོ་བསྐྱབས། འབྲུག་པ་སྤྲུལ་སྐུ་ལ་དྭགས་སུ་གདན་འདྲེན་པའི་ཕོ་ཉ་སོགས་ཀྱང་བཏང་ངོ་།

གཞན་ཡང་འཇམ་དབྱངས་རྣམ་རྒྱལ་གྱིས་ལ་དྭགས་སུ་གྲ་ཧོག་གསེར་གསུམ་དང་། དཀར་བརྒྱུད་གསེར་ཕྲེང་སོགས་གསེར་དངུལ་ཟངས་གསུམ་ལས་བཞེངས་པ་དང་། ད་དུང་ལ་དྭགས་ཁྲུལ་སྦྲལ་ཧི་ས་མི་ལ་བསྐྲིགས་པའི་སྐུ་གསུང་ཐུགས་རྟེན་གྱི་ཚབ་རྒྱ་ཆེར་བཞེངས་པའི་ཕྱག་རྗེས་འཛོམ་རྒྱུའི་དགོངས་པ་གཏད་ཀྱང་སྐུ་ཚེ་ཐུང་བས་ཕྱག་ལེན་ལ་མ་འཁྱོལ་བར་ལུས།

དེའི་སྲས་སེང་གེ་རྣམ་རྒྱལ་འདི་གཞོན་ནུའི་དུས་ནས་སྐུ་སྟོབས་ཆེ་ལ་སྒྱུ་རྩལ་གྱི་གནས་ཀུན་ལ་བྱང་ཆུབ་པ་ཞིག་བྱུང་བ་དེས་གུ་གེ་ཕྱི་འབྲོག་དང་། གུ་གེ་བཅས་ལ་སྔ་རྗེས་སུ་དམག་དྲངས་ནས་ཧ་ནོར་ར་ལུག་ལ་སོགས་པ་མང་པོ་ལོན་ཅིང་། ཙ་ཧོད་བདག་མོ་སྐལ་བཟང་སྒྲོལ་མ་ཁབ་ཏུ་བཞེས། ལ་དྭགས་སུ་སྟག་ཚང་རས་ཆེན་པ་གདན་དྲངས་ནས་ཡབ་ཀྱི་དགོངས་རྫོགས་ལ་གསེར་ཟངས་ཀྱི་བྱམས་པ་དགུང་ལོ་བརྒྱད་པའི་སྐུ་ཚད་ལ་སོགས་པའི་རྟེན་གསུམ་མང་པོ་གསར་བཞེངས་དང་། རྒྱུན་མཆོད་དགེ་སློང་གི་སྡེ་བཙུགས།

པཎ་ཆེན་བློ་བཟང་ཆོས་ཀྱི་རྒྱལ་མཚན་（སྤྱི་ལོ1570རབ་བྱུང་བཅུ་

པའི་ལྕགས་རྟ་ལོར་འཁྲུངས་སྤྱི་ལོ1662རབ་བྱུང་བཅུ་གཅིག་པའི་མེ་བྱ་ལོར་འདས།) གྱི་དྲུང་དུ་ཡུམ་གྱི་དགོངས་རྫོགས་ལ་གསེར་འབུམ་དང་། དངུལ་འབུམ་ཆ་ཚང་། གཞན་ཡང་རིན་པོ་ཆེའི་རིགས་བརྒྱ་རྩ། ལྷ་ས་དང་། ཁྲ་འབྲུག བསམ་ཡས་སོགས་གཙུག་ལག་ཁང་དང་། ཆོས་སྡེ་ཆེ་ཆུང་ལ་མཆོད་སྦྱིན་དང་། བསྙེན་བཀུར་རྒྱ་ཆེ་བ། ཞམ་ལེ། ཀོད་ཡུལ། ཁ་ནག གཙང་དམར། སྐྱུ་དམར་ནང་། མེ་ཏྲུ། དར་རྩེ་སོགས་ཀྱི་ས་ཁུལ་དང་། ལ་དྭགས་སྟོད་གཤམ་དང་། མངའ་ཞབས་གང་ཡོད་ནས་མཆོད་གཞིས་སུ་ས་ཕུད་རེ་རེ་བསྐལ་པ་ནམ་གནས་བར་ཕུལ་ཞིང་། སྟག་ཚང་རས་ཆེན་ལ་རང་ཞབས་ཀྱི་ཁོངས་ནས་ས་ཕུད་མཆོད་གཞིས་རྒྱ་ཆེན་ཕུལ་བ་དང་། སྟག་ཚང་རས་ཆེན་གྱིས་ཧེ་མི་བྱང་ཆུབ་བསམ་གླིང་དགོན་དང་། ལྕེ་བདེ་ཐེག་མཆོག་དགོན། ཞམ་ལེ་བདེ་ཆེན་དགོན་བཅས་དགོན་ཆེན་གསུམ་གྱིས་གཙོས་པའི་གཙུག་ལག་ཁང་མང་པོ་བཞེངས་པའི་སྦྱིན་བདག་གི་མཐིལ་ལེན་མཛད།

སེང་གེ་རྣམ་རྒྱལ་གྱི་སྲས་བདེ་ལྡན་རྣམ་རྒྱལ། ཨིནྡྲ་བོ་དྷི། བདེ་མཆོག་རྣམ་རྒྱལ་རྣམས་རིམ་པར་འཁྲུངས་ཤིང་། སྲས་འདི་དག་ལས་བརྒྱུད་པའི་གདུང་རྒྱུད་ཀྱིས་ལ་དྭགས་ཁུལ་ལ་དབང་བསྒྱུར་གནང་བར་མངའ་ཐང་དར་གུད་ཅི་རིགས་བྱུང་བ་སོགས་ཀྱི་ལོ་རྒྱུས་ཕྲ་རགས་ཞིབ་པར་འཕྲི་རྒྱུ་ཡིག་ཚོགས་ཀྱི་རྒྱུར་བསམ་རེ་ཞིག་མཚམས་འདིར་བྱས་ཤིང་། ཞིབ་ཆ་གཟིགས་པར་འདོད་ན་བོད་ལྗོངས་མི་དམངས་དཔེ་སྐྲུན་ཁང་ནས་བསྐྲུན་པའི་ལ་དྭགས་རྒྱལ་རབས་སོགས་ལ་གཟིགས་པར་ཞུ།

གཉིས་པ། བར་པ་བཀྲ་ཤིས་ལྷ་མགོན་གྱི་རྒྱུད་པའི་སྐོར།

བར་པ་བཀྲ་ཤིས་ལྷ་མགོན་གྱི་སྲས་སུ་སྐྱོང་དེ་སྤྱི་ལོ965ཤིང་གླང་ལོར་

འབྲུངས་པ་དང་། དེ་རྗེས་འཁོར་རེ་བཅས་རིམ་པར་འབྲུངས། སྒྲུང་ངའི་མཚན་དངོས་དྲང་སོང་ལྡེ་དང་འཁོར་རེའི་མཚན་དངོས་འཁོར་ལོ་ལྡེ་ཡིན་ཞེས་མངའ་རིས་གུང་ཐང་གི་ཀ་ཋི་ཀའི་ནང་བཞུགས་པའི་ཡིག་རྙིང་ནང་གསལ་ཞེས་ཀཿཐོག་རིག་འཛིན་ཚེ་དབང་ནོར་བུས་བརྩད་པོའི་གདུང་རབས་ནང་གསུངས་འདུག སྒྲུང་ངེས་གུ་གེ་དང་། འཁོར་རེས་པུ་རངས་བཟུང་། སྒྲུང་ངེས་སྐུ་ཚེའི་སྟོད་ལ་ཁབ་བཞེས་པའི་སྲས་ན་ག་ར་ཛ་དང་། དེ་ཝ་ར་ཛ་གཉིས་རིམ་པར་འབྲུངས་ཤིང་། སྒྲུང་ངེས་དགུང་ལོ་སུམ་ཅུ་པ་སྤྱི་ལོ996མེ་སྤྲེལ་ལོ་མངའ་རིས་གུ་གེ་མཐོ་ལྡིང་གསེར་གྱི་ལྷ་ཁང་བཞེངས། ཕྱིས་ཡབ་མེས་ཀྱི་ཡིག་ཚང་གཟིགས་པས་ཐུགས་སྐྱོ་སྟེ་རྒྱལ་སྲིད་གཅུང་འཁོར་རེ་ལ་གཏད་ནས་དགུང་ལོ་ལྔ་བཅུ་པ་སྤྱི་ལོ1016ལོ་ཡབ་སྲས་གསུམ་ཀ་རྟགས་རང་གིས་བླངས་ཏེ་དཀོན་མཆོག་གི་དྲུང་དུ་སྲ་ཕུད་ཕུལ་ནས་རབ་ཏུ་བྱུང་ཞེས་ལོ་རྒྱུས་ཡིག་ལམ་འགར་གསལ་ཡང་དོན་དུ་ལོ་ཆེན་རིན་ཆེན་བཟང་པོའི་རབ་བྱུང་གི་མཁན་པོ་ཡེ་ཤེས་བཟང་པོ་ལས་རབ་ཏུ་བྱུང་བ་དང་། མཚན་ཡང་ཡེ་ཤེས་འོད་ཅེས་པ་མཁན་པོ་ཡེ་ཤེས་བཟང་པོའི་མཚན་གྱི་ཡེ་ཤེས་ལྷ་བླ་མའི་མཚན་གྱི་ཐོག་ལ་སྦྱར་ཞེས་མང་ཐོས་ཀླུ་སྒྲུབ་རྒྱ་མཚོས①གསུངས་པ་ནི་འཐད་ལྡན་དུ་མཐོང་ཞིང་། ལྷ་བླ་མ་ཡེ་ཤེས་འོད་འདིས་བསྟན་པའི་མེ་རོ་གསོ་བའི་ཐད་ལ་མཛད་རྗེས་ཆེན་པོ་བཞག་ཡོད། དེ་ཡང་། ས་སྐྱ་པཎྜི་ཏ་ཆེན་པོས་སྡོམ་གསུམ་རབ་དབྱེའི་ནང་།

"དེ་ཚེ་བླ་མ་ཡེ་ཤེས་འོད། །
ཆོས་རྒྱལ་དེ་ཡིས་སྐྱེས་བུ་མཆོག །

① (བསྟན་རྩིས་གསལ་བའི་ཉིན་བྱེད་དེབ་ངོས73)

རིན་ཆེན་བཟང་པོ་ཁ་ཆེར་བརྫངས། །

འཇམ་པའི་དབྱངས་ཀྱིས་བྱིན་བརླབས་པའི། །

མཁས་མཆོག་དེ་ཡིས་སྟོན་མེད་པའི། །

ཆོས་རྣམས་ཕལ་ཆེར་བསྒྱུར་ཅིང་ཞུས། །"

ཞེས་གསུངས་པ་ལྟར་བསྟན་པ་ཕྱི་དར་གྱི་འགོ་ལྷ་བླ་མ་ཡེ་ཤེས་འོད་དང་། ལོ་ཙྪ་བ་ཆེན་པོ་རིན་ཆེན་བཟང་པོ་ནས་ངོས་བཟུང་བ་ནི། བསྟན་པའི་མེ་རོ་སླད་ནས་བསླངས་ཏེ་སྟོད་མངའ་རིས་ནས་ཤིན་ཏུ་དར་བ་དེ་ལ་དགོངས་པ་དང་། ལྷ་བླ་མ་རབ་ཏུ་བྱུང་བའི་མི་འབྲུག་འདི་ནི་མངའ་རིས་ནས་བསྟན་པ་ཕྱི་དར་དར་ཞིང་རྒྱས་པའི་ལོ་དུས་ཀྱི་ཐོག་མ་ཡིན་པ་ལུང་རིགས་ཀྱིས་གྲུབ་པ་ཞིག་ལགས།

ལྷ་བླ་མ་ཡེ་ཤེས་འོད་ཀྱིས་ལོ་ཆེན་རིན་བཟང་ལ་སོགས་པའི་བྱིའུ་བློ་རྣོ་བ་ཉི་ཤུ་ཙ་གཅིག་རྒྱ་གར་དུ་གསེར་མང་པོ་བསྐུར་ཏེ་ཆོས་སློབ་ཏུ་བཏང་བའི་ནང་ནས་བཅུ་དགུ་རྒྱ་གར་དུ་ཚད་པས་གྲོངས། བོད་དུ་ཕྱིར་ཕེབས་ཐུབ་པ་ལོ་ཆེན་རིན་ཆེན་བཟང་པོ་དང་། ལོ་ཆུང་ལེགས་པའི་ཤེས་རབ་གཉིས་ཀྱིས་ཆོས་ལོབས་ཏེ་མདོ་སྔགས་ཀྱི་ཆོས་མང་པོ་བསྒྱུར་ཅིང་ཞུས་ནས་གཏན་ལ་ཕབ་པ་དང་།

གཞན་ཡང་ལྷ་བླ་མ་ཡེ་ཤེས་འོད་ཀྱིས་རྒྱ་གར་ཤར་ཕྱོགས་ཀྱི་པཎྜི་ཏ་ཤྲཱི་ག་ར་ཕརྨ་སོགས་པཎྜི་ཏ་ལྔ་སྤྱན་དྲངས་པའི་ནང་གི་རྣམ་པ་ལ་ནས་འདུལ་བའི་བཤད་པ་དང་ལག་ལེན་མཛད་པའི་སློབ་མའི་གཙོ་བོ་ས་ཧུ་པཱ་ལ། གུ་ཎ་པཱ་ལ། པྲཛྙཱ་པཱ་ལ་སྟེ་པཱ་ལ་རྣམ་གསུམ་ལ་སོགས་པ་སློབ་མ་མང་དུ་བྱུང་སྟེ་དེ་རྣམས་ལས་བརྒྱུད་པ་ལ་སྟོད་འདུལ་དུ་གྲགས་པ་དང་། གསང་སྔགས་གསར་མ་དར་བ་འདིའི་ཐད་ལྷ་བླ་མ་ཡེ་ཤེས་འོད་ཀྱིས་བདག་རྐྱེན་གནང་བའི་མཛད་རྗེས་ཆེན་པོ་

བཞུགས་ཡོད་པ་དང་། འདུལ་བ་སྟོད་འདུལ་དང་། གསང་སྔགས་གསར་མའི་སྐོར་སོགས་གཞམ་དུ་བསྟན་པ་ཕྱི་དར་གྱི་ལོ་རྒྱུས་ནང་དམིགས་སུ་བཀར་ནས་ཞུ་རྒྱུ་ཡིན།

དེའི་སྐབས་བོད་དུ་སྟོད་སྨད་ནས་འདུལ་བའི་བསྟན་པ་དར་ཏེ་དབུས་གཙང་དུའང་དགེ་འདུན་གྱི་སྡེ་ཚོགས་པ་སོགས་བྱུང་ནའང་། བར་སྐབས་ཡུན་རིང་ཙམ་བསྟན་པ་ཉམས་པའི་རྐྱེན་གྱིས་ལྷ་སྤྱོད་རྣམ་དག་འཛིན་པ་ཉུང་ཞིང་། ཆོས་ལོག་སྤྱོད་པ་མང་པོ་བྱུང་བར་ལྷ་བླ་མ་ཡེ་ཤེས་འོད་ཀྱིས་ཆོས་ལོག་སུན་འབྱིན་དགོས་པའི་བཀའ་བཅད་མཛད་ཀྱང་རྗེ་མ་ཐོགས་པ་ཆོས་དང་ཆོས་མིན་རྣམ་པར་དབྱེ་བར་ཇོ་བོ་རྗེའི་སྐན་པ་སྟོན་ནས་གསན་པ་བཞིན་ཕོང་གདན་འདྲེན་ཞུ་ཐུབ་ན་བསྟན་པའི་སྨན་ཡོན་ཉག་ཅིག་ཏུ་འགྱུར་བར་དགོངས་ནས་ལྷ་བླ་མ་ཡེ་ཤེས་འོད་ཀྱིས་རྒྱ་བརྩོན་འགྲུས་སེང་གེ་ལ་གསེར་མང་པོ་བསྐུར་ཏེ་རྒྱ་གར་དུ་བཏང་ཡང་ཇོ་བོའི་ཞལ་ནས་བོད་ལ་འགྲོ་བ་ལ་རྒྱུ་གཉིས་ཏེ་གསེར་འདོད་ནས་བོད་དུ་འགྲོ་བ་ཡིན་ཏེ་ང་ལ་ནི་གསེར་གྱི་དགོས་པ་མེད། ཡང་ན་བདག་བས་གཞན་གཅེས་ཀྱི་བསམ་པས་འགྲོ་བ་ཡིན་ཏེ་དེ་ཡང་ང་ལ་མེད་ཅེས་གསུངས་ནས་རེ་ཞིག་སྤྱན་མ་འདྲོངས།

དེ་རྗེས་གར་ལོག་དང་། གུ་གེ་གཉིས་མ་འཆམས་པ་གཡུལ་འགྱེད་བྱེད་དགོས་པར་ཐུག་སྐབས་ལྷ་བླ་མ་ཡེ་ཤེས་འོད་ཀྱིས་རྒྱལ་སྲིད་གཙུང་པོར་སྟོན་ནས་གཏད་ཟིན་ཀྱང་། གཡུལ་འགྱེད་འདིའི་ནང་རང་ཕྱོགས་ལ་ཕམ་ཁ་འཁེལ་ན་སྤྱི་ནས་རྒྱལ་སྲིད་ཀྱི་དབང་རིས་དང་ལྷག་པར་གར་ལོག་ཅེས་པ་ཏུ་ར་ཀའི་ནང་ཚན་ཞིག་ཡིན་སྐབས་ཁ་ཆེའི་ཆོས་ལུགས་སྤྱོད་པས་ནང་པའི་ཆོས་ལུགས་གོང་འཕེལ་འགྲོ་བར་འགོག་རྐྱེན་ཡོང་སྲིད་པ་བཅས་བསྟན་སྲིད་ཀྱི་དོན་ཆེན་གལ་པོ་

ཚེ་དེ་འདྲ་བ་བཏང་སྙོམས་སུ་འཇོག་པ་ཐུགས་ཀྱིས་མ་བཟོད་པར་ཕོང་སྐུ་ངོ་མས་དམག་སྡེ་ཁྲིད་དེ་གར་ལོག་དང་འཐབ་པས་ཕམ་སྟེ་གར་ལོག་རྒྱལ་པོས་བཙོན་དུ་བཟུང་སྟེ་ཕོང་གི་སྐུ་སྲོག་ལ་ཉེས་སྐྱོན་མི་འབྱུང་བའི་ཆ་རྐྱེན་དོན་ཚན་གཉིས་བཏོན་པས་ཏེ། ལྷ་བླ་མ་ཡེ་ཤེས་འོད་ལ་ཁྱོད་དཀོན་མཆོག་གསུམ་ལ་སྐྱབས་སུ་འཛིན་པ་བཏང་སྟེ་ཁ་ཆེའི་ཆོས་ལུགས་ལ་དད་པ་བྱས་ན་བཙོན་ནས་གཏོང་རྒྱུ་དང་། དེ་མིན་ཕོང་གི་སྐུ་ལུས་ཀྱི་ལྗིད་དང་མཉམ་པའི་གསེར་བྱུང་ན་བཙོན་ནས་གཏོང་ཟེར་ཟུང་ཕོང་གིས་དེ་ལྟར་ཞལ་བཞེས་མ་གནང་བས་བཙོན་དུ་ཡུན་རིང་ཙམ་ལུས་པ་ལ་དཔོན་པོ་རྣམས་ཀྱིས་མངའ་རིས་ཁུལ་དུ་གསེར་མང་པོ་བསྡུབས་པ་དང་། དབུས་གཙང་གི་རབ་ཏུ་བྱུང་བ་རྣམས་ལ་ཡང་ཤམ་ཐབས་ཀྱི་ཁྲལ་ཏེ་གྲྭ་པ་ནས་གསེར་ཁྲལ་བསྡུས་པ་བཅས་བསྡོམས་པས་ཡེ་ཤེས་འོད་ཀྱི་སྐུ་གཟུགས་ཀྱི་ལྗིད་ལས་ད་དུང་དབུའི་ཆ་ཙམ་ཞིག་མ་ལྡེང་ཟུང་། ལྷ་བླ་མ་སྐྱིབ་ལ་རིངས་པའི་སྐབས་ཀྱི་དཔོན་པོ་བྱང་ཆུབ་འོད་གར་ལོག་ཏུ་ཕེབས་ཏེ་ཁུ་བོ་ལྷ་བླ་མ་དང་དངོས་མཇལ་ཞུས་ནས་ང་ཆོས་ཁྱེད་ཀྱི་སྐུ་ལུས་ཀྱི་ལྗིད་དང་མཉམ་པའི་གསེར་རྙེད་ཟིན་གྱི་ད་དབུའི་ལྗིད་ཙམ་གྱི་གསེར་དགོས་པ་ཡང་འཕྲལ་མར་བསྒྲུབ་འཚོལ་ཞུས་ཏེ་སྤྱན་འདྲེན་ཞུ་བར་བཅར་ཚོག་ཅེས་ཐུགས་བློ་བདེ་ཆེད་དེ་ལྟར་སྙན་དུ་གསོལ་ཀྱང་ཡེ་ཤེས་འོད་ཀྱི་ཞལ་ནས། ད་ང་རྒས་པས་སུ་ལ་ཡང་ཕན་མི་ཐོགས་པས་གསེར་གང་རྙེད་པ་དེ་རྣམས་བསྐུར་ཏེ་རྒྱ་གར་ནས་ཇོ་བོ་རྗེ་དང་། པཎྜི་ཏ་མཁས་པ་མང་པོ་བོད་དུ་སྤྱན་དྲངས། མཐོ་ལྡིང་དུ་མཆོད་པ་ཆེན་པོ་ཚུགས། ཡབ་མེས་ཀྱིས་བཞེངས་པའི་ལྷ་ས་དང་། བསམ་ཡས་སོགས་ལ་ཞིག་གསོ་བཅས་མཛད་ན་བོད་དུ་སངས་རྒྱས་ཀྱི་བསྟན་པ་དར་བའི་ཐབས་ལ་འབུངས་དགོས་པའི་ཞལ་ཆེམས་དཔོན་པོ་བྱང་ཆུབ་འོད་ལ་

གསུངས་ནས་དགུང་ལོ་བདུན་ཅུ་ཡས་མས་ཏེ་སྤྱི་ལོ1036རབ་བྱུང་དང་པོའི་མེ་བྱི་ལོའི་ཡས་མས་སུ་གར་ལོག་རྒྱལ་པོའི་བཙོན་ཁང་དུ་སྐུ་གཤེགས།

ལྷ་བླ་མ་ཡེ་ཤེས་འོད་རབ་ཏུ་བྱུང་རྗེས་གཙུང་པོ་འཁོར་རེས་གུ་གེ་རྒྱལ་པོའི་སྲིད་དབང་བཟུང་ཞིང་། ཁ་ཆར་གྱི་ལྷ་ཁང་བཞེངས། འཁོར་རེའི་སྲས་ལྷ་ལྡེས་པཎྜི་ཏ་སུ་བྷུ་ཏི་ཤྲཱི་ཤཱནྟི་གདན་དྲངས་ནས་ཤེར་ཕྱིན་ཕྱོགས་ཀྱི་བསྟན་བཅོས་བསྒྱུར་ཅིང་། ལོ་ཙཱ་བ་རིན་ཆེན་བཟང་པོ་དབུའི་མཆོད་གནས་སུ་བཀུར།

ལྷ་ལྡེའི་སྲས་འོད་ལྡེ་དང་། ཕོ་བྲང་ཞི་བ་འོད། བཙུན་པ་བྱང་ཆུབ་འོད་གསུམ་རིམ་པར་འཁྲུངས་ཤིང་། བྱང་ཆུབ་འོད་ཀྱིས་ལྷ་བླ་མ་ཡེ་ཤེས་འོད་ཀྱི་འདས་ཁའི་ཞལ་ཆེམས་ལྟར་ནག་ཚོ་ལོ་ཙཱ་བ་ཚུལ་ཁྲིམས་རྒྱལ་བ་རྒྱ་གར་དུ་ཆོས་སློབ་ཏུ་ཐེབས་པ་སྐབས་རང་ཡུལ་དུ་འཁོར་བར་ཕྱིད་ཀྱིས་ཇོ་བོ་བོད་དུ་སྤྱན་འདྲེན་པར་འགྲོ་དགོས་ཤིང་། ཁོང་སྤྱན་འདྲེན་ཐུབ་ན་ང་དགའ་བ་ཡིན་པས་ཕྱིས་ཕྱིད་རང་དགའ་བ་ཡོས་བྱེད། ངེད་རྒྱལ་པོའི་བཀའ་ཡང་བཅག་ཏུ་མི་བཏུབ་ཅེས་གསུངས་པ་ཁོང་གིས་དང་དུ་བླངས་ནས་སྤྱི་ལོ1037བོད་རབ་བྱུང་དང་པོའི་མེ་གླང་ལོར་འཁོར་ལྔ་དང་བཅས་ཕྱག་རྟེན་གསེར་སྲང་སུམ་ཅུ་སོ་གཉིས་དང་། གསེར་ལིང་པ་གཅིག་བསྐུར་བ་རྣམས་བསྣམས་ཏེ་རྒྱ་གར་དུ་ཐེབས་པས་བི་ཀ་མ་ལ་ཤཱིའི་ལའི་གཙུག་ལག་ཁང་དུ་རྒྱ་བརྩོན་འགྲུས་སེང་གེ་ཆོས་སློབ་པར་བཞུགས་ཡོད་པ་དང་མཇལ་ཏེ་ཁོང་གཉིས་ཀྱིས་ཇོ་བོ་རྗེ་བོད་དུ་གདན་འདྲེན་པའི་སྐོར་ལ་གྲོས་མོལ་བྱས་ཏེ་རེ་ཞིག་གསང་རྒྱའི་ཆེད་དུ་ནག་ཚོ་ལོ་ཙཱ་བ་སློབ་གཉེར་དུ་འོངས་པའི་ཁུལ་བྱས་ནས་དེར་བཞུགས། དེ་ནས་བི་ཀ་མ་ལ་ཤཱིའི་ལའི་གནས་བརྟན་གཞན་གྱིས་མ་ཚོར་བར་ནག་ཚོ་ལོ་ཙཱ་བ་དང་། རྒྱ་

བརྩོན་འགྲུས་སེང་གེས་ཇོ་བོ་རྗེའི་སྐུ་མདུན་དུ་བཅར་ཏེ་གསེར་གྱི་ཕྱག་རྟེན་རྣམས་ཕུལ་བ་དང་། བོད་དུ་དར་མས་སངས་རྒྱས་ཀྱི་བསྟན་པ་བསྣུབས་ནས་ལོ་མང་སོང་རྗེས་བླ་ཆེན་ལ་སོགས་པའི་དྲིན་ལ་རྟེན་ནས་དགེ་འདུན་གྱི་སྡེ་མང་དུ་འཕེལ་ཡང་སྡེ་སྣོད་ལག་ལེན་དུ་འདེབས་པར་དཀའ་ཞིང་། དེ་དག་གི་ཚུལ་ལ་བླང་དོར་གྱི་གནས་སྟོན་པར་ཇོ་བོ་རྗེ་ཁྱེད་ལྟ་བུ་ལས་གཞན་པའི་པཎྜི་ཏས་ཕན་ཐོགས་པར་དཀའ་ཚུལ་མིག་མཆི་མས་བརྡངས་བཞིན་དུ་ཞུས་པར་ཇོ་བོ་རྗེ་བོད་དུ་ཕེབས་པའི་ཞལ་བཞེས་ཐོབ་ཅིང་། ཇོ་བོ་རྗེས་འོན་ཀྱང་བི་ཀ་མ་ལ་ཤཱིའི་ལའི་གནས་བརྟན་རཏྣ་ཨཱ་ཀར་དབང་ཆེ་བས་འོ་སྐོལ་བོད་དུ་གཏོང་དཀའ་བས་ནག་ཚོ་ལོ་ཙཱ་བར་ཁྱོད་རང་ཇོ་བོ་སྤྱན་འདྲེན་སྐད་མ་ཟེར་བར་སློབ་གཉེར་བ་ཡིན་པའི་ཁུལ་གྱིས། དེ་ནས་ང་ཚོས་ཐབས་མཁས་པ་ཞིག་བྱ་དགོས་གསུངས་པ་ལྟར་རེ་ཞིག་ནག་ཚོ་ལོ་ཙཱ་བས་སློབ་གཉེར་བའི་ཚུལ་མཛད་པ་བཅས་མཐར་བི་ཀ་མ་ལ་ཤཱིའི་ལའི་གནས་བརྟན་ལ་ནག་ཚོས་ཇོ་བོ་རྗེ་བོད་དུ་ལོ་གསུམ་བཞུགས་ནས་རྒྱ་གར་ལ་ཕར་གདན་འདྲེན་ཞུ་རྒྱུའི་མནའ་དམ་ཕུལ་ཏེ་སྤྱི་ལོ1040རབ་བྱུང་དང་པོའི་ལྕགས་འབྲུག་ལོ་རྒྱ་གར་ནས་བོད་ལ་ཕེབས་ཇོག་ཐོན་ཏེ་བལ་ཡུལ་དུ་ལོ་གཅིག་བཞུགས། དེ་ནས་སྤྱི་ལོ1042ཆུ་རྟ་ལོར་མངའ་རིས་གུ་གེར་ཕེབས།

དེ་སྐབས་ལྷ་བླ་མ་བྱང་ཆུབ་འོད་ཀྱིས་རྟ་དཀར་མི་དཀར་སུམ་བརྒྱ་ཐམ་པས་གདུགས་དང་རྒྱལ་མཚན་བ་དན་ལ་སོགས་པའི་མཆོད་རྫས་ཐོགས་ཏེ་ཕེབས་བསུར་བཅར། དེ་བཞིན་གླུ་གར་དང་། བཀྲ་ཤིས་པའི་ཤིས་པ་བརྗོད་པ་བཅས་གཟབ་ཅིང་རྒྱས་པའི་ཕེབས་བསུ་ཞུས། དེའི་སྐབས་སྤར་མེད་པའི་རག་དུང་གསར་དུ་བཟོས་ཏེ་ཇོ་བོ་སྤྱན་འདྲེན་པའི་ཕྱིར་འབུད་པ་དེ་ནས་བོད་

ཏུ་ཏུང་ཆེན་འབུད་སྒྲོལ་དར་ལ་ཏུང་ཆེན་དེ་ལ་མོ་པཊ་སྤྱན་འདྲེན་པའི་ཏུང་ཆེན་ཞེས་གྲགས།

དེ་སྐབས་ལྷ་བླ་མ་བྱང་ཆུབ་འོད་ཀྱིས་ཇོ་བོ་རྗེར་ཞུ་རྟེན་དུ་གསེར་མང་པོ་ཕུལ་ནས་ཐོག་མར་གནད་དོན་གསུམ་བཀའ་འདྲི་ཞུས་པ་སྟེ། (1) སངས་རྒྱས་ཀྱི་བསྟན་པ་ལ་རིམ་གྱིས་འཇུག་པ་ལགས་སམ། ཅིག་ཅར་དུ་འཇུག་པ་ལགས། (2) ཕྱི་ནང་གི་ཁྱད་པར་གང་ལགས། (3) དགེ་སློང་གིས་རྡོ་རྗེ་སྔགས་ཀྱི་དངོས་དབང་གོང་མ་རྣམ་གཉིས་བླང་དུ་རུང་མི་རུང་ཞེས་ཞུས་པའི་ལན། (1) རིམ་གྱིས་ཡིན་གསུངས་ནས་ལམ་སྒྲོན་མཛད། (2) སྐྱབས་འགྲོ་དང་། ལྟ་བ་བཀའ་བཏགས་ཀྱི་ཕྱག་རྒྱ་བཞི་ཡོད་མེད་ཡིན། (3) གསང་བ་ཤེས་རབ་ཡེ་ཤེས་ནི་ཚངས་པར་སྤྱོད་པས་བླང་བར་མི་བྱ་ཞེས་གསུངས་སོ།

ལྷ་བླ་མ་བྱང་ཆུབ་འོད་འདིའི་རིང་ལ་ལོ་ཆེན་རིན་ཆེན་བཟང་པོས་དམ་པའི་ཆོས་མང་པོ་བསྒྱུར་པ་དང་། ལྷ་བླ་མའི་སྐུ་ཚེའི་སྨད་ལ་ཕུ་རངས་པ་ཞང་ཆུང་བརྩོན་གསལ་ཤེས་རབ་ལ་བཀའ་བསྒོས་ནས། ཡུལ་དབུས་ཀྱི་པཎྜི་ཏ་སྨྲྀ་བཛྲ་པོ་ཧི་དང་། ལོ་ཙཱ་བ་གྱི་ཇོ་ཟླ་བའི་འོད་ཟེར་གྱིས་དུས་འཁོར་དང་། མ་རྒྱུད་འགའ་ཞིག་ཀྱང་བསྒྱུར་ཡོད་དོ།

འོད་ལྡེས་ཁ་ཆེ་རྟ་ན་ཤྲཱི་སྤྱན་དྲངས།

འོད་ལྡེའི་སྲས་རྩེ་ལྡེས་པཎྜི་ཏ་ཞི་བ་བཟང་པོ་དང་། མཁས་པ་རྟ་ན་ཤྲཱི་འཆི་བ་མེད་པ་ར་ཧེ་ཏ། པཎྜི་ཏ་ག་ཡ་དྷ་ར། བརྩོན་མོ་ཅན། པཎྜི་ཏ་པུཎྱ་ཤྲཱི སུཏྲ་སི་ཏི། པཎྜི་ཏ་སུམ་ཏི་གིརྟི། པཎྜི་ཏ་གཞོན་ནུ་བུམ་པ། གསེར་གྱི་གོ་ཆ། བལ་པོ་ཧྲ་ལེཀྵ་རྣམས་གདན་དྲངས་ཤིང་སྤྱི་ལོ1076རབ་བྱུང་དང་པོའི་མེ་

འབྲུག་ལོར་དབུས་གཙང་ཁམས་གསུམ་གྱི་སྡེ་སྣོད་འཛིན་པ་ཕལ་ཆེར་མངའ་རིས་སུ་འདུས་ཏེ་ཆོས་ཀྱི་འཁོར་ལོ་བསྐོར་བའི་བསྙེན་བཀུར་དང་བདག་རྐྱེན་བླ་ན་མེད་པ་མཛད་པ་མ་ཟད། རྒྱ་གར་ནས་བྱོན་པའི་པཎྜི་ཏ་དེ་རྣམས་དང་། བོད་ཀྱི་ལོ་ཙཱ་བ་རྣམས་ཀྱིས་མདོ་སྔགས་ཀྱི་ཆོས་ཚུལ་མཐའ་ཡས་པ་བསྒྱུར་ཞུས་ཀྱིས་རྒྱ་ཆེར་སྤེལ། དཔེར་ན་ཟངས་མཁར་ལོ་ཙཱ་བ་འཕགས་པ་ཤེས་རབ་ཀྱིས་ཚད་མ་རྒྱན་ཡང་དུས་དེར་བསྒྱུར་པ་དང་། རྔ་ལོ་རྡོ་རྗེ་གྲགས། གཉན་ལོ་དར་མ་གྲགས། ཁྱུང་པོ་ཆོས་བརྩོན། བཙན་ཁ་བོ་ཆེ། རྔོག་བློ་ལྡན་ཤེས་རབ། མར་ཐུང་དད་པ་ཤེས་རབ། དྭགས་པོ་དབང་རྒྱལ་རྣམས་བསྡེབས་ནས་ཆོས་འཁོར་ལ་ཕེབས། དེ་ནས་དུས་མི་རིང་བར་དགེ་བཤེས་བྲག་དཀར་བས་སྐྱིད་ཤོད་ཉང་བྲན་ཕ་བོང་ཁར་བཀྲ་ཤིས་ཆོས་གླིང་བཏབ་སྟེ་དགེ་འདུན་གྱི་སྡེ་བཙུགས།

དེ་དག་དང་དུས་མཚུངས་སུ་བཀའ་གདམས་གཞུང་པ་སྣར་ཐང་པ་རྡོ་རྗེ་སེང་གེ མན་ངག་པ་བ་རི་ལོ་ཙཱ་བ་རིན་ཆེན་གྲགས་དང་། བྱ་ཡུལ་བ་གཞོན་ནུ་འོད། རྒྱ་མ་རིན་ཆེན་སྒང་པ་རྣམས་ཀྱིས་བཀའ་གདམས་ལྷ་ཆོས་བདུན་ལྡན་གྱི་བརྒྱུད་པའི་བསྟན་པ་སྤེལ།

གསང་ཕུར་རྡོག་ལོ་ཡབ་སྲས་ཀྱིས་རིག་ལམ་ནས་དྲངས་པའི་བཤད་ཉན། པ་ཚབ་ལོ་ཙཱ་བ་ཉི་མ་གྲགས་ཀྱིས་དབུ་མའི་གཞུང་། ཉང་སྟོད་རྒྱ་འདུལ་འཛིན་པ་དང་། མཆོག་སྐྱ་བ་ཤེས་རབ་བཟང་པོ་སོགས་ཀྱིས་འདུལ་བའི་སྡེ་སྣོད། གཉལ་ཞིག་འཇམ་དཔལ་རྡོ་རྗེ་ཡབ་སྲས་ཀྱིས་ཕར་ཚད། རྡོག་ཨརྻ་དེ་ཝས་འདུལ་བ་འགོས་ལུགས། བླ་མ་རྡོག་པ་ཡབ་སྲས་ཀྱིས་མར་ལུགས་གུར་བརྟག་སམ་གསུམ་སོགས་མཁས་གྲུབ་ལོ་པཎ་མང་པོས་མདོ་སྔགས་གཉིས་ཀའི་རིག

ལམ་རྒྱ་ཆེར་སྤེལ་བས་བོད་ལ་སངས་རྒྱས་ཆོས་ལུགས་ཀྱི་གྲུབ་མཐའ་མི་འདྲ་བ་ཁག་མང་པོ་ཐོན་པའི་འགོ་ཚུགས་པ་དང་། རྫོག་ལོ་ཙྪ་བ་བློ་ལྡན་ཤེས་རབ་རྒྱ་གར་དུ་བཞུགས་པའི་བདག་རྐྱེན་མཛད་པ་སོགས་བོད་ཀྱི་རིག་གནས་ཆེས་ཆེར་འཕེལ་བའི་བྱ་བར་མངའ་བདག་འདི་ཉིད་ཀྱིས་མཛད་རྗེས་ཆེན་པོ་བཞག་ཡོད།

རྩེ་ལྡེའི་སྲས་འབར་ལྡེ། བཀྲ་ཤིས་ལྡེ། ལྷ་ལྡེ། ནྟ་ག་དེ་ཕ་རྣམས་རིམ་པར་འཁྲུངས་པའི་རྒྱུད་པ་མངའ་རིས་ཀྱི་ཕྱོགས་སུ་གྱེས་ནས་མངའ་རིས་ཀྱི་བཙན་པོ་ཕལ་ཆེ་བ་བྱུང་།

ནྟ་ག་དེ་ཕའི་སྲས་བཙན་ཕྱུག་ལྡེས་ཡ་རྩེའི་མངའ་བདག་མཛད་དེ་ཡ་རྩེའི་རྒྱལ་རབས་བྱུང་།

དེའི་སྲས་བཀྲ་ཤིས་ལྡེ།

དེའི་སྲས་གྲགས་བཙན་ལྡེ།

དེའི་སྲས་གྲགས་པ་ལྡེ། འདིས་གསེར་བྲེ་བདུན་ཅུ་ལ་འཛམ་དབྱངས་ཀྱི་སྐུ་དང་། དངུལ་བྲེ་སྟོང་ཕྲག་བཅུ་གཉིས་ཀྱིས་བྱམས་པ་སོགས་གསེར་དངུལ་གར་བླུགས་དང་། སྤྱངས་བརྡུངས་ཀྱིས་ལྷ་ཆེན་དང་མཆོད་རྟེན་དུ་མ་བཞེངས།

དེའི་སྲས་ཨ་སོག་ལྡེས་རྒྱ་གར་རྡོ་རྗེ་གདན་དུ་ཆོས་རྒྱལ་མྱ་ངན་མེད་ཀྱིས་ཕུལ་བའི་གྲོང་བཞི་བཅུ་ཞེ་གཉིས་པར་སྐབས་སོག་པོས་བཟུང་བ་རྣམས་བླུས་ནས་རྡོ་རྗེ་གདན་རང་ལ་ཕུལ་ཞིང་མཆོད་པའི་རྒྱུན་བཙུགས།

དེའི་སྲས་འཛོ་ཐར་སྨལ་དང་། ཨ་ནན་སྨལ་གཉིས་ཡིན། འཛོ་ཐར་སྨལ་གྱི་དངུལ་གར་བླུགས་ཀྱི་དགྱེས་རྡོར་ལྷ་དགུ་བཞེངས། ཨ་ནན་སྨལ་གྱིས་རྒྱ་གར་རྡོ་རྗེ་གདན་ལ་ཉམས་གསོ་བྱས་པ་དང་། གསེར་ཆོས་བཀའ་འགྱུར་བཞེངས།

ཨ་ནན་སླལ་གྱི་སྲས་རེའུ་སླལ་གྱིས་རྒྱ་གར་གྱི་རྒྱལ་ཁམས་མང་པོའི་བདག་བྱས་ལུགས་བོད་ཀྱི་ལོ་རྒྱུས་ཡིག་ལམ་ཕལ་མོ་ཆེའི་ནང་བཞེད་པ་གཅིག་མཐུན་དུ་བྱུང་བ་སྤྱི་ལོའི་དུས་རབས་བཅུ་བཞི་པའི་འགོ་ཙམ་ལ་ཡིན་སྲིད་པ་འདི་ནི་ཡབ་ཨ་ནན་སླལ་གྱིས་སོག་པོའི་ལག་ནས་ཕྱིར་རྡོ་རྗེ་གདན་གྱི་མཆོད་རྒྱུན་དུ་གཏོགས་པའི་གྲོང་སྡེ་ཉོས་ཏེ་ཕུལ་བ་རྣམས་སུ་མཐུད་གཞན་ཕྱིར་མི་འགྱུར་བའི་རྗེས་གནོན་དང་། དེ་དག་དང་འབྲེལ་བའི་ཉེ་འདབས་ཀྱི་གྲོང་ཁྱེར་འགའ་ཞིག་ལ་དབང་བསྒྱུར་བྱས་པར་མངོན། དེ་བཞིན་མངའ་རིས་སུ་དདྷུལ་དཀར་ཞི་གཅིག་ལས་གྲུབ་པའི་སྨན་བླ་མཆེད་བརྒྱད་ཀྱི་སྣང་བརྙན་བཞེངས་པ་དང་། སྤྱི་ལོ1310རབ་བྱུང་ལྔ་པའི་ལྕགས་ཁྱི་ལོ་ཚལ་པ་ཁྲི་དཔོན་སྨོན་ལམ་རྡོ་རྗེར་མངགས་བཅོལ་གྱིས་མཁས་གྲུབ་གཉིས་ལྡན་གྱི་སྟོན་པ་རིན་རྡོར་དང་། མཛོད་པ་ཨ་ཧུ་ལ་སོགས་ཆེད་མངགས་དབུས་སུ་མངགས་ཏེ་ཟངས་ཁལ་བཅོ་བརྒྱད་ལ་དོས་རེ་བྱས་པའི་ཟངས་དོས་བརྒྱ་དང་བཞི་དང་། གསེར་སྲང་ལྔ་བརྒྱ་རྣམས་ལས་གྲུབ་པ་ར་ས་འཕྲུལ་སྣང་གི་ཇོ་བོ་ཤཱཀྱ་མུ་ནེའི་དབུ་ཐོག་ཏུ་གསེར་ཐོག་ཕུབ་པ་དང་། བཅུ་གཅིག་ཞལ་གྱི་དབུ་ཐོག་ཏུ་གསེར་ཐོག་ཆུང་ངུ་ཞིག་ཕུབ་པ་འདི་ནི་ལྷ་ས་གཙུག་ལག་ཁང་འདིར་གསེར་ཟངས་ཀྱི་རྒྱ་ཕིབས་བསྐྲུན་པའི་ཐོག་མ་ཡིན།

རེའུ་སླལ་གྱི་སྲས་སམ་ཟླ་སླལ་དང་། འཇེ་ཐར་སླལ་གྱི་སྲས་ཨ་འཛིད་སླལ་ཡིན། ཨ་འཛིད་སླལ་གྱིས་གསེར་བྲི་བཅུ་གཅིག་ལ་སྒྲོལ་མའི་སྐུ་བཞེངས་པ་དང་། རྒྱལ་ས་མ་ཕོབ་གོང་ས་སྐྱར་ལྷ་བཙུན་གནང་བ་སྟེ་ཆོས་ཞུགས་གནང་། ཕྱིས་རྒྱལ་ས་འཛིན་པ་དང་ཁབ་བཞེས།

ཨ་འཛིད་སླལ་གྱི་སྲས་ཀ་ལན་སླལ།

དེའི་སྐབས་བར་བཏབ་སྐལ། འདི་ནས་ཡ་རྩེ་རྒྱལ་པོའི་གདུང་རྒྱུད་ཆད་དེ་པུ་རངས་ནས་མངའ་བདག་བསོད་ནམས་ལྡེ་སྤྱན་དྲངས་ནས་ཡ་རྩེའི་སྲིད་བཟུང་བས་པུཎྜ་སྐལ་དུ་གྲགས།

དེའི་སྐབས་པུ་ཧྲི་སྐལ་དང་། ཀློན་པོ་དཔལ་ལྡན་གྲགས་པ་གཉིས་ཀྱིས་ས་སྐྱའི་ཆོས་ཁྲི་ཆེན་མོ་དང་། ལྷ་སར་བཅུ་གཅིག་ཞལ་ལ་གསེར་ཐོག་ཕུལ་ཞེས་དང་། དེབ་ཐེར་ལ་ལར་རྒྱ་བསྐྱེད་བྱས་ཞེས་འཁོད་པ་ཡ་རྩེ་རྒྱལ་པོ་ཨ་ནན་སྐལ་གྱིས་ཇོ་བོའི་གསེར་ཐོག་གི་ལྷག་མར་བཅུ་གཅིག་ཞལ་གྱི་གསེར་ཐོག་ཐོག་མ་ཆུང་ངུ་ཞིག་ལས་མེད་པ་ཕྱིས་རྒྱ་བསྐྱེད་བྱས་པར་མངོན་པ་བཅས་བཀྲ་ཤིས་མགོན་གྱི་གདུང་རྒྱུད་ལས་བྱུང་བ་ཡ་རྩེ་རྒྱལ་པོའི་གདུང་རབས་འདིའི་ཐད་ཡབ་སྲས་དང་། སྲས་བགྲེས་གཞོན་གྱི་གོ་རིམ་ལ་ལའི་ཐད་ལོ་རྒྱུས་དེབ་ཐེར་ནང་བཞེད་པ་མི་མཐུན་པ་ཅུང་ཟད་འདུག་ཀྱང་གཙོ་བོར་བུ་སྟོན་ཆོས་འབྱུང་དང་། ཡར་ལུངས་ཇོ་བོའི་བཞེད་པ་གཞིར་བཟུང་། མཁས་པའི་དགའ་སྟོན་དང་། བཙན་པོའི་གདུང་རབས་ཚིག་ཉུང་དོན་གསལ་སོགས་ནས་དགོས་ངེས་ཁ་སྐོང་ཞུས་པ་ལགས་སོ།

གསུམ་པ། ལྡེ་གཙུག་མགོན་གྱི་རྒྱུད་པའི་སྐོར།

ལྡེ་གཙུག་མགོན་གྱིས་ཟངས་དཀར་སྐོ་གསུམ་བཅས་བཟུང་ཞེས་པ་ལས་གདུང་རྒྱུད་གྱིས་རབས་མཁས་པའི་དགའ་སྟོན་ནང་ལྡེ་གཙུག་མགོན་གྱི་སྲས་སྲོང་ངེ་དང་འཁོར་རེ་དེ་ལས་གྱེས་པ་ཡ་རྩེའི་རྒྱལ་རབས་སུ་བཞེད་པ། ཡིག་ལམ་གཞན་དུ་གདུང་རྒྱུད་འདི་དག་བཀྲ་ཤིས་མགོན་ལས་གྱེས་པར་བཞེད་པའི་འབྲུལ་གཞིའམ་མཁས་པའི་དགའ་སྟོན་གྱི་བཞེད་པ་དམིགས་བསལ་འདི་ལས་གཞན་ལོ་རྒྱུས་ཡིག་ལམ་མང་པོར་ལྡེ་གཙུག་མགོན་གྱི་གདུང་རྒྱུད་གྱིས་རབས་མི་

གསལ་བ་བར་སྐབས་འདིའི་སྐོར་གྱི་ཡིག་ཆ་སྟོངས་པའམ། ཡང་ན་གདུང་རྒྱུད་དེའི་ནང་ནས་མཚན་སྙན་འབར་བའི་མི་སྣ་མངོན་གསལ་ཅན་ཆེར་མ་བྱུང་འདྲ་བས་གདུང་རབས་ཀྱི་ལོ་རྒྱུས་ཀྱང་བག་ལ་ཞ་བ་ལྟ་བུ་སྐད་དཔྱད་གཞི་རྙེད་རིགས་བྱུང་ན་ཁ་སྐོང་དགོས་གལ་སྙམ།

རིག་པ་མགོན། （ལ་དྭགས་རྒྱལ་རབས་）

↓

འགྲོ་མགོན་དང་། ཆོས་མགོན།

↓

བླ་ཆེན་གྲགས་པ་ལྡེ།

↓

བླ་ཆེན་བྱང་ཆུབ་སེམས་དཔའ།

↓

བླ་ཆེན་རྒྱལ་པོ།

↓

ལྷ་ཆེན་ཨུཏྤ་ལ།

↓

ལྷ་ཆེན་ནག་ལུག

↓

ལྷ་ཆེན་དགེ་བྷེ་དང་། དགེ་འབུམ།

↓

ལྷ་ཆེན་ཇོ་ཇོར།

↓

བཀྲ་ཤིས་མགོན།

↓

ལྷ་རྒྱལ།

↓

ལྷ་ཆེན་རྡོ་དཔལ།

↓

ལྷ་ཆེན་དངོས་གྲུབ།

↓

ལྷ་ཆེན་རྒྱལ་བུ་རིན་ཆེན།

↓

ལྷ་ཆེན་ཤེས་རབ།

↓

ལྷ་ཆེན་ཁྲི་གཙུག་ལྡེ།

↓

གྲགས་པ་འབུམ་ལྡེ།　　གྲགས་པ་འབུམ།

↓　　　　　　↓

བློ་གྲོས་མཆོག་ལྡན།

↓

ལྷ་ཆེན་བྷ་ར།

↓

ཧྲ་གན།

↓

ལྷ་ཆེན་ལྷ་དཔང་རྣམ་རྒྱལ།   བཀྲ་ཤིས་རྣམ་རྒྱལ།

↓

ལྷ་ཆེན་ཚེ་དཔང་རྣམ་རྒྱལ།   རྣམ་རྒྱལ་མགོན་པོ།   འཇམ་དབྱངས་རྣམ་རྒྱལ།

↓

སེང་གེ་རྣམ་རྒྱལ།   ནོར་བུ་རྣམ་རྒྱལ།   ངག་དབང་རྣམ་རྒྱལ།   བསྟན་འཛིན་རྣམ་རྒྱལ།

↓

བདེ་ལྡན་རྣམ་རྒྱལ།   ཨིནྡྲ་རྡོ་ཏི།   བདེ་མཆོག་རྣམ་རྒྱལ་བཅས་སོ།

བཀྲ་ཤིས་མགོན།

↓

སྐྱོང་ངེ་དང་།   འཁོར་རེ།

↓ (ཕྱི་ལོ965－1036ལས་མས་)   ↓

ནཱ་ག་རཱ་ཛ་དང་།   དེ་ཝ་རཱ་ཛ།   ལྷ་ལྡེ།

↓

འོད་ལྡེ།   ཕོ་བྲང་ཞི་བ་འོད།   བཙུན་པ་བྱང་ཆུབ་འོད།

↓

རྩེ་ལྡེ།

↓

འབར་ལྡེ།   བཀྲ་ཤིས་ལྡེ།   ལྷ་ལྡེ།   ནཱ་ག་དེ་ཝ

↓ ↓

བཙན་ཕྱུག་ལྡེ།

↓

བཀྲ་ཤིས་ལྡེ།

↓

གྲགས་བཙན་ལྡེ།

↓

གྲགས་པ་ལྡེ།

↓

ཨ་སོག་ལྡེ།

↓

འཇི་དར་སྨལ། ཨ་ནན་སྨལ།

↓ ↓

རེའུ་སྨལ།

ཨ་འཇིད་སྨལ། ↓

↓ སངྒྷ་སྨལ།

ཀ་ལན་སྨལ།

↓

པར་པཏབ་སྨལ། འདི་ནས་ཡ་རྩེ་རྒྱལ་པོའི་གདུང་རྒྱུད་རྫོགས་སོ།

5. མངའ་བདག་ཡུམ་བརྟན་དང་། དེ་ལས་གྱེས་པའི་གདུང་རབས་སྐོར།

དང་པོ། མངའ་བདག་ཡུམ་བརྟན་གྱི་སྐོར།

ཁྲི་ དར་ མ་ འུ་ དུམ་ བཙན་ གྱི་ བཙུན་ མོ་ ཆེན་ མ་ སྣ་ ནམ་ བཟས་ སྤྱི་ལོ843ཐོག་ཆུ་ཕག་ལོར་སྟོ་བོར་གྱི་ཁྲིའུ་སེའུ་ཅིག་གི་བ་ཞིག་ང་ལ་སྐྱེས་ཞེས་སྔོན་པོ་རྣམས་ལ་བསྟན་པས་སྐྱེས་མ་ཐག་སོ་ཡོད་པ་ཐེ་ཚོམ་གྱི་རྒྱུ་ཡིན་མོད་འོན་ཀྱང་ཡུམ་གྱི་བཀའ་བརྟན་དུ་ཆུག་ཅེས་བརྗོད་པས་མཚན་ཡང་ཡུམ་བརྟན་དུ་ཐོགས་ཞེས་གྲགས།

ཁོང་ནར་སོན་པ་ན་དགུ་ཙུ་བཟུང་བ་དང་། དེ་རྗེས་དགུ་གཡོར་འཁྲུགས། དགུང་ལོ་ཉི་ཤུ་ཙ་བདུན་པ་སྤྱི་ལོ869ཐོག་ས་གླང་ལོར་བོད་དུ་ཁེང་ལོག་བྱུང་།

མངའ་བདག་འདིས་སྤྱ་ཚབ་བཟའ་བཀྲ་ཤིས་མཚོ་ཁབ་ཏུ་བཞེས་པར་སྲས་ཁྲི་ལྡེ་མགོན་གཉེན་འཁྲུངས་པ་བཅས་མཐར་དགུང་ལོ་སོ་དྲུག་པ་སྤྱི་ལོ878ཐོག་ས་ཁྱི་ལོར་སྐུ་གཤེགས།

ཁྲི་དར་མ་འུ་དུམ་བཙན་པོ་ཕ་སྤད་གསུམ་ལ་བསོད་ནམས་ཟད་པའི་རྒྱལ་པོ་ཞེས་སུ་གྲགས་པའོ།

གཉིས་པ། མངའ་བདག་ཡུམ་བརྟན་ལས་གྱེས་པའི་གདུང་རབས་སྐོར།

མངའ་བདག་ཡུམ་བརྟན་གྱི་སྲས་ཁྲི་ལྡེ་མགོན་གཉེན་དང་།

དེའི་སྲས་རིག་པ་མགོན་དང་། ཉི་འོད་དཔལ་མགོན་གཉིས་མཆིས་པ་ལས།

1. གཅེན་པོ་རིག་པ་མགོན་གྱི་གདུང་རབས་ནི།

རིག་པ་མགོན་གྱི་སྲས་ཁྲི་ལྡེ།

དེའི་སྲས་འོད་པོ།

དེ་ལ་སྲུས་གསུམ་སྟེ་ཁྲི་ལྡེ་ཨ་ཙ་ར་དང་། ཁྲི་ལྡེ་མགོན་བཙན། མགོན་བརྩེགས་བཅས་སོ། ཁྲི་ལྡེ་མགོན་བཙན་འདི་འོད་སྲུངས་ཀྱི་སྲས་དཔལ་འཁོར་བཙན་སྐུ་གཤེགས་རྗེས་གཡོ་རུའི་བློན་འབངས་ཚོས་འོད་སྲུངས་དང་ཡུམ་བརྟན་གྱི་རྒྱུད་པ་འགལ་བ་ཆེན་པོ་མི་ཆགས་པའི་སླད་དུ་གཡོ་རུའི་སྲིད་སྐྱོང་བར་སྤྱན་དྲངས་པ་དང་། ཁོང་གིས་གཡོ་རུར་མཛད་རྗེས་མི་དམན་ཙམ་བཞག་པའི་སྐོར་གོང་དུ་ཞུས་ཟིན་པས་བསྐྱར་བཟློས་མ་དགོས་སོ།

གཅེན་ཨ་ཙ་ར་ལ་སྤྱི་ཚབ་རུམ་པོ་རྗེ་ལ་སོགས་པ་སྲས་ལྔ་ཡོད།

སྤྱི་ཚབ་རུམ་པོ་རྗེའི་སྲས་གླུ་ལྡེ་དང་། ལྷ་ལྡེ། སྤྱི་ཚབ་ཚ་འབུམ་ལྡེ། མགོན་བཙན། མགོན་བརྩེགས་སོ།

གླུ་ལྡེའི་སྲས་འོད་པོ་དང་། ཞོད་པོ།

ལྷ་ལྡེ་ལ་དྲག་པ་ལ་སོགས་པ་སྲས་གསུམ།

འབུམ་ལྡེ་ལ་སྲས་ཉི་མ་དང་། ཟླ་བ།

མགོན་བཙན་ལ་སྲས་ལྷ་ཆེན་དྲག་པ། དར་ཆེན་དྲག གྲོའོ་ཚ་དང་གསུམ་མོ།

མགོན་བརྩེགས་ལའང་སྲས་མང་དུ་བྱུང་བར་གྲགས།

འོད་པོའི་སྲས་ཁྲི་ལྡེ་ལ་ཡང་སྲས་གསུམ་ཡོད་པའི་ནང་ནས་གཅེན་གཉིས་ཆུང་དུ་ནས་འདས་ཤིང་། གཅུང་ལྷ་ལྡེ་བཙན།

ལྷ་ལྡེ་བཙན་ལ་སྲས་རྒྱལ་བུ་ཡོན་བདག་དང་། ལྷ་བཙུན་སྟོན་པ།

རྒྱལ་བུ་ཡོན་བདག་ལ་གཅེན་དབང་ཕྱུག་ཁྲི་ལ་སོགས་པ་སྲས་ལྔ།

དབང་ཕྱུག་ཁྲིའི་སྲས་ཐོག་པོ།

དེའི་སྲས་ཁྲི་དར།

དེའི་སྨྲས་སོ་ན་ཛ་རོ།

དེའི་སྨྲས་སོ་ན་སི་བུ་ བླ་མ་མགོན་སོགས་སྨྲས་པོ་བརྒྱད་དང་། སྨྲས་མོ་བརྒྱད།

སོ་ནའི་སྨྲས་འབུམ་དར་ཡིན། དེའི་བུ་རྒྱུད་ཡར་སྟོད་ཀྱི་བཙན་པོ་སྣོན་ལམ་རྒྱུད་ལྷ་བུག་པ་ཅན་པ། ཐང་ལ་བྲག་པ་ལ་ཐུག་ཅིང་། ལྷ་བུག་པ་ཅན་འདི་གྲྭ་པ་མངོན་ཤེས་དང་ཐོག་མཉམ་ཞིང་། ཕོང་ལ་བུ་མེད་ནས་གྲྭ་པ་མངོན་ཤེས་ལ་བདེ་མཆོག་གི་དབང་ཞུས་པས་ཡོ་དུས་སུ་བུ་བྱུང་བས་གྲྭ་པ་མངོན་ཤེས་ལ་བུམ་པའི་མགུལ་རྒྱན་དུ་གཡུ་ཚང་བུ་ཅན་ཆེ་ཆུང་དང་། སྟོད་བདུད་འདུལ་དབང་ཡོན་ལ་སྐུ་ལི་མ་ཅན། གཏང་རག་ལ་གསེར་ཁྲི་ཕྱི་དར་ཅན། དནྡུལ་སྐྱོག་ཤ་བ་ཅན། རལ་ཁྲི་ཐུད་ཀྱུ་ཅན། ཁྲབ་སྡིག་པ་ཅན་བཅས་ཕུལ་བར་གྲགས།

འོད་པོའི་སྨྲས་གསུམ་གྱི་ཐ་ཆུང་མགོན་བརྩེགས་ལ་སྨྲས་གཉིས་ཏེ་རྔོ་རེ་དང་། ཁྲི་དཔལ་ལོ།

རྔོ་རེའི་སྨྲས་ནི་དུ་ཁྲི་གཙུག

ནི་དུ་ཁྲི་གཙུག་ལ་སྨྲས་ལྔ་ཡོད་པ་བཅས་དེ་རྣམས་ནི་གཅེན་རིག་པ་མགོན་གྱི་རྒྱུད་ཡིན་ནོ།

2. གཅུང་པོ་ཉི་འོད་དཔལ་མགོན་གྱི་གདུང་རབས་ནི།

ཉི་འོད་དཔལ་མགོན་གྱི་སྨྲས་མགོན་སྐྱིད།

དེའི་སྨྲས་ཚ་ལ་ན་ཡེ་ཤེས་རྒྱལ་མཚན་དང་། སྨྲས་ཁྲི་པ་ཡབ་སྨྲས་འདི་གཉིས་ཀྱིས་བསམ་ཡས་གཙུག་ལག་ཁང་གི་ཞབས་ཏོག་མཛད་པ་དང་། མཁས་པ་ལྡེའུའི་ཆོས་འབྱུང་ནང་།

“དེ་ནས་དམ་པའི་ཆོས་ཀྱི་མེ་ཏོ་ནི། །
ཁྲི་ཆུང་ཁྲི་ལྡེ་ཆ་ལ་གསུམ་གྱི་རིང་། །
མཚན་བཞི་ལྡན་པའི་དགོངས་པ་གསལ་གྱིས་བསླངས། །”①

ཞེས་འཕོད་པ་ལྟར་འོད་སྲུངས་ཀྱི་གདུང་རྒྱུད་འོད་ལྡེ་ནས་གྱེས་པ་ཁྲི་ཆུང་དང་། ཡུམ་བརྟན་གྱི་གདུང་རྒྱུད་གཅེན་རིག་པ་མགོན་གྱི་སྲས་ཁྲི་ལྡེ། ཚ་ལ་ན་ཡེ་ཤེས་རྒྱལ་མཚན་འདི་གསུམ་བྱོན་པའི་དུས་མཚུངས་པ་དེའི་ཚེ“བོད་དབུས་གཙང་ན་བཀའ་གདམས་པ་བྱ་བ་རྩ་བ་བཞི་སྐྱ་ཡུལ་ལ་ཡོད་པ་བསྲུང་བ་དང་། དགག་དབྱེ་བྱ་ཟེར་ནས་དབྱར་ཟླ་གསུམ་གསུམ་སྲུང་ལ། དེ་མིན་མི་བསྲུང་བ་གཅིག་དང་གཉིས་རྟགས་ཙམ་འཛིན་པ་ལས་མེད་པ་ལ་དེའི་དུས་སུ་བཙན་པོ་དེ་ཉིད་ཀྱིས་དབུས་གཙང་གི་མི་རྣམས་ལ་ཐར་པའི་དོན་འབྱུང་བར་བཞེད་པས། སྔོམ་པ་མཚན་ཉིད་པ་བླང་ས་ག་ན་ཡོད་བརྩད་བཅད་པས། དང་པོ་རྗེ་དར་མས་བསྟན་པ་བསྣུབས་ནས་དམར་གཙང་གཡོ་གསུམ་མར་བྲོས་པ་ལས་མཆེད་པ་མདོ་ཁམས་སྨད་ན་འདུག་ཅེས་གསན”②པ་དང་དེབ་ཐེར་ལ་ལར་ཕོང་ཡབ་སྲས་གཉིས་ཀྱིས་དབུས་གཙང་ནས་མི་བཅུ་མདོ་ཁམས་སུ་བཟོང་བའི་བདག་རྐྱེན་མཛད་པར་གྲགས་པ་སོགས་སྨད་འདུལ་དར་བར་མཛད་རྗེས་རླབས་པོ་ཆེ་བཞག་ཡོད། བསྟན་པའི་མེ་ཏོ་སྨད་ནས་ཇི་ལྟར་གསོ་བ་སོགས་བསྟན་པ་ཕྱི་དར་གྱི་ལོ་རྒྱུས་ཆེད་བཀར་གྱི་བརྗོད་པར་བྱའོ། བོད་ཀྱི་ལོ་རྒྱུས་ཡིག་ལམ་མང་པོར་ཡུམ་བརྟན་རྒྱུད་ཀྱི་གདུང་རབས་རིམ་པར་བྱོན་པའི་ནང་

① （དེབ་ངོས390）

② （ཆོས་འབྱུང་མེ་ཏོག་སྙིང་པོ་དེབ་ངོས449）

ནས་བོད་དུ་སངས་རྒྱས་ཀྱི་བསྟན་པ་བསྒྱུར་དུ་དར་བ་དང་། གཙུག་ལག་ཁང་ལ་སྲི་ཞུ་སོགས་མངའ་བདག་འདི་ཉིད་ཀྱིས་མཛད་རྗེས་གཟིངས་སུ་ཐོན་པ་བཞག་ཡོད་པ་མ་ཟད། ཁོང་ནི་ལེགས་སྦྱར་གྱི་སྐད་ལ་ཤིན་ཏུ་བྱང་བས་ཁ་རག་སྐྱེས་ཀྱི་ལོ་ཙཱ་བ་ཡང་ཁོང་གི་སློབ་མ་ཡིན། ཇོ་བོ་རྗེ་མ་ཕེབས་གོང་གི་ལོ་ཉི་ཤུའི་སྐབས་ཙམ་ལ་པཎྜི་ཏ་པདྨ་གསང་བ་བོད་ལ་བྱོན་སྐབས་ཞབས་ལུགས་གྲོལ་ཐིག་སོགས་བསྒྱུར་བའི་ལོ་ཙཱ་ཡང་མཛད་”①ཅེས་གསལ། གནའ་རབས་ཀྱི་ལོ་རྒྱུས་ཡིག་ལམ་མང་པོར་ཡུམ་བརྟན་གྱི་གདུང་རྒྱུད་རིམ་པར་བསྟན་དགོས་པ་ཡང་བཙན་པོ་འདིའི་མཛད་རྗེས་མངོན་གསལ་དུ་མཚོན་ཕྱིར་ཡིན་ཅིང་། དེ་མིན་ཁྲི་ལྡེ་མགོན་བཙན་ལས་གདུང་རྒྱུད་གཞན་རྣམས་ཀྱི་སྟེ་ཕྱིའི་གོ་རིམ་བསྟན་པ་ཙམ་ལས་མ་མཆིས་པ་དེ་ནི་གཙོ་བོར་ཡུམ་བརྟན་གྱི་གདུང་རྒྱུད་ཀྱིས་ཆོས་ཕྱོགས་སུ་མཛད་རྗེས་ཆེན་པོ་རང་འཇོག་ཐུབ་མེད་པས་ཡིན་སྙམ། འོན་ཀྱང་ཡུམ་བརྟན་གྱི་རྒྱུད་པས་སྲིད་ཕྱོགས་ལ་དོ་སྣང་ཆེ་བ་བྱས་པས་དབུས་ཁུལ་ཕལ་ཆེར་ཡུམ་བརྟན་རྒྱུད་ཀྱིས་འཛིན་ཐུབ་པ་བྱུང་ཡོད་ཀྱང་། སྔར་ལོ་རྒྱུས་སྨྲ་བ་རྣམས་ཀྱིས་ཆོས་ཕྱོགས་ཀྱི་མཛད་པ་ཁོ་ན་གསོགས་ཆེར་བཟུང་བས་ཡུམ་བརྟན་རྒྱུད་ཀྱིས་སྲིད་བསྐྱངས་པའི་ལོ་རྒྱུས་མང་པོ་བག་ལ་ཞ་བར་མངོན།

བཙན་པོ་ཚ་ལ་ན་ཡེ་ཤེས་རྒྱལ་མཚན་འདས་ལོའི་ཐད་བསྟན་རྩིས་ཀུན་བཏུས་ནང་སྤྱི་ལོ977མེ་གླང་ལོའི་སྟོ་ཕྱི་འདིར་འདས་པར་གསུངས་པ་བསྟན་རྩིས་ནང་འདིའི་སྐབས་ལོ་ཐན་དྲུག་ཅུ་གཅིག་གི་ཕྱི་བའི་སྐྱོན་ཡོད་པ་བསལ་ན་སྤྱི་ལོ917ལོའི་ཡས་མས་ལ་གཤེགས་པར་སེམས།

① （གདུང་རབས་ཚིག་ཉུང་དོན་གསལ་བྲིས་མ་ཤོག་གྲངས13བ）

ཚ་ལ་ན་ཡེ་ཤེས་རྒྱལ་མཚན་ལ་སྲས་ཁྲི་པ།

དེའི་སྲས་ཨ་ཙ་ར། དགེ་སློང་། བླ་མ་པོ་དྷི་རཱ་ཛའོ།

ཨ་ཙ་རའི་སྲས་མགོན་ནེ།

དེའི་སྲས་བཀྲ་ཤིས། ལྷ་བཙུན་སྟོན་མོ། དབང་ལྷེ། བཀའ་གདམས་པའོ།

བཀྲ་ཤིས་བསྟུན་གྱིས་ཟིན། ལྷ་བཙུན་སྟོན་མོ་རབ་ཏུ་བྱུང་།

དབང་ལྷེ་ལ་སྲས་སྤྱུག་རུམ་པ། འོད་ལྷེ་མགོན། དགེ་པོ། བརྟན་པ། སེང་གེ་དང་བཅས་ལྔ་བྱུང་།

ཨ་ཙ་རའི་རྒྱུད་པ་ཕྲེང་པོ་བ་དང་། ལྕང་རྒྱབ་པ། བླག་པ་ལམ་པ། གྲིབ་པ། སྐྱེ་ཐང་ལ། ལུམ་པ་བཙོད་པོ་བཅས་སུ་གྲགས།

དགེ་སློང་གི་རྒྱུད་པ་སྤེལ་བཞི་བ།

པོ་དྷི་རཱ་ཛའི་རྒྱུད་པ་འོན། རྗེ། ཆབ་ཐང་། བསམ་ཡས་བཙོད་པོ་སོགས་མང་དུ་འཕེལ་བ་བཅས་ཡུམ་བརྟན་གྱི་གདུང་རྒྱུད་གྱིས་རབས་རྩུང་ཟད་ཞིབ་པར་འཁོད་པ་མཁས་པ་ལྡེའུའི་ཆོས་འབྱུང་གཞིར་བཟུང་། ཉང་ཉི་མ་འོད་ཟེར་གྱི་ཆོས་འབྱུང་དང་། མཁས་པའི་དགའ་སྟོན། བཙན་པོའི་གདུང་རབས་ཆིག་ཤུང་དོན་གསལ་བཅས་ནས་ཁ་སྐོང་དགོས་རིགས་ཁོལ་བྱུང་གིས་སྒྲིག་པ་ལགས་སོ།

མངའ་བདག་ཡུམ་བརྟན།

↓

ཁྲི་ལྡེ་མགོན་གཉེན།

↓

གཅེན་རིག་པ་མགོན།　　　　　　　　གཅུང་ཉི་འོད་དཔལ་མགོན།

↓

ཁྲི་ལྡེ།

↓

འོད་པོ།

↓

ཁྲི་ལྡེ་ཨ་ཙ་ར།　ཁྲི་ལྡེ་མགོན་བཙན།　མགོན་བརྩེགས།

↓

སྤྱི་ཚབ་ཏུམ་པ་རྗེ་སོགས་ལྔ།

↓

གླུ་ལྡེ།　ལྷ་ལྡེ།　སྤྱི་ཚབ་ཚ་འབུམ་ལྡེ།　མགོན་བཙན།　མགོན་བརྩེགས།

↓

འོད་པོ་དང་།　ཞོད་པོའོ།

↓

འོད་པོའི་སྲས།

↓

ཁྲི་ལྡེ།

↓

སྲས་གསུམ་ཡོད་པའི་ཆུང་བ་ལྷ་ལྡེ་བཙན།

↓　　　　　　　　　　↓

རྒྱལ་བུ་ཡོན་བདག　ལྷ་བཙུན་སྟོན་པ།

↓

གཅེན་དབང་ཕྱུག་ཁྲི་སོགས་སྲས་ལྔ།

↓

ཐོག་པོ།

↓

ཁྲི་དར།

↓

སོ་ན་ཛ་རོ།

↓

སོ་ན་དེ་བུ་བློ་མ་མགོན་སོགས་སྲས་བརྒྱད་དང་། སྲས་མོ་བརྒྱད།

↓

འབུམ་དར་བཅས་སོ།
གོང་དུ་གསལ་བའི་ཁྲི་ལྡེ་མགོན་བཙན་གྱི་སྲས།

↓

ལྷ་ཆེན་དྲག་པ། དར་ཆེན་དྲག ཁྲོའོ་ཚ་བཅས་སོ།
གོང་དུ་གསལ་བའི་འོད་པོའི་སྲས་ཐ་ཆུང་མགོན་བརྩེགས་ཀྱི་སྲས།

↓

ཧོ་རེ་དང་། ཁྲི་དཔལ།

↓

ནེ་དུ་ཁྲི་གཙུག

↓

སྲས་ལྷ་ཡོད་པ་བཅས་སོ།
གོང་དུ་གསལ་བའི་ལྷ་ལྡེའི་སྲས།

↓

དྲག་པ་ལ་སོགས་པ་སྲས་གསུམ་ཡོད།
གོང་དུ་གསལ་བའི་སྤྱི་ཚབ་ཚ་འབུམ་ལྡེའི་སྲས།

↓

ཉི་མ་དང་། ཟླ་བ་གཉིས་སོ།
གཙུང་ཉི་འོད་དཔལ་མགོན་གྱི་གདུང་རབས།

↓

མགོན་སྐྱིད།

↓

ཚ་ལ་ན་ཡེ་ཤེས་རྒྱལ་མཚན།

↓

བྲི་པ།

↓

ཨ་ཙ་ར། དགེ་སློང་། བླ་མ་པོ་ཧྲི་ནྲ་ཛ།

↓

མགོན་ནེ།

↓

བཀྲ་ཤིས། ལྷ་བཙུན་སྟོན་མོ། དབང་ལྡེ། བཀའ་གདམས་པ།

↓

སྐྱུག་ཏུམ་པ། འོད་ལྡེ་མགོན། དགེ་བོ། བརྟན་པ། སེང་གེ་བཅས་སོ།

གཉིས་པ། བོད་དུ་བསྟན་པ་ཕྱི་དར་གྱི་ལོ་རྒྱུས་སྐོར།

བསྟན་པ་ཕྱི་དར་གྱི་འཆད་ཚུལ་ཐད་ལའང་སྔོན་ཐོན་མཁས་པའི་བཞེད་པ་གཅིག་གྱུར་མེད་པ་ཤིན་ཏུ་རྩོག་འཛིངས་ཅན་ཞིག་ཡིན་སྟབས་མཁས་པ་སོ་སོས་རང་རང་གི་ལུང་དང་རིགས་པའི་སྒྲུབ་བྱེད་ལ་བརྟེན་ནས་ལོ་རྒྱུས་ཡིག་ལམ་ནང་འགོད་གནང་མཛད་པ་རྣམས་ལ་ངེས་པར་དོ་གལ་དགོས་པ་སོས་ཡིན། འོན་ཀྱང་ལོ་རྒྱུས་དཀྱུས་གཅིག་ཏུ་སྒྲིག་སྐབས་ལོ་ཚིགས་མཐུན་ཐུབ་པ་བྱ་རྒྱུ་ནི་གནད་དོན་གཙོ་ཆེ་ཤོས་ཀྱི་གྲས་ཤིག་ཡིན་པས་སྐབས་འདིར་ཀཿཐོག་རིག་འཛིན་ཚེ་དབང་ནོར་བུས་མཛད་པ《བོད་རྗེ་བཙན་པོའི་གདུང་རབས་ཚིག་ཉུང་དོན་གསལ》དང་། མང་ཐོས་ཀླུ་སྒྲུབ་རྒྱ་མཚོས་མཛད་པ《བསྟན་རྩིས་གསལ་བའི་ཉིན་བྱེད》གཉིས་དཔྱད་གཞི་གཙོ་བོར་བཟུང་ཐོག བུ་སྟོན་ཆོས་འབྱུང་དང་། དེབ་སྔོན་སོགས་ལའང་ཞིབ་ཏུ་བརྟག་སྟེ་བརྩམས་པར་དོན་ཚན་གསུམ་ཡོད། དང་པོ། དར་མས་བསྟན་པ་བསྣུབས་སྐབས་དམར་གཡོ་གཙང་གསུམ་མདོ་ཁམས་སུ་བྲོས་ཐེབས་པའི་སྐོར་དང་བླ་ཆེན་པོའི་རྣམ་ཐར་མདོར་བསྡུས་སྐོར། གཉིས་པ། བསྟན་པ་ཕྱི་དར་ལས་འདུལ་བའི་བསྟན་པ་སྨད་ནས་དར་ཚུལ། གསུམ་པ། འདུལ་བསྟན་སྟོད་ནས་དར་ཚུལ་ལོ།

དང་པོ། དར་མས་བསྟན་པ་བསྣུབས་སྐབས་དམར་གཡོ་གཙང་གསུམ་མདོ་ཁམས་སུ་བྲོས་ཐེབས་པའི་སྐོར་དང་། བླ་ཆེན་པོའི་རྣམ་ཐར་མདོར་བསྡུས།

སྐབས་འདིར་དཔྱད་པའི་ལོ་ཚིགས་ལྟར་ན་དར་མ་འུ་དུམ་བཙན་པོས་སྤྱི་ལོ843ཆུ་ཕག་ལོར་དབུས་གཙང་ཡོངས་སུ་བསྟན་པ་བསྣུབས་པའི་དུས་སྐབས་

དེར་གཡོ་རུ་གནའ་པ་བྱང་ཐང་གི་དམར་ཤཱཀྱ་མུ་ནེ་དང་། སྨོ་འབྲོག་གི་གཡོ་དགེ་བའི་འབྱུང་གནས། འཇང་འཕྲེལ་གྱི་གཙང་རབ་གསལ་བཅས་དགེ་སློང་གསུམ་དཔལ་ཆུ་བོ་རི་ལ་སྒོམ་པའི་དུས། ཨད་དན་ཅིག་པ་དང་། ལྷ་ལུང་འཚོག་པོ། ཞ་སྟ་ཁྲམས་པོ་བྱ་བ་བཙུན་པ་གསུམ་གྱིས་ཁྲི་ཁྲིད་ནས་ཇ་བཏུངས། རོལ་མོ་དཀྲོལ། མགོ་ལ་བྱ་སྒྲོ་བཙུགས། ཤམ་ཐབས་སྟ་སློག་ཕྱི་སློག་བྱས་ནས་རི་དྭགས་ལ་མདའ་འཕེན་པ་གཡོ་དགེ་འབྱུང་གིས་གཟིགས་པས་དེ་ལ་མ་རངས་ནས་བན་ཐན་ང་འབྲུལ་བའམ་བཙུན་པ་ཆོ་སྐྱེ་བ་གང་ཡིན་གསུངས་པས་ཇོན་པ་དེ་རྣམས་ཀྱིས་སློབ་དཔོན་འབྲུལ་པ་མ་ཡིན་བཙུན་པ་དབང་མེད་དུ་སྐྱེ་རུ་བཅུག་པ་ཡིན་ཞེས་རྒྱལ་པོས་བསྟན་པ་བསྣུབས་པའི་ལོ་རྒྱུས་ཞིབ་ཏུ་བཤད་ཐོག ཁྱེད་རང་ལ་རྒྱལ་པོའི་བཀའ་ཆད་མ་ཐོག་པ་བསོད་ནམས་ཆེ་སྟེ་ད་ཁྱོད་རང་ཡང་ཐྲོས་ན་ལེགས་པའི་གཏམ་བཤད་པས་དགེ་སློང་གསུམ་པོས་གོས་རེ་བས་དྲིལ་ནས་སྤྲང་ཆས་སུ་བཞུགས། དམ་ཆོས་འདུལ་བ་དྲེའུའི་ཁལ་གཅིག་བཀལ་ནས་རྒྱལ་ཁྲིམས་མི་གཅིག་པའི་ས་ཆར་བསྟན་པ་དར་བར་བྱ་དགོངས་ནས་ཉིན་མོ་གབ་ཅིང་མཚན་མོ་བྲོན་ཏེ་མངའ་རིས་སུ་བྲོན། དེར་ཡང་བསྟན་པ་སྤེལ་མ་ཐུབ་པར་བྱང་ལམ་ནས་ཧོར་ཡུལ་དུ་བྲོས་ཕེབས་ཏེ་ཧོར་གྱི་དགེ་བསྙེན་ཤེས་རབ་གོ་ཆ་བྱ་བ་གཅིག་ཡོད་པ་དེ་ལ་མིང་ཤཱཀྱ་ཤེས་རབ་ཞེས་བྱ་བར་བཏགས་པ་སྲུག་ཕྱིར་ཁྲིད་དེ་མདོ་སྨད་སྨོ་ངོས་པེ་རེའི་ས་ཆ་དེའུ་ཙྭ་མཚོ་བརྒྱུད་རྨ་ལུང་རྡོ་རྗེའི་བྲག་དན་ཏིག་ཤེལ་གྱི་ཡང་དགོན་དུ་བྱོན། སྔར་གྱི་བཙུན་ཆས་ཕོ་ནར་ཞུགས་པ་ཡུལ་དེའི་མི་རྣམས་ཀྱིས་མཐོང་བས་ཨ་པ་ལ། རྒྱལ་པོ་སྡིག་ཅན་གྱི་ཁྲིམས་ཀྱིས་མ་ཐོག་པའི་བཙུན་པའང་འདི་ན་གདའ་ཟེར་བ་ཐོས་ནས་སྐྲག་སྟེ་དེའི་ནགས་ཁྲོད་དུ་བྲོས་ཕེབས་ནས་འཚོ་བ་མེད་པ་བསྟུན་ཏེ་བཞུགས་པ་ལ་དགེ

བསྙེན་མ་གཅིག་གིས་འཚོ་བ་བག་རེ་བདེ་གས། དེའི་དུས་སུ་ཁོང་གསུམ་དང་བླ་ཆེན་དགོངས་པ་རབ་གསལ་མཇལ་ཏེ་དེ་ལ་བརྟེན་ནས་དབུས་གཙང་དུ་འདུལ་བའི་བསྟན་པ་མི་ནུབ་པའི་ས་བོན་དེ་བསྐྱེད་བསྲིངས་ཐུབ་པ་ཡིན་ནོ།

དེ་ཡང་བླ་ཆེན་དགོངས་པ་རབ་གསལ་ནི་སྤྱི་ལོ832ཆུ་བྱིའི་ལོར་ཙོང་ཁ་བདེ་ཁམས་སུ་འཁྲུངས། ཁོང་གི་མཚན་གྱི་རྣམ་གྲངས་ལ་སྐྱ་བོའི་སྐབས་ཀྱི་མཚན་ཀ་ར་འཕན། བོན་བསླབས་པས་བོན་གྱི་མིང་མུ་ཟུ་གསལ་འབར། བསྟན་པའི་མེ་རོ་བསླངས་པས་བླ་ཆེན། རབ་བྱུང་སྐབས་མཁན་སློབ་ཀྱི་མཚན་ལས་དྲངས་པས་དགེ་བ་གསལ་དང་བཞིའོ།

ཁོང་དགུང་ལོ་བཅུ་གཉིས་པ་སྤྱི་ལོ843ཆུ་ཕག་ལོར་དར་མས་བསྟན་པ་བསྣུབས། སྐུ་ནར་སོན་རྗེས་ཞིང་དཔོན་དབེན་པར་ནོན་འཛམ་དཔལ་ལ་བརླས་ལུང་ཞུས། ཁང་རིན་ཆེན་རྡོ་རྗེ་ཞེས་བྱ་བ་ལ་བྱང་ཆུབ་མཆོག་ཏུ་སེམས་བསྐྱེད། སྐྱེ་རྒྱལ་བའི་གཙུག་ཏོར་ལ་དབུ་ཚད་ཀྱི་བསྟན་བཅོས་གསན། ནམ་དགའ་ལྡན་བྱང་ཆུབ་ལ་ཡོ་ག་གསན།

དེ་རྗེས་དགུང་ལོ་ང་བཞི་པ་སྤྱི་ལོ894ཤིང་སྟག་ལོར་དན་ཏིག་ཏུ་ཕེབས་ནས་མཁས་པ་མི་གསུམ་དང་མཇལ་ཏེ་རབ་བྱུང་བསྙེན་རྫོགས་ཞིག་རྫོགས་གནང་ཞིང་། སྐབས་དེའི་མཁན་པོ་སུ་ཡིན་སྐོར་ལ་བཞེད་པ་མི་མཐུན་པ་དཔྱད་དགོས་པར་སྣང་ཡང་རེ་ཞིག་མཁན་སློབ་ཀྱི་མཚན་ལས་དྲངས་པའི་ཚུལ་ལ་བརྟག་སྟེ་ཉང་རལ་ཆོས་འབྱུང་དང་། མཁས་པ་ལྡེའུའི་ཆོས་འབྱུང་ལྟར་གཡོ་དགེ་འབྱུང་གིས་མཁན་པོ་དང་། གཙང་རབ་གསལ་གྱིས་སློབ་དཔོན། དམར་ཤཱཀྱས་གསང་སྟོན་གནང་ཞིང་། བསྙེན་རྫོགས་སྐབས་ཡུལ་དབུས་སུ་དགེ་སློང་བཅུ་དང་། མཐའ་འཁོབ་ཏུ་དགེ་སློང་ལྔ་ཚང་དགོས་པའི་ཁ་སྐོང་ཐད།

སྐབས་དེར་ལྷ་ལུང་དཔལ་རྡོར་དར་རྗེ་མདོའི་ཚོང་འདུས་སུ་བཞུགས་པར་ལས་ཀྱི་ཁ་སྐོང་གནང་བ་ཞུས་པས་ངས་བསྟན་པའི་དོན་དུ་རྒྱལ་པོ་སྡིག་ཅན་བསད་སྟབས་སྡོམ་པ་མེད་པས་ལས་ཀྱི་ཁ་སྐོང་མི་རུང་སོད། འོན་ཀྱང་ངས་ཁ་སྐོང་འཚོལ་བའི་གྲོགས་བྱའོ་གསུངས་ནས་རྒྱའི་ཧ་ཤང་གེ་དབང་དང་། གྲིམ་ཕག་གཉིས་ཁྲིད་དེ་དད་པའི་དགེ་འདུན་གྱི་ཁ་སྐོང་མཛད་ནས་རབ་བྱུང་བསྙེན་རྫོགས་ཆིག་རྫོགས་གནང་སྐྱེ་མཚན་ཡང་མཁན་སློབ་ཀྱི་མཚན་ལས་དྲས་ཏེ་དགེ་བ་གསལ་དུ་བཏགས་ཤིང་། ཕྱིས་མཁྱེན་རླབས་ཆེ་ལ་བསྟན་པའི་རྩ་བར་གྱུར་པས་མཚན་བླ་ཆེན་དགོངས་པ་རབ་གསལ་དུ་གྲགས།

དེ་ནས་བྱང་ཕྱོགས་སུ་ཕེབས་ནས་ཅང་ཨེན་རྗེ་མཁར་མི་ཉག་ཕྱའི་ཡུལ་དུ་བྱོན་ཏེ། ཁོ་རོང་སེང་གེ་གྲགས་ལ་འདུལ་བ་གསན་པས་འདུལ་བ་ལུང་སྡེ་བཞི་བསྟན་བཅོས་དང་བཅས་པ་བླ་ཆེན་ལ་གནང་ནས། བུ་ཁྱོད་ཀྱིས་དེ་བཞིན་གཤེགས་པའི་བསྟན་པ་ཚུལ་བཞིན་དུ་གསལ་བར་གྱིས་ཤིག ཁོ་བོ་ནི་རྒས་པས་ཡུན་རིང་དུ་མི་འཚོའོ་གསུང་སྐད།

དེ་ནས་དབུས་སུ་ཞང་ཆེན་པོ་དགེ་བ་བཞུགས་པའི་སྤྱན་སྔར་ཆོས་གསན་པར་ཕེབས་བཞེད་ནས་མདོ་ཁམས་གླང་ཐང་འཇིག་རྟེན་སྒྲོན་དུ་བྱོན་པའི་ཚེ། མང་ར་གཡུ་མཚོ་ཞེས་བྱ་བར་དབུས་ནས་རྒྱལ་པོས་ཕོ་ཉར་མངགས་པ་དེས་དབུས་སུ་མུ་གེ་ཆེན་པོ་བྱུང་བས་ཁྱེད་ཀྱིས་བཞུལ་ཡང་མི་བགྲོད་པས་མ་ཕེབས་ཤིག ཀཱ་འོད་མཆོག་གྲགས་པ་ལྷོ་བལ་དུ་ཆོས་མང་པོ་གསན་ནས་ཁམས་སུ་བྱོན་ནོ་ཟེར་བ་གསན་པས་སླར་ལོག་སྟེ། ཤར་ཕྱོགས་སུ་ལྷ་རྗེ་ཧྡིག་ཏིག་ཅེས་བྱ་བར་སྟོན་གྱི་ལྷ་རྟེན་མང་པོ་བཞུགས་པའི་དགེ་འདུན་གྱི་གནས་ཤིག་ཏུ་ཀཱ་འོད་མཆོག་གྲགས་པ་དང་མཇལ་ནས་ཤེས་རབ་ཀྱི་ཕ་རོལ་ཏུ་ཕྱིན་པའི་འབུམ་ཏི་ཀ་ལ་སོགས་

པ་དང་། བྱང་ཆུབ་སེམས་པའི་ས་ལ་སོགས་པ་མངོན་པའི་ཐེག་པ་ཆེན་པོ་སོ་བཅུ་གཉིས་ཀྱི་བར་གསན། དེ་རྗེས་མནལ་ལམ་དུ་རི་ཞིག་གདུལ་བྱ་རྒྱ་ཆེར་ཡོང་མི་ཐུབ་པའི་མཚན་མ་དང་། ཐེའུ་རང་སྲུན་དགུས་དན་ཏིག་ཏུ་འཁྱོན་པར་གསོལ་བ་བཞིན་དན་ཏིག་ཏུ་ཐེབས་ནས་སྐབས་དེར་ཅིག་ཅར་འཇུག་པའི་རྣལ་འབྱོར་པ་ཞེས་བྱ་བ་དགེ་བའི་ཕྱོགས་ཅི་ཡང་མི་བྱེད་པའི་ལོག་རྟོག་ཅན་མང་དུ་མཆིས་པའི་ལྟ་བ་བསུན་འབྱིན་པའི་ལྷ་ཁང་དང་མཆོད་རྟེན་དཔག་ཏུ་མེད་པ་བཞེངས་ཏེ་ཚོན་དང་བཟོ་ལ་སོགས་པ་ཡང་རང་གིས་མཛད་དེ་འདུས་བྱས་ཀྱི་དགེ་བའི་རྩ་བར་བསྟེན་པར་མཛད།

བླ་ཆེན་པོའི་དམ་པའི་སྤྱོད་པ་དེ་ལྟ་བུས་ཡིད་རབ་འཕྲོག་ནས་སྨྲ་བོར་གཡུང་དྲུང་ཞེས་བྱ་བ་དེ་འཁོར་མང་པོ་དང་བཅས་དན་ཏིག་ཏུ་ཕྱིན་པ་དང་། བླ་ཆེན་པོས་དམ་པའི་ཆོས་འདུལ་བ་ནས་གསུངས་པའི་བསླབ་པའི་གཞི་རྣམས་བརྗོད་པས་སྤྱར་རང་ཉིད་ཀྱི་ཅིག་ཅར་འཇུག་པའི་སྤྱོད་ལམ་དེ་ལྟ་བུར་གཏོང་ཞིང་འགྱོད་ནས་ཚུལ་བཞིན་དུ་རབ་ཏུ་བྱུང་བ་དང་། དེའི་རྗེས་སུ་བར་གནས་གྲགས་པ་ཞེས་བྱ་བ་ཡང་རབ་ཏུ་བྱུང་བས་ཁོང་གཉིས་ལ་སྨྲ་བར་གཉིས་སུ་གྲགས་པ་དང་། དེ་བཞིན་ཛ་བ་གྲགས་པ་དང་། བཙུན་ཆེན་ཅོག་རོ་ཤེས་རབ་འབྱུང་གནས་གཉིས་ལ་ཛ་ཅོག་གཉིས། གཞོང་དཔལ་གྱི་རྡོ་རྗེ་དང་། སྲུགས་རྒྱ་མཚོ་གཉིས་ལ་གཞོང་སྲུགས་གཉིས། འལ་པ་རྡོ་རྗེ་དབང་ཕྱུག་དང་། བསྒྲུབས་ལབ་ཤེ་དཔལ་གྱི་དབང་ཕྱུག་གཉིས་ལ་འལ་བསྒྲུབས་གཉིས། གྲོང་མཆོག་ཆོས་སྐྱོང་དང་། འཚུར་ཤེས་རབ་མཆོག་ལ་གྲོང་འཚུར་གཉིས་ཞེས་སོགས་སློབ་མ་སྣན་གྲགས་ཅན་མང་པོ་འདུས་པ་དང་། ཁོང་གི་མཛད་པ་འདུལ་བའི་བསྟན་པའི་གསོས་སུ་ཆེ་བ་བྱུང་ཞིང་། བླ་ཆེན་པོའི་སློབ་མ་མཆོག

ཧྲུག་ནི་སྤྲ་བར་གཉིས་དང་། ཛ་ཅོག་གཉིས། འལ་བསྒྲུབས་གཉིས་བཅས་ལ་ངོས་འཛིན་པར་སྣང་།

མང་ཐོས་ཀླུ་སྒྲུབ་ཀྱི་བཞེད་པ་ལྟར་ན་བླ་ཆེན་པོ་རབ་བྱུང་བསྙེན་རྫོགས་བཞེས་ནས་ལོ་བཅོ་ལྔ་སོང་བ་བླ་ཆེན་དགུང་ལོ་ང་བཞི་པ་ཤིང་སྟག་སྤྱི་ལོ894ལོར་དབུས་གཙང་མི་བཅུའི་རབ་བྱུང་བསྙེན་རྫོགས་ཀྱི་མཁན་པོ་མཛད་པ་དེ་ནས་དབུས་གཙང་དུ་འདུལ་བའི་བསྟན་པ་དར་བའི་རྩ་ལག་ཆེན་པོར་གྱུར་པ་ཡིན་ཅིང་། དེ་ལྟར་བླ་ཆེན་པོས་དགུང་ལོ་བཞི་བཅུ་རྩ་དགུ་ལོར་དན་ཏིག་ཏུ་གྲོན་པ་ནས་ལོ་སུམ་ཅུ་སོ་ལྔ་དན་ཏིག་ཏུ་བཞུགས་མཐར་དགུང་ལོ་བརྒྱད་ཅུ་གྱ་བཞི་པ་སྤྱི་ལོ915ཤིང་ཕག་ལོར་སྐུ་གཤེགས་པ་ལགས་སོ།

དེ་ལྟར་དར་མས་བསྟན་པ་བསྣུབས་རྗེས་དབུས་གཙང་ན་སྡོམ་པ་དང་བཤད་པའི་གདམ་ངག་བཀའ་ཆད་ནས་མེད། གཙུག་ལག་ཁང་ཐམས་ཅད་ཀྱི་ལྡེ་མིག་བཙུན་གཟུགས་དབུ་གཙུག་ཕུད་ཅན་ཤམ་ཐབས་གོང་བ་ཅན་གྲོན་པ་འགའ་རེ་ཡོད་པའི་མིང་ལ་གནས་བརྟན་དགྲ་བཅོམ་པར་བཏགས་པས་འཛིན། མཆིམས་སྣད་ན་ཆེན་པོ་རྒྱལ་བ་དང་ཞང་ལྷམ་འབྲི་ཆུང་བ་གཉིས་ཀྱིས་ཀློག་ཤེས་པས་མི་ཤི་བའི་དགེ་བར་བྱིས་པ་དང་། བུ་ཆུང་ཤི་བ་ལ་སུམ་བརྒྱ་པ་དང་། མི་ཆེ་བ་ཤི་བ་ལ་བདེ་ཆེན་འདོན། མི་དེ་གཉིས་ཤིན་ཏུ་ཤེས་རབ་ཆེ་ཟེར་ཞིང་། དེ་མིན་དབུས་གཙང་ན་བཀའ་གདམས་པ་བྱ་བ་རྩ་བ་བཞི་སྣ་ཡུལ་ལ་ཡོད་པ་སྲུང་བ་དང་། དགག་དབྱེ་བྱ་ཟེར་ནས་དབྱར་ཟླ་གསུམ་གསུམ་སྲུང་ལ། དེ་མིན་མི་སྲུང་བ་གཅིག་དང་གཉིས་རྟགས་ཙམ་འཛིན་པ་ལས་མེད། དུས་དེར་མདོ་སྨད་ན་མཁན་སློབ་ཀྱི་བཀའ་རྒྱུད་བར་མ་ཆད་པར་ཡོད་པའི་གཏམ་དབུས་གཙང་དུ་ཁྱབ་པ་ཡུམ་བརྟན་གྱི་གདུང་རྒྱུད་བསམ་ཡས་བཙད་པོ་ཚ་ལ་ན་ཡེ་

ཤེས་རྒྱལ་མཚན་གྱིས་དབུས་གཙང་གི་མི་རྣམས་ལ་ཕར་པའི་དོན་འབྱུང་བར་བཞེད་དེ་སྟོམ་པ་མཚན་ཉིད་པ་བླང་ས་གང་ན་ཡོད་བརྟད་གཙོད་གནང་བས་དང་པོ་རྗེ་དར་མས་བསྟན་པ་བསྐྱབས་སྐབས་དམར་གཡོ་གཙང་གསུམ་མདོ་ཁམས་སུ་བྲོས་པ་ལས་མཆེད་པའི་སྡོམ་རྒྱུན་མདོ་སྨད་ན་ཡོད་པའི་གནས་ཚུལ་དེ་གསན་རྗེས་དབུས་གཙང་ནས་དད་པ་ཅན་བསྐུལ་ཏེ་མདོ་སྨད་དུ་རྫོང་བའི་བདག་རྐྱེན་གནང་ལུགས་དང་། "བཀའ་གདམས་ཀྱི་ཡིག་ལམ་འགར་དབུས་གཙང་མི་བཅུ་མདོ་ཁམས་ལ་རྙེད་པ་འཚོལ་དུ་ཕྱིན་པ་འདོད་པ་བཞིན་མ་འགྲུབ་པས་ཡིད་སྐྱུང་སྟེ་འོ་ཅག་ཟང་ཟིང་གི་ཆེད་དུ་འདི་ལྟར་དཀའ་བ་སྤྱོད་པ་བས་འདི་ཕྱི་ཐམས་ཅད་དུ་བདེ་བའི་ཆོས་བྱའམ་ཞེས་བགྲོས་ནས་རབ་ཏུ་བྱུང་བར་ཁ་འཆམས། འོན་ཀྱང་རང་ཅག་ལ་མཁན་པོར་འབུལ་རྒྱུའི་ཕྱག་རྟེན་མེད་ཅེས་གླེངས་པས་ཁོང་རང་ཚོའི་ནང་ནས་ཆོས་རྒྱུས་ཆེ་བ་འགས་གྲོས་འགོ་བཏོན་ཏེ་མེ་ཏོག་མང་དུ་འཐུས་ནས་བླ་མ་འགྲོན་པའི་མདུན་དུ་མེ་ཏོག་གཏོར། ཕྱག་བྱས་པས་ཁྱེད་རྣམས་ག་ནས་ཡིན་ནམ་མི་མཐོང་རྒྱ་ཅན་འགའ་ཞིག་འདུག་གསུངས་ནས་མཉེས་བཞེས་སྣང་"① འཁོད་པ་གནད་དོན་འདིའི་ཐད་བཞེད་པ་ཁག་གཉིས་འབྱུང་བ་གང་ཞིག་འཐད་ཅེ་ན། བཞེད་པ་ཕྱི་མ་འདི་སྐབས་དེའི་ལོ་རྒྱུས་དངོས་དང་འཚམས་པ་ཡིན། རྒྱུ་མཚན་ནི་བཙད་པོ་ཚ་ལ་ན་ཡེ་ཤེས་རྒྱལ་མཚན་གྱི་དུས་ནི་དབུས་གཙང་དུ་ཁེང་ལོག་བྱུང་བའི་དུས་མཇུག་ཁོང་གི་དབང་བསྒྱུར་ས་ཁུལ་ནི་དབུ་རུའི་ས་ཆ་ཆ་ཤས་ལས་དབུས་གཙང་ཡོངས་ལ་ཁྱབ་མི་ཐུབ་པ་དང་། དབུས་གཙང་མི་བཅུ་སྡོམ་པ་བླངས་ནས་དབུས་སུ་འཁོར་སྐབས་

① (མཁས་པའི་དགའ་སྟོན་དེབ་ངོས472)

རྒྱབ་བརྟེན་བཙོལ་ཡུལ་གང་ཞིག་ལེགས་པའི་སྐོར་མོལ་བགྲོས་ཀྱིས་མཐར་བསམ་ཡས་བཙད་པོར་བརྟེན་རྒྱ་འགབ་ལུགས་ཉང་ཆོས་འབྱུང་ན་གསལ་བ་བཅས་ཀྱིས་སོ། གང་ལྟར་སྐབས་དེར་དབུས་གཙང་གི་མི་བཅུ་སྟེ། དབུས་ཤ་ཚར་གྱི་བླ་མེས་ཤེས་རབ་ཚུལ་ཁྲིམས། སུམ་པ་ཡེ་ཤེས་བློ་གྲོས། འབྲིང་ཡེ་ཤེས་ཡོན་ཏན། རག་ཤི་ཚུལ་ཁྲིམས་འབྱུང་གནས། རྨ་བན་རིན་པོ་ཆེ། ཐ་ཚུལ་ཁྲིམས་བློ་གྲོས། གཙང་ནས་ལོ་སྟོན་རྡོ་རྗེ་དབང་ཕྱུག ཚོང་བཙུན་ཤེས་རབ་སེང་གེ མངའ་རིས་པ་འོ་བརྒྱད་ཕྱུན་གཉིས། ཨུ་པ་ཏ་ཀ་ར་དང་བཅུ་བཅས་ལགས་སོ།

གཉིས་པ། འདུལ་བའི་བསྟན་པ་སྨད་ནས་དར་ཚུལ་སྐོར།

1. ལོ་ཚིགས་སྐོར།

བསྟན་པ་ཕྱི་དར་ནམ་ཚུགས་ཀྱི་ལོ་ཚིགས་འདི་ལ་བཞེད་པ་མི་མཐུན་པ་མང་པོ་ཡོད་པར་ཀཿཐོག་རིག་འཛིན་ཆེན་པོས་དཔྱད་བསྡུར་མཛད་པའི་སྙིང་པོ་རང་བཞེད་འཁྲོམ་སྟོན་རྒྱལ་བའི་འབྱུང་གནས་ཀྱིས་བསྟན་པ་ནུབ་པ་སྤྱི་ལོ841ལྕགས་བྱ་ནས་བསྟན་པ་མེད་པའི་བར་སྟོང་ལོ་བདུན་ཅུ་དོན་བདུན་པ་ས་སྟག（སྤྱི་ལོ918）ལོ་འདི་བསྟན་པ་ཕྱི་དར་གྱི་དབུ་ཡིན་པར་བཞེད་པ་དེ་ཆེས་ཁུངས་དང་ལྡན་པ་ཞིག་ཡིན་པ་ནི་ལོ་རྒྱུས་དཀྱུས་གཅིག་ཏུ་སྒྲིག་སྐབས་ལོ་ཚིགས་མཐུད་མི་ཐུབ་པའི་འགལ་བ་མེད་ལ་ས་ཆེན་རྒྱལ་རབས་སོགས་ལོ་རྒྱུས་མང་པོ་དཔྱད་གཞིར་མཛད་དེ་བཀོད་པ་མང་ཐོས་ཀླུ་སྒྲུབ་ཀྱི་བསྟན་རྩིས་གསལ་བའི་ཉིན་བྱེད་ཀྱི་ལོ་ཚིགས་སོགས་དང་རྩ་བའི་བཞེད་པ་གཅིག་གྱུར་ཡིན།

2. དབུས་གཙང་མི་བཅུའི་སྟོམ་པ་བཞེས་ཡུལ་གྱི་མཁན་པོ་སུ་ཡིན་སྐོར།

བསྟན་རྩིས་གསལ་བའི་ཉིན་བྱེད་ལས། “མི་བཅུས་སྡོམ་པ་བླངས་པའི་

ཡུལ་བླ་མ་ཆེན་པོ་ཉིད་ལ་ཐུག་པ་དང་། གྲུམ་ཡེ་ཤེས་རྒྱལ་མཚན་ལས་བླངས་ཟེར་བ་དང་། འཚུར་ཤེས་རབ་མཆོག་ལས་བླངས་ཟེར་བའི་ལུགས་གསུམ་བྱུང་བ་ལས།

དང་པོ་ནི། སྤྱམ་ལྷར་བུ་སྟོན་ལུགས་ཏེ། མི་བཙུན་བླ་ཆེན་ལ་མཁན་པོ་ཞུས་པས། ཕོ་བོས་བསྙེན་པར་རྫོགས་ནས་ལོ་ལྔ་ལས་མ་ལོན་པས་མི་རུང་གསུང་བ་ལས། གཙང་ན་རེ་དམིགས་བསལ་ལ་བཏུབ་ལུགས་ལས། བླ་ཆེན་གྱིས་མཁན་པོ་མཛད་གསུངས་ཏེ། དེ་ལྟ་བུའི་དམིགས་བསལ་གྱི་ཁུངས་གསལ་པོ་བཙལ་དགོས་སོ། 〔དེ་ཡང་མདོ་རྩ་ལས། བསྙེན་པར་རྫོགས་ནས་ལོ་ལྔ་ལོན་ཞིང་། ལྷན་ཅིག་སྤྱོར་བ་ཐམ་དང་ལྡན་ན་གནས་མ་བཅས་པ་ཡང་སྟོངས་རྒྱུར་རུང་ངོ་ཞེས་པ་འདིས་ཐོན་པར་ཕོ་བོ་སེམས་སོ།〕

ལུགས་གཉིས་པ་ལ། གྲུམ་གྱི་མཁན་པོ་སུ་ཡིན་སྙམ་ན། བླ་ཆེན། སྤང་གོང་ཡེ་ཤེས་གཡུང་དྲུང་། གྲུམ་ཡེ་ཤེས་རྒྱལ་མཚན། དེ་ནས་ཀླུ་མེས་སོགས་ཡིན་ཟེར། འགའ་ཞིག་ནི་འཚོ། ཟ་ཏྣ། གཡོ་དགེ་འབྱུང་། བླ་ཆེན། སྒྲོ་མཆུ་ཤྲཱི། གྲུམ་ཡེ་ཤེས་རྒྱལ་མཚན། ཀླུ་མེས་ཞེས་ཟེར་རོ། རྒྱལ་པོ་རབས་འཕྲེང་ལས། བླ་ཆེན་གྱིས་ཁམས་ཀྱི་སོག་པོ་མི་དྲུག་ལ་སྡོམ་པ་ཕོག དེའི་ནང་ཚན་བརྩོན་ཆེན་ཤེར་འབྱུང་གིས་གྲུམ་ལ། དེས་ཀླུ་མེས་ལ་ཕོག་ཟེར། སོག་པོ་མི་དྲུག་ནི། སྤང་གོང་ཡེ་ཤེས་གཡུང་དྲུང་། གསར་གནས་བསྟན་གྲགས་གཉིས་ཏེ་སྤང་གསར་གཉིས། འལ་པ་རྡོ་རྗེ་དབང་ཕྱུག བསྒྲུབས་དཔལ་གྱི་དབང་ཕྱུག་གཉིས་ཏེ་འལ་བསྒྲུབས་གཉིས། ཛ་པ་གྲགས་པ་དང་། བརྩོན་ཆེན་ཤེས་རབ་འབྱུང་གནས་གཉིས་ཏེ་ཛ་བརྩོན་གཉིས་སོ།

ལུགས་གསུམ་པ། དེབ་སྔོན་ལས། བླ་ཆེན་ཤིང་ཕོ་བྱི་ལོར་བལྟམས།

གཡོ་དམར་གཙང་གསུམ་ལས་བསྙེན་པར་རྫོགས། གོ་རིང་སེང་གེ་གྲགས་ལས་འདུལ་བ་གསན། སྐྱི་རྒྱ་ལའི་གཙུག་ཏོར་ལས་དབུ་ཚད་གསན། ནམ་དགའ་ལྷན་བྱང་ཆུབ་ལས་ཡོ་ག་གསན། ཀ་འོད་མཆོག་གྲགས་པ་ལས་འབུམ་ཏིཀ་དང་མངོན་པ་སོགས་གསན། ལོ་ཞེ་དགུ་པ་ལ་དན་ཏིག་ཏུ་བྱོན་ལོ་སོ་ལྔ་བཞུགས་ཏེ་བརྒྱད་ཅུ་རྩ་བཞི་པ་ཤིང་མོ་ཕག་ལ་དགའ་ལྡན་དུ་གཤེགས་སོ། ཤིང་ཕག་དེ་བསྟན་པ་བསྐྱབས་པའི་ལྕགས་བྱ་ནས་དོན་ལྔ་པ་ཡིན། དེའི་མཁན་བུ་སྤྱར་གྱི་སོག་པོ་མི་དྲུག་དང་། གཞན་ཡང་། གཞོད་དཔལ་གྱི་རྡོ་རྗེ་དང་། སྲུགས་རྒྱ་མཚོ་སྐྱེ་གཞོད་སྲུགས་གཉིས་དང་། ཟོང་མཆོག་ཆོས་སྐྱོང་དང་། འཚུར་ཤེས་རབ་མཆོག་གཉིས་ཏེ་ཟོང་འཚུར་གཉིས་དང་བཅུ་བྱུང་། འཚུར་ལ་མི་བཅུས་སྡོམ་པ་བླངས་ཞེས་བཤད་དེ། དེ་རྣམས་དཔོན་བུ་ཡིག་ཚ་ལྟར་བྲིས་ཞེས་ཟེར་རོ་"① ཞེས་འཁོད་པ་ལྟར་དབུས་གཙང་མི་བཅུའི་སྡོམ་པ་བཞེས་ཡུལ་བླ་ཆེན་དགོངས་པ་རབ་གསལ་ཉིད་དམ། ཡང་ན་དེའི་སློབ་མ་གྲུམ་ཡེ་ཤེས་རྒྱལ་མཚན་ནམ། འཚུར་ཤེས་རབ་མཆོག་སུ་ཡིན་གྱི་བཞེད་པ་གསུམ་བྱུང་བ་ལས། བཞེད་པ་དང་པོ་དབུས་གཙང་མི་བཅུས་བླ་ཆེན་དགོངས་པ་རབ་གསལ་ཉིད་ལས་སྡོམ་པ་བཞེས་པ་དེ་འཐད་པར་མཐོང་།

དེ་ཡང་གོང་དུ་འཁྲིས་པ་ལྟར་བླ་ཆེན་པོས་དན་ཏིག་ཏུ་མཁས་པ་མི་གསུམ་དང་མཇལ་བའི་ལོ་དེ་གར་རབ་བྱུང་བསྙེན་རྫོགས་གནང་བར་ཆ་བཞག་པའི་ལོ་བཅོ་ལྔ་པ་སྤྱི་ལོ894ཤིང་སྟག་ལོར་དབུས་གཙང་མི་བཞིའམ། མི་བཅུར་སྡོམ་པ་གནང་བར་བཞེད་པ་དང་། ཕྱོགས་མཐུན་པ་ཀཿཐོག་རིག་

① （བསྟན་རྩིས་གསལ་བའི་ཉིན་བྱེད་དེབ་ངོས67）

འཛིན་ཆེན་པོས་ཀྱང་། “དེ་ཡང་ཕྱི་དར་ལ་འདུལ་བའི་སྡོམ་རྒྱུན་གསུམ་བྱུང་བ་སྟེ་པ་གཞི་ཡོད་སྨྲ་བ་འབའ་ཞིག་པ་སྣང་ཞིང་། དེ་ལས་སྟོད་འདུལ་ནི་ཧ་ཅང་འཕེལ་བ་མ་བྱུང་བར་མངོན་ལ་སྨད་འདུལ་དུ་གྲགས་པའི་མཁན་པོ་ཞི་བ་འཚོ་ནས་བརྒྱུད་པ་འདི་ཉིད་གོང་དུ་བཤད་པའི་ཆུ་གླང་ (སྤྱི་ལོ893) ལོ་ལ་དགུ་བརྟེས་ས་སྟག (སྤྱི་ལོ918) ནས་དར་བར་གྱུར་ཏེ་རབ་བྱུང་གསུམ་པའི་ཤིང་ཕྱི་ (སྤྱི་ལོ1204ལོར་བབས་པ་སྟེ་ཁ་ཆེ་པཎ་ཆེན་ཤཱཀྱ་ཤྲཱི་བོད་དུ་ཕེབས་པའི་ལོ་དེ་ཡིན་) བར་མི་ལོ་ཉིས་བརྒྱ་དང་དོན་གཉིས (འདི་ཡིག་ནོར་ལས་དོན་དུ་སྤྱི་ལོ918ས་སྟག་ནས་སྤྱི་ལོ1204རབ་བྱུང་གསུམ་པའི་ཤིང་ཕྱི་བར་ལོ་ཉིས་བརྒྱ་བརྒྱད་ཅུ་གྱ་དྲུག་སོང་བས་ལོ་ཁྲིད་བཅུ་བཞི་བྱུང་བ་འདིར་རྒྱུ་མཚན་གཞན་མེད་) རིང་དགེ་བསྙེན་དང་རབ་བྱུང་དགེ་ཚུལ་དགེ་སློང་རྣམས་སྡོམ་རྒྱུན་འདི་ཁོ་ནར་བརྟེན་པ་ཤས་ཆེ་ཞིང་། བཀའ་གདམས་ཀྱི་དགེ་བསྙེན་འབྲོམ་དང་། དགེ་སློང་ཁུ་རྔོག་གཉིས། སྐུ་མཆེད་གསུམ། གླང་རི་ཐང་པ། ཤར་བ། སྣར་ཐང་པ་སོགས་མཐའ་ཡས་པ་དང་། བཀའ་བརྒྱུད་ཀྱི་འབྱུང་ཁུངས་ཆེན་པོ་དྭགས་པོ་ལྷ་རྗེ་དང་། ཁམས་པ་མི་གསུམ་འབྲི་སྟག འབྲུག་པ་སོགས་ཀྱིས་མཆོད་བགྲངས་བར་དཀའ་བ་དང་། རྙིང་མ་ཡི་ཟུར་ཆེན། འཛམ་འགྲོ་བའི་མགོན་པོ། ཀཿདམ་པ་བདེ་གཤེགས་སོགས་འབྱམས་ཀླས་པ་དང་། གཞན་དུ་མཁས་གྲུབ་ཁྱུང་པོ་རྣལ་འབྱོར་ཡང་རྗེ་རྗེ་གདན་པས་ལུང་བསྟན་པ་ལ་བརྟེན་གླང་རི་ཐང་པ་ལ་བསྙེན་པར་རྫོགས་པར་མཛད་པ་དང་། བཀའ་གདམས་གསར་མར་གྲགས་པ་གངས་རིའི་ཁྲོད་འདིར་འདུལ་འཛིན་རྣམས་ཀྱི་གཙུག་ནོར་མཁན་ཆེན་ཞི་བ་འཚོ་ཡི་གདུང་འཚོབ་ཤར་ཙོང་ཁ་པ་ཆེན་པོ་ཡང་སྨད་

འདུལ་གྱི་སྡོམ་རྒྱུན་འཛིན་པར་གྲགས་པས་མཚོན་ནོ་”[1]ཞེས་གསལ་བའི་དུམ་བུ་འདིར་ལོ་ཚིགས་ཀྱི་གནད་ཙམ་མ་ཟད། སྟོད་འདུལ་སྨད་འདུལ་དར་ཆེ་ཆུང་། འདུལ་བའི་སྡོམ་རྒྱུན་གང་ཞིག་དར་ཁྱབ་བྱུང་བའི་སྐོར་དཔྱད་གཞི་ཏ་ཅང་གལ་ཆེ་བས་ཆ་ཚང་དྲངས་ཤིང་། སྐབས་དོན་ལོ་ཚིགས་ཐད་བླ་ཆེན་པོ་དན་ཏིག་ཏུ་ཕེབས་པའི་ལོ་ན་ལོ་བཅོ་ལྔ་སོང་བའི་ལོ་སྤྱི་ལོ894ཤིང་སྟག་ལོར་བབས་པ་དང་། སྐབས་འདིར་སྨད་འདུལ་སྤྱི་ལོ893ཆུ་གླང་ལོར་དབུ་བརྙེས་པར་གསུངས་པ་གཉིས་དབར་ལོ་ཁྱད་གཅིག་ལས་མེད་པ་དེ་བླ་ཆེན་པོ་དན་ཏིག་ཏུ་ཕེབས་ཏེ་མཁས་པ་མི་གསུམ་མཇལ་བ་དེ་ནས་སྡོད་དུ་ཐུང་མེད་ལོ་གཅིག་བརྟགས་ནས་དེའི་ཕྱི་ལོ་རབ་བྱུང་བསྙེན་རྫོགས་ཆིག་རྫོགས་གནང་བར་ཆ་བཞག་ན་ལོ་ཚིགས་ཡོངས་སུ་གཅིག་གྱུར་འབྱུང་བ་འདིས་སྨད་འདུལ་དབུ་བརྙེས་པའི་ལོ་ཚིགས་དེ་ཉིད་ཁུངས་ལྡན་ཡིན་པར་མཚོན་པ་མ་ཟད། དབུས་གཙང་མི་བཅུའི་སྡོམ་པ་བཞེས་ཡུལ་ཡང་བླ་ཆེན་ཉིད་ལ་ཐུག་པ་གསལ་པོར་མཚོན་ཅིང་། དེ་ཡང་བླ་ཆེན་དགོངས་པ་རབ་གསལ་གྱིས་མཁན་པོ་དང་། གྲུམ་ཡེ་ཤེས་རྒྱལ་མཚན་གྱིས་སློབ་དཔོན། སྒྲོ་མཛུ་ཤྲིས་གསང་སྟོན་མཛད་པ་ལགས། གལ་སྲིད་དབུས་གཙང་མི་བཅུའི་སྡོམ་པ་བཞེས་ཡུལ་བླ་ཆེན་གྱི་སློབ་མ་སུ་ཞིག་ལ་ངོས་འཛིན་བྱས་ཚེ་དོགས་པ་ཆགས་པའི་གནད་དོན་འདི་འདྲ་ཞིག་ཡོང་སྲིད་པ་སྟེ། དབུས་གཙང་མི་བཅུ་བོད་ནས་མདོ་ཁམས་སུ་སྡོམ་པ་བཞེས་པར་ཕྱིན་སྐབས་བླ་ཆེན་དགུང་ལོ་དྲུག་ཅུ་རེ་བཞི་ལས་སོན་མེད་པ་དང་། དེ་ནས་ད་དུང་དགུང་ལོ་ཉི་ཤུ་འཚོ་གཞེས་གནང་བས་སྐབས་དེར་བླ་ཆེན་འཚོ་ཞིང་

① （བཙན་པོའི་གདུང་རབས་ཚིག་ཉུང་དོན་གསལ་བྲིས་མ་ཤོག་གྲངས་17ན）

གཞིས་པ་དང་། མཁན་བུ་སྐྱོང་ཐུབ་པའི་གནས་ཚུལ་ཆ་ཚང་འཇོམ་བཞིན་དུ་བླ་ཆེན་ནས་སྟོམ་པ་མི་ཞུ་བ་བླ་ཆེན་གྱི་སློབ་མ་ནས་སྟོམ་པ་ཞུ་དགོས་པའི་རྒྱུ་མཚན་གཞན་མེད། མཁས་པ་ལྡེའུ་དང་། ཤང་ཉི་མ་འོད་ཟེར། དཔའ་བོ་གཙུག་ལག་ཕྲེང་བ། སྟག་ཚང་རྫོང་པ་དཔལ་འབྱོར་རྒྱ་མཚོ་སོགས་ཀྱིས་མཛད་པའི་ཆོས་འབྱུང་དང་། ཡིག་ཚང་དུ་ཡང་དབུས་གཙང་མི་བཅུས་བླ་ཆེན་དངོས་ལས་སྟོམ་པ་བཞེས་པའི་བཞེད་པ་གཅིག་གྱུར་ལགས་སོ།

3. བསྟན་པ་ཕྱི་དར་གྱི་སྲོལ་བཏོད་པ་སྔེ་དབུས་གཙང་མི་བཅུ་སློབ་རྒྱུད་དང་བཅས་པའི་གྲེས་རབས་སྐོར།

དབུས་གཙང་མི་བཅུས་བླ་ཆེན་དགོངས་པ་རབ་གསལ་ལས་ཚིགས་གསུམ་རིམ་ནོད་དུ་སྒྲུབ་པ་ཆིག་རྫོགས་སུ་བསྙེན་པར་རྫོགས་ནས་ཀླུ་མེས་ཀྱིས་ཁྲུམ་ཡེ་ཤེས་རྒྱལ་མཚན་ལ་འདུལ་བ་གསན་པར་ལོ་གཅིག་བཞུགས་པ་ལས་དེ་ཕྱིངས་རྣམས་དབུས་གཙང་དུ་ཡར་ཐེབས་པའི་གྲབས་མཛད།

སྐབས་དེར་མཁན་པོས་སློབ་མ་རྣམས་ལ་ཕྱིས་ཀྱི་ཕྲིན་ལས་སྐྱོང་སྟངས་སྐོར་ཞལ་བསྐོས་གནང་བར། ཀླུ་མེས་མཁས་ཤིང་བཙུན་པས་མཁན་པོ་གྱིས། འབྲིང་སྐྱོང་མཁས་པས་གནས་བརྟན་གྱིས། ལོ་སྟོན་མཐུ་ཆེ་བས་བསྟན་པ་སྲུངས། ཚོང་བཙུན་བློ་ཉེ་བས་སྟོན་པ་གྱིས་ལ་ཆོས་ཤོད། སུམ་པར་སྒྲུབ་པ་གྱིས་གསུངས་ཀྱང་ཕྱིས་དེ་ལྟར་མ་བྱུང་བར་གྲགས།

དེའི་ཚེ་རག་ཤི་ཚུལ་ཁྲིམས་འབྱུང་གནས་ཀྱི་གཙུང་དང་། བ་ཚུལ་ཁྲིམས་བློ་གྲོས་ཀྱི་གཙུང་པོ་ཕུ་བོ་གཉིས་བསྒྱུར་འོངས་པ་ཁམས་སློང་ཐང་དུ་མཇལ་བར་གཙུང་གཉིས་དང་དེ་ལོ་སྟོན་གྱིས་མཁན་པོ་བྱས། ཕུ་བོ་གཉིས་ཀྱིས་སློབ་དཔོན་བྱས་ཏེ་རབ་ཏུ་བྱུང་བས་དེ་ཕྱིན་རྒ་རག་གཉིས་གཅིག་ཏུ་སྡེབ་པའོ།

དེ་ནས་ལོ་སྟོན་རྡོ་རྗེ་དབང་ཕྱུག་གིས་ཁྱེད་རྣམས་རེ་ཞིག་འདན་མའི་ཡུལ་འདིར་བཞུགས། ངས་ཚོང་པ་དང་འགྲོགས་ཏེ་དབུས་གཙང་དུ་ཕྱིན་ལ་བསྟན་པ་དར་བར་ནུས་ན་བསྟད་ཀྱི་ཁྱེད་རྣམས་ཀྱང་ཡར་ཕེབས། མི་ནུས་ན་ལོག་འོང་གསུངས་ནས་འདན་མའི་ཚོང་པ་དང་འགྲོགས་ཏེ་བྱོན་པས་ཚོང་པ་སུམ་འཕྲང་ནས་ལྡོག་རྩིས་བྱེད་པར་ལོ་སྟོན་གྱིས་འདི་ནས་མ་ལྡོག་པར་གཙང་དུ་སོང་ཞིག ཚོང་འཁོས་ལེགས་པོ་འོང་། གཙང་གི་མགུར་མོ་རབ་ཁ་ན་ངའི་ཕ་ལོ་ནང་གཙུག་ན་བྱ་བ་ཡོད་པས་ཁོང་ལ་ཁྱོད་ཀྱི་བུ་རབ་ཏུ་བྱུང་ནས་དབུས་སུ་འགྱུར་ཡོད་ལུགས་སྙོད་ཅེས་མངགས་ནས་བཏང་བས་ཁོང་ཚོར་ཚོང་ལེགས་པོ་བྱུང་བ་དེ་ནས་མགུར་མོ་རབ་ཁར་ཚོང་འདུས་ཆགས་པ་དེའི་མིང་ཕྱིས་ཚོང་འདུས་མགུར་མོར་(ད་ལྟ་གཞིས་རྩེ་གྲོང་ཁྱེར་ཁོངས་རྒྱ་མཚོ་ཆུས་) གྲགས་པའི་ས་གནས་དེ་ཡིན།

དེའི་ཕྱི་ལོ་གླུ་མེས་ཀྱིས་མཁན་པོ་ལ་ཁོ་བོ་དབུས་གཙང་དུ་ཕྱིར་ལོག་པ་ལགས་པས་མཚོད་གནས་ཤིག་ཞུ་བྱས་པས་བོན་པོའི་ཞྭ་འོབས་ཞུ་ཐོག་ནས་ས་སེར་བཏབ་པ་བཞེས་འཕྲོ་ཞིག་གནང་ནས་ཞྭ་མོ་འདི་སྒྱོན་ལ་ང་རྟག་ཏུ་དྲན་པར་གྱིས་ཞེས་གསུངས་ཏེ་གནང་བ་དེ་གླུ་མེས་ཀྱིས་དབུས་སུ་ཚད་པ་ཚ་བས་རྒྱབ་བལྟབ་སྟེ་གསོལ་བས་ཞྭ་སྔ་རིང་དུ་གྲགས་པ་དེ་བྱུང་བ་ཕྱིས་དབུས་གཙང་མི་བཙུ་ལས་མཆེད་པ་ཕལ་ཆེ་བས་ཞྭ་དེ་གསོལ་བ་ཡིན་པ་དང་། དེ་རྗེས་བཀའ་གདམས་གཞུང་པ་བ་དང་། མན་ངག་པ་གཉིས་ལའང་ཞྭ་མོ་དེ་ལས་གྱེས་པའི་དབྱིབས་ཅུང་ཟད་མི་འདྲ་བ་རེ་ཡོད་ཅིང་། དགས་པོ་སྒོམ་ཚུལ་གྱིས་དེའི་རྒྱབ་བལྟབ་སྟེ་གསོལ་བས་སློབ་དཔོན་སྒོམ་ཚུལ་གྱི་ཞྭ་མོའམ་སྒོམ་ཞྭར་གྲགས་པའོ།

དེ་ནས་ཁོང་རྣམས་དབུས་སུ་ཕེབས་སྐབས་ཐོག་མ་གང་དུ་ཕེབས་ཏེ་སུ

ཞིག་ལ་བརྟེན་པ་ལེགས་སྐྱོར་གྲོས་བསྡུར་གནང་བའི་སློང་པོར། ལྷ་ས་ནི་སྟོན་མཁས་བཙུན་གྱི་གདན་ས་ཡིན་ཡང་སྣང་དར་གྱི་ཆད་པ་གཅོད་ས་ཡིན་པས་འགྲོ་ག་ལ་ཡོད། དེ་བས་ཆོས་འཁོར་བསམ་ཡས་ཡིན་པས་དེ་དྲག དེ་ན་ཚ་ལ་ན་ཞེས་བྱ་བའི་བཙན་པོ་ཞིག་བཞུགས་པ་དེ་ལ་རྒྱབ་བརྟེན་བཙོལ་ན་ལེགས་པར་གྲོས་འཆམས་ནས་ཐོག་མར་དབུས་གཙང་མི་བཅུ་བསམ་ཡས་སུ་ཕེབས་ཏེ་ཚ་ལ་ན་ཡེ་ཤེས་རྒྱལ་མཚན་དང་མཇལ་འཕྲད་ཞུས་པར་ཁོང་གིས་སྣེ་ལེན་གཟབ་པ་དང་བཅས་ཁྲིད་ཆོའི་ནང་གི་འགོ་བྱེད་མཁན་སུ་ཞིག་ལགས་ཞུས་པར་ཀླུ་མེས་ཡིན་བྱས་པས་བསམ་ཡས་དབུ་རྩེའི་ལྡེ་མིག་ཆག་པ་གང་ཕྱུག་ཏུ་ཕུལ། དེ་ནས་འཁོར་སའི་སྒོ་ཕྱེ་བས་ནང་འདྲེ་ཚེར་དང་སྐྱུ་འགལ་གྱིས་གང་། དེའི་ཡལ་གའི་ཆུས་སྐྱ་རིས་ཐམས་ཅད་བྱིལ། ཛ་ཁང་ན་དབུས་མཐའི་ཀ་བ་ལེང་བཅུ་གཉིས་ཡོད་པའི་བཞི་ཕྲེང་ཐག་ཆད། གཞན་ཀུན་སེར་གས་གང་། འཁོར་ས་བར་པ་ན་ཕ་ཚང་བཅས་ཤིང་། དེའི་ནང་དཀོར་ནོར་གྱིས་གང་འདུག་པ་གཟིགས། དབུ་རྩེའི་ལྡིར་བཟོའི་ཕྱུག་དང་དབུ་རྒྱན་ཐམས་ཅད་ལ་བྱ་ཚང་བཅས། དབུ་རྒྱན་རྣམས་ཀྱང་བྱ་ལུད་ཀྱིས་རུལ། ཀླུ་མེས་ཀྱིས་དཀོར་མཛོད་གཟིགས་རྗེས་སྒོ་ཐམས་ཅད་སྨྱུལ་མདུད་ལ་སོགས་པའི་འཕྲུལ་ཐག་བྱས་རྒྱ་བཏབ། ཕྱིར་རྫབ་ཞལ་བྱས་ནས་ལྡེ་མིག་ཐམས་ཅད་བཙན་པོ་ལ་ཕྱིར་ཕུལ་ནས་ང་མཁན་པོར་བསྐོས་པས་དཀོར་ལ་འབག་དོགས་པས་ང་འདི་མི་འཛིན་གསུངས། ཁམས་གསུམ་ཟངས་ཁང་གླིང་ཕུལ་བས་ཀྱང་མ་བཞེས་སོ། བུ་ཚལ་གསེར་ཁང་གླིང་ལོ་ཚོང་གཉིས་ལ་ཕུལ་ཡང་མ་བཞེས་པར་སོ་སོར་གདུལ་བྱ་རེ་ཡོད་གསུངས་ལོ་ཚོང་གཉིས་གཙང་ལ་ཡར་བཞུད། རག་ཤི་ལ་དགེ་རྒྱས་ཕུལ་བ་དང་། དེ་རྗེས་བུ་ཚལ་ཡང་ཕུལ། དེ་རྗེས་ཀླུ་མེས་ལ་ཀ་ཆུ་ཕུལ་བས་དབུ་རུ་གཡོན་རུའི་ལམ་

སྙིགས་བྲེ་གསུངས་ནས་བཞེས་ཏེ་བློ་མེས་ཀྱིས་དབུ་རྩེ་གསོ་བའི་ཆས་རྐྱེན་རྟ་ཁལ་མང་པོ་བསྒྲམས་ནས་དབུ་རྩེ་ཉམས་པ་རྣམས་གསོས་ཏེ་དབུ་རྩེའི་ལྡེ་མིག་རྣམས་རྟ་རག་གཉིས་ལ་གཏད། རག་ཤེས་བུ་ཚོལ་བཟུང་། རྟས་དགེ་རྒྱས་བཟུང་། འབྲིང་གིས་ཁམས་གསུམ་བཟུང་ཞེས་ལོ་རྒྱུས་ཡིག་ལམ་ནང་གསལ་པོར་འཁོད་པ་འདིའི་ཐོག་ནས་བསམ་ཡས་གཙུག་ལག་ཁང་སྐོར་ལ་བསྟན་པ་བསྐྱབས་པ་ནས་བར་སྐབས་སྲི་ཞུ་མེད་པར་ཉམས་ཆག་ཅི་ཆེ་བྱུང་བ་དབུས་གཙང་མི་བཅུ་བསམ་ཡས་སུ་བྱོན་པའི་རྗེས་ནས་བཟུང་གཞི་ནས་ཉམས་གསོ་དང་སྲི་ཞུ་རིམ་བཞིན་བྱུང་བ་དེ་ཡང་མཚོན།

དེ་ནས་དབུས་གཙང་མི་བཅུའི་ནང་གི་དབུས་པ་ལྷུས་གནས་གཞི་རིམ་བཞིན་བཙུགས་པ་ཡིན་ཏེ། དེ་ཡང་བློ་མེས་ཀྱིས་དབུ་རུ་ར་ལ་མོ་ཆག་དེའུ་བཏབ། མི་ཆོས་ཀྱི་ས་ཁྲུལ་དུ་བ་ལམ་གནས་བཙུགས། (སྤྱི་ལོ949ལོར) ས་བྲེ་ལ་མོར་འགྲེལ་བཙུགས། དེའི་ཕྱི་ལོ(སྤྱི་ལོ950) ལྷགས་ཁྲི་སྣན་ཡེ་ཤེས་འབར་དང་། རྗོག་བྲང་ཆུབ་འབྱུང་གནས་རབ་ཏུ་བྱུང་། དེའི་ཕྱི་ལོ(སྤྱི་ལོ951) ལྷགས་ཕག་ཡེར་པ་བ་རང་བཏབ། གྲུ་མེར་ཚུལ་ཁྲིམས་འབྱུང་གནས་སོགས་བཅོ་བརྒྱད་རབ་ཏུ་བྱུང་། ཚོང་འདུས་གནས་བཞེངས་ཤིང་། ཕྱིས་ཆེ་སྤྱང་གིས་སེ་ར་ཕུག་པར་བཞུགས་ནས་ཐང་དུ་བྱོན་པའི་ལམ་དུ་གྲོངས་ཏེ་བློ་མེས་དང་གྲུ་མེར་གཉིས་ཀའི་གདུང་མཆོད་རྟེན་འོད་འབར་ན་མ་ཉམས་པར་བཞུགས། བློ་མེས་ཀྱི་མཁན་བུ་ཞང་། རྗོག སྣན། གྲུ་མེར་བཞི་ལ་ཀ་བ་བཞི་ཟེར་བ་དང་གཞན་ཡམ་ཤུད་སོགས་མང་དུ་བྱོན།

བློ་མེས་ཀྱི་སློབ་མ་ཀ་བ་བཞིའི་ཡ་གྱལ་ཞང་སྣ་ནམ་རྡོ་རྗེ་དབང་ཕྱུག་ནི། སྣ་ནམ་རྡོ་སྲས་དང་། ཞང་ལྷམ་སྒྲོལ་མའི་སྲས་སུ་སྤྱི་ལོ915ཤིང་ཕག་ལོར

ཉམས་དགའ་མོར་འཁྲུངས།

དགུང་ལོ་བཅོ་བརྒྱད་པ་སྤྱི་ལོ933ཆུ་སྦྲུལ་ལོར་ར་བ་ཀླུམ་པོར་ཀླུ་མེས་ལས་རབ་ཏུ་བྱུང་སྟེ་དེ་རྗེས་ར་ཚག་བཏབ།

དགུང་ལོ་སོ་བདུན་པ་སྤྱི་ལོ952ཆུ་བྱི་ལོར་རྒྱལ་ལུག་ལྷས་ཀྱི་ལྷ་ཁང་（འཕན་པོར་ཡོད་）བཞེངས།

དེ་རྗེས་རྒྱ་གར་དུ་འདུལ་བའི་བཤད་པ་འཚོལ་དུ་ཕྱིན་པས་རྡོ་རྗེ་གདན་པ་དང་མཇལ་ནས་འདུལ་བ་གསན་ཅིང་རྒྱ་གར་དུ་ཡང་འདུལ་བ་གསུངས།

དགུང་ལོ་གྱ་ལྔ་པ་སྤྱི་ལོ1000ལྕགས་བྱི་ལོར་སྐུ་གཤེགས།

ཀླུ་མེས་ཀྱི་མཁན་བུ་ཀ་བ་བཞིའི་ཡ་གྱལ་རྔོག་བྱང་ཆུབ་འབྱུང་གནས་ཀྱིས་སྤྱི་ལོ951ལྕགས་ཕག་ལོར་ཡེར་པར་བ་རང་བཟུང་། གཡུ་སྒྲོ་ཁང་དམར། བཟད་ཀྱི་ལྀིང་པ། ཆུ་ཤུལ་ན་བོ། སྦུས་སྟེ་ལྕོ་གོང་། ཡོལ་ཐང་། ལབ་སོ། གྲལ་མ་ཐང་། ཁ་རག་སོ་གཅིག སྤྱི་ལོ951ལྕགས་ཕག་ལོར་གཞུ་ཀུན་དགའ་ར་བ། ཚ་མིག་སོགས་བཙིགས། རྔོག་གི་མཁན་བུ་ཞིག་གིས་ལྷོ་ནུབ་ཏུ་ལྷ་མདོ་བཙིགས་པ་ལས་འབྲི་ཚོ་ཞེས་མང་དུ་མཆེད། དེ་རྣམས་ལ་རྔོག་སྐོར་དུ་གྲགས།

ཀླུ་མེས་ཀྱི་མཁན་བུ་ཀ་བ་བཞིའི་ནང་གསེས་སླན་ཡེ་ཤེས་རབ་ཀྱིས་རྒྱ་སར་སྒང་། སླག་མདའ། མཚལ་ཆུང་བཅས་བཟུང་བ་རྣམས་ལ་སླན་ཚོམ་སླན་སྐོར་དུ་གྲགས།

གྲུ་མེར་ཚུལ་ཁྲིམས་འབྱུང་གནས་ཀྱིས་གཙོ་བོ་མཛད་ཅིང་ཁུའི་བརྙེ་མི་གསུམ་སོགས་ཀྱིས་སྤྱི་ལོ957མེ་སྦྲུལ་ལོར་སོལ་ནག་ཐང་པོ་ཆེ་བཙིགས་ཤིང་། ཀླུ་མེས་སྐུ་ངོ་མ་ཡང་ཐང་པོ་ཆེ་འདིར་བཞུགས་པ་ཡིན། འདི་ལས་མཆེད་པ་ལ་ཐང་སྐོར་དུ་གྲགས་ཤིང་། ཕྱིས་གྲུ་མེར་གྱི་མཁན་བུ་ཁུ་སྟོན་བརྩོན་འགྲུས་

གཡུང་དྲུང་གིས་བཟུང་བ་ཡིན།

གཞན་ཡང་གླུ་མེས་ཀྱི་མཁན་བུ་རྒྱལ་བ་འོད་ལ་སོགས་པ་མང་པོས་བསྟན་པའི་གསོས་སུ་ཆེ་བའི་མཛད་པ་ཇི་སྙེད་བསྐྱངས་ཡོད་ཅིང་། གླུ་མེས་ལས་གྱེས་ཚོ་ཤིན་ཏུ་མང་ནུང་གཙོ་ཆེ་བ་ཞང་སྐོར། ཇོག་སྐོར། སྨན་སྐོར། ཐང་སྐོར་བཅས་བཞི་ཡིན་ནོ།

སུམ་པ་ཡེ་ཤེས་བློ་གྲོས་ཀྱིས་འབྲོ་ས་ཐང་དུ་དམེ་རུ་བརྩིགས་ནུང་དགེ་འདུན་གྱི་སྡེ་མ་འཕེལ། ཁྱིས་གླུ་མེས་དང་། སུམ་པ་གཉིས་གཅིག་ཏུ་སྡེབས་ནས་གདུང་མ་གཉིས་ཟེར་ལ་གོང་དུ་བཤད་པ་ལྟར་གླུ་མེས་ཀྱི་མཁན་བུ་ཀ་བ་བཞི། གླུ་སུམ་གྱི་མཁན་བུ་སྨན་ཡེ་ཤེས་ཤེས་རབ། ཚལ་ཚུང་གི་གཉོས་ཚུལ་ཁྲིམས་རྒྱལ་མཚན། འཕངས་དབང་ཕྱུག་རྒྱལ་མཚན། གཟི་ཕྲུང་གཉིས། གླུ་མེས་ཀྱི་གཙུང་དགེ་ངོམ་གྱིས་སོན་མཁར་འགན་བཞེངས། མཁན་བུ་མིན་ཡང་གྲགས་ཆེ་བས་གྲངས་སུ་བགྲངས་པ་ཧྲེ་སྟོན་རྡོ་རྗེ་ཤེས་རབ་ཀྱིས་གཞུང་སྒྲི་མཁར་བཏབ་པ་འདིས་མཚོན་མཁན་བུ་ཙུང་ཆེ་བ་ཕྱམ་སོ་གཉིས། དེ་བས་ཆུང་བ་གྲལ་མ་དཔག་ཏུ་མེད་པ་ཞེས་གྲགས་ཤིང་། རྒྱལ་དགོར་ནོར། གཞུ་ཀུན་ར་བཟའ་མི། ཐང་པོ་ཆེ་དགེ་བཤེས། གྲ་ཐང་ལྷ་ཁང་གིས་ཁྱད་པར་འཕགས་པས་ཁྱད་འཕགས་སྡེ་བཞིར་གྲགས།

བ་ཚུལ་ཁྲིམས་བློ་གྲོས་ཀྱིས་ཡུངས་འགུར་བརྩིགས། དེ་ནས་ལན་པའི་སྤྲུལ་བུ་བཟུང་། བའི་མཁན་བུ་མལ་སེམས་དཔའ་ཤེས་རབ་ཀྱིས་སྟོད་ལུང་ཆ་ཐོག་བརྩིགས། ཐག་མ་ལྷ་ཁང་དང་སོན་གྲ་བཟུང་། བའི་གཙུང་གིས་གྱི་རེའི་མདའ་གྲོང་བརྩིགས། གཞོའི་འཚད་ཁ་བཟུང་སྟེ་དེ་རྣམས་ལ་བ་ཚོར་གྲགས།

རག་ཤི་ཚུལ་ཁྲིམས་འབྱུང་གནས་ཀྱིས་ཕྲང་འོག་གི་ལྷ་ཁང་བརྩིགས། ཀ་

ཚལ་དང་ཞྭ་བཟུང་། རག་ཤེའི་གཙུང་པོས་དགེ་རྒྱས་བཟུང་། དེའི་མཁན་བུ་མཐའ་བཞི་རྒྱལ་འཕགས་ཡིན། དེའི་མཁན་བུ་ཞང་ཤེས་རབ་འཕགས་ཀྱིས་ལན་པ་རྟ་ཁྲེས་བརྩིགས་ཏེ་དེ་རྣམས་ལ་རག་ཚོ་དང་རག་ཤེའི་གཙུང་ཚོ་ཟེར།

འབྲིང་ཡེ་ཤེས་ཡོན་ཏན་གྱིས་ངན་ལམ་སྤྱི་མོ་བརྩིགས་པ་ལས་འབྲིང་ཚོ་སྟོད་པ་མཆེད། དེ་ནས་དཀར་ཆུ་དང་སྐྱེ་ཐང་བྲག་སྣ་བཟུང་། དེའི་ལམ་སྟེགས་སུ་བྲང་ར་མོ་ཆེ་བརྩིགས། དེ་ལས་འབྲིང་ཚོ་སྨད་པ་མཆེད། གླུ་གོང་ནས་འབྲིང་ཚོ་བར་པ་བྱུང་སྟེ་དེ་རྣམས་ལ་འབྲིང་ཚོ་ཟེར་བ་བཅས་དབུས་པ་མི་ལྷའི་ནང་ནས་གླུ་སུམ་སྡེ་པ་གཅིག་ཏུ་རྩིས་ཏེ་དབུས་ཀྱི་སྡེ་པ་བཞིར་གྲགས་པས་དབུས་ཁུལ་འདུལ་བསྟན་དར་རྒྱས་ལ་མཛད་རྗེས་ཆེན་པོ་བཞག་ཡོད། འོན་ཀྱང་དུས་རབས་བཅུ་གཅིག་པའི་དཀྱིལ་ཙམ་དང་། བཅུ་གཉིས་པའི་འགོར་སྡེ་པ་བཞི་པོ་མཆོད་གཞིས་བདག་དབང་སོགས་ཀྱི་གནད་དོན་ལ་བརྟེན་ནས་འགལ་བ་ཛ་དྲག་པོ་ཆགས་ཏེ་ཕན་ཚུན་དམག་འཁྲུག་ཡུན་རིང་ཙམ་བྱ་དགོས་བྱུང་བས་བསམ་ཡས་དང་། ལྷ་ས་གཙུག་ལག་ཁང་སོགས་ལ་ཉམས་ཆག་ཅི་ཆེ་བྱུང་བ་དྭགས་སྒོམ་ཚུལ་ཁྲིམས་སྙིང་པོས་ཚོ་པ་ཕན་ཚུན་གྱི་དམག་འཁྲུག་འདུམ་སྒྲིག་མཛད་པ་དང་། དྭགས་སྒོམ་ཚུལ་ཁྲིམས་སྙིང་པོ་དང་། རྭ་ལོ་ཙྪ་བ་རྡོ་རྗེ་གྲགས་ཀྱིས་གཙུག་ལག་ཁང་དང་། བསམ་ཡས་ལ་ཉམས་གསོ་ལེགས་པར་གནང་བ་མ་ཟད། དྭགས་སྒོམ་ཚུལ་ཁྲིམས་སྙིང་པོས་གུང་ཐང་བླ་མ་ཞང་ལ་ལྷ་ས་གཙུག་ལག་ཁང་ལ་སྲི་ཞུ་དང་། བདག་སྐྱོང་གནང་རྒྱུའི་འགན་དགྲི་གནང་བ་ཕྱིས་དུས་ཚོད་མི་ཐུང་ཙམ་རིང་ཚལ་པས་ལྷ་ས་སྐྱོང་བའི་སྲོལ་རྒྱུན་གནས་པ་བཅས་སོ།

གཙང་པ་མི་ལྷའི་ནང་གི་ལོ་སྟོན་ལ་མཁན་བུ་ཉེ་ཤུ་རྩ་བཞི་ཞེས་གྲགས་

ཀྱང་སྟེ་ཟིན་པ་ལ་རྒྱ་ཤཱཀྱ་གཞོན་ནུས་ལ་སྟོད་མར་ལ་ཐང་བཞེངས། དེ་ལས་འབྲིང་མཚམས་ཀྱི་བུལ་ཧོག་ལྷ་ཁང་སོགས་གྱིས། སྐྱི་ཤེས་རབ་རྡོ་རྗེས་དོན་མོ་རི་བཞེངས། སྟག་ལོ་གཞོན་ནུ་བརྩོན་འགྲུས་ཀྱིས་སྟག་ལོ་ལྷ་ཁང་བཞེངས། ཨ་མེས་ཞུ་གཅིག་གིས་མས་ཕྲེང་དང་། བྲག་དམར་བཟུང་། ལར་ཤཱཀྱ་ཡོན་ཏན་གྱིས་གཟུངས་པོ་བཟུང་། ལི་བློ་གྲོས་གཞོན་ནུས་རྡོ་མོ་བཞེངས། གླག་བྱང་ཆུབ་རྒྱལ་མཚན་གྱིས་ཆུ་མིག་བཞེངས། དེ་རྣམས་ལས་མཆེད་པ་ལ་རྒྱ་མཚོ་ནས་གླག་ཚོའི་བར་སོ་སོར་གྲགས་ཤིང་། འགའ་ཤེས་རབ་བླ་མས་བསྒོམས་དང་། རྔོག་ཡེ་ཤེས་འབྱུང་གནས་ཀྱིས་སྤང་དཀར་ལྷ་ལུང་བཞེངས་ཀྱང་དེ་གཉིས་ཀ་གླག་ཚོའི་ཁོངས་སུ་ཐིམ། གླང་བཙུན་བྱམས་པས་འོམ་ཕུགས་བཞེངས། དེ་ནས་གཙང་འགྲམ་བཟུང་སྟེ་བུ་ཐང་། ཆག་པ། གྲི་གོང་། མགོས་སྟོན། ཁྲོལ་མ་སོགས་གླང་ཚོ་སྟོད་སྨད་དུ་གྱེས།

མགོ་བ་ཡེ་ཤེས་གཡུང་དྲུང་གིས་སྦྲེ་ལྷ་ཁང་བཟུང་།

ལྕེ་བཙུན་ཤེས་རབ་འབྱུང་གནས་ཀྱིས་ཞྭ་ལུ་བཞེངས་ཏེ་རྒྱ་གར་ལ་ཕྱིན། སྡོམ་པ་བསྐྱར་ནས་བཞེས། ལྕེ་བཙུན་ཤེས་རབ་འབྱུང་གནས་ལ་སློབ་མ་ཀ་བཞི་གདུང་དྲུག་ཏུ་གྲགས་པ་བྱུང་སྟེ་ཞྭ་ལུ་བརྒྱ་སྐོར་མཆེད།

ཀྱི་ཡེ་ཤེས་དབང་པོར་ཤངས་མཁར་ལུང་དང་། གྱི་རེ་སྣང་ར་དེའི་ལས་སྟེགས་སུ་མུ་ཤངས་ཀྱི་རོ་སྐམ་བཞེངས། འདི་ནས་ཀྱི་ཚོ་སྟོད་སྨད་བར་གསུམ་དུ་གྱེས་ཏེ་སྣང་ར་ནས་མཆེད་པ་ལ་སྣང་སྐོར་དང་། ཉུག་གི་ཡུ་ལུང་ནས་གྱེས་པ་ལ་ཡུ་ཚོ་ཞེས་ཀྱི་ཚོ་སྨད་པར་གྲགས། ཀྱིའི་སློབ་མ་ཨ་མེས་དེའི་མཁན་བུ་རྣམས་ལས་སྤང་གིས་འཁྲིས་དང་ཞ་ཚུལ་འཕགས་ཀྱིས་བྱ་རྒྱུས་བཟུང་།

ཀོང་པོ་ཐར་པ་རིན་ཆེན་ལ་མཁན་བུ་བཞིའི་གཟུ་སྟོན་འཕན་གྲགས་ཀྱིས

སྒྲིའི་ལྷེ་མཚམས་དང་རྒྱན་མཁར་སྟག་ལུང་བཟུང་། དེ་ལས་མཆེད་པ་གཟྲ་ཚོར་གྲགས།

ལྷེ་བཙུན་དཀར་པོས་ཨང་ཡིག་དང་། གཡུང་སྟོན་ཛ་རིས་བ་འོར་བཟུང་ཡང་མཆེད་པ་མེད། ཤབ་རྗེས་ཤབ་རྗེ་ལྷ་ཁང་བརྩིགས་ཏེ་དེ་རྣམས་ལ་ཀོང་ཚོ་ཟེར་ཞིང་སྤྱིར་དེ་ཐམས་ཅད་ལ་ཀྱི་ཚོ་བར་པར་གྲགས།

ཡང་ཨ་མེས་ཀྱིས་ལ་བྲིས་ཀྱི་ཁ་ཆད་ནས་སད་ཀྱི་ལ་སྟེང་བཟུང་། དེར་སྟོད་ཀྱི་མཁན་བུ་རྣམ་བཞི་བྱུང་བའི་ཁྲི་སྟོན་བརྩོན་འབར་གྱིས་ཤོང་སྣར་བཟུང་། ས་ཐད་བཙུན་ཚུང་གིས་བྲང་ཚུང་བཟུང་། རྒྱ་སྟོན་ཨཱུ་ཙ་དེ་ཕས་སྤྱི་ཏུ་སྣ་བཟུང་། འདར་ཤཱཀྱ་གཞོན་ནུས་སར་ཕུག་བཟུང་སྟེ་ཁྲི་ཚོ། བྲ་ཚོ། རྒྱ་ཚོ། སར་ཚོ་ཞེས་ཚོ་བཞི་བྱུང་བ་ལ་ཀྱི་ཚོ་སྟོད་པར་གྲགས།

དེ་ལས་གྱེས་པ་གཞོན་ནུ་འབྱུང་གནས་ཀྱིས་རྒྱན་མཁར་ཐུར་ལ་བཟུང་བས་ཐུར་ཚོ་དང་། ཀྱི་བཙུན་དཔལ་ཡེས་འབྱུང་ཀུན་ར་བཟུང་ངོ་།

ཚོང་ཚོའི་སྤྱི་ནི་ཚོང་བཙུན་ཤེས་རབ་སེང་གེས་ སྤོ་གླིང་བཟུང་། དེའི་མཁན་བུ་ལས་ཁྲལ་ཚོ་དགུར་གྱིས་ཏེ་ཚོང་ཚོ་སྟོད་པ་ལ་སྐལ་སྐོར་དང་རྒྱན་སྐོར་གཉིས། བར་པ་ལ་གནས་གསར་དང་གནས་རྙིང་གཉིས་ཏེ་བཞི་བྱུང་། སྨད་པ་ལ་ཐ་ཚོ། ཉན་ཚོ་སྐོར། བྱ་ཆོས་སྐོར། སྨོན་གྲོ་སྐོར། རྔ་ཚོ་སྟེ་ཁྲལ་ཚོ་ལྔ་ཡོད།

དེ་ཡང་ཨ་མེས་ཚོང་བཙུན་གྱིས་རྗེས་ཀྱི་ཡང་དབེན་བཟུང་། དེ་ལ་རྗེས་ལྷ་ཁང་ཉན་ཚོ་སྟག་ཚལ་གྱིས་བྱ་ཆོས་མཁར་པོ་ཆེ་སྨོན་གྲོ་གསེར་གྱི་སྔོང་ཐོག་རྣམས་ཕུལ་ནས་བཟུང་། རང་གི་མཁན་བུ་ལ་སོ་སོར་གཏད་པས་ཚོ་ལྔ་བྱུང་སྟེ་དེ་ལ་རྗེས་ལྷ་ཁང་ཐ་ཡོན་ཏན་གློ་གྲོས་ལ་གཏད་དེ་བསྐྱངས་པས་ཐ་ཚོར་གྲགས།

ཐའི་མཁན་བུ་ཡོལ་ཆོས་དབང་གིས་སྐྱེགས་གནས་རྙིང་བཟུང་ནས་ཐ་ཆོ་སྟོད་པ་མཆེད། ཡོལ་ཐོག་འབེབས་ཀྱིས་ལྷང་ར་དང་། སྟག་པ་རྗེ་བརྩོན་གྱིས་ཅེ་ཏེ་བཟུང་ནས་ཐ་ཆོ་བར་པར་གྲགས། རྗེས་ནས་ཐ་ཆོ་སྨད་པ་མཆེད་དོ།

ཉན་ཆོ་རྣ་བློ་གྲོས་བཟང་པོ་དང་། ཁམས་པ་ལ་གཏད། རྣམ་དུར་སློག་བཟུང་བས་རྣ་ཆོ་བྱུང་། ཁམས་པས་ལྷགས་མཁར་བཟུང་བས་ཁམས་ཆོ་ཟེར་ཏེ་དེ་གཉིས་ཉན་ཆོ་སྐོར་རོ།

བྲ་ཆོས་མཁར་པོ་ཆེ་རྒྱ་ཚུལ་སེང་ལ་གཏད། དེས་ཀོང་པོ་ཡེ་འབྱུང་ལ་གཏད། དེས་དབུའི་གནས་མོ་ཆེ་དང་མཉམ་དུ་བསྐྱངས་པས་བྲ་ཆོས་སྐོར་རོ།

སྐྱོན་གྲོ་མར་པ་རྡོ་རྗེ་ཡེ་ཤེས་ལ་གཏད། དེས་མཁན་བུ་སྣེ་པོ་གྲགས་པ་རྒྱལ་མཚན་ལ་གཏད་ནས་སླར་དོང་མཁར་ཕུག་བཟུང་། ཕྱིས་སྟག་ཚལ་དཀྱུས་ཐང་བཞེངས་ནས་ཨ་མེས་ལ་ཕུལ། མར་པས་བྲན་མ་སྣང་བརྩིགས། དེ་གསུམ་དང་ལན་འགྲོ་བའི་སྟག་ཚང་དང་བཞི་ལ་སྐྱོན་གྲོའི་མ་དང་མཉམ་པའི་བུ་བཞིར་གྲགས་ཏེ་སྐྱོན་གྲོ་སྐོར་རོ།

གསེར་གྱི་སྤྱང་ཐོག་ཞང་ཆོར་ཁྲིད་པ་ལ་གཏད། དེས་གསེར་གྱི་བྲག་ཐོད་བརྩིགས། བཙན་པོ་སྤྱིངས། རྗེས་ཀྱི་ཡང་དབེན་ར་སོག་མཚར་ལ། སྟག་ཚལ་མཁར་པོ་ཆེ་བཟུང་ནས་མཁན་བུ་ཐ་དགེ་མཐོང་ལ་གཏད། དེས་རོང་བ་ཪ་བཟུང་ནས་མཁན་བུ་འབྲེ་བརྩོན་སྟོན་མོ་ལ་གཏད། དེ་རྣམས་ལ་རྔ་ཆོ་ཟེར་ཏེ་ཁྲལ་ཆོ་འདུས་ནས་འདུན་མ་བྱེད་པ་ན་དེ་དག་གི་བརྩོན་ཆུང་གསུམ་བྱུང་བ་ལ་དཔོན་པོ་གར་སོང་དྲིས་པས་འདས་ཟེར་བས་འོ་ན་རྔ་ཕྲུག་ཏུ་འདུག་པ་ཞེས་བྱས་ཏེ་དེར་ཆགས་སྐད།

དེ་ལྟར་དབུས་གཙང་གི་མི་བཅུ་མདོ་ཁམས་སུ་ཕེབས་ཏེ་བླ་ཆེན་ལས

སྒོམ་པ་བཞེས་ཀྱང་དབུས་ནས་སུམ་པ་དང༌། གཙང་ནས་འོད་བརྒྱད་སྤུན་གཉིས། ཨུ་དཀར་བཅས་བཞི་ལ་རྗེས་འཇུག་གི་རྒྱུན་མཆེད་པ་མེད་པས་དབུས་གཙང་མི་དྲུག་གམ། ཡང་ན་ཐ་རག་གཉིས་གཅིག་ཏུ་བསྡེབས་ནས་མི་ལྔར་ཡང་གྲགས་པ་ལགས་སོ།

དབུས་གཙང་མི་བཅུའི་ཁོངས་སུ་མི་ཐེ་བ་འ་འབྲེའི་སྡེ་གཉིས་བྱུང༌། དེ་ཡང་འ་ཞ་མགོ་པོ་ཆེའི་བུ་འ་ཡེ་ཤེས་གཡུང་དྲུང་གིས་ཁམས་ལ་སྒོམ་པ་ལེན་དུ་ཕེབས། ཁོང་གིས་ཁམས་སུ་བླ་ཆེན་གྱི་མཁན་བུ་གྲི་པོ་མཆོག་བླ་ལ་སྒོམ་པ་ཞུས་པར་ངས་ཆུ་གཏོར་བཏང་ནས་ཡོང་ཚོག་གསུངས་ཏེ་མཁན་པོ་དེ་ཁར་སྐྱུ་འདས། མཁན་པོའི་གསུང་དེ་ཀ་ལ་སྒོམ་པ་ཐོབ་པར་བཟུང་བས་དགེ་ཚུལ་ཆུ་གཏོར་མར་གྲགས། འ་ཞ་དེས་སྣ་ནམ་འདྲེ་བཙས་དང་ཝུ་ཡུག་མདའི་ར་ཤག་དང་དེའི་ལམ་སྟེགས་སྟག་གི་གནས་པོ་ཆེ་བཟུང༌། དེའི་མཁན་བུ་ཤེའུ་སྣ་ནམ་པས་ལྷན་གྱི་བ་སོ་ཐང༌། འཁོར་རེ་སྐྱི་སྨང༌། ཉང་རོ་བུད་མདོ། འཁོར་རེ་བ་ཁོར། ལྷན་གྱི་དྲི་ཤོང་རྣམས་བཟུང༌། དེའི་མཁན་བུ་སོག་ཚུལ་ཁྲིམས་བླ་མས་ཀྱང་བ་སོ་ཐང་བཟུང༌། དེའི་མཁན་བུ་སྤང་འདུལ་འཛིན་གྱིས་སྟག་གི་སྤེན་ཅན་བཟུང༌། དེའི་མཁན་བུ་སྐྱབས་རིན་ཆེན་གྲགས་ཀྱིས་ཁུ་ལུང་ལྷ་གྲལ་དང༌། ཝུ་ཡུག་གསལ་སྨང་སོགས་བཟུང་སྟེ་འ་ཚོའི་སྐོར་རོ།

ཡང་འབྲེ་གཞོན་ཚུལ་གྱིས་ཁམས་སུ་ཕེབས་ཏེ་ཁྲི་ཁ་མཁར་སྣར་བླ་ཆེན་གྱི་མཁན་བུ་ཡ་ཟི་བོན་སྟོན་ལ་སྒོམ་པ་ཞུས་པ་དེར་བས་གསུངས་ཏེ་དེ་ཀར་འདས། མཁན་བུའི་སྣང་བ་ཐོབ་པ་དེས་སྒོམ་པ་ཐོབ་པར་བྱས་པས་དེར་བས་ཀྱི་བསྙེན་རྫོགས་སུ་གྲགས། ཁོང་གཙང་དུ་ཕྱིར་ཕེབས་ནས་རྟ་ནག་ཕུའི་བྱ་ཚང་དང༌། ཤངས་ཀྱི་ཁྱེ་ཕུག་བཟུང༌། དེ་ནས་འཇད་ཀྱི་གནས་བརྒྱད་མཆེད་པ་དེ་

ཧམས་ནི་འབྲི་ཚེ་ཡིན་ནོ།

དེ་ལྟར་དབུས་གཙང་གི་མི་དྲུག་ཡ་འབྲི་དང་བཅས་པ་ལས་གྱེས་པ་ནི་སྨད་འདུལ་དུ་གྲགས་པ་ཡིན་ལ། དེའི་སྡོམ་རྒྱུན་ནི་སྟོན་པ། ཤཱ་རིའི་བུ། དགྲ་གཅན་ཟིན། ཀླུ་སྒྲུབ། ལེགས་ལྡན་འབྱེད། དཔལ་སྦས། ཡེ་ཤེས་སྙིང་པོ། པོ་ཏི་ས་ཏྭ་ཧམས་ཡིན་པར་བཞེད་པ་མི་མཐུན་པ་མེད་ཅིང་། དེ་ཕྱིན་ལ་འདོད་ལུགས་དུ་མ་སྣང་སྟེ་མཁན་ཆེན་ཞི་བ་འཚོ། ཐ་རཏྣ། ལོ་སང་རྒྱས་ཡེ་ཤེས། ཀ་བ་འོད་མཆོག་གྲགས། དེ་ནས་གཡོ་དམར་གཙང་གསུམ་དུ་རིམ་པར་འདོད་པ་དང་། ཁ་ཅིག་ཞི་བ་འཚོ། ཀ་མ་ལ་ཤཱི་ལ། དེ་ནས་གཡོ་དགེ་འབྱུང་དུ་འདོད་པ། ལ་ལ་ཐ་རཏྣའི་མཁན་བུ་སྨར་གཡོ་གཙང་གསུམ་དུ་འདོད་པ། འགའ་ཞིག་ཛཱ་ན་མི་ཏྲའི་མཁན་རྒྱུད་དུ་འདོད་པ་སོགས་བཞེད་ཚུལ་མང་ཙམ་མཆིས་པ་བཅས་སྨད་འདུལ་གྱི་ལོ་རྒྱུས་རེ་ཞིག་དེ་ཙམ་ལགས་སོ།

གསུམ་པ། སྟོད་འདུལ་སྐོར། འདུལ་བ་སྟོད་ནས་དར་བའི་བདག་རྐྱེན་གཙོ་བོ་ལྷ་བླ་མ་ཡེ་ཤེས་འོད་ཀྱིས་མཛད་པ་ཡོངས་གྲགས་ལྟར་ཁོང་གི་ལོ་རྒྱུས་ཙུང་ཞིབ་པ་གོང་དུ་གསལ་ཞིང་། སྐབས་འདིར་ལྷ་བླ་མས་སྟོད་འདུལ་དར་ཞིང་རྒྱས་པར་མཛད་པའི་སྐོར་ནི་མདོ་རྒྱུད་ནས་ལུང་བསྟན་པར་གྲགས་པའི་སྐྱེས་བུ་དམ་པ་དེས་རང་གི་སྲིད་གཙུག་སྲོང་ངེ་ལ་གཏད་ནས་རང་དང་། སྲས་གཉིས་ཤཱཀྱའི་བསྟན་པ་ལ་རབ་ཏུ་བྱུང་།

སྐབས་དེར་ཁོང་གི་མཆོད་གནས་སེར་པོ་ཞེས་བྱ་བ་ཞིག་ཡོད་པ་དེ་དང་། ས་སྣང་གི་འཁྲོག་མི་བཀྲས་ཏེ་ས་སྣང་གི་འཁྲོག་པས་མཆོད་གནས་སེར་པོ་ལ་སོགས་བསད་པར་ལྷ་བླ་མས་ངའི་མཆོད་གནས་བཀྲོངས་པས་སྟོང་འདོད་གསུངས་ཏེ་དོང་རྩེ་ཞང་གི་གསེར་ས་ཐུལ་བའི་གསེར་ས་དེའི་བུག་པ་རེ་ནས

གསེར་བྲི་ཁལ་བཅུ་ཡོངས་པ་རེ་བྱུང་ནས་སྤུ་རངས་སུ་ཁོ་ཆག་དང་། ཤེལ་ཆོག་ཏུ་ཏ་པོ་དང་། མར་ཡུལ་དུ་ཉར་མ་དང་། དབུ་རིག་ཏུ་ཤ་ལིང་། གུ་གེར་མཐོ་ལིང་གི་གཙུག་ལག་ཁང་བཅས་བཞེངས་ཤིང་། མཐོ་ལིང་གི་གཙུག་ལག་ཁང་དེའི་ལྕགས་རིའི་ནང་ཚུད་དུ་གཞིར་བཙུགས་པའི་ལྷ་ཁང་དུ་དྲུག་ཅུ་རྩ་བཞི་ཡོད་པར་གྲགས་སོ།

དེ་རྗེས་བསྟན་པ་འཕེལ་ཞིང་། སྐབས་དེར་ལག་ལེན་བྱེད་པའི་ཆོས་ལུགས་འགར་ཐེ་ཚོམ་གཅོད་པའི་ཕྱིར་མངའ་རིས་སྐོར་གསུམ་ན་བློ་རྣོ་ལ་ཤེས་རིག་དང་ལྡན་པའི་བྱིས་པ་མང་པོའི་ནང་ནས་བྱིའུ་ལོ་བཅུ་ལས་མི་འདའ་བ་ཉི་ཤུ་རྩ་གཅིག་གི་བློ་གྲོས་བརྟག་པ་སྟེ་དང་པོ་གཞུང་འཛིན་པ་དང་དེ་ནས་དོན་ལ་སྦྱོད་པ། མཉམ་པར་འཇོག་པ་ལ་སོགས་བརྟགས་ཏེ་རབ་འབྲིང་ཐ་གསུམ་བྱེ་བའི་རབ་བདུན་དང་། གཡོག་བདུན། ཉིང་གཡོག་བདུན་རེ་བཅས་བདུན་གསུམ་ཉི་ཤུ་རྩ་གཅིག་གི་ཕ་མ་ནོར་གྱིས་ཚིམས་པར་མཛད་དེ་བླུས་པ་དང་། རྒྱལ་ཁྲིམས་བཙན་པོས་ཀྱང་མི་བཏང་དུ་མི་བཏུབ་པར་མཛད་དེ་དེ་དག་ལ་གསེར་ཕྱེ་མང་པོ་བསྐུར་ནས་རྒྱ་གར་དུ་རྒྱལ་པོ་ལ་ཕྱག་རྟེན་དང་། པཎྜི་ཏར་ཆོས་ཀྱི་ཞུ་རྟེན་བྱེད་བཅུག་སྟེ་རྒྱ་གར་ནས་ཀུན་སློང་གི་ཆོས་ཚོལ་ལ་ཐོག་ཅེས་དང་། དམ་པའི་ཆོས་འདུལ་བ་ཚོལ་ལ་ཐོག་ཅེས་དང་། འདུས་པ་རྣམ་གཉིས་ཀྱི་ཆོས་ཚོལ་ལ་ཐོག་ཅེས་ཞལ་བཀོད་རྣམ་པ་གསུམ་དང་། ཁ་ཆེ་པཎ་ཆེན་ཧྲཛྙཱ་ཕླ་ལ་དང་། རིན་ཆེན་རྡོ་རྗེ་གཉིས་གསེར་ལ་མ་རྩེག་པར་སྤྱན་འདྲོངས་པ་གྱིས་ཤིག་ཅེས་བཀའ་བསྒོས་ཏེ་བཏང་བས་བྱིའུ་བཅུ་དགུ་ཚད་པས་གྲོངས། ཞང་ཞུང་གི་ལྷ་བཟོ་རིན་ཆེན་བཟང་པོ་དང་། སྤུ་རངས་ཀྱི་ལེགས་པའི་ཤེས་རབ་གཉིས་ལས་གཞན་ཆོས་བོད་ལ་ཕན་ཐོགས་པ་མ་བྱུང་། ཁོང་གཉིས་རྒྱ་གར་དུ

བཞུགས་རིང་གསན་བསམ་ལྷོད་མེད་གནང་བས་མཁས་པར་གྱུར་ཏེ་དང་པོ་ཁོ་
ཆག་ཏུ་ཐོན། སྒྲ་ལེགས་པར་སྦྱངས། ཙན་དྲ་ཏ་རི་ལ་གསང་བ་འདུས་པ་
ལུགས་གཉིས་ཞུས། འཇིག་རྟེན་གསུམ་སྣང་གི་དཀྱིལ་འཁོར་དུ་ལན་བདུན་
ཞུགས་པས་ཉམས་རྟོགས་ཁྱད་པར་ཅན་འཁྲུངས་ཤིང་ཁོང་གཉིས་རྒྱ་གར་དུ་
ལན་གསུམ་ཐོན་པ་དང་། སྐྱེས་སྦྱངས་ཀྱི་ཡོན་ཏན་ཁྱད་པར་ཅན་མངའ་བས་
ཕྱི་ནང་གི་རིག་གནས་ཀུན་ལ་ནང་བྱན་ཆུད་ཅིང་ལོ་ཆེན་རིན་ཆེན་བཟང་པོ་
དང་། ལོ་ཆུང་ལེགས་པའི་ཤེས་རབ་ཅེས་མཚན་ཡོངས་སུ་གྲགས། ཁྱད་པར་
གསང་སྔགས་ལ་མཆོག་ཏུ་མཁས་ཤིང་། གསང་འདུས་འཕགས་སྐོར་དང་། ཡེ་
ཤེས་ཞབས། གཙུག་དགུ། རྡོ་རྗེ་འབྱུང་བ་ལ་སོགས་པའི་རྒྱུད་སྡེའི་སྐོར་མང་
པོ་བསྒྱུར་བར་མཛད་པས་བོད་དུ་གསང་སྔགས་གསར་མ་ཞེས་བྱ་བ་ལོ་ཆེན་རིན་
ཆེན་བཟང་པོ་ནས་འགོ་ཚུགས་པ་མ་ཟད། ལྷག་པར་ཁོང་གིས་ལྷ་བླ་མ་ཡེ་ཤེས་
འོད་ཀྱི་བཀའ་ལྟར་ཁ་ཆེའི་པཎྜི་ཏ་ཀྲྀཥྞ་པ་ལ་དང་། པྲེ་ཏ་ཀ་ར་ཝརྨ་དང་།
པདྨ་ཀ་ར་ཝརྨ་ལ་སོགས་པའི་མཁས་པ་མང་པོ་བོད་དུ་སྤྱན་དྲངས་ཤིང་། པཎྜི་
ཏ་ཀྲྀཥྞ་པ་ལས་རབ་ཏུ་བྱུང་བ་མང་པོ་བསྙེན་པར་རྫོགས་པ་དང་། འདུལ་བའི་
བཤད་པ་དང་ལག་ལེན་རྒྱ་ཆེར་སྤེལ་བ་མཛད་པའི་མཁན་བུའམ་སློབ་མའི་ནང་
ནས་དགེ་སློང་སཱ་དྷུ་པ་ལ་དང་། ཇོ་བོ་གུ་ཎ་པཱ་ལ། དགེ་སློང་པྲཛྙཱ་པཱ་ལ་ཞེས་བྱ་
བ་པཱ་ལ་རྣམ་གསུམ་གྱིས་སློབ་མའམ་མཁན་བུ་མང་དུ་བསྐྱངས་པའི་ནང་ནས་
པྲཛྙཱ་པཱ་ལའི་མཁན་བུ་ཞང་ཞུང་པ་རྒྱལ་བའི་ཤེས་རབ་སྟེ་དེས་ཀྲྀཥྞ་པཱ་ལ་ལས་
ཉམས་ལེན་དང་། བྲམ་ཟེ་འདུལ་འཛིན་པྲེ་ཏ་ཀ་ར་ནས་ཕྱག་ལེན་བསླབས་
པས་སྒྲུབ་བརྒྱུད་ཀྱི་བླ་མ་གཉིས། ཤྲཱི་ཛྙཱ་ན་བྷ་དྲ་དང་། སུ་ཤྲཱི་བུདྡྷི་ཤཱནྟི་ལ་
གཞུང་གི་བཤད་པ་གཙོ་བོར་གསན་པས་བཤད་རྒྱུད་བླ་མ་གཉིས་ཞེས་གྲགས་པ་

བཙས་མངའ་རིས་སྟོད་དུ་འདུལ་བའི་བསྟན་པ་རྒྱ་ཆེར་དར་བར་མཛད་པ་དེ་རྣམས་ལ་འདུལ་བ་སྟོད་འདུལ་དུ་གྲགས་པ་ཡིན།

དེ་རྗེས་ལྷ་ལྡེའི་རིང་ལ་ཁ་ཆེ་པཎ་ཆེན་སུ་བྷུ་ཏི་ཤྲཱི་ཤཱནྟི་སྤྱན་དྲངས། པ་དང་། ལྷ་བླ་མ་ཡེ་ཤེས་འོད་ཀྱི་དགོངས་གཞི་ལྟར་དཔོན་པོ་བྱང་ཆུབ་འོད་ཀྱིས་ཇོ་བོ་རྗེ་དཔལ་ལྡན་ཨ་ཏི་ཤ་བོད་དུ་སྤྱན་དྲངས་པས་འདུལ་བའི་བསྟན་པ་ཚུལ་བཞིན་དུ་དར་ཞིང་རྒྱས་པར་མཛད་པ་སོགས་ཀྱི་ལོ་རྒྱུས་རྣམས་ལྷ་བླ་མ་ཁུ་དཔོན་གྱི་ལོ་རྒྱུས་དང་། གྲུབ་མཐའི་སྐབས་ཆེ་ལོང་ཙམ་འཁྲིས་པ་མ་ཟད། ཞིབ་པར་མཁྱེན་འདོད་ན་ཐུའུ་བཀྭན་གྱི་གྲུབ་མཐའ་སོགས་ལས་ཤེས་པར་བྱའོ།

མཁས་པ་ལྡེའུ་སོགས་ཀྱི་ཆོས་འབྱུང་ལ་ཡར་གསང་སྔགས་གསར་མའི་འགྱུར་འགོ་སྨྲི་ཏིས་བཙུགས་པར་བཞེད་པ་སྐྱེ་ལོ་ཆེན་རིན་ཆེན་བཟང་པོའི་འགྱུར་ལས་སྨྲི་ཏིའི་འགྱུར་སྔ་བར་གསུང་མོད། འོན་ཀྱང་དེབ་ཐེར་སྔོན་པོ་ལས། "གསང་སྔགས་གསར་མའི་འགྱུར་གྱི་འགོ་ཇོ་བོ་སྨྲི་ཏིས་བཙུགས་སོ་ཞེས་བྱ་བ་ཡོད་མོད་ཀྱི་དེས་དབུས་གཙང་དུ་ནི་འགྱུར་མ་མཛད་ལ། ཁམས་སུ་དུས་ཕྱིས་མཚོད་ཡང་དག་པར་བརྗོད་པ་སླེག་པ་རྡོ་རྗེའི་སྐོར་དང་། དཔལ་གདན་བཞི་པ་དང་། གསང་བ་འདུས་པའི་སྐོར་ལ་སོགས་པ་མང་དུ་བསྒྱུར་མོད་ཀྱི། དེ་བས་ལོ་ཆེན་རིན་ཆེན་བཟང་པོས་གསང་སྔགས་ཀྱི་འགྱུར་མཛད་པ་སྔ་བར་སྣང་སྟེ་འབྲོམ་སྟོན་པ་ཇོ་བོ་སེ་བཙུན་གྱི་གཡོག་བྱེད་པའི་དུས་སྨྲི་ཏི་ལ་ལོ་ཙཱ་བསླབས་སོ་ཞེས་འབྱུང་ལ་དེ་དང་ཉེ་བར་འབྲོམ་གྱིས་མངའ་རིས་སུ་ཕྱིན་པའི་ཚེ་ལོ་ཆེན་གྱིས་ལོ་བརྒྱད་ཅུ་རྩ་ལྔ་བཞེས་པའི་ཕྱིར་རོ་" ①ཞེས་པས་མཐའ་ཚོད་གྲུབ་

---

① (དེབ་སྔོན་དེབ་ངོས255)

པ་དེས་ན་གསང་སྔགས་གསར་མའི་འགྱུར་འགོ་ལོ་ཆེན་རིན་ཆེན་བཟང་པོས་མཛད་པར་སེམས་ཉེ་ཅི་ཡང་མ་དགོས་སོ།

བསྟན་པ་ཕྱི་དར་གྱི་འདུལ་བའི་བསྟན་པ་སྟོད་སྨད་གང་ནས་དར་སྐབས་བའི་སྐོར་མཁས་པའི་བཞེད་ཚུལ་མི་མཐུན་པ་ཡོད་ཀྱང་། ལོ་ཚིགས་ཀྱི་ངེས་པའི་ཐོག་ནས་བཤད་ན་འདུལ་བའི་བསྟན་པ་སྨད་ནས་དར་སྐབས་ཡིན་སྟེ། དེ་ཡང་ཀ༔ཐོག་རིག་འཛིན་ཆེན་པོས་ལོ་ཆེན་རིན་ཆེན་བཟང་པོ་རབ་ཏུ་བྱུང་བའི་ལོ་ཚིགས་ལ་དཔྱད་པ་གོང་དུ་ཞུས་ཟིན་པ་དེས་འདུལ་བ་སྨད་ནས་དར་སྐབས་ཡིན་པའི་སྐབས་བྱེད་ནུས་ལྡན་བྱས་ཚོག་པ་བཅས་བསྟན་པ་ཕྱི་དར་གྱི་སྐོར་རེ་ཞིག་དེ་ཙམ་མོ།

གསུམ་པ། བསྟན་པ་ཕྱི་དར་སྐབས་མཁས་གྲུབ་ལོ་པཎ་རིམ་བྱོན་སྐོར།

བསྟན་པ་ཕྱི་དར་སྐབས་མཁས་གྲུབ་ལོ་པཎ་རིམ་པར་བྱོན་པའི་སྐོར་ཆོས་འབྱུང་ཆེ་ཁག་ཏུ་བརྒྱུད་རིམ་དང་ལྡན་པ་མང་པོ་འཁོད་པའི་ནང་ནས་ཞུས་ཆེན་ཚུལ་ཁྲིམས་རིན་ཆེན་གྱིས་མཛད་པའི་བསྟན་འགྱུར་དཀར་ཆག《ཪོ་མཚར་རྒྱ་གཏེར་འཕེལ་བའི་ཟླ་བ་གསར་པ་》འདི་ཉིད་ནང་བསྟན་པ་ཕྱི་དར་གྱི་སྐབས་བྱོན་པའི་པཎྜི་ཏ་རྣམས་ཀྱི་མཚན་ཚིགས་བཅད་དུ་སྡེབ་པས་བལྟ་བདེ་བ་དང་། ལོ་ཚིགས་ཐད་སུམ་པ་ཆོས་འབྱུང་དང་། མང་ཐོས་ཀླུ་སྒྲུབ་ཀྱི་བསྟན་རྩིས་དེབ་སྟོན་སོགས་ལ་ཞིབ་ཏུ་དཔྱད་ཅིང་། ལོ་ཙཱ་བ་རྣམས་ཀྱི་མཛད་པའི་སྐོར་དེབ་སྟོན་དང་། མཁས་པའི་དགའ་སྟོན། ཆོས་འབྱུང་བསྟན་གྲུ་སོགས་ནས་ཁ་བསྐངས། ལོ་ཙཱ་བའི་འབྱུངས་འདས་ལོ་ཚིགས་སྐོར་ད་ཡོད་དཔྱད་གཞིར་གཞིགས་ཏེ་ཙུང་ཞིབ་ཆ་གང་ཐུབ་བཅས་ཀྱི་སྒོ་ནས་ཕྱོགས་སྒྲིག་བྱས་པ་ལ།

དང་པོ། པཎྜི་ཏ་རིམ་པར་བྱོན་པའི་སྐོར། བསྟན་འགྱུར་དཀར་ཆག་ལས།

བུདྡྷ་པཱ་ལ་（སངས་རྒྱས་སྐྱོང་）དྷརྨ་པཱ་ལ་（ཆོས་སྐྱོང་）དང་། །
པྲཛྙཱ་པཱ་ལ་（ཤེས་རབ་སྐྱོང་）དང་ནི་ལེགས་པར་བཤད། །
ཤྲཱི་ཀ་ར་ཝརྨ་（དཔལ་བྱེད་གོ་ཆ་）པདྨ་སྲས། །
མུཀྟི་མི་ཏྲ་（གྲོལ་བའི་བཤེས་གཉེན་）སངས་རྒྱལ་དཔལ་ཞི་བ། །
ཤེས་རབ་གོ་ཆ་དཔལ་ལྡན་ཨ་ཏི་ཤ （དེའི་དཔོན་པོ་）། །
ཛྙཱ་ན་ཤྲཱི་དང་དྲན་པ་ཡེ་ཤེས་གྲགས། །
ཕྲ་ལ་རིང་བ་སུ་ཏྲཱ་ཡ་ཤྲ་དང་། །
［ཁ་ཆེ་］ཛྙཱ་ན་ཤྲཱི་དང་ཙནྡྲ་རཱ་ཧུ་ལ། （དགྲ་གཅན་ཟླ་བ་）།
ཤྲཱི་ར་པཱ་ལ་（བསྟན་སྐྱོང་སྟེ་འབུམ་ཕྲག་གསུམ་པ་）ཨ་ཏུ་ལྱ་
ད་ཤ （མཉམ་མེད་བཅུ་པ་）། །
ཤྲཱི་བཟང་གྲགས་པ་ཨ་མ་ར་ཙནྡྲ（འཆི་མེད་ཟླ་བ་）། །
ཐིག་ལེ་བུམ་པ་གཞོན་ནུ་བུམ་པ་དང་། །
གསེར་གྱི་གོ་ཆ་དམ་པ་རྒྱ་གར་བ། །
ཛ་ཡཱ་ནནྡ་ག་ཡ་དྷ་རའི་ཞབས། །
དོན་ཡོད་རྡོ་རྗེ་ཁ་ཆེ་ཟླ་བ་མགོན། །
སྟོང་ཉིད་ཏིང་འཛིན་རྡོ་རྗེ་ཡེ་རྗེར་བ། །
ཤེས་རབ་གསང་བ་མཧཱ་ཛ་ན་དང་། །
སྟོབས་ཀྱི་ཟླ་བ་མཉྫ་ཀ་ལཀྵ། །
ཀརྨ་བཛྲ་དང་ནི་ཛ་མཱ་རི། །

དཔའ་བོ་རྡོ་རྗེ་སྒྲ་གཅན་འཛིན་སྲས་པ། །
རྣམ་སྣང་རྡོ་རྗེ་མཧཱ་སྒོ་ཁ་དང་། །
སཱུར་ཡ་ཀཱིརྟི་(ཉི་མ་གྲགས་) པྲཛྙཱ་ཤྲཱི་ཛྙཱ་ན། །
ཐཾ་གཱ་ཧྲ་ར་(མཁས་འཛིན་) དང་ཝེ་ཝོར་སྲས་དང་། །
ཀུན་བཟང་དཔལ་དང་ཝེཀྲ་ལཀྵ་ལྷཱ། །
འགྲོ་བཤེས་དགའ་དང་བུདྡྷ་ཤྲཱི་ཛྙཱ་ན། །
ཤཱཀྱ་ཤྲཱི་བཟང་རབ་འབྱོར་ཟླ་བ་དང་། །
སུ་ག་ཏ་ཤྲཱི་དྷ་ན་ཤྲཱི་ལ་དང་། །
ཛ་ཡ་དཏྟ་དང་ཝེ་སཾ་ཀྲ་ཤྲཱི། །
ཟླ་བཟང་སྙིང་པོ་ཀཱ་ལ་ཙནྡྲ་དང་། །
ཛོ་ན་གུཧྱ་མ་ཏྲ་བོ་རྡྷི་པ། །
ཛ་ཧྲ་མ་ཤྲཱི་འཇིག་རྟེན་གསུམ་ཀུན་དགའ། །
ལོངས་སྤྱོད་རྡོ་རྗེ་དང་ཝེ་རཏྣ་ཤྲཱི་(བལ་པོ་)། །
མ་ཏྲ་པ་ན་བཛྲ་ཀཱིརྟི་དང་། །
ག་ཡ་ཤྲཱི་དང་བལ་པོ་གྲགས་པ་དཔལ། །
ཀུ་མཱ་ར་དང་ཐམས་ཅད་མཁྱེན་པའི་དཔལ། །
སྨྲྀ་ཧྲུ་ཀཱིརྟི་བི་ན་ཡ་ཤྲཱི་དང་། །
ཤྲཱི་ལ་ཤྲཱི་དང་མཉྫ་ལ་ཤྲཱི་དང་། །
བི་མ་ལ་ཤྲཱི་དྷར་པན་ཛྙོ་ཏྲ། །
རྒྱལ་བའི་ལྷ་དང་ལཀྵྨཱི་ཀ་ར། །
ཨ་ནནྟ་ཤྲཱི་རྣ་ཏུ་ལ་ཤྲཱི་དང་། །

ཟངས་གླིང་པ་དང་ཀྣྀཧྲི་པཎྜི་ཏ། །
ཤ་རི་པུ་ཏྲ་ནགས་ཀྱི་རིན་ཆེན་དང་། །
བུདྡྷ་གུཧྱ་ཞེས་བྱ་ལ་སོགས་སོ། །①

གོང་གསལ་ཚིགས་བཅད་དུ་སྟེབས་པ་ལྟར་པཎྜི་ཏ་བདུན་རུ་དོན་གསུམ་བོད་དུ་ཕྱིན་ཏེ་སངས་རྒྱས་ཀྱི་བསྟན་པ་དང་། བོད་ཀྱི་རིག་གནས་འཕེལ་རྒྱས་ལ་མཛད་རྗེས་བསླུབ་ཐབས་མེད་པ་བཞག་ཡོད་ཅིང་། ཁོང་རྣམས་ཀྱི་ལོ་རྒྱུས་ཞིབ་པར་གཟིགས་འདོད་ན། མཁས་པའི་དགའ་སྟོན་ནང་གསལ་བའི་ལོ་པཎ་ཀྱི་དུམ་བུ་སོགས་ལ་གཟིགས་ཤིག

སྐབས་འདིར་བསྟན་པ་སྤྱ་དར། ཕྱི་དར་གཉིས་ལ་པཎྜི་ཏ་བོད་ལ་ཕེབས་པའི་བསྡུར་ཚད་སྐོར། བསྟན་པ་ཕྱི་དར་ལ་ཕྱིན་པ་ནི། ལྷ་བླ་མ་ཡེ་ཤེས་འོད་ཀྱིས（སྤྱི་ལོའི་དུས་རབས་བཅུ་གཅིག་པའི་འགོར）བུདྡྷ་པཱ་ལ་བོད་དུ་གདན་དྲངས་པ་ནས་པཎ་ཆེན་ནགས་ཀྱི་རིན་ཆེན་བོད་དུ་སྤྱི་ལོ1426རབ་བྱུང་བདུན་པའི་མེ་རྟ་བར་ཏ་ལམ་ལོ420སྐོར་སོང་བའི་རིང་ཕྱིན་པ་དང་། བོད་སིལ་བུའི་དུས་སྐབས་ཏེ་ལྷ་བླ་མ་ཡེ་ཤེས་འོད་ཀྱིས་བུདྡྷ་པཱ་ལ་སྤྱན་དྲངས་པ་ནས་འགྲོ་མགོན་འཕགས་པའི་དུས་མཇུག་པཎྜི་ཏ་ལཀྵྨཱི་ཀ་ར་ཤོང་སྟོན་ལོ་ཙཱ་བ་རྡོ་རྗེ་རྒྱལ་མཚན་གྱིས་གདན་དྲངས་པ་ཡིན་རུང་། ལཀྵྨཱི་ཀ་ར་བོད་དུ་ནམ་ཕེབས་ཀྱི་ལོ་ཚིགས་ལྟར་བཞག་ཤོང་ལོའི་འབྱུངས་འདས་ལོ་ཚིགས་ཀྱང་གསལ་པོ་ཞིག་མ་ཤེས་མོད། འོན་ཀྱང་འགྲོ་མགོན་ཆོས་རྒྱལ་འཕགས་པའི་བཀའ་བཞིན་ཤོང་ལོས་ལཀྵྨཱི་ཀ་ར་གདན་དྲངས་པ་ཡོངས་གྲགས་ལྟར་དེའི་འགྲོས་ལ་

① （བསྟན་འགྱུར་དཀར་ཆག་དེབ་ངོས161）

གཞིགས་ན་སྤྱི་ལོའི་དུས་རབས་བཅུ་གསུམ་པའི་སྨད་ཆ་ཙམ་ལ་ཡིན་སྲིད་པ་དེས་ན་ལྷ་བླ་མ་ཡེ་ཤེས་འོད་ནས་འདི་བར་ལོ་ངོ་བཞི་བརྒྱ་ལ་ཉེ་བར་པཎྜི་ཏ་དྲུག་ཅུ་རེ་དྲུག་དང་། དེ་རྗེས་པཎྜི་ཏ་བདུན་ཙམ་ཕེབས་པར་མངོན། བོད་དུ་པཎྜི་ཏ་ཕེབས་པའི་བསྡུར་ཚད་ལ་ཆ་བཞག་ན་བསྟན་པ་སྔ་དར་སྐབས་རྒྱ་གར་གྱི་པཎྜི་ཏ་ཐོག་མར་སློབ་དཔོན་ཀུ་ས་ར་ནས་རིག་བྱེད་འོད་ཟེར་བར་རིམ་པར་བྱོན་པ་བསྡོམས་པས་པཎྜི་ཏ་ཉི་ཤུ་རྩ་བཞི་ཟིན་པ་ནས་སངས་རྒྱས་གསང་བ་དང་། སངས་རྒྱས་ཞི་བ་གཉིས་གངས་ཏི་སེར་བྱོན་ཏེ་བཞུགས་པ་མེས་ཨག་ཚོམ་གྱིས་སྤྱན་དྲངས་ཀྱང་མ་བྱོན་པ་ཕུད་དབུས་གཙང་རང་དུ་ཕེབས་པ་ཉི་ཤུ་རྩ་གཉིས་ཡིན།①

བསྟན་པ་ཕྱི་དར་རམ་བོད་སིལ་བུའི་དུས་པཎྜི་ཏ་དྲུག་ཅུ་རེ་དྲུག་བྱོན་པ་དེས་ན་བསྟན་པ་སྔ་དར་ལས་ཕྱི་དར་གྱི་དུས་པཎྜི་ཏ་བཞི་བཅུ་ཞེ་བཞིས་མང་བ་སྟེ་བསྟན་པ་སྔ་དར་ལས་བརྒྱ་ཆ300% མང་བ་ཟིན་ཡོད།

གཉིས་པ། བསྟན་པ་ཕྱི་དར་སྐབས་ལོ་ཙཱ་བ་རིམ་པར་བྱོན་པ་ཡང་བསྟན་འགྱུར་དཀར་ཆག་ལས།

དུས་དེར་སྔ་ཕྱིར་བྱོན་པའི་ལོ་ཙཱ་བ། །
ཆེན་པོ་ལྷ་ཡི་བླ་མ་ཡེ་ཤེས་འོད། །
རིན་ཆེན་བཟང་པོ་གྲགས་འབྱོར་ཤེས་རབ་དང་། །
སེང་དཀར་ཤཱཀྱ་འོད་（འབྲོ་）དང་ཞི་བ་འོད་（ལྷ་）། །
ལེགས་པའི་ཤེས་རབ་（རྔོག་）བརྩོན་འགྲུས་སེང་གེ་（རྒྱ་）

① （མཁས་པའི་དགའ་སྟོན་དེབ་ངོས510）

དང་། །
ཚུལ་ཁྲིམས་རྒྱལ་བ་(ནག་ཚོ་) ཁུ་ཡི་དངོས་གྲུབ་དང་། །
རྒྱལ་བའི་འབྱུང་གནས་(འབྲོམ་) ཤཱཀྱ་བློ་གྲོས་མཚན། །
ཆོས་ཀྱི་ཤེས་རབ་དད་པ་ཤེས་རབ་(མར་ཐུང་) དང་། །
དགེ་བའི་བློ་གྲོས་(རྔ་) ཚུལ་ཁྲིམས་འབྱུང་གནས་(ཀ་རོད་)
མཚན། །
ཆོས་ཀྱི་བརྩོན་འགྲུས་(ཁྲུང་པོ་) སྟག་ལོ་གཞོན་བརྩོན་པ། །
མགར་བ་ཆོས་བཟང་ཤེའུ་རྡོ་རྗེའི་ལྷ། །
རབ་ཞི་བཤེས་གཉེན་བློ་ལྡན་ཤེས་རབ་(རྔོག་) ཅན། །
ལེགས་པའི་ཤེས་རབ་(པུ་ཧྲངས་) འཕགས་པ་ཤེས་རབ་
(ཟངས་དཀར་) དང་། །
ཤཱཀྱ་ཡེ་ཤེས་(འབྲོག་མི་) དགའ་བའི་རྡོ་རྗེ་གཟུ། །
གྱི་ལྗང་དབུ་དཀར་ཆོས་ཀྱི་ཡོན་ཏན་དང་། །
ཆོས་ཀྱི་རིན་ཆེན་ཆོས་ཀྱི་བློ་གྲོས་(རྨ་བྲག་མར་པ་)
མཚན། །
གཉན་ལོ་དར་མ་གྲགས་དང་འགོས་ལྷས་བཙས། །
གྱི་ཇོ་ཟླ་བའི་འོད་ཟེར་ཤེས་རབ་བརྩེགས་(ཀློག་སྐྱ་)། །
བློ་གྲོས་གྲགས་(མལ་གྱོ་) དང་བསོད་ནམས་རྒྱལ་མཚན་པ་
(སེ་རྩ་)། །
རོང་པ་ཆོས་བཟང་རྡོ་རྗེ་དབང་ཕྱུག་(ཡོལ་ལྷུགས་) དང་། །
བྱང་ཆུབ་ཤེས་རབ་(མང་ངོམ་) རྩ་མི་སངས་རྒྱས་གྲགས། །

ཁེའུ་གད་འཁོར་ལོ་གྲགས་དང་གསལ་བ་གྲགས་（སྤྱང་ཞོ་）། །

དེང་རི་ཆོས་གྲགས་རྒྱུས་ཀྱི་སྨོན་ལམ་གྲགས། །

པ་ཚབ་ཉི་གྲགས་བ་རི་རིན་ཆེན་གྲགས། །

ཤེས་རབ་གྲགས་（འབྲོ་）དང་རྭ་ཆེན་རྡོ་རྗེ་གྲགས། །

ཀྲི་ཏོ་ཤེས་དཔལ་བཀྲ་ཤིས་རྒྱལ་མཚན་པ། །

བ་རིག་ཐོས་དགའ་རྩ་བན་ཆོས་འབར་དང་། །

མཚར་སྟོན་དབྱིག་གི་རྒྱལ་མཚན་མཚུར་དབང་ངེ། །

ཀུན་དགའ་རྡོ་རྗེ་（དཔྱལ་པ་）དང་ནི་ཀུན་དགའ་གྲགས་

（དཔྱལ）། །

མར་དོ་ཆོས་དབང་ཆོས་ཀྱི་སྙིང་པོ་དང་། །

ཆོས་ཀྱི་ཡེ་ཤེས་（ཀམ་）དབང་ཕྱུག་རྒྱ་མཚོ་（ཕྱུགས་

མཚམས་）དང་། །

ཚུལ་ཁྲིམས་ཡོན་ཏན་ཁེའུ་གད་ཡོན་ཏན་དཔལ། །

བསོད་ནམས་བཟང་པོ་སུམ་པ་དཔལ་མཆོག་གི། །

རྡོ་རྗེ་དང་ནི་ཉི་མ་རྡོ་རྗེ་དང་། །

དགེ་བསྙེན་ནེ་ཙོ་（ཁུ་）སློག་སྐྱུ་གཞོན་ནུ་འབར། །

ལྷ་སྟོན་ཡེ་ཤེས་རྒྱལ་མཚན་བྱང་ཆུབ་འབྱུང་། །

ཆོས་ཀྱི་བློ་གྲོས་（སྨན་）ཏིང་ངེ་འཛིན་བཟང་པོ་（ཙག་

གྲུ་）། །

ཤེས་རབ་ཡེ་ཤེས་རིག་པ་གཞོན་ནུ་དང་། །

གཞོན་ཚུལ་དང་ནི་ཁུ་ཡི་མདོ་སྡེ་འབར། །

ཤེས་རབ་བརྟོན་གྲུས་དང་ནི་གཡུང་དྲུང་འོད། །
བསོད་ནམས་རྒྱལ་བ་ཤེས་རབ་བླ་མ་(ཅོག་གྲུ་) དང་། །
སྨྲ་ངན་མེད་དཔལ་(ཅོག་གྲུ་) ལ་ཆིངས་ཡོན་ཏན་འབར། །
བསོད་ནམས་མོས་པ་དགེ་ཚུལ་ཁྱུང་གྲགས་པ། །
ཚུལ་ཁྲིམས་བརྩེགས་པ་དང་ནི་ལྷ་བཙུན་པ། །
ལྷ་བཙན་སྨུ་ནི་ནྟ་ཛ་སངས་རྒྱས་བསྐྱངས་(རྫོག་)། །
རྒྱལ་གྱི་ལོ་ཙྪ་རྡོ་རྗེ་རྒྱལ་པོ་(སྦལ་) དང་། །
དེ་ཕ་རིན་ཆེན་ཆོས་ཀྱི་རིན་ཆེན་(ལྷ་) དང་། །
ཚུལ་ཁྲིམས་འོད་ཟེར་དགེ་སློང་བྱ་ཡི་གདོང་(ཀྱུར་)། །
ད་ཁྱིད་ལོ་ཙྪ་དང་ནི་ཕུར་བུ་འོད། །
ཚུལ་རྒྱལ་(པ་ཚབ་) ཤེས་རབ་ལེགས་དང་ཧྨ་གྲགས་
(ནག་ཚོ་)། །
མར་པ་སློ་གྲོས་བཟང་པོ་སེ་ལོ་ཙྪ། །
ཟླ་བ་གྲགས་པ་གཉལ་མི་ཡེ་ཤེས་ཆོས།
ཆོས་ཀྱི་ཟླ་བ་དགེ་སློང་ཤེས་རབ་བསྐྱབས། །
ནག་ཚོ་ཤེར་རྒྱན་འ་ཞ་རྒྱ་གར་བརྩེགས། །
གཉན་སྟོན་བསོད་ནམས་བ་རི་ཆོས་གྲགས་དང་། །
ཨོང་པོ་ལོ་ཙྪ་གཞོན་ནུ་ཤེས་རབ་དང་། །
འགར་བ་ཤེས་འབྱུང་འཇམ་དཔལ་གཞོན་ནུ་དང་།
ཤེས་རབ་འོད་ཟེར་དང་ནི་དགའ་བ་དཔལ་(ལྷེ་)། །
ཡེ་ཤེས་འབྱུང་གནས་ཤཱཀྱ་བརྟོན་འགྲུས་པ། །

རྣ་པ་ཆོས་རབ་རྡོ་རྗེ་རྒྱལ་མཚན་(ཕོ་བཙུན་ཆུང་) དང་། །
ཞྭ་མ་དགེ་བསྙེན་སེང་རྒྱལ་ལྷེ་བཀྲ་ཤིས། །
ཚག་ཕོ་དཀྲ་བཅོམ་དཔལ་པ་ཆོས་ཀྱི་བཟང་། །
བྱམས་པའི་དཔལ་(གནུབས་) དང་ས་སྐྱ་པཎྜི་ཏ། །
ཆོས་རྗེ་དཔལ་(ཚག་ཕོ་) དང་ཤེས་རབ་འོད་(དཔྱལ་པ་)
དང་ཞང་། །
གྲུབ་པ་དཔལ་དང་ཤེས་རབ་རིན་པོ་ཆེ་(སློ་བོ་)། །
ཨུ་རུ་དར་མ་སེང་གེ་མི་མཉམ་བཟང་(ལྕེ་བྲག་)། །
ཤོང་སྟོན་རྡོ་རྗེ་རྒྱལ་མཚན་བློ་གྲོས་བརྟན་(ཤོང་)། །
ཨོཾ་ཛྙཱ་ན་པ་རིན་ཆེན་དཔལ་དང་ཁམས། །
བློ་གྲོས་རྒྱལ་པོ་ལྷུན་མ་ཚུལ་སེང་དང་། །
ར་ས་གཞོན་བརྩོན་ཤུ་ཀེ་གྲགས་རྒྱལ་མཚན། །
ཉི་མ་རྒྱལ་མཚན་(ཐར་ལོ་) དཔང་ལོ་བློ་གྲོས་བརྟན། །
སྒྲ་ཚད་སྨྲ་བ་རིན་རྒྱལ་བློ་གསལ་(དབུས་པ་) དང་། །
ལེགས་པའི་བློ་གྲོས་ཡར་ལུང་ས་གྲགས་རྒྱལ་མཚན། །
རིན་ཆེན་གྲུབ་(བུ་སྟོན་) དང་རིན་ཆེན་རྣམ་རྒྱལ་བ། །
བློ་གྲོས་དཔལ་(རྗོ་ནང་) དང་ཀུན་སྤྱངས་གྲགས་པའི་
མཚན། །
བྱང་ཆུབ་རྩེ་མོ་(ལོ་ཆེན་) བོ་དོང་གྲགས་རྒྱལ་མཚན། །
སྨར་ཐང་སམ་ག྄ྲ་ཤྲཱི་དང་སྐྱབས་མཆོག་དཔལ། །
ཤེས་རབ་རིན་ཆེན་(ཆོས་འཁོར་སྒང་) འགོས་ལོ་

གཞོན་ནུ་དཔལ། །
རིན་ཆེན་ཆོས་རྒྱལ་(ཆག་ལོ་)བསོད་ནམས་རྒྱ་མཚོ་དང་། །
ཆོས་སྐྱོང་བཟང་པོ་(ཞ་ལུ་)ཏཱ་ར་ནཱ་ཐ་དང་། །
ངག་དབང་ཕུན་ཚོགས་ལ་སོགས་སྐད་གཉིས་སྨྲ། །
མང་པོས་བཀའ་དང་བསྟན་བཅོས་འདི་སྐད་ཅིག །
བསྒྱུར་དང་བཤད་པས་གཏན་ལ་ཕབ་པར་མཛད། །①

ཅེས་ལོ་ཙཱ་བ་བརྒྱ་དང་ལྔ་བཅུ་ང་བདུན་རིམ་པར་བྱོན་པ་བསྡོམས་ཚིག་གི་ཚུལ་དུ་བཀོད་ཅིང་། ལོ་ཙཱ་བ་གཙོ་ཆེ་བའི་འབྲུངས་འདས་ལོ་ཚིགས་དང་མཛད་པ་རགས་བསྡུས་ཙམ་ད་ཡོད་དཔྱད་གཞིར་གཞིགས་ཏེ་བཀོད་པ་འདི་ལྟ་སྟེ།

ལྷ་བླ་མ་ཡེ་ཤེས་འོད་ཀྱི་སྐོར་གོང་དུ་ཞུས་ཟིན་པ་དང་།

ལོ་ཆེན་རིན་ཆེན་བཟང་པོ་ནི། མངའ་རིས་གུ་གེའི་སྣྲང་ཕྱི་རཏྣ་ཞེས་པར་སྤྱི་ལོ958ས་རྟ་ལོར་བལྟམས། དགུང་ལོ་བཅུ་གསུམ་པ་སྤྱི་ལོ970ཆུ་རྟ་ལོར་མཁན་པོ་ཡེ་ཤེས་བཟང་པོ་ལས་རབ་ཏུ་བྱུང་། ཁ་ཆེར་ལན་གསུམ་བྱོན་ཏེ་པཎྜི་ཏ་ཤྲདྡྷ་ཀ་ར་ཝརྨ་དང་། ཀ་མ་ལ་གུཔྟ། ཛོ་ན་མི་ཏྲ་སོགས་པ༠་གྲུབ་བདུན་ཅུ་དོན་ལྔ་བསྟེན་ནས་མདོ་སྔགས་ཀྱི་ཆོས་ཚུལ་མཐའ་དག་ལ་མཁས་པར་གྱུར། དགུང་ལོ་ཞེ་དགུ་པ་སྤྱི་ལོ1006མེ་རྟ་ལོར་པཎྜི་ཏ་ཤྲདྡྷ་བཟང་པོ་དང་། ཛྙཱ་ན་སེ། ཀ་མ་ལ་རཀྵི་ཏ་ལས་བསླེབ་པར་རྫོགས། མངའ་བདག་ལྷ་ལྡེ་བཙན་གྱི་བླ་མ་མཛད་དེ་ལྷ་ལྡེས་པུ་ཧྲངས་གཞིར་གྱི་གནས་གཞི་ཕུལ་བར་གཙུག

① (བསྟན་འགྱུར་དཀར་ཆག་དེབ་ངོས161)

ལག་ཁང་མང་པོ་བཞེངས། ཤེར་ཕྱིན་ཕྱོགས་དང་། ཡོ་ག འདུས་པ་སོགས་མདོ་སྔགས་ཀྱི་ཆོས་མང་དུ་བསྒྱུར་ཅིང་། ལྟ་བ་དབུ་མ་པའི་ལུགས་ལྟར་བསྐྱངས་པ་འདི་ནས་བཟུང་བོད་དུ་གསང་སྔགས་གསར་མ་འགྱུར་འགོ་ཚུགས། ལྷ་བསྙེན་དང་གཏོར་མ་བརྒྱ་རྩ། སྣ་ཚོ། ཡན་ལག་བདུན་པ། ཏིང་འཛིན་གྱི་དབང་རྣམས་ཕྱེ་བ་རེ་དང་། འཇམ་དཔལ་མཚན་བརྗོད་སཾསྐྲྀ་ཏའི་སྐད་དང་། བོད་སྐད་དུ་འབུམ་ཕྲག་རེ། གཞན་ལ་ཡོན་ཕྱིན་ཏེ་འབུམ་ཕྲག་གཅིག་བཅས་བཏོན་ཅིང་། ཡོ་གའི་བསྟན་པ་དར་རྒྱས་སུ་མཛད། དགུང་ལོ་གྱ་ལྔའི་སྐབས་རྗེ་བོ་རྗེ་མངའ་རིས་སུ་ཕྱིན་སྐབས་དང་པོར་རྗེ་བོ་རྗེར་ཕྱག་མ་མཛད་ཀྱང་ཕྱིས་སུ་ལྷ་ཁང་གི་ལྷ་རེ་རེ་ལ་བསྟོད་པ་རེ་རེ་མཛད་པ་ལ་དད་ནས་མཇལ་ཏེ་གདམས་ངག་གསན་ཅིང་། རྗེ་བོས་སྒྲུབ་པ་ལ་བསྐུལ་བས་སྒྲུབ་ཁང་གི་སྒོ་གསུམ་རིམ་ལ་དམ་བཅའ་གསུམ་བྲིས་ཏེ་རྩེ་གཅིག་གིས་སྒོམ་མཛད་པས་གྲུབ་པ་ཐོབ་སྟེ་མཐར་དགུང་ལོ་དགུ་བཅུ་གོ་བརྒྱད་པ་རབ་བྱུང་དང་པོའི་སྤྱི་ལོ1055ཤིང་ལུག་ལོར་སྐུ་གཤེགས།

ལོ་ཆེན་རིན་ཆེན་བཟང་པོ་ལ་སློབ་མ་མང་དུ་ཡོད་ཀྱང་ལོ་ཆུང་ལེགས་པའི་ཤེས་རབ། གུར་ཤིང་བརྩོན་འགྲུས་རྒྱལ་མཚན། གྲབ་པ་གཞོན་ནུ་ཤེས་རབ། གྱི་ནོར་རྫ་ན་དང་བཞི་ལ་ཐུགས་ཀྱི་སྲས་བཞི་ཟེར། སྤུ་རངས་པ་ཨན་སྟོན་གྲགས་རིན། རྒྱ་ཡེ་ཚུལ། དགུང་པ་དགེ་བཤེས། མར་ཡུལ་བ་དཀོན་མཆོག་བརྩེགས་བཞི་ནི་ལོ་ཆེན་དང་ལོ་ཆུང་གཉིས་ཀའི་སློབ་མ་ཡིན་ནོ།

ལོ་ཆུང་གྲགས་འབྱོར་ཤེས་རབ་ནི། ལོ་ཆེན་རིན་ཆེན་བཟང་པོའི་སློབ་མའི་གྲས་ཡིན་པ་ཁོང་གིས་ཀྱང་ཚད་མ་དང་། མ་རྒྱུད་བདེ་མཆོག་གི་སྐོར་བསྒྱུར་བ་སོགས་འཕྲིན་ལས་ཆེ་ཞིང་། ལ་ལས་ལོ་ཆེན་རིན་ཆེན་བཟང་པོ་

སོགས་ཁྲིའུ་ཉི་ཤུ་རྩ་གཅིག་རྒྱ་གར་དུ་ཕེབས་པའི་གྲས་སུ་ཁོང་ཡང་ཡོད་པར་བཞེད།

ཇོ་བོ་ལེགས་པའི་ཤེས་རབ་ནི། ཁྲི་སྲོང་ལྡེའུ་བཙན་གྱི་བློན་པོ་རྔོག་ཆེན་པོའི་རྒྱུད་པ་ཡར་འབྲོག་དོའི་ཕྱི་རོལ་གྱི་མཚོ་ཆེན་པོའི་འགྲམ་དུ་གྲོང་ཆགས་པའི་སྤྱགས་སྙིང་མ་བའི་དགེ་བཤེས་རྡོ་རྗེ་གཞོན་ནུར་སྲས་ལྔ་ཡོད་པའི་ཆེ་བར་སྐུ་འཁྲུངས། འབྲིང་ཡེ་ཤེས་ཡོན་ཏན་ལས་རབ་ཏུ་བྱུང་། སྡེ་སྣོད་སློབ་པའི་ཕྱིར་དུ་ཁམས་སུ་ཕྱིན་ནས་ཇོ་བོ་སེ་བཙུན་གྱི་སློབ་མ་མཛད། ཁུ་སྟོན་ལ་སོགས་པ་དགེ་བཤེས་རྣམས་དང་འགྲོགས་ཏེ་ཇོ་བོ་རྗེ་དང་མཇལ་ཞིང་། དེ་ནས་སྤྱི་ལོ1045རབ་བྱུང་དང་པོའི་ཤིང་བྱ་ལོར་དབུས་སུ་ཕེབས་ནས་བཤད་གྲྭ་བཙུགས་ཏེ་སློབ་མ་མང་དུ་བསྐྱངས། ཇོ་བོ་རྗེ་སྙེ་ཐང་ན་བཞུགས་པའི་ཚེ་ཇོ་བོ་རྗེ་ནས་ཆོས་མང་དུ་གསན། ཐུགས་རྒྱུད་ཤིན་ཏུ་བཟང་བས་ཇོ་བོའི་སློབ་མ་སུ་དང་ཡང་མི་མཐུན་པ་མེད་པར་གྲགས། རྔོག་གིས་བསྐུལ་མ་ཞུས་པ་བཞིན་ཇོ་བོ་རྗེ་དང་། ནག་ཚོ་ལོ་ཙཱ་བ་གཉིས་ཀྱིས་རྟོག་གེ་འབར་བ་བསྒྱུར། ཡང་རྔོག་གིས་ཞུས་པ་བཞིན་ཇོ་བོ་རྗེས་དབུ་མའི་མན་ངག་དེ་ཡང་མཛད། དང་པོར་བྲག་ནག་གི་རྩར་དགོན་པ་ཞིག་བཏབ་ཅིང་། ཕྱིས་ཇོ་བོས་ལུང་བསྟན་པ་བཞིན་རབ་བྱུང་དང་པོའི་སྤྱི་ལོ1071ལྕགས་ཕག་ལོར་གསང་ཕུ་ནེའུ་ཐོག་བཏབ། ཁོང་ནི་ཇོ་བོ་རྗེའི་སློབ་མ་སྙན་གྲགས་ཅན་དབུས་ཀྱི་ཁུ་རྔོག་འབྲོམ་གསུམ་གྱི་ཡ་གྱལ་དང་། བཀའ་གདམས་ཀྱི་མེས་པོ་ཇོ་འབྲོམ་ཡབ་སྲས་གསུམ་གྱི་ཡ་གྱལ་ཡང་ཡིན་ནོ།

རྒྱ་བརྩོན་འགྲུས་སེང་གེས་རྒྱ་གར་ལ་ལྷ་བླ་མ་ཡེ་ཤེས་འོད་ཀྱི་བཀའ་ལྟར་ཇོ་བོ་རྗེ་སྤྱན་འདྲེན་པར་ཕེབས་པའི་སྐོར་གོང་དུ་རགས་ཙམ་ཞུས་ཟིན་ཅིང་།

ཇོ་བོ་རྗེ་དང་མཉམ་དུ་ཕེབས་སྐབས་བལ་ཡུལ་དུ་སྤྱི་ལོ1040རབ་བྱུང་དང་པོའི་ལྕགས་འབྲུག་ལོར་སྐུ་གཤེགས། ཁོང་གི་མེས་པོའི་རྒྱུད་ནི་སྔོན་བཙན་སྐམ་པོའི་སྐུ་དུས་ཇོ་བོ་སྤྱན་འདྲེན་པའི་གྱད་མི་ལྷ་དགའི་རྒྱུད་དང་། ཁྲི་སྲོང་སྐབས་ཀྱི་རྒྱ་སང་ཤི་དང་། སྦ་གསལ་སྣང་གཉིས་ཀྱང་འདིའི་རྒྱུད་ཡིན་པར་གྲགས།

ནག་ཚོ་ལོ་ཙྪ་བ་ཚུལ་ཁྲིམས་རྒྱལ་བ་ནི། སྤྱི་ལོ1011ལྕགས་ཕག་ལོར་མངའ་རིས་ཇོང་དགའི་ལྷ་གདོང་ཞེས་པའི་ས་ཆར་ནག་ཚོའི་གདུང་རྒྱུད་དུ་འཁྲུངས། རབ་ཏུ་བྱུང་བའི་མཚན་ལ་ཚུལ་ཁྲིམས་རྒྱལ་བ་དང་། འདུལ་བ་མཁས་པར་མཁྱེན་པས་འདུལ་བ་འཛིན་པར་ཡང་གྲགས། རྒྱ་བརྩོན་སེང་ལ་མདོན་པ་གསན། དགུང་ལོ་ཉེར་བདུན་པ་སྤྱི་ལོ1037རབ་བྱུང་དང་པོའི་མེ་གླང་ལོར་ཇོ་བོ་རྗེ་སྤྱན་འདྲེན་པར་རྒྱ་གར་ལ་ཕྱིན་པ་དེ་ནས་ཇོ་བོ་རྗེ་ལོ་བཅུ་དགུའི་བར་ཚུལ་བཞིན་དུ་བསྟེན་ཅིང་། ཇོ་བོ་རྗེ་བོད་དུ་སྤྱན་དྲངས་པས་བོད་ཁམས་ཡོངས་ལ་བཀའ་དྲིན་ཆེ་བ་དང་། སྐབས་དེར་བོད་སྟོན་ཐམས་ཅད་ཀྱིས་ཀྱང་སློབ་དཔོན་ཞེས་བྱ་བར་བརྗོད། ནག་ཚོ་སྐྱེ་ཐང་ནས་མངའ་རིས་སུ་འགྲོན་ཁར་ཇོ་བོས་བསླབ་བྱ་མང་པོ་མཛད་པ་དང་། དམ་ཚིག་གསུམ་བཀོད་ཀྱི་སྐུ་ཕྱག་ཏུ་བཟུང་ནས་བྱིན་རླབས་མཛད། འདུལ་བ་མདོ་རྩ་དང་། གསང་འདུས་རྒྱུད་དཔེ། སྤྱན་རས་གཟིགས་ཀྱི་སྒྲུབ་ཐབས་སྐོར་སོགས་སྦས་ཆོས་ཉི་ཤུ་གནང་།

ལུང་བསྟན་མང་དུ་མཛད་དེ་ཇོ་བོ་ཉིད་ཀྱི་སྐུ་མཐེ་བོང་ཙམ་སེང་ལྡེང་ལ་བྲིས་ཏེ་གཙུར་བཙུག་ནས་དཔུང་པར་བཏགས། དེ་རྗེས་ནག་ཚོས་ཛྙ་ན་ཨཱ་ཀ་ར་དང་། བལ་པོ་ཤཱནྟི་བྷ་དྲ། ནག་པོ་དམ་ཚིག་རྡོ་རྗེ་ལ་སོགས་པ་བསྟེན་ནས་འགྱུར་ཡང་མང་པོ་མཛད། དེ་རྗེས་ཇོ་བོ་རྗེས་ལུང་བསྟན་པ་བཞིན་སྒྲུབ་པ་

མཛད་པས་ཉམས་རྟོགས་ཁྱད་པར་ཅན་འཁྲུངས་པར་གྲགས་ཤིང་། དགུང་ལོ་ང་དགུ་པ་སྤྱི་ལོ1064རབ་བྱུང་དང་པོའི་ཤིང་འབྲུག་ལོར་སྐུ་གཤེགས།

རྔོག་བློ་ལྡན་ཤེས་རབ་ནི། རྔོག་ཆོས་སྐྱབས་ཀྱི་སྲས་སུ་སྤྱི་ལོ1059རབ་བྱུང་དང་པོའི་ས་ཕག་ལོར་འཁྲུངས། གཞོན་ནུའི་དུས་ནས་ཁུ་བོ་རྔོག་ལེགས་པའི་ཤེས་རབ་ཀྱི་དྲུང་དུ་ཕྱིན་ཞིང་། ཁུ་བོ་དང་གཟུས་ཀྱི་སློབ་མ་སྒྲོ་ཆུང་བ་ཚུལ་ཁྲིམས་ཤེས་རབ་གཉིས་ལ་བསྙེན་ནས་རབ་ཏུ་བྱུང་བ་དང་། ཁོང་གཉིས་ལ་གསན་པ་མང་དུ་མཛད་པས་ཁོང་གི་ཤེས་རབ་ལ་ཁུ་བོ་མཉེས་ནས་དགུང་ལོ་བཅུ་བདུན་བཞེས་པའི་ཚེ་ཁ་ཆེར་སློབ་གཉེར་ལ་བཏངས། དེའི་ཚེ་རྔ་ལོ། གཉན་ལོ། ཁྱུང་པོ་ཆོས་བརྩོན། རྡོ་སྟོན། བཙན་ཁ་བོ་ཆེ་རྣམས་དང་འགྲོགས་ནས་ཕྱིན་པས་མངའ་བདག་རྩེ་ལྡེས་དབུས་གཙང་ཁམས་གསུམ་གྱི་སྡེ་སྣོད་འཛིན་པ་སྙན་གྲགས་ཅན་རྣམས་མངའ་རིས་སུ་སྤྱན་དྲངས་ནས་མེ་འབྲུག་ལོའི་ཆོས་འཁོར་མཛད་པ་དང་ཐུག་ཅིང་། རྩེ་ལྡེའི་སྲས་དབང་ཕྱུག་ལྡེས་ཡོན་བདག་བྱ་བར་ཆད་ནས་ཁ་ཆེར་ཕྱིན། པཎྜི་ཏ་སཛྫན་དང་པྲད་ར་ཧི་ཏ་བྷ་དྲ་ལ་སོགས་པ་དྲུག་ཙམ་བསྟེན། བར་སྐབས་རྒྱུགས་ཆད་དེ་ཁ་ཆེ་ནས་གསེར་སྐོང་བྱ་བའི་ཡི་གེ་མངའ་རིས་སུ་བཏང་བ་ལས་དབང་ཕྱུག་ལྡེས་གསེར་མང་པོ་ཡང་བསྐུར། ཚད་མ་རྒྱན་སྒྱུར་ཅིག་བྱ་བའི་ཞུ་བ་ཡང་བྱུང་བས། པཎྜི་ཏ་སྐལ་ལྡན་རྒྱལ་པོ་དང་། རྔོག་གིས་བསྒྱུར་ཅིང་དེར་ཁ་ཆེར་ལོ་བཅུ་བདུན་རིང་ཡང་དག་པར་སྦྱངས་ཏེ་སླར་བོད་དུ་ཕྱིན། དེ་ནས་བོད་དུ་ཡང་པཎྜི་ཏ་འབུམ་ཕྲག་གསུམ་པ་དང་། སུ་མ་ཏི་ཀཱིརྟི་གཉིས་ལས་ཆོས་གསན་ཞིང་བལ་པོར་ཡང་ཡུད་ཅིག་ཕྱིན་ནས་ཨ་ཏུ་ར་བཛྲ་དང་། བ་རནྡྲ་རུ་ཙིལ་སོགས་པ་ལས་གསན་པ་ཡང་མཛད་ནས་བོད་དུ་དམ་པའི་ཆོས་མང་པོ་བསྒྱུར་བའི་གྲངས་ཚད་སྐོར་གྱི་ལུང་

པས།

དམ་ཆོས་སྒྱུར་ལ་མངའ་བརྙེས་པ། །
རྒྱལ་ཡུམ་གཉིས་དང་བསྟན་བཅོས་གཞུང་། །
འབུམ་ཕྲག་གཅིག་དང་ཁྲི་ཕྲག་གསུམ། །
སྟོང་ཕྲག་བདུན་ནི་ལྷག་བཅས་བསྒྱུར། །

ཅེས་གསུངས་པའི་བསྒྱུར་གྲངས་ནི་ཤོ་ལོ་ཀའི་གྲངས་ལ་ངོས་འཛིན་དགོས།

ཁོང་གིས་ལྷ་ས་དང་། བསམ་ཡས། གཉལ་སྣང་སོགས་སུ་གཞུང་ཆེན་པོའི་བཤད་པ་རྒྱ་ཆེར་མཛད་སྐབས་མཁས་བཙུན་གྱི་དགེ་འདུན་ཁྲི་སྟོང་མང་པོ་འདུས་པ་བཅས་མཐར་དགུང་ལོ་ལྔ་བཅུ་ང་གཅིག་པ་སྤྱི་ལོ1109རབ་བྱུང་གཉིས་པའི་ས་གླང་ལོར། བསམ་ཡས་མ་རིའི་དྲུང་དུ་སྐུ་གཤེགས།

སྤྱི་རངས་ལེགས་པའི་ཤེས་རབ་བམ། ལོ་ཆུང་ལེགས་པའི་ཤེས་རབ་ཀྱིས་བདེ་མཆོག་གི་ཆོས་སྐོར་མང་པོ་རྒྱ་གར་ནས་སྤྱན་དྲངས་སྒྱུར་པ་ལ་རྗེ་གཅིག་ཏུ་གསོལ་བས་སྐུ་ལུས་མ་སྤངས་པར་མཁའ་སྤྱོད་དུ་ཕྱིན་པར་གྲགས་ཤིང་། སྤྱིར་ལོ་ཆེན་རིན་ཆེན་བཟང་པོའི་སློབ་མ་ལོ་ཆུང་སྟེ་གཉིས་ཀ་ལ་སྤྱི་རངས་ལོ་ཆུང་ཞེས་གྲགས་ཤིང་། གཉིས་ཀའི་མཚན་ལེགས་པའི་ཤེས་རབ་ཏུ་འདོད་པ་དུ་མ་བྱུང་ཡང་། སྔ་མའི་མཚན་ནི་གྲགས་འབྱོར་ཤེས་རབ་དང་། ཕྱི་མའི་མཚན་ལེགས་པའི་ཤེས་རབ་ཡིན་ལ་སྐུ་ལུས་འདིས་མཁའ་སྤྱོད་དུ་གཤེགས་པ་ནི་ཕྱི་མར་སྣང་ཞེས་དཔའ་བོ་གཙུག་ལག་ཕྲེང་བས་གསུངས་སོ།

ཟངས་དཀར་ལོ་ཙཱ་བ་འཕགས་པ་ཤེས་རབ་ནི། མངའ་རིས་ཟངས་དཀར་དུ་འཁྲུངས། ཁ་ཆེ་དགོན་པ་བ་དང་། ཁ་ཆེ་ཛྙཱ་ན་ཤྲཱི་སོགས་བསྟེན།

རྣམ་ཐོས་ཀྱི་ཆོས་སྐོར་རྒྱ་གར་ནས་སྤྱན་དྲངས། ལྷ་སའི་སྤྲང་ཚང་བཏོན། ལྷ་ས་དང་བསམ་ཡས། མཐའ་འདུལ་གྱི་གཙུག་ལག་ཁང་བཅོ་ལྔ་ཙམ་ལ་ཞིག་གསོ་ཐུལ་ཕྱིན་མཛད། སྣར་ཉེ་མ་དང་། སྦལ་ཏི་སེམས་དཔའ་ཆེན་པོ་སོགས་ཟངས་དཀར་གྱི་བུ་བཞི་བྱུང་། ཕྱིས་ཆུ་མིག་རིང་མོར་འདས་ཞེས་གྲགས།

འབྲོག་མི་ཤཱཀྱ་ཡེ་ཤེས་ནི། སྤྱི་ལོ993ཆུ་སྦྲུལ་ལོར་མང་མཁར་དུ་སྐུ་འཁྲུངས། ངོར་ཆེན་དཀོན་མཆོག་ལྷུན་གྲུབ་ཀྱི་ཆོས་འབྱུང་ལྟར་ན་སྨད་ཀྱི་ལྡེ་གསུམ་པོ་གྲོམ་པ་ལྷ་རྩེར་བཞུགས་པའི་དུས་རྒྱན་གོང་དུ་ལོ་སྟོན་རྡོ་རྗེ་དབང་ཕྱུག་ལ་བཀའ་བསྩལ་ཏེ་མཁན་པོ་རྒྱ་ཤཱཀྱ་གཞོན་ནུ། སློབ་དཔོན་སེ་ཡེ་ཤེས་བརྩོན་འགྲུས། གསང་སྟོན་ཉང་རྡོ་རྗེ་རྒྱལ་མཚན་ལ་སོགས་པའི་དགེ་སློང་བདུན། དགེ་ཚུལ་གཉིས། དགེ་བསྙེན་གཅིག་དང་བཅུ་སྤྱན་དྲངས་ཏེ་གྲོམ་པ་རྒྱང་དུ་དགེ་འདུན་གྱི་སྡེ་བཙུགས་པའི་དུས་སུ་རབ་ཏུ་བྱུང་། སྐབས་དེར་རབ་བྱུང་སུམ་བརྒྱ་ཙམ་འདུས་པའི་ནང་ནས་འབྲོག་མི་ལོ་ཙཱ་བ་ཤཱཀྱ་ཡེ་ཤེས། སྟག་ལོ་གཞོན་ནུ་བརྩོན་འགྲུས། ལེང་གཞོན་ནུ་གསུམ་མཁན་སློབ་རྒྱལ་པོ་དང་བཅས་པས་རྒྱ་གར་དུ་ཆོས་སློབ་ཏུ་བཏང་། བསྟན་པའི་རྩ་བ་ཡིན་པས་འདུལ་བ། བསྟན་པའི་སྙིང་པོ་ཡིན་པས་ཕར་ཕྱིན། བསྟན་པའི་ཉིང་ཁུ་ཡིན་པས་གསང་སྔགས་སློབས་ཤིག་ཅེས་བཀས་རབ་ཏུ་གདམས་པ་ལས། འབྲོག་མིས་མཁས་པ་སྒོ་དྲུག་དང་དཔའ་བོ་རྡོ་རྗེ་ལས་མདོ་རྒྱུད་ཀྱི་ཟབ་དོན་བཞེས། ཁྱད་པར་ཕྱིས་ག་ཡ་དྷ་ར་བོད་དུ་བྱོན་པ་ལ་གསེར་སྲང་ལྔ་བརྒྱ་ཕུལ་ཏེ་ཀྱཻ་རྡོར་རྒྱུད་གསུམ། ར་ལི། ཨ་ར་ལི་བཞི་ལ་སོགས་པའི་རྒྱུད་དང་། གསུང་ངག་རིན་པོ་ཆེའི་བདུད་རྩི་བཞེས་ནས་བསྟན་པ་སྤེལ་བའི་སློབ་མའི་གཙོ་བོ་མན་ངག་ཚར་བ་གསུམ། རྒྱུད་ཚར་བ་ལྔ། གྲུབ་པ་ཐོབ་པ་བདུན་སོགས་བྱུང་། གསུང་ངག་

རིན་པོ་ཆེ་སོགས་ཀྱིས་བསྟན་པ་ལ་བཀའ་དྲིན་ཆེ། འབྲོག་མིས་རྒྱ་གར་དང་བལ་ཡུལ་དུ་ལོ་བཅུ་གསུམ་ཙམ་བཞུགས། དགུང་ལོ་ང་གཉིས་པ་སྤྱི་ལོ1043ཆུ་ལུག་ལོར་མང་མཁར་མྱུ་གུ་ལུང་བཏབ་ཅིང་། ག་ཡ་དྷ་ར་དང་མཇལ་ནས་ལོ་གསུམ་རིང་གསུང་ངག་གསན་པ་དང་། དེ་ནས་དགུང་ལོ་དྲུག་ཅུ་རེ་གསུམ་ཡན་ལ་འཆད་ཉན་སྤེལ་བར་མཛད་པ་དང་། དེ་ནས་ཞི་བར་མ་གཤེགས་བར་སྒྲུབ་པ་གཙོ་བོར་མཛད། མཐར་དགུང་ལོ་བརྒྱད་ཅུ་རྒྱ་ལྔ་པ་སྤྱི་ལོ1074རབ་བྱུང་དང་པོའི་ཤིང་སྟག་ལོར་སྐུ་གཤེགས། འབྲོག་མི་ཤཱཀྱ་ཡེ་ཤེས་འདི་ནི་དཔལ་ལྡན་ས་སྐྱ་པའི་གྲུབ་མཐའ་འཛིན་པའི་ཆོས་རྒྱུད་ཀྱི་ཆུ་འགོ་ཡིན་ནོ།

ལྷོ་བྲག་མར་པ་ཆོས་ཀྱི་བློ་གྲོས་ནི། ཡབ་མར་པ་དབང་ཕྱུག་འོད་ཟེར་དང་། ཡུམ་རྒྱལ་མོ་འོད་ཟེར་གཉིས་ལ་སྲས་མིང་སྲིང་བཞི་ཡོད་པའི་ཆོགས་གཉིས་པར་སྤྱི་ལོ1012ཆུ་བྱི་ལོར་ལྷོ་ཕུ་ཆུ་ཁྱེར་དུ་སྐུ་འཁྲུངས། ཆུང་ངུའི་དུས་ནས་སློབ་དཔོན་ལྷ་བརྒྱད་པ་ཞིག་ལས་ཡི་གེ་འབྲི་ཀློག་གསན་སྦྱོང་མཛད། ཁོང་གཞོན་ནུའི་སྐབས་སྤྱོད་པ་ཤིན་ཏུ་མི་སྲུན་པས་སློབ་དཔོན་དང་གྲོགས་པོ་གཅིག་མིན་པ་སུའི་ཁྱིམ་དུ་ཡང་མི་ཚུད་པས་ཡབ་ཀྱི་དགོངས་པ་ལ་ཁོང་གཞན་ཞིག་ཏུ་སློབ་གཉེར་ལ་བཏང་ན་ཤེད་བྱེ་བ་སྲིད་དམ་སྙམ་ནས་དགུང་ལོ་བཅོ་ལྔ་པའི་ཐོག་ཇེ་འབྲོག་མིའི་དྲུང་དུ་རྟ་བཟང་པོ་སེང་ལྡེང་གི་སྒ་ཅན་གཅིག་གིས་སྣ་དྲངས་པའི་འབུལ་བ་མང་པོ་བསྐུར་ནས་བཙུགས་པར་ཁོང་ནི་ལོ་ཙཱ་ཤེས་འདོད་ཆེ་བས་ལོ་ཙཱ་བསླབས་པས་ལེགས་པར་མཁྱེན།

དེ་རྗེས་ཁོང་གི་དགོངས་པར་རྗེ་འབྲོག་མིའི་ཆོས་རྣམས་ལ་ཡོ་བྱད་མང་པོ་དགོས་པ་འདི་ནི་རྒྱ་གར་ནས་བྱུང་བ་ཡིན། ད་ང་རང་ཡང་ཆོས་སློབ་པར་རྒྱ

གར་ལ་འགྲོ་སྐམ་པའི་ཐུགས་འདུན་ཤུགས་ཆེན་འཁྲུངས་ཏེ་རྒྱ་གར་ལ་ཕེབས་ཆས་འཚོལ་བར་རང་ཡུལ་དུ་ཕེབས་ནས་གསེར་བཙལ་བས་གསེར་སྲང་བཅོ་ལྔ་ཙམ་ཞིག་རྙེད་པ་དེའི་ཁར། ལས་སྟོད་སློག་སྐྱ་ཇོ་སྲས་ཀྱིས་གསེར་དང་ཞྭ་ལྷམ་ཚུན་ཆད་བསྐུར་ཏེ་རྒྱ་གར་ལ་བརྫངས། ཁོང་བལ་པོར་ཕྱིན་པའི་ཚེ་གཉོས་ཁ་རག་པ་དང་ཆབས་ཅིག་བྱུང་བས་གཉོས་ཀྱིས་ཞལ་ནས་ཁྱོད་ལ་གསེར་ཅི་ཡང་མི་འདུག་པས་ངའི་གཡོག་གྱིས། ཆོས་ང་དང་མཉམ་དུ་ཞུས་ཆོག་གསུངས་རུང་། ཁོང་གིས་དེ་འདྲ་རང་མ་གནང་བར་བལ་པོར་ལོ་གསུམ་རིང་བལ་པོ་སྤྱི་ཐེར་བ་ལ་དཔལ་གདན་བཞི་པ་ལ་སོགས་པའི་རྒྱུད་འགའ་གསན་ཅིང་། དེ་རྗེས་བལ་པོ་བཛྲེ་པས་འགོ་འདྲེན་མཛད་དེ་པུཎྜ་ཀ་རིར་ཛེ་ནཱ་རོ་པའི་དྲུང་དུ་བསྐྱལ་ཅིང་། དགེ་ཚུལ་ཤེས་རབ་སེང་གེ་ཞེས་བྱ་བས་ཀྱང་ནཱ་རོ་པར་ཞུ་སྣ་གནང་བས་ཁོང་གི་ཐུགས་ལ་བཏགས་ཏེ་ཀྱཻ་རྡོ་རྗེའི་དབང་རང་ཡང་ལན་བདུན་བསྐུལ། གཞན་རྒྱུད་སྒྲུབ་ཐབས་རྫོགས་རིམ་གྱི་མན་ངག་རྣམས་ཀྱང་ལེགས་པར་གནང་། རྒྱ་གར་ནུབ་ཕྱོགས་སུ་ལ་ཀླི་ཧུའི་གྲོང་དུ་བླམ་ཐར་པ་ལམ་སྟོན་ནམ་ཡེ་ཤེས་སྙིང་པོ་ལ་གསང་འདུས་རྒྱུད་ཁྲུང་གི་ལུགས་རྣམས་ལེགས་པར་གསན། སྔར་ནཱ་རོ་པའི་དྲུང་དུ་ཕྱིན་ནས་སྒྲོན་མ་གསལ་བའི་བཤད་པ་ལེགས་པར་གསན། མ་ཧཱ་མཱ་ཡཱ་ཡང་དབང་ཁྲིད་ལྷབས་མན་ངག་དང་བཅས་པ་རྫོགས་པར་གནང་། དེ་ནས་བོད་དུ་ཕྱིན་ཏེ། ལྷ་མོ་དུད་སོལ་མ་ལ་བརྟེན་ནས་བྱང་ཕྱོགས་སུ་ཕྱུག་པོ་འགའི་སྤྱིའུ་གསོ་བ་མཛད་པའི་སྤྱིའུ་རེ་རེ་ལ་གསོས་པའི་ཡོན་(གསེར་)སྲང་བཅུ་བཅུ་ཕབ། ནམ་རའི་གསེར་ཁ་རྐོལ་བ་དང་འཛོམས་པ་དང་། ཙམ་ལུང་གི་མར་པ་མགོ་ཡགས་བྱ་བ་དེས་རུས་གཅིག་པའི་ཞེན་གྱིས་དབང་ཞུས་ཤིང་། ཉེ་འབངས་དང་བཅས་པ་ལ་གསེར་འབུལ་དུ་བཅུག་པས་ཕྱུག་ཏུ་གསེར་མང་པོ་བྱུང་རྗེས་

མར་པ་མགོ་ཡགས་ཀྱིས་སྐྱིད་རོང་གི་ལ་རྩུབ་ཕེབས་སྐྱེལ་ཞུས་ཏེ་བལ་ཡུལ་བརྒྱུད་སླར་ཡང་རྒྱ་གར་ལ་ཕྱིན་ནས་ཡུལ་དབུས་སུ་ཕེབས་པའི་ཚེ་ནཱ་རོ་པ་སྦྱིད་པ་ལ་གཟིགས་ཟིན་ནས་མཇལ་མ་ཐུབ་ཙུང་། ནཱ་རོ་པ་སྦྱིད་པར་གཤེགས་ཁར་སློབ་མ་རྣམས་ལ་རྟེན་སྐལ་སོ་སོར་གནང་བའི་ནང་དུ་མར་པའི་སྐལ་བ་ཡིན་ཟེར་བ་ཞིག་ཀྱང་འཇོག་གནང་མཛད་པ་ཐོབ།

སྐབས་དེར་བླ་མ་གཞན་ལ་ཆོས་འདྲ་གསན་ཅིང་། ཀྱཻ་རྡོར་རྒྱུད་ལ་གཟིགས་རྟོགས་མཛད་པ་ན་ནཱ་རོ་པ་ཚོལ་བའི་འདུན་པ་ཤུགས་ཆེན་འཁྲུངས་ཏེ་རྒྱ་གར་གྱི་ཤར་ཕྱོགས་དང་། ལྷོ་ཕྱོགས་ཀྱི་ཡུལ་གྲུ་དུ་མར་ཕེབས་ཤིང་། གསོ་རི་བ་ལ་སོགས་པའི་གྲུབ་ཐོབ་མང་པོ་དང་ཡང་མཇལ། རྣལ་འབྱོར་དང་རྣལ་འབྱོར་མ་གཞན་འགའ་རེ་ལ་ཡང་གདམས་པ་སྣ་ཚོགས་གསན་པ་བཅས་དང་འདུན་ཤུགས་དྲག་གི་སྒོ་ནས་ནཱ་རོ་པ་བཙལ་བས་ནམ་ཞིག་ནགས་གསེབ་ཅིག་ཏུ་མཇལ་ཏེ་གསེར་རྣམས་ཕུལ་བས་ཐམས་ཅད་ས་ལ་གཏོར་བར་ཙུང་ཡིད་མ་ཆེས་པ་ན། ནཱ་རོའི་ཞབས་ཀྱི་མཐེ་བོང་ས་ལ་རེག་པས་ས་དེ་གསེར་དུ་སོང་། ཞལ་ནས་ཀྱང་། ཐམས་ཅད་གསེར་གླིང་ཡིན་ནོ་གསུངས་ཏེ་མི་སྣང་བར་གཤེགས། དགུང་ལོ་བཞི་བཅུ་ཞེ་གཉིས་པའི་སྐབས་སླར་ཡང་བོད་དུ་ཕྱིན་དུས་བལ་ཡུལ་དུ་བླ་མ་ཕམ་མཐིང་བ་ལ་སོགས་པའི་བླ་མ་རྣམས་ཀྱི་དྲུང་དུ་ནཱ་རོ་པའི་ཡོན་ཏན་དང་། རང་ཉིད་ཀྱི་ངང་ཚུལ་རྣམས་སྤྲུར་བླངས་ཏེ་བླ་མ་མཆེད་གྲོགས་རྣམས་ཀྱང་དགྱེས་པར་མཛད་ཅིང་། བོད་དུ་ཕེབས་རྗེས་ཡུལ་ས་བཟུངས། བདག་མེད་མ་ཡང་བཙུན་མོར་བཞེས་པ་དང་། གཞན་ཡང་བཙུན་མོ་ཕྱུག་རྒྱུར་སྡེ་བ་བརྒྱད་ཙམ་ཡོད་པ་བཅས་བཙུན་མོ་དགུ་པོ་འདི་ནི་ཀྱཻ་རྡོར་གྱི་ལྷ་མོ་དགུ་དང་སྦྱོར་བ་ཡིན་ཞེས་གྲགས།

དེ་རྗེས་མི་ཉི་པའི་བསྟུགས་པ་གསན་པས་ཐུགས་འགྲོགས་ཏེ་སླར་ཡང་རྒྱ་གར་ལ་བྱོན་ནས་རྒྱ་གར་ཤར་ཕྱོགས་སུ་མི་ཉི་པ་དང་མཇལ། རྒྱུད་ཀྱི་གསན་པ་མང་པོ་ཡང་མཛད། ཕྱག་རྒྱ་ཆེན་པོའི་མན་ངག་གིས་མངོན་སུམ་གྱི་རྟོགས་པ་འཁྲུངས་ཏེ།

རྗེ་མངའ་བདག་ཆེན་པོའི་བཀའ་དྲིན་གྱིས། །
གཞི་ཆོས་ཉིད་སྐྱེ་བར་མེད་པར་རྟོགས། །
སེམས་སྟོང་པ་ཉིད་ལ་སྒྲར་ཟིན་བྱས། །
མི་ཁོ་བོའི་སྤྲོས་པ་དེ་ནས་ཆོད། །

ཅེས་གསུངས་ནས་སླར་ཡང་བོད་དུ་ཕེབས། དེ་རྗེས་བལ་ཡུལ་དུ་ཆོས་གསན་པར་ལན་གཉིས་བྱོན་ནས་བླ་མ་རྣམས་ལས་ཆོས་མང་པོ་གསན། དེ་ནས་ཕྱིར་བྱོན་པའི་ལམ་དུ་བལ་པོ་རྫོང་པས་ཟོ་གམ་འདོད་པའི་ཕྱིར་བོད་རྣམས་བསྐྱིལ་བས་དེར་ཞག་འགའ་ཞིག་བཞུགས་པའི་རྐྱེ་ལམ་དུ་བུད་མེད་ཅིག་གིས་ཐྲག་པ་ལ་ཁྱེར་ནས་དཔལ་གྱི་རི་ལ་ས་ར་ཧ་པའི་དྲུང་དུ་བསྐྱལ། ས་ར་ཧས་གདམས་ངག་གནང་ཞིང་བྱིན་གྱིས་བརླབས་པས་སྣང་སྲིད་ཐམས་ཅད་རོ་གཅིག་པའི་སྤྱོད་བ་ཡང་དག་པ་འཁྲུངས་པར་གྲགས།

དེ་ནས་ལས་སྟོད་དུ་གློག་སྐྱ་སྟོན་པས་བསྙེན་བཀུར་ཞུས་པ་དང་། གཙང་རོང་དུ་ཕེབས་སྐབས་མེས་ཚོན་པོས་ཞིང་འོ་གཅིག་གི་ས་ཆོས་དང་བུར་ལྷང་གིས་བཀང་སྟེ་ཕུལ་ནས་ཆོས་ཞུས་པས། ཀྱཻ་རྡོ་རྗེའི་རྒྱུད་བཤད་པ་དང་བཅས་ཏེ་ལེགས་པར་གསུངས་པ་དང་། ལྷག་པར་དུ་གདམ་ངག་གནང་བས་མེས་ཚོན་པོ་ལ་འོད་གསལ་གྱི་ཡེ་ཤེས་ཡང་དག་པར་འཁྲུངས།

དེ་ནས་གྲོ་བོ་ལུང་དུ་ཕེབས་ནས་སློབ་མ་མང་དུ་བསྐྱངས་པ་ལ། རྔོལ་པ་

གག་སྟོན། གྲེའི་མིའུ་ཆུང་། ཆུ་གོང་དཔལ་ལེ། དགེ་བཤེས་ཁེ་གད་བཅས་ཐུགས་ཀྱི་སྲས་བཞིར་གྲགས་པ་དང་། གཞན་ཡང་སློབ་མ་དབུ་ཆེ་བཅུ་ཞེས་བྱ་བ་བྱུང་སྟེ་མཇལ་བ་ལ་སྤྱ་བའི་སློག་སྐྱ་འབྱུང་གནས་རྒྱལ་མཚན། བྱང་ཚེམ་ལུང་གི་མར་པ་མགོ་ཡགས། རྔོག་གཞུང་པ། འཚུར་དབང་ངེ། མེས་ཚོན་པོ། ལྷ་རྗེ་སེ་རིངས། རྒྱ་སྟོན་ཞིག་པོ། མར་པ་བྱ་ཟེ་བ། མྱང་སྒོམ་སྲུང་སྟག རྗེ་བཙུན་མི་ལ་རྣམས་སོ།

དེ་རྣམས་ལས་གཞུང་གི་རྔོག་ཆོས་སྐུ་རྡོ་རྗེ་ལ་བཤད་རྒྱུད་ཀྱི་བཀའ་བབས། དོལ་གྱི་ཚུར་སྟོན་དབང་ངེ་ལ་འཕོ་བའི་བཀའ་བབས། གཙང་རོང་གི་མེས་ཚོན་པོ་ལ་འོད་གསལ་གྱི་བཀའ་བབས། གུང་ཐང་གི་མི་ལ་རས་པ་ལ་བདེ་རྡོད་ཀྱི་བཀའ་བབས་བཅས་སློབ་མའི་མཆོག་གམ་ཀ་ཆེན་བཞི་ཡང་ཟེར་ཏེ་སྔ་མ་གསུམ་གྱིས་བདེ་ཀྱཻ་སོགས་བཤད་པའི་སྲོལ་བཟུང་བ་དང་། རྗེ་མི་ལས་བཀའ་བབས་བཞིའི་གདམས་པའི་བརྒྱུད་སྒྲུབ་པའི་སྲོལ་བཟུང་བ་ཡིན་ནོ།

རྔོག་ཆོས་སྐུ་རྡོ་རྗེས་དང་པོར་རྟ་བཟང་ཞིག་ཕྱག་རྟེན་དུ་བསྣམས་ཏེ་ལྷོ་བྲག་ཏུ་མར་པ་མཇལ་བར་ཕེབས་པ་ལ་མར་པས་ཁྱོད་ཀྱི་འདི་ཆོས་ཞུ་བའི་ཞུ་རྟེན་ཡིན་ན་ནི་ཆུང་། ཞལ་མཇལ་བའི་རྟེན་ཡིན་ན་ནི་ཆེ་ཞེས་གསུངས་པར་གྲགས་ཤིང་། སྐབས་དེར་དབང་དང་གདམས་པ་འགའ་རེ་གནང་། ཕྱིས་རི་པོར་སྤྱན་དྲངས་ནས་འབྲི་གནག་བདུན་ཅུ་སྲ་དང་། ཁྱི་དང་། ཤེ་མ། ཛོ་བ་གཅིག་རྣམས་ཀྱང་ཕུལ་བར་ཀྱཻ་རྡོ་རྗེ། བཤད་པའི་རྒྱུད་གུར། དཔལ་གདན་བཞི་པ། མ་ཧཱ་མཱ་ཡཱ་རྣམས་གནང་བ་མ་ཟད། ཟབ་ཁྲིད་ཀྱིས་ཀྱང་བསྐྱངས།

དེ་ལྟ་བུའི་མར་པ་ལོ་ཙཱ་བས་འཕགས་ཡུལ་དུ་བླ་མ་བརྒྱ་རྩ་བརྒྱད་དང་། བཤད་སྲོལ་འཛིན་པ་ལྔ་བཅུ། སྣང་བ་འགྱུར་ངེས་བཅུ་གསུམ། ཁྱད་པར་

འཕགས་པའི་བླ་མ་བཞི་རྣམས་བསྟེན་པ་ལས་ཕྱི་མ་ཁྱད་པར་འཕགས་པ་བཞི་ནི་བྱང་ཕུ་ལ་ཧ་རིར་ནཱ་རོ་པ་བསྟེན། རྒྱུད་ཀྱི་རྡོ་རྗེ་བསྲེ་འཕོ་གསན། ནུབ་ལཀྵི་ཧར་དཔལ་ཡེ་ཤེས་སྙིང་པོ་བསྟེན། རྒྱུད་གསང་འདུས་དང་སྒྱུ་ལུས་འོད་གསལ་གསན། ཤྲཱི་དུག་མཆོ་ཁོལ་མར་དཔལ་ཞི་བ་བཟང་པོ་བསྟེན། རྒྱུད་མ་ཧཱ་མཱ་ཡཱ་དང་། དབྱིབས་རྣལ་འབྱོར་གསུམ་གསན། ཤར་ཆུ་བོ་གངྒཱའི་འགྲམ་དུ་མཻ་ཏྲི་པ་བསྟེན། རྒྱུད་བསྟོད་པ་སླུ་དབྱངས་དང་། ཕྱག་ཆེན་གསན་པ་བཅས་དཔལ་དྭགས་པོ་བཀའ་བརྒྱུད་ཅེས་པའི་གྲུབ་མཐའ་ཆེན་པོའི་སྲོལ་འབྱེད་པའི་མཛད་པ་བླ་ན་མ་མཆིས་པ་བསྐྱངས་མཐར་དགུང་ལོ་གྱ་བཞི་པ་སྤྱི་ལོ1095རབ་བྱུང་གཉིས་པའི་ཤིང་ཕག་ལོར་སྐུ་གཤེགས།

གཉན་ལོ་དར་མ་གྲགས་ཀྱིས་རྒྱ་གར་དུ་ལོ་བཅུ་གཉིས་བཞུགས། པཎྜི་ཏ་མ་ཏི་བསྟེན། པཎྜི་ཏ་པུཎྱེ་ཤྲཱི་གདན་དྲངས་ཏེ་སྤྱོད་འཇུག་འགྲེལ་ཆེན་དང་། སྒྲོམ་མ། ཆོས་སྐྱོང་ལ་སོགས་ཆོས་མང་དུ་བསྒྱུར། ཁྱད་པར་དུ་མགོན་པོ་ཞལ་བཞི་པ་སྤྱན་དྲངས། ཕྱིས་རྭ་ལོ་དང་མཐུ་འགྲན་པས་གཉི་ག་གཤེགས་སྐད།

མགོས་ལྷས་བཙས་ཀྱིས་(མར་པ་དང་སྔོན་དུས་མཚུངས་པ་) རྒྱ་གར་དུ་ལན་གསུམ་ཕྱིན། པཎྜི་ཏ་བདུན་ཅུ་དོན་གཉིས་ལ་ཆོས་ཞུས། ཁྱད་པར་དུ་ཞི་བ་བཟང་པོ་དང་སྨྲ་གཅན་འཛིན་བཟང་པོ་ལ་སོགས་པ་བསྟེན་ཅིང་། གསང་འདུས་འཕགས་སྐོར། བདེ་མཆོག་རྡོ་རྗེ་མཁའ་འགྲོ། གདན་བཞི། མ་ཧཱ་མཱ་ཡཱ། ཀྱི་རྡོ་རྗེའི་རྒྱུད་གསུམ་ལ་སོགས་པར་བསྒྱུར།

ཁོང་ནི་རྒྱལ་པོ་ཁྲི་སྲོང་ལྡེ་བཙན་གྱི་བློན་པོ་མགོས་ཁྲི་བཟང་ཡབ་ལྷག་སྟེ་བོད་ཀྱི་འཕྲུལ་བློན་མཛངས་མི་བདུན་གྱི་དྲུག་པ་དེའི་རྒྱུད་པ་སྟེ་དེ་ཡང་མགོས་ཁྲི་བཟང་ཡབ་ལྷག་གི་སྲས་མགོས་ཁྱུང་རྒོད་རྩལ་དང་རྡོ་རྗེ་རྩལ། མགོས་ཁྱུང་

རྒོད་རྩལ་གྱི་སྲས་མགོས་རི་སྦྱིན་དང་། གཡུང་དཔལ། དོན་རིན། ཤེས་རབ་འཕེལ་དང་བཞི། མགོས་རི་སྦྱིན་གྱི་སྲས་མགོས་ནམ་དར་དང་། དོན་རིན། རྒྱལ་རྒྱལ་དང་གསུམ། མགོས་ནམ་དར་གྱི་སྲས་མགོས་གཡུང་དྲུང་སྐྱབས། ཡེ་ཤེས་སྐྱབས། བརྩོན་གཙུང་དང་གསུམ། མགོས་བརྩོན་ཚུང་གི་སྲས་མགོས་ཁུག་པ་ལྷས་བཙས་འདི་ཡིན། བསྟན་པ་ཕྱི་དར་གྱི་ཆོས་ལོག་སུན་འབྱིན་པ་ལ་ལོ་ཆེན་རིན་བཟང་གི་རྗེས་སུ་མགོས་ཁུག་པ་ལྷས་བཙས་འདི་བཀའ་དྲིན་ཆེ་བ་ཡིན་ཏེ་སྡོམ་གསུམ་རབ་དབྱེ་ལས།

དེ་དག་འདས་པའི་འོག་ཏུ་ཡང་། །
ཆོས་ལོག་འགའ་ཞིག་འཕེལ་བའི་རྒྱུས། །
ལྷས་བཙས་ཞེས་བྱའི་ལོ་ཙཱ་བ། །
དེས་ཀྱང་སྔགས་ལོག་སུན་འབྱིན་པ། །
ཞེས་བྱའི་བསྟན་བཅོས་མཛད་ནས་ནི། །
ཆོས་དང་ཆོས་མིན་རྣམ་པར་དབྱེ། །

ཞེས་གསུངས་པ་ལྟར་ལགས་སོ།

གྱི་ཛོ་ཟླ་བའི་འོད་ཟེར་གྱིས་སྤྱི་ལོ1027རབ་བྱུང་དང་པོའི་མེ་ཡོས་ལོར་བོད་དུ་དུས་འཁོར་ཕྱག་མར་བསྒྱུར་བ་དེ་ནས་བོད་དུ་རབ་བྱུང་བརྩི་བའི་འགོ་ཚུགས་ཤིང་། ཁོང་གིས་ད་དུང་བདུད་རྩི། བདེ་མཆོག་ལ་སོགས་པའི་སྐོར་ཡང་མང་དུ་བསྒྱུར།

ཀློག་སྐྱ་ཤེས་རབ་བརྩེགས་ཀྱིས་མཚན་བརྗོད་དང་། སྒྲོལ་མའི་སྐོར། དབུ་མ་འཇུག་པ་སོགས་བསྒྱུར།

མལ་གྱོ་བློ་གྲོས་གྲགས་ཀྱིས་རྒྱ་གར་ནས་མགོན་པོའི་ཆོས་སྐོར་དུ་མ་སྤྱན་

དྲངས་ཏེ་མགོན་པོའི་དངོས་སློབ་རྒྱ་གར་གྱི་སློབ་དཔོན་ཨཙྲ་ས་ལ་གསན་པ་གྲི་ཁྲུག་ལྷུགས་པར་མ་སྨྲལ་པ་ཉི་མ་འབར་ལ་གནང་ནས་ཕྱིས་པེར་ནག་ཅན་དུ་གྲགས། ཐམ་ཟེ་མཆོག་སྲེད་ནས་ཤཱཀྐ་ག་ར། ལོ་ཆེན་རིན་བཟང་། ཐག་སེང་པ་ཡོན་ཚུལ་ལ་གསན་པ་གྲི་གུག་གཅེར་བུ་ནི་ས་ཆེན་ཀུན་སྙིང་ལ་གནང་ཏེ་ཕྱིས་གུར་མགོན་དུ་གྲགས་སོ།

ཙ་མི་སངས་རྒྱས་གྲགས་པ་ནི། མདོ་ཁམས་སྨད་མི་ཉག་གི་ཡུལ་དུ་འཁྲུངས། ཁེའུ་གད་པ་འཁོར་ལོ་གྲགས་དང་། སྤང་ལོ་གསལ་བ་གྲགས་དང་མཉམ་དུ་པཎྜི་ཏ་ཨ་བྷ་ཡ་ཀ་ར་གུཔྟ་བསྟེན་ནས་དུས་འཁོར། ཕྲེང་བ་སྐོར་གསུམ། ཐུབ་པའི་དགོངས་རྒྱན། མན་ངག་སྙེ་མ་བཅས་བསྒྱུར་བ་དང་། རྒྱ་གར་རྡོ་རྗེ་གདན་དུ་སྟོན་པའི་རྒྱལ་ཚབ་ཀྱང་མཛད།

རྒྱུས་སྨོན་ལམ་གྲགས་ཀྱིས་པཎྜི་ཏ་གཞན་ལ་ཞབ་པ་བསྟེན་ཏེ་སྡོམ་འབྱུང་བསྒྱུར་རོ།

པ་ཚབ་ཉི་མ་གྲགས་ནི། འཕན་ཡུལ་པ་ཚབ་སྟོད་དུ་སྤྱི་ལོ1055རབ་བྱུང་དང་པོའི་ཤིང་ལུག་ལོར་འཁྲུངས། གཞོན་ནུའི་དུས་ཁ་ཆེར་བྱོན་ཏེ་སཛྫ་ནའི་སྲས་གཉིས་ལ་སོགས་པའི་པཎྜི་ཏ་མང་པོ་ལ་ཆོས་ལོ་ཉི་ཤུ་རྩ་གསུམ་གསན་སྦྱོང་མཛད་ནས། བོད་དུ་ཕེབས་པའི་ཚེ་སྤུ་ཧྲངས་པའི་དགེ་འདུན་སྤྱིས་གཡུ་ཐོ་ཆེ་ཕག་སྐྱུར་ཟེར་བ་ཞིག་ཕུལ་ནས་མཛོད་ཀྱི་འགྲེལ་པ་གང་བ་སྤེལ་གྱིས་མཛད་པ་དེ་བསྒྱུར་བར་ཞུས་པ་བཞིན་བསྒྱུར། འཕན་ཡུལ་དུ་ཕེབས་དུས་གདུལ་བྱ་ཧ་ཅང་མི་ཆེ་བ་ལ་དགེ་བའི་བཤེས་གཉེན་ཤ་ར་བས་རང་གི་གྲྭ་པ་མང་པོ་ཁོང་ལ་དབུ་མ་སློབ་ཏུ་བཏང་བ་དེ་ནས་དབུ་མའི་འཆད་ཉན་ལེགས་པར་ཚུགས་ཏེ་སློབ་མ་མང་དུ་བསྐྱངས། ཙ་འཇུག་གཞི་གསུམ། རིག་པ་དྲུག་ཅུ་པ་རྣམས་ཀྱི་

འགྲེལ་པ་སློབ་དཔོན་ཟླ་བས་མཛད་པ་ལེགས་པར་བསྒྱུར། ཕྱིས་ར་མོ་ཆེར་པཎྜི་ཏ་ཀ་ན་ཀ་ཝརྨ་དང་ལྷན་ཅིག་ཏུ་ཡུལ་དབུས་ཀྱི་དཔེ་དང་མཐུན་པར་བཅོས།

ཡང་སློབ་དཔོན་ཟླ་བས་མཛད་པའི་སྟོང་ཉིད་བདུན་ཅུ་པའི་འགྲེལ་ཆེན་སཱུར་ཨ་ཛྙ་ཡ་དང་། སྤུར་ཧྲམ་གྲགས་ཀྱིས་བསྒྱུར་བ་དེའི་ཁྲིད་ནས་བམ་པོ་གཉིས་ལྷག་ཙམ་པཎྜི་ཏ་མུ་དི་ཏ་དང་ལྷན་དུ་བསྒྱུར་བཅོས་པ་དང་། གསང་འདུས་འགྲེལ་པ་སྒྲོན་གསལ་གྱི་བསྒྱུར་བཅོས་ཀྱང་ཡང་དག་པ་མཛད། འདུས་པའི་སྐོར་མང་པོ་བསྒྱུར་བ་དང་། འཆད་ཉན་ཡང་མཛད། སློབ་མ་རྣམས་ཀྱི་ནང་ནས་གཙང་པ་སར་སྦྱིས། རྨ་བྱ་བྱང་ཆུབ་ཡེ་ཤེས། དར་ཡོན་ཏན་གྲགས། ཞང་ཐང་སག་པ་ཡེ་ཤེས་འབྱུང་གནས་བཅས་ལ་པ་ཚབ་ཀྱི་བུ་བཞི་ཞེས་གྲགས་ཤིང་། སློབ་མ་བཟང་པོ་དེ་རྣམས་ལ་བརྟེན་ནས་དབུས་གཙང་དུ་དབུ་མའི་བཤད་པ་དང་། ཕྱི་བྲག་ཏུ་སློབ་དཔོན་ཟླ་པའི་སེང་ཆེན་རྨ་བྱ་བྱང་བརྩོན་གྱིས་པ་ཚབ་ལ་དབུ་མ་དང་། འདུས་པ་གཉིས་ཀ་གསན་ཏེ་ཡར་ལུངས་ཀྱི་སྟོད་སྨད་དུ་ཆོས་གཞི་སྦྱིས་ཤིང་། དབུ་མའི་བཤད་པ་ཡུན་རིང་མཛད། བཙན་ཐང་པ་རྒྱལ་བ་དཔལ་ལ་སོགས་པའི་སློབ་མ་མང་པོ་བྱུང་ཞིང་དབུ་མ་ཤིན་ཏུ་དར་བར་མཛད་པ་བཅས་སོ།

བ་རི་རིན་ཆེན་གྲགས་ནི། ཁམས་སུ་འཁྲུངས། ཁོང་གིས་པཎྜི་ཏ་དོན་ཡོད་རྡོ་རྗེ་སྤྱན་དྲངས་ཏེ་དོན་ཞགས་དང་། སྲུང་བ་ལྔ། རྣམ་རྒྱལ་མ། རྣམ་འཇོམས་ཀྱི་སྐོར། སྒྲུབ་ཐབས་བརྒྱ་རྩ་ལ་སོགས་པ་བསྒྱུར། དོན་ཞགས་ལ་གཙོ་བོར་མཛད་ནས་ཐུགས་རྗེ་ཆེན་པོ་ཞལ་གཟིགས། རྒྱ་གར་དུ་མུ་སྟེགས་ཀྱི་རྒྱལ་པོས་མི་བརྒྱ་ཕྲག་སྙད་དུ་གསོད་པ་གསེར་གང་ཡོད་ཀྱིས་བླུས་ཤིང་། གཙོ་བོར་དོན་ཞགས་ཀྱི་སྐོར་ལ་འཕྲིན་ལས་ཆེ་བ་ལགས།

འབྲོ་ཤེས་རབ་གྲགས་ཀྱིས་ཁ་ཆེར་བྱོན་པ་དང་། པཎྜི་ཏ་ཟླ་བ་མགོན་པོ་སྤྱན་དྲངས་ཏེ་དུས་འཁོར་ཆ་ལག་རྒྱས་པ་དང་། རྡོ་རྗེ་སྙིང་འགྲེལ། ཕྱག་རྡོར་བསྟོད་འགྲེལ་ལ་སོགས་པ་བསྒྱུར།

རྭ་ཆེན་རྡོ་རྗེ་གྲགས་ཀྱིས་བལ་པོ་ཐུགས་རྗེ་ཆེན་པོ་བསྟེན་ནས་དགྲ་ནག་འཇིགས་བྱེད་སྐོར་གསུམ་དང་། ཧེ་རུ་ཀ་མངོན་འབྱུང་གི་རྒྱུད་ལ་སོགས་པ་བསྒྱུར་ཏོ།

བ་རེག་ཐོས་པ་དགའ་དང་། རྨ་ཆོས་འབར། མཚུར་དབྱིག་གི་རྒྱལ་མཚན་གསུམ་གྱིས་རྒྱ་གར་ཕྱག་ན་རྡོ་རྗེ་བསྟེན་ནས་ཕྱག་རྒྱ་ཆེན་པོའི་གྲུབ་པའི་སྐོར་དང་། སྙིང་པོའི་སྐོར། དོ་ཧ་སྐོར་གསུམ་དང་། དོ་ཧ་མཛོད། མི་ཏྲི་པའི་བདེ་མཆོག་ལ་སོགས་པ་བསྒྱུར།

དཔྱལ་པ་ཀུན་དགའ་རྡོ་རྗེས་བལ་པོ་ཧང་དུ་དཀར་པོ་བསྟེན་ནས་པཎྜི་ཏ་སྟོང་ཉིད་ཏིང་ངེ་འཛིན་སྤྱན་དྲངས་ཏེ་མན་ངག་མང་པོ་ཞུས་སོ།

མར་པ་དོ་པ་ཆོས་ཀྱི་དབང་ཕྱུག་ནི། ཡ་འབྲོག་དོ་ནང་དུ་སྤྱི་ལོ1042རབ་བྱུང་དང་པོའི་ཆུ་རྟ་ལོར་འཁྲུངས་ཤིང་། བདེ་མཆོག་གི་སྐོར་མང་དུ་བསྒྱུར་ཏོ།

སུམ་པ་དཔལ་མཆོག་དང་པོའི་རྡོ་རྗེས་རྡོ་རྗེ་གདན་དུ་སློབ་མ་དང་། ཕག་མོ་ལས་ཟླ་སྦྱོར་སྣན་རྒྱུད་གསན་པས་རྟོགས་པ་འཁྲུངས་ཤིང་། བདེ་མཆོག་མཁའ་འགྲོ་རྒྱ་མཚོ་གཙོ་བོར་སྤྱན་དྲངས་སོ།

རྭ་པ་ཆོས་རབ་ནི། རྭ་ལོ་རྡོ་རྗེ་གྲགས་ཀྱི་དཔོན་པོ་ཡིན། ཁོང་གིས་པཎྜི་ཏ་ས་མནྟ་ཤྲཱི་སྤྱན་དྲངས་ཏེ་དུས་འཁོར། ཕག་མོ་མངོན་འབྱུང་། མགོན་པོ་མངོན་འབྱུང་ལ་སོགས་པ་བསྒྱུར་ཏོ།

ཆག་ལོ་དགྲ་བཅོམ་གྱིས་རྒྱ་གར་དུ་ཕྱིན་ནས། རྒྱལ་བའི་ལམ་འཇུག་ལ་སོགས་པ་བསྒྱུར།

གནུབས་སམ་ཁྲི་ཕུ་ལོ་ཙཱ་བ་བྱམས་པའི་དཔལ་ལམ་ཚུལ་ཁྲིམས་ཤེས་རབ་ནི། སྤྱི་ལོ1173རབ་བྱུང་གསུམ་པའི་ཆུ་སྦྲུལ་ལོར་འཁྲུངས། ཐོག་མར་སྤྱི་ལོ1198རབ་བྱུང་གསུམ་པའི་ས་རྟ་ལོར། བོད་དུ་ཤྲཱི་ཛ་གཏྟ་མི་ཏྲ་ཨ་ནནྟ་ཞེས་མི་ཏྲ་ཛོ་གི་སྤྱན་དྲངས་ཏེ་བདེ་ཆེན་རལ་གཅིག་སྐོར་དང་། སེམས་ཉིད་ངལ་གསོའི་སྐོར། བསྙེན་པའི་གྲུ་ལ་སོགས་པ་བསྒྱུར་ཏོ།

དེ་ནས། ཁ་ཆེའི་པཎྜི་ཏ་བུདྡྷ་ཤྲཱི་ཛྙཱ་ན་སྤྱན་དྲངས་ཏེ་མངོན་རྟོགས་རྒྱན་གྱི་འགྲེལ་པ་ཤེས་རབ་སྒྲོན་མ་དང་། རྒྱལ་བའི་ལམ་འཇུག་དང་། ཐུགས་རྗེ་ཆེན་པོའི་སྒྲུབ་ཐབས་བརྒྱ་རྩ་ལ་སོགས་པ་བསྒྱུར་ཏོ།

དེ་ནས་སྤྱི་ལོ1204རབ་བྱུང་གསུམ་པའི་ཤིང་བྱི་ལོར་བོད་དུ་ཁ་ཆེ་ཤཱཀྱ་ཤྲཱི་བྷ་དྲ་སྤྱན་དྲངས་ཏེ་དཔྱལ་ཆོས་བཟང་གིས་ནཱ་རོའི་འགྲེལ་ཆེན་བསྒྱུར་ཏེ་དེའི་བཤད་བཀའ་མན་ངག་དང་བཅས་པ་གནང་། བྱམས་པའི་དཔལ་གྱིས་འདུལ་བ་མེ་ཏོག་ཕྲེང་རྒྱུད་དང་། རྡོ་རྗེ་ཕྲེང་བ། བདེ་མཆོག་ལ་སོགས་པ་བསྒྱུར།

བསྟན་པ་སྔ་དར་དང་། ཕྱི་དར་བར་གྱི་ལོ་ཙཱ་བའི་བསྒྱུར་ཚད་སྐོར། བསྟན་པ་སྔ་དར་སྐབས་ཐུ་མི་སམ་བྷོ་ཊ་ནས་ནམ་མཁའ་སྙིང་གི་བར་ལོ་ཙཱ་བ་ལྔ་བཅུ་ང་བརྒྱད་བྱུང་ཡོད་ཅིང་། བསྟན་པ་ཕྱི་དར་སྐབས་ལོ་ཆེན་རིན་བཟང་ནས་ཇོ་ནང་ཏཱ་ར་ནཱ་ཐ་ཡན་ལོ་ཙཱ་བ་བརྒྱ་དང་ལྔ་བཅུ་ང་བདུན་བྱུང་ཡོད་པ་ནས་ས་པཎ་ཚུན་ཆད་ལོ་ཙཱ་བ་སུམ་ཅུ་སོ་ལྔ་བྱུང་བ་ཕུད་པས་བོད་སིལ་བུའི་དུས་རང་ལ་ཐོན་པ་ལོ་ཙཱ་བ་བརྒྱ་དང་ཉི་ཤུ་རྩ་གཉིས་ཟིན་པ་དེ་བསྟན་པ་སྔ་དར་ལས་བརྒྱ་ཆ210%34མང་བ་དང་། དེ་རྗེས་ཀྱི་ལོ་ཙཱ་བས་བསྟན་པ་སྔ་དར་གྱི་བརྒྱ་

ཆ60%34ཟིན་པ་བཅས་སོ།

བཞི་པ། བོད་སིལ་བུའི་དུས་བྱུང་བའི་སངས་རྒྱས་ཆོས་ལུགས་ཀྱི་གྲུབ་མཐའ་ཁག་གི་སྐོར།

1. བཀའ་གདམས་པའི་སྐོར།

དང་པོ། བཀའ་གདམས་ཞེས་པའི་གྲུབ་མཐའི་སྒྲ་བཤད་ལ་མི་འདྲ་བ་འགའ་མཆིས་ཀྱང་། ཚིགས་ཡོངས་སུ་གྲགས་པ་དང་དོན་ལ་སྦྱོར་བ་ནི། རྗེ་ཙོང་ཁ་པ་ཆེན་པོས་སྤྱན་སྔ་རིན་ཆེན་འཕེལ་ལ་བཀའ་གདམས་ཞེས་བྱ་བའི་དོན་ཅི་ཡིན་བཀའ་འདྲི་གནང་བར་སྤྱན་སྔས་རྒྱལ་བའི་བཀའ་ལས་ཡི་གེ་ན་གཅིག་ང་བཞག་ཏུ་མེས་པར་གདམས་ངག་ཏུ་གོ་བ་ལ་ཟེར་བ་ཡིན་ཞུས་པས་དེ་ཡིན་ཞེས་མཉེས་པ་ཆེན་པོ་མཛད་པ་ལྟར་སངས་རྒྱས་ཀྱི་བཀའ་སྡེ་སྣོད་གསུམ་གྱི་དོན་ཐམས་ཅད་མ་ལུས་པ་ཨ་ཏི་ཤའི་གདམས་པ་སྐྱེས་བུ་གསུམ་གྱི་ལམ་གྱི་རིམ་པར་བསྡུས་ནས་ཉམས་སུ་ལེན་པས་ན་བཀའ་གདམས་པ་ཞེས་བྱ་བ་ཡིན།

དེ་ལ་འདིར་བཀའ་གདམས་བསྟན་པའི་ཤིང་རྟ་ཆེན་པོ་ཇོ་བོ་རྗེ་དཔལ་ལྡན་ཨ་ཏི་ཤས་བོད་དུ་བསྟན་པའི་དག་ཐེར་དང་བཀའ་གདམས་ཀྱི་སྲོལ་ཕྱེ་བའི་མཛད་པ་གཙོ་ཆེ་བ་རྣམས་ཁོང་གི་མཆོག་ཏུ་གྱུར་པའི་ཐུགས་སྲས་བཀའ་གདམས་བསྟན་པའི་སྲོལ་འབྱེད་པ་པོ་འབྲོམ་སྟོན་རྒྱལ་བའི་འབྱུང་གནས་ཀྱི་ལོ་རྒྱུས་དང་སྦྲགས་འཕྲོས་ན།

འབྲོམ་སྟོན་རྒྱལ་བའི་འབྱུང་གནས་ནི། ཡབ་སྐུ་གཤེན་ཡག་གཞེར་འཕེན་དང་། ཡུམ་ཁུ་འོད་བཟའ་གཉིས་ཀྱི་སྲས་སུ་སྤྱི་ལོ1004ཤིང་འབྲུག་ལོར་སྟོད་ལུང་གི་ཕུ་རྩ་སྙེ་མོའི་ས་ཆར་སྐུ་འཁྲུངས། ཡུམ་སྔ་མོ་ནས་གྲོངས་རྗེས་ཡབ་ཀྱིས་མ་ཡར་གཅིག་བཞེས་པ་དེ་དང་ཐུགས་མ་མཐུན་པ་མ་ཡར་དང་འཐབ་

པ་བས་གཞན་དུ་འབྱོན་པ་དགའ་བར་དགོངས་ནས་དགུང་ལོ་བཅུ་གསུམ་ཙམ་ལ་གཞུ་རུ་ཞང་པོའི་སར་བྱོན་ཏེ་ལོ་བཞི་བཞུགས་རིང་དགེ་བཤེས་གཡུང་ཆོས་མགོན་བྱ་བས་ཀློག་ཡིག་བསླབས།

དགུང་ལོ་བཅུ་བདུན་ལོར་རྗེ་བོ་སེ་བཙུན་ཁམས་ནས་རྒྱ་གར་ལ་བྱོན་པ་དང་མཇལ་བས་དད་པ་སྐྱེས་ཏེ་སེ་བཙུན་ནས་ཐུགས་རྗེ་ཆེན་པོ་ཡི་གེ་དྲུག་པའི་གདམས་པ་ཞུས།

སེ་བཙུན་བལ་ཡུལ་ནས་ཕྱིར་ལོག་བྱོན་སྐབས་འབྲོམ་དང་མཇལ་བས་འབྲོམ་གྱིས་ཕྱག་ཕྱིར་འཁྲིད་པར་ཞུས་པས་ཁྱེད་སང་ཕོད་ཆོང་པ་དང་འགྲོགས་ལ་ཤོག ང་རེས་ཁྲིད་ན་བྱིས་པ་བརྐུས་ནས་ཁྲིད་ཟེར་དུ་འོང་གསུངས། དེ་ནས་འབྲོམ་གྱིས་རྒྱལ་གྱི་ཞང་སྣ་ནམ་རྡོ་རྗེ་དབང་ཕྱུག་ལ་དགེ་བསྙེན་གྱི་སྡོམ་པ་མནོས་ཏེ་མཚན་རྒྱལ་བའི་འབྱུང་གནས་སུ་གསོལ།

དགུང་ལོ་བཅུ་དགུ་པ་སྤྱི་ལོ1022ཆུ་ཁྱི་ལོར་སེ་བཙུན་མཇལ་བར་མདོ་ཁམས་འདན་མའི་ཡུལ་དུ་ཚོང་པ་དང་འགྲོགས་ནས་བྱོན་ཏེ་སེ་བཙུན་དང་མཇལ་འཛོམས་བྱུང་བ་དེ་ནས་བཟུང་བསམ་སྦྱོར་གཉིས་ཀྱི་སྒོ་ནས་ཚུལ་བཞིན་དུ་བསྟེན་ཏེ། སངས་རྒྱས་ཐམས་ཅད་མཆོད་པ་བས་བླ་མ་མཆོད་པ་ཕན་ཆེ་བར་དགོངས་ཏེ་རང་གི་བླ་མ་སེ་བཙུན་གྱི་ནང་གི་ཞབས་ཏོག་ཕྱི་འཐག་པ་ཡན་ཆོད་དང་། ཕྱི་རོལ་དུ་རྟ་ཕྱུགས་མང་པོ་ཡོད་པས་ཉིན་པར་དེ་རྣམས་ཀྱི་རྫི་བོ་མཛད། ནུབ་མོ་རྟ་བཟང་ལ་ཞོན་འཁོར་གསུམ་ཆེར་མ་འདྲ་བ་བྱས་ཏེ་མེལ་འཚེ་མཛད།

དེའི་ཚེ་བླ་མ་སེ་བཙུན་གྱི་སྤྱན་སྔར་མདོ་སྔགས་ཀྱི་ཆོས་གཞུང་མཐའ་ཡས་པ་ལ་སྦྱང་སྦྱོང་གནང་བ་དང་། ལྷག་པར་ཀླུ་སྒྲུབ་ཡབ་སྲས་ཀྱི་གཞུང་དབུ་

མའི་སྐོར་དང་། བྱམས་ཆོས་སྡེ་ལྔ། ཐོགས་མེད་སྐུ་མཆེད་ཀྱི་གཞུང་སོགས་སྤྱོད་ཕྱོགས་རྣམས་ལ་སྦྱོང་བརྩོན་མཐར་ཕྱིན་པ་མཛད། དགེ་འདུན་བྱིངས་མའི་ཁྲིད་དུ་བགྲོ་གླེང་མཛད་པར་སུས་ཀྱང་ལན་འདོན་སྤོབས་པར་མ་ནུས་ནས་མཁས་པའི་ཡུལ་དུ་ཕྱིན་པར་གྲགས་ཤིང་། དེའི་ལོ་དགེ་འདུན་རྣམས་ཀྱིས་མཁས་པ་ཆེན་པོ་འདི་ལྷ་བུ་ཏ་ཐོང་གི་རྫི་བོ་དང་ཡོས་འཐག་པ་སོགས་ངན་ལས་ལ་བཀོལ་དུ་ཕངས་པས་ད་ཕྱིན་ཆད་ངན་ལས་གཞང་མ་དགོས་པར་ཆོས་གྲྭར་ཕེབས་ཆོག་པ་དགོས་ཞེས་བླ་མ་སེ་བཙུན་ལ་ཞུས་ནས་དེ་བཞིན་དུ་གནང་། དེའི་དུས་ཁུ་སྟོན་བརྩོན་འགྲུས་གཡུང་དྲུང་དང་། རྔོག་ལེགས་པའི་ཤེས་རབ་གཉིས་ཀྱང་ཆོས་གྲྭ་དེར་བཞུགས་པས་ཁུ་རྔོག་འབྲོམ་གསུམ་ཞེས་པའང་ཐོག་མ་ཁམས་སུ་གྲགས་པ་ཡིན།

དེ་ནས་འབྲོམ་གྱི་དགོངས་པར་ཆོས་རྒྱལ་མ་ཞིག་བྱེད་ན་འདི་ཙམ་གྱིས་ཆོག་གམ་མི་ཆོག རྒྱ་གར་མཁས་པ་ཞིག་ལ་བསྟེན་པར་བར་དུ་ལོ་ཙཱ་བ་མི་དགོས་པ་བྱ་དགོངས་ནས་པཎྜི་ཏ་སྨྲྀའི་ཚོར་མ་དང་། སྨྲྀ་ཏི་ཛྙཱ་ན་ཀིརྟི་ཕྱོགས་དེར་ཕྱིན་པ་ལ་སཾསྐྲྀ་ཏའི་སྐད་དང་ཡི་གེ་ཡང་བསླབས་པས་ལེགས་པར་མཁྱེན་ཅིང་། དེ་དུས་འབྲོམ་གྱིས་པཎྜི་ཏ་སྨྲྀ་ཏི་ལ་རྒྱ་གར་ན་ད་ལྟ་པཎྜི་ཏ་ཆེ་བ་ཇི་སྐད་བྱ་བ་ཡོད་དྲིས་པས། ཆེ་བགྲེས་ནཱ་རོ་པ་དང་། ཤཱནྟི་པ་བྱ་བ་གཉིས་ཡོད་པ་ད་ཙམ་བཞུགས་ཡོད་མིན་མི་ཤེས། ད་ལྟ་བཞུགས་ངེས་པ་པཎྜི་ཏ་དྷཱི་པཾ་ཀ་ར་བྱ་བ་རྒྱལ་རིགས་ལས་རབ་ཏུ་བྱུང་བ་ཞིག་ཡོད་པ་དེ་རང་ཆེ་བ་ཡིན་གསུངས་པས་དེ་དང་མཇལ་ལ་རིངས་པ་ཞིག་བྱུང་། དེ་ལྟར་འབྲོམ་གྱིས་མདོ་ཁམས་སུ་བླ་མ་སེ་བཙུན་གྱི་སྤྱན་སྔར་དགུང་ལོ་སོ་དགུའི་བར་ལོ་ཉི་ཤུ་བཞུགས་ཤིང་། མདོ་སྨད་ཀྱི་ཆོས་མང་དུ་གསན་ཏེ་མཁས་པའི་ཡུལ་དུ་ཕྱིན་ནས་དགེ་བསྙེན་ཆོས་

འཕེལ་དུ་གྲགས་པ་བྱུང་།

དེ་ནས་ཇོ་བོ་རྗེ་མངའ་རིས་སུ་ཕེབས་པ་གསན་པས་སེ་བཙུན་ལ་མངའ་རིས་སུ་འགྲོ་བའི་གནང་བ་ཞུས་པར་དགྱེས་བཞིན་དུ་དཔེ་ཆ་ཏ་ཁལ་གཅིག་གནང་ནས་མངའ་རིས་སུ་ཇོ་བོ་མཇལ་བར་ཕྱིན་པས་བྱང་ལམ་དུ་སླེབ་ཙ་ན་མངའ་རིས་ཀྱི་ལྷ་བླ་མ་ཁུ་དཔོན་གྱིས་ཇོ་བོ་རྗེ་ལྷ་ཅིག་བྱ་བའི་པཎྜི་ཏ་ཆེན་པོ་ཞིག་གདན་དྲངས་ནས་ཡོད་པ་རིང་པོར་མི་ཐོགས་པར་རྒྱ་གར་ལ་ཕྱིར་ལོག་ཕེབས་ཀྱི་ཡོད་སྐད་བཅས་ཇོ་བོའི་མཚན་ཐོས་པ་ཙམ་གྱིས་ཐུགས་རང་དབང་མེད་པར་གཡོས་ཏེ་དད་གུས་བསམ་གྱིས་མི་ཁྱབ་པ་འཁྲུངས།

དེ་ནས་ཇོ་བོ་མཇལ་དུ་ཕྱིན་པའི་ལམ་བར་སོག་ཆུ་ཁར་ཕེབས་པ་ན་ཁང་པ་གཅིག་ན་ཀུ་དེ་རི་འདུག་པར་འདི་ན་ཅི་ཡོད་དྲིས་པར། འཕྲང་ཁ་བེར་ཆུང་གི་ཡབ་བེར་ཆེན་གཤེགས་པའི་དགོངས་རྫོགས་དང་། སྲིང་པོ་རྣམས་བསྡུས་པའི་ཚང་ཡོད་པ་ཡིན་ཟེར་བས། ཐག་རིང་ནས་ཕྱིན་པས་དེར་སྐྱེམ་བསྐྱུར་ཕྱིན་པར་འཕྲང་ཁ་བེར་ཆུང་གིས་ཁྱོད་ཆོས་ཀྲྭ་ནས་འོངས་པའི་དགེ་བསྙེན་ཞིག་འདུག་སྟེང་ཡང་འཕྲང་ཁ་བེར་ཆུང་བྱ་བའི་མི་ཆེན་ཞིག་ཡིན། ཁྱོད་ཀྱིས་དེ་ནས་ང་ལ་ཡར་ཕྱག་ཕྱ་འཕྲུག་པ་འདྲ་བ་ཞིག་གྱིས་ཟེར་བས་འཁྲོམ་གྱིས་ཀྱང་དེ་བཞིན་དུ་མཛད། དེར་བེར་ཆུང་ཆོས་གཏམ་ལ་དགའ་བས་ཆོས་གཏམ་མང་པོ་བྱས་པའི་ཚེ་འབྲོམ་གྱིས་ཁོང་གི་ཚིག་སྣ་རེ་ནས་བཟུངས་པས་ཁོང་ཐེ་ཚོམ་སྐྱེས་ནས་ཁམས་ན་འབྲོམ་སྟོན་པ་ཟེར་བའི་དགེ་བསྙེན་ཆོས་མཁན་ཞིག་ཡོད་པ་གོ་ཐོས་བྱུང་བ་དེ་ཁྱོད་ཨེ་ཡིན་ཞེས་དྲིས་པར། ཡིན་པའང་སྲིད་གསུངས་པས་ཁོང་ཧ་ལས་ཏེ་ཁོང་རང་སྡོད་སའི་གདན་གྲུམ་རྩེ་དེ་སྦྱངས་ཏེ་འབྲོམ་ལ་བཏིངས། ཏ་བཟང་པོ་གཅིག་གི་ཐུར་མདའ་དར་ཡུག་གིས་བྱས་ནས་ཕུལ། སྔོན་དུ་ཕྱག་

གླང་ས་པ་དང་བགྲོ་གླེང་བྱས་པའི་བཟོད་གསོལ་ཞུས། ར་སྒྲེང་གི་ས་ཆ་འདིར་དགོན་གནས་ཕྱག་བཏབས་ཏེ་མཆོད་གནས་མཛད་པར་ཞུས་པར་འབྲོམ་གྱིས་ང་ད་རེས་སྡོད་མི་ཡོང་། སྟོད་མངའ་རིས་སུ་རྒྱ་གར་གྱི་པཎྜི་ཏ་ཆེན་པོ་ཞིག་ཕྱིན་ཟེར་བ་ཐོས་པས་དེ་མཇལ་བར་འགྲོ་གསུངས་པར་འོ་ན་རྗེས་སུ་ངའི་མཆོད་གནས་གནང་དགོས་ཞུས་པར། འབྲོམ་གྱིས་ག་སྒོམས་ཁ་གསུམ་འཛིན་དགོས་པ་ལྟར་བྱས་ན་དེ་ལྟར་བྱེད་གསུངས་པར་དེ་ཅི་ལགས་ཞུས་པར། ཐོད་མདོའི་མཁར་འདི་བཤིག་ལ་གཙུག་ལག་ཁང་ཞིག་བཞེངས། ཤ་ཟན་དང་རྩམ་ཟན་གྱི་འཁྲུག་པ་དེ་བསྡུམས། ངའི་རྗེས་སུ་འདི་ཕྱོགས་རྫོག་ལེགས་པའི་ཤེས་རབ་བྱ་བ་འོང་གི་དེ་ལ་ཆོས་ཚུགས། དེ་མ་བྱུང་ན་གཡོན་རུ་ན་ཁུ་སྟོན་བློ་རྟོན་པོ་བྱ་བ་ཡོད། དེ་སྤྱན་དྲངས་ལ་ཆོས་ཚུགས་གསུངས་པར་ཁོང་གིས་གཞན་དེ་ལྟར་ཞུས་ཆོག ཤ་ཟན་གྱི་འཁྲུག་པ་འདི་ལ་ང་རེ་བ་ཡིན། སྤྱར་ཡང་འབྲི་དྲུག་རུ་ཙམ་ཟོས་ཟིན། འོན་ཀྱང་ཁམ་ཙམ་མེད། བསྡུམས་བྱས་པས་ཆོག་ཟེར་ནས་ག་སྒོམས་གསུམ་པོ་ཁས་བླངས།

དེ་ནས་འབྲོམ་འཕན་ཡུལ་དུ་ཕྱིན་ཏེ་རྒྱལ་གྱི་ཞང་ཆེན་པོ་དགེ་བསྙེན་གྱི་བསླབ་པའི་སློབ་དཔོན་ཡིན་པས་ཕྱག་འཚལ་དུ་ཕྱིན། དེ་སྐབས་ཀ་བ་ཤཱཀྱ་དབང་ཕྱུག་དང་ཡང་མཇལ་ནས་ཁོ་བོ་ད་ལན་མངའ་རིས་སུ་པཎྜི་ཏ་མཇལ་དུ་འགྲོ། དེ་དཔུས་སུ་སྤྱན་འདྲོངས་པ་སྲིད་ན་དེའི་དུས་སུ་ཡི་གེ་གཏོང་བ་ཡིན་པས་ཁྱེད་ཀྱིས་མི་ཆེན་རྣམས་ཀྱི་འདུན་མ་མཛད་དེ་བསུ་བ་ལ་ཕེབས་དགོས་ཞུས་པར་ཁོང་གིས་ཀྱང་དེ་ལྟར་ཁས་བླངས། དེ་ནས་མངའ་རིས་སུ་འཁྱུར་ཏེ་ཇོ་བོ་རྗེ་དང་མཇལ་ནས་ཕྱག་རྟེན་དུ་གསེར་ཕུལ། ཇོ་བོ་རྗེས་འབྲོམ་གྱི་དབུ་ཐོག་ཕྱག་བཞག་ནས་སཾསྐྲི་ཏའི་སྐད་དུ་ཤིས་བརྗོད་མཛད་ཅིང་བྱིན་གྱིས་བརླབས་པ་

དང་། དབང་བསྒྱུར་ཡང་ལེགས་པར་གནང་།

དེ་ནས་འབྲོམ་སྟོན་པས་ཇོ་བོ་རྗེར་དྲི་བ་གསུམ་མཛད་པ་སྟེ། རྒྱ་གར་ན། པཎྜི་ཏ་ཇི་ལྟ་བུ་བྱ་བ་བཞུགས་ཡོད། ངའི་སྔ་མའི་ཆོས་དེ་ལམ་དུ་སོང་མ་སོང་། ཇོ་བོའི་སྐུ་མདུན་དུ་བཤད་ན་ཇི་ལྟར་མཆི་བྱ་བ་བཅས་ཞུས་པར། ཇོ་བོའི་ཞལ་ནས་རྒྱ་གར་ན་པཎྜི་ཏ་མང་པོ་བཞུགས་ཡོད་པས་ང་བོད་དུ་འོང་ཙ་ན་ཤར་ཕྱོགས་ཛཾ་ག་ལ་ནའང་ཉིན་རེ་བར་མ་ཆད་པར་གྲུབ་ཐོབ་རེ་འགྲོན་གྱི་ཡོད། ཁྱོད་ཀྱི་སྔ་མའི་ཆོས་དེ་ལམ་དུ་ཡེ་མ་སོང་། བླ་མའི་ཞབས་ཏོག་ལམ་དུ་སོང་། ད་ཁྱོད་འདི་རང་དུ་སྡོད། ངའི་ལྷ་མོ་སྒྲོལ་མས་ཁྱེད་ལུང་བསྟན་པ་ཡིན་གྱི་ངའི་བཀའ་རྒྱུད་འདི་ལ་བྱིན་རླབས་ཡོད་གསུངས། དེའི་ནུབ་མོ་དབུ་སྐྲས་སྤྲེལ་ཏེ་གླིང་སོལ་ཡང་ཞུས་ཆོག་པ་བྱུང་། དེ་ནས་ཤིང་བྱ་(སྤྱི་ལོ1045)ལོར་སྙེད་རོང་ལ་ཕེབས་ནས་དེར་ལོ་གཅིག་བཞུགས་ཤིང་། ཇོ་བོ་རྗེ་བལ་པོ་རྫོང་ལ་འབྱོན་བཞེད་ན་ཡང་འཁྲུག་པས་ལམ་འགགས་ནས་ཕེབས་མ་ཐུབ་འབྲོམ་གྱིས་དབུས་སུ་ལྷ་ས་དང་། བསམ་ཡས་ལ་སོགས་པའི་གཙུག་ལག་ཁང་རྩ་ཆེན་མང་པོ་ཡོད་པ་དང་། དགེ་འདུན་སྟོང་ཕྲག་མང་པོ་བཞུགས་པའི་བསྔགས་པ་བརྗོད་པས་ཇོ་བོ་རྗེའི་ཞལ་ནས། ཚངས་པར་སྤྱོད་པ་གྲངས་མང་པོ་དེ་ཙམ་རྒྱ་གར་ན་ཡང་མེད། དགྲ་བཅོམ་པ་ཡང་མང་པོ་ཡོད་མཆི་གསུངས་ནས་དབུས་ཕྱོགས་སུ་ཕྱག་མང་པོ་མཛད། དེར་སྤོབས་པ་སྐྱེས་ནས་དབུས་སུ་འབྱོན་པར་ཞུས་པས། ཁོ་བོ་དགེ་འདུན་གྱི་བཀའ་མི་གཅོག་པས་དགེ་འདུན་གྱི་བཀའ་བྱུང་ན་འགྲོ་གསུངས། དེ་ནས་ཞང་དབང་ཕྱུག་མགོན་བྱ་བ་ལ།

ཤིང་རྟའི་དབྱིབས་འདྲ་འཛམ་གླིང་གི། །

ཞེས་བྱ་བ་ལ་སོགས་པ་དང་།

སྔོན་དུས་ཚུན་ཆད་འདིར་འབྱོན་ཞུས།

ཞེས་བྱ་བ་ལ་སོགས་པའི་ཨོག་འཕྲིན་བཙངས། དེར་ནག་ཚོ་ལོ་ཙྪ་བའི་ཐུགས་སུ་ཇོ་བོ་དབུས་སུ་འབྱོན་པར་བཞེད་པ་རིག་ནས། ཇོ་བོའི་ན་བཟའ་ལ་འཇུས་ནས། ང་གནས་བརྟན་དང་དམ་ཚིག་གི་ཆད་ཡོད་པས་ང་དམྱལ་བར་འགྲོ་མི་ཕོད་པས་ཅིས་ཀྱང་རྒྱ་གར་དུ་གཤེགས་དགོས་ཞུས་པས་ཇོ་བོའི་ཞལ་ནས། ལོ་ཙྪ་བ། སྐྲུབ་པར་མ་ནུས་པ་ལ་ལྷུང་བ་མེད་པ་ཡིན་གསུངས་ནས་དབུགས་ཕྱུང་། དེ་ནས་ནག་ཚོ་ལོ་ཙྪ་བས་གསེར་ཀོ་གཏུམ་གཅིག་དང་། ལམ་སྟོན་ཇོ་བོའི་ཕྱག་ཕྲིས་ཡིན་པ་གཅིག་པུ་ཏྲངས་པའི་བཏྱེ་གཉིས་ལ་བསྐུར་ནས་གསེར་འདི་སློབ་དཔོན་གནས་བརྟན་ལ་ཕུལ་ལ་ད་རེས་ཇོ་བོ་གདན་དྲངས་པ་ཡིན་ཏེ་བལ་ཡུལ་གྱི་ལམ་འགགས་ནས་ཕྱིར་ལོག ད་སྤྱན་འདྲོངས་གསུང་ན་ཡང་སྤྱན་འདྲེན། ཇོ་བོ་ཡང་བོད་ལ་མཉེས་ཤིང་འགྲོ་དོན་ཡང་ཆེན་པོ་འདུག་པས་བཞུགས་ཚིག་གམ་བྱ་བ་དང་། བསྟན་བཅོས་འདི་བི་ཀ་མ་ལ་ཤྲཱི་ལའི་པཎྜི་ཏ་རྣམས་ལ་གཟིགས་སུ་ཕུལ་ཅིག་པའི་འཕྲིན་བསྐུར་བས་གཉིས་པོས་ཀྱང་བི་ཀ་མ་ལ་ཤྲཱི་ལར་སླེབས་ཏེ་གནས་བརྟན་དཀོན་མཆོག་འབྱུང་གནས་ལ་གསེར་རྣམས་ཕུལ། ཇོ་བོའི་ལོ་རྒྱུས་དང་ལོ་ཙྪ་བའི་འཕྲིན་རྒྱས་པར་གསོལ་བས་བསྟན་བཅོས་འདི་ཤིན་ཏུ་ལེགས་ཤིང་། ཡི་གེ་ཡང་ཕྱག་བྲིས་མ་ནོར་བར་འདུག་གསུངས་ཏེ་རྒྱལ་མཚན་གྱི་རྩེ་ལ་བཏགས་ནས་ཞག་ཉེར་གཅིག་ཏུ་མཆོད་པ་རྒྱ་ཆེན་པོ་མཛད། དེར་གནས་བརྟན་གྱི་ཞལ་ནས་ཇོ་བོ་འབྱོན་དུ་རེ་བ་ཡིན་ཏེ་ཆོས་འདི་ཐེབས་པས་ཇོ་བོ་དང་ཁྱད་མེད། ཇོ་བོ་བོད་ན་འགྲོ་དོན་ཆེ་བ་དེ་ལྷག་པར་དགའ་ཞིང་། ཇོ་བོ་བོད་ལ་མཉེས་པ་ང་རང་ལ་རྒྱུས་ཡོད། ད་སྐྱུན་ཡང་མཐོན་པོར་སོན་པས་བཀྲུལ་ཐག་རིང་པོ་ལ་ཚུར་སྤྱན་མ་དྲང་བར་བསྟན་བཅོས་འདི་ལ་

འགྲེལ་པ་ཅིག་མཛད་ནས་བསྒྱུར་བ་ཞུ་གསུངས་ནས་ཁོང་གཉིས་པོ་ཚུར་བཏང་། ཁོང་གཉིས་པོ་བོད་དུ་འབྱོར་ནས་ཞུ་འཕྲིན་སྔོན་དུ་གསོལ་བས་རྗེ་བོ་ནན་ཏར་མཉེས་ཤིང་། ནག་ཚོ་ལོ་ཙྪ་བའི་ཞལ་ནས་སློབ་དཔོན་གནས་བརྟེན་གྱིས་རི་བས་ཀྱང་ལྷི་བའི་ཁུར་གཅིག་བསྒྱུར་བ་དེ་ད་སངས་སོང་གསུངས། རྗེ་བོས་ཀྱང་དེ་འཕྲུལ་ལམ་སྒྲོན་འགྲེལ་པའི་དབུ་བཙུགས་ཏེ་སྔར་ཁོང་གཉིས་པོ་ལ་བསྒྱུར་བས་པཎྜི་ཏ་རྣམས་ཀྱིས་ཉིན་ལམ་མང་པོ་ནས་བསུ་བ་བྱས། རྒྱལ་མཚན་གྱི་རྩེར་བཏགས་ནས་མཆོད་པ་ཆེན་པོ་མཛད་དོ།

འབྲོམ་གྱི་འཕྲིན་ཤོག་དེ་དབུས་སུ་ཞང་དབང་ཕྱུག་མགོན་གྱིས་ཀ་བ་ལ་སྤྲད་པ་ལྟར་ཀ་བས་ཀྱང་དོ་དམ་ཆེར་བགྱིས་ཏེ་རྒྱལ་གྱི་ཞང་ཆེན་པོ་ལ་སོགས་པ་རྣམས་ལ་གྲོས་ཞུས་ནས་རྗེ་བོ་དབུས་སུ་གདན་འདྲེན་དུ་འབྱོན་པར་བརྩམས་པའི་ཚེ་ཁུ་སྟོན་གྱི་མཚན་དེར་མ་གསལ་བས་མ་དགྱེས་ནས་སྟོན་ལ་རྗེ་བོ་ངས་མཇལ་བ་ཞིག་བྱ་སྙམ་ནས་བྱོན་པས་གཞན་རྣམས་ལའང་དེས་སྐུལ་ལྕུག་ཆེན་པོ་ཐེབས། དེ་ནས་དབུས་ཀྱི་མི་ཆེན་རྣམས་མངའ་རིས་དཔལ་ཐང་ལ་ཕེབས་པའི་ཚེ་རྗེ་བོ་སྟོན་འཁོར་རྣམས་ཀྱང་དཔལ་ཐང་སྟོད་དུ་ཕེབས། དེར་བོད་སྟོན་རྣམས་དབུ་ཞྭ་སྔོ་རིང་དང་། ན་བཟའ་སེར་དང་བཅས་པའི་རྟ་པ་མང་པོ་རྒྱང་མ་ནས་གཟིགས་པར་རྗེ་བོ་རྗེས་འབྲོམ་སྟོན་ལ། ཨུ་པ་སི་ཀ་མི་མ་ཡིན་མང་པོ་བྱུང་གསུངས་ནས་དབུ་བཏུམས། དེ་ནས་བོད་སྟོན་རྣམས་ཀྱིས་ཞབས་དྲུང་དུ་ཉེ་བ་ན་ཆིབས་ལས་བབས་ཏེ་སེར་དང་དབུ་ཞྭ་བཞག སྣམ་སྦྱར་གྱོན་པ་ཤ་སྟག་ཏུ་བྱས་ནས་བྱུང་བ་ལ་རྗེ་བོ་ཡང་དགྱེས་ནས་དགེ་འདུན་ལ་སྤྱི་ཕྱག་མཛད། དེ་ནས་དབུས་སུ་ཕེབས་སྐབས་གན་པ་བྱང་ཐང་དུ་ཕེབས་དུས་ལྷ་སའི་ཐད་ཀྱི་རི་ལ་ཕྱག་མཇུབ་གཏད་ནས་ཕ་གི་ན་ཅི་ཡོད་གསུངས་པར་ལྷ་སའི་གཙུག་ལག་ཁང་

ཡོད་པ་ལགས་ཞུས་པར་དེ་ག་ཡིན་པ་འདྲ། ནམ་མཁའ་ནས་ལྷའི་བུ་དང་བུ་མོ་མང་པོས་མཆོད་པ་བྱེད་ཀྱི་འདུག་གསུངས་པར་གྲགས་ཤིང་། དེ་ནས་བསམ་ཡས་སུ་ཕེབས་སྐབས་ལྷ་བཙུན་པོ་རྡྷི་རྣ་ཛས་ཞབས་ཏོག་ལེགས་པར་མཛད་ཅིང་། བོད་སྟོན་མང་པོ་ཞིག་ཀྱང་དེར་འདུས། སྐབས་དེར་ཁུ་སྟོན་གྱིས་ཡུལ་ཡར་ལུངས་བཟང་བའི་བསྟགས་པ་བརྗོད་པས་ཁོང་གི་བཞུགས་གནས་ཐང་པོ་ཆེར་ཕེབས་པར་ཟླ་བ་གཅིག་ཙམ་བཞུགས་ཤིང་། དེར་འབྲོམ་ཡང་ཕེབས། ཁུ་སྟོན་གྱི་ཞབས་ཏོག་ཚུལ་བཞིན་དུ་མ་བྱུང་བས་དཔོན་སློབ་རྣམས་དེ་ནས་ཐྲོས་སྣབས་སུ་ཞལ་གྱིས་ཏེ་སྨྲང་པོའི་གྲུ་ལ་ཞུགས་ཏེ་གཙང་པོའི་གསུམ་ཆ་ཙམ་དུ་ཕེབས་པ་ན་ཁུ་སྟོན་རྗེས་སླེག་ཏུ་བྱོན་ཏེ་ཁོང་གི་སར་ཡང་བསྐྱར་ཕྱིར་ལོག་འབྱོན་པའི་རེ་བ་ཞུས་ཀྱང་ཞལ་གྱིས་མ་བཞེས་པར་དབུ་ཞྭ་ཕྱིར་འཕངས་ནས་བྱིན་རླབས་ཀྱི་རྟེན་དུ་གནང་།

དེ་རྗེས་སླར་ཡང་བསམ་ཡས་སུ་ཕེབས་ནས་དཔེ་དཀར་གླིང་དུ་བཞུགས། དེར་ལོ་ཙཱ་བ་གཉིས་ཀྱིས་ཉི་ཁྲི་སྣང་བ་དང་། སློབ་དཔོན་དབྱིག་གཉེན་གྱིས་མཛད་པའི་ཐེག་བསྡུས་ཀྱི་འགྲེལ་པ་སོགས་འགྱུར་མང་པོ་མཛད། བསམ་ཡས་སུ་རྒྱ་གར་གྱི་དཔེ་ཆ་མང་པོ་ཡོད་པ་གཟིགས་པའི་ནང་ན་སྐབས་དེར་རྒྱ་གར་ན་ཡང་མེད་པའི་དཔེ་ཆ་མང་པོ་གཟིགས་པར་སྟོན་བོད་དུ་བསྟན་པ་དར་བ་འདྲ་བ་རྒྱ་གར་དུ་ཡང་འབྱུང་བ་དཀའ། དཔེ་འདི་འདྲ་བ་རྣམས་ཀྱང་སློབ་དཔོན་པདྨ་མི་མ་ཡིན་གྱི་གནས་ནས་བླངས་སམ་གསུངས།

དེ་ནས་སྙེ་ཐང་དུ་ཕེབས། ཆོས་ཉན་པ་མང་པོ་འདུས། ཁུར་དུ་དགོན་པ་བ་ལ་སོགས་པའི་རྣལ་འབྱོར་པ་རྣམས་ལ་འཕྲུལ་གྱི་ཞབས་ཏོག་དང་། གདམས་ངག་གནང་ནས་སློམ་གྲྭ་བཙུགས། སྙེ་ཐང་དུ་ཆོས་ཉན་མང་པོ་འདུས

པ་ལ་མངོན་པར་རྟོགས་པའི་རྒྱན་ཚར་གཅིག་གསུངས་པ་བསྟུས་སེ་བ་ཞིག་ལས་མ་གནང་བས་མི་རྣམས་སེམས་མ་ཚིམས་པ་ལ་རྒྱུས་པ་ཞིག་གནང་བར་དེ་ལ་ཕྱག་དར་སྟོན་པས་ཟིན་བྲིས་བཏབ་པར་ཕར་ཕྱིན་ཁམས་ལུགས་མར་གྲགས་ཤིང་། ཉི་ཁྲི་སྣང་བ་གསུངས་པ་ལ་ཉན་མི་དགེ་བཤེས་བཅུ་བཞི་ཙམ་ལས་མ་བྱུང་ཟེར། འབྲོམ་ལ་སྐྱེས་བུ་གསུམ་གྱི་ཁྲིད་ཀྱི་གདམས་པ་རྣམས་ཀུང་སྐོ་ཐང་དུ་གནང་།

དེ་ནས་རྔོག་ལེགས་པའི་ཤེས་རབ་ཀྱིས་ལྷ་སར་སྤྱན་དྲངས། སྐབས་དེར་ལྷ་སའི་གཙུག་ལག་ཁང་ཁྱད་པར་འཕགས་པ་གཟིགས་ནས་འདི་དག་ཇི་ལྟར་བཞེངས་པའི་ལོ་རྒྱུས་འོང་ཐང་དགོངས་པའི་ཚེ། ལྷ་སའི་སྨྱོན་མ་ཟེར་བའི་མཁའ་འགྲོ་མ་ཞིག་གིས་ལུང་བསྟན་པ་བཞིན་གཙུག་ལག་ཁང་གི་ཀ་བ་ཤིང་ལོ་ཅན་གྱི་གསེབ་ནས་སྲོང་བཙན་སྒམ་པོའི་བཀའ་ཆེམས་བཀའ་འཁོལ་མ་གཏེར་ནས་བཞེས་པར་གྲགས་ཤིང་། དེ་ནས་བཟུང་བཀའ་ཆེམས་བཀའ་འཁོལ་མ་ནི་བོད་ཀྱི་ཆོས་འབྱུང་ལོ་རྒྱུས་ཞིབ་འཇུག་གི་དཔྱད་གཞི་གལ་ཆེན་དུ་འཛིན།

ཇོ་བོ་རྗེ་བོད་དུ་བཞུགས་རིང་འབུལ་བ་ཕུལ་བ་རྣམས་ཆག་ཁྲི་མཆོག་ལ་སོགས་པའི་སློབ་མ་རྣམས་ཀྱིས་རྒྱ་གར་དུ་བླ་མ་དང་དགེ་འདུན་ལ་འབུལ་བ་ལན་གསུམ་བསྐྱལ།

དེ་ནས་ཡེར་པར་ཐེབས་ནས་རྔོག་ལེགས་པའི་ཤེས་རབ་ཀྱིས་ཞབས་ཏོག་མཛད་ཅིང་། ཐེག་པ་ཆེན་པོ་རྒྱུད་བླ་མའི་འགྲེལ་པ་སློབ་དཔོན་ཐོགས་མེད་ཀྱིས་མཛད་པ་དེ་ལོ་པཎ་གཉིས་ཀྱིས་བསྒྱུར།

དེར་བཞུགས་པའི་བར་དུ་འབྲོམ་གྱིས་ཕ་ཚན་རྣམས་ལ་གསེར་སྣོང་ལ་བྱོན་པ་ནས་ཕྱིར་བྱོན་ཏེ་ཡེར་པར་འབྲོམ་གྱི་འབུལ་མོ་ཆེར་གྲགས་པ་དེ་ཡང་

མཛད་ཅིང་། འབྲོམ་སྟོན་པ་གསེར་སྟོང་ལ་ཕྱིན་དུས་ཟླ་བ་གཅིག་དང་། ཁུ་སྟོན་གྱིས་སྤྱན་དྲངས་དུས་ཟླ་བ་གཅིག་སྟེ་ཟླ་བ་གཉིས་མ་གཏོགས་དང་པོ་ཇོ་བོ་མཇལ་བ་ནས་ཞི་བར་མ་གཤེགས་བར་འབྲོམ་སྟོན་གྱིས་ཇོ་བོ་རྗེ་དང་སྐད་ཅིག་ཀྱང་འབྲལ་མ་མྱོང་གསུངས།

དེ་ནས་ཇོ་བོ་རྗེས་འབྲོམ་སྟོན་ལ། ཁྱོད་ཀྱི་གནས་གཞི་ཆུང་ངུ་ཞིག་བཙུགས། ངའི་བསྟན་པ་རྣམས་ཁྱོད་ལ་གཏོད་པ་ཡིན་གསུངས་པར་བརྟེན་པ་ཡོད་པས་ཇོ་བོའི་བཀའ་ཞིན་ཕྱིར་བདག་འཁོས་ཆུང་། ཕྱི་ཐག་ཏུ་ཧྲེན་དགེ་བསྙེན་དུ་སོང་བས་བྱ་བ་ཆེན་པོ་བསྒྲུབ་མི་ནུས་ཞུས་པར། ཇོ་བོས། བསླབ་པ་བཞིན་གྱི་བྱ་བ་རྣམས་ཇི་ལྟ་བ་བཞིན་དུ་གྱིས། ངས་ཕྱིན་གྱིས་རློབས་པས་སེམས་ཁྲལ་མི་དགོས་གསུངས་པ་ལྟར་ཕྱིས་འབྲོམ་སྟོན་པས་སྤྱི་ལོ1056རབ་བྱུང་དང་པོའི་མེ་སྤྲེལ་ལོར་ར་སྒྲེང་ཕྱུག་བཏབ་པ་ནས་བཟུང་ཇོ་བོ་རྗེའི་བཞེད་སྲོལ་དར་སྤེལ་བྱུང་བའི་ཆོས་ལུགས་ལ་བཀའ་གདམས་པ་ཞེས་སུ་གྲགས་པ་བཅས་མཐར་ཇོ་བོ་རྗེ་སྙེ་ཐང་དུ་སྤྱི་ལོ1054རབ་བྱུང་དང་པོའི་ཤིང་རྟ་ལོར་སྐུ་གཤེགས།

དེ་ནས་འབྲོམ་སྟོན་པ་གཙོ་བོར་གྱུར་པའི་ཇོ་བོ་རྗེའི་སློབ་མ་རྣམས་ཀྱིས་ཇོ་བོའི་གདུང་བཞུ་བའི་རྗེས་ཇི་ལྟར་བྱ་སྐབས་ཐུགས་ཁྲལ་གནང་བཞིན་པར་གནས་པ་ལ་ཀ་བ་ཤཱཀྱ་དབང་ཕྱུག་ཕྱིན་ནས་གདུང་དང་། རྒྱ་དཔེ། གསེར་གླིང་པའི་དཔྱལ་གདུང་སོགས་རྟེན་གཙོས་ཆེ་བ་རྣམས་འབྲོམ་ལ་ཕུལ། ཁུ་རྔོག་སོགས་སློབ་མ་གཞན་རྣམས་ལའང་རྟེན་སྐལ་རེ་གནང་།

དེ་ནས་ཇོ་བོའི་འདས་མཆོད་རྒྱ་ཆེར་མཛད་པ་ལ་སོགས་ལེགས་པར་གྲུབ་སྟེ་མཐར་འབྲོམ་སྟོན་པ་དགུང་ལོ་ང་དགུ་པ་སྤྱི་ལོ1064རབ་བྱུང་དང་པོའི་ཤིང་འབྲུག་ལོར་སྐུ་གཤེགས།

དེ་ལྟར་བཀའ་གདམས་ཀྱི་གཞུང་ལུགས་ཁྱད་པར་ཅན་དེ་ནི་ཇོ་བོ་རྗེ་དཔལ་ལྡན་ཨ་ཏི་ཤ་ནས་དབུ་བརྙེས། འབྲོམ་སྟོན་རྒྱལ་བའི་འབྱུང་གནས་ཀྱིས་སྤེལ་ཞིང་། བཀའ་གདམས་སྐུ་མཆེད་གསུམ་སྟེ་པོ་ཏོ་བ་རིན་ཆེན་གསལ་(1031 – 1105) དང་། སྤྱན་སྔ་བ་ཚུལ་ཁྲིམས་འབར་(1038 – 1103) དང་། ཕུ་ཆུང་བ་གཞོན་ནུ་རྒྱལ་མཚན་(1031 – 1106) གསུམ་གྱིས་རྒྱས་པར་མཛད། གླང་རི་ཐང་པ་རྡོ་རྗེ་སེང་གེ་(1054 – 1123) དང་། ཤ་ར་བ་ཡོན་ཏན་གྲགས་(1070 – 1141) ཐུ་འཆད་ཁ་བ་ཡེ་ཤེས་རྡོ་རྗེ་(1201 – 1275) སོགས་ཀྱིས་དེ་ལས་ཀྱང་རྒྱས་པར་མཛད་པ་བཅས་བོད་སིལ་བུའི་དུས་སུ་བཀའ་གདམས་པའི་གྲུབ་མཐའ་འཛིན་པའི་དགོན་སྡེ་དུ་མས་དབུས་གཙང་གི་ལྗོངས་ཐམས་ཅད་ཁྱབ་པར་གྱུར། བཀའ་གདམས་ཀྱི་གདན་ས་ལྷེ་བ་བྱང་གི་རྭ་སྒྲེང་དང་། གཙང་གི་སྣར་ཐང་གཉིས་ཉེ་རབས་བར་མ་ཉམས་པར་བཞུགས་ཡོད་པ་ལས་དེ་མིན་མང་པོ་ཞིག་ནི་དུས་ཕྱིས་བརྩུན་མས་བཟུང་བར་སྣང་། ཆོས་ལུགས་གྲུབ་མཐའི་ཐད་ཕྱིས་བཀའ་གདམས་གསར་མ་སྟེ་རི་བོ་དགེ་ལུགས་པའི་སྲོལ་འཛིན་པས་རྙ་བའི་བཀའ་གདམས་ཀྱི་བཤད་སྲོལ་ཐུན་མོང་མ་ཡིན་པ་དང་རི་བོ་དགེ་ལྡན་པའི་བཤད་སྲོལ་གཉིས་གཅིག་ཏུ་འདྲེས་པ་ལས་བཀའ་གདམས་པའི་བཤད་སྲོལ་མ་འདྲེས་པར་འཛིན་པ་ནི་ཕལ་ཆེར་མེད་པར་མངོན།

གཉིས་པ། བཀའ་གདམས་པའི་གྲུབ་མཐའ་ཐོག་མར་དར་བའི་རྒྱུན། བར་དུ་འཕེལ་རྒྱས་སོང་བ་དང་། མཐར་གྲུབ་མཐའ་དེ་བཀའ་གདམས་གསར་མ་དང་གཅིག་ཏུ་འདྲེས་པའི་སྐོར།

ཐོག་མར་དར་བ་དང་འཕེལ་བའི་ཚུལ། གླང་དར་གྱིས་སངས་རྒྱས་ཀྱི་

བསྟན་པ་བསྐྱབས་པས་བར་སྐབས་དབུས་གཙང་གི་ཡུལ་གྲུ་གང་སར་ཐུབ་པའི་བསྟན་པ་མིང་གི་ལྷག་མ་ཙམ་དུ་གྱུར་ཅིང་བསྟན་པའི་མེ་རོ་སྟོད་སྨད་གཉིས་ནས་གསོས་པས་དབུས་གཙང་གི་ཁྱོན་དུ་དགེ་འདུན་གྱི་སྡེ་འཕེལ་རྒྱས་ཆེན་པོ་བྱུང་ཡོད། འོན་ཀྱང་སྐབས་དེར་འགའ་ཞིག་འདུལ་བ་ལ་མོས་པའི་བློས་གསང་སྔགས་ཁྱད་དུ་གསོད་པ་དང་། འགའ་ཞིག་གསང་སྔགས་ལ་མོས་བློས་འདུལ་བ་ཁྱད་དུ་གསོད་པ་སོགས་བསྟན་པ་ཕྱོགས་རེ་བར་གྱུར་ཁར། ཕལ་མོ་ཆེ་ནི་གྲུབ་མཐའི་ཁ་འཛིན་གྱི་བཤད་པ་ཙམ་ལས་ཐུབ་བསྟན་ཡོངས་སུ་རྫོགས་པ་ཉམས་ལེན་དུ་ཁྱེར་ཤེས་པ་ལྟ་ཞོག ཕྱོགས་མཐོང་གི་གོ་བ་ཙམ་ཆགས་པའང་དཀོན་ཞིང་། ལྷག་པར་བུད་མེད་སྤྱོད་པ་ལ་སྦྱོར་བ་དང་། དགྲ་ལ་སོགས་པའི་སེམས་ཅན་གསོད་པ་ལ་སྒྲོལ་བ་ཞེས་སྦྱོར་སྒྲོལ་དུ་གྲགས་པའི་ཆོས་ལོག་སྤྱོད་པ་སོགས་བྱུང་བར་ལྷ་བླ་མ་ཡེ་ཤེས་འོད་དང་། ཕོ་བྲང་ཞི་བ་འོད། ལོ་ཆེན་རིན་ཆེན་བཟང་པོ་སོགས་ཀྱིས་ཆོས་ལོག་སུན་འབྱིན་གྱི་ཡི་གེ་བྲིས་ནས་བཀྲམས་པས་ཀྱང་ཕན་པ་ཆེར་མ་ཐོན། ལྷ་བླ་མ་ཡེ་ཤེས་འོད་ཀྱིས་གནས་ཚུལ་དེ་ལྟ་བུར་གྱུར་པ་ཐུགས་ཀྱིས་མ་བཟོད་པར་རྒྱ་གར་ནས་པཎྜི་ཏ་ཆེན་པོ་བསྟན་པ་ལ་ཚད་མར་གྱུར་པ་ཞིག་གདན་དྲངས་ཏེ་དག་ཐེར་མཛད་པ་ལས་ལྷག་པའི་ཐབས་གཞན་མེད་པར་དགོངས་པ་དེ་ཁོང་འཚོ་བཞུགས་སྐབས་མངོན་འགྱུར་མ་བྱུང་རུང་། ཕྱིས་དཔོན་པོ་བྱང་ཆུབ་འོད་ཀྱིས་ཁུ་བོ་ཡེ་ཤེས་འོད་ཀྱི་དགོངས་པ་དེ་དེ་བཞིན་དུ་འགྲུབ་པའི་སླད་དུ་ཇོ་བོ་རྗེ་དཔལ་ལྡན་ཨ་ཏི་ཤ་བོད་ལ་སྤྱན་དྲངས་ཏེ་སངས་རྒྱས་ཀྱི་བསྟན་པ་དག་ཐེར་མཛད་པར་གསོལ་བ་བཏབ་པ་ལ་བརྟེན་ནས་མདོ་སྔགས་ཀྱི་གནད་ཐམས་ཅད་བསྡུས་ནས་ཉམས་སུ་ལེན་པའི་རིམ་པར་དྲིལ་བ་གཞུང་བྱང་ཆུབ་ལམ་གྱི་སྒྲོན་མ་གསུང་རྩོམ་དང་འབྲེལ་བསྟན་པའི་དག་ཐེར་བླ་

ན་མ་མཆིས་པ་མཛད་པའི་བཞེད་སྲོལ་དེ་དག་ཕྱི་རབས་བུ་སློབ་རྣམས་ཀྱིས་རྒྱུན་འཛིན་གནང་བས་ཐུབ་པའི་བསྟན་པ་དྲི་མ་མེད་པ་གོང་ནས་གོང་འཕེལ་འགྲོ་བའི་སྨན་ཡོན་ཞག་ཅིག་ཏུ་གྱུར་པ་དང་། སྐབས་དེར་མཁས་གྲུབ་ལོ་པཎ་གྱི་ནང་ནས་ཇོ་བོ་རྗེ་ལས་ལྷག་པ་གཞན་དུ་མ་དམིགས་པས་དེའི་བཞེད་སྲོལ་ནི་ཀུན་གྱིས་ཚད་མར་འཛིན་ཡུལ་ཞག་ཅིག་ཏུ་གྱུར་པ་བཅས་ནི་བཀའ་གདམས་པའི་གྲུབ་མཐའ་ཐོག་མའི་འབྱུང་རྐྱེན་དང་དེ་དག་རིམ་པར་འཕེལ་རྒྱས་བྱུང་བའི་རྒྱུ་མཚན་ཡང་དེ་ལས་གཞན་དུ་མ་དམིགས།

མཐའ་མ་བཀའ་གདམས་པའི་གྲུབ་མཐའ་དེ་དག་བཀའ་གདམས་གསར་མ་སྟེ་རི་བོ་དགེ་ལུགས་པ་དང་གཅིག་ཏུ་འདྲེས་ཏེ་བཀའ་གདམས་པའི་གྲུབ་མཐའ་ཐུན་མོང་མ་ཡིན་པ་ཞིག་ངོས་འཛིན་རྒྱུ་མེད་པ་དེ་ནི་ཕྱིར་ཇོ་བོ་རྗེ་བོད་ལ་ཕེབས་ནས་ཁོང་གི་བཞེད་སྲོལ་ལ་སྐབས་དེའི་བླ་མ་དགེ་བའི་བཤེས་གཉེན་གྱིས་སློབ་སྦྱོང་གནང་བ་དཔེར་ན། བཀའ་བརྒྱུད་ཀྱི་མེས་པོ་མར་པ་ལོ་ཙྪ་བ་ཆོས་ཀྱི་བློ་གྲོས་དང་། འགྲོ་མགོན་ཕག་མོ་གྲུ་པ། འབྲི་གུང་སྐྱོབ་པ་འཇིག་རྟེན་མགོན་པོ། ས་སྐྱ་པཎྜི་ཏ། ལྷག་པར་རྗེ་བཙུན་ཙོང་ཁ་པ་ཆེན་པོ་བཅས་ཀྱིས་ཇོ་བོ་རྗེ་དང་། ཁོང་གི་དངོས་བརྒྱུད་ཀྱི་སློབ་མ་རྣམས་ནས་བཀའ་གདམས་གསན་སྦྱོང་གནང་ཐོག་དེ་དག་གི་ཉིང་ཁུ་རང་རང་གི་བཞེད་པ་དང་སྦྱར་ནས་གཞན་ལ་རྒྱ་ཆེར་སྟོན་གནང་མཛད་པས་ཕྱིས་ཀྱི་གྲུབ་མཐའ་ཐམས་ཅད་ཀྱི་ཕྱི་མོ་ལྟ་བུར་གྱུར་པ་དང་། ཕྱིས་གྲུབ་མཐའ་གཞན་ཁག་གི་ཤིང་རྟའི་སྲོལ་འབྱེད་མཁན་གཅིག་ལས་གཅིག་ལྷག་མང་པོ་བྱོན་པ་རྣམས་ཀྱི་དགོངས་པའི་རྗེས་སུ་འཇུག་པའི་དངོས་བརྒྱུད་ཀྱི་བུ་སློབ་ཀྱང་གཅིག་ལས་གཅིག་མང་བ་རྣམས་ཀྱིས་རང་རང་གི་བཞེད་སྲོལ་གྲུབ་མཐའ་ཁག་མང་ཐོན་པ་དང་། ལྷག་པར་རྗེ་ཙོང་

ཁ་པ་ཆེན་པོས་ལམ་སྒྲོན་ལ་གཞི་མཛད་བར་སྐབས་ཇོ་བོའི་གདམས་པ་ལ་མ་རྫོགས་ལོག་རྟོག་གི་དྲི་མ་ཞུགས་པ་རྣམས་བསལ་ནས་བྱང་ཆུབ་ལམ་གྱི་རིམ་པ་མཛད་པས་ཇོ་བོ་རྗེའི་བཞེད་སྲོལ་དེ་བས་ཆ་ཚང་དུ་གྱུར་ཏེ་རྗེས་འཇུག་རྣམས་ཀྱིས་དེ་ལྟར་ཉམས་ལེན་གནང་བས་བཀའ་གདམས་པའི་གྲུབ་མཐའ་ཁོ་ན་ཨ་འཐས་ཀྱི་འཛིན་དགོས་པའི་རྒྱུ་མཚན་མ་མཐོང་བས་རི་བོ་དགེ་ལུགས་པའི་བཞེད་སྲོལ་དར་བ་དང་དུས་མཚུངས་བཀའ་གདམས་པའི་གྲུབ་མཐའ་འཛིན་པ་རྣམས་ཀྱང་རིམ་བཞིན་དགེ་ལུགས་པའི་ཕྱག་ལེན་ཉམས་སུ་བཞེས་པ་དང་། བཀའ་གདམས་པའི་གྲུབ་མཐའ་འཛིན་པའི་ནང་ནས་བཀའ་གདམས་ཀྱི་མེས་པོ་རྣམས་ཀྱི་རྗེས་སུ་མཚན་སྙན་དང་ལྡན་པ་ཡང་མང་པོ་མ་བྱོན་པ་དང་། ལྷག་པར་བཀའ་གདམས་པའི་ཆོས་ཀྱི་ཆེ་བའམ་ཁྱད་པར་འཕགས་པ་ནི་རྒྱལ་བའི་གསུང་རབ་ལ་སྦྱོང་ལེན་མི་བྱེད་པར་ཐམས་ཅད་གང་ཟག་གཅིག་འཚང་རྒྱ་བའི་ཆ་རྐྱེན་དུ་མཛད་པའི་རྐྱེན་གྱིས་ཆོས་ལུགས་ལ་ཕྱོགས་རིས་ཀྱི་ཨ་འཐས་མི་མཛད་པ་བཅས་ཀྱིས་བཀའ་གདམས་པའི་ལུགས་དེ་ཆོས་ལུགས་གྲུབ་མཐའ་གཞན་དང་། ལྷག་པར་རི་བོ་དགེ་ལུགས་པའི་བཞེད་སྲོལ་དང་འདྲེས་པར་སྣང་ཞིང་། འཇིག་རྟེན་གྱི་ཕྱོགས་ནས་བཤད་ན་བཀའ་གདམས་པའི་དགེ་བའི་བཤེས་གཉེན་རྣམས་ནི་འདུ་འཛི་ལ་ཆེས་མི་དགྱེས་པས་བཀའ་གདམས་པའི་དགོན་པ་ཁག་ལ་མཆོད་གཞིས་ཀྱུ་ཆེ་དང་འབྲེལ་བའི་དབང་རྩིས་གང་ཡང་མེད་ལ། སྐབས་དེར་བོད་ལ་ཆོས་སྲིད་ཟུང་འབྲེལ་གྱི་ལམ་ལུགས་རྣལ་མ་ཞིག་ད་དུང་ཚུགས་མེད་པའི་རྐྱེན་གྱིས་སྲིད་དབང་དང་འབྲེལ་བ་ནི་དེ་བས་མེད་རྐྱེན་རང་ལུགས་ཀྱི་གྲུབ་མཐའ་མཐའ་གཅིག་ཏུ་སྲུང་དགོས་དོན་མེད་པ་དེ་ནི་རྗེས་སུ་རིམ་བཞིན་ཆགས་པའི་ཆོས་ལུགས་གྲུབ་མཐའ་གཞན་དག་དང་མི་འདྲ་བའི་ཁྱད་

ཚོས་ལུགས་ཤིང་། གྲུབ་མཐའ་མཐའ་དག་བཀའ་གདམས་པ་ལས་འཕྲོས་པའི་སྐོར་དཔའ་བོ་གཙུག་ལག་ཕྲེང་བས་གསང་ཕུའི་གདན་རབས་ཀྱི་མཇུག་ཏུ་བཀའ་གདམས་པའི་སྤྱི་བསྡོམས་སུ། “མདོར་ན་དཔལ་ལྡན་གསང་ཕུ་འདི་ནི་བོད་ཀྱི་སློག་པ་པོའི་ཆུ་བོ་ཐམས་ཅད་ཀྱི་འབྱུང་གནས་གངས་རི་ལྟ་བུ་ཡིན་ལ་ཕྱིས་ཀྱང་མཁས་པ་ཆེན་པོ་གཡག་ཕྲུག་སངས་རྒྱས་དཔལ། དེའི་སློབ་མ་རོང་སྟོན་ཤེས་བྱ་ཀུན་རིག་དང་། སྐྱེ་ཐང་བདེ་བ་ཙན་དུ་སྤྱངས་པ་མཛད་ཅིང་རེད་མདའ་བ་གཞོན་ནུ་བློ་གྲོས་ཀྱི་སློབ་མ་ཤར་ཙོང་ཁ་པ་ཆེན་པོ་རྣམས་སོ་སོའི་རྒྱུད་འཛིན་གྱིས་བོད་ཡུལ་ཁྱབ་པར་གནས་ཤིང་བཀའ་གདམས་ཀྱི་ལྟ་གྲུབ་འཛིན་པ་དེང་སང་མི་སྣང་ཡང་འདི་ཐམས་ཅད་བཀའ་གདམས་པ་ལས་འཕྲོས་པ་ནི་ཡིན་ལ། ཇོ་སྐམ་པོ་བ་ཕྱིན་གྱི་དྭགས་རྒྱུད་པ་རྣམས་ནི་བཀའ་ཕྱག་ཆུ་བོ་གཉིས་འདྲེས་ཞེས་ཟབ་མོ་ལྟ་བ་དང་རྒྱ་ཆེན་སྤྱོད་པའི་གཞུང་གཉིས་བཀའ་གདམས་དངོས་འཛིན་པ་ཡིན་ནོ” ①ཞེས་གསུངས་པ་ལྟར་ལགས།

བཞི་པ། བཀའ་གདམས་བསྟན་པའི་སྤྱི་བབ་དང་། ཆོས་ཀྱི་རྣམ་གྲངས་སྐོར།

འབྲོམ་གྱི་ཞལ་ནས། བསྟན་པ་ཐམས་ཅད་གྲུ་བཞི་ལམ་གྱིས་ཁྱེར་ཤེས་པ་ངའི་བླ་མ་ཞེས་པ་དང་། རྒྱལ་འབྱོར་པ་ཆེན་པོས་གདམས་ངག་ལ་ནང་བྱན་ཚུད་པ་ནི། བེའུ་བུམ་ལག་མཐིལ་ཙམ་ཞིག་ལ་ངེས་པ་རྙེད་པ་ལ་མི་ཟེར་གྱི། གསུང་རབ་ཐམས་ཅད་གདམས་ངག་ཏུ་གོ་བ་ལ་ཟེར་བ་ཡིན། ཞེས་དང་། སྒོམ་པ་རིན་ཆེན་བླ་མས། འདུལ་བ་ཐུགས་ཀྱི་གྲོགས། ཐུགས་འདུལ་བའི་

① (མཁས་དགའ་དེབ་ངོས735)

གྲོགས་སུ་འཁྱེར་ཤེས་པ་ངའི་བླ་མའི་བཀའ་བརྒྱུད་མིན་པ་མེད་ཅེས་གསུངས་པ་ལྟར་ སྤྱིར་རྒྱལ་བའི་བཀའ་ལ་སྤོང་ལེན་མི་བྱེད་པར་ཐམས་ཅད་གང་ཟག་གཅིག་འཚང་རྒྱ་བའི་ཆ་རྐྱེན་དུ་འཛིན་པ་བཀའ་གདམས་པའི་ཁྱད་ཆོས་ཡིན་པས་བཀའ་གདམས་སུ་མ་འདུས་པའི་ཆོས་མེད་ནའང་། ཡོངས་སུ་གྲགས་པ་བཀའ་གདམས་གཞུང་པ་བ་དང་། གདམས་ངག་པ་གཉིས་སམ། ཡང་ན་མན་ངག་པ་དང་གསུམ་དུ་དབྱེ་ཞིང་། དེ་ལྟ་བུའི་བཀའ་གདམས་པའི་ཉམས་ལེན་ཡང་རིམ་པ་བཞིན་གཞུང་ལ་ལྟ་བ་གཙོ་བོར་སྟོན་པ་དང་། སྤྱོད་པ་གཙོ་བོར་སྟོན་པ། གཉིས་ཀ་ཟུང་འབྲེལ་དུ་སྟོན་པ་གསུམ་ཡིན།

དེ་ཡང་དང་པོ། ལྟ་བ་གཙོ་བོར་སྟོན་པ་ལ་ཡང་། ཇོ་བོ་རྗེས་མཛད་པའི་བདེན་གཉིས་ལ་འཇུག་པ་དང་། དབུ་མའི་མན་ངག་སོགས་ཡིན། གཉིས་པ། སྤྱོད་བསྡུས་སྒྲོན་མེ་དང་། སེམས་བསྐྱེད། སྡོམ་པའི་ཚིག་སོགས་ཡིན། གསུམ་པ་ནི། བྱང་ཆུབ་ལམ་གྱི་སྒྲོན་མ་སྟེ་རྒྱལ་བའི་བཀའ་སྡེ་སྣོད་གསུམ་དང་། རྒྱུད་སྡེ་བཞི་དགོངས་འགྲེལ་དང་བཅས་པ་ལས་ཡི་གེ་ན་གཅིག་ཀྱང་དོར་དུ་མེད་པར་གང་ཟག་གཅིག་གི་ཉམས་ལེན་གྱི་རིམ་པར་དྲིལ་ནས་སྟོན་པའི་ལེགས་བཤད་ཆད་དུ་བྱུང་བ་དེ་ཡིན་ཏེ། རྗེ་ཙོང་ཁ་པ་ཆེན་པོས་བྱང་ཆུབ་ལམ་གྱི་རིམ་པའི་ནང་བསྟན་པར། ཇོ་བོས་མཛད་པའི་གཞུང་མང་དུ་ཡོད་ཀྱང་རྩ་བ་ལྟ་བུ་ཡོངས་སུ་རྫོགས་པ་ནི་ལམ་སྒྲོན་ཡིན་ཏེ། མདོ་སྔགས་གཉིས་ཀའི་གནད་བསྡུས་ནས་སྟོན་པས་བརྗོད་བྱ་ཡོངས་སུ་རྫོགས་པ་དང་། སེམས་འདུལ་བའི་རིམ་པ་གཙོ་བོར་བྱས་པས་ལག་ཏུ་བླང་བདེ་བ་དང་། ཤིང་རྟ་ཆེན་པོ་གཉིས་ཀྱི་ལུགས་ལ་མཁས་པའི་བླ་མ་གཉིས་ཀྱི་གདམས་པས་བརྒྱན་པས་ལུགས་གཞན་ལས་ཁྱད་པར་དུ་འཕགས་སོ་ཞེས་གསུངས་པ་ལྟར་རོ།

བཀའ་གདམས་གཞུང་དྲུག་ཏུ་གྲགས་པ་ནི། ས་རྒྱན་གཉིས། བསླབ་སྦྱོད་གཉིས། སྐྱེས་ཚོམས་གཉིས་ཏེ་དྲུག་ཡིན་ལ་དེ་ལས་བསླབ་སྦྱོད་གཉིས་ལྟ་སྦྱོད་ཟུང་འབྲེལ་དང་། གཞན་རྣམས་བྱང་ཆུབ་སེམས་པའི་སྦྱོད་པ་གཙོ་བོར་སྟོན་པའི་གཞུང་ཡིན། ཇོ་བོའི་ཆོས་འབྱུང་བརྒྱ་རྩར་གྲགས་པ་ཡང་བཀའ་གདམས་ཀྱི་གཞུང་ཡིན་ལ་རྩ་ཤེས་དང་། སྟོང་ཉིད་བདུན་ཅུ་པ་དང་། རིན་ཆེན་ཕྲེང་བ་རྣམས་ཀྱང་ངོ་།

གདམས་ངག་ལའང་གསུམ་ལས།

1. ལྟ་བ་གཙོ་བོར་སྟོན་པ་ནི། ཇོ་བོ་ཉིད་ཀྱི་མན་ངག་སྤྱན་སྔ་བ་ལས་བརྒྱུད་པའི་བདེན་བཞིའི་ཁྲིད་དང་། ཕུ་ཆུང་བ་ནས་བརྒྱུད་པའི་རྟེན་འབྲེལ་གྱི་ཁྲིད་དང་། རྣལ་འབྱོར་བ་ནས་བརྒྱུད་པའི་བདེན་པ་གཉིས་ཀྱི་ཁྲིད་རྣམས་ཡིན་ཏེ་བདེན་བཞི་དང་། རྟེན་འབྲེལ་གྱི་ཁྲིད་ཀྱིས་ནི་ཐུན་མོང་བའི་གང་ཟག་གི་བདག་མེད་དང་། བདེན་གཉིས་ཀྱི་ཁྲིད་ཀྱིས་ནི་ཤིན་ཏུ་ཕྲ་བའི་ཆོས་ཀྱི་བདག་མེད་ལ་ཁྲིད་པར་མཛད་པ་ཡིན་ནོ།

ཇོ་བོའི་སློབ་མ་བདེན་གཉིས་ལ་ཤིན་ཏུ་མཁས་པ་ནི་རྣལ་འབྱོར་བ་ཆེན་པོ་ཡིན་ལ་དེས་གྲོ་ལུང་པ་དང་སྤྱན་སྔ་བ་ལ་གསུངས། སྤྱན་སྔས་སྟོད་ལུང་པ་དང་། བྱ་ཡུལ་བ་གཉིས་ལ་སྙིག་ཆོས་སུ་གསུངས། སྟོད་ལུང་པས་སྙིག་ཆོས་དང་། ཚོགས་ཆོས་གཉིས་ཀར་གསུངས་ཤིང་བརྩམ་ཆོས་ཀྱང་མང་དུ་མཛད། ཁོང་གི་སློབ་མ་ཁྲུང་ཁམས་ཀྱིས་ཀྱང་མང་དུ་གསུངས་པས་དར་ཞིང་རྒྱས། སངས་རྒྱས་དབོན་གྱིས་ཀྱང་ཡིག་ཆ་རྒྱས་བསྡུས་དུ་མ་མཛད། འཆད་ཁ་བས་མཛད་པའི་གྲུབ་མཐའི་བསྟན་བཅོས་དང་། དེའི་འགྲེལ་པ་ལྷ་ལུང་གི་དབང་ཕྱུག་གིས་མཛད་པར་ཕྱི་ནང་གི་གྲུབ་མཐའི་འདོད་ཚུལ་རྣམས་བཀོད་ནས་བླུ

སྒྲུབ་ཀྱི་དབུ་མ་ཆེན་མོ་རབ་ཏུ་མི་གནས་པར་ཁྲིད་པར་མཛད་པ་བཀའ་གདམས་པའི་ལྟ་བའི་ལེ་ལག་གོ།

དེ་ནས་ཇོ་བོ་ཆེན་པོ་ནི་དབུ་མ་ཐལ་འགྱུར་བའི་ལྟ་བ་འཛིན་པ་ལམ་སྒྲོན་རྩ་འགྲེལ་དང་། དབུ་མའི་མན་ངག་རྩ་འགྲེལ་སོགས་ཀྱིས་ཤེས་ཤིང་། འབྲོམ་གྱིས་ཀྱང་ཇོ་བོ་ལ་སློབ་དཔོན་ཟླ་གྲགས་ལུགས་ཀྱི་རྟོགས་པ་ཕུལ་བས་ཐུགས་དགྱེས་ནས་ཕྱག་ཐལ་མོ་སྦྱར། ངོ་མཚར་ཆེ་ད་ལྟ་རྒྱ་གར་ཤར་ཕྱོགས་ན་ལྟ་བ་འདི་ཡོན་འཛིན་ཞེས་གསུངས་པར་གྲགས། དགེ་བའི་བཤེས་གཉེན་པོ་ཏོ་བ་སོགས་སྐུ་མཆེད་གསུམ་གྱི་ལམ་རིམ་དང་གསུང་སྒྲོས་སུ་དབུ་མའི་ལྟ་བ་ཟླ་གྲགས་ལུགས་དང་མཐུན་ཤས་ཆེ་བ་འབྱུང་ཞིང་། ཇོག་པོ་ཡབ་སྲས་ནི་ལེགས་ལྡན་དང་ཟླ་བའི་གཞུང་ཁུངས་སུ་དྲངས་པ་མང་དུ་སྣང་ནའང་ལྟ་བ་སྐྱོང་ཚུལ་ཞི་བ་འཚོ་ཡབ་སྲས་དང་མཐུན་ཤས་ཆེའོ།

གསེར་གླིང་པ་ནས་བརྒྱུད་པའི་བློ་སྦྱོང་འགའ་ཞིག་གི་ལྟ་བའི་འགྲོས་ནི་སེམས་ཙམ་རྣམ་བརྫུན་པའི་ལུགས་དང་མཐུན་པའང་སྣང་ངོ་།

2. སྤྱོད་པ་གཙོ་བོར་གྱུར་པའི་གདམས་ངག་ནི། ཐེག་ཆེན་བློ་སྦྱོང་གི་གདམས་པ་རྣམས་ཏེ། བདག་བས་གཞན་གཅེས་པའི་བྱང་ཆུབ་ཀྱི་སེམས་མ་སྐྱེས་པ་བསྐྱེད་པ་དང་། སྐྱེས་ཟིན་གོང་འཕེལ་དུ་བྱས་པའི་ས་ལམ་བགྲོད་པའི་ཚུལ་ཡིན་ལ། ཐེག་ཆེན་གྱི་མདོ་སྡེ་སྤྱི་དང་། ཁྱད་པར་དུ་མདོ་སྡེ་ཕལ་པོ་ཆེ་དང་། དགོངས་འགྲེལ་གྱི་གཞུང་ཀླུ་སྒྲུབ་ཀྱི་རིན་ཆེན་ཕྲེང་བ་དང་། ཀྱེ་ལམ་ཡིད་བཞིན་ནོར་བུའི་གཏམ་དང་། སེམས་ཅན་མགུ་བའི་ཚོགས་བཅད་དང་། ཞི་བ་ལྷའི་བསླབ་སྤྱོད་གཉིས་རྣམས་གདམས་པའི་ཁུངས་ཡིན་ཅིང་། མདོ་བསྟན་བཅོས་དེ་དག་གི་མན་ངག་སྙིང་པོར་དྲིལ་བ། ཇོ་བོའི་བླ་མ་རྣམས་རཀྵི

ཏུས་མཛད་པའི་ སློ་སྦྱོང་ མཆོན་ ཆ་ འཁོར་ ལོ་ དང་། རྒྱ་ བྱ་ དུག་ འཇོམས། བྱམས་པའི་རྣལ་འབྱོར་གྱི་གྱེར་སྒོམ་རྡོ་རྗེའི་གླུ། གསེར་གླིང་པའི་སེམས་དཔའི་ རིམ་པ་དང་། རྟོག་པ་འབུར་འཇོམ་ལ་སོགས་པ་གདམས་ངག་ཡི་གེར་བཀོད་ པ་རྣམས་སོ།

དོན་བདུན་མར་ཉེ་བར་བཀོད་པའི་བློ་སྦྱོང་གི་མན་ངག་གི་གསེར་གླིང་ པས་ཇོ་བོ་ལ་གསུངས། དེས་དགེ་བཤེས་སྟོན་པ་ལ་ཕྱག་ཆོས་སུ་མཛད། དེས་ སྤྱི་མཆེད་གསུམ་ལ་ཕྱག་ཆོས་སུ་མཛད། སྤྱི་མཆེད་གསུམ་གྱི་རིང་ལ་ལམ་རིམ་ ཚོགས་ཆོས་སུ་མཛད་ཀྱང་། བློ་སྦྱོང་ཕྱག་ཆོས་ཉིད་དུ་མཛད་པར་མངོན་ལ། པོ་ཏོ་བས་ཀྱང་སྣང་ཤར་གཉིས་ལ་སོགས་པ་ལ་ཕྱག་ཆོས་སུ་གནང་བ་ལས་གླང་ ཐང་པས་དམིགས་པའི་ས་བཅད་བརྒྱད་དུ་མཛད་པར་བློ་སྦྱོང་ཚིགས་བརྒྱད་ མར་གྲགས་པ་དེ་ཉིད་ཚོགས་ཆོས་སུ་མཛད་པར་ཡང་མངོན་ནོ།

གླང་རི་ཐང་པས་ཞང་དང་གཉེན། ཤ་བོ་སྒང་པ་རྣམས་ལ་གསུངས་ ཤིང་། དེ་དག་གི་གདམས་པ་འདྲེས་མར་ཡི་གེ་བཀོད་པ་ནི་ལེའུ་བུམ་ཁྲ་བོ་ཞེས་ བྱེར་ཏེ། ཤ་བོ་སྒང་པའི་བློ་སྦྱོང་ཞེས་སུ་གྲགས་པ་ཡང་དེ་ཉིད་ཡིན་པར་བཞེད་ ཅིང་། དེ་ནི་ཞང་ཤ་ར་བས་བྱ་འཆད་ཀ་བ་ལ་ཕྱག་ཆོས་སུ་མཛད་པ་དེ་དག་ འཆད་ཀ་བས་རང་ཉིད་ཡོན་ས་ཐུགས་ཉམས་སུ་བཞེས་ཤིང་། ཐོག་མར་གདུལ་ བྱ་རེ་གཉིས་ལ་ཕྱག་ཆོས་སུ་མཛད་པ་ཕྱིས་གཞན་ལ་རྒྱ་ཆེར་ཕན་པར་གཟིགས་ ནས་འགྲེ་ཕུར་ཚོགས་ཆོས་སུ་གསུངས་པ་དེ་ཡང་། སྟོན་འགྲོ་རྟེན་གྱི་ཆོས་ སེམས་པ། དངོས་གཞི་བྱང་ཆུབ་ཀྱི་སེམས་སྦྱོང་བ། རྐྱེན་ངན་བྱང་ཆུབ་ཀྱི་ ལམ་དུ་བསྒྱུར་བ། ཚེ་གཅིག་གི་ཉམས་ལེན་དྲིལ་ནས་བསྟན་པ། བློ་འབྱོངས་ པའི་ཚད་བློ་སྦྱོང་གི་དམ་ཚིག་བློ་སྦྱོང་གི་བསླབ་བྱ་བཅས་དོན་བདུན་དུ་ས

བཅད་པས་བློ་སྦྱོང་དོན་བདུན་མར་གྲགས་པ་ཡིན།

བློ་སྦྱོང་དོན་བདུན་མ་ནི། བྱང་ཆུབ་ལམ་གྱི་རིམ་པ་རྣམས་དང་། སྣང་ཐང་པའི་ཚིགས་བརྒྱད་མ། ཤ་བོ་སྒང་པའི་བློ་སྦྱོང་རྣམས་སུ་བདག་གཞན་བརྗེ་བའི་བྱང་ཆུབ་ཀྱི་སེམས་སྒོམ་ཚུལ་ལེགས་པར་བསྟན་ཀྱང་། བློ་སྦྱོང་དོན་བདུན་མར་གཏོང་ལེན་རླུང་ལ་བསྐྱོན་པ་སོགས་དམིགས་པའི་འཕྲུལ་ཟབ་མོ་དང་། ཁྱད་རིམ་ཡང་གཞན་ལས་རྒྱས་པས་འདི་ཉིད་ཁྱད་པར་དུ་འཕགས་སོ།

དགེ་བཤེས་སྟོན་པའི་མན་ངག་ཐུན་བརྒྱད་མ་ནི་ཁམས་པ་ལུང་པས་རྩལ་དུ་བཏོན་ཏེ་འཆད་པས་ཁམས་པ་ལུང་པའི་བློ་སྦྱོང་ཐུན་བརྒྱད་མ་ཞེས་སུ་གྲགས་ཤིང་། དེ་ཡང་ཐུན་བརྒྱད་ནི་ཟས་ལ་བརྟེན་པའི་བློ་སྦྱོང་དང་། དེ་བཞིན་དུ་དབུགས་ལ་བརྟེན་པ་དང་། ལུས་གནྒའི་བྱེ་མ་སྙེད་དུ་སྤྲུལ་པ་དང་། ཤ་ཁྲག་ལ་བརྟེན་པ་དང་། གཏོར་མ་ལ་བརྟེན་པ་དང་། འབྱུང་བ་ལ་བརྟེན་པ་དང་། ལུས་ཡིད་བཞིན་ནོར་བུར་སྤྲུལ་ཏེ་བློ་སྦྱོང་བ་དང་། འཆི་ཁ་མའི་མན་ངག་སྟེ་དམིགས་ཐུན་བརྒྱད་དུ་དྲིལ་ནས་སྟོན་པའོ།

ཁ་རག་སྒོམ་ཆུང་པ་དབང་ཕྱུག་བློ་གྲོས་ཀྱིས་ཁ་རག་སྐོར་གསུམ་བྱ་བའི་ཆོས་གསུངས། གདམས་པ་དེ་ནི་ཨ་རོ་ནས་སྤྱི་སྒོམ་ལ་བརྒྱུད་པའི་སེམས་ཕྱོགས་ཀྱི་གདམས་པ་དང་། རྗེ་བོའི་གདམས་པ་རྣལ་འབྱོར་བ་དང་། དགོན་པ་བ་ལས་གསན་པའི་བློ་སྦྱོང་གི་གདམས་པའི་ཆུ་བོ་གཉིས་གཅིག་ཏུ་འདྲེས་པ་བྱང་ཆུབ་སེམས་སྦྱོང་ཞེས་མཚན་གསོལ་ཏེ་ཨང་ཡིག་བདུན་ཅུ་པ་ཞེས་པའི་ལམ་རིམ་གྱི་མན་ངག་ཚིགས་བཅད་དུ་སྡེབས་པ་མཛད།

གཞན་ཡང་དགེ་བཤེས་སྟོན་པ་ནས་བརྒྱུད་པའི་རྟེན་འབྲེལ་སྙིང་པོའི་ཁྲིད་ཀྱང་སྙིང་རྗེ་ཆེན་པོ་སྒོམ་ཚུལ་ཁྱད་པར་དུ་སྟོན་པས་སྦྱོང་པའི་གདམས་ངག

ཡིན་ལ་ཇོ་བོའི་གཞུང་ལ་བརྟེན་ནས་ཞང་ཤ་ར་བས་མཛད་པའི་སེམས་བསྐྱེད་དང་སྔོམ་པའི་ཚིག་སོགས་ཀྱང་དེ་བཞིན་ནོ།

3. ལྷ་སྤྱོད་ཟུར་འཕྲེལ་དུ་སྟོན་པའི་གདམས་པའི་རྒྱལ་པོ་ནི། སྐྱེས་བུ་གསུམ་གྱི་ལམ་གྱི་རིམ་པ་ཞེས་གྲགས་པའི་གཞུང་ནི་བྱང་ཆུབ་ལམ་སྒྲོན་ཡིན་ལ་སྟར་བཤད་པའི་སྤྱོད་པ་དང་ལྷ་བའི་གཞུང་དང་མན་ངག་སོ་སོ་བ་དེ་དག་ཀྱང་ལམ་རིམ་གྱི་ཡ་གྱལ་ཡིན་པས་ལམ་རིམ་གྱི་ཁོངས་སུ་དེ་ཐམས་ཅད་འདུ་བ་ཡིན་ལ། ལམ་རིམ་ནི་ཇོ་བོ་རྗེ་ལ་རྒྱ་ཆེན་སྤྱོད་རྒྱུད་དང་ཟབ་མོ་ལྷ་རྒྱུད་ཀྱི་མན་ངག་གཉིས་མངའ་བ་ལམ་གྱི་ལུས་གཅིག་ཏུ་དྲིལ་ནས་ཉམས་སུ་ལེན་ཚུལ་ཆ་ཚང་བའི་གདམས་པ་ཡིན་པས་ལྷ་སྤྱོད་ཟུང་འཕྲེལ་གྱི་གདམས་པ་ཞེས་བཏགས། དེ་ལྟ་བུའི་ལམ་རིམ་གྱི་གདམས་པ་ནི་ཇོ་བོས་འབྲོམ་ལ་སྙིག་ཏུ་ཁྲིད་པར་མཛད་དེ་ངས་ཁྱོད་མིན་པ་གཞན་ལ་གཏོད་ས་མ་རྙེད་ཅེས་གསུངས་ནས་འབྲོམ་སྟོན་པར་མན་ངག་གཏད་ནས་ཡོང་བཀའ་གདམས་བསྟན་པའི་བདག་པོར་བྱིན་གྱིས་བརླབས་པས་འབྲོམ་སྟོན་པ་འཕྲིན་ལས་རྒྱ་ཆེ་བ་ཡང་དེས་ཡིན་པར་གྲགས་ཤིང་། ཇོ་བོ་ཡབ་སྲས་ནས་དགེ་བཤེས་དགོན་པ་བ། དེ་ནས་སྣེའུ་ཟུར་པ་ལ་སོགས་པར་རིམ་གྱིས་བརྒྱུད་པ་དང་། འབྲོམ་ནས་དགེ་བཤེས་སྤྱན་སྔ་བ། དེས་བྱ་ཡུལ་བ་སོགས་ལ་བརྒྱུད་པར་བཀའ་གདམས་མན་ངག་པ་ཞེས་གྲགས། འབྲོམ་ནས་དགེ་བཤེས་པོ་ཏོ་བ་དང་། དེ་ནས་ཤ་ར་བ་སོགས་ལ་བརྒྱུད་པ་ལ་བཀའ་གདམས་གཞུང་པ་བ་ཞེས་པའི་ཐ་སྙད་མཛད་པ་བཅས་གཉིས་ཀ་འབྲོམ་ནས་བརྒྱུད་པ་དོན་ལ་འདྲ་ཡང་གཞུང་བཤད་ཀྱི་སྒྲོས་པ་རྒྱ་ཆེ་བ་བྱེད་མི་བྱེད་ཀྱི་སྒོ་ནས་ཐ་དད་དུ་བགྲང་བ་ཙམ་མོ།

བཀའ་གདམས་པ་རྣམས་ཀྱིས་མཛད་པའི་ལམ་རིམ་གྱི་གཞུང་མང་དུ་

སྣང་ཡང་གྲགས་ཆེ་ནི་བེའུ་བུམ་སྔོན་པོ་དང་། དཔེ་ཆོས་གཉིས་ཏེ་སྤྱི་མ་བེའུ་བུམ་སྔོན་པོ་ནི་དགེ་བཤེས་པོ་ཏོ་བའི་གསུང་སྒྲོས་དོལ་པ་ཤེས་རབ་རྒྱ་མཚོས་བསྒྲིགས་པ་ལ་ལྷ་འབྲི་སྒང་པས་འགྲེལ་པ་མཛད་པ་ཡིན། དཔེ་ཆོས་ལ་ནི་གསུམ་བྱུང་སྟེ་ཐོག་མར་གྲབ་པས་བསྒྲིགས་པ་ནི་བསྡུས་པ་དང་། བྲག་དཀར་བས་དེ་གཞིར་མཛད་ནས་ཕོང་རང་ཉིད་ཀྱིས་དགེ་བཤེས་ལ་གསན་པའི་དཔེ་ཡང་མང་དུ་བསྣན་ཏེ་བསྒྲིགས་པ་ནི་རྒྱས་པ། ལྷོ་སྒོམ་རྫོང་པས་སྤྱི་མ་གཉིས་ལས་གོ་བདེ་བའི་འབྲིང་པ་མཛད་པ་དེར་དཔེ་ཆོས་རིན་ཆེན་སྤུངས་པ་ཞེས་བྱ་བ་ཡིན།

གོང་དུ་བཀའ་གདམས་གཞུང་པ་བ་དང་། གདམས་ངག ཡང་ན་མན་ངག་སྟེ་གསུམ་དུ་མཛད་པའི་མན་ངག་ནི། སྤྱིར་གདམས་ངག་དང་། མན་ངག་མི་འགལ་ཡང་དབྱེ་བ་གསུམ་དུ་མཛད་པའི་མན་ངག་ནི་ཇོ་བོ་ཡབ་སྲས་ཀྱི་གསང་ཆོས་བཀའ་གདམས་གླེགས་བམ་དུ་གྲགས་པ་དེ་ཇོ་བོ་རྗེས་ཁུ་རྔོག་འབྲོམ་གསུམ་ལ་ཡེར་པ་ལྷ་རི་སྙིང་པོའི་མགུལ་དུ་གནང་བ་ཞིག་སྟེ་ཕ་འབྲོམ་སྟོན་པས་ཞུས་པ་ལ་བཀའ་གདམས་ཕ་ཆོས་དང་། བུ་རྔོག་ལེགས་པའི་ཤེས་རབ་དང་ཁུ་སྟོན་བརྩོན་འགྲུས་གཡུང་དྲུང་གཉིས་ཀྱིས་ཞུས་པ་ལ་བཀའ་གདམས་བུ་ཆོས་སུ་གྲགས་པ་ལགས།

ཁུ་སྟོན་བརྩོན་འགྲུས་གཡུང་དྲུང་དང་པོ་འབྲོམ་སྟོན་པར་མི་མོས་པའི་ཚུལ་བསྟན་ཀྱང་། འདི་དུས་ཁུ་སྟོན་གྱི་ང་རྒྱལ་ཞི་ནས་འབྲོམ་སྟོན་གྱི་ཞབས་ལ་གཏུགས་པ་སྟེ་གླེགས་བམ་ནང་ཁུ་དང་དག་སྣང་འབྲེལ་བའི་ཚེམས་ན་གསལ།

འདིའི་མན་ངག་རྣམས་ཇོ་བོ་མྱུ་ངན་ལས་འདའ་ཁར་འབྲོམ་ལ་གནང་ཞིང་། བཀའ་གདམས་སྐུ་མཆེད་གསུམ་ལ་གཙོ་བོར་གཞུང་དང་མན་ངག་བྱིན་

ཞེས་ཞལ་ཆེམས་ཀྱི་མན་ངག་དེ་ཡིན་ཅིང་། སྐུ་མཆེད་གསུམ་ལས་ཕུ་ཆུང་བ་ལ་ཡོངས་སུ་རྫོགས་པ་དང་། གཞན་གཉིས་ལ་ཕལ་ཆེ་བ་དང་། ཕྱོགས་ཙམ་མངའ་བ་ཡིན་ཏེ། དེ་ཡང་སློབ་དཔོན་ནམ་རིན་གྱིས། ཡོངས་སུ་རྫོགས་པ་གཞོན་ནུ་རྒྱལ་མཚན་ (ཕུ་ཆུང་བ་) ཡིན། ཕལ་ཆེར་འཛིན་པ་ཚུལ་ཁྲིམས་འབར་ (སྤྱན་སྔ་བ་) དུ་གདའ། ཕྱོགས་ཙམ་གསལ་བ་རིན་ཆེན་གསལ་བ་ (པོ་ཏོ་བ་) ཡིན། དེང་སང་དུས་ན་ཕོ་བོ་ཉིད་དུ་ཟད། ཅེས་གསུངས་པ་ལྟར་ལགས།

དེ་ཡང་ཕུ་ཆུང་བ་ལ་ཇི་ལྟར་བྱུང་བ་ནི། རྔོག་ལེགས་པའི་ཤེས་རབ་ཀྱིས་མངའ་རིས་པ་ཤེས་རབ་རྒྱལ་མཚན་དང་། དེས་ཕུ་ཆུང་བ་གཞོན་ནུ་རྒྱལ་མཚན་ལ་གཏད་པ་ཡིན།

དེའི་ཉམས་ལེན་རྗེས་དྲན་ལྔ་སྟེ།
སྐྱབས་གནས་བླ་མ་དྲན་པར་མཛོད། །
ལུས་ནི་ལྷ་ཡི་རང་བཞིན་ཏེ། །
ངག་ནི་བཟླས་བརྗོད་རྒྱུན་པར་མཛོད། །
འགྲོ་བ་མ་ལུས་ཕ་མར་སོམས། །
སེམས་ཀྱི་གནས་ལུགས་སྟོང་པར་དཔྱད། །

ཅེས་གསུངས་པ་ལྟར་དང་སྙིང་པོར་གྱུར་པ་ནི་ཐིག་ལེ་བཅུ་དྲུག་གི་ཉམས་ལེན་ཡིན་ལ། ཉམས་སུ་བླངས་པའི་ཡོན་ཏན་ནི། འདུལ་བ་ནས་རྡོ་རྗེ་ཐེག་པའི་བར་སྟན་ཐོག་གཅིག་ཏུ་ཉམས་སུ་ལེན་པ་ལ་མཁས་པ། ལྟ་བ་མཐོ་ལ་སྤྱོད་པ་ཞིབ་པ་ཞིག་འབྱུང་བ། ལྷ་ནི་བཞི་སྟེ། ཐུབ་པ། སྤྱན་རས་གཟིགས། སྒྲོལ་མ། མི་གཡོ་བ་ཡིན། ཆོས་ནི་སྡེ་སྣོད་གསུམ་སྟེ་དེ་རྣམས་བཀའ་གདམས

ལྷ་ཆོས་བདུན་བྱ་བ་ཡིན།

བཀའ་གདམས་པ་ལ་སྔགས་ཀྱི་གདམས་པ་མེད་དམ་སྙམ་ན། བཤད་མ་ཐག་པའི་ཐིག་ལེ་བཅུ་དྲུག་གི་མན་ངག་ཀྱང་མདོ་སྔགས་ཟུང་འབྲེལ་ཡིན་ལ། གཞན་ཡང་ཐུབ་པ་དམ་ཚིག་གསུམ་བཀོད་དང་། མི་གཡོ་བའི་སྒྲོར་དང་། འཕགས་པ་སྤྱན་རས་གཟིགས་ལ་བརྟེན་པའི་སྙིང་གནས་སོགས་བཀའ་གདམས་པར་དར་རྒྱས་ཆེ་ཞིང་། ཇོ་བོའི་མན་ངག་ཐོར་བུ་མང་པོ་ཞིག་མཆིམས་ཀྱིས་ཕྱོགས་གཅིག་ཏུ་བསྡུས་པར་སྣར་ཐང་བརྒྱ་རྩར་གྲགས་པ་དང་། ཇོ་བོས་དགེ་བཤེས་ལག་སོར་བ་ལ་གནང་བའི་སྤྱན་རས་གཟིགས་ཀྱི་གདམས་པ་དང་། གཞན་ཡང་ལྷ་བཞིའི་ཁྲིད་སོགས་བཀའ་གདམས་པའི་སྔགས་ཀྱི་མན་ངག་མང་པོའི་རྒྱུན་ཕྱིས་ཀྱང་བཞུགས་སོ།

ཇོ་བོ་བོད་དུ་མ་བྱོན་གོང་གསང་སྔགས་ཀྱི་ལག་ལེན་ཚུལ་བཞིན་མི་བྱེད་པའི་ཕྱོགས་ལྷུང་བསལ་བའི་ཆེད་དུ་དོ་ཧ་གསུང་བར་བཞེད་ཀྱང་འགྲོམ་གྱིས་བོད་དུ་འདི་མི་འཚམས་ཞེས་བཀག་པའི་ཚུལ་སོགས་བཀའ་གདམས་གོང་མ་རྣམས་གསང་སྔགས་སྤྱི་དང་། ཁྱད་པར་བླ་མེད་ལ་ཤིན་ཏུ་དམ་དོག་ཆེ་བ་མཛད་ནའང་། དངོས་ཚོད་ལ་ཇོ་བོ་རྗེས་འབྲོམ་སྟོན་པར་རྒྱུད་སྡེ་བཞིའི་མན་ངག་ཐམས་ཅད་དང་། ཁྱད་པར་ཕ་རྒྱུད་གསང་བ་འདུས་པ། མ་རྒྱུད་འཁོར་ལོ་བདེ་མཆོག བླ་མེད་སྤྱིའི་མན་ངག་མཐར་ཐུག་པ་གྲུབ་སྙིང་སྒྲོར་གྱི་མན་ངག་རྣམས་གསང་བའི་ཚུལ་གྱིས་ཡོངས་སུ་རྫོགས་པ་གནང་བས་འབྲོམ་སྟོན་པ་ནི་མདོ་སྔགས་ཡོངས་རྫོགས་ཀྱི་བསྟན་པའི་བདག་པོར་གྱུར་པ་ཡིན་ལ་རྒྱུ་མཚན་དེའི་ཕྱིར་བཀའ་གདམས་པས་གསང་སྔགས་ཁྲིམ་བསྒྲགས་མི་མཛད་པ་མ་གཏོགས་གསང་སྔགས་ཀྱི་གདམས་པ་མེད་པ་མ་ཡིན་ཅིང་། ལྷག་པར་བཀའ

གདམས་པས་ཆོས་ཀྱི་གཙོ་བོར་བྱང་ཆུབ་ལམ་གྱི་སྒྲོན་མ་ཕྱག་བཞེས་གནང་བར་ཡང་གསང་སྔགས་ཡོད་དགོས་ཏེ། དེ་མེད་ན་བསྟན་པ་ཡོངས་རྫོགས་ཀྱི་ཉམས་ལེན་དུ་མི་འགྱུར་བའི་ཕྱིར་དང་། ལམ་སྒྲོན་རང་གི་ཚིག་ལའང་དངོས་སུ་འཁོད་པ་དེས་གསལ་པོར་རྟོགས་པ་བཅས་སོ།

གོང་དུ་བཀའ་གདམས་པའི་གྲུབ་མཐའི་སྐོར་དང་། རྗོ་འབྲོམ་གྱི་རྣམ་ཐར་རགས་པ་བཅས་ཐུའུ་བཀྭན་གྲུབ་མཐའ་དང་། ཡོངས་འཛིན་ཡེ་ཤེས་རྒྱལ་མཚན་གྱིས་མཛད་པའི་ལམ་རིམ་བླ་བརྒྱུད་ཀྱི་རྣམ་ཐར་སོགས་ལས་བཏུས་པ་རེ་ཞིག་དེ་ཙམ་མོ།

2. བཀའ་བརྒྱུད་པའི་སྐོར།

བཀའ་བརྒྱུད་ ཅེས་ པའི་ མིང་ ཐོགས་ སྟངས་ སྐོར། ཤངས་ པ་ བཀའ་བརྒྱུད་ནི་ མཁས་ གྲུབ་ ཁྱུང་ པོ་ རྣལ་ འབྱོར་ ལ་ ཡེ་ ཤེས་ ཀྱི་ མཁའ་ འགྲོ་ མ་ གཉིས་སོགས་ལས་བྱུང་བའི་བཀའ་བབས་ཀྱི་གདམས་པ་མངའ་བས་དེའི་རྒྱུད་འཛིན་ལ་ཤངས་པ་བཀའ་བརྒྱུད་དུ་གྲགས་པ་དང་། དྭགས་པོ་བཀའ་བརྒྱུད་ནི་གྲུབ་མཐའ་དེའི་ཤིང་རྟ་ཆེན་པོ་ལྷོ་བྲག་མར་པ་ཆོས་ཀྱི་བློ་གྲོས་ལ་རྗེ་རྗེ་འཆང་ནས་ཏཻ་ལོ་ནཱ་རོའི་བར་དུ་བྱོན་པའི་བཀའ་བབས་ཀྱི་གདམས་པ་རྣམས་མར་པ་ལ་མངའ་བ་དེའི་ཆོས་རྒྱུད་འཛིན་པ་རྣམས་ལ་དྭགས་པོ་བཀའ་བརྒྱུད་པ་ཞེས་བྱ་བར་འདོད་པ་བཅས་ཤངས་པ་བཀའ་བརྒྱུད་དང་དྭགས་པོ་བཀའ་བརྒྱུད་ཀྱི་མཚན་ཐོགས་སྟངས་ནི་དེ་ལྟར་རོ།

དང་པོ། ཤངས་པ་བཀའ་བརྒྱུད་ནི། མཁས་གྲུབ་ཁྱུང་པོ་རྣལ་འབྱོར་ལས་བརྒྱུད་པ་ཞིག་སྟེ། དེ་ཡང་མཁས་གྲུབ་ཁྱུང་པོ་རྣལ་འབྱོར་ནི། ཡབ་ཁྱུང་པོ་སྟག་སྐྱེས་ཀྱི་སྲས་སུ་སྤྱི་ལོ990ལྕགས་སྟག་ལོར་སྙེ་མོར་སྐུ་འཁྲུངས། གཞོན་

ནུའི་སྐབས་གཡུང་དྲུང་རྒྱལ་བ་ལས་བོན་བསླབས། དེ་རྗེས་རྫོགས་ཆེན་འབྲུང་གནས་སེང་གེ་ལས་རྫོགས་པ་ཆེན་པོ་གསན། དེ་རྗེས་བལ་ཡུལ་དུ་ཕྱིན་ནས་སུ་མ་ཏི་ལས་ལོ་ཙཱ་བསླབས་ཏེ་རྒྱ་གར་དུ་ཕྱིན་ནས་ལོ་ལྔ་བཅུ་ཙམ་གྱི་རིང་རྒྱ་གར་དང་། བལ་ཡུལ། བོད་བཅས་སུ་འགྲོན་བཞུད་མཛད་ཅིང་། རྒྱ་བལ་དུ་བླ་མ་མཁས་པ་དང་གྲུབ་པ་ཐོབ་པ་བརྒྱ་དང་ལྔ་བཅུ་བསྟེན་ནས་མདོ་སྔགས་ཀྱི་གཞུང་དང་མན་ངག་མཐའ་ཡས་པ་ཐུགས་སུ་ཆུད་ཅིང་། ཐུན་མོང་གི་བླ་མ་རྡོ་རྗེ་གདན་པ་ཆེན་པོ་དང་། མི་ཏྲི་པ། སྦས་པའི་རྣལ་འབྱོར། ནཱ་རོ་ལ་སྟེ་བཞི་དང་། ཐུན་མོང་མ་ཡིན་པ་ཡེ་ཤེས་ཀྱི་མཁའ་འགྲོ་ནི་གུ་མ་དང་། སུ་ཁ་སིདྡྷི་གཉིས་བཅས་དྲུག་པོ་དེ་གཙོ་བོར་མཛད། ནི་གུ་མ་ནི་ན་རོ་པའི་གསང་ཡུམ་ཡིན་ལ་འཇའ་ལུས་བརྙེས་ནས་མཁའ་འགྲོའི་ཚོགས་དཔོན་ལ་འགྲོན་པ་དང་མཇལ། སྒྱུ་ལུས་ཀྱི་ལམ་གྱི་དབང་དང་། ཆོས་དྲུག་རྡོ་རྗེའི་ཚིག་རྐང་། སྒྱུ་མ་ལམ་རིམ་སོགས་གདམས་པ་མང་དུ་གསུངས། མི་ཏྲི་པ་ལས་ཡེ་ཤེས་མགོན་པོའི་ཆོས་སྐོར་གསན། དེ་ནས་བོད་དུ་ཕྱིན་ཏེ་སྣང་རི་ཐང་པ་ལས་བསྙེན་པར་རྫོགས། འཕན་ཡུལ་འཛོག་པོ་རི་ལ་བཞུགས་སྐབས་རྒྱ་གར་ནས་བླ་མ་ནཱ་རོ་ལ་གུཎྜ་བཛྲ་ཆོས་སྒོ་སྐྱེལ་དུ་ཕྱིན་ནས་རྒྱུད་སྡེ་ལྔའི་དབང་དང་། མགོན་པོའི་སྐོར་སོགས་སྤྱི་ལ་གྲགས་དང་མ་གྲགས་པའི་གདམས་པ་མཐའ་ཡས་པ་གནང་། སྤྱི་ལོ1121རབ་བྱུང་གཉིས་པའི་ལྕགས་གླང་ལོར་གཡས་རུ་ཤངས་སུ་ཕྱིན་ནས་ཤངས་གཞོང་གཞོང་གི་དགོན་པ་བཏབ་པ་དེ་ནས་ཁོང་གི་བཞེད་སྲོལ་གྲུབ་མཐའ་དེ་ལ་ཤངས་པ་བཀའ་བརྒྱུད་ཅེས་གྲགས་པ་དང་། དེ་དུས་གཞོང་གཞོང་དུ་དགེ་འདུན་ཁྲི་ཚོ་བརྒྱད་འདུས་པར་གྲགས། སྐུ་གཤེགས་པའི་དུས་ནི་དགུང་ལོ་བརྒྱ་དང་ལྔ་བཅུ་བཞུགས་པར་གྲགས་པ་ལྟར་ན་སྤྱི་ལོ1139རབ་བྱུང་

གཉིས་པའི་ས་ལུག་ལོར་བབས།

སློབ་མའི་གཙོ་བོ་ནི། སྨྲེའུ་སྟོན་པ། གཡར་པོ་རྒྱ་མོ་ཆེ། རྟུལ་སྟོན་རིན་ཆེན་དབང་། ལས་སྟོད་དཀོན་མཆོག་མཁར། རྔོག་ལྗོག་པ་རིན་ཆེན་བརྩོན་འགྲུས། ཞང་སྒོམ་ཆོས་སེང་རྣམས་སོ།

ཤངས་ཆོས་གཙོ་བོར་གྱུར་པ་ནི། བདེ་མཆོག ཀྱཻ་རྡོར། མ་ཧཱ་མཱ་ཡཱ། གསང་འདུས། རྡོ་རྗེ་འཇིགས་བྱེད་དེ་རྒྱུད་སྡེ་ལྔ་པོ་སོ་སོའི་དབང་དང་། རྫོགས་པའི་དབང་། སྒྱུ་ལུས་དབང་མོ་ཆེ་སོགས་དང་། ཕྱག་ཆེན་ག་འུ་མ་ཞེས་པ་བདེ་བ་དང་སྟོང་པ་ག་འུ་ཁ་སྦྱོར་བཞིན་དབྱེར་མེད་དུ་བསྒོམས་ནས་འོད་གསལ་མངོན་དུ་བྱེད་པའི་གདམས་པའོ།

གཉིས་པ། དྭགས་པོ་བཀའ་བརྒྱུད་ནི། མར་པ་ལོ་ཙཱ་བ་ཆོས་ཀྱི་བློ་གྲོས་ལས་བརྒྱུད་པ་ཞིག་སྟེ་ཁོང་གི་མཛད་པ་གོང་དུ་སོང་ཟིན་པ་དང་མར་པའི་ཆོས་རྒྱུད་འཛིན་པ་ཀ་ཆེན་བཞིར་གྲགས་པ་དང་། ལྷག་པར་ཆོས་རྒྱུད་འདིར་དྭགས་པོ་བཀའ་བརྒྱུད་ཅེས་པའི་མཚན་ཐོགས་ཡུལ་སྟེ་གྲུབ་མཐའ་འདིའི་རིང་ལུགས་རྒྱ་ཆེར་སྤེལ་བར་གཞན་དྲིང་མི་འཛོག་པ་མཉམ་མེད་དྭགས་པོ་ལྷ་རྗེ་དང་། ཁོང་གི་སློབ་རྒྱུད་གཙོ་ཆེ་བ་རྣམས་བཅས་ཀྱི་ལོ་རྒྱུས་རགས་བསྡུས་ནི།

མར་པ་ལོ་ཙཱ་བའི་སློབ་མ་རྔོག་ཀ་བ་རྔོག་ཆོས་སྐུ་རྡོ་རྗེ་ནི། ཡབ་རྔོག་བན་ཆེན་ཁ་པ་དང་། ཡུམ་འོད་ལྡན་མའི་སྲས་སུ་སྤྱི་ལོ1036རབ་བྱུང་དང་པོའི་མེ་བྱི་ལོར་གཞུང་རི་བོར་འཁྲུངས།

ཁོང་གཞོན་ནུའི་དུས་ཡབ་ཆོས་སོགས་ལ་ཐོས་བསམ་མཛད་པས་མཁས་པར་གྱུར་ཅིང་། པ་བཟའ་ཆོས་འཚོ་ཁབ་ཏུ་བཞེས། གཞུང་སེ་ལུང་དུ་དགེ་བཤེས་དགྱེར་ཆུང་པ་ལ་སྙིང་མ་གསན་སྐབས་ཁོང་གིས་བྱེད་སློང་ནས་ཆོས་བྱེད་

བསམ་ན་སྐྱེས་མཆོག་མར་པ་ལོ་ཙཱའི་སྤྱན་སྔར་འདོང་ངམ་གསུངས་པས་དད་པ་ལྷག་མེད་དུ་འཁྲུངས་ཏེ་དེ་ནུབ་རང་ལ་ཆོས་འཁོར་དྲིལ་ནས་ནངས་པར་མར་པའི་དྲུང་དུ་ཕྱིན། སྔ་རྗེས་སུ་ཕྱག་རྟེན་གཏོས་ཆེ་བ་ཕུལ་ནས་དགྱེས་རྡོར་དང་། གདན་བཞི། མ་ཧཱ་མཱ་ཡཱ་རྣམས་ཀྱི་རྒྱུད་མན་ངག་དང་གདམས་ངག་དཔག་མེད་གསན། ཆོས་སྐྱོང་དུ་དུད་སོལ་མ་གནང་། གཞན་ཡང་གནམ་བྱེ་མ་ལུང་པ་དང་། ཁམས་པ་ཤེས་རབ་རྡོ་རྗེ་ལས་མཚན་བརྗོད་གསན་ཅིང་། དགྱེས་རྡོར་ལྷ་དགུ། བདག་མེད་མ་ལྷ་མོ་བཅོ་ལྔ། གདན་བཞི་ལྷ་མང་། ཡེ་ཤེས་དབང་ཕྱུག་མ། མ་ཧཱ་མཱ་ཡཱ་ལྷ་ལྔ། ཀུར་རིགས་བསྡུས་ཏེ་རྗེ་མར་པ་ལས་བྱུང་བ་དྲུག་དང་། སྨྲི་ཏི་ལུགས་ཀྱི་འཇམ་དཔལ་གསང་ལྡན་ཏེ་བདུན་ལ་རྫོགས་དཀྱིལ་བདུན་དུ་གྲགས། རི་བོ་ཁྲུང་ལྡིང་གི་ལྷ་ཁང་བཏབ། མཐར་དགུང་ལོ་དྲུག་ཅུ་རེ་བདུན་པ་སྤྱི་ལོ1102རབ་བྱུང་གཉིས་པའི་ཆུ་རྟ་ལོར་སྐུ་གཤེགས། ཁོང་གི་སློབ་མ་བ་རམ་རྩ་ཅན། པ་ཤ་བ་ཅན། རྫོག་མུན་པ་ཅན། སུམ་པ་ཐོད་ཀ་ཅན་ཏེ་ཅན་བཞི་སོགས་རིམ་པར་ཕྱིན།

ཤར་གྱི་ཀ་ཆེན་མཚུར་སྟོན་དབང་གི་རྡོ་རྗེ་ནི། དོལ་གྱི་མདའ་ན་འཆེས་དང་མཚུར་ཞེས་བྱ་བའི་རིགས་གཉིས་ཡོད་པ་ལས་མཚུར་གྱི་རིགས་སྔགས་འཆང་གི་རྒྱུད་པ་མཐུ་ཆེ་བ་ཞིག་གི་སྲས་སུ་འཁྲུངས། གཞོན་ནུའི་དུས་སུ་དགེ་བའི་བཤེས་གཉེན་ལྷེ་པའི་སར་སློབ་གཉེར་ལ་ཕྱིན། ཁོང་གི་ཁྱིམ་ཡོ་བྱད་ཀྱིས་དབུལ་བས་མས་མ་བཟོད་དེ་ཁྱོད་འཚར་ལོངས་བྱུང་ན་ནོར་འབྱུང་བས་དེའི་ཚེ་རིག་པ་བསླབ་པས་ཆོག་མོད། ད་ལྟ་རང་གི་ཁྱིམ་དུ་འདུག་ཅེས་བསྐུལ་བར། མཁས་པ་ཐམས་ཅད་དཀའ་བ་སྤྱད་ཅིང་། བརྩོན་འགྲུས་བསྐྱེད་པ་ལས་འབྱུང་བ་ཡིན་པས་ཨ་མས་ངའི་ཆོས་ཀྱི་བར་ཆད་མ་བྱེད་ཅིག ང་སངས་རྒྱས་པའི་ཚེ

ཁྱེད་བརྩེ་བས་མི་འདོར་བ་ཡིན་ནོ་གསུངས་ཏེ་སློབ་གཉེར་ལ་འབད་པ་ཆེན་པོ་མཛད། དུས་ཕྱིས་སྐུ་བསོད་རྒྱས་ཏེ་འབུམ་བཞེངས་པའི་ཡིག་མཁན་ལ་ད་ལྟ་གསང་བ་འདུས་པའི་གདམས་པ་སུ་ཆེ་དྲིས་པར་མར་པ་ལྷོ་བྲག་པ་ཆེ་ཟེར་བ་གསན། དད་པས་ཡིད་དྲངས་ཏེ་ལྷོ་བྲག་ཏུ་མར་པའི་སྤྱན་སྔར་ཕེབས་ནས་གསང་བ་འདུས་པའི་རྒྱུད་དང་གདམས་པ་གནང་བར་ཞུས་པས་མར་པའི་ཞལ་ནས་ཁྱོད་མཐུ་ཤིན་ཏུ་ཆེ་བ་ཞིག་ཡིན་འདུག་པས། ངའི་ཕ་སྤུན་མར་པ་མོན་ནག་བྱ་བ་འདིས་ང་ལ་གནོད་ཆེན་པོ་སྐྱེལ་གྱི་ཡོད་པས་ཁྱོད་ཀྱིས་མཐུ་ཞིག་གྱིས་དང༌། མཐུས་ནུས་པ་ཐོན་ན་ད་གཟོད་ཁྱོད་ལ་ཆོས་སྟེར་གསུངས་པ་ལྟར་མཚུར་སྟོན་གྱིས་ཟླ་བ་གཅིག་མཚམས་བཅད་དེ་མཐུ་བསྒྲུབས་པར་རྟགས་ཁྱད་པར་ཅན་བྱུང་བས་ཟླ་བ་ཆེ་གེ་མོའི་གནམ་སྟོང་ལ་ཕོ་འཆི་བར་ཡོད་པས་ཕོ་ལ་དུས་འདེབས་ཞུས། མར་པས་ཀྱང་མང་པ་མོན་ནག་ལ་ཁྱོད་ཟླ་བ་འདི་འདྲ་ཞིག་གི་གནམ་སྟོང་ལ་སྒྲུགས་ཤིག་གསུང་བའི་དུས་བཏབ་པ་དེའི་གནམ་སྟོང་གི་ཉིན་པར་ཕོ་རྡིག་པའི་འཁྲིས་ཤིག་ན་ཡོད་པས་དེ་རིང་བླ་མ་མར་པའི་མཐུ་གཏོང་བའི་དུས་ཡིན་ཟེར་བ་དེའི་མུར་ཁང་པའི་པུ་ཤུ་ལ་ཤིང་གི་བད་ཡོད་པ་རླུང་གིས་སྐྱུར་བའི་གསེབ་ན་རྗེ་ཡོད་པ་ཕོའི་མགོ་ལ་ཕོག་སྟེ་ཤི། དེར་བླ་མ་མར་པ་མཉེས་ནས་ཆོས་ཕྲ་མོ་འདྲ་བ་གནང་སྟེ་རྫོགས་པར་གནང་བ་ཞལ་གྱིས་བཞེས་པ་ལྟར་ཕྱིས་མཚུར་སྟོན་གྱིས་དོལ་མདར་རང་གི་གནས་སུ་མར་པ་སྤྱན་དྲངས་སྐབས་རེམ་ལྷའི་མན་ངག་དང༌། རྒྱུད་རྐྱང་གི་བཤད་པ་རྫོགས་པར་གནང་བ་དང་ཚོགས་འཁོར་གཅིག་ཞུས་པའི་ཚེ་རྗེ་མར་པས་རང་གི་རྒྱ་གར་དུ་ཆོས་བཙལ་ལུགས་དང༌། དཀའ་བ་སྤྱད་ལུགས་རྣམས་མགུར་དུ་བཞེས་མཐར།

ཆོས་དེ་ལྟར་དཀའ་བ་ཐུགས་དགོངས་ལ། །

ཁྱེད་ལེ་ལོ་མི་མཛད་སྒྲུབ་པར་ཞུ། །

ཞེས་གསུངས་ནས་ལྷོ་བྲག་ཏུ་ཐེབས་པ་བཅས་མཚུར་སྟོན་ནི་མར་པའི་སློབ་མའི་གཙོ་བོའི་གྲས་སུ་གྱུར་པ་དང་། མཚུར་སྟོན་ལ་སློབ་མ་མང་དུ་ཡོད་པ་ལས་གཙོ་བོ་ནི་ཁམས་པ་རོ་མཉམ་རྡོ་རྗེ་དང་། མཁོན་གད་པ་ཀིརྟི། འཆེས་སྟོན་བསོད་ནམས་རྒྱལ་མཚན་གསུམ་ཡིན། དེ་དག་གི་དངོས་དང་རྒྱུད་པའི་སློབ་མ་རྣམས་ཀྱིས་གསང་འདུས་མར་པའི་ཆོས་རྒྱུད་རྒྱ་ཆེར་སྤེལ་བ་ལགས་སོ།

ནུབ་ཀྱི་ཀ་ཆེན་གཙང་རོང་གི་མེས་སྟོན་ཚོན་པོ་ནི་ཞང་སྟོད་སྟག་ཚལ་བ་ཡིན། མཚན་ལ་བསོད་ནམས་རྒྱལ་མཚན་ཞུ་བ་དང་། གནས་གཞི་ར་རྡོའི་བདག་པོ་ཡིན། ཁོང་གིས་འབུལ་བ་ལན་གསུམ་གྱིས་རྗེ་མར་པ་མཉེས་པར་བྱས། མ་ཧཱ་མཱ་ཡཱ་དང་གདམས་ངག་མཐའ་ཡས་པ་གནང་། སློབ་མ་ཞང་བསོད་ནམས་མཁའ་སོགས་གྲུབ་པ་ཐོབ་པ་མང་དུ་བྱོན།

བྱང་གི་ཀ་ཆེན་ཏེ་རྗེ་མི་ལ་རས་པ་ནི། ཉོག་སྟག་རིས་ན་རིགས་སྒྱི་ཁྱུང་པོ་བྱེ་བྲག་མི་ལ་ཡིན་པ་ཞིག་ཁྱིམ་གཞིས་རྒྱུན་དུ་བཙུགས་ཏེ་ཤོ་བརྒྱབ་པས་ཕམ་ནས་ཡུལ་ཐོན་ཏེ་ལ་སྟོད་མང་ཡུལ་གུང་ཐང་གི་སྐྱ་རྔ་རྩ་རུ་ཆགས་པའི་ཡབ་མི་ལ་ཤེས་རབ་རྒྱལ་མཚན་དང་། ཡུམ་མྱང་བཟའ་དཀར་རྒྱན་གཉིས་ཀྱི་སྲས་སུ་སྤྱི་ལོ1040རབ་བྱུང་དང་པོའི་ལྕགས་འབྲུག་ལོར་སྐུ་འཁྲུངས་ཤིང་། གཞོན་ནུའི་སྐབས་ཀྱི་མཚན་ལ་ཐོས་པ་དགའ་ཞེས་བཏགས། ཁོང་སྐུ་བལྟམས་ནས་རིང་པོར་མ་ལོན་པར་ཡབ་སྐུ་གཤེགས། ཡུམ་དགུང་ལོ་ཉེ་ཤུ་རྩ་བཞི་པ་ཡིན་པར་ཨ་ཁུའི་བུའི་ཆུང་མ་བྱེད་དགོས་ཟེར་བར་མ་གསན་པས་ཨ་ཁུ་དང་ཨ་ནེ་ཁྲོས་ཏེ་ནོར་རྫས་ཐམས་ཅད་ཕྲོགས། ཤིན་ཏུ་ཉམས་ཐག་པའི་གནས་སུ་ལྷུང་བའི་ཚེ་དུས་ནམ་ཞིག་ཁོང་ལ་ཀློག་སློབ་པའི་སློབ་དཔོན་ཁྱིམ་ཚང་ཞིག་གིས་ཆང་སྟོན་ལ་

གདན་དྲངས་པའི་སར་ཆང་གསོལ་ནས་གླུ་ལེན་ཞིག་ནང་ལ་ལོག་ཕེབས་པས་ཡུམ་ཁྲོས་ཏེ། ཕ་མི་ལ་ཤེས་རབ་རྒྱལ་མཚན་ལ་བུ་ཁྱོད་འདྲ་བ་སྐྱེས། ངེད་མ་སྨད་ཀྱི་འཁོས་ཀ་འདི་ཙམ་ལ་ཐུག་པར་ད་དུང་ཁྱོད་ཀྱིས་གླུ་གཏོང་རྒྱུ་དྲན་ནམ་ཞེས་སྨྲེ་བ་དྲག་པོ་དང་བཅས་མཐར་ཡུམ་གྱི་བཀས་བསྐུལ་བ་ལྟར་དབུས་སུ་བྱོན་ནས་མཐུ་སེར་བསླབས་ཏེ་དགྲ་བོ་ཐམས་ཅད་བརླག་པར་མཛད། རྫོགས་ཆེན་པ་མཛད་དུས་རོང་སྟོན་ལྷ་དགས་རྗེ་མར་པའི་སྙན་པ་བརྗོད་པ་གསན་པས་དད་པ་ཆེན་པོ་འཁྲུངས་ཏེ་མར་པའི་སྤྱན་སྔར་དེ་མ་ཐག་བྱོན། རྗེ་མར་པ་ལ་ཡང་མནལ་ལམ་དུ་བུད་མེད་གཉིས་ཀྱིས་ཤེལ་གྱི་རྡོ་རྗེ་ཞིག་གཏད་ནས་འདི་ཁྲུས་ལ་རྒྱལ་མཚན་གྱི་རྩེར་ཞོག་བླ་མའི་བཀའ་ལུང་ཡིན་ཟེར་བ་ལྟར་བྱས་པས་འོད་ཀྱིས་འཛམ་གླིང་ཁྱབ་པའི་ལྟས་གཟིགས་པ་ལྟར་མི་ལ་ཐོག་མར་ཕེབས་སྐབས་བླ་མས་བསུ་བར་བྱོན་ཏེ་ང་རྒྱལ་མི་སྐྱེ་བའི་ཕྱིར་དུ་ཕྲུ་སློག་པ་ལྟར་མཛད། མར་པས་མི་ལར་འདི་རྐོས་ཤིག་གསུངས་པ་ལྟར་བཀའི་ཐོག་མ་བསྒྲུབས། སྐྱེམ་ཆང་གནང་བ་གཙང་མར་བཞེས་པས་གདམས་ངག་གི་སྣོད་དུ་དགོངས་ནས་རྗེས་སུ་བཟུང་། སྡིག་སྒྲིབ་སྦྱོང་བའི་སླད་དུ་སྐུ་མཁར་ཟླུམ་པོ། སོག་ཀ ཟླ་གམ། གྲུ་གསུམ་རྣམས་རྩིག་བཅུག་པ་སླར་ཡང་བཤིག མཐར་སྲས་མཁར་དགུ་ཐོག་ཞེས་སུ་གྲགས་པ་གྲུ་བཞི་དགུ་ཐོག་རྩེ་མོ་རིན་པོ་ཆེ་འབར་བ་ལྟ་བུ་རྩིགས་གསུངས་ནས་མདོ་ཁྲམས་དབུ་རྩེ་དང་བཅས་པ་བརྩིགས་པར་མཛད་པ་དང་། གཞན་ཡང་དབང་གྲལ་ནས་ལན་མང་དུ་བཏོན་པ་སོགས་ཡིད་ཚད་ཆེན་པོ་བདུན་གྱིས་སྒྲིབ་པ་སྦྱངས། དེ་ནས་བླ་མས་ཡིད་ཚད་ཆེན་པོ་ལན་དགུ་ཐོངས་ན་ཐོས་པས་གྲོལ་བ་ཞིག་འོང་བ་ལ། ད་སྙིང་རུས་ཤིག་དགོས་ཏེ་སྨད་ནས་འོང་གསུངས་སྔོན་གྱི་མནལ་ལྟས་ལས་མཚན་རྡོ་རྗེ་རྒྱལ་མཚན་དུ་བཏགས་ཏེ་བདེ་མཆོག་གི་དཀྱིལ

འཁོར་དུ་དབང་བསྐུར། ལྷ་དང་བླ་མས་གསང་མཚན་བཞད་པའི་རྡོ་རྗེ་ཞེས་བྱ་བ་བཏགས་པར་གྲགས། གདམས་ངག་ཐམས་ཅད་ཚོང་སྒྲུགས་སུ་གནང་ནས་སྒོམ་དུ་བཅུག མནལ་ལམ་དུ་ཡུལ་གྱི་ཁང་པ་ཞིག ཡུམ་གྲོངས། སྲིང་མོ་འཁྱར་བ་སོགས་གཟིགས་པས་ཡུལ་ལ་འགྲོན་པར་འདོད་ནས་ཞུར་ཕྱིན་པའི་ཚེ། སྐུ་མཁར་དང་སྐར་ཁུང་ནས་བླ་མའི་དབུ་ལ་ཉི་མ་ཤར། བླ་མ་མནལ་དུ་སོང་། ཡུམ་གསོལ་འདྲེན་དུ་བྱུང་བའི་དབུ་སྟེས་སུ་གཙང་ལ་ཡར་འགྲོའི་གླུ་ཞུལ་བས་ཁྱོད་འགྲོ་ན་བཏང་བས་ཚོག་སྟེ་ང་གཉིད་དུ་སོང་བ་དང་ཐུག་པས་ཕྱིས་མི་ཕྲད། མཁར་དང་ངའི་མགོ་ལ་ཉི་མ་ཤར་བས་ཁྱོད་ཀྱིས་བསྟན་པ་སྒྲུ་དང་བཀའ་བརྒྱུད་ཀྱི་བསྟན་པ་ཉིན་མོར་བྱེད་པ་ལྟར་འོང་། བདག་མེད་མས་ཟས་ཕྱེར་བ་འདིས་ཁྱོད་རྟིང་འཛིན་གྱིས་འཚོ་བའི་རྟེན་འབྲེལ་ཡིན་གསུངས་ཏེ་གདམས་ངག་ཐམས་ཅད་གནང་སྟེ་སྡུག་ཐུག་པའི་དུས་འདི་རྟོས་དེ་བར་མ་ལྟ་གསུངས་ནས་ཤོག་དྲིལ་ལ་ཐམ་ག་བརྒྱབ་པ་ཞིག་གནང་།

ཁྱོད་ལ་བྱིན་དང་གཞན་ལ་བྱིན། །
གལ་ཏེ་སྲང་ལ་བཅལ་ཡོད་ན། །
སུམ་འགྱུར་བས་ཀྱང་མི་ལྷག་རེ། །

ཞེས་གསུངས་ཏེ་བསྟན་པ་གཏད། ཚོས་ལ་ཞེས་པའི་བར་སྐྱེལ་ཐུང་མཛད་དེ་སྤྱི་བོར་ཕྱག་བཞག་ནས་སྨོན་ལམ་དང་། གནས་དང་རྒྱུད་འཛིན་ལ་སོགས་པའི་མ་འོངས་ལུང་བསྟན་དུ་མ་མཛད་པ་བཅས་མར་པའི་ཞབས་དྲུང་ནས་ཕྱིན་ཏེ་ལམ་དུ་རྫོག་ལའང་ཕྱག་མཛད།

དེ་ལྟར་རྗེ་བཙུན་མི་ལས་དགུང་ལོ་སུམ་ཅུ་རྩ་བརྒྱད་པ་ལ་མར་པའི་དྲུང་དུ་ཕྱིན་པ་ནས་དགུང་ལོ་བཞི་བཅུ་རྩ་བཞིའི་བར་དུ་བཞུགས་ཤིང་། དགུང་ལོ་

ཞི་ལྷུ་པ་ནས་བླ་མའི་བཀའ་བཞིན་དཀའ་སྤྱད་ཀྱི་སྒྲུབ་པ་ལ་གཞོལ་ནས་ཞི་བར་མ་གཤེགས་བར་ལོ་བཞི་བཅུའི་རིང་སྐུ་ལུས་སྒོམ་ཐག་དང་མ་བྲལ་བར་བཞུགས་པར་གྲགས།

དེ་ཡང་མར་པའི་སྐུ་བརྒྱུད་ནས་རང་ཡུལ་དུ་ཕེབས་པའི་ཚེ་མནལ་ལམ་དུ་བྱུང་བ་ཇི་བཞིན་གཟིགས་པས་སྐྱོ་ཤས་ཆེར་སྐྱེས་ཏེ་དང་པོར་ཁང་ཚུགས་ཕུག་ཏུ་འཚོ་བ་ཞིང་རིན་ལ་བརྟེན་ནས་བསྒོམས། དེ་ནས་བྲག་དཀར་རྟ་སོར་ཟླའི་ཚོད་མ་ལ་བརྟེན་ཏེ་བཅུ་གཉིས་ཆ་བཞིའི་དམ་བཅའ་མཛད་ནས་བསྒོམས་ཚེ་སྲིང་མོ་དང་མཛེས་སེའི་ཟས་སྐོམ་གྱིས་རྐྱེན་བྱས་ཏེ་ཁམས་འདུས་པའི་རྣམ་པ་ཅི་ཡང་བྱུང་ཚེ་ཤོག་དྲིལ་གཟིགས་པས་རླུང་སེམས་གཉིས་མེད་ཀྱི་གདམས་ངག་བྱུང་སྟེ་རྟོགས་སུ་ཐོན། གྲུབ་པ་ཐོབ་ནས་སྐྱིན་ཁྱུགས་གྲིབ་མ་རྫོང་དང་ཕན་ཚུན་དུ་འཕུར་ཞིང་བསྒོམས། ལིང་བའི་བྲག་ཏུ་དབུ་མའི་མར་སྣར་མེ་རླུང་ཚུད་པའི་རྟེན་འབྲེལ་བྲག་སྲིན་མོའི་ཆོ་འཕྲུལ་སྣང་བ་དང་། སྨན་ལུང་ཆུ་བར་དུ་མགྲིན་པའི་རྩ་མདུད་ཞིག་པའི་རྟེན་འབྲེལ་ཚེ་རིང་མའི་སྐོར་སྣང་། ཆུ་ལ་མི་བྱིང་བས་ཞུ་ཡས་དར་མ་དབང་ཕྱུག་དང་། ཁྲི་དང་ཤ་བ་མ་མད་ལྷར་དུལ་བས་ཁྲི་ར་བ་མགོན་པོ་རྡོ་རྗེ་བཏུལ། གངས་དཀར་ཏི་སེའི་རྩེར་གཤེགས་པ་ལ་སོགས་པའི་རྫུ་འཕྲུལ་གྱིས་ན་རོ་བོན་ཆུང་བཏུལ། སྙན་པའི་གྲགས་པ་ས་ཕྱོགས་ཀུན་ཏུ་ཁྱབ་ཅིང་ཐུགས་ཀྱི་སྲས་མཆོག་རྗེ་སྒམ་པོ་པ་ལ་བསྟན་པ་གཏད་དེ་དགུང་ལོ་གྱ་བཞི་པ་སྤྱི་ལོ1123རབ་བྱུང་གཉིས་པའི་ཆུ་ཡོས་ལོར་སྐུ་གཤེགས།

སློབ་མའི་མཆོག་ནི་རྗེ་སྒམ་པོ་པ་དང་། རས་ཆུང་པ། དེ་བཞིན་འབྲི་སྒོམ་རས་པ། སེ་བན་རས་པ། རས་པ་ཞི་བ་འོད། ཁྲི་ར་རས་པ། ངན་རྫོང་རས་པ། བདེ་བ་སྐྱོང་། ར་རྗེ་རས་པ་སྟེ་རས་པ་མཆེད་བརྒྱད། སྟོན་པ་དྲུག

རས་མ་བཅུ་གཉིས། གྲུབ་ཐོབ་མ་དྲུག་སོགས་བགྲངས་ཀྱིས་མི་ལང་ངོ་།

རྗེ་བཙུན་མི་ལའི་བུ་སློབ་རྣམས་ཀྱི་མཆོག་ཏུ་གྱུར་པ་དྭགས་པོ་བཀའ་བརྒྱུད་ཀྱི་མཚན་ཐོགས་ཡུལ་རྗེ་སྒམ་པོ་པ་ནི། ཡབ་སྙེའི་རིགས་ལས་བྱུང་བ་སྙི་བ་རྒྱལ་པོ་དང་། ཡུམ་ཤ་མོ་བཟའ་ཆེ་ལྕམ་གཉིས་ལ་སྲས་གསུམ་མངའ་བའི་འབྲིང་པོར་སྤྱི་ལོ1079རབ་བྱུང་དང་པོའི་ས་ལུག་ལོར་ཡུལ་གཉལ་སྙེར་འཁྲུངས། གཞོན་ནུའི་དུས་སུ་སྨན་བསླབས་པས་མཁས་པར་མཁྱེན་ཅིང་། ཇོ་མོ་ཞིག་ཀྱང་བཞེས་པ་དེ་གཞོན་ནུར་འདས་པས་ཐུགས་སྐྱོ་སྟེ། དགུང་ལོ་ཉི་ཤུ་རྩ་དྲུག་པ་ལ་དགེ་བའི་བཤེས་གཉེན་ཤབ་པ་གླིང་པ་ལ་ཚིག་རྫོགས་མཛད། དྭགས་པོ་སྨད་དུ་མར་ཡུལ་བློ་ལྡན་ལས་བདེ་མཆོག་དང་རིན་ཆེན་རྒྱན་དྲུག་མ་ལ་སོགས་པའི་དབང་མང་པོ་གསན།

དེ་རྗེས་དབུ་རུ་བྱང་ཕྱོགས་སུ་ཕྱིན་ནས་བྱ་ཡུལ་བ་དང་། སྣུག་རུམ་པ། ལྕགས་རི་གོང་ཁ་བ་རྣམས་ལས་བཀའ་གདམས་ཀྱི་ཆོས་མང་དུ་གསན། དེ་ནས་སློབ་དཔོན་བྱང་ཆུབ་སེམས་དཔའ་ལ་སྒོམ་པའི་མན་ངག་ཞུས་ནས་བསྒོམས་པས་ཞག་བཅུ་གསུམ་ཙམ་དུ་མི་འཆོར་བའི་ཏིང་ངེ་འཛིན་ཡང་འཁྲུངས། དེ་རྗེས་རང་གི་ཡུལ་དུ་ཕྱིན་ནས་སྒོམ་ཞིང་བཞུགས་པའི་ཚེ་ཉེ་ལོགས་ནས་སྤྲང་པོ་གསུམ་འདུག་པའི་གཅིག་ན་རེ། ཟན་ཏོག་ཆེས་པ་རེ་དང་ཚོད་མ་ཞོར་པ་རེ་བཟར་ཡོད་ན་དགའ་བ་ལ་ཟེར། གཅིག་གིས་སྨོན་ནི་ཟེར་ན་མངའ་བདག་རྩེ་ལྡེ་ལྟ་བུ་ལ་སྨོན་མོད་ཟེར། ཀན་པ་གཅིག་ན་རེ། སྨོན་ནི་རང་ཡིན་ན་མི་ལ་རས་པ་བྱ་བ་ཟས་གོས་ཀྱི་ཞེན་པ་མེད་པ། ནམ་མཁའ་ལ་འཕུར་ནས་ཕར་འགྲོན་ཚུར་འགྲོན་བྱེད་པ་ཞིག་ཡོད་པར་འདུག དེ་འདྲ་བ་ལ་སྨོན་མོད་ཟེར་བས་མི་ལའི་མཚན་ཐོས་པ་ཙམ་གྱིས་ཤིན་ཏུ་དད་པར་གྱུར་ཏེ་སྤྲང་པོ་དེ་རྣམས་

ལ་བཟའ་བཏུང་གང་དགོས་གནང་ནས་རྒྱལ་འབྱོར་པ་དེ་འདྲ་བ་གང་ན་
བཞུགས་དྲིས་པས་བྲིན་སྐྱེ་ནམ་གྱི་རི་ལ་བཞུགས་པ་ཡིན། ལ་ལས་ཕོང་མཇལ་
དུ་ཕྱིན་ཡང་མི་མཐོང་། ལ་ལས་མཆོད་རྟེན་དུ་མཐོང་བ་ཡིན་ཟེར་བ་གསན་
པའི་དགོང་མོ་དེ་གར་མི་ལ་སྒོམ་ཞིང་བཞུགས་པའི་རྫི་ལམ་དུ་ཐ་ཆེན་པོ་གཅིག་
བརྡུངས་པས་ཡུལ་རྒྱ་ཆེན་པོར་ཐོས་པ་དང་། རག་དུང་གཅིག་བུས་པས་ཀྱང་
སྐད་ཤིན་ཏུ་ཆེ་ལ་བོད་ན་འདི་ལས་ཆེ་བའི་རག་དུང་མེད་ཟེར་བ་རྨིས་པས་བླ་མ་
རྗེ་བཙུན་དེ་དང་མཇལ་བའི་ལྟས་ཡིན་ནམ་དགོངས་པ་བྱུང་། དེ་ནས་མི་ལ་
མཇལ་བའི་ལམ་དུ་ཆས་ཤིང་དབུ་རུའི་བླ་མ་རྣམས་ལ་ཕྱག་འབུལ་དུ་ཕྱིན་ནས་
མི་ལ་རས་པའི་སྙན་པ་གསན་པས་ཕོང་མཇལ་དུ་འགྲོ་ཞུས་པས། ལ་ལས་ངེད་
ཚོ་རང་གི་གདམས་ངག་གིས་ཆོག་མོད་གསུངས་པར་བཏུད་དེ་ཞུས་པས་སོང་
ཞིག་པའི་གནང་བ་དང་། ངེད་ཀྱི་རྟགས་མ་བོར་བ་བྱ་དགོས་གསུངས།
འགོངས་སྟོན་བྱ་བ་ཞིག་དང་འགྲོགས་ནས་རྗེ་བཙུན་མཇལ་དུ་ཕྱིན་པས་
འགོངས་སྟོན་གཙང་ཚོང་འདུས་སུ་སྣུང་སྟེ་ལུས། ཕོང་སྐྱ་རྒྱུང་མར་ཕྱིན་པས་རྗེ་
བཙུན་མི་ལ་དང་མཇལ་བ་ལ་ཉི་མ་ཕྱེད་དང་གཉིས་ཙམ་ཡོད་པའི་སར་བསྟུན་
དྲག་པོ་འགྲོངས་སུ་ཚ་བ་གཅིག་བྱུང་བ་ལ་རྗེ་བཙུན་ཉིད་ལ་གསོལ་བ་བཏབ་
པས་བསྟུན་གཞི་མྱུར་དུ་གསོས། དེ་ནས་བྲིན་དུ་ཕེབས་པའི་ཚེ་བཙུན་པ་ཞིག་
བསུར་བྱུང་ནས་ཁྱོད་བསོད་ནམས་ཆེ། བླ་མས་ཁྱེད་འབྱོན་པ་ན་ཞིང་ནས་ལུང་
བསྟན། ད་ལྟ་ང་བསུར་གཏོང་བ་གནང་བྱུང་ཞེས་གསན་པས་ང་ཡང་སྐལ་ལྡན་
དུ་འདུག་སྙམ་པའི་ཁེངས་པ་ཙང་ཞིག་འབྲུངས་པས་རྗེ་བཙུན་གྱིས་ཟླ་བ་ཕྱེད་
མཇལ་དུ་མ་གནང་། དེ་ནས་ཉིན་ཞིག་ཤོག་གསུངས་པ་ལྟར་ཕྱིན་པས་རྗེ་
བཙུན་ཕ་བོང་ཞིག་གི་སྟེང་ན་བཞུགས་པར་གསེར་དུམ་གཅིག་དང་། ཇ་ཐུམ་

བུ་གཅིག་ཡོད་པ་ཕུལ་བས་གསེར་ལ་འདི་དང་ང་མོ་མི་མཐུན་གསུངས་ནས་མ་བཞེས། ཛ་ལ་ཡང་ང་ལ་སྐྱོལ་བའི་ཐབ་ཆ་མེད་གསུངས་ནས་ཕྱིར་གནང་། ཚང་ཀ་པླ་ལ་གང་འདུག་པ་གནང་བ་དགེ་སློང་ཡིན་པས་འཕྱུང་དུ་མི་རུང་སྐམ་ཕྱུང་བ་ན། ནན་གྱིས་བཀའ་བསྐུལ་བས་ལྷག་མ་ལུས་པར་བཞེས། ཁྱོད་ཀྱི་མིང་ལ་ཅི་ཟེར་གསུངས་པར། བསོད་ནམས་རིན་ཆེན་བྱ་བ་ལགས་ཞུས་པས། བསོད་ནམས་བསོད་ནམས་བྱ་བ་ལན་གསུམ་གསུངས་ནས།

བསོད་ནམས་ཚོགས་གཉིས་བསགས་ལས་བྱུང་། །

སེམས་ཅན་ཀུན་གྱི་རིན་པོ་ཆེ། །

ཞེས་བྱ་བ་མགུར་དུ་བཞེས་ནས་ཁོང་ལ་དབུས་པ་སྟོན་པར་སྨྲ་ལེན་གྱིས་གསུངས། དེ་ནས་གདམས་པ་ཟབ་མོ་རྣམས་བདག་ལ་གནང་བར་ཞུས་པས། སྔར་དབང་ཐོབ་བམ་གསུངས། མར་ཡུལ་བློ་ལྡན་ལས་རིན་ཆེན་རྒྱན་དྲུག་དང་བདེ་མཆོག་ལ་སོགས་པའི་དབང་མང་པོ་ཐོབ་པ་དང་། དབུ་རུ་བྱང་ཕྱོགས་སུ་བཀའ་གདམས་ཀྱི་གདམས་ངག་ཀྱང་མང་དུ་མཉན། ཞག་བཅུ་གསུམ་དུ་མི་འཆོར་བའི་ཏིང་འཛིན་ཞིག་ཀྱང་ཡོད་ཞུས་པས་ཧ་ཧ་ཞེས་བཞད་མོ་ཆེན་པོ་ཞིག་མཛད། དེ་འདྲ་བའི་ཏིང་ངེ་འཛིན་བས་གཟུགས་དང་གཟུགས་མེད་པའི་ལྷ་ལ་བསྐལ་པའི་བར་དུ་མི་འཆོར་བའི་ཏིང་ངེ་འཛིན་ཡོད་དེ་དེས་འཚང་རྒྱ་བ་ལ་མི་ཕན་བྱེ་མ་བ་ཙོར་བས་མར་ཁུ་མི་ཐོན་པ་དང་འདྲ། བཀའ་གདམས་པ་ལའང་གདམས་ངག་ཡོད་དེ་མན་ངག་མེད། བོད་ཀྱི་སྙིང་ལ་འདྲེ་ཞུགས་པས་ཇོ་བོ་རྗེ་གསང་སྔགས་འཆད་དུ་མ་བཅུག དེ་བཅུག་ན་ད་ལྟ་བོད་གྲུབ་ཐོབ་ཀྱིས་གང་འོང་བ་ཡིན། བཀའ་གདམས་པ་ལ་བསྐྱེད་རིམ་ལྷ་པོ་རེད་པོ་རེ་དང་། རྫོགས་རིམ་སྙོད་བཅུད་འོད་གསལ་དུ་བསྡུད་པ་རེ་ལས་མེད། ད་ཁྱོད་རང་ངའི་གཏུམ

མོ་ཨ་ཐུང་སྒོམས་དང་གསུངས། དེར་གསེར་ཞོ་གཉིས་ཕྲིན་དུ་གནས་པོ་ཅིག་ལ་གཏད་ནས་ཁོས་རྒྱགས་སྐྱེལ་བར་བླངས། ཕ་བོང་ཅིག་གི་རྩར་ཤིང་དང་བལ་པོ་ལ་བསྟུས་པའི་ཁང་ཆུང་ཞིག་བྱས་ནས་གཟོད་གདམས་ངག་ཞུས་པ་ན་ཁྱོད་ལ་སྟེར་དབང་ཐོབ་པ་དེ་ཆོས་ཀོ་མི་ཆོད་པ་མིན་ཀྱང་། ངའི་ལུགས་བཞིན་བྱ་དགོས་གསུངས་ནས་ཕག་མོའི་བྱིན་རླབས་ཀྱི་བཀའ་ཅིག་གནང་བ་དེ་ནས་མི་ལའི་གདམས་ངག་རྣམས་བསྒོམས་པས་རྟགས་མཐའ་ཡས་པ་རིམ་པར་བྱུང་བ་བླ་མ་ལ་ཞུས་པས་ཐམས་ཅད་ལ་ལུས་ཀྱི་གནད་འདིར་རླུང་དང་ཁམས་ཟིན་པའི་རྟགས་ཡིན། སྐྱོན་ཡང་མིན་ཡོན་ཏན་ཡང་མིན་ད་དུང་སྒོམས་ཤིག་གསུངས་ནས་བསྐྱངས་པས་ཞག་རེ་ལ་རླུང་ཐེངས་རེས་ཚོག་པ་དང་། རླུང་ལག་སོར་གྱི་རྩེ་མོར་འཛོངས་པ་བྱུང་བ་ཞུས་པས། དེ་ཡང་རླུང་ལ་དབང་ཐོབ་པ་ནི་མིན་ལས་སུ་རུང་བ་ནི་ཡིན་གསུངས། ཉི་ཟླ་གཟས་གཟུང་བའི་སྣང་བ་བྱུང་ནས། ད་ནི་ད་ནི་བྱ་བ་ལན་གསུམ་གསང་ཞིང་མཆོག་ཏུ་གཏུམ་མོ་གནང་། དེའི་རྟགས་ཁྱད་པར་ཅན་བྱུང་བ་ན་ཁྱོད་ཕོ་རྗེ་རབ་ཏུ་འདུག་གསུངས། དེ་ལྟར་མི་ལའི་ཞབས་དྲུང་དུ་ཟླ་བ་བཅུ་གསུམ་སོང་རྗེས་ད་དབུས་པ་སྟོན་པ་རང་དབུས་སུ་བཞུད་གསུངས་ཤིང་། ཟམ་སྣ་གཅིག་གི་བར་དུ་བསྐྱལ་ནས་དེར་ད་འཇིག་རྟེན་སློས་ཐོངས་ལ་སྒྲུབ་པ་འབའ་ཞིག་གྱིས། དུག་གསུམ་རྒྱས་པའི་མི་དང་མ་འགྲོགས། དེ་རྣམས་ཀྱི་ཁ་རླངས་ཀྱིས་རང་གི་དགེ་སྦྱོར་འགྲིབ་པ་ཡིན་པས་གནས་རི་ཁྲོད་དང་དགོན་པ་འབའ་ཞིག་བསྟེན། ད་སྟེ་ལོ་གསུམ་ན་ཁྱོད་ལ་དགེ་སྦྱོར་གཤའ་མ་ཞིག་སྐྱེ། དེའི་དུས་སུ་ང་ལའང་མཐོང་འདི་མིན་པ་ཞིག་འོང་གསུང་བ་ལ་སོགས་པའི་ཞལ་བཀོད་མང་པོ་གནང་། དེ་ནས་སྨམ་པོ་བ་གཉལ་དུ་ཐེབས། སེ་བ་ལུང་ཞེས་བྱ་བའི་དགོན་པར་བཞུགས། དེར་བཀའ་

གདམས་པའི་དགེ་འདུན་མང་པོ་ཡོད་པས་འདི་རྣམས་ཀྱི་ཆོས་སྐྱོད་ཀྱི་རམ་མ་བཏེག་ན་ཕྱིག་གསོག་དགོངས་ནས་རམ་བཏེག་ཅིང་། དེ་རྣམས་དང་སྐྱོད་ལམ་བསྟུན་པས་ཏིང་ངེ་འཛིན་ཅུང་ཞིག་འགྲིབས། ད་འདིས་མི་འོང་བར་འདུག་དགོངས་ནས་ལོ་གསུམ་སྟན་དང་མ་བྲལ་བར་སྒོམ་པའི་བརྩོན་འགྲུས་བསྐྱེད་པས་གཟོད་སེམས་ཀྱི་ངོ་བོ་མཐོང་། ཆོས་ཐམས་ཅད་ཀྱི་དེ་ཁོ་ན་ཉིད་མཁྱེན། བླ་མས་གསུངས་པའི་དགེ་སྦྱོར་གཤའ་མ་དེ་འདི་ཡིན་པར་འདུག་སྙམ་པ་དང་། བླ་མ་རྗེ་བཙུན་དེ་ཡང་ཆོས་ཀྱི་སྐུ་ཉིད་དུ་འདུག་པ་ལ་རང་རེས་གྲུབ་ཐོབ་ཆེན་པོ་ཅིག་ཏུ་བཟུང་འདུག་སྙམ་པའམ་བྱུང་བ་སོགས་དེ་ནས་དབེན་པའི་གནས་མང་པོར་སྒྲུབ་པ་ལ་གཅིག་ཏུ་གཞོལ་ཞིང་། མཐར་འོ་དེ་གུང་རྒྱལ་གྱི་གངས་ལ་བཞུགས་ནས་སྒྲུབ་པ་གནང་སྐབས་ལོ་མང་རབ་སོང་བ་ན་ཉིན་གཅིག་མི་རྒན་ལ་ཐོད་ཅན་གོས་བཟང་པོ་གྱོན་པ་ཞིག་བྱུང་ནས་ངས་འདིར་ཁྱེད་ཀྱི་ཞབས་ཏོག་བྱ་སྙམ་པ་ཡིན་ཏེ་ད་ངའི་བུ་དྭགས་ལྷ་སྨམ་པོས་གདན་འདྲེན་པར་འདུག་པས་དེར་ཕེབས་ཤིག་ཟེར་ནས་མི་སྣང་བར་གྱུར་པར་གྲགས།

དེ་ཡང་རྗེ་སྨམ་པོ་བ་དགུང་ལོ་སུམ་ཅུ་སོ་གཉིས་པ་སྤྱི་ལོ1110རབ་བྱུང་གཉིས་པའི་ལྕགས་སྟག་ལོར་རྗེ་བཙུན་མི་ལ་དང་མཇལ་ནས་མི་ལའི་སྤྱན་སྔར་ལོ་གཅིག་བཞུགས་ཏེ་ཐོན་ཁར་རྗེ་བཙུན་གྱིས་ལོ་བཅུ་གཉིས་སོང་བ་ན་བྲིན་གྱི་རི་ལ་ཨོག་ཅིག་གསུངས་སྐྱོང་བ་ཁྱེས་དབེན་པ་བསྟེན་པའི་སྐབས་སུ་དྲན་ནས་འགྲོན་པར་དགོངས་ཏེ་ལམ་དུ་ཞུགས་ནས་ཡར་ཀླུངས་སུ་ཕེབས་པ་ན་རྗེ་བཙུན་སྐུ་གཤེགས་པའི་གཏམ་ཐོས་ཤིང་། ཁྱོད་ཀྱི་སྐལ་བ་ཡིན་ཟེར་བའི་རྟེན་ཡང་ཕྱག་ཏུ་སོན། དེ་ནས་དབེན་པ་བསྟེན་ནས་བསྒོམས་པ་དང་། འོ་དེ་གུང་རྒྱལ་ནས་སྨམ་པོར་ཕེབས་ཏེ་སྤྱི་ལོ1121རབ་བྱུང་གཉིས་པའི་ལྕགས་གླང་ལོར་སྨམ་

པོའི་དགོན་པ་བཏབ་ནས་དགོན་པ་དར་རྒྱས་དང་། གདམས་ངག་ཆེན་པོ་སྤེལ་བར་མཛད་པ་དེ་ནས་བཟུང་ཡོངས་གྲགས་སུ་དྭགས་པོ་བཀའ་བརྒྱུད་ཅེས་པའི་གྲུབ་མཐའ་བྱུང་བ་ཡིན།

དེ་ལ་རྗེ་བཙུན་མི་ལ་ནི་ཐབས་ལམ་དང་ཕྱག་རྒྱ་ཆེན་པོ་སོགས་སུ་མི་མཛད་པ་རྗེ་སྒམ་པོ་བས་སྔགས་ཀྱི་སྣོད་རུང་རྣམས་ལ་ཐབས་ལམ་གྱི་གདམས་ངག་བསྟན། དབང་བསྐུར་མེད་ཀྱང་ཕ་རོལ་ཏུ་ཕྱིན་པའི་སྣོད་དུ་རུང་བ་རྣམས་ལ་ཕྱག་རྒྱ་ཆེན་པོའི་གདམས་པ་བཏབ་སྟེ་ལྷན་ཅིག་སྐྱེས་སྦྱོར་ཞེས་བྱ་བའི་ཁྲིད་རིམ་མཛད་པ་དེ་ལ་དྭགས་པོའི་རྟོགས་ཆས་ཀྱང་ཟེར།

གསུང་རབ་རྣམས་ནས་བླ་མ་དང་སློབ་མའི་མཚན་ཉིད་མང་དུ་གསུང་ནའང་། སློབ་མ་ལ་མཚན་ཉིད་མང་པོ་མི་དགོས། མོས་གུས་ཡོད་པ་གཅིག་པུས་ཆོག་གསུངས་ཤིང་། བླུན་པོ་དང་དབུལ་ཕོངས་དང་སྡིག་ཅན་དུ་གྱུར་པ་འགའ་ལ་ཡང་ཕྱག་རྒྱ་ཆེན་པོའི་རྟོགས་པ་ཡུན་མི་རིང་བར་བསྐྱེད། བཀའ་གདམས་ཀྱི་བསྟན་པའི་རིམ་པའི་བསྟན་བཅོས་ཀྱང་མཛད། གདམས་ངག་ཀྱང་མང་དུ་གསུངས་པ་འདི་ནས་བཀའ་ཕྱག་ཆུ་བོ་གཉིས་འདྲེས་སུ་གྲགས་ཏེ་གཞན་ལས་ཁྱད་པར་འཕགས་པའི་སྙན་གྲགས་ཕྱོགས་ཐམས་ཅད་དུ་ཁྱབ་པ་བཅས་མཐར་དགུང་ལོ་བདུན་ཅུ་རྩ་ལྔ་པ་སྤྱི་ལོ1153རབ་བྱུང་གསུམ་པའི་ཆུ་བྱ་ལོར་སྐུ་གཤེགས།

རྗེ་སྒམ་པོ་པའི་གསུང་ལས་སྐྱེས་པའི་བུ་ཆེན་ཡང་། ཉོ་རོམ་འཕགས་པ། ཟེམ་ཞིང་ཡེ་ཤེས་སྙིང་པོ། གསེར་སྒོམ་ཡེ་ཤེས་སྙིང་པོ། རམ་ཉེ་བ་ཆོས་ཀྱི་གཡུང་དྲུང་སྟེ་གྲུབ་པ་ཐོབ་པ་བཞི། དྭགས་པོ་སྒོམ་ཚུལ། ཕག་མོ་གྲུ་པ། འབའ་རོམ་པ། དུས་གསུམ་མཁྱེན་པ་སྟེ་རྒྱུད་པ་འཛིན་པ་བཞི། དྭགས་པོ་

འདུལ་འཛིན། འགར་སྒོམ་དཀར་པོ། ལ་ཡག་རྗེ་གྲུབ། སྐྱེ་བོ་ཡེ་རྫོར་ཏེ་དེ་དང་ཉེ་བ་བཞི། ཇོ་སྟོན། ལེགས་མཛེས། གསལ་བྱང་། གསལ་ཡེས་ཏེ་ཉེ་གནས་བཞི་སྟེ་དེ་དག་ལ་སྒམ་པོ་བའི་བུ་ཆེན་བཅུ་དྲུག་ཏུ་གྲགས་ཤིང་། གཞན་ཡང་རྫོག་ཅོག་པ། ཁྱུང་ཚང་བ་ལ་སོགས་པ་མང་དུ་བྱོན་པ་བཅས་མཉམ་མེད་དྭགས་པོ་ ལྷ་ རྗེ་ ཟླ་ འོད་ གཞོན་ ནུའམ། སྒམ་ པོ་ བ་ སྣོ་ གྲོས་ གྲགས་ པའམ། བསོད་ནམས་ རིན་ ཆེན་ ཞེས་ བྱ་ བ་ མཚན་ གྱི་ རྣམ་ གྲངས་ སུ་ འཛིན་ པའི་ སྐྱེས་མཆོག་འདི་ཉིད་ཀྱིས་རྗེ་མར་པ་དང་། མི་ལའི་བཞེད་སྲོལ་རྒྱ་ཆེར་སྤེལ་བས་དྭགས་པོ་བཀའ་བརྒྱུད་ཀྱི་བསྟན་པ་གངས་ཅན་གྱི་ལྗོངས་འདིར་ཆེས་ཆེར་དར་བ་འདིའི་ཤིང་རྟའི་སྲོལ་འབྱེད་ལ་མཚོན་ན་རིང་ས་ནས་མར་པ་དང་། མི་ལ། ཉེ་ས་ནས་རྗེ་སྒམ་པོ་བ་འདི་ཉིད་ལ་གཏུགས་པས་བཀའ་བརྒྱུད་ཀྱི་མེས་པོ་མར་མི་དྭགས་གསུམ་ཞེས་སྙན་པའི་གྲགས་པ་ཕྱོགས་ཀྱི་བུ་མོའི་རྣ་བའི་རྒྱན་དུ་ཕྱུད་པ་དེ་ ལྟར་ ལགས་ པའི་ ཕོང་ རྣམས་ ཀྱི་ མཛད་ པ་ རགས་ བསྡུས་ གླེང་ མཚམས་འདིར་བྱས་ནས་དེ་ཡང་དྭགས་པོ་བཀའ་བརྒྱུད་ལ་དྭགས་པོ་ལྷ་རྗེ་དངོས་ལ་གཏུགས་པའི་བཀའ་བརྒྱུད་ཆེ་བཞི་དང་དྭགས་པོ་ལྷ་རྗེའི་དངོས་སློབ་ཕག་མོ་གྲུ་པ་རྡོ་རྗེ་རྒྱལ་པོ་ལ་གཏུགས་པའི་བཀའ་བརྒྱུད་ཆུང་བརྒྱད་དུ་ངོས་འཛིན་པའི་ཚུལ་ཡང་ཡོད་མོད། སྐབས་འདིར་ཐུའུ་བཀན་གྲུབ་མཐའི་ནང་དྭགས་པོ་བཀའ་བརྒྱུད་ཁག་སོ་སོར་ཕྱེས་ལུགས་ཀརྨ་བཀའ་བརྒྱུད་དང་། ཕག་གྲུ། ཚལ་པ། འབྲི་གུང་བ། འབྲུག་པ། སྟག་ལུང་། འབའ་རོམ། གཡའ་བཟང་། ཁྲོ་ཕུ་བཅས་སུ་ཕྱེས་པའི་རིམ་པ་ལྟར་ཕྱོགས་བསྒྲིགས་བྱས་པར།

1. ཀརྨ་བཀའ་བརྒྱུད་ནི། མཉམ་མེད་དྭགས་པོ་ལྷ་རྗེའི་སློབ་མ་ཀརྨ་པ་དུས་གསུམ་མཁྱེན་པའམ། ཁམས་པ་དབུ་སེ་ཞེས་བྱ་བ་ལས་བརྒྱུད་པ་ཞིག་སྟེ།

དེ་ཡང་ཀཱ་ཐོག་པ་དུས་གསུམ་མཁྱེན་པ་ནི་མདོ་ཁམས་ཀྱི་སྟོད་དུ་ཡབ་སྒོམ་པ་རྡོ་རྗེ་མགོན་དང་། ཡུམ་ལྷ་ཐོག་བཟའ་སྒང་ལྕམ་མེང་འདྲེན་གཉིས་ཀྱི་སྲས་སུ་སྤྱི་ལོ1110རབ་བྱུང་གཉིས་པའི་ལྕགས་སྟག་ལོར་སྐུ་འཁྲུངས། མཚན་དགེ་འཕེལ་དུ་བཏགས། དགུང་ལོ་བཅུ་དྲུག་པར་རྫོག་ལོའི་སློབ་མ་ཧྲེ་བོ་མཆོག་གི་བླ་མ་དང་། ཚག་སེང་གེ་གྲགས་ལས་རབ་ཏུ་བྱུང་། མཚན་དཔལ་ཆོས་ཀྱི་གྲགས་པ་ཞེས་བྱ་བ་གསོལ། དགུང་ལོ་ཉི་ཤུ་པར་དབུས་སུ་ཕྱིན། སྟོད་ལུང་སེ་ཐང་དུ་རྒྱ་དམར་བ་དང་། ཕྱྭ་པ་ཆོས་ཀྱི་སེང་གེ་ལས་བྱམས་ཆོས་དང་དབུ་ཚད། ཤ་ར་བ་ལས་བཀའ་གདམས། པ་ཚབ་ལས་རིག་ཚོགས། ས་སྐྱ་པའི་ཐུགས་སྲས་གཉེན་རྡོར་བཟང་ལས་ལམ་འབྲས། སྣ་ལོ་དང་ཨ་སེང་ལས་སྦྱོར་དྲུག་སོགས་རིམ་པར་གསན། དགུང་ལོ་སུམ་ཅུ་པར་མལ་འདུལ་འཛིན་ལས་བསྙེན་པར་རྫོགས། དགུང་ལོ་སོ་གསུམ་པར་མཉམ་མེད་དྭགས་པོ་ལྷ་རྗེ་དང་མཇལ་ཏེ་སྙིང་པོའི་དོན་ལ་སྒྲོ་འདོགས་ཆོད་པ་དང་། དྭགས་པོ་ལྷ་རྗེའི་ཐུགས་སྲས་གཙོ་བོའི་གྲས་སུ་གྱུར། ལོ་རྗེར་རས་ཆུང་པ་དང་མཇལ་ནས་ཆོས་དྲུག་སོགས་ནཱ་རོ་མི་ཏྲིའི་གདམས་ངག་རྗེ་སྙིང་པ་གསན་པ་དང་། གཞན་ཡང་བླ་མ་མང་པོ་ལས་གདམས་པ་དུ་མ་མནོས། དབེན་གནས་མང་པོར་སྒྲུབ་པ་མཛད་པས་གྲུབ་པའི་གོ་འཕང་མཐོན་པོར་གཤེགས།

ཀཱ་ཐོག་དགུང་ལོ་སོ་བརྒྱད་ཕེབས་པ་སྤྱི་ལོ1147རབ་བྱུང་གསུམ་པའི་མེ་ཡོས་ལོར་ཁམས་རི་བོ་ཆེར་ཀཱ་ལྷ་སྟེང་གི་དགོན་པ་བཏབ་པ་དེ་ནས་ཁོང་གི་སྐུ་ཕྲེང་རིམ་པར་ཀཱ་ཐོག་པའི་མཚན་ཐོགས་ཤིང་། དེ་རྗེས་སྤྱི་ལོ1155ཤིང་ཕག་ལ་མཚུར་ཕུར་ཀཱ་དགོན་བཏབ་པས་ཀཱ་ཐོག་པའི་གདན་ས་གོང་འོག་གཉིས་སུ་གྲགས་ཤིང་། དེ་རྗེས་ཤིང་སྤྲེལ་ལོར་ཁམས་སུ་ཀམ་པོ་གནས་ནང་དགོན་

བཏབ། མཐར་སྐུ་གཤེགས་པའི་སྐོར་མཁས་པའི་དགའ་སྟོན་ནང་“དེ་ལྟར་དོན་གཉིས་མཐར་ཕྱིན་དགུང་ལོ་བརྒྱད་ཅུ་རྩ་བཞི་པ་ཆུ་མོ་གླང་（སྤྱི་ལོ1193）གི་ལོའི་ཟླ་བ……བཅུ་གཅིག་པ་སྟག་གི་ཟླ་བའི་ཚེས་གསུམ་ལ……སྔང་ལོ་ཙྪ་བ་ཞམ་རིང་དུ་ཡོད་པ་ལ་གཙོན་ནུ་ཁྱོད་ཀྱིས་ལོ་ཤས་འདིར་སྡོད་ལ་ཁོ་བོའི་སྐུ་གསུང་ཐུགས་རྟེན་རྣམས་གཅིག་ཀྱང་མ་འཐོར་བ་གྱིས། ངས་ཀྱང་ཚོས་སྐྱོང་ལ་བཅོལ་བ་ཡིན་ཞེས་སྤྲུལ་པའི་སྐུ་དངོས་སུ་འབྱོན་པར་དོན་གྱིས་ལུང་བསྟན་ཏེ་ཡར་ཚེས་གསུམ་དུ……སྐུའི་བཀོད་པ་བསྡུས”①ཞེས་གསལ་བ་ལྟར་དགུང་ལོ་བརྒྱད་ཅུ་གྱ་བཞི་པར་སྐུ་གཤེགས་པ་དང་། སྤྲུལ་པའི་སྐུ་དངོས་སུ་འབྱོན་པ་དོན་གྱིས་ལུང་བསྟན་པར་གསུངས་པ་ལྟར་སྐུ་ཕྲེང་གཉིས་པ་ཀརྨ་པཀྴི་ཚོས་ཀྱི་བླ་མ་ཐོན་པ་འདི་ནི་གངས་ཅན་གྱི་ལྗོངས་འདིར་སྤྲུལ་པའི་སྐུ་ཐོན་པའི་ཐོག་མ་ཡིན་ནོ།

ཀརྨ་པ་དུས་གསུམ་མཁྱེན་པའི་དངོས་སློབ་མདོན་ཤེས་ཀྱི་བཀའ་བབས་ལྷོ་ཚུང་སངས་རྒྱས། རྫུ་འཕྲུལ་གྱི་བཀའ་བབས་འབལ་སྟག་དེ་ལ་བ། རྣམ་ཐར་གྱི་བཀའ་བབས་བྲ་བ་བཀའ་གདམས་པ། རྟོགས་པའི་བཀའ་བབས་དབྲ་ཡེ་དགེ་ཚོས་བརྩོན། འགྲོ་དོན་གྱི་བཀའ་བབས་འགྲོ་མགོན་རས་ཆེན་ཏེ་བཀའ་བབས་ཀྱི་བུ་ལྔ། གྱ་བ་གངས་པ། རང་བྱུང་སངས་རྒྱས། གཙང་སོ་བ་དགོན་སེང་། འགྲོ་མགོན་རས་ཆེན་བསྟན་པས་རྒྱུད་འཛིན་གྱི་བུ་བཞི། ནམ་མཁའ་འོད། ཡེ་ཤེས་འོད། ཡོན་ཏན་འོད། དགེ་འདུན་འོད་དེ་ཉེ་གནས་འོད་བཞི། ཡེ་ཤེས་བླ་མ། སྨོན་ལམ་བླ་མ། འབྱུང་གནས་བླ་མ། རྒྱལ་མཚན་བླ་མ་སྟེ་བླ

① （མཁས་དགའ་ལྷུགས་པར་མ་ཤོག་གྲངས769）

མ་བཞི། དགེ་སློང་བརྩོན་འགྲུས་ཤེས་རབ། རིན་ཆེན་རྒྱལ་མཚན། མདོག་མཁས་པ། རྨེང་གེ་ཛོ་སྲས་ཧེ་རུ་བུ་བཞི། གཙང་སྟོན་ཚུལ་སེང་། ཏི་པོ་དཀོན་མཆོག་དཔལ། རྡོ་རྗེ་ཤེས་རབ། སྨང་ལོ་ཙཱ་བ་སྟེ་ཕྱི་བུ་བཞི་བཅས་ཡོངས་གྲགས་ཀྱི་བུ་ཆེན་རྣམས་དང་། སློ་ལ་ཡག་པ་བྱང་ཆུབ་དངོས་གྲུབ་ལ་སོགས་པ་གཞན་ཡང་མང་དུ་མཆིས་སོ།

ཀརྨ་པའི་སྐུ་ཕྲེང་ནི། དང་པོ་དུས་གསུམ་མཁྱེན་པ། གཉིས་པ་ཀརྨ་པཀྵི་ཆོས་ཀྱི་བླ་མ། (སྤྱི་ལོ1204 – 1283) གསུམ་པ་ཀརྨ་རང་བྱུང་རྡོ་རྗེ། (1284 – 1339) བཞི་པ་རོལ་པའི་རྡོ་རྗེ། (1340 – 1383) ལྔ་པ་དེ་བཞིན་གཤེགས་པ། (1384 – 1415) དྲུག་པ་མཐོང་བ་དོན་ལྡན། (1416 – 1453) བདུན་པ་ཆོས་གྲགས་རྒྱ་མཚོ། (1454 – 1506) བརྒྱད་པ་མི་བསྐྱོད་རྡོ་རྗེ (1507 – 1554) ལ་སོགས་པ་ཀརྨ་པའི་སྐུ་ཕྲེང་རིམ་པར་བྱོན་པ་བཅས་ཀརྨ་པའི་སྐུ་ཕྲེང་ན་རིམ་དང་དེ་དག་གི་སློབ་མ་དང་ཡང་སློབ་ཀྱིས་ཀརྨ་བཀའ་བརྒྱུད་ཀྱི་གྲུབ་མཐའ་རྒྱ་ཆེར་འཛིན་སྐྱོང་སྤེལ་གསུམ་གནང་ཡོད། ཀརྨ་བཀའ་བརྒྱུད་འདི་ལ་ནང་གསེས་ཞྭ་དམར་ནག་གི་ཁྱད་པར་ཡོད་པས་གོང་དུ་ཞུས་པའི་ཀརྨ་པའི་སྐུ་ཕྲེང་དེ་རྣམས་ནི་ཀརྨ་ཞྭ་ནག་གི་རབས་ཡིན་པ་དང་། ཀརྨ་པ་དུས་གསུམ་མཁྱེན་པའི་སློབ་མ་ཚུལ་ཁྲིམས་དཔལ་གྱི་སྐྱེ་རྒྱུད་ཞྭ་དམར་སྤྲུལ་སྐུ་མཁའ་སྤྱོད་དབང་པོའི་སྐུ་སྐྱེན་རིམ་ལ་ཀརྨ་ཞྭ་དམར་དུ་གྲགས་པ་ལགས་སོ།

2. ཕག་གྲུ་བཀའ་བརྒྱུད་ནི། མཉམ་མེད་དྭགས་པོ་ལྷ་རྗེའི་སྲས་ཀྱི་ཐུ་བོ་ཕག་མོ་གྲུ་པ་རྡོ་རྗེ་རྒྱལ་པོ་ལས་བརྒྱུད་པ་ཞིག་སྟེ། དེ་ཡང་ཕག་མོ་གྲུ་པ་རྡོ་རྗེ་རྒྱལ་པོ་ནི། གདུང་རུས་དབས་ཞ་ན་འཕན་ཐོག་གི་རིགས་ལས་བྱུང་བ་ཡབ་

དཔས་ཕ་ན་ཨ་དར་དང་ཡུམ་རེ་འབེ་བཟའ་བཙུན་ནེ་བྱ་བའི་སྲས་སུ་སྤྱི་ལོ1110རབ་བྱུང་གཉིས་པའི་ལྕགས་སྟག་ལོར་མདོ་ཁམས་ཀྱི་སྨོ་རྒྱུད་འབྲི་ལུང་སྣེ་ཤོད་ཀྱི་སྟག་ངོས་སབ་ཁང་བྱ་བར་སྐུ་འཁྲུངས།

དགུང་ལོ་དགུ་པར་བྱ་ཁྲི་ལྷ་ཁང་དུ་མཁན་པོ་ལྷེང་དེ་ཡན་ཐུབ་བུ་ཚུལ་ཁྲིམས་དང་། སློབ་དཔོན་ལྷེང་དེ་འོད་ཟེར་རྒྱལ་མཚན་ལས་རབ་ཏུ་བྱུང་ཞིང་། མཚན་ལ་རྡོ་རྗེ་རྒྱལ་པོ་གསོལ། ཁམས་སུ་བླ་མ་བཅུ་དྲུག་ཙམ་བསྟེན་ཏེ་གསན་པ་རྒྱ་ཆེན་མཛད་པ་དང་། སྤྱོད་འཇུག་ལ་བཤད་པ་འགའ་རེ་ཡང་མཛད།

དགུང་ལོ་བཅུ་དགུ་པ་ལ་དབུས་སུ་ཕྱིན་ནས་སྟོད་ལུང་དུ་དགེ་བཤེས་རྒྱ་དམར་བ་དང་། ཕྱ་པ་ཆོས་ཀྱི་སེང་གེ་ལས་ཆོས་གསན།

དགུང་ལོ་ཉེ་ཤུ་རྩ་ལྔ་པ་ལ་ཟུལ་ཕུར་བྱ་འདུལ་གྱིས་མཁན་པོ། རྒྱ་དམར་གྱིས་སློབ་དཔོན། ཨར་གྱིས་གསང་སྟོན་མཛད་ནས་བསྙེན་པར་རྫོགས་པ་དང་། མཁན་སློབ་ལས་འདུལ་བ། གསང་སྟོན་ལས་ཕར་ཕྱིན། མྱང་བྲན་ལས་སྤྱོད་འཇུག་སོགས་གསན་པས་མཁས་པའི་རྩེ་མོར་སོན། གཞན་ཡང་དམར་ཆོས་རྒྱལ་དང་། དཔལ་ཆེན་ག་ལོ། ས་ཆེན་ཀུན་དགའ་སྙིང་པོ། འབྲིམ་ལོ་ཙྪ་བ་དང་། བྱང་སེམས་ཟླ་བ་རྒྱལ་མཚན་སོགས་བསྟེན་ནས་མདོ་སྔགས་ཀྱི་གདམས་པ་མང་དུ་གསན།

དེ་རྗེས་སྒམ་པོར་ཕྱིན་ནས་མཉམ་མེད་དྭགས་པོ་ལྷ་རྗེའི་དྲུང་དུ་གདམས་ངག་གསན་པས་ཕྱག་རྒྱ་ཆེན་པོའི་རྟོགས་པ་མཆོག་ཏུ་གྱུར་ཅིང་། དེ་རྗེས་འོན་དུ་ཐེབས་ནས་མཚལ་སྒང་དུ་ལོ་ངོ་ལྔ་ཙམ་གྱི་བར་བཞུགས་རིང་སློབ་མ་འདུས་པ་རྣམས་ལ་དྭགས་པོའི་གདམས་པ་གཙོ་བོར་གྱུར་པའི་ཆོས་ཀྱི་རྣམ་གྲངས་མང་པོས་ཚིམས་པར་མཛད། དགེ་འདུན་གང་བཞུགས་པ་རྣམས་ལ་རྣམ་པ་ཀུན་ཏུ་

དམ་པའི་ཆོས་འདུལ་བ་ལས་མི་འགལ་བའི་སྤྱོད་པ་འཛིན་དགོས་ཞེས་ནན་གྱིས་གསུངས་པ་དང་། གདམས་ངག་བཏབ་པ་རྣམས་ཐེབས་སླ་ཞིང་བསམ་གཏན་གྱི་སྒོ་མང་དུ་སྐྱེས་པས་ཕྱོགས་ཐམས་ཅད་དུ་སྙན་པ་རྒྱ་ཆེར་འཕེལ།

དེ་ཡང་རྗེ་སྒམ་པོ་པ་དེ་བཀའ་གདམས་དང་། རྗེ་བཙུན་མི་ལའི་ཕྱག་ཆེན་གྱི་ལུགས་གཉིས་ཀ་འཛིན་པས་བཀའ་ཕྱག་ཆུ་བོ་གཉིས་འདྲེས་སུ་གྲགས་པ་བཞིན་ཚལ་སྒང་དུ་མཛད་པའི་གར་གྱི་ཉམས་དགུ་ཡང་དེ་དང་མཐུན། དེ་ནས་དེར་གྲོང་ཡུལ་དང་ཐག་ཉེ་བ་ནི་མི་ལེགས་པས་དབེན་པ་བསྟེན་པ་ཐུགས་ལ་དགོངས་ནས་ནམ་ཞིག་དགེ་འདུན་རྣམས་ལ་གྲོས་མེད་པར་གདན་ས་རིན་པོ་ཆེར་འགྲོན་པའི་ལམ་དུ་ཚ་རོང་བཙོད་པོའི་སྒོ་དྲུང་དུ་ཕྱིན་ནས་དར་ཤམ་ཅིག་བསྐུར། ཁོ་བོ་ནི་མཚལ་སྒང་དུ་སྡོད་པ་དེ་ལགས། ད་ཕག་མོ་གྲུའི་ནགས་ཕ་གིར་སྡོད་སྙམ་པས་སྤྱན་རས་ཀྱིས་བཙའ་བར་ཞུ་བྱ་བའི་ལན་བསྐུར་བས་བཙོད་པོའི་གསུང་གིས་ནང་དུ་ཚ་བ་ལ་ཕྱིན་ཟེར། ཁོ་བོ་ཐེམ་པ་མི་འགོང་བའི་དམ་བཅའ་ཡོད་པས་ཚ་བ་འདི་ཉིད་དུ་གནང་བར་ཞུ་བྱས་པས་བཙོད་པོ་རང་སྒོ་དྲུང་དུ་ཕྱིན་ནས་ཚ་བ་དྲངས་ཏེ་གཏམ་ཡང་མཛད། དེ་ནས་རིན་ཆེན་སྤུངས་པའི་མཐའ་རྩ་དེར་གདན་ཕབ་པས་རིན་པོ་ཆེ་མཐའ་རྩ་བར་གྲགས། གྲྭ་པ་རྣམས་ཀྱང་ཕྱིར་སླེབས་ནས་ཕྱིན། མང་གར་སྒང་དང་བདེ་གཤེགས་ཕུག་པར་ཡང་ཐོགས་རེ་བཞུགས། དེར་རྒྱ་སྒོམ་ཚུལ་ཁྲིམས་ཤེས་རབ་བྱ་བ་ཞིག་སྔར་ནས་བསྡད་ཡོད་པ་ཁོང་གི་སྤྱིལ་བུར་ཚ་བ་ལ་སྤྱན་དྲངས་པས་ཁྱོད་ཀྱི་སྤྱིལ་བུ་འདི་སྐྱིད་བྱ་བ་ལན་གསུམ་གསུངས་པས། བཞེད་ན་ཕུལ་བས་ཆོག་ཟེར་བ་བཞིན་ས་དེ་གནས་ཀྱི་སྙིང་པོར་དགོངས་ནས་འོ་ན་ཁོ་བོའི་ཀོམ་སྣན་ལོངས་ཤོག་གསུངས་ཏེ་སྤྱིལ་བུ་དེ་ཉིད་དུ་གནས་བཅས་པ་སྟེ། དེ་ནས་ཆགས་པའི་ཕག་མོ་གྲུ་པའི་གདན་ས་ནི་སྤྱི་

ལོ་1158རབ་བྱུང་གཉིས་པའི་ས་སྟག་ལོར་ཕྱག་བཏབ། དེ་ཡང་ཐོག་མ་རྗེ་རས་ཀྱིས་ཕུལ་བའི་འཇག་སྤྱིལ་ཞིག་ལས་མེད་པར་སྟག་ལུང་ཐང་པས་འཇག་སྤྱིལ་དེ་སྣང་མའི་སྤྱིལ་བུ་ཞིག་བྱེད་པར་ཞུས་པས་ཉིན་གཅིག་ལ་གྲུབ་ན་གྱིས། དེ་ལས་རིང་བ་མི་རུང་གསུངས་ནས་ཉིན་གཅིག་ཁོ་ནར་སྣང་སྤྱིལ་དེ་བསྒྲུབས། དེར་ཕྱོགས་ནས་གྲྭ་པ་མང་པོ་འདུས་པར་གཟིམ་སྤྱིལ་ནང་བང་བ་ཆུང་ངུ་ནས་ཁལ་རེ་ལྷག་ཙམ་ཤོང་བ་ཞིག་ལས་མེད་རུང་གྲྭ་དམངས་ལ་རྒྱུགས་འགྲེད་རྒྱུ་ཡང་བྱུང་བར་གྲགས། སྟག་ལུང་ཐང་པ་དགུང་ལོ་ཉེ་ཤུ་རྩ་བཞི་པར་ཕག་གྲུའི་སྤྱན་སྔར་ཕེབས་པ་ནས་བཟུང་ཉེ་གནས་མཛད་ཅིང་། སྟག་ལུང་ཐང་པས་ཕག་གྲུར་ན་བཟའ་འདི་བས་བཟང་བ་རེ་བཞེས་པར་ཞུ་ཞུས་པས་ཁྱོད་ཀྱིས་ཁོ་བོ་ལ་ཅི་འདུག་པར་མཐོང་། ཁོ་བོ་ནི་དགེ་འདུན་སྐྱོང་དགོས་གསུང་བ་བཞིན་རྟག་ཏུ་དགེ་འདུན་གྱི་སྡེ་འབའ་ཞིག་སྐྱོང་བར་མཛད། དེ་ཡང་བྱང་ཆུབ་སེམས་དཔའ་ཟླ་བ་རྒྱལ་མཚན་གྱི་གསུང་དང་མཐུན་པར་ཟླ་བ་མར་ངོ་ལ་མཚམས་ལ་བཞུགས་པ་དང་། ཟླ་བ་ཡར་ངོ་ལ་ཡང་སྦྱོར་མཚམས་མཛད་པ་དང་། ཕྱི་དྲོ་ཁྲིད་དང་ཚོགས་ཆོས་གསུངས། དགེ་འདུན་རྣམས་ཀྱང་ཤིན་ཏུ་དད་པས་གཟིམ་སྤྱིལ་ནས་ཆོས་ཁྲིའི་བར་གྱི་ལམ་ཐམས་ཅད་དུ་ཞྭ་གོས་དང་དར་ཁ་ལ་སོགས་པ་འདིངས། དགེ་འདུན་དེ་རྣམས་ནས་རེ་རེ་གཉིས་གཉིས་ཙམ་མ་གཏོགས་སྔོམ་བཏབ་པ་ཐམས་ཅད་ལ་སྒྲོང་བ་ཕུན་སུམ་ཚོགས་པ་སྐྱེས་པས་ཕྱོགས་ཐམས་ཅད་དུ་ཕག་མོ་གྲུ་པའི་ཞབས་དྲུང་དུ་སློབ་པ་ཁོ་ནས་ཆོག་པའི་སྙན་པས་ཁྱབ། ཡོན་བདག་གི་བསྙེན་བཀུར་དང་འབུལ་བ་གང་བྱུང་དགེ་འདུན་གྱི་སྡེའི་ཐུག་ཚུལ་ཁོ་ནར་སྔོན་གཏོང་མཛད། གདན་ས་དེར་ས་སྟག་ནས་ལྕགས་སྟག་བར་ལོ་ངོ་བཅུ་གསུམ་བཞུགས་རིང་གྲུབ་པའི་སྐྱེས་མཆོག་གི་སློབ་མ་མང་དུ་བྱུང་བ་དང་། གྲྭ་

པ་བརྒྱད་བརྒྱ་ལ་གདུགས་ཐོགས་ལྷ་བརྒྱ་ཞེས་སུ་གྲགས་པ་བྱུང་ཞིང་། མཐར་དགུང་ལོ་དྲུག་ཅུ་རེ་གཅིག་པ་སྤྱི་ལོ1170རབ་བྱུང་གསུམ་པའི་ལྕགས་སྟག་ལོར་སྐུ་གཤེགས།

ཁོང་གི་སློབ་མ་ནི། མོས་གུས་མཐར་ཕྱིན་སྟག་ལུང་ཐང་པ་བཀྲ་ཤིས་དཔལ། རྟོགས་པའི་མཐར་ཕྱིན་སྣ་ཕུ་བ་གླིང་རས་པདྨ་རྡོ་རྗེ། ཤེས་རབ་མཐར་ཕྱིན་སྤྱར་ཕུ་བ་བློ་གྲོས་སེང་གེ ནུས་པའི་མཐར་ཕྱིན་མཚན་བུ་རྒྱ་རས་རྣམས་ལ་མཐར་ཕྱིན་གྱི་བུ་བཞི་ཟེར། སྐལ་ལྡན་ཡེ་ཤེས་སེང་གེ རྟོགས་ལྡན་མི་ཉག་སྒོམ་རིངས། གྲུབ་ཐོབ་ཉག་རས་སེ་བོ། ཀུན་ལྡན་གཙང་པ་རས་ཆུང་རྣམས་ལ་གདམས་པའི་བུ་བཞི་ཟེར། ཆོས་རྗེ་འཇིག་རྟེན་མགོན་པོ། འབའ་ར་ཕུག་པ། ཆོས་རྗེ་ལྷུམ། ཆོས་རྗེ་གཏུམ་རྣམས་ལ་རོ་གཅིག་རྟོགས་པ་ཕྱེད་དང་བཞི་ཟེར། (འདིའི་ཕྱེད་ནི་འབའ་ར་ཕུག་པར་ངོ་མོ་ཡོད་པས་ཕྱེད་དུ་བགྲངས་པ་ཡིན་) གཤེན་སྒོམ་དཀར་བ། སྨྱང་གཤེན་གྲོང་བ། རྡོག་སེང་གེ་ཁ་བ། རྩེ་ལུང་བ་རྣམས་ལ་ཐུགས་ཀྱི་སྲས་བཞི་ཟེར། རིན་པོ་ཆེ་ཤུག་ཅར་བ། ལྷ་ས་བ་དགེ་འདུན་སྐྱབས། གྲུ་གུ་སྟོན་པ་བློ་གྲོས་སེང་གེ རྒྱན་ཐང་བ་རྣམས་ལ་ཡི་གེ་མའི་བུ་བཞི་ཟེར། བླ་མ་དམར་བ། ཡེ་ཕུག་པ། དགྱེར་སྒོམ། དགེ་བའི་བཤེས་གཉེན་སེང་གེ་དཔལ་རྣམས་ལ་ཉེ་བའི་སྲས་བཞི་ཟེར། གཞན་ཡང་གྲུབ་པ་ཐོབ་པའི་སྐྱེས་བུ་བགྲང་ལས་འདས་པ་བྱུང་ཞིང་། གདན་ས་མཐིལ་དུ་འགྲོ་མགོན་གྱི་རྗེས་སུ་སྐུ་ར་རིན་པོ་ཆེས་ཅུང་ཟད་བསྐྱངས། དེ་རྗེས་རླངས་ལྷ་གཟིགས་ཀྱི་གདུང་རྒྱུད་ལས་བྱུང་བ་སྤྱན་སྔ་གྲགས་པ་འབྱུང་གནས། རྒྱལ་བ་ཐོག་བརྟུགས་པ། བཅུ་གཉིས་པ་རིན་ཆེན་རྡོ་རྗེ་སོགས་རླངས་ལྷ་གཟིགས་ཀྱི་གདུང་རྒྱུད་ཀྱིས་ཕག་མོ་གྲུ་པའི་གདན་ས་ཆོས་སྲིད་གཉིས་ཀྱིས་བསྐྱངས་པ་ཞིབ་

པར་མཁྱེན་འདོད་ན་ཀླངས་ཀྱི་པོ་ཏི་བསེ་རུ་དང་། ལྷ་རིང་ཆོས་འབྱུང་སོགས་ལས་ཤེས་པར་བྱའོ། ཕག་མོ་གྲུ་པ་རྡོ་རྗེ་རྒྱལ་པོ་འདི་ནི་མཉམ་མེད་དྭགས་པོ་ལྷ་རྗེའི་བུ་སློབ་རྣམས་ཀྱི་ནང་ནས་རྒྱུད་འཛིན་གྱི་སློབ་མ་མཆོག་ཏུ་གྱུར་པ་མང་པོ་མངའ་བས་ངོ་བོ་གཅིག་ལ་ལྡོག་པ་ཐ་དད་བཀའ་བརྒྱུད་ཆུང་བརྒྱད་དུ་གྲགས་པ་འདི་ལས་གྱེས་པའི་རབས་ཡོད་པ་བཅས་འཕྲིན་ལས་ཆེས་ཆེ་བ་བྱུང་བ་ཡིན་ནོ།

3. ཚལ་པ་བཀའ་བརྒྱུད་ནི། ཞང་འགྲོ་བའི་མགོན་པོ་གཡུ་བྲག་པའམ་སྐྱེ་མེད་ཞང་བརྩོན་འགྲུས་གྲགས་པ་ལས་བརྒྱུད་པ་ཞིག་སྟེ། དེ་ཡང་ཞང་འགྲོ་བའི་མགོ་པོ་ནི་ཡབ་སྟག་པ་རྡོ་རྗེ་སེམས་དཔའ་དང་། ཡུམ་མང་སྐྱིད་གཉིས་ཀྱི་སྲས་སུ་སྤྱི་ལོ1123རབ་བྱུང་གཉིས་པའི་ཆུ་ཡོས་ལོར་ཡུལ་ཚ་བ་གྲུར་འཁྲུངས་ཤིང་། མཚན་ལ་དར་མ་ཞེས་བཏགས།

དགུང་ལོ་བདུན་པར་ཡུམ་དང་། གཅེན་པོས་ཀློག་ཡིག་བསླབས།

དགུང་ལོ་དགུ་པར་བྲེའུ་སྟོན་པ་ནས་སྟུད་པ་དང་། མངོན་རྟོགས་རྒྱན་ལ་སོགས་པ་གསན་པ་དེ་ནས་དགུང་ལོ་བཅོ་བརྒྱད་བར་སློབ་དཔོན་གཤེན་དང་། རྫོག་མདོ་སྟེ་སོགས་བསྟེན་ནས་མདོ་སྔགས་ཀྱི་ཆོས་མང་དུ་གསན།

དགུང་ལོ་བཅོ་བརྒྱད་པ་ལ་ཕ་ཚན་གྱི་བརྐྱས་པ་བྱུང་བས་ལོ་གསུམ་མཐུ་བསྒྲུབས་ནས་ཚར་བཅད།

དེ་རྗེས་ཁམས་སུ་ཕྱིན་ནས་དགུང་ལོ་ཉེ་ཤུ་རྩ་གསུམ་པར་སློབ་དཔོན་སློ་སྟོན་བྱ་བ་བསྟེན་ནས་ཁྲིམས་ལྔའི་སྡོམ་པ་བླངས།

དགུང་ལོ་ཉེ་ཤུ་རྩ་དྲུག་པར་དགེ་བའི་བཤེས་གཉེན་མཁར་སྒོ་བ་དང་། སློབ་དཔོན་གྲབ་མཁར་བ། གསང་སྟོན་གཟུང་ལྷང་མདོ་བ་རྣམས་ལས་བསྙེན་པར་རྫོགས་པའི་མཚན་བརྩོན་འགྲུས་གྲགས་ཞེས་གསོལ། དེ་ནས་ལོ་གཅིག་

ཚོག་པུ་དང་སྟོན་ཅིག་མཛད། ན་བཟའ་བརྗེ་བའི་དུས་མ་གཏོགས་སྐུ་རགས་ཀྱང་མ་བཀྲོལ་བར་བྱང་ཆུབ་ལྷུང་བཞགས་ལ་པོད་སྐོར་མཛད་ཅིང་བཞུགས། དེ་རྗེས་ཁ་ཡོའི་དྲུང་དུ་ཕེབས་ཏེ་གདམས་ངག་མང་དུ་གསན།

དགུང་ལོ་སུམ་ཅུ་སོ་གསུམ་པར་མཉམ་མེད་དྭགས་པོ་ལྷ་རྗེའི་སློབ་མ་དྭགས་པོ་སྒོམ་པ་ཚུལ་ཁྲིམས་སྙིང་པོ་དང་མཇལ་ཏེ་ཕྱག་རྒྱ་ཆེན་པོ་གསན་པས་བཀའ་བརྒྱུད་ཀྱི་བྱིན་རླབས་ཞུགས། སེམས་ཀྱི་ངོ་བོ་རྗེན་པར་གཟིགས།

དགུང་ལོ་དྲུག་ཅུ་རེ་གསུམ་པ་སྤྱི་ལོ1175རབ་བྱུང་གཉིས་པའི་ཤིང་ལུག་ལོར་གུང་ཐང་གི་གཙུག་ལག་ཁང་ལྷ་ཆེན་དང་བཅས་པ་བཞེངས།

དགུང་ལོ་དོན་གཉིས་པ་སྤྱི་ལོ1193རབ་བྱུང་གསུམ་པའི་ཆུ་གླང་ལོར་གུང་ཐང་གི་འབུམ་མོ་ཆེ་བཞེངས་པའི་ལོ་དེར་སྐུ་གཤེགས།

སློབ་མ་མང་དུ་བྱུང་བའི་ནང་ནས་གཙོ་བོ་ནི། ནམ་མཁའ་འོད་དང་། ཁ་རག་པ་འདུལ་བ་འོད་དད། ལྷ་ཕྱུག་པ་ཉི་ཟླ་འོད། འབྲི་ར་བ་ཤཱཀྱ་འོད་དེ་བཞི་ཀས་དགོན་པ་བཏབ་ཅིང་། འདུལ་བ་འོད་ཀྱིས་ཁ་རག་ཏུ་ཟླུ་བཏུལ་དགོན་པ་བཏབ་པས་དེའི་དགོན་པའི་རིང་ལ་གྲྭ་པ་ཁྲི་ཙམ་ཚོགས་ཟེར། གདན་ས་དངོས་མཉམ་མེད་ཤཱཀྱ་ཡེ་ཤེས་དང་། དེ་ནས་སློབ་དཔོན་བྱང་ཆུབ་ཡེ་ཤེས། ལྷ་ཕྱུག་པ་ཉི་ཟླ་འོད། སངས་རྒྱས་འབུམ། སངས་རྒྱས་སྙིང་པོ། སངས་རྒྱས་རས་པ། གསེར་ཁང་སྟེང་པ་སོགས་ཀྱིས་བསྐྱངས་ཤིང་དེའི་ཆོས་བརྒྱུད་ལ་ཚལ་པ་བཀའ་བརྒྱུད་ཅེས་གྲགས་པ་ལགས་སོ།

4. འབྲི་གུང་བཀའ་བརྒྱུད་ནི། སྐྱོབ་པ་འཇིག་རྟེན་མགོན་པོ་ལས་བརྒྱུད་པ་ཞིག་སྟེ། དེ་ཡང་སྐྱོབ་པ་འཇིག་རྟེན་མགོན་པོ་ནི། ཡབ་འདྲུ་རྒྱལ་སྐྱུ་རའི་གདུང་ལས་བྱུང་བ་རྡོ་རྗེ་དང་། ཡུམ་བཙུན་མ་གཉིས་ཀྱི་སྲས་སུ་སྐྱེ་

ལོ་1143རབ་བྱུང་གཉིས་པའི་ཆུ་ཕག་ལོར་ཁམས་འདན་སྟོད་ཚོང་དུ་ཞེས་བྱ་བར་འཁྲུངས། གཞོན་ནུའི་དུས་ཡབ་ཆོས་ཕལ་ཆེར་གསན་བསམ་གྱིས་མཁྱེན་ཅིང། དུས་དེ་ཤེད་དུ་ཡུལ་དེར་ཉམས་ང་བའི་མུ་གེ་བྱུང་བས་ལྷོར་བྱོན་ནས་ཕྱུག་པོ་དག་ལ་སློག་ངོམ་བླངས་པའི་ཡོན་གྱིས་རང་དང་གནས་པ་གསོ་བ་མཛད། དགུང་ལོ་དགུ་པའི་སྐབས་དཔལ་ཕག་མོ་གྲུ་པའི་སྐན་པ་གསན་པས་དད་པ་འཁྲུངས་ཏེ་ བླ་བ་ཤར་བ་ན་བླ་བ་ཡ་གེས་ངའི་བླ་མ་དེ་མཐོང་བ་རེ་དགའ་སྙམ་པའང་བྱུང། དེ་ནས་རིམ་བཞིན་ཆ་རྐྱེན་ཙུང་ཟད་གསོན་པ་ལ་བརྟེན་ནས་བོད་དུ་བྱོན།

དགུང་ལོ་ཉེར་ལྔ་ཕེབས་པ་སྤྱི་ལོ་1167མེ་ཕག་ལོར་འགྲོ་མགོན་ཕག་མོ་གྲུ་པ་དང་མཇལ་ཏེ་ཛ་དང་ཀ་སོགས་ཕུལ་བས་ཛ་ནི་བཞེས། ཀ་ནི་དུད་འགྲོའི་འབུལ་བ་མི་ལེན་གསུངས་ནས་མ་བཞེས། མཚན་ལ་རིན་ཆེན་དཔལ་དུ་བཏགས་ཤིང། གདམས་པ་གསན་པས་ཆོས་ཐམས་ཅད་ཀྱི་དེ་ཁོ་ན་ཉིད་མངོན་སུམ་དུ་གཟིགས་པའི་ཡེ་ཤེས་ཆེན་པོ་ནི་འཁྲུངས། འགྲོ་མགོན་གྱི་ཞབས་དྲུང་དུ་ཕེབས་ནས་ཟླ་བ་སུམ་ཅུ་རྩ་གཉིས་ན་འགྲོ་བའི་མགོན་པོ་གཤེགས། དེ་ནས་ཨེ་ཆུང་ཕུག་པར་ཐུགས་དམ་ལ་བཞུགས་པས་སློ་བུར་དུ་བསྟུན་མཇེ་དྲག་པོ་ཞིག་བྱུང་བར་དགོངས་པ་ལ་རྡོ་གསེབ་ཏུ་ཞུགས་ཏེ་གདུང་ མིས་མི་མཐོང་བར་བྱ་སྙམ་ནས་འབྱོན་པར་ཆས་ཀྱང་སེམས་ཅན་ཐམས་ཅད་ཀྱི་སྡུག་བསྔལ་ལ་སྙིང་རྗེ་ཆེན་པོ་འཁྲུངས་པས་བསྟུན་གཞིའི་རྐྱེན་ཀླུ་གདོན་དེ་ཡང་སྐུ་ལུས་ནས་ཐོན་ཏེ་བསྟུན་གཞི་ཡང་དྲག "ཛོན་བླ་མ་རིན་པོ་ཆེས་ཀྱང་ཁྱོད་རབ་ཏུ་བྱུང་གསུང་བ་ལ། རང་བཞིན་གྱི་ཁ་ན་མ་ཐོ་བ་བཅུད་ཁལ་དང་འདྲ་བའི་སྟེང་དུ། བཅས་པའི་ཁ་ན་མ་ཐོ་བ་སྤྱོང་བ་གོང་ཚ་ལྟ་བུ་མི་ཐེག་དགོངས་ནས་མ་བླངས། ཕྱིས་

གཡེ་ཆུང་དུ་བཅས་རང་ངོ་བོ་གཅིག་པ་དང་། བཀག་པ་ཡེ་བཀག་གནང་བ་ཡེ་གནང་དང་ཆོས་ཀྱི་རྒྱལ་པོས་འགྲོ་བ་སྤྱི་ལ་བཅས་པ་དང་ཉམས་པ་ལས་མ་བླངས་པ་ཉེས་པ་ལྗི་བ་སོགས་ཀྱི་གནད་དགོངས་པས་རབ་ཏུ་མི་འབྱུང་ཀ་མེད་དུ་འདུག་པར་མཁྱེན་ནས་དགུང་ལོ་སོ་ལྔ་པ(སྤྱི་ལོ1177)མེ་མོ་བྱ་ལོ་ལ་ཞང་གིས་མཁན་པོ་དང་། རྩེ་ལུང་པས་སློབ་དཔོན། སླལ་པ་འདུལ་འཛིན་གྱིས་གསང་སྟོན་མཛད་དེ་བསྙེན་པར་རྫོགས། སླལ་འདུལ་ལས་འདུལ་བ་གསན་"①

དགུང་ལོ་སུམ་ཅུ་རྩ་བདུན་པ་སྤྱི་ལོ1179རབ་བྱུང་གཉིས་པའི་ས་ཕག་ལོར་འབྲི་གུང་དུ་ཕེབས་ཏེ་དགོན་པ་བཏབ་པ་ནས་རིམ་གྱིས་ཇེ་རྒྱས་སུ་སོང་སྟེ་དགེ་འདུན་མཐའ་ཡས་པ་འདུས། གཉོས་རྒྱལ་བ་ལྷ་ནང་པས་ཆོས་སྟོན་དྲངས་པའི་དུས་ཁོ་ནར་འཁོར་ལྔ་ཁྲི་ལྔ་སྟོང་ལྔ་བརྒྱ་ཉི་ཤུ་རྩ་ལྔ་འདུས་པ་དང་། དུས་གཅིག་ལ་ཚུལ་ཤིང་ལེན་པའི་དགེ་སློང་འབུམ་ཕྲག་བྱུང་ཞེས་གྲགས་པ་སོགས་སྙན་གྲགས་ཀྱི་དཔལ་འབར་བ་བཅས་མཐར་དགུང་ལོ་བདུན་ཅུ་དོན་ལྔ་པ་སྤྱི་ལོ1217རབ་བྱུང་བཞི་པའི་མེ་གླང་ལོར་སྐུ་གཤེགས།

སློབ་མ་ཡང་སྤྱན་སྔ་བཞི། གཉོས་མགར་ཆོས་གསུམ། དཔལ་ཆེན་བཅུ་གཉིས་སོགས་མཐའ་ཡས་ཀྱང་། གདན་ས་སྐྱོང་བ་ནི། སྤྱན་སྔ་རིན་པོ་ཆེ། དཔོན་རིན་པོ་ཆེ། གཙུང་རིན་པོ་ཆེ། གཉོས་རྒྱལ་བ་ལྷ་ནང་པ། མགར་དམ་པ། ཆོས་སྡིང་པ། དཔལ་ཆེན་ཆོས་ཡེ། དཔོན་ཤེར་འབྱུང་སོགས་བྱུང་ཞིང་། ཆོས་རྒྱུད་འདི་ལ་འབྲི་གུང་བཀའ་བརྒྱུད་དུ་གྲགས་སོ།

① (ཆོས་འབྱུང་མཁས་དགའ་སྟོད་ཆ་དེབ་ངོས1344ནང་གསལ་)

5. འབྲུག་པ་བཀའ་བརྒྱུད་ནི། འགྲོ་མགོན་ཕག་མོ་གྲུ་པའི་སློབ་མ་གླིང་རས་པདྨ་རྡོ་རྗེ་དང་། ཆོས་རྗེ་གཙང་པ་རྒྱ་རས་པ་ལས་བརྒྱུད་པ་ཞིག་སྟེ། དེ་ཡང་གླིང་རས་པདྨ་རྡོ་རྗེ་ནི། ཡབ་རྒྱལ་པོ་སྐྱབས་བེ་བྲ་བ་ཐུགས་དང་སྨན་རྩིས་ཀྱི་ཡོན་ཏན་དང་ལྡན་པ་དང་། ཡུམ་གཟུགས་མོ་དར་ཆུང་གཉིས་ཀྱི་སྲས་སུ་སྤྱི་ལོ1128རབ་བྱུང་གཉིས་པའི་ས་སྤྲེལ་ལོར་ཉང་སྟོད་དུ་འཁྲུངས། མཚན་ལ་པདྨ་རྡོ་རྗེ་ཞེས་བཏགས། དགུང་ལོ་དགུ་ལ་ཀློག་བསླབས། དགུང་ལོ་བཅུ་བདུན་ལོར་སློབ་དཔོན་གླིང་ལས་དགེ་བསྙེན་མཛད། དགུང་ལོ་སོ་གཅིག་པ་ནས་རྒྱལ་བ་ལོ་དང་། སུམ་པ་ལོ་སོགས་ལོ་རས་མཆེད་གསུམ་སྤྱི་ཕྱིར་ལོ་བཅོ་ལྔ་བསྟེན་ཏེ་ནཱ་རོ་པའི་གདམས་པ་ཉམས་སུ་བཞེས། དགུང་ལོ་ཞེ་གཅིག་པ་ལ་ཕག་མོ་གྲུ་པའི་ལྷན་ཅིག་སྐྱེས་སྦྱོར་གསན་པས་ཆུ་བོ་གངྒཱ་ཚུན་ན་ལྟ་བ་བཟང་བར་གྲགས། དབྱར་ཟླ་གསུམ་ཕག་གྲུར་བཞུགས། བུད་མེད་སྔོན་མོ་ཞིག་གིས་མདོ་རྒྱུད་ཀྱི་ལུང་གནང་བའི་སྣང་བ་བྱུང་བ་དེ་ནས་མདོ་རྒྱུད་རང་དབང་དུ་འགྲེལ་བའི་སྤོབས་པ་ཐོབ། བཀའ་འགྱུར་ཐུགས་ལ་ཞུགས། དགུང་ལོ་རེ་གཅིག་པ་སྤྱི་ལོ1188རབ་བྱུང་གསུམ་པའི་ས་སྤྲེལ་ལོར་སྐུ་གཤེགས།

སློབ་མའི་གཙོ་བོ་ནི་གཙང་པ་རྒྱ་རས་ཡིན་ཏེ། ཁོང་ནི། སྤྱི་ལོ1161རབ་བྱུང་གསུམ་པའི་ལྕགས་སྦྲུལ་ལོར་ཉང་སྟོད་དུ་ཁྱེ་ལེའི་ཆར་སྐུ་འཁྲུངས། མཚན་གཡུང་དྲུང་དཔལ་དུ་བཏགས། ཕྱིས་བླ་མ་ཞང་ལས་རབ་ཏུ་བྱུང་སྟེ་མཚན་ཡེ་ཤེས་རྡོ་རྗེ་ཞེས་གསོལ།

དགུང་ལོ་ཉི་ཤུ་རྩ་གཉིས་པ་ལ་གླིང་རས་པ་ར་ལུང་ན་བཞུགས་པ་དང་མཇལ། ཚྭ་བྲེ་གང་ཙམ་གྱིས་ཕྱག་རྟེན་མཛད་ནས་གསུང་གླེང་མང་དུ་ཞུས། དེ་ནས་དབུས་སུ་ཕྱིན། དེ་རྗེས་སྔ་ཕུར་གླིང་རས་པ་སླར་ཡང་མཇལ་ནས་ན་

རོའི་ཆོས་དྲུག་དང་། ལྷན་ཅིག་སྐྱེས་སྦྱོར་ལ་སོགས་པའི་གདམས་པ་གསན་པས་ཞག་བདུན་ནས་རས་ཐུབ་པ་བྱུང་། དགུན་འདག་སྦྱར་མཛད་ནས་བསྒོམས་པས་རླུང་ཕྱི་ནང་བསྲེ་ནུས་པ་སོགས་ཏིང་ངེ་འཛིན་གསལ་སྟོང་ནམ་མཁའ་དང་མཉམ་པར་འཁྲུངས། རྗེ་བཙུན་རས་ཆུང་པས་གཏེར་དུ་སྦས་པའི་རོ་སྙོམས་སྐོར་དྲུག་བཏོན། བླ་མ་ཞང་གིས་ལུང་བསྟན་པ་ལྟར་ཀློང་རྫོལ་གྱི་དགོན་པ་བཏབ། ཡི་དམ་གྱིས་ལུང་བསྟན་པ་ལྟར་ར་ལུང་བཏབ། གླིང་རས་ཀྱིས་ལུང་བསྟན་པ་ལྟར་གནམ་ཕུར་འབྲུག་དགོན་བཏབ། གནས་འདིའི་རྨང་འདིང་དུས་འབྲུག་སྒྲ་དྲག་པོ་ཐེངས་འགའ་གྲགས་པས་དགོན་པའི་མིང་ལ་འབྲུག་ཏུ་བཏགས། དེ་ལ་བརྟེན་ནས་གྲུབ་མཐའ་འདིའི་རྒྱུད་འཛིན་རྣམས་ལ་འབྲུག་པ་ཞེས་ཐོགས་པ་དང་། ཕྱིས་འབྲུག་པ་དེ་ལ་ཡང་ལོ་ནས་མཆེད་པ་ལ་སྨད་འབྲུག་དང་། རྒོད་ཚང་པ་ནས་མཆེད་པ་ལ་སྟོད་འབྲུག དཔོན་སྲས་སོགས་ཀྱིས་སྐྱོང་བ་ལ་བར་འབྲུག་ཅེས་པའི་དབྱེ་བ་བྱུང་། གཙང་པ་རྒྱ་རས་འཚོ་བཞུགས་སྐབས་འབྲུག་ཏུ་སློབ་མ་ཁྲི་ཆེ་ལྔ་ཙམ་འཚོགས་ཟེར་བས་ཕོང་ནི་འགྲོ་དོན་ཤིན་ཏུ་རྒྱ་ཆེ་ཞིང་དེའི་སློབ་རྒྱུད་ཀྱིས་བྱ་རྒོད་པོའི་ཉིན་ལམ་བཅོ་བརྒྱད་དུ་ཁྱབ་པ་དང་། བོད་དུ་མི་ཕྱེད་འབྲུག་པ། འབྲུག་ཕྱེད་སྦྲང་པོ། སྦྲང་ཕྱེད་གྲུབ་ཐོབ་ཅེས་གྲགས་པ་ཡང་བྱུང་ངོ་། མཐར་དགུང་ལོ་ལྔ་བཅུ་རྩ་གཅིག་ སྤྱི་ལོ1211རབ་བྱུང་བཞི་པའི་ལྕགས་ལུག་ལོར་སྐུ་གཤེགས།

འདི་ལ་སློབ་མའི་མཆོག་དཔོན་སྲས་དང་། ཆོས་སྲས་གཉིས་ལས། དང་པོ་ནི་དཔོན་སྲས་དར་མ་སེང་གེ་སོགས་སོ། གཉིས་པ་ལ། ཐོག་མར་ཆེ་བ་སྤྲ་རྒྱང་གཉིས་ཏེ་སྤྲ་རི་བ་དང་། རྒྱང་མོ་ཁ་པ་གཉིས། བར་དུ་ཆེ་བ་བརྒྱ་འབྲས་གཉིས་ཏེ་བརྒྱ་ལེགས་པ་དང་འབྲས་མོ་བ་གཉིས། ཐ་མར་ཆེ་བ་ལོ་རྒོད་

གཉིས་ཏེ་ལོ་རས་པ་དང་། རྒོད་ཚང་པ་གཉིས་སོ། གཞན་ཡང་སྐུའི་སྤྲུལ་པ་དམ་པ་ས་སྐོར་བ། གསུང་གི་སྤྲུལ་པ་དམ་པ་གཏེར་ཁྱུང་པ། ཐུགས་ཀྱི་སྤྲུལ་པ་དམ་པ་ཀོ་བྲག་པ། འཕྲིན་ལས་ཀྱི་སྤྲུལ་པ་གྲུབ་ཐོབ་དགོན་གཡེ་དང་བཞི་སོགས་མང་དུ་བྱུང་ཞིང་། ཆོས་རྒྱུད་འདི་ལ་འབྲུག་པ་བཀའ་བརྒྱུད་ཅེས་གྲགས་པ་ཡིན་ནོ།

6. སྟག་ལུང་བཀའ་བརྒྱུད་ནི། སྟག་ལུང་ཐང་པ་ཆེན་པོ་ལས་བརྒྱུད་པ་ཞིག་སྟེ། དེ་ཡང་སྟག་ལུང་ཐང་པ་ནི། ཡབ་ཀྲ་ཟིའི་གདུང་རྒྱུད་ལས་བྱུང་བ་ན་བློན་འབར་པོ་དང་། ཡུམ་བྲབ་ཤེ་བཟའ་དགེ་སུམ་ཁྲི་མོའི་སྲས་སུ་སྤྱི་ལོ་1142རབ་བྱུང་གཉིས་པའི་ཆུ་ཁྱི་ལོར་གཡང་ཤོད་པོང་ར་སྟེང་དུ་འཁྲུངས། གཞོན་ནུའི་དུས་ཆོས་བྱེད་པར་ལན་འགའ་ཕེབས་ཀྱང་ཡབ་ཀྱིས་བཀག

དགུང་ལོ་བཅོ་བརྒྱད་པ་ལ་མཁན་པོ་ག་སྟོན་བླ་གང་བ་ཤེས་རབ་རྡོ་རྗེ་དང་། སློབ་དཔོན་ཚར་སྟོན་སྒོ་མང་པ་ལས་རབ་ཏུ་བྱུང་ཞིང་། མཚན་བཀྲ་ཤིས་དཔལ་ཞེས་གསོལ། རྒྱ་གར་དུ་འགྲོན་པར་ལན་ཁ་ཤས་ཆས་ཀྱང་སྟབས་མ་འགྲིག དགུང་ལོ་ཉི་ཤུ་རྩ་བཞི་པར་ཕག་གྲུ་རྡོ་རྗེ་རྒྱལ་པོའི་སྙན་པ་གསན་ནས་ཕག་གྲུའི་དྲུང་དུ་ཕེབས་ཏེ་ཉེ་གནས་མཛད་ཅིང་། ཕག་མོ་གྲུ་པས་ཐུགས་རྗེས་ཆེ་ཞིང་གདམས་པ་རྫོགས་པར་གནང་། ཕག་མོ་གྲུ་པ་གཤེགས་རྗེས་མལ་གྲོར་ཕྱིན་ཏེ་འཚད་ཀ་པ་ལས་བཀའ་གདམས་གསན། ཞང་ཤ་ར་བ་ལས་བསྙེན་པར་རྫོགས།

དགུང་ལོ་སོ་དགུ་པ་ལ་དར་སྤྲས་རོང་གསུམ་དང་ཕོད་མདོ་བས་སྟག་ལུང་དུ་གདན་དྲངས་པ་ལྟར་ཕྱིན་ཏེ་རྗེ་ཕག་མོ་གྲུ་པས་ལུང་བསྟན་མཛད་པ་ལྟར་སྤྱི་ལོ་1180རབ་བྱུང་གཉིས་པའི་ལྕགས་བྱི་ལོར་སྟག་ལུང་དགོན་བཏབ་པ་

དེ་ནས་མཚན་སྟག་ལུང་ཐང་པ་ཞེས་བྱ་བར་གྲགས། རབ་ཏུ་བྱུང་ཕྱིན་ཆད་ཁྱིམ་པའི་ཁྱིམ་དུ་མི་འགྲོན་ལ་ཤ་ཆང་མི་གསོལ་བ་མ་ཟད་གཞན་ལ་ཤ་ཆང་གི་མགྲོན་ཡང་མི་མཛད། དགོན་པའི་གླིང་གསེབ་ཏུ་བུད་མེད་མི་གཏོང་བ་སོགས་འདུལ་བའི་ཁྲུག་ལེན་ཞིབ་པར་མཛད། སྐུ་འདའ་ཁར་སྟག་ལུང་དུ་དགེ་འདུན་སུམ་སྟོང་ལྷག་ཙམ་འདུས། མཐར་དགུང་ལོ་དྲུག་ཅུ་རེ་དགུ་སྤྱི་ལོ1210རབ་བྱུང་བཞི་པའི་ལྕགས་རྟ་ལོར་སྐུ་གཤེགས།

སྟག་ལུང་ཐང་པ་ཆེན་པོ་སྐུ་གཤེགས་རྗེས་དཔོན་རིན་ཆེན་མགོན་པོ་གདན་སར་ཕེབས་པ་དེས་སྟག་ལུང་གི་མཆོད་ཁང་ཆེན་མོ་བཞེངས་ཤིང་དགོན་སྡེ་དར་རྒྱས་མཛད། དེའི་རྗེས་སུ་སངས་རྒྱས་ཡར་བྱོན་གདན་སར་བཞུགས། དེ་སྐབས་གདན་ས་ཕེར་བའི་དཔོན་བཀྲ་ཤིས་བླ་མ་དང་། སངས་རྒྱས་དཔོན་གཉིས་བྱུང་བའི་སངས་རྒྱས་དཔོན་པོ་གྲགས་པ་དཔལ་འོད་ཟེར་བཟང་པོ་ཁམས་སུ་བྱོན་ནས་རི་བོ་ཆེའི་དགོན་པ་བཏབ། དེ་ནས་བཟུང་སྟག་ལུང་ལ་ཐང་མ་ཐང་གཉིས་སུ་གྱེས། གཉིས་ཀར་གྲྭ་པ་སུམ་སྟོང་བརྒྱད་བརྒྱ་ཙམ་རེ་འཚོགས་པ་དང་དེ་ནས་དབུས་གཙང་མདོ་ཁམས་སོགས་སུ་སྟག་ལུང་པའི་གྲྭ་པ་དང་ཆོས་རྒྱུད་མང་དུ་འཕེལ་བ་འདི་དག་ལ་སྟག་ལུང་བཀའ་བརྒྱུད་ཅེས་གྲགས་སོ།

7. འབའ་རོམ་བཀའ་རྒྱུད་ནི། འབའ་རོམ་པ་དར་མ་དབང་ཕྱུག་ལས་བརྒྱུད་པ་ཞིག་སྟེ། དེ་ཡང་འབའ་རོམ་པ་དར་དབང་ནི། འཕན་ཡུལ་དུ་འཁྲུངས། ཆུང་དུའི་དུས་སྡིགས་ཆུང་ཞིག་རྩར་བྱུང་ནས་རྗེ་སྒམ་པོ་པའི་ཡོན་ཏན་མང་དུ་བརྗོད་དེ་ཁྱེད་རང་དེའི་དྲུང་དུ་ཕྱིན་པ་འཐད་ཟེར་བ་ལྟར་ཕོང་དང་འགྲོགས་ནས་སྒམ་པོར་ཕེབས་ཤིང་། དེ་ནས་བཟུང་སྟེ་རྗེ་སྒམ་པོ་པ་དང་

 བླ་སློབ་ཏུ་གྱུར་ཏེ་ཁྲིད་གནང་བ་ལ་སོགས་པས་རྗེས་པ་མཆོག་ཏུ་གྱུར་པ་དང་། དེ་རྗེས་བྱུང་འབའ་རོམ་གྱི་དགོན་པ་བཏབ། བདེ་སྟོང་ཕྱག་རྒྱ་ཆེན་པོ་ལ་བསྒྲེ་འཕོ་དང་། གནས་ལུགས་ཕྱག་རྒྱ་ཆེན་པོ་ལ་གསེབ་ལམ་རིག་པ་རྐྱང་འདེད་ཉམས་བཞེས་མཛད་པས་སློབ་མ་མང་དུ་འདུས་པ་དེ་ནས་འབའ་རོམ་བཀའ་བརྒྱུད་ཅེས་པའི་གྲུབ་མཐའ་དེ་དར་ཞིང་། སྲས་ཀྱི་ཐུ་བོ་ནི་ཏི་ཤྲཱི་རས་པ་ཡིན། འབའ་རོམ་གྱི་གདན་ས་ནི་ཁོང་གི་གདུང་རྒྱུད་རིམ་པས་བཟུང་བ་བཅས་སོ།

8. གཡའ་བཟང་བཀའ་བརྒྱུད་ནི། འགྲོ་མགོན་ཕག་མོ་གྲུ་པའི་སློབ་མ་ཟྭ་ར་བ་སྐལ་ལྡན་ཡེ་ཤེས་སེང་གེ་དང་གཡའ་བཟང་ཆོས་རྗེ་སྨོན་ལམ་ལས་བརྒྱུད་པ་ཞིག་སྟེ་དེ་ཡང་ཟྭ་ར་བ་ནི་མོན་འགར་དུ་འཁྲུངས། གཞོན་ནུའི་དུས་སུ་ར་རྫི་མཛད་དེ་ར་འཚོ་བའི་སྐབས་རི་ཁ་ནས་ཕག་མོ་གྲུ་པའི་དགོན་གྱི་རི་མཐོང་བ་ཙམ་གྱིས་སྒོམ་རང་བྱུང་དུ་ཤར། སྒོམ་ཆེན་གཉིས་ཀྱིས་སྒོམ་གྱི་གནས་ལུགས་སྤྲོད་པར་དེ་སྒོམ་ཡིན་ན་ངས་ཀྱང་སྒོམ་ཤེས་པར་འདུག་སྙམ་ཞིང་། ཕག་མོ་གྲུ་པའི་དགོན་པར་ཕྱིན་ནས་འགྲོ་མགོན་དང་མཇལ་ཏེ་ངོ་སྤྲོད་ཅིག་བཏབ་པས་རྟོགས་པ་ཁྱད་པར་ཅན་འཁྲུངས། མཚན་ཡང་སྐལ་ལྡན་ཡེ་ཤེས་སེང་གེར་བཏགས། དུས་ཕྱིས་གྲྭ་རབས་སུ་ཟྭ་ར་དགོན་པ་བཏབ།

ཁོང་གི་སློབ་མ་གཡའ་བཟང་ཆོས་སྨོན་ལམ་ནི། གཞུབས་ཀྱི་གདུང་ལས་བྱུང་བ་ཡབ་སྤྲང་མོ་ལྷམ་དང་། ཡུམ་ཞང་ལྷམ་འབུམ་སྐྱིད་གཉིས་ཀྱི་སྲས་སུ་ཕྱི་ལོ1169རབ་བྱུང་གསུམ་པའི་ས་གླང་ལོར་གཙང་ཞལ་གྱི་དམར་མོར་འཁྲུངས། སྲིན་མཁན་པོ་ཆོས་སྟོན་བྱ་བ་ལས་རབ་ཏུ་བྱུང་། མཚན་ཆོས་སྨོན་ལམ་དུ་བཏགས། ཤ་མི་སྨོན་ལམ་འོད་ཀྱི་སློབ་མ་གླུབ་དཀར་ཚུལ་ཁྲིམས་གྲགས་ལས་འདུལ་བ་གསན་ནས་འདུལ་བའི་བཤད་པ་དང་ལག་ལེན་གཙོ་བོར་མཛད་པས་

གཞུང་བས་འདུལ་འཛིན་དུ་གྲགས། དགུང་ལོ་ཉེར་ལྔ་བརྒྱད་པ་ལ་དགེ་འདུན་བྱེ་ཞིང་པའི་གཉེར་བཟང་བ་ཞིག་མཛད། ལོ་དེར་གླུབ་དཀར་བ་གཤེགས་རྗེས་ཟླ་ར་བ་སྐལ་ལྡན་ཡེ་ཤེས་སེང་གེའི་སྣན་པ་གསན་པས་ཟླ་རར་ཕྱིན་ཏེ་མཇལ། དད་པ་དཔག་མེད་འཁྲུངས་ཤིང་ཕྱག་རྒྱ་ཆེན་པོ་དང་། ཁྱད་པར་སྣན་བརྒྱུད་ཀྱི་ངོ་སྤྲོད་ཐབས་ལམ་ན་རོའི་ཆོས་དྲུག་ལ་སོགས་པ་གསན་ནས་ཁོང་གི་ཆོས་རྒྱུད་མི་འཆད་པའི་བསྟུགས་པ་ཡང་མཛད།

དགུང་ལོ་སུམ་ཅུ་པ་ལ་འབུམ་ཞིང་དུ་འཇིག་བརྟེན་ནློས་བཏང་གི་སྒྲུབ་པ་མཛད།

དགུང་ལོ་སོ་བརྒྱད་པ་སྤྱི་ལོ1206རབ་བྱུང་གསུམ་པའི་མེ་སྟག་ལོར་གཡའ་བཟང་དགོན་བཏབ་ཅིང་། དེ་རྗེས་གཉལ་སྟོད་སྨད། མཚོ་སྣ། ལྷོ་བྲག་ཡར་ལུངས་ཤར་ནུབ་རྣམས་སུ་ཡོན་བདག་སོ་སོས་ཆོས་འཁོར་གྱི་གཙོ་བོར་གདན་དྲངས་ཏེ་ཆོས་གསུངས་པའི་ཆོས་ཁྲི་ཡང་ལྷོ་བྲག་ཏུ་བཞི་བཅུ་ཞེ་ལྔ། གཉལ་དུ་བཞི་བཅུ་ཞེ་བདུན་བྱུང་ཞིང་། གནས་གཞན་དུ་ཡང་ཆོས་ཁྲི་ཧ་ཅང་མང་པོ་མཆིས་པ་བཅས་ཁོང་གིས་ཆོས་འཁོར་རྒྱ་ཆེན་པོ་བསྐོར་བ་དང་སློབ་མ་མང་པོ་བསྐྱངས་ཏེ་མཐར་དགུང་ལོ་དྲུག་ཅུ་རྩ་ལྔ་པ་སྤྱི་ལོ1233རབ་བྱུང་བཞི་པའི་ཆུ་སྦྲུལ་ལོར་སྐུ་གཤེགས།

ཁོང་གི་སློབ་མ་སློམ་བཞིར་གྲགས་པ་ནི། གཉལ་སྨད་དཔལ་རི་བ་སངས་རྒྱས་བྱ་སློམ། གོར་གདོང་པ་སངས་རྒྱས་ལྷ་སློམ། གསེར་ལྟེ་བ་སངས་རྒྱས་ལེ་སློམ། དགོན་གསར་པ་སངས་རྒྱས་རྒྱ་སློམ་བཅས་ཡིན། ཆོས་རྒྱུད་དེ་ལ་གཡའ་བཟང་བཀའ་བརྒྱུད་དུ་གྲགས་སོ།

9. ཁྲོ་ཕུ་བཀའ་བརྒྱུད་ནི། ཕག་མོ་གྲུ་པའི་སློབ་མ་རིན་པོ་ཆེ་རྒྱལ་ཚ་

དང་། ཀུན་ལྡན་རས་པ་སྐུ་མཆེད་ལས་བརྒྱུད་པ་ཞིག་སྟེ། དེ་ཡང་རིན་པོ་ཆེ་རྒྱལ་ཚ་ནི། ཡབ་གནུབས་ཀྱི་གདུང་རྒྱུད་ལས་བྱུང་ཞིང་། ཡུམ་ལྷ་གཅིག་གི་སྲས་སུ་སྤྱི་ལོ1118རབ་བྱུང་གཉིས་པའི་ས་ཁྱི་ལོར་ཤབ་སྨད་འཇོལ་དུ་འཁྲུངས།

དགུང་ལོ་ལྔ་པ་ནས་ཡིག་རྩིས་བསླབས། གཞོན་ནུའི་དུས་ནས་འཇིག་རྟེན་གྱི་ཕྱོགས་ལ་མི་དགྱེས་པ་ཆོས་ལ་དགྱེས་ཤིང་། གནུར་ཉེ་མ། སློབ་དཔོན་གན་ཚག་པ། རམ་སྡིང་བ་སོགས་བླ་མ་མང་པོ་བསྟེན་ནས་ཆོས་མང་དུ་གསན།

དགུང་ལོ་བཅུ་དགུ་པར་དབུས་སུ་ཕྱིན་ཏེ་དམར་ཆོས་ཀྱི་རྒྱལ་པོ། མེས་སྟོན་ཀུན་སྙིང་སོགས་བསྟེན།

དགུང་ལོ་ཉི་ཤུ་རྩ་ལྔ་པར་རང་ཡུལ་དུ་ཕྱིན་ཏེ་ཆེ་འདོན་མཛད་པ་དང་ཆོས་འགའ་རེ་ཡང་གསུངས། ཡབ་ཀྱི་ཞལ་ནས་ད་བག་མ་ཞིག་ལེན་དགོས་གསུང་བ་དང་དུ་མ་བཞེས་པས་ཡབ་ཀྱིས་ཀྱང་དེ་ལྟར་གནང་བ་ཐོབ་ཅིང་། དེ་ནས་ཡང་བྲག་དཀར་པོ་བ། ཞུ་དོན་མོ་རི་བ་སོགས་བླ་མ་དུ་མ་བསྟེན་ནས་ཆོས་མང་པོ་གསན།

དེ་རྗེས་སྤྲུ་ཕྲེངས་ལོ་ཙྪ་བའི་དངོས་སློབ་དམར་ཆོས་ཀྱི་རྒྱལ་པོས་ཕག་མོ་གྲུར་བཙུགས་པ་ལྟར་གདམས་ངག་མང་དུ་གསན་ཅིང་། དེར་ཕྱག་རྒྱ་ཆེན་པོའི་རྟོགས་པ་ཁྱད་པར་ཅན་འཁྲུངས།

དགུང་ལོ་ལྔ་བཅུ་རྩ་བཞི་པ་སྤྱི་ལོ1171རབ་བྱུང་གསུམ་པའི་ལྕགས་ཡོས་ལོར་མཁན་པོ་ཞང་ཞི་མཛེས་ལས་བསྙེན་པར་རྫོགས། དགེ་སློང་བཞི་སྡེ་རེ་དང་འགྲོགས་པར་དགོངས་ནས་ཞང་བཙུན་དཔོན་ཚང་བྱ་བ་ནས་ཁྲི་ཕུའི་ས་དེ་ཉོས། དབུ་རྩེ་དང་བྲན་ཁང་ལ་སོགས་པ་སྟེ་ཁྲི་ཕུ་བཏབ་ནས་དགེ་འདུན་ཉི་ཤུ

ཙམ་བསྡུས། མཐར་དགུང་ལོ་བདུན་ཅུ་རྩ་བརྒྱད་པ་སྤྱི་ལོ1195རབ་བྱུང་གསུམ་པའི་ཤིང་ཡོས་ལོར་སྐུ་གཤེགས།

གཙང་པོ་ཀུན་ལྡན་རས་པ་ནི། སྤྱི་ལོ1148རབ་བྱུང་གསུམ་པའི་ས་འབྲུག་ལོར་འཁྲུངས། ཕག་མོ་གྲུར་གཙེན་པོའི་རྒྱགས་སྐྱེལ་དུ་ཕྱིན་པས་རྗེ་བཙུན་མི་ལའི་རྣམ་ཐར་གསུང་བ་དང་ཐུག དེ་འདྲ་བ་ཞིག་ངས་ཀྱང་བྱའོ་སྙམ་ནས་ཆོས་གྲྭ་དེར་མགོ་ཟུག་ལན་གསུམ་བྱས། འགྲོ་མགོན་ཕག་མོ་གྲུ་པར་གདམས་པ་ཞུས་ཏེ་བསྒོམས་པས་རྟོགས་པ་ཁྱད་པར་ཅན་བརྙེས། མཐར་དགུང་ལོ་བདུན་ཅུ་པ་སྤྱི་ལོ1217རབ་བྱུང་བཞི་པའི་མེ་གླང་ལོར་སྐུ་གཤེགས།

རྒྱལ་ཚ་དང་ཀུན་ལྡན་རས་པའི་དཔོན་པོ་ཁྲི་ཕུ་ལོ་ཙྪ་བ་ཕྱིན་པ་བཅས་དེ་དག་གི་དངོས་རྒྱུད་སློབ་མ་རྣམས་ཀྱི་ཆོས་རྒྱུད་ལ་ཁྲི་ཕུ་བཀའ་བརྒྱུད་ཅེས་གྲགས་པ་བཅས་སོ།

དྭགས་པོ་བཀའ་བརྒྱུད་པའི་ལྟ་སྒོམ་གྱི་རྣམ་གཞག་དང་། ཁྱད་པར་འབྱེད་ཆོས་སྐོར།

དྭགས་པོ་བཀའ་བརྒྱུད་ཀྱི་རྩ་འགོ་མར་པ་ལོ་ཙྪ་བའི་ལྟ་བ་ནི་དབུ་མ་ཐལ་འགྱུར་བའི་ལྟ་བ་ཡིན་ཏེ། དེ་ཡང་མར་པའི་བླ་མ་གཙོ་བོ་ནཱ་རོ་པ་དང་། མཻ་ཏྲི་པ་ཡིན་ཞིང་། མར་པས་ལྟ་སྒོམ་སྤྱོད་པ་དང་། རྒྱུད་ཀྱི་བཤད་པ་གང་གི་སྐབས་སུ་ཡང་བླ་མ་དེ་གཉིས་གཙོ་བོར་མཛད་ཅིང་། ཁྱད་པར་དུ་ལྟ་བའི་སྒྲོ་འདོགས་ཆོད་པའི་བླ་མ་མཻ་ཏྲི་པ་ཡིན་པ་མར་པའི་གསུང་མགུར་ལས་འབྱུང་སྟེ། །

"ཤར་ཆུ་བོ་གནྣའི་འགྲམ་དུ་ཕྱིན། །
རྗེ་མཻ་ཏྲི་ཆེན་པོའི་བཀའ་དྲིན་གྱིས། །
གཞི་ཆོས་ཉིད་སྐྱེ་བ་མེད་པར་རྟོགས། །

སེམས་སྟོང་པ་ཉིད་ལ་སྤྱར་ཟིན་བྱས། །
དོན་སྤྲོས་བྲལ་གཉུག་མའི་ངོ་བོ་མཐོང་། །
སྐུ་གསུམ་མ་དང་མངོན་དུ་མཇལ། །
མི་ཕོ་བོའི་སྤྲོས་པ་དེ་ནས་བཅད། །”

ཅེས་མི་ཧྲེ་པའི་དྲིན་ལས་སེམས་དོན་དམ་པར་སྐྱེ་བ་མེད་པར་རྟོགས་པས། སེམས་ཀྱི་གཉུག་མའི་ངོ་བོ་ཞེས་པ་བདེན་པས་སྟོང་པའི་སེམས་ཀྱི་ཆོས་ཀྱི་ལ་སྦྱར་ཟིན་བྱས་ཏེ། དེ་ཉིད་རྫོགས་རིམ་གྱི་ལམ་ཟབ་མོ་དང་སྦྲེལ་ནས་བསྒོམས་པས་སྤྱིར་སྐུ་གསུམ་དང་ཁྱད་པར་ཆོས་སྐུའི་མིང་ཅན་འོད་གསལ་མ་བུ་འཕྲོད་པ་བྱུང་བས་སྤྲོས་པ་ཐམས་ཅད་དེ་ལ་བརྟེན་ནས་ཆོད་དོ་ཞེས་གསུངས་པའི་ཕྱིར་རོ།

མངའ་བདག་མི་ཧྲེ་པ་ནི་དབུ་མ་ཙམ་དུ་མ་ཟད། དཔལ་ལྡན་ཟླ་བའི་ལུགས་གཙོ་བོར་མཛད་པ་དང་། པཎ་ཆེན་ནཱ་རོ་པ་ཡང་ཟླ་གྲགས་ཀྱི་ལུགས་ཁོ་ན་འཛིན་པ། རྗེ་བཙུན་མི་ལའི་མགུར་རྣམས་སུ་ཡང་ལྟ་བ་ཕལ་ཆེར་ཐལ་འགྱུར་བ་དང་མཐུན་པར་གསུངས་པ་བཅས་རྗེ་མར་པ་དང་། མི་ལ། སྒམ་པོ་བ་རྣམས་དང་། དེ་དག་གི་སློབ་མ་ཕག་མོ་གྲུ་པ། འབྲི་གུང་པ། གླིང་རས་པ། དུས་གསུམ་མཁྱེན་པ། སྟག་ལུང་པ་སོགས་ལྟ་བའི་བཞེད་པ་མཐུན་པ་སྣང་། ཕྱོགས་རྟེན་འབྲེལ་ལ་ག་སྒོམས་སུ་མཛད་པ་དང་། སོ་སོར་རྟོག་པའི་ཤེས་རབ་ཀྱི་དཔྱད་པ་མི་འདོར་བའི་ལུགས་འཛིན་ཅིང་། གཞན་ཡང་གདུལ་བྱའི་བློ་ཚོད་དང་བསྟུན་པའི་ལྟ་བ་གཞན་ཡང་འདོར་བར་མི་མཛད་པ་ཡིན་ནོ།

ཕྱག་རྒྱ་ཆེན་པོའི་མཚན་ནི། རྗེ་བཙུན་མི་ལའི་གསུང་མགུར་དུ་ཕྱག་རྒྱ་ཆེན་པོ་ལྟ་བའི་རྫོང་ཞེས་སོགས་ཕྱག་ཆེན་གྱི་སྒྲོས་ཙམ་བྱུང་ཡང་གྲགས་ཆེ་བར་

མཛད་པ་པོ་ནི་མཉམ་མེད་དྭགས་པོ་ལྷ་རྗེ་ཡིན་ཏེ། དྭགས་པོའི་གསུང་ལས། ལྷ་བའི་ངོ་སྤྲོད་དང་ཕར་ཕྱིན་གྱི་ཐེག་པའི་ལུགས་དང་སྔགས་ཀྱི་ལུགས་གཉིས་འབྱུང་ཞིང་། གཉིས་ཀ་ལའང་ཕྱག་རྒྱ་ཆེན་པོའི་གདམས་ངག་གི་མིང་འདོགས་པར་མཛད། ཕར་ཕྱིན་ཐེག་པའི་ལུགས་ལ་སྟོང་ཉིད་ལ་ཕྱག་རྒྱ་ཆེན་པོར་གསུང་པ་ཡོད་ཚུལ་མདོའི་ལུང་མང་དུ་དྲངས་ནས་བསྒྲུབས་པའི་བསྟན་བཅོས་ཀྱང་མཛད།

དཀར་པོ་ཆིག་ཐུབ་ཅེས་པའི་ཐ་སྙད་ནི་བླ་མ་ཞང་ཡན་ལ་དེ་འདྲའི་ཐ་སྙད་གྲགས་མི་ཆེ་སོད། ཞང་གིས་དཀར་པོ་ཆིག་ཐུབ་ལ་གཙོ་བོར་བྱས་པའི་བསྟན་བཅོས་མཛད་ཕྱིན་ཆད་ལ་གྲགས་ཆེ་བར་གྱུར།

བཀའ་བརྒྱུད་གོང་མ་རྣམས་ཀྱིས་ཕྱག་ཆེན་ལ་མདོ་སྔགས་ཀྱི་དབྱེ་བས་གཉིས་བཞེད་པའི་སྔ་མ་ནི་སེམས་ཀྱི་ངོ་བོའི་སྟེང་དུ་རྩེ་གཅིག་ཏུ་འཇོག་པའི་མི་རྟོག་པ་བསྒོམས་ཏེ་གནས་པ་བསྒྲུབས། དེ་ལྟར་བསྒྲུབས་པའི་དམིགས་པ་ལ་གནས་པའི་སེམས་གསལ་གསལ་རིག་རིག་པོ་དེ་ལུས་ཀྱི་ཕྱི་ན་འདུག་གམ་ནང་ན་འདུག་པ་སོགས་ཀྱི་སེམས་འཚོལ་བརྒྱབ་པས་སེམས་ཀྱི་ངོ་བོ་གཅིག་ཀྱང་མ་རྙེད་པའི་བདེན་མེད་དུ་ངེས་པའི་ཚེ་བདེན་མེད་དེས་ཁྱད་པར་དུ་བྱས་པའི་སེམས་ཀྱི་ངོ་བོའི་སྟེང་དུ་རྩེ་གཅིག་ཏུ་འཛོག་པ་སྟོང་ཉིད་མ་ཡིན་དགག་གི་ཚུལ་དུ་བསྒོམ་པ་ཡིན་ཞེས་པ་དེ་ལྟར་བཞེད།

ཕྱི་མ་སྔགས་ལུགས་ཀྱི་ཕྱག་རྒྱ་ཆེན་པོ་ནི། རླུང་དབུ་མར་ཞུགས་གནས་ཐིམ་གསུམ་བྱས་པ་ལས་བྱུང་བའི་བདེ་ཆེན་གྱི་འོད་གསལ་ལ་བཞེད་ཅིང་། དེ་ནི་གྲུབ་པ་སྡེ་བདུན་དང་། སྙིང་པོ་སྐོར་གསུམ་དུ་གྲགས་པའི་བརྗོད་བྱའི་གཙོ་བོ་རྣལ་འབྱོར་བླ་མེད་ཀྱི་རྒྱུད་སྡེ་མཐའ་དག་གི་སྙིང་པོའི་སྙིང་པོ་ཉིད་དོ། དེ་

སྒོམ་པ་ལ་ཐོག་མར་གཏུག་སེམས་མངོན་དུ་བྱེད་དགོས་ཤིང༌། དེ་ལ་རླུང་དབུ་མར་ཞུགས་གནས་ཐིམ་གསུམ་དགོས་པས་གཏུག་སེམས་ཀྱི་ངོ་བོ་གཏན་ལ་ཕབ་སྟེ་དེའི་སྟེང་དུ་རྩེ་གཅིག་ཏུ་བཞག་པས་རླུང་དབུ་མར་ཞུགས་གནས་ཐིམ་གསུམ་འབྱུང༌། དེའི་སྟོབས་ཀྱིས་ལྟེ་གསང་གི་གཏུམ་མོ་འབར་བ་ལ་བརྟེན་ནས་ཞུ་བ་དེས་དྲངས་པའི་དགའ་བཞི་སྐྱེས་ཏེ་གཏུག་སེམས་བདེ་བ་ཆེན་པོའི་ངོ་བོར་སྐྱེ། དེ་ཡུལ་སྟོང་པ་ཉིད་དང་དབྱེར་མེད་དུ་གྱུར་པའི་བདེ་སྟོང་གི་ཡེ་ཤེས་ལ་རྩེ་གཅིག་ཏུ་བཞག་པས་རྣལ་འབྱོར་བཞི་རིམ་གྱིས་བགྲོད་དེ་མཆོག་འགྲུབ་པར་འགྱུར་ལ་དེ་ལྟ་བུའི་བདེ་བ་དང་སྟོང་པ་ཐབས་ཤེས་ཟུང་དུ་འབྲེལ་བ་ལ་ཕྱག་རྒྱ་ཆེན་པོ་བསྒོམ་པ་དཀར་པོ་ཆིག་ཐུབ་ཅེས་པའི་ཐ་སྙད་མཛད་དོ།

ཕྱག་རྒྱ་ཆེན་པོ་ཉམས་སུ་ལེན་པའི་གང་ཟག་ལ་དབང་པོ་རྣོ་རྟུལ་གཉིས་ལས། རླུང་དབུ་མར་སྡུད་པའི་ལམ་སྒོམ་མི་ནུས་པའི་དབང་རྟུལ་གྱིས་རེ་ཞིག་ཕ་རོལ་དུ་ཕྱིན་པའི་ལུགས་ཀྱི་ཕྱག་ཆེན་སྒོམ་པར་བྱེད་པ་ཡིན་ལ་དབང་རྣོན་ལའང་གཉིས་ཏེ་ཚེ་སྔོན་མའམ་ཚེ་སྟོད་ཡན་ལ་ལམ་སྔ་མ་སྔ་མ་ལ་སྦྱངས་ནས་རླུང་དབུ་མར་འཇུག་པ་བྱུང་བ་ཞིག་ཡིན་ན་དང་པོ་ཉིད་ནས་སེམས་ཀྱི་ངོ་བོའི་སྟེང་དུ་རྩེ་གཅིག་ཏུ་བཞག་སྟེ་བསྒོམ་པ་ཉིད་ཀྱིས་རླུང་དབུ་མར་ཞུགས་གནས་ཐིམ་གསུམ་བྱུས་པས་གཏུག་སེམས་མངོན་སུམ་དུ་ཉམས་སུ་མྱོང་བར་འགྱུར་བ་འདི་ལ་གང་ཟག་ཅིག་ཅར་བའི་ཐ་སྙད་མཛད་ཅིང༌། ཚེ་སྔ་མའམ་ཚེ་སྟོད་ཡན་ཆད་ལ་ལམ་སྔ་མ་སྔ་མ་ལ་མ་སྦྱངས་པ་ཞིག་ཡིན་ན་ལམ་ཐུན་མོང་བ་དང༌། དབང་དང༌། བསྐྱེད་རྫོགས་སོགས་སྔོན་དུ་འགྲོ་དགོས་ཤིང༌། དེ་ལྟ་བུ་ལ་གང་ཟག་རིམ་གྱིས་པའི་ཐ་སྙད་མཛད་པ་ལགས་སོ།

དེ་ལྟར་བཀའ་བརྒྱུད་པ་ལ་ནང་གསེས་ཀྱི་ངོ་བོ་གཅིག་ལ་ལྡོག་པ་ཐ་དད

པའི་ཁྱད་པར་གྱི་འཇིགས་ཆོས་ཅི་ཞེ་ན། སྟག་ལུང་ངག་དབང་རྣམ་རྒྱལ་གྱིས་མཛད་པའི་ཆོས་འབྱུང་ངོ་མཚར་རྒྱ་མཚོ་ལས། "མདོར་ན་ཉན་ཐོས་ཀྱི་ངེས་འབྱུང་། ཐེག་ཆེན་གྱི་སེམས་བསྐྱེད། གསང་སྔགས་ཀྱི་དམ་ཚིག་རྣམ་པར་དག་པ་རྣམས་གཞིར་བཞག་པའི་སྟེང་དུ་བཀའ་བརྒྱུད་རིན་པོ་ཆེའི་ཁྱད་ཆོས་མར་རྫོགས་གི་རྒྱུད་བཤད། མི་ལའི་སྙིང་རུས་དང་གདམས་ངག སྒམ་པོ་པའི་ངོ་བོའི་གདངས། ཀརྨ་པའི་རླུང་སེམས་དབྱེར་མེད། ཞང་གི་ལམ་མཆོག་མཐར་ཐུག འབའ་རོམ་པའི་བསྲེ་འཕོ་གསེབ་ལམ། ཕག་གྲུའི་གསང་སྔགས། སྟག་ལུང་པའི་རྣམ་ཐར་སོ་དགུ། འབྲི་གུང་པའི་སྔོམ་གསུམ་གནད་གཅིག གཙང་པ་རྒྱ་རས་ཀྱི་རྟེན་འབྲེལ་དང་རོ་སྙོམས། ལོ་རྒོད་ཀྱི་མོས་གུས་དང་ཞེན་ལོག་རྣམས་ནི་ཆ་མཐུན་ཁྱད་འཕགས་ཞེས་རེ་རེ་ལའང་ཐམས་ཅད་ཚང་བར་ཡོད་མོད་ཀྱི། གང་ལ་རྩལ་དུ་བཏོན་ནས་སློབ་མ་ཁྲིད་ཅིང་སྐྱོང་བར་མཛད་པའི་ཕྱིར་ཁྱད་པར་གྱི་འཇིགས་ཆོས་སུ་བཞག་ཏུ་རུང་ཞིང་། ཡོངས་རྫོགས་ལ་ཡང་བཀའ་བརྒྱུད་རིན་པོ་ཆེའི་བསྟན་པ་ཞེས་འཛིག་རྟེན་གསུམ་དུ་སྙན་པར་གྲགས་སོ།" ཞེས་གསུངས་པ་ལྟར་ལགས་ཤིང་། དངོས་གཞི་ཕྱག་ཆེན་གྱི་ཉམས་ལེན་གཞིར་བཞག་ལ། ལས་དང་པོ་བས་དེ་རྒྱུད་ལ་སྐྱེ་བ་ལ་མེད་མི་རུང་གི་ཡན་ལག་མང་པོ་ཞིག་དགོས་པར་གཟིགས་ནས་ཁྲིད་ལུགས་ཀྱི་རྣམ་གྲངས་མི་འདྲ་བ་མང་པོ་མཛད་པ་སྟེ། དེ་ཡང་རྗེ་སྒམ་པོ་པ་ནི། ལྷན་ཅིག་སྐྱེས་སྦྱོར་དང་། འབྲི་གུང་འཇིག་རྟེན་མགོན་པོས་ལྔ་ལྡན། གཙང་པ་རྒྱ་རས་པ་སོགས་ཀྱིས་ཁྲིད་ཆེན་བརྒྱད་དང་རོ་སྙོམས་སྐོར་དྲུག་རི་ཆོས་རྣམས་འདོམས་པའི་སྒོ་ནས་སློབ་མ་ཁྲིད་པར་མཛད་པ་ཡིན།

དེ་ཡང་ཞིབ་པར་དབྱེ་ན། ལྷན་ཅིག་སྐྱེས་སྦྱོར་གྱི་སྒྲ་དོན་ནི། འགྲོ་

མགོན་གྱིས།

“སེམས་དང་རྣམ་རྟོག་ཆོས་སྐུ་གསུམ། །
དང་པོ་ལྷན་ཅིག་སྐྱེས་པ་དེ། །
གདམས་པས་གཅིག་ཏུ་སྦྱོར་བའི་ཕྱིར། །
ལྷན་ཅིག་སྐྱེས་སྦྱོར་ཞེས་སུ་བཤད།”

ཅེས་གསུངས་པ་སྟེ།

“སེམས་ཉིད་ལྷན་ཅིག་སྐྱེས་པ་ཆོས་ཀྱི་སྐུ། །
རྣམ་རྟོག་ལྷན་ཅིག་སྐྱེས་པ་ཆོས་སྐུའི་རླབས། །
སྣང་བ་ལྷན་གཅིག་སྐྱེས་པ་ཆོས་སྐུའི་འོད། །
སང་སེམས་དབྱེར་མེད་ལྷན་ཅིག་སྐྱེས་པའོ། །”

ཞེས་པའི་དོན་མོས་གུས་དང་ཞེན་ལོག་གཙོ་བོར་བྱས་པའི་ངོས་ནས་སྔོན་འགྲོ་སྦྱོར་བ་བཞི་ལྡན། དངོས་གཞི་ངོ་སྤྲོད་རྣམ་གཉིས། རྗེས་ཉམས་སྐྱོང་སྣང་ཐོག་ཏུ་སྐྱོང་བ་གསུམ་གྱིས་འཆད་པའི་སྔོན་འགྲོ་ནི་སྔ་དང་མཚུངས། དངོས་གཞི་གཉིས་ནི་ཞི་ལྷག་གཉིས་ལ་ངོ་སྤྲོད་པའོ།

ལྔ་ལྡན་ནི། འཇིག་རྟེན་མགོན་པོའི་ཞལ་ནས།

“ཕྱག་རྒྱ་ཆེན་པོ་སེང་གེ་འདྲ་སྟེ། །ལྔ་ལྡན་མེད་ན་མིག་མེད་ཡིན།”
ཞེས་གསུངས་པ་ལྟར་ཕྱག་རྒྱ་ཆེན་པོ་ཉམས་སུ་ལེན་པ་ལ་ལྔ་ལྡན་མེད་མི་རུང་ཡིན་པས་བཀའ་བརྒྱུད་ཕྱོགས་ལ་འདི་འཕྲིན་ལས་ཤིན་ཏུ་ཆེ་བ་དེ་ཡང་། བྱང་ཆུབ་ཀྱི་སེམས་བསྒོམ་པ། རང་ལུས་ལྷར་བསྒོམ་པ། བླ་མ་ལ་མོས་གུས་བསྒོམ་པ། མི་རྟོག་པའི་ལྟ་བ་བསྒོམ་པ། བསྔོ་སྨོན་གྱི་རྒྱས་འདེབས་པ་དང་ལྔའོ།

ཁྲིད་ཆེན་བརྒྱད་ནི། བླ་མ་སྐུ་གསུམ་གྱི་ཁྲིད། བྱམས་སྙིང་རྗེའི་ཁྲིད།

རྒྱུ་འབྲས་རྟེན་འབྲེལ་གྱི་ཁྲིད། ལྷ་ལྷན་བདུད་རྩི་ཐིགས་པའི་ཁྲིད། ལྷན་ཅིག་སྐྱེས་སྦྱོར་གྱི་ཁྲིད། ནཱ་རོ་ཆོས་དྲུག་གི་ཁྲིད། ཆོས་བརྒྱད་མགོ་སྙོམས་ཀྱི་ཁྲིད། གསང་སྤྱོད་ལྟོག་སྒོམ་གྱི་ཁྲིད་རྣམས་སོ།

རོ་སྙོམས་སྐོར་དྲུག་ནི། རྣམ་རྟོག་ལམ་ཁྱེར། ཉོན་མོངས་ལམ་ཁྱེར། ན་ཚ་ལམ་ཁྱེར། ལྷ་འདྲེ་ལམ་ཁྱེར། སྡུག་བསྔལ་ལམ་ཁྱེར། འཆི་བ་ལམ་ཁྱེར་རོ།

རེ་ཆོས་ནི་ཟབ་ཆོས་རྒྱན་བཞི་སྐོར་གསུམ་ཞལ་གདམས་ཀྱིས་བརྒྱན་པ་ཞེས་བཤད་པས། རྒྱན་བཞི་ནི། རེ་ཆོས་ཡོན་ཏན་ཀུན་འབྱུང་། གསང་བ་དབང་གི་གྲུ་བོ་ཆེ། རྡོ་རྗེ་ལུས་ཀྱི་སྦས་བཤད། བར་དོའི་ཁྲིད་དང་བཞིའོ།

སྐོར་གསུམ་ཞལ་གདམས་རྒྱན་ལ། དམར་ཁྲིད་གེགས་སེལ་གྱི་རྒྱན། མགུར་འབུམ་དཀར་ཆག་གི་རྒྱན། སེལ་བུའི་སྟེ་ཚན་ཕྲན་ཚེགས་ཀྱི་རྒྱན་བཅས་སོ།

3. ས་སྐྱ་པའི་སྐོར།

ས་སྐྱ་པའི་གྲུབ་མཐའ་ནི་འཁོན་དཀོན་མཆོག་རྒྱལ་པོ་ནས་དར་བ་ཡིན་ལ་འཁོན་གྱི་གདུང་རྒྱུད་ནི་འོད་གསལ་ལྷ་ལས་ཆད་པ་སོགས་དེའི་གདུང་རྒྱུད་རིམ་བྱོན་ལ་འཁོན་རིགས་ཞེས་བྱ་བར་གྲགས་པའི་སྐོར་ལོ་རྒྱུས་རིང་པོ་བགྲང་དུ་ཡོད་པ་རགས་ཙམ་གཤམ་དུ་ས་སྐྱ་པས་བོད་ཁམས་ལ་དབང་སྒྱུར་བའི་ལོ་རྒྱུས་ནས་མཇུག་ཐུབ་ཅིང་། སྐབས་འདིར་ས་སྐྱ་པའི་གྲུབ་མཐའ་བྱུང་ལུགས་སྐོར་དང་། གྲུབ་མཐའ་དེ་དག་གི་ལྟ་སྒོམ་སྤྱོད་པ་སོགས་ཀྱི་སྐོར་ཆེ་ལོང་ཙམ་གླེང་བར་བྱ་བ་ལ།

དེ་ཡང་འཁོན་དཀོན་མཆོག་རྒྱལ་པོ་བྱ་བ་ཐུགས་རབ་ཆེ་ཞིང་ས་དཔྱད་

དང་། ལུགས་ཀྱི་བསྟན་བཅོས། ལྷག་པར་སྔགས་མཚན་ཉིད་ཐམས་ཅད་ལ་མཁས་པ་ཞིག་ཡོད་པ་དེ་ནམ་ཞིག་འབྲི་མཚམས་སུ་འབྱོ་ཡིག་གསོན་ཤིད་བྱེད་པར་གདན་འདྲེན་ཞུས་པའི་སྐབས་ཡུལ་དེར་ཉིན་ཞག་སྲེལ་མར་རྩེད་འཛོ་དང་། ལྷོད་མོ་མང་པོ་སྟོན་པའི་ནང་ན་ཁྲིམ་དཀྱིལ་དུ་སྔགས་པ་མང་པོས་དབང་ཕྱུག་མ་ཉེར་བརྒྱད་ཀྱི་འབག་སྒྲོན། ཕྱུག་མཚན་བཟུང་། མ་མོ་རལ་པ་ཅན་གྱི་རྔམས་སྟབས་དང་བཅས་ཏེ་འཆམས་བྱེད་པ་ལྷོད་མོ་ཆེ་བར་བྱུང་ནས་དེའི་ལོ་རྒྱུས་བླ་མ་གཅེན་འཁོན་རོག་ཤེས་རབ་ཚུལ་ཁྲིམས་ལ་ཞུས་པས་གཅེན་གྱི་ཞལ་ནས་ད་ནི་གསང་སྔགས་འཆོལ་བ་ཞེས་པའི་དུས་བྱུང་བ་ཡིན། ད་ཕྱིན་ཆད་བོད་སྔགས་རྙིང་མ་ལ་བརྟེན་ནས་གྲུབ་ཐོབ་ཚད་ལྡན་མི་འོང་། རང་རེ་ལ་ཡོད་པ་རྣམས་གཏེར་དུ་སྦེད། ང་ནི་ན་རྒས་ཁྱོད་གཞོན་པས་མང་མཁར་སྨྱུ་གུ་ལུང་ན་འབྲོག་མི་ལོ་ཙཱ་བ་ཤཱཀྱ་ཡེ་ཤེས་བྱ་བ་ཤིན་ཏུ་མཁས་པ་ཞིག་བཞུགས་ཡོད་པས་ཁྱེད་དེར་སོང་ལ་གསང་སྔགས་གསར་འགྱུར་སློབས་ཤིག་ཅེས་བསྐུལ་བ་ལྟར་འཁོན་དཀོན་མཆོག་རྒྱལ་པོ་དང་། འབྲོག་མི་བླ་སློབ་ཏུ་གྱུར་པའི་འགོ་འདི་ནས་ཚུགས་པ་ཙམ་མ་ཟད། ས་སྐྱ་པའི་གྲུབ་མཐའི་འགོ་ཡང་འདི་ནས་ཚུགས་པ་ཡིན། དེ་ཡང་འཁོན་དཀོན་མཆོག་རྒྱལ་པོ་འབྲོག་མི་ཤཱཀྱ་ཡེ་ཤེས་ཀྱི་དྲུང་དུ་བྱོན་ནས་གསང་སྔགས་ཕྱི་འགྱུར་རྣམས་ལ་སྦྱངས་པ་མཐར་ཕྱིན་མཛད་ཅིང་། གཞན་ཡང་འགོས་ཁུག་པ་ལྷས་བཙས། ཁ་ཆེའི་པཎྜི་ཏ་ཏང་ངུ་དཀར་པོ། རྨ་ལོ་ཙཱ་བ་རིན་ཆེན་མཆོག འཛོམ་པ་ལོ་ཙཱ་བ་སོགས་མཁས་གྲུབ་ཀྱི་བླ་མ་མང་དུ་བསྟེན། གཡའ་ལུང་ཆུ་སྐྱུར་དུ་ཙི་རིགས་བཞུགས། བྲ་བོ་ལུང་དུ་དགོན་ཆུང་གཅིག་བཏབ་པར་ས་སྐྱ་གོག་པོར་གྲགས་པ་དེར་ལོ་འགའ་བཞུགས་པའི་དུས་ནམ་ཞིག་གི་ཚེ་རི་རྩེ་ནས་གཟིགས་པས་དཔོན་པོ་རི་ཤིན་ཏུ་མཐོ་བ་ལ་དེ་སྐོར་གྱི་

རི་ཐམས་ཅད་ཀྱིས་བསྐོར་ཞིང་མགོ་བོ་བཏུད་པ་ལྟ་བུ། གཡས་ལོག་དཀར་ཞིང་སྐྱུམ་པ་སེང་གེ་འགྱིང་བ་འདྲ་བ། ཆུ་གཡས་སྐོར་དུ་འབབ་ཅིང་རྒྱུན་མ་ཆད་པར་འགྲོ་བ། བཀྲ་ཤིས་ཀྱི་རྟགས་བརྒྱད་དང་། རྒྱལ་སྲིད་རིན་ཆེན་སྣ་བདུན་གྱིས་ཕྱོགས་ཀུན་ནས་བསྐོར་བའི་ས་དཔྱད་ཕུན་སུམ་ཚོགས་པར་གཟིགས་ཏེ་འཁོན་དཀོན་མཆོག་རྒྱལ་པོ་དགུང་ལོ་བཞི་བཅུ་པ་སྤྱི་ལོ1073རབ་བྱུང་དང་པོའི་ཆུ་གླང་ལོར་ས་དཀར་ལོགས་ཀྱི་དབུས་སུ་ས་སྐྱ་དགོན་པ་ཕྱག་བཏབ་པ་དེ་ནས་ས་སྐྱ་པའི་གྲུབ་མཐའ་ཞེས་སུ་གྲགས་པ་མ་ཟད། གྲུབ་མཐའ་དེ་དག་འཁོན་གྱི་གདུང་རྒྱུད་ན་རིམ་གཙོ་བོར་གྱུར་པའི་བསྟན་འཛིན་གྱི་སྐྱེས་བུ་དམ་པ་མཁས་ཤིང་གྲུབ་པ་ཐོབ་པ་བགྲང་ལས་འདས་པས་འཛིན་སྐྱོང་སྤེལ་གསུམ་གནང་བ་ཡིན།

ཕྱིས་ས་སྐྱའི་སློབ་རྒྱུད་ཐ་དད་གྱེས་པ་ངོར་རྫོང་ཚར་གསུམ་གྱི་དབྱེ་བ་བྱུང་སྟེ། དེ་ཡང་ངོར་ཆེན་རྡོ་རྗེ་འཆང་ཀུན་དགའ་བཟང་པོ་ནི་བདག་ཆེན་བཞི་ཐོག་པ་ཀུན་དགའ་རིན་ཆེན་གྱི་སྲས་སུ་སྤྱི་ལོ1382རབ་བྱུང་དྲུག་པའི་ཆུ་ཁྱི་ལོར་འཁྲུངས་ཤིང་། ཤར་ཆེན་ཡེ་ཤེས་རྒྱལ་མཚན་གྱི་ཐུགས་སྲས་ཀྱི་ཐུ་བོར་གྱུར། ཁོང་གིས་སྤྱི་ལོ1429རབ་བྱུང་བདུན་པའི་ས་བྱ་ལོར་ངོར་ཨེ་ཝཾ་ཆོས་ལྡན་གྱི་གདན་ས་བཏབ་སྟེ་ཕྱིས་གྲུབ་ཆེན་བུདྡྷ་པ་ལས་ལམ་འབྲས་གསན་ཅིང་དེ་ལས་བརྒྱུད་པར་ངོར་ལུགས་སུ་གྲགས།

རྫོང་པ་ཀུན་དགའ་རྒྱལ་མཚན་ནི་འཁྲུངས་དུས་ངོར་ཆེན་དང་དུས་མཉམ་ཞིང་། ཤར་ཆེན་པ་དང་། ཐེག་ཆེན་ཆོས་རྗེའི་ཐུགས་སྲས་སུ་གྱུར་ཏེ་གླ་བྲང་རྫོང་ཚང་པའི་རྗེས་འབྲང་མཛད་པས་ས་སྐྱའི་བསྟན་འཛིན་ངོར་རྫོང་གཉིས་སམ་སྟགས་ལ་མཁས་པ་ཀུན་དགའ་རྣམ་གཉིས་སུ་གྲགས་ཤིང་། འདི་

པའི་རྗེས་འབྲང་མུས་སྲད་པ་རྡོ་རྗེ་རྒྱལ་མཚན་དང་། དབུས་ཀྱི་གོང་དཀར་པ་སོགས་བྱུང་།

གོང་དཀར་རྡོ་རྗེ་གདན་གྱི་ཆོས་སྡེ་འདེབས་མཁན་ཆོས་རྗེ་ཀུན་དགའ་རྣམ་རྒྱལ་ནི། བྲག་ཐོག་པ་བསོད་ནམས་བཟའ་པོ་སོགས་བཤེས་གཉེན་མང་དུ་བསྟེན་ཅིང་མཁས་གྲུབ་ཆེན་པོར་གྱུར། སྔགས་འཆང་གཟྲུངས་ཀྱི་དཔའ་བ་ལ་བརྒྱུད་པའི་ལམ་འབྲས་གསན་པས་རྫོང་ལུགས་སུ་གྲགས།

རྡོ་རིང་ཀུན་སྤངས་ཀུན་བཟང་ཆོས་ཀྱི་ཉི་མ་ལས་ལམ་འབྲས་གསན་པའི་ཚར་ཆེན་བློ་གསལ་རྒྱ་མཚོ་(སྐྱེ་ལོ1495 – 1566)ལས་ཐུགས་སྲས་འཇམ་དཔལ་དབྱངས་མཁྱེན་བརྩེའི་དབང་ཕྱུག་དང་། མང་ཐོས་ཀླུ་སྒྲུབ་རྒྱ་མཚོ་གཉིས་ལ་བརྒྱུད་པར་ལམ་འབྲས་ཚར་ལུགས་སུ་གྲགས་པ་བཅས་བྱུང་བའོ།

དཔལ་ལྡན་ས་སྐྱ་པས་ཉམས་བཞེས་གནང་བའི་ཆོས་ཀྱི་རྣམ་གྲངས་དང་ལྟ་བའི་སྐོར།

དང་པོ། ཆོས་ཀྱི་རྣམ་གྲངས་ནི་དཔལ་ལྡན་ས་སྐྱ་པ་ལ་མདོ་སྔགས་ཆོས་ཀྱི་རྣམ་གྲངས་དཔག་ཏུ་མེད་པ་དང་། ཁྱད་པར་དུ་གསང་སྔགས་རྒྱུད་སྡེ་བཞིའི་དབང་དང་རྒྱུད་ཀྱི་བཤད་པ། མན་ངག་ལས་ཚོགས་སོགས་བགྲང་ལས་འདས་པ་བཞུགས་པ་ལས་ལུགས་རིའི་ཕྱིར་མི་འདའ་བའི་གསེར་ཆོས་བཅུ་གསུམ་ལ་ངོས་འཛིན་གནང་ལུགས་མི་འདྲ་བ་སྣང་ཡང་། ཚར་ལུགས་ལྟར་ན་མཁའ་སྤྱོད་སྐོར་གསུམ། དམར་ཆེན་སྐོར་གསུམ། དམར་ཆུང་སྐོར་གསུམ། འཆི་མེད་རྡོ་རྗེ་ལྷ་མོ། ཛཾ་དམར། སེང་གདོང་མ། འཇམ་དཔལ་ནག་པོ་སྟེ་བཅུ་གསུམ་དང་། དེའི་སྟེང་དུ་སེང་གེ་སྒྲ་བསྒྲགས་པ་ལ་གླུ་པའི་གསེར་ཆོས་བཅུ་བཞི་ཡང་ཟེར་རོ། གཞན་ཡང་རྡོར་ཕྲེང་གི་དབང་དང་། སྒྲུབ་ཐབས་རྒྱ་མཚོ་

སོགས་སྙིང་བཀའ་དང་། ཟུར་བཀའ། གསང་འདུས་འཕགས་ལུགས་དང་ཡེ་ཤེས་ཞབས་ལུགས། དུས་འཁོར། ཀྱཻ་རྡོར་བཀའ་བབས་བཞི། བདེ་མཆོག་ལཱུ་ནག་དྲིལ་གསུམ་པོང་ཞལ་ཅན། གཤིན་རྗེ་གཤེད་དམར་ནག་འཇིགས་གསུམ་སོགས་གསར་མ་དང་། ཡབ་ཆོས་ཡང་དག་དང་ཕུར་པ་བཅས་རྙིང་མ་དང་། མགོན་པོ་གུར་དང་། ཞལ་བཞི་པ། དུར་ཁྲོད་བདག་པོ། ཞལ་གྱི་བཀའ་སྡོད་བེག་ཙེ། ཕུར་སྲུང་གི་སྐོར་སོགས་སྲུང་མའི་ཆོས་སྐོར་ཡང་བསམ་གྱིས་མི་ཁྱབ་པ་བཞུགས།

ས་སྐྱ་པའི་ཆོས་ཀྱི་སྙིང་པོར་གྱུར་པ་གསུང་ངག་རིན་པོ་ཆེ་ལམ་འབྲས་བུ་དང་བཅས་པ་སྟེ་དངོས་གཞི་དགྱེས་པ་རྡོ་རྗེའི་རིམ་གཉིས་ཀྱི་ལམ་ཡན་ལག་དང་བཅས་པའི་ཉམས་ལེན་གྱི་རིམ་པ་ལ་སྣང་གསུམ་གྱི་སྐབས་སུ་ཐུན་མོང་བའི་ལམ་གྱི་རིམ་པའང་ཆ་ཚང་བ་འབྱུང་བས་མདོ་སྔགས་ཡོངས་རྫོགས་ཀྱི་ལམ་ཆ་ཚང་ལ་མ་ནོར་བ་ཉིད་དོ།

གཉིས་པ། ལྟ་བའི་བཞེད་ཚུལ་སྐོར།

ས་སྐྱ་པའི་ཐུན་མོང་མ་ཡིན་པའི་ལྟ་བ་ནི་ལམ་འབྲས་ཀྱི་ལྟ་བ་གསལ་སྟོང་འཛིན་མེད་དམ། འཁོར་འདས་དབྱེར་མེད་ཀྱི་ལྟ་བ་ཡིན་པས་དེའི་རྣམ་གཞག་ལ་མདོ་སྔགས་ཀྱི་དབྱེ་བ་གཉིས་དང་། མདོ་ལུགས་ལའང་ཐལ་རྒྱུད་རྗེས་འབྲང་གི་མན་ངག་དང་། ཐམས་པ་རྗེས་འབྲང་གི་མན་ངག་གཉིས་ཡོད།

1. མདོ་ལུགས་ཀྱི་ལྟ་བའི་བཞེད་ཚུལ་སྐོར།

(1) ཐལ་རྒྱུད་ཀྱི་མན་ངག་ལྟར་བསྒོམ་པ་ནི། །
བསོད་ནམས་མིན་པ་དང་པོར་བཟློག །
བར་དུ་བདག་ནི་བཟློག་པ་དང་། །

ཐ་མར་ལྷ་ཞིག་ཀུན་བཟློག་པ། །
གང་གིས་ཤེས་དེ་མཁས་པ་ཡིན། །

ཞེས་པ་ལྟར་རིམ་པ་གསུམ་གྱི་དང་པོ་ནི། འཁོར་བའི་ཉེས་དམིགས། དལ་འབྱོར་རྙེད་དཀའ། ལས་འབྲས། བྱམས་སྙིང་རྗེ་སོགས་བསྒོམས་པས་བཟློག་ལ། བར་དུ་བདག་བཟློག་པ་དང་། ཐ་མར་ལྟ་བ་ཀུན་བཟློག་པ་ལ་བདེན་འཛིན་གྱི་སྤྲོས་པ་གཅོད་པ་དང་། བདེན་མེད་ཀྱི་སྤྲོས་པ་གཅོད་པ་གཉིས་སོ།

(2) བྱམས་པའི་མན་ངག་ལྟར་བསྒོམ་པ་ནི། ལུགས་འདི་ལ་གཞི་དུས་ཀྱི་ཡེ་ཤེས་སེམས་དཔའ་རང་བཞིན་འོད་གསལ་འདི་ཉིད་འཁོར་འདས་གཉིས་ཀྱི་གཞི་ཡིན་ལ། དེ་ངོས་མ་ཟིན་པར་གཟུང་འཛིན་གཉིས་སུ་འཁྲུལ་པའི་གཉིས་སྣང་མངོན་གྱུར་པ་བག་ལ་ཉལ་དང་བཅས་པ་འདི་འཁོར་བའི་རྩ་བ་ལྷན་སྐྱེས་ཀྱི་མ་རིག་པ་ཡིན་པས། འདིའི་རྩ་བ་བཅད་དེ་དབྱིངས་སུ་བསྡིམ་དགོས། དེ་ལ་གཟུང་འཛིན་གྱི་འཁྲུལ་སྣང་བཅད་པ་ལ་གཉིས་ལས། དང་པོ་གཟུང་བའི་འཁྲུལ་པ་བཅད་པ་ལ། རྡོད་སྣང་བ་ཐོབ་པའི་ཏིང་ངེ་འཛིན་འཚོལ་བ། རྩེ་མོ་སྣང་བ་མཆེད་པའི་ཏིང་ངེ་འཛིན་འཚོལ་བ། བཟོད་པ་གཟུང་མེད་རྟོག་པའི་ཏིང་ངེ་འཛིན་འཚོལ་བ་གསུམ་ཡོད། གཉིས་པ། གཙོ་བོར་འཛིན་པའི་འཁྲུལ་སྣང་བཅད་པ་ནི། སྐབས་ཡང་འབད་པས་ནང་འཛིན་བྱེད་སེམས་ཀྱི་འཁྲུལ་སྣང་དེ་ཡང་ནུབ་སྟེ། རང་སེམས་འོད་གསལ་ལ་གསལ་སྣང་ཆེས་ཆེར་རྡོད་པ་དེ་མངོན་སུམ་དུ་མཐོང་བ་ལྟ་བུའི་ཉམས་འཆར་ཏེ་དེ་ནི་ཆོས་མཆོག་བར་ཆད་མེད་པའི་ཏིང་ངེ་འཛིན་ཡིན་ལ། དེའི་ཚེ་ལྷན་སྐྱེས་ཀྱི་མ་རིག་པ་མ་དག་ཀྱང་ལྷན་སྐྱེས་དེ་ལས་མཆེད་པའི་གཟུང་འཛིན་གྱི་འཁྲུལ་སྣང་མངོན་གྱུར་པ་ཕལ་ཆེར་

དག་པའི་འོད་གསལ་ཤར་ཏེ། མཐོང་ལམ་པ་དང་པོའི་ཡེ་ཤེས་སྐྱེས་པ་ལ་བར་ཆད་མེད་པར་བདེ་བླག་ཏུ་འགྲུབ་པ་ཡིན། སླར་ཡང་བསྒོམས་པས་གཟུང་འཛིན་གཉིས་ཀྱི་སྒྲིབ་གཞི་ལྷན་སྐྱེས་ཀྱི་མ་རིག་པའི་བག་ལ་ཉལ་བ་དག་ཀྱང་མངོན་གྱུར་པ་དག་སྟེ། གཟུང་འཛིན་གཉིས་བྲལ་གྱི་སེམས་རང་བཞིན་འོད་གསལ་རྗེན་ནེ་ཡེར་རེ་མཐོང་བ་ལྟ་བུའི་གསལ་སྣང་དང་ཡེ་ཤེས་སྐྱེས་ཏེ་སྣང་མཆེད་ཐོབ་གསུམ་གྱི་འཕྲུལ་སྣང་མངོན་གྱུར་པ་ཐུབ། དེའི་གཉེན་པོ་སྣང་མཆེད་ཐོབ་གསུམ་གྱི་གསལ་སྣང་རིམ་བཞིན་ཤར་བའི་སྦྱོར་ལམ་གསུམ་དང་། དེའི་རྗེས་སུ་ལྷན་སྐྱེས་ཀྱི་མ་རིག་པ་མངོན་གྱུར་པ་རགས་པ་ཡང་ཐུབ་པའི་འོད་གསལ་ཆེན་པོ་འཛིག་རྟེན་ཆོས་མཆོག་གི་སྐབས་སོ། དེ་ལྟར་བསྒོམས་པའི་མཇུག་ཐོག་ཏུ་ལྷན་སྐྱེས་མ་རིག་པ་ས་བོན་དང་བཅས་པའི་ཆ་ཤས་གཅིག་དག་པའི་རང་སེམས་འོད་གསལ་གྱི་ཆ་ཤས་གཅིག་མངོན་དུ་ལྷག་གིས་མཐོང་བ་ནི། ས་དང་པོའི་མཐོང་ལམ་ཞེས་བྱ་བའོ། དེ་ནས་ས་བཅུའི་སྐབས་སུ་རང་སེམས་འོད་གསལ་དེའི་སྒྲིབ་བྱེད་མ་རིག་པའི་ཆ་ཤས་རེ་དག་པའི་གསལ་སྣང་ཇེ་ཆེར་གྱུར་ཏེ་ས་བཅུ་གཅིག་པར་སངས་རྒྱས་པའི་ཚེ་ནི་དག་པ་གཉིས་ལྡན་གྱི་སེམས་རང་བཞིན་འོད་གསལ་སྒྲིབ་མེད་མཐོང་བ་ཡིན་ཞེས་འཆད་དོ།

2. ཐུགས་ལུགས་ཀྱི་ལྟ་བའི་བཞེད་ཚུལ་ནི། སེམས་ཀྱི་གནས་ལུགས་རྟོགས་པའི་ལྟ་བ་ཡིན་པས་དེ་ལ་སྒྲོང་བ་འདོན་པ་ལ་ཁྱད་གཞི་སེམས་ངོས་ཟིན་དགོས་པས་ཐོག་མར་སེམས་བཙལ་བ་དེ་གསལ་སྟོང་ཟུང་འཇུག་ཏུ་ངོ་སྤྲོད། དེའི་ནང་ནས་གཉུག་མ་ཡེ་ཤེས་ལྷན་སྐྱེས་ཀྱི་སེམས་མཇུབ་ཚུགས་སུ་ངོས་བཟུང་། དེའི་དོན་བསྒོམ་པས་ཉམས་སུ་བླངས་ཏེ་སེམས་འཕྲུལ་འབྱམས་སུ་མི་འཚོར་བར་ཅི་སྣང་ཡེ་ཤེས་ཀྱི་རོལ་པར་འཚར་བ་དང་། འཕྲུལ་སྣང་ཤར་སྲིད་ནའང་

ལྟ་བའི་དྲན་འདུན་གྱིས་ཆབ་རོམ་ཆུར་བཞུ་བ་ལྟར། འཁྲུལ་སྣང་ཐམས་ཅད་ཡེ་ཤེས་ཙམ་དུ་འཆར་བར་བྱེད་པ་ནི་གསང་ཆེན་སློབ་བཤད་ལུགས་ཀྱི་ལྟ་བའི་བཞེད་ཚུལ་ལོ།

དེ་ཡང་སེམས་བཙལ་ཚུལ་ནི། བློ་ཁ་ནང་དུ་ཕྱོགས་ཏེ་བཀའ་བརྒྱུད་སེམས་འཚོལ་དང་དབྱིབས་མཚུངས་པར་རང་གི་སེམས་གང་དུ་འདུག མདོག་དབྱིབས་ཅི་ལྟ་བུ་འདུག་ཅེས་བཙལ་བས་བརྟགས་ན་ངེས་པ་མི་རྙེད་པའི་ཐ་སྙད་དུ་སེམས་གསལ་ཙམ་རིག་ཙམ་འགྱུ་ཙམ་སྟོང་རིག་ས་ལེ་བ་ངོས་ཟིན་ནས་ནང་ནས་རང་བྱུང་གི་ཉམས་སྲུང་ཟད་ཤར་ན་གསལ་བ་སེམས་ཀྱི་མཚན་ཉིད་ཅེས་པ་སེམས་ཀྱི་ཡོན་ཏན་སུམ་ཅ་གཅིག་རྫོགས་པ་ཡིན། དེ་ལྟར་བཙལ་བས་སེམས་སྐྱེ་འགག་གནས་གསུམ་དང་བྲལ་བའི་སྟོང་ཉིད་ལ་ངེས་པ་རྙེད་པ་ན། སྟོང་པ་སེམས་ཀྱི་རང་བཞིན་ཞེས་པ་སེམས་ཀྱི་ཡོན་ཏན་སུམ་ཅ་གཉིས་རྫོགས་པ་ཡིན། དེ་ལྟར་སྟོང་པར་ཉམས་སུ་མྱོང་བའི་ཚེ། ཅི་མེད་ཅང་མེད་ཀྱི་ཆད་སྟོང་ནམ་མཁའ་ལྟ་བུར་སོང་བ་མ་ཡིན་པར་ཅི་ཡང་འཆར་དུ་རུང་བའི་གསལ་ཙམ་རིག་ཙམ་དུ་འདུག་པ་དེའི་རང་ངོ་ལ་ཅེར་གྱིས་བལྟས་པས་རང་བཞིན་གང་དུ་ཡང་གཟུང་དུ་མི་འདུག་པས་སྟོང་པ་ཉིད་དུ་ཐག་ཆོད། དེ་ལྟ་བུའི་གསལ་སྟོང་གཉིས་ཀྱང་ཡ་བྲལ་དུ་མ་ཡིན་པར་སེམས་ཀྱི་རང་བཞིན་སྟོང་པ། སྟོང་པ་ཚོལ་མཁན་གྱི་འགྱུ་སེ་བ་ནི་གསལ་བ་ཡིན་པ། གསལ་བའི་དུས་ན་སྟོང་པ། སྟོང་པའི་ངང་ནས་གསལ་བ་རང་ཤར་དུ་བྱུང་བའི་གསལ་སྟོང་ཟུང་འཇུག་ཏུ་ཐག་ཆོད་པ་ལ་ཟུང་འཇུག་ལ་བློ་བ་ཞེས་ཟེར། དེ་ལ་གོ་ཡུལ་ཙམ་མིན་པའི་མྱོང་བ་གཤའ་མ་ཞིག་ནང་ནས་ཤར་དུས་ཅེར་སྣང་འཁོར་འདས་དབྱེར་མེད་ཀྱི་རོལ་པར་འཆར། དེ་ལྟར་མྱོང་བ་ཐོན་ཙ་ན་བཙོས་མིན་སེམས་ཀྱི་ངོ་བོ་ཞེས་བྱ་བ་

སེམས་གསལ་སྟོང་ཟུང་འཇུག་གི་ཡོན་ཏན་ཆ་ཚང་བར་རྟོགས་པ་ཡིན་ན་རིག་པ་འདི་ལ་ཐུན་མོང་བའི་ངོ་སྤྲོད་ཅེས་བྱ་བ་ཡིན།

ཐུན་མོང་མ་ཡིན་པ་ནི། གཉུག་མ་ལྷན་སྐྱེས་ཀྱི་ཡེ་ཤེས་ངོ་སྤྲད་པ་སྟེ། ཡེ་ཤེས་དེ་ནི་རང་གི་སེམས་སྤྱི་ཙམ་པ་འདི་དང་། འཁྲུལ་སྣང་གི་སེམས་འདི་ལ་ངོས་འཛིན་པ་མ་ཡིན་པར་གཞི་དུས་ཀྱི་གསལ་སྟོང་ཟུང་འཇུག་འཁྲུལ་མེད་ཀྱི་སེམས་ཤིག་ལ་ངོས་འཛིན་དགོས་ཤིང་། དེ་ལ་མདོ་རྒྱུད་བསྟན་བཅོས་རྣམས་སུ་རྣམ་བྱང་གི་སེམས་དང་། བདེ་གཤེགས་སྙིང་པོ་དང་། རང་བཞིན་འོད་གསལ་གྱི་སེམས་དང་། སེམས་རྡོ་རྗེ་སོགས་མིང་གི་རྣམ་གྲངས་དུ་མར་བཏགས་ཤིང་། ཀུན་གཞི་གཞུ་རྒྱུད་ཅེས་ཀྱང་བྱའོ། རང་རྒྱུད་ལ་སྣང་བའི་ལྷན་སྐྱེས་སེམས་འཁྲུལ་བ་ནི་གློ་བུར་བ་འཁོར་བ་སྐྱུང་བྱ་ཡིན་ལ། དེའི་རང་བཞིན་ཡང་ཡིན་ལ་དེ་དང་ཐོག་མ་མེད་པ་ནས་འགྲོགས་ཀྱང་སྟར་ངོ་མ་འཕྲོད་པའི་ལྷན་སྐྱེས་ཡེ་ཤེས་ནི་མྱང་འདས་དང་དེ་གཉིས་ངོ་བོའི་ཆ་ནས་འབྱེད་མི་ཤེས་པ་ནི་དབྱེར་མེད་དོ། དེ་ལྟ་བུ་ནི་རྒྱུ་འཁོར་འདས་དབྱེར་མེད་ཅེས་བྱ་ལ། དེ་ངོ་འཕྲོད་པའི་གཟུང་འཛིན་གཉིས་བྲལ་གྱི་རང་སེམས་གསལ་སྟོང་ཟུང་འཇུག་ལ་མཉམ་པར་འཛོག་པའི་ལྟ་བ་ནི་ལམ་འཁོར་འདས་དབྱེར་མེད་ཀྱི་ལྟ་བར་བཞེད།

ལྟ་བ་དེ་ཉམས་སུ་བླངས་པའི་གནད་གསུམ་གྱིས་བརྟན་ཅིང་བོགས་དབྱུང་བར་བྱེད་དགོས་པས་གནད་གསུམ་ནི། སྣང་བ་སེམས་སུ་སྒྲུབ་པ། སེམས་སྒྱུ་མར་སྒྲུབ་པ། སྒྱུ་མ་རང་བཞིན་མེད་པར་སྒྲུབ་པའོ།

(1) ཕྱི་རོལ་ཡུལ་སྣང་འདི་ཐམས་ཅད་རང་སེམས་མ་རིག་པས་བསླད་པའི་འཁྲུལ་སྣང་ཡིན་ལས་བདེན་པར་གྲུབ་པ་མེད་ཚུལ་ལུང་དང་དཔེས་གཏན་ལ་ཕབ་སྟེ་བསྒོམས་པས་ཡུལ་སྣང་སེམས་སུ་ཐག་ཆོད་པའི་ངེས་པ་སྐྱེད་པ་ན

གསལ་སྟོང་ཟུང་འཇུག་གི་ལྟ་བའི་སྟེང་དུ་འཛིན་པ་མ་ཞུགས་པ་བྱས་ཏེ་གསལ་ལ་རྟོག་པ་མེད་པར་བཞག དེ་ལྟར་སྣང་བ་སེམས་སུ་ཐག་ཆོད་པས་ཕྱི་རོལ་ཡུལ་སྣང་བདེན་མེད་དུ་རྟོགས་པ་རྣམ་བདེན་པའི་ལྟ་བ་དང་ནི་མཉམ་པ་ཙམ་སྟེ། རང་བཞིན་གསལ་བའི་ཆ་ལ་བརྟན་ཅིང་བོགས་འབྱིན་པར་བྱེད་དོ།

(2) སེམས་སྒྱུ་མར་སྒྲུབ་པ་ནི། ཕྱི་རོལ་གྱི་ཡུལ་གཟུང་བ་འདི་འཛིན་བྱེད་སེམས་འཁྲུལ་པས་བསླད་པའི་འཁྲུལ་སྣང་ཡིན་ལ། གཟུང་བ་མ་གྲུབ་པས་འཛིན་བྱེད་ སེམས་ ཀྱང་ མ་ གྲུབ་ པར་ ལུང་ དང་ དཔེས་ གཏན་ ལ་ ཕབ་ ནས་ བསྒོམས་པའི་རང་བཞིན་སྟོང་པའི་ཆ་ལ་བརྟན་ཅིང་བོགས་འབྱིན། དེ་ལྟར་གཟུང་འཛིན་འཁྲུལ་པའི་ཆ་བདེན་མེད་དུ་རྟོགས་ཀྱང་། གཉིས་སྟོང་གི་སེམས་གསལ་སྟོང་ལ་བདེན་འཛིན་མ་ཆོད་ན་རྣམ་རྫུན་པའི་ལྟ་བ་དང་ན་མཉམ་པ་ཙམ་ཡིན་པས། དེ་ལས་གོང་དུ་བོགས་དབྱུང་བའི་ཕྱིར།

(3) སྒྱུ་མ་རང་བཞིན་མེད་པར་སྒྲུབ་པ་ལ་རྟེན་འབྲེལ་གྱི་སྒོ་ནས་སྒྲུབ་པ་དང་། བརྗོད་བྲལ་གྱི་སྒོ་ནས་སྒྲུབ་པ་གཉིས་ལས། དང་པོ་ནི། གཟུང་བ་དང་འཛིན་པ་ཐམས་ཅད་བདེན་པར་མེད་ནའང་། གཟུང་འཛིན་ལས་གཞན་པའི་ཆོས་ཤིག་བདེན་པར་གྲུབ་པའམ་སྙམ་ན། ཆོས་ཐམས་ཅད་རང་བཞིན་གྱིས་མ་གྲུབ་སྟེ་འདུས་བྱས་ཐམས་ཅད་རྟེན་འབྲེལ་གྱི་གནད་ཀྱིས་བདེན་པར་མ་གྲུབ། འདུས་མ་བྱས་རྣམས་ཀྱང་འདུས་བྱས་ལ་ལྟོས་ནས་བཞག་པའམ་འདུས་བྱས་བདེན་པས་སྟོང་པའི་ཆ་ལ་འདུས་མ་བྱས་ཞེས་བཞག་པ་ཡིན་གྱི་དེ་ལས་ལོགས་ན་བདེན་པར་གྲུབ་པ་ཞིག་མེད་དེ། ཀླུ་སྒྲུབ་ཀྱིས།

འདུས་བྱས་རབ་ཏུ་མ་གྲུབ་པས། །
འདུས་མ་བྱས་ལྟ་ག་ལ་འགྲུབ། །

ཅེས་གསུངས་སོ། དེས་ན་རྟེན་འབྲེལ་གྱི་གནད་ལས་ཆོས་ཐམས་ཅད་རང་བཞིན་མེད་པར་སྒྲུབ། དེ་ལས་ལུང་ཚད་མ་དང་། ཁ་ཏོན་མར་མེ་མེ་ལོང་རྒྱ། ཞེས་སོགས་ཀྱི་དཔེ་དོན་བསམ་ནས་ཆོས་ཐམས་ཅད་བདེན་སྟོང་དུ་ཐོས་བསམ་གྱིས་སྒྲོ་འདོགས་ཆོད། སྒོམ་བྱུང་གི་ཉམས་མྱོང་སྐྱེས་པ་ནི་ཕར་ཕྱིན་དབུ་མ་དང་ན་མཉམ་པའི་ལྟ་བ་ཞེས་བྱ་ལ། དེ་ལྟ་བུའི་བདེན་སྟོང་དེ་ཡང་གཉུག་མ་ལྷན་སྐྱེས་སེམས་གསལ་བ་དང་ཟུང་འཇུག་ཏུ་ཉམས་སུ་མྱོང་བ་ནི་འཁོར་འདས་དབྱེར་མེད་ཀྱི་ལྟ་བ་སྟེ། རྟེན་འབྲེལ་གྱི་རྟགས་ལས་རྟག་ཆད་ཀྱི་མཐའ་དང་བྲལ་བའི་དབུ་མའི་ལམ་བཟང་མཆོག་གོ།། གཉིས་པ་བརྗོད་བྲལ་དུ་སྒྲུབ་པ་ནི། དེ་ལྟར་གོང་དུ་བཤད་པ་རྣམས་ཉམས་སུ་བླངས་པ་ལ་བརྟེན་ནས་ཡུལ་སྣང་སེམས་སུ་རྒྱུ་ཆོད། སེམས་སྣང་སྒྱུ་མར་རྒྱུ་ཆོད། སྒྱུ་མ་རྟེན་འབྲེལ་དུ་རྒྱུ་ཆོད་དེ་འགལ་བར་སྣང་བ་ལྟ་བུའི་ཆོས་རྣམས་མི་འགལ་བར་ཉམས་སུ་མྱོང་ཞིང་ངེས་པ་སྐྱེ་ལ། སྐྱེས་པ་འདིའི་རང་བཞིན་འདི་ལྟར་ཡིན་ཞེས་ཇི་ལྟ་བ་བཞིན་དུ་བརྗོད་དུ་མེད་པའི་ཕྱིར་བརྗོད་བྲལ་ཞེས་བཏགས་པ་ཙམ་མོ། ཚིག་གིས་བརྗོད་དུ་མེད་པས་དོན་ལ་བསམ་དུ་མེད། བསྒོམ་བྱ་སྒོམ་བྱེད་མེད་པས་དམིགས་པ་སྒོམ་དུ་མེད། བལྟ་བྱ་ལྟ་བྱེད་མེད་པས་ཤེས་རབ་ཀྱིས་བལྟ་རྒྱུ་མེད། མཐོང་བྱ་མཐོང་བྱེད་མེད་པས་བལྟས་པས་མཐོང་རྒྱུ་མེད། དགྲོལ་བྱ་འགྲོལ་བྱེད་མེད་པས་དོན་ལ་གྲོལ་རྒྱུ་མེད། འོ་ན་མ་བརྗོད་ན་ཚིག་མི་གོ མ་བསམས་ན་དོན་མི་རིག མ་བསྒོམས་ན་ཉམས་སུ་མི་མྱོང་། མ་བལྟས་ན་གནས་ལུགས་མི་མཐོང་། མ་གྲོལ་ན་འཚང་མི་རྒྱ་བས་ཇི་ལྟར་བྱ་ཞེ་ན། དོན་དམ་གཤིས་ཀྱི་གནས་ལུགས་ལ་གོ་བྱ་གོ་བྱེད་སོགས་གཉིས་ཆོས་སུ་སྣང་བའི་ཆ་ཡོད་པ་མ་ཡིན་ཀྱང་ཐ་སྙད་ཀུན་རྫོབ་ཏུ་བརྗོད་དུ་མེད་པ་དེ་ག་བརྗོད་པས་གོ་སྟེ། གནས་ལུགས་ཀྱི་དོན་རང་ངོས་

ནས་བརྗོད་དུ་མེད་ཀྱང་ངེས་དོན་ཟབ་མོའི་ལུང་དང་། བླ་མའི་གདམས་ངག་གིས་རྣམ་པར་ངེས་པ་ལ་བརྟེན་ནས་སེམས་ཉིད་གཉིས་སུ་མེད་པའི་ཡེ་ཤེས་གཉུག་མ་དོན་གྱི་གནས་ལུགས་སུ་གོ་བར་བྱེད་པས་སོ། བསམ་དུ་མེད་པ་དེ་ག་བསམས་པས་རིག་སྟེ་བརྗོད་མེད་ཀྱི་གོ་ཡུལ་དེ་ཉིད་ལ་བསམ་བྱ་སེམས་བྱེད་ཀྱི་རྣམ་རྟོག་མེད་པར་བསམས་པས་བསམ་གྱིས་མི་ཁྱབ་པའི་དབྱིངས་ལ་ངེས་པ་སྐྱེ་བས་སོ། བསྒོམ་དུ་མེད་པ་དེ་ག་བསྒོམས་པས་སྐྱོང་སྟེ། བསྒོམ་བྱ་སྒོམ་བྱེད་དང་བྲལ་བར་བསྒོམ་པ་དེ། དེ་ཁོ་ན་ཉིད་ཀྱི་སྒོམ་ཚུལ་གྱི་མཆོག་ཡིན་པས་སོ། བལྟ་རྒྱུ་མེད་པ་དེ་ག་བལྟས་པས་མཐོང་སྟེ་གནས་ལུགས་ཀྱི་དོན་མཐོང་བྱ་མཐོང་བྱེད་མེད་པར་མཐོང་བ་ཉིད་མཐོང་བའི་མཆོག་ཡིན་པས་སོ། གྲོལ་རྒྱུ་མེད་པ་དེ་ག་རྟོགས་པས་གྲོལ་ཏེ་གནས་ལུགས་ལ་བཅིངས་པ་མེད་ལ། བཅིངས་པ་མེད་པར་རྟོགས་པ་དེ་ཉིད་གྲོལ་བ་ཡིན་པས་སོ། དེ་ལྟར་ཤེས་ན་འཚང་རྒྱ་རུ་མེད་པར་འཚང་རྒྱ་སྟེ་སེམས་ཀྱི་གནས་ལུགས་གདོད་མ་ནས་གང་དུའང་མ་དམིགས་ཤིང་། སྤྲོས་པའི་མཚན་མ་ཐམས་ཅད་ཉེ་བར་ཞི་བའི་ཡེ་ཤེས་མངོན་དུ་མཛད་པ་དེ་ཉིད་ལ་སངས་རྒྱས་ཞེས་མིང་དུ་བཏགས་པ་ཙམ་ལས། དོན་དམ་པར་སངས་རྒྱས་དམིགས་སུ་མེད་པའི་ཕྱིར་རོ།

འོ་ན་སེམས་ཅན་གྱི་དོན་ཇི་ལྟར་འབྱུང་ཞེ་ན། དོན་དམ་པར་སེམས་ཅན་དམིགས་སུ་མེད་པའི་ཕྱིར། སེམས་ཅན་གྱི་དོན་བྱེད་པ་ཡང་མེད་མོད་ཀྱང་། ཀུན་རྫོབ་ཏུ་ཡིད་བཞིན་གྱི་ནོར་བུ་ལས་དགོས་འདོད་ཐམས་ཅད་འབྱུང་བ་ལྟར་རྣམ་པར་རྟོག་པ་མེད་བཞིན་དུ་སྨོན་ལམ་གྱི་དབང་གིས་སེམས་ཅན་གྱི་དོན་འབད་མེད་དུ་འབྱུང་བ་ཡིན་ནོ།

དོན་དེ་དག་ལ་དགོངས་ནས། ས་པཎྜི་ཏས།

ཆོས་ཀུན་གདོད་ནས་སྐྱེས་པ་མེད། །
སྐྱེས་པ་ཉིད་ཀྱང་མ་སྐྱེས་ལ། །
སྐྱེ་མེད་ཉིད་ཀྱང་སྐྱེ་བར་སྟོན། །
དེས་ན་སྐྱེས་དང་མ་སྐྱེས་དང་། །
རྟོག་པ་དང་ནི་རྟོག་མེད་དང་། །
སྣང་བ་དང་ནི་སྟོང་པ་དང་། །
འཁོར་བ་མྱ་ངན་འདས་པ་ཡང་། །
དམ་པའི་དོན་དུ་དབྱེ་བ་མེད། །
དབྱེ་བ་མེད་ལས་དབྱེ་བ་བྱུང་། །
དབྱེ་བའི་དབྱེ་བ་འབྱེད་ཤེས་ན། །
འཁོར་འདས་ཀུན་གྱི་དེ་ཉིད་རྟོགས། །
ཤེས་བྱ་ཀུན་གྱི་དེ་ཉིད་གོ །
བཟང་ངན་ཀུན་གྱི་དེ་ཉིད་ཤེས། །
རྟོགས་རྒྱུ་མེད་པའི་དོན་རྟོགས་པས། །
གྲོལ་རྒྱུ་མེད་པའི་སེམས་ཉིད་གྲོལ། །
ཤེས་བྱ་མེད་པའི་ཤེས་བྱ་ཤེས། །
འཚང་རྒྱུ་མེད་པར་འཚང་ལ་མཁས། །
འདོད་པ་མེད་པར་འདོད་དོན་འགྲུབ། །
ཤེས་བྱ་ཀུན་ལ་བཟོ་བྱེད་པས། །
ཆོས་ཀུན་གྱི་ནི་རྒྱལ་པོར་འགྱུར། །

ཞེས་གསུངས་སོ།

དེ་དག་གི་དོན་གཏན་ལ་དབབ་པ་ན། རྗེ་བཙུན་རིན་པོ་ཆེས།
གསུམ་པའི་གཉིས་པ་བརྗོད་བྲལ་བསྟན་པར་བྱ། །
གཞོན་ནུ་དགོད་དང་ཀླུགས་པའི་རྨི་ལམ་དང་། །
གནད་ལ་འཁྲུགས་དང་དབང་པོའི་བདེ་བ་དང་། །
གསུམ་པའི་ཡེ་ཤེས་གསང་བའི་སྙོམས་འཇུག་དང་། །
ཡོངས་སྤྱོད་རླབས་དང་དཀྱིལ་འཁོར་འཁོར་ལོ་འོ། །

ཞེས་སོ་རིམ་བཞིན་དུ་ཐུན་མོང་གི་དཔེ་བཞི་དང་ཐུན་མོང་མ་ཡིན་པའི་དཔེ་བཞི་སྟེ་དཔེ་བརྒྱད་ཀྱིས་ངོ་སྤྲོད་ཚུལ་གསུངས་ཤིང་། དཔེ་དང་པོ་བཞི་ཡན་ཆད་ལ་བརྟེན་ནས་ཆོས་ཐམས་ཅད་སེམས་དང་། སྒྱུ་མ་དང་། རང་བཞིན་མེད་པ་ཙམ་དུ་ལེགས་པར་རྟོགས་ན། སྣང་བྱ་དང་པོ་མ་རིག་པའི་དུག་ཐོན་པ་ཙམ་ལས། འཁོར་བའི་སྡུག་བསྔལ་གྱི་རྩ་བ་ཐ་མལ་རྣམ་རྟོག་རྒྱུན་ཆགས་རྫོལ་བའི་དུག་མི་ཐོན་པས་རྒྱུ་དུས་ཀྱི་ལྷ་བ་དུག་ཅན་ཞེས་བྱ་སྟེ་ཡུལ་རྟོགས་པ་ཙམ་ལ་ལྟ་བར་བཞག་པ་ཡིན་ནོ། བརྗོད་བྲལ་གྱི་དཔེ་ཕྱི་མ་རྣམས་ལ་བརྟེན་ནས་སྐྱེས་པ་དང་། དབང་དང་རིམ་གཉིས་ལས་བྱུང་བའི་སྐྱོན་མེད་ཀྱི་ཡེ་ཤེས་རྣམས་ཀྱིས་རྣམ་རྟོག་རྒྱུན་ཆད་རྫོལ་བའི་དུག་འདོན་ནུས་པས། ལམ་དུས་ཀྱི་ལྷ་བ་དུག་མེད་ཅེས་བྱ་བ་དོན་གྱི་ཡེ་ཤེས་མཚོན་ནུས་པས་མཚོན་བྱེད་དཔེའི་ཡེ་ཤེས་ཞེས་ཀྱང་བྱ་སྟེ་ཉམས་མྱོང་ཏིང་ངེ་འཛིན་ལ་ལྟ་བར་བཞག་པ་ཡིན་ནོ་ཞེས་དཔལ་ལྡན་ས་སྐྱ་པའི་འཁོར་འདས་དབྱེར་མེད་ཀྱི་ལྟ་བའི་བཞེད་ཚུལ་དེ་ལྟར་ལགས་པ་བཅས་ས་སྐྱ་པའི་གྲུབ་མཐའི་སྐོར་ཐུའུ་བཀན་གྲུབ་མཐའ་དང་། ངོར་ཆེན་དཀོན་མཆོག་ལྷུན་གྲུབ་ཀྱི་ཆོས་འབྱུང་བསྟན་པའི་རྒྱ་མཚོར་འཇུག་པའི་གྲུ་ཆེན་སོགས་ལས་བཏུས་ཏེ་བསྒྲིགས་པ་ལགས་སོ།། །།

བོད་ཀྱི་ལོ་རྒྱུས་རགས་རིམ་གཡུ་ཡི་ཕྲེང་བ།

(སྟོད་ཆ།)

སྒྲིག་རྩོམ་པ།	ཆབ་སྲིད་ཚེ་བརྟན་ཕུན་ཚོགས། ནོར་བྲང་ཨོ་རྒྱན།
དཔེ་སྒྲིག་འགན་འཁུར་བ།	ཆབ་སྲིད་ཚེ་བརྟན་ཕུན་ཚོགས། ནོར་བྲང་ཨོ་རྒྱན།
བསྐྱར་པར་མཐའ་ཞུས།	བསོད་ནམས་ཚེ་བརྟན། ལྷག་པ་བཀྲ་ཤིས།
སྒྲིག་རྩོམ།	བོད་ལྗོངས་སྤྱི་ཚོགས་ཚན་རིག་ཁང་ནས་སྒྲིག་རྩོམ་བྱས།
དཔེ་སྐྲུན་འགྲེམ་སྤེལ།	བོད་ལྗོངས་བོད་ཡིག་དཔེ་རྙིང་དཔེ་སྐྲུན་ཁང་ནས་བསྐྲུན།
པར་འདེབས།	སི་ཁྲོན་འཇའ་ཚོན་པར་འདེབས་ཚད་ཡོད་ཀུང་སི།
དེབ་ཚད།	850 × 1168 1/32
པར་ཤོག	69.4
པར་གཞི།	2016ལོའི་ཟླ8པར་པར་གཞི་གཉིས་པ་བསྒྲིགས།
པར་ཐེངས།	2024ལོའི་ཟླ10པར་པར་ཐེངས་ལྔ་པ་བཏབ།
པར་གྲངས།	13,001 – 18,000
དཔེ་རྟགས།	ISBN978 – 7 – 80589 – 844 – 5
རིན་གོང་།	(སྟོད་ཆ། བར་ཆ། སྨད་ཆ།) སྒོར། 145.00

བོད་ཀྱི་ལོ་རྒྱུས་རགས་རིམ་གཡུ་ཡི་ཕྲེང་བ།

བར་ཆ།

བོད་ལྗོངས་སྤྱི་ཚོགས་ཚན་རིག་ཁང་ནས་སྒྲིག་སྒྲོམ་བྱས་པ།

བོད་ལྗོངས་བོད་ཡིག་དཔེ་རྙིང་དཔེ་སྐྲུན་ཁང་།

图书在版编目(CIP)数据

西藏简明通史 ·松石宝串 ：全3册 ：藏文 / 恰白·次旦平措等编著. －－ 2版. －－ 拉萨 ：西藏藏文古籍出版社，2016.10

ISBN ISBN 978－7－80589－844－5

Ⅰ. ①西… Ⅱ. ①恰… Ⅲ. ①西藏－地方史－藏语 Ⅳ. ①K297.5

中国版本图书馆 CIP 数据核字(2016)第 228597 号

西藏简明通史·松石宝串
（中册）

编纂者 恰白·次旦平措 诺昌·吴坚

责任编辑 恰白·次旦平措 诺昌·吴坚

再版终校 普琼旺堆

编　　纂 西藏社会科学院

出版发行 西藏藏文古籍出版社出版

印　　刷 四川嘉创印务有限责任公司

开　　本 850×1168 1/32

印　　张 69.4

印　　数 13,001－18,000

版　　次 2016 年 8 月第 2 版

印　　次 2024 年 10 月第 5 次印刷

书　　号 ISBN 978－7－80589－844－5

定价(上、中、下)145.00 元

དཀར་ཆག

ས་བཅད་ལྔ་པ། ས་སྐྱ་བའི་དབང་བསྒྱུར་དུས་རབས་སྐོར། .... (1)

དང་པོ། ཕྱི་ལོའི་དུས་རབས་བཅུ་གསུམ་པའི་དུས་འགོར་བོད་ས་ཁུལ་གྱི་གནས་བབ་དང་། ས་སྐྱ་པའི་གདུང་རབས་བྱོན་ཚུལ། .... (1)

གཉིས་པ། ཧོར་ཇིང་གིར་རྒྱལ་རྒྱུད་ཀྱི་སྟོབས་ཤུགས་བོད་དུ་ཁྱབ་ནས་བོད་ཡོངས་སླར་ཡང་གཅིག་གྱུར་བྱུང་བ། .... (16)

གསུམ་པ། ཧོར་རྒྱལ་བུ་ཨེ་ཆེན་གོ་དན་གྱིས་ས་སྐྱ་པཎྜི་ཏ་ནང་སར་གདན་དྲངས་པ། .... (20)

བཞི་པ། རྗེ་ས་པཎ་གྱིས་བོད་ཀྱི་ཆེ་དགུ་ཡོངས་ལ་བསྐུལ་བའི་སྤྲིངས་ཡིག་སོགས་ཀྱི་སྐོར། .... (25)

ལྔ་པ། ས་སྐྱ་འགྲོ་མགོན་འཕགས་པ་དང་། ཧོར་སེ་ཆེན་ཧན་མཇལ་འཛོམས་དང་། བན་དེ་ཞེད་སྐྱིད་ཀྱི་འཇའ་ས་གནང་བ། .... (33)

དྲུག་པ། སེ་ཆེན་ཧན་གྱིས་ཀརྨ་པཀྴི་རྒྱལ་ནང་དུ་གདན་དྲངས་པ། .... (43)

བདུན་པ། བོད་ཆོལ་ཁ་གསུམ་ཡོན་གོང་མའི་མངའ་འོག་
ཏུ་གཏོགས་པའི་ཁྲིལ་བསྒྲགས་པ་དང་། བོད་
དུ་འཇའ་མོ་བཙུགས་པ། …………………… (49)

བརྒྱད་པ། འཇའ་ས་མུ་ཏིག་མ་ཞུས་བསྐུལ་དང་། བླ་མ་
འཕགས་པ་བོད་དུ་ཕེབས་ནས་ས་སྐྱའི་ལས་
ཚན་རིམ་པ་གསར་འཛུགས་སོགས་
གནང་བ། …………………………………… (57)

དགུ་པ། འགྲོ་མགོན་འཕགས་པ་ནི་ཡོན་གོང་མའི་ཆབ་
སྲིད་ཀྱི་བློ་འདྲི་ཡུལ་ཞིག་ཀྱང་ཡིན་པ། ………… (67)

བཅུ་པ། འགྲོ་མགོན་འཕགས་པ་སླར་ཡང་བོད་དུ་ཕེབས་ནས་
སྐུ་གཤེགས་པ་དང་། བོད་དུ་ཡོན་རབས་ཀྱི་ས་
སྲུང་དམག་དཔུང་བསྐྱར་འཛུགས་བྱས་པ། …… (76)

བཅུ་གཅིག་པ། འགྲོ་མགོན་ཕྱག་ན་རྡོ་རྗེ་ཡབ་སྲས་ཀྱི་སྐོར།
…………………………………………… (83)

བཅུ་གཉིས་པ། ས་འབྲིའི་དབར་གྱི་འགལ་བ་རྩེ་མོར་སོན་ནས་
འབྲི་གུང་གླིང་ལོག་བྱུང་བ། ………………… (85)

བཅུ་གསུམ་པ། ས་སྐྱ་བདག་ཉིད་ཆེན་པོ་བཟང་པོ་དཔལ་གྱི་
ལོ་རྒྱུས་མདོར་བསྡུས། ………………… (93)

བཅུ་བཞི་པ། ཡོན་གོང་མས་བོད་དུ་ས་མི་དུད་རྩིས་ཐེངས་
གསུམ་བྱས་ནས་བོད་ཀྱི་སྲིད་འཛིན་སྒྲིག་
གཞི་གཏན་འབེབས་བྱས་པ། …………… (96)

བཅོ་ལྔ་པ། སྐབས་དེའི་དབང་འཛིན་ས་སྐྱའི་བླ་དཔོན་ཆེ་རྒྱུ་
རྣམས་ཡོན་གོང་མའི་ལུང་དང་ཐམ་གས་
བསྐོ་བཞག་བྱས་པ། …………………… (107)
བཅུ་དྲུག་པ། ཡོན་གོང་མའི་དབང་ལུང་གིས་བོད་ཀྱི་བྱ་བར་
བཀོད་འདོམས་བྱེད་པའི་ཞིབ་ཕྲའི་དཔེ་མཚོན་
འགའ་ཤས། …………………… (116)
བཅུ་བདུན་པ། ས་སྐྱ་བའི་དབང་འཛིན་དུས་རབས་སུ་བོད་ཀྱི་
དཔལ་འབྱོར་འཕེལ་རྒྱས་སྐོར། ……… (126)
བཅོ་བརྒྱད་པ། ས་སྐྱ་བའི་དབང་འཛིན་དུས་རབས་སུ་བོད་ཀྱི་
རིག་གནས་འཕེལ་རྒྱས་ཆེ་ཙམ་བྱུང་བ། …… (135)
བཅུ་དགུ་པ། བོད་ཀྱི་རྩོམ་རིག་འཕེལ་རྒྱས་ལོ་རྒྱུས་ཐོག་གི་དུས་
རབས་གསར་འབྱེད་མཁན་ཤོང་ལོ་ཙེ་རྡོ་རྗེ་རྒྱལ་
མཚན་གྱི་ཕྱུག་རྗེས་མདོ་ཙམ་བརྗོད་པ། … (144)
ཉི་ཤུ་པ། ས་སྐྱའི་གདུང་རྒྱུད་རྣམས་བླ་བྲང་ཁག་བཞིར་
གྱེས་པ་དང་། ས་སྐྱ་བའི་བོད་ལ་དབང་
བསྒྱུར་མཇུག་འགྲིལ་བ། ………………… (152)
ས་བཅད་དྲུག་པ། ཕག་མོ་གྲུ་པའི་དབང་བསྒྱུར་དུས་
རབས་སྐོར། ………………………… (159)
དང་པོ། རླངས་ཀྱི་གདུང་རྒྱུད་དང་། ཕག་གྲུ་བཀའ་
རྒྱུད། ཕག་གྲུ་ཁྲི་དཔོན། ཕག་གྲུ་སྡེ་སྲིད་
བཅས་ཀྱི་སྐོར། ………………………… (159)

1. རླུང་གི་གདུང་རྒྱུད་དང་། ཕག་གྲུ་བཀའ་རྒྱུད་སྐོར། …… (159)
2. ཕག་གྲུ་ཁྲི་དཔོན་སྐོར། …………………………… (163)
3. ཕག་གྲུ་རྗེ་སྲིད་སྐོར། …………………………… (167)
ཕག་གྲུའི་སྲིད་རབས་དང་པོ། ཏཱ་སི་བྱང་ཆུབ་
རྒྱལ་མཚན་སྐོར། ………………………………… (167)
1. འཁྲུངས་དུས་དང་། སློབ་གཉེར་གནང་བའི་སྐོར།
…………………………………………… (168)
2. ཕག་གྲུའི་ཁྲི་དཔོན་གནང་བའི་སྐོར། …………… (169)
3. གཡའ་བཟང་པ་དང་། ས་སྐྱ་པའི་ཚུར་རྐོལ་ཕམ་
ཉེས་བཏང་བའི་སྐོར། …………………………… (173)
(1) གཡའ་ཕག་འགལ་བའི་སྐོར། ……………… (173)
(2) ས་ཕག་འགལ་བའི་སྐོར།……………………… (175)
4. ཕག་གྲུ་རྗེ་སྲིད་ཀྱི་སྲིད་དབང་དངོས་སུ་བཙུགས་པ། …… (178)
(1) དམག་ས་ནས་ཕབ་དངོས་དམག་མི་དང་། དམག་
འཁྲིར་བདག་པའི་སྐོར། ……………………… (194)
(2) ཁྲལ་ཆག་བཏང་བའི་སྐོར། ………………… (195)
(3) སྐབས་དེའི་འཛུགས་སྐྲུན་སྐོར། ……………… (197)
(4) ཁྲིམས་ལུགས་སྐོར། ……………………… (199)
(5) མི་དོན་གྱི་སྒྲིག་སྲོལ་སྐོར། ………………… (200)
ཕག་གྲུའི་སྲིད་རབས་གཉིས་པ། གུ་ཤྲཱི་ཤཱཀྱ་རྒྱལ་མཚན་གྱི་
སྐོར། ………………………………………… (210)

ཕག་གྲུའི་སྲིད་རབས་གསུམ་པ། སྤྱན་སྔ་གྲགས་པ་བྱང་ཆུབ་སྐོར། …………………………… (216)
ཕག་གྲུའི་སྲིད་རབས་བཞི་པ། སྡེ་སྲིད་བསོད་ནམས་གྲགས་པའི་སྐོར། …………………………… (219)
ཕག་གྲུའི་སྲིད་རབས་ལྔ་པ། དབང་གྲགས་པ་རྒྱལ་མཚན་གྱི་སྐོར། …………………………… (220)
ཕག་གྲུའི་སྲིད་རབས་དྲུག་པ། དབང་གྲགས་པ་འབྱུང་གནས་ཀྱི་སྐོར། …………………………… (225)
ཕག་གྲུའི་སྲིད་རབས་བདུན་པ། དབང་ཀུན་དགའ་ལེགས་པའི་སྐོར། …………………………… (231)
ཕག་གྲུའི་སྲིད་རབས་བརྒྱད་པ། ངག་གི་དབང་པོའི་སྐབས། …………………………… (240)
ཕག་གྲུའི་སྲིད་རབས་དགུ་པ། ངག་དབང་བཀྲ་ཤིས་གྲགས་པ་ལ་སོགས་པའི་སྐབས། …………… (243)
ཕག་གྲུ་སྡེ་སྲིད་ཀྱི་སྲིད་རབས་དང་འབྲེལ་ཡོད་ལྷུངས་ཀྱི་གདུང་རྒྱུད་རེའུ་མིག …………………… (258)
གཉིས་པ། མིང་རྒྱལ་རབས་ཀྱིས་བོད་ས་གནས་ཀྱི་སྲིད་དབང་ལ་བདག་སྐྱོང་གནང་བའི་སྐོར། …… (261)
1. ཏཱ་མིང་རྒྱལ་རབས་ཀྱི་བྱུང་ཚུལ་མདོར་བསྡུས་དང་། བོད་ས་གནས་ཀྱི་ལས་དོན་ལ་དོ་དམ་གནང་བའི་སྐོར། …………………………………… (261)

2. བོད་ཀྱི་བླ་མ་ཆེ་ཁག་ལ་ཏཱ་མིང་གོང་མས་འཛའ་ས་དང་། ཆོ་ལོ་གནང་བའི་སྐོར། …………………… (262)

(1) ཀརྨ་པའི་སྐུ་ཕྲེང་ལ་ཏཱ་མིང་གོང་མས་འཛའ་ས་དང་། ཆོ་ལོ་གནང་བའི་སྐོར། …………………… (262)

(2) ས་སྐྱའི་བླ་མ་ཁག་ལ་ཏཱ་མིང་གོང་མས་འཛའ་ས་དང་། ཆོ་ལོ་གནང་བའི་སྐོར། ………………… (265)

(3) དགེ་ལུགས་པའི་བླ་མར་ཏཱ་མིང་གོང་མས་འཛའ་ས་དང་། ཆོ་ལོ་གནང་བའི་སྐོར། …………… (276)

གསུམ་པ། ཕག་གྲུའི་དབང་བསྒྱུར་སྐབས་བོད་ཀྱི་དཔལ་འབྱོར་དང་། རིག་གནས་ལ་འཕེལ་རྒྱས་བྱུང་སྐོར། …………………………… (290)

1. དཔལ་འབྱོར་འཕེལ་རྒྱས་བྱུང་བའི་སྐོར། ………… (290)

2. རིག་གནས་དང་། འཛུགས་སྐྲུན་འཕེལ་རྒྱས་སྐོར། … (293)

(1) བརྡ་དག་དང་། སྙན་ངག་སྐོར། …………… (293)

(2) བཀའ་བསྟན་སོགས་གསུང་རབ་དང་། དེ་དག་གི་ཕྱི་མོ་ཞིང་དཔར་དར་བའི་སྐོར། ………………… (294)

(3) བོད་ཀྱི་སྨན་རྩིས་བྱ་གཞག་ལ་འཕེལ་རྒྱས་བྱུང་བའི་སྐོར། ……………………………… (301)

(4) བོད་ཀྱི་ལོ་རྒྱུས་དེབ་ཐེར་སྐོར། ……………… (306)

(5) ཆོས་ལུགས་གྲུབ་མཐའི་སྐོར། ……………… (306)

(6) འཛུགས་སྐྲུན་སྐོར། ……………………… (306)

(7) ཟམ་བཟོའི་སྐོར། …………………………… (308)
(8) ཤིང་འཛུགས་ནགས་བཟོའི་སྐོར། ……………… (308)
བཞི་པ། ཕག་མོ་གྲུ་པའི་དུས་དར་བའི་དགེ་ལུགས་གྲུབ་མཐའི་སྐོར། ……………………………… (309)
1. རྗེ་ཙོང་ཁ་པ་བློ་བཟང་གྲགས་པའི་དཔལ་གྱི་རྣམ་ཐར། …… (309)
2. འབྲོག་རི་བོད་དགེ་ལྡན་རྣམ་པར་རྒྱལ་བའི་གླིང་གི་ལོ་རྒྱུས། ………………………………………… (341)
3. རྒྱལ་ཚབ་དར་མ་རིན་ཆེན་གྱི་རྣམ་ཐར། ………… (353)
4. མཁས་གྲུབ་དགེ་ལེགས་དཔལ་བཟང་གི་རྣམ་ཐར། … (357)
5. འཇམ་དབྱངས་ཆོས་རྗེ་བཀྲ་ཤིས་དཔལ་ལྡན་གྱི་རྣམ་ཐར་དང་། དཔལ་ལྡན་འབྲས་སྤུངས་དགོན་གྱི་ལོ་རྒྱུས། … (368)
6. བྱམས་ཆེན་ཆོས་རྗེ་ཤཱཀྱ་ཡེ་ཤེས་ཀྱི་རྣམ་ཐར། ……… (377)
7. སེ་ར་ཐེག་ཆེན་གླིང་གི་ལོ་རྒྱུས། ………………… (383)
8. ཐམས་ཅད་མཁྱེན་པ་དགེ་འདུན་གྲུབ་ཀྱི་རྣམ་ཐར། … (389)
9. བཀྲ་ཤིས་ལྷུན་པོ་དགོན་གྱི་ལོ་རྒྱུས། ……………… (396)
10. ཏཱ་ལའི་བླ་མ་སྐུ་ཕྲེང་གཉིས་པ་དགེ་འདུན་རྒྱ་མཚོའི་རྣམ་ཐར། ……………………………… (404)
11. ཏཱ་ལའི་བླ་མ་སྐུ་ཕྲེང་གསུམ་པ་བསོད་ནམས་རྒྱ་མཚོའི་རྣམ་ཐར། ……………………………… (409)
12. ཏཱ་ལའི་བླ་མ་སྐུ་ཕྲེང་བཞི་པ་ཡོན་ཏན་རྒྱ་མཚོའི་རྣམ་ཐར། ……………………………… (421)

ལྔ་པ། ཕག་མོ་གྲུ་པའི་སྐབས་བྱུང་བའི་བོད་ཀྱི་མཁས་གྲུབ་གཙོ་ཆེ་བ་འགའ་ཞིག་གི་རྣམ་ཐར་དང་། མཛད་རྗེས་སྐོར། ………………………… (425)

1. བུ་སྟོན་རིན་ཆེན་གྲུབ་ཀྱི་རྣམ་ཐར། ………………… (425)

2. ཚལ་པ་ཀུན་དགའ་རྡོ་རྗེའི་ལོ་རྒྱུས་དང་། ཚལ་པའི་དེབ་དམར་སྐོར། ………………………… (435)

3. གྲུབ་ཆེན་ཐང་སྟོང་རྒྱལ་པོའི་རྣམ་ཐར། ………… (439)

4. འགོས་ལོ་གཞོན་ནུ་དཔལ་གྱི་རྣམ་ཐར་དང་། དེབ་ཐེར་སྔོན་པོའི་སྐོར། ………………………… (456)

5. བྱང་བདག་རྣམ་རྒྱལ་གྲགས་བཟང་གི་རྣམ་ཐར། …… (461)

6. ཞྭ་ལུ་ལོ་ཆེན་ཆོས་སྐྱོང་བཟང་པོའི་རྣམ་ཐར། ……… (468)

7. བོ་དོང་ཕྱོགས་ལས་རྣམ་རྒྱལ་གྱི་རྣམ་ཐར། ………… (477)

8. དཔའ་བོ་གཙུག་ལག་ཕྲེང་བའི་རྣམ་ཐར་དང་། ཆོས་འབྱུང་མཁས་པའི་དགའ་སྟོན་སྐོར། ………… (515)

9. ཏཱ་ར་ནཱ་ཐའི་རྣམ་ཐར། ………………………… (519)

དྲུག་པ། སྣེ་པ་རིན་སྤུངས་པའི་ལོ་རྒྱུས། …………… (525)

བདུན་པ། གཙང་པ་སྡེ་སྲིད་ཀྱི་ལོ་རྒྱུས། …………… (535)

ས་བཅད་བདུན་པ། དགའ་ལྡན་ཕོ་བྲང་པའི་དབང་བསྒྱུར་དུས་རབས་ཀྱི་སྐོར། … (550)

དང་པོ། ཏཱ་ལའི་བླ་མ་སྐུ་ཕྲེང་ལྔ་པ་ངག་དབང་བློ་བཟང་རྒྱ་མཚོའི་སྐབས། ………………………… (550)

1. ཏཱ་ལའི་བླ་མ་སྐུ་ཕྲེང་ལྔ་པ་ངོས་འཛིན་ཞུས་པ་དང་།
ཁོད་ས་གནས་ཀྱི་སྲིད་དབང་བཞེས་པ། ………… (550)
2. ཆིང་གོང་མ་རྒྱུན་གྱིས་ཏཱ་ལའི་བླ་མར་མཇལ་འཕྲད་
དང་། འཇའ་ས་གསེར་ཐམ་གནང་བ། ………… (571)
3. ཏཱ་ལའི་བླ་མ་ལྔ་པ་ཆེན་པོའི་སྲིད་དོན་དང་འབྲེལ་
བའི་མཛད་པ་འགའ་ཞིག ……………………… (589)
4. སྡེ་སྲིད་མངའ་རིས་སྐོར་གསུམ་དབང་དུ་བསྡུས་པ་དང་།
ཏཱ་ལའི་བླ་མ་ལྔ་པ་ཆེན་པོ་སྐུ་གཤེགས་པའི་སྐོར། …… (610)
5. གོ་ཤྲི་ཁང་ཡབ་སྲས་དང་། རིམ་བྱུང་སྡེ་སྲིད་བཅས་
ཀྱི་སྐོར།…………………………………… (626)
6. སྡེ་སྲིད་སངས་རྒྱས་རྒྱ་མཚོའི་སྐོར། ……………… (631)
གཉིས་པ། ཏཱ་ལའི་བླ་མ་སྐུ་ཕྲེང་དྲུག་པ་ཚངས་དབྱངས་
རྒྱ་མཚོའི་སྐབས། ……………………………… (662)
1. ཏཱ་ལའི་བླ་མ་ལྔ་པ་ཆེན་པོའི་ཡང་སྲིད་དུ་ངོས་འཛིན་
དང་གསེར་ཁྲིར་མངའ་གསོལ་ཞུས་པ།…………… (662)
2. ལྷ་བཟང་ཁང་གིས་སྡེ་སྲིད་བཀྲོངས་པ་དང་། བོད་
ཀྱི་དབང་ཆ་བཟུང་བ། ……………………… (672)
3. ལྷ་བཟང་གི་བྱེད་པ་ལས་ཏཱ་ལའི་བླ་མ་དྲུག་པའི་
མཛད་པ་མཐའ་མའི་སྐོར། …………………… (679)
4. སོག་པོ་ཇུན་གར་བའི་དམག་དཔུང་བོད་ལ་སློག་
འཛོལ་བྱས་པ། ……………………………… (684)

ས་བཅད་ལྔ་པ། ས་སྐྱ་བའི་བོད་ལ་དབང་བསྒྱུར་དུས་རབས་ཀྱི་སྐོར།

དང་པོ། སྤྱི་ལོའི་དུས་རབས་བཅུ་གསུམ་པའི་དུས་འགོར་བོད་ས་ཁུལ་གྱི་གནས་བབ་དང་། ས་སྐྱ་པའི་གདུང་རབས་བྱོན་ཚུལ།

དེ་ཡང་སྐབས་དེའི་ལོ་རྒྱུས་ཀྱི་ཡིག་རིགས་དང་། དུས་མཉམ་པའི་བླ་མའི་རྣམ་ཐར་སོགས་གང་འགྱུར་རྣམས་ལ་གཞིགས་ནས་ཐོག་མར་སྤྱི་ལོའི་དུས་རབས་བཅུ་གསུམ་པའི་འགོ་ཚུགས་སྐབས། བོད་ཁུལ་གྱི་ཆབ་སྲིད་སྟོབས་ཤུགས་ཀྱི་གནས་བབ་མདོར་བསྡུས་ཙམ་ཞིག་བརྗོད་ན། བོད་དུ་བསྟན་པ་ཕྱི་དར་གྱི་རྗེས་སུ་སངས་རྒྱས་ཆོས་ལུགས་ཀྱི་གྲུབ་མཐའ་འདྲ་མིན་ཆེ་ཆུང་མང་པོ་དར་ཞིང་གྱེས་ནས་རང་རང་གི་ཆོས་ལུགས་སྟོད་སྨད་ལྷོ་བྱང་ཀུན་ཏུ་ཁྱབ་སྤེལ་གཏོང་ཆེད་བླ་ཆེན་དང་། བླ་ཆུང་མང་པོ་ཕན་ཚུན་འགྲན་པ་ལྟར་གང་སར་ཕེབས་ཏེ་བཀའ་ཆོས་གསུང་བ་དང་། གྲྭ་བཙུན་འདུ་བ། ཕོ་དགོན་དང་མོ་དགོན་ནམ། ཡང་ན་རི་ཁྲོད་དང་ལྷ་ཁང་སོགས་གྲུབ་མཐའ་སོ་སོའི་ཆོས་ཀྱི་གནས་གཞི་འཛུགས་པ་སོགས་མདོར་ན་ཁུལ་ཡོངས་ལ་ཆོས་ལུགས་ཀྱི་བྱེད་སྒོའི་འདུ་ལོང་ཞིག་ས་དར་རྗེ་དར་དུ་ཁྱབ་པར་གྱུར། ཕྱོགས་གཞན་ཞིག་ནས་བཤད་ན་དེ་དུས་སྟོད་མངའ་རིས་ཀྱི་ས་ཁུལ་ཁག་ཅིག་

བོད་རྗེ་བཙན་པོའི་རྒྱལ་རྒྱུད་ཀྱིས་སོ་སོར་དབང་བསྒྱུར་བ་ཐུབ། དེ་བྱིངས་དབུས་གཙང་མདོ་ཁམས་གང་སར་གཅིག་གྱུར་གྱི་ཁྲིམས་ལུགས་དང་སྲིད་དབང་གང་ཡང་མེད་ཁར། སྔར་གྱི་བཙན་པོའི་གདུང་རྒྱུད་དང་། བློན་རྒྱུད་སོགས་སྡེ་དཔོན་ཆུང་འབྲིང་རྣམས་ཀྱང་རང་རང་གི་སྟོབས་ནུས་དང་མང་ཚོགས་ཀྱི་མོས་པ་ལ་དཔགས་པའི་སྡེ་ཤོག་གམ། གྲོང་ཚོ་རེ་ཟུང་ལ་བདག་གཉེར་བྱེད་པ་ཙམ་ལས་རྩ་བའི་སྲིད་སྟོབས་ཉམས་རྒུད་དུ་འགྲོ་བཞིན་ཡོད། གནས་ཚུལ་དེ་ལྟ་བུའི་འོག་གྲུབ་མཐའ་སོ་སོའི་བླ་མ་རྣམས་སྐུ་ཡོན་དང་མཚན་སྙན་ཁྱབ་ཆེ་ཆུང་ལ་བསྟུན་པའི་སྡེ་དཔོན་དང་། མང་ཚོགས་རྣམས་ནས་དད་གུས་ཀྱིས་ས་ཆ་འབུལ་བ་དང་། དགོན་པ་བཞེངས་པ། མཆོད་ཞབས་སུ་ས་ཞིང་དང་། མི་རྩ། ཕྱུགས་རིགས། དངོས་རྫས་སོགས་སྒྱུར་འབུལ་ཞུ་བ་མ་ཟད། ཐ་ན་ཁྲིམ་ཚང་དྲག་འབྲིང་དཀྱུས་གསུམ་མང་པོ་ཁྲུ་དང་ཁྲུ་བྲུས་ནས་ས་མི་ཕྱུགས་ཟོག་སོགས་ཆ་ཚང་དགོན་པའི་ཆོས་གཞིས་དང་། དགོན་པའི་མཆོད་ཞབས་ཀྱི་ཏུ་བར་འབུལ་ཞུགས་བཅས་བྱེད་པའི་དར་སྤྱོལ་ཞིག་ཆགས་པར་བརྟེན་རིམ་བཞིན་གྲུབ་མཐའ་ཁག་གཅིག་གི་གདན་ས་གཙོ་བོ་རྣམས་ས་ཞིང་དང་། ཕྱུགས་རིགས། ཞིང་འབྲོག་མི་སེར་སོགས་ཐོན་སྐྱེད་རྒྱུ་ཆས་ཀྱི་བདག་པོ་ཆེན་པོར་གྱུར་ཅིང་། དགོན་སྡེའི་དཔལ་འབྱོར་གྱི་རྨང་གཞི་འཕེལ་རྒྱས་འགྲོ་བ་དང་བསྟུན་ནས་དགོན་བདག་བླ་ཆེན་དེ་རྣམས་ཀྱི་སྐུ་མཆེད་དམ། སྐུ་ཚ་དཔོན་པོ། ཡང་ན་ཕྱག་མཛོད་སོགས་ནོར་སྲིད་ཀྱི་བདག་གཉེར་བྱེད་མཁན་རྣམས་ལུང་ལག་དང་གོ་གནས་སོགས་མེད་པའི་རང་བྱུང་གི་དཔོན་པོར་གྱུར་པ་དང་། དེའི་འོག་ཏུ་གཞིས་གཉེར་རམ་ཤེ་དཔོན། དྲུང་ཡིག གཉེར་པ་ཟེར་བ་སོགས་ཀྱི་དཔོན་ཆུང་

ཡང་ཇེ་མང་དུ་ཐོན་ཞིང་། དེའི་ནང་ནས་མི་ཉུང་བ་ཞིག་ནི་དགོན་སྡེའི་ལས་སྣེ་འཛིན་པའི་གྲྭ་པ་ཡིན་པ་མ་ཟད། ད་དུང་ཆེ་ཁག་དེ་ཚོར་རིམ་བཞིན་སྲིད་འགྱུར་འཛིན་སྐྱོང་གི་དགོས་མཁོར་གཞིགས་ཏེ་རང་བཙུགས་ཀྱི་ཁྲིམས་ར་དང་ཐོན་སྐྱེད་དང་ཁ་མ་ཁྲལ་བའི་བཟའ་དམག་གི་དཔུང་སྡེ་ཡང་ཡོད་པ་སོགས་མདོར་ན་བླ་དཔོན་ཟུང་འབྲེལ་གྱི་སྲིད་ཀྱི་ཚན་ཁག་ལྟ་བུ་འགའ་ཞིག་ཆགས་པ་ཡིན། དེ་དག་ཕན་ཚུན་དབར་སོ་སོའི་ཁོངས་སུ་གཏོགས་པའི་ས་སྐྱ་རིས་དང་། མི་རྩ་མི་ཁུངས། གྲུབ་མཐའི་ཕྱོགས་རིས་དང་། དགོར་ས་དགེ་ཁུངས་སོགས་རྙོག་འཛིང་ཆེ་བའི་ཁེ་གྲགས་ཀྱི་འགལ་བའི་དོན་དུ་ཆེ་མིན་ཆུང་མིན་གྱི་འཁྲུགས་འཛིང་ཡང་མང་པོ་ཐུག་གི་ཡོད། སྡེ་གཟར་གྱི་ཡོ་ལང་རེ་བྱུང་སྐབས་སྟོབས་ཞན་ཉམས་རྒུད་རྣམས་ཕར་སྒྱུར་ཚུར་སྒྱུར་རམ། ཡང་ན་འབུ་ཆེས་ཆུང་ཟོས་ཀྱི་དཔེ་བཞིན་གང་ལྟར་མཐར་ཐུག་སྟོབས་ཤུགས་ཆེ་ཁག་དེ་ཚོས་ཁྱུར་མིད་དུ་གཏོང་བ་སོགས་དེ་དག་ནི་བོད་སིལ་བུའི་སྐད་ཆར་བྱུང་བའི་སྤྱི་ཡོངས་ཀྱི་ཕྱོགས་བསྡུས་གནས་ཚུལ་རགས་པ་ཙམ་ཡིན་ལ། དུས་མཚུངས་གཤམ་གསལ་གྱི་ཆབ་སྲིད་སྟོབས་ཤུགས་ཕྱོགས་ཁག་རྣམས་ཇི་ལྟར་བྱུས་ནས་ཆགས་པའི་སྤྱིར་བཏང་གི་བྱུང་ཚུལ་བརྗོད་པ་ཙམ་ཡང་ལགས་ཤིང་། འོན་ཀྱང་ཞིབ་ཕྲའི་གནས་ཚུལ་ཐད་རང་རང་ལ་མི་འདྲ་བའི་ཁྱད་པར་འགའ་ཞིག་ཀྱང་ཡོང་རྒྱུ་ནི་སྨོས་མ་དགོས་པ་ལོས་ཡིན། གང་ལྟར་གཅིག་གྱུར་གྱི་སྲིད་དབང་དང་ཁྲིམས་སྲོལ་སོགས་མེད་པར་བརྟེན་སྤྱི་ཚོགས་རྙོལ་པོར་ཡམ་ཡོམ་ཆེ་བ་མ་ཟད། བདེ་འཇགས་བརྟན་ལྷིང་གི་འགན་སྲུང་ཅི་ཡང་མེད་པར་བརྟེན་སྐྱེ་བོ་སྤྱི་དང་། ལྷག་པར་རྒྱ་ཆེའི་ངལ་རྩོལ་མང་ཚོགས་ལ་ཆ་མཚོན་ན་མཚམས་ཚད་མེད་པའི་ཁྲལ་འུལ་དང་། ནམ་འོང་ཆ

མེད་ཀྱི་འཕྲོག་བཅོམ། རྫུང་གསོད་སོགས་ཀྱི་སྡུག་བསྔལ་རྒྱུན་མི་འཆད་པ་ཞིག་སྤྱོད་དགོས་ཀྱི་ཡོད།

དེ་ལྟ་བུའི་འཕེལ་རིམ་བརྒྱད་སྤྱི་ལོའི་དུས་རབས་བཅུ་གསུམ་པའི་དུས་འགོར་སླེབས་དུས། བོད་དབུས་གཙང་གི་ཁུལ་འདིར་ཆོས་ལུགས་གྲུབ་མཐའ་བླ་མའི་སྙན་གྲགས་དང་། དགོན་མ་ལག་གི་ཁྱབ་ཁོངས། དེ་དང་འབྲེལ་བའི་ཆོས་འབངས་མི་སེར་དང་། ས་ཞིང་། འབྲོག་ལས་རྟ་བ་སོགས་སྲིད་ཕྱོགས་ཀྱི་སྟོབས་འགྱུར་ཆེ་ཤོས་ནི་འབྲི་གུང་པ་དང་། ས་སྐྱ་བ། ཕག་མོ་གྲུ་པ། ཚལ་པ། གཡའ་བཟང་པ། སྟག་ལུང་པ་སོགས་ཁག་ཅིག་ཡོན་ཅིང་། དེ་དག་གིས་དབུས་གཙང་ཁུལ་དུ་ཁྱབ་ཁོངས་རྩུང་རྒྱ་ཆེ་བ་རེ་སོ་སོས་བཟུང་ཡོད་པས་མཚོན། མདོ་སྟོད་སྨད་དང་། ལྷོ་མོན། སྟོད་མངའ་རིས་ཀྱི་ས་ཁུལ་སོགས་གང་སར་ཡང་དགོན་ལག་དང་འབྲེལ་བའི་སྡེ་མང་པོ་བཟུང་ཡོད། འོན་ཀྱང་བོད་ཡོངས་གཅིག་གྱུར་བཟོ་ཐུབ་པའི་སྟོབས་ཤུགས་ནི་སྡེ་ཁག་དེ་དག་སུ་ལའང་རྩ་བ་ནས་མ་མཆིས། དེ་མིན་བཀའ་གདམས་པ་ནི་དགོན་གནས་དང་དགེ་འདུན་གྱི་གྲངས་འབོར་ཆེ་ཤོས་ཀྱི་གྲས་ཡིན་རུང་། ཇོ་བོ་རྗེ་དང་འབྲོམ་སྟོན་ཡབ་སྲས་ནས་བརྒྱུད་པའི་གྲུབ་མཐའ་དེ་རང་གི་བཞེད་སྲོལ་རྒྱུན་ཆགས་ལ་བརྟེན་ནས་བཀའ་གདམས་པར་སྲིད་ཕྱོགས་ཀྱི་སྟོབས་འགྱུར་གཅིག་བསྡུས་ཆེ་བ་ཞིག་ནི་མ་བྱུང་བར་མངོན། དུས་མཚུངས་ཀརྨ་བཀའ་བརྒྱུད་ཀྱང་སྐབས་དེར་ཆོས་ཕྱོགས་ཀྱི་སྙན་གྲགས་ཐོན་པ་ཙམ་ལས་ལས་སྲིད་ཀྱི་སྟོབས་ཤུགས་ཤིག་ད་དུང་ཆགས་ཐུབ་མེད། གཞན་ཡང་བསམ་ཡས་བཙན་པོ་ཤཱཀྱ་མགོན་ལ་སོགས་པ་བཙན་པོའི་གདུང་རྒྱུད་དང་དེ་སྤྲའི་སྡེ་དཔོན་གྱི་རྗེས་ཤུལ་འགའ་ཞིག་ཙམ་མཆིས་མོད། འོན་ཀྱང་བར་སྐབས་ལོ་

བརྒྱ་ཕྲག་འགའ་ཤས་ཀྱི་འགྱུར་ལྡོག་བརྒྱུད་བོད་དུ་སྤྱི་ཚོགས་ཀྱི་འདུ་ཤེས་ལ་ཆོས་ལུགས་ཀྱི་ཤན་ཞུགས་ཆེན་པོ་བྱུང་བའི་དབང་གིས་བླ་ཆེན་གྱི་གོང་དུ་འགྲོ་བའི་དཔོན་ཆེན་ཞིག་མེད་པར་གྱུར་ཏེ་སྡེ་དཔོན་དེ་དག་ཀྱང་བླ་ཆེན་གང་རུང་གི་རྗེས་འབྲངས་པ་ཞིག་མ་ཆགས་ཀ་མེད་དུ་གྱུར་པ་བཅས་ནི་སྐབས་དེའི་བོད་ཀྱི་དམིགས་བསལ་ཁྱད་ཆོས་གལ་ཆེ་བ་ཞིག་ཡིན་ནོ།

གོང་དུ་བརྗོད་པའི་བླ་ཆེན་དེ་དག་གི་ནང་ནས་འདིར་སྐབས་སུ་བབས་པ་དཔལ་ལྡན་ས་སྐྱ་བའི་གདུང་རབས་བྱུང་ཚུལ་རགས་བསྡུས་ཙམ་བརྗོད་རྒྱུར། དེ་ཡང་འཁོན་རིགས་ས་སྐྱ་བར་གྲགས་པའི་ཐོག་མ་ནི་འཁོན་དཀོན་ཅོག་རྒྱལ་པོ་ཉིད་ཡིན་ལ། ཁོང་གི་ཡབ་ནི་འཁོན་ཤཱཀྱ་བློ་གྲོ་བྱ་བ་དེ་ཡིན་ཞིང་། དེ་ཡན་གྱི་ཡབ་མེས་གོང་མ་རྣམས་ཀྱང་གསང་སྔགས་སྔ་འགྱུར་གྱི་ཆོས་ལ་མཁས་པའི་བླ་མ་ཤ་སྟག་བྱུང་ཡང་འདིར་ཞིབ་ཏུ་མ་སྤྲོས་ཤིང་། ས་སྐྱའི་གདུང་རབས་རིན་ཆེན་བང་མཛོད་ལས་འབྱུང་བ་ལྟར་ཡབ་འཁོན་ཤཱཀྱ་བློ་གྲོས་ཀྱིས་ཐོག་མར་བྱ་རུ་ལུང་པ་དང་། ཤབ་སྟོད་སྨད་བཟུང་ཞིང་འཕྲིན་ལས་ཀྱང་ཆེ་ཙམ་བྱུང་བར་གྲགས་ལ། སྐུ་ཚེའི་སྨད་ལ་ཡབ་མེས་ཀྱི་གཡའ་ལུང་（ས་སྐྱ་རྫོང་ཁོངས་）མཁར་སྟབས་བཟུང་། སྲས་གཉིས་བྱུང་བའི་ཆེ་བ་འཁོན་རོག་ཤེས་རབ་ཚུལ་ཁྲིམས་ཡིན་ཞིང་། ཆུང་བ་འཁོན་དཀོན་མཆོག་རྒྱལ་པོ་ནི་སྤྱི་ལོ1034བོད་རབ་བྱུང་དང་པོའི་ཤིང་པོ་ཁྱི་ལོར་སྐུ་འཁྲུངས། གཞོན་ནུ་ནས་ཡབ་དང་གཅེན་ལས་དབང་བཤད་མང་དུ་གསན། ཡབ་མེས་ཀྱི་ཆོས་ལ་མཁས་པར་སྦྱངས། དེ་རྗེས་གཅེན་རོག་གི་ཞལ་ནས། ང་ནི་རྒས་འདུག་ཁྱེད་གཞོན་པ་ཡིན་པས་གསང་སྔགས་གསར་འགྱུར་སློབས། དེ་ཡང་ད་ལྟ་བོད་ན་འབྲོག་མི་ཤཱཀྱ་ཡེ་ཤེས་མཁས་པས་དེར་

རྒྱུག་གསུངས་པ་ལྟར་གཙོ་བོ་འབྲོག་མི་ལོ་ཙྪ་བ་དང་། འགོས་ལོ་ཙྪ་བ། རྨ་ལོ་ཙྪ་བ། མལ་ལོ་ཙྪ་བ། བ་རི་ལོ་ཙྪ་བ། གནམ་ཁའུ་པ། འཁོན་སྒྱི་ཆུ་བ་ལ་སོགས་པ་དེ་དུས་ཀྱི་མཁས་ཤིང་གྲུབ་པའི་བླ་མ་མང་པོ་ལས་དབང་ཁྲིད་མན་ངག་མཐའ་ཡས་པ་གསན་ནས་གསང་སྔགས་གསར་རྙིང་མཐའ་དག་གི་བདག་པོར་གྱུར་ཅིང་། དང་ཐོག་བྲའོ་ལུང་པར་དགོན་ཆུང་ཞིག་བཏབ་ནས་ལོ་འགའ་བཞུགས་པ་དེ་ལ་ས་སྐྱ་གོག་པོར་གྲགས། དེའི་སྐབས་དཔོན་སློབ་རྣམས་སྐྱོ་བསངས་ལ་ཕེབས་ཏེ་རིའི་སྨད་ནས་གཟིགས་པར། ད་ལྟའི་ས་སྐྱ་དགོན་པ་ཆགས་ཡུལ་གྱི་རྒྱབ་རི་དཔོན་པོ་རི་སྣང་པོ་ཆེ་ཉལ་བ་འདྲ་བའི་མཁལ་ཁྲུང་གཡས་པའི་ཐད་ན་ས་དཀར་ཞིང་སྣུམ་པ་དང་། ཆུ་གཡས་སུ་འབབ་པ་ལ་སོགས་བཀྲ་ཤིས་ཤིང་དགེ་མཚན་དུ་མ་དང་ལྡན་པ་གཟིགས་ཤིང་། འདིར་དགོན་པ་ཞིག་བཏབ་ན་བསྟན་པ་དང་སེམས་ཅན་ལ་ཕན་པ་རྒྱ་ཆེན་པོ་འབྱུང་བར་དགོངས་ནས། ཁྲུལ་དེའི་ས་ཆ་སྐྱིའི་བདག་པོ་ཇོ་བོ་གདོང་ནག་པ་ཟེར་བ་དེ་ལ་ཞུས་པས་ཞལ་གྱིས་བཞེས་ཤིང་། སྐོས་ཀྱི་བདག་པོ་ཞང་ཞུང་གུ་ར་བ་དང་། བན་དེ་གྲོང་བཞི། ལྷ་མི་གྲོང་བདུན་ཟེར་བ་ཡོད་པ་དེ་རྣམས་ལ་ང་དགོན་པ་གཅིག་བཞེང་འདོད་པས་ས་འདི་ང་ལ་བྱིན་ན་འགྲིག་གམ་གསུངས་པར་བཀའ་བཞིན་ཞུ་ཟེར། འོན་ཀྱང་བྱིན་ཆད་ལབ་གླེང་མི་ཡོང་བའི་ཕྱིར་ཁོང་ཚོར་རྟ་རྐོད་མ་དཀར་པོ་གཅིག་དང་། ནོར་བུའི་ཕྲེང་བ། མོ་གོས་གཅིག་ལ་སོགས་པ་རིན་ཐང་དུ་གནང་ནས། མོན་གྲོག་མན་ཆད་ནས་བསལ་གྲོག་ཡན་བར་གྱི་ས་ཆ་བླ་མ་ལ་བདག་པར་བྱས་ཏེ། ཁོང་རང་དགུང་ལ་བཞི་བཅུ་ལོན་པའི་སྤྱི་ལོ1073བོད་རབ་བྱུང་དང་པོའི་ཆུ་སྣང་ལོར་དཔལ་ལྡན་ས་སྐྱའི་གཙུག་ལག་ཁང་ཐོག་མར་ཕྱག་བཏབ་པ་

ལགས་སོ།

འཕོན་དཀོན་མཆོག་རྒྱལ་པོའི་ཇོ་མོ་ཛོ་ཛེ་ཕྱུག་མོ་ཞེས་པ་དེ་ལ་གདུང་སྲས་མ་བྱུང་བར་བརྟེན་བླ་མ་གནམ་ཁའུ་པ་ཆོས་ཀྱི་རྒྱལ་མཚན་གྱིས་རྟེན་འབྲེལ་སྒྲིག་སྒྲུར་མཛད་པ་བརྒྱུད། དཀར་གོང་ལུང་ཟེར་བའི་གྲོང་ཚོར་ཕ་མེད་ཞང་ཞུང་གུ་ར་བའི་བུ་མོ་མ་གཅིག་ཞང་མོ་ཞེས་པ་ཞིག་ཡོད་པ་ཟུར་གྲོགས་སུ་བསྟེན་གནང་བ་དེ་ལ་སྤྱི་ལོ1092བོད་རབ་བྱུང་གཉིས་པའི་ཆུ་སྤྲེལ་ལོར་སྲས་ངོ་མཚར་ཅན་ཞིག་འཁྲུངས། དེ་སྐུ་སྐྱེད་ཤིན་ཏུ་ཆེ་ཞིང་ཀུན་གྱིས་མཐོང་ན་དགའ་ལ་ཡིད་དུ་འོང་བ་ཞིག་བྱུང་བས་མཚན་ཡང་ཀུན་དགའ་སྙིང་པོ་ཞེས་གསོལ་ཞིང་། ཁོང་ནི་བོད་དུ་ས་སྐྱ་བར་གྲགས་པའི་གྲུབ་མཐའ་ཆེན་པོ་འདི་སྲོལ་གཏོད་མཛད་པ་པོ་ས་སྐྱ་གོང་མ་རྣམ་ལྔ་ཞེས་པའི་དང་པོ་དེ་ཡིན་ནོ། དེ་ལྟར་ཡབ་དཀོན་མཆོག་རྒྱལ་པོས་གདན་ས་ཡུན་རིང་དུ་བསྐྱངས་མཐར་དགུང་ལོ་རེ་དགུ་པ་སྤྱི་ལོ1102བོད་ཆུ་རྟ་ལོར་ས་སྐྱའི་སྒོ་རུམ་གཟིམ་ཕྱུག་ཏུ་ཞི་བར་གཤེགས་སོ།

སྲས་ཀུན་དགའ་སྙིང་པོ་ནི་གཞོན་ནུའི་དུས་ནས་ཡི་གེ་འབྲི་ཀློག་དང་། རྩིས། བསྟན་བཅོས། བརྟག་པའི་རིག་པ་དང་། སྨན་དཔྱད། སྒྲ། སྡེབ་སྦྱོར་ལ་སོགས་ཐུན་མོང་གི་རིག་གནས་ཀུན་ལ་མཁས་པར་གྱུར་ཅིང་། ཐུན་མོང་མ་ཡིན་པའི་ཡོན་ཏན་ཡང་ཡབ་ཀྱི་ཐུགས་སུ་ཆུད་པའི་བཀའ་ཅི་རིགས་པར་གསན། ཡབ་གཤེགས་རྗེས་ཡུམ་ན་རེ། ཡབ་ཀྱི་སློབ་དཔོན་ཡང་ལོ་ཙཱ་བ་ཡིན་པས་ཉིད་ཀྱང་ལོ་ཙཱ་བ་གཅིག་ལས་ཆོས་སློབ་དགོས་ཞེས་པ་རི་ལོ་ཙཱ་བ་གདན་དྲངས་ནས་གདན་ས་དང་། སྲས་གཉིས་ཀ་ཁོང་ལ་གཏད་ནས་གསན་སྦྱོང་མཛད། གཞན་ཡང་བྲང་ཏི་དར་མ་སྙིང་པོ་དང་། ཁྱུང་རིན་ཆེན་

གྲགས། གནམ་ཁའུ་པ། འཁོན་སྐྱི་ཆུ་བ། དེའི་བལ་མ་མལ་ཞང་དགོན་པ་བ་ལ་སོགས་པ་མཁས་གྲུབ་མང་པོ་བསྟེན་ནས་གནས་སྦྱོང་རྒྱ་ཆེར་མཛད། རིམ་བཞིན་ལུང་རྟོགས་ཀྱི་བདག་པོ་དང་མཐུ་སྟོབས་ཀྱི་དབང་ཕྱུག་ཏུ་གྱུར། འཁོན་སྐྱི་ཆུ་བ་གཤེགས་ཁའི་ཞལ་ཆེམས་ལྟར་འཁོན་ཚོའི་སྡེ་ཡང་བདག་གིར་བསྐྱངས། བླ་མ་ས་ཆེན་འདི་ནས་བཟུང་ས་སྐྱ་པའི་སྙན་གྲགས་དང་། ཨངས་སྐྱོད། དབང་ཕྱུག་སོགས་ཕུན་སུམ་ཚོགས་པར་གྱུར་ནས་མཐོ་རིས་ཡོན་ཏན་བདུན་ལ་མངའ་མཛད་པ་ཡིན་ནོ་ཞེས་གྲགས། ཁོང་གི་སློབ་མ་ཡང་བོད་ཡོངས་ལ་སྙན་གྲགས་ཀྱིས་ཁྱབ་པའི་སློབ་དཔོན་བསོད་ནམས་རྩེ་མོ་དང་། རྗེ་བཙུན་གྲགས་པ་རྒྱལ་མཚན། ཕག་གྲུ་རྡོ་རྗེ་རྒྱལ་པོ་ལ་སོགས་པ་མཁས་ཤིང་གྲུབ་པ་མང་པོ་བྱུང་ཡོད། ས་ཆེན་གྱིས་གདན་ས་ལོ་ཞེ་བརྒྱད་བསྐྱངས་མཐར་དགུང་ལོ་དྲུག་ཅུ་རེ་བདུན་བཞེས་པ་ཕྱི་ལོ1158བོད་རབ་བྱུང་གསུམ་པའི་ས་སྟག་ལོར་གཙང་གཡས་རུ་སྐྱ་བོ་ཁ་གདོང་དུ་ཞི་བར་གཤེགས་སོ།

ས་ཆེན་ཀུན་དགའ་སྙིང་པོས་ཚ་རོང་བཙད་པོའི་སྲས་མོ་བགྲེས་གཞོན་གཉིས་ཇོ་མོར་བཞེས་པའི་ཚེ་བ་མ་གཅིག་འོད་སྒྲོན་ལ་སྲས་གསུམ་འཁྲུངས་པའི་ཐུ་བོ་སློབ་དཔོན་བསོད་ནམས་རྩེ་མོ་ནི། ཡབ་དགུང་ལོ་ང་གཅིག་ཐེབས་པའི་ཕྱི་ལོ1142བོད་རབ་བྱུང་གཉིས་པའི་ཆུ་ཁྱི་ལོར་སྐུ་བལྟམས། ཡབ་ལས་རྡོ་རྗེ་ཐེག་པའི་རྒྱུད་འགྲེལ་གྱི་དབང་དང་། གདམས་ངག ཁྲིད་ལུང་། ཕྱག་བཞེས་སོགས་གསན་སྦྱོང་སུ་ཐེབས་ནས་གསང་ཕུ་ནེའུ་ཐོག་ཏུ་ཆ་པ་ཆོས་སེང་གི་ཞབས་ལ་གཏུགས། སུ་ཕྱིར་ལོ་བཅུ་གཅིག་ཙམ་བསྟེན་ནས་མཁས་པ་ཆེན་པོར་གྱུར། དེའི་དུས་སུ་ན་བཟའ་སྔུ་གུ(ཕུ་ཕྲུང་) ཅན་

བཞེས་པ་ལ་ལུང་རིགས་འདི་བས་མཁས་ཤིང་རྩོད་པ་བཟང་བ་མེད་པར་གྲགས། བརྟག་གཉིས་ཀྱི་རྣམ་བཤད་ཉི་མའི་འོད་ཟེར་སོགས་བསྟན་བཅོས་ཀྱང་དུ་མ་བརྩམས་པར་མཛད། དུས་ཕལ་ཆེ་བ་དབེན་པའི་གནས་སུ་གཞོལ་བར་མཛད་ནས་མཐར་དགུང་ལོ་བཞི་བཅུ་ཞེ་གཅིག་བཞེས་པའི་སྤྱི་ལོ1182ཐོད་རབ་བྱུང་གསུམ་པའི་ཆུ་ཕོ་སྟག་ལོར་སྐུ་གཤེགས་སོ།

ས་ཆེན་གྱི་སྲས་འབྲིང་བ་རྗེ་བཙུན་གྲགས་པ་རྒྱལ་མཚན་ནི་སྤྱི་ལོ147ཐོད་རབ་བྱུང་གསུམ་པའི་མེ་ཡོས་ལོར་འཁྲུངས། དགུང་ལོ་བརྒྱད་པར་བྱང་སེམས་ཟླ་བ་རྒྱལ་མཚན་ལས་ཚངས་པར་སྤྱོད་པའི་དགེ་བསྙེན་གྱི་སྡོམ་པ་བཞེས་ཏེ་རབ་བྱུང་བས་ཀྱང་བཙུན་པར་མཛད། གཅེན་བསོད་ནམས་རྩེ་མོ་དང་། གཉན་གཙུག་ཏོར་རྒྱལ་པོ། ལོ་ཙྪ་བ་དར་མ་ཡོན་ཏན་དང་། སུམ་པ་ལོ་ཙྪ་བ་ལ་སོགས་བླ་མ་མང་པོ་བསྟེན་ཅིང་། ཆོས་ཀྱི་རྣམ་གྲངས་བསམ་གྱིས་མི་ཁྱབ་པ་གསན་ནས་ཐུགས་སུ་ཆུད་པར་མཛད། ཆོས་ཀྱི་ཕྱིར་དཀའ་སྤྱད་དང་འབད་བརྩོན་ཏ་ལས་པ་རྒྱུན་འཁྱོངས་གནང་ཞིང་འཆད་རྩོད་རྩོམ་གསུམ་ལ་ཟླ་མེད་པར་གྱུར། རྒྱུད་གསུམ་གྱི་མངོན་རྟོགས་རིན་པོ་ཆེའི་ལྗོན་ཤིང་སོགས་གསུང་རྩོམ་ཡང་མཐའ་ཀླས་པ་མཛད་ཅིང་། དབུ་རྩེ་རྙིང་མར་གྲགས་པའི་གཙུག་ལག་ཁང་འདི་བཞེངས་ནས་ཡབ་མེས་གཅེན་སོགས་ཀྱི་ནང་རྟེན་གསེར་ཟངས་ཀྱི་མཆོད་རྟེན་དང་། སྐུ་བརྙན། མཆོད་རྫས་སོགས་མང་པོ་གསར་བཞེངས་མཛད། མི་ཉག་རྒྱལ་རྒོད་ལ་སོགས་པ་དད་ལྡན་རྣམས་ནས་དངུལ་དང་། གོས་དར་སོགས་ཟང་ཟིང་གི་འབུལ་བ་རྒྱ་ཆེན་པོ་བྱུང་བ་ཐམས་ཅད་དཀོན་མཆོག་མཆོད་པ་དང་། ངན་སྐྱོང་ལ་སྦྱིན་པར་བསྔོས། མཁས་ཤིང་གྲུབ་པའི་མཛད་པ་ངོ་མཚར་ཅན་དུ

མ་བསྐྱངས་མཐར་དགུང་གྲངས་བདུན་ཅུར་ཕེབས་པའི་སྤྱི་ལོ1216ལོར་རབ་བྱུང་བཞི་པའི་མེ་བྱི་ལོར་སྐུ་གཤེགས།

རྗེ་བཙུན་གྲགས་རྒྱན་པའི་ཞལ་སློབ་ཀྱི་གཙོ་བོ་ནི་ས་པཎྜི་ཏ་ཀུན་དགའ་རྒྱལ་མཚན་མཆོག་དང་། གྲགས་པའི་མི་བརྒྱད། རིག་འཛིན་སྡོམ་བརྩོན་བཞི་སོགས་མང་དུ་བྱུང་ངོ་།

སྐུ་མཆེད་ཐ་ཆུང་དཔལ་ཆེན་འོད་པོ་ནི་སྤྱི་ལོ1150ལོར་ལྷགས་ཏ་ལོར་འཁྲུངས། དེ་ཡང་ཐུགས་བརྟན་ཞིང་ཡངས་ལ་བརྩོན་འགྲུས་དང་ལྡན་པས་ཡབ་མེས་ཀྱི་ཆོས་ལ་སྦྱངས་པ་དང་། ཁྱད་པར་དུ་གསོ་བ་རིག་པའི་སྒོ་ནས་སྐྱེ་འགྲོ་མང་པོའི་དོན་མཛད་ཅིང་། གསོ་རིག་གི་བསྟན་བཅོས་བརྒྱད་ཆུང་ཉི་མའི་འོད་ཟེར་ཞེས་པ་ཡང་ལྷགས་རྩོམ་གནང་ཡོད་པར་གྲགས། དགུང་ལོ་ང་བཞི་བཞེས་པའི་སྤྱི་ལོ1203ལོར་རབ་བྱུང་གསུམ་པའི་ཆུ་ཕག་ལོར་སྐུ་གཤེགས་པ་ལགས་སོ།

ས་པཎ་ཀུན་དགའ་རྒྱལ་མཚན་སྐུ་མཆེད་གཉིས་ཀྱི་ལོ་རྒྱུས་རགས་བསྡུས།

ཡུལ་གངས་ཅན་གྱི་ལྗོངས་འདིར་བཅུ་ཕྲག་རིགས་པའི་གནས་ལ་མཁས་པ་ཐམས་ཅད་ཀྱི་གཙུག་གི་ནོར་བུ། གཞན་གྱིས་འགྲན་པའི་ཟླ་དང་བྲལ་བ་ས་སྐྱ་པཎྜི་ཏ་ཀུན་དགའ་རྒྱལ་མཚན་དཔལ་བཟང་པོ་ཞེས་མཚན་གྱི་སྙན་པ་ཀུན་གསལ་སྙིག་མའི་ཐ་གྲུར་ཁྱབ་པ་གང་དེ་ནི། འཁོན་གྱི་གདུང་རབས་དྲི་མ་མེད་པ་ས་ཆེན་ཀུན་དགའ་སྙིང་པོའི་སྲས་གསུམ་གྱི་ཐ་ཆུང་ཡབ་དཔལ་ཆེན་འོད་པོ་དང་། ཡུམ་གར་ཕུ་མ་ཉི་ཁྲི་ལྕམ་ཞུ་བ་དེ་གཉིས་ཀྱི་སྲས་སུ་སྤྱི་ལོ1182ལོར་རབ་བྱུང་གསུམ་པའི་ཆུ་ཕོ་སྟག་གི་ལོར་སྐུ་བལྟམས་ཤིང་།

སྐུ་གཞོན་ནུའི་དུས་ནས་སྐྱེ་སྟོབས་ཀྱི་མཁྱེན་རབ་གཞན་དང་མི་འདྲ་བ་ངོ་མཚར་ལྡན་པའི་ཁར། སྐུའི་ཁུ་བོ་རྗེ་བཙུན་གྲགས་པ་རྒྱལ་མཚན་མཆོག་གིས་ནམ་ཡང་མི་འབྲལ་བར་སྤྱན་གྱི་འབྲས་བུ་བཞིན་ལེགས་པར་གསོ་སྐྱོང་གནང་བ་དང་། གཞན་ཡང་ཚད་ལྡན་གྱི་བཤེས་གཉེན་དུ་མ་གུས་པ་ཆེན་པོས་བསྟེན་པར་མཛད་དེ་ཐུན་མོང་དང་ཐུན་མོང་མ་ཡིན་པའི་རིག་པའི་གནས་མཐའ་དག་ལ་འབད་པས་སློབ་གཉེར་གནང་ནས་མཁས་པའི་རྩེ་མོར་སོན་པའི་ཚུལ་སོགས་ཞིབ་པ་ནི་འདིར་བརྗོད་པའི་ཡུལ་ལས་འདས་ཤིང་། རྗེ་ཉིད་ཀྱི་གསུང་ལས། "དེ་ནས་སྒྲ། ཚད་མ། སྙན་ངག སྡེབས་སྦྱོར། ཚིག་གི་རྒྱན། གསང་སྔགས། ཕ་རོལ་ཏུ་ཕྱིན་པ། མངོན་པ། འདུལ་བ་ལ་སོགས་པ་ལུང་དང་རིགས་པའི་གནད་ཐམས་ཅད་ཕྱིན་ཅི་མ་ལོག་པར་རྟོགས།" ཞེས་གསུངས་པ་ཡོངས་སུ་དྲོན་ལ་གནས་ཤིང་། གཞན་ཡང་གསོ་བ་རིག་པའམ་རྩིས་ཀྱི་བྱེ་བྲག་ཐམས་ཅད་ལའང་ཤིན་ཏུ་མཁས་པར་གྱུར་པ་སོགས་ནི་ཁོང་གིས་མཛད་པའི་བསྟན་བཅོས་རྒྱ་མཚོ་ལྟ་བུ་ཡོད་པ་ལས་ཤེས་པར་ནུས་པ་དང་། མཐོ་རིག་པའི་ཐད་གཞན་དག་འགའ་ཞིག་ལྷ་ཁང་དང་སྐུ་གཟུགས་ཀྱི་ཆག་ཚད་ཤེས་ཙམ་ལས། ལག་ལེན་དངོས་ཀྱི་ཉམས་མྱོང་མེད་དུ་རིག་པའི་གནས་ལྔ་ལ་མཁས་པ་ཟེར་བ་དེ་འདྲ་མ་ཡིན་པར་བདག་ཉིད་ཆེན་པོ་འདི་ནི་ཕྱག་ལེན་གྱི་རིམ་པ་ལའང་ཤིན་ཏུ་མཁས་ཏེ། ས་སྐྱའི་དབུ་རྩེ་རྙིང་མར་བཞུགས་པའི་ནང་རྟེན་འཇམ་དབྱངས་ཀྱི་ཀུན་དགའ་ར་བའི་སྦྲ་བཟོ་ལ་སོགས་པ་དང་། རྩ་རྒྱུད་ནས་བཤད་པའི་བྲིས་སྐུའི་བཀོད་པ་དར་གྱི་ངོས་ལ་འབྲི་བ། དཔལ་བསམ་ཡས་གཙུག་ལག་ཁང་གི་ལྷ་ཁང་གྲུང་ལྡེབས་ལ་འཇམ་དབྱངས་ཀྱི་ཕྱག་མཚན་རི་མོ་སོགས་ཞལ་དུ་བྱུང་བའི་བཟོ་རྩལ་མང་

པོ་ཕྱག་བསྟར་དུ་མཛད་པ་དངོས་སུ་མཇལ་རྒྱུ་ཡོད་①ཅེས་གསལ་འདུག

ཆོས་རྗེ་ཉིད་རབ་ཏུ་མ་བྱུང་གོང་གི་མཚན་ལ་དཔལ་ལྡན་དོན་གྲུབ་ཞུ་བ་ཡིན་ཅིང་། དགུང་ལོ་ཉི་ཤུ་རྩ་ལྔར་ཕེབས་པའི་སྤྱི་ལོ1206བོད་རབ་བྱུང་གསུམ་པའི་མེ་སྟག་ལོར་ཁ་ཆེ་པཎ་ཆེན་ཤཱཀྱ་ཤྲཱི་བོད་དུ་ཕྱིན་དུས་ཉང་སྨད་རྒྱན་གོང་གི་གཙུག་ལག་ཁང་དུ། པཎ་ཆེན་པས་མཁན་པོ་དང་། སྤྱི་བོ་ལྷས་པས་སློབ་དཔོན། ཞུ་ཕྲང་པས་གསང་སྟོན་མཛད་ནས། རྒྱ་བོད་ཀྱི་དགེ་འདུན་འདུས་པ་རྒྱ་མཚོའི་དབུས་སུ་རབ་ཏུ་བྱུང་ཞིང་། བསྙེན་པར་རྫོགས་པ་ཡང་དེ་ཉིད་དུ་མཛད། མཚན་ཀུན་དགའ་རྒྱལ་མཚན་དཔལ་བཟང་པོར་གསོལ། འཁོན་ས་སྐྱ་བའི་གདུང་རབས་ཀྱི་ཁྲིད་དུ་རབ་ཏུ་བྱུང་ཞིང་བསྙེན་པར་རྫོགས་པའི་སྲོལ་གཏོད་བཟང་པོ་མཛད་པ་ཡིན་ནོ། དེ་ལྟར་ཡོངས་སུ་གྲགས་པའི་ས་སྐྱ་གོང་མ་རྣམ་ལྔ་ཞེས་པའི་ནང་ནས་ས་ཆེན་དང་། བསོད་ནམས་རྩེ་མོ། གྲགས་པ་རྒྱལ་མཚན་གསུམ་ལ་དཀར་པོ་རྣམ་གསུམ་དང་། རྗེ་ས་པཎ་དང་། འགྲོ་མགོན་འཕགས་པ་གཉིས་ལ་དམར་པོ་རྣམ་གཉིས་ཞེས་ཞུ་བ་དེ་ཡང་རབ་བྱུང་མཛད་མ་མཛད་ལས་ཕྱེ་བ་ཡིན།

ཁ་ཆེ་པཎ་ཆེན་དང་། པཎྜི་ཏ་ད་ན་ཤཱི་ལ་སོགས་རྒྱ་བོད་ཀྱི་མཁས་གྲུབ་དུ་མ་ཡུན་རིང་དུ་བསྟེན་པར་མཛད། རིག་པའི་གནས་ལྔ་ལ་དེ་བས་ཐུལ་དུ་ཕྱིན་ནས་འཆད་རྩོད་རྩོམ་གསུམ་གང་ལའང་ཐོགས་པ་མེད་པར་གྱུར། ས་པཎ་མཆོག་མང་ཡུལ་སྐྱིད་གྲོང་གི་ཚོང་འདུས་ན་ཞུགས་པའི་དུས། རྒྱ་གར་ལྷོ་ཕྱོགས་ཀྱི་མུ་སྟེགས་པའི་སྟོན་པ་འཕྲོག་བྱེད་དགའ་བོ་འཁོར་དང་

① （གདུང་རབས་རིན་ཆེན་བང་མཛོད་ལྷུགས་པར་མའི་དེབ་ངོས90）

བཅས་པ་དེར་ལྷགས་ནས། སངས་རྒྱས་ཀྱི་བསྟན་པ་ལ་ཐོ་འཚམས་པའི་རྩོད་པ་བསླངས་པ་དེ་ལུང་རིགས་ཀྱིས་ཚར་བཅས་དེ་མུ་སྟེགས་བྱེད་དེ་དག་གི་རལ་པ་བྲེག་ནས་སངས་རྒྱས་ཀྱི་བསྟན་པའི་སྒོར་བཙུད་པ་སོགས་མདོར་ན་ཁོང་གིས་ཕུལ་དུ་བྱུང་བའི་མཁས་པའི་མཛད་རྗེས་བགྲང་གིས་མི་ལང་བ་ཞིག་འཛོག་གནང་མཛད་པས་མ་ཧཱ་པཎྜི་ཏ་ཞེས་དོན་དང་ཡོངས་སུ་མཐུན་པའི་མཚན་སྙན་ཕྱོགས་ཀུན་ཏུ་ཁྱབ་ཅིང་། འདིའི་སྐུ་དུས་སུ་ས་སྐྱ་བཞི་ཐོག་བླ་བྲང་གསར་བཞེངས་གནང་བ་དང་། སྐུ་གསུང་ཐུགས་ཀྱི་རྟེན་ཡང་མང་བ་བཞེངས་བར་མཛད་པ་སོགས་མདོར་ན་དཔལ་ལྡན་ས་སྐྱ་བའི་སྙན་གྲགས་ཀྱི་བ་དན་དཀར་པོ་ཡུལ་གླིང་གི་ཁྱོན་དུ་ལྷབ་ལྷུབ་གཡོ་བའི་གོ་སྐབས་ཡངས་པོར་ཕྱེ་བ་ལགས་སོ།

རྗེ་བཙུན་ས་པཎ་གྱི་སྐུའི་གཅུང་པོ་ཟངས་ཚ་བསོད་ནམས་རྒྱལ་མཚན་ནི་ཡབ་དཔལ་ཆེན་འོད་པོ་དགུང་ལོ་སུམ་ཅུ་སོ་ལྔར་ཕེབས་པ་སྤྱི་ལོ1184བོད་ཤིང་འབྲུག་ལོར་སྐྱ་བོ་ཁ་གདོང་ཞེས་པའི་ས་གནས་སུ་འཁྲུངས། ཡབ་མེས་ཀྱི་ཆོས་བརྒྱུད་ཐམས་ཅད་ལ་སྦྱངས་པ་མཛད། འཁོན་གྱི་གདུང་རྒྱུད་འཛིན་པའི་ཆེད་དུ་སྤུ་ཕྱིར་ཇོ་མོ་ལྷ་ཁབ་ཏུ་བཞེས་ཤིང་། ཆོས་སྲིད་ཀྱི་མཛད་པའི་འཕྲིན་ལས་ཀྱང་རྒྱ་ཆེར་བསྐྱངས་པ་སྟེ་ས་སྐྱའི་དབུ་རྩེ་རྙིང་མར་གྲགས་པ་དེ་གསར་དུ་བཞེངས་པ་དང་། དགོན་པར་ལྕགས་རི་རང་ཉིད་ཀྱི་མདའ་རྒྱང་གང་གི་ཚད་དུ་མཛད། ཆོས་རྗེའི་སྟན་པ་ལ་བརྟེན་ནས་སྲིད་ཀྱི་དཔལ་ཡོན་སྤར་བས་དར་སྟབས་ཟེ་ཐང་སོགས་སུ་ཚོང་འདུས་དང་། མི་དམངས་ཀྱི་གྲོང་འཛུགས་པ། གྲོམ་སྟོད། སྒྲོམ་སྨད། སྟག་ཐོག་མང་མཁར་དྲིལ་ཆེན། གཙང་བར་ཕུག ཤབ་སྟོད་སྨད། རྟ་ནག་སོགས་སུ

གཞིས་འདིང་བ། བྱང་གཙུང་དང་། ཁབ་སོ། ཀོམ་འདྲེ། གར་ཐུག་སོགས་སུ་འབྲོག་སྡེ་མང་དུ་འཆར་བ། ར་ས་སོགས་སུ་རྟ་ཁྱུ་འཆར་བ་མཛད་པ་བཅས་གདུང་རབས་རིན་བང་ལས་འབྱུང་བ་ལྟར་གོང་གསལ་གྱི་ས་མིང་དེ་དག་ལ་དཔགས་ན་དེང་སྐབས་ཀྱི་ས་སྐྱ་རྫོང་ཁོངས་དང་ལྷ་རྩེ་རྫོང་ཁོངས་མང་ཆེ་བ་ཚུད་པ་མ་ཟད། ངམ་རིང་རྫོང་དང་། གཞིས་རྩེ་གྲོང་ཁྱེར་སོགས་ཀྱི་ཁོངས་ས་ཆ་ཁག་ཅིག་ཏུའང་ས་སྐྱ་བའི་ཆོས་གཞིས་གསར་དུ་བཙུགས་པ་མཚོན་ཞིང་། ད་དུང་སྟོ་བྱང་དུ་རྟ་གཡག་ར་ལུག་བཅས་ཀྱི་འབྲོག་སྡེ་ཡང་མི་ཉུང་བ་ཞིག་འཛུགས་གཉེར་གནང་བ་བཅས་མདོར་ན་སྐབས་འདི་ཙམ་ནས་ས་སྐྱ་བ་ཡང་དབུས་ཀྱི་འབྲི་གུང་པ་དང་། ཚལ་པ། ཕག་གྲུ་སོགས་སྡེ་སྲིད་ཆེ་ཁག་རྣམས་ཀྱི་སྟོབས་འགྱུར་དང་ཧ་ལམ་མཉམ་པའི་གྲས་སུ་ཚུད་དེ་གཙང་ཕྱོགས་ཀྱི་སྡེ་དཔོན་ཆེ་ཤོས་ཤིག་ཆགས་པ་ང་ཚོས་མཐོང་ཐུབ།

ཁོང་གིས་རྫོ་མོ་ལྔ་ཁབ་ཏུ་བཞེས་པའི་དང་པོ་ནི། ཡུལ་མདོག་གི་ཚ་སྣའི་འདབས་སུ་ཕ་མིང་ཟུར་ཁང་རྒྱ་མཚོ་བའི་ཞང་རྒྱལ་བ་དཔལ་གྱི་སྲས་མོ་མ་གཅིག་ཀུན་སྐྱིད་ཞུ་བ་དེ་ཡིན་ཅིང་། དེ་ལས་སྲས་འགྲོ་མགོན་འཕགས་པ་དང་ཕྱག་ན་རྡོ་རྗེ་གཉིས་བལྟམས། རྫོ་མོ་གཉིས་པ་ཡུལ་ས་སྐྱའི་ཆུ་མདོ་མར་ཕ་མིང་རྗེ་བཙད་པོ་ཞེས་པའི་སྲས་མོ་མ་གཅིག་བྱ་བར་སྲས་རིན་ཆེན་རྒྱལ་མཚན་དང་སྲིང་མོ་མདོ་སྡེ་མ་བྱ་བ་འཁྲུངས། རྫོ་མོ་གསུམ་པ་ཡུལ་མངའ་རིས་གུང་ཐང་པ། ཕ་མིང་དུ་ཐང་བཙན་པོའི་སྲས་མོ་ལྷ་གཅིག་མཛེས་མ་ཞེས་པ་ལ་སྲས་མོ་བསོད་ནམས་འབུམ་དང་། སྲིང་མོ་ཉི་མ་འབུམ་བྱ་བ་གཉིས་འཁྲུངས། རྫོ་མོ་བཞི་པ་ཡུལ་གཡའ་ལུང་ནས་ཡིན་པའི་རྫོ་ལྕམ་རྟོར་མོ་ཞེས་པ་ལ་སྲས་མོ་རིན་ཆེན་འབྱུང་གནས་མ་འཁྲུངས། རྫོ་མོ་ལྔ་པ་ནི་གོང་

གསལ་གྱུང་ཐང་བཙན་པོའི་ལྷ་གཅིག་མཛོས་མའི་ཞལ་ཏ་མ་རྡོ་རྗེ་གདན་མར་གྲགས་པ་དེ་རིགས་ཀྱི་སྲས་ཡེ་ཤེས་འབྱུང་གནས་ཞེས་པ་ཞིག་བཅས་འཁྲུངས་པ་ཡིན་ནོ། ཟངས་ཚ་ཉིད་མཐར་དགུང་གྲངས་ལྔ་བཅུ་ང་དྲུག་བཞེས་པའི་སྤྱི་ལོ1239ཐོད་ས་ཕག་ལར་ལ་སྟོད་བྱང་གི་མདོག་སྟོད་རོས་ཀྱི་དཔལ་རི་བྲ་བའི་ས་གནས་སུ་སྐུ་གཤེགས་པ་ལགས་སོ།

གོང་གསལ་ལྟར་ཡབ་ཟངས་ཚ་བསོད་ནམས་རྒྱལ་མཚན་ལ་སྲས་ལྕམ་སྲིང་མང་དུ་ཡོད་ན་ཡང་། ཆེས་གཙོ་བོར་གྱུར་པ་ནི་འགྲོ་མགོན་འཕགས་པ་བློ་གྲོས་རྒྱལ་མཚན་དཔལ་བཟང་པོ་ཞེས་མཚན་སྙན་ཡོངས་སུ་ཁྱབ་ཅིང་། ཡོན་གོང་མ་ཧུ་པེ་ལི་སེ་ཆེན་ཧན་གྱིས་བོད་ཆོལ་ཁ་གསུམ་གྱི་བདག་པོར་དབང་བསྐུར་བའི་མེས་རྒྱལ་གཅིག་གྱུར་གྱི་བྱ་གཞག་ནང་མཛད་རྗེས་ཆླབས་པོ་ཆེ་འཇོག་གནང་བའི་ལོ་རྒྱུས་ཀྱི་མི་སྣ་ཆེན་པོ་དེ་ཡིན། ཁོང་ནི་སྤྱི་ལོ1235ཐོད་རབ་བྱུང་བཞི་པའི་ཤིང་ལུག་ལོར་ཡུམ་མ་གཅིག་ཀུན་སྐྱིད་མ་ལས་སྐུ་བལྟམས་ཤིང་། གཞོན་ནུའི་དུས་ནས་སྐྱེ་སྟོབས་ཀྱི་མཁྱེན་རབ་ཤིན་ཏུ་ཆེ་བས་ཡི་གེ་འབྲི་ཀློག་དང་། རིག་གནས་སློབ་གཉེར་གསན་སྦྱོང་གང་མཛད་དུ་ཀྱང་གཞན་དང་མི་འདྲ་བར་བདེ་བླག་ཏུ་མཁྱེན་པས་ཀུན་ངོ་མཚར་དུ་གྱུར་ནས་འདི་ལྟ་བུ་ཁྱད་དུ་འཕགས་པའོ་ཞེས་བསྔགས་པ་ལས་མཚན་ཡང་འཕགས་པ་ཞེས་ཡོངས་སུ་གྲགས་པ་ཡིན། ཆོས་རྗེ་ས་པཎ་གྱིས་སྐུ་ལུས་དང་གྲིབ་མ་བཞིན་དུ་འབྲལ་མེད་རྗེས་སུ་བསྐྱངས་ཤིང་། དགུང་ལོ་གསུམ་བཞི་ཙམ་ཕེབས་དུས་ཆོས་རྗེ་པ་སྐྱིད་གྲོང་དུ་ཐོན་སྐབས་ཀྱང་ལྷན་དུ་ཁྲིད་གནང་མཛད་ཚུལ་གདུང་རབས་ལས་འབྱུང་བ་དང་། དགུང་ལོ་བརྒྱད་དགུར་ཕེབས་སྐབས་ནས་སྤྲུལ་ཐབས་མཆོ་སྐྱེས་དང་སྐྱེ་རབས་ཕྱུགས་འཛིན་གྱུབ་

ཅིང་། ཆོས་རྗེ་པས་ཆོས་འཁོར་བསྐོར་བའི་ཚོགས་སུ་བརྟག་གཉིས་ཐུགས་ལས་གསུངས་པ་སོགས་ངོ་མཚར་བའི་སྐུ་ཡོན་མཐའ་ཡས་པ་ལྡན་པར་གྲགས་སོ། འགྲོ་མགོན་གྱི་སྐུའི་གཅུང་པོ་ཕྱག་ན་རྡོ་རྗེ་ནི་སྤྱི་ལོ1239བོད་ས་ཕག་ལོར་འཁྲུངས་པ་ཡིན།

ཆོས་རྗེ་ས་པཎ་གྱི་སྐུ་ཚེ་སྨད་ཀྱི་མཛད་པ་དང་། འགྲོ་མགོན་འཕགས་པ་རིན་པོ་ཆེའི་མཛད་རྣམ་གཙོ་བོ་རྣམས་གཤམ་དུ་ལོ་རྒྱུས་ཀྱི་སྐབས་སོ་སོའི་ནང་རགས་བསྡུས་ཀྱི་ཚུལ་དུ་འགོད་པ་ལས་རྟོགས་པར་བྱའོ།

གཉིས་པ། ཧོར་ཐེང་གིར་རྒྱལ་རྒྱུད་ཀྱི་སྟོབས་ཤུགས་བོད་དུ་ཁྱབ་ནས་བོད་ཡོངས་སྤྱར་ཡང་གཅིག་གྱུར་བྱས་པ།

སྤྱི་ལོའི་དུས་རབས་བཅུ་གཉིས་པའི་མཇུག་ཙམ་ནས་བཟུང་ཧོར་ཐེང་གིར་རྒྱལ་པོའི་དྲག་པོའི་སྟོབས་ཤུགས་དར་ལ་དྲག་པས་རང་རྒྱལ་བྱང་ཕྱོགས་ཀྱི་ས་ཁུལ་མང་པོ་དཔུང་སྟོབས་ཀྱིས་བདག་གིར་བྱས་ཤིང་། རིམ་བཞིན་མི་ཉག་གི་རྒྱལ་ཁམས་ཀྱང་བླངས་རྗེས་ཡང་ཐེང་གིར་འདས་ནས་ཁོང་གི་བུ་གསུམ་པ་ཨོ་གོ་ཏ་རྒྱལ་སར་བཏོན། རྒྱལ་རྒྱུད་ཀྱི་བུ་དང་ཚ་བོ་མང་པོས་སོ་སོར་དམག་དཔུང་ཁྲིད་དེ་མངའ་ཁོངས་རྒྱ་བསྐྱེད་བྱེད་སྐབས། མདོ་སྟོད་སྨད་ཁུལ་གྱི་དགོན་སྡེ་དང་བླ་གྲྭ་མང་པོས་མི་བཏང་སྟེ་ཁད་ཉེ་སའི་ཧོར་དམག་ལ་འབུལ་རྟེན་ཕུལ་ནས་ང་ཚོས་ཧོར་རྒྱལ་པོའི་བཀའ་ལུང་དང་ལེན་ཞུ་རྒྱུར། བོད་རིགས་ཀྱི་སྟོད་ཁུལ་སོ་སོར་ཧོར་དམག་མི་གཏོང་བའི་རེ་འདུན་ཞུས་པ་དང་། གནས་ཚུལ་དེ་དག་བོད་དབུས་གཙང་དུ་རིམ་བཞིན་ཁྱབ་

པར་བརྟེན་ཕྱོགས་ཁག་ཆེ་གྲས་རྣམས་ཀྱིས་ཀྱང་། གོ་དན་གྱི་རྫོང་དམག་བོད་དུ་བཏང་བའི་སྔ་རྗེས་སུ་སོགས་དམག་གི་ཚ་ངད་མ་བཟློད་པར་རང་རང་གི་མི་སྣ་བཏང་སྟེ་རྫོང་རྒྱལ་རྒྱུད་ལ་ངོ་ལྷ་བ་དང་རྒྱབ་རྟེན་བཙོལ་རྒྱུའི་བྲེལ་བ་ཡངས། དེ་ཡང་ཕྱོགས་གཅིག་ནས་རྫོང་གྱི་རྒྱལ་རྒྱུད་རྣམས་ཀྱི་རྒྱ་གཅིག་གྱུར་ཡིན་རུང་། ནང་ཁུལ་རང་སོ་སོའི་སྟོབས་ཤུགས་རྒྱ་བསྐྱེད་བྱ་རྒྱུར་རྟབ་ཐོབ་ཡོད་པ་དང་། ཕྱོགས་གཞན་ཞིག་ནས་བོད་ཀྱི་དབང་འཛིན་ཆེ་ཁག་རྣམས་ཀྱང་གཅིག་འོག་ཏུ་གཅིག་མི་འདུ་བ་སོགས་ཕན་ཚུན་འགལ་བ་སྣ་ཚོགས་གནས་ཡོད། རྒྱུ་རྐྱེན་དེ་དག་ལ་བརྟེན་ནས་བོད་ཀྱི་ཕྱོགས་ཁག་སོ་སོའི་མི་སྣས་ཀྱང་རྫོང་གྱི་རྒྱལ་རྒྱུད་མི་འདྲ་བ་རེ་རེ་ལ་ངོ་ལྷ་བ་དང་རྒྱབ་རྟེན་བཙོལ་བར་སྣང་། དེ་སྐོར་ཡིག་ཚང་ལ་ལའི་ནང་ཙུང་འདྲ་མིན་ཙམ་གསལ་བ་རྒྱ་བོད་ཡིག་ཚང་དུ་རྫོང་གྱི་རྒྱལ་རྒྱུད་འདྲེན་སྐབས་འདི་ལྟར་མཚན་འགོད་བྱས་འདུག "ཏུ་ཆེ་བ་མོང་གོར་གན། (འབྲི་གུང་པ་དང་ཡོན་མཆོད་དུ་འབྲེལ་) སྲས་གཉིས་པ་ཨེ་ཆེན་གོ་དན། (རྗེ་ས་པཎ་དང་འབྲེལ་) བཞི་པ་ཨ་རི་རྡོ་ག(གཙང་པ་དང་འབྲེལ་) ལྔ་པ་ཧུ་ལ་ཧུ(འབྲི་གུང་(ཕག་གྲུ་འདྲ་) པ་དང་འབྲེལ་)"[①]ཞེས་འཁོད་འདུག ཡང་ཕག་གྲུ་བྱང་ཆུབ་རྒྱལ་མཚན་གྱི་བཀའ་འབུམ་ནང་། "དེ་དུས་བོད་ཕྱོགས་འདིར་རྒྱལ་བུ་གོ་དན་བྱང་ངོགས་པ་བདག་པར་འདུག་པ་ལ། གོ་དན་ཨ་ཀ་ལ་བླ་མཆོག་བླང་སར་པས། འབྲི་ཁུང་པ་མོན་འགོར་རྒྱལ་པོ་ཞེས། ཚལ་པ་སེ་ཆེན་རྒྱལ་པོ་ཞེས། ཕག་མོ་གྲུ་པ་རྒྱལ་བུ་ཧུ་ལ་ཧུ་ཞེས། སྟག་ལུང་པ་ཨ་རི་རྡོ་ཁ་ཞེས་པར་འདུག་ཅིང་།

① (རྒྱ་བོད་ཡིག་ཚང་མཁས་པ་དགའ་བྱེད་ལྟུགས་པར་མའི་དེབ་ངོས256)

རྒྱལ་རྒྱུད་བཞི་པོས་ཁྲི་སྐོར་སོ་སོར་སྐོས་བདག་བྱས་པར་འདུག" ① ཅེས་གསལ་བའི་ནང་"ཤེས" ཟེར་བ་དེ་ནི་དབང་བདག་བྱེད་པའི་དོན་ཡིན་པ་མ་ཟད། རྒྱལ་རྒྱུད་དེ་ཚོས་རང་ཁོངས་ཀྱི་ཁྲི་དཔོན་སོ་སོར་སོག་པོའི་སྲུང་དམག་ཀྱང་འཛུགས་གཏོང་བྱས་ཡོད་པ་དེ་དག་རྗེས་སུ་སེ་ཆེན་གན་ཀྲུང་གོའི་གོང་མའི་ཁྲིར་འཛོགས་རྗེས་གཞི་ནས་སྲུང་དམག་དེ་ཚོ་ཕྱིར་འཐེན་བྱེད་བཅུག་སྐོར་ཡང་ཧྲུ་སི་ཏུའི་བཀའ་འབུམ་ལ་གསལ་འདུག་གོང་གསལ་གནས་ཚུལ་དེའི་ཐོག་ནས་ཧོར་དམག་གི་འཇིགས་སྣང་བྱུང་བའི་སྐབས་སུ་བོད་ཀྱི་དབང་འཛིན་ཕྱོགས་ཁག་སུ་ཞིག་གིས་ཀྱང་། ཧོར་གྱི་རྒྱལ་རྒྱུད་གང་རུང་ལ་ངོ་ལྟོ་བྱེད་པ་ལས། མཐའ་མཚམས་ཀྱི་ཕྱི་རྒྱལ་གང་འདྲ་ཞིག་ལའང་ཁ་བལྟས་མེད་པ་དེ་ནི་གནའ་རབས་ལོ་ངོ་བརྒྱ་ཕྲག་དུ་མའི་གོང་གི་ལོ་རྒྱུས་ཐོག་ནས་ཀྱང་ཧྭ་མི་རིགས་ཕན་ཚུན་དབར་ཡུན་རིང་ཆ་རྒྱུས་དང་འབྲེལ་འདྲིས་མཛའ་མཐུན་གྱི་རྨང་གཞི་སྲ་ཞིང་བརྟན་པ་ཞིག་བཙུགས་ཡོད་པ་དེས་ཤུས་པ་ཐོན་པ་གང་ལེགས་མཚོན་གྱི་ཡོད།

སྤྱི་ལོ1240བོད་རབ་བྱུང་བཞི་པའི་ལྕགས་བྱི་ལོར་ཧོར་རྒྱལ་པོ་ཨོ་ཀོ་ཏའི་སྐབས་སུ། ཁོང་གི་གཅུང་པོ་ཐོ་ལོ་ནོ་ཡོན་ཞེས་བྱ་བའི་བུ་ཨེ་ཆེན་པོ་དན་གྱིས་དམག་དཔོན་རྡོར་ཐ་ཆེ་དྲག་པོའི་དཔུང་ཚོགས་དང་བཅས་པ་བོད་དུ་བཏང་། དེ་ལ་བོད་ཀྱི་དེབ་ཐེར་མང་པོར་ཧོར་དོར་ཏ་ནག་པོའི་དམག་ཅེས་ཟེར། ཁོ་ཚོ་མདོ་སྨད་བརྒྱུད་དབུས་གཙང་དུ་འོངས་ཤིང་། རང་འགྲུལ་གྱིས་མགོ་བཏགས་སྡེ་ལེན་བྱེད་པ་རྣམས་ལ་གནོད་འཚེ་མི་བྱེད་པར་

① (རླངས་ཀྱི་པུ་ཏི་བསེ་རུ་རྒྱས་པ་ལྕགས་པར་མའི་དེབ་ངོས110)

འགོ་དཔོན་སྤྱིར་བཞིན་རང་འཛུགས་སུ་འཛོག་པ་དང་། འགོག་རྐོལ་བྱེད་མཁན་རིགས་ལ་དྲག་གནོན་བྱེད་པ་གཉིས་ཟུང་སྦྲེལ་གྱི་བྱ་ཐབས་སྤྱད་པར་བརྟེན་མང་ཆེ་བས་མགོ་བཏགས་སྐྱེ་ལེན་བྱས་སྟབས། རྩུང་བདེ་གླག་གི་ངང་ལོ་དེ་རང་ལ་དབུས་ཁུལ་གྱི་ར་སོགས་ས་ཆར་སླེབས། སྐབས་དེར་འབྲི་གུང་གི་ཆོས་རྗེ་སྤྱན་སྔ་གྲགས་པ་འབྱུང་གནས་ཀྱི་ཉེ་གནས་སྒོམ་པ་ཤཱཀྱ་རིན་ཆེན་བྱ་བ་དེས་ཧོར་དམག་འགོག་པའི་ཐབས་གནོམ་བྱས་པར་མངོན་ཡང་། འགོག་ཐུབ་རྒྱུ་ལྟར་བཞག་སྒོམ་པ་ཤོང་རང་ཡང་དམག་དཔོན་རྗོར་ཐ་བཟུང་བསྐྱིགས་བྱས་ཏེ་གསོད་ལ་ཉེ་བ་བྱུང་། དེ་དུས་འབྲི་གུང་སྤྱན་སྔ་རིན་པོ་ཆེ་ལ་དུན་ཐང་དུ་ཕེབས་ནས་ཧོར་དམག་ལ་སྐྱེ་ལེན་གནང་ཞིང་། ཆོས་ཀྱི་བཀའ་མཆིད་མང་པོ་གནང་བས་དམག་དཔོན་རྗོར་ཐ་ཆེས་ཀྱང་དོ་ཡོན་ཁྱོད་བཟང་པོ་ཞིག་འདུག་ཟེར་ནས་ཕྱག་འཚལ། སྒོམ་པ་ཤཱཀྱ་རིན་ཆེན་གྱི་སྲོག་ཐུལ་བ་བཙས་འཁྲིག་ཆགས་བྱུང་བར་སྣང་། སྐབས་དེའི་བོད་ཀྱི་ཆེ་རྒུའི་ནང་ནས་སྟོབས་འབྱོར་ཆེ་ཤོས་ཡིན་པའི་འབྲི་གུང་པས་ཀྱང་སྐྱེ་ལེན་བྱས་པར་བརྟེན་དབུས་གཙང་གི་ཕྱོགས་ཁག་ཚང་མས་དམག་འཁྲུག་མེད་པར་སོ་སོས་བབས་བླངས། ཧོར་དམག་གིས"ཤར་ཀོང་པོའི་ཡུལ་ཡན་ཆད་ནས་ནུབ་བལ་པོ་དང་། ལྷོ་མོན་ལ་ཐུག་པ་ཚུན་ཆད་ཀྱི་མཁར་བཙན་པོ་རྣམས་བསྒྲིལ་ཞིང་། གོང་མ་རྒྱལ་པའི་ལུང་ལས་མི་འདའ་བའི་རྒྱལ་ཁྲིམས་བཙན་པོས་དབང་དུ་བསྡུས་"①ཞེས་གསལ་བ་ལྟར་མི་ལོ་བཞི་བརྒྱ་ལྷག་ཙམ་རིང་བོད་སིལ་བུ་ཁ་ཐོར་དུ་གྱུར་པའི་ཟང་ཟིང་གི་དུས་རབས་མཇུག་སྒྲུར་མཇུག

① (དཔྱིད་ཀྱི་རྒྱལ་མོའི་གླུ་དབྱངས་ལྷུགས་པར་སྦྱར་མའི་དེབ་ངོས121)

འགྲེལ་ནས་དྲག་པོའི་གཡུལ་འཁྲུག་དང་མི་མང་གསོད་གཅོད་སོགས་རྒྱ་ཆེར་མ་དགོས་པར་བོད་ཡོངས་བདེ་འཇགས་སུ་འཁོད་པའི་འགོ་ཚུགས། དེའི་སྐོར་ཕག་གྲུ་བྱང་རྒྱན་གྱི་བཀའ་འབུམ་ནང་། སྤྱན་སྔ་“ཁུ་དཔོན་གཉིས་ཀྱི་རིང་ལ་ཧོར་ཁྲིམས་བྱུང་འདུག ཧོར་དོར་ཏ་ནག་པོས་དམག་དཔོན་བྱས་བྱས་……མཁར་བཙན་པོ་རྣམས་བསྒྲིལ། ཁྲིམས་འཇགས་སུ་བཙུག་ནས། རྒྱལ་ཁྲིམས་ཆོས་ཁྲིམས་ནམ་ལངས་པ་ལ་ཉི་མ་ཤར་བ་ལྟ་བུ། བོད་སྐད་རིགས་མི་གཅིག་པའི་ཁུལ་འདིར་བྱུང་འདུག”①ཅེས་གསལ་བའི་ལོ་རྒྱུས་ཀྱི་སྡོམ་ཚིག་དེ་ལས། སྐབས་དེར་བོད་གཅིག་གྱུར་གྱི་བདེ་འཇགས་འཁོས་སུ་བབས་པ་ཞིག་བྱུང་བ་དེར་བོད་རིགས་མི་མང་ཚོས་ངོས་འཛིན་ཇི་ལྟར་བྱེད་པ་མཚོན་ཐུབ་ཀྱི་ཡོད་དོ།

གསུམ་པ། ཧོར་རྒྱལ་བུ་ཨེ་ཆེན་གོ་དན་གྱིས་ས་སྐྱ་པཎྜི་ཏ་ནང་སར་གདན་དྲངས་པ།

དམག་དཔོན་རྡོར་ཐ་ཆེས་དྲག་པོའི་སྟོབས་ཤུགས་དང་། མཐུན་འབྲེལ་གྱི་བྱ་ཐབས་ཟུང་དུ་འབྲེལ་བའི་འོག བོད་ཡོངས་དབང་དུ་བསྡུས་ཟིན་པའི་རྗེས་སུ། རྒྱལ་བུ་གོ་དན་གྱི་བཀའ་ཕབ་པ་ལྟར་བོད་དུ་བླ་མ་སུ་ཆེ་བ་ཞིབ་བརྟད་བྱས་ཏེ་ཡི་གེ་ཕུལ་དང་། “བོད་མཐའ་འཁོབ་ཀྱི་རྒྱལ་ཁམས་ན་དགེ་འདུན་གྱི་སྡེ་ནི་བཀའ་གདམས་ཆེ། ངོ་བསྲུང་ནི་སྟག་ལུང་ཆོས་རྗེ་

① (རླངས་ཀྱི་པུ་ཏི་བསེ་རུ་རྒྱས་པ་དེབ་ངོས109)

མཁས། གཟི་བརྗིད་ནི་འཕྲི་གུང་སྤྱན་སྔ་ཆེ། ཆོས་ནི་ས་སྐྱ་པཎྜི་ཏ་མཁས་པར་འདུག་པས་གང་སྤྱན་འདྲེན་གྱི་ལུང་སྟོལ་ཅིག"①ཅེས་ཞུས་པར། གོ་དན་གྱིས་དེའི་ལན་དུ། འཇིག་རྟེན་འདིའི་སྟོབས་དང་གཟི་བརྗིད་ནི་ཇིང་གིར་ལས་ལྷག་པ་མེད། ཚེ་ཕྱི་ཕན་གྱི་ཆོས་དེ་གལ་ཆེ་བས་ས་སྐྱ་པཎྜི་ཏ་གདན་འདྲེན་དགོས་ཞེས་གསུངས་ཤིང་། དེ་དུས་གོ་དན་གྱིས་ས་པཎ་ལ་ཕུལ་བའི་གདན་འདྲེན་གྱི་བཀའ་ལུང་ནི་འདི་ལྟར་ཏེ། "ཚེ་རིང་གནམ་གྱི་ཤེད་མོང་ལ་བསོད་ནམས་ཆེན་པོའི་དཔལ་ལ་བརྟེན་ནས་རྒྱལ་པོ་ངེད་ཀྱི་ལུང་། ས་སྐྱ་པཎྜི་ཏ་ཀུན་དགའ་རྒྱལ་མཚན་དཔལ་བཟང་པོ་ལ་གོ་བར་བྱེད་པའི་གཏམ། ངེད་ཕ་མ་དང་གནམ་སའི་དྲིན་ལན་འཇལ་བའི་ཕྱིར་ལམ་གྱི་བླང་དོར་མ་ནོར་བ་སྟོན་ཤེས་པའི་བླ་མ་ཅིག་དགོས་པ་བརྟག་པས་བྱུས་དུས་ཁྱོད་དུ་འདུག་པས། ལམ་གྱི་དཀའ་ཚེགས་ལ་མི་བལྟ་བར་ཡོང་དགོས། གལ་ཏེ་ན་སོ་རྒས་ཟེར་ན་སྔོན་ཐུབ་པའི་དབང་པོས་སེམས་ཅན་གྱི་དོན་དུ་ལུས་གྲངས་མེད་སྦྱིན་པར་གཏོང་བ་ཇི་ཙམ་ཁྱོད་ཀྱིས་ཆོས་གོ་བའི་དམ་བཅའ་དང་ཨེ་འགལ། ངས་མཐའི་ཁྲིམས་ར་བླངས། དམག་དཔུང་ཆེན་པོས་བཏ་དེད་བྱས་ནས་སེམས་ཅན་མང་པོ་ལ་གནོད་པ་བྱས་ན་མི་སྐྲག་པ་ཨེ་ཡིན། དེས་ན་སངས་རྒྱས་ཀྱི་བསྟན་པ་དང་སེམས་ཅན་མང་པོ་ལས་སོགས་ལ་ཁྱོད་མགྱོགས་པར་ཤོག ཉི་མ་ནུབ་ཕྱོགས་ཀྱི་བཙེ་རྣམས་ཁྱོད་ཤེས་སུ་འཇུག་པ་ཡིན་"②ཞེས་གནང་སྦྱིན་འཕོར་ཆེན་དང་འབྲེལ་གདན་འདྲེན་དུ་རྫོར་སྲི་

① （དཔྱིད་ཀྱི་རྒྱལ་མོའི་གླུ་དབྱངས་དེབ་ངོས121）

② （གདུང་རབས་རིན་བང་དེབ་ངོས118）

མགོན་དང་། དཔོན་ཇོ་དར་མ་གཉིས་བཏང་བ་ས་སྐྱར་འབྱོར་ཞིང་། ཆོས་རྗེ་མཆོག་ལོ་དེར་དགུང་གྲངས་དྲུག་ཅུ་རེ་གསུམ་ལ་ཕེབས་ཟིན་པས་སྐུ་ན་མཐོ་ཡང་བསྟན་འགྲོ་ཕྱི་དང་། ལྷག་པར་དུ་བོད་ཕྱིའི་དོན་དུ་འབྱོན་པར་ཞལ་གྱིས་བཞེས། ས་སྐྱར་ཆོས་ཀྱི་འགོ་འཛིན་དུ་བླ་མ་འོ་ཡུག་པ་བསོད་ནམས་སེང་གེ་དང་། ཤར་པ་ཤེས་རབ་འབྱུང་གནས་བསྐོ་བཞག་གནང་ཞིང་། གདན་ས་ཕྱིའི་བརྗིད་ཁུར་ལ་ནང་གཉེར་བ་གྲོང་མ་ཤཱཀྱ་བཟང་པོ་བཀོད་ནས། དཔོན་པོ་འཕགས་པ་དགུང་ལོ་བཅུ་དང་། ཕྱག་ན་རྡོ་རྗེ་དགུང་ལོ་དྲུག་ལས་མ་སོན་པ་དེ་གཉིས་ཀྱང་ཁྲིད་གནང་ནས་ཕྱི་ལོ1244བོད་ཤིང་འབྲུག་ལོའི་ལོ་མཇུག་ཏུ་ས་སྐྱ་ནས་ཆིབས་ཐོན་གནང་ཞིང་། མར་ལམ་དབུས་སུ་ཕྱིན་སྐབས་འབྲི་གུང་པ་དང་། ཚལ་པ། སྟག་ལུང་པ་སོགས་ཆེ་རྒྱུ་རྣམས་ཀྱིས་མཇལ་འཕྲད་ཞུས་ཤིང་། ཆེ་ཁག་ཚང་མས་རྫོང་སྐྱེས་འབུལ་བ་རྒྱ་ཆེན་པོ་བཏེགས་ནས་བོད་ཀྱི་བསྟན་པ་དང་འགྲོ་བ་ལ་ཕན་པའི་དོན་དུ་ཧོར་ཡུལ་ལ་ཕེབས་ཏེ་ཆོས་ཀྱི་མཛད་པ་སྐྱོང་དགོས་པའི་རེ་བཙོལ་ཞུས་པར་གྲགས། ལྷོ་བྲག་དཔའ་བོའི་ཆོས་འབྱུང་དུའང་། རྒྱལ་པོ་གོ་དན་གྱིས"རྗེ་བཙུན་ས་པཎ་སྤྱན་འདྲེན་བྱུང་བ་ན། འབྲི་གུང་ནས་ཀྱང་ནན་གྱིས་བོད་ཕྱིའི་དོན་དུ་ཐེགས་དགོས་པར་ཞུས……འབྲི་གུང་ནས་རྫོང་བ་ཕུལ་ཏེ་ཕྱིན"①ཞེས་གསལ་འདུག་པ་ལྟར་ཁོང་ནི་བོད་ཀྱི་བསྟན་འགྲོ་ཡོངས་ལ་ཕན་བདེ་སྒྲུབ་པའི་དོན་དུ་རང་ཉིད་སྐུ་ན་སྨིན་པའི་སྐུ་ངལ་དང་། ཐ་ན་སྐུ་སྲོག་ལའང་ལྟོས་པ་མེད་པའི་ཐུགས་སྐྱེས་ཧླབས་པོ་ཆེ་བཞེས་ཏེ་

① (ཆོས་འབྱུང་མཁས་དགའ་དེབ་སྨད་ཆའི་པར་ངོས1366)

ཆེབས་བརྟེགས་པ་ཡིན་ནོ། དཔེར་ན་ཕེབས་ལམ་དུ་བཀའ་གདམས་དགེ་བཤེས་ནམ་མཁའ་འབུམ་ཞེས་པས་མཇལ་ཕྱག་ཞུ་དུས།

"ཧོར་འདི་ལ་ཁྱེད་ཀྱིས་ཕྱིན་པས་ཕན་པའི་རྒྱུ་མཚན་ཨེ་བདོག ཅེས་ཞུས་པའི་ལམ་དུ……ཧོར་འདིས་ངེད་ལ་ཅི་ནས་ཀྱང་མཆོད་གནས་ལ་ཞོག་མི་འོང་ན་དམག་འོང་ཟེར་བས་དམག་བྱུང་ན་བོད་ལ་གནོད་ཀྱི་དོགས་ནས་འགྲོ་བ་དང་སེམས་ཅན་ལ་ཕན་དུ་རེ་ནས་འགྲོ་བ་མ་གཏོགས་པ་ཕན་ངེས་པའི་རྒྱུ་མཚན་མ་མཆིས། ལར་སེམས་ཅན་ལ་ཕན་ན་རང་གི་ལུས་སྲོག་གཏོང་བ་ལ་མི་ཕོད་རྒྱུ་མི་བདོག་ཙམ་ཤེས་པ་གདའ་" ཞེས་གསུངས་པའི་དྲི་ལན་དང་། ཡང་"དོ་སྙིར་བའི་དྲིས་ལན་ལས།

བདག་ཀྱང་སྡོན་གྱི་བྱེད་པ་འགའ་ཡི་རྒྱུས། །
བསྟན་པའི་ཉི་མ་ཤར་གྱི་ཕྱོགས་སུ་ཤར། །
ཐོས་བསམ་སྒོམ་པ་ཡིད་བཞིན་ནོར་བུ་དེས། །
དད་ལྡན་དབུས་གཙང་རེ་བ་སྐུར་དུ་རྫོགས། །"①

ཞེས་གསུངས་པ་འདི་དག་ལས་ཀྱང་བོད་མི་དྲག་ཞན་ཚང་མས་དོན་དེ་ལ་སེམས་ཁུར་ཆེན་པོ་བྱེད་པ་དང་། ཆོས་རྗེ་ཉིད་ནང་སར་ཕེབས་པ་ནི་བོད་སྤྱིའི་དོན་ཆེན་ཡིན་པ། མི་རིགས་མཐུན་སྒྲིལ་དང་རྒྱལ་ཁམས་བདེ་འཇགས་ཀྱི་དོན་དུ་ཐུབས་སྟོབས་ཅི་འདྲ་ཞིག་བཞེས་ཡོད་པ་བཅས་རང་ཅག་གིས་མཐོང་ཐུབ་པ་ཡིན་ནོ།

དེ་ལྟར་རྗེ་ས་པཎ་ཁུ་དབོན་གྱིས་ལམ་ཐག་རིང་བའི་སྐྱ་ངལ་ཁྱད་དུ

① (གདུང་རབས་རིན་བང་དེབ་ངོས125)

བཤད་དེ་ཧ་དྲེལ་དང་ཇ་མོང་གི་བགྲོད་པ་དལ་བུ་ལ་བརྟེན་ནས་ལེ་དབར་སྟོང་ཕྲག་དུ་མའི་ཤུལ་ལམ་རིམ་གྱིས་བྱོན་མཐར། དགུང་གྲངས་དྲུག་ཅུ་རེ་ལྔར་སོན་པ་སྤྱི་ལོ1246བོད་མེ་རྟ་ལོའི་ཟླ་བ་བརྒྱད་པར་བྱང་ཕྱོགས་ལིང་ཀྲུ(ཀན་སུའི་ལིང་ཀྲའུ་)ཞེས་པའི་ཡུལ་དུ་ཞབས་སོར་འཁོད། སྐབས་དེར་ཨེ་ཆེན་གོ་དན་ཧོར་ཡུལ་དུ་རྒྱལ་པོ་གོ་ཡུག་གན་རྒྱལ་ས་ཆེ་བར་ཁྲི་ལ་འདོན་པའི་མཛད་སྒོར་ཐེགས་ནས་བཞུགས་མེད་ཅིང་། ཕྱི་ལོ་མེ་ལུག་ཟླ་དང་པོའི་ནང་ལིང་ཀྲུར་ཕྱིར་ལོག་ཕེབས་ཏེ་ཕན་ཚུན་མཇལ་འཛོམས་བྱུང་། གོ་དན་ཤིན་ཏུ་མཉེས་ནས་ཆོས་དང་འཇིག་རྟེན་ལུགས་ཀྱི་གསུང་གླེང་མང་དུ་མཛད། གོ་བརྡ་མི་འཕྲོད་པའི་སྐབས་ཡུ་གུར་གྱི་དགེ་བཤེས་མཁས་པ་ཆོས་སྒྲ་བསྒྱུར་གྱིས་གོ་བོར་བྱས་པས་རྒྱལ་པོ་རབ་ཏུ་དགྱེས། དེ་ཕྱིན་ཆད་ཧོར་གྱི་ལྷ་པ་སོགས་སྔར་ལུགས་ལྟར་བན་དེའི་གལ་འགོར་བསྡད་མི་ཚོག་པ་ཐམས་ཅད་ཀྱི་གྲལ་འགོར་བླ་མ་ཆོས་རྗེ་པ་བཞུགས་ལ། སྨོན་ལམ་འདེབས་པའི་མཛད་སྒོ་འཚོགས་སྐབས་ཀྱང་སྔོན་ལ་བན་དེ་རྣམས་ཀྱིས་སྨོན་ལམ་ཐོབས་ཞེས་གསུང་བའི་ལུང་བསྒྲགས་ནས་ཧོར་གྱི་རྒྱལ་ཁམས་སུ་དགེ་འདུན་རབ་ཏུ་བྱུང་བའི་དབུ་འཕང་ཐོག་མར་བསྟོད་པར་གྲགས། དེ་རྗེས་རྒྱལ་པོ་གོ་དན་ལ་ཤ་ཁྲའི་ནད་ཐོག་པར་རྗེ་ས་པཎ་གྱིས་སྨན་བཅོས་དང་རིམ་གྲོ་མཛད་པས་ཕན་སྐྱེད་མངོན་གསལ་ཆེན་པོ་བྱུང་ཞིང་། དེ་ནས་བཟུང་ཆོས་རྗེར་དད་པ་ཟླ་ལྷག་ཏུ་སྐྱེས་ནས་བཀའ་ཆོས་ཀྱང་མང་དུ་ཞུས། སོག་ཡུལ་དུ་ས་སྐྱ་པའི་ཆོས་ཀྱི་སྙན་གྲགས་དང་གདུལ་བྱ་རྒྱ་ཆེར་འཕེལ་བ་མ་ཟད། ཆོས་རྗེ་སྟོན་འཁོར་རྣམས་ཧྲན་ཤིའི་རི་བོ་རྩེ་ལྔར་ཕེབས་ནས་ཆོས་གསུངས་པ་དང་། རྒྱ་ཡུལ་དང་། ཡུ་གུར། མི་ཉག་ལ་སོགས་པའི་ཡུལ་གྲུ་དུ་མའི་དད་ལྡན་མང་པོ་ལིང་

ཆུར་འདུས་ནས་ཆོས་ཞུ་བ་སོགས་མི་རིགས་དབར་གྱི་རིག་གནས་དང་། བརྗེ་རྫུང་གི་འབྲེལ་བ་གཏིང་ཟབ་ཏུ་སྤེལ་བའི་མཛད་འཕྲིན་བཟང་པོ་རྒྱ་ཆེར་སྐྱོང་གནང་མཛད་པ་ལགས་སོ།

བཞི་པ། རྗེ་ས་པཎ་གྱིས་བོད་ཀྱི་ཆེ་རྒྱ་ཡོངས་ལ་བསྟུལ་བའི་སྤྲིངས་ཡིག་སོགས་ཀྱི་སྐོར།

ས་སྐྱ་པཎྜི་ཏ་ཀུན་དགའ་རྒྱལ་མཚན་མཆོག་ནང་སའི་བྱང་ངོས་སུ་ཕེབས་པ་ནས་བཟུང་ཡུལ་ཕྱོགས་དང་། མི་རིགས་མི་འདྲ་བའི་དད་ལྡན་སྐྱེ་རྒུ་ཐམས་ཅད་ལ་ཆོས་ཀྱི་འཁོར་ལོ་བསྐོར་བ་སོགས་རྣམ་དཀར་གྱི་མཛད་པ་མཐའ་ཡས་པ་བསྐྱངས་པ་ཙམ་དུ་མ་ཟད། གཙོ་བོར་བོད་ཁམས་འདི་ཉིད་འཕྲུལ་དང་ཡུན་དུ་བདེ་བའི་ཐབས་ལ་ཐུགས་འཁུར་འབད་བརྩོན་ནམ་ཡང་མི་སྟོད་པ་མཛད་ཡོད། རྒྱལ་པོ་གོ་དན་ཐབས་མཁས་ཀྱི་སྒོ་ནས་བོད་ཁམས་བདེ་འཇགས་ཡོངས་ཐབས་ཀྱི་ཞུ་བ་མཛད་པ་དང་། དུས་མཚུངས་པར་ཧོར་གིར་རྒྱལ་རྒྱུད་ཀྱི་དམག་དོན་སྟོབས་ཤུགས་དང་། སྲིད་ཐབས་ཀྱི་ཇུས་གཞི། རྒྱ་ཡུལ་ཆེན་པ་དང་། ཡུ་གུར། མི་ཉག་ལ་སོགས་པ་རྒྱལ་ཁམས་སོ་སོའི་སྐབས་དེའི་གནས་ཚུལ་སོགས་ཕྱོགས་གང་སར་དཔྱད་པ་ཞིབ་ནན་གནང་བ་བརྒྱུད། བོད་ཡུལ་འདི་ཡང་ནང་སའི་མི་རིགས་གཞན་དང་འདྲ་བར་ཧོར་རྒྱལ་པོའི་མངའ་ཁོངས་སུ་གཅིག་གྱུར་བྱས་ན། བསྟན་པ་དང་སྐྱེ་འགྲོ་མཐའ་དག་ལ་འཕྲུལ་ཕུགས་གང་ལའང་ཕན་བདེ་ཆེ་བར་གཟིགས་ཏེ་ཆོས་རྗེ་རང་ཡང་ཧོར་ཡུལ་དུ་བཞུགས་རྒྱུར་ཐུགས་ཐག་བཅད་ནས། བོད་དབུས་གཙང་

མངའ་རིས་དང་བཅས་པའི་སེར་སྐྱ་མཐའ་དག་ལ་ས་པཎ་གྱི་སྤྲིངས་ཡིག་ཅེས་ཡོངས་སུ་གྲགས་པའི་བླང་དོར་བྱེད་སྟོའི་བཀའ་ཤོག་གནང་བ་འདི་ལྟར་ཏེ། “ཨོཾ་སྭསྟི། བླ་མ་དང་མགོན་པོ་འཇམ་དཔལ་དབྱངས་ལ་ཕྱག་འཚལ་ལོ། དཔལ་ལྡན་ས་སྐྱ་པ་ཎྜི་ཏས། དབུས་གཙང་མངའ་རིས་དང་བཅས་པའི་དགེ་བའི་བཤེས་གཉེན་ཡོན་མཆོད་རྣམས་ལ་སྤྲིངས་པ། སངས་རྒྱས་ཀྱི་བསྟན་པ་དང་། སེམས་ཅན་སྤྱི་དང་། སྒོས་བོད་སྐད་སྨྲ་བ་ཐམས་ཅད་ལ་ཕན་པར་བསམས་ནས་ཧོར་ནང་དུ་འོངས། ངེད་འབོད་མཁན་ལ་ཡོན་བདག་ཆེན་པོ་ཤིན་ཏུ་དགྱེས། འཕགས་པ་སྤུན་འདི་འདྲ་བའི་ཆུང་བ་ནས་ཁྲིད་ནས་འཁོར་དང་བཅས་པ་འོང་བ་དེ་ངེད་ལ་བསམ་པ་ཡིན། ཁྱོད་མགོས་ངོ་བལྟས་པ་ཡིན། གཞན་ཚེ་རྐང་པས་ངོ་བལྟས་པ་ཡིན། ཁྱོད་ངས་བོས་པ་ཡིན། གཞན་ཚེ་སྐྲག་ནས་འོང་བ་ཡིན། དེ་ངས་མི་ཤེས་པ་ཨེ་ཡིན། འཕགས་པ་སྤུན་གྱིས་སྔར་ཡང་བོད་ཀྱི་ཆོས་ནི་ཤེས་པར་འདུག ད་དུང་ཡང་འཕགས་པས་བོད་ཆོས་སློབ། ཕྱག་ན་རྡོ་རྗེས་ཧོར་ཡིག་དང་ཧོར་སྐད་སློབ། ངས་མི་ཆོས་ཀྱིས་བསྐྱངས། ཁྱོད་ཀྱིས་ལྷ་ཆོས་ཀྱིས་བསྐྱངས་ན་ཤཱཀྱ་མུ་ནེའི་བསྟན་པ་ཡང་ཕྱིའི་རྒྱ་མཚོའི་མཐའ་ཚུན་ཆད་ཁྱབ་པར་མི་འགྲོ་བ་ཨེ་ཡིན་གསུངས་སོ། རྒྱལ་པོ་བྱང་ཆུབ་སེམས་དཔའ་འདི་སྤྱིར་སངས་རྒྱས་ཀྱི་བསྟན་པ་དང་། སྒོས་དཀོན་མཆོག་གསུམ་ལ་ཤིན་ཏུ་གུས། ཁྲིམས་ལུགས་བཟང་པོས་འཁོར་ཐམས་ཅད་ལེགས་པར་སྐྱོང་ཞིང་། ཁྱད་པར་དུ་ཡང་ངེད་ལ་གཞན་ལས་ལྷག་པའི་ཐུགས་ལ་འདོགས་པར་བྱུང་། ཁོང་གི་ཞལ་ནས་ཁྱོད་རང་བློ་བདེ་བར་ཆོས་ཤོད། ཁྱོད་ལ་གང་དགོས་ངས་སྟེར་བ་ཡིན། ཁྱོད་བཟང་པོ་གཏོང་བ་ངས་ཤེས། ངས་བཟང་པོར་ཨེ་གཏོང་གནམ་ཤེས་གསུངས། ཁྱད་

པར་འཕགས་པ་སྤྱན་ལ་ཐུགས་འདོགས་ཆེ་བར་འདུག རང་ཤེས་ཁྲིམས་ལུགས་འཁྱེར་ཤེས་ན། རྒྱལ་ཁམས་ཐམས་ཅད་ལ་ཕན་པར་བྱ་སྙམ་པའི་ཐུགས་དགོངས་བཟང་པོ་ཞིག་འདུག སྒོས་ཁྱོད་རང་གི་མི་སྡེ་བོད་རྣམས་ལ་ཁྲིམས་ལུགས་ལེགས་པར་སློབ། སྐྱིད་དུ་འཇུག་པ་ངས་ཤེས་གསུངས་པ་དང་། རྒྱལ་པོ་དང་རྒྱལ་རྒྱུད་རྣམས་ཚེ་རིང་བའི་སྨོན་ལམ་རིམ་གྲོ་བ་ཐམས་ཅད་ཀྱིས་འབད་པར་ཞུ། སྐབས་དོན་ཧོར་འདིའི་དམག་སྡེ་གྲངས་ལས་འདས། འཛམ་བུ་གླིང་ཐམས་ཅད་ཁོང་གི་མངའ་རིས་སུ་འདུག་སྙམ་པའི་བསམ་པ་ཞིག་འདུག ཁོང་རང་དང་མཐུན་པ་ཚོ་སྐྱིད་སྡུག་ཁོང་རང་དང་མཉམ་པར་བྱེད། ཁོང་ལ་ཞེ་ཐག་པས་གང་ཟེར་ལ་མ་ཉན་ན་ངོ་བལྟས་པ་ཡིན་ཟེར་བའི་མིང་གིས་མི་ཚོག་པ། ཧེང་བརྟག་པར་བྱེད་པ་ཞིག་འདུག ཡུ་གུར་གྱི་རྒྱལ་ཁམས་འདི་ཡང་མ་བརྟག་པར་གོང་དུ་ཕན། མི་ནོར་རྣམས་ཁོང་གིས་བླངས་ནས། ཡིག་མཁན། ནོར་གཉེར་བ། བུ་དགའ་ཐམས་ཅད་ཁོང་གིས་བྱེད། རྒྱ། མི་ཉག སོག་པོ་ལ་སོགས་པ་མ་བརྟག་གོང་དུ་ཧོར་འདྲ་བཏང་ཡང་ཅི་ཟེར་མ་ཉན་པས་བརྟག་པའི་ཧེང་ལ་འགྲོ་ས་མ་རྙེད་ནས་ངོ་བལྟ་དགོས་བྱུང་། འོན་ཀྱང་དེ་ཧེང་ཅི་ཟེར་ཉན་པས་ད་ལྟ་ཐད་ཐད་སོ་སོ་ན་བུ་དགའ་ནོར་གཉེར། དམག་དཔོན། ཡིག་མཁན་ལ་སོགས་པ་ཁོང་རང་གི་མི་ཆེན་རེ་བསྐོས་པ་མང་། འོ་སྐོལ་མི་སྡེ་ངན་ལ་གྱོང་བས་ཐབས་སྣ་ཚོགས་ཀྱི་སྒོ་ནས་བྲིས་པས་ཐར་དུ་རེ། ཐག་རིང་བས་མི་ཡོང་དུ་རེ། འཐབ་པས་ཐུབ་ཏུ་རེ་ནས། གཡོ་སྒྱུ་ཟོལ་གསུམ་བྱས་པས་བརྟག་ཀྱང་བརྟག་ཐ་ཐད་སོ་སོ་ནས་ངོ་བལྟས་པའི་ཚོ་མང་། བོད་ངན་ལ་གྱོང་བའི་སྐབས་ཀྱིས་བྲན་དང་གཡོག་གི་བྱེ་བྲག་མ་གཏོགས་པ། དཔོན་པོར་བསྐོས་པ་བརྒྱ་ལ་རེ་

འགའ་ཙམ་ལས་མ་མཐོང་། བོད་ཇོ་བལྟས་པ་མང་ཡང་འདབ་ནོར་ཞུང་བའི་སྐབས་ཀྱིས་མི་ཆེན་ཚོ་རྟེང་ནས་མ་མགུ་བའི་གནད་ཅིག་གདའ། ན་ཉིང་ནས་ལོ་འགའ་ལ་སྤྱོད་དུ་དམག་སོང་བ་མེད། ངས་པི་རི་ཁྲིད་ནས་ཇོ་བལྟས། འདིར་ཤིན་ཏུ་ཇོ་བལྟ་ལེགས་པས། སྤྱོད་མདའ་རིས་དང་། དབུས་གཙང་བ་རྣམས་ཇོ་བལྟས། པི་རི་ཐ་ཐད་ཚོ་ཡང་ཇོ་བལྟ་བར་ཡོད་བྱུས་པས། ད་བར་ལ་དམག་མ་སོང་བ་དེས་ཕན་པ་ཡིན་ཏེ། སྤྱོད་ཀྱི་མི་རྣམས་དེ་ཚོ་མི་ཤེས་ཏེ་མཆིས། དེ་སྐབས་སུ་འདི་ན་མར་ཇོ་བལྟས་པ་ཡིན་ཀྱང་འདབ་ནོར་ལེགས་པོ་མ་བྱུས་པ་དང་། བློ་མ་གཏད་པ་ཀུན་དམག་བརྒྱབ་ནས་མི་ནོར་ཐམས་ཅད་གཏོར་བ་དེ་ཁྱེད་རྣམས་ཀྱིས་ཐོས་ཏེ་མཆིས། དམག་བརྒྱབ་པ་དེ་ཚོ་ཡུལ་བཙན། མི་དཔའ། དམག་མང་། གོ་ཆ་སྲ་ཞིང་མདའ་མཁས་པ་རྣམས་ཀྱིས་ཐུབ་ཏུ་རེ་བྱུས་པས་བརྟག་འདུག མི་རྣམས་ཀྱིས་བསམ་པ་ལ། ཧོར་ཁོ་རང་ཨུ་ལག་དང་དམག་ཁྲལ་ཆུང་། གཞན་ཚོ་ཨུ་ལག་དམག་ཁྲལ་ཆེ་བསམ་སྟེ། གཞན་ཚོ་བས་ཧོར་རང་ཨུ་ལག་དང་དམག་ཁྲལ་ཆེ། དེ་དང་སྦྱར་ན་གཞན་ཚོ་ཆུང་བར་གདའ། ད་དུང་ཡང་ཅི་ཟེར་གྱི་ངག་ལ་ཉན་ན་ཁྱེད་རྣམས་ཀྱི་ཡུལ། ས་ཕྱོགས་ཀྱི་མི་སྡེ། སོ་སོའི་དཔོན་གང་ཡོད་པ་དེ་དཔོན་དུ་བསྐོ། ས་སྐྱ་པའི་གསེར་ཡིག་པ་དང་དངུལ་ཡིག་པ་ཐོས་ལ་ངེད་ཀྱི་ད་ར་ཁ་ཆེ་འདི་བསྐོས་ན་འཐད་པ་ཡིན་ཟེར་བའི་ཇོ་སྤྲོད་གྱིས་ལ། ཕར་འགྲོ་ཚུར་འགྲོའི་བང་ཆེན་པ་གོ་ཆོད་པ་ཚུད། དེ་ནས་དཔོན་གྱི་མིང་། མི་སྡེའི་གྲངས། འདབ་ནོར་གྱི་ཚད། ཡི་གེ་ལེགས་པོ་གསུམ་གྱིས་ལ་གཅིག་ངེད་ལ་བསྐུར། གཅིག་ས་སྐྱར་ཞོག གཅིག་རང་རང་གི་དཔོན་གྱིས་བཟུང་། ཡང་ཇོ་བལྟས་པ་འདི་ཡིན། མ་བལྟས་པ་འདི་ཡིན་ཟེར་བའི་ས་རིས་ལེགས་

པོ་གྱིས། ཤན་མ་ཕྱེད་ན་ངོ་མ་བལྟས་པའི་ཞོར་ལ་བལྟས་པ་ཚོ་ཡང་བརླག་ངོགས་ཡོད། ས་སྐྱ་པའི་གསེར་ཡིག་པས་ཡུལ་གང་ཡིན་པའི་དཔོན་དང་གྲོས་གྱིས་ལ། སེམས་ཅན་ལ་ཡང་ཕན་པར་གྱིས་ལ་རང་ཚོད་དབང་ཆེ་མ་བྱེད། ཡུལ་དཔོན་གྱིས་ཀྱང་ས་སྐྱ་པའི་གསེར་ཡིག་པ་དང་གྲོས་མ་བྱས་པར་རང་ཚོད་མ་བྱེད། གྲོས་མ་བྱས་པར་རང་ཚོད་བྱེད་པ་ཁྲིམས་ལ་མེད། ཉེས་པ་ལ་ཐུག་ན་འདི་ན་ཞུ་བ་དཀའ། དེར་ཐམས་ཅད་བློ་མཐུན་པར་གྱིས། ཧོར་གྱི་ཁྲིམས་ལུགས་བྱས་ན་ལེགས་པོ་འོང་། གསེར་ཡིག་པ་བསུ་སྐྱེལ་དང་ཞབས་ཏོག་ལེགས་པོར་གྱིས། འདིར་ཡང་གསེར་ཡིག་པ་ཡོང་བ་ཀུན་ལ་གཞན་འདྲི་བའི་སྟོན་ལ་མ་གྲོས་སམ་འཐབ་བམ། གསེར་ཡིག་པ་ཚོ་ཉ་ར་ལེགས་པོར་བྱས་པས། ཟུ་ལག་བྱུང་ངམ། ངོ་བལྟས་པ་རྣམས་བརྟན་ནམ་བྱ་བ་དེ་ཚོ་སྟོན་ལ་འདྲི་བར་འདུག གསེར་ཡིག་པ་དེ་མ་མགུ་ན་གནོད་ཐུབ་པའི་གཏམ་གཏོང་བར་ངེས། མགུ་ན་ཕན་ཐོགས་ནུས་པ་ཅིག་གདའ། གསེར་ཡིག་པའི་ངག་ལ་མ་ཉན་ན་བྱས་ཀྱང་དཀའ་བར་མཐོང་། འདིར་མི་གང་དྲག་པ་དང་འདབ་ནོར་ཁྱེར་ནས་འོང་བ་ཚོ་བཟང་པོར་གཏོང་བར་གདའ། རང་རེ་ཚོ་ཡང་བཟང་པོ་བྱ་སྙམ་པའི་བསམ་པ་ཡོད་ན་ངེད་རང་གི་དཔོན་པོ་ཀུན་འདབ་ནོར་བཟང་པོ་བཟུང་ལ་ས་སྐྱ་པའི་མི་དང་འགྲོགས་ལ་ཐོན། འདབ་ནོར་འདི་ཙམ་ཅིག་འདབ་ཟེར་བའི་གྲོས་གྱིས། འདིར་ངས་ཀྱང་གྲོས་བྱེད། དེ་ནས་རང་ཡུལ་འོངས་ནས་རང་གཞན་ཐམས་ཅད་ལ་ཕན་པར་འོང་། ཕྱིར་ངས་ཀྱང་ན་ནིང་ནས་མི་བཏང་ནས་འདི་ལྟར་བྱས་ན་ལེགས་བྱས་ནས་གྲོས་བསྟན་པ། ཁྱེད་རང་རྣམས་ཀྱིས་ཀྱང་དེ་བཞིན་བྱེད་པའི་རིགས་སུ་མེད་པ་འདུག བརླགས་པའི་རྗེས་ལ་ཁྱེད་ཐ་དད་ཚོ་ཅི་ཟེར་ཉན་པ་ཅིག་འདོད་

པ་ཡིན་ནམ། ཅི་ཟེར་བ་ཡིན་ཡང་མ་གོ། ཁྱེས་སུ་སྐྱ་པ་ཧོར་གསེབ་ཏུ་སོང་བ་ཡིན་ཏེ་ངེད་ལ་མ་ཕན་ཟེར་བ་དེ་མི་གསུང་བར་ཞུ། ངས་བདག་པས་གཞན་གཅེས་པའི་བསམ་པ་བྱས་ནས་བོད་སྐད་སློབ་ཐམས་ཅད་ལ་ཕན་པའི་ཕྱིར་དུ་ཧོར་གསེབ་ཏུ་འོང་བ་ཡིན་ཏེ་ངས་ཅི་ཟེར་ལ་ཉན་ན་ཕན་པར་འདུག ཁྱེད་རྣམས་ཀྱིས་འདིའི་སྣང་ཚུལ་མ་མཐོང་། ཐོས་པ་རྣམས་ལ་ཡིད་ཆེས་པ་ཤིན་ཏུ་དཀའ། དེའི་སྟོབས་ཀྱིས་ད་དུང་བཏུབ་པར་འོང་སྙམ་སྟེ། བདེ་བའི་འགྲོ་ལ་སློ་བུར་དུ་འདྲེས་མནན་པ་ལྷ་བུའི་འཐིབ་གདོན་ཅིག་བྱུང་ནས་དབུས་གཙང་གི་བུ་ཚ་དང་མི་ལ་སོགས་པ་ཧོར་གསེབ་ཏུ་སོང་གིས་དོགས། ངེད་ནི་ལེགས་ཉེས་ཅི་བྱུང་ཡང་ང་ལ་འགྱོད་པ་མེད། བླ་མ་དཀོན་མཆོག་གི་བྱིན་རླབས་དང་བཀའ་དྲིན་གྱིས་ད་དུང་ལེགས་པོ་འོང་བའང་སྲིད། ཁྱེད་རང་རྣམས་ཀྱང་དཀོན་མཆོག་ལ་གསོལ་བ་ཐོབ། རྒྱལ་པོས་ངེད་ལ་སུ་ང་ཡང་མི་འདྲ་བའི་ཐུགས་ལ་བཏགས། དེའི་སྟོབས་ཀྱིས་རྒྱ་བོད། ཡུ་གུར། མི་ཉག་ལ་སོགས་པའི་དགེ་བཤེས་མི་ཆེན། ཡུལ་མི་གཅིག་པ་ཐམས་ཅད་ཀྱིས་ངོ་མཚར་ཆེ་སྙམ་ནས་ཆོས་ཉན་པ་དང་གུས་པ་ཆེ་བ་འདུག ངེད་འདིར་འོང་བ་རྣམས་ལ་ཧོར་གྱིས་ཅི་འདྲ་བྱེད་སྙམ་པའི་དོགས་པ་མི་དགོས། ཐམས་ཅད་ཀྱི་ཐུགས་ལ་བཏགས་ནས་བཟང་པོར་ཡོད་པས། ངེད་ཀྱི་ཕྱོགས་ནས་ཐམས་ཅད་བློ་བདེ་བར་བཞུགས་པས་ཆོག འདབ་ནོར་ལ་གསེར། དངུལ། གླང་པོ་ཆེའི་མཆེ་བ། མུ་ཏིག་རྗོག་པོ་ཆེ་བ། མཚལ། བཙོད། ཙ་ཧྲ། གི་ཝང་། སྟག་གཟིག་གུང་གསུམ། སྲམ། བོད་སྣམ། དབུས་ཕྲུག་བཟང་པོ། འདི་ན་དེ་ཚོ་དགའ་བར་འདུག ཕྱིར་ནོར་འདིར་གསོགས་ཆུང་ཡང་རང་རང་གི་ཡུལ་ན་གང་བཟང་གི་ནོར་རྫས་འོང་བས་ཆོག་པ་ཡིན།

གསེར་ཡོད་ན་གང་འདོད་འོང་བར་འདུག་པས་དགོངས་མཛོད། སངས་རྒྱས་ཀྱི་བསྟན་པ་ཕྱོགས་མཐའ་དག་ཏུ་རྒྱས་པར་གྱུར་ཅིག མངྒ་ལཾ་”①ཞེ་གདུང་རབས་རིན་བང་ནང་གང་གསལ་བ་ལྟར་དྲངས་པ་ཡིན། ང་ཚོས་སྒྲིངས་ཡིག་འདིའི་འབྲུ་དོན་ལ་ལེགས་པར་དཔྱད་ན། རྗེ་ས་པཎ་ནི་བཅུ་ཕྲག་རིག་པའི་གནས་ཀུན་ལ་མཁས་པ་ཙམ་དུ་མ་ཟད། སྐབས་དེའི་ཆབ་སྲིད་ཀྱི་རིག་པ་ལའང་མཆོག་ཏུ་མཁས་པ་ཞིག་ཡིན་པ་མཐོང་ཐུབ། དེ་དུས་བོད་ཀྱི་ཆེ་རྒྱ་གཞན་རྣམས་ཧོར་གྱི་སྟོབས་ཤུགས་ལ་འཇིགས་སྐྲག་དང་དོགས་ཉེན་ཆེན་པོ་བྱེད་པར་བརྟེན། ཁོང་གིས་ཐོག་མ་ཁོ་ནར་རང་ཉིད་ཉེན་དོགས་གང་ལའང་ཐེ་མ་ཚོམ་པར་ཧོར་རྒྱལ་པོའི་དྲུང་དུ་ཕེབས་པའི་དམིགས་ཡུལ་ནི། བོད་སྐད་སྨྲ་བ་ཀུན་ལ་ཕན་པ་ཞིག་ཡོང་ཆེད་ཁོ་ན་ཡིན་པ་གསལ་པོར་བསྟན་པ་དང་། རྒྱལ་པོ་གོ་དན་གྱིས་ཆོས་རྗེ་ཁུ་དབོན་ལ་གཟིགས་སྐྱོང་དང་ཐུགས་འཁུར་ཆེན་པོ་གནང་ཚུལ་ཞིབ་པར་གསུངས་ནས་བོད་ཀྱི་བླ་ཆེན་ཚོའི་འཇིགས་དོགས་སེལ་ཐབས་མཛད་པ། སྐབས་དེར་ཧོང་གེར་རྒྱལ་རྒྱུད་ཀྱི་སྟོབས་ཤུགས་ནི་འཛམ་གླིང་ན་དོ་ཟླ་མེད་པ་ཤེས་སུ་འཇུག་པ་དང་། ཧོར་གྱི་ཐབས་ཇུས་ནི་བཏུད་ན་བྱམས་ལ་རྒོལ་ན་མཐར་ཕྱིན་བརླག་ངེས་ཡིན་པའི་དངོས་བྱུང་དཔེ་མཚོན་བསྒྲངས་ཐོག་མངའ་ཁོངས་སུ་ཞུགས་ནས་འདབ་ནོར་འཇལ་ན་སངས་རྒྱས་ཀྱི་བསྟན་པ་ལ་བཀུར་སྟི་འཐོབ་པ་མ་ཟད། ཆེ་རྒྱ་སོ་སོའི་རང་རང་གི་བདག་དབང་ལ་འགྱུར་ལྡོག་མི་ཡོང་བ་འགན་སྲུང་ཡོད་པ་དང་། གལ་སྲིད་དེ་ལས་ལྡོག་ན་མཐའ་འབྲས་ངན་པ་ལས་གཡོལ་ཐབས་

① (རིན་བང་དེབ་ངོས135 – 140)

མེད་པ་སོགས་གསལ་བཤད་གནང་ཞིང་། ཇི་ལྟར་བྱས་ནས་ངོ་བལྟ་བྱེད་པ་དང་། འདབ་ཉོར་གང་དང་གང་འོས་པ་སོགས་ལེགས་པར་གདམས་པའི་མཇུག་ཏུ། དེ་ལྟར་མ་ཉན་ན་མཐར་རང་གིས་རང་བརླག་པའི་རྗེས་སུ་ས་སྐྱ་པས་ངེད་ལ་ཕན་མ་བྱུང་ཟེར་བ་དེ་རིགས་མི་གསུང་བ་ཞུ་ཞེས་ཐ་ཚིག་འཇམ་ཞིང་ནན་པ་ཅི་འདྲ་ཞིག་སྒྲོག་གནང་མཛད་མི་འདུག་གམ།

སྒྲུང་ཡིག་འདི་ནི། རྗེ་ས་པཎ་གྱིས་བོད་སིལ་བུ་ཁ་ཐོར་དུ་གྱུར་པའི་མ་ལོ་བཞི་བརྒྱའི་རིང་ནང་འཁྲུག་དང་། དེ་རྗེས་ཕྱོགས་ཁག་སོ་སོར་གྱིས་པའི་དབང་འཁྲུག་རྩོད་རྒྱུན་མི་ཆད་པ་བྱུང་ནས་སྐྱེ་འགྲོ་ཡོངས་ལ་སྡུག་བསྔལ་ཟད་མཐའ་མེད་པ་ཞིག་ཁྱེར་ཡོང་བའི་ཉམས་མྱོང་དང་བསླབ་བྱར་ཕྱོགས་བསྡོམས་གནང་ཐོབ། ད་ཡོད་བོད་ཀྱི་ཆབ་སྲིད་སྟོབས་ཤུགས་སོ་སོའི་བར་དུའང་གཅིག་འོག་ཏུ་གཅིག་མི་འདུས་པའི་འགལ་བ་སྣ་ཚོགས་གནས་ཡོད་ཅིང་། བོད་ཡོངས་ལ་བདེ་འཇགས་དགོས་ན་ཐོག་མར་ངེས་པར་དུ་གཅིག་གྱུར་ཞིག་ཡོང་བ་བྱ་དགོས་མོད། འོན་ཀྱང་དེ་ལྟར་སྒྲུབ་པའི་སྟོབས་ཤུགས་ནི་ཧོར་རྒྱལ་པོ་ཁོ་ན་ལ་མ་གཏོགས་སུ་ལའང་མེད་པ་དང་། ཧོར་གྱི་ཐབས་ཇུས་ཀྱང་རྒྱལ་ཁམས་ཆེན་པོ་གཅིག་གྱུར་ཡོང་བ་བྱ་རྒྱུ་གཙོ་བོ་འཛིན་པ་མ་ཟད། རྒྱ་ཡུལ་དང་། ལི་ཡུལ། སོག་ཡུལ། མི་ཉག་ལ་སོགས་པ་ཀུན་དང་འདྲ་བར་བོད་ཀྱང་ལོ་རྒྱུས་རིང་པོའི་ནང་འབྲེལ་བ་དམ་ཟབ་ཡོད་པའི་མི་རིགས་དེ་དག་དང་མཉམ་དུ་གཅིག་གྱུར་བྱ་རྒྱུ་འདི་ཁོ་ན་འཕྲལ་ཕུགས་རྒྱང་གསུམ་ཀུན་ཏུ་ལེགས་ཚོགས་ཆེ་ཤོས་ཡིན་པར་ཐུགས་ཐག་བཅད་ནས་བོད་རིགས་མཆོག་དམན་ཡོངས་ལ་གནང་བའི་རླབས་ཆེན་གྱི་འབོད་བསྐུལ་ཞིག་ཡིན་ལ། སྒྲུང་ཡིག་འདི་ལ་བོད་རིགས་སེར་སྐྱ་ཡོངས་ཀྱིས་དགའ་མགུ་ཡི་

རངས་དང་སྲུང་བརྩེ་ལག་ལེན་བསྟར་བས་བོད་འདི་རླབས་ཆེན་མེས་རྒྱལ་ཁྲིམ་ཚང་ཆེན་པོའི་ནང་རང་མོས་ཀྱིས་ཞུགས་པའི་ལོ་རྒྱུས་ཀྱི་ཚད་ལྡན་ཡིག་ཆ་གལ་ཆེན་ཞིག་ཏུ་གྱུར་པར་བརྟེན་ལེ་ཚན་འདིའི་ནང་སྦྲིངས་ཡིག་དེ་ཆ་ཚང་ངོ་སྤྲོད་ཞུས་པ་ཡིན།

དེ་ལྟར་ཆོས་རྗེ་མཆོག་བྱང་ངོས་སུ་བཞུགས་པའི་རིང་ཆོས་ཕྱོགས་ཀྱིས་མཛད་འཕྲིན་ངོ་མཚར་ཅན་མང་དུ་བསྐྱངས་ཤིང་། རྒྱལ་པོ་གོ་དན་གྱིས་ཡུལ་ལྗོངས་ཡིད་དུ་འོང་བ་ཞིག་ཏུ་ཆོས་རྗེ་ཉིད་ལ་ཆེད་དུ་དམིགས་ནས་དགོན་གནས་ཕུན་སུམ་ཚོགས་པ་ཞིག་བསྐྲུན་ཏེ་ཕུལ་བ་དང་། བཟོ་བཀོད་ཕུལ་དུ་བྱུང་བ་སྒྱུ་འཕྲུལ་ལྟ་བུར་སྣང་བས་དགོན་སྡེའི་མིང་ལའང་སྤྲུལ་པའི་སྡེ་ཞེས་ཡོངས་སུ་གྲགས། སྐུ་ཚེའི་མཇུག་དབེན་གནས་དེ་གར་བཞུགས་སྟན་ཆགས་ནས་མཐར་དགུང་གྲངས་བདུན་ཅུར་ཞལ་ཕྱོགས་པའི་སྤྱི་ལོ1251བོད་རབ་བྱུང་བཞི་པའི་ལྕགས་ཕག་ལོར་ཞི་བར་སྐུ་གཤེགས་པ་ལགས་ཤིང་། རྗེ་ས་པཎ་གྱི་ཆོས་ཕྱོགས་མཛད་རྗེས་དང་། མདོ་རྒྱུད་རིག་གནས་ཀྱི་གསུང་རྩོམ་སོགས་གྲང་ལས་འདས་པ་ཞིག་འཇོག་གནང་མཛད་པའི་སྐོར་རྒྱས་པ་ནི་རྣམ་ཐར་ལས་མཁྱེན་དགོས་པ་ལགས་སོ།

ལྔ་པ། ས་སྐྱ་འགྲོ་མགོན་འཕགས་པ་དང་ཧོར་སེ་ཆེན་ཧན་མཇལ་འཛོམས་དང་། བན་དེ་ཤེད་སྐྱེད་ཀྱི་འཛའ་ས་གནང་བ།

འགྲོ་མགོན་འཕགས་པ་རིན་པོ་ཆེ་དགུང་ལོ་བཅུ་ལ་སོན་དུས་རྗེ་ས་པཎ་དང་ལྷན་དུ་ནང་སར་ཕྱིན་སྐབས་མར་ལམ་དབུས་སུ་ཕེབས་ནས། ཆོས་

ཧྲི་ས་པ་ཊ་གྱིས་མཁན་པོ་དང་། ཟླ་ཕུ་བས་སློབ་དཔོན་མཛད་དེ་རབ་ཏུ་བྱུང་། མཚན་བློ་གྲོས་རྒྱལ་མཚན་དཔལ་བཟང་པོ་ཞེས་གསོལ། དེ་ནས་བྱང་ངོས་ལིང་ཚུར་ཕེབས་ནས་ལོ་བདུན་ཙམ་རིང་ཆོས་རྗེ་པ་དང་འབྲལ་མེད་ཞབས་ལ་གཏུགས། ཆོས་རྗེ་པ་ལ་མངའ་བའི་སྐུ་ཡོན་ཕལ་ཆེ་བ་ཐུགས་སུ་ཆུད་པས་བླ་མ་ཐུགས་ཤིན་ཏུ་དགྱེས་ཤིང་། སྐུ་གཤེགས་ཁར་ཡང་བསྟན་པའི་ཁུར་བཟོད་པར་གཟིགས་ནས་ཆོས་དུང་དང་ལྷུང་བཟེད་ལ་སོགས་པ་གནང་། སློབ་མའི་ཚོགས་རྣམས་ཁོང་ལ་གཏད་ནས་བསྟན་པའི་བྱ་བ་དང་སེམས་ཅན་མང་པོའི་དོན་བྱེད་པའི་དུས་ལ་བབས་ཞེས་སློབ་སྟོན་ཟབ་མོ་གནང་ནས་བསྟན་པ་གཏད་པ་ཡིན། དེ་ནས་འཕགས་པ་རིན་པོ་ཆེས་ཆོས་རྗེ་པའི་དགོངས་རྫོགས་ཀྱི་ཞུ་སྒོ་མཐའ་དག་ལེགས་པར་མཛད་པ་དང་། བྱང་ངོས་ཀྱི་སློབ་ཚོགས་བསྐྱངས་ནས་ཆོས་ཀྱི་མཛད་སྒོ་རྣམས་སྔར་ལྟར་སྐྱོང་བཞིན་དུ་ཡང་གྲུར་ལོ་གཉིས་ཙམ་བཞུགས་པ་ལགས།

སྤྱི་ལོ1252བོད་ཆུ་བྱི་ལོར་ཧོར་རྒྱལ་བུ་སེ་ཆེན་ཧན་གྱིས་ལྡུ་ཕྱོགས་སུ་དཔུང་འཇུག་གནང་སྟེ་ཏ་ལི་(ཡུན་ནན་ཁོངས་)བཏུལ་ནས་རྒྱལ་ཁའི་ངང་ཕྱིར་ལོག་ཕེབས་པའི་ལམ་བར་དུ་ལིའུ་ཕན་རི་བོ་བརྒྱལ་སྐབས་ཡང་གྲུར་ཕོ་ཉ་མངགས་ནས་ས་སྐྱ་བླ་མ་མཇལ་འཕྲད་དུ་ཕེབས་དགོས་པའི་འཕྲིན་བསྐུར་བ་དང་། དེ་དུས་ཆོས་རྗེ་ས་པཎ་སྐུ་གཤེགས་ཟིན་པར་བརྟེན་ཕོ་ཉ་དེས་འགྲོ་མགོན་འཕགས་པ་སྐུ་མཆེད་གཉིས་མཇལ་འཕྲད་དུ་གདན་དྲངས་ནས་སྤྱི་ལོ1253བོད་རབ་བྱུང་བཞི་པའི་ཆུ་གླང་ལོར་སེ་ཆེན་ཧུ་པེ་ལི་དང་བླ་མ་འཕགས་པ་དངོས་སུ་མཇལ་འཛོམས་བྱུང་། དེ་ནས་སེ་ཆེན་ཧན་གྱིས་བླ་མ་སྐུ་མཆེད་གཉིས་ཧྲང་ཏུའུ་(ནང་སོག་ཁོངས་)ཞེས་པའི་ཕོ་བྲང་དུ་མཉམ་

ཏུ་གདན་འདྲེན་ཞུས་ཤིང་། དེ་དུས་འགྲོ་མགོན་འཕགས་པ་དགུང་ལོ་བཅུ་དགུ་ཙམ་ལས་ཕེབས་མེད་ཀྱང་། སེ་ཆེན་ཧན་གྱིས་མི་གཞན་མས་ལན་འདེབས་དཀའ་བའི་ཐེ་ཚོམ་མང་པོ་དྲི་བ་བཏོན་པར་དྲིས་ལན་རྒྱ་མཚན་དང་བཅས་པ་གསུངས་པས་ཧ་ཅང་མཉེས་པར་གྱུར། ད་དུང་ཁོང་གིས་ཁྱེད་བོད་ཀྱི་ཡུལ་དུ་མི་ཆེ་བ་སུ་དང་སུ་བྱུང་། ཕོ་བྲོད་པ་སུ་བྱུང་། ཡོན་ཏན་ཅན་སུ་བྱུང་ཞེས་རྒྱུ་མཚན་དང་བཅས་དྲི་བ་གནང་བར་འཕགས་པ་རིན་པོ་ཆེས། ངེད་བོད་ལ་མི་ཆེ་བ་ཆོས་རྒྱལ་མེས་དབོན་རྣམ་གསུམ་བྱུང་། ཕོ་བྲོད་པ་མི་ལ་རས་པ་བྱུང་། ཡོན་ཏན་ཅན་ས་སྐྱ་པཎྜི་ཏ་བྱུང་ཞེས་ལན་རྒྱུ་མཚན་དང་བཅས་ཕྱོགས་པ་མེད་པར་གསུངས་ཤིང་། ད་དུང་ལོ་རྒྱུས་ཕྱོག་ཐང་བོད་དབར་འཐབ་པའི་ཟླ་དང་འགྲོགས་པའི་གཉེན་གྱི་མཛའ་མཐུན་འབྲེལ་བ་དམ་ཟབ་བྱུང་ཚུལ་རྣམས་གསུངས་པར། སེ་ཆེན་གྱིས་དེ་བཞིན་བདེན་ན་རྒྱལ་ཕྲོག་གི་ཡི་གེར་བྲིས་ཡོད་པས་ལྟོས་གསུངས་པ་དང་། རྒྱའི་སྔོན་གྱི་ཡིག་ཚང་ལ་བལྟས་པར་འཕགས་པས་ཇི་ལྟར་གསུངས་པ་བཞིན་བྱུང་བས་སེ་ཆེན་ལྷག་པར་དགྱེས། དེ་ནས་སེ་ཆེན་གྱིས་བོད་ཡུལ་ལ་དམག་ཁྲལ་འགེལ་བ་དང་། ནོར་སྡུད་ལ་གཏོང་རྒྱུའི་སྐོར་གསུངས་པར་འགྲོ་མགོན་འཕགས་པས། བོད་མཐའ་ཁོབ་ཡུལ་ཆུང་ཞིང་། ས་ཞིང་གི་རྒྱ་ཁྱོན་དང་འབྱོར་པ་མེད་པས་དམག་ཁྲལ་མི་ཐེགས་ཚུལ་ཞུ་བ་ཚན་ཆེར་ཞུས་ནའང་། ཞལ་བཞེས་མ་གནང་བས་ཐུགས་མ་བདེ་ནས། དེ་ལྟར་གྱུར་ན་བོད་ཀྱི་བན་དེ་འདིར་འོངས་ནས་བསྡད་པ་ལ་དགོས་པ་མི་འདུག་པས་རང་ཡུལ་ལ་འགྲོ་བར་ཞུ་ཞུས་པར། སེ་ཆེན་གྱིས་འོ་ན་ཁྱོན་པས་ཆོག་གསུངས་པར་གྲགས་ཤིང་། སྐབས་དེར་སེ་ཆེན་ཧན་གྱི་བཙུན་མོ་ཆ་བུ་ཞེས་པ་དེས་རྒྱལ་པོ་ལ། འདི་འདྲ་

བའི་བན་དེ་མཐོང་བ་དཀོན། སྔར་གྱི་ཚལ་པ་ལ་སོགས་པའི་བན་དེ་རྣད་པོ་འདི་རྣམས་ལ་འདིའི་ཡོན་ཏན་གྱི་ཆ་ཤས་ཏེ། སྔོན་གྱི་ལོ་རྒྱུས་ཙམ་ཡང་བཤད་རྒྱུ་མི་འདུག་པས་བོད་ལ་མ་བཏང་བར་ད་དུང་ཡོན་མཆོད་གསུང་གླེང་དང་ཆོས་ཀྱི་དྲི་བ་འདྲ་མཛད་ན་ལེགས་ཞུས་པར། སེ་ཆེན་གྱིས་གསན་ནས་ མུ་མཐུད་དེ་འཕགས་པ་དང་གསུང་གླེང་མང་དུ་མཛད་པ་དང་། དེ་ནས་བཙུན་མོས་སེ་ཆེན་ལ་འཕགས་པ་བོད་ལ་མ་བཏང་བ་དེ་འགྲིག་འདུག སེ་སྐྱ་པ་ལ་གཞན་ལ་མེད་པའི་གསང་སྔགས་ཀྱི་དབང་བསྐུར་ཟབ་མོ་ཞིག་ཡོད་པར་འདུག དེ་ཞུས་ན་ལེགས་ཞུས་པར་ཁོང་ན་རེ། སྔོན་ལ་ཁྱོད་རང་གིས་ཞུས་དང་། ཨའུ་ཙམ་འདུག་ན་ང་ཡང་ཞུ་བ་ཡིན་གསུངས། བཙུན་མོས་འཕགས་པ་ལས་ཀྱེ་རྡོར་གྱི་དབང་ཞུས་ནས་ཤིན་ཏུ་མོས་པར་གྱུར། དེ་ནས་སེ་ཆེན་ལ་བཙུན་མོས། ཆོས་གཞན་ལས་ཁྱད་པར་འཕགས་པ་ཞིག་འདུག་པས་གསན་པ་ལེགས་ཞུས་པ་ལྟར་སེ་ཆེན་གྱིས་འཕགས་པ་ལ་ཆོས་གནང་དགོས་གསུངས་པར་བླ་མས་སྤྱིར་ཁྱེད་ཀྱིས་ཆོས་ཞུ་བའི་དམ་ཚིག་མི་ཐུབ། སྙོམས་སུ་ད་རེས་ལོ་ཙྪ་བ་མཁས་པའང་མེད་པས་རྗེས་སུ་བྱེད་པར་ཞུ་གསུངས་པར། དམ་ཚིག་གང་སྲུང་དགོས་ཞེས་དྲི་བ་མཛད་པས། དབང་བསྐུར་ཞུས་ནས་བླ་མ་གྲལ་འགོར་འཛོག་དགོས། ལུས་ཀྱིས་ཕྱག་འཚལ་བ་དང་། ངག་གིས་ཅི་གསུང་ཉན་པ། ཡིད་ཀྱིས་ཐུགས་དང་མ་འགལ་བ་བྱ་དགོས་པ་ཡིན་ཞུས་པར། དེ་འདྲ་མི་ཡོང་གསུངས། སྐབས་དེར་བཙུན་མོ་ཆ་བུས་བར་འཚམས་ཞུས་ནས། ཆོས་ཞུ་བ་དང་། མི་ཉུང་དུས་བླ་མ་གུང་ལ་བཞུགས། རྒྱལ་རྒྱུད་དང་། མགའ་པ། མི་དཔོན། མི་དམངས་འཚོགས་དུས་མི་གནོན་དགོས་པས་རྒྱལ་པོ་གུང་ལ་བཞུགས། བོད་ཕྱོགས་ཀྱི་བྱ་བ་ལ་བླ་མ་ཅི་གསུང་

དང་དུ་ལོངས། བླ་མ་ལ་མ་ཞུས་པར་རྒྱལ་པོས་ལུང་མི་གནང་། བྱ་བ་ཆེ་ཆུང་གཞན་ལ་བླ་མ་སྙིང་རྗེ་ཆེ་བས་ཞུ་ངོ་འཚོལ་དུ་འོང་ན། རྒྱལ་ཁམས་མི་ནོར་པས་བླ་མའི་གསུངས་དང་ཞལ་འཇུག་མ་མཛད་ཅེས་ཞུས་པར་གྲགས་སོ།

གདུང་རབས་རིན་ཆེན་བང་མཛོད་ལས་འབྱུང་བ་ལྟར་ན། “དེ་ནས་བླ་མ་འཕགས་པས་རྒྱལ་པོས་དབུ་མཛད་པའི་དབང་ཞུ་བ་ཉི་ཤུ་རྩ་ལྔ་ལ་ས་སྐྱ་པའི་ཁྱད་ཆོས་དཔལ་ཀྱེ་རྡོ་རྗེའི་དབང་ཡོངས་སུ་རྫོགས་པ་ལན་གསུམ་གྱི་བར་དུ་བསྐུར་བ་ལས། ཧོར་གྱི་རྒྱལ་ཁམས་སུ་རྡོ་རྗེ་ཐེག་པའི་དབུ་བརྙེས་པ་ཡིན་ཞིང་། དེའི་དབང་ཡོན་དང་པོ་ལ་ཁྲི་སྐོར་བཅུ་གསུམ་ཕུལ་བ་ཡིན་པར་བཤད་པས། དེ་ཡང་ཁྲི་སྐོར་རེ་ལ་ལྷ་སྡེ་བཞི་སྟོང་དང་། མི་སྡེ་དྲུག་སྟོང་ཡོང་བ་ཡིན་ནོ། དབང་ཡོན་བར་མ་ལ་ཆོས་དུང་དཀར་པོ་རྒྱང་གྲགས་ཀྱིས་གཙོས་པའི་བོད་ཕྱོགས་ཁ་གསུམ་གྱི་བན་དེ་དང་། མི་སྡེ་སོགས་ཐམས་ཅད་ཕུལ་བ་ཡིན་པས་ཕྱོགས་ཁ་གསུམ་ལ་ཞིང་གཅིག་ཏུ་བརྩི་བ་ཡིན་པར་བཤད་དེ། དེ་ཡང་སྟོད་མངའ་རིས་སྐོར་གསུམ་ནས་སོག་ལ་སྐྱ་བོ་ཡན་དམ་པ་ཆོས་ཀྱི་ཕྱོགས་ཁ། སྨད་ཆུ་ཁུག་པ་མན་ནས་རྒྱ་མཆོད་རྟེན་དཀར་པོ་ཡན་ཆད་ཀྱི་ལིང་རྟའི་ཕྱོགས་ཁ་ཞེས་གྲགས་ཤིང་། ཞིང་ཞེས་པའི་ཐ་སྙད་ཀྱང་ཁང་པ་ཀ་བ་དྲུག་གི་ས་ཡོད་པ། མི་བཟའ་མི་གཉིས། བུ་ཕོ་མོ་གཉིས། གཡོག་ཕོ་མོ་གཉིས་ཏེ་དྲུག ཕྱུགས་རྟ་བོང་གཉིས། བ་གླང་ར་ལུག་རྣམས་དང་། ཞིང་ཧོར་སོན་ཁལ་བཅུ་གཉིས་ཀྱི་ས་ཡོད་པ་རྣམས་ལ་ཧོར་དུད་ཆུང་གཅིག་ཟེར་བ་ཡིན་ཏེ། དེ་འདྲ་ཉི་ཤུ་རྩ་ལྔ་ལ་དུད་ཆེན་གཅིག དེ་གཉིས་ལ་རྟ་མགོ་གཅིག་ཟེར། དེ་གཉིས་ལ་བརྒྱ་སྐོར་གཅིག དེ་བཅུ་ལ་སྟོང་སྐོར་གཅིག དེ་བཅུ་ལ་ཁྲི་སྐོར་གཅིག དེ་བཅུ་ལ་ཀླུ་གཅིག དེ་བཅུ་ལ་ཞིང་

གཅིག་ཅེས་བྱ་བ་ཡིན་ཅིང་། ཧོར་སེ་ཆེན་རྒྱལ་པོའི་མངའ་འོག་ཏུ་ཞིང་བཅུ་གཅིག་ཡོད་ཅིང་། ཕྱོགས་ཁ་གསུམ་ལ་ཞིང་གཅིག་ཙུང་མ་ལོངས་ཀྱང་། ཐ་མ་བཞུགས་ས་ཡིན་པ་དང་བསྟན་པ་དར་ས་ཡིན་པ་ནས་ཞིང་གཅིག་ཏུ་བརྩིས་ནས་ཕུལ་བ་ཡིན་”①ཞེས་འཁོད་པ་ལྟར་ཧོར་སེ་ཆེན་རྒྱལ་པོའི་མངའ་འོག་གི་བོད་ཆོལ་ཁ་གསུམ་དེ་ཞིང་ཆེན་གཅིག་ཏུ་བརྩིས་ནས་ས་སྐྱ་འཕགས་པར་ཕུལ་བ་ཧ་ཅང་གསལ་པོ་བསྟན་ཡོད། འོན་ཀྱང་། ཉེ་རབས་སུ་བརྟོན་པའི་“བོད་ཀྱི་སྲིད་དོན་རྒྱལ་རབས”ཟེར་བའི་དེབ་དེའི་ནང་། “དུད་རྩིས་སྟངས་ནི། གདུང་རབས་ལས། ཁང་པ་ཀ་བ་དྲུག་གི་ས་ཡོད་པ”ཞེས་པ་ནས། “བ་གླང་ར་ལུག་རྣམས”ཞེས་པའི་བར་གོང་གསལ་ལྟར་དྲངས་པའི་མཇུག“ཞང་སོན་ཁལ་བཅུ་གཉིས་ཀྱི་ས་ཡོད་པ་རྣམས་ལ་དུད་གཅིག་ཟེར་”ཞེས་པའི་ཚིག་སྟར་འདི་ནས“ཧོར་སོན་”དང“ཧོར་དུད་”ཅེས་པའི་“ཧོར”གཉིས་བྲིས་མེད་པ་དང་། དེ་ནས་དུད་ཆེན་དང་ཧ་མགོ་ཞེས་པ་ཚིག་སྟར་གཉིས་མ་དཔེ་བཞིན་དྲངས་པའི་མཇུག་ཏུ། “དེ་གཉིས་ལ་བརྒྱ་མགོ་གཅིག དེ་བཅུ་ལ་སྟོང་མགོ་གཅིག”ཅེས་ཚིག་ལྟར་གསུམ་སོ་སོའི་“སྐོར་”ཞེས་པའི་ཚབ་ཏུ་མགོ་ཞེས་པ་བཟེས་པ། དེ་ལྟར་བཟེ་དོན་ནི། “དེ་བཅུ་ལ་གླུ་གཅིག དེ་བཅུ་ལ་ཞིང་གཅིག་གམ། ཁྲི་སྐོར་གཅིག་རེ་རྩིས་པ་”②ཞེས་ཡང་སྡེང་ཞིང་དང་ཁྲི་སྐོར་བྱ་བ་གཉིས་ལ་ལྡབ་བརྒྱ་ཐམ་པའི་ཧེ་བག་ཡོད་པ་དེ་དོན་གཅིག་ཡིན་ཁུལ་བྱས་ཏེ་ལོ་རྒྱུས་དངོས་མི་ཤེས་མཁན་ཚོ་

---

① （གདུང་རབས་རིན་ཆེན་བང་མཛོད་ལྷུགས་པར་མའི་དེབ་ངོས154 – 155）

② （དེབ་ཕྱི་པར་མ་དེའི་སྟོད་ཆའི་པར་ངོས284）

མགོ་ཐོམ་དུ་བཏུག་ནས་ཚིག་མཚམས་བཅད་པ་དེ་ཡིན། དེ་བས་ཚབས་ཆེ་བ་ནི། ལུང་ཁུངས་ཡིག་ཆ་ངོ་མ་《ས་སྐྱའི་གདུང་རབས་ངོ་མཚར་རིན་ཆེན་བང་མཛོད་》ཤིང་པར་མའི་ནང་གི“ ……དེ་བཅུ་ལ་ཞིང་གཅིག་ཞེས་བྱ་བ་ཡིན་ཅིང་། ཧོར་སེ་ཆེན་རྒྱལ་པོའི་མངའ་འོག་ཏུ་ཞིང་བཅུ་གཅིག་ཡོད་ཅིང་། ཕྱོགས་ཁ་གསུམ་ལ་ཞིང་གཅིག་ཙུང་མ་སོང་ས་ཀྱང་། བླ་མ་བཞུགས་ས་ཡིན་པ་དང་བསྟན་པ་དར་ས་ཡིན་པ་ནས་ཞིང་གཅིག་ཏུ་བརྩིས་ནས་ཕུལ་བ་ཡིན་ནོ་”① ཞེས་གསལ་བའི་མ་དཔེ་ཁྱིད་ཀ་འདི་ཆེད་མངགས་བསྐྱུམས་འདུག་པ་དེ་ཡིན།

སློག་པ་པོ་ཚོས་ད་ཕན་མི་ལོ་སུམ་བརྒྱ་བདུན་ཅུ་ལྷག་ཙམ་གྱི་གོང་བརྩམས་ནས་ཤིང་པར་དུ་འཁོད་པའི་ས་སྐྱའི་གདུང་རབས་དཔེ་རྙིང་དེ་དང་ཉེ་རབས་གསར་ཐོན་གྱི་དེབ་དེ་གཉིས་བསྡུར་ནས་དཔྱད་པ་ཞིག་གནང་ན་བཟོ་བཅོས་བྱེད་དགོས་པའི་གནད་འགག་གང་ལ་ཐུག་པ་དེ་ཧ་ཅང་གསལ་པོ་མཁྱེན་ཐུབ་པོ། དབང་ཡོན་ཧེང་མ་ལ་རྒྱའི་མི་ཡུར་ཆེན་པོ་ཕུལ་ཞེས་པ་ནི། ཡོན་རྒྱལ་རབས་ཚུགས་མ་ཐག་པའི་སྐབས་དེར་སོག་པོའི་དབང་བསྒྱུར་ལ་ངོ་རྒོལ་བྱེད་པའམ། ངོ་རྒོལ་བྱེད་ཉེན་ཡོད་པའི་རྒྱ་རིགས་སྐྱེ་བོ་ཁྲི་ཁྲག་མང་པོར་སྲོག་ཆད་གཅོད་རྒྱུའི་བཙོན་པ་རྣམས་སྲོག་ལས་ཐར་བར་མཛད་པ་ཡིན་ཞེས་གྲགས་སོ།

འོན་ཀྱང་གདུང་རབས་ནང1253ཟོད་ཆུ་གླང་ལོར་ཧུང་ཧུའུ་རུ་ཐོག་མ་མཇལ་སྐབས་དབང་བསྐུར་ལན་གསུམ་དུས་གཅིག་ལ་གནང་བ་ལྷ་བུ་

---

① གདུང་རབས་རིན་བང་དེབ་ངོས155

དེ་ནི་ཡིན་མི་སྲིད་ཅིང་། ལྷག་པར་དབང་ཡོད་ལ་བོད་ཁྲི་སྐོར་བཅུ་གསུམ་དང་། བོད་ཆོལ་ཁ་གསུམ་ཐུལ་ཚུལ་དེ་བས་ཡོང་མི་ཤེས། གང་ཡིན་ཟེར་ན་གཅིག་ནས་དེ་དུས་སེ་ཆེན་ཧན་གྱང་གོའི་གོང་མའི་ཁྲི་ལ་འཁོད་རྒྱུ་ཕར་བཞག་ཧོར་གྱི་རྒྱལ་སར་ཡང་མོང་གོར་ཧན་ཁྲི་བཞུགས་ཀྱི་སྐབས་ཡིན་སྟབས། བོད་ས་གནས་ཀྱི་ བདག་ གཉེར་ སུ་ ལ་ བསྐོ་ བའི་ དབང་ ཐག་ གཅོད་ ག་ ལ་ ཐུབ། གཉིས་ནས་བོད་རྒྱའི་ཡིག་ཚང་གཞན་དག་གི་ལོ་གྲངས་གོ་རིམ་དང་ཡང་མི་མཐུན་པས་གདུང་རབས་རྩོམ་པ་པོས་ས་སྐྱ་པའི་ཆེ་བ་འདེགས་ཕྱིར་དབང་བསྐུར་དང་དབང་ཡོན་རྣམས་སྔ་ཕྱི་བསྒྲིལ་ནས་ཚིག་གྲ་གང་ལེགས་སུ་སྒྲིག་པར་མཛད་པར་གོར་མ་ཆག་སྙམ་མོ། གཞི་རྐང་བླ་མ་འཕགས་པ་ཧྲང་ཏུའུ་རུ་ལོ་ཤས་བཞུགས་རིང་སེ་ཆེན་ཧན་གྱིས་ཐོག་མའི་ཆོས་བཀའ་གསན་ཡོད་པར་མངོན་ཞིང་། 1254 བོད་ཤིང་སྟག་ལོར་སེ་ཆེན་ཧན་གྱིས་ས་སྐྱ་བར་གནང་བའི་འཇའ་ས་བན་དེ་ཤིང་སྐྱེད་མ་ཞེས་པའི་བསྡུས་དོན་དུའང་། “གནམ་གྱིས་བསྐོས་པའི་རྒྱལ་པོ་ཇིང་གན་ཇི་དང་། ཡེ་ག་རྒྱལ་པོ་མོང་གོར་རྒྱལ་པོའི་བསོད་ནམས་ཀྱིས། སངས་རྒྱས་བསྟན་པ་ཕན་ཕྱིར་གོ་པེ་ལ་ཡི་གཏམ། དེ་སྔ་ཡིན་ནའང་བསྟན་པ་དང་དགེ་འདུན་གྱི་བདག་པོ་བྱས། ད་ལྟ་ཡིན་ནའ་ཆོས་ཀྱི་རྗེ་ས་སྐྱ་པ་དང་། སློབ་དཔོན་འཕགས་པ་ལ་དད་པ་ཐོབ། ཆོས་ལ་ཡིད་ཆེས་ནས་ཆུ་མོ་གླང་གི་ལོ་ལ་དབང་བསྐུར་ཞུས། ཆོས་ཀྱང་མང་དུ་ཐོབ་པ་དང་། ལྷག་པར་ཡང་བསྟན་པ་དང་དགེ་འདུན་གྱི་བདག་པོ་བྱ་སྙམ་པ་ཡིན། དེའི་རྒྱུ་མཚན་གྱིས་སློབ་དཔོན་འཕགས་པའི་ངོ་ལ་གཙང་གི་རྒྱལ་ཁམས་ཀྱི་དཀོན་མཆོག་གི་རྟེན་དང་། དགེ་འདུན་གྱི་སྡེ་ལ་གནོད་པ་སྲུང་བའི་འཇའ་ས་བཟང་པོ་འདི་ཆོས་ཀྱི་འབུལ་བར་བྱིན་པ་ཡིན།

གཞན་ཡང་སློབ་དཔོན་ལ་ན་བཟའ་གསེར་དང་མུ་ཏིག་གིས་སྤྲས་པའི་སྣམ་སྦྱར་……གསེར་གྱི་སྣ་སྣོད་སྲབ་གསུམ་དང་བཅས་པ་ཕུལ་བ་ཡིན། སྟག་གི་ལོ་འདིར་ཡང་རྟེན་གྱི་རྒྱུ་དངུལ་བྲེ་ཆེན་ལྔ་བཅུ་རྩ་དྲུག གསོལ་ཇ་རྟེ་ལྔ་སོགས་ཉིས་བརྒྱ། གོས་ཆེན་ཡུག་བརྒྱ་དང་བཅུ་ཐམ་པ། མདོར་ན་འཇའ་ས་ལོངས་སྤྱོད་འདི་རྣམས་ཐམས་ཅད་ཆོས་ཀྱི་ཡོན་ཏུ་ཕུལ་བ་ཡིན། ཁྱེད་གཙང་གི་བན་དེ་རྣམས་ཀྱིས་ཀྱང་དེ་ཤེས་པར་གྱིས" ཞེས་དང་། "ཁྱེད་བན་དེ་རྣམས་སྤྱོད་པ་ངན་པ་མ་བྱེད། ང་མི་ལ་ངོ་ཚར་མ་བཙུག ཆོས་དང་མཐུན་པ་གྱིས། གནམ་མཆོད་ཅིང་སྨོན་ལམ་ཐོབ་དང་ཁྱེད་ཀྱི་ཡོན་བདག་ངས་བྱེད་པ་ཡིན། རྒྱལ་པོའི་འཇའ་ས་དངོས་ཡིན། ཤིང་ཕོ་སྟག་གི་དབྱར་འབྲིང་ཆེས་དགུ་ལ་རྒྱ་པོད་མཚམས་ཀྱི་ལུང་པ་ཤར་དུ་བྲིས། ཞེས་ཧོར་རྒྱལ་པོའི་འཇའ་ས་བོད་ཡིག་མར་གྲགས་པ་ད་ལྟའི་བར་དུ་གདན་ས་ཆེན་པོ་རང་ན་བཞུགས་པ་ལས་ཞལ་བཤུས་པ་ཡིན་ནོ་" ①

སྤྱི་ལོ1255བོད་རབ་བྱུང་བཞི་པའི་ཤིང་ཡོས་ལོར། འགྲོ་མགོན་འཕགས་པ་དགུང་ལོ་ཉེར་གཅིག་བཞེས་སྐབས་རྒྱ་དང་ཧོར་ཡུལ་གྱི་མཚམས་ཐེ་ལེ་ཞེས་བྱ་བར་ཕེབས་ནས། སྐྱེ་ཐང་ཆོས་རྗེ་གྲགས་པ་སེང་གེས་མཁན་པོ་དང་། ཇོ་གདན་པ་བསོད་ནམས་རྒྱལ་མཚན་གྱིས་སློབ་དཔོན། ཡར་ལུང་པ་བྱང་ཆུབ་རྒྱལ་མཚན་གྱིས་གསང་སྟོན་གནང་སྟེ། དད་འདུས་ཀྱི་དགེ་འདུན་ཉི་ཤུའི་དབུས་སུ་བསྙེན་པར་རྫོགས་ནས་མཁན་པོ་ལས་ཐར་ཕྱིན་

① (གདུང་རབས་རིན་བང་དེབ་ངོས167) ཞེས་གསལ་བ་དེ་ལས་སྐབས་དེར་དབང་ཡོན་དང་པོ་གང་དང་གང་ཕུལ་བ་གསལ་པོ་ཤེས་ཐུབ།

དང་། སློབ་དཔོན་ལས་སོ་ཐར་མདོ་ཙམ། གསང་སྔོན་ལས་སྡེ་བདུན་ལ་སོགས་པ་མང་དུ་གསན་ནས་དོན་རྣམས་དཔྱིས་ཕྱིན་པར་མཛད། དེ་ནས་རྟང་ཏུའུ་ལ་ཕྱིར་ཕེབས་དང་། དགུང་ལོ་ཉེར་གསུམ་བཞེས་པ1257ལོར་རི་བོ་རྩེ་ལྔར་ཕྱིན་ནས་གསན་བསམ་རྒྱ་ཆེར་གནང་། སྤྱི་ལོ1258ལོར་རྒྱལ་པོའི་ཕོ་བྲང་དུ་སེ་ཆེན་གྱི་བཀའ་བཞིན་ཏའོ་ཙིའོ་ཆོས་ལུགས་ཀྱི་སྟོན་པ་ཧྭ་ཤང་ལ་གྱིན་བྱ་བ་འཁོར་བཅས་དང་རྩོད་པ་འགྲན་པར་མཛད་ནས། ཏའོ་ཙིའོ་ཡི་རང་ལུགས་ལ་སྐྱུང་པ་མཐར་སོན་པ་བཅུ་བདུན་རིགས་པས་ཕམ་པར་གྱུར་ཏེ་རབ་བྱུང་ལ་བཙུད་པས་སེ་ཆེན་ཧན་དགྱེས་ནས་བཙེ་མཐོང་ཇེ་ཆེར་ཞུ་བ་བྱུང་།

སྤྱི་ལོ1260བོད་རབ་བྱུང་བཞི་པའི་ལྕགས་སྤྲེལ་ལོར་སེ་ཆེན་ཧན་གོང་མའི་ཁྲི་ལ་འཁོད་ཅིང་། འགྲོ་མགོན་འཕགས་པ་ལ་གུ་ཤྲིའི་ལུང་དང་གཡུང་ཏེའི་ཐམས་ག་ཕྱུལ་ཞེས་རྒྱའི་ཡིག་ཚང་ལས་འབྱུང་བ་དང་། རྒྱ་བོད་ཡིག་ཚང་མཁས་པ་དགའ་བྱེད་ལས། “དེ་ནས་ཕོ་བྲང་ཏའི་ཏུར་ཕྱིན་སེ་ཆེན་རྒྱལ་པོ་ཡབ་ཡུམ་སྲས་དང་བཅས་པ་ལ། རྒྱུད་གསུམ་གྱི་དབང་མོ་ཆེ་བསྐུར། ཏི་ཤྲིའི་མཚན་གསོལ། དབུས་གཙང་གི་ཁྲི་སྐོར་བཅུ་གསུམ་དང་དབང་ཡོན་འབུལ་བ་བསམ་གྱིས་མི་ཁྱབ་པ་ཕུལ།”①ཞེས་གསལ་བ་ལྟར་བོད་དབུས་གཙང་གི་བདག་གཉེར་དབང་ཆ་ས་སྐྱ་འགྲོ་མགོན་འཕགས་པར་བསྐོས་པའི་དུས་ཚོད་ནི། ཕལ་ཆེར་སྤྱི་ལོ1260ཙམ་ལ་ཡིན་པར་མངོན་ལགས་སོ།

① （མཁས་པ་དགའ་བྱེད་ལྗགས་པར་དེབ་ངོས327）

དྲུག་པ། སེ་ཆེན་ཏན་གྱིས་ཀཱ་པགྵི་རྒྱལ་ནང་དུ་གདན་དྲངས་པ།

དེ་ཡང་ཀརྨ་པ་ཀྵིའམ་ཆོས་ཀྱི་བླ་མ་ནི་མཁས་པའི་དགའ་སྟོན་ལས་འབྱུང་བ་ལྟར་མདོ་ཁམས་འབྲི་ཆུའི་རྒྱུད་ཡུལ་སྟོང་བྱེ་ལེའི་ཚག་ཏོ་ཞེས་བྱ་བར་བཙད་པོ་ཨུའི་རིགས་ཡབ་རྒྱ་དབང་ཚུར་ཚ་དང་ཡུམ་སེང་བཟའ་མང་སྐྱིད་ཀྱི་སྲས་སུ་སྤྱི་ལོ1206ཐོད་རབ་བྱུང་གསུམ་པའི་མེ་ཕོ་སྟག་གི་ལོ་ལ་འཁྲུངས། ཐོག་མའི་མཚན་ཆོས་འཛིན་དུ་གསོལ། དགུང་ལོ་བཅུ་གཅིག་པ་ལ་བླ་མ་སྤོང་བྲག་པ་ལས་རབ་ཏུ་བྱུང་སྟེ་མཚན་དཔལ་ཆེན་པོ་ཆོས་ཀྱི་བླ་མར་གསོལ། ཕྱིས་དགུང་ལོའི་ཚད་སོན་ནས་ཀ་ཐོག་པ་བྱམས་པ་འབུམ་གྱིས་མཁན་པོ་དང་། སྤོང་བྲག་པས་སློབ་དཔོན། སྤྱན་སྔ་མང་ཕུ་བས་གསང་སྟོན་མཛད་དེ་བསྙེན་པར་རྫོགས། རིམ་བཞིན་གསན་བསམ་མཐར་ཕྱིན་མཛད་ནས་མཁས་པ་དང་གྲུབ་པའི་སྙན་གྲགས་ཐོབ། དེ་ནས་དབུས་གཙང་དུ་ཕྱིན། དེའི་ཚེ་མཚུར་ཕུའི་དགོན་གླིང་བ་རིས་ཉམས་པར་བྱས་ཏེ་སྟོང་པར་གྱུར་པ་དེར་ལོ་དྲུག་ཙམ་བཞུགས་ནས་ཞིག་གསོ་མཛད་ཅིང་དར་རྒྱས་སུ་གྱུར། གཙང་དང་ལྷོ་ཁ་ཁུལ་དུ་ཕེབས་ནས་འགྲོ་དོན་བསྐྱངས་ཏེ་སླར་ཡང་མཚུང་ཕུར་ཕྱིན། “དེ་ནས་རིང་པོར་མ་ལོན་པ་གོ་བེ་ལ(ཧུ་བེ་ལི)རྒྱལ་བུས། མཐའ་ཁོབ་ཏུ་ཆོས་ཀྱི་སྒྲོན་མེ་སྤར་བ་ལ་འབྱོན་པར་ཞུ་ཞེས་པའི་ལུང་བྱུང་། མདོ་ཁམས་བརྒྱུད་ཕེབས་ཏེ་སྤྱི་ལོ1255ཐོད་རབ་བྱུང་བཞི་པའི་ཤིང་ཡོས་ལོ་ལ་རོང་ཡུལ་གསེར་གཏོད་ཅེས་བྱ་བར་རྒྱལ་བུ(ཧུ་བེ་ལི)དང་

མཇལ། སླར་ཡང་ཤོང་གི་ཐོ་བྲང་དུ་ཕྱིན། རྒྱལ་བུ་དང་ཡོན་མཆོད་འབྲོད་པས་རྟག་ཏུ་བཞུགས་པར་གསོལ་བ་བཏབ་ཀྱང་མ་འོངས་པར་ཕྲག་དོག་འབྱུང་བར་མཁྱེན་པས་ཞལ་གྱིས་མ་བཞེས་པས་རྒྱལ་བུ་ཅུང་ཟད་ཡིད་ཆད"①ཅེས་གསལ་བ་དེའི་ཐོག་ནས་ཧུ་བེ་ལི་སེ་ཆེན་གྱིས་ས་སྐྱ་འཕགས་པ་དགུང་ན་ཕྲ་བར་བརྟེན་ཧོར་རྒྱལ་པོས་བོད་སྐྱོང་བ་ལ་གནྫ་པ་ཀླིས་དེ་བས་ཆེ་བའི་ནུས་པ་ཞིག་ཐོན་རེ་བཅངས་ཀྱང་། སྲིད་ཕྱོགས་ཀྱི་མཁྱེན་ཡོན་འཕགས་པ་རིན་པོ་ཆེ་རང་ལྷག་པ་ཚོར་རྐྱེན་ཆོས་འབྱུང་དེའི་ནང་"ཡོན་མཆོད་འབྲོད"ཞེས་གསུངས་ནུང་། དོན་ལ་ཕན་ཚུན་དགོངས་པ་མ་འབྲོད་པ་གསལ་པོར་མཐོང་ཐུབ།

དེ་ནས་རིམ་བཞིན་ཕེབས་མཐར་"རྒྱ་མི་ཉག་ཧོར་བོད་ཐམས་ཅད་ཀྱི་རྒྱལ་པོ་མོང་གོར་གན་རྒྱལ་སར་བཞུགས་ནས་ལོ་བཞི་འདས་ཤིང་། འཕགས་པ་རིན་པོ་ཆེ་དང་གོ་བེ་ལ་སླང་ལོར་མཇལ་ནས་ལོ་གསུམ་ལོན་པ་(སྤྱི་ལོ1256)མེ་འབྲུག་གི་ལོ་ལ་འོང་གེའི་ཡུལ་ཁམས་ཕོ་བྲང་ཆེན་པོ་ཟེར་ཞུར་རྫོར་ཕྱིན། རྒྱལ་པོ་མོང་གོར་གན་དང་མཇལ་ཞིང་། རྒྱལ་པོ་དེ་སོག་པོ་ཨེཀ་བོའི་ལྷ་གྲུབ་འཛིན་བཞིན་འདུག་པ་ལས་ཟློག(བཟློག)སྟེ་སངས་རྒྱས་ཆོས་ལུགས་པར་བསྒྱུར། དབང་བསྐུར་བཀའ་ཆོས་སོགས་གནང་། བཙན་ཐམས་ཅད་ཐོངས་ཞེས་བཙོན་ཁང་སྒྲུག་ཐེབས་བཅུ་གསུམ་ཞུས་པ་གནང་། ཧོར་གྱི་མི་ཡུར་ཆེ་མོ་བཅད། ཆབ་འོག་ཐམས་ཅད་དུ་དུས་ཆེན་བཞི་ལ་སྲོག་མི་གཅོད་པ། ཉ་སྟོང་ལ་བསྙེན་གནས་སྲུང་བ། དགེ་བཅུ་ལ་སྤྱོད་དགོས

① (མཁས་པའི་དགའ་སྟོན་དེབ་ངོས888)

པར་དྲིལ་བསྒྲགས། ཀུ་རུམ་དུ་རྒྱལ་པོ་ཉིད་ཀྱིས་ཕྱག་ལེན་མཛད་ནས་ལྷ་ཁང་དཔག་མེད་བཞེངས། རྒྱ་ཧོར་མི་ཉག་ཡུ་གུར་ཐམས་ཅད་དུ་ལྷ་ཁང་མཆོད་རྟེན་རྟེང་གསོ་གསར་བཞེང་གི་ལུང་དང་ཡོ་བྱད་བཀྱེ་"①ཞེས་གསལ་ཞིང་དེ་རྗེས་རྒྱ་ཧོར་གྱི་ས་ཆ་མང་པོར་ཕེབས་ནས་འགྲོ་དོན་བསྐྱངས་པ་དང་། རྫུ་འཕྲུལ་ཡང་དུ་མ་བསྟན་པར་གྲགས། རྒྱལ་པོ་〈མོང་གོར་གན་〉ཉིད་གུས་ཆེས་པས་རྗེ་སྲིད་འཚོའི་བར་འབྲལ་མེད་དུ་བཞུགས་པར་གསོལ་བ་བཏབ་ཀྱང་དུས་ཀྱི་འཕོ་འགྱུར་རྣམས་མཁྱེན། ཞལ་གྱིས་མ་བཞེས་པར་བོད་དུ་འབྱོན་པར་ཞུས། "རྒྱལ་པོས་ལུང་ཆེན་པོ་གནང་། ཐམས་ཅད་ཤེས་སུ་ཆུག བརྩེ་ཐམས་ཅད་ཆོས་བྱེད་དུ་ཆུག ཁྲིམས་ལེགས་པར་གྱིས་གསུང་ནའང་འཇིག་རྟེན་གྱི་ལུང་མ་བཞེས་" ཞེས་དང་། དེ་ནས་སྤྱི་ལོ1260 "ལྕགས་སྤྲེལ་ལོར་ཧོར་རྒྱལ་པོ་མོང་གོར་གན་སྨན་ཙེའི་ཡུལ་དུ་གྲོངས། རྒྱལ་པོའི་སྲས་དང་བློན་པོ་རྣམས་ཀྱིས་ཧིང་གི་སྲས་བདུན་པ་ཨ་རི་པོ་ག་རྒྱལ་སར་བཏོན། རྒྱལ་བུ་གོ་དན་(གོ་དན1251ལོར་གྲོངས་པས་འདི་གོ་དན་ཕྱོགས་གཏོགས་ཡིན་དགོས་) སོགས་མི་ཉག་ན་ཡོད་པ་རྣམས་ཀྱིས་ཧིང་གི་སྲས་བཞི་པ་གོ་བེ་ལ་སེ་ཆེན་གན་རྒྱལ་སར་བཏོན་ཏེ་རྒྱལ་པོ་གཉིས་སུ་ཆད་"②ཅེས་གསལ་བ་ལྟར་དུས་སྐབས་དེའི་སྔ་རྗེས་སུ་ཧིང་གིར་རྒྱལ་རྒྱུད་ནང་ཁུལ་དུ་ཐོག་ཁ་གཉིས་ཆགས་ཏེ་འགལ་བ་ཆེན་པོ་ཡོད་པ་གསལ་པོར་མཚོན་ཞིང་། གནས་ཚུལ་དེ་ལྟའི་འོག་བོད་དབུས་གཙང་གི་བླ་ཆེན་ཁག་

---

① (མཁས་པའི་དགའ་སྟོན་དེབ་ངོས881 – 890)

② (མཁས་དགའ་དེབ་ངོས894)

གིས་ཀྱང་ཧོར་གྱི་རྒྱལ་རྒྱུད་སོ་སོའི་སྐོབས་ལུགས་ལ་བརྟེན་ནས་བོད་དུ་རང་རང་གི་གྲུབ་མཐའི་སྐོབས་ལུགས་སྤེལ་ཐབས་བྱེད་ཀྱི་ཡོད། དེ་སྔོན་ཚལ་པ་དང་ས་སྐྱ་པས་ཧུ་བེ་ལི་སེ་ཆེན་ཧན་ལ་བརྟེན་པ་དང་། འབྲི་གུང་པས་མོང་གོར་ཧན་ལ་བརྟེན་ནས་པན་ཚུན་འགྲན་ཟླ་ལངས་ཏེ་རྒྱབ་བདག་འཛོམས་པ་སོགས་བྱུང་ཡོད། དེར་བརྟེན་གཙང་པས་ཀྱང་དང་ཐོག་ཧུ་བེ་ལི་སེ་ཆེན་ལ་བརྟེན་ཙུང་། ས་སྐྱ་བའི་དོ་ཟླ་མི་ཐོད་པར་གཟིགས་ནས་སླར་ཡང་རྒྱལ་པོ་མོང་གོར་ཧན་ལ་བརྟེན་པ་དང་། མོང་གོར་ཧན་གྲོངས་པའི་རྗེས་སུ་དེའི་ཕྱོགས་གཏོགས་ཨ་རི་བོ་ག་ལ་བརྟེན་གྱི་ཡོད། སྐབས་འདིར་ཧོར་གྱི་རྒྱལ་པོ་ཆེ་བའི་ཐོབ་ཐང་དེ་ཡང་སྙིང་ཨ་རི་བོ་གས་བཟུང་ངམ། ཡང་ན་ཧུ་བེ་ལི་སེ་ཆེན་གྱིས་བཟུང་། དེ་ནི་ཧེང་གེར་རྒྱལ་རྒྱུད་ཀྱི་སྐོབས་ལུགས་ཕྱོགས་ཁག་གཉིས་སུ་རྒྱལ་སུ་ཕམ་གྱི་འགག་རྩར་ཐུག་པ་ཞིག་ཡིན་པ་མ་ཟད། བོད་དུ་སྐབས་དེའི་སྟན་གྲགས་ཆེ་ཤོས་ཀྱི་བླ་ཆེན་ས་སྐྱ་པ་དང་། གཙང་པ་གཉིས་ཀྱི་ཆབ་སྲིད་སྐོབས་ལུགས་བསྟུར་ཚད་ཀྱི་འགག་རྩར་ཐུག་པའི་གནད་དོན་ཞིག་ཧུའང་གྱུར་ཡོད། དཔེར་ན་དཔའ་བོའི་ཆོས་འབྱུང་དུའང་། "གྲུབ་ཐོབ་ཆེན་པོ་ཆོས་ཀྱིས་གདུལ་བྱ་གདུལ་བ་ལས་གཞན་མི་མཛད་ཀྱང་། མ་དག་པའི་སྐྱེ་བོས། གཙང་པ་ལ་ཉེ་རིང་མེད། །ཨ་རི་བོ་ག་རྒྱལ་གྱུར་ཅིག །

བྱ་བའི་ཁ་དངགས་བྱུང་། །"① ཞེས་གསལ་བ་ལྟར་སྐབས་དེའི་སྤྱི་ཚོགས་ཀྱི་ཟུར་ཟའི་གླེང་ཕྱོགས་འདི་ལས་ཀྱང་དོན་དེ་དག་གསལ་པོར་མཐོང་ཐུབ།

① （ཆོས་འབྱུང་མཁས་དགའ་དེབ་ངོས894）

དེ་བཞིན་ཆོས་འབྱུང་དེ་ཉིད་ལས། “ས་ཚལ་གྱི་སློབ་མ་རྒ་རས་བྱ་བ་གཤིན་རྗེ་ལ་ནུས་པ་ཐོན་པ་ཞིག་གིས་རྒྱལ་པོ་ཨ་རི་པོ་ག་འགུགས་ཆོས་གིས་བཀུག་སྟེ་བཀྲོངས། རྒྱལ་ཁམས་ཐམས་ཅད་འཁྲུགས་”①ཞེས་ཨ་རི་པོ་ག་གྲོངས་པ་དེའང་ས་སྐྱ་བ་དང་ཚལ་པའི་ཕྱོགས་གཏོགས་ཀྱིས་མཐུ་གཏད་བྱས་ནས་བཀྲོངས་པར་བཤད་ཅིང་། གཞན་ཡང་འགལ་བའི་ཡོང་རྐྱེན་སྐོར་ཙུང་ཟད་འཁོད་པ་འདི་ལྟར། “སྤྱིར་དཔོན་ཆེན་ཤཱཀྱ་བཟང་པོ། ཚལ་པའི་ཟེ་ན་ཤེས་རབ་སྐྱབས། ཁམས་སུ་རིན་པོ་ཆེ་སྟོན་ཚུལ་རྣམ་གོ་བེ་ལ་རྒྱལ་བུར་བཞུགས་དུས་ཀྱིས་བསྐྱངས་པས། ས་ཆོད་ཤིན་ཏུ་ཆེ་བའི་ཚེ། འབྲི་གུང་པའི་ཁྲི་དཔོན་རྡོ་རྗེ་དཔལ་དབུས་ཀྱི་དཔོན་བྱེད་པས་རྒྱལ་པོ་མོང་གོར་གན་གྱི་དྲུང་དུ་ཕྱིན་ཏེ་ཨ་རི་པོ་ག་ལ་བརྟེན་ནས་གོ་བེ་ལ་དང་གདོང་བཤེར་བྱས། བདེན་རྫུན་སྣ་ཚོགས་པ་ཞུས་ཏེ་གོ་བེ་ལའི་གདོང་ལ་ངོ་མཆིལ་བཏབ་ནས་འོངས་ཏེ་དམག་བྱས་པས་ས་བེར་སོག གོ་བེ་ལ་ཡང་དེས་མོང་གོར་གན་ཁུ་དཔོན་ལ་མ་རངས་པ་ཡོད་པས། གྲུབ་ཐོབ་ཆེན་པོ་ཁོང་རང་གི་སར་མ་བཞུགས་པར་ཕོ་བྲང་དུ་བཞུགས་པ་ཙུང་མ་མཉེས་” ཞེས་སྔར་གྱི་འགལ་བ་དང་། “གཙོ་ཆེར་སྐྱེ་པོ་དུ་མའི་ཕྲ་མ་ལ་བརྟེན་ཏེ་〈ཧུ་བེ་ལིས་〉གྲུབ་ཐོབ་ཆེན་པོ་ལ་འཁྲོན་དགོས་པའི་ལུང་བསྒྲགས་ཏེ་གཤེད་མ་ལ་གཏད་”②ཅེས་གསལ་བ་ལྟར་སེ་ཆེན་གོང་མས་ཀརྨ་པ་ཀྵི་ལ་ཁྲིམས་གཅོད་སྣ་ཚོགས་བྱས་ཚུལ་དང་། ཀརྨ་པས་རྫུ་འཕྲུལ་མང་པོ་བསྟན་ནས་སྐུ་ཕྱུར་སྐྱོན་མ་བྱུང་བའི་སྐོར་

① （ཆོས་འབྱུང་མཁས་དགའ་དེབ་ངོས894）

② （ཆོས་འབྱུང་མཁས་དགའ་དེབ་ངོས895）

སོགས་འཁོད་ཅིང་། དེ་རྗེས་རྒྱ་མཚོའི་འགྲམ་དུ་ལོ་གསུམ་གྱི་རིང་སྒྲུགས་པ་བཅས་ཆད་དུས་ཐིམ་ནས་སེ་ཆེན་གྱིས་ཀྱང་། "གར་བདེ་བར་བཞུགས་པ་ངེད་ལ་སྨོན་ལམ་ཐོབ་ཅིག་ཞུས་མཆོད་སྦྲོན་ཆེར་བྱས།" "ཕོ་བྲང་ཙོང་ཧོ་མཁར་ནས་གདན་བཏེག ལོ་བརྒྱད་ཀྱིས་མཚུང་ཕུར་ཕེབས།" ①ཞེས་གསལ་ལོ།

ཀརྨ་པ་འདི་རྩ་རླུང་ལ་རང་དབང་ཐོབ་པས་གྲུབ་ཐོབ་ཆེན་པོ་ཞེས་མཚན་སྙན་དང་མཇོད་འཕྲིན་ཤིན་ཏུ་རྒྱས་པ་བྱུང་ཞིང་། མཚུར་ཕུར་གསེར་ཟངས་ཀྱི་ལྷ་ཆེན་འཛམ་གླིང་རྒྱན་ཞེས་སྟོན་པའི་སྐུ་བརྙན་ཆེན་པོས་མཚོན་རྟེན་བཞེངས་དཔག་ཏུ་མེད་པ་དང་། དགོན་གནས་རྒྱ་བཀྱེད་སོགས་མཇོད་དེ་ཀརྨ་བཀའ་བརྒྱུད་ཀྱི་སྒྲུབ་མཐའ་རྒྱ་ཆེར་སྤེལ་ཞིང་། སྟོད་ལྡན་གྱི་སློབ་མའང་གྲངས་ལས་འདས་པ་བྱུང་བའི་གཙོ་བོ་ནི་གྲུབ་ཐོབ་ཨོ་རྒྱན་པ་དང་། ཡེ་ཤེས་དབང་ཕྱུག རིན་ཆེན་དཔལ། ཚད་མ་པཎ་ཆེན། གཡག་རུ་རས་པ། རྟོགས་ལྡན་ཞྭ་སེར་བ། ཞྭ་དམར་བ། ཞྭ་ཁྲ་བ། སྟག་མགོན་བ། གཟིག་མགོ་བ། རྔམ་མགོ་བ། སྤྱན་སྔ་སྟག་ཤོད་པ། འཇམ་དབྱངས་སློ་གྲོས་སེང་གེ། དཔོན་རིན་པོ་ཆེ། བྱང་སེམས་རྒྱལ་བ་ཡེ་ཤེས། གནམ་མཚོ་བ་ཆེན་པོ། གྲུབ་ཐོབ་གཉན་རས་པ་ལ་སོགས་རྟོགས་ལྡན་རྣལ་འབྱོར་གྱི་དབང་ཕྱུག་མཐའ་ཡས་པ་བྱོན་ནོ། འདི་ནས་བཟུང་སྐུ་སྐྱེ་ཡང་སྲིད་རྒྱུན་མི་འཆད་པ་འབྱོན་པའི་སྲོལ་དར་ཞིང་། ཀརྨ་པ་ན་རིམ་བོད་ཀྱི་བླ་ཆེན་སྙན་གྲགས་ཅན་གྱི་གྲས་སུ་ཚུད་པ་དང་། རྗེས་སུ་རང་རྒྱལ་མིང་རྒྱལ་རབས་ཀྱི་

① (ཆོས་འབྱུང་མཁས་དགའ་དེབ་ངོས900)

དུས་སུ་སླེབས་དུས་ཀརྨ་བཀའ་བརྒྱུད་ནི་བོད་ཀྱི་གྲུབ་མཐའ་དར་རྒྱས་ཆེ་ཤོས་ཀྱི་གནས་སུ་གྱུར་པ་བཅས་ཀྱི་རྨང་གཞི་འདིང་བར་མཛད་པ་སོགས་འཕྲིན་ལས་རྒྱ་ཆེར་བསྐྱངས་མཐར་སྤྱི་ལོ1283བོད་རབ་བྱུང་ལྔ་པའི་ཆུ་ལུག་ལོར་སྐུ་གཤེགས་སོ། སྲིད་ཕྱོགས་ནས་ཡོན་གོང་མ་སེ་ཆེན་ཧན་གྱི་ཐུགས་དང་འགལ་བས་དེ་ཙམ་གྱི་འགྲོ་ཁྱབ་མ་བྱུང་རུང་། རྒྱ་ཧོར་མི་ཉག་སོགས་གང་སར་ཆོས་ཀྱི་མཛད་པ་རྒྱ་ཆེར་བསྐྱངས་ཤིང་། ཡོན་རྒྱལ་རྒྱུད་འགའ་ཞིག་དང་འབྲེལ་བ་ཆགས་པ་སོགས་བོད་དང་མེས་རྒྱལ་གྱི་འབྲེལ་བའི་ཐད་ལ་འདིས་ཀྱང་ཕྱག་རྗེས་བཟང་པོ་འཇོག་པར་མཛད་པ་ལགས་སོ།

བདུན་པ། བོད་ཆོལ་ཁ་གསུམ་ཡོན་གོང་མའི་མངའ་འོག་ཏུ་གཏོགས་པའི་ཁྲིལ་བསྒྲགས་པ་དང་། བོད་དུ་འཇའ་མོ་བཙུགས་པ།

གོང་དུ་གསལ་བ་ལྟར་ཧོར་སེ་ཆེན་ཧན་གོང་མའི་ཁྲི་ལ་འཁོད་ཅིང་། འགྲོ་མགོན་འཕགས་པར་གུ་ཤྲིའི་མཚན་གསོལ་བའི་སྤྱི་ལོ1260བོད་རབ་བྱུང་བཞི་པའི་ལྕགས་སྤྲེ་ལོ་ནང་དེ་རང་ལ། གོང་མའི་བཀས་མངགས་པའི་དཔོན་ཆེན་དར་སྨན་ཞེས་པ་དཔུང་དང་བཅས་བོད་དུ་བཏང་བའི་ལས་འགན་གཙོ་བོ་ནི། བོད་ས་ཁུལ་ཡོངས་རྫོགས་གོང་མ་སེ་ཆེན་ཧུ་བེ་ལེའི་མངའ་ཁོངས་སུ་གཏོགས་པའི་ཁྱབ་བསྒྲགས་བྱ་རྒྱུ་དང་། མེས་རྒྱལ་ནང་ས་ནས་དཔལ་ལྡན་ས་སྐྱའི་བར་ལ་འཇའ་མོ་ཞེས་གསེར་ཡིག་པ་སོགས་ལ་འགྲིམ་འགྲུལ་སྐྱེལ་འདྲེན་དང་སྣེ་ལེན་གྱི་ས་ཚིགས་འཛུགས་རྒྱུ་དེ་གཉིས་ཡིན། རྒྱ་

བོད་ཡིག་ཚང་ལས། “བོད་ཡུལ། གོ་བེ་ལའི་མངའ་འོག་ཏུ་ཆུག་པའི་སྐྱན་གྲགས་སྒྲོག་པ་དང་། འཇམ་མོ་འཛུགས་པ་ལ། མི་ཆེན་དས་སྨན་བྱ་བ། ས་སྐྱ་ལ་མངགས” ཞེས་གསལ་ཡོད་པ་མ་ཟད། ད་དུང་གོང་མས་དར་སྨན་ལ་བཀའ་བསྐུལ་པ“ དས་སྨན་ཁྱོད་ཉོན་ཅིག བོད་འདི། མི་ཐུ་མོ་ཡིན་པར་འདུག སྔོན་བོད་རྒྱལ་པོ་ཡོད་པའི་དུས། ཐང་ཐའི་ཛུང་རྒྱལ་པོའི་རིང་ལ་རི་བོ་རྩེ་ལྔ་བར། བོད་དམག་མང་པོ་ཡོང་། བ་ཏུ་དེང་ཏུའི་སར། བཀའ་མ་ལོག་ཟེར་བའི་དམག་ཚན་ཆེན་སྡོད་པ་བྱས་འདུག ད་ལྟ་བོད་ལ་རྒྱལ་པོ་མེད། ཇིང་གིར་རྒྱལ་པོའི་སྐུ་བསོད་ལས། རྒྱལ་ཁམས་ཆེན་པོ་དབང་བསྡུས། ས་སྐྱ་བླ་མའང་རང་རེའི་བླ་མཆོད་དུ་ཞུགས་པ་འདི་ཡིན། བླ་མ་འཕགས་པ་ཁྱེད་བོན་འདི་པ། ཡུལ་གཞན་གྱི་རྒྱལ་པོ་ཡིན་ན་ཁོང་ཤེས་རབ་ཆེ་བས་རང་རེས་མི་ཐུབ། ད་ལྟ་རང་རེའི་འོག་ཏུ་ཆུག་པ་འདི་ཡིན། དས་སྨན་ཁྱོད། སྤྱོད་པ་བཟང་པོ་ཡོད་པས་ས་སྐྱ་བར་ཐེངས་གཅིག་སོངས་ཤོག བོད་བྱིངས་པོ་(རྫིལ་པོ་) སེ་ཆེན་གོ་པེ་ལའི་འོག་ཏུ་ཆུགས་ནས། མི་ཆེན་དས་སྨན་ཡང་ས་སྐྱ་ན་སླེབས་ཡོད་པར་འདུག་ཟེར། གཏམ་སྙན་པོ་ཐོས་པ་ཡིན་གསུངས། དས་སྨན་གྱིས་ཞུས་པ། རྒྱལ་པ་ཁྱོད་ཀྱི་ལུང་བཞིན་འགྲོ་བར་བྱ། དེ་ལྟར་ནའང་། བོད་བྱ་བ་མི་ཐུ་མོར་འདུག་པ་དང་། ཁོང་རང་གི་རྒྱལ་ཁྲིམས་ཞིག རྒྱ་ཧོར་གྱི་ཁྲིམས་ཇི་བཞིན་མ་འཇགས། སོ་ཁ་རྣམས་ཀྱང་མ་ཆུགས་པར་ཡོད་འདུག་པས། ཕར་ཕྱིན་གྱི་མཐུན་རྐྱེན་སྒྲུར་བ་དང་། བྱ་བ་ཆེན་པོ་འགྲུབ་པ་ཇི་ལྟར་ཡོང་ཡིན་ཟེར། ཡང་རྒྱལ་པོའི་ལུང་གིས། རང་རེ་ལ། བོད་བྱིངས་པོ་འོག་ཏུ་ཆུག་ཡོད་པར་འདུག་ཕར་བའི། གཏམ་སྙན་ཐོབ་པ་དེས་ཆོག ཆས་ཁ་ཆ་རྐྱེན་གང་དགོས་མ་ཐུངས་པ་གན་པས་

སྐུར། ས་སྐྱ་མན་ལ་འཛའ་མོ་ཆེ་ཆུང་དུ་འོས། ས་འཛམ་རྩུབ། མི་སྡེ་དར་ཀུད། ཀྱ་འཛམ་ལ་དཔེས་ལས་（དཔེ་བླངས་ནས་）ཚུགས་ཤོག བླ་མ་འཕགས་པ་ཡར་ཕེབས་དུས། འབྱོན་ལམ་བདེ་དགོས་པ་ཡིན། ཡང་དོན་གཅིག་ལ། ཁྱོད་སོན་ཐིང་དབེན་དུ་བསྒོམས་པ་ལ། བོད་ཀྱི་གནས་ལུགས་རྣམས་ཞིབ་པར་གོ་ན། གན་པའི་བྱ་བ་ཆེན་པོ་བྱེད་པ་དང་། མི་མང་པོ་ལ་ཕན་པ་ཡིན་པས་སོངས་ཤོག་གསུངས་ནས་བླ་མའི་བཀའ་ཤོག་དང་། རྒྱལ་པོའི་འཛའ་ས་དགོས་པ་རྣམས་གནང་། དས་སྨན་འཁོར་མང་པོ་དང་བཅས་པའི་ཡར་ཕྱིན་གྱི་ཆས་དང་། བོད་ཀྱི་བན་སྐུ་ཀན་འགོ་དྲག་རིམ་སྤྱི་སྔོས་ལ་གནང་སྦྱིན་གྱི་ཆ་རྐྱེན་བཟང་པོ་དང་བཅས་པ་གན་མཛོད་ཆེ་ཆུང་ནས་བསྐུར་ཏེ་ཡར་འོང་”①ཞེས་གསལ་བ་ལྟར་ལོ་རྒྱུས་ཀྱི་ཡིག་རྙིང་དེའི་ཐོག་ནས་གཞི་ཆང་སྐབས་དེར་ཧོར་གོང་མའི་སྟོབས་ཤུགས་ཀྱིས་བོད་ཡོངས་དབང་དུ་བསྡུས་ནས་མི་ལོ་ཉི་ཤུ་ཙམ་སོང་ཟིན་པས་བོད་གཅིག་གྱུར་གྱི་ཐད་ལ་ཀླན་ཀ་གང་ཡང་མེད་མོད། འོན་ཀྱང་ཧོར་རྒྱལ་རྒྱུད་ཀྱི་སྟོབས་ཤུགས་ཁག་བར་སོ་སོའི་སྔོས་བདག་གི་དབང་ཆ་འཛིན་སྤེལ་གང་ཐུབ་བྱེད་པའི་འགལ་བ་གནས་ཡོད་པ་དང་། དུས་མཚུངས་བོད་ནང་ཁུལ་དུའང་ཡུན་རིང་སིལ་བུ་ཁ་ཐོར་དུ་གྱུར་པའི་གོམས་གཤིས་དང་། ཆོས་ལུགས་གྲུབ་མཐའི་ཕྱོགས་ཞེན། འབྲི་གུང་པ་དང་ཀརྨ་པ་སོགས་སྡེ་སྲིད་ཆེ་ཁག་ཆོས་ས་སྐྱ་པའི་དབང་སྒྱུར་དང་ལེན་བྱེད་འདོད་མེད་པས་རང་རང་གི་རྒྱབ་རྟེན་བཙོལ་སའི་རྒྱལ་རྒྱུད་ཁག་ལ་བརྟེན་ནས་བོད་ནང་ཁུལ་དུ་སྡེ་སྲིད་སོ་སོའི་དབང་ཁོངས་ཐར་ལྟར་སྒོར་

① （རྒྱ་བོད་ཡིག་ཚང་མཁས་པ་དགའ་བྱེད་ལྕགས་པར་དེབ་ངོས273－275）

བཙན་ཡོང་རེ་བྱེད་པ་སོགས་འགལ་རྐྱེན་སྣ་ཚོགས་ཡོད་པ་ང་ཚོས་མཐོང་ཐུབ། བར་བརྒལ་དུས་སྐབས་ཀྱི་ཡམ་ཡོམ་དེ་དག་ཞི་ལྷོད་གཅིག་གྱུར་ཡོང་བའི་ཕྱིར་བོད་ཡོངས་སེ་ཆེན་གོང་མའི་མངའ་ཁོངས་སུ་ཆུག་པའི་དྲིལ་སྒྲིག་པ་དང་། བླ་མ་འཕགས་པ་བོད་དུ་ཕེབས་དུས་འགྲོན་ལམ་བདེ་བ་ཞིག་བཟོ་དགོས་པའི་ལས་འགན་དེ་གཉིས་ཆེད་དུ་བཏོན་པ་གསལ་པོ་མཐོང་ཐུབ།

ཡིག་ཚང་ལས་འབྱུང་བ་ལྟར། དར་སྨན་འཁོར་དང་བཅས་པ་མདོ་སྨད་བརྒྱུད་ཐོག་མར་བོད་དུ་བསྟན་པ་ཕྱི་དར་གྱི་ཆོས་འབྱུང་ས་ཡིན་པའི་དན་ཏིག་ཤེལ་གྱི་ལྷ་ཁང་དུ་མདོ་སྨད་ཀྱི་སེར་སྐྱ་ཆེ་ཁྲུ་རྣམས་འདུ་ཚོགས་བསྐོངས་ཏེ་གང་ལ་གང་འོས་ཀྱི་གནང་སྦྱིན་སྤྲད། གོང་མའི་བཀའ་ལུང་བསྒྲགས་ཤིང་། ལུལ་དེ་ས་འཛམ་པས་འཛའ་མོ་བདུན་བཙུགས། དེ་ནས་མདོ་སྟོད་དུ་འགྲོར་ནས་གཙོ་མདོ་བསམ་གྲུབ་(གནས་གསར་ཡང་ཟེར་)ཧུ་གོང་བཞིན་འདུ་ཚོགས་དང་འབྲེལ་མདོ་སྟོད་ཁུལ་དུ་འཛའ་མོ་དགུ་བཙུགས། དེ་རྗེས་དཔལ་ལྡན་ས་སྐྱར་དབུས་གཙང་གི་ཆེ་ཁྲུ་རྣམས་བསྐོངས་ནས་འོས་བབ་ཀྱི་གནང་སྦྱིན་སྤྲད་དེ་བཀའ་ལུང་བསྒྲགས། ཐེམ་དུད་ལ་ཞིབ་བཤེར་དང་འབྲེལ་དགུས་པས་འཛིན་དགོས་པའི་འཛའ་མོ་སོག་(ད་ལྟའི་སོག་རྫོང་)དང་ཤག ཙེ་བར། ཤ་ཕོ། རྐོང་། དགོན་སར། གྱུ་བ་(ཡངས་ཅན་ཁོངས་)བཅས་བདུན་དང་། གཙང་པས་འཛིན་དགོས་པ་སྟག་(གཞིས་རྩེའི་ཁོས་)དང་། ཚོང་འདུས། (གཞིས་རྩེའི་ཁོངས་)དར་ལུང་། ཁྲམ་མདའ་(ས་སྐྱའི་ཁོངས་)བཅས་བཞི་བཙུགས་ཤིང་། ཁྲི་སྐོར་སོ་སོས་འཛམ་སྐྱུར་སྤྲོད་དགོས་པའི་གཏན་འབེབས་བྱས་པ་བརྒྱུད། གཙོ་བོར་བོད་ཡོངས་ལ་གོང་མའི་ལུང་དང་བླ་མའི་བཀའ་ཤོག་རྣམས་ལེགས་པར་

ཁྱབ་བསྒྲགས་བྱས་པ་མ་ཟད། མི་ཆེན་དར་སྨན་གྱིས་བོད་ སྤྱི་སྙོམས་ཀྱི་གནས་ཚུལ་རྣམས་ཁོང་དུ་ཆུད་པར་བྱས་ཏེ་གོང་མའི་དྲུང་དུ་འགྱོར་ཞིང་། གནས་ལུགས་རྒྱུ་མཚན་རྣམས་ཞིབ་པར་ཞུས་པས། གོ་ཆོད་འདུག་གསུངས་གནང་སྩིན་བཙལ་ཞིང་། སོན་ཇེང་དབེན་གྱི་ཁྲིམས་རའི་རྩ་བའི་དཔོན་ཆེན་དུ་བསྐོ་བཞག་གནང་བར་གྲགས། དར་སྨན་གྱིས་གོང་མ་ལ་བོད་ཀྱི་འཇའ་མོ་རྣམས་གསར་དུ་བཙུགས་མ་ཐག་ཡིན་པས་གཏན་འཇགས་ཡོང་བ་བྱེད་པར་ཆེད་གཉེར་གྱི་མི་ཞིག་གཏོང་དགོས་པ་ཡོད་ཞུས་པ་ལྟར་གོང་མས། མི་ཆེན་ཨེ་ཇི་ལག་ཟེར་བ་ལ་བོད་འཛམ་ཤེས་པའི་འཇའ་ས་དང་། ཕྱང་ཇིའི་ལས་ག་ཁྱེན་ནས་བོད་དུ་མངགས་རྫོངས་བྱས། དེ་ནས་བཟུང་སྟེ་ཧོར་དང་ས་སྐྱ་པ་ཡོན་མཆོད་དུ་ཇེ་ཙམ་འབྲེལ་གྱི་བར་ལ་བོད་འཛམ་ཉེ་ཤུ་རྩ་བདུན་པོ་བདེ་མོར་འཛུགས་པར་བླ་མ་དཔོན་ཆེན་དང་། ཧོར་བོད་ཀྱི་གསེར་ཡིག་པ་རྣམས་འགྲོན་ལམ་བདེ་ཞིང་། བོད་འབངས་ཕྱིངས་པོ་སྐྱིད་པར་བྱུང་①ཞེས་འཁོད་འདུག་འཇའ་མོ་ནི་གསེར་ཡིག་པས་གཙོས་འགྲུལ་པར་སྟེ་ལེན་དང་སྐྱེལ་འདྲེན་བྱེད་པའི་ས་ཚིགས་ཡིན་ཅིང་། འཛམ་ཆེན་རེ་རེའི་ཁོངས་ཡན་ལག་འཛམ་ཆུང་འགའ་ཤས་རེ་ཡོད། འཛམ་ཆུང་སོ་སོའི་བར་རྒྱང་ཐག་རྟ་པའི་ཉིན་ལམ་རེ་རེ་ཡོད། འཇའ་མོ་སོ་སོར་ཁྲལ་དུད་ཁྱིམ་ཚང་ཁག་གཅིག་བཙུགས་ནས་དེ་ཚོས་འཛམ་ཁོངས་སོ་སོའི་ཁྲལ་འུལ་རྒྱུག་གི་ཡོད་དོ།

འཕགས་པ་དགུང་ལོ་གཉེར་བརྒྱད་དུ་ཕེབས་པ་སྤྱི་ལོ1262བོད་ཆུ་ཁྱི་ལོར་རྒྱལ་ནང་ནས་བོད་དུ་གསེར་དངུལ་སོགས་དངོས་པོའི་ཚ་རྐྱེན་མང་དུ་

① (རྒྱ་བོད་ཡིག་ཚང་དེབ་ངོས279)

རྫོང་གནང་མཛད་པ་ལྟར་ནང་ཆེན་ཤཱཀྱ་བཟང་པོས་ཐོག་མར་ས་སྐྱར་དཔུ་རྩེ་སྙིང་མའི་ནུབ་ཏུ་གསེར་ཏོག་ཆེ་མོ་སོགས་བཞེངས་པ་ཡིན།

སྤྱི་ལོ1264ཐོད་རབ་བྱུང་བཞི་པའི་ཤིང་བྱི་ལོར། གོང་མ་སེ་ཆེན་ཏུ་བེ་ལི་ཏྲང་ཏུའུ་ནས། ཏའི་ཏུ(པེ་ཅིན)རུ་རྒྱལ་ས་གནས་པོ་གནང་། ཡོན་རྒྱལ་རབས་ཀྱི་དེབ་ཐེར་དུ་གསལ་བ་ལྟར་ན། དེ་གར"ཙུང་གྲི་ཡོན"ཞེས་པའི་ལས་ཁུངས་ཤིག་གསར་དུ་བཙུགས་ཤིང་། དེའི་ལས་འགན་ནི་རྒྱལ་ཡོངས་ཀྱི་སངས་རྒྱས་ཆོས་ལུགས་པ་དང་། བོད་ཡོངས་ལ་བདག་སྐྱོང་བྱེད་རྒྱུ་དེ་ཡིན། ཙུང་གྲི་ཡོན་ལས་ཁུངས་དེ་སྐབས་དེར་ཡོན་རྒྱལ་རབས་སྲིད་གཞུང་གིས་བཙུགས་པའི་ཀྲུང་དབྱང་གོང་མའི་ལས་ཁུངས་བོད་ཡོངས་ཀྱིས་ལས་དོན་ལ་བདག་གཉེར་བྱེད་མཁན་ཞིག་ཡིན་ཅིང་།

འཕགས་པ་རིན་པོ་ཆེས་རྒྱལ་པོའི་བླ་མའི་མཚན་ཐོབ་ཀྱི་ཐོག་ནས་ལས་ཁུངས་དེ་ལ་བཀོད་འདོམས་གནང་གི་ཡོད་པ་དང་། ལས་ཁུངས་དེ་རང་གི་འགོ་འཛིན་ཡོན་ཧྲི་ནི་གོང་མས་མི་ཆེན་སམ་ག་ཞེས་པ་ཞིག་ལ་བསྐོ་གཞག་གནང་ཡོད། མདོར་ན་ཡོན་གོང་མས་རྒྱལ་ཡོངས་སངས་རྒྱས་ཆོས་ལུགས་ཀྱི་དགེ་འདུན་དང་། བོད་ཆོལ་ཁ་གསུམ་གྱི་ལས་དོན་ལ་བདག་གཉེར་བྱེད་པའི་དབང་ཆ་དེ་འགྲོ་མགོན་འཕགས་པ་རིན་པོ་ཆེ་ལ་གནང་བར་གྲགས།

རྒྱ་བོད་ཡིག་ཚང་ནང་འཁོད་པ་ལྟར་ན། "དབང་ཡོན་བར་མ་ལ་ཆོལ་ཁ་གསུམ་ཕུལ་བའི་ས་མཚམས་ནི། ཡུལ་མངའ་རིས་སྐུང་ཐང་མན། སོག་ལ་སྐྱ་པོ་ཡན། དམ་པ་ཆོས་ཀྱི་ཆོལ་ཁ། སོག་ལ་སྐྱ་པོ་མན། རྨ་ཆུའི་ཁུག་པ་ཡན། མགོ་ནག་མིའི་ཆོལ་ཁ། རྨ་ཆུའི་ཁུག་པ་མན། རྒྱ་མཆོད་རྟེན་

དཀར་པོ་ཡན། དུད་འགྲོ་རྟའི་ཚོལ་ཁ་དང་གསུམ་པོ་དེ། མི་རྟ་ཚོས་གསུམ་གྱི་འབྲུལ་བའི་ལུགས་སུ་བྱས་ནས་ཕྲུལ་བར་འདུག་ཅིང་། ཚོལ་ཁ་རེ་རེ་ལ་དཔོན་ཆེན་རེ་རེ་རྒྱལ་པོ་ཡོན་མཆོད་དཀའ་གྲོས་སུ་བསྟུན་ནས་བསྐོས་པར་མཛད་འདུག" ① ཅེས་གསལ་བ་ལྟར་བོད་ཀྱི་གལ་ཆེའི་གནད་དོན་རྣམས་གོང་མས་བླ་མར་བཀའ་གྲོས་དང་། བླ་མས་གོང་མ་ལ་གསལ་འདེབས་ཞུས་ནས་ཐག་གཅོད་གནང་གི་ཡོད་པ་མཚོན་གྱི་ཡོད།

དེ་ལྟར་དང་ཐོག་ཧོར་གྱི་དམག་དཔོན་རྡོར་ཐ་ཆེས་དྲག་པོའི་སྟོབས་ཤུགས་ལ་བརྟེན་ནས་བོད་སིལ་བུ་ཁ་ཐོར་གྱི་ལོ་རྒྱུས་མཇུག་བསྒྲིལ་ནས་བོད་ཡུལ་བྱིངས་ཧོར་རྒྱལ་བུ་གོ་དན་གྱིས་བདག་སྐྱོང་དང་། སྔ་སྲིད་ཆེ་ཁག་འགའ་ཞིག་ཧོར་གྱི་རྒྱལ་རྒྱུད་གཞན་དག་གིས་སྐོས་བདག་བྱེད་པ་སོགས་བར་བརྒལ་གྱི་དུས་སྐབས་ལོ་ཉི་ཤུ་ལྷག་ཙམ་བརྒྱུད་པའི་མཐར། ཡོན་གོང་མ་སེ་ཆེན་གྱི་ལུང་གིས་ཧོར་གྱི་རྒྱལ་རྒྱུད་གཞན་དག་ཆོས་བོད་ཀྱི་ཁྲི་དཔོན་ཆེ་ཁག་སོ་སོར་བཞག་པའི་ཡུལ་སྲུང་ཟེར་བའི་ཧོར་དམག་རྣམས་ཕྱིར་འཐེན་བྱེད་དུ་བཅུག་པ་ནི། ཕག་གྲུ་བྱང་ཆུབ་པའི་བཀའ་འབུམ་ནང་། "……རྒྱལ་རྒྱུད་བཞི་པོས། ཁྲི་སྐོར་སོ་སོར་སྐོས་བདག་བྱས་པར་འདུག དེ་རྗེང་མོན་གོར་རྒྱལ་པོ་གནམ་ལ་གཤེགས་རྗེས། སེ་ཆེན་རྒྱལ་པོས་རྒྱའི་རྒྱལ་སར་(གྲུང་གོའི་གོང་མའི་ཁྲི་ལ་ཟེར་) བཞུགས་དུས། བོད་ཀྱི་ཡུལ་སྲུང་ཐམས་ཅད་ཕྱིར་བསྡུས་པ་ལ། སེ་ཆེན་རྒྱལ་པོ་དང་། ཏུ་ལ་ཏུ་སྐུ་མཆེད་སྐོས་མཐུན་དུ་འདུག

① (རྒྱ་བོད་ཡིག་ཚང་དེབ་ངོས278)

པས། རང་རེའི་ཡུལ་སྲུང་ཚང་འདི་བཞག་པ་ཡིན་པར་འདུག་”① ཅེས་གསལ་བ་ལས་ཤེས་ཐུབ་ཅིང་། དེ་རྗེས་བོད་དུ་ཡོན་གོང་མའི་གཅིག་གྱུར་གྱི་སྲུང་དམག་བཙུགས་ཏེ་གཞི་ནས་བོད་ས་གནས་ཀྱི་བདག་སྐྱོང་དབང་ཆ་དེ་ས་སྐྱ་བའི་འོག་ཏུ་གཅིག་བསྡུས་བྱུང་ཞིང་། དུས་དེ་ནས་བཟུང་བོད་འདི་ཀྲུང་གོའི་གོང་མའི་མངའ་ཁོངས་སུ་དངོས་སུ་ཚུད་པ་ཡིན།

ཡོན་གོང་མ་སེ་ཆེན་ཧན་གྱིས་འགྲོ་མགོན་འཕགས་པ་རིན་པོ་ཆེ་བོད་ཡོངས་ཀྱི་དབུ་འཛིན་དུ་གཟེངས་སུ་བསྟོད་པ་མ་ཟད། བོད་ཁུལ་ནས་ས་ཞིང་དང་། སྡེ་འབངས་མང་པོ་ཞིག་ས་སྐྱ་བའི་སྒོས་བདག་ཏུ་ལུང་གིས་བཅད་དེ་ཕུལ་ཡོད་པ་དཔེར་ན་ཡིག་ཚང་ནས་འབྱུང་བ་ལྟར་ན། “ཧོར་སེ་ཆེན་རྒྱལ་པོའི་དུས། བོད་ཁམས་ཆེན་པོ་ལ། མི་རྩིས་དུད་བསྒྲངས་བྱུང་བའི་སྐབས། མདོ་སྨད་ནས་ཡར་རྩིས་པར་འདུག་པས། ག་ཆུ་རབ་ཁ་ན། ནང་སོ་ལ་གཏོགས་པའི་གཞིས་དང་། གྲུང་གའི་རྩ་ན། བླ་མ་མཁར་དང་། དེའི་འོག་ན་དེམ་ཁང་གཞིས་བྱ་བ་ཡོད་པ་དེ་རྣམས། བླ་མ་འཕགས་པ་ལ་ས་ཕུད་དུ་ལུང་གིས་ཕུལ་ནས། གན་འཛམ་ལ་ལ་སོགས་རྒྱ་བོད་ཀྱི་ཁྲལ་དུད་གང་ཡང་མི་འཁྲི་བ་གཙང་མར་ཡོད་པ་ལ་ཧོར་སོན་ལྷ་བརྒྱའི་ས་ཡིན་ཟེར་བ་འདུག་”②ཅེས་འཁོད་པ་དང་། དེ་བས་ཁྲོན་ཆེ་བ་ནི་གཙང་ཁུལ་དུ་ཡོད་པ་རྣམས་ཁྲི་སྐོར་བཅུ་གསུམ་གྱི་ཧོར་དུད་བརྩི་བའི་སྐབས་ཀྱི་ལོ་ཚན་རྗེས་མར་གསལ་ལོ། ད་དག་ནི་ས་སྐྱ་བ་རང་གི་བདག་དབང་དུ་གཙང་མར་ཚུད་པ་

① (ཧྣ་སི་ཏུའི་བཀའ་འབུམ་དེབ་ངོས110)
② (རྒྱ་བོད་ཡིག་ཚང་དེབ་ངོས277)

ཡིན་སྐབས་རྗེས་སུ་ཕག་གྲུའི་དབང་བསྒྱུར་སྐབས་ཀྱང་རྩ་བའི་ཆ་ནས་འགྱུར་ལྡོག་མ་བྱུང་བར་ས་སྐྱ་བླ་བྲང་གི་ཆོས་གཞིས་སུ་རང་འཛུགས་གནས་པ་ཡིན། དེའི་རྗེས་ནས་བོད་གཅིག་གྱུར་སྔར་ཡང་བྱུས་པའི་རྗེས་མ་ཉིད་ནས་ས་སྐྱ་བས་སྤྱི་སྐོར་བདག་གཉེར་བྱེད་སྟངས་ཀྱི་ནམ་དབྱེ་གསལ་པོ་ཕྱེ་ཡོད་པ་དེ་མཚོན་གྱི་ཡོད་དོ།

བརྒྱད་པ། འཇའ་ས་མུ་ཏིག་མ་ཞུས་བསྩལ་དང་། བླ་མ་འཕགས་པ་བོད་དུ་ཕེབས་ནས་ས་སྐྱའི་ལས་ཚན་རིམ་པ་གསར་འཛུགས་སོགས་གནང་བ།

གདུང་རབས་ལས་འབྱུང་བ་ལྟར་འགྲོ་མགོན་འཕགས་པས། གོང་མ་སེ་ཆེན་ཧན་ལ་སྔར་ཡང་བོད་དུ་དགོན་སྡེའང་བན་དེའི་ཁང་པར་གསེར་ཡིག་པ་དང་རྟོར་དམག་སོགས་ཀྱི་འཚེར་མི་འབེབས་པ་དང་། ཨུ་ལག་མི་བསྐུལ་བ། ཁྲལ་མི་འདེད་པ་སོགས་ཀྱི་བཀའ་ཤོག་ཞུ་གནང་ལ་ཞིབ་ཕྲའི་འཇའ་ས་ཇི་ལྟར་ཞུས་པ་བཞིན་ཞལ་གྱིས་བཞེས་ནས། སྤྱི་ལོ1264བོད་ཤིང་བྱི་ལོར་གནང་བའི་འཇའ་ས་མུ་ཏིག་མར་གྲགས་པ་ལས་འདི་ལྟར་འབྱུང་སྟེ། “ཚེ་རིང་གནམ་གྱི་ཤེད་མོང་ལས། བསོད་ནམས་ཆེན་པོའི་དཔལ་ལ་བརྟེན་ནས་རྒྱལ་པོ་ངེད་ཀྱི་ལུང་། དགེ་འདུན་རྣམས་དང་། མི་སྡེ་མང་པོ་ལ་བསྒྲོ་བ། འཇིག་རྟེན་འདིའི་ཕུན་སུམ་ཚོགས་པ། ཇེམ་གིར་རྒྱལ་པོའི་ཁྲིམས་ལུགས་བཞིན་སྤྱད་ན་འབྱུང་ཡང་། ཕྱི་མ་ཕན་ཚོད་ཆོས་ཀྱི་ལུགས་ལ་བརྟེན་དགོས་

པར་སྣང་བའི་དོན་ལ་ལེགས་པར་བརྟགས་ནས། སངས་རྒྱས་ཤཱཀྱ་ཐུ་བའི་ལམ་འདི་ཡང་དག་པར་མཐོང་ཞིང་། དེ་ཡང་རང་གིས་ལེགས་པར་རྟོགས་ནས་གཞན་ལ་ཕྱིན་ཅི་མ་ལོག་པར་སྟོན་པ་སློབ་དཔོན་འཕགས་པར་འདུག་པའི་དོན་ལ་དབང་བསྒྱུར་བ་ཞུགས་ཤིང་། གུ་ཤྲཱིའི་ལས་ཀ་སྤུལ་ནས། དགེ་འདུན་འདུས་པ་ཐམས་ཅད་ཀྱི་མགོན་གཉེར་ལ་བསྐོས་པ་ཡིན་པས། སློབ་དཔོན་གྱིས་ཀྱང་སྤྱིར་སངས་རྒྱས་བསྟན་པའི་ཞབས་ཏོག་དང་། དགེ་འདུན་ཀྱི་མགོན་གཉིས་དང་། ཆོས་བཤད་པ་དང་། ཉན་པ་དང་། བསྒྲུབ་པའི་མགོ་ལུང་ལེགས་པར་གྱིས། དགེ་འདུན་རྣམས་ཀྱིས་ཀྱང་། སློབ་དཔོན་གྱི་ལུང་ལས་ལོག་པ་མ་བྱེད་པར། སངས་རྒྱས་ཀྱི་བསྟན་པའི་རྩ་བ་ཡིན་པས། ཆོས་ཀྱི་ལུགས་ལེགས་པར་ཤེས་པ་རྣམས་ཀྱིས་ཤོད། གཞོན་པ་བློ་བརྟན་པ་རྣམས་ཀྱིས་སློབ། ཆོས་ཀྱི་དོན་ལེགས་པར་ཤེས་པ་དང་། བཤད་ཉན་མི་ནུས་པ་རྣམས་ཀྱིས་ཆོས་ཚུལ་བཞིན་དུ་བསྒོམ། དེ་ལྟར་བྱས་ན་སངས་རྒྱས་ཀྱི་བསྟན་པ་ཡང་དེ་ཡིན་མོད། ངེད་ཡོན་བདག་གི་ཚོགས་རྫོགས་པ་དང་། དཀོན་མཆོག་གསུམ་གྱི་ཞབས་ཏོག་བྱས་པ་ཡང་དོན་ཡོད་པ་ཡིན། ཁྱེད་དགེ་འདུན་རྣམས་ཀྱིས་བཤད་པ་དང་། ཉན་པ་དང་། བསྒྲུབ་པ་ཚུལ་བཞིན་དུ་མ་བྱས་ན་སངས་རྒྱས་ཀྱི་བསྟན་པའི་བྱ་བ་དེ་གང་ཡིན། སངས་རྒྱས་ཀྱིས་ཀྱང་ངའི་བསྟན་པ་འདི་རི་དྭགས་ཀྱི་རྒྱལ་པོ་སེང་གེ་དང་འདྲ། རང་གི་ལུས་ཀྱི་ནང་ནས་གནོད་པ་མ་བྱུང་ན་ཕྱི་རོལ་གང་གིས་ཀྱང་གཞིག་པར་མི་ནུས་ཞེས་གསུངས་པ་ཡིན་མོད། ངེད་ལམ་ཆེན་པོ་ལ་བསྟོད་ནས་ངེད་ཀྱི་ལུང་གི་ལུགས་བཞིན་བསྒྲུབ་ནས་ཆོས་ཀྱི་ལུང་ལེགས་པར་ཤེས་པ་བྱུང་ན་ཕྱོགས་རིས་མེད་པར་བཀུར་སྟི་དང་ཞབས་ཏོག་ལེགས་པར་བྱེད་པ་ཡིན། དེ་ལྟར་ལུགས་

བཞིན་བྱེད་པའི་དགེ་འདུན་རྣམས་ལ་གཞན་དམག་དཔོན་དང་། དམག་མི། མཁར་དཔོན། དར་ཁ་ཆེ། གསེར་ཡིག་པ་ལ་གཏོགས་པ་གང་གིས་ཀྱང་རི་རྒྱ་མ་བྱེད། དམག་ཁྲལ་ལས་གསུམ་གང་ཡང་མ་བཀོད་པར། ཤཱཀྱ་མུ་ནེའི་ལམ་གྱི་ལུགས་ལས་ལོག་པ་མི་བྱེད་ཅིང་གནམ་མཆོད་པ་དང་། ངེད་ཀྱི་སྨོན་ལམ་འདེབས་ཀྱིན་སྡོད་ཚུག་འདས་ནས་འཛིན་རྒྱུའི་འཇའ་ས་བྱིན་པ་ཡིན། དགེ་འདུན་རྣམས་ཀྱི་ལྷ་ཁང་དང་ཁང་པར་གསེར་ཡིག་པ་མ་བབས་སུ་ཚུག ཟ་མ་འུ་ལག་མ་ལེན་དུ་ཚུག ལྷ་ཁང་ལ་གཏོགས་པའི་ས་ཆ་དང་། ཆུ་དང་། ཆུ་ཐགས་ལ་སོགས་པ་ཅི་ཡིན་པ་ཐམས་ཅད་མ་འཕྲོགས་མ་འཐེན་ཚུག ལུགས་མེད་པའི་ཤེད་མ་ཚོང་ཚུག དགེ་འདུན་རྣམས་ཀྱིས་ཀྱང་འཇའ་ས་ཡོད་པ་ཡིན་ཟེར་ནས་ཤཱཀྱ་མུ་ནེའི་ལུགས་ལས་ལོག་པ་བྱེད་པ་གར་འཐད། ངེད་ཀྱི་ལུགས་ཀྱི་བྱི་བ་ལོའི་དབྱར་ཟླ་འབྲིང་པོའི་ཚེས་གཅིག་ལ་གཞོང་ཐོར་(ཧྲང་ཏུའུ་)”①ཞེས་བསྒྲུབ་པ་འདིའི་ནང་དུའང་འཕགས་པ་རིན་པོ་ཆེར་“གུ་ཤྲཱིའི་ལས་ཀ་ཕུལ་ནས། དགེ་འདུན་ཐམས་ཅད་ཀྱི་མགོན་གཉེར་དུ་བསྐོས་པ་ཡིན་” ཞེས་འཁོད་པ་དེའི་ཐོག་ནས་ཀྱང་ཙུང་གྲི་ཡོན་གྱི་དབུ་འདོམས་ལས་འགན་བསྐོ་བཞེས་གནང་བ་དེ་གསལ་པོར་མཚོན་གྱི་ཡོད།

བོད་དུ་མི་ཆེན་དར་སྨན་སོགས་ཀྱིས་འཇའ་མོ་འཛུགས་གཉེར་དང་ཉོར་ཁྲིམས་བདེ་འཇགས་ཀྱི་བྱ་གཞག་ལེགས་པར་བསྒྲུབས་པ་དང་བསྟུན། སྤྱི་ལོ1265བོད་ཤིང་གླང་ལོར་གོང་མའི་བཀའ་འཁྲོལ་ཏེ་བླ་མ་འཕགས་པ་བོད་དུ་ཆིབས་ཁ་བསྒྱུར། སྐབས་དེར་འགྲོ་མགོན་འཕགས་པ་དཔལ་ལྡན་ས་

① (གདུང་རབས་རིན་བང་དེབ་ངོས160 – 162)

སྐྱུའི་གདན་སར་ཞབས་སོར་འཁོད་ནས་ཆོས་ཕྱོགས་ཀྱི་མཛད་སྒོ་གསེར་ཐོག་ཆེ་མོར་རྫོང་དབྱིངས་ཀྱི་ལྷ་ཚོགས་བཞུགས་པའི་བཀྲ་ཤིས་སྒོ་མང་རིན་པོ་ཆེ་དུ་མས་བརྒྱན་པ་དང་། རྗེ་བཙུན་གོང་མ་རྣམས་ཀྱི་ཕྱི་རྟེན་སྐུ་འབུམ་བདུན་ལ་གདུགས་ཆོས་འཁོར་གསེར་ཟངས་ལས་གྲུབ་པ་དང་། ཁྱད་པར་སྐུ་འབུམ་ལ་གསེར་ཐོག་རྣམས་འབུལ་བར་མཛད། རྒྱལ་བའི་བཀའ་གསེར་བྲིས་པུ་ཏི་ཉིས་བརྒྱ་ལྷག་བཞེངས་བ། བོད་ཀྱི་རྟེན་དང་དགོན་པ་ཁག་ལ་མཆོད་འབུལ་བསྙེན་བཀུར་དང་། བཀའ་ཆོད་གནང་བ། མཁས་གྲུབ་མང་པོ་ལས་ཁྲིད་ལུང་གསན་པ་སོགས་ཆོས་ཕྱོགས་ཀྱི་མཛད་པ་རྒྱ་ཆེར་སྤེལ་གནང་བ་དང་། དུས་མཚུངས་གོང་མའི་ལུང་ལྟར་སོག་ཡིག་གསར་གཏོད་ཀྱི་གཟུགས་དང་བཛ་སྦྱོད་གསར་རྩོམ་ལ་འབད་པས་གཞོལ་བར་མཛད་ཅིང་། ལྷག་པར་བོད་ཀྱི་ལས་ཀར་ཞིབ་བཤེར་དང་འབྲེལ་ས་སྐྱའི་དཔོན་གནས་ཀྱི་ལས་ཚན་གསར་སྒྲིག་སོགས་ཐུགས་བརྩོན་ཆེན་པོས་སྒྲུབ་པར་མཛད། འགྲོ་མགོན་འཕགས་པ་ཉིད་བོད་ས་གནས་ཀྱི་ཆོས་སྲིད་ཚང་མའི་གཙོ་འཛིན་ཡིན་རུང་ཞིབ་ཕྲའི་ལས་དོན་རྣམས་བླ་མའི་ཐུགས་བཞེད་དང་མཐུན་པར་ས་སྐྱའི་དཔོན་ཆེན་ནས་ལག་བསྟར་བྱ་རྒྱུའི་གཏན་འཁེལ་གནང་། དཔོན་ཆེན་དང་པོ་གྲོམ་པ་ཤཱཀྱ་བཟང་པོ་ཡིན་ཅིང་། དེ་ནི་འཕགས་པ་རིན་པོ་ཆེས་མིང་འདོན་གནང་ནས་གོང་མ་སེ་ཆེན་ཧན་གྱིས། "དབུས་གཙང་གི་ཟམ་ཀླུ་གུན་མིན་དབང་ཧུ" ཞེས་པའི་མིང་དང་དངུལ་ཡི་ཐམ་ག་བསྐུལ་ཏེ་ལུང་གིས་བསྐོས་པ་དང་། དེའི་འོག་ཏུ་ལས་ཚན་གསུམ་སྟེ། གསོལ་གཟིམ་མཆོད་གསུམ། མཇལ་ཡིག་མཛོད་གསུམ། ཐབ་འདྲེན་གདན་གསུམ་བཅས་གསུམ་ཚན་གདམ་གསུམ་དང་། སྐྱུ་རྟ་གཉིས། མཛོ་ཁྱི་གཉིས་ཏེ་གཉིས་ཚན་གཉིས་རྣམས་བསྡོམས

པའི་ཆེན་པོ་ལ་འོས་པའི་ལས་ཚན་བཅུ་གསུམ་ཞེས་ཡོངས་སུ་གྲགས་པ་རྣམས་བསྐོ་བཞག་གཏན་འབེབས་གནང་བ་ཡིན་ཅིང་། རྗེས་སུ་དུས་རབས་བཅུ་བདུན་པའི་ནང་ཏཱ་ལའི་བླ་མ་སྐུ་ཕྲེང་ལྔ་པའི་སྐབས་དེ་སྡེའི་བོད་ས་གནས་སྲིད་གཞུང་གི་སྒྲིག་གཞི་གསར་འཛུགས་གནང་སྐབས་སུའང་མང་པོ་ཞིག་ས་སྐྱའི་ལས་ཚན་སྒྲིག་སྲོལ་ལ་གཞི་འཛིན་གནང་ཡོད་པ་སྡེ་སྲིད་སངས་རྒྱས་པས་མཛད་པའི་དངས་ཤེལ་མེ་ལོང་སོགས་ལ་གསལ། དེ་ཡང་གསོལ་གཟིམ་མཆོད་གསུམ་ཞེས་པའི་གསོལ་དཔོན་ནི། བླ་མའི་གསོལ་ཆས་ཀྱི་རིགས་ལ་ཞིབ་བཤེར་དང་། འབུལ་བསྟར་ཞུ་བའི་འགན་འཁུར་མཁན་དང་། གཟིམ་དཔོན་ནི་བླ་མའི་གཟིམ་གཡོག་དང་ན་བཟའ་སྐོར་ཆས། དེ་མིན་སྐུའི་ཉེར་སྤྱོད་རྒྱག་རྒྱིག་སོགས་བདག་གཉེར་ཞབས་ཞུའི་འགན་འཁུར་མཁན་ཡིན། མཆོད་དཔོན་ནི་མཆོད་པ་བཤེང་སྒྲིག་དང་མཆོད་ཆས་དོ་དམ་སྒྲིག་གཤོམ་སོགས་ཆོས་ཕྱོགས་ཀྱི་མཛད་སྒོའི་ཞབས་ཞུ་འགན་འཁུར་མཁས་བཅས་ཡིན། མཇལ་ཡིག་མཛོད་གསུམ་གྱི་མཇལ་ཞེས་པ་ནི་མགྲོན་གཉེར་ཏེ་བླ་མའི་མཇལ་ཁ་གཏོང་བ་དང་། མཇལ་མགྲོན་ལ་སྣེ་ལེན། ཡར་ཞུ་མར་གནང་གི་བརྒྱུད་ཚབ་ཞབས་ཞུའི་འགན་འཁུར་མཁན་ཡིན། ཡིག་མཁན་ནི་དྲུང་ཡིག་སྟེ་བླ་མའི་བཀའ་ཤོག་དང་བཀའ་ལན། ལུགས་རྩོམ་སོགས་ཡིག་འབྲིའི་ཞབས་ཞུ་འགན་འཁུར་མཁན་ཡིན། མཛོད་པ་ནི་བླ་བྲང་གཞུང་གི་སྐུ་རྒྱུ་ཕྱུག་རྫས་བསྡུ་གཏོང་གི་འགན་འཁུར་མཁན་བཅས་ཡིན། ཐབ་འདྲེན་གདན་གསུམ་གྱི་ཐབ་ནི་གསོལ་ཐབ་པ་སྟེ་བླ་མའི་གསོལ་ཇ་ཞལ་ལག་སོགས་བཟོ་བའི་འགན་འཁུར་མཁན་ཡིན། འདྲེན་པ་ནི་མཛད་སྒོ་སོགས་ཀྱི་སྐབས་དཀར་སྤྲོ་བཀྱི་འདྲེན་དང་། གནང་སྦྱིན་རྩོལ་བསྟར་སོགས་ལག་ལེན་གྱི་འགན་འཁུར་

མཁན་ཡིན། གདན་གཉེར་ནི་བླ་མའི་བཞུགས་ཁྲི་དང་། མཇལ་མགྲོན། དཔོན་རིགས་སོགས་ལ་གོ་བབ་ཀྱི་གདན་སྟེག་སྒྲིག་གཤོམ་དང་བདག་གཉེར་བཅས་ཀྱི་འགན་འཁུར་མཁན་ཡིན། སྐུ་ཧྲ་གཉིས་ཀྱི་སྐུ་དཔོན་ནི་བླ་མའི་ཆིབས་སྒྱུར་ཆེ་མོའི་སྐབས་ཆིབས་རིགས་ཀྱི་ཆིབས་དར་ཛ་ཐུག་སོགས་གྲལ་སྟར་སྒྲིག་བཀོད་ཀྱི་འགན་འཁུར་མཁན་ཡིན། ཧྲ་དཔོན་ནི་བླ་མའི་ཆིབས་ཆེན་དང་། གཟིམ་དྲེལ་སོགས་གཞུང་ཕྱོགས་ཀྱི་ཧྲ་དྲེལ་གསོ་ཚགས་བདག་གཉེར་བྱེད་པའི་འགན་འཁུར་མཁན་ཡིན། མཛོ་ཁྲི་གཉིས་ཀྱི་མཛོ་དཔོན་ནི་གཞུང་ཕྱོགས་ཀྱི་མཛོ་གཡག་འབྲི་སོགས་འཛྲུག་ལས་ཀྱི་འགན་འཁུར་མཁན་དང་། ཁྲི་དཔོན་ནི་གཟིམ་ཁྲི་གསོ་ཚགས་དང་འབྲེལ་གཙོ་བོ་མེལ་ཚེ་བའི་འགན་འཁུར་ཞིག་ཡིན་ནམ་སྙམ། ལས་ཚན་འདི་དག་འོག་མ་འོག་མ་ལས་གོང་མ་གོང་མ་གལ་ཆེ་ཞིང་གནས་བབ་མཐོ་བ་ཡིན་ནོ།

སྒྲིག་གཞི་གོང་གསལ་གྱི་ནང་དུ་ཁྲིམས་དཔོན་དང་། དམག་དོན་གྱི་དཔོན་རིགས་སོགས་རྩ་བ་ནས་མེད་པ་དེའི་ཐོག་ནས་ཀྱང་ས་སྐྱ་བ་ནི་ཡོན་མཆོད་བའི་གཅིག་གྱུར་སྲུང་འཛོམས་འོག་གི་བོད་ས་གནས་ཀྱི་འགོ་གཙོ་ཞིག་ཡིན་པ་གསལ་པོ་མཚོན་གྱི་ཡོད།

སྐབས་དེར་བོད་ས་གནས་ཀྱི་ཡུན་རིང་ལོ་རྒྱུས་དང་། མེས་རྒྱལ་གཅིག་གྱུར་གྱི་ཆབ་སྲིད་དགོས་མཁོ་བཅས་ལས་ཐོན་པའི་བོད་ཡོངས་ལ་དབང་བའི་ཆོས་སྲིད་ཟུང་འབྲེལ་གྱི་ལམ་ལུགས་དེ་ཐོག་མར་མངོན་གསལ་དུ་ཆགས་པ་ལ། ལྷ་ཚུལ་མི་འདྲ་བའི་སླང་ཕྱོགས་ཀྱང་བྱུང་ཡོད་པ་ནི། གདུང་རབས་ལས། “དེའི་དུས་སུ་ལས་ཚན་བཅུ་གསུམ་གྱི་གྲྭ་སྒྲིག་མཛད་ནས་བྱོན་པས། བཙོམ་ལྡན་རལ་གྲིས།

“སངས་རྒྱས་བསྟན་པ་བཀའ་ཕྱག་སྒྲིན་གྱིས་སྒྲིབ། །
སེམས་ཅན་བདེ་སྐྱིད་མི་དཔོན་ལག་ཏུ་ཤོར། །
སྙིགས་དུས་དགེ་སྦྱོང་དཔོན་པོའི་ཆ་ལུགས་འཛིན། །
འདི་གསུམ་མ་གཏོགས་འཕགས་པ་མིན་པར་གོ། །”

ཞེས་ཟུར་ཟའི་ཚིག་ཕུལ་བ་ལ། ཆོས་ཀྱི་རྒྱལ་པོ་ཉིད་ཀྱིས་དེའི་ལན་དུ།

“བསྟན་པ་འཕེལ་འགྲིབ་ཡོང་བ་རྒྱལ་བས་གསུངས། །
སེམས་ཅན་བདེ་སྐྱིད་རང་རང་ལས་ལ་རག །
གང་ལ་གང་འདུལ་དེ་ལ་དེ་སྟོན་བྱེད། །
འདི་གསུམ་མ་གཏོགས་(རྟོགས་) མཁས་པ་མིན་པར་གོ །”

ཞེས་གསུངས་པར་གྲགས་”①ཞེས་འཁོད་པ་དེ་ནི་དཔེ་མཚོན་ཞིག་ཡིན་ནོ།

དེ་ཡང་བཅོམ་ལྡན་རིག་པའི་རལ་གྲི་ནི་དཔལ་སྣར་ཐང་གི་ཆོས་གྲྭ་ཆེན་པོར་བཞུགས་པའི་སྐབས་དེའི་མཁས་པ་གྲགས་ཅན་ཞིག་ཡིན། ཁོང་གིས་བོད་དུ་བཀའ་འགྱུར་རོ་ཅོག་གི་གྲངས་དང་། བམ་ཚད། འགྱུར་བྱང་སོགས་ངེས་ངེས་མཛད་ཅིང་། བསྟན་བཅོས་རྣམས་ཀྱང་སོ་སོར་ཕྱེ་ནས་ཚན་ཚན་དུ་འདུ་བའི་《བསྟན་པ་རྒྱས་པར་བྱ་བ་》ཞེས་པའི་བསྟན་བཅོས་སོགས་གསུང་རྩོམ་ཡང་པོ་ཏི་བཅུ་དྲུག་ཙམ་མཛད་པར་གྲགས་པ་དང་། ཁོང་གི་སློབ་མ་བཙུན་པ་འཇམ་དབྱངས་པ་ཞེས་པ་རྗེས་སུ་ཡོན་གོང་མ་བུ་ཡན་དུ་རྒྱལ་པོའི་མཆོད་གནས་སུ་གྱུར་པ་དེས་རྒྱལ་ནང་ནས་སྣག་ཚ་དང་། འབྲི་

---

① (གདུང་རབས་རིན་བང་དེབ་ངོས174)

སྨྲུག་སོགས་ཀྱི་ཆ་རྐྱེན་བསྐྲུན་ཅིང་། བཅོམ་ལྡན་རིག་རལ་ལ་དབུས་པ་བློ་གསལ་བ་དང་། སོ་ནྟྭ་བ་བསོད་ནམས་འོད་ཟེར། རྒྱང་རོ་བྱང་ཆུབ་འབུམ་གསུམ་གྱིས་ཕྱུག་རོགས་ཞུས་ཏེ་བཀའ་བསྟན་གྱི་ཕྱི་མོ་གང་ཡོད་བསྡུས་ནས་དཀར་ཆག་འགོད་པར་མཛད། "ཁ་བའི་ལྗོངས་འདིར་བཀའ་བསྟན་གྱི་མ་ཕྱི་ཐོག་མ་ནི་བཅོམ་ལྡན་རིག་རལ་གྱིས་བསྡུས་པའི་སྣར་ཐང་གི་བཀའ་བསྟན་འདི་ཁོ་ན་ཡིན་"①པར་གྲགས། མཁས་པ་གཉིས་ཀྱི་གསུང་རྩོམ་ཤོ་ལོ་ཀ་རེ་འདིས་སྐབས་དེའི་འདི་ཞར་བྱུང་དུ་དྲངས་པ་འདིའང་དོན་མེད་པ་མ་ཡིན་སྙམ་མོ།

དེ་ལྟར་ཆོས་དང་སྲིད་ཀྱི་མཛད་འཕྲིན་མཐའ་ཡས་པ་བསྐྱངས་ཤིང་། གདུང་རབས་ལས་འབྱུང་བ་ལྟར་གོང་མ་ཆེན་པོས་སྔར་ཡང་གདན་འདྲེན་གྱི་གསེར་ཡིག་པ་ནན་ཆེར་ཕེབས་པ་བཞིན་སྤྱི་ལོ1267བོད་རབ་བྱུང་ལྔ་པའི་མེ་ཡོས་ལོར་དཔལ་ལྡན་ས་སྐྱ་ནས་མེས་རྒྱལ་ནང་སར་ཆིབས་ཞལ་བསྒྱུར་ཅིང་། དཔོན་ཆེན་ཤཱཀྱ་བཟང་པོ་ཡང་ཕེབས་སྐྱེལ་དུ་བྱོན། དཔོན་སློབ་རྣམས་མར་ལམ་གྱི་རེ་ལྡ་ཁང་དུ་ཕེབས་ནས་གནས་གཟིགས་གནང་སྐབས་བླ་མའི་ཞལ་ནས། མི་ཁོ་པ་ལ་ཉེ་གནས་གོ་ཆོད་བྱུང་བས་ལྷ་ཁང་འདི་ལྟ་བུ་བཞེངས་ཐུབ་འདུག་གསུངས་པ་དེ། དཔོན་ཆེན་པ་སྐུ་རྒྱབ་ན་ཡོད་པས་གོ་ནས་བླ་མ་དམ་པ་མཉེས་ན་འདི་ཙམ་ཞིག་རྒྱ་མཐོང་ས་ཀྱི་ནང་དུ་ཚུད་པའི་ལྷ་ཁང་གཅིག་བཞེངས་པ་ལགས་ཞུས་པས། ཤིན་ཏུ་ལེགས་གསུངས། དེ་འཕྲལ་ཐིག་ཚད་བླངས་ནས་ས་སྐྱར་འཁྱིད། ལོ་དེའི་ཕྱི་ལོར་དཔོན་ཆེན་ཤཱཀྱ

---

① (དཔལ་སྣར་ཐང་ཆོས་སྡེའི་ལོ་རྒྱུས་ལྷུག་པར་དེབ་ངོས11)

བཟང་པོས་འདམ་སོག་ཡན་དབུས་གཙང་གི་ཁྲི་སྐོར་མི་སྡེ་རྣམས་ལ་བཀའ་ཤོག་བཀྲམས་ནས་ཞུ་ལག་བསྐུལ་ཏེ་ས་སྐྱ་ལྷ་ཁང་ཆེན་མོའི་རྨང་བཏིངས། གཞན་ཡང་རིན་ཆེན་སྒང་བླ་བྲང་དང་། ལྷ་ཁང་བླ་བྲང་། དུས་མཆོད་བླ་བྲང་སོགས་ཀྱང་རིམ་བཞིན་བཞེངས་པར་གྲགས། འོན་ཀྱང་རྒྱ་བོད་ཡིག་ཚང་ནང་ལྷ་ཁང་ཆེན་མོའི་རྨང་གཞི་མི་འབྲུག་ལོར་བཏིངས་ཞེས་གསལ་ཡང་། བླ་མ་ཕེབས་པའི་ལོ་དུས་དང་མ་འགྲིག་ཁར། ལྷ་ཁང་ཆེན་མོའི་འགྲམ་གཞི་དང་ལྕགས་རི་ནང་མ་ལྕོག་བཅས་ཙམ་ལས་བཞེངས་མ་གྲུབ་གོང་དཔོན་ཆེན་ཤཱཀྱ་བཟང་པོ་གྲོངས་པ་སོགས་གང་ནས་དཔྱད་ཀྱང་། གདུང་རབས་རིན་པང་ནང་འཁོད་པའི་བོད་རབ་བྱུང་ལྔ་པའི་ས་ཕོ་འབྲུག་ལོར་ལྷ་ཁང་གི་འགྲམ་བཏིངས་ཞེས་པ་འདི་དག་པར་སྣང་ངོ་། ལྷ་ཁང་ཆེན་མོའི་ལས་མཇུག་དང་། ནང་གི་རྟེན་བཞེངས། བླ་བྲང་གསུམ་ལེགས་སྒྲུབ་བཅས་ནི་དཔོན་ཆེན་གཉིས་པ་ཀུན་དགའ་བཟང་པོའི་ལས་ཐོག་རིང་བྱས་པ་ལོ་རྒྱུས་ཀྱི་ཡིག་ཚང་ཀུན་མཐུན་པར་སྣང་ངོ་།

དེ་ནས་བླ་མ་འཕགས་པ་བྱང་ལམ་བརྒྱུད་རིམ་བཞིན་འགྲོ་དོན་མཐའ་ཡས་པ་སྐྱོང་མུར་གོང་མའི་ཕོ་བྲང་དང་ཉེ་བར་ཕེབས་པའི་སྐབས། གོང་མ་ཆེན་པོའི་སྲས་ཀྱི་ཐུ་བོ་ཛིམ་གྱིམ་དང་། བཙུན་མོ། བློན་པོའི་ཚོགས་རྒྱ་ཆེན་པོ་དང་བཅས་པས་རིན་པོ་ཆེའི་ཟ་ར་ཚགས་མངོན་པར་འཕྱུར་བའི་གདུགས་དང་། རྒྱལ་མཚན། བ་དན་གྱི་བྱེ་བྲག་སྣ་ཚོགས་པ་དང་། རོལ་མོའི་རྣམ་གྲངས་སོགས་རྒྱ་ཆེན་པོ་དང་བཅས་བསུ་བ་དཔག་ཏུ་མེད་པས་མདུན་བསྟར་ནས་ཕོ་བྲང་ཆེན་པོར་གདན་དྲངས་སོ། སེ་ཆེན་གོང་མ་དང་མཇལ་འཕྲད་གནང་སྐབས་གསར་དུ་བརྩམས་པའི་རྟོར་ཡི་གེ་ཡིག་ཕུད་བཟ་སྦྱོད་བཟ་སྦྱོད་

པའི་གཞུང་དང་བཅས་པ་འབུལ་གནང་མཛད། གོང་མ་ཤིན་ཏུ་དགྱེས་པར་གྱུར། བླ་མ་དགུང་ལོ་དྲུག་བཞེས་པ་སྤྱི་ལོ1270བོད་ལྕགས་ཕོ་རྟ་ལོར་གོང་མས་སླར་ཡང་དབང་བས་བསྐུར་ཞུས་པའི་ཚེ། མི་ཉག་རྒྱལ་རྒོད་ཀྱི་ཐམ་ག་ལ་བཅོས་བྱས་ནས་ཕྱག་ཐམ་ཤྲིང་དྲུག་མ་དང་། "གནམ་གྱི་འོག སའི་སྟེང་རྒྱ་གར་གྱི་ལྷའི་སྲས་པོ། ཡི་གེ་རྩོམ་མི། སྤྲུལ་པའི་སངས་རྒྱས། རྒྱལ་ཁམས་འཇགས་སུ་འཇུག་མི། སྐད་ངག་གི་རྒྱུ། པཎྜི་ཏ་འཕགས་པ་ཏི་ཤྲཱི" ཞེས་པའི་མཚན་གསོལ། འཇའ་ས་ཁྱད་པར་ཅན་སོགས་ཟང་ཟིང་གི་འབུལ་བ་བསམ་གྱི་མི་ཁྱབ་པ་ཕུལ། གདུང་རབས་ལས་གཞན་ཡང་གདུལ་བྱ་མང་པོར་ཆོས་ཀྱི་འཁོར་ལོ་བསྐོར་ཞིང་། རྒྱ་དང་། མི་ཉག ཧོར། ཀའུ་ལི། (ཁྲའོ་ཤན་)འཇང་། ཡུ་གུར། (ཤིན་ཅང་) ཁྲུ་སེན་ལ་སོགས་པ་དགེ་སློང་ཕོ་མོ་དང་། དགེ་ཚུལ་ཕོ་མོ་རབ་ཏུ་བྱུང་བ་སྟོང་ཕྲག་བཞི་ལྷག་ཙམ་གྱི་མཁན་པོ་མཛད་ཅིང་། བླ་མའི་དངོས་སློབ་འདུལ་འཛིན་ཆོས་ཀྱི་མགོན་པོ་བྱ་བ་དེ། སྨན་ཚེའི་(ཧང་ཀྲའུ་ཁྲུལ་)རྒྱལ་ཁམས་སུ་མངགས་ནས་ལོ་གཅིག་གི་ནང་དུ། རབ་བྱུང་དགུ་བརྒྱ་བཞི་བཅུ་རྩ་བདུན་གྱི་མཁན་པོ་གནང་། དེ་རྣམས་ལས་བརྒྱུད་པའི་དགེ་སློང་དང་དགེ་འདུན་དཔག་ཏུ་མེད་པས་གང་ནས་བསྟན་པ་རིན་པོ་ཆེ་དར་ཞིང་རྒྱས་པར་མཛད་དོ་ཞེས་འབྱུང་བ་ལྟར་མདོར་ན། འགྲོ་མགོན་འཕགས་པས་མེས་རྒྱལ་གཅིག་གྱུར་སྲུ་བརྟན་ཡོང་བ་དང་། མི་རིགས་མཛའ་མཐུན་བདེ་འཇགས་སུ་གནས་པའི་དོན་དུ་ལེགས་སྐྱེས་གཟེངས་སུ་ཐོན་པ་ཞིག་འབུལ་གནང་མཛད་ཡོད། འོན་ཀྱང་སྐབས་དེར་བོད་ས་ཁུལ་དུ་ཆོས་ལུགས་གྲུབ་མཐའ་གཞན་ཁ་ལ་སྟོབས་ཤུགས་ཀྱི་རྒྱང་གཞི་ཆེན་པོ་ཡོད་པས། ས་སྐྱ་བས་དོ་དམ་བྱེད་ཐུབ་དང་མི་ཐུབ་ནི་

ད་དུང་ཚོད་དཔག་དཀའ་བ་ཞིག་ཡོད། དེར་བརྟེན་སྤྱི་ལོ1268ལོར་བོད་རབ་བྱུང་ལྔ་པའི་ས་འབྲུག་ལོར་སེ་ཆེན་གོང་མས་སླར་ཡང་ཨ་ཀོན་དང་། མི་གླིང་གི་གཙོས་པའི་གསེར་ཡིག་པ་འཁོར་བཅས་བོད་དུ་བཏང་ཐོག ས་སྐྱའི་དཔོན་ཆེན་ཤཱཀྱ་བཟང་པོ་དང་མཉམ་དུ་དབུས་གཙང་གི་ཐེམ་དུད་ཞིབ་རྩིས་ཐེངས་གཉིས་པ་བྱས་པ་མ་ཟད། ཐེངས་དེའི་ཞིབ་བཤེར་བརྒྱུད་བོད་དབུས་གཙང་དུ་ཁྲི་སྐོར་བཅུ་གསུམ་ཞེས་པའི་སྲིག་གཞི་གསར་བཙུགས་བྱས་ཤིང་། ཡོན་གོང་མའི་ལུང་གིས་བོད་ས་ཁུལ་དུ་ས་མི་དུད་རྩིས་ཐེངས་གསུམ་བྱས་པའི་ཞིབ་ཆའི་གནས་ལུགས་རྣམས་གཤམ་དུ་འགོད་པར་བྱའོ།

དགུ་པ། འགྲོ་མགོན་འཕགས་པ་ནི་ཡོན་གོང་མའི་ཆབ་སྲིད་ཀྱི་བློ་འདྲི་ཡུལ་ཞིག་ཀྱང་ཡིན་པ།

གོང་མ་སེ་ཆེན་དང་བླ་མ་འཕགས་པ་གཉིས་ཡོན་མཆོད་ཀྱི་འབྲེལ་བ་ཙམ་མ་ཡིན་པར་གཙོ་བོ་རྒྱལ་ཁབ་ཀྱི་ཆབ་སྲིད་དོན་ཆེན་ཐད་ལ། བླ་མ་གོང་མའི་བློ་འདྲི་ཡུལ་གཙོ་བོ་ཞིག་གནང་གི་ཡོད་པར་སྣང་། དེ་ཡང་དང་ཐོག་ནས་སེ་ཆེན་ཧུ་པེ་ལེས་མི་ཆེན་དར་སླན་ལ་ཡི་གེ་གནང་བའི་ནང་། “བླ་མ་འཕགས་པ་ཁྱེད་དཔོན་འདི་པ་ཡུལ་གཞན་གྱི་རྒྱལ་པོ་ཡིན་ན། ཁོང་ཤེས་རབ་ཆེ་བས་རང་རེས་མི་ཐུབ་” ཅེས་གདེངས་འཇོག་དེ་ལྟ་བུ་གནང་བ་མ་ཟད། དོན་དངོས་ལའང་རྒྱ་བོད་ཡིག་ཚང་ལས་འབྱུང་བའི་དཔེ་མཚོན་གཅིག་ཙམ་ཞིག་དྲངས་ན། “གོང་མ་སེ་ཆེན་རྒྱལ་པོ་དང་བླ་མ་འཕགས་པ་ཡོན་མཆོད་གཉིས་ཐུགས་ནང་གཤིན་པའི་གསུང་མོལ་གནང་བའི་སྐབས་སུ།

རྒྱལ་པོས་བླ་མ་ལ། དང་པོར་ཇིང་གིར་རྒྱལ་པོས་རྒྱལ་ཁམས་ཆེན་པོ་དབང་དུ་བསྡུས་པའི་དུས་དང་། ངེད་ཀྱིས་རྒྱལ་ཁམས་འཚོས་པ་དང་འཛགས་སུ་འཛུག་པའི་དུས་སུ་ཡང་ཤེ་མོང་ལེགས་པར་འདབས་པའི་ཧོར་གྱི་དམག་མི་རྣམས་ལ། ད་ལྟ་ནོར་རྫས་ཀྱི་ཤེ་མོང་ཞན་པས་ཤེ་མོང་སྟོན་པའི་ཐབས་དང་འཚོས་ཕྱོགས་ཇི་ལྟར་བྱས་ན་འཐད་གསུངས་པ། བླ་མའི་ཞལ་ཏས། ཁྱེད་རང་ལ་ཡོད་པའི་མཛོད་ཀྱི་ཆ་རྐྱེན་དང་དམག་མི་དངོས་ཡོད་ཀྱི་གྲངས་འབོར་རྩིས་བརྒྱབ་སྟེ། ལོ་འགའ་ཞིག་གི་བར་གཏན་འཁེལ་གྱི་སྔོ་གོས་འཚོ་བའི་གནང་སྦྱིན་བསྩལ་ན་ལེགས་གསུང་བ་དེ་བཞིན་བྱས་པས། རྒ་བའི་ཧོར་དམག་ཁྲི་ཚོ་ལྔ་བཅུ་དང་། རེས་བསྐོར་གྱི་དམག་དཔུང་ཡང་ཕོན་ཇེ་ཆེར་སོང་བས། གནང་སྦྱིན་བསྩལ་བའི་ཆ་རྐྱེན་འདང་བ་ཞིག་མ་བྱུང་བར་བརྟེན་ཡང་རྒྱལ་པོས་གསུངས་པར། ད་ལྟ་ཆ་རྐྱེན་གྱིས་མ་ལྡོགས་པར་གྱུར་པས། ཧོར་ཡུལ་གྱི་སྔོ་ཕྱོགས་ན་སྨན་ཚེ་ཞེས་བྱ་བའི་རྒྱལ་པོ་དང་། དེའི་མངའ་འོག་གི་མི་སྡེ་འཁོར་པ་དང་ལྡན་པ་ཡོད་པར་འདུག དེ་རང་རེའི་དམག་གིས་བླངས་ནས་བུ་ཏའི་ཤེ་མོང་བཙོས་ན་ཨེ་འཐད་གསུངས་པར། བླ་མའི་ཞལ་ནས། ད་ལྟ་ཁྱེད་ལ་དོན་ཆེན་འདི་འདྲ་བསྒྲུབ་ཐུབ་པའི་མི་མི་སྣང་བས་མ་རེངས་དང་། ངེད་ཀྱིས་བརྟག་དཔྱད་བྱེད་གསུངས།

དེའི་ཕྱི་ལོར་རྒྱལ་པོའི་གཙུང་པོ་ཨེ་ཆེན་ཏུ་ལ་ཏུས། གོང་མ་ལ་འདབ་ནོར་དང་ལོ་གསར་གྱི་སྐྱེས་འབུལ་བ་ལ། ཁོང་རང་གི་དམག་དཔོན་བ་ཡན་ཟེར་བས་འགོ་བྱས། ཞུ་ལག་ལྔ་བརྒྱ་ཙམ་དང་དངུལ་བརྗེས་བཅས་འོང་བའི་ལམ་དུ། ཨུ་ལུག་ནོ་ཡོན་རི་དྭགས་བཤོལ་བ་ལ་འོང་ནས་བསྡམས་ར་བྱེད་པ་དང་ཕྲད། ཤེས་རབ་ཆེ་ལ་གཟུགས་བཟང་བའི་མི་དཔོན་དེ་གཉིས་རྟ་ཐོག་ནས་

དྲི་བ་དྲིས་ལན་གྱི་གཏམ་རེས་བྱས་པས་གཅིག་ལ་གཅིག་མགུ་བ་བྱུང་། ཕ་ནས་བ་ཡན་ཏའི་ཏུར་སླེབས་ནས་རྒྱལ་པོ་ལ་མཇལ་འཕྲད་ཞུ་བའི་དུས་སུ། ཕོ་བྲང་དུ་སྟོན་མོ་ཆེན་པོ་བྱེད་པ་ལ་བླ་མ་འཕགས་པའང་གདན་དྲངས། བ་ཡན་གཟིགས་པས་ཤོང་གི་སྤྱོད་པ་དང་། འགྲོ་ལུགས། ཞུ་བའི་གཏམ་བརྗོད་མཁས་པ། ཡོན་ཏན་ཆེ་བར་འདུག་པ་བླ་མས་མཁྱེན་ནས་རྒྱལ་པོ་ལ། མི་བཟང་པོ་ཨང་། མི་བཟང་པོ་བྱ་བ་ཕོ་ཏུ་ལ་ཏུ་ལ་འདུག་གསུངས་པས། རྒྱལ་པོས་དགོངས་ནས། བ་ཡན་གྱི་ཚབ་ཏུ་གོང་མའི་དམག་དཔོན་གཅིག་དང་། ལོ་གསར་གྱི་སྐྱེས་ལན་བསྐུར་ནས་བརྫངས། བ་ཡན་སྡོད་གསུངས་ནས་ནང་བློན་དུ་བཅུག རྒྱལ་པོ་དང་མཇལ་འཕྲད་ཞུས། རྟིང་བ་ཡན་གྱིས་རྒྱལ་རྒྱུད་དང་མི་དཔོན་རྣམས་ཀྱིས་སར། ཧོར་ཡུལ་ན་ཨུ་ལུག་ཟེར་བའི་མི་དཔོན་བཟང་པོ་ཞིག་འདུག དེ་རྒྱལ་པོའི་སྐུ་འགྲམ་དུ་སྡོད་འོས་པ་གཅིག་འདུག་ཅེས་བཤད་པའི་གཏམ་གོང་མས་གསན་ནས་ཨུ་ལུག་འབོད་མཁན་བཏང་། ཐུགས་ལ་བཏགས་ནས་ནང་བློན་ཆེན་པོར་གྱུར་ཏོ། བ་ཡན་དང་ཨུ་ལུག་གཉིས་གཅིག་ལས་གཅིག་བཟང་བའི་བློན་པོ་གཉིས་ཡོད་པའི་དུས་དེར། ཡང་རྒྱལ་པོས་བླ་མ་ལ། ད་བ་ཡན་འདི་སྨན་ཚོའི་ཕྱོགས་སུ་བཏང་ན་སྙམ་གསུངས་པར། དེས་འཕེར་བ་འདུག་ངེད་ཀྱིས་དོན་འགྲུབ་པའི་ཐབས་དང་རྟེན་འབྲེལ་བྱེད་གསུངས། བལ་པོ་ཨེ་ནེར་དགའ་ཞེས་པ་སྤྲུལ་པའི་ལྷ་བཟོ་ལྷ་བུ་ལ་ཞལ་ཏ་མཛད། རྡོ་ཆུར་ལྷ་ཁང་དང་ཆོས་སྐྱོང་མ་ཧཱ་ཀཱ་ལའི་སྐུ་བརྙན་འཁོར་དང་བཅས་པ་བཞེངས། རབ་གནས་བླ་མ་རང་གིས་མཛད། མགོན་པོའི་ཞལ་སྨན་ཚོའི་ཕྱོགས་ལ་གཟིགས་པ་མཛད། སློབ་དཔོན་དམ་པ་ཀུན་དགའ་ཆོས་སྐྱོང་དེར་སྒྲུབ་པ་མཛད་པ་ལ་བསྐོས། བ་ཡན་ལ་ཆིང་སང་

གི་མིང་དང་ཐམ་ག་བྱིན་ཞིང་། ཁོང་གི་གྲོགས་ལ་རྒྱའི་རིགས་ཀྱི་“བྱང་ཐིང་ཐང་ཇུས་ཐིང་ཚང་”ཟེར་བའི་མཁས་པ་གཅིག་ཀྱང་བཏང་། ཆེང་སང་གིས་འགོ་བྱས་རྫོར་དམག་ཚན་ཆེ་བ་བརྫངས་ནས། སྨན་ཚེའི་རྒྱལ་ཁམས་ཡོངས་ལ་རྗོག་གསུང་བའི་ལུང་གནང་དུས་པ་ཡན་ཆེང་སང་གིས། ངེད་སྨན་ཚེར་སླེབས་ནས་དམག་དཔོན་(དོན་)ཆེ་པོའི་བྱ་བ་འདྲ་མི་འདྲ་ཐེ་ཚོམ་བྱུང་དུས། ཞུ་བ་གཏོང་དགོས་ཏེ་ངེད་ཀྱི་གསེར་ཡིག་པ་གོང་མའི་དྲུང་དུ་འགྲོ་བ་དང་། དེ་སྒུག་པའི་བར་དུ་དམག་གི་འགྲོ་འདུག་ཇི་ལྟར་བྱེད་ཞུས་པས། ཁྱོད་བདེན་པར་འདུག ངའི་ལུང་ཡིན་གྱིས་ལ་ཁྱོད་རང་གིས་ཐག་ཆོད། བྱ་བ་རྣམས་འགྲིམ་དུ་ཆུག་གསུང་བའི་ལུང་ཐོབ་ནས་ཕྱིན་པས། ཆེང་སང་དམག་ལེགས་ནས་སྨན་ཚེའི་རྒྱལ་པོའི་ཕོ་བྲང་ཡང་ཐོབ། རྒྱལ་ཁམས་བླངས་ནས་ཐད་ཀར་མི་དཔོན་ཡང་བསྐོ་བཞག་བྱས། སྨན་ཚེ་རྒྱལ་པོའི་སྨུ་ཧི་ག་གི་གོས་གཅིག་ང་དམག་རྒྱལ་བའི་རྟགས་སུ་བྱེད་ཟེར་ནས་ཆེང་སང་གིས་བཟུང་། གཞན་ཆ་རྐྱེན་བྱིངས་རྣམས་རྒྱལ་པོ་ལ་འདབ་ཏུ་བཏང་བའི་དུས་སུ། སྨན་ཚེའི་ས་ཕྱོགས་རྒྱུས་མངའ་ཡོད་པའི་མི་འགའ་རེས་མཁར་མིག་དང་། ས་ཚ། མི་སྡེ་བཙས་བཟང་སར་ལས་ཀ་ཞུས་ཏེ་འཇའ་ས་འབྱེར་འོངས་པ་རྣམས་བ་ཡན་གྱིས་འགྲིམ་དུ་མ་བཅུག དེ་ནི་ཆ་གཅིག་ནས་དང་པོར་རྒྱལ་པོའི་ལུང་ཡོད་པ་དང་། གཉིས་ནས་མི་དཔོན་བསྐོས་ཚར་བ་རྣམས་བརྟན་དུ་མ་བཅུག་ན། མི་སྡེ་ཐོར་ཞིག་ཏུ་འགྲོ་དོགས་བཅས་བྱས་ནས་བྱ་བ་རྣམས་ཞི་འཇགས་བྱུང་རྗེང་རྒྱལ་པོའི་དྲུང་དུ་འོངས་ནས་མཇལ་དུ་འགྲོ་བའི་ཚེ་ཆེང་སང་སྡོད་རེས་དང་འཛོམས་པས་མཇལ་འཕྲད་མ་ཐུབ། ཁོང་རང་གི་ཁང་པར་མ་ལོག་པར་སྡོད་རེས་ཁང་དུ་བསྡད་པའི་བར་ལ།

རྒྱལ་པོར་ཕོ་ལ་ང་རྒྱལ་ཆེན་པོ་ཡོད་པའི་རྟོགས་པ་ཞིག་འཁྲུངས་ནས། ཟླ་གུར་ཆེ་(གམ་ཞབས་) གཅིག་བ་ཡན་ཅར་བཏང་ནས། ཁྱོད་བ་ཡན་ཚན་པའི་(སྡེ་ཚན་གཞན་གྱི་) མི་ཡིན་པ། གན་པ་(ནང་མི་) ལ་བསྲེས། མིང་དང་ལས་ཀ་ཆེན་པོ་བྱིན་ནས་བཏང་བ་ཡིན། སྨན་ཆེའི་རྒྱལ་ཁམས་སོན་པ་ལ། བརྩོན་འགྲུས་བྱང་ཕེང་ཆང་གིས་བྱ་བ། མིང་ཁྱོད་ཀྱིས་བླངས་ནས་ང་རྒྱལ་མ་བྱེད་གསུང་བའི་བཀའ་བསྒྱུར་ནས་བཏང་། ཟླ་གུར་ཆེས་བཤད་པའི་ལན་དུ། རྒྱལ་པོ་ལ་ངའི་དོན་ལ་རྒྱལ་པོ་ཐུགས་བདེ་བར་མཛོད། ཚན་པའི་མི་ཚན་པ་ལ་བཞག་ན་ཚན་པར་འགྲོ། མིང་ལས་ཀ་བྱིན་པ་འབེབས་ན་རྒྱལ་པོའི་རང་དབང་ཡིན། སྨན་ཆེའི་རྒྱལ་ཁམས་ལེན་པ་ལ། བརྩོན་འགྲུས་བྱང་ཕེང་ཆང་གིས་བྱས་ནས་མིང་བ་ཡན་གྱིས་བླངས་གསུངས་ཏེ། དེའི་རྒྱུ་མཚན་སྨན་ཆེ་བ་རྣམས་ཀྱིས་ལབ་སྙེ་ཡོང་། རྒྱལ་པོ་ཁྱེད་ཀྱི་དོན་རྣམས་གྲུབ་པས་མི་ཆོག་གམ་ཞུས་ནས་བཏང་བ་དང་། གཏམ་དེ་རྒྱལ་པོ་ལ་ཞུས་པས། ངའི་གཏམ་དེ་མགྱོགས་དྲགས། ཕོས་འདི་འདྲ་ཟེར་འོང་བར་རྟོགས་གསུངས་སྐད། དེའི་རྗེང་རྒྱལ་པོས་འཇའ་ས་བྱིན་ནས་སྨན་ཆེར་བཏང་བའི་མི་དཔོན་ཕྱིང་སང་གིས་འགྲིམ་དུ་མ་བཙུག་པ་དེ་རྣམས་ཀྱིས། བ་ཡན་གྱིས་སྨན་ཆེ་རྒྱལ་པོའི་ཆ་རྐྱེན་རྣམས་རང་ནོར་བྱས། གན་མཛོད་དུ་མ་ཕུལ། འཇའ་སས་བསྐོས་པའི་མི་འགྲིམ་དུ་མ་བཙུག་པར་ཕོ་རང་གི་མི་རྣམས་ལས་ཀ་ལ་བསྐོས་ཟེར་ནས་གཏུགས་གཤེར་བྱུང་བ་ལ། བ་ཡན་རང་ལ་དྲིས་གསུངས། བ་ཡན་བཟུང་ནས་ཕྱི་རོལ་ན་བཞག་ཡོད་པའི་དུས་སུ། ཞུ་ལུག་ནོ་ཡོན་ཕྱི་ནས་ནང་དུ་འཛུལ་ཏེ་རྒྱལ་པོའི་དྲུང་དུ་འགྲོ་བ་མཐོང་ནས་ཕྱིང་སངས་གིས། ཞུ་ལུག་ཨན་ཏ། ཁྱོད་ཀྱིས་མ་གོ་རྒྱུ་ཅི་ཡོད་བྱས་པས། ངས་གོ་ཡོད་ཟེར་ནས་

གོང་མ་ལ་ཞུས་པར། བ་ཡན་ཕྱིང་སང་ལ་མི་ངན་པས་གཏུགས་བཤེར་བྱས། ཕོང་བཟུང་ནས་གྲུམ་བཙོམ་（དམའ་ཕབ་）འདུག བ་ཡན་མི་གཅིག་རང་རེས་གསོད་ཀྱང་སླ། རྩ་རྐང་གཅིག་གཅོད་པ་དང་ཁྱད་ཅི་ཡོད་དེ། སྔོན་ཆེའི་རྒྱལ་ཁམས་པ་རྣམས་ཀྱིས་རྒྱལ་པོ་ཁྱེད་ལ་འཕྲུ་དགོད་མི་ཡོང་ངམ་ཞུས་པས། དེ་བདེན། ཕོ་བྲོངས་གསུངས་ནས་ལས་ཀ་ཕབ། ཕོང་རང་གི་ཁྱིམ་དུ་ཡོད་པའི་དུས་རེ་ཞིག་ན། བ་ཡན་གྱི་（འོག་གི་）དམག་འཐོར་ཆེན་དེ་ཚོས་ཧོར་ཡུལ་དུ་དཔུང་འཇུག་བྱེད་པ་འདུག་ཟེར་བའི་ཨུར་སྒྲ་ཆེན་པོ་བྱུང་ནས་བློན་པོ་རྣམས་སྐྲག་སྟེ། རྒྱལ་པོ་ལ་ཅི་དྲག་ཞུས་པས་ཁྱེད་རྣམས་གྲོས་ཀྱིས་གསུངས་པ་ལ། ཕོང་རྣམས་ཀྱིས་གྲོས་བྱ་རྒྱུ་མ་རྙེད་པས་རྒྱལ་པོ་ལ་བསྐྱར་ཞུ་ནས་ཞུས་པར། ཁྱེད་རྣམས་ཀྱིས་བྱ་ཐབས་མ་རྙེད་ན་ཐབས་ཤེས་བྱས་ནས་བ་ཡན་ལ་གྲོས་དྲིས་གསུངས་པ་ལྟར་ཕྱིན་པས། ཕྱིར་སང་ན་རེ། ང་གོ་མ་ཆོད་པར་ལས་ཀ་ཕབ་ནས་བསྡད་པའི་མིས་ཅི་ཤེས། ཁྱེད་རང་རྣམས་ཤེས་མོད་ཟེར་བ་བྱུང་ནས་དེ་བཞིན་རྒྱལ་པོ་ལ་ཞུས་པས། གོང་མ་རང་གི་ཚུར་བ་ཡན་པོས་ནས་གྲོས་དྲིས་པར། རང་རེའི་ཧོར་དམག་རྣམས་ཀྱི་སྙིང་དུ་མི་བཟང་པོ་བསྐོས་ཏེ། དམག་གིས་འཐབ་ན་ཐུབ་ཡོང་མོད་ཞུས་པས། བ་ཡན་ཕྱིང་སང་འགྲོ་དགོས་གསུངས་ཏེ་དམག་དཔོན་ལ་བསྐོས་ནས་བཏང་། ཕོང་འགྲོ་བའི་སྐྱེལ་ཐུབ་གི་སར། རྒྱལ་པོས་བ་ཡན་ཕྱིང་སང་ཅི་ཟེར་ཉན་ན་བྱེད་མཁན་བཏང་། ཕྱིང་སང་ཧ་ཞེན་ནས་འགྲོ་ཁར། སྟོད་པའི་བློན་པོ་སྐྱེལ་ཐུང་པ་རྣམས་ལ། ཁྱེད་མི་མངགས་པར་འདི་འདྲ་བའི་མི་མངགས་པ་ཨང་ཟེར་བ་ཐེངས་གསུམ་པ་ལབ་ནས་སོང་། ཟེར་བ་ཐོས་ནས་རྒྱལ་པོ་ལ་ཞུས་པར། གཏམ་དེ་མ་བཟང་བ་ཡན་ལ་ལོག་ཤོག་གྱིས་གསུངས

པས་མི་བཏང་བས་བ་ཡན་ཟེམ་དེམ་འཛའ་མོར་སློབས་པ་ཕྱིར་ཕོས་ནས། སང་སྤུ་མོར་ཕྱིར་འཁྱོར་པ་དང་རྒྱལ་པོས། བ་ཡན་ཁྱོད་ཀྱིས་ཁ་སང་ཇེ་ཀོན་ཐིང་ནས་ཧ་ཞོན་ཏེ་འགྲོ་ཁར་ཅི་ལབ་གསུངས་པར། ཅང་མ་སྨྲས་ཟེར། རྒྱལ་པོ་རང་གིས། ཁྱེད་མི་མངགས་པར་འདི་འདྲ་བའི་མི་མངགས་པ་ཨང་ཟེར་བ་ཁྱེད་ཀྱིས་སྨྲས་པ་མིན་ནམ་གསུངས་པར། དེ་བདེན་ཟེར། ཅིའི་དོན་སྨྲས་བྱས་པས་ཕྱིང་སང་གིས་ཞུས་པ། ངས་སྔོན་ཚེའི་རྒྱལ་ཁམས་བླངས་ནས་རྒྱལ་པོ་ཁྱེད་ལ་གཏད་པ་དེ། ཉི་མ་ཤར་ནས་ནུབ་ཀྱི་བར་དུ་རྒྱལ་ཁམས་པ་རྣམས་ཀྱིས་ཤེས་པ་ཡིན། དེའི་རྗེང་ལ་ང་ཉེས་པ་མེད་པ་དམངས་སུ་ཕབ་ནས་བཞག་པ་དེའང་། ཉི་མ་ཤར་ནས་ནུབ་ཀྱི་བར་དུ་ཐོས་ཡོད། འདི་ལྟ་བུའི་སྐྱོན་ཅན་གྱི་མི་གཏོང་བ་ནི། བྱང་ཕྱོགས་ཧོར་གྱི་ཡུལ་ན་རྒྱལ་པ་ཁྱེད་ཀྱི་རྒྱུད་པ་མི་ཆེ་ལ་མང་བ་རྣམས་ཡོད། ང་བཀྱིག་ཐོག་པའི་མི་ཁོང་ཚོའི་སྟེང་དུ་བསྐོས་ནས་བཏང་ཙ་ན། ཁོང་རྣམས་ཀྱང་རྒྱལ་པོ་ཁྱེད་ལ་ཡིད་ཆེས་བྱེད་སྲིད་དམ། དམག་པོ་ཆེའི་བྱ་བ་ཇི་འདྲ་ཡོང་ངམ་བསམ་ནས་ལབ་པ་ཡིན་ཞུས་པས། རྒྱལ་པོ་ན་རེ། ཁྱོད་བདེན། ས་ཡན་ལས་བདེན་པ་མེད། ད་ལྟ་རང་འཛའ་སབྲིས། བ་ཡན་གྱིས་སྔོན་ཚེའི་རྒྱལ་ཁམས་བླངས་པ་དང་། ཤེ་མོང་འདབས་པ་རྣམས་འཛའ་སའི་སྟོད་དུ་བྲིས། མི་ངན་པས་རྫུན་ཞུ་བྱས་པ་རྣམས་བར་དེར་བྲིས། བ་ཡན་བདེན་པ་ཡིན་པས་མིང་དང་ཤེ་མོང་བསྟན་པ་རྣམས་རྗེང་ལ་བྲིས་ལ། རྒྱལ་རྒྱུད་བུ་བུ་མོ། མག་པ། དམག་དཔོན། དམག་མི། མི་དཔོན། མི་སྡེ་རྣམས་ཀྱིས་ཤེས་པར་གྱིས་ལ། བ་ཡན་ཕྱིར་སང་འགྲིམ་དུ་ཆུག་གསུང་བའི་ལུང་བསྩལ། བ་ཡན་གྱིས་དམག་དཔུང་ཁྲུལ། ཧོར་ཡུལ་རྒྱལ་ཁམས་བདེ་བར་བྱས་ནས་ཚུར་འཁོར་བ་དང་།

རྒྱལ་པོས་ཀྱང་བ་ཡན་ལ་གཞན་དང་མ་འདྲ་བར་ཐུགས་ལ་འདོད་པ་བཟང་པོ་མཛད། རྒྱལ་རྒྱུད་བློན་པོའི་ཚོགས་རྣམས་ཀྱིས་ཀྱང་ལེགས་པར་བཀུར་བའི་བློན་པོ་རིན་པོ་ཆེ་ཡིན་པར་འདུག བླ་མ་འཕགས་པ་ལ་རྒྱལ་པོས་ཆོས་ཞུ་བ་ལྷ་ཅི་སྨོས། འཛིག་རྟེན་གྱི་བྱ་བ་ཆེན་པོ་རྣམས་ཀྱང་བཀའ་གྲོས་གནང་བའི་གཏན་ཚོགས་གཅིག་འདི་ཡིན་”①ཞེས་འཁོད་པ་མ་ཟད། དུས་བུ་དེའི་མཇུག་ཏུ་སྟག་ཚང་པ་དཔལ་འབྱོར་བཟང་པོས་འདི་དག་རང་བསྟོད་དང་ངག་རྒྱུན་ཙམ་མ་ཡིན་པ་སྟོན་ཆེད། “ཡི་གེ་འདིའི་ངོ་བོ། ཙོང་ཞུ་ཞིང་གི་ཁྲིམས་ར་ན་བཅའ་ཚེ་བླངས་འདུག་པ། དེའི་ངོ་བཤུས་སྲིག་པོ་ཁ་ཕྱིང་སང་གེས་དཔོན་ཆེན་དབང་ཕྱུག་བརྩོན་འགྲུས་བདག་ལ་བྱིན་ནས། ཡུ་གུར་གྱི་ཡི་གེ་ངོ་བོ་དང་། ཏའི་དབེན་ཐོང་ཧེའི་དེབ་ཐེར་ཧོར་ཡིག་མ་དང་ལྷན་དུ་ཡོད་པ་ཡར་ལུང་པས(ཕག་གྲུ་ལ་ཟེར)ཁྱེར་འདུག་ནའང་། དོན་འདི་རྣམས་བློ་ལ་ཡོད་པས་སྐབས་དོན་བྲིས་པ་ཡིན་”②ཞེས་ལུང་ཁུངས་དཔོན་ཆེན་དབང་བརྩོན་གྱི་ལག་བྲིས་ལས་དྲངས་པ་དང་། དེའི་ཕྱི་མོ་ཡང་ཡུ་གུར་གྱི་ཡི་གེའི་ཐོག་ཡོད་པ་སོགས་གསལ་འགོད་གནང་འདུག་པ་བཅས་ལོ་རྒྱུས་ཁུངས་བཙན་ལ་བརྟེན་འདིར་རགས་བསྡུས་ཙམ་དྲངས་ཤིང་། འཕགས་པ་རིན་པོ་ཆེས་ཡོན་རྒྱལ་རབས་ཀྱི་དམག་དོན་དང་། བློན་ཆེན་འདེམས་བསྐོ་སོགས་ཀྱི་དོན་ཆེན་ལ་གོང་མར་གྲོས་འདོན་གནང་སྟེ་མེས་རྒྱལ་གཅིག་གྱུར་ཆེན་པོ་ཡོང་བའི་བྱ་གཞག་ནང་ལེགས་སྐྱེས་ཡང་བསྐྱར་འབུལ་གནང་མཛད་པ་དེ་ཡོན་

① (ཡིག་ཚང་མཁས་པ་དགའ་བྱེད་ཡིག་རྙིང་བྲིས་མ་ཤོག་གྲངས199)

② (ཡིག་ཚང་མཁསཔ་དགའ་བྱེད་ཡིག་རྙིང་ཤོག་གྲངས206)

རབས་ཀྱི་དེབ་ཐེར་ནང་དུའང་འཁོད་ཡོད་པ་ནུས་ལྡན་གྱི་གསར་བཤད་བྱེད་ཐུབ་བོ།

གཞན་ཡང་། མི་ཆེན་སང་཰ྒ་བྱ་བ་རྒྱུད་པ་བཀའ་མ་ལོག་ཡིན་པའི་མི་གཞོན་ནུ་གཅིག ཧོར་སྐད། རྒྱ་སྐད། ཡུ་གུར་སྐད། བོད་སྐད་ལ་སོགས་སྐད་རིགས་སྣ་ཚོགས་ཤེས་པའི་ལོ་ཙཱ་བ་ཞིག་ཐོག་མར་མདོ་སྨད་རྒྱ་བོད་ཀྱི་མཚམས་སུ་བླ་མ་འཕགས་པའི་དྲུང་དུ་བཅར་ནས། ཤེ་མོང་འདབ་པར་ཞུ་བྱས་པས་ལོ་ཙཱ་བར་བཅུག བླ་གུར་ཆེའང་བྱེད་ཀྱི་ཡོད་པའི་དུས་སུ། ཁོང་ཤེས་རབ་ཆེ་ཞིང་། སྐད་རིགས་མཁས་པའི་དོན་ལ་བླ་མ་མཉེས་ནས་རྒྱལ་པོའི་དྲུང་དུ་ཡང་ཡང་མངགས་པས། གོང་མས་ཀྱང་ཤེས་རབ་དང་ཡོན་ཏན་ལ་དགོངས་ནས་བླ་མ་ལས་བསླངས། ལས་ཀ་རིམ་པར་བསྐོས་པས་གོ་ཚོད་པོ་བྱུང་། སོན་ཆེང་དབེན་གྱི་མི་དཔོན་ལ་བསྐོས①པ་སོགས་དེའི་ལོ་རྒྱུས་ཀྱང་ཞིབ་ཙམ་འདུག་ཏུང་ཡི་གེར་འཇིགས་ནས་གོང་གི་དཔེ་མཚོན་དེས་འཐུས་པ་བྱས་ཤིང་། སང་཰ྒ་འདི་ནི་བླ་མ་འཕགས་པ་སྐུ་གཤེགས་སྐབས་བོད་དུ་འོངས་ཏེ་པ་རྣམ་བྱ་རོག་རྫོང་ཕབ་ནས་དཔོན་ཆེན་ཀུན་དགའ་བཟང་པོ་ཁྲིམས་ཀྱིས་སྒྲོལ་མཁན་དེ་ཡིན་ལ། ཁོང་གིས་བོད་ཀྱི་འཇའ་མོ་བསྒྱུར་སྒྲིག་བྱས་པ་སོགས་གཤམ་དུ་གསལ་ལོ། །

① （རྒྱ་བོད་ཡིག་ཚང་ལྷུགས་པར་དེབ་ངོས288）

བཅུ་པ། འགྲོ་མགོན་འཕགས་པ་སླར་ཡང་བོད་དུ་ཕེབས་ནས་སྐུ་གཤེགས་པ་དང་། བོད་དུ་ཡོན་རབས་ཀྱི་ས་སྐྱོང་དམག་དཔུང་བསྐྱར་འཛུགས་བྱས།

འཕགས་པ་རིན་པོ་ཆེས་ནང་སར་འགྲོ་དོན་དཔག་མེད་བསྐྱངས་པ་དང་། ཡིག་ཚང་ལས་འབྱུང་བ་ལྟར་སེ་ཆེན་གོང་མར་ཡང“ དབང་བསྐུར་རིམ་པར་མཛད་པའི་དབང་ཡོན་ལ་རྒྱལ་པོས་བོད་ཆོལ་ཁ་གསུམ་དང་། རྒྱའི་མི་ཡུར་ཆེ་མོ་ཕུལ། བསྔོ་བས་རྒྱས་བཏབ”①ཅེས་གསལ་བར་དཔགས་ན་དབང་ཆེན་ཐེངས་གསུམ་པ་ནི་སྐབས་འདི་དག་ཏུ་གནང་བར་མངོན། དེ་ལྟར་ཐེངས་རྗེས་མ་འདིར་ཡང་ལོ་བརྒྱད་ཙམ་རིང་སེ་ཆེན་གོང་མའི་སྐུ་གམ་དུ་བཞུགས་ཏེ་ལུགས་གཉིས་ཀྱི་སྒོ་ནས་རྒྱལ་ཁམས་བདེ་བར་འགོད་པའི་མཛད་པ་རླབས་ཆེན་བསྐྱངས་ཤིང་། སླར་ཡང་བོད་དུ་ཕེབས་རྒྱུའི་ཞུ་བ་གནང་བ་དང་། གོང་མ་ལ་ཡང་བསྐྱར་རྒྱལ་ནང་དུ་གང་མྱུར་ཕྱིར་ཕེབས་མཛད་རྒྱུའི་ཞལ་བཞེས་དང་བཅས་ཆིབས་འདེགས་པར་བཙམ་པ་ན། གོང་མ་ཡང་ཐུགས་འབྲལ་མི་ཕོད་པ་ལྷ་བུའི་སྣང་བ་འཁྲུངས་ནས་སྐྱེལ་ཐུང་ལ་ཕེབས་པ་ཞག་ནས་ཟླ་བར་སླེར་ཏེ། མཚོ་སྔོན་གྱི་རྨ་ཆེན་སྤོམ་རའི་འདབས་ཞོལ། རྨ་ཆུའི་ཁུག་པའི་སའི་ཆ་བར་དུ་སྐྱེལ་མ་གནང་བར་གྲགས་ཤིང་། ད་དུང་རྒྱལ་སྲས་ཇིམ་གྱིས་འཁོར་དང་བཅས་པ་གདན་ས་ས་སྐྱ་རང་དུ་ཕེབས

① (རྒྱ་བོད་ཡིག་ཚང་དེབ་ངོས329)

སྐྱེལ་ དུ་ མངགས་ པར་ མཛད། དེ་ ནས་ རིམ་ བཞིན་ ཕེབས་ ཏེ་ སྤྱི་ལོ1276ཐོད་རབ་ བྱུང་ ལྔ་ པའི་ མེ་ བྱི་ ལོར་ གདན་ ས་ དཔལ་ ལྡན་ ས་ སྐྱར་ཞབས་སོར་འཁོད་པ་དང་། དེའི་ ཕྱི་ ལོ་ གོང་ མའི་ རྒྱལ་ སྲས་ ཇེམ་ གྱིས་ སྦྱིན་བདག་བྱས་ནས། གཙང་ གི་ ཆུ་ མིག་ རིང་ མོའི་ (ད་ལྟ་ གཞིས་ རྩེ་ གྲོང་ ཁྱེར་ཁོངས་) ཆོས་སྡེ་ ཆེན་ པོར་ འགྲོ་ མགོན་ འཕགས་ པས་ ཆོས་ ཀྱི་ འཁོར་ ལོ་ རྒྱ་ ཆེ་ཞིག་བསྐོར་བར་མཛད། བོད་ཡུལ་སྟོད་སྨད་གང་ས་ནས་དགེ་འདུན་ཁྲི་ཕྲག་བདུན་ཙམ་དང་། ཆོས་ སྨྲ་ བའི་ བཤེས་ གཉེན་ གཞུང་ ལུགས་ དུ་ མའི་ ཕ་ རོལ་ཏུ་སོན་པ་སྟོང་ཕྲག་དུ་མ། སྐྱེ་བོ་ཕལ་པ་དང་བཅས་མི་གྲངས་འབུམ་ཕྲག་ཏུ་ལོངས་པ་ ལ་ བླ་ བ་ ཕྱེད་ ཙམ་ གྱི་ རིང་ ཆོས་ དང་། ཟང་ ཟིང་ བསྙེན་ བཀུར་གཟབ་རྒྱས་བློ་ཡུལ་ ལས་ འདས་ པ་ ཞིག་ གནང་ བ་ དེ་ ལ་ ཆུ་ མིག་ ཆོས་ འཁོར་ཞེས་བོད་ཀྱི་ལོ་རྒྱུས་ཐོག་སྐད་གྲགས་ཡོད་ཅིང་། དེ་དག་ལ་བརྟེན་ནས་བོད་དུ་སེ་ཆེན་ཆོས་རྒྱལ་རྒྱལ་པོ་ཞེས་ཡོན་ གོང་ མའི་ སྙན་ གྲགས་ ཀྱང་ ཕྱོགས་ ཀྱི་ ཐ་གྲུར་ཁྱབ་པ་བྱུང་། བླ་མ་འཕགས་པས་སྐུ་ཚེའི་སྨད་ལ་གཙོ་བོ་འཆད་རྩོད་རྩོམ་གསུམ་ སོགས་ ཆོས་ ཀྱི་ མཛད་ པས་ དུས་ འདའ་ བས་ གསུང་ རྩོམ་ གྱི་ རྣམ་གྲངས་ཀྱང་ཧ་ཅང་མང་བ་ས་སྐྱ་བཀའ་འབུམ་དུ་གསལ་ཞིང་། མཁས་ཤིང་གྲུབ་ པའི་ སློབ་ མའང་ བགྲངས་ ཀྱིས་ མི་ ལང་ བ་ ཞིག་ བྱུང་ བ་ དང་། ཕྱོགས་གཞན་ཞིག་ནས་ཧོར་བོད་ཀྱི་ཆེ་རྒུ་རྣམསམ་དང་གྲུབ་མཐའ་རིས་མེད་ཐམས་ཅད་ལ་ཕྱོགས་རིས་མེད་པར་ཞི་དུལ་མཉེས་གཤེན་གྱིས་སྐྱོང་ཞིང་། ཀུན་ལ་ཕན་པའི་ཆོས་སྲིད་ཀྱི་སློབ་སྟོན་བསླུལ་བ་བཅས་ལ་བརྟེན་ནས་རྒྱལ་ཁམས་བདེ་འཇགས་དང་། མི་རིགས་མཐུན་སྒྲིར་སོགས་ལ་མཛད་རྗེས་ཕུལ་དུ་བྱུང་བ་ཇི་སྙེད་ཅིག་འཇོག་གནང་མཛད་པ་ལགས་སོ།

མཐར་འཕགས་པ་རིན་པོ་ཆེ་སྐུ་གཤེགས་པའི་སྐོར། གདུང་རབས་དང་ཡིག་ཚང་སོགས་ཀྱི་ནང་། དགུང་གྲངས་ཞེ་དྲུག་བཞེས་པའི་ལྕགས་འབྲུག་ལོའི་ཟླ་བ་བཅུ་གཅིག་པའི་ཚེས་བཅུ་དགུ། ཉི་ཤུ། ཉེར་གཅིག་བཅས་ལ་གཟིམ་ཁང་རང་དུ་བཞུགས། ཆོས་ཉེར་གཉིས་ཉིན་ངོ་མཚར་བའི་ལྟས་དུ་མ་དང་བཅས་དཔལ་ས་སྐྱའི་ལྷ་ཁང་བླ་བྲང་དུ་མྱ་ངན་ལས་འདས་ཚུལ་ཙམ་ལས། བསྟུན་བབ་སོགས་ཁ་གསལ་གང་ཡང་མི་སྣང་མོད། འོན་ཀྱང་བླ་མ་འཕགས་པ་གཤེགས་རྐྱེན་འདི་ལ་དོགས་པའི་གནད་ཆེན་པོ་ཞིག་ཡོད་དེ་དཔེར་ན། གདུང་རབས་ལས། "དེ་ནས་སྐུ་གདུང་བཞུ་ལ་ཕུལ་བས་བླ་མ་འདི་མངའ་ཐང་ཤིན་ཏུ་ཆེ་བ་ལ་བརྟེན་ནས་གཙུག་ལག་ཁང་མང་དུ་བཞེངས་པ་དང་། རྒྱ་བོད་ཀྱི་བར་ལ་ཡང་ཡང་འགྲོན་འགྲུལ་སོགས་ལུགས་གཉིས་ཀྱི་གནང་སྐྱོང་ཆེ་བས་ཁྲལ་ཨུ་ལག་སོགས་ལ་མི་སྡེ་སྐྱལ་དམན་རྣམས་མ་དད་པའི་དམ་ཚིག་གི་ཉེས་པ་ཙུང་ཟད་ཀྱི་རྣམ་པས་གདུང་རུས་ཕལ་ཆེར་ནག་པོར་བྱུང་"[①]ཞེས་དང་ཡང་། "དེ་ནས་ཕུར་རུས་ནག་པོར་བྱུང་བ་དང་། ལྷག་པར་གཤེགས་པའི་གཏམ་རྒྱ་ཡུལ་དུ་སྙིལ་བར་ཕྱིན་ན་རྒྱལ་པོའི་ཆད་པ་འོང་ཟེར་ནས་སུས་ཀྱང་འགྲོ་མ་འདོད་པ་ལ། གདུང་རུས་རྣམས་ལ་བ་སོ་བརྫུངས་ནས་བསྐྱེས་ཏེ་ཏི་ཤྲི་གྲགས་པ་འོད་ཟེར་བདག་ཉིད་ཆེན་པོའི་(འཕགས་པ་ལ་ཟེར་)མཆོད་དཔོན་ཡིན་པས་དེ་ན་རེ། ད་ཆད་པ་བྱུང་ཡང་བླ་མའི་ཆེད་དུ་ཡིན་པས་ངས་ཕྱིན་ཆོག"[②]ཅེས་གསུངས་ནས

---

① (གདུང་རབས་རིན་བང་དེབ་ངོས230 - 231)

② (གདུང་རབས་རིན་བང་དེབ་ངོས230 - 231)

ཕེབས་ཚུལ་སོགས་གསལ་བའི་ཐད། ཁྲལ་འུལ་སྡང་བས་མི་སྡེས་ཁ་བཏང་བ་དོན་ལ་གནས་སྲིད་ཀྱང་། ཕུར་བུས་ནག་པོ་རྒྱུར་པའི་འགན་དེ་ངལ་རྩོལ་མི་སེར་མང་ཚོགས་ལ་གཡོགས་པ་ནི་དོན་དངོས་མི་མཐུན་པ་དང་གཅིག བླ་མ་རང་བཞིན་གྱིས་སྐྱ་གཤེགས་པ་ཡོད་ན་རྒྱལ་པོའི་ཆད་པ་ཕོག་དོན་མེད་པ་དང་གཉིས། དེ་བཞིན་ཡིག་ཚང་ནང་“བླ་མ་ས་སྐྱར་ཕྱིན། དཔོན་ཆེན་ཀུན་དགའ་བཟང་པོས་དམ་ཉམས་བྱས་པའི་རྒྱུ་རྐྱེན་གྱིས་གོང་དུ་ཞུ་བ་བཏང་པས། མི་ཆེན་སམ（སང་）ཀྲས་མགོ་བྱས། ཁྲིམས་དམག་སྟོབས་ཆེ་བ་འཁྲིམས་གསུང་བའི་ལུང་བྱུང་”ཞེས་གསལ་རུང་ཡང་སྙིང་ཀུན་དགའ་བཟང་པོས་ཉེས་པ་གང་བྱས་དང་། གོང་དུ་ཞུ་བ་གཏོང་མཁན་སུ་ཡིན་སོགས་གསལ་ཁ་ཅི་ཡང་མ་གཏོད་པ་དང་གསུམ་བཅས་ཡིན། དེ་སྐོར་རྒྱལ་རབས་འཕྲུལ་གྱི་ལྡེ་མིག་སོགས་ཕྱོགས་གཞན་གྱི་ཡིག་རིས་ལ་ལར་བྲུར་ཙམ་འབྱུང་བ་ལྟར་ན། སྐབས་དེའི་འགྲོ་མགོན་འཕགས་པའི་ཉེ་གནས་ཆེ་མོ་དང་། དཔོན་ཆེན་ཀུན་དགའ་བཟང་པོ་གཉིས་དབང་ཆར་མ་འཆམས་པས་ཉེ་གནས་ཀྱིས་བླ་མ་ལ་སྣན་ཕྲ་ཡང་ཡང་ཞུས་ནས་དཔོན་ཆེན་དང་འགལ་བླ་བཟོས་པ་མ་ཟད། ཉེ་གནས་དེས་ད་དུང་གོང་མ་ལ་ཡང་བླ་མས་གནང་བ་ལྟ་བུའི་དཔོན་ཆེན་གྱི་ཉེས་པ་བགྲང་བའི་སྙན་ཞུ་རྫུས་མ་ཕུལ་བ་དང་། གོང་མས་དེ་མ་ཐག་ཁྲིམས་དཔོན་ཞིག་དམག་དཔུང་འཕོར་ཆེན་དང་བཅས་པ་ཞིབ་གཅོད་བྱེད་པར་མྱུར་སྟབས་སུ་མངགས་ཤིང་། དཔོན་དམག་རྣམས་དབུས་གཙང་དུ་འབྱོར་ཉེའི་སྐབས་རང་གི་རྫུན་རྐུབ་བརྗོལ་བར་སྐྲག་ནས། ཉེ་གནས་དེས་བླ་མའི་གསོལ་ཟས་ལ་དུག་བཏབ་ནས་ཕུལ་ཏེ་བཀྲོངས་པ་མ་

ཟད། དེ་རྗེས་སྟུག་མཐོང་མ་བཟོད་པར་ཁོ་རང་ཡང་དུག་ཟས་ནས་ཤི་བས་ཚུལ་①གསལ་བ་དེ་ལ་རྒྱུ་མཚན་ངེས་ཅན་ཞིག་མཆིས་སྙམ་མོ།

ཡན་གོང་མ་སེ་ཆེན་གྱིས། ཙུང་ཀྲི་ཡོན་གྱི་ཡོན་ཧི་བྱེད་སྒྲིང་མཁན་མི་ཆེན་སམ་གླས་འགོ་བྱས་ཁྲིམས་དམག་བོད་དུ་མངགས་པའི་སྐོར་ཡིག་ཚང་ལས་འབྱུང་བ་ལྟར་ན་རྩ་བའི་ཧོར་དམག་ཁྲི་བདུན་གྱི་སྟེང་དུ། མདོ་སྟོད་སྨད་ཁུལ་གྱི་དམག་བསྟན་པས་ཁྲིམས་དམག་འབུམ་ཕྲག་གཅིག་ལྷག་ཙམ་བཏེགས། རིམ་བཞིན"འུ་ཡུག་མེ་ཏོག་ལུང་(ད་ལྟ་རྣམ་གླིང་རྫོང་ཁོངས་)དུ་སླེབས། ས་ཁད་ཡངས་པས་ལྷ་ཤངས་ནང་དམག་ལམ་བྱེད་རྩིས་ཡོད་པ་ན། ཆབས་མི་གྲོང་ན་བླ་མ་འཕགས་པའི་གསོལ་ཇ་བ་མི་ཆེན་སམ་གླ་དང་གྲོགས་མཆེད། སློབ་དཔོན་གློ་གྲོས་བཟང་པོ་བྱ་བ་ཡོད་པ་དེས། དམག་སྐར་དུ་ཇ་ཞུ་ལ་བྱོན། མཇལ་ནས་ཞུ་འབུལ་བྱས་པས། དམག་ལམ་ལང་འགྲོ་ནང་(གཞིས་ཀ་རྩེའི་ཁོངས་)ལ་ཀྱོག་ཐུབ②ཅེས་གསལ། ཕྱི་ལོ1281བོད་ལུགས་སྦྲུལ་ལོར་ཁྲིམས་དམག་གིས་ཐོག་མར་ལང་འགྲོ་ཁང་དམར་གྱི་ས་མཁར་ཕབ། དེ་ནས་པ་རྣམ་བྱ་རོག་རྫོང་(པ་རྣམ་རྫོང་ཁོངས་ནོར་བུ་ཁྱུང་རྩེ་)གི་མཁར་ལ། སྐྱོགས་བསྐོར་རྒྱག་དྲག་པོ་བྱས་ནས་གཏོར། ཀུན་དགའ་བཟང་པོ་དྲག་པོའི་ཁྲིམས་ཀྱིས་བསྒྲལ་ལོ་ཞེས་གསལ། ཡིག་ཆ་གཞན་ན། "དེ་ཡང་ཁོ་འཆི་ཁར་གོས་དཀར་པོ་དང་ཞྭ་ནག་པོ་གཅིག་གྱོན་འདུག་པའི་གཏམ་ཕྱིས་སུ་རྒྱལ་པོས་གསན་ནས། ཉེས་པ་མེད་པའི་བརྫར་

---

① (རྒྱལ་རབས་འཕྲུལ་གྱི་ལྡེ་མིག་ལྟགས་པར་དེབ་ངོས57)

② (རྒྱ་བོད་ཡིག་ཚང་དེབ་ངོས290)

དགོངས་ནས་དམག་དཔོན་རྣམས་ལ་བཀའ་བསྒོ་ཞེབས་པ་ཡིན་འདུག”[①] ཅེས་གསལ་ཞིང་། “མི་དཀར་ལ་ཞྭ་ནག” ཟེར་བའི་བོད་ཀྱི་གཏམ་དཔེ་ཡང་དེ་ནས་བྱུང་བ་ཡིན་ཞེས་བཤད་སྲོལ་འདུག

སྐབས་དེར་ཡོན་གོང་མའི་དམག་དཔུང་བོད་ཀྱི་སྟོ་བྱང་གང་སར་ས་སྲུང་དུ་བསྐྱུར་སྒྲིག་བྱས་འདུག་པའི་སྐོར་ལ། “དེ་ནས་མི་ཆེན་སམ་ཐྭ་ས་སྐྱར་འོངས། ཁྲིམས་དམག་ཕྱིངས་ཆེ་ནང་སར་ཕྱིར་ལོག་ཅེང་། སྤྱོམ་འབོར་སྔང་ནས་ཉི་མ་མགོན་དང་དར་དགེ་འགོ་བྱས་པའི་དམག་རག་བཏུས་བརྒྱ་དང་དྲུག་ཅུ། སློབ་དཔོན་ཧྲྀ་པ་ལའི་སྐུ་སྲུང་ལ་བཞག་ཧོར་དམག་སྟོང་སྐོར་བདུན་གྱི་ནང་ནས། བདུན་བརྒྱ་སྟོད་ཧོར་གྱི་སོ་ཁ་སྲུང་མི་ལ་བཞག གནམ་དགོན་གསར་དུ་ཨུ་མར་ཆག་གི་འགོ་བྱས། ཧོར་དམག་གྲངས་ཅན་བཞི་བརྒྱ་བཞག ཇོ་ཐས་འགོ་བྱས་སྦྲ་རག་གི་དམག་སེ་རི་རོང་ལ་བཞག ཨུས་ཕུར་གྱི་དམག་ལྷུགས་རྩེ་འབྲི་ཁུ་（སྟོ་ཁའི་གྲི་གུ）དང་། ཡར་འབྲོག་ཏུ་དུང་རེང་། （སྟོ་མོན་ཟེར）གི་ཁ་གཏོན་ལ་བཞག རོར་བན་ཐུ་མན་གྱི་དམག་རྣམས་གདན་ས་སྦྱིའི་ཞབས་ཏོག་ལ། འདམ་ན་མར་དང་། ནང་རོང་ལ་སོགས་བྱང་ཐང་གི་རྩ་ཁ་ལ་བཞག[②] ཅེས་གསལ་བ་བཅས་དམག་དཔོན་གྱི་མིང་དང་། དམག་གྲངས། ས་གནས། ལས་འགན་སོགས་གསལ་པོར་འཁོད་ཡོད་པ་དེ་དག་གི་ཐོག་ནས་སྐབས་དེའི་བོད་ཀྱི་བདེ་འཇགས་དང་མཐའ་སྲུང་སོགས་དམག་དོན་གྱི་བྱ་གཞག་རྣམས་ཡོན་གོང་མའི་སྲིད་གཞུང་

① （རྒྱལ་རབས་འཕྲུལ་གྱི་ལྡེ་མིག་དེབ་ངོས58）

② （ཡིག་ཚང་མཁས་པ་དགའ་བྱེད་དེབ་ངོས291）

ནས་གཅིག་གྱུར་གྱི་བཀོད་འདོམས་བྱེད་པ་གསལ་པོར་མཚོན་གྱི་ཡོད།

གཞན་ཡང་དེ་དུས་དབུས་ཁྲི་དྲུག་གིས་འཛིན་དགོས་པའི་འཇའ་མོ་བདུན་ལ་བསྒྱུར་དུ་བཀོད་སྒྲིག་ཆེ་བ་ཞིག་བྱས་པར་སྣང་། ཡིག་ཚང་ལས། "དེ་ཕན་ལ་བྱུང་ཁའི་འཇའ་མོ་སོག་ཤག་ཟེ་བར། ཤ་ཁོ། རྐོང་དགོན་སར། གྱུ་བ་རྣམས་ཀྱི་འཇམ་ཆེན། བོད་དབུས་པ་ཁྲི་སྐོར་རྣམས་ཀྱིས་འཛིན་མཁན་ལོ་འཁོར་མར་སྤྱོད་དགོས་པའི་དཀའ་ཚེགས་སྦྱོང་གཅོད་ཤིན་ཏུ་ཆེ་བ་ཞིག་ཡོད་འདུག བོད་མི་རྣམས་ཀྱིས་བྱུང་མ་ཐུབ་པར་ཡང་ཡང་ཞུས་ནས། འཇམ་བརྟན་པོར་མ་ཟིན་པས་ཧོར་བོད་ཀྱི་གསེར་ཡིག་འགྲུལ་པ་ལའང་ས་རིམ་གྱི་ཁྲལ་འུལ་ཆད་པ་དང་། ཆད་འབབ་རང་ཁུངས་ལ་འཁྲི་འཁེལ་ཆེ་བ་བཅས་པའི་དོན་ལ་ཐམས་ཅད་ཀྱིས་ཞུ་བ་བཞིན། མི་ཆེན་སམ་གླས་ཨུས་ཕུར་དང་སྦྲ་རག་ལ་སོགས་ཀྱི་དམག་མི་བྱུང་ཁར་ཡོད་པ་རྣམས། འཇའ་མོའི་ཟའུ་ཕྱིན་འཐེན་(ཁྲལ་འུལ་རྒྱུག་)མི་ལ་ཐད་ཐད་དུ་བཞག་ནས། དབུས་པ་ཁྲི་སྐོར་རྣམས་ཀྱིས་དུད་ཏ་མགོའི་སྟེང་ནས་ཏ་ཁལ། བཞོན་མ། བཤས་ལུག འཇམ་རྒྱུགས་ཀྱི་ནས། ཕྱུར་ཐེར། སྦྲ། སྣ་གདན། ཁལ་ཐག ཐབ་ཆས། གདན་ཆས་སྣམ་རེན། དུད་མི་དང་བཅས་པ་ཧོར་དམག་སྦྲིད་རྒྱུའི་མས་ཁྲི་ལུགས་བཟོས་ནས། དབུས་པ་བྱུང་དུ་སྡོད་མི་དགོས་པ་དང་། ཧོར་དམག་རྣམས་ལ་བོད་ཐྲས་ཀྱི་འཇམ་སྐྱུར་འདི་རྣམས་ལོ་ལོ་འབབ་པ། འགྲུལ་པ་རྣམས་ལའང་འཇའ་མོ་འུ་ལུག་མ་ཆད་པ་བྱུང་བས་ཀུན་ལ་ཕན་པ་འདི་ཡང་སམ་གླའི་དྲིན་ཡིན།"①ཞེས་གསལ་ལོ།

① (རྒྱ་བོད་ཡིག་ཚང་དེབ་ངོས292)

བཅུ་གཅིག་པ། འགྲོ་མགོན་ཕྱག་ན་རྡོ་རྗེ་ཡབ་སྲས་ཀྱི་སྐོར།

བླ་མ་འཕགས་པ་རིན་པོ་ཆེའི་སྐུའི་གཅུང་པོ་ཕྱག་ན་རྡོ་རྗེ་ནི། ཡབ་ཟངས་ཚ་བསོད་ནམས་རྒྱལ་མཚན་དང་ཡུམ་མ་གཅིག་ཀུན་སྐྱིད་མ་གཉིས་ཀྱིས་སྲས་སུ་སྤྱི་ལོ1239ཐོད་ས་ཕག་ལོར། གཡས་རུ་མདོག་གི་གད་ལོ་ལོ་ཞེས་བྱ་བའི་ས་ཆར་འཁྲུངས་ཤིང་། དགུང་ལོ་དྲུག་ལ་ཕེབས་སྐབས་ཆོས་རྗེ་ས་པཎ་དང་ལྷན་དུ་ནང་སར་ཕེབས། ཆོས་རྗེ་ཁུ་བོ་རིན་པོ་ཆེ་དང་གཅེན་འགྲོ་མགོན་འཕགས་པ་གཉིས་ལས་དབང་དང་གདམས་པ་མང་དུ་གསན་ནས་ཐུགས་རྒྱུད་ཕྱུག་པར་མཛད། དགུང་ནར་སོན་ནས“གོང་མ་སེ་ཆེན་གྱིས་པའི་ལེན་དབང་གི་ལུང་དང་། གསེར་ཐམ། ཐོང་ཧེ་གཡས་གཡོན་གྱི་ཁྲིམས་ར་བཅས་དང་། རྒྱལ་རྒྱུད་སྲས་མོ་མི་ཁ་བདུན་ཞེས་པ་ཞིག་ཇོ་མོར་གནང་། ཧོར་གྱི་ཆས་སུ་བཅུག་སྟེ་བོད་ཆོལ་ཁ་གསུམ་གྱི་ཁྲིམས་བདག་ཏུ་བསྐོས”①རྒྱལ་ནང་དུ་མི་ལོ་བཅོ་བརྒྱད་ཙམ་བཞུགས། དེ་ནས་དགུང་ལོ་ཉེ་ལྔ་པ་སྟེ་སྤྱི་ལོ1263ཐོད་ཆུ་ཕག་ལོར་གདན་ས་ཆེན་པོ་དཔལ་ལྡན་ས་སྐྱར་ཕེབས། ཞེས་དང་། ཡིག་ཚང་མཁས་པ་དགའ་བྱེད་ནང་རྡོ་རྗེ“རྒྱལ་པོ་གོ་དན་གྱིས་ཧོར་ཆས་སུ་བཅུག དཔོན་མོ་མེ་ག་བདུན་གནང་། སེ་ཆེན་རྒྱལ་པོ་དང་མཇལ་ནས། པའི་ལེན་དབང་གི་མིང་དང་། གསེར་གྱི་ཐམ་ག

① (གདུང་རབས་རིན་བང་དེབ་ངོས233)

ཐོང་ཇི་གཡས་གཡོན་གྱི་ཁྲིམས་ར་དང་བཅས་པ་གནང་། བོད་སྤྱིའི་སྟེང་དུ་བསྐོས། ཕྱིར་བོད་དང་སྔོས་ས་སྐྱ་པ་ལ་དབང་གི་ལུང་ལས་ཁ་གནང་བའི་སྟོན་མ་ཡིན་ནོ་”①ཞེས་འཁོད་འདུག དེ་ནས་ལོ་བཞི་ཙམ་རིང་འགྲོ་དོན་བསྐྱངས་མཐར་སྤྱི་ལོ127བོད་རབ་བྱུང་ལྔ་པའི་མེ་ཡོས་ལོར་དགུང་གྲངས་ཉེར་དགུར་ཞེབས་སྐབས་ས་སྐྱའི་སྒོ་རུམ་དཔེ་ཁང་དུ་སྐུ་གཤེགས་པ་ལགས་སོ།

ཕྱག་ན་རྡོ་རྗེས་ཇོ་མོ་གསུམ་བཞེས་པའི་སྟོན་མ་གཉིས་ལ་སྲས་མ་བྱུང་ཞིང་། གསུམ་པ་ཡུལ་ན་ལུ། ཕ་མིང་ཧོར་རྒྱལ་པོའི་ནང་བློན་སྐུ་ཞང་ཛ་སྒྲ་ཞེས་པའི་སྲས་མོ་མཁའ་འགྲོ་འབུམ་ལ། ཡབ་ཕྱག་ན་གཤེགས་ནས་ཟླ་བ་དྲུག་སོང་བའི་སྤྱི་ལོ1268བོད་ས་འབྲུག་ལོར་སྲས་རྣམ་པ་ལ་བྱ་བ་འཁྲུངས། དེ་ཉིད་སྐུ་ཤིན་ཏུ་གཅེས་པས་ས་གཡོས་ཀྱི་གནོད་པ་བྱུང་དོགས་ནས་ས་སྐྱར་ཤིང་ཁང་བླ་བྲང་ཆེད་མངགས་ཀྱིས་བསྐྲུན་པར་གྲགས། བླ་མ་འཕགས་པ་གདན་སར་ཕྱིར་ཕེབས་སྐབས་ཁོང་དགུང་ལོ་དགུ་ཙམ་བཞེས་ཡོད་པར་དབང་ལུང་མན་ངག་སོགས་རིམ་བཞིན་གནང་ནས་གསོ་སྐྱོང་མཛད། རྣམ་པ་ལ་དགུང་ལོ་བཅུ་གསུམ་དུ་སོན་དུས་བླ་མ་འཕགས་པ་སྐུ་གཤེགས་པར་བརྟེན་ཁོང་གིས་གདན་སའི་ཐུགས་འཁུར་བཞེས་ཤིང་། དགོངས་རྫོགས་རྟེན་བཞེངས་སོགས་མཛད་པ་དང་། དགུང་ལོ་བཅུ་བཞི་པ་ལ་རྒྱལ་སར་ཕྱིན་ནས་གོང་མ་སེ་ཆེན་དང་མཇལ་ཏེ་ཤིན་ཏུ་མཉེས། ལོ་ལྔ་ཙམ་རིང་མེ་ཏོག་ར་བར་བཞུགས་ཤིང་། བླ་མ་འཕགས་པའི་གདུང་རིང་བསྲེལ་བཞུགས་

① (རྒྱ་བོད་ཡིག་ཚང་དེབ་ངོས330－331)

པའི་ཤེལ་གྱི་མཆོད་རྟེན་དང་། དེ་བཞུགས་ཡུལ་གཙུག་ལག་ཁང་ཞིག་ཀྱང་བཞེངས་པར་མཛད་ཅིང་། སླར་བོད་ཡུལ་དུ་ཆིབས་ཁ་བསྒྱུར། མདོ་ཁམས་སུ་ཕེབས་པ་ན་དགུང་གྲངས་ཉེ་ཤུར་སོན་པ1287བོད་མེ་ཕག་ལོར་མདོ་ཁམས་ཧྲི་མཐྱལ་ཞེས་པའི་ས་ཆར་སྐུ་གཤེགས་སོ། །ཁོང་ལ་རྗོར་རྒྱལ་པོ་ཛི་པིག་ཐེ་མུར་གྱི་སྲས་མོ་དཔལ་ལྡན་ཞེས་པ་གནང་ཡང་སྲས་མ་བྱུང་བ་དང་། ཇོ་མོ་སྟག་འབུམ་ལ་སྲས་གཅིག་འཁྲུངས་ཀྱང་ཆུང་ངུའི་དུས་གྲོངས་པ་བཅས་སྐབས་དེར་ཡོངས་གྲགས་ཀྱི་ས་སྐྱ་པའི་གདུང་རྒྱུད་མེད་པ་ལྟ་བུར་གྱུར། དེར་བརྟེན་སྐབས་ཤིག་རིང་ཤར་པ་འཇམ་དབྱངས་རིན་ཆེན་རྒྱལ་མཚན་པས་ས་སྐྱའི་གདན་ས་ལོ་བཅུ་དགུ་ཙམ་བསྐྱངས་ཤིང་། འདིའི་སྐབས་ལྷ་ཁང་ཆེ་མོའི་ཕྱིགས་ཁང་དུ་བཞུགས་པའི་ཡོ་གའི་རྒྱུད་ཀྱི་དཀྱིལ་འཁོར་ཇོ་མཚར་བ་གྲངས་མང་བཞེངས་པ་སོགས་གདུང་རབས་ལས་ཟུར་ཙམ་བྱུང་བ་ལྟར་ལགས་སོ།།

བཅུ་གཉིས་པ། ས་འབྲིའི་དབར་གྱི་འགལ་བ་རྩེ་མོར་སོན་ནས་འབྲི་གུང་གླིང་ལོག་བྱུང་བ།

འབྲི་གུང་གླིང་ལོག་གི་དོན་རྐྱེན་ནི་ས་སྐྱ་པས་བོད་ཀྱི་དབང་འཛིན་བྱེད་རིང་བྱུང་བའི་འཁྲུག་ལོང་ཆེ་ཤོས་ཤིག་ཡིན་ལ། ལོ་རྒྱུས་ཐོག་ཙང་གྲགས་ཆེ་བའི་དུས་ཟིང་ཞིག་ཀྱང་ཡིན། འོན་ཀྱང་ཆོས་འབྱུང་ལོ་རྒྱུས་ཁག་དང་། བསྟན་རྩིས་སོགས་ཀྱི་ནང་ལོ་དུས་འདི་ལ་ས་འབྲི་འཁྲུགས་ནས་འབྲི་གུང་གླིང་ལོག་བྱུང་ཞེས་པའམ། ཡང་ན་དེའི་འབྱུང་རྐྱེན་ཐར་ཐོར་ཙམ་ལས

བརྒྱུད་རིམ་ལྡན་པ་ཞིག་གསལ་མེད་པ་དེ་ལའང་སྐབས་སོ་སོའི་རྒྱུ་རྐྱེན་མི་འདྲ་བ་ཡོད་པ་གཞིར་བཅས། ད་ལམ་རྒྱ་བོད་ཡིག་ཚང་དང་། འབྲི་གུང་གསེར་ཕྲེང་། དེ་མིན་ཆོས་འབྱུང་ལོ་རྒྱུས་གཞན་དག་སོགས་ལ་དཔྱད་བསྡུར་རུང་ཟད་བྱས་ཏེ་འབྲེལ་ཡོད་དོན་རྐྱེན་ཕྱོགས་སྒྲིག་རགས་ཙམ་བྱས་པ་གཤམ་གསལ།

ས་འབྲིའི་དབར་འགལ་བ་འབྱུང་རྐྱེན་ཐོག་མ་ནི། སྤྱི་ལོ1234བོད་རབ་བྱུང་བཞི་པའི་ཤིང་རྟ་ལོར་འབྲི་གུང་གི་བླ་མ་དཔོན་རིན་པོ་ཆེ་བསོད་ནམས་གྲགས་པ་སྐུ་གཤེགས་པ་དང་། དེ་དུས་གངས་ཏི་སེར་འགྲོ་མཁན་འབྲི་གུང་གི་རི་པ་ཟེར་བའི་སྒྲུབ་གྲྭ་ཚོ་གཅིག་ཡར་ལམ་ས་སྐྱར་ཕྱིན་ནས། ཆོས་རྗེ་ས་པཎ་དང་མཇལ་དུས་ཆོས་རྗེས། དཔོན་རིན་པོ་ཆེ་འོག་མིན་དུ་གཤེགས་སམ། གཤེགས་ལུགས་ཇི་ལྟར་བྱུང་གསུངས་པར་རི་པ་གཅིག་ན་རེ། འོག་མིན་ཅི་ལ་ཡིན། སྟེང་མིན་དུ་གཤེགས་སོང་། རིང་བསྲེལ་གྱི་ཆར་བབས། ཕྱག་རྒྱ་ཆེན་པོའི་གསེར་སྐྱ་བྲེ་གང་པ་ཕྱིན་ཟེར་བ་ལ་ཆོས་རྗེས་ཅང་མ་གསུངས། སང་ཉིན་དེ་ས་སྐྱའི་ཆོས་གྲྭར། ངས་ཕྱིད་ཚོ་ལ་མཁས་དྲག་གི་དྲིན་མེད་དེ། ཁ་སང་གི་ཁ་འཆལ་དེ་འདྲ་ཁ་ནས་མ་འོངས་ཙམ་འདི་ངའི་དྲིན་ཡིན་གསུངས། དེ་རིམ་བཞིན་འབྲི་གུང་པ་རྣམས་ཀྱིས་ཐོས་པས་ཐུགས་ལ་མ་འཐད་པ་བྱུང་། དེ་རྗེས་འབྲི་གུང་པ་དར་བའི་དུས་དཔོན་རྡོ་རྗེ་དཔལ་གཙང་ཕྱོགས་ཀྱི་དཔོན་བྱེད་དུས། དེའི་ཞི་ནད་དུ་རྗེ་ས་པཎ་གྱི་ཆོས་གྲྭ་ལ་རྟ་རྒྱུགས། ཟངས་མོ་ཆེ་ལ་རྟ་ཆུ་བླུད། སྤྱིལ་བུ་བཤིག་ནས་རྒྱ་སྲང་བཅོས། དེ་ལྟ་བུ་བྱས་པས་ས་སྐྱ་པ་རྣམས་ཀྱི་ཐུགས་ལ་མ་བབས་ཞེས་སོགས་བྱུང་བས་གྲུབ་མཐའི་ཕྱོགས་ཞེན་འཛིན་པའི་འགོ་དེ་ཙམ་ནས་ཚུགས་པར་གྲགས།

གཙོ་བོའི་རྒྱུ་མཚན་ནི་ཧོར་ཇིང་གིར་རྒྱལ་རྒྱུད་ཀྱི་སྟོབས་ཤུགས་ཀྱིས་བོད་ཡོངས་གཅིག་གྱུར་བྱས་པའི་དུས་སྐབས་སུ། བོད་ཀྱི་ཆེ་རྒྱའི་ཁྲིད་ན་འབྲི་གུང་པ་ནི་སྟོབས་འབྱོར་ལྡན་གྲགས་ཆེ་ཤོས་ཡིན་པའི་ཁར། ཧོར་རྗེ་ཐ་ཆེའི་དམག་དཔུང་བོད་དུ་འབྱོར་སྐབས་ཀྱང་ཐོག་མར་འབྲི་གུང་དང་མཉམ་འབྲེལ་བྱས་པ་དང་། རྗེས་སུ་རྒྱབ་རྟེན་བཙོལ་ཡུལ་ཡང་ཧོར་གྱི་རྒྱལ་པོ་ཆེ་བ་མོང་གོར་ཧན་ཡིན་པ་མ་ཟད། རྒྱལ་པོ་ཧུ་ལ་ཧུས་ཀྱང་རྒྱབ་སྐྱོར་ཤུགས་ཆེན་བྱེད་ཀྱི་ཡོད་པ་བཅས་དང་། ས་སྐྱ་པ་ནི་ཆོས་རྗེ་ས་པཎ་གྱི་མཚན་ལྡན་གཞན་དང་མི་འདྲ་བའི་ཐོག གོ་དན་ཧན་དང་ལྷག་པར་སེ་ཆེན་གོང་མས་བོད་ཡོངས་ལ་དབང་བསྒྱུར་བྱེད་བདེ་ཡོང་བའི་ཆེད་ས་སྐྱ་བར་ས་གནས་ཀྱི་དབང་ཆ་སྤྲད་པ་བཅས་ས་འབྲི་གཉིས་ཕན་ཚུན་འགྲན་རྙོལ་བྱེད་པའི་སྟོབས་ཤུགས་གཙོ་བོར་གྱུར་རྐྱེན་བོད་ནང་ཁུལ་གྱི་དབང་ཆ་རྩོད་ལེན་བྱ་རྒྱུའི་འཐབ་རྩོད་དེ་ལ་ཐུག་ཡོད། དཔེར་ན་འབྲི་གུང་གསེར་ཕྲེང་ལས་འབྲི་གུང་གི་གདན་ས་སྐྱོང་སྐབས་སེ་ཆེན་རྒྱལ་པོས་སྙོམ་པ་གྲགས་པས་འབྲི་གུང་གི་གདན་ས་སྐྱོང་སྐབས་སེ་ཆེན་རྒྱལ་པོས་སྙོམ་པ་ཤཱཀྱ་རིན་ཆེན་ལ་ཁྲི་དཔོན་གྱི་འཇའ་ས་དང་། བྱར་དྭགས་ཀོང་གསུམ་ཕལ་ཆེར་འབྲི་གུང་པའི་ཆོས་གཞིས་སུ་གནང་བའི་དུས"སྒོམ་པའི་བློན་པོ་ས་ཆེན་རྗེར་དཔལ་དང་། ག་མ་རྗེ་སྤྱི་སོགས་ཀྱིས་བོད་ཤིང་སྒོ་ཅན་ཐམས་ཅད་སྒོམ་པ་ཤཱཀ་རིན་ཤེས་ཟེར་ཏེ་གཞན་གྱི་དབང་རིས་ལའང་ཐེ་ཇུས་བྱེད་སེམས་བྱས་རྐྱེན་ས་སྐྱའི་དཔོན་ཆེན་རིམ་པ་དང་མ་མཐུན་"[1] ཚུལ་གསལ་བ་དང་། རྒྱ་བོད་ཡིག་ཚང་ལས་འབྱུང་བ་

[1] (འབྲི་གུང་གསེར་ཕྲེང་ལྷུགས་པར་དེབ་ངོས123)

ལྟར་ས་འབྲི་འབྲུག་པའི་འགོ་ཚུགས་དུས། ཁྲིམས་ཀྱི་གཏུགས་བཤེར་ལ་ཕྱོགས་ཕྱོགས་ནས་མི་དྲག་པ་འགྲོ་དགོས་སྐབས་ས་སྐྱ་ནས་དཔོན་ཤཱཀྱ་བཟང་པོ་དང་། དགེ་བཤེས་རིན་ཆེན་བརྩོན་འགྲུས། རིན་པོ་ཆེ་སྟོན་ཚུལ་བ་གསུམ་བླ་མ་དང་། བསྟན་པ། གདན་ས་བཅས་ལ་བསམ་ཏེ་བློས་བླངས་ནས་ཕྱིན། ཁྲིམས་སུ་སོང་བས་ཚལ་གུང་ཐང་ནས། ཕོ་བྲང་ཤར་ཕྱོའི་བར་ཨན་ཁྱུར་ནས་རྐང་ཐང་ལ་ཕྱིན། གོང་དུ་གཏུགས་བཤེར་ཞིགས། ས་སྐྱ་པའི་བྱ་བ་རྣམས་གང་འདོད་ལྟར་གྲུབ་"① ཅེས་འཁོད་པ་སྐྱོད་གཏུགས་འདིའི་ལོ་དུས་མ་གསལ་ཡང་། ཕོ་བྲང་ཤར་ཕྱོར་བསྐྱོད་ཚུལ་གསལ་བ་དེ་ནི་བོད་སྐད་ལ་ཧྲང་ཏུའུ་ཟེར་རྒྱུའི་སྒྲ་ཟུར་ཆག་པ་ཡིན། དེས་ན་སེ་ཆེན་ཧན་གྱི་རྒྱལ་ས་ཧྲང་ཏུའུ་ནས་སྤྱི་ལོ1264ལོར་ཏའི་ཏུའུ་ལ་མ་སྤོས་པའི་གོང་དུ་ཡིན་པ་ཤེས་ཐུབ། ལོ་རྒྱུས་ཀྱི་དོན་དངོས་དེའི་ཐོག་ནས་ཀྱང་ས་འབྲིའི་འགྲན་རྩོལ་གྱི་འགལ་བ་མཚོན་པ་མ་ཟད། སྐབས་དེར་བོད་དུ་སྐྱོད་གཞི་འགངས་ཆེ་དེ་རིགས་བྱུང་དུས་སོག་པོའི་དཔོན་རིགས་ཀྱིས་ཐག་གཅོད་མ་ཐུབ། ཡོན་གོང་མའི་རྒྱལ་ས་རང་ལ་ཕྱོགས་གཉིས་ཀའི་སྐྱོད་ཡ་གཙོ་བོ་རྣམས་རྫོངས་བདའ་བྱེད་ཀྱི་ཡོད་པ་དེ་ང་ཚོས་གསལ་པོ་མཐོང་ཐུབ། ཐེངས་དེའི་ཁྲིམས་གཏུགས་ས་སྐྱ་བ་རྒྱལ་ན་ཡང་། འབྲི་གུང་པའི་ཞེ་ནད་མ་སངས་པར་རྩོད་གཞི་ཡང་ཡང་ཐུབ་གི་ཡོད་པ་དང་། ལྷག་པར་བླ་མ་འཕགས་པ་སྐུ་གཤེགས་པའི་རྗེས་སྤྱི་ལོ1285བོད་རབ་བྱུང་ལྔ་པའི་ཤིང་བྱ་ལོར་འབྲི་གུང་པའི་སྒྲུ་ཞང་ཚུལ་རྒྱལ་ཟེར་བས་དམག་དྲངས་ཏེ། ས་སྐྱའི་ཁོངས་གཏོག་བྱ་ཡུལ་

① （རྒྱ་བོད་ཡིག་ཚང་དེབ་ངོས404）

དགོན་པ་མེར་བསྲེགས་པ་དང་། མཁན་པོ་སངས་རྒྱས་གཙང་སྟོན་བཀྲོངས་ཤིང་། དེ་མིན་གྲྭ་པ་དགུ་ཙམ་བསད་པ་དང་། འཐབ་འཁྲུག་དེའི་ནང་སྐུ་ཞང་ཚུལ་རྒྱལ་བ་ཕ་བུ་སོགས་འབྲི་གུང་པའི་མི་འགའ་ཤས་ཀྱང་བསད་པ་བཅས་ལ་བརྟེན་ས་འབྲིའི་དབར་གྱི་འཁོན་འགྲས་དེ་བས་རྙོ་ངར་ཇེ་ཆེར་གྱུར་པ་ཡིན།

གོང་གསལ་ས་འབྲིའི་དབར་གཅིག་ཐོག་གཉིས་བརྩེགས་ཀྱི་འགྲས་གཞི་རིམ་པར་བྱུང་ནས་ས་སྐྱའི་དཔོན་ཆེན་གཞོན་དབང་དང་། བྱང་རྗེར་སོགས་ཀྱི་སྐབས་འཁྲུག་རྩོད་ན་མར་བྱུང་ཞིང་། ལྷག་པར་འབྲི་གུང་གླིང་ལོག་གི་འཕྲུལ་གྱི་སློང་རྐྱེན་ནི་ཡིག་ཆ་ཕལ་ཆེ་བར་ཕག་མོ་གྲུ་པ་དང་འབྲེལ་བར་བཤད་ཡོད། དེ་ཡང་ཕག་གྲུའི་སྤྱན་སྔ་གྲགས་པ་ཡེ་ཤེས་པས་དེ་སྔ་ནས་ས་སྐྱར་བླ་མ་འཕགས་པའི་ཞབས་ལ་གཏུགས་ཏེ་རྒྱུད་གསུམ་གྱི་དབང་བསྐུར་མན་ངག་དང་བཅས་པ་ཞུས། དེ་རྗེས་སྤྱན་སྔ་གྲགས་ཡེས་ཁོང་རང་གི་སྟག་ཚ་(སྲིད་མོའི་བུ་ལ་ཟེར་)བྲག་སློ་བ་ཞེས་པ་ཞིག་ས་སྐྱའི་བླ་མ་ཤར་པ་ཡེ་ཤེས་རིན་ཆེན་ལ་ཕུལ་བ་དང་། 1281བོད་ལྕགས་སྦྲུལ་ལོར་སྤྱན་སྔ་གྲགས་པ་ཡེ་ཤེས་ཕག་གྲུའི་གདན་སར་ཕེབས་ཤིང་། ས་སྐྱ་བས་ཁོང་གི་རྗེས་སུ་སྟག་ཚ་བྲག་སློ་བ་ཕག་གྲུའི་གདན་སར་བསྐོ་རྩིས་བྱེད་པ་དེ། ཕག་གྲུའི་སྤྱན་སྔ་བཅུ་གཉིས་པའི་གཅུང་པོ་གྲགས་པ་རིན་ཆེན་པས་ཤེས་ནས་བྲག་སློ་བ་སྒྲོག་གསོད་བྱས་པར་གྲགས། དེ་རྗེས་སྤྱན་སྔ་གྲགས་པ་ཡེ་ཤེས་སྐུ་གཤེགས་སྐབས་ཕག་གྲུའི་གདན་ས་གཅུང་རྒྱ་བོ་གྲགས་རིན་རང་གིས་བསྐྱངས་པར་བརྟེན་ས་སྐྱ་པས་བྲག་སློ་དཔོན་པོའི་ཁ་མཆུ་འབྲེལ་བ་ཟབ་པས་གཅུང་རྒྱ་བོའི་རྒྱབ་ཛར་འབྲི་གུང་པ་ལངས་སྟབས་མཐར་ཕྲོད་གཞི་དེ་ཡང་ས་འབྲིའི་འཐབ་

འབྲུག་ཏུ་གྱུར་པ་ཡིན།

ཡིག་རིགས་ལ་ལར་འཁོད་པ་ལྟར་ན་སྤྱི་ལོ1285བོད་ཤིང་བྱ་ལོ་དེར་འབྲི་གུང་གི་སྒོམ་པ་ཀུན་རྡོར་རིན་ཆེན་ཟེར་བས་སྟོད་ཧོར་གྱི་རྒྱལ་པོ་ཧུ་ལ་ཧུ་ལ་རྒྱབ་སྐྱོར་ཡོང་ཞུས་ཏེ་ཨ་རབ་ས་ཁུལ་ནས་སྟོད་ཧོར་གི་དམག་དཔུང་ཁྲི་དགུ་ཙམ་བོད་དུ་ཁྲིད་དེ་ས་སྐྱ་བའི་དབང་བསྒྱུར་རྩ་སྒྲིག་གཏོང་རྩིས་བྱས་པ་ལ། སྐབས་དེར་ཡོན་གོང་མའི་ས་སྲུང་དམག་དཔུང་དང་། ས་སྐྱའི་དཔོན་ཆེན་ཨག་ལེན་གྱིས་དབུས་གཙང་གི་བཟའ་དམག་བསྡུ་སྒྲིག་གི་དམག་སྣ་དྲངས་ཏེ་ལ་སྟོད་ཀྱི་དཔའ་མོ་དཔལ་ཐང་དུ་དམག་སྣར་བཅས་ནས་སྟོད་ཧོར་གྱི་དམག་དཔུང་འགོག་སྲུང་བྱས་པར་གྲགས། འོན་ཀྱང་ལོ་དེར་མངའ་རིས་ནུབ་བྱང་ཕྱོགས་སུ་ཁ་བ་ཆེན་པོ་ཐེར་མ་གྲགས་པ་ཞིག་བབས་པར་བརྟེན་སྟོད་ཧོར་གྱི་དམག་ཁྲི་གསུམ་ཙམ་གངས་འུར་འོག་ཚུད་སྐད་བཅས་གང་ལྟར་དམག་ལམ་འགག་ནས་བོད་དུ་འོང་མ་ཐུབ་པར་སྣང་།

དེ་ལྟར་ས་འབྲིའི་འཐབ་འཁྲུག་གི་ཡོ་ལང་དེས་བོད་དབུས་གཙང་ཡོངས་ལ་ཟིང་ལོང་ཆེན་པོ་བྱུང་བར་བརྟེན་ཡོན་གོང་མ་སེ་ཆེན་གྱིས་རྒྱལ་སྲས་ཐེ་མུར་རྡོ་ཁས་སྣེ་ཁྲིད་པའི་ཧོར་དང་། མདོ་སྟོད་སྨད་ཀྱི་དམག་དཔུང་གཏོས་ཆེ་ཞིག་བོད་དུ་མངགས་པ་དང་། དུས་མཚུངས་ས་སྐྱའི་དཔོན་ཆེན་ཨག་ལེན་གྱིས་ཀྱང་དབུས་གཙང་གི་ཁྲལ་དམག་ཁྱོན་ཆེན་ཁྲིད་དེ་མཉམ་རུབ་ཀྱིས་སྤྱི་ལོ1290བོད་རབ་བྱུང་ལྔ་པའི་ལྕགས་སྟག་ལོར་འབྲི་གུང་པར་དམག་བརྒྱབ་སྟེ་འབྲི་གུང་ཐེལ་གྱི་ལྷ་ཁང་ཆེན་མོ་མེར་བསྲེགས་པ་དང་། སྐྱ་སེར་བསྡོམས་པའི་མི་གྲངས་ཁྲི་གཅིག་ལྷག་ཙམ་གྱི་སྲོག་ཤོར་སྐད་འདུག་ཅིང་། སྐབས་དེའི་འབྲི་གུང་གི་གདན་ས་འཛིན་པ་སྨྱུབས་རྡོ་རྗེ་ཡེ་ཤེས་ཀྱིས

འབྲི་གུང་བཅུ་གཉིས་རིན་པོ་ཆེ་རྡོ་རྗེ་རིན་ཆེན་དགུང་ལ་བཅུ་གཅིག་ཏུ་སོན་པ་དེ་དང་། གཙུང་རྡོ་རྗེ་རྒྱལ་པོ་དགུང་ལོ་ལྔ་པ་བཅས་ཁྲིད་ནས་ཞལ་ངོ་རྣམས་གོང་པོའི་རོང་དུ་བྲོས་བྱོལ་ལ་ཐེབས་དགོས་བྱུང་། དཔོན་ཆེན་ཨག་ལེན་གྱིས་བྲོས་དམག་འདེད་བཞིན་གོང་པོ་བར་ཕྱིན། འབྲི་གུང་པའི་མི་སྡེ་དང་ས་རིས་མང་པོ་ཡང་ས་སྐྱ་བས་བླངས་པར་གྲགས།

འདི་སྐོར་ཀླ་ལའི་བླ་མ་ལྔ་པ་ཆེན་པོས་རང་གི་ཡུམ་རྒྱུད་ཆོ་འབྲང་འདྲེན་སྐབས་དཔོན་ཆེན་ཨ་ལེན་གྱི་བྱུས་རྗེས་གསུངས་པར། "འབྲི་གུང་པས་སྟོད་ཧོར་གྱི་དམག་ཀོ་རྡོལ་བདུན་ཁྲིད་ཡོང་པར། གོ་མ་སེ་ཆེན་གྱིས་ཐེ་མུར་རྡོ་ཁས་འགོ་བྱས་པའི་ཧོར་དམག་བཏང་བ་དང་ཁྲི་སྐོར་བཅུ་གསུམ་གྱི་དམག་དཔོན་ཆེན་ཨང་ལན་གྱིས་ཁྲིད་ནས་གཡུལ་སྤྲད་པས་སྟོད་ཧོར་གྱི་དཔུང་བཅོམ། འབྲི་གུང་སྒོམ་པ་དཔོན་པོ་ཚོང་འདུས་ལ་ན་འབུར་མར་ཁྲིམས་ལ་གཏུགས། སྟོད་ཧོར་གྱི་རྒྱལ་བུ་རིན་ཅེན་གོང་དུ་ཁྲིད་ནས་ཁྲིམས་ལ་ཕོགས།……རྒྱལ་བུ་དཔོན་ཆེན་དམག་དང་བཅས་པས་བྱུར་དྭགས་ཀོང་གསུམ། ཨེ་གཉལ་ལོ་གསུམ། ཀོང་བཅའ་དེའུ་ལ་བཅས་ལྷོ་བྲག་ཡ་རྒྱལ་སྲུང་དམག་སྤྱོད་བཟོ་ལས་མངའ་འོག་ཏུ་བཙུག མོན་ལ་དཀར་པོ་ལ་བཅས་ལྷོ་བརྒྱུད་ཐམས་ཅད་དཔུང་ཤེད་ཀྱིས་བཅད། ལམ་བར་གཉལ་སྨད་ཀྱི་ས་ཆར་དམག་སྟོན་གཏོང་བའི་ཐབ་ཆེན་སྐས་ཚད་འཛུགས་དགོས་པ་ཞིག་བརྩིགས། བྲག་ལ་ཨང་ལན་གྱིས་འདིར་སླེབས་ཟེར་བའི་ཡི་གེ་བརྐོས་པ་ད་དུང་ཡོད་ཟེར། འབྲི་གུང་གླིང་ལོག་གཏོང་བར་ཤར་དགས་ལ་སྨམ་པོའི་བར་དམག་གིས་ཕྱིན། གཡུ་འཛམ་གླིང་འོད་གསལ་སྒྲང་ཉི་ཤུ་རྩ་ལྔ་ཡོད་པ་སྨམ་པོ་ནས་བླངས་ཏེ་གདན་སར་ཕུལ། སྟར་པོད་དུ་གྲུ་ཤན་མེད་པ་ལ་རྒྱའི་བཟོ་

བོ་མཁས་པ་བཀུག་ནས་གསར་དུ་བཟོས། ས་ཧོར་མཆོད་ཡོན་གྱིས་ཡར་འཕྲོག་ཁྲི་སྐོར་རྔ་སྣ་འབབ་སར་འཇའ་ས་དང་བཅས་གནང་། ……ཤར་རྒྱལ་པོའི་ལུང་རྟགས་འཛིན་པ་ཆེན་པོ་རིམ་པར་ཐོན་པའི་གདུང་ལས……”① ཞེས་གསལ་བའི་དུམ་བུ་ཡང་འདིར་དཔྱད་གཞིའི་ཁ་སྐོང་དུ་དྲངས་པ་ཡིན།

དེ་དུས་མདོ་སྟོད་སྨད་ཀྱི་དམག་དཔོན་རྒྱལ་མཚན་བཞི་སྟེ་ཨ་ཡེ་ཤཱཀྱ་རྒྱལ་མཚན་དང་། འགྲོ་ཐར་པ་རྒྱལ་མཚན། གོ་འཇོ་བླ་མ་རྒྱལ་མཚན། གླིང་བསོད་ནམས་རྒྱལ་མཚན་བཅས་ཡིན་པར་གྲགས། དེ་ལྟར་བྱས་ནས་འབྲི་གུང་གླིང་ལོག་ཅེས་ཡོངས་སུ་གྲགས་པ་དེ་བྱུང་བ་ཡིན་ནོ།

དེ་རྗེས་ཀྱི་གནས་ཚུལ་ཐད་འབྲི་གུང་གསེར་ཕྲེང་ལྟར་ན་འབྲི་གུང་གི་བླ་མ་གོ་བོ་རྣམས་ཀོང་པོར་ལོ་གསུམ་ཙམ་རིང་བཞུགས་པ་དང་། དེ་དུས་ཙི་རི་ཏའི་རི་པ་ནག་པོ་ཞེས་པའི་དཔའ་བརྟུལ་ཅན་ཞིག་གིས་ཁྲོས་དམག་རྣམས་བསྡུས་ནས་རྒྱ་བོད་ཀྱི་ལམ་བར་དུ་འཕྲོག་གསོད་སོགས་བྱས་པ་མ་ཟད། སེ་ཆེན་གོང་མར་ཡུས་ཤགས་ཀྱི་ཡི་གེ་ཕུལ་བ་དང་། སྟོད་ཧོར་གྱིས་ཀྱང་བོད་ཀྱི་ས་མཚམས་སུ་ཟིང་གནོད་བྱེད་པ་ལ་སོགས་བྱུང་ཚུལ་དང་། དེར་བརྟེན་བླ་མ་འཕགས་པའི་མཆོད་དཔོན་གྲགས་པ་འོད་ཟེར་ཐོན་དུ་འཕགས་པའི་གདུང་རུས་འབུལ་བར་གོང་དུ་ཕེབས་ནས་གོང་མའི་ཧི་ཁྲིམཛད་ཐུས་ཡིན་པ་དེས་ས་འབྲི་བདེ་འཛུགས་ཡོང་བའི་ཞུ་བ་གནང་བ་བཅས་བརྒྱུད། གོང་མས་འབྲི་གུང་པར་གུན་གསབ་ཀྱི་གནང་སྦྱིན་ནོར་རྫས་དཔག་ཏུ་མེད་པ་བསྩལ་

① （དུ་ཀཱུ་ལའི་གོས་བཟང་གླེགས་བམ་ཀ་པའི་ཤོག་གྲངས21）

ཐོག དབུས་གཙང་གི་ཁྲི་སྐོར་གཅིག་ཡོངས་པའི་མི་སྡེ་བདག་ཏུ་བཙུགས་སྟེ་འབྲི་གུང་གི་དགོན་པ་སླར་གསོ་བྱེད་དགོས་པའི་ལུང་དང་། ནང་འགག་པ་ཡེ་ཤེས་དཔལ་ལ་སྟག་མགོ་ཐམ་ག་དང་སྐོམ་པའི་འཇའ་ས་གནང་ནས་འབྲི་གུང་གི་ཁྲི་དཔོན་དུ་བསྐོས་པ་དང་། དེ་ནས་བཅུ་གཉིས་པ་རྡོ་རྗེ་རིན་ཆེན་དགུང་ལོ་བཅུ་དགུར་སོན་སྐབས་འབྲི་གུང་གི་གདན་སར་ཕེབས་ཤིང་། ལོ་དེར་དགོན་པ་ལྷ་ཁང་རྣམས་ཀྱང་སླར་གསོ་ཕལ་ཆེར་གྲུབ་ནས་ཆོས་ཕྱོགས་ཀྱི་གནང་སྒོ་སྤར་ལྟར་ཚུགས་པ་བཅས་ས་འབྲིའི་འཐབ་འཁྲུག་ཞི་འཇགས་སུ་གྱུར་ཚུལ་འཁོད་ཡོད།

མདོར་ན་འབྲི་གུང་ལོག་གི་དོན་རྐྱེན་དེའི་ཐོག་ནས་ང་ཚོས་གསལ་པོ་ཡིན་ན་སྐབས་དེར་ས་སྐྱ་བས་བོད་ཆོལ་ཁ་གསུམ་བདག་སྐྱོང་གཙང་མར་བྱ་རྒྱུ་ལྟར་བཞག དབུས་གཙང་ཁྲི་སྐོར་བཅུ་གསུམ་ལའང་ཁ་ལོ་སྒྱུར་ཐུབ་ཐབས་མེད་པ་དེ་ལོ་རྒྱུས་ཀྱི་དོན་དངོས་ཐོག་ནས་ཤེས་སུ་འཇུག་གི་ཡོད་དོ།

བཅུ་གསུམ་པ། ས་སྐྱ་བདག་ཉིད་ཆེན་པོ་བཟང་པོ་དཔལ་གྱི་ལོ་རྒྱུས་རགས་བསྡུས།

ས་སྐྱའི་བླ་མ་བདག་ཉིད་ཆེན་པོ་བཟང་པོ་དཔལ་བའི་ཡབ་ནི། གོང་དུ་བརྗོད་པའི་ཟངས་ཚ་བསོད་ནམས་རྒྱལ་མཚན་གྱི་སྲས་འགྲོ་མགོན་འཕགས་པ་དང་ཡབ་གཅིག་པ་སློབ་དཔོན་ཡེ་ཤེས་འབྱུང་གནས་དང་། ཡུམ་ཇོ་མོ་འབུམ་མེར་ཞེས་པ་གཉིས་ཀྱི་སྲས་སུ་སྤྱི་ལོ1262བོད་རབ་བྱུང་བཞི་པའི་ཆུ་ཁྱི་ལོར་བོ་དོང་ཨེར་གྲགས་པའི་(ད་ལྟ་ལྷ་རྩེ་རྫོང་ཁོངས་) ས་ཆར་

འབྲུངས་པ་ཡིན། ཕོང་དགུང་ལོ་བཅུ་དྲུག་ཏུ་སོན་སྐབས་འཕགས་པ་རིན་པོ་ཆེ་རྒྱལ་ནང་ནས་ཕྱིར་ཕེབས་ཐེངས་རྗེས་མའི་སྐབས་དང་མཇལ་ཞིང་། དབང་ལུང་མན་ངག་སོགས་མང་དུ་གནང་། བཟང་པོ་དཔལ་བ་དགུང་ལོ་བཅུ་དགུར་སོན་སྐབས་འཕགས་པ་སྐུ་གཤེགས་པ་དང་། དེའི་སྐབས་སུ་ཡབ་མཚན་སྔན་ཆེ་ཆུང་གི་དབང་གིས་ཕྱུག་ནའི་སྲས་རྣམ་པ་ལ་དགུང་ལོ་འདི་ལས་ཆུང་ཡང་གདན་སའི་ཁྲི་ལ་མངའ་གསོལ་ཞིང་། བཟང་པོ་དཔལ་བ་རང་གར་བཞུགས་དགོས་བྱུང་སྐབས་ཕྱོགས་གཏོགས་ཕན་ཚུན་དབར་ཀླན་ཀ་འགའ་ཞིག་བྱུང་བར་སྣང་། གདུང་རབས་ལས་བྱུང་བ་ལྟར་ན་ཕོང་དགུང་ལོ་ཉེར་གཅིག་ཏུ་སོན་སྐབས། "མི་ཆེན་ཨ་བུ་ཞེས་པས་གདན་དྲངས་ནས་ནང་སར་ཕེབས་ཏེ་འདིར་སྐུ་གཤེགས་པའི་ལུགས་སུ་བྱས"① ཞེས་གསལ་བས་གདན་སའི་ཁྲི་ལ་སྡོད་པའི་ཆེད་གསང་སྟབས་ཀྱིས་ཕེབས་པར་མངོན། འོན་ཀྱང་སྡོད་གཞིར་བདག་གཉེར་ཕར་བཞག་བཀའ་ནན་ཕོག་པར་སྣང་སྟེ་"ཞུས་སྟབས་འགའ་ཞིག་གི་དབང་གིས་གོང་མས་ཀྱང་རེ་ཞིག་བརྟག་དགོས་པས་སྨན་རྩེར་རྒྱུག་གསུངས་པ་དང་། སྨན་རྩེའི་(ཅང་སུའུ་དང་ཀྲའེ་ཅང་གི་རྒྱུད་) ཡུལ་ཕྱིའི་རྒྱ་ཚོའི་ལག་(འགྲམ་) ཐོ་ཆུ་(སུའུ་ཀྲའུ་) ཟེར་བའི་མཁར་མི་ཆེན་པོར་བཞུགས། ཡང་དེ་ནས་(རྒྱལ་པོའི་) ལུང་གིས་འཇའ་ལམ་བདུན་བགྲོད་པ་ན་ཧམ་ཆུ་(ཧང་ཀྲའུ་) ཟེར་བའི་མཁར་མིག་ཆེན་པོར་བཞུགས། དེ་ནས་འཇའ་ལམ་བཅུ་བགྲོད་པ་ན་རི་བོ་ཏྭ་ལ་ཡོད་ཟེར་བ་དེར་སྦས་པའི་རྣལ་འབྱོར་གྱི་ཚུལ་གྱིས་བཞུགས་པས་རྒྱ་མོ་

① (གདུང་རབས་རིན་བང་དེབ་ངོས239)

གཅིག་ལ་སྤྲས་ཤིག་འབྲུངས་ཤིང་། དེའི་དུས་སུ་ཡང་རྒྱལ་པོའི་ལུང་ལྷི་མོ་བྱུང་དོགས་པས་སྒྲོལ་མ་ལ་གསོལ་བ་འདེབས་པ་ལ་འབད་”① ཅེས་སོགས་འཁོད་འདུག མདོར་ན་ས་སྐྱའི་གདུང་རྒྱུད་ནང་ཁུལ་དུ་གདན་སའི་དབང་ཆར་རྩོད་པ་ཐོག་མ་དེ་དུས་ནས་བྱུང་བ་མཚོན་ཞིང་། དེ་ཡང་ཡོན་གོང་མའི་ཁྲིམས་སར་གཏུགས་བཤེར་བྱེད་དགོས་པ་མ་ཟད། ཐེངས་དེར་བཟང་པོ་དཔལ་བ་ཡང་དོན་ས་ཉེས་ཆད་རྒྱང་འབུད་ལྷ་བུར་གྱི་ཅང་ཁུལ་དུ་ལོ་བཅོ་ལྔ་ཙམ་བཞུགས་དགོས་བྱུང་བར་སྣང་།

དེ་ནས་ས་སྐྱར་ཧྣམ་པ་ལ་གཤེགས་པ་དང་བཟང་པོ་དཔལ་བ་རྒྱ་ཡུལ་དུ་བཞུགས་ཤིང་། གདན་ས་ཤར་པ་འཇམ་དབྱངས་རིན་ཆེན་པས་བསྐྱངས་ནས་འཁོན་ས་སྐྱ་པའི་གདུང་རྒྱུད་ཉག་ཕྲ་བ་ཙམ་བྱུང་བའི་དུས་སུ། དཔོན་ཆེན་ཨག་ལེན་གྱིས་འབད་བརྩོན་དང་དོ་འཁུར་ཆེན་པོ་བྱས་ཏེ་ས་སྐྱའི་བཀའ་གྲོས་པ་རྣམས་ལ་གྲོས་བསྡུར་ཐོག བླ་མ་འཕགས་པའི་མཆོད་དཔོན་གྲགས་པ་འོད་ཟེར་གོང་དུ་ཕྱོན་ཏེ་ཏི་ཤྲི་མཛད་ནས་བཞུགས་ཡོད་པ་དེའི་སར་མི་སྣ་ཆེད་རྫོང་གདུང་རྒྱུད་བཟང་པོ་དཔལ་བ་གདན་འདྲེན་ཐུབ་ཐབས་ཡོན་གོང་མར་སྙན་སྒྲོན་ཡོང་བའི་ཞུ་ཡིག་ཕུལ་བར་གྲགས། དེ་ལ་ཉི་ལྡེ་བ་གུ་ཤྲི་ཤེས་རབ་དཔལ་དང་། མི་ཆེན་ཨོ་བུ་སོགས་ཀྱིས་རང་འདེགས་བྱས་ནས་ཡོན་གོང་མ་ཧེ་བིག་ཐེ་མུར་ཨོ་ཛ་དུ་རྒྱལ་པོར་སྙན་སེང་ཡང་ཡང་ཞུས་པའི་མཐར་བཟང་པོ་དཔལ་བ་ཚོལ་ལ་གདན་དྲོངས་གསུངས་པའི་ལུང་ཐེབས། སྨན་རྩེ་ནས་གདན་དྲངས་ཏེ་གོང་མ་དང་མཇལ། འཕགས་པ་ཏི་ཤྲིའི་དཔོན་པོ་ཡིན་

① （གདུང་རབས་དེབ་ངོས238－239）

ངེས་སུ་འདུག་པས་ཁྱོད་ཀྱིས་རིགས་རྒྱུད་སྤེལ་ལ་ས་སྐྱར་གདན་ས་གྱིས་གསུངས་པའི་ལུང་དང་འཇའ་ས་བཟང་པོ། གནང་སྦྱིན་ཆེན་པོ་བཅས་བསྐུལ་ཏེ་རྒྱལ་པོའི་བཀའ་བཞིན་མྱུར་བར་གདན་བཏེགས་ནས་དགུང་གྲངས་སོ་བདུན་ཕེབས་པ་སྤྱི་ལོ1298ཐོད་རབ་བྱུང་ལྔ་པའི་ས་ཁྱི་ལོར་ས་སྐྱར་ཕེབས། རེ་ཞིག་ལྷ་ཁང་བླ་བྲང་དུ་བཞུགས་ནས་གསན་བསམ་མཛད། དགུང་ལོ་ཞེ་ལྔ་པ་ལ་གདན་སའི་ཁུར་ཆེན་པོ་བཞེས། ཡོན་གོང་མ་བུ་យན་དུ་རྒྱལ་པོས་གུ་ཤྲིའི་འཇའ་ས་གནང་ནས་གཞི་ཐོག་གི་ཁྲི་ལ་བསྐོས། སྔོན་རྗེའི་རྒྱ་རིགས་ཇོ་མོ་དེ་མ་རྩེས་པའི་གོང་མའི་ལུང་ལྟར་ཇོ་མོ་དྲུག་ཁབ་ཏུ་བཞེས་པ་དེ་རྣམས་ལ་སྲས་ལྔམ་སྲིང་མང་དུ་འཁྲུངས། གདན་ས་ལོ་བཅུ་དགུ་བསྐྱངས་ནས་དགུང་ལོ་རེ་གསུམ་བཞེས་པ་སྤྱི་ལོ1324ཐོད་ཤིང་བྱི་ལོར་བཞི་ཐོག་བླ་བྲང་དུ་སྐུ་གཤེགས་པ་ཡིན། འདི་ཡན་ལ་སྦྱོར་ན་ས་སྐྱ་སྤྱི་ལ་དབང་བའི་གདུང་རབས་ཞེས་བརྗེ་བ་ལགས་སོ།

བཅུ་བཞི་པ། ཡོན་གོང་མས་བོད་དུ་ས་མི་དུད་རྩིས་ཐེངས་གསུམ་བྱས་ནས་བོད་ཀྱི་སྲིད་འཛིན་སྒྲིག་གཞི་གཏན་འབེབས་བྱས་པ།

ཧོར་ཧེང་གིར་རྒྱལ་རྒྱུད་ཀྱིས་སྟོབས་ཤུགས་ལ་བརྟེན་ནས་བོད་སིལ་བུ་ཁ་ཐོར་གཅིག་གྱུར་བྱས་པའི་རྗེས་སུ་བོད་ས་ཁུལ་དུ་ས་རྩི་དང་། དུད་བསྒྲངས་སོགས་སྤྱ་ཕྱིར་བྱུང་བར་སྣང་སྟེ་ཡིག་ཚང་མཁས་པ་དགའ་བྱེད་ལས། བོད་དབུས་གཙང་དུ། ཐོག་མར་“ཧོར་ཧེང་གིར་རྒྱལ་པོས་རྒྱ་ནག་གི་རྒྱལ་

ས་ཡོན་ནས་རྒྱལ་ཁམས་ཁྱིངས་པོ་མནན། བུ་རྣམས་ལ་ས་བགོས་བྱས་པའི་དུས་དང་། གཞན་ཡང་རྒྱལ་པོ་ན་རིམ་གྱི་བར་ལ། ལྷ་སྡེ། མི་སྡེ་ཕྱི་གསལ་དང་། ས་སྐྱེ། དུད་བགྲང་ལུགས་ཅི་རིགས་སུ་བྱུང་འདུག"①ཅེས་གསལ་ཞིང་། འདིར་སེ་ཆེན་ཧན་གོང་མའི་ཁྲི་ལ་བཞུགས་པ་ནས་དང་ཕྱག་ སྤྱི་ལོ1260ཐོད་རབ་བྱུང་བཞི་པའི་ལྕགས་སྤྲེ་ལོར་མི་ཆེན་དར་སྨན་གྱིས་བོད་ཆོལ་ཁ་གསུམ་ལ་འཇའ་མོ་འཛུགས་སྐབས་ས་མི་དུད་བསྡོམས་ཐེངས་གཅིག་བྱས་པ་དང་། གཉིས་པ་ནི་སྤྱི་ལོ1268ཐོད་རབ་བྱུང་པའི་ས་འབྲུག་ལོར་སེ་ཆེན་གོང་མའི་ལུང་གིས་མངགས་པའི་དཔོན་ཆེན་ཤ་ཀྱཱན་དང་། མི་ལེན་སོགས་ཀྱིས་ས་སྐྱའི་དཔོན་ཆེན་ཤཱཀྱ་བཟང་པོ་དང་མཉམ་འབྲེལ་ཐོག བོད་དབུས་གཙང་མངའ་རིས་དང་བཅས་པར་ས་མི་དུད་རྩིས་ཞིབ་ཆ་བྱས་ཏེ་ཁྲི་སྐོར་བཅུ་གསུམ་གྱི་སྒྲིག་གཞི་གཏན་འབེབས་བྱས་འདུག གསུམ་པ་ནི་སྤྱི་ལོ1287ཐོད་མེ་ཕག་ལོར་སླར་ཡང་ཡོན་གོང་མའི་ལུང་གིས་མངགས་པའི་ཐོ་ཤུ་ཨ་བུ་གན་དང་། གེབ་ཆག་ཏའི་ཕེང་ཆང་སོགས་ཀྱིས་ས་སྐྱའི་དཔོན་ཆེན་གཞོན་ནུ་དབང་ཕྱུག་དང་མཉམ་དུ་ཧོར་དུད་བསྐྱར་རྩིས་ཞིབ་བཤེར་དང་། འཇའ་མོ་བསྐྱར་སྒྲིག་སོགས་བྱས་ཏེ《ཕྱི་གསལ་ཆེ་མོ》ཞེས་པའི་རྩ་འཛིན་གྱི་དེབ་ཐེར་གསར་འགོད་བཅས་རིམ་པར་བྱས་ཡོད།

ཐོག་མར་ཧོར་དུད་ཟེར་བའི་དུད་རྐང་གི་རྩིས་གཞི་དེ་ཅི་འདྲ་ཞིག་ཡིན་པ་འདི་ནི་སྐབས་དེའི་སྒྲིག་གཞི་རྩོལ་པོའི་རྩ་བ་འཛིན་སར་བརྟེན་གལ་ཆེ་ཤོས་ཆེ། འོན་ཀྱང་ལ་ལས་སྐབས་དེའི"ཐེམ་དུད་ཞིབ་བཤེར་བྱེད་སྐབས

①（རྒྱ་བོད་ཡིག་ཚང་དེབ་ངོས270）

ཏུ་བ་གནམ་ཐོན་ཏེ་ཐེམ་དུད་རེར་བརྩི་གི་ཡོད་”[1] ཟེར་བ་དེ་འདྲ་བྱུས་ན། ས་ཞིང་དང་། མི་གྲངས། ཕྱུགས་རིགས་སོགས་བརྩི་ཐབས་མེད་ལ། ཁྲལ་རིགས་འཁྲི་སྒྲུབ་ཀྱང་ཚང་མ་ཆ་སྙོམས་ཤིག་ལས་ཡོང་མི་སྲིད་པས་དེ་འདྲ་ག་ལ་ཡིན། འདི་སྐོར《ས་སྐྱའི་གདུང་རབས་ངོ་མཚར་རིན་ཆེན་བང་མཛོད》ལས་ཇི་ལྟར་འབྱུང་བ་གོང་དུ་གླེང་ཟིན་པ་དེ་དང་ཕྱོགས་མཐུན་ཞིབ་ཕྲ་ཆེ་བ་ཞིག《རྒྱ་བོད་ཡིག་ཚང་མཁས་པ་དགའ་བྱེད་ཆེ་མོ》ལས་འབྱུང་བ་འདི་ལྟར་ཏེ། “ཧོར་རྒྱལ་པོ་ཐོ་གན་ཐེ་མུར་རྒྱལ་སར་ཕེབས་ནས། ཐོ་ཞུ་ཨ་ནུ་ཁན་བྱ་བ་དང་། གེབ་ཆག་ཏའི་ཕིང་ཚང་མངགས་ནས། དབུས་གཙང་དཔོན་ཆེན་གཞོན་དབང་（གཞོན་ནུ་དབང་ཕྱུག་）བསྐྱར་མའི་སྐབས། མི་རྩིས། དུད་བགྲངས། ཧོར་དུད་བཙས་པ་ན་འདི་ལྟར་སྣང་ངོ་། ཁང་པ་ཀ་བ་དྲུག་གི་ཁྱིམ་གཅིག ཧོར་སོན་ཁལ་བཅུ་གཉིས་ཀྱི་ས། མི་བཟའ་མི་དུ་ཚོ། ཐྲན་འཁོར་ཕོ་མོ་དང་བཅས་དྲུག ཕྱུགས་འགེལ་རྫོད་བཞོན་གསུམ་（འགེལ་ནི་རྟ་བོང་དང་། རྫོད་ནི་མཛོ་གཡག་གླང་། བཞོན་ནི་བ་ཕྱུགས་མཛོ་མོ་སོགས་ལ་ཟེར་）ར་ལུག་མགོ་ཆེན་གཉིས་ལ། མགོ་སེ་ཉེ་ཤུ་རྩ་བཞི་ཡོད་པ། དེ་འདྲ་གཅིག་ལ་ཧོར་དུད་ཚང་མ་གཅིག ཧོར་དུད་ལྔ་བཅུ་ལ་རྟ་མགོ་གཅིག དེ་གཉིས་ལ་བརྒྱ་སྐོར་གཅིག དེ་བཅུ་ལ་སྟོང་སྐོར་གཅིག དེ་བཅུ་ལ་ཁྲི་སྐོར་གཅིག ཁྲི་སྐོར་ལུགས་ཅན་（ཚད་ལྡན་）ཚང་མ་ལ་ལྷ་སྡེ་སྟོང་སྐོར་བཞི་དང་། མི་སྡེ་སྟོང་སྐོར་དྲུག་དགོས་པ་ཡིན་འདུག ཁྲི་སྐོར་བཅུ་ལ་སྦྲུ་གཅིག དེ་བཅུ་ལ་ཞིང་（ཆེན་）གཅིག་ཟེར་རོ། འདི་བཞིན་རྩིས་

[1] （ཏྭ་ལའི་བླ་མའི་རྣམ་ཐར་བོད་ཡིག་དེབ་ངོས16）

པའི་ཞིང་བཅུ་གཅིག་ཧོར་སེ་ཆེན་རྒྱལ་པོའི་དུས་མངའ་འོག་ཏུ་བཙུག་པ་ཡིན་འདུག་ཅིང་། ཞིང་གི་མིང་ནི། ཏའི་ཏུ་མཁར་ནང་ན། ཅོང་ཞི་ཞིང་(གྲུང་ཧྲུའུ་ཞིང་)། སྤྱི་ལོ་ན་ཧོ་ནམ་ཞིང་(ཧོ་ནན)། ཞིང་པེ་ཞིང་(ལིང་སྤྲས་ཞིང་)། སྤྱི་སོ་ན་ཧོ་ནམ་ཞིང་(ཧོ་ནན)། ཞིང་པེ་ཞིང་(ལིང་སྤྲས་ཞིང་)། གམ་ཟུའི་ཞིང་(ཀན་སུ)། སེ་ཆོན་ཞིང་(ཟེ་ཁྲིན)། གཡུ་ནམ་ཞིང་(ཡུན་ནན)། གྲུང་སི་ཞིང་(ཅང་ཤིས)། གྲུང་ཅའི་ཞིང་(ཅང་གྲའི་ཞིང་)། གུ་རུམ་ཞིང་(ཧྲུའུ་ཀོང་ཞིང་)། ལིའོ་ཡང་ཞིང་(ཤར་བྱང་ཁུལ)། བོད་ཆོལ་ཁ་གསུམ་གྱིས་ཞིང་(ཆེན་)གཅིག་ལ་མ་སོངས་ནའང་། བླ་མ་བཞུགས་གནས་དང་། སངས་རྒྱས་ཀྱི་བསྟན་པ་དར་བའི་ས་ཕྱོགས་ཡིན་པས་ཞིང་(ཆེན་)གཅིག་ཏུ་བགྲངས་པས་བཅུ་གཅིག་ཡིན་”① ཞེས་གསལ་ཡོད། དེ་ལྟར་ཧོར་དུད་ནི་ས་ཁང་མི་ཕྱུགས་བཅས་ཀྱི་གྲངས་ཚད་གཞིར་བཟུང་རྩིས་པས་ཁྱིམ་ཚང་ཕྱུག་པོ་ཡིན་ན། ཐེམ་དུད་གཅིག་ལའང་ཧོར་དུད་འགའ་ཤས་སོངས་པ་དང་། དབུལ་པོ་རྣམས་ལ་ཆ་རྐྱེན་དེ་དག་མི་འཛོམས་ཀྱང་ས་གང་ཡོད་ལ་དཔགས་པའི་ཐེམ་དུད་རེར་ཧོར་དུད་ཀྱི་ཕྱེད་ཀའམ། གསུམ་ཆ། བཞི་ཆ། དྲུག་ཆ་སོགས་རྩིས་ནས་ཁྲལ་འུལ་འཕྲི་སྐྱབ་ཀྱི་འབབ་ཐོབ་ཆེ་ཆུང་ལུགས་དང་མཐུན་ཙམ་ཞིག་ཡོང་གི་ཡོད་པ་མ་ཟད་ཉེ་རབས་ཀྱི་བོད་ས་གནས་སྲིད་གཞུང་གི་སྐབས་ས་རྐང་འཛིན་ཟེར་བ་དེ་ཡང་ཧོར་དུད་བརྩི་ཚུལ་གྱི་རྒྱུན་མཐུད་པ་ཞིག་ཡིན་ནོ།

གཞན་ཡང་རང་ཅག་བོད་མི་ཡོངས་ཀྱི་ཁ་ན་ཡོངས་སུ་གྲགས་པའི་

① （རྒྱ་བོད་ཡིག་ཚང་མཁས་པ་དགའ་བྱེད་དེབ་ངོས270－271）

བོད་ཁྲི་སྐོར་བཅུ་གསུམ་ཞེས་པ་དེ་ཚང་མས་ཤོད་ཤེས་ཅང་། ཡང་སྙིང་དེའི་འབྱུང་ཁུངས་ངོ་མ་ཇི་ལྟར་ཡིན་ཤེས་མཁན་ད་ལྟ་མང་པོ་མེད། ཐ་སྙད་དེ་ནི་གོང་དུ་བསྟན་པའི་ཧོར་དུད་ཞིབ་རྩིས་ཐེངས་གཉིས་པ་སྟེ་སྤྱི་ལོ1268བོད་ས་འབྲུག་ལོར་ཀྱང་གོའི་ཡོན་རྒྱལ་རབས་ཀྱི་གོང་མ་སེ་ཆེན་ཧུ་པེ་ལེའི་ལུང་གིས་ཆེད་དུ་མངགས་པའི་གསེར་ཡིག་པ་ཨ་ཀོན་དང་། མི་ལིན། སོ་ཧུ་ཨ་སྐྱིད་ལ་སོགས་དང་། ས་སྐྱའི་དཔོན་ཆེན་དང་པོ་ཤཱཀྱ་བཟང་པོ་མཉམ་སྦྲེལ་གྱིས་བོད་དབུས་གཙང་མངའ་རིས་དང་བཅས་པར་ས་མི་དུད་རྩིས་བྱས་རྗེས་སྐབས་དེའི་གནས་ཚུལ་གཞིར་བཟུང་སྟེ། དབུས་གཙང་ཁྲི་སྐོར་བཅུ་གསུམ་ཞེས་གསར་དུ་གཏན་འབེབས་བྱས་པ་དེ་ནས་བཟུང་བྱུང་བའི་དབུས་གཙང་གི་སྤྱིག་གཞིའི་མིང་ཚིག་ཅིག་ཡིན། དེ་བཞིན་ཆ་རྒྱུས་མེད་མཁན་ཚོས་བོད་ཁྲི་སྐོར་བཅུ་གསུམ་པ་དེའི་ནང་དབུས་གཙང་མངའ་རིས་དང་བཅས་པའི་མངའ་འབངས་ཡོངས་རྫོགས་ཚུད་ཡོད་སྙམ་པ་དེ་ཡང་མ་ཡིན་པ་གཞམ་ནས་མཁྱེན་རྒྱུ་དང་། དུས་མཚུངས་ཡིག་རིགས་ཐ་དད་པའི་ནང་ཁྲི་སྐོར་བཅུ་གསུམ་གྱི་མིང་འདྲེན་ལུགས་མི་འདྲ་བ་རེ་ཙམ་ཡང་ཡོད་པར་སྣང་། འདིར་གནད་དོན་དེ་དག་གསལ་རྟོགས་ཡོང་བའི་ཆེད་དུ་སྐབས་དེའི་ཧོར་དུད་རྩིས་སྐབས་ཁྲི་སྐོར་བཅུ་གསུམ་དེ་གང་དང་གང་ཡིན་པ་དང་། ཁྲི་སྐོར་རེ་རེའི་ཁོངས་སུ་ཧོར་དུད་མང་ཉུང་ཇི་ཙམ་ཡོད་པ། ཁྲི་སྐོར་གང་འདང་མི་གཏོགས་པའི་ཧོར་དུད་ཇི་ཙམ་ཡོད་པ་བཅས་ཡི་ཚང་ནང་ས་སྐྱའི་དཔོན་ཆེན་ཤཱཀྱ་བཟང་པོའི་དེབ་ཐེར་ལས་བསྒྲིགས་པ་ལྟར་ངོ་སྤྲོད་ཞུས་ན་སྙམ། འོན་ཀྱང་དེབ་ཐེར་ནང་ཧོར་དུད་ཐོབ་གྲངས་ཆེ་ཆུང་ཞིབ་ཙམ་འཁོད་པས་ཡི་གེ་མང་བ་དང་། ཚིགས་སུ་བཅད་པའི་ལམ་དུ་དྲངས་སྟབས་ལ་ལ་གཅོད་

མཚམས་སོགས་གོ་མི་བདེ་བ་བཅས་ལ་བརྟེན་འདིར་དཔེ་མཚོན་གལ་ཆེ་བ་རགས་བསྡུས་ཙམ་ཞིག་གཟིགས་བདེ་བར་ཕུ་རྒྱུ་ཡིན། དེ་ཡང་ཐོག་མར་གཙང་ཕྱོགས་ཀྱི་ཁྲི་སྐོར་དྲུག་གི་མིང་དང་སོ་སོའི་ཏོར་དུད་ཀྱི་གྲངས་འབོར་ནི།

1. མངའ་རིས་མང་ཡུལ་ཁྲི་སྐོར་（གཙོ་བོ་ད་ལྟའི་སྐྱིད་གྲོང་རྫོང་ཁོངས་སོགས་）ལ་ཏོར་དུད2635དང་། 2. ལ་སྟོད་ལྷོ་པའི་ཁྲི་སྐོར་（གཙོ་བོ་ད་ལྟའི་དིང་རི་རྫོང་ཁོངས་སོགས་）ལ་ཏོར་དུད1089 3. ལ་སྟོད་བྱང་པའི་ཁྲི་སྐོར་（གཙོ་བོ་ད་ལྟའི་ལྷ་རྩེ་གྲོང་ཁྱེར་ཁོངས་རྒྱ་མཚོ་ཤར་དང་བྱེ་ལྕགས་སོགས་）ལ་ཏོར་དུད3003 5. ཞ་ལུ་སྐོར་（གཞིས་རྩེའི་སྟོ་ངོས་དང་པ་འདུས་རྒྱལ་རྩེ་སོགས་）ལ་ཏོར་དུད3892 6. བྱང་འབྲོག་ཁྲི་སྐོར་（གཙོ་བོ་ད་ལྟའི་རྣམ་གླིང་རྫོང་ཁོངས་ང་འབྲོག་ཁུལ་）ལ་ཏོར་དུད3630བཅས་དང་། དབུས་ཕྱོགས་ཀྱི་ཁྲི་སྐོར་དྲུག་གི་མིང་དང་ཏོར་དུད་ཀྱི་གྲངས་འབོར་ནི། 1. འབྲི་གུང་བོད་འབྲོག་ཁྲི་སྐོར་（ཁོངས་གཏོགས་སྟོ་བྱང་གང་སར་ཡོད་）ལ་ཏོར་དུད3630དང་། 2. ཚལ་པ་ཁྲི་སྐོར་（ལྷོ་གནས་ཚལ་གུང་ཐང་དང་ལྷ་ས་ཁུལ་ཁོངས་གཏོགས་སྟོ་ཁ་སོགས་གང་སར་ཡོད་）ལ་ཏོར་དུད3702 3. ཕག་མོ་གྲུའི་ཁྲི་སྐོར་（ལྷོ་གནས་ད་ལྟའི་སྣེ་གདོང་རྫོང་དང་ཁོངས་གཏོགས་གང་སར་ཡོད་）ལ་ཏོར་དུད2438 4. གཡའ་བཟང་ཁྲི་སྐོར་（ད་ལྟའི་ལྷུན་རྩེ་རྫོང་སོགས་）ལ་ཏོར་དུད3000 5. རྒྱ་མ་ཁྲི་སྐོར་（ད་ལྟའི་མལ་གྲུང་དང་འོན་སོགས་）ལ་ཏོར་དུད2950 6. བྱ་ཡུལ་ཁྲི་སྐོར་（སྟོ་ཁ་བྱ་ཡུལ་ཁུལ་སོགས་（ལ་ཏོར་དུད2950བཅས་ཡོད་པ་དང་། དབུས་གཙང་གཉིས་ཀྱི་བར་ན་ཡང་

འགྲོག་ཁྲི་སྐོར་(ད་ལྟའི་སྣ་དཀར་རྩེ་རྫོང་སོགས་) ལ་ལེབ་བཅུ་དྲུག་སྟེ་ཧོར་དུད་750ཡོད་ཅེས་གསལ་བ་ལྟར་ཁྲི་སྐོར་བཅུ་གསུམ་སོ་སོ་ལའང་མངའ་ཁོངས་རྒྱ་ཁྱོན་ཆེ་ཆུང་ཧེ་བག་ཆེན་པོ་ཡོད་པ་མཐོང་ཐུབ།

དེ་མིན་ཁྲི་སྐོར་གང་ལའང་མི་གཏོགས་པ་མང་དུ་ཡོད་པ་དཔེར་ན། སྟོད་མངའ་རིས་ཕྱོགས་སུ་བཙན་པོའི་རྒྱལ་རྒྱུད་ཀྱི་ཁོངས་སུ་གཏོགས་པ་ཧོར་དུད་767དང་། གཙང་ཁུལ་དུ་ས་སྐྱ་པ་གཞུང་ལ་གཏོགས་པའི་ལྷ་སྡེ་ཧོར་དུད་606དང་། ས་སྐྱ་ནང་པའི་དགེ་རྟ་འགྲོག་པ་ཧོར་དུད་30དེ་མིན་རྟ་མཚམས་སོགས་ལྷ་སྡེ་མི་སྡེ་བསྡོམས་པའི་ཧོར་དུད་930ལྷག་ཙམ་བཅས་ཡོད།

དབུས་ཁུལ་དུ་ཁྲི་སྐོར་ལ་མི་གཏོགས་པ་བྱང་སྟག་ལུང་ཁོངས་ཧོར་དུད་500དང་། སྟོ་ཁར་ཐང་པོ་ཆེ་པ་ཧོར་དུད་150འབྲུག་པ་ཧོར་དུད་225དེ་མིན་བསམ་ཡས་སོགས་དབུས་ཕྱོགས་ལྷ་སྡེ་མི་སྡེ་ཁྱོན་བསྡོམས་ཧོར་དུད་1220ཙམ་བཅས་ཡོད་ཅེས་གསལ་དེ་དག་ཞིབ་པར་མཁྱེན་འདོད་ན་རྒྱ་བོད་ཡིག་ཚང་①ལ་གཟིགས་དགོས། སྐབས་དེར་གཙང་ཁུལ་གྱི་ཧོར་དུད་ཞིབ་རྩིས་ནི་ཨ་ཀོན་དང་མི་ལིན་ཞེས་པ་གཉིས་ཀྱིས་བྱས་པ་དང་། དབུས་ཁུལ་གྱི་ཧོར་དུད་ནི་སི་ཏུ་ཨ་སྐྱིད་ཀྱིས་རྩིས་པ་ཡིན་ཞེས་གསལ་འདུག

སི་ཏུ་ཨ་སྐྱིད་ཅེས་པ་འདིའི་སྐོར་ལ་དྭ་ལའི་བླ་མ་ལྔ་པའི་རང་རྣམ་ནང་འདི་ལྟར་གསུངས་ཏེ། “ངེད་ཀྱི་མའི་རིགས་ནི་འཕགས་ཡུལ་རྡོ་རྗེ་གདན་ནས་བྱང་ཕྱོགས་སུ་དཔག་ཚད་བརྒྱ་ཙམ་བགྲོད་པ་ན་གདན་ས་ཆེན་པོ་

① (རྒྱ་བོད་ཡིག་ཚང་མཁས་པ་དགའ་བྱེད་དེབ་ངོས298 – 301བར་)

དཔལ་ལྡན་ས་སྐྱ་དང་ཟུང་དུ་འབྲེལ་བ་ལྷས་གྲོ་ཁྱེད་སྣ་བོ་གདོང་ཞེས་པར་སུ་ཐུ་ཨ་སྐྱིད་ ཅེས་ རྗེ་ བཙུན་ དཀར་ པོ་ གསུམ་ གྱི་ སྤྱིན་ བདག་ ཅིག་ ཡོད་ པས། དེའི་དུས་བོད་རྒྱལ་པོའི་ཁྲིམས་ནི་ཉམས། ཧོར་ཁྲིམས་ནི་མ་དར་བའི་སྐབས་སུ་སོང་བས་ད་ལྟ་སུ་ཐུ་ཐུ་བྱེད་པའི་དུས་འདིར་ང་རང་ཨ་རེ་སྐྱིད་ཡིན་ཅེས་གླིང་པས་སུ་ཐུ་ཨ་སྐྱིད་དུ་གྲགས་ཤིང་། སྔོན་གྱི་ཡིག་ཚང་ལས།

ཨ་གོན་མི་གླིང་གཉིས་ཡོངས་ནས། །

མི་སྡེ་ས་ཆ་དང་བཅས་པ། །

ཆེ་པོ་ཧོར་གྱི་མིང་བཏགས་པའི། །

རྩ་བའི་དུད་གྲངས་བརྩིས་པ་ན། །

མངའ་རིས་མན་ནས་ཞུ་ལུ་ཡན། །

ཨ་གོན་མི་གླིང་ཞེས་པས་རྩིས། །

དེ་མན་འབྲི་གུང་ཡན་གྱི་ས། །

སུ་ཐུ་ཨ་སྐྱིད་བདག་གིས་བརྩིས། །

དེ་ཕྱིར་ས་སྐྱའི་དཔོན་ཆེན་ནི། །

ཟམ་གྲུ་གུན་མིང་དཔེན་ཏུ་ཡི། །

མིང་ཐོབ་ཤཱཀྱ་བཟང་པོ་དེའི། །

དེབ་ཐེར་ཤོག་དྲིལ་ཅན་བཞིན་ཡིན། །

ཞེས་པ་ལྟར་ཁོང་གི་སྐུ་ཚེའི་སྨད་ལ་ཧོར་ཁྲིམས་བྱུང་ནས་རྒྱའི་མི་ཆེན་ཨར་མགོན། ད་ཤུ་ཨ་ནུ་གན་(འདི་དོན་མི་ལེན་ཡིན་) སུ་ཐུ་ཨ་སྐྱིད་རྣམས་

གྱིས་མི་བརྩིས་དུད་གྲངས་སུ་བཅད། ”[①] ཅེས་ཡིག་ཚང་མཁས་པ་དགའ་བྱེད་ནས་ཧོར་དུད་ཀྱི་གྲངས་སོགས་དུམ་བུ་ཞིག་དྲངས་གནང་སྟེ་སུ་ཐུ་ཨ་སྐྱིད་ཀྱི་མི་རྒྱུད་ཡར་འཁྲིག་ཁྲི་དཔོན་ཡིན་པ་དང་། དེའི་སྲས་མོ་ཁྲི་ལྕམ་ཀུན་དགའ་ལྷ་མཛེས་འཁྱོངས་རྒྱས་པའི་ཁབ་ཏུ་མངོན་མོར་ཕེབས་པ་ལས་ཏཱ་ལའི་ལྷ་པ་ཉིད་སྐུ་བལྟམས་པའི་ཚ་འབྲང་གི་ཁུངས་གསུངས་པ་ལྟར་དེབ་ཐེར་འདི་དག་ནི་དེ་བས་ཁུངས་བཙན་ཡིན་པར་ཡིད་རྟོན་འཕེར་བ་ལགས་སོ།

ཁྲི་སྐོར་སོ་སོས་འཛིན་མོ་གང་དང་གང་འགན་འཁུར་དགོས་པའི་གཏན་འབེབས་ཀྱང་གསལ་པོ་བྱས་འདུག་པ་འདི་ལྟར་ཏེ། གཙང་ཕྱོགས་སུ་འཛམ་ཆེན་བཞི་ཡོད་པ་ནས། 1. ལ་སྟོད་ལྷོ་བྱང་ཁྲི་སྐོར་གཉིས་དང་། མངའ་རིས་ཁྲི་སྐོར་བཅས་ཀྱིས་དཔལ་ལྡན་ས་སྐྱའི་འཛམ་ཆེན་མཉམ་འཛིན་ཐོག ལ་སྟོད་ལྷོ་པས་མར་ལ་ཐང་དུ་འཛམ་ཆུང་གཅིག་མངའ་རིས་ཀྱི་མི་སྡེས་ཞབས་ཁར་འཛམ་ཆུང་དང་། གྲུམ་རིང་གི་འཛམ་ཆུང་སྤྱང་ལེན་གྱི་དམག་འཛམ་བཅས་འཛིན་རྒྱུ། མ་ཕང་གི་འཛམ་ཆུང་གུ་རང་པས་འཛིན་རྒྱུ། མི་ཧོག་སེ་རུར་འཛམ་ཆུང་གཅིག་གུ་གེ་ལྷོ་བྱང་གཉིས་ཀྱིས་འཛིན་དགོས་པ་བཅས་ཀྱི་གཏན་འབེབས་བྱས་འདུག མངའ་རིས་ས་ཁུལ་གྱི་འཛམ་ཆུང་དེ་དག་ནི་གཙོ་བོ་བོད་ཀྱི་ས་སྲུང་ཧོར་དམག་གི་སྐྱེལ་འདྲེན་དང་མགོ་ཆས་འདོན་སྤྲོད་བྱེད་བདེའི་ཆེད་གསར་དུ་བཙུགས་པར་མངོན། 2. དེ་བཞིན་དར་ལུང་གི་འཛམ་ཆེན་ནི་ཆུ་མིག་ཁྲི་སྐོར་གྱིས་འཛིན་རྒྱུ་དང་། 3. ཚོང་འདུས་ཀྱི་འཛམ་ཆེན་ནི་ཞ་ལུ་ཁྲི་སྐོར་ཧོར་དུད3892ཁོངས་ནས་

① （དུ་ཀླུ་ལའི་གོས་བཟང་གླིགས་བམ་དང་པོའི་ཤོག་གྲངས20）

བྱེ་རོག་ཚང་པ་（པ་རྣམ་）ཏོར་དུད832ཟུར་དུ་སྤུད་འཕྲོས་ཏོར་དུད3060ཐམ་པས་འཛིན་རྒྱུ། 4. སྟག་གྲུའི་འཇམ་ཆེན་གོང་གསལ་བྱེ་རོག་ཚང་པ་དང་། ཡར་འབྲོག་ཁྲི་སྐོར། ཤངས་ཀྱི་ཆུ་ཕྱོགས་རྟ་མགོ་བཅུ་གཅིག་བཅས་ཀྱིས་མཉམ་འཛིན་བྱ་རྒྱུ་དང་། ཡར་སྲིབ་ཀྱི་འཇམ་ཆུང་དེ་ཡར་འབྲོག་པས་འཛིན་རྒྱུ་བཅས་གཏན་ལ་ཕབ་འདུག

དབུས་ཕྱོགས་འཇམ་ཆེན་བདུན་ནས། 1. གོ་སྡེ་འཇམ་ཆེན་ནི་འབྲི་གུང་ཁྲི་སྐོར་གྱིས་འཛིན་རྒྱུ་དང་། 2. ག་ར་འཇམ་ཆེན་ནི་བྱ་ཡུལ་ཁྲི་སྐོར་ཐོག་ཚལ་པའི་ཁོངས་ནས་རེ་རྩ་ཐེ་བའི་ཏོར་དུད350བསྟན་པས་འཛིན་རྒྱུ། 3. སོག་འཇམ་ཆེན་ནི་རྒྱ་མ་བའི་ཁྲི་སྐོར་ཐོག་ཚལ་པའི་ཁོངས་ནས་ཟུར་མཁར་ཏོར་དུད350བསྟན་པས་འཛིན་རྒྱུ། 4. རྩེ་དབར་འཇམ་ཆེན་ནི་ཕག་གྲུ་ཁྲི་སྐོར་ཐོག སྟག་ལུང་པ་ཏོར་དུད500དང་ལྷ་པའི་ཏོར་དུད་དྲུག་བརྒྱ་བཅས་ཀྱིས་མཉམ་འཛིན་བྱ་རྒྱུ། 5. ཤ་ཕོ་འཇམ་ཆེན་ནི། གྲུ་གུ་སྣང་པ་དང་ཁ་རག འབྲུག་པ། གྲ་མ་ཐང་པ། འོལ་ཁ་བ་སོགས་ཁྲི་སྐོར་ལ་མ་གཏོགས་པའི་མི་སྡེ་དེ་དག་གིས་མཉམ་འཛིན་བྱ་རྒྱུ། 6. རྐོང་འཇམ་ཆེན་ནི་གཡའ་བཟང་པའི་ཁྲི་སྐོར་གྱིས་འཛིན་རྒྱུ། 7. དགོན་གསར་འཇམ་ཆེན་ནི་ཚལ་པ་རྩ་བའི་ཁྲི་སྐོར་གྱིས་འཛིན་རྒྱུ་བཅས་གཏན་འབེབས་འགན་དགྲི་བྱས①ཞེས་གསལ་འདུག

གོང་གསལ་གྱི་ཆ་གསེས་བྱེད་སྟངས་ལ་གཞིགས་ན་སྤྱིར་བཏང་འཇམ་ཆེན་རེའི་འཁྲི་ཁུངས་ལ་ཕལ་ཆེར་ཏོར་དུད་སྟོང་ཕྲག་གསུམ་ཡས་མས་ཙམ་

① （རྒྱ་བོད་ཡིག་ཚང་དེབ་ངོས302－304）

ཟྲིན་གྱི་ཡོད་པར་སྣང་། ས་སྐྱ་བླ་བྲང་རང་གི་སྙེར་བདག་ཚོས་གཞིས་མི་སེར་རྣམས་ལ་དམིགས་བསལ་གྱིས་འཇང་མོའི་ཁྲལ་འུལ་མི་འཁྲི་བའང་གསལ་པོ་འདུག དེའི་ཐོག་ནས་ཀྱང་བོད་ཆོལ་ཁ་གསུམ་ཡོངས་རྫོགས་ས་སྐྱ་བར་ཕུལ་བ་ཞིག་མ་ཡིན་པ་གཞུང་སྙེར་གྱི་དབྱེ་བ་གསལ་ཆོད་ཡོད་པ་མཐོང་ཐུབ།

དེ་ལྟར་འཇང་མོའི་ཁྲལ་འུལ་ནི་ཡོན་གོང་མའི་གསེར་ཡིག་པ་དང་། བོད་ཀྱི་བདེ་སྲུང་ཧོར་དམག སྐྱེལ་འདྲེན་སོགས་ལ་དམིགས་པ་ཞིག་ཡིན་སྐབས་རྒྱལ་ཁབ་ལ་འཇལ་དགོས་པའི་ཁྲལ་འུལ་ཞིག་ཏུ་བརྩི་ཚོག་པ་དང་། དེ་མིན་དབུས་གཙང་ཁྲི་སྐོར་བཅུ་གསུམ་གྱི་དཔྱ་ཁྲལ་གཞན་རྣམས་སྤྱི་ལོ1269བོད་ས་སྤྲུལ་ལོ་ནས་བཟུང་སེ་ཆེན་གོང་ས་སྐྱའི་མཆོད་ཐེབས་གཞུང་ཕྱོགས་སུ་སྟུད་ཚོག་པ་བླ་མ་འཕགས་པར་འབུལ་གནང་མཛད་པར་གྲགས།

མདོར་ན་ཡོན་གོང་མའི་རྒྱལ་རབས་ཀྱིས་བོད་དུ་ས་མི་ཞིབ་བཤེར་རིམ་པར་བྱས་ཏེ་ཧོར་དུད་རྩིས་ནས་བོད་ཁྲི་སྐོར་བཅུ་གསུམ་དང་། སྟོང་སྐོར། བརྒྱ་སྐོར་སོགས་ཀྱི་སྒྲིག་གཞི་གསར་དུ་བཙུགས་པ་དང་། འཇང་མོ་ཞེས་པའི་སྐྱེལ་འདྲེན་ས་ཚིགས་གཏན་ལ་ཕབ་པ། བོད་ཆོལ་ཁ་གསུམ་ཞིང་ཆེན་གཅིག་ཏུ་རྩིས་པ་བཅས་ཀྱི་ལོ་རྒྱུས་ཀྱི་དོན་དངོས་འདི་རྣམས་གསལ་རྟོགས་བྱུང་ན། ང་ཚོས་མི་ལོ་བདུན་བརྒྱའི་གོང་ནས་བོད་ནི་མེས་རྒྱལ་གྱི་མངའ་ཁོངས་ཁ་བྲལ་ཐབས་མེད་པའི་ཆ་ཤས་ཤིག་ཡིན་པ་དེ་གསལ་པོ་ཤེས་ཐུབ།

གོང་གསལ་བོད་དུ་ཧོར་དུད་དང་། འཇང་མོའི་འཁྲི་ཁྲུངས་སོགས་ཞིབ་པར་འཁོད་པའི་《རྒྱ་བོད་ཡིག་ཚང་མཁས་པ་དགའ་བྱེད་》ཅེས་པ་འདི་

ཉི་ཧྲོ་རྒྱུས་སྨྲ་བ་སྟག་ཚང་པ་དཔལ་འབྱོར་བཟང་པོ་བྱ་བ་དེས། སྤྱི་ལོ1434ཐོད་རབ་བྱུང་བདུན་པའི་ཤིང་སྟག་ལོར་ཕྱོགས་སྒྲིག་གནང་བ་ནས་ད་ཕན་མི་ལོ550ལྷག་ཙམ་སོང་ཞིང་། ཁོང་གིས་ཕྱོགས་སྒྲིག་གནང་སྐབས་ཧོར་དུད་སྐོར་གྱི་མ་ཡིག་དུམ་བུ་འདི་ནི་ས་སྐྱ་པའི་དབང་འཛིན་དུས་ཀྱི་ནང་ཆེན་པ་དང་། དུ་དབེན་ཤའི（ཏུའུ་ཡོན་ཧྲུས）མིང་ལས་འཛིན་པ་གཞོན་ནུ་མགོན་གྱི་དེབ་ཐེར་ལས་ཇི་ལྟར་བྱུང་བ་བཞིན་བྲིས་པ་ཡིན①ཞེས་གསལ་བ་བཅས་ལོ་རྒྱུས་ཀྱི་དོན་དངོས་འདི་དག་ནི་སུས་ཀྱང་བསྣུབ་ཐབས་མེད་པ་ཞིག་ཡིན་ནོ།

བཅོ་ལྔ་པ། སྐབས་དེའི་དབང་འཛིན་ས་སྐྱའི་བླ་དཔོན་ཆེ་ཁྲུ་རྣམས་ཡོན་གོང་མའི་ལུང་དང་ཐམ་གས་བསྐོ་བཞག་བྱས་པ།

བོད་འདི་མེས་རྒྱལ་གྱི་མངའ་ཁོངས་སུ་གཏོགས་པ་ནས་བཟུང་ས་གནས་ཀྱི་དབང་འཛིན་ཆེ་ཁྲུ་རྣམས་ལ་གོང་མའི་ལུང་དང་ཐམ་ག་ཡོད་མེད་དེ་ནི་ལུགས་དང་མཐུན་མིན་གྱི་ཚད་གཞིར་འཛིན་པ་ཡིན། དཔེར་ན་བོད་ཀྱི་ལོ་རྒྱུས་ཐོག་སྐད་གྲགས་ཡོད་པའི་ཆབ་སྲིད་མཁས་ཅན་ཕག་གྲུ་ཏའི་སི་ཏུ་བྱང་ཆུབ་རྒྱལ་མཚན་གྱི་བཀའ་འབུམ་ནང་། ཁོང་དང་འབྲི་གུང་སྒོམ་པ་ཀུན་རིན་མཇལ་དུས། "སྒོམ་པ་ན་རེ། ད་ལྟ་ས་སྐྱ་པའི་བྱེད་པ་འདི།

①（རྒྱ་བོད་ཡིག་ཚང་མཁས་པ་དགའ་བྱེད་ཡིག་རྙིང་བྲིས་མ་ཤོག་གྲངས218）

སྔོན་ངེད་འབྲི་གུང་པའི་བྱེད་པ་ཡིན་པར་སྣང་ཟེར་བས། དེ་འདྲ་མ་ཟེར། དེ་དུས་ཀྱི་བླ་མ་དེ་སྤྱན་སྔ་རིན་པོ་ཆེ་ཡིན། སྒོམ་པ་ཤཱཀ་རིན་ཡིན་ནེ། ཐམ་ཁ་མཐེབ་རྗེས་ཙམ་ཡང་ཁྱེད་བླ་མ་དཔོན་ལ་མེད། རྒྱལ་པོའི་བླ་མ་ཧྲི་ཤྲི་ཡང་མ་བྱས། ལ་སྟོད་སྨད་དཀར་ཕྱིན། སྟོ་ལུང་ཆེན་བཅོ་བརྒྱད་འདི་ལ་ཡར་འཕེལ་ལོ་ལྔ། བརྟན་འཛུགས་ལོ་བརྒྱད། མར་འགྲིབ་ལོ་གཉིས་ཐོན་དུ་ལོ་བཅོ་ལྔ་ལས་མ་བྱུང་། ས་སྐྱ་པས། རྒྱལ་པོའི་བླ་མ་འཛམ་བུ་གླིང་གི་བདག་བྱས་ནས་ལོ་བརྒྱ་ལྷག་སོང་འདུག རྒྱལ་པོས་ལུང་གང་ཐེངས་སུ། ས་སྐྱ་པས་ཡང་(ཀྱང་)ཐེངས། རྒྱ་མཚོའི་མཐར་ཐུག་གི་བར་དུ། སེ་ལྷ་ཁང་བྱ་ལས་ལ་བསྐོས་པ་འཚམ་པ་ཅི་ཡོད། གཞན་གྱི་མདུན་ད་འདི་རིགས་ལབ་མི་ཉན། དེ་དུས་ཁྱེད་མངའ་ཐང་ཆེ་བྱས་ཀྱང་། ངེད་ཀྱི་དབང་འདི་ཁ་ཙམ་ཡིན་ཆོད་འདུག་ཟེར་བ་ལབ"①ཅེས་གསུངས་འདུག་པ་དེ་ལས་བོད་ཀྱི་ཆབ་སྲིད་ལམ་ལུགས་ནང་གྲུང་དབྱུང་གོང་མའི་ལུང་དང་ཐམ་ག་ལ་བརྟེ་མཐོང་དང་། ཆ་འཛོག་གང་འདྲ་བྱེད་པ་དེ་མཚོན་གྱི་ཡོད།

1. ཡོན་གོང་མའི་རྒྱལ་རབས་ཀྱིས་བོད་ས་གནས་ཀྱི་ཆོས་སྲིད་དབང་འཛིན་པར་ལུང་དང་ཐམ་གས་གཟེངས་སུ་བསྟོད་ནས་བསྐོ་བཞག་གནང་བའི་ཐོག་མ་ནི། ས་སྐྱ་འགྲོ་མགོན་འཕགས་པ་རིན་པོ་ཆེ་ཡིན་ཏེ་སྤྱི་ལོ1253ལོར་སེ་ཆེན་ཧན་གྱིས་གུ་ཤྲིའི་མཚན་དང་གཡང་ཀྲིའི་ཐམ་ག་ཕུལ་བ་དང་། སེ་ཆེན་ཧན་གོང་མའི་ཁྲི་ལ་འཁོད་རྗེས་སྤྱི་ལོ1264ལོར་འཕགས་པ་རིན་པོ་ཆེར་གྲུང་དབྱུང་ཙུང་གི་ཡོན་ལས་ཁུངས་ཀྱི་བྱ་བར་བཀོད་འདོམས་

① (རླངས་ཀྱི་པུ་ཏི་བསེ་རུ་རྒྱས་པ་ལྷུག་པར་དེབ་ངོས307)

གནང་རྒྱའི་དབང་ཆ་ཐུལ་ནས། རྒྱལ་ཡོངས་ཀྱི་ནང་བསྟན་ཆོས་ལུགས་དང་། བོད་ཆོལ་ཁ་གསུམ་གྱི་དབང་འཛིན་དུ་བསྐོས་ཤིང་། 1269ལོར་སླར་ཡང་ཆོས་རྒྱུགས་ཀྱི་མཚན་བསྟོད་ཆེན་པོ་དང་ཐུགས་འཕགས་པ་ཏི་ཤྲི་ཞེས་འབོད་པའི་རྒྱས་ཅན་གྱི་ཐམ་ག་བཅས་ཕུལ་བ་ཡིན། དེ་ལས་བརྟེན་ནས་ས་སྐྱ་བ་སྟེར་དང་མི་འདྲ་བར་བོད་ཀྱི་ཆེ་རྒྱ་ཐམས་ཅད་ཀྱི་གཙུག་གི་ནོར་བུ་ལྟ་བུར་གྱུར་པ་ལགས་སོ།

2. འཕགས་པའི་སྐུའི་གཅུང་པོ་ཕྱག་ན་རྡོ་རྗེ་ལ། གོ་དན་གྱི་སྲས་མོ་མེ་ག་དུན་ཞེས་པ་ཇོ་མོར་གནང་། སེ་ཆེན་གང་མས། པའི་ལེན་དབང་གི་མིང་དང་། གསེར་གི་ཐམ་ག ཐོང་ཧེ་གཡས་གཡོན་གྱི་ཁྲིམས་ར་དང་བཅས་པ་གནང་ཞིང་། བོད་སྤྱིའི་དཔོན་དུ་བསྐོས། གདུང་རབས་ནང་“སྤྱིར་བོད་དང་སྒོས་ས་སྐྱ་བར། དབང་གི་ལུང་དང་ལས་ཀ་གནང་བའི་སྟོན་མ་ཡིན་ནོ་” ཞེས་གསལ་ཡོད།

3. བླ་མ་འཕགས་པ་དང་ཡབ་གཅིག་པ་སློབ་དཔོན་ཡེ་ཤེས་འབྱུང་གནས་ཀྱི་སྲས་བདག་ཉིད་ཆེན་པོ་བཟང་པོ་དཔལ་བ་ལ། “ཡོན་གོང་མ་བུ་ཡ་དུ་རྒྱལ་པོས། ཏུ་ཤྲིའི་ལུང་གནང་ནས་བཞི་ཐོག་ཐོ་བྲང་དུ་བསྐོས”①

4. བཟང་པོ་དཔལ་བའི་སྲས་བླ་མ་ཀུན་དགའ་བློ་གྲོས་ལ། ཡོན་གོང་མ“གེ་གན་རྒྱལ་པོས་བླ་མར་བཀུར་ཞིང་། ཏི་ཤྲིའི་མཚན་གནང་།”②

5. བཟང་པོ་དཔལ་བའི་སྲས་བླ་མ་ཀུན་དགའ་བློ་གྲོས་ལ། ཡོན་

① (ཡིག་ཚང་དེབ་ངོས335)

② (ཡིག་ཚང་དེབ་ངོས335)

གོང་མ"“གེ་གན་རྒྱལ་པོས་བླ་མར་བཀུར་ཞིང་། ཏཻ་ཤྲིའི་མཚན་གནང་།”①

6. བཟང་པོ་དཔལ་བའི་སྲས་ནམ་མཁའ་ལེགས་པའི་བློ་གྲོས་ལ། ཡོན་གོང་མ"“ཀུན་ཤ་ལ་གོ་ཐུག་རྒྱལ་པོས། ཀོན་ཏིང་ཀྭ་ཤྲིའི་མཚན་དང་། ཤེལ་གྱི་ཐམ་ག་གནང་།”②

7. བཟང་པོ་དཔལ་བའི་སྲས་ཀུན་དགའ་ལེགས་པའི་འབྱུང་གནས་ལ། ཡོན་གོང་མ"“འཇའ་ཡན་ཏུ་རྒྱལ་པོས་བླ་མར་བཀུར་ཞིང་། ཏཻ་ཤྲིའི་མཚན་གསོལ།”③

8. བཟང་པོ་དཔལ་བའི་སྲས་ཀུན་དགའ་རྒྱལ་མཚན་ལ། ཡོན་གོང་མ"“ཡེ་སུན་ཐེ་མུར་གྱིས། ཚང་ཀྲུའི་ཀྲུང་གནང་ཞིང་། དེ་རྗེས་གོང་མ་རྒྱལ་རབས་གསུམ་གྱི་བླ་མ་མཛད། ཏཻ་ཤྲིའི་མཚན་གསོལ་བ་ཡིན།”④

9. བཟང་པོ་དཔལ་བའི་སྲས་ཆུང་བ་ཀུན་དགའ་ལེགས་པའི་རྒྱལ་མཚན་ལ། ཡོན་གོང་མ"“ཐོ་གན་ཐེ་མུར་གྱིས། པླའི་ལེན་དབང་གི་མཚན་དང་། གསེར་གྱི་ཐམ་ག བོད་ཆོལ་ཁ་གསུམ་ཤེས་སུ་བཅུག་པའི་ལུང་བཟང་པོ་དང་། སྔར་དབང་བསོད་ནམས་བཟང་པོའི་ཇོ་མོ་ཡིན་པའི་དཔོན་མོ་མུན་ཧྭ་གན་དབང་བཅས་པ་གནང་།”⑤

10. བཟང་པོ་དཔལ་བའི་སྲས་ཀུན་དགའ་ཉི་མ་རྒྱལ་མཚན་ལ།

---

① (ཡིག་ཚང་དེབ་ངོས336－337)

② (ཡིག་ཚང་དེབ་ངོས336－337)

③ (ཡིག་ཚང་དེབ་ངོས336－337)

④ (ཡིག་ཚང་དེབ་ངོས336－337)

⑤ (ཡིག་ཚང་དེབ་ངོས338－339)

ཡོན་གོང་མ་“ གེ་གན་རྒྱལ་པོས། ཧཱའི་དཔེན་ཤུ་ཧྲེའི་མཚན་དང་། ཞེལ་གྱི་ཐམ་ག་གནང་།” ①

11. བཟང་པོ་དཔལ་བའི་སྲས་བླ་མ་དམ་པ་བསོད་ནམས་རྒྱལ་མཚན་ལ། ཡོན་གོང་མ་“ ཐོ་གན་ཐེ་མུར་གྱིས། གུ་ཤྲིའི་མཚན་གནང་།” ②

12. ཏི་ཤྲི་ཀུན་དགའ་རྒྱལ་མཚན་པ་བསྙེན་རྫོགས་རྫེས་མ་མཛད་གོང་གི་སྲས་བློ་གྲོས་རྒྱལ་མཚན་ལ། ཡོན་གོང་མ་ཐོ་གན་ཐེ་མུར་གྱིས། ཧཱའི་དཔེན་ཤུ་ཧྲེའི་མཚན་དང་ལུང་བཟང་པོ་གནང་།③

13. གུ་ཤྲི་ནམ་མཁའ་ལེགས་པའི་བློ་གྲོས་ཀྱི་སྲས་ཀུན་དགའ་རིན་ཆེན་རྒྱལ་མཚན་ལ། ཡོད་གོང་མ་“ ཐོ་གན་ཐེ་མུར་གྱིས། ཐོ་ལིང་ཤི་ཧྭ་ཧུ་ཧཱའི་དཔེན་ཤུ་ཤྲིམཚན་དང་། ཞེལ་གྱི་ཐམ་ག་གནང་” ④

14. དབང་ཀུན་དགའ་ལེགས་པའི་སྲས་བསོད་ནམས་བློ་གྲོས་ལ། ཡོན་གོང་མ་ཐོ་གན་ཐེ་མུར་གྱིས། ཏི་ཤྲིའི་མཚན་གསོལ་ཞིང་། ཆུ་མིག་ཁྲི་འོག་གང་ཡིན་གྱི་འབབ་སྒོ་སླེབ་ཏུ་ཆུ་གསུངས་པའི་ལུང་བཟང་པོ་དང་བཅས་པ་གནང་” ⑤

15. བླ་ཆེན་བསོད་བློའི་གཅུང་པོ་གྲགས་པ་རྒྱལ་མཚན་པ་ལ། གོང་མ་“ ཐོ་གན་ཐེ་མུར་གྱིས། པླའི་ལེན་དབང་གི་མཚན་དང་། ཐོང་ཧེ་

---

① （ཡིག་ཚང་དེང་རོས338 – 339）

② （ཡིག་ཚང་དེབ་རོས338 – 339）

③ （ཡིག་ཚང་དེབ་རོས338 – 339）

④ （ཡིག་ཚང་དེང་རོས140 – 142）

⑤ （ཡིག་ཚང་དེང་རོས140 – 142）

གཡས་གཡོན་གྱི་ཁྲིམས་ར། ཉི་མ་ནུབ་ཕྱོགས་ཤེས་སུ་བཙུག་པའི་ལུང་བཟང་པོ་དང་བཅས་པ་གནང་།”①

16. དེའི་སྲས་ཆེ་བ་ཀུན་དགའ་ལེགས་པའི་རྒྱལ་མཚན་པ་ལ། ཡོན་གོང་མ་“ཐོ་གན་ཐེ་མུར་གྱིས། ཏའི་དབེན་གུ་ཤྲིའི་མཚན་དང་ལུང་བཟང་པོ་གནང་།”②

17. དབང་གྲགས་པ་རྒྱལ་མཚན་གྱི་སྲས་ཚུང་བ་ནམ་སྲས་རྒྱལ་མཚན་ལ་ཡང་ཡོན་གོང་མ་“ཐོ་གན་ཐེ་མུར་གྱིས། རི་རྫི་དབང་གི་མཚན་དང་། གསེར་ཐམ། གཡས་གཡོན་གྱི་ཁྲིམས་ར་བརྒྱད། ཉི་མ་ནུབ་ཕྱོགས་ཤེས་སུ་བཙུག་པའི་ལུང་བཟང་པོ་དང་བཅས་པ་གནང་བ་ཡིན་ནོ།”③

གོང་གསལ་འདི་དག་ནི་ལོ་རྒྱུས་སྨྲ་བ་སྟག་ཚང་པ་དཔལ་འབྱོར་བཟང་པོས་སྤྱི་ལོ1434ལོར་རབ་བྱུང་བདུན་པའི་ཤིང་སྟག་ལོར་ཕྱོགས་སྒྲིག་མཛད་པའི《རྒྱ་བོད་ཀྱི་ཡིག་ཚང་མཁས་པ་དགའ་བྱེད》ལས་ཇི་ལྟར་བྱུང་བ་བཞིན་ཟུར་འདོན་བྱས་ཤིང་། ཡིག་ཚང་འདི་ནི་ས་སྐྱའི་དབང་འཛིན་དུས་སྐབས་ཀྱི་ལོ་རྒྱུས་གསལ་ཤོས་འཁོད་པའི་ཡིག་རྙིང་ཁུངས་བཙན་ཞིག་ཡིན།

གོང་དུ་དྲངས་པའི་དོན་དངོས་ཀྱི་ཐོག་ནས་ཡོན་གོང་མས་སྐབས་དེའི་བོད་ས་གནས་ཀྱི་དབང་འཛིན་ས་སྐྱའི་གདུང་རབས་རྣམས་ལ་བླ་དཔོན་གྱི་མཚན་གནས་དང་། དབང་ཆ་ཇི་ལྟར་གནང་བའི་སྐོར་གོང་མ་གང་དང་

① (ཡིག་ཚང་དེང་དེབ་ངོས140－142)
② (ཡིག་ཚང་དེབ་ངོས324. 345. 346)
③ (ཡིག་ཚང་དེབ་ངོས324. 345. 346)

གང་གིས། ས་སྐྱའི་བླམ་དང་གདུང་འཛིན་སྲུ་དང་སྲུ་ལ། ཆོས་སྲིད་ཀྱི་ཐོབ་ཐང་མཚན་གནས་དང་དབང་ཚད་དང་ཅིག་དང་ཅི་ཞིག་གནང་བ་ཚང་མ་རང་རེས་གསལ་རྟོགས་བྱེད་ཐུབ། ཏི་ཤྲི་དང་། གུ་ཤྲི་པའི་ལེན་ཤང་དང་། རི་རྩེ་ཤང་ཞེས་པ་སོགས་ཡོངས་རྫོགས་སྐབས་དེའི་ཡོན་གོང་མའི་སྲིད་གཞུང་གི་གོ་གནས་ལམ་ལུགས་ཀྱི་གཏན་འབེབས་ལྟར་གནང་བ་ལས། གཞན་གང་ཡང་མིན་པ་ནི་ཐ་སྙད་ཀྱི་སྒྲ་སྦྱོར་སོ་སོའི་ཐོག་ནས་ཀྱང་གསལ་བཤད་ཐུབ་ཀྱི་ཡོད། ནང་དོན་ཐད་ཏི་ཤྲི་ནི་གོང་མའི་དབུ་བླ་ཡིན་པ་དང་། གུ་ཤྲི་ནི་མཁས་པ་ཆེན་པོའམ་སངས་རྒྱས་ཆོས་ལུགས་པའི་མགོན་གཉེར་གྱི་དོན་ཡིན་པ། པླའི་ལེན་ཤང་དང་རི་རྩེ་ཤང་ཞེས་པ་ནི་སྐབས་དེའི་རྒྱལ་ཡོངས་སུ་ཞིང་ཆེན་བཅུ་ཅིག་ཡོད་པ་དེ་ཚོའི་འགོ་འཛིན་ཡོན་རྒྱལ་རྒྱུད་ཀྱི་བུའམ། ཡང་ན་རྒྱལ་རྒྱུད་བུ་མོའི་མག་པ་ལ་བསྐོ་བའི་གོ་གནས་ཡིན་ཞེས་ཡིག་ཚང་ནང་བཤད་འདུག་ཅིང་། ས་སྐྱའི་གདུང་རྒྱུད་འཛིན་སྤེལ་བ་ཕྱག་ན་རྡོ་རྗེ་ནས། རྣམ་ཐྲིས་རྒྱལ་མཚན་བར་པླའི་ལེན་ཤང་བཞི་དང་། རི་རྩེ་ཤང་གཅིག་བྱུང་བ་དེ་དག་མང་ཆེ་བར་ཡོན་རྒྱལ་རྒྱུད་ཀྱི་བུ་མོ་མནའ་མར་བསྐྱེར་ཡོད་ལ། ཁོང་ཚོར་གོང་མས་བོད་ཆོས་ཁ་གསུམ་གྱི་སྤྱི་ཁྲབ་ཀྱི་དབང་ལུང་གནང་བ་གསལ་པོར་བསྟན་ཡོད། ཆབ་སྲིད་ཀྱི་འབྲེལ་བ་དེ་ཚོ་གསལ་རྟོགས་བྱས་ན་གཞི་ནས་ས་སྐྱ་བས་ལོ་ངོ་བརྒྱ་ཕྲག་ལ་ཉེ་བའི་རིང་བོད་ས་གནས་ལ་དབང་སྒྱུར་བྱེད་ཐུབ་པའི་རྒྱུ་མཚན་ཤེས་ཐུབ་ལ། བོད་དང་མེས་རྒྱལ་དབར་གྱི་འབྲེལ་བ་དེ་ཡང་འབྲེལ་བ་ཅིག་འདྲ་ཞིག་ཡིན་གསལ་པོར་ཤེས་རྟོགས་ཐུབ་པོ།

ལོ་རྒྱུས་ཐོག་གི་ཆབ་སྲིད་ཀྱི་འགག་རྩའི་གནད་དོན་འདིར་བོད་མི་སྣ་

རབས་པ་ཆོས་ངོས་འཛིན་ཅི་འདྲ་བྱེད་པའི་དཔེ་མཚོན་ཙམ་དུ་ང་ཚོས། དྭ་ལའི་བླ་མ་སྐུ་ཕྲེང་ལྔ་པ་ཆེན་པོས་མཛད་པའི་བོད་ཀྱི་ལོ་རྒྱུས《དེབ་ཐེར་དཔྱིད་ཀྱི་རྒྱལ་མོའི་གླུ་དབྱངས》ཀྱི་ནང་ནས་བསྔོམས་ཚིག་ཅིག་འདྲེན་རྒྱུ་ཡིན། དེབ་ཐེར་དེའི་ནང་རང་རྒྱལ་གྱི་ཡོན་རབས་དང་། ས་སྐྱ་པའི་ལོ་རྒྱུས་རགས་བསྡུས་ཤིག་གསུངས་པའི་མཇུག་བསྔོམས་སུ།

"ཨེ་མ་སྟོད་དུས་གསེར་གྱི་སྲུས། །

ས་ལ་རྒྱུ་བའི་གནམ་གྱི་སྲུས། །

གང་གི་ལུང་བཞིན་བོད་འབངས་གཙུག །

འདི་འབྱུང་རལ་པའི་བླ་ཆོས་ལྟར། །

མཛེས་བྱེད་རྒྱན་དུ་ཕྱུད་པའི་དཔྱིད། །

བསྟན་པའི་བདག་པོ་ས་སྐྱ་པའི། །

གདུང་རབས་ཏ་ལའི་ཀ་ལ་ཤ། །

བློ་གསལ་བདེ་འབྱུང་མགྲིན་པར་མཛེས། །"① ཞེས་གསལ་བའི་ཤོ་ལོ་ཀ་གཉིས་པོ་དེའི་ལྷ་དབང་ཕྱུག་དང་། ཟླ་བ། དུག་གི་བུམ་པ་སོགས་རིག་བྱེད་ཀྱི་གཏམ་རྒྱུད་དང་སྦྱར་བའི་སྙན་ངག་གི་ཚིག་རྒྱན་རྣམས་ཀྱི་འགྲེལ་བཤད་རེ་ཞིག་དོར་ནས་ནང་དོན་ནི། སྟོད་ལྡན་དུས་ཀྱི་གསེར་གྱི་འཁོར་ལོས་བསྒྱུར་བའི་རྒྱལ་པོ་ཆེན་པོ། ས་སྟེང་དུ་ཕེབས་པའི་གནམ་གྱི་སྲས་ཡོན་གོང་མའི་བཀའ་ལུང་བཞིན། བོད་འབངས་ཡོངས་ཀྱི་གཙུག་གི་རྒྱན་དུ་མཛེས་པ། སངས་རྒྱས་ཀྱི་བསྟན་པའི་བདག་པོ་ས་སྐྱ་པའི་གདུང་རབས

① (དཔྱིད་གླུ་ལྟགས་པར་སྤྱམའི་དེབ་ངོས140)

འདི། བློ་གསལ་རྣམས་ཀྱི་མཁྱེན་པ་མཛེས་བྱེད་དུ་བྲིས་པ་ཡིན་ཞེས་བསྟན་པར་མཛད་པ་ལས་གནད་དོན་དེ་གསལ་པོར་མཚོན་ཐུབ་པ་ལགས་སོ།

གཞན་ཡང་དབུས་གཙང་ཁྲི་སྐོར་བཅུ་གསུམ་གྱི་རྒྱུན་གཏན་ལས་ཀའི་འགོ་འདོམས་བྱེད་མཁན་ས་སྐྱ་དཔོན་ཆེན་ཤཱཀྱ་བཟང་པོ་ནས། དབང་ཕྱུག་བརྩོན་འགྲུས་བར་བསྐྱུར་ལྷབ་མ་རྗེས་པའི་དཔོན་ཆེན་བཅུ་དྲུག་བྱུང་བ་རྣམས་མང་ཆེ་བ་ས་སྐྱའི་བླ་ཆེན་གྱིས་མིང་བཏོན་ནས་ཡོན་གོང་མའི་ལུང་གིས་བསྐོས་པ་ཡིན་ཏེ་ཡིག་ཚང་ལས་བྱུང་བ་ལྟར། "བླུ་གསུམ་ལ་དབང་ན། ཟམ་བླུ་གུན་མིན་དཔེན་ཧུ་ཞེས་པའི་མིང་དང་། ཤེལ་གྱི་ཐམ་ག་བསྐྱེར་བ་ཡིན། བོད་དུ་དཔོན་ཆེན་ཤཱཀྱ་བཟང་པོ་ལ་གནང་འདུག གཞན་དཔོན་ཆེན་ཕལ་ཆེ་བ་ལ། རྗེང་ཟམ་ལུ་སོན་ཤེ་སི་(ཞོན་ཤེ་ཧྲེ་)དུ་དཔེན་ཧུ་ཟེར་བའི་མིང་དང་། དངུལ་ཐལ་གླིང་དྲུག་མ། སྟག་མགོ་དང་བཅས་པ་བསྐྱེར་བར་འདུག"①ཅེས་འཁོད་ཡོད། མདོར་ན་སྐབས་དེར་བོད་ཀྱི་དབང་འཛིན་བླ་དཔོན་ཆེ་ཁག་ཚང་མའི་མཚན་གནས་དང་། ཐམ་ག་སོགས་ཡོན་གོང་མའི་ལུང་དང་འབྲེལ་བ་ཞེ་ཅིག་ཡིན་པ་ལོ་རྒྱུས་ཀྱི་ཚད་ལྡན་ཡིག་རིགས་ལས་ར་འཕྲོད་གསལ་པོ་ཡོད་པ་ཡིན་ནོ།

---

① (ཡིག་ཚང་དེབ་ངོས272)

བཅུ་དྲུག་པ། ཡོན་གོང་མའི་དབང་ལུང་གིས་བོད་ཀྱི་བྱ་བར་བཀོད་འདོམས་བྱེད་པའི་ཞིབ་སྦྲའི་དཔེ་མཚོན་འགའ་ཤས།

རང་རྒྱལ་ཡོན་རྒྱལ་རབས་ཀྱི་གོང་མས་ས་སྐྱའི་བླ་ཆེན་རྣམས་ལ་གནང་བའི་མཚན་དང་། ཐམ་ག ལུང་ལས་སོགས་ནི། 《བོད་ཀྱི་སྲིད་དོན་རྒྱལ་རབས》ཟེར་བའི་ནང་བཤད་པའི་“ཕན་ཚུན་ཆེ་མཐོང་འབུལ་རེས”ཙམ་ཟེར་བའི་སྟོང་པ་དེ་འདྲ་ཞིག་རྩ་བ་ནས་མ་ཡིན་པར། སྐབས་དེའི་བོད་ཀྱི་སྲིད་དབང་དང་། ས་ཁང་མི་གསུམ་གྱི་བདག་ཐོབ། ཞི་དྲག་ཁྲལ་རིགས་སྐྱུབ་ཆག་སོགས་གང་གི་ཐད་ལའང་གཞི་འཛིན་སའི་ནུས་པ་ངེས་ཅན་ཞིག་དངོས་སུ་འདོན་གྱི་ཡོད། ཚང་མས་མཁྱེན་གསལ་ལྟར་བོད་རྙིང་པ་ནི་དེ་དུས་ནས་བཀས་བཀོད་རྒྱུད་འཛིན་ཞིང་བྲན་ལམ་ལུགས་ཀྱི་སྤྱི་ཚོགས་ཤིག་ཡིན་པར་བརྟེན་ཆབ་སྲིད་དང་། དཔལ་འབྱོར། ཐ་ན་ཞིང་བྲན་སོགས་བདག་དབང་ཡོད་ཚད་ཐམས་ཅད་བཀའ་གཏན་ཡིག་རིགས་དང་ཐམ་ག་གོང་འོག་ལ་བརྟེན་ནས་ལག་བསྟར་བཟོ་སྲུང་བྱེད་དགོས་པ་ནི་རྒྱུན་རབས་ཚང་མས་གསལ་པོ་ཤེས་ཀྱི་ཡོད། འོ་ན་དུས་རབས་དེའི་སྐབས་སུ་ཡོན་གོང་མ་ཕུད། དེ་མིན་བཀའ་གཏན་སྤྲད་ཆོག་པའི་དབང་ཆ་སུ་ལ་ཡོད་དམ་ཞེ་ན། གོང་མའི་ལུང་གིས་བསྐོས་པའི་ས་སྐྱའི་བླ་ཆེན་ལ་མ་གཏོགས་གཞན་ལ་མེད། དེའི་དང་ཚད་དང་ཁྱབ་ཁོངས་སོགས་གསལ་རྟོགས་ཡོང་བའི་ཆེད། འདིར་ང་ཚོས་དུས་སྐབས་དེ་རང་ལ་ས་སྐྱའི་བླ་ཆེན་ཏི་ཤྲཱི་ཆོས་

གནང་བའི་བཀའ་གཏན་གྱི་ཁྲིད་ནས་ཡིག་ཚོགས་རྩུང་ཟད་ཆུང་བ་གཉིས་དཔེ་མཚོན་ཙམ་དུ་དྲངས་ཏེ་ཚང་མར་ངོ་སྤྲོད་ཞུ་རྒྱུ་ཡིན།

དང་པོ་འདི་ནི་ཡོན་གོང་མ་སི་ཏི་ཕ་ལ་གཡིང་ཛུང་གེ་གན་རྒྱལ་པོས་དབུ་ཐར་བཀུར་ཞིང་། ཏི་ཤྲིའི་མཚན་ལུང་གནང་བའི་ས་སྐྱའི་བླ་ཆེན་ཀུན་དགའ་བློ་གྲོས་རྒྱལ་མཚན་དཔལ་བཟང་པོས་སྤྱི་ལོ1316ཟོད་རབ་བྱུང་ལྔ་པའི་མེ་འབྲུག་ལོར་ཉང་ཁོལ་བ་ཞེས་པར་གནང་བའི་བཀའ་གཏན་ཞིག་ཡིན། དེའི་ནང་དོན་ཆ་ཚང་ལ་འདི་ལྟར་འཁོད་འདུག

“རྒྱལ་པོའི་ལུང་གིས།

ཀུན་དགའ་བློ་གྲོས་རྒྱལ་མཚན་དཔལ་བཟང་པོ་ཏི་ཤྲིའི་གཏམ། གཙང་དབུས་མངའ་རིས་སྐོར་གསུམ་གྱི་སྟོན་ཡེ་སིའི་(ཞོན་ཤི་ཧྲི་)མི་དཔོན། དམག་དཔོན། དམག་མི། གསེར་ཡིག་པ། སྤུད་དང་འགྲིམ་འགྲུལ་བྱེད་པའི་བན་སྐྱ། འཇའ་མོ་ཆེ། དམ་ཁ་བ། མཛོད་པ། མཛོ་ཧྲ་གསན་(གསོ་)མི། ས་ཡུལ་གྱི་མི་དཔོན། མི་སྡེ་རྣམས་ལ་བསྒྲོ་བ། ཉང་ཁོལ་བས། གོང་མའི་སྐུའི་རིམ་གྲོ་ལ། མར་མེ་སྤྲོར་ཅིང་། འབབ་ཆོད་ཀྱི་ཁྲལ་འོད་ཟེར་སེང་གེས་(ས་སྐྱའི་དཔོན་ཆེན་ཞིག་)འགོ་བྱས་སྟོན་ཤི་སིའི་མི་དཔོན་གྱིས་འཚམ་པ་བྱས་པ་འཇལ་ཅིང་ལུགས་དང་མཐུན་པར་སྡོད་པ་ལ། ཁྱེད་གང་གིས་ཀྱང་དབང་ཆེ་ཤེ་མོང་མ་གཏོང་། ཉ་མ་བཀོར། བདེའ་བར་སྡོད་དུ་ཆུག བཟླས་ནས་འཛིན་རྒྱུའི་ཡི་གེ་བྱིན་པ་ཡིན། ཡི་གེ་མཐོང་བཞིན་ལོག་པ་བྱེད་པ་བྱུང་ན་གོང་མ་ལ་ཞུས་ནས་རྩ་ར་བྱེད་དུ་འཇུག་པ་ཡིན། འདི་པས་ཀྱང་ཡི་གེ་ཡོད་ཟེར་ནས་ཁྲིམས་དང་འགལ་བ་མ་བྱེད། འབྲུག་ལོ་ཟླ་བ་བཞི་པའི་ཚེས་བརྒྱད་ལ། ཕོ་བྲང་ཆེན་པོ་ཏའི་ཏུའི་སྡེ་ཆེན་པོར་བྲིས་

པའི་ཡི་གེ་”①ཞེས་གསལ་ཡོད།

གཉིས་པ་འདི་ནི། ཡོན་གོང་མ་འཇའ་ཡན་དུ་རྒྱལ་པོ་དང་། རིན་ཆེན་དཔལ། ཐོ་གན་ཐེ་མུར་བཅས་རྒྱལ་རབས་གསུམ་གྱིས་བླ་མར་བཀུར་ཞིང་། ཏཻ་སྲིའི་མཚན་གསོལ་བའི་ས་སྐྱའི་བླ་ཆེན་ཀུན་དགའ་རྒྱལ་མཚན་དཔལ་བཟང་པོས། སྤྱི་ལོ1336ཐོད་རབ་བྱུང་དྲུག་པའི་མེ་བྱི་ལོར་ཞ་ལུ་དགོན་པ་ལ་གནང་བའི་རྒྱབ་གཉེན་བཀའ་གཏན་ཞིག་ཡིན། དེའི་ནང་དོན་ལ།

“རྒྱལ་པོའི་ལུང་གིས།

ཀུན་དགའ་རྒྱལ་མཚན་དཔལ་བཟང་པོ་ཏཻ་སྲིའི་གཏམ།

གཙང་དབུས་སྟོན་ཕྱེ་སེའི་མི་དཔོན། ནང་སོའི་གཉེར་པ། བླ་བྲང་སོ་སོའི་ཉེ་གནས། ཚོའ་ཏའ་སོའི་མི་དཔོན། ད་ར་ཁ་ཆེ། ཁྲིམས་གཅོད། གསེར་ཡིག་པ། སྡུད་དང་འགྲོ་འོང་བྱེད་པའི་ངན་སྐྱ། ཁྲི་དཔོན། ཐར་པ་གླིང་པའི་མཁན་སློང་། སྟོང་དཔོན། བྱ་བ་བྱེད་པ་རྣམས་ལ་བསྒོ་བ། རྒྱ་མཚོ་གཉིས་ཀྱི་ས་ཆ་ལ་ཡོད་པའི་ལྷ་སྡེ་རྣམས། ཐར་འཇའ་ས་དང་། བཀའ་ཨོག་རིམ་པས་ཞ་ལུར། གོང་མའི་སྐུའི་རིམ་གྲོ་དང་། སྡེ་ལྷ་ཁང་གི་ཞབས་ཐོག་བསྒྲུབས་པ་ལ་ཕན་དུ་བཙུ་འདུག་པས། དའང་ཐར་ལུགས་བཞིན་འཇགས་སུ་ཆུག་ལ། ཁྱེད་གང་གིས་ཀྱང་མ་འཕྲོག་མ་འཐེན། སྣད་དང་རྫོད་འཐེན་མ་བྱེད། བདེ་བར་སྨོན་ལམ་འདེབས་སུ་ཆུག བཟླས་བཞིན་ལོག་པ་བྱས་ན་མི་སྐྲག་པ་ཨེ་ཡིན། བྱི་བ་ལོའི་ཟླ་བ་བཞི་པའི་ཚེས་བཅུ་དྲུག

---

① （ཀྲུང་གོའི་བོད་ས་གནས་ཀྱི་ལོ་རྒྱུས་ཡིག་ཚང་ཕྱོགས་བཏུས་དེབ་དང་པོ245－246）

ལ། ཙོ་བྲང་ཆེན་པོ་ཏའི་ཏུ་མེ་ཏོག་ར་བའི་སྟེ་ཆེན་པོར་བྲིས་པའི་ཡི་གེ་”① ཞེས་གསལ་ཡོད།

གོང་གསལ་བཀའ་གཏན་གྱི་ཐོག་མ་ཕོ་ནར། “རྒྱལ་པོའི་ལུང་གིས་× × ཏི་ཤྲིའི་གཏམ” ཞེས་པ་དེའི་ཐོག་ནས་ཕོང་ལ་ཡོན་གོང་མས་ཏི་ཤྲིའི་ལུང་དང་ཐམ་ག་གནང་བ་དེ་ལ་བརྟེན་ནས། གཞི་ནས་དབུས་གཙང་ག་ཁྲིམས་ལས་འཛིན་མཁན་གཞོན་ཕྱི་རྗེ་ཚུད་པའི་བོད་སོག་གི་ཞི་དྲག་འགོ་དམངས་ཐམས་ཅད་ལ་བཀའ་འབེབས་པའི་ཐོབ་ཐང་ཐུང་བ་དེ་གང་ལེགས་མཚོན་པ་མ་ཟད། ནང་དོན་ཡང་ས་མིའི་བདག་དབང་དང་ཁྲལ་རིགས་བསྡུ་བསྐྱལ་ཐད་ལ་འདི་དང་འདི་གྱིས་ཞེས་བཀོད་པ་བྱེད་པའི་དབང་ཆ་ཡོད་པའང་མཚོན་གྱི་ཡོད། གལ་སྲིད་གོང་མའི་ལུང་དང་ཐམ་ག་མེད་ན་མི་གཞན་དག་སྨོས་ཅི། ས་སྐྱའི་གདུང་རྒྱུད་ངོ་མ་ཞིག་ཡིན་རུང་བཀའ་གཏན་འདི་འདྲ་གཏོང་བའི་བབ་ཐོབ་མེད་ལ། སོག་པོའི་ཞི་དྲག་དཔོན་རིགས་ཕར་བཞག བོད་ཀྱི་གྲུབ་མཐའ་སོ་སོའི་གཙོ་བདག་དང་ཁྲི་དཔོན་སོགས་ཀྱིས་ཀྱང་དང་ལེན་བྱེད་མི་སྲིད། རྒྱུ་མཚན་དེ་དག་ལས་ཡོན་གོང་མས་ས་སྐྱའི་བླ་མ་ན་རིམ་ལ་མཚན་དང་། ལུང་ལས་གནང་བ་དེ་“ཕན་ཚུན་ཆེ་མཐོང་འབུལ་རེས” ཟེར་བའི་གནད་དོན་ཞིག་མ་ཡིན་པར་བོད་ས་གནས་ཀྱི་ཆོས་སྲིད་དབང་ཚད་དངོས་སུ་མཚོན་པའི་གལ་ཆེའི་མཚན་གནས་ཤིག་ཡིན་པ་དེ་ལོ་རྒྱུས་ཀྱི་ཡིག་རིགས་ངོ་མས་ར་སྤྲོད་བྱས་ཡོད།

གཞན་ཡང་ཡོན་རབས་ཀྱི་དེབ་ཐེར་ལས་དྲངས་པ་ལྟར་ན། ཏུ་པེ་ལི་

① (ཀྲུང་གོའི་བོད་ས་གནས་ཀྱི་ལོ་རྒྱུས་ཡིག་ཚང་ཕྱོགས་བཏུས་དེབ་ངོས245－246)

སེ་ཆེན་ཏན་གྱིས་སྤྱི་ལོ1282ཀྱི་ཡོན་ཁྲི་ལོ་བཅུ་པར་བོད་དུ་དབུས་གཙང་མངའ་རིས་སྐོར་གསུམ་བཅས་ལ་ཐམ་ཀླུ་ཞོན་ཝེ་ཧྲེ་ཞེས་པའི་ལས་ཁུངས་བཙུགས་པ་དང་། ལས་ཁུངས་དེའི་ནང་དུ་ཞོན་ཝེ་ཧྲེ་ལྔ་བསྐོ་བཞག་བྱས་ཞིང་། ཞོན་ཝེ་ཧྲེ་དེ་དག་ནི་སྐབས་དེར་བོད་ས་གནས་ཀྱི་དམག་སྲིད་དབང་ཆ་ཆེན་པོ་དངོས་སུ་འཛིན་མཁན་ཡིན། ཁོ་ཚོས་དབུས་གཙང་གི་ཁྲི་དཔོན་བཅུ་གསུམ་ལ་ངོ་དམ་བྱེད་ཀྱི་ཡོད་པ་མ་ཟད། ཞོན་ཝེ་ཧྲེའི་འོག་ཏུ་དབུས་གཙང་སོག་དམག་དཔོན་ཡོན་ཧྲའི་གཉིས་བསྐོས་ཡོད་ཅིང་། ད་དུང་དབུས་གཙང་སོགས་ལ་ཀྲོན་ཡུན་ཞེས་པ་རེ་ཡང་བསྐོས་ཡོད་པ་དེ་ནི་འཛའ་མོ་དང་དམག་འཛམ་ལ་ཆེད་གཉེར་ངོ་དམ་བྱེད་མཁན་མི①ཞེས་གསལ་འདུག

བོད་ཡིག་དེབ་ཐེར་ནང་ཞོན་ཝེ་ཧྲེ་སོགས་ཀྱི་དབང་ཚད་གསལ་པོ་འཁོད་པ་ད་ཕན་པ་མཐོང་ཡང་། གོང་གསལ་ཏི་ཤྲིས་གནང་བའི་བཀའ་གཏན་གཉིས་ཀྱི་སྤྱིངས་ཡུལ་ནང་ཐོག་མ་ཁོ་ནར“གཙང་དབུས་མངའ་རིས་སྐོར་གསུམ་གྱི་ཞོན་ཝེ་སིའི་མི་དཔོན། དམག་དཔོན།……”ཞེས་འཁོད་པ་དེའི་ཐོག་ནས་ཞོན་ཝེ་ཧྲེ་ནི་བོད་ཀྱི་ཞིབ་ཕྲའི་སྲིད་འཛིན་དབང་ཆས་ལག་བསྟར་བྱེད་མཁན་གཙོ་བོ་ཡིན་པ་དེ་གང་ལེགས་མཚོན་ཞིང་། ཕག་གྲུ་བྱང་རྒྱན་གྱི་བཀའ་འབུམ་ལས་ཀྱང་། “རྒྱལ་པོའི་མི་སྡེའི་གསེབ”ཏུ་སྤྱང་ཀི་ཨོར་ན། སྤྱང་བ་རྒྱལ་པོའི་གསེར་ཡིག་པ་དང་། །ཞོན་ཝེ་སི་པ་ལ་འབབ་ཟེར་བ་ཞུས”②ཞེས་གསལ་བ་སོགས་སྐབས་དེ་དུས་ཞོན་ཡེ་ཧྲེ་ནི་དབུས

① （ཏཱ་ལའི་བླ་མའི་རྣམ་ཐར་དེབ་ངོས19）

② （རླངས་ཀྱི་པོ་ཏི་བསེ་རུ་རྒྱས་པ་དེབ་ངོས157）

གཙང་གི་འགོ་འདོམས་འགན་དབང་ཡོད་པའི་དཔོན་རིགས་མཐོ་ཤོས་ཡིན་པ་གསལ་པོ་མཐོང་རྒྱུ་འདུག

གཞན་ཡང་དབུས་གཙང་གི་ཁྲི་དཔོན་རྣམས་དང་། ཐེ་སྲིད་ཆེ་ཁག་གི་ས་མིའི་བདག་དབང་སོགས་ཀྱང་གཙོ་བོ་ཡོན་གོང་མའི་ལུང་དང་འཇའ་ས་ལ་བརྟེན་ནས་འཛིན་སྐྱོང་བྱེད་པ་ཤ་སྟག་ཡིན། འདིར་མཆན་འགའ་ཤས་བརྗོད་ན། རྒྱ་བོད་ཡིག་ཚང་ལས་འབྱུང་བ་ལྟར་ཞ་ལུ་ཁྲི་དཔོན་གྱི་སྐོར་ལ། “བླ་མ་རྣམ་པ་ལ་རཀྵི་ཏ། གོང་དུ་ཕྱིན། ཧོར་ཨོལ་ཇ་དུ་རྒྱལ་པོ་དང་མཇལ་དུས། བོད་དབུས་གཙང་ན། ངེད་ཀྱི་ཞང་པོ་ཞ་ལུ་ཁྲི་དཔོན་བྱ་བ་ཡོད་པ་ལ། ལུང་ལས་ཁ་བཟང་པོ་གནང་དགོས་ཞུས་པས། བླ་མའི་ཞང་པོ་ཡིན་ན། ངེད་ཀྱིའང་ཞང་པོ་ཡིན་དུ་ཆུག་ལ། ཁྲི་སྐོང་བྱིན་པོས་ཐུད་དུ་ཕྱུར་ཅིང་། མི་རབས་ཀྱི་བར་ལ་ཁྲི་སྐོར་འཛུགས་སུ་ཆུག་གསུངས་པའི་ལུང་གཙང་མ་གནང་” ①ཞེས་གསལ།

ཡང་བྱང་པ་ཁྲི་དཔོན་ནི“ཆེ་བ་བན་ཀན་བློ་གྲོས་རིན་ཆེན་པས་བླ་མ་བདག་ཉིད་ཆེན་པོའི་ཞབས་ལ་གཏུགས། ཤེ་མོང་གདབ། ཏའི་ཏུའི་ཕོ་བྲང་དུ་ཕྱིན་ནས། བླ་མའི་སྐུ་དྲིན་ལ། ཨོལ་ཇ་དུ་རྒྱལ་པོས། ལྷ་ཁྲིད་མདུང་རྩེ་ཡན། དང་ར་གཡུ་མཚོ་མན་འདི་བློ་གྲོས་རིན་ཆེ་རྒྱུད་པ་དང་བཅས་པ་ཤེས་སུ་ཆུག་གསུངས་པའི་འཇའ་ས་གཙང་མ་གནང་། གཅེན་ལ་བྱང་གི་ཁྲི་དཔོན་དང་གཅུང་ལ་དུ་དབེན་ཤའི་(ཏའུ་ཡོན་ཧྲུས) མཚན་ཞུས་ནས

① (ཡིག་ཚང་དེབ་ངོས370)

བསྐོས་”①ཞེས་གསལ།

ཡར་འབྲོག་ཁྲི་དཔོན་སྐོར། “དཔོན་ཆེན་ཨག་ལེན་གྱིས། རྒྱ་ཡུལ་དུ་ཕྱིན། ཨ་ཡུ་པར་པ་ཏ་བུ་ཡན་རྒྱལ་པོ་མཇལ། མི་རབས་ཀྱི་བར་ལ། ཡར་འབྲོག་ཁྲི་དཔོན་འཛུགས་པའི་ལུང་བཟང་པོ་ཡོད་”②ཞེས་འཁོད་འདུག

དེ་བཞིན་ཚལ་པ་ཁྲི་དཔོན་ནི། སུམ་པ་ཆོས་འབྱུང་ལས། “མགར་རྒྱལ་བ་འབྱུང་གནས་ཀྱི་སྲས་སངས་རྒྱས་དངོས་གྲུབ་ཀྱིས་དཔོན་ས་བཟུང་བ་ནས་ཚལ་པ་བའི་རྩ་བ་ལེགས་པར་ཚུགས་ཤིང་། དེའི་བུ་དཔོན་རིན་རྒྱལ་དང་། དེའི་བུ་ཆེ་བ་ཉི་མ་ཤེས་རབ་གཉིས་ཀྱིས་སེ་ཆེན་ལས་འཇའ་ས་བླངས་”③ཞེས་གསལ་བ་དེ་ལྟར་རིམ་བཞིན་བརྒྱུད་ཡོད།

འབྲི་གུང་ཁྲི་དཔོན་ཡང་། སུམ་པ་ཆོས་འབྱུང་ལས། “འབྲི་གོང་བ་ནི་སྐྱོབ་པ་འཇིག་རྟེན་མགོན་པོས་འབྲི་གོང་ཐེལ་བཟུང་བ་ནས་གཞི་ཚུགས་ཏེ་བླ་རབས་བཞིའི་བར་དུ་དཔོན་གྱི་ལས་ཀ་མ་བྱུང་ལ། ཕྱིས་སུ་སྐྱོབ་པའི་ཁུ་བོ་དཀོན་རིན་གྱི་བུ་ཨ་མེས་གྲགས་རྒྱལ་གྱི་སྲས་དྷ་ལི་པ་རྡོ་རྗེ་གྲགས་ཀྱིས་མུང་ཁེ་རྒྱལ་པོ་ལས་ཁྲི་དཔོན་གྱི་འཇའ་ས་བླངས་པ་ནས་རིམ་པར་དཔོན་བྱས་པའི་སྐོམ་པ་ནི། རྡོ་རྗེ་སེང་གེ་དང་། ཤཱཀྱ་རིན་ཆེན་……”ལ་སེ་ཆེན་ལ་སེ་ཆེན་རྒྱལ་པོས་ཁྲི་དཔོན་གྱི་འཇའ་ས་གནང་བའི་སྐོར་གོང་དུ་འབྲི་གུང་གླིང་ལོག་གི་ལོ་ཚན་བརྗོད་ཟིན་པ་བཞིན་དེ་ལྟར་རིམ་པར་བརྒྱུད་ཡོད།

---

① （ཡིག་ཚང་དེབ་ངོས406 – 361）

② （ཡིག་ཚང་དེབ་ངོས406 – 361）

③ （ཆོས་འབྱུང་དཔག་བསམ་ལྗོན་བཟང་ཤོག་གྲངས103）

ལ་སྟོད་བྱུང་བའི་ཁྲི་དཔོན་ཡང་། སུམ་པ་ཆོས་འབྱུང་ལས། "མི་ཉག་རྒྱལ་རྗོད་ཀྱི་རྒྱུད་པ་གཙང་བྱུང་ཁའི་དར་སེང་དང་། དེའི་བུ་རྡོ་རྗེ་དཔལ་གྱི་དུས་ས་སྐྱ་པ་དང་འབྲེལ་ཞིང་། དེའི་བུ་དཀོན་མཆོག དེའི་སྲས་བྱང་བདག་དཔོན་གྲགས་དར་གྱིས། སེ་ཆེན་ལས་ཐམ་ཀ་ལུང་ལས་བླངས་ཤིང་། འདིའི་དུས་སུ་བྱང་ངམ་རིང་གི་ཆོས་སྡེ་བཏབ། དེའི་བུ་རྡོ་རྗེ་མགོན་པོས་ས་སྐྱའི་དཔོན་ཆེན་བྱས། དེའི་བུ་ནམ་མཁའ་བསྟན་པས་ཧོར་རྒྱལ་པོ་ལས། གུའི་གུང་གི་དང་ཏ་དབེན་ශུ་ཤྲིའི་མིང་དང་ཤེལ་ཐམ་ཀྱང་བླངས། དེའི་བུ་རིན་རྒྱན་གྱི་བུ་ཆོས་གྲགས་དཔལ་བཟང་གིས་སི་ཏུ་ཚང་གུའི་གུང་གི་ལས་ཀ་དང་། དེའི་བུ་རྣམ་རྒྱལ་གྲགས་བཟང་གིས་ཏའི་སི་ཏུའི་ལས་ཀ་དང་། དེའི་གཅུང་དཀོན་མཆོག་ལེགས་པས་ཤྲིའི་ཞིའི་ཧོས་ཀྱི་ལས་ཀ་བཟུང་བ་ལ་སོགས།" ①ཞེས་གསལ་འདུག

ཕག་གྲུ་ཁྲི་དཔོན་ནི། སྤྱན་སྔ་ཞི་བར་གཤེགས་པའི་དུས་སུ་ཧོར་སེ་ཆེན་རྒྱལ་པོའི་ལུང་ལས་ཀྱིས་ལྷན་མ་སྒོམ་བརྩོན་ཁྲི་དཔོན་དུ་བསྐོས་པ་ནས་རིམ་པར་བརྒྱུད་པ་མ་ཟད། ས་རིས་བདག་དབང་གི་སྐོར་ཧོར་མོན་གོར་(མུང་ཁེ་ཡང་ཟེར་)རྒྱལ་པོ་དང་། སེ་ཆེན་རྒྱལ་པོ་སོགས་ཀྱི་གནང་བའི་འཇའ་སའི་ནང་འཁོད་ལུགས་ཞིབ་ཕྲ་ཕག་གྲུ་བྱང་ཆུབ་རྒྱལ་མཚན་གྱི་བཀའ་འབུམ་ནང་ཡང་ཡང་འབྱུང་བ་འདིར་ཡིག་ཚོགས་ཆེ་བས་འགོད་ཀྱིས་མ་ལངས་ཀྱང་། 《ལྷངས་ཀྱི་པོ་ཏི་བསེ་རུ་རྒྱས་པ་》གཟིགས་ན་ཡོངས་སུ་མཁྱེན་རྟོགས་ཐུབ་པོ།

① (ཆོས་འབྱུང་དཔག་བསམ་ལྗོན་བཟང་ཤོག་གྲངས་103)

ལ་སྟོད་“ སྟོ་པ་ནི་རྒྱལ་པོའི་ལུང་གིས་གཡའ་འོ་ལ་ནས། བྲང་སོ་ཡན་གྱི་ལ་སྟོད་སྟོའི་ཡུལ་སྡོངས་ལ་དབང་བའི་ཁྲི་དཔོན་གྱི་འཇགས་ས་ཡོད་པ་ནས་སྡེ་ཚུགས་ཆེ་” ①ཞེས་གསལ་ཡོད།

“ གཡའ་བཟང་པ་ནི། འགྲོ་མགོན་རིན་པོ་ཆེའི་རྒྱུད་སློབ་ཆོས་རྗེ་ཆོས་སྨོན་ལམ་པས་མི་སྟག་ལ་གཡའ་བཟང་དགོན་པ་བཏབ་སྟེ། ཡར་ཀླུངས་ཤར་ནུབ། མཉལ་སྟོད་སྨད། མཚོ་སྣ་གྲོ་ཤུལ། བྱར་ལ་སོགས་པའི་ཡུལ་སྡོངས་རྣམས་སུ་ཆོས་མང་དུ་གསུངས་པའི་འཕྲིན་ལས་ཀྱི་རྒྱུན་ལས་ཉེ་གནས་ལ་ཁྲི་དཔོན་གྱི་འཇགས་ས་ཡོད་པས་དེ་ཚུགས་མཆོག་ཏུ་ཆེ་” ②ཞེས་འཁོད་ཡོད།

“ རྒྱ་མ་བ་ནི་སྐྱེར་ཁུ་དཔོན་ལུགས་གཉིས་ཀྱི་འཕྲིན་ལས་རྒྱས་པའི་ལྷ་སྡེའི་ཕོག་ཏུ་ཉེ་གནས་ལ་འཕན་ཡུལ་ཚན་དབང་བའི་ཁྲི་དཔོན་གྱི་ལས་ཀ་བླངས་པར་འདུག” ③ཅེས་གསལ་ལོ།

མངའ་རིས་གུང་ཐང་གི་ཁྲི་དཔོན་ནི། ཀཿཐོག་རིག་འཛིན་ཚེ་དབང་ནོར་བུས་མཛད་པའི་《 བོད་རྗེ་ལྷ་བཙད་པོའི་གདུང་རབས་མངའ་རིས་སྨད་མང་ཡུལ་གུང་ཐང་དུ་ཇི་ལྟར་བྱུང་བའི་ཚུལ་དེབ་གཏེར་དྭངས་ཤེལ་འཕྲུལ་གྱི་མེ་ལོང་》ལས་འབྱུང་བ་ལྟར་བོད་རྗེ་འོད་སྲུང་གི་གདུང་རབས་ཁྲི་བཀྲ་ཤིས་བརྩེགས་པའི་སྲས་སྨད་ཀྱི་ལྡེ་གསུམ་གྱི་གཅེན་དཔལ་ལྡེའི་གདུང་རྒྱུད་མངའ་

---

① （རྒྱལ་རབས་འཕྲུལ་གྱི་ལྡེ་མིག་ལྷུགས་པར་དེབ་ངོས61.64.65）
② （རྒྱལ་རབས་འཕྲུལ་གྱི་ལྡེ་མིག་ལྷུགས་པར་དེབ་ངོས61.64.65）
③ （རྒྱལ་རབས་འཕྲུལ་གྱི་ལྡེ་མིག་ལྷུགས་པར་དེབ་ངོས61.64.65）

རིས་གུང་ཐང་གི་བཙད་པོར་གྱུར་པའི་གདུང་རབས་བཅུ་གཉིས་པ་མངའ་བདག་ཁྲི་ལྷ་འབུམ་ཞེས་པ་དེས། རྒྱ་ནག་ཧོར་གྱི་རྒྱལ་པོའི་ལུང་ལས་རྟགས་ཞུ་བའི་ཆེད་གོང་དུ་བཞུད་པར་དགོངས་ཏེ་…… རྗེ་སློན་བརྒྱད་གོང་དུ་ཕྱིན་པས་ཏའི་ཏུར་སེ་ཆེན་གྱི་སྲས་ཀྱི་བུ་པོ་ཏུའང་ཐའི་ཙོའམ་ཇིན་གིན་ཞེས་པའི་སྲས། རྒྱལ་བུའི་སྐབས་སུ་ཐེ་མུར་དང་། ཚོད་པན་བཅིངས་ནས་རྒྱལ་ཐབས་སུ་དབང་བསྒྱུར་བའི་མཚན་ཆེ་ཙུང་ཀུའང་ཕིའོ་ཏུའང་ཧྲི་ཨུལ་ཛེའི་ཐུ་ཞེས་གསོལ་བ་བོད་ཀྱི་ཡིག་ཚང་རྣམས་སུ་ཡང་མཚན་ཨོལ་ཛ་ཐུ་ཞེས་བརྗོད་དེ། འདི་ནི་བསོད་ནམས་ཀྱི་མཐུ་ཆེན་པོར་གྱུར་པ་ཡི་རྒྱ་ནག་ཆེན་གྱི་རྒྱལ་པོའི་ཐམ་ག་མི་འགྱུར་གཡུང་དྲུང་རིན་པོ་ཆེ་རྙེད་པའི་མཐུས་རྒྱལ་སྲིད་ཀྱི་གོ་འཕངས་ཆེན་པོ་རང་ཤུགས་ཀྱི་བརྙེས་པ་སྟེ། དེ་ཡི་མདུན་དུ་བཅར་བར་རྒྱལ་པོ་ཆེན་པོ་དེས་ཀྱང་ཐུགས་ལ་བཏག་ཏེ། ཁྱེད་རང་བོད་ལ་དབང་བསྒྱུར་བའི་རིགས་རྒྱུད་ཆེན་པོ་ཡིན་འདུག་པས་གནམ་གྱི་ཤེད་མོང་སྟེར་བའི་འོས་སུ་སྣང་ཞེས་བོད་ཤིང་སྒོ་བཅུ་གསུམ་གྱི་མངའ་ཐང་ལ་དབང་བསྒྱུར་བའི་མངའ་བདག་གི་མིང་དང་། རིན་པོ་ཆེ་ལས་གྲུབ་པའི་ཐམ་ག་གླིང་བདུན་མ། ཐམ་གཡོག ཐམ་ཤུ་བཅས་ཤིང་། རྒྱལ་ཐབས་མི་འགྱུར་གཡུང་དྲུང་རིན་པོ་ཆེས་སྤྲས་པའི་གསེར་ཡིག་མར་འབོད་པའི་འཇའ་ས། ཐོ་སྐ་ཆེ་རྟགས་གནང་སྐྱེས་ཁྱད་པར་འཕགས་པ་བཅས་ཚོགས་མེད་པར་ཐོབ་ནས་བོད་དུ་བདེ་བར་འཁོར་”①ཞེས་གསལ་ཞིང་། ད་དུང་དེབ་གཏེར་དེའི་ནང་། “དུས་དེར་བོད་ཀྱི་ཆེན་པོ་རྣམས་ཧོར་གྱི་རྒྱལ་པོ་ཁོན་ལ་ལྟོས་པར་བྱེད་” ཅེས་འཁོད་པ་

---

① (གུང་ཐང་རྒྱལ་རབས་ཡིག་རྙིང་གྲིས་མ་ཤོག་གྲངས9 – 10)

དོན་ལ་གནས་པས་ཁྲི་དཔོན་དུ་མ་ཟད། སྟོང་སྐོར་གྱི་བདག་པོ་སོགས་ཀྱིས་ཀྱང་ཡོན་གོང་མ་ལས་ལུང་དང་འཇའ་ས་བླངས་པ་བརྗོད་ཀྱིས་མི་ལང་བ་བཅས་ཆེ་ཕྲ་རྣམས་ཀྱི་ཆབ་སྲིད་དབང་ལུང་དང་ས་མིའི་བདག་དབང་ཡང་ཡོན་གོང་མའི་འཇའ་ས་དང་འབྲེལ་ཡོད་པ་གསལ་བཤད་ཐུབ་པ་བཅས་མདོར་ན། དུས་རབས་བཅུ་གསུམ་པའི་དུས་དཀྱིལ་ནས་བཟུང་བོད་དུ་ཡོན་གོང་མ་རིམ་ཅན་གྱིས་གནང་བའི་འཇའ་ས་དང་། ལུང་ལས། ཐམ་ག་སོགས་ཚང་མ་ནི་སྐབས་དེའི་བོད་ཀྱི་ཆབ་སྲིད་དང་། དཔལ་འབྱོར། ཁྲིམས་ལུགས། · དམག་དོན་སོགས་གང་གི་ཐད་ལའང་ལག་ལེན་དངོས་ཀྱི་ནང་ཚད་འཛིན་སའི་བཀོད་འདོམས་ཀྱི་ནུས་པ་ཆེ་ཤོས་བརྟན་ཡོད་པ་ལོ་རྒྱུས་ཀྱི་ཚད་ལྡན་ཡིག་རྙིང་མང་པོའི་ནང་ནས་ར་སྤྲོད་རབས་དང་རིམ་པ་བྱ་རྒྱུ་ཡོད་དོ།

བཅུ་བདུན་པ། ས་སྐྱ་པའི་དབང་འཛིན་དུས་རབས་སུ་བོད་ཀྱི་དཔལ་འབྱོར་འཕེལ་རྒྱས་སྐོར།

སྤྱིར་ན་ས་སྐྱ་པས་བོད་ས་གནས་ཀྱི་དབང་འཛིན་མི་ལོ་བརྒྱ་ལ་ཉེ་བ་ཞིག་བྱས་པ་དེའི་རིང་། བོད་ཀྱི་དཔལ་འབྱོར་འཕེལ་རྒྱས་འགྲོ་བར་ཕན་ནུས་ངེས་ཅན་ཞིག་བྱུང་ཡོད་པ་མ་ཟད། ལྷག་པར་དུ་བོད་མི་རིགས་ཀྱི་རིག་གནས་དར་འཕེལ་ཡོང་བར་གྲུབ་འབྲས་གཟེངས་སུ་ཐོན་པ་ཞིག་བཞག་ཡོད།

ཐོག་མར་བོད་ཀྱི་དཔལ་འབྱོར་ཐད་སྐབས་དེའི་སྤྱི་ཚོགས་ཀྱི་འདུ་ཤེས་འཛིན་སྟངས་དབང་གིས་ལོ་རྒྱུས་ཡིག་ཆ་ཁག་གི་ནང་། དཔལ་འབྱོར་འཕེལ་

འཕྲིན་གྱི་གནས་ཚུལ་སྐོར་འཁོད་རིགས་མ་རྙེད་སྐབས་འདིར་ཡང་གྲངས་ཚད་ངེས་གཏན་གྱི་སྒོ་ནས་གསལ་བཤད་ཞུ་ཐབས་བྲལ་མོད། འོན་ཀྱང་དུས་སྐབས་དེར་བོད་ཀྱི་རིགས་གནས་ལ་འཕེལ་རྒྱས་ཧ་ཅང་ཆེན་པོ་ཞིག་བྱུང་ཡོད་པ་དེའི་ཐོག་ནས། སྤྱི་ཚོགས་ཀྱི་དཔལ་འབྱོར་རྨང་གཞིར་འཕེལ་རྒྱས་བྱུང་མེད་པ་ཡིན་ན། རིག་གནས་དར་འཕེལ་གྱི་འཕུར་མཆོང་འབྱུང་མི་སྲིད་པ་དེ་ནི་སྤྱི་ཚོགས་འཕེལ་ཚུལ་གྱི་རྒྱུན་ཤེས་ཤིག་ཡིན་པས་དེ་དུས་དཔལ་འབྱོར་ལ་འཕེལ་རྒྱས་ངེས་ཅན་ཞིག་བྱུང་ཡོད་པ་མཚོན་ཐུབ་ཀྱི་ཡོད། དེ་ཡང་བོད་སིལ་བུའི་དུས་ཡུན་རིང་པོ་དེའི་སྟོད་ཆར་དང་ཐོག་བཙན་པོ་འོད་སྲུང་དང་ཡུམ་བརྟན་རྒྱལ་རྒྱུད་ཀྱི་དབར་ནང་འཁྲུག་ལོ་བཅུ་ཕྲག་རིང་བརྒྱབ་པ་དང་། དེ་རྗེས་འབངས་གྱེན་ལོག་གི་འཁྲུག་ལོང་ལངས་པ། མཇུག་ཏུ་ཞིང་པ་བྲན་བདག་སྨར་རྙིང་སོགས་ཆེ་བཙན་དབར་མི་སྡེ་འཁྲུག་རེས་དང་ཡུལ་གྲུ་བཅད་བཟུང་གི་སྡེ་གཟར་བཅས་ཟམ་མི་འཆད་པ་བྱུང་བར་བརྟེན་རྒྱ་ཆེའི་ཞིང་འབྲོག་མང་ཚོགས་རྣམས་རྒྱུན་ལྡན་གྱི་ཐོན་སྐྱེད་བྱ་རྒྱུར་བར་ཆད་ཡང་ཡང་འཕྲད་པ་དང་། གཡས་བྲོས་གཡོན་འབྱོལ་མི་བྱེད་ཐབས་མེད་ཀྱིས་ཞིང་པ་རྣམས་ས་ཞིང་དང་ཁ་བྲལ་ཞིང་། འབྲོག་པའི་ཕྱུགས་ཟོག་ལའང་ཇག་རྐུན་གྱི་འཚེ་བ་རྟག་ཏུ་ཐོག་པ་སོགས་བོད་ཀྱི་དཔལ་འབྱོར་ལ་གཏོར་བཤིག་དང་ཉམས་གྱུར་ཚབས་ཆེན་བྱུང་བ་ནི་གཡོལ་ཐབས་ག་ལ་ཡོད། དེ་རྗེས་བོད་སིལ་བུའི་སྨད་ཆར་སངས་རྒྱས་ཆོས་ལུགས་རིམ་བཞིན་ས་ཁྱབ་རྡོ་ཁྱབ་གྱུར་པ་དེས་ཕྱོགས་གཅིག་ནས་ནང་འཁྲུག་སྡེ་གཟར་གྱི་དུས་ཟིང་དེ་རིམ་འཇགས་སུ་འགྱུར་བར་ཕན་པ་ངེས་ཅན་ཞིག་ཐོབ་ཡོད་མོད། འོན་ཀྱང་སྡེ་སྲིད་སོ་སོས་ཐོན་སྐྱེད་ཀྱི་ཆ་རྐྱེན་བཟང་སར་དོ་དམ་བྱེད་པ་ཙམ་ལས། རྒྱ་ཁྱབ་ཀྱི་ཞིང་

འབྲོག་ཐོན་སྐྱེད་ལ་སྐྱུལ་འདེད་དང་། སྲུང་སྐྱོང་སོགས་གཅིག་གྱུར་ཁྲིམས་སྲོལ་གྱི་འགན་ལེན་གང་ཡང་མེད་པའི་ཐོག འགོ་གཙོས་གང་འདོད་དེ་ལེན་གྱི་ཁྲལ་འུལ་དང་། ཚོམ་རྐུན་ཨར་ཇག་གི་འཚེ་བ་སོགས་ཀྱིས་མནར་བ་བཅས་ལ་བརྟེན་ཞིང་འབྲོག་མང་ཚོགས་རྣམས་ཇེ་དབུལ་དུ་གྱུར་པས་ཐོན་སྐྱེད་ཀྱི་སྤྲོ་སེམས་སྤུ་ཙམ་མེད་པར་གྱུར་ཅིང་། ཁྱུ་དང་ཁྱུ་བྱས་ཏེ་གང་སར་འཁྱམས་ནས་ལྟོ་བསྐོར་གནས་བསྐོར་སྤྲང་སློང་གི་འཚོ་བ་སྐྱེལ་རྒྱུའི་དར་སྲོལ་རྒྱ་ཆེར་ཁྱབ་སྐབས། ལོ་རེ་ནས་ལོ་རེ་བཞིན་ས་ཞིང་མང་པོ་ཐལ་བ་སྐྱ་ཆགས་སུ་ལུས་པ་དང་། འབྲོག་ཐོག་འཕྲོ་ལུས་རྣམས་བསད་དེ་ཟ་བའམ་ཕམ་ཚོང་རྒྱག་པ་སོགས་བྱས་རྐྱེན་བོད་ཀྱི་དཔལ་འབྱོར་རྨང་གཞི་ཡིན་པའི་ཞིང་འབྲོག་ཐོན་སྐྱེད་དེ་ལུ་མཐུད་ཇེ་ཞན་ཇེ་སྡུག་ཏུ་འགྲོ་བར་སུ་ཞིག་གིས་ཀྱང་དོ་འཁུར་བྱེད་མཁན་མེད་ལ། བྱེད་ཐུབ་ཐབས་ཀྱང་མེད་པའི་གནས་སུ་གྱུར་ཡོད།

ལོ་རྒྱུས་ཀྱི་གནས་ཚུལ་དེ་ལྟ་བུའི་སྐབས་ཧོར་ཇེང་གིར་རྒྱལ་རྒྱུད་ཀྱི་སྟོབས་ཤུགས་བོད་དུ་སླེབས་ཏེ་ཡུན་ཐུང་ནང་ཧོར་གྱི་འོག་ཏུ་གཅིག་གྱུར་བཟོས་ནས་ཞི་བདེའི་ཁོར་ཡུག་ཅིག་བསྐྲུན་ཐུབ་པ་བྱུང་། དེ་རྗེས་ཡོན་གོང་མས་བོད་ས་གནས་ཀྱི་དབང་འཛིན་ས་སྐྱར་བར་བསྐོས་ནས་སྡེ་ཕྱིར་ས་མི་ཞིབ་བཤེར་གྱིས་ཧོར་དུད་གཏན་འབེབས་དང་འབྲེལ་བོད་ཆོལ་ཁ་གསུམ་དུ་ཁྲི་ཐོག ཁྲི་སྐོར་དང་། སྟོང་སྐོར། བརྒྱ་སྐོར། རྟ་མགོ་སོགས་སྤྱི་ཚོགས་ཀྱི་སྒྲིག་གཞི་གཏན་ལ་ཕབ་ཅིང་། བདག་དབང་དང་འགན་འཁྲི། འབབ་འོས་ཀྱི་ཁྲལ་རིགས་སྒྲུབ་རྒྱུགས་སོགས་གཅིག་གྱུར་གྱི་ལམ་ལུགས་བཟོས་པ་བརྒྱུད། རིམ་པ་ནས་རིམ་པས་བདག་གཉེར་དང་། འཚོ་སྐྱོང་། སྐྱུལ་འདེད་བཅས་མ་བྱས་མཐུ་མེད་ཆགས་པ་དང་། དུས་མཚུངས་ནང་འཁྲུག་འཛགས་ཤིང་

ཛག་རྐུན་གྱི་ཉེར་འཚེ་མེད་པ་སོགས་སྤྱི་ཚོགས་བརྟན་ལྷིང་བྱུང་བ་ལྟར་བོད་ཀྱི་ས་ཞིང་འདེབས་བཀོལ་ལམ་འཁྲུག་ལས་ཐོན་སྐྱེད་གང་སར་སླར་གསོ་དང་རིམ་བཞིན་འཕེལ་རྒྱས་ངེས་ཅན་ཞིག་བྱུང་ཡོད།

དུས་མཚུངས་སེམས་རྒྱལ་ནང་ས་དང་བོད་ས་གནས་དབར་གྱི་འབྲེལ་ལམ་གསེར་ཟམ་རྒྱ་ཆེར་སྤེལ་བར་བརྟེན་མི་རིགས་ཕན་ཚུན་དབར་ཐོན་རྫས་བརྗེ་རེས་ཀྱི་ཚོང་ལམ་ཡང་སྔར་བས་གྲ་རྒྱས་སུ་གྱུར་ཡོད། ཡོན་རབས་ཀྱི་ཡིག་རིགས་ལས་དྲངས་པ་ལྟར་ན་ཀྲུང་དབྱངས་གོང་མའི་སྲིད་གཞུང་གིས་ཐྲེ་ཁྲིན་གྱི་“ཧེའོ་མིན་” དང་“ལོ་ཀྲའོ་” ས་གནས་གཉིས་སུ་རྒྱ་བོད་མི་རིགས་དབར་ཐོན་ཟོག་བརྗེ་རེས་བྱེད་སའི་ཆེད་གཉེར་གྱི་ཚོང་ར་ཡང་བཙུགས་པར་གྲགས། དེ་ལྟར་ཐོན་ཟོག་བརྗེ་རེས་དར་རྒྱས་སུ་ཕྱིན་པ་དེས་ཞིང་འབྲོག་ཐོན་སྐྱེད་དང་། མང་ཚོགས་ཀྱི་འཚོ་བའི་དགོས་མཁོ་སྔར་ལྷག་བསྐྱར་བ་མ་ཟད། བོད་ཀྱི་དཔལ་འབྱོར་འཕེལ་རྒྱས་འགྲོ་བར་ཡང་ཕན་ནུས་ཆེན་པོ་ཞིག་ཐོན་ཡོད་པ་ནི་སྨོས་ཅི་དགོས། མི་རིགས་ཀྱི་འབྲེལ་བ་དང་འགྲོ་འོང་དར་འཕེལ་བྱུང་བར་བརྟེན་ནང་སའི་ཐོན་རྫས་གྲགས་ཅན་མང་པོ་དང་། ལག་ཤེས་བཟོ་རྩལ་སོགས་ཀྱང་བོད་དུ་ཁྱབ་སྤྱོང་བ་སྟེ་དཔེར་ན། རྒྱ་བོད་ཡིག་ཚང་ནང་དཀར་ཡོལ་བརྟག་པ་བཤད་པ་ལས་འབྱུང་བ་ལྟར།

“གྲགས་འོད་མ་ཞེས་ཟེར་བའི་དཀར་ཡོལ་ནི། །
ནང་ལ་པད་བརྩེགས་ཁ་ལ་ཕ་གུས་བསྐོར། །
ཧི་ཤྲི་གྲགས་པ་འོད་ཟེར་དུས་སུ་བྱུང་། །
རྒྱལ་བཟང་མ་ཞེས་བྱ་བའི་དཀར་ཡོལ་ནི། །
ཡུ་བ་དཀར་གཟུགས་བཞིན་དུ་རིང་བ་ལ། །

སྒྲུབ་ཅིང་ཡང་ལ་དང་བ་གཞན་ལས་འདྲེན། །

སྤོ་ཁྲ་འབྲུག་གིས་བརྒྱན་པ་དག་ཀྱང་ཡོད། །

དཔོན་ཆེན་རྒྱལ་བ་བཟང་པོ་དཔེན་ཕྲི་ཡིས། །

སོན་ཇེང་དཔེན་གྱི་ཁྲིམས་ར་བཟུང་དུས་བཟོས། །”①

ཞེས་པའི་དེ་ཚོ་བླ་དཔོན་སོ་སོས་མངགས་བཟོ་བྱས་ནས་ཐོན་པའི་མིང་ཅན་གྱི་དཀར་ཡོལ་དུ་གྲགས་པ་མ་ཟད། དེ་མིན་གྱི་ཧོར་ཀར་དང་། ཧོར་གོས། ཧོར་སྤུབ་ཅེས་པ་ལ་སོགས་པ་རིན་ཐང་ཆེ་བའི་ཧོར་དུས་ཀྱི་དངོས་པོ་སྙིང་མ་སྣ་ཚོགས་གང་སར་ཡོད་པ་དེ་དག་ཐམས་ཅད་ཀྱང་དུས་རབས་དེའི་ནང་བོད་དུ་ཁྱབ་པ་ཡིན། ད་དུང་བླ་མ་འཕགས་པས་ནང་ས་ནས་བོད་དུ་དཀར་ཡོལ་བཟོ་མི་ཆེད་གཉེར་གནང་སྟེ་ས་སྐྱའི་ཉེ་འདབས་ག་ར་ཞེས་པའི་ལུང་པར་བཟོས་པའི་ཐེངས་གཉིས་པའི་བོད་དཀར་ཡང་བྱུང་བ་ཡིན་ཏེ་ཡིག་ཚང་ནང་།

“ས་སྐྱེ་ཞེས་བྱར་གྲགས་པའི་དཀར་ཡོལ་ནི། །

དཔལ་ལྡན་ས་སྐྱའི་ག་རར་བཟོས་པ་ཡིན། །

དཀྱིལ་དུ་ཡི་གེ་ས་གཅིག་ངེས་པར་ཡོང་”②ཞེས་གསལ་བ་དང་། དེ་བཞིན་གདུང་རབས་ལས་མི་ཆེན་སམ་ཕ་ས་སྐྱར་སླེབས་དུས། “བཅས་ཆུང་བྲང་ཁང་ཤར་འདི་ཁོང་གིས་བཞེངས། སྣོའི་གཡང་ཚེ་(བཟོ་ལྷ་)ཡང་རྒྱ་ལུགས་སུ་ཡོད།” ཅེས་པ་སོགས་ཟུར་ཙམ་གསལ་བ་དེ་དག་གི་ཐོག་ནས

① (ཡིག་ཚང་དེབ་ངོས252)

② (ཡིག་ཚང་དེབ་ངོས253)

ཀྱང་སྐབས་དེར་ནང་ས་ནས་འཛུགས་སྐྲུན་དང་བཟོ་རྩལ་སྣ་ཚོགས་བོད་དུ་དར་འཕེལ་བྱུང་བ་མཐོང་ཐུབ་པ་ཡིན།

གཞན་ཡང་གོ་དན་སོགས་ཀྱི་སྐབས་བོད་ཀྱི་སྡེ་ཚན་སོ་སོས་སོག་པོར་འདབ་ནོར་ཞེས་པའི་འབུལ་རྟེན་ལོ་ཤས་རིང་སྤྲོད་དགོས་བྱུང་རུང་། སེ་ཆེན་ཧན་གོང་མའི་ཁྲི་ལ་འཁོད་ནས་བླ་མ་འཕགས་པ་ཏི་ཤྲིར་བཀུར་བ་དང་བོད་འདི་མེས་རྒྱལ་གྱི་གཅིག་གྱུར་མངའ་ཁོངས་སུ་གཏོགས་པ་ནས་བཟུང་བླ་མའི་གསུང་ངོར་ས་གནས་ཀྱི་དཔལ་འབྱོར་ཚགས་སུ་ཚུད་པ་ཡོང་ཆེད་ཁྲལ་དང་འདབ་ནོར་སོགས་རྒྱལ་ཁབ་ལ་འབུལ་མ་དགོས་པ་གནང་བ་སྐོ་ཡིག་ཚང་ལས།

"……

བླ་མ་དེ་ཡི་འཕྲིན་ལས་ཀྱིས།

བོད་ཁམས་གངས་རིས་བསྐོར་འདི་ལ། །

རྒྱལ་པོའི་མཛོད་དུ་འདབ་ནོར་དང་། །

ཁྲལ་དམག་ལས་གསུམ་ལེན་པ་མེད། །"① ཅེས་གསལ་བ་ལྟར་ཡིན་ཅིང་། དེ་ལས་ལྡོག་སྟེ་ཡོན་གོང་མས་བླ་མ་ལ་ཆོས་ཀྱི་འབུལ་བ་ཐེངས་གཅིག་ཁོ་ནར་གསེར་བྲེ་བརྒྱ་ལྷག་པ་དང་། དངུལ་བྲེ་སྟོང་ར་ཅན། གོས་དར་བཞི་ཁྲི་ལ་སོགས་ཕུལ་བར་གྲགས་པ་ལྟར་དེ་འདྲའི་འབུལ་ཆེན་ལན་མང་གནང་བ་གཏུང་རབས་ནང་གསལ་བ་མ་ཟད། ད་དུང་བོད་ཀྱི་དགོན་སྡེ་ཁག་ལ་བསྙེན་བཀུར་དང་། ཁྲལ་མི་ཉམས་ཐག་རྣམས་ལ་རྒྱུད་སྐྱོབ་སོགས་ཡོངས་

① (ཡིག་ཚང་དེབ་ངོས297)

སྐྱིད་ཀྱི་ཕན་བདེ་ཡང་མི་ཉུང་བ་ཞིག་ཐོབ་ཡོད་དེ་ཡང་སྤྱིར་ན་ཡིག་ཚང་ལས། །

“མི་དབང་རྒྱལ་པོའི་ཕོ་བྲང་ནས།། །
བླ་མའི་གདན་ས་ས་སྐྱའི་བར།། །
མ་ཏྲོས་པ་ནས་ཆུ་བོ་བཞི།། །
རྒྱ་མཚོ་ཆེན་པོར་འཇུག་པ་ལྟར།། །”① ཞེས་གསལ་བ་ལས་མཚོན་ཞིང་། བྱེ་བྲག་ཞིབ་ཕྲའི་དཔེ་མཚོན་ཙམ་ལོ་རྒྱུས་ནང་ནས་ཀྱང་མཐོང་ཐུབ་པ་སྟེ། ཡིག་ཚང་ལས་འབྱུང་བ་ལྟར་ན་བླ་མ་འཕགས་པ་བོད་དུ་ཕེབས་ཐེངས་སྔ་མར“ཆུ་མིག་རིང་མོར། དབུས་གཙང་མངའ་རིས་དང་བཅས་པའི་དགེ་འདུན་ཁྲི་ཕྲག་འགའ་ཤས་འདུས་པར་ཆོས་འཁོར་བསྐོར་བའི་ཆས་ལ། གསེར་སྲང963. 3དངུལ་བྲེ་ཆེན9ཟབ་ཆེན་ཡུག41དར་གོས་ཡུག838དར་ཡུག5858ཇ་སིག་ཆེན120སྲང་བུར603མར་ཁལ13728ནས་ཁལ37018རྩམ་ཁལ8600གཞན་ཡང་ཕྲན་ཚེགས་གྲངས་མེད་པ་དང་བཅས་བསྙེན་བཀུར་རོ།”② ཞེས་གསལ་བ་དང་། དེ་བཞིན་འཕགས་པ་རིན་པོ་ཆེ་བོད་ལ་ཕེབས་ཐེངས་རྗེས་མའི་སྐབས་ཏེ་མི་སྤྲང(1270)ལོའི་ཆུ་མིག་ཆོས་འཁོར་ཆེན་མོའི་སྐབས་སུ་སྐྱེ་བོ་སེར་སྐྱ་འབུམ་ཕྲག་ལོངས་པ་ལ་གཟའ་འཁོར་གཉིས་ཀྱི་རིང་བསྙེན་བཀུར་གཟབ་རྒྱས་གནང་བ་མ་ཟད། དགེ་འདུན་ཁྲི་ཕྲག་བདུན་བརྒྱལ་བ་ལ་དགེ་འདུན་རེར་

① (ཡིག་ཚང་དེབ་ཐོས297)

② (ཡིག་ཚང་དེབ་ཐོས328－329)

སྐུ་འགྱེད་གསེར་ཞོ་གང་རེ་དང་། སྣམ་བུ་སུམ་སྣམ་རེའི་འགྱེད་གཏོང་མཛད་པ་བཅས་གྲྭ་གྲངས་འབོར་ཆེན་དེ་ལྟ་བུར་གསེར་ཞོའི་འགྱེད་ཐོབ་པ་བོད་ཀྱི་ལོ་རྒྱུས་སྟེ་ཕྱི་བར་གསུམ་དུ་མ་གྲགས་པ་དང་། དུས་མཚུངས་སྣམ་བུ་ཕོན་ཆེན་དེ་ཙམ་སྟེབས་གཅིག་ལ་ཐོན་ཐུབ་པའི་ཐོག་ནས་ཀྱང་སྐབས་དེའི་བོད་ཀྱི་སྣམ་ཆས་འཐག་ལས་འཕེལ་རྒྱས་ཆེན་པོ་བྱུང་ཡོད་པ་མཐོང་ཐུབ། དེ་མིན་སྐབས་དེར་གཞི་རྒྱ་སྟེར་བྱུང་སྟོང་མེད་པའི་སྐུའི་ལྷ་ཁང་ཆེ་མོ་ལྔགས་རི་དང་བཅས་པ་གསར་དུ་བསྐྲུན་ཅིང་། ནང་གི་སྐུ་གསུང་ཐུགས་རྟེན་སོགས་བསམ་ཡུལ་ལས་འདས་པ་འདི་དག་གིས་གཙོ་བོར་བྱས་པའི་དཔལ་ལྡན་ས་སྐྱ་ཚོགས་བྱུང་གི་འཛུགས་སྐྲུན་མི་རྣམས་ཧང་སངས་དགོས་པ་ཞིག་བྱུང་བ་བཅས་རླབས་པོ་ཆེའི་མཛད་འཕྲིན་དེ་དག་ལས་ཀྱང་དུས་མཚམས་དེའི་བོད་ཀྱི་དཔལ་འབྱོར་སྟར་ལས་འཕེལ་རྒྱས་བྱུང་བ་མཚོན་ཐུབ་པ་ཡིན།

ཡོན་གོང་མའི་སྲིད་གཞུང་གིས་བླ་མ་དང་དགོན་སྡེར་རྒྱབ་སྐྱོར་བྱས་པ་ཙམ་དུ་མ་ཟད། བོད་ཀྱི་ཁྲལ་མི་ཉམས་ཐག་ལ་རྒྱུད་སྐྱོབ་གུན་གསབ་ཀྱི་ལྟ་སྐྱོང་ཡང་ངེས་ཅན་ཞིག་བྱས་ཡོད་པར་གྲགས། ཡོན་རབས་ཀྱི་ཡིག་རིགས་ལས་དྲངས་པ་ལྟར་ན (སྤྱི་ལོ1292བོད་རབ་བྱུང་ལྔ་པའི་ཆུ་འབྲུག་ལོ) “ཀྲི་ཡོན་ཁྲི་ལོ29པའི་ཟླ་དགུ་པའི་ནང་། དབུས་གཙང་གི་ཞོན་ལྷེ་རྫེས་སླན་ཞུ་འབོར་པར། འབྲི་གུང་སླིང་ལོག་བྱུང་རྐྱེན་བོད་འབངས་རྣམས་དཀའ་སྡུག་ཆེན་པོ་འཕྲད་པས་འཇའ་མོ་ལྔའི་འཁྲི་ཆ་སྒྲུབ་མི་ཐུབ་པ་འདུག་ཞུས་པར་གོང་མའི་སྲིད་གཞུང་ནས་འཇའ་མོ་ལྔ་སོ་སོར་ཇ་བརྒྱ་རེ་དང་། གཡག་ཉིས་བརྒྱ་རེ། ར་ལུག་སྟོ་བརྒྱ་རེ་བཅས་རྩིས་པའི་རིན་ཐང་དངུལ་བསྒྱུར་གྱི་དངུལ་སྲོད་རྒྱ་དང་། དམག་འཇམ་དུད་ཚང་བདུན་བརྒྱ་སུམ་ཅུ

སོ་དྲུག་ལ་དུད་ཚང་རེར་དངུལ་སྲང་ལྔ་བཅུ་དེ་སྤྲོད་ཅེས་བཀའ་ཕབ”པ་དང་། དེ་རྗེས་མདོ་སྨད་དང་མདོ་ཁམས་ཁུལ་གྱི་འཇང་མོའི་མི་སེར་ཉམས་ཐག་རྣམས་ལའང་གོང་བཞིན་གྱི་རྒྱུད་སྐྱོབ་སྲིད་ཚུལ་གསལ་ཡོད།

དེ་བཞིན(སྤྱི་ལོ1330ཐོད་རབ་བྱུང་དྲུག་པའི་ལྕགས་རྟ་ལོ)“ཁྲི་རྒྱན་ཁྲི་ལོ་དང་པོར་བོད་དང་མདོ་སྨད་ཀྱི་འབངས་རྣམས་ལ་ལོ་ཉེས་མྱུ་གེ་བྱུང་བར་གོང་མས་འབྲེལ་ཡོད་ཀྱི་དཔོན་རིགས་ཚོར་བཀའ་ཕབ་ནས་འབྲུ་རིགས་ཀྱི་སྐྱོབ་གསོ་གནང་།” ཞེས་འཁོད་ཡོད་པ་བཅས་ནི་དཔེ་མཚོན་ཙམ་ཡིན། གཞན་ཡང་ཡིན་ཚང་མཁས་པ་དཀའ་བྲེད་ནང་འཁོད་པ་ལྟར་ཡོན་གོང་མ་སེ་ཆེན་རྒྱལ་པོ་དང་། བླ་མ་འཕགས་པའི་སྐུ་དྲིན་ལས་དབུས་གཙང་མདོ་ཁམས་ཐམས་ཅད་མངའ་ཞབས་སུ་ཆུག་ནའང་། ལྗོ་མོན་གྱི་ས་མི་རྣམས་ཇི་བཞིན་རང་མ་ཆུག་པ་མ་ཟད། ཤར་དུང་དང་ལྗོ་དུང་ཟེར་བའི་དུང་རེངས་མང་པོས་བོད་ལྗོ་རྒྱུད་ཀྱི་ཡུལ་པ་བཙོམ་འཕྲོག་ཡང་ཡང་ཡོང་གི་ཡོད་པ་དེ་དག་ཀྱང་། སྤྱི་ལོའི་དུས་རབས་བཅུ་བཞི་པའི་དུས་འགོར་ས་སྐྱའི་བླ་ཆེན་བཟང་པོ་དཔལ་བའི་སྐུ་དུས་སུ་ཁམས་པ་དགེ་འདུན་རྒྱལ་མཚན་དང་། དཔོན་ཡིག་འཕགས་པ་དཔལ་སོགས་ས་སྐྱའི་དྲུང་འཁོར་མི་བདུན་གྱིས་འགོ་བྱས་ཁྲི་སྟོང་སོ་སོ་ནས་ཡུལ་དམག་བསྐྱངས་ཏེ་ཞི་དྲག་ཐབས་མཁས་ཀྱིས་ཐོག་མར་ལྗོ་མོན་ཁུལ་ཤར་དུང་གང་ཡོད་དབང་དུ་བསྡུས། དེ་ནས་ཕག་རི་ཕྱོགས་སུ་སྣར་སྤོས་ནས་ལྗོ་དུང་གི་འགོ་བ་དྲག་ཚད་བརྒྱ་དང་དྲུག་ཅུ་ཙམ་ཚར་བཅད་ནས་ལྗོ་འབྲུག་གི་ཡུལ་དབང་དུ་བསྡུས་པ་བཅས་ཀྱི་ལོ་རྒྱུས་

ཞིབ་པ་རྒྱ་བོད་ཡིག་ཚང་ནང་[①]གསལ་བ་དང་། དེ་ནས་བཟུང་བོད་ཡུལ་བདེ་འཇགས་སུ་འཁོད་ནས་ཞིང་འབྲོག་གི་ཐོན་སྐྱེད་ལས་སྒོ་རྣམས་བློ་བདེ་བག་ཕེབས་ཀྱིས་འཕེལ་རྒྱས་སུ་འགྲོ་ཐུབ་པ་བྱུང་ཡོད། མདོར་ན་དུས་སྐབས་དེའི་ནང་བོད་ཡོངས་གཅིག་གྱུར་བྱུང་བའི་ཐོག མེས་རྒྱལ་ནང་ས་དང་འབྲེལ་བའི་རྒྱལ་སྒོ་ཆེན་པོ་ཕྱེ་བ་དང་། དེ་བཞིན་བལ་ཡུལ་དང་། ལྷོ་མོན། འབྲུག་ཡུལ་སོགས་ཕྱོགས་མཐའི་འབྲེལ་སྒོ་དག་ཀྱང་ཕྱེ་བ་བཅས་ལ་བརྟེན་བོད་ས་གནས་ཀྱི་དཔལ་འབྱོར་དར་ཞིང་གྲ་རྒྱས་ཀྱི་ཕྱོགས་སུ་འཕེལ་རྒྱས་ངེས་ཅན་ཞིག་བྱུང་བ་ལགས་སོ།

བཅོ་བརྒྱད་པ། ས་སྐྱ་བའི་དབང་འཛིན་དུས་རབས་སུ་བོད་ཀྱི་རིག་གནས་འཕེལ་རྒྱས་ཆེ་ཙམ་བྱུང་བའི་སྐོར།

དེ་ཡང་འཇམ་མགོན་ས་སྐྱ་པཎྜི་ཏ་ཀུན་དགའ་རྒྱལ་མཚན་དཔལ་བཟང་པོ་མཆོག་གིས་ཉེ་རབས་བོད་དུ་གྲགས་པའི་རིག་པའི་གནས་ཆེ་ཆུང་མཐའ་དག་ལ་ཐོག་མར་རང་ཉིད་མཁས་པའི་ཡུལ་དུ་ཕྱིན་པར་མཛད་པ་མ་ཟད། ཐུན་མོང་དང་ཐུན་མོང་མ་ཡིན་པའི་གཞུང་ལུགས་སྔར་ཡོད་རྣམས་ལ་རྒྱ་ཆེ་གཏིང་ཟབ་ཀྱི་དག་ཐེར་དང་། ལྷག་པར་དུ་སྔོན་ཆད་མེད་ཙམ་ལས་དངོས་སུ་མ་བསྒྱུར་པའམ་བསྒྱུར་ཀྱང་ཆ་མ་ཚང་བའི་ཐ་སྙད་ཀྱི་རིག་ལམ་དུ་

---

① (ཡིག་ཚང་དེབ་ངོས377 –381)

མ་ཞིག་གསར་དུ་དར་བར་མཛད་པའམ། ཡང་ན་གློ་སྒོ་འབྱེད་པའི་ལྡེ་མིག་ལྟ་བུ་སྤྲོལ་གཏོང་པ་སོགས་གནང་བ་ཡིན།

དེ་ཡང་ཐོག་མར་སྨྲ་རིག་པའི་ཐད། རྗེ་བཙུན་གྲགས་པ་རྒྱལ་མཚན་ལས་སྨྲའི་གནས་བརྒྱད་དང་སྦྱོར་སྒོ་ལ་སོགས་པ་གསན་ཅིང་། དེ་རྗེས་ཁ་ཆེའི་པཎྜི་ཏ་ཤཱཀྱ་ཤྲཱི་ལས་ཀ་ཙན་ལ་སོགས་པའི་སྨྲ་མདོ་རྣམས་གསན། ལྷག་པར་བྲམ་ཟེའི་སློབ་དཔོན་སུ་ག་ཏ་ཤྲཱི་ས་སྐྱར་སྤྱན་དྲངས་ནས་ལོ་གཉིས་ཀྱི་བར་དུ་ཀ་ལཱ་པ་རྩ་བ་དང་། འགྲེལ་པ་སྟོང་ཕྲག་དྲུག་པ། མིང་སྒྲུབ་དང་། བྱིངས་སྒྲུབ། རབ་ཏུ་སྒྲུབ་པ་སོགས་མཐའ་དག་གསན། པཎྜི་ཏ་སྨང་ཤྲཱི་ལས་ཙནྡྲ་པ་དང་། དེའི་མིང་དང་བྱིངས་སྒྲུབ་རྣམས་མཐའ་ཚོད་དང་བཅས་པ་ལེགས་པར་གསན་ཏེ་ཁོང་དུ་ཆུད་པར་མཛད་ནས་སྨྲ་རིག་པའི་ཕྱོགས་ཀྱི་སྤྲོལ་ཡང་དག་པར་བཏོད་པ་ཡིན་ཏེ་དེ་དག་གི་ཚུལ་བོད་དུ་གསལ་བར་སྟོན་པ། 《སྒྲ་ལ་འཇུག་པའི་རྣམ་བཤད་》དང་། 《མཁས་པ་འཇུག་པའི་སྒོ་》《སྦྱོར་སྒོའི་དོན་བསྡུ་》ལ་སོགས་པ་བརྩམས་པར་མཛད་ནས་བཤད་ཁྲིད་ཀྱི་ལམ་ཡངས་པོར་ཕྱེ་བས་རྗེས་འཇུག་གི་ལོ་ཙཱ་བ་རྣམས་ལ་སྐུ་དྲིན་མཆོག་ཏུ་ཆེ་བ་དང་། གང་གི་སློབ་མའི་གཙོ་བོ་རྣམས་ཀྱང་སྒྲ་རིག་པའི་མཚན་ཉིད་ཁོང་དུ་ཆུད་པར་བརྟེན་བྱང་ངོས་ཀྱི་སོག་པོ་མི་རིགས་ལ་སྟོན་ཚད་རང་ཉིད་ཀྱི་ཡི་གེ་མེད་པར་འཕགས་པ་རིན་པོ་ཆེས་སོག་ཡིག་གསར་བཟོ་དང་། དེའི་སྒྲ་སྦྱོར་བརྡ་དག་སོགས་གསར་རྩོམ་མཛད་ནས་སྐབས་དེར་ཐོག་མའི་སོག་ཡིག་སྤྱོད་སྒོ་ཆོད་པ་ཞིག་བསྒྲུབས་པ་དེའི་ཐོག་ནས་ཀྱང་དུས་རབས་དེར་བོད་ཀྱི་སྒྲ་རིག་པར་འཕེལ་རྒྱས་མངོན་གསལ་ཅན་ཅི་ལྟ་བུ་ཞིག་བྱུང་བ་གསལ་བཤད་གང་ལེགས་བྱེད་ཐུབ་པ་ཡིན།

ཚད་མ་རིག་པ་ཡང་ས་པཎ་གྱིས་ཐོག་མར་བོད་སྟོན་རྣམས་ལ་མང་དུ་གསན་ཅིང་། ཁྱད་པར་པཎ་ཆེན་ཤཱཀྱ་ཤྲཱི་ལས་རྣམ་འགྲེལ་ལེའུ་དང་པོའི་འགྲེལ་པ་སྟོང་ཕྲག་ཕྱེད་དང་བཞི་པ་ཡན་གསན་ནས་བསྒྱུར་ཅིང་ཞུས་པ་དང་། སློབ་དཔོན་ཐར་པའི་འབྱུང་གནས་ཀྱི་རྟོག་གེའི་སྐད་ཅེས་པའི་བསྟན་བཅོས་ཀྱང་གསན་ཅིང་བསྒྱུར། གཞན་ཡང་ཕྱི་རོལ་པའི་རིག་བྱེད་ཚད་མ་དྲང་སྲོང་གཟེགས་ཟན་གྱིས་བྱས་པའི་རྟོག་གེའི་བསྟན་བཅོས་རིག་པ་ཞེས་བྱ་བ་སོགས་ཀྱང་གསན། མདོར་ན་སྡེ་བདུན་མདོ་དང་བཅས་པའི་ཡན་ལག་ཐམས་ཅད་ཐུགས་སུ་ཆུད་པར་མཛད་ནས། དེ་དག་གི་དོན་ལེགས་པར་འགྲེལ་བ་ཚད་མ་རིགས་གཏེར་རྩ་འགྲེལ་གཉིས་བརྩམས་པར་མཛད་པ་མ་ཟད། སྐབས་དེར་རྒྱ་གར་དུ་དོ་ཟླ་མེད་པར་གྲགས་པའི་མུ་སྟེགས་ཀྱི་སྟོན་པ་འཕྲོག་བྱེད་དགའ་བོ་རྗེས་འབྲངས་དང་བཅས་པ་ཆོས་རྗེ་ཉིད་ཀྱིས་རྩོད་པས་ཚར་བཅད་པ་དེ་ལས་ཀྱང་། དུས་སྐབས་དེར་བོད་དུ་ཚད་མ་རིག་པ་འཕེལ་རྒྱས་ཀྱི་མཐོ་ཚད་མཚོན་པར་ནུས་ཤིང་། དེ་ནས་བཟུང་གྲུབ་མཐའ་ཐལ་ཆེ་བར་ཚད་མ་རིག་པ་བཤད་ཁྲིད་ཀྱི་དར་སྲོལ་ཆུ་གཏེར་བཞིན་རྒྱས་པར་གྱུར་པ་ཡིན།

སྡེབ་སྦྱོར་རིག་པ་ཡང་། པཎྜི་ཏ་སངྒ་ཤྲི་ལས་དམར་སེར་དང་རྒྱལ་བའི་ལྷས་མཛད་པའི་སྡེབ་སྦྱོར་གྱི་གཞུང་དང་། ཁྱད་པར་དུ་དེ་དག་ལས་ཡོན་ཏན་བརྒྱད་ཀྱིས་འཕགས་པ་སློབ་དཔོན་རིན་ཆེན་འབྱུང་གནས་ཞི་བས་མཛད་པའི་སྡེ་སྦྱོར་རིན་ཆེན་འབྱུང་གནས་སོགས་ལེགས་པར་གསན་ཅིང་། ཁོང་དུ་ཆུད་པར་མཛད་ནས་དེ་དག་གི་དོན་འགྲེལ་བའི་ཆེད་སྡེབ་སྦྱོར་སྣ་ཚོགས་མེ་ཏོག་གི་ཆུན་པོ་ཞེས་པ་བརྩམས་པར་མཛད་དེ། བོད་དུ་སྔོན་ཆད་

མིང་ཙམ་ལས་དངོས་སུ་མ་དར་བའི་རིག་པའི་བྱེ་བྲག་དེའི་སྲོལ་ལེགས་པར་ཕྱེ་བ་ཡིན། དེ་ཡང་ཆོས་རྗེ་ཉིད་ཀྱི་གསུང་ལས།

"སྔོན་ཆད་གངས་རིའི་ཁྲོད་འདིར་མཁས་རྣམས་ཀྱི། །
རྣ་བའི་སྣོད་དུ་ཉེ་བར་མ་ལྷུང་ཞིང་། །
ལྷ་ཡི་དབང་པོས་ཀུན་ནས་མ་མྱོང་ངས་པ། །
 རོ་བརྒྱའི་འབྱུང་གནས་དཔག་བསམ་ཤིང་འདི་སྐྱེད།" །

ཅེས་གསུངས་པ་ལྟར་དུས་དེ་ནས་བཟུང་བོད་དུ་སྙེབ་སྦྱོར་གྱི་རིག་པ་གསར་དུ་དར་བ་ལས་ཀྱང་རིག་གནས་འཕེལ་རྒྱས་ཀྱུར་པའི་དུས་རབས་དེ་མཚོན་ཐུབ་ཀྱི་ཡོད།

མངོན་བརྗོད་ཀྱི་རིག་པ་ཡང་། པཎྜི་ཏ་སན྄ཏ་ཤྲཱི་ལས་མངོན་བརྗོད་ཀྱི་བསྟན་བཅོས་ཨ་མ་ར་ཀོ་ཥ་དང་། སྣ་ཚོགས་གསལ་བ་འགྲེལ་པ་དང་བཅས་གསན་ཅིང་། དེ་དག་སྟེ་གསུམ་གསུམ་མམ་བསྡུས། བོད་དུ་གྲགས་པའི་སྡེ་སྣོད་གསུམ་དང་། རྒྱུད་སྡེ་བཞི་གསུངས་པའི་མིང་གི་ཚོགས་མཐའ་ཡས་པ་དང་། དེ་དག་ཀྱང་འདོད་རྒྱལ་དང་། རྗེས་གྲུབ། འདྲ་འབྲེལ་སོགས་སོ་སོར་ཕྱེ་ཞིང་། བཀས་བཅད་ཐོག་མཐའ་བར་གསུམ་དུ་གྲགས་པ་ལྟར་བརྡ་གསར་རྙིང་གི་བྱེ་བྲག་ཐམས་ཅད་ལེགས་པར་ཕྱེ་བ་སོགས་ཀྱིས་སྒོ་ནས་རིག་གནས་འདིའི་དར་སྲོལ་ཡང་ཆེས་ཆེར་བཏོད་པར་མཛད། དེ་ནས་བཟུང་བོད་སྐད་ཀྱི་མིང་ཚིག་གི་སྦྱོར་བ་སྤྱར་བས་ཆེས་ཕུན་སུམ་ཚོགས་ཤིང་འཕེལ་རྒྱས་ཆེན་པོ་བྱུང་བ་ཡིན་ནོ།

ཟློས་གར་གྱི་རིག་པའི་ཐད་ལའང་། པཎྜི་ཏ་སན྄ཏ་ཤྲཱི་ལས་གཟུགས་ཀྱི་ཉི་མའི་བསྟན་བཅོས་དང་། ཛྷ་ར་ཏ་ལ་སོགས་པ་གསན་ཅིང་ཁོང་དུ་ཆུད་

པར་མཛད་ནས། དེ་དག་ཚུལ་ཁྲིམས་ཙམ་སྟོན་པ་ལ་རོལ་མོའི་བསྟན་བཅོས་ཞེས་བྱ་བ་བརྩམས་པར་མཛད་ཅིང་། དེ་ལས་ཀྱང་བོད་ཀྱི་ཟློས་གར་སྒྱུ་རྩལ་གྱི་རིག་པ་རིམ་བཞིན་འཕེལ་རྒྱས་བྱུང་བ་ལགས་སོ།

གཙོ་བོ་སྡེ་སྣོད་གསུམ་དང་རྒྱུད་སྡེ་བཞི་སོགས་ཟབ་མོ་ནང་རིག་པའི་བཀའ་དང་བསྟན་བཅོས་ཀྱི་དགོངས་པ་འགྲེལ་བ་ལ་ནི་དེ་བས་ཀྱང་ཡར་རྒྱས་ཚད་མེད་པ་ཞིག་བྱུང་ཡོད་པ་དེ་དག་གི་ཚུལ་རྒྱ་ཆེ་ཞིང་། གཏིང་དཔོག་པར་དཀའ་བས་ཁོ་བོ་ལྟ་བུས་བརྗོད་པར་མི་ནུས་ཤིང་། མདོར་ན་སངས་རྒྱས་ཀྱི་བསྟན་པ་རྒྱ་སོག་གི་ཡུལ་གྲུ་ཆེན་པོར་རྒྱ་ཆེར་སྤེལ་ནས་འབྲེལ་ཚད་དོན་ལྡན་དུ་མཛད་ཅིང་། སྤུན་ཟླ་མི་རིགས་ཀྱི་དབར་ཤེས་རིག་དང་མཛའ་མཐུན་གྱི་འབྲེལ་བ་བཟང་པོ་འཕེལ་རྒྱས་སུ་བཏང་བའི་གྲུབ་འབྲས་ཆེ་པོ་ནི་ད་ལྟའི་བར་མངོན་སུམ་ཚད་མར་གྲུབ་པ་འདི་ལགས་པ་དང་། དུས་མཚུངས་བོད་ཀྱི་གསོ་བ་རིག་པ་དང་། བཟོ་རིག་པ། དེ་བཞིན་དུས་སྦྱོར་རྩིས་ཀྱི་རིག་པ་སོགས་ཀྱི་ཐད་ལའང་ཚད་གཞི་མི་འདྲ་བའི་འཕེལ་རྒྱས་ཆེན་པ་བྱུང་ཡོད་ཀྱང་། ཐམས་ཅད་ལེ་ཚན་འདིའི་ནང་ཞུ་བར་ཇོ་མ་ཐོགས་པས་དགོངས་ལྡན་རྣམས་ཀྱིས་ས་སྐྱའི་བཀའ་འབུམ་སོགས་ལས་མཁྱེན་པར་མཛད་དུ་གསོལ་ཞེས་ཞུ་རྒྱུ་ཡིན།

འདིར་དམིགས་སུ་བཀར་ནས་ཞུ་འོས་པ་གཉིས་ཀྱི་དང་པོ་ནི་སྙན་ངག་སྟེ་ཚིག་རྒྱན་རིག་པའི་སྐོར་འདི་ཡིན། དེ་ཡང་རྗེ་བཙུན་ས་པཎ་གྱིས་ཐོག་མར་སློབ་དཔོན་གྲགས་པ་རྒྱལ་མཚན་ལས། སྐྱེས་རབས་སོ་བཞི་པ་དང་། གཞོན་ནུ་མ་བདུན་གྱི་རྟོགས་པ་བརྗོད་པ་ལ་སོགས་སྙན་ངག་གི་གཏམ་བརྒྱུད་རིགས་དུ་མ་གསན་ཅིང་། པཎྜི་ཏ་སངྐ་ཤྲཱི་ལས་སྙན་ངག་གི་

བསྟན་བཅོས་ཆེན་པོ་གསུམ་དང་། ཆུང་ངུ་གསུམ། རྒྱན་གྱི་བསྟན་བཅོས་དབྱངས་ཅན་མགུལ་རྒྱན། སྙོང་ཕྲག་བརྒྱད་པ། རྟོགས་བརྗོད་དཔག་བསམ་འཁྲི་ཤིང་ལ་སོགས་པ་རྩོམ་རིག་གི་མཚན་ཉིད་དང་མཚན་གཞི་སྟོན་པའི་བསྟན་བཅོས་མང་དུ་གསན་པ་དང་། ལྷག་པར་ཙནྡྲ་པའི་གཞུང་ལུགས་ལ་མཁས་པར་སློབ་གཉེར་མཛད་དེ། དེ་དག་དོན་མདོར་བསྡུས་པའི་ཚུལ་གྱིས་མཁས་པ་འཇུག་པའི་སྒོ་ཞེས་པའི་ནང་གདན་ལ་ཕབ་པས་བོད་དུ་རིག་གནས་འདི་ཉིད་ཀྱི་སྲོལ་ལེགས་པར་ཕྱེ་བ་ཡིན། དེ་རྗེས་འགྲོ་མགོན་འཕགས་པའི་སློབ་མ་ཤོང་སྟོན་ལོ་ཙཱ་བ་རྡོ་རྗེ་རྒྱལ་མཚན་གྱིས་བླ་མའི་བཀའ་བཞིན་ཚོས་རྗེའི་དགོངས་པ་ཡོངས་སུ་རྫོགས་ཕྱིར་རྟོགས་བརྗོད་རིན་པོ་ཆེ་དཔག་བསམ་འཁྲི་ཤིང་དང་། སྙན་གཞུང་མེ་ལོང་མ་ཆ་ཚང་སོགས་འབད་པ་ཆེན་པོས་བོད་ཀྱི་སྐད་ཡིག་ཏུ་བསྒྱུར་ཅིང་། བོད་དུ་སྔོན་ཆད་མེད་པའི་སྙན་གཞུང་ཁྲིད་རྒྱུན་གྱི་སྲོལ་གཏོད་པ་སོགས་ཤོང་གི་མཛད་པ་རགས་བསྡུས་ལེ་ཚན་རྗེས་མར་འགོད་རྒྱུ་དང་། དེ་རྗེས་དཔང་ལོ་ཙཱ་བ་བློ་གྲོས་བསྟན་པས་སྙན་གཞུང་གི་བོད་འགྲེལ་དང་པོ་གསར་དུ་བརྩམས་ནས་བཤད་ཁྲིད་ཀྱི་རྒྱུ་ཆེར་སྤེལ་བ་སོགས་མཛད་པ་ལགས་ཤིང་། མངོན་བརྗོད། སྡེབ་སྦྱོར། ཟློས་གར་ལ་སོགས་པ་རྩོམ་རིག་སྒྱུ་རྩལ་གྱི་མ་ལག་ཆ་ཚང་བ་ཞིག་བྱུང་བར་བརྟེན་དུས་དེ་ནས་བཟུང་སྔོན་ཆད་བོད་མི་རིགས་ཀྱི་ལོ་རྒྱུས་ལ་སྐྱོང་ཕྲག་འགའ་ཤས་བརྒྱུད་པའི་དམངས་ཁྲོད་རྩོམ་རིག་ཕུན་སུམ་ཚོགས་པ་དེ་ཉིད་དཔྱིད་ཆར་དང་འཕྲད་པའི་མྱུ་གུ་ཇི་བཞིན་ཚད་གཞི་གསར་པ་ཞིག་ཏུ་འཕེལ་རྒྱས་བྱུང་ཞིང་། སྔོན་མེད་རྒྱན་གྱི་མེ་ཏོག་སྣ་མང་ཡིད་དུ་འོང་བ་ཅི་དགར་བཞད་པ་དང་དེ་ལ་བརྟེན་ནས་ཧོ་བཅུད་ལྡན་པའི་བརྗོད་

དོན་གྱི་འབྲས་བུ་གཡུར་དུ་ཟ་བ་རྣམས་སོ་སོར་སྨིན་ནས་རང་རིགས་སྐྱེ་རྒྱུ་ཡོངས་ཀྱི་ཤེས་རིག་གི་ལུས་སྟོབས་བར་དུ་རྒྱས་པར་གྱུར་པ་ཡིན། དེ་ལྟ་བུ་ལ་བརྟེན་ནས་མཁས་པ་རྣམས་ཀྱིས་སྡེ་བཞིའི་བརྗོད་དོན་ཕུན་སུམ་ཚོགས་པའི་རྩོམ་རིག་སྒྱུ་རྩལ་གྱི་ཚུ་ཚད་མཐོན་པོར་སོན་པའི་གླེགས་བམ་གྲངས་ལས་འདས་པ་ཞིག་ཐོན་པ་མ་ཟད། རྒྱ་ཆེའི་དམངས་ཁྲོད་ཀྱི་སྒྲུང་དང་གཏམ་དཔེ་གཞས་ཚིག་ལ་སོགས་པ་འཚོ་བ་ངོ་མ་མཚོན་པའི་རྩོམ་རིག་ཀྱང་སྟོན་ཚད་དཔེ་དང་གཟུགས་ཅན་གྱི་རྒྱན་གཙོ་བོར་སྤྱོད་པ་དེ་ཡང་། རིམ་བཞིན་བསྡུས་བརྗོད་དང་། རབ་རྩོམ། ཉམས་འགྱུར་གྱི་རྒྱན་ལ་སོགས་པ་གསོན་ཉམས་པའི་སྒྱུ་རྩལ་གྱི་ཕྱོགས་སུ་གོམ་པ་ཆེན་པོ་ཞིག་སྤོ་ཐུབ་པ་བྱུང་བ་དེ་ཡིན།

གཉིས་པ་ནི། ཆོས་རྗེ་ས་སྐྱ་པཎྜི་ཏས་གནའ་རབས་ཀྱི་ཤེས་རིག་དར་བའི་མི་རིགས་མི་འདྲ་བ་དང་། རང་གཞན་གྱི་གྲུབ་མཐའ་མི་འདྲ་བ་མང་པོའི་རིགས་པའི་གཞུང་ལུགས་དང་ལུགས་ཀྱི་བསྟན་བཅོས་དུ་མར་དཔྱད་ཞིབ་འདོར་ལེན་མཛད་པའི་ཉིང་ཁུ་དང་། སྐབས་དེའི་སྤྱི་ཚོགས་ཀྱི་བསམ་བློ་དང་ཀུན་སྤྱོད་ཟུང་འབྲེལ་དམ་ཟབ་གནང་ནས་ཆོས་དང་འཇིག་རྟེན་ལུགས་ཀྱི་བསྟན་བཅོས་ལེགས་པར་བཤད་པ་རིན་པོ་ཆེའི་གཏེར་ཏེ། བརྗོད་བདེའི་མཚན་གཞན་"ས་སྐྱ་ལེགས་བཤད་"དུ་གྲགས་པ་འདི་ཉིད་གསར་རྩོམ་མཛད། དེ་ལ་ནང་གསེས་རབ་ཏུ་བྱེད་པ་དགུ་ཡོད་པ་ལས་རབ་བྱེད་མཐའ་མ་དེ་མ་གཏོགས་གཞན་དག་ཚང་མ་འཇིག་རྟེན་ལུགས་ཀྱི་བླང་དོར་སྟོན་པ་ཞིག དེ་ནི་གོ་བདེ་ལ་ཉན་སྙན་བ་དང་བརྗོད་དོན་གསལ་ཞིང་མི་སེམས་ལ་ཟུག་པའི་བསླབ་བྱ་གཞན་དང་མི་འདྲ་བ་ཞིག་ཡིན་སྟབས་བོད་ཀྱི་ཤེས་ཡོན་ཅན་སྨོས་ཅི། ཐ་ན་ཡི་གེ་མི་ཤེས་པའི་མང་ཚོགས་ཀྱི་ཁྲོད་དུའང་ཤོ

ལོ་ཀ་འདི་དང་དེ་ཐོ་རེ་བ་ཞིག་མི་རབས་ནས་མི་རབས་བར་ངག་ཐོག་ནས་འདོན་ཐུབ་ཅིང༌། དེ་དག་བསམ་སྦྱོད་ཀྱི་ཚད་གཞིར་བྱེད་པ་ཡིན། ལེགས་བཤད་དེས་སྐབས་དེའི་བོད་མི་རིགས་ཀྱི་བློ་རྟོར་འཇེད་པའི་བློ་གྲོས་དང་ཤེས་རིག་འཕེལ་རྒྱས་འགྲོ་བར་ནུས་པ་ཧ་ཅང་ཆེན་པོ་བཏོན་ཡོད་པ་མ་ཟད། དགོངས་དོན་མང་པོ་ཞིག་ནི་ད་ལྟའང་དངོས་སུ་ཕན་པ་ཡོད་ལ། ལེགས་བཤད་དེའི་སྣན་གྲགས་ནི་རྒྱལ་ཡོངས་ཀྱི་ཁྱོན་དང༌། འཛམ་གླིང་གི་ས་གནས་མང་པོར་ཡང་ཁྱབ་དང་ཁྱབ་བཞིན་དུ་ཡོད། ཡོངས་ཁྱབ་རང་བཞིན་ལྡན་པའི་བསླབ་བྱ་དེའི་ཐོག་ནས་ཀྱང་དུས་རབས་དེར་བོད་ཀྱི་རིག་གནས་ལ་འཕེལ་རྒྱས་ལྡན་པའི་མངོན་གསལ་ཅན་ཞིག་བྱུང་བ་མཚོན་གྱིན་ཡོད།

གཞན་ཡང་འཕགས་པ་རིན་པོ་ཆེའི་སྐུ་དུས་སུ། བཀའ་འགྱུར་དང་བསྟན་འགྱུར་སོགས་ལག་བྲིས་མའི་ཆོས་དཔེ་གསར་བཞེངས་ཀྱི་ཐོན་འབོར་དང༌། སྤུས་ཚད་སོགས་ཀྱང་མི་ཇམས་ཧ་ལས་པ་ཞིག་བྱུང་ཡོད་དེ། གདུང་རབས་ལས་འབྱུང་བ་ལྟར་ན་སྨྱུར་ཤོག་མཐིང་ཞུན་མའི་ཐོག་ཏུ་གསེར་གྱི་ཉིང་ཁུས་བྲིས་པའི་བཀའ་འགྱུར་ཆ་ཚང་དྲུག་གིས་གཙོ་བྱས་གསེར་གྱི་གླེགས་བམ་ཁོནར་བོད་གྲངས2157ཟིན་ཞེས་གསལ་ཞིང༌། ས་སྐྱའི་ལྷ་ཁང་ཆེན་མོའི་སྐུ་རྟེན་གྱི་རྒྱབ་ཁོར་མོ་ཡུག་ཏུ་ལག་བྲིས་མའི་ཆོས་དཔེའི་རྫིག་པ་ཐོག་དང་མཉམ་པ་(མཐོ་ཚད་སྨྱི་ཁྲི་བཅོ་ལྔ་ཙམ་ཡོད་ཚོད)ཡོད་ཅིང༌། ཤོད་སྒྲོལ་ལ་ཕྱིའི་རྫིག་པ་ཞིག་ཀྱང་ནང་གི་ཆོས་རྫིག་མི་ཞིག་ཅེས་གྲགས་པ་དོན་ལ་གནས་པ་ལྟ་བུ་ཡོད། དེ་དག་གི་དབུས་སུ་པུ་ཏི་ལྷུགས་ལུང་མ་ཞེས་ཡོངས་སུ་གྲགས་པ་གསེར་དང༌། དངུལ། དུང་དང༌། གཡུ་བྱུར། བ་སོ་ལ་སོགས་པ་རིན་པོ་ཆེ་སྣ་ཚོགས་བཟར་བའི་ཉིང་ཁུས་བྲིས་པའི་བཟ་རྙིང་གི་བརྒྱད་སྟོང༌།

གླེགས་བམ་གྱི་བོང་ཚད་ཆེན་པོ་གཞན་ན་མཐོང་རྒྱུ་མེད་པ་ཞིག་བ་ཡོད། དེ་མིན་གསེར་ཆོས་དང་། དངུལ་ཆོས། དུང་ཆོས། སྐྱ་བོད་སོགས་ལག་བྲིས་མའི་གླེགས་བམ་གྱི་གྲངས་ཀ་དངོས་བརྩིགས་ཐབས་དཀའ་ཡང་། སྤྱིར་གྱི་ངག་རྒྱུན་ཤོད་སྲོལ་ལྟར་ན་པུ་ཏི་བརྒྱད་ཁྲི་བཞི་སྟོང་ཙམ་ཟིན་པར་གྲགས་པ་ད་ལྟའང་དངོས་སུ་མཇལ་རྒྱུ་ཡོད། དེ་བཞིན་ལྷ་ཁང་ཆེ་མོའི་གཞུང་སྒོའི་སྟེང་དུ་ཡོད་པའི་ཕྱག་དཔེ་ལྷ་ཁང་གི་ནང་ས་སྐྱ་བཀའ་འབུམ་དང་། བླ་མ་ན་རིམ་གྱི་རྣམ་ཐར་ལོ་རྒྱུ་བ་གྲགས་ཅན་མང་པོས་མཛད་པའི་སྒྲ་མདོའི་འགྲེལ་པ་སོགས་བསྡོམས་དཔེ་རྟེང་པུ་ཏི་དྲུག་སྟོང་ལྷག་ཙམ་བཞུགས་པ་མང་ཆེ་བ་ཡང་ལག་བྲིས་མ་ཡིན་པ་བཅས་དེ་དག་ཐོག་ནས་སྐབས་དེར་བོད་ཡིག་དཔེ་འབྲིའི་བྱ་གཞག་ཀྱང་འཕེལ་རྒྱས་སྤྱར་ན་མ་གྲགས་པ་ཞིག་བྱུང་བ་ནི་ལོ་རྒྱུས་ཀྱི་རིག་དངོས་ངོ་མས་ར་སྤྲོད་བྱེད་ཀྱིན་ཡོད།

འཛམ་གླིང་ན་སྙན་གྲགས་ཁྱབ་པའི་བོད་ཀྱི་བཀའ་འགྱུར་དང་བསྟན་འགྱུར་ཡང་གོང་དུ་བརྗོད་པ་བཞིན་དུས་རབས་འདིའི་ནང་དཔལ་སྔར་ཐང་གི་མཁས་པ་ཆེན་པོ་བཅོམ་ལྡན་རིག་པའི་རལ་གྲིས་རྒྱལ་བའི་བཀའ་དང་། མཁས་པའི་བསྟན་བཅོས་རྣམས་སྤྱར་བས་རྒྱ་ཆེར་ལེགས་པར་བཏུས་ནས་སོ་སོར་ཕྱེ་ཞིང་། ནང་གསེས་མདོ་དང་རྒྱུད་སོགས་མ་འདྲེས་གསལ་བར་འབྱེད་པའི་བཀའ་བསྟན་གྱི་དཀར་ཆག་གསར་སྒྲིག་གནང་བར་གྲགས་པ་དེ་ཡང་བོད་ཀྱི་རིག་གནས་དར་སྤེལ་ལ་ཕྱག་རྗེས་ཆེན་པོ་ཞིག་འཇོག་གནང་མཛད་པ་བཅས་མདོར་ན། སྤྱི་ལོའི་དུས་རབས་བཅུ་གསུམ་པའི་དུས་དཀྱིལ་ནས་དུས་རབས་བཅུ་བཞི་པའི་དུས་ཀྱིད་བར་ས་སྐྱ་པའི་བོད་ས་གནས་ཀྱི་དབང་འཛིན་མི་ལོ་བརྒྱ་ལ་ཉེ་བ་ཞིག་བྱས་པ་དེའི་རིང་། བོད་ཀྱི་རིག་གནས་ཆེ་བ་ལྟ་སྤྱར་

བས་དར་ཞིང་རྒྱས་པ་དང་། རིག་གནས་ཚུང་བ་ལྟའི་རྣམ་གཞག་ཕལ་ཆེ་བ་ནི་དུས་སྐབས་དེའི་ནང་གསར་དུ་སྤྲོལ་གཏོད་དང་དར་སྤེལ་བྱུང་བ་ཡིན་ཅིང་། ལྷག་པར་དུ་འཛིག་རྟེན་ལུགས་ཀྱི་རྣམ་གཞག་དང་། མི་རིགས་ཀྱི་རྩོམ་རིག་སྒྱུ་རྩལ་ཐད་ལ་སྤྱར་ན་མ་གྲགས་པའི་ཡར་རྒྱས་བྱུང་བ་དེས། བོད་མི་རིགས་ཀྱི་ཤེས་ཚད་གོང་མཐོར་འགྲོ་བ་ལ་ནུས་པ་ཆེན་པོ་ཞིག་ཐོན་ཡོད་པ་བཅས་དུས་རབས་དེ་ནི་བོད་ཀྱི་ལོ་རྒྱུས་ཐོག་མི་རིགས་ཀྱི་རིག་གནས་འཕེལ་རྒྱས་མངོན་གསལ་ཅན་བྱུང་བའི་དུས་སྐབས་ཤིག་ཡིན་ཞེས་མཁྱེན་པ་གཟིངས་སུ་བཏེགས་ནས་བཤད་ཆོག་པ་ཞིག་ལས་སོ།

བཅུ་དགུ་པ། བོད་ཀྱི་རྩོམ་རིག་འཕེལ་རྒྱས་ལོ་རྒྱུས་ཐོག་གི་དུས་རབས་གསར་འབྱེད་མཁན་ཤོང་ལོ་རྡོ་རྗེ་རྒྱལ་མཚན་གྱི་ཕྱག་རྗེས་མདོ་ཙམ་བརྗོད་པ།

ས་སྐྱའི་དབང་འཛིན་དུས་རབས་སུ་བོད་ཀྱི་རིག་གནས་འཕེལ་རྒྱས་བྱུང་ཚུལ་རགས་ཙམ་ཞིག་གོང་དུ་བརྗོད་པ་ལྟར་དེའི་ནང་། ཤོང་སྟོན་ལོ་ཙཱ་བ་རྡོ་རྗེ་རྒྱལ་མཚན་མཆོག་ནི་རང་ཅག་བོད་མི་རིགས་ཀྱི་གནའ་བོའི་རྩོམ་རིག་སྒྱུ་རྩལ་དེ་ཆུ་ཚད་གསར་པ་ཞིག་ཏུ་གོང་སྤེལ་གཏོང་བའི་ཐད། ཁྱད་དུ་འཕགས་པའི་ཕྱག་རྗེས་འཛོག་གནང་མཛད་མཁན་ལོ་རྒྱུས་ཐོག་གི་མཁས་པའི་དབང་པོ་གཞན་དྲིང་མི་འཛོག་པ་ཞིག་ཡིན། རང་རེ་མི་རབས་རྗེས་མ་ཚོས་དུས་ནས་ཡིན་ཡང་དེ་ལྟ་བུའི་མཁས་དབང་རྣམས་ཤེས་རྟོགས་དང་། རྗེས་དྲན་ཞུ་བའི་ཕྱིར་ཁོང་གི་ལོ་རྒྱུས་དང་མཛད་རྗེས་མདོར་བསྡུས་ཙམ་ངོ་

སྦྱོད་ཞུ་ཐུབ་ན་དོན་སྙིང་ཆེན་པོ་ལྡན་ཡོད་སྙམ་གྱིན་འདུག འོན་ཀྱང་ད་ཕན་ང་ཚོས་ཤོང་སྟོན་ལོ་ཙཱ་བའི་རྣམ་ཐར་མ་མཇལ་བའི་ཁར། ཁོང་གིས་བསྒྱུར་རྩོམ་གནང་བའི་བསྟན་བཅོས་ཆེན་པོ་དག་གི་བསྒྱུར་བྱང་དུའང་མཚན་ཙམ་ལས་དགུང་གྲངས་སོགས་གསལ་བ་མ་མཐོང་སྟབས། ཐ་ན་འབྲུངས་གཤེགས་ཀྱི་ལོ་ཁམས་ཙམ་ཡང་ངེས་རྙེད་ཞུ་མ་ཐུབ་པ་ནི་བློ་ཕམ་ངོ་མཚར་གྱི་གནས་སུ་གྱུར། འོན་ཏེ་རྒྱུ་མཚན་དེ་རིགས་ལ་བརྟེན་ནས་མཐོང་ཐོས་ཀྱི་མཛད་རྗེས་རྣམས་ཀྱང་ངོ་སྦྱོད་མ་བྱས་པར་འཇོག་པ་ནི་གནས་མ་ཡིན་སྙམ་སྟེ་འབྲེལ་ཡོད་ཀྱི་ཡིག་ཆ་གང་འཚོར་རྣམས་གཞིར་བཟུང་ཤོང་ལོ་ཆེན་པོའི་ལོ་རྒྱུས་ཆ་ཤས་ཙམ་འགོད་པར་བྱའོ།

དེ་ཡང་《ཐ་སྙད་རིག་གནས་ལྔ་བྱུང་ཚུལ་གསལ་བར་བྱེད་པ་》ཞེས་པ་ལས་འབྱུང་བ་ལྟར་ཤོང་སྟོན་ལོ་ཙཱ་བ་རྡོ་རྗེ་རྒྱལ་མཚན་ནི། ལ་སྟོད་ལྷོའི་དཔྱད་ལུང་ཤར་ཟེར་བའི་ཡུལ་ཚོའི་བོང་ར་ཞེས་པར་སྐུ་བལྟམས་པ་དང་། གཞོན་ནུའི་དུས་ནས་རབ་ཏུ་བྱུང་ཞིང་གོ་ཡུལ་བ་མདོ་སྡེ་རྒྱལ་མཚན་གྱི་དྲུང་དུ་དུས་འཁོར་ཚག་ལུགས་དང་། བདེ་ཀྱི་ཐྲེང་བ་སྐོར་གསུམ་སོགས་རྒྱུད་སྡེའི་ཆོས་མང་དུ་གསན་ཅིང་། གར་ཐིག་དང་རྩིས་ལ་སོགས་པ་མཁས་པར་སྦྱོང་གནང་མཛད། གཟའ་གསལ་བར་བྱེད་པའི་སྒྲོན་མེ་སོགས་རྩིས་ཀྱི་བསྟན་བཅོས་ཀྱང་མང་དུ་བརྩམས་པ་གནང་། དེ་ནས་ཚ་ནར་བླ་མ་སྟག་བདེ་བའི་དྲུང་དུ་ཕེབས་ནས་ཕར་ཕྱིན་དང་། ཚད་མ། མངོན་པ་གསུམ་ལ་བྱང་ཆུབ་པར་གསན་སྦྱོང་གནང་ཐོག དུས་འཁོར་གྱི་སྐོར་ཕྱག་དཔེ་ཤོག་ལྡེབ་བཞི་བཅུ་ཙམ་ཞིག་ཕྱག་བྲིས་སུ་མཛད་པ་དེ་ཡོན་དུ་ཕུལ་ནས་འབྲོ་ལུགས་ཀྱི་དབང་རྒྱུད་བཤད་པ་མན་ངག་དང་བཅས་པ་ལེགས་པར་གསན།

དམ་པ་འདི་ནི་གཞོན་ནུ་ནས་སྐུ་ཡོན་གསན་སྦྱོང་གནང་རྒྱུར་མཁྱེན་རབ་དང་ཐུགས་བརྩོན་གཉིས་ཀ་འགྲན་ཟླ་བྲལ་བ་ཞིག་ཡོད་པ་ལགས།

དེ་ནས་སྤྱི་ལོ1265ཝོད་རབ་བྱུང་བཞི་པའི་ཤིང་གླང་ལོར་ས་སྐྱ་འགྲོ་མགོན་འཕགས་པ་ནང་ས་ནས་དཔལ་ལྡན་ས་སྐྱའི་གདན་སར་ཕེབས་སྐབས། ཤིང་སྟོན་གྱིས་འཕགས་པ་རིན་པོ་ཆེར་སྙེབས་ལེགས་ཚོགས་སུ་བཅད་པའི་བསྟོད་པ་མཁས་པའི་ཡིད་དབང་འཕྲོག་པ་ཞིག་ལྷུགས་རྩོམ་གང་ནས་ཕུལ་ཐོག རང་གི་ཐུགས་མདུན་གསལ་པོར་གསོལ་ཏེ་སྒྲ་བསྒྱུར་གྱི་ལོ་ཙྪ་ཞིག་སློབ་ཏུ་འགྲོ་འདོད་པས་ཅིང་ཀྱང་བཟོང་བར་ཞུ་ཞེས་གསོལ་བ་བཏབ་པ་ན། བླ་མ་འཕགས་པས་ཁོང་གི་ལྷུགས་རྩོམ་དང་ཐུགས་འདོད་ལ་ཤིན་ཏུ་དགྱེས་ནས། ཁྱེད་དེ་ལྟ་བུའི་བློ་སྐྱེ་བ་ནི་བཟང་། རེ་ཞིག་གཞུང་ལུགས་གསར་པ་བསྒྱུར་བའི་ནུས་པ་མ་བྱུང་ཡང་། པཎྜི་ཏ་བསྟེན་ལ་སློབ་གཉེར་དྲི་གཏུགས་ལེགས་པར་གྱིས་ཤིག ཁོ་བོས་ཀྱང་ཆོས་རྗེ་པ（ས་པཎ་）བསྟེན་ཡུན་ཐུངས་པས། སྙེབ་སྦྱོར་མེ་ཏོག་གི་རྒྱན་པོ་དང་། ཚིག་གཏེར་སོགས་ཚུལ་བཞིན་མི་ཤེས་པས་འདི་དག་ཤེས་པ་ཞིག་ཅིས་ཀྱང་གྱིས་ཤིག མཁས་པར་འགྱུར་པའི་ཚེ་ངེད་ལ་ཆོས་རྗེ་པའི་དགོངས་པ་སྐོང་དགོས་ཀྱི་འགྱུར་འདྲ་ཡང་དགོས་པ་ཡོད་དེ་རྗེས་སུ་བྱེད་རོགས་གསུངས་ནས། སྙེབ་སྦྱོར་དང་ཚིག་གཏེར་སོགས་ཀྱི་ཕྱག་དཔེ་དང་། གསེར་སྲང་ལྔ། དར་ཡུག་བཅུ་གསུམ་རྣམས་གནང་ཞིང་། རྟེན་འབྲེལ་གྱི་གནད་ཡོད་པས་དོ་ནུབ་ཁྱེད་རང་རྗེ་བཙུན་གོང་མའི་གཟིམ་ཆུང་དཔེ་ཁང་དུ་ཉལ་ལ་མྱུར་དུ་སོངས། སྣར་ཕྱིར་འཁོར་བ་ན་ངའི་དྲུང་དུ་ཤོག་ཅིག་གསུངས་ནས་བལ་མ་འཕགས་པའི་གཟིམ་གཡོག་མདོ་སྨད་པ་བློ་གྲོས་རྒྱལ་པོ་གྲོགས་སུ་མངགས་ནས་རྫོང་བར་མཛད། དེའི་དུས་ཤིང་ལོའི་

ཐུགས་ལ་རང་ལ་སྐྱེ་སྟོབས་ཀྱི་བློ་གྲོས་ནི་ཕུན་སུམ་ཚོགས་ཙམ་ཡོད། སྦྱོར་བརྩོན་གྱི་ནན་ཏན་ལ་མཆོག་ཏུ་འབད་ན་ སྣར་མ་འགྱུར་བའི་ལེགས་པར་བཤད་པ་གསར་པ་མང་དུ་བསྒྱུར་བ་ཅི་མི་ནུས་དགོངས་པའི་བརྩོན་འགྲུས་ཀྱི་ཤུགས་སྐྱེད་བཞིན་བལ་ཡུལ་དུ་ཕྱིན་ནོ། （ང་ཚོས་ཁོང་གི་འབྲུངས་ལོ་ངེས་གསལ་མ་རྙེད་ཙང་སྐབས་འདིར་གཞི་ནས་ལོ་ཙཱ་སྦྱོང་བ་ལ་ཞུགས་པ་དེ་ལས་སྐུ་ན་གཞོན་ནུར་ངེས་པས་ཕལ་ཆེར་དུས་རབས་བཅུ་གསུམ་པའི་ལོ་རབས་བཞི་བཅུ་ཡས་མས་ལ་འབྲུངས་པར་རྩིས་ན་ནོར་འཛོལ་ཆེར་ཡོང་མི་སྲིད་སྙམ་མོ་）བལ་ཡུལ་དུ་པཎྜི་ཏ་ས་དབང་བཟང་པོའི་དྲུང་ནས་སྒྲ་དང་། སྙན་ངག སྡེབ་སྦྱོར། ཟློས་གར། མངོན་བརྗོད་ལ་སོགས་པ་ཉིན་མཚན་རྟག་འགྲུས་ཀྱིས་བྱང་ཆུབ་པར་གསན་སྦྱོང་མཛད་དེ། རིངས་པའི་ཚུལ་གྱིས་ས་སྐྱར་བླ་མའི་སྐུ་དྲུང་དུ་ཕྱིར་ཕེབས། སྦྱངས་འབྲས་ཀྱི་ཚུལ་རྣམས་ཞིབ་པར་སྙན་དུ་ཕུལ་བས་འཕགས་པ་རིན་པོ་ཆེ་རབ་ཏུ་དགྱེས་པར་གྱུར་ཏེ། བཀའ་གནང་བར། “འོ་ངེད་ཀྱི་ཆོས་རྗེ་པ་བྱང་ཕྱོགས་སྤྲུལ་པའི་སྟེར་སྐུ་གཤེགས་ཁར་ཐ་མའི་གདུང་དུ་བཀའ་བསྩལ་པ་ལ། ད་ནི་སངས་རྒྱས་ཀྱི་བསྟན་པ་ཡང་མཆོག་ཏུ་དར་བར་བྱས། བརྒྱལ་བརྟགས་ཀྱི་སྒོ་ནས་གཏན་ལ་འབེབས་པའི་སྲོལ་བཟང་པོ་ཡང་དོད། ཐ་སྙད་རིག་གནས་ཀྱི་ཚུལ་འདི་ལའང་ལག་རྗེས་ཆེན་པོ་བྱུང་པས་སེམས་ལ་འཕྲེང་བ་ཆེར་མེད། འོན་ཀྱང་འཕགས་པ་བསླེན་པར་མ་རྫོགས་པ་དང་། རྟོགས་བརྗོད་དཔག་བསམ་འཁྲི་ཤིང་བོད་དུ་མ་འགྱུར་བ་དང་། དུས་ཀྱི་འཁོར་ལོའི་རྒྱུད་ཕྲེང་འཛིན་གྱི་ཚོགས་བཅད་བཞིན་མ་འགྱུར་བ་བཅས་གསུམ་ཙམ་མོ་ཞེས་གསུངས་པ་ཞིག་ཡོད་ན། ང་ནི་བསླེན་པར་རྫོགས་ཟིན། འགྱུར་གཉིས་པོ་དེ་སྣར་མ་བྱུང་བས་ད་ཁྱེད་ཀྱིས

ཅེས་ཀྱང་ལེགས་པར་སྒྲུབ་ཐུབ་པ་གྱིས་ཤིག དེའི་གྲོགས་འགྱུར་དཔོན་ཆེན་ཤཱཀྱ་བཟང་པོས་བྱེད་པ་ཡོད་དོ་” ཞེས་དགྱེས་བཞིན་བཀའ་ཕེབས་པ་སྔོང་ལོས་ཀྱང་སྤྲོ་བ་ཆེན་པོས་དང་དུ་བཞེས་པ་ཡིན། དེ་ནས་མི་རིང་བར་དང་ཐོག་ས་སྐྱ་རང་དུ་དུས་འཁོར་རྒྱུད་འགྲེལ་《སྔོང་འགྱུར་》ཞེས་ཡོངས་སུ་གྲགས་པ་མཁས་པ་ཐམས་ཅད་ཀྱིས་འགྱུར་ལེགས་པ་རང་དུ་བཅོ་བ་འདི་མཛད་པ་ཡིན། དེ་རྗེས་སུ་འཕགས་ཡུལ་རྡོ་རྗེ་གདན་དུ་ཕྱིན་ནས་མ་ཧཱ་བོ་དྷི་ལ་མཆོད་པ་དང་སྨོར་བ་མཛད་ཅིང་། རྒྱ་གར་གྱི་པཎྜི་ཏ་ལཀྵྨི་ཀ་ར་བོད་དུ་གདན་དྲངས་ནས། དཔོན་ཆེན་ཤཱཀྱ་བཟང་པོའི་གྲོགས་དན་དང་བཅས་དཔལ་ལྡན་ས་སྐྱའི་གཙུག་ལག་ཁང་དུ《རྟོགས་བརྗོད་ཆེན་པོ་དཔག་བསམ་འཁྲི་ཤིང་》དང་། 《སླུ་ཀུན་ཏུ་དགའ་བའི་ཟློས་གར་》སྙན་ངག་གི་གཞུང་ལུགས་ཆེན་པོ་མེ་ལོང་མ། 《འཇིག་རྟེན་དབང་ཕྱུག་གི་བསྟོད་པ་བརྒྱ་པ་》《འཕགས་པ་འཇམ་དཔལ་གྱི་བསྟོད་པ་བྲི་ཏ་མ་》ཙནྡྲ་པའི་མདོ་སྦྱོར་བའི་རྩ་འགྲེལ། བཟློག་པ་བསྡུས་པ་རྩ་འགྲེལ། སློབ་དཔོན་ས་པ་རཀྵི་ཏས་མཛད་པའི་སྒྲ་བ་ཀུན་ལ་འཇུག་པ་རྩ་འགྲེལ། སློབ་དཔོན་སེང་གེ་བཟང་པོས་མཛད་པའི་རྣམ་དབྱེའི་ལེའུར་བྱས་པ་ལ་སོགས་པ་སྔོན་ཆད་བོད་དུ་མ་འགྱུར་བའི་རིག་གནས་ཀྱི་གཞུང་ལུགས་དང་། བསྟན་བཅོས་མང་དུ་བསྒྱུར་གནང་བ་མ་ཟད། མངོན་བརྗོད་ཀྱི་བསྟན་བཅོས་ཆེན་པོ་འཆི་མེད་མཛོད་ལ་འགྱུར་མཆན་ཡང་མཛད་དོ། དེ་ནས་སྒྲ་དང་། སྙན་ངག་གི་བཤད་རྒྱུན་དངོས་སུ་དར་སྤེལ་གནང་ནས་སློབ་མ་མཁས་པ་དུ་མ་གསོ་སྐྱོང་གི་འགོ་ཚུགས་པ་ཡིན།

བླ་མ་འཕགས་པ་རིན་པོ་ཆེའི་བཀའ་དང་། ཆོས་རྗེ་ས་སྐྱ་པཎྜི་ཏའི་

བོད་ཀྱི་བསྟན་པ་དང་མི་རིགས་ཀྱི་རིག་གནས་འཕེལ་རྒྱས་ཡོང་བའི་ཐབས་ཆེན་གྱི་དགོངས་བཞེད་ཡོངས་རྫོགས་ལྷག་དང་བཅས་པ་གཟིངས་སུ་ཐོན་པའི་སྒོ་ནས་ལེགས་སྒྲུབ་མཛད་པ་ཡིན། འགྱུར་སྔོན་མ་ཁག་གཅིག་གྲུབ་པ་དང་ཕོ་བྲང་ཆེན་པོ་ཏ་ཏུར་བླ་མ་འཕགས་པའི་དྲུང་དུ་ཕུལ་བས་རབ་ཏུ་མཉེས་ཤིང་། བཀའ་ཤོག་བསྩལ་བའི་ནང་དུའང་“སྡེ་སྣོད་འཛིན་པ་ཤོང་ལོ་ཙཱ་བའི་སྐན་དུ་གསོལ་བ་” ཞེས་གུས་བཀུར་གནང་ཐོག“ དཔལ་དུས་ཀྱི་འཁོར་ལོའི་རྒྱུད་འགྲེལ་པ་དང་བཅས་པ་རྒྱ་ཆེ་ལ་ཟབ་ཅིང་གཏིང་དཔག་དཀའ་བས། སྔོན་བྱུང་གི་ལོ་ཙཱ་བ་དག་གིས་ཀྱང་མ་འགྱུར་བ་དང་ལོག་པར་འགྱུར་བ་དང་། རྣམ་གྲངས་གཞན་དང་ཕྱོགས་རེ་བ་དང་། ཐལ་བར་བསྒྱུར་བ་ལ་སོགས་པ་དེ་དག་ཁྱེད་ཀྱིས་ལེགས་པར་ཁོང་དུ་ཆུད་ཅིང་ངེས་ཏེ་ཞུ་ཆེན་མཛད་པའི་གླེགས་བམ་དང་། ཀླུ་རྣམས་ཀུན་ཏུ་ཆུད་ཅིང་ངེས་ཏེ་ཞུ་ཆེན་མཛད་པའི་གླེགས་བམ་དང་། ཀླུ་རྣམས་ཀུན་ཏུ་དགའ་བའི་ཟློས་གར་མཐོང་བས་དགེ་བ་དང་རྗེས་སུ་ཡི་རང་བ་ཁྱད་པར་ཅན་སྐྱེས” ཞེས་གསལ་བས་འགྲོ་མགོན་འཕགས་པ་ལྟ་བུས་ཀྱང་རབ་ཏུ་བསྔགས་པ་རྒྱ་ཆེར་མཛད་པ་འདི་ཐོག་ནས། ཤོང་སྟོན་ལོ་ཙཱ་བས་བསྒྱུར་བྱའི་བཀའ་དང་བསྟན་བཅོས་རྣམས་འགྱུར་དཀའ་བའི་ཚད་དང་། བསྒྱུར་ཟིན་པ་རྣམས་འགྲན་ཟླ་བྲལ་བའི་སྤུས་ཚད་ཅི་འདྲ་བྱུང་ཡོད་པ་རགས་ཙམ་རྟོགས་ཐུབ་པ་ཡིན། ལྷག་པར་དུ་རྟོགས་བརྗོད་དཔག་བསམ་འཁྲི་ཤིང་ནི་སྐད་ངག་གི་རྒྱལ་པོ་ཞེས་ཡོངས་སུ་གྲགས་ལ། རྒྱ་གར་ཤར་ཕྱོགས་ཀོ་ཊ་པའི་ལུགས་ལས་དྲངས་པའི་ཚིག་སྦྱོར་ཧ་ཅང་ཕུན་སུམ་ཚོགས་ཤིང་། ནང་དོན་རྒྱ་ཆེ་བ་བསམ་ཡུལ་ལས་འདས་པ་འདི་ལྟ་བུ་ཡང་བརྗོད་བྱའི་དོན་གསལ་ཞིང་། ཚིག་རྒྱན་གྱི་རོ་

མཚོག་དང་སྒྱུ་རྩལ་གྱི་ཉམས་འགྱུར་ཕྱོལ་དུ་བྱུང་བ་མཁས་པ་རྣམས་ཀྱིས་ཇི་ཙམ་བསྔགས་ན་དེ་ཙམ་གྱི་ཡིད་དབང་འཕྲོག་པ་སོགས་འགྱུར་གྱི་ཚུ་ཚད་དང་ངོ་མཚར་བའི་དགེ་མཚན་ནི། ངག་དང་ཡི་གེའི་ལམ་ནས་མཚོན་པར་མི་ནུས་པས་གལ་སྲིད་འཛམ་གླིང་ཐོག་བསྒྱུར་ཡིག་ལ་དཔྱད་བསྡུར་ཞིབ་འཇུག་བྱེད་མཁན་འདྲ་བྱུང་བ་ཡིན་ན། རང་ཅག་བོད་མི་རིགས་དང་བོད་ཀྱི་སྐད་ཡིག་འདིའི་མི་མངོན་པའི་འོད་སྣང་ཕྱོགས་བརྒྱར་འགྱེད་ནུས་པའི་ཚད་གཞི་ལེགས་པར་མཚོན་བྱེད་ཅིག་ཆགས་སྲིད་སྙམ། དུས་མཚུངས་སྐད་གཞུང་མི་ཡོང་མ་ནི་ཚིག་རྒྱན་རྩོམ་རིག་གི་གཞུང་ལུགས་ཤིག་ཡིན་ཅིང་། སྔོན་ཆད་བོད་དུ་རྩོམ་རིག་གི་རིགས་པའི་གཞུང་ལུགས་མེད་པ་ནས་ཡོད་པར་འགྱུར་ཐུབ་པ་བྱུང་བ་དང་། དེ་ནི་བསྒྱུར་ཡིག་གཞན་དག་དང་མི་འདྲ་བར་རྒྱན་གྱི་རྣམ་གྲངས་བརྒྱ་ཕྲག་འགའ་ཞིག་མཆིས་པ་དེ་དག་རེ་རེ་བཞིན་ལ་རྒྱན་གྱི་ངོ་བོ་དང་། མཚན་ཉིད། དབྱེ་བ་སོགས་ཞིབ་ཅིང་ཕྲ་བ་སོ་སོར་སྟོན་ནུས་པ་མ་ཟད། དེ་རྣམས་སྟོན་པ་དང་ཆབས་ཅིག་རང་རང་གི་དཔེར་བརྗོད་ཀྱང་སྤྲེལ་ནས་བཤད་པ་སོགས་འདི་ལྟ་བུ་སྐད་ཡིག་གཅིག་ནས། སྐད་ཞིག་གཞན་ཞིག་ལ་ཇི་མ་ཇི་བཞིན་དུ་བསྒྱུར་རྒྱུ་ནི་དངོས་འབྲེལ་ བློ་ཡུལ་ལས་འདས་པ་ཞིག་ཡིན། འོན་ཀྱང་སྔོན་ལོ་ཙཱ་བ་རྣམས་ཀྱིས་ཕྱིན་ཅི་མ་ལོག་པར་བསྒྱུར་བའི་སྙན་ངག་མེ་ལོང་མ་ཞེས་པའི་རྩོམ་རིག་གི་གཞུང་ལུགས་ཤིག་ཡོད། དེ་ལྟར་རིགས་པའི་གཞུང་ལུགས་དེ་དངོས་སུ་བཤད་འཁྲིད་སྤེལ་བ་བརྒྱུད་རྩོམ་རིག་ལ་མཁས་པའི་སློབ་མ་དང་། ཡང་སློབ་མང་པོ་ཟམ་མི་འཆད་པར་ཐོན་ནས་བོད་མི་རིགས་ཀྱི་རྩོམ་རིག་སྒྱུ་རྩལ་དེ་རྒྱུན་འཛིན་དང་གསར་གཏོད་བྱུང་འབྲེལ་བརྒྱུད་ཚུ་ཚད་གསར་པ་ཞིག་ཏུ་གོང་སྤེལ་གཏོང་

ཐུབ་པར་མཛད་པ་ལགས་སོ།

ཁོང་གི་སློབ་མ་གཙོ་བོ་ནི་གང་ཉིད་ཀྱི་དཔོན་པོ་ཤོང་ལོ་ཙཱ་བ་བློ་གྲོས་བརྟན་པ་ཡིན་པ་དང་། དེ་ལ་སློབ་མ་གཙོ་བོ་ལོ་ཙཱ་བ་མཆོག་ལྡན་ལེགས་པའི་བློ་གྲོས་བྱུང་ཞིང་། ཁོང་གི་སློབ་མ་གཙོ་བོ་ནི་དཔང་ལོ་ཙཱ་བ་བློ་གྲོས་བརྟན་པ་སྟེ་བོད་ཀྱི་རྗོམ་རིག་ལོ་རྒྱུས་ཐོག་ཤོང་དཔང་རྣམ་གཉིས་ཞེས་ཉི་མ་དང་ཟླ་བ་ལྟ་བུར་མཚན་སྙན་ཡོངས་སུ་གྲགས་པ་དེ་ཡིན། དཔང་ལོ་ཙཱ་བས་བལ་ཡུལ་དུ་ལན་བདུན་ཕྱིན་ཏེ་པཎྜི་ཏ་མང་པོ་ལ་གཏུགས་ནས་བཀའ་བསྟན་དུ་མ་བསྒྱུར་བ་དང་། སྙན་ངག་མེ་ལོང་མར་དཔང་ཊཱིཀྐ་སྟེ་བོད་ཀྱི་འགྲེལ་པ་དང་པོ་བརྩམས་པ་སོགས་ཕྱག་རྗེས་ཤིན་ཏུ་ཆེ་བ་འཇོག་གནང་མཛད། དེའི་སློབ་རྒྱུད་ལས་ཀྱང་ཐང་པ་བདེ་བའི་བློ་གྲོས་དང་། ལོ་ཆེན་བྱང་ཆུབ་རྩེ་མོ། ལོ་ཆེན་གྲགས་པ་རྒྱལ་མཚན། བོ་དོང་ཕྱོགས་ལས་རྣམ་རྒྱལ་སོགས་མཁས་ཤིང་གྲགས་པ་ཅན་དུ་མ་བྱུང་བ་རྣམས་ཀྱིས་སྒྲ། ཚད་མ། སྙན་ངག་སོགས་རིག་གནས་ཀྱི་གཞུང་ཆེན་རྣམས་ཁྱབ་གདལ་དུ་གཏོང་བར་མཛད་པ་བཅས་མདོར་ན་དུས་རབས་བཅུ་བཞི་པ་ནས་བཟུང་བོད་འདིར་གྲགས་ཅན་གྱི་མཁས་པ་ནམ་མཁའི་སྐར་ཚོགས་བཞིན་ཐོན་པ་དང་། རྗོམ་རིག་གི་སྒྱུ་རྩལ་རྒྱ་མཚོའི་རླབས་ཕྲེང་ལྟར་གོང་དུ་འཕྱུར་བ་དེ་དག་ཐམས་ཅད་ཤོང་སྟོན་ལོ་ཙཱ་བའི་མཛད་རྗེས་དང་ཁ་བྲལ་ཐབས་མེད་པ་ཞིག་ཡིན་ནོ།

ཁོང་གི་དཀའ་སྤྱད་འབད་བརྩོན་གྱི་སྙིང་རུས་དང་། ཞུམ་པ་མེད་པའི་བློ་སྟོབས། མི་རིགས་རང་ཉིད་ཀྱི་རྗོམ་རིག་རྒྱུན་འཛིན་དང་གཞན་གྱི་དགེ་མཚན་དང་ལེན་ཟུང་འབྲེལ་མཛད་ནས་གསར་གཏོད་རང་བཞིན་ལྡན་པའི་གྲུབ་འབྲས་འདི་ལྟ་བུ་འཇོག་གནང་སོགས་ཀྱི་མཛད་རྗེས་ལྷབས་ཆེན་ལ།

རང་ཅག་མི་རབས་རྗེས་མ་ཚོས་སྔོང་ཐག་པ་ནས་རྗེས་དྲན་ཞུ་འོས་པ་མ་ཟད། ད་དུང་ཁོང་གི་མི་རིགས་ཡར་རྒྱས་ཡོང་བའི་ལྷག་བསམ་དང་། ཡར་ཐོན་བརྩོན་ལེན་གྱི་ཐུགས་སྟོབས། རྒྱུན་འཛིན་དང་གསར་གཏོད་བར་གྱི་འབྲེལ་བ་ཐག་གཅོད་གནང་ཐབས་སོགས་ནི་རང་རེས"གནའ་བཟང་དེང་སྦྱོད"ཀྱི་སློབ་སྦྱོང་བྱ་འོས་པའི་དོན་སྙིང་ཡང་ཆེན་པོ་ལྡན་ཡོད་པ་བཅས་ལགས་སོ།

ཉི་ཤུ་པ། ས་སྐྱའི་གདུང་རྒྱུད་རྣམས་ལྷ་བྲང་ཁག་བཞིར་གྱེས་པ་དང་། ས་སྐྱ་བའི་བོད་ལ་དབང་བསྒྱུར་མཇུག་འགྲིལ་བ།

དེ་ཡང་གདུང་རབས་ལས། "གདན་ས་འདི་ཉིད་སྐྱི་ལ་དབང་བསྒྱུར་བ་ནི་བདག་ཉིད་ཆེན་པོ་བཟང་པོ་དཔལ་ཞེས་ཡོངས་ལ་གྲགས་པ་དེ་ཡན་ཆད་ལ། དེ་ནས་བླ་བྲང་གཞི་བཞིར་གྱེས་པ་ནི། བདག་ཉིད་ཆེན་པོའི་སྲས་ཏེ་ཤྲི་ཀུན་དགའ་བློ་གྲོས་ཞེས་བྱ་བ་དེས་གཅུང་རྣམས་ལ་དམ་ཁ་རྣམས་དང་བླ་བྲང་ཁག་བཞིར་བགོས་ཏེ་གནང་བ་ནས་བྱུང་བར་བཤད་པ་ཡིན"[1] ཞེས་གསལ་བ་ལྟར་གཤམ་དུ་བཟང་པོ་དཔལ་བའི་ཇོ་མོ་སྔ་ཕྱི་བདུན་དང་། དེ་དག་གི་སྲས། བླ་བྲང་ཁག་བཞིར་གྱེས་ཚུལ་བཅས་མདོར་བསྡུས་ནས་བརྗོད་པར་བྱའོ།

བཟང་པོ་དཔལ་བས་སྔ་རྗེང་དུ་ཇོ་མོ་བདུན་བཞེས་པའི་དང་པོ་རྒྱ་

---

① (གདུང་རབས་རིན་བང་དེབ་ངོས248)

རིགས་སྨན་རྩེ་མར་སྤྲུལ་གཅིག་བྱུང་ཡང་ཆུང་དུར་གཤེགས། གཉིས་པ་རྗོར་རྒྱལ་རྒྱུད་ཀྱི་དཔོན་མོ་སྨུ་ད་གན་ལ་སྤྲུལ་དབང་བསོད་ནམས་བཟང་པོ་དང་། སྤྲུལ་མོ་གཅིག་བྱུང་། གསུམ་པ་མང་མཁར་སོག་སྡེ་མ་ངང་མོ་ལ་སྤྲུལ་ཏེ་ཤྲཱི་ཀུན་དགའ་བློ་གྲོས་འཁྲུངས་པ་བཅས་འདི་རྣམས་ཀྱང་བླ་བྲང་ཟུར་དུ་གྱེས་མེད་པས་ས་སྐྱ་སྤྱི་ལ་དབང་བའི་གདུང་རྒྱུད་ཀྱི་ཁོངས་སུ་གཏོགས་པ་ཡིན།

དེ་མན་ གྱི་ རྗེ་ མོ་ བཞི་ པོའི་ རིགས་ སྤྲུལ་ རྣམས་ ယུམ་ སོ་ སོའི་ ཕྱོགས་འཁྱེར་ དང་ བཅས་ རིམ་ བཞིན་ ཐུགས་ ཁ་ མ་ ཞིས་ པ་ ཡོང་ གཞི་ མངོན་ པར་བརྙེན་སྤྱི་ལོ1324ཝོད་རབ་བྱུང་ལྔ་པའི་ཤིང་བྱི་ལོར་ཡབ་བདག་ཉིད་ཆེན་པོ་སྐུ་གཤེགས་པའི་ལོ་དེར་སྤྲུལ་བགྲེས་པ་གོང་མའི་ཏི་ཤྲཱི་ཀུན་དགའ་བློ་གྲོས་ཆེན་པོས། གཅུང་པོ་རྣམས་ལ་བླ་བྲང་སོ་སོར་བགོས་ནས་གནང་བ་སྟེ།

ཡབ་ཀྱི་རྗེ་མོ་ཡུལ་སྣང་མཚོའི་ན་སྡེ་མ། མིང་ནམ་མཁའ་རྒྱལ་མོ་ཞེས་པར་སྤྲུལ་ཆེ་བ་མཁས་བཙུན་ནམ་མཁའ་ལེགས་པ་དང་། འབྲིང་པ་ནམ་མཁའ་བཤེས་གཉེན། ཆུང་བ་གུ་ཤྲཱི་ནམ་མཁའ་རྒྱལ་མཚན་བཅས་བྱུང་བ་ལ་ཤེལ་གྱི་ཐམ་ག་དང་གཞི་ཐོག་བླ་བ་བྲང་གནང་།

དེ་བཞིན་རྗེ་མོ་ཞ་ལུ་མ། མ་གཅིག་གཞོན་ནུ་འབུམ་ཞེས་པ་ལ་སྤྲུལ་ཆེ་བ་ཏ་དབེན་ཀུན་དགའ་རིན་ཆེན་དང་། འབྲིང་པ་འཇམ་དབྱངས་དོན་ཡོད་རྒྱལ་མཚན། ཆུང་བ་གུ་ཤྲཱི་བསོད་ནམས་རྒྱལ་མཚན་གསུམ་བྱུང་བ་ལ་ཤེལ་གྱི་ཐམ་ག་དང་རིན་ཆེན་སྒང་བླ་བྲང་གནང་།

རྗེ་མོ་ར་ལུང་མ་ཀུན་དགའ་ནམ་རྒྱན་མར་སྤྲུལ་ཆེ་བ་ཏི་ཤྲཱི་ཀུན་དགའ་ལེགས་འབྱུང་དང་། ཆུང་བ་ཏི་ཤྲཱི་ཀུན་དགའ་རྒྱལ་མཚན་གཉིས་བྱུང་བ་ལ་གསེར་གྱི་ཐམ་ག་དང་ལྷ་ཁང་བླ་བྲང་གནང་།

ཛ་སོ་རེ་མདའ་མ་ལྷ་གཅིག་ཉི་མ་རིན་ཆེན་མའི་སྲས་ཆེ་བ་ཉི་མ་དཔལ་དང་། དེ་འོག་སྲས་མོ་ཀུན་དགའ་འབུམ། སྲས་ཆུང་བ་ཀུན་དགའ་ལེགས་པ་རྣམས་ལ་གསེར་གྱི་ཐམ་ག་དང་དུས་མཆོད་བླ་བྲང་བཅས་སོ་སོར་གནང་བ་དེ་ནས་བཟུང་ས་སྐྱའི་གདུང་རྒྱུད་རྣམས་བླ་བྲང་ཁག་བཞིར་གྱེས་པ་ཡིན་ནོ། ཤེལ་གྱི་ཐམ་ག་དང་གསེར་གྱི་ཐམ་ག་ཞེས་པ་དེ་དག་ནི་འཕགས་པ་རིན་པོ་ཆེ་དང་། ཕྱག་ན་རྡོ་རྗེ། དྷརྨ་པ་ལ། བདག་ཉིད་ཆེན་པོ་བཅས་ས་སྐྱའི་བླ་མ་གོང་མ་རྣམས་ལ་ཡོན་གོང་མ་རིམ་ཅན་གྱིས་གནང་བའི་ཐམ་ག་ཡིན་པ་གོར་མ་ཆག དེ་ལྟར་གདུང་རྒྱུད་རྣམས་བླ་བྲང་ཁག་བཞི་ལ་གྱེས་ཤིང་། བླ་བྲང་སོ་སོར་ཡང་རང་རང་གི་རྒྱུད་འཛིན་སྤེལ་དགོས་པར་བརྟེན་དེ་དག་གི་སྲས་དང་ཚ་བོ་ཡང་ཚ་སོགས་མང་དུ་འཕེལ་བ་ལས། བདག་ཉིད་ཆེན་པོའི་སྲས་དང་ཚ་བོའི་ནང་ནས་ཡོན་གོང་མའི་མཚན་ལུང་འཛའ་ས་ཐོབ་རིགས་གཙོ་ཆེ་བ་རྣམས་གོང་དུ་བརྗོད་ཟིན་ཅིང་། དེ་མིན་གཞན་རྣམས་རེ་རེ་བཞིན་བརྗོད་ཀྱིས་མི་ལང་བས་ཞིབ་པར་མཁྱེན་འདོད་ན་ས་སྐྱའི་གདུང་རབས་ཁག་ལ་གཟིགས་པར་ཞུ།

བླ་བྲང་ཁག་བཞིར་གྱེས་པ་དང་། ཕན་ཚུན་ཐོབ་ཐང་ངམ་དབང་ཆ་འདྲ་མཉམ་ལྟ་བུར་བརྟེན་བླ་མ་དམ་པ་བསོད་ནམས་རྒྱལ་མཚན་སོགས་ཆོས་བཞིན་མཛད་པ་ཉུང་ཤས་ཕུད། དེ་ཁྱིངས་རྣམས་རང་རང་གི་བླ་བྲང་སྟོབས་འགྱུར་རྒྱས་ཐབས་སོགས་རིས་སུ་ཆད་པའི་ཕན་ཚུན་ཆགས་སྡང་ཇེ་ཆེར་གྱུར་པ་དང་། ས་སྐྱ་དཔོན་ཆེན་དང་ནང་ཆེན་གསར་རྙིང་སོགས་དཔོན་རིགས་རྣམས་ཀྱང་བླ་བྲང་སོ་སོའི་ཉེ་མཚམས་ཕྱོགས་རིས་ཀྱི་ཤོག་ཁག་ལྟ་བུ་ཆགས་ཤིང་། དེ་དག་ཕན་ཚུན་ཉེ་དགའ་ཕྱོགས་ལྷུངས་དང་ཕྲ་མ་དབྱེན་སྦྱོར་

སོགས་ཆབ་སྲིད་ཀྱི་དཀྲུག་མར་གྱུར་ནས་ནང་བཀྲ་མ་ཤིས་པ་དང་། དེ་ལ་བརྟེན་ནས་བོད་སྤྱིའི་བདེ་དོན་ཡང་ཚགས་སུ་མ་ཚུད་པའི་ཁར། བླ་ཆེན་དང་དཔོན་ཁག་ཇེ་མང་དུ་འཕེལ་སྟབས་མི་སྡེར་ཁྲལ་འུལ་གྱི་གནན་རྒྱགས་ཀྱང་ལོ་རེ་བཞིན་ཆེ་རུ་སོང་བས་མི་མང་གི་ཁ་ཟུག་པ་སོགས་ས་སྐྱ་བའི་གཟི་བརྗིད་དང་སྙན་གྲགས་རིམ་བཞིན་ཉམས་དམས་སུ་གྱུར་ཅིང་། དབུས་གཙང་གི་ཁྲི་དཔོན་ལ་ལས་ཀྱང་ས་སྐྱའི་བླ་བྲང་ཁག་དང་། དཔོན་ཆེན་སོ་སོའི་བར་གྱི་འགལ་ཟླའི་ནང་འཚངས་ནས་རང་རང་གི་དགྲ་འདུལ་གཉེན་སྐྱོང་སྒེར་ཕན་བསྒྲུབ་རྩིས་བྱས་པ་སོགས་མདོར་ན་བདག་ཉིད་ཆེན་པོ་བཟང་པོ་དཔལ་བ་སྐུ་གཤེགས་པ་ནས། ས་སྐྱ་པའི་དབང་ཧྲུས་མ་ཤོར་བར་གྱི་མི་ལོ་སུམ་ཅུ་ལྷག་ཙམ་གྱི་རིང་དེའི་དབུས་གཙང་ཟིང་ལོང་གི་ལོ་རྒྱུས་དང་། ས་སྐྱའི་དབང་འཛིན་ཤོར་སྟངས་ཀྱི་བྱུང་བ་རགས་ཙམ་ཞིག་ཕག་གྲུ་ཏཱ་སི་ཏུ་བྱང་ཆུབ་རྒྱལ་མཚན་གྱི་བཀའ་འབུམ་ནང་ནས་མཐོང་ཐུབ་ཀྱི་ཡོད། ལྷག་པར་དུ་ཕག་གྲུ་བ་དང་གཡའ་བཟང་པ་ས་སྡེའི་དབང་སྐོར་ལ་རྩོད་གཞི་ཡང་ཡང་བྱུང་དུས་ས་སྐྱ་དཔོན་ཆེན་ལ་གཏུགས་པར་གཡའ་བཟང་པའི་རྒྱབ་བྱས་པ་དང་། ཏི་ཤྲི་ཀུན་དགའ་རྒྱལ་མཚན་གྱིས་གོང་དུ་ཞུས་ནས་ཕག་གྲུའི་ཁྲི་དཔོན་འཕྲོག་རྩིས་བྱས་པ། དཔོན་ཆེན་དབང་བརྩོན་གྱིས་གཡའ་བཟང་པའི་ངན་རྒྱབ་བྱས་ཏེ་ཕག་གྲུ་བྱང་རྒྱན་ལ་དོ་དམ་དང་། ཚ་འདྲི་སོགས་ཀྱིས་མནར་གཅོད་བཏང་བ་མ་ཟད། དེ་རྗེས་དཔོན་ཆེན་དབང་བརྩོན་གྱིས་གཡའ་བཟང་པ་དང་། ཚལ་པ། ཐང་པོ་ཆེ་པ་སོགས་ལ་ངན་མཐུན་དཔུང་སྒྲིལ་གྱིས་ཕག་མོ་གྲུ་པར་མཉམ་རུབ་ཀྱི་དྲག་འདུལ་བྱེད་རྩིས་བྱས་པ། ཡང་བསྐྱར་ས་སྐྱའི་བླ་མ་ཀུན་སྤངས་པ་དང་དཔོན་ཆེན་རྒྱལ་བཟང་པས་བྱང་རྒྱན་

བསད་དེ་སྡེ་གདོང་ལེན་རྒྱུའི་སྒྲིག་གཞོམ་བྱས་པ། བླ་མ་ཀུན་སྤངས་པས་འབྲི་གུང་པ་དང་། ནང་གྲགས། གཡའ་བཟང་པ་བཅས་གསུམ་མཉམ་སྒྲིལ་གྱིས་ཕག་གྲུར་དམག་འཁྲུག་རྒྱག་བཙུག་པ་སོགས་དང་། དེ་རྗེས་བླ་མ་དམ་པ་བསོད་ནམས་རྒྱལ་མཚན་གྱིས་ས་ཕག་མཐུན་སྒྲིར་ཡོང་ཐབས་ལ་དགོངས་པས་དཔོན་ཆེན་རྒྱལ་བ་བཟང་པོ་དང་ཕག་གྲུ་བྱང་རྒྱན་གཉིས་འབྲེལ་མོལ་གནང་ན་ཡང་། ལྷ་ཁང་བླ་བྲང་གི་ཏི་ཤྲི་ཀུན་དགའ་རྒྱལ་མཚན་པའི་སྲས་སྐུ་མཆེད་གཉིས་ཀྱིས་དེ་ལས་ཟློག་སྟེ་དཔོན་ཆེན་རྒྱལ་བཟང་འཛིན་བཟུང་བྱས་པར་བརྟེན་ཕག་གྲུ་བྱང་རྒྱན་གྱིས་གཙང་དུ་དམག་དྲངས་པ། བླ་མ་ཀུན་སྤངས་པ་ཆུ་མིག་ཏུ་ཕེབས་ནས་བྱང་རྒྱན་དང་ནང་མོལ་གྱིས་ས་སྐྱར་དམག་འདེགས་མི་དགོས་པར་དཔོན་ཆེན་རྒྱལ་བཟང་སློད་བཀྲོལ་བཏང་ཟུང་། དེ་རྗེས་ཀུན་སྤངས་པ་རང་ཉིད་ས་སྐྱ་ནང་ཁུལ་ནས་བསད་པ་དང་། དཔོན་ཆེན་རྒྱལ་བ་བཟང་པོ་ཡང་ལྷ་རྩེར་སློ་བུར་དུ་རྐྱེན་འདས་བྱུང་བ་མ་ཟད། ལྷ་ཁང་བླ་བྲང་ཕྱོགས་གཏོགས་ཀྱིས་ཟེང་སློང་གྲབས་གཞོམ་བཅས་བྱས་པར་བརྟེན་ཕག་གྲུས་ལྷ་ཁང་ཆེན་མོ་ཚུར་བླངས་པ་དང་། དེ་ལ་ནད་མ་ཐེག་པར་བྱང་པ་ཁྲི་དཔོན་གྱིས་ཞུ་བསྐུལ་ལྟར་དཔོན་ཆེན་དབང་བརྩོན་པས་གཙང་དམག་བསྡུས་ནས་ལྷ་ཁང་ཆེན་མོ་བསྐོར་སྐབས། ཕག་གྲུའི་དམག་དཔུང་ས་སྐྱར་བཏེགས་ནས་མི་གྲངས་བརྒྱ་ཕྲག་འགའ་ཤས་བསད་རྨས་བཏང་སྟེ་ས་སྐྱ་བ་མཐར་ཕྱིན་ཕམ་པར་བྱས་པ་མ་ཟད། མཐར་དཔོན་ཆེན་ལས་ཐོག་དབང་བརྩོན་ཕོ་རང་ཡང་གསོན་བཟུང་དུ་ཚུད་པ་བཅས་སྟེ་གཟར་རྒྱུན་མ་ཆད་པ་བྱུང་བ་བརྒྱུད་ས་སྐྱ་པས་ལོ་བརྒྱར་ཉེ་བའི་རིང་བོད་ས་གནས་ལ་དབང་འཛིན་བྱེད་པ་དེ་མཇུག་འགྲིལ་བ་ཡིན། འོན་ཀྱང་“ བོད་ཀྱི་སྲིད་དོན་རྒྱལ་

རབས་” ཟེར་བའི་ནང་ཕག་གྲུས་ས་སྐྱའི་སྲིད་དབང་ཕྲོགས་པ་དེ་དྲག་པོའི་“ དཔུང་གིས་འཇིགས་ཟིལ་ཁོ་ནས་བླངས་” ①ཟེར་བ་དེ་འདྲ་མ་ཡིན་པར། ཏཱ་སི་ཏུས་ཡོན་གོང་མའི་ཁྲིམས་ལུགས་སྲུང་སྐྱོང་དང་ལག་བསྟར་བྱེད་པའི་ཆབ་སྲིད་ཀྱི་བྱ་ཐབས་དང་རང་གི་དྲག་ཤུགས་ཟུང་འབྲེལ་དམ་པོ་བྱས་ནས་རྒྱལ་ཁ་རིམ་བཞིན་བླངས་པ་ཞིག་ཡིན་པ་ནི་ཁོང་གི་བཀའ་འབུམ་ལས་གསལ་པོ་མཐོང་ཐུབ། དཔེར་ན་དཔོན་ཆེན་རྒྱལ་བཟང་པས་ས་སྐྱར་ཁྲིམས་འགལ་གྱི་འཇོན་བཟུང་བྱས་པའི་ར་མདར་གཙང་དུ་དམག་འདྲེན་སྐབས་ས་སྐྱའི་འཐུས་མི་བླམ་ཤར་ཆེན་པ་སོགས་དང་ཤགས་འགྱེད་དུས་ཏཱ་སི་ཏུས་གསུངས་པར་“ དཔོན་ཆེན་རྒྱལ་པ་བཟང་པོ་ལས་ཀ་ཆེ། ཕིང་གཅིག་པ་ལ་སློབ་པའི་མི་དཔོན། གཡུང་ལུ་ཏུའི་ཏུའི་ཟམ་གོན་དབེན་ཐྲི་ཡིན། ལས་ཀ་འབེབས་ན། གསོད་ན་རྒྱལ་པོ་(ཡོན་གོང་མ་ལ་ཟེར་) ཤེས་མོད། ཁྱེད་རྣམས་ལ་ཆོས་བྱེད་པ་མ་གནོགས། འདི་འདྲའི་བྱ་བ་ལས་དོན་ཅི་ཡོད་” ཅེས་དང་། “ ངེད་ཆུ་མིག་དཔལ་གྱི་བདེ་ཆེན་དུ་ཡོང་བའི་དོན། ཁྱེད་ས་སྐྱར་འབུལ་བ་སྐྱེལ་དུ་ཡོང་བ་མ་ཡིན་……དཔོན་ཆེན་འདོན་པ་དང་ཁྲིམས་གྲོགས་ལ་ཡོང་བ་ཡིན། གབ་ཅག་ཏའི་ཕིང་ཧང་དང་། དར་མ་རྒྱལ་མཚན་སི་ཏུས་(ཡོན་གོང་མས་བཏང་བའི་གསེར་ཡིག་པ་ཡིན་) གདན་དྲངས་པའི་འཇའ་སའི་ནང་ན། ཁྲིམས་དང་འགལ་བ་བྱེད་པའི་སྐྱོང་པོ། ངོ་ལོག་རྣམས་རྗེག་གིན་འཚོས། གསོད་ཀྱིན་འཚོས་ལ། རྗེང་ལ་ངེད་ལ་ཞུ་བ་ཕྲོངས་གསུང་བ་ཡོད། དེའི་ཞལ་བཤུས་ཀྱང་རང་རེ་ཐམས་ཅད་ལ་ཡོད་པ་ཡིན། དེའི་

① (“ བོད་ཀྱི་སྲིད་དོན་རྒྱལ་རབས་” དེབ་ངོས333)

ལུགས་བཞིན། ཇོ་ལོག་སྐྱོང་པོ་རྣམས་གསོད་ཀྱིན་རྗེག་གིན་བཅོ། རྟིང་ལ་གོང་དུ་ཞུ་བ་གཏོང་ཟེར་བའི་ཚོག་སྐྱོང་པོ་སྤྲ་མོ་ལབ།”① ཅེས་གསལ་ཡོད། འདི་ནི་དཔེ་མཚོན་ཙམ་ཡིན་ལ་དེ་དང་འདྲ་བའི་ཡོན་གོང་མའི་ཁྲིམས་ལུགས་སྲུང་སྐྱོང་བྱས་པའི་དོན་དངོས་བཀའ་འབུམ་གྱི་འགོ་ནས་མཇུག་བར་མཐོང་རྒྱུ་ཡོད་པ་དེའི་ཐོག་ནས་སྟེ་སྲིད་ཕག་མོ་གྲུ་པས་ཀྱང་མེས་རྒྱལ་གྱི་བོད་ལྗོངས་གཅིག་གྱུར་དང་བདེ་འཇགས་ལ་སྲུང་སྐྱོང་གི་ལག་རྗེས་གསལ་པོ་བཞག་ཡོད། ཕག་གྲུས་དྲུང་ཆེན་ཤེས་རབ་བཀྲ་ཤིས་པ་སྤྱི་རྟིང་དུ་རྒྱལ་སར་བཏང་སྟེ་ཡོན་གོང་མ་ནས་ཕག་གྲུ་ཁྲི་སྐོར་གྱི་དམ་རྟགས་འཇའ་ས་ཞུས་ཤིང་། ལྷག་པར་ཕག་གྲུའི་སྟོབས་ཤུགས་དར་འཕེལ་བྱུང་བའི་སྐབས་ཏེ་སྤྱི་ལོ1357བོད་རབ་བྱུང་དྲུག་པའི་མེ་བྱ་ལོར་སླར་ཡང་གོང་དུ་མི་སྣ་མངགས་ནས་བྱང་རྒྱན་རང་ལ་ཏཱ་སི་ཏུའི་འཇའ་ས་དང་ཤེལ་གྱི་ཐམ་ག་གནང་བ་དང་། དེ་རྗེས་འཇམ་དབྱངས་ཤཱཀྱ་རྒྱལ་མཚན་ལ་ཁྲི་དཔོན་གྱི་འཇའ་ས་སོགས་རིམ་པར་ཞུས་གནང་དང་འབྲེལ་བོད་ཁྲི་སྐོར་བཅུ་གསུམ་ལ་ཕག་གྲུ་སྡེ་སྲིད་ཀྱིས་དབང་བསྒྱུར་བྱེད་འགོ་ཚུགས་པ་ཡིན། མདོར་ན་ས་སྐྱ་པས་བོད་ས་གནས་ལ་དབང་བསྒྱུར་བའི་སྲིད་དབང་དེ་ཕྱིར་ཞིག་ཏུ་སོང་ན་ཡང་། བོད་འདི་མེས་རྒྱལ་གྱི་མངའ་ཁོངས་ཆ་ཤས་གཅིག་ཡིན་པ་དེ་ལ་འགྱུར་བ་ཅི་ཡང་བྱུང་མེད་པ་བཅས་ས་སྐྱ་པའི་དབང་འཛིན་དུས་རབས་ཀྱི་ལོ་རྒྱུས་རགས་བསྡུས་དེ་ཙམ་ཞིག་ལགས་སོ།

① (རླངས་ཀྱི་པོ་ཏི་བསེ་རུ་རྒྱས་པ་དེབ་ངོས255 –257)

ས་བཅད་དྲུག་པ། ཕག་མོ་གྲུ་པའི་དབང་བསྒྱུར་དུས་རབས་སྐོར།

དང་པོ། རླངས་ཀྱི་གདུང་རྒྱུད་དང་། ཕག་གྲུ་བཀའ་བརྒྱུད། ཕག་གྲུ་ཁྲི་དཔོན། ཕག་གྲུ་སྡེ་སྲིད་བཅས་ཀྱི་སྐོར།

1. རླངས་ཀྱི་གདུང་རྒྱུད་དང་ཕག་གྲུ་བཀའ་རྒྱུད་སྐོར།

སྡེ་སྲིད་ཕག་མོ་གྲུ་པའི་ལོ་རྒྱུས་གླེང་བར་ཐོག་མར་རླངས་ཀྱི་གདུང་རྒྱུད་ཇི་ལྟར་བྱུང་བའི་ལོ་རྒྱུས་རགས་པ་ཞིག་མ་ཤེས་ཐབས་མེད་ཡིན།

དེ་ཡང་། རླངས་ཀྱི་པུ་ཏི་བསེ་རུ་ལས། དང་པོ་འཇིག་རྟེན་ཆགས་པའི་དུས་ནས་ས་ཆུ་མེ་རླུང་ནམ་མཁའ་སྐྱེ་འབྱུང་བ་ལྔའི་སྙིང་པོ་ཚོགས་པ་ལ་བརྟེན་ནས་དུང་སྒོང་ཞིག་བྱུང་བར་རིམ་བཞིན་དབང་པོ་གཟུགས་ཅན་པ་ལྔ་རྫོགས་ནས་ཁྱེའུ་མཚར་སྡུག་ལྡན་པ་ཞིག་བྱུང་བ་དེ་ལ་ཡེ་སྨོན་རྒྱལ་པོ་ཞེས་བྱ་བ་བཏགས་པ་ལས་རིམ་པར་བརྒྱུད་དེ་ལྡོང་གི་རུས་ཆེན་བཅོ་བརྒྱད་དང་། འབྲས་དཀར་ནག་ཁྲ་གསུམ། བོད་མིའུ་གདུང་དྲུག་གི་ནང་གསེས་སེ་ཁྱུང་བྲའི་རྒྱུད་པ་ནས་མི་རབས་ལྔ་པར་གནམ་ལྷ་མཆེད་བརྒྱད་ཅེས་བྱ་བ་བྱུང་བར་གྲགས།

གནམ་ལྷ་མཆེད་བརྒྱད་ནང་གི་མང་ལྗོམ་སྟག་བཙན་དང་། གནམ་སྨན་མཁའ་མ། ཚངས་སྲས་ལྷ་མོ་འདུས་པར་ཁྱེའུ་ཇོ་མཚར་ཅན། སྤྱི་པོའི་

གཙུག་ན་དུང་ལྟར་དཀར་བའི་རླངས་པ་ཡོད་པ་ཞིག་འབྲུངས་པ་དེ་ཡབ་མང་སྲོམ་སྟག་བཙན་གྱིས་གཟིགས་ནས་རབ་ཏུ་དགའ་སྟེ་རླངས་སོ། རླངས་སོ། ལན་གསུམ་རླངས་སོ་བྱས་པས་ཕྲིའུ་དེའི་མིང་ལ་ལྷ་རིགས་འཕན་པོ་ཆེ་རླངས་ཞེས་བཏགས་པར་གྲགས་པ་དེ་ནས་མི་རབས་རིམ་པར་གྱེས་པ་ལ་རླངས་ཀྱི་གདུང་རྒྱུད་ཅེས་བྱ་བར་འདོད་པ་ཡིན།

ལྷ་རིགས་འཕན་པོ་ཆེ་རླངས་ནས་མི་རབས་ཉེ་ཤུ་སོང་ཙམ་ན་ཇེས་མདོ་ཁམས་སུ་རླངས་མཉན་ཐོག་ཨ་ཁྲིམ་གྱི་གདུང་རྒྱུད་ཡོན་ཆེན་རྒྱལ་བ་སྐྱབས་ཀྱི་སྲས་སུ་སྤྱན་སྔ་གྲགས་པ་འབྱུང་གནས་འཁྲུངས་པ་དེས་ཕག་མོ་གྲུ་པ་རྡོ་རྗེ་རྒྱལ་པོའི་དངོས་སློབ་འབྲི་གུང་སྐྱོབ་པ་འཇིག་རྟེན་མགོན་པོ་རང་གི་བླ་མར་བསྟེན་པ་དང་། སྐྱོབ་པ་འཇིག་རྟེན་མགོན་པོའི་བཀའ་ལྟར་ཕག་མོ་གྲུ་པའི་གདན་སའི་ཐེལ་གྱི་བླ་མ་མཛད་པ་དེ་ནས་ལྷ་རིགས་རླངས་ཀྱི་གདུང་རྒྱུད་ཀྱིས་ཕག་མོ་གྲུ་པའི་གདན་ས་འཛིན་སྐྱོང་སྤྱེལ་གསུམ་གནང་བས་ཆོས་རྒྱུད་དང་། རུས་རྒྱུད་ཀྱི་མིང་གཅིག་ཏུ་འདྲེས་ཏེ་ཕག་གྲུ་རླངས་ཀྱི་གདུང་རྒྱུད་ཅེས་བྱ་བ་བོད་རྗེ་མིའུ་གདུང་དྲུག་གི་ཡ་གྱལ་མངོན་པར་གསལ་བའི་གྲགས་པ་ཐོབ།

ཕག་མོ་གྲུ་པ་ཞེས་བྱ་བའི་མཚན་འབྱུང་སྟངས་ནི། ཕག་གྲུའི་གདན་ས་གནས་ཡུལ་གྱི་མིང་ཡིན་པ་དེ་ལ་ཆོས་ཕྱོགས་ཀྱི་འགྲེལ་བཤད་འདི་འདྲ་ཞིག་ཡོད་པ་སྟེ།

ཕག་ནི་སྐྱེ་མེད་ཆོས་ཀྱི་སྐུ། །

གྲུ་ནི་འགྲོ་བ་མ་ལུས་སྒྲོལ། །

ཞེས་གསུངས་པ་ལྟར། གནས་དེ་ནི་གཞན་དང་མི་འདྲ་བ་ཆོས་སྐུ

སངས་རྒྱས་ཀྱི་གོ་འཕང་ཐོབ་པའི་གནས་དང་། འགྲོ་བ་རྣམས་ངན་སོང་སྡུག་བསྔལ་གྱི་རྒྱ་མཚོ་ལས་གྲོལ་བའི་གྲུ་ལྟ་བུ་ཡིན་པའི་དོན་ཡིན་ཞེས་གསུངས་སོ།

ཆོས་རྒྱུད་ཀྱི་མིང་ལ་ཕག་གྲུ་བཀའ་རྒྱུད་ཅེས་ཐོགས་པ་ནི། མཉམ་མེད་དྭགས་པོ་ལྷ་རྗེ་ བླ་འོད་གཞོན་ནུའི་དངོས་སློབ་ཕག་གྲུ་རྡོ་རྗེ་རྒྱལ་པོས་གཏོད་པའི་བཀའ་རྒྱུད་ཆེ་བཞིའི་ཡ་གྱལ་ཞིག་ཡིན་ལ་བཀའ་རྒྱུད་ཆུང་བརྒྱད་ཀྱི་ཆུ་འགོ་ཡང་ཡིན་ནོ།

དེ་ཡང་ཕག་གྲུ་བཀའ་རྒྱུད་ཀྱི་གྲུབ་མཐའི་སྲོལ་འབྱེད་མཁན་ཕག་གྲུ་རྡོ་རྗེ་རྒྱལ་པོ་ནི། མདོ་ཁམས་འབྲི་ཆུའི་རྒྱུད་སྨེ་ཤོད་ཀྱི་སྟག་རོང་སབ་ཁང་ཞེས་པའི་ཡུལ་གྲུར་དབས་ཀྱི་རིགས་སུ་སྐྱི་ལོ1110ཙམ་ལ་བཙུན་པ་ཡར་འགྱུར་ཏེ་མདོ་ཁམས་སུ་ལོ་ཉི་ཤུ་ཙམ་བཞུགས་རིང་བླ་མ་དུ་མ་བསྟེན་ནས་མདོ་སྔགས་ཀྱི་ཆོས་མང་པོར་གསན་བསམ་མཛད། དེ་ནས་དགུང་ལོ་ཉེར་གཉིས་པར་དབུས་སུ་ཕེབས། དགུང་ལོ་ཞེ་གཅིག་ལོར་མཉམ་མེད་དྭགས་པོ་ལྷ་རྗེ་དང་བླ་སློབ་ཏུ་འབྲེལ། དྭགས་པོ་ལྷ་རྗེའི་སློབ་མ་བུ་ཆེན་བཅུ་དྲུག་ཏུ་གྲགས་པའི་བརྒྱུད་པ་འཛིན་པ་བཞིའི་ནང་གི་གཙོ་བོའི་གྲས་སུ་གྱུར།

དེ་ནས་དགུང་ལོ་ཞེ་དགུ་སྐྱི་ལོ1158རབ་བྱུང་གསུམ་པའི་ས་སྟག་ལོར་ཕག་གྲུའི་གདན་ས་ཐེལ་བཏབ་སྟེ་མཉམ་མེད་དྭགས་པོ་ལྷ་རྗེའི་གདམས་པ་གཙོ་བོར་གྱུར་པའི་མདོ་སྔགས་ཀྱི་འཆད་ཉན་རྒྱ་ཆེར་སྤེལ་བའི་རང་ལུགས་ཐུན་མོང་མིན་པ་དེ་ལ་ཕག་གྲུ་བཀའ་རྒྱུད་ཅེས་བྱ་བའི་གྲུབ་མཐའི་མཚན་ཐོགས་ཤིང་། ཁོང་དགུང་ལོ་རེ་གཅིག་སྐྱི་ལོ1170ཙམ་ལ་སྟག་ལོར་སྐུ་གཤེགས།

དེ་ལྟར་ཕག་གྲུ་རྡོ་རྗེ་རྒྱལ་པོས་སྲོལ་གཏོད་པའི་ཕག་གྲུ་བཀའ་བརྒྱུད་ཀྱི་གྲུབ་མཐའ་དེ་ཉིད་དང་། ཕག་གྲུའི་གདན་ས་འཛིན་སྐྱོང་ཐེལ་གསུམ་གནང་མཁན་ནི་སྦྱིན་སྡེ་གྲགས་པ་འབྱུང་གནས་ནས་བཟུང་རླངས་ཀྱི་གདུང་བརྒྱུད་རིམ་པར་བྱོན་པ་རྣམས་ཡིན་ཅིང་། རང་རྒྱལ་ཡོན་རྒྱལ་རབས་ཀྱི་སྐབས་བོད་དབུས་གཙང་ཁྲི་སྐོར་བཅུ་གསུམ་བཙུགས་པའི་གྲས་སུ་ཡང་ཕག་མོ་གྲུ་པ་ནི་ཁྲི་སྐོར་གཅིག་ལ་བརྩི་བ་དང་། ཕྱིས་ཏའི་སི་ཏུ་བྱང་ཆུབ་རྒྱལ་མཚན་གྱིས་ས་སྐྱའི་དབང་བསྒྱུར་མཇུག་བསྒྲིལ་བ་བཟློས་ཏེ་ཕག་མོ་གྲུ་པས་བོད་ཡོངས་ཀྱི་སྲིད་དབང་ཁ་ལོ་བསྒྱུར་བའི་ལོ་རྒྱུས་ཀྱི་ལེའུ་ཞིག་གསར་དུ་གཏོད་པ་ལགས།

དེ་ལྟར་རླངས་ཀྱི་གདུང་བརྒྱུད་དང་། ཕག་གྲུ་བཀའ་བརྒྱུད་ཇི་ལྟར་བྱུང་བའི་ལོ་རྒྱུས་འཕྲོས་དོན་དུ་བྱས་ནས་དངོས་གཞིའི་ལོ་རྒྱུས་མདོར་བསྡུས་ཙམ་གླེང་བར་བྱ་བ་ལ།

སྦྱིན་སྡེ་གྲགས་པ་འབྱུང་གནས་ནི། ཡབ་རླངས་ཀྱི་གདུང་བརྒྱུད་ཡོན་ཆེན་རྒྱལ་བ་སྐྱབས་ཀྱིས་འབྲོག་ལྗོག་བཟའ་ཁྱུ་བྱུག་སྨན་དང་། དེ་གུ་མ་གཉིས་ཁབ་ཏུ་བཞེས་པ་ལས། འབྲོ་ལྗོག་བཟའ་ལ་སྦྱིན་སྡེ་གྲགས་པ་འབྱུང་གནས། དཔོན་སངས་རྒྱས་སྐྱབས། ཤེས་རབ་རྒྱལ་མཚན། དེ་གུ་མ་ལ་སྲས་མགོན་པོ་རྒྱལ་མཚན་དང་བཞི་འཁྲུངས་པའི་དང་པོ་སྦྱིན་སྡེ་གྲགས་པ་འབྱུང་གནས་མཆོག་སྤྱི་ལོ1175བོད་རབ་བྱུང་གསུམ་པའི་ཤིང་ལུག་ལོར་འཁྲུངས་ཤིང་། ཁོང་གིས་འབྲི་གུང་སྐྱོབ་པ་འཇིག་རྟེན་མགོན་པོ་ལོ་བཅུ་བདུན་ཙམ་བསྟེན་རིང་བླ་མའི་སྐུ་དང་འབྲལ་བ་མེད་པའི་ཉེ་གནས་ལྷ་བུ་གནང་བས་སྦྱིན་སྡེ་ཞེས་བྱ་བའི་མཚན་ཐོགས་པ་ཕྱིས་རླངས་ཀྱི་གདུང་བརྒྱུད་ཀྱིས་ཐེལ་གྱི་གདན་ས་འཛིན་པ་རྣམས་དང་། འབྲི་གུང་པའི་བླ་མའི་མཚན་

གནས་ལྷ་བུར་གྲུར་ནས་སྲྀན་སྦྱ་ཞེས་བྱ་བའི་འབོད་སྒྲོལ་བྱུང་། སྲྀན་སྦྱ་གྲགས་པ་འབྱུང་གནས་དགུང་ལོ་སོ་བཞི་པར་འབྲི་གུང་སྐྱོབ་པས་བསྔགས་བརྗོད་དང་བཅས་ཕག་མོ་གྲུ་པའི་གདན་ས་འཛིན་པར་གཏོང་གནང་མཛད་པ་དང་། དགུང་ལོ་དོན་གཉིས་པར་འབྲི་གུང་གདན་ས་ཡང་འཛིན་སྐྱོང་གཅིག་ཚོགས་གནང་།

སྲྀན་སྦྱ་གྲགས་པ་འབྱུང་གནས་ཀྱིས་འབྲི་གུང་གི་གདན་ས་འཛིན་སྐྱོང་གནང་བའི་སྐབས་ཧོར་གྱི་རྒྱལ་པོ་གོ་དན་གྱིས་དམག་དཔོན་དོར་ཏ་བོད་དུ་མངགས་པར་སྔེ་ལེན་དང་འབྲེལ་བོད་ཡོངས་ལ་སོག་དམག་གི་རྒུབ་སྐྱོད་ཀྱི་འཇིགས་པ་མི་འབྱུང་བའི་ཐོག་བོད་ཁམས་གཅིག་གྱུར་ཡོང་ཐབས་ལ་ཕྱག་རྗེས་བཟང་པོ་བཞག་ཅིང་། མཐར་དགུང་ལོ་གྱ་གཅིག་པ་སྤྱི་ལོ1255རབ་བྱུང་བཞི་པའི་ཤིང་ཡོས་ཟླ་བ་བཅུ་གཉིས་པའི་ཚེས་བརྒྱད་ཉིན་སྐུ་གཤེགས།

2. ཕག་གྲུ་ཁྲི་དཔོན་སྐོར།

རྒྱལ་བ་རིན་པོ་ཆེ་གྲགས་པ་བརྩོན་འགྲུས་སམ་རྒྱལ་བ་ཐོག་རྫུགས་པ་ནི། ཕག་གྲུ་དཔོན་སངས་རྒྱས་སྐྱབས་ལ་སྲས་གྲགས་པ་བརྩོན་འགྲུས་དང་། བཅུ་གཉིས་རྙིང་མ་རིན་ཆེན་རྡོ་རྗེ། གཏེར་རྒྱབ་པ། རིན་པོ་ཆེ་རྡོ་རིན་པ་བཅས་བཞི་འཁྲུངས་པ་ལས། གྲགས་པ་བརྩོན་འགྲུས་ནི། སྤྱི་ལོ1203རབ་བྱུང་གསུམ་པའི་ཆུ་ཕག་ལོར་འཁྲུངས། དགུང་ལོ་སོ་གསུམ་པར་ཕེབས་སྐབས་ཐེལ་གྱི་གདན་ས་མཛད་དེ་ཚོགས་པ་ལོ་སུམ་ཅུ་སོ་གསུམ་ཙམ་བསྐྱངས།

འདིའི་གོང་ཕག་མོ་གྲུ་པར་དད་འབུལ་ཞུས་པའི་ཞིང་འབྲོག་གི་འབབ་ཡོང་ཙམ་ལས་གཞུང་འཛིན་དབང་བདག་གི་ཆོས་གཞིས་སོགས་དམིགས་བསལ་མེད་ཙང་། རྒྱལ་བ་རིན་པོ་ཆེའི་སྐབས་ཕག་གྲུ་རང་ལ་ཕུལ་བའི་ཞིང་འབྲོག་གི་ཐོག་ཧོར་གྱི་རྒྱལ་བུ་ཧུ་ལ་ཧུར་གཏོགས་པའི་བོད་ཁྲུལ་ས་ཁང་མི་གསུམ་གྱི་དབང་རིས་རྣམས་གོང་མའི་ལུང་གིས་ཕག་མོ་གྲུ་པས་བདག་ཐོབ་བྱས་ཆོག་པ་བྱུང་བ་བཞིན་ཐོག་མར་ལྷན་མ་སྨོམ་བརྩོན་གྱིས་འབྲི་གུང་དང་། ཕག་གྲུའི་སྤྱི་དཔོན་བྱས་ཤིང་། དེ་རྗེས་དཔོན་རྫོ་རྗེ་དཔལ་ཧོར་གོང་མའི་ལུང་གིས་ཕག་གྲུའི་ཁྲི་དཔོན་དུ་བསྐོས་པ་སོང་གིས་ཕྱི་རྗེས་སུ་གོང་མའི་མདུན་སར་ལན་གསུམ་ཕྱིན་ཞིང་། ཕོ་བྲང་སྣང་དང་། ཚོང་འདུས་བྲག་ཁ་སོགས་གཞིས་ཀ་བཅུ་གཉིས་བཙུགས་པ་བཅས་ཕག་མོ་གྲུ་པའི་མངའ་ཐང་འཕེལ་རྒྱས་ཀྱི་འགོ་དོད་པ་མ་ཐད། གཞིས་ཀ་བཙུགས་པ་འདི་ནི་བོད་དུ་གཞིས་ཀའི་ལམ་ལུགས་འཕེན་རྒྱས་བྱུང་བའི་མཚོན་རྟགས་ཤིག་ལ་བརྩི་བ་ཡིན། འོན་ཀྱང་གཡའ་བཟང་པ་དང་ཐོག་རྒྱལ་བུ་ཧུ་ལ་ཧུའི་དུས་སུ་ཕག་གྲུའི་སྟོང་སྐོར་གྱི་ཁོངས་སུ་གཏོགས་ཀྱང་། ལྷན་མ་སྨོམ་བརྩོན་གྱི་དུས་གཡའ་བཟང་པར་ཤོར་བ་ཕག་གྲུས་དཔུང་ཤེད་ཀྱིས་བླངས་པ་དེ་ནས་གཡའ་ཕག་དབར་གྱི་འགལ་བ་རིམ་བཞིན་རྙོང་ངར་ཅན་དུ་གྱུར་ཡོད།

མདོར་ན་རྒྱལ་བ་རིན་པོ་ཆེ་གྲགས་པ་བརྩོན་འགྲུས་ཀྱི་དུས་སུ་ཕག་གྲུའི་མངའ་ཐང་འཕེལ་རྒྱས་སོང་བ་མ་ཟད། གོང་མའི་ལུང་དང་ལག་རྟགས་ཡོད་པའི་ཁྲི་སྐོར་གྱི་གྲས་ཤིག་ཏུ་གྱུར་པ་བཅས་མཐར་དགུང་ལོ་རེ་ལྔ་པ་སྤྱི་ལོ1267རབ་བྱུང་ལྔ་པའི་མེ་ཡོས་ཟླ་བ་བཅུ་གཅིག་པའི་ཚེས་བཅོ་བརྒྱད་ཉིན་སྐུ་གཤེགས།

བཅུ་གཉིས་སྙིང་མ་རིན་ཆེན་རྡོ་རྗེ་ནི། སྤྱི་ལོ1218རབ་བྱུང་བཞི་པའི་ས་སྟག་ལོར་འཁྲུངས་ཤིང་། དགུང་ལོ་ལྔ་བཅུ་མ་མེ་ཡོས་ལོར་ཐེལ་གྱི་གདན་སར་ཕེབས་ཏེ་ཚོགས་པ་ལོ་བཅུ་བཞིའི་རིང་བསྐྱངས་མཐར་དགུང་ལོ་དྲུག་ཅུ་རེ་གསུམ་པ་སྤྱི་ལོ1280རབ་བྱུང་ལྔ་པའི་ལྕགས་འབྲུག་ཟླ་བ་བཅུ་གཉིས་པའི་ཚེས་བཅུ་གཉིས་ཉིན་སྐུ་གཤེགས།

བཅུ་གཉིས་རིན་པོ་ཆེའི་དུས་ཁྲི་དཔོན་རྡོ་རྗེ་དཔལ་གྲོངས་ནས་ཁོང་གི་གཅུང་པོ་གཞོན་ནུ་རྒྱལ་མཚན་ཁྲི་དཔོན་གྱི་གོ་སར་བསྐོས། ཁོང་འདས་རྗེས་སྔོ་བྲག་གཤོང་སྡེའི་མཁན་པོ་རིན་རྒྱལ་བས་སེ་ཆེན་གོང་མའི་ལུང་བཞིན་ཁྲི་དཔོན་ལོ་གཉིས་བྱས་པ་དང་། དེ་རྗེས་ཡར་འབྲོག་ཚུ་རྒྱུད་མཁར་པའི་བྱང་གཞོན་སེ་ཆེན་གོང་མའི་ལུང་གིས་ཁྲི་དཔོན་དུ་བསྐོས་པ་བཅས་ཁྲི་དཔོན་འདི་གསུམ་ཀ་བག་མེད་སྤྱོད་པའི་དབང་དུ་སོང་སྟེ་ཕག་མོ་གྲུ་པའི་སྡེ་ཚོགས་ལ་ཕན་པ་ཞིག་བྱུང་མེད།

དེ་རྗེས་ཀྱི་སྤྱན་སྔ་གཅེན་གྲགས་པ་ཡེ་ཤེས་ནི། ཕག་གྲུ་དཔོན་མགོན་མོ་རྒྱལ་མཚན་གྱི་སྲས་ཁྲོ་བོ་འཕན། དེའི་སྲས་རིན་ཆེན་ཤེས་རབ། གྲགས་པ་ཡེ་ཤེས། གཅུང་རྒྱ་བོའམ་གཉིས་མཆེད་པ་གྲགས་པ་རིན་ཆེན། རིན་ཆེན་སྐྱབས་དང་བཞི་འཁྲུངས་པ་ལས་གྲགས་པ་ཡེ་ཤེས་ནི་སྤྱི་ལོ1240རབ་བྱུང་བཞི་པའི་ལྕགས་བྱི་ལོར་འཁྲུངས་ཤིང་། དགུང་ལོ་ཞེ་གཉིས་པ་ལྕགས་སྦྲུལ་ལོ་ཐེལ་གྱི་གདན་སར་ཕེབས་པ་ནས་ཚོགས་པ་ལོ་བརྒྱད་བསྐྱངས་མཐར་དགུང་ལོ་ཞེ་དགུ་པ་སྤྱི་ལོ1288རབ་བྱུང་ལྔ་པའི་ས་བྱི་ཟླ་བ་ལྔ་པའི་ཚེས་བཅོ་བརྒྱད་ཉིན་སྐུ་གཤེགས།

གྲགས་པ་ཡེ་ཤེས་འདིའི་དུས་ཕག་གྲུའི་ཁྲི་དཔོན་གཞོན་ནུ་ཡོན་ཏན

གྱིས་བྱས་པ་ནག་ཚང་ཡོན་འདི་དབང་དུ་ཤོར་བས་ཕག་གྲུའི་མངའ་ཐང་འཕེལ་རྒྱས་ལྷ་ཅེ་ཉམས་གྱུད་དུ་གྱུར་པར་གྲགས།

ཕག་གྲུ་གཙུང་རྒྱ་བོའམ། གཉིས་མཆོད་པ་གྲགས་པ་རིན་ཆེན་ནི། སྤྱི་ལོ1250རབ་བྱུང་བཞི་པའི་ལྕགས་ཁྱི་ལོར་འཁྲུངས་ཤིང་། དགུང་ལོ་བཞི་བཅུ་པ་ས་སྣང་ལ་ཐེལ་གྱི་གདན་སར་ཕེབས་པའི་སྐབས་སེ་ཆེན་རྒྱལ་པོའི་ཧི་ཤྲིགྲགས་པ་འོད་ཟེར་དང་། རྒྱལ་པོ་ཐེ་མུར་རྡོ་ག་གཉིས་ཀྱིས་ཡོང་ལ་ཕག་གྲུ་ཁྲི་དཔོན་གྱི་འཇའ་ས་དང་། སྟག་མགོ་ཅན་གྱི་དམ་ཁ་གནང་བས་ཁྲི་དཔོན་ཟུར་དུ་མ་བསྐོས་པ་བླ་དཔོན་སྒྲུགས་མ་མཛད་དེ་ཕག་གྲུའི་འཛིན་དབང་བར་སྐབས་གཞན་ཤོར་རྣམས་ཕྱུག་རྫས་ཀྱིས་བླུ་ཐུབ་པས་ཕག་གྲུ་ཁྲི་སྐོར་ལ་ཕན་པ་ཆེན་པོ་བྱུང་བར་གྲགས་པ་བཅས་ཆོས་སྲིད་ཀྱི་མཛད་པ་ལོ་ཉེར་གཉིས་བསྐྱངས་མཐར་དགུང་ལོ་དྲུག་ཅུ་རེ་གཅིག་པ་སྤྱི་ལོ1310རབ་བྱུང་ལྔ་པའི་ལྕགས་ཁྱི་ཟླ་བ་གཉིས་པའི་ཚེས་ཉེར་གཉིས་ཉིན་སྐུ་གཤེགས།

ཚེས་བཞི་རིན་པོ་ཆེ་གྲགས་པ་རྒྱལ་མཚན་ནི། དཔོན་རིན་ཆེན་སྐྱབས་ཀྱིས་རྫོ་མོ་གཉིས་ཁབ་ཏུ་བཞེས་པའི་ཞང་ལྕམ་མར་སྲུས་རྒྱལ་མཚན་བཟང་པོ་དང་། ཚེས་བཞི་རིན་པོ་ཆེ་གྲགས་པ་རྒྱལ་མཚན། གྲགས་པ་བཟང་པོ་བཅས་དང་། འབུམ་སྐྱིད་མར་སྲུས་ཏྭ་སི་བྱང་ཆུབ་རྒྱལ་མཚན། བཅུ་གཉིས་རིན་པོ་ཆེ་གྲགས་པ་ཤེས་རབ། བསོད་ནམས་བཟང་པོ་བཅས་སྲུས་དྲུག་འཁྲུངས་པ་ལས་ཚེས་བཞི་རིན་པོ་ཆེ་གྲགས་པ་རྒྱལ་མཚན་སྤྱི་ལོ1293རབ་བྱུང་ལྔ་པའི་ཆུ་སྦྲུལ་ལོར་འཁྲུངས་ཤིང་། དགུང་ལོ་བཅུ་བརྒྱད་པ་ལྕགས་ཁྱི་ལོ་ཐེལ་གྱི་གདན་སར་ཕེབས་ནས་ཚོགས་པ་ལོ་སུམ་ཅུ་སོ་བཞི་བསྐྱངས་མཐར་དགུང་ལོ་རེ་བརྒྱད་པ་སྤྱི་ལོ1360རབ་བྱུང་དྲུག་པའི་

ལྕགས་ཁྱི་ཟླ་བ་བཅུ་གཉིས་པའི་ཚེས་གསུམ་ཉིན་སྐུ་གཤེགས་ཀྱང་ཚེས་བཞི་བར་གྲགས་ཞེས་སློ་རོང་ཆོས་འབྱུང་དུ་གསལ།

གྲགས་པ་རྒྱལ་མཚན་འདིའི་དུས་སློབ་དཔོན་རྒྱལ་མཚན་བཟང་པོས་ཧོར་གོང་མའི་དྲུང་དུ་ཕྱིན་ཏེ་ལུང་དང་ལག་རྟགས་ཞུས་ཐོབ་ཀྱིས་ཁྲི་དཔོན་ལོ་བདུན་དང་། དེ་རྗེས་རྒྱལ་མཚན་སྐྱབས་ཟེར་བས་ཁྲི་དཔོན་ལོ་ལྔ་བཅས་རིམ་པར་བྱས་ཀྱང་། ཁོང་ཚོས་ཕག་གྲུ་སྡེའི་འཛིན་ཚུགས་ལ་ཕན་པ་ཞིག་བྱུང་མེད།

བཅུ་གཉིས་གསར་མ་གྲགས་པ་ཤེས་རབ་ནི་སྤྱི་ལོ1310རབ་བྱུང་ལྔ་པའི་ལྕགས་ཁྱི་ལོར་འཁྲུངས་ཤིང་། དགུང་ལོ་ང་གཅིག་པ་ལྕགས་སྒྲོག་ཁྱི་ལ་གདན་སར་ཕེབས་པ་ནས་ཚོགས་པ་ལོ་བཅུ་གཉིས་བསྐྱངས་ཏེ་དགུང་ལོ་དྲུག་ཅུ་རེ་གཅིག་པ་སྤྱི་ལོ1370རབ་བྱུང་དྲུག་པའི་ལྕགས་ཁྱི་ཟླ་བ་དགུ་པའི་ཚེས་བཅུ་གཉིས་ཉིན་སྐུ་གཤེགས།

3. ཕག་གྲུ་སྡེ་སྲིད་ཀྱི་སྐོར།

ཕག་གྲུའི་སྲིད་རབས་དང་པོ། ཏཱ་སི་བྱང་ཆུབ་རྒྱལ་མཚན་སྐོར།

བྱང་ཆུབ་རྒྱལ་མཚན་ནི་སྤྱན་སྔ་གྲགས་པ་ཤེས་རབ་སྐུ་དུས་ཀྱི་ཁྲི་དཔོན་ཡིན་ལ་ཕག་གྲུ་སྡེ་སྲིད་ཀྱི་སྲིད་རབས་དང་པོ་ཡང་ཡིན་པར་བརྟེན་ཁོང་གི་ལོ་རྒྱུས་མདོར་བསྡུས་དོན་ཚན་བཞི་ལ་དབྱེ་སྟེ་ཞུ་རྒྱུ་གཤམ་གསལ།

1. འབྲུངས་དུས་དང་། སློབ་གཉེར་གནང་བ།

2. ཕག་གྲུའི་ཁྲི་དཔོན་གནང་བ།

3. གཡའ་བཟང་པ་དང་། ས་སྐྱ་པའི་རྩོར་རྐོལ་ཕམ་ཉེས་བཏང་བ།

4. ཕག་གྲུ་སྡེ་སྲིད་ཀྱི་སྲིད་དབང་དངོས་སུ་བཙུགས་པའི་སྐོར།

1. འབྲུངས་དུས་དང་། སློབ་གཉེར་གནང་བའི་སྐོར།

ཏའི་སི་ཏུ་བྱང་ཆུབ་རྒྱལ་མཚན་ནི། སྤྱི་ལོ1302རབ་བྱུང་ལྔ་པའི་ཆུ་སྟག་ལོར་འབྲུངས་ཤིང་། དགུང་ལོ་གསུམ་པ་ནས་ཡི་གེ་འབྲི་ཀློག་སློབ་འགོ་ཚུགས། དགུང་ལོ་བདུན་པར་སྤྱན་སྔ་ཆོས་བཞི་པའི་དྲུང་དུ་དགེ་བསྙེན་གྱི་སྡོམ་པ་མནོས་ཏེ་མཚན་བྱང་ཆུབ་རྒྱལ་མཚན་ཞེས་གསོལ་ཞིང་། དགུང་ལོ་དགུ་པར་མཁན་ཆེན་ཚུལ་དར་བའི་དྲུང་དུ་རབ་ཏུ་བྱུང་། དགུང་ལོ་བཅུ་བཞི་པར་ས་སྐྱར་སློབ་གཉེར་ལ་ཕྱིན་ཏེ་ས་སྐྱའི་བླ་མ་བདག་ཉིད་ཆེན་པོ་བཟང་པོ་དཔལ་བ་དང་། བླ་མ་མཉམ་མེད་པ་སོགས་བསྟེན་ནས་བརྟག་གཉིས་ཀྱི་གཞུང་ལུགས་སོགས་གསན་སྦྱོང་གནང་བར་ལོ་ལྔ་ཙམ་བཞུགས་སྐབས་ས་སྐྱའི་དགེ་བཤེས་ཀྱི་མཚན་ཐོབ་པ་དང་། བདག་ཉིད་ཆེན་པོ་བཟང་པོ་དཔལ་བའི་དམ་གཉེར་གྱི་ལས་ཚན་ཡང་འཁྱུག་ཙམ་མཛད། དེའི་དུས་ན་བོད་ཀྱི་ཁྲི་དཔོན་ཁག་དང་། མི་དཔོན་སོགས་ཀྱི་བུ་ཕྲུག་མང་པོ་ས་སྐྱར་སློབ་གཉེར་ལ་འགྲོ་ལམ་ཡོད་པ་རྣམས་ཀྱི་ནང་ནས་བྱང་ཆུབ་རྒྱལ་མཚན་ནི་བདག་ཉིད་ཆེན་པོ་བཟང་པོ་དཔལ་བ་སོགས་བླ་མ་རྣམས་ཀྱིས་མཐོང་གཟིགས་ཆེན་པོ་གནང་ཡུལ་ཞིག་ཡིན་ལ། ཁོང་ནི་སློབ་གྲོགས་གཞན་གྱིས་བརྙས་བཅོས་བྱེད་པར་མགོ་མི་སྒུར་བ་དང་སྐྱོང་གྲུང་དོད་ལ་ཐབས་ཤེས་མང་པོ་འདོན་སྤེལ་ཐུབ་པའི་བློ་དང་ལྡན་པའི་གཞོན་ནུ་ཁྱད་པར་བ་ཞིག་ཡིན་

པའི་ཁར། ས་སྐྱུར་བཞུགས་རིང་ཆོས་ལུགས་དང་། སྲིད་དོན་སྐྱོང་བར་མཁོ་བའི་ཡོན་ཏན་མང་པོ་ཁོང་དུ་ཆུད་ཐུབ་པ་བྱུང་བ་དེས་ཁྲིས་ཁྲི་དཔོན་སོགས་ཆེན་པོའི་གོ་སར་བཞུགས་སྐབས་ཕན་ཐོགས་ཆེན་པོ་བྱུང་ཡོད་པ་བཅས་སོ།

2. ཕག་གྲུའི་ཁྲི་དཔོན་གནང་བའི་སྐོར།

ཏའི་སི་ཏུ་བྱང་ཆུབ་རྒྱལ་མཚན་གྱིས་ཕག་གྲུའི་ཁྲི་དཔོན་མ་གནང་གོང་གི་ཁྲི་དཔོན་རྒྱལ་མཚན་སྐྱབས་ཀྱིས་ཁྲི་དཔོན་འཕོ་འགྱུར་སྐབས་ཁྲི་དཔོན་གྱི་ལས་ཀ་དེ་ཏའི་སི་ཏུར་སྤྲོད་འདོད་མེད་ལ་རྒྱལ་མཚན་སྐྱབས་ནི་ཆོས་འཛིག་ཧེན་གཉིས་ཀའི་འབྲོན་ཐང་གང་ཡང་མེད་པས་སྣེའུ་གདོང་གི་མཛོད་ཁང་གི་དངོས་རིགས་ནས་རྒྱལ་མཚན་སྐྱབས་ཀྱི་བུ་ཚོས་འཁྲེར་འོས་པ་རྣམས་འཁྲེར། འཁྲེར་མ་འོས་པ་རྣམས་བཅག་སྟེ་ཁྲི་དཔོན་གསར་པ་ཏའི་སི་ཏུ་བྱང་ཆུབ་རྒྱལ་མཚན་ལ་དངོས་རིགས་རྩིས་སྤྲོད་བྱས་པ་རྣམས་ཕན་མེད་ཆག་དུམ་ཞེ་གཅིག་ལས་རིན་ཐང་ཆེ་བའི་དངོས་པོ་གང་ཡང་མེད་ཁར། ཕག་གྲུ་ཁྲི་དཔོན་གྱི་མི་སྡེའི་གྲས་ནས་ཀྱང་། གྲི་ཚེ་སྤྱང་འབྲས་མོ་དང་བཅས་པ་གཡའ་བཟང་པས་གཟུང་། འཇུ་ཐང་ཐང་པས་བཟུང་། བཙན་ཐང་ཐང་སླ་བྲང་དང་། ཁྲ་འབྲུག བཟང་མོ། ལྷ་རུ་དང་བཅས་པ་རྣམས་ཤར་པས་བཟུང་། སྨོན་མཁར་དང་། བྱེ་མ་ལྷ་ཁང་སྐོར་བཅས་རྣམས་དགེ་བཤེས་ཏུ་དཔེན་ཤས་བཟུང་། ཟ་ར་སྟོད་སྨད། ལུས་ཞིང་། དགོན་ཐང་། ཀུན་དགའ་ར། སེ་གསེབ་ལྷ་ཁང་གི་སྐོར་བཅས་རྣམས་ཁང་གསར་བ་དང་། དཔོན་ཆེན་ཡོན་བརྩོན་པའི་སྐོར་བཅས་ཀྱིས་བཟུང་། རྩ། སྤྲོམ་ཐག་རྣམས་ཏུ་དཔེན་ཤ་རྡོ་རྗེ་མགོན་པོ་བཅས་ཀྱིས་བཟུང་། འཕྱོས་མོན་མགར་རྒྱལ་

མཚན་སྐབས་ཀྱིས་བཟུང་སྟེ་ཧའི་སི་ཧུར་རྩིས་མ་སྤྲད་པ་བཅས་མདོར་ན་ཕག་གྲུ་ཁྲི་དཔོན་གྱི་ཕྱི་ནང་གང་ལའང་ལྟ་བཟོ་མེད་ཁར། ཧའི་སི་ཧུས་ཁྲི་དཔོན་གྱི་འགན་བཞེས་གནང་རྗེས་སུ་གཞོན་ནུ་འོད་ཟེར་སྐེའུ་གདོང་གི་གཉེར་པར་བསྐོས་ཀྱང་། ཕྱི་ནང་གི་ལས་དོན་ལག་ཧའི་སི་ཧུའི་དགོངས་པ་དང་མཐུན་པ་ཞིབ་ཆགས་ཤིག་མ་བྱུང་བ་བཅས་ཀྱིས་ལོ་བདུན་རིང་སྐེའུ་གདོང་གི་མངའ་ཐང་འཕེལ་རྒྱས་འགྲོ་རྒྱུ་ལྟ་ཅི། ད་དུང་གཞན་ལ་གསེར་སྲང་སྟོང་ཕྲག་ལྷག་ཙམ་གྱི་ཆད་བུན་འཛལ་དགོས་བྱུང་བ་བཅས་ཀྱིས་ཧའི་སི་ཧུ་བྱང་ཆུབ་རྒྱལ་མཚན་འོ་རྒྱལ་ཆེ་བའི་གནས་སུ་གྱུར་ཡོད།

དེ་རྗེས་ཧའི་སི་ཧུས་ཧོར་གཞོན་ནུ་བཟང་པོ་སྐེའུ་གདོང་གི་ནང་གཉེར་ལ་བསྐོས་པ་དེ་ཧའི་སི་ཧུའི་དགོངས་གཞི་དང་མཐུན་པར་བློ་གཅིག་སེམས་གཅིག་གིས་སྐེའུ་གདོང་གི་ནང་གཉེར་གྱི་ལས་འགན་བསྒྲུབས་པ་དང་། སི་ཧུ་རང་ཉིད་ཀྱིས་ཀྱང་ཕྱོགས་གང་ཐད་ནས་ཐབས་ཤུས་འདོན་གནང་མཛད་པར་བརྟེན་ཕག་གྲུའི་མངའ་ཁོངས་གཞན་ཤོར་མང་ཆེ་བ་ཚུར་ལེན་ཐུབ་པ་སོགས་སྐེའུ་གདོང་གི་མངའ་ཐང་ཇེ་རྒྱལ་ཇེ་འཕེལ་ལ་སོང་བས་ཕག་གྲུའི་ཁོངས་གཏོགས་ཀྱི་གཞིས་ཀ་ཉམས་གསོ་དང་། ཡུལ་གྲུ་སོ་སོར་སྐྱེ་ཤིང་འཛུགས་པ། ཤ་ཆུ་ལ་ཟམ་ཆེན་འཛུགས་པ། སྐེའུ་གདོང་རྩེའི་པོ་བྲང་རྒྱ་བསྐྱེད་གནང་བ་བཅས་ཀྱིས་མཐར་ཁྲི་དཔོན་གྱི་ནང་དུ་ཕག་གྲུའི་མངའ་ཐང་ལ་སུས་ཀྱང་དོ་མི་ཐུབ་པ་ཞིག་ཆགས་ཐུབ་པ་མ་ཟད། ཡོན་གོང་མ་ནས་ཁྲི་དཔོན་གྱི་འཛིན་ས་དང་། སྟག་མགོ་ཅོར་བུ་གསུམ་པའི་དམ་ཁ་ཞུས་ཐོབ་སྐོར། སི་ཧུའི་བཀའ་འབུམ་ལས“རྟིང་ལ། དཔོན་པ་གུང་ཐང་དུ་ཕེབས་དུས། དེར་དུ་དཔོན་ཤཱ་དང་སློམ་པ་གཉིས་མཇལ། རྒྱ་མཚན་རྣམས་ཞུས་

ནས་སློམ་པ་བྱུང་ལ་རྒྱལ་བུ་སྐུ་མཆེད་ཀྱི་བསུ་བ་ལ་ཐེགས། ད་དབེན་ཤྲཱས་དབེན་པའི་མགོ་ལུང་ (སྣེ་ཁྲིད་) བྱས་ནས་ཚུར་བྱུང་། རང་རེས་ཀྱང་བསམ་ཡས་བྲུང་དཀར་དུ་བསུ་བ་ལ་ཕྱིན། དབེན་པ་ཚུར་གདན་དྲངས་ཀྱང་། རྒྱལ་བུས། རྡོ་རྗེ་དཔལ་ཟེ་མ་དང་། ཞང་པོ་ནམ་མཁའ་དཔལ་མངགས་ནས། དབེན་པ་ལ་ཇོ་མ་ལྷ་ཟེར་བའི་སྒྲིལ་ཁ་ (ལན་) ཞིག་བྲུར་དུ་བསྐུར་བྱུང་ནའང་། འཇའ་ས། ཧུན་དབེན་གྱི་དམ་ཁ་ཁྲིམས་ར་དང་བཅས་པ་འདུག་པར། འཇའ་ས་ཉན། དབེན་པ་ལ་ཇོ་ལྷ་བྱས་ནས། གོང་དུ། གོང་མ་ལ་མཇལ་བ་ལ། ཁྱེད་རང་འགྲོ་བ་བྱུང་ན་རབ། ཁྱེད་རང་འཚོ་བ་མ་བྱུང་ན། མི་ཇོ་འམ། གཞན་དྲག་པ་གཅིག་ཐོངས། གོང་ཞུས་འགྲུབ་ཟེར་ནས། གཞོན་རྒྱལ་དུ་དབེན་ཤྲཱས་སུལ་བརྒྱུད་ (མཚམས་སྦྱོར་) བྱས་བྱུང་། ...... དེ་ནས་གསོལ་ཇ་ཁང་བར་མའི་སྟེང་དུ་ངའི་ཀང་པ་ལ། དབང་ཕྱུག་བྱུག་པ་བྱེད་ཀྱིན་ཡོད་པ་ཁོན་རེ། དཔོན་རྣམ་པ་མི་ཕྱིན་ན། ཐོ་རྩེ་ཞིབ་མོ་མཛད་ནས་སྐྱུར། ངའི་གྲལ་འགོར་སྡོད་པ་ཞིག་དགོས། ངས་ཕྱིན་པས་ཚིག་ལགས་ཟེར། དེའི་སང་དཔོན་སྐུ་རྣམས་འཛོམས་པ་ལ། ཁྱེད་རྣམས་མི་འགྲོ་ན། ཁམས་ཆུང་དབང་ཕྱུག་འགྲོ་བར་འདུག ཡང་ཁོ་ཡར་སླེབས་དུས། ཁྱེད་ཚོས་གྲལ་འགོར་ཨེ་འཇོག་ཟེར་བ་ལབ། ཐམས་ཅད་གྲལ་འགོར་འཇོག་པ་ཞུ། ཨིན་ནོ་ཨ་བྱས། དེ་ནས་ཤེས་རབ་རྡོ་རྗེ་ལ། དབང་ཕྱུག་གི་བླ་ལ་འགྲོ་དགོས་ཟེར་བ་བྱས། ཤེས་རབ་རྡོ་རྗེས་ཀྱང་འགྲོ་བར་ཁས་བླངས་ནས། ཤེས་རབ་རྡོ་རྗེ་དང་དབང་ཕྱུག་གིས་འགྲོ་བྱས། གོང་དུ་བཏངས། ......ཞུ་རྒྱུ་ལ། ཏཱའི་སི་ཏུའི་མིང་དང་དམ་ཁ། ཁྲི་སྐོར་ལ་དགོས་པའི་དངུལ་གྱི་དམ་ཁ་སྐོར་མོ། ཁྲི་སྐོར་གྱི་དུད་ཕྱེད་ཚག མི་སྡེ་མ་

གསོས་བར་གྱི་དར་རྒན་རྣམས་ཞུས་བྱས། ……མདོ་སྨད་མདོ་འཛམས་སུ་སླེབས་པ་དང་། དཔའ་ཤི་དཀོན་ཅོག་དང་། བླ་མའི་གསེར་ཡིག་ལ། གསེར་ཡིག་སྐོར་མོ། ཐུ་ཤུ་སྤྲེལ་ཁ་ལ་ཐེབས་ནས། ཡ་རྗེ་ལ་བཏང་འདུག་པ་དང་འཕྲད་འདུག དཀོན་ཅོག་གིས་ཀྱང་སྔར་གྱི་འབྲེལ་ཚུལ་དང་། ཕུ་བོ་དཔའ་ཤི་ཚུལ་བཟང་། རང་རེའི་ས་ན་ཡོད་པའི་ཞེན་པ་བྱས་ནས། ཁོང་ཚོའི་གྲོགས་ལ་ཕྱིར་སོང་དུ་སོག་ནས། སྔོན་ཅིང་དབེན་གྱི་ཁས་དཔོན་གྱི་སྔོན་མོའི་ཐོག་ཏུ་སླེབས་འདུག་པ། མི་དཔོན་རྣམས་ཀྱིས་ཆེང་སང་ལ་ཞུས། ཆེང་སང་གིས་གོང་མའི་དྲུང་དུ་ཞུས་ནས། སླེབས་པའི་སང་། གོང་མའི་དྲུང་དུ་མཇལ། མཇལ་འཕྲད་ལེགས། ཆེང་རྗེའི་ལུགས་བཞིན། བྱ་བ་རྣམས་སྐྱབས་གསུངས་པའི་ལུང་བྱུང་ནས། ཁྲི་སྐོར་ལ་དགོས་པའི་དངུལ་གྱི་དམ་ཁ་སྐོར་མོ་གཉིས། ཁྲི་སྐོར་གྱི་མི་སྡེ་འཛལ་དུད་ཀྱི་འཛམས་མ་གཏོགས་པའི། ཁྲལ་ཆུ་ཅི་ཡིན་གྱི་ཕྱེད་ཆག་ཏུ་ཆུག་གསུངས་པའི། སྔོན་ཅིང་དབེན་པའི་ཐཱ་ཧུ། གནང་ཕྱིན་ཆེ་བ་གསེར་གྱི་སྐྲ་རགས་དང་། དབང་རྒྱལ་བུ་རང་ཏ་ལ་ཤོག་གསུང་བ་དང་། དབེན་པ་འཛམས་མོ་འཚོས་ཀྱིན་ཤོག་གསུང་བའི་ལུང་བྱུང་པས། མདོ་ཁམས་ཡར་བཅད་ཐམས་ཅད་ལ། རྒྱལ་དབེན་གྱི་གནོད་པ་མེད་པས། དབུས་གཙང་ནས་དཔའ་ཤི་ཕྱིན་པ་ལ། ཁོང་རྣམས་ལ་དྲིན་དང་ངོ་སོ་ཆེ་བ་མ་བྱུང་བ་དེ་ཡིན་པས། ཤེས་རབ་རྡོ་རྗེ་དང་། དབང་ཕྱུག དཀོན་ཅོག་སྐྱབས་གསུམ་པོ་རྒྱུད་པ་དང་བཅས་པ་ལ། ཐམས་ཅད་ཀྱིས་མཐོང་གཟིགས་དང་། རང་རེའི་རྒྱུད་པ་དཔོན་སར་བསྐོར་པ་རྣམས་

ཀྱིས་སྐྱོང་ཐྲན་དགོས་པར་ཡོད་པ་ཡིན”①ཞེས་གསུངས་པ་ལྟར་ལགས་སོ།

3. གཡའ་བཟང་པ་དང་། ས་སྐྱ་པའི་ཚུར་རྒོལ་ཕམ་ཉེས་བཏང་བའི་སྐོར།

(1) གཡའ་ཕག་གི་འགལ་བའི་སྐོར།

གཡའ་བཟང་པ་ནི་སྔར་རྒྱལ་བུ་ཧུ་ལ་ཧུའི་དུས་སུ་ཕག་མོ་གྲུ་པའི་སྟོང་སྐོར་ཞིག་ཏུ་གཏོགས་ཀྱང་། རྗེས་སུ་གཡའ་བཟང་པ་ཕག་གྲུའི་བཀོད་འོག་ཏུ་བསྡུས་མིན་ཁར། མོན་ལུག་མགོ་སྐྱེང་ཚན་གཡའ་བཟང་པས་བདག་ཏུ་བཟུང་བའི་ཁྲི་དཔོན་རྡོ་རྗེ་དཔལ་གྱི་སྐབས་དཔོན་ཆེན་ཨ་པོ་དང་། དཔོན་གཞོན་ཚུལ་གྱིས་འགོ་ཁྲིད་པའི་ཕག་གྲུའི་དམག་དཔུང་གིས་མོན་ལུག་མགོ་སྐྱེང་ཚན་ཞི་འཛུགས་གཏོང་དགོས་བྱུང་བ་དེ་ནས་བཟུང་གཡའ་ཕག་གཉིས་ཀྱི་འགལ་བ་རྗེ་ཞན་ཇེ་སྟུག་ལ་སོང་བའི་ཐོག བར་སྐབས་ཕག་མོ་གྲུ་པའི་ཁྲི་དཔོན་མང་པོ་ཞིག་ནག་ཆང་དོན་དུ་གཉེར་བ་ཕོ་ནའི་དབང་དུ་སོང་སྟེ་ཕག་གྲུ་སྡེའི་འཛིན་ཚུགས་ཡག་པོ་མ་བྱུང་བའི་ཞན་ཆ་དེ་དང་བསྟུན་ནས་གཡའ་བཟང་པས་ཁྲིམས་མཐུན་དང་། དཔུང་ཤེད་ཀྱིས་ཕག་གྲུའི་ཡོངས་ནས་ཟུར་བུད་བརྒྱབ་སྟེ་རང་རྒྱ་འཕེལ་བའི་ཁྲི་དཔོན་ཞིག་ཆགས་ཐུབ་པ་བྱས་པས་མ་ཚད། ད་དུང་ཕག་གྲུའི་མངའ་ཡོངས་ནས་ཡུལ་གཞིས་འཕྲོག་གང་ཐུབ་བྱས་པ། ལྷག་པར་ཁྲི་དཔོན་རྒྱལ་མཚན་སྐྱབས་ཀྱི་སྐབས་ཕག་གྲུའི་ཡོངས་ཀྱི་ས་གནད་ཆེ་བ་གོ་མལ་བསྐྱིལ་བ་དང་། འབྲས་མོ་ལ་སོགས་པ་གཡའ་བཟང་པས་ཕྲོགས་པ་བཅས་གཡའ་ཕག་གཉིས་པོ་ནམ་ཡང་མཐུན་

① (རླངས་ཀྱི་པུ་ཏི་བསེ་རུ་རྒྱས་པ་དེབ་ངོས213 –216)

ཐབས་མེད་པའི་འགལ་བ་རྙོག་ངར་ཅན་དུ་གྱུར་པ་དང་། བྱང་རྒྱན་ཡན་ལ་གཡའ་བཟང་པས་རྒྱལ་ཁ་ལེན་རྒྱུ་དང་། ཕག་མོ་གྲུ་པ་ཕམ་ཉེས་འགྲོ་བའི་གནས་ཚུལ་ལ་འགྱུར་ལྡོག་བྱུང་མེད།

བྱང་ཆུབ་རྒྱལ་མཚན་ཕག་གྲུ་ཁྲི་དཔོན་གྱི་གོ་སར་ཕེབས་པ་ནས་བཟུང་ཁྲིམས་མཐུན་གྱི་སྒོ་ནས་ཕག་གྲུའི་ཡུལ་གཞིས་བར་སྐབས་གཞན་ཤོར་རྣམས་ཚུར་ལེན་ཐབས་གནང་བའི་སྐབས་ཀྱང་གཡའ་བཟང་པས་ཕག་གྲུའི་ཁྲིམས་མཐུན་གྱི་བྱ་བ་དེ་དག་རྫོག་རོལ་དུ་གཏོང་རྒྱུང་བྱས་པར་བརྟེན་མཐར་བྱང་ཆུབ་རྒྱལ་མཚན་གྱིས་ཀྱང་དཔུང་ཤེད་ལ་བརྟེན་ནས་རྒྱལ་མཚན་སྐྱབས་ཀྱི་སྐབས་ཤོར་བ་དེ་སྔ་ཕག་གྲུའི་ཡོངས་གཏོགས་ས་ཆ་རྣམས་ཚུར་བླངས་པ་དེ་ལ་གཡའ་བཟང་པ་ནད་ཐེག་མེད་གྱིས་ཚལ་པ་ཁྲི་དཔོན་སོགས་ཁྲི་དཔོན་གཞན་གྱི་དམག་དཔུང་རོགས་གླར་སྤྲན་ནས་ཕག་མོ་གྲུ་པར་ཡ་ལན་བཅར་བ་དང་དུས་མཚུངས་སྐབས་དེའི་བོད་ཀྱི་དབང་འཛིན་ས་སྐྱའི་དཔོན་ཆེན་རྒྱ་བཟང་གྱི་བསླུ་ཐབས་དང་བཅས་ཞུ་གཏུགས་བརྒྱབ་པ་སོགས་ཐབས་ཤེས་ཡོད་རྒུ་ཅལ་སྤྱུགས་ཀྱིས་ཕག་གྲུར་ཁ་གཏད་བཅག་སྟབས་བར་སྐབས་ཕག་གྲུའི་ཕྱོགས་སུ་ཁ་ཞེ་གཉིས་མེད་ཀྱི་ལངས་མཁན་ཡར་འབྲོག་ཁྲི་དཔོན་ཙམ་མ་གཏོགས། ལོ་རྒྱུས་ཐོག་ཕག་གྲུ་དང་གདན་ས་ཕན་ཚུན་དུ་བརྩེ་བའི་འབྲི་གུང་པ་ཡང་གཡའ་བཟང་པའི་ཕྱོགས་སུ་ལངས་པ། ས་སྐྱའི་དཔོན་ཆེན་ཚོ་ཡང་གཡའ་བཟང་པའི་ཕྱོགས་སུ་ལངས་ཏེ་ཁྲིམས་ལུགས་ཐོག་ནས་བྱང་ཆུབ་རྒྱལ་མཚན་གྱི་སྐེ་ལ་སྒོ་གཡོགས་པ་དང་། ཡོང་གི་ལུས་སྟེང་དུ་ཀོ་ལྤག་གྲངས་མེད་གཞུས་པས་སྐུ་སྟོད་ཀྱི་པགས་པ་ཡང་ལན་གསུམ་ཙམ་བཟེས་པ། ཟླ་གཅིག་ལྷག་ཙམ་ཁ་བུབ་མར་གཟིམ་དགོས་པར་ཐུག་པ། ཡར་ལུངས་སུ་ཟླ་

པ་གསུམ་ལྷག་ཙམ་དང་། གཙང་སོགས་ཀྱིས་ས་སྐྱ་དཔོན་ཆེན་ལ་ཕོང་དམར་གསོད་གཏོང་དགོས་པའི་ངན་སྐུལ་བྱས་པ་སོགས་ཁྲིམས་ལུགས་ཐོག་ནས་གནོན་ཤུགས་ཚད་མེད་ཐོག་ཀྱང་། ཕོང་གི་དཔའ་མཛངས་ཞུམ་པ་མེད་པའི་བཀོད་ཇུས་འོག་ཧོར་གཞོན་ནུ་བཟང་པོས་འགོ་བྱས་ཕག་གྲུའི་དཔུང་གིས་སྟེའུ་གདོང་སྲུང་སྐྱོབ་བྱས་པ་སོགས་ཕོ་ཚོར་སྐབས་བསྟུན་གྱི་ཡ་ལན་བཅར་བས་ཕ་རོལ་པོར་བྱེད་ཐབས་མ་བྱུང་བ་དང་། དམག་དོན་ཐོག་ནས་གཡའ་ཚལ་ཐང་གསུམ་གྱི་དཔུང་ཤུགས་གཅིག་བསྒྲིལ་ཐོག ས་སྐྱའི་དཔོན་ཆེན་ཚོས་ཀྱང་ཁྲི་སྐོར་གྱི་དམག་དང་བཅས་སྐབས་དེར་ཕག་གྲུ་རྩ་མེད་གཏོང་རྩིས་བྱས་པ་སོགས་ཀྱིས་སྐབས་ཤིག་རིང་ཕག་མོ་གྲུ་པ་ཕྱོགས་གཏོགས་དང་བཅས་པ་རྩ་མེད་ལ་འགྲོ་བའི་ཉེན་ཁ་དང་དཀའ་ངལ་མང་པོ་འཕྲད་ཡོད། འོན་ཀྱང་སྟབས་ལེགས་པ་ཞིག་ལ་ས་སྐྱའི་བླ་བྲང་ཁག་དང་དཔོན་ཆེན་ནང་ཁུལ་མི་མཐུན་པའི་འགལ་བ་ཇ་དྲག་ཏུ་གྱུར་པ་དང་། ལྷག་པར་དབང་བརྩོན་ས་སྐྱའི་དཔོན་ཆེན་གྱི་གོ་གནས་སུ་སླེབས་པ་དེས་དཔོན་ཆེན་རྒྱལ་བ་བཟང་པོའི་དབང་ཆར་དོ་ཐོག་བྱུང་སྐབས་དཔོན་ཆེན་རྒྱལ་བ་བཟང་པོས་འབྱུང་འགྱུར་རང་ལ་དཔུང་རོགས་ནུས་ལྡན་ཞིག་མ་བྱུང་མཐུ་མེད་དང་། དེ་ཡང་ཕག་གྲུ་བྱང་ཆུབ་རྒྱལ་མཚན་ལས་ལྷག་པ་མི་འདུག་སྙམ་ནས་ཕྱི་རྒྱར་མ་ཤེས་པའི་ཁུལ་གྱིས་སྐབས་དེར་སི་ཏུ་བརྩོན་དུ་བཙུག་པ་གསང་སྟབས་ཀྱིས་བཏང་བ་སླར་ཕག་མོ་གྲུ་པ་ཁ་གཏད་ཕྱོགས་ལས་རྣམ་པར་རྒྱལ་གྱུར་ཚ་རྐྱེན་བཟང་པོ་མ་འགྲིག་ལྷུན་གྲུབ་བྱུང་བ་ཡིན་ནོ།

(2) ས་ཕག་འགལ་བའི་སྐོར།

ས་སྐྱ་དང་ཕག་གྲུ་གཉིས་ཀྱི་ཐོག་མའི་འགལ་བ་ནི། འགྲོ་མགོན་

འཕགས་པའི་སྐབས་དཔོན་ཆེན་ཀུན་དགའ་བཟང་པོས་སྟར་ཕག་མོ་གྲུ་པར་བདག་པ་མོན་གོར་རྒྱལ་པོའི་འཇའ་སའི་ནང་འཁོད་པའི་དབང་རིས་ཁྲམས་མངའ་རིས་ཀྱི་ཀོ་རོན་མདོ་ཡར་བཅད། སྔོ་རིག་ལ་རྩ་མར་བཅད་ཕག་མོ་གྲུར་བདག་པ་དེ་དང་། དེ་སྔོན་འབྲི་གུང་པའི་འཛིན་ཁོངས་སུ་ཕྱིས་ས་སྐྱ་ངར་ཆོད་པ་ཡར་འབྲོག་སྣ་དཀར་རྩེ་གོ་བཛེས་བྱ་དགོས་ཀྱི་རེ་འདུན་བཏོན་པར་སྦྱུན་སྤྲ་ཁྲགས་པ་བརྩོན་འགྲུས་དང་། དཔོན་རྡོ་རྗེ་དཔལ་གྱིས་དང་ལེན་མ་བྱས་སྐབས་དཔོན་ཆེན་ཀུན་དགའ་བཟང་པོས། ཕག་གྲུས་མངའ་རིས་ཁུལ་མི་སྡེའི་འགོ་འཛིན་ལ་མངགས་པ་གནམ་ས་དཔའ་ཤེའི་གཡོག་པོར་ཛན་པ་ཕྱིན་ཏེ་གནམ་ས་དཔའ་ཤེར་དུག་སྦྱོར་ནས་སྲོག་གསོད་བྱེད་བཅུག་པ་སོགས་ཐབས་ངན་སྦྱུད་དེ་ཕག་གྲུའི་འཛིན་ཁོངས་མངའ་རིས་སུ་ཡོད་པ་རྣམས་ས་སྐྱ་པས་བཙན་འཕྲོག་བྱས་པ་དེ་ནི་ས་ཕག་གཉིས་ཀྱི་འགལ་བའི་འབྱུང་རྐྱེན་ཡིན། དེ་རྗེས་བྱང་ཆུབ་རྒྱལ་མཚན་གྱིས་ཕག་གྲུའི་ཁྲི་དཔོན་གྱི་ལས་གནས་འཛིན་སྐབས་ཕག་གྲུའི་ཁྲིད་དཔོན་ཟུར་པ་རྒྱལ་མཚན་སྐྱབས་ཀྱི་རྒྱབ་རྩ་ས་སྐྱ་པས་བྱས་ཏེ་ཁྲི་དཔོན་རྒྱལ་མཚན་སྐྱབས་ཀྱིས་བྱང་ཆུབ་རྒྱལ་མཚན་ལ་གྱོད་བཙུགས་པའི་དོན་དུ་ས་སྐྱ་ནས་བླ་མ་ཀུན་སྤངས་པ་སོགས་ཀྱིས་བསྐུལ་ཏེ་ཡོན་གྱི་དཔོན་རིགས་ཨ་ཏུ་ལ་མཐོང་ཆེན་སོགས་ཡར་ལུངས་སུ་མངགས་ཐོག་སི་ཏུ་གྱོད་ཐོག་ནས་ཕམ་པ་བཟོ་རྩིས་བྱས་ཀྱང་། ཨ་ཏུ་ལ་མཐོང་ཆེན་དང་། ཏའི་སི་ཏུའི་དབར་ཐུན་མོང་མིན་པའི་འབྲེལ་བ་ཞིག་སྟར་ནས་ཡོད་པ་དེ་ས་སྐྱ་བས་ཅི་ལ་ཤེས། མཐར་ཨ་ཏུ་ལ་མཐོང་ཆེན་གྱིས་སྐབས་དེའི་གྱོད་དོན་དྲང་པོ་དྲང་བཞག་གི་སྒོ་ནས་ཐག་བཅད་དེ་ཁྲི་དཔོན་བྱང་ཆུབ་རྒྱལ་མཚན་ལ་རྒྱལ་ཐོབ་པ་མ་ཟད། ཨ་ཏུ་ལ་མཐོང་ཆེན་གྱིས་ཁོ་ལ་

ཁྲི་དཔོན་སྐྱོང་ལུགས་ཇི་ལྟར་བྱེད་དགོས་པ་ལ་སོགས་པ་འཕྲུལ་ཡུན་དགེ་བའི་སློབ་སྟོན་མང་པོ་བྱས་པ་དེ་དག་ཕྱིས་ཏའི་སི་ཏུར་ཕན་ཐོགས་ཆེན་པོ་བྱུང་ཡོད། འོན་ཀྱང་ས་སྐྱ་པའི་ངོས་ནས་བཤད་ན་སྐབས་དེར་ཕག་གྲུ་བྱང་ཆུབ་རྒྱལ་མཚན་ལ་ཉེས་བཟོ་མ་ཐུབ་པ་དེས་མི་ཚེ་བའི་སྐད་ལ་བུད་ཤིང་བསྣན་པ་ལྟ་བུའི་འཁོན་འཛིན་ཇེ་ཆེར་འགྲོ་བ་ལས་བྱུང་མེད།

དེ་རྗེས་ས་སྐྱའི་བླ་མ་ཀུན་དགའ་རྒྱལ་མཚན་གྱིས་ས་སྐྱའི་དཔོན་ཆུང་གྲགས་རྒྱལ་བའི་བུ་བསོད་ནམས་རྒྱལ་མཚན་ཧྲང་ས་ཀྱི་མི་རྒྱུད་ཡིན་ཚུལ་གསུངས་ཏེ་ཁོ་ལ་ཕག་གྲུའི་ཁྲིད་དཔོན་གྱི་གོ་གནས་རྩིས་སྤྲོད་དགོས་པའི་བཀའ་སྩོལ་བ་ཕག་གྲུ་བྱང་ཆུབ་པས་རྩིས་མེད་བཏང་སྐབས་དཔོན་ཆེན་རྒྱལ་བ་བཟང་པོ་དཔུང་བཅས་ཡར་ལུངས་སུ་ཡོང་སྐེ་དོག་ལུམ་པར་ཏའི་སི་ཏུ་སྟོན་མོར་ཁ་གཡར་ཏེ་བོས་ནས་འཛིན་བཟུང་བྱས་ཐོག བསོད་ནམས་རྒྱལ་མཚན་ལ་ཕག་མོ་གྲུ་པའི་ཁྲི་དཔོན་གྱི་གོ་ས་རྩིས་སྤྲོད་དགོས་པའི་ཚ་འཇུན་ཅི་རིགས་བྱས་ཀྱང་དེ་ལ་ཁོང་གིས་སྣང་འཇོག་མ་བྱས་པའི་ཁར། གཡའ་བཟང་པ་སོགས་ཀྱིས་ཀྱང་དཔོན་ཆེན་ལ་ཤོག་སྒྲུག་ལྷུང་འཚང་གི་ངན་བསྐུལ་བྱས་པ་བཅས་ཀྱིས་ས་ཕག་གཉིས་ཀྱི་འགལ་བ་དེ་ཁྲོད་ཤི་ང་གསོན་གྱི་གནས་སུ་གྱུར་ཡོད།

དེ་ལྟར་ས་སྐྱའི་བླ་བྲང་ཁག་དབར་གྱི་འགལ་བ་དང་། དཔོན་ཆེན་ཕན་ཚུན་གཅིག་དབང་གཅིག་འཕྲོག་གི་འགལ་བ་ཇ་དྲག་གི་ཁྲོད་ནས་བྱང་ཆུབ་རྒྱལ་མཚན་དཔོན་ཆེན་རྒྱལ་བ་བཟང་པོས་གསང་བའི་སྒོ་ནས་བཙོན་ར་ནས་གློད་དེ་སྣེ་གདོང་དུ་ཕག་གྲུའི་དཔོན་འབངས་ངོ་འཛོམས་བྱུང་བའི་ཐོག་ཁྲི་དཔོན་བྱང་ཆུབ་པས་ད་ལམ་གྱི་གྱོད་དོན་འདི་མཐར་མ་འཁྱོལ་བར་དཔོན་

འབངས་སྐྱ་སེར་སུ་ཐད་ནས་ཆོས་བྱ་རྒྱུ་ཡིན་ཟེར་བ་དང་། དཀའ་ངལ་དང་ཉེན་ཁར་འཛོམ་པའི་གནས་ཚུལ་སོགས་རྩ་བ་ནས་མི་ཤོད་པར་ཚང་མས་གདུང་ཤུགས་གཅིག་སྒྲིལ་གྱིས་རྒྱལ་ཁམ་ཐོབ་བར་ཁ་གཏད་ཕྱོགས་ལ་འཐབ་རྩོད་བྱ་རྒྱུ་མཚམས་འཇོག་མི་བྱེད་པའི་དམ་བཅའ་བླངས་མཐར་གཡའ་བཟང་བ་ཕྱོགས་གཏོགས་དང་བཅས་པ་དང་། ས་སྐྱའི་སྟོབས་ཤུགས་རེ་རེ་བཞིན་མཐར་བསྐྲད་བཏང་བའི་ནང་རང་གི་དཔུང་ཤུགས་ཇེ་ཆེར་སོང་བས་མཐར་བོད་ཡོངས་ལ་ཏའི་སི་ཏུ་བྱང་ཆུང་རྒྱལ་མཚན་གྱིས་དབང་སྒྱུར་བྱེད་ཐུབ་པ་བྱུང་བ་ཡིན་ནོ།

4. ཕག་གྲུ་སྡེ་སྲིད་ཀྱི་སྲིད་དབང་དངོས་སུ་བཙུགས་པའི་སྐོར།

ཏའི་སི་ཏུ་བྱང་ཆུབ་རྒྱལ་མཚན་གྱིས་ས་སྐྱ་པའི་དབང་སྒྱུར་མཇུག་སྒྲིལ་བ་བཟོས་ཏེ་ཕག་མོ་གྲུ་པའི་སྲིད་དབང་བཙུགས་པ་འདི་ནི་འགྲོ་ལམ་འཁྲུག་འཁྱོག་མང་པོ་བརྒྱུད་མཐར་གཞན་ཕྱོགས་ལས་རྣམ་པར་རྒྱལ་ཏེ་གཞི་ནས་ཕག་མོ་གྲུ་པའི་སྲིད་དབང་འཛུགས་ཐུབ་པ་བདེན་པས་མཐའ་གསལ་བའི་མཚོན་རྟགས་ཤིག་བརྩེ་ཆེག་པ་ཡིན།

དེ་ཡང་། བར་སྐབས་ཏའི་སི་ཏུ་བྱང་ཆུབ་རྒྱལ་མཚན་ལ་གཡའ་བཟང་པའི་བྱེད་སྤྱོད་ལ་བརྟེན་ནས་ཚལ་པ་དང་། འབྲི་གུང་པ་སོགས་ཕག་གྲུའི་ཉེ་འདབས་ཀྱི་ཁྲི་དཔོན་ཁག་གི་བརྙས་བཅོས་དང་། ལྷག་པར་སྐབས་དེའི་བོད་ཀྱི་དབང་འཛིན་པ་ས་སྐྱ་པས་ཀྱང་ཁྲིམས་ལུགས་ཐོག་ནས་གནོན་

ཐུགས་ཚད་མེད་དང་། དམག་དཔོན་ཐོག་ནས་གཡའ་བཟང་པ་སོགས་ཀྱི་རྒྱབ་ཏུ་ལངས་ཏེ་ཕག་མོ་གྲུ་པར་བརྟུང་བརྟེགས་ཅི་རིགས་བཏང་བར་ཕག་གྲུ་བྱང་ཆུབ་རྒྱལ་མཚན་གྱིས་དེ་ཚོར་ཡ་ལན་འཇལ་མ་དགོས་པ་གཙོ་བཟུང་དྲང་པོས་གཞུང་བསྲུང་སྟེ་བསྟུན་མཁས་ཁོ་ན་མཛད་པ་གཉོད་ཆུང་ནུས་མེད་ལྟ་བུར་བཅོས་ཏེ་དེ་བས་རྩུབ་སྤྱོད་ཇེ་ཆེར་སོང་བར་ཡ་ལན་མི་གནང་མཐུ་མེད་ལ་ཐུག་པའི་གནས་ཚུལ་འོག་གང་ལ་གང་འོས་ཀྱི་ཁ་གཏད་བཅག་སྟེ་མཐར་ཀུན་ལས་རྣམ་པར་རྒྱལ་ཏེ་ཕག་གྲུ་སྡེ་སྲིད་ཀྱི་སྲིད་དབང་བཙུགས་ཐུབ་པ་བྱུང་ཡོད། དེ་ཡང་། སི་ཏུའི་བཀའ་ཆེམས་མཐོང་བ་དོན་ལྡན་ལས་“མི་ངས་གོ་ས་(ཕག་གྲུ་ཁྲི་དཔོན་)འདིར་བསྡད་ནས། ཀུན་དང་འགྲོགས་ཤེས་བྱས་ནའང་། ཁྲིམ་མཆོས་དབང་ཅན་ཚོས། ངའི་ལུས་སྲོག་དང་སྡེ་ལ་གནོད་པ་བསྐྱལ་བས་བསམ་བློ་བཏང་བའི་གྲུབ་རྟགས་མི་འདོན་དཀའ་མེད་བྱུང་། སྔོན་གྱི་ལས་བསགས་པ་དང་། དཀོན་ཅོག་མཁའ་འགྲོའི་བྱིན་རླབས། རང་རེ་བསམ་པ་བཟང་བའི་དོན་གྱིས། བཟང་པོ་ལ་ངན་པས་གནོད་པ་སྐྱེལ་གྱི་འདུག་ན། བཟང་པོའི་གྲོགས་བྱས་ནས། ངན་ལ་ཅ་ར་བྱས་པས་གང་བསམ་འགྲུབ་པའང་བྱུང་། ཆེན་པོ་རྣམས་ཀྱིས་རང་རེ་མ་བསྐྱངས་པར། རང་རེའི་དཔུང་ཤེ་མོང་གཅིག་པའི་ཐབས་དང་། འདུན་མ་བྱས་པས། ངན་པའི་གྲོགས་བྱས་ནས། དེ་རྣམས་ཀྱི་སྟོབས་ནུས་ལ་གནོད་པ་བསྐྱལ་བའང་ཡོད་མོད། མི་བསམ་མེད་ཚོད་ཆུང་རྣམས་ཀྱིས། རང་གི་ཕ་མེས་དང་། སྡེ་སྲིད་ལ་མ་བསམ་པར། མི་ཐུབ་བཞིན་རང་རེ་ལ་བསྡོས་པས། དེ་མ་དེད་ན་ནི། ཁ་རྩར་ཚུར་སླེབས་བྱུང་། དེ་རྣམས་ལ་ཅ་ར་བདའ་འདེད་བྱས་པའི་ཞར་ལ། སྡེ་ས་ཆ་དབང་རིས་བཟང་པོ། རང་རེའི་

ལག་ཏུ་བྱུང་བ་ད་ལྟ་བདག་པ་འདི་ཡིན། སྔ་ཕྱིར། རང་རེའི་བྱ་བ་རླབས་ཅན་འདི་རྣམས་ལ། རང་རེས་བསམ་བློ་ལེགས་པར་བཏང་། གཞན་གྱིས་ཟེར་ཚད། ལག་ལེན་ལ་ཐེབས་ཚད་ཀྱང་མ་བཏབ་པར། ཞིབ་ལ་བླངས་པས། མ་ནོར་བ་འདི་ཡིན་”① ཞེས་གསལ་བ་ནས་མཚོན་ཐུབ་པ་དང་། ལྷག་པར་ཏའི་སི་ཏུ་བྱང་ཆུབ་རྒྱལ་མཚན་གྱིས་ས་སྐྱའི་དབང་སྒྱུར་མཇུག་སྒྲིལ་བ་བཟློས་ཏེ་ཕག་མོ་གྲུ་པས་བོད་ཁམས་ལ་དབང་སྒྱུར་བྱེད་ཐུབ་པའི་འཕྲུལ་རྐྱེན་ཡང་ས་སྐྱའི་བླ་བྲང་ཁག་བཞི་པོ་ནང་ཁུལ་མི་མཐུན་པའི་འགལ་བ་ཆེར་སོང་སྟེ། དཔོན་ཆེན་དབང་ཕྱུག་བརྩོན་འགྲུས་ཀྱིས་འགོ་གཙོ་བྱས་པའི་ལྷ་ཁང་བླ་བྲང་གི་ཕྱོགས་ཁག་གཅིག་དང་། དཔོན་ཆེན་རྒྱལ་བ་བཟང་པོས་འགོ་གཙོ་བྱས་པའི་བླ་བྲང་གཞན་གསུམ་ཕྱོགས་ཁག་གཅིག་བཅས་ཕྱོགས་ཁག་གཉིས་སུ་གྱེས་པའི་འཐབ་རྩོད་དེ་དཔོན་ཆེན་རྒྱལ་བ་བཟང་པོས་འགོ་གཙོ་བྱས་པའི་ཕྱོགས་ཁག་ཕམ་ནས་ལྷ་ཁང་བླ་བྲང་གི་ཏི་ཤྲི་ཀུན་དགའ་རྒྱལ་མཚན་གྱི་སྲས་གཉིས་ཀྱིས་དཔོན་ཆེན་རྒྱལ་བ་བཟང་པོ་ས་སྐྱར་འཛིན་བཟུང་བཙོན་འཇུག་བྱས་པ་དེ་སྐྱོབ་ཆེད་དཔོན་ཆེན་རྒྱལ་བ་བཟང་པོའི་བུ་དགེ་བཤེས་གྲགས་པ་སེང་གེས་ཏའི་སི་ཏུ་ར་ཀླར་སྤྱན་པ་ལྟར་སི་ཏུ་དཔུང་བཅས་ཆུ་མིག་ཏུ་ཕེབས་སྐབས་ས་སྐྱའི་བཀའ་གྲོས་པ་རྣམས་ཀྱིས་བླ་མ་ཤར་ཆེན་པ་དང་། བླ་མ་མཉམ་མེད་པ་གཉིས་བཏང་ཞིང་། བླ་མ་ཤར་ཆེན་པས་རྩོད་ཤགས་གནང་བའི་ལན་དུ་“སེ་ཆེན་རྒྱལ་པོ་དང་། བླ་མ་འཕགས་པ་ཡོན་མཆོད་དུ་འབྲེལ་ནས། ས་སྐྱ་པ་འཛམ་བུ་གླིང་གི་བདག་པོ་ཡིན་བྱས་ཀྱང་

① （རླངས་ཀྱི་པོ་ཏི་བསེ་རུ་རྒྱས་པ་ལྷུགས་པར་མའི་དེབ་ངོས345）

ཁྲབ་མ་ཆེ། དེའི་ནང་བོད་ཆོལ་ཁ་གསུམ་པོ་འདི་ས་སྐྱ་པ་བདག་པ་འདུག
དེའི་ནང་ནས་ཀྱང་དབུས་གཙང་ཁམས་གསུམ་འདི་ས་སྐྱ་པའི་སྤྱོད་ཡུལ་དུ་
འདུག་པ་ལ། དཔོན་ཆེན་ཤཱཀྱ་བཟང་པོས་ས་སྐྱ་པའི་བསྟན་པ་བསྲུངས།
བླ་མའི་གཟིམ་ཁང་ལྷ་ཁང་རྣམས་བརྩིགས། ས་སྐྱའི་མངའ་ཐང་རྒྱ་བསྐྱེད་
ནས། གདན་ས་ཆེན་པོའི་བླ་མ་བཞི་ཐོག་ཏུ་བཞུགས་པ་དེ་དང་། ཞལ་ངོ་
མཉམ་པར་ཀུན་གྱིས་འཁུར་དགོས་ཤིང་། བོད་ཀྱི་རྒྱལ་པོ་ལྟ་བུར་ཡོད་
འདུག་པ་དེ་ལགས། བླ་མ་ཆོས་རྒྱལ་འཕགས་པ་རིན་པོ་ཆེ། ས་སྐྱར་
བཞུགས་དུས་དཔོན་ཆེན་ཀུན་དགའ་བཟང་པོས་མ་གཟིགས་པར། བླ་མའི་སྐུ་
གསུང་ཐུགས་ལ་ཕོག་པ། ཇི་སྙེད་ཅིག་བྱས་འདུག་ནའང་། བཀའ་བཀྱོན་
རེང་མོ་སྐད་ཀྱི་བཀའ་ཤོག་ཅིག་མཛད་འདུག་པ་མིན་པ། དཔོན་ཆེན་ལ་ཚ་
ར་བྱས་པའི་སྐད་ཀྱང་མ་ཐོས། ཕྱིས་རྒྱལ་བུ་ཆེན་པོ་ཇིན་གིན་གྱིས་གསན་
ནས་གོང་མའི་དྲུང་དུ། ཞུས་པས། མི་ཆེན་ཟམ་ཁ། བྱང་རིན་ནམ་མཁའ་
ཏ་ལ་སོགས་པའི་ཁྲིམས་དམག་ཡོང་ནས། གོང་མའི་ལུང་དང་། ཁྲིམས་
དམག་གིས་བྱང་བྱ་རོག་ཚང་ཕབ། དཔོན་ཆེན་ཀུན་དགའ་བཟང་པོ་བསད་
འདུག དཔོན་ཆེན་ཀུན་དགའ་བཟང་པོས་བྱས་པའི་ཉེས་པ་དེ། དཔོན་
ཆེན་རྒྱལ་བཟང་པ་ལ་མེད། བླ་མ་འཕགས་པའི་གོ་ས་ན། ཏི་ཤྲིའི་བུ་གཉིས་
པོ་མེད། དཔོན་ཆེན་ཀུན་དགའ་བཟང་པོ་ལས་ཀྱང་། དཔོན་ཆེན་རྒྱལ་བ་
བཟང་པོ་ལས་ཀ་ཆེ། ཕིང་གཅིག་པ་ལ་སླེབས་པའི་མི་དཔོན། གཡུང་སོ་
ཏའི་ཧུའི་ཟམ་གོན་དཔེན་ཤྲི་ཡིན། ལས་ཀ་འབེབ་ན། གསོད་ན། རྒྱལ་པོ་
ཤེས་སོད། ཁྱེད་རྣམས་ལ་ཆོས་བྱེད་པ་མ་གཏོགས། འདི་འདྲའི་བྱ་བ་ལས་

དོན་ཅི་ཡོད།”①ཅེས་དང་“ང་འདིར་ཡོད་པ་བ་སློན་ལྷེ་སི་པ་(ཞོན་ལེ་ཧྲེ་) རྣམས་དང་། ཁྱེད་རང་ས་སྐྱ་ནས་ཀྱང་བསམ་པ་ལ་གནས་པ་རྣམས་དང་། གཞན་ཡང་དབུས་གཙང་གི་བསམ་པ་ལ་གནས་པ་ཐམས་ཅད་ཀྱིས་དཔོན་ཆེན་གྱི་ར་མདའ་ལ་ཡོད་དགོས་ཟེར་བའི་ཡི་གེ་རིམ་པར་བྱུང་བས་ཡོད་པ་ཡིན། ངེད་ཆུ་མིག་དཔལ་གྱི་བདེ་ཆེན་དུ་ཡོད་པའི་དོན། ཁྱེད་ས་སྐྱར་འབུལ་བ་སྐྱེལ་དུ་ཡོད་པ་མ་ཡིན། སྐུ་ཁབ་(པ་གཞིས་)ཞུར་ཡོད་པ་མིན། བསྙེན་བསྐུར་འདྲེན་དུ་ཡོད་པ་མིན། ཁྱེད་སྐྱ་བའི་བླ་མ་ཚོར་ཡང་། ངས་ཕྱག་འཚལ་བ་མ་རེ། བླ་མའི་བུ་གཉིས་པོ་ཟེན་ན་འཛིན། ལག་ཏུ་ཆུར་ན་གསོད། དཔོན་ཆེན་འདོན་པ་དང་ཁྲིམས་གྲོགས་ལ་ཡོད་པ་ཡིན་”②ཞེས་དང་། དཔོན་ཆེན་ཉེན་ཁ་ལས་གྲོལ་ནས་ཆུ་མིག་ཏུ་ཕེབས་ཏེ་ཏའི་སི་ཏུ་དང་མཇལ་འཛོམས་སྐབས་གཞོན་རྒྱལ་དུ་དབེན་ཤ་(ཏུའུ་ཡོན་ཧོས་)དང་། སྐུ་ཞང་གཉིས་ཀྱིས་སི་ཏུའི་གྲལ་མགོ་འཚངས་པ་ལྷ་བུའི་བྱེད་བབ་གཟོ་མེན་གྱི་ཚུལ་དེའི་ཐད་སི་ཏུས་“ངས་བསམ་བློ་བཏང་བས། དབུས་ནས་ཡར་བརྟེགས་ནས། རྩམ་ནས་ཁྲི་ཚོ་ལྷག ཇ་བརྒྱ་ཙམ། ཚག་ལུག་སྟོང་ཁ་བུད། མེ་ཐུད་གྲངས་མེད། གསེར་སྲང་ལྔ་བརྒྱ་ཙམ། དངུལ་བྲེ་བཅོ་ལྔ་ཙམ། ཕྱག་སྣམ་ལ་གྲངས་མེད། ད་ལྷ་ཡར་བཅད་དུ་དབུས་ནས། ཇ་གསོལ་ཞིབ། མར་ཐུད། ཕྱག་སྣམ་རྣམས་ལམ་ཆགས་པ་ཙམ་དྲངས། རིན་སྤུངས། ཞུ་འབྲོག ཆུ་མིག་རྣམས་སུ་སྤུག་བསྡུལ་གི་བྲེས་པོ་འདི་ཙམ་ཞིག་ཁུར། ཁ་

---

① (རླངས་ཀྱི་པོ་ཏི་བསེ་རུ་རྒྱས་པ་ལྷུགས་པར་མའི་དེབ་ངོས254)

② (རླངས་ཀྱི་པུ་ཏི་བསེ་རུ་རྒྱས་པ་ལྷུགས་པར་མའི་དེབ་ངོས256)

རྫང་(ཡར་ལམ་) ཞུ་འབྲོག་ཏུ། ཕོ་རང་རྣམས་ལ་དཔོན་གྱིས་བྱས་དུས། དཔོན་མ་ཕེར་བར། ང་ལ་དཔོན་གྱིས་ཟེར་ནས་(ཕོ་ཚོ་ནས་) བཅའ་རྩེ་བླངས། ང་གྲལ་འགོར་བཏོན། ངོ་ཚན་དེ་དུས་ཚ་མོད། ད་ཟླ་བ་དེ་ཙམ་གྱི་བར་དུ། རང་རེས་སྡུག་བསྔལ་གྱི་ཕྲེས་པོ་ཁུར། རྒྱུ་གྲོང་ཚོགས་གསུམ་དེ་ལྟར་བཏོན་ནས། ད་སློབ་ཆེན་ལོན་པ་དང་། ཆུ་སྒྲོལ་མ་ཁད་ཟམ་པ་བསྐྱུར་བའི་ཚུལ་འདི་བྱེད། མདོ་སྨད་པའི་མི་ངན་ཕོ་པི་འདི་བྱེད་བསམ་པ་བྱུང་ཞིང་། སྐུ་ཞང་གཞོན་པས་གཞོན་རྒྱལ་གྱི་སྟོབས་སུ་སོང་བས། སྙིང་གཞོན་རྒྱལ་ལ་ན། དེ་ནས་ཕྱིར་ཕྱོན་པ་དང་། བླ་མ་དང་དཔོན་ཆེན་འདུལ་གྲ་བས། ཛ་འདྲིན་བྱེད་པའི་སར་བཞུད། རང་རེས་བཤར་ནས་ཡོང་། ཕོང་གཉིས་ལ་ལེན་པའི་ཡི་གེ་བརྩམས་”① ཞེས་དང་པཎ་ཆེན་བསོད་ནམས་གྲགས་པས“ ཤིང་རྟ་ལ་ས་སྐྱ་པ་ནང་འཁྲུགས་ཏེ་བླ་བྲང་ཤར་པས་རྒྱལ་བ་བཟང་པོ་བཙོན་དུ་བཟུང་། དེའི་ཚེ་སི་ཏུ་བས་ཆེན་པོ་རིན་ཆེན་བཟང་པོས་གཙོས་པའི་དམག་གི་དཔུང་ཆེན་པོས་སྡིགས་ནས་རྒྱལ་བ་བཟང་པོ་བཏོན་ཏེ། གཙང་གི་ས་ཆ་ཕལ་ཆེ་བའི་ཡང་བདག་མཛད། དེ་ནས་བཟུང་སྡེ་ཁྲི་སྐོར་བཅུ་གསུམ་པོ་རྣམས་ཀྱིས་དབུས་གཙང་དུ་གཉེར་དཔོན་བསྐོ་འཕེབས་སོགས་ལ་སི་ཏུ་བ་མཁྱེན་པའི་ཕེའུ་ཚེ་ཕུལ་ཞེས་གྲགས”②ཞེས་གསུངས་པའི་ཤིང་རྟ་འདི་སྤྱི་ལོ1354བར་བྱུང་དྲུག་པའི་ཤིང་རྟ་ཡིན་པས་དེང་དུས་ལོ་རྒྱུས་སྨྲ་བས་ཕག་གྲུས་བོད་ཁམས་ལ་དབང་བསྒྱུར་བའི་ཐོག་མའི་ལོ་ཚིགས་

① (རླངས་ཀྱི་པུ་ཏི་བསེ་རུ་རྒྱས་པ་ལྷུགས་པར་མའི་དེབ་ངོས265)

② (དེབ་དམར་གསར་མ་དེབ་ངོས78)

གྱིས་ངེས་པ་ཡང་འདི་ལ་བྱུས་པར་མངོན་པ་བཅས་ནས་གསལ་པོར་མཐོང་ཐུབ་པ་ནི་དེའི་སྐབས་ཕག་གྲུའི་སྟོབས་ཤུགས་ལ་སྲུས་ཀྱང་འགྲན་ཟླ་མེད་པའི་ཚད་དུ་སླེབས་པས་ས་སྐྱ་པ་རྫོག་རོལ་དུ་གཏོང་བར་ཚོགས་མེད་པ་ལྟ་བུར་གྱུར་ནའང་རྒྱ་གྲོང་ཚོགས་གསུམ་དེ་ལྟ་བུའི་སྒོ་ནས་དཔོན་ཆེན་རྒྱལ་བ་བཟང་པོ་ཉེན་ཁ་ལས་གྲོལ་ཐབས་བྱ་རྒྱུ་དེ་ནི་ཡོན་གོང་མའི་ཁྲིམས་སྲོལ་གྱི་གཞུང་སྲུང་བ་དང་། ས་སྐྱ་པའི་སྲིད་དབང་ལ་ཡོ་འཁྱོམ་ཆེན་པོ་མི་འབྱུང་བའམ་སྤྱིའི་བདེ་རྟོག་ཁོ་ནའི་ཆེད་བཅས་ལས་སི་ཏུ་རང་ལ་གོ་ས་དང་། དབང་རིས་ཐོབ་པའི་ཆེད་དུ་མིན་པ་བླམ་ཀུན་སྤྱངས་པར་གསུངས་པའི་ལན་ནས་མཚོན་ཐུབ། དེ་ཡང་“དེ་རྗེང་། བླམ་ཀུན་སྤངས་པ་སྤེལ་དུ་ཕྱིན། ངེད་ལ་ཡང་དག་པའི་ཐུགས་ཕབ་ནས་གསུང་ཕྱིན་པ་ལ། ཉིད་ཅག་གིས། རིན་ཆེན་སྤང་པའི་ཕྱོགས་སུ་ཞེན་པ་ཕོ་རྣས་བྱེད་པ་འདིའི་ཕྱེད་འམ་ཅག་ལྷ་ཁང་པའི་ཕྱོགས་སུ་བྱས་ན། ཉིད་ལ་དཔོན་ཆེན་ཡིན་ནའང་། འམ་ཅག་གིས་གོང་དུ་ཞུ་བ་བཏང་བས་ཚོགས་ཅིག་བདོག་གསུངས་དུས། རིན་ཆེན་སྤང་པ་ལ་ཕན་འདོགས་པའི་ཤེ་མོང་མི་འདུག་ཀྱང་། གནོད་པ་མ་བསྐྱལ། ཕྱིད་ལྷ་ཁང་པས། ང་སྡེ་སྲིད་ཀྱི་སྟེང་དུ་གནོད་པ། བདེ་རྟོག་དེ་ཙམ་པ་བསྐྱལ། ང་དཔོན་ཆེན་ལས། བྱས་ནས་གནའ་བསྐྱལ་”①ཞེས་གསུངས་པ་ལས་ཀྱང་མཚོན་པ་མ་ཟད། སྐབས་དེར་ཆུ་མིག་གི་འཁྲུམས་སུ་སྟོན་ཆེན་བཤམས་ཏེ་ཏའི་སི་ཏུ་གདན་དྲངས་པའི་ཐོག་དཔོན་ཆེན་རྒྱལ་བ་བཟང་པོའི་མི་རྒྱུད་ཚ་ཟོ་དང་། རྒྱུ་ནོར། དབང་རིས་དང་བཅས་པ་ཏའི་སི་ཏུ་བྱང་ཆུབ་རྒྱལ

① （རླངས་ཀྱི་པུ་ཏི་བསེ་རུ་རྒྱས་པ་དེབ་ངོས269）

མཚན་ལ་ཕུལ་བའི་རྒྱལ་བ་བཟང་པོའི་གཏམ་བཤད་ལ།

“ངེད་ཀྱི་མེས་པོ་དགེ་བཤེས་རིན་ཆེན་བརྩོན་དེས། བླ་མ་ཆོས་རྗེ་པ་དང་། བླ་མ་འཕགས་པ་ཆོས་རྒྱལ་རིན་པོ་ཆེ། འགྲོ་མགོན་ཕྱག་ན་སྐུ་མཆེད་ཁུ་དཔོན་གྱི་ཞབས་ཀྱི་པད་མོ་ལ་གཏུགས་ནས། རྒྱ་བོད་དུ་ལུས་སྲོག་གི་སྙིང་དུ་སྡུག་བསྔལ་འཁུར། སེ་ཆེན་རྒྱལ་པོ་ཡོན་མཆོད་ལ་ཤེ་མོང་འདབ་འདུག་དཔོན་བན་ཀན་པ་དང་། ང་རྒྱལ་བ་བཟང་པོས་ཀྱང་། ས་སྐྱ་པའི་གདུང་རྒྱུད་རིམ་པར་བྱོན་པ་རྣམས་ཀྱི་ཞབས་ལ་གཏུགས་ནས། ཞབས་ཏོག་ཤེ་མོང་རིམ་པར་འདབ་ནའང་། དུས་ད་ལོ། བླ་མའི་སྲས་པོ་གཉིས་ཀྱིས་མི་ངན་པའི་ཁ་སྐབས་སུ་བཏང་ནས། ང་བཟུང་། ཁུངས་མེད་ལ་འགྲོ་བར་བྱུང་ནའང་། ཁྱེད་སློབ་དཔོན་བྱང་ཆུབ་རྒྱལ་མཚན་པ་དམག་སྡེ་དང་བཅས་པ། རྒྱལ་པོའི་ཁྲིམས་དང་། ས་སྐྱ་པའི་བསྟན་རྩིས་ལ་དགོངས་ནས་བྱོན། ང་རྒྱལ་བ་བཟང་པོ་སྲོག་ཆུ་ནས་བཏོན། སྲོག་ཏ་ཙ་ཙམ་འདི་མ་ཆད་པ། མི་ཁྱོད་ཀྱི་དྲིན་ཡིན། ཉི་མ་དེ་རིང་ཕྱིར་བཅད་ནས། དགེ་བཤེས་རིན་ཆེན་བརྩོན། དཔོན་བན་ཀན་པ། ང་རྒྱལ་བ་བཟང་པོ་དཔོན་ཤྲིམར་བཅད་དུ་ཤ་ལ་བཅད་པའི་བུ་ཚ་བོ། བསགས་པའི་ནོར། བརྩིགས་པའི་ཁང་པ། བསྐྱངས་པའི་བུ་རྟ། ལྷ་ཤངས་ཙ་ཡུག བེ་རི་ཟེང་གསར་རྙིང་། སྲ་མོ་ཆེ་དང་བཅས་པ། ང་རྒྱལ་བ་བཟང་པོ་ཅི་ཤེས། ཁྱེད་སློབ་དཔོན་བྱང་ཆུབ་རྒྱལ་མཚན་ཤེས་པ་ཡིན་གསུངས་ནས། སློབ་དཔོན་གྲགས་པ་རྒྱལ་མཚན་གྱི་ལག་ནས་བཟུང་། ང་ལ་ཕུལ། ཀང་པ་ལ་འཛུར་བཙུག དཔོན་སྐྱ་བཟའ་

པ་བུ་ཧ་རྣམས་ཀྱིས་ཕྱག་སྐོར་བྱས་”①ཞེས་འཁོད་པ་ལྟར་ས་སྐྱའི་དཔོན་ཆེན་རྒྱལ་བ་བཟང་པོས་ཀྱང་རང་གི་མི་རྒྱུད་དང་བཅས་པ་ཧའི་སི་ཏུར་ཕུལ་ཏེ་བསྐྱབས་བཅོལ་ཞུས་པ་བཅས་ས་སྐྱ་པ་ཅི་བྱས་རང་གི་ལག་ཏུ་སོན་པ་ལྟ་བུར་གྱུར་ནའང་། སྐབས་དེར་སློབ་དཔོན་བསོད་བློ་བའི་གསུང་ལན་དུའང་“ཚ་མིག་ཁྲི་སྐོར། བླ་མ་མཁས་བཙུན་ཆེན་པོའི་ཡབ་ཪོགས་ཡིན་པས། སློབ་དཔོན་ཆེན་པོ་ཀུན་དགའ་རིན་ཆེན་པའི་སྐལ་བ་ལ། བཅའ་རྩེ་ན་ཚུད་པ་བཞིན། ཁོང་གི་ཕྱག་ཏུ་མ་འཁྲིས་བར་དུ། ཪྡོ་རྗེ་རྒྱལ་མཚན་བཞུགས་པ་ཡིན། ཁྱེད་རང་སྐུ་མཆེད་ཞལ་མཇལ་བ་དང་། གསུང་གླེང་མཛད་པ་ཞུ་ཞུས། ཪོང་རིན་སྤུངས་སྟག་འཛམས་དང་བཅས་པ་འདི། རེ་ཞིག་ངེད་ཀྱི་ཉ་ར་བྱས་ནས་གཙང་ཕྱོགས་ཀྱི་འཛུགས་གཞི་མ་གྲུབ་བར་དུ་ཉ་ར་བྱེད་པ་ལགས་”②ཞེས་གསུངས་པ་ལྟར་ཚ་མིག་དང་། རིན་སྤུངས་སྟག་འཛམས་དང་བཅས་པ་སི་ཏུས་གནས་སྐབས་བདག་སྐྱོང་གནང་བ་ལས་དེ་མིན་ས་སྐྱ་པའི་མངའ་རིས་གང་ཡང་བདག་བཟུང་མ་གནང་བར་སྔེ་གདོང་དུ་ཕྱིར་ཕེབས།

དེ་རྗེས་བྱང་པ་དཔོན་ཆེན་གྱིས་ས་སྐྱའི་ལྷ་ཁང་ཆེ་མོ་ཉར་བདག་མ་ཐུབ་པ་ཧའི་སི་ཏུ་བྱང་ཆུང་རྒྱལ་མཚན་ལ་ཕུལ་བ་ལྟར་ཕྱིས་རྗེ་བ་དང་རིན་ཆེན་འོད་ལ་ཪྒན་པའམ་འགན་འཁུར་བཅོལ་ནས་མི་ཉིས་བརྒྱ་ཙམ་བཞག་སྟེ་བདག་བཟུང་གནང་།

① (རླངས་ཀྱི་པུ་ཏི་བསེ་རུ་རྒྱས་པ་དེབ་ངོས272)
② (རླངས་ཀྱི་པུ་ཏི་བསེ་རུ་རྒྱས་པ་དེབ་ངོས277)

བར་སྐབས་བླ་མ་ཀུན་སྤངས་པ་ས་སྐྱར་བསྐྱོངས་པ་སོགས་ས་སྐྱ་པ་ནང་ཁུལ་གྱི་གྲོད་གཞིའི་འཛུགས་བྱེད་པར་དཔོན་ཆེན་རྒྱལ་བ་བཟང་པོས་ཏའི་སི་ཏུ་ཆུ་མིག་བར་ཕེབས་དགོས་པའི་བརྡ་ལན་འཁྱེར་པའི་ཁར་"བླ་མ་དམ་པ་ཆོས་རྗེ་པས་གཙོ་མཛད། ས་སྐྱའི་བཀའ་གྲོས་པ་རྣམས་ཀྱིས་བཙའ་རྩེ་བྱས་ནས། ཁྱེད་ས་སྐྱར་བླ་མ་བདག་ཉིད་ཆེན་པོ་ལ་སློབས་པའི་ས་སྐྱ་པའི་བུ་རྐན་ཡིན་ཞིང་། ཁྱེད་ལ་སྟོབས་དང་ནུས་པ། དཔུང་དང་ཤེ་མོང་ཡོད་པས་རྒྱལ་པོའི་ཁྲིམས་དང་། ས་སྐྱ་པའི་བསྟན་རྩིས་ལ་བསམས་ནས། འཛུགས་གཞི་བྱེད་པ་ལ་ཅིས་ཀྱང་ཡོང་དགོས"①ཞེས་བསྐུལ་བ་ལྟར་ས་སྐྱར་ཕེབས་པའི་ལམ་བར་"དཔོན་ཆེན་པ་ལྷ་རྩེར་བཀའ་གྲོས་ལ་གདན་འདྲེན་དྲངས་ནས་དཔོན་ཆེན་དབང་བརྩོན་ཡབ་སྲས་དང་། མཁན་པོ་ནམ་ཡེའི་སྐྱོན་ཡིན་ནམ་ཟེར་བ་ལ། ཨ་རག་གསོལ་བ་མང་བས་ལན་ཟེར་གྲོངས་འདུག"②པའི་གནས་ཚུལ་གསན་ཐོས་བྱུང་བ་དེ་འཕྲལ་ས་སྐྱར་དཔོན་ཆེན་གྱི་གཉེགས་རྫོངས་བྱེད་གྲོགས་ལ་ཆེན་པོ་རིན་བཟང་པ་བརྫངས་ཏེ་གཉེགས་རྫོངས་ལེགས་པོ་བསྒྲུབ་གྲོགས་མཛད་ཅིང་། དེའི་དུས་ཏེ་སྤྱི་ལོ1358ས་ཁྲི་པོ་ས་སྐྱའི་སློབ་དཔོན་ཆེན་པོ་བསོད་བློ་བ་གོང་སར་གདན་འདྲེན་པའི་གསེར་ཡིག་པ་ཀླུ་རྒྱལ་ཏོ་ཤྲི་མགོན་དང་། རྒྱལ་རིན་དཔོན་པོས་བྱང་ཆུབ་རྒྱལ་མཚན་ལ་ཏའི་སི་ཏུའི་དམ་ཁ་དངོས་སུ་ཕུལ་རྗེས་ས་སྐྱར་ཕེབས་ཏེ་སྲིད་དོན་འཛུགས་གཞི་ལེགས་པར་མཛད། འདི་སྐབས"ས་སྐྱ་མར་བཅད་དུ་ཡོད་

① (རླངས་ཀྱི་པོ་ཏི་བསེ་རུ་རྒྱས་པ་དེབ་ངོས298)
② (རླངས་ཀྱི་པོ་ཏི་བསེ་རུ་རྒྱས་པ་དེབ་ངོས299)

པའི་ཚེ་གཉན་བཙན་མ་ལ་འཚམས། སྤྱི་སྣོས་ཀུན་ལ་ཁེབས་སུ་ཆེ་བའི། ཀུན་གྱི་མཐོང་སྣང་དུ་གྲུབ་ཅིང་། ལེགས་ཟེར་བའི་བཙའ་རྗེ་ཆེ་མོ་དེ་རླངས"①ཞེས་གསལ་བ་འདི་ནི་ཏའི་སི་ཏུ་བྱང་ཆུབ་རྒྱལ་མཚན་གྱིས་བོད་ཁམས་ཡོངས་ལ་དབང་སྒྱུར་བྱེད་པའི་ཕག་གྲུ་སྡེ་སྲིད་ཀྱི་སྲིད་དབང་དངོས་སུ་ཚུགས་པ་དོན་གྱིས་གཏན་འཁེལ་བ་ཡིན་མོད། འོན་ཀྱང་སྐབས་འདིར་ས་སྐྱ་པའི་རྒྱུད་དོན་ཞི་འཛུགས་མཛད་པའི་ཁྲིམས་ཐོག་དེ་ལས་འགལ་མེད་དགོས་པའི་ནན་བཤད་མཛད་པ་དང་། སི་ཏུའི་དེབ་ཐེར་ཆེ་མོར"ལྷ་ཁང་ཆེ་མོར་ཡང་། ཉི་མ་གསུམ་བཞིའི་བར་དྲོ་དྲོ་བར་ཇ་བུར་ཡར་བཅད་དྲངས་ནས། བཙའ་རྗེ་ཆེ་མོའི་སྟེང་ནས་འབྲུ་གཉེན་བྱས། སྐྱོན་ཡོན་བསྐྱུད་འབྱུང་རྣམས་དགོངས་སུ་བཙུག་ཅིང་ངོ་མ་བསྒྲུངས། ཁྲིམས་ཐོག་འདིར་མ་བཞག་ན། གེབ་ཅག་ཏའི་ཕེང་འཛིང་དང་། སི་ཏུ་དར་མ་རྒྱལ་མཚན་སོགས་བསྒྲལ་བ་(ཕྱིར་ལོག་པ་)དང་། ཁྱེད་རང་རྣམ་པས་གང་དྲན་བྱས་པ་ཚོག་པ་དེ་དང་མི་འདྲ། ང་སྡེ་གདོང་རྗེ་མཁར་སྟོན་པོར་བསྟོད་ཀྱང་། བུ་ཀྲ་རྣམས་བཏང་བས། ཁྱེད་རྣམ་པ། ངས་བརྟུང་ཐུབ་པས། ངས་བཙའ་རྗེའི་རྟེང་གཉོན་ངེས་པས། བདའ་འདེད་མ་དགོས་པ་ཞིག་མཛད་པར་ཞུ"②ཞེས་ས་སྐྱའི་ཁྲིས་དབང་པ་རྣམས་ལ་གསུངས་པ་ལྟར་ཚང་མར་ཚུལ་མཐུན་འགྲོ་བཟོ་སྟོད་མཁས་དགོས་པའི་དྲན་བསྐུལ་གནང་བ་ལས་ད་དུང་ས་སྐྱའི་དབང་རིས་ཁུངས་སོ་སོས་བདག་སྐྱོང་བྱེད་བཞིན་པར་གསར་སྤྲོས་གང་ཡང་གནང་མེད།

---

① (རླངས་ཀྱི་པུ་ཏི་བསེ་རུ་རྒྱས་པ་དེབ་ངོས300)

② (རླངས་ཀྱི་པུ་ཏི་བསེ་རུ་རྒྱས་པ་ལྷུགས་པར་མའི་དེབ་ངོས302)

དེ་རྗེས་སྤྱི་ལོ1358ས་ཁྱི་ལོ་དེའི་ནང་ཁང་གསར་བ་རྫོང་པ་གྲགས་རྒྱལ་དང་བཅས་པ་ལྷ་རྗེ་བ་ལ་འདྲེས་ནས་ནང་གྲགས་དང་བཅས་པས་ངམ་རིང་ལ་རྗེག་པར་ཡོང་སྐྱེ་ཟང་ཟང་མར་བཅད་ཐམས་ཅད་རྩ་མེད་ལ་བཏང་སྐྱེ་བྱིང་པ་ད་ཡོད་དེ་མེད་ཀྱི་ཉེན་ཁར་ཐུག་པ་བྱུང་པས་སི་ཏུའི་རོགས་རམ་ཐོབ་རེས་ར་མདའ་སྒྲོན་མེ་རིམ་པར་སླེབས་པས་སི་ཏུས་དཔའ་ཤེ་ཚུལ་བཟང་གིས་འགོ་ཁྲིད་པའི་གོང་དཀར་བའི་དམག་དཔུང་སྔོན་ལ་བཏང་ཞིང་། གཞོན་ནུ་རིན་ཆེན་གྱི་དཔུང་རྣམས་འཇོད་དུ་ཡོད་པའང་མཉམ་དུ་ཕྱིན། ཆེན་པོ་རིན་བཟང་གི་དཔུང་རྣམས་ལྷ་རྗེར་མངགས"བཅའ་རྗེ་དཔང་པོར་བཞག་ནས། ལྷ་རྗེ་བ་མི་བདེན་ན་ལྷ་རྗེ་བ་ལ་རྩ་ར་བྱེད། བྱང་པ་མི་བདེན་ན་བྱང་པར་རྩ་ར་བྱེད་བྱས་ནས་བཏང་། ཆེན་པོ་བས་འགོ་བྱས་རྣམས་སྙེ་ཚར་སླེབས་པའི་དུས་སུ། ལྷ་རྗེ་ནས། དཔོན་ཆེན་དབང་བརྩོན་ཡབ་སྲས་ཀྱིས་འགོ་བྱས། དམག་རྣམས་ཀྱིས་ལྷ་ཁང་ཆེན་མོ་ལ་བསྐོར། ར་མདའ་དགོས་ཟེར་བ་སླེབས་ནས། དམག་ར་ས་ཁལ་སྣང་ལ་འགྲིམ་རྒྱུ་ཡིན་པ། ས་སྐྱ་ལ་བསྐྱུར་བས། དགོན་ཚིག་མཁའ་འགྲོའི་ཕྱིན་ཐབས་ལ། ས་སྐྱའི་དམག་ཧྲུས་ལེགས། དཔོན་ཆེན་དབང་བརྩོན་བཟུང་། མི་ནག་ཆེ་བ་ཚན་ཆེར་བསད། བཞི་བརྒྱ་དྲུག་ཅུ་རྩ་བཞི་ཙམ་མིག་ཕྱུང་"①བ་བཅས་དྲག་པོས་ཕ་རོལ་པོ་རྩེག་མེད་བཏང་བ་འདི་ནས་བཟུང་ས་སྐྱ་པར་སྟར་མུས་སྲིད་སྐྱོང་དུ་བཙུག་ན་ཀུན་ལ་ཕན་ཐོགས་མེད་པར་དགོངས་ཏེ་སི་ཏུས་བོད་ཁམས་ཡོངས་ལ་ཁ་ལོ་བསྒྱུར་བའི་འགོ་ཚུགས་པ་དཔེར་ན། སྟོ་བྱང་གཉིས་ཀྱི་ཁྲིད་གཞིའི་སྐོར་ལ་

① (རླངས་ཀྱི་པུ་ཏི་བསེ་རུ་རྒྱས་པ་ལྷུགས་པར་མའི་དེབ་ངོས308)

"ལྷ་རྗེ། བླ་མ་དམ་པ་དང་། མཁན་ཆེན་བུ་སྟོན་པའི་དཔང་ལག་ཏུ་བཞག་ནས། སློབ་དཔོན་ཆེན་པོ་གཞི་ཐོག་པ། ལྷ་ཁང་བླ་བྲང་དུ་བཞུགས་ནས་ཆོས་གསུངས་བ། ཛག་པ་ཨར་པ་མི་བརྟེན་པ། སློབ་དཔོན་ཆེན་པོ་བསོད་བློ་བ་ལ་གོང་མའི་གནང་བྱིན་ཕྱག་ཏུ་ཕུལ། ཞུ་འབུལ་བསྐྱར་མ་བྱས། ཟླ་བ་བཞི་པ་ལ་བཏེག་ནས། གོང་དུ་འགྲོན་པའི་ཡིག་ཁྲིགས་བྱས། ཀུན་ལ་ཕན་པའི་འཛུགས་གཞི་ཚར་ནས། རང་རེ་ཡར་ལུངས་སུ་སླེབས"①ཞེས་དང་། "ལྷ་ཁང་ཆེ་མོ་རང་རེས་བཟུང་ཡང་། བླ་མ་དམ་པ་ནི་ས་སྐྱར་མི་འགྲོན་པར་འདུག ས་སྐྱ་བཤིག་པའི་ཁག་ངག་ལེན་དོན་མི་འདུག་པས། གཏོད་རྒྱུ་བྱུང་པ་དཔོན་ཆེན་ལ་ཡིན་ནའང་། ཁོང་གིས་ཀྱང་ཉ་ར་མི་ཡོང་བར་གོ་ནས། སློབ་དཔོན་ཆེན་པོ་བློ་གྲོས་རྒྱལ་མཚན་པ་དང་། དཔོན་ཆེན་བྱུང་པ་ཁ་འཆམ་ནས། ཕྱག་རྟགས་ཉིས་འགྱུར་བྱས་པའི་ལྷ་ཁང་ཆེ་མོ་ལ། འདི་ལྟར་མཛོད་ཟེར་བ་ཞིག་དགོས་བྱས་པས། ཁོང་རང་རྣམ་པ་གཉིས་ཀའི་ཕྱག་རྟགས་ཉིས་འགྱུར་བྱས་ནས། ས་སྐྱའི་སྤྱི་མི་ཁག་ཐེག་རྣམས་ལ་དཔང་ལག་ཏུ་གཏད། ནང་ཁག་མཁན་ཆེན་བསོད་ནམས་དཔལ་དང་། དཔོན་འཕགས་ཀྱིས་ཁུར་ནས། གཞན་ཕྱོགས་སུ་མི་འཚོར་བ་དང་། ཛག་ཚང་མི་བྱེད་པར་བྱས། དཔོན་འཕགས། ལྷ་ཁང་བླ་བྲང་གི་ཉེ་གནས་ཆེ་པོ་ལ། སློབ་དཔོན་ཆེན་པོ་བློ་གྲོས་རྒྱལ་མཚན་པ་རང་གིས་ཀྱང་བསྐྱོས་འདུག་ཅིང་། རང་རེས་ཀྱང་གོང་དཀར་དུ་བྱུང་བ། ཉེ་གནས་ཆེ་པོ་ལ་བསྐོ་བཞག་བྱས་ནས། རིན་ཆེན་དཔལ། དཔལ་ཤེ་ཤེས་རྫོར་གྱི་སྟེང་དུ་བཏང་། ལྷ་ཁང་ཆེ

① （རླངས་ཀྱི་པུ་ཏི་བསེ་རུ་རྒྱས་པ་དེབ་ངོས309）

མོ་དང་། ལྷ་ཁང་བླ་བྲང་གི་གཏོད་ལེན་བྱེད་པ། རང་རེའི་ཏོར་འདྲ་རྣམས་ས་སྐྱར་གཅིག་ཀྱང་མ་ལུས་པ་ཕྱིར་ཡོང་བའི་དོ་དམ་དྲན་བསྐུལ་བྱས་ནས་ཡོད་པས། ཆེན་པོ་འཕགས་པ་དཔལ། ཡར་མགྱོགས་པར་ཕྱོན་བྱས་ནས་བཛྲངས་"① ཞེས་སི་ཏུའི་དེབ་ཐེར་ཆེན་མོར་གསལ་པོར་འཁོད་གནང་མཛད་པ་ལྟར་ཕྱོ་བྱང་གཉིས་ཀྱི་འབྲུན་ཐག་གཙང་མར་བཅད་པ་དང་། ས་སྐྱའི་ལས་དོན་ཆེ་རིགས་ལ་ཐད་དཀར་བགོད་འདོམས་གནང་བ་དེ་ལས་མ་འགལ་བ་བྱེད་པའི་ཆེད་དཔང་པོ་དང་བཅས་པའི་གན་རྒྱ་འབུལ་ལེན་བཅས་ས་སྐྱའི་བླ་མ་དམ་པ་རང་གི་རྩ་བའི་བླ་མར་བརྟེན་བཀའ་གསུང་ཅི་སྒྲུབ་ཞུ་གནང་ལས་དེ་མིན་ས་སྐྱའི་བླ་མ་དང་། དཔོན་ཆེན་དང་བཅས་པས་གན་དོན་འགལ་མེད་བརྩི་བསྐྱུར་དགོས་པ། དཔོན་འཕགས་ལ་ལྷ་ཁང་ཆེན་མོའི་དོ་དམ་དང་། ལྷ་ཁང་བླ་བྲང་གི་ཉེ་གནས་ཆེན་པོ་བསྐོས་པའི་ཕན་ཚུན་རྩིས་སྤྲོད་ཀྱི་སྤྲོད་དཔང་དུ་ཆེན་པོ་འཕགས་པ་དཔལ་གཏོང་གནང་གིས་རྩིས་སྤྲོད་ཀྱི་ལས་དོན་ཟིན་མཚམས་སི་ཏུས་དེ་སྔ་ས་སྐྱར་འཛོག་གནང་མཛད་པའི་དཔའ་ཤི་དཔུང་བཅས་གཅིག་ཀྱང་མ་ལུས་པ་སྣེ་གདོང་དུ་ཕྱིར་འཐེན་མཛད་པ་སོགས་སྐབས་དེའི་དུས་བབས་སྤྱི་ལ་ཕན་ཐོགས་ཡོད་པའི་བྱ་ཐབས་མང་པོ་ཕྱག་ལེན་བསྟར་བ་བཅས་ཀྱི་སྐོར་གོང་ས་ལྔ་པ་ཆེན་པོས་ཀྱང་"དེ་ལྟར་འབྲི་ཚལ་གཡའ་བཟང་ས་སྐྱའི་དཔོན་ཆེན་སོགས་སྟོབས་འགྱུར་དྲེགས་པས་མྱོས་པའི་རྗོལ་བའི་ཀླན་ཀ་ཅན་རྣམས་ལ། ཅི་སྲིད་དུས་མིན་དུ་ང་རོའི་སྐད་འབྱིན་པར། གདོང་ལྔའི་དབང་པོ་དགྲ་ཟླར་མི་སེམས་པའི་ངང་ཚུལ་བཞིན་

① (ལྷང་ས་ཀྱི་ཕུ་ཏི་བསེ་རུ་རྒྱས་པ་ལྒགས་པར་མའི་དེབ་ངོས320)

མཛད་ཀྱང་། ཚུར་འགེབས་ཀྱི་བྱེད་པ་དུག་སྦྲུལ་སྒོང་འཁྱེར་གྱི་སྣང་ཚུལ་ལ་བརྟེན་ནས་གཞན་སྡེའི་མངའ་ཐང་ཐམས་ཅད་དཔུང་ཤེད་ཀྱིས་བཅད་ནས་ནུབ་ཕྱོགས་ཆུ་ལྷའི་མཐར་ཐུག་གི་བར་དུ་བཀའ་རྟགས་ཀྱི་ཕྱག་རྒྱ་བཙན་པོས་གསེར་གྱི་གཉའ་ཤིང་ལྟ་བུར་ལྕི་བའི་རྒྱལ་ཁྲིམས་ཀྱི་འོག་ཏུ་བཙུག……"①ཅེས་གསུངས་པ་ལྟར་ཏའི་སི་ཏུ་བྱང་ཆུབ་རྒྱལ་མཚན་གྱིས་ས་སྐྱ་པའི་དབང་བསྒྱུར་མཇུག་སྒྲིལ་བ་བཟློས་པ་མ་ཟད། སྐབས་དེའི་རྒྱལ་ནང་དང་། བོད་ཀྱི་དབང་བསྒྱུར་པའི་ཁྲིམས་ལུགས་ལག་བསྟར་གྱིས་མཚོན་པའི་ཕྱོགས་གང་ཅིའི་བྱ་བར་ཕྱོགས་བསྡོམས་གཏིང་ཟབ་པོ་ཞིག་གནང་ཡོད། དེ་ཡང་སི་ཏུའི་དེབ་ཐེར་ཆེ་མོའི་ནང་ས་སྐྱའི་བླ་མ་ཁ་གསར་བའི་གནད་དོན་སྐོར་དཔོན་ཆེན་རྒྱལ་བ་བཟང་པོའི་ཤགས་ལན་དུ། "དར་མ་རྒྱལ་མཚན་སི་ཏུ། རྡོ་རྗེ་ལྷུམ་ཏུ་ཁྲི་ཨ་སྭན་པོ་ཁ་ཚེ་དབེན་གྱིས་གདན་དྲངས་པའི་འཇའ་སའི་ནང་ན། མངའ་རིས་ཀྱི་མངའ་བདག་དང་། ཞང་མཁན་པོས་འགོ་བྱས་རྣམས། ཞག་བཞི་བཅུའི་ནང་དུ་ངོ་བལྟས་ན་ཉེས་པ་ཐར་དུ་ཆུག་ལ། མིང་དང་ལས་ཀ་གང་འོས་བྱིན་གསུང་བ་ཡོད་པ་ཡིན་པ་ལ། ཞབས་ཁ་འཇའ་མོར། འཇའ་ས་བསྒྲགས། འཇའ་ས་བསྒྲགས་ནས་ཞག་བཅོ་བརྒྱད་སོང་བ་དང་། ཞང་མཁན་པོ་ཕ་བུས། ཁྱེད་དཔོན་ཆེན་ལ་བབས་རྗེས་བཅོལ་ནས་བབས་འདུག་པ་ལ། ཞག་གསུམ་སོང་བ་དང་བསད། གསལ་ལེ་རྫོང་བསྐྱིལ་ནས། གོང་དུ་ཞུ་བ་བཏང་བ་ལ། གསལ་ལེ་རྫོང་ཕབ། ཞང་མཁན་པོས་འགོ་བྱས་རྣམས་བསད་ཡོད་པས། སི་ཏུ་དར་མ་རྒྱལ་མཚན་ལ་

① (དཔྱིད་ཀྱི་རྒྱལ་མོའི་གླུ་དབྱངས་དེབ་ངོས138)

གཉན་སྦྱིན་དང་། ལས་ཀ་སྦྱོར་བ། དཔོན་ཆེན་རྒྱལ་བཟང་གིས་ཀྱང་གོང་མའི་ཕྱོགས་སུ་བསམས་ནས་དམག་ལེགས་པར་འཐབ་ཡོད་པས། གཉན་སྦྱིན་དང་ལས་ཀ་སྦྱོར་བ་ཞུ་ཟེར་བའི་བའོ་བཏང་ནས། འཛའ་སའི་ལུགས་བཞིན་ངོ་ལྷ་བྱས་པའི་མི་བསད་ནས། རྒྱལ་པོའི་ལུང་ཞོག་པར་བཏང་ངམ་མ་བཏང་། ཁྲིམས་ལ་ཕོག་ཚུད་བྱས་སམ་མ་བྱས། ང་སྔེ་གདོང་གོང་དཀར་ནས། རྒྱལ་རྒྱུད་མི་དཔོན་གསེར་ཡིག་པ་སུ་བྱུང་ཡང་། བསུ་བ་ལ་ཐག་རིང་པོར་མི་འགྲོ་བར། ཐེམ་པ་ལ་རྫོག་པ་གཏོད་པའི་དོན་དེ་ཡིན། ངས། རྒྱལ་པོའི་ཁྲིམས་བཟུང་། གན་མེ་ཏོག་གིས་འགོ་བྱས། སྤུད་ཆེ་ཆུང་། ཁྲིམས་ལས་ཀྱི་བྱ་བ་དྲང་པོར་བསྒྲུབས་པའི་མི་དཀར་པོ་ལ། ཞྭ་ནག་པོ་གཡོགས་སམ་མ་གཡོགས། གོང་དུ་ངོ་ལོག་ཟེར་བའི་ཞུ་བ་བཏང་ངམ་མ་བཏང་། ཉིད་ཅག་མི་དགོས་གོང་ན་ཡང་། རྒྱལ་པོ་ཁོ་རང་གི་སྲས་བཙུན་མོའི་ལུས་ལ་ཡོད་པ་ཉ་ར་མ་ཐུབ་པ་བསད་པ་དང་། ཨལ་ཐེ་མུར་ཐ་ཤྲཱི དྲིན་ཅན་གི་བུ་ཚ་རྒྱུད་དང་བཅས་པ་རྩ་བ་བཅད། ཐོག་ཏ་ཐ་ཤྲི་བློན་པོ་རིན་པོ་ཆེ་ལྷ་བུ་ག་མ་ཞར་བས་ཀྱོག་བྱས་ནས་བཀྱོངས། ཏའི་ཏུར་ཡང་ཁྲིམས་ལ་ཕོག་ཚུད་ཆེས་པས་མ་སྐྱིད་པ་འདི་ཡིན་”①ཞེས་དང་། “ས་སྐྱ་པའི་ཡང་། བླ་མ་ལས་ཉེ་གནས་དབང་ཆེ། དཔོན་ཆོས་ལས་དཔོན་སྐྱ་རྣམས་དབང་ཆེ། ཐམས་ཅད་ལས་ནག་མོ་དབང་ཆེ། ད་ས་སྐྱ་པའི་བསྟན་པ་ཉམས་པ་འདི་ཡིན་པས། སྐྱོན་འདི་རྣམས་གོ་བར་གྱིས་”②ཞེས་གསུངས་པ་ལྟར་སྲིད་དབང་སྐྱོང་

① （རླངས་ཀྱི་པུ་ཏི་བསེ་རུ་རྒྱས་པ་ལྷུག་པར་མའི་དེབ་ངོས284）

② （རླངས་ཀྱི་པུ་རི་བསེ་རུ་རྒྱས་པ་ལྷུག་པར་མའི་དེབ་ངོས373）

ལུགས་ཐད་རང་རྒྱལ་གྱི་ཡོན་རྒྱལ་རབས་དང་། བོད་ཀྱི་ས་སྐྱ་པའི་སྲིད་དབང་ཉམས་གུད་དུ་འགྲོ་བའི་གནད་དོན་ལ་བརྟག་དཔྱད་གཏིང་ཟབ་གནང་སྟེ་ཕག་མོ་གྲུ་པའི་སྲིད་དབང་སྐྱོང་ལུགས་སྐབས་དེའི་དངོས་ཡོད་གནས་ཚུལ་དང་འཚམས་ཐུབ་པར་དགོངས་པ་ནན་ཏན་བཞེས་ཏེ་ཕྱི་རབས་རྣམས་ལ་ཕན་པའི་ཞལ་གདམས་མང་པོ་གཏན་འབེབས་ཀྱང་གནང་ཡོད།

(1) དམག་ས་ནས་ཐོབ་དངོས་དམག་མི་དང་། དམག་འཁྲིར་བདག་པའི་སྐོར།

ཕག་མོ་གྲུ་པར་བར་སྐབས་བསྐོར་བཅོམ་ཚུར་རྐོལ་མང་པོའི་ཡ་ལན་སྲུད་ཆེད་རང་ཁོངས་ནས་དམག་མི་མང་པོ་བསྡུ་རུབ་བྱ་དགོས་བྱུང་བར་བརྟེན་ནས་མི་སེར་ལ་ སྡུར་མེད་པའི་ཁག་སྡུག་ཆེན་པོ་བྱུང་བའི་གུན་གསབ་ལྟ་བུར་དམག་འགྱེད་རིམ་པའི་ནང་ཐོབ་པའི་རྒྱུ་དངོས་རྣམས་ཕག་གྲུ་གཞུང་ནས་བསྡུ་ཞར་མི་མཛད་པ་དཔོན་དམག་རྣམས་དང་དམག་མི་འཁྲི་ཁྱུངས་མི་སེར་རྣམས་ལ་རང་བདག་ཆོག་པ་མཛད་ཡོད་པའི་སྐོར་ཏའི་སི་ཏུའི་གསོལ་འདེབས་རིང་མོའི་ནང་།

"གྲོང་གསེབ་རྟ་བའི་དབང་པོ་གཏོད། །
དར་ཅིག་རྟ་བའི་དབང་པོ་གཏོད། །
དཔོན་སྐྱ་བཟང་པ་ཆེ་གཉན་དང་། །
བུ་རྟ་མི་སྟེ་མི་དམངས་ལ། །
དམག་རྫུས་ལེགས་པའི་འབྲས་བུ་ཡིས། །
གསེར་དངུལ་ཟངས་ལྕགས་སྲུད་པ་དང་། །
གོས་དར་གསེར་གཡུ་རིན་ཆེན་དང་། །

བེར་ཐུལ་ཐོང་རིང་གཡོན་བསྐོལ་དང་། །

པགས་རིགས་སློག་པ་ཁྱད་འཕགས་དང་། །

མཛོ་རྟ་ཁྱུ་དྲས་བྱེད་པ་དང་། །

གནག་ལུག་ཁྱུ་དྲས་བྱེད་པ་དང་། །

ནོར་རྫས་ལམ་ལ་ཐོང་ཚད་དྲངས། །

བདག་ལ་གནངས་ཕུད་ཞིག་གང་ངམ། །

ངར་ཁ་གང་ཡང་འབུལ་མི་མེད། །

གོ་ཁྲབ་སྒྱིད་པ་ཁྱད་འཕགས་ཀུན། །

དགྲ་ཕྱོགས་པ་ལ་འཚོང་བར་འདུག །

ནང་དུ་བཏང་ཨེ་ཡོད་སེམས་” ① ཞེས་གསུངས་པ་ཏའི་སེ་ཏུའི་སྲིད་སྐྱོང་སྟངས་ཀྱི་དགོངས་པ་ཁྱད་པར་འཕགས་པ་འདི་ལྟ་བུ་བོད་ཀྱི་ལོ་རྒྱུས་ཐོག་སྔར་བྱུང་སྔོན་མེད་ལ་དམངས་སེམས་གཅིག་ཏུ་བསྒྲིལ་བའི་འཐབ་རྩལ་གལ་ཆེན་པོ་ཞིག་ཡིན་པ་འདིས་ཕག་མོ་གྲུ་པ་གཞན་སྟེ་ལས་རྣམ་པར་རྒྱལ་བར་ནུས་པ་ཆེན་པོ་ཐོན་པ་གོར་མ་ཆག

（2） ཁྲལ་ཆག་བཏང་བའི་སྐོར།

བར་སྐབས་ཟེར་བུན་བསྟུད་མར་བྱུང་བའི་ནང་མི་སེར་ལ་ཤུགས་མ་ཐུབ་ཀྱི་བརྡབས་གསིགས་བྱུང་བ་དང་། ཞིང་འབྲོག་ཐོན་སྐྱེད་རྒྱུན་གཏན་ལྟར་བྱེད་མ་ཐུབ་པ་ལ་སོགས་པའི་རྒྱུ་རྐྱེན་ལ་བརྟེན་ནས་ཁག་སྡོང་ཅི་ཆེ་བྱུང་བ་དབུགས་ངལ་གསོ་བའི་ཆེད་རྒྱ་ཁྱབ་མི་སེར་ལ་ཁྲལ་ཆག་དང་། ལྷག་པར་

① （རླངས་ཀྱི་པུ་ཏི་བསེ་རུ་རྒྱས་པ་ལྷུགས་པར་མའི་དེབ་ངོས402）

ཁག་སྒྲུང་དམིགས་བསལ་བྱུང་བར་དེ་བས་བལྟ་སྐྱོང་ཆེན་པོ་གནང་སྟེ་ལོ་བསྟུད་མར་ཁྲལ་ཆག་ལག་ལེན་བསྟར་བ། རྐང་འགྲོའི་ཁྲལ་རིགས་ནས་ཀྱང་རྒྱུན་གཏན་རང་བཞིན་དུ་བཟོས་ཡངས་ཅི་ཆེ་ཡོང་ཐབས་བཅས་འབངས་མི་སེར་གྱི་ཐོན་སྐྱེད་ཐོང་འཕེལ་དང་འཚོ་ཆེས་ལ་ཕན་པའི་བྱ་ཐབས་མང་པོ་ཕྱུག་བསྟར་གནང་བའི་སྐོར་ཡང་། ཧའི་སི་ཧུའི་གསོལ་འདེབས་རིང་མོའི་ནང་།

"ངེད་ནང་སོ་ནམས་ནི་མི་སྡེ་ལ། །
ཁྲལ་ལ་ཕྱེད་ཆག་རིམ་པར་བྱས། །
གན་དང་མེ་ཏོག་ལོ་སྤྲེལ་བཞག །
མི་སྡེ་ལས་ནི་བསྡུས་པ་མེད། །
འཕྲུལ་ཁྲལ་མང་ཟེར་སྐད་ངན་འདོན། །
ཐོགས་པ་རྣམས་ནི་ཆ་བདེན་ཙམ། །
གཞུང་ཁྲལ་འཇལ་ཚོ་ཅི་ཕྱིར་དུ། །
"①ཞེས་དང་།
ལྷ་སྡེ་མི་སྡེ་ཚུར་ཉོན་དང་། །
སྔར་གྱི་ཨུ་ལག་གྲངས་མེད་ལ། །
ད་ལྟ་དུད་རེ་ཨུ་ལག་རེ། །
དམག་ཀྱང་དེ་དང་འདྲ་བ་ལ། །

① （ རླངས་ཀྱི་པུ་ཏི་བསེ་ཏུ་རྒྱས་པ་ལྔགས་པར་མའི་དེབ་ངོས406）

མ་ནུས་སྐད་ངན་འདོན་དོན་མེད། །①ཅེས་གསལ་བ་སོགས་མི་སེར་རྣམས་ལ་འོས་འཚམས་ཀྱི་ཁྲལ་ཆག་གནང་བ་དེས་ཞིང་འབྲོག་ཐོན་སྐྱེད་སྐར་གསོ་ཐུབ་པ་དང་། མང་ཚོགས་ཀྱི་འཚོ་བ་ཡང་རིམ་བཞིན་ཡག་ཏུ་སོང་བའི་སྐོར་གསོལ་འདེབས་རིང་མོའི་ནང་།

" ཐལ་བ་ལག་མཐིལ་ཙམ་ཞིག་མེད། །
ཞིང་གི་ཟུ་ལ་བྱེའུ་མི་ཐར། །
རི་ཀླུང་མེད་པ་ཞིང་དུ་སོང་། །
དེ་ཕྱིར་སྐད་ངན་འདོན་དོན་མེད། །" ②

ཅེས་གསུངས་པ་ལྟར་བར་སྐབས་ཟེར་བུན་གྱི་རྐྱེན་པས་ས་ཞིང་ཐལ་བ་སྐྱ་ཆག་ཏུ་ལུས་ཏེ་ཞིང་ལས་ལ་འཐུས་ཤོར་བྱུང་བ་རྣམས་ཀྱང་སྐར་གསོས་ཏེ་ས་ཞིང་ཐལ་བ་སྐྱ་ཆག་ཏུ་ལུས་རིགས་མེད་པ་"མ་ཟད། ས་རྒྱུ་གཤིན་པོ་གསར་སྤྲོལ་འོས་པའི་ས་སྟོང་རྣམས་སུ་ཡང་གསར་སྤྲོལ་རྒྱ་ཆེ་བྱས་པ་དང་བཅས་པས་རི་ཀླུང་གང་སར་ས་ཞིང་གིས་གང་བ་རྣམས་ཀྱང་སྐྱེ་འབྲས་ལེགས་པས་ཞིང་ནང་དུ་བྱེའུ་མི་ཐར་བ་ལྟ་བུའི་ཐོན་ལེགས་བྱུང་སྟེ་མང་ཚོགས་ཀྱི་འཚོ་བ་ཇེ་ཡག་ཏུ་འགྲོ་བའི་འགོ་ཚུགས་པ་གསལ་བཤད་བྱས་ཡོད།

(3) སྐབས་དེའི་འཛུགས་སྐྲུན་སྐོར།

མང་ཚོགས་ཀྱི་འཚོ་བ་ཇེ་ལེགས་སུ་སོང་བའི་རྨང་གཞིའི་འོག་འཛུགས་སྐྲུན་བྱ་གཞག་ཀྱང་འཕེལ་རྒྱས་ཆེན་པོ་བྱུང་བ་དཔེར་ན། " གོང་དཀར།

① (རླངས་ཀྱི་པུ་ཏི་བསེ་ རུ་རྒྱས་པ་ལྷུགས་པར་མའི་དེབ་ངོས407)
② (རླངས་ཀྱི་པུ་ཏི་བསེ་ རུ་རྒྱས་པ་ལྷུགས་པར་མའི་དེབ་ངོས407)

བྲག་དཀར། སྟེའུ། འོལ་ཁ་སྟག་རྩེ། བསམ་འགྲུབ་རྩེ། ལྷུན་གྲུབ་རྩེ། རིན་སྤུངས་དཔུས་གཙང་འཛིན་མའི་ལྟེ་བའི་ས་མདུད་རྣམས་ལ་རྫོང་ཆེན་བཅུ་གསུམ་བརྩིགས་”①པ་དང་། སེ་ཏུའི་བཀའ་ཆེམས་ནང་“ རང་རེའི་ས་ཆ་དབང་རིགས་ཐམས་ཅད་དུ། སྐྱེ་ཤིང་ལྷུང་མ་སྐྱེ་ངེས་འབུམ་ཕྲག་གཉིས་རེ། ལོ་རེ་བཞིན་དམ་བཅའ་བྱས་ནས་འཛུགས་དགོས་ཤིང་། ལྷུང་ཁྲིམས་པ་བསྐྱོས་ནས་རྩིས་ལེན་པ་དང་། ཞུན་ཐར་བྱེད་དགོས། འདིའི་ཡོན་ཏན། སྡེ་ལྷ་ཁང་གསོ་བ། ལྷ་སྡེ་མི་སྡེའི་ཁང་པ་ཞིག་རལ་ལ་སོང་བ་གསོ་བ། གྲུ་ཤན་གསོ་བ་ལ་སོགས་མི་བྱེད་པའི་ཐབས་མེད་པས། མི་འཛད་པའི་གཏེར། ས་ས་ནས། བྱང་ཆུབ་ཀྱི་སེམས་སྐྱེད་ལ། སྐྱེ་ཤིང་འཛུགས་པའི་དོན་དམ་བྱེད་དགོས། ཡུལ་དང་ལུང་པ་ཐམས་ཅད་སྐྱེ་ཤིང་ངན་དུ་སོང་འདུག་པས། བསླལ་མ་བྱེད་(ཤིང་གཙོད་) པ་རྣམས་ཀྱང་། ནམ་ཟླ་དུས་དང་བསྟུན་ནས། ཤིང་ལ་རྩ་བཀོག་མ་བྱེད། ཐོར་བ་དང་། ལག་ཆ་རྣོན་པོས་ས་མཚམས་སུ་བཅད་ལ། བཅད་པའི་ཤུལ་དེར། ཤིང་སྐྱེ་བའི་ཐབས་བྱེད་དགོས་”②ཞེས་དང་། གསོལ་འདེབས་རིང་མོའི་ནང་དུའང་།

“ ང་མི་ཟན་ཁམས་ནི་བཟང་རིང་ལ། །
སྐྱེ་ཤིང་གང་ཚུགས་འཛུགས་པ་དང་། །
མཁར་ལན་གང་བསམ་བྱེད་པ་འདི། །

---

① (དཔྱིད་ཀྱི་རྒྱལ་མོའི་གླུ་དབྱངས་ལྷུགས་པར་མའི་དེབ་ངོས139)

② (རླངས་ཀྱི་པུ་ཏི་བསེ་ཏུ་རྒྱས་པ་ལྷུགས་པར་མའི་དེབ་ངོས372)

ཕྱི་རབས་པ་ལ་བསམ་པ་ཡིན། །①ཞེས་གསུངས་པ་ལྟར། སྤྱི་ལོ1351ལྷགས་ཡོས་ལོ་ཆོས་གྲྭ་ཆེན་པོ་རྩེད་ཐང་བཏབ་པ་ལ་སོགས་པ་འཛུགས་སྐྲུན་བྱ་གཞག་དང་། ཞིང་འཛུགས་ནགས་བཟོའི་བྱ་གཞག་གང་ཐད་ལ་མཛད་རྗེས་རླབས་པོ་ཆེ་བཞག་ཡོད། དུས་རབས་རིམ་བྱུང་གི་དབང་འཛིན་པའི་ཁྲོད་དུ་ཞིང་འཛུགས་ནགས་བཟོའི་བྱ་གཞག་ནི། མི་རབས་རྗེས་མའི་དངོས་པོའི་དཔལ་ཡོན་སྤེལ་བར་མི་འཛད་པའི་གཏེར་དང་མཚུངས་པ་ཡོང་ཕྱིར་འབད་ཐབས་འདི་ལྟ་བུ་གནང་མཁན་དཀོན་པ་ཙམ་ལགས་སོ།

(4) ཁྲིམས་ལུགས་སྐོར།

དཔྱིད་ཀྱི་རྒྱལ་མོའི་གླུ་དབྱངས་ལས།

“དཔའ་བོ་སྟག་གི་ཞལ་ལྟ། །

སྤར་མ་ཕའི་ཞལ་ལྟ། །

སྦྲེ་མོ་ལས་འཛིན་གྱི་ཞལ་ལྟ། །

ཞུ་བཞེས་བདེན་བརྫུན་གྱི་ཞལ་ལྟ། །

བཟུང་བཀྱིག་ཁྲིམས་རའི་ཞལ་ལྟ། །

ནག་ཅན་ཁྲག་སྨྱུར་གྱི་ཞལ་ལྟ། །

དྲན་འཛིན་ཆད་ལས་ཀྱི་ཞལ་ལྟ། །

རྟོར་འདྲ་ཟ་རྐང་གི་ཞལ་ལྟ། །

བསད་པ་སྟོང་གི་ཞལ་ལྟ། །

རྨས་པ་ཁྲག་གི་ཞལ་ལྟ། །

---

① （རླངས་ཀྱི་པུ་ཏི་བསེ་རུ་རྒྱས་པ་ལྷགས་པར་མའི་དེབ་ངོས408）

སྨིན་ཧམ་མནའ་དག་གི་ཞལ་ལྟེ། །
བཀྲུས་པ་འཇམ་གྱི་ཞལ་ལྟེ། །
ཉེ་འབྲེལ་འབྲས་བརླམས་ཀྱི་ཞལ་ལྟེ། །
བྲེ་བྲུས་ཀྱི་རིན་གྱི་ཞལ་ལྟེ། །

ནམ་བར་ཚུར་གྱི་ཞལ་ལྟེ་སྟེ་བཅོ་ལྔའི་སྒོ་ནས་གཏན་ལ་ཕབ་”①ཅེས་འཕོད་པ་ལྟར་དཔལ་ལྡན་ས་སྐྱ་པས་དབང་བསྒྱུར་སྐབས་ཧོར་ཁྲིམས་ལ་མི་བསད་ན་སྟོག་ཆབ་ཏུ་སྟོག་གཏོང་བས་མཚོན་པའི་ཁྲིམས་རྣམས་སྡིག་པའི་ལས་ཤས་ཆེ་བར་བརྟེན། བོད་ཆོས་རྒྱལ་གོང་མའི་སྲོལ་བཟང་མི་ཉམས་པ་དང་བཅས་བསད་པ་སྟོང་གི་ཞལ་ལྟེའི་སྲོལ་རྒྱུན་འཛིན་པ་ལ་སོགས་པ་སྐབས་དེའི་དངོས་ཡོད་གནས་ཚུལ་དང་འཚམ་པ་ཁྱུག་བཞིས་བསྐར་ཁྱེར་རྩ་བའི་ཁྲིམས་ལུགས་ཞལ་ལྟེ་བཅོ་ལྔའི་གྲངས་སུ་བསྡུས་པ་གཏན་འབེབས་ཐོག དེ་མིན་ཁྲིམས་དང་སྲིད་འཛིན་གྱི་སྒྲིག་སྲོལ་ལ་གཏོགས་པ་མང་པོ་ཡང་གཏན་འབེབས་དང་ཁྱུག་ལེན་བསྐར་ཡོད། དཔེར་ན། “ཕོ་བྲང་ཆེན་པོ་སྣེ་གདོང་རྩེར་རྒྱལ་སྒོ་ཁྱི་ནང་གསུམ་དུ་བྲུས་པའི་ནང་མ་ལ་ནག་ཆང་གི་ཁྲིམས་བསྒྲམས“②པ་དང་། སྤྱི་ཁྱབ་རྫོང་ཆེན་ཁག་གི་རྫོང་དཔོན་རྣམས་ཀུང་ལ་གསུམ་རེ་ནས་བརྗེ་ལེན་བྱེད་པ③ལ་སོགས་པ་ཡིན།

(5) མི་དོན་གྱི་སྒྲིག་སྲོལ་སྐོར།

---

① (དཔྱིད་ཀྱི་རྒྱལ་མོའི་གླུ་མོའི་གླུ་དབྱངས་དེབ་ངོས139)
② (དཔྱིད་ཀྱི་རྒྱལ་མོའི་གླུ་དབྱངས་དེབ་ངོས111)
③ (དེབ་དམར་གསར་མ་དེབ་ངོས80)

གནད་དོན་འདི་ནི་སྡེ་སྲིད་ཕག་མོ་གྲུ་པའི་སྲིད་དབང་རྒྱུན་རིང་གནས་ཐུབ་པའི་བྱ་ཐབས་ཤིག་ཏུ་གལ་ཆེ་བའི་གྲས་ཤིག་ཡིན་པ་འདིའི་ཐོག་ནས་ཏའི་སི་ཏུ་བྱང་ཆུབ་རྒྱལ་མཚན་གྱི་སྲིད་སྐྱོང་ལུགས་དགོངས་པ་ཐུན་མོང་མ་ཡིན་པ་ལོ་རྒྱུས་ཐོག་སྲིད་དབང་འཛིན་མཁན་ཆེ་ཆུང་མང་པོའི་ཆགས་འཇིག་གི་གནད་དོན་རྣམས་ལ་ཕྱོགས་སྡོམ་ཟབ་ནན་གནང་སྟེ་ཕམ་ཉེས་འབྱུང་གཞིའི་རྒྱུ་རྐྱེན་བསླབ་བྱར་རྩིས་ནས་རང་ཉིད་མི་ཕམ་པའི་གནས་སུ་སྡོད་ཐུབ་པའི་དགེ་མཚན་ལྷུར་བཞེས་པ་འདིས་ཕག་མོ་གྲུ་པའི་སྲིད་དབང་མི་རབས་མང་པོའི་བར་ཏའི་སི་ཏུའི་དགོངས་པ་རྒྱུན་འཛིན་གྱིས་གནས་ཐུབ་པ་མ་ཟད། རིམ་བཞིན་དགོངས་པ་དེ་དག་ཡང་དག་པ་ཡིན་པར་ལོ་རྒྱུས་དངོས་ནང་ཚོད་བགམ་ལེགས་པོ་བྱུང་ཡོད།

དེ་ཡང་ཏའི་སི་ཏུའི་བཀའ་ཆེམས་ནང་། ཕག་མོ་གྲུ་པའི་སྡེ་སྲིད་དང་། ཕག་མོ་གྲུ་པའི་ནང་འཁོར་མི་སྣའི་ཆ་རྐྱེན་སྐོར། “རང་རེའི་རྒྱུད་པ་འདི། རྒྱུད་སྡེ་བཞི་དང་སྡེ་སྣོད་ལ་མཁས་པར་བསླབས་ཤིང་། བཙུན་པའི་ཁྲིམས་སྲུང་། ན་སོར་ཕྱིན་དུས། སྒྲུབ་པའི་རྒྱལ་མཚན་འཛུགས་པ་ཞིག་དགོས་པ་ཡིན་ཞིང་། ཁྱེད་རྩེད་ཐང་པས་(སྤྱན་སྔ་ན་རིམ་) ཀྱང་། སྐྱ་ཁབ་སྒོས་བདག དབང་ཤེ་མོང་འཚོང་མི་ཉན་ཞིང་། སྣེ་གདོང་གི་དཔོན་གཉེར་གྱི་སེམས་དང་འགལ་བ། དཔོན་སློབ་ཀུན་གྱིས་བྱེད་མི་ཉན། རང་རེའི་རྒྱུད་པ་འཕྲང་གཙང་བྱུང་བ་རྣམས། རྩེད་ཐང་དུ་བཞག་ནས་སློབ་གཉེར་བྱེད་དུ་འཇུག དེས་ཀྱང་། ཤཱཀྱ་རྒྱལ་མཚན་གྱིས་ཤེས་པའི་ཡོན་ཏན་རྣམས་སློབ་དགོས། ཡོན་ཏན་ཅན་བྱུང་ན་མང་སྐྱོན་མེད། ཡོན་ཏན་མི་སློབ་པར་མི་འགྲོང་〈 རེངས་〉 བྱུང་ན་དཔོན་པོའི་ཁྲུ་ནས་འབུད་དགོས། དཔོན་ས་

(སྡེ་སྲིད་) འདིར་བསྟོད་ནས། སྡེ་གདོང་གིས་འགོ་བྱས་ལྷ་སྡེ་མི་སྡེ། གཞིས་ཁ་གསར་རྙིང་རྣམས་ཀྱི་བདག་པོ་བྱེད་པ་དེའང་། གཞོན་ནུ་ནས་རབ་ཏུ་བྱུང་ཞིང་། བུད་མེད་དང་མ་འབྲེལ་བ། བསླབ་པ་གཙང་ཞིང་། ཆང་རྩ་བ་ནས་མི་འཐུང་བ། ཕྱི་དྲོའི་ཁ་ཟས་མི་ཟ་བ། སྔོན་གྱི་ལེགས་བཤད་དང་། ཡིག་ཚང་རྙིང་པ་ཚོ་བལྟ་ཞིང་། ཤེས་རྒྱ་ཆེ་བ། བསམ་པ་ཡོད་པའི་མི་རྒན་པ་ཚོའི་ངག་ལ་ཉན་པ། མི་ཐུར་བལྟ་དང་། བག་མེད་པའི་སྤྱོད་པ་མི་བྱེད། དལ་བའི་དུས་སུ་མཚམས་བཅད་ནས། ཡི་དམ་ལྷའི་བསྙེན་པ་གྲངས་ཚད་དུ་སྐྱེལ་དགོས། ཆོས་སྐྱོང་ལ་མཆོད་གཏོར་མ་ཆག་པར་གཏོང་དགོས་ཤིང་། དེས་ཀྱང་རྩར་མི་གཞོན་ཆུང་རྣམས་བརྟེན་ནས། ཉིན་པར་ཁྲས་དང་རྒྱན་རྩེ་བ་མི་ཉན། ནུབ་མོ་སྒྲུང་སྒྲབ་དང་། བག་ཡངས་པའི་སྤྱོད་པ་མི་ཉན། སྡེ་འདིའི་ཁོག་ཏུ་སྐྱ་ཁབ་དང་། སྔགས་བདག་དང་། ཉེ་རིང་ཕྱོགས་ཆ། ཐུ་རྑ་མི་དམངས་ཡིད་ཆད་པའི་བྱ་བ་བྱེད་མི་ཉན། ནོར་བ་འདུག་ན། བསམ་ཡོད་ཤེས་པ་ཆེ་བ་ཆོས་དྲན་བསྐུལ་བ་ལ་ཉན་ནས། ལམ་ནོར་བ་ལས་ལྡོག་ཐེར་བའི་ཚུལ་དུ། ཕོ་སྐྱེད་འདོན་དགོས། རང་རེས (ངས་) བསམ་བློ་བཏང་ཞིང་། རྒྱུས་ཐོག་ནས་ཡི་གེར་བཀོད་པ་འདི་ལས་འགལ་ན། རང་རེའི་རྒྱུད་པ་མི་ངོ་སུ་ཡིན་ཀྱང་། ལོ་བཅུ་གཉིས་ཀྱི་བར་དུ། དཔོན་ས་དེ་ནས་ཕུད་ལ། ཐེལ་དུ་སྤྱིལ་པོ་ཕལ་པ་ཞིག་ཏུ། དཔོན་གཡོག་གཉིས་བྱས་སྡོད་དུ་བཅུག་ནས། དེ་ལ་སུས་ཀྱང་ཕྱག་མི་འཚལ། བཀུར་ཆ་མི་བྱེད་པར་ཕལ་པའི་ལམ་ལ་འཛུག་དགོས་" ① ཞེས་དང་། "རང་རེའི་

① (ཀླངས་ཀྱི་པུ་ཏི་བསེ་རུ་རྒྱས་པ་ལྷུགས་པར་མའི་དེབ་ངོས363)

རྒྱུད་པ་སྤྲེལ་བ་དེའང་། ཁྲིམ་པ་མང་བ་ལ་ཡོན་ཏན་མེད་པས་ཁྲིམ་པ་རེ་རེ་རན། ནག་ཆགས་ཀྱང་གཅིག་གིས་ཆོག་པས་ཟུང་འབྲེལ་ལེན་མི་ཉན། བུ་ཚམ་བྱུང་ན། མི་ལེན་ཁ་མེད་ཡིན་ཞིང་། ཡང་ནག་མོ་དེ་ཆེས་མ་ཟིན་ན། བུ་ཚ་རེ་རེ་ལས་མ་བྱུང་ནའང་། མི་ལེན་ཁ་མེད་ཡིན་པས། ནག་ཆགས་ལེན་པ་དེའང་། ཕྱི་སོའི་སྟེ་པ་དང་། དེའང་ཆེ་གཉན་བཙུན་གསུམ། མི་ཆེན་གྱི་བུ་སྲིང་མི་ལེན་པར། རང་རེའི་སྟེ་འདི་ཁའི་ཁྲུལ་གྱི། མི་ཁ་འོག་འདུ་བ། ཕ་མེས་བཟང་པོའི་རྒྱུད་པ། ཡ་རབས་ཀྱི་བུ་སྲིང་ཡིན་པ། འདྲེ་གདོན་མི་གནོད་པ་ལེན་དགོས་ཤིང་། གཉེར་ལས་དང་། དཔོན་སྐུ་དབང་ཅན་གྱི་བུ་སྲིང་ལེན་མི་ཉན། དེའི་རྒྱུ་མཚན། རང་རེའི་རྒྱུད་པ་ལ་བླངས་པའི་ནག་མོ་དེའི་ཕུ་བོ་ནུ་བོ་ཉེ་རིགས་གཡོག་འཁོར་རྣམས། རང་རེའི་གཉེན་ཡ་ཡིན་པའི་གཏིང་སྒྲོམ་བྱས་ནས་སྟེའི་ནང་དུ་འཁོན་འགྲས་དང་། ཕུང་རྩ་བརླག་རྐྱེན་བྱེད་པ་ཡིན་པས། ཡུལ་གྱི་སྐྱེ་བོ་དྲ་མའི་བུ་སྲིང་དཀའ་བ་ཡིན་ཞིང་། ནག་མོ་ལེགས་པར་བརྟགས་ནས། གཞི་གྲུང་བ་དང་སྐྱེ་གཟུགས་བཟང་བ་དགོས། རྒྱུད་པ་འཛིན་པ་དེའང་། གཞིས་འགོལ་སར་ཁོང་རང་ཕོ་མོ་ལྷན་དུ་བཞག་ནས། རིགས་མ་འཚོལ་བ་བྱེད་པས། ཕོ་མོ་གཉིས་ཀས་མི་ཁ་ཟ་བའི་སྤྱོད་པ་སྤོངས་དགོས། རྒྱུད་པ་འཛིན་པ་དེ་ལ། གཞིས་གཅིག་དང་། སྒོ་ཁ་གཅིག་ཙམ་གྱིས་ཆོག འགྱུར་པ་ལོངས་སྤྱོད་ཆེ་དྲག་ས་པ་མི་དགོས”①

ཞེས་དང་། “གཉེར་པ་དེས་ནང་གི་ལས་སྣ་འཛིན་པ་དང་། ཕྱི་སོའི་དཔོན་སྐུ་དང་། སྒོ་མཐུན་དང་སྒོས་མཛའ་མི་ཉན། སྤྱི་སྐྱོང་བྱེད་དགོས། འདིའི་

① (ཀླངས་ཀྱི་པུ་ཏི་བསེ་རུ་རྒྱས་པ་ལྷུགས་པར་མའི་དེབ་ངོས370)

གཉེར་པ་དེའང་། གཞོན་ནུ་རབ་བྱུང་། ཚང་ནག་གི་སྐྱོན་མེད་ཅིང་། དངོས་པོ་ལ་ཟུར་གསོག་མི་བྱེད། ཉེ་བ་དང་། སྐོས་གཡོག་སྐོས་མི་མི་སྐྱོང་། ཟུར་ཐབས་མ་འཛིན། ལྷེ་མིག་དེ་བཟུང་རྟེང་། མ་ཤིའི་བར་དུ། ནང་སོར་ཚོ་འཕྱིད་（འགྱོལ་）ཅིང་། དཔོན་རིགས་དང་སྡེ་（སྲིད་）དེས་ཀྱང་། གཉེར་པ་འདིའི་བཅའ་ཁྲིམས་འདི་ལས་མ་འགལ་བའི་ལུགས་ལ། ན་བའི་རིམ་གྲོ་གསོ་སྐྱོང་། ཤི་བའི་དགེ་བ་ནང་སོའི་ནོར་ལ་མི་ཕངས་པར། ཁོ་རང་གི་སྐལ་བ་ཙ་སྒྲུབ་དགོས། དེའི་ཉེ་རིགས་དང་རྒྱུད་པ་འདུག་ནའང་། དཔོན་དང་སྡེ་སྲིད་ཀྱི་ཁོག་ཏུ་བྱ་བ་བཟང་པོ་འཚོལ་ཞིང་། སྐྱོན་བྲན་བྱེད་དགོས། གལ་ཏེ་ལྷེ་མིག་འཛིན་པ་དེ་ལ། ཚང་ནག་མོའི་སྐྱོན་བྱུང་ན། ནག་མོ་དེ་དང་། སྐྱེས་པ་གཉིས་ལྷུགས་སྦྲེལ་བྱས་ཤིང་། ཟམ་གདོང་དུ་ཞག་བདུན་བཞག་རྟེང་ཆུ་ལ་སྐྱུར་དགོས།

གསོལ་ཇ་གཟིམ་གཡོག ཡིག་མཁན་གྱི་དངོས་གཞིའི་དེ་རྣམས་གལ་ཆེ་བས། ཚང་དང་ནག་མོའི་སྐྱོན་མེད་པ། བསླབ་པ་གཙང་དགོས་ཤིང་། འདི་རྣམས་ལའང་། ཚང་དང་ནག་མོའི་སྐྱོན་བྱུང་ན། ཙ་ར་གོང་དང་འདྲ་ཞིང་། འདི་ཚོའི་ཁུལ་ནས། གཞིས་ཁ་གོང་འོག་གི་གཉེར་པ་དང་། ལྷེ་མིག་འཛིན་པ། སློ་འཛིན་སྙིང་མི་རེ་བ་ཡིན་པས། མིག་ཡར་ལ་བལྟ་ཞིང་། སྒྲུད་པ་བཟང་པོ་བྱེད་དགོས་”①（ཞེས་གསུངས་པ་འདི་ཚོའི་ཐོག་ནས་གསལ་པོར་མཐོང་ཐུབ་པ་ནི། ཏའི་སི་ཏུའི་བཀའ་ཆེམས་མཐོང་བ་དོན་ལྡན་ཞེས་བྱ་བ་དེ་ནི་སྡེ་སྲིད་ཕག་མོ་གྲུ་པའི་སྲིད་དབང་གྲུབ་པའི་ལོ་རྒྱུས་ཀྱི་ཕྱོགས

① （རླངས་ཀྱི་པུ་ཏི་བསེ་རུ་རྒྱས་པ་ལྷུགས་པར་མའི་དེ་ངོས367）

བསྒོམས་གཏིང་ཟབ་པོ་ཞིག་ཡིན་ལ་འབྱུང་འགྱུར་སྲིད་དབང་དེ་དག་འཛིན་སྐྱོང་ཇི་ལྟར་བྱེད་དགོས་པའི་རྩ་འཛིན་རང་བཞིན་གྱི་བཅའ་ཁྲིམས་ཤིག་ཀྱང་ཡིན། དེ་ལྟ་བུའི་བཀའ་ཆེམས་ནང་སྟར་འདས་པའི་དུས་ཀྱི་དབང་བསྒྱུར་མཁན་མང་པོའི་སྲིད་དབང་སྐྱོང་ལུགས་ལ་ཕྱོགས་བསྒོམས་ནན་ཏན་མཛད་དེ་ཕྱིས་འབྱུང་རང་ཉིད་རྗེས་འབྲངས་དང་བཅས་པའི་སྲིད་དབང་སྐྱོང་ལུགས་ལ་ཕྲན་མོང་མ་ཡིན་པའི་ཁྱད་ཆོས་འགའ་ཞིག་མཚོན་པར་མཛད་ཡོད།

གཅིག ལྷདས་ཀྱི་གདུང་རྒྱུད་ལ་དབྱེ་བ་གསུམ་མཛད་པའི་དཔོན་སར་གནས་པ་རྣམས་ཀྱང་རབ་ཏུ་བྱུང་ཞིང་། མདོ་སྔགས་ཀྱི་ཆོས་ཚུལ་ཀུན་ལ་མཁས་པ། ནག་ཆང་གི་སྐྱོན་མེད་པ། ཤེས་ཡོན་རྒྱ་ཆེ་བ། བག་མེད་ཀྱི་སྤྱོད་པ་ལས་རྒྱབ་ཏུ་ཕྱོགས་པ་ཞིག་དགོས་པ། ཐེལ་དང་རྩེད་ཐང་གི་ཁྲི་ལ་གནས་པ་རྣམས་ཀྱང་བསླབ་པ་སློབ་གཉེར་གྱི་རིམ་པ་མཐར་ཕྱིན་པ། སྒྲུབ་པའི་རྒྱལ་མཚན་འཛུགས་པ་སོགས་བསྟན་པ་འཛིན་སྐྱོང་གི་བྱ་བ་ཁོ་ན་ལས་སྐྱ་ཁབ་སློས་བདག་སྟེ་དབང་རིས་སློར་བཟུང་། དབང་ཤེད་མི་བྱེད་པ། སྟེ་གདོང་གི་སྡེ་སྲིད་སློས་ཅི། ནང་གཉེར་གྱི་སེམས་དང་མ་འགལ་བ་དགོས་པ་དགོས་པ་སྟེ་སྲིད་ཕྱོགས་ལ་ཐེ་ཞུགས་མི་བྱེད་པ། ལྷདས་ཀྱི་གདུང་རྒྱུད་སྤེལ་བ་པོའི་མདུན་ཐབས་ཀྱང་ཕྱི་སོའི་སྡེ་པ་ཆེ་གཉན་བཙུན་གསུམ་དང་། མི་ཆེན་གྱི་བུ་སྲིང་ལེན་མི་ཉན་པ་མ་ཟད། དམིགས་བསལ་གྱི་གནས་ཚུལ་སྐབས་མདུན་ཐབས་གཅིག་ལས་ལེན་མི་ཆོག་པ་སོགས་ལྷདས་ཀྱི་གདུང་རྒྱུད་ངོ་མར་བླང་བྱ་ནན་པོ་བཏོན་ཡོད། གལ་སྲིད་བླང་བྱ་དེ་དག་ལས་འགལ་ན་ལོ་བཅུ་གཉིས་ཀྱི་བར་དུ་དཔོན་ས་དེ་ནས་ཕུད་དེ་གཡོག་གཅིག་གི་ཐོབ་ཐང་ལས་སྤྱོད་མི་ཆོག་པ་སྐྱོ་པོ་ཕལ་པའི་ཁྲོད་དུ་འཇོག་དགོས་པ་དང་། དཔོན་པོའི་ཁྲུ་

ནས་འབུད་དགོས་པ་སོགས་མདོར་ན་རླངས་ཀྱི་གདུང་རྒྱུད་མི་ངོ་སུ་ཐད་ནས་རང་རང་གི་ཐོབ་ཐང་ལ་གཞིགས་པའི་དབང་ཆ་སྤྱོད་པ་ལས། གང་བྱུང་བྱས་མི་ཆོག་པ། ལྷག་པར་དཔོན་སར་ཡོད་པ་རྣམས་ཀྱིས་བསླབ་པ་གཙང་ཞིང་། ནག་ཆང་དང་རྩ་བ་ནས་མ་འདྲེས་པ་དགོས་པ་སོགས་ཆོས་ལུགས་ཁོ་ནར་ཐུགས་སྣང་གནང་བ་ལྟ་བུར་མངོན་ཡང་། ཕྱི་དྲོའི་ཁ་ཟས་སྤྱོང་བ་དང་། བཅད་རྒྱུར་བཞུགས་ཏེ་ཡི་དམ་གྱི་བསྙེན་སྒྲུབ་ལ་འབད་དགོས་པ་སོགས་ཆོས་ཕྱོགས་སྨོས་ཏེ། སྲིད་དབང་འཛིན་སྐྱོང་གི་ཐད་ལའང་དེ་ལྟ་བུའི་སྤྱོད་གཙང་ཞིག་བྱུང་ན་ནུས་པ་དེ་བས་ཆེ་བ་ཁོང་རང་ཉིད་ཀྱི་མྱོང་ཚོར་གྱི་ཐོག་ནས་གསུངས་ཡོད། "སོ་ཉི་ཤུའི་སྟེང་དུ། དཔོན་ས་འདིར་ཡོང་ནས། ད་དྲུག་ཅུ་ལ་སླེབས་འདུག་སྟེ། དེའི་བར་དུ་ཆང་སྨན་ཏ་ལ་དགོས་ཀྱང་འཐུང་མ་མྱོང་། ནག་མོའི་སྐྱོན་མེད་པ་འདི། བླ་མ་རིན་པོ་ཆེ་པས་དབུ་མཛད། ཐེལ་ཚོད་ཀུན་གྱིས་བཀག་པ་མ་ཡིན་ཏེ། རྡོ་རྗེ་དཔལ་གྱིས་ཆང་ནག་སྤངས་པས། བཙུན་ཚུགས་བཟུང་བའི་དོན་ལ་བཟང་པོ་བྱུང་འདུག དེ་ཕྱིན་ནས། འདིའི་ཁྲི་དཔོན་ཚོས། ཆང་དང་ནག་མོ་ལ་ལོངས་སྤྱོད་པས། མིའི་ཁས་ཉེན་འཁུར་དགོས་པ་དང་། བཟང་པོ་མ་བྱུང་བར་འདུག ད་ལྟའང་། ས་སྐྱ་ཕྱིན་ནས། ཆེ་གཉན་བཙུན་གསུམ། སྟེ་དཔོན། ཆང་ནག་མོའི་དབང་དུ་སོང་བ་ཚོའི་སྡེ་སྲིད་ཉམས་པ་དང་། མགོ་ཐོན་མ་བྱུང་བར་འདུག་པའི་དོན་ལ་ཆང་ནག་སྤང་ནས་བཙུན་ཚོགས་བཟུང་བ་འདི་ཡིན་"①ཞེས་དང་། སྡེ་སྲིད་ཀྱི་དོན་གལ་པོ་ཆེར་ཐུག་དུས་སྲིད་དབང་གནས་ཐབས་ཁོ་ན་གཙོ་

① (རླངས་ཀྱི་པུ་ཏི་བསེ་རུ་རྒྱས་པ་ལྷུགས་པར་མའི་དེབ་ངོས365)

ཐོར་བཟུང་བའི་ཐད་སྟར་ས་སྐྱ་པས་སི་ཏུ་བཙོན་ལ་བཙུག་པ་ལས་གྲོལ་ཏེ་སྣེ་གདོང་དུ་ནང་འཁོར་མཇལ་འཛོམས་སྐབས་ཀྱི་གསུང་གླེང་ལ། "ཁ་རྩང་། དཔལ་རིན། སྐྱེ་གསེབ་ཏུ་ངའི་གཡོག་ལ་བཏང་བྱུང་བའི་དུས་སུ། ཁོ་ན་རེ། དཔོན་གཡོག་འདི་ནས་གྲོལ་རྒྱུ་གཅིག་བྱུང་ན། ཆོས་ཤིག་མཛད་པ་དྲག་ཟེར། དེ་ནས་ངས་བསམ་པར། ད་འདིའི་ཚིག་འདི། སྣེ་གདོང་ན་ཡོད་པའི་ཀན་པ་རྣམས་ལབ་ཀྱི་ཡོད་ངེས་བསམ་པ་བྱུང་ཞིང་། དེ་ཆོས་བྱེད་པའི་ལུགས་ལ། ཁྱེད་རྣམས་ཀྱིས་གཉེན་ཉེ་བ་གྲོགས་སློམ་མཛའ། ས་ཞིང་ཟས་ནོར་དང་བཅས་པ་རྣམས་བློས་གཏོང་ཨེ་ནུས། དེ་ནུས་ན། ངས་ཀྱང་དེ་རྣམས་བློ་གཏོང་ནུས་པས། རང་རེ་དཔོན་གཡོག་གིས་ཆོས་ཡོང་བ་ཡིན་ཞིང་། ཆོས་བྱེད་བྱས་དུས། གཞོན་ནུ་བཟང་པོ་ན་རེ། ལོ་གསུམ་དགྲ་ལ་ལན་ལེན། དེ་ནས་ཆོས་བྱེད་ཟེར། ལོ་གསུམ་སོང་ནས་ཚོད་མི་ཟིན་བྱས་ཤིང་། ཁ་མཆུ་འདི་མཐར་མ་ཐོན་བར་དུ། ཁྱེད་དཔོན་སྐྱ་བཟའ་པ་གང་གིས་ཀྱང་། ཆོས་བྱེད་པ་སྐད་དང་། ཉེན་སྐད་མ་འདོན་ཅིག་བྱས་ནས་ཐག་བཅས" ① ཅེས་གསུངས་པ་སྟ་བྱིའི་ཚིག་རིས་འདི་དག་ནས་གསལ་པོར་མཚོན་ནུས་པ་ནི་ཏའི་སི་ཏུ་བྱང་ཆུབ་རྒྱལ་མཚན་གྱིས་བསྟན་པ་སྟོབས་ཀྱིས་སྐྱོང་བའི་རང་བཞིན་ལྷབས་ངོ་ཆེ་འདི་འདྲ་བ་བོད་ཀྱི་ལོ་རྒྱུས་ཐོག་མཐོང་དཀོན་པ་ཞིག་ཡིན།

གཉིས། ལྷང་ས་ཀྱི་གདུང་རྒྱུད་དུ་མི་གཏོགས་པ་ནང་འཁོར་མི་སྣའི་ཆ་རྐྱེན་ཡང་མཐོ་ཙམ་འདོན་གནང་མཛད་ཡོད། དཔེར་ན་ཕག་གྲུ་སྣེ་སྲིད་

① (ལྷང་ས་ཀྱི་ཏུ་བསེ་རུ་རྒྱས་པ་ལྷུགས་པར་མའི་དེབ་ངོས186)

ཀྱི་ནང་གི་ལས་སྣེ་འཛིན་པ་གཉེར་པའི་འཁྱུར་འཛིན་ཡང་རབ་ཏུ་བྱུང་ཞིང་། ཚང་ནག་གི་སྐྱོན་མེད་པ། སྔ་གསུམ་བྱ་བ་ཅི་བགྱིས་སྐྱེ་སྲིད་ཀྱི་ཞབས་ཏོག་ཏུ་འགྱུར་བ་ལས་སྣེར་དོན་བསྒྲུབ་མི་ཆོག་པ་ལྟེ་མིག་དེ་བཟུང་ཧེང་མ་ཤིའི་བར་དུ་ནང་སོར་ཆེ་འཁྱིད་པ་ཞིག་དགོས་པ་དང་། དེའི་ཉེ་རིགས་དང་རྒྱུད་པར་གཏོགས་པ་རྣམས་ལ་ཕག་གྲུ་གཞུང་ནས་སྐྱོང་ཐར་བྱ་རྒྱུ་མ་ཟད། ན་བའི་གསོས་སྨན་དང་། ཐ་ན་ཤི་བའི་དགེ་རྩ་ཚུན་ཆད་ནོར་ལ་མི་ཕངས་པ་ཁོང་རང་གི་སྐལ་བ་ལྟ་བུར་སྣེ་གདོང་གཞུང་རྒྱུ་ནས་སྤྱད་ཆོག་པ་སོགས་ནང་གཉེར་དེ་ལྷངས་ཀྱི་གདུང་རྒྱུད་དུ་གཏོགས་པ་མིན་རུང་སྐྱེ་སྲིད་དང་འདྲ་བ་གཞུང་དང་འདོད་པ་གཅིག་ཡིན་པ་ལྟ་བུས་གཞུང་དོན་ལྷག་བསམ་རྨ་མེད་ཀྱིས་བསྒྲུབ་དགོས་པ་དང་། གལ་སྲིད་ཚང་ནག་གི་སྐྱོན་བྱུང་ན་ཆད་པ་ནན་པོ་གཅོད་དགོས་པ་དང་། དེ་བཞིན་གསོལ་ཇ་གཟིམ་གཡོག་སོགས་ནང་འཁོར་གཞན་ལའང་དེ་དང་དེ་ལྟ་བུའི་མི་དོན་ཐད་བླང་བྱ་ནན་པོ་འདོན་གནང་མཛད་པ་བཅས་ཏའི་སི་ཏུ་བྱང་ཆུབ་རྒྱལ་མཚན་གྱི་སྐུ་དུས་དེ་ལྟར་ཕྱག་བཞེས་སུ་བསྟར་བ་མ་ཟད། ཕྱིས་དབང་གྲགས་པ་རྒྱལ་མཚན་གྱི་བར་དུ་ཏའི་སི་ཏུའི་བཀའ་ཆེམས་དེ་མུ་མཐུད་རྒྱུན་འཛིན་ལས་འགྱུར་ལྡོག་ཆེ་བ་མ་བྱུང་འདྲ་བས་སྐྱེ་སྲིད་ཕག་མོ་གྲུ་པའི་སྲིད་དབང་བརྟན་ཅིང་། སྟོབས་འབྱོར་ཇེ་རྒྱས་ཇེ་འཕེལ་དུ་སོང་བའི་དོན་དངོས་ནས་ཏའི་སི་ཏུ་བྱང་ཆུབ་རྒྱལ་མཚན་གྱི་སྲིད་དབང་སྐྱོང་སྟངས་ཀྱི་དགོངས་པ་ཐུན་མོང་མ་ཡིན་པ་དེ་དག་ཡང་དག་པ་དང་། ལྷབས་པོ་ཆེ་ཡིན་པ་མ་ཟད། ཏའི་སི་ཏུ་བྱང་ཆུབ་རྒྱལ་མཚན་ནི་དམག་དོན་ལ་མཁས་ཤིང་། ཕུལ་དུ་བྱུང་བའི་ཆབ་སྲིད་མཁས་ཅན་ཞིག་ཡིན་པ་ར་འཕྲོད་བྱུང་ཡོད། ཁོང་ནི་བོད་ཀྱི་ལོ་རྒྱུས་ཐོག

བྱུང་བའི་རླབས་པོ་ཆེའི་མི་སྣའི་གྲས་སུ་ངེས་པར་བསྔགས་བརྗོད་ལན་བརྒྱར་ཞུ་དགོས་པ་ཞིག་ཡིན་ནོ།

དེ་ལྟར་ཏའི་སི་ཏུ་བྱང་ཆུབ་རྒྱལ་མཚན་དགུང་ལོ་ཉི་ཤུ་པར་ཕག་གྲུ་ཁྲི་དཔོན་གྱི་གོ་སར་ཕེབས་ཤིང་། དགུང་ལོ་ལྔ་བཅུ་ང་གཅིག་པར་རྩེད་ཐང་གི་ཆོས་སྡེ་ཕྱག་བཏབ་པ་དང་། རིན་སྤུངས་རྫོང་བརྩིགས་པ། དགུང་ལོ་ལྔ་བཅུ་ང་གསུམ་པ་སྤྱི་ལོ1354ཤིང་རྟ་ལོར་ཕག་གྲུ་སྡེ་སྲིད་ཀྱི་སྲིད་དབང་དབུ་བརྙེས་པ་དང་བསམ་གྲུབ་རྩེ་བརྩིགས། དགུང་ལོ་ལྔ་བཅུ་ང་ལྔ་པ་སྤྱི་ལོ1356མེ་སྤྲེལ་སྣེའུ་དང་། བྱ་ལ་བྲག་དཀར་བརྩིགས། དགུང་ལོ་ལྔ་བཅུ་ང་བདུན་པ་སྤྱི་ལོ1358ས་ཁྱི་ལོར་ས་སྐྱའི་དཔོན་ཆེན་དབང་བརྩོན་རྗེས་འབྲངས་དང་བཅས་པ་ཚར་བཅད་ནས་ས་སྐྱའི་སྲིད་དབང་ལྷག་ལུས་ལྟ་བུ་ཡང་མེད་པ་བཟློས་ནས་ཏའི་སི་ཏུས་བོད་ཁམས་ཡོངས་ལ་ཁ་ལོ་བསྒྱུར་བ་དང་། ལོ་དེར་ཡོན་གོང་མ་ཐོ་གན་ཐེ་མུར་གྱིས་ད་ར་ཁ་ཆེ་སོགས་གསེར་ཡིག་པ་མངགས་ནས་ཏའི་སི་ཏུའི་མིང་དང་། དམ་ཁས་གཟེངས་བསྟོད་པ། དགུང་ལོ་དྲུག་ཅུ་པ་སྤྱི་ལོ1361ལྕགས་གླང་ལོ་བྲག་དཀར་བ་དྲུང་ཆེན་ཤེས་རབ་བཀྲ་ཤིས་གོང་སར་མངགས་པ་ལྟར་ཁོང་གི་སྐུ་ཚབ་བདག་པོ་ཤཱཀྱ་རིན་ཆེན་ལ་ཡོན་གོང་མའི་འཇའ་ས་དམ་རྟགས་འགྱུར་པ་ལྟར་ཕག་གྲུ་ཁྲི་དཔོན་ལ་བསྐོས་ཟུང་། དགོངས་གཞི་ལྟར་མ་བྱུང་བས་ཤཱཀྱ་རིན་ཆེན་གདན་ས་ཐེལ་དུ་མཚམས་སོགས་དགེ་སྦྱོར་ལ་འབུངས་སུ་བཅུག་ནས་ཕག་གྲུ་ཁྲི་དཔོན་གྱི་མིང་བཏགས་པ་ཟུར་དུ་མི་དགོས་པ་མཛད་པ་བཅས་མཐར་དགུང་ལོ་དྲུག་ཅུ་རེ་གཉིས་པ་སྤྱི་ལོ1364ཤིང་འབྲུག་ཟླ་བ་བཅུ་པའི་ཚེས་བཅུ་བདུན་ཉིན་སྐུ་གཤེགས།

ཏའི་སི་ཏུ་བྱང་ཆུབ་རྒྱལ་མཚན་ནི་ཕག་གྲུ་སྡེ་སྲིད་ཀྱི་ཁྲི་རབས་ཐོག་མ་ཡིན་ལ། དེང་དུས་གྲགས་ཆེ་བའི་བརྩེ་སྤྲུལ་ལྟར་ན་སྤྱི་ལོ1354ནས་སྤྱི་ལོ1364བར་སྲིད་ལོ་བཅུ་བསྐྱངས་པ་ལགས་སོ།

ཕག་གྲུའི་སྲིད་རབས་གཉིས་པ། གྲུ་ཕྲི་ཤཱཀྱ་རྒྱལ་མཚན་གྱི་སྐོར།

འཇམ་དབྱངས་གུ་ཤྲི་ཤཱཀྱ་རྒྱལ་མཚན་ནི། ཕག་གྲུ་དཔོན་བསོད་ནམས་བཟང་པོས་མང་ཉ་མ་ཁབ་ཏུ་བཞེས་པར་སྲས་རིན་ཆེན་རྡོ་རྗེ་དང་། ཉེ་དུ་མ་ལ་ཤཱཀྱ་རྒྱལ་མཚན་དང་། ཤཱཀྱ་རིན་ཆེན་གསུམ་འཁྲུངས་པའི་ཤཱཀྱ་རྒྱལ་མཚན་ནི་སྤྱི་ལོ1340རབ་བྱུང་དྲུག་པའི་ལྕགས་འབྲུག་ལོར་འཁྲུངས་ཤིང་། ཁོང་གཞོན་ནུའི་དུས་སུ་བླ་མ་གླུ་ལུང་གྲགས་པ་ལས་ཀློག་ཡིས་བསླབས། ཆོས་བཞི་གྲགས་པ་རྒྱལ་མཚན་གྱི་དྲུང་དུ་དགེ་བསྙེན་གྱི་སྡོམ་པ་མནོས་པའི་མཚན་གྲགས་པ་བཟང་པོ་དང་། དེ་རྗེས་དགུང་ལོ་དགུ་པའི་སྐབས་མཁན་ཆེན་གཞོན་དབང་དང་། སློབ་དཔོན་གཞོན་བརྩོན་ལས་རབ་ཏུ་བྱུང་བའི་མཚན་ཤཱཀྱ་རྒྱལ་མཚན་དུ་གསོལ།

དགུང་ལོ་བཅུ་གསུམ་པ་ཆུ་འབྲུག་ལོ་རྩེད་ཐང་གི་གདན་ས་མཛད་ཐོག་ཐེལ་གྱི་གདན་སར་བརྟག་གཉིས་ཀྱི་བཤད་པ་དང་། བཀའ་པོད་བཞི་སོགས་ལ་བཤད་པ་མཛད་པས་མཁས་པའི་གྲགས་པ་ཐོབ།

དེ་རྗེས་བུ་སྟོན་རིན་ཆེན་གྲུབ་ཀྱི་དྲུང་དུ་རྒྱུད་སྡེ་བཞིའི་རྒྱུད་བཤད་དབང་ལུང་མན་ངག་བཅས་གསན་པ་རྒྱ་ཆེར་མཛད་པའི་ཚད་ནི་བུ་སྟོན་རིན་

པོ་ཆེས་མགོན་པོ་གདོང་གི་རི་མན་གྱི་ཡར་ལུངས་ཀྱི་ཞིང་ཁ་རེའི་སར་རྒྱུད་སྡེའི་དཀྱིལ་འཁོར་རིས་མི་འདྲ་བ་རེ་བཞེངས་ཀྱང་ཁེབ་པ་ཡོད་ཅེས་གསུངས་པར་གྲགས།

དགུང་ལོ་བཅུ་དགུ་པར་ཆོས་རྗེ་བླ་མ་དམ་པ་བསོད་ནམས་རྒྱལ་མཚན་པའི་དྲུང་དུ་བསྙེན་པར་རྫོགས་ནས་ལྷ་སར་ཆོས་འཁོར་དང་། རྩེད་ཐང་གི་ཚོགས་པ་དགུང་ལོ་ཉེར་དྲུག་པར་ལོ་བཅུ་གསུམ་རིང་བསྐྱངས།

དགུང་ལོ་ཉི་ཤུ་པ་སྤྱི་ལོ1361རབ་བྱུང་དྲུག་པའི་ལྕགས་གླང་ལོའི་ཡས་མས་སུ་ཏའི་སི་ཏུ་བྱང་ཆུབ་རྒྱལ་མཚན་གྱིས་བྲག་དཀར་བ་དྲུང་ཆེན་ཤེས་རབ་བཀྲ་ཤིས་གོང་དུ་བཏང་བ་ཡར་འཁོར་ནས་ཡོན་རྒྱལ་རབས་ཀྱི་གོང་མ་མཇུག་ཐོས་ཐོ་གན་ཐེ་མུར་ནས་ཤཱཀྱ་རྒྱལ་མཚན་གྱི་གཅུང་པོ་ཤཱཀྱ་རིན་ཆེན་ལ་ཕག་གྲུ་ཁྲི་དཔོན་གྱི་འཇའ་ས་དམ་ཏགས་ཞུས་གནང་མཛད་པའི་སྐོར་སི་ཏུའི་བཀའ་ཆེམས་ལས་"ཤེས་རབ་བཀྲ་ཤིས་པ་ཚོ། གོང་དུ་བཏང་བ། རྣམ་གཀྲི་དཔེན་ཕྲིས་ལམ་དུ་གནོད་པ་ཆེན་པོ་བསྐྱལ་བས། བཀའ་ངལ་སྦྱོང་སྦྱོད་ཆེན་པོ་བྱུང་ཡོད་པར་འདུག གོང་དུའང་། རྣམ་གཀྲི་དཔེན་ཕྲི་དང་། རྒྱལ་མཚན་རིན་ཆེན། བླ་ཆེན་པའི་མི་སྣ་གྲགས་སོགས་ཀྱིས། རང་རེ་ངོ་ལོག སྐྱལ་བརྒྱབ། ལྷ་ཁང་ཆེ་མོ་བཞིག་ནས་ཏ་ར་བྱས། ཚུམ་དཔེན་གྱི་ཁྲིམས་ར་བླངས་ཟེར་བ་ལ་སོགས། ངན་སྣ་ཚོགས་ཞུས་འདུག དེ་རྗེང་། ཤེས་རབ་བཀྲ་ཤིས་པ་ཚོས་ཀྱང་གོང་དུ་སླེབས། བླ་མ་རྒྱལ་རིན་པ་དང་། པཎྜི་ཏ་སོགས་ལ་ཞུས་པས། ཁོང་གཉིས་ཀྱིས། གོང་མའི་དྲུང་དུ་ཞུས། མཇལ་འཕྲད་ལེགས། རང་རེ་ལ་གོང་མའི་ལུང་གནང་སྲིན་བཟང་པོ། གསོལ་རས་དང་བཅས་པ། ཤཱཀྱ་རིན་ཆེན་ལ་ཁྲི་དཔོན་བསྐོས་པའི། འཇའ་

ས་དམ་སྟག་མི་སྡེའི་ས་མིང་དང་བཅས་པ། གོང་དཀར་རིན་སྤུངས་ཀྱི་འགོ་ཁྲུས་རང་རེའི་དབུས་གཙང་གི་གཞིས་ཁ། ས་ཆ་དབང་རིས་དང་བཅས་པ་ཚུད་པའི་འཇའ་ས་བཟང་པོ། མི་སྡེ་ལ་ཕན་པའི་དུད་ཆག་དང་བཅས་པ་གྲུབ་ནས་སླེབས"①ཞེས་གསུངས་པ་ལྟར་བྲག་དཀར་བ་དྲུང་ཆེན་ཤེས་རབ་བཀྲ་ཤིས་གོང་སར་མངགས་ནས་ཡོན་གོང་མ་ཐོ་གན་ཐེ་མུར་གྱི་འཇའ་ས་དམ་རྟགས་ཞུས་གནང་(འདིའི་དུས་ཚོད་ཐད། "བདག་པོ་ཤཱཀྱ་རིན་པ་ཆུ་ཡོས་(སྤྱི་ལོ1363)ལ་ཐོ་གན་གྱི་ལུང་གིས་ཁྲི་ཐོག་ཏུ་བསྐོས་ཞེས་སྤྱན་སྔ་ཆོས་འབྱུང་དུ་འབྱུང་……"ཞེས②པཎ་ཆེན་བསོད་གྲགས་ཀྱིས་གཞན་ལུགས་འགོག་སྐབས་གསུངས་པའི་ཆུ་ཡོས་དེ་ཡིན་པར་སེམས་)ལྟར་ཕག་གྲུ་ཁྲི་དཔོན་གྱི་གོ་སར་བསྐོས་ཀྱང་། བར་སྐབས་ཟང་ཟིང་དང་ཁ་མཆུ་ཅི་རིགས་བྱུང་བས་ཏའི་སི་ཏུའི་དགོངས་པར་ཕོང་རང་སྐྱ་ཁམས་བཟང་རིང་ཕག་མོ་གྲུར་ཁྲི་དཔོན་གྱི་མིང་བཏགས་པ་ཞིག་ཟུར་དུ་དགོས་དོན་མེད་པར་དགོངས་ཏེ་ཤཱཀྱ་རིན་ཆེན་གདན་ས་ཐེལ་དུ་རྒྱུད་སྡེའི་བསླེན་མཚམས་ལ་བཞུགས་སུ་བཅུག་པ་དེའི་སྐོར། ཏའི་སི་ཏུའི་མྱུ་ངན་འདས་ཆུང་ཞལ་ཆེམས་ནང་"སྡེ་གདོང་གི་དཔོན་ས་འདིར། ཤཱཀྱ་རིན་ཆེན་འོས་པར་འདུག་བསམ་ནས་གོང་དུ་འཇའ་ས་ཞུ་བ་ལ་དཔའ་ཤི་ཤེས་བཀྲས་བཏང་། འཇའ་ས་བཟང་པོ་གྲུབ། ལུང་དང་འབྲེལ། ལི་ཤང་ཁྲུས། འཇའ་ས་བསྒྲགས་ནས་ཁྲི་དཔོན་ལ་བསྐོས་པ་ཡིན་ནའང་། བསོད་ནམས་ཀྱིས་མ་ཆུན་ལ་ཡིན་ནམ།

① (རླངས་ཀྱི་པུ་ཏི་བསེ་རུ་རྒྱས་པ་ལྷུགས་པར་མའི་དེབ་ངོས343)

② (དེབ་དམར་གསར་མ་དེབ་ངོས83)

འཇའ་ས་བསྒྲགས་རྗེད། ཟང་ཟིང་བདེ་དོག་ཁ་མཆུ་ཅི་རིགས་སུ་བྱུང་བ་ཀུན་ལ་གསལ། དེའི་དོན་ལ་རང་རེ་ཁམས་བཟང་རིང་ལ་ཁྲི་དཔོན་གྱི་མིང་བཏགས་དགོས་རྒྱུ་མི་འདུག་པས། ཐེལ་དུ་མཚམས་ཆོད་དགེ་སྐྱོར་ལ་འབུངས། དཔོན་པོ་མཚམས་བཅད་པའི་ལུགས་ཀྱི། ད་གཟོད་རིན་པོ་ཆེའི་དམིགས་ཡུལ་བྱེད་བྱས་པ་ཡིན་པས། ཁྱེད་སྤྱན་སྔ་བས་ཕོའི་འགོ་འདོན་སྐྱོང་བྲན་གང་དགོས་ཀྱིས”①ཞེས་གསུངས་པ་ལྟར་ལགས།

ཏའི་སི་ཏུའི་དགོངས་པར་ཤཱཀྱ་རྒྱལ་མཚན་འདི་ཉིད་སྒྲུབ་པའི་རྒྱལ་མཚན་འཛིན་ཅིང་། མཁས་བཙུན་བཟང་གསུམ་གྱི་ཡོན་ཏན་ཀུན་དང་ལྡན་པ་བུ་སློབ་ཐམས་ཅད་མཁྱེན་པ་ལྟ་བུ་ཞིག་ཡོད་པ་དང་། ཕག་གྲུ་སྡེ་སྲིད་ཀྱི་རྗེས་ཤུལ་འཛིན་མཁན་སྐུ་མཆེད་བྱང་ཆུབ་རྡོ་རྗེའི་བུ་ཆུང་ལ་ཐུགས་རེ་མཛད་ཀྱང་། ཤཱཀྱ་རྒྱལ་མཚན་དགུང་ལོ་ཉེར་དྲུག་སྤྱི་ལོ1365རབ་བྱུང་དྲུག་པའི་ཤིང་སྦྲུལ་ལོར་ཏའི་སི་ཏུ་བསྟུན་གཞིས་རྐྱེན་པས་ཐོག་མའི་དགོངས་གཞི་དེར་འགྱུར་ལྡོག་མཛད་དེ་ཤཱཀྱ་རྒྱལ་མཚན་ཕག་གྲུ་སྡེ་སྲིད་ཀྱི་ཁྲི་ལ་དབང་བསྐུར་བའི་སྐོར། ཏའི་སི་ཏུའི་མྱུ་ངན་འདས་ཆུང་ཞལ་ཆེམས་ནང་“འདིའི་ཁྲི་དཔོན་དེ། བྱང་རྡོར་བུ་ཆུང་འདི་རང་རེའི་ཕྱི་ལ་ཁྲིད་ཀོ་མཐོང་བསླབས། གོང་དུ་ཞུ་བ་བཏང་ནས་ཁྲི་དཔོན་ལ་བསྐོ་བའི་འདུན་མ་ཡོད་པ་ཡིན་ནའང་། རང་རེའི་ཁམས་ངན་པར་གྱུར་ན། འདི་རིགས་ན་སོ་ཁྲས་པའི་དོན་གྱིས་དཔོན་ས་འཕེར་བ་བ་དཀའ་བར་འདུག་པས། ཁྱོད་ཤཱཀྱ་རྒྱལ་མཚན་གཞོན་ནུ་ནས་རབ་ཏུ་བྱུང་། ལོ་དགུའི་སྟེང་དུ་བརྟག་གཉིས་ལ་བཤད་པ་བྱས་ན

① （རླངས་ཀྱི་པུ་ཏི་བསེ་རུ་རྒྱས་པ་ལྷུགས་པར་མའི་དེབ་ངོས426）

ནས་བཟུང་སྟེ། བཅོ་ལྔ་ལ་འདུལ་བ་ནན་ཏན་བྱས། བཅུ་དྲུག་ལ་བཤད་པ་བྱེད་པ་ལ་ཕྱིན་ལ། བརྟག་གཉིས། རྣམ་འགྲེལ། ཕར་ཕྱིན། མངོན་པ། འདུལ་བ་ལ་སོགས་པོ་ཏི་ལ་ནན་ཏན་བྱེད་དུ་བཅུག རྒྱུད་སྡེ་བཞི་དང་སྡེ་སྣོད་ལ་མཁས་པར་བསླབས། ན་སོར་ཕྱིན་དུས་སྒྲུབ་པའི་རྒྱལ་མཚན་འཛིན་པ། མཁས་བཙུན་བཟང་གསུམ་འཛོམ་པ། མཁན་ཆེན་བུ་སྟོན་རིན་པོ་ཆེ་ལྟ་བུ་གཅིག་རེ་བ་ཡིན་ཟེར་བ་ལབ་པ་ཡིན་ནའང་། ཁམས་ཀྱི་གནས་ལུགས་འདིར་སོང་། བསམ་པ་ཐོག་ཏུ་མ་བྱུང་ཙ་ན། ཚ་ཡུག་འདི་ཚོ་མ་ཚར་བར་དུ། ཁྱེད་ཀྱིས་སྡེ་གདོང་ག་གོ་ས། འདི་མི་འཛིན་ཁ་མེད་དུ་འདུག་པས། རྩེ་ཐང་གི་གྲྭ་ས། སློས་གཞིས། འབྲོག་དགེ་རྣ། དབང་རིགས་རྣམས་གྲགས་པ་རིན་ཆེན་ལ་བྱིན་ལ། རྩེ་ཐང་གི་ཆོས་སྡེ་འདི་མ་ཞིག་པ་དང་། གྲྭ་ས་མ་ཉམས་པ། བསྟན་པའི་བྱ་བ་ཚུལ་དང་མཐུན་པ། གྲྭ་ས་མ་ཉམས་པ། བསྟན་པའི་བྱ་བ་དང་མཐུན་པ། ཁྱོད་གྲགས་པ་རིན་ཆེན་གྱིས་ཁུར་ཁུར་ལ་འབད་པ་ཐོན"[①]ཞེས་གསུངས་པ་ལྟར་དེ་ནས་བཟུང་ཤཱཀྱ་རྒྱལ་མཚན་གྱིས་ཕག་གྲུའི་སྲིད་དབང་བསྐྱངས། སྤྱི་ལོ1372ལོར་རབ་བྱུང་དྲུག་པའི་ཆུ་བྱི་ལོར་མིང་གོང་མ་ཐའི་ཙུའུ་ཀྲུའུ་ཡོན་ཀྲང་གིས་ཁོང་ལ་ཏའི་སི་ཏུ་དང་། ཆང་གུའི་གུང་། ཀྭ་དེན་གུ་ཤྲིའི་ལས་ཀ་དང་། དམ་ཁ། བོད་ཆོལ་ཁ་གསུམ་རྒྱུད་པ་དང་བཅས་པས་ཤེས་སུ་འཇུག་པའི་འཇའ་ས་གནང་བ་དེ་ནས་བཟུང་ཁོང་གི་མཚན་ལ་འཇམ་དབྱངས་གུ་ཤྲི་ཤཱཀྱ་རྒྱལ་མཚན་ཞེས་ཡོངས་སུ་གྲགས་ཤིང་། ཏཱ་མིང་གོང་མས་ཕག་གྲུ་སྡེ་སྲིད་ལ་འཇའ་ས་ཆེ་ལོ་གནང་བའི་ཐོག་

① (རླངས་ཀྱི་པུ་ཏི་བསེ་རུ་རྒྱས་པ་ལྷུགས་པར་མའི་དེབ་ངོས426)

མ་ཡང་འདི་ཡིན་ལ། ཕག་མོ་གྲུ་པའི་གདུང་རབས་ཀྱིས་བོད་ལ་དབང་སྒྱུར་བའི་རྩ་བའི་གཏན་ཚིགས་ཀྱང་འདི་ཉིད་ཡིན།

གུ་ཤྲཱི་ཤཱཀྱ་རྒྱལ་མཚན་གྱིས་ཕག་གྲུ་སྡེ་སྲིད་ཀྱི་སྲིད་འགན་བཞེས་རིང་སྲིད་དབང་སྐྱོང་ཐབས་ནི་རང་གི་ཁུ་བོ་ཏའི་སི་ཏུ་བྱང་ཆུབ་རྒྱལ་མཚན་གྱིས་གཏན་ལ་ཕབ་ཅིང་། ཇི་ལྟར་གདམས་པ་རྒྱུན་འཛིན་མཛད་པ་ལས་དམིགས་བསལ་གྱི་འགྱུར་ལྡོག་གང་ཡང་མ་བྱུང་བར་སྣང་ཞིང་། འདིས་སྲིད་དབང་འཛིན་པའི་རིང་ལ་གཙང་ཕྱོགས་ཀྱི་སྡེ་དཔོན་འགའ་ཞིག་གི་བྱེད་པ་མི་བཟང་བའི་སྟེང་དུ་དཔུང་གི་སྒྱུར་བ་བཤམས་སྟེ་ཟིང་ཆ་ལྡོད་འཛགས་གཏོང་དགོས་བྱུང་བ་ཙམ་ལས། དེ་མིན་སྡེ་གཟར་སོགས་འཁྲུག་ལོང་ཆེ་རིགས་བྱུང་མེད་པ་ཕག་གྲུའི་སྲིད་དབང་ཡར་རྒྱས་འགྲོ་བཞིན་པའི་ངང་ནས་དགུང་ལོ་སོ་བཞི་པ་སྤྱི་ལོ1373རབ་བྱུང་དྲུག་པའི་ཆུ་གླང་ཟླ་བ་དགུ་པའི་ཚེས་སུམ་ཅུ་ཉིན་སྐུ་གཤེགས།

འཛམ་དབྱངས་གུ་ཤྲཱི་ཤཱཀྱ་རྒྱལ་མཚན་འདི་ནི་ཕག་གྲུ་སྡེ་སྲིད་ཀྱི་སྲིད་རབས་གཉིས་པ་ཡིན། ཁོང་གིས་སྤྱི་ལོ1365ནས་སྤྱི་ལོ1373བར་སྲིད་ལོ་དགུ་བསྐྱངས།

གྲགས་པ་རིན་ཆེན་ནི། ཐེལ་དཔོན་རིན་ཆེན་རྡོ་རྗེས་རྗེ་མོ་གཉིས་ཁབ་ཏུ་བཞེས་པའི་ཟེ་ན་ཟ་བཀྲ་ཤིས་སྐྱིད་ལ་རྒྱལ་སྲས་གྲགས་པ་རིན་ཆེན་དང་། སྤྱན་སྔ་ཆོས་བཞི་བ་གསར་མ་གྲགས་པ་བྱང་ཆུབ་འཁྲུངས་པ་དང་། ཐྲག་མ་ལ་སྤྱན་སྔ་བསོད་ནམས་གྲགས་པ་དང་། གྲགས་པ་བཟང་པོ་བཅས་འཁྲུངས་པའི་རྒྱལ་སྲས་གྲགས་པ་རིན་ཆེན་ནི་སྤྱི་ལོ1349རབ་བྱུང་དྲུག་པའི་ས་གླང་ལོར་འཁྲུངས་ཤིང་། དགུང་ལོ་བཅུ་པ་ལ་མཁན་ཆེན་གཞོན་

དབང་པ་དང་། སློབ་དཔོན་གཞོན་བརྩོན་པ་ལས་རབ་ཏུ་བྱུང་བ་དང་། སློབ་དཔོན་ཚུལ་རྒྱལ་བས་ཆོས་སྐོ་ཕྱེ། སྤྱན་སྔ་ཆོས་བཞི་བ་ལ་ཆོས་ཁྲིད་རྫོགས་པར་གསན་ནས་མཚན་གྲགས་པ་རིན་ཆེན་དུ་གསོལ། དཔལ་བརྟག་པ་གཉིས་པ་དང་། ཕར་ཕྱིན་ལ་སོགས་པ་གསན་སྦྱོང་ལེགས་པར་མཛད་པ་དང་། ཆོས་རྗེ་བླ་མ་དམ་པ་བསོད་ནམས་རྒྱལ་མཚན་དང་། རྒྱལ་སྲས་ཐོགས་མེད་པ་ལ་སོགས་པ་དགེ་བའི་བཤེས་གཉེན་དུ་མ་བསྟེན་ནས་གསན་བསམ་རྒྱ་ཆེར་མཛད་དེ་དགུང་ལོ་བཅུ་བདུན་པར་འཛམ་དབྱངས་གུ་ཤྲི་ཤཱཀྱ་རྒྱལ་མཚན་གྱི་རྗེས་སུ་རྩེད་ཐང་གི་གདན་སར་ཕེབས། དགུང་ལོ་བཅུ་དགུ་པ་སྤྱི་ལོ་1367རབ་བྱུང་དྲུག་པའི་མེ་ལུག་ཟླ་བ་དྲུག་པའི་ཚེས་གསུམ་ཉིན་སྐུ་གཤེགས།

ཕག་གྲུའི་སྲིད་རབས་གསུམ་པ། སྤྱན་སྔ་གྲགས་པ་བྱང་ཆུབ་ཀྱི་སྐོར།

སྤྱན་སྔ་གྲགས་པ་བྱང་ཆུབ་བམ་ཆོས་བཞི་གསར་མ་བ་ནི་སྤྱི་ལོ་1356རབ་བྱུང་དྲུག་པའི་མེ་སྤྲེལ་ལོར་འཁྲུངས་ཤིང་། དགུང་ལོ་བཞི་པའི་སྐབས་ཀློག་ཡིག་སྦྱོང་བདེ་དང་། དེ་རྗེས་གཅེན་རྒྱལ་སྲས་གྲགས་པ་རིན་ཆེན་པ་ནས་བརྟག་གཉིས་གསན་སྦྱོང་མཛད། དགུང་ལོ་བཅུ་གཉིས་པར་སྤྱན་སྔ་གྲགས་པ་ཤེས་རབ་ལས་དགེ་བསྙེན་གྱི་སྡོམ་པ་བཞེས་པའི་མཚན་གྲགས་པ་བྱང་ཆུབ་ཏུ་གསོལ་ཞིང་། ཡོང་ནས་ཆོས་དྲུག་གི་ཁྲིད་སོགས་གསན་ཏེ་རྩེད་ཐང་དུ་བརྟག་གཉིས་ཀྱི་བཤད་པ་རྒྱ་ཆེར་མཛད།

འཇམ་དབྱངས་ཀུ་ཤྲི་ཤཱཀྱ་རྒྱལ་མཚན་གྱིས་གྲགས་པ་བྱང་ཆུབ་ལ་ཀླངས་ཀྱི་གདུང་རྒྱུད་སྤེལ་དགོས་པའི་ཞལ་ཏ་ནན་ཅན་གནང་ཡང་ཞལ་གྱིས་མ་བཞེས་པར་དགུང་ལོ་བཅོ་ལྔ་པར་ཆོས་རྗེ་བསོད་ནམས་རྒྱལ་མཚན་པས་མཁན་པོ་དང་། མཁན་ཆེན་གཞོན་དབང་པས་སློབ་དཔོན། ཆོས་སྒོ་བ་བརྩོན་འགྲུས་བཟང་པོས་དུས་བསྒོ་བ་གནང་སྟེ་རབ་ཏུ་བྱུང་ཞིང་། དེ་རྗེས་མཁན་སློབ་དེ་དག་ལས་བསྙེན་རྫོགས་ཀྱི་སྡོམ་པའང་བཞེས། སྔར་དགེ་བསྙེན་སྐབས་མཚན་དུ་གྲགས་པ་བྱང་ཆུབ་གསོལ་བའི་ཐོག་ཏུ་དཔལ་བཟང་པོ་ཞེས་བྱ་བ་སྣོན་པར་མཛད། དགུང་ལོ་བཅུ་དྲུག་པར་ཐེལ་གྱི་གདམ་སར་ཕེབས།

སྤྱན་སྔ་གྲགས་པ་བྱང་ཆུབ་འདི་ནི་སྐྱབས་རྒྱུད་ཀྱི་བསྟན་པའི་རྒྱལ་མཚན་འཛིན་པར་བཞེད་པ་ལས། བླ་ན་མཐོ་བའི་སྲིད་འཛིན་ཡང་ཆུ་ཤིང་ལྟར་སྙིང་པོ་མེད་པར་གཟིགས་པ་ཞིག་ཡིན་པས་ཁོང་དགུང་ལོ་བཅུ་དགུ་པའི་སྐབས་དཔལ་ལྡན་བླ་མ་དམ་པ་བསོད་ནམས་རྒྱལ་མཚན་པ་དང་། ཕག་མོ་གྲུ་པའི་གྲོས་དབང་པ་རྣམས་ཀྱིས་འཇམ་དབྱངས་ཀུ་ཤྲི་ཤཱཀྱ་རྒྱལ་མཚན་སྐུ་གཤེགས་པའི་རྗེས་ཕག་མོ་གྲུ་པའི་སྡེ་སྲིད་དང་། ཐེལ་གྱི་གདན་ས་གཅིག་ཚོགས་བླ་དཔོན་སྨྲགས་མ་གནང་དགོས་པའི་རེ་བ་ནན་ཆེར་གནང་རུང་། ཁོ་གེས་སྤྱན་སྔ་བསོད་ནམས་གྲགས་པ་སྐུ་ན་མ་སོན་བར་རེ་ཞིག་དེ་ལྟར་མི་གནང་མཐུ་མེད་ཀྱིས་ཞལ་བཞེངས་གནང་བ་ལྟར་སྤྱི་ལོ1374རབ་བྱུང་དྲུག་པའི་ཤིང་སྟག་ལོར་ཕག་མོ་གྲུ་པའི་བླ་དཔོན་སྨྲགས་མར་སྲིད་ལོ་བརྒྱད་བསྐྱངས་རྗེས་དགུང་ལོ་ཉེར་དྲུག་པ་སྤྱི་ལོ1381ལྕགས་བྱ་ལོ་ཕག་གྲུ་སྲིད་ཀྱི་ཁྲིར་སྤྱན་སྔ་བསོད་ནམས་གྲགས་པ་བསྐོ་གཞག་གནང་སྟེ་ཐེལ་གྱི་ཚོགས་པ་མུ་

མཐུད་བསྐྱངས་པ་བཅས་ཚྭོན་གདན་ས་ལོ་བཅུ་དྲུག་རིང་སྐྱོང་གནང་མཛད་ཅིང་། སྤྱན་སྔ་གྲགས་པ་བྱང་ཆུབ་ཀྱིས་ཕག་མོ་གྲུ་པའི་སྡེ་སྲིད་ཀྱི་ཐུགས་འགན་བཞེས་སྐབས་རྫོང་གོང་འོག་ཐམས་ཅད་དུ་ཚེ་འཕྲུལ་གྱི་ཟླ་བ་ལ་སྲོག་གཅོད་སྡོང་དུ་འཇུག་པ་སོགས་ཆོས་ལྡན་རྒྱལ་པོའི་མཛད་པ་ལྟར་བཞེས་པ་དང་། བཤད་པ་དང་སྒྲུབ་པས་བསྟན་པའི་མིག་རྒྱན་དུ་ཆེ་བའི་མཛད་པ་ཁོ་ནར་གཞོལ།

སྤྱན་སྔ་གྲགས་པ་བྱང་ཆུབ་ཀྱིས་དཔལ་བླ་མ་དམ་པ་དང་། སྤྱན་སྔ་གྲགས་པ་ཤེས་རབ། པོ་ཆེན་བྱང་ཆུབ་རྩེ་མོ་བཅས་རྩ་བའི་བླ་མ་གསུམ་གྱིས་མཚོན་པའི་མཁས་དང་གྲུབ་པའི་བདག་ཉིད་ཀྱི་བླ་མ་མང་པོ་བསྟེན་ནས་མདོ་སྔགས་ཀྱི་ཟབ་ཆོས་མང་པོ་གསན་གནང་བས་ཉམས་དང་རྟོགས་པའི་ཡོན་ཏན་ཁྱད་པར་ཅན་འཁྲུངས་པར་གྲགས།

རྗེ་ཙོང་ཁ་པ་ཆེན་པོས་ཀྱང་སྤྱན་སྔ་གྲགས་པ་བྱང་ཆུབ་ཀྱི་ཞབས་ལ་གཏུགས་ནས་མི་འཕྲོག་པའི་དད་པ་ཚད་མེད་འཁྲུངས་ཏེ། དཔལ་ལྡན་དགྱེས་པའི་གཞུང་ལུགས་ནས་དྲངས་པའི་རྟོགས་བརྗོད《སྤྱན་སྔ་གྲགས་པ་བྱང་ཆུབ་དཔལ་བཟང་པོའི་རྟོགས་བརྗོད་སྙན་དངགས་བྱིན་རླབས་ཀྱི་ལྷུན་པོ་》ཞེས་བྱ་བ་ཡང་བཀའ་རྩོམ་གནང་ཞིང་། སྤྱན་སྔ་རིན་པོ་ཆེས་ཀྱང་རྗེ་ཙོང་ཁ་པ་ཆེན་པོའི་རྨད་དུ་བྱུང་བའི་མཁྱེན་རབ་ཀྱིས་གསུངས་རབ་རྒྱ་མཚོ་ཆེན་པོའི་ཕ་རོལ་ཏུ་ཕྱིན་པ་གཟིགས་ནས་བསྔགས་པ་རྒྱ་ཆེར་མཛད།

དེ་ལྟར་སྤྱན་སྔ་གྲགས་པ་བྱང་ཆུབ་ཀྱིས་བསྟན་པ་དང་འགྲོ་བའི་དོན་འབའ་ཞིག་ལ་སྨན་པའི་མཛད་པ་རླབས་པོ་ཆེ་བསྐྱངས་པའི་མཐར་དགུང་ལོ་ས་གཅིག་པ་སྤྱི་ལོ1386རབ་བྱུང་དྲུག་པའི་མེ་སྟག་ལོའི་ཟླ་བ་གཉིས་པའི་

ཚེས་ལྔ་ཉིན་སྐུ་གཤེགས།

སྤྱན་སྔ་གྲགས་པ་བྱང་ཆུབ་ནི་ཕག་གྲུ་སྡེ་སྲིད་ཀྱི་སྲིད་རབས་གསུམ་པ་ཡིན། ཁོང་གིས་སྤྱི་ལོ1374ནས་སྤྱི་ལོ1381བར་སྲིད་ལོ་བརྒྱད་བསྐྱངས།

ཕག་གྲུའི་སྲིད་རབས་བཞི་པ། སྡེ་སྲིད་བསོད་ནམས་གྲགས་པའི་སྐོར།

སྡེ་སྲིད་བསོད་ནམས་གྲགས་པའམ་བསམ་གཏོང་པ་ནི་སྤྱི་ལོ1359རབ་བྱུང་དྲུག་པའི་ས་ཕག་ལོར་འཁྲུངས།

དགུང་ལོ་དགུ་པར་སྤྱན་སྔ་བཅུ་གཉིས་པའི་དྲུང་དུ་དགེ་བསྙེན་གྱི་སྡོམ་པ་བཞེས་པའི་མཚན་བསོད་ནམས་གྲགས་པར་གསོལ། དེ་རྗེས་སྡེ་གདོང་དུ་ཆོས་རྗེ་བླ་མ་དམ་པས་མཁན་པོ་དང་། མཁན་ཆེན་གཞོན་དབང་པས་སློབ་དཔོན་མཛད་དེ་རབ་ཏུ་བྱུང་། དགུང་ལོ་བཅུ་པར་རྩེ་ཐང་གི་གདན་སར་ཕེབས་ནས་འཆད་ཉན་རྒྱ་ཆེར་སྤེལ། དེ་རྗེས་ལོ་ལྔ་བ་བྱང་ཆུབ་རྩེ་མོ་དང་། མཁན་ཆེན་གཞོན་དབང་པ་སོགས་ནས་བསྙེན་རྫོགས་བཞེས། རྩེད་ཐང་གི་ཚོགས་པ་ལོ་བཅུ་བཞི་བསྐྱངས། དགུང་ལོ་ཉེར་གསུམ་པ་སྤྱི་ལོ1381རབ་བྱུང་དྲུག་པའི་ལྕགས་བྱ་ལོ་ཕག་གྲུ་སྡེ་སྲིད་ཀྱི་ཁྲིར་ཕེབས་ཤིང་། འདིས་སྲིད་དབང་སྐྱོང་བའི་རིང་དུས་མི་བདེ་བའི་རྣམ་པ་ཅུང་ཟད་བྱུང་འདྲ་བ་ལྡེ་རིང་ཆོས་འབྱུང་ལས“ གོང་དཀར་གཞིས་སྐོར་གྱི་ས་ནས་ཤིང་མོ་གླང་ལོ་ལ་ཐེལ་གྱི་གཟིམ་ཁང་ཤུགས་རར་ཙོན། དེའི་ཚེ་ལོག་སྒྲུབ་བྱས་པ་རྣམས་ལ་མི་དགེ་བའི་ལྟས་དངོས་སུ་བྱུང་ཞིང་། དེའི་ཕྱི་མ་དགུང་ལོ་ཉེར་བརྒྱད་མེ་

ཐོ་སྟག་གི་ལོ་ལ། ཡང་དགོན་དུ་ཆོས་ཀྱི་ཁྲི་ལ་ཐེབས་ནས་སྒྲུབ་རྒྱུད་ཀྱི་བསྟན་པའི་བདག་པོ་མཛད་”①ཅེས་གསུངས་པ་ནས་མཚོན་ཅིང་། དགུང་ལོ་ཉེར་བདུན་སྤྱི་ལོ1385ཤིང་གླང་ལོ་སྟེ་སྲིད་ཀྱི་ཁྲི་ལས་བཀོལ་ཏེ་ཐེལ་གྱི་གདན་སར་ཐེབས་ནས་ཚོགས་པ་ལོ་ཉི་ཤུ་བསྐྱངས་ཏེ་དགུང་ལོ་ཞེ་བདུན་ལོར་ཐེལ་གྱི་གདན་ས་སྤྱན་སྔ་དཔལ་བ་ལ་གཏད་དེ་ཀུན་སྤངས་ཀྱི་མཛད་པ་བསྟན་ནས་མཐར་དགུང་ལོ་ལྔ་བཅུ་པ་སྤྱི་ལོ1408རབ་བྱུང་བདུན་པའི་ས་ཕོ་ཟླ་བ་གཉིས་པའི་ཚེས་བཅུ་དགུ་ཉིན་སྐུ་གཤེགས་ཤིང་བཅོ་བརྒྱད་མཆོད་པར་གྲགས་པའོ།

སྟེ་སྲིད་བསོད་ནམས་གྲགས་པ་ནི། ཕག་གྲུ་སྟེ་སྲིད་ཀྱི་སྲིད་རབས་བཞི་པ་ཡིན། ཁོང་གིས་སྤྱི་ལོ1381ནས་སྤྱི་ལོ1385བར་སྲིད་ལོ་ལྔ་བསྐྱངས།

ཕག་གྲུའི་སྲིད་རབས་ལྔ་པ། དབང་གྲགས་པ་རྒྱལ་མཚན་གྱི་སྐོར།

དབང་གྲགས་པ་རྒྱལ་མཚན་ནི། ཤཱཀྱ་རིན་ཆེན་གྱིས་ཟེ་ན་བཟའ་རིན་ཆེན་འཛོམས་པ་ཁབ་ཏུ་བཞེས་པའི་སྲས། དབང་གྲགས་པ་རྒྱལ་མཚན། བྱང་ཆུབ་རྡོ་རྗེ། སྒོ་སེལ་བའམ་སྤྱན་སྔ་བསོད་ནམས་བཟང་པོ། སྤྱན་སྔ་བ་དཔལ་ལྡན་བཟང་པོ། སྤྱན་སྔ་བསོད་ནམས་རྒྱལ་མཚན། དྲུང་སངས་རྒྱས་

① (རྫ་རོང་ཆོས་འབྱུང་ཁྲིམས་མ་ཤོག་གྲངས309ན་)

རྒྱལ་མཚན་བཅས་དྲུག་བརྟམས་པ་ལས་དབང་གྲགས་པ་རྒྱལ་མཚན་ནི་སྤྱི་ལོ1374རབ་བྱུང་དྲུག་པའི་ཤིང་སྟག་ལོར་འཁྲུངས། དགུང་ལོ་བདུན་པར་མཁན་ཆེན་གཞོན་དབང་པའི་དྲུང་དུ་རབ་ཏུ་བྱུང་བའི་མཚན་གྲགས་པ་རྒྱལ་མཚན་དཔལ་བཟང་པོར་གསོལ། དགུང་ལོ་བརྒྱད་པ་ལྕགས་བྱ་ལོ་རྩེད་ཐང་གི་གདན་སར་ཕེབས་ཤིང་། བསྟན་བཅོས་ཚད་མ་རྣམ་འགྲེལ་གསུངས་པས་མཁས་པའི་སྙན་གྲགས་ཐོབ། དེར་ཚོགས་པ་ལོ་ངོ་བཞི་བསྐྱངས་ནས། དགུང་ལོ་བཅུ་གཉིས་པ་སྤྱི་ལོ1385རབ་བྱུང་དྲུག་པའི་ཤིང་གླང་ལོར་ཕག་གྲུ་སྡེ་སྲིད་བསོད་ནམས་གྲགས་པ་ཐེལ་དུ་ཕེབས་རྗེས་ཕག་གྲུ་སྡེ་སྲིད་ཀྱི་ཁྲིར་ཕེབས།

དགུང་ལོ་བཅུ་དྲུག་སྤྱི་ལོ1388རབ་བྱུང་དྲུག་པའི་ཆུ་ཁྱི་ལོར་ཏཱ་མིང་གོང་མ་ཀྲེན་ཝུན་གྱིས་དབང་གི་གོ་གནས་དང་། གསེར་གྱི་དམ་ཁ་གནང་ཞིང་། སླར་ཡང་དབང་གྲགས་པ་རྒྱལ་མཚན་དགུང་ལོ་སོ་ལྔ་པ་སྤྱི་ལོ1409རབ་བྱུང་བདུན་པའི་ས་གླང་ལོར་ཏཱ་མིང་གོང་མ་ཡུང་ལོས་ཧྲན་ཧྭ་དབང་གི་འཛའ་ས་དང་། ཤེལ་གྱི་དམ་ཁ①བཅས་རིམ་པར་སྩལ་སོན་བྱུང་བས་དབང་གྲགས་པ་རྒྱལ་མཚན་ཞེས་ཡོངས་སུ་གྲགས།

ཁོང་གི་དུས་ནི་སྡེ་སྲིད་ཕག་མོ་གྲུ་པའི་མངའ་ཐང་རྩེ་མོར་སོན་པའི་དུས་རབས་ཤིག་ཡིན་ལ། ཕག་གྲུའི་སྲིད་འཛིན་སྒྲིག་གཞིའི་ཐད་ལའང་འགྱུར་ལྡོག་ངེས་ཅན་བྱུང་བའི་དུས་སྐབས་ཤིག་ཀྱང་ཡིན།

དབང་གྲགས་པ་རྒྱལ་མཚན་གྱིས་སྲིད་དབང་སྐྱོང་བའི་དུས་སྐོད་ཀྱི་

① （ཆོས་སྲིད་ཟུང་འབྲེལ་དེབ་ངོས79）

“སློབ་ཆེན་དཔང་འཛིན་སྐུ་ཞང་རྗོང་རྗེ་གྲགས་རིན་པས་མཛད། བར་སྐབས་ཤིག་ནས་དབུང་འཁོར་རྣམས་ཀྱིས་མ་ཐེགས་པར་གོང་མ་ལ་སྙན་སྤྲ་ཕུལ་ཏེ་རྗོང་རྗེ་བ་བཀོངས། དེ་འཕྲུལ་ཡར་ཀླུངས་ཀྱི་དཔོན་སྐུ་བཅུས་དུས་ཟིང་བསླངས་པ་ལ་བཅུ་སྐོར་ཞེས་ཟེར་”①ཞེས་གསལ་བ་དང་“སྐུ་ཚེའི་སྟོད་ཆ་ལ། དཔོན་ཞང་གི་འཁོན་རྩོད་དང་། ཨེ་གཉལ་གྱི་སྡེ་གཟར་ལ་སོགས་དཀའ་དགུ་མང་པོ་རང་བྱུང་ནའང་། རྟེང་ལ་སྡེ་པ་ནང་འཛགས། དབུས་གཙང་གི་ཁྲི་སྐོར་ཕལ་ཆེ་བ་དབང་དུ་བསྡུས་”②ཞེས་འཁོད་པ་ལྟར་ཡར་ཀླུངས་སུ་དུས་ཟིང་ཕྲན་བུ་བྱུང་བ་དང་། དེ་རྗེས་ཉང་སྟོད་ཤར་ཁ་བ་རབ་བརྟན་ཀུན་བཟང་འཕགས་ཀྱི་བྱེད་བབ་བཟོ་མིན་ལ་བརྟེན་ནས་ཉང་སྟོད་དུ་དཔུང་གི་འཐུག་སྒོ་ལན་གཉིས་གནང་དགོས་བྱུང་བ་དེ་ཙམ་ལས་གཞན་ཡུལ་ལུང་བདེ་བར་འཁོད་པས་མང་ཚོགས་ཀྱི་འཚོ་བ་ཡར་རྒྱས་དང་། བོད་ཀྱི་དཔལ་འབྱོར་དང་། རིག་གནས། འཛུགས་སྐྲུན་བཅས་ཀྱང་དེ་གོང་གི་དུས་སྐབས་གང་དང་ཡང་བསྡུར་ཐབས་མེད་པའི་འཕེལ་རྒྱས་བྱུང་ཡོད། དུས་འདིའི་ཡས་མས་སུ་བོད་ལ་ཆོས་ལུགས་གྲུབ་མཐའ་རིས་མེད་ཀྱི་མཁས་པ་ནམ་མཁའི་སྐར་ཚོགས་ལྟ་བུ་བྱོན་པ་དང་། ཆོས་ལུགས་ཐོག་ནས་བཤད་ན་དགེ་ལུགས་པའི་གྲུབ་མཐའ་གསར་དུ་དར་ཏེ་དབུས་གཙང་གི་གདན་ས་ཆེན་པོ་རྣམ་པ་བཞི་བཞེངས་པ། བོད་དུ་པར་སྐྲུན་བྱ་གཞག་འཕེལ་རྒྱས་བྱུང་བ། འགྲིམ་འགྲུལ་ཐད་ཀྱང་ཆུ་ཟླུང་ཆེན་པོ་རྣམས་སུ་སྐྱེ་བོའི་ཚོགས་ཅི་བདེར་

① (དེབ་དམར་གསར་མ་དེབ་ངོས84)

② (རྒྱ་བོད་ཡིག་ཚང་མཁས་པ་དགའ་བྱེད་དེབ་ངོས551)

བགྲོད་ཆོག་པའི་ཟམ་པ་འཕོར་ཆེན་བསྐྲུན་པ་ལ་སོགས་པ་གཙོ་ཆེ་བའི་རིགས་གཤམ་ལ་དམིགས་སུ་བཀར་ཏེ་ཞུ་རྒྱུ་ནས་མཁྱེན་ཐུབ་ཅིང་། ཡུལ་ལུང་གི་བདེ་འཇགས་དང་། དཔལ་འབྱོར་དར་གྱུད་ནི་ས་གཞི་སྐྱོང་བྱེད་པར་རགས་ལས་པ་བཞིན། དབང་གྲགས་པ་རྒྱལ་མཚན་འདི་ཉིད་ལུགས་གཉིས་ཀྱི་མཁྱེན་སྒོ་རྒྱས་ཤིང་། གཤམ་འོག་དཔོན་རིགས་རྣམས་ཀྱང་ཤེས་ཡོན་ལྡན་ལ་ཕག་གྲུ་སྡེ་སྲིད་ཀྱི་ཞབས་འགྱུར་ལ་ལྷག་བསམ་རྨ་མེད་པའི་བསམ་པ་དག་པའི་རྐྱེན་གྱིས་ཏའི་སི་ཏུ་བྱང་ཆུབ་རྒྱལ་མཚན་གྱི་སྐབས་ནས་བཟུང་དབུས་གཙང་རྫོང་ཆེན་ཁག་གི་རྫོང་དཔོན་ལོ་བཅད་རེས་བསྐོར་བྱ་རྒྱུ་དེ་ཡང་སྐབས་དེའི་གནས་ཚུལ་ལ་མཚོན་ན་དེ་འདྲའི་ཐབས་ལམ་དགོས་གལ་ཆེར་མེད་པར་དགོངས་ཏེ་སྐབས་དེའི་སྔོན་པོ་རིན་སྤུངས་ནམ་མཁའ་རྒྱལ་མཚན་ལ་རིན་སྤུངས་རྫོང་དང་། འཕྱོངས་རྒྱས་པ་ཧོར་དཔལ་འབྱོར་བཟང་པོར་གཞིས་ཀ་བསམ་འགྲུབ་རྩེའི་རྫོང་། སྣེའུ་པ་ནམ་མཁའ་བཟང་པོར་སྣེའུ་རྫོང་། བྲག་དཀར་བ་རིན་ཆེན་དཔལ་བ་ལ་བྲག་དཀར་རྫོང་སོཏ་རྫོང་ཆེན་རྣམས་སྔོན་པོ་ཆེ་གྲས་ལ་མི་རྒྱུད་དང་བཅས་པ་ཤེས་སུ་འཇུག་པའི་ཤེལ་དམ་གནང་བ་དེ་ནི་སྲིད་འཛིན་ལམ་ལུགས་ཀྱི་འགྱུར་ལྡོག་ཆེན་པོ་ཞིག་ཡིན། དེ་ཡང་རྫོང་ཆེན་ཁ་འཛིན་གཏན་འཇགས་ཡིན་མིན་གྱི་གནད་དོན་མིན་པ་གཙོ་བོ་དེ་སྟ་ཏའི་སི་ཏུའི་སྐབས་ནས་བཟུང་གཙོ་བོའི་དཔོན་རིཏ་དང་། ནང་གཉེར་སོགས་ནི་རབ་ཏུ་བྱུང་བ་ནག་ཚང་གི་སྐྱོན་མེད་པ་ཤ་སྟག་དགོས་པའི་རེ་འདུན་ནན་པོ་དེ་འདྲ་རང་དགོས་དོན་མེད་པ་ཁྱིམ་རྒྱུད་ཀྱིས་དཔོན་བྱེད་པའི་ལམ་ལུགས་ཞིག་ཏུ་འགྱུར་བ་མཛད་པ་དེས་དབང་གྲགས་པ་རྒྱལ་མཚན་གྱི་སྐུ་དུས་རང་ལ་མཚོན་ན་ཕག་གྲུ་སྡེ་སྲིད་ཀྱི་བྱ་གཞག་ལ་ཕན་ནུས་ངེས་ཅན་འདྲ་ཐོན་ཡོད་

ཀྱང་། ཕྱིས་རྗོང་གཞིས་སྐེར་རྒྱུད་ཀྱིས་དབང་སྒྱུར་བཅས་བཟུང་བྱས་པ་དེས་ཕག་གྲུ་སྡེ་སྲིད་ཀྱི་དབང་རིས་ཐེ་གུ་སྡེ་ཤོར་རམ། ཤོག་བུ་སྣུམ་བཟོས་ཀྱི་ངང་ཚུལ་བྱུང་བས་ཏའི་སི་ཏུའི་བཀའ་ཆེམས་ནང་གསུངས་པ་དེ་མ་འོངས་མངོན་གཟིགས་ལྟ་བུས་འབྱུང་འགྱུར་ཕག་གྲུའི་སྲིད་དབང་ཤོར་རྐྱེན་ཡང་རྗོང་གཞིས་སྐེར་བདག་སྲིད་པས་གཤམ་འོག་དཔོན་རིགས་ཀྱི་སྟོབས་འབྱོར་རྒྱས་དང་། ལྷག་པར་ཕག་གྲུས་རིན་སྤུངས་པ་དང་གཉེན་བསྲེས་པ་ལས་བྱུང་བའི་ངན་འབྲས་ནས་མཚོན་ཡོད།

དབང་གྲགས་པ་རྒྱལ་མཚན་གྱི་སྐབས་དེར་དྲུང་འཁོར་ཤིན་ཏུ་མང་པོ་ཡོད་པ་རྣམས་ཀྱང་ཆེན་པོའི་ལས་ཚན་གྱི་གོ་རིམ་དང་བསྟུན་པའི་བོད་སྡེ་རབས་པའི་རྒྱན་གོས་རིན་པོ་ཆེའི་འཕྲ་ཚོམས་ཀྱིས་སྤྲས་པའི་ཟ་རྒྱན་རྒྱུན་དུ་འདོག་དགོས་པ་དང་། ལྷག་པར་གནམ་ལོ་གསར་དུ་ཆོས་པའི་དགའ་སྟོན་གྱི་སྐབས་བཙན་པོའི་སྐུ་དུས་ཀྱི་ཆས་གོས་རིན་ཆེན་རྒྱན་ཆར་གྲགས་པའི་རྒྱན་སྤྲོས་བྱ་དགོས་ལ་ཐུགས་སྣང་ཆེན་པོ་མཛད་པ་དང་། དེ་མིན་ལུང་མ་བསྟན་གྱི་ཞྭ་གོས་གྱོན་པ་དང་། བཟང་པོའི་སྤྱོད་པ་དང་མི་མཐུན་པ་ཡིད་ལ་ཤར་ཚད་ལག་ཏུ་མི་ལེན་པའི་རྒྱུས་བཅད་གཏན་འབེབས་ཀྱང་གནང་པར་གྲགས།

གྲགས་པ་རྒྱལ་མཚན་གྱི་ཆོས་ཕྱོགས་ཀྱི་མཛད་རྗེས་ལ་མཚོན་ན་རིས་སུ་མ་ཆད་པའི་གྲུབ་མཐའ་མཐའ་དག་གི་དགེ་འདུན་གྱི་སྡེར་བསྙེན་བཀུར་དང་། ཁ་ཆེ་པཎ་ཆེན་གྱི་སྡོམ་རྒྱུན་འཛིན་པ་ཚོགས་པ་སྡེ་བཞིའི་དབྱར་གནས་ཀྱི་སྦྱིན་བདག་ལོ་མང་མཛད་པ། བཀྲ་ཤིས་སྒོ་མངས་གསུམ་དང་། གསེར་གྱི་བཀའ་འགྱུར་བཅས་རྒྱལ་བའི་སྐུ་གསུང་ཐུགས་ཀྱི་རྟེན་མཐའ་ཡས་པ་ཕྱུག་བསྐྲུར་ནས་བཞེངས་པའམ། ཡང་ན་རྒྱུ་ཕུན་སུམ་ཚོགས་པ་གནང་

ནས་བཞེངས་སུ་འཇུག་པ་སོགས་བཀོད་པས་ཁྱད་པར་འཕགས་པ་དུ་མ་དང་། ལྷག་པར་རྗེ་ཙོང་ཁ་པ་ཆེན་པོས་ལྷ་ལྡན་སྨོན་ལམ་ཆེ་མོས་གསར་འཛུགས་སྐབས་དངོས་པོའི་མཐུན་རྐྱེན་ཡང་དག་པར་སྒྲུབས་པ་དང་། དགེ་ལུགས་པའི་གདན་ས་ཆེན་པོ་འབྲོག་རི་བོ་དགེ་ལྡན་ཕྱུག་འདེབས་པའི་སྦྱིན་བདག་གི་མཐིལ་ལེན་མཛད་པ་སོགས་ཆོས་ཕྱོགས་ཀྱི་ཡང་ཤིན་ཏུ་རྒྱ་ཆེ་བ་བཅས་དེ་ལྟར་ཆོས་སྲིད་ལུགས་ཟུང་གི་མཛད་པ་རྒྱ་ཆེར་བསྐྱངས་མཐར་དགུང་ལོ་ང་དགུ་པ་སྤྱི་ལོ1432 རབ་བྱུང་བདུན་པའི་ཆུ་བྱི་ལོར་སྐུ་གཤེགས།

ཕག་གྲུའི་སྲིད་རབས་དྲུག་པ། དབང་གྲགས་པ་འབྱུང་གནས་སྐོར།

དབང་གྲགས་པ་འབྱུང་གནས་ནི། ཆེ་ས་སངས་རྒྱས་རྒྱལ་མཚན་གྱིས་རིན་སྤུངས་ནས་ལྷམ་མོ་ཀུན་དགའ་དཔལ་འཛོམ་ཁབ་ཏུ་བཞེས་པར་སྲས་གྲགས་པ་འབྱུང་གནས་དང་། སླར་རིན་སྤུངས་པའི་བུ་སྲིང་མོ་ཞིག་ཁབ་ཏུ་བཞེས་པར་(པཎ་བསོད་བཞིད་པ་) ཀུན་དགའ་ལེགས་གཉིས་འཁྲུངས་པའི་གྲགས་པ་འབྱུང་གནས་ནི། སྤྱི་ལོ1414 རབ་བྱུང་བདུན་པའི་ཤིང་རྟ་ལོར་འཁྲུངས་ཤིང་། དགུང་ལོ་བཅུ་དགུ་པ་སྤྱི་ལོ1432 རབ་བྱུང་བདུན་པའི་ཆུ་བྱི་ལོར་ཕག་གྲུ་སྡེ་སྲིད་ཀྱི་ཁྲིར་ཕེབས་ཤིང་། སྟག་ལོའི་སྡེ་གཟར་གྱི་གོ་སྐབས་དང་བསྟུན་ནས་སྔོན་པོའི་གྲས་ཡིན་པའི་རིན་སྤུངས་པ་ནོར་བུ་བཟང་པོས་གཞིས་ཀ་བསམ་གྲུབ་རྩེ་སོགས་གཙང་ཁུལ་གྱི་རྫོང་གཞིས་འགའ་

ཞིག་བླངས་པ་དེ་ནས་ཕག་མོ་གྲུ་པའི་སྲིད་དབང་ཉམས་པའི་འགོ་ཚུགས། ①འདིས་རྩེད་གདན་ས་བསྐྱང་མིན་ལ་གསུང་ཚུལ་གཉིས་ཡོད། པཎ་ཆེན་བསོད་གྲགས་ཀྱིས“ བཙོ་ལྷ་པ་ལ་རྩེ་ཐང་གདན་སར་བཞུགས”②ཞེས་དང་། ལྷ་པ་ཆེན་པོས་ཐེལ་དང་རྩེ་ཐང་གཉིས་སུ་གདན་ས་ཟུར་དུ་མེད་ནའང་གསུམ་ཆོས་འགག་ཆེ་བ་རྣམས་རྩེ་ནས་གནང་ཞིང་། ཟུར་འཆད་སློབ་དཔོན་རྣམས་ལ་བཀའི་འཁོར་ལོས་ཁྱབ་པ་དང་། གསེར་གྱི་བཀའ་འགྱུར་བཞེངས་པ་སོགས་ལུགས་ཟུང་གི་མཛད་པ་མཐའ་དག་གོང་མ་ན་རིམ་གྱི་སྲོལ་བཟང་པོ་མ་ཉམས་པར་བཟུང་”③ཞེས་གསུངས་པ་ལྟར་ལགས། དགུང་ལོ་ཉེར་དྲུག་སྤྱི་ལོ1440 རབས་བྱུང་བདུན་པའི་ལྕགས་སྤྲེལ་ལོར་ཏཱ་མིང་གོང་མ་ཀྱིན་ཐའི་ཀྱིང་ཐུང་གིས་དབང་གི་འཇའ་ས་གནང་④ཞིང་། དགུང་ལོ་སོ་གཉིས་པ་སྤྱི་ལོ1445 རབ་བྱུང་བདུན་པའི་ཤིང་གླང་ལོར་སྐུ་གཤེགས། དབང་གྲགས་པ་འབྱུང་གནས་འདི་ནི་ཕག་གྲུའི་སྲིད་རབས་དྲུག་པ་ཡིན། ཁོང་གིས་སྤྱི་ལོ1432ནས་སྤྱི་ལོ1445 བར་སྲིད་ལོ་བཅུ་གསུམ་བསྐྱངས། སྡེ་སྲིད་འདི་ཉིད་ནི་ཕག་གྲུ་དང་། རིན་སྤུངས་པ་གཉེན་བསྲེས་པའི་གདུང་སྲས་ཐོག་མ་དེ་ཡིན་ལ་དབང་གྲགས་པ་རྒྱལ་མཚན་སྐུ་གཤེགས་རྗེས་ཕག་གྲུ་སྡེ་སྲིད་ཀྱི་ཁྲིར་ཡབ་སྲས་སུ་བསྐོའི་གནད་དོན་ལ་རྩོད་གཞི་ལྷགས་པའི་སྐོར། ལྷ་པ་ཆེན་པོས“ དེ་ཡང་ཆོས་རྒྱལ་ཆེན་པོ་གཤེགས་རྗེས། འདི་ཉིད་སྐུ་ན་ཕྲ་

① （ཆོས་སྲིད་ཟུང་སྦྲེལ་དེབ་ངོས81）

② （དེབ་དམར་གསར་མ་དེབ་ངོས87）

③ （དཔྱིད་གླུ་དེབ་ངོས149）

④ （ཆོས་སྲིད་ཟུང་སྦྲེལ་དེབ་ངོས81）

བས་ཕོ་བྲང་ཆེན་པོའི་ཁྲིར་ཡབ་སྲས་གཉིས་སུ་བསྐོ་ལ་བཀའ་བློན་རྣམས་ཀྲིས་མ་མཐུན་པར་སྤྱན་སྔ་རིན་པོ་ཆེ་བསོད་ནམས་རྒྱལ་མཚན་ལ་ཞུས་པས། སྲས་བསྐོ་བར་བཀའ་གནང་བ་བཞིན་མཛད་ཀྱང་སྤྱན་སྔ་གཤེགས་རྗེས། ཡབ་ཀྱིས་ཁྲི་ཐོག་ཡོང་བའི་ཆེད་དུ་གནང་སྐོམ་ལེགས་པར་བརྟེན་ཡར་ཀླུངས་སུ་སྟེ་གཟར་ལངས་ཏེ་ཡབ་ཆེ་ས་དཔོན་བློན་ཡ་རྒྱབ་ཏུ་འཁྱོན་དགོས་བྱུང་" ①ཞེས་དང་། ཡང་" ཡར་རྒྱབ་ནས་ཆེ་ས་རྩེད་ཐང་དུ་གདན་དྲངས། ཞལ་ངོ་ནང་མཚམས་ཀྱི་འཁོན་ཞི་ནས་ཐུགས་ཡིད་གཅིག་ཏུ་འདྲེས" ②ཞེས་དང་། པཎ་ཆེན་བསོད་གྲགས་ཀྱིས" དེ་ཡང་ཆོས་རྒྱལ་ཆེན་པོ་གཤེགས་པའི་རྗེས་ལ་སྡེ་དཔོན་རྣམས་ཁྲི་ཐོག་ཏུ་ཁུ་དཔོན་སུ་བསྐོ་ལ་མི་མཐུན་པ་བྱུང་མཚམས། རིན་སྤུངས་ནོར་བཟང་པས། ཐེལ་དུ་སྤྱན་སྔ་རིན་པོ་ཆེའི་དགོངས་པ་ཞུས་པ་ནས་ཅི་གསུང་བྱས་ན། ལེགས་པའི་བཀའ་ཀྲོས་བཏོན་པ་ལྟར། དགོངས་པ་ཞུས་ན་སྤྱན་སྔའི་ཞལ་ནས་ཁྲི་ཐོག་ཏུ་བུ་ཆུང་བ་ལས་འོས་མེད། ཁྲིམ་པ་རྒད་པོ་ཞིག་གིས་མི་འོང་གསུང་བ། སུས་ཀྱང་འདའ་མ་ཕོད་པར་ཆུ་བྱིའི་ (སྤྱི་ལོ1432) མཇུག་དེ་ཀ་ལ། གདན་ས་གྲགས་འབྱུང་བ་དགུང་ལོ་བཅུ་དགུ་ལོན་པ་ཞིག་རྩེར་ཕེབས་ཏེ། ཆབ་སྲིད་དེ་པས་བསྐྱངས། དེ་ནས་ཤིང་སྟག་ (སྤྱི་ལོ1434) གསར་བའི་ཟླ་བ་དང་པོའི་ཚེས་ཉེར་གཉིས་ལ། ཐེལ་དུ་སྤྱན་སྔ་རིན་པོ་ཆེ་སྐུ་གཤེགས་པས་ཡབ་ཆེ་ས་རིན་པོ་ཆེ་དཔོན་བློན་བག་ཡངས་ཏེ་ཁྲི་ཐོག་ཨེ་ཡོང་གི་དགོངས་པས་སྤུན་ཟེད་མང་དུ་

---

① (དཔྱིད་གླུ་དེབ་ངོས149,150)

② (དཔྱིད་གླུ་དེབ་ངོས149,150)

མཛད་པ་ལ་དཔགས། ཡར་གླུངས་མཐིལ་དུ་དུས་ཟིང་ལངས་ཏེ། ཆེ་ས་དཔོན་སློབ་མང་རབ་ཡར་རྒྱབ་ཏུ་ཐེག་དགོས་པ་བྱུང་ཞིང་། དུས་མ་བདེ་བ་ཡང་ཇེ་ཆེར་སོང་། འདི་ལ་སྟག་ལོ（སྤྱི་ལོ1434）སྡེ་གཟར་ཆེན་མོ་ཞེས་པ་དང་། ཕག་མོ་གྲུ་པ་ནང་ཞིག་པའི་ལོ་ཞེས་ཀྱང་ཟེར་” ཞེས་དང་། ཡང་“ དགུང་ལོ་སུམ་ཅུ་ལོན་པའི་ཆུ་ཕག（སྤྱི་ལོ1443）ལ་ཡར་རྒྱབ་ནས་ཡབ་ཆེན་བཀུར་སྟེ་ཆེན་པོས་སྤྱན་དྲངས་ཏེ་རྩེ་ཐང་ནང་སོར་བཞུགས་སུ་གསོལ་” ①ཞེས་གསལ་བ་ནས་གསལ་པོར་མཐོང་ཐུབ་པ་ནི་དབང་གྲགས་པ་རྒྱལ་མཚན་སྐུ་གཤེགས་རྗེས་ཕག་གྲུའི་སྡེ་སྲིད་ཀྱི་ཁྲི་ལ་དབང་གྲགས་པ་འབྱུང་གནས་བསྐོ་རྒྱུ་འོས་གཅིག་མ་ཡིན་མོད། འོན་ཀྱང་དེ་སྐབས་ཡབ་ཆེ་ས་སངས་རྒྱས་རྒྱལ་མཚན་དང་། ཕག་གྲུའི་བློན་པོའི་ནང་ནས་རྗེས་འབྲངས་པ་ཚོ་གཅིག་གིས་གྲགས་པ་འབྱུང་གནས་བསྐོ་རྒྱུ་འོས་གཅིག་མ་ཡིན་མོད། འོན་ཀྱང་དེ་སྐབས་ཡབ་ཆེ་ས་སངས་རྒྱས་རྒྱལ་མཚན་དང་། ཕག་གྲུའི་བློན་པོའི་ནང་ནས་རྗེས་འབྲངས་པ་ཚོ་གཅིག་གིས་གྲགས་པ་འབྱུང་གནས་སྐུ་ན་ཕྲ་བར་ཁ་གཡར་ནས་ཡབ་སྲས་སུ་བསྐོའི་གནད་དོན་ཞིག་བྱུང་བ་དེ་སྤྱན་སྔ་བསོད་ནམ་རྒྱལ་མཚན་ལ་དགོངས་བསྐོར་ཞུས་པའི་ཕེབས་སྐོར་ཁྲི་ཐོག་བུ་ཆུང་ལས་འོས་མེད། ཁྱིམ་པ་རྒད་པོ་ཞིག་གིས་མི་འོང་གསུངས་པ་ཚད་མར་བཟུང་སྟེ་སྲས་གྲགས་པ་འབྱུང་གནས་སྲིད་ཀྱི་ཁྲི་ལ་བཏོན་པ་དེ་ནི་སྐབས་དེའི་ལོ་རྒྱུས་དང་ཡོངས་སུ་མཐུན་པ་ཡིན། གང་ཡིན་ཞེ་ན། དབང་གྲགས་པ་རྒྱལ་མཚན་སྐུ་གཤེགས་པའི་སྐབས་གྲགས་པ་འབྱུང་གནས་དགུང་ལོ་བཅུ་དགུར་

① （དེབ་དམར་གསར་མ་དེབ་ངོས87，89）

ཕེབས་ཟིན་པས་དགུང་ན་ཕྲ་བར་ཁ་གཡར་རྒྱུར་རྒྱུ་མཚན་མེད་པ་དཔེར་ན། དེ་གོང་གི་སྤྱན་སྔ་གྲགས་པ་བྱང་ཆུབ་ཕག་སྒྲུ་སྡེ་སྲིད་ཀྱི་ཁྲིར་ཕེབས་སྐབས་དགུང་ལོ་བཅུ་དགུ་ཡིན་པ་དང་། དབང་གྲགས་པ་རྒྱལ་མཚན་དེ་བས་སྐུ་ན་ཕྲ་བ་དགུང་ལོ་བཅུ་གཉིས་པའི་སྐབས་ཡིན། དེ་བཞིན་གྲགས་པ་འབྱུང་གནས་ཀྱི་མཁྱེན་རབ་ལ་མཚོན་ན་གདན་ས་ཐེལ་གྱི་ཁྲི་ཐོག་ཏུ་མ་ཕེབས་པའི་སྔོར་ལ་“ མཁས་པའི་དབང་པོ་འགོས་ལོ་ཡེ་བཟང་རྩེ་བའི་ཞལ་ནས་ ‘ དེ་རྗེས་མིའི་དབང་པོ་གྲགས་པ་འབྱུང་གནས་པ་ཐུགས་རབ་ཤིན་ཏུ་ཆེ་ཞིང་གསང་སྔགས་ཀྱི་མཁྱེན་པ་ཤིན་ཏུ་རྒྱས་པར་གྱུར་ཀྱང་། གདན་སའི་བཞུགས་ཁྲི་རིན་པོ་ཆེ་ཤིན་ཏུ་འགྲོ་བའི་རེ་བ་རྣམས་ལ་མགྱོགས་ཁྲིད་གསུངས་’ ཞེས་དེབ་སྔོན་དུ་གསུངས་པ་ལྟར་ཡིན་”①ཞེས་འགོས་ལོ་དང་། ལྷ་ཆེན་པོ་དགོངས་པ་གཅིག་ཏུ་མཐུན་པར་སོང་ན་མཁྱེན་རབ་རྒྱས་པ་ཞིག་ཡོད་པར་གདེངས་འཇོག་གནང་བ་ལྟར་དགུང་ན་དང་། མཁྱེན་རབ་གང་ཐད་ནས་ཁྲི་ཐོག་ཏུ་ཕེབས་རྒྱུར་སླད་ཀ་མེད་མོད། འོན་ཀྱང་སྐབས་དེར་ཡབ་ཀྱིས་ཁྲི་ཐོག་ཡོང་རེའི་གནང་སྒོ་མ་ལེགས་པ་ཞིག་བྱུང་ངེས་པ་དེར་བདག་མོ་རིན་སྤུངས་པ་ནས་བཞེས་པའི་སྟབས་ཀྱིས་བདག་མོ་རྗེས་འབྲངས་དང་བཅས་པའི་རྒྱུ་རྐྱེན་ངེས་ཅན་ལྡན་ཡོད་པ་སྨོས་མ་དགོས་པ་ལྟ་བུར་སྣང་ལ་གང་ལྟར་སྐབས་དེར་སྤྱན་སྔ་གྲགས་པ་འབྱུང་གནས་ཁྲི་ལ་འདོན་རྒྱུར་སུས་ཀྱང་འགོག་རྐྱེན་བཟོ་ཐུབ་མེད། འོན་ཀྱང་དེ་ནས་ལོ་ངོ་གཉིས་འགྲོ་བའི་སྐབས་སྤྱན་སྔ་བསོད་ནམས་རྒྱལ་མཚན་སྐུ་གཤེགས་རྗེས་ཡབ་ཀྱིས་བཙོས་ཤ

① (དཔྱིད་གླུ་དེབ་ངོས149)

རྗེན་ཕྱོག་གིས་ཁྲི་ཐོག་ཡོང་རེའི་མཛད་སྐྱིད་མ་ལེགས་པ་སླར་ཡང་སྤེལ་བར་བརྟེན་སྟག་ལོའི་སྟེ་གཟར་བྱུང་བས་ཡབ་ཆེ་ས་དཔོན་སློན་མང་རབ་སྣེ་གདོང་དུ་བཞུགས་བཟོད་མི་བདེ་བ་ཡར་རྒྱབ་ཏུ་ཕེབས་དགོས་བྱུང་བ་ལས་དེས་གྲགས་པ་འབྱུང་གནས་ཁྲི་ཐོག་གནང་མུས་ལ་འགྱུར་ཕྱོག་གང་ཡང་བྱུང་མེད་ཁར། དེ་ནས་ལོ་ངོ་བཅུ་གཅིག་སོང་བ་གྲགས་པ་འབྱུང་གནས་དགུང་ལོ་སུམ་ཅུ་སྤྱི་ལོ1443ཆུ་ཕག་ལོ་ཞལ་ངོ་ཐུགས་མཐུན་བྱུང་བས་ཡབ་ཆེན་ཡར་རྒྱབ་ནས་བཀུར་སྟི་ཆེན་པོས་གདན་དྲངས་ཏེ་རྩེད་ཐང་ནང་སོར་བཞུགས་སུ་གསོལ་བ་ནི་ལོ་རྒྱུས་ཡིག་ལམ་ནང་གསལ་པོར་འཁོད་པ་མ་ཟད། སྐབས་དེའི་ལོ་རྒྱུས་ཁྲོན་ཡོངས་ལ་དཔྱད་ན་ཡང་དེ་ནི་ལོ་རྒྱུས་ངོ་མ་ཞིག་ཡིན་པའི་ཚོར་སྣང་སྐྱེ་ཐུབ།

འོན་ཀྱང་དེང་དུས་བརྩམས་པའི་བོད་ཀྱི་ལོ་རྒྱུས་ཡིག་ལམ་ལ་ལར་དབང་གྲགས་པ་འབྱུང་གནས་ཀྱིས་སྲིད་དབང་སྐྱོང་བཞིན་པའི་སྐབས་ནང་ཁྲུལ་སྲིད་འགྱུར་བྱུང་སྟེ་དབང་གྲགས་པ་འབྱུང་གནས་ཀྱི་སྲིད་དབང་ཡབ་ཆེ་ས་སངས་རྒྱས་རྒྱལ་མཚན་གྱིས་ཕྲོགས་ནས་སྲིད་ལོ་ཉི་ཤུ་རྩ་གཉིས་བསྐྱངས་པ་དང་། ཕོང་གིས་ཏའི་སི་ཏུ་བྱང་ཆུབ་རྒྱལ་མཚན་གྱིས་གཏན་ལ་ཕབ་པ་ཕག་གྲུ་སྡེ་སྲིད་རབ་ཏུ་བྱུང་བས་བྱ་དགོས་པའི་ལམ་ལུགས་དེ་རྩ་གཏོར་བཏང་སྟེ་ཕག་གྲུ་སྡེ་སྲིད་པ་ཚ་བོ་རྒྱུད་ཀྱིས་བྱེད་པའི་ལམ་ལུགས་ཐོག་མར་བཙུགས་ཞེས་གསལ་བ་དེར་ཁུངས་ལྡན་ཡིག་ལམ་གྱི་གཞི་བཟུང་ས་མེད་ལ་ལོ་རྒྱུས་དངོས་དང་མི་མཐུན་པ་གོང་གསལ་གྱི་གནས་ལུགས་དང་། གཤམ་གྱི་ལོ་རྒྱུས་ནས་ཀྱང་རྟོགས་ཐུབ་པོ།

ཕག་གྲུའི་སྲིད་རབས་བདུན་པ། དབང་ཀུན་དགའ་ལེགས་པའི་སྐོར།

གཅུང་ཀུན་དགའ་ལེགས་པ་ནི། སྤྱི་ལོ1433རབ་བྱུང་བདུན་པའི་ཆུ་གླང་ལོ་དགོན་གསར་དུ་འཁྲུངས། དགུང་ལོ་བཅུ་བཞི་པ་སྤྱི་ལོ1446ལོར་རྩེ་ཐང་གི་གདན་སར་ཕེབས། དགུང་ལོ་བཅུ་དྲུག་པ་སྤྱི་ལོ1448ས་འབྲུག་ལོར་ཕག་གྲུ་སྡེ་སྲིད་ཀྱི་ཁྲིར་ཕེབས་ཤིང་། དབང་གྲགས་པ་འབྱུང་གནས་སྤྱི་ལོ1445ལོར་སྐུ་གཤེགས་པ་ནས་འདི་པ་ཁྲི་ལ་མ་ཕེབས་བར་ཕག་གྲུའི་སྲིད་དབང་བཟུང་མཁན་མེད་པ་ལྷ་བུའི་བར་སྟོང་ལོ་ངོ་གསུམ་ལུས་པའི་སྐོར་པཎ་ཆེན་བསོད་གྲགས་ཀྱིས"གཅུང་ཀུན་དགའ་ལེགས་པ་ས་གླང་(1433)གི་ལོ་ལ་དགོན་གསར་དུ་འཁྲུངས། ཆོས་རྒྱལ་ཆེན་པོ་(དབང་གྲགས་པ་རྒྱལ་མཚན་)གཤེགས་པའི་ཕྱི་ལོ་ཡིན། བཅུ་བཞི་པ་ལ་(སྤྱི་ལོ1446)རྩེ་ཐང་གི་གདན་སར་ཕེབས། ཆོས་ལྷ་རིན་པོ་ཆེ་(གྲགས་པ་འབྱུང་གནས་)གཤེགས་པའི་ཕྱི་ལོ་ཡིན། དེ་ནས་ལོ་གསུམ་སོང་བའི་ས་འབྲུག་(1448)ལ་རྩེར་བྱོན། ལོ་འདི་ལ་དུ་དབེན་ཤ་ཆེན་མོ་(ཚལ་པའི་ཞལ་ངོ་གྲགས་པ་དཔལ་)སྐུ་གཤེགས། དེ་ནས་ལོ་དགུ་སོང་མེ་གླང་(1457)ཆེ་ས་སངས་རྒྱས་རྒྱལ་མཚན་པ་གཤེགས"①ཞེས་ལོ་ཚིགས་ཚགས་དམ་པོ་གསུངས་ཡོད་པ་དང་། དཔོན་ཚང་ཚེ་དབང་རྒྱལ་གྱིས་གྲགས

① (དེབ་དམར་གསར་མ་དེབ་ངོས90)

པ་འབྱུང་གནས་སྐུ་གཤེགས་པའི་སྐོར་འཕྲོས་མཚམས་“གཙུང་ཀུན་དགའ་ལེགས་པ་སྤང་ལོ་བ་（ཆུ་སྤང་སྤྱི་ལོ1433）ལོ་བཅུ་བཞི་པ་（སྤྱི་ལོ1433ནས་སྤྱི་ལོ447བར་ལོ་ངོ་བཅུ་བཞི་）གཅིག སྲས་ངག་དབང་གྲགས་པ་ལུགས་ལོ་བ་（ས་ལུག་སྤྱི་ལོ1439）ལོ་བརྒྱད་པ་（སྤྱི་ལོ1439ནས་སྤྱི་ལོ1447བར་ལོ་བརྒྱད་）གཅིག་བཞུགས། ཞེས་པ་ཡང་སངས་རྒྱས་བསྟན་པའི་ཞབས་ཏོག་ཏུ་ཡུན་རིང་དུ་ཞབས་（པད་）བརྟན་པར་གྱུར་ཅིག་”①ཅེས་ཕག་གྲུའི་ལོ་རྒྱུས་མཇུག་བསྡུའི་སྨོན་ཚིག་དང་བཅས་སྔ་རིང་ཆོས་འབྱུང་བརྩམས་ལོ་སྤྱི་ལོ1447མི་ཡོས་ལོར་གཏུགས་པ་འདིའི་ནང་ཀུན་དགའ་ལེགས་པས་རྩེད་ཐང་གི་གདན་ས་གཟུང་བའི་སྐོར་འཁོད་མེད་པ་ནི་དེ་དུས་རྩེད་ཐང་གི་གདན་སར་ཕེབས་རྒྱུ་ཡིན་པ་ལྟ་བུ་དཔེར་ན་སྔ་རིང་ཆོས་འབྱུང་བརྩམས་གྲུབ་པའི་དུས་ནི་མེ་ཡོས་ལོ་ཚེས་མ་ཐག་པ་ཟླ་བ་དང་པོའི་ཡར་ཚེས་སྐབས་བྲིས་པ་ཞིག་ཡིན་པས་ངག་དབང་གྲགས་པ་རྩེད་ཐང་གི་གདན་ས་གཟུང་ལ་ཉེ་བའི་སྐབས་ཡིན་པར་བཤད་ན་ཡོངས་སུ་འགྲིགས་པ་དང་། དབང་གྲགས་པ་འབྱུང་གནས་སྐུ་གཤེགས་པའི་རྗེས་ཀྱི་ལོ་གཉིས་པ་མེ་ཡོས་ལོའི་སྐབས་ཡབ་ཆེ་ས་སངས་རྒྱས་རྒྱལ་མཚན་“དགུང་ལོ་ང་བརྒྱད་ཀྱི་བར་སྐུ་བསྐྱེལ་བ་མེད་པར་གདུང་རྒྱུད་མི་ཉམས་པའི་ཆེད་དུ་དགོན་པར་བཞུགས་” ཞེས་དང་། ཀུན་དགའ་ལེགས་པའི་དགུང་གྲངས་སྨོས་པ་ཙམ་ལས་ཕག་གྲུའི་ཁྲི་ལ་སུ་བཞུགས་ཀྱི་འཕྲོས་པ་ཙམ་ཡང་རེད་པ་དེའི་ཐོག་ནས་དེ་སྐབས་ཕག་གྲུ་སྡེ་སྲིད་བར་སྟོང་ཡིན་པ་མཚོན་ཅིང་། སྤྱིར་དཔོན་

① （སྔ་རིང་ཆོས་འབྱུང་བྲིས་མ324）

ཚང་ཚེ་དབང་རྒྱལ་འདི་ཉིད་བཀའ་རྒྱུད་པའི་རིང་ལུགས་ལ་མི་ཕྱེད་པའི་དད་པ་ལྡན་ལ་ཕག་གྲུའི་གདུང་རྒྱུད་དང་བླ་སློབ་བམ་གང་ལྟར་ཁོང་གི་གསུང་སྒྲོས་ཐོག་ནས་ཕན་ཚུན་ཐུགས་འདྲིས་ཆེ་ངེས་ཡོད་པ་ཞིག་ཡིན་པར་བཤད་ནའང་མི་རུང་བའི་རྒྱུ་མཚན་མེད་པ་དེའི་ཕྱིར་སྐབས་དེར་ཕག་གྲུའི་སྲིད་དབང་འཛིན་མཁན་འདི་ཡིན་གྱི་གནས་ཚུལ་གསལ་ཁ་མ་གནང་བ་དེས་པཎ་ཆེན་བསོད་གྲགས་ཀྱིས་བར་སྟོང་ལོ་གསུམ་གསུངས་པ་དེར་རྒྱུ་མཚན་ཆེན་ལྡན་པ་མཐོང་ཐུབ་པ་བཅས་སོ།

ཀུན་དགའ་ལེགས་པས་རིན་སྤུངས་པའི་བུ་སྲིང་མོ་གཅིག་བཞེས་སྲས་རྡོ་རྗེ་རིན་ཆེན་དབང་གི་རྒྱལ་པོ་ཞེས་པ་འཁྲུངས།

ཏཱ་མིང་གོང་མ་ཀྱེན་ཐའི་ཀྲེང་ཐུང་གིས་གསེར་ཡིག་པ་མངགས་ཏེ་དབང་གི་འཇའ་ས་གནང་བ་ནས་བཟུང་སྟེ་དབང་ཀུན་དགའ་ལེགས་པ་ཞེས་སུ་གྲགས།

དབང་ཀུན་དགའ་ལེགས་པས་སྲིད་དབང་སྐྱོང་རིང་། "གཞིས་སྐར་ལ་ཐེབས་པ་ན། སྡེ་དཔོན་ཐམས་ཅད་ཀྱིས་གུས་མཆོད་ཆེན་པོ་བྱས་ཤིང་། ཁྱད་པར་གཙང་ལ་བྱོན་པའི་ཚེ་རིན་སྤུངས་ནས་འཕྲལ་གྱི་ཞབས་ཏོག་དུས་བབ་ལ་ཤ་མར་ཐུད་གསུམ་གྱི་སྟོན་ཆེན་སྟོང་ཆེན་གཉིས་སུ་འབུར་དོད་པའི་ནོར་སྣའི་འབུལ་བ་བསམ་གྱིས་མི་ཁྱབ་པ་བསྒྲུབས་ལ།

དེ་མཐུན་སྤྱན་པ་རྣམ་ལྷུན་གྲུབ་རྩེ་དང་། སླིང་དཀར་རྫོང་དུའང་འབུལ་ཞབས་ཕན་ཚུན་ཚོགས་པ་དང་། ལ་སྟོད་ལྷོ་བྱང་དང་། རྩེ་ཤར་ནུབ་ཀྱིས་ཀྱང་འབུལ་ཆེན་བྱས་ཞེས་གྲགས། འོན་ཀྱང་རིན་སྤུངས་ནོར་བཟང་པ་དཔོན་སློབ་རྣམ་པ་མཛད་སྐྱིད་ཀྱི་ཕོག་ལ་མ་མགུ་བ་ཡིན་འདུག

སྐབས་ཤིག་ནས་གོང་མ་ཉིད་ཀ་བཞི་པ་སྐུ་མཆེད་ཀྱི་ཞུས་དབང་དུ་སོང་སྟེ་ཡབ་ཡུམ་ཐུགས་མ་མཐུན་ནས་སྡེ་འཁྲུག་ལུང་མ་བསྟན་མང་པོ་བྱུང་སྟེ། ཡར་གོང་བྱ་པ་བསམ་སྡེ་པ་རྣམས་བདག་མོ་བའི་ཕྱིར་དང་། སྣེའུ་པ་དང་འོལ་ཁ་བ་སོགས་དཔོན་ས་དཔོན་བློན་གྱི་ཕྱོགས་སུ་གྱུར་①ལུགས་པ་ཆ་ཆེན་བསོད་གྲགས་ཀྱིས་གསུངས་པ་དང་། ལྔ་པ་ཆེན་པོས་ཀྱང་“འདི་ཉིད་རྟོགས་པའི་ཡོན་ཏན་ཐུལ་དུ་བྱུང་བའི་གྲུབ་པའི་དབང་ཕྱུག་ཆེན་པོ་ཞིག་ཡིན་པར་འདུག་ནའང་གནས་སྐབས་སུ་སྐྱེ་བོ་རྣམས་ཀྱི་སྣང་ངོར་མཛད་སྒོ་ལེགས་རྒྱུ་མེད་ཙམ་ཡོད་འདུག་པར་དཔགས། གཙང་གི་གཞིས་སྐོར་ལ་ཐེབས་དུས་རིན་སྤུངས་ནོར་བཟང་པས་གུས་འདུད་ བླ་ན་མེད་པ་ལ་མཛད་ཀྱང་། གནང་སྒོའི་ཁོག་ལ་མ་མགུ་སྐད……དེ་ནས་གོང་མ་ཀ་བཞི་པ་སྐུ་མཆེད་ཀྱིས་གང་ཞུས་ལ་གསན་པས། ཡབ་ཡུམ་ནང་མཚམས་སུ་སེལ་ཆེན་པོ་ཞུགས་ཏེ། ཡར་གོང་བྱ་པ་བསམ་སྡེ་པ་སོགས་བདག་མོ་ཕྱོགས་དང་། སྣེའུ་འོལ་ཁ་རྣམས་གོང་མའི་ཕྱིར་སུ་ཆད་ནས་དུས་མི་བདེ་བ་མང་དུ་བྱུང་། འོན་ཀྱང་འཕྱོངས་རྒྱས་པ་རྡོ་རྗེ་ཚེ་བརྟན་པན་ཚུན་གཉིས་ཀའི་ཕྱོགས་སུ་མ་ལྷུངས་པས་སྡེ་གཟར་བཟློམས་ཤིང་། ཞལ་ངོ་ནང་མཚམས་ཀྱི་ལེགས་སྒྲིལ་མཛད་པས་སྡེ་སྲིད་ཀྱི་ཞབས་ཏོག་ཏུ་འགྱུར་བ་བྱུང་། དེ་ནས་ཡུམ་གཤེགས་རྗེས་རིན་སྤུངས་པ་མཚོ་སྐྱེས་རྡོ་རྗེས་མཁར་ཐོག་བཟུང་“②ཞེས་གསལ་བ་རང་ལྟར་ཀུན་དགའ་ལེགས་པས་སྲིད་དབང་སྐྱོང་སྟངས་ཡག་པོ་མ་བྱུང་བའི་དབང་

① (དེབ་དམར་གསར་མ་དེབ་ངོས91)

② (དཔྱིད་གླུ་དེབ་ངོས150)

གིས་ཞལ་ངོ་མཐུན་མིན་གྱི་གོ་སྐབས་དང་བསྟུན་ཏེ་ཕག་གྲུའི་ས་ནས་རིན་སྤུངས་རྫོང་དཔོན་ནོར་བུ་བཟང་པོས་གཙང་ཁུལ་གྱི་དབང་ཆ་ཕལ་ཆེ་བ་བླངས།

དབང་ཀུན་དགའ་ལེགས་པ་དགུང་ལོ་སུམ་ཅུ་སོ་ལྔ་ལོ1407 མེ་ཕག་ལོ་གདུང་སྲས་རིན་ཆེན་རྡོ་རྗེ་རྩེད་ཐང་གི་གདན་སར་བསྐོས། དེ་ནས་ཡུམ་སྲས་སྤྲེ་གཅིག་པ་ལ་བརྟེན་ནས་རྩེད་ཐང་གི་སྡེ་གཟར་དེ་ཡང་ལངས་ཤིང་། དེ་དུས་འཁྲུངས་རྒྱས་པ་གང་གིའང་ཕྱོགས་སུ་མ་ཆད་པ་འདི་སྐབས་རིན་སྤུངས་ནོར་བཟང་པ་སྤྱི་ལོ1406མེ་ཁྱི་ལོར་གྲོངས་པས་རྩེའི་ཕྱོགས་ལ་རིན་སྤུངས་པའི་དཔུང་གིས་འཕྲལ་དུ་མ་ཕན། དེ་རྗེས་དཔོན་ས་གདན་ས་བ་དགུང་ལོ་བཅུ་དགུ་པའི་སྟེང་གཤེགས་ཤིང་། ཡུམ་ཆོས་དཔལ་བཟང་མོ་བ་ཡང་གཤེགས་ནས་མཁར་ཐོག་དགོན་གསར་གཉིས་ནང་སོ་མཚོ་སྐྱེས་པས་བཟུང་། སྐབས་དེར་རྩེད་ཐང་གི་སྡེ་གཟར་གྱི་རྒྱུན་ཞི་ནའང་། རྩེ་ནས་རྩེད་ཐང་ཚོགས་པ་ལ་ཞྭ་དམར་གྲོན་དགོས་པའི་ཁྲིམས་བསྒྲགས་པར་རྩེད་ཐང་གི་གྲྭ་པ་རྣམས་མ་འདོད་ནས་ཕལ་ཆེར་གྱིས་ཞྭ་མོའི་ཚབ་ཏུ་ལྷན་པ་དམར་པོ་རེ་ཙམ་གྱོན་པའམ། ཡང་ན་ཞྭ་མོ་མ་གྱོན་པ་མགོ་ཡུ་བྱེད་པ་སོགས་མི་མཛེས་པ་ཆེན་པོ་བྱུང་བར་གྲགས།

ཡབ་ཆེ་ས་སངས་རྒྱས་རྒྱལ་མཚན་དང་། ཀུན་དགའ་ལེགས་པ་བཀའ་བགྲོས་ནས་ངག་གི་དབང་པོ་དགུང་ལོ་བཅུ་དྲུག་པ་སྤྱི་ལོ1454ཤིང་ཁྱི་ལོ་ཐེལ་གྱི་སྤྱན་སྔའི་གོ་སར་བཏོན་ཀྱང་། དེ་ནས་རིང་པོར་མ་ལོན་པ་ངག་གི་དབང་པོ་དགུང་ལོ་ཉི་ཤུ་སྤྱི་ལོ1458 ས་སྟག་ལོ་གོང་མ་ཀུན་ལེགས་ཀྱིས་ངག་གི་དབང་པོའི་སྤྱན་སྔའི་གོ་ས་ཕྲབ་ལེན་བྱས་པས་དེ་ནས་ལོ་བཅུ་

དྲུག་ཙམ་ངག་གི་དབང་པོ་བྲག་ཁ། རྒྱལ་བཟང་གཉིས་རང་དུ་བཞུགས། སླར་སྤྱི་ལོ1473 ཆུ་སྦྲུལ་ལོ་ངག་གི་དབང་པོའི་མཚན་རྟུས་རྒྱལ་ཏེ་ཡང་དགོན་པོ་བྲང་དུ་ཕེབས་ཐུབ་པ་ཡིན་ནོ།

དེ་སྔ་དགེ་མོ་སྒྲོན་པར་གྲགས་པ་དང་། དེ་རྗེས་དགེ་སློང་སྤལ་མིག་པས་སྔ་རྗེས་སུ་ག་བཞི་བ་བཟུང་བ་དང་། དགེ་སློང་སྤལ་མིག་པའི་གཙུང་པོ་ལྷ་དར་གྱིས་ག་བཞི་ཤར་བཟུང་སྟེ་ཨི་ནག་དབང་འཛིན་བྱས་པ་ཚེ་དབང་། ཡར་གོང་གཉིས་བཅས་པའི་དཔུང་ཡར་གླུང་མཐིལ་དུ་སླེབས་ཏེ་ག་བཞི་ཤར་ནུབ་གཉེར་ཐོག་ནས་བཏོན་ཅིང་། སྐྱིད་ཤོད་དུ་དཔུང་བཏེགས་ཏེ་བྲག་དཀར་དང་། ཆུ་ཤུལ་ལྷུན་པོ་རྩེ་སོགས་རྫོང་གཞིས་འགའ་ཞིག་ལོན། དེ་ནས་སྤྱི་ལོ1481 ལྷུགས་སླང་སྟེ་གདོང་ལོ་གསར་སྐབས་རིན་སྤུངས་པ་ཁྲུ་དཔོན་གྱིས་མཆོད་དབུས་གཙང་གི་དཔོན་གནས་ཆེ་ལག་རྣམས་ཚོགས་ཏེ་ཁྲུ་དཔོན་དབར་ལེགས་སྨོལ་ཞུས་ཏེ་མཐུན་པའི་གཏམ་བསྒྲགས་ནས་གོང་མ་ཀུན་དགའ་ལེགས་པ་སྣེ་སྡོད་ཀྱི་ཁྲི་ལས་བཤོལ་བ་དགོན་གསར་དུ་གདན་དྲངས་ཤིང་། སྤྱན་སྔ་ངག་གི་དབང་པོ་ལྷོ་ཁར་སྤྱན་དྲངས་ནས་ཕག་གྲུ་སྣེ་སྡོད་ཀྱི་ཁྲི་ཐོག་ཏུ་བཏོན་ཅིང་། རྫོང་ཁ་བའི་སྲིད་མོ་ཞིག་བདག་མོར་ཕུལ། འདི་སྐབས་སྤྱན་སྔ་ངག་གི་དབང་པོ་དགུང་ལོ་ཞེ་གསུམ་པའི་སྐབས་ཡིན།

དེ་ནས་ལོ་གསུམ་སོང་བའི་སྤྱི་ལོ1483 རབ་བྱུང་བརྒྱད་པའི་ཆུ་ཡོས་ལོ་དབང་ཀུན་དགའ་ལེགས་པ་དགུང་ལོ་ང་གཅིག་པར་སྐུ་བཤེགས་སོ།

དབང་ཀུན་དགའ་ལེགས་པ་ནི་ཕག་གྲུ་སྣེ་སྡོད་ཀྱི་སྲིད་རབས་བདུན་པ་ཡིན། ཁོང་གི་སྤྱི་ལོ1448 ནས་སྤྱི་ལོ1481བར་སྲིད་ལོ་སུམ་ཅུ་སོ་གསུམ་བསྐྱངས།

དབང་ཀུན་དགའ་ལེགས་པ་འདིའི་དུས་ཞལ་ངོ་མི་མཐུན་པའི་གོ་སྐབས་དང་བསྟུན་ཏེ་རིན་སྤུངས་པས་ལྷར་སྣང་ཕག་གྲུ་སྡེ་སྲིད་ཀྱི་ཕྱོགས་ལ་ཞེན་པ་ལྷ་བུའི་ཚུལ་བཟུང་ནས་རང་གི་སྟོབས་ཤུགས་འཕེལ་ཐབས་བྱས་པ་འདི་ནི་དོན་དངོས་ཐོག་ཕག་གྲུའི་སྲིད་དབང་རྩང་ནས་འདྲུ་བ་ཞིག་ཡིན་པས་རིན་སྤུངས་པའི་དཔུང་སྟོབས་ཇེ་ཆེར་འགྲོ་བ་དང་མཚོ་སྐྱེས་རྡོ་རྗེའི་བྱེད་བབ་ལ་བརྟེན་ནས་རྩེད་ཐང་གི་གྲྭ་པས་ཞྭ་མོ་དམར་པོ་ཕྱོན་དགོས་ཁྲིམས་བསྒྲགས་པ་འདི་ནི་ཚོན་མདོག་དམར་སེར་གྱི་གནད་དོན་ཙམ་མིན་པ་ཆོས་ལུགས་གྲུབ་མཐའ་གང་ཞིག་འཛིན་པར་ཚོད་འཛིན་གྱིས་ཀར་དགེའི་ཀུན་སློང་ཆགས་གཞི་སོགས་པོད་ཁམས་སྤྱིའི་བྱ་བར་ཕན་པ་ལྷ་ཙི་གནོད་པ་འབབ་ཞིག་ལས་བྱུང་མེད་དོ།

དབང་ཀུན་དགའ་ལེགས་པའི་སྐབས་འདིར། 《ཏཱ་ལའི་བླ་མའི་རྣམ་ཐར》ནང་"སྡེ་སྲིད་སྲིད་དབང་གི་ཁྲི་རབས་བརྒྱད་པ་ཀུན་དགའ་ལེགས་པ་（སྐྱེ་འདས་ཀྱི་ལོ་ཟླ་དང་སྲིད་དབང་འཛིན་པའི་དུས་ཚོད་གཉིས་ཀ་གསལ་པོ་མེད་"①ཅེས་གསལ་བ་དང་། 《ཕག་གྲུའི་གནད་དོན་འགག་ཤས》ཞེས་པའི་ནང་འཁྲུངས་འདས་ལོ་ཚིགས་དང་། སྲིད་ལོ་བཅས་བཀོད་པར་ཡང་འཁྲུངས་ལོ་ཕྱུད་པའི་གཞན་ལོ་ཚིགས་ཚང་མ་ཕྱི་དྲགས་པ་དང་སྲིད་བསྐྱངས་ལོ་ཞུང་དྲགས་པ་དང་། རིན་ཆེན་རྡོ་རྗེ་སྲིད་དབང་བསྐྱངས་མིན་དཔྱད་བརྗོད་ནང་། དང་པོ། "རིན་ཆེན་རྡོ་རྗེའི་སྐོར་གླེང་བའི་བརྩམས་ཆོས་ཙུང་སྐད་གྲགས་ཆེ་བ་རྒྱལ་དབང་ལྔ་པས་བརྩམས་པའི《དཔྱིད་ཀྱི་རྒྱལ་མོའི་

① （ཏཱ་ལའི་བླ་མའི་རྣམ་ཐར་བོད་ཡིག་དེབ་ངོས64）

སླུ་དབྱངས་》ནང་གསུང་པ་ལྟར་ན། ‘བོད་རྒྱལ་གྲགས་པ་འབྱུང་གནས་ཀྱི་གཙུང་ཀུན་དགའ་ལེགས་པ་གསུང་རབ་ལ་སྦྱངས་པ་མ་སྨད་པ་མཛད་དེ་རྩེ་ཐང་གི་གདན་སར་ཕེབས། རིན་སྤུངས་ནས་བདག་མོ་བཞེས་པར་སྲས་རིན་ཆེན་རྡོ་རྗེ་དབང་གི་རྒྱལ་པོ་འཁྲུངས། འཇམ་དབྱངས་གོང་མ་ཆེན་ཧང་རྒྱལ་པོས་དབང་གི་འཇའ་ས་གནང་’ ཞེས་གསལ། ཟིན་ཐོ་འདིར་གོ་བ་ཇི་ལྟར་ལེན། ཀུན་དགའ་ལེགས་པས་རིན་སྤུངས་ཀྱི་སྐྱ་དྲག་ཞིག་གི་བུ་མོ་ཁབ་ཏུ་བཞེས་པའི་སྲས་རིན་ཆེན་རྡོ་རྗེ་ (རིན་ཆེན་རྡོ་རྗེ་དབང་རྒྱལ་) ཡིན་པ་གསལ་པོ་ཡིན་པས་དོགས་པ་ཅི་ཡང་མ་མཆིས་མོད། འོན་ཀྱང་ཁོང་ལ་“འཇམ་དབྱངས་གོང་མ་ཆེན་ཞང་ནི་མིང་ཞེན་ཙུང་ཡིན་པས་དོན་དངོས་སུ་གོང་མ་ཆེན་ཧང་གིས་རྩལ་བའི་” གོ་གནས་ཐོབ་མཁན་ཀུན་དགའ་ལེགས་པ་ཡིན་ནམ་རིན་ཆེན་རྡོ་རྗེ་ཡིན། དེ་ནི《དཔྱིད་ཀྱི་རྒྱལ་མོའི་སླུ་དབྱངས་》ནང་དེ་ཙམ་ཁ་གསལ་མི་འདུག”①ཅེས་གསལ་བ་འདི་ནི་ལྷ་པའི་གསུང་ལ་གོ་བ་ལེན་སྟངས་ཇི་བཞིན་མ་བྱུང་བའི་གནད་དོན་ལས་དབང་གི་འཇའ་ས་སུ་ལ་གནང་བའི་སྐོར་ལྷ་པས་གསལ་པོ་མ་གསུང་བ་ཞིག་མིན་ལ་ཞིབ་མོར་དཔྱད་དགོས་པའི་གནད་དོན་གང་མེད་པ་དབང་གི་འཇའ་ས་ནི་ཀུན་དགའ་ལེགས་པར་གནང་བ་ལོས་ཡིན། ཅིའི་ཕྱིར་ཞེ་ན། ལྷ་པ་ཆེན་པོས“གཙུང་ཀུན་དགའ་ལེགས་པས་གསུང་རབ་ལ་སྦྱངས་པ་མ་སྨད་པ་མཛད་དེ་རྩེད་ཐང་གི་གདན་སར་ཕེབས། རིན་སྤུངས་ནས་བདག་མོ་བཞེས་པར་སྲས་རྡོ་རྗེ་

① （ཕག་གྲུའི་གནད་དོན་འགའ་ཞིག་སྐོར་ཀྲུང་གོའི་བོད་ཀྱི་ཤེས་རིག1989ལོའི་དུས་དེབ་དང་པོའི་ཤོག་གྲངས25）

དབང་གི་རྒྱལ་པོ་འཁྲུངས། འཇམ་དབྱངས་གོང་མ་ཆེན་ཏང་རྒྱལ་པོས་དབང་གི་འཇའ་ས་གནང་། འདི་ཉིད་རྟོགས་པའི་ཡོན་ཏན……" ཞེས་ཀུན་དགའ་ལེགས་གསུངས་པའི་ནང་དུ་སྲས་འཁྲུངས་པ་ཡང་ཚུད་པ་ཞིག་ལས། ཀུན་དགའ་ལེགས་པའི་གནས་ཚུལ་གསུངས་འཁྱེར་སྲས་ལ་འཇའ་ས་ཐོབ་པའི་གནས་ཚུལ་གསུངས་པ་ག་ལ་ཡིན། གལ་སྲིད་དེ་ལྟར་ཡིན་ན་བྱ་བའི་ཡུལ་ལ་ལ་དོན་ཞུགས་དགོས་པ་དང་། ཡི་གེའི་བསྡུ་བ་ཇི་ལྟར་བྱས་པ་སོགས་བོད་ཡིག་གི་རིགས་པའི་གཞུང་ལུགས་ཀྱི་ཐོག་ནས་རྒྱུ་མཚན་མང་པོ་བཤད་དུ་ཡོད་ཀྱང་དེ་ལྟའི་དགོས་མི་ལྡན་ལ་ཡིག་ཚོགས་ཀྱི་རྒྱུར་བསམ་རེ་ཞིག་བཏང་སྙོམས་སུ་བཞག གལ་སྲིད་གོ་བ་ལོག་སྤྲུལ་ཀྱིས་དབང་གི་འཇའ་ས་སྲས་ལ་གནང་བར་ཆ་བཞག་ཚེ་ཐ་སྙད་འདས་མ་ཐག་པ་འདི་ཉིད་རྟོགས་པའི་ཡོན་ཏན་ཕུལ་དུ་བྱུང་བའི་གྲུབ་པའི་དབང་ཕྱུག་ཆེན་པོ་ཞིག་ཡིན་པར་འདུག་ནའང་གནས་སྐབས་སུ་སྐྱེ་བོ་རྣམས་ཀྱི་སྣང་ངོར་མཛད་སྒོ་ལེགས་རྒྱུ་མེད་ཙམ་ཡོད་འདུག་པར་དཔགས། གཙང་གི་གཞིས་སྐོར་ལ་ཕེབས་པ་སོགས་ཀྱི་བྱ་བ་ལུ་གུ་བརྒྱུད་དུ་གསུངས་པ་རྣམས་ཀྱང་སྲས་ཀྱི་མཛད་པར་གོ་དགོས་པ་སོགས་ཡབ་སྲས་གཉིས་ཀྱི་མཛད་པ་ཉ་ཉུང་མཉམ་བསྲེས་སུ་འགྲོ་གཞིའི་གནད་དོན་ཡོང་བ་བཅས་སྐད་བློ་གསར་རྣམས་འཁྲུལ་གཞི་མི་འབྱུང་བའི་དོན་དུ་ཞར་ལ་འཕྲོས་པའོ།

ཕག་གྲུའི་སྲིད་རབས་བརྒྱད་པ།
ངག་གི་དབང་པོའི་སྐོར།

ངག་གི་དབང་པོ་ནི། དབང་གྲགས་པ་འབྱུང་གནས་ཀྱི་སྲས་སུ་སྤྱི་ལོ1439 རབ་བྱུང་བདུན་པའི་ས་ལུག་ལོར་འཁྲུངས། དགུང་ལོ་བཅུ་དྲུག་ལོར་ཐེལ་གྱི་སྤྱན་སྔར་ཕེབས་པ་སོགས་གོང་དུ་གསལ་བ་ལྟར་དང་། དགུང་ལོ་ཞེ་གསུམ་སྤྱི་ལོ1481 ལྕགས་གླང་ལོར་ཕག་གྲུ་སྡེ་སྲིད་ཀྱི་ཁྲིར་ཕེབས་ཤིང་། སྐབས་དེར་ལྷ་རིགས་རླངས་ཀྱི་གདུང་འཛིན་པ་སྤྱན་སྔ་ཉིད་མ་གཏོགས་མེད་པས་ནྡོན་པོ་རྣམས་ཀྱིས་གདུང་རྒྱུད་སྤེལ་དགོས་པ་ནན་གྱིས་ཞུས་ཏེ་རྫོང་ཁ་བའི་བུ་སྲིང་མོ་གཅིག་བདག་མོར་ཕུལ། དེ་ནས་ནང་སོ་མཚོ་སྐྱེས་པས་ནྡོན་ཆེན་དང་། ཐོན་པ(གདུང་མྱུང)རིན་ཆེན་དར་རྒྱས་ཀྱིས་ཀ་བཞི་བཟུང་།

ངག་གི་དབང་པོ་དགུང་ལོ་ཞེ་བདུན་ཕེབས་པ་སྤྱི་ལོ1485 ཤིང་སྦྲུལ་ལོར་རིན་སྤུངས་པས་རྒྱལ་རྩེ་བའི་ཐོག་དམག་ཁྲིར་བྱས་པ་རྗེས་ཉེས་བྱུང་བ་དེ་ལ་གཞུང་རོ་སྤྲེ་རྒྱའི་རྗེས་ཉེས་ཀྱི་ལོར་གྲགས་ཤིང་། དེ་དང་ཕྱོགས་མཚུངས་དབུས་སུ་ཡང་སྡེ་གཞར་བྱུང་རུང་ངག་གི་དབང་པོ་ཉིད་གང་ལའང་མ་ཕྱོགས་པ་སྤྱི་དཔོན་དུ་བཞུགས་ཏེ་ཕན་ཚུན་འདུམ་པའི་སློབ་སྟོན་ཁོ་ན་གནང་བ་ལས་སྡེ་འཁྲུག་ལ་མི་དགྲེས་པས་སྡེ་གཞར་གྱི་ཡོ་ཁྱོམ་ཆེ་བ་བྱུང་མེད།

སྤྱན་སྔ་ངག་གི་དབང་པོ་འདི་ཉིད་ཀྱིས་འགོས་ལོ་གཞོན་ནུ་དཔལ་གྱི་ཞབས་ལ་གཏུགས་པ་དང་། དཔལ་ཆོས་ཀྱི་གྲགས་པ་ཡོངས་འཛིན་དུ་བསྟེན་ནས་ཟབ་ཆོས་མང་པོར་གསན་བསམ་མཛད། རྩེད་ཐང་གི་མཚན་ཉིད་པ་

རྣམས་དང་། སྒྲུབ་མཆོད་ཆེ་མོ་བཅས་ལ་བདག་རྐྱེན་བཟང་པོ་མཛད་ཅིང་། ཐང་སྟོང་རྒྱལ་པོས་ཉང་པོ་གྲུ་ལ་ལྕགས་ཟམ་འཛུགས་པར་མཐུན་རྐྱེན་ཡང་དག་པར་སྒྲུར་བ་སོགས་རྣམ་དཀར་གྱི་མཛད་པ་རྒྱ་ཆེ་བ་ཡབ་ལས་ལྷག་པ་སྐྱོང་ཐུབ་པ་ཞིག་བྱུང་།

དགུང་ལོ་ལྔ་བཅུ་པ་སྤྱི་ལོ1488ལོར་གདུང་རྒྱུད་ངག་དབང་བཀྲ་ཤིས་གྲགས་པ་འཁྲུངས་པ་དང་། ལོ་འདིར་རྗེ་ཤར་ཝུབ་ནང་ཞིག་ནས་རིན་སྤུངས་པར་རྒྱལ་ཁ་ཐོབ།

དགུང་ལོ་ང་གཉིས་པ་སྤྱི་ལོ1490ལྕགས་ཕག་ཟླ་བ་དྲུག་པའི་ཚེས་གཉིས་ལ་སྐུ་གཤེགས།

ཁོང་“ཞི་བར་གཤེགས་ཁར་སྲས་སྐུ་ན་ཆ་ཅང་ཕྲ་བས་དེ་ལ་ཐུགས་ཆགས་པའི་ཚུལ་གྱིས་སྤྱི་ངལ་ཆེན་པོར་གྱུར་སྐབས་སྤྱན་སྔ་ཆོས་ཀྱི་གྲགས་པས་གདུང་རྒྱུད་རིན་པོ་ཆེ་ནར་མ་སོན་པའི་རིང་ཁོང་གིས་ཐེལ་གྱི་སྤྱན་སྔའི་ཁུར་བཞེས་དང་། ཐེལ་རྩེད་ཐང་གི་ཆེན་པོ་གྲོས་དབང་པ་བློན་པོ་རྣམས་དང་བཅས་པར་གནང་བཀོད་བཀའ་ནན་སོགས་ཀྱིས་ཁྲབ་པའི་སྡེ་སྲིད་ཀྱི་ལར་རྒྱ་མི་འགྱུག་པའི་ཞལ་ལེན་མཛད་”①ཅེས་ལྔ་པ་ཆེན་པོས་གསུངས་པ་ལྟར་དེ་དུས་དཔོན་ཚབ་ཐེལ་གཏོང་དུ་གྲགས་པ་དེ་བྱུང་། དེ་ཡང་། པཎ་ཆེན་བསོད་གྲགས་ཀྱིས“དེའི་ཚེ་ཐེལ་གྱི་མཁན་སློབ་ཆོས་གསུམ། རྩེ་ཐང་གི་ཆེན་ལས། ཆེ་བགྲེས་ཆོས་ཁྲིམས་པ། བྲག་ཁ་ནས་དགེ་སློང་བསམ་གྲགས་པ། སྐྱིད་གཤོང་ཕག་སྨྱོན་པ། འཆོས་པ་བསོད་བཀྲས་མ། རྫོང་དཔོན་ཉི་མ་བ།

---

① (དཔྱིད་ཀྱི་རྒྱལ་མོའི་གླུ་དབྱངས་དེབ་ངོས152)

གསེར་པ་སངས་རྒྱས་རྡོ་རྗེ་བ་སོགས་ཡར་འོན་ཐེལ་སྐོར་གྱི་གྲོས་དཔང་རྣམ་པས་སྤྱལ་སྐུ་རིན་པོ་ཆེའི་（སྤྱན་སྔ་ཆོས་ཀྱི་གྲགས་པ་）དགོངས་པ་ཞུས་ནས། ཕྱི་ལྟར་གདུང་རྒྱུད་རིན་པོ་ཆེ་སྐུ་ནར་མ་སོན་བར་དུ་ཁོང་རང་རྣམ་པས་ཞབས་ཐག་སྲིང་བའི་ལུགས་བྱས་ནང་དོན་དུ་རིན་སྤུངས་པའི་ཞལ་ངོ་གཅིག་གདན་འདྲེན་པ་ལ་ཐག་གཅོད་གཙང་དུ་དེ་ཀའི་རྒྱུན་འབུལ་མི་བཏང་བ་ལས། བདེ་ཆེན་རྩེ་ནས་མཚོ་སྐྱེས་པ་འབྱོན་པ་བཀའ་གྲོས་སུ་ཤར་ཏེ། སྐུ་འདབ་ཐང་སྟོན་ཆེན་མོ་གཏོང་བའི་སྐབས་སུ་ཕེབས་གྲུབ་ནས་དཔོན་ཚབ་ཐེལ་གཏོང་བྱས”①ཞེས་གསུངས་ལྟར་སྤྱན་སྔ་ཆོས་ཀྱི་གྲགས་པས་སྤྱིའི་འཚོ་འཛིན་གྱི་མཚན་འཛིན་ཙམ་ལས། རིན་སྤུངས་པ་མཚོ་སྐྱེས་རྡོ་རྗེས་དཔོན་ཚབ་ཐེལ་གཏོང་གི་གཙོ་འགན་འཁུར་ཏེ་སློན་པོ་གཞན་རྣམས་ལ་གྲོས་མེད་པར་འགའ་ཞིག་གི་འདོད་པ་ལྟར་མཛད་པས། སྟེ་དཔོན་གཞན་རྣམས་མ་འདོད་པའི་དབང་གིས་དེའི་ཕྱི་ལོར་ཡར་གླུང་དུ་སྡེ་གཟར་ལངས་པར་འཁྲུངས་རྒྱུས་པ་ནས་སྡེ་སྲིད་ཀྱི་ལར་རྒྱ་ལ་དགོངས་ཏེ་ཐུགས་ཁོག་ཅི་ཆེ་མཛད་པས་ཡོ་ཁྲོམ་ཆེར་མ་བྱུང་།

དེའི་ཕྱི་ལོ་སྤྱི་ལོ1493ཆུ་གླང་ལོ་ཐེལ་གྱི་སྤྱན་སྔའི་གོ་སར་ཆོས་ཀྱི་གྲགས་པ་ཕེབས་ཤིང་། ཧྲ་མེང་གོང་མས་ངག་གི་དབང་པོར་དབང་གི་འཇའ་ས་གནང་བའི་གནང་སྦྱིན་རྣམས་ཕྱག་མཇོད་དུ་བཞག་ནས་གསེར་ཡིག་པ་རྣམས་ཕྱིར་ལོག②

① （དེབ་དམར་གསར་མ་དེབ་ངོས95）
② （དེབ་དམར་གསར་མ་དེབ་ངོས96）

དེ་རྗེས་སྤྱི་ལོ1499ལོའི་ལོ་གསར་སྐབས་རིན་སྤུངས་པས་གཙོས་སྡེ་དཔོན་རྣམས་སྡེ་གདོང་དུ་འཚོགས་ཏེ་ངག་དབང་བཀྲ་ཤིས་གྲགས་པ་དགུང་ལོ་བཅུ་གཉིས་སོན་པ་ཕག་གྲུའི་སྡེ་སྲིད་ཀྱི་ཁྲི་ལ་མངའ་གསོལ་བ་དེ་ནས་དཔོན་ཚབ་ཐེལ་གཏོང་གི་མཇུག་བསྒྲིལ་བ་བཅས་སོ།

བསྡོམས་ན་སྤྱན་སྔ་ངག་གི་དབང་པོ་ནི་ཕག་གྲུ་སྡེ་སྲིད་ཀྱི་ཁྲི་རབས་བརྒྱད་པ་ཡིན། ཁོང་གིས་སྤྱི་ལོ1481ནས་སྤྱི་ལོ1490བར་སྲིད་ལོ་དགུ་བསྐྱངས་ཤིང་། དེ་ནས་དཔོན་ཚབ་ཐེལ་གཏོང་སྤྱི་ལོ1490ནས་སྤྱི1499བར་ལོ་ངོ་དགུའོ།

ཕག་གྲུའི་སྲིད་རབས་དགུ་པ། ངག་དབང་བཀྲ་ཤིས་གྲགས་པ་ལ་སོགས་པའི་སྐབས།

ངག་དབང་བཀྲ་ཤིས་གྲགས་པ་ནི། སྤྱན་སྔ་ངག་གི་དབང་པོ་དང་། ཡུམ་རྫོང་ཁ་མའི་སྲས་སུ་སྤྱི་ལོ1488 རབ་བྱུང་བརྒྱད་པའི་ས་སྤྲེ་ལོ་འཁྲུངས། དགུང་ལོ་བཅུ་གཉིས་པ་སྤྱི་ལོ1499 རབ་བྱུང་བརྒྱད་པའི་ས་ལུག་ལོར་ཕག་གྲུ་སྡེ་སྲིད་ཀྱི་ཁྲིར་ཕེབས་པ་དེའི་ཚེ་རིན་སྤུངས་པས་ཐེལ་རྩེ་ཐང་གཉིས་སུ་བཤད་སར་གྲལ་འགྱེད་སོགས་ཁྲི་སྟོན་རྒྱ་ཆེ་ཞུས།

དགུང་ལོ་བཅུ་བདུན་པ་སྤྱི་ལོ1504ཤིང་བྱི་ལོར་རིན་སྤུངས་པའི་བུ་སྲིང་མོ་ཞིག་བདག་མོར་ཕུལ་བ་དེ་ལ་སྤྱི་ལོ1508 ས་འབྲུག་ལོར་གདུང་རྒྱུད་འཛིན་པའི་མགོན་པོ་འཁྲུངས་པ་དང་། དེ་རྗེས་སྤྱན་སྔ་གྲགས་པ་འབྱུང་གནས་ཀྱང་འཁྲུངས། ལྷ་པའི་བཞེད་པ་ལྟར་ན། དཔོན་ས་འཁྱོང་རྩེའི་དྲུང་

ཁབ་ཏུ་བཞེས་པར་སྲས་ཞབས་དྲུང་ངག་དབང་གྲགས་པ་བལྟམས།

དགུང་ལོ་ཉེ་ཤུ་རྩ་གཉིས་པ་སྤྱི་ལོ1509 ས་སྦྲུལ་ལོར་སྡེ་སྲིད་དང་བསམ་སྡེ་དཔོན་སློན་གྱི་ནང་ཞིག་སྡེ་གཟར་བྱུང་བའི་སྐབས་རིན་སྤུངས་པས་ཡིག་འགྲུལ་དྲག་པོ་བྱས་ཏེ་སྡེ་སྲིད་ཀྱི་དཔུང་ཕྱིར་སློག་པས་སྡེ་སྲིད་ཟེར་ཞིང་། དེའི་ཕྱི་ལོ་ཡར་ཀླུངས་སྐུ་ནང་སོ་མཚོ་སྐྱེས་པ་སྐུ་གཤེགས་པའི་འདས་མཆོད་གྲུབ་འཕྲུལ་རིན་སྤུངས་སྲས་ངག་དབང་རྣམ་རྒྱལ་གྱིས་གཙོས་དཔུང་གཡེ་བླ་འབྲིང་བའི་སྟེང་དུ་ཁྱེར་བ་སྡེ་སྲིད་ནས་བཟློག་ཅི་ཐུབ་མཛད་ནའང་རིན་སྤུངས་པ་ནང་སོ་དོན་ཡོད་པས་མ་གསན་སྟབས་སྡེ་རིན་དཔོན་སློན་གྱི་འཁོན་གཞི་ཚུང་ཆེར་སོང་བའི་གནས་ཚུལ་མི་ལེགས་པ་འདི་དག་ཐུགས་ཀྱིས་མ་བཟོད་པར་སྤྱན་སྔ་ཆོས་ཀྱི་གྲགས་པས་ནང་སོ་དོན་ཡོད་པ་ལ་ཐག་གྲུ་པའི་སྡེ་སྲིད་འདི་སྤྱིར་རྒྱལ་ཁམས་དང་། སློས་སྡེ་དཔོན། ཡང་སློས་ཁྱེད་རིན་སྤུངས་པ་ལ་གཅེས་པས་ཇོང་གཞིས་གཞིས་མགོས་ཆེ་བ་ཞིག་ཕུལ་ནས་སྡེ་སྲིད་ཀྱི་དགོངས་ཚོམ་སེལ་ལུགས་བྱས་ན་ལེགས་པའི་ཞལ་ཏ་མཛད་པ་གསན་པ་ལྟར་དུ་བཙོས་ནས་སྤྱན་སྔ་ཆོས་ཀྱི་གྲགས་པ་དང་། སྡེ་སྲིད་ངག་དབང་བཀྲ་ཤིས་གྲགས་པ་ཡོན་མཆོད་རྣམ་གཉིས་སྦྲུགས་མདར་གདན་དྲངས་ཏེ་རིན་སྤུངས་པ་དོན་ཡོད་རྡོ་རྗེས་འཕྲུལ་གྱི་ཞབས་ཏོག་ཕུན་སུམ་ཚོགས་པ་བསྒྲུབས་པ་དང་། གུས་གུས་ལྟར་མཛད་ཀྱང་དགོངས་སེལ་འབུལ་བ་བྱུར་ལུང་པ་ཕུལ་བར་མཆོད་ཡོན་གཉིས་ཀ་མ་དགྱེས་ནས་སྤྱན་སྔ་ཆོས་ཀྱི་གྲགས་པ་ཐུགས་རིངས་པ་བཞིན་དུ་ཡངས་པ་ཅན་ལ་ཕེབས།

སྡེ་སྲིད་ནས་ཀྱང་རིན་སྤུངས་པས་ཕུལ་བའི་ནོར་སྣ་ཕལ་ཆེར་བསམ་ཡས་དང་། ཀོ་ཁྲབ་རྣམས་ཆོས་སྐྱོང་གཞི་བདག་གི་བསྐང་རྫས་སུ་ཕུལ་བ་

སོགས་འབུལ་དངོས་དེ་ཚོ་བསྒམས་རིན་མེད་པ་ལྷ་བུའི་རྣམ་པ་བསྟན་པར་དོན་ཡོད་རྡོ་རྗེ་ཡང་མ་དགའ་བ་བྱུང་བ་དེའི་ཕྱི་ལོ་དོན་ཡོད་རྡོ་རྗེ་དགུང་ལོ་ལྔ་བཅུའི་སྟེང་འདས།

ངག་དབང་བཀྲ་ཤིས་གྲགས་པ་དགུང་ལོ་ཉེར་ལྔ་པ་སྤྱི་ལོ1512 ཆུ་སྤྲེ་ལོ་ཏཱ་མིང་གོང་མ་ནས“ཆེན་ཤྲི་དང་། གོ་ཤྲི་དཔོན་གཡོག་མང་པོ་མངགས་ཏེ། རྗེར་དབང་གི་འཇའ་ས་གནང”①

དགུང་ལོ་ཉེར་བརྒྱད་པ་སྤྱི་ལོ1515ཤིང་ཕག་ལོ་བསམ་སྡེ་བས་བསླངས་པའི་སྡེ་གཟར་གྱིས་རྐྱེན་བྱས་རིན་སྤུངས་པའི་ཞལ་ངོ་ཕྱི་མ་རྣམས་ཀྱིས་དེའི་རྒྱབ་ཏུ་ལངས་ཏེ་སྤྱི་ལོ1516མེ་བྱི་ལོ་དབུས་གཙང་འཁྲུག་ལོང་ཆེན་པོ་ལངས་རུང་སྡེ་སྲིད་མཚན་ཧུས་རྒྱལ་ཏེ་ཁ་རག་དང་བོད་ཡུལ་ཆོས་ལ་ས་མཚམས་བྱས། སྐབས་དེར་སྤྱན་སྔ་ཆོས་ཀྱི་གྲགས་པ་དཔོན་སློབ་བཟད་མདར་ཕེབས་ནས་ཆུ་ཤུལ་ལྷུན་པོ་རྩེ་ཆེངས་རྟེན་ཏུ་ཕུལ་ཏེ་དབུས་གཙང་ལོ་གསུམ་སྡེ་གཟར་མི་བྱེད་པའི་ཆེངས་བསྡམས་ནའང་།

རིན་སྤུངས་པས་སླར་སྡེ་གཟར་བསླངས་ཏེ་རྒྱལ་མཁར་རྩེར་བཏེགས་སྐབས། འཕྱོངས་རྒྱས་པ་རིན་ཆེན་རྒྱལ་མཆོག་གིས་གཙོས་སྡེ་སྲིད་ཀྱི་དཔུང་ཆེན་རྣམས་ཉང་སྟོད་བར་དུ་བྱོན། དགའ་ལྡན་པ་དམག་དཔོན་བསོད་ནམས་རྒྱལ་པོས་སྐྱིད་འཕན་གྱི་དཔུང་རྣམས་འཁྲིད་དེ་ཤངས་ཀྱི་ངར་དུ་བསྐྱོད་པས་རིན་སྤུངས་པས་འབངས་གྱེན་ལོག་བྱེད་པའི་བྱ་བར་རྡུང་རྡེག་ཚབས་ཆེན་ཕོག་སྟེ་ཅི་བྱ་གཏོལ་མེད་ཀྱི་གནས་སུ་གྱུར་ནའང་། རྒྱལ་རྩེ་དང་།

---

① （དེབ་དམར་གསར་མ་དེབ་ངོས98）

པ་སྣུམ་པའི་ས་ཆ་ཤོར་བ་རྣམས་ཕྱིར་སློད་པ་དང་། གོང་སར་དགོངས་བསངས་དང་། རྫོང་དཔོན་གྱི་ལས་ཀ་ཞུ་བ། ཕྱིན་ཚད་མ་རུངས་པའི་སེམས་འདོར་བ་སོགས་ཀྱི་དན་ཁ་ལས་མཐའ་མེད་དུ་གཏོང་བ་མ་མཛད། འོན་ཀྱང་སྤྱི་ལོ1522ཆུ་རྟ་ལོ་རིན་སྤུངས་པས་སླར་ཡང་སྣེ་གཟར་ཚན་ཆེ་བར་བསྣུངས་ཀྱང་། སྣེ་སྲིད་ཀྱི་མཚན་རྟུས་ལ་སྐྱོན་མ་བྱུང་།

སྤྱི་ལོ1524ཤིང་སྤྲེ་ལོ་སྤྱན་སྔ་ཆོས་ཀྱི་གྲགས་པ་ཡངས་པ་ཅན་དུ་དགུང་ལོ་དོན་གཉིས་ཀྱི་སྟེང་ཞི་བར་གཤེགས་པས་གདུང་སྲས་སྐུ་གཞོན་པ་གྲགས་པ་འབྱུང་གནས་ཐེལ་གྱི་མཚམས་བཅད་གོ་སར་བཏོན་པ་ཞབས་མི་བདེ་བའི་དབང་གིས་ཟབ་བཞེས་ཕྱུགས་དམ་གྱི་རིམ་པ་གཙོ་བོར་མཛད། གདུང་སྲས་སྐུ་ལ་དྲིས་པ་དཔོན་ས་འགྲོ་བའི་མགོན་པོས་གཞིས་ཀ་གོང་དཀར་བཟུང་ནས་དགའ་ལྡན་པའི་བུ་སྲིང་མོ་ཁབ་ཏུ་བཞེས་པར་གདུང་སྲས་སྐུ་བགྲེས་པ་དཔོན་ས་འགྲོ་བའི་མགོན་པོས་གཞིས་ཀ་གོང་དཀར་བཟུང་ནས་དགའ་ལྡན་པའི་བུ་སྲིང་མོ་ཁབ་ཏུ་བཞེས་པར་གདུང་སྲས་མཆེད་གཉིས་འཁྲུངས་ཤིང་། ཡབ་འགྲོ་བའི་མགོན་པོ་གོང་དཀར་དུ་གཤེགས་པའི་གདུང་རྟེན་གོང་དཀར་རང་དུ་བཞེངས།

པཎ་ཆེན་བསོད་གྲགས་ཀྱི་བཞེད་པ་ལྟར་ན། དེའི་སྐབས་སུ་སྣེ་གཟར་ཆུང་ཚོགས་སྤྱི་ལོ1524ཤིང་སྤྲེ་ལོ་ཕག་མོ་བ་དང་སྟག་ལུང་པ་ཐོག་ཁ་བ་འཁྲིལ་ཏེ་ཕག་མོ་བ་དང་འཐབ། སྤྱི་ལོ1526མེ་ཁྱི་ལོ་ཕག་མོ་བ་དང་ཞྭ་སེར་བ་སྒྲིལ་བ་དང་འབྲི་སྟག་འཐབ་པ་མ་གཏོགས་དབུས་གཙང་ཞོད་འཇགས་སུ་གནས་ཤིང་། དེ་རྗེས་སྤྱི་ལོ1530ལྕགས་སྟག་ལོར་ཐོག་མཁར་གཉིས་དང་སྣེ་སྲིད་འགལ་བ་མེད་པའི་འཇགས་སྒྲིག་བྱུང་བའི་རྐྱེན་གྱིས་ཞྭ་

དམར་སེར་གྱི་འཁྲུག་པ་ལངས། དེའི་ཞུགས་རྐྱེན་ལྷ་བུས་ཐོག་མཁར་གཉིས་དང་སྡེ་སྲིད་འགྱངས་སུ་སོང་བས་འབྲི་འོལ་གཉིས་སྨོས་སུ་སྡེ་གཟར་ཡོད་པའི་འོལ་ཁ་བའི་རྒྱབ་ཏུ་སྡེ་སྲིད་ནས་དཔུང་སྔོན་ཕྲན་བུ་བཏང་། སྤྱི་ལོ1538ས་ཁྲི་ལོ་བར་སྐབས་དབུས་གཙང་སྡེ་གཙང་སྡེ་གཟར་མི་བྱེད་པའི་ཆིངས་སྡོམ་གྱི་དུས་ཆོད་ཡོལ་བའི་མཚམས་འདིར་སྡེ་སྲིད་ཕྱོགས་ནས་ཆིངས་མཐུད་ཡོང་བའི་དགོངས་བཞེས་གནང་ཡང་། རིན་སྤུངས་པའི་ཕྱོགས་ནས་མ་གསན་པས་སྡེ་གཟར་ཤིན་ཏུ་ཆེ་བ་ལངས་རུང་། ཕྱོགས་གཉིས་ཐད་ལ་ཐོབ་ཤོར་གྱི་ཡོ་ཁྱོམས་ཆེ་བ་རང་མ་བྱུང་བར་མངོན།

མདོར་ན་སྡེ་སྲིད་ངག་དབང་བཀྲ་ཤིས་གྲགས་པ་འདིའི་སྐུ་དུས་རིན་སྤུངས་པ་ལ་སོགས་པས་ཕག་གྲུའི་སྲིད་དབང་ལ་བསྙོ་བའི་སྡེ་གཟར་མང་ཙམ་བྱུང་ཡོད་རུང་། སྡེ་སྲིད་ནས་ཕན་ཚུན་མཐུན་ཐབས་གཙོ་བཟུང་མཛད་པས་བར་སྐབས་རལ་པོ་ཁ་ལྷུག་ཏུ་སོང་བ་ལས་སླ་པོར་ཡོ་བསྲང་དཀའ་བ་ཕྱུད་དེ་མིན་ཆོས་སྲིད་ལུགས་ཟུང་གི་མཛད་པ་སྐྱོང་སྟངས་མཁས་པས་སྡེ་སྲིད་ཀྱི་མཚན་རྟགས་ཅུང་ཟད་རྒྱས་པ་ཞིག་བྱུང་བར་རྩིས་ཆོག་པར་མ་ཟད། ལྷག་པར་གསེར་ཆོས་ཀྱི་བཀའ་བསྟན་འགྱུར་མང་པོ་དང་། གོས་ཐང་མང་པོ་གསར་བཞེངས་ཀྱིས་མཆོད་རྫས་པར་དཀར་བའི་མཛད་པ་རྒྱ་ཆེ་ཞིང་། ཆོས་ལུགས་གྲུབ་མཐའ་ཕྱོགས་ཞེན་མི་མཛད་པ། ཚང་མར་སྙིང་བཀུར་དང་ཞབས་ཏོག་ཏུ་གྱུར་བའི་མཛད་པ་མི་དམན་པ་བསྐྱངས་ཡོད། འོན་ཀྱང་སྡེ་གཟར་སྐབས་ཕྱོགས་གཏོགས་ཕན་ཚུན་གྱི་འགལ་བའི་ཁྲོད་དུ་ཞྭ་དམར་སེར་གྱི་འཐབ་འཁྲུག་ལངས་པ་དེ་སྐབས་དེར་བལྟོས་ན་ཁྱོན་ཡོངས་ལ་ཡོ་ཁྱོམས་ཡོད་པའི་གནད་དོན་ཆེན་པོ་ཞིག་ཏུ་བརྩི་མི་འོས་ཀྱང་། དེའི་འགལ་བ་རིམ་

བཞིན་རྗེ་ངར་ཅན་དུ་སོང་སྟེ་མཐར་བོད་ཀྱི་སྲིད་དབང་སུས་འཛིན་པའི་གནད་དོན་ཆེན་པོ་ཞིག་ཏུ་གྱུར་ཡོད། དེ་ཡང་ངག་གི་དབང་པོའི་སྐུ་དུས་སྤྱི་ལོ1481ལྕགས་གླང་ལོ་ཀརྨ་ཞྭ་དམར་བ་ཆོས་གྲགས་ཡེ་ཤེས་སམ་སྤྱན་སྔ་ཆོས་ཀྱི་གྲགས་པས་རིན་སྤུངས་ནོར་བུ་བཟང་པོའི་བུ་ཀུན་བཟང་པ་དང་། དོན་ཡོད་རྡོ་རྗེ་གཉིས་ལ་བསྐུལ་མ་གནང་ཡང་ཟེར། གང་ལྟར་ཁོང་གཉིས་ཀྱིས་དཔུང་དམག་ཁྲི་གཅིག་ལྷག་ཙམ་ཡོད་པའི་གཙང་དམག་དཔུས་སུ་དྲངས་ཏེ་དགེ་ལུགས་པའི་སྦྱིན་བདག་སྣེའུ་རྫོང་དཔོན་ངག་དབང་བསོད་ནམས་ལྷུན་པོ་དང་། ངག་དབང་བསོད་ནམས་རྣམ་རྒྱལ་གཉིས་ཡུལ་བཏོན། དེ་རྗེས་རིན་སྤུངས་པ་མཚོ་སྐྱེས་རྡོ་རྗེས་དཔོན་ཚབ་ཐེལ་གཏོང་སྐབས་སྤྱི་ལོ1498ལོ་ནས་བཟུང་ལོ་ལྔ་ས་སྨོན་ལམ་ཆེན་མོར་སེ་འབྲས་དགེ་གསུམ་གྱི་དགེ་འདུན་ཕེབས་མི་ཆོག་པ་བཟོས་ཏེ་དེའི་ཚབ་ཏུ་ཉེ་འདབས་ཀྱི་བཀའ་བརྒྱུད་པ་དང་། ས་སྐྱ་བའི་དགོན་ཁག་ནས་དགེ་འདུན་པ་ཕེབས་རྒྱུའི་ལམ་བཟོས་པ་དེ་སྡེ་སྲིད་ངག་དབང་བཀྲ་ཤིས་གྲགས་པས་སྤྱི་ལོ1518ལོ་སེ་འབྲས་དགེ་གསུམ་གྱི་དགེ་འདུན་པ་སྨོན་ལམ་ལ་ཕེབས་སྲོལ་སྔར་བཞིན་བསྐྱར་གསོ་གནང་བ་དང་། ཏཱ་ལའི་བླ་མ་སྐུ་ཕྲེང་གཉིས་པ་དགེ་འདུན་རྒྱ་མཚོ་ལོ་ལྟར་སྨོན་ལམ་གྱི་ཚོགས་དབུར་གདན་འདྲེན་ཞུས་ཤིང་། འབྲས་སྤུངས་སུ་ཡོད་པའི་ཕག་གྲུ་སྡེ་སྲིད་ཀྱི་འཆོར་ཤག་རྡོ་ཁང་སྔོན་མོར་གྲགས་པ་དེ་ཏཱ་ལའི་བླ་མ་དགེ་འདུན་རྒྱ་མཚོར་ཕུལ་རྗེས་དེའི་མིང་དགའ་ལྡན་ཕོ་བྲང་ཞེས་པར་བསྒྱུར་བ་དང་ཕྱིས་ལྔ་པ་ཆེན་པོས་བོད་ཁམས་ལ་དབང་བསྒྱུར་བའི་སྲིད་གཞུང་གི་མིང་ལ་ཕོ་བྲང་དེའི་མིང་བཏགས་པས་དགའ་ལྡན་ཕོ་བྲང་པར་གྲགས་པ་དེ་ཡིན།

དེ་མིན་རིན་སྤུངས་དོན་ཡོད་རྡོ་རྗེས་སྤྱི་ལོ1503ཆུ་ཕག་ལོ་ཀརྨ་ཞྭ་ནག་པ་ཆོས་གྲགས་རྒྱ་མཚོའི་བཀའ་བགོད་ལྟར་ལྷ་སའི་ཤར་ཕྱོགས་ས་ནག་མ་ཟེར་བར་སེ་འབྲས་དགེ་གསུམ་གྱི་ཁ་གནོན་ལྟ་བུར་དགོན་གསར་ཐུབ་བསྟན་ཆོས་འཁོར་བཏབ་པ་ཕྱིས་སེར་འབྲས་ཀྱིས་གཏོར་བ་བཅས་གང་ལྟར་ཀར་དགེའི་དབར་འགལ་ཟླ་རྡོ་ངར་ཅན་མང་པོ་བརྒྱུད་མཐར་ཕན་ཚུན་འཐབ་འཁྲུག་བྱ་དགོས་པའི་ཚད་གཞིར་སླེབས་པ་དེ་བྱུང་བ་ཡིན་ནོ།

པཎ་ཆེན་བསོད་གྲགས་ཀྱིས་རྒྱལ་རབས་འཕྲུལ་གྱི་ལྡེ་མིག་གམ་དེབ་དམར་གསར་མའི་ནང་ཕག་གྲུ་སྡེ་སྲིད་ཀྱི་ལོ་རྒྱུས་གསུང་མཚམས་ངག་དབང་བཀྲ་ཤིས་གྲགས་པ་དགུང་ལོ་ལྔ་བཅུ་ཕེབས་པ་སྤྱི་ལོ1538ས་ཁྱི་ལོ་སྟེ་དེབ་དམར་གསར་མ་བཀའ་རྩོམ་གནང་བའི་ལོ་དེ་ཡིན། ཕག་གྲུའི་ལོ་རྒྱུས་མཇུག་བསྡུའི་གསུང་དུམ་བུ་སྟེ་ཕག་མོ་གྲུ་པའི་སྲིད་རབས་དང་། ལོ་ཚིགས་ལ་དཔྱད་གཞི་འདོན་གནང་མཛད་པ་ཏ་ཅང་གལ་ཆེ་བས་སྐབས་འདིར་དྲངས་པ་འདི་ལྟ་སྟེ། "དེ་ཡང་། རྗེ་གཉའ་ཁྲི་བཙན་པོ་ནས་འོད་སྲུངས་ཀྱི་བར་དུ་བྱོན་པའི་རྒྱལ་པོ་བཞི་བཅུ་རྩ་གཉིས་ཀྱི་རིང་། བོད་ཀྱི་རྒྱལ་ཁམས་སྤྱི་ལ་དབང་བསྒྱུར་ཡང་། རྗེ་དཔལ་འཁོར་བཙན་ནས་ལུགས་རྣམ་པར་ཞིག་སྟེ། ཧོར་གྱི་བསྟན་པ་མ་བྱུང་གི་བར་བོད་ཐམས་ཅད་ལྟ་ཞིག དབུས་གཙང་སྤྱི་ལ་དབང་བའི་རྒྱལ་པོ་ཡང་མེད། ཧོར་དུས་སུ་བོད་ཆོལ་ཁ་གསུམ་ཆོས་རྒྱལ་འཕགས་པ་ལ་དབང་ཡོན་དུ་ཕུལ་བ་ནས། ས་སྐྱ་པས་འཇིག་རྟེན་གྱི་བདག་པོ་མཛད་ཀྱང་། གོང་དུ་བརྗོད་པ་ལྟར་གདུང་རྒྱུད་ནང་གྲེས་པའི་དབང་གིས་ལོ་བདུན་ཅུ་རྩ་ལྔ་ལས་མ་བྱུང་། ཕག་མོ་གྲུ་པའི་སྡེ་སྲིད་ནི་ཏའི་སི་ཏུ་ནས་དེང་སང་གི་བར་ལ་ཁྲི་(ཕག་གྲུ་སྡེ་སྲིད་ཀྱི་ཁྲི་ལ་བཞུགས་བཞིན་པ་ངག

དབང་བཀྲ་ཤིས་གྲགས་པ་) བསྟན་པའི་གོང་མ་དགུ་སོང་ཞིང་། ཕོང་གིས་ས་སྐྱར་(སྤྱི་ལོ1349 ལོ་སྟེ་ཏའི་སི་ཏུས"དབུས་ཀྱི་ས་ཆ་ཕལ་ཆེ་བ་ཕོང་གིས་བླངས"[1]པ་དེ་ནས་ཕག་གྲུ་སྡེ་སྲིད་ཀྱི་འགོ་ཚུགས་པར་བཞེད་མོད། ཡོངས་གྲགས་ལྟར་ན་གོང་དུ་ཞུས་པ་ལྟར་སྤྱི་ལོ1354 ནས་བརྩི་བ་དེ་གཉིས་དབར་ལོ་ཁྲབ་བཞི་ཡོད་པ་ཤེས་དགོས་) ལ་འཇིག་རྟེན་གྱི་བདག་པོ་མཛད་པ་ནས། ད་ལོའི་ས་ཁྱི་འདི་ཡན་ལ་ལོ་བརྒྱ་དང་དགུ་བཅུ་སོང་བའི་བར་འཇིག་རྟེན་གྱི་བདག་པོ་མཛད་པ་མ་ཆད་པ་སྟེ། སྣེ་གདོང་རྩེའི་ཕོ་བྲང་ལ་ཡ་མཚན་པའི་ས་བཅད་བཟང་པོ་ཡོད་པ་ཡིན་ཞེས་གྲགས"[2] ཞེས་མཇུག་བསྡུའི་དུམ་བུ་འདི་ནི་ཕག་གྲུའི་ལོ་རྒྱུས་ཁྲོན་ཡོངས་ལ་ཕྱོགས་བསྡོམས་གནང་བ་ཞིག་སྟེ། ཁྲི་རབས་དགུ་ནི། དང་པོ། ཏ་སི་བྱང་ཆུབ་རྒྱལ་མཚན་གྱིས་སྤྱི་ལོ1354ནས1364བར་སྲིད་ལོ་བཅུ། གཉིས་པ། ཤཱཀྱ་རྒྱལ་མཚན་གྱིས་སྤྱི་ལོ1365ནས1373བར་སྲིད་ལོ་དགུ། གསུམ་པ། སྤྱན་སྔ་གྲགས་པ་འབྱུང་གནས་ཀྱིས་སྤྱི་ལོ1374ནས1381ནས1385བར་སྲིད་ལོ་ལྔ། ལྔ་པ། དབང་གྲགས་པ་རྒྱལ་མཚན་གྱིས་སྤྱི་ལོ1385ནས1432བར་སྲིད་ལོ་བཞི་བཅུ་ཞེ་བདུན། དྲུག་པ། དབང་གྲགས་པ་འབྱུང་གནས་ཀྱིས་སྤྱི་ལོ1432ནས1445བར་སྲིད་ལོ་བཅུ་གསུམ། བར་སྟོང་ལོ་གསུམ་སྤྱི་ལོ1445ནས1448བར། བདུན་པ། ཀུན་དགའ་ལེགས་པས་སྤྱི་ལོ1449ནས1481བར་སྲིད་ལོ་སུམ་ཅུ་སོ་གསུམ། བརྒྱད་པ། ངག་གི་

---

① (དེབ་དམར་གསར་མ་དེབ་ངོས77)

② (དེབ་དམར་གསར་མ་དེབ་ངོས102)

དབང་པོས་སྤྱི་ལོ1481ནས1490བར་སྲིད་ལོ་དགུ། དཔོན་ཚབ་ཐེལ་གཏོང་གིས་སྤྱི་ལོ1490ནས1499བར་སྲིད་ལོ་དགུ། དགུ་པ། ངག་དབང་བཀྲ་ཤིས་གྲགས་པས་སྤྱི་ལོ1499ནས1538ས་ཁྲི་བར་སྲིད་ལོ་སྐྱོང་བཞིན་དུ་བཞུགས་པར་ལོ་སུམ་ཅུ་སོ་དགུ་ཁྱོན་ཁྲི་ཐོག་དགུ་བར་སྐྱོང་དཔོན་ཚབ་བསྐོམས་པར་ལོ་བརྒྱ" དང་བརྒྱད་ཅུ་གྱ་ལྔ་སོང་བའི་ཁར་པཊ་ཆེན་བསོད་གྲ་ཏ་ཀྱིས་ཏའི་སི་ཏུས1349ལོ་སྲིད་དབང་ཐོག་མར་བཟུང་བ་བརྩི་བའི་བཞེད་ཚུལ་དང་ཡོངས་གྲགས1354ལོར་བརྩི་བའི་བར་ཁྲུད་ལོ་བཞི་བསྣན་པས་ཁྱོན་ལོ་བརྒྱ་དང་བརྒྱད་ཅུ་གྱ་དགུ་སོང་བའི་ཁར་ས་ཁྲི་ལོ་དེ་བསྣན་པས་ལོ་བརྒྱ་དང་དགུ་བཅུ་ཐམ་པ་སོང་བར་ཧེ་བག་མེད་པ་འདི་ནི་སྐབས་འདིའི་ལོ་ཚིགས་ཀྱི་གཏན་ཚིགས་རྒྱུ་མཚན་ལྡན་པར་བཤད་ཆོག་པ་མ་ཟད། ལྔ་པ་ཆེན་པོས་ཀྱང་ལོ་རྒྱུས་སྐབས་འགར་པཊ་ཆེན་བསོད་གྲགས་དང་བཞེད་ཚུལ་ཐ་དད་པ་གསལ་ཁ་མཛད་པ་ལས་ཕག་གྲུའི་སྐོར་རྒྱལ་རབས་འཕྲུལ་ལྡེར་ཁུངས་མཛད་པ་གནས་ཚུལ་མང་པོའི་ནང་ནས་མཚོན་ཡོད།

དེ་ལྟར་འཕྲོས་དོན་མཚམས་འདིར་བྱས་ནས་སླར་ཡང་ངག་དབང་བཀྲ་ཤིས་གྲགས་པའི་ལོ་རྒྱུས་དངོས་གཞི་མུ་མཐུད་ལྔ་པ་ཆེན་པོའི་བཞེད་པ་གཙོ་བོར་བཟུང་སྟེ་གླེང་བར་བྱ་བ་ལ།

ངག་དབང་བཀྲ་ཤིས་གྲགས་པ་དགུང་ལོ་དོན་བརྒྱད་པ་སྤྱི་ལོ1656རབ་བྱུང་དགུ་པའི་ཤིང་སླང་ལོར་སླར་ཡང་" ཏཱ་མིང་གོང་མ་ཧྲེ་ཙུང་ཏཱ་ཆེང་གིས་ཧྲན་ཧྲཱ་ཕང་དང་། བཀན་ཏིང་ཏཱ་གོ་ཤྲི་ཧྲཱ་ཡང་གི་གོ་

གནས་གནང་”①ཞབས་དྲུང་ངག་དབང་གྲགས་པ་གོང་དཀར་ན་བཞུགས་སྐབས་སྡེ་གདོང་དུ་ཡུམ་མི་གཅིག་པའི་སྐུ་མཆེད་རིན་སྤུངས་པའི་སྲས་མོར་འབྲུངས་པའི་སྲས་ཡོད་པར་བརྟེན་དཔོན་ས་འཕྱོར་རྗེ་མས་གནང་བཀོད་མ་ལེགས་པའི་ཟིན་བྲུན་བསྐྱངས་ཏེ་རིན་སྤུངས་པ་དང་། དགའ་ལྡན་པ་སོགས་ཀྱིས་ཞབས་དྲུང་ངག་དབང་གྲགས་པའི་ཆེད་རྗེར་དཔུང་གི་སྦྱོར་བ་བཤམས། ཧོར་བསོད་ནམས་དར་རྒྱས་སློབ་དཔོན་པོ་གཞན་རྣམས་དཔུང་འཁྱེར་གྱི་ཕྱོགས་ལྷུངས་མངོན་ཚན་ཅན་མེད་ནའང་ངག་དབང་བཀྲ་ཤིས་གྲགས་པས་བཀྲ་ཤིས་རྗེ་པར་ནང་བློན་བཙོལ་བར་མ་རངས་པའི་བར་ཞུགས་ཕོག་ནས་རྗེར་དཔུང་གིས་བསྐོར་མ་དགོས་པའི་ངོས། ངག་དབང་བཀྲ་ཤིས་གྲགས་པ་འོན་རྒྱལ་བཟང་དུ་ཕེབས་བཅུག་ནས་ཞབས་དྲུང་ངག་དབང་གྲགས་པ་སྡེ་སྲིད་ཀྱི་ཁྲི་ཐོག་ཏུ་གདན་དྲངས། འོན་ཀྱང་འབྲུག་པ་པདྨ་དཀར་པོས་སྡེ་དཔོན་རྣམས་ལ་རྒྱུ་མཚན་གནང་ཡང་ཟེར། གང་ལྟར་དེ་ནས་རིང་པོར་མ་ཐོགས་པ་ངག་དབང་བཀྲ་ཤིས་གྲགས་པ་སླར་ཡང་སྡེ་སྲིད་ཀྱི་ཁྲིར་ཕེབས་ཤིང་། ཞབས་དྲུང་ངག་དབང་གྲགས་པ་གོང་དཀར་དུ་བཞུགས་པ་ལ་ཡང་བསྐོར་རྒྱག་ཆ་གྲུལ་ཆེ་བ་བྱུང་སྐབས་ངག་དབང་བཀྲ་ཤིས་གྲགས་པས། “གོང་དཀར་འདི་དབུས་གཙང་གཉིས་ཀྱི་མདུད་འཛོམས་པའི་ལྟེ་བ་ལྟ་བུར་འདུག་པས་རང་རེའི་མི་ངོ་ཞིག་གིས་མ་བཟུང་ན་བོད་ཀྱི་བདེ་སྐྱིད་ལ་གནོད་པས་རྫོང་གཏོད་མི་དགོས་ཚུལ་གྱི་བཀའ་ཤོག་གོང་དུ་གནང་བ་བསྐོར་མི་

① （ཚོད་སྲིད་ཟུང་སྦྲེལ་དེབ་ངོས85）

རྣམས་ཀྱི་ལག་ཏུ་འགྱུར་བས་དམག་གྱེས་ཏེ་བདེ་འཇགས་ཆེ་བ་བྱུང་”①ཞེས་གསལ་བ་ཙམ་ལས་དེ་མིན་ཕག་མོ་གྲུ་པའི་ལོ་རྒྱུས་ཆེས་རགས་པ་ཙམ་ལས་ནག་པོ་འགྲོ་ཤེས་ཞིབ་ཆ་ཆེ་བའི་ཡིག་རིགས་ད་ཕན་ལག་ཏུ་མ་སོན་པས་ད་ཡོད་དཔྱད་གཞིའི་ཡིག་རིགས་ལྟར་བྱས་ན་ངག་དབང་བཀྲ་ཤིས་གྲགས་པས་སྲིད་དབང་སྐྱོང་བའི་དུས་ཚོད་རིང་པོ་མིན་པ་ཞིག་ལ་སྲས་ཞབས་དྲུང་ངག་དབང་གྲགས་པ། ཕག་གྲུ་སྡེ་སྲིད་ཀྱི་ཁྲི་ལ་བཏོན་ཀྱང་། རིང་པོར་མ་ཐོགས་པར་ཡབ་ཀྱིས་སྲིད་བསྐྱངས་པ། དེས་ན་ཕག་མོ་གྲུ་པའི་སྲིད་དགུ་པ་ངག་དབང་བཀྲ་ཤིས་གྲགས་པ་འདིས(ཞབས་དྲུང་ངག་དབང་གྲགས་པས་)དུས་ཐུང་སྲིད་དབང་བསྐྱངས་པ་ཚུད་)དམའ་མཐར་སྲིད་དབང་ལོ་དྲུག་ཅུ་རེ་བཞི(སྤྱི་ལོ1499 – –1563)ཙམ་བསྐྱངས་འདུག་བ་དང་། སྐུ་ཚེ་ཡང་དགུང་ལོ་བརྒྱད་ཅུ་ཡས་མས་བཞུགས་ངེས་ཁ་ཚོན་བཅད་ཚོག

ཞབས་དྲུང་ངག་དབང་གྲགས་པ་ནི། ཡབ་ངག་དབང་བཀྲ་ཤིས་གྲགས་པ་དང་། ཡུམ་དཔོན་ས་འབྱོང་རྗེ་མའི་སྲས་གསུམ་ཡོད་པར་གྲགས་པའི་གྲས་ཤིག་ཡིན། ལྷ་པས་དཔོན་ས་འབྱོང་རྗེ་མར་སྲས་འདི་ཁོ་ན་ལས་གཞན་ཡོད་པར་གསུང་མེད། ②པཎ་ཆེན་བསོད་ཀྱིས“དཔོན་ས་འགྲོ་མགོན་གཉིས་ལས་གཞན་ཡུམ་མི་གཅིག་པའི་གདུང་རྒྱུད་སྐུ་མཆེད་གསུམ་ཡང་འཁྲུངས་③ཞེས་གསུངས་པ་ལྟར་དེའི་ལོ་རྒྱུས་ལ་གཞིགས་ན་པཎ་བསོད་

① (དཔྱིད་ཀྱི་རྒྱལ་མོའི་གླུ་དབྱངས་དེབ་ངོས157)
② (དཔྱིད་གླུ་དེབ་ངོས156)
③ (དེབ་དམར་གསར་མ་དེབ་ངོས100)

གྱིས་གསུངས་པ་འདི་ཡིན་ཤས་ཁོ།

ཞབས་དྲུང་ངག་དབང་གྲགས་པ་ནི་མཁྱེན་རྒྱ་ཆེ་ལ་དགེ་འབྲུག་གཉིས་ཀ་ལ་མོས་ཤིང་། "སྔེར་དུ་ཐམས་ཅད་མཁྱེན་པ་བསོད་ནམས་རྒྱ་མཚོ་དང་མཆོད་ཡོན་ཉེ་བླ་བྲུང་ཅིག་ལྷ་བུར་ཐུགས་སྣང་དག་པ་བྱུང་བས་གོང་དཀར་དུ་འཇམ་དབྱངས་གོང་མའི་ཕོ་བྲང་ནས་རྟེན་འབུལ་གྱི་རྒྱུན་འཛུགས་པ་མཛད་"①ཅེས་གསུངས་པ་ལྟར་དང་། སྐབས་འདིའི་ཕག་མོ་གྲུ་པའི་སྡེ་སྲིད་སྐོར་ལྷ་པ་ཆེན་པོས། "གོང་མ་ཆེན་པོའི་སྲས་བྲུར་པ་སོཏ་གྱིས་སྡེའུ་གདོང་གི་རྩེའི་ཁྲིར་བཞུགས་ཤིང་། བདུད་མི་ཕྱུན་དགུས་དབུས་གཙང་ལན་མང་དུ་དཀྲུགས་པའི་སྲི་ངན་ལངས་ཏེ། ཕྱི་སླད་སྡེ་གཟར་གྱི་སྐབས་འཕོ་འགྱུར་ཤིན་ཏུ་ཆེ་བ་བྱུང་②ཞེས་པ་ཙམ་ལས་ཞིབ་ཆ་མ་བྱུང་བའི་སྐོར་དཔྱད་ན། པཎ་ཆེན་བསོད་གྲགས་ཀྱིས་ངག་དབང་བཀྲ་ཤིས་གྲགས་པར་"དཔོན་ས་འགྲོ་མགོན་སྐུ་མཆེད་གཉིས་ལས་གཞན་ཡུམ་མི་གཅིག་པའི་གདུང་རྒྱུད་སྐུ་མཆེད་གསུམ་ཡང་འཁྲུངས་"③ཞེས་རྒྱན་སྤུད་ཀྱི་ཚིག་དང་བཅས་གསུངས་པ་ནས་མཚན་གསལ་བ་ཞབས་དྲུང་ངག་དབང་གྲགས་པ་ཕྱུང་། ཕལ་ཆེར་གཙུང་པོ་ཡིན་སྲིད་པ་གཉིས་ལོགས་སུ་བཞུགས་པ་ཆེ་གེ་མོ་སོགས་ཀྱིས་ཕག་གྲུའི་སྲིད་རབས་བརྩུའམ། ཡང་ན་དེ་བས་མང་བའི་སྲིད་རབས་བྱུང་སྲིད་པ་དང་། དེའི་རིང་དབུས་གཙང་སྡེ་གཟར་ལན་གྲངས་མང་ལ་ཚབས་ཆེ་བ་

① (དཔྱིད་སླུ་དེབ་ཇོས157)

② (དཔྱིད་སླུ་དེབ་ཇོས157)

③ (དེབ་དམར་གསར་ལ་དེབ་ཇོས100)

བྱུང་ཚུལ་སོགས་སྐད་དེ་སྐོར་གྱི་ཡིག་རིགས་རྙེད་ན་ཁ་གསབ་དགོས་པ་ཡོད། དེ་རྗེས་སྤྱི་ལོ1612ཆུ་བྱི་ལོ་དང་། དེའི་ཕྱི་ལོ་གཉིས་ཀར་སྡེ་སྲིད་གཙང་པ་ཕུན་ཚོགས་རྣམ་རྒྱལ་གྱི་དམག་གིས་འཕན་པོ་དང་། གཞིས་ཀ་སྙེའུ་སོགས་བླངས་ཏེ་བོད་ཡོངས་ལ་དབང་བསྒྱུར་བའི་ས་ཞབས་ཏུ་གནས་པ་བཅས་ཞབས་དྲུང་ངག་དབང་གྲགས་པ་སྐུ་མཆེད་དང་བཅས་པ་འདིའི་དུས། ཕག་གྲུ་སྡེ་སྲིད་ཀྱི་མིང་ཙམ་གནས་པ་ལས་རྩ་བའི་སྲིད་དབང་རིན་སྤུངས་པ་ཡབ་སྲས་ཀྱིས་བཟུང་བའི་སྐབས་དང་། མཐར་རིན་སྤུངས་པ་ཡང་ཞིང་ཤག་ཚེ་བརྟན་རྡོ་རྗེས་སྤྱི་ལོ1563ཆུ་ཕག་ལོར་རིན་སྤུངས་པའི་སྲས་པདྨ་དཀར་པོ་བཀྲོངས་ཏེ་འབངས་གྱེན་ལོག་བྱས་པ་ནས་རིན་སྤུངས་པས་ཁ་ལོ་བསྒྱུར་བའི་སྲིད་དབང་བཙུགས་པས་ཕག་གྲུ་སྡེ་སྲིད་ཀྱི་ལོ་རྒྱུས་མཇུག་བསྒྲིལ་བ་ཡིན།

གདུང་རྒྱུད་ཀྱི་ཐད་ནས་བཤད་ན། ཞབས་དྲུང་ངག་དབང་གྲགས་པ་ལ་སྲས་བཀའ་བརྒྱུད་རྣམ་པར་རྒྱལ་བ་དང་། རྣམ་རྒྱལ་གྲགས་པ་གཉིས་འཁྲུངས། བཀའ་བརྒྱུད་རྣམ་པར་རྒྱལ་བའི་སྲས་མི་ཕམ་བསོད་ནམས་དབང་ཕྱུག་གྲགས་པ་རྣམ་རྒྱལ་ནི་ལྔ་པ་ཆེན་པོས་རྒྱལ་རབས་གསར་རྩོམ་གནང་སྐབས་འཚོ་ཞིང་གཞིས་མུས་སུ་གནས་ཡོད།

བསྡོམས་ན་ཕག་མོ་གྲུ་པའི་སྲིད་རབས་བཅུ་པ་ཙམ་གྱི་གནས་ཚུལ་གསལ་པོ་མ་རྟོགས་པས་བོད་ཀྱི་ལོ་རྒྱུས་སྨྲ་བ་པོ་མཁས་དབང་རྣམ་པས་དཔྱད་གསུམ་དག་པའི་གསེར་བཞིན་ཕྱིས་སྡོམ་ཚིག་གསལ་པོ་ཞིག་ཡོང་སྲིད་པས་རེ་ཞིག་བཏང་སྙོམས་སུ་བཞག་སྟེ་སྲིད་ལོའི་ཐད་ཡོངས་གྲགས་ལྟར་ན་སྤྱི་ལོ1354ནས1618བར་ལོ་ཉིས་བརྒྱ་དྲུག་ཅུ་རེ་བཞི་སོང་བར་བཞེད་པ་དེ་ཡང་པཎ་ཆེན་བསོད་གྲགས་ཀྱིས་གསུངས་པའི་ཁྲི་རབས་དགུ་ལ་ལོ་བརྒྱ་དང་

དགུ་བཅུ་སོང་བ་དང་། ཁྲི་རབས་དགུ་པའི་འཕྲོས་ནས་གཙང་པས་སྲིད་དབང་མ་བསྒྱུར་བར་ལོ་བདུན་ཅུ་དོན་བཞི་སོང་བ་ཡིན་ནོ།

འོན་ཀྱང་ཕག་གྲུ་སྡེ་སྲིད་ཀྱི་མཐའ་མ་འགྲོ་བའི་མགོན་པོ་ཡིན་པ་《ཏཱ་ལའི་བླ་མའི་རྣམ་ཐར་》དང་། 《ཕག་གྲུ་སྡེ་སྲིད་ཀྱི་གནད་དོན་འགའ་ཤས་》གཉིས་ཀར་འཁོད་འདུག་པ་བོད་ཀྱི་ལོ་རྒྱུས་ཡིག་ལམ་ནང་འགྲོ་བའི་མགོན་པོས་སྲིད་དབང་བཞེས་མ་བཞེས་གསལ་པོར་གསུང་མེད་ཅི་ལྟར་ནའང་ལོ་ཚིགས་ཀྱི་ངེས་པའི་ཐོག་ནས་བཤད་ན་མི་འགྲིག་པའི་གནད་དོན་ཆེན་པོ་ཞིག་ཡོད་པ་ནི། རྒྱལ་རབས་འཕྲུལ་གྱི་ལྡེ་མིག་ནང་"ས་མོ་ལུག(སྤྱི་ལོ1499)གི་ལོ་གསར་ལ་རིན་སྤུངས་པས་གཙོས་པའི་སྡེ་དཔོན་མང་པོ་སྡེ་གདོང་རྩེར་འཚོགས་ཏེ། བྲག་ཁ་ནས་གདུང་རྒྱུད་རིན་པོ་ཆེ་ངག་དབང་བཀྲ་ཤིས་གྲགས་པ་དགུང་ལོ་བཅུ་གཉིས་བཞེས་པ་གཅིག་རྩེར་ཁྲི་ཐོག་ཏུ་སྤྱན་དྲངས། དེའི་ཚེ་རིན་སྤུངས་པས་ཐེལ་རྩེ་ཐང་གཉིས་སུ་བཤད་སར་གྲལ་འཁྱེད། ཆེ་འགྲོགས་སྟོན་ཆེན། རྒྱ་ཧོར་དུས་ཀྱི་ནོར་སྣ་ཡ་མཚན་ཅན། ཇ་གོས་དར་གསེར་དངུལ་སོགས་མི་དམངས་ཀྱི་བློར་ཤོང་དཀའ་བའི་འབུལ་ཆེན་མཛད། དེ་ནས་ལོ་ལྔ་སོང་བའི་ཤིང་བྱི་(སྤྱི་ལོ1504)ལ་རིན་སྤུངས་པའི་བུ་སྲིང་མོ་ཞིག་བདག་མོར་ཕུལ། དེ་ནས་ལོ་བཞི་སོང་བའི་ས་འབྲུག(སྤྱི་ལོ1508)ལ་གདུང་རྒྱུད་འགྲོ་བའི་མགོན་པོ་འཁྲུངས་ཤིང་། དེ་རྗེས་སྤྱན་སྔའི་དྲུང་ཡང་འཁྲུངས་"①ཞེས་བརྒྱུད་རིམ་ཚགས་དམ་པོར་གསུངས་པའི་ལོ་ཚིགས་འདི་ལ་བོད་ཀྱི་ལོ་རྒྱུས་སྨྲ་བ་ཀུན་གྱིས་ཚད་མར་བཟུང་བ་དེས

① (དེབ་དམར་གསར་མ་དེབ་ངོས96)

ན་འགྲོ་བའི་མགོན་པོ་དགུང་ལོ་བརྒྱ་དང་བཅུ་ཙམ་སྟེ་སྤྱི་ལོ1618བར་འཚོ་བཞེས་གནང་དགོས་པ་ལས《ཕག་གྲུའི་གནད་དོན་འགའ་ཤས》ནང་སྲིད་དབང་ལོ་ཞི་བདུན་བསྐྱངས་པ་དང་། དགུང་ལོ་ལྔ་བཅུ་བཞུགས་པར་བཞེད་ན་རྩ་བ་ནས་འགྲིག་ཐབས་མེད་པའི་འགལ་འདུ་ཆེན་པོ་ཡིན་པ་མ་ཟད། 《ཕག་གྲུའི་གནད་དོན་འགའ་ཤས》ནང་“ངག་དབང་བགྲ་ཤིས་གྲགས་པ་སྐུ་འདས་རྗེས། ཁོང་གི་སྲས་འགྲོ་བའི་མགོན་པོ་མུ་མཐུད་དུ་བོད་ཀྱི་རྒྱལ་པོའི་འགན་འཛིན་ཚུལ་རྣམས《དཔྱིད་ཀྱི་རྒྱལ་མོའི་གླུ་དབྱངས》ནང་ཤིན་ཏུ་གསལ། དེ་ནི་རྒྱལ་དབང་ལྔ་པས་མིང་སེ་ཙུང་ཁྲུང་གྲིན་ཁྲི་བཞུགས་བཅུ་དྲུག་ལོར་མཛད་པ་ཡིན་ཅིང་། སྐབས་དེ་ནས་གཙང་པ་རྒྱལ་པོས་ཕག་གྲུའི་སྲིད་དབང་རྩ་བཤིག་བྱས་པའི་བར་ལ་ལོ་གྲངས་ཉེར་ལྔ་ལས་མ་སོང་བས། དོན་རྐྱེན་དེ་དག་ཡིད་ལ་གསལ་ལེར་འཆར་ཐུབ་པས་ཡིད་རྟོན་རུང་བ་ཡིན་”①ཞེས་འཁོད་པ་འདི་ནི་དཔྱིད་ཀྱི་རྒྱལ་མོའི་གླུ་དབྱངས་བོད་ཡིག་ནས་རྒྱ་ཡིག་ཏུ་“བསྒྱུར་སྐབས་གོ་བ་ལེན་སྟངས་འཛོལ་བ་ལ་བརྟེན་ནས་བྱུང་བའམ་གང་ལྟར་བོད་ཡིག་ཏུ་འཁོད་པའི་བཀའ་རྩོམ་དངོས་ཀྱི་ནང་འགྲོ་བའི་མགོན་པོ་འཁྲུངས་པ་དང་། གོང་དཀར་དུ་ཕེབས་པ། སྐུ་གཤེགས་པའི་གདུང་རྟེན་གོང་དཀར་དུ་བཞེངས་པའི་སྐོར་ཙམ་ལས་འགྲོ་བའི་མགོན་པོས་ཕག་གྲུ་སྡེ་སྲིད་ཀྱི་ཁྲི་ལ་ཕེབས་པའི་སྐོར་ཟུར་ཙམ་ཡང་མི་གསལ་ལ། ལྷག་པར་ལྔ་པ་ཆེན་པོས་རྒྱལ་རབས་བཀའ་རྩོམ་གནང་སྐབས་འགྲོ་བའི་མགོན་པོའི་སྐུ་མཆེད་ཞབས་དྲུང་ངག་དབང་གྲགས་པའི་སྲས་བཀའ་རྒྱུད་རྣམ་པར་

① (ཀྲུང་གོའི་ཤེས་རིག་སྤྱི་ལོ1989ལོའི་དུས་དེབ་དང་པོ་དེབ་ངོས27)

རྒྱལ་བ་“ འདི་ཉིད་ཀྱི་སྲས་མི་ཕམ་བསོད་ནམས་དབང་ཕྱུག་གྲགས་པ་རྣམ་རྒྱལ་དཔལ་བཟང་ད་ལྟ་ཕོ་བྲང་སྟེའུ་གདོང་རྩེར་བཞུགས་སྐབས་” ①ཞེས་མཇུག་བསྡུའི་གཏམ་དུ་གསུངས་པ་ནི་འགྲོ་བའི་མགོན་པོ་དང་ཡབ་གཅིག་ཡུམ་མི་གཅིག་པའི་སྐུ་མཆེད་ཀྱི་མི་རབས་གསུམ་པའི་སྐབས་ཡིན་པས་ཕག་གྲུའི་སྡེ་སྲིད་མཐའ་མ་འགྲོ་བའི་མགོན་པོ་མིན་པ་ནི་གསལ་པོ་ཡིན་ནོ།

ཕག་གྲུ་སྡེ་སྲིད་ཀྱི་སྲིད་རབས་དང་འབྲེལ་ཡོད་རྣམས་ཀྱི་གདུང་རྒྱུད་རེའུ་མིག

ཡོན་ཆེན་རྒྱལ་བ་སྐྱབས།

↓

འབྲོ་སྟོག་བཟའི་སྲས། སྐྱུན་སྟོ་གྲགས་པ་འབྱུང་གནས།(1175－－1255) དཔོན་སངས་རྒྱས་སྐྱབས། ཤེས་རབ་རྒྱལ་མཚན། དེ་གུ་མའི་སྲས། མགོན་པོ་རྒྱལ་མཚན།

དཔོན་སངས་རྒྱས་སྐྱབས་ཀྱི་སྲས།

↓

གྲགས་པ་བརྩོན་འགྲུས།(1203—1267) བཅུ་གཉིས་རྙིང་མ་རིན་ཆེན་རྡོ་རྗེ། (1218—1280) གཏེར་རྒྱབ་པ། རིན་པོ་ཆེ་རྡོ་རིན་པ། མགོན་པོ་རྒྱལ་མཚན་གྱི་སྲས།

---

① (དཔྱིད་སྒྲུདེབ་ངོས157)

ཁྲོ་ཕོ་འཕན།

↓

རིན་ཆེན་ཤེས་རབ། གྲགས་པ་ཡེ་ཤེས། (1240 – 1288) གཙུང་རྒྱ་ཕོའམ་གཉིས་མཆོད་པ་གྲགས་པ་རིན་ཆེན། (1250 – 1310) རིན་ཆེན་སྐྱབས།

↓

ཞང་ལྷུམ་མ་ལ། རྒྱལ་མཚན་དཔལ་བཟང་། ཆོས་བཞི་བ་གྲགས་པ་རྒྱལ་མཚན། (1239 – 1360) གྲགས་པ་བཟང་པོ། ཁྲི་སློན་འབུམ་སྐྱིད་ལ། ཏཱ་སི་བྱང་ཆུབ་རྒྱལ་མཚན། (1302 – 1364) བཙུ་གཉིས་རིན་པོ་ཆེ་གྲགས་པ་ཤེས་རབ། (1310 – 1370) བསོད་ནམས་བཟང་པོ།

↓

མང་ཉ་མ་ལ། རིན་ཆེན་རྡོ་རྗེ་དང་།

ཉེ་དུ་མ་ལ། ཤཱཀྱ་རྒྱལ་མཚན། (1340—1373) ཤཱཀྱ་རིན་ཆེན།

རིན་ཆེན་རྡོ་རྗེའི་སྲས།

ཟེ་ན་བཟའ་ལ། རྒྱལ་སྲས་གྲགས་པ་རིན་ཆེན། (1349—1367) སྤྱན་སྔ་ཆོས་བཞི་གསར་མ་གྲགས་པ་བྱང་ཆུབ། (1356—1386) བྲག་མ་ལ། སྤྱན་སྔ་བསོད་ནམས་གྲགས་པ། (1359 – 1408) གྲགས་པ་བཟང་པོ།

ཤཱཀྱ་རིན་ཆེན་གྱི་སྲས།

དབང་གྲགས་པ་རྒྱལ་མཚན། (1374 – 1432) བྱང་ཆུབ་རྡོ་རྗེ་

(137—1426) སྨམ་སེལ་བའམ་སྤྱན་སྔ་བསོད་ནམས་བཟང་པོ། (1380—1416) དཔལ་ལྡན་བཟང་པོ།(1383—1407)

བྲུང་ཆོས་རྗེ་བའམ་སྤྱན་སྔ་བསོད་ནམས་རྒྱལ་མཚན། (1386—1434) ཆེ་ས་སངས་རྒྱས་རྒྱལ་མཚན། (1389—1457)

གྲགས་པ་འབྱུང་གནས། (1414—1445) ཀུན་དགའ་ལེགས། (1433—1483)

གྲགས་པ་འབྱུང་གནས་ཀྱི་སྲས།

ངག་དབང་གྲགས་པའམ་ངག་གི་དབང་པོ། (1439—1490) ཀུན་དགའ་ལེགས་པའི་སྲས།

རིན་ཆེན་རྡོ་རྗེ།

ངག་གི་དབང་པོའི་སྲས།

↓

ངག་དབང་བཀྲ་ཤིས་གྲགས་པ། (1488—)

རིན་སྤུངས་པའི་སྲས་མོར། འགྲོ་བའི་མགོན་པོ། (1508) གྲགས་པ་འབྱུང་གནས།

དཔོན་ས་འཕྱོང་རྒྱ་མ་ལ། ཞབས་དྲུང་ངག་དབང་གྲགས་པ་སོགས། འགྲོ་བའི་མགོན་པོར་སྲས་གཉིས་འཁྲུངས། (དེབ་དམར་གསར་མ) ཞབས་དྲུང་ངག་དབང་གྲགས་པའི་སྲས།

↓

བཀའ་བརྒྱུད་རྣམ་པར་རྒྱལ་བ། རྣམ་རྒྱལ་གྲགས་པ།

མི་ཕམ་བསོད་ནམས་དབང་ཕྱུག་གྲགས་པ་རྣམ་རྒྱལ་དཔལ་བཟང་པོ།

གཉིས་པ། མིང་རྒྱལ་རབས་ཀྱིས་བོད་ས་གནས་ཀྱི་སྲིད་དབང་ལ་བདག་སྐྱོང་གནང་བའི་སྐོར།

1. ཏའི་མིང་རྒྱལ་རབས་ཀྱི་བྱུང་ཚུལ་མདོར་བསྡུས་དང་། བོད་ས་གནས་ཀྱི་ལས་དོན་ལ་དོ་དམ་གནང་བའི་སྐོར།

འབྲི་ཆུའི་སྙོ་བྱང་གི་ཞིང་པས་ཡོན་གོང་མའི་དབང་བསྒྱུར་ལ་དྲག་ཆས་ཀྱིས་འོས་ལངས་ཐེངས་མང་བྱས་པ་དང་། ལྷག་པར་འབྲི་ཆུའི་ལྷོ་བརྒྱུད་ཞིང་པས་འོས་ལངས་ཐེངས་མང་བྱས་པ་ནི་དེ་སྔོན་ཀྱང་གོའི་ལོ་རྒྱུས་ཐོག་བྱུང་མ་མྱོང་བར་གྲགས། སྐབས་དེར་ལིའུ་ཧྥུ་ཐུང་དང་། ཀོའོ་ཙི་ཤིན་གྱིས་འགོ་ཁྲིད་པའི་ཞིང་པའི་གསར་བརྗེས་ཡོན་གོང་མའི་དབང་སྒྱུར་ལ་ངོ་རྒོལ་དྲག་པོ་བྱས་པའི་མཐར་ཀོའོ་ཙི་ཤིན་གྱི་དམག་དཔོན་ཀྲུའུ་ཡོན་ཀྲང་གིས་ཡོན་གོང་མའི་སྲིད་དབང་མགོ་རྟིང་སློག་སྟེ་སྤྱི་ལོ1368བོད་རབ་བྱུང་དྲུག་པའི་ས་སྤྲེལ་ལོར་ཞིང་པའི་གསར་བརྗེའི་ཁེ་ཕན་གྱི་ཚབ་བྱེད་པའི་ཏའི་མིང་གི་རྒྱལ་རབས་དེ་ནན་ཅན་དུ་དངོས་སུ་བཙུགས།

ཏའི་མིང་རྒྱལ་རབས་ཀྱིས་བོད་ས་གནས་ཀྱི་ལས་དོན་ལ་བདག་གཉེར་བྱེད་སྟངས་ནི་ཡོན་རྒྱལ་རབས་ཀྱི་རྩ་བའི་སྲིད་ཇུས་དང་ཁྱད་པར་ཆེར་བྱུང་མེད་པ་སྤྱི་ལོ1372རབ་བྱུང་དྲུག་པའི་ཆུ་བྱི་ལོར་བོད་ས་གནས་སུ་དབུས་གཙང་ཞིང་ཧུའུ་ཀྲི་ཧྥོའི་ཧྥེ་སི་ཟེར་བའི་བཀོད་འདོམས་ཕུའུ་བཙུགས་ཐོག་གཙོ་བོར་སྐབས་དེའི་བོད་ས་གནས་ཀྱི་སྲིད་དབང་འཛིན་མཁན་ཕག་མོ་གྲུ་

པའི་སྡེ་སྲིད་རིམ་པར་འཇའ་ས་དང་། གོ་མིང་གནང་བས་ཁོང་ཚོར་བོད་ཁམས་ཡོངས་ཀྱིས་བཀུར་ཞིང་། ད་དུང་ཆོས་ལུགས་གྲུབ་མཐའི་རིས་མེད་ཀྱི་མཁས་པ་དང་། གྲུབ་པའི་སྐྱེས་བུ་སྙན་གྲགས་ཅན་དུ་མ་ཡའང་མཚན་སྙན་དང་། དབང་ལུང་གཟིགས་བསྐྱོད་གནང་བའི་ལམ་ལུགས་ལག་བསྟར་བྱས་ཡོད།

2. བོད་ཀྱི་བླ་མ་ཆེ་ཁག་ལ་ཏཱ་མིང་གོང་མས་འཇའ་ས་དང་ཆོ་ལོ་གནང་བའི་སྐོར།

གཙོ་བོ་བོད་དབུས་གཙང་གི་དབང་འཛིན་ཕག་མོ་གྲུ་པའི་སྡེ་སྲིད་འཇམ་དབྱངས་ཤཱཀྱ་རྒྱལ་མཚན་ནས་བཟུང་སྲིད་འཛིན་མང་ཆེ་བར་ཏཱ་མིང་གོང་མས་འཇའ་ས་དང་། ཆོ་ལོ་ཞུས་གནང་སྐོར་ཞིབ་ཆ་གོང་དུ་ཕག་གྲུའི་སྐབས་ཞུས་ཟིན་པ་ནས་མཁྱེན་རྒྱུར་ཏཱ་མིང་གོང་མ་ན་རིམ་གྱིས་ཕག་གྲུ་སྡེ་སྲིད་མང་ཆེ་བར་ཏཱའི་སི་ཏུ་དང་། ཆེང་གུའི་གུང་། བཀའ་ཧིང་གུ་ཤྲི་ཧྭན་ཧྭ་དབང་སོགས་ཀྱི་ཆོ་ལོ་དང་། བོད་ཆོལ་ཁ་གསུམ་མི་མུས་རྒྱུད་བཅས་ཞིས་སུ་བཅུག་པའི་འཇའ་ས། དམ་རྟགས་གནང་བ་དེས་མིང་རྒྱལ་རབས་ཀྱིས་བོད་ས་གནས་ཀྱི་དབང་འཛིན་ལས་དོན་ལ་དོ་དམ་གནང་བ་མཚོན་ཞིང་། ད་དུང་བོད་དུ་སྙན་གྲགས་ཡོད་པའི་ཆོས་ལུགས་གྲུབ་མཐའ་ཁག་གི་བླ་མ་མང་པོར་ཡང་ཐོབ་ཆེ་ཆུང་ཅི་རིགས་ཀྱི་མཚན་དང་། ཆོ་ལོ་དམ་རྟགས་གནང་བའི་སྐོར་དཔེ་མཚོན་ཙམ་ཞུ་ན།

(1) ཀརྨ་པའི་སྐུ་ཕྲེང་ལ་ཏཱ་མིང་གོང་མས་འཇའ་ས་དང་ཆོ་ལོ

གནང་བའི་སྐོར།

ཏཱ་མིང་གང་མ་ཡུང་ལོས་སྤྱི་ལོ1407ཐོད་མེ་ཕག་ལོ་ཀརྨ་པའི་སྐུ་ཕྲེང་ལྔ་པ་དེ་བཞིན་གཤེགས་པ་རྒྱལ་སར་གདན་དྲངས་ཏེ་བཀུར་གཟིགས་ཚད་མེད་པ་གནང་ཐོག གོང་མ་ཡབ་ཡུམ་གྱིས་རྒྱལ་རྒྱམ་མི་ཏྲ། རྫོར་དབྱིངས་ཆོས་དབྱིངས་གསུང་དབང་སོགས་ཀྱི་དབང་ཞུས།

"གཞུའུ་ལའི་ཏཱ་བའུ་ཧྥ་ཝང་གསི་ཐུ་ཏཱ་ཤན་ཙོ་ཙའི་ཧྥུ་སྐེ་དེ་བཞིན་གཤེགས་པ་རིན་པོ་ཆེ་ཆོས་ཀྱི་རྒྱལ་པོ་ནུབ་ཕྱོགས་ཀྱི་བྱམས་པ་ཆེན་པོ་ཞི་བ་དབང་ཕྱུག་གི་སངས་རྒྱས་ཞེས་པའི་མཚན་གཟིགས་དང་། གསེར་སྲང་བརྒྱ་ལས་གྲུབ་པའི་འཇའ་ས་གསེར་ཐམ་དང་། ཤེལ་དམ་ཡིད་བཞིན་ནོར་བུ་བཅས་ཕུལ་བ་དང་། ཕོང་དང་མཉམ་དུ་ཕེབས་པའི་བླ་མ་གསུམ་ལའང་གོ་ཤིའི་ལས་ཀ་དང་། གསེར་ཐམ་གནང་"①ཞེས་གསལ་བའི་བླ་མ་གསུམ་ནི། འབྲོང་བུ་གོ་ཤི། ཀ་བཞི་པ་རིན་ཆེན་དཔལ། མཁན་མགོན་སློན་བཅས་ཡིན། 《ཆོས་རྗེ་ཀརྨ་པ་སྐུ་ཕྲེང་རིམ་བྱོན་གྱི་རྣམ་ཐར་མདོར་བསྡུས་དཔག་བསམ་འཁྲི་ཤིང་》ནང་"སྤྱིར་རྒྱ་ནག་རྒྱལ་པོས་མ་གཏོགས་ལས་ཚན་བསྐོ་གཞག་མི་ཆོག་ཀྱང་། གོང་མ་ཏཱ་མིང་གིས་ཆོས་རྗེ་དེ་བཞིན་གཤེགས་པ་ལ་རྒྱ་བོད་ས་ཁད་འཁྱུངས་བས་ཆོས་རྗེ་ཉིད་ནས་ལྷ་མིའི་དཔོན་པོ་ཧི་འོས་བཀོད་བཞག་མཛད་པར་ཞུ། རྒྱབ་གཉེན་ངེད་ཀྱིས་བྱེད་ཞུས་པས། དེ་ཕྱིན་གོ་ཤི་དང་སི་ཏུ་བསྐོ་བར་མཛད་"②ཅེས་འཁོད་ཡོད་པ་ལྟར་རོ།

① (ཀྲུང་གོའི་བོད་ས་གནས་ཀྱི་ལོ་རྒྱུས་ཡིག་ཚང་ཕྱོགས་བཏུས་དེབ་དང་པོ277)

② (ཀྲུང་གོའི་བོད་ས་གནས་ཀྱི་ལོ་རྒྱུས་ཡིག་ཚང་ཕྱོགས་བཏུས་དེབ་དང་པོ283)

ཀརྨ་པ་སྐུ་ཕྲེང་བདུན་པ་ཆོས་གྲགས་རྒྱ་མཚོར་ཏཱ་མིང་གོང་མ་ཆེང་ཧྭའི་ལུང་གིས། དབུ་ཞྭ་ཞྭ་ནག་ཁྱད་པར་ཅན། སྐུ་རིག་གི་ རྣམ་སྤྲུར། ཡོལ་བ་བླ་བྲེས་སོགས་མཆོད་རྫས་མང་པོ། གསེར་བྲེ་གོས་དར་མང་པོ་འབུལ་གནང་མཛད་①

ཀརྨ་པ་ཆོས་གྲགས་རྒྱ་མཚོས་སྤྱི་ལོ1471ཆེན་ཧྭ་ཁྲི་ལོ་བདུན་པ་བོད་ལྟགས་ཡོས་ལོ་ཏཱ་མིང་གོང་མ་ཆེན་ཧྭར་གསེར་ཡིག་པ་མདུན་རྟེན་ཆས་ཕུལ་བའི་བཀའ་ལན་དུ།

"རྒྱལ་པོའི་ལུང་གིས། དབུས་གཙང་ཏའི་བཙུ་ཧྭ་ཕང་ཀར་མ་པ་མགོ་བྱས་ལ་བརློ་བ། ཁྱོད་རྣམས་ཀྱིས་རབས་རིམ་པས་ནུབ་ཕྱོགས་ན་གནས་པ་དང་། གནམ་གྱི་ལུགས་དང་མཐུན་ཅིང་། གུས་པས་གོང་ལ་བཀུར་བསྟི་དང་ཞབས་ཏོག་གུས་པས་ལས་ཀ་བསྒྲུབས་ནས་འབུལ་ཆས་འབུལ་བ། ཡུན་རིང་པོར་སོང་ཞིང་སྔར་ལས་ལྷག་པ། ད་ལན་ཡང་གསེར་ཡིག་པ་མངགས་ནས་ཕྱོགས་ཀྱི་དངོས་པོ་འབུལ་བ་འོངས་ཏེ། དེ་ལྟ་བུའི་རྣམ་དག་གི་སེམས་ལ་བསྟོད་པར་འོས་པ་ཡིན། ད་ལྟ་གསེར་ཡིག་པ་ཕྱིར་སོང་བ་ལ་ཁྱོད་རྣམས་ལ་གནང་སྦྱིན་གོང་དར་ལ་སོགས་ཟུར་དུ་ཡོད་པས་ངེད་ཀྱི་ལན་གསལ་པོར་མཚོན་པ་ཡིན། སྐབས་པའི་ཉེན་པར་བླངས་བར་བགྱིས་ལུང་ཡིན། ཏའི་བཙུ་ཧྭ་ཡང་ལ་གནང་སྦྱིན་ནི། གོས་སྔོན་པོ་ཡུག་གཅིག གོས་དམར་པོ་ཡུག་གཅིག གོས་ལྫང་ནག་ཡུག་གཉིས། དར་མདོག་ཅན་སྦོ་སྐྱ་ཡུག་བཞི། ལན་གྱི་གནང་སྦྱིན་ནི། གོས་སྔོན་པོ་ཡུག་བཅུ། ལྫང་གུ་ཡུག་ལྔ། ལྫང་ནག་

① (གྲུང་གོའི་བོད་ས་གནས་ཀྱི་ལོ་རྒྱུས་ཡིག་ཚང་ཕྱོགས་བཏུས་དེབ་དངོས282)

ཡུག་བཅུ། ཆའུ་ལེ་བག་ཁྲི་ཚོ་བཞི་དང་ལྷ་སྟོང་། གོ་ཤྲི་དཔལ་འབྱོར་དོན་གྲུབ་ལ་གནང་སྩེར། གོས་སྟོན་པོ་ཡུག་གཅིག ལྷང་གུ་ཡུག་གཅིག དར་མདོག་ཅན་སྔོ་སྐྱ་ཡུག་གཉིས། ཆིང་ཧྭ་ལོ་བདུན་པའི་ཟླ་བ་དང་པོ་ཚེས་ཉི་ཤུ་དགུའི་ཉིན།"

ཞེས་གསལ་བའི་མ་ཡིག་ཀྲུང་གོ་ལོ་རྒྱུས་དངོས་མང་བཤམས་སྟོན་ཁང་ནང་ད་ལྟ་ཡང་ཉར་ཚགས་བྱས་ཡོད་པ་རེད། ཅེས་ཀྲུང་གོའི་བོད་ས་གནས་ཀྱི་ལོ་རྒྱུས་ཡིག་ཚང་ཕྱོགས་བཏུས①ནང་གསལ་བ་ལྟར་རོ།

(2) ས་སྐྱའི་བླ་མ་ཁག་ལ་ཏཱ་མིང་གོང་མས་འཛའ་ས་དང་། ཚོ་ལོ་གནང་བའི་སྐོར།

སྤྱི་ལོ1413ཙུ་སྦྲུལ་ལོར། ཏཱ་མིང་གོང་མ་ཡུང་ལོས་ས་སྐྱ་པ་ཐེག་ཆེན་ཆོས་རྗེ་ཀུན་དགའ་བཀྲ་ཤིས་ནང་སར་གདན་དྲངས་ཏེ་གསང་སྔགས་ཀྱི་དབང་ཞུས་པ་དང་། འཛའ་ས་གནང་བའི་སྐོར་ས་སྐྱའི་གདུང་རབས་རིན་ཆེན་བང་མཛོད་ནང་། "སྦྲུལ་ལོ་ཟླ་བ་གཉིས་པའི་ཚེ་ཕོ་བྲང་ཆེན་པོ་རྣམ་ཐར་དུ་ཕེབས། གོང་མ་ཆོས་རྒྱལ་ཆེན་པོ་དང་མཇལ་ནས་ཆོས་ཀྱི་གསུང་གླེང་མང་དུ་མཛད་པས། རྒྱལ་པོ་ཆེན་པོ་དེ་སྐད་ཡང་དད་པའི་སྤྲུ་ལོང་ཆེས་ཆེར་གཡོས་ཏེ་གསང་སྔགས་ཟབ་མོའི་ལམ་གྱི་སྨིན་གྲོལ་རྩོལ་བར་གསོལ་བ་བཏབ་པ་ན། བདག་ཉིད་ཆེན་པོ་འདིས་ཐོག་མར་དཔལ་དགེས་པ་རྡོ་རྗེའི་དཀྱིལ་འཁོར་དུ་སྨིན་བྱེད་ཀྱི་དབང་བསྐུར་བ་ཟབ་མོ་བསྩལ་ཏེ་རྒྱུད་སྨིན་པར་མཛད་ཅིང་། གཞན་ཡང་བསྟན་སྲུང་ནག་པོ་ཆེན་པོའི་རྗེས་གནང་ལ་སོགས

① ཀྲུང་གོའི་བོད་ས་གནས་ཀྱི་ལོ་རྒྱུས་ཡིག་ཚང་ཕྱོགས་བཏུས་དེབ་ངོས292

པ་ཟབ་ཆོས་དུ་མས་ཐུགས་ཆོམ་པར་མཛད་དེ། དེ་ནས་གྲུ་གཟིངས་ལ་སོགས་པ་བཀོད་པ་ཁྱད་པར་ཅན་གྱི་ཆུ་འཇམ་ལས་གདན་དྲངས་ཏེ་ཕོ་བྲང་ཆེན་པོ་ཧྣའི་ཏུ་ཞེས་པར་ཕེབས་ནས་དེར་གནས་སྐབས་བཞུགས་ནས་ལ་ཁཱ་ཕེན་སེ་ཞེས་བྱ་བའི་སྡེ་ཆེན་པོ་གསར་དུ་བཞེངས་པར་མཛད་ཅིང་། རྒྱལ་པོ་ཆེན་པོས་སྟོན་བཅོམ་ལྡན་འདས་ལ་ཁྱིམ་བདག་མགོན་མེད་ཟས་སྦྱིན་གྱིས་བསྙེན་བཀུར་བ་དང་ཚུལ་མཚུངས་པར་ཆོས་རྗེ་ཉིད་ལ་གུས་པ་ཆེན་པོའི་ཞབས་ཏོག་ཚུལ་བཞིན་བསྒྲུབས། མཆོད་གནས་ཐམས་ཅད་ཀྱི་ཕུང་དུ་ཕུར། ཁྱད་པར་སྤར་ས་སྐྱ་པ་བརྒྱུད་པ་ནས་བརྒྱུད་པར་བཅས་པས་མདོ་སྔགས་ཀྱི་བསྟན་པ་ཡོངས་སུ་རྫོགས་པའི་བདག་ཉིད་ཆེན་པོ་མཛད་ནས་སེམས་ཅན་མང་པོ་སྨིན་ཅིང་གྲོལ་ངར་མཛད་པའི་ལུགས་བཞིན་ཁྱེད་ཀྱིས་མཛད་དགོས་ཟེར་ནས། བདག་ཉིད་ཆེན་པོ་འདི་ལ། ཀུན་མཁྱེན་ཡང་དག་པར་རིག་པ། ཐེག་ཆེན་ཆོས་ཀྱི་རྒྱལ་པོ། ནུབ་ཕྱོགས་ཀྱི་མཆོག་ཏུ་དགེ་བ། རྡོ་རྗེ་ཀུན་ཁྱབ། འོད་ཟེར་ཆེན་པོའི་སངས་རྒྱས་ཁྱབ་བདག་རྡོ་རྗེ་འཆང་དབང་ལ་སོགས་པར་མཚན་གསོལ་ནས། བསྟན་པ་བསྟན་འཛིན་དང་བཅས་པ་རྣམས་ལ་ཤེས་སུ་བཙུག་པ་ཡིན་པས། ཤཱཀྱ་མུ་ནེའི་རིང་ལུགས་ཡང་དག་སྐྱོང་གསུང་བའི་ལུང་བཀོད་པའི་གསེར་གྱི་འཇའ་ས་དམ་ཁ་ཁྱད་པར་ཅན་དང་། གསེར་གྱི་འཁོར་ལོ་རྩིབས་སྟོང་དང་ལྡན་པ་རིན་པོ་ཆེ་སྣ་ཚོགས་ཀྱི་ཕྲའི་བཀོད་པ་ཕུལ་དུ་ཕྱིན་པ་ཡོད་པ་སོགས་ཟང་ཟིང་གི་དངོས་སྦྱད་བསམ་གྱིས་མི་ཁྱབ་པ་ཞིག་ཕུལ་”①ཞེས་གསུངས་པ་ལྟར་ཡིན།

① （ས་སྐྱའི་གདུང་རབས་རིན་ཆེན་བང་མཛོད་དེབ་ངོས344）

ཏཱ་མིང་གོང་མ་ཅོ་ཁྲིང་གིས་ཐེག་ཆེན་ཆོས་རྗེའི་སྐུ་མཆེད་རྣམ་རྣ་ཛ་ཞེས་བྱ་བར་གུ་ཤྲིའི་མཚན་དང་གསེར་དམ་གནང་བའི་སྐོར་ས་སྐྱའི་གདུང་རབས་རིན་ཆེན་བང་མཛོད་ནང་“གཞན་ཡང་སློབ་དཔོན་བསོད་ནམས་དཔལ་ཞེས་བྱ་བ་གུས་པས་བསྟེན་ནས་རིག་པའི་གཞུང་ལུགས་ཀྱི་གཙོ་བོ་ཚད་མ་རྣམ་འགྲེལ་བསླབས་ནས། བཤད་པ་དང་ཆེ་འདོན་མཛད་པ་ལ་སོགས་པའི་བསྟན་པའི་བྱ་བ་རྒྱ་ཆེན་པོ་མཛད་ནས་སྙན་གྲགས་གོང་མ་རྒྱལ་པོས་ཀྱང་ལེགས་པར་ཐོས་ནས། ཐོག་མར་གུ་ཤྲིའི་མཚན་དང་། གསེར་དམ་ཕུལ་ཏེ་བར་སྐབས་སུ་མདོ་ཁམས་སུ་གདན་དྲངས་པ་ན་བདག་ཉིད་ཆེན་པོ་འདིས་ཀྱང་གནས་དེར་ཆོས་ཀྱི་འཁོར་ལོ་རྒྱ་ཆེན་པོ་བསྐོར་”①ཅེས་འཁོད་པ་ལགས་ཤིང་། མཚན་དང་གསེར་དམ་གནང་བའི་ལོ་ཚིགས་མི་གསལ་ཡང་རྣམ་རྣ་ཛ་ནི་སྤྱི་ལོ1351ལྕགས་ཡོས་ལོར་སྐུ་འཁྲུངས། དགུང་ལོ་ཞེ་དྲུག་སྤྱི་ལོ1396མེ་བྱི་ལོར་སྐུ་གཤེགས་པས་སྤྱི་ལོའི་དུས་རབས་བཅོ་ལྔའི་སྨད་ཆར་ཡིན།

ཐེག་ཆེན་ཆོས་རྗེའི་སྐུ་མཆེད་སློབ་དཔོན་ཆེན་པོ་བསོད་ནམས་བཀྲ་ཤིས་ཞེས་བྱ་བར་ཏཱ་མིང་གོང་མས་མཚན་གནས་གནང་བའི་སྐོར་ས་སྐྱའི་གདུང་རབས་རིན་ཆེན་བང་མཛོད་ནང་“མ་ཏི་པཎ་ཆས་ཀྱི་བླ་མ་བསོད་ནམས་རྒྱལ་མཚན་སོགས་དགེ་བའི་བཤེས་གཉེན་མང་པོ་གུས་པས་བསྟེན་ནས་ཡབ་ཆོས་རྣམས་ལ་སྦྱངས་པ་རྒྱ་ཆེན་པོ་དང་། ཁྱད་པར་ཚད་མ་རིག་པའི་གཞུང་ལུགས་ཀྱི་གཙོ་བོ་དཔལ་ཆོས་ཀྱི་གྲགས་པའི་རྣམ་འགྲེལ་ལ་མཁས

① (ས་སྐྱའི་གདུང་རབས་རིན་ཆེན་བང་མཛོད་དེབ་ངོས356)

པའི་ཕྱུལ་དུ་ཕྱིན་པ་མཁྱེན་ནས་ཆེ་འདོན་མཛད་ཅིང་། ཚོགས་ཆེན་པོར་ཚོགས་ཆོས་ཀྱང་མང་དུ་གསུངས་ཏེ་འཆད་ཉན་ལ་སོགས་བསྟན་པའི་བྱ་བ་རྒྱ་ཆེན་པོ་མཛད་པར་བརྟེན། གོང་ནས་ཀྱང་རྒྱལ་པོ་ཆེན་པོས་ལུང་མཚན་དམ་ཁ་དང་བཅས་པ་ཕྱུལ་ཞིང་། བོད་དུ་ཆེ་བར་གྲགས་ཤིང་ངོ་མཚར་བའི་རྒྱུང་གི་འབུམ་མོ་ཆེ་བཞེངས་" ① གསུངས་པ་ལྟར་ལགས་ཤིང་། ཏཱ་མིང་གོང་མས་ལུང་མཚན་གནང་བའི་ལོ་ཚིགས་མི་གསལ་རུང་། ཁོང་ཡང་སྤྱི་ལོ1352ཆུ་འབྲུག་ལོར་འཁྲུངས། དགུང་ལོ་ང་དྲུག་པ་སྤྱི་ལོ1407མེ་ཕག་ལོར་གཤེགས་པ་ཡིན།

དབང་ལེགས་པའི་རྒྱལ་མཚན་ནམ་གཞོན་ནུའི་དུས་སུ་ར་ཁྲི་ཕག་ཏུ་གྲགས་པར་ཏཱ་མིང་གོང་མས་དབང་གི་མཚན་དང་། གསེར་དམ་གནང་བའི་སྐོར། ས་སྐྱའི་གདུང་རབས་རིན་ཆེན་བང་མཛོད་ནང་" དགུང་ལོ་བཅུ་དྲུག་པའི་དུས་འབད་རྩོལ་གང་ཡང་མ་དགོས་པར་ཐེག་ཆེན་ཆོས་རྗེའི་སྐུ་རིང་ལ་ཏཱ་མིང་རྒྱལ་པོས་ཏུ་ཀྲུ་ཧྲོ་ཕང་གི་མཚན་དང་། གསེར་དམ་འཇའ་ས་བོད་ལ་ཤེས་སུ་བཙུག་པའི་ལུང་བཟང་པོ་གནང་སྦྱིན་རྒྱ་ཆེན་པོ་དང་བཅས་པ་དང་། གཞན་ཡང་བརྒྱ་འབུལ་ཡོང་རེས་ཀྱི་འཇའ་ས་གནང་སྦྱིན་དང་བཅས་པ་བྱུང་བར་གྲགས་" ② ཞེས་པའི་དབང་གི་མཚན་གནས་གནང་པའི་དུས་ནི་ཁོང་འཁྲུངས་དུས་སྤྱི་ལོ1399ས་ཡོས་ལོ་ཡིན་པས་དགུང་ལོ་བཅུ་དྲུག་པ་སྤྱི་ལོ1414ཤིང་རྟ་ལོར་བབས་པས་ཏཱ་མིང་གོང་མ་ཡུང་ལོ་ཁྲི་ལོ་བཅུ་གཉིས་

① (ས་སྐྱའི་གདུང་རབས་རིན་ཆེན་བང་མཛོད་དེབ་ངོས357)

② (ས་སྐྱའི་གདུང་རབས་རིན་ཆེན་བང་མཛོད་དེབ་ངོས375)

པའི་སྐབས་ཡིན།

དབང་ནམ་མཁའ་རྒྱལ་མཚན་ལ་ཏཱ་མིང་གོང་མས་དབང་གི་མཚན་དང་། ལུང་ལས་གནང་བའི་སྐོར། ས་སྐྱའི་གདུང་རབས་རིན་ཆེན་བང་མཛོད་ནང་“གཞན་ཡང་བླ་མ་འདི་ལ་རྒྱ་ཡུལ་དུ་རྒྱལ་བློན་ཀུན་སྣང་བཟོས་བདེ་མོ་མེད་སྐབས་ཀྱང་། རྒྱལ་པོ་ཆེན་པོས་སྔར་ཡབ་ལ་ཇི་ལྟར་གནང་བ་བཞིན་གྱི་དབང་གི་མཚན་དང་། ལས་ཀ། ལུང་བཟང་པོ་དང་། གསེར་ཆས་ཁྲིད་འཕགས། དབང་གི་སྐུ་ཆས་ཚང་མ་འབུལ་བ་སྟོབས་ཆེ་བ་དང་བཅས་པ་ཉེས་མེད་དུ་ཕྱག་ཏུ་འབྱོར་”①ཞེས་གསུངས་པ་ལྟར་ཁོང་ནི་ཕྱི་ལོ1435ལོར་འཁྲུངས་ཤིང་། ཕྱི་ལོ1463ལོར་གཤེགས་པས་དབང་གི་གོ་གནས་སྐུ་ཚེའི་སྨད་ལ་གནང་འདྲ་བ་དེས་ན་ཏཱ་མིང་གོང་མ་ཐན་ཧྲུན་གྱི་སྐབས་ཡིན་ཤས་ཆེ།

དེ་ལྟར་ས་སྐྱའི་གདུང་རྒྱུད་བླ་མ་མང་པོར་ཏཱ་མིང་གོང་མས་ཆོས་རྗེ་དང་། གུ་ཤྲི། དབང་སོགས་ཀྱི་མཚན་གནས་ཀྱི་འཇའ་ས་གསེར་དམ་གནང་ཡོད་པ་མ་ཟད། ལོ་རྒྱུས་ཀྱི་ཐོག་ནས་ལུས་བསྟད་པའི་བདག་དབང་གི་དོན་ཆེན་སྐོར་ཏཱ་མིང་གོང་མས་ཐད་ཀར་ཐག་གཅོད་གནང་བའི་གནས་ཚུལ་ཡང་བྱུང་ཡོད་པ་དཔེར་ན། ས་སྐྱ་ལྷ་ཁང་ཆེ་མོའི་གནད་དོན་སྐོར་རྒྱལ་རྩེ་རབ་བརྟན་ཀུན་བཟང་འཕགས་ཀྱི་རྣམ་ཐར་ནང་“ཆུ་ཕོ་འབྲུག(ཕྱི་ལོ1412)ལོ་བདག་ཆེན་དགུང་ལོ་ལྔ་བཅུ་ང་དྲུག་བཞེས་པ། ཟླ་བ་གཉིས་པའི་ནང་དུ་ཐེག་ཆེན་ཆོས་ཀྱི་རྒྱལ་པོ་གོང་མ་རྒྱལ་པོས་སྤྱན་འདྲེན་པའི་

① (ས་སྐྱའི་གདུང་རབས་རིན་ཆེན་བང་མཛོད་དེབ་ངོས377)

གསེར་ཡིག་པ། ཡང་ཏ་བཞིན་གྱིས་འགོ་བྱས་རྣམས་ཕེབས་པའི་སྟོན་མོ་ཞུ་བ་ལ་སྦྲད་གཙོད་དུ་ཕེབས། ཏ་བཞིན་སྐུ་འཁོར་ལྔ་བརྒྱ་ཙམ་ལ་ཞབས་ཏོག་རྒྱ་ཆེར་མཛད་ནས་ཕྱིར་ཕེབས། ཟླ་བ་ལྔ་པ་ལ་ཐེག་ཆེན་ཆོས་ཀྱི་རྒྱལ་པོའི་དྲུང་གདན་ས་ནས་ཕྱག་བཏེག དྲུང་ཆེན་བསོད་ནམས་དཔལ་བ་ཁྲུ་དཔོན་པའི་དྲུང་ཕྱག་མཇལ་མཛད་པ་ལ་སྦྲད་གཙོད་དུ་ཕེབས། གང་ལ་གང་འཚམས་ཀྱི་འབུལ་བ་ཚན་ཆེ་བར་ཕུལ། དཔལ་ལྡན་ས་སྐྱ་པའི་བསྟན་པ་ལ་ཕྱིར་ལྟར་དགོངས་དགོས་ཚུལ་དང་། ལྷ་ཁང་ཆེ་མོ་ལེན་པ་སོགས་ཀྱི་བཀའ་བསྒྲིས་ཀྱང་སྙན་དུ་གསོལ། སྦྱིན་བདག་སྐུ་འཁོར་རྣམས་ལ་ཐར་པའི་ས་བོན་ཆེན་པོར་འགྱུར་བ། བྱང་ཆུབ་མཆོག་ཏུ་ཐུགས་བསྐྱེད་པ་གཅིག་ཀྱང་གསུངས་ནས་གོང་ལ་ཕྱག་བཏེགས་”①དང་། “ཁྱད་པར་ལོ་འདིའི་(ཆུ་སྦྲུལ་སྤྱི་ལོ1413)ནང་དུ་གོང་མ་ཡེ་ཞང་རྒྱལ་པོའི་དྲུང་གིས་ཆོས་རྗེ་པཎ་ཆེན་ཤྲཱི་ཤ་རི་པུ་ཏྲའི་ཞལ་སྔ་ནས་སྤྱན་འདྲེན་པ་དང་། དབུས་གཙང་གི་སྡེ་དཔོན་མང་པོ་ལ་【ཆོས་རྗེ་ཐེག་ཆེན་དྲུང་དང་། ཀརྨ་པ་ལ་འབུལ་བ། མཚུར་ཕུ་ལ་གསེར་ཐོག་འགེལ་བ། བདག་པོ་བཞི་ཐོག་པ་ལ་ཏའི་གུ་ཤྲིའི་མཚན། བདག་པོ་དབང་པ་ལ་དབང་གི་འཛའ་ས། གཙུང་པོ་ལ་གུ་ཤྲི་སྣར་ཐང་མཁན་ཆེན་པ་དང་། གནས་རྙིང་མཁན་ཆེན་པ་ལའང་ཀུ་ཤྲིའི་ལུང་། ཧོར་བསོད་ནམས་དཔལ་བ་དང་། སྟོ་པ་གྲགས་པ་དཔལ་ལ་སི་ཏུའི་འཛའ་ས། འཕགས་པ་ཤིང་ཀུན་གྱི་མཆོད་རྟེན་སྐུ་དཀར་གསོལ་བ། དབུས་པ་ལ་ལྷ་ཁང་ཆེ་མོ་གདན་ས་ལ་སྦྲོད་དགོས་ཀྱི་འཛའ་ས་དང་བཅས་པ་(མ་

---

① （རབ་བརྟན་ཀུན་བཟང་འཕགས་ཀྱི་རྣམ་ཐར་དེབ་ངོས44）

ཡིག་གི་མཚན་བྱ་)】སྒྲོག་པ་ལ་ཏ་ཧོ་ཏ་བཞིན་དང་། གསུང་ཏ་བཞིན་འགོ་བྱས་ཏ་བཞིན་ལྷ། འཁོར་ལྔ་བརྒྱ་ཙམ་དང་བཅས་པ་པོ་བྲང་ཆེན་པོ་ནས་འདི་ལོའི་ཟླ་བ་ལྔ་པའི་ཆོས་བརྒྱད་ལ་ཐེགས་པ། འདི་སྐོར་དུ་ཟླ་བ་བཅུ་གཉིས་པའི་ནང་དུ་ཕེབས། ཆོས་ཀྱི་རྒྱལ་པོ་སྐུ་མཆེད་ལྗུང་བཞེས་པ་ལ་པོ་བྲང་རྩེར་ཕེབས། ཚོང་འདུས་ནས་ཏ་བཞིན་གདན་དྲངས། ཆོས་ལྷའི་ཉིན་འཛའ་ས་བསྒྲགས། གཡུང་ལོ་ཧོ་ཏའི་སི་ཏུ་རབ་བརྟན་ཀུན་བཟང་འཕགས་ཞེས་བྱ་བར་མཚན་གསོལ་ལོ། དངུལ་བྲི་ཆེན་གཅིག་ལས་གྲུབ་པའི་ཐམ་གས་མགོ་བྱས་གནང་སྦྱིན་ཚན་ཆེ་བར་གནང་། འདི་ལོ་ནས་ཕྱག་དམ་དམར་པོ་འགྲིམ་པར་མཛད། དེ་བཞིན་དུ་གཙུང་རབ་འབྱོར་བཟང་པོའི་དྲུང་དུ། ནང་ཆེན་གྱི་ལུང་ཐམ་ག གནང་སྦྱིན་སོགས། ཀུང་གནང་ནས་ཏ་བཞིན་རྣམས། ཆོས་རྗེ་པཎ་ཆེན་བྱང་ན་བཞུགས་པའི་སྤྱན་སྔར་ཕྱག་ཕེབས་པར་འདུག གོང་དུ་གསལ་བའི་ལུང་འདི། ཡིག་ཚང་འགའ་ན་ཧོ་ལོ་ཟླ་བ་གཉིས་པ་ལ་བསྒྲགས་བྱ་བ་འདུག་ནའང་། འདི་དག་པར་སྣང་ངོ་"① ཞེས་དང་། "ཟླ་བ་དྲུག་པ་ལ། པཎ་ཆེན་གྱི་ཕྱག་ཕྱིར་དཔྱལ་སྟོན་ཆོས་རྒྱལ་བས་གཙོ་མཛད། དོས་མ་མང་བར་བརྫངས། གཞན་ཡང་པཎ་ཆེན་གྱི་སྐུ་ཆས། ཨེ་ཕང་རྒྱལ་པོའི་དྲུང་དུ་འབུལ་བ། ཏ་བཞིན་རྣམ་པའི་རྫོང་ང་སོགས་དངོས་སྤྱད་སྟོབས་ཆེ་ལ་གྲངས་མང་བ། རྒྱལ་རྩེ་མདུན་གྱི་ནེ་ཐང་གོ་མཚམས་མེད་པར་ཁིངས་པ་ཕུལ། སྐྱིལ་ཐུང་ལ། ཆོས་ཀྱི་རྒྱལ་པོའི་དྲུང་

① (རབ་བརྟན་ཀུན་བཟང་འཕགས་ཀྱི་རྣམ་ཐར་དེབ་ངོས49)

ཡང་མཁར་ཁ་བར་ཕེབས་པ་འདུག”① ཅེས་དང་། “བསྟན་པ་རིན་པོ་ཆེའི་སྦྱིན་བདག་ཆེན་པོ་དགུང་ལོ་སུམ་ཅུ་བཞེས་པ་ས་ཕོ་ཁྱིའི་ལོ་（སྤྱི་ལོ1418）ལ། ལུགས་གཉིས་ཀྱི་མཛད་པ་ཆེས་ཕུལ་དུ་ཕྱིན་པ་འགའ་ཞིག་གནང་སྟེ། དེའང་ཆོས་རྒྱལ་སྐུ་མཆེད་པའི་དྲུང་ལ། ཏའི་སི་ཏུ་དང་ནང་ཆེན་གྱི་འཇའ་ས་གོང་དུ་བརྗོད་ཟིན་པ་བཞིན་བསྒྲགས་ཤིང་། བཞེས་ཚར་བར་འདུག་ནའང་། ཐུས་ཀོན་གྱི་འཇའ་ས། གདན་ས་ཆེན་པོར་སྒྲོག་དགོས་གསུངས་པ་དང་། དབུས་པས་ལྷ་ཁང་ཆེ་མོ་ཐེག་ཆེན་གྱི་དྲུང་དུ་ཕུལ་འབུལ་ནས། ཕྱག་ཏུ་ཕྱུང་བ་རྟེན་འབྲེལ་འགྲིག་པར་འདུག་པས། ཁྱེད་རྣམས་འགྲུལ་ཆེན་ལ་མགྱོགས་པར་ཐོག་གསུང་བའི་ཆོས་ཀྱི་རྒྱལ་པོའི་〈ཐེག་ཆེན〉བཀའ་ཐོག་ཕེབས། དེ་འཕྲུལ་གྲབས་གཏོམས་གནང་ནས་སྐུ་མཆེད་གཉིས་ཀྱིས་ཕྱག་ཕྱིར་དྲུང་འཁོར་བགྲེས་པ་རྩ་ཆང་མཐིལ་པ་རྣམས་དང་བཅས་པ་ལ་སྟོང་ཕྲག་གཅིག སྐུ་སྲུང་ཁྲབ་ཐུང་བ་ཉིས་བརྒྱ་ལ་ཆ་བཞག་པ་སོགས། སྤྱི་དུས་ཏའི་སི་ཏུ་འཕགས་པ་རིན་ཆེན་པ་ཁུ་དཔོན་པས་གདན་སར་ལྟུང་ལེན་པ་ལ་ཕེབས་པའི་དུས་བཞིན། དམ་བཏགས་འཛིན་པའི་མི་དཔོན་གྱི་སྔོན་འགྲོའི་ཐོབ་ཐང་། རྟ་ཁྲི། ཐེ་ལོག ཇ་ཐུག སྔོར་གདུང་། ཁྲིམས་ཇ་སོགས་ཚང་མ། གཞན་ཡང་ལས་ཚན་རང་རང་གི་མགོ་སྐད་ཀན་པ་ཐ་དད་ཀྱིས་བྱས། ཟླ་བ་གཉིས་པའི་ཚེས་བཞི་ལ། རྒྱལ་རྩེ་ནས་ཕྱག་ཐེགས་པ་གནང་། རིན་རྩེ་བར་ལམ་ཞག་གསུམ་དང་། རིན་རྩེར་ལྷུགས་མལ་བཞུགས་པའི་བར་ལ། དབུས་པ་རྣམས་ཀྱིས་ལྷ་ཆེན་ནས་མིག་ཉེ་བྱེད་

① （རབ་བརྟན་ཀུན་བཟང་འཕགས་ཀྱི་རྣམ་ཐར་དེབ་ངོས52）

དགོས་རྣམས་འགྲུབ་པ་དང༌། རང་རེའི་འགྲུལ་ཆེན་སྟོབས་ཆེན་ཕེབས་ཀྱི་
འདུག་ཟེར་བའི་ཚམ་ངམ་གྱིས་ལྷ་ཆེན། ཆོས་ཀྱི་རྒྱལ་པོའི་དྲུང་དུ་ཆོས་
བརྒྱད་ཀྱི་ཉིན་ཕྱུལ། དེ་བཞིན་གྱི་ཞུ་བ་སླེབས། ཕྲད་ནས་གདན་སའི་བར་
ཞག་གཉིས་མཛད། ཆོས་བཅུ་གཅིག་གི་ཉིན། གཞོང་ང་ནས་ལས་པ་དང་
དྲེའུ་རྣམས་རིམ་པར་བཏངས། སྣང་དཀར་པོ་ནས་བཟུང༌། གདན་ས་ནས་
ཀྱི་བསུ་བ་རྣམས་རིམ་པར་སླེབས། སྟོ་བྱང་གི་མགོ་བྱས་ལྷོད་མོ་ཚན་ཆེ་བར་
འདུས་པས། འགྲུལ་པ་འདི་ལས་ཁམ་ཆེ་བ་མ་མཐོང་ཟེར། སྐུ་ཁྲིམས་བྱ་ཕྲ་
མའི་སྟེང་དུ་ཆིབས་བཀོལ་སྟན་དམར་གྱི་སྟེང་ནས་གདན་ས་དང༌། ལྷ་ཆེན་
ལ་ཆེ་བ་སྐུ་མཆེད་ཀྱི་ཕྱག་འབུལ་མཛད། དེ་ནས་ཞབས་ཐང་དུ་ཕེབས་དུས།
སྐུ་ཧོ་སྟོན་མས་བཞི་ཐོག་ཏུ་སླེབས་པ་བྱུང་ཟེར་གཟིམ་ཁང་དུ་ཕེབས་ནས།
བདག་ཆེན་བཞི་ཐོག་པ་དང་མཇལ། ཆོས་བཅུ་གཉིས་ལ་ཐེག་ཆེན་གྱི་ཞལ་
སྔ་ནས་བཞི་ཐོག་ཏུ་སྤྱན་དྲངས། འབུལ་བ་བསྙེན་བཀུར་ཡང་དག་མཛད་
པའི་རྗེས་ལ། ཏའི་སི་ཏུ་ནང་ཆེན། ཐུས་ཀོན་རྣམས་ཀྱི་འཇའ་ས་བསྒྲགས།
ཁྲུ་དཔོན་པའི་དྲུང་གིས་རབ་གནས་དང༌། མངའ་གསོལ་མཛད། འདི་ཉིན་
འགྲུལ་ཆེན་གྱི་གྲགས་པས་སྟོ་བྱང་མན་སྨར་ཐང་ཡན་གྱི་དགེ་འདུན་སྟོབས་ཆེ་
བར་འདུས་པ་ལ་མང་ཇ་དང༌། གསེར་དངུལ། གོས་དར་སོགས་ཀྱི་ཚོ་
འགྱེད་ཕྱུལ། དེ་མཐུན་སྐྱེ་བོ་མི་ནག་ཚན་ཆེ་བ་ལའང་གང་ལ་གང་འཚམས་
ཀྱི་གནང་སྦྱིན་མཐའ་འཁྱོངས་པ་མཛད། མདོར་ན་ཞག་དགུ་སྦྲེལ་གཅིག་
བཞུགས་པའི་བར་ལ། ལྷ་ཆེན། སྒོ་རུམ། ཀེད་ལྷད། པ་བཟངས། ལྷ་
བྲང་ཤར་སོགས་གདན་ས་དེ་ཉིད་ན་བཞུགས་པའི་སྐུ་གསུང་ཐུགས་ཀྱི་རྟེན་
གཙུག་ལག་ཁང་ཆེན་པོ་སོགས་ལ་མཆོད་པ་ཕུལ་བ་དང༌། གཟིགས་རྟོགས་

ཞིབ་པར་མཛད་”① ཅེས་འཁོད་པ་ནས་སྐབས་དེའི་གནས་ཚུལ་གསུམ་གསལ་བཤད་ཐུབ་པ་སྟེ་“བོད་ཀྱི་སྲིད་དོན་རྒྱལ་རབས་” ཟེར་བའི་ནང་“ཧོར་དང་རྒྱ་ནག་ཕྱོགས་ནས་སྣེ་གདོང་གོང་མར་སྐབས་སྐབས་སུ་མཆོད་ཡོན་གྱི་འབྲེལ་བ་ཞུ་མི་མི་སྣའི་གདོང་མཚན་བསྟོད་དང་འབུལ་བ་སོགས་རྒྱ་ཆེ་འགྱུར་པ་སྐབས་འཕྲུལ་སོ་སོར་མཐུན་ལམ་གང་ཆེའི་མཚན་བསྟོད་ཀྱི་ལན་དང་། དངོས་པོའི་འབུལ་ལན་གནང་རེས་ལས་གཞན་སྲིད་ཕྱོགས་ཀྱི་འབྲེལ་བ་ནི་གང་ཡང་མཛད་རིགས་མི་འདུག་”② ཅེས་ཚིག་ཐག་བཅད་ཟུང་། འདིར་བོད་དབུས་གཙང་ས་གནས་ལ་དབང་བསྒྱུར་བའི་སྡེ་སྲིད་ཕག་མོ་གྲུ་པས་ས་སྐྱའི་ལྷ་ཁང་ཆེན་མོ་དུས་རབས་ཕྱེད་ཀ་ལྷག་ཙམ་རིང་བདག་བཟུང་བྱས་དང་བྱེད་བཞིན་པ་དེ། ཐེག་ཆེན་ཆོས་རྗེ་ཀུན་དགའ་བཀྲ་ཤིས་གོང་སར་ཐེབས་པའི་སྐབས་དང་བསྟུན་ནས་ཏཱ་མིང་གོང་མ་སློན་ཏར་ཞུ་གཏུགས་བྱས་པ་བཞིན་གོང་མའི་བཀས་ལྷ་ཁང་ཆེ་མོ་ཐེག་ཆེན་ཆོས་རྗེར་ཕྱིར་འབུལ་ཞུ་དགོས་པ་སྟེ་དོན་དུ་ས་སྐྱ་པར་རང་གཟུགས་རང་བདག་ཆོག་པའི་ལུང་ཐོབ་པས་བོད་ཀྱི་སྲིད་འཛིན་ས་ཕག་གཉིས་དབར་བར་སྐབས་འཁྲུན་ཐག་མ་ཆོད་པའི་གནད་དོན་དེ་མིང་གོང་མའི་ལུང་གིས་དངོས་སུ་ཐག་གཅོད་བྱུང་བ་དང་གཅིག ཏཱ་མིང་གོང་མས་བོད་ཀྱི་བླ་སྤྲུལ་ཆེ་ཁག་ཙམ་མ་ཟད། སྐབས་དེར་སྲིད་ཕྱོགས་ཀྱི་སྟོབས་དང་སྙན་གྲགས་ཅུང་ཟད་ལྡན་པའི་སྡེ་དཔོན་ཁག་ལའང་མིང་གཟོས་ཆེན་པོ་གནང་བ་དང་གཉིས། ཕག་གྲུ་སྡེ་སྲིད་དབང་

---

① （རབ་བརྟན་ཀུན་བཟང་འཕགས་ཀྱི་རྣམ་ཐར་དེབ་ངོས54）

② （དེབ་ཕྱི་པར་མ་སྟོད་ཆའི་ཤོག་ངོས350）

གྲགས་པ་རྒྱལ་མཚན་གྱི་སྐུ་དུས་ཆེན་པོའི་གོ་སར་འོས་པའི་སྤྲོས་པ་ཆེན་པོ་གནང་བའི་མིག་ལྟོས་གཞན་ལའང་ཁྱབ་གདལ་ཆེ་ཙམ་བྱུང་བ་དེས་དབང་གྲགས་པ་རྒྱལ་མཚན་གྱི་སྐུ་དུས་གཟིམ་དཔོན་གྱི་ལས་འཁྱུར་གནང་མྱོང་བ་རྒྱལ་རྩེ་རབ་བརྟན་ཀུན་བཟང་འཕགས་ཀྱིས་ས་སྐྱར་དྭ་མིང་གོང་མས་གནང་བའི་ཐུས་ཀོན་གྱི་འཛའ་ས་ཞུ་བར་ཕེབས་སྐབས་ཆེན་པོར་འོས་པའི་སྤྲོས་པ་གང་ཆེ་གནང་བ་ནས་མཚོན་པ་མ་ཟད། འདི་ལྟའི་སྤྲོས་པ་བྱེད་དགོས་དོན་ཡང་སྐབས་དེའི་ལོ་རྒྱུས་ལ་དཔྱད་ན་རང་ཉིད་དྭ་མིང་གོང་མའི་ལུང་། ལས་དང་འབྲེལ་བའི་མི་དཔོན་ཆེན་པོ་གཞན་ལ་ལྟོས་མ་དགོས་པ་ཞིག་ཡིན་པའི་ཚུལ་མཚོན་པར་བྱེད་པ་སྨོས་མ་དགོས་ཁར། ད་དུང་སྡེ་སྲིད་ཕག་མོ་གྲུ་པ་དང་རབ་བརྟན་ཀུན་བཟང་འཕགས་གཉིས་ཀྱི་དབར་བར་སྐབས་འགལ་བ་ཆེ་ཙམ་བྱུང་བས་ས་སྐྱ་ལྷ་ཁང་ཆེན་མོ་ས་སྐྱ་པར་ཕྱིར་སློག་སྐབས་ཕག་གྲུ་ཕྱོགས་ནས་ཀ་ཀོར་གང་ཡང་མ་བྱས་པ་གོང་མའི་ལུང་གིས་བཅད་པ་དེ་ཡང་“དབུས་པ་རྣམས་ཀྱིས་ལྷ་ཆེན་ནས་མིག་ཉེ་བྱེད་དགོས་རྣམས་འགྲུབ་པ་དང་། རང་རེའི་འགྲུལ་ཆེན་སྟོབས་ཆེན་ཕེབས་ཀྱི་འདུག ཟེར་བའི་ཚམས་རྫམ་གྱིས་ལྷ་ཆེན། ཆོས་ཀྱི་རྒྱལ་པོའི་དྲུང་དུ་ཆོས་བརྒྱུད་ཀྱི་ཉེན་ཕུལ།” ཞེས་ལྷ་ཁང་ཆེ་མོ་ནས་ཕག་མོ་གྲུ་པར་འབབ་ཆེན་པོ་བྱུང་ཟིན་པ་ལྟ་བུ་དང་། རབ་བརྟན་ཀུན་བཟང་འཕགས་ཀྱིས་འགྲུལ་ཆེན་ས་སྐྱར་འཁྱོར་ཉེའི་ཚ་ངད་མ་བཟོད་པས་ལྷ་ཁང་ཆེ་མོ་ཐེག་ཆེན་ཆོས་རྗེར་ཕུལ་འདྲ་བའི་ཟུར་ཟའི་ཚིག འདི་དག་ལ་བལྟས་ན་སྐབས་དེའི་སྤྲོས་པ་ཆེན་པོ་བྱས་པ་ནི་འཁར་ཛ་ཕྱི་ནས་བརྟུངས། དྲིལ་བུ་ནང་ནས་དཀྲོལ་བའི་དཔེ་བཞིན་ནང་དོན་ཕག་མོ་གྲུ་པའི་སྡེ་སྲིད་ལ་རྫིག་ཉམས་བསྟན་པ་ཞིག་ཀྱང་ཡིན་ཤས་ཁ་བ་བཅས་སོ།

(3) དགེ་ལུགས་པའི་བླ་མར་ཏཱ་མིང་གོང་མས་འཇའ་ས་དང་། ཆོ་ལོ་གནང་བའི་སྐོར།

སྤྱི་ལོ1413ཐོག་རབ་བྱུང་བདུན་པའི་ཆུ་སྦྲུལ་ལོར་ཏཱ་མིང་གོང་མ་ཡུང་ལོས་རྗེ་ཙོང་ཁ་པ་ནང་སར་གདན་ཞུ་གནང་བའི་སྐོར། ཙོང་ཁ་པ་ཆེན་པོའི་རྣམ་ཐར་ཐུབ་བསྟན་རྒྱན་གཅིག་ནང་“དེ་སྐབས་སུ་རྗེ་ཐམས་ཅད་མཁྱེན་པའི་སྐྱན་པའི་བ་དན་ས་གསུམ་ན་ཆེས་ཆེར་གཡོ་བ་ལས། ཤར་ཕྱོགས་སའི་ཚངས་པ་ཆེན་པོ་མིའི་དབང་པོ་གོང་མ་ཏཱ་མིང་རྒྱལ་པོ་ཐུགས་དད་ལྷག་པར་འཕྲུངས་ཏེ་རྒྱ་ཡུལ་དུ་སྤྱན་འདྲེན་པའི་བསུ་བ་དང་། ཕྱག་རྟེན་རྣམ་པ་དུ་མ་དང་། ཏཱ་ཞིང་བྲེ་བོས་གསེར་མིག་དང་བཅས་པས་སྔར་ལན་མང་དུ་ནན་ཆེན་པོས་སྤྱན་དྲངས་ཀྱང་མ་བྱོན་པས། འདི་སྐབས་སླར་ཡང་དད་པ་ཆེན་པོས་ལུང་དང་གནང་སྦྱིན་དཔག་ཏུ་མེད་པའི་འབུལ་སྐྱེས་དང་བཅས། རྒྱ་ཡུལ་དུ་བསོད་ནམས་ཀྱི་ཞིང་དང་། སྐྱེ་བོ་མཐའ་དག་ལ་དམ་པའི་ཆོས་ཀྱི་བཀའ་དྲིན་མཛད་པའི་སླད་དུ་སྤྱན་འདྲེན་པའི་གསོལ་བ་ནན་ཆེར་འདེབས་པ་ལ། མི་སྣ་རྣམས་ཀྱིས་ཀྱང་རྗེ་དང་མི་མཇལ་དགོས་ངོགས་པས་གསང་སྔགས་ཀྱིས་སློ་བུར་ཞབས་དྲུང་དུ་བཅར་ནས་གསོལ་བ་འདེབས་རྩིས་ཀྱིས། ད་རེས་འབུལ་བ་བྱེད་མི་ཡིན་ཟེར་ནས་འཕན་ཡུལ་བརྒྱུད་ནས་ལངས་པ་དང་སེ་ར་ཆོས་སྡིངས་སུ་འབྱོར་བ་བྱུས་ཏེ་སློ་བུར་དུ་ལྷགས་པས་དགེ་འདུན་མང་པོ་མཚམས་གྲོལ་དགོས་པ་དང་། རྗེ་ཉིད་གནས་འདིར་མ་བཞུགས་པ་མ་ཟད། གར་བྱོན་ཅད་མ་ཆོད་པའི་དག་ཚང་སྙེའུ་པ་དཔང་པོར་བཞག་ནས་བྱེད་དགོས་པ་བྱུང་སྟེ། དེ་ཡང་སྐབས་དེར་དྲང་པོ་མ་བཤད་ན་ནི་བརྫུན་དུ་འགྲོ་ལ། བཤད་ན་ནི་དཔོན་སློབ་རྣམས་ཐུགས་

ཤིང་མཛད་དཀའ་བ་ལ་དགོངས་ནས་གང་དུ་འབྱོན་མ་གསུངས་པའི་གནད་ཀྱང་དེ་ལྟར་ཏེ་བདག་ཉིད་ཆེན་པོ་འདི་ནི་མངོན་པར་མཁྱེན་པ་ལ་ཐོགས་པ་མི་མངའ་ཞིང་། ཐབས་མཁས་པའི་ཕ་རོལ་དུ་ཕྱིན་པ་ཡིན་ཞེས་གྲགས་སོ། དེ་ནས་གསེར་ཡིག་པ་རྣམས་ཀྱིས་རིམ་བཞིན་ནན་གྱིས་གར་བཞུགས་རྩད་བཅད་པ་ལས་ཇི་ཞིག་ནས་ར་ཁ་བྲག་ཏུ་བཞུགས་པར་ངེས་ནས་མཇལ་བར་ཞུས་ཀྱང་ཐོག་མའི་ཆར་མཇལ་དུ་མ་གནང་བས། རྗེས་སུ་མི་དབང་གྲགས་པ་རྒྱལ་མཚན་དང་། དཔོན་ནམ་མཁའ་བཟང་པོ་སོགས་ངོ་ཆེན་ལ་སྦྲན་ནས་གསེར་ག་རྣམས་མཆི་མ་འདོན་པ་དང་བཅས་ཞུ་བ་ནན་གྱིས་ཕུལ་བས་སེ་རར་ཕེབས་ཏེ་མཇལ་ཁ་གནང་། གསེར་ཡིག་དང་འབུལ་བ་རྣམས་བཞེས། རྒྱ་ཡུལ་ལ་འབྱོན་རྒྱུ་དགག་བྱ་བཅས་པའི་ཞལ་ཏ་ནན་ཆེན་ཞིབ་པར་ཕེབས་ཤིང་། གོང་མ་ཚན་པ་ལའང་དེ་འབྲེལ་གྱི་ཞུ་ཡིག་ཞིབ་ལྷུག་རྟེན་བཟང་དང་བཅས་པ་འབུལ་བསྐུར་མཛད་དེ་གསེར་ཡིག་པ་རྣམས་ཕྱིར་སློག་མཛད་པར་གནང་། དེ་སྐབས་གོང་མ་ཏཱ་མིང་རྒྱལ་པོས་རྗེ་བླ་མ་ལ་གསེར་ཡིག་བཀའ་ལུང་ཕུལ་བའི་བརྗོད་དོན་དུ། ཏཱ་མིང་རྒྱལ་པོའི་ལུང་གིས། བླ་མ་བློ་བཟང་གྲགས་པ་ལ་བསྒོ་བ། ཁྱེད་རང་ལམ་གྱི་ཡོན་ཏན་ཤིན་ཏུ་ཟབ་ཅིང་མཐོ་བ། རྣམ་དག་རྒྱས་པ། བྱམས་སྙིང་རྗེ་ལ་བརྟེན་ནས་སེམས་ཅན་ཐམས་ཅད་ལ་ཕན་པ། ཐེག་པ་ཆེན་པོའི་ལམ་ལ་འགོད་པ། དེའི་དོན་གྱིས་ཀྱང་ཁྱེད་རྣམ་དག་ཏུ་བསམས་ནས་ཡུན་རིང་དུ་སོང་ཞིང་། ད་ལྟ་ནན་གྱིས་ཐའི་ཛྱིན་ཧོའུ་ཧྥིན་མགོ་བྱུས་མངགས་ནས་ལུགས་གཉིས་ཀྱིས་མཆོད་པར་ཁྱེད་གདན་འདྲེན་དུ་བཏང་ཡོད། ཁྱོད་སངས་རྒྱས་ཀྱི་བསྟན་པ་དར་བར་བསམ་ན་ཡུལ་དབུས་སུ་བྱོན་ནས་ངེད་ཀྱི་སེམས་པ་བཞིན་འགྲུབ་པར་མཛོད།

ཅེས་ལུང་ཡིན། གནང་སྦྱིན་རྫོང་དྲིལ། འཁོར་བ་ལ་ཚ་གསེར་ཡོད་པའི་ཐང་བ་གཅིག ཧིང་ཤག་བུབས་གཅིག ཙན་དན་དུམ་བུ་གཅིག་མཚམས་དམར་པོའི་ཡིའུ་བྲིས་པའི་སྣུག་མ་ཕྲ་མོའི་ཞྭ་ཐེབ་གཅིག མདོག་མི་འདྲ་བའི་བཙུ་ཟེ་ཆོས་གོས་བུབས་གཅིག ཧྲ་ཧུང་མི་ཧོག་མེད་པའི་ཙམ་རྩེ་གཅིག དར་ཧྲུན་དམར་པོ་མི་ཧོག་མེད་པ་ཕྲུམ་གོང་མ་གཅིག་ཤ་མདོག་ཤ་ཕྲག་གཅིག ནད་ཧྲུང་དམར་པོ་མི་ཧོག་མེད་པ་ཐེར་ལིག་གཅིག གཞུམ་གྱིས་ཐོན་ཧེ་དུམ་བུ་གསུམ། མ་ཧྲ་ཧུང་ཡིད་བཞིན་ཁྲུའི་མི་ཧོག་ཡོད་པ་དུམ་བུ་གཅིག སྔོན་པོ་ཁྲིའུ་ལྷུན་རིན་པོ་ཆེ་མི་ཧོག་ཡོད་པ་དུམ་བུ་གཅིག ཤུག་པའི་མདོག་ལྗང་ཁྲུ་དུས་བཞི་རིན་པོ་ཆེ་མི་ཧོག་ཡོད་པ་དུམ་བུ་གཅིག གོས་ཆེན་ཡུག་བདུན། ད་ན་ཧྲ་སྔོན་པོ་ཡུག་གཅིག ད་ཞིན་ཧྲ་སྔོན་པོ་ཡུག་གཅིག ད་ཞིན་ཧྲ་མ་ཐའུ་འུང་ཡུག་གཅིག མི་ཧོག་མེད་པ་ལྗང་ནག་ཡུག་གཅིག མི་ཧོག་ས་དན་ཧྲུན་དམར་པོ་ཡུག་གཅིག བ་ཇ་རྒྱ་མ་ལྔ་བཅུ། ཚོ་དཀར་པོ་རི་མོ་མེད་པ་ཇ་བུམ་གཉིས། ཚོ་དཀར་པ་ང་ཕོར་བདུན། ཁ་ཤེའི་ལུག་ས་བྲིས་པའི་ལྷམ་ནག་པོ་ཆ་གཅིག ཙུ་ཟེ་སྔོན་པོ་མི་ཧོག་མེད་པ་ཁ་ཆག་བྲིས་པའི་ལུག་བལ་དཀར་པོའི་འཐོབ་ཆ་གཅིག དར་མདོག་ཅན་ཡུག་བདུན་བཅས། ཡུན་ལོ་བཅུ་གཅིག་པའི་ཟླ་བ་གཉིས་པའི་ཚེས་བཅུ་གཅིག་ཉིན། ཞེས་པའི་གསེར་གྱི་བཀའ་ཡིག་རྒྱ་ཤོག་སེར་པོ་ཞིང་ལ་མཐོ་ཕྱིད་བཞི་དང་། དཀྱུས་ལ་འདོམ་གང་ཡོད་པའི་སྟེང་དུ་གསེར་རིས་ཀྱི་འབྲུག་སྟེར་ལྔ་བྲིས་པའི་སྟེང་། གོང་གི་བཀའ་ཡིག་རྣམས་བོད་ཡིག་དང་། དེའི་འོག་ཏུ་ཆེ་རིང་གཤམ་གྱི་ཤེ་མོང་

འབྱུར་བའི་སྒྲོངས་ཡུན་ལོ་ཞེས་པ་རྣམས་ཡི་གེ་མང་བ་བྲིས་པ་བཅས་ཡོད་འདུག" ①ཅེས་ཕེབས་པའི་བཀའ་ལན་ཕྱི་ལོ་ཟླ་བ་དྲུག་པའི་ཚེས་བཅུ་དགུ་ལ་གནང་བ་གཞམ་དུ་བཀོད་པ་འདི་དག་ཡིན་པ་ཅོང་ཁ་པ་ཆེན་པོའི་རྣམ་ཐར་ནང་གསུང་མོད། འོན་ཀྱང་ལོ་ཚིགས་ནས་བཤད་ན་ཡུང་ལོའི་བཀའ་ཡིག་མ་ཕེབས་གོང་གི་ལོ་ལྔའི་སྐབས་བཀའ་ལན་གནང་བ་ལྟ་བུ་ཞིག་འདུག་པ་འདིའི་སྐོར་ཕྱོགས་གཉིས་ལ་བསམ་བློ་གཏོང་དགོས་པ་སྟེ་དྷ་མིང་ཡུང་ལོས་ཙོང་ཁ་པ་ཆེན་པོ་ནང་སར་སྤྱར་ལན་མང་དུ་སྤྱན་དྲངས་ཀྱང་མ་ཕེབས་པས་སྐབས་འདིར་དྷ་ཞིང་བྲེ་པོས་གསང་སྔགས་གླིང་བུར་དུ་སེ་ར་ཆོས་སྡིངས་སུ་ཕེབས་པའི་གནས་ཚུལ་ལ་གཞིགས་ན་ཙོང་ཁ་པ་ཆེན་པོའི་བཀའ་ལན་འདི་དེ་གོང་གོང་མ་ནས་གནང་བའི་ལུང་གི་བཀའ་ལན་ཞིག་ཡིན་པར་བཤད་ན་མི་རུང་བ་མེད་མོད། འོན་ཀྱང་གོང་མའི་གནང་སྦྱིན་དང་ཙོང་ཁ་པ་ཆེན་པོའི་བཀའ་ལན་ནང་འཁོད་པའི་རྟེན་ཆས་ཕལ་ཆེར་འདྲ་བའི་སྐོར་ཙོང་ཁ་པ་ཆེན་པོའི་རྣམ་ཐར་ནང་" གོང་མ་ཆེན་པོས་རྗེ་ཙོང་ཁ་པར་ཕུལ་བའི་རྟེན་ཆས་ཀྱི་གྲངས་མཐོན་རྟོགས་སོགས་གོང་གསལ་ཚུར་འབུལ་ཕར་འབུལ་གྱི་ཞུ་ཡིག་ལེ་ཚན་གཉིས་ནང་གསལ་གོ་བསྡུར་བར་ཚུར་ཕུལ་ཞུ་ཡིག་ནང་གསལ་གོས་ཡུག་བདུན་ཞེས་པ་དང་། དར་མདོག་ཅན་ཡུག་བདུན་ཞེས་པ་གཉིས་ཉིས་ཟློས་ཡིག་སྐྱོན་བྱུང་ཚོད་དང་། གཞན་ཡང་མིང་འབོད་ལུགས་སོགས་མ་གཅིག་པ་ལས་ཁ་གྲངས་ཕལ་ཆེར་འགྲིག་གི་འདུག་པ་དོགས་སེལ་ཙམ་དུ་བཀོད" ②

① (ཙོང་ཁ་ཆེན་པོའི་རྣམ་ཐར་ཐུབ་བསྟན་རྒྱན་གཅིག་དེབ་ངོས296)

② (ཙོང་ཁ་པ་ཆེན་པོའི་རྣམ་ཐར་ཐུབ་བསྟན་རྒྱན་གཅིག་དེབ་ངོས301)

ཅེས་འཁོད་པ་དེ་ལྟར་ན་གོང་མའི་ལུང་གནང་བའི་དུས་ཚོད་ཕྱིས་ཞལ་བཤུས་སྐབས་ཡིག་ནོར་བྱུང་བ་ཨེ་ཡིན། དེ་ཡང་། ཙོང་ཁ་པ་ཆེན་པོའི་རྣམ་ཐར་ནང་" འཇའ་སའི་ཞལ་བཤུས་ཤིག་གི་གཤམ་དུ། འཇའ་ས་ངོ་བོ་རང་ནི་ཤངས་ཀྱི་མདོག་ཚོས་པའི་ལག་ན་ཡོད་ཟེར་འཁོད་ཀྱང་། དུས་ཕྱིས་འཇའ་ས་ངོ་བོ་དགེ་ལྡན་གཟིམ་ཁང་ཆེ་མོར་བཞུགས་ཡོད་པ་དེ་གའི་སྟེང་ནས་ལྷག་ཆད་མེད་པར་བཤུས་པ་ཡིན་ཞེས་པ་གཞུང་སའི་ཕྱག་དཔེའི་ཁྲིད་ན་འདུག་པ་ལྟར་འདིར་ནོར་འཁྲུལ་མེད་པར་བཀོད་པ་ཡིན་"①ཞེས་འབྲུག་རྒྱལ་དབང་ཆོས་རྗེས་དཔྱད་བསྡུར་གནང་འདུག་ཀྱང་། ཡུང་ལོའི་བཀའ་ཡིག་གནང་དུས་ཡུན་ལོ་བཅུ་གཅིག་པ་འདི་ནི་འཇའ་ས་ཞལ་བཤུས་སྐབས་ཡིག་ནོར་བྱུང་བའམ། ཕྱིས་གནང་བའི་བཀའ་ཡིག་གང་ཡིན་ངེས་པ་མ་འཚལ་ཡང་། ཙོང་ཁ་པ་ཆེན་པོས་གོང་མར་ལན་འབུལ་གནང་གི་དུས་དང་སྦྱར་ན་ཡུང་ལོ་ཁྲི་ལོ་དྲུག་པའི་སྐབས་ཡིན་དགོས་པར་སྣང་། གང་ཡིན་ཞེ་ན། ཡུང་ལོས་ཙོང་ཁ་པ་ཆེན་པོར་འབུལ་གནང་མཛད་པའི་རྟེན་ཆས་ཀྱི་དངོས་མིང་གཅིག་མཚུངས་རང་མིན་ཏུང་གྲངས་འཕོར་གྱི་ཐད་ནས་བཤད་ན། ཡུང་ལོའི་བཀའ་ཡིག་དེ་རང་གི་ལན་དུ་ཙོང་ཁ་པ་ཆེན་པོས་ཞུ་ཡིག་ཆབ་ཤོག་འདི་འབུལ་གནང་མཛད་པར་རྩིས་ན་དུས་ཚོད་ཐད་ཀྱང་བཀའ་ཡིག་དང་བཀའ་ལན་དབར་ཟླ་བ་བཞི་ཙམ་ལས་མི་འགྲོ་བ་སྐབས་དེར་རྒྱ་ནག་ནས་བོད་བར་འགྲུལ་ཞུད་བྱེད་པར་ཟླ་བ་བཞི་ཙམ་དགོས་པར་བཤད་ན་ཉུང་བ་ལྟ་བུའོ། འོན་ཀྱང་གོང་མས་མངགས་པའི་གསེར་ཡིག་པའི་མིང་གི་ཐད། གོང་མའི་

① (རྗེ་ཙོང་ཁ་པ་ཆེན་པོའི་རྣམ་ཐར་ཐུབ་བསྟན་རྒྱན་གཅིག་དེབ་ངོས299)

བཀའ་ཡིག་ཏུ་ཐའི་ཀྱན་ཧོའུ་ཧྱེན་ཞེས་གསལ་བ་དང་། ཚོང་ཁ་པའི་རྣམ་ཐར་ནང་། སེ་ར་ཆོས་སྡིངས་སུ་གསང་སྔགས་ཀྱིས་ཕེབས་མཁན་ཏཱ་ཞིང་བྲེ་བོ་ཡིན་པར་གསུངས་པས་ཐའི་ཀྱེན་དང་། ཏཱ་ཞིང་ཞེས་པ་གོང་མའི་ཕོ་བྲང་གི་ནང་འཁོར་རམ། གོ་གནས་ཡིན་པས་འབོད་ལུགས་མི་འདྲ་བ་འབྱུང་སྲིད་ཀྱང་། ཏུས་མིང་ཧོའུ་དང་། བྲེ་བོ་ཐ་དད་ལྟ་བུར་སྣང་བ་སྐད་ཟུར་ཆགས་པའམ་ཡང་ན་ཚོང་ཁ་པ་ཆེན་པོས་ཕུལ་བའི་བཀའ་ལན་ཞིག་ལས་ཡུང་ལོ་ཁི་ལོ་བཅུ་གཅིག་པའི་སྐབས་ཀྱི་བཀའ་ལན་མིན་པའང་སྲིད། གང་ལྟར་ཚོང་ཁ་པ་ཆེན་པོས་གོང་མར་བཀའ་ལན་ཞུ་ཡིག་འབུལ་གནང་གི་དུས་ཚོད་ནི་ས་བྱི་ལོ་སྟེ་ལྷ་ལྡན་སྨོན་ལམ་ཆེ་མོ་ཚུགས་པའི་སྔ་ནུབ་ལྟ་བུ་སྤྱི་ལོ1408ལོ་ཡིན་ངེས་པར་སྣང་བའི་རྒྱུ་མཚན་ནི། འབྲུག་རྒྱལ་དབང་ཆོས་རྗེས་ཚོང་ཁ་པ་ཆེན་པོའི་རྣམ་ཐར་ཐུབ་བསྟན་རྒྱན་གཅིག་བརྩམས་ལོ་ནི་སྤྱི་ལོ1845རབ་བྱུང་བཅུ་བཞི་པའི་ཤིང་སྦྲུལ་ལོ་ཡིན་པས་དུས་ཚོད་ཉུང་ཟད་ཕྱི་ཏུང་ཡོང་གིས་ཚོང་ཁ་པ་ཆེན་པོའི་རྣམ་ཐར་མང་པོ་དཔྱད་གཞིར་མཛད་དེ་བཀོད་པའི་མཛད་པའི་གོང་རིམ་དང་ཡོངས་སུ་མཐུན་པ་མཁས་གྲུབ་དགེ་ལེགས་དཔལ་བཟང་གིས་མཛད་པ་ཚོང་ཁ་པ་ཆེན་པོའི་རྣམས་ཐར་དད་པའི་འཇུག་ངོགས་སུའང་ཏཱ་མིང་གོང་མས་ནང་སར་སྤྱན་འདྲེན་ཞུས་པའི་ལོ་རྒྱུས་འཁྲིས་པའི་མཚམས་ནས། རྩ་ཤེ་དང་། དྲང་ངེས་རྣམ་འབྱེད་སོགས་བཀའ་རྩོམ་གནང་བ་དང་། དེ་ནས་གླང་གི་ལོ་སྟེ་(སྤྱི་ལོ1409)ས་གླང་ལོར་ལྷ་ལྡན་སྨོན་ལམ་ཆེ་མོའི་མཛད་པ་བསྟན①པ་བཅས་ཀྱིས་རྫོགས་ནས་པ་ལྟ་བུ་འདུག་

① (ཚོང་ཁ་པ་ཆེན་པོའི་རྣམ་ཐར་དད་པའི་འཇུག་ངོགས་དེབ་ངོས84,82)

ནའང་ད་ལྟ་སྡོམ་ཚིག་གཙང་མ་འཛོག་མི་ཐོད་པའི་གནད་དོན་འདི་ལྟར་མཆིས་པའི་རྒྱུ་མཚན་དཔྱད་གཞིར་བསྟར་ནས་འབྱུང་འགྱུར་ལོ་རྒྱུས་སྨྲ་བ་མཁས་དབང་རྣམས་ཀྱིས་དཔྱད་བརྗོད་མཛད་པར་གསོལ་ཞེས་སྨིམ་པའི་པད་མོ་སྐྱེ་བོར་བཀོད་དེ་རེ་ཞིག་གོ་རིམ་བསྒྲིགས་གནང་ལྟར་ཡིན་དབང་ལ་ཆ་བཞག་སྟེ་ཏཱ་མིང་ཡུང་ལོས་རྒྱལ་བའི་འཇའ་སའི་ལན་སྐྱེ་ལོ1408ས་ཕྱི་ལོར་འབུལ་གནང་མཛད་པ་ནི།

ཨོཾ་བདེ་ལེགས་སུ་གྱུར་ཅིག རླབས་པོ་ཆེའི་བསོད་ནམས་ཀྱི་མཐུ་ལ་བརྟེན་ནས་ས་ཆེན་པོ་རྒྱ་མཚོའི་མཐར་ཐུག་པར་ཚུལ་ན་སྐྱོང་བའི་མིའི་དབང་པོ་ཆེན་པོའི་སྤྱན་སྔར། ནུབ་ཕྱོགས་གངས་ཅན་གྱི་ཁྲིད་ཡུལ་དབུས་ཀྱི་ཆ་ན་གནས་པའི་ཤཱཀྱའི་དགེ་སློང་བློ་བཟང་གྲགས་པའི་དཔལ་གྱིས་ཞུ་བ། ཆོས་ཀྱི་རྒྱལ་པོ་ཆེན་པོའི་བསོད་ནམས་རི་རབ་ལྷུན་པོ་ལྟར་འཕང་མཐོ་ཞིང་། བཀའ་འབངས་རྣམས་ཀྱི་བདེ་སྐྱིད་ལྷ་ཡུལ་ལྟར་ཕུན་སུམ་ཚོགས་པ། བཀའ་ལུང་གཉན་པོ་རྒྱལ་ཕྲན་དུ་མས་སྤྱི་བོས་ལེན་བཞིན་པར་བཞུགས་པའི་སྐབས་ནས་དཀོན་མཆོག་གསུམ་གྱི་མཐུ་སྟོབས་བསྐྱེད་པའི་ཕྱིར་དུ་ལུང་གིས་འདི་ཕྱོགས་སུ་མངགས་པའི་གསེར་ཡིག་པ་རྣམས་ཀྱིས་འཇའ་ས། མེ་ཏོག་ཞིབ་མོ་སྤྲིན་རིས་ཡོད་པའི་གོས་ཡུག་དམར་པོ་གཅིག་དང་། ལྗང་ཁུ་ཡུག་གཅིག མེ་ཏོག་མེད་པའི་གོས་ཡུག་དམར་པོ། སྔོན་པོ། ལྗང་ཁུ་ཡུག་གསུམ་དང་། དར་མདོག་ཅན་ཡུག་བདུན། གོས་ཆེན་གྱི་ཆོས་གོས། ཕྱག་ཚེ། གོང་ཐུང་། རིང་འགག ཆུ་ཤེལ་གྱི་ཕྲེང་བ། རྡོ་རྗེ་དྲིལ་བུ་བུབས་གཉིས། དཀར་ཡོལ་གཉིས། རྟེན་ཁེབས་གཉིས། ལག་ཕྱིས་གསུམ། པང་ཁེབ་མཇལ་གྱི་རྒྱན་གསུམ། སྐྱ་རགས། ཏིང་ཤག་བུབས་གཉིས། ལྷམ་འཐོབ་དང་བཅས་པ།

ཛ་རྒྱ་མ་ལྷོ་བཙུ། ཙན་དན་དུམ་གཅིག་གི་གནང་སྦྱིན་དང་བཅས་པ་འདིར་འཕྲོད་པས་ཐུགས་ལ་བཏགས། གོང་མ་ཆེན་པོའི་དགོངས་པ་ལ་ངེད་དེ་ཕྱོགས་སུ་ལན་གཅིག་འོང་བ་གྱིས་གསུངས་པ་ཡིན་ཟེར་བའི་ལུང་བྱུང་པའི་རྒྱུ་མཚན་གསེར་ཡིག་པ་རྣམས་དང་། ཞང་(གྲགས་པ་རྒྱལ་མཚན་)གིས་ནན་གྱིས་གསུང་འཁྱོན་ཡིན་འདུག་པའི་དོན་ཕོང་དུ་ཆུད། སའི་བདག་པོ་ཆེན་པོས་སངས་རྒྱས་ཀྱི་བསྟན་པ་ལ་དགོངས་པའི་ལུང་ཡིན་པར་འདུག་པ་མ་གོ་བ་དང་། ལུང་ལ་མ་གུས་པ་དང་། བརྙས་པ་བྱས་པ་མ་ལགས་ནའང་། མི་མང་པོ་དང་འཕྲད་པའི་དུས་རྣམས་སུ་ནད་དྲག་པོ་འབབ་ཞིག་འོང་བ་བྱུང་བའི་དོན་གྱིས་བཀའ་ལུང་བཞིན་དུ་བསྒྲུབ་པར་མ་ནུས་པ་ལ་ནམ་མཁའ་དང་འདྲ་བར་ཟབ་ལ་ཤིན་ཏུ་རྒྱ་ཆེ་བའི་ཐུགས་ཀྱིས་མི་དགྱེས་པ་མི་མཛད་པ་ཐུགས་ལ་དགོངས་པར་ཞུ། སྔོན་གྱི་དུས་སུ་བྱོན་པའི་ཆོས་རྒྱལ་ཆེན་པོ་རྣམས་ཀྱིས་འཇིག་རྟེན་འདིའི་ཁྲིམས་ལུགས་དང་། འཇིག་རྟེན་ཕྱི་མའི་ཆོས་ལུགས་ཕྱོགས་ཐམས་ཅད་དུ་ལེགས་པར་དར་བའི་ཐུགས་འཁྲུར་ཆེན་པོ་བསྐྱམས་འདུག་པའི་ལུང་བཞིན་དུ། ད་ལྟའི་དུས་སུ་གོང་མ་ཆེན་པོའི་ཐུགས་དགོངས་རྣམ་པར་དག་པ་དང་། མཛད་པ་ངོ་མཚར་བས་ལྷ་དང་བཅས་པའི་འཇིག་རྟེན་གྱི་ཡིད་མགུ་བར་བྱེད་པའི་གཏམ་སྙན་པོ་ཡང་དང་ཡང་དུ་ཐོས་པས། བདག་ཅག་འདི་ཕྱོགས་ན་ཡོད་པའི་རབ་བྱུང་དྲག་པ་ཐལ་མོ་ཆེས་གོང་མ་ཆེན་པོའི་སྐུ་ཚེ་དང་རྒྱལ་སྲིད་ཡུན་རིང་དུ་བརྟན་པའི་སྨོན་ལམ་རྣམ་པར་དག་པ་ཡང་དང་ཡང་དུ་འདེབས་ཀྱིན་ཡོད་པའི་ཚུལ་འདི་དགོངས་པར་ཞུ་ཞིང་། དེ་ལྟར་ཡིན་ལགས་ན་དེ་ལ་ས་སྐྱོང་ཆེན་པོའི་འཕྲིན་ལས་ཀྱིས་ཇི་ལྟར་སྐྱོང་། ཆོས་ཀྱི་རྒྱལ་པོ་ཉིད་ཀྱིས་མཁྱེན་པས་བདག་ཅག་འདྲ་བས་

ཞིབ་ཏུ་ཞུ་མི་སྤོབས་ལགས། ཞེས་གུས་པས་ཕུལ་བའི་ཞུ་ཡིག་སྤྱན་ལམ་དུ་འབབ་པའི་ཐབས་ཀྱི་རྟེན་མཚོན་པར་ལིའི་ཡུལ་ནས་སྤྱན་དྲངས་པའི་སྤྱན་རས་གཟིགས་ཀྱི་སྐུ་གཅིག བཅོམ་ལྡན་འདས་ཤཱཀྱ་ཐུབ་པའི་གསེར་སྐུ་གཅིག དེ་བཞིན་གཤེགས་པ་འཇམ་དཔལ་གྱི་གསེར་སྐུ་གཅིག དེ་བཞིན་གཤེགས་པའི་རིང་བསྲེལ་འཕེལ་བཞིན་པ་གསུམ། སེལ་བྲེ་གཅིག ཡང་དེ་བཞིན་གཤེགས་པའི་རིང་བསྲེལ་གཅིག རྒྱ་གར་གྱི་གྲུབ་ཆེན་རྒྱ་དང་བོད་གཉིས་ཀར་སངས་རྒྱས་ཀྱི་བསྟན་པ་དར་རྒྱས་སུ་མཛད་པའི་སྐུ་དྲིན་ཅན་ཇོ་བོ་ཆེན་པོ་ལྷ་གཅིག་གི་གདུང་རུས་ལས་བྱོན་པའི་རིང་བསྲེལ་གཅིག་རྣམས་ཕུལ། བྱི་བ་ལོ་ཟླ་བ་དྲུག་པའི་ཚེས་བཅུ་དགུ་ལ་ཡུལ་དབུས་ནས་ཕུལ་བའི་ཞུ་ཡིག①ཅེས་འབུལ་གནང་མཛད་དེ་ཙོང་ཁ་པ་ཆེན་པོ་ནང་སར་ཕེབས་རྒྱུ་དགོངས་ཞུ་མཛད་པའི་ཚབ་ཏུ་ཕྱིས་ཁོང་གི་དངོས་སློབ་བྱམས་ཆེན་ཆོས་རྗེ་ཤཱཀྱ་ཡེ་ཤེས་ནང་སར་གོང་མའི་དྲུང་དུ་མངགས་གཏོང་མཛད་པའི་སྐོར། ཙོང་ཁ་པ་ཆེན་པོའི་རྣམ་ཐར་ནང་དུ་“རྣམ་ཐར་ཆེ་མོ་རྣམས་སུ་འདི་སྐབས་རྒྱ་ཡུལ་དུ་སྐུ་ཚབ་སློབ་མ་མངགས་ཚུལ་གསལ་བར་མ་འཁོད་ཀྱང་། གསེར་ཡིག་པ་རྣམས་ནས་ཅིས་ཀྱང་རྗེ་ཉིད་ཕེབས་མ་ཐུབ་རུང་སློབ་མ་བཟང་ངེས་ཤིག་གནང་དགོས་ཞུས་དོན། བྱམས་ཆེན་ཆོས་ཀྱི་རྗེ་ཤཱཀྱ་ཡེ་ཤེས་མངགས་པར་མཛད་ལ། ཆོས་རྗེ་རིན་པོ་ཆེས་ཀྱང་བཀའ་བཞིན་རྒྱ་ནག་ཏུ་བྱོན་ནས་གོང་མ་ཏཱ་མིང་རྒྱལ་པོའི་དགོངས་བཞེད་དང་མཐུན་པའི་བཤད་སྒྲུབ་འཕྲིན་ལས་ཁྱབ་གདལ་དུ་ཆེ་བར་མཛད་ནས་སླར་ཡང་བོད་དུ་ཕེབས་པ་སོགས་འོག

① （ཙོང་ཁ་པ་ཆེན་པོའི་རྣམ་ཐར་ཐུབ་བསྟན་རྒྱན་གཅིག་དེབ་ངོས299）

ཏུ་སློབ་མ་བྱོན་ཚུལ་གྱི་སྐབས་ན་གསལ་ལོ་"[1] འཁོད་པ་ལྟར་བྱམས་ཆེན་ཆོས་རྗེ་ཤཱཀྱ་ཡེ་ཤེས་ཙོང་ཁ་པ་ཆེན་པོའི་སྐུ་ཚབ་ཏུ་ཏྭ་མིང་གོང་མ་ཡུང་ལོས་སྤྱི་ལོ1414ཤིང་རྟ་ལོ་ནང་སར་གདན་ཞུ་གནང་བས་རྗེ་ཁ་དང་། ཁམས་ལི་ཐང་བརྒྱུད་རིམ་གྱིས་ཟི་ཁྲིན་ཞིང་ཆེན་དང་ཉེ་བར་ཕེབས་སྐབས་ཁྲིན་ཏུ་ཏུའི་ས་སྐྱོང་དཔོན་པོ་ཆེ་ཆུང་ཐམས་ཅད་དམག་མང་པོའི་ཕེབས་བསུ་དང་བཅས་ཁྲིན་ཏུའི་མཁར་ལ་ཕེབས་པའི་དུས་སུ་གོང་མས་མངགས་པའི་གསེར་ཡིག་དང་ཏྭ་བཞིན་མི་སྣ་མང་པོ་ཕེབས་བསུར་གཏོང་ཐོག་གོང་མས་སྩལ་བའི་ལུང་ནི།

རྒྱལ་པོ་ལུང་གིས། བླ་མ་ཤཱཀྱ་ཡེ་ཤེས་ལ། ཁྱེད་ཀྱི་ཡོན་ཏན་རྫོགས་པ་མཐོ་བ། ཤེས་རབ་གསལ་ཞིང་ཆེ་བ། སྨོན་ལམ་གྱི་མཐུ་སྟོབས་ཟབ་པ། དེ་བཞིན་གཤེགས་པའི་རྗེས་གས་པ་མངའ་བ། གདུལ་བྱར་ཞི་བའི་ཐབས་ཀྱིས་འདུལ་བ། ཁྱོད་ཀྱི་ཞི་བའི་འཕྲིན་ལས་བསམ་གྱི་མི་ཁྱབ་པ་མངའ་ཟེར་བའི་དོན་གྱིས་ཐེ་ཀྲིན་ཏའུ་ཞེན་མགོ་བྱས་མངགས་ཏེ། ལུགས་ཀྱི་ལུང་ཁྱེར་ནས་གདན་དྲངས་པ་ལ། ད་ལྟ་བླ་མ་ཉིད་ནུབ་ཕྱོགས་རིང་དུ་བྲལ་ནས་ལམ་དུ་ལྷུང་དང་ཉི་མ་ཚ་གྲང་ལ་མ་འཛེམ་པར་རིམ་བཞིན་ལམ་ས་ལེ་དབར་ཁྲི་ཕྲུག་དུ་མར་ཕེབས་པས་ཡུལ་དེ་ནས་ཕྱོགས་འདིར་བྱོན་པས། ངེད་ཀྱི་སྤྲོ་བ་བརྗོད་ཀྱིས་མི་ལང་། ད་ལྟ་ནན་གྱིས་མངགས་ནས་འབུལ་བ་རྟེན་འབྲེལ་མཚོན་ཙམ་བསུ་བར་བཏང་ཡོད་པས། ངེད་ཀྱི་སེམས་མཚོན་པ་ཡིན། ལུང་གིས་ཁྱེད་ལ་ན་བཟའི་སྐོར་བུབ་ཚང་ལ་ཞྭ་དང་ལྷམ་འཕོབ་དང་བཅས་པ་

---

[1] (རྗེ་ཙོང་ཁ་པ་ཆེན་པོའི་རྣམ་ཐར་ཐུབ་བསྟན་རྒྱན་གཅིག་དེབ་ངོས301)

དེའི་གྲངས། ཕྱི་ཕྱིང་པར་ནང་ཧྭ་ཧྲུང་གསེར་མས་བྲིས་པའི་སྐྱེ་རིང་། ཆོས་གོས་རྣམ་གསུམ། བཞུགས་འདིང་དང་བཅས་སྣ་བཞི། རིང་འགག་གཅིག སྣོད་གཡོགས་གཅིག་ལྷམ་འབོབ་དང་བཅས་པ། ཡུང་ལོ་བཅུ་གཉིས་པའི་ཟླ་བ་བཅུ་གཅིག་པའི་ཚེས་བཅོ་ལྔ་ཉིན། དེ་དང་མཉམ་དུ་ཙོང་ཁུན་ཐེ་ཧུ་སོགས་རང་རང་གི་ངོས་ནས་ཞབས་ཏོག་འབུལ་བ་བསུ་སྐྱེལ་སོགས་བཟང་པོ་བྱས་ཏེ་རིམ་གྱིས་ཧྭའི་བསྟུའི་(ཧུའི་) གསེར་མཁར་འཁོར་ས་རིམ་པ་གསུམ་དང་ལྡན་པའི་བྱང་ངོས་འཁོར་ས་ཕྱི་མའི་ནང་རོལ་ཡིད་དུ་འོང་བའི་པདྨའི་མཚོ་ཆེན་པོའི་མདུན་ནས་མཛོས་ཤིང་། དལ་གྱིས་འབབ་པའི་ཆུ་བོ་ཆེན་པོ་དང་འཛོན་ཤིང་སྣ་ཚོགས་ཀྱིས་སྤྲས་པ། ཤེལ་གྱི་ངོས་ལྟར་གསལ་ཞིང་མཐོ་བ། སྔོན་གྱི་མིང་ཏེ་ཡིན་སྟེའི་གནས་སུ་བསྟན་པ་དང་སེམས་ཅན་ལ་ཕན་པའི་ཕྱིར་ལྷ་ཁང་མང་པོ་བསམ་གྱིས་མི་ཁྱབ་པ་བཞེངས་ཏེ་དགེ་འདུན་གྱི་སྡེ་བཙུགས་པའི་གནས་མཆོག་ཏུ་སླེབས་པའི་སྐབས་སུ།

གོང་མ་རྒྱལ་པོའི་ལུང་གིས། བླ་མ་ཤཱཀྱ་ཡེ་ཤེས་ལ། ཁྱེད་ཡོན་ཏན་རྫོགས་པ་མཐོ་ཟེར་ཐོས་པས། ནན་གྱིས་མངགས་མི་ཞུབ་ཕྱོགས་སུ་གདན་འདྲེན་བཏང་བས། ད་ལྟ་བླམ་གཉིད་ས་ལེ་དབར་ཁྲི་ཕྲག་དུ་མ་ལ་མ་བརྩེས་རི་ཀླུང་དང་། ཆུང་ཆར་ལ་སོགས་པའི་དཀའ་ཚེགས་ཀྱིས་འདིར་ཕེབས་འོང་བས་ཤིན་ཏུ་སྐྱོ། ས་ཐག་རིང་པོ་ནས་ཕྱིན་ནས་ཐང་ཆད་འདུག་པས། འདིར་སླེབས་ནས་ངེད་ལ་ཕྱག་འཚལ་མི་དགོས། ཡུང་ལོ་ལོ་བཅུ་གཉིས་ཟླ་བ་བཅུ་གཅིག་པའི་ཚེས་ཉི་ཤུ་ལྔ་ཉིན་ཞེས་པའི་ལུང་དང་བསྟུན་ཏེ་རྒྱལ་ཁབ་ཕོ་བྲང་དཔུས་མར་ཧྭ་ཤན་ཏེན་ཅེས་ཁང་བཟང་དགེ་ཆེན་འཁྱིལ་པར་གོང་མ་རྒྱལ་པོ་དང་མཇལ་འཕྲད་མཛད། རྒྱལ་པོའི་ཐུགས་ཤིན་ཏུ་དགྱེས་པའི་ངོས

ཕེབས་སྟོན་རྒྱ་ཆེན་པོ་འདྲ་བ་སྣ་ཚོགས་ལན་མང་པོ་བཞེས་སྒྲོ་མཛད་”① ཅེས་བྱམས་ཆེན་ཆོས་རྗེའི་རྣམ་ཐར་ནང་འཁོད་པ་ལྟར་གོང་མའི་གནང་སྦྱིན་དང་། ཕེབས་སྟོན་ཟབ་རྒྱས་བསྟར་བ། མཇལ་འཕྲད་སྐབས་ཕྱག་འཚལ་མི་དགོས་པའི་དམིགས་བསལ་གཟིགས་སྐྱོང་མཛད།

སྤྱི་ལོ1415ཤིང་ལུག་ལོ་བྱམས་ཆེན་ཆོས་རྗེ་ནང་སར་ཕེབས་ཏེ་ཏཱ་མིང་གོང་མ་རྒྱལ་བློན་རྣམས་ལ་ཆོས་མང་པོ་ཕུལ་བ་དང་། རྒྱ་ནག་རི་བོ་རྩེ་ལྔར་དགོན་ཆེན་དྲུག་དང་། རྒྱའི་མེ་ཏོག་ལྷུམ་རའི་ཉེ་འདབས་ཧ་ཡན་སི་ཞེས་བྱ་བའི་དགོན་པ་བཏབ་པར་རི་བོ་དགེ་ལྡན་པའི་ཕྱག་ལེན་ཟློ་དར་བར་མཛད་པ་བཅས་དེ་ལྟར་ཏཱ་མིང་གོང་མ་ཆེན་པོའི་བླ་མར་མངའ་གསོལ་ཏེ་“གོང་མ་ཆེན་པོས། འཕྲིན་ལས་སྣ་ཚོགས་ལ་མཁས་ཤིང་གསལ་བ། ཆོས་ཉིད་དམ་པ་མཆོག་ཏུ་རྒྱལ་བ། ཤེས་རབ་རྣམ་དག་སྣང་བ་ཆེན་པོ། ཀུན་ཏུ་ཁྱབ་ཅིང་རྒྱལ་ཁམས་སྐྱོང་བ། བསྟན་པ་རྒྱས་མཛད་རབ་ཏུ་དགེ་བ། བྱམས་ཆེན་ཆོས་ཀྱི་རྒྱལ་པོ་ཞེས་པའི་མཚན་དང་། འཇའ་ས། འབུལ་བ་བསམ་གྱིས་མི་ཁྱབ་པ་མཛད་ནས། རྒྱ་ནག་ཏུ་དཀའ་འགྱུར་གྱི་པར་ཐོག་མར་བརྐོས་པའི་པར་ཕུད་མཚལ་པར་ཐེམ་སྐས་ཅན་གོང་ལ་གསེར་གྱི་ཡི་གེ་བྲིས་པ་ངོ་མཚར་ཅན་བསྣམས་ནས་དབུས་སུ་ཕེབས་”② ཞེས་བྱམས་ཆེན་ཆོས་རྗེའི་རྣམ་ཐར་ནང་གསལ་པོར་འཁོད་ཅིང་། དེ་མིན་སྤྱི་ལོ1410ལྕགས་སྟག་ལོར། ཏཱ་མིང་གོང་བ་ཡུང་ལོས་བྱམས་ཆེན་ཆོས་རྗེར་

---

① （གྲུང་གོའི་བོད་གནས་ཀྱི་ལོ་རྒྱུས་ཡིག་ཚང་ཕྱོགས་བཏུས་དེབ་ངོས314）

② （གྲུང་གོའི་བོད་ས་གནས་ཀྱི་ཡིག་ཚང་ཕྱོགས་བཏུས་དེབ་ངོས316）

གནང་བའི་ལུང་ལ།

“བླ་ཤཱཀྱ་བཤེས་གཉེན། ངེད་ཀྱིས་བསམས་ན། སངས་རྒྱས་ཀྱི་བསྟན་པ་དར་ནས་ལོ་མང་རབས་སོང་། ནུབ་ཕྱོགས་ཀྱི་མི་རྣམས། སྔར་ནས་ཡུན་རིང་པོ་ནས་བསྟན་པ་ལ་དད། སངས་རྒྱས་ཀྱི་བསྟན་པ་འདི་ལ་སྙིང་པ་ཉིད་ཀྱང་འདས་པ་གཙོ་ཆེ། ཡིད་ཀྱིས་སེམས་ཅན་ཐམས་ཅད་འདྲེན་པ། སེམས་ཅན་སྣ་ཚོགས་ལམ་ལ་འགོད་པ། སྦྱོང་ས་ཅིང་པ་རྣམས་ཀྱི་དོན་རྟོགས་པ། ཡོན་ཏན་མངོན་དུ་རྟོགས་པར། བར་མཚམས་མེད་པར། གསལ་ཞིང་། བློ་གསལ་རྣམས་ཀྱིས། བསྟན་པ་འདི་དར་རྒྱས་ནུས་པས། ཕྱོགས་གཅིག་ཏུ་མི་རྣམས་ལ་ལམ་སྟོན་པར་བྱེད། སྦྱོང་ས་ཅིང་མ་རིག་པ་བསལ། དགེ་བའི་ལམ་ལ་སེམས་ཀྱིས་བསམས། བརྩན་པོས་གཉམ་ཆུང་ལ་མི་འཆོ། འཐབ་རྩོད་དང་འཁྲུག་པ་མི་བྱེད། ཕན་ཚུན་ངོ་ག་འཐེན་མི་བྱེད། གོང་འོག་ཀུན་བདེ་བར་གནས། རྒན་གཞོན་ཀུན་རང་རང་ནི་བྱ་བ་འཛིན། ཐམས་ཅད་མཉམ་པ་ཉིད་དུ་བདེ་བ་བསམ་སྐྱོད། ཐམས་ཅད་མཐུན་པ་འཛིག་རྟེན་དུས་མཉམ་དུ་བདེ། གོང་དུ་རྒྱལ་ཁམས་ཀྱི་ཚོགས་ལྡན་དང་། མ་རྣམས་དགེ་བ་ལ་འཇུད་ཅིང་། སྐྱེ་བོ་རྣམ་པའི་འདྲེན་པ། འདི་ཡི་ཡོན་ཏན་ཀུན་ཁྱབ་ཅིང་འདས་པས། ད་ལྟ་བླ་མ་ཤཱཀྱ་བཤེས་གཉེན་སངས་རྒྱས་ཀྱི་བསྟན་པ་སེམས་ཤིང་། ཐེག་ཆེན་གྱི་ཡང་དག་པའི་དོན་རྟོགས། བྱམས་པ་ཕྱོགས་ཅིག་པ་ཁྱབ། དེའི་ཡོན་ཏན་གྱིས་མི་རྣམས་དགེ་བའི་ལམ་ལ་འཇུད། དེ་ཕྱོགས་ཀྱི་ཡུལ་དཔོན་དམག མི་སྡེ་ལ་སོགས་པས་ཕོ་རང་དགེ་འདུན་རང་དབང་གིས་སློམ་སྒྲུབ། སློན་ལམ་རྒྱ་ཆེར་འདེབས་པ། བསྟན་པའི་གཙོ་བའི་ལུགས། ཤིན་ཏུ་རྒྱས་པ། ཕྱོགས་གཅིག་ཏུ་དེ་ཕྱོགས་ཀྱི་མི་

རྣམས་ཀྱིས་བསྐོད་ནམས་བྱེད་པས། ཐམས་ཅད་ཀྱིས་བརྙས་བཅོས་དག་ཆེ་དང་སྨད་འདོགས། བྱ་བ་ངན་པ་སྤྱོད་ཅིང་། བསྟན་པ་གནོད་པ་བྱེད་ན། ལུང་བཞིན་མི་ཉན་ན། ཁྲིམས་ཀྱིས་ཐར་དུ་མི་བཙུག ལུང་ཡིན། ཡུན་ལོ་བརྒྱད་པ་ལོ་ཟླ་བ་དགུ་པའི་བཅུ་དྲུག་གི་ཉིན་"[1] ཞེས་འཁོད་པའི་ལུང་བཙན་པོ་གནང་བ་འདིའི་དུས་ཚོད་ལ་དཔྱད་ན་བྱམས་ཆེན་ཆོས་རྗེ་ནང་སར་ཐེབས་པའི་ལོ་དུས་དང་མི་མཐུན་པས་ཤཱཀྱ་བཤེས་གཉེན་ཞེས་པ་བྱམས་ཆེན་ཆོས་རྗེ་ཤཱཀྱ་ཡེ་ཤེས་ཡིན་མིན་བརྟག་དགོས་ཤིང་། ལུང་གི་ནང་དོན་ནི། ཡོན་གོང་མ་སེ་ཆེན་ཏན་གྱིས་ས་སྐྱ་བར་བན་དེ་ཤེད་སྤྱོད་ཀྱི་འཇའ་ས་གནང་བ་དང་ཧ་ལམ་འདྲ་བ་འདུག མདོར་ན། ཏཱ་མིང་གོང་མས་བོད་ས་གནས་ཀྱི་སྲིད་འཛིན་མི་སྣ་དང་། ཆོས་ལུགས་གྲུབ་མཐའ་སོ་སོའི་གཙོ་འཛིན་བླ་མ་སྔན་གྲགས་ཅན་སོགས་བོད་ཀྱི་ཆེ་རྒྱ་མཐའ་དག་ལ་མཚན་གཟེངས་ཆེ་ལོ་དང་། ཤེས་སུ་བཙུག་པའི་འཇའ་ས་གནང་བ་མ་ཟད། "ལུང་བཞིན་མི་ཉན་ན། ཁྲིམས་ཀྱིས་ཐར་དུ་མི་བཙུག" ཅེས་འཁོད་པ་དེ་དག་གི་ཐོག་ནས་རང་རྒྱལ་མིང་རབས་ཀྱི་གོང་མ་རིམ་པས་བོད་ས་གནས་ཀྱི་ཆོས་སྲིད་ཀྱི་བྱ་བ་ཆེན་པོ་རྣམས་བདག་སྐྱོང་རྗེ་ལྟར་གནང་ལུགས་གསལ་པོར་མཚོན་གྱི་ཡོད་པ་བཅས་སོ། །

[1] (ཀྲུང་གོའི་བོད་ས་གནས་ཀྱི་ལོ་རྒྱུས་ཡིག་ཚང་ཕྱོགས་བཏུས་དེབ་ངོས317)

གསུམ་པ། ཕག་གྲུའི་དབང་བསྒྱུར་སྐབས་བོད་ཀྱི་དཔལ་འབྱོར་དང་། རིག་གནས་ལ་འཕེལ་རྒྱས་བྱུང་བའི་སྐོར།

1. བར་སྐབས་ཀྱི་ལོ་རྒྱུས་ནང་ཕག་མོ་གྲུ་པའི་དབང་སྒྱུར་སྐབས་དཔལ་འབྱོར་འཕེལ་རྒྱས་བྱུང་སྐོར།

བོད་ཀྱི་དཔལ་འབྱོར་དང་རིག་གནས་ཡར་ངོའི་ཟླ་ལྟར་འཕེལ་རྒྱས་འགྲོ་བའི་ལོ་རྒྱུས་ཀྱི་དུས་མཚམས་ཤིག་ཡིན། དེ་ཡང་ཕག་གྲུ་ཏའི་སི་ཏུ་བྱང་ཆུབ་རྒྱལ་མཚན་གྱིས་ལོ་རྒྱུས་ཐོག་གི་སྲིད་དབང་འཛིན་མཁན་མང་པོའི་ཆབ་སྲིད་སྐྱོང་སྟངས་ཅི་ལོ་རྒྱུས་ལ་ཞིབ་བསྡོམས་ནན་ཏན་མཛད་དེ་རང་གི་སྡེ་སྲིད་སྐྱོང་སྟངས་ཀྱི་བྱ་ཐབས་གསར་པ་དང་། སྲིད་འཛིན་གྱི་སྒྲིག་གཞིར་བསྒྱུར་བཅོས་བྱས་པའི་སྐོར་ཏའི་སི་ཏུའི་སྐབས་རགས་པ་ཙམ་ཞུས་ཟིན་པས་བསྐྱར་བཟློས་མ་དགོས་པར་ལྟར་ཏའི་སི་ཏུའི་གཏན་འབེབས་དེ་དག་ནས་དབང་གྲགས་པ་རྒྱལ་མཚན་གྱི་སྐབས་རྫོང་གཞིས་ཁ་འཛིན་གཏན་འཇགས་སྲིད་པའི་ལམ་ལུགས་སོགས་ཁྲིས་ཀྱི་སྡེ་སྲིད་རིམ་པས་སྐབས་སོ་སོའི་དངོས་ཡོད་གནས་ཚུལ་ལ་གཞིགས་པའི་འགྱུར་ལྡོག་ཆེ་ཆུང་ཅི་རིགས་བྱུང་ཡོད་ཀྱང་། རྩ་བའི་ཆ་ནས་ཏའི་སི་ཏུའི་བཀའ་ཆེམས་ནང་གཏན་ལ་ཕབ་པ་རྣམས་ནི་སྐབས་དེའི་སྤྱི་ཚོགས་འཕེལ་རྒྱས་ཀྱི་ཆོས་ཉིད་དང་རུང་འཚམས་ཐུབ་པ་བྱུང་བ་དེས་བོད་ཀྱི་དཔལ་འབྱོར་འཕེལ་རྒྱས་འགྲོ་བར་ནུས་པ་ཆེན་པོ་ཐོན་ཡོད། དཔེར་ན། ས་སྐྱ་པས་བོད་ལ་དབང་བསྒྱུར་བྱེད་སྐབས་ཁྲི་

དཔོན་གྱི་ལམ་ལུགས་དེ་ནི་བླ་མ་དང་། མི་དཔོན་ཆེ་ཁག་གིས་དབང་རིས་བཅད་བཟུང་མི་མུས་རྒྱུད་བཅས་སྒེར་འཛིན་ཚོག་པ་དེས་རང་རང་གི་ཞི་འཁོན་ཕྲ་མོ་ལ་བརྟེན་ནས་ཕན་ཚུན་དབང་རིས་འཕྲོག་རེས་དང་། ཡུལ་གྲུ་ཡས་མས་དུ་མར་སྡེ་གཟར་མང་པོ་བྱུང་བ་མ་ཟད། སྐབས་དེའི་བོད་ཁམས་སྤྱི་ལ་དབང་སྒྱུར་མཁན་ས་སྐྱ་པར་བསྐོས་ནའང་བླ་བྲང་ཁག་མང་པོར་གྱེས་པ་དང་། དཔོན་ཆེན་དབར་གྱི་འགལ་བ་ལ་སོགས་པའི་རྒྱུ་མཚན་སྣ་མང་གིས་གཤམ་འོག་གི་ཟེར་བུན་ས་སྐྱ་པས་གཙུན་འདོམས་མི་ཐུབ་པ་སོགས་ཀྱི་རྒྱུ་རྐྱེན་ལ་བརྟེན་ནས་ཞིང་འབྲོག་མང་ཚོགས་ཀྱི་ཐོན་སྐྱེད་རྒྱུན་གཏན་ལྟར་བྱེད་མི་ཐུབ་པས་འཚོ་བར་ཤུགས་མ་ཐུབ་ཀྱིས་གནོད་སྐྱོན་ཡོང་རྒྱུ་གཡོལ་ཐབས་མེད་པ་བཅས་རྨང་གཞི་དཔལ་འབྱོར་དང་སྟེང་གི་བཀོད་པ་འཚམ་པོ་མ་བྱུང་བས་སྲིད་དབང་ཡང་ལོ་གྲངས་བདུན་ཅུ་བརྒལ་ཙམ་མ་གཏོགས་རྒྱུན་འཁྱོངས་མ་ཐུབ་ཅིང་། ཏའི་སི་ཏུ་ནས་དབང་གྲགས་པ་རྒྱལ་མཚན་བར་མི་ལོ་སུམ་ཅུ་ལྷག་རིང་རྫོང་གཞིས་ཁག་གི་སྡེ་མོ་བ་རེས་བསྐོར། གནས་སྐབས་ཀྱི་ཁ་འཛིན་ཙམ་ལ་སོང་བས་དབང་རིས་ལ་བརྟེན་པའི་ཡུལ་གྲུ་ཕན་ཚུན་སྡེ་གཟར་བྱེད་དོན་མེད་པས་སྤྱི་ཚོགས་བརྟན་ལྷིང་བྱུང་བ་དེས་ཞིང་འབྲོག་མང་ཚོགས་ཀྱི་ཐོན་སྐྱེད་གོང་འཕེལ་གཏོང་བའི་གོ་སྐབས་བཟང་པོ་ཐོབ་པར་བརྟེན་མང་ཚོགས་ཀྱི་འཚོ་བ་ཡར་རྒྱས་བྱུང་ཡོད། འོན་ཀྱང་དབང་གྲགས་པ་རྒྱལ་མཚན་གྱི་སྐུ་དུས་རྫོང་གཞིས་ཁག་གཅིག་ཁ་འཛིན་གཏན་འཇགས་བྱེད་པའི་ལམ་སྲོལ་དུ་འགྱུར་བ་བྱུང་བ་དེས་ཁོང་གི་སྲིད་དབང་སྐྱོང་རིང་ཕག་གྲུའི་བློན་པོ་རྣམས་གཞུང་སེམས་དག་པ་ལ་སོགས་པའི་རྐྱེན་གྱིས་ཕན་པའི་ཚ་ལས་གནོད་པའི་ཕྱོགས་མངོན་གསལ་མི་ཆེ་ཡང་དབང་གྲགས་པ་འབྱུང་གནས་

ཀྱི་སྐབས་ནས་བཟུང་ས་སྐྱ་པའི་དུས་ཀྱི་ནད་རོ་བསྐྱར་ལྟང་ལྟ་བུས་རྫོང་གཞིས་སྐོར་བཟུང་བྱས་པ་ཚང་མར་རང་རང་གི་དབང་རིས་སྲུང་སྐྱོབ་བྱེད་པའི་ཆེད་ད་དུང་དམག་གོ་རྟག་མང་ཤུང་ལ་མ་བཀྱོས་པ་རེ་སྐོར་ཉར་བྱ་རྒྱུ་ཁྲིམས་མཐུན་ཅན་དུ་གྱུར་པ་དེ་ལ། ཕག་གྲུ་སྡེ་སྲིད་ཕྱོགས་ནས་ཐེ་ཇུས་གང་ཡང་བྱེད་ཐུབ་མེད་པས་ཕྱིས་སྡེ་དཔོན་སོ་སོའི་དཔུང་སྟོབས་ཇེ་ཆེར་གྱུར་ཐོག་ཀར་དགེ་གྲུབ་མཐའི་ཕྱོགས་ལྷུང་དང་འགྲོགས་པ་སོགས་དབུས་གཙང་གང་སར་སྡེ་གཟར་གྱི་མེ་ལྕེ་འབར་བའི་ཁྲོད་ནས་ཕག་གྲུའི་སྲིད་དབང་ཡང་ཡམ་ཡོམ་ངང་མཐར་མེད་ཅམ་དུ་གྱུར་པ་བཅས་ཕག་གྲུ་སྡེ་སྲིད་ཀྱི་ངོས་ནས་བཤད་ནས་གནས་ཀྱི་དྲག་དཔུང་ལ་གཅིག་གྱུར་གྱི་དོ་དམ་མ་ཐུབ་པས་གཤམ་འོག་སྡེ་དཔོན་གྱི་དཔུང་སྟོབས་ངེས་ཅན་བྱུང་བའི་མཚམས་སྡེ་སྲིད་ཀྱི་བཀོག་འོག་མི་འདུ་པ་མ་ཟད། ཁ་གཏད་གཅོག་པའི་གནས་ཚུལ་དེ་འཕེལ་རྒྱས་བྱུང་སྟེ་མཐར་རང་གི་སྲིད་དབང་མི་གནས་པའི་རྒྱུ་རྐྱེན་དུ་གྱུར་ཡོད། འོན་ཀྱང་ཆབ་འབངས་མི་སེར་གྱི་ངོས་ནས་བཤད་ན་ཕག་གྲུ་སྡེ་སྲིད་ཀྱི་དུས་སུ་ས་གནས་དྲག་དཔུང་ལ་བརྟེན་པའི་ཆབ་འབངས་མི་སེར་ཚོར་ལག་འདོན་གྱི་འཁྲི་ཆ་མེད་པ་དང་། ཕག་གྲུ་རང་གི་གཞུང་འཛིན་བྱེད་པ་ཚུད་པའི་སྐོར་དྲག་ཕན་ཚུན་སྡེ་གཟར་སྐབས་བསྡུ་རུབ་བྱ་དགོས་པའི་དམག་འགྲོ་རྣམས་ལའང་སྐོར་ཁག་སོ་སོ་ནས་འཚོ་བའི་ཐད་འོས་འཚམས་བཀོད་སྒྲིག་མ་བྱས་མཐུ་མེད་དང་བཅས་ཕག་གྲུའི་དུས་དེར་ཆབ་འབངས་མི་སེར་ལ་རྒྱུན་གཏན་ཁང་འགྲོ་ལག་འདོན་གྱི་ཁྲལ་རིགས་ལས། དམག་དོན་ལ་བསྟུད་པའི་ཁྲལ་རིགས་གསར་འགེལ་གྱི་གཙེར་བསྣུན་ཆེ་བ་མེད་འདྲ་བ་བཅས་གང་ལྟར་ཕག་མོ་གྲུ་པའི་དུས་ནི་སྤྱིར་བཏང་ནས་བཤད་ན་བོད་ཀྱི་དཔལ་འབྱོར་འཕེལ་རྒྱས

དང་། མི་དམངས་ཀྱི་འཚོ་བ་ཡར་རྒྱས་ཀྱི་སྐབས་ཤིག་རེད་ཅེས་བཤད་ན་མི་རུང་བ་མེད། འོན་ཀྱང་སྐབས་དེའི་དཔལ་འབྱོར་གྲངས་འབོར་འཕོད་པའི་ཡིག་ལམ་དཀོན་པས་བསྡུར་ཚད་ངེས་གཏན་བརྗོད་མི་ནུབས་ཀྱང་། སྐབས་དེའི་བོད་ཀྱི་རིག་གནས་དང་། འཛུགས་སྐྲུན་ལ་སོགས་པའི་གནས་ཚུལ་གཞམ་དུ་སླེང་རྒྱུ་ནས་གནད་དོན་དེ་ལྟར་ཡིན་པའི་གསལ་བཤད་ཐུབ་པོ།

2. རིག་གནས་དང་འཛུགས་སྐྲུན་སྐོར།

(1) བརྡ་དག་དང་། སྙན་ངག་སྐོར།

ད་ལྟའི་བོད་ཡིག་དང་བོད་ཀྱི་བརྡ་དག་གི་གཞུང་ལུགས་དང་བཅས་པ་ཐོན་མི་བཀའ་དྲིན་ཅན་གྱིས་གསར་གཏོད་གནང་རྗེས་བོད་ལ་བགས་བཅད་རིམ་པ་བྱུང་བའི་མཐའ་མ་ལྷ་བུར་གྲུབ་པ་དེང་དུས་ཡི་གེ་འབྲི་སྲོལ་ལམ་བརྡ་དག་གཅིག་གྱུར་ཡོད་པ་འདི་ཡང་ཕག་མོ་གྲུ་པའི་དུས་སྐབས་སུ་བྱོན་པ་མཁས་པའི་དབང་པོ་ཞྭ་ལུ་ལོ་ཆེན་ཆོས་སྐྱོང་བཟང་པོས་སྤྱི་ལོ1514ལོར་མཛད་པ་དག་ཡིག་ཟ་མ་ཏོག་དང་། སུམ་རྟགས་ཀྱི་འགྲེལ་པ་རྣམ་གསལ། སྐྱོགས་སྟོན་རིན་ཆེན་བཀྲ་ཤིས་ཀྱིས་སྤྱི་ལོ1536ལོར་མཛད་པ་བརྡ་གསར་རྙིང་གི་བསྟན་བཅོས་ལི་ཤིའི་གུར་ཁང་། དཔལ་ཁང་ལོ་ཙྪ་བ་ངག་དབང་ཆོས་ཀྱི་རྒྱ་མཚོས་སྤྱི་ལོ1538ལོར་མཛད་པ་དག་ཡིག་ངག་གི་སྒྲོན་མ་སོགས་ཞྭ་ལུ་ལོ་ཆེན་ཡབ་སྲས་ཀྱིས་བརྡ་དག་སྐོར་གསུང་རྩོམ་རིན་ཐང་གཞལ་བར་དཀའ་བ་མང་པོ་རྩོམ་སྒྲིལ་གནང་བའི་བཀའ་དྲིན་ལ་བརྟེན་ནས་བྱུང་བ་ཡིན།

དེ་བཞིན་སྙན་ངག་གི་སྐོར་ལའང་། ཞྭ་ལུ་ལོ་ཆེན་ཆོས་སྐྱོང་བཟང་པོས་མཛད་པའི་མན་ངག་ཀུན་གསལ་དང་། མི་ཕོང་གི་གནད་བསྡུས། སྣར་ཐང་པ་སཾ་གྷ་ཤྲཱིས་མཛད་པ་སྙན་འགྲེལ་བསླགས་པའི་དོན་ཐམས་ཅད་འགྲུབ་པ་དང་། རིན་སྤུངས་ངག་དབང་འཇིག་གྲགས་ཀྱིས་མཛད་པ་སྙན་འགྲེལ་མི་འཇིགས་སེང་གེའི་ང་རོ་ལ་སོགས་པ་སྐབས་དེར་མཁས་དབང་མང་པོས་སྙན་གཞུང་གི་འགྲེལ་པ་གསར་རྩོམ་དང་དེ་དག་ལ་འཆད་ཉན་ལེགས་པར་མཛད་པས་བོད་ཀྱི་སྙན་ངག་གི་གཞུང་ཐུན་མོང་མ་ཡིན་པ་ལྟ་བུ་གྲུབ་པ་དེས་བོད་ཀྱི་རྩོམ་རིག་སྒྱུ་རྩལ་གྱི་ཆུ་ཚད་ཀྱང་སྔར་བས་འཕེལ་རྒྱས་ཇེ་ཆེར་སོང་བ་དཔེར་ན། གཙང་སྨྱོན་ཧེ་རུ་ཀས་ཕྱོགས་སྒྲིག་མཛད་པའི་མི་ལའི་རྣམས་མགུར། ཙོང་ཁ་པ་ཆེན་པོས་མཛད་པ་བྱང་ཆུབ་སེམས་དཔའ་རྟག་ཏུ་ངུའི་རྟོགས་བརྗོད་དཔག་བསམ་ལྗོན་པ་དང་། སྤྱན་སྔ་གྲགས་པ་བྱང་ཆུབ་ཀྱི་རྟོགས་བརྗོད་བྱིན་རླབས་ཀྱི་ལྷུན་པོ། བྱ་དགའི་སྙན་ངག་སྒྲ་རྒྱན། ཞང་ཞུང་པ་ཆོས་དབང་གྲགས་པས་མཛད་པའི་རཱ་མ་ཎའི་གཏམ་རྒྱུད། རིན་སྤུངས་ངག་དབང་འཇིག་གྲགས་ཀྱིས་མཛད་པ་ས་པཎ་གྱི་རྟོགས་བརྗོད་བསྐལ་བཟང་ལེགས་ལམ་ལ་སོགས་པ་སྙན་ངག་གི་ཉམས་འགྱུར་ཆེས་ཆེ་བ་ནང་དོན་ཟབ་པའི་སྒྱུ་རྩལ་གྱི་རྩོམ་རིག་སྔར་ན་མ་གྲགས་པའི་ཡུལ་དུ་བྱུང་བ་མང་པོ་གསར་དུ་ཐོན་ཡོད།

(2) བཀའ་བསྟན་སོགས་གསུང་རབ་དང་། དེ་དག་གི་ཕྱི་མོ་ཤིང་དཔར་གྱི་ལག་རྩལ་དར་བའི་སྐོར།

བཀའ་འགྱུར་སྐོར། ཕག་མོ་གྲུ་པས་བོད་ཁམས་ཡོངས་ལ་དབང་སྒྱུར་བྱེད་ལ་ཉེ་བའི་དུས་སུ་ཚལ་པ་ཀུན་དགའ་རྡོ་རྗེས་གསེར་དངུལ་གྱི་བཞུན་ཁུ

སྤེལ་མའི་བཀའ་འགྱུར་ཆ་ཚང་ཞིག་བཞེངས་པའི་ཞུས་དག་ཀུན་མཁྱེན་བུ་སྟོན་རིན་པོ་ཆེས་མཛད་པ་དང་། དེའི་དཀར་ཆག་དེབ་ཐེར་དཀར་པོ་ཞེས་པ་ཚལ་པ་ཀུན་དགའ་རྡོ་རྗེ་རང་ཉིད་ཀྱི་བརྩམས་པའི་བཀའ་འགྱུར་དེ་ལ་པོད་གྲངས་ཉིས་བརྒྱ་དྲུག་ཅུ་ཡོད་པར་གྲགས་ཤིང་། ཡོངས་གྲགས་སུ“ཚལ་པ་བཀའ་འགྱུར་”ཞེས་བྱ་བ་དེ་ནི་ཕག་གྲུའི་དུས་སྟོད་ལ་བཞེངས་པའི་བཀའ་འགྱུར་སྐད་གྲགས་ཅན་ཞིག་ཡིན། དེ་རྗེས་ཕག་མོ་གྲུ་པའི་སྡེ་སྲིད་ཁྲི་རབས་དང་པོ་ཏའི་སི་ཏུ་བྱང་ཆུབ་རྒྱལ་མཚན་གྱིས་ཆོས་གྲྭ་ཆེན་པོ་རྩེད་ཐང་ཕྱག་བཏབ་པ་དང་། བཤད་གྲྭ་བཙུགས་པ། རྩེད་ཐང་དང་ཐེལ་གྱི་སྒོམ་གྲྭར་ཕུན་སུམ་ཚོགས་པའི་མཐུན་རྐྱེན་སྦྱར་བ་དང་དུས་མཚུངས་གསེར་ཆོས་ཀྱི་བཀའ་འགྱུར་གསར་བཞེངས་གནང་བ་དང་། དབང་གྲགས་པ་རྒྱལ་མཚན་གྱིས་སྲིད་དབང་སྐྱོང་བའི་རིང་བཀའ་འགྱུར་གསེར་བྲིས་མ་ཆ་ཚང་གཉིས་དང་། གསེར་དངུལ་འདྲེས་མ་གཅིག སྐྱུ་བྲིས་ཚར་གཅིག་བཅས་གསར་བཞེངས་གནང་ཡོད།

དེ་རྗེས་སྤྱི་ལོ1431རབ་བྱུང་བདུན་ལྕགས་པའི་ལྕགས་ཕག་ལོར་རྒྱལ་རྩེ་རབ་བརྟན་ཀུན་བཟང་འཕགས་ཀྱིས་སྣར་ཐང་གི་བཀའ་འགྱུར་མ་དཔེར་གནང་སྟེ་བཀའ་འགྱུར་གསེར་བྲིས་ཆ་ཚང་བཞེངས་པ་དེ་ལ“རྒྱལ་རྩེ་ཐེམ་སྤང་”མར་གྲགས་པ་དང་། དེ་ནས་བཟུང་སྟེ་ལོ་ལྟར་སྒྲིག་ཆུགས་སུ་བཀའ་བསྟན་འགྱུར་གསར་བཞེངས་ཀྱི་རྒྱུན་བཙུགས་པའི་སྐོར། རབ་བརྟན་ཀུན་བཟང་འཕགས་ཀྱི་རྣམ་ཐར་ལས། “དགུང་ལོ་བཞི་བཅུ་ཞེ་གསུམ་བཞེས་པ་ལྕགས་མོ་ཕག་གི་ལོ་ཟླ་བ་གསུམ་པའི་ཚེས་བཅུ་བཞི་སྐར་མ་རྒྱལ་ལ་བབས་པའི་ཉིན་ནས་བདེ་བར་གཤེགས་པའི་གསུང་གི་རྟེན་བཀའ་

བོད་ཡུལ་འདིར་འགྱུར་རོ་ཅོག་དང་། དེའི་【ཆུ་ཕོ་བྱི་བ་ལོ】（1432）འགྲེལ་བྱེད་བསྟན་པ་དེ་འཛིན་པའི་སྐྱེས་བུ་དམ་པ་རྣམས་ཀྱི་མཛད་པ་རྣམས་ཐུགས་དམ་དུ་བཞེངས་པའི་ཁྲིགས་སུ་མཛད། སྐེ་མོ་ནས་ཡི་གེའི་མཁན་པོ་དཔོན་པོ་ཆེ་སངས་རྒྱས་རྒྱལ་མཚན་དཔོན་སློབ་རྣམས་ཀྱིས་ཐོག་མར་དམ་པའི་ཆོས་དཀོན་མཆོག་བརྩེགས་པ་དང་། ཡུམ་བར་མ་ཉི་ཁྲི་བཞེངས་པ་ནས་བཟུང་། ཆོས་རྒྱལ་ཉིད་ཀྱི་སྐུའི་ཐོག་ལ། བཀའ་འགྱུར་གསེར་མ་ཚར་གཅིག་དང་། དཀར་པོ་ཚར་གཅིག བསྟན་འགྱུར་ཡོངས་རྫོགས་གཅིག་རྣམས་བཞེངས་གྲུབ། དེའི་རྒྱུན་ནི་ཇི་སྲིད་བསྐལ་པ་མ་སྟོངས་ཀྱི་བར་དུ་མི་ཆད་པར་སྒྲུབ་པར་མཐུན་རྐྱེན་དང་ལྡན་ཏེ་མཁས་གྲུབ་འཚེ་མེད་གྲུབ་པས་སྐྱི་དགུ་མཛེས་པར་བྱེད་པའི་མགུལ་རྒྱན་དུ།

བཀའ་བསྟན་བཞེངས་པའི་མཐུན་རྐྱེན་ལོ་རེ་བཞིན། །
གསེར་ཞོ་སུམ་བརྒྱ་བདུན་ཅུ་དོན་གསུམ་དང་། །
ཤོག་རིན་ཏམ་ཁ་བརྒྱ་དང་སུམ་ཅུ་རེ། །
ནས་ཁལ་བརྒྱད་བརྒྱ་བཞི་བཅུ་ཞེ་གསུམ་ཉིད། །
སྣོན་ཆས་ཤ་ཁོག་བཞི་བརྒྱ་ཉི་ཤུ་གཉིས། །
མར་ཁལ་སུམ་བརྒྱ་ལྔ་བཅུ་ང་བདུན་དང་། །
བུར་ཁལ་བདུན་ཅུ་དོན་གསུམ་ཁོར་ཡུག་ཉིད། །
ཞོ་གྲངས་བརྒྱད་བརྒྱ་ཉི་ཤུ་རྩ་གསུམ་ཡོད། །”①

ཞེས་གསུངས་པ་ལྟར་བཀའ་བསྟན་འགྱུར་བཞེང་རྒྱུའི་སྲོལ་དེ་ནི་

① （རབ་བརྟན་ཀུན་བཟང་འཕགས་ཀྱི་རྣམ་ཐར་དེབ་ངོས169）

དམངས་གསོའི་བཅོས་སྲུར་མ་བྱས་བར་མ་ནུབ་པར་གནས་ཡོད།

ད་དུང་བོད་དུ་ཞིང་པར་གྱི་ལག་རྩལ་གསར་དུ་དར་བ་མ་ཟད། ཙོང་ཁ་པ་ཆེན་པོའི་བཀའ་འབུམ་དང་། ས་སྐྱ་བཀའ་འབུམ་སོགས་གསུང་རྩོམ་ཞིང་པར་དུ་བསྐོས་ནས་འགྲེམ་སྤེལ་རྒྱ་ཆེར་ཐུབ་པ་དེས་བོད་མི་རིགས་ཀྱི་རིག་གནས་འཕེལ་རྒྱས་ལ་སྟེར་བས་རྒྱ་ཆེའི་ཆ་རྐྱེན་དུ་འགྱུར་བ་དང་། བོད་ཡིག་དབུ་ཆེན་གྱི་གཟུགས་དང་། བོད་ཆོལ་ཁ་གསུམ་གྱི་ཡུལ་སྐད་འདྲ་དང་མི་འདྲ་ཅི་རིགས་ཡོད་ཀྱང་ཡིག་སྐད་ཐོག་མི་འདྲ་བ་མེད་པ་རྩ་བའི་ཐོག་ནས་གཅིག་གྱུར་ཡིན་པའི་ཐད་ལ་དེ་བས་ཀྱང་ནུས་པ་ཆེན་པོ་ཐོན་ཡོད།

ལྷག་པར་ཕག་མོ་གྲུ་པའི་དུས་སུ་རྒྱ་བོད་མི་རིགས་དབར་རིག་གནས་སྤེལ་རེས་སྟར་བས་དར་རྒྱས་སུ་སོང་བ་བརྒྱུད་བོད་ལ་གསུང་རྩོམ་པར་དུ་བསྐོ་བའི་ལག་རྩལ་དར་ཁྱབ་ཆེས་ཆེར་འགྲོ་བ་བྱུང་ཡོད། དེ་ཡང་སྤྱི་ལོ1410བོད་རབ་བྱུང་བདུན་པའི་ལྕགས་སྟག་ལོར་ཏཱ་མིང་གོང་མ་ཡུང་ལོས་ནང་བློན་ཞུག་རུམ་པ་ཧོ་ཞི་ན་བོད་དུ་མངགས་ཏེ་གདན་དྲངས་པའི་བཀའ་བསྟན་གྱི་མ་དཔེ་ཁུངས་བཙན་ལ་གཞི་བྱས་ཏེ་ནན་ཅིང་དུ་བོད་ཡིག་གི་བཀའ་འགྱུར་ཆ་ཚང་ཞིག་དཔར་སྐྲུན་མཛད་པ་དེ་ནི་བོད་ཡིག་གི་བཀའ་འགྱུར་དཔར་སྐྲུན་བྱས་པའི་ཐེངས་དང་པོ་ཡིན་ཞིང་། བཀའ་འགྱུར་དཔར་མ་འདིའི་པར་ཐུད་རེ་བོ་རྗེ་ལྷར་ཕུལ་བ་དང་། བོད་དུ་མཆོར་ཕུ་ཀརྨ་པ་དང་། རྗེ་ཙོང་ཁ་པ་བཅས་ལ་འཚམས་རྟེན་དུ་ཕུལ་བ་དེས་བོད་དུ་ཞིང་པར་ཐོག་དཔེ་ཆ་མང་པོ་དཔར་སྐྲུན་བྱེད་པའི་སྒོ་ཕྱེ་ཐུབ་པ་མ་ཟད་ཞིང་པར་བསྐོ་བའི་ལག་རྩལ་ཡང་ཡར་རྒྱས་ཏ་ཅང་མགྱོགས་པོ་བྱུང་ཡོད། འོན་ཀྱང་བཀའ་བསྟན་གཉིས་ཀྱི་སྒྲིགས་བམ་གྲངས་ཚད་མང་བའི་རྐྱེན་གྱིས་སྐབས་ཤིག་རིང་

བོད་རང་དུ་བཀའ་བསྟན་ཆ་ཚང་པར་ལ་བརྐོ་ཐུབ་པ་བྱུང་མེད།

དེ་རྗེས་སྤྱི་ལོ1594རབ་བྱུང་བཅུ་པའི་ཤིང་རྟ་ལོ་ཧྥུ་མིང་གོང་མ་དབན་ལིས་སྐབས་པེ་ཅིང་དུ་བཀའ་འགྱུར་ཆ་ཚང་དང་། བསྟན་འགྱུར་པོ་ཏི་བཞི་བཅུ་ཞེ་གཉིས་ཙམ་ཞིག་པར་སྐྲུན་བྱས་པ་དེ་ལ་པེ་ཅིང་པར་མ་ཟེར་ཞིང་། སྐབས་དེའི་བཀའ་བསྟན་པར་ལ་བརྐོ་བའི་ཞུས་དག་ནི་ཀརྨ་ཞྭ་དམར་སྐུ་ཕྲེང་དྲུག་པ་ཆོས་ཀྱི་དབང་ཕྱུག་གིས་མཛད།

བོད་ས་གནས་སུ་བཀའ་འགྱུར་པར་སྐྲུན་བྱས་པའི་ཐོག་མ་ནི་སྤྱི་ལོ1609རབ་བྱུང་བཅུ་བཞི་པའི་ས་བྱ་ལོར་ཞྭ་དམར་སྐུ་ཕྲེང་དྲུག་པ་ཆོས་ཀྱི་དབང་ཕྱུག་ཙ་རི་མཚོ་དཀར་དུ་བཞུགས་སྐབས་འཇང་རྒྱལ་པོ་བསོད་ནམས་རབ་བརྟན་ལ་བཀའ་འགྱུར་ཆ་ཚང་པར་སྐྲུན་བྱེད་དགོས་པའི་སྐུལ་མ་གནང་བཞིན་འཇང་རྒྱལ་པོ་བསོད་ནམས་རབ་བརྟན་གྱིས་བཀའ་འགྱུར་པར་སྐྲུན་ཞུ་རྒྱུའི་མ་དཔེ་ཁྱེངས་ཅིག་བོད་ནས་གསོལ་རས་གནང་དགོས་ཞུས་པ་ལྟར། དེ་སྔོན་ཕག་གྲུ་སྡེ་སྲིད་དབང་གྲགས་པ་འབྱུང་གནས་སྐབས་འགོས་ལོ་གཞོན་ནུ་དཔལ་དང་། ཀརྨ་པ་མི་བསྐྱོད་རྡོ་རྗེ། ཞྭ་དམར་སྤྱན་སྔ་ཆོས་ཀྱི་གྲགས་པ་སོགས་ཀྱིས་ཞུས་དག་ཐེངས་མང་གནང་ནས་བཞེངས་པའི་བཀའ་འགྱུར་འཕྱོངས་རྒྱས་ཕྱིར་དབར་སྟག་རྩེར་བཞུགས་པ་ལག་བྲིས་མ་དེ་གསོལ་རས་གནང་བ་ལྟར་དེ་ལ་མ་ཕྱི་བྱས་ཏེ་བཀའ་འགྱུར་ཆ་ཚང་དཔར་སྐྲུན་བྱས་པར་དུས་ཡུན་ལོ་ངོ་བཅུ་ལྔ་ཙམ་འགོར་བར་གྲགས།

དེ་རྗེས་ཅོ་ནེ་བཀའ་འགྱུར་དང་། སྡེ་དགེ་བཀའ་འགྱུར། སྣར་ཐང་བཀའ་འགྱུར། ཞོལ་པར་གསར། ཆབ་མདོ་བཀའ་འགྱུར་བཅས་དུས་རབས་རིམ་པར་པར་སྐྲུན་བྱས་པའོ།

བསྟན་འགྱུར་སྐོར།

ཕག་མོ་གྲུ་པས་བོད་ཁམས་ལ་དབང་བསྒྱུར་བྱེད་ལ་ཉེ་བའི་དུས་ཏེ་སྤྱི་ལོ1334རབ་བྱུང་དྲུག་པའི་ཤིང་ཁྱི་ལོར་གཙང་སྡོངས་ཞ་ལུ་སྐུ་ཞང་ཀུན་དགའ་དོན་གྲུབ་ཀྱིས་སྦྱིན་བདག་ཏེ་སྣར་ཐང་གི་བསྟན་འགྱུར་ལ་གཞི་བྱས་ནས་བསྟན་འགྱུར་བྲིས་མ་ཆ་ཚང་ཞིག་བཞེངས་པའི་ཞུས་དག་ཐམས་ཅད་མཁྱེན་པ་བུ་སྟོན་རིན་པོ་ཆེས་མཛད་པ་མ་ཟད། དེ་སྔ་སྣར་ཐང་བསྟན་འགྱུར་ནང་མ་ཚུད་པའི་ཆོས་ཚན་སྟོང་ཕྲག་གཅིག་གསར་དུ་བསྣན་པ་དང་བཅས་པའི་དཀར་ཆག་ཀྱང་བུ་སྟོན་རིན་པོ་ཆེས་མཛད་པ་དེ་ལ་ཞྭ་ལུའི་བསྟན་འགྱུར་ཞེས་སུ་གྲགས།

དེ་རྗེས་ཕག་གྲུ་ཏའི་སི་ཏུ་བྱང་ཆུབ་རྒྱལ་མཚན་གྱིས་སྦྱིན་བདག་བྱས་ཏེ་ཞྭ་ལུའི་བསྟན་འགྱུར་མ་དཔེར་བཟུང་ཐོག དེར་མ་ཚུད་པའི་ཆོས་ཚན་ཉི་ཤུ་རྩ་བདུན་སྐོར་ཡང་བསྣན་པ་དང་བཅས་བསྟན་འགྱུར་ཆ་ཚང་ཞིག་བཞེངས་པ་དེ་ལ་བོད་ཉིས་བརྒྱ་གཉིས་ཡོད་པར་སྣེ་གདོང་གི་བསྟན་འགྱུར་ཞེས་སུ་གྲགས་པ་བཅས་ནི་མཚོན་དཔེ་ཙམ་ཡིན།

བསྟན་འགྱུར་གྱི་ཤིང་པར་ནི་སྣར་ཐང་གི་ཤིང་པར་དང་། སྡེ་དགེ་བསྟན་འགྱུར། ཅོ་ནེ་བསྟན་འགྱུར་བཅས་ཕྱིས་རིམ་པར་བྱུང་བ་ཡིན་ནོ།

ཕག་མོ་གྲུ་པའི་དུས་རབས་སུ་བོད་དུ་བཀའ་དང་བསྟན་བཅོས་ཀྱི་གླེགས་བམ་ལག་བྲིས་མ་འབོར་ཆེན་གསར་བཞེངས་དང་། ལྷག་བར་ཆོས་སྦྱིན་འཛད་པ་མེད་པའི་བཀའ་དང་བསྟན་བཅོས་ཀྱི་གསུང་པར་འཕེལ་རྒྱས་ཆར་ཤུལ་གྱི་སྨྱུག་ཙ་བཞིན་ཇེ་རྒྱས་ཇེ་འཕེལ་བྱུང་བ་དེ་དག་གི་ཐོག་ནས་སྐབས་དེའི་བོད་ཀྱི་སྤྱི་ཚོགས་བརྟན་ལྷིང་དང་། དཔལ་འབྱོར་འཕེལ་རྒྱས་ཀྱི་

ཚད་གཞི་ངེས་ཅན་ཞིག་ལྡན་པ་གང་ལེགས་མཚོན།

ལྷག་པར་བོད་ཀྱི་རིག་པའི་གནས་མཐའ་དག་ཕན་ཚུན་འགྲན་པ་བཞིན་འཕེལ་རྒྱས་ཆེན་པོ་བྱུང་བས་དགེ་ལུགས་པའི་གྲུབ་མཐའ་གསར་དར་གྱིས་དབུས་གཙང་གདན་ས་ཆེན་པོ་བཞིས་མཚོན་རིས་མེད་དགེ་འདུན་གྱི་སྡེ་རྣམས་སུ་གཞུང་ཆེན་ཁག་གི་བཤད་གྲྭ་མང་པོ་ཚུགས་པ་དེ་ཚོའི་ནང་འཆད་རྩོད་རྩོམ་གསུམ་གྱི་མཐོ་རླབས་འཕྱུར་བ་དེས་བོད་ཀྱི་རིག་གནས་ལ་གོང་འཕེལ་ཆེན་པོ་བྱུང་བ་དང་། རིག་པའི་གནས་ལྔར་གཞན་དྲིང་མི་འཇོག་པའི་མཁས་པ་ནམ་མཁའི་སྐར་ཚོགས་ལྟ་བུ་བྱོན་ཡོད་པ་བཅས་བསྟན་པ་ཕྱི་དར་ལ་བལྟོས་ན་ཕག་གྲུའི་དུས་ནི་རིག་གནས་དར་འཕེལ་གྱི་དུས་རབས་ཡག་ཤོས་ཤིག་ལ་རྩིས་ཆོག བོད་དུ་ཤིང་པར་གྱི་ལག་རྩལ་དར་རྒྱས་བྱུང་བ་དེས་ཀྱང་ཡག་ཐོག་ཡག་བརྩེགས་ལྟ་བུ་སྤར་བོད་རིགས་རང་ཉིད་ལ་རྐྱེན་དཀྱིལ་ལག་རྩལ་གྱི་རྒྱུན་བཟང་པོ་ཡོད་པའི་ཐོག་ཕྱུན་བླ་མི་རིགས་ཀྱི་སྔོན་ཐོན་ལག་རྩལ་གསབ་སྣོན་སློབ་སྦྱོང་གིས་རང་གི་མ་ལྡང་བའི་ཆ་ཁ་སྐོང་ཐུབ་པ་མ་ཟད། ཕྱིས་ལག་རྩལ་དེ་ཡང་ཧ་ཅང་བྱང་ཚད་མཐོན་པོར་གྱུར་ཏེ་བཀའ་བསྟན་དང་། བླ་མ་ཁག་གི་རྣམ་ཐར། གསུང་འབུམ་ལ་སོགས་པ་ཕྱུལ་བྱུང་གི་རྩོམ་རིགས་རྣམས་ཇི་སྲིད་བར་མི་ནུབ་པར་གནས་པ་བོད་ཡིག་དཔེ་རྙིང་གི་གྲངས་ཚད་སུས་ཀྱང་གཞལ་དཀའ་བ་འདི་ལྟ་བུ་ཆགས་པའི་རྨང་གཞི་བཟང་པོ་འདིང་ཐུབ་པ་བཅས་དངོས་འབྲེལ་དགའ་བ་སྐྱེ་འོས་པ་ཞིག་བྱུང་ཡོད་པ་བཅས་སྐབས་འདིར་བཀའ་བསྟན་ལ་སོགས་པ་གསུང་རབས་དར་འཕེལ་བྱུང་བའི་ལོ་རྒྱུས་འདི་དག་ནི། རྒྱལ་རྩེ་རབ་བརྟན་ཀུན་བཟང་འཕགས་ཀྱི་རྣམ་ཐར་དང་། དེང་དུས་བྱོན་པའི་མཁས་པའི་དབང་པོ་དུང་དཀར་བློ

བཟང་འཕྲིན་ལས་ཀྱིས་མཛད་པ་《 བོད་ཀྱི་དཀར་ཆག་རིག་པ་》ཡི་རྩོམ་ཟིན་སོགས་ལས་བཏུས་ཏེ་བཀོད་པ་ལགས་སོ།

(3) བོད་ཀྱི་སྨན་རྩིས་བྱ་གཞུག་ལ་འཕེལ་རྒྱས་བྱུང་བའི་སྐོར།

བོད་ཀྱི་གསོ་བ་རིག་པའི་སྐོར།

བོད་ཀྱི་གསོ་བ་རིག་པའི་ཤིང་རྟ་ཆེན་པོ་གཡུ་ཐོག་གསར་རྙིང་ནས་བཟུང་སྟེ་བོད་ཀྱི་གསོ་བ་རིག་པའི་གཞུང་ལུགས་རྒྱུད་བཞིའི་ཕྱག་ལེན་རིམ་པར་འཕེལ་རྒྱས་བྱུང་བའི་ནང་ནས་ཕག་གྲུའི་དུས་སྐབས་ལ་བྱང་ཟུར་ལུགས་གཉིས་སུ་གྱེས་པའི་བཤད་སྲོལ་དར།

བྱང་ལུགས་ནི། བྱང་བདག་རྣམ་རྒྱལ་གྲགས་བཟང་གིས་སྨན་གྱི་དྲི་རོ་ཞུས་པའི་སྐོར་ལ་ཕྱག་ལེན་དངོས་ཀྱི་ནང་ནས་བརྟག་དཔྱད་ཞིབ་འཇུག་གནང་སྟེ་དཔལ་ལྡན་རྒྱུད་བཞིའི་གཞུང་ལུགས་རྨང་གཞིར་མཛད་ཐོག་ངམ་རིང་ས་ཁུལ་སོགས་བོད་བྱང་ཕྱོགས་ཀྱི་ས་བབས་དང་། གནམ་གཤིས། མིའི་འཚོ་བའི་གོམས་སོགས་ཡུལ་གྲུ་དེ་དག་གི་དངོས་ཡོད་གནས་ཚུལ་ཏེ་གཞན་དང་མི་འདྲ་བའི་ས་མཐོའི་དམིགས་བསལ་གྱི་ཁྱད་ཆོས་ལ་གཞིགས་ཏེ་ནད་པ་རྣམས་ལ་སྨན་བཅོས་གནང་བའི་ཉམས་མྱོང་ཕྱོགས་བསྡོམས་དང་འབྲེལ་སྦྱར་བས་ཞིབ་ཚ་ཆེ་བའི་རྒྱུད་བཞིའི་འགྲེལ་པ་གསར་རྩོམ་གནང་བ་དང་། སྨན་སྦྱོར་གསར་བཟོ་མཛད་པ། ཐ་ན་སྨན་རྫས་ཀྱི་ངོས་འཛིན་ཡན་ཆད་བྱང་བདག་རྣམ་རྒྱལ་གྲགས་ཆེན་ནས་མིའི་ཉེ་མ་མཐོང་བ་དོན་ལྡན་སོགས་ལས་བརྒྱུད་དེ་བྱང་ལུགས་ཀྱི་ཐུན་མོང་མིན་པའི་ཁྱད་ཆོས་རྣམས་རིམ་བཞིན་བོད་ཁམས་ཡོངས་ལ་དར་འཕེལ་བྱུང་། དཔེར་ན་བྱང་བདག་རང་ཉིད་ཀྱིས་གསོ་རིག་སྐོར་གསུང་རྩོམ་མང་པོ་གནང་ཡོད་པའི་ནང་ནས《 རྒྱུད་

བཞིའི་འགྲེལ་འགྲེལ་པ་རྒྱུད་དོན་རབ་གསལ་》《བཤད་རྒྱུད་འགྲེལ་པ་བདུད་རྩིའི་ཆུ་རྒྱུན་》《ཕྱི་རྒྱུད་འགྲེལ་པ་དགོས་འདོད་ཀུན་འབྱུང་》ལ་སོགས་པ་ད་ལྟ་ཡང་དཔེ་རྒྱུན་བཞུགས་ཡོད་པ་མ་ཟད། དེ་དག་ཐམས་ཅད་གསོ་བ་རིག་པའི་སྐོར་གྱི་ཚད་མའི་བསྟན་བཅོས་ཤ་སྟག་ཡིན་པ་དང་། ཁོང་གི་ཐུགས་སྲས་མིའི་ཉི་མ་མཐོང་བ་དོན་ལྡན་གྱིས་ཀྱང་《གསོ་དཔྱད་ཀྱི་རྒྱལ་པོ་》དང་། རྒྱུད་བཞིའི་འགྲེལ་པ་《བཀོད་པ་རྣམ་བཞི་》《མ་ལ་ཡའི་བཀའ་འགྲེལ་འདོད་འཇོ་ཆེ་ཆུང་》སོགས་སྨན་དཔེ་མང་པོ་མཛད་ཡོད་པ་བཅས་ཀྱིས་བོད་ཀྱི་གསོ་བ་རིག་པའི་ཐད་བྱང་པ་རྣམ་རྒྱལ་གྲགས་བཟང་གི་བཞེད་སྲོལ་ཐུན་མོང་མིན་པ་འཕེལ་རྒྱས་དང་ཕན་ཡོན་ཆེན་པོ་བྱུང་ཡོད།

བྱང་ལུགས་དྲི་མ་མེད་པའི་རྒྱུད་འཛིན་ལྷ་བཙུན་བཀྲ་ཤིས་དཔལ་བཟང་དང་། ལེགས་གྲུབ་དཔལ། ཤེས་རབ་དཔལ་ལྡན། བསྟན་པ་དར་རྒྱས། བདུད་རྩི་འགྱུར་མེད། རྣམ་རྒྱལ་རྡོ་རྗེ་སོགས་སྨན་པ་མཁས་ཅན་མང་པོ་བྱུང་ཡོད་པ་མ་ཟད། ཕྱིས་གསོ་དཔྱད་བསྟན་པའི་སྒྲོན་མེ་སྡེ་སྲིད་སངས་རྒྱས་རྒྱ་མཚོ་ལ་སོགས་པ་མཁས་པའི་དབང་པོ་བར་མ་ཆད་པ་བྱོན་པ་རྣམས་ཀྱིས་འགྲོ་བ་ནད་པའི་ཟུག་རྔུ་དྲུངས་ནས་འབྱིན་པའི་མཛད་རྗེས་ཧླབས་པོ་ཆེ་བཞག་ཡོད།

ཟུར་ལུགས་ནི། ཐོག་མ་མཁས་མཆོག་དབང་ཕྱུག་གྲགས་པ་དང་། རིག་འཛིན་ཕུན་ཚོགས་སོགས་ལས་བརྒྱུད་དེ་མཁས་གྲུབ་གཉིས་ལྡན་གྱི་སྐྱེས་བུ་ཟུར་མཁར་མཉམ་ཉིད་སོཏ་ཀྱིས་དྭགས་ཀོང་གཙོ་བོར་གྱུར་པའི་བོད་ཀྱི་ས་བབས་དམའ་བའི་ལྷོ་རོང་ཁུལ་གནམ་གཤིས་དྲོ་ལ་བརླན་ཤས་ཆེ་བ་སོགས་ཀྱི་ཡུལ་དུས་དང་། གནམ་གཤིས། དེ་ལ་བརྟེན་པའི་འབམ་གྲུམ་སོགས་འབྱུང་

སླ་བའི་ནད་གཞི་གཞན་དང་མི་འདྲ་བ་དེ་ཚོར་སྨན་བཅོས་བྱེད་ཐབས་ངོ་མཚར་ཅན་གྱི་ཉམས་མྱོང་ཕྱོགས་བསྡོམས་དང་། མུ་མཐུད་གོང་འཕེལ་བཏང་ནས་རྒྱུད་བཞི་རྩ་བའི་རྨང་གཞིར་མཛད་དེ་རང་ལུགས་སམ་ཟུར་ལུགས་ཀྱི་བཞེད་སྲོལ་རྒྱ་ཆེར་གཏོང་གནང་མཛད་པས་བོད་ལྗོངས་རྒྱུད་ཁུལ་གྱི་མང་ཚོགས་རྒྱ་ཆེན་པོར་ནད་འགོག་ནད་བཅོས་ཐད་ལ་མཛད་རྗེས་གཟིངས་སུ་ཐོན་པ་བྱུང་ཡོད།

ཟུར་ལུགས་ཀྱི་ཁྱད་ཆོས་ལྡན་པའི་གསུང་རྩོམ་སྐོར། ཟུར་ལུགས་སྨྲ་བའི་དབང་པོ་ཟུར་མཁར་མཉམ་ཉིད་རྡོ་རྗེས《ཕྱི་རྒྱུད་སྨན་ངོ་གསལ་བྱེད་བདུད་རྩིའི་སྒྲོན་མེ་》སོགས་དང་། ཟུར་མཁར་བློ་གྲོས་རྒྱལ་པོས《རྩ་རྒྱུད་ཀྱི་བཤད་པ་མེས་པོའི་ཞལ་ལུང་》དང་། 《ཕྱི་རྒྱུད་རྩ་ཆུའི་མེས་པོའི་ཞལ་ལུང་》སོགས་བཀའ་རྩོམ་མཛད་པ་མ་ཟད། ཧོང་ལྷོ་ཁ་གྲ་ཐང་དུ་ཕེབས་དུས་སྟེ་པ་ཡར་རྒྱབ་པས་སྦྱིན་བདག་མཛད་དེ་བོད་ཀྱི་གསོ་རིག་ལོ་རྒྱུས་ཐོག་ཐེངས་དང་པོ་ཡིན་པའི《གྲ་ཐང་རྒྱུད་བཞི་》ཞེས་སྐད་གྲགས་ཅན་དེ་པར་སྐྲུན་གནང་བས་བོད་ཀྱི་ཡུལ་གྲུ་རྒྱ་ཆེན་པོར་རྒྱུད་བཞིའི་འཆད་ཉན་དར་འཕེལ་འགྲོ་རྒྱུར་སྐུལ་མ་ཤུགས་ཆེན་བྱུང་ཡོད།

ཟུར་ལུགས་ཀྱི་རྒྱུད་འཛིན་ལ་མང་ཐོས་ཟླ་བའི་དབང་པོ་དང་། སེམས་པ་ཆེན་པོ་བློ་བཟང་རྒྱ་མཚོ། དྲང་སྲོང་བསྟན་འཛིན་རྒྱལ་པོ། བྱང་ངོས་ནང་སོ་དར་རྒྱས། ཉི་ཐང་སྨན་མཁྱེན་བློ་བཟང་བརྒྱ་མཚོ། གནམ་གླིང་པཎ་ཆེན་དཀོན་མཆོག་ཆོས་གྲགས། དར་མོ་སྨན་རམ་པ་བློ་བཟང་ཆོས་གྲགས་སོགས་གསོ་རིག་མཁས་པའི་དབང་པོ་མང་པོ་བྱུང་ཡོད།

སྐར་རྩིས་རིག་པའི་སྐོར།

བྱང་བདག་རྣམ་རྒྱལ་གྲགས་བཟང་གིས་ཁྱད་དུ་འཕགས་པའི་མཛད་རྗེས་འཇོག་གནང་མཛད་པ། བྱང་བདག་གི་གསུང་རྩོམ་ནང་ནས་མཚོན་ཐུབ་པ་ལྟར་མཁས་པ་འདི་ཉིད་ཀྱིས་དགེ་བའི་བཤེས་གཉེན་ཚད་ལྡན་དུ་མའི་ཞབས་ལ་གཏུགས་ནས་མདོ་སྔགས་ཀྱི་གཞུང་ཆེན་པོ་རྣམས་དང་། ལྷག་པར་དཔལ་དུས་ཀྱི་འཁོར་ལོའི་སྐོར་ཆོས་རྗེ་བརྩོན་འགྲུས་རྒྱལ་མཚན་དང་། ཇོ་བཟང་པ་ཆེན་པོ་རྒྱལ་བ་དཔལ་ལ་སོགས་པ་བསྟེན་ནས་གསན་བསམ་མཐར་ཕྱིན་པ་གནང་སྟེ་མཁས་པའི་མཁས་པར་འགྱུར་བར་མཛད་ནས་དཔལ་དུས་ཀྱི་འཁོར་ལོའི་སྐོར་དང་། སྤྱི་དང་བྱེ་བྲག་གི་རྩིས་ཀྱི་བསྟན་བཅོས་མང་པོ་བཀའ་རྩོམ་མཛད་ནས་བོད་ཀྱི་སྐར་རྩིས་རིག་པར་མཁས་པའི་སྙན་གྲགས་ཕྱོགས་བཅུར་ཁྱབ་པ་ཡིན་ཏེ་རྩེད་ཐང་པ་སངས་རྒྱས་ལྷུན་གྲུབ་པས་དམ་པ་འདི་ཉིད་ལས་དུས་ཀྱི་འཁོར་ལོ་སོགས་རྒྱལ་སྲས་བྱང་ཆུབ་སེམས་པའི་འགྲེལ་པ་གཞུང་ཕྲན་མཐའ་དག་གསན་པ་མཐར་ཕྱིན་ནས་དབུས་ཕྱོགས་སུ་ཕེབས་ཏེ་པཎ་ཆེན་བྱམས་གླིང་པ་བསོད་ནམས་རྒྱལ་བ་དང་དུས་འཁོར་རྒྱུད་འགྲེལ་སྐོར་གསུང་འཕྲོས་བྱུང་བར་བྱམས་གླིང་པས་དུས་འཁོར་རྒྱུད་འགྲེལ་སྐོར་གྱི་ཛའི་འགྱུར་དང་། ཤོང་འགྱུར། བུ་སྟོན་རིན་ཆེན་གྲུབ། དོལ་བུ་སངས་རྒྱས་ཡེ་ཤེས། བོ་དོང་བ་ཆེན་པོ། ས་བཟང་མ་ཏི་པཎ་ཆེན་སོགས་ཀྱི་བཞེད་པ་དང་། འགྱུར་འགྲེལ་མང་པོའི་གནས་ལུགས་དང་འབྲེལ་བར་ད་ལྟའི་རིགས་ལྡན་རྣམ་རྒྱལ་གྲགས་བཟང་གི་གསུང་འདི་རྣམས་ནི་རིགས་ལྡན་པདྨ་དཀར་པོ་དངོས་ཀྱི་བཀའ་སྩལ་བ་དང་ཁྱད་མེད་པ་ཞིག་སྟེ་སྔར་ངེད་རང་གིས་ཀྱང་དུས་ཀྱི་འཁོར་ལོའི་སྐོར་རྩོམ་ཙུང་ཟད་བྱས་ཡོད་པ་ཀུན་ལ་ཡང་ངེས་པར་བཅོས་དགོས་པ་མང་པོ་འདུག་གསུངས་པ་མ་ཟད། ཕྱིས་པཎ་ཆེན་

བྱམས་གླིང་པས་ཤོང་གི་བཀའ་རྩོམ་འགར་བཅོས་ཀྱང་གནང་བ་བཅས་བྱང་བདག་ཉིད་ཀྱིས་དུས་ཀྱི་འགོར་ལོའི་རྒྱུད་ཀྱི་འཆད་ཉན་དང་། བོད་ཀྱི་སྐར་རྩིས་རིག་པའི་སྐོར་སྟར་ན་མ་གྲགས་པའི་བསྟན་བཅོས་མང་པོ་གསར་རྩོམ་གནང་ཡོག་དེ་དག་གི་འཆད་ཉན་ཇི་སྲིད་བར་མི་ནུབ་པའི་ཆེད་སློབ་བརྒྱུད་མང་པོ་གསོ་སྐྱོང་གནང་བ་བཅས་ཀྱི་མཛད་རྗེས་ལ་ང་ཚོས་སྙིང་ཐག་པ་ནས་བསྔགས་བརྗོད་ཞུ་འོས་པ་དང་། བྱང་བདག་རྣམ་རྒྱལ་གྲགས་བཟང་གི་སྐར་རྩིས་རིག་པའི་སྐོར་གྱི་མཛད་རྗེས་འདིའི་ཡོག་ནས་ཕག་མོ་གྲུབ་པའི་དུས་བོད་ཀྱི་སྐར་རྩིས་རིག་པ་འཕེལ་རྒྱས་སོང་བ་གསལ་པོར་མཚོན་གྱི་ཡོད། གཞན་ཡང་དུས་སྐབས་དེའི་རིང་སྐར་རྩིས་རིག་པའི་སྐོར་མཛད་རྗེས་ཁྱད་པར་འཕགས་པ་བུ་སྟོན་ཐམས་ཅད་མཁྱེན་པ་དང་། དོལ་བུ་པ་ཤེས་རབ་རྒྱལ་མཚན། རྩིས་རིག་མཁས་པའི་དབང་པོ་རྒྱ་མཚོ་རྣམ་གསུམ་སྟེ་གཙང་ཆུང་ཆོས་གྲགས་རྒྱ་མཚོ། མཁས་གྲུབ་ནོར་བཟང་རྒྱ་མཚོ། ཕུག་པ་ལྷུན་གྲུབ་རྒྱ་མཚོ་ལ་སོགས་པ་མང་པོ་ཐོན་པ་རྣམས་ཀྱིས་ཀྱང་བོད་ཀྱི་སྐར་རྩིས་རིག་པའི་ལག་ལེན་འཕེལ་རྒྱས་ཆེས་ཆེར་གཏོང་གནང་མཛད་ཡོད་པ་བཅས་ཕག་གྲུའི་དུས་བོད་ཀྱི་སྨན་རྩིས་བྱ་གཞག་འཕེལ་རྒྱས་བྱུང་བའི་ལོ་རྒྱུས་འདི་དག་ནི་བྱང་བདག་རྣམ་རྒྱལ་རྒྱལ་གྲགས་བཟང་གི་རྣམ་ཐར་དང་། དཔྱིད་ཀྱི་རྒྱལ་མོའི་གླུ་དབྱངས།

དེང་དུས་ཁྱོན་པ་མཁས་པའི་དབང་པོ་བྱམས་པ་འཕྲིན་ལས་ཀྱིས་མཛད་པ《བོད་ཀྱི་གསོ་རིག་སྨན་རྫས་ཀྱི་ཕོག་མའི་བྱུང་ཚུལ་དང་། འཕེལ་རྒྱས་སྐོར་རགས་ཙམ་བརྗོད་པ་གཞོན་ནུ་ཀུན་ཏུ་དགའ་བའི་གཏམ》ཞེས་བྱ་བ་སོགས་ལས་བཏུས་ཏེ་བཀོད་པ་ལགས་སོ།

(4) བོད་ཀྱི་ལོ་རྒྱུས་དེབ་ཐེར་སྐོར།

བོད་ཀྱི་ལོ་རྒྱུས་དེབ་ཐེར་ལ་མཚོན་ན་འདང་དེང་དུས་ལོ་རྒྱུས་སྙིང་བ་རྩོམ་པའི་དཔྱད་གཞི་ཚད་ལྡན་གྱི་ཡིག་ཆ་ཆོས་འབྱུང་མཁས་པའི་དགའ་སྟོན་དང་། དེབ་ཐེར་སྔོན་པོ། དེབ་དམར་གསར་རྙིང་། རྒྱ་བོད་ཡིག་ཚང་མཁས་པ་དགའ་བྱེད་ལ་སོགས་པའང་ཕག་མོ་གྲུ་པའི་དུས་སྐབས་སུ་བརྩམས་པ་ཤ་སྟག་ཡིན་པ་གཞམ་དུ་རྩོམ་པ་པོ་སོ་སོའི་རྣམ་ཐར་དང་སྦྲགས་དམིགས་བཀར་གྱི་ཞུ་རྒྱུ་ནས་མཁྱེན་ཐུབ།

(5) ཆོས་ལུགས་གྲུབ་མཐའི་སྐོར།

ལྷག་པར་ཆོས་ལུགས་ཀྱི་ངོས་ནས་བཤད་ན་འདང་རི་བོ་དགེ་ལུགས་པ་དང་། བུ་སྟོད་ལུགས། ཇོ་ནང་ལུགས། བོ་དོང་ལུགས་ལ་སོགས་པའི་གྲུབ་མཐའ་མི་འདྲ་བ་མང་པོ་གསར་དུ་དར་ཡོད་ལ་གྲུབ་མཐའ་དེ་དག་སོ་སོ་ལས་ཀྱང་མཁས་པའི་ཁྱུ་མཆོག་རྒྱ་སྐར་གྱི་ཚོམ་བུ་ཇི་བཞིན་བྱོན་པ་རྣམས་ཀྱིས་སངས་རྒྱས་ཀྱི་བསྟན་པའི་ནང་དོན་རིག་པ་དང་། བོད་མི་རིགས་ཀྱི་རིག་གནས་འཕེལ་རྒྱས་གཏོང་བར་མཛད་རྗེས་ རླབས་པོ་ཆེ་བཞག་ཡོད།

(6) འཛུགས་སྐྲུན་སྐོར།

འཛུགས་སྐྲུན་གྱི་ཐད་ནས་བཤད་ན་འདང་། དགེ་ལུགས་པའི་གདན་ས་ཆེན་པོ་བཞི་དང་། དཔལ་ལྡན་རྒྱུད་གྲྭ་སྟོད་སྨད། ངོར་ཨེ་ཝཾ་ཆོས་སྡེ། རྒྱལ་རྩེ་དཔལ་འཁོར་ཆོས་སྡེ། རྩེད་ཐང་ཆོས་སྡེ། ཐུབ་བསྟན་རྣམ་རྒྱལ་གླིང་། ཐུབ་བསྟན་གསེར་མདོག་ཅན་ལ་སོགས་པའི་གྲུབ་མཐའ་རིས་སུ་མ་ཆད་པའི་དགོན་སྡེ་མང་པོ་ཕྱག་བཏབ་པའི་གཙུག་ལག་ཁང་བཀོད་པས་ཁྱད་པར་འཕགས་པ་བོད་རིགས་ངལ་རྩོལ་མི་དམངས་ཀྱི་བློ་གྲོས་ཀྱི་སྙིང་བཅུད་

གསར་དུ་བཞེངས་པ་དང་། ར་ས་འཕྲུལ་སྣང་དང་། བསམ་ཡས་སོགས་བཙན་པོའི་སྐུ་དུས་བསྐྲུན་པའི་འཛུགས་སྐྲུན་ཁྱད་པར་འཕགས་པ་བར་སྐབས་ཉམས་ཆག་ཏུ་གྱུར་རིགས་ལའང་ཉམས་གསོ་རྒྱ་ཆེ་བྱས་པ་བཅས་དེ་དག་ལ་མི་རིགས་ལག་ཤེས་བཟོ་རིགས་སྣ་ཚོགས་ཀྱི་སྒྱུ་རྩལ་ཕུལ་དུ་བྱུང་བ་མངོན་པར་བྱས་ཡོད་པ་དང་། དེ་བཞིན་སྐུ་རྟེན་གསར་བཞེངས་ལ་ཆ་མཚོན་ན། བོད་དུ་སིལ་བུའི་དུས་རབས་ཀྱི་སྨད་ཆར་ཁྲོ་ཕུ་ལོ་ཙཱ་བས་བཞེངས་པའི་ཁྲོ་ཕུ་བྱམས་ཆེན་དང་། དུས་རབས་འདིའི་སྟོད་ཆར་པཎ་ཆེན་སྐུ་ཕྲེང་དགུ་པ་ཐུབ་བསྟན་ཆོས་ཀྱི་ཉི་མས་གསར་བཞེངས་མཛད་པའི་བཀྲ་ཤིས་ལྷུན་པོའི་བྱམས་ཆེན་གཉིས་ཕུད། དེ་ཕྱིངས་ངམ་རིང་བྱམས་ཆེན་དང་། རོང་བྱམས་ཆེན། བཀྲས་ལྷུན་འདུ་ཁང་ཆེན་མོའི་བྱམས་ཁང་གི་བྱམས་ཆེན། འབྲས་སྤུངས་དགོན་པའི་བྱམས་པ་མཐོང་གྲོལ་མ་ལ་སོགས་པ་ཚང་མ་ནི་ཕག་གྲུའི་དུས་སྐབས་ཏེ་སྤྱི་ལོའི་དུས་རབས་བཅོ་ལྔ་པའི་ནང་བཞེངས་པ་ཤ་སྟག་ཡིན། སྐུ་རྒྱུ་གསེར་ཟངས་ལས་གྲུབ་པའི་གོང་གསལ་བྱམས་ཆེན་དྲུག་པོའི་ནང་གསེས་ལ་ཆེ་ཆུང་ཁྱད་པར་ཡོད་ནའང་། སྤྱི་ཡོངས་ནས་བཤད་ན་འདི་དག་གི་སྐུ་ཚད་ནི་རང་རྒྱལ་སྨོས་ཅི། ཕལ་ཆེར་འཛམ་བུའི་གླིང་ཆེན་འདིའི་ནང་དུ་གསེར་ཟངས་ལས་གྲུབ་པའི་སྐུ་བརྙན་གྱི་སྐུ་ཚད་རྒྱས་ཤོས་ཡིན་པར་བརྗོད་ཀྱང་མི་རུང་བ་མེད་སྙམ།

ཐུགས་རྟེན་ལ་ཆ་བཞག་ན། ངམ་རིང་རྫོང་ཁོངས་སུ་ཡོད་པའི་གཙུང་རི་བོ་ཆེའི་སྐུ་འབུམ་དང་། ལྷ་རྩེ་རྫོང་ཁོངས་སུ་ཡོད་པ་རྒྱང་འབུམ་མོ་ཆེ། ས་སྐྱ་རྫོང་ཁོངས་སུ་ཡོད་པ་ཁྲོ་ཕུའི་འབུམ་མོ་ཆེ། རྒྱལ་རྩེ་རྫོང་ཁོངས་སུ་ཡོད་པ་དཔལ་འཁོར་ཆོས་སྡེའི་སྐུ་འབུམ་ལ་སོགས་པ་བོད་དུ་ཆེ་ཤོས་ཀྱི་ཚད་

དུ་འཛོག་པའི་སྐུ་འབུམ་འདི་རྣམས་ཀྱང་ཕག་མོ་གྲུ་པའི་དུས་ སྔ་རྗེས་སུ་བསྐྲུན་པ་ཤ་སྟག་ཡིན།

(7) ཟམ་བཟོའི་སྐོར།

གྲུབ་པའི་དབང་ཕྱུག་ཐང་སྟོང་རྒྱལ་པོས་སྦྲེལ་གཏོང་དར་སྤེལ་གནང་བར་བརྟེན་ནས་བོད་ཀྱི་སྲིད་པའི་ཆུ་ཀླུང་ཆེན་པོ་རྣམས་ལ་ལྕགས་ཟམ་གྱི་དྲ་བ་དུ་མ་གསར་དུ་ཚུགས་པ་བཅས་ཚབས་ཆེ་བའི་རིག་གནས་དངོས་པོའི་འཛུགས་སྐྲུན་དེ་ལྟ་བུ་བསྟུད་མར་སྐྲུན་པ་ལ་དཔལ་འབྱོར་གྱི་རྨང་གཞི་ཡར་རྒྱས་ངེས་ཅན་ཞིག་མེད་པར་ཡོང་ཐབས་བྲལ་བ་ནི་མཐོང་སླ་བ་ཡིན་ནོ།

(8) ཤིང་འཛུགས་ནགས་བཟོའི་སྐོར།

ཕག་གྲུ་སྡེ་སྲིད་ཀྱིས་ཡུལ་ལུང་དར་རྒྱས་ཡོང་བའི་ཆེད་དུ་ཤིང་འཛུགས་ནགས་བཟོའི་བྱ་བ་དེ་ག་སྙིགས་ཆེར་བཟུང་བས་སྐབས་དེར་བོད་ཀྱི་ས་ཁུལ་ཚང་མར་ཤིང་འཛུགས་ནགས་བཟོའི་བྱ་བ་གོང་འཕེལ་བྱུང་སྟབས་ཡུལ་ལུང་ཉམས་དགའ་བའི་རྣམ་པར་སྟར་དང་མི་འདྲ་བའི་འགྱུར་ལྡོག་བྱུང་བ་མ་ཟད། ཤིང་འཛུགས་བྱ་གཞག་འཕེལ་རྒྱས་ཀྱི་འབྲས་བུར་མི་རབས་རྗེས་མར་ཤིང་ཆའི་དགོ་བེད་ཐད་མི་འཛད་པའི་གཏེར་ལྟ་བུར་འགྱུར་བ། དེ་བཞིན་དེའི་དུས་མི་རིགས་པོ་མོའི་ཆས་གོས་དང་། རིན་པོ་ཆེའི་རྒྱན་སྤྲས་ལ་ཡང་དང་ཞིན་ཆེན་པོ་བྱུང་བའི་ལོ་རྒྱུས་ཡོད་པ་བཅས་དེ་དག་ལས་ཕག་མོ་གྲུ་པའི་དུས་སྐབས་སྤྱི་དང་། ལྷག་པར་ཕག་གྲུའི་དུས་སྟོད་ནི་བོད་ཀྱི་དཔལ་འབྱོར་དང་། རིག་གནས་འཕེལ་རྒྱས་ཆེན་པོ་བྱུང་བ་ནུས་ལྡན་གྱི་གསལ་བཤད་ཐུབ་པ་ཡིན་ནོ།

བཞི་པ། ཕག་མོ་གྲུ་པའི་དུས་དར་བའི་དགེ་ལུགས་པའི་གྲུབ་མཐའི་སྐོར།

1. རྗེ་ཙོང་ཁ་པ་བློ་བཟང་གྲགས་པའི་དཔལ་གྱི་རྣམ་ཐར་མདོར་བསྡུས།

རི་བོ་དགེ་ལུགས་པའི་གྲུབ་མཐའ་གསར་གཏོད་མཛད་པོ། རྗེ་ཙོང་ཁ་པ་བློ་བཟང་གྲགས་པའི་དཔལ་ནི། མདོ་ཁམས་སྨད་ཀྱི་སའི་ཆ་ཤར་ཙོང་ཁ་ཞེས་པའི་ཡུལ་དུ་མལ་གྱི་རིགས་ལས་བྱུང་བ་ཡབ་དར་ཁ་ཆེ་ཀླུ་འབུམ་དགེ་དང་། ཡུམ་ཤིང་བཟའ་ཨ་ཆོས་གཉིས་ལ་སྲས་དྲུག་མངའ་བའི་སྲས་བཞི་པར་སྤྱི་ལོ1357 བོད་རབ་བྱུང་དྲུག་པའི་མེ་བྱ་ལོར་ངོ་མཚར་བའི་ལྟས་དང་བཅས་ཏེ་སྐུ་བལྟམས།

དགུང་ལོ་གསུམ་པར་ཆོས་རྗེ་ཀརྨ་པ་རོལ་པའི་རྡོ་རྗེ་ལས་དགེ་བསྙེན་གྱི་སྡོམ་པ་བཞེས་པའི་མཚན་ཀུན་དགའ་སྙིང་པོ་ཞེས་བྱ་བར་གསོལ་ཞིང་། དེའི་རྗེས་ཡབ་ཀྱི་ཆོས་རྗེ་དོན་གྲུབ་རིན་ཆེན་པ་ཁྱིམ་དུ་གདན་དྲངས་པའི་སྐབས། ཆོས་རྗེ་དོན་གྲུབ་རིན་ཆེན་གྱིས་ཡབ་ལ་རྟ་དང་ལུག་ལ་སོགས་པ་ཟང་ཟིང་གི་གནང་སྦྱིན་དཔག་ཏུ་མེད་པ་མཛད་ནས་ཁྱོད་ཀྱི་བུ་འདི་ང་ལ་ཕུལ་ཅིག་ཅེས་བཀའ་གནང་བ་ཡབ་ཀྱིས་ཀྱང་སྤྲོ་བ་དང་བཅས་པས་ཕུལ་བ་ལྟར་དགུང་ལོ་བདུན་ལ་ཉེ་བའི་ཚེ་ཆོས་རྗེ་དོན་གྲུབ་རིན་ཆེན་གྱི་ཞབས་དྲུང་དུ་ཕེབས། ཆོས་རྗེས་གསང་སྔགས་ཀྱི་དཀྱིལ་འཁོར་དུ་མས་དབང་བསྐུར། གསང་མཚན་དོན་ཡོད་རྡོ་རྗེ་ཞེས་བྱ་བ་བཏགས།

དགུང་ལོ་བདུན་པའི་སྐབས་ཆོས་རྗེ་དོན་གྲུབ་རིན་ཆེན་པས་མཁས་པོ་དང་། གཞོན་ནུ་བྱང་ཆུབ་ཀྱིས་སློབ་དཔོན་མཛད་དེ་ཚོགས་ སྡེ་མ་དགེ་ཚུལ་གྱི་སྡོམ་པ་བཞེས་པའི་མཚན་དུ་བློ་བཟང་གྲགས་པའི་དཔལ་ཞེ་བྱ་བར་གསོལ་ཏོ།

ཆོས་རྗེ་དོན་གྲུབ་རིན་ཆེན་པས་རྗེ་བདག་ཉིད་ཆེན་པོ་འདི་བསྟན་པ་རིན་པོ་ཆེའི་བདག་པོར་འགྱུར་བའི་ཐུགས་རེས་སྐྱ་ཁྲིས་པའི་དུས་ནས་སྐྱོང་སྐྱོང་བ་དང་། འཇམ་དཔལ་དབྱང་དང་དབྱངས་ཅན་མ་ལ་སོགས་པའི་སྒོ་ནས་ཤེས་རབ་འཕེལ་བའི་ཐབས་དུ་མ་མཛད་པ་སོགས་ཇི་ལྟར་སྨན་གྱི་ལྗོན་ཤིང་ཆེན་པོ་མངོན་པར་འགྲུབ་པའི་སྙུ་གུ་ལྟར་ལེགས་པར་བསྐྱངས་ཤིང་། ཕྱིས་དབུས་གཙང་དུ་འབྱོན་པའི་ རྫོང་བདག་དང་དོ་དམ་སོགས་ཀྱང་ཤིན་ཏུ་ཆེ་བར་མཛད་པས་བཀའ་དྲིན་ལྷག་པར་ཆེ་བ་ཡིན་ཞེས་གསུངས་ཤིང་། ཁོང་མྱུ་ངན་ལས་འདས་རྗེས་དུས་མཆོད་མ་ཆག་པར་མཛད།

དེ་ཡང་དགུང་ལོ་བཅུ་དྲུག་པ་སྤྱི་ལོ1372ཆུ་བྱི་ལོ་དབུས་གཙང་ཕྱོགས་སུ་འབྱོན་པར་བརྩམ་པའི་ཚེ་ཆོས་རྗེ་དོན་གྲུབ་རིན་ཆེན་པས་ཇི་ལྟར་བགྱི་བའི་རིམ་པ་ཞལ་གདམས་ཚིགས་སུ་བཅད་པའི་སྒོ་ནས་འདོམས་པར་མཛད།

དགུང་ལོ་བཅུ་བདུན་པ་སྤྱི་ལོ1373ཆུ་གླང་ལོ་ཆོས་རྗེ་དེ་ཉིད་ནས་དངོས་པོའི་མཐུན་རྐྱེན་སྦྱར་ཏེ་འབྲི་གུང་པའི་འབུལ་དཔོན་ལྡན་མ་རིན་ཆེན་དཔལ་གྱིས་ཤར་ཙོང་ཁའི་ཡུལ་ནས་དབུས་གཙང་དུ་གདན་དྲངས་ཏེ་སྟོན་དུས་འབྲི་གུང་མཐིལ་དུ་ཕྱག་ཕེབས། འབྲི་གུང་གི་སྤྱན་སྔ་ཆོས་ཀྱི་གྲགས་པ་དང་མཇལ་ཏེ་ཟབ་ཆོས་མང་དུ་གསན་པ་དང་།

ཚལ་གྱི་སྨན་པ་དཀོན་ཙོག་སྐྱབས་ལ་གསོ་དཔྱད་གསན་ཅིང་རྒྱུད་བཞི་ཐུགས་འཛིན་གནང་། སྐྱེ་ཐང་བདེ་བ་ཅན་དུ་མཁན་པོ་བཀྲ་ཤིས་སེང་གེ་དང་། ཡེ་ཤེས་སེང་གེ་གཉིས་ལ་ཆོས་འབྲེལ་གསན། བདེ་བ་ཅན་གྱི་བླ་མ་འཇམ་རིན་པར་བྱམས་ཆོས་རྣམས་གསན་ཅིང་ཐུགས་སུ་ཆུད་བླ་མ་དམ་པ་བསོད་ནམས་རྒྱལ་མཚན་དང་། མཁན་ཆེན་རིན་པོ་ཆེ་རྣམ་རྒྱལ་པཎ་ཆེན་མ་ཏི་པ་རྣམས་ལ་འཇམ་དབྱངས་བདེ་མཆོག་སོགས་འགའ་ཞིག ས་བཟང་པའི་དྲུང་དུ་ཆོས་བཀའ་དང་སྒྲ། པོ་དོང་ཕྱོགས་ལས་རྣམ་རྒྱལ་ལ་སྦྱོར་བ་ཡན་ལག་དྲུག་པ། སྨར་ཐང་ལོ་ཙཱ་བ་དོན་བཟང་ལ་མཛོད་དང་ཚད་མའི་ཊཱི་ཀཱ་སོགས་གསན་ཅིང་། གཉགས་དཔོན་ཀུན་དགའ་དཔལ་ལ་ཕར་ཕྱིན། རེད་མདའ་བ་གཞོན་ནུ་བློ་གྲོས་ལ་མཛོད་རང་འགྲེལ། དབུ་ཚད། སྔགས་སོགས་ཇི་སྙེད་གསན་ཅིང་བླ་མའི་གཙོ་བོར་འཛིན། ལོ་ཆེན་བྱང་ཆུབ་རྩེ་མོ་ལ་མངོན་པ་ཀུན་བཏུས། སྐྱོར་ལུང་མཁན་པོ་བློ་གསལ་བ་ལ་འདུལ་མཛོད། ལོ་ཙཱ་ནམ་མཁའ་བཟང་པོར་སྙན་ངག་མེ་ལོང་ལ་བཤད་རྒྱུགས། རྗེ་བཙུན་པ་ལ་དབུ་ཚད་དང་། མངོན་པ་སོགས་གསན་ཅིང་། ས་སྐྱ། རྩེད་ཐང་། ལ་སྟེང་། སྨར་ཐང་སོགས་སུ་གྲྭ་སྐོར་མཛད་པ་སོགས་རྒྱུའི་ཐེག་པ་མཐའ་དག་ལ་མཁས་པའི་རྩེ་མོར་སོན།

དགུང་ལོ་ཉི་ཤུ་ལྷག་ཙམ་ལ་ཕེབས་སྐབས་ཡར་ཀླུང་རྣམ་རྒྱལ་སྒང་དུ་ཁ་ཆེ་པཎ་ཆེན་གྱི་སྡོམ་རྒྱུན་འཛིན་པ་བཀའ་བཞི་པ་ཚུལ་ཁྲིམས་རིན་ཆེན་གྱིས་མཁན་པོ་དང་། བྱེ་རྡིང་ཚོགས་པའི་མཁན་པོ་ཤར་མགོན་པས་སློབ་དཔོན། བྱེ་རྡིང་པའི་དབུ་མཛད་བསོད་ནམས་རྡོ་རྗེས་གསང་སྟོན་མཛད་དེ་ཚོགས་ཕྱི་མ་བསྙེན་པར་རྫོགས་པ་དེ་ནས་དར་ཡུལ་བ་ལ་གསང་སྔགས་སྙིང་

མའི་སྐོར་གྱི་སློབ་དཔོན་ཆེན་པོའི་སྙིང་གཏམ་ཤོག་དྲིལ་མ་སོགས་ཤོག་སེར་དང་། ཚེ་སྒྲུབ། རྟ་མགྲིན་གྱི་སྐོར་སོགས་གསན། གདན་ས་ཐེལ་སྤྱན་སྔ་ཆོས་གྲགས་པར་ནཱ་རོ་ཆོས་དྲུག་སོགས་དང་སྒྲ་གསན། བླ་མ་ཡེ་ཤེས་རྒྱལ་མཚན་ལ་དུས་འཁོར་རྩ་བ་འགྲེལ་ཆེན་སོགས་ཞིབ་པར་གསན་ཅིང་རྒྱ་མཚན་གྱི་སྐར་རྩིས་ལ་ཡང་མཁས་པར་མཛད། བླ་མ་བདེ་ཆེན་ཆོས་དཔལ་ལའང་དུས་འཁོར་དང་རྡོ་རྗེ་འཕྲེང་བའི་དབང་ལུང་མཛུབ་ཁྲིད་གར་ཐིག་དབྱངས་སོགས་དང་། རྡོ་རྗེ་སྙིང་འགྲེལ། གསང་འདུས་ལུགས་གཉིས། བུ་སྟོན་གྱི་ཡིག་ཆ་སོགས་དུ་མ་གསན། ཁྱུང་པོ་ལྷས་པ་ཡོ་གའི་སྐོར་གྱིས་ཐོག་དྲངས་རྒྱུད་སྡེ་འོག་མ་རྣམས་ཀྱི་བཀའ་དང་དབང་གི་ཆུ་བོ་རྒྱུན་མ་ཆད་པར་ཡོད་པ་རྣམས་བུམ་པ་གང་བྱའི་ཚུལ་གྱིས་བཞེས། སྡེ་སྣོད་འཛིན་པ་རྒྱལ་མཚན་གྲགས་པར་ཡོ་གའི་གར་དབྱངས་དག་ཐེར་མཛད། གྲུབ་ཆེན་དཔའ་བོ་རྡོ་རྗེའམ་བླ་མ་དབུ་མ་པས་ལོ་ཙཱ་མཛད་ནས་དབུ་མའི་ལྟ་བ་ཐུགས་མཚན་ཉིད་ཀྱི་ཁྱད་པར་ཐུགས་བླ་མེད་ལམ་གྱི་གནད་དང་རིམ་པ་ལྔའི་གོ་རིམ་དྲང་ངེས་སོགས་དྲི་དོགས་ལེགས་པར་སྦྱོད་པ་གནང་། ལྷོ་བྲག་གྲུབ་ཆེན་ལས་ཀྱི་རྡོ་རྗེ་ལ་སྙན་བརྒྱུད་དང་ལམ་རིམ་གྱི་ཁྲིད་སོགས་མང་དུ་གསན། སྤྱན་སྔ་རིན་པོ་ཆེ་ཆོས་ཀྱི་རྒྱལ་པོར་ནཱ་རོ་ཆོས་དྲུག་གསན་པ་བཅས་འབྲས་བུའི་ཐེག་པ་མཐའ་དག་ལ་མཁས་པར་མཛད་ཅིང་། བསྡོམས་ན་བཤེས་གཉེན་བཅུ་ཕྲག་བཞི་སྐོར་བསྟེན་ཅིང་གདུལ་བྱ་མང་པོ་ལ་སྨིན་གྲོལ་གྱི་དབང་ལུང་རྒྱུད་བཤད་སྒོམ་འདོག་སོགས་བསྟན་པའི་བྱ་བ་རྒྱ་ཆེར་མཛད།

དེ་ཡང་རྣམ་ཐར་ཐུབ་བསྟན་རྒྱན་གཅིག་ནང་ཞིབ་ཏུ་གསལ་བ་ལྟར། དགུང་ལོ་སོ་གཉིས་ལ་བ་བསྟན་བཅོས་མངོན་པར་རྟོགས་པའི་རྒྱན་འགྲེལ་པ་

དང་བཅས་པའི་རྣམ་བཤད་ཆེན་མོ་《ལེགས་བཤད་གསེར་གྱི་ཕྲེང་བ་》བཀའ་རྩོམ་མཛད། ཕྱག་དཔེ་ཐུགས་འཛིན་གྱི་ཐད“རྗེ་འདིས་ཉི་མ་རེ་རྟེར་ཤར་བ་ནས་ཚལ་དབུས་གླིང་གི་གཙུག་ལག་ཁང་གི་གསེར་ཏོག་གི་རྩེ་ལ་ཉི་མ་ཤར་བ་དང་དུས་མཉམ་དུ་སྤར་གཟིགས་མ་སྒྱིང་བའི་མདའ་ཚད་ཕྲེང་དགུ་མ་ཞིག་གི་ཤོག་བུ་བཞི་ཤིན་ཏུ་དག་པར་ཐུགས་ལ་ཆུད་པར་གྲགས་”① ཞེས་གསུངས་པ་ལྟར་དང་། དེ་བཞི་སྐལ་ལྡན་གདུལ་བྱ་མང་པོ་བློ་དང་འཚམ་པའི་དབང་ལུང་མན་ངག་གིས་རྒྱུད་སྨིན་པར་མཛད་ཅིང་། ལྷག་པར་ཡང་རྗེ་འདི་ཉིད་དགུང་ལོ་སོ་ལྔ་པའི་སྐབས་ཤིག་མོན་བཀྲ་ཤིས་གདོང་དུ་བཞུགས་པའི་ནུབ་མོ་ཞིག་བཞུགས་མལ་ལ་བཞུགས་ནས་བོད་ཀྱི་མཁས་གྲུབ་རྣམས་ཀྱི་རྣམ་པར་ཐར་པ་ཅི་རིགས་པ་གསུངས་པ་ལས་འཕྲོས་ནས། སྔར་བཀའ་བཞི་བ་ཤེར་སེང་གིས་ཆོས་ཐོག་གཅིག་ལ་པོ་ཏི་བཅུ་གཅིག་གསུངས་འདུག དུས་ཕྱིས་བོད་དུ་པོ་ཏི་དུས་གཅིག་ཏུ་གསུངས་པ་ལ་དེ་མང་ཤོས་སུ་བྱུང་འདུག་ཅེས་གསུངས་པར། དགེ་བཤེས་ཤ་སྟོན་ལ་སོགས་པས། འོ་ན་འདི་ནས་ཀྱང་དེ་ཙམ་ཞིག་དུས་གཅིག་ཏུ་གསུང་འཚལ་ཞུས་པས། རྩོལ་བ་བྱས་ན་དེ་ཙམ་ཞིག་འཆད་ཐུབ་པ་འདྲ་གསུངས་པར། དེས་ན་ཅི་ནས་ཀྱང་གསུང་འཚལ་ཞེས་ནན་གྱིས་གསོལ་བ་བཏབ་པས་ཞལ་གྱིས་བཞེས་ཏེ། ཟླ་བ་དེའི་ཚེས་བཅུ་ནས་གནམ་གང་བར་སྐུ་མཚམས་བཅད་ནས་ཕྱག་དཔེ་གཟིགས་རྟོག་མཛད། གནམ་གང་ཉིན་ཕྱག་དཔེ་ཐམས་ཅད་ཀྱི་སྐུ་རགས་བཅིངས། ཚེས་གཅིག་ནས་གསུང་ཆོས་འཛུགས་པར་བཞེད་པ་ལ། གསང་ཕུ་སོགས་

---

① （རྗེ་ཙོང་ཁ་པ་ཆེན་པོའི་རྣམ་ཐར་ཐུབ་བསྟན་རྒྱན་གཅིག་དེབ་ངོས165）

ནས་སྟེ་སྟོང་འཛིན་པ་མང་པོ་ཞིག་འགྱུར་རྒྱུའི་སྐབས་གསན་ཕུལ་བར་བརྟེན། ཞག་འགའ་འཕྲེན་ཙམ་མཛད་ནས་ཉིན་གསུམ་གྱི་བར་དུ་མར་པ་དང་། མི་ལ་སོགས་ཀྱི་གསུང་རྒྱུན་ཐོར་བུ་བ་འགའ་གསུང་། །ཆོས་ལྷ་ནས་ཉི་མ་གཅིག་ལ་རྒྱ་གར་སྐད་དུ་བཅོ་ལྔའི་དབུ་དུས་གཅིག་ཏུ་བཙུགས་ནས། ཉིན་རེ་བཞིན་ཐོ་རངས་ནས་སྲོད་ཀྱི་བར་ལ་ཆོས་མཐུན་བཅོ་ལྔ་རེ་མ་ཆག་པའི་ཐུགས་བཤད་མཛད། དེའི་ནང་ནས་ཕུ་ཏི་ཆུང་བ་གཉིས་རྫོགས་པར་གསུངས་ཚར་བ་ན་དེའི་དོད་དུ་སླར་ཡང་ཆུང་བ་གཉིས་བཙུགས་པ་དང་བཅས་ཡོངས་སུ་དྲིལ་བར།

ཚད་མ་རྣམ་འགྲེལ། ཕར་ཕྱིན། མངོན་པ་གོང་འོག་གཉིས། འདུལ་བ་མདོ་རྩ། བྱམས་ཆོས་ཕྱི་མ་བཞི། དབུ་མ་རིགས་པའི་ཚོགས་འཇུག་པ། བཞི་བརྒྱ་པ། སྤྱོད་འཇུག་སྟེ་བསྟན་བཅོས་གཞུང་ཆེན་བཅུ་བདུན་གྱི་གསུང་བཤད་མཛད། དེའི་ཚེ་ན་ཡང་གཞུང་ཆེན་དཀའ་བའི་གནས་འགའ་ཞིག་ལ་བོད་ཀྱི་ཏཱི་ཀཱ་ཆེན་མོ་རེ་གཞིར་བཞག་པའི་ཐོག་ཏུ་འགྲེལ་པ་གཞན་གྱི་འཆད་ཚུལ་དུ་མ་དགག་སྒྲུབ་དང་བཅས་པས་གཏན་ལ་ཕབ་ཅིང་། གཞུང་གཞན་རྣམས་ཕལ་ཆེ་བ་རང་རང་གི་འགྲེལ་པའི་སྟེང་ནས་གཞུང་ཕྲ་རགས་མ་ལུས་པ་ལ་བཤད་པ་ཞིབ་པར་མཛད་དེ་ཟླ་བ་གསུམ་ལ་རྫོགས་པར་མཛད།”①ཅེས་དང་། “ཟང་ཟང་ནེ་རིང་པས་མཛད་པའི་རྗེའི་རྣམ་ཐར་དུ་ཉིན་གཅིག་ལ་རྒྱ་གར་སྐད་ནས་བརྩམས་ཏེ་ཕར་ཚད་གཉིས་སོགས་རྒྱ་གཞུང་ཉེ་ཤུ་རྩ་གཅིག་གི་བཤད་པ་ཉི་མ་གཅིག་ལ་བཙུགས་ནས་ཉི་

① (རྗེ་ཙོང་ཁ་པ་ཆེན་པོའི་རྣམ་ཐར་ཐུབ་བསྟན་མཛེས་རྒྱན་དེབ་ངོས169)

མ་གཅིག་ལ་གྲོལ་བར་མཛད་ཅེས་གསུངས་པ་ནི་དུས་སྐབས་འདི་རང་མིན་པའི་གནས་སྐབས་གཞན་ཞིག་ཏུ་གསུངས་པ་འདྲ་སྟེ། དེར་མ་ཟད་རྣམ་ཐར་ལེགས་བཤད་ཀུན་འདུས་ལས། རེད་མདའ་པས་འཆད་ཉན་ལ་སྐྱོལ་ནས་བདེ་བ་ཅན་ལ་སོགས་པར་ལོ་བདུན་ཙམ་བཤད་ཉན་མཛད། པོ་ཏི་བཅུ་ཙམ་ཀྱང་བསྒྲིགས་ནས་རང་རང་གི་བཞེད་གཞུང་པོ་ཏི་རེ་རེ་ལ་འགྲེལ་པ་གཉིས་གསུམ་དང་སྦྲེལ་ནས་གསུངས་པ་ལན་མང་དུ་མཛད། ཁྱད་པར་བྱ་བྲལ་ལ་འབྱོན་ཁར་པོ་ཏི་ཉེར་དགུ་སྦྲེལ་ནས་གསུངས་པས་ཀུན་ངོ་མཚར་བར་གྱུར་ཏོ་ཞེས་འབྱུང་བས་འདི་ལྟར་དུ་བཤད་པ་ལན་དུ་མ་མཛད་པར་མངོན་ནོ།”①ཞེས་གསལ་བའི་མཛད་པ་འདི་རྣམས་ནི་ཐ་མལ་བའི་སྣང་ངོར་ངོ་མཚར་བསམ་བརྗོད་ལས་འདས་པ་ཞིག་ཡིན་པ་སྨོས་ཅི་དགོས། རྗེ་བདག་ཉིད་ཆེན་པོའི་ཐུགས་དགོངས་ལ་ཁ་བ་ཅན་ན་ད་ལྟ་ཡོད་པའི་བཀའ་བསྟན་བཅོས་མན་ངག་དབང་བཅས་པ་ལེགས་པར་ཉན་ཞིང་ཁོང་དུ་ཆུད་ནས། ད་དུང་ཐེ་ཚོམ་སོམ་ཉི་ལ་སོགས་པའི་སྒྲོ་འདོགས་གཅོད་པ་དང་། ཁྱད་པར་དུ་དབུ་མ་དང་སྔགས་ཀྱི་སྐོར། བྱེ་བྲག་གསང་འདུས་དང་བདེ་མཆོག་སྐོར་རྣམས་གཏན་ལ་འབེབས་པའི་ཆེད་དུ་རྒྱ་གར་དུ་ཕྱིན་ནས་ཨོ་རྒྱན་ནཱ་ལེནྡྲ་ལ་སོགས་རྣམས་སུ་གླུའི་བྱང་ཆུབ་སོགས་ལ་གཏུགས་པར་དགོངས་ཏེ་དཔོན་སློབ་བཅུ་གསུམ་ཙམ་ཧྲགས་དང་རྫི་ལམ་སོགས་ལ་དཔྱད་ནས་སྨོན་ལམ་དང་རྟེན་འབྲེལ་གཅིག་ཏུ་བསྒྲིགས་ཏེ་དགུང་ལོ་སོ་དགུ་པ་ཤིང་ཕག་ལོ་གཉལ་ནས་ལྷོ་བྲག་ལ་ལམ་བཏོད། རྒྱ་གར་ཤིང་གི་རི་ནས་ལམ་བྱས་གྲུབ་ཆེན་མི་ཏྲ་ཛོ་

①（རྗེ་ཙོང་ཁ་པ་ཆེན་པོའི་རྣམ་ཐར་ཐུབ་བསྟན་རྒྱན་གཅིག་དེབ་ངོས169－171）

ཀི་དང་མཇལ་ནས་མ་ཧཱ་ཧཱུར་འབྱོན་དགོངས་ཏེ་ཉོ་ཐྲག་ཏུ་ཕེབས་ཏེ་ཉོ་ཐྲག་གྲུབ་ཆེན་ཕྱུག་རྫོར་བ་ནམ་མཁའ་རྒྱལ་མཚན་དང་མཇལ་ནས་དེའི་གནས་ལུགས་གསུངས་པར་རྒྱ་གར་དུ་བྱོན་ན་རྗེ་ཉིད་རིག་པའི་གནས་བཅོ་བརྒྱད་ལ་མཁས་པའི་པཎྜི་ཏ་རྡོ་རྗེ་གདན་གྱི་མཁན་པོ་བྱེད་པ་ཞིག་ཏུ་འགྱུར་ནའང་སྐྱ་ཚེ་ཐུང་བས་སློབ་མ་རྣམས་ལ་ཕན་དཀའ། དེ་བས་བོད་དུ་བཞུགས་ནས་འཇམ་དབྱངས་ལ་གསོལ་བ་ཐོབས་དང་། མྱུར་དུ་རྗེས་སུ་འཛིན་པ་འདུག①ཅེས་བཤོལ་འདེབས་མཛད་པས་རྒྱ་གར་ལ་མི་འབྱོན་པའི་ཐུགས་ཐག་བཅད། འོན་ཀྱང་དམ་ཆོས་འཚོལ་བ་ལ་ཐུགས་ཆོམས་པ་མེད་པའི་བརྩོན་འགྲུས་དང་སྙིང་སྟོབས་ནི་ཆེས་བསྔགས་པར་འོས་པ་ཞིག་ཡིན་ནོ།

དགུང་ལོ་ཉེ་ཤུ་པ་ས་རྟ་ལོའི་སྟོན་དུས་འབྲུང་ས་ཡུལ་ནས་རྐྱེན་དུ་བབས་པའི་འཚོག་ཆས་ཅི་རིགས་པ་འགྲུལ་པའི་མདུན་འདུལ་རྒྱུ་བསྐུར་ཡོད་ཚུལ་གསན་པས་དེ་དག་བཞེས་པ་ལ་སོགས་པའི་སླད་དུ་ངམ་རིང་ནས་ས་སྐྱ་བརྒྱུད་དེ་དབུས་སུ་བྱོན་ནས་བསྐུར་མོ་རྣམས་བཞེས། དེ་སྐབས་གྲོགས་དང་སློབ་འབྲེལ་མང་པོས་བསྐུལ་ཞིང་། མདོ་སྨད་ནས་ཡུམ་གྱིས་ཀྱང་ཞུ་བ་ནན་ཆེར་བྱུང་བའི་རྐྱེན་བྱས་ནས་ལན་ཅིག་མདོ་སྨད་ལ་འབྱོན་པར་བཞེད་དེ་མལ་གྲོ་ལྷ་ལུང་དུ་བྱོན་པ་དང་། མདོ་སྨད་ཕྱོགས་སུ་མགོ་བའི་མན་ངག་ལག་ལེན་འགའ་ཞིག་ལ་ཐུགས་སྦྱོང་ཡང་མཛད་པར་བརྩམས་པ་ལས། མཚམས་ཤིག་ནས་ཅི་བྱེད་དེ་འདྲ་བ་ལ་དགོས་པ་མི་འདུག ད་ནི་མདོ་ཁམས་དང་ཡུལ་གྱི་ཕྱོགས་ལ་གཏན་ནས་མི་འགྲོ་བའི་ཡི་དམ་འཆའ་བར་བྱའོ་སྙམ་དུ་དགོངས་པ་

① (རྗེ་ཙོང་ཁ་པ་ཆེན་པོའི་རྣམ་ཐར་ཐུབ་བསྟན་རྒྱན་གཅིག་དེབ་ངོས226)

ཐུགས་དྲག་པོ་སྐྱོ་ཤས་དང་བཅས་པ་ཞིག་འཁྲུངས་ནས་དེ་འཕྲལ་འཁྲུངས་ཡུལ་དུ་མི་འགྲོན་པའི་ཐུགས་ཐག་བཅད་པ་འདི་ཡུམ་ལ་རྗེས་སུ་ཆགས་པ་སོགས་ཀྱང་འཁོར་བའི་འཆིང་ཞགས་ལྟ་བུར་གཟིགས་ནས་འདོར་བར་མཛད་པ་ཆགས་བྲལ་གྱི་མཛད་པ་རྗེས་སུ་ཡི་རངས་ཞུ་འོས་པའི་གནས་ཡིན་ནོ།

དགུང་ལོ་སོ་དྲུག་པ་ས་སྤྲེ་ལོ་དངོས་སློབ་འཁོར་དག་པ་རྣམ་བརྒྱད་ཕྱག་ཕྱིར་འཁྲིད་དེ་སྐྱིར་མོ་ལུང་ནས་འོལ་ཁར་བྱ་བྲལ་ལ་ཐེབས་ཏེ་སྒྲུབ་པ་ཉམས་ལེན་གཙོ་བོར་མཛད་པ་དེ་ཡང་ལོ་དེའི་དགུན་དཔྱིད་རྣམས་འོལ་ཁ་ཆོས་ལུང་དུ་བཞུགས་ནས་ཐོག་མར་བསག་སྦྱང་གནད་ཆེ་བར་དགོངས་ཏེ་དཔོན་སློབ་རྣམས་ཀྱིས་སྟོབས་བཞིའི་བསག་སྦྱང་ལ་ཤིན་ཏུ་འགྲུས་པར་མཛད་ཅིང་། རྗེ་བདག་ཉིད་ཆེན་པོས་ལྷུང་བཤགས་བརྒྱ་ཕྱག་དང་བཅས་པ། ཕྱག་སོར་གྱི་རྩེ་མོ་རྣམས་སེར་གར་མ་སོང་གི་བར་དུ་མནྡལ་འབུལ་བ་སོགས་ལ་དཔག་པར་དཀའ་བའི་བརྩོན་པ་དྲག་པོ་མཛད།

ལོ་དེར་འོལ་ཁ་རྗེང་ཕྱིའི་གཙུག་ལག་ཁང་སྟེར་གར་མི་ཡོན་ཏན་གཡུང་དྲུང་གིས་བཞེངས་པའི་ཇོ་བོ་བྱམས་པའི་སྐུ་འདྲ་མི་ཚད་ལྷག་ཙམ་ཤིན་ཏུ་བྱིན་རླབས་ཆེ་ཞིང་ངོ་མཚར་བ་བཞུགས་པ་བར་སྐབས་སྲི་ཞུ་མེད་པ་རྒྱལ་ཁྲིད་ན་འོ་བརྒྱལ་ཞིང་། སྐུ་ལ་བྱ་ཐལ་སོགས་མི་གཙང་བ་གོས་པ་དང་། གཙུག་ལག་ཁང་ལའང་ཉམས་ཆག་ཆེ་བ་གཟིགས་པ་དེའི་ཞིག་གསོས་མཛད་པར་དགོངས་ནས་རྩིག་པ་དང་། ཐོག ཞལ་བ་ཉམས་གསོ་དགོས་རིགས་རྣམས་སྦྱིན་བདག་འོལ་ཁ་སྟག་རྩེ་ལ་ཞལ་ཏ་གནང་བཞིན་ལེགས་པར་བསྐྲུབས་ཤིང་། དེའི་མཆོད་གསལ་གྱི་ཆས་རྐྱེན་རྣམས་དཔོན་སློབ་རྣམས་ཀྱི་

ཕྱག་རྫས་གཏོར་ཆས་སོགས་གང་ཡོད་ལ་རིན་བཏབ་པར་ཉོ་བཙུ་གཉིས་ལས་མ་བྱུང་བས་བསྐུལ་དཀའ་བའི་ཐུགས་ཁྲལ་ཆེན་པོ་བྱུང་སྟེ་རྣམ་སྲས་ལ་འཕྲིན་བཅོལ་གནང་དགོས་བྱུང་བ་བཅས་མཐར་ལེགས་པར་གྲུབ་པའི་མཛད་པ་འདི་ནི་རྗེ་ཙོང་ཁ་པ་ཆེན་པོའི་མཛད་ཆེན་བཞིའི་ཡ་གྱལ་གཅིག་ཏུ་བྱ་བ་ཡིན།

དགུང་ལོ་སོ་དགུ་པར་གཉལ་སྨད་སེང་གེ་རྫོང་དུ་བཞུགས་སྐབས་གསེར་ཕྱི་འབུམ་པ་ལ་མཆོད་པ་ཆེན་པོ་ཕུལ། དེར་འདུལ་བའི་ཆོས་མང་དུ་གསུངས་ཤིང་། ལྟུང་བྱེད་ཉེས་བྱས་དང་བཅས་པར་བཤགས་སྡོམ་མཛད་པ་དང་སློབ་མ་རྣམས་ཀྱང་ཚུལ་དེ་ཉིད་ལ་སྦྱོར་བར་མཛད། དཔྱིད་གཉལ་གྱི་སྒང་ཆུང་དུ་བཞུགས་རིང་དགེ་འདུན་རྣམས་ལ་ཟབ་ཆོས་ཅི་རིགས་གསུངས་པ་དང་། སྐྱེ་བོའི་ཚོགས་རྣམས་ཀྱང་བསྙེན་གནས་དང་སྐྱབས་འགྲོའི་སྡོམ་པ་ལ་སྦྱར་ཞིང་། རྗེ་ཉིད་ཀྱིས་ཕྱག་བསྟར་ནས་སེར་སྐྱའི་ཚོགས་ཐམས་ཅད་བསྐུལ་ནས་ཚ་ཚ་འབུམ་ཐེར་མང་པོ་བཏབ་ཅིང་། ཕྱིས་ཀྱང་ཚུལ་དེ་ཉིད་སྒྲུབ་པ་ལ་སྦྱོར་བར་མཛད་པ་འདི་ནི་རྗེ་ཙོང་ཁ་པ་ཆེན་པོའི་མཛད་ཆེན་བཞིའི་ཡ་གྱལ་ཞིག་ཏུ་བརྩི་བ་ཡིན།

དེ་ནས་གཉལ་སྟོད་ར་གྲོང་དུ་ཕྱིན་ནས་དབྱར་བཞུགས་མཛད་པའི་སྐབས་རྒྱལ་ཚབ་དར་མ་རིན་ཆེན་དབུས་སུ་ཕྱིན་ཏེ་ཆོས་སྡེ་རྣམས་སུ་གྲྭ་སྐོར་མཛད་པས་མཁས་པའི་གྲགས་པས་ཁྱབ་བཞིན་པའི་སྐབས་དེར་རྗེ་ཙོང་ཁ་ཆེན་པོའི་སྙན་གྲགས་གསན་ནས་མཇལ་བར་ཕེབས་པ་འདིའི་སྐོར་གསུང་ཚུལ་འདྲ་མིན་ཅུང་ཟད་ཡོད་ཀྱང་སྐབས་འདིར་བྲག་གཡབ་བློ་བཟང་བསྟན་པས་མཛད་པའི་རྒྱལ་ཚབ་ཀྱི་རྣམ་ཐར་ཡོན་ཏན་ཆུ་གཏེར་མར། "རྒྱལ་ཚབ་རིན་པོ་ཆེས་གཡག་རོང་གཉིས་ལུང་རིགས་ཀྱིས་ཕམ་པར་ནུས་པས་ཐུགས་

རྒྱལ་ནས། རྗེ་ཐམས་ཅད་མཁྱེན་པ་དང་། རྩོད་པའི་བསམ་པས་ཕེབས། དེའི་དུས་རྗེ་རིན་པོ་ཆེ་ཆོས་གསུངས་པ་དང་ཐུག་པས་ཐོག་མ་ནས་དབུ་ཞྭ་ཡང་མ་ཕུད་པར་ཆོས་གྲྭར་བྱོན་པ་རྒྱལ་བ་ཙོང་ཁ་པ་ཆེན་པོས་གཟིགས་ཏེ། ཆོས་གསུང་འཁྲོམ་བཅད་བཞིན་དུ་ཁྲི་ལས་གཤོན་ནས་བཞུགས་པར། སློབ་དཔོན་རིན་པོ་ཆེ་ཡང་ཐུགས་རྒྱལ་བའི་ཚུལ་གྱིས་རྗེ་སས་བཞུགས་ཁྲིའི་སྟེང་དུ་དབུ་ཞྭ་མནབ་བཞིན་པར་བཞུགས་ནས་རྗེ་ཙོང་ཁ་པ་ཆེན་པོས་གསུང་བཤད་མཛད་པ་གསན་པས། སྟོན་ཆད་མཁས་པ་གཞན་ལས་མ་ཐོས་པའི་ལེགས་བཤད་ཤ་སྟག་སྐན་གྱི་བ་གར་སོན་པས་ཁེངས་པའི་རི་པོ་བསྙིལ་ཏེ། དབུ་ཞྭ་ཟུལ་གྱིས་ཕུད་ནས་ཁྲི་ལས་བབས་ཏེ་སློབ་མའི་ཁྲིད་དུ་བྱོན། དེ་ནས་རྩོད་པའི་རེ་བ་དང་བྲལ་ཏེ་སློབ་མ་མཛད་པ་ཡིན་ལ། དེའི་ཚེ་རྗེའི་བཞུགས་ཁྲིར་ཕེབས་པ་དེ་ཕྱིས་སུ་གདན་སའི་ཁྲིར་ཕེབས་པའི་རྟེན་འབྲེལ་ཡང་འགྲིག་ཅེས་གསུང་སོ་”①ཞེས་འཁོད་པ་ལྟར་རྒྱལ་ཚབ་དར་མ་རིན་ཆེན་ནི་དབུས་གཙང་གཉིས་ཀར་རྩོད་པ་བཟང་བའི་སྙན་གྲགས་ལྡན་ལ། ས་སྐྱ་བའི་མཁས་པ་ཆེན་པོ་གཡག་རོང་གཉིས་ཀྱང་རྩོད་པས་ཕམ་པར་བྱེད་ནུས་པའི་ཐུགས་རྒྱལ་གྱིས་རྗེ་ཙོང་ཁ་པ་ཆེན་པོ་དང་རྩོད་པ་གནང་བར་ཕེབས་ནའང་རྩོད་པ་དང་། ཡུན་རིང་པོའི་དཔྱད་པ་མ་དགོས་པར་རྗེ་བདག་ཉིད་ཆེན་པོའི་ལེགས་བཤད་ཐད་དུ་ཕྱུང་བ་འགའ་ཞིག་ཙམ་གྱིས་འགྲན་པའི་ཟླ་དང་བྲལ་བར་ཡིད་ཆེས་བརྟན་པོ་སྐྱེད། དུས་དེ་ནས་བཟུང་སྲས་ཀྱི་ཐུ་བོར་གྱུར་པའོ།

དགུང་ལོ་ཞེ་ལྔ་པ་ལྕགས་སྦྲུལ་ལོ་རེད་མདའ་པ་ཆེན་པོ་དང་ཙོང་ཁ་པ་

① （རྗེ་ཙོང་ཁ་པ་ཆེན་པོའི་རྣམ་ཐར་ཐུབ་བསྟན་རྒྱན་གཅིག་དེབ་ངོས248）

འཕྲི་ཁུང་ནས་རྣ་སྙེང་དུ་ཕྱིན་པ་དང་། དེ་ནས་རྗེ་བཙུན་ཡབ་སྲས་གཉིས་དང་། ལོ་ཙཱ་བ་སྐྱབས་མཆོག་དཔལ་གནམ་རྩེ་ལྡེང་དུ་ཡར་ཆེན་པོ་བྱུང་ཆུབ་ཡེ་ཤེས་ཀྱི་གཙུག་ལག་ཁང་དུ་ཞལ་མངོན་པར་འཛོམས་ཤིང་། དབུར་གནས་པ་ཞལ་གྱིས་བཞེངས་པ་དེའི་ཚེ་རྒྱལ་བའི་བསྟན་པ་རིན་པོ་ཆེ་འདི་ཉིད་ལ་མ་རྟོགས་པ་དང་ལོག་པར་རྟོག་པ་དང་། ཐེ་ཚོམ་དང་། གྱ་ཚོམ་གྱི་བསམ་པས་འཇུག་པ་སོགས་ཀྱི་དྲི་མ་ངན་པ་མཐའ་དག་དྭངས་ནས་འབྱིན་པའི་དག་ཐེར་རྣམ་དག་ཅིག་མཛད་དེ་འདུལ་བའི་བསྟན་པ་མི་ཉམས་པ་ཉིན་མོ་ལྟར་གསལ་བར་དགོངས་ནས་འདུལ་བའི་མདོ་རྩ་བའི་བཤད་པ་ཤིན་ཏུ་རྒྱས་པ་གསུངས་པ་དང་ཆབས་ཅིག་འདུལ་བའི་ཕྱག་ལེན་རྣམ་པར་དག་པའི་སྲོལ་ལེགས་པར་བཙུགས། "དེའི་དུས་རྗེ་ཙོང་ཁ་པ་ཆེན་པོས་རྗེ་བཙུན་རེད་མདའ་བ་ལ།

དྲི་མེད་མཁྱེན་པའི་དབང་པོ་འཛམ་པའི་དབྱངས། །

ཚད་མེད་བརྩེ་བའི་གཏེར་ཆེན་སྤྱན་རས་གཟིགས། །

གངས་ཅན་མཁས་པའི་གཙུག་རྒྱན་རེད་མདའ་བ། །

གཞོན་ནུ་བློ་གྲོས་ཞབས་ཀྱི་པདྨོར་འདུད། །

ཐར་འདོད་བུང་བ་བདག་ཀྱང་བསྐྱབ་ཏུ་གསོལ། །

ཞེས་བསྟོད་པ་ཕུལ་བ་ལ་རྗེ་རེད་མདའ་བས། དེ་ལ་ཚིག་ཟུར་སྤོས་ཏེ།

དམིགས་མེད་བརྩེ་བའི་གཏེར་ཆེན་སྤྱན་རས་གཟིགས། །

དྲི་མེད་མཁྱེན་པའི་དབང་པོ་འཛམ་པའི་དབྱངས། །

གངས་ཅན་མཁས་པའི་གཙུག་རྒྱན་ཙོང་ཁ་པ། །

བློ་བཟང་གྲགས་པའི་ཞབས་ལ་གསོལ་བ་འདེབས། །

ཞེས་འབུལ་བར་མཛད་པའི་དམིགས་བརྩེ་མའི་གསོལ་འདེབས་འདི་

ད་ལྷ་གྲགས་ཆེ་ཞིང་ཀུན་ཏུ་ཁྱབ་ཆེ་བ་ཡིན་ལ། དཔེན་ས་སྣན་བསྒྱུར་ལུགས་སུ་དེའི་ཁར།

བདུད་དཔུང་མ་ལུས་འཛོམས་མཛད་གསང་བའི་བདག །

ཅེས་སྟོན་པར་མཛད་པ་སྟེ། འདི་དག་ལ་བརྟེན་པའི་བླ་མའི་རྒྱལ་འཁོར་ཐུན་མོང་མ་ཡིན་པའི་མན་ངག་ཆེས་ཤིན་ཏུ་ཟབ་མོ་རྣམས་དུས་གི་དག་གི་སྔ་ཕྱི་ནས་བྱུང་བ་ཡིན་ནོ། ”① ཞེས་གསལ་བ་ཡང་དམིགས་བཙེ་མ་ཐོག་མའི་འབྱུང་སྐྲངས་དེ་ཚང་མས་ཤེས་པ་ཡང་དཀའ་བར་མཐོང་ནས་དེའི་འབྱུང་ཁུངས་རགས་པ་ཙམ་སྨོས་པ་ལགས།

དགུང་ལོ་ཞེ་དྲུག་པ་སྤྱི་ལོ1462ཆུ་རྟ་ལོ་ར་སྒྲེང་གི་དབེན་གནས་ཡང་དགོན་དུ་བཞུགས་པའི་ཚེ་ལོ་ཆེན་སྐྱབས་མཆོག་དཔལ་བཟང་" དང་། མཁན་ཆེན་ཟླ་ཕུ་བ་དཀོན་མཆོག་བཟང་པོ། འབྲི་གུང་ཆོས་རྗེ་སོགས་དབུས་གཙང་གི་མཁས་པ་དང་། ཆེ་རྒྱུ་དུ་མས་ལམ་རིམ་ཆེན་མོ་བཀའ་ཆོམ་མཛད་པར་གསོལ་བ་ནན་གྱིས་བཏབ་པ་བཞིན་བཀའ་ཆོམ་མཛད།

དགུང་ལོ་ང་གཅིག་པ་མེ་ཕག་ལོ་སེ་ར་ཆོས་སྡིངས་སུ་དབྱར་གནས་སུ་བཞུགས་པའི་ཚེ་མཁས་གྲུབ་དགེ་ལེགས་དཔལ་བཟང་པོ་དབུས་ཕྱོགས་སུ་དཀའ་བཅུའི་གྲྭ་སྐོར་དང་། རྗེ་བཙུན་རེད་མདའ་བ་ཆེན་པོས་རྗེ་ཙོང་ཁ་པ་དང་དཔོན་སློབ་ཏུ་མཚམས་སྦྱོར་བའི་ཕྱག་རྟགས་ནན་ཅན་ཡོད་པ་འབུལ་བ་དང་བཅས་རྗེ་ཙོང་ཁ་པ་ཆེན་པོ་མཇལ་བར་ཕེབས་ཏེ་མཁས་གྲུབ་རིན་པོ་ཆེས་རྗེ་ཉིད་ལ་དཀའ་གནད་མང་པོ་དང་། ལྷག་པར་རྒྱུད་དྲུག་མཆོག

① （ཙོང་ཁ་པ་ཆེན་པོའི་རྣམ་ཐར་ཐུབ་བསྟན་རྒྱན་གཅིག་དེབ་ངོས275）

གཉིས་ཀྱི་གཞུང་གི་རྩ་བའི་དགོངས་པ་ལ་རྒྱ་གར་བའི་མཁས་པ་དག་གིས་ཀྱང་དཔྱིས་ཕྱིན་པའི་དགོངས་འགྲེལ་དུ་མ་སོང་བ་འགའ་རེ་སྣང་ན། བོད་ཀྱི་རློམས་བྱས་ཀྱི་གྲུབ་མཐའ་འདི་རྣམས་དགོངས་འགྲེལ་དུ་ཅི་འདྲ་མཆིས། གསུང་རབ་དགོངས་འགྲེལ་དང་བཅས་པའི་དོན་མ་ལུས་པ་ཉམས་སུ་ལེན་ན་ཧེ་ལྷ་བུ་སོགས་ཀྱི་དྲི་བ་དང་ཡང་གཞུང་རྣམས་ཀྱི་དཀའ་བའི་གནད་ལ་སོགས་པ་ཕོང་རང་གི་ཐུག་ལ་ཤར་ཚུལ་རྣམས་གྲུས་པ་དང་བཅས་ཏེ་ཐོགས་པ་མེད་པར་ཞུ་ཡིན་འདུག་པ་ལ་རྗེ་ཉིད་ཞལ་ཤིན་ཏུ་འཛུམ་ཞིང་བཞད་ཚུང་དང་སྤྲུགས་ནས་ད་ཅི་འགའ་ཞིས་ཡང་ཡང་གསུངས་ཤིང་དགྱེས་པར་གྱུར། ཞུ་བ་རྣམས་རྫོགས་པ་དང་། ཁྱེད་ཀྱིས་གཞུང་གི་གོ་བ་འདི་འདྲ་བ་དང་རྟོགས་པ་འདི་ལྟ་བུ་འཆར་བའི་རྒྱུ་ཅི་ལ་འབད་པ་ཡིན་ཅེས་བཀའ་གནང་བ་ལ་གཞུང་ལུགས་རབ་འབྱམས་ལ་ཐོས་པ་དང་། བླ་མ་ཡི་དམ་དབྱེར་མེད་ལ་གསོལ་བ་འདེབས་པ་བཅས་ལ་འབད་པ་བགྱིས་པ་ལགས་ཞུས་པས་འོ་དེ་ག་རང་ཡིན། ངེས་ལའང་དེ་ག་ལས་བྱེད་རྒྱུ་མེད་ནའང་རྗེ་བཙུན་གྱི་ཐུགས་རྗེ་ལས་རྟེན་པའི་གདམས་པ་རྣམས་སྟོན་པར་བྱེད་དོ་གསུངས་པ་སོགས་དགྱེས་ཞིན་དུ་ཞལ་གྱིས་བཞེས་ཏེ་རྗེས་སུ་བཟུང་བར་མཛད་དུ་བཞེས་ཏེ་དུས་འཛམ་དབྱངས་ཆོས་རྗེ་བཀྲ་ཤིས་དཔལ་ལྡན་པ་རྗེའི་དྲུང་ན་ཡོད་པའི་ཞལ་ལས་དངོས་སུ་ཐོས་པ་དག་སླེང་བ་སྒྲོ་སྐུར་མེད་པའོ།” ①ཞེས་གསུངས་པ་ལྟར་ལགས་ཤིང་། གཞན་དུ་ན་མཁས་གྲུབ་རིན་པོ་ཆེ་ཡང་ཐོག་མ་རྗེ་ཙོང་ཁ་པ་ཆེན་པོར་རྩོད་པ་གནང་བར་ཕེབས་པ་སོགས་ཀྱི་བཤད་ཚུལ་རྣམས་ནི་ཟེར་

① （རྗེ་ཙོང་ཁ་པ་ཆེན་པོའི་རྣམ་ཐར་ཐུབ་བསྟན་རྒྱན་གཅིག་དེབ་ངོས291）

སྒྲིས་ཙམ་ཡིན་པ་འདིས་རྟོགས་པར་ནུས་སོ།

ལོ་དེར་ཏཱ་མིང་གོང་མའི་གདན་ཞུ་བར་གཡོལ་བའི་ཆེད་སེ་ར་ཆོས་སྡིངས་སུ་སྐུ་མཚམས་དམ་པོར་བཞུགས་པའི་གྲས་ཀྱི་དངོས་སློབ་གུང་རུ་རྒྱལ་མཚན་བཟང་པོ་སོགས་བགྲེས་པ་ཅི་རིགས་ལ་ཞལ་ཏ་གནང་ནས། རང་རེ་དཔོན་སློབ་རྣམས་ལ་བར་ཆད་ཀྱི་རྣམ་པ་ཅུང་ཟད་ཅིག་སྣང་བས། དེ་སེལ་བའི་ཕྱིར་དུ་ངེད་འདི་ནས་གཞན་དུ་ཟླ་བ་ཁ་ཤས་ཤིག་འགྲོ་གསུངས་པར་གར་ཕྱིན་ཞུས་པས། ད་རེས་བཤད་ན་མི་ཡོང་བའི་གནད་ཅིག་ཡོད་གསུངས་ནས་དཔོན་སློབ་གསུམ་གྱིས་མཚན་མོ་ཞིག་གཞན་གྱིས་མ་འཚོར་བར་ར་ཁ་བྲག་ཏུ་ཕྱིན་ནས་སྐུ་མཚམས་དམ་པོར་མཛད་པའི་ཚེ་དྲང་ངེས་རྣམ་འབྱེད་ཀྱི་བསྟན་བཅོས་ལེགས་བཤད་ཀྱི་སྙིང་པོ་བཀའ་རྩོམ་མཛད།

དགུང་ལོ་ང་གཉིས་པ་ས་ཁྱི་ལོར་ར་ས་འཕྲུལ་སྣང་གི་གཙུག་ལག་ཁང་དང་། འཁྲུམས་ར་སོགས་ཀྱི་བྲིས་འབུར་སྐུ་བརྙན་རྣམས་ལ་མཆོད་གསོལ་གྱིས་མཆོད་ཉམས་གསོ་རྒྱས་པར་གནང་བ་དང་ལྷ་ལྡན་སྨོན་ལམ་ཆེ་མོ་གསར་འཛུགས་ཀྱི་གྲ་སྒྲིག་མཛད། དེ་ཡང་མཁས་གྲུབ་དགེ་ལེགས་དཔལ་བཟང་གི་གསུངས། "སེ་ར་ནས་ཕྱུག་མི་འདེགས་པའི་གོང་ཙམ་ནས་ལྷ་སར་སྨོན་ལམ་ཆེན་མོ་མཛད་པའི་ཐུགས་ཀྱི་འདུན་པ་དང་། དཔོན་ནམ་མཁའ་བཟང་པོ་(སྣེའུ་པ་)བ་ལའང་ཞལ་ཏ་ཕྱིན། ཕོང་པས་ཀྱང་ལྷ་སའི་དཀྱིལ་འཁོར་སྟེང་དང་སེང་གཡབ་སོགས་ཀྱི་གཞིག་སོས་རླབས་ཆེན་མཛད་ཅིང་། སྨོན་ལམ་གྱི་མཆོད་པའི་ཡོ་བྱད་རྣམས་ཀྱི་སྟ་གོན་ཡང་ལེགས་པར་མཛད། གཞན་ཡང་གྲུམ་བུ་ལུང་དུ་བཞུགས་ཀྱི་རིང་ལ། འབྲི་གུང་དང་རྭ་སྒྲེང་ཚུན་ཆད། འོལ་ཁ་ཡན་ཆད་ཀྱི་སྡེ་དགོན། མི་ཆེན་ཡོན་བདག་བུ་སློབ་ཀྱི་ཚོགས་ལ་དད

འབུལ་བསྐུལ་བ་སོགས་ཕྱོགས་ཕྱོགས་སུ་མངགས་པ་སོགས་ཀྱི་ཞལ་ཏ་དང་། ཐུགས་རྩོལ་ཆེར་མཛད་ཅིང་། མི་དབང་གྲགས་པ་རྒྱལ་མཚན་པ་ལའང་ཞལ་ཏ་ཞིབ་པར་ཕྱིན།" ཞེས་དང་། "དེ་ནས་གྲུམ་བུ་ལུང་ནས་ཕྱག་མི་འདེགས་པའི་གོང་ཙམ་ནས་ལྷ་སར་ཞལ་ཏ་མཛད་དེ། ལྷ་བཟོ་མང་དུ་བསགས། ཚོན་རྩི་གསེར་ཤོག་སོགས་མཐའ་ཡས་པ་འཛོམ་པ། ལྷ་སའི་བྲིས་སྐུ་དང་སྐུ་འབུར་དུ་དོད་པ་ཐམས་ཅད་དྲི་མས་སྦགས་ནས་འགའ་ཞིག་གི་སྐུ་མདོག་ཙམ་ཡང་ཇི་ལྟར་ཡོད་ངེས་དཀའ་བར་གྱུར་པ་རྣམས། དྲི་བཟང་གི་ཆུ་ལ་སོགས་པས་ལེགས་པར་བཀྲུས་ཤིང་། དག་བྱེད་ཀྱི་རྫས་ཁ་ན་མ་ཐོ་བ་མེད་པ་རྣམས་ཀྱིས་ལེགས་པར་དག་པར་བགྱིས་ཏེ། སྣར་མཚོན་བཟང་པོ་རྣམས་ཀྱིས་ལེགས་པར་གསོས་ཤིང་། གསེར་ཤོག་ལ་སོགས་པས་ལེགས་པར་སྦྲས་ཏེ་གསར་དུ་བཞེངས་པ་ལྟ་བུར་མཛད།"①ཅེས་གསུངས་པ་ལྟར་སོ།

དགུང་ལོ་ང་གསུམ་པ་ སྤྱི་ལོ1409ས་སྣང་ལོ་ལྷ་སའི་སྨོན་ལམ་ཆེ་མོ་གསར་འཛུགས་གནང་བའི་སྐོར། མཁས་གྲུབ་རིན་པོ་ཆེའི་གསུང་ལས། "བྱི་བ་ལོ་ཟླ་བ་བཅུ་གཉིས་པའི་སྨད་ལ་ལྷ་སར་ཕྱག་ཕེབས་གནམ་གང་ཉིན་སྣན་གསན་འབེབས་པའི་མཆོད་པ་མཛད། དགེ་འདུན་སྟོང་ཕྲག་བརྒྱད་ཙམ་བྱུང་བ་ལ། དཔོན་སློབ་རྣམས་རང་རང་གི་སྦྱིན་བདག་མ་མཛད་ནས། མི་རེ་ལ་མར་ལྷ་སའི་སྲང་གི་ཉག་བཞི་མ་རེ་ཙམ་དང་། ཇ་དཀར་ཞོ་དྲུག་ཅུ་རྩ་གྲངས་པའི་མང་ཇ་དང་བཅས་པའི་ཚོགས་སྟོན་དྲངས། སྣང་གི་ལོ་ཟླ་བ་དང་པོའི་ཚེས་གཅིག་ནས་བཅོ་ལྔའི་བར་དུ་ཆོ་འཕྲུལ་ཆེན་པོའི་དུས་ཀྱི་མཆོད་

① (རྗེ་ཙོང་ཁ་པ་ཆེན་པོའི་རྣམ་ཐར་དད་པའི་འཇུག་ངོགས་དེབ་ངོས85)

པ་དངོས་གཞི་མཛད་པ་ལ། ཇོ་བོ་རིན་པོ་ཆེའི་དྲུང་དུ། དེ་བཞིན་གཤེགས་པ་རིགས་རྣམ་པ་ལྔ་འཕྲུལ་ལས་བརྟན་པ་དར་དཔྱངས་དང་བཅས་པའི་དབུ་རྒྱན་རྒྱ་གསེར་བཟང་པོ་འབབ་ཞིག་ལས་བསྒྲུབས་པ། རིན་པོ་ཆེ་ནལ་དང་། མུ་ཏིག་དང་། གཡུ་ལ་སོགས་པའི་ཕྲ་བཟང་པོ་བཀོད་པས་མཛེས་པར་བྱས་པ་དང་། ཇོ་བོ་མི་བསྐྱོད་པ་དང་བཅུ་གཅིག་ཞལ་ལ། དངུལ་བཟང་པོ་ལས་བྱས་པའི་དབུ་རྒྱན་ཕུན་སུམ་ཚོགས་པ་དང་བཅས་པ་ཕུལ་ཞིང་། ཇོ་བོ་རིན་པོ་ཆེའི་དྲུང་དུ་དངུལ་གྱི་ལྷུང་བཟེད་ཆེ་ཚད་དུ་སོང་ས་པ། དེའི་ཁ་ལ་འཚམ་པའི་དངུལ་གྱི་མཎྜལ་དང་བཅས་པ་དང་། ཇོ་ཤཱཀྱ་ཞལ་གཉིས་བཅུ་གཅིག་ཞལ་དང་བཅས་པ་ལ་ཆོ་འཕྲུལ་གྱི་རིང་ཉིན་རེ་བཞིན་ཞལ་གསེར། ཆོས་བརྒྱད་དང་བཅོ་ལྔ་ལ་སྐུ་ཡོངས་རྫོགས་ཀྱི་གསེར་ཆབ་དང་བཅས་པ་ཕུལ་ཞིང་། ཇོ་ཤཱཀྱ་ཞལ་གཉིས་དང་ཐུབ་པ་གང་ཆེན་མཚོས་གཙོ་མཛད་སྤྲུལ་སྐུའི་རྣམ་པ་ཅན་གྱི་སྐུ་འབུར་དུ་དོད་པ་ཐམས་ཅད་ལ། གོས་དར་ཕུན་སུམ་ཚོགས་པ་ལས་བྱས་པའི་ན་གོས་དང་རྣམ་སྦྱར་དང་། སེམས་དཔའ་དང་སེམས་མ་བཅུ་དྲུག་ལ་སོགས་པ་དང་ཁྲོ་བོའི་རྣམ་པར་བཞུགས་པ་ལ་སོགས་པ་རྣམས་ལ་ནི་དར་ཆེན་དང་། གན་གོས་ལ་སོགས་པའི་སྟོད་གཡོགས་དང་སྨད་གཡོགས་དང་། གཞན་ཡང་གཙུག་ལག་ཁང་ཆེ་ཆུང་རྣམས་ཀྱི་ཏོག་དང་བྱ་འདབ་ལ་སོགས་པའི་རྩེ་ཟུར་ཕན་ཚུན་དུ་ཐག་གུ་སྦྲེལ་བ་ཐམས་ཅད་ལ་བ་དན་དང་རྔ་ཡབ་དང་དྲིལ་བུ་ལ་སོགས་པས་བར་མ་ཆད་པར་མཛེས་པར་བྱས་ཤིང་། ཕྱིའི་སྐོར་ལམ་ཆེན་མོའི་ཕྱི་རོལ་ནས་ཤིང་ཆེན་པོ་འཕང་ཤིན་ཏུ་མཐོ་བ་རྣམས་ལ་གོས་དར་སོགས་ལས་བྱས་པའི་བ་དན་ཆེན་པོ་འཛིགས་སུ་རུང་བ་ལ་ཕྱོགས་སྐྱོང་དེ་དང་དེའི་སྐུས་ཏོག་ལ་བརྒྱན་ཅིང་། དེ་དང་དེའི་

སྡུགས་བ་དན་ཉིད་ལ་བྲིས་པ་བཅོ་ལྔ་ཕྱོགས་སྐྱོང་བ་བཅོ་ལྔ་པོ་རང་རང་གི་ཁ་དོག་དང་མཐུན་པ་རང་རང་གི་ཕྱོགས་སུ་ལེགས་པར་བཙུགས་ནས་ཞུབ་རེ་བཞིན་དེ་དག་གི་རྩ་བའི་གཏོར་སྔེགས་ཁར་ཕྱོགས་གཏོར་གཏོང་བ་དང་། དེ་དག་གི་བར་བར་དུ་གདུགས་དཀར་ལ་སོགས་པའི་རྒྱལ་མཚན་རང་རང་གི་ཚོག་བཞིན་དུ་ལེགས་པར་བཙུགས་ཤིང་། བ་དན་དང་རྒྱལ་མཚན་དེ་དག་གི་ཤིང་རྣམས་ཐག་གུས་སྦྲེལ་བ་ལ་འཕན་དང་རྔ་ཡབ་དང་། དྲིལ་བུ་ལ་སོགས་པས་བར་མ་ཆད་པར་མཛེས་པར་བྱས་པ་ནི་འཇའ་ཚོན་གུན་ནས་བཀྲ་བས་ནམ་མཁའི་ལམ་ཁྱབ་པར་བྱས་པ་ལྟ་བུ་དང་། གཞན་ཡང་ཉིན་པར་ཡང་ཁྱམས་ནང་མ་ཡན་ཆད་ལ་དཀར་མེ་བརྒྱ་ཕྲག་བཞི་རེ་ཙམ་དང་། བར་སྐོར་ལ་བརྒྱ་ཕྲག་ལྔག་པ་དང་། ཕྱི་སྐོར་ལ་རྡོ་རིང་གི་འགྲམ་རྫ་བོ་རིན་པོ་ཆེའི་ཞལ་གྱི་དྲང་ཐད་དུ། ཀོང་བུ་ཆེན་པོ་གྲུ་བཞི་པ་ཕྱོགས་རེ་ལ་འདོམ་ཚད་མ་གསུམ་གསུམ་ཡོད་པ། དེ་ཉིད་མར་གྱིས་ལེགས་པར་བཀང་བ་ལ་འཚམ་པའི་སྡོང་བུ་ལས་འབར་བའི་མེ་ལྕེ་ནི་གསེར་གྱི་མཆོད་སྡོང་གིས་ནམ་མཁའི་ལམ་འགོག་པར་བྱེད་པ་ལྟ་བུས་ཐོག་དྲངས་རྫའི་ཁོག་མ་ཆེན་པོ་མར་གྱིས་བཀང་བའི་སྡོང་བུ་མི་ཆེན་པོའི་ལག་པའི་སྒྲོམ་ཚད་ཙམ་ལ་འཕང་མདའ་ཚད་ལྔག་ཙམ་གྱི་མར་མེ་བར་ཐག་འཚམ་པར་བཀོད་པས་ཕྱི་སྐོར་གྱི་ཕྱི་རིམ་འཁོར་བ་དང་། གཞན་ཡང་ར་མོ་ཆེ། ཀླུ་སྡུག་པོ་ཏ་ལ། གུང་ཐང་རྣམས་སུའང་དཀར་མེ་དུ་མ་དང་། མཚན་མོ་ནི། བར་སྐོར་གྱི་རྩིག་འགྲམ་འཁོར་བ་དང་། ཁྱམས་གྲྭ་ཕྱི་མའི་ཀ་ཚར་ཇི་ལྟར་ཡོད་པ་བཞིན་དུ་མར་མེའི་ཕྲེང་བ་བཀོད་པས་མིག་གིས་བལྟ་བ་ཙམ་ཡང་བཟོད་དཀའ་བར་བྱས་ཏེ། ཇི་ལྟར་ས་ཆེན་པོ་ལ་མངོན་པར་བྲིས་པའི་སྒྲོན་མེའི་ཕྲེང་བས་ལྷའི་ལམ་ལ་

འཁྲིགས་པའི་རྒྱུ་སྐར་གྱི་ཚོགས་ལ་འཕྱོ་བ་གསལ་བར་བྱེད་པའི་སོ་སོའི་འོད་ཟེར་གྱིས་མཚན་གུང་ལ་བབ་པའི་མུན་པའི་ཚོགས་དཔུང་དང་བཅས་པའང་རབ་ཏུ་འཁྱུམ་ཞིང་ངོ་མཚར་བས་སའི་འོག་ཏུ་སོང་སྟེ་ཀུན་གྱི་མིག་ལམ་དུ་མི་མངོན་པར་གྱུར་ཏོ། ” ཞེས་དང་། “ གཞན་ཡང་ཡོན་ཆབ་བརྒྱ་ཕྲག་བརྒྱལ་བ་ཉིན་རེ་ཞིང་གསར་དུ་མངོན་པར་བཤམས་པ་རྣམས་ལ་ཉིན་རེ་ཞིང་ཁ་ཆེ་གུར་གུམ་སྤྲངས་པའི་ཁུ་བས་ཁ་ལེགས་པར་བསྒྱུར་བའི་གུར་གུམ་གྱི་རོ་མ་ནི་ཉིན་རེ་ལའང་བྲེས་གཞལ་དགོས་པ་དང་། གཞན་ཡང་སྤོས་རྒྱ་རྒྱལ་མཚན་དང་། གདུགས་དང་། སྤོས་སྣོད་ཐ་དད་དུ་མངོན་པར་བསྒྲིགས་པ་ལ་སོགས་པའི་དྲི་བཟང་པོས་ཕྱི་རོལ་གྱི་ཁོར་ཡུག་ཐམས་ཅད་དུའང་ཉིན་མཚན་གཉིས་ཀ་མངོན་པར་ཁྱབ་ཅིང་། དུ་བ་རྣམས་ནི་བར་སྣང་ལ་སྤྲིན་གྱི་སྣ་རིང་པོ་དག་ཕན་ཚུན་མདུད་པའི་ལྷ་ལྡེ་ལྟ་བུ། ཐ་ན་ཕྱི་སྐོར་གྱི་ལམ་རྣམས་ཀྱང་སྤོས་ཀྱི་ཆུས་ཆག་ཆག་བཏབ་པར་བྱས་ནས་གཞན་ལྟ་ཅི་སྨོས། ཞལ་ཟས་མདའ་ཚད་ལྷག་ཙམ་ལ་མར་གྱི་རྒྱལ་སྲིད་རིན་པོ་ཆེ་སྣ་བདུན་ལ་སོགས་པའི་རྒྱན་ཡིད་འཕྲོག་པས་བརྒྱན་པ་བརྒྱ་རྩ་བརྒྱད་རེ་ཉིན་རེ་གསར་པ་གསར་པ་ཕུལ་ཞིང་། གོང་བུ་ཆེན་པོའི་གཡས་གཡོན་དུ་ས་སྟེགས་ལ། རྩམ་པ་ཁལ་བཞི་བརྒྱ། (རྒྱ་མ་ཚིག་ཁྲི་ཚིག་སྟོང་ཉིས་བརྒྱ་) རེ་ལས་བྱས་པའི་ལྷ་བཤོས་རྒྱན་བཟང་པོ་དཔག་ཏུ་མེད་པས་སྤྲས་པ། འཕྱུར་དར་བརྩུགས་པ་དང་བཅས་པ་མངོན་པར་བཤམས་པའི་ཞལ་ཟས་སྙིང་པ་རྣམས་ནི་བདག་གིར་བྱེད་པ་མེད་པར་སྐྱེ་བོ་ཕོངས་པ་སྤྲང་པོའི་ཚོགས་ལ་ལྟོས་པ་མེད་པར་བྱིན་པས། ཕོངས་པ་དག་ཀྱང་བཀྲེན་པའི་འདུ་ཤེས་ཀྱི་འཆིང་བ་ལས་གྲོལ་ནས་བཟའ་བཏུང་གིས་ཚིམ་པ་ལྷག་པར་ཐོབ་པས་སླར་བཟའ་བ་ཡིད་ལ་མི་

བྱེད་པ་ལྟ་བུར་གྱུར་ཏོ”། ཞེས་དང་། “དེའི་ཚེ་ལྷ་མཆོད་མི་མཆོད་རྣམས་ཀྱི་མཐིལ་ལེན། ཕྱོགས་ཕྱོགས་ནས་འདུས་པའི་བླ་མ་དགེ་བའི་བཤེས་གཉེན། མི་དཔོན་སོ་སོ། དད་འབུལ་སྐྱེལ་བ་ལ་ཕྱིན་པ་སོ་སོ། བཟོ་རིག་པ་སོ་སོ་ལ་སོགས་པ་ཐམས་ཅད་ཀྱི་སྣ་ལེན་ལས་ཀ་སོགས་ཀྱི་མཐིལ་ལེན། དཔོན་ནམ་མཁའ་བཟང་པོ་ཁུ་དབོན་གྱིས་ཐུགས་དད་པ་དང་གཏོང་བ་རྒྱ་ཆེན་པོས་གུས་པར་བསྒྲུབས་ཤིང་། བདག་པོ་ཆེན་པོ་མི་དབང་གྲགས་པ་རྒྱལ་མཚན་པས་ཀྱང་མཆོད་པ་རྣམས་ཀྱི་མཐིལ་ལེན་གྱི་ཐུགས་ཁུར་ཆེར་བཞེས་པ་དང་། གཞན་ཡང་འབྲི་ཁུང་སོགས་ཀྱི་དད་འབུལ་དང་། བསྙེན་བཀུར་མང་བས། ཞག་བཅུ་དྲུག་པོའི་རིང་ལ། དགེ་འདུན་ཁྲི་ར་ཙན་ཙམ་རེའི་ཚ་དྲོ། ཚ་ཇ། ཐོ་ཇ་དང་བཅས་པ་ཆག་མེད་བྱུང་ཞིང་། ཚ་དྲོ་ལ་དགེ་འདུན་ཚོགས་པའི་ཚེ་བསོད་ནམས་ཆེ་བ་ལ་དགོངས་ནས། གྲལ་དུ་ཚ་དྲོ་མི་བཞེས་པར་སྐོར་བ་མཛད་པའི་དགེ་འདུན་ཡང་སྟོང་ལྷག་ཙམ་རེ་ཡོད་པར་ངེས་སོ། དེ་བས་ཀྱང་སྐྱེ་བོ་མི་ནག་པའི་ཚོགས་འདུས་པ་ནི་ཤིན་ཏུ་མང་སྟེ་ཁྲི་ཕྲག་བགྲང་བ་ཡོད་པར་མངོན་ལ་ཐུགས་རྗེའི་ཤུགས་ཀྱིས། དེ་ཙམ་དུ་ཚོགས་པའི་སྐྱེ་བོ་ཐམས་ཅད་ཀྱང་ཕན་ཚུན་ཚིག་རྩུབ་མོས་འཐབ་མོ་མཚོན་ཆ་ཅན་བྱེད་པ་ནི་གཅིག་ཀྱང་མ་མཐོང་ཞིང་། སྐོར་བ་གཞན་གྱི་སྐབས་ལྟར་སྒྱུ་གཞས་དང་རྐང་བྲོ་དང་ཆང་འཐུང་བ་ལ་སོགས་པ་བག་མེད་པ་དག་ཀྱང་ལྟུང་མི་བྱེད་ཀྱི། གཞན་དུ་ན་ཐམས་ཅད་རང་བཞིན་གྱིས་རྒྱུད་འཇམ་པ་དང་དད་པ་དང་། དགེ་བ་ལ་སྤྲོ་བ་སོགས་ཀྱི་གཞན་དབང་དུ་གྱུར་པས་ཉིན་མཚན་འཁོར་ཡུག་ཏུ་ཆོས་ཉན་པ་དང་། ཕྱག་དང་སྐོར་བ་དང་། སྨོན་ལམ་འདེབས་པ་དང་། གཟུངས་ཁ་ཏོན་དུ་བྱེད་པ་སོགས་འབའ་ཞིག་གིས་དུས་འདའ་བར་གྱུར་

ཅིང་། གཟུངས་ཁ་ཧོན་དུ་བྱེད་པ་སོགས་འབའ་ཞིག་གིས་དུས་འདའ་བར་གྱུར་ཅིང་། དེ་ཡང་མཚན་ཕྱེད་ལ་བབས་པའི་དུས་རང་ན་ཕྱི་སྐོར་བྱེད་པ་ཉིན་མོ་ལས་ཆུང་ཟད་ཞུང་བར་མངོན་པ་ཙམ་མ་གཏོགས། སྐོར་བ་བྱེད་པ་བར་ཆད་པ་ནི་ཆུང་ཟད་ཀྱང་མ་བྱུང་ངོ་” ཞེས་དང་། “དེ་ལྟར་ལྷ་མཆོད་མི་མཆོད་ཀྱི་ཆས་ཕྱོགས་ཀྱི་དད་འབུལ་དང་བཅས་པ་ཐམས་ཅད་རགས་པ་ཙམ་ཞིག་བརྩིས་ནས་ཕྱོགས་གཅིག་ཏུ་དྲིལ་བ་ལ། གསེར་ཝ་དགུ་བརྒྱ་དང་ཉེར་གཅིག གསེར་ཝ་ཕྱེད་དང་ལྔ་བརྒྱའི་དངུལ། མར་ཁལ་ཁྲི་ཚོ་གསུམ་སྟོང་ཕྲག་བདུན་དང་དྲུག་ཅུ་ཐམ་པ། (དེང་གི་བརྩི་སྲོལ་ལྟར་ན་ལྷ་ཁལ་རེར་རྒྱ་མ་དྲུག་དང་སྲང་བདུན་རེ་རྩིས་ན་མར་རྒྱ་མ་ཁྲི་ཚོ་ཉི་ཤུ་རྩ་བཞི་དང་བརྒྱད་སྟོང་སུམ་བརྒྱ་གཉིས་) ནས་རྩམ་ཁལ་ཁྲི་ཚོ་གཅིག་སྟོང་ཕྲག་བརྒྱད་དང་ཉིས་བརྒྱ་དང་བཅུ་གཅིག(དེང་གི་བརྩི་སྲོལ་ལྟར་ན་འབྲུ་ཁལ་རེར་རྒྱ་མ་ཉི་ཤུ་རྩ་བརྒྱད་རེ་རྩིས་ན་རྒྱ་མ་ཁྲི་ཚོ་ལྔ་བཅུ་དང་དགུ་སྟོང་དགུ་བརྒྱ་བརྒྱད) ཇ་དཀར་ཝ་བཞི་བརྒྱ་དང་བཅུ་དྲུག ཇ་ནག་སིག་བརྒྱ་དྲུག་ཅུ་རེ་གསུམ། བུ་རམ་ཀ་ར་ལྟང་བཅོ་བརྒྱད། ཤ་སྐམ་ཁོག་པ་ཉིས་སྟོང་དང་བརྒྱ་བདུན་ཅུ་དོན་གཉིས། འཕན་དང་རྒྱལ་མཚན་ཆེན་པོ་སོ་གསུམ། ན་བཟའ་དང་གོས་བརྩེགས་མ་སུམ་ཅུ། གོས་དར་ཡུག་ཉིས་བརྒྱ་དང་དགུ་བཅུ། རས་ཡུག་བདུན་བརྒྱ་སོ་གཅིག ཀ་དན་སྒྲིལ་མ་ལྔ་བཅུ་ལྷག་ཅིག གཡུ་རྙིང་རྫོག་པོ་ཆེ་ཆུང་འདྲེས་མ་དྲུག་ཅུ་ལྷག་ཙམ། མཛོ་རྟ་སོགས་ཀྱི་རིན་གོང་བརྩིས་པ་སྒྱུར་ཝ་ཉིས་སྟོང་དང་དོན་གསུམ། སྟོང་རེ་ལ་ཕུལ་བའི་ཇ་ཐེར་བཅུ་བཞི། སྤྱིས་དཀར་ཁལ་ཉི་ཤུ་རྩ་གཅིག སླ་བྲེ་བཅེམས་མ་གསུམ། སྤྱིས་རིང་མདའ་ཚད་མ་ཁྲི་ཚོ་གསུམ་དང་སུམ་སྟོང་ཉིས་བརྒྱ་བདུན་ཅུ། ཕྱང་སྤྱིས་དང་དྲི་བཟང་

བསྲེས་པ་ཕད་བུ་ཆེན་པོ་ཉེར་ལྔ། གཞན་འདིར་མ་རྩིས་པའི་ཕྲན་ཚེགས་མཐའ་ཡས་མོད། འདི་རང་གི་དཀར་ཆག་ཆེན་མོ་ཡོགས་སུ་མཛད་པར་བལྟ་བར་བྱའོ།" ①ཞེས་མཁས་གྲུབ་རིན་པོ་ཆེས་དངོས་སུ་གཟིགས་པ་རྣམས་སྒྲོ་སྐུར་སྤང་ཏེ་གསུངས་པ་ལྟར་དང་། དེ་ལྟ་བུའི་ཆོ་འཕྲུལ་སྨོན་ལམ་ཆེན་མོ་དེའི་རིང་ལ་ཆོས་གཅིག་ནས་བཅོ་ལྔའི་བར་ཉིན་རེ་བཞིན་གྱི་སྦྱིན་པའི་བདག་པོའི་རིམ་པ་ནི། ཆོས་གཅིག་ཉིན་གྱི་སྦྱིན་བདག་གཙོ་བོ་རྗེ་ཙོང་ཁ་པ་ཆེན་པོ་དཔོན་སློབ་རྣམས་ཀྱིས་མཛད་པ་དང་ཕག་གྲུ་ནས་སྤྱན་སྔ་རིན་པོ་ཆེ་བསོད་ནམས་བཟང་པོས་ཀྱང་ཞལ་འདེབས་རྒྱ་ཆེ་ཕུལ་བ། ཆོས་གཉིས་ཀྱི་སྦྱིན་བདག་དབང་གྲགས་པ་རྒྱལ་མཚན། ཆོས་གསུམ་གྱི་སྦྱིན་བདག་རྒྱན་བུ་ལྷུན་གྲུབ་རྒྱལ་མཚན་སྐུ་མཆེད་ཡུམ་སྲས་དང་བཅས་པ། ཆོས་བཞིའི་སྦྱིན་བདག་བྲག་དཀར་ནང་སོ། ཆོས་ལྔའི་སྦྱིན་བདག་དཔོན་མཛེས་པ་ཡབ་སྲས། ཆོས་དྲུག་གི་སྦྱིན་བདག་རྗེ་བོ་ས་ལ་ཡབ་སྲས། ཆོས་བདུན་གྱི་སྦྱིན་བདག་བཀྲ་ཤིས་ཚའུ་དཔོན། ཆོས་བརྒྱད་ཀྱི་སྦྱིན་བདག་སྣེའུ་པ་དཔོན་ནམ་མཁའ་བཟང་པོ་ཡབ་ཡུམ། ཆོས་དགུའི་སྦྱིན་བདག་གཟིམ་གཡོག་རྣམས་ཀྱིས་བྱས་པ། ཆོས་བཅུའི་སྦྱིན་བདག་ཡོན་བདག་བསོད་ནམས་འཕེལ་གྱིས་མགོ་བྱས་པའི་གཉེར་པ་རྣམས་ཀྱིས་བྱས་པ། ཆོས་བཅུ་གཅིག་གི་སྦྱིན་བདག་གཉེར་ཆེན་དགེ་འདུན་འཕེལ། ཆོས་བཅུ་གཉིས་ཀྱི་སྦྱིན་བདག་གཉེར་ཆེད་དགེ་འདུན་འཕེལ། ཆོས་བཅུ་གཉིས་ཀྱི་སྦྱིན་བདག་སྐྱུར་མོ་ལུང་པ། ཆོས་བཅོ་ལྔའི་སྦྱིན་བདག་ཐོར་བུ་བ་རྣམས་ནས་བྱས་སོ།

① (རྗེ་ཙོང་ཁ་པ་ཆེན་པོའི་རྣམ་ཐར་དད་པའི་འཇུག་ངོགས་དེབ་ངོས86－93)

དེ་ལྟར་ཚེ་འཕྲུལ་སྨན་ལམ་ཆེན་མོའི་རིང་རྗེ་ཙོང་ཁ་པ་ཆེན་པོས་སྟག་དང་ཕྱག་རྒྱ་ཧྲིང་ངེ་འཛིན་གྱིས་བྱིན་གྱིས་བརླབས་ནས། མདོ་སྡེ་དང་རྒྱུད་སྡེ་ནས་བྱུང་བའི་ཚོ་ག་རྣམ་པར་དག་པས་མངོན་པར་མཆོད་ལམ་རྣམ་པར་དག་པ་ཉིན་རེ་བཞིན་མཛད་ལ་དགེ་འདུན་སྐྱེ་བོའི་ཚོགས་དང་བཅས་པ་ལ་ཉིན་རེ་བཞིན་སློབ་དཔོན་དཔའ་བོས་མཛད་པའི་སྐྱེས་རབས་ཀྱི་ཆོས་ཐུན་རེ་གསུངས། གྲོལ་བའི་ཉིན་མ་འོངས་བྱམས་པའི་བསྟན་པར་འདུས་པ་དང་པོར་སྐྱེ་བའི་རྟེན་འབྲེལ་དུ་བྱམས་པ་མཆེད་བཞིའི་ཡ་གྲལ་ངོ་མཚར་ཅན་རྒྱལ་སྲིད་སྣ་བདུན་ལ་སོགས་པ་མཆོད་པའི་བྱེ་བྲག་རོལ་མོའི་ཚོགས་དང་བཅས་ཏེ་སྐོར་ལམ་དུ་སྤྱན་དྲངས་པ་བཅས་ཇོ་བོ་རིན་པོ་ཆེར་དབུ་རྒྱན་ཕུལ་བ་དང་ཚེ་འཕྲུལ་སྨན་ལམ་ཆེན་མོའི་དུས་མཆོད་ཁྱད་པར་ཅན་འདི་དང་དུས་མཚུངས་པར་ཇོ་བོ་རིན་པོ་ཆེ་སྤྲུལ་སྐུའི་ཆ་བྱད་ནས་ལོངས་སྐུའི་ཆ་བྱད་ཉིད་དུ་བསྒྱུར་བར་གསུངས་པ་འདི་ལ་ཆོས་ལུགས་ཐོག་ནས་དགོངས་གཞི་དགོས་པའི་རྒྱུ་མཚན་མང་དུ་ཡོད་པ་ཇི་ལྟ་བ་བཞིན་ཞུ་བར་མི་སྤོབས་ཀྱང་སྐྱེ་བོ་ཀུན་གྱི་མཐུན་སྣང་དུ་གྲུབ་པའི་གནས་ཚུལ་ལ་མཚོན་ན་ཚེ་འཕྲུལ་སྨན་ལམ་ཆེན་མོ་གསར་འཛུགས་སྐབས་ལྷ་མིའི་སྟེར་མཆོད་ཅིང་བསྙེན་བཀུར་བའི་འདུ་ལོངས་ཤིན་ཏུ་རྒྱ་ཆེ་ལ་སྤྱང་མཐོ་བ་དཔེར་ན་སྐབས་དེའི་གསེར་དངུལ་གོས་དར་སོགས་པའི་རིན་ཐང་ཅན་ལྟ་ཅི་སྨོས། མཆོད་མར་གཅིག་པུར་མཚོན་ན་ཚེ་འཕྲུལ་ཉིན་བཅོ་ལྔའི་རིང་མར་རྒྱ་མར་ཕབ་པར་རྒྱ་མ་ཁྲི་ཚོ་ཉི་ཤུ་རྩ་ལྔར་ཉེ་བའི་གྲངས་འབོར་འདི་ནི་ད་ལས་དགོས་པ་ཞིག་ཡིན་པ་འདི་ཡང་གཏོང་ཕོད་ཅན་རྣམས་ཀྱིས་དགའ་གུས་སྒོ་གསུམ་གྱིས་ཕུལ་བ་འབའ་ཞིག་ལས་ཚེ་འཕྲུལ་ཆེན་མོའི་མཛད་ཆེན་ལ་བསླད་དེ་ཆབ་འབབ་ངས་མི་སེར་ནས་བསྡུས་པ་མིན་པ་

འདིའི་ཐོག་ནས་མཚོན་པ་ནི་རྗེ་ཙོང་ཁ་པ་ཆེན་པོའི་འཕྲིན་ལས་རྒྱས་པ་དང་། དེའི་དུས་བོད་ཁམས་ཀྱི་དཔལ་འབྱོར་འཕེལ་རྒྱས་ཀྱི་ཚད་གཞི་ངེས་ཅན་དུ་སླེབས་པ་ཡང་མཚོན། ད་དུང་ཕྱི་སྐོར་རྗེ་རིང་འགྲམ་གྱི་གོང་བུ་ཆེན་པོ་གྲུ་བཞི་པ་ཕྱོགས་རེ་ལ་འདོམ་ཚད་མ་གསུམ་གསུམ་ཡོད་པ་སྤྱི་ཁྲེར་ཐབ་ན་སྤྱིར་བཏང་འདོམ་གང་མ་གཅིག་ལ་ཏཱའོ་སྨིད་བརྒྱ་དང་བདུན་ཙུ་ཙམ་ཡོད་པར་ཆ་བཞག་ཚེ་གོང་བུ་དེའི་འཁོར་རྒྱར་སྤྱི་ཁྲི་གྲུ་བཞི་མ་ཉི་ཤུ་བརྒྱལ་ཙམ་ཟིན་པའི་གོང་བུ་དེ་ལྟ་བུ་འཛམ་གླིང་ནང་སྔར་དང་ད་ལྟ་བྱུང་མྱོང་མེད་པའི་གོང་བུ་ཆེ་ཤོས་སུ་བརྩི་ཚོག་པ། གོང་བུ་དེའི་ནང་མར་ཁུ་གཏམས་ཏེ་ཕུལ་བའི་ཐེངས་རེའི་མར་ཁུའི་རྒྱུར་མར་ཇི་ཙམ་འགྲོ་བ་ཞལ་གསལ་གསུངས་མེད་ཀྱང་གྲངས་འབོར་ཆེས་ཆེ་བ་ནི་སྨོས་ཅི་དགོས། དཔེར་ན་གོང་བུ་དེའི་གསལ་སྒྲོན་གྱིས་གཙུག་ལག་ཁང་ལ་མེ་སྐྱོན་འབྱུང་ཉེན་གྱི་འཇིགས་སྐྲག་བྱུང་བའི་སྐོར་མཁས་གྲུབ་རིན་པོ་ཆེའི་གསུང་ལས། "དེའི་ཚེ་ཉམས་སྣང་བཟང་པོ་རང་ཡོད་པའི་ཐུགས་དམ་པ་ཞིག་གིས་མནལ་ལམ་དུ། བུད་མེད་ཆེན་མོ་ཞིག་གིས་ལག་པ་གཉིས་ཀྱིས་གཙུག་ལག་ཁང་ལ་འཁྱུད་འདུག ཅི་བྱེད་བྱས་པས་མེའི་གནོད་པ་བསྲུང་བ་ཡིན་ཟེར་བ་ཞིག་རྨིས་འདུག དེའི་ཕྱི་ནུབ་དེ། གོང་བུ་ཆེན་མོའི་མར་ཐལ་ཆེ་བ་རྫོགས། མར་གསར་པ་མ་བླུགས་པའི་མཚམས་ཤིག་ཏུ། གོང་བུའི་ནང་གི་རས་རྡག་རྫོག་རྣམས་དང་མར་ལྷག་མ་དང་བཅས་པ་ཐམས་ཅད་ལ་མེ་འབར་ནས་ཤིན་ཏུ་ཆེ་བའི་མེའི་ཕུང་པོར་གྱུར་ཏེ། སྐྱེ་བོ་ཐམས་ཅད་འཇིགས་སྐྲག་ཏུ་གྱུར་པ་ལ། རྗེའི་ཞལ་སྔ་ནས་དེ་མ་ཁད་གཟིམ་ཁང་དུ་ཕྱིན་སོང་ནས་ཐུགས་དམ་ལ་ཞུགས་པས། རླུང་གཅིག་ཀྱང་མེད་ཅིང་ཐབས་རྣམས་ཀྱིས་ཀྱང་བཀློག་ཤིན་ཏུ་སླ་བར་བྱུང་ནས་དེ་ཁད་ཞི་ཞིང་གནོད་པ་

ཅུང་ཟད་ཀྱང་མ་བྱུང་ངོ། ”① ཞེས་མཁས་གྲུབ་རིན་པོ་ཆེས་དངོས་སུ་གཟིགས་པའི་ཚུལ་གསུངས་པ་ལྟར་དང་། དེ་བཞིན་གོང་བུ་ཆེན་པོའི་གཡས་གཡོན་གཉིས་སུ་རྩམ་ཁལ་བཞི་བརྒྱ་སྟེ་རྩམ་པ་ཀྱ་མ་ཆེག་ཁྲི་ཆིག་སྟོང་ཉིས་བརྒྱ་རེ་ལས་ལྷ་བཤོས་རྒྱན་མང་གི་སྤྲས་པ་དེ་ཡང་འཛམ་གླིང་ནང་ལྷ་བཤོས་ཆེ་ཤོས་ཤིག་ཡིན་པར་ཚོག་ཐག་བཅད་ཆོག་པ་འདི་དག་ནི་སྐབས་དེའི་མཆོད་པའི་བྱེ་བྲག་གི་གྲས་ཤིག་ཡིན་པ་དེང་དུས་ལ་མཚོན་ན་འཛམ་གླིང་ནང་མཚར་ཉམས་སུ་བརྩེ་བའི་དཔལ་འབར་ཆེན་པོ་དང་། ཟས་རིགས་སྣ་གཅིག་རྒྱུ་ཆ་གཏོས་ཆེ་བར་འབད་པ་དུ་མས་བསྒྲུབ་པ་འཛམ་གླིང་ན་ཆེ་ཤོས་སུ་བརྩིས་ཏེ་ངོ་མཚར་དུ་བྱེད་པ་འདི་དག་མཚར་སྣང་བྱེད་རིན་མེད་པ་ལྟ་བུར་མངོན་པ་དང་། གཞན་ཡང་སྤྱོས་ཀྱི་རྒྱལ་མཚན་དང་། གདུགས་ལ་སོགས་པའི་ངོ་མཚར་ངོ་མཚར་རེ་རེ་ནས་བགྲང་བར་མི་ནུས་པ་བཅས་ཆོ་འཕྲུལ་སྨོན་ལམ་ཆེན་མོ་གསར་འཛུགས་མཛད་པ་འདི་ནི་རྗེ་ཙོང་ཁ་པ་ཆེན་པོའི་མཛད་ཆེན་བཞིའི་ཡ་གྱལ་ཞིག་ཡིན་ལ། སྐབས་དེའི་བོད་ཀྱི་དཔལ་འབྱོར་འཕེལ་རྒྱས་དང་། བོད་མི་རིགས་ཀྱི་ བླུན་མེད་པའི་སྙིང་སྟོབས་དང་། ཐུལ་དུ་བྱུང་བའི་བློ་གྲོས་ཀྱི་མཚོན་རྟགས་འགྱུར་བ་མེད་པ་ཞིག་ཀྱང་ཡིན་ནོ།

ལོ་དེ་གར་འབྲོག་རི་བོ་དགེ་ལྡན་རྣམ་པར་རྒྱལ་བའི་གླིང་ཕྱག་འདེབས་པར་མཛད་པའི་ལོ་རྒྱུས་གཤམ་དུ་དམིགས་སུ་བཀར་ནས་ཞུ་རྒྱུ་དང་། དགོན་གནས་དེ་དག་ཕྱག་མ་བཏབ་གོང་རྗེ་ཙོང་ཁ་པ་ཆེན་པོ་གནས་ངེས་མེད་དུ་བསྟན་འགྲོའི་དོན་ཆེན་མཛད་པ་གཙོ་བོར་རྗེ་ཙོང་ཁ་པ་ཆེན་པོ་

① (རྗེ་ཙོང་ཁ་པ་ཆེན་པོའི་རྣམ་ཐར་དད་པའི་འཇུག་ངོགས་དེབ་ངོས92)

དཀྱུང་ལོ་མཐོ་བ་འགྲོན་བཞུད་མང་བ་སྐྱུང་ལ་གྱི་གཞི་དང་འཁོར་རྣམས་ཀྱང་ཐུགས་བརྩུན་ནས་བཞུགས་གནས་གཏན་འཁེལ་བའི་དབེན་གནས་ཕྱུག་འདེབས་པའི་རི་བ་སྤྲ་མོ་ནས་ཡོད་པ་དང་བཅས་དེའི་ཚེ་སྔ་པ་དང་། ཡོན་བདག་ བུ་སློབ་ཀྱི་ཚོགས་ནས་རང་རང་ལ་བདག་པའི་དགོན་པ་རྙིང་པ་འབུལ་བ་དང་། གསར་པ་འདེབས་པའི་མཐུན་རྐྱེན་ཞུ་བའི་གསོལ་བ་འདེབས་པ་མང་དུ་བྱུང་བ་ལྟར་དེ་རྣམས་གང་བཟང་ཇོ་བོ་རིན་པོ་ཆེར་གསོལ་བ་བཏབ་ནས་བརྟག་པ་མཛད་དེ་འབྲོག་རི་བོ་ཆེ་བཟང་བར་བྱུང་བ་བཞིན་སློན་ལམ་གྲོལ་བ་དང་། རྗེ་ཙོང་ཁ་པ་ཆེན་པོས་ཞབས་ཀྱིས་བཅགས་ཏེ་དགོན་གནས་འབྲོག་རི་བོར་འདེབས་པར་གཏན་འཁེལ་མཛད་པ་ཡིན་ནོ།

དཀྱུང་ལོ་ང་དགུ་པ་ཤིང་ལུག་ལོ་རྗེ་ཙོང་ཁ་པ་ཆེན་པོས་སྒྲུབ་མཆོད་སོགས་ཚོགས་ཁང་དུ་བྱས་ན་དབང་མ་ཐོབ་པ་རྣམས་ཀྱིས་དཀྱིལ་འཁོར་སོགས་མཐོང་བའི་དགག་བྱ་ཆེ་བར་འདུག་པས། སྔགས་ཀྱི་སྒྲུབ་མཆོད་ཁང་པ་འགོལ་བ་ཞིག་སོགས་སུ་བྱེད་དགོས་པར་སྣང་ཞེས་གསུངས་པ་ལྟར་ཡངས་ཅན་གཙུག་ལག་ཁང་རྟེན་དང་བརྟེན་པར་བཅས་པ་གསར་བཞེངས་ཀྱིས་དགའ་ལྡན་གྱི་དཀྱིལ་འཁོར་སྒྲུབ་མཆོད་གསར་འཛུགས་མཛད་པ་དེ་ནི་རྗེ་ཙོང་ཁ་པ་ཆེན་པོའི་མཛད་པ་དེ་ནི་རྗེ་ཙོང་པ་ཆེན་པོའི་མཛད་ཆེན་བཞིའི་ཡ་གྲལ་ཞིག་ཡིན།

དེ་ལྟར་བསྟན་པ་དང་གདུལ་བྱའི་དོན་རྒྱ་ཆེར་མཛད་ནས་སྐུ་དངོས་ཀྱི་མཛད་པ་མཐར་ཕྱིན་པ་ལ་ཉེ་བར་གྱུར་པ་དཀྱུང་གྲངས་དྲུག་ཅུ་རེ་གསུམ་པ་སྤྱི་ལོ1479རབ་བྱུང་བརྒྱད་པའི་ས་ཕག་ལོའི་སྟོན་ཁ་སྟོད་ལུང་གི་ཆུ་ཚན་ལ་ཕྱིན་ན་སྐུ་ལུས་ལ་ཤིན་ཏུ་འཕྲོད་པར་འགྱུར་ཞེས་གསོལ་བའི་རྐྱེན་བྱས་རེ་

བོ་དགེ་ལྡན་ནས་ཕྱག་བཏེགས་ཏེ་ལྷ་སར་ཇོ་བོ་རིན་པོ་ཆེའི་སྐུ་དྲུང་དུ་སྐུ་ཕྱག་དང་། མཆོད་འབུལ། སྨོན་ལམ་རྣམ་པར་དག་པ་མཛད་ནས་སྟོད་ལུང་ཚལ་ཚན་ཁར་ཕྱིན། འོན་ཀྱང་ཚལ་ཚན་གྱིས་ནི་ཞབས་ལ་ཉུང་ཟད་ཙམ་བདུག་པ་ལས་མ་མཛད་པ་གཙོ་བོར་སྟོད་ལུང་ཕུ་མདའི་སྐྱེ་བོའི་ཚོགས་ལ་བཀའ་ཆོས་བསྩལ། དེ་ནས་འདོ་ལི་ལ་འབྲས་སྤྱུངས་སུ་སྤྱན་དྲངས། དེའི་ཚེ་ལམ་རིམ་གྱི་ཁྲིད། ན་རོ་ཆོས་དྲུག དབུ་མ་འཇུག་པ། གསང་འདུས་རྒྱུད་ལ་སོགས་པ་གསུངས་ཤིང་། དེ་ཡང་སྔོན་ཆད་གྲོང་པའི་སྐྱེ་བོ་ཕོ་མོ་སུ་ལའང་ཆེར་མི་གནང་ཞིང་། ཁྱད་པར་ལམ་རིམ་གྱི་ཁྲིད་ལ་འཚོག་ཏུ་མི་རུང་བ་ལ་སོགས་པའི་དམ་བཞག་ཆེ་བར་ཡོད་པ་ལ། དེ་དུས་གྲོང་པའི་སྐྱེ་བོ་ཇི་ཙམ་ཞིག་འོངས་པ་དང་དུས་ནམ་ཞིག་ལ་འོངས་པ་ཐམས་ཅད་ལ་ཁྱད་པར་མེད་པར་ཐན་སྤྲང་པོའི་ཚོགས་དུ་མ་འདུ་པ་ཡན་ཆད་ཐམས་ཅད་ལམ་རིམ་དང་དོ་མ་ལ་སོཏ་པའང་བཀག་པ་མེད་པར་ནང་། བཅོམ་ལྡན་འདས་རྣམ་པར་སྣང་མཛད་ཀྱི་དཀྱིལ་སྐུ་ཆེན་མོ་བཞེའི་བའི་ཞལ་ཏ་མཛད། སྐབས་དེར་སྔོན་ཆད་དུས་འཁོར་མ་གཏོགས་ཆོས་མཚམས་མཛད་པའི་ལུགས་མེད་པ་ལ། དེར་གསང་ དུས་ལེའུ་ དགུ་ པའི་ སྐབས་ ལ་ ཆོས་ མཚམས་ མཛད་ པར་ ཆོས་གསན་པ་རྣམས་ཀྱིས་ད་དུང་ཟླ་གཅིག་གམ་ཞུགས་ནས་ཆོས་འཕྲོ་རྫོགས་པར་གསུང་བ་ཞིག་གམ། ཐ་ན་་ཀྱི་འཕྲོ་བསླགས་ལུང་དུ་མཛད་ཙམ་ཞིག་ཀྱང་གནང་དུ་མ་བཞེད་པ་རྒྱུད་དང་ལམ་རིམ་འཕྲོ་ལ་འཇོག་པའི་དགོངས་པ་ནི་ཐུགས་དང་མཚན་ཉིད་ཀྱི་བཤད་རྒྱུན་རྫོགས་པ་མེད་པར་འཕྲོ་རིང་དུ་གནས་པའི་རྟེན་འབྲེལ་སྒྲིག་པའི་དགོངས་པ་སྔོན་དུ་མཛད་པ་ཡིན་པར་གྲག། དེ་ནས་སླར་ལྷ་སར་ཐེབས་ཏེ་ཇོ་བོ་རིན་པོ་ཆེའི་སྐུ་མདུན་དུ་ཕྱི་མ་མེད་པའི་ཕྱག

འཚལ་མཛད། དེ་ནས་བྱམས་ཆེན་ཆོས་རྗེས་སེ་རར་སྤྱན་དྲངས་རྒྱུད་ཀྱི་འཆད་ཉན་ཀང་ཚུཏ་པའི་གྲྭ་ས་རྣམ་པར་དག་པ་འཛུགས་པའི་ཞལ་བཀོད་དང་། ཆོས་དཔོན་བསྐོ་བ། རྟེན་འབྲེལ་ཁྱད་པར་ཅན་སྒྲིག་པའི་ཆེད་གནས་དེར་གསོ་སྦྱོང་། རྒྱུད་ཀྱི་རྒྱལ་པོ་གཉིས་ཀྱི་དབུ་ནས་ཕྱུན་རེ་གསུངས། དེ་ནས་བ་ལམ་བདེ་ཆེན་རྩེར་ཕེབས། བྲག་དཀར་རྫོང་དཔོན་པོ་ཡབ་ཡུམ་ལ་བདེ་ཆེན་དུ་གསང་སྔཏ་མཁར་འདེབས་པའི་ཞལ་ཏ་མཛད། དེ་ནས་དགའ་ལྡན་དུ་ཕེབས་པ་ན་ཐོག་མར་ཡངས་པ་ཅན་གྱི་གཙུག་ལག་ཁང་ཆེན་པོར་ཕེབས་ཏེ་འདིར་ད་ཡང་འོང་བ་མི་ཡོང་བས་མཆོད་གཏོར་རྒྱ་ཆེར་སྔོམས་གསུངས། དེ་ནས་འདུ་ཁང་དུ་དགེ་འདུན་གྱི་ཚོགས་དབུར་ཕེབས་ཏེ་བདེ་བ་ཅན་གྱི་སྨོན་ལམ་རྒྱས་པ་དང་། དགེ་འདུན་གྱི་ཚོགས་པ་རྒྱ་མཚོའི་དབུས་སུ་ཤིས་བརྗོད་མཛད། དེ་ནས་གཟིམ་ཁང་དུ་ཕེབས་ཏེ་བཞུགས་གདན་ལ་བཞུགས་པ་ན། ད་ནི་རང་རེའི་དགོན་པ་རང་དབང་ཐོབ་པ་འདིར་སླེབ་བྱུང་བས་བློ་བདེ་འོ་ཞེས་གསུངས། རྒྱལ་ཚབ་དར་མ་རིན་ཆེན་ལ་སོགས་པར་བསྟན་པའི་བྱ་བ་མཛད་ཚུལ་གྱི་ཞལ་ཏ་སྔ་མོ་ནས་ཞིབ་ཆ་གནང་ཟིན་པས་དེའི་ཚེ་རྒྱས་པར་མ་གསུངས་ཀྱང་སྐབས་དེར་དབུ་ཞྭ་དང་། ན་བཟའ་བེར་ཐུལ་ཞིག་གནང་སྟེ་རྒྱལ་ཚབ་ཏུ་དངོན་གྱིས་གོ་བར་མཛད་པ་བཅས་ལོ་དེའི་ཟླ་བ་བཅུ་པའི་ཚེས་ཉེ་ཤུ་ལྔའི་ཉིན་དགོངས་པ་ཆོས་ཀྱི་དབྱིངས་སུ་ཐིམ་ཚུལ་བསྟན་པ་ལགས་སོ།

རྗེ་ཙོང་ཁ་པ་ཆེན་པོ་སྐུ་གཤེགས་པའི་ཕྱི་ལོ་ནས་བཟུངས་ལོ་ལྟར་ཟླ་བ་བཅུ་པའི་ཚེས་ཉེར་ལྔ་ཉིན་དགའ་ལྡན་ལྔ་མཆོད་ཆེ་མོ་ཞེས་བྱ་བའི་དུས་མཆོད་སྒྲིང་མེ་འབུལ་བའི་སྲོལ་དེ་བོད་སྤྱོངས་ཡོངས་ལ་དར་ནས་ད་ལྟ་ཡང་

ཉམས་པ་མེད་པར་གནས་པ་འདི་ཡིན་ནོ། །

རྗེ་ཙོང་ཁ་པ་ཆེན་པོའི་གསུང་རྩོམ་ནི་པོད་ཆེན་བཅོ་བརྒྱད་ཡོད་ཅིང་ཁོང་གི་དངོས་སློབ་ཀྱི་གྲངས་འདྲེན་སྐོར་བཞེད་པ་མི་འདྲ་ཙམ་མཆིས་པའི་ནང་ནས་སྐབས་འདིར་དགའ་ལྡན་ཆོས་འབྱུང་བཻ་སེར་གཞིར་བཟུང་བཀོད་ན། སྲས་ཀྱི་ཐུ་བོ་རྒྱལ་ཚབ་དར་མ་རིན་ཆེན། མཁས་གྲུབ་དགེ་ལེགས་དཔལ་བཟང་། པཎ་ཆེན་དགེ་འདུན་གྲུབ་པ་གསུམ་ཡིན་ལ་ཆོས་འབྲེལ་གསན་པའི་དབང་གིས་བླ་མ་ཡིན་ལ་སློབ་མའང་ཡིན་པ་བླ་མ་དབུ་མ་པ། ཕྱག་རྡོར་བ། རྗེ་རེད་མདའ་བ་རྣམ་པ་གསུམ་ཡང་སྲས་ཀྱི་ཐུ་བོའི་ཁོངས་སུ་གཏོགས།

སྤྱི་འཚོར་བཞི་ནི། ཚ་ཁོ་དཔོན་པོ་ངག་དབང་གྲགས་པ། སྟོངས་སྟོན་རྡོ་ན་ཤྲཱི། དགེ་བཤེས་སྟོན་པའོ།

ཕྱི་འཚོར་རམ་འཁོར་དག་པ་རྣམ་བརྒྱད་ཀྱི་དབུས་པ་བཞི་ནི་འཇམ་དཀར་བ། བཟང་སྐྱོང་བ། རིན་རྒྱལ་བ། བྱང་སེ་བའོ། །མདོ་ཁམས་པ་བཞི་ནི། རྟོགས་ལྡན་འཇམ་དཔལ་རྒྱ་མཚོ། ཤེས་རབ་གྲགས་པ། འཇམ་དཔལ་བཀྲ་ཤིས། དཔལ་སྐྱོང་བའོ།

འཕྲིན་ལས་ཆེ་བ་ལྔ་ནི། འདུལ་འཛིན་པ། འཇམ་དཀར་བ། འཇམ་དབྱངས་ཆོས་རྗེ་བཀྲ་ཤིས་དཔལ་ལྡན། མཚུངས་མེད་ཆོས་རྗེ་རྒྱལ་མཚན་བཟང་པོ། རྗེ་བཙུན་ཤེས་རབ་སེང་གེ་བཅས་སོ།

བསྟན་པའི་སྒྲོན་མེ་བཅུ་ནི། ཆོས་རྗེ་དཀོན་ཅོག་ཚུལ་ཁྲིམས། མཁས་པ་རྒྱལ་དབང་ཁ་ཆེ། གཉལ་རྨོད་རིན་བསམ། མཁྱེན་རབ་གྲགས་བཟང་པ། གཉལ་ཆེན་ཤེས་རབ་རྒྱལ་མཚན། ཏོར་སྟོན་ནམ་མཁའ་དཔལ།

ཆོས་རྗེ་བློ་གྲོས་ཆོས་སྐྱོང་། ཆོས་རྗེ་རྒྱལ་བ། ཆོས་རྗེ་དཔལ་སེང་བ། སྣར་ཐང་རབ་མཆོག་པ་བཅས་སོ།

བྱང་སེམས་གཞན་དོན་ནུས་པ་དྲུག་ནི། བྱང་སེམས་ཤཱཀྱ་བསོད་ནམས། བྱང་སེམས་ཀུན་དགའ་བཟང་པོ། བྱང་སེམས་བློ་གྲོས་རྒྱལ་ཚན། བྱང་སེམས་ཚུལ་ཁྲིམས་དཔལ་བཟང་། བྱང་སེམས་གཞོན་ནུ་རྒྱལ་མཚན། བྱང་སེམས་གྲགས་བཟང་བཅས་སོ།

ས་སྐྱོང་ཏི་ཤྲིར་བཀུར་བ་གཉིས་ནི། བྱམས་ཆེན་ཤཱཀྱ་ཡེ་ཤེས་དང་། བྱང་དར་མའོ།

མང་ཐོས་དཔོན་སྲས་གཉིས་ནི། མ་གཅིག་དཔོན་པོ་ནམ་མཁའ་དཔལ་དང་། ཡར་རྒྱབ་དཔོན་པོ་བསོད་ནམས་རྣམ་པར་རྒྱལ་བའོ།

སྦྱངས་པའི་ཡོན་ཏན་འཛིན་པ་གཉིས་ནི། ཞྭ་ལུ་བ་བཀྲ་ཤིས་རྒྱ་མཚོ་དང་། ཆོས་རྗེ་ལེགས་པ་རྒྱལ་མཚན་ནི།

རྣམ་དཔྱོད་ཕུལ་དུ་བྱུང་བ་གཉིས་ནི། མུས་སྲད་པ་བློ་གྲོས་རིན་ཆེན་སེང་གེ་དང་། ཞང་ཞུང་པ་ཆོས་དབང་གྲགས་པའོ།

བསྟན་པ་ཕྱོགས་མཐར་སྐྱོང་བ་དྲུག་ནི། སྟོད་ཤེར་བཟང་། སྨད་ཤེར་བཟང་། ཀུ་གེ་ངག་དབང་གྲགས་པ། སྟོ་པ་རྒྱལ་མཚན་སེང་གེ། བླ་མ་དཔལ་ལྡན་ཤེས་རབ། ལྡན་མ་ཡོན་ཏན་དཔལ་བའོ།

སྐད་གཉིས་སྨྲ་བའི་ལོ་ཙྪ་བ་གཉིས་ནི། འགོས་ལོ་གཞོན་ནུ་དཔལ་དང་། སྟག་ལུང་ལོ་ཙྪ་བའོ།

སྟེ་བདག་གི་ཆོས་རྗེ་དྲུག་ནི། རིན་ཆེན་དཔལ་ལྡན་བཟང་པོ། རིན་པོ་ཆེ་བསོད་ནམས་བཟང་པོ། རིན་པོ་ཆེ་བྱང་ཆུབ་རྡོ་རྗེ། རིན་པོ་ཆེ་བསོད་

ནམས་རྒྱལ་མཚན། འབྲི་ཁུང་རིན་པོ་ཆེ་དོན་གྲུབ་རྒྱལ་པོ། སྟག་ལུང་རིན་པོ་ཆེ་བཀྲ་ཤིས་དཔལ་འོད་དོ།

གསུང་རབ་མང་དུ་མཁྱེན་པ་བརྒྱད་ནི། ཆོས་རྗེ་ཤེར་འབྱུང་བ་དང་། རྒྱལ་བ་རིན་བསམ། བྱང་གླིང་པ་གྲགས་རིན། མངའ་རིས་པ་བསོད་རིན། འཛམ་དབྱངས་རིན་རྒྱལ། ཀུ་གེ་སངས་རྒྱས་རྒྱལ་མཚན། འཛམ་དབྱངས་རིན་ཆེན་གྲགས་པ། རྒྱལ་སྲས་བདེ་འབྱུང་བའོ།

མདོ་རྫོང་གི་མཁས་པ་བཞི་ནི། མདོ་སྨད་པ་འོད་ཟེར། མདོ་སྨད་པ་བསོད་ཤེ། རོང་པ་རྩེ་ནག་བཅས་སོ།

གྲུབ་པའི་གདུང་གཉིས་ནི། ཀྱི་ཞིང་རིན་ཆེན་བྱང་དཔལ་བ་དང་། རིན་ཆེན་དཔལ་ལོ།

སྐྱེས་བུ་ཡ་མཚན་ཅན་གཉིས་ནི། སྐྱེས་མཆོག་སྨོན་ལམ་པ་དང་། བློ་གྲོས་རྒྱལ་མཚན་པ། དཔལ་བཟང་བ། རྣམ་རྒྱལ་བ། བསོད་ནམས་ལྷུན་གྲུབ་པ། རིན་རྒྱལ་བ། རིན་ཆེན་འཕེལ་བ་བཅས་སོ།

ཁྲི་ལ་འཛོགས་པའི་བླ་མེད་བཞི་ནི། གུང་ཐང་པ་ཆོས་རྗེ་མཛེས་པ་དཔལ། བླ་ཆེན་ཉན་ཤཀ་པ། སྟག་ཕུ་ཀུ་ཤྲི་དཔལ་ལྡན་དོན་གྲུབ། ཏའུ་ར་པ་ཆོས་རྗེ་ཡེ་ཤེས་དཔལ་བཅས་སོ།

མཁན་ཆེན་བཞི་ནི། ཆོས་རྒྱལ་དཔལ་བཟང་། རྒྱལ་བཟང་པ། ཀུན་རྡོ་པ། བྱང་དཔལ་བ་བཅས་སོ།

ཆེན་པོ་ལྔ་ནི། གྲགས་བཟང་། དྣགས་པོ། བློ་འཕེལ། ཀུན་རྒྱལ། བཀྲ་ཤིས་རྒྱལ་མཚན་བཅས་སོ།

ཆོས་སྒོ་བ་གཉིས་ནི། གདན་ས་འཛམ་དབྱངས་ཁ་ཆེ་དང་། འབྲི་

ཀུང་བཀྲ་ཤིས་རིན་ཆེན་ནོ།

དཀའ་བཅུ་པ་བཞི་ནི། དར་བཟང་། འབའ་སེར་པ། ཙོ་ཙ་སྟོན་རྒྱལ་མཚན། ཏུལ་པ་བཅས་སོ།།

བཀའ་བཞི་བཅུ་ནི། མཐིལ་ཆུང་དོན་ཡོད། བྲག་དགོན་རིན་ཆེན་དཔལ། རྒྱལ་བ་རིན་ཆེན་ཆོས་རྒྱལ། གྱེ་རེ་སངས་རྒྱས་དབང་ཕྱུག སྟག་ཕུ་སངས་རྒྱས་བཟང་པོ། གཡག་སྡེ་བསོད་ནམས་བཟང་པོ། གྲོས་པ། འཚོར་བུ་བ། ཆོས་སེང་། གྲགས་པ་རྒྱལ་མཚན་བཅས་སོ།

རྫོ་སྟན་བཞི་ནི། ཟླ་བ་སློ་གྲོས། བསོད་ནམས་ལྷུན་གྲུབ། ལེགས་རིན་པ། ཀོང་པོ་བ་བཅས་སོ།

གནས་བརྟན་དྲུག་ནི། ཆོས་བཟང་པ། རྒྱལ་སྐྱིད་པ་གྲུབ་དཔལ། རྒྱ་མ་པ་དགེ་འདུན་རྒྱལ་པོ། འོད་ཟེར་བཀྲ་ཤིས། གཞོན་ནུ་སངས་རྒྱས། ཀུན་དགའ་འབུམ་བཅས་སོ།

རྟོགས་ལྡན་ལྔ་ནི། སངས་རྒྱས་དཔལ་བཟང་། ནམ་མཁའ་ཤོར་རེ། གྲགས་པ་འབྱུང་གནས། རལ་ཞིག་པ། པོ་ལེ་བ་ནམ་རྒྱལ་བཅས་སོ།

གཞན་ཡང་ལྷ་གཟིགས་གྲགས་པ་རྒྱ་མཚོ། དུང་གཞོན་ནུ་དཔལ་བ། མཁན་པོ་བསོད་ནམས་རྒྱལ་བ། བླ་མ་གསེར་ཐུབ་པ། ཡང་སྟེང་རིན་པོ་ཆེ། ཞི་སློ་དཔོན་པོ། བླ་མ་གསེར་ཐུབ་པ། ཡང་སྟེང་རིན་པོ་ཆེ། ཞི་སློ་དཔོན་པོ། དྲུང་ནམ་མཁའ་བ། བླ་མ་མགོན་པོ་བྱང་ཆུབ། བླ་མ་བསོད་རིན། དྲུང་ཆོས་འཕགས་པ། བླ་མ་ཤཱཀྱ་རིན་པ། བླ་མ་ཟླ་བཟང་པོ། བླ་མ་ཆོས་

རྒྱལ་མཆོག རྒྱ་ར་སངས་རྒྱས་ཡེ་ཤེས་སོགས་མང་པོ་བྱུང་ཡོད་དོ།①

2. འབྲོག་རི་བོ་དགེ་ལྡན་རྣམ་པར་རྒྱལ་བའི་གླིང་གི་ལོ་རྒྱུས།

དེ་སྔ་རྗེ་ཙོང་ཁ་པ་ཆེན་པོ་རྒྱུན་བཞུགས་ཀྱི་གདན་ས་གཏན་འཁེལ་བ་ཞིག་མེད་པས་ཐོས་བསམ་སྒོམ་གསུམ་དང་། འཆད་རྩོད་རྩོམ་གསུམ་གྱི་མཛད་པ་གནས་ངེས་མེད་དུ་སྐྱོང་བ་དེ་དགུང་ན་མཐོ་པོར་ཕེབས་སྐབས་འགྲོན་བཞུད་མང་བ་སྐྱུངས་ཀྱི་རྒྱུ་དང་རྗེ་ཉིད་ཀྱི་ཞབས་འབྲིང་དུ་བྱོན་པའི་འཁོར་རྣམས་ཀྱང་འགྲོན་བཞུད་མང་བས་ཚུང་ཟད་ཐུབ་བསྟུན་པར་གྱུར་ནས་གཞུག་མར་བཞུགས་སུ་གསོལ་བའི་གདན་ས་ཞིག་ཕྱག་འདེབས་པའམ། བདག་གིར་མཛད་པའི་གསོལ་བ་ཡང་ཡང་བཏབ་པའི་ཁར་དགུང་ལོ་ང་བཅུ་ང་གསུམ་པ་སྤྱི་ལོ1409 རབ་བྱུང་བརྒྱད་པའི་ས་གླང་ལོར་ལྷ་ལྡན་སྨོན་ལམ་ཆེ་མོ་གསར་འཛུགས་བཀའ་དྲིན་ཆེ་བའི་སྐབས་སླར་ཡང་སྡེ་པ་དང་བུ་སློབ་ཡོན་བདག་དང་བཅས་པས་དགོན་གནས་རྙིང་པ་འབུལ་བ་དང་། གསར་པ་འདེབས་པའི་བདག་རྐྱེན་ཞུ་ཞེས་གསོལ་བ་འདེབས་པ་མང་དུ་བྱུང་བ་བཞིན་སྐབས་དེར་གདན་ས་འདེབས་པའི་གནས་ཡུལ་ནི། གྲུབ་ཆེན་ལས་ཀྱི་རྡོ་རྗེས་ལུང་བསྟན་ཞུས་པར།

དབང་བསྒྱུར་རི་ཡི་ལྡེབས་དག་ཏུ། །

① (ཐེ་སེར་དེབ་ཐེར71)

བཙུན་མོ་སྡིངས་པའི་ངོས་ཕྱོགས་སུ། །

དགེ་འདུན་དཔག་མེད་འདུ་བར་འགྱུར། །

རི་ནི་གང་ཡིན་འཛམ་དཔལ་མཆེད། །

དབུས་གཙང་མདོ་ཁམས་རྒྱ་ཡུལ་གྱི། །

མཆོད་གནས་དམ་པ་ཚོགས་གསོག་རྟེན། །

མངའ་རིས་བྱང་ཁམས་ཀུན་གྱི་སྐྱབས། །

ཕྱོགས་བཅུར་སྟེ་དགོན་རྒྱས་པར་འབྱུང་། །

ཞེས་ཕེབས་པའི་དོན་ལྟར་དབང་བསྒྱུར་རིའི་ཞོལ་འབྲོག་རི་བོ་ཆེ་ཉིད་དུ་གདན་ས་འདེབས་པའི་དུས་ལ་བབས་པར་མཁྱེན་ནའང་། སྐྱེ་བོ་མང་པོའི་ཐེ་ཚོམ་དང་དོགས་པ་སེལ་ཞིང་སྒྲོ་སྐུར་གྱི་ཀླན་ཀ་མི་འཇུག་པའི་སླད་དུ་ཛ་བོ་རིན་པོ་ཆེའི་དྲུང་དུ་གསོལ་བ་བཏབ་ནས་མར་མེ་དང་མནལ་ལམ་སོགས་ཀྱི་ལྟས་བརྟགས་པས་གནས་ཐམས་ཅད་ཀྱི་ནང་ནས་འབྲོག་རི་བོ་ཆེ་བཟང་བར་བྱུང་སྟེ་སྨོན་ལམ་གྲོལ་བ་དང་རྗེ་ཉིད་ཀྱིས་ཀྱང་ཞབས་ཀྱིས་བཅགས་ཤིང་ས་གཞི་བྱིན་གྱིས་བརླབས་པ་སོགས་མཛད།

ཡང་ཀར་གཤེགས་པ་རྒྱ་ནག་གི་འགྱུར་ལས། བཅོམ་ལྡན་འདས་ལ་ཀླུ་ཡི་རྒྱལ་པོ་མ་དྲོས་པས་དུང་དཀར་པོ་ཞིག་ཕུལ་བ་མོའུ་གལ་གྱི་བུ་ལ་གནང་ནས། འདི་ཁྱོད་ཀྱིས་འགོག་པ་རིར་སྦས་ཤིང་། མ་འོངས་པ་ན་དགེ་སློང་པདྨའི་ངང་ལྡན་འདིས་གཏེར་ནས་འདོན་པས་དེའི་ཚོགས་དུང་དུ་འགྱུར་གྱི། གཏེར་བདག་སྲིའུས་བྱེད་དོ་ཞེས་ལུང་བསྟན་པའི་དུང་དང་། ཆོས་རྒྱལ་གྱི་ཞལ་འབག་མངོན་ཚུང་གིས་གཏེར་ནས་བཞེས་པར་གྲགས།

སྲས་ཀྱི་ཐུ་བོ་འདུལ་འཛིན་གྲགས་པ་རྒྱལ་མཚན་དང་། རྒྱལ་ཚབ་

དར་མ་རིན་ཆེན་གཉིས་ལ་གཙང་ཁང༌། འདུ་ཁང༌། གཟིམས་ཁང་རྣམས་ཀྱི་ས་ཡུལ་དང༌། སྤྱིལ་བུ་སོགས་ཀྱི་ལྟེགས་བཀོད་གནང་ནས་སྣར་སེ་ར་ཆོས་སྡིངས་སུ་ཕེབས་ནས་ཆོས་མང་དུ་གསུངས་པ་དང༌། དེ་རྗེས་འོལ་ཁ་ཕྱོགས་སུ་ཕེབས།

དེ་ནས་སྲས་ཀྱི་ཐུ་བོ་རྣམ་པ་གཉིས་ཀྱིས་དབུས་པའི་དགེ་འདུན་ཕལ་ཆེ་བས་འཁྲིག་རི་བོ་ཆེར་ཕྱོན་ཏེ། རྗེ་ཙོང་ཁ་པ་ཆེན་པོའི་བཀའ་བཞིན་གདན་ས་དགེ་ལྡན་རྣམ་པར་རྒྱལ་བའི་གླིང་འདེབས་པའི་དབུ་ཚུགས་པ་ན་ཕྱོགས་དང་ཉེ་སྐོར་གྱི་ཡོན་བདག་དང༌། སར་སྐྱའི་སྡེ་པ་ཐམས་ཅད་ཀྱིས་དད་འབུལ་དང༌། སྐུ་ལུས་ཀྱི་བཀུར་སྟི་སོགས་ཚད་མེད་པ་དགའ་ཀྱིས་དད་འབུལ་དང༌། སྐུ་ལུས་ཀྱི་བཀུར་སྟི་སོགས་ཚད་མེད་པ་དགའ་སྤྲོ་དང་བཅས་ཏེ་བསྒྲུབས་པས་ས་སྣང་ལོ་དེ་གར་གཟིམས་ཁང་གིས་ཐོག་དྲངས་པའི་གྲང་ཁང་རྫོགས་པར་གྲུབ་པ་བདུན་ཙུ་ལྷག་ཙམ་དང༌། གཞི་བཏིངས་པ་བརྒྱ་ཕྲག་བཀྱལ་བ་བྱུང༌།

གྲང་ཁང་སོ་སོ་ཕལ་ཆེ་བ་ལའང་འདུལ་བ་ནས་ཇི་ལྟར་གསུངས་པ་བཞིན་དུ་དང་པོར་གཞི་བཏག་པ་དང༌། བརྟགས་ནས་དགེ་འདུན་ལ་གསོལ་བ་དང༌། དེ་ནས་དགེ་འདུན་གྱི་གནང་བ་སྦྱིན་པ་དང༌། ལག་གི་བླ་བསྐོ་བ་དང༌། རྗེ་བཏེགས་པའི་མཐའ་ལས་བྱུང་བའི་རུང་ཁང་གཅོད་པ་དང༌། ཁང་པ་ཚད་ལས་མ་ལྷག་པར་བརྩིགས་པ་སོགས་ཀྱི་ཕྱག་ལེན་རྣམ་པར་དག་པ་མཛད།

རྗེ་ཉིད་དགུང་ལོ་ང་བཞི་པ་ལྕགས་སྟག་ལོ་ཟླ་བ་གཉིས་པའི་ཆོས་ལྡེ་ལ་འཁྲིག་རི་བོ་དགེ་ལྡན་རྣམ་པར་རྒྱལ་བའི་གླིང་དུ་ཕེབས་ནས་གསར་དུ

བཞེངས་མ་ཐག་པའི་གཙུག་ལག་ཁང་རྟེན་བརྟེན་པར་བཅས་པར་རབ་ཏུ་གནས་པའི་རིམ་པ་རྒྱས་པར་མཛད་ཅིང་། ལམ་རིམ་དང་། གསང་འདུས་སྒྲོན་གསལ་རིམ་ལྔ་ལ་སོགས་པ་མདོ་སྔགས་ཀྱི་ཆོས་འགངས་ཆེ་དུ་མའི་རྣམ་གཞག་གི་བཤད་པ་དང་། གསང་འདུས་བཤད་རྒྱུད་ལྷ་མོ་བཞིས་ཞུས་པ་ལ་སོགས་པའི་བཀའ་རྩོམ་མཛད་པ་སོགས་དུས་དེ་ནས་བཟུང་རྗེ་ཙོང་ཁ་པ་ཆེན་པོ་གདན་ས་ཁྱད་པར་ཅན་དེ་ཉིད་དུ་གཏན་བཞུགས་མཛད་དེ་མདོ་སྔགས་ཡོངས་སུ་རྫོགས་པའི་བསྟན་པའི་རྒྱང་ཚུགས་པར་མཛད་ལ། དེ་ལྟ་བུའི་རྟེན་འབྲེལ་རྒྱད་དུ་བྱུང་བའི་མཐུ་ལས་གང་གི་རིང་ལུགས་ཕྱོགས་དང་ཕྱོགས་བྲལ་ཀུན་ཏུ་ཁྱབ་པ་མཐའ་དག་ལའང་རི་བོ་དགེ་ལུགས་པ་ཞེས་སྙན་པའི་གྲགས་པས་ས་སྟེང་ཡོངས་སུ་ཁྱབ་པ་འདི་ཉིད་བྱུང་བ་ཡིན།

གདན་ས་འདིའི་མཚན་ལ་དགའ་ལྡན་ཞེས་སུའང་གྲགས་པ་ཡིན་ཏེ། དེ་ཡང་གྲུབ་ཆེན་ལས་ཀྱི་རྡོ་རྗེའི་ལུང་བསྟན་དུ་དགོན་པའི་མིང་ལ་རྟེན་འབྲེལ་གྱི་སྒྲ་དོན་ཡོད་པས། ཁྱེད་རང་འདི་ནས་དགའ་ལྡན་དུ་བྱམས་པའི་དྲུང་དུ་འགྲོན་ཞིང་དེར་བཞུགས་པའི་དགོན་པའི་མིང་ཡང་དགའ་ལྡན་ལ་དྲས་པ་བཏགས་ན་ཁྱེད་རང་བཞུགས་པ་དང་འདྲ་བའི་རྟེན་འབྲེལ་ཡོད་ཅེས་གསུངས་པས་དགའ་ལྡན་དང་། དགེ་ལྡན་ཞེས་པ་གཉིས་ཆར་ལྷ་དང་བླ་མའི་ལུང་གིས་ཟིན་པ་ལྟར་གང་དུ་འབོད་ཀྱང་འགལ་བ་མེད་པའི་གདམ་ང་ཅན་དུ་ཤེས་པར་བྱ་བའོ།

རྗེ་ཙོང་ཁ་པ་ཆེན་པོས་གསང་སྔགས་ཀྱི་སྒྲུབ་མཆོད་ཁང་ཞིག་སོགས་སུ་འཛུགས་བཞེད་ལྟར་དགུང་གྲངས་ང་དགུ་པ་ཤིང་ལུག་ལོའི་དབྱར་དུས་ཡངས་ཅན་གཙུག་ལག་ཁང་གསར་བསྐྲུན་གནང་བའི་ནང་ནི་རྟེན་གཙོ་ཐུབ་

དབང་ཚུལ་ཁྲིམས་མའི་གསེར་སྐུ་ཆེན་མོས་གཙོས་གསེར་ཟངས་ཀྱི་སྐུ་ཆེ་བ་རྣམས་དང་། གློས་བསླངས་དཀྱིལ་འཁོར་གསུམ་སོགས་གསར་བཞེངས་དང་། ཡངས་ཅན་ཆོས་རྒྱལ་ལྷ་ཁང་གི་རྟེན་གཙོ་རྡོ་རྗེ་འཇིགས་བྱེད་ཀྱི་འཇིམ་སྐུ་ཆེ་བ་དང་། སྲུང་མའི་གཙོ་བོ་དམ་ཅན་ཆོས་རྒྱལ་ཡབ་ཡུམ་སོགས་སྟ་རྗེས་སུ་གསར་བཞེངས་དང་རབ་གནས་རྒྱ་ཆེར་མཛད་པ་དང་། དགའ་ལྡན་སྒྲུབ་མཆོད་ཆེན་མོ་ཡང་འཛུགས་གནང་མཛད།

རྗེ་ཙོང་ཁ་པ་ཆེན་པོ་དགུང་གྲངས་དྲུག་ཅུ་རེ་གསུམ་བཞེས་པ་ས་མྱུ་ངན་ལས་འདའ་བའི་ཚུལ་བསྟན་རྗེས་དགོངས་རྫོགས་གཞི་རྒྱ་ཕག་ལོ་ཆེན་པོ་བསྒྲུབས་པའི་སྒྲུབ་མཆོད་ཐོན་འཕྲུལ་ཏེ་རྗེ་ཉིད་མྱ་ངན་ལས་འདའ་བའི་ཚུལ་བསྟན་ནས་བདུན་ཕྲག་བདུན་སོང་བའི་ཚེ་སྤྱ་སོར་རྗེ་ཙོང་ཁ་པ་ཆེན་པོ་སྐུ་ངོ་མས་དོན་གྱི་རྒྱལ་ཚབ་ཏུ་དབང་བསྐུར་མཛད་ཟིན་པ་ལྟར་འདུལ་འཛིན་གྲགས་པ་རྒྱལ་མཚན་གྱིས་གཙོ་མཛད་པའི་གནས་བརྟན་ཡོངས་ཀྱི་དགེ་བའི་བཤེས་གཉེན་ཆེན་པོ་དུ་མས་མགྲིན་གཅིག་ཏུ་གསོལ་པ་བཏབ་པ་ལྟར་སློབ་དཔོན་ཆེན་པོ་དར་མ་རིན་ཆེན་ཐུབ་བསྟན་ཡོངས་རྫོགས་ཀྱི་བདག་པོ་རྒྱལ་བ་གཉིས་པའི་རྒྱལ་ཚབ། ཆོས་ཀྱི་རྒྱལ་སྲིད་ཆེན་པོའི་བདག་པོར་མངའ་གསོལ་ཞིང་། འདི་སྐབས་མཁས་གྲུབ་ཐམས་ཅད་མཁྱེན་པས།

དཔལ་ལྡན་ཡོན་ཏན་ཚོགས་ཀྱི་བྱེད་པོ་ཡིས། །
མི་འཇིགས་སེང་གེའི་ཁྲི་ལ་དབང་བསྐུར་བ། །
རྒྱལ་བ་གཉིས་པའི་རྒྱལ་ཚབ་ཆོས་ཀྱི་རྗེ། །
མི་ཕམ་བླམ་མ་གཉིས་པ་རྒྱལ་གྱུར་གཅིག །
ཅེས་ཁྲི་འཛིན་གྱི་བསྟོད་བསྔགས་ཚིགས་བཅད་འདི་ཉིད་དུས་སྐབས

དེ་རང་ལ་ཕྲོལ་བྱུང་དུ་གསུངས་པར་གྲགས་པ་བཅས་རྒྱལ་ཚབ་དར་མ་རིན་ཆེན་འདི་ནས་དགའ་ལྡན་ཁྲི་པ་རིམ་ཅན་གྱི་རིམ་པ་དང་མཚན་གཤམ་དུ་འགོད་རྒྱུ་ལགས་སོ།

རྗེ་ཙོང་ཁ་པ་ཆེན་པོའི་སྐུ་གདུང་སྐུ་རིལ་བུར་བཞུགས་པ་བསྟན་པ་དང་འགྲོ་བར་ལེགས་ཚོགས་ཆེ་བར་དགོངས་ཏེ་དད་ཅན་སོ་སོས་ཕུལ་བའི་དངུལ་བྲེ་ཆེན་བཅོ་བརྒྱད་ཙམ་ལས་གྲུབ་པའི་གདུང་རྟེན་རྣམ་རྒྱལ་མཆོད་རྟེན་ཆེན་མོ། རིན་ཐང་གཞལ་བར་དཀའ་བའི་རིན་པོ་ཆེའི་འཕྲ་སྣ་ཚོགས་ཀྱི་བཀོད་པས་མཛེས་པར་བྱས་པ་རྒྱལ་ཚབ་དང་འདུལ་འཛིན་གཉིས་ཀྱིས་ཐུཊ་འཁྱེར་མཛད་ནས་བཞེངས་པའི་ནང་དུ་སྐུ་གདུང་ཡིད་བཞིན་གྱི་ནོར་བུ་དགེ་སྦྱོང་ལ་འོས་པའི་རྣམ་སྦྱར་སོགས་ཀྱིས་ལེགས་པར་སྤྱད་པ་ཙནྡན་འབའ་ཞིག་ལས་གྲུབ་པའི་སྒྲོམ་བུར་བཞུགས་སུ་གསོལ་བའི་ཞལ་འབྲི་ཁྱུང་ཕྱོགས་སུ་གཟིགས་ཤིང་སྐུ་རྒྱབ་གཙང་ཕྱོགས་ལ་གཏད་ནས་བཞུགས་སུ་གསོལ། “དེ་ཡང་སྐུ་གདུང་རིན་པོ་ཆེའི་ཞལ་བྱང་ཤར་གྱི་ངོས་སུ་གཟིགས་པ་ལས་མདོ་ཁམས་སྟོད་སྨད་ནས་རྒྱ་ཧོར་གྱི་ཡུལ་གྲུ་ཆེན་པོའི་བར་དུ་ཞྭ་སེར་གྱི་བསྟན་པ་དར་ཞིང་རྒྱས་པ་དང་། སྐུ་རྒྱབ་ནུབ་ཏུ་གཟིགས་པ་ལས་སྟོད་ཕྱོགས་ནས་མཐའ་དམག་སོགས་ཀྱི་འཇིགས་པ་མི་འབྱུང་བའི་རྟེན་འབྲེལ་ལ་དགོངས་པར་གྲགས་”①པའི་གསུང་ཚུལ་གཅིག་དང་། “སྐུ་རྒྱབ་གཙང་ཕྱོགས་ལ་བསྟན་པས་འཇམ་དབྱངས་གཙང་པ་བདུན་བརྒྱུད་ཀྱིས་གདན་ས་རིམ་བཞིན་འཛིན་པའི་དགོས་པ་དང་། ཞལ་བྱང་ཤར་དུ་གཟིགས་པས་བྱང་ཤར་

① (རྣམ་ཐར་ཐུབ་བསྟན་རྒྱན་གཅིག་དེབ་ངོས588)

རྒྱ་སོག་གིས་བསྟན་པའི་སྦྱིན་བདག་བྱེད་པའི་དགོས་པ་ཡོད་”①པར་གྲགས་པ་གཉིས་སོ།

དེའི་རྗེས་སུ་སྡེ་གདོང་། འབྲི་ཁུང་། སྣེའུ་སོགས་ནས་གདུང་འབུལ་གསེར་དངུལ་སོགས་མང་དུ་བྱུང་བར་བརྟེན་ནས་རྒྱལ་ཚབ་དང་། འདུལ་འཛིན་གྱིས་ཞལ་ཏ་མཛད་དེ་ནང་རྟེན་གྱི་གསེར་སྐུ་ཆེན་མོ་རྗེ་བོ་རིན་པོ་ཆེའི་སྐུ་ཚད་ལས་ཁྲུ་གང་དུ་ཉེ་བ་ཤིན་ཏུ་བྱོན་ལེགས་པ་བཞེངས་པ་དངུལ་གདུང་མཆོད་པ་དོན་ལྡན་གྱི་ནང་བཞུགས་སུ་གསོལ།

དེ་རྗེས་དགའ་ལྡན་ཁྲི་ཐོག་ལྔ་བཅུ་པ་བྱ་བྲལ་དགེ་འདུན་ཕུན་ཚོགས་ཀྱིས་དངུལ་གདུང་ཆེན་མོའི་ཕྱི་ནས་གསེར་འབའ་ཞིག་གིས་བཏུམ་བའི་སྒྲི་ཞུས་གསེར་གདུང་དུ་བསྒྱུར་བ②དེ་ནས་བཟུང་དགའ་ལྡན་གསེར་གདུང་ཆེན་མོར་གྲགས་པ་བྱུང་།

བྱམས་ཆེན་ཆོས་རྗེར་ཏཱ་མིང་རྒྱལ་པོས་ཕུལ་བའི་ཙནྡན་གུར་དང་། ནང་གི་ཡོལ་བ་དང་། སྟེང་གི་བླ་བྲེ་གན་གོས་མངགས་བཏགས་མ། འཕགས་པའི་གནས་བརྟན་བཅུ་དྲུག་དང་། རྒྱལ་ཆེན་བཞི། གསང་འདུས་མི་བསྐྱོད་པ་དང་བཅས་པའི་སིའུ་ཐང་སྐུ་ངོ་མཚར་ཅན་རྣམས་ཀྱང་སྐུ་གདུང་མཆོད་པ་དོན་ལྡན་ལ་ཕུལ་བ་དང་། ཕྱིས་ལོ་ལྔར་བོད་ཟླ་དྲུག་པའི་ནང་བདུན་ཕྲག་གསུམ་རིང་སིའུ་ཐང་ངོ་མཚར་ཅན་རྣམས་འགྲེམས་མཇལ་གྱི་

---

① （ཕུར་ལྕོག་བྱམས་མགོན་གྱིས་མཛད་པའི་གདན་ས་བཞིའི་དཀར་ཆག་སྐྱམ་པར་མ་དེབ་ངོས13）

② （གདན་ས་ཆེན་པོ་བཞི་ཡི་ཆགས་ཚུལ་གྱི་དཀར་ཆག་སྐྱམ་པར་མ་དེབ་ངོས13）

ཕྱག་མཆོད་འབུལ་བའི་སྲོལ་དེ་ལ་དགའ་ལྡན་སི་ཐང་གི་དུས་ཆེན་ཞེས་སུ་གྲགས།

མན་ཆིང་གོང་མ་ཆན་ལུང་གིས་གསེར་དང་། མུ་ཏིག་སོགས་རིན་ཆེན་དུ་མའི་འཕྲས་བརྒྱན་པའི་ཁྲབ་རྨོག་ཁྱད་དུ་འཕགས་པ་ཞིག་ཆན་ལུང་ཁྲི་ལོ་ཉེར་གཉིས་པ་སྤྱི་ལོ1757ལོར་དམ་ཅན་ཆོས་རྒྱལ་གྱི་བསྐང་རྫས་སུ་ཕུལ་བ་དེའི་སྐྱེང་བོད། རྒྱ། མན། སོག་བཅས་ཀྱི་ཡིག་རིགས་བཞི་འཁོད་པ་ཡངས་ཅན་གཙུག་ལག་ཁང་དུ་ཞུགས་ཡོད། འབྲོག་རི་བོ་དགེ་ལྡན་རྣམ་པར་རྒྱལ་བའི་གླིང་འདིར་གཙུག་ལག་ཁང་རྟེན་བརྟེན་པར་བཅས་པ་ཁྱད་དུ་འཕགས་ཤིང་། རིན་ཐང་གཞལ་བར་དཀའ་བ་ཤིན་ཏུ་མང་པོ་བཞུགས་ཡོད་པ་ལོ་བརྒྱའི་ནང་ཟིང་སྐབས་མིང་གི་ལྷག་མ་ཙམ་དུ་གྱུར་པར་བརྟེན་འདིར་གཙུག་ལག་ཁང་དང་། རྟེན་གསུམ་ཇི་ལྟར་བཞུགས་པའི་སྐོར་བགོད་མེད་པ་ཞིབ་པ་མཁྱེན་འདོད་ན་ཕུར་ལྕོག་བྱམས་མགོན་རིན་པོ་ཆེས་མཛད་པའི་གདན་ས་བཞིའི་དཀར་ཆག་སོགས་སུ་གཟིགས་པར་འཚལ་ཞེས་ཞུ།

དགའ་ལྡན་ཁྲི་པ་རིམ་བྱོན་སྐོར་དང་། དེ་སྟ་དགོན་པའི་གྲྭ་ཚང་དང་། ཁམས་ཚན། ཆོས་ལུགས་སོགས་ཀྱི་ལོ་རྒྱུས་རྩུང་ཟད་བརྗོད་ན།

(1) དགའ་ལྡན་ཁྲི་པའི་སྐོར། དགའ་ལྡན་ཁྲི་པ་ནི་རྗེ་ཙོང་ཁ་པ་ཆེན་པོའི་རྒྱལ་ཚབ་ཡིན་པས་འདི་ལ་གདན་ས་བ་གཞན་དང་མི་འདྲ་བའི་དམིགས་བསལ་གྱི་ཆ་རྐྱེན་དགོས་པ་ནི་བླ་མའི་སྐུ་སྐྱེ་ཡིན་མིན་དང་། གདན་ས་དང་འབྲུངས་ཡུལ་གང་ནས་ཡིན་མིན། དཀྱུང་ན་མཐོ་དམའ། འབྱོར་སྟོབས་དྲག་ཞན། སྐན་གྲགས་ཆེ་ཆུང་སོགས་གང་ལའང་མ་ལྟོས་པ་མདོ་སྔགས་རིག་ལམ་ཁག་གི་འཆད་ཉན་ལ་མཁྱེན་པའི་རྩལ་ལྡན་དང་མི་ལྡན་དེ་

དགའ་ལྡན་ཁྲི་པར་ཕེབས་པའི་ཐོག་མའི་འཇུག་སྒོ་ཡིན། དེ་སྐོར་དམངས་ཁྲོད་ཀྱི་ངག་རྒྱུན་ནང་“ ཕོ་རང་གི་བུས་ནས་འགྲོན་ན་དགའ་ལྡན་གསེར་ཁྲི་ལ་བདག་པོ་མེད་” ཅེས་ཟེར་བ་དེ་ནི་དགའ་ལྡན་ཁྲི་པ་བྱེད་ཐུབ་ཤེས་ཡོན་ལ་རག་ལུས་པའི་སྒོམ་ཚིག་གསོན་ཉམས་ལྡན་པ་ཞིག་ཡིན།

དགའ་ ལྡན་ ཁྲི་ པར་ ཕེབས་ པའི་ རིམ་ པའི་ སྐོར་ བཻ་ སེར་ ནང་། “ འཇམ་མགོན་ཆོས་ཀྱི་རྒྱལ་པོའི་གསེར་ཁྲིར་ཕེབས་པའི་རིམ་པ་འདི་དག་ས་ལམ་གྱི་འགྲོས་དང་ཡང་མཐུན་ཏེ། དང་པོར་རང་ཅག་རྣམས་ཀྱི་ཆོས་ཀྱི་གཏེར་རབ་ཏུ་བྱུང་བའི་སྒོར་ཞུགས་སློབ་གཉེར་བྱེད་འདོད་སྨོན་པ། སྒྲིགས་འཁྲིམ་ཞིང་ཆོས་གྲྭ་ལ་ཞུགས་པ་རྣམས་འཇུག་པ་སེམས་བསྐྱེད། དཀའ་བཅུ་རབ་འབྱམས་ཀྱི་གྲྭ་སྐོར་ཚད་ལྡན་བྱས་པས་མཐོང་སྒོམ་གྱི་ལམ་དུ་ཞུགས་ནས་འཕགས་པའི་ཁོངས་སུ་གཏོགས་པ། རྒྱུད་སྟོད་སྨད་ཀྱི་འཆད་ཉན་དུ་འཁོད་ནས་རིམ་གྱིས་དགའ་ལྡན་གྱི་གསེར་ཁྲི་ཐོབ་ལྟར་དགའ་ལྡན་ཁྲི་པ་རིམ་པར་བྱོན་ཚུལ་ནི།

དགའ་ལྡན་ཁྲི་ཆེན་དང་པོ་རྗེ་ཙོང་ཁ་པ་བློ་བཟང་གྲགས་པ། གཉིས་པ་རྒྱལ་ཚབ་དར་མ་རིན་ཆེན། གསུམ་པ་མཁས་གྲུབ་དགེ་དཔལ་བཟང་། བཞི་པ་ཞྭ་ལུ་བ་ལེགས་པ་རྒྱལ་མཚན། ལྔ་པ་བློ་ཆོས་སྐྱོང་། དྲུག་པ་བ་སོ་ཆོས་ཀྱི་རྒྱལ་མཚན། བདུན་པ་བློ་གྲོས་བརྟན་པ། བརྒྱད་པ་སྨོན་ལམ་དཔལ་བ་བཅས་རྒྱལ་ཚབ་རྗེ་ནས་འདི་ཡན་ཁྲི་ཐོག་བདུན་ལ་འཇམ་དབྱངས་གཅང་པ་བདུན་བརྒྱུད་ཞུ་བ་ཡིན། དགུ་པ་བློ་བཟང་ཉི་མ། བཅུ་པ་ཡེ་ཤེས་བཟང་པོ། བཅུ་གཅིག་པ་འདར་སྟོན་བློ་བཟང་གྲགས་པ། བཅུ་གཉིས་པ་འཇམ་དབྱངས་ཤེས་རབ་ལེགས་པའི་བློ་གྲོས། བཅུ་གསུམ་པ་ཆོས་ཀྱི་བཤེས་

གཉིས། བཅུ་བཞི་པ་རིན་ཆེན་འོད་ཟེར། བཅོ་ལྔ་པ་པདྨ་ཆེན་བསོད་ནམས་གྲགས་པ། བཅུ་དྲུག་པ་ཆོས་སྐྱོང་རྒྱ་མཚོ། བཅུ་བདུན་པ་རྡོ་རྗེ་བཟང་པོ། བཅོ་བརྒྱད་པ་རྒྱལ་མཚན་བཟང་པོ། བཅུ་དགུ་པ་ངག་དབང་ཆོས་ཀྱི་གྲགས་པ། ཉི་ཤུ་པ་ཆོས་གྲགས་བཟང་པོ། ཉེར་གཅིག་པ་དགེ་ལེགས་དཔལ་བཟང་། ཉེར་གཉིས་པ་དགེ་འདུན་བསྟན་པ་དར་རྒྱས། ཉེར་གསུམ་པ་ཚེ་བརྟན་རྒྱ་མཚོ། ཉེར་བཞི་པ་བྱམས་པ་རྒྱ་མཚོ། ཉེར་ལྔ་པ་དཔལ་འབྱོར་རྒྱ་མཚོ། ཉེར་དྲུག་པ་དམ་ཆོས་དཔལ་འབར། ཉེར་བདུན་པ་སངས་རྒྱས་རིན་ཆེན། ཉེར་བརྒྱད་པ་དགེ་འདུན་རྒྱ་མཚོ། ཉེར་དགུ་པ་བཤེས་གཉེན་གྲགས་པ། སུམ་ཅུ་པ་བློ་གྲོས་རྒྱ་མཚོ། སོ་གཅིག་པ་དམ་ཆོས་དཔལ་འབར་བ། སོ་གཉིས་པ་ཚུལ་ཁྲིམས་ཆོས་འཕེལ། སོ་གསུམ་པ་གྲགས་པ་རྒྱ་མཚོ། སོ་བཞི་པ་ཆོས་ཀྱི་རྒྱལ་མཚན། སོ་ལྔ་པ་འཇམ་དབྱངས་དཀོན་མཆོག་ཆོས་འཕེལ། སོ་དྲུག་པ་བསྟན་འཛིན་ལེགས་བཤད། སོ་བདུན་པ་དགེ་འདུན་རིན་ཆེན། སོ་བརྒྱད་པ་བསྟན་པའི་རྒྱལ་མཚན། སོ་དགུ་པ་དཀོན་མཆོག་ཆོས་བཟང་། བཞི་བཅུ་པ་དཔལ་ལྡན་རྒྱ་མཚོ། ཞེ་གཅིག་པ་བློ་བཟང་རྒྱལ་མཚན། ཞེ་གཉིས་པ་བློ་བཟང་དོན་ཡོད། ཞེ་གསུམ་པ་བྱམས་པ་བཀྲ་ཤིས། ཞེ་བཞི་པ་བློ་གྲོས་རྒྱ་མཚོ། ཞེ་ལྔ་པ་འཇམ་དབྱངས་ཚུལ་ཁྲིམས་དར་རྒྱས། ཞེ་དྲུག་པ་སྦྱིན་པ་རྒྱ་མཚོ། ཞེ་བདུན་པ་བློ་བཟང་ཆོས་འཕེལ། ཞེ་བརྒྱད་པ་དོན་གྲུབ་རྒྱ་མཚོ། ཞེ་དགུ་པ་བློ་བཟང་དར་རྒྱས། ལྔ་བཅུ་པ་དགེ་འདུན་ཕུན་ཚོགས། ང་གཅིག་པ་དཔལ་ལྡན་གྲགས་པ། ང་གཉིས་པ་ངག་དབང་ཆོས་འཕེལ། ང་གསུམ་པ་རྒྱལ་མཚན་སེང་གེ། ང་བཞི་པ་ངག་དབང་མཆོག་ལྡན། ང་ལྔ་པ་ངག་དབང་ནམ་མཁའ། ང་དྲུག་

པ་བློ་བཟང་དྲི་མེད། ང་བདུན་པ་བསམ་གཏན་ཕུན་ཚོགས། ང་བརྒྱད་པ་ངག་དབང་ཆོས་གྲངས། ང་དགུ་པ་ངག་དབང་ཆོས་གྲགས། དྲུག་ཅུ་པ་བློ་བཟང་བསྟན་པ་རབ་རྒྱས། རེ་གཅིག་པ་ངག་དབང་ཚུལ་ཁྲིམས། རེ་གཉིས་པ་བློ་བཟང་སྨོན་ལམ། རེ་གསུམ་པ་བློ་བཟང་མཁས་མཆོག རེ་བཞི་པ་བློ་བཟང་བཀྲ་ཤིས། རེ་ལྔ་པ་དགེ་འདུན་ཚུལ་ཁྲིམས། རེ་དྲུག་པ་ངག་དབང་སྐལ་གྲགས། རེ་བདུན་པ་འཇམ་དབྱངས་སྨོན་ལམ། རེ་བརྒྱད་པ་བློ་བཟང་དགེ་ལེགས། རེ་དགུ་པ་བྱང་ཆུབ་ཆོས་འཕེལ། བདུན་ཅུ་པ་ངག་དབང་ཆོས་འཕེལ། དོན་གཅིག་པ་ཡེ་ཤེས་ཐར་འདོད། དོན་གཉིས་པ་འཇམ་དཔལ་ཚུལ་ཁྲིམས། དོན་གསུམ་པ་ཚུལ་ཁྲིམས་རྒྱ་མཚོ། དོན་བཞི་པ་བློ་བཟང་ལྷུན་གྲུབ། དོན་ལྔ་པ་ངག་དབང་ལུང་རྟོགས་ཡོན་ཏན་རྒྱ་མཚོ། དོན་དྲུག་པ་བློ་བཟང་མཁྱེན་རབ་དབང་ཕྱུག དོན་བདུན་པ་ཚུལ་ཁྲིམས་དར་རྒྱས། དོན་བརྒྱད་པ་འཇམ་དབྱངས་དམ་ཆོས། དོན་དགུ་པ་བློ་བཟང་སྦྱིན་པ། བརྒྱད་བཅུ་པ་གྲགས་པ་དོན་གྲུབ། གྱ་གཅིག་པ་ངག་དབང་ནོར་བུ། གྱ་གཉིས་པ་ཡེ་ཤེས་ཆོས་འཕེལ། གྱ་གསུམ་པ་བྱང་ཆུབ་ནམ་མཁའ། གྱ་བཞི་པ་བློ་བཟང་ཚུལ་ཁྲིམས། གྱ་ལྔ་པ་ཚུལ་ཁྲིམས་དཔལ་ལྡན། གྱ་དྲུག་པ་བློ་བཟང་རྒྱལ་མཚན། གྱ་བདུན་པ་ངག་དབང་བློ་བཟང་ཐུབ་བསྟན་བསྟན་པའི་རྒྱལ་མཚན། གྱ་བརྒྱད་པ་མཁྱེན་རབ་ཡོན་ཏན། གྱ་དགུ་པ་བློ་བཟང་སྐལ་གྲགས་རྒྱ་མཚོ། དགུ་བཅུ་པ་བྱམས་པ་ཆོས་གྲགས། གོ་གཅིག་པ་བློ་བཟང་རྒྱལ་མཚན། གོ་གཉིས་པ་ཐུབ་བསྟན་ཉིན་བྱེད། གོ་གསུམ་པ་ཡེ་ཤེས་དབང་ལྡན། གོ་བཞི་པ་ལྷུན་གྲུབ་བརྩོན་འགྲུས། གོ་ལྔ་པ་བཀྲ་ཤིས་སྟོང་འདུལ། གོ་དྲུག་པ་ཐུབ་བསྟན་ཀུན་དགའ་རྣམས་སོ།

(2) གྲྭ་ཚང་དང་ཁམས་ཚན་སོགས་ཀྱི་སྐོར།

མཁས་གྲུབ་དགེ་ལེགས་དཔལ་བཟང་གིས་ཁྲི་པ་གནང་སྐབས་དགའ་ལྡན་དུ་འཆད་ཉན་གྱི་སློབ་དཔོན་བཞི་བསྐོས་ཏེ་འཆད་ཉན་གྱི་གྲྭ་ཚང་ལྟ་བུ་ཁག་བཞི་ཡོད་པ་རྗེས་སུ་བྱང་རྩེ་གྲྭ་ཚང་དང་། ཤར་རྩེ་གྲྭ་ཚང་གཉིས་སུ་ཟླ་བསྒྲིལ་མཛད།

བྱང་རྩེ་གྲྭ་ཚང་ཕྱག་འདེབས་མཁན་ནི་རྗེ་ཙོང་ཁ་པའི་དངོས་སློབ་ཧོར་སྟོན་ནམ་མཁའ་དཔལ་བཟང་པོ་ཡིན་པ་དང་། དེའི་རྗེས་གདན་སར་དྭགས་པོ་ཆེན་པོ་ཀུན་དགའ་བཀྲ་ཤིས། ཆོས་རྗེ་བློ་གྲོས་བརྟན་པ་སོགས་རིམ་པར་ཕྱིན་པ་དང་། གྲ་ཚང་དེར་ཁམས་ཚན་བཅུ་གཉིས་ཡོད།

ཤར་རྩེ་གྲྭ་ཚང་ནི་རྗེ་ཙོང་ཁ་པ་ཆེན་པོའི་དངོས་སློབ་གནས་བརྟན་རིན་རྒྱལ་བའམ་ཤར་པ་རིན་ཆེན་རྒྱལ་མཚན་གྱིས་ཕྱག་བཏབ་ཅིང་། དེའི་རྗེས་སུ་གདན་སར་དཔོན་ཟླ་གྲགས། ཉི་མ་གྲགས་ལ་སོགས་པ་རིམ་པར་ཕྱིན་ཞིང་། གྲྭ་ཚང་དེར་ཁམས་ཚན་བཅུ་གཅིག་ཡོད།

དགའ་ལྡན་དགོན་པ་ཐོག་མར་ཕྱག་འདེབས་སྐབས་དགེ་འདུན་ཞལ་གྲངས་ལྔ་བརྒྱ་སྐོར་ཡོད་པ་ནས་རིམ་བཞིན་འཕེལ་ཏེ་དགའ་ལྡན་སུམ་སྟོང་སུམ་བརྒྱ་ཞེས་གྲགས་ཀྱང་། ཞལ་གྲངས་མང་ཤོས་སྐབས་དགེ་འདུན་ལྔ་སྟོང་བརྒལ་བ་བྱུང་ཡོད་དོ།

འབྲོག་རི་བོ་དགེ་ལྡན་རྣམ་པར་རྒྱལ་བའི་གླིང་ནི་རྗེ་ཙོང་ཁ་ལ་ཆེན་པོའི་གདན་ས་ཡིན་པ་དེའི་གནས་ཀྱི་མིང་ཆོས་ལུགས་གྲུབ་མཐར་ཐོགས་ཏེ་དགེ་ལུགས་པའམ་ཡང་ན། ཞྭ་སེར་ཅོད་པན་འཆང་བའི་རིང་ལུགས་ཞེས་གྲགས་ཤིང་ཞྭ་སེར་གྱི་འདུལ་བ་འཛིན་པ་རྣམས་ཀྱི་རྣམ་ཐར་དང་མཐུན་པར་

དབུ་ཞྭ་གསེར་གྱི་མདོག་ཅན་མནབས་པ་ལས་གྲུབ་མཐའ་འདིའི་རིང་ལུགས་པ་ཀུན་ལ་ཞྭ་སེར་ཅོད་པན་འཛིན་པ་ཞེས་ཡོངས་སུ་གྲགས་པའི་མཚན་དེ་ཐོགས་པ་ཡིན་ནོ།

3. རྒྱལ་ཚབ་དར་མ་རིན་ཆེན་གྱི་རྣམ་ཐར།

རྗེ་ཙོང་ཁ་པ་ཆེན་པོའི་ཐུགས་སྲས་རྒྱལ་ཚབ་དར་མ་རིན་ཆེན་ནི། ཡབ་བློན་པོ་ཐའི་རིགས་རྒྱུད་རྟ་དཔོན་པ་དང་། ཡུམ་ཇོ་མོ་ཤེས་རབ་མ་ཞེས་བྱ་བའི་སྲས་སུ་སྤྱི་ལོ1364རབ་བྱུང་དྲུག་པའི་ཤིང་ཕོ་འབྲུག་གི་ལོར་མྱང་སྟོད་རི་ཐང་གི་ལུང་ལག་མཛོ་ཚད་དུ་འཁྲུངས།

དགུང་ལོ་བཅུ་པ་ཆུ་སླང་ལོར་གནས་རྙིང་དུ་མཁན་ཆེན་རིན་ཆེན་རྒྱལ་མཚན་པ་དང་། བྲག་ཐོག་པ་གཞོན་ཚུལ་ཁྲིམས་གཉིས་ཀྱིས་མཁན་སློབ་མཛད་དེ་ཚོགས་སྡོམ་དགེ་ཚུལ་གྱི་སྡོམ་པ་བཞེས་པའི་མཚན་ལ་དར་མ་རིན་ཆེན་དུ་གསོལ། སློབ་དཔོན་དཔལ་མགོན་པའི་དྲུང་དུ་ཡི་གེ་འབྲི་ཀློག་ཐུལ་དུ་ཕྱིན་པ་བསླབས། དེ་ནས་མཁས་དབང་ཀུན་དགའ་དཔལ་ཡོངས་འཛིན་དུ་བསྟེན་ནས་ཚད་མ་རྣམ་འགྲེལ་དང་། ཚད་མ་རྣམ་ངེས་ཆ་ལག་དང་བཅས་པ། རི་ནང་པ་རིན་ཆེན་རྡོ་རྗེ་ལས་ཕར་ཕྱིན། ཉང་སྟོད་བྲན་མ་བྲག་ཁ་བ་དོན་གྲུབ་རིན་ཆེན་ལས་མངོན་པ། བློ་གྲོས་བཟང་པོའམ་དཀའ་བཞི་པ་བློ་གསལ་ལས་འདུལ་བ་བཅས་གསན་སྦྱོང་གནང་། གཞན་ཡང་ལོ་ཆེན་སྐྱབས་མཆོག་དཔལ་བཟང་དང་། ཤངས་པ་ཀུན་མཁྱེན་སོགས་དགེ་བའི་བཤེས་གཉེན་དུ་མ་ལས་མདོ་སྔགས་ཀྱི་ཆོས་མང་དུ་གསན། ལྷག་པར་རེ་

མདའ་བ་གཞོན་ནུ་བློ་གྲོས་ཀྱི་ཞབས་རྡུལ་སྤྱི་བོར་བསྟེན་ཏེ་ཕར་ཕྱིན་དང་། ཚད་མ། འདུལ་བ། མངོན་པ། དབུ་མ་སོགས་མདོ་ཕྱོགས་ཀྱི་གཞུང་རྣམས་དང་། གསང་འདུས་སོགས་གསང་སྔགས་ཀྱི་གཞུང་ཕལ་ཆེ་བ་གསན་སྦྱོང་གནང་སྟེ་རང་གཞན་གྱི་གྲུབ་མཐའ་རྒྱ་མཚོ་ལྟ་བུའི་ཕ་རོལ་དུ་སོན་པ་དང་། རེ་མདའ་བའི་ཐུགས་སྲས་རབ་འབྱམས་པ་བདུན་གྱི་མཚན་ཡང་ཐོགས།

དེ་ནས་དཔལ་ལྡན་ས་སྐྱ་སོགས་གཙང་ཕྱོགས་ཀྱི་ཆོས་གྲྭ་ཆེན་པོ་རྣམས་སུ་དཀའ་བཅུའི་གྲྭ་སྐོར་མཛད་པས་མཁས་པའི་སྙན་གྲགས་ཕྱོགས་མཐར་ཁྱབ་པ་དང་། བོད་ལ་དཀའ་བཅུ་པ་ཞེས་པའི་མཚན་ཡང་ཐོག་མ་འདི་ནས་བྱུང་བར་གྲགས།

དགུང་ལོ་ཉེར་ལྔ་པ་ས་འབྲུག་ལོ་གཙང་ལ་སྟོད་ལྷོག་ལྟེ་པ་ཆོས་རྗེ་ཀུན་དགའ་དཔལ་བས་མཁས་པོ་དང་། རྗེ་བཙུན་རེ་མདའ་བས་ལས་སློབ། རྗེ་གངས་ཅན་ཀུན་དགའ་དཔལ་བས་གསང་སྟོན་བཅས་མཛད་དེ་ཚོགས་ཕྱི་མ་བསྙེན་པར་རྫོགས།

དེ་ནས་དབུས་ཕྱོགས་ཀྱི་གྲྭ་ས་རྣམས་སུ་གྲྭ་སྐོར་མཛད་དེ་རྩེད་ཐང་གི་གྲྭ་སྐོར་གྲུབ་ནས་རྗེ་ཙོང་ཁ་པ་ཆེན་པོ་གཉལ་སྟོད་ར་གྲོང་དུ་བཞུགས་པའི་ཚེ་མཇལ་དུ་ཕྱིན་པའི་སྐོར་རྗེ་ཙོང་ཁ་པ་ཆེན་པོའི་མཛད་པའི་སྐབས་འཁྲིས་པ་ལྟར་ཐུགས་སྲས་ཀྱི་གཙོ་བོར་གྱུར་པ་དེ་ནས་བཟུང་རྗེ་ཙོང་ཁ་པ་ཆེན་པོའི་སྐུ་ལུས་དང་གྲིབ་མ་བཞིན་འབྲལ་བ་མེད་པར་འཁྲོགས་ཏེ་བྱང་ཆུབ་ལམ་རིམ་དང་། བསྐྱེད་རྫོགས་ཀྱི་ཁྲིད་སོགས་མདོ་སྔགས་ཀྱི་ལུང་ཁྲིད་མན་ངག་ཡོངས་སུ་རྫོགས་པ་བུམ་པ་གང་བྱོའི་ཚུལ་དུ་གསན། ཁོང་ནི་ཐུགས་རབ་ཕུལ་དུ་

ཕྱིན་པས་ཙོང་ཁ་པ་ཆེན་པོས་ཆོས་གང་གསུང་ཐམས་ཅད་ཡན་རེས་ཐུགས་སུ་ཆུད་ནས་རྗེ་ཙོང་ཁ་པ་ཆེན་པོས་གནམ་ཙོང་ལྟེང་དུ་འདུལ་བའི་བསླབ་བྱ་རྒྱས་པར་གསུངས་པ་དེ་མ་ཐག་ཟིན་བྲིས་སུ་བཏབ་པར་བསླབ་བྱ་གནམ་ཙོང་ལྟེང་མར་གྲགས་པ་དང་། སེ་ར་ཆོས་སྡིངས་སུ་མ་རྒྱུད་རྫོགས་རིམ་དཔྱིད་ཐིག་གསུངས་པའི་ཟིན་བྲིས་རྫོགས་རིམ་དཔྱིད་ཀྱི་ཐིག་ལེ་སོགས་རྗེ་བདག་ཉིད་ཆེན་པོའི་གསུང་ལ་ཟིན་བྲིས་བཏབ་པ་ལ་སོགས་པའི་གསུང་རྩོམ་མང་དུ་མཛད།

དེ་ནས་རྗེ་ཙོང་ཁ་པ་ཆེན་པོས་ས་སྐྱང་ལོ་ལྷ་ལྡན་སྨོན་ལམ་ཆེན་མོ་གསར་འཛུགས་གྲུབ་རྗེས་དགའ་ལྡན་རྣམ་པར་རྒྱལ་བའི་གླིང་འདེབས་པའི་ཆེ་རྒྱལ་ཚབ་རྗེ་འདི་ཉིད་དང་། འདུལ་འཛིན་གྲགས་པ་རྒྱལ་མཚན་གཉིས་ཀྱིས་ཁུར་བཞེས་ཏེ་འདུལ་བ་དང་མཐུན་པའི་མཁར་ལས་ཀྱིས་ཀྱང་རྒྱལ་བའི་བསྟན་པ་གཞི་ནས་གསོ་བ་དང་། རྗེ་ཙོང་ཁ་པ་ཆེན་པོའི་བཀའ་བཞིན་སྒྲུབ་པའི་མཆོད་པར་འགྱུར་བ་སོགས་རྟག་ཏུ་དུས་ཆོས་འཕགས་བསྟེན་པ་ཇི་བཞིན་ལུས་སྲོག་གང་ཡང་མི་གཟིགས་པར་བླ་མའི་བཀའ་སྒྲུབ་པ་ལ་ནམ་ཡང་གཡེལ་བ་མེད་པར་མཛད་པ་དང་། རྗེ་ཙོང་ཁ་པ་ཆེན་པོ་འཚོ་གཞེས་སྐབས་ཀྱང་རྗེའི་སློབ་མ་ཕལ་ཆེ་བས་རྒྱལ་ཚབ་རིན་པོ་ཆེའི་ཞབས་ལ་གཏུགས་པ་དང་། རྗེ་ཙོང་ཁ་པ་ཆེན་པོས་རབ་བྱུང་བསྙེན་རྫོགས་གང་གནང་བ་ཐམས་ཅད་བདག་ཉིད་ཆེན་པོ་འདིས་སྐྱོང་མཛད།

དེ་ནས་དགུང་ལོ1419ས་ཐག་ལོར་རྗེ་ཙོང་ཁ་པ་ཆེན་པོ་སྐུ་མྱ་ངན་ལས་འདའ་ཁར་དགའ་ལྡན་ཁྲི་ཐོག་ཁང་དུ་སྲས་ཀྱི་ཐུ་བོ་འདི་ལ་སྐུ་བེར་དང་། དབུ་པཎ་སྣེ་རིང་གནང་སྟེ་ཙོང་ཁ་པ་ཆེན་པོའི་རྒྱལ་ཚབ་ཏུ་དོན་གྱིས་གོ་བར་

མཛད་པ་བཞིན་ཙོང་ཁ་པ་ཆེན་པོ་མྱ་ངན་ལས་འདས་ནས་བདུན་ཕྲག་བདུན་སོང་རྗེས་འདུལ་འཛིན་གྲགས་པ་རྒྱལ་མཚན་དང་། གནས་བརྟན་རིན་ཆེན་རྒྱལ་མཚན་སོགས་དངོས་སློབ་རྣམས་ཀྱིས་རྗེ་འདི་ཉིད་ཙོང་ཁ་པའི་རྒྱལ་ཚབ་དགའ་ལྡན་ཁྲི་ཐོག་གཉིས་པར་མངའ་གསོལ་བ་ལྷར་ལོ་བཅུ་གསུམ་རིང་དགའ་ལྡན་ཁྲི་པ་མཛད་དེ་བཤད་སྒྲུབ་གཉིས་ཀྱི་སྒོ་ནས་བསྟན་འགྲོའི་དོན་རྒྱ་ཆེན་པོ་མཛད།

བར་སྐབས་གནས་རྙིང་དུ་ཕྱིན་ཏེ་དགེ་འདུན་གྱི་སྡེར་ཆོས་དང་ཟང་ཟིང་གི་སྐྱེས་རྒྱ་ཆེན་པོ་མཛད་པ་དང་། མཁན་ཆེན་རིན་ཆེན་རྒྱལ་མཚན་ལ་སོགས་པར་གན་གོས་སོགས་འབུལ་གནང་མཛད་པ། མཁན་ཆེན་རིན་ཆེན་གྲུབ་པར་དངུལ་གྱི་མཎྜལ་སོགས་འབུལ་གནང་མཛད། དེ་དུས་མཁས་གྲུབ་དགེ་ལེགས་དཔལ་བཟང་དང་ཞལ་འཛོམ་སྟེ་མཁས་གྲུབ་རྗེ་དགའ་ལྡན་གྱི་གདན་སར་ཕེབས་དགོས་པའི་བཀའ་ཁྲོས་གནང་།

དེ་ནས་དགུང་ལོ་རེ་བརྒྱད་པ་སྤྱི་ལོ1431ལྕགས་ཕག་ལོར་མཁས་གྲུབ་དགེ་ལེགས་དཔལ་བཟང་དགའ་ལྡན་ཁྲི་ཐོག་གསུམ་པར་རང་གི་རྒྱལ་ཚབ་ཏུ་དབང་བསྐུར་བར་མཛད། མཐར་དགུང་ལོ་རེ་དགུ་པ་སྤྱི་ལོ1432རབ་བྱུང་བདུན་པའི་ཆུ་བྱི་ལོར་པོ་ཏ་ལར་དགོངས་པ་ཆོས་དབྱིངས་སུ་ཐིམ་ཚུལ་བསྟན།

ཁོང་གི་གསུང་ལས་སྐྱེས་པ་སློབ་མ་རྗེ་ཙོང་ཁ་པ་དང་ཐུན་མོང་དུ་གྱུར་པའི་སློབ་མ་མང་ལ་རྒྱལ་ཚབ་རྗེ་རང་གི་སློབ་མར་གྱུར་པ་ནི་མཁས་པ་རཏྣ་བགྲ་ཤིས། བྱམས་པ་གླིང་པ། རིན་ཆེན་དཔལ། འདུལ་དཀར་བ་གྲགས་པ་དཔལ་ལྡན་སོགས་བསྟན་པ་འཛིན་པའི་སྐྱེས་བུ་དམ་པ་མ་བྱུང་ཡོད་དོ།

རྒྱལ་ཚབ་རྗེ་འདི་ཉིད་ཀྱིས་ཕྱི་རབས་ཀྱི་གདུལ་བྱ་རྣམས་ཀྱི་དོན་དུ་བསྟན་བཅོས་མང་པོ་བཀའ་རྩོམ་གནང་བ་ཡང་ཤེས་རབ་ཀྱི་ཕ་རོལ་དུ་ཕྱིན་པའི་མན་ངག་གི་བསྟན་བཅོས་མངོན་པར་རྟོགས་པའི་རྒྱན་གྱི་འགྲེལ་པ་དོན་གསལ་བའི་རྣམ་བཤད་སྙིང་པོ་དང་། དབུ་མ་བཞི་བརྒྱ་པའི་རྣམ་བཤད་སྙིང་པོའི་དོན་གསལ་བ། དབུ་མ་བཞི་བརྒྱ་པའི་རྣམ་བཤད་སྙིང་པོ་ལ་སོགས་པའི་གཞུང་ཆེན་མང་པོའི་འགྲེལ་པ་དང་། གསང་འདུས་དང་། དུས་འཁོར་སོགས་ཀྱི་དཀྱིལ་མཆོག་དང་སྒྲུབ་ཐབས་སོགས་གཅིག་ཏུ་དྲིལ་བར་པོད་ཆེན་གྲངས་བརྒྱད་ཡོད་པ་བཅས་སོ།

4. མཁས་གྲུབ་དགེ་ལེགས་དཔལ་བཟང་གི་རྣམ་ཐར།

ཙོང་ཁ་པ་ཆེན་པོའི་ཐུགས་སྲས་མཁས་གྲུབ་དགེ་ལེགས་དཔལ་བཟང་ནི། ལ་སྟོད་བྱང་གི་སའི་ཆ་ཕྱོག་གཞུང་དུ་ཡབ་བྱང་པའི་དཔོན་རིགས་བཀྲ་ཤིས་དཔལ་བཟང་དང་། ཡུམ་བུ་འདྲེན་རྒྱལ་མོ་གཉིས་ལ་སྲས་གསུམ་ཡོད་པའི་བགྲེས་པར་སྤྱི་ལོ1385ཐོད་རབ་བྱུང་བདུན་པའི་ཤིང་གླང་ལོར་ངོ་མཚར་བའི་ལྟས་དང་བཅས་འཁྲུངས་པ་འདི་ནི་མཁས་གྲུབ་ལྷ་དབང་པའི་སྐུ་སྐྱེ་ཡིན་པར་གྲགས་པས་མཁས་གྲུབ་ཅེས་པའི་མཚན་འདི་ཆུང་དུའི་སྐབས་ནས་ཐོགས་པ་ཡིན། ཡབ་ཡུམ་འདི་གཉིས་ལ་སྲས་བར་པ་བ་སོ་ཚེས་ཀྱི་རྒྱལ་མཚན། གཞོན་པ་བསོད་ནམས་བཀྲ་ཤིས་ཞེས་བྱ་བ་གཉིས་ཀྱང་འཁྲུངས།

དེ་ནས་སྐྱེས་མཆོག་འདི་ཉིད་རབ་ཏུ་བྱུང་བའི་དགུང་ཚོད་དུ་ཕེབས

མ་ཐག་མཁན་ཆེན་སེང་གེ་རྒྱལ་མཆོག་དཔལ་བཟང་པོས་མཁན་པོ་དང་། རྒྱ་མ་བ་ཡོན་ཏན་འོད་ཀྱིས་སློབ་དཔོན་མཛད་ནས་རབ་ཏུ་བྱུང་ཞིང་དགེ་ཚུལ་གྱི་སྡོམ་པ་བཞེས་པའི་མཚན་དགེ་ལེགས་དཔལ་བཟང་པོ་ཞེས་གསོལ།

དེ་ནས་མཁན་སློབ་དེ་གཉིས་ལས་དགེ་ཚུལ་གྱི་བསླབ་བྱ་ཡན་ལག་དང་བཅས་པ་གསན་པ་དང་། རྗེ་བཙུན་རྗེ་མདའ་བའི་ཞབས་ལ་གཏུགས་ཏེ་ཚད་མ་སྡེ་བདུན་དང་། མངོན་པ་གོང་འོག བྱམས་ཆོས་སྡེ་ལྔ། དབུ་མ་རིགས་ཚོགས། འདུལ་བ་རྣམས་ལ་གསན་སྦྱོང་མཛད་པས་རིང་པོར་མ་ཐོགས་པར་མཁས་པའི་དབང་པོར་གྱུར། རྡོ་རྗེ་འཛིན་པ་ཡེ་ཤེས་དཔལ་བ་ལ་ཀྱཻའི་རྡོ་རྗེའི་དབང་དང་ལམ་འབྲས་ཆ་ལག་དང་བཅས་པ་དང་། གཞན་ཡང་བླ་མ་དམ་པ་བསོད་ནམས་རྒྱལ་མཚན་པ་དང་། ན་བཟའ་པ་སོགས་བཤེས་གཉེན་དམ་པ་དུ་མ་ལས་ཆོས་མཐའ་ཡས་པ་གསན་ཏེ་ལུང་རིགས་གཞུང་ལུགས་རབ་འབྱམས་སྨྲ་བར་མི་འཇིགས་པའི་སྤོབས་པ་ཐོབ་ཅིང་། རང་དང་གཞན་གྱི་གྲུབ་པའི་མཐའ་རྒྱ་མཚོ་ལྟ་བུའི་ཕ་རོལ་ཏུ་སོན།

ཁོང་ནི་སྐུ་གཞོན་ནུའི་དུས་ནས་འཆད་རྩོད་རྩོམ་གསུམ་ལ་འགྲན་ཟླ་བྲལ་བའི་སྙན་གྲགས་ཡོད་པ་ཞིག་ཡིན་པས། དགུང་ལོ་བཅུ་དྲུག་ཙམ་ནས་གཙང་ཕྱོགས་ཀྱི་གྲྭ་ས་རྣམས་སུ་གྲྭ་སྐོར་མཛད་ཅིང་། ངམ་རིང་ཆོས་སྡེར་ཕེབས་པའི་ཚེ་གངས་ཅན་གྱི་མཁས་པ་ཆེན་པོ་བོ་དོང་ཕྱོགས་ལས་རྣམ་པར་རྒྱལ་བ་ཡང་དེར་ཕེབས་ནས་དམ་བཅའ་འཛུག་གནང་སྐབས་སུས་ཀྱང་ཐུགས་མ་རྙེད་པ་ན་བོ་དོང་ཕྱོགས་ལས་རྣམ་རྒྱལ་གྱིས་ས་པཎ་གྱི་རིགས་གཏེར་འདི་ནང་བའི་ཕུང་པོ་ཡིན་པས་ངས་འགག་པར་བྱ་ཡི། ལན་སྤོབས་པ་ཡོད་ན་སྨྲོས་ཤིག་ཅེས་ངམ་རིང་དང་། ས་སྐྱ། བོ་དོང་སོགས་སུ་གསུངས་

སྐབས་སུས་ཀྱང་ལན་འདོན་པར་མ་ནུས་ནས་ཕྱོགས་དེའི་དགེ་འདུན་ཕལ་མོ་ཆེས་བསྐུལ་བ་ལྟར་དགེ་འདུན་འདུས་པའི་ཚོགས་དབུས་སུ་བོ་དོང་ཕྱོགས་ལས་རྣམ་རྒྱལ་གྱིས་དམ་བཅའ་བཞག་པར་མཁས་གྲུབ་རྗེས་དམ་བཅའ་རེ་རེ་ལ་འདི་ནི་མི་རིགས་པ། འདི་ནི་མི་འཐད་པ། ལུང་རིགས་དང་འགལ་བ། མི་འཐད་པའི་རྒྱུ་མཚན་འདི་དང་འདི་ཞེས་རིགས་གཉེར་འགོག་པའི་དམ་བཅའ་རིགས་པས་བསུན་ཕྱུང་བར་མཛད་པས་བོ་དོང་ཕྱོགས་ལས་རྣམ་རྒྱལ་པའི་དངོས་པོ་ཡོད་གསུང་དགོས་པ་བྱུང་ཞིང་། དེ་ནི་མདོ་སྡེ་པ་རང་གི་གྲུབ་མཐའི་ནང་འགལ་ཡིན་ཞེས་ཙུང་ཟད་ཞལ་སྐྱོངས་ཏེ་ཕྱག་གི་ཞལ་རྒྱན་ལ་ནོམ་ཞིང་བཞུགས་པ་ན་མཁས་གྲུབ་རྗེས་ཉམས་མཚར་གྱི་ཚུལ་དུ་རྒྱུ་ལས་མ་སྐྱེས་པའི་དངོས་པོ་ཡོད་གསུང་བ་དེ་མདོ་སྡེ་པའི་གྲུབ་མཐའི་ནང་འགལ་ཡིན་གསུང་བ། ད་ཁ་སྤྲུ་འཐོག་པའི་ལས་ལ་བརྩོན་པར་མཛོད་ཅིག་ཅེས་ཞལ་ཀྱལ་དུ་གསུངས་པས་ཚོགས་པ་ཐམས་ཅད་བཞད་གད་བྱུང་བར་གྲགས་པ་བཅས་མཁས་མཆོག་དེ་དག་ཟབ་མོའི་དོན་ལ་རྩེ་དགའ་མཛད་པ་ནི་བསྟན་པའི་དོན་དུ་ཆེ་བ་གསུམ་པར་བྱ་འོས་པ་ལས། ཕྱིན་ཆད་ཕྱོགས་ཞེན་གྱི་དབང་དུ་སོང་སྟེ་སྐྱེས་བུ་དམ་པ་ལ་སྨོད་པ་ནི་རྣམ་པ་ཀུན་ཏུ་མི་རུང་བ་ཡང་ཤེས་པར་བྱ་དགོས་པ་མ་ཟད། ཕྱིས་བོ་དོང་ཕྱོགས་ལས་རྣམ་རྒྱལ་བས་མཁས་གྲུབ་རྗེར་ཆེད་དུ་བསྟོད་པ་ཡང་མང་དུ་མཛད་ཡོད་དོ།

དགུང་ལོ་བཅོ་བརྒྱད་པར་འཇམ་དབྱངས་སྨྲ་སེང་གི་བསྟོད་པ་མཚན་དཔེས་རབ་བརྒྱན་མ་བཀའ་རྩོམ་མཛད།

དེ་ནས་བསྙེན་རྫོགས་ཀྱི་སྐུ་ནར་སོན་པ་ན་རྗེ་བཙུན་རེ་མདའ་བ་ཆེན་པོས་མཁན་པོ་དང་། མཁས་པའི་དབང་ཕྱུག་དཔལ་འབྱོར་ཤེས་རབ་ཀྱིས

ལས་སློབ། གཉལ་པ་བློ་གྲོས་མཚུངས་མཚུངས་མེད་ཀྱིས་གསང་སྟོན་མཛད་དེ་དགེ་སློང་གི་སྡོམ་པ་ཡང་དག་པར་བཞེས།

དེ་ནས་རྗེ་བཙུན་རེ་མདའ་བ་ཆེན་པོས་བསྐུལ་མ་གནང་བ་དང་། རང་ཉིད་ཀྱིས་ཀྱང་ཙོང་ཁ་པའི་སྐན་པ་གསན་པས་དད་པའི་ཀུན་སློང་གིས་ཉེར་བར་བླངས་ཏེ་ཙོང་ཁ་པ་དགུང་ལོ་ང་གཅིག་དང་། མཁས་གྲུབ་རང་ཉིད་དགུང་ལ་ཉེར་གཉིས་པ་སྤྱི་ལོ1407མེ་ཕག་ལོར་རྗེ་བླ་མ་མཇལ་བར་དབུས་སུ་ཕེབས། སང་ཉིན་མཇལ་རྒྱུའི་ནུབ་མོ་སྨྲེ་ཐང་དུ་མཁས་གྲུབ་རིན་པོ་ཆེར་མནལ་ལམ་ཁྱད་པར་ཅན་བྱུང་ཞིང་། དེའི་སང་ཉིན་སེ་ར་ཆོས་སྡིངས་སུ་ཕེབས། དེ་ནས་རྗེ་ཙོང་ཁ་པ་ཆེན་པོ་དང་མཇལ་སྐྱེ་ལམ་བར་མནལ་ལམ་ཅི་བྱུང་ལ་སོགས་པའི་གསང་མཆིད་དང་། ཁྱེད་སྔགས་ཀྱི་གདུལ་བྱ་དབང་རྣོན་ཞིག་ཡིན་པར་འདུག ཁྱེད་ཀྱི་ཡི་དམ་རྡོ་རྗེ་འཇིགས་བྱེད་བྱེད་དགོས་པ་ལ་སོགས་པའི་རྗེས་སུ་འཛིན་པའི་བཀའ་མང་པོ་གནང་ཐོག་མཉལ་རྒྱས་པ་ཞིག་ཕུལ་ཅིག་གསུངས་ཏེ་ཞི་ཁྲོ་དྲག་སྦྲུབ་ཀྱི་མན་ངག་དང་། རྗེ་བཙུན་འཇམ་དཔལ་དབྱངས་ཀྱིས་རྗེས་སུ་འཛིན་པའི་རྒྱུ་གཞན་གཉིས་དང་མི་འདྲ་བའི་ཁྱད་པར་ཡོད་པ་རྣམས་རྒྱས་པར་གནང་། ཁྱོད་བསྟན་པ་ཐམས་ཅད་གྲུ་བཞི་ལམ་གྱིས་འཁྱེར་ཤེས་པ་ཞིག་འོང་བར་འདུག་ཅེས་དགྱེས་པའི་བཀའ་བསྩལ། རྗེ་རིན་པོ་ཆེ་ཆོས་གྲུལ་བ་ཡང་དགྱེས་བཞིན་དུ་གནང་བར་ཆོས་ཡིག་ལུང་བསྟན་གསུངས་སོ།

དེ་ནས་མཁས་གྲུབ་རིན་པོ་ཆེས་རྗེ་ཙོང་ཁ་པ་ཆེན་པོ་ནས་ལམ་རིམ་སོགས་ཟབ་ཆོས་ཅི་རིགས་དང་། ལྷག་པར་རྗེ་བླ་མའི་ཐུན་མོང་མ་ཡིན་པའི་གསང་བའི་རྣམ་ཐར་དང་། སྔགས་ཀྱི་གདམས་པ་མང་པོ་སྙིག་ཆོས་སུ་

གནང་ནས་ཟབ་མོ་དབུ་མའི་ལྟ་བ་དང་ངའི་སྔགས་ཀྱི་བསྟན་པ་རྒྱས་པར་གྱིས་ཤིག་ཅེས་གསུངས་ནས་བསྟན་པ་ཡོངས་རྫོགས་གཏད་པ་ཡིན། དེ་བཞིན་མཁས་གྲུབ་རིན་པོ་ཆེས་རྗེའི་ཐུགས་སྲས་རྒྱལ་ཚབ་དར་རིན་ཆེན་དང་། འདུལ་འཛིན་གྲགས་པ་རྒྱལ་མཚན་སོགས་ལ་ཡང་མན་ངག་མང་དུ་གསན།

དེ་རྗེས་ཙོང་ཁ་པ་ཆེན་པོ་དག་ཞིང་ལ་གཤེགས་རྗེས་ཕལ་ཆེར་རི་པོ་མདངས་ཅན་དུ་བཞུགས།

དེ་སྐབས་རྒྱལ་རྩེ་རབ་བརྟན་ཀུན་བཟང་འཕགས་ཀྱིས་གདན་དྲངས་ཏེ་དཔལ་འཁོར་ཆོས་སྡེར་ནོར་བུ་དགའ་ལྡན་པ་དང་གྲང་མོ་ཆེ་བ་ལེགས་གྲུབ་པ། ཞི་གནས་པ། གསེར་ཁང་གོང་འོག་སོགས་དགེ་ལུགས་པའི་གྲྭ་ཚང་ཁག་གི་གཞི་འདིང་བར་མཛད།

དེ་ནས་དགུང་ལོ་ཞེ་གསུམ་པ་སྤྱི་ལོ1427མེ་ལུག་ལོར་རྒྱལ་རྩེ་རབ་བརྟན་ཀུན་བཟང་འཕགས་ཀྱིས་དབུས་ནས་རོང་སྟོན་ཆེན་པོ་གདན་དྲངས་ཏེ་མཁས་གྲུབ་རིན་པོ་ཆེ་དང་རྩོད་པ་མཛད་པར་དྲིལ་བསྒྲགས་པ་བཞིན་མཁས་གྲུབ་རྗེས་ཀྱང་ཞལ་གྱིས་བཞེས་ནས་དབུས་གཙང་གི་མཁས་པ་མང་པོ་དཔང་པོར་གདན་དྲངས་ཤིང་རྩོད་པའི་གྲྭ་བཀའ་བསྟན་འགྱུར་ཡང་བསྐྱིགས། རྩོད་པའི་དུས་ཆོས་བཏབ་པའི་སྐབས་རོང་སྟོན་མ་བྱོན་པ་དང་། རབ་བརྟན་ཀུན་བཟང་འཕགས་ཀྱིས་ཀྱང་གཡོལ་ཐབས་མཛད་པའི་རྐྱེན་གྱིས་མཆོད་ཡོན་གཉིས་ཐུགས་སྣང་མ་མཐུན་པ་བྱུང་བས་སླར་རི་བོ་མདངས་ཅན་དུ་རྒྱུན་བཞུགས་གནང་། མཁས་གྲུབ་རིན་པོ་ཆེས་ཟབ་མོ་དབུ་མའི་ལྟ་བ་དང་། བསྐྱེད་རྫོགས་ཀྱི་གནད་ཕྲ་མོར་སློ་འདོགས་མ་ཆོད་པ་བྱུང་སྐབས་སྤྱ་སོར་བླམ་བཞུགས་དུས་བཀའ་འདྲི་ཞུས་ཚོག་ཀྱང་། ད་ཆ་བླ་མ་བཞུགས་

མེད་པས་ཅི་བྱ་སྙམ་པས་རྐྱེན་བྱས་བླ་མ་ཐུགས་ནས་དྲན་ཏེ་གདུང་ཤུགས་དྲག་པོས་གསོལ་བ་བཏབ་པས་ཉམས་དང་། རྨི་ལམ་ཅི་རིགས་པར་ཙོང་ཁ་པར་ཆེན་པོས་ཞལ་བསྟན་ནས་གདམས་པ་དང་རྗེས་སུ་བསྟན་པའི་ཚུལ་ལྡེ་རིམ་གྱིས་བྱུང་བ་དེ་ལ་གཟིགས་པ་ལྡེ་ལྡན་གྱི་ཙོང་ཁ་པ་ཞེས་སུ་གྲགས་པའི་སྣང་བརྙན་བཞེངས་པའི་སྲོལ་བྱུང་།

སྤྱི་ལོ1431ལྕགས་ཕག་ལོར་རྒྱལ་ཚབ་དར་མ་རིན་ཆེན་གནས་སྙིང་དུ་ཕེབས་ཏེ་མཁས་གྲུབ་དང་མཇལ་ནས་དགའ་ལྡན་གྱི་གདན་ས་གནང་དགོས་པའི་བཀའ་ཕེབས་པ་བཞིན་དབུས་སུ་ལྷན་ཕེབས་མཛད་ནས་དགའ་ལྡན་གྱི་ཁྲི་ཐོག་གསུམ་པར་དབང་བསྒྱུར་ཏེ་གདན་ས་ལོ་བརྒྱད་བསྐྱངས། དེའི་རིང་གསེར་གདུང་གི་དབུ་ཐོག་གསེར་ཟངས་རྒྱ་ཕིབས་གསར་སྐྲུན་དང་། ཤིང་རྟ་ཆེན་པོའི་གཞུང་ལུགས་རྣམས་ལ་བཤད་གྲྭ་གསར་འཛུགས་མཛད་དེ་མཁས་པ་ཆེན་པོ་ཤཱཀྱ་ཤྲཱི་དང་། སྟོན་པ་དཔལ་ལྡན། བླ་མ་ཡར་འབྲོག་པ། རྗེ་ཆོས་གྲགས་པ་དང་བཞི་སློབ་དཔོན་དུ་བསྐོས་ནས་མཚན་ཉིད་ཀྱི་བཤད་གྲྭ་བཙུགས་ཏེ་གཞུང་ཆེན་རྣམས་ཀྱི་འཆད་ཉན་ཆེས་ཆེར་འཕེལ་བར་མཛད།

མཐར་དགུང་ལོ་ལྔ་བཅུ་ང་བཞི་པ་སྤྱི་ལོ1438རབ་བྱུང་བདུན་པའི་ས་རྟ་ལོར་དགའ་ལྡན་དུ་དགོངས་པ་ཆོས་དབྱིངས་སུ་ཐིམ་ཚུལ་བསྟན་པའོ།

མཁས་གྲུབ་རྗེའི་གསུང་ལས་སྐྱེས་པའི་སློབ་མ་ནི། ཀུན་མཁྱེན་འཕགས་འོད། མཁན་བསོད་ནམས་མཆོག་གྲུབ། སྤྱན་སྔ་བློ་གྲོས་རྒྱལ་མཚན། ལྷ་བཙུན་རིན་ཆེན་རྒྱ་མཚོ་སོགས་མཁས་གྲུབ་ཀྱི་སྐྱེས་བུ་དམ་པོ་མང་དུ་བྱུང་ཡོད།

གསུང་རྩོམ་ལ་མཚོན་ན་འང་། རྗེ་ཙོང་ཁ་པའི་རྣམ་ཐར་དད་པའི་

འཇུག་ངོགས་དང་། གསང་རྔམ་རིན་པོ་ཆེའི་སྙེ་མ། རྔམ་འགྲེལ་གྱི་ཊཱི་ཀ་ཆེན་རིགས་པའི་རྒྱ་མཚོ། མངོན་རྟོགས་རྒྱན་གྱི་འགྲེལ་པའི་རྣམ་བཤད་རྟོགས་སྣང་སོགས་གཙང་གི་ཤིང་པར་ལྷར་ན་པུ་ཏི་བཅུ་གསུམ་དང་དབུས་པར་ལྷར་ན་པུ་ཏི་བཅུ་གཉིས་བཞུགས་སོ།

མཁས་གྲུབ་རྗེ་ནི་པཎ་ཆེན་རིན་པོ་ཆེའི་སྐུ་ཕྲེང་དང་པོ་ཡིན་པ་ཡོངས་གྲགས་དང་། དེ་བཞིན་ཕག་མོ་གྲུ་པའི་དབང་བསྒྱུར་དུས་སྐབས་སུ་བྱོན་ཏེ་འཕྲིན་ལས་རྒྱ་ཆེར་སྤེལ་བའི་པཎ་ཆེན་སྐུ་ཕྲེང་གཉིས་པ་དང་། གསུམ་པའི་ལོ་རྒྱུས་མདོར་བསྡུས་ཤིག་ཀྱང་སྐབས་འདི་དང་བསྟུན་ནས་ཞུ་བར་བྱ་བ་ལ།

པཎ་ཆེན་སྐུ་ཕྲེང་གཉིས་པ། དབེན་ས་པ་བསོད་ནམས་ཕྱོགས་གླང་ནི་སྤྱི་ལོ1439རབ་བྱུང་བདུན་པའི་ས་ལུག་ལོར་གཙང་ལྷོང་ས་སྟོ་ཁུད་དུ་སྟོ་ཁུད་བླ་མ་རྣམ་རྒྱལ་དབང་ཕྱུག་གི་ཚ་བོར་འཁྲུངས། བྱིས་པའི་དུས་སུ་ཕྱིའུ་མདོག་དང་ཉམས་ངན་པ་ཞིག་ཡོད་པ་བ་སོ་ཆོས་ཀྱི་རྒྱལ་མཚན་གྱི་སྐུ་དྲུང་དུ་བཅར་བར་མིང་ལ་ཅི་ཟེར་བཀའ་འདྲི་གནང་བས་བེའུ་ཟེར་བ་ལགས་ཞུས་པས། བེའུ་རྐྱས་ན་གླང་དུ་འགྲོ་བ་ཡིན་གསུངས་ནས་མཚན་བསོད་ནམས་ཕྱོགས་གླང་ཞེས་བྱ་བ་གསོལ། སེམས་དཔའ་ཆེན་པོ་བློ་གྲོས་བརྟན་པ་སོགས་ཡོངས་སུ་འཛིན་པ་དུ་མ་བསྟེན་ནས་ཇི་ལྟ་བ་དང་ཇི་སྙེད་པའི་རིག་པའི་གནས་ལ་མཁས་པར་གྱུར་ཅིང་། དབེན་སའི་དགོན་པ་ཞོལ་གྱི་གདན་ས་མཛད་པ་དང་། གསང་ཕུར་གྲྭ་སྐོར་ཡང་མཛད། ཐུབ་པའི་ལི་སྐུ་ཞིག་གིས་ལུང་བསྟན་པར་གྲགས་པ་བཞིན་དབེན་རྩ་ཕུར་ཆོས་འཁོར་དབུས་སྡིང་ཞེས་པའི་མོ་དགོན་ཞིག་ཕྱག་བཏབ། སྐབས་དེར་འདབ་ཆགས་དང་གླིང་མོལ་མཛད་ཚུལ་གྱི་མགུར་སོགས་བསྟན་བཅོས་དུ་མ་བརྩམས། མཐར་

དགུང་ལོ་དྲུག་ཅུ་རེ་དྲུག་སྤྱི་ལོ1503རབ་བྱུང་བརྒྱད་པའི་ཤིང་བྱི་ལོར་སྐུ་ངན་ལས་འདས།

པཎ་ཆེན་སྐུ་ཕྲེང་གསུམ་པ། རྒྱལ་བ་དབེན་སར་པ་བློ་བཟང་དོན་གྲུབ་ནི། མདོ་ངས་ཀྱི་རུས་ལས་བྱུང་བ་ཡབ་བསོད་ནམས་རྡོ་རྗེ་དང་། ཡུམ་དཔལ་འཛོམ་གཉིས་ཀྱི་སྲས་སུ་སྤྱི་ལོ1504རབ་བྱུང་བརྒྱད་པའི་ཤིང་གླང་ལོར་དབེན་ས་ཕུར་ངོ་མཚར་བའི་ལྟས་དང་བཅས་སྐུ་བལྟམས།

ཤངས་མདོ་རི་བོ་དགེ་འཕེལ་གྱི་མཁན་པོ་རྗེ་ལེགས་པའི་བློ་གྲོས་ཀྱིས་བལྟམས་མ་ཐག་སྐུ་འཁྲུས་གསོལ་ཏེ་མཚན་མགོན་པོ་སྐྱབས་ཞེས་བཏགས།

དེའི་ཚེ་རྗེ་སྐྱབས་མཆོག་དཔལ་བཟང་དབེན་སའི་དགོན་དུ་ཕེབས་ནས་ཐམས་ཅད་མཁྱེན་པ་བསོད་ནམས་ཕྱོགས་གླང་གི་གདན་སར་བཞུགས་སྐབས་དེར་རྒྱལ་བ་དབེན་སར་པ་འཁྲུངས་ནས་རིང་མོ་མ་ལོན་ཡང་རྗེ་སྐྱབས་མཆོག་དཔལ་མཇལ་བ་དང་ཐུགས་དགྱེས་པའི་རྣམ་པ་གསལ་བར་བསྟན།

དགུང་ལོ་བཅུ་གཅིག་པར་ཆོས་འཁོར་དབུས་སྡིངས་ཀྱི་དགོན་པར་ཆོས་རྗེ་ལྷ་རི་རྩེ་པ་གྲགས་པ་དོན་གྲུབ་པས་མཁན་པོ་དང་། ཞལ་ལྔ་ནས་ཚུལ་ཁྲིམས་རིན་ཆེན་པས་སློབ་དཔོན་མཛད་ནས་རབ་ཏུ་བྱུང་སྟེ་མཚན་ཡང་བློ་བཟང་དོན་གྲུབ་ཅེས་བྱ་བ་གསོལ།

དེ་ནས་ཐོས་པ་རྒྱ་ཆེར་འཚོལ་བར་བཞེད་དེ་དབུར་ཆོས་དགེ་འཕེལ་དུ་ཕེབས་པ་ན་སློབ་དཔོན་ཚུལ་ཁྲིམས་རིན་པས་ཚུལ་ཁྲིམས་སྐྱང་གི་གདན་ས་བཞག་སྟེ་འབྲས་སྤུངས་ལ་ཕེབས་པ་དང་ཐུག་ནས་ཡོང་ཡང་མཁན་ཆེན་གྲགས་པ་དོན་གྲུབ་དང་། སློབ་དཔོན་ཚུལ་ཁྲིམས་རིན་ཆེན་པ་གཉིས་དང་ལྷན་དུ་བྱོན་ནས་འབྲས་སྤུངས་སུ་དབྱར་སྟོན་སྒྲིལ་ནས་བཞུགས་ཏེ་ཆོས་སྤྱོད་

ཅི་རིགས་པ་ཐུགས་ལ་ཆུད་པར་མཛད། རྗེ་ལྷ་རི་པ་ལ་ལམ་རིམ་དང་། དཔེ་ཆོས་རིན་ཆེན་སྤུངས་པ། དུས་འཁོར། འཇིགས་བྱེད་བཅས་ཀྱི་ཁྲིད་དང་དབང་ཞུས།

དེ་ནས་དབེན་ས་དང་། སྣར་རི་བོ་འཕེལ་དུ་ཕེབས་ཏེ་ཆོས་རྗེ་བློ་གྲོས་རྒྱལ་མཚན་པའི་དྲུང་ནས་གསང་འདུས་དང་། མི་འཁྲུགས་པ། སྨན་བླ། སྣར་ཐང་བརྒྱ་རྩ་བཅས་ཀྱི་དབང་ལུང་ཆ་ཚང་བ་ཞུས། དེའི་དགུན་བཀྲ་ཤིས་ལྷུན་པོར་ཕེབས་ནས་ཐོས་བསམ་གླིང་གི་གདན་ས་པ་འཇམ་དབྱངས་བློ་བཟང་བཤེས་གཉེན་པའི་དྲུང་དུ་བསྡུས་གྲྭ་རྩེ་བ་དང་ཆོས་སྐྱོང་མང་པོའི་ལུང་བསན། དེ་ནས་སྣར་ཡང་དགེ་འཕེལ་དུ་རྗེ་བློ་གྲོས་རྒྱལ་མཚན་པའི་དྲུང་ནས་འདུལ་བའི་བསླབ་བྱ་རྗེ་ཙོང་ཁ་པ་ཆེན་པོའི་རྣམ་ཐར་གྱི་ལུང་སོགས་དུ་མ། ཆོས་རྗེ་ཐུབ་བསྟན་རྣམ་རྒྱལ་གྱི་དྲུང་ནས་སྤྱན་རས་གཟིགས་སྐོར་དང་། ནཱ་རོ་ཆོས་དྲུག གསང་འདུས་རིམ་ལྔའི་ཁྲིད་སོགས་ཆོས་བཀའ་མཐའ་ཡས་པ་གསན། དེ་ནས་ཆོས་འཁོར་དབུས་སྡིངས་སུ་ཕེབས་ནས་རྗེ་སྐྱབས་མཆོག་དཔལ་བའི་དྲུང་ནས་གསང་བདེ་འཇིགས་གསུམ། མགོན་པོ་སོགས་ཀྱི་དབང་ལུང་མང་པོ་གསན་ཅིང་། སྐྱབས་མཆོག་དཔལ་བས་དབེན་ས་པའི་སྐུ་སྐྱེ་སྔ་ཕྱིའི་ལུང་བསྟན་ཡང་མཛད་པར་གྲགས།

སྐྱབས་མཆོག་དཔལ་དགུང་ལོ་བརྒྱད་ཅུ་གྱ་གཅིག་བཞེས་པའི་སྟོན་ཞིག ཡབ་སྲས་གཉིས་ཀས་དབུས་རིའི་རྩེ་མོར་ཕེབས་པ་ན། "དེའི་ཚེ་རྗེ་སྐྱབས་མཆོག་དཔལ་བས་རྒྱལ་བ་དབེན་ས་པ་ཆེན་པོ་ལ་ཞལ་གདམས་འདི་ལྟར་མཛད་དེ། ཁོ་བོས་ཀྱང་སྔེ་དགོན་གྱི་བདག་སྐྱངས་ལྟོ་གོས་གཏམ་གསུམ་ལ་སྐྱོང་བསྐུར། མོ་འདོད་དང་ཁེ་གྲགས་སྤངས་ནས་སྦས་པའི་ཚུལ་བཟུང་

སྟེ། དགེ་སྦྱོར་འབའ་ཞིག་ལ་འབྱུངས་པས་ཆེ་ཡང་རིང་དུ་སླེབས། སེམས་དབེན་དང་། སྒྱུ་ལུས། འོད་གསལ། ཟུང་འཇུག་བར་གྱི་རྟོགས་པ་ཁྱད་པར་ཅན་འདི་བཞིན་སྐྱེས་པ་ཡིན་ནོ། ཁྱོད་ཀྱིས་ཀྱང་ཆེ་འདི་དོན་དུ་གཉེར་བའི་མིའི་ཁ་ལ་མ་ཉན་པར་དབེན་པར་དགེ་སྦྱོར་རྩེ་གཅིག་ཏུ་གྱིས་ཤིག ཅེས་གསུངས་ཤིང་། སྤྱིར་སངས་རྒྱས་ཀྱི་བསྟན་པ་དང་། སེམས་ཅན་གྱི་དོན་བྱ་ཚུལ། ཁྱད་པར་རྒྱལ་བ་ཙོང་པ་ཆེན་པོའི་སྙན་རྒྱུད་གྱི་བསྟན་པ་འཛིན་ཅིང་སྤྱེལ་ལུགས་སོགས་ཞལ་གདམས་མཐར་ཕྱིན་པར་གནང་སྟེ་རྗེ་སྐྱབས་མཆོག་དཔལ་བ་ཆོས་བདག་པོ་ལ་ཕྱོད་པས་ཐུགས་ཆེམས”①དེ་ནས་རྒྱལ་བ་དབེན་ས་པ་ཆེན་པོས་གྲུབ་ཆེན་ཆོས་རྗེ་དང་རྗེ་སྐྱབས་མཆོག་དཔལ་བཟང་གི་ཞལ་གདམས་ཇི་བཞིན་དབེན་གནས་རྣམས་སུ་ཉམས་བཞེས་ཀྱི་རིམ་པ་མཛད་ནས་ཞབས་རྡོ་རྗེ་སྐྱིལ་ཀྲུང་དུ་བཅས་པའི་སྐུ་ཤ་རུལ་བ་ལ་ལྡེ་བའི་ཐལ་བ་འཇམ་པ་བཏབ་སྟེ་ཉིན་མཚན་མེད་པ་ཐུགས་དམ་ལ་རྩེ་གཅིག་ཏུ་བཞུགས་ཤིང་། དེའི་ཆེ་གྲུབ་ཆེན་ཆོས་རྗེ་རྗེའི་སློབ་མ་གྲུབ་པ་ཐོབ་པ་བཅུ་ཙམ་ཡོད་པའི་ནང་ནས་དབེན་ས་པ་འདི་ཉིད་ཐུགས་སྲས་ཀྱི་གཙོ་བོར་འཛིན་ཏེ་སྙན་རྒྱུད་ཀྱི་པེའུ་བུམ་དང་། སྤྲུལ་པའི་གླེགས་བམ་ཕྱག་ཏུ་གཏད་དེ་ཆོས་ཀྱི་རྒྱལ་ཚབ་ཏུ་དབང་བསྐུར་བ་བཅས་དགུང་ལོ་བཅུ་བདུན་ནས་བཞི་བཅུ་ཞེ་གཉིས་བར་བྲག་རྒྱ་རྡོ་རྗེའི་ཕོ་བྲང་། དབེན་སྨར་སྟག་གཟིག་སྤང་ཆེན། ཀོ་བྲག པ་རྣམ་རྫོ་མོ་ལྷ་རི་ལ་སོགས་པའི་རི་ཁྲོད་རྣམས་སུ་སྒྲུབ་པ་སྙིང་པོར་མཛད།

---

① (ལམ་རིམ་བླ་མ་བརྒྱུད་པའི་རྣམ་ཐར་སྨད་ཆ་དེབ་ངོས་11)

དེ་ནས་དཔེན་ས་པ་ཆེན་པོས་གྲུབ་པའི་གནས་མཆོག་པདྨ་ཅན་ནམ་པདྨ་འོད་ཀྱི་གཞལ་ཡས་ཁང་ཞེས་བྱ་བ་དེར་གདུལ་བྱའི་ཚོགས་ལ་བཀའ་ཆོས་ཐོག་མར་བསྩལ།

དེ་ནས་བཀྲ་ཤིས་ལྷུན་པོར་ཀུན་མཁྱེན་ལེགས་པ་དོན་གྲུབ་དང་ཞལ་འཛོམས་ནས་ཀུན་མཁྱེན་ལེགས་པ་དོན་གྲུབ་པས་བསྐུལ་ནས་གསང་འདུས་དང་འཇིགས་བྱེད་ཀྱི་ཁྲིད་བཀའ་རྫོམ་མཛད།

དགུང་ལོ་སོ་གསུམ་པར་ཐམས་ཅད་མཁྱེན་པ་དགེ་འདུན་རྒྱ་མཚོས་མཁན་པོ་དང་། འདུལ་བའི་སློབ་དཔོན་ལྷ་དབང་རིན་ཆེན་པས་ལས་སློབ། འབྲས་སྤུངས་བྱང་འདྲེན་ཆེན་མོས་གསང་སྟོན་མཛད་དེ་འབྲས་སྤུངས་སུ་བསྙེན་རྫོགས་བཞེས།

དེ་རྗེས་བླ་མའི་ལུང་བསྟན་བཞིན་དབུས་རིའི་རྩེར་དཔེན་དགོན་བཏབ་ནས་ཆོས་འཁོར་རྒྱ་ཆེར་བསྐོར་བ་དང་། གྲུབ་པའི་གནས་མཆོག་དག་ཏུ་མདོ་སྔགས་གཉིས་ཀའི་ལམ་གྱི་ལུས་ཡོངས་སུ་རྫོགས་པ་ལ་སྒྲུབ་པ་མཐར་ཕྱིན་པ་མཛད། དགུང་ལོ་དྲུག་ཅུ་རེ་གཅིག་པ་སྤྱི་ལོ1566རབ་བྱུང་དགུ་པའི་མེ་སྟག་ལོར་དཔེན་དགོན་དུ་ཞི་བར་གཤེགས།

ཁོང་གི་བཀའ་རྫོམ་ནི་བྱང་ཆུབ་ལམ་གྱི་རིམ་པའི་ཁྲིད་ཡིག་དངོས་བ་ཀུན་འབྱུང་སོགས་དཔེན་ས་བཀའ་འབུམ་དུ་གྲགས་པར་ཆོས་ཚན་རྣམས་གྲངས་བརྒྱ་དང་དྲུག་ཅུ་བརྒྱལ་བ་བཞུགས་ཤིང་། གསུང་སློབ་སློབ་མའི་ཚོགས་ནི། ཀུན་མཁྱེན་ལེགས་པ་དོན་གྲུབ། བྱང་སྟོན་སྨྲ་བའི་དབང་པོ་བསམ་གཏན་འོད་ཟེར། སངས་རྒྱས་རྒྱལ་མཚན། ཆོས་རྗེ་ངག་དབང་གྲགས་པ་སྐྱ་མཆེད། ཀོང་སྟོན་ཆོས་རྗེ་འཇམ་དབྱངས་རྒྱལ་པོ། ཐོན་པ་

བཀྲ་ཤིས་རྒྱལ་མཚན། ཤྲཱི་པ་བློ་གྲོས་རྣམ་རྒྱལ། རྗེ་དཔོན་ལེགས་ཚོགས་ལྷུན་གྲུབ་པ། མཁས་ཆེན་ནོར་བཟང་རྒྱ་མཚོ། རྒྱུད་སྡེ་འཛིན་པ་རྣམ་རྒྱལ་དཔལ་བཟང་། པཎ་ཆེན་བསམ་གྲུབ་དཔལ་བཟང་། པཎ་ཆེན་དམ་ཆོས་ཡར་འཕེལ། འཇམ་དབྱངས་བླ་མ་དགེ་འདུན་རྒྱ་མཚོ། འཇམ་དབྱངས་པདྨ་པ། རྗེ་བློ་བཟང་རྒྱ་མཚོ། མངའ་རིས་སློབ་དཔོན་དགེ་འདུན་རྒྱལ་མཚན། ཐོས་གླིང་རིན་ཆེན་དཔལ་འབྱོར་རྒྱ་མཚོ། གངས་ཅན་མཁན་པོ་པཎ་ཆེན་ རིགས་ པ་ སེང་ གེ་ ལ་ སོགས་ བསྟན་ འཛིན་ བགྲངས་ ལས་ འདས་ པ་ རྣམས་བྱོན་ཞིང་། ཕྱོགས་སུས་ཀྱི་ཕྱ་བོ་རང་གི་རྒྱལ་ཚབ་ནི་སངས་རྒྱས་ཡེ་ཤེས་ཡིན་ནོ།

5. འཇམ་དབྱངས་ཆོས་རྗེ་བཀྲ་ཤིས་དཔལ་ལྡན་གྱི་རྣམ་ཐར་དང་། དཔལ་ལྡན་འབྲས་སྤུངས་དགོན་གྱི་ལོ་རྒྱུས།

(1) འཇམ་ དབྱངས་ ཆོས་ རྗེ་ བཀྲ་ ཤིས་ དཔལ་ ལྡན་ ནི། སྤྱི་ལོ1379རབ་ བྱུང་ དྲུག་ པའི་ ས་ ལུག་ ལོར་ བསམ་ ཡས་ སུ་ སྐུ་ འཁྲུངས་ ཤིང་ རྩེད་ཐང་དུ་རབ་ཏུ་བྱུང་སྡེ་གྲལ་འཛིན་མཛད།

གསང་ཕུར་གཞལ་ཁྲིད་རིན་བསམ་དང་། ལྡན་མ་དཀོན་མཆོག་སེང་གེ་ལ་ཕར་ཚད་དང་། སྐྱོར་མོ་ལུང་དུ་མཁན་ཆེན་དཀའ་བཞི་པ་བློ་གསལ་ལ་འདུལ་བ་དང་། མངོན་པ། དགའ་ལྡན་དུ་རྗེ་ཙོང་ཁ་པ་ཆེན་པོ་ལ་དྲང་ངེས་རྣམ་འབྱེད། རྩ་འཇུག་གི་བཤད་པ། བྱང་ཆུབ་ལམ་རིམ་ཆེ་ཆུང་དང་། སྔགས་རིམ། གསང་འདུས་འགྲེལ་པ་སྒྲོན་གསལ་སོགས་མདོ་སྔགས་ཀྱི་ཆོས

ཚུལ་མང་པོ་གསན་ཏེ་ཐུགས་སུ་ཆུད། ཡོང་གི་མཁྱེན་རབ་ལ་སུས་ཀྱང་འགྲན་ཟླ་མེད་པར་གྲགས། དེ་རྗེས་ཙོང་ཁ་པ་ཆེན་པོས་མཁན་པོ་དང་། འདུལ་འཛིན་གྲགས་པ་རྒྱལ་མཚན་གྱི་ལས་སློབ། རྒྱལ་ཚབ་དར་མ་རིན་ཆེན་གྱིས་གསང་སྟོན་མཛད་ནས་བསྙེན་པར་རྫོགས།

རྗེ་ཙོང་ཁ་པ་ཆེན་པོས་ཆོས་རྗེ་འདི་པ་དང་། སྟེའུ་པ་ནམ་མཁའ་བཟང་པོ་གཉིས་ལ་ཆོས་སྡེ་འདེབས་དགོས་པའི་བཀའ་སྩལ་ཕྱིར་གནང་བ་ལྟར་དགུང་ལོ་སོ་བརྒྱད་པ་སྤྱི་ལོ1416རབ་བྱུང་བདུན་པའི་མེ་སྤྲེ་ལོར་དཔལ་ལྡན་འབྲས་སྤུངས་ཀྱི་ཆོས་སྡེ་ཆེན་པོ་བཏབ།

ཆོས་རྗེ་རང་གདན་སར་བཞུགས་ནས་གྲྭ་ཚང་སོ་སོར་སློབ་དཔོན་བསྐོ་བཞག་མཛད་ཅིང་། གཞིས་ཁ་སྟེའུ་པས་ལོ་ལྟར་སྨོན་ལམ་ཆེ་མོ་དང་གདུགས་དཀར་གྱི་ཆོ་ག་འཛུགས་པ། དབྱར་ཚུལ། དགུན་ཚུལ་སྐར་ཆགས་པ། གཟིམ་ཁང་དང་འཆད་ཉན་ཁང་ཚོར་ན་བཟའ་གསོལ་ཚས་ནམ་དགོས་ཐུལ་བ་སོགས་དངོས་འབྲེལ་དགོན་པ་བས་བུ་དགའ་བ་འོང་བ་རྗེ་ཙོང་ཁ་པ་ཆེན་པོས་ལུང་བསྟན་པ་ལྟར་དགེ་འདུན་གྱི་སྡེ་ཆེན་པོ་དང་། འཆད་ཉན་ཕུན་སུམ་པ་བྱུང་ཞིང་། ཆོས་རྗེ་རང་ཉིད་ཀྱིས་ཆོས་ཐོག་ནམ་ཚུགས་སུ་མདོ་ཕྱོགས་ཀྱི་པོ་ཏི་བརྒྱད་བརྒྱད་རང་རང་གི་ཐོད་འགྲེལ་རེ་དང་སྦྱར་ནས་གསུང་ཞིང་། སྤྱིར་ན་གཞུང་ལུགས་ཀྱི་པོ་ཏི་ཆེན་མོ་བརྒྱ་དང་སུམ་ཅུ་ལ་བཤད་པ་མཛད། གཞན་ཡང་གསང་འདུས་འཕགས་ལུགས་དང་། བདེ་མཆོག་ལཱུ་ནག་དྲིལ་གསུམ་ལ་སོགས་པ་ཡི་དམ་གྱི་ལྷ་མང་པོའི་བསྙེན་པ་རྒྱུན་དུ་མཛད་པ་དང་། ཞག་རེ་ལ་ཨ་ར་པ་ཙ་ན་སྟོང་ཕྲག་གཉིས་རེ་དང་། མཚན་བརྗོད་ཚར་གསུམ་རེ། ཡིག་དྲུག་ཁྲི་ཚོ་རེ་ཆག་མེད་བཟླ་བར་མཛད་པས་ཕྱིས་མ་ཧཻ་

དུང་ཕྱུར་གཉིས་ལྷག་པར་ཡོངས། མཚན་ཉིད་པ་ཞིག་ལ་མ་ཅི་སོང་བ་མང་གསུང་བར་གྲགས། ཆོས་རྗེ་འདི་ཉིད་ཀྱི་འཕྲུལ་གྱི་མཛད་སྤྱོད་ཀྱང་དད་ཅན་གྱི་འབུལ་བ་སོགས་ཕྱག་ཏུ་བྱུང་བའི་དངོས་པོ་རྣམས་ཆ་གསུམ་དུ་བགོས་ནས་ཆ་གཅིག་གིས་ཕྱག་དཔེ་དང་རྟེན་གསུམ་བཞེངས་པ་དང་། ཆ་གཅིག་གིས་ནད་པའི་དོན་དུ་སྨན་གྱི་སྦྱིན་པ་མཛད་པ། ཆ་གཅིག་གིས་གཟིམ་ཁང་གི་མཁོ་སྤྱད་དང་། སློབ་མ་སྐྱོང་བའི་ཐུགས་གྲོན་དུ་གཏོང་གནང་མཛད་པ་བཅས་འཇམ་དབྱངས་ཆོས་རྗེ་འབྲས་སྤུངས་ཀྱི་གདན་ས་ལོ་སུམ་ཅུ་སོ་གཉིས་སྐྱོང་བའི་རིང་མདོ་སྔགས་ཀྱི་ཆོས་འཁོར་རྒྱ་ཆེན་པོ་བསྐོར་མཐར་སྤྱི་ལོ1449ཕོད་རབ་བྱུང་བརྒྱད་པའི་ས་སྦྲུལ་ལོའི་ས་ག་ཟླ་བའི་ཚེས་བཅོ་བརྒྱད་ཉིན་ཞི་བར་གཤེགས་པའི་སྐུ་གདུང་ནི་བཤད་གྲྭ་ཡུན་རིང་དུ་གནམ་ཉམས་པར་འབྲས་སྤུངས་ཀྱི་གཙུག་ལག་ཁང་ནང་བཞུཏ་སུ་གསོལ།

ཁོང་གི་གསུང་རྩོམ་ལ་མཚོན་ནའང་རྗེ་ཙོང་ཁ་པའི་གསང་བའི་རྣམ་ཐར་གསོལ་འདེབས་དང་། ཤེར་ཕྱིན་གྱི་དོན་ལས་དང་པོ་བས་ཉམས་སུ་ལེན་བདེ་བ། བསླབ་བཏུས་ཟིན་བྲིས་སོགས་བསྟན་བཅོས་མང་པོ་ཡོད།

གསུང་སྐྱེས་སློབ་མ་ནི། སེ་ར་ཀུན་མཁྱེན་བློ་གྲོས་རིན་ཆེན་སེང་གེ། ཉན་པོ་ཤཱཀྱ་རྒྱལ་མཚན། མཁན་ཆེན་དཔལ་བློ་བ། སྨོ་མང་བླ་མ་སྨྲ་ལེབ་དང་། སྟག་ལེབ། སྣར་ཐང་པ་རབ་མཆོག གྲ་ཚུང་ཡོན་ཏན་རྒྱ་མཚོ། ཉག་རེ་རྫོ་རྗེ་རྒྱལ་མཚན། ཕྱོག་པ་བྱང་དཔལ། སྟག་ཚང་ལོ་ཙཱ་བ་ཤེས་རབ་རིན་ཆེན། ཆོས་ནམ་མཁའ་བློ་གྲོས། གཙང་པ་ཀུན་དགའ་རྒྱལ་མཚན། བླ་མ་བརྩོན་འགྲུས་གྲགས་པ་སོགས་བསྟན་འཛིན་གྱི་སྐྱེས་བུ་དམ་པ་མང་པོ་བྱུང་ཡོད་དོ།

(2) དཔལ་ལྡན་འབྲས་དཀར་སྤུངས་པའི་ལོ་རྒྱུས་ནི། དེ་ཡང་རྗེ་ཙོང་ཁ་པ་ཆེན་པོས“ རང་ལུགས་མདོ་སྔགས་ཀྱི་འཆད་ཚུལ་འདི་རྗེ་སྲིད་བར་རྒྱུན་མི་འཆད་ཅིང་། ཕྱོགས་ཐམས་ཅད་དུ་རྒྱས་པའི་ཆེད་དུ་ཆོས་སྡེ་ཕུན་སུམ་ཚོགས་པ་ཞིག་ཐོབས་དང་དགོན་མ་ལས་བུ་དགའ་བ་དར་རྒྱས་ཆེན་པོ་འོང་གསུངས་ཤིང་། འགོག་པ་རི་ནས་གཏེར་དུ་བཞེས་པའི་ཆོས་དུང་གནང་། སྔེའུ་དཔོན་ནམ་མཁའ་བཟང་པོ་ལ་ཆོས་སྡེའི་སྦྱིན་བདག་མཛད་དགོས་པའི་བཀའ་སྩལ་ཕྱིར་ཕེབས་པ་ལྟར་འཇམ་དབྱངས་ཆོས་རྗེ་དགུང་ལོ་སོ་བརྒྱད་པ་སྤྱི་ལོ1416རབ་བྱུང་བདུན་པའི་མེ་སྤྲེ་ལོར་སྔེའུ་དཔོན་ནམ་མཁའ་བཟང་པོས་སྦྱིན་བདག་བྱས་ཏེ་དཔལ་ལྡན་འབྲས་སྤུངས་ཞེས་བྱ་བའི་ཆོས་སྡེ་འདི་ཉིད་ཕྱག་བཏབ།

འཇམ་དབྱངས་ཆོས་རྗེ་གནས་འདིར་ཕེབས་ནས་ཐོག་མར་དགོན་པའི་ཤར་ཕྱོགས་ཀྱི་གཟིམ་སྤྱིལ་དེང་སང་བྲག་ཐོག་ཁང་ཟེར་བ་འདིར་བཞུགས་ནས་མདོ་སྔགས་ཀྱི་ཆོས་མང་དུ་གསུངས་པ་དང་། དེ་ནས་འདུ་ཁང་ཆེན་མོའི་ནུབ་ངོས་ཀྱི་སྒྲུབ་ཁང་དུ་དབུ་ཚད་དང་ཕར་ཕྱིན་འཆད་བཞིན་དུ་བཞུགས་པ་དང་སློབ་མ་རྣམས་དང་། གཞིས་ཀ་སྔེའུ་པས་མཐུན་རྐྱེན་པསྒྲུབས་ནས་འདུ་ཁང་དང་སྔགས་ཁང་ལེགས་པར་བཞེངས་པ་མ་ཟད། གྲྭ་སྤྱིལ་ཡང་མང་དུ་བསྐྲུན།

དེ་ལྟར་དཔོན་གནས་ལེགས་པར་ཐེབས་ནས་གྲྭ་ཚང་ཆེན་པོ་བདུན་འཛུགས་གནང་མཛད་པ་ནི། སྒོ་མང་། བློ་གསལ་གླིང་། ཐོས་བསམ་གླིང་ངམ་རྒྱས་པ། ཤག་སྐོར། འདུལ་བ། བདེ་ཡངས། སྔགས་པ་བཅས་ཀྱི་སློབ་དཔོན་ཡང་སྒོ་མང་དུ་བྱུང་གྲགས་པ་རིན་ཆེན། བློ་གླིང་དུ་ལེགས་ལྡན་

པ། རྒྱས་པར་ཀུན་བཟང་རིན་ཆེན། ཤཱཀ་སྐོར་དུ་རབ་མཆོག འདུལ་བར་བརྩོན་འགྲུས་གྲགས་པ། བདེ་ཡངས་སུ་ཚྭོག་པ་བྱང་དཔལ། སྤྱགས་པར་བློ་གྲོས་རྒྱལ་མཚན་རྣམས་སོ་སོར་བསྐོ་བཞག་གནང་བར་སྣེའུ་པ་ནས་ཐེབས་བཟང་པོ་སྨྲར་ཏེ་དགུན་ཆོས་དང་རིག་གྲྭ་ཆེ་མོ་བཙུགས། གསུང་རབ་རྒྱ་མཚོ་བསྡེབ་པའི་འདུན་ས་མཁས་མང་འདུས་པའི་འབྱུང་གནས་སུ་གྱུར།

འབྲས་སྤུངས་དགོན་པའི་གདན་རབས་ནི། དང་པོ་འཇམ་དབྱངས་ཆོས་རྗེ་བཀྲ་ཤིས་དཔལ་ལྡན་པ་དང་། གཉིས་པ་དཔལ་ལྡན་སེང་གེ། གསུམ་པ་རིན་ཆེན་བྱང་ཆུབ། བཞི་པ་རྗེ་དཔོན་བློ་བཟང་ཉི་མ། ལྔ་པ་བློ་བཟང་གྲགས། དྲུག་པ་ཤཱཀྱ་རིན་ཆེན། བདུན་པ་སྨོན་ལམ་དཔལ་ལེགས་པའི་བློ་གྲོས། བརྒྱད་པ་ལེགས་པ་ཆོས་འབྱོར། དགུ་པ་མཁས་བཙུན་ཡོན་ཏན་རྒྱ་མཚོ། བཅུ་པ་ཐམས་ཅད་མཁྱེན་པ་དགེ་འདུན་རྒྱ་མཚོ། བཅུ་གཅིག་པ་པཎ་ཆེན་བསོད་ནམས་གྲགས་པ། བཅུ་གཉིས་པ་ཐམས་ཅད་མཁྱེན་པ་བསོད་ནམས་རྒྱ་མཚོ། བཅུ་གསུམ་པ་ཐམས་ཅད་མཁྱེན་པ་ཡོན་ཏན་རྒྱ་མཚོ། བཅུ་བཞི་པ་པཎ་ཆེན་བློ་བཟང་ཆོས་ཀྱི་རྒྱལ་མཚན། བཅོ་ལྔ་པ་ཐམས་ཅད་མཁྱེན་པ་ངག་དབང་བློ་བཟང་རྒྱ་མཚོ་ནས་བཟུངས་ཏེ་ཏཱ་ལའི་བླ་མ་སྐུ་ཕྲེང་རིམ་བྱོན་གྱིས་མཁན་པོའི་མཚན་འཛིན་གནང་བ་ཡིན་ནོ།

གྲྭ་ཚང་བདུན་གྱི་བླ་རབས་སྐོར། དང་པོ་བཀྲ་ཤིས་སྒོ་མང་གྲྭ་ཚང་གི་བླ་རབས་ནི། དྲུང་གྲགས་པ་རིན་ཆེན་ནས་སྤྱི་ལོ1698རབ་བྱུང་བཅུ་གཉིས་པའི་ས་སྟག་ལོ་སྡེ་སྲིད་སངས་རྒྱས་རྒྱ་མཚོས་པེ་སེར་རྩོམ་གནང་སྐབས་ཧ་འོན་འོད་ཟེར་གྱིས་འཆད་ཉན་གནང་བཞིན་པའི་བར་ལྡབ་པ་དང་བཅས་སྒོ་མང་གྲྭ་ཚང་གི་བླ་རབས་སུམ་ཅུ་ཐམ་པ་ཐེབས་ཡོད།

ༀ་གསལ་གླིང་གྲྭ་ཚང་གི་མཁ་རབས་ནི། མཁན་ཆེན་ལེགས་ལྡན་པ་སྭ། པི་སེར་ཇོམ་གནང་སྐབས་མི་ཉག་བླ་བྲུར་ལྷ་མགོན་གྱིས་འཆད་ཉན་གནང་བཞིན་པའི་བར་བླ་རབས་སུམ་ཅུ་སོ་ལྔ་ཐེབས་ཡོད།

བདེ་ཡངས་གྲྭ་ཚང་ངམ་ཟབ་ཡངས་འཁྱིལ་བའི་མཁན་རབས་ནི། སྟོག་པ་བྱང་དཔལ་ནས། པི་སེར་ཇོམ་གནང་སྐབས་བློ་བཟང་ཟླ་བས་འཆད་ཉན་གནང་བཞིན་པའི་བར་བླ་རབས་སུམ་ཅུ་སོ་གཉིས་ཐེབས་ཡོད།

འདུལ་བ་གྲྭ་ཚང་གི་མཁན་རབས་ནི། དྲུང་བརྩོན་འགྲུས་གྲགས་པ་ནས། པི་སེར་ཇོམ་གནང་སྐབས་བྱ་བྲལ་དགེ་འདུན་གྲུབ་ཀྱིས་འཆད་ཉན་གནང་བཞིན་པའི་བར་བླ་རབས་སུམ་ཅུ་སོ་གཉིས་ཐེབས་ཡོད།

ཤག་སྒོར་གྲྭ་ཚང་གི་མཁན་རབས་ནི། སྔར་ཐང་པ་རབ་མཆོག་ནས། པི་སེར་ཇོམ་གནང་སྐབས་ཏར་གདོང་བློ་བཟང་བསྟན་པས་འཆད་ཉན་གནང་བཞིན་པའི་བར་བླ་རབས་སུམ་ཅུ་ཐམ་པ་ཐེབས་ཡོད།

ཐོས་བསམ་གླིང་ངམ་རྒྱས་པ་གྲྭ་ཚང་གི་མཁན་རབས་ནི། སློབ་དཔོན་ཀུན་བཟང་རིན་ཆེན་ནས། པི་སེར་ཇོམ་གནང་སྐབས་སྒོ་མང་ངག་དབང་བྱང་ཆུབ་ཀྱིས་འཆད་ཉན་གནང་བཞིན་པའི་བར་བླ་རབས་ཉི་ཤུ་རྩ་ལྔ་ཐེབས་ཡོད།

སྔགས་པ་གྲྭ་ཚང་གི་བླ་རབས་ནི། སློབ་དཔོན་རྒྱལ་མཚན་ཚུལ་ཁྲིམས་ནས། པི་སེར་ཇོམ་གནང་སྐབས་གྲགས་པ་རྒྱལ་མཚན་གྱིས་འཆད་ཉན་གནང་བཞིན་པའི་བར་བླ་རབས་ཉི་ཤུ་རྩ་གཅིག་ཐེབས་ཡོད་དོ།

མདོ་ལུགས་ཀྱི་སློབ་གཉེར་ནི་གྲྭ་ཚང་ཁག་དང་། བསྡུས་ཚད་པ་རྣམས་ར་བ་སྟོད་དུ་ཐེབས་རྒྱུན་ཡོད།

རྒྱལ་བ་བསོད་ནམས་རྒྱ་མཚོའི་སྐུ་དུས་བྱུང་བ་ལེགས་བཤད་ཆོས་འཁོར་གླིང་ནི། སློབ་དཔོན་དོན་གྲུབ་མགོན་པོ་འཆད་ཉན་པ་དང་། བླ་མར་ལྷན་ཚུང་རབ་འབྱམས་པ་བསྐོས་ནས་དར་རྒྱས་ཡོད་ཙང་། བསོད་ནམས་རྒྱ་མཚོ་སོག་ཡུལ་དུ་ཕེབས་པ་ནས་ཚུགས་ཀ་ཟིན་ཞིང་རྗེས་སུ་རྒྱལ་བ་ཡོན་ཏན་རྒྱ་མཚོའི་སྐབས་སྐར་གསོ་གནང་སྟེ་གུང་རུ་དྲུང་ཆེན་པ་སློབ་དཔོན་དུ་བསྐོས་གནང་བ་དང་། དེ་རྗེས་གུང་རུ་རབ་འབྱམས་པ་སངས་རྒྱས་བཀྲ་ཤིས་འཆད་ཉན་པར་བསྐོས་ཏེ་འཆད་ཉན་འཕེལ་རྒྱས་བྱུང་ཡང་སེར་འབྲས་ལ་གཙོང་དམག་ཐོག་སྐབས་ཐོར་བ། ཕྱིས་སྡེ་སྲིད་བསོད་ནམས་རབ་བརྟན་གྱིས་ལེགས་བཤད་ཆོས་འཁོར་གླིང་གྲྭ་ཚང་གསར་དུ་བཙུགས་པའི་སློབ་དཔོན་གྱི་རིམ་པ་ནི་བཟང་གྲོང་པ་ངག་དབང་ཆོས་འཕེལ། བསྟན་འཛིན་འཕྲིན་ལས། འཇིགས་མེད་ངག་དབང་བཀྲ་ཤིས། ཉང་བྲན་པ་བློ་བཟང་དཔལ་འབྱོར། དབུར་སྟོད་རས་འབྱམས་པ་སྐལ་པོ་བཅས་རིམ་པར་ཕེབས་ཤིང་། དབུར་སྟོད་རབ་འབྱམས་པ་འདིའི་སྐབས་སྒོ་མང་གྲྭ་ཚང་དང་བློ་གསལ་གླིང་གྲྭ་ཚང་གཉིས་དང་། འགལ་བ་བྱུང་སྟེ་ལེགས་བཤད་ཆོས་འཁོར་གླིང་ཐོར་ནས་སྐར་གསོ་ཐུབ་མེད།

འབྲས་སྤུངས་དགོན་པར་ཐོག་མ་གྲྭ་ཚང་བདུན་ཡོད་པ་ཕྱིས་གྲྭ་ཚང་བཞི་ལ་ཟླ་བསྒྲིལ་བའི་བཀྲ་ཤིས་སྒོ་མང་གྲྭ་ཚང་ལ་ཁམས་ཚན་བཅུ་དྲུག་ཡོད་པ་ནི། ཏར་གདོང་ཁམས་ཚན། བསམ་བློ་ཁམས་ཚན། གུང་རུ་ཁམས་ཚན། སྨྲ་ཏི་ཁམས་ཚན། བྱ་ར་ཁམས་ཚན། གྲ་ཉེ་ཁམས་ཚན། རི་རྩ་ཁམས་ཚན། ཆུ་བཟང་ཁམས་ཚན། ཚད་པ་ཁམས་ཚན། མངའ་རིས་ཁམས་ཚན། ཟུར་ཆུ་ཁམས་ཚན། ཐེ་པོ་ཁམས་ཚན། ཧ་དོན་ཁམས་ཚན།

དཀར་ཞིང་ཁམས་ཚན། སྐྱ་འབུམ་ཁམས་ཚན། གཞུང་པ་ཁམས་ཚན་བཅས་ཡིན་ཞིང་། ཧར་གདོང་ཁམས་ཚན་ཁོངས་མི་ཚན་དགུ་ཡོད་པ་སྟེ། བཙན་པོ་མི་ཚན། ཧོར་མི་ཚན། ཧུར་ཕྱེད་མི་ཚན། ཐོར་རྒོད་མི་ཚན། མཚོ་ཕག་མི་ཚན། དགོན་ལུང་མི་ཚན་བཅས་དྲུག་དང་། ཕ་ཤུལ་མི་ཚན་ལ་ནང་གསེས་མི་ཚན་གསུམ་བཅས་སོ།

བསམ་བློ་ཁམས་ཚན་གྱི་ཁོངས་ལམ་པ་མི་ཚན་དང་། ཉན་པོ་མི་ཚན། ཁལ་ཁ་མི་ཚན། པིན་དུ་མི་ཚན་བཅས་བཞི་ཡོད་ཅིང་། བོད་པ་གཞུང་མི་ཚན་དང་། དཀར་གདོང་མི་ཚན་གཉིས་ལ་ཁམས་ཚན་མེད།

བློ་གསལ་གླིང་གྲྭ་ཚང་ལ་སྔར་གྱི་འདུལ་བ་གྲྭ་ཚང་དང་། ཤག་སྒོར་གྲྭ་ཚང་། ཐོས་བསམ་གླིང་གྲྭ་ཚང་བཅས་ཟླ་བསྡིལ་བའི་ཁོངས་ལ་ཁམས་ཚན་ཉི་ཤུ་རྩ་བཞི་ཡོད་པ་ནི། ཚ་བ་ཁམས་ཚན། ཧེ་ཧོར་ཁམས་ཚན། ཀོང་པོ་ཁམས་ཚན། སྤུ་གང་ཁམས་ཚན། ཉན་རེ་ཁམས་ཚན། གཙང་པ་ཁམས་ཚན། མི་ཉག་ཁམས་ཚན། སྤོམ་འབོར་ཁམས་ཚན། རྫེད་ཐང་ཁམས་ཚན། ཚུལ་ཁང་ཁམས་ཚན། ལྷོ་པ་ཁམས་ཚན། དབུ་སྟོད་ཁམས་ཚན། རྒྱལ་རོང་ཁམས་ཚན། ཕ་ར་ཁམས་ཚན། རོང་པོ་ཁམས་ཚན། རྒྱལ་པ་ཁམས་ཚན། གྲགས་པ་ཁམས་ཚན། འདན་མ་ཁམས་ཚན། པེ་ཐུག་ཁམས་ཚན། ཀོའི་ཁམས་ཚན། ཉ་མགོ་ཁམས་ཚན། གླིང་ཁམས་ཚན། གུ་གེ་ཁམས་ཚན། རྒྱ་ཁམས་ཚན་བཅས་སོ།

འབྲས་སྤུངས་དགོན་པའི་དགེ་འདུན་གྱི་ཞལ་གྲངས་ཐད། སྔ་སྲིད་རིན་པོ་ཆེས་པེ་སེར་རྫོམ་གནང་སྐབས་དགེ་དགོན་གྱི་ཡང་རྩེ་ཨང་མེད་དགེ་འདུན་བཞི་སྟོང་ཉིས་བརྒྱ་ལྷག་ཡོད་པ་དང་། དེ་རྗེས་རིམ་འཕར་ཡོངས་

གྲགས་སུ་འབྲས་སྤུངས་བདུན་སྟོང་བདུན་བརྒྱ་ཞེས་དགེ་འདུན་ཞལ་གྲངས་ཀྱི་ཚད་གཞི་ལྷ་བུར་འཛིན་ཡང་ཞལ་གྲངས་མང་སྐབས་དེ་ལས་ཆེས་ཆེར་བརྒལ་ཡོད།

འབྲས་སྤུངས་དགོན་པ་ནི། དགེ་ལུགས་ཀྱི་མ་དགོན་དགའ་ལྡན་དགོན་པ་ཕྱག་བཏབ་ནས་ལོ་བརྒྱད་པར་འཛམ་དབྱངས་ཆོས་རྗེས་ཕྱག་བཏབ་པ་ཞིག་ཡིན་པས་ཐོག་སྔ་རྟེང་ནས་བཤད་ན་དགའ་ལྡན་ཕུད་པའི་ཨང་གཉིས་པ་དང་བོད་དུ་དགེ་ལུགས་པ་ཙམ་མ་ཟད། གྲུབ་མཐའ་མཐའ་དག་གི་དགོན་སྡེའི་ནང་ནས་དགེ་འདུན་གཏན་བཞུགས་ཀྱི་ཞལ་གྲངས་མང་ཤོས་ཨང་དང་པོ་དེ་ཡིན།

ལྷག་པར་འབྲས་སྤུངས་དགའ་ལྡན་ཕོ་བྲང་ནི། སྤྱི་ལོ1518རབ་བྱུང་དགུ་པའི་ས་སྟག་ལོར་ཕག་གྲུ་སྡེ་སྲིད་ངག་དབང་བཀྲ་ཤིས་གྲགས་པས་འབྲས་སྤུངས་རྫོ་ཁང་སྔོན་མོ་ཞེས་བྱ་བ་ཕག་གྲུའི་འཚོར་ཤག་དེ་བཞིན་ཏཱ་ལའི་བླ་མ་སྐུ་ཕྲེང་གཉིས་པ་དགེ་འདུན་རྒྱ་མཚོར་ཕུལ་རྗེས་དེའི་མིང་བསྒྱུར་ཏེ་དགའ་ལྡན་ཕོ་བྲང་ཞེས་བྱ་བར་བཏགས། ཏཱ་ལའི་སྐུ་ཕྲེང་གཉིས་པ་ནས་བཟུང་ཏཱ་ལའི་སྐུ་ཕྲེང་རིམ་བྱོན་འབྲས་སྤུངས་སུ་བཞུགས་ཡུལ་ཡིན་པ་དང་། དེ་རྗེས་སྤྱི་ལོ1642རབ་བྱུང་བཅུ་གཅིག་པའི་ཆུ་རྟ་ལོར་གུ་ཤྲི་བསྟན་འཛིན་ཆོས་རྒྱལ་གྱི་དཔུང་སྟོབས་བཙན་པོས་གཙང་པ་ཀརྨ་བསྟན་སྐྱོང་དབང་པོའི་སྲིད་དབང་མཇུག་བསྒྲིལ་ནས་བོད་ས་གནས་ཏཱ་ལའི་ལྷ་པ་ཆེན་པོར་ཕུལ་བའི་སྲིད་དབང་གསར་བཙུགས་ཀྱི་མིང་ལ་གཞུང་ས་དགའ་ལྡན་ཕོ་བྲང་གི་མང་སྲིད་གཞུང་ལ་ཐོགས་པ་སོགས་ཆབ་སྲིད་ཐད་དགོན་སྡེ་གཞན་དང་མི་འདྲ་བའི་གནས་བབ་ཡོད་པ་བཅས་སོ།

6. བྱམས་ཆེན་ཆོས་རྗེ་ཤཱཀྱ་ཡེ་ཤེས་ཀྱི་རྣམ་ཐར།

ཙོང་ཁ་པའི་དངོས་སློབ་བྱམས་ཆེན་ཆོས་རྗེ་ཤཱཀྱ་ཡེ་ཤེས་ནི། ཚལ་པའི་དཔོན་རིགས་ཤིག་གི་སྲས་སུ་སྤྱི་ལོ1354རབ་བྱུང་དྲུག་པའི་ཤིང་རྟ་ལོར་ཚལ་གུང་ཐང་གི་གྲོང་སྡེར་སྐུ་འཁྲུངས།

རབ་ཏུ་བྱུང་བའི་མཚན་ཤཱཀྱ་ཡེ་ཤེས་ཞེས་བྱ་བ་གསོལ་ཞིང་། གཞོན་ནུ་ཉིད་ནས་ཡི་གེ་འབྲི་ཀློག་དང་། ཆོས་སྤྱོད་འཛིན་སྐྱོར་ལ་ཐུགས་བརྩོན་ཆེ་བ། བླ་མ་མང་པོ་བསྟེན་ནས་རྒྱལ་བའི་གསུང་རབ་མཐའ་དག་ལ་མཁས་པར་སྦྱངས་ཤིང་། ལྷག་པར་རྗེ་ཙོང་ཁ་པ་ཆེན་པོའི་གསོལ་འདྲེན་གྱི་ཞབས་ཞུ་དང་། རྗེ་བདག་ཉིད་ཆེན་པོས་མདོ་སྔགས་ཀྱི་ཆོས་འཁོར་རིམ་པར་བསྐོར་བ་རྣམས་དྲན་ཤེས་བརྟན་པོས་གསན་པར་མཛད།

མི་ཕག་དང་ས་བྱི་ལོ་གཉིས་རིང་སྟེའུ་པས་སྦྱིན་བདག་ཞུས་ཏེ་རྗེ་ཙོང་ཁ་པ་ཆེན་པོས་སེ་ར་ཆོས་སྡིངས་སུ་དབྱར་ཞལ་བཞེས་དང་། སྐུ་མཚམས་དམ་པོའི་ངོས་ནས་སྟོད་ལྷུན་མང་པོར་གསང་འདུས་རིམ་ལྔ་དང་མ་རྒྱུད་དཔྱིད་ཀྱི་རྒྱལ་མོ་སོགས་གསུངས་ཤིང་། སྡེ་སྣོད་འཛིན་པ་དྲུག་བརྒྱ་ཙམ་ལ་དབུ་མ་རྩ་ཤེ་རྩ་འགྲེལ་དང་། དྲང་ངེས་རྣམ་འབྱེད། ལམ་རིམ་གྱི་བཀའ་ཁྲིད་རྒྱས་པ་གནང་སྐབས་དང་བཅས་པ་ཚང་མར་ཤཱཀྱ་ཡེ་ཤེས་ཀྱིས་རྗེ་རིན་པོ་ཆེའི་ཕྱག་གཡོག་སྒྲུབ་ཅིང་། བཀའ་ཆོས་ཐམས་ཅད་གསན་པས་མཁས་པར་གྱུར།

འདིའི་སྐབས་ཏཱ་མིང་གོང་མ་ཡུང་ལོས་རྗེ་ཙོང་ཁ་པ་མེས་རྒྱལ་ནང་

སར་གདན་འདྲེན་ཞུས་པའི་སྐོར་“ དེ་སྐབས་རྒྱ་ནག་གོང་མའི་གདན་འདྲེན་པ་འགྲོར་བ་ལ་རྗེ་ཉིད་རྒྱ་ནག་ཏུ་འབྱོན་པ་དགག་བྱ་ཆེ་ཞིང་དགོས་པ་ཆུང་བའི་རྒྱུ་མཚན་བཅས་པའི་ཞལ་ཏ་ནན་ཅན་ཞིབ་པར་བྱོན་ནས་གསེར་ཡིག་པ་རྣམས་ཕྱིར་ལོག①ཅེས་གསུངས་པ་ལྟར་དགོངས་ཞུ་གནང་སྟེ་ཏཱའུ་ཏྭ་ཤིང་ལ་སོགས་པའི་གསེར་ཡིག་པ་ཕྱིར་ལོག་ནས་གོང་མར་ཞུ་ཡིག་དང་རྒྱུ་མཚན་རྣམས་ཞུས་པར་ཙོང་ཁ་པ་ཕེབས་མ་ཐུབ་ན་རྗེ་ཉིད་དང་ཁྱད་པར་མེད་པའི་སློབ་མ་ཞིག་དབུ་བླར་དགོས་ཚུལ་དང་བཅས་གདན་ཞུར་གོང་མའི་གསེར་ཡིག་པ་རཱའུ་ཞེན་སོགས་ཏྭ་ཞིང་བཞི་འགྲོར་པ་ལྟར་རྗེ་ཙོང་ཁ་པ་ཆེན་པོའི་སྐུ་ཚབ་ཏུ་ཤཱཀྱ་ཡེ་ཤེས་གྲྭ་སློབ་མང་པོ་དང་བཅས་པ་སྤྱི་ལོ1414ཤིང་རྟ་ལོར་སྔོ་ཁ་ནས་ཁམས་ཕྱོགས་ལི་ཐང་བརྒྱུད་རིམ་གྱིས་གོང་མ་ཡུང་ལོ་དང་མཇལ་ཞིང་། གོང་མ་ཆེན་པོས་ཀྱང་ཤཱཀྱ་ཡེ་ཤེས་ལ་བཀུར་གཟིགས་ཆེན་པོ་གནང་བའི་སྐོར་གོང་དུ་ཞུས་ཟིན་ཅིང་། བྱམས་ཆེན་ཆོས་རྗེ་ནང་སར་ཕེབས་རྗེས་གོང་མ་སྙུན་ནད་དྲག་པོས་ཟིན་པར་བཅོས་ཐབས་གནང་བས་བསྙུན་ལས་གྲོལ།

དེ་ནས་གོང་མས་བྱམས་ཆེན་ཆོས་རྗེར་གནས་འདིར་རྒྱལ་བ་ཙོང་ཁ་པའི་བསྟན་པའི་སྙིང་པོ་རྣམ་པར་དར་བ་ཞིག་བྱ་འདོད་པས་མདོ་སྔགས་ཀྱི་ཆོས་སྤྱི་དང་ཁྱད་པར་རྒྱུད་སྡེ་བཞིའི་དཀྱིལ་འཁོར་ཆེན་པོ་རྣམས་སྒྲུབ་ཅིང་མཆོད་པར་བྱ་དགོས་པའི་བཀའ་ལུང་གནང་བ་ལྟར་བྱམས་ཆེན་ཆོས་རྗེས་གསང་འདུས། དགྱེས་རྡོར། བདེ་མཆོག འཁོར་ཆེན། འཇིགས་བྱེད་ཞེ་

① （གདན་ས་ཆེན་པོ་བཞིའི་དཀར་ཆག་སྒྲུམ་པར་མ་དེབ་ངོས42）

དགུ་མ། སྨན་བླ་རྣམས་ཀྱི་སྒྲུབ་མཆོད་སྦྱོར་དངོས་རྗེས་གསུམ་ལེགས་པར་གནང་སྟེ་གོང་མའི་དབུ་བླར་བཀུར་བ་དང་། གོང་མས་བྱམས་ཆེན་ཆོས་རྗེར་གསེར་གྱི་འཁོར་ལོ་ཡོད་པའི་ཐམ་ག་དང་། "འཕྲིན་ལས་སྣ་ཚོགས་ལ་མཁས་ཤིང་གསལ་བ། ཆོས་ཉིད་དུ་དམ་པ་མཆོག་ཏུ་རྒྱལ་བ། ཤེས་རབ་རྣམ་དག་སྣང་བ་ཆེན་པོ་ཀུན་ཏུ་ཁྱབ་ཅིང་རྒྱལ་ཁམས་སྐྱོབ་པ། བསྟན་པ་རྒྱས་མཛད་རབ་ཏུ་དགེ་བ། བྱམས་ཆེན་ཆོས་ཀྱི་རྒྱལ་པོ" ཞེས་པའི་མཚན་དང་། འཇའ་ས། འབུལ་བ་བསམ་གྱིས་མི་ཁྱབ་པ་དང་། རྒྱ་ནག་ཏུ་བོད་ཡིག་གི་བཀའ་འགྱུར་པར་དུ་བསྐོས་པའི་ཕུད་མཚལ་པར་ཐེམ་སྐས་ཅན་གདོང་ལ་གསེར་གྱི་ཡི་གེ་བྲིས་པ་ངོ་མཚར་ལྡན་པ་ཡང་འབུལ་གནང་མཛད།

དེ་ནས་བྱམས་ཆེན་ཆོས་རྗེས་གོང་མ་སྐུ་ཚེ་བརྟན་པའི་ཕྱིར་གྲུབ་ལུགས་ཀྱི་ཚེ་དབང་དང་རྗེས་གནང་། ཏེ་ལོ་པའི་ལུགས་ཀྱི་བདེ་མཆོག་འཆི་བ་མཐར་བྱེད་ཀྱི་དབང་བསྐུར་བའི" ཚེ་རིལ་ལ་འོད་འཚེར་བ་ལ་སོགས་པའི་གྲུབ་རྟགས་ཀྱང་མང་པོ་བསྟན་པར་གྲགས། རྒྱལ་པོ་ཤིན་ཏུ་ཡ་མཚན་ཏེ་གུས་པ་ཆེར་མཛད། རིན་པོ་ཆེ་གསེར་དངུལ་གྱི་ཕྲས་བརྒྱན་པའི་བཞུགས་ཁྲི། ཡི་ཙི་མདུན་ལྕོག ཞབས་སྟེགས་བཞུགས་སྟན་སོགས་འབུལ་བ་ཚད་མེད་པ་གནང་།"① ཞེས་འཁོད། དེ་ལྟར་ཤཱཀྱ་ཡེ་ཤེས་གོང་མའི་དབུ་བླར་བཀུར་བ་དེ་ནས་བཟུང་བྱམས་ཆེན་ཆོས་རྗེ་ཞེས་པའི་མཚན་ཐོགས།

ཁོང་པེ་ཅིན་དུ་ལོ་ངོ་དགུ་བཞུགས་རིང་གོང་མ་བློན་པོ་དང་བཅས་པར་ཆོས་གསུངས་པ་དང་། རྒྱ་ནག་རི་བོ་རྩེ་ལྔར་དགོན་ཆེན་དྲུག་དང་རྒྱའི་

---

① (ལམ་རིམ་བླ་མ་བརྒྱུད་པའི་རྣམ་ཐར་སྟོད་ཆ་དེབ་ངོས539)

མེ་ཏོག་ལྷུམ་ར་དང་ཉེ་བར་ཧེ་ཡན་སི་ཞེས་པའི་དགོན་གནས་བཏབ་པ་བཅས་མེས་རྒྱལ་ནང་སར་དགེ་ལུགས་ཀྱི་གྲུབ་མཐའ་དར་སྤེལ་གནང་བ་དང་། རྒྱ་ཧོར་གྱི་ཡུལ་གྲུ་དེ་རྣམས་སུ་རབ་བྱུང་དང་། བསྙེན་རྫོགས། བསྙེན་གནས། དགེ་བསྙེན་སོགས་ཀྱི་སྡོམ་པ་ཡང་མང་དུ་བསྩལ།

བྱམས་ཆེན་ཆོས་རྗེ་བོད་དུ་ཕྱིར་ཕེབས་སྐབས་གོང་མས་ཕེབས་སྐྱེལ་དུ་གསེར་ཡིག་པ་ཆེད་དུ་མངགས་ཏེ། ཤན་ཟེའི་ཟམ་ཆེན་བརྒྱལ་ནས་རིམ་པས་ལི་ཐང་བྱམས་ཆེན་ཆོས་འཁོར་སོགས་བརྒྱུད་བོད་དུ་ཕེབས་རྗེས་ཐོག་མར་དགའ་ལྡན་དུ་རྗེ་ཙོང་ཁ་པ་ཆེན་པོའི་སྐུ་དྲུང་དུ་ཕེབས་ནས་ཡུང་ལོ་གོང་མས་གནང་བའི་གནས་བརྟན་བཅུ་དྲུག་གི་སྐུ་ཐང་དང་། སྟོན་ཤིང་གི་གུར། གསེར་དངུལ་གྱི་མཎྜལ་རིན་པོ་ཆེའི་ཕྲ་ཚོམས་ཅན་སོགས་འབུལ་བ་གཏོས་ཆེ་བ་དང་བཅས་ཙོང་ཁ་པ་ཆེན་པོ་སྐུ་ཚེ་ཞབས་པད་བརྟན་པའི་བཞུགས་འབུལ་གནང་མཛད།

བྱམས་ཆེན་ཆོས་རྗེའི་ཕེབས་མི་སྣ་རྣམས་ནང་སར་ཕྱིར་ལོག་སྐབས་གོང་མར་ལེགས་གསོལ་ཞུ་ཡིག་འབུལ་རྟེན་དང་བཅས་པ་ཕུལ་བ་མ་ཟད། དེ་ནས་བཟུང་བྱམས་ཆེན་ཆོས་རྗེས་ལོ་ལྟར་གོང་མར་འཚམས་ཞུ་དང་། ཆོས་ཀྱི་གདམས་པ་རྒྱ་ཆེར་སྩལ་བ་དང་། གོང་མས་ཀྱང་ལོ་ལྟར་གསེར་ཡིག་པ་མངགས་ཏེ་བྱམས་ཆེན་ཆོས་འབུལ་ནོད་རྒྱ་ཆེན་པོ་མཛད་ཡོད།

དེ་རྗེས་ཙོང་ཁ་པ་ཆེན་པོ་ལས་ཚོག་གི་ཆོས་སྐོར་དུ་མང་དུ་གསན་ཅིང་། རྗེ་བླ་མས་ཀྱང་བྱམས་ཆེན་ཆོས་རྗེའི་མཁྱེན་རབ་ལ་བསྔགས་བརྗོད་རྒྱ་ཆེར་མཛད།

སྤྱི་ལོ1419 ས་ཕག་ལོའི་སྟོན་དུས་རྗེ་ཙོང་ཁ་པ་ཆེན་པོ་སྟོད་ལུང་ཆབ་ཚན་དུ་ཕེབས་པ་དང་། བར་ལམ་འབྲས་སྤུངས་དང་ལྷ་སར་ཕེབས་པ་

དེའི་ཚེ་བྲམས་ཆེན་ཆོས་རྗེས་སེ་ར་ཆོས་སྡིངས་སུ་གདན་དྲངས་ནས་བསྙེན་བཀུར་ཚད་མེད་ཞུས་པར་རྗེ་རིན་པོ་ཆེས་ཁོང་ལ་"སེ་ར་དགེ་འདུན་གྱི་སྡེ་བཙུགས་ནས་བཤད་སྒྲུབ་རྐང་ཚུགས་པ་ཞིག་བྱེད་དགོས་པའི་བསླབ་སྟོན་ཞལ་ཏ་རྒྱས་པར་གནང་ཞིང་ཁྱད་པར་གངས་རིའི་ཁྲོད་འདིར་སྔགས་ཀྱི་རྒྱུད་སྡེ་ལ་འཆད་ཉན་ཡང་དག་པ་ནུབ་པར་གྱུར་ནས་རིང་ཞིག་སོན། རྗེ་རིན་པོ་ཆེ་ཉིད་ཀྱིས་བཤད་པ་རྣམ་པར་དག་པ་མཛད་པའི་གསུང་གི་བདུད་རྩི་ཉམས་སུ་མྱོང་བའི་བློ་གྲོས་ཀྱི་ལུས་ཡོངས་སུ་བརྟས་པ་མང་དུ་བྱུན་མོད་ཀྱི། དེ་ལྟ་ན་ཡང་ད་དུང་རྒྱུད་སྡེའི་འཆད་ཉན་རྐང་ཚུགས་པའི་གྲྭ་ས་གཞི་ཐེངས་པ་ཞིག་མེད་པས་དེ་འདྲ་བའི་འཆད་ཉན་གྱི་གཞི་རྣམ་པར་དག་པ་ཞིག་ཚུགས་ན་ཅི་མ་རུང་སྙམ་དུ་བསྟན་པ་འབའ་ཞིག་ལ་དགོངས་པའི་ཐུགས་ཀྱི་འདུན་པ་ཤུགས་དྲག་པོས་དེའི་ཚེ་བྲམས་ཆེན་ཆོས་རྗེ་ལ་བདེ་གསང་གཉིས་ཀྱི་འཆད་ཉན་རྐང་ཚུགས་པའི་སྔགས་གྲྭ་ཞིག་འཛུགས་པའི་ཞལ་ཏ་གནང་"[1]བ་མ་ཟད། རྟེན་འབྲེལ་གྱི་སླད་དུ་རྗེ་ཙོང་ཁ་པ་ཆེན་པོས་སེ་ར་ཆོས་སྡིངས་སུ་གསོ་སྦྱོང་མཛད་ཅིང་། བདེ་གསང་རྒྱུད་གཉིས་ཀྱི་དབུ་ནས་ཆོས་ཐུན་རེ་གསུངས་པ་བཅས་ལ་བརྟེན་རྗེའི་བཀའ་བཞིན་ལོ་དེ་གར་ཆོས་སྡེ་ཆེན་པོ་སེ་ར་ཐེག་ཆེན་གླིང་གི་གཙུག་ལག་ཁང་རྨང་བཏིང་ནས་སྤྲུལ་བུ་སོགས་རིམ་གྱིས་བཏབ་པའི་མཐུན་རྐྱེན་ཕལ་ཆེ་བ་ཕག་གྲུའི་སྣོན་པོ་སྣེའུ་རྫོང་པ་ནམ་མཁའ་བཟང་པོས་སྒྲུབ་ཞིང་། དེ་ནས་རིང་པོར་མ་ཐོགས་པ་རྗེ་ཙོང་ཁ་པ་ཆེན་པོ་མྱ་ངན་ལས་འདས་ཚུལ་བསྟན་པའི་དགོངས་རྫོགས་རྒྱ་ཆེན་པོ་བསྒྲུབས།

① （ལམ་རིམ་བླ་མ་རྒྱུད་པའི་རྣམ་ཐར་དེབ་ངོས541）

དེ་རྗེས་བྱམས་ཆེན་ཆོས་རྗེ་སླར་ཡང་ཧྲ་མིང་གོང་མ་ཡུང་ལོས་ནང་སར་གདན་ཞུ་གནང་བ་ལྟར་རྗེ་ཙོང་ཁ་པའི་དངོས་སློབ་ཆོས་རྗེ་དར་རྒྱས་བཟང་པོ་སེ་རའི་གདན་སར་བསྐོ་བཞག་གནང་ནས་སྤྱི་ལོ1424ཤིང་འབྲུག་ལོར་ཆོས་རྗེ་ཉིད་ནང་སར་ཕེབས་ཏེ་གོང་མའི་ཕོ་བྲང་གི་ཁད་ཉེར་ཕེབས་འགྱུར་སྐབས་གོང་མ་ཡུང་ལོ་སྐུ་གཤེགས་ཀྱང་། སྲས་ཧོན་ཏྲུས་ཡབ་ལས་ཀྱང་ལྷག་པའི་གུས་འདུད་ཞུ་གནང་མཛད། ལོ་ངོ་བཅུ་གཉིས་ཙམ་གྱི་རིང་ནང་སར་མཛད་འཕྲིན་བསྐྱངས་རྗེས་ཆོས་རྗེ་རང་ཉིད་ཀྱི་ཉེ་གནས་སྐྱེ་ཐང་པ་ཀུ་ཤྲི་ཨ་མོ་ག་དང་། ཆོས་རྗེ་བསོད་ནམས་ཤེས་རབ་གཉིས་གོང་མའི་ བླ་མཆོད་དུ་ཞལ་བཀོད་གནང་སྟེ་བོད་ཕྱོགས་ཆིབས་བསྒྱུར་གནང་བའི་ལམ་བར་མཛོ་མོ་མཁར་ཞེས་པའི་གནས་སུ་གདུང་གྲངས་གྱ་གཉིས་པ་སྤྱི་ལོ1435བོད་རབ་བྱུང་བདུན་པའི་ཤིང་ཡོས་ལོའི་ཟླ་བ་བཅུ་པའི་ཚེས་ཉེར་བཞི་ཉིན་སྐུ་གཤེགས།

ས་གནས་དེར་དགེ་བའི་བཤེས་གཉེན་མང་པོས་དགོངས་དོན་རྫོགས་རྒྱུ་ཆེ་བསྐྱབས་པ་དང་། ཕྲ་སའི་ཞེས་བྱ་བའི་ས་ཆར་ཀུ་ཤྲི་དཔལ་པས་གཙོས་དགེ་བའི་བཤེས་གཉེན་དུ་མ་དང་། བློན་ཆེན། མི་ཆེན། དམག་དཔོན་སོགས་སྐྱ་སེར་མང་པོ་འདུས་ནས་སྐུ་གདུང་ཞུགས་འབུལ་ཞུས་ཐོག་གནས་དེར་གདུང་རུས་བཞུགས་པའི་མཆོད་རྟེན་བཞེངས་པ་དང་། དངོས་སློབ་ཤཱཀྱ་ཚུལ་ཁྲིམས་ཀྱིས་དེར་དགོན་གནས་ཤིག་ཀྱང་ཕྱག་བཏབ།

ཧྲ་མིང་གོང་མ་ཡུང་ལོས་བྱམས་ཆེན་ཆོས་རྗེ་སྔ་རྗེས་གཉིས་གདན་ཞུ་གནང་སྐབས་ནང་སར་ཡུན་རིང་བསྡད་འགྲོའི་དོན་རྒྱ་ཆེན་པོ་དང་། ལྷག་པར་ཧྲ་མིང་གོང་མ་ཡུང་ལོ་དང་། ལུང་ཤིའི། ཧོན་ཏྲུ། ཀྲང་ཐུང་བཅས་

གོང་མ་ཁྲི་རབས་བཞིའི་དབུ་བླ་མཛད་པ་བཅས་རྒྱ་བོད་མི་རིགས་དབར་མཛའ་མཐུན་དང་། རིག་གནས་དར་སྤེལ་སོགས་ཆོས་སྲིད་ཀྱི་མཛད་པ་རླབས་ཆེ་བར་བརྟེན་ཁོང་གི་དགོངས་རྫོགས་སུ་དམིགས་པའི་བཞི་མཆོད་དུ་གྲགས་པ་ལོ་ལྟར་ཟླ་བ་བཅུ་པའི་ཚེས་ཉེར་བཞི་སྟེ་དགའ་ལྡན་ལྔ་མཆོད་ཀྱི་སྡུ་ཐུབ་ཏུ་གླིང་མེ་འབུལ་བའི་སྲོལ་ཡང་བོད་ཡོངས་ལ་སྔར་ཆགས་སུ་གནས་ཡོད།

བྱམས་ཆེན་ཆོས་རྗེའི་སློབ་མ་ནི། མཁས་པ་དར་བཟང་བ། སྐྱེ་ཐང་ཆོས་རྗེ་ཨ་མོ་ག་པ། ཆོས་རྗེ་བསོད་ནམས་ཤེས་རབ། ཆོས་རྗེ་གཞོན་ནུ་དཔལ་ལྡན་ལ་སོགས་པ་མང་པོ་བྱུང་བ་བཅས་སོ།

7. སེ་ར་ཐེག་ཆེན་གླིང་དགོན་པའི་ལོ་རྒྱུས།

སེ་ར་དགོན་པའི་མིང་ཆ་ཚང་ལ་ཆོས་སྡེ་ཆེན་པོ་སེ་ར་ཐེག་ཆེན་གླིང་ཞེས་གྲགས། དེ་ཡང་སྔ་དུས་དགོན་པའི་མཐའ་སྐོར་དུ་སེ་བའི་ཤིང་མང་པོ་ར་བའི་ཚུལ་དུ་བསྐོར་ཡོད་པས་དགོན་པའི་མིང་ལ་སེ་ར་ཞེས་ཐོགས།

བྱམས་ཆེན་ཆོས་རྗེ་ཤཱཀྱ་ཡེ་ཤེས་ཀྱིས་དགོན་ནས་འདི་ཉིད་ཕྱག་འདེབས་པའི་རྒྱུ་མཚན་སྐོར་གོང་དུ་སོང་བ་ལྟར་སྤྱི་ལོ1419རབ་འབྱུང་བདུན་པའི་ས་ཕག་ལོར་སྟེའུ་རྫོང་པ་ནམ་མཁའ་བཟང་པོས་སྦྱིན་བདག་བྱས་ནས་སེ་ར་ཐེག་ཆེན་གླིང་གི་གཙུག་ལག་ཁང་གི་ལྟེ་བའི་རྨང་བཏིངས་པ་ནས་ལོ་གཉིས་ཙམ་གྱི་རིང་ལ་འདུ་ཁང་དང་། གཙང་ཁང་རྣམས་གསར་སྐྲུན་གྲུབ་མཚམས་བྱམས་ཆེན་ཆོས་རྗེས་རྒྱ་ནག་ནས་བསྣམས་ཕེབས་པའི་ཙནྡན

དཀར་པོ་ལས་གྲུབ་པའི་གནས་བརྟན་བཅུ་དྲུག་གཟུངས་སུ་བཞུགས་པའི་སྨན་འབྲིམ་གྱི་གནས་བརྟན་བཅུ་དྲུག་དགེ་བསྙེན་ཧ་ཤང་དང་བཅས་པ། བཀའ་འགྱུར་པར་ཕུད་མཆོད་པར་མ་ལ་སོགས་པའི་སྐུ་གསུང་ཐུགས་རྟེན་རྣམས་འདུ་ཁང་སྤྱག་གི་གཙང་ཁང་ནང་བཞུགས་སུ་གསོལ། དེ་ནས་གདན་ས་དེར་བྱམས་ཆེན་ཆོས་རྗེས་ཆོས་ཀྱི་འཁོར་ལོ་བསྐོར་བ་ནས་བཟུང་གཙུག་ལག་ཁང་རྟེན་བརྟེན་པར་བཅས་པ་རིམ་པར་བསྐྲུན།

བྱམས་ཆེན་ཆོས་རྗེའི་སྐབས་འཆད་ཉན་གྲྭ་ཚང་སྟོད་པ། སྨད་པ། རྒྱ། འབྲོམ་སྟེང་བཅས་བཞི་འཛུགས་གནང་མཛད། མཁན་རབས་གཉིས་པ་བྱམས་ཆེན་ཆོས་རྗེའི་དངོས་སློབ་དཀའ་བཅུ་སྨྲ་བ་དར་རྒྱས་བཟང་པོས་སེ་ར་ཐེག་ཆེན་གླིང་དུ་ཆོས་འཁོར་བསྐོར་བའི་སྐབས་དགེ་འདུན་གྱི་འདུ་ཚོགས་ཤིན་ཏུ་ཆེ་བ་བྱུང་། མཁན་རབས་གསུམ་པ་གུང་རུ་རྒྱལ་མཚན་བཟང་པོའི་སྐབས་གྲྭ་ཚང་བཞིའི་འཆད་ཉན་པ་བསྡུས་པ་ནི། རྒྱ་གྲྭ་ཚང་དུ་འཛམ་དབྱངས་འཕགས་པ་དང་། འབྲོམ་སྟེང་དུ་རང་བྱུང་བ་དང་། དྲུག་བརྒྱ་དཔོན་པོ། སྨད་དུ་ཀུན་མཁྱེན་བྱང་ཆུབ་འབུམ་པ། སྟོད་དུ་གུང་རུ་རྒྱལ་མཚན་བཟང་པོ་བཅས་ཀྱིས་འཆད་ཉན་མཛད།

དེ་རྗེས་རྒྱ་གྲྭ་ཚང་དང་། འབྲོམ་སྟེང་གྲྭ་ཚང་གཉིས་ཀ་སྟོད་པ་གྲྭ་ཚང་དུ་ཟླ་བསྒྲིལ་ནས་སྟོད་དུ་ཆེན་པོ་ཤེས་རབ་རྒྱ་མཚོ་དང་། གུང་རུ་ཆོས་འབྱུང་། སློབ་དཔོན་ཤཱཀྱ་བཟང་པོ་སོགས་བར་མ་ཆད་པར་བྱོན་པ་དང་སྨད་གྲོས་བསམ་ནོར་བུའི་གླིང་དུ་ཐོག་མའི་བླ་མ་འབུམ་འབུམ་རྣམ་སྣང་བྱ་བར་འབྲུངས་པས་བྱང་ཆུབ་འབུམ་པ་ཞེས་གྲགས་ཀྱང་མཚན་དངོས་ནི། བྱང་ཆུབ་འོད་ཟེར་ཞུ་བ་ནས་གཞུང་ཆེན་པོ་རྣམས་ལ་འཆད་ཉན་མཛད།

སྐབས་འདིར་བྱང་སེམས་ཤེས་རབ་བཟང་པོས་ཆོས་རྗེ་དར་རྒྱས་བཟང་པོའི་ཟུར་ཆོས་པ་མཛད་ནས་འཆད་ཉན་སྐྱོར་པོ་ཡོད་པའི་སྐབས་སུ་ཀུན་མཁྱེན་བྱང་ཆུབ་འབུམ་པ་དང་རྒྱལ་ཚབ་རྗེས་བྱང་སེམས་ཤེས་རབ་བཟང་པོར་ཁྱོད་ཀྱི་གདུལ་བྱ་ཁམས་ཕྱོགས་སུ་ཡོད་པས་དེར་རྒྱུགས་ཤིག་ཅེས་ལུང་བསྟན་པ་ལྟར་ཁམས་སུ་ཕེབས་ནས་ཕྱིས་ཤེས་རབ་བཟང་པོས་ཆབ་མདོའི་དགོན་པ་བཏབ། གདན་རབས་བཞི་པ། ཞྭ་ལུ་པ་བཀྲ་ཤིས་རྒྱ་མཚོ། གདན་ས་ལྔ་པ་ལ་སྟོད་ལུས་སྲས་རིན་ཆེན་བློ་གྲོས་སེང་གེ། དྲུག་པ་འདུལ་འཛིན་གནས་བརྟན་པ། བདུན་པ་ལྷ་བུ་ཆོས་རྗེ། བརྒྱད་པ་གཉལ་སྟོན་དཔལ་འབྱོར་ལྷུན་གྲུབ། དགུ་པ་མང་ཐོས་དཔལ་ལྡན་བློ་གྲོས། བཅུ་པ་འཇམ་དབྱངས་དོན་ཡོད་དཔལ་ལྡན། བཅུ་གཅིག་པ་ཐམས་ཅད་མཁྱེན་པ་དགེ་འདུན་རྒྱ་མཚོ། བཅུ་གཉིས་པ་སེ་ར་རྗེ་བཙུན་ཆོས་ཀྱི་རྒྱལ་མཚན། བཅུ་གསུམ་པ་པཎ་ཆེན་བསོད་གྲགས་པ། བཅུ་བཞི་པ་ཆོས་རྗེ་ཆོས་གྲགས་བཟང་པོ། བཅོ་ལྔ་པ་ཐམས་ཅད་མཁྱེན་པ་བསོད་ནམས་རྒྱ་མཚོ། བཅུ་དྲུག་པ་སྟོང་འཁོར་ཆོས་རྗེ་ཡོན་ཏན་རྒྱ་མཚོ། བཅུ་བདུན་པ་ཐམས་ཅད་མཁྱེན་པ་ཡོན་ཏན་རྒྱ་མཚོ། བཅོ་བརྒྱད་པ་པཎ་ཆེན་བློ་བཟང་ཆོས་ཀྱི་རྒྱལ་མཚན། བཅུ་དགུ་པ་ཐམས་ཅད་མཁྱེན་པ་ངག་དབང་བློ་བཟང་རྒྱ་མཚོ་ནས་བཟུང་ད་ལྟའི་བླ་མ་སྐུ་ཕྲེང་རིམ་བྱོན་གྱིས་གདན་ས་འཛིན་སྐྱོང་གནང་།

སེ་ར་སྟོད་པ་གྲྭ་ཚང་གི་བླ་རབས་ནི། ཆེན་པོ་ཤེས་རབ་རྒྱ་མཚོ་ནས་སྡེ་སྲིད་རིན་པོ་ཆེས་བོ་སེར་རྫོམ་གནང་སྐབས་ལྷ་ས་བ་བློ་བཟང་ནས་མཁས་འཆད་ཉན་གནང་བཞིན་པའི་བར་བླ་རབས་སུམ་ཅུ་སོ་གཉིས་ཕེབས་ཡོད།

སེར་སྨད་གྲྭ་ཚང་གི་བླ་རབས་ནི། ཆེན་པོ་བྱང་ཆུབ་འབུམ་པ་ནས་བོ་

སེར་རྩོམ་གནང་སྐབས་ཚོ་ཇོར་ཚུལ་ཁྲིམས་དར་རྒྱས་ཀྱིས་འཆད་ཉན་གནང་བཞིན་པའི་བར་བླ་རབས་བཞི་བཅུ་ཞེ་གཅིག་ཕེབས་ཡོད།

སེར་བྱེས་གྲྭ་ཚང་ནི། ཙོང་ཁ་པ་དངོས་སློབ་ཀུན་མཁྱེན་བློ་གྲོས་རིན་ཆེན་སེང་གེ་ཞེས་བྱ་བ་ལ་སྟོད་བྱང་གི་ཡུལ་དུ་གསང་སྔགས་རྙིང་མའི་གྲུབ་ཐོབ་ཅིག་གི་རྒྱུད་པར་འཁྲུངས་པ་དེས་རྗེ་ཙོང་ཁ་པ་ཆེན་པོ་དང་། དགེ་འདུན་གྲུབ་པ། འཇམ་དབྱངས་ཆོས་རྗེ་བཀྲ་ཤིས་དཔལ་ལྡན་པ་རྣམས་ཀྱི་ཞབས་ལ་གཏུགས་ནས་དབུ་ཚད་ལ་མཁས་པའི་ཕ་རོལ་ཏུ་སོན། དང་ཐོག་འབྲས་སྤུངས་ཟུར་ཁང་དུ་བཞུགས་ནས་འཆད་ཉན་གནང་བའི་སྐབས་འགའ་ཞིག་གི་འགྲན་ཟླ་ཁང་དུ་བཞུགས་ནས་འཆད་ཉན་གནང་བའི་སྐབས་འགའ་ཞིག་གི་འགྲན་ཟླའི་ཚུལ་བྱུང་བར་ཐུགས་སྐྱུང་ནས་འཇམ་དབྱངས་ཆོས་རྗེ་ཡོན་ཏན་དྲན་པའི་བསྟོད་པ་གསུང་བཞིན་སེ་རར་ཕེབས་པའི་སྐབས་མཁས་པ་བརྒྱ་ཕྲག་བརྒྱལ་བ་ཡང་རྗེས་སུ་འབྲང་བ་ལྟར་ཀུན་མཁྱེན་བློ་གྲོས་རིན་ཆེན་སེང་གེ་དཔོན་སློབ་རྣམས་བྱེས་ནས་བྱོན་པའི་སྐབས་སེ་རའི་དཔོན་སློབ་ཀུན་གྱིས་གུས་འདུད་ཞུས་ཤིང་། གཡས་གྲལ་མགོར་གདན་དྲངས། སེ་ར་ནས་རྒྱ་དང་། འབྲོམ་སྟེང་། སྟོད་པ་ཕལ་ཆེ་བ་དང་། ཕྱོགས་ནས་ཆོས་ཉན་པ་མང་དུ་འདུས་པར་ཀུན་མཁྱེན་གྱིས་དབུ་ཕར་ཚད་མ་སོགས་ལ་འཆད་ཉན་རྒྱ་ཆེར་མཛད་པས་བྱེས་མཁས་མང་གྲྭ་ཚང་དུ་གྲགས་པ་འདི་བྱུང་།

ཀུན་མཁྱེན་པ་གཤེགས་རྗེས་བླ་རབས་གཉིས་པ་སློབ་དཔོན་དཔལ་བློ་བ་དང་། བླ་རབས་གསུམ་པ་སྟོ་པ་འཇམ་གྲགས་པ་དང་། ཆོས་འཁོར་གཉིས་ཀྱིས་འཆད་ཉན་བསྐྱངས་ཙང་རྗེས་སུ་ཁོང་གཉིས་ཆབ་མདོར་བྱོན་པས་བཤད་རྒྱུན་ལ་བར་སྟོང་ཙང་ཟད་བྱུང་བ།

དེ་རྗེས་སྐྱེའུ་པ་དཔལ་འཁོར་རྒྱལ་པོ་དང་། དཔོན་ས་བུ་ཁྲིད་དཔལ་འཛོམ་གཉིས་ཀྱི་ཀུན་མཁྱེན་གྱི་དངོས་སློབ་སེ་རའི་མཁན་ཐོག་བརྒྱད་པ་གཉལ་སྟོན་དཔལ་འཁོར་ལྷུན་གྲུབ་གྲྭ་ཚང་འདིར་གདན་དྲངས་ཏེ་འཆད་ཉན་ལོ་བཅོ་ལྔ་ཙམ་མཛད་པས་བྱེས་གྲྭ་ཚང་ལ་གོང་འཕེལ་ཆེན་པོ་བྱུང་བ་དང་། དེའི་རྗེས་ཀྱི་བླ་རབས་ནི། གཉལ་སྟོན་དཔལ་འཁོར་ལྷུན་གྲུབ་ནས་བཻ་སེར་རྫོམས་གནང་སྐབས་ཏར་གདོང་ངག་དབང་གིས་འཆད་ཉན་གནང་བཞིན་པའི་བར་བླ་རབས་ཉི་ཤུ་རྩ་གཉིས་ཕེབས་ཡོད།

སྔགས་པ་གྲྭ་ཚང་ནི། སྤྱི་ལོའི་དུས་རབས་བཅོ་བརྒྱད་པའི་འགོར་བྱུང་ཞིང་དེ་ཡང་སེ་ར་ཚོགས་ཆེན་གྱི་འདུ་ཁང་རྙིང་པ་ཆུང་སྐྱོན་དང་ཉམས་གོག་ཆེ་བར་བརྟེན་སོག་པོ་ལྷ་བཟང་གིས་བོད་ལ་དབང་བསྒྱུར་སྐབས་ཚོགས་ཆེན་གྱི་འདུ་ཁང་ཆེན་མོ་ཀ་བ་བརྒྱ་དང་བརྒྱད་དང་། ཕྱུག་ཏུ་མཆོད་ཁང་གསུམ། སྟེང་དུ་མཆོད་ཁང་དང་གཟིམ་ཆུང་ཡང་ཐོག་ཏུ་གསེར་ཟངས་ཀྱི་རྒྱ་ཕིབས་གཞི་ར་དང་། རྒྱལ་མཚན་ལ་སོགས་པ་བཀོད་པས་ཁྱད་པར་འཕགས་པ་གསར་དུ་བཞེངས་ཏེ་འདུ་ཁང་རྙིང་པའི་རྟེན་གདན་འདྲེན་ཞུ་ཐུབ་པ་རྣམས་འདུ་ཁང་གསར་པར་གདན་དྲངས། མི་ཐུབ་པ་རྣམས་རྙིང་འདུ་ཁང་རྙིང་པ་དེ་ལྷ་བཟང་ཁང་རང་གི་སྔར་ཡོད་སྐུ་རིམ་གྲྭ་ཚང་སེ་རར་གཏན་འཛཏ་ཀྱི་བཞུཏ་ཤེས་ལ་བཙའ་ཡིག་ཞུས་ཏེ་ཆོ་ག་ཕྱག་ལེན་རྒྱུད་སྨད་པ་ལྟར་མཛད་པ་ནས་སྔགས་པ་གྲྭ་ཚང་ཆགས་པ་ཡིན་ནོ།

སེ་ར་བྱེས་སྨད་གྲྭ་ཚང་གཉིས་ལ་ཁམས་ཚན་ཇི་ལྟར་ཡོད་པ་ནི། བྱེས་མཁས་མང་གྲྭ་ཚང་ལ་ཁམས་ཚན་ཉི་ཤུ་རྩ་གཉིས་དང་མི་ཚན་གཅིག་ཡོད་པ་ཏར་གདོང་ཁམས་ཚན། བསམ་བློ་ཁམས་ཚན། བྱ་བྲལ་ཁམས་ཚན། གྱེ་

པོ་ཁམས་ཚན། བྲ་ཧི་ཁམས་ཚན། ཚ་བ་ཁམས་ཚན། སྔོ་པ་ཁམས་ཚན། སྨོམ་སྡེ་ཁམས་ཚན། ལ་བ་ཁམས་ཚན། ལྷུན་མ་ཁམས་ཚན། མངའ་རིས་གུ་གེ་ཁམས་ཚན། མངའ་རིས་སྤྱི་དུབ་ཁམས་ཚན། མངའ་རིས་ཟླངས་དཀར་ཁམས་ཚན། མངའ་རིས་སྟག་མོ་ཁམས་ཚན། སྦྲ་ཧི་མི་ཚན། གཙང་པ་ཁམས་ཚན། རྒྱལ་བྱེད་ཁམས་ཚན། ཨེ་པ་ཁམས་ཚན། གཉལ་པ་ཁམས་ཚན། དྭགས་པོ་ཁམས་ཚན། རྫེད་ཐང་ཁམས་ཚན། སྤོམ་འབོར་ཁམས་ཚན། གུང་རུ་ཁམས་ཚན་རྣམས་སོ། ①

སེ་ར་སྨད་ཐོས་བསམ་ནོར་བུའི་གླིང་ལ་ཁམས་ཚན་བཅོ་ལྔ་ཡོད་པ་ནི། ཨ་མདོ་གཞུང་པ་ཁམས་ཚན། སྤོམ་འབོར་ཁམས་ཚན། ཡེར་པ་ཁམས་ཚན། རོང་པོ་ཁམས་ཚན། ཚ་ཐོར་ཁམས་ཚན། ཚ་བ་ཁམས་ཚན། ཀོང་པོ་ཁམས་ཚན། རྨར་སྐྱུང་ཁམས་ཚན། ཨ་མདོ་ཁམས་ཚན། ཨ་ར་ཁམས་ཚན། ཐེ་བོ་ཁམས་ཚན། ཧ་ནོན་ཁམས་ཚན། མི་ཉག་ཁམས་ཚན། སྤྱི་བོ། གུང་རུ་ཁམས་ཚན་གཉིས་རྣམས་སོ།②

དགེ་འདུན་གྱི་ཞལ་གྲངས་ཐད། སྔ་སྲིད་རིན་པོ་ཆེས་བཻ་སེར་རྩོམ་སྐབས་དགེ་འདུན་ཞལ་གྲངས་ཉིས་སྟོང་བརྒྱད་བརྒྱ་ལྔ་བཅུ་སྐོར་ཡོད། ཡོངས་གྲགས་སུ་སེ་ར་ལྔ་སྟོང་ལྔ་བརྒྱ་ཞེས་གཏན་ལ་འཁེལ་བ་ལྟ་བུར་སྣང་ཡང་དེ་རྗེས་དངོས་ཡོད་ཀྱི་ཞལ་གྲངས་ནི་དེ་ལས་ཆེས་ཆེར་བརྒལ་བ་བཅས་སོ། །

① （བསྟན་འཛིན་སྐྱེས་བུ་རྒྱ་བོད་དུ་བྱོན་པའི་མིང་གི་རྣམ་གྲངས་སྐུམ་པར་དེབ་ངོས42）

② （བསྟན་འཛིན་སྐྱེས་བུ་རྒྱ་བོད་དུ་བྱོན་པའི་མིང་གི་རྣམ་གྲངས་སྐུམ་པར་མའི་དེབ་ངོས13）

8. ཐམས་ཅད་མཁྱེན་པ་དགེ་འདུན་གྲུབ་ཀྱི་རྣམ་ཐར།

རྗེ་ཙོང་ཁ་པའི་ཐུགས་སྲས་ཏྟ་ལའི་བླ་མ་སྐུ་ཕྲེང་དང་པོ་ཐམས་ཅད་མཁྱེན་པ་དགེ་འདུན་གྲུབ་ནི། འབྲོམ་སྟོན་དང་གདུང་རྒྱུད་གཅིག་པ་ངར་པའི་དུས་ཚོ་ལས་བྱུང་བའི་ཡབ་མགོན་པོ་རྡོ་རྗེ་དང་། ཡུམ་ཇོ་མོ་ནམ་སྐྱིད་གཉིས་ལ་སྲས་བཞི་དང་། ལྕམ་མོ་གཅིག་ཡོད་པའི་སྲས་གསུམ་པར་ སྤྱི་ལོ1391རབ་བྱུང་བདུན་པའི་ལྕགས་ལུག་ལོར་དཔལ་ལྡན་ས་སྐྱའི་བྱ་འདབས་ཞག་དང་བན་རྣིང་གཉིས་ཀྱི་ས་མཚམས་གུར་མ་ཞེས་བྱ་བའི་འབྲོག་སྡེར་འཁྲུངས། ཐོག་མའི་མཚན་ལ་པདྨ་རྡོ་རྗེ་བཏགས།

དགུང་ལོ་ལྔ་བཞེས་སྐབས་གྲོང་པ་གཞན་གྱི་ར་རྫི་མཛད་དུས་རྡོ་ལ་མ་ཎི་མང་པོ་འབྲི་གནང་མཛད་པར་བྱེད་མོས་ཅི་ཡིན་ཞུས་པས་ཕ་མའི་སྦྱིན་སྦྱོར་ཡིན་གསུངས་པའི་རྡོ་ལ་མ་ཎི་བརྐོས་པ་ཁ་སྟོད་དུ་ཕྱིས་ཀྱང་མཇལ་རྒྱུ་ཡོད་པར་གྲགས།

དགུང་ལོ་བདུན་པའི་སྐབས་སྣར་ཐང་མཁན་ཆེན་གྲུབ་པ་ཤེས་རབ་པ་ནས་དགེ་བསྙེན་གྱི་སྡོམ་པ་བཞེས། རྒྱ་སྟོན་ཙནྡྲ་ལས་བོད་ཡིག་འབྲི་ཀློག་དང་། ལན་ཕར་ལ་སོགས་པ་རྒྱ་བོད་ཡིག་རིགས་མཐའ་དག་ཐུགས་སྦྱོང་བྱང་ཆུབ་པར་མཛད།

དགུང་ལོ་བཅོ་ལྔ་པ་ཤིང་བྱ་ལོ་དཔལ་ལྡན་སྣར་ཐང་གི་ཆོས་གྲྭ་ཆེན་པོར་གྲུབ་པ་ཤེས་རབ་པས་མཁན་པོ་དང་། བྱང་པའི་ཆེན་པོ་བློ་ལྡན་པས་སློབ་དཔོན་མཛད་དེ་ཚོགས་སུ་མ་དགེ་ཚུལ་གྱི་སྡོམ་པ་ཡང་དག་པར་མནོས།

མཚན་དགེ་འདུན་གྲུབ་པ་དཔལ་དུ་གསོལ་བར་ཕྱིས་བཟང་པོ་ཞེས་བྱ་བ་རང་ཉིད་ཀྱིས་སྟོན་པ་གནང་།

དེ་རྗེས་དབུས་ཕྱོགས་སུ་ཆོས་གསན་པར་ཕེབས་པར་བཞེད་ཀྱང་མཁན་ཆེན་གྱིས་རེ་ཞིག་སྐར་ཐང་རང་དུ་བཞུགས། སྔར་བཞིན་ཀློག་ཡིག་གཞན་ལ་སློབ་པ་སོགས་ཀྱི་སྒོ་ནས་གཞན་ལ་ཕན་ཐོགས་ཆེ་བར་མཛད་དགོས་པ་དང་། ཁྱད་པར་ཇོ་བོའི་བཀའ་རྒྱུད་འདི་ལ་བསྙེན་རྫོགས་བླ་ཆེན་རྒྱུད་འདི་ངེས་པར་དགོས་པས་བསྙེན་རྫོགས་ཀྱང་འདིར་བྱེད་དགོས་གསུངས་པ་ལྟར་སྐར་ཐང་གི་པཀྟྲ་ཤྲི་ལ་ངག་མེ་འོང་དང་། མངོན་བརྗོད་འཆི་མེད་མཛོད། སྒྲ་མཚམས་སྦྱོར་ལྔ་པ་སོགས་ཆོས་བཀའ་དུ་མ་གསན། མཁན་ཆེན་གྲུབ་པ་ཤེས་རབ་ལ་ཀྱཻ་རྡོར་ལྷ་དགུ། གུར་མགོན། སྨན་རྒྱལ། གནས་བརྟན་སོགས་ཀྱི་རྗེས་གནང་གསན། གཞན་ཡང་ཕྱག་ཆེན་བསོད་ནམས་བློ་གྲོས་དང་། དཔོན་སྟོན་ཐུབ་པ་དཔལ་བཟང་། སྟོན་པ་དགེ་བ་དཔལ་རྣམས་བརྟེན་ཏེ་ཀློག་པ་ཐོས་བསམ་གྱི་སྒོ་ནས་བསྟན་པ་ལ་བྱ་བ་ཆེན་པོ་མཛད།

དགུང་ལོ་ཉི་ཤུ་པ་ལྕགས་སྟག་ལོར་ཚོགས་སྔ་མའི་མཁན་སློབ་གཉིས་ཀྱི་ཐོག་གྲགས་པ་ཤེས་རབ་པས་གསང་སྟོན་མཛད་དེ་ཡོངས་རྫོགས་དགེ་སློང་གི་བསླབ་པ་བཞེས། མཁན་ཆེན་གྱིས་ད་དུང་རེ་ཞིག་འདི་གར་བཞུགས། གྲྭ་སྐོར་གཅིག་གམ་བཤད་གསར་གཅིག་མཛོད་གསུངས་པ་ལྟར་ཚད་མ་རྣམ་འགྲེལ་གྱི་གཞུང་ལ་ཐུགས་སྦྱོངས་ཀྱིས་སྐར་ཐང་དུ་གྲྭ་སྐོར་ཡང་མཛད།

དགུང་ལོ་ཉེར་ལྔ་པ་ཤིང་ལུག་ལོ་དབུས་སུ་ཕྱིན། ཁྲ་འབྲུག་ཏུ་སེམས་དཔའ་ཆེན་པོ་ཀུན་ངཟང་པ་དང་། ཐང་པོ་ཆེར་རོང་སྟོན་ཤཱཀྱ་རྒྱལ་མཚན་པའི་ཞབས་ལ་གཏུགས་ནས་ཕར་ཕྱིན་གསན། དེ་རྗེས་རྒྱལ་བ་ཙོང་ཁ་པ་

ཆེན་པོ་དབང་གྲགས་པ་རྒྱལ་མཚན་གྱིས་འོན་བཀྲ་ཤིས་རྫོ་ཁར་སྤྱན་དྲངས་པའི་དྲུང་དུ་སེམས་དཔའ་ཀུན་བཟང་པ་དང་བསྟེབས་ནས་ཐོན། ཚད་མ་རྣམ་ངེས། དྲང་ངེས་རྣམ་འབྱེད། རྩ་ཤེ། བླ་མ་ལྔ་བཅུ་པ། རྩ་ལྟུང་རྣམ་བཤད་སོགས་མང་དུ་ཞུས། རྗེ་ཙོང་ཁ་པ་ཆེན་པོ་ཡང་ཐུགས་ཤིན་ཏུ་དགྱེས། འདུལ་བའི་བསླབ་ཁྲིམས་ཁྱད་པར་ཅན་སྲེལ་བ་སོགས་ཀྱི་རྟེན་འབྲེལ་འགྲིག་ཕྱིར་མཐང་གོས་བཞེས་འཁྲོ་ཡང་བསྐུལ་ཅིང་། རྗེ་ཙོང་ཁ་པ་ཆེན་པོའི་བཀའ་ལ་བརྟེན་ནས་ཐང་ཆེན་བླ་བྲང་པ་ཉི་མ་རྒྱལ་མཚན་དང་། གསང་ཕུ་བ་རྗེ་ཤེས་རབ་སེང་གེ་གཉིས་ལ་གསང་འདུས། འཇིགས་བྱེད། བཤེད་དམར་སོགས་སྔགས་དང་། ཚད་མས་མཚོན་མང་པོ་གསན་ཅིང་སྟོན་པ་བཟང་བའི་གྲགས་པ་ཆེན་པོ་བྱུང་།

སྟོན་ཆོས་ལ་རི་བོ་དགའ་ལྡན་དུ་ཐེབས། རྗེ་ཙོང་ཁ་པ་ཆེན་པོ་དང་། རྒྱལ་ཚབ་དར་མ་རིན་ཆེན་གཉིས་ལ་བྱང་ཆུབ་ལམ་རིམ་ཆེན་མོ། ཚད་མ། ཕར་ཕྱིན། མངོན་པ་ཀུན་བཏུས། དུས་འཁོར། བྱམས་ཆོས་ཀྱིས་མཚོན་ཆོས་བཀའ་དཔག་ཏུ་མེད་པ་གསན་པ་དང་། འདུལ་འཛིན་གྲགས་པ་རྒྱལ་མཚན་ལ་དྲང་ངེས་རྣམ་འབྱེད། གྲོ་ས་བ་དཔལ་ལྡན་རིན་ཆེན་དང་། རྒྱ་མཚོ་རིན་ཆེན་གཉིས་ལ་འདུལ་བ་ལུང་སྡེ་བཞིའི་ལུང་སོགས་ཆོས་དུ་མ་ནོད། གསང་ཕུ་གླིང་སྟོད་མཐོང་སྨོན་གྱི་གདན་ས་ལོ་ཁ་ཡར་མཛད་པ་བཅས་ཤིང་ལག་ནས་མི་ཉ་བར་དགུས་སུ་ལོ་བཅུ་གཉིས་བཞུགས།

དེ་ནས་རྗེ་ཤེས་རབ་སེང་གེ་དང་ཆབས་ཅིག་གཙང་དུ་ཐེབས་ནས་སྣར་ཐང་། བྱང་ཆེན། རི་ཁྲོད་སོགས་སུ་ཞུགས་ནས་འཆད་ཉན་མཛད་པ་དང་། དབུ་མ་འཇུག་པའི་རྣམ་བཤད་དགོངས་པ་རབ་གསལ་བརྩམས། དེ་

ནས་གནས་སྙིང་མཁས་གྲུབ་རྡེ་ཤེས་རབ་སེང་གེ་དང་ལྷན་དུ་ལ་སྟོད་ཕྱོགས་སུ་ཆོས་བར་ལ་ཕྱིན། ཆོས་སྡིངས་གཡུལ་རྒྱལ་བ་ཡོན་འབྱུང་ལ་དབྱངས་ཆར་སྐོར་གསན་ཅིང་ལེགས་པར་སྦྱངས། པོ་དོང་པཎ་ཆེན་ཕྱོགས་ལས་རྣམ་རྒྱལ་བ་དང་མཇལ། སློབ་མ་ཉེར་གཅིག་དང་། བཅུ་བདུན་མ། དཀར་སྟོ། དབྱངས་ཅན་མ་སོགས་ཆོས་དཔག་མེད་གསན། ཀྲི་བ་དུ་མ་མཛད་པར་ལན་བདེ་བླག་ཏུ་ཕུལ་བས་ཐུགས་ཤིན་ཏུ་མཉེས་ཏེ་ཐམས་ཅད་མཁྱེན་པ་ཞེས་པའི་མཚན་གསོལ་གནང་བས་ཐམས་ཅད་མཁྱེན་པ་དགེ་འདུན་གྲུབ་པ་དཔལ་བཟང་པོ་ཞེས་བྱ་བའི་མཚན་རང་བཞིན་གྱིས་ཡོངས་སུ་ཛོགས་པ་གྲུབ། དེ་ནས་ཚད་མ་རྣམ་འགྲེལ་གྱི་ཊཱི་ཀཱ་བརྩམས། ཤངས་པ་ཀུན་མཁྱེན་དང་གདན་ས་པ་ཆེན་པོ་ཚུལ་ཁྲིམས་དཔལ་བཟང་ལ་ཆོས་བཀའ་མང་པོ་གསན། རི་ཁྲོད་ཆོས་སྡེའི་གདན་ས་མཛད་དེ། རྗེ་བཙུན་བྱམས་མགོན་གྱི་སྐུ་བཞེངས། གཙུག་ཁང་ལ་རྡོ་བཅལ་བཏིང་། སྨོན་ལམ་བཙུགས། ཏ་ནག་ཆོས་རྗེ་ཨ་ནནྡ་པར་གདོང་བཞི་པའི་བཀའ་ལུང་གསན། སློབ་མ་བ་འཇམ་དབྱངས་བསམ་གྲུབ་རྡོ་རྗེར་ལུགས་རལ་ཅན་གྱི་རྗེས་གནང་དང་ལུང་པ་གསན། པོ་དོང་ཆོས་བཟང་པ་ལ་ལྷ་མོ་དམག་ཟོར་མའི་མན་ངག་སྒྲུབ་སྐོར་རྫོགས་པར་གསན།

དགུང་ལོ་ཞེ་དྲུག་པ་མེ་འབྲུག་ལོ་ཤཱཀྱ་དཔལ་བས་སྦྱིན་བདག་ཞུས་ཏེ་བྱང་ཆེན་དུ་དབེན་གནས་ཐེག་ཆེན་པོ་བྲང་བཏབ་པ་དང་། དེར་ཚན་མའི་བསྟན་བཅོས་ཆེ་མོ་རིགས་པའི་རྒྱན་བཀའ་རྩོམ་གནང་།

དགུང་ལོ་ཞེ་བརྒྱད་པ་ས་རྟ་ལོ་སྣར་ཡང་དབུས་སུ་ཐེབས་ཏེ་བྱང་རྩེ་ཆོས་རྗེ་ནམ་མཁའ་དཔལ་བ་ལ་དུས་འཁོར་སོགས་ཆོས་ཤིན་ཏུ་མང་པོ་

གསན། གཞན་ཡང་ཟུར་ཁང་པ་བསོད་ནམས་ལྷུན་གྲུབ། སྤྱན་སྔ་རིན་ཆེན་འཕེལ། འཇམ་དབྱངས་རིན་ཆེན་རྒྱལ་མཚན་སོགས་ལ་ཆོས་དུ་མ་ཞུས།

དགུང་ལོ་ལྔ་བཅུ་པ་ལྕགས་སྤྲེ་ལོ་རྗེ་ཤེས་རབ་སེང་གེ་དང་ལྷན་དུ་སྣར་གཙང་དུ་ཕེབས་ཏེ་སྣར་ཐང་དང་། བྱང་ཆེན་སོགས་སུ་འདུལ་བའི་འཆད་ཉན་གཙོ་བོར་མཛད་པ་དང་། སྣར་ཐང་དུ་འདུལ་བའི་གླེང་འབུམ་ཆེ་མོ་དང་། སོ་ཐར་གྱི་ཊཱིཀྐ་བརྩམས། དེ་ནས་དཔལ་ལྡིང་ས་སུ་ལོ་ཆེན་ཐུགས་རྗེ་དཔལ་ལ་སྙན་དང་གླེགས་བམ་རིན་པོ་ཆེའི་ལུང་གསན། རྗེ་ཤེས་རབ་སེང་གེ་དགའ་ལྡན་དུ་ཞི་བར། གཤེགས་པའི་དགོངས་རྫོགས་དང་། སྐུ་དྲིན་གསོབ་པའི་ཆེད་ དགུང་ ལོ་ ང་ བདུན་ པ་ མེ་ ཡོས་ ལོ་1447 ལོར་ བསམ་ གྲུབ་ རྩེར་ ཕྱིན། དཔོན་ཆོས་སྐྱོང་དར་ལ་བཀའ་གནང་སྟེ་བྲག་དམར་ཐླ་བྲང་དུ་རྟེན་བཞེངས་ཀྱི་དབུ་བརྩུགས་ཏེ་ལུགས་ཕྱད་དུ་རྗེ་བཙུན་སྒྲོལ་དཀར་དང་། གསེར་ཟངས་ལས་གྲུབ་པའི་ ཐུབ་ པ་ བདུད་ འདུལ་ མའི་ སྣང་ བརྙན་ རྒྱབ་ མཐོ་ ཉེར་ ལྔ་ པ་ མཐོང་བ་དོན་ལྡན་གསར་དུ་བསྐྲུན། དེའི་བཞུགས་ཡུལ་དུ་ལོ་དེ་ཀའི་སྨིན་དྲུག་ ཟླ་ བའི་ ཡར་ ཚེས་ བཟང་ པོར་ སྤྱིན་ བདག་ དར་ རྒྱས་ པ་ དཔོན་ བསོད་ནམས་དཔལ་བཟང་བས་ཞུས་ཏེ་གཞི་བདག་གཏོར་མ་སོགས་ཚོ་ག་རྒྱས་པར་མཛད་དེ། གླེགས་བམ་རིན་པོ་ཆེའི་ལུང་བསྟན་དང་། སྣར་ཐང་དུ་རྗེ་རིན་པོ་ཆེས་བཀའ་གནང་ཞིང་། དམག་ཟོར་མའི་ལུང་བསྟན་ལྟར་བཀྲ་ཤིས་ལྷུན་པོ་དཔལ་གྱི་བདེ་ཆེན་ཕྱོགས་ཐམས་ཅད་ལས་རྣམ་པར་རྒྱལ་བའི་གླིང་བཏབ། སྟོན་པ་དང་རྗེ་བཙུན་བྱམས་མགོན་གྱི་སྐུ་ཤིན་ཏུ་ཆེ་བས་དངུལ་གསེར་སྐུ་སོགས་སྐུ་གསུང་ཐུགས་རྟེན་ཇི་སྙེད་པ་ལེགས་པར་བཞེངས་ཤིང་། དཔལ་གསང་བ་འདུས་པའི་སྒྲོན་གསལ་རབ་གནས་རྒྱས་པར་མཛད། དགོན་པའི་གཞི་

རྗེན་དུ་དར་རྒྱས་དཔོན་གྱིས་གཞིས་མཁར་གྱི་ཡོང་སྒོ་ཕུལ། ཤིང་རྟ་ལོ་ཆོ་འཕྲུལ་སྨོན་ལམ་ཆེན་མོ་གསར་འཛུགས་གནང་བ་སོགས་གདན་ས་དེར་བཞུགས་སུ་གསོལ་ནས་གཙོ་བོར་འཆད་རྩོད་རྩོམ་གསུམ་གྱིས་བསྟན་པ་རིན་པོ་ཆེ་སྤྱི་དང་། ཁྱད་པར་རྒྱལ་བ་ཙོང་ཁ་པ་ཆེན་པོའི་རིང་ལུགས་འདི་ཉིད་ཆེས་ཆེར་འཕེལ་བར་མཛད་དེ། མཐར་དགུང་ལོ་བརྒྱད་ཅུ་གྱ་ལྔ་པ་སྤྱི་ལོ1474རབ་བྱུང་བརྒྱད་པའི་ཤིང་རྟ་ལོ་སྤྲུ་ངན་ལས་འདའ་བའི་ཚུལ་བསྟན།

ཐམས་ཅད་མཁྱེན་པ་དགེ་འདུན་གྲུབ་པས་ཡོངས་འཛིན་བཅུ་ཕྲག་ལྔ་བསྟེན་པ་རྣམས་ཀྱི་ནང་ནས་སྐུ་ཆེ་འདིར་བཀའ་དྲིན་ཆེ་བ་མཁན་ཆེན་གྲུབ་པ་ཤེས་རབ་དང་། རྗེ་ཤེས་རབ་སེང་གེ་གཉིས། སྐྱབ་ཐམས་ཅད་དུ་བཀའ་དྲིན་ཆེ་བ་རྗེ་བཙུན་ཙོང་ཁ་པ་ཆེན་པོ་ཡིན་ཞེས་གསུངས།

གསུང་ལས་སྐྱེས་པའི་སློབ་མ་སྙ་འཚར་ནི། མཁས་གྲུབ་ནོར་བཟང་རྒྱ་མཚོ། རབ་འབྱམས་པ་སྨོན་ལམ་དཔལ། འདུལ་འཛིན་བློ་གྲོས་སྦས་པ། འདུལ་ནག་པ་དཔལ་ལྡན་བཟང་པོ། བྱ་བཏང་སེམས་དཔའ་ཆེན་པོ། པཎ་ཆེན་བཟང་པོ་བཀྲ་ཤིས། ཤངས་སྟོན་དྲི་མེད་བཤེས་གཉེན། དྲུང་དཔལ་ཚུལ་བ། མཁན་ཆེན་བཟང་པོ་དཔལ། ཆོས་རྗེ་བཟང་པོ་རྒྱལ་མཚན། རབ་འབྱམས་བཀྲ་ཤིས་བཟང་པོ། རྗེ་དཔལ་ལྡན་ཆོས་སྐྱོང་། རྒྱུད་པ་སྦྱིན་པ་དཔལ། རྒྱུད་པ་གྲགས་བཟང་། རྒྱུད་པ་ཀུན་དགའ་དོན་གྲུབ། འཕགས་པ་འཆར་ཀ། མངའ་རིས་པ་རྒྱལ་མཆོག པཎ་ཆེན་ཀུན་རིག འདར་སྟོན་བྱང་དཔལ། དྲུང་ཤཱ་རིའི་བུ། བླམ་བྱང་གླིང་པ། ཆོས་དཔལ། དཀའ་བཅུ་སྨྲ་བའི་སེང་གེ་རྣམས་སོ།

བར་འཚར་ནི། མཁན་ཆེན་ཤེས་རབ་རྒྱལ་མཚན། པཎ་ཆེན་ལུང་རིགས་རྒྱ་མཚོ། རྗེ་གྲགས་པ་བསམ་གྲུབ། སྟོབས་ལྡན་འོད་ཟེར། ཆོས་འཁྱོར་དཔལ་བཟང་། འཇམ་དཔལ་གྲགས་པ། གནས་སྙིང་པ་འོད་ཟེར། བྱམས་ཆོས་པ་གྲགས་ཡོན། རབ་འབྱམས་སངས་རྒྱས་དབང་ཕྱུག བྱང་པ་བློ་གྲོས་མགོན། བཀའ་བཞི་པ་དགེ་འདུན་བསམ་གྲུབ། ཐོག་སངས་རྒྱས་དཔལ་རིན། སྟོ་པ་དོན་གྲུབ་དཔལ། བཀའ་བཅུ་པ་ཀུན་དགའ་དཔལ་རིན། དབང་ཕྱུག་དཔལ། དཔལ་བཟང་པོ། དོན་ཆོས་པ། རིན་ཆེན་རྒྱལ་མཚན་རྣམས་སོ།

ཕྱི་འཚར་ནི། གནས་སྙིང་རིན་པོ་ཆེ་ཀུན་དགའ་བདེ་ལེགས། རྗེ་དཔོན་བློ་བཟང་ཉི་མ། ཆོས་རྗེ་ཤེས་རབ་དར། མཁན་ཆེན་གྲགས་ཤེ། པཎ་ཆེན་ཡེ་ཤེས་རྩེ་མོ། ཧ་ནག་ཆོས་མཛད། འབྲོང་རྩེ་ཆོས་ཀྱི་བློ་གྲོས། དཀའ་བཅུ་པ་ཡེ་ཤེས་བཟང་པོ། གངས་ཅན་པ་རྒྱལ་བ་བསམ་གྲུབ། འཇམ་དབྱངས་བློ་གྲོས། རྣམ་རྒྱལ་གྲགས་པ། འཇམ་དཔལ་བཟང་པོ། བླ་མ་ལྷུན་རྩེ་བ། སྨན་ལུང་པ། ཡོན་ཏན་དཔལ་འབྱུང་། ཤེས་རབ་དཔལ་ལྡན། སྟོན་ལམ་པ། མཁན་ཆེན་གྲགས་པ། ས་སྐྱ་པ་སངས་རྒྱས་བྱང་ཆུབ། ཨུ་རི་བ་ཤེས་རབ་དཔལ། ཚུལ་ཁྲིམས་བཟང་པོ། དཀའ་བཅུ་པ་ཆོས་འཕེལ་རྒྱལ་མཚན་སོགས་མཁས་ཤིང་གྲུབ་པ་བསྙེས་པའི་སློབ་མ་མང་པོ་བྱོན།

གསུང་རྩོམ་ནི། འདུལ་བའི་སྙིང་འབུམ་ཆེན་མོ། མདོ་རྩ་དང་། སོ་ཐར། རྣམ་འགྲེལ་གྱི་ཊཱི་ཀ་སོགས་པོད་ཆེན་ལྔ་བཞུགས་སོ།

9. བཀྲ་ཤིས་ལྷུན་པོ་དགོན་གྱི་ལོ་རྒྱུས།

བཀྲ་ཤིས་ལྷུན་པོ་དཔལ་གྱི་བདེ་ཆེན་ཕྱོགས་ཐམས་ཅད་ལས་རྣམ་པར་རྒྱལ་བའི་གླིང་ནི། བཀའ་གདམས་གླེགས་བམ་ལས། ཆོས་དགེ་བ་བཅུ་ཡི་ཁྱད་འཕགས་པ། གླིང་ཕུན་སུམ་ཚོགས་པ་འཛམ་བུའི་གླིང་། སློས་ཉང་ཤབ་ས་ཡི་ལྟེ་བ་ཡིན། ས་དེ་ཡི་ནང་ན་ཁྱད་འཕགས་པ། མཐོ་བཀྲ་ཤིས་བརྟན་པ་ལྷུན་པོའི་འདབས། ནོར་པདྨ་ར་ག་ལྟ་བུར་འདུན། ཞེས་དགེ་འདུན་གྲུབ་པའི་མཚན་སྨྲ་དང་། བཀྲ་ཤིས་ལྷུན་པོ་ཞེས་གནས་དང་གང་ཟག་ཅིག་ཅར་དུ་ལུང་བསྟན་པར་གྲགས་པ་ལ་སོགས་པ་ལྷ་དང་བླ་མའི་ལུང་བསྟན་པའི་དགོས་པ་དུ་མ་དང་། འཕྲུལ་རྗེན་ནི་རྩ་བའི་བླ་མ་རྗེ་བཙུན་ཤེས་རབ་སེང་གེའི་དགོངས་རྫོགས་སུ་བཞེངས་པའི་ཐུབ་ཆེན་བཞུགས་ཡུལ་གྱི་ཆེད་དུ་སྤྱི་ལོ1447ཐོད་རབ་བྱུང་བརྒྱད་པའི་ཐོག་མ་མེ་ཡོས་ལོ་དེའི་ཟླ་བཅུ་པར་ཐམས་ཅད་མཁྱེན་པ་དགེ་འདུན་གྲུབ་པ་དང་། སྦྱིན་བདག་དར་རྒྱས་པ་དཔོན་བསོད་ནམས་བཟང་པོ་དང་བཅས་པ་དགོན་གནས་འདེབས་ཡུལ་དུ་ཕེབས་ཏེ་ས་ཆོག་རྒྱས་པར་མཛད་ཐོག སྦྱིན་བདག་དེས་མགོ་རྒྱའི་ཡོ་བྱད་ཕངས་མེད་ཕུལ་ཏེ་ལོ་དེ་གར་འདུ་ཁང་ཀ་བ་བཞི་བཅུ་ཞེ་བརྒྱད་ཀྱི་ས་དང་། བྱམས་ཁང་ཀ་བ་བཅུ་གཉིས། གཙང་ཁང་ཀ་བ་དྲུག སྒྲོལ་མ་ལྷ་ཁང་ཀ་བ་དྲུག མགོན་ཁང་ཀ་བ་གཉིས། གཙུག་ལག་ཁང་འཁྱམས་དང་བཅས་པའི་རྨང་བཏིང་བ་ནས་རིང་པོར་མ་ཐོགས་པར་གྲུབ། དེ་ནས་གསེར་ཟངས་ཀྱི་ཐུབ་ཆེན་དེ་གཙང་ཁང་གི་དབུས་སུ་སྤྱན་དྲངས་ཏེ་རབ་གནས་རྒྱས་པར་

མཛད།

ས་སྦྲུལ་ལོའི་དགུན་ཆོས་ནས་བརྩམས་ཏེ་དཔོན་སློབ་ཐམས་ཅད་བཀྲ་ཤིས་ལྷུན་པོར་གཞིས་ཆགས་ཏེ་བཞུགས་ཤིང་། དར་རྒྱས་ནང་སོ་དཔོན་བསོད་ནམས་དཔལ་བཟང་བས་དགོན་པའི་གཞི་རྟེན་ལ་གཞིས་མཁར་བའི་ཐོགས་སྡོ་ཆགས་ཀྱི་ཡོང་སྒོ་རྣམས་ཕུལ་བ་དང་ལོ་རེ་བཞིན་དབྱར་ཆོས་ལ་གསོལ་ཐོགས་ཀྱང་ལོ་སྐར་ཆགས་སུ་ཕུལ།

ཐམས་ཅད་མཁྱེན་པ་དགེ་འདུན་གྲུབ་ཀྱིས་ས་སྦྲུལ་སྤྱི་ལོ1449ནས་ཤིང་ཕོ་རྟའི་སྤྱི་ལོ1474ལོའི་བར་ལོ་ཉི་ཤུ་རྩ་ལྔ་ཙམ་གྱི་རིང་གཙོ་ཆེར་གདན་ས་འདིར་འཆད་ཉན་མཛད་པ་དང་། གཙང་ལྟོངས་ཆུ་མིག་བྱང་སྟོད་སྨད་མང་པོར་ཆོས་བར་ལ་ཕེབས་ནས་བསྟན་པ་ཕོན་ཐུགས་ལ་དགོངས་ཏེ་གཞུང་ཆེན་པོ་རྩོམ་པ་དང་། སྐུ་གསུང་ཐུགས་རྟེན་བཞེངས་པ། དགེ་འདུན་གྱི་སྡེར་བསྙེན་བཀུར་སོགས་མཛད།

བཀྲ་ཤིས་ལྷུན་པོའི་བླ་བྲང་གི་མིང་ལ་བླ་བྲང་རྒྱལ་མཚན་མཐོན་པོ་ཞེས་གྲགས་པའི་མིང་འདིའི་འབྱུང་རྐྱེན་ནི། བཀའ་གདམས་ཆོས་འབྱུང་ནང་། ཡང་ཞལ་སྔ་ནས་ཐུབ་ཅིག་གི་རྨི་ལམ་ན་བླ་བྲང་གི་རྩེ་ལ་རྒྱལ་མཚན་བཅུ་གཅིག་བཙུགས་འདུག་པ་ཞིག་རྨིས་དེ་ངའི་འདིར་བླ་རབས་བཅུ་གཅིག་ཏུ་ལེགས་པོ་འོང་བ་འདྲ་ཞེས་གསུངས་པའི་མཚན་ལྟས་དེར་བརྟེན་ནས་བླ་བྲང་རྒྱལ་མཚན་མཐོན་པོ་ཞེས་བཏགས།

དགོན་པ་འདིར་གྲྭ་ཚང་དང་མི་ཚན་ཇི་ཡོད་སྐོར། དགེ་འདུན་གྲུབ་པའི་སྐུ་དུས་ཤར་རྩེ་དང་། དཀྱིལ་ཁང་། ཐོས་བསམ་གླིང་བཅས་བཤད་ཉན་གྲྭ་ཚང་གསུམ་དང་། མི་ཚན་ཉི་ཤུ་རྩ་དྲུག་ཡོད་པ་སྟེ་ཤར་རྩེར་ཁྲིན

ཕྲུག་སོགས་མི་ཚན་དྲུག དཀྱིལ་ཁང་ལ་གྲུ་གེ་སོགས་མི་ཚན་བཅུ། ཐོས་བསམ་གླིང་ལ་ལེགས་གླིང་སོགས་མི་ཚན་བཅུ་བཅས་ཡོད།

སློབ་གཉེར་སྐོར། གཙོ་བོར་གཞུང་ཆེན་དཀའ་པོད་ལྔར་སློབ་གཉེར་གནང་དགོས་པ་དེ་ཡང་རྣམ་འགྲེལ་ལ་ལོ་དྲུག ཕར་ཕྱིན་ལ་ལོ་དྲུག དབུ་མ་ལ་ལོ་ལྔ། མཛོད་ལ་ལོ་བཞི། འདུལ་བར་ལོ་བཞི་བཅས་སྦྱོར་བཏང་བྱས་ན་སློབ་གཉེར་གྱི་དུས་ཡུན་ལོ་ཉི་ཤུ་རྩ་ལྔ་ཙམ་ཡིན།

རབ་བྱུང་བརྒྱད་པའི་ས་ཕྱི་ལོར་མཐོ་ཚད་འདོམ་བཅུ་གཉིས་ཡོད་པའི་གོས་སྐུ་འགྲེམ་ཡུལ་གསར་གཏོད་ཀྱིས་བརྩིགས་ཐོག བཟང་གོས་སྣ་ཚོགས་ལས་སྒྲུབ་པའི་ཐུབ་པའི་གོས་སྐུ་ཆེ་མོ་བཟོ་རིས་ལ་བརྟེན་ནས་ཚེམ་གྲུབ་མ་གསར་བཞེངས་ཐོག་ལོ་ལྟར་ཟླ་བ་ལྔ་པར་དབྱར་ཁའི་སྨོན་ལམ་ཆེ་མོ་ཞེས་པའི་སྐབས་འགྲེམས་པ་དང་། གཞན་ཡང་ཕྱིས་རིམ་བཞིན་གསེར་འཛུགས་གནང་བ་དགུན་ཁ་བོད་ཟླ་བཅུ་གཉིས་པའི་ནང་སྔགས་གྲྭ་ནས་དགུ་གཏོར་ཆེན་མོ་དང་། དབྱར་མཇུག་རྩེ་མགོན་ཁང་པ་ནས་གཟིགས་མོ་ཆེ་མོ་ཞེས་གར་འཆམས་དང་འབྲེལ་བའི་ཟོར་འཕེན་པ། པཎ་ཆེན་སྐུ་ཕྲེང་གོང་མ་ན་རིམ་གྱི་འདས་མཆོད་བཅས་ལོ་ལྟར་སྟར་ཆགས་སུ་མཛད་པའི་སྲོལ་མི་ནུབ་པར་གནས།

བཀྲ་ཤིས་ལྷུན་པོའི་གདན་རབས་སྐོར། ཐམས་ཅད་མཁྱེན་པ་དགེ་འདུན་གྲུབ་པ་དང་། དེ་ནས་པཎ་ཆེན་བཟང་པོ་བཀྲ་ཤིས། པཎ་ཆེན་ལུང་རིགས་རྒྱ་མཚོ། པཎ་ཆེན་ཡེ་ཤེས་རྩེ་མོ། ཐམས་ཅད་མཁྱེན་པ་དགེ་འདུན་རྒྱ་མཚོ། མངའ་རིས་ལྷ་བཙུན་བློ་བཟང་བསྟན་པའི་ཉི་མ་རྒྱལ་མཚན། པཎ་ཆེན་ཤཱཀྱ་པ་བློ་གྲོས་རྒྱལ་མཚན། པཎ་ཆེན་དོན་ཡོད་རྒྱ་མཚོ། ཤངས་

སྟོན་བློ་གྲོས་ལེགས་བཟང་། གནས་སྙིང་ཆོས་རྗེ་ཆོས་ཀྱི་རྒྱལ་མཚན། ཤངས་སྟོན་ཆོས་དཔལ་རྒྱ་མཚོ། ཕྱུག་གཞུང་པ་བསོད་ནམས་རྒྱལ་མཚན། ཤངས་སྟོན་བསམ་གྲུབ་དཔལ་བཟང་། ཉང་སྟོན་དམ་ཆོས་ཡར་འཕེལ། ཉང་སྟོན་ལྷ་དབང་བློ་གྲོས་ཡན་ཁྲི་ཐོག་བཅོ་ལྔ་བྱུང་བ་ནས་ཧྲ་ལུའི་བླ་མའི་སྐུ་ཕྲེང་གཉིས་ཕྱུད་པའི་ཁྲི་ཐོག་བཅུ་གསུམ་ལ་བཀྲ་ཤིས་ལྷུན་པོའི་མཁན་རྒྱུད་བཅུ་གསུམ་ཞུ་བ་དང་། དེ་རྗེས་པཎ་ཆེན་སྐུ་ཕྲེང་བཞི་པ་བློ་བཟང་ཆོས་ཀྱི་རྒྱལ་མཚན་གྱིས་བཀྲ་ཤིས་ལྷུན་པོའི་གདན་ས་བསྐྱངས་པ་དེ་ནས་བཟུང་པཎ་ཆེན་སྐུ་ཕྲེང་རིམ་བྱོན་གྱིས་གདན་སའི་ཁྲི་འཛིན་གནང་ལམ་ལས་ཟུར་དུ་ཁྲི་པ་བསྐོ་སྲོལ་མེད།

གྲྭ་ཚང་ཁག་གི་བླ་རབས་སྐོར། ཤར་རྩེ་གྲྭ་ཚང་དུ། ཤངས་སྟོན་དྲི་མེད་བཤེས་གཉེན་ནས་སྡེ་སྲིད་རིན་པོ་ཆེས་བེ་སེར་རྫོང་གནང་སྐབས་རྒྱལ་ཆེན་རྩེ་པ་མཁས་གྲུབ་རྒྱ་མཚོས་འཚད་ཉན་གནང་བཞིན་པ་བར་ལ་མཁན་རབས་ཉི་ཤུ་རྩ་གཉིས་ཐེབས་ཡོད།

དཀྱིལ་ཁང་གྲྭ་ཚང་ལ། སློབ་དཔོན་དཔལ་ལྡན་ཆོས་སྐྱོང་ནས་བེ་སེར་རྫོམ་གནང་སྐབས་ལ་དྭགས་བློ་བཟང་བཀྲ་ཤིས་འཚད་ཉན་མཛད་བཞིན་པའི་བར་མཁན་རབས་ཉི་ཤུ་ལྔ་ཐེབས་ཡོད།

ཐོས་བསམ་གླིང་ལ། དྲི་མེད་བཤེས་གཉེན་ནས་བེ་སེར་རྫོམ་སྐབས་སྲིད་པ་འཇམ་དབྱངས་ཆོས་འཕེལ་གྱིས་འཚད་ཉན་གནང་བཞིན་པའི་སྐབས་བར་མཁན་རབས་ལྔབ་པ་དང་བཅས་ཉི་ཤུ་བཞི་ཐེབས་ཡོད།

སྔགས་པ་གྲྭ་ཚང་ནི། པཎ་ཆེན་དགེ་འདུན་གྲུབ་པས་རང་གི་རྩ་བའི་བླ་མ་རྗེ་བཙུན་ཤེས་རབ་སེང་གེའི་བཀའ་དྲིན་གསབ་པའི་ཆེད་དུ་བཀྲ་ཤིས

ལྷུན་པོར་ སྔགས་ཀྱི་ བཤད་ གྲྭ་ འཛུགས་ བཞེད་ ཀྱིས་ འདུལ་ནག་པ་ དཔལ་ ལྡན་ བཟང་པོ་ དང་། རྗེ་ ཡེ་ ཤེས་ རྩེ་ མོ་ གཉིས་ དབུས་ སུ་ སྔགས་ ཀྱི་ སློབ་ གཉེར་ ལ་ ཆེད་ དུ་ གཏོང་ གནང་ མཛད་ ཅུང་། སྐབས་ འགྲིགས་ པ་ ཞིག་ མ་ བྱུང་ བ་ ཕྱིས་ པཎ་ ཆེན་ བློ་ བཟང་ ཆོས་ རྒྱན་ གྱིས་ གསང་ འདུས་ བསྐྱེད་ རྫོགས་ གསལ་ བྱེད་ ལྷུགས་རྩོམ་ཐོག་དེའི་འཆད་ཉན་ གྱི་ སྔགས་པ་ གྲྭ་ཚང་ ཞིག་ གསར་ དུ་ འཛུགས་ གནང་ མཛད་ པའི་ སློབ་ དཔོན་ ནམ་ སྔགས་ ཆེན་ ནི། ཇོ་ རྗོང་ པ་ བློ་ བཟང་ བསྟན་ པའི་ རྒྱལ་ མཚན་ ནས་ བཟུང་ བཅུ་ ཡི་ སེར་ བརྒྱམས་ སྐབས་ ཉང་ སྟོད་ དགེ་ ལེགས་ རྣམ་ རྒྱལ་ནས་ གསང་ འཛིགས་ཀུན་ རིག་ ཚེ་ ཆོག་ སོགས་ ཀྱི་ འཆད་ ཉན་ གནང་ བཞིན་ པའི་ སྐབས་ བར་ སྔགས་ ཆེན་ བདུན་ བྱུང་ ཡོད་ པ་ དང་། འདོན་ ཆོས་ ཕྱིངས་ རྒྱུད་ སྨད་ དང་ འདྲ་ བ་ གནང་ བཞིན་ པའོ།

བཀྲ་ཤིས་ལྷུན་ པོའི་ མདོ་ སྔགས་ ཀྱི་ གྲྭ་ ཚང་ བཞིའི་ མཁན་ པོ་ རྣམས་ ལ་ ཟུར་ ཆེན་ བཞི་ ཞེས་ འབོད་ སྲོལ་ ཡོད་ པ་ དང་། གྲྭ་ ཚང་ སོ་ སོའི་ མི་ ཚན་ གྱི་ གྲངས་ འབོར་ པཎ་ ཆེན་ སྐུ་ ཕྲེང་ བཞི་ པ་ དང་། ལྔ་ པའི་ དུས་ རིམ་ བཞིན་ འཕེལ་ ཏེ་ ཕྱིས་ འཆད་ ཉན་ གྲྭ་ ཚང་ གསུམ་ ལ་ ཁམས་ ཚན་ནམ་ མི་ ཚན་ ཁྱད་ མེད་ ཁྲིན་ བསྡོམས་ དྲུག་ ཅུ་ རེ་ གསུམ་ ཡོད།

ཐོས་བསམ་ གླིང་ གྲྭ་ ཚང་ ཁོངས་ མི་ ཚན་ ཉི་ཤུ་ རྩ་ བདུན་ ཡོད་ པ་ ནི། སྟར་ ཡོད་ ལེགས་ བཤད་ གླིང་ མི་ ཚན། གཅེན་ ལུང་ མི་ ཚན། འཁྲིང་ རྩེ་ མི་ ཚན། བདེ་ འཁྱིར་ མི་ ཚན། གནས་ ཆོས་ མི་ ཚན། གནས་ པ་ མི་ ཚན། ཧ་ ནག་ མི་ ཚན། ལྷུན་ པོ་ མི་ ཚན། ནོར་ དཀར་ མི་ ཚན། བྱང་ པ་ སྤྱང་ ཡུལ་ མི་ ཚན། ཕྱིས་ འཕར་ བཞད་ པ་ མི་ ཚན། གསེར་ གླིང་ མི་ ཚན། བ་ སོ་ མི་ ཚན། ལེགས་ གྲུབ་ མི་ ཚན། ཉི་ ཧོར་ མི་ ཚན། ཧར་ གདོང་ མི་ ཚན། ཙི་ ནེ་ མི་ ཚན།

རྫོང་ཁ་མི་ཚན། གསར་ཁང་མི་ཚན། གཡང་པ་མི་ཚན། ཚུལ་སྣང་མི་ཚན། ལྷུགས་པ་མི་ཚན། གྲང་སོ་མི་ཚན། གཏིང་སྐྱེས་མི་ཚན། རྒྱ་ཁམས་མི་ཚན། རོང་མི་ཚན། གྲོད་པ་མི་ཚན། རྣམས་སོ།

དཀྱིལ་ཁང་གྲྭ་ཚང་ལ་མི་ཚན་བཅུ་དགུ་ཡོད་པ་ནི། སྤར་ཡོད་གུ་གེ་མི་ཚན། སྤྲི་ཐུབ་མི་ཚན། སྟག་མི་མི་ཚན། གདངས་ཆེན་མི་ཚན། འདར་པ་མི་ཚན། ལ་ཁ་མི་ཚན། ལྷུན་གྲུབ་རྩེ་མི་ཚན། རོང་མཚོ་མི་ཚན། གནས་རྙིང་བྲུར་ཁང་མི་ཚན། རི་མཁར་མི་ཚན། ཕྲེས་འཕར་རྫོ་གདན་མི་ཚན། བདེ་བ་ཅན་མི་ཚན། ཨོ་རྒྱན་རྫོང་མི་ཚན། བློ་སྨུག་མི་ཚན། ཆོས་སྨུག་མི་ཚན། ཁལ་ཁ་མི་ཚན། འབྲས་སྤུངས་མི་ཚན། རྫོ་རྫོང་མི་ཚན། བདེ་ཆེན་མི་ཚན་རྣམས་སོ།

ཤར་རྩེ་གྲྭ་ཚང་ལ་མི་ཚན་བཅུ་བདུན་ཡོད་པ་ནི། སྤར་ཡོད་ཁྲིན་སྨུག་མི་ཚན། ལྷ་ཁང་མི་ཚན། བ་ཤེ་མི་ཚན། གནས་སེར་མི་ཚན། ཤར་བྱང་མི་ཚན། ལས་སྟོད་མི་ཚན། ཕྲེས་འཕར་རྒྱལ་ཆེན་རྩེ་མི་ཚན། ཐོན་པ་མི་ཚན། ཞི་གནས་མི་ཚན། སྟོ་པ་མི་ཚན། སྤོར་རྟོག་མི་ཚན། ནོར་སྟེང་མི་ཚན། ཡོལ་དཀར་མི་ཚན། བདེ་ཡངས་མི་ཚན། ས་ལུང་མི་ཚན། བསམ་བློ་མི་ཚན་རྣམས་སོ།

གཞན་ཡང་པཎ་ཆེན་སྐུ་ཕྲེང་བདུན་པ་བསྟན་པའི་ཉི་མའི་སྐབས་པཎ་ཆེན་རིན་པོ་ཆེའི་དབྱར་སྟོན་བཞུགས་ཡུལ་ཐོ་བྲང་ཡས་མས་གཙུག་ལག་ཁང་རྟེན་བརྟེན་པར་བཅས་པ་གསར་བསྐྲུན་གནང་། དེ་ཡང་ཐོ་བྲང་མས་ཏེ་བཀྲ་ཤིས་ལྷུན་པོའི་ཤར་ཕྱོགས་བཀྲས་ཚུའི་གཙུག་ལག་ཁང་ནི་རབ་བྱུང་བཅུ་བཞི་པའི་སྤྱི་ལོ1825ཤིང་བྱ་ལོར་གསར་དུ་བཞེངས་ཤིང་། རྗེས་སུ་མན་ཧྲུ

གོང་མ་ཧྲའོ་ཀོང་ནས་ཀུན་སྐྱོབ་གླིང་ཞེས་པའི་ཡིག་རིགས་བཞི་ལྡན་གྱི་པན་ཞིག་ནང་བ་དེ་ནས་བཟུང་གཙུག་ལག་ཁང་དེར་ཀུན་སྐྱོབ་གླིང་ཞེས་པའི་མིང་ཆགས་པ་དང་། ཐོ་བྲང་དེའི་ཡོངས་སུ་རྩེ་མགོན་ཁང་པ་ཞེས་ཀྱི་རྫོང་དང་། ཕྱག་རྫོར་འཁོར་ཆེན། འཇིགས་བྱེད་ལྷ་བཅུ་གསུམ་མ་སོགས་ཀྱི་སྒྲུབ་མཆོད་གསང་སྔགས་ཀྱི་ཕྱག་ལེན་གནང་མཁན་དགེ་འདུན་ཞལ་གྲངས་བརྒྱད་ཅུ་ཙམ་གྱི་འདུས་ཚོགས་འཛུགས་གནང་མཛད་པའི་རྗེ་རྗེ་སློབ་དཔོན་དགེ་ལེགས་རྒྱལ་མཚན་ནས་རིམ་པར་བྱོན།

ཐོ་བྲང་ཡས་མ་སྟེ་བཀྲ་ཤིས་ལྷུན་པོའི་ནུབ་ཕྱོགས་བདེ་ཆེན་ཐོ་བྲང་ནི། སྤྱི་ལོ1844ཤིང་འབྲུག་ལོར་གསར་དུ་བསྐྲུན་པ་དེར་ཡང་གཙུག་ལག་ཁང་རྟེན་དང་བརྟེན་པར་བཅས་པ་བཞུགས་ཤིང་། གཙུག་ལག་ཁང་འདིར་ལོ་ལྟར་དཀྱུན་ཁའི་རིང་རྩེ་མགོན་ཁང་པ་རྣམས་བཞུགས་ཀྱི་ཡོད།

པཎ་ཆེན་རིན་པོ་ཆེ་སྐུ་ཕྲེང་ན་རིམ་དབྱར་སྟོན་ཀུན་སྐྱོབ་གླིང་དང་། བདེ་ཆེན་ཐོ་བྲང་དུ་ཕེབས་བཞུགས་གནང་བར་བརྟེན་དེ་གཉིས་ལ་ཐོ་བྲང་ཡས་མས་ཞེས་བྱ་བར་འབོད་པ་དང་། ལོ་ལྟར་དབྱར་མཇུག་ཀླུ་ཏ་པའི་དུས་གཏོར་གཟིགས་མོ་ཆེ་མོའི་འཆམ་གཟིགས་ཀྱི་དུས་ཆེན་རྒྱས་པ་ཞིག་གནང་སྲོལ་ལྟར་ཆགས་ཡོད་པ་དེར་ཕྱོགས་བཞི་ནས་སྐྱེ་བོ་ཁྲི་ཕྲག་བརྒྱལ་བ་འདུས་ཏེ་འཆམ་གཟིགས་དང་། བོད་ཀྱི་ལྷ་མོའི་འཁྲབ་གཞུང་ཁག་འཁྲབ་སྟོན་བྱེད་ལམ་སྲོར་ཆགས་སུ་གནས།

བཀྲ་ཤིས་ལྷུན་པོའི་དགེ་འདུན་གྱི་ཞལ་གྲངས་ནི་དགེ་འདུན་གྲུབ་ཀྱི་སྐབས་ཐོག་མ་བརྒྱ་དང་བཅུ་སྐོར་ནས་ཆེག་སྟོང་དྲུག་བརྒྱ་ཙམ་བར་འཕེལ་རྒྱས་བྱུང་ཞིང་། དེ་རྗེས་ཡོངས་གྲགས་ལ་བཀྲ་ཤིས་ལྷུན་པོ་སུམ་སྟོང་བརྒྱད་

བརྒྱ་ཞེས་བརྗོད་རུང་འཕེལ་རྒྱས་ཆེ་སྐབས་ཞལ་གྲངས་ལྔ་སྟོང་ལ་ཉེ་བ་བྱུང་ཡོད།

བཀྲ་ཤིས་ལྷུན་པོ་ནི་གཙང་ཕྱོགས་དགེ་ལུགས་པའི་དགོན་སྡེ་ཆེ་ཤོས་ཨང་དང་པོ་དང་། སྐད་གྲགས་ཆེ་ཤོས་ཤིག་ཡིན་ལ་གཙང་ལྟོངས་ནོར་འཛིན་གྱི་མིག་རྒྱན་ཞིག་ཀྱང་ཡིན། དགོན་གནས་འདི་ནས་མཁས་གྲུབ་ནམ་མཁའི་སྐར་ཚོགས་ལྟ་བུ་བྱོན་པ་རྣམས་ཀྱིས་བོད་ཀྱི་རིག་གནས་གོང་འཕེལ་གཏོང་བར་བསྐུལ་ཧུ་མེད་པའི་མཛད་རྗེས་བཞག་ཡོད། ལྷག་པར་གདན་ས་འདི་ནི་པཎ་ཆེན་སྐུ་ཕྲེང་བཞི་པ་ནས་བཟུང་པཎ་ཆེན་སྐུ་ཕྲེང་ན་རིམ་གྱིས་ཆོས་སྲིད་ལུགས་ཟུང་གི་འཕྲིན་ལས་སྐྱོང་ཡུལ་ཞིག་ཡིན་ལ་དགོན་པའི་ནང་བོད་དང་མེས་རྒྱལ་གྱི་འབྲེལ་བའི་ལོ་རྒྱུས་ཀྱི་རིག་རྫས་ཀྱང་མང་པོ་ཡོད། དཔེར་ན། པཎ་ཆེན་སྐུ་ཕྲེང་བདུན་པ་བསྟན་པའི་ཉི་མའི་སྐུ་དུས་ཏེ་སྤྱི་ལོ1876རབ་བྱུང་བཞི་པའི་མེ་བྱི་ལོར་བཞེངས་པ་མཆོད་ཁང་དཀྱིལ་གྱི་རྒྱ་ནག་ལྷ་ཁང་ཞེས་བྱ་བའི་དབུས་སུ་སྤྱི་ལོ1796རབ་བྱུང་བཅུ་བཞི་པའི་མེ་བྱི་ལོར་བཞེངས་པ་མཆོད་ཁང་དཀྱིལ་གྱི་རྒྱ་ནག་ལྷ་ཁང་ཞེས་བྱ་བའི་དབུས་སུ་སྤྱི་ལོ1796རབ་བྱུང་བཅུ་གསུམ་པའི་མེ་འབྲུག་ལོར་མན་ཇུ་གོང་མ་ཆུ་ཆེང་གིས་པཎ་ཆེན་དཔལ་ལྡན་ཡེ་ཤེས་ལ་ཕུལ་བ་གོང་མ་ཆན་ལུང་རབ་བྱུང་གི་བྱད་ཅན་གྱི་བྲིས་སྐུ་དང་། མཐའ་སྐོར་དུ་པཎ་ཆེན་གྱི་འཁྲུངས་རབས་བཅུ་གསུམ་གྱིས་བསྐོར་བའི་བྲིས་ཐང་རྟེན་ཁྲི་ཤེལ་བཅས་བཞུགས་པ་དང་། དེའི་མདུན་དུ་སྤྱི་ལོ1851རབ་བྱུང་བཅུ་བཞི་པའི་ལྕགས་ཕག་ལོར་མན་ཇུ་གོང་མ་ཞན་ཧྥུང་གིས་པཎ་ཆེན་རིན་པོ་ཆེར་ཕུལ་བ་གོང་མ་ཞན་ཧྥུང་ཕན་སུའི་ཕན་སུའི་（ཁྲི་ལོ་ནས་ཁྲི་ལོར་བརྟན་）ཟེར་བ་རྒྱ་ཡིག་འབུར་བཀོས་ཀྱི་བྱང་

བུ་བཞུགས་སྐམ་རྒྱ་ཕིབས་དང་བཅས་པ་ཆུང་ངུ་ཞིག་དང་། དེའི་མདུན་དུ་གཡུང་ཏེའི་ལྷུང་གཟེད་ལ་སངས་རྒྱས་རབས་བདུན་བཀོས་མ་མཐིལ་ལ་གང་མ་ཆན་ལུང་གི་ཕྱག་བསྟར་མའི་ཕྱག་བྲིས་ཡོད་པ་གཅིག་ཀྱང་བཞུགས།

རྒྱ་ནག་ལྷ་ཁང་གི་གཟིམ་ཕྲུག་ནང་པཎ་ཆེན་རིན་པོ་ཆེ་དང་། མན་ཇུ་གོང་མའི་བཀས་མངགས་པའི་བོད་སྡོད་ཨམ་བན་ལྷན་འཛོམ་གནང་སྐབས་ཀྱི་བཞུགས་ཁྲི་ཡང་ཡོད། དེ་མིན་རྒྱ་ཡིག་གི་བཀའ་འགྱུར་དང་། རྒྱ་བྲིས་ཀྱི་ཐང་ག་མང་པོ། དེ་མིན་རྒྱ་ཐོན་རིན་པོ་ཆེའི་མཆོད་ཆས་སྣ་ཚོགས་ཡོད་པ་བཅས་ཀྱིས་ཇུ་གོང་མས་བོད་ཀྱི་ལས་དོན་ལ་གཟིགས་སྐྱོང་དང་། རྒྱ་བོད་ཕྱུན་སྣ་མི་རིགས་ཀྱི་ཉ་ཆུ་ལྟ་བུའི་འབྲེལ་བ་ཁ་བྲལ་ཐབས་མེད་པ་མཚོན་པ་བཅས་སོ།

10. ཏཱ་ལའི་བླ་མ་སྐུ་ཕྲེང་གཉིས་པ་དགེ་འདུན་རྒྱ་མཚོའི་རྣམ་ཐར།

ཏཱ་ལའི་བླ་མ་དགེ་འདུན་རྒྱ་མཚོ་ནི། ཡབ་སྔགས་མིའི་རིགས་ཀུན་དགའ་རྒྱལ་མཚན་དང་། ཡུམ་མ་གཅིག་ཀུན་དགའ་དཔལ་མོ་གཉིས་ཀྱི་སྲས་སུ་སྤྱི་ལོ1475རབ་བྱུང་བརྒྱད་པའི་ཤིང་ལུག་ལོ་རྟ་ནག་ཡོལ་དཀར་རྡོ་རྗེ་གདན་དུ་སྐུ་འཁྲུངས་ཤིང་། མཚན་ལ་སངས་རྒྱས་འཕེལ་ཞེས་བྱ་བར་ཐོགས། དགུང་ལོ་གསུམ་པའི་དུས་ཡུམ་གྱི་བཀའ་བསྐྱོན་པས། བུ་ཚ་མི་སྡོད་བཀྲ་ཤིས་ལྷུན་པོར་འགྲོ། ཁང་པ་ཡང་འདི་ལས་སྐྱིད་པ་ཡོད་སོགས་སྐུ་གོང་མའི་དུས་ཀྱི་གསུང་སྒྲོས་མཛད་པར་གྲགས། དགུང་ལོ་བཅུ་བཞེས་པའི་

ཆོ་པཎ་ཆེན་ལུང་རིགས་རྒྱ་མཚོས་གཙོ་མཛད་བཀྲ་ཤིས་ལྷུན་པོའི་སློབ་དཔོན་རྣམ་པ་བཀའ་བགྲོས་ཐོག་ཐམས་ཅད་མཁྱེན་པ་དགེ་འདུན་གྲུབ་པའི་སྤྲུལ་སྐུར་ངོས་འཛིན་ཞུས་ཏེ་བཀྲ་ཤིས་ལྷུན་པོར་སྤྱན་འདྲེན་པའི་ཕོ་ཉར་སྤྱི་ས་ནས་གསོལ་དཔོན་སྒྲོལ་མ་དང་དཀའ་བཅུ་རྡོར་རྒྱལ་གཉིས། དཀྱིལ་ཁང་ནས་ཆོས་མཛད་རྒྱལ་བ། ཐོས་བསམ་གླིང་ནས་དགེ་བཤེས་རྒྱལ་མཚན་གྲགས། ཤར་རྩེ་ནས་ཆོས་མཛད་ཁ་རག་པ་རྣམས་རྟ་ནག་ཏུ་ཆེད་དུ་མངགས་ནས་བཀྲ་ཤིས་ལྷུན་པོར་སྤྱན་དྲངས་ཤིང་། ཡབ་ཆེན་ཀུན་དགའ་རྒྱལ་མཚན་ནས་བདེ་མཆོག་ལཱུ་ནག་དྲིལ་གསུམ། འཇིགས་བྱེད་བཅུ་གསུམ་མ། ཞི་དགུ་མ་སོགས་ཆོས་བཀའ་མཐའ་ཡས་པ་བུམ་པ་གང་བྱོའི་ཚུལ་དུ་གསན།

དགུང་ལོ་བཅུ་གཉིས་པ་མེ་རྟ་ལོར་པཎ་ཆེན་ལུང་རིགས་རྒྱ་མཚོའི་དྲུང་དུ་ཡོངས་སུ་རྫོགས་པ་དགེ་བསྙེན་གྱི་སྡོམ་པ་བཞེས་ནས་མཚན་དགེ་འདུན་རྒྱ་མཚོ་དཔལ་བཟང་པོ་ཞེས་བྱ་བར་གསོལ་ཞིང་། ལོ་དེ་གའི་དགུན་ཆོས་ལ་དགེ་འདུན་གྲུབ་ཀྱི་ཐུགས་སྲས་གནས་སྙིང་ཞབས་དྲུང་ཀུན་དགའ་བདེ་ལེགས་ཀྱིས་མཁན་པོ་དང་། པཎ་ཆེན་ལུང་རིགས་རྒྱ་མཚོས་སློབ་དཔོན། དབུ་མཛད་སངས་རྒྱས་ཚུལ་ཁྲིམས་པས་དུས་བསྒོ་བ་མཛད་ནས་བཀྲ་ཤིས་ལྷུན་པོར་རབ་ཏུ་བྱུང་།

དགུང་ལོ་བཅུ་དྲུག་པ་ལ་འཛམ་དཀར་དང་། དབྱངས་ཅན་མའི་བསྙེན་པ་གནང་བས་ཛ་ཡུན་རེ་ལ་ཤློ་ཀ་བརྒྱ་རེ་ཟིན་ཐུབ་པ་དང་སྙན་ངག་ཐུགས་ནས་རང་རྩོལ་བྱུང་བར་གྲགས།

དེ་ནས་དགུང་ལོ་ཉེ་ཤུ་པ་ཆུ་སྟག་ཡན་བཀྲ་ཤིས་ལྷུན་པོར་བཞུགས་ཏེ་

པཎ་ཆེན་ལུང་རིགས་རྒྱ་མཚོ་དང་། པཎ་ཆེན་ཡེ་ཤེས་རྩེ་མོ་སོགས་ཡོངས་འཛིན་དུ་བསྟེན་ནས་ཚད་མ་རྣམ་འགྲེལ་དང་། གཞུང་ཆེན་གཞན་བཅས་ལ་སྦྱངས་པ་མཐར་ཕྱིན་པ་དང་། པཎ་ཆེན་ཡེ་ཤེས་རྩེ་མོ་ལས་དབང་ལུང་མན་ངག་མཐའ་ཡས་པ་གསན།

དེ་ནས་འབྲས་སྤུངས་སྒོ་གསལ་གླིང་གི་མཁན་པོ་འཇམ་དབྱངས་ལེགས་པ་ཆོས་འབྱོར་དང་། དགའ་ལྡན་ཁྲི་ཆེན་སྨོན་ལམ་དཔལ་བ་གཉིས་ཀྱིས་བསྐུལ་བ་ལྟར་དབུས་ཕྱོགས་དཔལ་ལྡན་འབྲས་སྤུངས་སུ་ཕེབས་ཏེ་འཇམ་དབྱངས་ལེགས་པ་ཆོས་འབྱོར་ནས་རྩ་འཛུག་གི་བཤད་ཁྲིད་དང་། དེ་ནས་ཕར་ཚད་སོགས་གཞུང་ཆེན་དང་གསང་འདུས་སོགས་མདོ་སྔགས་ཀྱི་ཆོས་ཚུལ་དུ་མ་གསན།

དགུང་ལོ་ཉེར་གཅིག་པ་ཆུ་ཡོས་ལོར་སྟར་རབ་བྱུང་གི་མཁན་པོ་གནས་སྙིང་ཞབས་དྲུང་ཀུན་དགའ་བདེ་ལེགས་བྱ་བྲལ་ཚུལ་གྱི་དབུས་ཕྱོགས་སུ་ཕེབས་པ་འབྲས་སྤུངས་སུ་སྤྱན་དྲངས་ནས་ཆོས་རྗེ་དེ་ཉིད་ཀྱིས་མཁན་པོ་དང་། འབྲས་སྤུངས་ཆོས་རྗེ་ལེགས་པ་ཆོས་འབྱོར་བས་ལས་སློབ། ར་ཙག་པ་སངས་རྒྱས་བཟང་པོས་གསང་སྟོན་མཛད་ནས་དགེ་སློང་གི་སྡོམ་པ་བཞེས་ཤིང་། དེ་ནས་ལེགས་པ་ཆོས་འབྱོར་པའི་དྲུང་ནས་དགེ་སློང་གི་བསླབ་བྱ་ཆེ་མོ་དང་། ཚུལ་ཁྲིམས་ལེའུའི་རྣམ་བཤད་སོགས་བུམ་པ་གང་བྱོའི་ཚུལ་དུ་གསན།

ལོ་དེར་ར་སྒྲེང་རྒྱལ་བའི་དབེན་གནས་དང་འོ་དེ་གུང་རྒྱལ་གྱི་དབེན་གནས་སོགས་ལ་ཕེབས་ཤིང་། སྐབས་འདིར་རྗེ་དགེ་འདུན་གྲུབ་ཀྱི་ཐུགས་སྲས་པཎ་ཆེན་མཆོག་ལྷ་འོད་ཟེར་གྱིས་འཕྱོངས་རྒྱས་རི་བོ་བདེ་ཆེན་དུ་སྤྱན་

དྭངས་ནས་ཟབ་ཆོར་མང་དུ་ཞུས་ཤིང་། དེར་གནས་པའི་མཁས་པ་རྣམས་ཀྱིས་སྐྱེན་ཕྲ་མོ་འདི་ལྟ་བུ་ལ་བློ་གྲོས་ཕུལ་དུ་བྱུང་བ་འདི་འདྲ་བ་ནི་རྒྱལ་བ་ཉིད་ཀྱི་འཕྲིན་ལས་གཟུགས་སུ་གྲུབ་པ་གོར་མ་ཆག་ཅེས་དང་གུས་ཕུལ་དུ་བྱུང་བ་མཛད་པ་སོགས་གནས་མང་པོར་བསྟན་འགྲོའི་དོན་རྒྱ་ཆེ་མཛད།

དགུང་ལོ་ཉེར་བརྒྱད་པར་འཇམ་དབྱངས་ལེགས་པ་ཆོས་འབྱོར་སོགས་ཀྱིས་བསྐུལ་བ་ལྟར་འཇམ་དཔལ་མཚན་བརྗོད་ཀྱིས་ཊཱི་ཀྐ་ཆེན་བཀའ་རྫོམ་མཛད།

དེ་རྗེས་གཙང་གི་རྟ་ནག་ཏུ་ཕེབས་ཏེ་ཡབ་རྗེ་ཀུན་དགའ་རྒྱལ་མཚན་ལས་དབང་ལུང་མན་ངག་མང་དུ་གསན་པ་དང་། སྔར་དབུས་ཕེབས་ཀྱིས་ར་སྒྲེང་དང་། དགའ་ལྡན། རྒྱུད་སྟོད་སྨད་བཅས་སུ་ཆོས་འཁོར་རྒྱ་ཆེར་བསྐོར་བ་སོགས་སྐབས་ཤིག་རིང་དབུས་གཙང་ཕྱོགས་ལ་ཡར་ཕེབས་མར་ཕེབས་ཐེངས་མང་མཛད།

དགུང་ལོ་སོ་ལྔ་པ་སྤྱི་ལོ1509རབ་བྱུང་བརྒྱད་པའི་ས་སྦྲུལ་ལོར་བཀའ་གདམས་གླེགས་བམ་ལས་ལུང་བསྟན་པ་ལྟར། དཔའ་བོ་མཁའ་འགྲོ་སྤྲིན་བཞིན་འདུ་བའི་གནས་སྦས་པའི་ཡུལ་ཆོས་འཁོར་རྒྱལ་དང་། དཔལ་ལྡན་དམག་ཟོར་མའི་བླ་མཚོ་མཇལ་བར་ཕེབས་ཏེ་ཆོས་འཁོར་རྒྱལ་ལེགས་བཤད་སྒྲོག་པའི་དགའ་ཚལ་བཀྲ་ཤིས་ལྷུན་གྱིས་གྲུབ་པའི་དགོན་གནས་ཕྱག་བཏབ།

དེ་ནས་ལོ་གཅིག་སོང་རྗེས་སྤྱི་ལོ1510ལྕགས་རྟ་ལོར་བཀྲ་ཤིས་ལྷུན་པོ་ནས་པཎ་ཆེན་ཡེ་ཤེས་རྩེ་མོས་གཙོ་མཛད་མཁན་སློབ་དགེ་འདུན་སྡེ་བཅས་ཀྱིས་གསོལ་བ་བཏབ་པ་ལྟར་བཀྲ་ཤིས་ལྷུན་པོའི་ཁྲི་ཐོག་ལྟ་བར་ཕེབས་པ་

ནས་གདན་ས་ལོ་དྲུག་བསྐྱངས་རིང་དབྱར་དགུན་ཆོས་ཐོག་སོ་སོའི་སྐབས་དགེ་འདུན་འདུས་པའི་སྡེ་ཆེན་པོར་ཉིན་ལྟར་ཚད་མ་རྣམ་འགྲེལ་དང་། མཛོད། ཕར་ཕྱིན། གསང་འདུས་རྒྱུད་འགྲེལ་སོགས་མདོ་སྔགས་གཞུང་ཆེན་གྱི་གསུང་བཤད་ཀྱིས་དུས་འདའ་བར་མཛད།

དགུང་ལོ་ཞེ་གསུམ་པ་མེ་གླང་ལོར་ཐོན་ཡོན་རྒྱམ་པའི་བཀའ་དང་། འབྲས་སྤུངས་སྤྱི་སོའི་ཞུ་འབུལ། སྡེ་གདོང་ངག་དབང་བཀྲ་ཤིས་གྲགས་པའི་བསྐུལ་འཛའ་དང་བཅས་དབུས་ཕྱོགས་སུ་ཕེབས་ཏེ་འབྲས་སྤུངས་ཀྱི་གདན་ས་དགུ་པ་མཛད་པ་དང་། རྒྱལ་དུ་དགེ་འདུན་བརྒྱ་ཕྲག་མང་པོ་འཚོགས་པ་ལ་ཆོས་འཁོར་བསྐུགས་པ་ནས་བཟུང་ལོ་ལྟར་དགུན་དཔྱིད་གཉིས་འབྲས་སྤུངས་སུ་བཞུགས་པ་དང་། དབྱར་སྟོན་གཉིས་རྒྱལ་དུ་བཞུགས་ནས་རྒྱལ་བའི་བསྟན་པ་རྒྱ་ཆེར་སྤེལ་བར་མཛད། དགུང་ལོ་ཞེ་བཞི་པ་ས་སྟག་ལོ་སྡེ་གདོང་སྡེ་སྲིད་ངག་དབང་བཀྲ་ཤིས་གྲགས་པས་འབྲས་སྤུངས་སུ་ཡོད་པའི་སྡེའུ་རྫོང་པའི་གཟིམས་ཀ་རྗེ་ཁང་སྔོན་མོར་གྲགས་པ་རྗེ་འདི་ཉིད་ཀྱི་བཞུགས་ཡུལ་དུ་ཕུལ་བ་དེ་ཕྱིས་སྐུ་ཕྲེང་གསུམ་པའི་སྐབས་རྒྱ་བསྐྱེད་གནང་སྟེ་མིང་ལ་དགའ་ལྡན་ཕོ་བྲང་ཞེས་བྱ་བ་བཏགས་པ་ཕྱིས་སྲིད་གཞུང་གི་མིང་དུའང་གྱུར།

དགུང་ལོ་ང་གཉིས་པ་སྤྱི་ལོ1526མེ་ཁྱི་ལོ་སྡེ་གདོང་སྡེ་སྲིད་ངག་དབང་བཀྲ་ཤིས་གྲགས་པ་སོགས་ཀྱིས་གསོལ་བ་བཏབ་པ་བཞིན་སེ་ར་ཐེག་ཆེན་གླིང་གི་གདན་ས་ཡང་མཛད་མཐར་དགུང་གྲངས་རེ་བདུན་པ་སྤྱི་ལོ1542རབ་བྱུང་དགུ་པའི་ཆུ་སྟག་ལོར་འབྲས་སྤུངས་སུ་སྐུ་མྱ་ངན་ལས་འདས།

ཁོང་གི་གསུང་ལས་སྐྱེས་པའི་སློབ་མ་མང་དུ་བྱོན་ཡོད་པའི་ནང་ནས་བྱང་ཆུབ་ལམ་གྱི་རིམ་པའི་འཁྲིད་ལས་སྤེལ་བའི་བཀའ་བབ་རྒྱུད་འཛིན་གྱི་གཙོ་བོ་ནི་ཁྲི་རིན་པོ་ཆེ་བདེ་བ་ཅན་པ་ཆོས་རྗེ་དགེ་ལེགས་དཔལ་བཟང་པོའོ།

གསུང་རྩོམ་ནི་མཚན་བརྗོད་འགྲེལ་ཆེན་དང་། སྟོང་ཉིད་བདུན་ཅུ་པ་དང་། དབུ་མ་འཇུག་པ། སྔོན་ལམ་བདུན་ཅུ་པ། རྟེན་འབྲེལ་སྟོད་པ། སྒྲོལ་མ་ཉེར་གཅིག་བཅས་ཀྱི་རྣམ་བཤད་དང་། གྲུབ་མཐའ་རྒྱ་མཚོར་འཇུག་པའི་གྲུ་གཟིངས་སོགས་མང་དུ་བཞུགས་སོ།

11. ཏཱ་ལའི་བླ་ཕྲེང་གསུམ་པ་བསོད་ནམས་རྒྱ་མཚོའི་རྣམ་ཐར།

ཐམས་ཅད་མཁྱེན་པ་བསོད་ནམས་རྒྱ་མཚོ་ནི། ལྷ་སའི་ཉེ་འགྲམ་སྟོད་ལུང་མདའ་རྩེ་དགའ་ཁང་གསར་གོང་དུ་རྨའི་རིགས་ལས་བྱུང་བ་ཡབ་སྡེ་པ་རྣམ་རྒྱལ་གྲགས་པ་དང་། ཡུམ་དཔལ་འཛོམ་བུ་ཁྲིད་གཉིས་ཀྱི་སྲས་སུ་སྤྱི་ལོ1543རབ་བྱུང་དགུ་པའི་ཆུ་ཡོས་ལོར་སྐུ་འཁྲུངས་ཤིང་། ཁོང་སྐུ་འཁྲུངས་མ་ཐག་ར་མ་དཀར་མོའི་འོ་མ་ཞལ་དུ་གསོལ་བ་དང་མཉམ་དུ་ཡབ་ཡུམ་གཉིས་ཀྱིས་ཤིས་པ་བརྗོད་ཅིང་། མཚན་ལའང་ར་ནུ་སྲི་ཆོད་དཔལ་བཟང་པོ་ཞེས་བྱ་བ་གསོལ།

དགུང་ལོ་གསུམ་ཙམ་ནས། རྒྱལ་དགེ་འདུན་རྒྱ་མཚོའི་དུས་ཀྱི་མཛད་པ་རྣམ་ཐར་ཐམས་ཅད་རྗེས་སུ་དྲན་ཏེ་དང་དེའི་ངང་ཚུལ་ཁོ་ན་མཛད་ཅིང་། ཞལ་ནས་ཀྱང་དེ་བཞིན་དུ་གསུང་བ་ཞིག་བྱུང་བར་གྲགས་པས་རྒྱལ་བ་དགེ

འདུན་རྒྱ་མཚོའི་སྤྲུལ་སྐུར་སྔན་གྲགས་ཁྱབ་པ་བཞིན་དྲུང་ཆེན་གསུང་རབ་པ་དང་། འབྲས་སྤུངས་ཀྱི་བླ་སྤྱི་རྣམས་ཀྱིས་མཐུན་ཏེ་དགུང་ལོ་གསུམ་པ་སྤྱི་ལོ1546མེ་རྟ་ལོར་དགེ་འདུན་རྒྱ་མཚོའི་ཡང་སྲིད་དུ་ངོས་འཛིན་ཞུས་ཏེ་འབྲས་སྤུངས་སུ་སྤྱན་དྲངས་ནས་བླ་བྲང་གི་བཞུགས་ཁྲིར་མངའ་གསོལ།

དེ་ནས་པཎ་ཆེན་བསོད་ནམས་གྲགས་པ་ལས་ཡོངས་རྫོགས་དགེ་བསྙེན་གྱི་སྡོམ་པ་བཞེས་ཏེ་མཚན་བསོད་ནམས་རྒྱ་མཚོ་དཔལ་བཟང་པོ་བསྟན་པའི་ཉི་མ་ཕྱོགས་ཐམས་ཅད་ལས་རྣམ་པར་རྒྱལ་བ་ཞེས་གསོལ་ཞིང་། ལོ་དེར་འབྲས་སྤུངས་ནས་རྒྱལ་མེ་ཏོག་ཐང་དུ་ཕེབས་པ་དང་། དེ་ནས་སླར་ཡང་འབྲས་སྤུངས་སུ་ཕྱིར་ཕེབས།

དགུང་ལོ་བདུན་པ་སྤྱི་ལོ1549ས་བྱ་ལོར་འབྲས་སྤུངས་སུ་པཎ་ཆེན་བསོད་ནམས་གྲགས་པས་མཁན་པོ་དང་། གསང་ཕུ་ཆོས་རྗེ་ལེགས་པ་དོན་གྲུབ་ཀྱིས་ལས་སློབ་མཛད་དེ་དགེ་ཚུལ་གྱི་སྡོམ་པ་ཞེས།

དེ་ནས་པཎ་ཆེན་བསོད་ནམས་གྲགས་པའི་དྲུང་ནས་ཚེ་དབང་གྲུབ་རྒྱལ་མ་དང་། རྣམ་སྲས་སེར་ཆེན། འདོད་ཁམས་དབང་མོ་སོགས་ཀྱི་རྗེས་གནང་དང་དབང་། ཆོས་རྗེ་ལེགས་པའི་དོན་གྲུབ་ཀྱི་དྲུང་ནས་འཇིགས་བྱེད་ཀྱི་སྔགས་བཏུ། ཤར་རྩེ་ལེགས་པ་དོན་གྲུབ་ནས་འཇམ་དཀར་སོགས་མདོ་དང་སྔགས་ཀྱི་ཟབ་ཆོས་མང་པོ་གསན་པ་དང་། རྒྱལ་དང་། འབྲས་སྤུངས་གཉིས་རེ་མོས་སུ་བཞུགས་ཏེ་རིམ་བཞིན་ཆོས་སྡེ་རྣམས་སུ་གསུང་ཆོས་ཀྱང་བསྐྱལ།

དགུང་ལོ་བཅུ་པ་སྤྱི་ལོ1552ཆུ་བྱི་ལོར་འབྲས་སྤུངས་ཀྱི་ཁྲིར་ཕེབས་ཤིང་། དེའི་ཕྱི་ལོ་ལྷ་ལྡན་སྨོན་ལམ་ཆེན་མོའི་ཚོགས་དབུར་ཕེབས་ཏེ་སྟ་དྲོ་

འབྲུང་ས་རབས་སོ་བཞི་པའི་གཟབ་བཤད་དང་། ཕྱི་དྲི་བསྡོ་སློན་རྒྱས་པར་མཛད།

དེ་ནས་པཎ་ཆེན་བསོད་གྲགས་དང་། སྡགས་རམ་པ་དགེ་འདུན་བཀྲ་ཤིས་སོགས་ནས་དབང་ལུང་མན་ངག་མཐའ་ཡས་པ་གསན།

དགུང་ལོ་ཉེར་བརྒྱད་ཀྱི་ཤིང་ཕོ་བྱི་བ་1564ཤིང་བྱི་ལོར་དགའ་ལྡན་ཁྲི་ཟུར་མཁས་གྲུབ་དགེ་ལེགས་དཔལ་བཟང་པོས་མཁན་པོ་དང་། ཁྲི་ལས་ཐོག་པ་བསྟན་པ་དར་རྒྱས་ཀྱིས་ལས་སློབ། དགེ་འཕེལ་ཆོས་རྗེ་ཕྱོགས་ལས་རྣམ་རྒྱལ་བས་གསང་སྟོན། ལྷ་བཙུན་བསོད་ནམས་དཔལ་བཟང་གིས་དུས་བསྒོ་བ་མཛད་དེ་དགེ་སློང་གི་སྡོམ་པ་བཞེས།

དེ་ནས་བཀྲ་ཤིས་ལྷུན་པོའི་གྲྭ་ཚང་བླ་མ་རྣམས་དང་བཅས་པས་གཙང་ཕྱོགས་སུ་གདན་འདྲེན་ཞུས་པ་བཞིན་བཀྲ་ཤིས་ལྷུན་པོ་དང་། སྣར་ཐང་། གངས་ཅན། ཁྲོ་ཕུ། ས་སྐྱ་སོགས་སུ་ཕེབས་ཏེ་བསྙེན་བཀུར་ཕྱག་མཆོད་དང་སེར་སྐྱ་མང་པོར་བཀའ་ཆོས་བསྩལ།

དགུང་ལོ་བཞི་བཅུ་ཞེ་བརྒྱད་ཕེབས་པ་སྤྱི་ལོ1571རབ་བྱུང་བཅུ་པའི་ལྕགས་ལུག་ལོར་སོག་པོ་ཨལ་ཐན་རྒྱལ་པོས་གདན་འདྲེན་ཞུས་པ་དང་། ཧོ་མིང་གོང་མས་ཕོ་བྲང་དུ་གདན་ཞུ་གནང་བའི་སྐོར། ཡོངས་འཛིན་ཡེ་ཤེས་རྒྱལ་མཚན་གྱིས་ལམ་རིམ་བླ་མ་བརྒྱུད་པའི་རྣམ་ཐར་ནང་“ དེ་ནས་ལྕགས་ལུག་གི་ལོ་ཨལ་ཐན་རྒྱལ་པོས་རྗེ་འདིའི་སྙན་པ་གསན་པས་དད་པ་ཐོབ་སྟེ་ཤར་ཕྱོགས་སོག་ཡུལ་དུ་འབྱོན་དགོས་པར་གསོལ་བ་བཏབ། རྗེ་འདིས་ཀྱང་རང་གི་གདུལ་སྐལ་དུ་གཟིགས་ནས་འབྱོན་པར་ཞལ་གྱིས་བཞེས། སྣར་མཚོ་ཁར་མཆོད་ཡོན་ཞལ་འཛོམ་རྗེས་ཀྱི་ཞལ་བཀོད་གནང་སྟེ་རེ་ཞིག་བླ་མཆོད་དུ་

འདུལ་བ་བླ་མ་བརྩོན་འགྲུས་བཟང་པོ་རྫོང་ཏུ་མཛད། དེ་ནས་མཚོ་སྔོན་དུ་ཕེབས་པའི་དུས་ལ་བབས་པ་ན་ཕེབས་སྐྱེལ་དུ་ཕྱིན་པའི་དགའ་ལྡན་ཁྲི་རིན་པོ་ཆེ་གདན་ཟུར། སེ་འབྲས་ཀྱི་སློབ་དཔོན། རིན་པོ་ཆེ་བོད་མཁར་བ། གཙང་པ་པཎ་ཆེན་རིག་པ་སེང྄ེ། དབེན་ས་པ་སངས་རྒྱས་ཡེ་ཤེས། དཔོན་སློབ་བཀྲས་རིན་པ། རྒྱལ་ནང་སྐར་པ་དཔོན་སློབ་ནམ་མཁའ་བྱམས་པ་སོགས་མདོར་ན་ཨེ་ཝཾ་ཡར་ཀླུང་ཕྱོགས་ཀྱི་མཁན་སློབ་མང་པོ། རྗེ་གོང་དཀར་གྱི་སྐུ་ཚབ། སྡེ་ཕྲན་མང་པོའི་ངོ་ཚབ་དང་། ས་སྐྱོང་བཀྲ་ཤིས་རབ་བརྟན་དཔོན་གཡོག་སོགས་ཕལ་ཆེར་དེ་ཁ་ནས་ལོག་རྗེས་ཀྱིས་གསུང་སློང་གནང་སྩྲིན་མཛད། རྔ་སྒྲོང་ནས་ཆིབས་ཐོག་ཏུ་འགྲོལ་ཐོག ས་སྐྱོང་བཀྲ་ཤིས་རབ་བརྟན་པས་ཆིབས་ཡོབ་ལ་འཇུས་ནས།

བསྟན་པའི་དཔལ་གྱུར་བླ་མའི་ཞབས་པད་བརྟན། །

བསྟན་འཛིན་སྐྱེས་བུ་ས་སྟེང་ཡོངས་ལ་ཁྱབ། །

ཅེས་ཚིག་རྐང་གཉིས་འཕྲུལ་རྩོམ་མཛད་ཐོག མཆི་མས་བརྔངས་ཏེ་གསུང་རྒྱུ་མ་བྱུང་བས།

བསྟན་པའི་སྦྱིན་བདག་མངའ་ཐང་འཕྱུར་པ་རྒྱས།།

བསྟན་པ་ཡུན་རིང་གནས་པའི་བཀྲ་ཤིས་ཤོག །

ཅེས་ཆིབས་ཐོག་ནས་གནང་ངོ་།

དེ་ནས་རིམ་གྱིས་ཉ་མཚོ་སྟོད་དུ་ཕེབས། དགོན་པས་གཙོས་པའི་སྐྱ་སེར་གྱི་ཁྲིམ་ཆེན་པོ་འཚོགས་ཏེ། གསེར་སྲང་སྟོང་ཕྲག་གསུམ་ཙམ་གྱི་གཙོས་པའི་ཟང་ཟིང་གི་འབུལ་བ་རྒྱ་ཆེར་ཕུལ། བླ་མའི་རྣལ་འབྱོར། ཡི་གེ་དྲུག་པའི་བཟླས་ལུང་། རབ་བྱུང་བསྙེན་རྫོགས་སྟོང་ཕྲག་ཏུ་ཉེ་བ་སོགས་གནང་

སྟེ་ཀུན་ཀྱང་ཐར་པའི་ལམ་དུ་བཀོད།

དེ་ནས་རྒྱ་ཆུའི་འགྲམ་དུ་བཞུགས་སྒར་ཕེབས་པ་ན། ཚུར་མཐོང་གི་སྐྱེ་བོ་རྣམས། ཆུ་འདི་ཧ་ཅང་ཆེ་བས་རེ་ཤིག་སྒྲོལ་བར་མི་ནུས་སོ་ཞེས་སྨྲས་པ་ལ། སང་ནས་ལངས་ཏེ་ལྟས་ཙ་ན་དོང་ཕུས་ནུབ་ཙམ་ལས་མི་འདུག་པས་ཐམས་ཅད་སྨྲ་མི་ཤེས་པའི་ཡ་མཚན་དུ་གྱུར།

དེ་ནས་རིམ་གྱིས་ཨ་རིག་དཀར་པོ་ཐང་དུ་བཞུགས་སྒར་བཏེགས་སྐབས་ཨ་རིག་རྣམས་ཀྱིས་རྟ་སྟོང་ཕྲག་དང་ཕྱུགས་ཁྲི་ཚོར་ཉེ་བའི་འབུལ་བ་ཕུལ། འཇའ་འོད་ཀྱི་གུར་ཁང་དང་ལྷའི་མེ་ཏོག་གི་ཆར་བབས། སྐྱེ་བོ་མཐའ་དག་ལ་ཐར་པའི་ས་བོན་བསྐྲུན་པར་མཛད།

དེ་ནས་ཐུར་ཨལ་ཐན་རྒྱལ་པོའི་བླ་མཆོད་དུ་རྫོང་ཏ་གནང་བའི་ཆོས་རྗེ་བརྩོན་འགྲུས་བཟང་པོ་དང་། ལོ་ཙཱ་བ་གོ་ཤྲི་གཉིས་ཀྱིས་གཙོས་པའི་རྟ་པ་ལྔ་བརྒྱ་སྐོར་རྒྱལ་པོའི་གམ་ནས་བསུ་བ་ལ་འབྱོར། རིམ་གྱིས་ཕེབས་ཏེ་ཧོར་ཟླ་ལྔ་པའི་ཚེས་བཅོ་ལྔའི་ཉིན། སྐྱུར་དར། རྒྱ་གླིང་། ལས་ཚན་གོ་རིམ་པ་སོགས་གོང་མ་རྒྱལ་པོའི་བླ་མར་འོས་པའི་ཆེ་བ་དང་བཅས་ཏེ། ཡོན་ཏན་རིགས་སྟོབས་སོགས་ཀྱིས་མངོན་པར་མཐོ་བའི་དྲུང་འཁོར་རྣམས་ལས་ཚན་འདིའི་རྗེས་སུ་འདི་འགྲོ་སོགས་ཡོད་ལ་གང་དྲན་བྱས་པ་མ་ཡིན་པའི་ཡ་རབས་ཁྱུངས་བཙན་གྱི་སྒྲིགས་བཅའ་ལྟར་དང་ལྡན་པའི་ཆིབས་རགས་སྤང་པོ་ཆེ་ས་ལ་རབ་བརྟན་འཆི་མེད་དབང་པོའི་ཁྲུས་ཀྱི་རྫིང་བུར་དལ་གྱིས་རྒྱུ་བ་ལྟར་གཤེགས་པའི་གཡས་གཡོན་དང་རྒྱབ་རྣམས་སུ། རྒྱ་དང་སོག་པོ་སྐྱ་སེར་གྱི་རྟ་པ་སྟོང་ཕྲག་མང་པོ་ས་གཞིར་མཐའ་དག་གཡོགས་པ་ལྟར་བསྐོར་ཏེ་ཚ་ཁད་གཅིག་ཙམ་ཕེབས་པ་ན། ཚེ་རིང་གནམ་གྱི་ཞེ་མོང་ལ་བརྟེན་ནས་རྫོད

དུས་ཀྱིས་འཁོར་ལོས་སྒྱུར་བ། ཨལ་ཐན་རྒྱལ་པོ་ཉིད། མཐའ་འཁོབ་མུན་པའི་གླིང་དཀར་པོར་བྱས་པའི་བརྡ་ཆད་དུ་གོས་དཀར་པོ་གསོལ། འཁོར་ཁྲི་ཕྲག་ཙམ་དང་དེ་ཉིད་ཀྱི་བཙུན་མོའང་འཁོར་མང་པོ་དང་བཅས་ཏེ་འོངས་ནས་མཆོད་ཡོན་མཇལ་བའི་དགའ་སྟོན་གྱི་ཐོག་མར། དངུལ་སྲང་ལྔ་བརྒྱ་ལས་གྲུབ་པའི་མཎྜལ། གསེར་གྱི་ཕོར་པ་ཡུལ་དབུས་ཀྱི་བྲེ་ཚད་ཤོང་བ་ཞིག་རིན་པོ་ཆེས་བཀང་བ། གོས་ཡུག་དཀར་སེར་དམར་ལྗང་སྔོན་པོ་རྣམས་ཉི་ཤུ་རེ། རྟ་དཀར་པོ་རིན་པོ་ཆེའི་སྒ་སྲབ་ཀྱིས་བརྒྱན་པ་བཅུས་ཐོག་དྲངས་པའི་རྟ་བརྒྱ། ཁྲིམ་ཟེལ་གདོན་གྱི་གོས་ཆེན་སྣ་ལྔ་པ་ཡུག་བཅུ། དངུལ་སྲང་སྟོང་ཕྲག་གཅིག རས་དར་སོགས་དངོས་པོ་བསམ་གྱིས་མི་ཁྱབ་པ་ཕུལ།

དེ་ནས་ཁྲིམ་འབུམ་ཕྲག་ཙམ་ཚོགས་པའི་དབུས་སུ་མཆོད་ཡོན་ཉི་ཟླ་ཟུང་གཅིག་ཕེབས་ཏེ། ཧོང་ཐའི་ཇེས་གནམ་བཏང་། གོ་ཤྲི་པཀླིས་ལོ་ཙྪ་བསྒྱུར་ཏེ། སྟོན་ནས་ཆད་དཀར་གནས་ཀྱི་རིགས་ལམ་ཆད་པས་སྟོབས་ཆེ། རྒྱ་བོད་ཧོར་གསུམ་དྲག་པོས་དབང་དུ་བསྡུས། སྔར་ཐེ་མུར་རྒྱལ་པོ་ནས་ཆོས་ཆད་ལས་སུ་སྡིག་དང་ཟས་སུ་ཤ་ཁྲག་ཁོ་ན་ལོངས་སྤྱོད་པའི་མུན་ནག་ཁྲག་མཚོའི་གླིང་ལྟ་བུར། མཆོད་ཡོན་ཉི་ཟླ་ཟུང་གཅིག་གི་བཀའ་དྲིན་ལས་དམ་པ་ཆོས་ཀྱི་ལམ་བཏོད། ཁྲག་མཚོ་འོ་མར་བསྒྱུར་བ་འདི་བཀའ་དྲིན་ཆེ་བས། ཕྱོགས་འདི་ན་ཡོད་པའི་རྒྱ་བོད་ཧོར་སོགས་ཀུན་གྱིས་དགེ་བ་བཅུའི་ཁྲིམས་ལ་གནས་པ་དགོས། ཉི་མ་དེ་རིང་ནས་ཁྱད་པར་སོག་པོ་ཚད་དཀར་ལ་ཁྲིམས་སུ་བཅའ་བ་ནི། སྔར་སོག་པོ་ཤི་བའི་རྗེས་སུ་དྲག་ཞན་གྱི་རྣམ་དབྱེས་རང་གི་ཆུང་མ་བྲན་གཡོག་རྟ་ནོར་སོགས་སྲོག་གཅོད་པ་ཡིན་ནའང་། ད་ཕྱིན་ཆད་སྲོག་གཅོད་ཀྱི་ཡུལ་དུ་གྱུར་པའི་རྟ་ནོར་སོགས་ཀྱི་སྟེང་དུ་ཇི་ཙམ་

བློས་འཚམ་པར་བཅད་ནས། དགེ་འདུན་དང་བླ་མ་ལ་ཕུལ། བཟོ་བ་སློན་ལམ་ཞུས། གཉེན་པོའི་རྗེས་སུ་དམིགས་པའི་སྲོག་གཅོད་གཏན་མ་བྱེད། གལ་ཏེ་སྔར་བཞིན་མི་བསད་པ་བྱུང་ན་ཁྲིམས་ཀྱི་ལུས་སྲོག་འབྲལ་བ་ཡིན། རྟ་ཕྱུགས་བསད་པ་བྱུང་ན་ཁྲིམས་ཀྱིས་ནོར་ཐམས་ཅད་འཕྲོག བླ་མ་དང་དགེ་འདུན་གྱི་ཆ་ལུགས་ཅན་ལ་བརྡུང་འཚོག་སོགས་ལག་བཞག་པ་བྱུང་ན་ལག་འཛོག་མཁན་གྱི་གཞི་མ་ཐམས་ཅད་གཏོར། སྔར་ཨོང་བཀོད་དུ་གྲགས་པའི་གཉེན་པོ་ཐམས་ཅད་ཀྱི་གཟུགས་བྱས་པ་ལ་མིང་བཏགས་པའི་ཟླ་བ་བྱུང་རེས་ཀྱི་ཉ་སྟོང་བརྒྱད་གསུམ་ལ་རྟ་ཕྱུགས་བསད་པའི་ཁྲག་གིས་མཆོད་པ་དང་། ལོ་དུས་ཀྱི་མཆོད་པ་ལ་དྲག་ཞན་གྱི་དབྱེ་བས་མང་ཉུང་མཐའ་ཡས་པ་ཞིག་གསོད་པ་རྣམས། དེང་ཕྱིན་ཆད་ནས་བཟུང་རྟེན་དེ་རྣམས་མེ་ལ་བསྲེགས་ནས་ལོ་ཟླའི་དུས་ཀྱི་མཆོད་པར་སྲོག་གཅོད་པ་གཏན་ནས་མ་བྱེད། གལ་ཏེ་བྱས་པ་བྱུང་ན་ཁྲིམས་ཀྱི་ཆད་པ་རྟ་ནོར་གང་བསད་ཀྱང་། དེའི་བཅུ་འགྱུར་འཕྲོག ཨོང་བཀོད་མེ་ལ་མ་བསྲེགས་ན་ཁྱིམ་གཏོར། ཨོང་བཀོད་ཀྱི་ཚབ་ཏུ་ཡེ་ཤེས་ཀྱི་མགོན་པོ་ཕྱག་དྲུག་པའི་སྐུ་རེ་འཛིན་པ་དང་། དེ་ལ་ཡང་དཀར་གསུམ་གྱི་མཆོད་པ་མ་གཏོགས། ཤ་ཁྲག་གི་མཆོད་པ་གཏན་མ་བྱེད། གཞན་ཡང་ཐམས་ཅད་ཀྱིས་དགེ་བ་ལ་འབད་པ་དང་། ཉ་སྟོང་བརྒྱད་གསུམ་ལ་བསྙེན་གནས་སྲུངས། རྒྱ་བོད་ཧོར་ཀུན་ལ་དགོས་མེད་ཀྱི་འཕྲོག་འཛོམས་མ་བྱེད། མདོར་ན་བོད་ཡུལ་དབུས་གཙང་དུ་ཇི་ལྟར་བྱ་བ་ལྟར་ཡུལ་ཕྱོགས་འདིར་ཡང་བྱ་དགོས་ཞེས་ཁྲིམས་མང་དུ་བསྒྲགས་སོ། ” ཞེས་དང་ “ རྒྱ་ནག་གོང་མ་རྒྱལ་པོས་ཕོ་བྲང་དུ་ཕེབས་དགོས་པའི་གདན་འདྲེན་པར་མི་བརྒྱུད་ཀྱི་གཉའ་བས་བཏེགས་པའི་གསེར་ཡིག་པ་མངགས་ཀྱ་དེང་ཏའི་གོ་ཤྲཱི་

མཚན་དང་། ལས་ཀ་ཆེ་བ་འདི་རེས་བྱུང་། རྟེན་འབྲེལ་དུ་དགོངས་ནས་ཕོ་བྲང་དུ་ཕེབས་པའི་ཞལ་བཞེས་མཛད།" ཅེས་དང་། "དེ་ནས་མཆོད་ཡོན་མཇལ་བའི་ས་དེར་གཙུག་ལག་ཁང་བཞེངས། གནས་དེར་རྟེན་གསུམ་དང་དགེ་འདུན་གྱི་སྡེ་མང་དུ་བཙུགས། རབ་ཏུ་གནས་པ་རྒྱ་ཆེར་མཛད། དཀའ་སྟོན་ལ་ཁྲིམ་ཟླ་གཏོན་གྱི་སྐུ་བེར་གསུམ་གྱིས་གཙོས་པའི་གོས་བཟོ་མ་བརྒྱ། ཁ་དོག་སྣ་ལྔའི་གོས་ཡུག་བརྒྱ། རིན་པོ་ཆེའི་ཕྲེང་བས་གཙོས་པའི་ཕྲེང་བ་བརྒྱ། བྱ་ལ་སོགས་པགས་རིགས་བརྒྱ། གསེར་གྱི་ཕོར་པ་ཆེན་པོ་མུ་ཏིག་གིས་བཀང་བ། དངུལ་དམ་འབྲུག་འཁོར་ཡོད་པ་ཚར། དངུལ་སྲང་སྟོང་ཕྲག་ལས་གྲུབ་པའི་ཁོག་མ། གསེར་གྱི་ཞྭ་དང་ན་བཟའ་ཆ་ཚང་སོགས་རྒྱལ་པོ་རང་ཉིད་ཀྱི་ཆས། དངུལ་སྲང་གསུམ་རེ་ལས་གྲུབ་པའི་ཆ་ནེ་དང་སྙེར་མ་བདུན་ཚར། རྟ་རྨིག་ལུག་རྨིག་གི་དབྱིབས་ཅན་དངུལ་སྲང་ལྔ་བརྒྱ། རས་ཟམ་སྟོང་ཕྲག་གཅིག རྟ་དཀར་པོ་རིན་པོ་ཆེའི་སྒ་སྲབ་ཀྱིས་སྤྲས་པ་གསུམ་གྱིས་གཙོས་པའི་རྟ་བརྒྱ་སོགས་འབུལ་བ་གྲངས་ཀྱིས་མི་ལ་ཕུལ།"①

ཞེས་གསལ་ཞིང་། སྡེ་སྲིད་སངས་རྒྱས་རྒྱ་མཚོས་བཻ་སེར་ནང་། "མི་དབྱ་ཧོར་བྱང་ཕྱོགས་སུ་རྒྱལ་བའི་བསྟན་པ་དང་ཞྭ་སེར་ཅོད་པན་འཆང་བའི་རིང་ལུགས་སྤེལ་བར་ཆིབས་བསྐྱོད། ལྷ་སྲས་མུ་ནེ་དང་འབྲུངས་བརྒྱུད་གཅིག་པ་གནམ་སའི་དབང་ཕྱུག་ཨལ་ཐན་ཆོས་ཀྱི་རྒྱལ་པོའི་དབུ་བླར་ཕྱུར་ཏེ་སའི་ཚངས་པ་དེ་ཉིད་ཀྱིས་མི་རིགས་མི་གཅིག་པ་དུ་མའི་དབུས་སུ་གསེར་ལས་གྲུབ་པའི་དབུ་རྒྱན། བུམ་པ། རིགས་ལྔའི་ཕྱག་མཚན། གསེར་སྲང་བརྒྱ་

① (ལམ་རིམ་བླ་མ་བརྒྱུད་པའི་རྣམ་ཐར་སྣད་ཆ་དེབ་ངོས461－466)

ལས་གྲུབ་པའི་ཐམ་ཀ་འབྲུག་ལྡེར་མོ་ལྷ་པས་མཚན་པ། ཁ་རིས་ལ་རྡོ་རྗེ་འཆང་ཏ་ལའི་བླ་མའི་ཐམ་ཀ་རྒྱལ་ཞེས་ཧོར་ཡིག་གསར་དུ་ཡོད་པ། ལོ་བྱུང་འགངས་ཆེ་བ་མ་ཚང་བ་མེད་པ་དང་བཅས་ཏ་ལའི་བླ་མ་བཛྲ་དྷ་ར་ཞེས་ཁྱབ་བདག་རྡོ་རྗེ་འཆང་གི་ལས་ཀ་སུལ། རྒྱལ་པོ་ཡའང་ཆོས་ཀྱི་རྒྱལ་པོ་ལྷའི་ཚངས་པ་ཆེན་པོ་ཞེས་མཚན་གནང་།" ཞེས་དང་། "རྒྱ་ནག་གོང་ཡ་ཕན་ཡི་རྒྱལ་པོས་རྒྱལ་ཁམས་ཐམས་ཅད་བླ་མ་གྱིག་ཆེང་ཧྭིའི་མཚན་དང་། ཐམ་ཀ་ལུང་། ལས་ཞྭ། ལས་གོས། འཇའ་ས་སོགས་ཀྱི་སྟོན་དུ་རྒྱལ་པོའི་ཆེ་བའི་རོལ་མོ་སྣ་ཚོགས་དང་བཅས་རྒྱ་ནག་གི་མི་དཔོན་གསུམ་གྱིས་གཙོས་པ་འཁྱེར། ལུ་ཏང་གསེར་མའི་ན་བཟའ་ཆ་ཚང་སོགས་དང་། གསེར་དངུལ་གོས་དར་སོགས་ཕོ་བྲང་གི་དཔྱད་པ་མང་དུ་ཕུལ། དེད་རང་གི་འབངས་སུ་གྱུར་པའི་སོག་པོ་ཆོ་ཆེན་བཞི་བཅུ་དང་གན་ཙུ་དུ་ཐང་གི་མི་དཔོན་སོགས་ཀྱི་རེ་བ་ཡོངས་སུ་བསྐངས་པ་ལེགས་ཤིང་། ཕོ་བྲང་ཆེན་པོར་ཡང་རིམ་གྱིས་གདན་འདྲེན་ཞེས་པ་སོགས་ཀྱི་བཀའ་ཤོག་གནང་"①ཞེས་འཁོད།

"བསོད་ནམས་རྒྱ་མཚོ་མཚོ་སྔོན་དུ་ཕེབས་པའི་གནས་ཚུལ་དེ་མིང་རྒྱལ་རབས་ཀྱི་སྲིད་གཞུང་གིས་ཀྱང་ཤེས་པ་རེད། སྐབས་དེར་ཨལ་ཐན་ཧན་ནུབ་ཕྱོགས་མཚོ་སྔོན་དུ་བསྐྱོད་པའི་དབང་གིས་མིང་རྒྱལ་རབས་ཀྱི་སྲིད་གཞུང་མགོ་ན་པོ་ཡོད་ལ་ཐབས་ཤེས་ཀྱང་མེད་པའི་གནས་སུ་གྱུར་ཡོད་ཅིང་། ཨལ་ཐན་ཧན་གྱིས་བསོད་ནམས་རྒྱ་མཚོར་བརྩེ་འཛོག་ཏ་ཅང་ཆེན་པོ་བྱས་ནས་ཅི་གསུང་དང་ལེན་བྱེད་ཀྱི་ཡོད་ཚུལ་གོ་རྗེས་1578ལོར་(གོང་མ་མིང་

① (བི་སེར་དེབ་ངོས124)

ཧེན་ཙུང་གི་ཕན་ལིའི་ཁྲི་ལོ་དྲུག་པ་) ཀན་སུའུ་ཡི་ཞུན་ཧྭ་ཧོའུ་ཧུང་ལའི་ལ་མཚོ་སྔོན་དུ་མི་བཏང་ནས་བསོད་ནམས་རྒྱ་མཚོ་ཀན་སུའུ་རུ་ཁོ་དང་མཇལ་འཕྲད་གནང་བར་གདན་འདྲེན་ཞུ་དགོས་པར་མ་ཟད། བསོད་ནམས་རྒྱ་མཚོས་ཨལ་ཐན་ཧན་ལ་དམག་ཁྲིད་ནས་སོག་ཡུལ་དུ་ཕྱིར་ལོག་དགོས་པའི་ཞལ་ཏ་བསླབ་བྱ་གནང་དགོས་ཞེས་ཀྱང་ཞུ་དགོས་པའི་བཀའ་ཕབ་པ་རེད། 《མིང་རྒྱལ་རབས་ཀྱི་ལོ་རྒྱུས》ནང་དུ་བཀོད་པ་ལྟར་ན། བསོད་ནམས་རྒྱ་མཚོའི་ཕྱག་ཏུ་ཀན་སུའུ་ཞུན་ཧྭའི་གདན་འདྲེན་ཞུ་ཡིག་འབྱོར་ཏེ་དེའི་སྐོར་ཨལ་ཐན་ཧན་དང་གྲོས་མོལ་མཛད་སྐབས་ཨལ་ཐན་ཧན་གྱིས་ཁོང་ལ་གདན་འདྲེན་ཞུས་ལྟར་ཕེབས་དགོས་པའི་གསལ་འདེབས་ཞུས་པ་རེད། དེ་ནས་བསོད་ནམས་རྒྱ་མཚོ་ལོ་དེའི་དགུན་ཁར་ཀན་སུའུ་ལ་ཕེབས་དུས་འཕགས་པར་སྣེ་ལེན་ཞུ་བ་དང་འདྲ་བའི་སྣེ་ལེན་གཟབ་རྒྱས་ཞུས་ནས་འཕགས་པ་བཞུགས་སྒྲོང་བའི་སྤྲུལ་པའི་སྟེར་བཞུགས་སུ་གསོལ་བ་རེད། བསོད་ནམས་རྒྱ་མཚོས་ཡུལ་དེ་ནས་མིང་རྒྱལ་རབས་ཀྱི་སྲིད་གཞུང་གི་བློན་ཆེན་ལ་འཕྲིན་ཡིག་ཅིག་སྐྱུར་བ་གནང་། དེའི་ཡི་གེ་ཆ་ཚང་གཤམ་གསལ།

"ཤཱཀྱ་ཐུབ་པའི་དགེ་སློང་བསོད་ནམས་རྒྱ་མཚོ་དཔལ་བཟང་པོས་ཐལ་མོ་སྦྱར་ཏེ་གོང་མའི་སྲིད་གཞུང་ལ་ཕྱག་འཚལ་ཞིང་གོང་མས་བསྐོས་པའི་ཀན་ཏ་གོ་ཧྲི་སྐུ་ཞབས་ཀྱང་ལགས་ལ་ཞུ་རྒྱུར། གང་ཉིད་ཀྱི་མཚན་ཉི་ཟླ་ལྟར་གཟི་འོད་འཕྲོ་བ་ཞིག་ཡིན་པས། གནམ་འོག་ཀུན་གྱིས་གང་ཉིད་མཆིས་པ་དང་སྐུ་གཟུགས་བདེ་པོ་ཡོད་པ་ཤེས་ཀྱི་ཡོད་པ་རེད། ཕྲན་གྱིས་གོང་མ་སྐུ་གཟུགས་བདེ་ཐང་ཡོང་ཆེད་ཉིན་མཚན་མེད་པར་གསོལ་བ་འདེབས་ཀྱི་ཡོད། ཀན་ཀྲོའུ་ཡི་ཨེར་ཐང་ཡུལ་དུ་ཕྲན་མཁར་ནང་དུ་སླེབས་ནས་ས་གནས་ཀྱི་བྱ་

བའི་དོན་དུ་སྟོན་ལ་གོང་མའི་སྲིད་གཞུང་ལ་ཞུ་ཡིག་ཕུལ་བ་ཡིན། ཏ་དང་དངོས་པོ་འཁྱེར་བྱུང་། ཐུན་དང་ཏཱན་ཏཱ་ཨང་ལ་གོ་གནས་གནང་རྒྱུའི་ཐད་ཐུན་ལ་སྟོན་དཔེ་ལེགས་གྲུས་ལྟར་གནང་བའི་རེ་བ་ཡོད། ཐུན་གྱིས་གོང་མ་དང་བློན་ཆེན་ལ་ཉེན་མཚན་མེད་པར་ཞབས་བརྟན་བསྒྲུབ་ནས་གནམ་འོག་བདེ་འཇགས་ཡོང་བའི་སྨོན་ལམ་འདེབས་ཀྱི་ཡོད། འདི་ནི་ཐུན་གྱི་སེམས་བཟང་ཡིན། ཞེས་གསུས་པས་ཕུལ་བའི་ཡི་གེ་སྤྱན་ལམ་དུ་འབབ་པའི་ཐབས་ཀྱི་རྟེན་མཚོན་བྱེད་དུ་སྤྱན་རས་གཟིགས་ཕྱག་བཞི་པའི་སྐུ་བརྙན་གཅིག་དང་། སྣམ་བུ་བུབས་གཉིས། རྡོ་རྗེ་དཔལ་བེའུ་གཅིག་བཅས་ཕུལ་ཡོད། སྐུ་ཞབས་གང་ཉིད་ཀྱིས་རྒྱུན་དཔྱི་ཤང་ལྟ་ཙམ་ཞིག་ལ་ཕ་ཡུལ་དུ་ཕྱིར་ལོག་ཏུ་འཇུག་དགོས་ཞེས་བཀའ་མངག་གནང་བྱུང་བས། ཐུན་གྱིས་ཤོང་ཕྱིར་ལོག་དགོས་པའི་བཀོད་པ་བཏང་བ་ཡིན། སྟག་ལོ(1578ལོ)ཡི་ཟླ་བཅུ་གཉིས་པའི་ཚེས་ཤར་ལ་ཕུལ།"(“ཀྲང་ཨུན་ཀྲུང་ཀུང་གི་རྩོམ་འབུམ”ནང་གསེས་ཞུ་ཡིག་ཕྱོགས་བསྒྲིགས་དེབ་བརྒྱད་པར་གསལ།)

《མིང་རྒྱལ་རབས་ཀྱི་ལོ་རྒྱུས》ནང་དུ་བཀོད་པ་ལྟར་ན་ཀྲང་ཙུས་ཀྲེང་གི་ལག་ཏུ་བསོད་ནམས་རྒྱ་མཚོའི་འཕྲིན་ཡིག་རྟེན་བཅས་འཁྱེར་པ་ལེན་མི་ཕོད་པར་གོང་མར་དེ་དོན་སྙན་སེང་ཞུས་དུས་གོང་མས་བསྟེན་ལེན་དང་འབྲེལ་རྟེན་ཕུལ་ཚོག་པའི་བཀའ་གནང་བ་རེད།

འཕྲིན་ཡིག་འདི་ནི་ལོ་རྒྱུས་ཀྱི་ཡིག་རིགས་གལ་ཆེན་ཞིག་ཡིན་ཅིང་། དེས་མ་མཐར་ཡང་གནད་དོན་གལ་ཆེན་གཉིས་གསལ་པོར་བཤད་ཡོད་པ་རེད། དང་པོ། བསོད་ནམས་རྒྱ་མཚོས་མིང་རྒྱལ་རབས་ཀྱི་གོང་མའི་དགོངས་དོན་གཞིར་བཟུང་ནས་མིང་རྒྱལ་རབས་ཀྱི་གོང་མས་འགྲུབ་མི་ཐུབ་

པའི་དོན་དག་བཟང་པོ་ཞིག་འགྲུབ་པར་བྱས་པ་སྟེ། བསོད་ནམས་རྒྱ་མཚོས་ཧུན་དབྱི་ཞང་ཨལ་ཐན་ཏན་ལ་མཚོ་སྔོན་ནས་ནང་སོག་ཏུ་ཕྱིར་ལོག་དགོས་པའི་བཀོད་པ་བཏང་བ་རེད། གཉིས་པ། དེའི་ཐོག་ནས་ཏཱ་ལའི་བླ་མ་དང་མིང་རབས་ཀྱི་སྲིད་གཞུང་བར་ལ་འབྲེལ་བ་དངོས་སུ་བྱུང་བ་མཚོན་པ་རེད། (སྐབས་དེར་མིང་རྒྱལ་རབས་ཀྱི་སྲིད་གཞུང་གིས་ད་དུང་བསོད་ནམས་རྒྱ་མཚོ་ལ་མཚན་གནས་གནང་མེད་པ་རེད། འོན་ཀྱང་མིང་རྒྱལ་རབས་ཀྱི་ལམ་ལུགས་ལྟར་ན་ཆོས་རྒྱལ་དང་གུ་ཤྲི་རྣམས་ལ་མ་གཏོགས་གོང་མར་རྗེན་འབྲུལ་རྒྱུའི་ཐོབ་ཐང་མེད་པར་བརྗེན། དེའི་ཐོག་ནས་མིང་རྒྱལ་རབས་ཀྱི་སྲིད་གཞུང་གིས་བོད་ལྗོངས་ཀྱི་ཆོས་ལུགས་ཐོག་ཏུ་ཡོད་པའི་བསོད་ནམས་རྒྱ་མཚོའི་གོ་གནས་བླ་ན་མེད་པ་ཁས་བླངས་པ་དེ་གསལ་བཤད་བྱུང་བ་རེད།"①

བསོད་ནམས་རྒྱ་མཚོ་མཚོ་སྔོན་དུ་ཕེབས་སྐབས་རྗེ་ཙོང་ཁ་པ་ཆེན་པོ་འཁྲུངས་པའི་སར་སྤྱི་ལོ1588རབ་བྱུང་བཅུ་པའི་ས་བྱི་ལོར་སྐུ་འབུམ་བྱམས་པ་གླིང་ཕྱག་བཏབ་སྟེ་སྐུ་འབུམ་དུ་རྗེ་ཙོང་ཁ་པ་ཆེན་པོ་འཁྲུངས་པའི་ལྟེ་བའི་འཚལ་ཁྲག་ལས་བྱུང་བའི་ཙནྡན་གྱི་སྡོང་པོ་དངུལ་གྱིས་བཏུམས་ཏེ་མཆོད་རྟེན་དུ་བྱས་པ་དང་། དགོན་གནས་དེར་མདོ་སྔགས་ཀྱི་བཤད་གྲྭ་རྣམས་པར་དག་པ་བཙུགས་པ་སོགས་ཕྱོགས་དེ་དག་ཐམས་ཅད་དུ་འཇམ་མགོན་བླ་མའི་བསྟན་པའི་གདུགས་དཀར་གཅིག་གིས་ཁྱབ་པར་མཛད།

གོང་དུ་ཞུས་པ་བཞིན་བསོད་ནམས་རྒྱལ་མཚོ་ནང་སོག་ཏུ་བཞུགས་

① (ཏཱ་ལའི་བླ་མའི་རྣམ་ཐར་བོད་ཡིག་དེབ་ངོས49 – 52)

སྐབས་ཏཱ་མིང་གོང་མ་རྫིན་ཙུང་གིས་གསེར་ཡིག་པ་མངགས་ནས་བསོད་ནམས་རྒྱལ་མཚོར་ཀཱ་དིང་གོ་ཤྲཱིའི་མཚན་ཕུལ་ཞིང་པེ་ཅིང་རྒྱལ་སར་གདན་འདྲེན་ཞུས་པ་ཞལ་གྱིས་བཞེས་རུང་། སྐབས་མ་ལེགས་པར་དགུང་ལོ་བཞི་བཅུ་ཞེ་དྲུག་པ་སྤྱི་ལོ1588རབ་བྱུང་བཅུ་པའི་ས་བྱི་ལོར་ནང་སོག་ཏུ་སྐུ་མྱ་ངན་ལས་འདའ་བའི་ཚུལ་བསྟན།

ཁོང་གི་གསུང་རྩོམ་ལ། བྱང་ཆུབ་ལམ་གྱི་རིམ་པའི་འཁྲིད་ཡིག་གསེར་གྱི་ཡང་ཞུན། ཀུ་རུ་དྲག་པོའི་ལས་བྱང་ཉེ་མའི་འཁོར་ལོ་སོགས་མང་དུ་བཞུགས་སོ།

12. ཏཱ་ལའི་བླ་མ་སྐུ་ཕྲེང་བཞི་པ་ཡོན་ཏན་རྒྱ་མཚོའི་རྣམ་ཐར།

ཏཱ་ལའི་བླ་མ་སྐུ་ཕྲེང་བཞི་པ་ཡོན་ཏན་རྒྱ་མཚོ་ནི། ཆེན་པོ་ཧོར་གྱི་ཡུལ་དུ་ཧིང་གིར་གྱི་རྒྱལ་རྒྱུད་ཡབ་སེ་ཆེན་ཆོས་ཁུར་དང་། ཡུམ་བྷཱ་ཁེན་ཇུལ་གཉིས་ཀྱི་སྲས་སུ་སྤྱི་ལོ1589རབ་བྱུང་བཅུ་པའི་ས་གླང་ལོར་སོག་ཡུལ་དུ་སྐུ་འཁྲུངས་པ་དེའི་ཚེ་རྟགས་དང་མཚན་མ་བཟང་པོ་དུ་མ་བྱུང་བ་ཕྱི་རྒྱར་སྐད་གྲགས་ཆེད་ཀྱང་། ཡབ་ཚང་ནས་གསང་རྒྱ་ཆེན་པོ་གནང་། སྐབས་དེར་བསོད་ནམས་རྒྱ་མཚོའི་ཡང་སྲིད་བརྟད་གཅོད་སྐོར་ལ་ལྷ་དང་། བླ་མའི་ལུང་བསྟན་ཕྱོགས་མཐུན་སོག་ཡུལ་དུ་ཕེབས་ཚུལ་བྱུང་བར་བརྟེན་བསོད་ནམས་རྒྱ་མཚོའི་གསོལ་དཔོན་ཚུལ་ཁྲིམས་རྒྱ་མཚོ་སོག་ཡུལ་དུ་ཆེད་ཕེབས་ཕྱོགས་གང་སར་བརྟད་ཞིབ་ཞུས་དོན་སེ་ཆེན་ཆོས་ཁུར་གྱི་སྲས་དེ་ནི་མཆོག

གི་སྤྲུལ་སྐུའི་ཡང་སྲིད་འཁྲུལ་བྲལ་ངེས་རྙེད་མཆིས་པའི་གནས་ཚུལ་བོད་དུ་བང་མི་ཆེད་གཉེར་གྱིས་བཏང་བ་ལྟར་སྤྱི་ལོ1592རབ་བྱུང་དགུ་པའི་ཆུ་འབྲུག་ལོ་བོད་ནས་ཕྱག་མཛོད་ཆེན་པོ་དཔལ་ལྡན་རྒྱ་མཚོ་དང་། སྡེ་གདོང་གོང་མ། གོང་དཀར་ཞབས་དྲུང་དང་། ཤུན་ཞབས་དྲུང་། ལྷ་རྒྱ་རི་བ། ས་སྐྱོང་དགའ་ལྡན་པ་སོགས་སྡེ་དཔོན་ཆེ་དྲག་གི་མི་སྣ་དང་། གདན་ས་སེ་འབྲས་དགེ་གསུམ་གྱི་འཕྲུས་མིས་ཐོག་དྲངས་ཆོས་སྡེ་ཁག་བཅས་ནས་གདན་ཞུ་བ་སོག་ཡུལ་དུ་ཆེད་དུ་མངགས་པ་རྣམས་མཁར་སྔོན་པོ་འཁྱུར་ཏེ་ཁོང་དགུང་ལོ་གསུམ་བཞེས་པའི་ཐོག་བསོད་ནམས་རྒྱལ་མཚོའི་ཡང་སྲིད་དུ་ངོས་འཛིན་ཞུས། བོད་ནས་སྐུ་ཡོན་འབུལ་མིར་རིན་པོ་ཆེ་ཀུན་བཟང་རྩེ་པ་དང་། གསོལ་དཔོན་དང་ཕྱག་མཛོད་གཅིག་ལྷོགས་ཚུལ་ཁྲིམས་རྒྱ་མཚོ་སོགས་དྲུང་འཁོར་དྲག་གྲས་ཁ་ཤས་སླར་ཡང་ཆེད་བཙོང་གནང་བ་སོག་ཡུལ་དུ་ཐོག་ཁར་དགའ་ལྡན་ཁྲི་ཟུར་རྒྱལ་ཁ་རྩེ་པ་དཔལ་འབྱོར་རྒྱ་མཚོས་དེང་སང་དགེ་ལུགས་ཀྱི་བླ་མའི་རྣམ་འགོ་ངེད་རང་ཡིན་གཤིས། མཆོག་སྤྲུལ་རིན་པོ་ཆེར་མཚན་འབུལ་བའི་བབ་ཐོབ་ངེད་ལ་འདུག་པས་མཆོག་སྤྲུལ་རིན་པོ་ཆེའི་མཚན་ལ་ཐམས་ཅད་མཁྱེན་པ་ཡོན་ཏན་རྒྱ་མཚོ་དཔལ་བཟང་པོ་ཞེས་བྱ་བ་འབུལ་རྒྱུ་བསྐུར་བ་དང་སྒྲགས་བོད་དུ་འཕྲལ་མར་གདན་ཞུ་ཐུབ་པའི་འབད་བརྩོན་བྱས་ཀྱང་། ཡབ་ཡུམ་རྣམས་སྲས་ལ་ཧ་ཅང་བྱམས་པས་བོད་ལ་ཕེབས་རྒྱུ་རིམ་པར་བཤོལ་ཏེ་དགུང་ལོ་བཅུ་བཞི་མ་སོན་བར་སོག་ཡུལ་རང་དུ་བཞུགས་དགོས་བྱུང་ཞིང་། དེ་ནས་དགུང་ལོ་བཅུ་བཞི་པའི་སྤྱི་ལོ1603ཆུ་ཡོས་ལོར་བོད་དུ་གདན་དྲངས་ཏེ་འབྲས་སྤུངས་དགའ་ལྡན་ཕོ་བྲང་གི་བཞུགས་ཁྲིར་ཞབས་སོར་བཀོད་པ་དང་། དེ་རྗེས་ར་ས་འཕྲུལ་གནང་གི་གཙུག་ལག་ཁང་

ཆེན་པོར་ཇོ་བོ་ཤཱཀྱ་མུ་ནེའི་དྲུང་དུ་དགའ་ལྡན་ཁྲི་ཟུར་སངས་རྒྱས་རིན་ཆེན་གྱིས་མཁན་པོ་དང་། དགའ་ལྡན་ཁྲི་པ་དགེ་འདུན་རྒྱལ་མཚན་གྱིས་སློབ་དཔོན་གནང་སྟེ་དགེ་ཚུལ་གྱི་སྡོམ་པ་བཞེས།

དེ་ནས་མི་རིང་བར་བཀྲ་ཤིས་ལྷུན་པོ་ནས་པཎ་ཆེན་བློ་བཟང་ཆོས་ཀྱི་རྒྱལ་མཚན་མཆོག་སྤྲུལ་རིན་པོ་ཆེ་མཇལ་བར་ཕེབས་ཏེ་ལོ་ཤས་དབུས་སུ་བཞུགས་རིང་མདོ་སྔགས་ཀྱི་ཆོས་བཀའ་མང་པོ་འབུལ་བཞེས་མཛད། དེ་རྗེས་རྒྱལ་བ་ཡོན་ཏན་ལྷ་ལྡན་སྨོན་ལམ་ཆེ་མོའི་ཚོགས་དབུར་ཕེབས་པ་མ་ཟད། གོང་དཀར་ཞབས་དྲུང་དང་། གྱི་རེ་ལྷ་པ་སོགས་ཀྱིས་རང་རང་གི་གཞིས་སུ་སྤྱན་དྲངས་ཏེ་བསྙེན་བཀུར་ཕུན་སུམ་ཚོགས་པ་བསྒྲུབས་རྗེས་འོལ་ཁ་རྫིང་ཕྱི་དང་། ཆོས་འཁོར་རྒྱལ་རྣམས་སུ་གནས་གཟིགས་ལ་ཕེབས་ཏེ་སྐལ་ལྡན་གྱི་གདུལ་བྱ་རྣམས་ལ་དམ་པའི་ཆོས་ཀྱི་བདུད་རྩིས་ཚིམ་པར་མཛད།

དེ་ནས་སྣེ་མོ་ཐོན་རྒྱུད་བཀྲ་ཤིས་ལྷུན་པོར་ཕེབས་པ་དེའི་ཚེ་གཙོ་བའི་ཕྱོགས་དང་དགེ་ལུགས་པའི་དབར་འགལ་བ་ཇ་དྲག་ཙམ་ཡོད་ཀྱང་། ཕུལ་བ་དང་། གཙང་ཁུལ་གྱི་སྐྱ་སེར་ཀུན་ལ་མཇལ་ཕྱག་གནང་།

དེ་ནས་གངས་ཅན་ཆོས་འཕེལ་དང་། ཁྲི་ཕུ། ལྷུན་པོ་རྩེ་སོགས་ལ་གནས་གཟིགས་སུ་ཕེབས་ནས་སྐར་དབུས་སུ་ཆིབས་བསྒྱུར་གནང་སྐབས་མར་ལམ་རྒྱལ་རྩེ་དཔལ་འཁོར་ཆོས་སྡེ་དང་། གནས་སྙིང་སོགས་སུ་གནས་གཟིགས་གནང་ཞིང་། གནས་སྙིང་དུ་བཞུགས་སྐབས་གཙང་དུ་གཙང་པ་སྡེ་པ་ཀརྨ་བསྟན་སྐྱོང་དབང་པོའི་ཕྱིད་སྤྱོད་ལ་ཐུགས་མ་རངས་བས། རྒྱ་ནགས་འཚང་ཆེན་པོའི་སྐུ་གདུང་གི་སྐུ་གཉོགས་སུ་གཙང་པ་ཞལ་ངོ་རྣམས་ཀྱི་མཚན་

ནས་སློས་པའི་བསྐང་གསོ་མཛད་པར་གནས་རྙིང་ཞབས་དྲུང་ཐུགས་འཚབ་ནས། ཁྲིད་དཔོན་སློབ་དབུས་སུ་ཕེབས་པ་ལ་མ་ལྟོ་ནའང་། ངེད་ཚོས་དོག་མོ་འདིར་སྡོད་དགོས་པས་འདི་འདྲ་མི་གནང་བ་ཞུ་ཞེས་ཞུ་བ་ཕུལ་སྐད་དང་། གཞན་ཡང་ཀར་དགེའི་ཀུན་སློང་ལ་བརྟེན་ནས་གཙང་པ་ཞང་ཚན་གཅིག་དྲིལ་གྱིས་གཙང་གི་དམག་དཔུང་སྐྱིད་ཤོད་དུ་བཙུགས་པ་སོགས་དགེ་ལུགས་པའི་སྒྲིབ་བདག་དང་བཅས་པར་གཙེར་བསྣུན་ཅི་ཆེ་བྱུང་བར་ཡོན་ཏན་རྒྱ་མཚོས་དྲག་པོ་མངོན་སྤྱོད་ཀྱི་ལས་སྦྱོར་གནང་བར་རྟགས་མཚན་གསལ་པོ་ཐོན་སྟབས་མཚན་ཡང་མཐུ་སྟོབས་རྒྱ་མཚོ་ཞེས་བྱ་བར་བསྒྱུར་བར་གྲགས།

དགུང་ལོ་ཉེར་དྲུག་པ་སྤྱི་ལོ1614ཤིང་སྟག་ལོར་པཎ་ཆེན་བློ་བཟང་ཆོས་རྒྱན་གྱིས་མཁན་པོ་དང་། སྤྲུལ་སྐུ་བསོད་ནམས་དགེ་ལེགས་དཔལ་བཟང་གིས་ལས་སློབ་གནང་སྟེ་བསྙེན་རྫོགས་ཀྱི་སྡོམ་པ་བཞེས། ཁྲི་རིན་པོ་ཆེ་སངས་རྒྱས་རིན་ཆེན་དང་། དགེ་འདུན་མཚན། ཞལ་སྔ་ནས་ཆོས་གཉེར་གྲགས་པ་དང་། པཎ་ཆེན་བློ་བཟང་ཆོས་རྒྱན། གཟིམ་ཁང་གོང་སྤྲུལ་སྐུ། འོལ་ཁ་དྲུང་པ་མཁས་བཙུན་པ། རྗེ་ནོར་བུ་བ་སོགས་ལ་མདོ་སྔགས་ཀྱི་ཆོས་ཚུལ་རགས་རིམ་གསན་བཞེས་མཛད།

མིང་གོང་མ་ཝན་ལི་ཧང་གིས་བླ་མ་བསོད་ནམས་བློ་གྲོས་སོགས་གདན་ཞུ་བ་མང་པོ་མངགས་པའི་མདུན། ཁྱབ་བདག་རྡོ་རྗེའི་སངས་རྒྱས་ཀྱི་མཚན་དང་། ལས་ཞྭ་ལས་གོས་ཐམ་ཀ་བཅས་ཕུལ་བ་མ་ཟད། མེས་རྒྱལ་ནང་སར་གདན་ཞུ་གནང་ཡོད་ཀྱང་དངོས་སུ་ཕེབས་མ་ཐུབ་པ་དགུང་ལོ་ཉེར་བརྒྱད་པ་སྤྱི་ལོ1616རབ་བྱུང་བཅུ་པའི་མེ་འབྲུག་ལོར་སྐུ་གཤེགས།

ཡོན་ཏན་རྒྱ་མཚོ་སྐུ་གཤེགས་པའི་གདུང་ཞུགས་ཕུལ་བར་ཐུགས་

ལྟོགས་སྐྱེན་གསུམ་དང་། དབུ་ཐོད་སོགས་ནས་རིང་བསྲེལ་མང་པོ་ཕེབས་པར་གྲགས་པ་ནས་ཁལ་ཁ་ཆེ་ཁྱེར་གྱིས་དད་རྟེན་དུ་ཐོད་དང་། ཐུ་མེད་ཐའི་ཇེས་ཕྱུགས་སོགས་རང་རང་གི་ཡུལ་དུ་སྤྱན་དྲངས་ཤིང་། ཁལ་ཁ་ཆེ་ཁྱེར་གྱིས་སྦྱིན་བདག་དང་། ཕྱག་མཛོད་བསོད་ནམས་རབ་བརྟན་གྱིས་ཕྱུགས་འཁྱེར་བཞེས་ཏེ་རིང་བསྲེལ་སོགས་གཟུངས་སུ་ཕུལ་བའི་དངུལ་གྱི་གདུང་རྟེན་བཞེངས་པ་འབྲས་སྤུངས་སུ་བཞུགས་སུ་གསོལ་བ་ལགས་སོ།

ལྔ་པ། ཕག་མོ་གྲུ་པའི་སྐབས་བྱུང་བའི་བོད་ཀྱི་མཁས་གྲུབ་གཙོ་ཆེ་བ་འགའ་ཞིག་གི་རྣམ་ཐར་དང་། མཛད་རྗེས་སྐོར།

ཕག་མོ་གྲུ་པའི་དུས་ནི་བོད་ཀྱི་རིག་ནས་གོང་འཕེལ་འགྲོ་བའི་དུས་སྐབས་ཤིག་ཡིན་སྐབས་བོད་ཀྱི་ཡུལ་གྲུ་གང་སར་རིག་པའི་གནས་སྤྱི་དང་། བྱེ་བྲག་ལ་གཞན་དྲིང་མི་འཇོག་པའི་མཁས་པ་ནམ་མཁའི་སྐར་ཚོགས་ལྟ་བུ་བྱོན་པ་ལས་འདིར་མཚོན་དཔེར་མཁས་གྲུབ་གཙོ་ཆེ་བ་འགའ་ཞིག་གི་རྣམ་ཐར་དང་། མཛད་རྗེས་རགས་ཙམ་བཀོད་པ་ལ།

1. བུ་སྟོན་རིན་ཆེན་གྲུབ་ཀྱི་རྣམ་ཐར།

ཐམས་ཅད་མཁྱེན་པ་བུ་སྟོན་རིན་ཆེན་གྲུབ་ནི། སྔ་འགྱུར་གསང་སྔགས་འཆང་བའི་རྣལ་འབྱོར་པ་ཡབ་བྲག་སྟོན་རྒྱལ་མཚན་དཔལ་བཟང་

དང་། ཡུམ་བསོད་ནམས་འབུམ་གཉིས་ཀྱིས་སྲས་སུ་སྤྱི་ལོ1290རབ་བྱུང་ལྔ་པའི་ལྕགས་སྟག་ལོར་ཤབ་སྨད་སྙོམ་གནས་སུ་སྐུ་འཁྲུངས།

དགུང་ལོ་དྲུག་ཙམ་ལ་ཡུམ་གྱིས་ཀློག་སློབ་པའི་དབུ་ཚུགས་པ་ནས་མི་རིང་བར་སྦྱོར་ཀློག་ལེགས་པར་མཁྱེན་ཅིང་། དཔོན་རྒྱལ་སེང་ནས་རྩིས་དང་ཡི་གེའི་རིག་པ་བསླབས།

དགུང་ལོ་བདུན་པར་ཁྲོ་ཕུ་བསོད་ནམས་སེང་གེའི་དྲུང་དུ་ཐེག་ཆེན་སེམས་བསྐྱེད་གསན།

དགུང་ལོ་བརྒྱད་པར་ཡུམ་གྱི་ཁུ་བོ་བླ་མ་ཚུལ་ཁྲིམས་དཔལ་བཟང་གི་སྤྱན་སྔར་གསང་སྔགས་རྙིང་མའི་ཆོས་སྐོར་གསན་ཐོག་དེ་དང་དེའི་སྙོམ་སྒྲུབ་ལ་གཞོལ་བར་མཛད་དེ་བླ་མའི་སྐུ་ཚབ་ཏ་གཞན་ལ་དབང་བསྐུར་སོགས་ཀྱང་མཛད། གཞན་ཡང་བཟོ་དང་། གསོ་བ་རིག་པ་ལའང་མཁས་པར་སྦྱོང་བའི་དབུ་ཚུགས།

དགུང་ལོ་བཅོ་བརྒྱད་པར་ཁྲོ་ཕུ་ལོ་ཙཱ་བའི་མཁན་བརྒྱུད་འཛིན་པ་མཁན་ཆེན་ཡང་རྩེ་བ་རིན་ཆེན་སེང་གེས་མཁན་པོ་དང་། མཁས་མཆོག་ཚད་མའི་སྐྱེས་བུའམ་སློབ་དཔོན་རིགས་ཐིག་པ། དགེ་བའི་བཤེས་གཉེན་བསོད་ནམས་མགོན་ཞེས་མཚན་གྱི་རྣམ་གྲངས་སུ་འཛིན་པས་ལས་ཀྱི་སློབ་དཔོན་མཛད་དེ་ཁྲོ་ཕུར་དགེ་ཚུལ་གྱི་སྡོམ་པ་བཞེས་ཤིང་། འདུལ་བ་མདོ་རྩ་ལ་སོགས་པ་ཐུགས་འཛིན་དང་འབྲེལ་ཚུལ་ཁྲིམས་སྤྱན་གྱི་འབྲས་བུ་ལྟར་གཅེས་པར་བསྲུངས། སློབ་དཔོན་བསོད་མགོན་ལས་ཕར་ཕྱིན་ཐུགས་སྦྱོང་མཛད་པས་ལོ་གཉིས་ཙམ་གྱི་རིང་ཉིན་མོ་གསོལ་བ་དལ་སྟོད་ཀྱི་བཞེས་ལོང་དང་། ན་བཟའ་རལ་པའང་ཆེམས་ལོང་མེད་པ། མཚན་མོ་དཀར་མེའི་

འོག་ལ་དཔེ་གཟིགས་མཛད་པ་བཅས་དཀའ་བ་ཚད་མེད་སྤྱད་པས་ཞལ་རས་གཉེར་མཁན་ཁེངས་ཤིང་། སྐུ་ལུས་ཀྱང་རིད་པར་གྱུར། དེ་རྗེས་ཕར་ཕྱིན་གྱི་བཤད་པ་མཛད་ཅིང་། འདུལ་བ་དང་ཚད་མའི་གཞུང་རྣམས་གསན་སྦྱོང་གིས་མཁས་པའི་མཁས་པར་གྱུར་ཏེ་དགུང་ལོ་ཉེར་གཅིག་ལ་དབུས་གཙང་གི་ཆོས་གྲྭ་ཆེན་པོ་རྣམས་སུ་གྲྭ་སྐོར་མཛད་སྐབས་མཁས་པའི་ཁྲིད་དུ་ཕ་སྟོན་པ་ལ་བུའང་སྟོན་པ་བྱུང་འདུག་ཅེས་བུ་སྟོན་ཞེས་པའི་མཚན་ཡང་དེ་ནས་ཐོབ་པ་ཡིན།

དགུང་ལོ་ཉེར་གསུམ་པ་སྤྱི་ལོ1312ཆུ་བྱི་ལོར་མཁན་ཆེན་བཀའ་བཞི་པ་གྲགས་པ་གཞོན་ནུ་མཁན་པོ་དང་། བྱང་སེམས་བསོད་ནམས་གྲགས་པས་ལས་སློབ་མཛད་དེ་ཁྲི་ཕུར་བསྙེན་རྫོགས་ཀྱི་སྡོམ་པ་བཞེས་ཤིང་། མཁན་སློབ་གཉིས་ཀྱི་དྲུང་ནས་འདུལ་བ་དང་བློ་སྦྱོང་སྐོར་གནས་པ་མ་ཟད། ཁྲི་ཕུར་འདུལ་བ་དང་ཕར་ཕྱིན་སོགས་ཀྱི་བཤད་པའང་མཛད།

དེ་ནས་ཐར་ལོ་ཉི་མ་རྒྱལ་མཚན་སློབ་དཔོན་དུ་བསྟེན་ནས་ལེགས་པར་སྦྱར་བའི་སྒྲ་གཞུང་ཙནྡྲ་པ་དང་། ཀ་ལཱ་པ་སོགས་ཀྱི་མདོ་འགྲེལ་པ་དང་བཅས་པ། གཞན་ཡང་སྙན་ངགས། སྡེབ་སྦྱོར། མངོན་བརྗོད། ཡིག་རིགས་སྣ་ཚོགས་བཅས་ཐུན་མོང་གི་རིག་གནས་ལ་སྦྱངས་པ་མཐར་ཕྱིན་མཛད་དེ་སྐད་གཉིས་སྨྲ་བའི་དབང་པོར་གྱུར།

དེ་ནས་གསུང་ངག་རིན་པོ་ཆེ་ཞུ་བར་བླ་མ་དེའི་དྲུང་དུ་གསེར་གྱི་མཎྜལ་ཕུལ་ནས་སྦྱོར་བ་ཡན་ལག་དྲུག་གི་གདམས་པ་ཐུགས་ལ་གདགས་འཚལ་ཞུས་པས། བླ་མའི་ཞལ་ནས། ཁྱེད་སྟེ་སྣོད་འཛིན་པ་ཆེན་པོ་ཐུགས་རབ་ཕུལ་དུ་བྱུང་བ། ལས་འཕྲོ་དང་མོས་གུས་ལྡན་པ། གསང་སྔགས་ཀྱི་

སྟོང་པོ་ཞིག་ཡིན་ལ་ཆོས་འདིའི་བདག་པོའང་ཁྱེད་རང་ཡིན་ཞེས་ཐོག་མར་དུས་འཁོར་གྱི་དབང་གོང་མ་གནང་སྟེ་འདག་སྦྱར་ལ་རྩེ་གཅིག་ཏུ་སྒོམ་པས་ཉམས་རྟོགས་ཀྱི་ཡོན་ཏན་བརྙེས་པ་དང་། གཞན་ཡང་སྦྱོར་བ་དྲུག་དང་། རྒྱུད་ཕྱི་མ་སོགས་དུས་འཁོར། རྡོ་རྗེ་སྙིང་འགྲེལ་ལ་སོགས་པ་ཐུན་མོང་དང་ཐུན་མོང་མིན་པའི་ཆོས་དུ་མ་གསན།

བླ་མ་དམ་པ་དཔལ་ལྡན་སེང་གེའི་དྲུང་ནས་དུས་འཁོར་གྱི་དབང་བཀའ་ར་འབྲིའི་དགོངས་པ་གཅིག་ཏུ་དྲིལ་བ་ལ་ཕྱག་ལེན་ར་ལུགས་གཙོ་བོར་མཛད་པ་ལ་སོགས་པ་དུ་མ་ཞུས་ཏེ་ཕར་ཕྱིན་གྱི་འགྲེལ་ཆུང་དང་། བསྟན་པ་སྤྱིའི་ཆོས་འབྱུང་ལ་སོགས་པའི་བཀའ་རྩོམ་ཡང་མང་པོ་གནང་།

དེ་རྗེས་དཔལ་དུས་ཀྱི་འཁོར་ལོ་ལ་ཐུགས་སྦྱོང་དཔྱིས་ཕྱིན་པ་མཛད་པར་དགོངས་ནས་དུས་ཀྱི་འཁོར་ལོའི་ཚིག་དོན་ལ་མཁས་པའི་ཡང་རྩེར་སོན་པ་དཔོན་པོ་རྡོ་རྗེ་རྒྱལ་མཚན་གྱི་དྲུང་ནས་དུས་འཁོར་ཆ་ལག་མ་ཚང་བ་མེད་པ་གསན་པས་དུས་འཁོར་ལ་ཤིན་ཏུ་མཁས་པར་གྱུར་པ་དང་། བླ་མའི་གསུང་གིས་ཀྱང་། འོ་ཆོས་བདག་པོ་ལ་འཁྱོད་དོ། ད་ཀུན་སློ་བདེའོ་ཞེས་གསུངས་པར་གྲགས་པ་བཞིན། ཕྱིས་དུས་ཀྱི་འཁོར་ལོའི་རྒྱུད་དོན་རྒྱ་ཆེར་སྤེལ་བས་གངས་ཅན་གྱི་ལྗོངས་འདིར་ཕྱིས་བྱོན་གྱི་མཁས་པ་རྣམས་ཀྱི་ནང་ནས་དུས་ཀྱི་འཁོར་ལོ་ལ་མཁས་པ་བུ་དོལ་གཉིས་ཞེས་བྱ་བའི་སྙན་གྲགས་ཀྱིས་ཁྱབ།

དགུང་ལོ་སོ་གཅིག་པ་སྤྱི་ལོ1320ལྕགས་སྤྲེལ་ལོ་ཞྭ་ལུ་གསེར་ཁང་གི་བདག་པོ་སྐུ་ཞང་གྲགས་པ་རྒྱལ་མཚན་གྱིས་ཞྭ་ལུའི་གཙུག་ལག་ཁང་ཉམས་གསོ་གནང་བའི་དབུ་ཚུགས་ཏེ་སྣ་མོན་གྱི་ཡུལ་ནས་ཤིང་ཆ་ཚན་ཆེན་པོ་

དྲང་ས། རྒྱ་ནག་ནས་བཟོ་བོ་མཁས་པ་བོས་ནས་རྒྱ་ཕུབས་གཡུ་རྩེ་མ་གསེར་གྱི་གཉྫི་ར་བརྩུགས་པ་ཆེ་བ་བཞི། སློ་འབུར་མིག་མངས་རིས་སུ་བྲིས་པ། གཡུ་རྩེ་མའི་བ་གམ་ལན་སྐན་ལ་གསེར་གྱི་གཉྫི་རས་བརྒྱན་པ། གསེར་ཁང་རྒྱ་ཕིབས་གསུམ་རྩེགས་སུ་ཡོད་པ་དང་། གཞན་རྣམས་རྒྱ་ཕིབས་ཉིས་རྩེགས་ཅན། དེ་ཐམས་ཅད་ལ་དྲིལ་བུ་དང་གཡེར་ཁའི་དྲ་བས་བྲིས་པ་ལ་སོགས་པའི་གཙུག་ཁང་རྟེན་བརྟེན་པར་བཅས་པ་ཕྱི་ལྟགས་རིས་བསྐོར་བའི་ནང་དུ་གཉུག་མར་གནས་པའི་དགེ་འདུན་རེ་རེ་ལ་གཙང་ཁང་རེ་རེ་དང་བཅས་པ་བཞེངས་ནས་དགེ་འདུན་ལ་ཕུལ་ཞིང་། དགོན་གནས་དེའི་སྟེར་གྱི་མཁན་པོ་གྲགས་པ་གཞོན་ནུ་སྐུ་གཤེགས་པའི་གདན་ཚབ་མཁས་བརྩུན་བཟང་གསུམ་འཛོམས་པ་ཞིག་གདན་འདྲེན་ཞུ་རྒྱུའི་འོས་བུ་སྟོན་རིན་ཆེན་གྲུབ་ཕོ་ནར་དགོངས་ནས་ཁྲི་ཕུར་བུ་སྟོན་རིན་པོ་ཆེ་ཞྭ་ལུའི་གདན་སར་སྤྱན་འདྲེན་པའི་ཞུ་ཡིག་ཕུལ་བ་སྐབས་དེར་སྐུ་ཞང་གྲགས་པ་རྒྱལ་མཚན་དཔང་གྲགས་ཆེ་སྟབས་ཁྲི་ཕུའི་མཁན་སློབ་རྣམས་ཀྱིས་ཞལ་བཞེས་མི་གནང་མཐུ་མེད་བྱུང་བ་མ་ཟད། བུ་སྟོན་རིན་པོ་ཆེས་ཀྱང་འཕྲུལ་ཕུག་གི་དགོས་པ་མང་པོར་དགོངས་ཏེ་ཕེབས་ན་ལེགས་པར་གཟིགས་ནས་དེ་དོན་ཞལ་གྱིས་བཞེས་ཏེ་ཞྭ་ལུའི་གདན་སར་ཕེབས་ཤིང་། དེ་ནས་དགུང་གྲངས་རེ་བདུན་པ་སྤྱི་ལོ1356རབ་བྱུང་དྲུག་པའི་མེ་སྤྲེལ་ལོ་བར་ཞྭ་ལུའི་གདན་ས་ལོ་ངོ་སུམ་ཅུ་སོ་དྲུག་མཛད།

བུ་སྟོན་རིན་པོ་ཆེ་ཞྭ་ལུར་ཕེབས་ནས་མི་རིང་བར་ཚད་མ་རྣམ་ངེས། ཕར་ཕྱིན། མངོན་པ་ཀུན་བཏུས་སོགས་ཀྱི་བཤད་པ་འཛུགས་པར་མཛད།

བུ་སྟོན་རིན་པོ་ཆེས་བོད་ཀྱི་རིག་གནས་དར་རྒྱས་དང་། ལྷག་པར་ཞྭ་

ལུའི་བཤད་སྒྲུབ་འཆད་ཉན་འཕེལ་རྒྱས་ཡོང་བའི་ཆེད་དུ་ཉིན་རེར་ཆོས་ཐུན་དྲུག་རེ་ཆག་མེད་ཐོག མཚན་མོ་ཡང་དོན་གཉེར་ཅན་དུ་མའི་རེ་བ་སྐོང་སླད་འདོད་ཆོས་ཅི་རིགས་བཅྲལ་བས་སྤྱིན་བདག་སྐུ་ཞང་གྲགས་པ་རྒྱལ་མཚན་གྱིས་དད་གུས་ཚད་མེད་པ་ཞུས་པ་དང་། སྐན་གྲགས་གང་སར་ཁྱབ་ཀྱང་ཆོས་ཟབ་སར་བདུད་སྟང་བའི་དཔེ་བཞིན་ཞྭ་ལུའི་དགེ་བཤེས་བགྲེས་པོ་འགས་ཕྲག་དོག་གིས་ལོག་སྒྲུབ་ཅི་ཡང་བྱས་སྟབས་བུ་སྟོན་རིན་པོ་ཆེའི་ཐུགས་ལ་གནས་འདིར་རྒྱུན་རིང་འཆད་ཉན་སྤེལ་རྒྱུ་ཡང་ཆགས་སྟང་འཕེལ་བའི་རྒྱུ་རུ་འགྲོ་བ་འདུག ཅི་བྱས་ཆོས་སུ་འགྲོ་བའི་དབེན་པའི་གནས་སུ་ཐོས་དོན་སྒོམ་པའི་ཉམས་ལེན་རྣལ་མ་ཞིག་བྱེད་པར་ཕྱིན་ན་ལེགས་པར་སྣང་དགོངས་ཏེ་སྦྱིན་བདག་སྐུ་ཞང་གྲགས་པ་རྒྱལ་མཚན་ལའང་དེའི་སྐོར་གསང་འཕྲིན་ཚིགས་བཅད་མ་བཅྲལ་བས་སྦྱིན་བདག་ཧབ་ཧབ་པོར་གྱུར་ནས་དེ་ལྟར་མི་མཛད་པའི་གསོལ་བ་བཏབ་ཐོག དགེ་བཤེས་ཕྲག་དོག་ཅན་ཆོས་ཀྱང་འཀྱོད་བཤགས་ཡང་དག་པ་ཞུས་ནས་ཕྱིན་ཆད་དེ་ལྟར་མི་བྱེད་པའི་སྡོམ་སེམས་བརྟན་པོར་བཟུང་སྟེ་ཞྭ་ལུ་རང་དུ་སྟན་ཆགས་དགོས་པའི་གསོལ་བ་བཏབ་པ་ལྟར་རེ་ཞིག་ཞལ་གྱིས་བཞེས་ཏེ་ཞྭ་ལུར་རྒྱུད་སྡེ་དང་། མཚན་ཉིད་ཀྱི་བཤད་གྲྭ་འཛུགས་གནང་མཛད། སྤྱར་རྗེ་བོ་རྗེ་དཔལ་ལྡན་ཨ་ཏི་ཤས་ཞབས་ཀྱིས་བཅགས་ཤིང་ཐུགས་དམ་ས་ཚྭ་བཞུགས་པའི་གནས་ཞྭ་ལུ་རི་ཕུག་ཏུ་གཙུག་ལག་ཁང་ཆེན་པོ་བཞེངས་ཏེ་དགེ་འདུན་གྱི་སྡེ་ཡང་བཙུགས་ཐོག གནས་དེར་དབྱར་དགུན་གཉིས་ཕར་ཕྱིན་དང་། མངོན་པ་ཀུན་བཏུས། སྤྱོད་འཇུག་སོགས་དང་། སྟོན་དཔྱིད་གཉིས་དུས་འཁོར། གསང་འདུས་སོགས་མདོ་སྔགས་ཀྱི་གཞུང་བཤད་དང་འགྲེལ་པ་མཛད་ཐོག ཞར་ཆོས་སུ་

དབང་ལུང་མན་ངག་རྒྱ་ཆེན་པོ་བརྙལ།

ལྷག་པར་སྣང་ཐང་དུ་བཞུགས་པའི་བསྟན་འགྱུར་ན་དེ་སྔ་མ་ཚུད་པ་དང་། གསར་དུ་འགྱུར་བ་ཇེ་སྙེད་བསྣན་པ་བཅས་ཆོས་ཚན་སུམ་སྟོང་བརྒྱ་སྐོར་བཞུགས་པའི་བསྟན་འགྱུར་རིན་པོ་ཆེ་གསར་དུ་བཞེངས་པ་མ་ཟད། དེའི་དཀར་ཆག་ཡིད་བཞིན་དབང་གི་རྒྱལ་པོ་ཡང་བརྙམས་པར་མཛད།

དེའི་སྐབས་སུ་ཞྭ་ལུར་དབུས་གཙང་ཁམས་གསུམ་དང་། རྒྱ་གར། རྒྱ་ནག བལ་ཡུལ། བྲུག་པ། ཡུ་གུར། ཧོར་སོགས་ནས་དད་ལྡན་གྱི་སློབ་མ་བདུན་སྟོང་བཞི་བརྒྱ་ཙམ་འདུས་པར་ཟབ་ཆོས་བརྙལ་བས་བུ་སྟོན་ཐམས་ཅད་མཁྱེན་པའི་བརྩུན་བཟང་གསུམ་གྱི་སྙན་གྲགས་ཕྱོགས་བརྒྱར་ཁྱབ་ཅིང་། ཡོན་གོང་མ་ནས་ཀྱང་། བཀུར་སྟི་དང་ནང་སར་གདན་ཞུ་བྱས་པའི་སྐོར། ཐུགས་སྲས་སྒྲ་ཚད་པས་མཛད་པའི་རྣམ་ཐར་སྙིམ་པའི་མེ་ཏོག་ནང་" མདོར་ན་སའི་སྟེང་ན་འགྲན་གྱི་དོ་ཟླ་ཐམས་ཅད་དང་བྲལ་བའི་བྱང་ཆུབ་སེམས་པ་ཆེན་པོ་དེའི་སྙན་པ་དང་གྲགས་པའི་དྲིལ་ཆེན་པོས་ས་སྟེང་ཐམས་ཅད་ཁྱབ་པས། རྒྱ་ནག་པོའི་ཡུལ་ནས་སྟོབས་ཀྱིས་འཁོར་ལོས་བསྒྱུར་བའི་རྒྱལ་པོ་ཐོ་གོན་ཐེ་མུར་གན་དང་། རྒྱ་གར་ཡུལ་ནས་ཆོས་ཀྱི་རྒྱལ་པོ་པྲཛྙ་མ་ལ་སོགས་ཀྱིས་ཀྱང་ཤཱཀྱ་མུ་ནེའི་རྒྱལ་ཚབ་བསྟན་པའི་སྲོག་ཤིང་ཆེན་པོ་བླ་མ་བུ་སྟོན་སྐུ་ལ་སྙུན་མི་མངའ་འམ། ཐུགས་གཟེར་མ་མཆིས་སམ། ལྷང་བ་ཡང་ངམ། གཤེགས་པ་སྤྱོད་དམ་ཞེས་སོགས་ཀྱི་འཕྲིན་ཡིག སྐྱེས་དང་བཅས་པ་གློག་ཉིད་ཀྱི་འཕྲིན་ཡིག་ཆོས་ཟབ་མོའི་སྐྱེས་ལན་དང་བཅས་པ་ཡང་ཕྱོགས་ཐམས་ཅད་དུ་གློག ཕྱོགས་ཀྱི་ཐ་གྲུ་ཐམས་ཅད་ནས་འདི་ལ་གཅེས་པའི་སྒོ་ནས་ཀུན་གྱིས་སྲུང་། དུས་དེའི་ཚེ་ན་རྒྱ་ནག་པོའི་ཡུལ་དུ་གདན་འདྲེན་གྱི་གསེར་

ཡིག་པ་རྫོམ་པ་ན། ཆོས་ཀྱི་རྗེའི་ཐུགས་ཀྱིས་མཁྱེན་ཏེ་སྤྲེ་ལོ་（ཤིང་སྤྲེ་སྤྱི་ལོ1344）ཟླ་བ་དང་པོའི་ཚེས་གཅིག་ལ་རྒྱལ་པོའི་དྲུང་དུ་སླེང་། ཟླ་བ་གསུམ་པའི་ཚེས་གཅིག་ལ་འཛའ་ས་བྲིས། ཟླ་བ་དགུ་པའི་ཚེས་བཅོ་ལྔ་ལ་ཧོར་གྱི་མི་ཆེན་ཧྰ་དེ་ཚེང་དབེན་ཛམླ་ལ་དུ་ཤྲི་མགོན་གྱིས་མགོ་བྱས་ཀྱི་གསེར་ཡིག་པ་ཡོང་བ་ཀུན་མཛོན་སུམ་ལྔ་བུར་གཟིགས་ཏེ། ཁོ་ཐོ་འཐོད་པའི་གསེར་ཡིག་པ་ཡོང་བ་རྨིས་གསུང་། དེ་ཁ་ནང་བཞིན་བྱུང་སྐྱེ་ཡོང་ཁར་ཉིད་ཀྱིས་དེར་ཕྱོན་ན་སེམས་ཅན་གྱི་དོན་དུ་འགྱུར་རམ་མི་འགྱུར་གཟིགས་པས་གདུལ་བྱ་དུས་ལ་མ་བབས་པར་གཟིགས་ནས་ཟླ་བ་བཅུ་པ་ནས་གདན་འདྲེན་གྱི་གསེར་ཡིག་པར་ཕྱིར་མ་ལོག་གི་བར་ལ་དབེན་པ་བསྟེན་ནས་གསོ་ཆེར་ཐུགས་དམ་ཟབ་མོ་མཛད། དེ་བར་ལ་སྒྲ་ཀླ་ལ་པའི་འགྲེལ་པ་དུ་ཀ་སེང་ཧའི་འགྲོ་བསྒྱུར། དེའི་དཔེ་འགྲེལ་ཆེན་པོ་ཡང་མཛད་”①ཅེས་གསལ་བ་ལྟར་ན་ནང་སར་ཕེབས་རྒྱུ་དགག་བྱ་ཆེ་ཞིང་དགོས་པ་ཆུང་བར་གཟིགས་ནས་དབེན་པ་བསྟེན་པའི་ཟོལ་མཛད་དེ་དགོངས་ཞུ་གནང་བས་རེ་ཞིག་ཡོན་གོང་མ་ཐོ་གན་ཐེ་མུར་གྱི་བཞེད་པ་དོན་དང་ལྡན་པར་མ་གྱུར་ཀྱང་། བུ་སྟོན་རིན་པོ་ཆེ་དགུང་ལོ་དྲུག་ཅུ་རེ་བཞི་པ་སྤྱི་ལོ1473ཆུ་སྦྲུལ་ལོ་རྒྱལ་བུ་པྲ་ཛྙ་ཅིང་ཟེའུ་དབང་ཆོས་ཞུར་ཕེབས་པའི་སྐོར། རྣམ་ཐར་སྒྲིམ་པའི་མེ་ཏོག་ནང་། “དེ་ནས་དགུང་ལོ་དྲུག་ཅུ་རྩ་བཞེས་པ་ཆུ་མོ་སྦྲུལ་གྱི་ལོ་ལ་སྟོབས་ཀྱི་འཁོར་ལོས་བསྒྱུར་བའི་རྒྱལ་པོ་ཐེང་གི་གན་གྱི་བུ་ཚ་བརྒྱད་དྲུག་པ་རྒྱལ་པོ་པྲཛྙ་ཅུང་ཟེའུ་དབང་། ཧོར་བརྒྱ་ཕྲག་དང་བཅས་པས་དཔལ་དུས་ཀྱི་འཁོར་ལོ་ལ་སོགས་

① （ཞྭ་ལུ་དགོན་གྱི་ལོ་རྒྱུས་མདོར་བསྡུས་དེབ་ངོས105）

པའི་བླ་ན་མེད་པའི་ཆོས་ཟབ་ལ་རྒྱ་ཆེ་བ་ཞུས། ཐར་པའི་ས་བོན་བཏབ། འཁོར་བ་མཐའ་ཅན་དུ་མཛད་དོ། མ་དད་པ་རྣམས་དད་པར་བྱས། དད་པ་རྣམས་ཕྱིར་སྤེལ་བའི་སྐྱེ་འགྲོ་མང་པོའི་དོན་མཛད། ཆོས་ཀྱི་ཡོན་དུ་ཁྲི་བཙུན་གསོལ་ངེས་པ་མང་པོའི་སྟོག་སྐྱབས"[1] ཞེས་འཁོད་པ་ལྟར་དང་། དེ་རྗེས་དགུང་ལོ་རེ་བརྒྱད་པ་མེ་བྱ་ལོ་ཡོན་གོང་མ་ཐོ་གན་ཐེ་མུར་གྱིས་མཚན་གཟིགས་ཕུལ་བའི་སྐོར། (སྤྱི་ལོ1357) རྣམ་ཐར་སྙིམ་པའི་མེ་ཏོག་ནང་"ཆུ་མིག་དཔལ་གྱི་སྡེ་ཆེན་དུ་བྱོན་ནས་གོང་མའི་གསེར་ཡིག་པ་བླ་མ་ཁྲུ་དབོན། སི་ཏུ་ཆེན་པོ་སོགས་དང་མཇལ་འཛོམ་མཛད་ཅིང་། གོང་མས་གནང་བའི་འཇའ་ས་བསྣུགས"[2] ཞེས་འཁོད་པའི་མཚན་གཟིགས་འདི་ནི། ལོ་དུས་ལ་དཔགས་ན་ཡི་ལའོ་དབེན་དང་། རྒྱལ་རིན་དབོན་པོས་ཕག་གྱུ་བྱང་ཆུབ་རྒྱལ་མཚན་ལ་ཏའི་སི་ཏུའི་མཚན་གཟིགས་འཕྲེར་ཡོང་བ་དང་དུས་མཉམ་ཕུལ་བ་ཡིན་པར་སྣང་།

དགུང་ལོ་དྲུག་ཅུ་རེ་གཉིས་པ་སྤྱི་ལོ1351ལྕགས་ཡོས་ལོ་དབུས་སུ་ཐེབས་ནས་གཡའ་ཕག་གི་འབྲུག་ཆེན་བསྐྱུམ་པར་མཛད་པ་དང་། དབུས་སུ་དགོན་གནས་མང་པོར་མདོ་སྔགས་ཀྱི་བཤད་གྲྭ་གསར་འཛུགས་གནང་།

དགུང་ལོ་རེ་གསུམ་པར་རི་ཐུག་ཏུ་སྒྲུ་འབུམ་མཐོང་གྲོལ་ཆེན་མོའི་རྨང་བཏིངས། དགུང་ལོ་རེ་བཞི་པར་ཁྲོ་ཕུའི་གདན་ས་ཡང་མཛད་དེ། དེར་ཡང་བཤད་གྲྭ་དང་སྒྲོམ་གྲྭ་འཛུགས་པ་སོགས་མཛད།

---

① (ཞྭ་ལུ་དགོན་གྱི་ལོ་རྒྱུས་དེབ་ངོས124 –138)
② (ཞྭ་ལུ་དགོན་གྱི་ལོ་རྒྱུས་དེབ་ངོས124 –138)

དཀྲུང་གྲངས་རེ་བདུན་པར་ཐུགས་སྲས་སྒྲ་ཚད་པ་རིན་ཆེན་རྣམ་རྒྱལ་ཞྭ་ལུའི་གདན་སར་བསྐོས་ཏེ་ཆོས་རྗེ་ཉིད་རི་ཕུག་ཏུ་གཏན་བཞུགས་མཛད་པ་མ་ཟད། དཀྲུང་གྲངས་དོན་བཞི་པའི་མཇུག་ནས་སྐུ་མཚམས་བཅད་དེ་ཉིན་མཚན་ཡོར་ཡུག་ཏུ་ཐོག་ཕུར་བཞུགས་པ་ལས་དབུ་སྐྱེས་ལ་མི་རེག་པའི་དམ་བཅའ་མཛད་དེ་ཉམས་བཞེས་ལ་གཅིག་ཏུ་གཞོལ་བའི་མུར་དཀྲུང་གྲངས་དོན་ལྔ་པ་སྤྱི་ལོ1364རབ་བྱུང་དྲུག་པའི་ཤིང་འབྲུལ་ལོར་ཞྭ་ལུ་རི་ཕུག་ཏུ་ཞི་བར་གཤེགས།

ཁོང་གི་གསུང་མ་རྩོམ་ལ་མཚོན་ན་སྒྲ་རིག་པའི་གཞུང་འགྲེལ་དང་། སྡེར་མ་འགྱུར་བའི་བཀའ་བསྟན་བཅོས་མང་པོ་བསྒྱུར་བ་དང་། ཧོར་ཀོང་བསབས་པ། བསྒྱུར་ཟིན་ལ་ཞུས་དག གཞན་ཡང་ཆོས་འབྱུང་དང་། རྩིས་ཀྱི་གཞུང་ལུགས། གཞུང་ཆེན་ལྔ་དང་། རྒྱུད་སྡེ་བཞིའི་སྐོར་སོགས་མདོ་སྔགས་རིག་གནས་དང་བཅས་པའི་གསུང་རྩོམ་པོད་ཆེན་ཉི་ཤུ་རྩ་བདུན་བཞུགས་པ་རྣམས་བོད་ཀྱི་ལོ་རྒྱུས་དང་། ཆོས་ལུགས་བཅས་ལ་ཞིབ་འཇུག་བྱ་རྒྱུར་གཞི་འཛིན་ས་དང་། དཔྱད་གཞིའི་རིན་ཐང་ཤིན་ཏུ་ཆེ་བ་མ་ཟད་གྲུབ་མཐའ་རིས་མེད་ཀྱི་མཁས་པས་ཆོས་རྗེ་བུ་སྟོན་ནི་ཚད་མའི་སྐྱེས་བུར་འཛིན་ཏེ་སངས་རྒྱས་གཉིས་པ་བུ་སྟོན་ཞབས་ཞེས་བསྔགས་བརྗོད་ཀྱི་མེ་ཏོག་འཐོར་བ་དང་། བུ་ལུགས་ཞེས་པའི་གྲུབ་མཐའི་སྲོལ་ཡང་གསར་དུ་གཏོད་ཅིང་། ལྷག་པར་དུས་འཁོར་དང་། བོད་ཀྱི་སྐར་རྩིས་རིག་པའི་སྐོར་དེ་བས་ཕྱུག་རྗེས་ཆེ་བ་འཇོག་གནང་བཅས་ལ་མགྲིན་གཅིག་གིས་བསྔགས་བརྗོད་ཀྱི་སྒྲ་དབྱངས་རྒྱུན་མར་སྒྲོག་པ་ལགས་སོ། །

2. ཚལ་པ་ཀུན་དགའ་རྡོ་རྗེའི་ལོ་རྒྱུས་དང་། ཚལ་པའི་དེབ་དམར།

ཚལ་པ་ཀུན་དགའ་རྡོ་རྗེ་ནི། ཚལ་པ་ཁྲི་དཔོན་དྲུང་ཆེན་སྨོན་ལམ་རྡོ་རྗེའི་སྲས་སུ་སྤྱི་ལོ1309རབ་བྱུང་ལྔ་པའི་ས་བྱ་ལོར་འཁྲུངས།

དགུང་ལོ་ལྔ་ནས་བཟུང་ཡི་གེ་འབྲི་ཀློག་དང་། ཚལ་པ་བཀའ་བརྒྱུད་ཀྱི་ཆོས་སྐོར། མདོ་སྔགས་རིག་གནས་དང་བཅས་པར་ངོམ་པ་མེད་པའི་གསན་སྦྱོང་རིམ་པར་གནང་བས་མཁས་པའི་གནང་བས་མཁས་པའི་སྙན་གྲགས་ཐོབ་པ་ཞིག་ཡིན།

དགུང་ལོ་བཅོ་ལྔ་པ་སྤྱི་ལོ1323རབ་བྱུང་ལྔ་པའི་ཆུ་ཕག་ལོར་ཚལ་པ་ཁྲི་དཔོན་གྱི་གོ་སར་བཞུགས།

དགུང་ལོ་བཅུ་བདུན་པ་སྤྱི་ལོ1342ཤིང་སྤྲང་ལོར་ཡོན་གོང་མ་ཡེ་སུན་ཐེ་མུར་གྱི་དྲུང་དུ་ཕེབས་ཏེ་དངུལ་བྲེ་ཆེན་དང་། དངུལ་གྱི་ཐམ་ག་གསེར་གྱི་རྒྱན། གོས་དར་སོགས་མང་པོ་དང་། ཚལ་པའི་མི་སྡེ་དབང་རིས་ཐམས་ཅད་ཤེས་སུ་བཅུག་པའི་འཇའ་ས་ཐོབ། ཁོང་གིས་དགུང་ལོ་བཅོ་ལྔ་པར་རྫོ་མོ་ཁབ་ཏུ་བཞེས་པ་སུམ་ཅུ་སོ་གསུམ་བར་བསྙེན་གནང་བའི་སྲས་དགེ་ལེགས་བཟང་པོ་བྱ་བ་འཁྲུངས། ཚལ་པ་ཁྲི་དཔོན་གྱི་གོ་སར་ལོ་ཉི་ཤུ་རྩ་བརྒྱད་བཞུགས་པའི་རིང་ཚལ་གུང་ཐང་གི་གཙུག་ལག་ཁང་དང་། ལྷ་ས་གཙུག་ལག་ཁང་། པོ་ཏ་ལ་བཅས་ལ་བདག་གཉེར་རྣམས་གསོ་ལེགས་པར་མཛད་པ་དང་། སྐུ་གསུང་ཐུགས་ཀྱི་རྟེན་བཞེངས། རི་བོ་དགེ་འཕེལ་ཕྱུག་

བཏབ་པ་སོགས་ཕྱག་རྗེས་ཆེན་པོ་འཇོག་གནང་མཛད། ལྷག་པར་བུ་སྟོན་རིན་ཆེན་གྲུབ་ཚུལ་དུ་གདན་དྲངས་ཏེ་སྣར་ཐང་གི་བཀའ་འགྱུར་སོགས་སྐབས་དེར་བོད་དུ་བཞུགས་པའི་བཀའ་འགྱུར་མང་པོར་ཞིབ་བསྡུར་དང་། ཞུས་དག་ལེགས་པར་མཛད་དེ་གསེར་དངུལ་གྱི་བཞུན་ལུ་འདྲེས་མས་བྲིས་པའི་བཀའ་འགྱུར་པོད་ཉིས་བརྒྱ་དྲུག་ཅུ་བཞེངས་པ་དེར་ཚལ་པའི་བཀའ་འགྱུར་ཞེས་བོད་ཀྱི་མཁས་པ་མང་པོས་ཚད་དང་ལྡན་པའི་བཀའ་འགྱུར་གྱི་མ་དཔེར་བརྩི་བ་དེ་བྱུང་བ་མ་ཟད། དེའི་དཀར་ཆག《དེབ་ཐེར་དཀར་པོ་》ཡང་ཀུན་དགའ་རྡོ་རྗེ་རང་ཉིད་ཀྱིས་རྩོམ་གནང་མཛད། སྐབས་དེར་བུ་སྟོན་ཐམས་ཅད་མཁྱེན་པ་དབུས་སུ་ཕེབས་སྐབས་ཀུང་ཚལ་པ་དཔོན་པོའི་ཁ་ཡ་བྱེད་དགོས་པས་རང་དགར་ཕྱིན་ན་མི་ཡོང་གསུངས་ནས་ཕྱག་དཔེ་མང་པོ་བསྣམས་ཏེ་ཕེབས་ལམ་དུ་ཡང་གཟིགས་ཞིབ་གནང་བར་གྲགས་པ་དེའི་ཐོག་ནས་ཚལ་པ་ཀུན་དགའ་རྡོ་རྗེ་ནི་རིག་པའི་གནས་མཐའ་དག་ལ་མཁྱེན་པ་མཆོག་ཏུ་ཡངས་པ་ཞིག་ཡིན་པ་གང་ལེགས་མཚོན་ཐུབ།

དོན་ཀུང་ཚལ་པ་ཁྲི་དཔོན་གྱི་སྲིད་ཀྱི་མངའ་ཐང་ཐད་ནས་བཤད་ན་ཕོང་གི་དུས་སུ་ཉམས་གྲུད་དུ་གྱུར་པ་ཡིན། དེ་ཡང་ཐོག་མ་ཁྲི་དཔོན་གཡའ་བཟང་པ་དང་། ཕག་མོ་གྲུ་པའི་དབར་འགལ་བ་རིམ་བཞིན་རྙོ་ངར་ཅན་དུ་སོང་སྟེ་ཕན་ཚུན་དྲག་པོའི་འཁྲུག་ཆེན་བྱེད་དགོས་བྱུང་བའི་སྐབས་ཚལ་པ་ཀུན་དགའ་རྡོ་རྗེས་གཡའ་བཟང་པའི་ཕྱོགས་སུ་ལངས་པ་དང་། ས་སྐྱའི་དཔོན་ཆེན་སོགས་དང་སྡེབས་ནས་གནང་སྒོ་མི་འཚམས་པ་འགའ་ཞིག་བྱུང་བས་ཕག་མོ་གྲུ་པ་ཏའི་སི་ཏུ་བྱང་ཆུབ་རྒྱལ་མཚན་དང་དགྲ་ཟླར་གྱུར་པའི་རྐྱེན་གྱིས་གཡའ་ཕག་འགལ་བའི་ཁྲིད་དུ་ཚལ་པ་ཡང་ཐག་ཞོར་འཁྲིད་དྲུད་

ཀྱིས་སྤྱི་ལོ1353རབ་བྱུང་དྲུག་པའི་ཆུ་འབྲུག་ལོར་ཚལ་པའི་དབང་རིས་ཕག་གྲུར་ཤོར་ཏེ་ཉམས་གྱུད་དུ་གྱུར་ཅིང་། དེ་རྗེས་མིང་ཙམ་གྱི་ཚལ་པའི་ཁྲི་དཔོན་གྱི་གོ་སར་རང་གི་གཙུང་པོ་གྲགས་པ་ཤེས་རབ་བསྐོས་ནས་རང་ཉིད་མཁན་ཆེན་དོན་ཞགས་པ་སངས་རྒྱས་རིན་ཆེན་གྱི་དྲུང་ནས་རབ་བྱུང་དང་བསྙེན་རྫོགས་ཀྱི་སྡོམ་པ་བཞེས་ཏེ་མཚན་ཡང་དགེ་བའི་བློ་གྲོས་ཞེས་བྱ་བ་གསོལ་ཞིང་། གཙྪ་པ་སྐུ་ཕྲེང་བཞི་པ་རོལ་པའི་རྡོ་རྗེ་མེས་རྒྱལ་ནང་ཁུལ་ནས་བོད་དུ་ཕྱིར་ཕེབས་གནང་རྗེས་ཚལ་གུང་ཐང་དུ་གདན་དྲངས་ནས་མདོ་སྔགས་ཀྱི་ཆོས་མང་དུ་ཞུ་བ་སོགས་མཛད། རྗེས་སུ་ཚལ་པ་ཀུན་དགའ་རྡོ་རྗེར་སི་ཏུ་ཐམས་ཅད་མཁྱེན་པ་དགེ་བའི་བློ་གྲོས་ཞེས་མཁན་པའི་ཚད་དུ་འཛིན་པའི་སྙན་གྲགས་ཆེན་པོ་བྱུང་།

མཐར་དགུང་ལོ་ལྔ་བཅུ་ང་ལྔ་པ་སྤྱི་ལོ1364རབ་བྱུང་དྲུག་པའི་ཤིང་སྦྲུལ་ལོར་སྐུ་གཤེགས།

ཚལ་པ་ཀུན་དགའ་རྡོ་རྗེའམ། སི་ཏུ་དགེ་བའི་བློ་གྲོས་ཀྱིས་མཛད་པའི་བཀའ་རྩོམ་ལ། ཚལ་པ་བཀའ་འགྱུར་གྱི་དཀར་ཆག《དེབ་ཐེར་དཀར་པོ་》དང་། རྒྱལ་རབས་ལོ་རྒྱུས《དེབ་ཐེར་དཀར་པོ》དེའི་ལྷན་ཐབས《དེབ་ཐེར་ཁྲ་བོ་》གུང་ཐང་བླ་མ་ཞང་དང་། རང་ཉིད་ཀྱི་ཡབ་སྨོན་ལམ་རྡོ་རྗེའི་རྣམ་ཐར་སོགས་ཡོད་པ་ལས་སྐབས་འདིར་རྒྱལ་རབས་ལོ་རྒྱུས《དེབ་ཐེར་དམར་པོའི་》སྐོར་རགས་ཙམ་མཚོན་དཔེར་ཞུ་ན།

དེབ་ཐེར་དམར་པོའི་ནང་དོན་ནི་རྒྱ་གར་དང་། རྒྱ་ནག མི་ཉག་ཧོར། བོད་བཙས་ཀྱི་རྒྱལ་རབས་མདོར་བསྡུས་དང་། ལྷག་པར་བོད་ཀྱི་ལོ་རྒྱུས་སྐབས་བསྟན་པ་ཕྱི་དར་ནས་བཟུང་བོད་དུ་ནང་པ་སངས་རྒྱས་པའི་གྲུབ་

མཐའ་ཁག་གི་བྱུང་ཚུལ་རྒྱས་པར་འགོད་པས་ལོ་རྒྱུས་ཀྱི་གནས་ཚུལ་སྤྱི་དང་བྱེ་བྲག་ལ་ཞིབ་འཇུག་བྱ་རྒྱུར་དཔྱད་གཞིའི་རིན་ཐང་ཆེ་བ་དང་། བོད་ཀྱི་ལོ་རྒྱུས་སྨྲ་བ་རྣམས་ཀྱིས་དེབ་ཐེར་དེར་ག་སྙོགས་མཐོང་ཧ་ཅང་ཆེན་པོ་དང་ཁུངས་བཙུན་པའི་གྲས་སུ་ཡང་བརྩི་བ་ཡིན། ལྷག་པར་དེབ་ཐེར་འདི་ལ་དེབ་ཐེར་གཞན་དང་མི་འདྲ་བའི་ཁྱད་ཆོས་ཤིག་ཡོད་པ་ནི། རྒྱའི་ཡིག་ཚང་ནང་འགོད་པ་རྒྱ་ནག་གི་ཀྲའུ་རྒྱལ་རབས་ནས་ཐང་རྒྱལ་རབས་བར་གྱི་ལོ་རྒྱུས་དང་། ཐང་རྒྱལ་རབས་ཀྱི་ལོ་རྒྱུས་ཐང་ཤུའུ་ཞེས་པའི་ནང་ལས་བྱུང་བའི་ཐང་བོད་རྒྱལ་རབས་གནད་བསྡུས། ཞང་རྒྱལ་རབས་ནས་སུང་སྔོ་མའི་རྒྱལ་རབས་བར་གྱི་ལོ་རྒྱུས། མི་ཉག་གམ་ཤིའུ་ཞ་ཡི་རྒྱལ་རབས། ཡོན་རྒྱལ་རབས་ལ་སོགས་པ་རྒྱ་ཡིག་ཏུ་འགོད་པའི་སྙིང་པོ་བཏུས་ཏེ་བཀོད་པ་དེས་ཐུན་མོང་མི་རིགས་ཁག་གི་ལོ་རྒྱུས་ལ་ཞིབ་འཇུག་བྱ་རྒྱུར་དཔྱད་གཞིའི་རིན་ཐང་ཆེ་བ་མ་ཟད། ལྷག་པར་ཐང་བོད་རྒྱལ་རབས་གནད་བསྡུས་ནང་ཐང་བོད་རྒྱལ་རབས་གཉིས་དུས་མཚུངས་བསྒྲིགས་ཏེ་དཔྱད་གཞིར་བཀོད་ཡོད་པ་དེས་ཐང་བོད་འབྲེལ་བའི་ལོ་རྒྱུས་སོགས་རྒྱ་བོད་ཐུན་མོང་མི་རིགས་ཀྱི་ལོ་རྒྱུས་ལ་ཞིབ་འཇུག་བྱེད་སྐབས་མེད་དུ་མེད་ཐུབ་པའི་དཔྱད་གཞི་ཧ་ཅང་གལ་ཆེན་པོ་ཞིག་ཐོན་ཡོད།

ཚལ་པ་ཀུན་དགའ་རྡོ་རྗེས་རྩོམ་པའི་དེབ་གཏེར་དམར་པོ་བརྩམས་པའི་རྗེས་བོད་ཀྱི་ལོ་རྒྱུས་སྨྲ་བ་དགའ་ཞིག་གི་ཐུགས་ལ་སེམ་པ་ཐོབ་ནས་ལ་ལས་ཚལ་པའི་དེབ་དམར་ནང་གི་རྒྱའི་ཡིག་ཚང་སྐོར་དེ་དག་རང་གིས་བརྩམས་པའི་ལོ་རྒྱུས་དེབ་ཐེར་ནང་དྲངས་པའམ། ཡང་ན་དེ་ལ་མིག་དཔེ་མཛད་པ། ལྷག་པར་དེ་ལས་འཕྲོས་ཏེ་དེ་བས་རྒྱ་ཆེ་བ་དང་། གཏིང་ཟབ་

པ། ཡང་དག་པ་བཅས་ཀྱི་དེབ་ཐེར་མི་ཉུང་བ་ཞིག་བརྩམས་པར་མཛད་པས་ལོ་རྒྱུས་དངོས་ཀྱི་དཔྱད་གཞིའི་ནང་དོན་ཕུན་སུམ་ཚོགས་སུ་གྱུར་པ་མ་ཟད། དེ་དག་བསྒྱུར་ནས་བོད་ཀྱི་ལོ་རྒྱུས་སྨྲ་བ་ཚོར་བོད་ཀྱི་ལ་རྒྱུས་ལ་ཞིབ་འཇུག་བྱེད་པའི་བློ་སྒོ་ཆེས་ཕྱེ་བ་དང་། གློག་པ་པོ་ཡོངས་ལའང་བོད་དང་འབྲེལ་བའི་ཕྱུན་ཟླ་མི་རིགས་ཀྱི་ལོ་རྒྱུས་རགས་པ་མཁྱེན་རྟོགས་ཐུབ་པ་བཅས་ལོ་རྒྱུས་ཀྱི་གནས་ཚུལ་ལ་གཟིགས་རྒྱུ་དེ་བས་ཆེ་རུ་འགྲོ་རྒྱུར་ཕན་ཐོགས་ཆེན་པོ་བྱུང་བ་བཅས་མདོར་ན་སྐབས་ཤིག་བོད་ཀྱི་ལོ་རྒྱུས་རིག་པ་དེ་སྔོན་ཆད་བཟོ་ཆུན་མཁྱུད་མོ་ལྟར་ཡུན་རིང་གཅིག་ཏུ་འཁོར་ནས་བསྐྱར་བཤད་ཡང་བཤད་ཀྱི་དྲ་བར་ཚུད་པའི་སྐབས། ཕྱི་ཡུལ་གནས་དུས་དང་བལྟ་བསྡུར་བྱེད་པའི་སྐར་ཁུང་ཆུང་ངུ་ཞིག་ཕྱེ་བ་དེ་ནི་བོད་ཀྱི་ལོ་རྒྱུས་རིག་པ་འདི་རིམ་བཞིན་ཚན་རིག་དང་མཐུན་པའི་ཕྱོགས་སུ་ཁྲིད་སྟོན་བྱེད་པའི་གསར་གཏོད་ཀྱི་གོམ་པ་དང་པོ་ཞིག་སྤོས་པ་ནི་དེབ་ཐེར་འདིའི་དགེ་མཚན་དཔག་པར་དཀའ་བ་ཞིག་ཏུ་རྩིས་ཆོག་པ་བཅས་སོ།

3. གྲུབ་ཆེན་ཐང་སྟོང་རྒྱལ་པོའི་རྣམ་ཐར།

གྲུབ་ཆེན་ཐང་སྟོང་རྒྱལ་པོ་ནི། ཡབ་སྐྱི་འབྲས་ལུང་པ་དཔོན་པོ་རྡོ་རྗེ་རྒྱལ་མཚན་དང་། ཡུམ་རྒྱ་གར་ལྷ་མོ་གཉིས་ལ་སྲས་སེ་རོ་དཔལ་དང་། སློབ་དཔོན་དཔལ་ཚུལ། ཁྲོ་བོ་དཔལ་ལྡན། འཕན་པོ་ལྷ་དར། ལྷམ་མོ་དཔལ་འཛིན་དང་། རྡོ་རྗེ་མ་བཅས་ལྷམ་སྲིང་དྲུག་ཡོད་པའི་གསུམ་པར་སྤྱི་ལོ1361བོད་རབ་བྱུང་དྲུག་པའི་ལྕགས་གླང་ལོ་རིན་ཆེན་སྡིངས་དང་ཉེ་

བའི་བར་འབྲུངས། ཐོག་མའི་མཚན་ལ་ཁྲི་བོ་དཔལ་ལྡན་ཞེས་བྱ་བ་གསོལ། དགུང་ལོ་ལྔ་བཞེས་པའི་ཚེ་ཡབ་ཡུམ་གྱིས་ར་ལུག་འཚོ་བར་བཏང་བས་ཀུན་སྤྱངས་དོན་ཡོད་རྒྱལ་མཚན་གྱི་ཆོས་རར་ཐོན་ཏེ། དབང་ཁྲིད་རྗེས་གནང་མང་པོ་གསན་པས་ཆོས་ཉན་པ་རྣམས་ཀྱིས་བུ་ཆུང་འདིས་ཆོས་མི་ཤེས་ཟེར་བ་ལ། བླ་མའི་ཞལ་ནས། བྱིས་པ་འདི་ངོ་མཚར་བ་ཞིག་ཡོད་པས་ཆོས་ཀྱིས་ཕན་པ་སྲིད་གསུང་ཞིང་། ར་ལུག་རྣམས་ཀྱང་བོར་བརླག་མེད་པ་འཕེལ་ཆེ་བར་བྱུང་།

དེ་ནས་དགོན་པ་བྱང་སྟེངས་སུ་བླ་མ་ཆོས་སྐྱོང་དཔལ་བ་ལ་ཀློག་ཡིག་བསླབ་པ་བདེ་བླག་ཏུ་མཁྱེན།

དེ་རྗེས་ཡབ་ཡུམ་གཉིས་ཀྱིས་ཇ་དཀར་དང་སླ་རྩི་མང་པོ་བསྐུར་ནས་འདོལ་ཁར་ཚོང་ལ་བཏང་བར། འདོལ་ཁ་རྒྱལ་པོས་ཁྲིམས་ལས་འགལ་བའི་གཉེ་ཤངས་པ་མི་བདུན་ལ་སྟོང་པོ་ཤ་འགྱེད་བྱེད་གྲབས་འདུག་པ་ཐུགས་ཀྱིས་མ་བཟོད་ནས་ཚོང་ཟོག་ཇ་དཀར་དང་སླ་རྩི་མི་ཁྲུར་གཅིག་ཕུལ་ནས་ཉེས་ཅན་དེ་དག་གི་སྲོག་བླུ་མཛད་དེ་རང་ཡུལ་དུ་ཕེབས། ཡབ་དང་མཆེད་ཟླ་རྣམས་ཀྱིས་ཇ་དཀར་དང་སླ་རྩིས་ཅི་ཁྱུག་གསུངས་པར་མི་བདུན་གྱི་སྲོག་ཁྱུག་གསུངས་པར་གྲགས།

དེ་ནས་ཡུལ་འཛིན་པ་ལ་བུ་སུ་འོས་ཡབ་ཡུམ་གཉིས་གྲོགས་མཛད་པས་ཡབ་ཀྱིས་ཁྲི་བོ་དཔལ་ལྡན་འདི་སྤྱོད་པ་ཧུར་ལ་བློ་རིག་དྭངས་པ་ཞིག་འདུག་པས་འདི་འོས་གསུངས་ཤིང་། ཡུམ་གྱིས་མི་རྐྱེད་ལ་ཆོས་རྐྱེད་པས་ཁྲི་བོ་དཔལ་ལྡན་ཆོས་ལ་འཇུག་གསུང་ཏེ་གྲོས་མ་མཐུན་པར་གྲུས་གྲུས་རིན་ཆེན་རྒྱལ་མཚན་ལ་ཞུས་པས་བུ་ཁྲི་བོ་དཔལ་ལྡན་ཆོས་ལ་ཆུག་གསུངས་པ་བཞིན་

དགོན་པ་བྱང་སྡིངས་སུ་བླ་མ་ཉི་མ་སེང་གེ་ཞེས་གསོལ། མཁན་ཆེན་དེའི་དྲུང་ནས་དོན་ཡོད་ཞགས་པའི་སྒྲུབ་ཐབས་དང་། རྒྱུད་ཀྱི་ལུང་སོགས་དང་། ངམ་རིང་ཆོས་སྡེའི་མཁས་པ་སློ་གྲོས་རྡོ་རྗེ་དང་། དཀོན་མཆོག་དར་ལས་རྣམ་འགྲེལ་དང་མངོན་རྟོགས་རྒྱན་སོགས་གསན་ཏེ་དཔལ་ལྡན་ས་སྐྱར་བའི་བཞིའི་གྲྭ་སྐོར་ལ་ཕྱིན། སྐབས་དེར་གྲྭ་སྐོར་བ་གྲོགས་མཆེད་གཞན་གྱིས་མཁས་པར་རློམ་པའི་གཞུང་བཤད་རྒྱས་པར་བྱེད་པ་དག་ནི་ཁ་མཁས་ཀྱང་དོན་མ་གོ་བ་རང་རྒྱུད་རྐྱོང་པོ་མི་ཐུལ་བར་དགོངས་ཏེ་ཆོས་བརྒྱུད་མགོ་སློམས་ཀྱི་བརྟུལ་ཞུགས་ལྟར་བཞེས་ཏེ་གཞན་གྱིས་འཕྱ་བ་སོགས་ལའང་ཇི་མི་སྙམ་པར་བཞུགས་པས་བརྩོན་འགྲུས་སྨིན་པར་གྲགས།

དེ་ནས་རང་ཡུལ་ལ་ལོག་འབྱོན་པའི་ལམ་ཁར་ས་སྐྱ་བདག་པོ་བསོད་ནམས་བཀྲ་ཤིས་ཀྱིས་རྒྱང་འབུམ་མོ་ཆེ་བཞེངས་པའི་མཛད་སྒྲུད་ལ་ཐུགས་གྲོགས་ནས་ཡབ་དང་གཅེན་པོར་ཡོངས་སྤྱོད་ནས་ཚ་ཤས་ཤིག་མཆོད་རྟེན་གྱི་ཞལ་འདེབས་སུ་ཕུལ་ན་ལེགས་པའི་རྒྱུ་མཚན་གསུང་བ་ཁོང་ཆོས་དང་ལྡན་མ་མཛད་ཀྱང་། རྒྱུད་ལས། མ་བྱིན་པར་ཡང་ཁྱོད་ཀྱིས་སློང་། ཞེས་རྡོ་རྗེའི་ཚིག་གི་དོན་སྨིན་པའི་ཐལ་གྱིས་ཕྱག་བཞེས་མཛད་དེ་བདག་ཆེན་འཇམ་པའི་དབྱངས་བསོད་ནམས་བཀྲ་ཤིས་ལ་མཆོད་རྟེན་གྱི་མཐུན་རྐྱེན་དུ་གསེར་ཞོ་བཅུ་དང་ནས་ཁལ་ཉིས་བརྒྱ་ཐམ་པ་ཕུལ།

དེ་རྗེས་མདོ་སྟོད་སྐུ་རའི་དགོན་པ་ན་བཞུགས་པ་བཀའ་ལྷ་པ་དཔལ་འབྱོར་ཤེས་རབ་ཀྱིས་མཁན་པོ་མཛད་པའི་ལས་སློབ་དད་པའི་དགེ་འདུན་གྲངས་ཚང་བའི་དབུས་སུ་བསྙེན་རྫོགས་བཞེས་པའི་མཚན་བརྩོན་འགྲུས་བཟང་པོར་གསོལ། རེ་ཞིག་མཁན་པོ་དེའི་དྲུང་དུ་བཞུགས་ནས་ཕྱག་རྒྱ་ཆེན་

པོ་ལྷ་ལྡན། ལྔན་ཅིག་སྐྱེས་སྦྱོར་ལ་སོགས་པའི་དབང་ཁྲིད་བུམ་པ་གང་བྱོའི་ཚུལ་དུ་གསན། གཞན་ཡང་ཆོས་རྗེ་ལྷ་གདོང་པ་བསོད་ནམས་མཆོག་པ་དང་། ཀུན་སྤངས་དོན་ཡོད་རྒྱལ་མཚན་པ་ལས་ཟབ་ཆོས་ཅི་རིགས་གསན།

དེ་ནས་བལ་ཡུལ་དུ་ཕེབས་ནས་ཧ་རི་མ་ཎུ་རྒྱ་རས་གསེར་དངུལ་སོགས་ཕུལ་བ་ཆ་ཆེན་དུ་མཛད་ནས་འཕགས་པ་ཤིང་ཀུན་ལ་སྐུ་དཀར་གསོལ་ཞིང་། བྱ་རུང་ཁ་ཤོར་ལ་ཉམས་གསོ་ལེགས་པོ་མཛད་པ་དང་། པཎྜི་ཏ་མ་ཧཱ་བོ་ཙྷིའི་དྲུང་ནས་འཁོར་ལོ་སྡོམ་པའི་དབང་རྒྱུད་མང་པོའི་ལུང་ཞུས། དེ་ནས་རྒྱ་གར་དང་། བལ་ཡུལ་གྱི་ས་མཚམས་གཡའ་རི་སྒོ་ལྷོར་རིག་འཛིན་ཆེན་པོ་རྣམ་རྒྱལ་དྲུང་ནས་ལོ་ལྷའི་རིང་ཟབ་ཆོས་མང་པོ་གསན་པ་བཅས་ལོ་བཅོ་བརྒྱད་ཙམ་རིང་བལ་ཡུལ་དང་རྒྱ་གར་ཕྱོགས་འགྲོན་བཞུད་ཀྱིས་སླར་རིན་ཆེན་སྤུངས་སུ་ཕེབས་སྐབས་མཆེད་ཟླ་དང་ཡུལ་མི་ཆོས་དགེ་སློང་བརྩོན་འགྲུས་བཟང་པོ་ཁྱོད་ལོ་བཅོ་བརྒྱད་ཙམ་རིང་མིག་གིས་མཐོང་སར་མ་བྱུང་། གར་ཕྱིན་ཞུས་པར། ང་བལ་པོ་དང་རྒྱ་གར་ལ་ཕྱིན། ཆོས་ཟབ་ལ་རྒྱས་པ་ཐོབ། ཉམས་རྟོགས་ཁྱད་པར་ཅན་རྒྱུད་ལ་སྐྱེས་ལུགས་གསུངས་པར་སྨྲོན་པ་འདི་སྤང་ཁྲམས་ལ་ཕྱིན། ཡུལ་དུ་སླེབ་པ་དང་རྟེན་ཁམས་ཅན་འབའ་ཞིག་ཟེར་པར་འདུག་ཅེས་ཞུས་པར་གྲགས།

དེ་ནས་བྱང་སེམས་སྦྱིན་པ་བཟང་པོའི་དྲུང་ནས་ནི་གུའི་ཆོས་དྲུག་གསན་ཏེ་དབེན་པར་ཉམས་སུ་བཞེས་པ་དང་། ཡུམ་རྒྱ་གར་ལྷ་མོ་ཆོས་སྒྲོན་ཞུགས་སུ་བཙུག་ནས་མཚན་དཔལ་མོ་མགོན་དུ་བཏགས་པ་ནས་མི་རིང་བར་སྐུ་གཤེགས་རྗེས་དགོངས་རྫོགས་ཡང་དག་པ་བསྒྲུབས། གདུང་རུས་ལ་སངས་རྒྱས་བྱང་སེམས་མང་པོའི་ས་པར་བཏབ་ནས་གྲུབ་ཆེན་གཅིག་པུས་

ཕྱག་བསྟར་ནས་མཆོད་རྟེན་ཁང་བུ་བརྩིགས་པ་དང་། དེ་བཞིན་གསུང་རྟེན་གསེར་བྲིས་ཀྱི་མདོ་སྡུད་པ། སྐུ་རྟེན་ལ་བདེ་གཤེགས་བརྒྱད་ཀྱི་བྲིས་ཐང་བཅས་བཞེངས་པ་ནི་རྟེན་བཞེངས་ཀྱི་ཐོག་མ་ཡིན་གསུངས་སོ། ཡུམ་འདས་ནས་བཙོན་འགྲུས་སྨོན་པ་ལ་ཆོས་འཇིག་རྟེན་གྱི་བཙ་ཆད་མེད་ཟེར་ཏེ་ཉེ་ཚན་ཀུན་གྱིས་བརྙས་པ་ཆེན་པོ་བྱས་པར་ཕུ་བོ་གཉིས་དང་། ཕ་སྤུན་མང་པོ་དང་སྤྱི་སྒོས་སུ་ཁ་མཆུ་མཛད་པས་རྒྱལ་ཁ་ཐོབ་སྟེ། རང་ལ་དབང་བའི་ཁང་ཞིང་སྒོ་ཕྱུགས་རྣམས་མི་གཉིས་གཉེར་དུ་བསྐོས་ནས་འབྲུ་རིགས་གསོག་གང་ཐུབ་དང་། དུད་འགྲོ་རྣམས་བྱམས་པས་སྐྱོངས་ཤིག་པའི་ཞལ་བཀོད་མཛད་ནས། རང་ཉིད་འབྲུངས་ཡུལ་གྱི་རྒྱབ་རི་འོ་བ་ལྷ་རྩེའི་ནུབ་མགུལ་གྱི་ཛ་ཁྲིད་དུ་སྒྲུབ་པ་རྩེ་གཅིག་ཏུ་མཛད། གནས་དེར་ལོ་བདུན་སོང་ནས་སྐུ་མཚམས་གྲོལ་ཉེའི་མཚམས་ལུག་རྫིས་ཏིང་ཤགས་ཀྱི་སྒྲ་ཐོས་པས་ཕྱུག་སྒོར་ཡོང་ནས་བྱིན་རླབས་ཞུས་ཏེ་ཡུལ་མི་རྣམས་ལ་འོ་བ་ལྷ་རྩེའི་ཛ་ཁྲིད་ན་རྣལ་འབྱོར་པ་བཟང་པོ་ཞིག་བཞུགས་འདུག་པ་སྟེར་ང་ཚོས་མ་ཤེས་པས་གསོལ་ཚས་དང་གཏོར་ཕྱེ་ཕུལ་བ་དྲག་ཅེས་བསྒྲུལ་བ་ལྟར་ཡུལ་མི་ཚོས་ཕྱག་དང་བྱིན་རླབས་ཞུས་ཤིང་། ཕོ་ཚོར་སྐྱབས་འགྲོ་སེམས་བསྐྱེད་དང་མ་ཎིའི་ཆོས་འབྲེལ་གནང་བས་ཀུན་དད། འོན་ཀྱང་ཡུལ་དེའི་མི་དཔོན་སེང་གེ་བཟང་པོ་བྱ་བ་ཞིག་ཡོད་པས་ཀྱང་ཕྱག་བཙལ་བྱིན་རླབས་ཞུ་བའི་སྐབས་གྲུབ་ཆེན་གྱིས་ཕྱག་བརྒྱང་སྟེ་བྱིན་རླབས་མཛད་པར། ཁོས་བླ་མ་བཟང་པོའི་ཕྱག་མིན་པ་འདུག སྨོན་པ་བཙོན་འགྲུས་ཀྱི་ལག་པར་འདུག རང་རེ་ཚོ་ཀླད་པ་ཆུང་། བཙོན་འགྲུས་ཁོ་དྲན་རྒྱ་ཆེ། ཁོ་ཤི་བ་མི་བདེན་པར་འདུག་ཟེར་བས་མི་གཞན་ཚོས་ཀྱང་ཡོག་ལྟ་བྱས་པར་སྣང་བ་བདེན་མེད་ཀྱི་དཔེར་དགོངས་སོ།

དེ་ནས་རང་གི་ཁང་ཞིང་སྒོ་ཕྱུགས་རྣམས་བཙོལ་བའི་མི་གཉིས་ཀྱི་སར་ཕྱིན། ནས་དང་ཕྱུགས་ཤིན་ཏུ་མང་བར་འཕེལ་བ་ནས་ཡུམ་གྱི་དོམ་བུན་རྣམས་ཀྱང་བཅལ། མ་ཆི་དུང་ཕྱུར་འདོན་པའི་བསྙེན་བཀུར་དང་འབུལ་བ་བཟང་པོ་མཛད། མི་གཉིས་པོ་ཡའང་ནོར་གང་འདོད་བསྐྱལ། སྔར་བཞིན་རེམས་གསུང་ནས་གཞིས་འཛིན་ལ་བཞག གསེར་ཞོ་གང་བསྣམས་ནས་ལྷ་སའི་ཇོ་བོ་རིན་པོ་ཆེ་མཇལ་བ་དང་། བླ་མ་གང་བཟང་ལ་ཆོས་ཞུ་བ་ལ་ཕེབས་དགོངས་ཏེ་ཆས་ནས་ཐོག་མར་ཐར་པ་གླིང་དུ་མཆོག་བཟང་ལེགས་པའི་བློ་གྲོས་ཀྱི་དྲུང་ནས་ཕྱག་རྒྱ་ཆེན་པོ་གང་གཱ་མ་དང་། གཙུ་མ་སོགས་དང་། གངས་བུ་ལེའི་དབྱི་ལུང་དཀའ་ལྡན་རྩེར་རྗེ་བཙུན་རྗེ་མདའ་བ་མཇལ་བར་ཕྱིན་ནས་གསེར་ཐིག་པོ་གཅིག་སོགས་ཕུལ་ཏེ་གཤིན་རྗེ་གཤེད་དམར་ནག་འཇིགས་གསུམ་གྱི་དབང་དང་། སློབ་ཁབ་ཤེས་རབ་བཟང་པོའི་དྲུང་ནས་དུས་འཁོར་གྱི་དབང་སོགས། གཞན་ཡང་སྐྱེས་བུ་དམ་པ་དུ་མ་ནས་ཟབ་ཆོས་མཐའ་ཡས་པ་གསན་ཅིང་། དབེན་གནས་རྣམས་སུ་དཀའ་ཐུབ། དུར་ཁྲོད་ལ་སོགས་པའི་གནན་པའི་རི་ཁྲོད་དུ་མར་གསང་བའི་སྤྱོད་པས་འགྲོ་དོན་མཐའ་ཡས་པ་མཛད། དེའི་ཚེ་གཙང་རྒྱས་སྡེའི་ཐང་ཁར་མཁའ་འགྲོ་མ་ལྷས་སྨྲ་བླངས་ཏེ་ཐང་སྟོང་རྒྱལ་པོ་དང་། ལུང་སྟོང་སྨྱོན་པ། ཟས་བཅུད་ལེན་མཁན། རྗེན་རེ་སྒོམས་མཁན། ཆོས་རྣམས་སྐྱུགས་གཏད་མེད་པ་བཅས་མཚན་ལྔ་གསོལ་བར་གྲགས་པ་ནས་ཕྱིས་ཡོངས་སུ་གྲགས་པའི་མཚན་ལ་ཐང་སྟོང་རྒྱལ་པོ་ཞེས་བྱ་བ་དེའི་མཁའ་འགྲོ་མའི་སྨྲ་ཚིག་ལ།

ཁྲབ་གདལ་ཆེན་པོའི་ཐང་ཆེན་ན། །

སྟོང་ཉིད་རྟོགས་པའི་རྣལ་འབྱོར་པ། །

འཇིགས་མེད་རྒྱལ་པོ་ལྷ་བུར་བཞུགས། །
དེ་ཕྱིར་ཐང་སྟོང་རྒྱལ་པོར་གྲགས། །
ཞེས་བྱ་བ་དེ་ཡིན་པར་གྲགས་སོ། །

གྲོམ་པ་རྒྱང་དུ་ཕེབས། ལྷ་ཁང་དམར་པོ་ནས་རང་གི་ཆོས་སྐལ་ཐུགས་སྒྲུབ་ཡང་གསང་བླ་ན་མེད་པའི་ཆོས་འཁོར་གཏེར་ནས་བཞེས་པར་གྲགས།

དེ་ནས་དབུས་སུ་ཇོ་བོ་རིན་པོ་ཆེ་མཇལ་བ་སོགས་དབུས་གཙང་གནས་ངེས་མེད་ལྷ་བུར་ཕེབས་བཞུད་མཛད། སྐྱོས་གཞིས་སུ་ལོ་ལེགས་ཀྱི་ནས་མང་དུ་བྱུང་བས་ཡབ་ཡུམ་གྱི་ཚད་བུན་འཇལ་དགོས་པ་རྣམས་ཐལ་ཆེར་གཞལ་ནས་ལྷག་མ་ལ་གསེར་དང་། ཚྭ་སོགས་བསྒྲུབས་ཏེ་ལྷོ་རོང་དུ་ཚོང་ལ་ཕྱིན་ཐོག་བུ་ལོན་ལྷག་མ་ཡོངས་རྫོགས་བཅལ་ནས་ད་ནི་ཕ་མའི་བུ་ལོན་འཇལ་དགོས་ནི་མེད། ཚོང་ལ་སོགས་པའི་བྱ་བ་ངན་པ་རྣམས་སྤངས་ཏེ་སྒྲུབ་པ་སྙིང་པོར་མཛད་དགོས་དགོངས་ནས་དབེན་གནས་ཐར་པ་གླིང་གི་སྒྲུབ་ཁང་དུ་ལོ་དྲུག་སྒྲུབ་པ་མཛད་པ་དང་། མོན་སོགས་སུ་ཕེབས་ཤིང་། ལྷ་དང་མཁའ་འགྲོས་ལུང་བསྟན་དང་བསྐུལ་མ་ཞུས་པར་གྲགས་པ་བཞིན་སླར་འཁྲུངས་ཡུལ་དུ་ཕེབས་ཏེ་བོད་དབུས་གཙང་གི་ཆུ་ཀླུང་ཆེན་པོ་རྣམས་ལ་ལྕགས་ཟམ་འཛུགས་པའི་ལྕགས་ཀོང་ཡུལ་ནས་འཚོལ་བར་དགོངས་ཏེ་ཕྱག་རྫས་ཆོས་བསྒྱུར་གནང་བར་གསེར་ཞོ་བརྒྱ་ཐམ་པ་བྱུང་བ་བསྣམས་ཏེ་དབུས་ཕྱོགས་ཕེབས། ཚལ་གུང་ཐང་གི་མེ་ཏོག་མཆོད་པ་གཟིགས་གྲུབ་ནས་“ལྷ་སར་ལོག་ཕྱིན་པས་སྐྱི་ཆུའི་གྲུ་ཁར་ཕེབས། གྲུ་ནང་དུ་བཞུགས་པས། མཉན་པ་མི་གཞན་ལ་ཚིག་པ་ཟོས་ཏེ་ང་ལ་མ་དྲིས་པར་ཤན་དུ་འཛུག་པ་ཅི་

ཡིན། མི་དྲག་པ་ཚོ་ཆུ་ལ་ལྷུང་ན་ཁྱོད་ཀྱིས་ཁག་ཐེག་གམ་ཟེར། ཁོང་གི་དབུ་ལ་ཤན་སྐྱ་ལན་གསུམ་བརྒྱབ། ཤན་ནང་ནས་ཆུ་ལ་སྐྱུར་བྱུང་བས། གྲུབ་ཐོབ་ཆེན་པོའི་དགོངས་པ་ལ། ཁ་དྲག་ཅིང་ནོར་ཡོད་པ་རྣམས་ཀྱི་དབང་དུ་སོང་། སྙོམས་ཆུང་རྣམས་གྲུ་ལ་མི་འཇུག ཆུ་ལ་བརྒལ་ཡང་མི་ནུས་པ་སྙིང་རྗེ། ད་ནི། ཨུ་རྒྱན་གྱི་སློབ་དཔོན་ཆེན་པོ་སོགས་རྒྱ་བོད་ཀྱི་བླ་མ་ཡི་དམ་མཁའ་འགྲོ་རྣམས་ཀྱི་རིན་ཆེན་ལྕགས་ཀྱི་ཟམ་པ་འཛུགས་པར་ཡང་ཡང་བསྐུལ་བ་ལྟར་ཐོག་མར་སྐྱི་ཆུ་ལ་ལྕགས་ཟམ་འཛུགས་པའི་ལྕགས་འཚོལ་བ་དང་། གླ་གློ་འདུལ་བ་ལ་འགྲོ་དགོངས་པ་ཤར།”[①]ཞེས་འཁོད་པ་ལྟར་གྲུབ་ཆེན་ཐང་སྟོང་རྒྱལ་པོས་བོད་ཀྱི་ཆུ་ཀླུང་ཆེན་པོ་རྣམས་ལ་ལྕགས་ཟམ་འཛུགས་པའི་དགོངས་པ་སྤྱི་མོ་ནས་ཡོད་ཁར་སྐབས་འདི་མཉན་པས་ཁོང་ལ་འོ་བརྒྱལ་བཟོས་པ་བཅས་སྐྱེས་བོ་ཟས་གོས་ཀྱིས་ཕོངས་ཤིང་ཉམས་ཐག་པ་རྣམས་ལ་དེ་བས་ཐུགས་བརྩེའི་འཆིང་ཞགས་དམ་པོས་སྔར་ཡང་བཅིངས་ཏེ་འཕྲུལ་མ་ཉེ་དུ་ལྕགས་ཟམ་བསྐྲུན་པའི་འདུ་འགོད་མཛད་དགོངས་ནས་དཀོན་མཆོག་ལ་ཐུགས་སྨོན་བཟང་པོས་མཚམས་སྦྱར་ཏེ་“ལྷ་སའི་ཁྲོམ་དཀྱིལ་དུ་སྐྱ་སའི་ཁྱུངས་བུ་སྦྲུས་པའི་ནང་དུ་བཙུག དབུ་བཏོན་ནས་བཞུགས་པས། ལྷ་སའི་གཞིས་བྱེས་ཀུན་གིས་མོས་གུས་དང་ཞབས་ཏོག་ཆེན་པོ་བྱས། སྤར་ནི་སྐྲག་ཏུ་ཆོས་ཞུ་བ་ལས་མ་བྱུང་། ད་དངོས་སུ་ཐོག་མར་ཆོས་གང་ཞུ་དང་། འབུལ་བ་གང་བྱེད་ཀྱི་རྟེན་འབྲེལ་ལས། ཁ་བ་ཅན་འདིར་འཁོར་ལོ་གསུམ་དང་ཡིད་དམ་གྱི་ལྷ་གང་ལ་བརྟེན་ནས་འགྲོ་དོན་བྱེད་བརྟག་དགོས་དགོངས་

---

① （ཐང་སྟོང་རྒྱལ་པོའི་རྣམ་ཐར་ནོར་བུའི་མེ་ལོང་དེབ་ངོས107）

པའི་ཚེ། སྐུ་དྲུང་དུ་བཙུན་མ་གསུང་བྱུང་ནས། སྨྱུང་གནས་ཀྱི་སྡོམ་པ་དང་། མ་ཎིའི་ལུང་ཞུ་ཟེར་བ་ལ། ཕོང་རྣམས་ལ་འབུལ་བ་ཆེ་ཡོད་ཆུང་ཡོད་དད་པ་དང་འགྱུར་པའི་ཁྱད་པར་ཡིན། རང་རང་གི་སེམས་ལ་ཅི་དྲན་གྱི་འབུལ་བ་རེ་ཁྱེར་ཤོག་གསུངས་པས། གཅིག་གིས་ཤིང་རྟུམ་གཅིག་རྐྱེད་བྱུང་བ་ཕུལ། གཅིག་གིས་རྡོ་ལེགས་པོ་ཞིག་རྐྱེད་བྱུང་བ་ཕུལ། གཅིག་གིས་འབུལ་བ་ཅི་ཡང་མ་ཁྱེར་བར་ལུས་ངག་ཡིད་གསུམ་འབུལ་ཟེར་བ་ལ། ངས་རྒྱ་གར་དང་བོད་ཀྱི་མཁས་གྲུབ་རིག་འཛིན་རྣམས་ལས་ཟབ་པ་དང་རྒྱ་ཆེ་བའི་ཆོས་ཚུལ་རྒྱ་མཚོ་ལྟ་བུ་ཐོབ་པས། གངས་རིའི་ལྗོངས་ཀྱི་དབེན་པའི་རི་སུལ་ཐམས་ཅད་དགོན་པས་བཀང་། སྒྲུབ་རྒྱུད་ཀྱི་བསྟན་པའི་རྒྱལ་མཚན་ས་གསུམ་ན་འགྲན་ཟླ་མེད་པ་ཞིག་འཛུགས་བསམ་པ་ཡིན་ཏེ། ད་ལམ་ཆོས་འབྲེལ་དང་འབུལ་བའི་རྟེན་འབྲེལ་ནི། ངས་གསུང་མཆོག་ཡི་གེ་དྲུག་པ་ལ་བརྟེན་ནས། མཐོང་ཐོས་དྲན་རེག་གི་སེམས་ཅན་གནས་སྐབས་མངོན་མཐོའི་དཔལ་ལ་འགྱུར་ཞིང་། མཐར་ཐུག་ངེས་པར་ལེགས་པ་བླ་ན་མེད་པའི་བྱང་ཆུབ་ལ་འགོད་པའི་ཕྱིར། ས་རྡོ་ཤིང་གསུམ་ལ་ལས་ཀ་བྱས་ནས་ཁ་བ་ཅན་པ་ལ་ཕན་བདེ་འབྱུང་བའི་སའི་མེ་བཙའ། ལམ་འཕྲང་དང་ཆ་འཕྲང་ལྷ་འདྲེ་མི་གསུམ་རྒྱུ་བའི་སར་ཆོམ་རྐུན་དང་། ཇག་པ། ལྷ་འདྲེའི་འཇིགས་པ་ལས་སྐྱོབ་པའི་དགོན་གནས་རྣམས་སུ་གཙུག་ལག་ཁང་དང་སྐུ་གསུང་ཐུགས་རྟེན་ཇི་སྙེད་བཞེངས་ཤིང་། ཆུ་ཀླུང་ཆེན་པོ་རྣམས་ལ་གྲུ་ཤན་དང་རིན་ཆེན་ལྕགས་ཀྱི་ཟམ་པ་བརྟན་པོ་ལས་སྐྱེ་དགུ་ཅི་བདེར་རྒྱུ་བའི་རྟེན་འབྲེལ་དང་། ལུས་ངག་ཡིད་གསུམ་འབུལ་ཟེར་བ་ནི། ངའི་རྗེས་འཇུག་བུ་སློབ་རྣམས་ཀྱིས་འདུས་བྱས་ཀྱི་དགེ་བ་ལ་བརྟེན། འདུས་མ་བྱས་ཆོས་ཉིད་ཀྱི་དོན་རྟོགས་པའི་རྟེན་

འབྲེལ་འགྲིག་གོ་”①ཞེས་གསུངས་པ་ལྟར་གསུང་མཆོག་མ་ཧཱ་ཡོག་དྲུག་མ་གཙོ་བོར་གྱུར་པའི་དམ་པའི་ཆོས་རྒྱ་ཆེར་སྤེལ་བ་དང་། ལྕགས་ཟམ་འཛུགས་པའི་དམ་བཅའ་གཡོ་བ་མེད་པ་ཐུགས་ལ་བཅངས་ཏེ་ཡེར་པ་ལ་ཕྱིན་པར་དེ་ན་ལ་སྡོད་པའི་དགེ་བཤེས་མཚམས་ལ་ཞུགས་པ་ཞིག་འཁོར་གྱི་གྲོག་མར་བྱུང་བས་མིང་ལ་སྤྱ་རིས་པར་གྲོགས་གསུང་། ཕྲུག་འཚོལ་སྐད་དུ་ཞག་འགའ་བཞུགས་པའི་སྐབས་འབྲོམ་པའི་བཙུན་པ་གཅིག་ཕྱིར་བྱུང་བར་བླ་མ་ལོ་ཙཱ་བར་གྲགས། ཡང་དགེ་བཤེས་ཤིག་ཕྲུག་ཕྱིར་བྱུང་བས་དབུས་གཙང་ལམ་རྒྱུས་ཆ་ཚང་ཡོད་ཞུས་པས་ས་སྣ་བར་བཏགས། ཡང་དགེ་བཤེས་ཆོས་གོས་རྣམ་གསུམ་ལྷུང་བཟེད་འཁར་བསིལ་དང་བཅས་པ་ཞིག་བྱུང་བར་མིང་བླ་མ་འདུལ་བ་པར་བཏགས་པ་རྣམས་ནི་འཁོར་གྱི་གྲོག་མ་ཡིན་པ་དེ་ནས་བཟུང་འཁོར་དུ་འདུས་པ་ཐམས་ཅད་རྗེས་སུ་འཛིན་པར་ཞལ་གྱིས་བཞེས་ནས་ཚོགས་འཁོར་དང་། དགེ་ལས་ན་ཧཱ་བསྐུལ་བ་སོགས་མཛད་ནས་ཙ་རི་ལ་སོགས་གནས་མང་པོར་ཕེབས་རྗེས་ཀོང་ཡུལ་སྤྱིང་ཚར་མི་མང་པོ་ལྕགས་ཀྱི་ལས་བྱེད་སར་ཕེབས་ནས་རྟེན་འབྲེལ་བརྟག་པ་སོགས་མཛད། སྐབས་དེར་མི་ཞིག་གིས་ལྕགས་ཐག་ཡ་གཅིག་ཕུལ་ནས་ངའི་ཁྲི་ཡག་མ་རང་ཞིག་ཡོད་པ་ཤི་སོང་བའི་བསྔོ་བ་གནང་གྲོགས་ཞུས་པ་བཞིན་བསྔོ་བ་མཛད། ལྕགས་ཐག་བཞེས། ཀོང་པོ་རྫ་ཁར་ཕེབས། ལྕགས་ཀྱི་འབུལ་བ་མང་པོ་བྱུང་།

དེ་ནས་ཀོང་པོ་སྨན་མོ་སྣང་དུ་ཕེབས་ནས་ཙ་རིའི་གནས་སྒོ་ཕྱེ་བའི་རྗེས་ལྕགས་ཟམ་འཛུགས་སྐུན་གྱི་འདུ་འགོད་གནང་བའི་སྐོར་རྣམ་ཐར་ནོར་

① （ཐང་སྟོང་རྒྱལ་པོའི་རྣམ་ཐར་ནོར་བུའི་མེ་ལོང་དེབ་ངོས109）

བུའི་མེ་ལོང་ལས། “དེ་ནས་ཁོང་གཉིས（རིགས་གསུམ་མགོན་པོ་དང་། ཟངས་རི་ལྷ་བ་ཅན་）ཀྱི་སྡོད་ས་དེར་གཟིམས་ཁང་དང་ཚོགས་ཁང་ཀ་བ་བཅུ་གཉིས་ལ་མི་ཉིས་སྟོང་ཤོང་བ་ཟླ་བ་གཅིག་ལ་གྲུབ་ནས་ལྷགས་ཀྱི་གཏེར་སྒོབས་ཆེ་བ་བཏོན། ཀོང་པོ་རྣམས་ཀྱིས་ཕུལ་བ་ལ་དམིགས་རྟེན་བྱས། ཚོགས་ཁང་འདིར་མགོར་བ་མང་པོ་བསགས་ནས་ལྷགས་ཟམ་བརྟུང་དགོས་དགོངས་པའི་ཚེ། ཀོང་པོ་འཁྱེར་པ་ཅན་དོན་གྲུབ་རྒྱལ་པོས་ལྷགས་ཀྱི་ཁུར་བཅུ་གསུམ་ཕུལ། ཟླ་མ་དེས་ངའི་ཕ་ཤི་བ་དེ་ངན་སོང་དུ་མི་སྐྱེ་ཞིག་དགོས་ཟེར། དེ་ནས་མི་ཞིག་བྱུང་བ་ལ། མགར་བ་ཀུན་དགའ་སྦྱིན་པ་ལེགས་གསུངས། ཡང་མི་ཞིག་བྱུང་བ་ལ་མགར་བ་སངས་རྒྱས་སྦྱིན་པ་ཡིན་ནམ་གསུངས། བུ་མོ་ཞིག་བྱུང་བ་ལ་བུ་མོ་བཀྲ་ཤིས་སྦྱིན་པ་རྟེན་འབྲེལ་བཟང་གསུངས། ཁོང་གསུམ་གྱི་མིང་སུ་ཡིས་བཤད་དམ་ཟེར། སུས་ཀྱང་མ་བཤད་བྱས་པས་མངོན་མཁྱེན་ཐོགས་མེད་ཡོད་པར་ཤེས་ནས་དད་པ་སྐྱེས། བུ་མོ་བཀྲ་ཤིས་ལྷགས་སྒོར་ལྔ་ཕུལ། གཞན་ཡང་ལྷགས་འབུལ་མཁན་སྒོབས་ཆེ་བ་བྱུང་། མགར་བ་གཉིས་ཀྱིས་ཀྱང་ལྷགས་བརྟུང་བའི་ཕྱག་གཡོག་རྗེ་གཅིག་ཏུ་བྱས། གྲུབ་ཐོབ་ཆེན་པོ་རང་གིས་གཏེར་ནས་བཏོན་པ་དང་། མི་རྣམས་ཀྱིས་ཕུལ་བའི་ལྷགས་མགར་བ་མང་པོས་བརྟུངས་པས། ཞག་བཅོ་བརྒྱད་ལ་ལྷགས་ཀྱི་ཐང་བུ་འདོམ་བཅོ་བརྒྱད་ཡོད་པ་བཞི་གྲུབ།”①ཅེས་གསལ་བ་ལྟར་ལྷགས་ཟམ་གྱི་ཐང་བུ་བརྟུང་བའི་ཐོག་མའི་བཟོ་གྲྭ་གནས་འདིར་གནང་བ་དང་། ལྷགས་ཟམ་བཟོ་སྐྲུན་གྱི་ལས་གྲྭའི་ནང་གྲུབ་ཆེན་རང་ཉིད་དངོས་སུ

① （ཐང་སྟོང་རྒྱལ་པོའི་རྣམ་ཐར་ནོར་བུའི་མེ་ལོང་དེབ་ངོས109）

ཞུགས་པའང་མཚོན་ཅིང་། དེ་རྗེས་འབྲུག་པ་གྲོང་ཕེབས་ནས་མཚན་མོ་ཆོས་ཁྲིའི་སྟེང་བཞུགས་ནས་ཆོས་གསུང་བ་དང་། ཉིན་མོ་དགེ་བསྐུལ་མཛད་དེ་ལྷགས་སོལ་མང་དུ་མཛད་པས་དོར་པོ་ཤུ། གདུང་ཁར། བྱཨུ་སླལ་ཤུ། སྟོ་གླིང་ཁར་བཅས་ས་གནས་མང་པོར་བཟོ་གྲྭ་འཛུགས་གཉེར་གྱིས་བཟོ་མཛད་པ་དང་། ལྷགས་བཀོད་གནང་བས་ལྕགས་ཀྱི་ཟམ་བུ་བཅོ་ལྔ་རེ་ལ་དོས་ཚད་བྱས་པའི་ལྕགས་ཀྱི་ཁྱུར་པོ་སྟོང་ཕྲག་གཅིག་དང་བཞི་བརྒྱ། ཤོག་བུ་སྣག་ཚ་སོགས་སྤོ་ཐྲོང་གི་ཁྱུར་པོ་བདུན་བརྒྱ་རྣམས་པ་གྲོའི་དགོན་པ་གསར་འདེབས་ཀྱི་གྲྭ་པ་དང་། ཡོན་བདག་རྣམས་ཀྱིས་དད་སྣང་ས་ཀྱིས་ཕག་རི་ཁ་ལ་བསྐྱལ་བ་དེ་ནས་རིམ་བཞིན་ལྕགས་ཟམ་འཛུགས་ཡུལ་སོ་སོར་དཔོར་འདྲེན་གནང་སྟེ་ཐོག་མ་ནི་སྐྱི་ཆུ་ལ་ལྕགས་ཟམ་འཛུགས་པར་བཞེད་པ་དེ་ཡིན། དེ་ཡང་“དགུང་ལོ་བདུན་ཅུ་བཞེས་པ་སྤྱི་ལོ1430རབ་བྱུང་བདུན་པའི་ལྕགས་ཕོ་ཁྱིའི་ལོ་སྐྱི་ཆུ་ལ་ལྕགས་ཟམ་འཛུགས་དགོངས། ཆུ་འགྲམ་དུ་བཞུགས་པས། མདའ་གསུམ་དང་གཞུ་གཅིག་ཁྱེར་བའི་མི་ཞིག་སླེབས་བྱུང་། ང་ལ་མདའ་གཞུ་འདི་གཡར་ན་ཨེ་ཡོང་གསུངས་པས། ཕྱག་ཏུ་ཕུལ་བྱུང་། མདའ་གཅིག་གནང་བས་ཆུ་ལ་ཤོར། ཡང་གཅིག་གནང་བས་རི་འགོ་བུད། ལྕགས་ཟམ་ཚུགས་པའི་རྟེན་འབྲེལ་འགྲིག སྣེ་པ་དཔོན་གཡོག་དང་། སྐྱི་ཤོད་ཀྱི་མི་སེར་སྐྱ་སེར་ཀུན་ལ་ངེད་ཀྱིས་ཆུ་སྟོན་མོ་འདི་ལ། ལྕགས་འདི་ལ། ལྕགས་ཀྱི་ཟམ་པ་འཛུགས་པས། ཁྱེད་རྣམས་ཀྱིས་རྫ་གསོག་བྱེད་དགོས་གསུངས་པས། མི་ཀུན་ལས་ཀ་བྱེད་མི་འདོད་པའི་ཟེར་ལུགས་སྣ་ཚོགས་བྱུང་ཡང་། བསམ་པ་ཆེ་བ་ཆོས་གསུང་ལུགས་ལྕགས་ཟམ་མ་ཚུགས་ཀྱང་། བྱང་དུ་བསགས་པ་རྫ་བོའི་ཆུ་རགས་ལ་ཕན། ལྷོར་བསགས་པ་ནི་སེར་གྱི་ཀ་སྣོ་ལ་

ཕན་ཟེར། སྣེ་པ་དཔོན་གཡོག་གིས་ཞལ་ཏ་མཛད། རྗེ་བསགས་ནས་ཆུ་བྱང་དུ་ཟམ་རྟུང་བརྩིགས། ལྷོ་ཕྱོགས་སུ་ཕྱུག་མདའ་ཟླུག་པའི་བྲག་ལ་ལྷུགས་ཕུར་མདའ་གང་པ་གཉིས་བརྒྱབ་ནས་ལྷུགས་ཟམ་གྱི་སྣེ་གཉིས་བྲག་ལ་བཀལ། ཞག་ཉི་ཤུ་རྩ་གཅིག་སོང་བ་དང་། ཡོན་བདག་མ་སྐལ་བཟང་སོགས་ཀྱིས་ཞལ་ཏ་མཛད་ནས། སྐུ་བཙུན་སུམ་བརྒྱ་ཙམ་གྱིས་ལྷུགས་ལ་ཐག་པ་བཏགས་ནས་འཐེན་པས། རེས་ཐག་པ་ཆད། རེས་འཐེན་མི་རྣམས་འགྱེལ། མི་མང་ཡང་སྟོབས་མ་ཐོན་པར་གྱིས་སོ།”①ཞེས་དང་། དེ་ནས་གྲུབ་ཆེན་ཉིད་ཀྱིས་ཐབས་རྟུས་འདོན་གནང་གིས་ལྷ་སའི་ལྷུགས་ཟམ་ཚུགས་པར་མཛད་པ་དེ་ནས་བཟུང་འཛམ་གླིང་གི་ཡང་རྩེ་དབུས་གཙང་མདོ་ཁམས་ལྷོ་མོན་དང་བཅས་པའི་སྲིད་པའི་ཆུ་ཀླུང་ཆེན་པོ་རྣམས་ལ་ལྷུགས་ཟམ་གྱི་དྲ་བ་གསར་འཛུགས་མཛད་པ་བསྡོམས་ན་ལྷུགས་ཟམ་ལྔ་བཅུ་ང་བརྒྱད་དང་། ཤན་ཆེན་དང་གྲུ་འདྲིས་པ་བརྒྱ་དང་བཅོ་བརྒྱད། ཤིང་ཟམ་དྲུག་ཅུ་ཐམ་པ②བཟོ་སྐྲུན་མཛད་པ་དེས་སྤྱི་ཚོགས་རྙིང་པར་མང་ཚོགས་ཀྱི་ཐོན་སྐྱེད་དང་། འཚོ་བ། ཞིང་འབྲོག་ཐོན་རྫས་བརྗེ་རེས་སོགས་སྤྱི་ཚོགས་ཡར་རྒྱས་སུ་འགྲོ་བ་དང་། མི་ཕྱུགས་ཀྱི་དཀའ་ངལ་ཆུང་དུ་གཏོང་བ་སོགས་གང་ཅིའི་ཐད་ལ་ཕན་པ་ཟླ་ན་མ་མཆིས་པ་གཟུགས་ཅན་དུ་བསྐྲུན་པ་མ་ཟད། དེ་དག་གི་ནང་ནས་འགའ་ཞིག་ད་ལྟ་ཡང་སྐྱེ་བོའི་རྒྱུ་འགྲུལ་ལ་སྐབས་བདེ་སྤྱོད་པ་དཔེར་ན། གཙུང་རི་བོ་ཆེའི་ལྷུགས་ཟམ་དང་། ལྷ་རྩེའི་ལྷུགས་ཁ་ལྷུགས་ཟམ་ལྟ་བུའོ།

---

① (ཐང་སྟོང་རྒྱལ་པོའི་རྣམ་ཐར་དུ་ནོར་བུའི་མེ་ལོང་དེབ་ངོས155. 328)

② (ཐང་སྟོང་རྒྱལ་པོའི་རྣམ་ཐར་ནོར་བུའི་མེ་ལོང་དེབ་ངོས155. 328)

གྲུབ་ཆེན་ཐང་སྟོང་རྒྱལ་པོས་ཡུལ་གྲུ་གང་སར་ལྕགས་ཟམ་འཛུགས་བསྐྲུན་གནང་བའི་འདབས་རོལ་མང་པོར་གྲུབ་ཆེན་གྱི་བཀའ་དྲིན་ལ་དྲན་གསོ་ཞུ་བའི་ཆེད་ཁོང་གི་སྐུ་བརྙན་བཞེངས་ཆགས་གཙོ་བོར་བཞུགས་པའི་ལྷ་ཁང་ཡང་མི་ཉུང་བ་བསྐྲུན་ཡོད་པས་ལྕགས་ཟམ་ལ་ཅི་བདེར་འགྲོ་བསྐྱོད་ཆོག་པའི་སྐལ་བ་ཐོབ་པའི་སྐྱེ་བོ་རྣམས་ཀྱིས་དེའི་འདབས་རོལ་དུ་བཞེངས་པའི་གྲུབ་ཆེན་ཐང་སྟོང་རྒྱལ་པོའམ། གྲུབ་ཆེན་ལྕགས་ཟམ་པའི་སྐུ་བརྙན་མཇལ་ཙམ་ཉིད་ནས་དད་པའི་སྤུ་ལོང་གཡོ་བ་དང་། ཁོང་གི་སྐུ་དྲིན་དྲན་པ་དྲིན་གཟོ་བར་བྱ་བའི་ཆེད་གྲུབ་ཆེན་ཐང་སྟོང་རྒྱལ་པོའི་མཚན་ལ་ཕྱིས་གྲུབ་ཐོབ་ལྕགས་ཟམ་པ་ཞེས་བྱ་བའི་སྙན་གྲགས་ཀྱིས་ཁྱབ་པ་བྱུང་།

དེ་ལྟ་བུའི་སྙན་གྲགས་ཕྱོགས་བརྒྱར་ཁྱབ་པའི་ངང་ནས་ཐང་སྟོང་རྒྱལ་པོ་དགུང་ལོ་གོ་དྲུག་སྐྱི་ལོ1456མེ་བྱི་ལོར་གཙང་རི་བོ་ཆེའི་སྐུ་འབུམ་ཆེ་མོ་ལེགས་པར་གྲུབ་སྟེ་ཙུང་རི་བོ་ཆེའི་གནས་གདན་སར་རྒྱལ་སྲས་ཉི་མ་བཟང་པོ་གདན་ཚབ་ཏུ་བཀོད་པ་དང་རབ་གནས་མཛད་པའི་ཚེ་ཧྲ་མིང་གོང་མའི་གསེར་ཡིག་པ་འབྱོར་པའི་སྐོར། རྣམ་ཐར་ནང་"རྒྱལ་བའི་སྲས་པོ་བསྟན་འཛིན་བཟང་པོ་གདན་སར་ཕེབས་པའི་སྐབས་དེར། རྒྱ་ནག་རྒྱལ་པོའི་འབུལ་སྐྱེལ་ལ་གོས་ཆེན་ལའི་དབུ་ཞྭ། གསེར་གྱི་སྣ་ཚོགས་རྡོ་རྗེ་དང་ཉི་ཟླ་ཡིད་བཞིན་གྱི་ནོར་བུ་མེ་ཤེལ་གྱི་ཏོག་ཅན་དང་། གོས་ཆེན་གྱི་ན་བཟའ་བཅུ་གསུམ། གསེར་བྲི་ཆེན་ལ་ལྕགས་སྲང་བཅུ་དྲུག་མགོར་བ་དང་། གཞན་རིན་པོ་ཆེ་སྣ་ཚོགས་པ་དང་། གསོལ་དཀར་གསོལ་ཕོར། གསོལ་སྡེར་ཧ་སིགས་བརྒྱད་ཙུ། གསོ་ཡུག་དར་ཡུག་བརྒྱ་ཕྲེད། ཐུགས་སྲས་རྣམ་རྒྱལ་བཟང་པོས་ལྷ་ལུང་དཔལ་གྱི་རྡོ་རྗེའི་བླ་གཡུ་གནམ་སྒོ་ལེབ་སོགས་རིན་པོ་ཆེ

ཏུ་མ་དང་། གོས་དར་ཧ་དྲེལ་ཛ་སོགས་བརྒྱ་ཕྲག་གཉིས་དང་བཅས་པ་ཕུལ་ལོ། ”① ཞེས་གསལ་བའི་གོང་མར་བཀའ་ལན་འབུལ་བ་དང་། སྐུ་བརྙན་གསར་བཞེངས་རྣམས་ཀྱི་ན་བཟའི་རྒྱུར་དར་གོས་ཀྱི་གནང་སྦྱིན་ཡོང་བའི་རེ་བ་ཞུ་བ་བཅས་ས་བརྒྱུད་སྡེ་པ་དགེ་འདུན་རྒྱལ་མཚན་གཙུང་རི་པོ་ཆེ་ནས་གོང་མའི་དྲུང་དུ་གཏོང་གནང་མཛད་པའི་སྐོར་ཡང་རྣམ་ཐར་ནང་འཁོད་འདུག

གཞན་ཡང་གྲུབ་ཆེན་ཐང་སྟོང་རྒྱལ་པོས་དབུས་གཙང་དང་། མངའ་རིས་སྟོད་སྨད། ལྷོ་མོན། རྒྱ་གར་དང་བལ་ཡུལ་སོགས་མང་པོར་ཐེབས་ཏེ་སྐྱེ་འགྲོའི་དོན་མཛད་པ་རེ་རེ་ནས་བརྗོད་ཀྱིས་མི་ལངས་བ་ཞིབ་པར་གཟིགས་འདོད་ན་བདེ་ཆེན་འགྱུར་མེད་ཀྱིས་མཛད་པའི་ཐང་སྟོང་རྒྱལ་པོའི་རྣམ་ཐར་ནོར་བུའི་མེ་ལོང་སོགས་རྣམ་ཐར་ཁག་ལ་སྦྱན་རས་གཟིགས་པར་ཞུ་ཞིང་། སྐབས་འདིར་ངོ་མཚར་བའི་མཛད་པའི་ཆ་ཤས་ཀྱི་མཚོན་དཔེ་དང་། མཛད་པ་སྤྱིའི་སྡོམ་ཚིག་ལྟ་བུར་ཞུ་ན།

(1) མཛད་པ་ཆ་ཤས་ཀྱི་མཚོན་དཔེ་ནི། ཐེངས་གཅིག་འབྲི་གུང་ན་ལྷ་སར་ཕྱིན་པའི་ལམ་བར་བུ་མོ་གཞོན་ནུ་གསུམ་བྱུང་ནས་སངས་རྒྱས་ཀྱི་རིང་བསྲེལ་འོད་འབར་བ་དང་། གཡུ་ནོར་བུའི་དབྱིབས་ཅན་བདུན། གཞན་ཡང་རིན་པོ་ཆེའི་རིགས་མང་པོ་ཕུལ་ནས་རིན་པོ་ཆེ་འདི་རྣམས་ལ་རྒྱལ་བ་ཤྲས་དང་བཅས་པ་སྐུ་བཞེངས་བར་བསྐུལ་བར་གྲགས②པ་ནས་སྐྱེ

① (ཐང་སྟོང་རྒྱལ་པོའི་རྣམ་ཐར་ནོར་བུའི་མེ་ལོང་དེབ་ངོས155 – 285)

② (ཐང་སྟོང་རྒྱལ་པོའི་རྣམ་ཐར་ནོར་བུའི་མེ་ལོང་དེབ་ངོས214 – 216)

ཉོད་འཕན་ཡུལ་སོགས་སུ་གསེར་གཡུ་དང་མུ་མེན་སོགས་རིན་པོ་ཆེའི་འབུལ་བ་ཕྱུང་བ་རྣམས་ལ་སངས་རྒྱས་ཀྱི་སྐུ་བཞེང་རྒྱུར་ཐུགས་ཐག་བཅད་ནས། "ཡོན་བདག་མོ་སྐལ་བཟང་ལ་རིན་པོ་ཆེ་འདི་རྣམས་ལ་སྐུ་སྣ་ཚོགས་བཞེངས་པ་ལ། ཁྱེད་ཀྱིས་བཟོ་རིགས་པ་གང་ཡོད་ལ་ཡི་གེ་ཐོངས་གསུངས་པས། བཟོ་བོ་ལྷ་བཅུ་ཙམ་སང་ཉིན་ཉི་མ་ཕྱེད་གོང་ཡན་ལ་འཛོམས། གྲུབ་ཐོབ་ཆེན་པོས་རིན་པོ་ཆེ་འདི་དག་ལ་ཁྱེད་རྣམས་ཀྱིས་སྐུ་བཟོ་རོགས་ཀྱིས་གསུངས་པས། བཟོ་རིགས་རྣམས་ཀྱིས་བྱས། རྒྱ་བོད་གང་ནའང་གཡུ་ལས་བཟོས་པའི་ལྷ་སྐུ་ཡོད་ཟེར་བ་ཆ་བས་མ་ཐོས། མི་གེས་མ་མཐོང་བས། གཡུ་དང་རིན་པོ་ཆེ་མང་པོ་ཡོད་པའི་ནོར་རྫས་མི་མཛད་པར་ཞུ་ཟེར་བ་ལ། ཡང་སྐྱར་བཟོ་པ་རྣམས་ལ་ཁྱེད་རྣམས་ཀྱིས་སྐྱེས་པ་དང་བུད་མེད་ཀྱི་རྒྱན་ལ་རྡོ་རྗེ་རྒྱ་གྲམ་ནོར་བུ་སོགས་བཟོ་ཤེས། སྐུ་མི་ཤེས་ཟེར་བ་ནན་ཏར་མ་འོས་གསུངས་ཏེ་གཡུ་སྙིང་དྲུག་དཀར་དམར་ལ་གྲུབ་ཐོབ་ཆེན་པོ་རང་གིས་བཅད་གཏུབས་དང་བརྡར་བསྒྲིགས་ཀྱི་ཞལ་བཀོད་མཛད་པས་གཡུའི་རྡོ་རྗེ་འཆང་ཁྲུ་གང་ཚད་ལྡན་པ་གྲུར་དུ་ཚུབ"①པ་དེ་ནས་གཡུའི་སངས་རྒྱས་སྨན་བླ། དོན་ཡོད་གྲུབ་པ། རྗེ་བཙུན་སྒྲོལ་མ། དུང་ལས་གྲུབ་པའི་སྤྱན་རས་གཟིགས་ཀྱི་སྐུའི་ཆེ་ཆུང་བདུན། བྱུ་རུ་ལས་གྲུབ་པའི་འོད་དཔག་མེད་དང་། ཚེ་དཔག་མེད་ཀྱི་སྐུ་སོགས་བཞེངས་པ་རྣམ་ཐར་ནང་ཞིབ་པར་འཁོད་པའི་སྐུ་བརྙན་འགའ་ཞིག་དེ་ སྔ་ལྟུགས་པོ་རིར་ཀུན་གྱི་འདྲེན་བྱེད་ཀྱི་ཡུལ་དུ་གྱུར་པ་དེ་དག་གིས་མཚོན་ནུས།

---

① （ཐང་སྟོང་རྒྱལ་པོའི་རྣམ་ཐར་ནོར་བུའི་མེ་ལོང་དེབ་ངོས214－126）

(2) མཛད་པ་སྤྱིའི་རྟོམ་ཚིག་ནི། ལྷུགས་ཟམ་དང་གྲུ་ཤན་གྱི་གྲངས་འཕོར་སྐོར་གོང་འཕོད་ལྟར་དང་། སྐུ་རྟེན་རྒྱབ་མཐོ་སུམ་ཅུ་སོ་བདུན་ཆེ་ཚད་དང་། ཆུང་ཚད་མཐེད་གང་ལས་བྱས་པའི་རིན་པོ་ཆེ་གསེར་དངུལ་བྱུ་རུ་མུ་མེན་སྤོས་ཤེལ་དུང་སོགས་ལས་གྲུབ་པ་བརྒྱ་ཕྲག་དུ་མ། འཛམ་པ་ལས་གྲུབ་པ་རྒྱབ་མཐོ་ལྔ་བཅུ་རྩ་ལྔ་ནས་མཐོ་གསུམ་མའི་བར་སྟོང་ཕྲག་ལྔ། གྱང་རིས་རས་བྲིས་བསམ་གྱིས་མི་ཁྱབ་པ། འདུ་ཁང་དང་གཙུག་ཁང་བརྒྱ་དང་ཉི་ཤུ། གསུང་གི་རྟེན་གསེར་ལས་གྲུབ་པའི་བཀའ་འགྱུར་ཞིག་གིས་མགོ་བྱས་བཀའ་འགྱུར་བཅོ་བརྒྱད། བསྟན་འགྱུར་བཅོ་ལྔ། ཐུགས་ཀྱི་རྟེན་དཔལ་རི་བོ་ཆེའི་མཆོད་རྟེན་ཆེན་པོའི་ཕྱོགས་རེ་ལ་སྒོ་འདོམ་བཞི་བཅུ་ཡོད་པ་ཆེ་ཚད། ཕྱོགས་རེ་ལ་འདོམ་བརྒྱད་ཡོད་པ་ཆུ་ཚད་བྱས་པའི་མཆོད་རྟེན་བརྒྱ་དང་བཅུ་གཅིག དབེན་གནས་ཐར་པ་གླིང་ལ་སོགས་པ་སྒྲུབ་སྡེ་མང་པོ་དང་། སེམས་ཅན་གྱི་སྲོག་སྐྱོབ་པ། སྦྲས་ཡུལ་དང་མཐའ་འཁོབ་རྣམས་སུ་གནས་སྒོ་འབྱེད་པ་སོགས་དངོས་ཡོད་ཀྱི་མཛད་འཕྲིན་དེ་དག་ནི་སྒྲོ་སྐུར་དང་བྲལ་བ་དོན་ལ་གནས་པ་ཞིག་ཡིན་པས་ང་ཚོའི་མེས་པོ་བཀའ་དྲིན་ཅན་གྲུབ་ཆེན་འདི་ཉིད་ཀྱི་མཛད་རྗེས་དུས་ནམ་ཡང་བརྗེད་པར་མི་རིགས་ཤིང་། ལྷག་པར་སྔེ་མི་འདྲ་བའི་རིན་པོ་ཆེ་སོ་སོ་འབབ་ཞིག་ལས་བསྐྲུན་པའི་སྐུ་རྟེན་དང་། གཙུང་རི་བོ་ཆེར་བཞུགས་པའི་སྐུ་འབུམ་མཆོད་རྟེན་ཆེན་མོའི་སྐུ་ཚད་སོགས་སྐབས་དེའི་སྤྱི་ཚོགས་དར་རྒྱས་ལ་དཔགས་ན་བསམ་བརྗོད་ལས་འདག་པའི་མཛད་རྗེས་ཡིན་ལ། བོད་རིགས་མི་དམངས་ཀྱི་སྤོབས་པ་ཞིག་ཀྱང་ཡིན་སྙམ་མོ།

དེ་ལྟ་བུའི་མཛད་རྗེས་ལ་བརྟེན་ནས་ཁ་བ་ཅན་གྱི་ལྗོངས་འདིར་

ལྷུགས་ཟམ་གྱིས་མཚོན་ཟམ་བཟོའི་ལག་རྩལ་དང་། རིན་པོ་ཆེའི་རིགས་ལ་བཟོ་བཀོད་འདོན་པའི་ལག་རྩལ། གཙུག་ལག་ཁང་དང་སྐུ་འབུམ་བཞེངས་པའི་ལག་རྩལ། གཞན་ཡང་ལྷུགས་འཁོར་ཆེན་བཞུ་བཏུལ་དང་བཅོ་སྦྱོང་བརྟུང་བཟོའི་ལག་རྩལ་ལ་སོགས་པ་བཟོ་ལས་ཀྱི་བྱ་གཞག་གང་ཅིར་སྤྱི་ལོའི་དུས་རབས་བཅོ་ལྔ་པའི་སྐབས་ལ་མཚོན་ན་བཤད་རིན་ཆོག་པའི་བྱ་བ་མང་པོ་ཞིག་གནང་ཡོད་པ་དང་། དེས་བོད་རིགས་མི་དམངས་ཀྱི་བཟོ་ལས་བྱ་གཞག་འཕེལ་རྒྱས་འགྲོ་བར་ནུས་པ་ཆེན་པོ་ཐོན་ཡོད་ཅེས་བཤད་ན་མི་འཚམ་པ་མེད་པ་བཅས་དེ་ལྟ་བུའི་མཛད་པ་དཔག་ཏུ་མེད་པ་བསྒྲུངས་མཐར་དགུང་ལོ་བརྒྱ་དང་ཉེ་ཤུ་རྩ་ལྔ་པ་སྤྱི་ལོ1485བོད་རབ་བྱུང་བརྒྱད་པའི་ཤིང་སྦྲུལ་ལོར་གཙུང་རི་པོ་ཆེར་མྱ་ངན་འདའ་བའི་ཚུལ་བསྟན་པ་བཅས་སོ། །

4. འགོས་ལོ་གཞོན་ནུ་དཔལ་གྱི་རྣམ་ཐར་དང་། དེབ་ཐེར་སྔོན་པོའི་སྐོར།

(1) མཁས་པའི་དབང་པོ་འགོས་ལོ་གཞོན་ནུ་དཔལ་ནི། ཡབ་འགོས་སྟོན་བྱུང་གནས་རྡོ་རྗེ་དང་། ཡུམ་སྲི་ཐར་སྐྱིད་གཉིས་ལ་སྲས་ལྔ་དང་སྲས་མོ་གསུམ་ཡོད་པའི་ནང་གི་གསུམ་པར་སྤྱི་ལོ1392 རབ་བྱུང་བདུན་པའི་ཆུ་སྤྲེ་ལོར་སྟོ་ཁ་ཕྱོངས་རྒྱས་ཁྲུལ་རྒྱས་སྨན་ལྷ་ཁང་གི་འདབས། པ་རའི་གྲོང་ནག་མེ་དགུ་ཟེར་བའི་ས་ཆར་སྐུ་འཁྲུངས།

དགུང་ལོ་དགུ་པར་སྤྱན་གཡས་མཁན་པོ་སངས་རྒྱས་དཔལ་བའི་དྲུང་དུ་རབ་ཏུ་བྱུང་བའི་སྡོམ་པ་བཞེས་ཤིང་། སློབ་དཔོན་ཤེས་རབ་དར་རྒྱས་ཀྱི་

དྲུང་ནས་སྦྱོད་འཇུག་སོགས་གསན།

དགུང་ལོ་བཅུ་གཉིས་ནས་ཉེ་ཤུ་རྩ་གསུམ་གྱི་བར་དུ། རྩེད་ཐང་གི་མཁན་པོ་བསམ་བཟང་པ་ལས་ཚད་མ་རྣམ་འགྲེལ། སྡོན་པ་ཤཱཀྱ་པ་ལས་ཕར་ཕྱིན་སྐོར་དང་། བྱམས་ཆོས་སྡེ་ལྔ། འཕན་པོ་ཐང་སག་གི་མཁས་པ་ཡེ་ཤེས་རྒྱལ་མཚན་ལས་དབུ་མ་རིགས་ཚོགས། སྐྱོར་མོ་ལུང་དུ་དགེ་བཤེས་བསྟན་འཛིན་དོན་གྲུབ་ལས་འདུལ་བ་དང་། མངོན་པ་གོང་འོག་གཙོ་པ་དེ་བཞིན་གཤེགས་པ་ལས་སེམས་སྐྱེད་ནཱ་རོ་ཆོས་དྲུག ཀུང་སྣང་ཆོས་རྗེ་མཛེས་པ་དཔལ་ལས་བདེ་མཆོག་གི་སྐོར་སོགས་གསན་སྦྱོང་མཛད།

དགུང་ལོ་ཉེར་བཞི་པ་ས་ལུག་ལོར་འོན་བཀྲ་ཤིས་རྡོ་ཁར་རྗེ་ཙོང་ཁ་པ་ཆེན་པོ་མཇལ་བར་ཕྱིན་ཏེ་ལམ་རིམ་དང་། དབུ་མ། ནཱ་རོ་ཆོས་དྲུག་སོགས་གསན། གཞན་ཡང་སྐྱང་ཆེན་པ་ཤཱཀྱ་ཤྲཱི། སྤྱན་སྔ་རིན་ཆེན་འཕེལ་སོགས་མཁས་གྲུབ་ཀྱི་སྐྱེས་ཆེན་དམ་པ་དུ་མ་བསྟེན་ནས་མདོ་སྔགས་ཀྱི་ཆོས་འཁོར་མང་པོ་དང་། ལྷག་པར་རིག་གནས་སྐོར་ལ་ཤངས་པ་ཀུན་མཁྱེན་དང་། སྐྱང་ཆེན་པ་ཤཱཀྱ་ཤྲཱིའི་དྲུང་ནས་དུས་འཁོར་རྒྱུད་འགྲེལ་སྐར་རྩིས་དང་བཅས་པ། སྣར་ཐང་ལོ་ཙྪ་བ་སངྒ་ཤྲཱིའི་དྲུང་ནས་སྒྲ་རིག་པའི་སྐོར་གསན་པ་བཅས་མདོར་ན་ཡོངས་སུ་གྲགས་པ་དང་། མ་གྲགས་པའི་བླ་མ་དྲུག་ཅུ་ལྷག་ཙམ་བསྟེན་ནས་མདོ་སྔགས་རིག་གནས་སྤྱི་དང་བྱེ་བྲག་གསན་སྦྱོང་མཐར་ཕྱིན་པ་མཛད་དེ་མཁས་པའི་གོ་སར་ཕེབས།

ཁོང་སྐུ་གཞོན་ནུའི་སྐབས་ནས་སྐུ་ན་མཐོན་པོར་སོན་པའི་བར་ཉིན་ལྟར་ཕྱག་དཔེ་ཤོག་བུ་མདའ་ཚད་མ་བཅོ་ལྔ་རེ་ཆག་མེད་ཐུགས་འཛིན་རྒྱུན་འཁྱོངས་གནང་ཐུབ་པ་དང་། མདོ་སྔགས་རིག་གནང་དང་བཅས་པའི་

གཞུང་གང་གསན་པ་དང་གཟིགས་པ་རྣམས་ཐེངས་རེ་རེ་ལ་ཁོང་དུ་ཆུད་ཐུབ་པའི་མཁྱེན་རབ་ཀྱི་རྩལ་སྐྱེད་དུ་བྱུང་བ་མངའ་བར་གྲགས་པས་བོད་ཀྱི་མཁས་པ་མཐའ་དག་གིས་བསྔགས་བརྗོད་ཚད་མེད་ཞུ་བ་དང་། ལྷག་པར་རབ་བྱུང་བདུན་པའི་ནང་རྒྱ་གར་གྱི་པཎྜི་ཏ་ཆེན་པོ་ནགས་ཀྱི་རིན་ཆེན་བོད་དུ་ཕེབས་ཐེངས་དང་པོར་ལོ་བཅུ་གཉིས་ཙམ་བཞུགས་པ་དེའི་ཚེ་འགོས་ལོ་གཞོན་ནུ་དཔལ་བ་དགུང་ལོ་ཞེ་གཉིས་པ་སྤྱི་ལོ1433 རབ་བྱུང་བདུན་པའི་ཆུ་གླང་ལོར་ཐོག་མར་མཇལ་བ་ནས་ལོ་ལྔ་ཙམ་རིང་ནགས་ཀྱི་རིན་ཆེན་བླ་མར་བསྟེན་ནས་མདོ་སྔགས་ཀྱི་ཆོས་མང་དུ་གསན་ཅིང་། དེའི་དུས་པཎ་ཆེན་ནགས་ཀྱི་རིན་ཆེན་གྱིས་གཞན་ལ་བཀའ་ཆོས་གནང་བའི་ལོ་ཙྪ་བ་མཛད་པས་པཎྜི་ཏ་ཐུགས་མཉེས་པོ་བྱུང་སྟེ། དེང་སང་འཛམ་གླིང་ན་ཀུ་མ་ར་ཤྲཱི་(གཞོན་ནུ་དཔལ་)ལས་མཁས་པ་ངས་མ་མཐོང་ཞེས་བསྔགས་བརྗོད་མཛད་པ་ནི་ཁོང་གི་མཁྱེན་རླབས་དང་ཡོངས་སུ་མཐུན་པ་བཅས་རིག་པའི་གནས་མཐའ་དག་ལ་གཞན་དྲིང་མི་འཇོག་པའི་མཁས་པ་ཆེན་པོར་གྱུར་པ་མ་ཟད། བོད་ཀྱི་རིག་གནས་བྱ་གཞག་འཕེལ་རྒྱས་ལ་བསུབ་ཐབས་མེད་པའི་མཛད་མཛེས་རླབས་པོ་ཆེ་བཞག་སྟེ་མཐར་དགུང་གྲངས་དགུ་བཅུར་ཕེབས་པ་སྤྱི་ལོ1481 རབ་བྱུང་བརྒྱད་པའི་ལྕགས་གླང་ལོར་སྐུ་འདས།

(2) དེབ་ཐེར་སྔོན་པོའི་སྐོར། འགོས་ལོ་གཞོན་ནུ་དཔལ་གྱིས་དགུང་ལོ་བརྒྱད་ཅུ་གྱ་བཞི་པ་སྤྱི་ལོ1476 རབ་བྱུང་བརྒྱད་པའི་མེ་སྤྲེ་ལོར་བཀའ་རྩོམ་གནང་བའི་དེབ་ཐེར་སྔོན་པོ་ནི་ཁོང་གི་གསུང་རྩོམ་པོད་བཅུ་ཙམ་ཡོད་པའི་ནང་ནས་གལ་ཆེ་བའི་གྲས་ཤིག་ཡིན། དེབ་ཐེར་སྔོན་པོའི་ནང་དོན་སྐོར། ཀ་པར། ཆོས་འབྱུང་གི་རྩ་བ་རྒྱལ་རབས། བསྟན་པ་ཕྱི་དར་གྱི་

སྐབས། ཁ་པར། བསྟན་པ་ཕྱི་དར་གྱི་སྐབས། ག་པར། གསང་སྔགས་སྔ་འགྱུར་སྐབས། ང་པར། བསང་སྔགས་གསར་མ་ལམ་འབྲས་རྗེས་འབྲང་དང་བཅས་པའི་སྐབས། ཅ་པར། ཇོ་བོ་རྗེ་བརྒྱུད་པ་དང་བཅས་པའི་སྐབས། ཆ་པར། རྔོག་ལོ་པ་ཚབ་བརྒྱུད་བཅས་དང་། དབུ་ཚད་བྱམས་ཚད་སོགས་ལྟར་བྱུང་བའི་སྐབས། ཇ་པར། རྒྱུད་སྡེའི་བཤད་སྲོལ་ཇི་ལྟར་བྱུང་བའི་སྐབས། ཉ་པར། ལོ་ཙྪ་བ་ཆེན་པོ་མར་པ་ནས་བརྒྱུད་དེ་དྭགས་པོ་བཀའ་བརྒྱུད་ཀྱི་སྐབས། ཏ་པར། ཀོ་བྲག་པ་དང་། ཉི་གུའི་སྐབས། ཐ་པར། དུས་ཀྱི་འཁོར་ལོའི་སྐབས། ད་པར། ཕྱག་རྒྱ་ཆེན་པོའི་སྐབས། ན་པར། ཞི་བྱེད་བརྒྱུད་པ་སྔ་ཕྱི་བར་གསུམ་གྱི་སྐབས། པ་པར། གཅོད་ཡུལ་དང་ཁ་རགས་པའི་སྐབས། ཕ་པར། ཐུགས་རྗེ་ཆེན་པོའི་སྐོར་དང་། རྡོ་རྗེ་ཕྲེང་བ་སོགས་ཀྱི་སྐབས། བ་པར། ཚོགས་པ་སྡེ་བཞི་སོགས་དགེ་འདུན་གྱི་སྡེ་ཇི་ལྟར་བྱུང་བ་དང་། ཞུ་ལན། པར་དུ་བཞེངས་པའི་སྐབས་བཅས་རྒྱལ་རབས་ཆོད་འབྱུང་འདིའི་ནང་དོན་ལེ་ཚན་བཅོ་ལྔར་དབྱེ་ཡོད་པའི་ལེ་ཚན་རེ་རེར་ཡང་ལོ་རྒྱུས་ཀྱི་ནང་དོན་ཧ་ཅང་མང་པོ་ཚུད་ཡོད། དཔེར་ན། ལེ་ཚན་ཀ་པ་ཁོ་ནར་མཚོན་ན། མང་པོས་བཀུར་བའི་གདུང་རབས་དང་། སྟོན་པ་ཤཱཀྱ་ཐུབ་པའི་མཛད་པ། སྟོན་པའི་བསྟན་པ་ཉན་ཐོས་ཆེན་པོ་རྣམས་ལ་གཏད་པའི་རབས། ཉན་ཐོས་སྡེ་པ་བཅོ་བརྒྱད་དུ་གྱེས་པའི་སྐོར། སོ་ཐར་གྱི་སྡོམ་རྒྱུད། བོད་ཀྱི་རྒྱལ་རབས་སྐབས། ཆོས་རྒྱལ་མེས་དབོན་རྣམས་ཀྱིས་སངས་རྒྱས་ཀྱིས་བསྟན་པ་ཇི་ལྟར་བཙུགས་པ་དང་། དར་ཞིང་རྒྱས་པར་མཛད་པའི་སྐོར། བོད་དང་། རྒྱ་ཧོར་ལ་སོགས་པའི་རྒྱལ་རབས་རགས་བསྡུས། སླད་དར་མས་བསྟན་པ་བསྣུབས་རྗེས་ཁྱིམ་པ་ཚོས་གཙུག་ལག་ཁང་

དང་། བཀའ་བསྟན་བཅོས་སྲུང་སྐྱོང་བྱས་པའི་ལོ་རྒྱུས་སོགས་ནང་དོན་ད་ཅང་མང་པོ་འཁོད་ཡོད་པ་ལྟ་བུ་ཡིན།

དེབ་ཐེར་སྔོན་པོའི་ཁྱད་ཆོས་སྐོར་ལ་དེང་རབས་ཀྱི་མཁས་པས་ཁྱད་ཆོས་ཆེན་པོ་བཞི་ཡོད་པར་ངོས་འཛིན་གནང་གི་ཡོད་པ་སྟེ།

གཅིག འགོས་ལོ་གཞོན་ནུ་དཔལ་གྱིས་གཟིགས་སྐྱོང་བའི་དཔྱད་གཞིའི་ཡིག་ཆའི་རིགས་ལ་བཤད་ཚུལ་མི་འདྲ་བ་ཡོད་པ་རྣམས་སྐབས་སུ་གང་བབས་ཐད་ཀར་བཀོད་པ་ལས། དེ་དག་ལ་རང་ལུགས་ཕོ་ནར་ཞེན་པའི་དགག་སྒྲུབ་མཛད་མེད་པ།

གཉིས། གནད་དོན་ལ་ལའི་ཐད་དཔྱད་གཞིའི་ཡིག་ཆ་ཁུངས་བཙན་མེད་པའི་ཐོག རིགས་ལམ་ནས་ཀྱང་བསྒྲུབ་དཀའ་བ་རྣམས་གཞན་གྱི་ཟེར་སྒྲོས་ཙམ་ལས་མེད་རུང་ཕྱི་རབས་ཀྱི་མཁས་པ་རྣམས་ཀྱིས་སླར་ཡང་བརྟག་དཔྱད་བྱ་རྒྱུའི་དཔྱད་གཞིར་འཇོག་གནང་མཛད་པ།

གསུམ། ཆོས་ལུགས་གྲུབ་མཐའ་ཁག་གི་ལོ་རྒྱུས་རང་རང་སོ་སོའི་ཆོས་འབྱུང་དང་། རྣམ་ཐར་ནང་ཇི་ལྟར་འཁོད་པ་གཞིར་བཟུང་བཀོད་གནང་ལས། རང་ལུགས་ཀྱི་གྲུབ་མཐའི་ཕྱོགས་ཞེན་གཏན་ནས་མེད་པས་ཀློག་པ་པོ་ཆོས་བལྟས་ན་ཡང་སློང་འགོས་ལོ་རང་ཉིད་ཀྱི་རྩ་བའི་གྲུབ་མཐའ་གང་ཡིན་གསལ་པོ་ཤེས་མི་ཐུབ་པ་ལྟ་བུ།

བཞི། དེབ་ཐེར་འདི་ཉིད་སྔ་རབས་ཀྱི་ལོ་རྒྱུས་ལོ་ཡིག་སྙིང་རྩ་བར་བཟུང་ནས་ཕྱོགས་སྒྲིག་གནང་བ་ཞིག་ཡིན་པས་ཡིད་ཆེས་ཆོག་པའི་ཁུངས་བཙན་པ་དང་། གལ་ཏེ་དཔྱད་གཞི་ཁུངས་བཙན་མེད་པའི་རིགས་རྣམས་གཞན་གྱི་ཟེར་ཚོད་ཙམ་བྲིས་པ་མ་གཏོགས། རིགས་པས་བསྒྲུབ་ཐུབ་པ་མི་

སྣང་ཞེས་གསལ་བར་གསུངས་ཡོད་པ་ལྟ་བུའོ།

གོང་གསལ་གྱི་ཁྱད་ཆོས་དེ་ཚོའི་ཐོག་ནས་འགོས་ལོ་གཞོན་ནུ་དཔལ་གྱིས་མཛད་པའི་དེབ་ཐེར་འདི་ནི་བོད་ཀྱི་རིག་གནས་སྤྱི་དང་། ལྷག་པར་ཆོས་ལུགས་གྲུབ་མཐའ་ཁག་གི་ལོ་རྒྱུས་ཆ་ཚང་ཞིང་བརྒྱུད་རིམ་ལྡན་པ་བཅས་བོད་ཀྱི་ལོ་རྒྱུས་ཞིབ་འཇུག་ལ་མེད་དུ་མི་རུང་བའི་དེབ་ཐེར་ཤིན་ཏུ་གལ་ཆེ་བ་ཞིག་ཡིན།

ཆོས་འབྱུང་འདི་ཉིད་ཀྱི་རྩོམ་པ་པོའི་གདུང་རུས་འགོས་ཡིན་ལ། སྤྱིར་འགོས་ཀྱི་རིགས་ལ་བོད་ཀྱི་མཛངས་མི་དྲུག་པ་འགོས་ཁྲི་བཟང་ཡབ་ལྷག་ནས་རིམ་པར་འཕྲུལ་བློན་དང་མཁས་པ་མང་པོ་བྱོན་ཡོད་པ་མ་ཟད། བསྟན་པ་ཕྱི་དར་གྱི་རྗེས་ལའང་ལོ་ཙཱ་བ་ཆེན་པོའི་མཚན་དང་ལྡན་པ་གསུམ་བྱོན་ཡོད། འགོས་ལོ་དང་པོ་ཁུག་པ་ལྷས་བཙས་ནི་དུས་རབས་བཅུ་གཅིག་པའི་ནང་བྱོན་པའི་ལོ་ཙཱ་བ་སྙན་གྲགས་ཅན་ཞིག་ཡིན་པ་དང་། འགོས་ལོ་གཉིས་པ་དེབ་ཐེར་འདིའི་རྩོམ་པ་པོ་གཞོན་ནུ་དཔལ་གྱི་པ་དང་། འགོས་ལོ་གསུམ་པ་ནི་ཞྭ་ལུ་ལོ་ཙཱ་བ་ཆོས་སྐྱོང་བཟང་པོ་ཡིན་ནོ།

5. བྱང་བདག་རྣམ་རྒྱལ་གྲགས་བཟང་གི་རྣམ་ཐར།

མཁས་དབང་བྱང་བདག་རྣམ་རྒྱལ་གྲགས་བཟང་ནི། མི་ཉག་སེའུ་རྒྱལ་པོའི་གདུང་རབས་དྲུག་གི་མཐར་སོན་པའི་བདུན་ཚིགས་སུ་གྱུར་པ་མི་ཉག་རྒྱལ་རྗེད་ཀྱི་རིགས་རང་རྒྱལ་ཡོན་རབས་སྐབས་གཏན་ལ་ཕབ་པའི་དཔུས་གཙང་ཁྲི་དཔོན་བཅུ་གསུམ་གྱི་ཡ་གྱལ་ལ་སྟོད་བྱང་པ་ཡབ་གུའི་གུང་

ཆོས་གྲགས་དཔལ་བཟང་པོ་དང་། ཡུམ་འབུམ་སྐྱོང་རྒྱལ་མོའི་སྲས་སུ་སྤྱི་ལོ1395 རབ་བྱུང་བདུན་པའི་ཤིང་ཕག་ལོ་བྱུང་ངམ་རིང་དུ་སྐུ་འཁྲུངས། དགུང་ལོ་བཞི་ལྔའི་སྐབས་ཡུམ་གྱི་སྨོས་གཞིས་ལ་སྟོང་སྡོ་བདག་གི་ཕོ་བྲང་དུ་ཕེབས་ནས་ཡི་གེ་འབྲི་ཀློག་གི་རིམ་པ་གསན།

གཞོན་ནུའི་སྐབས་ལོ་ཆེན་བྱང་ཆུབ་རྩེ་མོ་དང་། མཁས་གྲུབ་བསྟན་པའི་རྒྱལ་མཚན་མཁན་ཆེན་ན་མགོན་ཞེས་རབ་ལ་སོགས་པ་ནས་ཆོས་བཀའ་ཅི་རིགས་གསན་སྦྱོང་མཛད།

དེ་ནས་འཇམ་དབྱངས་ནས་མཁའ་རིན་ཆེན་གྱི་དྲུང་དུ་དབུ་མ་ལུགས་ཀྱི་ཚ་གའི་སྒོ་ནས་ཐེག་མཆོག་བྱང་ཆུབ་ཏུ་ཐུགས་བསྐྱེད་ཅིང་། ངམ་རིང་དུ་ཤེལ་དཀར་ཆོས་རྗེ་སྤྱན་སྔངས་པ་དང་། དཀའ་ལྷ་པ་དཔལ་འབྱོར་ཤེས་རབ་སོགས་ལས་གཞུང་ཆེན་ཁག་འགྲེལ་པ་དང་། དབང་སོགས་ཞུ།

དགུང་ལོ་ཉི་ཤུ་པའི་སྐབས་འཁོན་སྟོན་ཀུན་དགའ་བཀྲ་ཤིས་རྒྱལ་མཚན་ཏཱ་མིང་གང་མའི་ཏི་ཤྲིར་སྟོན་ཕེབས་ས་སྐྱར་ཕྱིར་ཕྱོན་སྐབས་ཏཱ་མིང་གང་མ་ཡུང་ལོས1414 པོད་ལྗགས་ཧྭ་ལོར་རིགས་ལྡན་རྣམ་རྒྱལ་གྲགས་བཟང་འདིའི་ཡབ་ཆོས་གྲགས་བཟང་པོར་ཚང་གུའི་གུང་གི་ལས་ཀ། དངུལ་གྱི་དམ་ཁ་དང་། རྣམ་རྒྱལ་གྲགས་བཟང་རང་ཉིད་ལ་ཏའི་སི་ཏུའི་ལས་ཀ་དང་། དངུལ་གྱི་དམ་ཁ། ཆོས་རྒྱལ་དཀོན་མཆོག་ལེགས་པ་ལ་མིང་ལྷུའི་ཏྲུ་སྟུན་དབུས་གཙང་ཏི་ཤྲིའི་ཟེའི་དྲེ་ཧྥས་ཀྱི་ལས་ཀ་དང་། དངུལ་གྱི་དམ་ཁ་བཅས་པས་གཟེངས་བསྟོད།

དེ་རྗེས་ས་སྐྱ་དཔང་རྣམ་སྲས་རྒྱལ་མཚན་གྱི་སྲས་མོ་ལྷ་གཅིག་མ་ཁབ་ཏུ་བཞེས་པར་བདག་པོ་ནམ་མཁའ་བཀྲ་ཤིས་འཁྲུངས་ཀྱང་སྐུ་གཞོན་ནུར་

གཤེགས།

དེ་རྗེས་འཁོན་གྱི་གདུང་རྒྱུད་མ་གཞན་ཞིག་ཁབ་ཏུ་བཞེས་ཀྱང་ཚུལ་དང་མཐུན་པ་ཞིག་མ་བྱུང་བ་མ་ཟད། གྲུམ་ནད་ཀྱིས་ཟིན་ཏེ་གཤེགས།

དགུང་ལོ་ཉེར་གསུམ་པའི་སྐབས་ཆོས་རྒྱལ་དཀོན་མཆོག་ལེགས་པ་དང་ལྷན་ཅིག་ཏུ་རྒྱ་གར་རྡོ་རྗེ་གདན་གྱི་མཁན་ཆེན་ཤཱ་རི་པུ་ཏྲ་བོད་དུ་ཕེབས་སྐབས་སྟོན་ཆད་བོད་སྐད་དུ་མ་འགྱུར་བའི་མདོ་སྔགས་ཀྱི་ཆོས་སྒོ་དུ་མ་དང་འཆི་མེད་འཕྲུལ་འཁོར་དང་། གཙུ་གདམས་པའི་རླུང་སྦྱོར་རྣམས་གསན། ཛྷུ་ཏྲ་བ་བླ་མ་ཡོན་ཏན་འབྱུང་གནས་ངམ་རིང་དུ་སྤྱན་དྲངས་ནས་འཁོར་ལོ་སྡོམ་པའི་དབང་ཞུས། གྲུབ་ཆེན་བུདྡྷ་ཤྲཱི་ལ་ཡང་སྐུ་མཆེད་ལྷན་ཅིག་ཏུ་བཀའ་དབང་དུ་མ་གསན། རྒྱལ་སྲས་ཆོས་དབང་མགོན་པོ་ལ་ཡང་ཆོས་ཀྱི་བགྲོ་གླེང་མང་དུ་མཛད། ལྷག་པར་བོ་དོང་ཕྱོགས་ལས་རྣམ་རྒྱལ་རང་གི་རྩ་བའི་བླ་མར་བསྟེན་ནས་མདོ་སྔགས་ཀྱི་ཆོས་ཚུལ་མཐའ་ཡས་པ་གསན་པ་མ་ཟད། བོ་དོང་པ་ཆེན་པོའི་གསུང་རྩོམ་རྣམས་ཕྱོགས་གཅིག་ཏུ་འཁོད་པའི་བཀའ་བསྡུ་བ་ཆེན་པོའི་གསོལ་འདེབས་ནན་བསྐྱར་ཞུ་བ་དང་། དེ་དག་འདུས་པའི་ཆོས་ཀྱི་གླེགས་བམ་ཀ་མད་སུམ་ཅུའི་གྲངས་སུ་བཞུགས་པའི་གསུང་རྩོམ་གྱི་སྐྲུལ་བ་པོ་དང་། ཉན་ཞིང་ཀློག་པ། འབྲི་ཞིང་ཐུགས་ལ་ཆུབ་པ་བཅས་མཛད་མཁན་གཙོ་བོར་གྱུར་པས་ཕྱིས་ཀྱང་བོ་དོང་པ་ཆེན་པོའི་གསུང་འབུམ་པོད་བརྒྱ་ཕྲག་བཀྲལ་བ་དངོས་སུ་ཞུགས་པ་ནི་བྱང་བདག་ཆེན་པོ་འདི་ཉིད་ཀྱི་མཛད་རྗེས་དང་ཁ་འབྲལ་ཐབས་མེད།

སྐབས་དེར་ངམ་རིང་དུ་བོ་དོང་པ་ཆེན་པོ་དང་། རྗེ་རོང་སྟོན་གཉིས་ཀྱང་ཆོས་ཀྱི་རྩོད་པའི་འབེལ་གཏམ་རྒྱ་ཆེར་མཛད་ཅེས་གྲགས།

ཆོས་རྗེ་བསྟོན་འགྲུས་རྒྱལ་མཚན་པ་ལ་དཔལ་དུས་ཀྱི་འཁོར་ལོའི་དབང་དང་། སྨྲང་མའི་དབང་པོ་དྲུག་ཅུའི་རྗེས་གནང་ཡང་གསན། སྐབས་དེར་མནལ་ལམ་དུ་དུས་འཁོར་སྣ་ཚོགས་ཐམས་ཅད་འདུས་པའི་སྣང་བ་འཆར་བ་ནི་ཕྱིས་དུས་འཁོར་རྒྱུད་འགྲེལ་ལ་མཁྱེན་པ་མཐར་སོན་པའི་སྐབས་དེ་ཡོན་བཞིན་དུ་ངེས་ཤེས་སྐྱེད་ཅེས་གསུངས་པར་གྲགས།

ཆོས་རྗེ་རྡོ་བཟང་ཆེན་པོ་རྒྱལ་བ་དཔལ་ལ་ཡང་དུས་འཁོར་གྱི་བཀའ་ལུང་མན་ངག་རྒྱ་ཆེར་ནོད་ནས་དབང་རྒྱུད་ཀྱི་གཙོ་བོར་མཛད།

དགུང་ལོ་སོ་གཅིག་པ་ཙམ་ལ་སེང་གེ་རྩེའི་སི་ཏུ་བསོད་ནམས་དཔལ་གྱི་དཔོན་མོ་ནམ་མཁའ་འབུམ་མ་ཁབ་ཏུ་བཞེས་པར་སྲས་མོ་རྡོ་རྗེ་ཚེ་རིང་འཁྲུངས་པ་རིན་སྤུངས་ནོར་བུ་བཟང་པོའི་བཙུན་མོར་གནང་ཉུང་རིང་པོར་མ་ཐོགས་པར་གཤེགས།

དགུང་ལོ་བཞི་བཅུའི་ལོར། དངུལ་ལས་གྲུབ་པའི་དཔལ་དུས་ཀྱི་འཁོར་ལོའི་བློས་བསླངས་དཀྱིལ་འཁོར་རང་ལུགས་ཇི་ལྟ་བ་བཞིན་དུ་ཐུགས་གསུང་སྐུའི་དཀྱིལ་འཁོར་དག་ཀྱང་རྒྱ་ཆེར་རོལ་པའི་མདོའི་ནང་གསལ་བའི་བཅོམ་ལྡན་འདས་ཡུམ་གྱི་ལྷུམས་སུ་བཞུགས་པ་དང་རྗེས་སུ་མཐུན་པར་སྟོན་ཆད་གཞན་དག་གི་ཡིད་ཡུལ་དུ་ཡང་འཆར་དཀའ་བ་བགོད་པས་ཁྱད་པར་འཕགས་པ་གསར་བཞེངས་གནང་སྟེ་ངམ་རིང་གི་ཕོ་བྲང་བཀྲ་ཤིས་རྩེ་མོར་བཞུགས་སུ་གསོལ་བའི་རྗེས་ཐོགས་ཉིད་དུ་སེམས་པ་ཆེན་པོ་བུལ་རོངས་པ་དང་། རྒྱལ་སྲས་གཞོན་ནུ་རྒྱལ་མཆོག་པས་བརྩེ་བའི་བཀས་བསྐུལ་པ་ལྟར་ངམ་རིང་དུ་སྤྱི་ལོ1434རབ་བྱུང་བདུན་པའི་ཤིང་སྟག་ལོར་གསེར་ཟངས་ཀྱི་བྱམས་ཆེན་གྱི་སྐུ་རི་བོའི་སྤྱི་ལྟ་བུ་བཞེངས་པ་དང་། གཙུག་ལག་ཁང་གི་

རྨང་གཏིང་ངས། ངམ་རིང་མངའ་ཞབས་ནས་བུ་གསུམ་བར་མའི་གྲྭ་ཁྲལ་བསྡུས་ནས་དགེ་འདུན་གྱི་སྡེ་ཆེན་པོ་བཙུགས་པར་རབ་བྱུང་བདུན་བརྒྱ་ཙམ་བྱུང་ཡོད།

ངམ་རིང་བྱམས་ཆེན་བཞེངས་ནས་ལོ་བདུན་པར་ལ་སྟོད་ཤེལ་དཀར་དུ་སྔོ་བདག་ཁྲི་དཔོན་ནང་ཐེང་བྱུང་བར་རྣམ་རྒྱལ་གྲགས་བཟང་སྐུ་ངོ་མ་ཤེལ་དཀར་དུ་ཕེབས་ནས་སྐུ་མཆེད་ཕན་ཚུན་ལེགས་སྤེལ་ཉེས་འགོག་གི་སློབ་སྟོན་གནང་བས་ཟིང་ཆ་ཞི་འཛགས་ཀྱིས་དུས་བདེར་འཁོད་པ་མཛད།

དེ་རྗེས་སྐུ་མཆེད་ཆོས་རྒྱལ་དཀོན་མཆོག་ལེགས་པ་གཤེགས་ཤིང་། བདག་ཆེན་ནམ་མཁའ་རྗེ་རྗེ་སྐུ་ན་ཕྲ་བས་སྡེ་སྲིད་ཀྱི་བྱ་བ་ཁོང་གི་ཐོག་ཏུ་བབས་པའི་མཛད་དཀར་ཐུག་ཀྱང་། དེ་དག་ལ་ཧེ་མི་སྨམ་པར་རང་ཉིད་རིགས་ལྡན་གྱི་མཛད་པ་ལྷུར་བཞེས་ནས་འཆད་རྩོམ་པའི་གནང་སྒོ་གཡོ་བ་མེད་པར་མཛད་པས་སྐབས་དེར་གཞུང་ལུགས་རབ་འབྱམས་སྨྲ་བའི་མཁས་པ་ཀུན་གྱིས་ཁོང་གི་མཁྱེན་རབ་ལ་བསྔགས་བརྗོད་ཀྱི་མེ་ཏོག་ཆེས་ཆེར་འཐོར།

ཁོང་གི་མཆད་རྩོད་རྩོམ་གསུམ་གྱི་མཛད་པ་ཆ་ཤས་ཙམ་ཞུ་ན། འཆད་པའི་སྐོར་ལ་རིགས་ལྡན་འདི་ཉིད་ལས་དཔལ་དུས་ཀྱི་འཁོར་ལོ་གཙོ་བོར་གྱུར་པའི་རིག་པའི་གནས་ལ་གསན་བསམ་གནང་སྟེ་མཁས་པའི་དབང་པོར་གྱུར་པ་མང་པོ་བྱུང་ཡོད།

རྩོད་པའི་མཛད་པ་ལ། བྱང་བདག་དང་མཇལ་བའི་སྐྱེས་མཆོག་ཀུན་ལ་དུས་འཁོར་མོ་ཡུག་ཏུ་ཆོས་ཀྱི་འབེལ་གཏམ་གྱིས་ཉིན་མཚན་འདའ་བར་གནང་ཞིང་། རྒྱལ་བའི་བཀའ་གཏོགས་པ་དང་། བསྟན་བཅོས་ཀྱི་ཆར་

གཏོགས་པའི་གནད་ཕྲ་མོ་ཚུན་ཆོད་ལ་ཁྱུངས་དང་འབྲེལ་མ་འབྲེལ། བཀའ་བསྟན་འགྱུར་གྱི་སྒྲིག་པ་པོ་ཚད་ལྡན་སྐྱེས་བུས་སྤྱན་ཞིབ་གནང་མ་གནང་། མ་ཕྱི་དར་འཕེལ་དཔང་གིས་དབུས་གཙང་དུ་ཁྱབ་ཆེ་ཆུང་སོགས་རེ་རེ་ནས་སྐྱུང་ལ་ལམ་འཛོམ་པར་ཞིབ་འཇུག་ཐོག་མ་ཚང་བ་ཁ་སྐོང་དང་། མ་དག་པ་རྣམས་ཀྱང་རྒྱུ་མཚན་དང་བཅས་པས་བསལ་བ། གསང་སྔགས་ནང་གི་འཕྲུལ་འཁོར་དང་། ཞི་རྒྱས་དབང་དྲག་གི་ལས་བཞི་སོ་སོར་ཡང་གསང་སྔགས་སྔ་འགྱུར་དང་ཕྱི་འགྱུར་ནང་གསེས་ཐ་དད་དུ་གྱུར་པ་རྣམས་ཀྱང་རེ་རེ་ནས་དེ་དང་དེའི་གནས་ལ་བྱུང་ཚུལ་པར་དྲི་མལ་གྱིས་ནན་ཏན་མཛད་ནས་ངེས་གསལ་མ་འདྲེས་པར་ཕྱེ་བ། གཞན་ཡང་སྨན་དཔྱད་ལ་མཚོན་ན་སྨན་གྱི་དྲི་རོ་ནུས་པ་སྐྱེས་ཡུལ་གྱི་ཁྱད་པར་ལས་བཟང་ངན་མིང་འདོགས་སོགས་སྐད་ཐ་དད་པའི་བསྒྱུར་བའི་གནས་ཕྲ་མོ་ཚུ་ཚུན་ཆད་ལ་དག་ཐེར། དེ་བཞིན་རིག་པའི་གཞན་ལའང་དེ་དང་དེ་འདྲ་བའི་ཞིབ་ཆ་གནང་ནས་དག་མ་དག་སོ་སོའི་འབྱེད་པའི་མཛད་པ་བསམ་གྱིས་མི་ཁྱབ་པ་བསྐྱུངས་ཡོད།

གསུང་རྩོམ་ལ་མཚོན་ན། བསྟོད་ཚོགས་དང་། སྐྱབ་དཀྱིལ། རྟོགས་བརྗོད་གཞུང་འགྲེལ་སོགས་མདོ་རྒྱུད་བསྟན་བཅོས་ཐུན་མོང་མ་ཡིན་པ་ནང་རིག་པའི་སྐོར་གྱི་བཀའ་རྩོམ་གནང་བ་ཁྱོན་བསྡོམས་ལེ་ཚན་བརྒྱ་དང་གསུམ་བཞུགས།

སྨན་རྩིས་གཙོ་བོར་གྱུར་པའི་ཐུན་མོང་བའི་རིག་གནས་བཀའ་རྩོམ་གནང་བ་ལ།

(1) གསོ་བ་རིག་པའི་སྐོར་ལ། ཡན་ལག་བརྒྱད་པ་ཐམས་ཅད་ཀྱི་སྙིང་པོ་བཏུས་པ་ཡིད་བཞིན་ནོར་བུ་རིན་ཆེ་ཞེས་བྱ་བའི་བསྟན་བཅོས་ལེའུ་

བརྒྱ་དང་ཉི་ཤུ་ཡོད་པ་གཅིག་དང་། རྩ་བའི་རྒྱུད་ཀྱི་བཤད་པ་རྒྱུད་དོན་གསལ་བྱེད་སྒྲོན་མ། བཤད་རྒྱུད་འགྲེལ་ཆུང་དང་། རྒྱ་ཆེར་འགྲེལ་པ་བདུད་རྩིའི་ཆུ་རྒྱུན། ཕྱི་མ་རྒྱུད་ཀྱི་དཀའ་འགྲེལ་དགོས་འདོད་འབྱུང་བ། ཡོངས་གཏད་ཀྱི་འགྲེལ་པ་ཚིག་དོན་རྣམ་པར་གསལ་བ། སྨན་གཞུང་རིན་ཆེན་སྒྲོན་བུ། རྒྱུད་བཞིའི་དཀའ་འགྲེལ་མུན་སེལ། འཚོ་བྱེད་རྣམས་ལ་སྙིང་བརྩེའི་འཕྲུལ་གྱི་ཡིག་ཆུང་། སེང་གེ་རྩེའི་འཚོ་བྱེད་ཀྱི་དྲིས་ལན་ལ་སོགས་པའོ།

(2) དུས་ཀྱི་འཁོར་ལོ་དང་། སྐར་རྩིས་རིག་པའི་སྐོར་ལ། རྩིས་ཀྱི་བསྟན་བཅོས་བྱེས་པ་བདེ་འཇུག གྲུབ་རྩིས་ཆེན་མོ། གསལ་བྱེད་ཡིད་བཞིན་ནོར་བུའི་ཕྲེང་བ། གཟའ་འཛིན་བརྟག་པའི་དཀའ་བའི་གནས་ཤིན་ཏུ་རྒྱས་པར་བཤད་པ། ཡུལ་དྲུག་དུས་སྦྱོར་སོ་སོའི་རྒྱུ་མཚན། རྩིས་ཀྱི་བསྟན་བཅོས་དྲི་མེད་ནོར་བུ། རྩིས་གཞི་བདུད་རྩིའི་ཆུ་རྒྱུན་སོགས་རྣམ་གྲངས་བཞི་བཅུ་ཞེ་གཉིས། གཞན་ཡང་མོ་རྩིས་གསལ་བར་སྟོན་པའི་སྐོར། འཁྲུལ་མེད་སྣེ་བའི་ངོས་འཛིན། གབ་རྩེ་ལ་མ་ལྟོས་པ་དང་། ས་རིས་ལ་བརྟེན་ནས་ནག་རྩིས་གཏན་ལ་འབེབས་ཚུལ། དགྲ་ཕྱིའི་མན་ངག་བརྩེ་དུས་ལ་སོགས་པའོ།

(3) སྒྲ་དང་། བཟོ་རིག་པའི་སྐོར་ལ། ཀ་ལཱ་པའི་མདོ་རྒྱན། བཟོ་རིག་པའི་གནས་ལ་དེ་བཞིན་གཤེགས་པའི་སྐུ་གཟུངས་ཀྱི་ཕྱག་ཚད། བསྟན་པའི་གནས་ཚད་སྔན་ངག་གཏམ་རྒྱུད་དུ་སྤེལ་བ་གཏྨའི་ཆུ་རྒྱུན་སོགས་སྔན་ངག་དང་། ཆབ་ཤོག ཚིག་རྒྱན་དང་མིང་གི་མངོན་བརྗོད་ལ་སོགས་པ་དུ་མ་བཞུགས་པའོ།

བྱང་བདག་རྣམ་རྒྱལ་གྲགས་བཟང་གི་གདུང་རྒྱུད་ནི། སྲས་ཀྱི་ཐུ་བོ་ནམ་མཁའི་ནོར་བུ་དང་། ནམ་མཁའི་རྡོ་རྗེ། དཔལ་མོ་མཛེས་ལྡན་བཟང་པོ་བཅས་མི་སྲིང་གསུམ་བྱུང་ཡོད།

དེ་ལྟར་ཆོས་སྲིད་ལུགས་ཟུང་གི་མཛད་འཕྲིན་རྣམ་པར་དཀར་བ་བསྐྱངས་ནས་མཐར་དགུང་ལོ་བརྒྱད་ཅུ་གྱ་གཅིག་བཞེས་པ་སྤྱི་ལོ1476རབ་བྱུང་བརྒྱད་པའི་མེ་སྤྲེ་ལོར་སྐུ་གཤེགས།

བྱང་བདག་རྣམ་རྒྱལ་གྲགས་བཟང་འདི་ནི་བོད་ཀྱི་གསོ་བ་རིག་པ་དང་། སྐར་རྩིས་རིག་པར་མཛད་རྗེས་ཆེས་ཆེ་ཡོད་པའི་རང་རེའི་སྔོན་བྱོན་གྱི་མཁས་པོ་མཁས་པའི་དབང་པོ་ཞིག་དང་། ལྷག་པར་ཁོང་ནི་དགེ་བསྙེན་གྱི་སྡོམ་པ་ཙམ་མ་གཏོགས་རབ་བྱུང་གི་སྡོམ་པ་མ་བཞེས་ཀྱང་། ཐུན་མོང་དང་ཐུན་མོང་མིན་པའི་རིག་པའི་གནས་མཐའ་དག་ལ་མཁྱེན་རྣལ་ཡུལ་དུ་བྱུང་བ་རྒྱལ་པོ་པཎྜི་ཏ་ཞེས་སྙན་པའི་རྒྱུད་ཀྱིས་རྒྱ་གར་མཁས་པའི་ཁྱིམ་དྲེགས་ཀྱི་གཞུ་ཡོངས་སུ་འགུགས་པར་མཛད་ཅེས་དྭ་ལའི་བླ་མ་ལྔ་པ་ཆེན་པོས་ཆེད་དུ་བསྟོད་པ་མཛད་པ་ལྟར་ལགས་སོ།

6. ཞྭ་ལུ་ལོ་ཆེན་ཆོས་སྐྱོང་བཟང་པོའི་རྣམ་ཐར།

ཞྭ་ལུ་ལོ་ཆེན་ཆོས་སྐྱོང་བཟང་པོ་ནི། ཡབ་འགོས་ཀྱི་རིགས་ལས་བྱུང་བ་སྐུ་ཞང་པ་བསམ་གྲུབ་བཟང་པོ་དང་། ཡུམ་རིན་ཆེན་ཆོས་འཛོམ་གཉིས་ཀྱི་སྲས་སུ་སྤྱི་ལོ1441 རབ་བྱུང་བདུན་པའི་ལྕགས་བྱ་ལོར་ཞྭ་ལུ་ཁང་གསར་གོང་མར་སྐུ་འཁྲུངས་ཤིང་། ཐོག་མའི་མཚན་ལ་ཆོས་སྐྱོང་འབུམ་ཞེས་

བྱ་བ་གསོལ། གཞོན་ནུའི་དུས་སུ་དགེ་བའི་བཤེས་གཉེན་བཀྲ་ཤིས་རིན་ཆེན་པ་ལས་བོད་ཡིག་འབྲི་ཀློག་གསན་སྦྱོང་མཛད་པས་མཁྱེན་དཀའ་ཙམ་བྱུང་།

དགུང་ལོ་བརྒྱད་པའི་སྐབས་མྱང་སྟོད་ཤར་ཁ་བ་དང་། རིན་སྤུངས་པ་གཉིས་སྟར་ཐང་གི་ཉེ་སོགས་བ་ལོན་དུ་གཡུལ་འགྱེད་པའི་སྐབས་ཡབ་བསམ་གྲུབ་དཔལ་བཟང་ཤར་ཁ་བའི་དམག་དཔུང་གི་གཙོ་བོར་ཕེབས་པ་དམག་ཐོག་ཏུ་གཤེགས་པས་ཁོང་གི་ཇོ་ཇོ་དྲུང་ཆོས་རྒྱལ་བས་རིགས་སྲས་ཆོས་སྐྱོང་འབུམ་འདི་ཉིད་ཁྲིམ་འཛིན་གནང་རྒྱུར་དགོངས་ཏེ་ཤར་ཁ་བ་བདག་ཆེན་བཀྲ་ཤིས་འཕགས་པ་སྟག་གི་གཉེན་དུ་ཕྱུར་པ་དང་བཅས་དེའི་ཞབས་འབྲིང་དུ་མངགས་ནས་དགུང་ལོ་ཉེར་གཉིས་ཀྱི་ལོ་བར་དུ་ཁྲིམ་ཚུལ་བཟུང་ཡང་དེའི་རིང་རིག་པའི་གནས་དག་ཐོས་པ་མང་དུ་མཛད།

དགུང་ལོ་ཉེར་གཉིས་པ་སྤྱི་ལོ1462 ཚུ་རྟ་ལ་ཕོང་རང་ཉིད་ཀྱི་རབ་ཏུ་བྱུང་བའི་ཐུགས་རེ་ལ་ཡུམ་གྱིས་གནང་བ་ཐོབ་པ་ལྟར་འཇམ་དབྱངས་དཀོན་མཆོག་བཟང་པོས་མཁན་པོ་དང་། ཆོས་རྗེ་ཀུན་དགའ་དཔལ་བཟང་གིས་སློབ་དཔོན་མཛད་ནས་རྒྱལ་རྩེ་དཔལ་འཁོར་ཆོས་སྡེར་རབ་ཏུ་བྱུང་བའི་མཚན་ལ་རིན་ཆེན་ཆོས་སྐྱོང་བཟང་པོ་ཞེས་གསོལ།

དགུང་ལོ་ཉེར་དྲུག་པ་སྤྱི་ལོ1464 མེ་ཁྱི་ལོར་རྗེ་དོན་གྲུབ་གྲགས་པས་མཁན་པོ་དང་། དཀའ་བཅུ་པ་བསོད་ནམས་གྲགས་པས་ལས་སློབ། མཁར་བྲག་པ་བསོད་ནམས་བློ་གྲོས་ཀྱིས་གསང་སྟོན་གནང་སྟེ་དཔལ་འཁོར་ཆོས་སྡེར་བསྙེན་པར་རྫོགས།

དེ་ལྟར་གཞི་ཚུལ་ཁྲིམས་རྣམ་པར་དག་པ་ལ་གནས་ནས་ཐོས་བསམ་གྱིས་སྒྲོ་འདོགས་བཅད་ཚུལ་ཡང་སྐུ་ཞང་མཁན་ཆེན་ཆོས་གྲུབ་པ་དང་།

བྲག་དམར་རབ་འབྱམས་པ། བླ་མ་དོན་རིན་པ། དཀའ་བའི་བཞི་ཐུགས་རྗེ་དཔལ་བ་ལ་སོགས་པ་ཡོངས་སུ་འཛིན་པ་བཅུ་ཕྲག་ལྔ་བསྟེན་ནས་བོད་དུ་འགྱུར་བའི་བཀའ་དང་བསྟན་བཅོས་ཕལ་མོ་ཆེ་དང་། མདོ་ཕྱོགས་ཀྱི་བཤད་ལུང་མཐའ་ཡས་པ། སྔགས་ཕྱོགས་ཀྱི་དབང་། བྱིན་རླབས། རྗེས་གནང་། རྒྱུད་བཤད། སྙིང་པོ་ཕྱུང་བའི་དོན་ཁྲིད་ལ་སོགས་པ་མཐའ་དག་ཐུགས་སུ་ཆུད་ཅིང་། བསམ་པའི་སྒྲོ་འདོགས་རྒྱ་ཆེར་བཅད་པ་དང་། ལྷག་པར་རིག་གནས་ཀྱི་བཤད་རྒྱུན་ཉམས་པ་ཐམས་ཅད་གསོ་བའི་ཕྱིར་དུ་སྒྲ་རིག་པ་ཆེན་པོ་གནས་བརྟན་ལེགས་པ་རྒྱལ་པོ་དང་། དཔལ་ཕྲིངས་སྒྲ་པ། ལོ་ཆེན་གྲགས་པ་རྒྱ་མཚོ། རྒྱ་སྟོན་ལྕགས་རི་བ་ཐར་པ་བཟང་པོ། སྟག་ཚང་ལོ་ཙཱ་བ་ཆེན་པོ་ཤེས་རབ་རིན་ཆེན། ཚག་ལོ་བཞི་པ། ཏའུ་ར་པ་རིན་ཆེན་ཆོས་ཀྱི་རྒྱལ་པོ། དྭགས་པོ་པཎ་ཆེན་སོགས་མཁས་པ་མང་དུ་བསྟེན་ནས་ཡིག་རིགས་མ་འདྲ་བ་སྣ་ཚོགས་པ་ནས་བཟུང་སྟེ། སྒྲ་དང་། སྙན་ངག སྡེབ་སྦྱོར། མངོན་བརྗོད། ཟློས་གར་ཏེ་ཐ་སྙད་རིག་གནས་ལྔ་ལ་འཕགས་ཡུལ་ནས་འགྱུར་ཟིན་གཞུང་ཆེན་པོ་འགྲེལ་པ་དང་བཅས་པ་མཐའ་དག་དང་། མ་འགྱུར་བ་མང་པོ་རྒྱ་དཔེའི་སྟེང་ནས་གཏན་ལ་ཕབ་སྟེ་ཐོས་བསམ་གྱི་སྒྲོ་འདོགས་ལེགས་པར་བཅད་དེ། ཇི་སྙེད་པའི་དོན་ཐམས་ཅད་ལ་འདྲིས་པར་སོ་སོར་འཆད་ནུས་པའི་སྤོབས་པ་མཆོག་ཏུ་དགེ་བ། རིག་པའི་གནས་ཐམས་ཅད་གཞན་ལ་རྒྱ་ཆེར་སྤེལ་བའི་སློབ་དཔོན་ཆེན་པོར་གྱུར་པ་ཡིན་ནོ།

ལྷག་པར་སྟག་ཚང་ལོ་ཆེན་གྱི་དྲུང་དུ་ཀ་ལཱ་པའི་སྒྲ་ཊཱི་ཀ་ཉེར་མཁོའི་མདོ་འགྲེལ་པ་དང་བཅས་པ། རིག་གནས་ཕྱི་མ་བཞིའི་ཟབ་བཤད་དང་། བཤད་ལུང་། ལོ་ཙཱ་བ་གྲགས་པ་རྒྱ་མཚོ་ལས་ཙནྡྲ་པའི་མདོ། འགྲེལ་པ་རྣམས

ནྟ་ས། ཉེར་མཁོའི་མདོ་འགྲེལ་པ་དང་བཅས་གསན་པས་ཐུན་མོང་རིག་གནས་ལ་ཐོགས་པ་མེད་པའི་མཁྱེན་པ་མངའ་བས་དུས་འཁོར་འགྲེལ་ཆེན་དང་དཔག་བསམ་འཁྲི་ཤིང་ལ་སོགས་པའི་བསྟན་བཅོས་བརྒྱ་ཕྲག་ཙམ་ལ་རྒྱ་དཔེ་དང་། བོད་དཔེ་ལེགས་པར་སྦྱར་ཏེ་གཟིགས་རྟོག་མཛད་པ་དང་། དེ་དག་གི་དོན་རྒྱ་ཆེར་གཞན་ལའང་འདོམས་པར་མཛད།

མངོན་བརྗོད་ཀྱི་བསྟན་བཅོས་གསལ་བ། འགྲེལ་པ་འདོད་འཇོ། སྨྲ་ཏིག་ཕྲེང་བ། མཚན་བརྗོད་འགྲེལ་པ་དབུ་མ་ལ་དགའ་བས་མཛད་པ་ལ་སོགས་པའི་བསྟན་བཅོས་གཞི་འགྱུར་ཤིན་ཏུན་མང་བ་དང་། བྱམས་ཆོས་ལྔ། རྒྱུད་གསུམ། སྙན་ངག་མེ་ལོང་། སྡེབ་སྦྱོར་སོགས་གཞུང་མང་པོ་ལ་འགྱུར་འཆོས་སམ། རྟོར་ཀོང་བསབ་པ་སོགས་ཀྱི་སྒོ་ནས་ལེགས་པར་མ་འགྱུར་བ་དང་། ལོག་པར་བསྒྱུར་བ། འགྱུར་ཆད་པ་སོགས་མཐའ་དག་གི་དྲི་མ་བཀྲུས་ནས་ཇི་ལྟ་བ་ཇི་སྙེད་པའི་རིག་ནས་ཀྱི་རྒྱུན་བཟང་པོ་ཤིན་ཏུ་གསལ་བར་མཛད་དོ།

དེ་ལྟར་འགྱུར་མཛད་པའི་ཚུལ་ལ་ལོ་ཆེན་ཉིད་ཀྱི་གསུང་ལས "བདག་ལ་ཡོན་ཏན་སྐྱེ་དྲན་པ་སོགས་མ་མཆིས། རྨི་ལམ་དུ་ཐར་པ་ཏྲི་ཏ་སུ་དྲི་ཀྲ་པོ་ཧྲིར་གྱུར་ཅེས་པ་ཙམ་རྨི་བ་དྲན། བླ་མ་རྣམས་ཀྱི་བྱིན་རླབས་ཀྱིས་ཚུལ་ཁྲིམས་རིན་པོ་ཆེ་དང་མ་བྲལ་ཙམ་དང་། བྱང་སེམས་སྨོན་འཇུག་རིམ་པས་དྲན་པ་དང་དད་གུས་མ་བྲལ་ཙམ་དུ་མཆིས། ལམ་རིམ་གཉིས་ཡི་དམ་ལྷ་དྲན་པ་དང་། ལམ་ཟབ་ལ་དམིགས་རྣམ་མ་བརྗེད་མ་དོར་ཙམ་དང་། ལམ་གྱི་ཆ་ཤས་ཀྱི་ངེས་ཤེས་འདྲེན་པ་ལགས། སྐད་གཉིས་སྨྲ་བའི་ལོ་ཙྪར་གཏོགས་ཙམ་འདི་སྟ་མའི་བག་ཆགས་དང་། ཚེ་འདིར་མཁས་པ་བསྟེན་སྦྱོང་

དང་། ཀ་ལྤ་པ་དང་། ཙནྡྲ་པའི་གཞུང་རྫོགས་པའི་ས་རིས་སློབ་སྦྱོང་དང་། རྒྱ་དཔེ་ཀློག་ཤེས་པས་འཕགས་པ་བརྒྱད་སྟོང་པ་ཉི་ཁྲི་དང་འབུམ་གྱི་གླེགས་བམ་དམ་དུམ། ཤེར་ཕྱིན་བདུན་བརྒྱ་པ། ཡི་གེ་ཉུང་ངུ། ཤེར་སྙིང་། རྡོ་རྗེ་གཅོད་པའི་འགྲེལ་པ། མངོན་རྟོགས་རྒྱན་འགྲེལ་ཆུང་དང་བཅས་པ། བྱམས་ཆོས་ཕྱི་མ་བཞི། རྒྱུད་བླ་འགྲེལ་ཆེན། དགོན་བརྩེགས། བྱང་ཆུབ་སེམས་ཀྱི་སྡེ་སྣོད། བློ་གྲོས་བཟང་པོས་ཞུས་པ། བྱམས་པས་ཞུས་པ་སོགས་དང་། འདུལ་བ་མདོ་རྩ། སོ་ཐར་མདོ། སུམ་བརྒྱ་པ། མེ་ཏོག་ཕྲེང་རྒྱུད། ལས་ཚིག ཚད་མ་རྣམ་ངེས། རྣམ་འགྲེལ། གཏན་ཚིགས་ཐིགས་པ། རྒྱུད་གཞན་གྲུབ་པ། འགྲེལ་བརྟག་དབུ་མ་རྩ་བ། འཇུག་པ། བཞི་བརྒྱ་པ། འགྲེལ་པ་ཚིག་གསལ། སྟོང་ཉིད་བདུན་ཅུ་པ། རིག་པ་དྲུག་ཅུ་པ། ཞིབ་མོ་རྣམ་འཐག ཆོས་དབྱིངས་བསྟོད་པ། བྱང་ཆུབ་སེམས་འགྲེལ། དོན་དམ་པར་བསྟོད་པ་སོགས་བསྟོད་པ་བཞི། བཤེས་སྤྲིངས་རྣམས་དང་། གཞན་ཡང་སློབ་སྤྲིངས། སྤྱོད་འཇུག གཞོན་ནུ་མ་མདུན་གྱི་རྟོགས་བརྗོད། རྒྱུད་སྡེ་ལས་མཚན་བརྗོད་འགྲེལ་པ་ཕན་ཡོན་དང་བཅས་པ། དུས་འཁོར་གྱི་དབང་མདོར་བསྟན། བསྡུས་རྒྱུད་རྩ་འགྲེལ། དོན་དམ་སྙེ་མ། རྟ་འདོད་མདོར་བསྟན། དུས་འཁོར་སྒྲུབ་ཐབས་མི་ཏྲི་པས་མཛད་པ། བརྟག་གཉིས་གུར། སམྦུ་ཊི། གུར་གྱི་འགྲེལ་པ་ལྷའི་རིགས་ཀྱི་བློ་གྲོས། ཀྱཻ་རྡོ་རྗེའི་འགྲེལ་པ་པདྨ་ཅན་གྱི་དཀའ་འགྲེལ། གསང་འདུས་རྩ་རྒྱུད། འགྲེལ་པ་སྒྲོན་གསལ། བདེ་མཆོག་རྩ་རྒྱུད། ཕྱག་རྫོར་བསྟོད་འགྲེལ། རྡོ་རྗེ་སྙིང་འགྲེལ། བདེ་མཆོག་སྡོམ་འབྱུང་གི་རྒྱུད། ཀླཱ་ཙ་དེ་ཝའི་སྤྱོད་བསྡུས་སྒྲོན་མེ། རིམ་ལྔ། མདོར་བྱས། མདོ་བསྲེ། སེམས་ཀྱི་སྒྲིབ་སྦྱོང་རྣམས་དང་། བསླབ་འདུས།

ཆེད་དུ་བརྗོད་པའི་ཚོམས། མདོ་སྡེ་ལས་བརྒྱ་པ། ཨ་ཝ་དཱ་ནའི་ཕྲེང་བ་སྐོར་གསུམ། དར་པ་ཎ་ཨཱ་ཙཱརྻའི་གྲི་ཡས་སུ་ཆཱུ། མངོན་པ་མཛོད་རྩ་བ། རང་འགྲེལ། དེ་འགྲེལ་བློ་བརྟན། སྔྲ་ཀ་ལྔ་པ། འགྲེལ་པ་དུར་སེང་། ཞུ་ཊ་ཀྱི་འགྲེལ་པ། བྱིངས་མདོ། ཙནྡྲ་པ། འགྲེལ་པ་ཆོས་འབངས། དེའི་འགྲེལ་བཤད་རཏྣ་མ་ཏི། མངོན་བརྗོད་འཆི་མེད་མཛོད། འགྲེལ་པ་འདོད་འཇོ། མངོན་བརྗོད་སྣ་ཚོགས་གསལ་བ། སྡེབ་སྦྱོར་རིན་ཆེན་འབྱུང་གནས། སྙན་ཡན་ལག་བརྒྱད་པ་སྡེ་འདི་རྣམས་ཀྱི་རྒྱ་དཔེ་དང་བོད་དཔེ་སྦྱོར་བའི་བཟ་ཐོག་ཚིག་དོན་ལ་དཔྱོད་པ་ཞུགས་པས། སྔོན་གྱི་ལོ་ཙཱ་བ་རྣམས་ཀྱིས་ཆོས་བསྒྱུར་ཚུལ། རྗེས་སུ་དཔག་པའི་སྒོ་ནས་རྟོགས་པར་གྱུར་པ་ལགས། དེ་དག་གི་སྐབས་སུ་ཉིག་པ་དག་པའི་རྟགས་ཁྲུས་བྱས་པ་དང་། ཚུའི་གསེབ་ནས་འོ་མ་འཕྲུང་བ་དང་གླེགས་བམ་རྒྱ་དཔེ་བོད་གསེར་གྱི་ངོས་ལ་པདྨ་རཱ་གས་བྲིས་པ་དང་། དར་དང་གོས་ཆེན་གྱི་ངོས་ལ་ལྷ་དང་ཡི་གེ་སྤྱིལ་ཏེ་བྲིས་པ་མཐོང་བ་སོགས་རྨི་ལམ་དུ་བྱུང་། ཞེས་ཕྱག་བྲིས་ངོ་མ་ལས་བྱུང་བས། ཡིད་ཆེས་ཤིང་དད་པས་ཀུན་ནས་བླངས་ཏེ་ཡོངས་སུ་རྫོགས་པར་བྲིས་པའོ།”①ཞེས་འདར་སྟོད་དགྲ་འདུལ་དབང་པོས་ཐ་སྙད་རིག་གནས་ལྔའི་བྱུང་ཚུལ་ནང་ཆ་ཚང་དྲངས་པ་སྐབས་འདིར་ཡང་བོད་ཀྱི་ལོ་ཙཱ་བ་ཆེན་པོའི་མཛད་རྗེས་མངོན་པར་གསལ་བའི་སྣད་དུ་ཆ་ཚང་དྲངས་ཤིང་། ལྷག་པར་ལོ་ཙཱ་བ་ཆེན་པོ་འདི་ཉིད་རྒྱ་གར་ལ་རྩ་བ་ནས་ཞབས་མ་སྐྱོང་བ་བོད་དུ་བཞུགས་ནས་སྒྲ་རིག་པ་གསན་བསམ་གནང་བའི་ཡོན་ཚད་ནི་དཔག་པར་

① (བསྟན་རྩིས་གསལ་བའི་ཉིན་བྱེད་དེབ་ངོས315)

དཀའ་བ་ཞིག་ཡིན་པས་ཁོང་གིས་གཞི་བསྒྱུར་དང་། བསྒྱུར་འཚོས་པའི་གཞུང་ལུགས་དེ་དག་བཀའ་བསྟན་ལ་སོགས་པའི་ཁྲོད་དུ་ཐོར་བུར་བཞུགས་པར་ཆོས་ཚན་བརྒྱད་ཅུ་ལ་ཉེ་བ་རྣམས་གཅིག་ཏུ་དྲིལ་ན་པོད་བཅུ་ཕྲག་མང་པོ་ཟིན་ངེས་པས་དེང་དུས་བོད་དུ་བཞུགས་པའི་བཀའ་འགྱུར་དང་བསྟན་འགྱུར་རྣམས་ཡིད་སྒྱུར་གྱི་ཆུ་ཚད་ཆེས་མཐོ་བ་དཔེར་ན་པར་སྐབས་རྒྱ་གར་ལ་ཆོས་ལུགས་འཛིན་སྟངས་ཀྱིས་ནང་པའི་ཆོས་ལུགས་ཉམས་གུད་དུ་གྱུར་པ་དང་ཆབས་ཅིག་གནའ་རབས་ཀྱི་རིག་གཞུང་ལ་ཡང་ཉམས་ཆག་ཚབས་ཆེན་བྱུང་བས་དེང་དུས་རྒྱ་གར་གྱི་གནའ་རབས་རིག་གནས་ལ་ཞིབ་འཇུག་སྐབས་ཀྱི་དཔྱད་གཞི་མང་པོ་ཕྱིར་བོད་དུ་འགྱུར་བའི་བཀའ་འགྱུར་དང་། བསྟན་འགྱུར་བོད་ཡིག་ནང་ནས་གང་མགོ་བ་སླར་རྒྱ་གར་གྱི་ཡི་གེར་བསྒྱུར་ཏེ་ཞིབ་སོར་དཔྱོད་པའི་ཚུལ་རྣ་བའི་ལམ་དུ་སྙོངས་པ་བཅས་བོད་ཀྱི་གནའ་རབས་ཡིག་སྒྱུར་གྱི་ཆུ་ཚད་ཤིན་ཏུ་མཐོ་བ་འཛམ་བུའི་གླིང་འདིར་གནའ་རབས་རིག་གཞུང་ལ་ཞིབ་སོར་དཔྱོད་པའི་སྐྱེ་བོ་ཀུན་གྱིས་ཚད་མཐོའི་བརྟགས་མགྲིན་གཅིག་ཏུ་བྱེད་པ་འདིའི་ཐད་ལོ་ཆེན་ཆོས་སྐྱོང་བཟང་པོའི་མཛད་རྗེས་རླབས་པོ་ཆེ་བཞག་པ་དང་ཡང་ཁ་བྲལ་ཐབས་མེད།

ཞྭ་ལུ་ལོ་ཆེན་འདི་ཉིད་ཀྱིས་བཀའ་དང་བསྟན་བཅོས་བསྒྱུར་གནང་མཛད་པའི་མྱུར་ཚད་ནི་ཆེས་མཐོ་བ་ཞིག་སྟེ་ཁོང་རང་ཉིད་ཀྱིས་རྒྱ་དཔེ་ལ་གཟིགས་བཞིན་བོད་སྐད་དུ་བསྒྱུར་སྐབས་སློབ་མ་རྣམས་ཀྱིས་བོད་དཔེ་བཟུང་ནས་གནས་པ་ན་ཡི་གེ་གཅིག་ཀྱང་ཆད་ལྷག་མེད་པ་ཤིན་ཏུ་ཕྱུངས་དག་པར་གསུང་བ་རྣམས་སློབ་མ་བོད་ཀློག་བཟང་བ་དག་གིས་ཀྱང་རྗེས་དྲན་དཀའ་བ་ཞིག་ཡོད་པ་གྲགས།

དཀུང་ལོ་བཞི་བརྒྱ་པ་སྤྱི་ལོ1480 ལྷུགས་བྱི་ལོར་དབུས་སུ་ཕེབས་ནས་སྟག་ལུང་ཆོས་རྗེ་དང་། ཀརྨ་པ་ཞྭ་དམར་ནག་གཉིས་བཅས་བླ་མ་ཆེན་པོ་གསུམ་ལ་ཁོང་གིས་སྒྲ་དང་སྙན་ངག་གི་བཤད་ཁྲིད་ལེགས་པར་གནང་ཞིང་། ཀརྨ་ཞྭ་ནག་པ་ཆོས་གྲགས་རྒྱ་མཚོས་སྤྱན་རས་གཟིགས་ཀྱི་སྐུ་ཤིན་ཏུ་ལེགས་པ་སོགས་འབུལ་བ་བསམ་གྱིས་མི་ཁྱབ་པ་མཛད་དེ་བོད་ཀྱི་སྐྱེ་བོ་བློ་གསལ་སྒྲ་དང་། སྙན་ངག་སོགས་ཐ་སྙད་རིག་གནས་ལེགས་པར་སློབ་པའི་བསྟན་པའི་སྒྲོན་མེར་མངའ་གསོལ་བ་སོགས་བསྟགས་པ་རྒྱ་ཆེར་མཛད།

དཀུང་ལོ་ལྔ་བཅུ་ང་གསུམ་པ་སྤྱི་ལོ1493 ཆུ་གླང་ལོར་རྒྱ་སྟོན་ལྷུགས་རི་བའི་གདན་སར་དབང་བསྐུར།

དཀུང་ལོ་ང་ལྔ་པ་སྤྱི་ལོ1495 ཤིང་ཡོས་ལོར་སྟོན་གྲྭ་བ་མངོན་ཤེས་ཅན་གྱིས་བཏབ་པའི་གྲྭ་ཐང་གཙུག་ལག་ཁང་གི་གདན་སར་དབང་བསྐུར་བ་དེ་ནས་བཟུང་ཕྱིས་བཞུགས་ཡུལ་གཙོ་བོ་དེར་མཛད།

དཀུང་ལོ་དོན་བཞི་པ་སྤྱི་ལོ1513 ཆུ་བྱ་ལོར་ཞྭ་ལུ་ནས་བུ་སྟོན་ཐམས་ཅད་མཁྱེན་པའི་གདན་སར་ཕེབས་དགོས་པའི་བསྐུལ་མ་ཞུས་པ་བཞིན་གྲྭ་ཐང་ནས་ཞྭ་ལུར་ཕེབས་ཏེ་གདན་ས་བསྐྱངས་པའི་སྐབས་མདོ་སྔགས་སྤྱི་དང་། ལྷག་པར་ཐུན་མོང་རིག་གནས་ཀྱི་བཤད་རྒྱུན་རྒྱ་ཆེར་སྤེལ་གནང་མཛད།

སྤྱིར་ན་སྤྱི་ལོའི་དུས་རབས་བཅོ་ལྔའི་ཡས་མས་བོད་ཀྱི་སྤྱི་ཚོགས་བརྟན་ལྷིང་དང་། ཞིང་འབྲོག་ཐོན་སྐྱེད་ཐོང་འཕེལ་བྱུང་བའི་ཉེར་ལེན་གྱིས་བོད་ཀྱི་རིག་གནས་འཕེལ་རྒྱས་འགྲོ་བར་དགོས་ངེས་ཀྱི་ཆ་རྐྱེན་འཛོམ་པར་བརྟེན་བོད་ཀྱི་ཡུལ་གྲུ་གང་སར་མཁས་པ་མང་པོ་བྱོན་ཏེ་བོད་ཀྱི་རིག་གནས

སྒྲ་དང་བྱེ་བྲག་ལ་ཁྱད་པར་འཕགས་པའི་མཛད་རྗེས་བཞག་ཡོད་ཅིང་། ལྷག་པར་ལོ་ཙཱ་བ་ཆེན་པོ་འདིས་འཕགས་ཡུལ་དང་། བོད་ཀྱི་བརྡ་སྤྲོད་པའི་གཞུང་རྣམས་ལ་སྦྱང་བརྩོན་དང་ཞིབ་འཇུག་དཔྱིས་ཕྱིན་པ་མཛད་དེ་བརྡ་སྤྲོད་པའི་གཞུང་འགྲེལ་ལ་སོགས་པའི་ལེགས་པར་བཤད་པའི་བསྟན་་མང་པོ་བརྩམས་པའི་སྐོར་གོང་དུ་རགས་ཙམ་སྨོས་པ་ལྟར་ལགས་ཤིང་། ད་དུང་ཀ་ཙན་གྱི་སྒྲ་དོན་དང་། འགྲེལ་པ་རྣམ་པ་གཉིས། བྱིངས་མདོའི་བསྡུས་དོན། ཀ་ལཱ་པའི་ས་བཅད། ཉེར་བསྒྱུར་གྱི་འགྲེལ་པ་རྒྱས་འབྲིང་བསྡུས་གསུམ། དག་ཡིག་ཟ་མ་ཏོག་སོགས་འཕགས་བོད་ཀྱི་བརྡ་སྤྲོད་རིག་པའི་སྐོར་གྱི་བསྟན་བཅོས་མང་པོ་གསར་དུ་རྩོམ་གནང་མཛད་པ་མ་ཟད། རྒྱལ་རྩེ་ཆོས་རྒྱལ་རབ་བརྟན་ཀུན་བཟང་འཕགས་ཀྱིས་བསྟན་བཅོས་གསར་བཞེངས་གནང་སྐབས་ཞུས་ཆེན་གྱི་ཐུགས་འགན་ལོ་བཅོ་ལྔ་ཙམ་བཞེས་དང་། གཞན་ཡང་བརྡ་སྤྲོད་རིག་པའི་གནས་ལ་གཞན་དྲིང་མི་འཇོག་པའི་མཁས་པ་མང་པོ་གསོ་སྐྱོང་གནང་ཡོད་དཔེར་ན། བརྡ་གསར་རྙིང་གི་རྣམ་གཞག་ལི་ཤིའི་གུར་ཁང་རྩོམ་པ་པོ་སྐྱོགས་སྟོན་ལོ་ཙཱ་བ་ངག་དབང་རིན་ཆེན་བཀྲ་ཤིས་སོགས་དངོས་སློབ་དང་ཡང་སློབ་མང་པོས་ཀྱང་མུ་མཐུད་བོད་ཀྱི་བརྡ་སྤྲོད་པའི་སྐོར་ལ་རྨད་དུ་བྱུང་བའི་བསྟན་བཅོས་མང་པོ་བཀའ་རྩོམ་གནང་སྟེ་དེ་དག་གི་ཁྲིད་རྒྱུན་རྒྱས་པར་སྤེལ་བས་ད་ལྟ་རང་རེས་སྤྱོད་བཞིན་པའི་བོད་ཡིག་གི་ཡིག་སྲོལ་ཕུན་སུམ་ཚོགས་ལ་གཅིག་གྱུར་བྱུང་བ་འདིའི་ནང་ཞྭ་ལུ་ལོ་ཙཱ་བ་ཆེན་པོའི་མཛད་རྗེས་ན་གཞན་ལས་ཁྱད་དུ་འཕགས་པའི་ལྷབས་པོ་ཆེ་ཞིག་འཇོག་གནང་མཛད་ཡོད།

དགུང་ལོ་དོན་དྲུག་པ་སྤྱི་ལོ1515 ཤིང་ཕག་ལོར་སྟེ་པ་ཡར་རྒྱབ་

པས་གདན་ཞུ་སྟེ་ཕྱིར་ནན་ཏུར་བྱུང་བས་ཞྭ་ལུ་ནས་སྣར་གྲྭ་ཐང་དུ་ཐེབས་ཤིང་། དེ་ནས་དགུང་ལོ་གྱ་བདུན་པ་གྲྭ་ཐང་གི་གདན་སར་བཞུགས་ཏེ་དེ་ལོ་ཐུགས་སྲས་པད་མ་དཀར་པོ་གྲྭ་ཐང་གི་གདན་སར་བསྐོ་གཞག་མཛད་མཐར་དགུང་ལོ་བརྒྱད་ཅུ་གྱ་དྲུག་པ་སྤྱི་ལོ1527 རབ་བྱུང་དགུ་པའི་མེ་ཕག་ལོར་སྐུ་གཤེགས།

ཁོང་གི་སློབ་མར་མཆོག་ནས། ས་ལོ་ཀུན་དགའ་བསོད་ནམས་གྲགས་པ་རྒྱལ་མཚན། ལོ་ཚ་བ་རཏྣ་བྷ་དྲ། མཐུ་སྟོབས་ཆོས་རྗེ་ངག་དབང་བསོད་ནམས། ཉིད་ཀྱི་དཔོན་པོ་ལོ་ཚ་བ་ཆེན་པོ་པད་མ་དཀར་པོ། སྐྱོགས་སྟོན་ལོ་ཚ་བ་ངག་དབང་རིན་ཆེན་བཀྲ་ཤིས། གཡའ་བཟའ་མཁས་བཙུན་དབང་པོ་ལ་སོགས་པ་ལོ་ཚ་ཆེན་པོ་དགུ་དང་། སྔགས་ཀྱི་བཤད་བརྒྱུད་འཛིན་པའི་སློབ་མ་མཁས་གྲུབ་ཨོ་རྒྱན་རྫོང་པ། རྩེད་ཐང་འབུམ་རམ་པ། མཁན་པོ་ཆོས་གྲུབ་སེང་གེ། རྗེ་བཙུན་རྡོ་རིང་པ་ཆེན་པོ་སོགས་མང་དུ་ཡོད་པ་རྣམས་ཀྱིས་ཀྱང་བོད་ཀྱི་རིག་གནས་དར་རྒྱས་དང་། མདོ་སྔགས་བསྟན་པའི་མིག་རྒྱན་དུ་ཆེ་བའི་མཛད་པ་བཟང་པོ་བསྐྱངས་ཡོད་དོ།

7. བོ་དོང་ཕྱོགས་ལས་རྣམ་རྒྱལ་གྱི་རྣམ་ཐར།

དེ་ཡང་བོ་དོང་ཕྱོགས་ལས་རྣམ་རྒྱལ་ནི་དུས་རབས་བཅུ་པའི་ནང་གྲོན་པ་བོད་ཀྱི་མཁས་པའི་གཙུག་རྒྱན་ཞིག་ཡིན་པས་ཁོང་གིས་ཐུན་མོང་དང་། ཐུན་མོང་མ་ཡིན་པའི་རིག་པའི་གནས་མཐའ་དག་གི་ཉིང་ཁུ་གཅིག་ཏུ་བསྡུས་པའི་གསུང་རྩོམ་དཔལ་དེ་ཁོ་ན་ཉིད་འདུས་པ་རིན་པོ་ཆེས་མཆོན་

ཕུལ་དུ་བྱུང་བའི་སྐན་ངག་གི་ཉམས་འགྱུར་དང་། ཤེས་བྱ་ཕུན་སུམ་ཚོགས་པ། གླིགས་བམ་གྱི་གྲངས་མང་བ་སོགས་རྩོམ་རིགས་ཁོ་ནའི་མཛད་རྗེས་ལ་མཚོན་ན་བོད་ཙམ་མ་ཟད། འཛམ་བུའི་གླིང་ཆེན་པོ་འདིར་སྔར་འདས་པའི་དུས་སུ་བྱོན་པའི་སྐྱེས་བུ་སུ་གཅིག་གིས་ཀྱང་འགྲན་པའི་ཟླ་དང་ཡོངས་སུ་བྲལ་བ་ཡིན་ཞེས་སྐད་གསང་མཐོན་པོས་སྒྲོགས་པར་བྱེད་པ་ལ་ངོ་མཚོང་མི་དགོས་པའི་མཛད་རྗེས་ལྷབས་པོ་ཆེ་མངའ་བ་རང་ཅག་བོད་མི་རིགས་ཀྱི་སྤྱོབས་པ་དང་། ཀྱང་གོའི་མི་རིགས་ཀྱི་སྤྱོབས་པ་ཞིག་ཀྱང་ཡིན་པས་སྐྱེས་མཆོག་འདི་ཉིད་ཀྱི་མཚན་ཐོས་པ་ཙམ་གྱིས་བོད་རིགས་མཁས་པའི་དབང་པོ་རྣམས་ཀྱི་སྙིམ་པའི་པདྨོ་སྙིང་གར་མི་ཟུམ་པ་མེད་མོད། འོན་ཀྱང་ང་ཚོ་དང་སྐལ་བ་མཉམ་པ་དང་། ལྷག་པར་བློ་གསར་གཞོན་ནུའི་ཚོགས་ཀྱིས་ང་ཚོའི་མེས་པོ་བཀའ་དྲིན་ཅན་འདིའི་མཛད་རྗེས་ཇི་ལྟ་བ་ཤེས་པར་དཀའ་བའི་རྒྱུ་མཚན་ཡང་བདག་ཉིད་ཆེན་པོའི་འདིའི་གསུང་རྩོམ་ཐོར་བུ་ཞུང་ཤས་ལས་མང་ཆེ་བ་པར་གྱི་ཕྱི་མོར་བསྒྲུབ་ཐུབ་པས་དེང་སྐབས་དཔེ་རྒྱུན་ཏ་ཙང་དཀོན་པ་སྲིད་མཐའ་ཙམ་གྱི་ཚད་ལ་སླེབས་པས་སྐབས་འདིར་མི་རབས་རྗེས་མཆོས་རང་རེའི་མེས་པོ་ཚོའི་མཛད་པ་ཆེ་ལོང་ཙམ་རྟོགས་པའི་ཆེད་དུ་ལམ་ཁོང་གི་དངོས་སློབ་ཤཱཀྱའི་དགེ་བསྙེན་འཇིགས་མེད་འབངས་ཀྱིས་བདག་ཉིད་ཆེན་པོ་སྐུ་འདས་ནས་ལོ་གསུམ་སོང་བའི་ཚེ་བརྩམས《དཔལ་ལྡན་བླ་མ་དམ་པ་ཐམས་ཅད་མཁྱེན་པ་ཕྱོགས་ཐམས་ཅད་ལས་རྣམ་པར་རྒྱལ་བའི་ཞབས་ཀྱི་རྣམ་པར་ཐར་པ་ཞེས་བྱ་བ་》མཛད་པའི་གཙོ་བོ་རྣམ་པར་ཕྱེ་བ་བཅུ་གཉིས་སུ་བསྡུ་བ་མཛད་པའི་འགྲོས་ཇི་ལྟ་བ་བཞིན་དུ་རྣམ་ཐར་དེའི་ནང་ནས་ཐུན་མོང་གི་མཛད་པ་སོ་སོའི་ནང་གི་གལ་ཆེ་བ་རྣམས་ཡིག་ཚོགས་

ལ་མ་འཛོམས་པར་ཟུང་ཆ་ཚང་ཙམ་འབྲི་བར་བྱ་བ་ལ།

དེ་ཡང་མཛད་པ་སྤྱིའི་སྡོམ་ནི།

བལྟམས་དང་ཁྲིམ་བཞུགས་རབ་བྱུང་མདོ་རྒྱུད་གསན། །

མཁས་བཙུན་བཟང་པོ་བསྟན་འཛིན་དགེ་བའི་བཤེས། །

འཁོར་ལོའི་བདག་མཉེས་མྱ་ངན་འདའ་ཚུལ་ཏེ། །

མཛད་པ་འདི་དག་ངོ་མཚར་བཤད་བྱའི་གཙོ། །

ཞེས་གསུངས་པ་ལྟར་རོ།

(1) བལྟམས་པ་གཙོ་བོར་གྱུར་པའི་མཛད་པ།

ཁོང་གི་ཡབ་ནི། ཞ་མའི་རིགས་ལས་བྱུང་བ་སྟོན་པ་ཆོས་དབྱིངས་རྒྱལ་མཚན་དང་། ཡུམ་བྱང་ཆུབ་སྒྲོན་གཉིས་ཀྱི་སྲས་སུ་སྤྱི་ལོ1376རབ་བྱུང་དྲུག་པའི་མེ་འབྲུག་ལོར་གཙང་གི་ལ་སྟོད་ལྷོ་ཕྱོགས་དབྱིག་གུ་ཞེས་བྱ་བའི་འབྲོག་གནས་སུ་འཁྲུངས་ཤིང་། སྲིད་སྲུང་རིག་བྱེད་མཁན་གྱིས་འཁྲུངས་པའི་དུས་ཀྱི་ལྟས་དང་བཅས་མཚན་ལ་གཡུ་དྲུང་སངས་རྒྱས་སྐྱིད་ཅེས་བཏགས་སོ།

(2) ཁྲིམ་དུ་བཞུགས་པ་གཙོ་བོར་གྱུར་པའི་མཛད་པ།

ཁོང་གཞོན་ནུའི་སྐབས་ཀྱི་རོལ་རྩེད་ནི་གཞོན་ནུ་དང་མི་འདྲ་བ་ང་ནི་སྒོམ་ལ་འཇུག་པ་ཡིན་གསུངས་ཏེ་དབེན་པ་ནས་དབེན་པའི་གནས་སུ་བཟའ་བ་དང་བཏུང་བ་གང་ལ་ཡང་ལྟོས་པ་མེད་པར་མཉམ་པར་བཞག་པ་མཚམས་རེ་ཉིན་ཞག་གསུམ་ཙམ་ཐུན་གཅིག་ལ་འདའ་བ་དང་། མི་གཞན་གྱིས་རང་གི་ལུས་ལ་ཡོད་པའི་ཤིག་ཅི་དཀར་བོར་བ་དང་། ཤིག་མང་པོ་རྗེ་ལེབ་ཀྱི་སྟེང་བཞག་ནས་སླར་དེ་དང་འཚམས་པའི་རྗེ་བས་བསྐྱུན་ཏེ་གསོད་པ་དག་

གཟིགས་པ་ན་དེ་དག་ལ་སྙིང་རྗེ་ཆེན་པོ་འཁྲུངས་ཏེ་སྨྱུན་ཚབ་བསིལ་བ་དང་། གཞན་གྱིས་བོར་བའི་ཤིག་རྣམས་སྐྱུག་སྟེ་རང་གི་སྐུ་ལུས་ལ་སྦྱར་ཏེ་སྲོག་བླུ་བར་མཛད་པས་མི་གཞན་གྱིས་དཔོན་པོ་ཤིག་གསོ་བ་ཞེས་འབོད་པར་ཡང་གྲགས།

(3) རབ་ཏུ་བྱུང་བ་གཙོ་བོར་གྱུར་པའི་མཛད་པ།

དགུང་ལོ་ལྔ་པར་གྲུམ་བསམ་གཏན་གླིང་དུ་ཡི་གེའི་མཁན་པོ་བསྟེན་ནས་ཡི་གེ་འབྲི་ཀློག་གསན་སྦྱོང་མཛད་པས་ཚོགས་མེད་པར་མཁྱེན།

དགུང་ལོ་བདུན་པར་གྲུམ་བསམ་གཏན་གླིང་དུ་གང་གི་ཞང་པོ་པཎ་ཆེན་གྲགས་པ་རྒྱལ་མཚན་གྱི་དྲུང་ནས་རབ་ཏུ་བྱུང་བའི་སྡོམ་པ་བཞེས་པའི་མཚན་ལ་སངས་རྒྱས་རྒྱལ་མཚན་ཞེས་བྱ་བ་གསོལ།

དེ་ནས་མཁན་ཆེན་གྲགས་པ་རྒྱལ་མཚན་དང་ལྷན་དུ་བོ་དོང་ཨེའི་ཆོས་སྡེ་ཆེན་པོར་ཕེབས་ནས་མཁན་པོ་ཉིད་ལས་ཚོགས་སྤྲ་མ་དགེ་ཚུལ་གྱི་སྡོམ་པ་ཡང་དག་པར་བཞེས་པའི་མཚན་ཡང་ཆོས་ཀྱི་རྒྱལ་མཚན་ཞེས་བྱ་གསོལ་ཏོ།

(4) མདོ་ལ་ཐོས་པ་བཙལ་བའི་མཛད་པ།

དེ་ནས་ཨེ་ཆོས་སྡེའི་མཁས་པའི་དབང་པོ་བཤེས་གཉེན་ཆོས་ཀྱི་རྡོ་རྗེའི་ཞབས་ལ་གཏུགས་ནས་ཐོག་མར་ཚད་མ་རིག་པ་ལ་བློ་སྦྱངས་ཤིང་། དེ་ཡང་རིག་པའི་དབང་ཕྱུག་ཆོས་ཀྱི་གྲགས་པའི་ཚད་མ་སྡེ་བདུན་གྱི་གཙོ་བོ་ལུས་ལྟ་བུ་རྒྱས་པའི་བསྟན་བཅོས་རྣམ་འགྲེལ་ལ་གཟིགས་ཏེ་དཔང་ལོ་དང་། ལོ་ཆེན་གྲགས་པའི་ཊཱི་ཀ་ཆེན་ཡོངས་རྫོགས་ཐུགས་སུ་ཆུད།

དགུང་ལོ་བཅུ་དྲུག་པར་ས་སྐྱར་རྣམ་འགྲེལ་གྱི་གྲྭ་སྐོར་ལ་ཕེབས་ཤིང་།

འདིའི་དུས་སྐན་དངགས་ལ་ཆེད་དུ་སྦྱངས་པ་མ་གནང་ཡང་ཤིན་ཏུ་མཁས་པར་གྱུར་ནས་ཐུབ་པའི་དབང་པོར་མཛད་པ་བཅུ་གཉིས་ཀྱི་སྒོ་ནས་བསྟོད་པ་དང་། འཇམ་དབྱངས་ཀྱི་བསྟོད་པ་བརྒྱ་པ། གཞོན་ནུ་ནོར་བཟང་གི་རྟོགས་བརྗོད་ལ་སོགས་བཀའ་རྩོམ་དུ་མ་མཛད་པ་དེ་ལ་གང་གི་གསུང་ལས།

"དོན་གྱི་རྒྱན་གྱི་གཟུགས་ནི་རབ་སྣང་བསྐལ་བཟང་མཁས་པ་འཛིག་མེད་གྲགས་པ་ཞེས་པ་འདིར། །

ཡོད་དེ་གང་གི་མདུན་དུ་ཕུར་བའི་ལྷེ་ཡང་རི་བོ་བརྒྱ་ཡི་ནོན་པ་ཉེར་ཐོབ་དྲང་སྲོང་རྐང་མིག་དེ་དག་ཀྱང་། །

རྐང་པའི་འོག་ཏུ་ལོ་བརྒྱུར་ཉལ་བྱེད་བརྒྱ་བྱིན་གྱིས་གང་ཐལ་མོ་སྦྱར་ནས་ཡུན་རིང་ཡོད། །

དབྱངས་ཅན་ང་ཡི་ལུགས་བརྒྱ་ལྡན་པའི་སྐན་དངགས་གཏམ་ཚི་དཔའ་བོ་ཞེས་བྱའི་སྐན་དངགས་མཁས་དེ་ཐོས་ནས་སོང་། །"①

ཞེས་གསུངས་པའི་སྐན་ངག་གི་ཉམས་འགྱུར་དང་། དོན་གྱིས་བརྗོད་པ་དེ་དག་གི་ཐོག་ནས་སྐན་ངག་སྨྲ་བའི་དབང་པོ་ཞིག་ཡིན་པའང་ཚོགས་མེད་པར་རྟོགས་ནུབ།

ད་དུང་དགུང་ལོ་བཅུ་དྲུག་པའི་སྐབས་ཙམ་ནས་བཟུང་ཕྱུག་དཔེ་ཐུགས་འཛིན་ལ་ཐོགས་པ་མེད་པ་བྱུང་བའི་སྐོར། རྣམ་ཐར་ངོ་མཚར་དགའ་སྟོན་ལས"བླ་མ་བསམ་རིན་པས་བློ་གྲོས་ཆེན་པོ་འདིས་ནི་ནང་རེ་བཞིན་དུ་གཞུང་རེ་གཟིགས་ནའང་ཟིན་པ་ཉིད་དོ་ཞེས་པས་རྐྱེན་བྱས་ཏེ་ཁོང་པ་དང་

① (རྣམ་ཐར་ངོ་མཚར་དགའ་སྟོན་ཤྲིས་མ་ཤོག་གྲངས26ན་)

གཞན་པ་ཞིག་གིས། བདག་ཉིད་ཆེན་པོ་འདིས་ན་མ་གཅིག་ལ་མངོན་པ་མཛོད་ཀྱི་གཞུང་ཡོངས་རྫོགས་ཟིན་གྱི་རྒྱལ་བྱས་པས། ཞོགས་པ་ཕྱག་དཔེ་གཟིགས་མི་གཟིགས་ནས་མགོ་བརྩམས་ཏེ་སྐུ་རགས་འཆིང་བའི་བར་ལའང་ཐོག་ཏུ་ཕྱེད་དང་གཉིས་ཙམ་དང་། ཚ་བ་རུང་ཟད་ཕྱི་བ་ཙམ་ཡན་ལ་མཛོད་ཀྱི་གཞུང་ཡོངས་སུ་རྫོགས་པར་ཐུགས་ལ་གཟིགས་ནས། བླ་མ་བསམ་རིན་པས་རྒྱལ་ཐོབ་པར་གྱུར་ཏོ། ཡང་ནང་ཅིག་ཕར་ཕྱིན་གྱི་གྲགས་ཏི་ཀ་གི་རྩོག་པའི་སྐབས་ནས་བཟུང་ནས། མདའ་ཚད་ཐོག་བུ་བཅོ་ལྔ་ཟིན་ནས་བླ་མ་བསམ་རིན་པ་ལ་སྤྲད་ཅིང་། ཡང་ཉིན་གཅིག་མངོན་པ་ཀུན་ལས་བཏུས་ཀྱི་གཞུང་ཡོངས་སུ་རྫོགས་པ་ལན་གསུམ་གྱི་བར་དུ་བཀླགས་པས་ཐུགས་ལ་ཟིན་ཏེ། བཀའ་བཞི་བ་ཆོས་བཟང་ལ་སྤྲོད་པར་མཛད་དོ” ཞེས་འཁོད་པ་ལྟར་རོ།

དགུང་ལོ་ཉེར་གཅིག་པར་ཨེ་ཆོས་སྡེའི་ལྷུགས་རིའི་བྱང་ཤར་ལྟོག་ཅིག་ཏུ་སྐུ་མཚམས་དམ་པར་བཅད་དེ་དབྱངས་ཅན་མ་སྒྲུབ་པས་ཞལ་བསྟན་པ་དང་ཆོས་ཀྱི་རྣམ་གྲངས་དུ་མའི་ལུང་བསྐུལ་བར་གྲགས་ཤིང་། དེ་སྐབས་དབྱངས་ཅན་ལྷ་མོའི་བསྟོད་པ་བྱུང་བའི་སྙུ་དབྱངས་ལ་སོགས་པ་མང་དུ་མཛད། དེ་ནས་བཟུང་སྟེ་བསྟན་བཅོས་ཀྱི་སྦྱར་བྱང་དུ་དབྱངས་ཅན་དགའ་བའི་པཎྜི་ཏས་སྦྱར་ཞེས་པའི་མཚན་ཡང་འབྲི་བར་མཛད་དོ།

དེ་ནས་ཨེ་ཆོས་སྡེར་དཔང་ལོ་ཙཱ་བ་ཆེན་པོའི་གཟིམ་ཁང་དུ་སྐུ་མཚམས་དམ་པར་བཅད་ནས་ཟབ་པ་དང་རྒྱ་ཆེ་བའི་གནས་ལ་དཔྱད་པ་ཞིབ་ཏུ་མཛད་པའི་ཐོག་མར་དབུ་མ་རྩ་བ་ཤེས་རབ་ཀྱི་ཐོག་བུ་དང་པོ་གཉིས་ལ་ཉི་མ་བརྒྱད་ཀྱི་བར་དུ་གཟིགས་ཤིང་། དེ་ནས་གཞུང་གི་འབྲུ་སྙེད་དེ། གོ་ཡུལ་

རིམ་གྱིས་དེད་ནས་གཞུང་ཡོངས་སུ་རྫོགས་པ་ཉི་མའི་བཅོ་ལྔའི་བར་དུ་གཟིགས་པས་དཔལ་མགོན་འཕགས་པ་ཀླུ་སྒྲུབ་ཀྱི་དབུ་མའི་དགོངས་པ་ཇི་ལྟ་བ་ཐུགས་སུ་ཆུད། དེ་ནས་མགོན་པོ་ཀླུ་སྒྲུབ་ཀྱི་དགོངས་པ་སངས་རྒྱས་བསྐྱངས་དང་དཔལ་ལྡན་ཟླ་བ་རྗེས་འབྲངས་དང་བཅས་པས་འགྲེལ་བར་མཛད་པ་དབུ་མ་ཐལ་འགྱུར་དང་། སློབ་དཔོན་ལེགས་ལྡན་འབྱེད་དང་། ཡེ་ཤེས་སྙིང་པོ་རྗེས་འབྲངས་དང་བཅས་པའི་དབུ་མ་རང་རྒྱུད་ཀྱི་འགྲེལ་པ་མཐའ་དག་ལ་ཞག་བཞི་བཅུ་ལྷག་ཙམ་གཟིགས་པས་ཤིང་རྟ་ཆེན་པོ་རྣམས་ཀྱི་བཞེད་པ་ཇི་ལྟ་བ་བཞིན་རྟོགས་པར་གྱུར་ཅིང་། དེ་ནས་ཚད་མའི་བསྟན་བཅོས་མཐའ་དག་ལ་ཡང་དེ་དང་དེའི་ཚུལ་བཞིན་དཔྱད་པ་ཟབ་མོ་མཛད་དེ་དེ་དག་ལ་འདྲིས་ཤིང་བྱང་ཆུབ་པར་མཛད།

དེ་ནས་མཁན་ཆེན་དཔལ་ལྡན་གྲགས་པའི་ཞབས་དྲུང་དུ་ཕྱིན་ཏེ་བདག་དགུས་ཕྱོགས་སུ་སླེབ་གས་བམ་བཅུ་གསུམ་གྱི་གྲྭ་སྐོར་ལ་འགྲོ་བ་ལ་རིངས་པར་གྱུར་པས་གནང་བ་སྩོལ་ཅིག་ཞུས་པས། མཁན་ཆེན་གྱི་ཐུགས་དགོངས་ལ་གཞུང་དེ་དག་ལ་སྦྱོན་དུ་སྦྱངས་པ་མཐར་མ་ཕྱིན་པས་རིགས་པ་མ་ཡིན་པར་དགོངས་ཏེ་ཉིད་གང་གི་གྲྭ་སྐོར་ལ་འགྲོ་ཞེས་གནང་བ་མ་ཐོབ་པར་སླར་ནན་གྱིས་ཞུས་མཐར་ཨེའི་གཙུག་ལག་ཁང་དུ་ཡབ་སྲས་གཉིས་ཞག་བདུན་གྱི་བར་སྐྱ་མཚམས་དམ་པར་བཅད་དེ་གཞུང་ཆེན་དེ་དག་གི་དཀའ་བའི་གནད་ལ་མཁན་པོས་འདྲི་བ་དང་ཞིབ་ཏུ་དཔྱད་པས་མཁན་ཆེན་གྱི་ཐུགས་འཁྲུག་པ་དང་ངོ་མཚར་དུ་གྱུར་ནས་ཁོ་བོའི་གཞོན་ནུ་འདི་ནི་བོད་དག་གི་བསོད་ནམས་ཀྱི་སྐལ་བས་ཐོབ་པའི་རྒྱ་གར་ཁ་སྔུ་ཅན་གྱི་པཎྜི་ཏ་དབྱིག་གཉེན་དང་། ཙནྡྲ་གོ་མི་ལྟར་ཐུབ་པའི་གསུང་རབ་མཐའ་དག་འདྲིས་ནི་སློབ་དཔོན་གྱི་ཁ

ལས་ཐོབ་པར་རང་ཉིད་ཀྱིས་ཟབ་རྒྱས་ཀྱི་བཤད་པ་ལྟར་བྱེད་པ་འདི་འདྲ་བ་དག་ནི་སྔོན་ཆད་བོད་འདིར་མ་བྱུང་ངོ་ཞེས་བསྔགས་པ་རྒྱ་ཆེར་མཛད་དེ་དབུས་ཕྱོགས་ལེགས་བཤད་ཀྱི་དགའ་སྟོན་འགྱེད་པར་རིངས་པར་ཕྱིས་ཞེས་བཀའི་གནང་བ་ཐོབ་དེ་ནས་ཤེལ་དཀར་དུ་ཕེབས་ཏེ་ཟླ་བ་གསུམ་སྐུ་མཚམས་བཅད་ནས་ཕར་ཕྱིན་དང་། འདུལ་བ། མངོན་པ་གོང་འོག་ལ་སོགས་པའི་རྒྱ་འགྲེལ་རྣམས་ལ་ཞིབ་ཏུ་གཟིགས། སླར་ཡང་གྲུམ་བསམ་གཏན་གླིང་དུ་ཟླ་བདུན་གྱི་བར་སྐུ་མཚམས་བཅད་ནས་རྒྱལ་བའི་གཞུང་ལུགས་ཐམས་ཅད་དང་། ཁྱད་པར་མཚན་ཉིད་ཐེག་པ་གཙོ་བོར་མཛད་པའི་རྒྱ་བོད་ཀྱི་དགོངས་འགྲེལ་ཇི་སྙེད་པའི་དོན་ཇི་ལྟ་བ་བཞིན་དུ་ཐུགས་སུ་ཆུད་པར་མཛད།

དགུང་ལོ་ཉེར་གསུམ་པར་གློ་གསལ་གྱི་འཁོར་བཅོ་ལྔ་ཙམ་དང་བཅས་དབུས་ཕྱོགས་གྲྭ་སྐོར་ལ་ཕེབས་པའི་ལམ་བར་སྣལ་ངག་གི་བསྟན་བཅོས་ཡིད་ཀྱི་ཤིང་རྟ་བཀའ་རྩོམ་མཛད།

དེ་ནས་གྲྭ་སྐོར་གྱི་ཐོག་མར་དགེ་འདུན་སྟོང་ཕྲག་ལྔ་ཚོགས་པའི་སྣེ་དཔལ་རྩེད་ཐང་གི་ཆོས་སྡེ་ཆེན་པོར་ཕེབས་ཏེ་ཚད་མ་རྣམ་འགྲེལ་དང་། ཕར་ཕྱིན། འདུལ་བ་མདོ་རྩ། མངོན་པ་ཀུན་བཏུས། མདོ་སྡེ་རྒྱན། དབུས་མཐའ། རྒྱུད་བླ་མ། རྩ་ཤེ། འཇུག་པ། བཞི་བརྒྱ་པ། སྙིང་པོ། བདེན་གཉིས་རང་འགྲེལ། སྤྱོད་འཇུག་བཅས་ཐོག་མའི་གྲྭ་སྐོར་མཛད་རྩིས་ཀྱི་གཞུང་བཅུ་གསུམ་ཁར། རིགས་གཏེར། དབུ་མ་རྒྱན་གཉིས་སྐབས་དེ་ཉིད་དུ་བསྣན་ནས་གཞུང་བཅོ་ལྔའི་བཤད་པ་མཛད་པའི་ཐོག་མར་རྣམ་འགྲེལ་གྱི་ཁས་བླངས་རང་གི་ཚིག་སོགས་ཞེས་པའི་གཞུང་ལོ་ནར་བཤད་པ་

ཉིན་གང་མཛད་པས་ཆེན་པོ་ཇོ་སྟན་པ་ཡོན་ཏན་རིན་ཆེན་སོགས་མཁས་པ་རྣམས་ཀྱིས་མཁྱེན་གཅིག་ཏུ་རྣམ་འགྲེལ་གྱི་གཞུང་ཞིག་ལ་འདི་ལས་དཀའ་བ་མེད། རང་རེའི་གྲྭ་ས་ཆེན་པོ་འདིར་དེ་རིང་ཕན་སློབ་དཔོན་དཔོན་པོ་དཀའ་བཅུ་བ་འདི་ལས་ལྷག་པ་མ་བྱུང་ཞེས་བསྔགས་བརྗོད་ཀྱི་མེ་ཏོག་ལན་བརྒྱར་འཐོར།

དེ་ནས་དབང་གྲགས་པ་རྒྱལ་མཚན་གྱིས་སྣེ་གདོང་དུ་སྤྱན་དྲངས་ནས་བཀུར་སྟི་ཕུན་སུམ་ཚོགས་པ་ཞུས་པར། ཁྱེད་ནི་སྙན་ངག་རྩོམ་པས་ཐོགས་པ་མེད་པ་ཞིག་ཡིན་འདུག་པས་ཡུལ་འདིའི་ཕོ་བྲང་འཁོར་དང་བཅས་པ་ལ་བསྔགས་པ་ཞིག་མཛོད་ཅེས་བསྐུལ་བ་ལྟར་བསྟོད་པ་《དང་པ་རྣམ་པར་རྒྱལ་བའི་སྒྲ་དབྱངས་ཀྱི་འཇུག་པ་ཞེས་བྱ་བ་》ལེའུ་ལྔ་ཡོད་པ་དེ་མ་ཐག་ཏུ་བརྩམས་ནས་ཕུལ་བས་གོང་གི་རྣམ་དཔྱོད་ཀྱི་རྩལ་ལ་ཐུགས་ཁྲོགས་ས་ཏེ་གུས་པ་ཆེན་པོ་མཛད།

དེ་ནས་གསང་ཕུ་ནེའུ་ཐོག་ཏུ་ཕེབས་ནས་གཡག་ཕྲུག་སངས་རྒྱས་དཔལ་བ་དང་མཇལ་ཏེ་གྲྭ་སྐོར་གྱི་གཞུང་གི་གྲས་སུ་རིགས་གཏེར་ཡང་ཡོད་དམ་ཞེས་བཀའ་འདྲི་གནང་བར་ཡོད་ལགས་ཞུས་པས་ཐལ་མོ་དང་བཅས་པའི་ཕྱག་གིས་གུས་པ་དང་བཅས་ཤིན་ཏུ་ངོ་མཚར་ཏེ། "ལོ་ཆེན་ཡབ་སྲས་ཀྱི་དཔོན་པོ་མཁས་པ་ཆེན་པོ་འགྲན་ཟླ་དང་བྲལ་བ་ཞིག་བྱུང་འདུག དང་པོ་ས་སྐྱར་རྣམ་འགྲེལ་གྱི་གྲྭ་སྐོར་ལ་བྱོན་ཙ་ན་འདི་ཙམ་ཞིག་འོང་བའི་ཧྙོམས་གཅིག་ཡོད། སློབ་དཔོན་དཀའ་བཅུ་བ་དར་མས་དཀའ་བཅུའི་གྲྭ་སྐོར་མཛད་པ་ལ་ཐམས་ཅད་ཏ་ལས་པར་གྱུར་ཟེར་ཏེ། ད་ནི་སློབ་དཔོན་དཔོན་པོ་འདི་ཡི་དགུང་ལོ་དང་པོ་ཧི་གྲངས་མཉམ་ཟེར་བ་བྱས་ཚོག་པ་འདུག

ངེད་དཔལ་ལྡན་ས་སྐྱ་པ་ལ་འདི་ལྟ་བུའི་དགེ་བཤེས་འོང་བ་ཡིན་”① ཞེས་བསྔགས་བརྗོད་མཛད། དེ་ནས་གསང་ཕུ་ནེའུ་ཐོག་ཏུ་གཞུང་ཆེན་རྣམས་ཀྱི་གྲྭ་སྐོར་མཛད་ཅིང་གསང་ཕུའི་བསྟོད་ཚིག་ཀུང་ཕུ་རེ་བ་དགེ་བཤེས་གྲགས་པ་དཔལ་གྱིས་བསྐུལ་ངོར་སྒྱུར་དུ་བརྩམས་ནས་གནང་།

དེ་ནས་བདེ་བ་ཅན་དང་། ཆོས་འཁོར་གླིང་རྣམས་སུ་གཞུང་བཤད་མཛད་ཅིང་། གསང་ཕུ་ནས་དགེ་བའི་བཤེས་གཉེན་ཕྱུག་ཕྱིར་འབྲེངས་པ་རྣམས་གཞན་དག་གིས་ཆེད་དུ་ཆོས་གསུང་བ་ལས། བདག་ཉིད་ཆེན་པོ་འདིས་གཞུང་གསུང་བ་བློ་སྐྱིད་ཆེ་བར་འདུག་ཅེས་གླེང་།

དེ་ནས་སྟག་ལུང་ཐང་དུ་ཕྱིན་ཏེ་ཆོས་རྗེ་བཀྲ་ཤིས་དཔལ་བརྩེགས་དང་མཇལ་དེ་དོ་ཧ་སྐོར་གསུམ་གདམས་པ་དང་། སྟག་ལུང་ལོ་ཙྪ་བ་ཤཱཀྱ་བཟང་པོ་ལས་རྣམ་སྲས་ཀྱི་རྗེས་གནང་ལ་སོགས་པའི་ཆོས་སྐོར་མང་དུ་གསན། དེ་དག་གི་བར་དུ་སྔན་དངགས་ཀྱི་བསྟན་བཅོས《པད་དཀར་ཚུན་པོ་ངང་པའི་བུ་མོ་ཡིད་ལ་དགའ་བ་འཕེལ་བ་ཞེས་བྱ་བའི་》ལེའུ་དང་པོ་སྟག་མོ་ལུས་སྦྱིན་གྱི་སྐྱེས་རབས་དང་། རྟག་ཏུ་ངུའི་རྟོགས་བརྗོད་དོན་རྒྱན་གསལ་བའི་མེ་ལོང་ཞེས་བྱ་བ་དང་གཉིས་པོ་བརྩམས་པར་མཛད།

དེ་ནས་གཙང་དུ་ཕེབས་ཏེ་བདག་ཉིད་ཆེན་པོ་གྲགས་པ་རྒྱལ་མཚན་གྱིས་མཁན་པོ་དང་། རེད་མདའ་པ་གཞོན་ནུ་བློ་གྲོས་ཀྱི་ལས་སློབ། བླ་མ་བསམ་རིན་པ་གསང་སྟོན་མཛད་དེ་དཔལ་ཤེལ་དཀར་གྱི་ཆོས་སྡེར་བསྙེན་པར་རྫོགས་པའི་སྡོམ་པ་ཡང་དག་པར་བཞེས་པ་དང་། མཁན་ཆེན་ཉིད་

---

① (རྣམ་ཐར་ངོ་མཚར་དགའ་སྟོན་ཐྲིམ་40ན)

ལས་རྗེ་བཙུན་ས་སྐྱ་པ་ཡབ་སྲས་དང་། ངོར་ཆེན་རྗེ་ནས་བརྒྱུད་པའི་སློབ་པ་དང་། འཇུག་པའི་སེམས་བསྐྱེད་དེ་བྱང་ཆུབ་སེམས་དཔའི་སྡོམ་པ་ནོས་ནས་རྒྱལ་སྲས་རྣམས་ཀྱི་བཅས་པའི་མཚམས་ལས་མི་འདའ་བར་མཛད།

དེ་ནས་མཁན་ཆེན་གྲགས་པའི་དྲུང་ནས་བདེ་བར་གཤེགས་པའི་གསུང་རབ་དགོངས་འགྲེལ་གྱི་བསྟན་བཅོས་གྲགས་ཆེ་ཞིང་གཙོ་བོར་གྱུར་པ་ཕལ་ཆེ་བ་དང་། ལོ་ཆེན་ནམ་མཁའ་བཟང་པོ་དང་། ལོ་ཙྪ་བ་ཤེས་རབ་དཔལ་ལས་སྒྲ་ཀ་ལཱ་པ་དང་། ཙནྡྲ་པ་ལ་སོགས་པ་ཆ་ལག་ཡོངས་རྫོགས། རྒྱ་མ་པ་ཡོན་ཏན་འོད་ལས་ཐེག་ཆེན་བློ་སྦྱོང་གི་ཉམས་ཁྲིད་བཅས་རིམ་པར་གསན།

དེ་ནས་བདག་ཉིད་ཆེན་པོ་གྲགས་པའི་ཞབས་ཀྱི་རྗེས་སུ་ཨེ་ཆོས་སྡེའི་གདན་ས་མཛད་ནས་དམ་པའི་ཆོས་མངོན་པ་ལ་སོགས་པའི་གསུང་རབ་མཐའ་དག་འཆད་ཉན་གྱིས་གཏན་ལ་འབེབས་པར་མཛད་པ་དང་། ཆོས་མངོན་པ་ཀུན་ལས་བཏུས་དང་། ཕར་ཕྱིན། རྣམ་འགྲེལ་ལ་སོགས་པའི་གཞུང་ཆེན་མང་པོའི་འགྲེལ་པ་དང་། ཨེའི་གནས་བསྟོད། རྒྱལ་བ་ཤཱཀྱའི་དབང་པོ་ལ་ཁྱད་པར་འཕགས་བསྟོད་ལ་སོགས་པ་ལོ་གསུམ་རིང་ཨེ་ཆོས་སྡེར་ཐར་ཆགས་སུ་བཞུགས་ཏེ་བཀའ་རྩོམ་མཛད།

(5) རྒྱུད་སྡེ་རིན་པོ་ཆེ་ལ་ཐོས་པ་མཛད་པ་ནི།

རྗེ་གྲགས་པ་རྒྱལ་མཚན་གྱི་དྲུང་ནས་རྒྱུད་ཀྱི་སྨིན་བྱེད་དབང་གི་རིམ་པ་གང་བཞུགས་པ་མཐའ་དག་ཐུམ་པ་གང་བོའི་ཚུལ་དུ་ཞུས་ཤིང་། གཞན་ཡང་འཕོན་རིགས་བསོད་ནམས་ཡོན་ཏན་ལས་ས་ཕྱུར་གྱི་དབང་དང་། ལམ་འབྲས་པ་བློ་བཟང་དཀར་མོ་ལས་ཀྱི་རྫོར་མན་ངག་ལུགས། ཊོམ་བྷི་ལུགས་

སོགས་དང་། སློབ་ཕུ་པ་བྱང་ཆུབ་མགོན་པོ་ལས་དོན་ཞགས་དང་། མཁའ་འགྲོ་རྒྱ་མཚོ་སོགས། ལོ་ཆེན་ནམ་མཁའ་བཟང་པོ་ལས་འོད་ཟེར་ཅན་དང་གཟུངས་ཆེན་ལྔ་སོགས། རྒྱ་མ་ཡོན་ཏན་འོད་ལས་གཙུག་ཏོར་རྣམ་རྒྱལ། རྣམ་འཇོམས་ལ་སོགས་པའི་ལུང་ཡོངས་སུ་རྫོགས་པ་གསན།

མཁན་ཆེན་གྲགས་པའི་དྲུང་ནས་གསང་ཆེན་བླ་ན་མེད་པའི་མན་ངག་གི་རིམ་པ་དང་། གསང་འདུས་རིམ་ལྔ་ལ་སོགས་པ་གསན།

གསུང་ངག་རིན་པོ་ཆེ་ནི་སྔར་རྗེ་བཙུན་གྲགས་པའི་དྲུང་ནས་ལམ་འབྲས་གསན་ནའང་། སྣར་སེ་མཁར་ཆུང་ཞེས་པའི་རི་ལ་བདག་ཉིད་ཆེན་པོ་ཡེ་ཤེས་དཔལ་ཞེས་བྱ་བ་བླ་མ་དམ་པའི་ཐུགས་སྲས་དེ་ལས་ཉིན་ཉི་ཤུ་རྩ་གསུམ་ལ་ཆ་ལག་དང་བཅས་པ་གསན།

སློབ་ཕུ་པ་བྱང་ཆུབ་མགོན་པོ་ལས་ཤང་པ་བཀའ་རྒྱུད་ཀྱི་ཆོས་དྲུག་ཆ་ལག་དང་བཅས་པ། སྟག་ལུང་ཐང་པ་བཀྲ་ཤིས་དཔལ་བརྩེགས་ནས་ན་རོ་ཆོས་དྲུག ངོ་ཏ་སྐོར་གསུམ་ལ་སོགས་པ་གསན།

དེ་ནས་དུས་རེ་ཞིག་སྟོ་བདག་ཏའི་སི་ཏུ་ལྷ་བཙན་སྐྱབས་ཀྱིས་གསོལ་བ་བཏབ་ནས་རྗེ་བཙུན་དམ་པ་སངས་རྒྱས་ཀྱི་གདན་ས་དིང་རི་གླིང་འཁོར་གྱི་དགོན་པར་ཕེབས་ནས་ཞི་བྱེད་ཀྱི་གླེགས་བམ་རྣམས་ལ་གཟིགས་པས་དེའི་བཤད་སྲོལ་རྣམས་ཡོངས་སུ་གྲགས་པའི་མདོ་སྔགས་ཀྱི་གསུང་རབ་ཀུན་གྱི་བརྡ་ཆད་དང་མི་མཐུན་པ་ལྟ་བུར་གཟིགས་ནས་འདི་དག་རྗེ་དམ་པ་རྒྱ་གར་བས་བཞེད་པའི་སྐབས་མི་སྲིད་ཀྱི་གཞན་ཞིག་གིས་རང་དགར་བྱས་སོ་དགོངས་ཏེ་བསྟན་པའི་ཕྱི་དོར་མཛད་པར་བཞེད་ནས་ཞི་བྱེད་འགོག་པ་ལ་ཞུགས་ཏེ། དགག་ཡིག་ཤོག་བུ་ཁ་ཡར་གྱི་དབུ་ཚུགས་པ་ན། མཚན་མ་ངན་

པ་དང་། སྐུའི་མགྲིན་པ་སྙེལ་བ་སོགས་བྱུང་བས་དགག་ཡིག་འབྲི་བ་བཤོལ་ཏེ་ཞི་བྱེད་ཀྱི་སྒྲིགས་བམ་མཐའ་དག་ལ་གཟིགས་ཤིང་དཔྱད་པས་གཟོད་མདོ་སྔགས་ཀྱི་གཞུང་ཆེན་མོ་རྣམས་ཀྱི་ཤུགས་བསྟན་གྱི་དགོངས་པ་ཟབ་མོ་ཆེས་མཆོག་ཏུ་གྱུར་པ། མགོན་པོ་མི་ཕམ་ཉིད་ཀྱིས་ཐ་སྙད་ཀྱི་ཆར་དབང་བརྟུལ་རྗེས་སུ་བཟུང་བ་ལ་དགོངས་པའི་རྟོགས་སླ་ཞིང་། དོན་གྱི་ཆ་དབང་རྣོན་རྗེས་སུ་བཟུང་བའི་མོ་མཆོག་ཏུ་དགོངས་ནས་དམ་པ་རྒྱ་གར་བའི་དགོངས་པ་ཇི་ལྟ་བ་རྙེད་པས་དགག་ཡིག་གི་འཕྲོ་བཤོལ་བ་ཙམ་གྱིས་སྣང་བ་ལས་གྲོལ་ཞིང་། ཐུགས་དོགས་དབང་གིས་དགག་ཡིག་འབྲི་བའི་མགོ་བཙམས་པ་བཟོད་པར་གསོལ་བའི་སླད་དུ་སླང་འཁོར་ཕྱི་མཆོད་ཀྱི་གཙུག་ལག་ཁང་ཆེན་པོའི་དམ་པ་སངས་རྒྱས་ཀྱི་སྐུ་འདྲའི་དྲུང་དུ་སྐུ་ས་ལ་བརྫབས་ཏེ་ཕྱག་དང་། སྤྱན་ཆབ་བསིལ་བཞིན་དུ་བཤགས་པ་མཛད་དེ་ཆོས་འདི་ཉིད་ལ་ཚད་མར་གྱུར་པའི་བླམ་དཀའ་བཞི་པ་ནམ་མཁའ་འོད་ཟེར་ལ་ཞི་བྱེད་ཀྱི་ཆོས་འཁོར་ཡོངས་རྫོགས་གསན། གཞན་ཡང་ཐེག་ཆེན་ཆོས་རྗེ་ལས་ས་སྐྱ་པའི་ཐུན་མོང་མ་ཡིན་པའི་མན་ངག་དུ་གསན་པ་ཡིན་ནོ།

རྟའི་བང་དང་། སེང་གེའི་མཆོངས་སོགས་ལུས་ཀྱི་རྒྱུ་རྩལ་ལ་མཁས་ཤིང་། ཡིག་རིགས་སྣ་ཚོགས་འབྲི་བ་ལ་ཐུལ་དུ་གྱུར་པས་གཞོན་ནུའི་དུས་སུ་བོད་ཀྱི་སློབ་སྦྱོར་གྱི་བསྟན་བཅོས་དང་། ལུགས་ཀྱི་བསྟན་བཅོས་ཀྱང་མཛད་ཅིང་ལྷས་སྣ་ཚོགས་བརྟག་པ་དང་། སྨྲའི་གཞུང་ལུགས་ཀུན་ལ་ནང་བྱུང་ཆུབ་པ་མཁས་པའི་རྩེ་མོར་སོན་ནས་མདོ་རྒྱུད་བསྟན་བཅོས་མང་པོའི་འགྱུར་ལེགས་པར་འཆོས་ཤིང་། དཀའ་བའི་གནད་གཞི་འགྱུར་ཡང་མང་པོ་མཛད་པ་ནི་འགྱུར་ཁུངས་དག་ལ་ཆེས་མྱུར་བ་ཞིག་ཡོད། དཔེར་ན་ཕྱིས་ཉང་སྟོད་

དུ་ཕེབས་དུས་རྗེ་ཆེན་ཆོས་རྗེས་ཕྱག་ན་རྡོ་རྗེ་གོས་སྔོན་ཅན་གྱི་སྔགས་རིང་
འདི་བོད་སྐད་དུ་འགྱུར་བ་བྱུང་ན་སྙམ། སྔར་རྒྱ་གར་ལྷོ་ཕྱོགས་ཀྱི་པཎྜི་ཏ་ཤ
རི་པུ་ཏྲ་དང་། རྒྱ་གར་ཤར་ཕྱོགས་ཀྱི་པཎྜི་ཏ་ནགས་ཀྱི་རིན་ཆེན་གཉིས་ལ་
སྒྱུར་བ་ཞུས་ཀྱང་མ་བསྒྱུར་བ་དྲུང་པ་ལོ་ཆེན་བསམ་གྱིས་མི་ཁྱབ་པ་ཞིག་ཡིན་
པས་འདི་ལ་སྒྱུར་ཅིག་མཛད་དགོས་ཞུས་པ་བཞིན་གསོལ་ཇའི་གྲལ་དེ་ཉིད་དུ་
ཇ་ཡུན་གཉིས་ཙམ་གྱི་བར་ལ་ལེགས་པར་བསྒྱུར་བར་མཛད་པས་རྒྱ་གར་ཤར་
ལྷོའི་པཎ་ཆེན་གྱིས་ཀྱང་རེ་བ་མ་གྲུབ་པ་ཅུང་ཟད་ཙམ་གྱིས་སྐལ་བ་མཆོག་ཏུ་
མཛད་དོ་ཞེས་བསྔགས་བརྗོད་ཀྱང་མཛད།

གཞན་ཡང་ཕྱི་རོལ་པའི་རིག་པའི་གཞུང་རྣམས་ཀྱང་མཁས་པར་
མཁྱེན་ཅིང་། གཞན་རྗེས་སུ་བཟུང་བའི་གནས་བཟོ་རིག་པ་ལ་ཡང་མཁས་
པ་ཞིག་སྟེ། དེ་ཡང་དེ་བཞིན་གཤེགས་པའི་སྐུ་ཆ་ཚད་མདོ་རྒྱུད་ནས་ཇི་སྐད་
གསུངས་པའི་གཞུང་ལུགས་རྣམས་ལེགས་པར་ཐུགས་སུ་ཆུད་ནས་རང་གིས་
ཕྱག་བསྟར་ནས་རྒྱལ་ཡུམ་སྲས་དང་བཅས་པའི་ལྗེར་སྐུ་ཇི་སྙེད་དངོས་སུ་བྱོན་
པ་ལྟ་བུ་བཞེངས་པ་དང་། བཅོམ་ལྡན་འདས་དང་། དབྱངས་ཅན་མ་ལ་
སོགས་པའི་བྲིས་སུ་སྐུ་འཕགས་ཡུལ་གྱི་ལུགས་སུ་འབྲི་བ་དང་། སྲིན་པོ་མི་ཤ
ཟ་བ་དང་། དྲང་སྲོང་བསམ་གཏན་ལ་མཉམ་པར་བཞག་པ་ལ་སྤྲེའུས་རྩེད་
མོ་བྱེད་པ་དང་། ལྗོན་ཤིང་གི་ཡལ་གའི་ཁྲོད་ནས་རྨ་བྱ་སྐད་འབྱིན་པ་དང་།
སྦུལ་རོན་ལྷག་པས་ཉེན་ནས་བར་སྣང་ལ་འགྲོ་བའི་ཚུལ་སོགས་རྒྱ་ནག་གི་རི་
མོའི་ལུགས་སུ་འབྲི་བ་དེ་དག་ཀྱང་ཚེ་གང་རི་མོ་སྦྱངས་པའི་རི་མོ་མཁན་གྱིས་
ཀྱང་བསླབ་དཀའ་བ་ལྟ་བུར་མཛད།

གསོ་བ་རིག་པའི་གཞུང་ལུགས་མཐའ་དག་ལ་གཟིགས་པ་དཔྱིས་ཕྱིན་

པ་མཛད་དེ་དེ་དག་ནས་བཤད་པའི་སྨན་གྱི་རྣམ་པ་དང་། ཤིང་དང་། མེ་ཏོག་དང་། འབྲས་བུ་དང་། ཁུ་བ་དང་། སྨྱུག་ཆགས་ལས་གྱུར་པ་ཇི་སྙེད་པ་དག་ལ་རེ་རེ་བཞིན་གྱི་མིང་གི་རྣམ་གྲངས། ཕན་གནོད་ཀྱི་བྱེ་བྲག ཡུལ་སོ་སོར་ཡོད་པའི་རབ་འབྱིང་གི་ཁྱད་པར་སོགས་ཆེས་གསལ་བའི་ལེགས་བཤད་ཀྱང་ལྷུར་མཛད།

ནང་དོན་རིག་པ་རྒྱལ་བའི་བཀའ་དང་བསྟན་བཅོས་འགྱུར་རོ་འཚལ་གྱི་གླེགས་བམ་ཕྱོགས་གཅིག་ཏུ་དབུ་སྟེས་སུ་མཛད་ནས་གཟིགས་པ་དང་། གཞན་ཡང་གསུང་རབ་ཀུན་གྱི་དོན་ཇི་ལྟ་བ་ཐུགས་སུ་མངའ་ཞིང་གཞན་ལ་རྒྱ་ཆེར་འཆད་པར་མཛད་པས་མཚན་ལ་ཡང་འབུམ་ཕྲག་བརྒྱ་པ་ཞེས་བྱ་བར་འབོད་པ་ཡང་ཞལ་གྱིས་བཞེས་པ་ཡིན་ནོ།

དེ་བཞིན་སྡེབ་སྦྱོར་དང་། སྙན་དངགས་ལ་ཆེས་མཁས་པ་ཞིག་ཡིན་ཏེ་བྱང་བདག་རྣམ་རྒྱལ་གྲགས་པས་བསྐུལ་མ་ཞུས་པ་བཞིན་སྤྲིན་གྱི་ཕོ་ཉ་ལ་རྣམ་པར་གསལ་བའི་མཆན་བུ་ཡང་མཛད། མིང་གི་རྣམ་གྲངས་དང་། ཟློས་གར་ལ་ཡང་ཤིན་ཏུ་མཁས་པ་ཞིག་སྟེ་རོལ་རྩེད་མའི་ཟློས་གར་བསྟན་བཅོས་ཀྱང་བཀའ་རྩོམ་མཛད།

དཔལ་ལྡན་དུས་ཀྱི་འཁོར་ལོ་ལས་བྱུང་བའི་སྐར་རྩིས་ལ་ཡང་ནང་བྱན་ཚུད་པ་ཞིག་སྟེ་ཕྱི་ནང་གཞན་གསུམ་གྱི་ཚུལ་ཇི་ལྟ་བ་མཁྱེན་ནས་ཕྱིའི་རྩིས་མཛད་པ་ཡང་ས་རིས་ལ་མ་བརྟེན་པར་ཐུགས་ཀྱི་རི་མོའི་འཇུག་པས་འབྲས་བུ་ཤིན་ཏུ་གསལ་བར་མཛད།

(7) བཙུན་པའི་མཛད་པ། བསླབ་པའི་གཞི་ཕྲ་མོ་ཙམ་ཚད་ལ་ནན་ཏན་དུ་མཛད་དེ་གསེར་དངུལ་ལ་སོགས་པའི་ཡོལ་གོ་དོར་ཏེ་སྣོད་ཀྱི་

དམ་པ་ལྷུང་བཟེད་བསྣམས་ཤིང་། གོས་དར་གྱི་ན་བཟའ་སྤྱངས་ནས་བླ་གོས་དང་། མཐང་གོས། རྣམ་སྦྱར་སོགས་འབའ་ཞིག་བཞེས་པ། སྟན་རྣམ་པར་བཀྲ་བར་མི་བཞུགས་པ་ཆོས་གོས་ཀྱི་ལྷིང་བ་ལ་བཞུགས་པ། སྐུ་ལུས་ལ་ཚུལ་ཁྲིམས་ཀྱི་དྲི་བསུང་མངར་པོས་དུང་ན་མཆིས་པའི་སྐྱེ་བོའི་དྲི་འཛིན་ལ་དགའ་སྟོན་ཟད་མི་ཤེས་པ་རྟག་ཏུ་འགྱེད་པར་གྲགས་ཤིང་། ཕྱི་རུ་ཉན་ཐོས་ཀྱི་སྤྱོད་པ་ལ་གཙོ་བོར་མཛད་ཅིང་། ནང་དུ་གསང་སྔགས་མཆོག་གི་སྤྱོད་པ་ལྷུར་བཞེས་པར་འདོད་ནས་ཤེལ་དཀར་སོགས་སུ་གཞན་ལ་ཡང་དེ་ལྟར་གནང་དགོས་བསྐུལ་མ་མཛད་པར་སྐུར་པ་འདེབས་མཁན་ཡང་བྱུང་བ་རྣམ་ཐར་ངོ་མཚར་དགའ་སྟོན་ལས། དེ་དག་གིས་འདི་སྐད་དུ་གསོལ་ཏེ། ས་ཡི་ཁྱོན་འདི་ཤིན་ཏུ་གྲང་ཞིང་། ཚང་གི་བཏུང་བ་ལ་ལྷའི་བདུད་རྩི་ལྟ་བུར་འཛིན་པས་ཆེད་དུ་བཙོས་མ་འབའ་ཞིག་གི་བསླབ་ཚུགས་སུ་མཐོང་བར་གྱུར་ལ། དེ་ལ་སློ་ཁ་ཀུན་ཏུ་ཕྱོགས་པར་དཀའ་ན་ཐེག་པ་ཆེན་པོ་པ་བྱ་བ་ཕྱི་རོལ་གྱི་ཀུན་སྤྱོད་མཛེས་པ་ལས་ཀྱང་ནང་གི་སེམས་འདུལ་བ་ལ་མཆོག་ཏུ་བལྟ་ཞེས་སླང་ན། གསུང་རབ་ཐམས་ཅད་ལ་ཚད་མར་གྱུར་པ་ཁྱོད་ཀྱིས་ཚལ་འདི་ཉིད་ཀྱི་སྒོ་ནས་གདུལ་བྱ་རྣམས་རྗེས་སུ་བཟུང་སྟེ། རིན་པོ་ཆེ་ཉིད་ཀྱང་གསེར་དངུལ་ལ་སོགས་པའི་སྣོད་དུ་གྲུམས་དང་ཕུད་ཅུང་ཟད་རེ་བཞེས་པ་གནང་ན་ཕྱོགས་འདིར་འཁོད་པའི་སྐྱེ་བོ་ཐམས་ཅད་ལ་ཐུགས་རྗེས་བཟུང་ཞིང་ཕན་པར་འགྱུར་རོ་ཞེས་ཞུ་བར་བྱེད་ལ། ཕལ་ཆེ་བ་དག སྔོན་དུ་བྱོན་པའི་ཡབ་སྲས་མཁས་པ་ལ་གྲུབ་པས་ཁྱད་པར་དུ་བྱས་པ་དེ་དག་ནི། ན་བཟའ་བེར་ཐུལ་གྱི་སྤུབས་ནས་གསེར་དངུལ་གྱི་ཡོ་བྱད་ལ་ལོངས་སྤྱོད་བཞིན་དུ་གྲོལ་བ་ཐོབ་པ་ཤ་སྟག་ཡིན་ལ། བདག་ཅག་གི་མཁན་པོ་ཆེན་པོ་ནི་ན

བཟའ་མཇུག་བསྡུམ་པ་དང་། སྣོད་འཕྲུ་བ་ཁ་བཅད་པ་འདི་ལྟ་བུ་ནས་ཕལ་པའི་ཟས་ཀྱིས་ཚིམ་པར་མཛད་པ་ཞེས་སྐུར་བ་འདེབས་པ་ཡང་མང་དུ་བྱུང་”①བར་གྲགས།

(8) བཟང་བའམ་སྐུ་ཆེ་བའི་མཛད་པ། རྙེད་དང་མ་རྙེད། བདེ་དང་མི་བདེ། སྙན་དང་མི་སྙན། བསྟོད་དང་སྨད་པ་ཆོས་བརྒྱད་མགོ་སྙོམས་ཀྱི་མཛད་པ་ཡང་། རྣམ་མང་ཐོས་སྲས་ཀྱི་འབྱོར་པ་ལྟ་བུ་ཐོབ་ནའང་དགྱེས་པར་མི་མཛད་ལ་ཡང་། དེ་ལས་གཞན་དུ་གྱུར་པ་ལའང་མི་དགྱེས་པ་མི་མཛད། དཔེར་ན། པོ་དོང་། སྣང་འཁོར། ཤེལ་དཀར། ཀྱང་ཐང་། ཀྱམ། ཕུ་རི་རྣམས་ཀྱི་གདན་སར་ཡུན་རིང་དུ་བཞུགས་ནས་འདུ་འགོད་ཅི་རིང་བ་མཛད་ན་ཕུན་སུམ་ཚོགས་པའི་དཔལ་ཐོབ་པ་ཀུན་གྱི་མཐོང་སྣང་དུ་གྲུབ་པ་དེ་ལྟ་ན་ཡང་། དེ་དག་ལས་རྒྱབ་ཀྱིས་ཕྱོགས་ཏེ་རྣམ་པར་གཡེང་བ་མཐའ་དག་བསྲིངས་ནས་བས་མཐའི་འཇུག་ངོགས་དཔལ་ཐང་དུ་དགོན་པ་མཛད་པའི་རྒྱུ་མཚན་གང་ཡིན་ཞེས་ཚོགས་ཆེན་དོན་གྲུབ་དཔལ་བས་བཀའ་འདྲི་ཞུས་པར། “སའི་དཀྱིལ་འཁོར་གང་ན་ཡང་སྦྱིན་བདག་ཆེན་པོ་རྣམས་ལ་བརྟེན་པའི་དགེ་འདུན་གྱི་སྡེ་དང་བླ་མ་སོ་སོས་མངོན་པར་གང་ཞིང་། དེ་དག་ཏུ་ཁོ་བོ་འདུག་པའི་ཚེ་ན། ཀུན་གྱི་གདུལ་བྱའི་གེགས་སུ་འགྱུར་བར་མཐོང་ནས་དེ་རྣམས་ལས་བཟུང་ཏེ། མིའི་འགྲོ་བས་སྤངས་པའི་ས་གསར་པ་ལ་བརྟེན་པ་ཙམ་ཡིན་གསུང་ངོ་།”②ཞེས་གསལ་བ་ལྟར་འདི་ནི་གནས་ཀྱི་

① (རྣམ་ཐར་ངོ་མཚར་དཀའ་སྟོན་བྲིས་མ་ཤོག་གྲངས68བ)

② (རྣམ་ཐར་ངོ་མཚར་དཀའ་སྟོན་བྲིས་མ་ཤོག་གྲངས79ན)

ཁྱད་པར་ལས་བརྩམས་པའི་རྙེད་པ་དང་མི་རྙེད་པ་མགོ་སྙོམ་པར་མཛད་པ་ཡིན། གཞན་ཡང་འཁོར་གྱི་ཁྱད་པར་གྱི་མགོ་སྙོམ་དང་། ཕྱག་རྗེས་ཕྲ་རགས་གང་ལའང་བདག་གིར་མི་མཛད་པ། ཀུན་དང་ཐུན་མོང་ལྟ་བུར་གྱུར་པས་སྐུ་དྲུང་དུ་ལྷགས་ཤིང་ཉེ་བར་གནས་པ་བག་ཡངས་ལ་གུས་པ་སྟོད་པ་དག་གིས་རང་རང་གི་བློ་དང་འཚམས་པའི་ཕྱག་རྗེས་རང་དགར་ལེན་པ་ལ་ཀུན་ཏུ་མི་འཛེམས་པ། བསྲུང་སྡོམ་གྱི་རྣམ་པ་ཕྲ་མོ་ཙམ་མེད་པ་གསེར་དང་ཐོང་བ་མཉམ་པར་གཟིགས་པས་རྙེད་དང་མ་རྙེད་མགོ་སྙོམ་པར་མཛད།

བདེ་བ་དང་མི་བདེ་བ་མགོ་སྙོམ་པར་མཛད་པའི་ཚུལ་ཡང་། སྐུ་ལུས་བདེ་བ་དང་མི་བདེ་བ་ཇི་ལྟར་བྱུང་ཡང་ཉིན་ཞག་ཕྱུགས་གཅིག་གི་ཐུགས་དམ་གྱི་གེགས་སུ་མི་འགྲོ་བ་མཛད་པ། ཐེངས་གཅིག་ལས་སྟོད་བྱང་དུ་བཞུགས་པའི་ཚེ་ཤངས་ཁྲག་མང་པོ་བྱོན་ནས་ཆུང་སྟོབས་སུ་འཕེལ་ནས་སྐུ་ཤིན་ཏུ་འོ་བརྒྱལ་བར་གྱུར་པའི་ཚེ་ཡང་ སྔ་དྲོའི་དུས་ཀྱི་སྐུ་ཕྱག་སྤར་རྒྱུན་བཞིན་མང་པོ་མཛད་པར་སྐུ་དྲུང་ན་གནས་པ་རྣམས་ཀྱིས་སྐུ་སྟོབས་ཤིན་ཏུ་ཆུང་བས་ཕྱག་ཕྱུགས་ཀྱིས་མཛད་པར་ཞུ་ཞེས་གསོལ་བར་ཡང་ཇི་མི་སྙམ་པར་སྐུ་ཕྱག་སུ་མཐུད་མཛད་པས་སྐུ་ལུས་ས་ལ་བརྡབ་ནས་དུམ་གཅིག་གསུང་སྒྲོས་ཀྱང་གནང་མ་ཐུབ་པ་ལྟ་བུའི་བདེ་དང་མི་བདེ་བ་མགོ་སྙོམ་མཛད།

གཞན་ཡང་དེའི་དུས་ཀྱི་མི་དྲག་ཆེན་པོ་སྡེ་གདོང་ནས་དབང་གྲགས་པ་རྒྱལ་མཚན་དང་། དབང་གྲགས་པ་འབྱུང་གནས་སོགས་ཀྱིས་ཆེད་དུ་བསྟོད་པའི་ཆབ་ཤོག་དང་བཅས་གདན་འདྲེན་ཞུས་པར་ཡང་། དགོན་གནས་གསར་འདེབས་སོ་མ་ཟིན་ལུགས་དང་། བསྟན་བཅོས་རྩོམ་པའི་འཕྲོ་སྐྱོང་བ་སོགས་ཀྱིས་རེ་ཞིག་ཐེབས་མི་ཐུབ་པར་དགོངས་འགལ་མེད་པ་ཞེས་བྱ་

བའི་ཞུ་ཡིག་ཕུལ་ཏེ་དགོངས་ཞུ་གནང་བ། བདེ་དང་མི་བདེ། བསྟོད་དང་སྨད་པ་མགོ་སྙོམ་གྱི་མཛད་པའི་ཚུལ་ནི་བསམ་གྱིས་མི་ཁྱབ་པ་བཅས་སོ།

(9) བསྟན་པ་ལ་ལྷག་པར་བྱ་བ་མཛད་པ།

དུས་ནམ་ཞིག་གི་ཚེ་ན་བདག་ཉིད་ཆེན་པོ་འཇིགས་བྲལ་གྱི་ཞལ་སྔ་ནས་ཤེལ་དཀར་ལས་ཧ་ཅང་མི་རིང་བའི་དབེན་པ་ཞིག་ནས་པཎྜི་ཏའི་མཛད་པ་ལ་གཅིག་ཏུ་གཞོལ་བ་དེའི་ཚེ་ལྷོ་བདག་རྒྱལ་པོ་ལྷ་བཙན་སྐྱབས་ཀྱིས "བདག་གི་ཁབ་འདིར་ཀེ་ལ་ཤས་མཚན་པའི་བྱང་ཕྱོགས་ཀྱི་ལྗོངས་འདིའི་རིགས་པ་སྨྲ་བ་ཀུན་གྱི་མགོ་པོ་གཡག་ཉིད་མངོན་པར་ལྷགས་པར་གྱུར་ཅིང་། དེའི་ཚིག་གིས་འདི་ལྟར་དུ་སྨྲ་སྟེ། ཁྱེད་ཀྱི་མཁན་ཆེན་པ་དང་བདག་ནི་རྩོད་པར་འདོད་པ། དེའི་ལས་སུ་བགྱི་བ་རྣམས་ཁྱེད་ཀྱིས་ཐུས་ཤིག་ཅེས་སྨྲ་ན། འདི་དག་ལ་ཁྱེད་ཀྱིས་རྗེ་ཐོགས་པར་ནུས་སམ། དཔལ་ཁྱེད་ཀྱིས་འདི་ཉིད་ཀྱི་མདུན་ས་བརྟེན་པར་བྱས་ན་ནི་བདག་ལ་འོས་པར་འགྱུར་བའི་མཆོག་སྦྱིན་པ་ཡིན་ཞིང་། རྒྱལ་བར་བགྱིད་ན་བདག་གི་དགེ་མཚན་གྱི་དཔལ་དུ་འགྱུར་རོ་ཞེས" བསྐུལ་མ་ཞུས་ཏེ་གཡག་ཕྲུག་སངས་རྒྱས་དཔལ་དང་རྩོད་པ་མཛད་པ་དང་། ཡང་སྐབས་ཤིག་གི་ཚེ་བདག་ཉིད་ཆེན་པོ་འདི་ཉིད་གཡས་རུ་བྱང་པའི་ས་གནས་སུ་ཞབས་སེན་བཀོད་པ་དེའི་ཚེ་བྱང་བདག་རབ་ཏུ་བྱུང་བའི་ཚུལ་འཛིན་པ་འཇམ་དབྱངས་ཤེས་བྱ་བ་དེས་ལྟར་སྣང་གྲུབ་འདུད་ལྟར་ལེན་པའི་ཐོལ་ལ་བརྟེན་ནས་བདག་ཉིད་ཆེན་པོ་འདིས་རྗེ་ས་པཎ་ལ་རྣམ་པ་ཀུན་ཏུ་འགོག་པར་མཛད་དོ་ཞེས་མ་བརྟགས་པའི་བབ་ཅོལ་གྱི་རྗེས་སུ་འབྲངས་ནས་བདག་ཉིད་ཆེན་པོ་འདི་ལ་རྣམ་པ་ཀུན་ཏུ་སྨོད་པར་བརྩོན་པ་དེས་བསྐུལ་ཏེ་དགེ་བའི་བཤེས་གཉེན་བསོད་ནམས་སྐྱབས་དང་རྩོད་པ་མཛད་དེ

དེས་ཀྱང་འགྲན་པར་མ་ནུས་ནས་དེ་རྗེས་སློབ་པའི་དབང་ཕྱུག་མཁས་གྲུབ་དགེ་ལེགས་དཔལ་དང་རྩོད་པ་མཛད་པ། ཡང་རྒྱལ་པོ་པཎྜི་ཏའི་ཚུལ་འཛིན་པ་བྱང་བདག་རྣམ་རྒྱལ་གྲགས་པ་བཟང་པོས་ངམ་རིང་གི་ཕོ་བྲང་བཀྲ་ཤིས་རྩེར་སྤྱན་དྲངས་པ་དེའི་གོང་ཙམ་ལ་རོང་སྟོན་ཤེས་བྱ་ཀུན་རིག་ཀྱང་ངམ་རིང་དུ་ཕེབས་ཏེ་རྣམ་རྒྱལ་གྲགས་པ་དང་མཇལ་ཏེ་དེའི་དུས་སུ་དབུས་གཙང་དུ་དགེ་བའི་བཤེས་གཉེན་རྣམས་ཀྱིས་བསྟན་པ་ལ་བྱ་བ་མཛད་པའི་འཕྲོས་བྱུང་ནས་དཔལ་ཐམས་ཅད་མཁྱེན་པའི་རྣམ་པར་ཐར་པར་དག་སྣང་མི་མཛད་པས་རྐྱེན་བྱས་པོ་དོང་ཕྱོགས་ལས་རྣམ་རྒྱལ་གྱི་མཁྱེན་པའི་རྩལ་རོང་སྟོན་གྱིས་གཟིགས་ན་ཅིག་མ་ཉུང་སྐམ་སྐེ་བསྐུལ་མ་ཞུས་པ་ལྟར་རོང་སྟོན་དང་རྩོད་པ་མཛད་པ་བཅས་སྐབས་དེའི་མཁས་པའི་གཙུག་རྒྱན་རྣམས་རྩོད་པར་བསྐུལ་བའི་བྱེད་པོ་རྣམས་ཀྱི་བསམ་པའི་ཁྱད་པར་ནི་ཆོས་ཐ་དད་པ་ཞིག་སྟེ་དཔེར་ན། ལྷོ་བག་ལྷ་བཙན་སྐྱབས་དང༌། བྱང་བདག་རྣམ་རྒྱལ་གྲགས་བཟང་གཉིས་ཀྱི་དགོངས་པ་ནི། བསྟན་པ་ལ་ཕྱི་དོར་དང༌། མཁས་པ་ཕན་ཚུན་དག་སྣང་སྤྱོང་བའི་ཆེད་དུ་ཡིན་ཏེ། པོ་དོང་ཕྱོགས་ལས་རྣམ་རྒྱལ་བ་དང༌། གཡག་ཕྲུག་སངས་རྒྱས་དཔལ་གཉིས་རྩོད་པ་མཛད་ཉེའི་མཚམས་ལྷོ་བདག་ལྷ་སྐྱབས་ཞེས་བྱ་བ་“ རྒྱལ་པོ་དེས་མཁས་པའི་དབང་པོ་གཉིས་ལ་སྤྱི་ཐོས་བཏུད་ཅིང་ཐལ་མོ་སྦྱར་ཏེ། ཉི་མ་དང་ཟླ་བ་ལྟ་བུར་རྣམ་པར་གྲགས་པའི་པཎྜི་ཏ་ཆེན་པོ་གཉིས་འདི་ལྟར་ཞལ་མངོན་པར་འཛོམ་ནས་བསྟན་པ་ལ་ཕྱི་དོར་བགྱིད་པ་ནི་སྨོན་པའི་གནས་ཡིན་ནའང༌། ད་ནི་བདག་ཉིད་ཆེན་པོ་རྣམ་པ་གཉིས་ཀྱི་རྩོད་པ་དོན་གཞན་དུ་མི་འགྱུར་ཞིང་བསྟན་པ་ལ་ཕན་པ། བློ་གསལ་མཐའ་དག་གི་རེ་བ་ཡོངས་སུ་རྫོགས་པ་ཅིག་མཁྱེན་ཞེས་ཞུས་པར།

དཔལ་ལྡན་འཇིགས་མེད་ཞབས་ཀྱིས་དེ་ལྟར་ཅི་ནའང་ཡིན་ཞེས་གསུང་བར་མཛད་པ་ཡིན་ནོ། ”①ཞེས་གསལ་བ་ལྟར་དང་། བྱང་བདག་རབ་བྱུང་གི་ཚུལ་འཛིན་པ་འཇམ་དབྱངས་ཤེས་ཀྱི་རེ་བ་ནི་དེ་ལས་ཡོངས་སུ་ལྡོག་པ་སྟེ་བསོད་ནམས་སྐྱབས་ཀྱིས་རྫེ་ཕྱོགས་ལས་རྣམ་རྒྱལ་དང་རྩོད་པ་མ་ཐུབ་པའི་སྐབས། “ཀྱི་མ་ཁ་སང་བསོད་ནམས་སྐྱབས་ཀྱིས་ཕོ་མ་བྱུས། ད་དུང་འདི་དམའ་ཕེབས་པའི་ཐབས་ཤིག་བྱ་དགོས་པ་འདུག་བསམ་ནས་དཔལ་ངམ་རིང་གི་ཚོགས་པ་རྒྱ་མཚོ་ལྟ་བུ་ལ་འདི་སྐད་བརྗོད་དོ། ཁྱེད་རྣམས་ཀྱིས་ཤེལ་དཀར་བའི་མཁན་ཤོབ་དེ་ལ་པུ་ཤུད་ཟེ་སྒྲོ་བརྟོགས་པ་འདྲ་ཞིག་འཚོས་འགོས་པར་འདུག་པས། ལེགས་པར་གྲོས་བགྱིས་ལ་པོ་ཏི་མང་པོའི་ཁ་ཡ་མ་བྱེད། རྣམ་འགྲེལ་གཅིག་པུ་ལ་ཁ་བསྒྲིལ་གྱིས་ལ་བགྲོ་གླེང་རྒྱལ་བའི་ཐབས་འདྲ་འཚོལ། དེ་ལྟར་དུ་བྱེད་མ་ནུས་ན་ངའི་གཞི་འདིར་མ་སྡོད། ”②ཅེས་འཁོད་པ་ལྟར་བསྐུལ་བ་པོའི་ནང་གི་བསམ་པའི་ཁྱད་པར་ཐ་དད་ཀྱང་ཐོག་མའི་ཆར་རིག་པའི་དབང་ཕྱུག་རྣམས་ནི། གཞན་ལས་བསླེངས་པ་མི་མངའ་བ་རིག་པའི་རྩལ་རྫོམ་པའི་དགོངས་པ་མི་འདྲ་བ་སོ་སོར་ཡོད་དུ་ཆུག་ཀྱང་། གཞུང་ལུགས་ཆེན་པོ་རྣམས་ལ་བགྲོ་གླེང་ཇི་ཙམ་གནང་བ་དེ་ཙམ་གྱིས་བསྟན་པ་ལ་ཕྱི་དོར་དང་ཕན་ཚུན་དག་སྣང་སྤྱོད་པའི་ཐུགས་དགོངས་ཆུ་ལ་འོ་མ་འདྲེས་པ་ལྟ་བུའི་རྣམ་ཐར་ན་བསམ་གྱིས་མི་ཁྱབ་པའོ།

དགུང་ལོ་སུམ་ཅུ་བཞེས་པ་ཙམ་ནས་འདི་སྐམ་དུ་དགོངས་ཏེ།

---

① （རྣམ་ཐར་ངོ་མཚར་དགའ་སྟོན་ཕྲིས་མ90ན）

② （རྣམ་ཐར་ངོ་མཚར་དགའ་སྟོན་ཕྲིས་མ་ཤོག་གྲངས101བ）

“བོད་འདིར་ཡོངས་སུ་གྲགས་པའི་དབང་སྐུར་བ་ཕལ་མོ་ཆེ་དང་། ཁྱད་པར་དུ་ཐབས་དང་ཤེས་རབ་གཉིས་སུ་མེད་པའི་རྒྱུད་སྡེ་རིན་པོ་ཆེ་གཉིས་ཀྱི་དབང་རྣམས་ཡོངས་སུ་རྫོགས་པར་བླ་མ་དམ་པ་རྣམས་ཀྱི་བཀའ་དྲིན་ལས་གསན་ཏེ། རྒྱུད་རྣམས་ཀྱི་རྗེས་སུ་གནང་བ་ཐོབ་ཅིང་། རྒྱུད་རྣམས་ཀྱི་རྡོ་རྗེ་སློབ་དཔོན་ཆེན་པོའི་དབང་ཀུན་ཡོངས་སུ་རྫོགས་པར་ཐོབ་སྟེ། རྒྱུད་སྡེ་རྒྱ་མཚོ་བཤད་པ་དང་སྒྲུབ་པ་ལ་ཡང་དག་པའི་ངེས་པ་གཟིགས་ནས། མཁས་མཆོག་རྣམས་ཀྱིས་རྒྱུད་རྣམས་བསྒྱུར་བའི་དགོས་པ་བསྒྲུབ་པའི་ཕྱིར་དང་། དེ་དག་ཀུན་གྱི་དབང་བསྐུར་བ་དང་། སྒྲུབ་ཐབས་དང་། སྦྱིན་སྲེག་དང་། བདུན་ཚིགས་དང་། རབ་གནས་དང་། དེ་དག་གི་རྣམ་པར་ངེས་པ་དང་། རྒྱུད་ཀྱི་བཤད་པ་དང་། ཟབ་མོའི་མན་ངག་ལ་སོགས་པ་ཐམས་ཅད་ལ་རྒྱལ་བ་རང་ཉིད་དཔང་དུ་བྱེད་ཅིང་། གཞན་ཡང་མཁས་པ་དང་གྲུབ་པ་དག་གིས་མཛད་པའི་ཐུགས་གཞུང་རྣམས་ཀྱང་མི་གསལ་བ་གསལ་བར་བྱེད་པ་དང་། མ་ཚང་བ་ཁ་བསྐང་བར་བྱ་བ་དང་། འཁྲུགས་པ་རྣམས་ཀྱང་ལེགས་པར་བསྡེབས་ནས་གང་ལ་གང་འདོད་པའི་གདུལ་བྱ་དེ་དང་དེའི་རེ་བ་མཐའ་དག་བསྐང་བའི་སླད་དུ། རྒྱལ་བའི་བསྟན་པ་མ་ལུས་པ་གསལ་བར་བྱེད་པའི་གཞུང་ལུགས་ཆེན་པོ་མདོ་རྒྱུད་བལྟ་བའི་སྒྲོན་ཆེན་རྫོམ་པར་འདུན་པའི་སྤྲོ་བ་དམ་པས་ཤེས་རབ་མཆོག་ཏུ་སྒྲུབ་པར་མཛད་པ་ན། བཅོམ་ལྡན་འདས་མ་ཞལ་རྣམ་གཉིས་(དབྱངས་ཅན་མ་དང་། ཕག་དཀར་)ཀྱི་བྱིན་གྱིས་བརླབས་པ་ཆེན་པོ་མཛད་པའི་ཚུལ་ནི་ཐོག་མ་ཉིད་ནས་བརྗོད་ཟིན་

ཏོ་” ①ཞེས་གསུངས་པ་ལྟར་དེ་ལྟ་བུའི་བཀའ་རྩོམ་ལ་འཇུག་པར་བཞེད་ནས་ཤེས་བྱ་ཀུན་ལ་གཟིགས་པའི་ཚེ་ཉམས་སྣང་ཅི་རིགས་བྱུང་སྟེ་རྡོ་རྗེ་ཐེག་པ་ལ་སོགས་པའི་གསུང་རབ་ཀུན་གྱི་སྙིང་པོའི་འགྲེལ་པ་དཔལ་དེ་ཁོན་ཉིད་འདུས་པ་ལེགས་པར་རྩོམས་ཤིག་ཅེས་པའི་སྣང་བ་དང་། དེ་ནས་མཚན་གྱི་རྣམ་གྲངས་སུ་དཔལ་གསང་བ་སྦྱིན་ཞེས་འདོམས་པར་མཛད་པ་གྲགས་པ་དེ་དག་ནས་“ཡུལ་དུས་གནས་སྐབས་ཐམས་ཅད་དུ་ཐུགས་དམ་གྱི་རིམ་པ་རྣམས་ཀྱི་རྗེས་ཐོག་ཏུ་རྩོམ་པར་མཛད་པའི་ཚུལ་ནི། ཡི་གེ་པ་ཉི་ཤུ་ཙམ་ལ་རང་རང་གི་གནས་མི་འཚོལ་བར་རྒྱུ་བོ་ཆེན་པོ་དལ་གྱིས་འབབ་པ་བཞིན་དུ་ཀུན་ཏུ་རྩོམ་པར་མཛད་པ་ནི་འཇིག་རྟེན་དག་ན་དཔེར་བྱ་བ་ལས་འདས་པའི་རྣམ་པར་ཐར་དཔག་པར་དཀའ་བ་ཡིན་ཏེ། གཞན་གྱིས་ཕལ་པའི་གནས་དག་ཁ་ཏོན་དུ་བྱས་ཏེ་བྲི་བར་འཚལ་བ་ན་ཡང་། ཡིག་མཁན་གསུམ་ཙམ་ལ་དཔོད་པར་ནུས་ན་ནི་ཕྱིངས་ཧ་ལས་པ་ལྟ་བུར་བསྔགས་པར་བྱེད་པར་འགྱུར་ན། ཚུལ་འདི་ནི་མཆོག་ཏུ་ངོ་མཚར་བ་ཡིན་ནོ་” ②ཞེས་དང་ཡང་“དུས་ཞིག་གི་ཚེ་དབེན་གནས་ཆོས་སྡིངས་སུ་ཉིད་ཀྱི་རྩོམ་ཡིག་པ་དཔོན་ཡིག་དཀོན་མཆོག་རྒྱལ་མཚན་ལ་བཀའ་གནང་ནས། རང་རེ་ཡིག་མཁན་དཔོན་གཡོག་གཉིས་པོའི་ཡི་གེ་སུ་མགྱོགས་ཤིག་བྱེད་པ་ཡིན་པས། ཁྱོད་རང་ཡང་ཤོག་བུའི་ལས་མང་བར་གྱིས། ངས་ཀྱང་གླེགས་ཤིང་གད་བྱས་པ་མང་དུ་བསགས་ཡོད་གསུངས། དེ་ནས་སང་དཔོན་ཡིག་དཀོན་མཆོག་རྒྱལ་མཚན་གྱིས་ནམ་

---

① (རྣམ་ཐར་ངོ་མཚར་དགའ་སྟོན་བྲིས་མ་ཤོག་གྲངས་122ན)

② (རྣམ་ཐར་ངོ་མཚར་དགའ་སྟོན་བྲིས་མ་ཤོག་གྲངས་122ན)

ལངས་ཏེ་ཡི་གེ་མཐོང་འཕྲུལ་ནས་ས་སྐྱོད་ཀྱི་བར་ལ་བརྩོན་པར་བྲིས་པས་གདོང་སྟོན་ཕྱེད་དང་བཅུ་དགུ་ཚར། རྗེ་བཙུན་གྱི་ཞལ་སྔ་ནས། ཐུགས་དམ་ཉི་མ་ཤར་བ་ཙམ་ལ་གྲོལ་བར་མཛད་ནས་ཕྱག་བྲིས་ཀྱི་དབུ་བརྩུགས་ཏེ་བར་སྐབས་སུ་གསོལ་མཛད། དེ་ནས་དགོང་མཆོད་ཀྱི་ཚོགས་འཁོར་གྱི་བར་དུ་ཐུགས་རྩོམ་དང་བསྟུན་ནས་བྲི་བར་མཛད་པས་བདེ་མཆོག་རིམ་པ་ལྔའི་ཁྲིད་ཡིག་ཆེན་མོའི་གསང་བའི་རིམ་པའི་སྐབས་ནས་གླེགས་ཤིང་མདའ་ཚད་བཅུ་བཞིའི་ལོགས་རེ་ལ་ཡིག་ཕྲེང་བཅོ་བརྒྱད་དང་བཅུ་དགུ་བྱས་པ་དང་། གདོང་སྟོན་དྲུག་གི་ལོགས་རེ་ལ་ཡིག་ཕྲེང་བཅུ་གཅིག་དང་བཅུ་གཉིས་བྱས་པ་ཉི་ཤུ་སྲི་བར་ཚར་ཏེ། དེ་ཉིད་རྗེས་སུ་རྩིས་བཏང་བས་བརྒྱད་ཕྲེང་ཡོད་པའི་གདོང་སྟོན་སུམ་ཅུ་སོ་ཕྱེད་དང་དྲུག་ཕྱུང་སྟེ་དེའི་དགོང་མོ་རང་རེ་གཉིས་འགྲན་པ་ཡིན། གང་བྲིས་རྣམས་ཁྱེར་ཤོག་གསུངས། དཔོན་ཡིག་གིས་དེ་ལྟར་ཁྱེར་ཏེ་གཟིགས་ཕུལ་བས། ཡིག་མཁན་ཆེན་མོ་ནི་ཙུང་མི་ཐོ་བར་འདུག་སྟེ། འོན་ཀྱང་མགྱོགས་པོ་རང་ཡིན་གསུང་བཞད་པ་དང་བཅས་པས་མཉེས་པར་སྣང་ངོ་”① ཞེས་རྣམ་ཐར་ངོ་མཚར་དགའ་སྟོན་ནང་གསལ་བ་ལྟར་རྗེ་བདག་ཉིད་ཆེན་པོ་འདིས་བཀའ་རྩོམ་དང་། རྩོམ་ཡིག་འབྲི་བའི་བྱ་བ་དངོས་ལའང་ཞུགས་པ་དང་བཅས་བཀའ་རྩོམ་གནང་བའི་དཔལ་དེ་ཉིད་འདུས་པ་ཞེས་བྱ་བ་བསྟན་བཅོས་ཐམས་ཅད་འདུས་པའི་སྙིང་པོ་དེ་ཉིད་ཀྱི་བརྗོད་བྱའི་གནས་དང་། གཞུང་གི་ཚིག་ཇི་ལྟ་བུ་སྨོམ་ན། རྣམ་ཐར་ངོ་མཚར་དགའ་སྟོན་ལས། “འདི་ལྟ་སྟེ།

① （རྣམ་ཐར་ངོ་མཚར་དགའ་སྟོན་བྲིས་མ་ཤོག་གྲངས192བ）

འཇུག་པའི་སྒོ་བཞི། དེ་ལ་ཡང་བྱིས་པ་འཇུག་པའི་སྒོ། མཁས་པ་འཇུག་པའི་སྒོ། མདོ་ལ་འཇུག་པའི་སྒོ། སྔགས་ལ་འཇུག་པའི་སྒོ།

གཅིག བྱིས་པ་འཇུག་པའི་སྒོ་ལ། ལུས་ཀྱི་བསླབ་པ། ངག་གི་བསླབ་པ། ཡིད་ཀྱི་བསླབ་པ་གསུམ་མོ།

ལུས་ཀྱི་བསླབ་པ་ལ། མ་ལ་གནས་པའི་བསླབ་པ་དང་། ལུས་བཙས་པའི་བསླབ་པའོ།

ངག་གི་བསླབ་པ་ལ། ཡི་གེ་ཀློག་པའི་བསླབ་པ་དང་། ཡི་གེ་འབྲི་བའི་བསླབ་པའོ།

ཡིད་ཀྱི་བསླབ་པ་ལ། འཇིག་རྟེན་ལུགས་ཀྱི་བསྟན་བཅོས་དང་། བརྟག་པའི་བསྟན་བཅོས་སོ།

སོགས་ཀྱི་བསྟན་བཅོས་སོ།

བརྟག་པའི་བསྟན་བཅོས་ལ། ནང་སེམས་ཅན་གྱི་བརྟག་པ།

གཉིས། མཁས་པ་འཇུག་པའི་སྒོ་ལ། བཟོ་རིག་པ་དང་། གསོ་བ་རིག་པ། སྒྲ་རིག་པ། གཏན་ཚིགས་རིག་པ། ནང་རིག་པའོ། འདི་ལ་བསླབ་པ་གསུམ་གྱི་སྒོ་ནས་འཆད་དོ།

གསུམ། མདོ་ལ་འཇུག་པའི་སྒོ་ལ། བསྟན་པ་སྤྱིའི་རྣམ་པར་བཞག་པ་དང་། ཁྱད་པར་གྱི་རྣམ་པར་བཞག་པའོ།

ཁྱད་པར་གྱི་རྣམ་པར་བཞག་པ་ལ་བཞི་སྟེ། ཐེ་ཐག་ཏུ་སྨྲ་བའི་དེ་ཉིད་དང་། མདོ་སྡེ་པའི་དེ་ཉིད་དང་། སེམས་ཙམ་པའི་དེ་ཉིད་དང་། དབུ་མ་པའི་དེ་ཉིད་དང་བཞིའོ། འདི་རྣམས་ལ་གཞི་དང་ལམ་དང་འབྲས་བུའི་སྒོ་ནས་འཆད་དོ།

བཞི། སྔགས་ལ་འཇུག་པའི་སྒོ་ལ། རྒྱུད་སྡེ་སྤྱིའི་རྣམ་པར་བཞག་པ་དང་། ཁྱད་པར་གྱི་རྣམ་པར་བཞག་པའོ།

ཁྱད་པར་གྱི་རྣམ་པར་བཞག་པ་ལ་བཞི་སྟེ། བྱ་བའི་རྒྱུད། སྤྱོད་པའི་རྒྱུད། རྣལ་འབྱོར་རྒྱུད། རྣལ་འབྱོར་བླ་ན་མེད་པའི་རྒྱུད་ཀྱི་དེ་ཉིད་རྣམ་པར་བཞག་པའོ། འདི་རྣམས་ཀྱི་དཀྱིལ་འཁོར་གྱི་དབང་གི་ཆོ་ག་དང་། དེའི་རྣམ་པར་ངེས་པ་དང་། མངོན་པར་རྟོགས་པ་དང་། དེའི་རྣམ་པར་ངེས་པ་དང་། སོ་སོའི་རྒྱུད་བཤད་པ་དང་། ཕྱིའི་ལས་ཚོགས་དང་། ནང་གི་གོམ་རིམ་གྱི་མན་ངག་རྣམ་པར་བཞག་པ་རྣམས་ཀྱིས་འཆད་དེ།

བསྟན་བཅོས་འདི་ལ་ཕྱི་ནང་གི་སྒོ་བཞི། ཕྱི་ནང་གི་གནས་ལུགས་བཤད་སྒྲུབ་རིན་པོ་ཆེའི་སྙིང་གི་ཡན་ལག་དང་། ཉེ་བའི་ཡན་ལག་བརྒྱ་ཕྱེ་བ་སུམ་བརྒྱ་དྲུག་ཅུ། ཡོན་ཏན་གྱི་སྒོ་ནས་ལྷག་པར་འཕེལ་བའི་བདག་ཉིད་ཅན་ནང་གི་རླུང་ཉིས་ཁྲི་ཆིག་སྟོང་དྲུག་བརྒྱ། རྣམ་པར་དག་པའི་བདག་ཉིད་ཀྱི་ལེའུ་ཉིས་ཁྲི་ཆིག་སྟོང་དྲུག་བརྒྱ་པ། ནང་གི་གནས་རྩ་སྦུབས་སྟོང་ཕྲག་བདུན་ཅུ་རྩ་གཉིས་རྣམ་པར་དག་པའི་བདག་ཉིད་ཀྱི་མན་ངག་གི་ངེས་པ་བདུན་ཁྲི་ཉིས་སྟོང་པ། ཆོས་ཀྱི་ཕུང་པོ་ཐམས་ཅད་འདུས་པའི་བདག་ཉིད་ཀྱི་ཆོས་ཚོམས་བརྒྱད་ཁྲི་བཞི་སྟོང་པ་སྟེ། གླེགས་བམ་རེ་རེ་ལ་དེབ་ལྔ་མར་བྱས་པའི་འདུས་པ་རྒྱས་པ་ལ་གླེགས་བམ་བརྒྱ་དང་བཅུ། འདུས་པ་འབྲིང་པོ་ལ་གླེགས་བམ་ཉི་ཤུ། འདུས་པ་བསྡུས་པ་ལ་གླེགས་བམ་གཉིས། ཤིན་ཏུ་བསྡུས་པའི་སྙིང་པོ་ལ་གླེགས་བམ་ཆུང་ངུ་གཅིག་སྟེ། འདི་དག་ནི་གཞན་གྱིས་རྫོམ་པར་ལྷ་ཅི་སྨོས། ཚར་གཅིག་ཀློག་པར་བྱེད་པ་ལ་ཡང་

དཀའ་བ་བརྒྱ་ཕྲག་འཛིན་པར་བྱེད་དོ། ”①ཞེས་དང་། “ དེ་ལྟར་ལྷའི་དྲིན་གྱིས་རྫོགས་པའི་ཐོག་མ་ལ་འཇུག་པ་ཉིད་ནས་ཡོངས་སུ་རྫོགས་པའི་བར་དུ་ནག་པོའི་རྩ་ལག་གིས་བར་ཆད་ཀྱི་རྣམ་པ་ཇི་སྙེད་པ་བཅམ་པར་གྱུར་ཀྱང་། ཀུན་ཏུ་བཟླ་བར་མ་ནུས་ནས་ཕྱོགས་ཐམས་ཅད་ལས་རྣམ་པར་རྒྱལ་བའི་སྤྱོད་པས་བླ་ན་མེད་པའི་མཛད་པ་ཆེན་པོ་གྲུབ་པ་ན། ལྷག་པའི་ལྷ་ཚོགས་རྣམས་ལ་གཏང་རག་གི་མཆོད་པ་ཆེན་པོའི་སླད་དུ་རྒྱུད་སྡེ་རིན་པོ་ཆེ་འགྱུར་རོ་འཚལ་གྱི་ལྷ་ཚོགས་རྒྱ་མཚོ་ཇི་སྙེད་པའི་བསྐོད་ཆེན་འདོད་པ་འཛོ་བ་ཞེས་བྱ་བའི་བསྟན་བཅོས་ཆེན་པོ་མཛད་དེ་རྒྱུད་སྡེ་རིན་པོ་ཆེ་ལས་ཇི་སྐད་གསུངས་པའི་ལྷའི་གྲངས། མཚན། ཞལ་ཕྱག་སོགས་ཐམས་ཅད་གསལ་བར་སྐྱེ་བོ་ཐམས་ཅད་ཀྱིས་ངེས་པར་འགྱུར་བའི་གནས་མཆོག་ཏུ་ཡ་མཚན་པ་ཆེན་པོ་ཡང་ཡུང་མི་རིང་བ་ཉིད་དུ་གྲུབ་པར་མཛད་དེ། ཚུལ་འདི་ཙམ་གྱིས་ཀྱང་རྒྱལ་བའི་བསྟན་པ་རིན་པོ་ཆེ་གསལ་བར་མཛད་པ་ཡིན་ནོ། ”②ཞེས་དང་།

“ འདུས་པ་རྒྱ་ཆེར་ཐོས་བསམ་བྱས་པ་སྟེ། །
མཆོག་གི་གནས་ལ་བགྲོད་པའི་གསང་བའི་ལམ། །
མཁའ་འགྲོའི་གསང་མཛོད་སྦས་དོན་གསལ་བ་ནི། །
རྒྱུད་སྡེ་རྣམས་ཀྱི་ནང་ནས་སྙིང་པོར་ཕྱུང་། །

ཞེས་བྱ་བ་ནི། དཔལ་དེ་ཁོ་ན་ཉིད་འདུས་པར་སྦས་དོན་ན་བཞུགས་པའི་དོན་དེ་དག་ཤིན་ཏུ་བཞུགས་མོད། དེ་ལྟར་ནའང་འདུས་པ་རྒྱ་མཆོར་

① (རྣམ་ཐར་ངོ་མཚར་དཀའ་སྟོན་བྲིས་མ་ཤོག་གྲངས126ན)
② (རྣམ་ཐར་ངོ་མཚར་དཀའ་སྟོན་བྲིས་མ་ཤོག་གྲངས128བ)

ཐོས་བསམ་གྱི་སྒྲོ་འདོགས་གཅོད་པའི་སྐལ་བ་དང་ལྡན་པ་དེ་ནི་གཅིག་པུ་ནགས་ཀྱི་ནང་དུ་གླེགས་བམ་ཚུང་ངུ་ཞིག་གིས་ཚོམ་པར་བྱས་ཏེ་མཉམ་པར་དགོངས་ནས། རྒྱུད་སྡེ་རྒྱ་མཚོའི་བཅུད་ཀྱི་ཐིགས་པ་སྦྱས་དོན་གསལ་ཞེས་བྱ་བ་གང་གི་མིང་ཙམ་གིས་ཀྱང་མཆོག་ལ་གཞོལ་བའི་སྐལ་བ་དང་ལྡན་པ་རྣམས་ཀྱི་ལུས་ཀྱི་བ་སྤུ་གཡོ་བར་ནུས་པའི་གསུང་གི་སྙིང་པོ་ཡང་མཛད་པ་ཡིན་ནོ།”①ཞེས་གསུངས་པ་ལྟར་རོ།

བདག་ཉིད་ཆེན་པོ་འདིས་ཆོས་འཆད་པའི་ཚེ་ན་ཡང་། སློབ་བློ་དང་འཚམས་པ། སློབ་མ་དབང་པོ་ཞི་ཞིང་ཤེས་རབ་ཆེ་བ་རྣམས་ལ་ཚིག་བསྡེང་ཞིང་འགྲེལ་ལེགས་ལ་དོན་ཟབ་ཅིང་རྒྱ་ཆེ་བ་དང་། དབང་པོ་བརྟུལ་ཞིང་བློ་ཆུང་བ་རྣམས་ལ་ཚིག་བཟུང་སླ་ཞིང་གོ་བདེ་བ་དང་། དོན་རྟོགས་སླ་ཞིང་རྣ་བར་སྙན་པ། རྒྱས་པར་རྟོགས་འདོད་པ་རྣམས་ལ་དགའ་བའི་གནས་གཅིག་ལ་ཡང་བཤད་པའི་ཚུལ་མཐའ་གླས་པར་མཛད་པས། ཉིན་ཞག་མང་པོའི་བར་དུ་གསུངས་ཀྱང་ལེགས་པར་བཤད་པའི་མི་ཟད་པའི་གཏེར་དུ་གྱུར་ནས། སྟོན་མངའ་རིས་གུང་ཐང་དུ་དཔལ་གསང་བ་འདུས་པའི་རྒྱུད་གསུང་བ་ཞིག་གི་ཚེ་ན། བཤད་རྒྱུད་རྡོ་རྗེ་ཕྲེང་བའི་བཤད་སྲོལ་གྱི་སྒོ་ནས་ཨོཾ་ཨཱཿཧཱུྃ་གསུམ་པོ་ཁོ་ནའི་བཤད་པ་ལ་ཟླ་བ་ཕྱེད་ཙམ་གྱི་ཡུན་སོང་བར་སྣང་ཞིང་། བསྡུས་ཏེ་འདོད་པ་དག་ལ་ནི་ཡུན་ཐུང་ཟད་ཙམ་རེའི་བར་གྱི་ཆོས་ཐུན་གཅིག་གིས་ཀྱང་བརྗོད་བྱའི་གནས་དེའི་ལུང་ཡོངས་སུ་རྫོགས་པར་གོ་ནས་ཐེ་ཚོམ་གྱི་དྲ་བ་ཆོད་པར་མཛད་པ་ཡིན་ཏེ། སྣ་དཀར་རྩེའི་རྒྱལ་སའི་གཞི་ག་ལ་བ་དེར་

① (རྣམ་ཐར་ངོ་མཚར་དགའ་སྟོན་ཁྲིས་མ་ཤོག་གྲངས་128བ)

ཆོས་ཀྱི་བདུད་རྩི་སྩོལ་བ་ན། ཉི་འོག་དབུས་ཀྱི་རྒྱལ་ཁམས་ཀྱི་མཁས་པ་ཐམས་ཅད་ཀྱི་གཙུག་གི་ནོར་བུ་ཡོངས་སུ་རྫོགས་པའི་པཎྜི་ཏ་ཆེན་པོ་བསོད་ནམས་རྣམ་པར་རྒྱལ་བ་(བྱམས་གླིང་པ་)བདག་ཉིད་ཆེན་པོའི་གསུང་གི་བགོ་སྐལ་བཞེས་པ་ལ་ཕེབས་ཏེ། དཔལ་དེ་ཁོ་ན་ཉིད་འདུས་པའི་ལམ་གྱི་རིམ་པ་ལས་བརྩམས་པའི་གསུང་ཆོས་ཟབ་ཅིང་རྒྱ་ཆེ་བ་དུ་མ་གསན། རྒྱལ་བའི་གསུང་རབ་ཕྱོགས་མཐའ་དག་གི་འབེལ་བའི་བཀའ་མཆིད་རྒྱ་ཆེར་སྤེལ་ཏེ་བསྟན་པ་རིན་པོ་ཆེ་ལ་བྱི་དོར་རྒྱ་ཆེར་མཛད་ཅིང་། དེ་དག་གི་སྐབས་སུ་ཇ་དཀར་པོ་སྦྱར་གཅིག་གི་རིང་ལ་དཔལ་གསང་བ་འདུས་པ་མི་བསྐྱོད་རྡོ་རྗེའི་མངོན་པར་རྟོགས་པ་དཔལ་མངོན་དགའི་ཆོས་གྲྭར། དེའི་སྟོན་ཙམ་དུ་བཤད་པ་མཛད་པ་ལ་ཞག་བཅུ་ཙམ་འགོར་བ་དེ་ཡོངས་སུ་རྫོགས་པར་ཚང་བ་བདེ་བླག་གསུང་ཤིང་། མཁས་པ་ཆེན་པོ་དེའི་ཐུགས་ལ་སྨིན་པར་མཛད་དེ། བྱམས་པ་གླིང་པ་ཆེན་པོའི་ཞལ་ནས། བདག་ལ་དེ་རིང་གི་བཤད་པ་དེ་ཤིན་ཏུ་ཡིད་འཕྲོག་པ་བྱུང་། ཇ་སྦྱར་གཅིག་གི་ཡུན་གྱི་ནོམ་པ་ཤིན་ཏུ་ཆེ་བ་ཡིན།”①
གསུང་བ་དང་། ཐོག་མར་ཟིན་བྲིས་ཀྱང་མཛད་པ་ལ་དཔལ་དེ་ཉིད་འདུས་པའི་ནང་ཡོད་པ་མཁྱེན་པས་ད་ཟིན་བྲིས་ཀྱི་དགོས་པ་མི་འདུག་གསུང་ནས་མ་མཛད།

དབུས་གཙང་དུ་ཕེབས་པའི་དུས་སུ་དད་ཅན་རྣམས་ཀྱི་ཕུལ་བའི་དངོས་པོ་ཚད་མི་ཟ་བ་དང་། ལྷག་པར་སྟོན་པ་བཅོམ་ལྡན་འདས་ཀྱི་བཀའ་དྲིན་གསབ་པའི་སླད་དུ་སྐུ་རྟེན་དུ་གསང་འདུས་འཇམ་དཔལ་རྡོ་རྗེ་ཡབ་ཡུམ་

① (རྣམ་ཐར་ངོ་མཚར་དཀའ་སྟོན་བྲིས་མ་ཤོག་གྲངས133བ)

ཞལ་ཕྱག་ཡོངས་སུ་རྫོགས་པ་མི་ཚད་ཙམ་པྲ་ཀྱུན་གྱིས་བཀོད་པས་ཕུན་སུམ་ཚོགས་པ་དང་། གསུང་རྟེན་དུ་མདོ་རྒྱུད་ཐམས་ཅད་ཀྱི་དཔལ་ཡོངས་སུ་འདུས་པ་ཡོངས་སུ་རྫོགས་པར་གྲུབ་པ། ཐུགས་རྟེན་དུ་ཚེ་རློས་བཏང་གི་སྒྲུབ་པ་པོ་ཟེ་སྙེད་བྱུང་བའི་མཐུན་རྐྱེན་ན་མར་སྦྱར་བ་དང་། དཔལ་དུས་ཀྱི་འཁོར་ལོ་ལས་གསུངས་པའི་ཡེ་ཤེས་མཆོད་རྟེན་ཆེན་པོ་ཐོག་ཚད་ཕྱེད་དང་ལྔ་ཙམ་པའི་ཁྲི་དང་། བུམ་རིལ། ཐོག་ཚད་སོ་སོ་དང་བཅས་པར་རྒྱུད་སྡེ་བཞིའི་ལྷ་རྒྱུད་དང་། ཀྱཻ་རྡོར། དུས་འཁོར། བདེ་མཆོག་སོགས་རྒྱུད་སྡེའི་ལྷ་ཚོགས། མདོ་སྡེ་ལས་བཤད་པའི་དེ་བཞིན་གཤེགས་པའི་སྐུ་གཟུགས་སོགས་མདོར་ན་དཔལ་ཀྱི་རྡོ་རྗེ་ནས་གཞི་བདག་སྲུང་མའི་བར་གྱི་སྐུ་རྣམས་ཀུན་ཏུ་རྣམ་པར་བཀྲ་བའི་མཚོན་བཟང་ཞིང་གསེར་གྱིས་བརྒྱན་པ། མགུར་ཆུ་རྣམས་དང་། གདུགས་དང་། རྡོ་རྗེ་རིན་པོ་ཆེའི་ཏོག་དང་བཅས་པ་གསེར་ཟངས་ཅན་དང་། དཔལ་དེ་ཉིད་འདུས་པར་གསུངས་པའི་དཀྱིལ་འཁོར་ཐམས་ཅད་རི་མོར་འབྲི་བར་དགོངས་ནས་སྐུ་འཚོ་བཞུགས་སྐབས་རིམ་བཞིན་བཞེངས་པའི་ཐང་སྐུ་ལྔ་བརྒྱ་ཙམ་དང་རྒྱུད་སོ་སོའི་དཀྱིལ་འཁོར་གྱི་རློས་བསྣང་བ་དུ་མ་དང་། དེ་དག་གི་ནང་དུ་ཇི་ལྟར་འདོད་པའི་སྒྲུབ་མཆོད་ཕྱེད་དུས་སྤྱན་དྲངས་ཚོག་པའི་དེ་ཉིད་འདུས་པའི་དཀྱིལ་འཁོར་གྱི་ལྷ་ཐམས་ཅད་སྐུ་པར་དུ་བཏབ་ནས་རྣམ་པར་བཀྲ་བའི་མཚོན་གྱིས་བརྒྱན་ཏེ་ཡོངས་སུ་རྫོགས་པར་གྲུབ་པའི་དེ་བཞིན་གཤེགས་པའི་སྐུ་འབུར་དུ་དོད་པ་ཤིན་ཏུ་མང་བ་བློའི་ཡུལ་ལས་འདས་པ་ལེགས་པར་བཞེངས་ཤིང་། བདག་

ཉིད་ཆེན་པོས་ཕྱག་གནས་མཛད་པ①བཅས་སྐུ་གསུང་ཐུགས་རྟེན་གསར་བཞེངས་ཀྱི་མཛད་པ་ཡང་ཤིན་ཏུ་རྒྱ་ཆེ་བ་མཛད་པ་ཉིད་དོ།

(10) དགེ་བའི་བཤེས་གཉེན་གྱི་མཚན་ཉིད་ཡོངས་སུ་ཚང་བའི་སྐོར།

ཀུན་ཏུ་དུལ་བའི་ཚུལ་ཁྲིམས་ཕུང་པོའི་སྐུ། །

ཟབ་རྒྱས་སྨྲ་ལ་རྟག་པར་དགེས་པའི་གསུང་། །

ཞི་བ་མཆོག་ལ་མཉམ་པར་གཞག་པའི་ཐུགས། །

འདི་ནི་ཐར་འདོད་རྣམས་ཀྱི་རྟེན་གྱི་མགོན། །

ཞེས་གསུངས་པ་ནི་གོང་དུ་ཞུས་པའི་རྣམ་པར་ཐར་པ་ནས་ཀྱང་མཚོན་པར་ནུས་སོ།

(11) རྡོ་རྗེ་འཛིན་པ་ཆེན་པོའི་གོ་འཕང་བརྙེས་པའི་སྐོར།

“དཔལ་ལྡན་རིག་པ་འཛིན་པའི་སློབ་དཔོན་གྱི། །

སྐྱོན་རྣམས་མ་ལུས་ཡོངས་སུ་སྤངས་གྱུར་ཞིང་། །

ཡོན་ཏན་ཐམས་ཅད་ཀུན་ཏུ་ཉིད་ལ་རྫོགས། །

མཆོག་ཏུ་གྲུབ་པའི་ངོ་མཚར་སྤྱོད་པར་ལྡན། །” ཞེས་གསུངས་པ་ལྟར་མཆོག་ཏུ་གྲུབ་པའི་ངོ་མཚར་གྱི་སྤྱོད་པ་ལྷུར་བཞེས་པའི་རྣམ་པར་ཐར་པ་བསམ་གྱིས་མི་ཁྱབ་པ་མངའ་བ་ཐུན་མོང་གི་སྤྱོད་ཡུལ་མིན་པར་རེ་ཞིག་བཏང་སྙོམས་སུ་བཞག་པ་ཞིབ་པར་མཁྱེན་འདོད་ན་རྣམ་ཐར་ངོ་མཚར་དགའ་སྟོན་ལ་གཟིགས་པར་འཚལ།

① (རྣམ་ཐར་ངོ་མཚར་དགའ་སྟོན་ཁྲིམས་མ་ཤོག་གྲངས་141ན)

(12) ༄། རྒྱ་ངན་ལས་འདའ་བའི་མཛད་པ།

རྒྱ་ངན་ལས་མ་འདའ་བའི་ལོ་བཞིའི་གོང་སྔག་ལུང་ཐང་པ་དག་དབང་གྲགས་པ་དང་། བདག་ཉིད་ཆེན་པོ་འཇམ་དཔལ་གྲགས། རྗེ་ཏུ་ཆེན་པོ་ཀུན་དགའ་རྒྱལ་མཚན་ལ་སོགས་པའི་དབུས་ཀྱི་ཞལ་སློབ་རྣམས་ཀྱིས་དབུས་ཕྱོགས་འདུས་པ་རིན་པོ་ཆེའི་ཆོས་སྐོར་བསྐོར་བར་སྤྱན་འདྲེན་པའི་རྩོལ་བ་ཡང་ནས་ཡང་དུ་ལྷུར་ལེན་པར་མཛད་པར། “ད་ནི་ལང་ཚོའི་དཔལ་ཐམས་ཅད་ཞུབ། ནད་དྲག་པོས་གཟིར། ལོའི་རྩེ་མོར་སོན། ནམ་འཆི་ཁམ་འདི་ལྟ་བུ་ལ་དབུས་ཕྱོགས་ཕྱིན་ཀྱང་དགོས་པ་ཆེར་མེད།”①ཅེས་གསུངས་ཏེ་ཞལ་གྱིས་མ་བཞེས་པར་སྐུ་གསུང་ཐུགས་རྟེན་བཞེངས་མ་གྲུབ་པ་རྣམས་བཞེངས་པ་དང་། གསུང་རྩོམ་མ་གྲུབ་པ་རྣམས་རྩོལ་བ་ཆེན་པོས་མཛད་པ་དང་། གདུལ་བྱ་དེ་དང་དེ་དག་གི་མོས་བློ་དང་འཚམས་པའི་ཆོས་ཆར་ཅི་དགར་འབེབས་པའི་མུར་དགུང་ལོ་བདུན་ཅུ་དོན་དྲུག་པ་སྤྱི་ལོ1451ལྕགས་ལུག་ཟླ་བ་གསུམ་པའི་ཚེས“ཉི་ཤུ་དགུའི་ཐོ་རངས་སྟར་ཚོར་མ་སྨྱོང་བའི་བྱའི་སྐད་སྙན་པ་སྒྲོགས་པ་གྱུར་པ་ན། ཐམས་ཅད་མཁྱེན་པའི་གསུང་གིས། དགེ་བཤེས་འོད་བཟང་ལ། འོད་བཟང་ཁྱོད་ཀྱི་བྱའི་སྐད་དེ་ཨེ་ཚོར་གསུང་། ཐོས་ལ་ཞུས་པས། དམྱུར་དུ་འགྲོ། འོད་བཟང་དབང་མེད་མིག་ནས་མཆི་མ་བླགས་ཏེ། དེ་སྤྱན་གྱིས་གཟིགས་ནས་འདི་ནི་ངུ་བར་བྱ་བའི་གནས་མ་ཡིན་གྱི། སྒྲོ་བ་དམ་པས་མཛད་པ་ཐམས་ཅད་ཀྱི་རྩེ་མོར་

① (རྣམ་ཐར་ངོ་མཚར་དགའ་སྟོན་ཁྲིམས་མ་ཤོག་གྲངས201ན)

སོན་པ་ཡིན་ནོ་གསུངས།”①པ་དེ་ནས་གསུང་གི་ཐ་མ་ནི། “གནམ་གང་གི་ཉིན་ཐམས་ཅད་མཁྱེན་པའི་གསུང་གིས། བླ་མ་གཞན་དག་འོད་གསལ་ཞེས་འདོད་པ་དེ་ནི་ཞི་གནས་ལ་གཏན་པ་རུང་ཟད་ཐོབ་པའི་གང་ཟག་གིས། ཀླུང་སེམས་དབུ་མར་བསྡུས་ནས་བདེ་སྣང་རུང་ཟད་ཅིག་ལ་སེམས་ཆགས་པ་བྲག་ཕུག་འོད་གསལ་ཟེར་བས། འོད་གསལ་རྒྱལ་མར་མི་འདོད། ཕོ་བོ་འགྲོ་དུས་ནི་སྐད་ཅིག་གཅིག་ལ་ལམ་རིམ་སྟོན་དུ་བྱེད་པ་ཡིན་གསུང་། དེ་ནས་ངའི་ནུས་པ་ལྡོག་ཕྱུར་འཇོག་པ་ནི་མི་རིགས། ཕོ་བོ་དེ་རིང་ཐེགས་པའི་ནང་པར་སྤྲ་དྲོ་ནུས་པ་ལ་མེ་ཆུག་ཅིག མེར་སྦྱངས་པའི་དུད་པ་ཙམ་གྱིས་ཀྱང་སེམས་ཅན་ཚད་མེད་པ་ལ་ཕན་པ་ཡིན་གསུང་སྐེ། ནམ་དུ་ཡང་སེམས་ཅན་གྱི་དོན་ལས་མ་གཡོས་བཞིན་དུ་གསུང་གི་ཐ་མ་དེ་གནང་”②རྗེ་སྐུ་མྱ་ངན་ལས་འདའ་བའི་ཚུལ་བསྟན་ཏོ།

གང་གི་གསུང་ལས་སྐྱེས་པའི་སློབ་མའི་ཚོགས་ཤིན་ཏུ་མང་བ་དེ་དག་རེ་རེས་ཀྱང་བོད་ཀྱི་རིག་གནས་གོང་དུ་སྤེལ་བའི་བྱ་བར་མཛད་རྗེས་ភླབས་པོ་ཆེ་བཞག་ཡོད་པ་རེ་རེ་བཞིན་བྲི་བར་མི་ལངས་བས་ཐོག་མར་སློབ་མའི་ཚོགས་ཀྱི་སྟོམ་ཚིག་དང་། མཚན་ལ་ཇི་ལྟར་ཞུ་བ་ཙམ་འབྲི་བར་བྱ་བ་ལ།

“བཟོ་རིག་ནས་བཟུང་ཡོངས་སུ་རྫོགས་པའི་བར། །

དེ་དང་དེ་ཡི་བཀའ་བབས་ཉི་ཤུ་གསུམ། །

འཇམ་དཔལ་རྡོ་རྗེ་མི་ཡི་བཟློས་གར་མཁན། །

① (རྣམ་ཐར་ངོ་མཚར་དགའ་སྟོན་ཕྲིན་མ་ཤོག་གྲངས་115ན)

② (རྣམ་ཐར་ངོ་མཚར་དགའ་སྟོན་ཕྲིན་མ་ཤོག་གྲངས་215ན)

རྣམ་དག་འཁོར་གྱི་གདུང་རྒྱུད་རྣམ་པ་གསུམ། །
རིགས་སྔགས་འཆང་གི་ཁྱུ་མཆོག་ཆེན་པོ་གཅིག །
ཉི་མ་ཟླ་བ་ལྟར་གྲགས་མཁས་གྲུབ་གཉིས། །
འཇིག་རྟེན་གསུམ་གྱི་མིག་གཅིག་ལོ་ཆེན་གསུམ། །
ཕྱོགས་ལས་རྣམ་པར་རྒྱལ་བའི་བཤེས་གཉེན་དྲུག །
མདོ་སྔགས་ཡོངས་རྫོགས་མཁས་པ་བཅུ་གསུམ་དང་། །
པཎ་ཆེན་ཤཱཀྱ་ཤྲཱིའི་གདན་ས་གཉིས། །
འདུས་པ་རྒྱ་མཚོའི་གཙུག་རྒྱན་བཅུ་དྲུག་དང་། །
མཚན་ཉིད་རབ་འབྱམས་སྨྲ་བའི་བཤེས་གཉེན་བཞི། །
སྔགས་གཞུང་རབ་འབྱམས་སྨྲ་བའི་མཁས་པ་གཉིས། །
སྒྲུབ་པའི་རྒྱལ་མཚན་འཛིན་པའི་རྣལ་འབྱོར་བཞི། །
དྲག་པོའི་བརྟུལ་ཞུགས་རྫོགས་པའི་སྔགས་འཆང་གཉིས། །
བཀའ་བཅུ་ལེགས་པར་སྨྲ་བ་སྟོང་ཕྲག་གཅིག །
བཀའ་བཞི་ཀུན་ཏུ་སྨྲ་བ་སྟོང་ཕྲག་ཟུང་། །
ཕར་ཚད་ཤེས་པའི་སློབ་མ་ཁྲི་ཕྲག་བརྒྱལ། །
ཚེ་འདི་བློས་བཏང་སྒྲུབ་ཆེན་ལྔ་བཅུར་ལྡན། །
ལྷག་པར་རྒྱལ་བ་ཐམས་ཅད་བསྐྱེད་པའི་ཡུམ། །
རྡོ་རྗེ་ཕག་མོ་གསང་བའི་མཛོད་འཛིན་མ། །
ས་ལ་དགེ་སློང་མ་ཡིས་རབ་གྲགས་པ། །

སྤྲུལ་པའི་གར་གྱི་གསང་བ་འཛིན་པར་མཛད།།”①ཅེས་གསུངས་པ་ལྟར་གྱི་སློབ་མའི་མཚན་ནི།

བཀའ་བབས་ཉི་ཤུ་གསུམ་ནི། རི་མོ་ཁྱད་པར་གྱི་བཀའ་བབས་ཕིར་ཐོག་རྒྱལ་པོ་བསམ་གཏན་རྒྱལ་མཚན། གསོ་བ་རིག་པའི་བཀའ་བབས་བྱང་བདག་རྣམ་རྒྱལ་གྲགས་པ་བཟང་པོ། སྙན་དངགས་ཀྱི་བཀའ་བབས་ངམ་རིང་བཀའ་བཅུ་པ་དཔལ་ལྡན་བཟང་པོ། ཐ་སྙད་གཙུག་ལག་རྒྱ་མཚོའི་བཀའ་བབས་ཨེའི་བཀའ་བཅུ་པ་ཆེན་པོ་ནམ་མཁའ་དཔལ་བཟང་། ཚད་མའི་རིག་གནས་ཀྱི་བཀའ་བབས་སྟག་ལུང་ཀ་བ་བཞི་པ་བླ་ཆེན་མཉྫུ་ཤྲཱི། འདུལ་བ་མདོ་རྩའི་བཀའ་བབས་གུང་ཐང་པ་དཔལ་ལྡན་སེང་གེ། མངོན་པ་ཀུན་བཏུས་ཀྱི་བཀའ་བབས་གསང་ཕུ་བ་བཟོད་པ་བློ་གྲོས་རྒྱ་མཚོ། ཕར་ཕྱིན་གྱི་བཀའ་བབས་གུང་ཐང་པ་རྒྱལ་མཚན་དཀོན་མཆོག་མི་ཕམ་གཞུང་ལྡེའི་བཀའ་བབས་ས་སྐྱ་བཀའ་བཅུ་པ་མཆོག་གི་བློ་གྲོས། དབུ་མའི་བཀའ་བབས་ཀ་བཞི་པ་ཤེས་རབ་མགོན་པོ། བྱང་ཆུབ་སེམས་པའི་སྤྱོད་པ་ལ་འཇུག་པའི་བཀའ་བབས་ས་སྐྱ་པ་བྱང་ཆུབ་སེམས་དཔའ་ཆེན་པོ་གཞོན་ནུ་རྒྱལ་མཆོག འཆད་པས་ཐུབ་པའི་བསྟན་པ་འཛིན་པའི་བཀའ་བབས་དམར་ཁམས་པ་གྲགས་པ་བཟང་པོ། རྩོད་པའི་བཀའ་བབས་ཞལ་དཀར་ཐུགས་རྗེ་དཔལ། རྩོམ་པའི་བཀའ་བབས་རྩེད་ཐང་པ་པཎ་ཆེན་བསོད་ནམས་རྣམ་པར་རྒྱལ་བ། མཆོག་ཏུ་བཙུན་པའི་བཀའ་བབས་ཁབ་གུང་ཐང་པ་མ་ཏི་བི་ཛ་ཡ། འགྱུར་པའི་ཕུང་པོར་སྲེད་པ་ཅུང་ཟད་ཙམ་ཡང་མི་མཛད་པའི་

① (རྣམ་ཐར་ངོ་མཚར་དགའ་སྟོན་ཁྲིམས་མ་ཤོག་གྲངས་144ན)

དཀའ་བབས་རྒྱལ་ཁམས་ཀྱི་སྐྱོང་བ་པ་ཆེན་པོ་ཡོན་ཏན་སེང་གེ། མོས་གུས་ཀྱི་བཀའ་བབས་སྐུ་ཞབས་འཇམ་དབྱངས་ཆོས་རྗེ། བཤད་རྒྱུད་རྡོ་རྗེ་ཕྲེང་བའི་བཀའ་བབས་རྗེད་ཐང་པ་ཐེལ་གྱི་མཁན་ཆེན་ཀུན་དགའ་རྒྱལ་མཚན། སྣེག་པའི་རྡོ་རྗེའི་གར་གྱི་བཀའ་བབས་པོ་དོང་པ་དར་མ་སེང་གེ། སྔེ་སྟོད་གསུམ་གྱི་བཀའ་བབས་ཞེལ་དཀར་བ་སྔེ་སྟོད་གསུམ་པ་དཔལ་ལྡན་སངས་རྒྱས། རྒྱུད་སྡེ་བཞིའི་བཀའ་བབས་སྟག་ལུང་ཐང་པ་ཆེན་པོ་ཀ་དྲུག་པ་ངག་དབང་གྲགས་པ། རྫོགས་པའི་བཀའ་བབས་ཉིད་ཀྱི་དཔོན་པོ་སླང་འཁོར་རིན་པོ་ཆེ་ངག་དབང་རྒྱལ་མཚན། དེ་ཉིད་འདུས་པའི་བཀའ་བབས་ཞེལ་དཀར་བ་བདག་ཉིད་ཆེན་པོ་གྲགས་པ་རྣམས་སོ།

འཁོན་གྱི་གདུང་རྒྱུད་གསུམ་ནི། བདག་ཆེན་གྲགས་པ་བློ་གྲོས། དེའི་སྲས་སློབ་དཔོན་ཆེན་པོ་གྲགས་པ་རྡོ་རྗེ། ཐེག་ཆེན་ཆོས་རྗེའི་དཔོན་པོ་བཀྲ་ཤིས་རྒྱལ་མཚན་དཔལ་བཟང་པོའོ།

རིགས་སྔགས་འཆང་བ་གཅིག་པུ་ནི། རྡོ་རྗེ་འཛིན་པ་ཆེན་པོ་ཀུན་དགའ་རྒྱལ་མཚན།

ཉི་ཟླ་ལྟར་གྲགས་པའི་མཁས་པ་གཉིས་ནི། མཁས་གྲུབ་དགེ་ལེགས་དཔལ་བཟང་པོ། དབང་ཕྱོའི་སྐུ་སྐྱེ་བློ་གྲོས་བརྟན་པའོ།

འཇིག་རྟེན་མིག་གསུམ་ནི། ཨེའི་ལོ་ཙཱ་བ་ཆེན་པོ་བསོད་ནམས་བཟང་པོ། ལོ་ཙཱ་བ་ཆེན་པོ་རྡོ་རྗེ་རྒྱལ་མཚན། ལོ་ཙཱ་བ་ཆེན་པོ་ཐུགས་རྗེ་དཔལ་ལོ།

ཕྱོགས་ལས་རྣམ་པར་རྒྱལ་བའི་མཁས་པ་དྲུག་ནི། པོ་དོང་སྟག་སྡེའི་ཆེན་པོ་དོལ་པ་རྒྱལ་མཚན། སྤྱི་པོ་ལྷས་ཀྱི་མཁན་པོ་བཤེས་གཉེན་ཉི་མ།

སྟེད་ཐང་པ་ཆོས་ཀྱི་གྲགས་པ། གསང་ཕུ་བཀའ་བཅུ་པདྨ་བཟང་པོ། བསྟན་པའི་ཉི་མ་སྣར་ཐང་པ་དགེ་འདུན་གྲུབ། ཆོས་འཁོར་སྣང་པའི་མཁན་ཆེན་བཀའ་བཅུ་པ་ཤེས་རབ་རིན་ཆེན་ནོ།

མདོ་སྔགས་ཡོངས་སུ་རྫོགས་པ་བཅུ་གསུམ་ནི། བོ་དོང་ཧ་རའི་ཆེན་པོ་རིན་པོ་ཆེ་ཆོས་བཟང་པ། དོལ་པ་རྒྱལ་བཟང་། བོ་དོང་གྲང་མོ་ཆེའི་ཆེན་པོ་རྒྱལ་གྲགས་པ། གྲང་མོ་ཆེའི་ཆེན་པོ་ཤེས་རབ་གྲགས། སྟག་སྡེ་པ་ཤེས་རབ་དཔལ། སྒྲོ་མོན་ཅན་གྱི་བླ་མ་ཀུན་དགའ་དཔལ། བོ་དོང་ཧ་ར་བའི་ཆེན་པོ་འཇམ་དཀར། བོ་དོང་གྲང་མོ་ཆེའི་ཆེན་པོ་སེང་གེ་རྒྱལ་མཚན། སློབ་དཔོན་ཆོས་ཀྱི་ཉི་མ། གསང་ཕུ་བ་ཆོས་རྗེ་རོང་ཆུང་ཤེས་རབ་དཔལ། བཀའ་བཅུ་པ་རཏྣ་ཤྲཱི། རྗེ་ཉིད་ཀྱི་དཔོན་པོ་ཤེལ་དཀར་མཁན་ཆེན་རྗེ་བཙུན་པ། ངམ་རིང་རབ་འབྱམས་པ་སངས་རྒྱས་སེང་གེ་རྣམས་སོ།

ཤཱཀྱ་ཤྲཱིའི་གདན་ས་པ་གཉིས་ནི། ཚོགས་ཆེན་པོའི་མཁན་ཆེན་དོན་གྲུབ་དཔལ་འབྱོར། དགེ་འདུན་སྣང་པའི་མཁན་ཆེན་མཁས་པ་ཆེན་པོ་སེང་གེ་དཔལ་ལོ།

གཙུག་རྒྱན་བཅུ་དྲུག་ནི། སྣང་འཁོར་ཆོས་རྗེ་ཀུན་དགའ་རྒྱལ་མཚན། འབུམ་ཕྲག་གསུམ་པའི་གདན་ས་མཁན་ཆེན་ནམ་མཁའ་རིན་ཆེན། དེའི་མཁན་པོ་ཉིད་ཀྱི་དཔོན་པོ་མཁན་ཆེན་འཇིགས་མེད་གྲགས་པ། ཡང་དེའི་མཁན་པོ་ཉིད་ཀྱི་དཔོན་པོ་མཁན་ཆེན་བཤེས་གཉེན་བློ་གྲོས་རྒྱལ་མཚན། ངམ་རིང་པ་མཁན་ཆེན་བསོད་རྣམས་སྐྱབས། ཡང་དེའི་མཁན་པོ་དཀོན་ཁང་པ་ཉི་མ། མངོན་དགའི་ཆོས་དཔོན་འཇམ་དབྱངས་ཀུན་དགའ་ལེགས་པ་དང་། དེའི་མཁན་ཆེན་རྒྱལ་མཚན་བློ་གྲོས། དཔལ་འཁོར་ཆོས་སྡེའི་

མཁན་པོ་དཀོན་མཆོག་བཟང་པོ། བྱམས་ཆེན་མཁན་པོའི་སྐུ་སྐྱེ། འཛོམས་ཀྱི་མཁན་པོ་བཀྲ་ཤིས་རིན་ཆེན། མཁན་ཆེན་ལྷའི་རྒྱལ་པོ། མཐུ་སྟོབས་དབང་ཕྱུག ནམ་མཁའ་རྒྱལ་མཚན། རྒྱལ་སྲས་སེམས་དཔའ་ཆེན་པོའི་གདན་ས་པ་འཕགས་པ་ནམ་སྙིང་། མདར་མཁན་ཆེན་བདེ་ལེགས་རྒྱ་མཚན། དགེ་འདུན་སྒང་པའི་གཞིའི་མཁན་པོ་བྱང་ཆུབ་མཆོག་ལྡན་རྣམས་སོ།

མཚན་ཉིད་རབ་འབྱམས་སྨྲ་བ་བཞི་ནི། གསང་ཕུ་བ་གོ་བོ་རབ་འབྱམས། ཞེལ་དཀར་བ་གཞོན་ནུ། བྱམས་ཆེན་རབ་འབྱམས་པ་སངས་རྒྱས་འཕེལ། མངའ་རིས་པ་ནམ་མཁའ་བསོད་ནམས་བཅས་སོ།

སྔགས་རབ་འབྱམས་པ་གཉིས་ནི། ཤབ་ལྷུན་རྩེ་བ་ཀུན་མཁྱེན་འཕགས་འོད་དང་། རྫོ་ལྡོག་གདན་ས་པ་མཉམ་མེད་སངས་རྒྱས་དཔལ་བཟང་པོའོ།

སྒྲུབ་པའི་རྒྱལ་མཚན་འཛིན་པ་བཞི་ནི། ཐྲི་ཛོ་གདན་པ་རས་ཆེན་གཞོན་ནུ་དཔལ། ཆོས་རྗེ་བརྩོན་འགྲུས་རྒྱལ་མཚན། ལ་ཕྱི་བ་ཆེན་པོ་ནམ་མཁའ་རྒྱལ་མཚན། ཡར་འབྲོག་རྒྱ་མཚོའི་གླིང་གི་མ་གྲུབ་པའི་རྒྱལ་མོ་བསོད་ནམས་འཛོམ་བཅས་སོ།

སྔགས་འཆང་དྲག་པོ་གཉིས་ནི། ངམ་རིང་གི་ཨཱཙྪན་དང་། གུང་ཐང་གི་བླ་ཆེན་ཆོས་དཔལ་བཟང་པོའོ།

བཀའ་བཅུ་པ་སྟོང་ཕྲག་གཅིག་ནི། དཔལ་ལྡན་ས་སྐྱ་པ་བསོད་ནམས་བློ་གྲོས་དང་། ངམ་རིང་ཐང་ཟངས་ཕུག་དཔོན་པོ་ལ་སོགས་པའོ།

བཀའ་བཞི་པ་སྟོང་ཕྲག་ཟུང་ནི། འབྲས་སྤུངས་པ་བླ་མ་མུས་སྲིད་

བཀའ་བཞི་པ། ཚོགས་ཆེན་བཀའ་བཞི་པ་བྱང་ཆུབ་སེང་གེ་སོགས་སོ།

ཕར་ཚད་ཤེས་པ་ཁྲི་ཕྲུག་བརྒྱལ་བ་ནི། བོད་ཀྱི་བཤེས་གཉེན་ཕལ་མོ་ཆེའོ།

གྲུབ་ཆེན་ལྔ་བཅུ་ནི། འདུལ་འཛིན་ངག་དབང་པ་ལ་སོགས་པའོ། དེ་དག་ཐམས་ཅད་ལས་ཕུལ་དུ་གྱུར་པ་གསང་བའི་མཛོད་འཛིན་པ་ནི། གངས་རིའི་ཁྲོད་ཀྱི་དགེ་སློང་མ་ཐམས་ཅད་ཀྱི་དཔྱིད་དུ་གྱུར་ཅིང་། སྔོན་དཔལ་ཕག་མོ་གྲུ་པ་ཆེན་པོའི་འཁྲིན་ལས་སྐྱོང་བ་ལ་ཕག་ཅེས་བྱ་བའི་འཁྲིན་ལས་སྐྱོང་བ་ལ་དགོས་པས། བཙན་པོ་ལྷ་སྲས་ཀྱི་ཁབ་ཏུ་སྐུ་འཁྲུངས་པ་རྡོ་རྗེའི་རྣལ་འབྱོར་མ་ཆེན་མོ་ཨ་ཅེ་ཆོས་ཀྱི་སྒྲོན་མེ་བྱ་བ། སྔོན་ཨོ་རྒྱན་སྤྲུལ་པའི་གནས་སུ་དཔལ་ཨིནྡྲ་བྷུ་ཏིའི་ལྕམ་མོ་དཔལ་མོ་དང་། སློབ་དཔོན་ཆེན་པོ་པདྨ་སམྦྷ་བའི་རིགས་མ་ལྷ་ལྕམ་མནྡཱ་ར་བ། བདག་ཉིད་ཆེན་པོ་འདིའི་ཞབས་པད་བརྟེན་པ་ལ་ནི་ཆོས་ཀྱི་སྒྲོན་མེ་ཞེས་བྱ་བ་སྤྲུལ་པའི་སྐུ་འཛིན་པའི་རྣལ་འབྱོར་དབང་མོ་དཔལ་རྡོ་རྗེ་ཕག་མོ་ཉིད་ཡིན་ནོ།①

8. དཔའ་བོ་གཙུག་ལག་ཕྲེང་བའི་རྣམ་ཐར་དང་། ཆོས་འབྱུང་མཁས་པའི་དགའ་སྟོན་སྐོར།

(1) མཁས་པའི་དབང་པོ་དཔའ་བོ་གཙུག་ལག་ཕྲེང་བ་ནི། གཉགས་ཀྱི་རིགས་ལས་བྱུང་བ་ཡབ་བླ་མ་དར་དང་། ཡུམ་ལམ་རྙེད་སྒྲོལ་མ་

---

① (རྣམ་ཐར་ངོ་མཚར་དགའ་སྟོན་བྲིས་མ་ཤོག་གྲངས་141ན་ – 149བ)

གཉིས་ཀྱི་སྲས་སུ་སྤྱི་ལོ1504རབ་བྱུང་བརྒྱད་པའི་ཤིང་བྱི་ལོར་སྟེ་ཐང་དུ་སྐུ་འཁྲུངས།

དགུང་ལོ་ལྔ་པར་དགེ་བསྙེན་ཆ་ལུང་པས་དཔའ་བོ་སྐུ་ཕྲེང་དང་པོ་ཆོས་དབང་ལྷུན་གྲུབ་ཀྱི་སྐུ་སྐྱེར་ངོས་འཛིན་ཞུས་ཏེ་ལྷོ་བྲག་གྲོ་བོ་དགོན་པའི་གདན་སར་སྤྱན་དྲངས་ཤིང་། བླ་མ་རྟོགས་ལྡན་དགེ་འདུན་རྒྱ་མཚོ་ཡོངས་འཛིན་དུ་བསྟེན་ནས་བོད་ཡིག་འབྲི་ཀློག་སོགས་སློབ་པར་མཛད།

དགུང་ལོ་དགུ་པར་ཀརྨ་ཞྭ་དམར་བཞི་པ་ཆོས་ཀྱི་གྲགས་པའི་དྲུང་ནས་དགེ་བསྙེན་དང་། དགེ་ཚུལ་གྱི་སྡོམ་པ་བཞེས་པའི་མཚན་ལ་མི་ཕམ་ཆོས་ཀྱི་རྒྱ་མཚོ་ཞེས་བྱ་བ་གསོལ།

དགུང་ལོ་བཅུ་གཉིས་པར་དྭགས་པོ་པཎྜི་ཏ་ཆོས་རྒྱལ་བསྟན་པའི་རྒྱལ་མཚན་གྱི་དྲུང་ནས་གསང་སྔགས་གསང་རྙིང་གི་ཆོས་མང་པོ་དང་། དབུས་སྨན་ཧེ་རུ་ཀ་ཀུན་དགའ་བཟང་པོ་ལས་ཕྱག་ཆེན་གྱི་ཁྲིད་གསན་ཅིང་། དེ་རྗེས་ཞྭ་ལུ་ལོ་ཆེན་ཆོས་སྐྱོང་བཟང་པོའི་དྲུང་ནས་དགེ་སློང་གི་སྡོམ་པ་བཞེས།

དགུང་ལོ་ཉི་ཤུ་རྩ་དགུར་ཀོང་པོར་ཕེབས་སྐབས་ཐེང་པོ་འབུམ་པ་སྒང་དུ་ཀརྨ་མི་བསྐྱོད་རྡོ་རྗེ་དང་མཇལ་ནས་ཆོས་འབྲེལ་ཞུས་ཤིང་། མཚན་ལ་དཔའ་བོ་གཙུག་ལག་ཕྲེང་བ་ཞེས་ཆེད་དུ་བསྟོད་པའི་མཚན་གསོལ་བ་སོགས་མཁས་གྲུབ་གཉིས་ལྡན་གྱི་བླ་མ་མང་པོ་བསྟེན་ནས་མདོ་སྔགས་རིག་གནས་དང་བཅས་པར་གསན་སྦྱོང་དཔྱིས་ཕྱིན་པ་གནང་བས་དཔའ་བོ་གཙུག་ལག་ཕྲེང་བ་ཞེས་སྙན་པ་འབར་བ་མཁས་པའི་གཙུག་རྒྱན་དམ་པར་གྱུར་པ་དང་། མདོ་སྔགས་རིག་གནས་དང་བཅས་པའི་མཛད་པ་རྒྱ་ཆེར་སྤེལ་ནས་མཐར་དགུང་ལོ་དྲུག་ཅུ་རེ་གསུམ་པ་སྤྱི་ལོ1566 རབ་བྱུང་དགུ་

པའི་མི་སྟག་ལོར་སྐུ་གཤེགས།

(2) ཁོང་གི་གསུང་རྩོམ་ལ་མཚོན་ན། ཕག་མོའི་རྣམ་བཤད་ཆེ་མོ་དང་། སྤྱོད་འཇུག་གི་འགྲེལ་པ། རྩིས་ཀྱི་བསྟན་བཅོས་རིན་ཆེན་གཏེར་མཛོད། རྒྱུད་བཞིའི་རྣམ་བཤད་སོགས་མང་པོ་བཞུགས་ཤིང་། ལྷག་པར་རྒྱལ་ཁབ་ཕྱི་ནང་གི་མཁས་པའི་ཁྲོད་དུ་བོད་ཀྱི་ལོ་རྒྱུས་ཞིབ་འཇུག་གི་དཔྱད་གཞིར་མེད་དུ་མེད་རུང་བའི་ཆོས་འབྱུང་མཁས་པའི་དགའ་སྟོན་ཞེས་བྱ་བ་སྐད་གྲགས་ཅན་དེ་ནི་ཁོང་དགུང་ལོ་བཞི་བཅུ་ཞེ་གཉིས་ལ་ཕེབས་པ་སྤྱི་ལོ1545རབ་བྱུང་དགུ་པའི་ཤིང་སྦྲུལ་ལོར་བརྩམ་འགོ་བཙུགས་ཏེ་དགུང་ལོ་དྲུག་ཅུ་རེ་གཉིས་པ་སྤྱི་ལོ1564རབ་བྱུང་དགུ་པའི་ཤིང་བྱི་ལོར་ཡོངས་སུ་གྲུབ་པའི་བར་ལོ་ངོ་ཉི་ཤུ་རྩ་གཅིག་རིང་ཡོངས་སུ་ཆ་ཚང་བར་མཛད་པ་འདི་ནི་མི་རབས་རྗེས་མ་རྣམས་ཀྱི་ལོ་རྒྱུས་ཞིབ་འཇུག་ལ་བློ་གྲོས་ཀྱི་སྣང་བ་གསར་པའི་དགའ་སྟོན་འཛད་མེད་འགྱེད་པའི་མཛད་རྗེས་རླབས་པོ་ཆེ་འདིར་རྟག་པར་དྲན་གསོ་ཞུ་དགོས་པ་ཞིག་ཡིན།

ཆོས་འབྱུང་མཁས་པའི་དགའ་སྟོན་ནང་ལོ་རྒྱུས་ཀྱི་ནང་དོན་བཤད་པར་བྱ་བའི་དོན་ཆེན་ཡན་ལག་ལྔར་དབྱེ་བ་དང་། ཡན་ལག་རེར་ཡང་ནང་གསེས་ལེའུ་ཅི་རིགས་གསལ་བ་ཀ་བཏྲ་སྒྲིག་ནས་བཀོད་ཡོད།

ཡན་ལག་ལྔ་ནི། ཡན་ལག་དང་པོ་འཇིག་རྟེན་ཁམས་སྤྱིར་བསྟན་པ། ཡན་ལག་གཉིས་པ་རྒྱ་གར་གྱི་སྐབས། ཡན་ལག་གསུམ་པ་བོད་ཀྱི་སྐབས། ཡན་ལག་བཞི་པ་ལི་ཡུལ་དང་། རྒྱ་ནག་ཧོ་མ། མི་ཉག ཧོར། རྒྱ་ནག་ཕྱི་མ་བཅས་ཀྱི་སྐབས། ཡན་ལག་ལྔ་པ་ཡུལ་སྤྱི་དང་བྱེ་བྲག་མ་ཕྱེ་བར་ཤེས་བྱའི་གཙོ་བོ་རིག་གནས་ལྔ་ཇི་ལྟར་བྱུང་ཚུལ་བཅས་ཡིན། ཡན་ལག་སོ་སོར་ཡང་

ནང་དོན་ཆེས་ཕུན་སུམ་ཚོགས་པ་མང་པོ་ཚུད་ཡོད། དཔེར་ན་ཡན་ལག་གསུམ་པ་བོད་ཀྱི་ལོ་རྒྱུས་སྐབས་ལ་མཚོན་ན་ནང་གསེས་ལེའུ་བཅུ་ཡོད་པ་སྟེ།

ལེའུ་དང་པོ་ཐུགས་རྗེ་ཆེན་པོས་བོད་བདག་གིར་མཛད་ཚུལ།

ལེའུ་གཉིས་པ་བོད་ཀྱི་རྒྱལ་རབས་དངོས་གཞི།

ལེའུ་གསུམ་པ་འདུལ་བའི་ཆོས་འབྱུང་།

ལེའུ་བཞི་པ་ལོ་པཎ་ཆོས་འབྱུང་།

ལེའུ་ལྔ་པ་གསང་སྔགས་རྙིང་མའི་ཆོས་འབྱུང་།

ལེའུ་དྲུག་པ་བཀའ་གདམས་ཆོས་འབྱུང་།

ལེའུ་བདུན་པ་བཀའ་བརྒྱུད་སྨྱོའི་ཆོས་འབྱུང་།

ལེའུ་བརྒྱད་པ་ཀརྨ་ཀམ་ཚང་གི་ཆོས་འབྱུང་།

ལེའུ་དགུ་པ་འབྲི་གུང་བཀའ་བརྒྱུད་ཀྱི་རྣམ་ཐར།

ལེའུ་བཅུ་པ་ཆོས་རྒྱུད་སྣ་ཚོགས་ཀྱི་ཆོས་འབྱུང་ལྷ་བུའོ།

ཆོས་འབྱུང་འདི་ནི་དཔའ་བོ་གཙུག་ལག་ཕྲེང་བས་ལོ་ཉི་ཤུ་ལྷག་ཙམ་རིང་དཔྱད་གཞིའི་ཡིག་ཆ་ཅང་མང་པོ་གཟིགས་ཤིང་། དེ་དག་གི་སྙིང་པོ་བསྡུས་ནས་བརྩམས་པ་ཞིག་ཡིན་པས། བོད་ཀྱི་ལོ་རྒྱུས་དེབ་ཐེར་གཞན་ལས་ཆེས་ལྷག་པའི་དཔྱད་གཞི་ཕུན་སུམ་ཚོགས་པ་གཅིག་ཏུ་བསྡུས་ཡོད། ལྷག་པར་བཙན་པོའི་སྐབས་ཀྱི་ལོ་རྒྱུས་ཆེས་གལ་ཆེ་བ་འགའ་ཞིག་རྗེ་རིང་དུ་འཕོད་པ་རྣམས་དང་། དེ་བས་ནང་དོན་རྒྱས་པར་བྲིས་པའི་བཙན་པོའི་དཀར་མཛོད་ནང་གི་ག་སྐོགས་ཀྱི་ཡི་གེ་ཞིབ་མོ་ཁག་ཅིག་བཅས་ཇི་མ་ཇི་བཞིན་དེབ་ཐེར་འདིའི་ནང་འགོད་གནང་མཛད་པ་ནི་གཞན་ནས་རྙེད་ཐབས་བྲལ་བའི་གནའ་རབས་ལོ་རྒྱུས་ཀྱི་དཔྱད་གཞི་རིན་ཐང་བྲལ་བ། དེ་

བཞིན་བཙན་པོའི་དུས་ཀྱི་ལོ་རྒྱུས་ལ་བཤད་སྒྲོལ་འདྲ་མིན་མཆིས་པར་ལོ་རྒྱུས་སྨྲ་བ་ཚོས་ཞིབ་འཇུག་གནང་བདེའི་ཆེད་གནའ་རབས་ཡིག་རྙིང་ནང་འཁོད་པའི་བོད་ཀྱི་བཤད་ཚུལ་ཚུན་ཆད་གང་ཐུབ་ཅི་ཐུབ་ཀྱིས་འགོད་གནང་མཛད་ཐོག གནད་དོན་འགའ་ཞིག་ལ་ཕྱི་རབས་པས་དཔྱད་པ་བདེ་བའི་སླད་དུ་ཁོང་གི་དགོངས་ཚུལ་ལམ་འདི་དང་དེའི་ནང་དོན་ལ་དཔྱད་བསྡུར་གནང་སྟེ་ཕན་ཚུན་མཐུན་པ་འདི་ཞེས་དང་། མི་མཐུན་པ་དཔྱད་མི་བཟོད་པ་འདི་ཞེས་གསལ་པོར་བསྟན་ཡོད། གཞན་ཡང་ལོ་རྒྱུས་ཀྱི་དུམ་བུ་འགའ་ཞིག་ལ་དེབ་ཐེར་གཞན་དུ་དམིགས་བསལ་གྱི་གསལ་ཆ་དོད་པའམ། དཔྱད་གཞིར་འཛིན་འོས་ཆེ་རིགས་རྣམས་ཀྱང་ལོ་རྒྱུས་དེབ་ཐེར་དེ་དང་དེ་དག་ནང་ཇི་ལྟར་འཁོད་པ་ལྟར་འགོད་གནང་མཛད་པ། ད་དུང་ལོ་རྒྱུས་ཀྱི་དེབ་ཐེར་འདིའི་མཇུག་ཏུ་ཡུལ་སྤྱི་དང་ཅེ་བྲག་མ་ཕྱེ་བར་ཤེས་བྱའི་གཙོ་བོ་རིག་གནས་ལྔ་ཇི་ལྟར་བྱུང་ཚུལ་གྱི་ལོ་རྒྱུས་རྣམས་ཀྱང་ཆེས་གསལ་བ་དང་། ཞིབ་ཆ་དོད་པ་བཅས་མདོར་ན་ཆོས་འབྱུང་མཁས་པའི་དགའ་སྟོན་འདི་ནི་ཤེས་བྱ་ཀུན་གྱི་བང་མཛོད་དང་མཚུངས་པ་ཁྱད་པར་འཕགས་པ་ཞིག་ཡིན་ནོ།

9. ཇོ་ནང་ཏཱ་ར་ནཱ་ཐའི་རྣམ་ཐར།

རྗེ་བཙུན་ཀུན་དགའ་སྙིང་པོའམ་ཡོངས་གྲགས་སུ་རྗེ་བཙུན་ཏཱ་ར་ནཱ་ཐ་ཞེས་བྱ་བ་ནི། ཡབ་རྣ་ལོའི་གདུང་རྒྱུད་རྣམ་རྒྱལ་ཕུན་ཚོགས་དང་། ཡུམ་རྡོ་རྗེ་བུ་དགའ་གཉིས་ཀྱི་སྲས་སུ་སྤྱི་ལོ1575རབ་བྱུང་བཅུ་པའི་ཤིང་ཕག་ལོར་ཆོས་འཁོར་སྡིངས་སུ་སྐུ་འཁྲུངས་ཤིང་། ཐོག་མའི་མཚན་ལ་མེས་པོས

པདྨ་སྲི་གཙོད་རྡོ་རྗེ་ཞེས་བྱ་བ་གསོལ།

དགུང་ལོ་བཞི་པར་སྟེ་བ་སྣ་དཀར་རྩེ་བས་སྐྱུལ་མ་གནང་བ་ལྟར་མཁན་ཆེན་ལུང་རིགས་རྒྱ་མཚོས་རྡོ་ནང་པ་ཀུན་དགའ་གྲོལ་མཆོག་གི་ཡང་སྲིད་དུ་ངོས་འཛིན་ཞུས་ཏེ་ཆོས་ལུང་བྱང་རྩེར（ལྷ་རྩེ་རྫོང་ཁོངས་ཕུན་ཚོགས་གླིང་）མཆོག་གི་སྤྲུལ་སྐུའི་ཁྲི་འདོན་མཛད་ཅིང༌། ཡི་གེ་འབྲི་ཀློག་རྣམས་ཆེད་དུ་ཡོངས་འཛིན་མ་བསྟེན་པར་རང་སྟོབས་ཀྱིས་མཁྱེན་པར་གྲགས།

དགུང་ལོ་བརྒྱད་པར་སྟག་ལུང་པ་ཀུན་དགའ་རྒྱལ་མཚན་ནས་རབ་ཏུ་བྱུང་བའི་མཚན་ཀུན་དགའ་སྙིང་པོ་བཀྲ་ཤིས་རྒྱལ་མཚན་ཞེས་བྱ་བ་གསོལ། བཤེས་གཉེན་རྒྱ་གར་བ་ཛ་ལ་ན་ཐ་མཆོག་གིས་ཏཱ་ར་ན་ཐ་ཞེས་བྱ་བའི་མཚན་གསོལ་བའི་གཟིགས་སྣང་བྱུང་བར་གྲགས་པ་ནས་བཟུང་སྟེ་ཏཱ་ར་ན་ཐ་ཞེས་པ་ཁོང་གི་ཡོངས་སུ་གྲགས་པའི་མཚན་དུ་གྱུར།

དེ་རྗེས་མཁས་མཆོག་བྱམས་པ་ལྷུན་གྲུབ་བླ་མར་བསྟེན་ནས་མདོ་སྔགས་ཀྱི་གཞུང་དུ་མ་གསན། རྗེ་རྡོ་རིང་པ་ཆེན་པོ་ལས་ལམ་འབྲས་གཙོ་བོར་གྱུར་པའི་ས་སྐྱའི་ཆོས་སྐོར་མང་པོའི་དབང་དང་གདམས་པ་དང༌། བྲག་སྟོད་པ་ཆོས་སྐུ་ལྷ་དབང་གྲགས་པ་ལས་ཕྱག་ལེན་སོགས་ཀྱི་མན་ངག མཁན་ཆེན་ལུང་རིགས་རྒྱ་མཚོའི་དྲུང་རྣམ་དཔལ་དུས་ཀྱི་འཁོར་ལོའི་དབང་ཁྲིད་མན་ངག་བཅས་པ་སྦྱོར་བ་ཡན་ལག་དྲུག་པའི་བྱིན་རླབས་དོན་བརྒྱུད་དང༌། དེ་མིན་གྱི་བསྟན་བཅོས་མང་པོའི་ལུང༌། མཁས་གྲུབ་སངས་རྒྱས་ཡེ་ཤེས་དང༌། ཡེ་ཤེས་དབང་པོ་སོགས་ལས་ས་སྐྱ་དང༌། ཇོ་ནང༌། ཤངས་པ། ཞྭ་ལུ། འབྲུག་པ། ཀམ་ཚང༌། སྟག་ལུང་སོགས་ཀྱི་ཆོས་སྐོར་དུ་མའི་དབང་ཁྲིད་མན་ངག་དང་བཅས་པ་གསན།

དགུང་ལོ་ཉེ་ཤུ་པར་འདུལ་འཛིན་ཀུན་དགའ་རྒྱལ་མཚན་གྱིས་མཁན་པོ་གནང་བའི་མཁན་སློབ་གྲངས་ཚང་བའི་དབུས་སུ་བསྙེན་རྫོགས་ཀྱི་སྡོམ་པ་བཞེས།

རྒྱ་གར་གྱི་གྲུབ་ཆེན་སངས་རྒྱས་སྦས་པའི་མགོན་པོ་ལས་རྒྱུད་སྡེའི་དབང་དང་བསྐྱེད་རྫོགས་སྐོར་མཐའ་ཡས་པ་གསན་ཏེ་སྔགས་བླ་མེད་ཀྱི་གཞུང་ལ་བོད་འདིར་སྟོན་མེད་པའི་བློ་སྐྱེད་ལྔ་བརྒྱ་ཙམ་བྱུང་ཞེས①གསུང་བར་གྲགས། རྒྱ་གར་སློབ་དཔོན་སུ་ནི་ཏ་ཥྲཱི་དང་། པུར་ན་བཛྲ་སོགས་ལས་ཟབ་ཆོས་མང་པོ་དང་། སྒྲ་སོགས་ཕྱི་ནང་གི་རིག་གནས་མཐའ་ཡས་པ་དཔྱིས་ཕྱིན་པར་གསན་བསམ་མཛད་པ་མཁས་པའི་ཡང་རྩེར་སོན་ཅིང་། མདོ་དང་། སྔགས་ཀྱི་ཉམས་ལེན་གནད་དུ་སྦྱངས་པ་དང་ལམ་གྱི་ཡོན་ཏན་ལ་མངའ་བརྙེས་པ་གྲུབ་པའི་དབང་ཕྱུག་ཏུ་གྱུར།

དགུང་ལོ་ཉེར་གཅིག་པར་ཇོ་ནང་རི་ཁྲོད་དུ་གདན་ས་མཛད་དེ་ཇོ་ནང་དུས་ཁྲིད་ཆེན་མོ་ཞེ་བྱེ་བ་བཙུགས་ནས་བུ་སློབ་མང་པོར་ཆོས་ཁྲིད་རྒྱས་པར་གནང་།

དགུང་ལོ་ཉེར་དྲུག་པར་དབུས་ཕེབས་གནང་སྐབས་རྭ་སྒྲེང་སོགས་སུ་སྟོར་གྱི་རྒྱ་དཔེ་གཟིགས་པ་ན་གཤེན་རྗེ་དགྲ་ནག་གི་རྒྱུད་སྐད་གཉིས་སྨྲ་བའི་སྤྱོད་པ་ཆེ་ལ་འགྱུར་ཤུགས་སྒྱུར་བས་ཀུན་གྱིས་ངོ་མཚར་དུ་འཛིན་ཏེ་བསྔགས་བརྗོད་ཚད་མེད་ཞུས་པར་གྲགས།

དགུང་ལོ་ཞེ་གཅིག་པར་གཙང་པ་སྡེ་སྲིད་ཕུན་ཚོགས་རྣམ་རྒྱལ་གྱིས

① (རྒྱ་གར་ཆོས་འབྱུང་དེབ་ངོས་ཀྱི་རྩོམ་པ་པོའི་མཛད་བྱུང་དེབ་ངོས2)

ཆོས་གཞིས་མི་སེར་དང་བཅས་པ་ཕུལ་བའི་རྟེན་འབྲེལ་ལ་བརྟེན་ནས་རྟག་བརྟན་དམ་ཆོས་གླིང་ངེས་དོན་དགའ་བའི་ཚལ་ཞེས་བྱ་བ་ཕྱག་བཏབ་སྟེ་གདན་ས་མཛད་ནས་མདོ་སྔགས་བཤད་སྒྲུབ་ཀྱི་འཁོར་ལོ་རྒྱུན་མི་འཆད་པར་བསྐོར་བའི་མཛད་པ་སྐྱོང་བཞིན་པའི་ངང་ནས་མཐར་དགུང་ལོ་རེ་གཅིག་པ་སྤྱི་ལོ1635རབ་བྱུང་བཅུ་གཅིག་པའི་ཤིང་ཕག་ལོར་སྐུ་གཤེགས།

ཁོང་གི་སློབ་མར་མཚོན་ན་སྤྲུལ་སྐུ་སངས་རྒྱས་རྒྱ་མཚོ་དང་། མཁས་དབང་ཡེ་ཤེས་རྒྱ་མཚོ། མཁན་ཆེན་རིན་ཆེན་རྒྱ་མཚོ། མཁས་གྲུབ་བློ་གྲོས་རྣམ་རྒྱལ་སོགས་ཇོ་ནང་པའི་བསྟན་འཛིན་གྱི་སྐྱེས་བུ་དམ་པ་རྣམས་དང་། གཙང་པ་སྡེ་སྲིད་ཕུན་ཚོགས་རྣམ་རྒྱལ་དང་། ཀརྨ་བསྟན་སྐྱོང་དབང་པོ། བྱང་བདག་བཀྲ་ཤིས་སྟོབས་རྒྱལ་སོགས་བསྟན་པ་སྟོབས་ཀྱིས་འདེགས་པའི་སྡེ་སྲིད་སྦྱིན་བདག་ཀྱང་མང་དུ་བྱུང་ཡོད།

གསུང་རྩོམ་ལ་མཚོན་ན། སྟོན་པའི་མཛད་བརྒྱ་དང་། རྒྱ་གར་ཆོས་འབྱུང་སོགས་པཎ་གྲུབ་མང་པོའི་རྣམ་ཐར། ཤེར་སྙིང་། བཟང་སྤྱོད། དུས་འཁོར་ལ་སོགས་པའི་བསྐྱེད་རྫོགས་ཀྱི་རྣམ་བཤད་སོགས་མདོ་སྔགས་ཀྱི་གཞུང་འགྲེལ་མང་པོ་དང་། ཐེག་མཆོག་རྒྱས་པའི་དབུ་མ་སོགས་གཞན་སྟོང་གི་ལྟ་གྲུབ་སྐོར། རྒྱུད་སྡེ་དུ་མའི་ཚིག་དང་། བསྟོད་ཚོགས་སོགས་གླེགས་བམ་བཞི་བཅུ་ལྷག་ཙམ་བཀའ་རྩོམ་མཛད་དེ་མདོ་སྔགས་སྤྱི་དང་། ཁྱད་པར་ངེས་དོན་དབུ་མ་ཆེ་མོ་ཇོ་ནང་པའི་རིང་ལུགས་ཚང་ལ་མ་ནོར་བ་གསལ་བར་མཛད་པ་དང་། སྦྱོར་དྲུག་གི་ཉམས་ལེན་གྱི་རྒྱུད་སྤེལ་ཏེ་སྒྲུབ་རྒྱུད་བསྟན་པའི་རྒྱལ་མཚན་བསྒྲེངས་པར་མཛད་པས་རིག་པའི་གནས་སྤྱི་དང་། ལྷག་པར་ནང་དོན་རིག་པའི་སྐོར་ལ་ཕྱག་རྗེས་ཆེན་པོ་འཇོག་གནང་མཛད།

སྐབས་འདིར་དམིགས་སུ་བཀར་ནས་ཕོང་གི་གསུང་རྩོམ་ནང་ནས་གལ་ཆེ་བའི་གྲས་རྒྱ་གར་ཆོས་འབྱུང་ལ་མཚོན་ན་རང་རེ་བོད་མི་རིགས་ཀྱི་སྤྱིར་བ་པ་སྐྱེ་དངོས་པའི་གསུང་རྩོམ་དེང་སྐབས་འཛམ་གླིང་དུ་ཡང་སྐད་གྲགས་ཡོད་པ་ཞིག་གོ།

རྗེ་བཙུན་ཏཱ་ར་ནཱ་ཐ་མཆོག་རྒྱ་གར་སོགས་ལ་རྒྱ་བ་ནས་ཕེབས་མ་མྱོང་རུང་འཕགས་ཡུལ་གྱི་སྒྲ་རིག་པའི་སྐོར་ལ་གསན་སྦྱོང་མཛད་པས་མཁས་པའི་ཡང་རྩེར་སོན་ཏེ་ཕོང་གི་རྒྱ་གར་ཆོས་འབྱུང་བཀའ་རྩོམ་གནང་བའི་ནང་གནའ་རབས་རྒྱ་གར་གྱི་ལོ་རྒྱུས་ཕྲ་རགས་གནད་ཕིག་པོས་རྒྱུས་བསྡུས་ཅི་རིགས་པར་གསུངས་ཡོད་པ་ནི་དེང་སྐབས་རྒྱ་གར་བ་ཆོས་ཀྱང་ཚད་མའི་ལོ་རྒྱུས་ཡིག་ཆར་རྩིས་ཏེ་རྒྱ་གར་གྱི་གནའ་རབས་ལོ་རྒྱུས་ལ་ཞིབ་འཇུག་བྱེད་པའི་དཔྱད་གཞི་རིན་ཐང་བྲལ་བར་བརྩི་བཞིན་པ་དེའི་ཐོག་ནས་བོད་མི་རིགས་ཀྱི་བློ་གྲོས་ཀྱི་རྩལ་དེ་མངོན་སུམ་དུ་མཚོན་པ་ཞིག་དང་། ལྷག་པར་དུ་སྟོན་དགོས་པ་ཞིག་ལ་ཕོང་གི་གསུང་རྩོམ་ཨོ་རྒྱན་རིན་པོ་ཆེའི་རྣམ་ཐར་ནང་བོད་ཀྱི་ལོ་རྒྱུས་རིག་པའི་འཛིན་སྟངས་ཀྱི་སྐོར་ལ་སློབ་སྟོན་དུམ་བུ་ཞིག་གནང་ཡོད་པ་ནི། ཨོ་རྒྱན་པདྨ་འབྱུང་གནས་"བོད་དུ་ཇི་ཙམ་བཞུགས་པ་ཡང་། འགའ་ཞིག་ལས་ལོ་གསུམ། འགའ་ཞིག་ལས་ལོ་དྲུག གཞན་འགའ་ལས་ལོ་བཅུ་གཉིས། ཁ་ཅིག་བཅོ་བརྒྱད་ཅེས་སོགས་ཡོད་ལ། གཏེར་མ་ལས་ནི་ཉུང་བ་རྣམས་ལ་ལྔ་བཅུ་དང་། ཕལ་ཆེར་ལས་བརྒྱ་ལྷག་པར་འཆད་དོ། དེ་ལ་དོན་གཞན་གདུལ་བྱ་སྣང་བ་དག་པ་རྣམས་ཀྱི་སྣང་ངོར་བསམ་ན་ནི། ད་ལྟར་ཡང་བཞུགས་ཤིང་། ཞིང་ཁམས་ཀུན་ཏུ་སྐུའི་སྣང་བ་ཅིག་ཅར་རྟག་ཏུ་སྟོན་པའང་ཡིན་པས་ཕྱོགས་གཅིག་ནས་ཚད་གང་ལྟར་བྱས་ཀྱང་རུང་

མོད། འོན་ཀྱང་སྔ་ཕྱིར་དུས་སྐྱིག་པ་སོགས་ལ་ནི་དེ་མི་རུང་སྟེ། འདི་ལ་ནི་དེ་སྐབས་ཀྱི་མིའི་འགྲོ་བ་ཕལ་པ་རྣམས་ཀྱི་སྤྱི་མཐུན་པའི་སྣང་ངོར་སྣང་དུ་རུང་བ་ཞིག་གི་སྟེང་ནས་འཛོག་དགོས་པའི་ཕྱིར་རོ། "①ཞེས་གསུངས་ནས་བོད་དང་། རྒྱ་གར། ཨོ་རྒྱན་ཡུལ་སོགས་ཀྱི་སྐབས་དེའི་ལོ་རྒྱུས་ཀྱི་དོན་དངོས་དྲངས་ནས་ཨོ་རྒྱན་རིན་པོ་ཆེ་བོད་དུ་ཐླ་བ་བཅོ་བརྒྱད་བཞུགས་པ་དེ་ཡང་དག་པ་ཡིན་པར་བསྟན་འདུག འདིར་དྷ་ར་ནྡ་ཐའི་གསུང་དུམ་བུ་དེ་འདྲེན་དོན་ནི། ཨོ་རྒྱན་རིན་པོ་ཆེ་བོད་དུ་ཇི་ཙམ་བཞུགས་ཀྱི་ནང་དོན་ཙམ་མ་ཡིན་པར། བོད་ཀྱི་སྔ་རབས་ལོ་རྒྱུས་ལ་དཔྱེ་ཞིབ་བྱེད་སྐབས་དག་སྣང་ལྷ་ཆོས་ཀྱི་ལོ་རྒྱུས་དང་། དངོས་དོན་མི་ཆོས་ཀྱི་ལོ་རྒྱུས་གཉིས་མཉམ་བསྲེས་བྱེད་མི་རུང་བར་དབྱེ་མཚམས་གསལ་པོ་འབྱེད་དགོས་པའི་ཚད་གཞི་ཡང་དག་པ་ཉག་ཅིག་མཛུབ་སྟོན་ནན་ཏན་གནང་བ་དེ་ཡི། དུས་རབས་བཅུ་བདུན་པའི་དུས་འགོར་དཔྱད་ཐབས་འདི་ལྟ་བུ་འདོན་གནང་མཛད་པ་དེའི་ཐོག་ནས་ཁོང་གི་རྣམ་དཔྱོད་འགྲན་ཟླ་བྲལ་བ་དེ་མངོན་པ་མ་ཟད། བོད་ཀྱི་ལོ་རྒྱུས་ཞིབ་འཇུག་བྱ་རྒྱུའི་ཐད་ལ་ཕན་ནུས་ཆེ་བའི་དོན་སྙིང་ལྡན་ཡོད། ཁོང་བྱུན་པའི་དུས་སྐབས་ཏེ་ཕག་མོ་གྲུ་པའི་དུས་ནི་བོད་ཀྱི་རིག་གནས་གོང་འཕེལ་འགྲོ་བཞིན་པའི་སྐབས་སུ་མཁས་པ་གཅིག་ལས་གཅིག་ལྷག་པ་ནམ་མཁའི་སྐར་ཚོགས་ལྟ་བུ་བྱུང་ཡོད་པས། དེའི་སྐབས་སུ་རང་ཉིད་ལ་རིག་པའི་གནས་སྤྱི་དང་བྱེ་བྲག་ལ་ཁྱད་ཡོན་ཆེས་ཕུན་སུམ་ཚོགས་པ་དོན་དམ་མཁས་པའི་གྲས་སུ་འདྲེན་ཚོག་པའི་ཡོན་ཏན་ཞིག་མེད་ན་སྙན་གྲགས་ཐོན་རྒྱུ

① （སློབ་དཔོན་པདྨའི་རྣམ་ཐར་ཟངས་གླིང་མ་དང་ཆབས་ཅིག་བཀོད་པ་དེབ་ངོས255）

ལྟར་བཞག རང་གི་མཚན་ཙམ་ཡང་མཐོན་དཀའ་བའི་དུས་སྐབས་དེ་ལྟ་བུར་ཡང་རྗེ་བཙུན་ཏཱ་ར་ནཱ་ཐ་ཞེས་མཁས་པའི་སྙན་གྲགས་ཡང་པའི་ཕྱིན་ལ་ཁྱབ་པ་བཅས་ཁོང་ནི་ཕག་མོ་གྲུ་པའི་དུས་མཇུག་ཏུ་བྱོན་པའི་མཁས་པའི་དབང་པོ་ཞིག་ཡིན་ནོ།

དེ་ལྟར་ཕག་མོ་གྲུ་པའི་སྐབས་བྱོན་པའི་མཁས་གྲུབ་གཙོ་ཆེ་བ་འགའ་ཞིག་གི་རྣམ་ཐར་དང་། མཛད་རྗེས་རགས་པ་ཙམ་གང་དུ་ཞུས་ཟིན་ཅིང་། ད་དུང་དུས་དེར་བྱོན་པ་དོལ་བུ་ཤེས་རབ་རྒྱ་ལ་མཚན། ཀློང་ཆེན་རབ་འབྱམས་པ། ས་སྐྱ་པ་བསོད་ནམས་རྒྱལ་མཚན། གཡག་པ་རོལ་པའི་རྡོ་རྗེ། རོང་སྟོན་སྨྲ་བའི་སེང་གེ། ངོར་ཆེན་ཀུན་དགའ་བཟང་པོ། པཎ་ཆེན་བྱམས་པ་གླིང་པ། ཟུར་མཁན་མཉམ་ཉིད་རྡོ་རྗེ། གཙང་སྨྱོན་ཧེ་རུ་ཀ། ཞང་ཞུང་ཆོས་དབང་གྲགས་པ། སྐར་རྩིས་རིག་པའི་དཔའ་བོ་རྒྱལ་མཚོ་རྣམ་གསུམ། གོ་བོ་རབ་འབྱམས་པ། མང་ཐོས་ཀླུ་སྒྲུབ་རྒྱ་མཚོ་ལ་སོགས་པ་མང་དུ་བྱོན་ཡོད་པ་དེ་དག་གིས་ལོ་རྒྱུས་རེ་རེ་བཞིན་འགོད་ཀྱིས་མི་ལང་བས་མཚན་ཙམ་སྨོས་པ་རྣམས་ཀྱིས་ཀྱང་བོད་མི་རིགས་ཀྱི་རིག་གནས་སྤྱི་དང་། བྱེ་བྲག་འཕེལ་རྒྱས་གཏོང་བའི་བྱ་བཞག་ནང་མཛད་རྗེས་ལྷབས་པོ་ཆེ་བཞག་ཡོད་དོ།

དྲུག་པ། སྡེ་པ་རིན་སྤུངས་པའི་ལོ་རྒྱུས།

སྡེ་པ་རིན་སྤུངས་པ་ནི། རིན་སྤུངས་པའི་ཁྲིམ་རྒྱུད་ཀྱི་ལོ་རྒྱུས་ཡིག་རིགས་ལྟར་ན་སྟོན་བཙན་པོ་ཤ་ཁྲི་བཙན་པོའི་སྐབས་མ་སངས་ལ་ཁར་ཁྲིའུ

མཚན་དང་ལྡན་པ་ཞིག་བྱུང་བར་“དེའི་ཚེ་སྨེར་དུ་ཉན་ནམ་མི་ཉན་བྱས་པས། འདི་ནི་སྨེར་དུ་རུང་བས་ཕྱིར་ཅིག་གསུངས། （ཕྱུ་དེ་གུང་རྒྱལ་གྱིས）སྨེར་གྱི་མིང་དུ་གྲགས་པ་དེ་ལས་བྱུང་།”①དེ་ལ་ནང་སྨེར། ཕྱིར་སྨེར། གྲུབ་ཐོབ་ཀྱི་སྨེར་དང་གསུམ་སོགས་རིམ་བཞིན་བྱུང་བའི་མི་རབས་ཉི་ཤུ་རྩ་ལྔ་པ་ན་ནང་སྨེར་རལ་པ་འཛིན་ཞེས་བྱ་བ་ཞིག་བྱུང་བ་དེས་གྲུ་གུའི་ཡུལ་ནས་གཟིངས་བདུན་གྱིས་རིན་པོ་ཆེ་གཡུའི་ཟྭང་དྲངས། ཁྲག་གི་ལུས་ལ་མགོ་ལྔ་པ་འབྲུག་གི་སྐད་སྒྲོག་པའི་གདོན་ཞིག་ཡོད་པ་དེ་རིགས་སྔགས་ཀྱིས་བཏུལ་བས་ནུས་མཐུ་ཆེ་བར་གྲགས་པ་དེས་སྲོང་བཙན་སྒམ་པོའི་ནང་བློན་མཛད། དེ་ཁྲི་འབྲུག་ལྷ་ཁང་བཞེངས་པའི་འགན་འཁུར་མཁན་ཡིན་པར་གྲགས།

སྔ་པ་རིན་སྤུངས་པའི་མི་རྒྱུད་ཀྱི་རུས་མིང་ལ་སྨེར་ཞེས་ཐོགས་པའི་རྒྱུ་མཚན་ནི་དེ་ལྟར་ཡིན།

སྲོང་བཙན་སྒམ་པོའི་ནང་བློན་སྨེར་རལ་པ་འཛིན་གྱི་རྒྱུད་ལས་བློ་གྲོས་ཀྱི་རྩལ་དང་ལྡན་པ་ཟླ་བ་རྒྱལ་མཚན་གྱིས་མངའ་བདག་ཁྲི་སྲོང་ལྡེའུ་བཙན་གྱི་ཆོས་བློན་མཛད་པ་ནས་བཟུང་མི་རབས་ཉི་ཤུ་སོང་བའི་མཐར་སྨེར་ཤཱཀྱ་འབུམ་གྱི་སྲས་ནམ་མཁའ་རྒྱལ་མཚན་གྱིས་ཕག་གྲུ་སྡེ་སྲིད་དབང་གྲགས་པ་རྒྱལ་མཚན་གྱི་ཞབས་ལ་གཏུགས་ཏེ་སྡེ་གདོང་པའི་བློན་པོའི་གཙོ་གྲས་སུ་གྱུར་ཅིང་ཁོང་ལ་སྤྱི་ལོ1408 རབ་བྱུང་བདུན་པའི་ས་བྱི་ལོར་རིན་སྤུངས་ཀྱི་རྫོང་དཔོན་དང་། དེ་ནས་རིམ་བཞིན་གཙང་ཆུ་མིག་རིང་མོའི་ཁྲི་དཔོན།

① （ཡར་ལུང་པ་ཨ་འབུམ་གྱིས་བཀོད་པའི་རིན་སྤུངས་པའི་གདུང་རབས་ཁྲིས་མ་ཐོག་གྲངས1བ）

ས་སྐྱ་ལྷ་ཁང་ཆེན་མོའི་དཔོན་གཉེར་བཅས་སུ་བསྒོ་གཞག་གནང་བས①མ་ཚད། དབང་གྲགས་པ་རྒྱལ་མཚན་གྱིས་སྣེར་ནམ་མཁའ་རྒྱལ་མཚན་མི་མྱུས་རྒྱུད་བཅས་ལ་རིན་སྤུངས་རྫོང་འཛུགས་པའི་ཤེལ་དམ་གནང་བ་དེ་ནས་བཟུང་སྣེར་ནམ་མཁའ་རྒྱལ་མཚན་རྒྱུད་པ་དང་བཅས་པར་རིན་སྤུངས་པ་ཞེས་པའི་མིང་ཆགས།

འདིའི་དུས་དབང་གྲགས་པ་རྒྱལ་མཚན་གྱི་གཙུང་པོ་ཆེས་ས་སངས་རྒྱས་རྒྱལ་མཚན་གྱིས་རིན་སྤུངས་པའི་ལྕམ་མོ་ཀུན་དགའ་དཔལ་འཛོམ་ཁབ་ཏུ་བཞེས་པ་ལས་དབང་གྲགས་པ་འབྱུང་གནས་འཁྲུངས་པ་སོགས་ཕག་གྲུ་སྡེ་སྲིད་དང་རིན་སྤུངས་པ་གཉེན་བསྲེ་བའི་འགོ་ཚུགས་པ་མ་ཟད། རིན་སྤུངས་པའི་དབང་སྟོབས་ཇེ་ཆེར་འགྲོ་བའི་རྨང་གཞི་བཟང་པོ་ཞིག་རང་བཞིན་གྱིས་ཆགས་པ་ཡིན།

དེའི་སྲས་ནམ་མཁའ་རྒྱལ་པོ་ན་ཚོད་ཕྲ་མོ་ནས་བཟུང་ལུགས་གཉིས་ཀྱི་གནས་ལ་མཁྱེན་རྣབས་རྣམ་པར་དགེ་བ་ཞིག་བྱུང་། དེའི་སྲས་ནོར་བུ་བཟང་པོ་སྤྱི་ལོ1403 ཆུ་ལུག་ལོར་འཁྲུངས་པ་དེས་སྡེ་གདོང་དབང་གྲགས་པ་འབྱུང་གནས་ཀྱི་བློན་པོ་མཛད།

ཡར་ལུང་པ་ཨ་འབུམ་གྱིས་བཀོད་པའི་རིན་སྤུངས་པའི་གདུང་རབས་ནང་“དྲུང་ཆེན་ནོར་བུ་བཟང་པོས་རིན་སྤུངས་ཀྱི་འཁན་བཞེས་དགུང་ལོ་བཅུ་གཉིས་ནས་མཛད། དགུང་ལོ་བཅོ་ལྔ（སྤྱི་ལོ1417 མེ་བྱ་）ལ་ཤངས་འཁྲོང་པོ་སྨང་པ་དང་དཔོན་གཡོག་མཛད། སྟག་གླིང་སྐྱུར་གསུམ་

①（དཔྱིད་ཀྱི་རྒྱལ་མོའི་གླུ་དབྱངས་དེབ་ངོས159）

བཏུལ། ཤངས་ལུང་པ་ཁ་གཙང་ཞབས་སུ་བཙུག བྱང་རྒྱུད་མུན་འཚུབས་པ་དེ་བདེ་འཛམ་ཡུག་གཅིག་ཏུ་བཏང་། སྟར་བསམ་གྲུབ་རྩེའི་རྫོང་དཔོན་འཕྱོངས་རྒྱས་སྟག་རྩེ་པ་ཡིན་པ་ལ་ཤངས་རོང་གི་དམག་དང་བཅས། གཞིས་ཀ་བསམ་གྲུབ་རྩེ་རྩིས་བཞེས། འཕྱོངས་རྒྱས་པ་རང་ཡུལ་དུ་བརྫངས། གཙང་རོང་ཤངས་གསུམ་ལྷད་མེད་ཀྱིས་སྐྱོང་དར་གནང་ངོས་ནས་མེ་མོ་ལུག་(སྤྱི་ལོ1427)དགུང་ལོ་ཉེ་ཤུ་རྩ་ལྔའི་སྟེང་དུ། བྱམས་ཆེན་ཆོས་སྡེ་དང་། གཙུག་ལག་ཁང་ཆེན་པོའི་གཞི་བཏིང་ས། ལོ་ངོ་བདུན་ལ་ཚགས་སུ་ཆུག་པ་གྲུབ། དེ་རྗེས་དགུང་ལོ་སུམ་ཅུ་སོ་ལྔ་བཞེས་པ་ས་(མེ་)མོ་སྦྲུལ་(སྤྱི་ལོ1437)ལ་རྫོང་དཀར་དུ་སྐྱིད་མོས་ཚལ་གྱི་གཞི་བཏིང་ས། དྲུང་ཧོག་ལྷ་ཁང་གི་གཡས་ཟུར་གཞིས་ཀ་ནོར་བུ་གླིང་གི་གཞི་བཏིང་ས། དྲུང་ཧོག་ལྷ་ཁང་གི་གཡས་ཟུར་གཞིས་ཀ་ནོར་བུ་གླིང་གི་གཞི་བཏིང་ས། ལོ་ལྔ་ལ་ཚགས་སུ་ཆུག་པ་གྲུབ། ཆོས་སྡེ་ཡར་མར་དུ་དབྱར་ཆོས་དགུན་ཆོས་ལ་སོགས་པ་བཤད་གྲྭའི་དགེ་འདུན་དཔག་མེད་བཙུགས།”①ཞེས་འཁོད་པར་གཞིགས་ན་དུས་དེར་རིན་སྤུངས་པས་རང་གི་དཔུང་སྟོབས་ལ་བརྟེན་ནས་ཤངས་ཁུལ་དང་། གཞིས་ཀ་བསམ་གྲུབ་རྩེ་རིམ་བཞིན་མངའ་ཞབས་སུ་བསྡུས་པ་སྟེ་དོན་དངོས་ཐོག་སྐབས་དེའི་བོད་ས་གནས་ཀྱི་དབང་སྒྱུར་བྱེད་པོ་སྡེ་སྲིད་ཕག་མོ་གྲུ་པའི་དབང་རིས་མུག་བཟློས་བྱེད་པའི་འགོ་ཚུགས་པ་མ་ཟད། སྟར་དབང་གྲགས་པ་རྒྱལ་མཚན་གྱིས་“འཕྱོངས་རྒྱས་པ་ཧོར་དཔལ་འབྱོར་

① (རིན་སྤུངས་གདུང་རབས་བྲིས་མ3བ)

བཟང་པོ་ བསམ་ གྲུབ་ རྩེའི་ རྫོང་ དཔོན་ དང་ དམག་ དཔོན་ གྱི་ ལས་ ཀ་གནང་”[①]བ་ནས་བཟུང་འཕྲོངས་རྒྱས་པས་འཛིན་མུས་སུ་གནས་ཏེ་རྗེ་དགེ་འདུན་གྲུབ་པས་བཀྲ་ཤིས་ལྷུན་པོ་ཕྱག་འདེབས་སྐབས་འཕྲོངས་རྒྱས་པས་སྦྱིན་བདག་ཞུས་པའི་ལོ་རྒྱུས་ཡོད་པ་བཅས་རིན་སྤུངས་པ་ནོར་བུ་བཟང་པོ་དཀྱུང་ལོ་ཉེར་ལྔའི་གོང་ནས་འཕྲོངས་རྒྱས་པ་གཞིས་རྩེ་ནས་ཕྱིར་འབུད་བྱས་འདྲ་བའི་ལོ་ཚིགས་འདི་དག་ལ་ཡིད་བརྟན་མ་ངེས་ཀྱང་རིན་སྤུངས་ནོར་བུ་བཟང་པོའི་ སྐབས་ གཞིས་ ཀ་ བསམ་ གྲུབ་ རྩེ་ དཔུང་ སྐོབས་ ཀྱིས་ དབང་ དུ་བསྡུས་ནས་འཕྲོངས་རྒྱས་པ་གཞིས་རྩེར་གནས་མ་ཐུབ་པའི་ལོ་རྒྱུས་འདི་དག་ནས་སྐབས་དེར་ཕག་མོ་གྲུ་པའི་དཔོན་པོ་ནང་ཁུལ་མི་མཐུན་པའི་འགལ་བ་ཛ་དྲག་པོ་ཡོད་པ་གསལ་བཤད་ཐུབ་པ་མ་ཟད། རིན་སྤུངས་པ་ནོར་བུ་བཟང་པོ་འདིའི་ དུས་ ནས་ དབུས་ གཙང་ སྟེ་ གཟར་ རིམ་ པར་ བྱུང་ བའི་ འགོ་ ཡང་ཚུགས་པར་མངོན།

དེ་རྗེས་དབང་གྲགས་པ་འབྱུང་གནས་ཀྱི་གཅུང་པོ་དབང་ཀུན་དགའ་ལེགས་པའི་སྐབས་ཁོང་ གཙང་ གི་ གཞིས་ སྐོར་ ལ་ ཐེབས་ དུས་ རིན་ སྤུངས་ པ་ནོར་བུ་བཟང་པོས་གུས་འདུད་ལྷུར་ལེན་པ་སོགས་སྒྲི་ཞུར་གཅིག་ཏུ་འབད་ཀྱང་། དབང་གི་གནང་སྒོའི་ཐད་ལ་ནོར་བུ་བཟང་པོ་མགུ་བ་ཞིག་མ་བྱུང་བ་མ་ཟད། དབང་ཀུན་དགའ་ལེགས་པས་ཀ་བཞི་པ་སྒྲ་མཆེད་ཀྱིས་གང་ཞུས་པ་ལ་གསན་པས་ཡབ་ཡུམ་ནང་མཚམས་སེལ་ཆེན་པོ་ཞུགས་ཏེ་ཡར་རྒྱབ་པ་དང་། གོང་དཀར། བྱ་པ། བསམ་བདེ་བ་སོགས་བདག་མོའི་ཕྱོགས་དང་།

① （དཔྱིད་ཀྱི་རྒྱལ་མོའི་གླུ་དབྱངས་དེབ་ངོས147）

སྐྱེའུ། འོལ་དགའ་རྣམས་དབང་གི་ཕྱོགས་སུ་གྱེས་ཏེ་ཕན་ཚུན་འཁྲུག་རྩོད་བྱེད་དགོས་པར་ཕྱུག་ནས་དུས་མི་བདེ་བ་མང་དུ་བྱུང་ཡོད། འོན་ཀྱང་འཕྱོངས་རྒྱས་པ་རྡོ་རྗེ་ཚེ་བརྟན་གྱིས་ཕན་ཚུན་གཉིས་ཀའི་ཕྱོགས་སུ་མ་ལྷུངས་པས་སྟེ་གཟུར་བསྲུམས་ཤིང་། ཞལ་ངོ་ནང་མཚམས་ལེགས་སྒྲིལ་མཛད་པས་སྐབས་ཤིག་རིང་ཕན་ཚུན་མཐུན་ལམ་གྱི་ངང་དུ་གནས་པ་བྱུང་།

རིན་སྤུངས་ནོར་བུ་བཟང་པོ་འདིའི་ཆོས་དང་འབྲེལ་བའི་ཕྱག་རྗེས་གོང་དུ་སྨྲོས་ཟིན་པ་ལྟར་རོང་བྱམས་ཆེན་གྱི་ཆོས་སྡེ་བཏབ་པ་དང་། འབྲས་ཡུལ་སྐྱེད་ཚལ་ཆོས་སྡེ་ཕྱག་བཏབ་པ་བཅས་ཆོས་སྡེ་ཡས་མས་ལ་དབྱར་དགུན་དཔྱིད་ཆོས་ཀྱི་ཕོགས་སོགས་མཐུན་རྐྱེན་རྒྱ་ནོམ་པ་སྦྱར་བ། ལྷག་པར་ཕོང་དགུང་ལོ་དྲུག་ཅུ་རེ་དྲུག་པ་སྤྱི་ལོ1469 ས་གླང་ལོ་བཞེངས་འགོ་ཚུགས་པ་ནས་ལོ་ངོ་དྲུག་ལ་ལེགས་པར་གྲུབ་པ་གསེར་ཟངས་ལས་གྲུབ་པའི་རོང་བྱམས་ཆེན་སྐུ་ཚད་ཕལ་པའི་ཐོག་སོ་དགུ①ཡོད་པ་བཞེངས་པའི་རབ་གནས་སུ་རྒྱ་གར་ནས་པཎ་ཆེན་ནགས་ཀྱི་རིན་ཆེན་སྤྱན་དྲངས་པ་དང་། བྲག་དམར་ཆོས་སྡེ་སྙིང་པའི་འདབས་སུ་སྤྱིར་བུ་བརྒྱ་ཕྲག་ཙམ་བཙུགས་ཏེ་ཐོས་བསམ་སྒོམ་པ་ཚུལ་བཞིན་བྱེད་པའི་འདུས་གྲྭ་བཙུགས་པ་སོགས་མདོར་ན་རིས་མེད་པའི་གྲུབ་མཐའ་ཐམས་ཅད་ལ་བསྙེན་བཀུར་བླ་ན་མེད་པ་མཛད་ཅེས②ལྷ་པ་ཆེན་པོས་གསུངས་པ་ལྟར་དང་། བྱམས་པ་ཆེན་བཞེངས་གྲུབ་ནས་ཕོང་མི་རིང་བར་གཤེགས་པར་མངོན།

---

① （རིན་སྤུངས་གདུང་རབས་ཁྲིས་མ་4ན）

② （དཔྱིད་ཀྱི་རྒྱལ་མོའི་གླུ་དབྱངས་དེབ་ངོས159）

རིན་སྤུངས་ནོར་བཟང་པར་སྲས་ཨུ་པ་སི་ཀ་དང་། ཀུན་ཏུ་བཟང་པོ། དོན་གྲུབ་རྡོ་རྗེ། མཚོ་སྐྱེས་རྡོ་རྗེ། ཤཱཀྱ་རྒྱལ་མཚན་དང་ལྔ་མཆིས་པ་ལས། ཨུ་པ་སི་ཀ་ཆུང་ངུ་ནས་གྲོངས་ཤིང་། ཀུན་ཏུ་བཟང་པོས་དབང་གྲགས་པ་འབྱུང་གནས་དང་། དབང་ཀུན་དགའ་ལེགས་པའི་ཞབས་ལ་གཏུགས་པས་ཁོང་ལ་ཡབ་མེས་ཀྱི་འཛའ་ས་དང་ལག་ཀ་གནང་སྟེ་རིན་སྤུངས་ཀྱི་རྫོང་དཔོན་མཛད་པའི་སྐབས་སུ་སྐྱ་པའི་རིང་ལུགས་འཛིན་པ་ཀུན་མཁྱེན་སངས་རྒྱས་འཕེལ་དང་། གོ་རམ་བསོད་ནམས་སེང་གེ་གཉིས་མཆོད་ཡོན་དུ་འབྲེལ་ཏེ་འབྲས་ཡུལ་སྐྱེད་ཚལ་དུ་བཤད་གྲྭ་བཙུགས་ཤིང་། ཧ་ནག་ཐུབ་བསྟན་རྣམ་རྒྱལ་དགོན་འདེབས་པའི་མཐུན་རྐྱེན་བསྒྲུབ།

དོན་གྲུབ་རྡོ་རྗེས་བསམ་གྲུབ་རྩེའི་རྫོང་དཔོན་བྱས་པ་དང་། མཚོ་སྐྱེས་རྡོ་རྗེ་སྤྱི་ལོ1462 ཆུ་རྟ་ལོ་འབྲུངས་པ་དེས་དཔུང་སྟོབས་ལ་བརྟེན་ནས་ཡར་ལུང་མཁར་ཐོག་གི་རྫོང་བཟུང་། དེའི་ཚེ་སྣེ་གདོང་སྡེ་སྲིད་ངག་གི་དབང་པོ་སྐུ་གཤེགས་ཁར་གདུང་སྲས་ངག་དབང་བཀྲ་ཤིས་གྲགས་པ་དགུང་ལོ་གསུམ་ལས་མ་སོན་པས་སྲུན་སྐྱའི་ཁུར་བཞེས། སྡེ་སྲིད་ཀྱི་ལར་རྒྱ་མི་འཁྲུག་པ་སྲུན་སྐྱ་ཆོས་ཀྱི་གྲགས་པས་མཛད་རྒྱུ་ཞལ་བཞེས་ལྷར་རབ་བྱུང་བརྒྱད་པའི་ལྕགས་ཕག་སྤྱི་ལོ1491 ནས་ལོ་དགུའི་རིང་རིན་སྤུངས་མཚོ་སྐྱེས་རྡོ་རྗེས་དཔོན་ཚབ་ཐེལ་གཏོང་ཞེས་བྱ་བ་དོན་ལ་ཕག་མོ་གྲུ་པའི་སྲིད་ཀྱི་ཁ་ལོ་བསྒྱུར།

རིན་སྤུངས་མཚོ་སྐྱེས་རྡོ་རྗེས་དཔོན་ཚབ་དབང་སྒྱུར་བྱེད་རིང་ཕག་གྲུའི་བློན་པོ་གཞན་ལ་གྲོས་འདྲི་སོགས་མེད་པར་རང་འདོད་ཁོ་ནས་སྲིད་དབང་བསྐྱངས་པར་བརྟེན་ཕག་གྲུའི་བློན་པོ་གཞན་རྣམས་དེ་ལ་མ་མགུ་བས་

སྔེ་གཟར་ཡང་བྱུང་ཡང་། རིན་སྤུངས་པའི་དཔུང་སྟོབས་ལ་འགྲན་ཐུབ་པ་ཞིག་མ་བྱུང་བས་རིན་སྤུངས་པའི་སྟོབས་ཤུགས་ཇེ་ཆེར་སོང་བས་དབུས་གཙང་ཡོངས་ལ་དབང་སྒྱུར་བྱེད་ཐུབ་པའི་རྣམ་གཞི་ཆགས། ལྷག་པར་རིན་སྤུངས་པའི་སྟོབས་བརྟེན་ཡུལ་ཀརྨ་ཞྭ་དམར་བ་ཆོས་གྲགས་ཡེ་ཤེས་དང་། ཀརྨ་ཞྭ་ནག་པ་ཆོས་གྲགས་རྒྱ་མཚོའི་ཕྱོགས་ཞེན་གྱི་དབང་དུ་སོང་སྟེ་དགེ་ལུགས་པའི་གྲུབ་མཐའ་འཛིན་པ་རྣམས་ཚོགས་པར་ཞྭ་སེར་སྤྱང་ནས་ཞྭ་མོ་དམར་པོ་གྱོན་དགོས་པའི་ཁྲིམས་བསྒྲགས་པ་དང་། རབ་བྱུང་བརྒྱད་པའི་ས་རྟ་སྤྱི་ལོ1498 ལོ་ནས་བཟུང་ལྷ་ས་སྨོན་ལམ་ཆེན་མོར་སེ་འབྲས་དགེ་འདུན་གཞུག་མི་ཚོག་པ་བཟོས་ཏེ་དེ་ནས་ལོ་ཉི་ཤུའི་རིང་ལྷ་སའི་ཉེ་འདབས་ཀྱི་བཀའ་བརྒྱུད་པ་དང་། ས་སྐྱ་སོགས་དགོན་ལག་གི་དགེ་འདུན་པ་ཆོས་ལྷ་ས་སྨོན་ལམ་ཚོགས་པ་སོགས་གར་དགེ་གྲུབ་མཐའི་འཐེན་འཁྱེར་གྱིས་དབུས་གཙང་ཡོངས་ལ་མི་བདེ་བ་ཆེན་པོ་བྱུང་བ་མ་ཟད། སྔེ་སྲིད་ཕག་མོ་གྲུ་པའི་སྲིད་འཛིན་རྩེ་སྡུག་རྗེ་ཞན་ལ་འགྲོ་བ་ལས་ཕན་པ་གང་ཡང་བྱུང་མེད།

ཤཱཀྱ་རྒྱལ་མཚན་གྱིས་ཉང་ཕོག་གི་རྫོང་དུ་བཞུགས་ནས་བདག་པོ་རྒྱལ་མཁར་རྩེ་པ་གཙེར་བ་སོགས་དགྲ་ཐབས་ཀྱི་བྱ་བ་ལ་མཁས་པར་གྲགས།

རིན་སྤུངས་ཀུན་བཟང་པར་སྲས་རྡོ་རྗེ་ཚེ་བརྟན་དང་། དོན་ཡོད་རྡོ་རྗེ་གཉིས་བྱུང་བ་ལས་དོན་ཡོད་རྡོ་རྗེས་གཙང་དཔུང་རྣམས་དབུས་སུ་བརྩུག་སྟེ་གཞིས་ཀ་སྟེའུ་པའི་ལག་ནས་རྫོང་གཞིས་འགའ་ཞིག་བླངས། དེ་རྗེས་སྤྱན་སྔ་ཆོས་ཀྱི་གྲགས་པ་དང་། རིན་སྤུངས་པ་མཚོ་སྐྱེས་རྡོ་རྗེ་དང་དོན་ཡོད་རྡོ་རྗེས་གཙོ་བྱས་པའི་སྔེ་དཔོན་རྣམས་སྔེ་གདོང་དུ་འཚོགས་ཏེ་སྤྱི་ལོ1499 ས་ལུག་ལོའི་ལོ་གསར་སྐབས་ངག་དབང་བཀྲ་ཤིས་གྲགས་པ་དགུང་ལོ་བཅུ

གཉིས་བཞེས་པ་སྣེ་གདོང་གི་ཁྲིར་བཏོན་ཐོག སྤྱི་ལོ1504ཤིང་བྱི་ལོར་རིན་སྤུངས་ནས་སྲིད་མོ་ཞིག་བདག་མོར་ཕུལ་ཏེ་ལོ་བཞིའི་རྗེས་སུ་སྲས་འགྲོ་བའི་མགོན་པོ་འཁྲུངས་པ་སོགས་དེ་རྗེས་ཕག་མོ་གྲུ་པའི་སྡེ་སྲིད་ཀྱི་མཚན་འཛིན་ལ་འགག་ཞིག་བྱུང་ཡོད་རུང་།   དོན་དུ་རིན་སྤུངས་པས་བོད་དབུས་གཙང་ལ་དབང་སྒྱུར་བྱེད་ཐུབ་བྱུང་བས་ཕག་མོ་གྲུ་པའི་སྡེ་སྲིད་ནི་མིང་ཙམ་དུ་གྱུར།

རིན་སྤུངས་དོན་ཡོད་རྡོ་རྗེ་དང་ཞྭ་དམར་ཆོས་ཀྱི་གྲགས་པ་མཆོད་ཡོན་དུ་འབྲེལ་ནས་ཡངས་པ་ཅན་དུ་དགོན་པ་བཏབ་པ་དང་།   ཀརྨ་ཆོས་གྲགས་རྒྱ་མཚོའི་བཞེད་པ་ལྟར་རིན་སྤུངས་དོན་ཡོད་རྡོ་རྗེས་ལྷ་སའི་ཉེ་འདབས་ས་ནག་མར་སེ་འབྲས་དགེ་གསུམ་གྱི་ཁ་གནོན་ཡིན་ཞེས་ཀརྨ་དགོན་གསར་ཐུབ་བསྟན་ཆོས་འཁོར་སྤྱི་ལོ1503ཆུ་ཕག་ལོར་བཏབ་ནའང་རྗེས་སུ་སེ་འབྲས་ཀྱིས་བཤིགས་པ་སོགས་ཀར་དགེ་གཉིས་ཀྱི་གྲུབ་མཐའི་ཕྱོགས་ཞེན་ལ་བརྟེན་ནས་རིན་སྤུངས་པས་དབུས་སུ་དཔུང་འཇུག་སོགས་དུས་མི་བདེ་བ་མང་པོ་བྱུང་།

མཚོ་སྐྱེས་རྡོ་རྗེའི་སྲས་ངག་དབང་རྣམ་རྒྱལ་གྱིས་ངག་དབང་བཀྲ་ཤིས་གྲགས་པའི་ཞབས་ལ་གཏུགས་ནས་རྫོང་དཔོན་གྱི་ལས་ཀ་བླངས་ཤིང་ཁོང་ནི་རིག་གནས་ཆུང་བ་ལྟ་དང་།   སྒྱུ་རྩལ་གྱི་གནས་ལ་བློ་གྲོས་ཀྱི་འཇུག་པ་གསལ་བ་ཞིག་ཏུ་གྲགས་ཀྱང་།   ཨེ་དང་།   གཉལ་གྱི་ཕྱོགས་སུ་དམག་གི་འཇུག་སྒོ་མཛད་པར་སྡེ་སྲིད་ངག་དབང་བཀྲ་ཤིས་གྲགས་པའི་ཐུགས་ལ་ཕོག་པར་བརྟེན་དབུས་ཕྱོགས་ཀྱི་སྣེའུ་སོགས་རྫོང་གཞིས་རྣམས་ཤོར་ཏེ་རེ་ཞིག་དབུས་ཁུལ་རིན་སྤུངས་པའི་མངའ་ཐང་ཆུང་ཟད་ཉམས་མོད།   འོན་ཀྱང་གཙང་ཕྱོགས་སུ་སེང་གེ་རྩེ་པ་དང་།   རིན་སྤུངས་སུ་སྣེ་གདོང་པོ་བྲང་གི་མིག་ལྟོས་

ལ་བརྟེན་ནས་གསང་སྔགས་ཀྱི་དུས་མཆོད་སྲོལ་ཡང་བཙུགས། ངག་དབང་རྣམ་རྒྱལ་ལ་སྲས་གསུམ་བྱུང་བའི་ཆེ་བ་ཆུང་དུ་ནས་གྲོངས་ཤིང་། དེ་འོག་དོན་གྲུབ་ཚེ་བརྟན་རྡོ་རྗེས་སྤར་ཡབ་མེས་ཀྱི་དུས་མ་ལོན་པའི་པ་རྣམ་ལྷུན་གྲུབ་རྩེའི་རྫོང་མངའ་འབངས་དང་བཅས་པ་བཟུང་ཞིང་། གཙྪ་པ་མི་བསྐྱོད་རྡོ་རྗེའི་གསུང་བཞིན་པ་རྣམ་གསུང་རབ་གླིང་གི་དགོན་པ་བཏབ། སྲས་ཆུང་བ་རིན་སྤུངས་ངག་དབང་འཇིག་གྲགས་ནི་སློབ་དཔོན་མཁས་པ་དུ་མ་བསྟེན་ནས་རིག་གནས་ཆེ་ཆུང་ལ་གཞན་དྲིང་མི་འཇོག་པའི་སྦྱོབས་པ་བརྙེས་པས་རྒྱལ་པོ་པཎྜི་ཏའི་རྣམ་ཐར་བཟུང་ཞིང་། ཧོར་གོས་བཟང་པོ་ལས་གྲུབ་པའི་རིགས་ལྡན་ཡོལ་བར་གྲགས་པ་བཀོད་པས་ཁྱད་པར་དུ་འཕགས་པ་བཞེངས་པ་དང་། སྙན་ངག་གི་བསྟན་བཅོས་དཔྱིའི་དགོངས་རྒྱན་འཇིགས་མེད་སེང་གེའི་རྒྱུད་ཀྱི་ང་རོ་དང་། མངོན་བརྗོད་མཁས་པའི་རྣ་རྒྱན་སོགས་བསྟན་བཅོས་མང་པོ་རྩོམ་གནང་མཛད་པས་བོད་ཀྱི་རིག་གནས་སྤྱི་དང་། ཁྱེ་བྲག་རྩོམ་རིག་འཕེལ་རྒྱས་ལ་མཛད་རྗེས་རླབས་པོ་ཆེ་འཇོག་གནང་མཛད་ཡོད།

འོན་ཀྱང་སྲིད་ཕྱོགས་ནས་ས་སྐྱ་པ་དང་བྱང་བདག་གཉིས་མ་མཐུན་པའི་སྐབས་སྤྱི་ལོ1563 བོད་ཆུ་ཕག་ལོར་ས་སྐྱའི་རྒྱབ་ཏུ་རིན་སྤུངས་ངག་དབང་འཇིག་གྲགས་ཀྱི་དམག་དཔུང་གཡས་རུ་བྱང་པའི་ཕྱོགས་སུ་བཏེགས་པའི་ཚེ་ངག་དབང་འཇིག་གྲགས་རང་ཡང་དམག་རྒྱབ་ཏུ་ཕེབས་པ་དེའི་ཚེ་སྐབས་དེའི་བསམ་གྲུབ་རྩེའི་རྫོང་དཔོན་ཞིང་ཤག་པ་ཚེ་བརྟན་རྡོ་རྗེས་ངག་དབང་འཇིག་གྲགས་ཀྱི་སྲས་པདྨ་དཀར་པོ་བསྐྲོངས་པ་སོགས་འབངས་གྱེན་ལོག་བྱས་པ་དེ་སླགས་མ་རྙེད་པའི་ཁར་གཙང་རོང་ཕྱོགས་སུ་དམག་འཁྲུག་ལངས་པ་དང་། དེ་རྗེས་རིན་སྤུངས་པས་རྒྱལ་རྩེ་བ་དང་། འབྲོང་རྩེ་བ།

སྣར་ཐང་པ་སོགས་ལ་ཡང་དཔྱང་འཇུག་ཁ་ཡར་བྱས་ནའང་ཕ་རོལ་པོའི་ཕྱོགས་སུ་ཞིང་ཤག་པས་རྒྱབ་སྐྱོར་བྱས་པ་སོགས་གཡུལ་འགྱེད་དེ་དག་ནང་རིན་སྤུངས་པར་ཕམ་ཁ་གཅིག་རྗེས་གཉིས་མཐུད་ཕོག་སྟེ་ངག་དབང་འཇིག་གྲགས་ཀྱི་མངའ་ཐང་ཕལ་ཆེར་ཤོར་བ་བཅས་རིན་སྤུངས་པས་དེ་སྔ་སྡེ་སྲིད་ཕག་མོ་གྲུ་པའི་སྲིད་དབང་མུག་བཟོས་ལྷ་བུ་བྱས་ནས་བར་སྐབས་ཤིག་སྡེ་སྲིད་ཕག་མོ་གྲུ་པའི་མིང་མ་སྟོང་ཙམ་ལས་དོན་དུ་རིན་སྤུངས་པས་བོད་དབུས་གཙང་ལ་དབང་བསྒྱུར་བའི་མཇུག་ཀྱང་འདིའི་དུས་སུ་བསྒྲིལ་བ་འོ།

བདུན་པ། གཙང་པ་སྡེ་སྲིད་ཀྱི་ལོ་རྒྱུས།

གཙང་པ་སྡེ་སྲིད་ཀྱི་གདུང་རབས་ནི། སྤྱིལ་སེར་གཏམ་རྒྱུད་དུ་གསལ་བ་ལྟར་ན། ཐོག་མ་བཙན་པོ་ཁྲི་སྲོང་ལྡེ་བཙན་གྱི་སྐུ་དུས་སུ་རྡོ་རྗེ་ཐེག་པ་ལ་གྲུབ་པ་ཐོབ་པའི་སྐྱེས་ཆེན་དམ་པ་མང་དུ་བྱོན་པའི་ནང་ནས་གཉགས་ཛྙཱ་ན་ཀུ་མ་ར་ལས་རིམ་བཞིན་བརྒྱུད་པར་གྲགས་པའི་ཞིང་ཤག་ཚེ་བརྟན་རྡོ་རྗེ་ཞེས་བྱ་བ་རིན་སྤུངས་པའི་གཉེར་ཚན་དུ་གཏོགས་པ་ཞིག་བྱུང་བ་དེས་རིན་སྤུངས་པ་དང་། སྡེ་གདོང་པ་གཉིས་ཀའི་ཞབས་འབྲིང་རྐང་པ་ཉིས་འཛུགས་བྱེད་པ་ལ་སྲས་དགུ་ཙམ་ཞིག་བྱུང་བའི་ནང་ནས་གྲགས་ཆེ་བ་ནི་ཀརྨ་མཐུ་སྟོབས་རྣམ་རྒྱལ་དང་། ཀུན་སྤངས་ལྷ་དབང་རྗེ། ཀརྨ་བསྟན་སྲུང་དབང་པོ་བཅས་དེ་གསུམ་ཡིན། ཞིང་ཤག་ཚེ་བརྟན་རྡོ་རྗེས་རིན་སྤུངས་ངག་དབང་རྣམ་རྒྱལ་གྱི་སྐབས་སུ་རིན་སྤུངས་པའི་ཆིབས་དཔོན་གྱི་ལས་ཀ་དང་། དེ་ནས་རིམ་པས་ཤངས་དང་མྱང་སྨད་ཁུལ་གྱི་ཁྲལ་སྡུད་པ་ལོ་མང་

བྱས།

དེ་རྗེས་སྤྱི་ལོ1548 ས་སྤྲེ་ལོར་ རིན་སྤུངས་པས་གཞིས་ཀ་བསམ་གྲུབ་རྩེའི་རྫོང་དཔོན་དུ་བསྐོ་གཞག་བྱས།

ཞིང་ཤག་པ་ཚེ་བརྟན་རྡོ་རྗེ་ནི་སྙིང་པོ་སྟོབས་དང་འཛོན་ཐང་ཡོད་པ་ཞིག་ལ་བརྟེན་རིམ་གྱིས་སྟོབས་འབྱོར་དང་དབང་ཤུགས་ཇེ་ཆེར་སོང་སྟེ་རིན་སྤུངས་ངག་དབང་འཇིག་གྲགས་ཀྱི་དུས་སུ་སླེབས་སྐབས་རིན་སྤུངས་པའི་ཁ་གཏད་དུ་ལངས་ནས། སྲས་པདྨ་དཀར་པོ་ཞིང་ཤག་པས་བཀྲོངས་ཏེ་རིན་སྤུངས་དམེ་ཁྲག་གི་ལོ་ཞེས་པ་བྱུང་ཞིང་ངག་དབང་འཇིག་གྲགས་ཀྱིས་འཁོན་ལན་སློག་རྩིས་གནང་བ་ལམ་དུ་མ་སོང་བར་ཞིང་ཤག་ཚེ་བརྟན་རྡོ་རྗེས་ཚུར་རྒོལ་གྱེན་ལོག་བྱས་ཏེ་རིན་སྤུངས་པའི་དབང་འོག་ཏུ་མ་འདུས་ཤིང་། ལྷག་པར་སྤྱི་ལོ1557མེ་སྦྲུལ་ལོར་ ཤངས་དོན་རབ་པའི་ས་སྡེའི་སྐོར་ རིན་སྤུངས་པ་དང་། ཞིང་ཤག་པ་གཉིས་དབར་དྲག་དཔུང་གི་སྦྱོར་བ་བརྩམས་སྐབས་འབྲུག་པ་ཀུན་མཁྱེན་པདྨ་དཀར་པོས་བར་བསྡུམ་གནང་བར་ཐེབས་ནའང་དོན་རབ་པའི་སྲིག་ལ་ཉེན་ཁམ་བྱུང་བ་ཙམ་ལས་ས་མི་དབང་རིས་ཞིང་ཤག་པར་རྩིས་སྤྲོད་གནང་དགོས་བྱུང་ཡོད། སྐབས་དེ་ཙམ་ནས་ཞིང་ཤག་ཚེ་བརྟན་རྡོ་རྗེར་སྐུ་མདུན་ཞིང་ཞེས་ཆེ་བསྟོད་དུ་བརྗོད་འདུག་པ་དེའི་ཐོག་ནས་ཞིང་ཤག་པའི་དཔུང་སྟོབས་མི་ཞན་ཙམ་ཆགས་ཟིན་པ་མཚོན་གྱི་འདུག

དེ་རྗེས་སྤྱི་ལོ1565ཤིང་གླང་ལོ་ཞིང་ཤག་པ་རང་གིས་དམག་སྡེ་ཁྲིད་དེ་པ་རྣམ་ལྷུན་གྲུབ་རྩེ་བསྐོར་བ་དང་། རྫོང་གསར་ཕག་རི་བཅས་བླངས་པ་མ་ཟད། ལྷུན་གྲུབ་རྩེ་པ་སང་ཤོར་གནངས་ཤོར་དང་། མྱང་སྟོད་པ་རྣམས་སུའི་ཕྱོགས་སུ་འགྲོ་ངེས་གཏན་མེད་པའི་ཁར། རིན་སྤུངས་ཡའང་ཉེན་ཁ

ཆེན་པོ་ཆགས་པའི་ཚོམས་སུ་སླེབས་གཤེགས། རིན་པས་འབྲུག་པ་པདྨ་དཀར་པོ་སླར་ཡང་རིན་གཙང་དབར་བར་གསེད་གནང་བར་གདན་ཞུས་ཀྱིས་མཐར། པ་རྣམ་པ་ཡོངས་རྫོགས་ཞིང་ཤག་པར་སྤྲད་ནས་འཁྲུས་ཙམ་བྱུང་བ་བཅས་སྐབས་དེར་ཡང་ཞིང་ཤག་པར་རྒྱལ་ཁ་ཐོབ།

དེའི་དུས་བྱང་བདག་ནམ་མཁའ་རིན་ཆེན་གྱི་སྲས་ནམ་མཁའ་རྒྱལ་མཚན་དང་། བྱང་བདག་བཀྲ་ཤིས་སྟོབས་རྒྱས་སྐུ་མཆེད་བགྲེས་གཞོན་གཉིས་ནང་མ་འཆམ་པའི་བར་དུ་ཞིང་ཤག་པའི་སྲས་ཀུན་སྤྱངས་ལྷ་དབང་རྡོ་རྗེས་འཚང་ས་ཐོག་ནམ་མཁའ་རྒྱལ་མཚན་གྱི་ཕྱོགས་སུ་ལངས་ཏེ་བྱང་བདག་བཀྲ་ཤིས་སྟོབས་རྒྱས་རང་གི་སྙེར་གཞིས་སུ་བཞུགས་མི་ཆོག་པ་དབུས་ཕྱོགས་སུ་རྒྱང་འབུད་ལྟ་བུར་ཕེབས་དགོས་པའི་དཔྱད་མཚམས་བཏང་བ་མ་ཟད། ཞིང་ཤག་པས་བྱང་བདག་བཀྲ་ཤིས་སྟོབས་རྒྱས་ལ་འཕྲུ་སྨོད་སྒྲོག་པ་ཐུགས་ལ་ཐོག་ཆེ་བས་བཀྲ་ཤིས་སྟོབས་རྒྱས་ཀྱིས་མངོན་སྤྱོད་ཀྱི་ལས་སྦྱོར་མཛད་པས་ཞིང་ཤག་ཚེ་བརྟན་རྡོ་རྗེ་གཟའ་ནད་ཀྱིས་གྲོངས་པར་གྲགས་པ་བཅས་གང་ལྟར་དོན་རྐྱེན་དེ་ལ་སྟོད་སྟོ་བྱང་གི་མངའ་ཁོངས་གཙང་པས་དབང་དུ་བསྡུ་བར་མེད་ཐབས་མེད་པའི་ཆ་རྐྱེན་ཞིག་ཏུ་གྱུར།

ཞིང་ཤག་པའི་སྲས་ཀུན་སྤྱངས་ལྷ་དབང་རྡོ་རྗེས་བསམ་གྲུབ་རྩེར་བཞུགས་པ་དང་། བསྟན་སྲུང་དབང་པོ་པ་རྣམ་ནོར་བུ་ཁྲུང་རྩེར་བཞུགས་ནས་གཙང་ཕྱོགས་ཕལ་ཆེར་དབང་འོག་ཏུ་བསྡུག

བསྟན་སྲུང་དབང་པོའི་སྲས་ཀརྨ་ཕུན་ཚོགས་རྣམ་རྒྱལ་དགུང་ལོ་བཅུ་བཞིར་སོན་སྐབས་སྤྱི་ལོ1611 ལྟགས་ཕག་ལོར་གཙང་པའི་སྲིད་ཀྱི་འཁན་བཞེས་ཤིང་། དེ་ནས་ཕྱི་སླང་སྟེ་གཟར་ཞེས་བྱ་བ་སྟེ་སྤྱི་ལོ1612 ཆུ་ཕྱི་ལོ་

དང་སྤྱི་ལོ1613 ཆུ་སླང་ལོར་ཕུན་ཚོགས་རྣམ་རྒྱལ་གྱིས་དཔུང་གི་སྟོར་བར་བརྟེན་ནས་དབུས་ཕྱོགས་འཕན་པོ་དང་གཞིས་ཀ་སྣེའུ་སོགས་བླངས་ཏེ་གཙང་པས་དབུས་གཙང་ཡོངས་ལ་གཞི་རྩའི་ཐོག་ནས་དབང་སྒྱུར་བྱས་ཤིང་། གོང་དུ་གསལ་བ་ལྟར་དྷ་ལའི་བླ་མ་སྐུ་ཕྲེང་བཞི་པ་ཡོན་ཏན་རྒྱ་མཚོས་གཙང་པའི་སྲས་ཀརྨ་བསྟན་སྐྱོང་དབང་པོའི་བྱེད་སྟོད་ལ་ཐུགས་མ་མགུ་བས་གཙང་པར་དྲག་པོ་མངོན་སྤྱོད་ཀྱི་ལས་སྦྱོར་གནང་བའི་ཀོ་ལོང་གིས་ཡོན་ཏན་རྒྱ་མཚོའི་ཡང་སྲིད་ངོས་འཛིན་ཞུས་མི་ཆོག་པ་བཟོས།

དེ་ཡང་ཡོན་ཏན་རྒྱ་མཚོ་སྐུ་འཚོ་བཞུགས་སྐབས་བཀྲ་ཤིས་ལྷུན་པོར་པཎ་ཆེན་བློ་བཟང་ཆོས་རྒྱན་གྱིས་གདན་ཞུས་དེའི་ཚེ། "གཙང་སྲིད་གྲུབ་རྒྱས་པའི་སྐབས་ཡིན་ཞིང་། སྡེ་སྲིད་གཙང་པ་ཕུན་ཚོགས་རྣམ་རྒྱལ་ནས་ཀྱང་གཟན་ཤིང་གི་སྣེ་ལེན་ཙམ་མཛད་སྐད། སླར་ཡང་དབུས་སུ་ཕེབས། སྡེར་ཀརྨ་པ་ཆོས་གྲགས་རྒྱ་མཚོའི་དུས་རིན་སྤུངས་པས་སྐྱེལ་པ་ཕུད་ནས་ས་ནག་མར་ཀར་དགེའི་ཀུན་སློང་ཡོད་བཞིན་པར། རྗེ་འདི་པ་རྟོན་སོག་ཡུལ་ནས་ཕེབས་འཕྲུལ་ཞྭ་དམར་དྲུག་པས (དཔལ་ལྡན་ཆོས་ཀྱི་དབང་ཕྱུག) ལེགས་བརྗོད་སྙན་ངག་གི་ལམ་ལས་དྲངས་པའི་ཞུ་ཡིག་ཕུལ་བར་སྒོ་མང་སློབ་དཔོན་གཞུ་ཁང་པ་དང་། དྲུང་ཡིག་སོགས་ནས་ལན་འདེབས་ལ་གོ་ཕྱོགས་ཚུང་ཟད་ལོག་པར་བརྟེན། ཀར་ལུགས་པ་རྣམས་ཀྱིས་ཛོ་བོའི་སྙན་ཤལ་ལ་ངན་རྩོམ་བརྒྱབ་པའི་ནང་དོན་ནི།

"ཐག་ཏིག་ཞག་གསུམ་གྱི་གྲོང་ཁྱེར་ན། །""
ཁོ་ར་གན་ཚོགས་པའི་ཏུ་རྣོན་ཚོ། །
རྗེ་ཆོས་དབྱིངས་རི་དྭགས་ཐང་བཞུགས་ལ། །

ར་རྗེ་རྒྱལ་འགྲན་པ་ཅི་ཡང་ཡིན། །
དེ་མི་འབྱུང་ཇོ་བོ་ཁྱེད་རང་ཤེས། །
ནྭ་བ་ནྭ་ཡི་ཨ་སོང་དེ། །
སོར་ཕྱེད་ཀྱིས་འཇལ་རིན་མི་གདའ་ཡང་། །
ནམ་ཞིག་ཁྲབ་འཇུག་གི་འདོམས་པས་ཀྱང་། །
མི་འཁྱུད་པ་ཞིག་བྱུང་ན་ཅུག་རང་བྱེད། །

ཅེས་པའི་ སྲག་ ཏིག་ ཞག་ གསུམ་ སེ་ འབྲས་ དགེ་ གསུམ་ དང་། དགེ་ ལུགས་ གཡག་ ཀར་ ལུགས་ སེང་ གེ་ སྒྲུར། ཀར་ དགེའི་ ཀུན་ སློང་ ད་ ལྟ་ སོང་ གྱིས་འཇལ་ན་འགྲིག་པ་དེ་ཕྱིས་འཕེལ་ནས་ཁྲབ་འཇུག་གི་འདོམས་པས་ཀྱང་ འཇལ་མི་ ཐུབ་ པའི་ དོན་ ཡིན་ པར་ གྲགས། "སོག་ པོས་ སྨར་ པའི་ རྟ་ དྲིལ་ ཕྲུགས། དེ་ ལན་ ཁ་ ཡར་ བརྒྱབས། ཡར་ རྒྱབ་ པ་ དང་ གཙང་ པ་ ཞང་ ཚན་ (གཙང་ པ་ སྡེ་སྲིད་ ཚོགས་ རྣམ་ རྒྱལ་ གྱི་ ཆུང་ མ་ དང་། གཅུང་ པོ་ ཕུན་ ཚོགས་ རིག་འཛིན་ གྱི་མཐའ་ མ་ ཡང་ ཡར་ རྒྱབ་ པའི་ བུ་ མོ་ ཡིན་ པ།) གྱིས་དཔུང་ ཚན་ ཆེ་བ་སྐྱིད་ཤོད་ཕྱོགས་སུ་བཙུག ས་ཆ་ཇོང་གཞིས་ཀྱིས་བཅད་གྲུས་ཆད་ལས་ སོགས་ཀྱིས་མཚོན་མི་གནང་ཀ་མེད་བྱུང་བས། དྲུག་ཅུ་མ་སོགས་མདོན་སྦྱོད་ གནང་བར་རྟགས་མཚན་མངོན་དུ་གྱུར་ཏེ་མི་རིང་བར་ཡར་གཙང་ཞང་ཚན་ ནང་འཁྲུག་སྟེ་ཡར་རྒྱབ་པའི་འབངས་རྣམས་ཀྱང་གཙང་པས་རྩིས་བླངས།" [1]ཞེས་ གསལ་ བ་ ལྟར་ གཙང་ པ་ ཕུན་ ཚོགས་ རྣམ་ རྒྱལ་ གྱིས་ སྤྱི་ ལོ་1610 ལོར་ཡར་རྒྱབ་པ་བདུད་འདུལ་གྲགས་པའི་དབང་ཆ་ཕྲོགས་ནས་ལྷོ་སྐལ་ཕྲན་

[1] (རྒྱལ་རབས་ཤེལ་དཀར་མེ་ལོང་ཤོག་ངོས་47ན)

བུ་སྲིད་དེ་ཟླུར་འཛོག་བྱས།

དུས་དེ་ཤེད་དུ་བོད་དབུས་གཙང་དུ“ཡར་སྐྱུར་གཙང་གསུམ་མངའ་ཐང་རྒྱས་པའི་སྐབས་ཡིན་ལ་དེའི་ནང་ནས་ཀྱང་གཙང་པ་ནི་འགྲན་ཟླ་མེད་ཅིང་། གཙང་པས་རིམ་བཞིན་ལྷ་ས་སོགས་སྐྱིད་སྨད་རྣམས་དང་། ཡར་རྒྱབ་པའི་པའི་མངའ་རིས་རྣམས་ཀྱང་དབང་བསྒྱུར་བྱས་པ་བཅས་ལ་བརྟེན་དགེ་ལུགས་པའི་སྦྱིན་བདག་སྐྱིད་ཤོད་སྡེ་པ་བསོད་ནམས་རྣམ་རྒྱལ་གྱིས་སོག་པོ་ཁལ་ཁ་ཚོ་ཁྱུར་དཔོན་པོ་སྐུ་མཆེད་གཉིས་ལ་རྩེ་པོ་ཏ་ལར་བཞུགས་པའི་འཕགས་པ་ལོ་ཀེ་ཤྭ་ར་འབུལ་རྟེན་དུ་བྱས་ནས་གཙང་པར་དམག་རྒྱག་དགོས་པའི་ར་ཟླར་སྤྲད་ཏེ་སྤྱི་ལོ1617“མེ་སྦྲུལ་ལོ་མཇུག་ཁལ་ཁ་ཚོ་ཁྱུར་དཔོན་པོ་སོགས་འགྲུལ་ཚན་དང་། དམག་ཡོན་ཆེར་འཁྱེར་ཞིང་། དགེ་སོག་དམངས་ནས་བསྐྱར་ཡང་དུས་ཟིང་བྱེད་པར་མངོན་དུ་ཕྱོགས་པ་ན་དགའ་ལྡན་པོ་བྲང་ཕྱག་མཛོད་བསོད་ནམས་རབ་བརྟན་དང་། སེ་ར་བྱེས་སློབ་དཔོན། ཕ་བོང་ཁ་སོགས་ནས་བཤོལ་ཅི་ཐུབ་མཛད་ཀྱང་། བསྟན་འགྲོའི་ཕྱུར་ཆགས་ཤིན་ཏུ་བདོ་བས་འཕྲུལ་ཕྱུགས་བསམ་གཞིགས་མ་མཐོང་ཞིང་། སེར་སྐྱ་ངན་འགྲོའི་རྒྱུ་ཚོགས་བསྒྲུབ་པ་རྣམས་ཀྱིས་ཤོག་ཞུར་དུ་དམངས་རྣམས་ཀྱང་གཡམ་རྒྱུགས་ལ་བརྟེན། སོག་དམག་དང་སེ་འབྲས་ཀྱི་སེར་དམག་རྣམས་ཀྱིས་ལྷ་སར་སྡོད་པའི་གཙང་པའི་མི་དྲག་དང་། དམག་དཔོན། དབུས་ཕྱོགས་སོ་སྲུང་དམག་མི་སོགས་ལ་ཕར་རྒོལ་གྱིས་རྦུས་ཉེས་ཆེར་བཏང་བས། གཙང་པ་ནས་ཀྱང་དབུས་གཙང་གི་དཔུང་ཆེན་བསྡུས་ཏེ་གཡུལ་སྦྲིད་རྩིས་ལ་སོག་པོས་ཀྱང་འཁྲ་མ་ཟིན་པར་རང་ཡུལ་དུ་ལོག་དགོས་བྱུང་ཞིང་། ཕྱག་མཛོད་ཞལ་ངོ་བསོད་ནམས་རབ་བརྟན་དང་། སྐྱིད་ཤོད་སྡེ་པ་གཡུལ་རྒྱལ

སོགས་ནས་ཀྱང་། བདེ་ཆེན་བྲག་དཀར། མཁར་སྟག་སོགས་སྐྱིད་སྟོད་ཆུ་སྨད་བྱང་གི་རྫོང་གཞིས་རྣམས་ཀྱང་ལྷུགས་སྐྱུར་ (བློས་བཏང་) མཛད་ནས་སོག་པོ་དང་ལྷན་དུ་ཐག་རིང་ཕེབས་དགོས་བྱུང་། གྲྭ་ས་འབྲས་སེ་གཉིས་པོ་ཡང་ཡུལ་དོན་ཏེ་ཟླ་བ་བཞི་ལྷའི་རིང་བྱང་སྟག་ལུང་དུ་བཞུགས་དགོས་པ་དང་། སེ་འབྲས་སོགས་ལ་དམག་ཕོག་པས་སྐར་སྟག་ལུང་པས་ངོ་ཆེན་ཞུ་གནང་གིས་ཚགས་སུ་ཚུད་ཀྱང་། སྤྱི་ཁང་སྒོ་སྒོ་ཁྱུང་སོགས་ཆག་གྲུམ་ཆེར་བཟོས་པས་རེ་ཞིག་ཁྲི་རྐུ་མི་ཐུབ་པ་སོགས་དགེ་བསྟན་གྱི་ཧྲུས་ཉེས་དེ་བྱུང་། འདི་ལུག་ལོ་ (དེང་གི་ལོ་རྒྱུས་སྨྲ་བ་ཚོས་དུས་ཚོད་འདི་ས་ཏ་སྤྱི་ལོ1618ལོ་སྟེ་སྡེ་པ་གཙང་པས་བོད་ཁམས་ལ་དབང་བསྒྱུར་བའི་ལོ་ཐོག་མར་བརྩི་བ་ཡིན་) ཟླ་བ་བདུན་པའི་ནང་ཙམ་དུ་ཡིན་ཞིང་། དེ་རྗེས་བྱ་སྤྲེལ་ལོ་ཡར་དྭགས་ཕྱོགས་སུའང་དཔུང་ཁྲིར་གྱིས་སྐྱ་རབ་པ་སོགས་ཀྱང་བཅོམ་སྟེ་སྟོད་གངས་ཏི་སེ་ནས་རྐོང་ཛ་ལར་ཐུག་པའི་དབུས་གཙང་འཛིན་མའི་གཞིར་གཏོགས་སོ་ཙོག་ལེགས་ལག་བྱང་འབྲོག་དུ་མ་དང་། འབྲི་གུང་། སྟག་ལུང་། ལྷ་བྲ། སྣ་དཀར་རྩེ་སོགས་སྒེར་ཁག་བླ་དཔོན་ཆེ་ཕྲ་དུ་མ་དང་བཅས་ཡོངས་ཀྱི་བདག་པོ་ཆེན་པོར་གྱུར་པས་མངའ་ཐང་དགུང་ལ་རེག་ཙིང་ཁམས་བོད་ཀུན་ན་གཙང་སྟོད་རྒྱལ་པོ་ཞེས་སྙན་པ་ཤིན་ཏུ་མཐོ། སྡེ་སྲིད་ཕུན་ཚོགས་རྣམ་རྒྱལ་དབུས་ཕྱོགས་སུ་དཔུང་གི་འགོ་སྣུད་ལ་ཕེབས་པར་སྤྲེལ་ (སྤྱི་ལོ1620ལྕགས་སྤྲེལ་) ལོར་ཟླ་བ་བཅུ་པ་ནང་ཙམ་དུ་ཟངས་ཡུལ་མོན་གདོང་སྒར་ཐོག་ཏུ་འབྲུམ་པས་སྐུ་གཤེགས་ཀྱང་དུས་ཟིང་སྐབས་བློན་ཆེན་རྣམས་ཀྱིས་རེ་ཞིག་གསང་སྟེ་སྐར་གཙང་ལ་ལོག་ཕེབས་རྒྱུའི་ཁུལ་བྱས། སྐར་བྱ་ལོར་གསང་བརྗོད་སྲས་སྡེ་སྲིད་ཀརྨ་བསྟན་སྐྱོང་དབང་པོ་ཁྲིར་མངའ་

གསོལ། འདི་པ་དགུང་ལོ་བཅུ་བདུན་ཙམ་ཡིན་ཀྱང་དཔའ་མཛངས་བློ་གྲོས་དང་ལྡན་པའི་བློན་ཆེན་སྣང་ཟླུག་གཉིས་དང་། མགྲོན་གཉེར་བོང་གོང་བ་སོགས་དྲུང་འཁོར་ཆེ་ཕྲག་མང་ཞིང་རླུང་རྟ་ཡར་འགྲོར་སོང་བས་ནང་ཚགས་བློ་གྲོས་མཉམ་ཞིང་གྲ་འགྲིག་པས་ཆབ་སྲིད་ཇེ་འཕེལ་ཡ་ཡོར་མ་གྱུར་ཏོ། སྡེ་སྲིད་འདིས་གཙང་དབུས་ཡོངས་རྫོགས་ཀྱི་རྒྱལ་པོ་མཛད་ནས་ལོ་ཧྲིལ་པོ་ཉི་ཤུ་ཙམ་སོང་མཐར་སོག་པོ་ཨོ་རོད་གུ་ཤྲི་རྒྱལ་པོས་རྒྱལ་པོས་ཆུ་རྟ་སྤྱི་ལོ1642ལོར་ཆམ་ལ་ཕབ་སྟེ་གོང་ས་རྒྱལ་བའི་དབང་པོའི་ཕྱག་ཏུ་ཕུལ་བ་ནི་འོག་ཏུ་འཆད་དོ།”①ཞེས་གསལ་བ་འདིས་སྐབས་དེའི་གནད་དོན་མང་པོ་གསལ་བཤད་ཐུབ་པས་ཆ་ཚང་དྲངས་ཤིང་། ཕྱག་མཛོད་བསོད་ནམས་རབ་བརྟན་དང་། སེར་བྱེས་སློབ་དཔོན་སོགས་ནས་དུས་ཟིན་བཤོལ་ཅི་ཐུབ་མཛད་ཅེས་གསུངས་པ་སྐབས་དེའི་དུས་ཟིན་ནང་སེ་འབྲས་ནས་སེར་དམག་གཞུག་མི་རུང་བའི་ཚུལ་སེ་འབྲས་གྲྭ་ས་གཉིས་ལ་གོ་བཀོན་གསེད་བཀྲོན་བྱས་པ་ཞིག་ཡིན་ཤས་ཁ་བ་ལས། སྐྱིད་ཤོད་པས་སོག་དམག་ར་ཟླར་སྦྲན་ཏེ་དབུས་སོག་མཉམ་སྦྲེལ་གྱིས་གཙང་པར་ཕར་རྒོལ་བྱ་རྒྱུར་བཤོལ་བཏབ་པར་ངོས་འཛིན་མི་རུང་བ་དང་། འཕྲི་གུང་དང་། སྟག་ལུང་སོགས་བཀའ་བརྒྱུད་པ་གཞན་ཚོས་ཀྱང་གཙང་པ་གྲོགས་སུ་བརྟེན་པའམ་ཡང་ན་གཙང་པ་ཕོག་ཐུག་མ་བཏང་བ་གུས་འདུན་ལྷུར་ལེན་གྱིས་གཙང་པའི་དབང་བསྒྱུར་ཁ་ལེན་བྱས་པས་དེ་ཚོར་སྐབས་དེར་གནོད་སྐྱོན་ཆེར་མ་བྱུང་བ་མཚོན་པར་བཅས་བསྡོམས་ན་གར་དགེའི་ཀུན་སློང་ལ་བརྟེན་ནས་བྱུང་བའི་འགལ་བའི་

① （རྒྱལ་རབས་ཤེལ་དཀར་མེ་ལོང་བྲིས་མ་ཤོག་གྲངས47ནས48ན）

ཁྲིད་ནས་སྐབས་དེར་དགེ་ལུགས་པའི་ཕྱོགས་གཏོགས་ལ་ཕམ་ཉེས་མཐར་ཕྱིན་པ་ཕོག་སྟེ་གཙང་པ་རང་གི་རྒྱབ་བརྟེན་དུ་བྱས་པའི་སྡེ་སྲིད་གཙང་པས་དབུས་གཙང་ཡོངས་ལ་དབང་སྒྱུར་བའི་སྲིད་དབང་དེ་སྤྱི་ལོ1618 རབ་བྱུང་བཅུ་པའི་ས་རྟ་ལོར་བཙུགས་པ་ཡིན་ཅིང་། གཙང་པའི་སྡེ་སྲིད་ནི་དང་པོ་ཕུན་ཚོགས་རྣམ་རྒྱལ་གྱིས་སྤྱི་ལོ1618ནས་སྤྱི་ལོ1620བར་ལོ་གཉིས་དང་། གཉིས་པ་ཀརྨ་བསྟན་སྐྱོང་དབང་པོས་སྤྱི་ལོ1621ནས་སྤྱི་ལོ1642བར་ལོ་ཉི་ཤུ་རྩ་གཉིས་སྲིད་དབང་བསྐྱངས།

གཙང་པ་སྡེ་སྲིད་ཀྱི་ཆབ་སྲིད་ཀྱི་ལྟེ་གནས་གཞིས་ཀ་བསམ་གྲུབ་རྩེར་བཙུགས་ཐོག་དབུས་གཙང་ཁུལ་གནད་འགག་ཆེ་བའི་རྫོང་ཆེན་བཅུ་གསུམ་ཙམ་བཟུང་བས་མ་གཏོགས། དེ་མིན་གྱི་རྫོང་ཁྲན་ས་བཙན་ཡོད་རིགས་རྣམས་རྗེས་སུ་དུས་ཟིང་ལག་གཞིའི་ཆ་རྐྱེན་དུ་གྱུར་དོགས་ཀྱིས་ཞིག་ཤུལ་མེད་བཟོས་པའི་ཤིང་ཆ་རྣམས་དགོན་སྡེ་དང་། གྲུ་ཟམ་གྱི་རྒྱུར་བཏང་བར་གྲགས།

གཙང་པ་སྡེ་སྲིད་ཀརྨ་བསྟན་སྐྱོང་དབང་པོས་སྲིད་སྐྱོང་བའི་རིང་བཀྲ་ཤིས་ལྷུན་པོ་དང་། གཞིས་རྩེ་གྲོང་ཁྱེར་གྱི་བར་དེར་" གཙང་ཆོས་སྡེ་ཆེན་པོ་གསར་རྒྱག་མཛད་པ་དང་ཐུག་པས་མི་དམངས་ཀྱིས་ཀུན་སློང་ངན་པས་དགོན་པ་བཏབ་ཅེས་གླེང་བརྗོད་དང་། འུ་ལག་རྣམས་ཀྱིས་བཀྲ་ཤིས་ལྷུན་པོའི་རྒྱབ་རི་ནས་རྡོ་བཅལ་བས་ཐབ་འདྲིལ་བའི་སྤྱིལ་བུ་འདྲ་ལ་གནོད་པ་བྱུང་བ་སོགས་པཎ་ཆེན་རིན་པོ་ཆེ་ཐུགས་བཟོས་མི་བདེ་བ་དང་། ལྷ་བྲང་གི་ཕྱག་ཕྱིར་དང་ཐོས་བསམ་གླིང་སློབ་དཔོན་གྱི་བརྗོད་རིགས་དུ་མ་རྣ་བར་

བཏབ་བས་མི་སྣ་ཆོས་མཚོ་ཁར་སླེབས་ཐོག་མཐོང་ཐོས་རྒྱལ་པོར་ཞུས། ”[1] ཞེས་རྒྱལ་རབས་རྙེལ་དཀར་མེ་ལོང་ནང་གྲུ་ཤྲིའི་དམག་དཔུང་བོད་བསྐྱོད་ཀྱིས་གཙང་པ་གཏོར་བའི་རྒྱུ་རྐྱེན་དུ་འདུག་ཅིང་། ཡང་ཟེར་སྒྲོས་གཞན་ཞིག་ལ་དགོན་པ་གསར་རྒྱག་གིས་རི་བོའི་ལེབས་སུ་སྤྱིའུ་མཐོན་པོ་ཞིག་བརྩིགས་པའི་ངོས་ལ་བཀྲ་ཤིས་ཟེ་ལ་མཆོད་ཞེས་བྱ་བ་བཀོད་པར་གྲགས་པ་བཅས་གང་ལྟར་གཙྪ་བསྟན་སྐྱོང་དབང་པོས་བཏབ་པའི་དགོན་པ་དེ་ཉིད་རྗེས་སུ་སོག་པོས་གཏོར་ནས་མེད་ཀྱང་སྔོན་གྱི་དགོན་གནས་དེའི་ཤུལ་དུ་“དགོན་པ་གསར་པ་” ཞེས་པའི་གྲོང་ཚོ་ཆུང་ཆུང་ཞིག་གནས་པ་དང་གྲོང་ཚོ་དེར་གྲོང་ཚོ་གཞན་དང་མི་འདྲ་བའི་སྒོ་དང་སྒེའུ་ཁུང་ལ་ཏུ་མེ་སྒྲིག་མི་ཆོག་པ་དང་། ཁང་པར་དཀར་རྩི་བྱུགས་མི་ཆོག་པ་སོགས་ཀྱི་འཆིང་རྒྱ་འདྲ་ཡང་ཡོད་པར་གྲགས་སོ།

དེ་ལྟར་གཙང་པ་སྡེ་སྲིད་ཀྱིས་བོད་དབུས་གཙང་ལ་དབང་སྒྱུར་ཐུབ་པའི་རྒྱུ་མཚན་ནི། སྟོབས་ཤུགས་ཐོག་ནས་ཕག་གྲུ་སྡེ་སྲིད་ཀྱི་སྲིད་དབང་མིང་ཙམ་དུ་གྱུར་ཏེ་རིན་སྤུངས་པས་བོད་དབུས་གཙང་ལ་རིམ་པས་དབང་སྒྱུར་བྱས་ནས་རྒྱུན་རིང་ཙམ་སོང་བ་དང་། རིན་སྤུངས་པས་སྲིད་དབང་སྐྱོང་སྟངས་ཀྱང་མི་ཚོའི་བློ་ལ་བབས་ཤིང་ལྷིང་ཆགས་པོ་ཞིག་བྱུང་མེད་པ་མ་ཟད། ལྷག་པར་རིན་སྤུངས་ངག་དབང་འཇིགས་གྲགས་ནི་རྒྱལ་པོ་པཎྜི་ཏའི་སྤྱོད་ཚུལ་ལྟར་བཞེས་རིག་གནས་གསན་བསམ་དང་གཞན་ལ་སྤེལ་བ་ཁོ་ནར་ཐུགས་ཞེན་པའི་སྐབས་ཀྱིས་སྲིད་འཛིན་གྱི་བྱ་བ་བག་ལ་ཞ་བ་ལྟ་བུ་དེ་ཞིང་

---

[1] (རྒྱལ་རབས་རྙེལ་དཀར་མེ་ལོང་ཤོག་གྲངས་58བ)

ཞག་པ་ཚེ་བརྟན་རྡོ་རྗེ་རྒྱུད་པ་དང་བཅས་པས་སྙིག་ནས་རང་གི་སྲིད་འགྱུར་འཕེལ་རྒྱུས་གཏོང་བར་ཕན་ཡོད་ཀྱི་ཆ་རྐྱེན་ཐོབ་པ་དང་། ལྷག་པར་དེ་བས་གལ་ཆེ་བ་ཞིག་ནི་ཆབ་སྲིད་ཐོག་གཙོ་པ་དེ་བཞིན་གཤེགས་པའི་སྐབས་ཏཱ་མིང་གོང་མ་ཅིང་ཐམས་ནས། རྒྱ་བོད་ས་ཁོད་འཁྱུངས་པས་བོད་ཀྱི་ལྷ་མིའི་དཔོན་ཧི་འོས་གཙོ་པ་ནས་བསྐོ་གཞག་གནང་ཚོག་པའི་ལུང་ཐོབ་པ་བཞིན་གཙོ་པ་ཆོས་དབྱིངས་རྡོ་རྗེས་གཙང་པ་ཕུན་ཚོགས་རྣམ་རྒྱལ་ལ་དབུས་གཙང་བདག་པོའི་ལུང་གནང་སྟེ་ཤེལ་དམ་དམར་ནག། སྐུ་དར་རྒྱ་གླིང་སོགས་ཆེ་བ་མཚོན་པའི་རྟགས་ཅན་དང་བཅས་དབུས་གཙང་གི་བདག་པོར་ཤེས་སུ་བཙུག་པ་①དང་། གཙོ་བསྟན་སྐྱོང་དབང་པོར་ཡང་དེ་ལྟ་བུའི་ལུང་ཐོབ་པར་བརྟེན་དུས་སྐབས་དེའི་ཚེ་ཆབ་སྲིད་ཐོག་ནས་གཙང་པར་སུས་ཀྱང་འགྲན་མི་ཐོད་པར་གྱུར་ཅིང་། དེ་བཞིན་གཙང་པས་སྲིད་དབང་སྐྱོང་ལུགས་ཐད་ཀྱང་ཅུང་ཆ་ཚང་བའི་ཐབས་ཤེས་སྤྱད་ཡོད་པ་སྟེ། ཁྲིམས་ལུགས་ཐོག་སྔར་ཕག་མོ་གྲུ་པ་དང་། ཚལ་པ་སྡེ་སྲིད་སོགས་ཀྱི་ཁྲིམས་ཡིག་ཞལ་ལྕེ་བཅོ་ལྔའི་ཐོག་ཀླ་ཀློ་མཐའ་འཁོབ་ཀྱི་ཞལ་ལྕེ་བསྣན་པས་ཞལ་ལྕེ་བཅུ་དྲུག་ཏུ་གཏན་ལ་ཕབ་པ་དང་། འབྲུ་རིགས་གཞོར་འཇལ་གྱི་ཚད་གཞི་བར་སྐབས་གཅིག་གྱུར་མེད་པ་དེ་གཏན་ཚོགས་ཁ་ཏུ་ཟེར་བའི་མཁར་འདོའི་ཚད་གཞི་གཅིག་གྱུར་བཟོས་པ། གཞན་ཡང་གཙང་པའི་མཛད་ཆེན་ལྔ་ཞེས་སྒྲིག་སྲོལ་དོན་ཚན་ལྔ་གཏན་འབེབས་བྱས་ཡོད་པ་དེ་ཡང་།

"སྡེ་སྲིད་ཀྱིས་སངས་རྒྱས་ཀྱི་བསྟན་པ་རིན་པོ་ཆེའི་ཞབས་ནས

① （གཙང་སྟོད་རྒྱལ་པོའི་རྣམ་ཐར་བྲིས་མ་སྨུམ་པར་དེབ་ངོས9）

འདེགས་པ་དང་། ཆོས་བཞིན་སྐྱོང་བའི་རྒྱལ་པོའི་ལུགས་བཟུང་བའི་ཕྱིར་བན་སེར་མོ་བའི་ཕྱུག་མི་བཞེས་ཤིང་། གྲུབ་མཐའ་རིས་མེད་ཀྱི་བན་ཁྲི་ཚོ་མང་པོ་རྒྱལ་ཁབ་བསམ་གྲུབ་རྩེར་གདན་དྲངས་ནས་སེར་ཚོགས་ཚར་གསུམ་ལ་མང་ཇ་གདན་ནོན་གྱི་ཞབས་ཏོག་གསེར་དངུལ། རིན་པོ་ཆེ། རྒྱན་ཆས། གོས་དར། རྟ་ཁྲབ། ལྷུགས། ཐུ་རམ། བལ། ཆོས། བཅོད། ཕྱེ། ནས་སོགས་འདོད་རྒུའི་ལོངས་སྤྱོད་ཐམས་ཅད་ཕུལ་ཏེ་འགྱེད་ཆེན་གནང་བས་དགེ་འདུན་རེ་ལ་ལོ་རེའི་རྒྱུག་གོས་ཀྱིས་འཚོ་བར་མཛད་པ་དང་གཅིག

མངའ་འབངས་ཐམས་ཅད་ཀྱི་བདེ་སྐྱིད་དང་། སློམས་ཆུང་ཉམ་ཐག་པ་ལ་ཕ་མ་ལྟར་བརྩེ་བར་བོད་ཁྲིམས་བར་དུ་ལྡད་པ་རྣམས་གསོར་འཇུག་ཕྱིར་བཀའ་ཁྲིམས་ཀྱི་གཞུ་ལེ་ཆེན་མོ་བསྒྲིགས་པ་གནང་ནས་མངའ་འབངས་ཐམས་ཅད་ཞོ་ལ་སྦྲིས་མ་ཆགས་པ་ལྟར་ཞོད་འཇགས་ཤིང་། ཉིན་མཚན་གྱི་གཉིད་གོ་མ་ལོག་པར་ཉལ་ཆོག་པ་དང་གཉིས།

མངའ་འབངས་ཁྲལ་མི་རྣམས་ངལ་གསོ་ཞིང་སྐྱིད་པ་ལ་སྐྱིད་པ་ངོ་ཤེས་པའི་ཕྱིར་བརྒྱ་ཚོ་རེར་ལོ་ལོ་བཞིན་ལོ་རེས་བསྐོར་གྱི་རྐང་འགྲོ་ལག་འདོན་གྱི་ཁྲལ་རིགས་རྣམས་བཅག་པའི་དར་རྐྱེན་གྱི་ལུང་གནང་སྟེ་ལོ་འཁོར་རེར་རྒྱལ་ཁམས་ཐམས་ཅད་སྐྱིད་སྡུག་ཚར་རེ་སློམས་པ་གནང་བ་དང་གསུམ།

མི་འཇིགས་སྐྱབས་ཀྱི་སྦྱིན་པས་སེམས་ཅན་བདག་མེད་ཤ་རུས་པགས་པའི་ཕྱིར་སྲོག་གིས་ཉེན་པ་རྣམས་སྐྱོབ་པ་དང་བདེ་བར་འདུག་པའི་ཕྱིར་ཚོ་འཕྲུལ་དུས་ཆེན་ནས་ཟླ་བ་བཅུའི་བར་རི་རྒྱ་ཀླུང་རྒྱ་བསྡོམས་པ་གནང་བ་དང་བཞི།

ར་ས་འཕྲུལ་སྣང་གི་གཙུག་ལག་ཁང་ཆེན་པོར་ཇོ་ཤཱཀ་ཡིད་བཞིན་

ནོར་བུ་ལ་ཐག་རིང་མཐའ་འཁོབ་ནས་མཇལ་ན་བཟའ་འབུལ་བ། ཕ་མ་དྲིན་ཅན་གྱི་དུས་པ་སྐྱེལ་བ། ཐོད་པ་གཏུགས་ནས་སྨོན་ལམ་རྒྱག་པ། གྲུབ་མཐའ་རིས་མེད་ཀྱི་ཆོས་ཀྱི་སྟེ་རྣམས་སུ་འབུལ་སྐྱེལ་སོགས་དགེ་རྒྱུན་གསེར་ཟམ་གྱི་བདེ་ཐབས་ཕྱིར་བྱུང་དུ་རིགས་ཀྱི་ཁྲིམས་ཁ་བསྣམས་པ་མཛད་ནས་བཟང་འགྲུལ་མཐའ་འཁོབ་པ་སྤྲིན་དཀར་པོ་ལ་ཚད་བཙུགས། གངས་དཀར་པོ་ལ་སྣེ་གཏད། ས་ནག་འདོམ་དུ་གཞལ་ནས་ཉམས་ཐག་ཅིང་གཅད་པ་རྣམས་རྟ་ཚད་བྱུང་ཁམས་སུ་གསོ་ཆོག་པ་དང་། མི་ཚད་ལྟོགས་འཁྲུགས་ཀྱིས་གཙེས་པ་རྣམས་ལ་གྲོ་ཁ་བྱུང་དུ་རིགས་ནས་གཡག་ལུག་དབུས་ཀྱི་རྫོང་གཞིས་ནས་རྩམ་སྲུབ། གོས་རྒྱུའི་སྣམ་ཕྲུག་གནང་སྟེ་བྲམས་བརྩེའི་བཀའ་དྲིན་གྱིས་བསྐྱངས་ཏེ་རང་རང་འདོད་པའི་བགྱིད་པ་རྣམས་བསྐྱབས་ཏེ་རང་རང་གི་ཡུལ་དུ་བདེ་བར་ལོག་ཆོག་པ། རྒྱ་ནག་པོའི་བྱུང་སྒོ་སོག་ཡུལ་ནས་དབུས་གཙང་གི་བར་རྒན་མོ་གསེར་འཕྲེར་ལྷ་བུའི་དུས་བདེ་བར་མཛད་པ་དང་ལྷ།”①ཞེས་གསལ་བ་དོན་རྗེར་དྲིལ་ན།

（1）སངས་རྒྱས་བསྟན་པའི་ཆེ་བ་འདེགས་པའི་ཕྱིར་སྟེ་སྲིད་ཀྱིས་སེར་མོ་བའི་ཕྱག་འཚལ་མི་བཞེས་པ་དང་། གྲུབ་མཐའ་རིས་མེད་ཀྱི་དགེ་འདུན་རྣམས་གཞིས་ག་བསམ་གྲུབ་རྩེར་གདན་དྲངས་ནས་ལོ་རེ་སེར་ཚོགས་ཐེངས་གསུམ་རེ་འཚོགས་པར་བསྙེན་བཀུར་ཕུན་སུམ་ཚོགས་པ་ཞུ་བ།

（2）མངའ་འབངས་ཀྱི་འཚོ་ཆོས་ཆེད་ཁྲིམས་སྲོལ་གཙུ་ལི་ཆེན་མོ་བསྒྲིགས་ཏེ་ཆབ་འབངས་བདེ་བར་འཁོད་ཐུབ་པའི་ཐབས་ལམ་ལག་བསྟར་

① （གཙང་སྟོད་རྒྱལ་པོའི་རྣམ་ཐར་བྲིས་མ་སྨུམ་པར་མ་དེབ་ངོས13）

བྱེད་པ།

(3) མངའ་འབངས་དབུགས་ངལ་གསོ་བའི་ཕྱིར་བརྒྱ་ཚོ་ཁག་ལོ་རེས་བསྐོར་གྱིས་རྐང་འགྲོ་ལག་འདོན་གྱི་ཁྲལ་རིགས་སྐྱབ་རྒྱུགས་མ་དགོས་པའི་དར་རྒན་གྱི་ལུང་བཏང་སྟེ་ཁྲལ་ཁུལ་ཡང་བཟོས་གཏོང་བ།

(4) ཆོ་འཕྲུལ་དུས་ཆེན་ནས་ཟླ་བཅུ་པ་བར་རི་དྭགས་ཟོན་རྒྱག་བྱེད་མི་ཆོག་པའི་རི་རྒྱ་ལུང་རྒྱ་སྡེམ་པ།

(5) ས་ཐག་རིང་པོ་ནས་ལྷ་སར་ཇོ་ཤཱཀྱ་རྣམ་གཉིས་ཀྱིས་མཆོད་པའི་གནས་རྟེན་མཇལ་དུ་ཡོང་མི་བཟང་འཁྱལ་པ་རྣམས་ཀྱི་མི་ཁལ་ལ་སྲུང་སྐྱོབ་དང་། རྫོང་གཞིས་ཁག་ནས་གསོ་ཆས་སྦྱིན་པ་དང་། ལོང་ཚོར་གནོད་འཚེ་མི་ཆོག་པ་བྱམས་བརྩེས་སྐྱོང་དགོས་པ་བཅས་ཡིག་ལམ་དུ་གཏན་འབེབས་གསལ་པོར་བྱས་ཡོད་པ་བཅས་སོ།

འོན་ཀྱང་ཕྱོགས་གཞན་ཞིག་ནས། ཀརྨ་བཀའ་བརྒྱུད་པ་དང་། དགེ་ལུགས་པའི་གྲུབ་མཐའི་དབར་རིམ་བཞིན་ཆགས་པའི་འགལ་བ་རྙོང་ཅན་ཞིག་ཡོད་པ་དེའི་ཁྲོད་དུ་གཙང་པས་མཐའ་གཅིག་ཏུ་ཀརྨ་བཀའ་བརྒྱུད་པའི་ཕྱོགས་སུ་ལངས་ཏེ་དགེ་ལུགས་པར་སྣང་ཉུག་གི་གནོན་ཤུགས་རིམ་བཞིན་ཇེ་ཆེར་ཇེ་སྟུག་ཏུ་བཏང་བའི་རྐྱེན་གྱིས་མཐར་དགེ་ལུགས་པའི་སྦྱིན་བདག་སོག་པོ་གུ་ཤྲི་ཧན་གྱི་དམག་དཔུང་བོད་དུ་འོངས་ནས་གཙང་པ་སྡེ་པའི་སྟོབས་ཤུགས་རྩད་མེད་བཟོས་ཐོག་རབ་བྱུང་བཅུ་གཅིག་པའི་ཆུ་རྟ་སྤྱི་ལོ1642 ལོར་གུ་ཤྲི་ཧན་གྱིས་ཏཱ་ལའི་བླ་མ་སྐུ་ཕྲེང་ལྔ་པ་གཞིས་ཀ་རྩེར་གདན་དྲངས་ཏེ་བོད་ས་གནས་ཀྱི་སྲིད་དབང་ཡོངས་རྫོགས་དང་། གཙང་པ་རྒྱལ་པོའི་ཕོ་བྲང་གཞིས་ཀ་རྩེ་ནས་བླངས་པའི་རྒྱུ་ནོར་རིན་ཐང་ཅན་མང་པོ་

ཕྱུལ་ཏེ་དགའ་ལྡན་ཕོ་བྲང་པའི་སྲིད་དབང་དངོས་སུ་བཙུགས་པའི་སྐོར་གཞམ་དུ་དགའ་ལྡན་ཕོ་བྲང་པའི་སྐབས་ཞུ་རྒྱུ་ནས་མཁྱེན་ཐུབ་ཅིང་། སྤྱི་ལོ1642ཆུ་རྟ་ལོ་སྡེ་སྲིད་གཙང་པའི་སྲིད་དབང་མཇུག་བསྒྲིལ་བ་དང་། གཙང་པ་ཀརྨ་བསྟན་སྐྱོང་དབང་པོའི་སྲོག་ལ་ཉེན་ཁ་མི་འབྱུང་ཆེད་ས་སྐྱ་ཞབས་དྲུང་དང་། པཎ་ཆེན་སྐུ་ཕྲེང་བཞི་པ་ཆོས་ཀྱི་རྒྱལ་མཚན་གྱིས་གུ་ཤྲི་ཆེད་མཇལ་གྱི་ཞུས་དོར་མཐར་སྡེ་སྲིད་ཀརྨ་བསྟན་སྐྱོང་དབང་པོ་དང་། མགྲོན་གཉེར་བོན་གོང་པ། སྣང་ཟུག་པ་སོགས་སོག་པོའི་དམག་གིས་བསྐོར་ནས་སྣེའུ་རྫོང་དུ་བཙུགས་ཏེ་དེར་བརྩོན་འཇུག་དོ་དམ་ལས་སྲོག་ལ་འཚེ་བ་མེད་པར་གནས་ཀྱང་། དེ་རྗེས་ཀརྨ་པ་ཡབ་སྲས་སོགས་གཙང་པའི་ཕོགས་གཏོགས་སེར་སྐྱ་མང་པོས་དབུས་གཙང་གོང་གསུམ་ནས་དུས་ཟིང་བསླངས་པས་གུ་ཤྲི་འཛིན་ཆོས་རྒྱལ་གྱིས་དུག་རྩ་བོང་ནག་སྡེ་པ་གཙང་པ་དང་། བློན་པོ་སྣེའུ་ར་ཡོད་པ་འགའ་རྒྱན་ལམ་དུ་གཏོང་དགོས་བཀའ་བཏང་བས་མཐར་གཙང་ཆུར་བསྐྱུར་ཏེ་ལྷ་པའི་ལམ་དུ་དྲངས་ནས་སྡེ་སྲིད་གཙང་པ་བྱ་བ་མིང་གི་ལྷག་མར་གྱུར་པའོ།

ས་བཅད་བདུན་པ། དགའ་ལྡན་ཕོ་བྲང་པའི་དབང་བསྒྱུར་དུས་རབས་ཀྱི་སྐོར།

དང་པོ། ཏཱ་ལའི་བླ་མ་སྐུ་ཕྲེང་ལྔ་པ་ངག་དབང་བློ་བཟང་རྒྱ་མཚོའི་སྐབས།

1. ཏཱ་ལའི་བླ་མ་སྐུ་ཕྲེང་ལྔ་པ་ངོས་འཛིན་ཞུས་པ་དང་བོད་ས་གནས་ཀྱི་སྲིད་དབང་བཞེས་པ།

ཏཱ་ལའི་བླ་མ་སྐུ་ཕྲེང་ལྔ་པ་ངག་དབང་བློ་རྒྱ་མཚོ་མཆོག་ནི། ཏཱ་ལའི་བླ་མ་སྐུ་ཕྲེང་ན་རིམ་གྱི་ཁྲིད་ནས་རྒྱལ་མཚན་གྱི་ཏོག་ལྟར་མངོན་པར་འཕགས་པའི་མཚན་སྙན་རྒྱལ་ཡོངས་ཀྱི་ཁྱོན་ལ་ཁྱབ་པ་ཞིག་ཡིན་ལ། བོད་ཀྱི་ཆོས་སྲིད་གང་ཐད་ལ་མཛད་རྗེས་ཆད་དུ་བྱུང་ཞིང་། ལྷག་པར་མེས་རྒྱལ་གཅིག་གྱུར་སྟེར་བས་སྲ་བརྟན་དུ་འགྱུར་བར་ནམ་ཡང་མི་ནུབ་པའི་ཕྱག་རྗེས་འཇོག་གནང་མཛད་ཡོད། ཁོང་ལ་ལྔ་པ་ཆེན་པོ་ཞེས་ཞུ་དགོས་དོན་ནི། ས་བཅད་གོང་མར་འཁོད་པ་ལྟར་འཇམ་མགོན་བླ་མ་ཙོང་ཁ་པ་ཆེན་པོའི་དངོས་སློབ་གཙོ་ཆེ་བའི་གྲས་ཤིག་ཡིན་པའི་རྗེ་དགེ་འདུན་གྲུབ་སྐུ་ཕྲེང་དང་པོར་རྩིས་པའི་ཡང་སྲིད་གཉིས་པ་རྗེ་དགེ་འདུན་རྒྱ་མཚོ་དང་། གསུམ་པ་ཏཱ་ལའི་

བླ་མ་བསོད་ནམས་རྒྱ་མཚོ། བཞི་པ་ཏཱ་ལའི་བླ་མ་ཡོན་ཏན་རྒྱ་མཚོ་བཅས་རིམ་པར་བྱོན་པའི་བཞི་པ་ཡོན་ཏན་རྒྱ་མཚོའི་ཡང་སྲིད་ཡིན་སྟབས་སྐུ་ཕྲེང་གི་རིམ་པ་མཚན་དུ་ཆགས་པ་ལས་བྱུང་བ་ཞིག་ཡིན།

དེ་ཡང་ཏཱ་ལའི་བླ་མ་ལྔ་ཆེན་པོའི་ཡབ་ན་སྡེ་སྲིད་ཕག་མོ་གྲུ་པའི་འཕྲིན་ལས་གཙོ་བོ་ཟ་ཧོར་གྱི་རིགས་བརྒྱུད་དུ་གྲགས་པ་རིམ་པར་བྱུང་བའི་ནང་ཚན་འཕྱོངས་རྒྱས་པ་ཧོར་བདུད་འདུལ་རབ་བརྟན་དང་། ཡུམ་ནི་ས་སྐྱའི་དཔོན་ཆེན་ཨག་ལེན་ཞེས་ཡ་འབྲོག་ཁྲི་སྐོར་གྱི་བདག་པོར་གྱུར་པ་དེ་ཉིད་ཀྱི་གདུང་རྒྱུད་ཀུན་དགའ་ལྷ་མཛེས་གཉིས་ཀྱི་སྲས་སུ་སྤྱི་ལོ1617བོད་རབ་བྱུང་བཅུ་པའི་མེ་སྦྲུལ་ལོ་ཕྱིང་བར་སྟག་རྩེར་གྲགས་པའི་འཕྱོངས་རྒྱས་རྫོང་དུ་སྐུ་བལྟམས། སྐབས་དེ་དུས་དབུས་གཙང་གི་ཁྲོན་ལ་གཙང་པ་སྡེ་སྲིད་ཀྱིས་དབང་བསྒྱུར་བའི་སྐབས་ཡིན་ཅིང་། ཀརྨ་བཀའ་བརྒྱུད་པ་དང་དགེ་ལུགས་པའི་བར་གྲུབ་མཐའི་ཕྱོགས་ཞེན་ཆེ་བ་དང་། གཙང་པ་སྡེ་སྲིད་ལ་ནད་གཞི་ཡང་ཡང་ཕོག་པ་དེ་ཏཱ་ལའི་བླ་མ་བཞི་པ་ཡོན་ཏན་རྒྱ་མཚོས་མཐུ་གཏད་གནང་བར་དོགས་པ་བྱས་ཏེ་དང་ཐོག་ཏཱ་ལའི་ཡང་སྲིད་ངོས་འཛིན་ཞུས་མི་ཆོག་པའི་དམ་བསྒྲགས་ནན་པོ་བྱས་པར་གྲགས་ཤིང་། པཎ་ཆེན་སྐུ་ཕྲེང་བཞི་པ་བློ་བཟང་ཆོས་རྒྱན་གྱི་རྣམ་ཐར་ལས་འབྱུང་བ་ལྟར། གཙང་པ་སྡེ་སྲིད་ལ་ནད་ཀླི་བོ་ཞིག་ཕོག་པར་སྨན་བཅོས་དང་སྐུ་རིམ་ཇི་ལྟར་བྱས་ཀྱང་ཕན་སྐྱེད་མ་བྱུང་ཞིང་། མཐར་པཎ་ཆེན་བློ་བཟང་ཆོས་རྒྱན་གྱིས་རིམ་འགྲོ་མཛད་པས་ནད་སེང་དྲག་ཏུ་གྱུར་སྐབས་པཎ་ཆེན་རིན་པོ་ཆེས་གོ་སྐབས་དེ་དང་བསྟུན་ནས་ཏཱ་ལའི་བླ་མ་བཞི་པའི་ཡང་སྲིད་ངོས་འཛིན་ཞུས་ཆོག་པ་དབུ་ནན་མཐར་སྐྱོལ་གནང་བས་གཞི་ནས་ཁས་ལེན་

ཐོབ་པ་བྱུང་། དེ་ནས་པཎ་ཆེན་བློ་བཟང་ཆོས་རྒྱན་དང་། འབྲས་སྤུངས་དགའ་ལྡན་ཕོ་བྲང་པའི་སྐུ་ཚབ་དཀའ་བཅུ་སོགས་ཀྱིས་ཧྭ་ལའི་བླ་མ་སྐུ་ཕྲེང་བཞི་པ་ཡོན་ཏན་རྒྱ་མཚོའི་སྐུ་སྐྱེ་ངོས་འཛིན་དུ་སྟ་དཀར་རྩེར་ཕེབས་པས་མཛལ་མ་ཐག་སྔོན་གནས་རྗེས་དྲན་གྱི་གསུང་མང་དུ་བྱོན་པར་གྲགས་པས་ཐུགས་ཡིད་ཆེས། སྤྱི་ལོ1622ཐོད་ཆུ་ཁྱི་ལོར་ཡང་སྲིད་རིན་པོ་ཆེ་དགུང་ལོ་དྲུག་ལ་སོན་སྐབས་པཎ་ཆེན་སྐུ་ཕྲེང་བཞི་པ་བློ་བཟང་ཆོས་རྒྱན་གྱིས་ཐུགས་འགན་གཙོ་བཞེས་མཛད་དེ་གདན་ས་གསུམ་གྱི་བླ་གྲྭ་རྣམས་ནས་དཔལ་ལྡན་འབྲས་སྤུངས་སུ་གདན་དྲངས་ཏེ་སྐུའི་ན་ཚོད་དང་བསྟུན་པའི་རིམ་བཞིན་མདོ་རྒྱུད་རིག་གནས་རྒྱ་མཚོར་གསན་སྦྱོང་གནང་ཞིང་། 1625 ཐོད་ཤིང་གླང་ལོར་པཎ་ཆེན་རིན་པོ་ཆེ་མཆོག་གིས་དགེ་སློབ་གཙུག་ཕུད་བཞེས་ཏེ་ཚོགས་སྡོམ་དགེ་ཚུལ་གྱི་བསླབ་སྡོམ་ཕུལ་ནས་མཚན་ངག་དབང་བློ་བཟང་རྒྱ་མཚོ་འཇིགས་མེད་གོ་ཆ་ཐུབ་བསྟན་ལང་ཚོའི་སྡེ་ཞེས་གསོལ་བ་གནང་། 1637ཐོད་རབ་བྱུང་བཅུ་གཅིག་པའི་མེ་གླང་ལོ་དགུང་ལོ་ཉེ་ཤུར་སོན་སྐབས་པཎ་ཆེན་བློ་བཟང་ཆོས་རྒྱན་ལས་སྨད་འདུལ་ལུགས་ཀྱི་ཐུགས་རྫོགས་བཞེས་ཤིང་། འཕོན་སྟོན་དཔལ་འབྱོར་ལྷུན་གྲུབ་དང་། ཟུར་ཆེན་ཆོས་དབྱིངས་རང་གྲོལ་སོགས་ལས་གསང་སྔགས་ཀྱི་དབང་རིམ་དང་། དགའ་ལྡན་ཁྲི་ཐོག་སོ་ལྔ་པ་འཇམ་དབྱངས་དཀོན་མཆོག་ཆོས་འཕེལ་ལས་གཞུང་ཆེན་དཀའ་པོད་ལྔའི་རིག་ལམ་མཐའ་དག་གསན། སྨོན་གྲོ་པཎ་ཆེན་ཡབ་སྲས་ལས་སྒྲ་དང་སྙན་ངག་གི་རིག་གནས་སྐོར་དང་། ལྷུམ་བུ་དོན་གྲུབ་དབང་རྒྱལ་ལས་དཀར་ནག་རྩིས་ཀྱི་སྐོར། དེ་མིན་ཡོངས་འཛིན་དམ་པ་ཆེས་མང་བ་ལས་ཞིབ་བྱ་སྤྱི་དང་བྱེ་བྲག་མདོ་སྔགས་བསྟན་པ་ཡོངས་རྫོགས་ལ་

རང་བྱུང་ཆུབ་པ་མ་ཟད་ཆོས་སྲིད་ཀྱི་གཙུག་ལག་མཐའ་དག་ལ་མཁྱེན་པའི་ཁོ་ལག་ཅིག་ཅར་དུ་རྫོགས་པ་བཅས་ཐམས་ཅད་མཁྱེན་པ་མཚན་དོན་དང་མཐུན་པར་གྱུར་པ་ལགས་སོ།

ཏཱ་ལའི་བླ་མ་ལྔ་པ་ཆེན་པོས་བོད་ཀྱི་སྲིད་དབང་བདག་གིར་བཞེས་པའི་འབྱུང་རྐྱེན་སྐོར་ལ། གང་གི་ཡོན་བདག་གོ་ཤྲི་ཁང་ནི་བྱང་ཕྱོགས་ཤེན་ཅང་ཁུལ་ཨོ་རོད་ཚོ་པ་བཞིར་གྲགས་པའི་ནང་ཚན་ཧོ་ཤོད་ཀྱི་རྗེ་བོ་ཏ་ནལ་ལ་རྫོ་མོ་ཨ་ཏའི་ཏ་ཐུན་བླངས་པའི་སྲས་སུ1582བོད་རབ་བྱུང་བཅུ་པའི་ཆུ་རྟ་ལོར་འཁྲུངས་ཏེ་བཟང་པོའི་བག་ཆགས་སད་པས་ཆུང་ངུའི་དུས་ནས་དབུས་གཙང་ཕྱོགས་སུ་གུས་ཕྱག་དབུ་དཔྲལ་རྔོལ་རྔོལ་བར་འཚོལ་གནང་སོགས་སངས་རྒྱས་ཀྱིས་བསྟན་པར་དད་འདུན་ལྷག་པར་ཆེ་བར་གྲགས། སྐབས་དེར་བོད་དབུས་གཙང་ཁུལ་ལ་གཙང་པ་སྡེ་སྲིད་ཀྱིས་དབང་བསྒྱུར་བྱེད་པའི་དུས་ཡིན་ལ། གར་དགེ་གྲུབ་མཐའ་གཉིས་བར་གྱི་འགལ་བ་ཇེ་ཆེར་གྱུར་ཅིང་། ལྷག་པར་གཙང་པས་དཔོན་ཐོག་གསུམ་པ་ཀརྨ་བསྟན་སྐྱོང་དབང་པོས་བོད་ལྟོངས་སུ་སྲིད་དབང་བསྒྱུར་བའི་སྐབས། གཙང་པ་སྡེ་སྲིད་དང་ཀརྨ་པ་མཆོད་ཡོན་དུ་འབྲེལ་ཏེ་ཆབ་སྲིད་ཀྱི་ཐོག་ནས་ཞྭ་སེར་བསྟན་པར་དེ་བས་སྡང་ཟུག་དང་གནོད་གནོན་བྱེད་ཀྱི་ཡོད། འོན་ཀྱང་ཞྭ་སེར་རིང་ལུགས་ནི་སྟོད་མངའ་རིས་དང་། བར་དབུས་གཙང་། སྨད་མདོ་ཁམས། མཚོ་སྔོན། སོག་ཡུལ་བཅས་ལ་ཡོངས་སུ་ཁྱབ་པའི་རྨང་གཞི་བརྟན་པོ་ཆགས་ཟིན་པ་མ་ཟད། ལྷག་པར་སྔོན་ཆད་ཏཱ་ལའི་བླ་མ་སྐུ་ཕྲེང་གསུམ་པ་བསོད་ནམས་རྒྱ་མཚོ་དང་། ནང་སོག་ཨལ་ཐན་ཆོས་ཀྱི་རྒྱལ་པོ་མཆོད་ཡོན་དུ་འབྲེལ་ཏེ་ཨལ་ཐན་རྒྱལ་པོས་ཏཱ་ལའི་བླ་མར་བཛྲ་དྷ་ར་ཏཱ་ལའི་བླ་མ་ཞེས་པའི་མཚན་གྱི

གཟིངས་བསྐོད་དང་འབྲེལ་བའི་གསར་ཐམ་ཧོར་ཡིག་མ་དང་། རྒྱ་དམ་བརྫ་ཧྲ་ར་ཕུལ་ཏེ་སྤྱི་ལོར་བཀུར་བ་ནས་བཟུང་ཕྱི་ནང་གི་སོག་པོ་དང་། མེས་རྒྱལ་ནང་ཁུལ་དུའང་སྐད་གྲགས་ཆེན་པོ་ཁྱབ་ཡོད། འོན་ཀྱང་བར་སྐབས་སོག་པོ་ཚོ་ཆེན་ཞེ་དགུའི་ནང་ཚན་ཧལ་ཧ་ཚོ་པ་བདུན་གྱི་དཔོན་པོ་ཆོག་ཐུ་ཞེས་པ་རང་ཡུལ་ནས་ཁ་བྲལ་ཏེ་མཚོ་སྔོན་ལ་དབང་བསྒྱུར་བྱེད་བཞིན་པ་དེ་དང་། བར་ཁམས་ཁུལ་གྱི་བེ་རི་འགོ་པ་དོན་ཡོད་རྡོ་རྗེ་གཉིས་བོན་ཆོས་ཀྱི་སྦྱིན་བདག་ཡིན་པས་ཕན་ཚུན་གཞོགས་འདེགས་ཀྱིས་ནང་བསྟན་སྤྱི་དང་། ལྷག་པར་དགེ་ལུགས་པར་སྡང་ཟུག་ཆེ་སྟབས་གཙང་པ་རྒྱལ་པོས་སྤྱི་ལོ1634 ཐོད་ཤིང་ཁྲི་ལོར་ཆོག་ཐུ་དང་། བེ་རི་རྒྱལ་པོར་འབྲེལ་བ་བཙུགས་པས་གཙང་པར་རྒྱབ་སྐྱོར་གྱི་དཔུང་དམག་བོད་དུ་འགྱོར་རྒྱུའི་སྦྲིར་གྲགས་བྱུང་བར་བརྟེན་དྭ་ལའི་བླ་མའི་ཕྱག་མཛོད་བསོད་ནམས་ཆོས་འཕེལ་（བསོད་ནམས་རབ་བརྟན་ཡང་ཟེར་）དང་། སྐྱིད་ཤོད་སྡེ་པ་མཚོ་སྐྱེས་རྡོ་རྗེ་གཉིས་ཀྱིས་ཤིན་ཅང་ཧུན་གར་ཡུལ་དུ་གོ་ཤྲི་ཁང་གི་སར་དཔུང་རོགས་ཞུ་བའི་གནས་ཚུལ་དང་སྦྲགས་དོན་གཅོད་མི་སྣ་བཏང་ཞིང་། སྤྱི་ལོ1637 ཐོད་མེ་གླང་ལོའི་ཟླ་བ་དང་པོའི་ནང་ཨོ་རོད་དཔོན་པོ་གོ་ཤྲི་ཁང་གིས་ཐོག་མར་མཚོ་སྔོན་དུ་ཆོག་ཐུའི་སྟེང་གཡུལ་བཤམས་པའི་དམག་རོགས་ལྔ་ཐུར་ཧུང་ཐའི་ཇིས་མཛད་པས་ཨོ་རོད་ཀྱི་དམག་ཁྲི་ལྷག་ཙམ་ཞིག་གིས་ཆོག་ཐུ་དཔོན་པོ་ཁྲི་དམག་གསུམ་དུ་ཉེ་བ་དུས་གཅིག་ཏུ་བཅོམ①ཞིང་ཧུན་གར་དུ་

① （རང་རྣམ་དུ་ཀུ་ལའི་གོས་བཟང་གླེགས་བམ་ཀ་པ་ལྷུགས་པར་མའི་དེབ་ངོས168. 170）

ཡོད་པའི་གོ་ཤྲི་ཁང་གི་སྡེ་ཏུ་ཡོངས་རྫོགས་མཚོ་སྔོན་དུ་གནས་སྤོས་བྱས། ལོ་དེའི་སྔོན་ཀ་གོ་ཤྲི་ཁང་དཔོན་འཁོར་ཉུང་བསྡུས་ཤིག་ཚོང་འགྲུལ་གྱི་ཐེལ་ལ་བརྟེན་ནས་ལྷ་སར་འགྲོར། དབུས་གཙང་གི་དུས་བབ་སོགས་གནས་ཚུལ་ལ་རྟོག་ཞིབ་བྱེད་པ་དང་། ཏཱ་ལའི་བླ་མ་དང་པཎ་ཆེན་རིན་པོ་ཆེར་དད་གུས་ཆེན་པོས་འབུལ་བ་དངུལ་སྲང་ཁྲི་ཕྲག་དུ་མ་ཕུལ། ཆོས་དང་དགེ་བསྙེན་གྱི་བསླབ་སྡོམ་ཡང་ཞུས་འདུག གསུམ་རྣམ་ནང་“བསྟན་པ་ཁོ་ན་ཐུགས་ལ་བསམ་པ་ངོ་མཚར་ཆེ་སླམ་ཛོ་ཤཱཀྱ་ཡིད་བཞིན་ནོར་བུའི་སྐུ་མདུན་དུ་སྙན་མཐོན་པོ་བཤམས་པར་བཞུགས་སུ་བཅུག བསྟན་འཛིན་ཆོས་ཀྱི་རྒྱལ་པོའི་ཚོ་ལོ་སོག་ལུགས་ལྟར་འབོད་པ་དང་ཐམ་ཀ་བྱིན……”①ཞེས་གསལ་བ་སོགས་མཆོད་ཡོན་དང་དམ་ཐུན་མོང་མ་ཡིན་པའི་འབྲེལ་བ་དེ་ནས་དབུ་ཚུགས་པ་ཡིན་ནོ།

སྤྱི་ལོ1637 བོད་ས་ཡོས་ལོར་གོ་ཤྲི་ཁང་གིས་དཔུང་ཆེན་མཚོ་སྔོན་ནས་བརྟེགས་ཏེ་བར་ཁམས་སུ་ཡོད་པའི་གཙང་པ་སྡེ་པའི་མཐུན་ཕྱོགས་བེ་རི་ཚོ་པའི་ཐོག་ཏུ་དཔུང་འཇུག་གནང་སྟེ་ལོ་གཅིག་ཙམ་རིང་གཡུལ་འགྱེད་པ་བརྒྱུད་སྡེ་དགེ་དང་། དཀར་མཛེས། སྨར་ཁམས། ལྷན་ཁོག་པད་ཡུལ། སེ་ཤུལ་སོགས་དྲག་ཤུགས་ཀྱིས་བླངས་ཏེ་བེ་རི་འགོ་པ་དོན་ཡོད་རྗེ་རྗེས་འབྲང་དང་བཅས་པ་ཚར་བཅད། གསུང་རྣམ་ནང་། ལྷུགས་སྤྲུལ“སྔོན་ལམ་གྱི་སྣང་ལ་བསྟན་འཛིན་ཆོས་ཀྱི་རྒྱལ་པོས་མདོ་ཁམས་སྣང་དྲུག་མཐའ་

① (རང་རྣམ་དུ་ཀཱུ་ལའི་གོས་བཟང་གླེགས་བམ་ཀ་པ་ལྷུགས་པར་མའི་དེབ་ངོས168.170)

དག་དབང་དུ་བསྡུས། བེ་རི་རྒྱལ་པོ་ཁྲིམས་པས་ཐར་ཀྱང་ལས་དབང་གིས་ཕྱི་མ་ལེབ་དང་མར་མེའི་དཔེ་བཞིན་ཕྱག་ཏུ་འགྱུར་བའི་གནས་ཚུལ་སྐྱེལ་བར་དཀའ་བཅུ་དགེ་བསྙེན་དོན་གྲུབ་དང་། རྒྱལ་མོ་ཆེ་བའི་འཚམས་འདྲི་སྤྲགས་སེ་ཆེན་ཨོ་པ་ཤི་ཙན་གཏོས་ཆེ་བ་འགྱུར་”①ཞེས་གསལ་ཞིང་། ཕྱག་མཛོད་བསོད་ནམས་ཆོས་འཕེལ་སོགས་ནས་རྒྱལ་ཁ་དེའི་དྲུན་གསོར་ལྷ་ས་གཙུག་ལག་ཁང་གི་མདུན་ཕྱོགས་སྨྲ་ངོས་སུ“ ཛུས་ཡག་དར་ཆེན་”ཞེས་འདིའང་དེ་དུས་བཙུགས་པར་གྲགས། ཏཱ་ལའི་བླ་མ་མཆོག་གི་དགོངས་པར་བེ་རིའི་དམག་དོན་རྩ་བ་ཆོད་ན་གོ་ཤྲི་ཁང་མཚོ་སྔོན་དུ་ཕྱིར་ལོག་གནང་ན་ལེགས་པའི་འཆར་འདོན་བཀའ་ལན་བཅུལ་འདུག་ཀྱང་ཞལ་ངོ་བསོད་ནམས་ཆོས་འཕེལ་གྱིས་ཏཱ་ལའི་བླ་མས་མ་མཁྱེན་པར་སྒྲོག་ཏུ་གསང་བའི་འཕྲིན་ལན་བསྐུར་ཏེ་སོག་དམག་གཙང་དུ་དྲངས་ནས་གཙང་པ་སྡེ་པ་ཚར་གཅོད་དགོས་སྐོར་གོ་ཤྲིར་ནན་ཏན་ཞུས་པ་དང་བཅས་གོ་ཤྲི་ཁང་གིས་ཕྱི་རྒྱུར་རྒྱར་ཁམས་ནས་མཚོ་སྔོན་དུ་ཁ་གཏད་དེ་ཕྱིར་ལོག་པའི་ཚུལ་བསྟན་པ་དེ་གཙང་པས་ཐོས་ཤིང་གཡོ་ཐབས་ཡིན་པ་མ་ཤེས་པར་མཚོ་སྔོན་དུ་ཐོན་ཤག་བྱས་ཏེ་དོགས་གཟོན་མེད་པར་གནས་པའི་གོ་སྐབས་དེ་དང་བསྟུན་ནས་གོ་ཤྲི་ཁང་གིས་སློ་བུར་དུ་དམག་དཔུང་རྣམས་བྱང་ལམ་ནས་ཁ་བསྒྱུར་ཏེ་བོད་དུ་དྲངས་ནས་གཙང་པར་དཔུང་འཛུག་བྱས་པ་ཡིན།

འདི་སྐོར་ཏཱ་ལའི་བླ་མའི་རྣམ་ཐར་ཞེས་པའི་ནང་“ 1641ལོར་(གོང་མ་མིང་དབྱི་ཙུང་གི་ཁྲུང་ཀྲིན་ལོ14པ་) ཏཱ་ལའི་བླ་མ་སྐུ་ཕྲེང་ལྔ་པ་བློ

---

① (དུ་ཀུ་ལ་ཀའི་ཤོག་གྲངས99)

བཟང་རྒྱ་མཚོས་པཎ་ཆེན་སྐུ་ཕྲེང་བཞི་པ་བློ་བཟང་ཆོས་རྒྱན་དང་གྲོས་མོལ་གནང་ནས་མཚོ་སྔོན་དུ་གུ་ཤྲི་ཧན་ལ་དམག་ཁྲིད་ནས་བོད་ལྗོངས་སུ་ཡོང་དགོས་པའི་བཪ་གཏོང་བར་སྐྱོག་ཏུ་མི་གཏོང་རྒྱུ་ཐག་གཅོད་མཛད་པ་རེད།[①]ཅེས་གསལ་བ་འདི་ཐད། གཅིག་ནས་སྤྱི་ལོ1641ནི་བོད་ལྨུགས་སྐྱུལ་ལོ་ཡིན་པས་དེ་དུས་གོ་ཤྲིའི་དམག་དཔུང་མཚོ་སྔོན་ནས་ཐོན་ཏེ་ལོ་གཅིག་ལྷག་ཙམ་སོང་ཟིན་པ་མ་ཟད། བར་ཁམས་པེ་རི་ཚོ་པའང་རྩ་གཏོར་བཏང་ཚར་བ་དང་། གཉིས་ནས་བོད་ཀྱི་ལོ་རྒྱུས་ཡིག་རིགས་དང་ཅུང་ཟད་མཐུན་གྱི་མི་འདུག་པར་བརྟེན་འདིར་ཏཱ་ལའི་བླ་མ་ལྔ་པ་རང་གིས་མཛད་པའི་རང་རྣམ་ནང་ཇི་ལྟར་འཁོད་པའི་སྐབས་དེའི་འབྲེལ་ཡོད་ཡོང་རྐྱེན་ཕྱན་བུ་དྲངས་ན། "དེ་སྐབས་རྒྱལ་པོ་ལ་ལས་མཚོ་ཁར་ལོག་གམ་ཟེར། འགའ་ཞིག་གིས་དམག་དང་བཅས་ཁད་ཉེར་འཁྱུར་འདྲ་ཞེས་རེ་དོགས་ཀྱི་གཏམ་ཆོས་སྤྲེར་རེ་སླེང་"[②]ཞེས་ཐུགས་དོགས་མ་ཆོད་པར་བཞུགས་ཡོད།

སོག་དམག་ཉེ་སར་འཁྱུར་སྐབས་གཞི་ནས་ཏཱ་ལའི་བླ་མས་མཁྱེན་ནས་དམག་བཟློག་རྗེས་གནང་འདུག་ཀྱང་། སྡེ་སྲིད་བསོད་ནམས་ཆོས་འཕེལ་གྱིས་མ་གསན་པའི་སྐོར་གསུང་རྣམ་ནང་། "ཞལ་ངོའི་ཕེབས་སྐོར་གཙང་པ་དཔོན་བློན་རྣམས་ལ་ཅི་ཞུས་ཀྱང་དགོངས་པ་དམའ་ཞིང་ཐུགས་དོགས་ཧྲུགས། རང་ཕྱོགས་པ་རྣམས་ནི་དགའ་ལྡན་ཕོ་བྲང་པས་གཙང་ཞེན་བྱས་ཟེར་ཉག་ཅིག་ཡིན། རྒྱལ་པོའི་དྲིན་ལ་གཙང་པའི་ཁྲིམས་འོག་ནས་མ་

① (ཏཱ་ལའི་བླ་མའི་རྣམ་ཐར་བོད་ཡིག་དེབ་ངོས71)
② (རྣམ་ཐར་དུ་ཀཱུ་ལ་ཀ་པའི་དེབ་ངོས201)

ཐར་ན་སྣར་ཐར་དུས་ཤིག་མི་ཡོང་འདྲ་བསམ་དགེ་བསྙེན་དོན་གྲུབ་གཏོང་སྐབས་དམག་ཕྱེད་དགོས་ཚུལ་བྱས་པ་ཡིན་གསུངས་པར། དེ་གཅིག་ཏུ་ཐལ་འདུག་ཀྱང་གཉིས་སུ་སོག་པོ་འདམ་ནས་སློག་ན་སློག་གོ་ཆོད། ཁ་སེང་གི་གསུང་འགྲོས་དེའི་སྐབས་ཞལ་ངོ་རང་ནས་མཛད་མ་བདེ་ན་ངེད་ཀྱིས་འདམ་དུ་ཕྱིན་པས་ཆོག་དམ་ཆོག་ལ་བཀར་གཏོང་། གཏམ་དོན་གཉིས་ཀ་ལ་བཟང་བ་ཞིག་ཡོང་ཞུས་པར་བརྟག་པ་ཞིག་གྱིས་གསུངས་པ་ལ་དཔལ་ལྡན་དམག་གཟོར་མར་ཉ་མོ་ཐུལ་བས་འཕྲུལ་རྫུས་འགྲོ་ཐུགས་ངན་ཟེར་བ་བབས་དེ་བཞིན་མོལ་བས། རྫུས་སོང་ན་དེ་གས་ཆོག་ཐུགས་ཐམས་ཅད་ཤི་འགྲོ་གསུངས་ནས་དམག་བཤོལ་བའི་སྟངས་ག་མཛད་མ་བྱུང་”①ཞེས་གསལ་བ་ལྟར་མཆོད་ཡོན་གཉིས་དགོངས་པ་མ་མཐུན་ཡང་། ཐུག་མཇོད་འདི་སྐྱ་ཚང་ངའི་དུས་ནས་འདྲིས་པ་ལྷ་བུས་དྭ་ལའི་བླ་མ་ལས་ཞལ་ཤུགས་ཆེ་བ་ཡོད་པ་གསུང་རྣམ་གྱི་ནང་ཡང་ཡང་བསྟན་འདུག་པ་བཞིན་མཛད་ཐབས་མ་བྱུང་བར་སྣང་། གཡུལ་འགྱེད་འགོ་མ་ཚུགས་པའི་གོང་དྭ་ལའི་བླ་མའི་ཐུགས་ལ་རྒྱལ་ཕམ་ཇེ་ཡོང་གི་ཐུགས་གཡེང་ཡང་ཆེན་པོ་བྱུང་བར་མངོན་ཏེ་གསུང་རྣམ་ནང་། “ད་ཆ་ཟླ་བ་དྲུག་བདུན་ཙམ་ནས་ཐུར་འགྲོ་མ་སྒྱོང་བའི་ཐང་སྟོང་ཞིག་ལ་ཐལ་བ་ཕུར་རེར་འགྲོ་དགོས་པ་མི་ཡོང་ངམ་སྙམ་ཞེ་བློ་མ་བདེ་ཡང་འཕྲུལ་ཉམས་སྣང་མེད་ཁྲུལ་གྱི་བཟླ་བྱས”②ཞེས་འཕོད་པ་མངོན་ཤེས་དང་ཟོ་ཆོད་སོགས་ཅུད་སྒྲིག་མེད་པར་དགོངས་པར་གང་འཆར་བ་དེ་ཁོ་ན་འགོད་

---

① （རྣམ་ཐར་དུ་ཀཱུ་ལ་སྒྲིགས་བམ་ག་པ་དེབ་ངོས201）

② （རྣམ་ཐར་དུ་ཀཱུ་ལ་སྒྲིགས་བམ་ག་པ་དེབ་ངོས202）

གནང་མཛད་པ་འདི་དག་ལས། རང་རྩོམ་གསུང་རྣམ་འདིའི་ནང་གི་ལོ་རྒྱུས་བྱུང་བ་མཐའ་དག་ནི་དོན་དངོས་ངོ་མ་ཡིན་པར་ཀུན་གྱིས་ཡིད་ཆེས་བྱས་ཆོག་པ་འབའ་ཞིག་ཡིན་ནོ།

དེ་ནས་ཕྱག་མཛོད་བསོད་ནམས་ཆོས་འཕེལ་གྱིས་དབུས་ཁུལ་གང་སར་བསྐུལ་སློང་དང་དམག་གྲ་སོགས་འདུ་འགོད་མང་པོ་གནང་བར་མངོན་ཏེ་གསུང་རྣམ་ནང་། “ཞལ་ངོས་ལྷ་རྒྱ་རི་བ་སོགས་ཕྱོ་རྒྱུད་རྣམས་འཐེན་པར་གྲོང་སྨད་དགོས་པ་བཀྲ་ཤིས། བྲག་དཀར་ཆེ་གསུམ་དངོས་གྲུབ། རི་ཕོ་བདེ་ཆེན་དང་རྫིང་ཕྱི་ཚོར་གྲྭ་ཚང་གཉིས་ནས་གྲྭ་པ་རྗེ་ཚོད་སྤྲེལ་བ་རེ་བཏང་སོང་།”①ཞེས་གསལ་བ་དང་། གཙང་དབུའང་དང་ཕོག་སོག་དམག་རྣམས་ཀྱང་རང་ས་མི་ས་ཐུག་པ་སོགས་དཀའ་ངལ་ཆེ་ཙམ་འཕྲད་པ་མ་ཟད། ཕྱག་མཛོད་ཀྱང་ཞེད་སྣང་གཡོ་འགུལ་ཐེབས་པ་བྱུང་འདུག་ཙང་། ཏཱ་ལའི་བླ་མ་མཆོག་ནས་དེ་ལས་ལྡོག་སྟེ་ད་ཆ་རྒྱལ་ཕམ་ཇི་ལྟར་བྱུང་ཡང་ཐུག་ཐག་ཐད་བཅས་ཀྱིས་འཐབ་རྩོད་མཐའ་འཁྱོལ་བ་གནང་རྒྱུ་གཏན་འབེབས་གནང་བའི་སྐོར་གསུང་རྣམ་ནང་། “རྣམ་རྒྱལ་གྲྭ་ཚང་གི་གྲྭ་པ་དོན་གྲུབ་ཙན་གཉིས་བརྫུས་སྐབས་ཀྱི་(གཞིས་རྩེ་དམག་སར་)སྐར་སྟོང་མགྲོན་གཉེར་གྱི་སར་སོང་བ་ཕྱིར་འཁོར་བའི་ཞུ་ལན་གནས་ཚུལ་དུ། གཙང་དཔུང་དྲུང་གཟིམ་བསྡུས་ཏེ་པང་གཅལ་གླུ་སྡིངས་སོགས་ཚང་མ་བཟུང་བའི་འཛིན་ར་རྒྱ་ཆེ་ཞིང་། སོག་དམག་འཁོར་ཉེན་རྒྱུགས་མ་ཞིག་བཏང་བར་བརྒྱུགས་ཆ་གཟན་དྲགས་པས་ཐག་ཉེར་བཏུད་མི་ཐུབ་པ་འདུག ནང་ནས་ངོ་ལོག་

---

① (དུ་ཀཱུ་ལ་ཀ་པའི་དེབ་ངོས203)

གམ། སྔེ་བ་གཙང་པ་རང་གྲོངས་སམ། བརྒྱུགས་ཟད་ཟད་ཀྱི་བར་བསྒྲུག་ན་མ་གཏོགས་འཕྲལ་དུ་ལོན་པའི་རེ་བ་མེད་ཚུལ་ཕུལ་བར་བརྟེན་ས་སྐྱེའི་དུས་ཏ་ལས་ལས་ཀྱི་ཞལ་ངོ་ཕྱོན་བྱུང་། རྒྱལ་པོ་（ གོ་ཤྲིར་ཟེར་） ཕེབས་པ་ཙམ་གྱིས་འཇིགས་ནས་བབས་གཏད་ཡོང་བསམ་པ་ཤར་བས་ད་ལམ་གྱི་དམག་འདི་ཐལ་བ་ཙམ་བྱུང་འདུག ད་ཆ་གཙང་དུ（ ལྷ་པ་ཆེན་པོ་）ཐེགས་པའི་བར་པ་ཤ་སྟག་ཅིག་གནང་ན་འགབ་འདྲ་གསུངས་པར། དེ་སྐུ་ཕན་འཇམ་པོ་ལས་རྩུབ་པོའི་རིགས་ཞུ་ནུས་ཀྱིན་མེད་ཀྱང་། འདི་རེས་སེམས་རྩ་ཤིན་ཏུ་འཁྲུག་པ་ཞིག་བྱུང་བས་གཙང་པ་འཚོམ་ཟིན་པར་སྨུག་ཐུག་ན་མ་གཏོགས་བབས་གཏོང་དོགས་མེད། འདི་མི་དགའ་ཚུལ་ལན་དེ་ཙམ་གྱི་བར་ཞུས་ཀྱང་གསན་མ་སོང་། ད་ཆ་དགའ་ལྡན་ཕོ་བྲང་པ་ངོ་ལོག་ནས་སྟར་སྟོང་པས་དམག་སྡེ་འདྲེན་མཁན་བྱས་ཟེར་བ་ཀུན་གྱིས་མིག་མཐོང་ལག་ཟིན་འདི་བཞིན་ལ་བར་པའི་རེ་བ་ཅི་ལ་ཡོད། ཁོང་དཔོན་སློབ་ཐབས་ཟབ་པས་འཕྲུལ་དགྱེས་པའི་ཚུལ་གྱིས་སྔེ་བླངས་ཡོད་ཡང་སོག་པོ་ལོག་བསྟུན་མཐའ་ག་ལ་ཆེས། རྒྱལ་པོ་གཙང་དུ་ཕྱོན་ཚུལ་གྱི་བང་ཆེན་འགྱུར་པ་ནས་བཟུང་བློ་ཐག་གཅིག་ཏུ་བཅད་པ་ལས་རྐང་པ་ཉིས་འཛུགས་མེད་ངེས་ཡིན། ཆོས་འཇིག་རྟེན་གཉིས་ཀ་ནས་ནུས་གང་འཕྲོས་ཅིག་བྱས་པས་ཚབས་སུ་སོང་ན་རབ། མ་སོང་ན་གཙང་པའི་ཁྲིམས་འོག་ཏུ་མི་སྡོད་ཐག་ཆོད་ཡིན་ཚུལ་རྒྱས་པར་ཞུས་”①ཞེས་གསལ་བ་ལྟར་ལགས་ཤིང་། དེ་ནས་ཆོས་ལུགས་ཀྱི་མནན་གཏད་སྲེག་གསུམ་སོགས་གནད་སྨིན་གནང་འདུག་པ་མ་ཟད། ཞལ་

① （ཧུ་ཀྲུ་ལ་ཀ་པའི་དེབ་ངོས203－204）

ཛོ་སོགས་ནས་ཀྱང་དབུས་ཁུལ་དུ་ཡོད་པའི་གཙང་པའི་རྫོང་གཞིས་རྣམས་ལ་དངོས་སུ་ཕར་རྒོལ་གྱི་འགོ་བཙུགས་པར་སྣང་། གསུང་རྣམ་ལས། "འབྲས་སྤུངས་ཀྱི་གྲྭ་པ་བར་ཤར་རྣམས་དང་ཆོས་གཞིས་རྙིང་ཁུངས་བྱུན་པའི་དམག་རྣམས་དང་བཅས་པས་ཟླ་བ་ལྔ་པའི་ཚེས་ཉེར་ལྔ་ལ་བྱུན་གདོང་དཀར་ལ་འཚང་བའི་ཐུགས་གྲབས་མཛད། རྫོང་བཙན་པས་ཉི་མ་ཁ་ཡར་མི་ཕེབས་པ་གཞིར་བཞག་གིས་གསོར་རོགས་ལ་སེ་ར་བ་རྣམས་ཀྱིས་གྲབས་ཡུལ་ཐོགས་མེད་བསྒྲིགས་ཀྱང་། རྒྱལ་པོའི་མཚན་ལུང་དུས་བབས་ཀྱི་རྟེན་འབྲེལ་དང་ཆོས་སྐྱོང་སྲུང་མའི་ནུས་མཐུ་ལ་བརྟེན། ཚེ་རྟེང་ནས་དགོང་ཇའི་བར་ལས་མ་ཐུབ་རྫོང་ཞོལ་གཉིས་ཀ་ཤོར་བས་ཧུས་ཀྱི་རྩ་བ་ཚུགས། དེ་གའི་དགྲ་ཟྲིལ་གྱིས་བདེ་ཆེན་དང་སྣེའུའི་འཛིན་ཆ་རྣམས་ཀྱང་དྲིལ་བུ་དཀྲོལ་(ཞེད་དངངས་སྐྱེ) བར་གྱུར" ①ཅེས་གསལ་བ་དང་། "གདོང་དཀར་ཤོར་བའི་རྐྱེན་བྱུས་བདེ་ཆེན་རྫོང་དཔོན་གྱིས་དཔོན་སློབ་པ་ཊ་ཆེན་རིན་པོ་ཆེ་དང་ཞལ་ཛོ་གཉིས་གདན་དྲངས་ནས་བབས་འཕྲལ་དུ་ཕྱུལ།" ཞེས་གསལ་ཞིང་སྡེ་ཁ་དང་དབུལ་ཁུལ་ཕལ་ཆེ་བ་ཚུར་འགུག་ཐུབ་པ་བྱུང་ནས་དབུས་དམག་བསྡུ་རུབ་དང་འགྲེལ་ཞལ་ཛོ་བསོད་ནམས་ཆོས་འཕེལ་དང་གྲོང་སྨད་པ་སོགས་ཀྱིས་བཀོད་འདོམས་གནང་སྟེ་མྱང་སྟོད་བརྒྱུད་གཙང་དུ་དམག་རོགས་སུ་བརྟེགས་པ་དང་ལྷུགས་སྤྱུལ་རྟོར་ཟླ་དགུ་པའི་ནང་གཙང་པའི་འཛིན་རར་ཕར་རྒོལ་ཆེ་བ་བྱུས་ཀྱང་ནང་ནས་རྒོལ་ལན་ཚ་དྲག་པས་འགྲོ་ཁྲབ་ཆེ་བ་རང་མ་བྱུང་ཞེས་གསལ། སྐབས་དེ་ཙམ་ལ" གཙང་པ་དཔོན་སློན་ནས་སྟག་

① (དུ་ཀུ་ལ་ཀ་པ་དེབ་ངོས205)

ལྗོང་ཞབས་སྦྲུང་དང་། པདྨ་ཆེན་རིན་པོ་ཆེ། རྒྱལ་ཚབ་སྦྲུང་པ་གསུམ་ལ་བར་པར་ཕེབས་དགོས་པའི་ཕྱག་ཐམ་ཡང་གནང་"ཞེས་དང་། "གཙང་པ་དཔོན་བློན་བཅས་གཏོད་པ་(མགོ་སྐྱུར་)འདྲ་ཨེ་ཡོང་གི་ཉེར་ལེན་དང་བཅས་རྒྱལ་པོ་མཆོད་ཡོན་གཉིས་ཀྱི་ཞུ་འབུལ་ལྟར་དཔོན་སློབ་པདྨ་ཆེན་རིན་པོ་ཆེ་དགུན་སྨད་ཙུ་ཡུག་ཏུ་ཆིབས་སྒྲ་བསྒྱུར་"①ཅེས་འཁོད་པ་ལྟར་ཡུལ་བབ་ཐུགས་འདྲིས་སོགས་ཀྱིས་པདྨ་ཆེན་རིན་པོ་ཆེར་གཙང་པ་སྡེ་སྲིད་ངོས་ནས་རེ་དོགས་མ་ཚོད་པ་ཞིག་ཡོད་པར་མངོན། འོན་ཀྱང་ཐེངས་དེར་བར་ཆེངས་སོགས་དངོས་སུ་འབྲེལ་མཐུད་མ་བྱུང་བའི་མུ་ནས་སོག་དམག་གི་ཕར་རྐོལ་ཇི་དྲག་དང་གཙང་དམག་གི་ནུས་པ་ཇི་ཞན་དུ་གྱུར་ཅིང་། ཆུ་རྟ་ཟླ་བ་གཉིས་པའི་ཚེས་ཉེར་ལྔ་ལ་གཙང་གི་ཆོས་སྡེ་གསར་པར་སོག་དམག་གིས་རྐོལ་གཏོར་བྱས་ཏེ་ནང་དུ་འཚངས་ནས་རིམ་བཞིན་གཞིས་ཀ་བསམ་གྲུབ་རྩེའི་མཁར་རྫོང་ བླངས་ཏེ་གཡུལ་ལས་རྣམ་པར་རྒྱལ་བ་ཡིན་ནོ། གསུང་རྣམ་ནང་། "ཟླ་བ་གསུམ་པའི་ནང་དུ་བསྟན་འཛིན་ཆོས་ཀྱི་རྒྱལ་པོའི་མངའ་འོག་ཏུ་བོད་ཤིང་སྒོ་ཅན་རྣམས་པའི་ཆུད་པའི་གནས་ཚུལ་འགྱུར་བ་བཞིན་ཡི་དམ་ཆོས་སྐྱོང་རྣམས་ལ་ལེགས་སོའི་ཚོགས་བཅད་ཀྱི་སྙན་དར་དང་བཅས་གཏང་རགས་རྒྱས་པ་ཕུལ་ཞིང་སེ་འབྲས་ལྷ་ས་སོགས་ནས་དར་འཕྱར་ཡང་གཟབ་རྒྱས་བསྟར།"②ཞེས་གསལ་བ་དང་། གཙང་ནས་གོ་ཤྲི་ཁང་གིས་ཏཱ་ལའི་བླ་མ་གདན་ཞུར་མ་གཅིག་ཐའི་ཇི་དང་སྐྱིད་ཤོད་ཐའི་ཇི་མཆོ་སྐྱེས་པ་

---

① (ཏུ་ཀཱུ་ལ་ཀ་པའི་དེབ་ངོས210)

② (ཏུ་ཀཱུ་ལ་ཀ་པ་དེབ་ངོས213)

གཉིས་བཏང་འཁོར་ལྟར། རྗེ་བླ་གསུམ་པའི་ཆོས་བཅུ་གཅིག་ཉིན་འབྲས་སྤུངས་ནས་ཆིབས་བསྒྱུར་གྱིས་སྟོད་ལུང་ཕུ་ནས་བྱང་ལམ་བརྒྱུད་ཕེབས། ཐོབ་རྒྱལ་གྱི་མདར་གོ་ཁྲི་ཁང་དང་ཞལ་ངོས་གཙོས་པའི་སོག་པོད་ཆེ་རྒྱུ་རྣམས་ཕེབས་བསུར་འཁོར། གསུང་རྣམ་དུ"རྒྱལ་པོ་དང་ཐོག་མར་མཇལ་སྐབས་འཕགས་པ་རིན་པོ་ཆེའི་མ་ན་ཧོའི་ཕྱག་དྲིལ་དང་གསོལ་ཅན(ཞལ་དཀར)མར་གད་ལས་གྲུབ་པ་སོག་པོ་བྲད་འགྱེལ་དུ་གྲགས་པའི་ནོར་སྣ་པོད་ཁྲི་སྐོར་བཅུ་གསུམ་དང་གཡས་བཞག་གཡོན་བཞག་ཡིན་ཟེར་བ་སྣེའུ་གདོང་རྫེ་བརྒྱུད་རིམ་སྤུངས་པར་བྱུང་བའི་ཁྱད་ཅན་དེ་སྟེར་བར་མཛད"①ཅེས་གསལ་བ་ལྟར་པོད་ཀྱི་རྩ་ཆེའི་རིག་དངོས་དེ་དག་ཀྱང་ས་སྐྱ་པ་ནས། ཕག་གྲུ་དང་། དེ་ནས་རིན་སྤུངས་པ། དེ་ལས་གཙང་པ་སྡེ་པའི་ལག་ཏུ་བཟུང་ཞིང་། ཐེངས་འདིར་གོ་ཁྲི་ཁང་གིས་བླངས་ཏེ་ཏཱ་ལའི་ལྷ་པར་ཕུལ་བ་བཅས་དབུས་གཙང་གི་དབང་ཆ་དང་མཉམ་དུ་འབྲལ་མེད་འཕྲེང་བ་གསལ་པོར་མཚོན་ཞིང་། ཕྱོགས་གཞན་ཞིག་ནས་མེས་རྒྱལ་གྱི་ནོར་སྣ་ཁྱད་པར་ཅན་དེ་དག་བར་མ་དོར་ཐོར་གྱང་དུ་མ་ཤོར་བ་རྗེ་ལག་རྒྱུད་དུ་སོན་པ་ནི་ངོ་མཚར་ཆེ་བ་ཞིག་ཡིན་པས་ད་ལྟ་གསེར་སྡོང་འཛམ་གླིང་རྒྱན་གཅིག་གི་གཟུངས་བཞུགས་སུ་ཡོད་པ་གོར་མ་ཆག་གོ། དེ་ལྟར་བླ་བ་དེའི་ཆོས་ཉེར་ལྔ་ཉིན་དང་ཐོག་ཆོས་གྲྭ་ཆེན་པོ་བཀྲ་ཤིས་ལྷུན་པོར་ཆིབས་བསྒྱུར་གྱིས་པཎ་ཆེན་རིན་པོ་ཆེ་དང་མཇལ་འཛོམས་གནང་འདུག

པོད་ཁྲི་སྐོར་བཅུ་གསུམ་གྱི་དབང་བདག་ཏཱ་ལའི་བླ་མར་ཕུལ་བའི

---

① (དུ་ཀཱུ་ལ་ཀ་པ་དེབ་ངོས214－215)

སྐོར་གསུང་རྣམ་དུ། "རྩེར་(གཞིས་ཀ་བསམ་གྲུབ་རྩེ་) ཕྱིན་པའི་ཐོག་མར་ཚོམས་ཆེན་དུ་བོད་སོག་གྲངས་མེད་ཚོགས་པའི་བཞུགས་གྲལ་གྱི་ཆེ། གོང་མ་སེ་ཆེན་གྱིས་འཕགས་པ་རིན་པོ་ཆེར་འབུལ་ཆེན་གསུམ་དུ་མཛད་པའི་ཕྱི་མ་མ་སྐྱེས་དགྲའི་རྟེན་སྐལ་རྒྱལ་བ་ཉི་མའི་གཉེན་གྱི་འཕེལ་གདུང་རྒྱལ་ཁ་རྩེར་བཞུགས་པའི་གྲགས་པ་ཅན་དེ། ཡོངས་གྲགས་འཕགས་པ་རིན་པོ་ཆེས་ཡེ་ཤེས་པ་དངོས་སུ་བཙུག་པའི་འཕྲུལ་སྨོང་མ་ཊེ་ཆའམ། ལུགས་གཅིག་ལ་མཁའ་འགྲོ་ཡེ་ཤེས་མཚོ་རྒྱལ་གྱི་ཐུགས་གསལ་མེ་ལོང་ཆོས་དབང་རིན་པོ་ཆེའི་གཏེར་ཕྱོན། རིན་སྤུངས་ངག་དབང་འཇིག་རྟེན་དབང་ཕྱུག་གིས་ཞལ་བཀོད་མའི་རིགས་ལྡན་ཡོལ་བ་(ཡིག་ཆ་གཞན་ན་ཡབ་ངག་དབང་རྣམ་རྒྱལ་གྱིས་བཞེངས་པར་གྲགས་) ཁྱད་མཚར་གྱིས་སྤྲ་དྲངས། ནང་རྟེན། བླ་སྒྲུ་ལི་མ། རྒྱ་ནག་མས་མཚོན་པའི་རྟེན་མཆོད་མང་པོ་དང་། གཞིས་ཀ་བསམ་གྲུབ་རྩེས་ཐོག་དྲངས་བོད་ཁྲི་སྐོར་བཅུ་གསུམ་ཡོངས་སུ་རྫོགས་པ་འབུལ་བ་ཡིན་ཞེས་དྲིལ་བསྒྲགས" ① ཞེས་གསལ་བ་ལྟར་ཡོན་གོང་མ་སེ་ཆེན་ཧུ་བི་ལིས་འགྲོ་མགོན་ས་སྐྱ་འཕགས་པ་བོད་ཁྲི་སྐོར་བཅུ་གསུམ་གྱི་དབང་བདག་ཕུལ་བ་དེ་ནི་ཁྲིམས་ལུགས་དང་ཡོངས་སུ་མཐུན་པའི་ལམ་སྲོལ་དེ་གཞིར་བཟུང་ནས་ཐེངས་འདིར་གོ་ཤྲཱི་ཁང་གསེ་ཀྲུང་ཧྭ་ལའི་བླ་མ་ལྔ་པ་ཆེན་པོར་བོད་དབུས་གཙང་ཆོས་འབངས་སུ་འབུལ་བའི་ཐོག་མར་སངས་རྒྱས་ཀྱི་འཕེལ་གདུང་དེས་སྤྲ་དྲངས་པ་འདི་ནི་ཆོས་སྲིད་གང་ཐད་ནས་སྔར་སྲོལ་གྱི་ལོ་རྒྱུས་དང་མཐུན་པ་མཚོན་ཕྱིར་ཡིན་པ་མ་ཟད། ཧྭ་ལའི་བླ་མ་མཆོག་ནས

① (དུ་ཀཱུ་ལ་ཀ་པའི་དེབ་ངོས216 – 217)

ཀྱང་ཚུལ་འདི་གལ་ཆེར་དགོངས་ནས་གསུང་རྣམ་ནང་གསལ་འགོད་གནང་བ་འདི་ཡང་སྙེས་དཔང་ཙམ་མ་ཡིན་པ་རྟོགས་ནུས་སོ།

དེ་ལྟར་ཏཱ་ལའི་བླ་མ་ལྔ་པ་ཆེན་པོ་ལྷ་ས་ནས་གཞིས་ཀ་བསམ་གྲུབ་རྩེའི་ཕོ་བྲང་དུ་གདན་དྲངས་ཕྱག་གོ་ཤྲིས་བོད་ཆོལ་ཁ་གསུམ་གྱི་ཆོས་སྲིད་དབང་ཆ་ཚང་མ་དང་། གོ་ཤྲི་ཁང་རང་ཉིད་རིགས་རྒྱུད་དང་བཅས་པ་ཏཱ་ལའི་བླ་མ་ལྔ་པའི་ཆོས་འབངས་སུ་འབུལ་སྒྲོར་མཛད་པས་སྤྱི་ལོ1642བོད་རབ་བྱུང་བཅུ་གཅིག་པའི་ཆུ་རྟ་ལོར་ཏཱ་ལའི་བླ་མའི་བཞུགས་གནས་ཀྱི་མཚན་དང་སྦྲེལ་ནས་དགའ་ལྡན་ཕོ་བྲང་ཞེས་པའི་ས་གནས་སྲིད་གཞུང་དངོས་སུ་འཛུགས་པར་མཛད། གོ་ཤྲི་ཁང་གིས་བོད་ཁྲི་སྐོར་བཅུ་གསུམ་ཆོས་འབངས་སུ་ཕུལ་བའི་དུས་ཏཱ་ལའི་ལྔ་པ་ཆེན་པོའི་ཐུགས་ལ་ཇི་ལྟར་འཁྲུངས་ཚུལ་ནི་གསུང་རྣམ་ལས། "སྐྱེ་བ་གཞན་དུ་རང་གིས་ཕར་ཕན་བཏགས་པའི་དྲིན་ལན་གཞལ་དགོས་པ་བཞིན་ཡིན་ན་ཟེར་ཙུང་ཟད་ཡང་། དེ་མིན་རྒྱལ་པོའི་ཐུགས་བརྩེ་གཏད་ལུགས་ལ་དཔགས་ན་འདི་སྣང་གི་གེགས་སེལ་རྟེང་མའི་ཡར་འདྲེན་ཡོང་བའི་གདེང་གང་ཡང་མེད་པས་དྲིན་ལན་བསྐྱལ་པར་ཡང་གཞན་དཀའ་བའི་ཁུར་ཐེ་བར་གདའ། འདི་རིགས་དམ་ཆོས་སྒྲུབ་པའི་གྲོགས་སུ་ནི་ག་ལ་འགྲོ། འོན་ཏེ་བོད་འདིར་མགོ་ཆིངས་ཤིག་ཡོད་ན་དུས་ཀྱང་བདེ་ཞིང་། ས་བཀར་རྙིང་གསུམ་སོགས་གྲུབ་མཐའ་གཞན་རྣམས་དམིགས་པ་མེད་པའི་དབྱིངས་སུ་རྒྱལ་མི་འདེབས་པར་ཕན་ནམ་སྙམ་པ་བྱུང་།"①ཞེས་གསུང་པའི་བཀའ་མོལ་དུམ་བུ་འདིའི་ཕྱག་ནས་ཀྱང་ཏཱ་ལའི་

① (དུ་ཀཱུ་ལ་སྒྲིགས་བཟམ་ཀ་པ་ཤིང་པར་མའི་ཤོག་གྲངས108)

བླ་མ་ལྷ་པ་ཆེན་པོ་ནི་ཚུལ་འཆོས་ཟོལ་ཟོག་གི་དྲི་ཕྲ་མོས་ཀྱང་མ་འགོས་ཤིང་། བོད་ཀྱི་བསྟན་འགྱུར་སྔོན་པའི་དགོངས་པ་རླབས་ཆེན་པོ་ཇི་ལྟ་བུ་ལྡན་པ་མངོན་གསུམ་དུ་མཐོང་ཐུབ་པ་ཡིན་ནོ།

ཀོ་ཁྲི་ཁང་གིས་གཙང་པའི་སྲིད་དབང་གཏོར་ཐེངས་གཅིག་ལ་བོད་དབུས་གཙང་ཡོངས་སུ་འཛམ་དར་ཡུག་གཅིག་ཏུ་སོང་བ་དེ་འདྲ་མ་ཡིན་ཏེ། སྤྱིར་ན་བོད་དུ་བཀའ་བརྒྱུད་གྲུབ་མཐའི་ཕྱོགས་གཏོགས་ཀྱིས་སྲིད་དབང་བཟུང་ནས་ལོ་ངོ་སུམ་བརྒྱར་ཉེ་བ་ཞིག་སོང་བ་དང་། ལྷག་པར་ཀརྨ་པ་སྐུ་ཕྲེང་རིམ་བྱོན་ལ་མིང་རབས་གོང་མས་གཞན་ལས་ལྷག་པའི་གཟིངས་བསྐྱོད་བྱས་ཤིང་། བོད་ཀྱི་ས་ཁུལ་ཡོངས་ལ་ཡང་རྒྱལ་བ་ཀརྨ་པ་ཞེས་སྙན་གྲགས་དང་འཕྲིན་ལས་ཤིན་ཏུ་རྒྱས་པ་དང་། གཙང་པ་སྡེ་སྲིད་ཀྱི་སྟོབས་ཤུགས་ལྷག་འགྲོ་ཡང་གང་སར་ཁྱབ་ནས་གནས་ཡོད། དེར་བརྟེན་ཏྭ་ལའི་བླ་མ་དང་། ཀོ་ཁྲི་ཁང་སྟོན་འཁོར་ཕྱིར་ཐེབས་ནས་རིང་པོར་མ་ལོན་པར། ཀརྨ་པ་ཞྭ་དམར་ནག་གིས་གཙོ་བོ་བྱས་པའི་གཙང་པ་སྡེ་པའི་ཕྱོགས་གཏོགས་ཀྱིས་ངོ་ལོག་ཟིང་ཆ་བསླངས་པའི་སྐོར་ཏྭ་ལའི་བླ་མ་ལྔ་པའི་གསུང་རྣམ་ནང་། “དེ་དུས་སྔར་པ་ཡབ་སྲས་ལྷ་བྲག་ན་བཞུགས་པའི་དབུས་གཙང་གོང་གསུམ་ནས་བདེ་གཟར་ཆེན་པོ་སློང་བའི་ས་འོག་དར་བཏགས་ཀྱི་སྐབས་དང་། ཁོང་རང་དཔོན་སློབ་ཀྱི་སྐུ་ཆག་ལངས་ཉམས་ཀྱིས་ཨེར་ཏེ་ནི་རུང་ཐའི་ཇི་ཡང་གར་སོག་ཏུ་འཁྲུལ་བའི་བདེ་གཟར་སློང་བའི་དུས་ཚོད་ལ་འཁྱོལ་གདོང་བཀའ་གྲོས་ཕྱིར་མཆེད་ཀྱིས་རྒྱལ་པོ་མཆོད་ཡོན་དམག་གི་དཔུང་རྣམས་མལ་གྲོ་བརྒྱུད་ཐེགས། ……གཙང་ཕྱོགས་ཀྱི་སྐྱ་སེར་རྣམས་ཀྱིས་བདེ་གཟར་མངོན་དོད་དུ་བསླངས་པའི་རྣམ་གླིང་འཕྲུལ་དུ་ཤོར། རིན་སྤུངས་ཆུ་ཤེལ་

གྲུལ་མ་ཐུབ་པར་ཞིག་ཤས་ནས་སྒྲུད། པ་རྣམ་དམག་གིས་བསྐོར། གཞིས་ཀ་རྩེ་སྐོར་དུའང་རྟ་ནག་འོ་རླིན་པས་གཙོས་གཡག་པ་སོགས་སང་ཡོང་གནང་སཡོང་གིས་དཔོན་སློབ་པ་ཊ་ཆེན་རིན་པོ་ཆེར་སྐུ་ཞེན་ཆེན་པོ་ཤར་བས་དམག་བསྐུལ་བཀའ་ཤོག་དང་བཅས་རྩེ་ཏུ་བའི་གྲྭ་པ་བྱེད་སྒོང་བའི་སྒྲང་པོ་བཀའ་བཅུ་ཟེར་བས་མར་ལམ་སླེ་མོ་ནས་རབ་འབྱམས་པ་ཚོགས་གསོག་པ་ཁྲིད་དེ་འཁོར། ནང་སོ་ནོར་བུས་རྒྱལ་རྩེ་རྫོང་བསྒྱུར་དུ་བཞག་སྟེ་ཁྲོམ་པས་མཚོན་པའི་གཙང་ཕྱོགས་ཚོ་མི་ཟེན་པར་ཐུག་ཀྱང་། ཞོ་ཁ་བའི་དམག་གིས་རྫིང་ཕྱིར་བརྒྱབ་པ་དང་རྒྱལ་པོ་མཆོད་ཡོན་ཕེབས་པ་དུས་འགྲིག་པས་ཞོ་ཁ་ནང་སོས་གཙོས་པའི་སྟོང་དམག་ལྷ་དྲུག་ཙམ་ཙ་སྒྲུར་མེ་ལ་བསྒྲིགས་པ་ལྟར་གྱུར་པས་རང་བསྟན་གྱི་རྟུས་ཙ་ཟེན། མགྲོན་གཉེར་ཚོགས་གསོག་པ་དང་ལྷན་དུ་གྲོང་སྨད་ནས་ཁལ་ཁ་དཔོན་པོའི་ཙར་པ་ཊ་ཆེན་རིན་པོ་ཆེའི་སྐུའི་ཞེན་སེལ་གྱི་དམག་དགོས་ཚུལ་ལབ་པར་བཏང་བ་ལ། ང་དགེ་བ་བྱེད་པར་ཡོང་པ་ལས་དམག་ལ་ཡོང་པ་མིན་ཁྲིད་དགེ་ལུགས་པས་ཞ་མགོ་མ་ནོན་པ་འདི་འདྲ་བྱས་སོགས་བརྒྱུར་སྒྲུང་མང་པོ་བཏང་བའི་མཐར། དེ་ཙམ་གྱི་ཁ་གནོན་ལ་དཀའ་ལས་མེད་ཚུལ་གྱི་དཔའ་སྐད་དང་བཅས་ཁོ་རང་གི་ནུ་པོ་དཔལ་ནོ་ཡོན་གྱིས་གཙོས་པའི་དམག་སུམ་བརྒྱ་སྐོར་བཏང་། དེ་དང་རྩེ་འཛོམ་དུ་མཆོད་ཡོན་གྱིས་རྒྱལ་མོ་ཆེ་བའི་མི་བཟང་ཨ་དར་ཁོ་ཤོར་ཆེས་གཙོས་སོག་དམག་ཁ་ཤས་བརྫངས་འདུག་པའི་སྟབས་གཙང་ཕྱོགས་ཚོ་ཟེན། མཆོད་ཡོན་རྣམས་འོལ་དགའ་ནས་དྭགས་བརྒྱུད་བཙུད་པ་ཕུར་རྩེ་ཟུར་གྱིས་གཙོས་ཀོང་དམག་སྟོང་ཕྲག་བརྒྱད་སྒྲུབ་(ཕམ་པར་བཏང་) སྒར་པའི་མི་སྣ་ཇ་མ་ཆོས་དབྱིངས་བརྩོན་དུ་བཟུང་བའི་གཞུའི་ནང་དུ། རྒྱལ་པོ་མཆོད་ཡོན་

བཀྲོངས། པཎ་ཆེན་རིན་པོ་ཆེ་དང་ངེད་དཔོན་སློབ་གཉིས་ཀོང་པོར་བཙོན་ལ་འཁྲིད། དགེ་དགོན་རྣམས་བཤིག སྐུ་རབ་པར་ལྷུགས་སྤྲེལ་བདེ་གཟར་གྱི་དུས་ལ་ཆ་བཞག་གི་རྫོང་གཞིས་གཏོད། འཕྱོངས་རྒྱུས་རི་འགོ་འོལ་དགའ་གསུམ་རྩེ་བྲུར་འོ་གསུམ་གྱིས་འཛིན། གོང་དཀར་སྐར་པའི་ཕྱུག་མཛོད་ཁྲུངས་བྱེད། བྱ་པས་ངོ་ལོག་བརྒྱབ་གཤིས་ད་ཕན་རང་འཛེགས། གཉལ་དང་འོལ་དགས་མཚོན་པའི་ས་ཚབ་སྐུ་རབ་པ་གཞན་ནས་སྤྲོད། རིན་སྤུངས་པ། སྔོ་སྔོད་པ་སོགས་བཀག་པོ་རྣམས་ཚང་འཛུད། གཙང་པ་གཞིས་ཀ་སྡེའུར་ཡོད་པ་བརྟན་པའི་ཁྲོད་ཀྱིས་ས་སྐྱ་དང་ཇོ་ནང་པའི་སྦྱིན་བདག་བྱས་ཏེ་ཀར་ལུགས་པ་འབའ་ཞིག་མ་བྱས་པའི་བསྐྱུར་སྤྱུང་བཏང་ངོས་གཞིས་ཀ་རྩེ་དང་། ཤངས་རྣམ་གླིང་། པ་རྣམ་གསུམ་གཏོད། སེ་པ་སྐྱིད་ཤོད་པ་འདི་གཞན་དུ་མ་འཁྱུར་བ་འགབ་འདུག་པས་བདེ་ཆེན་ཚལ་བྱིན་ནས་འཛོག་པའི་གཤོམ་རའི་བརྗེད་ཐོག་ཀརྨ་པའི་བཀའ་ཤོག་སྤྱུར་བའི་ངོ་བོ་ཡོད་པ་མཚོད་ཡོན་གྱི་ཕྱུག་ཏུ་བརྒྱབ་པས་རྒྱལ་པོ་ལྷག་པར་ཐུགས་ཁྲེལ་ཏེ་ཀར་བསྟན་ཆགས་འཛིག་ལ་གྱུར་བའི་རྩ་བར་སོང་།"① ཞེས་གསལ་བ་ལྟར་གཙང་པ་ཀརྨ་བསྟན་སྐྱོང་དབང་པོ་ཡང་དང་ཐོག་སྲོག་ཉེས་མ་དགོས་པ་ཞེས་པཎ་ཆེན་རིན་པོ་ཆེ་དང་། ས་སྐྱ་བདག་ཆེན་སོགས་ཆེ་བྲུ་དུ་མས་གོ་ཁྲི་ཁང་ལ་ངོ་ཆེན་ནན་སྐྱེད་གནང་བ་ལྟར་སྐྱིད་ཤོད་སྡེའུ་རྫོང་དུ་བཙོན་འཇུག་བྱས་ཡོད་རུང་། ཕྱོགས་ཀུན་ནས་ངོ་ལོག་པའི་བདེ་གཟར་ད་ལྟ་བུ་ལངས་སྟབས་གོ་ཁྲིས་བཀའ་པབ་སྟེ་སྡེའུ་རྫོང་ནས་གཙང་ཆུར་བསྐྱུར་བ་ཡང་དུས་མཚམས་འདི་སྐབས་སུ

① （དུ་ཀུ་ལ་གླེགས་བམ་ཀ་པ་དེབ་ངོས230－231）

ཡིན་པར་སྣང་། ལྷག་པར་གོང་གི་རྣམ་ཐར་དུམ་བུ་དེའི་ཐོག་ནས་སྐབས་དེའི་དབུས་གཙང་གི་དུས་བབ་ཡམ་ཡོམ་ཤིན་ཏུ་ཆེ་བ་བྱུང་ལུགས་གསལ་པོར་མཚོན་པ་མ་ཟད། ངོ་ལོག་ཐེང་ཚ་རྒྱ་ཁྱབ་ཏུ་ལངས་པ་དང་། དེ་དག་སོག་པོའི་སྟོབས་ཤུགས་སྤྱད་ནས་རེ་རེ་བཞིན་དྲག་གནོན་བྱ་དགོས་བྱུང་བ་མཐོང་ཐུབ་ཅིང་། སྲིད་དབང་འཁྲུག་པ་ལས་ཀྱང་བརྟན་པོར་འཛུགས་རྒྱུ་དེ་དཀའ་ཚེགས་ཆེ་བ་ཡིན་སྟབས། དཀའ་ལྷན་ཕོ་བྲང་པའི་སྲིད་དོན་གྱི་འཕྲིན་ལས་པ་གཙོ་བོ་རྣམས་ནས་ཀྱང་དེའི་སྐོར་ལ་བསམ་ཞིབ་མང་པོ་གནང་དགོས་པ་བྱུང་ཡོད། དཔེར་ན་གདན་ས་ཆེན་པོ་འབྲས་སེ་གཉིས་དང་ཐག་ཉེ་འབྲེལ་མཚུངས་ཡིན་ལ། མཐོང་རྒྱ་ཆེ་ལ་རི་རྒྱུད་གཞན་དང་མ་འབྲེལ་བའི་དམར་པོ་རིའི་སྟེང་དུ་བཙན་བརྟེད་ཆེ་བའི་ཕོ་བྲང་བརྩིག་རྒྱུ་དང་། གསར་དུ་ཐོན་པའི་མན་ཆིང་གོང་མར་རྟེན་འབུལ་འབྲེལ་གཏུགས་ཞུ་རྒྱུ་ལ་སོགས་པ་ལྟ་བུ་ཡིན།

དེ་ཡང་ལྷ་ས་དམར་པོ་རིའི་ཐོག་ཏུ་པོ་ཏ་ལའི་ཕོ་བྲང་དཀར་པོ་གསར་བཞེང་གནང་རྒྱུ་དེ་ནི་ཐོག་མར་སྤྱི་ལོ1643 བོད་ཆུ་ལུག་ལོར་གླིང་སྣོད་ཞབས་དྲུང་དཀོན་མཆོག་ཆོས་འཕེལ་ཞེས་ཆོས་སྲིད་གཉིས་ཀར་མཁྱེན་རྒྱ་ཆེ་བ་དེས་གྲོས་འགོ་སྤེལ་བ་ཞིག་ཡིན་ཏེ། གསུང་རྣམ་ནང་དུ་ལའི་བླ་མ་མཆོག་སེ་ར་ཐེག་ཆེན་གླིང་དུ་བཞུགས་དུས“གླིང་སྣོད་ཞབས་དྲུང་རིན་པོ་ཆེ་གསང་ཕུ་ནས་ཕེབས། སེ་ར་གཟིམ་ཁང་གི་ཐོག་ཏུ་ཞབས་འཆག་སྐབས། གཟིགས་རྟོག་གནང་བའི་རྙིང་མའི་ལུང་བསྟན་འདུ་ལ་ཡོད་ཟེར་བ་བདེན་མི་བདེན་ཇི་ལྟར་ཡང་། དམར་ལྷགས་གཉིས་སྤྲེལ་བའི་བཙན་རྫོང་ཤིན་ཏུ་རྒྱ་ཆེ་བ་ཞིག་བྱུང་ན་སེ་འབྲས་གཉིས་དང་ཟུང་དུ་འབྲེལ་བའི་འཕྲུལ་ཕྱུགས་སུ་བརྟན་

བརླིང་ཆེ་ཞིང་། ཐུགས་རྗེ་ཆེན་པོའི་གསན་ཡིན་པས་མ་ཆེ་སྐྱབ་སྐྱེ་ཞིག་ཚུགས་ན་མཆོད་ཡོན（ཀོ་ཤྲི་དང་སྡེ་པར་ཟེར་）གཉིས་ཀྱི་སྐུ་སྲིག་སྒྲིང་བ་ལ་ལེགས་ཚུལ་ཕེབས་པར། སོག་པོ་ཡོད་རིང་ན་སྨིན་མི་ཡོང་། དེ་མིན་རྫོང་ལ་འཕྲ་བའི་ཐུགས་རྩིས（སྡེ་པ་ལའང་）ཡོད་མདོག་མ་ཁ་ཞུས་པས། དེ་ལྟར་ན་བདེ་གཟར་འདི་འདྲ་སྨོང་དོན་ཅི་ཡོད། ཐུགས་ལྷུས་ཐེང་པོ་མཛད་ཡོས་དགོས། སྔར་ཡང་བདེ་གཟར་འབྲེལ་མེད་རིང་བསླངས། མཐའ་མ་ཆེས་པར་བྱུང་ལ་བྲིས་པས་བསྟན་པ་ལ་ཉམ་ཆག་བྱུང་བ་ཡིན། ད་ཆ་བྱ་བ་འདི་ལ་ཐུག་ཆེ་རྗེ་བཙུན་ཙོང་ཁ་པ་ཆེན་པོའི་བསྟན་པ་འདི་ཆུ་ལ་བསྐུར་ན་མི་ཡོང་བས་མ་ལེ་སོར་གསུམ་ཞལ་དུ་བཙུག་ནས་མདུང་ཁྲག་མེད་དུ་མ་ཡོག་པ་ཞིག་དགོས་ཞེས་འཕྲུལ་ཕྱུགས་རྒྱང་གསུམ་གྱི་སློབ་སྟོན་རྒྱུས་པར་གནང་། ཆོས་ཕྱོགས་ལ་འཇམ་དཔལ་དབྱངས་དང་གཉིས་སུ་མེད་པར་མ་ཟད། འཇིག་རྟེན་གྱི་ཆར་མང་མེས་པོ་ཚངས་པའི་བློ་གྲོས་ཀྱི་དཔེ་བླར་འོས”① ཞེས་བསྔགས་བརྗོད་ཆེན་པོ་མཛད་འདུག་པ་ལྟར་ཐུགས་ལ་བབས་ཏེ་སྡེ་བ་བསོད་ནམས་ཆོས་འཕེལ་དང་བཀའ་གྲོས་མཛད་ནས་སྤྱི་ལོ1645བོད་རབ་བྱུང་བཅུ་གཅིག་པའི་ཤིང་བྱ་ལོར་རྩེ་པོ་བྲང་དཀར་པོའི་རྨང་འདིང་བའི་འགོ་ཚུགས་པ་ཡིན་ནོ། གསུང་སྒྲོས་དུམ་བུ་འདི་ནི་པོ་བྲང་པོ་ཏ་ལ་རྩིག་དགོས་པའི་རྒྱུ་མཚན་ངོ་མ་གང་ཡིན་པ་དང་། སྐབས་དེའི་བོད་ལྗོངས་སྤྱི་ཚོགས་ཀྱི་བདེ་འཇགས་དེ་ཙམ་གྱི་བརྟན་པོ་མེད་པ། གྲུབ་མཐའི་དབར་གྱི་འགལ་ཟླ་ཛ་དྲག་པ་སོགས་ལོ་རྒྱུས་ཀྱི་དོན་དངོས་ལ་བསྒྲིས་ལྟད་སྤྲོ་ཙམ་མེད་པ་ཡིག

① （དུ་ཀཱུ་ལ་གླེགས་བམ་ཀ་པའི་ཤོག་གྲངས118）

ཐོག་ཏུ་འཇོག་གནང་མཛད་པས་རང་རེ་མི་རབས་རྗེས་མ་ཚོས་ཞིབ་འཇུག་བྱ་རྒྱུའི་དཔྱད་གཞི་གསེར་བཙོ་མ་ལྟ་བུ་ཞིག་ཏུ་སྣང་བས་སྐབས་འདིར་དྲངས་པ་ཡིན་ནོ།

2. ཆིང་གོང་མ་ཧྲུན་གྲིས་ཏཱ་ལའི་བླ་མ་ལྔ་པར་མཇལ་འཕྲད་དང་འཇའ་ས་གསེར་ཐམ་གནང་བ།

དེ་ཡང་བོད་དུ་དགའ་ལྡན་ཕོ་བྲང་པའི་ས་གནས་སྲིད་དབང་བཙུགས་མ་ཐག་པའི་སྐབས་དེར། ཧྲོས་ཧོར་དུ་སོང་བའི་གཙང་པའི་དཔུང་དམག་གི་ལྷག་འཕྲོ་དང་ཀརྨ་བཀའ་རྒྱུད་པའི་ཕྱོགས་གཏོགས་ཀྱིས་དང་ལེན་མི་བྱེད་པ་མ་ཟད། ཊགས་ཀོང་སོགས་ས་ཆ་འགའ་ཞིག་ནས་ཟིང་ཆ་སློང་གཞིའི་མདོན་ཚུལ་ཡང་ཡོད་པར་བརྟེན་སྲིད་དབང་སྲ་བརྟན་འཛུགས་ཆེད་དམག་དོན་ཁོ་ནས་མི་ཆོག་པར་ཆབ་སྲིད་ཀྱི་འདུ་འགོད་ཆེན་པོ་ཞིག་མཛད་དགོས་ཀྱི་ཡོད། སྐབས་དེར་མེས་རྒྱལ་ནང་སར་མིང་རྒྱལ་རབས་ཀྱི་སྟོབས་ཤུགས་ཉམས་རྒུད་དུ་གྱུར་ནས་ཧོར་ལ་ཉེ་བ་དང་། ཆིང་རྒྱལ་རབས་ཀྱི་སྲིད་གཞུང་བྱང་ཤར་ས་ཁུལ་དུ་བཙུགས་ཟིན་ནས་རྒྱལ་ཡོངས་ཀྱི་ཁྲོན་དུ་སྟོབས་ཤུགས་ཁྱབ་སྤེལ་བྱེད་བཞིན་པའི་སྐབས་ཡིན། དེ་དུས་བོད་ཀྱི་ཞྭ་སེར་རིང་ལུགས་པའི་བླ་མ་སེ་ཆེན་ཆོས་རྗེས་ནང་སོག་ཁུལ་དུ་འགྲོ་དོན་བསྐྱངས་ཏེ་བོད་ལྡོངས་སུ་ཕྱིར་འཁོར་པ་དང་། དགའ་ལྡན་ཕོ་བྲང་གི་ས་གནས་སྲིད་དབང་བཙུགས་པ་གཉིས་ཏག་ཏག་དུས་འགྲིག་པས་སེ་ཆེན་ཆོས་རྗེས་ཏཱ་ལའི་བླ་མ་དང་། པཎ་ཆེན་བཞི་པ་རྣམ་གཉིས་ལ་ཆིང་རྒྱལ་རབས་གསར་པའི་གོང་མ་དང་འབྲེལ་བ་

མཛད་དགོས་པའི་བསམ་འཆར་ཞུས་པ་བཞིན་གོ་ཤྲཱི་ཁང་དང་གྲོས་མོལ་གནང་སྟེ་ཆེང་གོང་མར་འབྲེལ་འཛུགས་སྐུ་ཚབ་ཏུ་སེ་ཆེན་ཆོས་རྗེ་གཏོང་རྒྱུའི་ཐག་གཅོད་མཛད། སྤྱི་ལོ1642ལོར་ཆུ་རྟ་ལོར་སེ་ཆེན་ཆོས་རྗེ་བོད་ནས་ཇོག་ཐོན་བྱས་ཏེ་ལོ་རྗེས་མར་ཧྲེན་དབྱང་དུ་སླེབས་དུས་གོང་མ་ཆེང་ཐའི་ཙུང་གིས་ཞང་རྣམས་དང་། པས་ལི། བློན་ཆེན་བཅས་ཁྲིད་ནས་ཧོ་ཡེ་ཡོན་ནན་ཞེས་པའི་རྒྱལ་སྒོ་ནས་ཐོན་ཏེ་གདོང་བསུར་ཕེབས་ཤིང་། ཆེང་ཐའི་ཙུང་དང་བློན་པོ་རྣམས་ཀྱིས་པུས་མོ་ཐེངས་གསུམ་བཙུགས་ནས་གནམ་ལ་ཕྱག་འཚལ་དགུ་ཕྱུགས་དང་བཅས་ཏེ་མཆོད་པ་ཕུལ་རྗེས། སེ་ཆེན་ཆོས་རྗེས་ཏཱ་ལའི་བླ་མའི་འཕྲིན་ཡིག་གོང་མར་འབུལ་དུས་གོང་མ་ཆེང་ཐའི་ཙུང་ཡར་བཞེངས་ཏེ་གུས་ཞབས་ཆེན་པོས་བཞེས་པ་དང་། བོད་ཀྱི་ཕོ་ཉ་རྣམས་ཟླ་བ་བརྒྱད་ཤར་རྗེས་ཕྱིར་ལོག་བྱེད་སྐབས་ཀྱང་ཆེང་ཐའི་ཙུང་གིས་ཞང་རྣམས་དང་པས་ལི་བཅས་བཏང་སྟེ་དམག་རྩལ་ཐང་བར་སྐྱེལ་མ་དང་། གསོལ་སྟོན་གཟབ་རྒྱས་བཤམས་པ་སོགས་ཐོག་མའི་འབྲེལ་འཛུགས་བྱེད་སྒོ་ལེགས་སྒྲུབ་བྱུང་།

ཆེང་སྲིད་གཞུང་དང་ཏཱ་ལའི་བླ་མའི་དབར་འབྲེལ་བ་བཙུགས་པ་དེ་ནི་ཆེང་ཀྲུང་དབྱང་སྲིད་གཞུང་དང་། བོད་ས་གནས་སྲིད་གཞུང་གཉིས་ཀར་འཕྲལ་ཕུགས་ཚང་མའི་དགེ་མཚན་ལྡན་ཡོད། བོད་ལ་མཚོན་ན་ས་གནས་སྲིད་གཞུང་བཙུགས་མ་ཐག་པར་བརྟེན་ཕམ་ཉེས་ཕྱིན་པའི་གཙང་པ་རྒྱལ་པོའི་ཕྱོགས་གཏོགས་ཀྱིས་ སྡུག་འཁུར་མ་ཐུབ་པར་ཀོང་པོ་ཁུལ་གྱི་ཕན་བདེ་དགོན་པ་སོགས་བཀའ་བརྒྱུད་པའི་དགོན་སྡེ་དང་། རྗེས་འབྲང་དཔོན་ཁག་རྣམས་ནས་ཟིང་འཁྲུག་བསླངས་ཏེ་འོག་དགའ་རྫིང་ཕྱིའི་གཙུག་ལག་ཁང་

མེར་བསྐྲིགས་པ་དང་། གཙང་གི་གསུང་རབ་གླིང་དགོན་པ་སོགས་ཀྱིས་དམག་དྲངས་ཏེ་རྣམ་གླིང་རྫོང་བཟུང་བ་དང་། འབྲས་ཡུལ་སྐྱིད་ཚལ་པས་དམག་དྲངས་ཏེ་རོང་རིན་སྤུངས་རྫོང་བཟུང་བ། ད་དུང་ལྷོ་ཁ་རྒྱུད་ཀྱི་ས་གནས་འགའ་ཤས་ཀྱང་བཙན་བཟུང་གི་ལོ་སྐྱ་ཕྱི་གཉིས་ལྷག་ཙམ་རིང་ངོ་རྒོལ་བཅས་བྱས་པར་གོ་ཤྲི་ཁང་གི་སྲས་བསྟན་འཛིན་ད་ལའི་ཁང་གིས་སྣེ་ཁྲིད་པའི་བོད་སོག་མཉམ་སྡེབ་དམག་གིས་དྲག་གནོན་བྱས་ཏེ་སྐབས་འཕྲལ་ལྷིང་འཇགས་སུ་བཏང་ཟིན་ཡང་། གསར་དུ་བཙུགས་མ་ཐག་པའི་བོད་ས་གནས་ཀྱི་སྲིད་དབང་སྲ་བརྟན་ཡོང་བར་ད་དུང་ཆབ་སྲིད་ཀྱི་སྟོབས་ཤུགས་ནུས་ལྡན་ཞིག་གི་རྒྱབ་སྐྱོར་དགོས་མཁོ་ཆེན་པོ་ཡོད་པ་དང་། ཆིང་ཀྲུང་དབྱང་སྲིད་གཞུང་ལ་ཆ་མཚོན་ན་ཀྲུང་གོའི་ཁྱོན་དུ་ཆབ་སྲིད་ཀྱི་སྟོབས་ཤུགས་རྒྱས་འགྲོ་ཚུགས་པ་ཙམ་ཡིན་པས་སྲིད་དབང་སྲ་བརྟན་གཏོང་བ་དང་། ལྷག་པར་གྲངས་ཉུང་མི་རིགས་ཀྱི་ས་ཁུལ་སྤྱི་དང་། དབྱེ་བྲག་བོད་དང་སོག་པོའི་ས་གནས་དབང་བསྒྱུར་ཐུབ་པའི་ཆ་རྐྱེན་གལ་ཆེ་བ་ཞིག་ནི་སྐབས་དེར་མང་ཚོགས་ཀྱི་ཁྲོད་དུ་བརྩེ་བཀུར་སྙན་གྲགས་ཆེ་བའི་སངས་རྒྱས་ཆོས་ལུགས་བེད་སྤྱོད་བྱེད་དགོས་པས་ཆོས་ལུགས་ཀྱི་གཙོ་འཛིན་ཏཱ་ལའི་བླ་མ་སྐུ་ཕྲེང་ལྔ་པ་དང་། པཎ་ཆེན་སྐུ་ཕྲེང་བཞི་པ་གཉིས་ལ་བརྟེན་རྒྱུ་དེ་དགོས་པ་ཆེན་པོ་ཡོད།

སེ་ཆེན་ཆོས་རྗེ་བོད་དུ་ཕྱིར་འཁོར་གཏོང་ཆེད་ཐའི་ཙུང་གིས་ཏཱ་ལའི་བླ་མ་དང་། པཎ་ཆེན། ས་སྐྱ་བདག་ཆེན་སོགས་བླ་ཆེན་རྣམ་པར་བཀའ་ཡིག་དང་། རྟེན་ཆགས་གནང་ཡོད་ཅིང་། ཏཱ་ལའི་བླ་མར་ཕུལ་བའི་ཕྱག་བྲིས་ནང་དུ་གསལ་བར། "ཏཱ་ཆིང་རྒྱལ་ཁབ་ཀྱི་ཁོག་ཡངས་ཞི་དུལ་བྱམས་སྙིང་མཁས་མཛངས་ལྡན་པའི་གོང་མས། རྡོ་རྗེ་འཆང་ཆེན་པོ་ཏཱ་ལའི་བླ་

མར་ཕྱུལ་བའི་ཡི་གེ་དེང་གི་དུས་འདིར་བླ་མ་གང་ཉིད་ཀྱིས་འགྲོ་བ་སྐྱོབ་རྒྱུའི་དགོངས་བཞེས་དང་བཅས་ཏེ་རྒྱལ་བསྟན་དར་སྤེལ་ཆེད་ཕྱག་ཕྲིས་སྐྱེལ་བར་ཕོ་ཉ་མངགས་བྱུང་བར་བདག་དགའ་སྤྲོ་ཆེན་པོ་བྱུང་། དེར་གང་ཉིད་སྐུ་གཟུགས་བདེ་པོ་དང་བཀྲ་ཤིས་བདེ་ལེགས་ཡོང་བའི་སྨོན་འདུན་ཞུ། བདག་གིས་བཤད་འདོད་པའི་སྐད་ཆ་ཚང་མ་དགེ་སློང་ཁྲ་ཧན་དང་། དགེ་སློང་པ་ལ་ཡན་ཀར། དགེ་སློང་ལ་ཁེ་པ། དགེ་སློང་ནུའོ་མུ་ཆེ། དགེ་སློང་ནུའོ་མོ་མན། དགེ་སློང་ས་མུའུ་ཐན། དགེ་སློང་ཀུན་གེ་ཁྲུའི་ཡེ་ཨེར་ཀྲར་བཅས་ལ་ངག་ཐོག་ནས་ཞུ་རྒྱུའི་བཀའ་ཕབ་པ་ཡིན། ཞེས་གསུས་པས་ཕུལ་བའི་ཡི་གེ་ཕྱིན་ལམ་དུ་འབབ་པའི་ཐབས་ཀྱི་རྟེན་མཚོན་བྱེད་གསེར་ཕོར་གཅིག་དང་། དངུལ་གཞོང་གཉིས། དངུལ་མདོང་གསུམ། གཟིའི་པི་ཅོ་གཅིག ཆུ་ཤེལ་གྱི་པི་ཅོ་གཉིས། གཡང་ཀྲིའི་པི་ཅོ་དྲུག གཡང་ཀྲིའི་རྒྱན་གཅིག ཁྲབ་གསེར་ཚགས་མ་གཉིས། རྒྱ་ཁྱུག་གཉིས། ཧ་སྨ་བཀོས་མ་གཉིས། གསེར་ཁྲ་བརྒྱབ་པའི་གཡང་ཀྲིའི་ཧེ་རགས་གཅིག གསེར་ཚགས་བརྒྱབ་པའི་དངུལ་གྱི་ཧེ་རགས་གཅིག སྒོ་གྲི་ཕྲ་ལྷན་གཅིག གོས་ཆེན་ཐུབས་བཞི་བཅས་ཕུལ་བ་ཡིན་" ①ཞེས་འཁོད་ཡོད།

གོང་མ་ཐུན་གྱི་ཐུན་ཧེའི་གོན་ནང་ཡོགས་སུ་ཕེབས་ཏེ་གོང་མ་གནང་རྗེས་བོད་ལྗོངས་སུ་ཆེད་མངགས་ཕོ་ཉ་བཏང་ནས་ཏཱ་ལའི་བླ་མ་དང་པཎ་ཆེན་རྣམ་གཉིས་ལ་འཚམས་འདྲི་གནང་བ་མ་ཟད། བོད་ལྗོངས་ཀྱི་དགོན་པ་ཆེ་ཁག་རྣམས་ལ་མང་ཇ་དང་འགྱེད་ཀྱང་བཏང་ཡོད་ཅིང་། དེ་བཞིན་དུ་ཏཱ་

① (ཏཱ་ལའི་བླ་མའི་རྣམ་ཐར་བོད་ཡིག་ལྷུགས་པར་དེབ་ངོས79)

ལའི་བླ་མ་མཆོག་དང་། པཎ་ཆེན་རིན་པོ་ཆེ་རྣམ་གཉིས་ཀྱིས་ཀྱང་སྐྱེས་ལན་འབུལ་མཁན་ཆེད་མངགས་གཏོང་གནང་གིས་གོང་མ་ཁྲིར་ཕེབས་ལ་དགའ་སྟོན་རྟེན་འབྲེལ་དང་། ཡུལ་ཐོན་དངོས་རྫས་ཕུལ་ནས་ལེགས་འབུལ་ཞུ་གནང་མཛད་ཡོད། སྤྱི་ལོ1651ལོར་ལྕགས་ཡོས་ལོར་གོང་མ་ཧྲུན་ཀྲིས་ཚགན་བླ་མ་དང་། ཤེས་རབ་བླ་མ་གཉིས་བོད་ལྗོངས་སུ་ཆེད་གཉེར་གྱི་བཏང་གནང་ནས་ཏཱ་ལའི་བླ་མ་ལྔ་པ་མཆོག་པེ་ཅིན་དུ་གོང་མ་ཧྲུན་ཀྲི་དང་མཇལ་འཕྲད་དུ་ཕེབས་དགོས་པའི་གདན་ཞུ་གནང་བ་ལྟར། དེའི་སྤྱི་ལོ་རྟེ1652ལོར་ཆུ་འབྲུག་ཟླ་བ་གསུམ་པའི་ཚེས་བཅུ་བདུན་གྱི་ཉིན་ཏཱ་ལའི་བླ་མ་སྐུ་ཕྲེང་ལྔ་པ་མཆོག་བོད་ཀྱི་དཔོན་རིགས་སེར་སྐྱ་སྐུ་འཁོར་སྟོང་ཕྲག་གསུམ་ཙམ་དང་བཅས་བོད་ནས་པེ་ཅིན་དུ་ཆིབས་ཞལ་བསྒྱུར། ཏཱ་ལའི་བླ་མ་མཚོ་སྔོན་དུ་ཕེབས་འགྱུར་བྱུང་བ་དང་གོང་མ་ཧྲུན་ཀྲིས་ནེའུ་ཕུའུ་ལས་ཁུངས་ཀྱི་བློན་ཆེན་ཞུ་ཀའུ་ཏ་རེ་ཁང་བཏང་ནས་ཕེབས་བསུ་ཞུས་པ་མ་ཟད། རྒྱལ་མཛོད་ནས་ཕེབས་ལམ་གྱི་གསོལ་ཆས་ཐུགས་མཐོ་ཡང་གནང་ཞིང་། དེ་ནས་གེན་ཞེ་ཡུལ་དུ་ཕེབས་འགྱུར་སྐབས་གོང་མས་ཏཱ་ལའི་བླ་མར་ཕེབས་བྱམས་སེར་པོ་གསེར་ཏོག་ཅན་ཞིག་ཕུལ་བའི་ནང་བཞུགས་ནས་ཟླ་བ་བཅུ་གཉིས་པའི་ཚེས་བཅུ་དྲུག་ཉིན་པེ་ཅིན་དུ་ཞབས་སོར་འཁོད། ཏཱ་ལའི་བླ་མ་པེ་ཅིན་དུ་མ་ཕེབས་གོང་གོང་མ་ཧྲུན་ཀྲིས་མན་ཇུ་རིགས་དང་། རྒྱ་རིགས་ཀྱི་བློན་ཆེན་རྣམས་བསྡུས་ཏེ་ཏཱ་ལའི་བླ་མར་དགའ་བསུ་ཞུ་བའི་གྲུས་ལུགས་སྐོར་གོ་བསྡུར་གནང་བར་གྲགས་ཤིང་། སྐབས་དེར་ཕྱི་སོག་གིས་ད་དུང་ཆེང་གོང་མར་མགོ་མ་སྒྱུར་བའི་དབང་གིས་མན་ཇུ་རིགས་ཀྱི་བློན་ཆེན་རྣམས་ཟེར་ན་གོང་མ་ཧྲུན་ཀྲི་པེ་ཅིན་མཁར་ནས་ཐོན་ཏེ་དགའ་བསུ་ཞུ་བར་ཕེབས་

དགོས་པའི་འདོད་ཚུལ་བཟུང་ཐོག་གོང་མ་སྐུ་ངོ་མ་དགའ་བསུ་ཞུ་བར་ཕེབས་ན་ཕྱི་སོག་གིས་དྭངས་ལེན་ཞུ་བར་ཕན་ཐོགས་ཆེན་པོ་ཡོང་ཞེས་བརྗོད་པ་དང་། རྒྱ་རིགས་ཀྱི་བློན་ཆེན་ཚོས་གོང་མ་ནི་གནམ་འོག་དང་རྒྱལ་ཁབ་ཀྱི་བདག་པོ་ཡིན་པས་ཏཱ་ལའི་བླ་མར་དགའ་བསུ་ཞུ་བར་ངོ་ཕེབས་གནང་མི་རུང་། ཕྱང་རྣམས་དང་། བློན་ཆེན་གྱི་ནང་ནས་མི་གཅིག་སྐུ་ཚབ་ཏུ་མངགས་ཏེ་དགའ་བསུ་ཞུ་བར་ཕྱིན་ན་འགྲིག་ཅེས་བཤད་དེ་རྩོད་པ་རྫོགས་རྒྱུ་མེད་པ་ཞིག་བརྒྱབ་ནས་གྲོས་ཐག་མ་ཆོད། དེ་རྗེས་གོང་མ་ཧྲུན་ཀྲིས་ཕྱོགས་གཉིས་ཀྱི་བསམ་ཚུལ་དང་བསྟུན་ཏེ་ཇོན་རྒྱུག་པའི་སྐྱ་བསང་གི་མིང་ཐོག་ནས་ནན་ཡོན་སྐྱིད་ཚལ་དུ་ཕེབས་སྐབས་ཏཱ་ལའི་བླ་མ་དང་ལམ་ཁར་མཇལ་བ་ལྷ་ཁྲིའི་ཟོལ་ལ་རྟེན་ནས་དགའ་བསུ་ཞུས་པར་སྣང་། ཏཱ་ལའི་ལྔ་པའི་གསུང་རྣམ་ལས་“གོང་མས་སྔར་གྱི་ཡིག་ཚང་རྣམས་དང་བསུ་བའི་ཚུལ་གྱིས་རི་དྭགས་ཁོ་ཐོར་ཕེབས་འདུག”ཅེས་དང་། མཇལ་འཕྲད་གནང་བའི་སྐོར་ཡང་། “ཆུ་འབྲུག་ལོའི་ཟླ་བ་བཅུ་གཉིས་པའི་ཚེས་བཅུ་དྲུག་ལ་རྒྱལ་པོའི་དྲུང་དུ་བཏེག་པའི་ལྕགས་རིའི་ནང་དུ་ཚུད་དེ་རིམ་གྱིས་བགྲོད་ཚེ། རྒྱལ་སྲིད་སྣ་བདུན་མདུན་དུ་བདར་བ་སོགས་འཁོར་ཡོས་བསྐྱར་བའི་རྒྱལ་པོའི་ཆེ་བ་དང་ལྡན་པའི་གཟི་བརྗིད་འཆི་མེད་བདག་པོའི་དཔལ་ལ་ཅོ་འདྲི་བའི་གུང་གི་རྒྱལ་པོ་བཞུགས་ས་མཐོང་མི་མཐོང་གི་མཚམས་སུ་སླེབས་པ་དང་དམངས་མས་རྟ་བབས། དེ་ནས་ཀྱང་མདའ་རྒྱང་བཞི་ཙམ་གྱི་བར་ཕྱིན་མཚམས་རྟ་ལས་གཞོལ་ཏེ་ཕྱིན་པ་ན་གོང་མ་ཉིད་ཁྲི་ལས་བབས་ཏེ་གཞུ་འདོམ་བཅུའི་ཚོད་ལ་ཕེབས་ནས་ངེད་ཀྱི་ལག་པ་ལ་ཕྱག་གིས་འཇུས་ལོ་ཙཱ་བ་བཙུགས་ཏེ་འཚམ་འདྲི་གནང་། རྒྱལ་པོ་གཞུགས་ཁྲི་མིའི་སྐྱེད་པ་དང་མཉམ་པའི་སྟེང་

ཁྲིའུ་ཤིང་གི་ཁར་བཞུགས། དེ་དང་འདོམ་པ་གང་ལས་མི་རིང་བའི་སར་ངེད་ལ་རྒྱལ་པོའི་བཞུགས་ཁྲི་ལས་ཆུང་ཟད་དམའ་བ་ཞིག་འདུག་པའི་སྟེང་དུ་བསྡད། གསོལ་ཇ་བྱུང་བའི་དུས་སྔོན་ལ་འཐུང་གསུང་ཡང་དེ་འདྲ་མི་འགབ་ཞུས་པས་དུས་མཉམ་དུ་འཐུང་གནང་བ་སོགས་མཐོང་གཟིགས་ཤིན་ཏུ་ཆེ་བ་མཛད། བྱུ་རུ། སྤོས་ཤེལ། མུ་མེན་གྱི་ཕྲེང་བ་ཁ་ཤས། སྣམ་ཕྲུག བུ་རམ། གུ་གུལ་གྱི་ལྷང་ཚེ་མང་བ། རྟ་དང་། སྤྲུ་ལ་གའི་པགས་པ་སྟོང་ཕྲག་རེས་གཙོས་པའི་འབུལ་བ་བྱས། ...... གཞིས་ལེན་ཤིན་ཏུ་རྒྱས་པ་མཛད། དེ་ནུབ་མདང་གི་བསྟོད་ཤུལ་ཆེན་ལོའུར་གནས་མལ་བཅས། འཁོར་ལོས་བསྒྱུར་བའི་རྒྱལ་ཁབ་ཆེན་པོ་མངའ་འོག་ཏུ་སྐད་རིགས་མི་གཅིག་པ་དོན་གཉིས་ཡོད་པའི་ཕོ་བྲང་པེ་ཅིན་དང་རྒྱང་གྲགས་གཉིས་ཙམ་གྱིས་ཆོད་པའི་སར་གོང་ནས་དངུལ་སྲང་ཁྲི་ཕྲག་དགུའི་མཐུན་རྐྱེན་སྦྱར་ཏེ་ངེད་ཀྱི་སྡོད་ཁང་དུ་ཆེད་གཉེར་བརྒྱབ་པའི་གཟིམ་ཁང་སེར་པོར་གྲགས་པའི་ཁང་བཟང་ལྷའི་སྐྱིད་ཚལ་ལྟ་བུ་ལྕུགས་རི་ཤག་སྐོར་དང་བཅས་པ། ལྟེ་བའི་མདོ་སྒྲུག་བར་མཚམས་མེད་པ་ཚོན་རྩི་ལག་གསེར་ཤོག་ཏ་ཅང་རྒྱ་ཆེས་པའི་འོད་ཀྱིས་ཁྱབ་པ་དེར་ཚེས་བཅུ་བདུན་ལ་སླེབས་”①ཞེས་གསལ།

སྤྱི་ལོ1653བོད་རབ་བྱུང་བཅུ་གཅིག་པའི་ཆུ་སྦྲུལ་གནམ་ལོ་གསར་ཚེས་ཀྱི་དགྱེས་སྟོན་པེ་ཅིན་གཟིམ་ཁང་སེར་པོར་མཛད་ཅིང་། “གོང་ནས་ཀ་པ་ལ་ཨ་མ་（ཨམ་བན་）དང་། ཨ་ས་ཁན་ཨ་མ་གཉིས་གནང་བས་（ཟླ་བ་དང་པོ་）ཚེས་བཅུ་གཅིག་ལ་ཕོ་བྲང་དུ་ཤོག་གསུང་པ་ལྟར་ཕྱིན། གསེར་

① （ཏཱ་ལའི་གོས་བཟང་ཤིང་པར་སྤྲིགས་བམ་ཀ་པའི་ཤོག་གྲངས197）

ཁྲི་ཡོད་པའི་བ་གམ་དེར་སླེབས་ཚེ་མདུན་ན་འདོན་མི་བཟང་དུ་གཏོགས་པ་ཚང་མ་ཚོགས་ཀྱང་རྒྱལ་པོ་མ་ཕེབས་འདུག་པས་ངེད་རང་ལ་སྣང་བྲུ་དོ་ཙམ་ཞིག་བརྩིགས་པ་དེར་ཧོར་སྟེགས་བྱས་བསྡད། རེ་ཞིག་ན་རོལ་མོ་རྣམས་དུས་གཅིག་ཏུ་འཁྲོལ་བ་དང་ལྷན་ཅིག་པར་རྒྱལ་པོ་ལྷག་སྒོ་ནས་ཕེབས་ཏེ་གསེར་ཁྲི་ཤིན་ཏུ་རྒྱ་ཆེར་ཞིང་དཔངས་མི་ཚད་ལྷག་པའི་སྟེང་ན་སྣར་ཡང་ཁྲི་ཆུང་དང་ཁྲིའུ་ཤིང་བརྩེགས་པར་བཞུགས་པ་ལ་སྟོན་དུ་མ་ཕྱོགས་བར་སྣང་ལ་ཡངས་ནས་ཡོད་པར་ཨ་ས་ཁན་ཨ་མ་གནང་སྟེ་ངེད་ཁྲིའུ་ཤིང་ལ་སྡོད་པ་དང་ལྷན་ཅིག་པར་ཁྲི་ལ་བཞུགས་ཤིག་པའི་བཀའ་བསྒྱུར་བྱུང་”①ཞེས་གསལ་བ་སོགས་ལས་སྐབས་དེའི་གྲུས་ལུགས་མཛད་སྒྲོལ་རགས་པ་ཙམ་ཤེས་རྟོགས་བྱེད་ཐུབ་བོ།

དེ་ནས་ཟླ་བ་གཉིས་ཙམ་རྒྱལ་སར་བཞུགས་རྗེས་ཧྲ་ལའི་བླ་མ་མཆོག་ནས་གོང་མ་ཧྥུན་གྲི་ལ། ཡུལ་འདིའི་ས་ཆུ་མི་འཕྲོད་པས་རང་ཉིད་གཟུགས་གཞི་མི་བདེ་བ་མ་ཟད། ཞབས་འབྲིང་པ་རྣམས་ཀྱང་ནད་ཀྱིས་མནར་བ་མང་བ་བཅས་བོད་ཕྱིར་ལོག་ཆོག་པ་ཞེས་ཞུས་པར་གོང་མས་ཀྱང་ཁས་ལེན་གནང་། གསུང་རྣམ་ལས་“ཟླ་བ་གཉིས་པའི་ཚེས་བཅོ་བརྒྱད་ལ་པོ་བྲང་ཆེན་པོར་འབོད་མི་གནང་བྱུང་བ་ལྟར་ཕྱིན། གཞིས་ལེན་སྔར་ལུགས་ལྟར་རྒྱས་པར་མཛད། གོང་ནས་གསེར་སྲང་ལྔ་བཅུ་ལས་གྲུབ་པའི་མདོང་མོ་གཉིས་དང་ཀ་ཏོ་ར་ཆ། གསེར་སྲང་ལྔ་བརྒྱ། དངུལ་གྱི་མདོང་མོ་བརྒྱད་དང་ཀ་ཏོ་ར་བརྒྱད། དངུལ་སྲང་ཁྲི་ཚོ་གཅིག སྲང་སྟོང་ལས་གྲུབ་པའི་

① (དུ་ཀྭ་ལ་གླིགས་བམ་ཀ་པའི་ཤོག་གྲངས199)

དངུལ་ཁོག་ཆེ་མོ། གོས་ཡུག་སྟོང་ཕྲག་གཅིག གསེར་སྙ་བཅུ། སྟག་གཟིག་གི་པགས་པ་དང་ནོར་སྲུམ་སོ་སོར་བཅུ་རེ། ཛ་ཀོ་དྲ་བརྒྱ་ཕྲག་སོགས་གནང་སྦྱིན་ཤིན་ཏུ་རྒྱས་པ་བསྩལ། རྒྱལ་པོའི་ཡུམ་ཐའི་ཁོས་གསེར་སྲང་བརྒྱ། དངུལ་སྲང་སྟོང་། གོས་ཡུག་བརྒྱ་རྣམས་བསྟར……”①ཞེས་གསལ་བ་དང་། དེ་ནས་ཆེང་གོང་མས་ཧོ་ཧྲའུ་ཁྲིང་ཙེ་ཆེན་ཞང་ལ་ཆེ་བརྒྱུད་ཀྱི་དམག་དཔུང་ཁྲིད་དེ་ཏའི་ཁའི་ཡུལ་བར་དུ་ཕེབས་སྐྱེལ་ཞུ་དགོས་པའི་བཀའ་ཕབ་ཅིང་། ཏཱ་ལའི་བླ་མ་ཕེབས་ཁར་གོང་མ་ཧྲུན་ཀྱི་རང་ཉིད་ངོ་མ་ནས་ཡོན་སྐྱིད་ཚལ་དུ་ཕེབས་ནས་ཧེ་ཧྲའུ་དགོན་པའི་ནང་དུ་ཏཱ་ལའི་བླ་མར་དགའ་སྐྱེལ་གསོན་སྟོན་བཤམས་པ་དང་། ཏཱ་ལའི་བླ་མ་ཏའི་ཁ་ཡུལ་དུ་ཕེབས་འཁོར་བྱུང་སྐབས་གོང་མ་ཧྲུན་ཀྱིས་ཡང་ལི་ཕུའུ་ལས་ཁྲུངས་ཀྱི་ཧྲང་ཧྲུའུ་ཧྲུའི་ལུའོ་ལང་ཆེའུ་དང་། ལི་ཕན་ཡོན་ལས་ཁྲུངས་ཀྱི་ཨ་ས་ཁན་ཞི་ཏ་ལི་སོགས་མངགས་ནས་ཏའི་ཁའི་ཡུལ་དུ་ཆེང་གོང་མས་ཏཱ་ལའི་བླ་མར་མཚན་གནས་གནང་བའི་མན་རྒྱ་སོགས་བོད་བཅས་ཡིག་རིགས་བཞིའི་གསེར་གྱི་འཇའ་ས་དང་། གསེར་གྱི་ཐམ་ག་གནང་། གསེར་གྱི་ཐམ་གའི་ཡི་གེ་ཆ་ཚང་ནི་“ནུབ་ཕྱོགས་ཀྱི་ཕུལ་བྱུང་ཞི་བ་སངས་རྒྱས་རྒྱ་ཆེན་ཁྱོན་ལ་སངས་རྒྱས་བསྟན་པའི་མངའ་བདག་ཐམས་ཅད་མཁྱེན་པ་རྡོ་རྗེ་འཆང་ཏཱ་ལའི་བླ་མ” ཞེས་པ་དེ་ཡིན་ཅིང་། གསེར་གྱི་འཇའ་ས་ལ་ཁྱོན་བསྡོམས་གླེགས་བུ་བཅོ་ལྔ་ཡོད་པའི་ཡི་གེ་ཆ་ཚང་གཤམ་གསལ། “ངེད་ཀྱི་གོ་བ་ལྟར་ན་ཀུན་ལ་ཕན་ཐོགས་ཡོང་ཐབས་བྱེད་རྒྱུ་དང་། རང་ལ་ཕན་ཐོགས་ཡོང་ཐབས་བྱེད་རྒྱུའི་དམིགས་

---

① （ཏུ་ཀཱུ་ལ་ག་པའི་ཤོག་གྲངས203）

ཡུལ་མི་འདྲ་བ་ཡོད་ལ། སྲིད་པ་འཁོར་བ་དང་། ཞི་བ་འཇིག་རྟེན་ལས་འདས་པའི་ཆོས་ལུགས་གཏོད་པའི་འགྲོ་ལམ་ཡང་མི་འདྲ་བ་ཡོད། འོན་ཀྱང་སེམས་པ་དང་བ་དང་གཤིས་ལུགས་མཐིལ་མཐོང་བྱེད་རྒྱུ་དང་། འཇིག་རྟེན་བདེ་འགོད་དང་། དམངས་བློ་གསལ་འབྱེད་བྱེད་རྒྱུའི་ཐད་ནས་བཤད་ན་ཐ་མི་དད་པ་ཞིག་རེད། ཧྭ་ལའི་བླ་མ་བློ་བཟང་རྒྱ་མཚོ་གང་ཉིད་མཁྱེན་རྒྱ་ཡངས་ཤིང་། སྔོ་གསུམ་གྱི་ཉེས་སྤྱོད་ཐམས་ཅད་སྤངས་པ་དང་། ཏིང་ངེ་འཛིན་དང་ཤེས་རབ་གཉིས་ཀ་སྒོམ་ཞིང་། གཟུགས་དང་སྟོང་གཉིས་ཀ་མེད་པ་ཆགས་པའི་ཐོག སངས་རྒྱས་ཀྱི་བསྟན་པ་ཁྱབ་སྤེལ་མཛད་དེ་མགོ་རྫོངས་པ་རྣམས་ཀྱི་བློ་སྒོ་འབྱེད་ཐུབ་པ་བྱུང་སྐབས། ནུབ་ཕྱོགས་སུ་སེམས་རྒྱུད་ཐུལ་བ་དང་། ཤར་ཕྱོགས་སུ་སྣན་གྲགས་ཁྱབ་པ་དེ་ངེད་ཀྱི་ཡབ་དམ་པ་ཞི་བའི་གོང་མ་ཐའི་ཙུང་གིས་མཁྱེན་རྗེས་ཐུགས་དགྱེས་ཆོར་ཆེན་པོ་གནང་ནས་ཁྱེད་གདན་འདྲེན་ཞུ་བར་ཐོ་ཉ་ཆེད་མངགས་ཀྱིས་གཏོང་བ་གནང་ཞིང་། ཁྱེད་ཀྱིས་ཐུ་ས་ནས་ཡབ་གོང་མའི་ཐུགས་འདོད་མཁྱེན་ནས་འབྱུག་ཡོར་མཇལ་བར་ཕེབས་རྒྱུ་ཞལ་གྱིས་བཞེས་པ་རེད། ངེད་ཀྱིས་གནམ་གཉེན་གྱི་བཀའ་ལྟར་གནམ་འོག་སྐྱོང་གི་ཡོད། ཁྱེད་དངོས་གནས་གདན་ཞུས་ལྟར་དུས་ཐོག་ཏུ་ཕེབས་བྱུང་། ཁྱེད་ཀྱི་སྤྱོད་ལམ་མཛའ་བརྩེ་སྐྱེ་འོང་ཤིང་། ཞལ་མང་ཉུང་རན་པོ་ཡོད་པའི་ཐོག ཤེས་རབ་ཀྱི་ཕ་རོལ་ཏུ་ཕྱིན་པ་དང་། བྱང་སེམས་ཀྱིས་འགྲོ་བ་འགུགས་པའི་སྒོ་འཕར་རྒྱ་ཆེར་ཕྱེ་བས། དངོས་གནས་བྱང་ཆུབ་ལམ་གྱི་སྟོན་(པ་)དང་། དགོན་པའི་མིག་སྟོས་ཡིན་སྐབས་ངེད་ཀྱིས་བསྟོད་བསྔགས་ཆེན་པོ་བྱེད་ཀྱི་ཡོད། ད་གསེར་གྱི་འཇའ་ས་ཐམ་ག་དང་བཅས་ཏེ་ཁྱེད་ལ་ནུབ་ཕྱོགས་ཀྱི་ཕུལ་བྱུང་ཞི་བ་སངས་རྒྱས་རྒྱ་ཆེན་ཁྱོན་

ལ་སངས་རྒྱས་བསྟན་པའི་མངའ་བདག་ཐམས་ཅད་མཁྱེན་པ་རྡོ་རྗེ་འཆང་ཏཱ་ལའི་བླ་མ་ཞེས་མཚན་གནས་སྩོལ་རྒྱུ་ཡིན། བསྐལ་བསྟུན་སྐུ་སྤྲུལ་གྱིས་རྒྱལ་བསྟན་དར་སྤེལ་དང་། སྐབས་བསྟུན་ཆོས་འཆད་མཛད་དེ་འགྲོ་བར་ཕན་པ་གནང་རྒྱུ་དེ་བར་མཚམས་མ་འཛོག་རོགས་གནང་། ཞེས་འཁོད་ཡོད་”[1] ཅེས་གསལ་ཞིང་། གསུང་རྣམ་ནང་། “གོང་ནས་ནུབ་ཀྱི་ལྷ་གནས་ཆེས་དགེ་བ་བདེ་བར་གནས་པའི་སངས་རྒྱས་བཀའ་ལུང་གནམ་འོག་གི་སྐྱེ་འགྲོ་ཐམས་ཅད་བསྟན་པ་གཅིག་ཏུ་གྱུར་མེད་རྡོ་རྗེ་འཆང་རྒྱ་མཚོའི་བླ་མ་ཞེས་རྒྱ་ཧོར་བོད་གསུམ་གྱི་ཡི་གེ་གསུམ་གཤིབས་སུ་ཡོད་པའི་གསེར་གྱི་ཐམ་ག། གསེར་གྱི་པང་ལེབ་ཆོས་ཤོག་མཐུག་ཤོས་དང་སྣམས་པ་ཞེང་སོར་བཞི་དཀྱུས་མཐོ་གང་ཙམ་ཡོད་པ་བཅོ་ལྔ་ཙམ་འབྲུལ་མིག་ཏུ་སྦྲེལ་ནས་ལྟེབ་ཆོག་པ་ལ་གོང་གསལ་ཡི་གེ་གསུམ་ཚང་བར་ཉི་མ་ནུབ་ཕྱོགས་མཐའ་དག་ཤེས་སུ་བཅུག་པའི་འཇའ་སའི་ལུང་ལས་ཀ་གནང་སྦྱིན་དང་བཅས་བསྐུལ་བ་སྟོན་མོ་གཟབ་རྒྱས་ཀྱི་ཐོག་སྤྲད། ཐམ་ཀར་ཡོད་པ་དེ་སོག་པོའི་ལོ་ཙཱ་བས་བསྒྱུར་བས་འགྱུར་མི་ལེགས་ཤིང་། གོང་དུ་སྨོས་པའི་རྒྱའི་ལོ་ཙཱ་བ་མཁས་པ་ཞིག་གིས་བསྒྱུར་བ་ཡིན་”[2]ཞེས་འཁོད་པ་དེའི་ཐོག་ནས་ཏཱ་ལའི་བླ་མའི་མཚན་གནས་རྒྱལ་ཡོངས་སུ་གཏན་ལ་ཕབ་པ་དང་། བོད་ས་གནས་ཀྱི་ཆོས་སྲིད་ཡོངས་ལ་དབང་བའི་འཕྲིན་ལས་ཀྱི་དབང་ཐང་སྙིང་མེད་གཏན་འཁེལ་བྱུང་བ་ནི། ཏཱ་ལའི་བླ་མ་ཆེན་པོ་སྐུ་ངོ་མས་ལྷུགས་རྩོམ་པའི་རང་རྣམ་གྱི་ནང་དུ་“ཉི་མ་ནུབ་

---

① （ཏཱ་ལའི་བླ་མའི་རྣམ་ཐར་བོད་ཡིག་དེབ་ངོས82－84）

② （ཏུ་ཀྭ་ལ་ཤིང་པར་སྤྲོགས་བམ་ཀ་པའི་གྲངས209）

ཕྱོགས་མཐའ་དག་ཤེས་སུ་བཅུག་པའི་འཇའ་སའི་ལུང་ལས་ཀ་གནང་སྦྱིན་དང་བཅས་པ་བསྐུལ་” ཅེས་པའི་བརྗོད་དོན་དེ་རང་གི་ཐོག་ནས་གསལ་པོ་མཐོང་ཐུབ་པ་དེ་ལ་སུ་ཞིག་གིས་ལྐན་ཀ་འཚོལ་ཐུབ། ལག་ལེན་གྱི་ཐོག་ཏུའང་དེ་སྐབས་བོད་ས་གནས་སྲིད་གཞུང་གི་དབང་ཆའི་རྩ་འཛིན་ཐམ་དེབ་ནང་། ཐམས་ཅད་ཀྱི་ཐོག་མ་ཡོ་ནར་ཆེང་གོང་མ་ཧྲུན་ཀྲིས་ཏཱ་ལའི་བླ་མ་ལྔ་པ་ཆེན་པོར་གནང་བའི་གོང་གསལ་གྱི་གསེར་ཐམ་ཆེ་མོ་དེ་བཀོད་ཐོག དེ་ནས་སྨུག་ཐམ་གཞན་དག་སོགས་རིམ་པར་འཁོད་ཡོད། བོད་ཡོངས་ལ་ཁྱབ་པའི་བཀའ་རྩ་ཚིག་གལ་ཆེ་རིགས་ལ་གསེར་ཐམ་ཆེ་མོ་དེ་རང་གནང་སྲོལ་ཡོད་པ་མ་ཟད། ཏཱ་ལའི་བླ་མ་སྐུ་ཕྲེང་རིམ་བྱོན་རྣམས་གང་དུ་ཕེབས་བཞུགས་བསྐྱངས་རུང་། འཇའ་ས་གསེར་ཐམ་བཞུགས་པའི་དམ་སྒམ་ནི་སྐུ་ལུས་དང་གྲིབ་མ་བཞིན་དུ་ནམ་ཡང་འབྲལ་མེད་ཆབས་ཅིག་ཏུ་གདན་ཞུ་བྱེད་དགོས་པ་རྒྱུན་རབས་ཚང་མས་མིག་མཐོང་ལག་ཟིན་ཡིན། འཇའ་ས་གསེར་ཐམ་རིམ་ཅན་གྱི་ནང་ནས་གཙོ་ཆེ་ཤོས་ནི་གོང་གསལ་ཆེང་གོང་མ་ཧྲུན་ཀྲིས་གནང་བའི་འཇའ་ས་དང་གསེར་ཐམ་ཆེ་མོ་དེ་གཉིས་ཡིན་པའང་ཀུན་ཤེས་ཡོངས་གྲགས་ལགས་ཤིང་། གསུང་རྣམ་ནང1656ལོ་མེ་སྤྲེ་ལོའི་ཟླ་བ་དྲུག་པའི་ནང་“ གོང་ནས་གནང་བའི་གསེར་ཐམ་ཧ་ཅང་ལྷེ་དྲགས་གཤིས་ཐམ་གཡོག་བརྐོས་པའི་ཐམ་ཕུད་ཀྱི་ཚོགས་བཅད་དང་། ཁ་བྱང་རྣམས་བྲིས”①ཞེས་གསལ་བ་དང་། ཡང་གསུང་རྣམ་ནང1659ལོ་ས་ཕག་ལོར“ གོང་ནས་གནང་བའི་ཐམ་ཀའི་ནང་གི་རྒྱ་ཡིག་རྣམས་ཕྱོགས་གཅིག་ཏུ་

① （དུ་ཀཱུ་ལ་ཀ་པའི་ཤོག་གྲངས249）

བཀོད་པའི་ཐམ་ཀ་གསར་པ་ཞིག་ས་རིས་ཀྱི་གཏན་ཚིགས་ལ་རྒྱུག་པར་བསྐོས་པའི་ཐམ་ཕྱུད་ཚིགས་བཅད་དང་བཅས་འཕགས་པ་ལོ་ཀེ་ཤྭ་ར་དང་འདོད་ཁམས་དབང་ཕྱུག་གཡུལ་རྒྱལ་མར་ཕྱུལ་”①ཞེས་འཁོད་པ་དེ་དག་གི་ཐོག་ནས་ཏཱ་ལའི་བླ་མ་ལྔ་པ་ཆེན་པོས་ཆིང་གོང་མས་གནང་བའི་གསེར་ཐམ་ཆེ་མོ་དེ་བོད་ཀྱི་སྲིད་དབང་འཛིན་སྐྱོང་གི་ཕྱག་མཚན་གཙོ་བོར་བཞེས་ནས་མཐོང་ཆེན་དང་། བེད་སྤྱོད་ཇི་ལྟར་གནང་ཡོད་པ་རྟོགས་ཐུབ་ཅིང་། རྒྱ་ཡིག་ཕྱོགས་བསྡུས་གནང་བ་དེ་ནི་“ སྨུག་དམ་ ཙོ་ཙོ་བའོ་” (ཙོ་ཙས་པོའོ་) ཞེས་གྲགས་པ་དེ་ཡིན་པར་སྣང་ངོ་།

ཏཱ་ལའི་བླ་མ་རྒྱལ་ནང་དུ་ཆིབས་བསྒྱུར་སྐབས་གོ་ཤྲི་ཁང་བསྟན་བབ་དང་བཅས་ད་དུང་བཞུགས་ནས་པེ་ཅིན་དུ་ཕེབས་མེད་ཀྱང་“ གོང་མ་ཆིང་ཧྲི་ཙུའུ་ཡིས་སྐབས་དེར་དོན་དངོས་ཐོག་བོད་ལྗོངས་ཀྱི་གནས་བབ་དབང་དུ་སྤྱད་པའི་གོ་ཤྲི་ཁང་སྣང་མེད་དུ་འཇོག་པའི་རིགས་བྱས་མེད་པར། གོང་མས་རྒྱ་མན་སོག་བོད་བཅས་ཡིག་རིགས་བཞི་འཁོད་གསེར་གྱི་ཐམ་ག་དང་གསེར་གྱི་འཇའ་ས་བཅས་ཏེ་གོ་ཤྲི་ཁང་ལ་མཚན་གནས་གནང་ཡོད། གསེར་གྱི་ཐམ་གའི་ཡི་གེ་ཆ་ཚང་ནི་“ གཞུང་བཟང་བརྩེ་སྲུང་དྲང་བདེན་ལས་སྐྱོང་མཛངས་ཅན་གོ་ཤྲི་ཧན་གྱི་ཐམ་ག”ཞེས་པ་དེ་ཡིན་ཅིང་། གསེར་གྱི་འཇའ་སའི་ཡི་གེ་ཆ་ཚང་ནི་“ གོང་མས་དོན་ཆེན་སྒྲུབ་སྐབས་ངེས་པར་དུ་མངའ་འོག་རྒྱལ་ཕྲན་རྣམས་ལ་ཁ་གཏའ་བསླབ་བྱ་བཏང་ནས་སྤྱོད་བཟང་གི་སློབ་གསོ་གཏོང་རྒྱུ་དེ་ཡུལ་ཕྱོགས་ཀུན་ཏུ་ཁྱབ་པ་ཞིག་བྱེད་དགོས། མངའ་འོག

① (ཏུ་ཀྭུ་ལ་སྒྲིགས་བམ་ག་པའི་ཤོག་གྲངས275)

རྒྱལ་ཕྲན་གྱི་རྒྱལ་པོས་ཡུལ་དུས་ལ་ཚོད་དཔག་ཐུབ་པ་བྱས་ཏེ་ཚུར་འཁོར་ན། གོང་མའི་སྲིད་གཞུང་གིས་འཛམ་པས་བློ་འགུག་རྒྱུ་མཚོན་པ་བྱེད་ཆེད་གཟེངས་བསྟོད་ཆེན་པོ་བྱེད་ངེས་ཡིན། ཨོ་རོད་ཚོ་པའི་གོ་ཤྲི་ཏན་ཁྱེད་ཀྱིས་སྐྱོད་བཟང་ལ་བརྩི་སྲུང་དང་དགེ་ལས་ལ་དགའ་བ་དང་། དྲང་བདེན་འཛིན་པ་དང་བྱམས་སྙིང་ལག་བསྟར་བཅས་བྱས་ནས་དྲིན་གྱིས་མངའ་ཁོངས་བསྐྱངས་པའི་ཐོག ལྷག་བསམ་རྣམ་པར་དག་ཅིང་བློ་ཁ་ཕྱོགས་ནས་གུས་ཞབས་བྱེད་ཀྱི་ཡོད་པས། ངེད་ཀྱིས་བསྟོད་བསྔགས་ཆེན་པོ་བྱེད་ཀྱི་ཡོད། དགསེར་གྱི་འཇའ་ས་དང་ཐམ་ག་དང་བཅས་ཏེ་གཞུང་བཟང་བརྩི་སྲུང་དྲང་བདེན་ལས་སྙིང་མཐངས་ཅན་གོ་ཤྲི་ཏན་ཞེས་པའི་མཚན་གནས་སྩོད་རྒྱུ་ཡིན། ཁྱེད་ཀྱིས་ སྟེར་བས་བློ་སེམས་དཀར་བའི་སྒོ་ནས་སྤྱོད་བཟང་དང་བསླབ་བྱ་དྲིལ་བསྒྲགས་ཁྱབ་གདལ་དུ་བྱས་ནས་ངེད་ཀྱི་གཞོགས་འདེགས་བྱས་ཏེ་ཁྱེད་ཀྱི་མངའ་ཁོངས་ས་ཆ་བདེ་བར་འགོད་དགོས་ཤིང་། དེ་འདྲ་བྱས་ནས་ས་ཁུལ་དེ་བརྟན་པོ་ཆགས་ནས་བདེ་སྐྱིད་ཡུན་དུ་དར་རྒྱུ་རེད། དེ་ལྟར་བྱེད་རྒྱུར་འབད་འཚལ།” ཞེས་འཁོད་པའི་འཇའ་ས་གསེར་ཐམ་དེ་དག་གོང་མ་ཆེང་ཧྲི་ཙུང་ཡིས་ནང་བློན་ནང་ཟུའུ་ཁེ་ཞིའུ་ཧྲི་ཏའི་སོགས་བཏང་ནས་ཏཱ་ལའི་བླ་མ་སྐུ་ཕྲེང་ལྔ་པ་དང་མཉམ་དུ་བོད་དུ་བསྐྱོད”①ཅེས་གསལ་བ་ལྟར་ལོ་དེའི་ཟླ་བ་བཅུ་གཅིག་པའི་ཚེས་གཅིག་ཉིན་ལྷ་སར་གཞི་ནས་གོ་ཤྲི་ཁང་ལ་མཚན་གནས་གནང་བའི་མཛད་སྒོ་ཚུགས་པ་ཡིན། དེ་རྗེས་ཏཱ་ལའི་བླ་མ་མཆོག་མིས་རྒྱལ་ནང་ཁུལ་ནས་ཕེབས་པའི་རྗེས་

① （ཏཱ་ལའི་བླ་མའི་རྣམ་ཐར་བོད་ཡིག་དེབ་ངོས84－86）

སུ་རིམ་བཞིན་དབུས་གཙང་གི་ས་ཆ་ཁག་ཏུ་དགེ་ལུགས་པའི་དགོན་སྡེ་བཅུ་གསུམ་གསར་དུ་ཕྱག་བཏབ་པར་བཏབ་སྒྲིང་བཅུ་གསུམ་ཞེས་གྲགས།

ཕྱི་ལོ1654ལོར་ཤིང་རྟ་ལོར་ཏཱ་ལའི་བླ་མ་ཆེན་པོ་གཙང་ཕེབས་གནང་བའི་སྐོར་པཎ་ཆེན་བློ་བཟང་ཆོས་རྒྱན་གྱི་གསུང་རྣམ་ལས་འབྱུང་བར་"རྒྱལ་བ་བདུན་པའི་འཁོར་རྒྱལ་བ་ཐམས་ཅད་མཁྱེན་པ་མཆོད་ཡོན་རྣམ་གཉིས་བཀྲ་ཤིས་ལྷུན་པོར་ཕེབས། ཆིབས་བསུ་སེར་སྦྲེང་རྒྱས་པར་བྱས་ཤིང་། ཞག་ལྔ་བཞུགས་པར་སྐྱེ་སྐོས་ཐམས་ཅད་ནས་ཞབས་ཏོག་འབུལ་བ་ལ་སོགས་པ་ཕུན་སུམ་ཚོགས་པས་མཉེས་པར་བགྱིས། དེ་ནས་གཞིས་ཀ་རྩེར་(གཞིས་ཀ་བསམ་གྲུབ་རྩེའི་རྫོང་ལ་ཟེར་)བསྙེན་བཀུར་ཕུལ་དུ་བྱུང་བ་དང་བཅས་དཔོན་སློབ་ལྷན་ཅིག་རྒྱལ་བ་ཕྱེད་ལྷག་གི་བར་བཞུགས་ནས་དཔེན་སར་སྣན་བརྒྱུད་ཀྱི་གདམས་པས་མཚོན་ཐུགས་བཞེད་བསྐངས། རྒྱལ་བ་བརྒྱད་པར་ཐམས་ཅད་མཁྱེན་པས་བཀས་བསྐུལ་ཏེ་རྒྱལ་པོ་མཆོད་ཡོན་(གོ་ཤྲི་ཁང་དང་སྡེ་སྲིད་)བཀྲ་ཤིས་ལྷུན་པོར་ཕྱིན་ནས་མང་འགྱེད་འབུལ་བ་བཟང་པོ་དང་བཅས་(པཎ་ཆེན་རིན་པོ་ཆེ་)ཚོགས་སུ་སྤྱན་དྲངས་ཞབས་བརྟན་ཚོགས་བཅད་མ་གསར་འཇུགས་སོགས་ཀྱི་རྟེན་འབྲེལ་ལེགས་པར་བསྒྲིགས།"①ཞེས་འཁོད་པ་ལྟར་ཏཱ་ལའི་བླ་མ་དང་པཎ་ཆེན་རྣམ་གཉིས་ཐུགས་མཐུན་ཆོས་ཕྱོགས་ཀྱི་མཛད་སྒོ་རྒྱ་ཆེར་སྤེལ་གནང་མཛད། འོན་ཀྱང་སྡེ་སྲིད་བསོད་ནམས་ཆོས་འཕེལ་དང་པཎ་ཆེན་རིན་པོ་ཆེའི་དབར་བར་སྐབས་ནས་དམ་སེལ་ལྷ་བུ་ཞིག་བྱུང་བར་སྣང་སྟེ་པཎ་ཆེན་གསུང་རྣམ་ནང་

① (སྤྱོད་ཚུལ་གསལ་བར་སྟོན་པ་ནོར་བུའི་ཕྲེང་བ་)

"དེ་སྐབས་སྔ་མོ་ལྷ་ས་ལ་བརྟེན་ནས་ལས་བྱེད་སོ་སོའི་རྐྱེན་གྱིས་ཞིན་དུ་མི་མཛེས་པ་ཞིག་བྱུང་ཡང་། ཐམས་ཅད་མཁྱེན་པ་སྤྲུལ་པའི་སྐུས"ལོ་ཟླ་བ་ནི་ཕྲམ་གཉིས་པ་བསྟེན། འཁྲུམ་རྗེ་ཁྱོད་ནི་ཁོ་བོ་གཅིག་པ་སེམས།" ཞེས་པའི་རྣམ་ཐར་ལེགས་པར་བསྐྱངས་པའི་གཟི་བྱིན་དང་། ནང་སོ་ཆོས་འཕེལ་རང་ཉིད་ཀྱང་རྣམ་སྨིན་ལ་འཇིགས་པས་སྔ་མོ་ནས་ལྷ་རིན་པོ་ཆེ་སོགས་ཆེ་གཞན་དུ་མ་བསྐུལ། ཁྱད་པར་དེར་འདུས་པའི་མཆོད་ཡོན་རྣམས་དང་བཅས་བཞུགས་པ་ལེན་དགོས་ཚུལ་ནན་ཆེར་བྱུང་བ་དང་། བསམ་པ་དག་པས་བཤད་སྒྲུངས་བྱེད་པ་དང་དུ་མ་བླངས་ཆོ་བྱུང་སེམས་ཀྱི་ཉེས་བྱས་དང་། སློ་སྦྱོང་གི་དམ་ཚིག་དང་འགལ་བར་དོགས་པ་དང་། ལྷག་པར་ཐམས་ཅད་མཁྱེན་པའི་ཞབས་ཏོག་དང་བསྟན་པ་སྤྱིའི་རྒྱུན་ལ་བསམ་བཀའ་བློན་དང་མི་སྣ་གཞན་རྣམས་མཚུངས་པར་ཕྱག་འབུལ་བར་གེགས་མེད་པར་བྱས།"①
ཞེས་གསལ་བ་འགལ་བའི་དོན་རྐྱེན་གསལ་པོར་མ་གསུངས་ཀྱང་"ལྷ་ས་ལ་བརྟེན་ནས" ཞེས་པ་འདི་ལ་དཔགས་ན་《སུམ་པ་ཆོས་འབྱུང་》ལས (1621) བོད་རབ་བྱུང་བཅུ་པའི"ལྕགས་བྱ་ལ་ཧོར་དམག་གིས་གཙང་པ་རྒྱང་ཐང་སྒང་དུ་ཕམ་ནས་ལྕགས་པོ་རིར་བསྐོར་ཚེ། པཎ་ཆེན་རིན་པོ་ཆེ་སོགས་ཀྱིས་མི་འབུམ་དུ་ཉེ་བའི་སྲོག་སྐྱབས་པར་མཛད་ཅིང་། གསང་སྔགས་མཁར་སོགས་དགེ་ལྡན་པའི་དགོན་དང་ལྷ་སྡེ་བར་ཁྲིགས་པ་ཀུན་སྔགས་ཀྱི་རྣལ་འབྱོར་གྱི་མཐུ་དང་སྦྱིན་བདག་ཧོར་གྱི་གཡུལ་ཆེན་པོའི་སྟོབས་ལ་

① (སྒྲིད་ཚུལ་གསལ་བར་སྟོན་པ་ནོར་བུའི་ཕྲེང་བ་)

འཛིགས་པས་དབང་མེད་དུ་སྣར་ཚུར་ལ་གུས་འདུད་ཚུལ་དུ་འབུལ་དགོས་བྱུང་”①ཞེས་གསལ་བ་ལྟར་སྐབས་དེའི་སྤྱི་གཟར་སྐབས་སྤྱི་པ་གཙང་པར་ཕམ་ཉེས་ཆེན་པོ་བྱུང་དུས་པཎ་ཆེན་བློ་བཟང་ཆོས་རྒྱན་གྱིས་སོག་དམག་ལ་བབ་གསེད་གནང་སྟེ་དུས་འཁྲུག་འདུམ་པའི་མཛད་རྗེས་ཆེན་པོ་འཛོག་གནང་མཛད་ཅིང་། དེ་སྔོན་ལོ་ཤས་རིང་ལྷ་ས་གཙུག་ལག་ཁང་གི་བདག་གཉེར་ཡང་གཙང་པས་བྱེད་པ་དེ་སྐད་ཏཱ་ལའི་བླ་མའི་ཡང་སྲིད་མ་ཕེབས་བར་པཎ་ཆེན་རིན་པོ་ཆེ་ནས་བདག་གཉེར་མཛད་རྒྱུར་འབུལ་དགོས་བྱུང་འདུག་པ་བཞིན་བཀྲ་ཤིས་ལྷུན་པོ་ནས་སྐུ་ཚབ་མངགས་གཏོང་གནང་མུས་ལྟར་གསུང་རྣམ་ནང་“རབ་འབྱམས་པ་ཆོས་དཔལ་གྱིས་ལྷ་སའི་གཉེར་ཁ་བཟུང་ནས་ནང་ཁུལ་འཛུགས་སྐྱོང་གི་བྱེད་པ་ཡོད་པར་དབུང་འཁོར་ལ་ལས་ཨ་ཁའི་དའི་ཆེན་ལ་ངན་བསླབ་བརྒྱབ་ནས་ཕུད་ན་ཞུ་བར། ཁྲི་རིན་པོ་ཆེས་སོག་པོའི་འཕྲུལ་གྱིས་ཕུད་ན་ཁོའི་རྒྱན་ལ་འགྲོ། གཙང་པ་ལ་བརྟེན་ནས་འབུད་དགོས་གནང་བ་ཞལ་ངོའི་（བསོད་ནམས་ཆོས་འཕེལ་）ཐུགས་ལ་བབས་ནའང་གཙང་སོག་གཉིས་ག་ལ་བརྟེན་མ་དགོས་པའི་རང་གྲོལ་ཞིག་ཨེ་ཡོང་དགོངས་སྐར་གདོང་ནས། ཞལ་དཔོན་སྲིན་དཔལ། སྲུས་པོ་རབ་བརྟན་གསུམ་བཏང་ནས་བཀྲ་ཤིས་ལྷུན་པོར་མང་ཇའི་ཐོག་དཔོན་སློབ་པཎ་ཆེན་རིན་པོ་ཆེར་འབུལ་བ་དགུ་ཚན་གསུམ་དང་བཅས་ཆོས་དཔལ་གྱི་ཐད་འདི་ནད་མ་ཐེག་པས་ལྷུགས་པོ་རེའི་བཀའ་ཁྲའི་དོན་བཞིན་ལྷ་ས་ཚུར་གནང་དགོས། དཔོན་སློབ་ཚོའི་ཞབས་ཏོག་དང་ཕྱག་གཡོག་ཆོས་དཔལ་ལས་ལྷག་

① （ཆོས་འབྱུང་དཔག་བསམ་ལྗོན་བཟང་ཤིང་པར་ཤོག་གྲངས106）

པ་ཞུ་ཞུས་པར་སྐུ་མདུན་སླན་ཐང་ནས་དང་། རབ་འབྱམས་པ་ཚོགས་གསོག་པས་ནང་སོ་ཨ་བར་（བསོད་ནམས་ཆོས་འཕེལ་ཟེར་）འདི་སྐྱུག་དྲགས་པས་གཙང་པ་དཔོན་སློན་བཀྲོལ་ཟིན་པ་ཡིན་ཤས་ཁ་བས་གཏོད་པ་རང་ཇོ་བོ་དང་ཆོས་གཏམ་གཉིས་ཀ་བཟང་ཚུལ་གྱི་སྣན་སྦྲོན་ཕུལ་བ་（པཎ་ཆེན་གྱི་）དགོངས་པར་མ་བབས་པའི་ཁར། ཕྱག་ཕྱི་རྣམས་ཀྱི་ཞུ་དབང་དུ་སོང་བའི་དགེ་སྐྱོན་ཞིབ་ཆ་རབ་འབྱམས་པ་ཆོས་ཕོག་སོགས་ནང་མི་འགས་སྟར་སྟོང་ནས་ཅན་ལ་བྱ་བཏང་པ་ལྟར་དོན་（སྨིན་）མ་མཐོང་བའི་གཞིས་རྩེར་（གཙང་པ་སྡེ་སྲིད་ལ་）གཏུགས་པས། སྐུ་མདུན་ཁང་བྲག་ནས་དཀྱིལ་ཆོས་པའི་ཟླ་བ་གཉིས་ཙམ་གྱི་རིང་ཞུ་ཁྲས་གཙོས་ཚོག་སྔ་བླངས་ཤིང་། སེལ་འཇུག་གི་ཆེད་དུ་ཞུ་ཁྲ་བསྐོལ་ནས་གཏད་ཀྱང་འདི་ལོ་ཞལ་ངོ་ལ་དཔོན་སློན་རྣམས་དཀྲེས་པ་ཞིག་བྱུང་སོང་བས་དོན་སྨིན་ཏེ། ཇོ་རྗེ་ལགས་ཀྱིས་མི་སྣ་（གཙང་པའི་ཚབ་）བྱས་པའི་ལྷ་སའི་རྩིས་སྤྲོད་རྣམས་ལོ་གསར་" གདོང་ལ་ཕལ་ཆེར་གྲུབ་"① ཅེས" གསལ་བ་བཅས་ལ་གཞིགས་ན་ལྷ་ས་གཙུག་ལག་ཁང་གི་འཛིན་བདག་དེ་པཎ་ཆེན་རིན་པོ་ཆེ་ནས་ལོ་བཅུ་གཅིག་ཙམ་བཟུང་གནང་བ་སྤྱི་ལོ1632ཐོད་རབ་བྱུང་བཅུ་གཅིག་པའི་ཆུ་སྤྲེ་ལོ་མཇུག་ཏུ་དགའ་ལྡན་ཕོ་བྲང་པར་ཕྱིར་སློག་གནང་དགོས་བྱུང་འདུག་པ་ཕྱི་རྒྱུར་གཅིག་སྒྲིལ་ཡིན་རུང་། དེའི་ཐད་པཎ་ཆེན་མཆོག་སྡེ་སྲིད་ལ་དགོངས་ཕྱོགས་ཆེ་མ་ཡོད་པ་དེ་དགེ་ལུགས་ནང་ཁུལ་གྱི་དོན་ཆེན་ཞིག་ཡིན་པར་བརྟེན་སྐབས་འདིར་ཏཱ་ལའི་བླ་མ་ལྔ་པ་མཆོག་ནས་ཐབས་མཁས་ཀྱིས་སེལ་ཐབས་མཛད་པ་

---

① （ཏུ་ཀྭུ་ལ་སླེགས་བམ་ཀ་པའི་ཤོག་གྲངས70）

3. ཏཱ་ལའི་བླ་མ་ལྔ་པ་ཆེན་པོའི་སྲིད་དོན་དང་འབྲེལ་བའི་མཛད་པ་འགའ་ཞིག

གསུང་རྣམ་ནང་། སྤྱི་ལོ1659ཐོད་ས་ཕག་ལོར"སྔར་དང་མི་འདྲ་བའི་ཞྭ་སེར་འཆང་བའི་བསྟན་པ་འདི་བྱང་ཕྱོགས་སྦྱིན་དབང་རྣམས་དང་ཁྱད་ཉེར་མཚོ་སྔོན་པོ་སྐོར་(སོག་པོའི་དཔོན་ཁག)གྱི་དུས་བདེ་དོག་ལ་རག་ལུས་པ་འདྲ་ཞིག་འདུག་པས། ལས་གཤིན་གྱི་རྗེས་གནང་གི་སྒོ་ནས་རྒྱལ་པོ་སྐུ་མཆེད་(བསྟན་འཛིན་དར་ཡན་དང་བསྟན་འཛིན་ཏཱ་ལའི་ཁང་)དམ་ཚིག་སྲེལ། གཡས་ཏུ་གཡོན་ཏུ་གཉིས་ཀྱིས་གཙོས་འདི་གར་གང་ཡོད་རྣམས་ཀྱི་ཐམ་ག་བཞག དེ་འཁྲི་མཚོ་ཁར་(མཚོ་སྔོན་དུ་)སོ་སོའི་ཐམ་ག་ལེན་པ་དང་གནས་ཆུང་ཆོས་རྒྱལ་གྱིས་བསྐུར་བའི་རྡོ་རྗེ་སྤྱི་ཐོར་འཛོག་པ་སོགས་དོན་གཙོད་བསོད་ནམས་དབང་རྒྱལ་མཚོ་ཁ་ཕྱོགས་སུ་རྫོང་བདའ་བྱས་"① ཞེས་གསལ་བ་ལྟར་སྐབས་དེར་དགེ་ལུགས་ཀྱི་བསྟན་པ་དང་། ཡང་སྒོས་དགའ་ལྡན་ཕོ་བྲང་པའི་སྲིད་དབང་གི་དྲག་ཤུགས་བརྟེན་ཡུལ་ནི་སོག་པོའི་སྟོབས་ཤུགས་ཡིན་པ་དང་། སོག་པོའི་དཔོན་ཁག་ཕན་ཚུན་ནང་འགལ་མི་བྱེད་པར་ཚང་མས་ཏཱ་ལའི་བླ་མ་མཆོག་གི་བཀའ་ལ་བརྩི་བཀུར་ཞུ་རྒྱུའི་ཆོས་ལུགས་ཀྱི་དམ་བཞག་མནའ་གན་མཐུ་མོ་ཆེ་བཞེས་པ་དེ་སོག་པོའི་

① (དུ་ཀུ་ལ་ཀ་པའི་རྣམ་ཐར་གྲངས269)

ནང་ཁྲུལ་གྱི་འཁྲུག་གཞི་འཛུགས་པ་དང་། བོད་དུ་དགའ་ལྡན་ཕོ་བྲང་པའི་དབང་བསྒྱུར་སྟོབས་ཤུགས་སྲ་བརྟན་དུ་འགྱུར་བར་ཕན་པ་ཙམ་མ་ཟད། འབྱུང་འགྱུར་རྒྱ་སོག་མཚམས་ཀྱི་འཁྲུག་རྙོད་འགོག་པ་ལའང་ཕན་ནུས་ཆེན་པོ་ཐོན་ཡོད་པ་བཅས་མདོར་ན་མཛད་ཕྱོགས་དེས་མེས་རྒྱལ་གྱི་གཅིག་གྱུར་དང་། མི་རིགས་མཐུན་སྒྲིལ། དགེ་ལྡན་རིང་ལུགས་ཀྱི་བསྟན་པ་དར་རྒྱས་ཡུན་གནས་ཡོང་བ་སོགས་ཀྱི་བྱ་བཞག་ལ་ནླབས་ཆེ་བའི་ལེགས་སྐྱེས་འབུལ་གནང་མཛད་ཡོད།

གོང་མ་ཐུན་གྲི1661ལྕགས་གླང་ལོར་སྐུ་གཤེགས་པ་དང་། དེའི་ཕྱི་ལོར་པཎ་ཆེན་བློ་བཟང་ཆོས་རྒྱན་ཡང་དགོངས་པ་རྫོགས། 1663ཆུ་ཡོས་ལོར་གོང་མ་ཁང་ཞི་ཁྲི་ལ་བཞུགས། གསུང་རྣམ་ནང་།(1667)མེ་ལུག་ཟླ་བ་གཉིས་པའི་ནང་། གོང་ནས་གསེར་ཡིག་པར་དེལ་གེར་དགེ་སློང་དང་ཤེས་རབ་འོད་ཟེར་ཅན་བརྒྱ་ལྷག་གཅིག་འཁོར། བཀའ་ཤོག་དང་གནང་སྦྱིན་སྤྲད། བཀའ་ཤོག་ཤུབས་བཅས་གཉིས་འདུག་པའི་གཅིག་རྒྱ་སོག་བར་གྱི་གཞུང་དོན་ལ་ཕེབས་པ་ཡིན་སྣང་། མཚོ་ཁ་ཕྱོགས་ནས་རྒྱའི་ས་མཚམས་སུ་མཁས་མི་འདྲ་བྱུང་བའི་རྐྱེན་གྱིས་རྒྱ་དམག་ཚན་ཆེ་བ་གྲོང་ནང་དུ་སླེབས་པ་དང་། ཕོ་བྲང་དུ་རབ་ཏུ་བྱུང་བར་ཁས་ཆེ་བ་འགའ་ཞིག་གི་སྤྱོད་པ་མ་དག་པ་ལ་བརྟེན་སེར་མོ་བ་མང་པོ་སོ་སོར་གནས་དབྱུང་སོགས་སྒོ་དུ་མ་ནས་འདི་ལོ་གསེར་ཡིག་པའི་ཟླར་འགྲུལ་པ་ཉིད་ཏུ་ཞུང……)ཞེས་དང་། "གསེར་ཡིག་པ་རྣམས་ཐོན་པ་དང་ལྷན་དུ་བྱམས་གླིང་མཁན་པོ་ཚུལ་ཁྲིམས་རྒྱལ་མཚན་དང་ཁང་གསར་རབ་བརྟན་གཉིས་གོང་དུ་ཞུ་ཡིག་འབུལ་རྟེན་དང་། རྒྱ་སོག་བར་གྱི་གཞུང་ལ་སེལ་ཚུང་ཟད་བྱུང་བར་མཚོ་སྔོན་པའི་

དཔོན་པོ་ཁག་གིས་གོང་དུ་དགོངས་བསངས་ལ་ཏ་ནོར་གྱིས་གཙོས་པའི་དངོས་པོ་དཔངས་མཐོ་བར་ཕུལ། ས་མཚམས་རྣམས་ཀྱང་སོ་སོར་མ་འདྲེས་པར་དབྱེ། རྒྱུན་ཇག་གི་རིགས་མི་ཡོང་བའི་ཕན་ཚུན་ནས་ཁྲིམས་ཁ་བསྟམས། ཚོང་གི་ལས་སྒོ་མི་བསྟམས་པ་སོགས་རྒྱ་སོག་གཞུང་བཟང་པོ་དགོས་པའི་རྒྱུ་མཚན་འབུལ་བར་བཏང་། དེ་གའི་སྐོར་ལ་སྡེ་པ་དང་རྒྱལ་པོ་བཀའ་བགྲོས་ཤིང་། ད་ལའི་ཧུང་ཐའི་ཇེས་ཀྱང་ཁྱུར་བསམ་སྐྱེད་པས་དཔོན་པོ་རྣམས་ཀྱིས་ཡར་ལ་འབུལ་པ་ལ་ཡང་རྩེག་གཏམ་མ་བྱས་པས་དུས་འཁྲུག་ཞི་སྟེ་ལུས་ཅན་འབྱམས་ཀླས་པར་མི་འཇིགས་པ་བྱིན་པའི་འབྲས་བུ་གཅིག་ཏུ་དཀར་ཞིང་། གཞུང་བསྟན་པ་མཐའ་དག་ལ་ཕན་བདེའི་གསོས་སྨན་བླ་ན་མེད་པར་གྱུར་"①ཅེས་གསལ་བ་ལྟར་དེ་དུས་མཚོ་སྔོན་ཤར་མཚམས་སུ་རྒྱ་སོག་མི་རིགས་དབར་འཁྲུག་གཞི་མི་ཆུང་བ་ཞིག་བྱུང་བས་ཆིང་གོང་མའི་སྲིད་གཞུང་གི་དམག་དཔུང་བཏང་བ་སོགས་དུས་ཐེང་ཆེ་ཙམ་ལངས་ཉེའི་སྐབས། གང་མས་ཏཱ་ལའི་བླ་མར་སོག་པོའི་དཔོན་ཁག་ལ་གོ་གསེད་གནང་དགོས་པའི་ལུང་ཕེབས་པ་ལྟར་སྐུ་ཚབ་ཆེད་རྩལ་གྱིས་སོག་པོའི་དཔོན་རིགས་རྣམས་ལ་འབུལ་དངོས་དང་བཅས་དགོངས་སེལ་ཞུ་དགོས་པའི་སློབ་སྟོན་གནང་བས་རྒྱ་སོག་དབར་དུས་བདེ་ཞོད་འཇགས་རྒྱལ་དོན་ལ་སྨན་ཞིང་། ཕྱོགས་གཉིས་ཀའི་མི་དམངས་བདེ་ལ་འཁོད་པ་སོགས་བྱུང་ཡོད་པ་གསལ་པོར་མཐོང་ཐུབ། ལོ་འདིར་པཎ་ཆེན་སྐུ་ཕྲེང་ལྔ་པ་བློ་བཟང་ཡེ་ཤེས་ཆོས་འཛིན་མཛད་དེ་བཀྲ་ཤིས་ལྷུན་པོར་ཕེབས།

---

① （དུཀྐུ་ལ་སྒྲིགས་བམ་ཁ་པའི་ཤོག་གྲངས36）

1668ཐོད་ས་སྤྱི་ལོར་སྡེ་སྲིད་འཕྲིན་ལས་རྒྱ་མཚོ་དང་། བསྟན་འཛིན་དར་རྒྱས་རྒྱལ་པོ་གཉིས་སྡེ་རྗེང་དུ་གཤེགས། གསུང་རྣམ་ནང་། "སྟར་རྒྱལ་པོ་ཆེན་པོ་(གོ་ཤྲཱི)གཤེགས་སྐབས་ཀྱང་ད་ལའི་ཧུང་ཐ་ཇི་བཙར་མར་ཡོད་པས་ལ་རྒྱ་ནས་བག་ཏྲོ་བ་ཡིན། དེང་སང་འཁྲུམས་ལྡང་བྱུང་དོགས་པའི་མངོན་དོད་མེད་ཀྱང་རཏྣ་(གོ་ཤྲཱིའི་སྲས་གཞོན་པ་)ཡར་འཁོར་ན་ཕྱི་ནང་ཀུན་ཏུ་སྐབས་སུ་བབ་ཅིང་། རྒྱལ་ས་ལ་ཧུང་ཐའི་ཇི་སོགས་དཔོན་པོ་རྣམས་དང་མོལ་བསྡུར་དགོས་པ་གཞིར་བཅས་ནའང་། སོག་པོའི་སྲོལ་ལྟར་ན་འོས་གྲས་ཡིན་པས་འཕྲུལ་དུ་མི་གཏོང་བ་འགབ་པར་ཐག་བཅད་པའི་པོ་ཏ་ལར་འོངས། ཞག་གསུམ་ཐོག་ཏུ་སེ་ཆེན་དར་རྒྱས་དང་མགོན་པོ་སྐྱབས་གཉིས་རཏྣ་འབོད་པ་དང་ཧུང་ཐའི་ཇིས་གཙོས་པར་གནས་ཚུལ་སྐྱེལ་བར་བཏང་" ཞེས་དང་། "མཆོད་ཡོན་གཉིས་ཀ་གཤེགས་པའི་གནས་གཤིས་འགངས་ཆེ་དྲགས་པས་གེགས་ཆག་སངས་པ་ལས་ཀྱང་འོས་མ་མཆིས་ཤིང་། ཐོས་བསམ་གྱི་སྐལ་བ་ཞན་ཞིང་སྲིད་ཀྱི་བཀའ་བབས་ལྷ་བུའི་ལས་ངན་ཞིག་ཀྱང་ཡོང་ཚོད་དུ་འདུག འདི་ལོ་ཁམས་ནན་ཏར་བདེ་"①ཞེས་གསལ་བ་ལྟར་གཞུང་སོག་གི་རྒྱལ་པོ་བཀྲ་ཤིས་རྒྱུར་ཡང་དེ་ལྷ་བུའི་ནན་ཏན་མཛད་ཅིང་། ལོ་དེར་སྟོ་འབྲུག་པས་མོན་པ་ཨ་ཆོག་སོགས་བོད་འབངས་ཀྱི་ཐོག་ཏུ་དཔུང་འཇུག་བྱས་པར་ཚུར་རྒོལ་བཟློག་པར་དམག་དཔུང་ཁག་བཞིར་བགོས་ནས་གཏོང་བ་གནང་དགོས་བྱུང་བ་སོགས་བསྟན་སྲིད་ཀྱི་ཐུགས་འཁུར་ཏཱ་ལའི་བླ་མ་མཆོག་ཉིད་ནས་བཞེས་དགོས་བྱུང་འདུག འོན་

① (དུ་ཀཱུ་ལ་ཁ་པའི་རྔོག་གྲངས་)

ཀྱང་ཐེངས་དེའི་བོད་འབྲུག་སྡེ་གཟར་ས་སྐྱ་བ་དང་། བཀྲ་ཤིས་ལྷུན་པོ། སྐྱིད་ཤོད་ཐའི་ཇེ་སོགས་ཀྱིས་བར་འདུམ་ཞུས་པས་ཞི་གྲོས་ཐོག་ནས་མཇུག་སྒྲིལ་མཛད་འདུག

གསུང་རྣམ་ནང་། （1669）བོད་ས་བྱ་ལོ“ ཟླ་བ་ལྔ་པར་གོང་ནས་རྒྱལ་པོར་གནང་བའི་བཀའ་ཤོག རྒྱལ་པོ་གསར་རྙིང་གི་མཚམས་སུ་སོང་བས་སྲིད་མ་ཐུབ་པ་རྒྱལ་ས་འཁོད་པར་ངེད་ལ་འཚོལ་རྒྱུ་བཀའ་ཤོག་གནང་ངས་ཆེས་པས་ངོས་སུ་མ་ཕུལ་བར་བརྒྱུད་ན་ངེད་རྣམས་ཁྲིམས་ལ་ཐོག་ཉེན་ཡོད་ཅེས（གསེར་ཡིག་པ་རྣམས）འཇིགས་སྐྲག་གི་བསྒྲུགས་ཡོད་པ་ཆོས་ཉེ་ཤུའི་ཉིན་མཚམས་ཁོག་ཏུ་ཕྲད་དེ་རྗེས་ལྷངས། གོང་དུ་ཞུ་ཡིག་དང་འབུལ་སྐྱེལ། རྒྱ་སོག་གཞུང་གི་མཇུག་བསྡོམས་ཀྱི་སྐན་འབུལ་ཞུ་བར་ཐང་སག་སློབ་དཔོན་བློ་བཟང་འཇམ་དབྱངས་དང་། རྒྱུས་ཡོད་ཀྱི་སྐབས་ཁང་གསར་རབ་བརྟན་བསྐུར་ཏེ་བཏང་” ①ཞེས་འཁོད་འདུག་ཅིང་། ས་བྱ་ལོ་འདིའི་ཟླ་བ་བརྒྱད་པ་རྟིང་མའི་ཆོས་གཅིག་ཉིན་མཚན་དཔོན་པ་བློ་བཟང་མཐུ་སྟོབས་སྡེ་སྲིད་ཀྱི་ཁྲིར་བསྐོ་བཞག་མཛད།

1671ལོ་གོ་ཁྲིའི་སྲས་ཚུང་བ་བསྟན་འཛིན་དྷ་ལའི་ཧན་ཁྲི་འདོན་གནང་བའི་མཛད་སྒོའི་སྐོར།

གསུང་རྣམ་ནང་། བོད་ལྕགས་ཕག་ལོའི་“ ཟླ་བ་གསུམ་པའི་ཆོས་གསུམ་གཟའ་ཉི་མ། སྐར་མ་སྨིན་དྲུག འཕྲོད་ཆེན་དུལ་བ། སྦྱོར་ཆེན་མཛའ་བོ། འབྲུག་གི་ཉི་མའི་ཉི་ཤར་འབྲུག་གི་དུས་སྦྱོར་ཐོག ཐམ་ཀ་

① （དུ་ཀཱུ་ལ་ཁ་པའི་ཤོག་གྲངས75）

དམར་པོ། ཆེན་པོ་ཧོར་གྱི་རྒྱལ་པོའི་ཞེར་སྒྱིད་དུ་འོས་པའི་གན་གོས་དང་
པགས་རིགས་ཀྱི་སློག་པ། དབུ་ཞྭ་ཕྲུ་ཅན། ག་མཚོན་སོགས་དཔའ་པོའི་
ཆས་རྣམས་ཀྱིས་སྣ་དྲངས་གོས་ཕྱི་ནང་། དངུལ་སྒྱིད། ཇ་རས། བུར་ལྷང་།
གྲུམ་ཙེས་མཚོན་པའི་བདོག་པའི་དངོས་པོ་གྲུ་ནོམ་པའི་ལེགས་སྐྱེས་དང་
བཅས་བསྟན་འཛིན་དྣ་ཡའི་ཁང་དུ་ཚོ་སོའི་དྲིལ་བསྒྲགས་ཏེ་ཁྲི་ཐོག་ཏུ
བཏོན། བཀྲ་ཤིས། ས་སྐྱོང་ཅན་དཔོན་ཁག་སོ་སོར་སྟེར་སྦྱིན་གཟབས་པ་
བསྟར། རྒྱལ་ས་སྤྱ་མའི་ལུགས་ཀྱི་ཁྲི་འབུལ་ཁག་ཤ་བགོས་ཆ་སྙོམས་སུ་མ་
སོང་བའི་བླ་ཆེན། སྡེ་དཔོན། ཆོས་སྡེ་ཆེ་ཁ། དྲུང་འཁོར་དྲག་ངེས་འོས་
བབ་རྣམས་ནས་དཔོན་པོ་ཚོར་ས་སྟོང་དུ་མ་ལུས་པའི་འབུལ་བ་ཡོད་པ་ལ་
དམངས་མས་རྒྱལ་པོར་ཁྲི་འབུལ་མ་ཆད་པའི་རྒྱུ་འབབ་ཀྱི་གྲ་བསྒྲིགས་པའི་
ཐོག་མར་མིང་སྒྲའི་ཁྱད་ཀྱིས་སྟག་རྩེ་ཐའི་ཇེ་ལྷ་རྒྱལ་རབ་བརྟན་(འདི་རྗེས་
སུ་རྟེན་གར་མཐར་སྐྱོད་སྐབས་གོང་མའི་ཁྲིམས་ཉེས་ཕོག་པ་དེ་ཡིན་) དེ་ནས་
བདེ་ཆེན། ཚལ། ཆོས་སྡེ་ཆེན་པོ་ཕན་ཚུན། གསང་ཕུ་ཆོས་རྗེ་རྣམ་གཉིས།
ཧ་ཚག་སྤྲུལ་སྐུ། ཧོར་ཚང་ཆོས་རྗེ། ཤེར་འཕེལ་སྤྲུལ་སྐུ། གདན་ས་གོང་
འོག་ (ས་སྐྱ་དང་རྩེ་གདོང་) སྣེའུ་གདོང་རྩེ། རྒྱལ་མཚན་མཐོན་པོ།
(པཎ་ཆེན་རིན་པོ་ཆེའི་བླ་བྲང་) འབྲུག་སྐར་པ་རྣམས་ཀྱི་མི་སྣ། རྒྱ་རི་
ཞབས་དྲུང་། དྭགས་ཀོང་གི་དཔོན་ཁག སྣེ་ཤུན་སོགས་ཉེ་སྐོར་སྐྱ་སེར་
གྱིས་ཞལ་དཀར་གྱི་བདོག་པ་གཟབ་རྒྱས་སུ་ཕུལ། གུང་གི་བཞུགས་གྲལ་ཐོག
ས་བ་གྲུ་པ་བསམ་གྲུབ་རྒྱལ་པོས་ཆོས་ཀྱི་སླེང་མོ། རོལ་ཆ་དང་གླུས་གར་སྣ
ཚོགས་བསྒྱུར། ཆོས་བཅུ་བ་ཁག་དང་རྩེ་ཙུང་བའི་འཆམས། ཙུ་བཞི་དང་
སྣེ་ཤུན་རྙིང་ཁུངས་སོགས་ནས་བྲོ་གཞས་ཀྱི་གཟིགས་མོ་རྒྱ་ཆེར་ཕུལ། ཆོས་

བཞི་ལ་གདན་ས་ཆེན་པོ་རི་བོ་དགའ་ལྡན། ནཱ་ལེནྡྲ་བཅོ་བརྒྱད་པ། སྟག་ལུང་གི་ཁྲི་གདན་ཟུར་གྱི་སྐུ་ཚབ། སྣ་དཀར་རྩེ་སྐུ་མཆེད། བྱ་ཞབས་དྲུང་། སྡེ་པ་ཕོན་མདོ་བ། ཐོན་པ། དཔལ་འཁོར་ཆོས་སྡེའི་བླ་སྤྱི། གཙང་གི་དྲུང་འཁོར་རགས་བསྡུས་རྣམས་ཀྱིས་མཆོད་ཡོན་སྡེབས་འཛོམས་ཐོག་ལེགས་སྐྱེས་ཕུལ་”①ཞེས་གསལ་བ་སྐབས་དེ་དུས་སྲིད་ཀྱི་མཛད་སྒོ་རྒྱས་པ་གནང་སྲོལ་དང་དེ་དུས་བོད་ཀྱི་བླ་དཔོན་ཆེ་རྒྱུ་གང་དང་གང་ཡོད་པ་སོགས་ལམ་ཙམ་འདི་ཐོག་ནས་ཤེས་རྟོགས་བྱེད་ཐུབ་པའི་ཆེད་དྲངས་པ་ཡིན།

གཞན་ཡང་དེ་སྐབས་ས་གནད་སྲིད་གཞུང་གི་དཔོན་ཆས་རྒྱས་ཤོས་རིན་ཆེན་རྒྱན་ཆ་ཞེས་པ་འབྱུང་ཚུལ་སྐོར་གསུང་རྣམ་ནང་། “བོད་འདིར་སྐོར་ལ་ཕྱི་སྐོར་ནང་སྐོར། གྲུབ་ཐོབ་ཀྱི་སྐོར་གསུམ་ལས། ནང་སྐོར་རལ་པ་འཛིན་གྱིས་གྲུ་གུའི་ཡུལ་ནས་གཡུ་རྫིངས་（གྲུ་གཟིངས་）བདུན་དྲངས་པར་གྲགས་ཤིང་། བོད་ཆོས་རྒྱལ་མེས་དབོན་གྱི་དུས་སུ་གཡུའི་རྣ་རྒྱན་དང་བླ་གཡུ་སོགས་རིན་པོ་ཆེའི་རྒྱན་ཅི་རིགས་སྤྲོད་སྲོལ་ཡོད་འདུག བར་སྐབས་སུ་གངས་ལྗོངས་འདི་སིལ་བུར་སོང་བའི་དབང་གིས་ལུང་པ་སོ་སོར་དབང་ཆེ་བ་རེས་རང་གི་སྣང་བ་ལ་གང་ཤར་བྱེད་པའི་སྤྱོད་ཚུལ་སྣ་ཚོགས་མཆིས་ནའང་། གནམ་ཇིང་གིར་གྱི་རྒྱལ་པོས་（ཡོན་རྒྱལ་རབས་）རྒྱ་ནག་གོང་མ་མང་པོས་བསྐུར་བའི་ཁྲི་ལ་ཞབས་ཟུང་བཀོད་པ་ནས་དེའི་རིགས་ལས་རྒྱལ་པོ་གོ་དན་གྱིས་རྒྱ་སྨན་དང་ཧོར་དོར་ཏ་ནག་པོ་མངགས་ཏེ་བོད་དང་བལ་མོན་སོགས་ཡུལ་ཁམས་ཐམས་ཅད་ཆམ་ལ་ཕབ། གོང་མ་སེ་ཆེན་གྱིས་ཆོས་ཀྱི་རྒྱལ་པོ་

① （དུ་ཀཱུ་ལ་སློགས་བམ་ཁ་པའི་ཤོག་གྲངས་108）

འཕགས་པ་རིན་ཆེར་བོད་ཆོལ་ཁ་གསུམ་ཕུལ་བ་ནས་བཟུང་། ཀུཎྜ་ཞྭ་ལྷ་དང་ཁྲིམས་ལས་རྒྱ་ལ་ལུགས་དང་། ལས་ཚན་བཅུ་གསུམ་གྱིས་མཚོན་པོའི་ཆེན་པོའི་སྲིག་སྲོལ་ཙོགས། ལས་ཞྭ། རྒྱན་སྤྲོས་ཡ་རབས་ཆེ་བཙུན་ལ་འོས་པ་དར་ཞིང་། ཁྱད་པར་གནམ་བསྐོར་གྱི་རྒྱལ་པོ་ཕག་པོ་གྲུ་པ་དང་། གུའི་གུང་དང་ཏཱ་དབེན་གུ་ཤྲིའི་ལུང་ལས་ཀྱིས་མངོན་པར་མཐོ་བ་བྱུང་པ་རིགས་ལྡན། ཁྲིམ་གེ་སར་གྱི་མག་པ་རྒྱལ་མཁར་རྩེ་པ། སྣེར་རིགས་རེན་ཅན་སྤུངས་པ་སོགས་དེ་དཔོན་ཁུངས་བཙུན་རྣམས་ཀྱི་དུས་གསེར་ག སོག་རྣ། སོག་སྣོར། རྣ་རྒྱངས། ཤལ་དཀར་དམར། ཙོགས། གཙུག་ཞྭ་སྟེ་རིན་ཅན་རྒྱན་སྤྲོད་དུ་གྲགས་པའི་ཆས་ངོ་མཚར་ཅན་དེ་ཤིན་ཏུ་དར། གསང་སྔགས་རྙིང་མར་འཇིག་རྟེན་དྲེག་པའི་གསོལ་མཆོད་དུས་ཁ་གཡུ་ཁ་གསེར་བཤད་པ་ཡང་གསེར་སྐྱེམས་ལ་རྣ་གཡུ་མ་འཁྱེར་ན་དེ་ཚབ་ཏུ་དགོངས་པ་ཡིན། དེའི་རྒྱུ་མཚན། ཕོ་རྣ་གཡུ་ཅན་ལ་དགྲ་ལྷ་འཁོར། ཞེས་སྲིད་པ་ཆགས་པའི་ལྷ་དགུ། རྗེའི་མགུར་ལྷ་བཅུ་གསུམ། འབངས་ཀྱི་སྲོག་ལྷས་མཚོན་པའི་བོད་ཀྱི་ལྷ་མཐུ་པོ་ཆེ་རྣམས་ཆས་འདི་ལ་དགའ་བ་ཡོད་ཚོད་སྣང་། དུས་ཕྱིས་སྔེ་སྲིད་གཙང་པས་ཀྱང་རྒྱུན་མ་ནུབ་པའི་སྲོལ་འཛིན་ནའང་། ལུགས་སྲོལ་བདེ་གཟར་ནས་བཟུང་མིང་གི་ལྷག་མ་ལྷ་བུར་གྱུར། བསྟན་འཛིན་ཆོས་ཀྱི་རྒྱལ་པོས་ཡུལ་ལུགས་མ་མཁྱེན་པའི་དབང་གིས་མ་དགོངས་པར་མ་གཏོགས་གསེད་བཀྲོལ་བྱེད་མི་བྱུང་ན་ཐུགས་ལ་མ་འཐད་པ་ཡོང་རིགས་མིན་ཅིང་། ཁྱད་པར་གུ་ཤྲི་བླ་མ་དེ་ཡ་རབས་ཆེ་བཙུན་གྱི་རྣམ་ཐར་ལ་དགའ་བས་རབ་འདེགས་རིགས་སུ་མཆིས། ས་སྐྱོང་འཕྲིན་ལས་རྒྱ་མཚོའི་དུས་ཕུར་སྨྲུབ་ཀྱི་གདབ་ལས་ཆེན་མོའི་གསེར་སྐྱེམས་པ་རིན་ཅན་རྒྱན་སྤྲོད་པ་

བྱུང་ན་འགའ་འདྲ་གླིངས་པ་གྲ་བསྒྲིག་རྩིས་ཞིག་མཛད་སོང་ཟུང་། བསྟན་པ་ཕྱི་དར་གྱི་ཐོག་མའི་དུས་རྩ་བ་དམར་དམར་འདི་འགྲེལ་པ་ནག་ནག་འདིས་འཆད་རྒྱུ་ཨེ་ཡིན་ཟེར་བ་ཙམ་ལས་ཆོས་ཀྱི་བརྡ་དོན་མ་འཕྲོད་པའི་དཔེ་བཞིན། དབུས་གཙང་གི་དྭང་འཁོར་ཁྲིད་ནས་བརྡ་ཆད་ཆགས་པའི་(ཁུངས་ལུང་མཐུན་པའི་) ཞུ་བ་འབུལ་མི་མ་བྱུང་བར་བརྟེན་མཛད་ཐབས་མ་རྙེད་པ་ལུས། ……ལ་ལ་གཙང་ལུགས་ཡིན་ཞེས་སྨྲ་བ་ནི་རྒྱུ་མཚན་མ་གོ་བའི་འོས་ལས་ཅི་ཡོད། འགའ་ཞིག་སྤྱར་གྱི་སོག་ལུགས་དེ་ག (འདྲ་) ཆགས་ཟེར་བ་སྟོད་ཕོག་སོག་པོ་དང་། སྨད་ཕོག་བོད་པ་བྱས་པ་དེ་འདྲ་སོག་པོ་ལ་ཡོད་པ་ནི་མ་ཤེས། མི་བཞི་ལྔ་ཙམ་ཚོགས་པར་རྒྱ་བལ། བོད་མོད། ཁམས་ཀོང་། ཧོར་འབྲོག་མངའ་རིས་པ་སོག་ཆས་སྣ་དགུ་ཚང་བ་དེ་འདྲ་ངོ་མཚར་ཆས་དགུ་ཡིན་ཤས་ཆེ། གང་ལྟར་སྡེ་པས (བློ་བཟང་མཐུ་སྟོབས་) ངོ་དམ་མཛད་པའི་སྐུ་གོན་གྱི་ཆེ་རྒྱུས་ཡོད་ཀྱི་རིགས་ཤིན་ཏུ་དཀོན་པས (གཙང་དུས་ཀྱི་བློན་པོ་) རྟ་ནག་འོ་བློན་པ་པོས་ཏེ་ཞིབ་དཔྱད་དེ་སྡེ་གདོང་རྩེ་དང་། ལ་སྟོད་བྱང་པའི་ལུགས་ལ་རྩིས་གོས་ཡོད། ཡང་གཞིས་རྒྱལ་ (རྒྱལ་རྩེ་རབ་བརྟན་ཀུན་བཟང་དང་། གཙང་པ་) གཉིས་ཀྱི་ལུགས་ལ་རལ་གྲུ་སྟོན་པོས་གོ་གཅོད་པས་དེ་དང་བསྡུན་ནས་བསྒྲིགས་པའི་རིན་ཅེན་རྒྱན་ཆ་བ་སུམ་ཅུ་རྩ་ལྔ་ཚར་དུ་མངར་ཞིང་། སྤྱོས་འཛིན་པ་གཉིས། གསོལ་དཔོན། ཕྱག་འཐེན་པ། མགྲོན་གཉེར་གྱི་ལས་ཚན་རྣམས་རིན་ཅེན་རྒྱན་ཆ་བས་བྱས་……”①ཞེས་གསལ་བ་ལྟར་དགའ་ལྡན་ཕོ་བྲང་པའི་མཛད་ཆེན་སྐབས་

① (ཏུ་ཀུ་ལ་སླེབས་བམ་ཁ་པའི་ཤོག་གྲངས་129)

རིན་ཆེན་རྒྱན་ཆ་བ་བསྒྲིགས་པའི་ཐོག་མ་དེ་སྤྱི་ལོ1672ལོར་རབ་བྱུང་བཅུ་གཅིག་པའི་ཆུ་བྱི་ལོའི་ལོ་གསར་ཚེས་གཉིས་ཉིན་ནས་འགོ་ཚུགས་འདུག གོང་གསལ་གྱི་དུས་བུ་དེའི་ཐོག་ནས་བོད་ལུགས་དཔོན་ཆས་ཀྱི་ཐོག་མའི་འབྱུང་ཚུལ་དང་། རིམ་བཞིན་འཕེལ་རྒྱས་ཀྱི་རྣམ་པ་རགས་ཙམ་མཐོང་ཐུབ་པས་མི་རིགས་ཀྱི་གྱོན་ཆས་སྐོར་ལ་ཞིབ་འཇུག་བྱ་རྒྱུར་གལ་ཆེའི་དོན་སྙིང་ལྡན་ཡོད་སྙམ།

ལོ་འདིར་སོག་པོའི་དཔོན་རིགས་མཁའ་འགྲོ་ཟེར་བས་རྒྱ་བོད་ཀྱི་ས་མཚམས་སུ་ཟིང་ཆ་ཞིག་བསླངས་སྐོར་གོང་ནས་མི་སྣ་འགྱུར་པ་ལྟར་ཏྲ་ཡའི་བླ་མས་ཁོ་པར་གསེད་སྒྲོལ་སློབ་སྟོན་བྱེད་པར་ཨུན་འདུར་ཆོས་རྗེ་རྗོངས་བདའ་གནང་བ་མ་ཟད། གོང་མར་ཡང་དགོངས་སེལ་ཞུ་གནང་མཛད་དེ་དུས་བདེ་སྐྱིད་འཛམགས་བྱུང་ཞིང་། གསུང་རྣམ་ནང་། “ཏཻར་ཐླ་བཞི་པའི་ཆོས་གཅིག་ལ་མཚམས་གྲོལ་བའི་འཛམ་དབྱངས་གོང་མ་རྒྱལ་པོར་ཞུ་ཡིག་རྟེན་བཅས་དེབ་བཞད་མ་དང་། རྒྱ་སོག་བར་གྱི་གཞུང་ལ་དགོངས་པ་མཐོ་ཡངས་སུ་བསྐུལ་བའི་ལེགས་སོའི་འབུལ་བ་བསྟར་བར་རམ་རིང་བསམ་གྲུབ་དགའ་ལྡན་བླ་མ་བློ་བཟང་བསྟན་འཕེལ་དང་། ལྷང་ལོ་ཅན་པ་བསྟན་འཛིན་དཔལ་བཟང་བརྫངས……”①ཞེས་འཁོད་འདུག

གཞན་ཡང་ས་གནས་སྲིད་གཞུང་གི་མཛད་སྒོའི་སྐབས་གདན་གནས་མཐོ་དམན་གྱི་གཏན་འབེབས་ཀྱང་ཞིབ་ཕྲ་མཛད་འདུག་པ་གསུང་རྣམ་ནང་། “སྔོན་ཆད་གདན་ཡིག་སོགས་པར་བཀབ་(གཏན་འཁེལ་)མི་སྣང་བ་མཐོ་

① (དུ་ཀཱུ་ལ་སྒྲིགས་བམ་ཁ་པའི་ཤོག་གྲངས134)

དམའ་ངེས་མེད་བྱུང་ཚེ་བསླད་རྫོགས་རེ་འཁང་གི་རྒྱུ་དང་། ཤེས་ལྡན་འདྲས་ཁྲིལ་གནས་སུ་མི་བྱེད་པའི་ངེས་པ་མི་འདུག་གཤིས། འདི་གའི་ཁྲི་ལ་ཚ་ལྷར་བྱས་པའི་ཆུ་བཞིའི་རྩིས་གདན་ས་གོང་འོག（ས་སྐྱ་དང་རྩེ་གདོང་）གཉིས། དེའང་རྩེ་གདོང་གི་ཞལ་ངོ་ཆོས་ཀྱི་རྒྱལ་པོ་འཕགས་པའི་བཞུགས་ཁྲི་པཎྜི་ཅན་དུ་ཁྲི་འདོན་མ་མཛད་པའི་རིགས་ལ་གདན་ས་གོང་ལས་ཉུང་དམའ་བ། ཚ་བྱེད་བཞི་པ་སྣེ་གདོང་རྩེ། སྟག་ལུང་ལྷ་སྡེ། ཞྭ་དམར་ནག ཚ་གསུམ་པ་དགའ་ལྡན་ཁྲི་རིན་པོ་ཆེ། བཀྲ་ཤིས་ལྷུན་པོ། འབྲུག་པ། སྨམ་པོ། མཚུར་ཕུ་དྲུང་པ། འཕགས་པ་ལྷ་རྣམས་ཀྱི་སྤྲུལ་སྐུ། སྨམ་པོའི་དགུང་རྒྱུད་ཡོད་སྐབས་སྟག་ལུང་པ་དང་འདྲ་ཡང་ད་ཆ་འདི་གྲས་དེ་ལས་ཉུང་ཟད་དམའ་བ་སྡེ་པ། ཚ་གཉིས་པ་རྡོ་རྗེ་བྲག བོ་དོང་སྨྲུར་ར་ཆེ་བ། འབྲིག་བསམ་སྡིངས། གཟིམ་ཁང་གོང་། བར་ཁམས་རྟ་ཚག དེ་མོ་བ། ལྷུགས་ཟམ་པ། ཁལ་ཁའི་འཇམ་དབྱངས། བྱམས་པ། རྒྱལ་ཁང་རྩེ། སྟོང་འཁོར་བ་རྣམས་ཀྱི་སྤྲུལ་སྐུ། གནས་རྙིང་ཁྲི་པ་བསླབ་གཙང་ཡིན་མིན་ལ་མ་བལྟོས་པ་དང་སྐྱེར་ལྷ་པ་བསླབ་གཙང་རྣམས། སུམ་སྟོན་སྐྱེ་འབོལ་ཆེ་བ་ཞུ་ང་དང་། ཚོགས་སྡེ་བཞིའི་མཁན་པོ། གསང་ཕུའི་ཆོས་རྗེ་རྣམ་གཉིས། སྟོ་བྲག་རྗེ་ཚོ། དཔའ་པོ། ཉག་རེ་བྲ་ཡག སེ་ཏུ་བཞིའི་སྤྲུལ་སྐུ། ཏཻ་པོ་ཏོར་ཚང་ཆོས་རྗེ་རྣམས། སྲབ་ལྷ་བརྩེགས་པ་དགའ་ལྡན་རྩེ་ཤར། དབུར་སྟོད་སེམས་དཔའ། རྒྱལ་སྲས། ཤེར་འཕེལ། ཀར་ལུགས་ཏྲེ་པོ། སྟོ་གསུང་སྤྲུལ། ཐུགས་སྲས་བླ་བ། རས་ཆུང་ཕུག བར་ཁམས་ངག་དབང་། སྨྲུར་ར་འགྲོ་མགོན། ལྷ་རྩེ་གྲུབ་དབང་རྣམས་ཀྱི་སྤྲུལ་སྐུ། ནཱ་ལེནྡྲ་བཅོ་བརྒྱད་པ། བཀྲ་ཤིས་རྩེའི་དགོན། སྟོད་རི་བོ་ཆེ་བ་དང་སྐྱེར་པ་བའི་མི་ངོའི་རིགས་ཀྱི་

ཆོས་རྗེ། ཁམས་རྒྱ་སྟོན་པ། རྒྱལ་ལེགས་བཤད་གླིང་། སྨྱན་ཕྱར་མ་བརྟོན་པའི་སྒམ་པོའི་གདུང་རྒྱུད། གེར་ལྷ་པ་གདུང་རྒྱུད། ངམ་རིང་། མངའ་རིས་ཁྲི་རྩེ། བཟང་ལྡན། སྐྱེ་རྒུ། ཆོས་འཁོར་ལྷུན་པོ། འདར་གྲངས་མོ་ཆེ། ལྷུན་རྩེ། གངས་ཅན་ཆོས་འཕེལ། སྣར་ཐང་། ངོར། གསེར་མདོག་ཅན། དཔལ་འཁོར་བདེ་ཆེན། ཐུབ་བསྟན་རྣམ་རྒྱལ། ཐུབ་བསྟན་ཡངས་ཅན། ཤངས་རི་བོ་དགེ་འཕེལ། སྐྱིད་ཚལ་གོང་། གྲ་བྱམས་གླིང་། གྲ་ཐང་། རི་བོ་བདེ་ཆེན། རྩིས་དང་ལྷ་མཆོད་པ། སྨྱན་གཡས་པ། གཉལ་སྟེ་དྲུག་ཐར་པ། འཕགས་སྟེ་བཞི། རྫིང་ཕྱི། སྐུ་རབ་དགའ་ལྡན་རབ་བརྟན། ར་སྒྲེང་། སྐྱོར་མོ་ལུང་། གངས་ཕུགས་མཁར་རྣམས་ཀྱི་མཁན་པོ། བྱ་ཡུལ་མས་རྡོ་ཚད་ཀ། བདེ་ཆེན་ཡངས་པ་ཅན་གསུམ་གྱི་སྨྱན་ཕྱ། ཆོས་རྒྱལ་གཏེར་བདག་གླིང་པ། བསམ་ཡས་བཀར་པོ་བ། ཡང་འུག་ཏ་ནག་སྒྲོལ་མ་བ། སྨྲ་པོ་ལྟོག་པ། གནས་བཞི་བ་སོགས་ཕྱགས་རྒྱུད་ཆེ་ཁག་རྣམས། སྲབ་གསུམ་བརྩེགས་པ་གྲ་ལྟོག་གྲ་པ། ཨེ་བྲག་སྣ་བ། ལ་སྟོད་སེ་བརྒྱ་མཁར་བ། གོང་དཀར་དགོན་གཉེར་དཔོན། ཆོས་རྗེ་བཀྲ་བཟང་པ། རྩིས་དང་ཆེན་པོ་བྱང་མ་བ། སློ་མདོ་བ་སོགས་བཀའ་གཏེར་གྱི་ཆོས་རྒྱུད་ཟིན་ངེས། སེར་འབྲས་དགེ་གསུམ། ཆོས་འཁོར་རྒྱལ། བཀྲ་ཤིས་ལྷུན་པོའི་སློབ་དཔོན་པ་རྣམས། རྒྱས་སྐབས་སུམ་སྟན་སློ་འབོལ་དང་། བཅས་(སྟབས་)བདེར་ས་སྟན་གོས་སྟན་ཁ་གང་མ་ཁ་གདན་ལྷ་བུར་སྣ་དཀར་རྩེ། ལྷ་བྱ། སྐྱིད་ཤོད་སྟག་ལུང་པ་སོགས། གདན་ས་གོང་འོག་གི་བཙུན་མོར་ཁ་གང་མ་བཞི་བརྩེགས། སྡེའུ་གདོང་རྩེའི་བདག་མོར་སུམ་བརྩེགས་ཁ་གདན། ས་སྟན་སྟེང་གོས་སྟན་ཡུག་པ་སྟོ་འབོག་གོང་། ཐོན་པ། གཟིམ་ཤག་སྟོ་པ། སྟེ་

དཔོན་ཆེ་ཁའི་དཔོན་སའི་(ལྷམ་) རིགས། ནང་སོ་རྣམ་པ་དགུས་མ་ལས་དྲག་ཙམ་ལ་གུང་སྟན་རིགས་གསུམ། ནང་སོ་རྣམ་པ་དགུས་མ། ཀྱེ་ནག་སོགས་འབྲིག་རིགས་ཀྱི་དཔོན། ནང་སྙོན། དར་ཕྱིངས། རི་ཞིང་། གྲུ་ཚང་བའི་མི་རྫོའི་རིགས་སོགས་ལ་མགོ་སྟན་རིགས་གསུམ། མཇུག་བསྒྲིགས་རིགས་གསུམ། སྟག་སྟན་རིགས་གསུམ་རྣམས་གང་འོས། རྒྱ་ སྐྱོ་དམར་པོ་གསུམ་གྱི་གྲུམ་སྟན་འཛགས་ལྷན་སྟེང་གསང་ཕུའི་ཆེན་པོ། དཔལ་རི་སྤྲུལ་སྐུ། རྫོགས་ཆེན་སྤྲུལ་སྐུ། གོང་ར་རེས་གསང་གླིང་གི་བླ་མ། གྲ་དར་ཕྱིངས་པ། བླ་ཆེན་རྣམས་ཀྱི་ཕྱག་མཛོད། གོང་གསལ་འཛགས་མེད་གསུམ་གྱི་སྟེང་དབུས་གཙང་ས་དགེ་བཀའ་རྒྱུད་པའི་གྲྭ་གཙང་བའི་སློབ་དཔོན། བལ་པོའི་རྒྱལ་ཁབ་རྒྱ་གར་ར་གོ་ཤེང་། འཛམ་ལང་། མངའ་རིས་སོགས་ཕྱོགས་མཐའི་རྒྱལ་ཁབ་གི་མི་སྣ་རྣམས་ལ་དམར་གྲུམ་ཡན། ཞེས་ཚོས། ལྷང་གྱུ་ནག་པོ་གསུམ་གྱི་སྟེང་བཙན་བཙུན། བྱ་བྲལ་གྱི་བླ་མའི་རིགས། སྐྱོང་གདན་གང་འོས་སྟེང་དྲུང་འཁོར། ལྷིང་དཔོན། ཆོས་སྡེ་ཁག་གི་གཉེར་ལས་འཛིན་སོགས།

སྲིབ་ལྷ་བརྩེགས་སྟེང་རྒྱ་ནག་གོང་མའི་མི་སྣ་ཁན་གཞོན། གོང་གི་(ཆིང་གོང་མའི་) ཐམ་ཁ་འཛིན་པའི་ནང་ཕྱོགས་ཀྱི་ནང་སོ་རྣམས་ཁྲི་མཐོ་དམའ་ཇི་ལྟར་འཚམ་པའི་སྟེང་ཁལ་ཁའི་རྒྱལ་པོ། དེ་ལས་ཐུང་དམའ་བར་བསྟན་འཛིན་ད་ལའི་རྒྱལ་པོ། ཨོ་རོད་སེར་ཆེན་རྒྱལ་པོ་སོགས་རྒྱལ་སར་མངའ་གསོལ་བའི་རིགས། ས་སྟན་གོས་འཇབ་ཞེས་བརྩེགས་སྟེང་ཁལ་ཁ་ཨོ་རོད་ཀྱི་དཔོན་པོ། གོས་འཇབ་གཅིག་གིས་དམའ་བར་དཔོན་ཆུང་དང་དཔོན་མོའི་རིགས། གྲུམ་ཙེ་མི་བཟང་དང་མི་སྣ་དྲག་པར་འདིང་བ་སྤྱིར་

བཏང་དང་དམིགས་བསལ། ལོ་གསར་སོགས་བཞུགས་གྲལ་ཆེ་མོའི་དུས་ཁྲིའི་ཉེ་འཁོར་དུ་གྲོང་སྨད་ཨ་བར་(སངས་རྒྱས་རྒྱ་མཚོ)ལ་ས་སྟན་གོས་འཇབ་ཁ་བཀུག་ཁ་གང་མ་ཁ་སྟན་ཅོག་ཙེ། གཞིམ་དཔོན་མཆོད་དཔོན་སོགས་ལས་ཚན་ཆེ་ཁ་རྣམས་ལ་གྲུམ་འཇག་མགོ་སྟན། རྒྱུད་སྟོད་སྨད། སེར་འབྲས་ཀྱི་སློབ་དཔོན་ལྷ་བུར་སུམ་སྟན་སླེ་འཕོལ་ཆུང་བ་བཅེད་སྐབས། གདན་གཟིམས་གོང་མ་རྣམས་ཀྱང་དེ་གའི་འགྲོས་ཀྱི་འཕར་འགྲོ་ཞིང་། གྲུམ་འཇག་ཐོབ་པར་སྲུབ་སུམ་བརྩེགས་ལྔ་བརྩེགས་གང་ཉུང་མི་བབ་དང་བསྟུན་པ། སྲིད་ཞོད་སོགས་སྐུ་དཔོན་ཆེ་བ་རྣམས་རྒྱུན་དུ་སོག་པོའི་ཐའི་ཟེ་ཚོ་དང་ལྷན་དུ་འཚོགས་སྐབས་སོག་པོའི་ཆེ་བས་སླམ་པ་ལས་མི་ཡོང་། རིན་ཅེན་རྒྱལ་སྲིད་ཀྱི་དམིགས་བསལ་ལ་སུམ་སྟན་སླེ་འཕོལ་ཆེ་བ། འཕོག་གོང་པ་སོགས་དེའི་འོག་མ་ཚོར་སུམ་སྟན་སླེ་འཕོལ་ཆུང་བས་མཚོན་ཡུལ་དུས་གནས་སྐབས་ཀྱི་སྒྱུར་ལུགས། ཐྲ་ཁྲི། བང་ཁྲིག འབྲས་ཤེལ། ཨ་དཀྱལ། ངང་ཆུང་མ་སོགས། ཧོར་དཀར། གན་དཀར། རབ་དཀར་གྱིས་མཚོན་པའི་བྱེ་བྲག་རྣམས་དཔལ་ཕག་མོ་གྲུ་པའི་ལུགས་སྲོལ་ཁུངས་མར་གཞི་བྱས་པའི་ཞིབ་མོ་རྣམ་དག་རབ་གསལ་མེ་ལོང་ཞེས་བྱ་བ་བྲིས”①ཞེས་གསལ་བ་དེའི་ཐོག་ནས་སྐབས་དེར་བོད་དུ་སླ་དཔོན་ཆེ་རྒྱ་གང་དང་གང་ཡོད་པ་དང་། དགོན་སྡེ་ཆེ་འབྲིང་ཇི་འདྲ་ཡོད་པ། དེ་དག་སོ་སོའི་གདན་ཐོབ་མཐོ་དམའ་ཅི་ལྟར་ཡིན་པ་ཤེས་ཐུབ་པ་མ་ཟད། དེ་རྣམས་ཀྱི་ཐོག་མ་ཕོ་ཉ་དཔའ་ལྡན་ས་སྐྱ་པ་དང་། དཔལ་ཕག་མོ་གྲུ་པའི་གདུང་རྒྱུད་གཉིས་མཆོག་ཏུ་བཀུར་བར་མཛད་

① （དུ་ཀཱུ་ལ་སྣེ་གས་བམ་ཁ་པའི་ཤོག་གྲངས་140）

པ་ནི། རང་རྒྱལ་ཡོན་གོང་མ་དང་། མིང་གོང་མ་རིམ་ཅན་སོ་སོས་ལུང་དང་ཐམ་ག་གནང་སྟེ་བོད་ས་གནས་ལ་དབང་བསྒྱུར་སྐྱོང་བའི་ཐོབ་ཐང་མཚོན་པར་མཛད་པ་ཡིན་ཅིང་། གཞན་ཡང་དོན་དངོས་ལ་དགེ་ལྡན་རིང་ལུགས་ཀྱི་གྲུབ་མཐའ་དེ་བོད་ཁམས་ཡོངས་ལ་དབང་བསྒྱུར་བའི་ལོ་རྒྱུས་ཀྱི་གར་སྟེགས་ཐོག་འཛོགས་པ་ཟིན་ཡིན་མོད། འོན་ཀྱང་གདན་ཡིག་ཞིབ་མོ་འདིའི་ནང་བཀའ་བརྒྱུད་པའི་བླ་ཆེན་སྟག་ལུང་པ་དང་། ཀརྨ་ཞྭ་དམར་ནག་རྣམས་དགའ་ལྡན་ཁྲི་པ་ལས་ཀྱང་གདན་ཐོབ་མཐོ་བ་དང་། དེ་མིན་འབྲུག་པ། སྣམ་པོ། མཚུར་ཕུ་དྲུང་པ། ཁམས་རི་བོ་ཆེའི་ཆོས་རྗེ། འབྲི་ཁུང་གི་བླ་མ་སོགས་དགའ་ལྡན་ཁྲི་པ་དང་མཉམ་པའི་གདན་ཐོབ། དེ་བཞིན་རྫོ་རྗེ་བྲག་དང་། བོ་དོང་སྣྲོང་ར་ཆེ་བ། འབྲོག་བསམ་སྡིངས། ལྷོ་བྲག་དཔའ་བོ། ཆོས་འཁོར་ལྷུན་པོ། འདར་གྲང་མོ་ཆེ། ངོར། གསེར་མདོག་ཅན། རྟ་ནག་ཐུབ་བསྟན་རྣམ་རྒྱལ། ཡངས་པ་ཅན་སོགས་ཀྱི་བླ་མ་དང་། གཏེར་བདག་གླིང་པ། རྟ་ནག་སྒྲོལ་མ་བ། སྨྲ་བོ་ལྕོག་པ། གནས་གཞི་བ་བཅས་ཉིང་མའི་ཐུགས་འཆང་ཆེ་ཁ་སོགས་གྲུབ་མཐའ་གཞན་དག་གི་བླ་མ་ཚོར་ཡང་སེར་འབྲས་དགའ་གསུམ་དང་བཀྲ་ཤིས་ལྷུན་པོའི་གྲྭ་ཚང་གི་མཁན་པོ་རྣམས་ལས་གདན་ཐོབ་མཐོ་བའི་གཏན་འབེབས་གནང་བ་འདི་དག་ལ་དཔགས་ན། བར་ལམ་རིན་སྤུངས་པ་དང་གཙང་པས་དབུས་གཙང་ཆ་ཤས་ལ་དབང་བྱེད་སྐབས་ཀྱི་བློ་ཆུང་ཆགས་སྡང་གི་སྤྱོད་ཚུལ་ལྟར་མ་ཡིན་པ། ས་སྟེང་རྒྱལ་བསྟན་ཡོངས་ཀྱི་བདག་པོ་མཚན་དོན་མཚུངས་པའི་དཀྱིལ་ཆེ་ཁོག་ཡངས་ཀྱི་མཛད་པ་སྐྱོང་སྟངས་མཚར་ཅན་མཐོང་ཐུབ་པ་དང་། ལྷག་པར་ཆེང་གོང་མའི་སྤྱིར་བཏང་གི་མི་སྣ་ལའང་སྲབ་སྟན་ལྷ་བརྩེགས་ཀྱི་མཐོང་གཟིགས་གནང་

བ་དང་། གོང་མའི་ལུང་ལས་ཀྱི་ཐམ་ག་འཛིན་པའི་རྒྱལ་ནང་གི་དཔོན་རིགས་རྣམས་ལ་ཁྲི་མཐོ་དམའ་གང་ལ་དེ་འཚམ། སོག་རིགས་ཁལ་ཁའི་རྒྱལ་པོ་དང་། བསྟན་འཛིན་ད་ལའི་ཧན། ཨོ་རོད་སེ་ཆེན་རྒྱལ་པོ་སོགས་རྒྱལ་ཕྲན་རྒྱལ་པོའི་གོ་སར་བཏོན་པའི་རིགས་ལ་ཁྲི་དང་། དེ་མིན་སོག་པོའི་དཔོན་རིགས་ཆེ་ཆུང་ལ་སོགས་གོ་བབ་ཀྱི་གདན་གནས་གསལ་འགོད་གནང་བ་འདི་དག་གི་ཐོག་ནས་ཀྱང་ཀུན་མཁྱེན་ལྔ་པ་ཆེན་པོ་མཆོག་ནི་མདོ་སྨད་ལུང་རིགས་མཐའ་དག་ལ་མཁྱེན་སྟོབས་ཐུལ་དུ་ཕྱིན་པ་མ་ཟད། འཛིག་རྟེན་སྲིད་ཕྱོགས་ཀྱི་གཙུག་ལག་ལའང་ཞིབ་མོ་རྣམ་པར་འབྱེད་པའི་དགོངས་པ་མཆོག་ཏུ་ཡངས་པ་ཅི་ལྟ་བུ་མངའ་བ་གང་ལེགས་མཚོན་གྱི་ཡོད།

ཚང་མས་ཤེས་གསལ་ལྟར་དགའ་ལྡན་ཕོ་བྲང་པའི་སྲིད་དབང་གསར་དུ་བཙུགས་རྗེས་བོད་ནང་ཁུལ་དུ་འགལ་ཟླའི་སྟོབས་ཤུགས་ཆེ་ཤོས་ནི་ཀརྨ་པ་ཞྭ་དམར་ནག་གཉིས་གཙོ་བོར་གྱུར་པའི་ཀར་ཕྱོགས་པ་རྣམས་ཡིན་ཅིང་། ཁོང་ཚོས་དེ་སྔོན་གཙང་ཕྱོགས་དང་དགས་ཀོང་ཁུལ་བཅས་ནས་དྲག་པོའི་ཚུར་རྒོལ་ཡོ་བསྒྱུད་མར་བསླངས་ཟིན་ཀྱང་། སོག་པོའི་དྲག་ཤུགས་ཀྱིས་མནན་པས་ཟིང་སློང་ལ་འབྲས་བུ་མ་ཐོན་མཐར་ཀརྨ་ཞྭ་དམར་ནག་གཉིས་ཀ་བོད་དུ་བཞུགས་བཟོས་མ་བདེ་བར་ཡུན་ནན་དང་། ཟེ་ཁྲིན་གྱི་མཐའ་ཁུལ་དུ་ལོ་ཤས་བཞུགས་དགོས་བྱུང་བ་སོགས་ལས་དགེ་ཀར་བར་གྱི་འགལ་བ་ཞི་འཇགས་བརྟན་པོ་ཞིག་ད་དུང་མ་བྱུང་བའི་གནས་ཚུལ་འོག ཕྱི་ལོ1673ཐོད་ཆུ་སྣང་ལོའི་ཟླ་བ་ལྔ་པའི་ནང་། ཆེང་གོང་མ་ཁང་ཞིས་བཀའ་ཐབ་པ་ལྟར་རྒྱ་དཔོན་ཕིང་སིང་དབང་(ཨུའུ་སན་ཀུའེ་)ཞེས་པས་ཀརྨ་ཞྭ་དམར་ཕྱུལ་སྐུ་ཐོད་ས་གནས་སྲིད་གཞུང་གི་མི་སྣ་མས་ཆགས་པ་དང་།

འབུམ་ཐང་བསོད་དབང་གཉིས་ལ་རྩིས་སྤྲད་དོན་ལྟར་ལྷ་སར་འཁྱོར་སྐབས། ཏཱ་ལའི་སྡེ་པ་ཆེན་པོའི་བཀའ་ལྟར་སྤར་བྱུས་ལ་ཉེས་ཆད་སོགས་ལྟར་བཞག བཀུར་བཟློས་མི་རྣམས་ཀྱི་བློ་ཡུལ་དུ་མི་གཤོང་བ་ལྟ་བུ་མཛད་པའི་སྐོར་གསུང་རྣམ་ནང་“ ཞྭ་དམར་སྤྲུལ་པའི་སྐུ། གོང་མའི་ལུང་ལ་བརྟེན་ནས་ཕེང་སེང་དབང་གིས་མས་ཆགས་པ་དང་འབུམ་ཐང་བསོད་དབང་ལ་རྩིས་སྤྲད་དོན་ལྟར་གདན་དྲངས་པར་ཐབ་བསུ་སོགས་མཛེས་ལམ་གང་ཆེའི་སྒོ་ནས་ལྷ་སར་ཕྱིན། སྟོན་ཆད་གནང་སྒོ་སྣ་ཚོགས་པ་བྱུང་བའི་ཐབས་གཙོང་ལྟ་བུས་ཡང་བའི་སྐུ་དང་གསུང་གི་བགོད་པ་ཇི་སྙེད་པ་སྟོན་བཞིན་པའི་ངང་ནས་མཆོད་ཡོན་(བསྟན་འཛིན་ད་ལའི་དང་སྡེ་སྲིད་བློ་བཟང་མཐུ་སྟོབས་) དུ་དགོངས་སངས་ཀྱི་འབུལ་བ་གཟེངས་བསྟོད་པ་དང་བཅས་བླ་བྲང་(ལྷ་སའི་གཙུག་ལག་ཁང་) དུ་ཕེབས་སྐབས་སྡེ་པས་ཨེ་ཕམ་ཕོ་བྲང་གི་མདོར་མཇལ་དར་དང་། རྒྱལ་པོས་ནང་དུ་ལྡང་བ། མཆོད་ཡོན་ལས་ཁེད་ཀྱིས་མཐོ་བའི་བཞུགས་ཁྲིས་མཆོན་བཀུར་བཟློས་གཞིས་ལེན་རྒྱས་པར་བསྟར་བས། ཐུགས་ཀྱི་ཁྱིའུ་ཀུན་རྟོག་གི་ཞགས་པ་དམ་པོས་བཅིངས་པ་ལས་གྲོལ་ཏེ་གར་གྱི་དབང་པོ་རང་གནས་བདེ་བ་ཅན་དུ་ཕྱིན་པའི་ཉམས་ཤར། ངེད་ལུས་ཙུང་ཟད་མ་བདེ་ཙམ་ཡོད་པས་སླར་ངོས་མཇལ་གྱི་ས་བཅད་ཞུས་ནས་མཚུར་ཕུར་ཤར་རྒྱག་ཐེབས་”①ཞེས་གསལ་ཞིང་། ཕོ་སྨད་དུ་ཏཱ་ལའི་བླ་མ་སྐུ་ངོ་མས་མཇལ་འཕྲད་དང་བཀུར་གཟློས་འབྲི་སྟག་དང་ཆ་མཚུངས་པར་བསྐྱངས་འདུག ཀརྨ་ཞྭ་ནག་སྐུ་ཕྲེང་བཅུ་པ་ཆོས་དབྱིངས་རྡོ་རྗེ་ཡང་དུས

---

① (དུ་ཀུ་ལ་སྒྲིགས་བམ་ཁ་པའི་ཤོག་གྲངས178)

བབ་ཀྱིས་རྒྱལ་ཐང་ཕྱོགས་སུ་བཞུགས་བྲལ་དབུས་ཕྱོགས་སུ་ཕེབས་དགོས་ཤར་བའི་ལྷ་སར་ཕེབས་དགོང་ཚེབས་བསུ་གང་རྒྱས་དང་། ཐོག་མར་མཚོད་ཡོན་གཉིས་དང་མཇལ་འཕྲད་མཛད། ཐླ་བ་བཅུ་པའི་ཚེས་དྲུག་ཉིན་པོ་ཏཱ་ལར་རྒྱལ་དབང་མཆོག་གི་མཇལ་ཁར་བཅར་བར་ཡང་བཀུར་གཟིགས་ཞྭ་དམར་སྨྲུལ་སྐུ་དང་ཆ་འདྲ་ཙམ་གནང་བ་སོགས་ཀྱང་གསུང་རྣམས་ནང་འཁོད་ཡོད་ཅིང་། མདོར་ན་ཆིང་གོང་མའི་རྒྱབ་སྐྱོར་དང་། ཏཱ་ལའི་བླ་མ་ཆེན་པོའི་མཁས་མཛངས་ཀྱི་མཛད་ཕྱོགས་ལ་བརྟེན་དེ་ནས་བཟུང་གར་དགེའི་དབར་གྱི་འགལ་བ་རིམ་སེལ་དང་། བོད་ནང་ཁུལ་གྱི་དུས་བབ་བདེ་འཇགས། དགའ་ལྡན་ཕོ་བྲང་པའི་ཆབ་སྲིད་བརྟན་ལྷིང་གི་ཕྱོགས་སུ་འཕེལ་རྒྱས་བྱུང་བ་ཡིན་ནོ།

སྤྱི་ལོ1674བོད་ཤིང་སྟག་ལོ། ཆིང་གོང་མའི་བློན་ཆེན་ཕིང་སིང་ཆིང་དབང་(ཕྱུའུ་སན་ཀུའེ་)ཞེས་པས་གོང་མར་ངོ་ལོག་པའི་ནང་འཁྲུག་གི་དུས་ཟིང་བྱུང་སྐབས་གོང་མ་ཁང་ཞིས་མི་སྣ་ཆེད་གནང་གཏོང་བོད་ནས་གཞོགས་འདེགས་དགོས་པའི་གསེར་ཡིག་ཕེབས་པ་དང་། དེ་རྗེས་ཕིང་སིང་དབང་ནས་ཀྱང་བོད་དུ་མི་སྣ་སྤྱ་རྗེས་སུ་མངགས་ནས་དམག་དོན་གྱི་རྒྱབ་རོགས་དགོས་ཚུལ་ཞུས་འདུག་པར་རྒྱལ་བློན་དབར་འཁྲིག་འཛགས་ཡོང་བའི་སྐྱོན་བསྐྱུལ་དང་། བཀའ་ལན་སོ་སོར་གནང་ཐོག་རྒྱལ་ནང་གི་འཁྲུག་ཟིང་དུས་བདེ་ཞོད་འཛགས་ཡོང་བའི་སེར་འབྲས་དགའ་གསུམ་ལྷ་ས་དང་བཅས་པར་དམག་བཟློག་ཞབས་རིམ་སྟོས་ཆེ་སྒྲུབ་གནང་མཛད་འདུག དེ་སྐོར་གསུང་རྣམ་ནང་"དེ་ཡང་སྐྱེ་དགུ་ཀུན་ལ་དུས་ཀྱི་ཚད་པ་ལྟ་བུས་འཛམ་དཔལ་དབྱངས་གོང་མ་རྒྱལ་པོ་དང་། བཀའི་ཁྲིམས་ཀྱི་བྱེད་པོ་མདུན་ན་

འདོད་ཕྱིང་སིང་ཆེང་དབང་རྒྱལ་སྨོན་ཐུགས་ཀྱི་འཛིན་སྣང་སམ་གཅིག་པས་མ་ཧཱ་ཅིན་འི་རྒྱལ་ཁམས་ཆེན་པོར་གཡུལ་འཁྲུག་ནུབས་པོ་ཆེ་བྱུང་སྐབས་གོང་ནས་བཀའ་ཤོག་བཀག་ངག་བསྒྱུར་བར་མཁར་སྔོན་ངོ་ནཱ་ཆེ་བླ་མ་དང་། ལ་དྭ་ཛར་གོ་ཆེ། གུ་རུ་བི་ཆེ་ཡེ་ཆེ་སོགས་རྫོང་བདའ་གནང་བ་བླ་མ་འཕན་ཡུལ་མདར་མ་འཚོ་ཞིང་། ཛར་གོ་ཆེ་ཅན་གྱི་བཀའ་ཤོག་རྗེན་ལྟན་སྤྲད་པ་བླངས་ཤིང་། གང་ཅིའི་གནས་ཚུལ་ཐམས་ཅད་ཞིབ་པར་ཉན། ……ཐོག་ཧོ་རྒྱལ་པའི་དུས་ཡི་གི་རྗེན་བཟང་པོ་མི་སྣ་དང་བཅས་མངགས་པའི་འདྲིས་རྒྱུས་ཐོག གནམ་གི་ལྷ་ཤུན་ཅི་རྒྱལ་པོ་མང་བཀུར་གྱི་ཁྲི་ལ་བཞུགས་པ་ནས་བཟུང་ད་ལྟའི་བར་བདག་རྐྱེན་བཟང་པོ་ཚད་མེད་པ་ཐུགས་ལ་བཏགས། ངེད་རང་ངོས་ཀྱིས་གསེར་གྱི་ཐོ་བྲང་དུ་ཕྱིན་གསེར་ཞལ་མཐོང་ཞིང་། ལུང་ལས་གནང་བ་སོགས་ནས་གོང་མའི་ཆབ་སྲིད་བརྟན་ཅིང་རྒྱ་ནག་གི་རྒྱལ་ཁམས་ཐམས་ཅད་བདེ་བར་འགྱུར་བའི་རྣམ་དཀར་དང་འབྲེལ་བའི་ཚོགས་གསོག་ཅི་ནུས་སུ་བགྱིས། བོད་གླིང་དགུའི་རྒྱལ་ཁམས་པའི་དཔུང་གིས་རྒྱ་ཧོར་གྱི་ཡུལ་དུ་རྗེ་ཐོག་པ་ནི་ག་ལ་སྲིད། སོག་པོ་ཨོ་རོད་ཀྱི་དཔུང་གིས་ཕྱིན་ཚེ་དགྲ་ནུས་ཆེ་ཡང་རང་དབང་འདུ་དཀའ་བ་དང་། ཚད་པ་དང་འབྲུམ་པ་སོགས་ལ་འཛེམ་བག་དགོས་པའི་གོང་གི་ཞབས་ཏོག་ཏུ་འདི་འགྱུར་གྱི་ཁས་ལེན་དཀའ་རུང་། མཆོད་ཡོན་ཚང་མ་བཀའ་བགྲོས་པའི་ཡས་ཕྱིན་རྣམས་ཁེབས་གང་ཆེའི་ཁྲིད་ནས་ད་ལོའི་ རྟུང་ཐའི་ཇི་ཡང་མགྱོགས་ཙམ་འདེགས་པའི་བཙའ་གཞི་ཤར་ཞིང་། རྒྱལ་ཐང་ཕྱོགས་སུ་མི་སྲུན་པའི་སྐྱེ་བོའི་ཚོགས་ཀྱི་རྒྱབ་རྩ་ལྷོངས་སོགས་སུ་ཡིན་ཐེངས་དཀའ་ནའང་། རང་ཧུས་དང་ཐུན་མོང་གི་ཆེད་དུ་ཆོས་ཉེ་ཤུར་རྒྱལ་སྲས་བཀྲ་ཤིས་ལ་ཆེ་དབང་དང་

ཕྱག་དྲུག་པའི་རྗེས་གནང་བར་ཆད་ཀུན་སེལ་བསྐུར་ཞིང་ཨུ་རྒྱན་ཐུ་བྲ་ཐུར་ཐའི་ཇི་ཆོ་ལོ། བདག་པའི་སྐྱེས་དང་བཅས་དམག་དཔོན། དམག་ལས་པར་བཀའ་བརྒྱུད་ནོར་བུ། མས་ཆགས་པ་ཅན་རྫོངས་མདའ་མཛད་སོང་"①

ཞེས་གསལ་བ་དང་། དེ་བཞིན་ཐིང་སིང་དབང་གི་མི་སྣ་སྤ་རྗེས་སུ་འཁྱེར་པར་བཀའ་ལན་གནང་བའི་སྐོར་གསུང་རྣམ་ནང་"ཁྱེད་དཔོན་སློབ་ཧེ་བག་བྱུང་བ་མངའ་འབངས་ཀྱི་ཚོགས་སྡུག་བསྔལ་གྱི་རྒྱུར་སོང་བས་མ་ལེགས་པའི་ཚུལ། མན་ཇུའི་རྒྱལ་པོ་གཅིག་དང་གོང་གི་རྒྱལ་རབས་གཉིས(ཡོན་དང་མིང་) ཧེ་རྒྱལ་རབས་གསུམ་གྱི་བར་བོད་ཀྱི་མཆོད་ཡོན་དང་འབྲེལ་ཟབ་ཆེ་ཞིང་། ངེད་རང་གིས་གོང་དུ་ཕྱིན་པའི་བདག་རྐྱེན་མཐའ་གླས་པ་མཛད་ཚུལ་དབང་རང་ལ་རྒྱུས་ཡོད་པས་གོང་དུ་བསམ་སྦྱོར་ལོག་པ་ནི་རྫི་ལམ་ཙམ་དུ་ཡང་མི་བྱེད། བྱས་ན་དགོན་ཚོག་ཐུགས་ཁྲེལ་བར་མ་ཟད་ཁྱེད་རང་ཡང་ཞི་ཁྲེལ་བ་ལས་འོས་ཅི་མཆིས། དབང་དང་སྟོན་ཆད་འདྲིས་མེད་ནའང་ད་ལམ་གསར་དུ་ངོ་ཤེས་ཐོགས་པ་དང་། རྣམ་འདྲེན་ཤཱཀྱ་སེང་གེའི་རྗེས་སུ་ཞུགས་པ་རྣམས་འགྲོ་བ་མཐའ་དག་ལ་མཉེས་གཤིན་པར་བྱེད་པ་ཁྱད་ཆོས་ཡིན་པས་འཁོར་བཅས་ལ་བསམ་པ་རྣམ་དག་མ་གཏོགས་ལོག་སྒྲུབ་བྱེད་རྒྱུ་མེད། ལར་ནས་བོད་པས་ཕན་ཚུན་གཉིས་ཀར་ཤོགས་མི་ཐོན། སོག་པོ་ཨོ་རོད་ནི་དྲག་ཤུལ་ཆེས་པས་ཚང་མར་བཙབས་གསིགས་ལས་སྦྲོས་པའི་ལེགས་ཚོགས་མེད་ཚུལ་སོགས་མཆོག་གསུམ་ཐུགས་མི་ཁྲེལ་བའི་རྒྱུ་མཚན་གྱི་ཡིག

---

① (དུ་ཀུ་ལ་སྤྱིགས་བམ་ཁ་པའི་ཤོག་གྲངས204)

ངག་དང་བཅས་གསེར་ཡིག་པ་རྣམས་རྫོང་བདའ་བྱས”①ཞེས་གསལ་བ་དེ་དག་ལས་ཏཱ་ལའི་ལྷ་པ་ཆེན་པོས་རྒྱལ་ཁབ་བདེ་འཇགས་ཡོང་ཆེད་ཐབས་མཁས་ཐུགས་རྗེའི་མཛད་པ་ཇི་ལྟར་བསྐྱངས་ཚུལ་དང་། ཆེང་གོང་མར་ལྟག་བསམ་རྣམ་དག་གི་ཐུགས་བརྩེ་གཏད་ལུགས་གསལ་བར་མཚོན་ཞིང་། ཨ་ཛོའི་ཐུ་བྷ་ཐུར་ཐའི་ཇི་སོགས་ཀྱིས་རྒྱལ་ཐང་གི་ངོ་ལོག་པ་རྣམས་ཕམ་པར་བྱས་པའི་བྱེད་གཏེ་འཛིན་བཟུང་བྱས་པ་རྣམས་ལའང་མི་འཇིགས་པའི་སྲོག་གི་སྐྱབས་སྦྱིན་བསྩལ་བ་སོགས་ཞིབ་པ་མཁྱེན་འདོད་ན་གསུང་རྣམ་དུ་ཀཱུ་ལའི་གོས་བཟང་ལྗགས་བམ་ཁ་པ་གཟིགས་པར་འཚལ།

དཔོན་མཁའ་འགྲོ་ཟེར་བས་སྤྱི་ཕྱིར་རྒྱ་བོད་ཀྱི་ས་མཚམས་སུ་ཟིང་སློང་བྱས་པར་བརྟེན་གོང་མ་ཁང་ཞིས། སྤྱི་ལོ1675བོད་ཤིང་ཡོས་ལོར་ཏཱ་ལའི་བླ་མ་མཆོག་ལ་ལུང་གནང་ནས་ཁོ་པ་གནས་དབྱུངས་གཏོང་དགོས་ཞེབས་པ་ལྟར་གནས་དབྱུངས་གནང་བའི་སྐོར་གསུང་རྣམ་ནང་ཟླ་བ་གསུམ་པར“དཔོན་མཁའ་འགྲོས་རྒྱ་བོད་མཚམས་མི་བདེ་བ་བྱས་པར་བརྟེན་གནས་ནས་ཕྱུངས་ཤིག་པར་གོང་ནས་ལུང་བྱུང་བ་ལྟར་ཚུལ་བཞིན་བསྒྲུབས་པའི་བྱ་དགར་ཆོས་བརྒྱད་ཀྱི་ཉིན་གོང་གི་བཀའ་ཤོག་རྟེན་དུ་གསེར་སྲང་ཆིག་བརྒྱ་སོ་ལྔ་ལས་གྲུབ་པའི་མ་ཎྜལ་དང་། སྲང་ཆིག་བརྒྱ་ཡོད་པའི་ལྷུག་དངུལ་གྱི་ཉིས་བརྒྱ། ཉིན་བདེ་མ་དང་རྟགས་བརྒྱད་ཁ་བཏགས་སོགས་ཁྱོན་ལྔ་བརྒྱ་རྣམས་ཀྱི་གནང་སྦྱིན་བྱུང་བ་བླངས” ཞེས་གསལ་འདུག

སྤྱི་ལོ1675ལོ་ནས་བཟུང་སྔར་ཡང་མོན་པ་ཨ་ཆོག་ཟེར་བས་རྐྱེན་

---

① (དུ་ཀཱུ་ལ་ཁ་པའི་ཤོག་གྲངས211)

བྱུས་བོད་འབྲུག་དབར་བདེ་གཟར་དང་། ཆིངས་ཡིག་སོགས་སྔ་ཕྱི་ལོ་བསྟུད་མར་བྱུང་འདུག་པའི་སྐོར་གསུང་རྣམ་ནང་ཐོར་བུ་ཙམ་འཁོད་འདུག་ཀྱང་། ཡིག་ཚོགས་ཀྱི་རྒྱུར་སྣང་བས་འདིར་མ་དྲངས་ཤིང་། དེ་སྐོར་ཞིབ་པར་མཁྱེན་འདོད་ན་དུ་ཀཱུ་ལའི་གོས་བཟང་དང་《སྔོའི་ཆོས་འབྱུང་བསྟན་པ་རིན་པོ་ཆེའི་འཕྲོ་མཐུད་འཇམ་མགོན་སྨོན་མཐའི་འཕྲེང་བ་》ཞེས་བྱ་བ་རྣམས་ལ་གཟིགས་པར་འཚལ་ལོ།

4. སྡེ་སྲིད་མངའ་རིས་སྐོར་གསུམ་དབང་དུ་བསྡུས་པ་དང་། དྭ་ལའི་བླ་མ་ལྔ་པ་ཆེན་པོ་སྐུ་གཤེགས་པའི་སྐོར།

ཀུན་མཁྱེན་བླ་མ་ལྔ་པ་མཆོག་སྤྱིར་སྐུ་ཚེའི་སྨད་ཆ་དང་། ལྷག་ཏུ་སྤྱི་ལོ1679བོད་རབ་བྱུང་བཅུ་གཅིག་པའི་ས་ལུག་ལོར་གོང་སྨད་པ་སངས་རྒྱས་རྒྱ་མཚོར་སྡེ་སྲིད་བསྐོ་བཞག་གནང་བ་ནས་བཟུང་སྲིད་ཕྱོགས་ཀྱི་མཛད་པ་ཆེར་མ་བསྐྱངས་པར་གཙོ་བོ་ཆོས་ཕྱོགས་ཀྱི་ཐུགས་དམ་ཉམས་བཞེས་ཁོ་ནར་གཞོལ་བར་མཛད་ཅིང་། དེ་སྐོར་གྱི་མཛད་རྗེས་བརྗོད་ཀྱིས་མི་ལང་བས་འདིར་མ་སྤྲོས་པ་ཞིབ་པར་མཁྱེན་འདོད་ན《རྣམ་ཐར་དུ་ཀཱུ་ལའི་གོས་བཟང་གླེགས་བམ་ང་པ་སོགས་ལ་གཟིགས་པར་ཞུ་ཞིང་། གང་གི་གསུང་རྩོམ་གཙོ་ཆེ་བ་རྣམས་ཀློང་རྫོལ་བླ་མ་རིན་པོ་ཆེས་དཀར་ཆག་འགོད་གནང་ལྟར“ཕར་ཕྱིན་ཀློ་བཟང་དགོངས་རྒྱན་ལ(ཤིང་པར་མདའ་ཚད་མ་སྙིག་གྲངས་) སུམ་བརྒྱ་གྱ་བདུན། དབུ་མ་ཐེག་ཆེན་རྒྱ་མཚོར་འཇུག་པའི་གྲུ་རྫིང་ལ་བརྒྱ་དང་ཞེ་གཅིག འདུལ་བ་རྣམ་རྒྱལ་གསེར་མདོག་ལ་བརྒྱ་དང་རེ་བཞི།

མཛོད་ཆོས་མངོན་རིན་ཆེན་འདྲེན་པའི་ཤིང་རྟ་ལ་བརྒྱ་དང་དོན་བདུན། ལམ་རིམ་འཇམ་དཔལ་ཞལ་ལུང་ལ་གོ་བརྒྱད། ལམ་གྱི་གཙོ་གསུམ་མཆན་འགྲེལ་ལ་བཞི། དམིགས་བརྩེ་མའི་ཊཱི་ཀཱ། སོ་ཐར་བསླབ་བྱ་རྣམ་གསལ་སྒྲོན་མེ། གནས་མཆོག་རྒྱལ་བསྟན་འཛིན་མེད། སྨན་བླའི་མདོ་ཆོག་ཡིད་བཞིན་དབང་རྒྱལ་ལ་ང་བརྒྱད། བོད་ཀྱི་རྒྱལ་རབས་དེབ་ཐེར་རྫོགས་ལྡན་གཞོན་ནུ་ལ་བརྒྱ་དང་བཅུ་གསུམ། ལྷ་ལྡན་གྱི་དཀར་ཆག་ཤེལ་དཀར་མེ་ལོང་ལ་ཉེར་གསུམ། འབྲུངས་རབས་ཞིང་བཀོད་འཕྲི་ཚུལ་རྩོགས་བརྗོད་ཁ་བྱང་དང་བཅས་གསལ་བའི་མེ་ལོང་ལ་བཅུ་གསུམ། པཎ་ཆེན་བློ་བཟང་ཆོས་ཀྱི་རྒྱལ་མཚན་གྱི་རྣམ་ཐར་ལ་བརྒྱད། རྒྱལ་བ་བསོད་ནམས་རྒྱ་མཚོའི་རྣམ་ཐར་ལ་བརྒྱ་དང་བཅུ་གསུམ། རྒྱལ་བ་ཡོན་ཏན་རྒྱ་མཚོའི་རྣམ་ཐར་ལ་དྲུག་ཅུ། ཁྲི་ཆེན་དཀོན་མཆོག་ཆོས་འཕེལ་གྱི་རྣམ་ཐར་ལ་བཅུ་དགུ། ཕ་བོང་ཁ་པ་དཔལ་འབྱོར་ལྷུན་གྲུབ་ཀྱི་རྣམ་ཐར་ལ་ཞེ་བཞི། བྱང་བདག་རྣམ་ཐར་ལ་རེ་བཞི། ས་སྐྱ་པ་ཚར་ཆེན་གྱི་རྣམ་ཐར་ལ་བརྒྱ་དང་ཉེ་ཤུ། ས་སྐྱ་པ་དབང་ཕྱུག་རབ་བརྟན་གྱི་རྣམ་ཐར་ལ་ང་ལྔ། ས་སྐྱ་མགོན་པོ་བསོད་ནམས་མཆོག་ལྡན་གྱི་རྣམ་ཐར་ལ་བརྒྱ་དང་གཉིས། ཞ་ལུ་བ་བསོད་ནམས་མཆོག་གྲུབ་ཀྱི་རྣམ་ཐར་ལ་ང་ལྔ། ཟུར་ཆེན་ཆོས་དབྱིངས་རང་གྲོལ་གྱི་རྣམ་ཐར་ལ་དྲུག་ཅུ་རེ་བཞི། ཁྲ་ཚང་པ་བློ་མཆོག་རྡོ་རྗེའི་རྣམ་ཐར་ལ་རེ་བཞི། རྒྱལ་བ་ལྔ་པ་རང་ཉིད་ཀྱི་རྣམ་ཐར་གླེགས་བམ་བཅུ་གཅིག་ཡོད་དེ། ཕྱིའི་རྣམ་ཐར་དུ་ཀུ་ལའི་གོས་བཟང་གསུང་རྩོམ་（ པོད་ ）གསུམ་དང་། ཁ་འཕངས་（ པོད་ ）གསུམ་བཅས་ལ་གླེགས་བམ་དྲུག ནང་གི་རྣམ་ཐར་གསན་ཡིག་གང་གཱའི་ཆུ་རྒྱུན་ལ་གླེགས་བམ་བཞི། གསང་བའི་རྣམ་ཐར་རྒྱ་ཅན་གླེགས་བམ་གཅིག

བཅས་ཡིན་ཞེས་མི་དབང་སངས་རྒྱས་རྒྱ་མཚོས་གསུངས། དུ་ཀུ་ལའི་གོས་བཟང་སྒྲིགས་བམ་དྲུག་གི་ཕྱི་མ་གསུམ་སངས་རྒྱས་རྒྱ་མཚོས་བརྩམས་པ་ཡིན་པས་པོ་ཏ་ལ་ཞོལ་པར་ཁང་དུ་བཞུགས། དཀར་ཆག་ཆེ་བརྗོད་དང་། སྔོན་དར་ཞལ་ཡིག་སྐོར་ལ་སྒྲིགས་བམ་གསུམ། ཞལ་གདམས་ཆབ་ཤོག་སྨོན་ཤིས་སྐོར་ལ་སྒྲིགས་བམ་གཉིས། བླ་མའི་བསྟོད་ཚོགས་སྐོར་ལ（ཤོག་གྲངས）བརྒྱ་དང་བརྒྱད་ཅུ། ཡི་དམ་སྒྲུབ་སྐོར་ལ་བརྒྱ་ཐམ་པ། ཆོས་སྐྱོང་སྒྲུབ་སྐོར་ལ་ཉིས་བརྒྱ་སོ་གཉིས། སངས་རྒྱས་བྱང་སེམས་ཀྱི་བསྟོད་ཚོགས་ལ་ཉེར་དྲུག བཅའ་ཡིག་དང་རྒྱ་ནག་ཤུན་རྩིས་གདན་དྲངས་པའི་ལས་ཡིག་ལ་བརྒྱ་ང་དྲུག བླ་མ་མཆོད་པ་ཟླུང་འཇུག་སྒྲུབ་པའི་ཤིང་རྟ་ལ་བཅུ་བཞི། མི་འཁྲུགས་པའི་ལྷ་དགུའི་ཚོ་ག་ལ་བཅུ། བདེ་མཆོག་དྲིལ་བུ་བའི་མངོན་རྟོགས་ལ་བཅོ་བརྒྱད། དྲིལ་བུ་བའི་དཀྱིལ་ཆོག་ལ་ཞེ་གསུམ། གཤེད་དམར་ལྷ་ལྔའི་མངོན་རྟོགས་ལ་བཅུ་གསུམ། གཤེད་དམར་དཀྱིལ་ཆོག་མཛེ་རིས་དབང་གི་ཆུ་རྒྱུན་ལ་ཞེ་གསུམ། ཡང་མི་འཁྲུགས་པའི་ཚོ་ག་ལ་བཅུ་དགུ། ཛོ་ཏ་རིའི་ལུགས་ཀྱི་ལྷ་མོ་རྣམ་རྒྱལ་མའི་ཚོ་ག་འཆི་མེད་དཔལ་སྟེར་ལ་བདུན། བཀའ་གདམས་ཐིག་ལེ་བཅུ་དྲུག་གི་ཚོ་ག་ཕུལ་བྱུང་དགོངས་རྒྱན་ལ་བཅུ་དྲུག ……རྒྱལ་བ་ལྔ་པ་ཆེན་པོའི་གསུང་འབུམ་ཕྱི་མ་པོད་ཉི་ཤུ། ནང་མ་པོད་དྲུག རྣམ་ཐར་རྒྱ་ཅན་ཆོས་ཚན་ཉེར་ལྔ་རྩ་བ་དང་དེའི་བུ་དཔེ་སྡོམ་པ་པོད་གསུམ། གྲྭ་ཚང་རྙིང་པའི་འདོན་ཆོག་ཟུར་དུ་ཕྱུང་བ་པོད་གཅིག་བསྡོམས་པས་པོད་སུམ་ཅུ་ཐམ་པ་ཡོད་གསུངས་སོ"①ཞེས་འཁོད་པའི་གཞམ་ཆའི་བཀའ་རྩོམ་ཆུང་

①（གློང་རྡོལ་གསུམ་འབུམ་（ར）པའི་ཤིང་པར་ཤོག་གྲངས55－58）

རྩག་རྣམས་མདོར་བསྡུས་ཤིང་། དཀར་ཆག་མཛད་པ་པོའི་བཞེད་པ་ལྟར་ཆོས་ཕྱོགས་ཀྱི་སྒྲུབ་སྐོར་དང་ཆོ་ག་སོགས་གལ་ཆེར་བཟུང་ནས་མཚན་གསལ་མང་ཙམ་གནང་འདུག་ཅིང་། དེ་མིན་གོང་གི"ཞལ་གདམས་ཆབ་ཤོག་སྨོན་ཤིས་སྐོར་ལ་གླེགས་བམ་གཉིས"ཞེས་པའི་ནང་། གོང་མ་རྣམ་གྲི་དང་ཁང་ཞི་གཉིས་ལ་གནང་བའི་སྙན་ངག་གི་ཆབ་ཤོག་ལེ་ཚན་དུ་མ་དང་། གཞན་ཡང་འཇིག་རྟེན་ལུགས་ཀྱི་བསླབ་བྱ་དང་སྤྱི་ཚོགས་ཀྱི་ཀུན་སྤྱོད་བླང་དོར་སྐོར་གྱི་ཞལ་གདམས《ཟླ་བ་འབུམ་ཕྲག་འཆར་བའི་རྫིང་བུ》ཞེས་པ་དང་།《ལུགས་གཉིས་ཀྱི་བསླབ་བྱ་ནུ་ཐི་ལིའི་ཕྲེང་བ》བྱ་བ་ལ་སོགས་པ་ཚིག་དོན་ཕུན་སུམ་ཚོགས་པའི་ལྷུགས་རྩོམ་སྐད་གྲགས་ཅན་ཇི་སྙེད་ཅིག་ཡོད་པ་བཅས་མདོར་ན་བོད་ཀྱི་རིག་གནས་ཐད་ལ་མི་ནུབ་པའི་ཕྱག་རྗེས་འཇོག་གནང་མཛད་ཡོད་པ་རྣམས་རགས་བསྡུས་ཙམ་བརྗོད་པ་ལགས་སོ།

སྟོད་མངའ་རིས་སྐོར་གསུམ་གྱི་ཡུལ་ལྗོངས་དེ་ནི་བོད་བཙན་པོའི་གདུང་རྒྱུད་ཀྱི་དབང་བསྒྱུར་ནས་དུས་ཡུན་ཧ་ཅང་རིང་པོ་སོང་ན་ཡང་། བར་སྐབས་ཤིག་ལ་ལ་དྭགས་ཀྱི་རྒྱལ་པོས་བཟུང་ཞིང་གནས་པ་ལས། ཏཱ་ལའི་བླ་མ་ལྔ་པ་ཆེན་པོ་དགོངས་པ་མ་རྫོགས་པའི་སྔ་རོལ་ཙམ་ན། ལ་དྭགས་ཀྱི་ས་ལ་སྤྱོད་པ་སེང་གེ་རྣམ་རྒྱལ་ཟེར་བས་ཁྲུལ་དེའི་དགེ་ལུགས་ཀྱི་གྲུབ་མཐར་སྡང་ཟུག་གནོད་འཚེ་བྱེད་པའི་སྤྱོད་ངན་ཤུགས་ཆེན་སྤེལ་བར་བརྟེན་བོད་ས་གནས་སྲིད་གཞུང་ནས་མངའ་རིས་ས་ཁྲུལ་དུ་དཔུང་འཇུག་བྱས་པའི་སྐོར《མི་དབང་རྟོགས་བརྗོད》ཀྱི་འགོར་ཞིབ་ཙམ་འཁོད་པ་གཞིར་བཟུང་མཚམས་འདིར་མདོར་བསྡུས་ཙམ་ཞིག་བརྗོད་ན། དོན་རྐྱེན་དེ་ལྷགས་པར་བརྟེན་ཏཱ་ལའི་བླ་མ་ལྔ་པ་ཆེན་པོ་མཆོག་ནས་སོག་པོའི་རྒྱལ་རྒྱུད་དགའ་ལྡན་

ཚེ་དབང་བྱ་བ་དད་པ་དང་སྙིང་སྟོབས་ཀྱི་གོ་ཆ་བཙན་པ་ཞིག་མཆིས་པ་ཕོང་
སྐབས་དེར་བགྲ་ཤིས་ལྷུན་པོར་ཆོས་སྐོར་ཞུགས་ནས་ཡོད་པ་དེ་ཆེད་དུ་འགུག
འབོད་གནང་སྟེ་མངའ་རིས་སྐོར་གསུམ་དུ་དགེ་ལྡན་བསྟན་པར་འཚེ་བའི་དེ་
དག་བཟློག་པའི་ལས་འགན་འཁུར་དགོས་པ་སོགས་ཀྱི་བྱེད་སྒོའི་སློབ་སྟོན་
དང་། སྲུང་འཁོར། རྟེན་ཐུག་སོགས་ཕྱག་བསྟར་གྱིས་བཀའ་དྲིན་དུ་བསྩལ་
བར། དགའ་ལྡན་ཚེ་དབང་གིས་ཀྱང་བཀའ་བཞིན་དང་ལེན་ཞུས་ཤིང་།
དྲག་པོ་དགྲ་འཐབ་ཀྱི་ལས་ལ་གཞུག་དགོས་ཚེ་སྲོག་འཛྲོག་པའི་བྱ་བ་འཕྲད་
པ་སྨྲིས་མ་དགོས་སྙམ་ནས་སོ་སོ་ཐར་པའི་བསླབ་སྡོམ་ཡང་མཁན་པོ་ལ་ཕྱིར་
ཕུལ་ཏེ་འགྲོ་བའི་ལམ་དུ་ཆས། དེ་ཡང་བྱང་གནམ་མཚོའི་འགྲམ་བརྒྱུད་ནས་
དཔུང་དམག་རྟ་པ་ཉིས་བརྒྱ་ལྔ་ཙམ་ཁྲིད་དེ་རིམ་བཞིན་བསྐྱོད་ནས་ས་དགར་
འཁྱོར། ཡུལ་དེའི་འགོ་གཙོ་ཁྲི་དཔོན་དཀར་པོ་དང་མེས་པོ་ཨ་གསུམ་སོགས་
ཀྱིས་བསྙེན་བཀུར་ཞིང་། དཔུང་རོགས་མང་པོ་ཡང་ལྷན་ཅིག་ཏུ་ཆས།
རིམ་བཞིན་སྐོར་གསུམ་གྱི་སའི་ཆ་དང་ཉེ་བར་ཕྱིན་པ་ན་ལ་དྭགས་ཀྱི་སོ་
དམག་གིས་མཐོང་སྟེ་དམག་སྐད་དུ་རྒྱུགས་ནས་བོད་དམག་འོང་བའི་གནས་
ཚུལ་ཞུས། ལ་དྭགས་རྒྱལ་པོའི་བློན་པོ་གཡུལ་གྱི་ཁ་ལོ་པ་ནོ་ནོ་ཤཱཀྱ་དང་།
སྤྲུར་ར་ཞེས་པ་གཉིས་ཀྱིས་ཁ་ལོ་ཆེན་པོས་བོད་སོག་གི་དམག་ལྷགས་པ་ནི་གོ་
ཆ་དང་། རྟ་བཟང་། མཚོན་ཆ་མེའི་འཕྲུལ་འཁོར་སོགས་འབྱོར་པ་ཆེན་པོ་
སྐྱེལ་དུ་འོང་པ་ལས། འཇིགས་སྣང་བྱེད་དགོས་དོན་མེད་ཅེས་བཤད།
དམག་དཔུང་གི་འགོ་པ་གཞན་ཞིག་སྟེ་ནོ་ནོ་པི་ཏ་ཛཱི་ཀི་བྱ་བས། དམག་
འཁྱིད་པ་ཁནས་ཤོད་པ་སླ་ཡང་། དངོས་སུ་འཐབ་རྒྱུ་ནི་སླ་བ་མིན། ལྷག་
པར་མོང་གོལ་གྱི་དམག་རྣམས་ནི་རྟ་ཐོག་ནས་མདུང་བཟུང་སྟེ་རྒྱུགས་པའི་

ཁྲུགས་དང་མཉམ་དུ་བསྟུན་པ་ལ་བྱུང་ཆུབ་པ་ཡིན་པས་བདེ་ཐང་དུ་དམག་འཐབ་བྱ་མི་རུང་། རང་རེའི་དཔུང་རྣམས་རི་བོའི་ངོས་དང་ཆུ་བྲག་གི་འཕྲང་འགག་སོགས་ས་བཙན་པོ་བཟུང་དགོས་ཞེས་སྨྲས་ཀྱང་། དམག་དཔོན་གཞན་ཚོས་མ་ཉན་པར་བོད་སོགས་གི་དམག་དཔུང་སར་ཕོ་ཉ་བཏང་ནས། ཀ་ཡེ་རླངས་པོར་སྤྱོད་པ་ཁྱོད་ཅག་ལ་དྭགས་ཀྱི་རྒྱལ་པོ་ཆེན་པོར་འགྲན་ཟླ་བྱེད་ཡོད་པ་ནི་ལེགས་ཀྱི། དམག་འཐབ་སྟེ་གལ་ཏེ་ཁྱོད་ཚོ་རྒྱལ་ན་བཞོན་རྟ་ཡང་པོ་བྲང་གི་སེང་གེ་སྔོ་མོར་ཐོགས་ཤིག གལ་ཏེ་ང་ཅག་རྒྱལ་བ་ཡིན་ན་བཞོན་རྟ་ཡང་ཡུལ་ལྷ་སའི་རྗེ་རིང་ལ་འདོགས་པར་བྱེད་དོ་ཟེར་དཔའ་གཏམ་གྱི་ཕྲིན་བསྐྲིངས་སོ། དམག་དཔོན་དགའ་ལྡན་གྱིས་དེ་ལ་ཡ་ལན་མ་བཏབ་པར་ཉིན་དེའི་ཕྱི་མར་ཁོང་རང་ཉིད་ཀྱིས་དམག་སྔ་ཁྲིད་དེ་བོད་སོག་གི་དམག་དཔུང་རྣམས་ཐེ་ཚོམ་མེད་པར་ལ་དགས་ཀྱི་དམག་སྒར་དུ་རྒྱུགས་ནས་གཡུལ་བསྒྲིས་པས་ཕམ་ཉེས་ཆེན་པོ་བཏང་། ལ་དྭགས་ཀྱི་དམག་དཔུང་རྣམས་ཕྱིར་འཐེན་ནས་སྤུ་རང་སྟག་ལ་མཁར་དང་། རྩ་བྲང་བཀྲ་ཤིས་མཁར་ལ་སོགས་པ་མཁར་རྫོང་བཙན་པོའི་ནང་དུ་འཛུལ་ཏེ་རང་སྲུང་བྱས་ནས་བསྡད། སོག་པོའི་དཔོན་དམག་རྣམས་བདེ་ཐང་དུ་དམག་འཐབ་བྱེད་པར་མཁས་ཀྱང་། མཁར་རྫོང་བཙན་པོ་འབེབས་པ་ལ་ཉམས་མྱོང་མེད་པས་ལན་འགར་འཐབ་ཀྱང་སླགས་མ་ཆོད་པར་ལུས། སླར་ཡང་ལྷ་ས་ནས་དམག་འཐབ་ཀྱི་བྱ་བར་མྱོང་བྱ་ལྡན་པ་དམག་དཔོན་ངམ་རུ་བ་དང་། ཀོང་པོ་ཨ་པོ་བཀྲ་ཤིས། ཞོ་ལྷ་བ་པདྨ་རྒྱལ་པོ། དགོན་བླ་མ་འཕྲིན་ལས། སྟག་རྩེ་རྗེ་དྲུང་བཅས་ཀྱིས་གཙོ་བོ་བྱས་པའི་བོད་དམག་སྟོང་ཕྲག་ལྔ་ཙམ་ཞིག་མྱུར་སྐྱབས་ཀྱི་མངའ་རིས་སུ་མངགས་པར་མཛད། དེ་དག་འགྲོར་ནས

དམག་འཐབ་ཀྱི་གྲོས་བསྡུར་བྱས་པར་བློ་གྲོས་གཅིག་མཐུན་ཞིག་མ་བྱུང་རུང་། མཐར་དམག་དཔོན་དགའ་ལྡན་རང་ཉིད་ཀྱིས་གྲོས་ཐག་བཅད་དེ་དམག་ཤུགས་གཅིག་སྒྲིལ་གྱིས་ལ་དྭགས་ཀྱི་རྒྱལ་ས་སླེལ་རང་ལ་ཐད་ཀར་དཔུང་འཇུག་བྱ་རྒྱུར་གྲོས་འཆམ་སྟེ་དམག་དཔུང་བཏེགས་ནས་ཐོག་མར་རྩ་བྲང་བཀྲ་ཤིས་སྒང་གི་མཁར་རྫོང་དྲག་ཤུགས་ཀྱིས་བླངས་ཐོག རིམ་གྱིས་བཤར་ནས་མཐར་ལ་དྭགས་སླེལ་གྱི་ཉེ་སར་དམག་སྒར་བཏབ། དེའི་ཚེ་ལ་དྭགས་རྒྱལ་བློན་རྣམས་འཚབ་འཚུབ་ཏུ་གྱུར་ནས་ལྷ་སྲུང་མིའི་ཕྱོག་ཏུ་བརླམས་པ་ལ་ལུང་ཞུས་པར་ལན་དུ། དམག་དཔུང་ཕྱིར་ཐོན་ནས་གཡུལ་འགྱེད་ན་རྒྱལ་ཁ་འཐོབ་པར་འགྱུར་རོ་ཞེས་བརྗོད་པ་ལྟར། ལ་དྭགས་ཀྱི་དཔུང་གི་ཚོགས་ཆེན་པོ་ཡང་བྱང་ལ་ཞེས་པའི་ཡུལ་ལྟོངས་སུ་གཡུལ་གཟོམ་པ་ལ་ཆས་པ་ན། དམག་དཔོན་དགའ་ལྡན་གྱི་བཀས་བསྒོ་བ་ལྟར་བཀའ་བློན་བུ་ཚུང་དང་། པདྨ་རྒྱལ་པོ། རོག་ཚེ་རིག་འཛིན། སོག་པོ་ནས་ཐར་བཅས་ཀྱིས་དམག་སྔ་ཁྲིད་དེ་ཚམ་ཚོམ་མེད་པར་གཡུལ་བསྒྲེས་ནས་ཉིན་མཚན་དུ་འཐབ་པའི་མཐར། ལ་དྭགས་ཀྱི་རྗེ་བོ་བློན་པོ་དང་བཅས་པ་ཏབ་པོར་ཏི་མུར་སྒང་ཞེས་པའི་བར་དུ་བྲོས་སོ། དེ་ནས་བོད་དམག་གིས་ལ་དྭགས་སླེལ་གྱི་རྒྱལ་ས་བླངས་ནས་དམག་དཔོན་དགའ་ལྡན་གྱི་བཞོན་ཏ་ཡང་ཕོ་བྲང་གི་སེང་གེ་སྒོ་མོར་བཏགས། བཀའ་བློན་བུ་ཚུང་དང་པདྨ་རྒྱལ་པོ་སོགས་ལ་སླེལ་རྫོང་མཁར་བང་མཛོད་ནོར་གྱིས་གང་བ་རེ་རེ་ཡང་དམག་སྔོན་གྱི་བྱ་དགར་བསྩལ་ཏོ།

དེ་ནས་ལ་དྭགས་ཀྱི་རྒྱལ་བློན་རྣམས་རང་ཉིད་ཕམ་པ་བཟོད་འཁྲུར་མ་ཐུབ་པར་བསྐྱུངས་ནས་འཕྱིར་བའི་གསེར་གྱི་སྐྱེས་གྱུ་ནོམ་པ་དང་བཅས་ཁ་

ཆུལ་གྱི་ན་བབས་ལས་བརྒྱུད་དེ། པ་ཆའི་རྒྱལ་པོ་ལ་བཏུད་ནས་དབྱེན་སྦྱོར་དཀྲུག་ཤིང་གི་ཚིག་སྨྲས་པ་བཅས་ལ་བརྟེན། ཁ་ཆེའི་རྒྱལ་པོ་དེ་རབ་ཏུ་ཁྲོས་ནས་པ་ཆའི་དམག་དཔུང་མི་གེས་མི་བཟོད་པའི་ཚོགས་ཆེན་པོ་བཏང་བ་སྤྱི་ཐུབ་ཅེས་པའི་ས་གནས་སུ་ལྷགས་ཏེ་ཁྲུལ་དེའི་མི་མང་པོ་བསད་ཅིང་། ཁག་གཅིག་བཟུང་ནས་ས་ཆའི་ཡུལ་དུ་ཁྲིད་པར་གྲགས། འོན་ཀྱང་བོད་སོག་གི་དམག་དཔུང་རྣམས་དཔའ་བསྐྱོང་བར་མ་ནུས་པར་པ་ཆའི་དམག་དང་གཡུལ་བསྲེས་པ་ལས། ཚུར་རྒོལ་བྱེད་པ་རྣམས་སྲོག་ཁྲོགས་ཤིང་། མང་ཆེ་བ་ནི་ཕྱོགས་ཀུན་ཏུ་བྲོས། དགྲ་བླའི་དམག་དཔོན་གྱི་བཞོན་རྟ་རྟེ་པེ་ཅག་ཅེས་ཟེར་བའི་རྟ་མཆོག་གཟུགས་སྟོབས་ཆེ་བ་དག་ཀྱང་དཔའ་མཚན་དུ་བླངས་པ་སོགས་ཐེངས་དེའི་དམག་འཐབ་ལ་རྒྱལ་ཁ་ཐོབ། དེ་ནས་ཉིན་ཤས་ལས་མ་སོང་བའི་མཚན་མོ་ཞིག་ལ་འདྲོག་མགོ་ཇེ་ལྷར་ལངས་པ་མ་ཤེས་པར་ཁ་ཆེའི་དམག་དཔུང་རྣམས་གློ་བུར་ཕྱིར་ཏེ་གཡུལ་ལས་རྣམ་པར་རྒྱལ་བར་གྱུར།

སྐབས་དེར་འབྲུག་པ་སྤྲུལ་སྐུ་དཔག་བསམ་དབང་པོས་བར་དུ་ཞུ་གསེད་གནང་ནས་དམག་མཚམས་བཞག་ཐོབ། ལ་དྭགས་ཀྱི་རྗེ་བོ་སེང་གེ་རྣམ་རྒྱལ་དབང་བདེ་ལྡན་རྣམ་རྒྱལ་སོགས་ཀྱང་དམག་དཔོན་དགའ་ལྡན་གྱི་དྲུང་དུ་ཕྱག་འཚལ་ཞིང་། ཕྱིན་ཆད་འདུམ་པའི་ཆེད་དུ་སྤྱིལ་མཁར་དང་སྤྱི་ཐུབ། ཁྲིག་སེ་ལ་སོགས་པའི་མཁར་གཞིས་བདུན་མངའ་ཐང་དཔལ་འབྱོར་དང་བཅས་པ་ཕྱིར་གནང་། དགེ་ལྡན་རིང་ལུགས་ལ་གནོད་པར་བྱེད་པ་སྤངས་ནས་བསྟེན་བཀུར་ཞུ་དགོས་པ་དང་། མངའ་འབངས་རྣམས་བདེ་བར་སྐྱོང་དགོས་པ་སོགས་ཀྱི་དམ་བཅའ་བླངས། མངའ་རིས་སུ་ཡོད་པའི་

བོད་བཙན་པོའི་གདུང་རྒྱུད་ཀྱི་མི་རབས་ཐོ་བཟང་པདྨ་ལ་འབངས་མི་ཁྲིམ་སྟོང་ལྷག་ཙམ་དབང་ཆོག་པའི་རྗེ་བོར་མངའ་གསོལ། གཞན་ཡང་མངའ་རིས་ཁུལ་དུ་ཡོད་པའི་དགས་པོ་བཀའ་རྒྱུད་ཀྱི་དགོན་སྡེ་ཁག་དང་། རྙིང་མའི་དགོན་པ་སོགས་རང་རང་གི་གྲུབ་མཐའ་སྤྱར་ལུགས་ལྟར་སྐྱོང་བ་ལ་གེགས་མེད་པ་དང་། དགེ་ལྡན་རིང་ལུགས་འཛིན་པའི་དགོན་སྡེ་ཁག་ནི་ཉམས་པ་སོར་ཆུད་མི་ཉམས་གོང་འཕེལ་གྱི་ཞབས་ཏོག་ལེགས་པར་སྒྲུབ་པ་བཅས་མཛད་དོ།[1]

གོང་གསལ་བདེ་གཟར་གྱི་སྐོར་ལ་ཏྭགས་རྒྱལ་རབས་ནང་འཁོད་པ་དང་བསྡུར་ན་མི་མཐུན་པ་འགའ་ཞིག་གནང་སྟེ་དཔེར་ན། སྐབས་དེའི་ལ་ཏྭགས་རྒྱལ་པོ་སེང་གེ་རྣམ་རྒྱལ་གྱི་ཚ་བོ་བདེ་ལེགས་རྣམ་རྒྱལ་སྐབས་ཡིན་ཚུལ་དང་། "ལ་ཏྭགས་རྒྱལ་པོས་ཁ་ཆུལ་ན་ཕབ་ལ་ཕོ་ཉ་བཏང་ནས་དམག་རོགས་འབོར་ཆེན་བཏང་བས་བ་མགོའི་བྱ་རྒྱལ་ཐང་དུ་འཐབ་སྟེ་བོད་དམག་རྣམས་ཕམ། ཁྲབ་དང་མདའ་གཞུ་མང་པོ་ལུས། དཔེ་ཐུབ་བར་རིམ་གྱིས་བཅར་བས་སོགས་དམག་རྣམས་ཕྱིར་ནས་བཀྲ་ཤིས་སྒང་དུ་སླེབས། དེར་མཁར་བཅས། མཐའ་ལྟུགས་རི་བཅས་ཆུ་ཡིས་མཐའ་ནས་བསྐོར། ནང་དུ་དམག་གིས་མི་ཚུགས་པ་བྱས་ཏེ་བསྡད། དེ་ནས་ལ་ཏྭགས་རྒྱལ་པོ་དཔུང་དང་བཅས་པའི་ད་དུང་དམག་འབྱུང་བའི་དོགས་པས། སྡེ་བ་གཞུང་ནས་འབྲུག་པ་མི་ཕམ་དབང་པོ་ལ་བཟང་སྐྲིག་པར་ཕེབས་དགོས་པའི་བཀའ་

[1] (མི་དབང་རྟོགས་བརྗོད་ལྟུགས་པར་མའི་དེབ་ངོས25 –51བར་གསལ་)

བཞིན། འབྲུག་པ་ཐམས་ཅད་མཁྱེན་པ་གཏིང་སྣང་བར་ཕེབས་”① ཞེས་སོགས་གསལ་བ་སོ་སོའི་ཕྱོགས་ཞེན་གྱི་ལོ་རྒྱུས་འགོད་སྟངས་མི་འདྲ་བ་ཙུང་ཟད་ཡོད་སྲིད་ཀྱང་། མི་དབང་རྟོགས་བརྗོད་ནི་དོན་རྐྱེན་དེ་བྱུང་ནས་མི་ལོ་དྲུག་ཅུ་ཙམ་ལས་མ་སོང་བར་བརྩམས་པ་ཞིག་ཡིན་ཁར། རྩོམ་པ་པོ་མདོ་མཁར་ཞབས་དྲུང་མཆོག་ལོ་རྒྱུས་སོགས་གང་སར་མཁས་ཤིང་། སྲིད་གཞུང་གི་བཀའ་བློན་ཡང་ལོ་ཉི་ཤུ་ཙམ་གནང་བ་བཅས་ཆ་བའི་ལོ་རྒྱུས་ལ་ཧེ་བག་ཡོང་མི་སྲིད་པས་དེ་གཞིར་བཟུང་བ་ཡིན། ལ་དྭགས་རྒྱལ་རབས་ནང་འདི་སྐོར་ཏ་ཙང་ཁྱུངས་དག་ཅིག་འབྲི་ཐུབ་ཨེ་ཡོད་ལྟམ་པ་དཔེར་ན། དམག་དཔོན་དགའ་ལྡན་ཚེ་དབང་སྐོར་འཆད་སྐབས“ སོག་པོ་དགའ་ལྡན་གྱི་གྲྭ་པ། མིང་ལ་ཚེ་དབང་ཟེར་བ་དེ་རྗེས་སུ་བབས་……” ཞེས་འཁོད་པ་སོགས་ལས་གསལ་བར་མཚོན། འོན་ཀྱང་སྐབས་དེ་ནས་བཟུང་ལ་དྭགས་དང་བོད་ཀྱི་མངའ་རིས་འབྲོག་པའི་དབར་ཚོང་ཟོག་བརྗེ་ལེན་བྱེད་ཕྱོགས་ཀྱི་སྐོར་དང་། ལྷ་སར་མཆོད་མེ་སྨོན་ལམ་གྱི་མཐུན་རྐྱེན་སྐྱབ་རྒྱུ། བོད་ནས་གཞུང་ཚོང་ཁལ་མ་ཉིས་བརྒྱའི་ཇ་དང་བཅས་ཡོང་རྒྱུ། ལ་དྭགས་རྒྱལ་པོས་བོད་དུ་ལོ་ཕྱག་སྐབས་འཇུག་འབུལ་རྒྱུ། སླ་བྲང་ཕྱག་མཛོད་ལ་གསེར་ཐུར་ཞོ་བཅུ་དང་དྲི་བཟང་གུར་གུམ་སྲང་བཅུ། རྟར་ཟོག་བུབ་དྲུག་བབ་སྣ་བུབ་གཅིག་བཅས་འབུལ་རྒྱུ། བོད་ནས་ལམ་ཐོགས་དང་། དོས་ཁལ་ཉིས་བརྒྱ། ཏ་ཞུལ་བཅོ་ལྔ་སོགས་གཏོང་རྒྱུའི་སྐོར་རྣམས་གསལ།②མདོར་ན་སྟོད་མངའ་

① （ལ་དྭགས་རྒྱལ་རབས་ཐྲིས་མ་ཤོག་ངོས53）
② （ལ་དྭགས་རྒྱལ་རབས་ཤོག་ངོས54 – 55གསལ་འདུག）

རིས་སྐོར་གསུམ་སྐྱར་ཡང་བོད་ཀྱི་ཡོངས་སུ་གཏོགས་པ་བྱས་ནས་སྐོར་གསུམ་སྤྱི་ཁྱབ་སྐར་དཔོན་དང་། རྫོང་འགོ་ཁག་བཅས་གཏོང་ལམ་རྒྱུན་ཆགས་ཀྱི་དམངས་གསོའི་བཅོས་བསྒྱུར་བར་གནས་པ་འདི་ནས་འགོ་ཚུགས་པ་ཡིན་ནོ།

ཏྭ་ལའི་བླ་མ་ལྔ་པ་ཆེན་པོ་སྐུ་གཤེགས་པའི་སྐོར་རྣམ་ཐར་དུ་ཀུ་ལའི་གོས་བཟང་གློགས་བམ་ང་པ་ལས་འབྱུང་བ་ལྟར། དགུང་གྲངས་དྲུག་ཅུ་རེ་དྲུག་ལ་ཞལ་གཟིགས་པའི་སྤྱི་ལོ1682བོད་རབ་བྱུང་བཅུ་གཅིག་པའི་ཆུ་ཁྱི་ལོའི་ཟླ་གཉིས་པའི་ཚེས་བཅུ་ནས་རིག་བྱེད་མའི་བསྙེན་སྒྲུབ་ཐུན་མོང་མ་ཡིན་པའི་སྐུ་མཚམས་ལ་བཞུགས་པ་དང་། ཚེས་བཅུ་བདུན་བར་ལྟུགས་བཟླས་སུ་མཐུད་མཛད། དེ་ནས་ཞབས་ཀྱི་བསྟུན་གའི་གཞི་ཙུང་ཟད་འཕར་བར་བརྟེན་དེ་མོ་སྨན་རམས་པས་ཚེས་བཅུ་དགུའི་བར་ཞི་བྱེད་རིགས་ཕུལ་བ་དང་། བཅུ་དགུའི་ཐོ་རངས་ཁར་མཚོ་སྨད་མཁན་ལུགས་ཀྱི་སྙིང་པོ་བསྟུས་པའི་རྩ་སྦྱོངས་གནམ་ལྕགས་ཟིལ་པ་(གཤལ་སྨན་) དེ་གོང་ནས་ཀྱང་འབུལ་བཞིན་ཡིན་པ་ལྟར་ཐུན་གཅིག་ཕུལ་བར་ཏ་ཙང་ཕེབས་པ་རང་མ་བྱུང་བར་ཡང་བསྐྱར་མཚམས་ཆོགས་མེད་པར་རིམ་ཕུལ་གྱིས་སྐུ་སྦྱོངས་ཀྱང་ཕེབས་འདུག སྐབས་འདིར་སྡེ་སྲིད་མཆོག་ཀྱང་ཞབས་བརྟན་སྨོན་སྒྲུབ་ཆེད་དགོན་སྡེ་ཁག་ལ་གཟིགས་བསྐོར་དུ་ཕེབས་པར་ཚེས་བཅོ་བརྒྱད་ཉིན་ཚད་པ་རྒྱ་མར་བབས་པའི་བསྟུན་གཞི་ལྡི་པོ་ཕོག་རྐྱེན་ལྷ་སར་བཞུགས་པ་དང་འཁེལ། “ཚེས་ཉེར་གཉིས་ཉིན་སྡེ་སྲིད་ལ་བཀའ་སམ་གནང་བའི་ནང་། ཁྱེད་རང་ནད་གཞི་འཕྲུག་དོགས་བྱ་དགོས། ངེད་ཀྱིས་རྩ་སྦྱོངས་བཏང་བ་ཤིན་ཏུ་ཕེབ་པ་བྱུང་བས་བློ་གཡེང་སོགས་དགོས་པ་མེད་ཚུལ་ཕེབས” ཚེས་ཉེར་གསུམ་ཉིན་སྡེ་སྲིད་ནས་ཉེ་ཆར་ཡོང་རང་ལ་རྨིས་བལྟས་ངན་པ་རྨིས་ཚུལ་དང་། ད་

ཡམ་སྐུ་བཤལ་གནང་བའི་ཞབས་ཕྱིར་བཅར་སྟོད་ཞུ་རྒྱུ་མ་བྱུང་བ་མ་ཟད། སྐུ་ཞབས་སུ་བཅར་ཡང་མ་ཐུབ་པས་སེམས་ལས་ཆེ་ཚུལ་སོགས་འཁོད་པའི་ཞུ་སམ་འབུལ་བ་གནང་། དེ་ཉིན་གོང་ས་མཆོག་གིས་ཐུགས་དམ་གྱི་ནང་རྟེན་རྫ་འགངས་ཆེ་བ་རྣམས་གཟིགས་ཞིབ་བྱེད་ཆབས་བཞེས་སྐབས་དང་འགྲིག་སྟེ་དེའི་ཁོངས་ནས་ཀུན་སྐྱོང་གླིང་པའི་ཟངས་སྐུ་མེ་ཐུ་པ་དེ་གཟིམ་ཚུང་འགག་པ་དབང་ལྡན་ལ་བསྐུར་གནང་སྟེ་སྲིད་ཀྱི་སྲུང་བར་སྐྱེལ་བ་དང་སློབ་སྟོན་བསླུལ་བར། “ངེད་ལ་སྐྱོན་མེད་ཁྱེད་རང་གདོན་གནོད་འདྲ་ཡིན་ཤས” ཞེས་ཕེབས་འདུག ཆོས་ཉེར་ལྷའི་ཞོགས་པ་དྲུང་འཚོ་དར་མོ་བ་སྟེ་སྲིད་སར་འཁྱེར་ནས་ཞུ་དོན། “གོང་ཞབས་རིན་པོ་ཆེའི་ཕྱག་རྩ་ལེགས་པོ་མི་འདུག་ཅིང་། བསླབ་སྟོན་དུ་སྟེ་བ་འཁྱོན་ཐུབ་ཚེ་སྐད་ཐོངས་ཕེབས་བྱུང་ཚུལ” ཞེས་པར། སྡེ་སྲིད་ནས “ངེད་རང་འགྲོ་མི་ཐུབ་པ་རང་ཡང་མེད་པས་ཁྱེད་རང་སྔོན་དུ་ཕྱོན། ངེད་ད་ལྟ་ཡོང་ན་མི་ཚོ་དོགས་པ་བཟོས་འགྲོ་བས་མངའ་རིས་ཀྱི་བང་ཆེན་འཁྱོར་ཚུལ་ལ་ཁ་གཡར་ཏེ་ཚ་རྟེང་ཁར་ཡོང” ཞེས་གསུངས། དེ་ནས་སྟེ་པ“ སྐུ་ཞབས་སུ་ཕྱིན་པར་ཕྱག་དབང་དེ་སྔ་ཤས་ཆེར་ཕྱག་རིས་གནང་ཡང་། འདི་ཉིན་ཕྱག་གཉིས་ཀྱིས་སྟོལ་བ་དང་སྒྲུགས་ཁམས་འདྲི་ཞིབ་པར་བསླུལ” སྡེ་སྲིད་ནས་དེའི་ལན་ཕུལ་ཞིང་“ སྐུ་ཁམས་བབས་མི་ལེགས་པ་དང་། སྐུ་སྒྲོངས་གནང་བ་ཙུང་ཟད་ཐལ་སྐྱོན། ད་ཆ་སྐུའི་གེགས་སེལ་དུ་གཏེར་སྟོན་རིན་པོ་ཆེ་ཡང་གདན་དྲངས་ན་སྨམ་པ་ཇེ་ལྷར་ལེགས་ཞུས་པར། གདན་དྲངས་ཀྱང་ཁད་རྒྱངས་པས་འཕྲལ་དུ་མི་ཕེབས་འདུག་པས་དྲངས་ཤན་འདྲ་ཚུལ་ཕེབས། ལ་མོ་ལྷོ་ཁའི་ཆོས་སྐྱོང་གི་རིགས་ལ་དྲི་བ་བྱུས་ན་ཞུས་པར་བློ་དང་བསྟུན་གནང་། ཞབས་བརྟན་དུ་ན་

བཟའ་སྤྱོད་དག་འདི་འབབ་ཆེ་བ་ནས་ཞབས་བརྟན་རིགས་ཨེ་ཆོག་སོགས་བསླབ་སྟོན་ཞུས་ཚོད་དེ་ག་བྱས་ཆོག་ཕེབས་པ་ལྟར་” སྤྱོད་དག་སོགས་ཞབས་སར་རིམ་རྒྱ་ཆེར་སྒྲུབ་གནང་མཛད། སྔེ་སྲིད་ལ་“ སྦྱོངས་ཐེག་པོ་ཡང་བྱུང་། ན་རྒྱུ་ཡང་མི་འདུག སྐྱོན་མི་ཡོང་ཞེས་སོགས་བསྐུལ་ཏེ་མདོར་ཕེབས་པ་དེ་སྐབས་སྒོ་མང་པའི་མཁར་ལས་ལ་བརྟེན་པའི་སྐུ་རྟེད་གནང་། ནམ་མཁའ་ཤིན་ཏུ་དང་བར་འཇའ་སྤྲིན་ལང་ལོང་འདུག་པར། ད་ཆ་ནི་ལོ་ཡང་འགྱུར་པས་དབྱར་ཉམས་བཅས་ཨེ་འདུག་ཅེས་བསྐུལ་ཞིང་……དེ་ནས་སྒྲུག་ཏུ་ཕེབས་པ་དང་ཞལ་དབུགས་ཀྱང་ཙུང་ཟད་འཚངས་ཉམས་འདུག་པར་” སྔེ་སྲིད་དང་མཆོད་དཔོན་པ་གཉིས་གྲོས་གནང་སྟེ་ཞབས་བརྟན་ཞིག་འབུལ་པ་གནང་། དེ་ནས་སྔེ་པ་སྟོད། ཁྱེད་རང་ཚོ་དགུང་ཚོགས་ལ་སོང་གསུངས་ཤིང་། སྔེ་སྲིད་ཀྱི་དབུ་ལ་“ ཕྱག་གིས་བྱུག་པ་དང་སྒྲགས་བསྔོན་སྲིད་ལུགས་བཟུང་གི་བྱ་བྱེད། རྒྱ་དང་སོག་པོས་གཙོས་ཡོན་བདག་གི་སྣེ་ལེན་སོགས་བསླབ་སྟོན་ཞིབ་པར་བསྐུལ་པ་” སྔེ་སིད་ནས་“ ད་སྔ་དེང་ཅག་རྣམས་བཅེ་བས་བོར་བའི་ཞིང་ཁམས་གཞན་གྱིས་ཐུགས་འཁྲིག་པ་མིན་ལས་ཆེ། དེས་ན་རང་ཡང་ཚེ་སྟོན་ལས་འགྲོ་བཟང་པར་རྗེ་ཉིད་ཀྱིས་བརྩེ་བས་བསྐྱངས་པའི་ཞམ་རིང་དུ་གྱུར་ཞིང་། བསོད་ནམས་ཚུང་བར་རང་གི་བསམ་ཐོག་ཏུ་མ་ཁེལ་བར་ཉིད་ཞིང་ཁམས་གཞན་དུ་གཤེགས་པའི་མཇུག་ཏུ་ལུས་པ་ཅི་བྱེད་དང་བྲལ། ལར་རྒྱ་ཡང་དོན་འཛམ་བུའི་གླིང་ལ་ཁ་བལྟ་དགོས་པ་སོགས་ཕྱི་ནང་བར་གསུམ་ནས་ཟིན་པར་དཀའ། སྐུ་ཟམ་མ་ཆད་པ་བདུན་གྱིས་འགྲོ་དོན་གནང་དགོས་གཤེགས། མཆོག་གི་སྤྲུལ་སྐུ་ཕེབས་པར་གདོན་མི་ཟ་ཡང་ངོས་འཛིན་ལོག་པ་སོགས་བར་ཆད་དབང་དུ་གྱུར་དོགས་

བཅས་ཕེབས་པའི་ཡུལ་ཕྱོགས་ཡབ་ཡུམ་སོགས་ཇི་ལྟར་ལགས་ཞེང་། འདི་འདྲ་ལས་རང་ཡང་ཞམ་རིང་དུ་སྐྱེ་བའི་སྨོན་ལམ་བཅས་བརྩེ་བས་རྗེས་སུ་བཟུང་བར་འཚལ་ན་ཤི་བ་དགའ་འདུག་སོགས་” གསོལ་བས། “འདུས་བྱས་ཚང་མ་མི་རྟགས་གཤིས་ངེས་པ་ཅི་ཡོད། སྐྱོན་མེད། བློ་སྣ་མ་ཐུང་། རྒྱ་ལ་ངེས་པ་མེད་ཅིང་། ལེགས་ཉེས་བྱུང་ཡང་རེ་ཞིག་གསང་དགོས་ཡོད། ངེད་ཀྱི་སྐྱེ་བའང་མི་འགྱངས་པར་ལས་སླ་སྟེ། ཡུལ་དང་ཕ་མ་སོགས་སྔོན་ལས་འཕྲུལ་རྐྱེན་འཛོམས་དགོས་པས་སླར་གསལ་བར་ཤེས་ཡོད། འདྲ་མིན་ཡོང་ཡང་ནོར་སོ་མི་ཡོང་བས་བློ་ཀྱོག་མི་དགོས། བསྟན་སྲིད་འདི་ལ་སྔ་སོར་ཡང་ཕྱི་ནང་མང་པོ་ནས་རྙེན་འཕྲིན་སློག་པ་དང་། མཐོ་མཚམས་ཀྱི་རིགས་མང་ན་ཡང་རྙེན་འཕྲིན་ཡང་ཆེར་མ་ལོག་ཅིང་། དེ་དག་གི་དོན་ལག་ཏུ་མ་ཁེལ། ངེད་ད་ལམ་གྱི་མཚམས་འདིའང་བསྟན་སྲིད་རང་གི་ཆེད་ཁོ་ནར་བགྱིས་པ་ཡིན་ཞིང་། ཁྱོད་རང་གི་ལས་དང་སྐལ་བ་སྨོན་ལམ་གྱི་མཚམས་སྦྱོར་གྱི་མཐུས་སྐྱོན་ཡོང་བ་མེད་ཅིང་། བསྟན་སྲིད་དང་བོད་འབངས་བདེ་ཐབས་འདི་ཕྱིའི་དོན་སོགས་ཁྱེད་རང་ཐ་སྐད་ཀྱི་རིགས་བློ་རྒྱ་ཆེ་བ་བཅས་བློས་ཆོད་ལ་ངེད་ཀྱིས་བགྱིད་པ་ལྟར་སྒྲུབ་” ①ཅེས་གསུངས་འདུག སྡེ་སྲིད་ཀྱིས་སྤྱན་ཆབ་རྒྱུན་མ་ཆད་པར་གནང་བས་ཐུགས་གསོའི་ཆེད་དུ་“ངེད་ཀྱི་ཁམས་ཀྱང་ངེས་མེད་ལེགས་ཉེས་བྱུང་ན་བསམ་པ་ལས་བདེ་རུ་སོང་ཞིང་། ལྷུང་ཡིན་འདུག་པས་སྐྱོན་མི་འདུག ད་ཆ་ཁྱོད་རང་དགུང་ཚིགས་ལ་སོང་ཁོང་ཚོ་སྐད་ཐོངས་” གསུངས་པས་སྡེ་སྲིད་དགུང་ཚིགས་བཞེས་པར་ཕེབས།

① (རྣམ་ཐར་དུ་ཀཱུ་ལ་གླེགས་བམ་ང་པའི་ཤོག་གྲངས1216－217)

“དེའི་བར་སྐུ་ཞབས་སུ་མཆོད་དཔོན་ངག་དབང་ཤེས་རབ་དང་དྲུང་ཆེ་དར་མོ་ནས་ཡོད་པ་ཁོང་རྣམ་པས་ཀྱང་དགོངས་པ་གཞན་ལ་བསྡད་ན། སྡེ་སྲིད་སྐུ་ཉ་ཕྲ། ངེད་ཆོས་ཅི་གང་ཡང་མི་ཤེས། བསྟན་སྲིད་འགངས་ཆེས་པས་བྱ་ལུགས་དང་ སྤྲུལ་པའི་སྐུ་ཕེབས་དགོས་ཚུལ་སོགས་ཞུས་འདུག་པར་ཡང་། སྐྱོན་མེད་ལས་སླ་ཚུལ་ཕེབས”དེ་ནས་སྡེ་སྲིད་སྐུ་མདུན་དུ་ཕེབས་དུས་ཞལ་དབུགས་ཐུར་བས་ཀྱང་སག་ཆེ་ཙམ་འདུག་པར་ཞབས་པད་བརྟན་པ་ཞིག་ཡོང་བ་སོགས་གསོལ་འདེབས་བསྐྱར་ལྟབ་ཀྱི་ཞུ་བར་མཛད། འཕེལ་གདུང་ཁྲེར་ཤོག་གསུངས་ནས་ཞལ་དུ་བཞེས་ཤིང་བྱིན་རླབས་ཀྱང་ཞུ་བ་གནང་། སྐུ་ཚེ་འདི་ཉིད་ཀྱི་ཞིང་འདིའི་མཛད་པ་ཕལ་ཆེར་རྫོགས་ཏེ་“གཟུགས་སྐུ་མཚན་དཔའི་དཀྱིལ་འཁོར་ཆོས་སྐུའི་ཀློང་དུ་སྡུད་པར་མངོན་དུ་ཕྱོགས་པའི་ཞལ་ཨིག་གསུམ་དང་བཅས་རླུང་གི་འགྲོ་འོང་རྒྱུན་འཇིག་རྟེན་དམངས་ཀྱི་ཕྱིད་ཡོལ་དང་། རྫོགས་པའི་ཉིན་ཕྱེད་རྟའི་དུས་ཀྱི་སྣང་སྣད་དུ་སྦྲིབ་པའི་ལུས་ཅན་གྱི་ངོར་ཆད་པ་ན”དེར་ཡོད་སྐུ་མདུན་པ་རྣམས་ཀྱིས“ད་ཆ་གསང་སྔོ་དགོས་སམ་ཇི་ལྟར་དྲག སྐུའི་སྐྱེ་བ་མྱུར་དུ་ངེས་ཤེས་འཛྭངས་པ་དང་། དེའང་ངེད་རང་ཚོའི་ཉེ་རིགས་མིན་པར་ཕེབས་དགོས་ཞེས་སོགས་སྙེ་ངག་ཕྲུག་དང་བཅས་ཞུས་པ་ན། སྐུ་དངོས་སུ་སོས་པའི་སྤྱན་གཟིགས་ཤིང་། “སྐྱོན་མེད་ལས་སླ། གསང་སྔོ་དགོས་པ་ནི་ཡོང་། ང་ཡོད་པ་ལྟར་གྱིས། ཇེ་གོང་མ་ན་རིམ་གྱིས་ལྷ་མོར་ལུང་བསྟན་ཞུ་བ་གནང་བ་བཞིན། ངེད་རང་གི་ཆོས་སྐྱོང་གིའང་གཙོ་བོ་ཡིན་པས་བློས་མ་ཆོད་རིགས་ལྷ་མོར་བརྟག་སྒྲིལ་དང་མོ་ཕྱ་བགྱིས”ཞེས་བཀའ་བསྩལ་ནས་ལྟ་སྣང་དུ་སྐུའི་བཀོད་པ་བསྡུ་བར་

མཛད།”①ཅེས་གསལ་བ་ལྟར་སྤྱི་ལོ1682བོད་རབ་བྱུང་བཅུ་གཅིག་པའི་ཆུ་ཁྱི་ལོའི་ཧོར་ཟླ་གཉིས་པའི་ཚེས་ཉེར་ལྔ་ཉིན་ཕྱེད་རྟའི་ཐོག་དགོངས་པ་ཆོས་དབྱིངས་སུ་ཐིམ་པ་ལགས་སོ། སྐུ་གདུང་ལ་མཆོད་འབུལ་དང་གསུང་ཆོག་སོགས་གསང་སྟབས་ཀྱི་གནང་། དེ་ནས་སྡེ་སྲིད་ཀྱིས་དེར་ཡོད་རྣམས་ལ་གསུངས་པར། “གསང་སྒོའི་བསླབ་སྟོན་སོགས་དེ་བཞིན་ནས་བྱེད་དགོས་གཞིར་བཅས་ཀྱང་། ངེད་རའི་འདི་རྒྱུན་དུ་ཡངས་དྭགས་གཟིགས་ཡུན་རིང་མི་ཐུབ་འདྲ་རུང་། ངེད་ཕྱག་མཛོད་སྲིད་ཀྱི་དོན་དུ་གནང་བ་ཙམ་ལས་ཐམས་ཅད་ལར་རྒྱུར་བསམ་པ་གཅིག་གཟིགས། ཡུན་ཇི་ཙམ་འགབ་སོགས་ཚང་མ་བསམ་ཆོད་བསྒྱུར་དགོས་བྱས་པ་ལ། ལོ་གཅིག་གཉིས་བར་དང་། སྤྲུལ་སྐུ་མ་ཕེབས་བར་དང་། སྤྲུལ་སྐུ་ཕེབས་ནས་གདན་འདྲེན་བར་དང་། སྟོན་ག་བར་ཟེར་ལེ་ཚན་བསམ་པའི་འཐེན་ཕྱོགས་བཞི་བྱུང་བ་ཅི་འགབ་དེ་འཕྲུལ་དུ་སྐུ་གདུང་རིན་པོ་ཆེའི་སྐུ་མདུན་དུ་ལྷ་མོ་གསུང་བྱོན་མ་ཡང་སྤྱན་དྲངས། བརྟག་སྒྲིལ་བཞི་གཡུལ་བས་(སྤྲུལ་སྐུ་) གདན་འདྲེན་བར་ཟེར་བ་བབས”སྡེ་སྲིད་སོགས“ཚང་མའི་བསམ་པར་གང་ཅི་ནས་ཐུབ་མདོག་མ་ཁ་བས་(བློ་ལ་) མ་ཆུན་ཡང་། ཐོག་མ་བསླབ་སྟོན་དང་ཞིབ་ཆ་བརྟག་བསྒྲིལ་དུ་ཕེབས་གཟིགས་(དེ་རང་ལ་) ཐག་བཅད་ཅིང་” སྡེ་སྲིད་སོགས་དེར་ཡོད་རྣམས་ཀྱིས་མནའ་གན་འབུལ་བཞེས་གནང་ཐོག ཚང་ཁྲིམ་པ་ངག་དབང་མཁྱེན་བརྩེ་གསང་ཕོག་ཏུ་འཕར་འཇུག་མཛད་འདུག་པ་བཅས་མི་ལོ་བཅུ་གཉིས་ཙམ་གསང་རྒྱ་གནང་བའི་སྐོར་གཞམ་དུ་སྡེ་སྲིད་སངས་རྒྱས་པའི་

① (དུ་ཀུ་ལའི་པའི་ཕོག་གྲངས218)

སྐབས་སུ་བརྗོད་པར་བྱའོ།

5. གོ་ཤྲཱི་ཁང་ཡབ་སྲས་དང་། རིམ་བྱུང་སྡེ་སྲིད་བཅས་ཀྱི་སྐོར།

(1) གོ་ཤྲཱི་བསྟན་འཛིན་ཆོས་རྒྱལ་གྱིས་བོད་ཡོངས་དབང་དུ་བསྡུས་ནས་ཀུན་མཁྱེན་ལྔ་ཆེན་པོའི་ཆོས་འབངས་སུ་ཕུལ་ཞིང་། ལོ་བཅུ་གཉིས་ཙམ་གྱི་རིང་སྡེ་སྲིད་དང་ལྷན་དུ་དམག་སྲིད་ཀྱི་ཐུགས་འགན་བཞེས་པ་དང་། རྗེས་སུ་ཆིང་གོང་མ་ཧྲུན་ཀྲིས་བོད་ས་གནས་ཀྱི་རྒྱལ་ཕྲན་རྒྱལ་པོའི་ཚོ་ལོ་གནང་ཞིང་། སྤྱི་ལོ1654བོད་རབ་བྱུང་བཅུ་གཅིག་པའི་ཤིང་རྟ་ལོར་དགུང་གྲངས་བདུན་ཅུ་དོན་གཉིས་ལ་ཐེབས་སྐབས་ལྷ་ས་དགའ་ལྡན་ཁང་གསར་དུ་སྐུ་གཤེགས། ཁོང་ལ་ཏཱ་ལའི་བླ་མ་ལྔ་པ་ཆེན་པོས་ཀྱང་བསྔགས་བརྗོད་དང་གྲོངས་པར་ཐུགས་ཕམ་ཏ་ཅང་ཆེན་པོ་གནང་བ་སྟེ་གསུང་རྣམ་ནང་། "ཧོར་ཟླ་བཅུ་གཉིས་པའི་ཆོས་བདུན་གྱི་སྲོད་ལ། གནམ་སའི་དབང་ཕྱུག་ཕློན་པོ་མགར་གྱི་སྣང་བརྙན་འདྲ་བ་དེ་རང་བསྟན་གྱི་སྐུ་ཆག་བདེ་བ་ལྷ་བུས་གཟིམ་ཁྲི་མཐའ་ཅན་དུ་མཛད་དེ་འདུས་བྱས་ཀྱི་ངང་ཚུལ་རྗེས་སུ་བསྟན" ཞེས་གསལ་ཞིང་། འབྲས་སྤུངས་ནས་ཐུགས་སྨོན་དང་། དགོངས་རྫོགས་སུ་སྨོན་གྲོང་ཆོས་ཁང་གསར་བཞེངས་ལ་ཡང་སྐུ་དངོས་ཐེབས་ནས་རབ་གནས་མཛད་པ་དང་། དགེ་ཚོགས་རྣམ་དཀར་རྒྱ་ཆེན་སྒྲུབ་འཛུགས་པ་སོགས་གནང་ངོ་།

སྤྱི་ལོ1658བོད་ས་ཁྱི་ལོར་གོ་ཤྲཱིའི་སྲས་བསྟན་འཛིན་ད་ཡན་ཁང་ལ་

རྒྱལ་པོའི་ཤུལ་འཛིན་བསྐོ་བཞག་གནང་འདུག་ཅིང་། ཁྲི་འདོན་གྱི་མཛད་སྒོ་དངོས་སུ་གནང་སྐབས་སྡེ་སྲིད་བསོད་ནམས་ཆོས་འཕེལ་ནས་ཏཱ་ལའི་བླ་མའི་དགོངས་གཞི་དང་མཐུན་པའི་གཟབ་རྒྱས་ཐུགས་ཡིད་ཆོམ་པ་ཞིག་མ་བྱུང་བར་སྣང་སྟེ་གསུང་རྣམ་དུ། "རྒྱལ་ས་བསྐོ་བའི་རྟེན་འབྲེལ་ནས་རྒྱས་རྒྱས་ཤིག་དགོས་མདོག་ཁ་ཏུང་འདི་རེས་རོལ་ཆ་སྐྱ་དར་ཚང་མ་བཞག་པའི་བསྡུས་པ་ཞིག་མཛད་སོང་། ཆ་གན་ནོ་མོན་ཧན་དང་། དཔལ་འཁོར་ཆོས་སྡེའི་མཁན་པོ། སེ་ཆེན་དཔོན་པོ་ཅན་ལུགས་དེ་ལ་མཁས་པ་མང་པོ་དང་སྡེ་པ་བཀའ་བགྲོས་པའི་རྡོ་རྗེ་ལ་འཁྲིད་ལམ་ཡོད་པའི་སྔན་པ་དང་བཅས་འཆར་སྟོན་བྱུང་བ་བཞིན་ཆོས་དྲུག་གི་ཁྲི་འདོན་སྐབས་བསྟན་འཛིན་རྡོ་རྗེ་རྒྱལ་པོའི་ཚོ་ལོ་ཐུལ། ཤེལ་དཀར་དམར། སེ་འབྲས་བཀྲ་ཤིས་ལྷུན་པོས་ཐོག་དྲངས་པའི་རང་ཕྱོགས་(དགེ་ལུགས་པ་) འགངས་ཆེ་རིགས་རགས་བསྡུས་ཀྱིས་ལེགས་སྐྱེས་བསྟར། སང་ནས་བཟུང་ཉིན་གསུམ་གྱི་བར་གདན་ས་གོང་འོག (ས་སྐྱ་དང་རྩེ་གདོང་) སྟེའུ་སྟོང་རྩེ་ (ཕག་གྲུ་) འབྲི་སྟག་སོགས་བླ་ཆེན་རྣམས་ཀྱི་སྐུ་ཚབ། སྤྲུལ་སྐུ་གདུང་རྒྱུད་མཁན་སློབ་བླ་མ་ཆེ་ཕྲའི་རིགས། ཆོས་སྡེ་ཁག་སྣང་དཀར་རྩེ་པ། ལྷ་བྲ། སྐྱིད་ཤོད་ཡས་མས་ཀྱིས་མཚོན་པའི་སྡེ་དཔོན། དྲང་འཁོར་དང་བཅས་པའི་འབུལ་བ་དུས་གཅིག་ཏུ་བྱུང་བ་ཆེ་ཞེས་གླེང་" ①ཞེས་འཁོད་ཅིང་། དེ་ནས་བཟུང་གོ་ཤྲིའི་སྲས་རྒྱུད་རྣམས་ས་གནས་སྲིད་གཞུང་གི་རྒྱབ་རྟེན་གྱི་ཚུལ་དུ་བཞུགས་པར་གཞུང་སོག་རྒྱལ་པོ་ཡབ་སྲས་ཞེས་གསོལ་སྐལ་ཕྱག་འབབ་དང་བཅས་བརྩི་བཀུར་ཞུ་ཡུལ་དུ་བྱས་

① (དུ་ཀཱུ་ལ་ཀ་པའི་ཤོག་གྲངས258)

ནས་དམག་དོན་དྲག་ལས་སོགས་གལ་ཆེའི་རིགས་ལ་བཀའ་གྲོས་རྒྱབ་རོགས་གནང་བ་ཙམ་ལས། རྒྱུན་གཏན་བོད་ཀྱི་སྲིད་གཞུང་ལས་ཀར་འགན་དབང་གནང་ལམ་བྱུང་མེད་པར་གྲགས།

(2) སྡེ་སྲིད་རིམ་བྱུང་སྐོར།

དགའ་ལྡན་ཕོ་བྲང་པས་སྲིད་དབང་བཙུགས་མ་ཐག་པའི་སྐབས་ནས་ཆོས་སྲིད་འཛིན་སྐྱོང་སྐོར། ཏཱ་ལའི་བླ་མ་ལྔ་པ་ཆེན་པོས་ཕྱོགས་ཀྱི་མཛད་པ་གཙོ་བོར་བཞེས་པ་དང་། སྲིད་དོན་གྱི་བྱ་བ་སྒྲུབ་མཁན་སྡེ་སྲིད་རིམ་པ་བསྐོ་བཞག་བསྐུལ་བའི་ཐོག་མ་ཕྱག་མཛོད་བསོད་ནམས་ཆོས་འཕེལ་ (འདི་ལ་མཚན་གཞན་བསོད་ནམས་རབ་བརྟན་དང་། རྒྱ་ལོ་ཆོས་མཛད་ཀྱང་ཟེར་) ལ་ལུང་སྒྲུར་གྱི་ཐམ་ཀ་དང་བཅས་སྤྱི་ལོ1642བོད་ཆུ་རྟ་ལོ་སྡེ་སྲིད་བསྐོ་བཞག་བསྐུལ་བ་ནས་སྤྱི་ལོ1658བོད་ས་ཁྱི་བར་ཁྲི་ལོ་བཅུ་བདུན་ཙམ་བསྐྱངས་ཤིང་། གོ་ཤྲཱི་ཁང་སྐུ་མ་གཤེགས་བར་ལོ་བཅུ་གཉིས་རིང་གོ་ཤྲཱི་རང་དང་ལྡན་སྤྲེལ་གནང་སྐབས་གོ་ཤྲཱིའི་དམར་ཐམ་གྲུ་བཞི་གཡུང་ལག་ཅན་གྱི་འགྲམ་དུ་སྡེ་སྲིད་བསོད་ནམས་ཆོས་འཕེལ་གྱི་ནག་ཐམ་གྲུ་བཞི་ཤིབ་ནས་བསྐུལ་བའི་བཀའ་ཤོག་ལ་མཆོད་ཡོན་གོང་མའི་གཏན་ཚིག་དམར་ནག་ཅེས་ཟེར། གོང་དུ་སྨོས་པ་ལྟར་སྡེ་སྲིད་འདིའི་སྐབས་ཏཱ་ལའི་བླ་མ་ལྔ་པ་ཆེན་པོའི་བཀའ་དགོངས་ལྟར་སྤྱི་ལོ1645བོད་ཤིང་བྱ་ཟླ་བ་བཞི་པའི་ཚེས་གཅིག་ལ་རྩེ་ཤར་རྒྱུད་ཕོ་བྲང་དཀར་པོའི་རྨང་གཞི་བཏིང་ནས་ས་ཁྱི་བར་ལོ་ངོ་བཞིའི་ཁོངས་སུ་བཞེངས་གྲུབ་པ་དང་། སྔར་གྱི་སྡེ་གདོང་དང་གཙང་པ་སྡེ་པའི་ཁྲིམས་ཡིག་ལ་སྙོན་འཕྲི་དང་འབྲེལ་ཁྲིམས་ཡིག་ཞལ་ལྕེ་བཅུ་གསུམ་གཏན་ལ་ཕབ་པ་སོགས་སྡེ་སྲིད་བསོད་ནམས་ཆོས་འཕེལ་གྱིས་དགའ་ལྡན་ཕོ་བྲང་པའི་

སྲིད་དབང་གསར་འཛུགས་ཀྱི་བྱ་རིམ་དང་། ཞྭ་སེར་བསྟན་པའི་དོན་དུ་དཀའ་ངལ་ཁྱད་བསད་ཀྱིས་སྐུ་སྲོག་འདོར་ནུས་པའི་སྙིང་སྟོབས་འདོན་སྤེལ་གནང་ཡོད། ཁོང་གིས་སྡེ་སྲིད་མཛད་རིང་ལྷ་ས་གཙུག་ལག་ཁང་ཉམས་གསོ་རྒྱ་སྐྱེད་ཐོག་ཕྱོགས་བཞིའི་རྒྱ་ཕིབས་གསར་བཟོ་དང་། ར་སྒྲེང་གི་འདུ་ཁང་ཆེ་མོ་དབུ་རྩེ་དང་བཅས་པ། དགའ་ལྡན་ཡངས་པ་ཅན། འོལ་དགའ་རྫིང་ཕྱི་ལྷ་ཁང་། སེ་འབྲས་ཀྱི་ཚོགས་ཆེན་འདུ་ཁང་རྙིང་པ་རྣམས་བཅས་ཉམས་གསོ་དང་གསར་བཞེངས་སོགས་ཕྱག་རིས་ཆེ། སྤྱི་ལོ1654ཐོག་ཤིང་རྟ་ལོ་ཁོ་ཤྲིདཀྱུང་ལོ་དོན་གསུམ་ལ་སྐུ་གཤེགས་རྗེས་ནས་ས་ཁྱི་བར་ལོ་བཞི་རིང་སྡེ་པ་བསོད་ནམས་ཆོས་འཕེལ་རྒྱང་པས་སྲིད་དབང་བཟུང་སྟེ་ཁྱོན་ཁྲི་ལོ་བཅུ་བདུན་བསྐྱངས་རྗེས་ལྷ་ལྡན་བླ་བྲང་སྟེང་དུ་སྐུ་གཤེགས་སོ། སྡེ་སྲིད་བསོད་ནམས་ཆོས་འཕེལ་གཤེགས་རྗེས་ལོ་གཉིས་ཀྱི་རིང་ཏཱ་ལའི་བླ་མ་ལྔ་པ་ཆེན་པོས་སྲིད་འགན་བཞེས་པའི་སྐབས་སྲིད་དོན་ཡིག་རིགས་ལ་ སྤྱག་དམ་མཚལ་སྣག་བསྲེས་པའི་སྨྱུག་པོ་ཞིག་བསྐུལ་སྲོལ་བྱུང་བར་སྣང་།

1660ཐོད་ལྕགས་བྱི་ཟླ7ཚེས13ཉིན་སྡེ་སྲིད་གཉིས་པ་གྲོང་སྨད་པ་འཕྲིན་ལས་རྒྱ་མཚོ་ཞེས་པ་（སྡེ་སྲིད་སངས་རྒྱས་རྒྱ་མཚོའི་མེས་པོ་）དེར་སྲིད་སྐྱོང་བསྐོ་བཞག་བསྐུལ་བས་རྒྱལ་བ་ལྔ་པ་ཆེན་པོའི་དགོངས་བསྐུན་གྱི་བསྟན་པ་ཆབ་སྲིད་ལ་བྱ་བ་ལོ་དགུ་མཛད་དེ་ས་སྤྲེ་ལོ་གཤེགས། སྡེ་སྲིད་འདིའི་ལས་ཐམ་ཡིག་མན་ནག་པོ་སླིང་གསུམ་མ་ཞིག་ཡོད། ཁོང1668ས་སྤྲེ་ལོ་མཇུག་ཏུ་གྲོངས་ནས་ཟླ་བ་དགུ་ཙམ་ཞིག་ཏཱ་ལའི་བླ་མ་ལྔ་པ་ཆེན་པོས་སླར་ཡང་ཆབ་སྲིད་ཀྱི་ཐུགས་འགན་བཞེས།

སྤྱི་ལོ1669ཐོད་ས་བྱ་ཟླ8ཚེས1ཉིན་སྡེ་སྲིད་གསུམ་པ་མཆོད་

དཔོན་པ་བློ་བཟང་མཐུ་སྟོབས་ལ་སྲིད་སྐྱོང་བསྐོ་བཞག་བསྐྱལ། འདིའི་སྐབས་བོད་གནའ་རབས་རྒྱལ་པོའི་ཆས་གོས་རིན་ཆེན་རྒྱན་ཆ་ཁྲུངས་སྒྲིག་འདུ་འགོད་དང་། ར་མོ་ཆེའི་གཙུག་ལག་ཁང་ཉམས་གསོ་རྒྱ་སྐྱེད། བཀའ་འགྱུར་ཁྲིད་འཕགས་བཞེངས་པ་སོགས་མཛད། སྤྱི་ལོ1674བོད་ཤིང་སྟག་ཟླ་བ་གསུམ་པའི་ནང་ཁོང་དང་ས་སྐྱའི་བདག་མོ་བཀྲ་ཤིས་ལགས་འབྲེལ་བ་བྱས་པའི་གླེང་ལྐུགས་ལ་བརྟེན་ཁྲི་ནས་ཕབ་སྟེ་སྟོ་ཁ་གོང་དཀར་དུ་འཛོག་གནང་མཛད། སེ་འབྲས་དང་དབུང་སྤྱི་བཅས་ཀྱིས་ངོ་ཆེན་ཞུ་འབུལ་ལན་མང་གནང་བའི་ངོར་སྡེ་སྲིད་ཐུར་པའི་གོ་གནས་དང་། སྐུ་སྐལ་དུ་སྟོ་ཁ་ཟངས་རི་རྫོང་བསྐྱལ་བས་ཟངས་རིར་བཞུགས་སྟབས་རྗེས་སུ་སྡེ་སྲིད་ཟངས་རི་བ་ཞེས་ཀྱང་ཟེར། འདིས་ལོ་དྲུག་སྲིད་བསྐྱངས།

སྤྱི་ལོ1675བོད་ཤིང་ཡོས་ལོ་སྡེ་སྲིད་བཞི་པ་རྗེ་རྣམ་རྒྱལ་གྲྭ་ཚང་གི་གཉེར་པ་བློ་བཟང་སྦྱིན་པར་བསྐོ་བཞག་བསྐྱལ། རྗེ་བདེ་ཡངས་ཤར་གྱི་གསུམ་སྐས་འགོའི་རྩ་ཚིག་ཕྱག་པར་མར་འཕོད་གསལ་ལྟར་ཁོང་ནི་རང་འདོད་ཆུང་ཞིང་བསྟན་སྲིད་ལར་རྒྱའི་སར་འཁྱེར་སེམས་ཆེ་བ་དང་། ཁྱད་པར་ཏཱ་ལའི་བླ་མ་ལྔ་པ་ཆེན་པོའི་བཀའ་བཀོད་ལས་ཅུང་ཟད་ཀྱང་མི་གཡོ་བ་སོགས་ཀྱི་སྤྱོད་ཚུལ་ལྡན་པའི་བསྔགས་བརྗོད་མཛད་འདུག སྤྱི་ལོ1679བོད་ས་ལུག་ཟླ་བ་ལྔ་པ་བར་ཁྲི་ལོ་བཞི་གནང་ཇོག་ལས་འཁྱེར་དགོངས་པ་ཞུས་འཁྲོལ་གྱི་སྡེ་སྲིད་ཐུར་པའི་གོ་གནས་དང་བཅས་སྐུ་སྐལ་དུ་སྣེ་གདོང་རྫོང་གནང་བས་རྗེས་སུ་སྡེ་སྲིད་སྣེ་གདོང་པ་ཞེས་ཀྱང་ཟེར། འདིའི་ཐམ་ག་ཧོར་ཡིག་ཡིག་མན་གྲུ་བཞི་ནག་པོ་ཞིག་ཡོད་དོ།

6. སྡེ་སྲིད་སངས་རྒྱས་རྒྱ་མཚོའི་སྐོར།

སྡེ་སྲིད་ལྷ་གྲོང་སྨད་པ་སངས་རྒྱས་རྒྱ་མཚོ་ནི། ཏཱ་ལའི་བླ་མ་ཆེན་པོས་ཆུང་དུས་ནས་སྤྱན་གྱི་འབྲས་བུ་ཇི་བཞིན་གཅེས་སྲུས་དང་། ཆོས་སྲིད་ལུགས་གཉིས་ཀྱི་སྒོ་ནས་གསོ་སྐྱོང་ལེགས་པར་གནང་བ་མ་ཟད། ནན་ཏན་ཆེན་པོས་བདམས་བསྐུགས་འོས་འཛུགས་མཛད་པའི་སྡེ་སྲིད་ཅིག་ཡིན་ལ། ཏཱ་ལའི་བླ་མ་མཆོག་གི་ཆབས་ཆེ་བའི་དགོངས་བཞེད་འཛད་འཕྲིན་མཐའ་དག་ལེགས་སྒྲུབ་གནང་བའི་སྡེ་སྲིད་གཞན་ལས་ལྷག་པ་ཞི་ཀྱང་ཡིན། འོན་ཀྱང་ཕྱོགས་གཞན་ཞིག་ནས་བཤད་ན་ཡོང་གཅིག་པུས་སྲིད་འགན་སྐྱོང་བའི་མི་སོ་ཉི་ཤུ་ལྷག་ཙམ་དེའི་རིང་ནི་ཆོས་སྲིད་ཕྱི་ནང་གང་ས་ནས་འབྲེལ་བ་རྙོག་འཛིང་ཤིན་ཏུ་ཆེ་བའི་དུས་སྐབས་ཤིག་ཡིན་ཅིང་། དེས་རྐྱེན་པས་གཅིག་ནས་ཏཱ་ལའི་བླ་མ་ཆེན་པོ་སྐུ་གཤེགས་པ་སངས་རྒྱ་ཡུན་ཧ་ཅང་རིང་བ་ཞིག་དམ་བསྒྲགས་གནང་བ་དང་། གཉིས་ནས་གསང་སྒོ་དེའི་དབང་གིས་ཏཱ་ལའི་བླ་མའི་ཡང་སྲིད་ངོས་འཛིན་དང་། སྲི་ཞུ་བཀུར་སྟི་སོགས་ཕུན་སུམ་ཚོགས་པ་ཞིག་ཞུ་མ་ཐུབ་པ་མ་ཟད། ཚེ་གོང་མ་ཁང་ཞིའི་ཐུགས་ལ་ཐོག་ཐུག་བྱུང་ཞིང་། ཡོན་བདག་གཞུང་སོག་རྒྱལ་རྒྱུད་དང་ཡང་འགལ་བ་ཇི་སྟེག་ཏུ་གྱུར་པ། གཞན་ཡང་རབ་བྱུང་གི་ཆ་བྱད་འཛིན་བཞིན་དུ་ཡོངས་གྲགས་ཀྱི་བདག་མོའང་གཉིས་ཙམ་བཞེས་ནས་སྲས་སྲས་ཡོད་ཡོད་པར་སེར་སྐྱ་ཆེ་རྒྱའི་ཕྱག་འཚལ་བདག་གིར་མཛད་པ་ལ་སོགས་མདོར་ན་ཐལ་ཆེ་བའི་མཛད་སྤྱོད་

འགའ་ཞིག་བྱུང་བར་བརྟེན་ཕྱོགས་མང་པོ་ནས་ལྷ་སྔངས་མི་ལེགས་པའི་འགལ་འཛོལ་སྣ་ཚོགས་ཀྱང་ཐོན་སྐྱོང་བ་དེ་དག་ནི་ཁས་མི་ལེན་པ་བྱ་མི་རུང་བ་མ་ཟད། ཐ་ན་དེང་སྐབས་སུའང་ཁོང་ལ་གདེངས་འཛོག་བྱེད་སྔངས་ཐད། བསྟོད་སྨད་མཐའ་གཉིས་སུ་གྱེས་པའི་ཕྱོགས་འགལ་གྱི་བཤད་ཚུལ་མི་འདྲ་བ་བྱུང་དང་འབྱུང་བཞིན་ཡོད་པ་དེ་ཚེ་ནི་གཙོ་བོ་སོ་རྒྱུས་ཀྱི་ཕྱོགས་ཡོངས་ལ་དབྱེ་ཞིབ་བྱ་རྒྱུ་མ་འདང་བར་གཟུགས་འདས་རིག་པའི་ལྷ་སྔངས་བཟུང་ནས་ཕན་ཚུན་གཞོགས་རྒྱུགས་ཀྱི་ཕྱོགས་རེ་བའི་ལྟ་ཚུལ་ཙམ་དུ་ཟད། འོན་ཀྱང་འདིར་ཁྱོན་ཡོངས་ནས་བཤད་ན་སྐབས་དེའི་བོད་ས་གནས་ཀྱི་གཅིག་གྱུར་མུ་མཐུད་སྲུང་འཛིན་གྱི་ཆེད་དུ་སྲིད་གཞུང་འཛུགས་གཉེར་གྱི་བྱ་གཞག་དང་། མི་རིགས་ཀྱི་ཐུན་མོང་མ་ཡིན་པའི་ཁྱད་ཆོས་ལྡན་པའི་རིག་གནས་སྲི་དང་བྱེ་བྲག་བོད་རིགས་མང་ཚོགས་ཀྱི་འཚོ་བ་དངོས་ཀྱི་ཁྲིད་ཕན་པ་ལྡན་ལ་ཁ་འབྲལ་ཐབས་མེད་པའི་དཔལ་ལྡན་གསོ་བ་རིག་པ་དང་། གནམ་རིག་སྐར་རྩིས་རིག་པ། དེ་བཞིན་སྒྱུ་རྩལ་རོལ་རྩེད་ཀྱི་རིག་པ་སོགས་རྒྱུན་འཛིན་དང་། དག་ཐེར། འཕེལ་རྒྱས་བཅས་གཏོང་བའི་ཐད་ལ་རིགས་པའི་གཞུང་ལུགས་རྩོམ་འབྲིའམ་ལག་ལེན་དངོས་ཀྱི་ཉམས་མྱོང་སོགས་གང་སར་འོད་སྣང་རབ་ཏུ་འཕྲོ་བའི་ཕྱག་རྗེས་གཞན་དྲིང་མི་འཛོག་པ་བཞག་གནང་ཡོད་པ་ནི་ད་ལྟའང་དངོས་སུ་མཐོང་རྒྱུ་ཡོད། ལྷག་པར་དུ་སྟོན་དགོས་པ་ཞིག་ལ་དེང་རབས་བོད་ཀྱི་མཆོད་རྟགས་ཐུན་མོང་མ་ཡིན་པ་དང་། ལྷབས་ཆེན་མེས་རྒྱལ་གྱི་འཛུགས་སྐྲུན་རིག་དངོས་ནང་གི་ནོར་བུའི་ཡ་གྱལ་གྲས་ཤིག འཛམ་གླིང་ཡོངས་ལ་སྙན་པའི་གྲགས་པ་ཁྱབ་པ། བོད་རིགས་མི་དམངས་ཀྱི་ཤེས་རིག་གི་ཉིང་ཁུ་གཅིག་ཏུ་འཁྱིལ་བ་བཅས་ཀྱི་རྩེ་པོ་ཏཱ་ལའི་ཕོ་

བྲང་ཆེན་པོ་རྟེན་དང་བརྟེན་པར་བཅས་པ་འདི་ཉིད་གཞི་རྐང་བོད་ཀྱི་ངལ་རྩོལ་མི་དམངས་ཁྲི་སྟོང་དུ་མས་ཁྲག་དང་རྡུལ་ཆུ་བཏོན་པའི་ལག་གཉིས་ཀྱི་འབད་རྩོལ་དང་ཤེལ་རབ་ལ་བརྟེན་ནས་བསྐྲུན་པ་ཞིག་ཡིན་པ་ནི་བརྗོད་མ་དགོས་པ་ལོས་ཡིན་མོད། འོན་ཀྱང་བོད་ཀྱི་དཔོན་རབས་དང་མི་རབས་གཞན་མ་གང་ཞིག་གི་དུས་སུའང་བཞེངས་མ་མྱོང་བའི་གཞི་རྒྱ་ཆེ་ལ་བཟོ་བཀོད་བརྗིད་ཉམས་ལྡན་པ་འདི་ལྟ་བུ་ཞིག་བསྐྲུན་པ་ལ། དང་ཐོག་ཁྲིན་ཡོངས་ཀྱི་འཆར་འགོད་དང་། དེ་དང་མཐུན་པའི་རྒྱུ་མ་རྩོལ་སྒྲུབ། དངོས་གཞིའི་བཀོད་འདོམས་དང་གནད་དོན་ཐག་གཅོད་སོགས་ཆ་ཚང་བའི་འགན་འཁུར་རྐང་ལེན་བཅས་གནང་མཁན་གཙོ་བོ་ནི་སྡེ་སྲིད་སངས་རྒྱས་པ་འབའ་ཞིག་ཡིན་པར་ནླན་ཀ་གང་ཡང་མེད། འདི་ཐོག་ནས་ཀྱང་ཁོང་གིས་མེས་རྒྱལ་མི་རིགས་དང་བཅས་པར་བསྟུབ་ཐབས་བྲལ་བའི་ཕྲུག་རྗེས་བཞག་ཡོད་པ་མ་ཟད། བོད་ཀྱི་འཛུགས་སྐྲུན་བཟོ་ལས་དང་ལག་བཟོའི་སྒྱུ་རྩལ་ཐད་ལའང་ཡར་རྒྱས་ཆེན་པོ་ཞིག་བྱུང་ཡོད་པ་སོགས་འདི་དག་ཁས་ལེན་མ་བྱས་ན་དེ་བས་ཀྱང་ག་ལ་འགྲིག དེར་བརྟེན་རྒྱ་ཁྱབ་བོད་རིགས་མང་ཚོགས་ཀྱི་ཁྲོད་དུ་མི་རབས་ནས་མི་རབས་སུ་རིམ་བརྒྱུད་ཁོང་ལ་དགའ་ཞེན་འཆང་བའི་ཤུགས་རྐྱེན་གཏིང་ཟབ་པོ་ཞིག་ཡོད་པ་བཅས་ལ་བརྟེན་མཚམས་འདིར་ལོ་རྒྱུས་ཀྱི་གྲགས་ཅན་མི་སྣ་དེའི་བྱུང་བ་རགས་བསྡུས་ཤིག་འགོད་རྒྱུ་ཡིན།

སྡེ་སྲིད་སངས་རྒྱས་རྒྱ་མཚོ་ནི། མར་པ་ལོ་ཙྪ་བའི་ཐུགས་སྲས་མཚུར་སྟོན་དབང་གི་རྡོ་རྗེའི་རིགས་ལས་བྱུང་བ་ཡབ་ཨ་སུག་དང་། ཡུམ་བུ་ཁྲིད་རྒྱལ་མོ་གཉིས་ཀྱི་སྲས་སུ་སྤྱི་ལོ1653བོད་རབ་བྱུང་བཅུ་གཅིག་པའི་ཆུ་སྦྲུལ་ལོ་སྐྱིད་ཤོད་ཞང་བྲན་གྲོང་སྨད་དུ་འཁྲུངས་ཤིང་། ལ་མོ་ཚངས་པ་དུང་ཐོད་

ཅན་མིའི་ཕོག་པར་བརྣམ་སྟེ་གསོལ་བའི་མཚན་ལ་དཀོན་མཆོག་དོན་གྲུབ་དང་། དེ་རྗེས་ཏྲ་ལའི་བླ་མ་སྐུ་ཕྲེང་ལྔ་པས་སངས་རྒྱས་རྒྱ་མཚོ་ཞེས་བྱ་བའི་མཚན་གྱིས་གཟེངས་བསྟོད།

དགུང་ལོ་བརྒྱད་པར་ལྔ་པ་ཆེན་པོ་ཐོག་མར་མཇལ་བ་དང་། དེ་རྗེས་ལྔ་པ་ཆེན་པོ་དང་། རང་གི་མེས་པོ་སྡེ་སྲིད་འཕྲིན་ལས་རྒྱ་མཚོ། མཁས་དབང་དཔལ་ལྡན་ཕུན་ཚོགས། འདར་ལོ་ངག་དབང་ཕུན་ཚོགས་སོགས་མཁས་གྲུབ་དུ་མ་བསྟེན་ནས་རིག་པའི་གནས་ཀུན་ལ་གསན་བསམ་དཔྱིས་ཕྱིན་པ་མཛད་དེ་མཁས་པའི་ཡང་རྩེར་སོན། ལྷག་པར་ལྔ་པ་ཆེན་པོས་མདོ་སྔགས་ཟབ་ཆོས་ཀྱི་རིམ་པ་དང་། ཆབ་སྲིད་སྐྱོང་ལུགས་ལ་སོགས་པའི་སློབ་དཔོན་མང་པོ་དགྱེས་བཞིན་དུ་བསྩལ་བ་རྣམས་ཐུགས་ཀྱི་བུམ་བཟང་དུ་བསྐྱིལ། འཇིག་རྟེན་མཐུན་འཇུག་གི་རིམ་པ་ཡང་འཆི་མེད་དགའ་ཚལ་དང་། དཔལ་རབ་ཁང་གསར་བ་ནས་བདག་མོ་རེ་རེ་བཞེས་པར་རིགས་ཀྱི་ལྷ་གྲུ་ངག་དབང་རིན་ཆེན་དང་། དམག་ཟོ་ཚེ་རིང་། ངག་དབང་བརྩོན་འགྲུས། སྲས་མོ་ཞིག་བཅས་བྱུང་།

མིའི་དབང་པོ་འདི་ཉིད་ལྔ་པ་ཆེན་པོས་གཞོན་ནུའི་དུས་ནས་སྤྱན་གྱི་འབྲས་བུ་ལྟར་བསྐྱངས་པའི་བཀའ་དྲིན་ལས་ཆོས་སྲིད་གང་ཐད་ཀྱི་མཁྱེན་ཡོན་ཕུལ་དུ་བྱུང་བ་ལྔ་པ་ཆེན་པོའི་བཀའི་འཕྲིན་ལས་ཀྱི་བྱེད་པོར་དབང་བསྒྱུར་བའི་ཆེན་རྒྱན་ཡོངས་སུ་ཚང་བར་བརྟེན་སྡེ་སྲིད་བློ་བཟང་མཐུ་སྟོབས་ཁྲི་ལས་བཤོལ་ཚབ་སྡེ་སྲིད་གསར་བསྐོའི་སྐབས་དྭང་རིགས་སྤྱིའི་འོས་ཁོངས་སུ་ཡང་ཡོད་པ་དང་བཅས་ཁོང་དགུང་ལོ་ཉེར་གསུམ་པ་སྤྱི་ལོ1675བོད་ཤིང་ཡོས་ལོ་ལྔ་པ་ཆེན་པོས་སྡེ་སྲིད་ཀྱི་འཁུར་བཞེས་དགོས་པའི་བཀའ་སྩྀ

བོར་ཕེབས་ཀྱང་། གཙོ་བོར་རྗེ་བླ་མའི་ཞབས་འགྱུར་རང་ནུས་གང་ཡོད་ཀྱིས་ཞུ་རྒྱུའི་ཐོག་འཆད་རྩོད་རྩོམ་གསུམ་ལ་སོགས་པའི་སྒོ་ནས་རིས་མེད་བསྟན་འགྲོའི་ཞབས་འདེགས་ལ་སྨན་པ་ཞིག་བྱུང་ན་སྙམ་པས་སྡེ་སྲིད་ཀྱི་འཁུར་འགན་ཞུ་མ་དགོས་པ་ཞེས་གསོལ་བས་རེ་ཞིག་བཀའ་འཁྲོལ་ཏེ་རྣམ་རྒྱལ་གྲྭ་ཚང་གི་གཉེར་པ་བློ་བཟང་སྦྱིན་པར་སྡེ་སྲིད་བསྒོ་གཞག་བསྐྱལ་བ་དེས་ལོ་བཞི་སྲིད་བསྐྱངས་ཏེ་དགོངས་ཞུས་ཚབ་ལྔ་པ་ཆེན་པོས་སངས་རྒྱས་རྒྱ་མཚོར་སྡེ་སྲིད་ཀྱི་འཁུར་འཁན་བཞེས་དགོས་པའི་བཀའ་སྐྱར་ཡང་ནན་ཕེབས་ལ་དགོངས་ཞུ་གནང་ཐབས་མ་བྱུང་བས་ཁོང་དགུང་ལོ་ཉེར་བདུན་པ་སྤྱི་ལོ་1679ས་ལུག་ལོར་སྡེ་སྲིད་ཀྱི་ཁྲི་ལ་དབང་བསྒྱུར་བ་མ་ཟད། སྡེ་སྲིད་གོང་མ་སུ་ལས་ཀྱང་ཐུགས་རེ་དང་གཟིགས་བསྐྱངས་ཆེ་བ་མཛད་པའི་སྐོར་"ཁོ་བོ་ཅག་ལ་བོང་བ་གསེར་གཟིགས་ཀྱིས་སྲིད་སྐྱོང་ཞབས་ཕྱི་དགོས་པའི་བཀའ་ཕེབས་པ་སྒོ་ཐུ་མའི་སྒོ་ནས་འཁྲོལ་ཆ་ཞུས་ཀྱང་བཟློག་ཏུ་མེད་པའི་ལུང་གིས་རྒྱལ་ཐབས་ཀྱི་ཁྲིར་བཏོན། དེ་ཡང་སྡེ་སྲིད་སྔོན་མ་རྣམས་ལྟར་སྲིད་ཁོ་ན་མ་ཡིན་པར་ཆོས་འཇིག་རྟེན་གྱི་བྱ་བ་འདི་པས་གང་དང་གང་བྱས་པ་ཐམས་ཅད་ངེད་རང་ནས་བྱས་པ་དང་ཁྱད་མེད་པས་འཐེན་འཁྱེར་གྱི་གླེང་གཞི་མེད་པར་ཀུན་གྱིས་བཀོད་པ་གཡོ་མེད་དགོས་པའི་བསླབ་སྟོན་ཁྲིམ་བསྒྲགས་སུ་མཛད་"①ཅེས་འཁོད་པ་ལྟར་དང་། ད་དུང་ལྔ་པ་སྐུ་འདའ་ཁར་"རྗེ་བླ་མ་ཆེན་པོ་དང་ཁྱད་མེད་འཛིན་དགོས་པའི་ཞལ་ཆེམས་ཆོས་སྲུང་ལ་གཉེར་གཏད་ཀྱིས་མཐའ་བརྟེན་པ་ཨོ་རོད་ཀྱིས་མཚོན་པའི་སྦྱིན་བདག་

---

① （རབ་གསལ་གསེར་སྙེ་ཤིང་པར་ཤོག་གྲངས26བ་）

རྣམས་ལ་འགྲེམས་བཀོད་དང་། ཕོ་བྲང་ཆེན་པོ་པོ་ཏ་ལའི་གསུམ་སྐས་འགོའི་ཞལ་ལྡེབ་ལ་ཡང་འགོད་པ་གནང་སྟེ་བཀྲ་ཤིས་པའི་འཁོར་ལོས་མཚན་པའི་ཕྱག་གཉིས་ཀའི་རྒྱ་དང་བཅས་ཆོས་སྲིད་ཀྱི་ཐུགས་འགན་ལེགས་པར་འཁྱོག" ཅེས་རབ་གསལ་གསེར་སྙེའི་ནང་གསུངས་པ་ལྟར་སུམ་སྐས་འགོའི་བཅའ་ཡིག་ཆེ་མོའི་ནང་དོན་ནི།

"གོང་མ་རྟོང་དེའི་ལུང་གིས། ཞིས་ནུབ་ཀྱི་ལྷ་གནས་ཆེས་དགེ་བ་བདེ་བར་གནས་པའི་སངས་རྒྱས་བཀའ་ལུང་གནམ་འོག་གི་སྐྱེ་འགྲོ་ཐམས་ཅད་བསྟན་པ་གཅིག་ཏུ་གྱུར་པ། འགྱུར་མེད་རྡོ་རྗེ་འཆང་རྒྱ་མཚོའི་བླ་མར་དབང་བསྒྱུར་བའི་གཏམ།

ཉི་འོག་གི་སྐྱེ་དགུ་སྤྱི་དང་། སྐོར་གསུམ་རུ་བཞི། སྨད་དྲུག་བཅས་བོད་ཆེན་པོའི་རྒྱལ་ཁམས་སུ་འཁོད་པའི་ལྷ་སྡེ་མི་སྡེ། སོག་པོ་ཚོ་ཆེན་བཞི་བཅུ། ཨོ་རོད་ཚོ་པ་བཞི། མཚོ་ཁྲི་ཤར་རྒྱལ་མོའི་འགྲམ་དུ་གནས་པའི་རྒྱལ་པོ་རྒྱལ་རིགས་སོགས་མཆོག་དམན་བར་པ་མཐའ་དག་ལ་སྒྲིངས་པ།

ཚེ་རིང་གནམ་གྱི་ཤེ་མོང་གིས་ཡངས་པའི་ས་ཀུན་ལ་དབང་བསྒྱུར་བ་བསྟན་འཛིན་ཆོས་ཀྱི་རྒྱལ་པོའི་ལྷག་བསམ་དང་སྙིང་སྟོབས་བཙན་པོའི་མཐུས་རྒྱལ་དབང་ཐོང་ཁ་པ་ཆེན་པོའི་བསྟན་པ་བླ་ནས་བླར་འདེགས་པར་མཛད་སྟབས་ཆུ་རྟ་ཕོ་བྲང་ཆེན་པོ་བསམ་གྲུབ་རྩེས་གཙོས་པའི་མངའ་འབངས་དང་རྒྱལ་པོ་ཉིད་ཀྱི་རིགས་བརྒྱུད་དང་བཅས་པ་མཐའ་དག་གཏན་པ་མེད་པའི་མཆོད་སྦྱིན་དུ་སྦྱོར་འཇགས་མཛད་པའི་ཚེ་ཆོས་སྲིད་གཉིས་འཛིན་ངེད་རང་ནས་མ་ཞུགས་པས་འཇིག་རྟེན་སྲིད་སྐྱོང་གི་འཁུར་ལེན་སྟེ་པ་རིམ་པར་བསྐོས་ཤིང་། གོང་སྨད་པ་སངས་རྒྱས་རྒྱ་མཚོ་འདི་པ་ས་སྐྱོང་

འཕྲིན་ལས་རྒྱ་མཚོའི་ཏུས་ཚ་ཡིན་པ་མ་ཟད། གཏེར་གསར་རྒྱ་ཅན་སོགས་ལུང་བསྟན་འགའ་ཞིག་ཏུ་བོད་ཀྱི་ཇོ་བོར་འོས་པ་ལུང་གིས་ཟིན་པ་ནས་ཤིང་ཡོས་ལོ་འཁྱུར་ལེན་བྱེད་དགོས་ཚུལ་རྒྱུ་མཚན་མཐའ་གསེད་ནན་ཆགས་བྱས་ཀྱང་ཞུ་ནན་ཆེས་པས་འཁྲིལ་ཆ་བྱེད་དགོས་ཤར། གྲྭ་ཚང་གཉེར་པ་བློ་བཟང་སྨྲིན་པ་བརྟག་པ་ངོ་དཀར་བས་ཁྲིར་བཀོད་པ་རང་འདོད་ཆུང་ཞིང་། བསྟན་སྲིད་ལར་རྒྱའི་སར་འཁྱུར་བསམ་ཆེ་བ་མུ་མཐུད་ཐུབ་ལ་རེ་བ་བྱུང་བ། སྡེ་པ་རང་ཡང་ལོ་གྲངས་ཐེངས་ནས་འཚུབ་འདྲ་འབྱུང་ཉེན་གྱིས་ནན་ཞུས་ཆེ་ཞིང་། བརྟག་པ་ལན་གཉིས་གསུམ་བསྐྱར་བ་དང་། ཚངས་པ་དུང་ཐོད་ཅན་ལ་དྲི་བ་ཞུས་པ་སོགས་ཀྱང་མཚུངས་པ་ནས་གསར་བསྐོས་ཀྱི་སྐོ་དོད་པར། གཞན་པ་འོས་དཀོན་ཞིང་། སྔར་གྱི་བརྟག་པ་ལུང་བསྟན་སོགས་གང་ས་ནས་གྲོང་སྨད་སངས་རྒྱས་པ་རང་ལ་ནན་ཏན་དུ་ལབ་པར། ཡལ་ཡོལ་སོགས་ཐབས་སྣ་ཚོགས་ལས་དང་ལེན་ཞིག་མིན་འདུག་ཀྱང་། དུང་དཀར་དང་ཆུ་སྲིན་གྱི་དཔེ་བཞིན་དགོངས་པ་གཏན་ནས་མ་ཁྲོལ་ཕྱིན་བཀའ་མ་བཅག་པར་ཞུས། དེ་ནས་ཁྲུར་ཡངས་བྱེད་ཚོག་པ་དགོས་ཚུལ་ཟེར་བ། དངོས་གཞི་རབ་ཏུ་བྱུང་ན་ལེགས་པའི་ཆར་འདུག་ཀྱང་། ཐམས་ཅད་མཁྱེན་པ་དགེ་འདུན་རྒྱ་མཚོ་ཡན་བཀའ་གདམས་ཀྱི་ནམ་ཐར་ཕོ་ན་ལྷུར་བཞེས་ལ་དཔེར་མ་མཆོན། དགའ་ལྡན་ཕོ་བྲང་དུ་ལུགས་གཉིས་ཀྱི་མངའ་ཐང་རྗེ་འཕེལ་གྱི་མགོ་ཚུགས་པའི་ཕྱུག་མཛོད་རྒྱ་སེང་གཉིས་ནས་བཟུང་ད་ལྟ་ཕན། སྡེ་པ་བློ་བཟང་སྨྲིན་པ་མ་གཏོགས་ཚངས་སྤྱོད་ལ་གནས་པ་མ་བྱུང་ཞིང་། ལྷག་པར་དཔལ་ཕག་མོ་གྲུ་པ་དང་། སྡེ་སྲིད་གཙང་པའི་སྟོབས་འབྱོར་ལས་བརྒྱལ་བ། ཤར་དར་རྩེ་མདོ་ཕན་གྱི་བདག་པོར་གྱུར་པའི་དམག་དང་ཁྲིམས་

སོགས་དྲག་པོའི་རྩུབ་སྤྱོད་ཀྱང་སྣ་ཚོགས་དགོས་པར་ཚངས་སྤྱོད་གཅིག་པོས་རབ་བྱུང་དུ་འགྲོ་བའམ་དཀའ་ཞིང་ནམ་ལྟོགས་བར་འཁྱུར་ལེན་བྱེད་རྒྱུར་ཕྱག་མཛོད་བསྐྲོ་གཞག་བགྱིས་པ། འདི་ག་ངོས་ནས་མི་ཆོས་ཀྱི་འཁྱུར་ལེན་མ་ལྟོགས་པའི་ངོ་ཚབ་ཡིན་གཤིས། འདི་པས་གང་བྱས་ངེད་རང་ནས་བྱས་པ་དང་ཁྱད་མེད་པས་འཐེན་ཁྱེར་གྱི་སློང་བརྗོད་མེད་པར་ཀུན་གྱིས་བཀོད་པ་གཡོ་མེད་དང་། ངེད་དང་སྟེ་པའི་བར་སེལ་འཛུག་སོགས་བྱས་ཚེ་གཞུང་དོན་ལར་རྒྱུར་འཆུག་འཚབ་ཆེ་བས་བདེན་མེད་བརྫུན་བསྒྲིགས་ཀྱི་གཡོ་འཕྲུལ་བྱས་ཆོག་རྒྱུ་མིན། ན་ཆོད་སོགས་ནས་མི་ལྟོགས་པའི་འཁྱུར་ལེན་འཛོག་པ་ཤར་ཚེ་ནམ་ཡིན་ལ་བཞག་པའི་ཟུར་པ་སྤྱི་འགྲེ་བཞིན་བྱེད་ལུགས་བློ་དང་སྦྱར་ཆོག་རྒྱུ་ཡིན། འཕགས་པའི་ཡུལ་དུ་སིདྡྷིཐྲིཿ ཕྱོགས་འདིར་དོན་གྲུབ་ཏུ་གྲགས་ཤིང་། འཛམ་དབྱངས་གོང་མའི་རྒྱལ་ཁབ་ཏུ་གྱི་ཡེ་ཞེས་པ་དབང་ཐང་དང་བསྟུན་པ་ས་མོ་ལུག་གི་ལོ་ཧོར་ཟླ་ལྔ་པའི་དཀར་ཆའི་རྒྱལ་བ་གཉིས་པའི་ཆོས་ལ་སྟེ་བཞིའི་སྒོ་འཕར་རྣམ་པར་ཕྱེ་བ་ཕོ་བྲང་ཆེན་པོ་པོ་ཏཱ་ལ་ནས་བྲིས་”①ཞེས་གསལ་ཡོད།

དེ་ལྟར་སངས་རྒྱས་རྒྱ་མཚོས་སྡེ་སྲིད་ཀྱི་ཐུགས་འགན་བཞེས་པ་དེ་ནས་ལྔ་པ་ཆེན་པོ་དགོངས་པ་གཞན་དོན་ལ་མ་གཏད་བར་ལོ་གསུམ་དང་། དེ་རྗེས་ལོ་ཉི་ཤུ་རྩ་གསུམ་རིང་དགའ་ལྡན་ཕོ་བྲང་པའི་ཆོས་སྲིད་ཀྱི་ཐུགས་འགན་གཙང་མར་བཞེས་པའི་ནང་མཛད་པ་གཙོ་ཆེ་པ་གང་དང་གང་བསྐྱངས་གཤམ་དུ་འགོད་རྒྱུ་དང་། རྗེས་སུ་ཏཱ་ལའི་སྐུ་ཕྲེང་དྲུག་པ་གསེར་

① (ཕོ་བྲང་ཆེན་པོ་པོ་ཏཱ་ལའི་ལོ་རྒྱུས་ཕྱོགས་བསྒྲིགས་ལྷུགས་པར་མ་དེབ་ངོས85－90)

ཁྲིར་མངའ་གསོལ་གྲུབ་རྗེས་གཟིམ་ཆུང་བཀའ་གདམས་འཁྱིལ་བར་“ངེད་རང་ནས་བར་དུ་ཞིང་ཁམས་གཞན་དུ་གཤེགས་པ་སྐུ་ཚེའི་འཕྲེང་ཡིན་འདུག་སྡེ་རྩ་བ་གང་ལ་བརྟེན། མ་མཇལ་བར་ཡུན་རིང་ཞིག་བསག་སྦྱོང་མཆོག་སྟོང་ཆེན་པོ་བཞེངས་པ། ཚོགས་མཆོད་ཚུགས་པ་སོགས་མ་ཐུབ་དོགས་ལ་སོགས་པའི་ཡིད་སྨྲོང་བ་དང་། གསང་རྒྱ་དང་ཆོས་སྲིད་འཛིན་ལུགས། མངའ་རིས་བསྐོར་གསུམ་ཚུར་ལོན་ལུགས་ལས་འཕྲོས་ཏེ་ད་ཆ་བླ་མ་སྐུ་ན་ཕྲ་རུ་སོང་བས་མཁྱེན་པ་སོགས་གང་ཅི་ཟླ་བ་ཡར་རྒྱས་སུ་གྱུར་པ་སོགས་ཀྱིས་རང་གི་ཡིད་འདོད་ཐམས་ཅད་ཁེངས། ད་ཆ་རྒྱལ་སྲིད་ཀྱི་ལས་འདི་ཅི་བྱས་སྡིག་དང་འདྲེས་གཉིས་རང་ཡང་སྲིད་སྐྱོང་མ་དགོས་པའི་ངོས་རིག་པའི་གནས་དང་མདོ་སྔགས་གསུམ་རབ་ཀྱི་དགོངས་དོན་སོགས་བསྡུས་ར་དང་། བཀལ་བརྟག་གི་རིག་པ་རྟགས་གསལ་ལ་བརྟེན་པའི་རིགས་ལྡན་ཚོགས་མ་གཏོགས་ཐུགས་རྗེས་ཆ་ཙམ་སྣན་འབུལ་ཞུ་རྒྱུའམ་མཆིས་པས་གང་ཤེས་ཀྱི་ཞབས་ཕྱི་སོགས་ཞུས་ཆོག་པའི་རྒྱལ་སྲིད་སྡིག་ལས་འཁྲུལ་ཆ་དགོས་ལུགས་ཞུས་པར་རྒྱལ་སྲིད་འཁྲུལ་ཆའི་སྐོར་གོང་མའི་དགོངས་པ་ལྟར་དེ་འདྲ་སྲིད་དོགས་མེད་སོགས་ཕེབས”①ཞེས་གསལ་བ་བར་སྐབས་སྡེ་སྲིད་ཀྱི་ཁྲི་ལས་བཞོལ་རྒྱུའི་ཐུགས་རེ་ཡང་མངོན་དུ་མ་གྱུར་པ་བཅས་ཁོང་དགུང་ལོ་ཉེར་བདུན་ཕེབས་པ་སྤྱི་ལོ1679ནས་ལྔ་བཅུ་ང་གསུམ་སོན་པ་སྤྱི་ལོ1705བར་ཆོས་སྲིད་ཀྱི་ཐུགས་འགན་བཞེས་པའི་རིང་གི་མཛད་པ་གཙོ་ཆེ་བ་འགའ་ཞིག་མདོར་བསྡུས་ན་གཤམ་གསལ།

① （རབ་གསལ་གསེར་སྙེ་ལྷུགས་པར་གྱི་དེབ་ངོས394）

(1) སྲིད་དབང་སྐྱོང་ལུགས་སྐོར།

སྔ་སྲིད་སངས་རྒྱས་རྒྱ་མཚོས་སྲིད་དབང་སྐྱོང་བའི་དུས་ནི་དགའ་ལྡན་ཕོ་བྲང་པའི་སྲིད་དབང་བཙུགས་ཏེ་ཡུན་རིང་མ་སོང་བས་ད་དུང་སྲིད་འཛིན་གྱི་སྒྲིག་གཞི་དང་། སྒྲིག་སྲོལ་སྣ་ཚོགས་སྲ་བརྟན་དང་འཕྲུས་སྒྲ་ཇེ་ཚང་དུ་གཏོང་བའི་དུས་རིམ་ལ་གནས་པས་གཙོ་བོར་ལྷ་པ་ཆེན་པོའི་སློབ་སྟོན་དང་། ཁོང་རང་སྐུ་ངོ་མས་དབུས་གཙང་དྭགས་ཀོང་སོགས་ས་གནས་མང་པོར་ཐ་མལ་གྱི་ཆས་སུ་ཞུགས་ཏེ་གནས་བསྐོར་བའི་ཟོལ་གྱིས་ཟབ་འཇུག་བརྟག་དཔྱད་མང་པོ་གནང་བའི་སྐོར་ལ་དམངས་ཁྲོད་ནང་ཤོད་རྒྱུན་ཇི་སྙེད་ཅིག་ཡོད་པ་དུས་ཕྱིས་ཀྱང་འཛིག་རྟེན་རྐན་པོའི་ངག་སྒྲོས་སུ་ཁྱབ་ཡོད། དེ་ལྟར་སྲིད་དབང་འཛིན་སྐྱོང་སྡེལ་གསུམ་ལ་ཕན་ནུས་ལྡན་པའི་ཡིག་ལམ་དང་ལག་ལེན་གྱི་སྒྲིག་སྲོལ་སོགས་འཕྲུས་ཇེ་ཚང་དུ་གཏོང་གནང་མཛད་ཡོད། དེ་ཡང་བར་སྐབས་ཚལ་པ་ཁྲི་དཔོན་དགའ་བདེ་དཔལ་དང་། སྔ་སྲིད་ཕག་མོ་གྲུབ་པ། དེ་རྗེས་གཙང་པ་སྡེ་པ་བཅས་ཀྱིས་དུས་སྐབས་སུ་ལག་བསྟར་བྱས་པའི་ཁྲིམས་ཡིག་ཞལ་ལྕེ་བཅོ་ལྔ་པ་དང་། ཞལ་ལྕེ་བཅུ་དྲུག་པ་སོགས་ལ་དེ་སྐབས་སྔ་སྲིད་བསོད་ནམས་ཆོས་འཕེལ་དང་གོ་ཤྲི་ཁང་གི་སྐབས་ཡུལ་དུས་གནས་ཚུལ་ལ་གཞིགས་པའི་འཇོར་ལེན་སྤྲན་བུ་གནང་བའི་ཁྲིམས་ཡིག་ཞལ་ལྕེ་བཅུ་གསུམ①པར་བཅོས་སྒྲིག་དག་ཐེར་གྱིས་གཏན་ལ་ཕབ་པ་དང་། འབྲས་ལྗོངས་ས་སྐྱོང་པ་བསྟན་སྲུང་རྣམ་རྒྱལ་གྱིས་ཁྲིམས་ཡིག་ལག་བསྟར་དོགས་

① (བོད་ཀྱི་སྔ་རབས་ཁྲིམས་སྲོལ་ཡིག་ཆ་བདམས་སྒྲིག་ལྷུགས་པར་དེབ་ངོས146)

སེལ་ཞུས་པའི་དྲིས་ལན་"འབྲས་ལྗོངས་ཞུ་ལན་"①དུ་གྲགས་པ་ཆེད་རྩོམ་གནང་བ། སྟོན་ཚད་ས་སྐྱ་འཕགས་པ་རིན་པོ་ཆེས་གསར་སྦྲིག་མཛད་པ་ཆེན་པོར་འོས་པའི་ལས་ཚན་བཅུ་གསུམ་དུ་གྲགས་པ་དེ་འཕེལ་རྒྱས་སུ་བཏང་སྟེ། གཙོ་བོ་སྲིད་སྐྱོང་དང་། བཀའ་བློན། དམག་དཔོན། ཞལ་ལྕེ་བ་སྟེ་ཁྲིམས་དཔོན། བཟོ་རིགས་དོ་དམ་པ། ཕྱག་མཛོད་དང་གཉེར་ལས་འཛིན་མི་དཔོན། ཕྱོགས་མཐའི་རྫོང་དཔོན་དང་གཞིས་དཔོན། དགོན་སྡེ་གྲྭ་ཚང་གི་གཉེར་པ། བཀར་རྒྱ་ཡོང་སྣུད་ཀྱིས་མཚོན་པའི་སྔར་གྱི་ལས་ཚན་ཁོངས་མ་ཚུད་པ་གསར་འཛུགས་དང་བཅས་པ་སོ་སོའི་བྱེད་སྒོའི་རིམ་པ་ཞིབ་ཏུ་འགོད་པའི་《བླང་དོར་གསལ་བར་སྟོན་པ་དྲང་ཐིག་དྭངས་ཤེལ་མེ་ལོང་ཉེར་གཅིག་པ་》②བྱ་བ་གསར་དུ་བརྩམས་ཏེ་གཞུང་དོན་ཆེ་ཕྲའི་བྱེད་སྒོ་མཐའ་དག་མ་འདྲེས་གསལ་བར་འབྱེད་པའི་རྩ་འཛིན་གཏན་འབེབས་གནང་བ་དང་། རྒྱ་ཁྲིམས་རྫོང་གཞིས་ཁག་གི་ཆབ་འབངས་ལ་ཐེམ་གྲངས་ཞིབ་བཤེར་དང་འབྲེལ་རྫོང་གཞིས་གནད་ཆེ་ཆུང་རིམ་པ། ཡུལ་ཟོག་ཐོན་དངོས་ལ་གཞིགས་པའི་ཁྲལ་རིགས་འབབ་བཟོའི་བསྟུ་གཞུང་གསར་འགོད། ཡང་སྣུད་པ་དང་བཀར་རྒྱ་བ་ཞེས་ཁྲལ་བསྟུའི་མི་འགྲོ་བསྒྲི་བཞག ས་གནས་གལ་ཆེའི་རིགས་ལ་རྫོང་སྡོད་དང་ཆོས་སྡེ་ཟུང་འབྲེལ་གྱི་ལམ་སྲོལ་སོགས་བཙུགས་ཏེ་ཉིས་དཔང་གསུམ་དབང་གིས་གཞུང་འབབ་ཚགས་སུ་ཚུད་པ་དང་། ཆབ་འབངས་ཐོག་སྙེར་སྐྱོད་ཀྱི་བརྡབ་མནར་མི་འབྱུང་བའི་ཐབས་ཚུལ་དུ་མ་

① (བོད་ཀྱི་སྔ་རབས་ཁྲིམས་སྲོལ་ཡིག་ཆ་བདམས་སྒྲིག་དེབ་ངོས185)
② (བོད་ཀྱི་སྔ་རབས་ཁྲིམས་སྲོལ་ཡིག་ཆ་བསྡམས་སྒྲིག་དེབ་ངོས185)

མཛད་པ་མ་ཟད། ལྷ་སར་ཡོད་པའི་ལས་ཁུངས་ཁག་ལ་རྟག་ཏུ་བསྐོར་གཡེང་ཞིབ་འཇུག་གི་ལམ་ལུགས་འཛུགས་པ་སོགས་ཁྲིམས་ལུགས་དང་། སྒྲིག་སྲོལ་ལ་གཏོགས་པ་མང་པོ་གཏན་ལ་ཕབ་ཕྱོག་དེ་དག་ལ་སྣངས་འཛིན་རྗེས་སྨོན་རྒྱུན་མར་གནང་བ། ལ་དྭགས་རྒྱལ་པོ་སེང་གེ་རྣམ་རྒྱལ་གྱི་རྒོལ་བ་ངན་པ་ཚར་གཅོད་པའི་སླད་དུ་ལྔ་པ་ཆེན་པོས་དགའ་ལྡན་ཚེ་དབང་དཔུང་དང་བཅས་པ་མངགས་པའི་རྗེས་སྨོན་དཔུང་རོགས་སུ་ངམ་ཏུ་བ་སོགས་ཀྱིས་སྡེ་ཁྲིད་དཔུང་དམག་མངགས་ཇོངས་ཀྱིས་ལ་དྭགས་རྒྱལ་པོའི་དཔུང་དང་དེས་སྦྲན་པའི་དཔུང་རོགས་བཅས་ཕྱི་མར་བརླག་སྟེ་བཙན་པོའི་གདུང་རྒྱུད་གུ་གེ་རྒྱལ་པོའི་མངའ་ཐང་སླར་གསོས། མངའ་རིས་བསྐོར་གསུམ་དབང་དུ་བསྡུས་པ་སོགས་རང་སྐྱིད་མི་སྐྱོན་གྱི་གནས་སུ་གྱུར་པར་སྐྱེ་བོ་ཀུན་གྱིས་བསྔགས་བརྗོད་ཞུ་བ་དང་། མན་རྫུ་གོང་མ་ཁང་ཞི་ནས་སྤྱི་ལོ1694རབ་བྱུང་བཅུ་གཉིས་པའི་ཤིང་ཁྱི་ལོར་གསེར་གྱི་བྱང་བུ་བཅུ་གཉིས་ཀྱི་ངོས་སུ་བོད་རྒྱ་སོག་གསུམ་ཡི་གེ་ཤན་སྦྱར་གྱི་འཇའ་ས་དང་། རྡོ་རྗེ་འཆང་ཏཱ་ལའི་བླ་མའི་ཆོས་སྲིད་འཛིན་ཅིང་རྒྱལ་བའི་བསྟན་པ་དར་རྒྱས་སུ་སྐྱོང་བའི་ཏས་དབང་བུ་དྡྷ་ཨ་བྷྲིའི་ཐམ་ག་ཞེས་འབོད་པའི་གསེར་ཐམ་དང་བཅས་པས་གཟེངས་བསྟོད་བསྩལ་བའི་འཇའ་སའི་ནང་དོན་ཆ་ཚང་" འདི་ལྟར་སྟེ། ཚེ་རིང་གནམ་གྱི་ཤེ་མོང་བཙན་པོས་ཡངས་པའི་ས་ཆེན་པོར་དབང་བསྒྱུར་ཞིང་ག ཏུས་རིས་སུ་མ་ཆད་པའི་བདག་པོ་ཧོང་ཏིའི་བཀའ། བདག་གི་གནམ་འོག་གི་སྐྱེ་འགྲོ་མཐའ་དག་བདེ་བར་སྐྱོང་བ་ལ་ཕྱི་ནང་དང་ཉེ་རིང་གི་ཕྱོགས་རིས་མེད་པར་མཐའ་དབུས་ཀྱི་ཡུལ་ཆེ་ཆུང་ཐམས་ཅད་ཀྱི་སྤྱི་དོན་རྣམས་གཅིག་ཏུ་བསྡུས་ནས་བརྩེ་སེམས་ཆེན་པོས་སྐྱོང་ཞིང་། ལུགས་གཉིས་ལ་ཕན་

པའི་སྐྱེ་བོ་དག་ལ་ཚོ་ལོའི་མིང་དང་ལེགས་སོ་སྟེར་བར་བྱེད། ངས་ཇི་ལྟར་བསྔོ་བ་ལ་ཕྱོགས་བཞིའི་མི་རྣམས་ཡི་རངས་ཏེ་གུས་འདུད་ལྷུར་ལེན་བྱེད་པ་དང་། འདི་ནས་ཀྱང་ངེས་པར་ཕན་པའི་སློབ་སྟོན་བྱེད་པ་རྩ་བ་རྒྱུ་མཚན་དང་བཅས་པ་ཡིན། སྡེ་པ་ཁྱེད་ནུབ་ཕྱོགས་སུ་སྐྱེས་ཏེ་བསྟན་པ་ལ་ཞུགས་ནས་རྡོ་རྗེ་འཆང་ཏཱ་ལའི་བླ་མའི་ཞབས་རིང་ཡུན་རིང་དུ་བགྱིས། ཡུལ་གྲུ་ཆེན་པོའི་དོན་ལ་ཕན་པའི་བསམ་སྦྱོར་ནན་ཏན་དང་ཞུམ་མེད་ཀྱི་རྩོལ་བ་བསྐྱེད་པ་ངས་ཀྱང་ངོ་མཚར་དུ་བསྟོད། ད་ལྟ་རྡོ་རྗེ་འཆང་ཏཱ་ལའི་བླ་མ་དགུང་ལོ་སྨིན་སྐབས་ཁོང་གི་ཆོས་སྲིད་སྐྱོང་བའི་ཁུར་འཛིན་ཚད་ལྡན་བགྱིད་འདུག་གཤིས། ཁྱེད་ལ་གསེར་གྱི་འཇའ་ས་གསེར་དམ་རྡོ་རྗེ་འཆང་ཏཱ་ལའི་བླ་མའི་ཆོས་སྲིད་འཛིན་ཅིང་རྒྱལ་བའི་བསྟན་པ་དར་རྒྱས་སུ་སྐྱོང་བའི་ས་དབང་ཞེས་པའི་མཚན་དང་བཅས་སྦྱིན་པ་ཡིན། ཁྱེད་ཀྱིས་ཀྱང་ངའི་བཀའ་ལུང་ཇི་ལྟ་བ་བཞིན་རྒྱལ་བའི་བསྟན་པ་འཕེལ་ཞིང་རྒྱས་པར་སྐྱོང་བ་ཕྱོགས་མཐའ་དག་གི་མི་རྣམས་ཡུལ་གྲུ་ཆེན་པོའི་གཞུང་དོན་ལ་བསམ་པ་གཅིག་ཏུ་མཐུན་པར་འགྱུར་བའི་མཐུན་སྦྱོར་ལ་ཕན་སེམས་རྩེ་གཅིག་པས་ངེས་པར་འབད་འཚལ། ལུང་དང་མཐུན་པར་ཚུལ་བཞིན་བསྒྲུབས་ན་ཆེ་བའི་མིང་དང་སྙན་གྲགས་བཟང་པོ་རྒྱུན་དུ་གནས་ཤིང་ངོ་མཚར་བའི་བསོད་ནམས་དང་ལེགས་ཚོགས་ལྷུན་གྲུབ་ཏུ་འོང་བ་གཞིར་བཅས། དགོས་པ་དེ་ལྟ་བུའི་ཆེད་དུ་གསེར་གྱི་འཇའ་ས་སྦྱིན་པ་དགེ། བདེ་སྐྱིད་དགུང་ལོ་སོ་གསུམ་པ་ཤིང་ཁྱི་ཧོར་ཟླ་དང་པོའི་ཚེས་ཉེར་དགུ་ལ། གསེར་གྱི་བྱང་བུ་བཅུ་གཉིས་ལ་རྒྱ་སོག་བོད་ཡིག་སྟེ་གསུམ་བྲིས་གསེར་དམ་ལའང་གོང་འདྲ་གཉིས་སོ་སོར་སྒམ་ཕྱི་ནང་གཉིས་རེ་

ཚས་དང་བཅས་པ་ཡོད། ”①ཅེས་གསལ་ཞིང་། དེ་སྐོར་སྡེ་སྲིད་རང་ཉིད་ཀྱི་གསུང་ལ། “གསེར་རྐྱང་གི་བྱུང་བུའམ་སྤྱང་ལེབ་བཅུ་གཉིས་ཀྱི་སྟེང་རྒྱ་ནག་སོག་པོ་བོད་པ་གསུམ་གྱི་ཡི་གེ་ཡོད་པ། གསེར་ཐམ་དང་བཅས་བསྐྱལ་བ། རྣམ་པ་གཅིག་ཏུ་རྡེ་བླ་མ་སྲིད་ཞིའི་གཙུག་རྒྱན་ཆེན་པོས་ལུགས་བྲུང་གིས་བྱེད་པོར་དབང་བསྐུར་ཞིང་། གང་དང་དབྱེ་བ་མེད་པའི་བཀའ་ལུང་བཙན་པོ་ཕྱག་རྒྱས་ཐེམས་པ་འདི་ལྟ་བུ་གནང་བ་ལས་ལྷག་པ་ག་ལ་ཡོད་ཀྱང་། དང་ཐོག་འཁོན་གྱི་གདུང་བློ་གྲོས་རྒྱལ་མཚན་སེ་ཆེན་རྒྱལ་པོས་གདན་དྲངས་ཏེ་ཀུན་དེན་གུ་ཤྲཱིའི་མཚན་དང་གཡང་ཏིའི་ཐམ་ག་ཕུལ་བས་དཔལ་ལྡན་ས་སྐྱ་པ་ཞེས་སྙན་པའི་བ་དན་ཕྱོགས་བཅུར་སྒྲེང་བ་དང་། ཉེ་གནས་ལ་འཇའ་ས་ཕྱིན་པས་དཔོན་ཆེན་ཞེས་ཁྲི་སྐོར་བཅུ་གསུམ་ལ་མངའ་བསྒྱུར་བའི་མི་རྗེར་བཀུར། རླངས་ལྷ་གཟིགས་རྒྱལ་བ་ཐོག་རྟགས་པའི་ཉེ་གནས་རྡོ་རྗེ་དཔལ་གྱིས་རྒྱ་ནག་ཏུ་ལན་གསུམ་ཕྱིན་ཏེ་འཇའ་ས་བླངས་པས་ཕག་གྲུ་ཁྲི་དཔོན་དང་། ཕྱིས་དྲུང་ཆེན་བྱང་ཆུབ་རྒྱལ་མཚན་ལ་སྟག་མགོ་ནོར་བུ་གསུམ་པ་དང་ཏའི་སི་ཏུའི་འཇའ་ས་བྱུང་བས་སྡེ་སྲིད་ཕག་མོ་གྲུ་པ་ཞེས་སྟོབས་ཀྱི་འཁོར་ལོས་བསྒྱུར་བའི་ངང་ཚུལ་མ་འགྲན་བཟོད་པ་བྱུང་། དཔའ་མཛངས་འཕྲུལ་ལྡན་མགར་སྟོང་བཙན་ཡུལ་བཟུང་གི་གདུང་རིན་རྒྱལ་བས་རྒྱ་ནག་ཏུ་ཕྱིན་ནས་འཇའ་ས་ཞུས་པས་ཚལ་པ་ཁྲི་དཔོན། འབྲི་གུང་གཙུང་རྫོར་གྲགས་པའི་ཉེར་གནས་ཀྱིས་རྒྱའི་འཇའ་ས་བླངས་པས་སྒོམ་པ་ཞེས་དང་། མི་ཉག་སེའུའི་གདུང་གྲགས་དར་གྱིས་རྒྱ་ནག་སེ་ཆེན་གན་ལ་རིན་པོ་ཆེའི་ཐམ་ག

---

① (གསེར་སྡོང་དཀར་ཆག་ཐར་གླིང་རྒྱ་མཚོ་ལྟུགས་པར་དེབ་ངོས834)

དང་ལས་ཀ་ཞུས་པས་བྱུང་བདག་པོར་གྲགས་པ་སོགས་གླིང་དགུའི་རྒྱལ་ཁམས་(བོད་)འདིར་སྤྱར་ནས་རྒྱ་ནག་ཏུ་འཛའ་ས་ཆེད་བསྟད་བརྗོན་པ་ཆེན་པོས་ཞུ་བར་འགྲོ་ཞིང་། དེ་ཡོན་ཕྱིན་བླ་ཆེན་དང་མི་ཆེན་གྱི་གྲས་སུ་ཚུད་པ་དང་ཐམ་དམར་བརྒྱག་པ་སོགས་ག་སྐོགས་ཆེར་བྱེད་སྲོལ་འདུག་པ་ལ་དཔག་ན་ད་ལམ་ཐམ་ག་སྒོ་སྐྱིལ་མཛད་པར་རྗེས་སུ་ཡི་རངས་ཤིང་། འདི་ནས་བཀུར་གཟྲས་འོས་ཙམ་ཡན་ལ་ཐམ་དམར་ཕབ།”①ཅེས་གསལ་འདུག་གསུང་དུམ་བུ་འདིའི་ཐོག་ནས་ལོ་རྒྱུས་ཐོག་བོད་ས་གནས་ལ་གཅིག་གྱུར་གྱི་དབང་བསྒྱུར་བྱེད་མཁན་ས་སྐྱ་པ་དང་ཕག་མོ་གྲུ་པ་གཉིས་ཀྱིས་སྔན་གྲགས་དང་སྟོབས་ལྡན་གྱི་སྒོ་ནས་བོད་ལ་གླིང་མེད་ཀྱི་དབང་བསྒྱུར་བྱེད་ཐུབ་པ་དེ་ནི་ཡོན་རྒྱལ་རབས་ཀྱི་ས་ནས་འཛའ་ས་དང་ཐམ་ག་ཐོབ་པ་དེ་ལ་བརྟེན་ནས་བྱུང་བ་དང་། དེ་མིན་འབྲི་ཚལ་སོགས་བོད་ཀྱི་ས་ཁུལ་བྱེ་བྲག་པར་བདག་དབང་བྱེད་མཁན་ཁྲི་དཔོན་རྣམས་ཀྱང་གོང་མའི་ལུང་དང་འཛའ་སར་བརྟེན་ནས་བྱུང་བའི་དཔེ་མཚོན་བསྟན་ཅིང་། མདོར་ན་གོང་མ་རིམ་ཅན་གྱི་འཛའ་ས་ཡོན་ཕྱིན་ཆ་བླ་མ་རྣམས་བླ་ཆེན་དང་། དཔོན་པོ་རྣམས་མི་ཆེན་གྲས་སུ་གཞི་ནས་ཚུད་ཐུབ་པ་མ་ཟད། བོད་དུ་སྟོན་ཆད་ཐམ་ག་དམར་པོ་རྒྱག་པ་དེའང་གཙོ་བོ་གོང་མའི་འཛའ་ས་ཡོད་མེད་ལ་བལྟོས་པ་སོགས་ཀྱི་ལམ་སྲོལ་རྒྱུན་འཛགས་ཡོད་པ་གསལ་པོར་མཚོན་ཞིང་། རྒྱུ་མཚན་དེ་དག་ལ་བརྟེན་ནས་དར་རྒྱས་ཆེ་བའི་ཞྭ་སེར་བསྟན་པར་གུས་བཀུར་ཞུ་མཁན་བོད་སོག་ཆེ་རྒྱ་མང་ཆེ་བའི་ངོས་ནས་བཤད་ན། ཡོང་ལ་ཏྭ་ལའི་བླ་པ་ཆེན་པོས

---

① (ཐར་གླིང་རྒྱ་མཚོ་དེབ་ངོས835)

གང་ཉིད་དང་དབྱེ་བ་མེད་པ་དགོས་རྒྱུའི་བཀའ་ལུང་བཙན་པོ་གནང་ཟིན་པ་དེ་ལས་ལྷག་པ་དགོས་པ་མེད་ཀྱང་། གྲུབ་མཐའ་གཞན་དག་དང་དེ་རྣམས་ལ་བརྟེན་པའི་ཚེ་རྒྱ་ཡོངས་ལ་གླེང་མེད་ཀྱི་དབང་བསྒྱུར་དགོས་ན། ཀྱང་དབྱུང་གོང་མའི་འཇའ་ས་གསེར་ཐམ་དེ་དགོས་མཁོ་ཆེ་བས་ཡི་རངས་བྱུང་ཚུལ་དངོས་སུ་གསུངས་པ་དང་། དེ་སྡུ་གོ་ཁྲི་ཁང་དང་སྡེ་སྲིད་བསོད་ནམས་ཆོས་འཕེལ་སྐབས་“ མཆོད་ཡོན་གོང་མའི་གཏན་ཚིག་དམར་ནག་” ཅེས་པ་བརྗོད་དགོས་དོན་ཡང་། གོ་ཁྲི་ཁང་གི་ཐམ་ག་དམར་པོ་དང་སྡེ་སྲིད་ཀྱི་ཐམ་ག་ནག་པོ་མཉམ་གཞིབ་ཏུ་བསྒྲུལ་བས་ཡིན་ཅིང་། འདི་གོང་སྡེ་སྲིད་རིམ་ཅན་ལ་གོང་མའི་འཇའ་ས་ཐམ་ག་མེད་པས་ལས་ཐམ་ནག་པོ་ཞེ་ཅིག་ནང་སྲོལ་རྒྱུན་འཛུགས་ཙུང་། སངས་རྒྱས་རྒྱ་མཚོས“ འདི་ནས” ཞེས་གོང་མ་ཁང་ཞེས་གནང་བའི་འཇའ་ས་གསེར་ཐམ་འགྱུར་པ་དེ་ནས་བཟུང་གལ་ཆེའི་རིགས་ལ་“ དམར་ཐམ་ཕབ་” ཅེས་འབོད་པ་དེ་ལས་ཀྱང་རྟོགས་ཐུབ་པ་བཅས་ཡིན་ནོ། འཇའ་ས་གསར་ཐམ་གནང་བའི་ཡོང་རྐྱེན་སྐོར་ཕྭ་ཧྭན་ཀྲང་གིས“ སངས་རྒྱས་རྒྱ་མཚོ་ཏཱ་ལའི་བླ་མ་སྐུ་ཕྲེང་ལྔ་པའི་མཚན་ཐོག་ནས་པེ་ཅིན་དུ་རྟེན་འབུལ་ཞུས་པར་མ་ཟད། གོང་མ་ཁང་ཞིར་ཡི་གེ་ཞིག་བཏང་བ་དེའི་ནང་དུ། ‘ལོ་ན་མཐོ་བས་རྒྱལ་དོན་ཐག་གཅོད་བྱེད་རྒྱུ་སྡེ་སྲིད་ལ་སྤྲད་ཡོད། ཁོ་ལ་མཚན་གནས་གནང་བར་ཞུ་རྒྱུ་ཡིན་’ ཞེས་བཤད་ཡོད་པས། གོང་མ་ཁང་ཞིས་སྡེ་སྲིད་སངས་རྒྱས་རྒྱ་མཚོར་‘ རྡོ་རྗེ་འཆང་ཏཱ་ལའི་བླ་མའི་ཆོས་སྲིད་འཛིན་ཅིང་རྒྱལ་བའི་བསྟན་པ་དར་རྒྱས་སུ་བྱེད་པའི་ས་དབང་བུདྡྷ

ཨ་རྙིའི་ཐམ་ག་’ གནས་པ་རེད།”①ཅེས་གསལ་འདུག་པ་གོང་གི་“ ཐམ་ག་སྒོ་སྐྱེལ་མཛད་པ་” ཞེས་པ་དང་མི་མཐུན་རུང་། རྒྱ་བོད་ཡིག་རིགས་གཉིས་ཀྱི་ལོ་རྒྱུས་ནང་ཞུས་པ་དང་བསྐུལ་བ་ཟེར་བ་ལྟ་བུའི་རྗེ་བག་འདི་རིགས་ཡང་ཡང་ཡོང་གི་འདུག་ཀྱང་། རྩ་བའི་ཚིག་དོན་ལ་མི་འདྲ་ས་མ་མཆིས་པས་ཏཱ་ལའི་བླ་མ་ལྔ་པའི་མཚན་བཀོད་ཀྱི་ཞུ་ཡིག་ངོ་མ་ཡོད་ན་ཕལ་ཆེར་དེ་རང་བཙན་པར་བརྩི་དགོས་སྙམ་མོ།

(2) རྗེ་ཐོ་བྲང་དམར་པོ་མ་ལག་དང་། གསེར་སྡོང་འཛམ་གླིང་རྒྱན་གཅིག་གསར་དུ་བཞེངས་པ།

རྒྱལ་མཆོག་ལྔ་པ་ཆེན་པོའི་སྐབས་བཞེངས་པའི་ཤར་ཕྱོགས་ཀྱི་ཕོ་བྲང་དཀར་པོ་རྩ་བའི་ཆ་ནས་རང་འཇགས་ཐོག་འཁྲོ་སྐྱོང་རྒྱས་སྐྱུན་དང་། ལྔེ་བའི་ཕོ་བྲང་དམར་པོ་ལེ་ལག་དང་བཅས་པ་གསར་བཞེངས་མཛད་པའི་སྐོར། ཞིབ་ཅིང་ཕྲ་བའི་ལོ་རྒྱུས་ནི《མཆོད་སྡོང་འཛམ་གླིང་རྒྱན་གཅིག་གི་དཀར་ཆག་ཐར་གླིང་རྒྱ་མཚོར་བགྲོད་པའི་གྲུ་རྫིང་》ནང་འཁོད་ཡོད་པ་ལྟར་འདིར་རྒྱ་མཚོ་ཆེན་པོའི་ནང་ནས་ཟེགས་མ་ཙམ་ཞིག་བླངས་ན། བཞེངས་ཡུན་དུས་ཚོད་ནི། སྤྱི་ལོ1690བོད་རབ་བྱུང་བཅུ་གཅིག་པའི་ལྕགས་རྟ་ཟླ་བ་གཉིས་པའི་ཚེས་ཉེར་གཉིས་ཉིན་ཕོ་བྲང་དམར་པོའི་རྨང་གཞི་བཏིང་ནས། སྤྱི་ལོ1693བོད་ཆུ་བྱ་ལོའི་ཟླ་བ་བཞི་པའི་ཚེས་ཉི་ཤུ་ཉིན་ཕྱི་རྫིག་ལེགས་གྲུབ་ཟིན་པར་ཁྱོན་ལོ་བཞི་དང་ཟླ་བ་གཉིས་ཙམ་ཞིག་ལ་གྲུབ་པར་གནང་།

བརྗོད་ཆགས་ལྟ་ན་སྟུག་ཅིང་བཟོ་བཀོད་ཕུན་སུམ་ཚོགས་པའི་ཕོ་བྲང་

① (ཏཱ་ལའི་བླ་མའི་རྣམ་ཐར་བོད་ཡིག་དེབ་ངོས93)

འདི་ལྟ་བུ་ཞིག་བཞེངས་པའི་འཆར་འགོད་དང་བཀོད་འདོམས་གཙོ་བོ་ནི་སྡེ་སྲིད་རང་ཉིད་ཀྱིས་མཛད་པ་སྨོས་མ་དགོས་ཤིང་། འོན་ཀྱང་སློ་ཡུལ་ལས་འདས་པའི་གནའ་བོའི་འཇུགས་སྐྲུན་འདི་འདྲ་བ་ལག་ལེན་དངོས་ཀྱི་ནང་ལས་འགན་འཁུར་མཁན་མི་རིགས་ཀྱི་ཕུལ་བྱུང་སྟོན་ཙྱོན་བཟོ་རིག་པ་གཙོ་བོ་སུ་དང་སུ་བྱ་བ་ཡིན་ནམ་སྙམ་ན། རྗེ་བཟོ་དབུ་ཆེན་ནི་རྒྱ་མོན་དར་རྒྱས་ཞེས་པ་དང་། ཤིང་བཟོ་དབུ་ཆེན་ནི་དོལ་གནས་གསར་པ་འཇམ་དབྱངས་དབང་པོ་བྱ་བ། ཤིང་བསྐྲུས་དབུ་ཆེན་ནི་པ་རྣམ་མགོན་པོ། ཟངས་བཟོ་དབུ་ཆེན་ནི་ལྷོ་པ་ལྷས་སྣང་པ། གསེར་བཟོ་དབུ་ཆེན་ནི་དབང་ཕྱུག་ཚགས་རྐོ་དབུ་ཆེན་དངོས་གྲུབ། ཁྲི་ལུག་དབུ་ཆེན་སྨྱུར་ར་དོན་གྲུབ། ལྷ་བྲིས་པ་དབུ་ཆེན་ནི་སྨན་ཐང་ལུགས་འཛིན་ལྷོ་བྲག་པ་བསྟན་འཛིན་ནོར་བུ་དང་། མཁྱེན་རྩེ་ལུགས་འཛིན་གསང་སྔགས་མཁར་པ་ཚེ་འཕེལ། འཛིམ་བཟོ་དབུ་ཆེན་ཆོས་འཕེལ། ལྕགས་བཟོ་དབུ་ཆེན་དབོ་ཚང་པ། ཞལ་མཁན་དབུ་ཆེན་རྒྱ་རི་ཅན་དན། ཚེམ་བཟོ་དབུ་ཆེན་ལྷ་ས་ར་རྩེ་ཤག་བསོད་ནམས། ཚོན་འདུལ་དབུ་ཆེན་འཇམ་དབྱངས་དོན་གྲུབ་བཅས་ཡིན་པ①ཤིང་ཚོ་ནི་སྐབས་དེའི་འཇུགས་སྐྲུན་བཟོ་རིག་པ་བརྒྱ་ཕྲག་དུ་མའི་ནང་གི་ཚབ་མཚོན་མི་སྣ་དང་། རང་ཅག་བོད་རིགས་ལག་ཤེས་བཟོ་ལས་མཁས་ཅན་གྱི་སྟོན་རབས་པ་ཡིན། རང་མི་རབས་རྗེས་མར་དྲན་རྟེན་གྱི་རིག་དངོས་འདི་ལྟ་བུ་འཛོག་གནང་མཛད་པ་མ་ཟད། མེས་རྒྱལ་གྱི་རིག་གནས་བང་མཛོད་ནང་ཐུན་མོང་མ་ཡིན་པའི་ནོར་བུ་རིན་ཐང་བྲལ་བ་ཞིག་གསར་སྐྲུན་དང་། འགྲོ་

① （དཀར་ཆག་ཐར་གླིང་རྒྱ་མཚོར་བགྲོད་པའི་གྲུ་རྫིང་ལྷུགས་པར་དེབ་ངོས70－81）

བ་མི་རིགས་ཀྱི་ཤེས་རིག་གི་ལོ་རྒྱུས་ཐོག་ངོ་མཚར་རྨད་དུ་བྱུང་བའི་ལེགས་སྐྱེས་བཅས་ཕུལ་བར་བརྟེན་རང་རེས་ཁོང་ཚོའི་མཚན་ཙམ་ཐོས་པས་ཀྱང་དགའ་ཀུན་སྤྲོ་གསུམ་འཕེལ་རྒྱུར་སྐུལ་མཆོག་བྱེད་ཙམ་དྲངས་པ་ཡིན།

གཞན་ཡང་"གོང་མ་ཁང་ཤི་ཡིས་ཆེད་དུ་རོགས་སྐྱོར་དུ་བཏང་བའི་རྒྱ་རིགས་བཟོ་པ་བརྒྱ་དང་བཅུ་བཞི……བལ་པོའི་བཟོ་པ་བརྒྱ་དང་གོ་གཅིག"①ཅེས་གསལ་བ་ལྟར་རྒྱ་བལ་གྱི་ལག་ཤེས་བཟོ་པ་བརྒྱ་ཕྲག་གིས་ཀྱང་དཔུང་པ་མཉམ་གཤིབས་ཀྱིས་རང་རང་གི་ཁྱད་ཆོས་ལྡན་པའི་བཟོ་རྩལ་ལེགས་སྐྱེས་སུ་ཕུལ་ཡོད་པའང་རང་རེས་བརྗེད་ག་ལ་ནུང་། དེ་མིན་དམངས་ཁྲུལ་ནི་བོད་དབུས་གཙང་དྭགས་ཀོང་བཅས་ཀྱི་རྫོང་གཞིས་དང་སྡེར་ཆོས་ཁག་བཅས་ཆ་གསེས་ཀོ་རིམ་བསྒྲིགས་ཏེ་ལོ་རེར་ཁྲལ་མི་གྲངས་ལྔ་སྟོང་བདུན་བརྒྱ་ཙམ་རེ་རེས་བསྐོར་བསྐོངས་འགུགས་ཀྱིས་བསྐྱུན་པ་ལགས།

ཕོ་བྲང་བཞེང་བའི་རྒྱུ་མ་དམིགས་བསལ་ཐོན་ཁུངས་སྐོར་ལ"སྐམ་པོ་ལུང་། དོག་བདེ། གདོལ་པ། ལྷ་ལུང་། སྙིག་རག་བཅས་ནས་རྡོ་གཤག ཕ་བོང་ཁ་ནས་ས་དམར། བྲག་ཡེ་པ་ནས་ཨར་ག། གྲིབ་ནས་གཡམ་པ། རྫོང་(ཕོ་བྲང་ལ་ཟེར་)ཤར་རྒྱུད་འོང་ཁ་ནས་ས། སྐམ་གཡུང་ནས་རྒྱ་རྡོ་སྤུས་ལེགས། དོག་བདེ་ནས་གསེར་རྡོ་དང་དངུལ་རྡོ། ལྕགས་རྡོ། ཙོང་ཞི་བཅས་འཛད་མེད་ཐོབ། ཀོང་པོ་དང་སྤྱིར་ར་ནས་ཀ་རིང་དང་དུང་མ་སོགས་ཤིང་ཆ་གལ་ཆེའི་རིགས་དང་། དེ་མིན་ཤིང་ཆ་རྣམས་ལྷ་ས་ཉེ་འཁོར་

①　(ཕོ་བྲང་པོ་ཏ་ལའི་ལོ་རྒྱུས་ཕྱོགས་སྒྲིག་ཞུགས་པར་དེབ་དོས21)

ནས་བླངས་”①ཞེས་གསལ་འདུག

འཛུགས་སྐྲུན་གཞི་རྒྱ་བཟོ་ཕྱུས་གཉིས་ལྡན་འདི་ལྟ་བུ་མཛད་པར་འགྲོ་སོང་ཇི་ཙམ་སོང་ཡོད་དམ་ཞེ་ན། “ཨར་པོའི་འགོ་པ་དང་། ལས་མི་བཟོ་པ་བཅས་ཀྱི་སླ་ཐོགས་བསྡོམས་ན་དངུལ་སྲང་ས་ཡ་གཅིག་དང་དྲུག་འབུམ་དགུ་ཁྲི་བཞི་སྟོང་བརྒྱད་བརྒྱ་སོ་དྲུག་དང་། གསེར་གདུང་འཛམ་གླིང་རྒྱན་གཅིག་ཕུད་པའི་སྐུ་གསུང་ཐུགས་རྟེན་སོགས་ཟོ་བྲང་ནང་གི་དངོས་རིགས་ཁག་ལ་འགྲོ་སོང་དངུལ་སྲང་སུམ་འབུམ་བདུན་ཁྲི་སྟོང་མེད་ཆིག་བརྒྱ་གོ་གཅིག རབ་གནས་འགྲོ་སོང་དངུལ་སྲང་དྲུག་ཁྲི་དགུ་སྟོང་ཆིག་བརྒྱ་བཅུ་གཅིག གོང་གསལ་འགྲོ་སོང་ཁག་གསུམ་ཡོངས་བསྡོམས་དངུལ་སྲང་ས་ཡ་གཉིས་དང་ཆིག་འབུམ་སུམ་ཁྲི་བཞི་སྟོང་ཆིག་བརྒྱ་སོ་བརྒྱད་ཕྱིན། དེ་འབྲུ་ལ་ཕབ་ན་འབྲུ་ཏུའི་ཁལ་བྱེ་བ་གསུམ་དང་ས་ཡ་བརྒྱད་བཞི་འབུམ་ཆིག་ཁྲི་བཞི་སྟོང་ལྔ་བརྒྱ་བཅུ་མེད་བརྒྱད་ཐོབ” ཅེས་དང་། “གསེར་དངུལ་འཛམ་གླིང་རྒྱན་གཅིག་གི་རྒྱུ་ཆ་གསེར་རྒྱ་ཐུར་སྲང་ཆིག་འབུམ་ཆིག་ཁྲི་དགུ་སྟོང་ཉིས་བརྒྱ་བརྒྱད་ཅུ་གྱ་གཉིས་ལྷག་ཙམ་ཡོད་པ་དང་། འཛམ་གླིང་རྒྱན་གཅིག་གི་འགྲོ་སོང་ཡོངས་རྫོགས་དངུལ་ལ་ཕབ་ན་སྲང་ས་ཡ་གཅིག་དང་བཞི་ཁྲི་ཆིག་སྟོང་ཆིག་བརྒྱ་ཉེར་བརྒྱད་ཕྱིན་པ་དང་། དེ་ཉིད་འབྲུར་ཕབ་ན་འབྲུ་ཁལ་བྱེ་བ་གཅིག་དང་ས་ཡ་བརྒྱད་བདུན་འབུམ་ལྔ་ཁྲི་ཉིས་སྟོང་དགུ་བརྒྱ་བཅུ་མེད་ལྔ་ཐོབ་ཡོད་”②ཅེས་གསལ་བ་གསེར་སྡོང་དཀར་ཆག་ནས་བཟུར་

① (ཟོ་བྲང་པོ་ཏཱ་ལའི་ལོ་རྒྱུས་ཕྱོགས་སྒྲིག་ལྷུགས་པར་དེབ་ངོས21)

② (ཟོ་བྲང་པོ་ཏཱ་ལའི་ལོ་རྒྱུས་ཕྱོགས་སྒྲིག་དེབ་ངོས24 – 25)

འཛོན་གནང་ཞེས་འཁོད་འདུག དེ་ལྟར་བརྗེད་ཆགས་ལྟ་ན་སྤུག་པའི་གནའ་རབས་ཀྱི་ཡོ་བྱད་དང་། རིན་ཐང་དཔག་པར་དཀའ་བའི་གསེར་སྡོང་ངོ་མཚར་ཅན་འདི་འདྲ་བ་ནི་འཛམ་གླིང་གི་ཡུལ་གྲུ་གང་དུའང་མཐོང་དཀོན་པའི་གནའ་བོའི་འཛུགས་སྐྲུན་དང་། མི་རིགས་ཀྱི་སྒྱུ་རྩལ་མངོན་པར་མཐོ་བའི་རླབས་ཆེན་པོ་རྒྱུས་ཀྱི་རིག་དངོས་ཉམས་པ་མེད་པ་འདི་དག་ལས་ལ་བརྟེན་ཞིང་ཤེས་རིག་བཀྲ་བའི་བོད་རིགས་མི་དམངས་ཀྱི་བློ་གྲོས་བསྡུས་པའི་ཉིང་ཁུ་དང་། དཀའ་བ་ཁྱད་བསད་ཀྱི་སྙིང་སྟོབས་འཛོན་ཐང་བཅས་ཀྱི་མཚོན་རྟགས་ཤིག་ཡིན་ལ། མཁས་འཛངས་ལྡན་པའི་སྡེ་སྲིད་དེ་ཉིད་ཀྱི་ཕྱག་རྗེས་གཞན་གྱི་ངོ་ཟླ་མི་ནུས་པ་ཞིག་ཀྱང་ཡིན་པ་ནི་སུས་ཀྱང་བསུབ་ཐུབ་ཐབས་མེད་དོ།

(3) དགོན་གནས་རྟེན་དང་བརྟེན་པར་བཅས་པ་གསར་བཞེངས་གནང་བ།

གཙུག་ལག་ཁང་གི་བར་ཁང་དང་། རྩེ་ཐོག་གི་ལྷ་ཁང་ཕལ་མོ་ཆེ། སྐོར་ལམ་གྱི་བྱང་ཤར་འཆི་མེད་ལྷ་ཁང་དང་། བདེ་ཐབས་ལྷ་ཁང་སོགས་གསར་བསྐྲུན་གནང་བ། ལྔ་པ་ཆེན་པོའི་སྐུ་དུས་སུ་བཏབ་པའི་དགོན་སྡེ་ཁག་ཕུད། སྡེ་སྲིད་ཉིད་ཀྱི་སྐུ་དུས་སུ་ཕྱག་བཏབ་པའི་དགོན་གནས་ཀྱང་རྒྱལ་ཏམ་དགའ་ལྡན་སུམ་རྩེན་གླིང་། བར་ཁམས་ཟུར་མང་ངེས་ལེགས་གླིང་། མོན་མཚམས་དགའ་རྣམ་རྒྱལ་ལྷ་རྩེ། སྒོམ་སྡེའམ་ནང་ཆེན་ཁུལ་ག་མདའ་ལྡན་ཐེག་མཆོག་གླིང་མ་ལག་གསུམ། གོ་འཇོར་དགའ་ལྡན་གསང་སྔགས་འགྲོ་འདྲེན་གླིང་། ཁྲུང་པོ་སེར་ཚ་ཁོག་བོན་དགོན་སེར་ཁྱིམ་པ་དགེ་ལུགས་སུ་བསྒྱུར་གྲས་འཁྲིད་ཇོང་དང་། དགའ་ལྡན་བཀྲ་ཤིས་གླིང་སོགས་མ་

ལག་བཞི། གནས་ཆུང་རྡོ་རྗེ་སྒྲ་དབྱངས་གླིང་། ལྷུགས་པོ་རི་བའི་ཧྟུཏུ་འགྲོ་ཕན་ལྷ་ན་ངོ་མཚར་རིག་བྱེད་གླིང་བཅས་ཕྱག་བཏབ་པ་དང་། དགོན་གནས་དེ་དག་ལ་མཆོད་རྒྱུན་ཇ་ཚུལ་གྱི་གཏོང་ཐེབས་མཆོད་གཞིས་སྦྱོར་འཛུགས་གནང་བ་མ་ཟད། གཞན་ཡང་དགོན་གནས་ཤིན་ཏུ་མང་པོར་མཆོད་གཞིས་རྒྱ་ཆེ་སྦྱོར་འཛུགས་གནང་བ། ལྷག་པར་ལྷ་པ་ཆེན་པོའི་དགོངས་རྫོགས་སུ་དམིགས་ཏེ་ལོ་ལྟར་ཟླ་བ་གཉིས་པའི་ནང་ལྷ་ས་སྨོན་ལམ་ཆེན་མོའི་ལམ་ལྟར་དགེ་འདུས་པའི་ཚོགས་ལ་ཉིན་བཅུའི་རིང་ཚོགས་མཆོད་ཆེ་མོ་གསར་འཛུགས་དང་། ཚོགས་མཆོད་སེར་སྦྲེང་གི་མཆོད་རྫས་རིན་ཐང་ཅན་སྟོང་ཕྲག་བརྒྱལ་བ་བཟོ་བསྐྲུན་བཤམས་སྦྱོར་གནང་བ་དེ་ཕོ་ནའི་འགྲོ་གྲོན་འབྲུ་ཐོག་ཏུ་ཕབ་པར་འབྲུ་ཧུའི་ཁལ་ས་ཡ་བརྒྱད་དང་བརྒྱད་འབུམ་ལྔ་ཁྲི་བཞི་སྟོང་ལྔ་བརྒྱ་བཅུ་གསུམ་སོང་①བ་བཅས་གསར་འཛུགས་དང་འབྲེལ་ཚོགས་མཆོད་ཀྱི་བཅའ་ཁྲིམས་《བྱང་ཆེན་ཉེ་མའི་དཀྱིལ་འཁོར་》ཞེས་བྱ་བ་ཡང་མཛད་ཡོད།

(4) བོད་ཀྱི་རིག་གནས་ཀྱི་གཞུང་ལུགས་གསར་རྩོམ་དང་དར་སྤེལ་མཛད་པ།

བོད་ཀྱི་གསོ་བ་རིག་པའི་གཞུང་ཕྱི་མོ་རྒྱུད་བཞིའི་འགྲེལ་པ་《གསོ་བ་རིག་པའི་བསྟན་བཅོས་སྨན་བླའི་དགོངས་རྒྱན་རྒྱུད་བཞིའི་གསལ་བྱེད་བཻ་ཧྟུཏུ་སྔོན་པོ་མ་ལི་ཀ་》དང་དེའི་《ལྷན་ཐབས་དུས་མིན་འཆི་ཞགས་གཅོད་

① (མཆོད་སྡོང་འཛམ་གླིང་རྒྱན་གཅིག་གི་དཀར་ཆག་ཐར་གླིང་རྒྱ་མཚོར་བགྲོད་པའི་གྲུ་རྫིང་)

པའི་རལ་གྲི་》བོད་ཀྱི་གསོ་རིག་སྐོར་གྱི་ལོ་རྒྱུས《ཕོག་འབུབ་དྲང་སྲོང་དགྱེས་པའི་དགའ་སྟོན་》བོད་ཀྱི་སྐར་རྩིས་རིག་པའི་ལེགས་བཤད་ཀུན་བཏུས་སྟོན་མེད་ཀྱི་བསྟན་བཅོས《བཻ་ཌཱུརྱ་དཀར་པོའི་ཕྲེང་བ་དཔྱོད་ལྡན་སྙིང་ནོར་》དང་། དེའི་《བུ་དཔེ་》ལུ་འགོ་ཟླ་མཁྱེན་ངག་དབང་གི་དྲིས་ལན《གཡའ་སེལ་》སོགས་སྨན་རྩིས་ཀྱི་བསྟན་བཅོས་ཁག་རིམ་པར་བཀའ་རྩོམ་གནང་བ་དང་ཆབས་ཅིག་དེ་དག་གི་ཕྱག་ལེན་དར་ཞིང་རྒྱས་ལ་ཡུན་རིང་དུ་གནས་པའི་ཕྱིར་སྤྱི་ལོ1696མེ་བྱི་ལོར་ལྕགས་རི་བཻ་ཌཱུརྱ་འགྲོ་ཕན་ལྷ་ན་ངོ་མཚར་རིག་བྱེད་གླིང་བཏབ་པ་དང་། སྨན་ཐང་གཞན་ལས་ཁྱད་པར་འཕགས་པ་ངོ་གྲངས་བརྒྱད་ཅུ་གསར་བཞེངས་གནང་བ་ད་ལྟའང་མཇལ་རྒྱུ་ཡོད། ཁོང་སྐུ་ངོ་མས་ཆབ་སྲིད་འདུ་འགོད་རྒྱ་ཆེན་པོའི་བར་སེང་ངམ་དགོས་ངེས་རིགས་ལ་སྨན་རྩིས་ཀྱི་ཕྱག་ལེན་ཡང་དངོས་སུ་གནང་བ་བཅས་རིག་གཞུང་འདི་གཉིས་ཀྱི་ཐད་ལའང་མཛད་རྗེས་རླབས་པོ་ཆེ་གཟིངས་སུ་ཐོན་པ་ཞིག་འཇོག་གནང་མཛད་པར་དེང་གི་དུས་སུ་ཡང་རྒྱལ་ཁྲབ་ཕྱི་ནང་དུ་སྙན་པ་འབར་བ་བོད་ལྗོངས་སྨན་རྩིས་ཁང་འདིའི་ཕྱག་བཞེས་འཆད་ཉན་རྒྱུད་འཛིན་དང་བཅས་པའི་ཆུ་འགོ་གངས་ལ་ཐུག་པའི་དཔེ་བཞིན་མཐར་གཏུགས་ན་མཁས་པའི་དབང་པོ་འདིའི་རླབས་པོ་ཆེའི་མཛད་རྗེས་དང་ཁ་འབྲལ་ཐབས་མེད་ལ། ཕྱིས་ཁ་བའི་ལྗོངས་འདིའི་སྨན་རྩིས་ཀྱི་གཞུང་ལ་གཞན་དྲིང་མི་འཇོག་པའི་སྨན་རྩིས་རབ་འབྱམས་པ་དང་། འབུམ་རམས་པ་མང་པོ་ཐོན་པ་ཡང་གཞུང་ཆེན་འདི་ཚོར་འཆད་ཉན་གནང་བའི་རྒྱུན་བཟང་དང་འབྲེལ་བ་དམ་ཟབ་ཡོད། སྡེ་སྲིད་ཀྱི་ལྷུགས་རྩོམ་འགངས་ཆེ་བ་དྭ་ལའི་ལྔ་པ་ཆེན་པོའི་གསུང་རྣམ་དུ་ཀཱུ་ལའི་གོས་བཟང་གླེགས་བམ་གསུམ་གྱི་འཕྲོ

མཐུད་དུ་ཀུ་ལ་“ ང་པ་ལ་ཐོག་གྲངས་སུམ་བརྒྱ་དང་རེ་གསུམ། རྣམ་ཐར་ཆ་པ་ལ་སུམ་བརྒྱ་སོ་དགུ། རྣམ་ཐར་ཆ་པ་ལ་སུམ་བརྒྱ་གྱ་གསུམ། རྣམ་ཐར་དོན་བསྡུ་གཞན་གསོས་ཀྱི་སླུ་ལ་བརྒྱ་གོ་བཞི། པོ་ཏ་ལའི་རྒྱལ་བ་ལྔ་པའི་གསེར་གདུང་ཆེན་པོའི་དཀར་ཆག་ཐར་གླིང་རྒྱ་མཚོ་ལ་བདུད་བརྒྱ་རེ་བདུན། རྒྱལ་བ་ལྔ་པའི་ཕུར་ཚ་མེ་འཛིན་མའི་དཀར་ཆག་ལ་བཅུ་དགུ། ལྷ་ས་དང་པོ་ཏ་ལ་བྲུང་གི་སྐོར་ཚད་ལ་བརྒྱ་དང་བཅུ་གཅིག་ཚོགས་མཆོད་ཆེན་མོའི་བཅའ་ཁྲིག་མཆོད་སྦྱིན་མི་བཟད་ལ་དགུ་བཅུ་གོ་དགུ། གནས་ཆུང་པེ་ཏར་ལྡོག་གི་དཀར་ཆག་ལ་བཅུ་གསུམ། པོ་ཏ་ལའི་གྲྭ་ཚང་རྙིང་མའི་ཐུགས་རམ་པའི་མཆོད་བརྗོད་བྱ་ཚུལ་སྔོན་འགྲོ་སྒྲ་འཛིན་ཡིད་གསོས་ལ་བཞི་བཅུ་ཞེ་དྲུག ལོ་གསར་དགའ་སྟོན་འཕེལ་གཏམ་ལ་ཞེ་དྲུག རྒྱལ་པ་སྐུ་ལྔ་པ་དྲུག་པར་འཕོས་པའི་སྐོར་གྱི་གཏམ་རྣ་བའི་བཅུད་ལེན་ལ་བརྒྱ་དང་བཅུ། རྒྱལ་པ་ཚངས་དབྱངས་རྒྱ་མཚོའི་རྣམ་ཐར་གསེར་གྱི་སྙེ་མ་ལ་ལྔ་བརྒྱ་གསུམ། ཚངས་དབྱངས་རྒྱ་མཚོའི་སྔོན་འགྲོ་ཆོས་བཤད་བྱ་ཚུལ་ཁྲིག་པའི་གཏམ་ལྷའི་རྔ་ཆེན་ལ་ཉིས་བརྒྱ་དང་གཅིག རྒྱལ་བ་ལྔ་པའི་འཕྲུངས་རབས་རྣད་བྱུང་བསྐལ་པ་མར་བཅུ་གསུམ། དེའི་འགྲེལ་པ་མུ་ཏིག་ཆུན་པོ་ལ་བདུན་ཅུ་དོན་དགུ། སངས་རྒྱས་རྒྱ་མཚོ་རང་གི་འཕྲུངས་རབས་ཐོག་མེད་བསྐལ་པ་མ་ལ་བཞི། གཡུ་ཐོག་ཡོན་ཏན་མགོན་པོ་རྙིང་མའི་རྣམ་ཐར་བཀའ་རྒྱ་མ་ལ་བརྒྱ་དང་ཞེ་དགུ། གཡུ་ཐོག་གསར་མའི་རྣམ་ཐར་ལ་བཅོ་བརྒྱད། （ གོང་དུ་གསལ་བའི་）ཐུག་ལུགས་རྩིས་ཀྱི་ལེགས་བཤད་མཁས་པའི་མགུལ་རྒྱན་བཻ་ཌཱུརྱ་དཀར་པོ་དོ་ཤལ་དཔྱོད་ལྡན་སྙིང་ནོར་ལ་དྲུག་བརྒྱ་དང་གསུམ། དེའི་དོགས་སེལ་འཕྲུངས་རྒྱས་ལག་ངག་དབང་གི་སྐན་སྒྲོན་ཞུ་བ……དེའི་ལན་སངས་

རྒྱས་རྒྱ་མཚོས་མཛད་པ་གཡའ་སེལ་ལ་བཞི་བརྒྱ་དང་བདུན་ཅུ་དོན་གསུམ། སྨན་གཞུང་བཻ་ཌཱུརྻ་སྔོན་པོ་ལ་སྟོང་དང་བདུན་ཅུ་དོན་གསུམ། མན་ངག་ལྷན་ཐབས་དུས་མིན་འཆི་ཞགས་གཅོད་པའི་རལ་གྲི་ཟླུག་རྫུའི་ཚ་གདུང་སེལ་བའི་ཀཱུ་རའི་པར་རྙིང་ལ་ཉིས་བརྒྱ་གོ་བདུན…… གསོ་རིག་གི་ཁོག་འབུག་གནད་ཀྱི་ལྡེ་མིག་ལ་ཉིས་བརྒྱ་གོ་གསུམ། ……དགའ་ལྡན་ཆོས་འབྱུང་བཻ་ཌཱུརྻ་སེར་པོ་ལ་བཞི་བརྒྱ་དང་བཅུ་དགུ། ……སྟོང་ཕྲག་བརྒྱ་པ་འབུམ་གྱི་འགྲེལ་ཆང་ལ་བདུན་ཅུ་དོན་གཅིག ཁྲིད་སྐོར་འི་ཡི་གེ་དྲང་ཐེག་དྭངས་ཤེལ་མེ་ལོང་ལ་བཞི་བཅུ་ཞེ་གསུམ། འདི་རྣམས་པར་ལ་འཁོད་པ། པར་ལ་མེད་པ་སྨྲའི་མཚན་འགྲེལ་པོད་གཅིག་སྨན་གྱི་པོད་གཅིག རྩིས་ཀྱི་པོད་བཞི་སྟེ་པོད་དྲུག་རྣམས”①ཞེས་གསལ་བ་དང་། ད་དུང་བཟོ་རིག་པའི་བསྟན་བཅོས་དཔྱོད་ལྡན་ཡིད་གསོས་ཞེས་པ་དང་། གར་གྱི་བསྟན་བཅོས་མིག་ཡིད་རྣ་དགའ་སྟོན་བྱ་བ་སོགས་ཡོད་རུང་། གང་ཡིན་ཞེ་ན་ཁོང་གི་སྐུ་ཚེའི་མཐའ་མཇུག་ཏུ་བར་ཆད་ངན་པ་དེ་ལྟ་བུ་བྱུང་བས་གོང་གསལ་ཐར་ནས་པར་ལ་འཁོད་པ་དེ་དག་ཤུད། དེ་ཁྱིངས་རྣམས་པར་དུ་བསྐོ་རྒྱུ་ལྟར་བཞག་ཕྱོགས་སྒྲིག་ཆ་ཚང་བ་ཞིག་ཀྱང་བྱུང་ཚོད་མི་སྣང་བས་སོ། དེ་མིན་དཔེར་ན་ཏྲཱ་ལའི་དྲུག་པ་ཁྲི་འདོན་ཞུ་སྐབས་སྡེ་སྲིད་རང་གི་བརྩམས་ཆོས་ཕུལ་བར་རིག་པའི་གནས་ཆེན་ལྔའི་གསུང་རྩོམ་པོད་ཉི་ཤུར་ཉེ་བ་ཡོད་ལུགས་རྣམ་ཐར་གསེར་གྱི་སློ་མར་འཁོད་འདུག་ཅིང་། དེ་ནས་ཀྱང་སྐུ་ཚེའི་འཕེན་པ་མ་རྫོགས་བར་ད་དུང་མི་ལོ་བརྒྱད་ཙམ་གྱི་དུས་ཚོད་ཡོད་པ་དེའི་

① (སློང་རྡོལ་གསུང་འབུམ་(ར)པ་ཤིང་པར་ཤོག་གྲངས58 – 59)

རིང་ལ་བཀའ་རྫོམ་ནུ་མཐུད་གནང་སྲིད་པ་ནི་མཁྱེན་རབ་དང་མཛད་པ་མང་པོའི་ཐོག་ནས་མཚོན་ཐུབ་པ་བཅས་ང་ཚོས་གསལ་པོར་མཐོང་ཐུབ་པ་ནི་སྡེ་སྲིད་འདི་ཉིད་ཀྱིས་སྲིད་སྐྱོང་གནང་རིང་ཆོས་སྲིད་གཉིས་ཀའི་འཁྲུར་བཞེས་མཛད་བྲེལ་ཆེ་ལ་སྐུ་ཚེ་ཡང་དེ་ཙམ་གྱི་རིང་བ་མ་བརྟན་ཙང། བོད་རིག་པའི་སྐོར་སྟོན་མེད་ཀྱི་བཀའ་རྩོམ་གྲགས་ཅན་མང་པོ་གནང་ཐུབ་པ་འདི་ཁོ་ནའང་སྤྱིར་བཏང་གི་མིའི་བློ་ཡུལ་ལས་འདས་པ་ཞིག་ལགས་སོ།

(5) ཏཱ་ལའི་བླ་མ་ལྔ་པ་ཆེན་པོ་སྐུ་གཤེགས་པ་དེ་ཡུན་རིང་གསང་རྒྱ་གནང་བ།

སྡེ་སྲིད་སངས་རྒྱས་རྒྱ་མཚོས་སྲིད་འགན་བཞེས་པའི་ལོ་གསུམ་པ་རབ་བྱུང་བཅུ་གཅིག་པའི་ཆུ་ཁྱི་སྤྱི་ལོ1682ལོར་ལྔ་པ་ཆེན་པོ་ཞི་བར་གཤེགས། དེ་ཡང་ལྔ་པ་ཆེན་པོ་སྐུན་བཞེས་སྐུ་ཚེ་འདིའི་མཛད་པ་མཐའ་མར་ཉེ་བའི་ཚེ་སྡེ་སྲིད་མཆོག་ལ་ལུགས་ཟུང་གི་བསླབ་བྱ་ཁྱད་པར་བ་དུ་མ་དང༌། བོད་རྒྱ་སོག་གསུམ་གྱི་ལར་རྒྱ་སྐྱོང་ལུགས། སྐུ་འདག་པ་རེ་ཞིག་གསང་རྒྱའི་ཇོས་བྱ་བ་ཆེ་ཕྲ་ཐུགས་བློས་མ་ཆོད་པ་མཐའ་དག་ལྔ་མོར་བརྟག་བསྒྲིལ་གྱིས་ཞེས་ཞལ་ཆེམས་གནང་བ་སོགས་སྐྱོ་བ་ཚད་མེད་པ་དགོངས་གཞི་བསྐུལབས་པའི་སྟོབས་ཤུགས་སུ་འགྱུར་ནས་སྐུ་གཤེགས་པའི་མཚན་མོ་དེ་རང་དགེ་སློང་འཇམ་དབྱངས་གྲགས་པ་སོགས་དེར་ཡོད་སྐུ་བཅར་ཚང་མས་གསང་རྒྱ་དུས་ཇི་ཙམ་དགོས་པའི་སྐོར་ལྔ་མོར་བརྟག་བསྒྲིལ་ཞུས་པར་ཡང་སྲིད་ཕེབས་ནས་གདན་འདྲེན་བར་གསང་དགོས་ཕེབས་དོན་བཞིན་སྡེ་སྲིད་སྐུ་ངོ་མས་དབུས། སྐུ་བཅར། ཞབས་འབྲིང་གསང་ཁོག་ཏུ་དགོས་པ་ཚང་མས་གསང་སྒྲོག་མི་བྱེད་པའི་གནའ་གན་མཐུ་མོ་ཆེ་འཇོག་གནང་གིས་ཕྱི་རྒྱར་ལྔ་པ་ཆེན་པོ་

བཅད་རྒྱ་དམ་པོར་བཞུགས་པའི་ཚུལ་བྱས། མན་ཧྲ་གོང་མ་ཁང་ཤི་ལ་ལྷ་པ་ཆེན་པོ་གཤེགས་པའི་ཚུལ་དངོས་སུ་མ་ཞུས་ཀྱང་། ཐུགས་ནས་སྐྱོན་པའི་ཆེད་ལྷ་པ་སྐུ་ངོ་མས་གནང་ཁྲུལ་གྱི་ཕྱག་བྲིས་དང་། ལྷ་པ་ཆེན་པོས་རྣམ་ཀུན་འབྲལ་མེད་བཞེས་པའི་ཆོས་གོས་རྣམ་གསུམ། འཛིམ་པ་ལས་གྲུབ་པའི་ལྷ་པའི་འདྲ་སྐུ་ཞིག་བཅས་མི་སྣ་ཆེད་དུ་མངགས་ཏེ་ཕུལ་བ། ལྷ་པ་ཆེན་པོའི་སྐུའི་རིམ་གྲོ་དང་། བསྟན་སྲིད་བདེ་རིམ་ལ་ཁ་གཡར་ཏེ་དགོངས་རྫོགས་རྒྱ་ཆེན་བསྒྲུབས་པ། མཚམས་རེ་གོང་མས་མངགས་པའི་མི་སྣ་དང་། སོག་པོའི་སྦྱིན་བདག་གལ་ཆེ་བ་ལྷ་པ་ཆེན་པོ་སྐུ་ངོ་མས་མཇལ་ཁ་མ་གནང་ཐབས་མེད་ཀྱི་རིགས་ལ་ལྷ་པ་ཆེན་པོའི་ཞལ་དབྱིབས་དང་འདྲ་བ་རྩེ་རྣམ་རྒྱལ་གྲྭ་ཚང་གི་སྡེ་པ་བཀྲས་རབ་པས་སྐུ་བརྫུས་ཏེ་མཇལ་ཁ་གཏོང་བ། ཆབ་ཤོག་སོགས་བཀའ་རྩོམ་དགོས་རིགས་སྡེ་སྲིད་རང་གིས་འགན་བཞེས་པ། གསང་རྒྱའི་སྐབས་ད་དུང་སྐུའི་ཡང་སྲིད་མངོན་ཆུང་གིས་རྩད་གཅོད་དགོས་པ་སོགས་ཐབས་རྣམ་དུ་མས་ཕྱག་ལེན་བསྟར་བ་ནི་གཙོ་བོར་ལྷ་པ་ཆེན་པོའི་དགོངས་གཞི་དགོས་པ་དང་། ཡང་སྔོན་སྐབས་དེའི་བསྟན་སྲིད་དགོས་མཁོར་དགོངས་པའི་ཐབས་མཁས་ཀྱི་མཛད་པ་འགང་ཆེན་ཞིག་ཡིན་ཏེ་སྐྱེ་བོ་ཐམས་ཅད་ལྷ་པ་ཆེན་པོ་འཚོ་ཞིང་གཞེས་པར་བཞུགས་ཡོད་སྙམ་པའི་མུར་ཡུན་རིང་པོ་དེ་ཙམ་གསང་རྒྱ་གནང་ཐུབ་པ་དེ་ནི་དངོས་འབྲེལ་ཧང་སངས་དགོས་པ་ཞིག་ལོས་ཡིན། འོན་ཀྱང་གནད་དོན་དེ་དག་གི་ཐད་སྡེ་སྲིད་མཆོག་ལ་གནང་མ་བདེ་དང་། གསང་བ་ཕྱི་གྱུར་ཡོང་གཞིའི་སྐུ་ངལ་དང་ཉེན་ཁ་མང་པོ་འཕྲད་ཡོད། དཔེར་ན་སྐུ་རྫུས་བྱེད་མཁན་སྡེ་པ་བཀྲས་རབ་པས་སྐབས་རེ་ང་བཙོན་ལ་སྡོད་དགོས་པའི་བྱ་བ་གང་ཡང་བྱས། ང་ཕྱི་ལ་ཐོན་གྱི་ཡིན་ཞེས་ཤོར་བ་

དང་། རྫིག་གཏམ་གཏོང་བ་སོགས་ལ་འཕྲུལ་ཡུན་དང་སྤྱི་སྒེར་གྱི་གནས་ལུགས་བབ་གསེས་འཇམ་མཁས་ཀྱིས་བློ་འགུག་ཐབས་གནང་དགོས་པ་དང་། གསང་རྒྱ་ཡུན་རིང་བས་གཞུང་ཞབས་ནང་ཁུལ་དུ་དོགས་པ་སྐྱེ་བར་གང་ལ་དེ་འཚམ་གྱིས་གསང་སྒོ་མི་འཚོལ་བའི་ཐབས་ཤེས་མཛད་དགོས་པ། ལྷག་པར་གསང་བཪྗོལ་མ་མཛད་པའི་རྐྱེན་གྱིས་འབྱུང་འགྱུར་གོང་མ་ཆེན་པོ་དགོངས་ཕྱོགས་གཏད་དེ་མ་ངེས་པའི་གནད་དོན་ཇི་ཡོང་ལ་སོགས་པ་ལྟ་བུའོ།

འདིའི་སྐོར་ཡཱ་ཧན་ཀྲང་གི་བརྩམས་དེབ་ནང་“1696ལོར་(ཆིང་རྒྱལ་རབས་ཀྱི་ཁང་ཤིའི་ཁྲི་ལོ35ལ་) གོང་མ་ཁང་ཤིས་དཔུང་ཆེན་ཁྲིད་དེ་རང་ཉིད་ངོ་མས་ཇུན་གར་འདུལ་སྐབས་ཕྱི་སོག་གི་ཁེ་ལུའུ་ལུན་ཧོ་ཆུ་བོའི་རྒྱུན་དུ་ཇུན་གར་གྱི་དམག་དཔུང་ཕམ་པར་བྱས་ནས་དགའ་ལྡན་གྱིས་དུག་བཏུང་ནས་རང་ཤི་བརྒྱབ་ཅིང་དམག་ཡོངས་རྫོགས་རྩ་མེད་དུ་ཕྱིན་པ་རེད། དེ་ནས་གོང་མ་ཁང་ཤིས་གསོན་བཟུང་དུ་ཚུད་པའི་བོད་པའི་ཁ་ནས་ཏཱ་ལའི་བླ་མ་སྐུ་ཕྲེང་ལྔ་པ་གཤེགས་ནས་ལོ་མང་པོ་ཕྱིན་པའི་གནས་ཚུལ་གོ་རྗེས་སྡེ་སྲིད་སངས་རྒྱས་རྒྱ་མཚོར་ཡི་གེ་ཞིག་བཏང་བ་དེའི་ནང་དུ་བཀྲོན་འདྲི་བཙན་པོ་བྱས་པ་གཤམ་གསལ།

‘ངེད་ཀྱིས་མགོ་བཏགས་པའི་བོད་པར་འདྲི་དུས་ཚང་མས་ཏཱ་ལའི་བླ་མ་སྐུ་གཤེགས་ནས་ཡུན་རིང་པོ་ཕྱིན་འདུག་ཅེས་ཤོད་ཀྱི་འདུག་ཀྱང་། ཁྱེད་ཀྱིས་ད་ལྟའང་གསང་རྒྱ་བསྡམས་ནས་བསྡད་དེ་སྙན་སེང་ཞུས་མ་བྱུང་། དེས་མ་ཚད་ཏཱ་ལའི་བླ་མ་ཞལ་བཞུགས་དུས་ལྷུགས་རེ་རིང་པོའི་ཕྱི་རོལ་དུ་ལོ་དྲུག་ཙུ་ལྷག་ཙམ་རིང་དུས་བདེ་ཞི་འཇགས་བྱུང་ཡོད་རུང་། ཁྱེད་ཀྱིས་

དགའ་ལྡན་ལ་དམག་ཟིང་སློང་རྒྱུའི་ངན་སྐུལ་ཡང་ཡང་བྱས་ནས་གཞན་སྡུག་སྙིང་ཚིམ་བྱེད་ཀྱི་འདུག་པས་དམ་པའི་ཆོས་དང་མཐུན་པ་གང་དུ་ཡོད། ཏཱ་ལའི་བླ་མ་དང་པཎ་ཆེན་རྣམ་གཉིས་ཀྱིས་མཉམ་དུ་ཆོས་ལུགས་ཀྱི་གཙོ་འགན་བཞེས་ཏེ་སྔར་ནས་གཅིག་ཚབ་གཅིག་བྱེད་ཀྱིས་བདག་སྐྱོང་གནང་གི་ཡོད་པས་གལ་སྲིད་ཏཱ་ལའི་བླ་མ་སྐུ་གཤེགས་ཡོད་ན་ཆོས་སྐྱོང་རྣམས་ལ་ཞུས་ཏེ་པཎ་ཆེན་ལ་ཙོང་ཁ་པའི་ཆོས་ལུགས་ཀྱི་གཙོ་འགན་བཞེས་སུ་གསོལ་དགོས་ཀྱང་། ཁྱོད་ཀྱིས་མང་ཚོགས་རྣམས་པཎ་ཆེན་ལ་གོང་བཀུར་ཞུ་རུ་མི་འཇུག་པར་རང་ལ་གོང་བཀུར་ཞུ་རུ་བཙུག་པ་མ་ཟད། པཎ་ཆེན་པེ་ཅིན་དུ་ཕེབས་རྒྱུ་བཀག་འགོག་ཀྱང་བྱས་འདུག་ངེད་ཀྱིས་ཁལ་ཁ་ཆེ་བ་དང་ཧྲུན་གར་ཆེ་བ་གཉིས་བར་འདུམ་བྱེད་བསམས་ཀྱང་། ཁྱོད་ཀྱིས་སྤྱོད་པ་ངན་པའི་རྗེ་དྲུང་བཏང་ནས་ཨུའུ་ལན་ཕུའུ་ཐུང་ཡུལ་དུ་གཡུལ་འགྱེད་བྱེད་སྐབས་རྒྱན་དམག་གི་ཆེད་དུ་མོ་བཏབ་སྟེ་ཚེ་ཆ་དང་བསྟུན་ནས་རིམ་གྲོ་བསྒྲུབས་ཐོག ཀྱང་ཀའི་ཧྲན་རི་བོའི་སྐད་ནས་དམག་འཐབ་བྱེད་ཚུལ་ལ་བལྟས་ནས་རྒྱན་དམག་ལ་རྒྱལ་ཁ་ཐོབ་པ་མཐོང་ན་ཁ་བཏགས་གཡོག་ཅིང་། རྒྱན་དམག་ལ་ཕམ་ཁ་འཁེལ་བ་མཐོང་ན་དེའི་ཚབ་བྱས་ནས་ཞི་མཐུན་ཡོང་ཐབས་བྱེད་ཀྱི་ཡོད་པས་ངེད་ཀྱི་རྗེས་སྙེག་དམག་དཔུང་ལ་འགོར་གཞི་ཐེབས་པ་རེད། དེ་དག་ཚང་མ་ཁྱོད་དགའ་ལྡན་གྱི་ཕྱོགས་སུ་ལངས་པ་ལས་བྱུང་བ་ཤ་སྟག་རེད། ད་ལྟ་ཧྲུན་གར་མི་བསྡུན་པ་ཚར་བཅད་ནས་རྒྱལ་ཁ་ཐོབ་པའི་རྗེན་དུ་དགའ་ལྡན་གྱི་སློ་གྲེ་གཅིག་དང་། ཁོའི་སྐྱེ་དམན་ཨ་ནུའི་སྐུ་བརྙན་གཅིག་དང་གཙུ་གཅིག་བཅས་བཀུར་ནས་བཏང་ཡོད་པས་ཁོ་ཏཱ་ལའི་བླ་མ་དང་ཐུག་འཕྲད་བྱས་ཚོགས་པ་དང་པཎ་ཆེན་པེ་ཅིན་དུ་ཕེབས་ཚོགས་པ་བྱེད་དགོས་ཤིང་། རྗེ་

ཧྲུང་འཛིན་བཟུང་བྱས་ངེད་ཀྱི་རྩར་སྐྱེལ་དགོས། གལ་ཏེ་དེ་ལྟར་མ་བྱས་ན་ངེད་ཀྱིས་ཡུན་ནན་དང་། སེ་ཁྲིན། ཧྲའན་ཞི་བཅས་ཀྱི་དམག་དཔུང་བཏང་ནས་མཁར་གྱི་འཁྲིས་སུ་ཁྱོད་དང་འཐྲད་རྒྱུ་ཡིན་པས་ཁྱོད་ཀྱིས་ཨོ་རོད་ཚོ་བ་བཞིའི་མི་རྣམས་མཉམ་རུབ་བྱས་ནས་སྐྱུག་བསྡད་ཆོག མཇུག་འབྲས་ཇི་ལྟར་བྱུང་ཡང་འགྱོད་པ་མ་བྱེད་ཅིག' ཅེས་བྲིས་ཡོད་པ་རེད།

སྡེ་སྲིད་སངས་རྒྱས་རྒྱ་མཚོའི་ལག་ཏུ་ཡི་གེ་དེ་འབྱོར་རྗེས་ཆིང་རྒྱལ་རབས་ཀྱི་སྲིད་གཞུང་གི་ཟིལ་ཤུགས་ལ་སྐྲག་ནས་དངངས་འཚབ་ཏ་ཅང་ཆེ་བོ་སྐྱེས་ཏེ་(1679)ཕྱི་ཅིན་དུ་མི་བཏང་ནས་གོང་མ་ཁང་ཞིར་གསང་བའི་ཡི་གེ་ཞིག་ཕུལ་བ་དེའི་ནང་དུ།

'འགྲོ་བ་རྣམས་སྐལ་བ་དམན་པས་དྷ་ལའི་སྐུ་ཕྲེང་ལྔ་པ་ཆུ་ཁྱི་ལོར་སྐུ་གཤེགས་ཤིང་། ཁོང་གི་ཡང་སྲིད་ཕེབས་ནས་དགུང་ལོ་བཅོ་ལྔ་ཕེབས་ཡོད་པ་རེད། དེ་སྔོན་བོད་རིགས་མི་སེར་གྱིས་ཟིང་ཆ་བསླངས་དོགས་ཀྱིས་སྐུ་གཤེགས་པ་གསང་རྒྱ་སྡོམ་དགོས་བྱུང་། ད་ལྟ་སླང་ལོའི་ཟླ་བ་བཅུ་གཉིས་པའི་ཚེས་བཅོ་ལྔ་ཉིན་ཁྲི་འདོན་བྱེད་རྒྱུ་ཐག་བཅད་ཡོད། གོང་མ་ཆེན་པོ་གང་ཉིད་ལ་དེ་དོན་ཕྱིར་བསྒྲགས་མ་གནང་བའི་རེ་འདུན་ཞུ་རྒྱུ་ཡིན། པཎ་ཆེན་ལྷ་འབྲུམ་བསྟུན་མ་སྨྱོང་བས་རྒྱལ་སར་ཕེབས་མི་ནུས། རྗེ་དྲུང་གང་ཐུབ་ཅི་ཐུབ་ཀྱིས་རྒྱལ་སར་སྐྱེལ་རྒྱུ་ཡིན་པ་སྨོས་མེད་རེད། ཡིན་ནའང་ཁོར་སྲུག་ཐོག་གི་ཁྲིམས་གཙོད་མི་མཛད་པ་ཞུ' ཞེས་བཤད་ཡོད་པ་རེད། སྐབས་དེར་ཆིང་རྒྱལ་རབས་ཀྱི་སྲིད་གཞུང་གིས་བོད་ལྗོངས་ལ་དབང་སྒྱུར་བྱེད་ཤུགས་དེ་དོན་དངོས་ཐོག་ཏ་ཅང་ཞན་པོ་ཡིན་པས་གོང་མ་ཁང་ཤིས་འབྱོར་

ཡིག་ནང་དུ་བཏོན་པའི་རི་འདུན་དེ་དག་ཁས་མི་ལེན་ཐབས་མེད་བྱུང་བ་རེས”①ཅེས་གསལ་འདུག་ཅིང་། བོད་ཀྱི་ཡིག་ཚའི་ནང་1696བོད་མེ་བྱི་མོའི་ཟླ་བ་ལྔ་པའི་ཚེས་བཅུ་ཉིན་ཐོག་མར་ཡང་སྲིད་རིན་པོ་ཆེའི་ཡབ་ཡུམ་གཉིས་ལ་གསང་བརྗོལ་ཏེ་ད་ཆ་རྒྱལ་བའི་མཆོག་སྤྲུལ་དུ་ཐུགས་གཏན་འཁེལ་ཚུལ་གསེད་བཀྲོལ་ཞུས་པ་དང་། མོ་དེ་གའི་ནང་ཉི་མ་ཐང་པའི་ཞབས་དྲུང་ངག་དབང་གཞོན་ནུ་རྒྱལ་ནང་དུ་ཆེད་གཏོང་གིས་ཆིང་གོང་མ་ཁང་ཤི་མཆོག་ལ་གསང་རྒྱ་གསལ་ཞུ་དང་། ཡང་སྲིད་མཆོག་སྤྲུལ་ཡང་སྐུ་ནར་སོན་ཚུལ་དང་སྤྲུགས་འགྱུངས་མིན་པོ་ཏཱ་ལར་གདན་ཞུས་ཀྱི་ཁྲི་འདོན་ཞུ་རྒྱུའི་སྐོར་སྙན་སེང་ཞུ་གནང་ལྟར་གོང་མ་ཆེན་པོའི་དགོངས་པར་འབྱོར་པའི་སྐོར②ཙམ་ལས་གསལ་བ་མ་འཁོད་སྐབས་འདིར་ཁ་སྐོང་དུ་དྲངས་པ་ལགས་ཤིང་། བོད་ཁུལ་དུ་གཞུང་ཞབས་སྤྱི་དང་། སེ་འབྲས་དགའ་གསུམ། ལྷ་སའི་མི་དམངས་བཅས་ཁག་སོ་སོར་གསང་རྒྱ་བཀྲོལ་བའི་ཁྱབ་བསྒྲགས་ནི1697བོད་མེ་གླང་ཟླ་བ་བརྒྱད་པའི་ཚེས་ཉེར་དགུ་ཉིན་དུས་གཅིག་ལ་བྱས་པར་གྲགས། དེ་ལྟར་ན་གོང་མར་གུང་སེང་ལོ་གཅིག་གི་སྔོན་ལ་ཞུས་པར་མངོན། གསང་རྒྱ་དེ་ལ་གཞུང་ཞབས་སོགས་ཀྱི་ཁོངས་ནས་མ་འདོད་པ་བྱེད་མཁན་ཁག་གཅིག་ཀྱང་བྱུང་ཚུལ་གསལ་འདུག་པ་བཅས་མདོར་ན་བྱ་བ་འདི་ནི་ཁམས་ཆེ་བ་ཞིག་ཡིན་སྐབས་ལྟ་སྟངས་དང་བརྗོད་ཚུལ་འདྲ་མིན་སྣ་ཚོགས་ཡོད་པ་ནི་སྨྲོས་མ་དགོས་པ་ཞིག་ལགས་སོ།

① (ཏཱ་ལའི་བླ་མའི་རྣམ་ཐར་བོད་ཡིག་དེབ་ངོས93 –96)

② (རབ་གསལ་གསེར་གྱི་སྙེ་མ་ཤིང་པར་མ་ཤོག་གྲངས287)

གཉིས་པ། ཏྭ་ལའི་བླ་མ་སྐུ་ཕྲེང་དྲུག་པ་ ཚངས་དབྱངས་རྒྱ་མཚོའི་སྐབས།

1. ཚངས་དབྱངས་རྒྱ་མཚོ་ཏྭ་ལའི་བླ་མ་ལྔ་པའི་ཡང་སྲིད་དུ་ ངོས་འཛིན་དང་གསེར་ཁྲིར་མངའ་གསོལ་ཞུས་པ།

ཏྭ་ལའི་བླ་མ་སྐུ་ཕྲེང་དྲུག་པ་བློ་བཟང་རིན་ཆེན་ཚངས་དབྱངས་རྒྱ་མཚོ་མཆོག་ནི། མཚོ་སྣ་རྫོང་ཁོངས་མོན་ལ་འོག་ཡུལ་གསུམ་ཤར་ཚོའི་ཁོངས་པེ་དཀར་ནས་ཧ་དབང་ཨོ་རྒྱན་གླིང་དུ་གནས་སྤོས་པའི་ཡབ་སྨྱོས་རིགས་གཏེར་སྟོན་པདྨ་གླིང་པའི་དཔོན་བརྒྱུད་ཕྱུགས་འཚང་བླ་མ་བཀྲ་ཤིས་བསྟན་འཛིན་དང་། བོད་ཀྱི་ཆོས་རྒྱལ་ཁྲི་རལ་པ་ཅན་གྱི་སྐུ་མཆེད་པའི་མ་ཡུམ་རྒྱལ་རིགས་ཚེ་དབང་ལྷ་མོ་གཉིས་ཀྱི་སྲས་སུ་སྤྱི་ལོ1683བོད་རབ་བྱུང་བཅུ་གཅིག་པའི་ཆུ་ཕག་ལོའི་ཟླ་བ་གསུམ་པའི་ཚེས་གཅིག་ལ་སྐུ་བལྟམས། འཁྲུངས་ལྟས་ངོ་མཚར་ཆེ་བ་ཇི་སྙེད་བྱུང་བར་གྲགས་ཤིང་། དགུང་ལོ་གསུམ་ཙམ་ནས་བྱིས་པ་ཕལ་པའི་སྤྱོད་ཚུལ་དང་མི་འདྲ་བའི་ཤིང་ལོ་སོགས་ལ་ཡི་གེ་འབྲི་སློག་དང་། ས་རིས། གཏོར་བཟོ། མཆོད་པ་འབུལ་བ། རོལ་མོ་བཀྲོལ་བརྡུང་གི་ཚུལ་སོགས་ཀྱིས་དུས་འདའ་ཞིང་། དབུས་གཙང་ཐམས་ཅད་ངའི་ཡིན། ང་ནི་ངག་དབང་བློ་བཟང་རྒྱ་མཚོ་ཡིན། པོ་ཏ་ལར་འགྲོ། ང་ལ་སྡེ་པ་ཡོད་གསུང་བ་སོགས་ཧ་ཅང་གསལ་ཆེ་བའི་མཛད་པ་ངོ་མཚར་ཅན་དུ་མ་བསྟན་པར་གྲགས་ཤིང་། རྒྱལ་བའི་ཡང་སྲིད་ཡིན་ལུགས་མོན་

ཁྲུལ་དུ་སྐད་གྲགས་ཆེན་པོ་བྱུང་བར་བརྟེན། སྐུ་ཞང་གིས་ཕྲག་དོག་དང་བཅས་འབྲུག་པའི་ཕྱོགས་ནས་ཀྱང་ཡང་ཡང་མཐོན་ཆུང་མྱུང་བརྩད་བྱས་ཏེ། འབྲུག་ཡུལ་དུ་གདན་འདྲེན་རྩིས་ཀྱི་ཉེན་ཁ་འཕྲད་རྐྱེན་དེ་ཁྲུལ་གྱི་སེར་སྐྱ་བསམ་ཤེས་ཅན་ཆོས་བསྐུལ་བ་ལྟར་མཆོ་སྣ་རྫོང་སྡོད་ཤུན་རྒྱ་ཡག་པ་དང་། འཕྱོངས་རྒྱས་པུ་ཤུད་པ་གཉིས་ཀྱིས་གནས་ཚུལ་རྣམས་སྡེ་སྲིད་སངས་རྒྱས་རྒྱམ་པར་སྙན་ཞུ་ཕུལ་བའི་བཀའ་ལན་སྩལ་བར" པད་གླིང་དཔོན་བརྒྱུད་ལས་བྱུང་བའི་སྐུ་སྐྱེ་ཡིན་ཟེར་བ་དེ་རིགས་གཏམ་ཕྱུར་བརྟབས་ཞོགས་ཆེ་བ་དངོས་གཞི་སངས་རྒྱས་བྱང་སེམས་ཀྱི་མཛད་པ་ཚད་བཟུང་དཀའ་ཡང་། ཉེ་ལམ་འདི་ཕྱོགས་མིའི་འགྲོ་བ་མཆོག་དམན་རྣམས་ཀྱི་སྣང་ངོར་ཡ་མཚན་མི་མཚན་སྣ་ཚོགས་ཡོད་པར་བརྟེན་གཏམ་འཆལ་ཕྱུར་ཞོགས་ཆེ་བ་བཟློག་ཐབས་གནང་དགོས་སྐོར་སོགས་གོང་དུ(ལྷ་པ་ཆེན་པོ་) སྙན་འབུལ་ཞུས་པའི་ཕྱིར་ཕེབས་སུ། ངེད་རང་ལ་ཆེ་འཕྲང་བར་ཆད་ཡོད་པར་ཤི་སྒྲ་བཀྱེ་བ་ལྟ་བུའི་རིམ་གྲོར་འགྲོ་ཤས་ཁ་ཞེང་། དེ་གོང་ཞ་ལུ་མཁན་ཆེན་བསོད་ནམས་མཆོག་གྲུབ(ལྷ་པ་ཆེན་པོའི་དབུ་བླ) ཀྱི་ཡང་སྲིད་རྒྱ་གར་རྩ་མཆོག་གྲོང་དང་ཉེ་བར་ཡོང་ཚུལ་བྱུང་བས་ལུང་པའི་བབ་དང་བཅས་དོགས་པ་འདུག་པས་དམ་རྫས་འདི་རྣམས་བྱིན་ཞེས་བཀའ་དྲིན་བསྐྱངས་བྱུང་། སྒྲ་སྒྲིར་ཆེ་བར་བརྟེན་འབྲུག་པས་གསང་དམག་འདྲ་མི་བྱེད་པའི་ངེས་པ་མེད་པས་ཕྱི་སྒྲིམས་ནང་སྡོད་ཀྱི་བཅའ་གང་ཐག་ངོས། གོང་ཞབས་རིན་པོ་ཆེ་སྐུ་ཚེའི་འཕྲེང་ལ་བརྟེན་པའི་ཕྱི་མཚམས་ལས། ནང་དུ་ཆོས་ཀྱི་འཁོར་ལོ་བསྐོར་མུས་སུ་མ་ཟད། རྒྱ་སོག་གི་མི་སྣ་གལ་ཆེའི་རིགས་ལ་མཇལ་ཁ་ཡང་གནང་བཞིན་པར་ཕ་མ་ཉེ་རོགས་ཀྱི་གཏམ་ཆེ་བཟོ་ལུགས་ལ་གཞིགས་ན་ཁྲིམས་གཙོད་

དགོས་ངེས་ཀྱང་། པད་གླིང་དཔོན་བརྒྱུད་གོང་གི་སྤྱན་རྒྱང་ཆེ་ཞིང་། ཞ་ལུ་མཁན་པོ་དབུ་བླར་སོང་བས། ད་ལམ་རིང་ཡངས་པ་བྱས་ཤིང་། སླར་ནས་སྒྲ་སྒྲིར་གང་ཆུང་དགོས་པའི་བཀོད་འདོམས་ཁྲིམས་གཏམ་ལྟ་བུ་མ་ཡིན་པ་འཇམ་གང་ཆགས་བྱེད་པ་དང་། བྱིན་རྟེན་འདི་རྣམས་ཕྱི་གྱུར་པོར་གཟུགས་མེད་པ་སྤྲུལ་སྐུའི་ཞལ་དུ་གང་འགྲོ་གྱིས་” ①ཞེས་བསྐུལ་ཚུལ་གསལ་བ་ལྟར་དེ་ནི་ལྷ་པ་ཆེན་པོ་དགོངས་པ་རྫོགས་པའི་གསང་རྒྱུར་མི་གནོད་ཅིང་། ཞ་ལུ་མཁན་ཆེན་གྱི་སྐུ་སྐྱེར་ངོགས་གཞི་ཡོད་འདྲའི་སྐམ་བསྙིང་གི་ཐོག་ནས་དོན་དུ་སྤྲུལ་སྐུར་བདག་གཅེས་དགོས་པའི་བརྡ་མཚོན་དུ་བྱིན་རྟེན་བསྐུལ་བ་བཅས་ལས། ནང་དོན་རྒྱལ་མཆོག་ལྷ་པ་ཆེན་པོའི་ཡང་སྲིད་དུ་ཐུགས་རེ་ཆེན་པོ་ཆགས་པ་མཚོན་གྱི་ཡོད། སྐུ་ཞང་ན་འཇོམས་སྤུན་ནས་ཡང་སྲིད་ཀྱི་ཡབ་རྗེ་འཁོར་བཅས་ལ་སྣང་སེམས་ཆེན་པོ་བྱེད་པས་འབྲུག་པ་དང་གྱི་ལག་ནང་འབྲེལ་བྱས་ཏེ་གནོད་འཚེ་གཏོང་སེམས་འཆང་གི་ཡོད་ཅིང་། མཚོ་སྣ་རྫོང་སྡོད་ཀྱིས་སྤྲུལ་སྐུ་ཉེན་གཡོལ་ཆེད་ཨོ་རྒྱན་གླིང་ནས་ཤ་འུག་ཏུ་ཤིང་གླང་ཟླ་བ་བཅུ་གཅིག་པའི་ཚེས་བཅུ་བདུན་ཉིན་གདན་དྲངས་པ་དང་། སྤྲུལ་སྐུར་བདག་གཅེས་ཞུ་ཕྱོགས་ཐད་སྡེ་སྲིད་ཀྱི་གོང་གསལ་བཀའ་ལན་བསྐུལ་བར་གསལ་པོ་ཡོད་རུང་རྫོང་སྡོད་གཉིས་སྐུ་ཞང་ན་འཇོམས་ཀྱི་རྒྱུ་བརྟན་བསླུ་ཁྲིད་ཀྱི་དབང་དུ་གྱུར་པས། སྡེ་ལེན་ཞབས་ཏོག་ལེགས་པོ་མ་ཞུས་པར་ཁྲིམས་ཆད་ལྟ་བུའི་སྐོར་བསྐྱིལ་བྱས་ཏེ་འཇིགས་སྣང་གི་དབང་དུ་བཞུགས་དགོས་བྱུང་བའི་དུས་སུ་སྐུ་ཞང་ན་འཇོམས་པའི་གཡོ་འཕྲུལ་ལ་བརྟེན་ནས་སྤྲུལ་སྐུའི་

---

① (རྣམ་ཐར་གསེར་གྱི་སྙེ་མ་)

ཡབ་ཡུམ་གཉིས་ལ་འབྲུག་ཡུལ་དུ་མ་བྲོས་ན་གསོད་རྒྱུ་རེད་ཟེར་ངན་བསྐུལ་ཡང་བྱས་པ་མ་ཟད། ཕྱོགས་གཅིག་ནས་འབྲུག་པར་བརྫུས་ནས་བགྲོངས་རྩིས་ཀྱང་བྱས་པ་སོགས་སྐྱ་ངལ་ཆེན་པོ་བྱུང་བར་གྲགས། འདི་སྐབས་སྡེ་སྲིད་ཀྱིས་ཞ་ལུ་མཁན་ཆེན་བསོད་ནམས་མཆོག་གྲུབ་ཀྱི་སྤྲུལ་སྐུ་ཡིན་པ་ལྷ་པ་ཆེན་པོས་དངོས་སུ་ཐུགས་ཐག་བཅད་གནང་ལུགས་ཀྱི་བཀའ་དང་བཅས་རེ་ཞིག་མཚོ་སྣ་རྫོང་དུ་གདན་ཞུ་བྱེད་དགོས་ཞེས་བསྐུལ་བས། ཤིང་གླང་ཟླ་བ་བཅུ་གཉིས་པའི་ཚེས་བཅུ་གཉིས་ཉིན་ཤ་འུག་ནས་ཐོན་ཏེ་ཚེས་བཅུ་བཞི་ཉིན་མཚོ་སྣ་ལྷུན་གྲུབ་ཡང་རྩེར་ཞབས་ཟུང་བཀོད། སྡེ་སྲིད་ཀྱིས་ཡབ་ཡུམ་སོགས་ལ་བཀུར་གཟིགས་གང་ཆེ་དགོས་པའི་བཀའ་ཡིག་སྤྱི་ཕྱི་ལན་གསུམ་བསྐུལ་རུང་སྐུ་ཞང་གི་རྒྱུ་བརྟན་བསླུ་བྲིད་ཀྱི་ཕྱོགས་སུ་ལྷུངས་པས་མཚོ་རྫོང་གཉིས་ཀྱིས་བཞུགས་ཡུལ་ཀ་བརྒྱད་མའི་ནང་ཐོག་ཁུང་མ་གཏོགས་སྒོ་ཁུང་གང་ཡོད་རྗེ་བརྩིགས་ཀྱིས་བཀག་སྟེ་སྒོ་ལྕགས་བརྒྱབ་ཐོག ངོ་དམ་བྱེད་མི་གཟིམ་ཆུང་པ་རྣམས་ཀྱི་ལག་ཏུ་གཏད། ལུང་པ་བསིལ་ཞིང་ཁ་བ་ཆེ་ཡང་མེ་གཏོང་དུ་མི་འཇུག་པ་སོགས་ཀྱི་གནས་ཚུལ་སྡེ་སྲིད་ཀྱིས་གསན་པས་དེ་ལྟར་མི་ཆོག་པའི་བཀའ་དང་། ཡབ་ཡུམ་ལ་སེམས་གསོའི་ཕྱག་བྲིས་བསྐུལ་དགོས་བྱུང་འདུག་པ་དེ་ལྟར་ཡང་། མཚོ་སྣ་རྫོང་སྡོད་ནས་རྣམ་པར་ཉེན་སྲུང་ཡིན་ཁུལ་གྱིས་ཀ་བརྒྱད་མའི་གཟིམ་སྒོ་ཉིན་མོ་ཕྱེ་བ་ལས་མཚན་གང་སྒོ་ལྕགས་རྒྱག་པ་དང་། ཡབ་ཡུམ་གཉིས་དང་ཡབ་ཀྱི་སྲིང་པོ་བསོད་ནམས། ཕྱག་གཡོག་བསམ་གཏན། ཕྱིས་འཁྲུངས་པའི་སྲས་མོ་བསོད་ནམས་འཛོམས་པ་བཅས་ལ་ཉིན་རེ་རྩམ་རྩིང་ཟླ་བཟོ་རེ། གསོལ་འདེབས་ཀྱང་རྟག་པར་མེད་པ། ལྟོ་ཚང་ཉིན་རེ་སྤྱིལ་མ། ཉིན་གཉིས་རེ་ཙམ་ལ་ཆུ་ཟོམ་རེ་ལས་མི་སྐྱེལ་བ། མི་ཤིང་ཡང་

ཚད་དུ་འཇུག་པ་སོགས་མཚོ་སྔར་ལོ་བཅུ་གསུམ་རིང་འོ་རྒྱལ་བཞེས་དགོས་བྱུང་བའི་སྐོར་ཞིབ་ཆ་ཚང་དབྱངས་རྒྱ་མཚོའི་རྣམ་ཐར་གསེར་གྱི་སྙེ་མའི་ཤོག་གྲངས་བརྒྱ་དང་བཅུ་པའི་ཡིག་ཕྲེང་བཞི་པ་ནས་གསལ་ཡོད། ཕྱིས་སུ་དར་ཁྱབ་བྱུང་བའི་ཤོད་སྒྲོལ་ཞིག་ལ་ཚངས་དབྱངས་རྒྱ་མཚོ་ཕ་ཡུལ་དུ་བཞུགས་པའི་རིང་ཡུམ་དང་ལྷན་དུ་ངལ་རྩོལ་གནང་བ་དང་། ན་ཆུང་མ་ལྷན་དུ་བརྩེ་དུང་གི་རྩེད་འཛེ་གནང་ལུགས་སོགས་དེ་དག་ལ་གཞི་འཛིན་ས་ཅི་འདྲ་ཞིག་ཡོད་མེད་དཔྱད་པར་བྱའོ། སྡེ་སྲིད་ཀྱིས་སྲིགས་བཅད་བཏར་བའི་གསེར་བཞིན་བརྟག་དཔྱད་མཛད་སླད་ཆོས་རྗེ་མཁའ་རིག་པ་གཟིལ་གནོན་རྡོ་རྗེ་དང་། བསོད་རྒྱན་གཉིས་ནང་རྟེན་སྐུ་ཆས་སོགས་ངོ་མ་དང་། ངོ་འདྲ་བསྐུར་ནས་མཚོ་སྔར་ངོས་འཛིན་བརྟག་ཞིབ་ཞུ་བར་གཏོང་གནང་ལ་རྗེའི་བཀའ་ཤོག་རྟེན་བཅས་གནང་བ་མེ་སྟག་ཟླ་བ་ལྔ་པའི་ཚེས་ལྔ་ལ་མཚོ་སྔར་འབྱོར་ཏེ་བརྟག་དཔྱད་ཉིན་བདུན་རིང་ཞུས་པར་སྤྲུལ་པའི་སྐུས་རྟེན་དང་། སྐུ་ཆས་སྣ་ཚོགས་ནས་ངོ་འདྲ་གཅིག་ཀྱང་མ་ནོར་བ་ངོ་འཛིན་མཛད་པར་གྲགས། དེ་ནས་བཟུང་རྫོང་སྡོད་གཉིས་ཀྱིས་གསོལ་བ་ཞབས་ཏོག་ཀྱང་ཐུགས་ལ་གང་བཞེད་ཞུ་ཤག་ཡིན་ཀྱང་སྔ་མ་ལས་ཐུང་ཞིག་དྲག་ཙམ་ལྷག་བྱུང་མི་འདུག་ཚུལ་རྣམ་ཐར་ལ་གསལ། དེ་རྗེས་ན་བཟའ་གསོལ་ཆས་སོགས་དགོས་བྱེད་ཚང་མ་ཐོགས་མེད་ཡོང་བའི་དོ་དམ་ཆེད་བཛོང་གི་གང་ཅིའི་གནས་ཚུལ་འབྲེལ་ཞུའི་བང་ཆེན་རྒྱུན་མ་ཆད་པ་གཏོང་གནང་མཛད། སྐུ་བཅར་དགེ་འདུན་གཉིས་བཅས་ལྷན་དུ་བཞུགས་ཐོག་ཕྱག་གཡོག་གཉིས་དང་། ནང་གཟན་གཉིས་རྒྱུན་དུ་འཇོག་གནང་བ་མ་ཟད། ཆོས་སྤྱོད་སོགས་ཀྱང་ཐུགས་འཛིན་གནང་འགོ་ཚུགས་ཤིང་། ལྕགས་རྟ་ལོ་དགུང་ལོ་

བརྒྱད་པར་ཕྱག་བྲིས་ཐོག་ཐོག་ཏུ་ཕབ་ཅེས་གསལ། ཆུ་བྱ་དགུང་ལོ་བཅུ་གཅིག་ཕེབས་པའི་ཐོག་ཐོལ་བྱུང་དུ་བཀའ་རྩོམ་མཛད་པ་ནི། ཧྰ་མགྲིན་དབང་ཆེན་མཁྱེན་བརྩེ་ནུས་མཐུ་ཡིས། །བདུད་རྣམས་གཞོམ་མཛད་དགྲ་བགེགས་ཕྱེ་མར་འཐག །རྟ་གའི་མདོག་ལྷར་དམར་པ་སྲིན་པོའི་གཟུགས།། དུས་ཀྱི་ཕྱིན་སའི་དབུས་ན་འགྱིང་བའི་གར། །ཞེས་པ་སོགས་ཧྰ་མགྲིན་ལ་བསྟོད་ཚིག་ཤོ་ལོ་ཀ་ལྔ་སྐོར་ཚིག་དོན་ཕུན་སུམ་ཚོགས་པ་བརྩམས་པར་མཛད། དེ་ནས་མེ་གླང་ཟླ་བ་ལྔ་པའི་ཚེས་བཞི་ཉིན་སྟ་དཀར་རྩེ་བསྟན་འཛིན་པོ་བྲང་དུ་ཞབས་སོར་འཁོད། ལོ་དེའི་ཟླ་དགུ་པའི་ཚེས་བཅུ་བདུན་ཉིན་པཎ་ཆེན་བློ་བཟང་ཡེ་ཤེས་དང་ལྷན་དུ་མཇལ་འཛོམས་ཀྱིས་ཆོས་སྲིད་དཀའ་སྟོན་གཟབ་རྒྱས་ཐོག་རབ་བྱུང་གི་སྡོམ་པ་འབུལ་བཞེས་དང་འབྲེལ་བློ་བཟང་རིན་ཆེན་ཚངས་དབྱངས་རྒྱ་མཚོ་ཞེས་པའི་མཚན་གསོལ་མཛད།

སྤྱི་ལོ1697བོད་རབ་བྱུང་བཅུ་གཉིས་པའི་མེ་གླང་ལོའི་དགའ་ལྡན་ལྔ་མཆོད་ཀྱི་དུས་ཆེན་ཉིན། ཏཱ་ལའི་བླ་མ་སྐུ་ཕྲེང་དྲུག་པ་ཚངས་དབྱངས་རྒྱ་མཚོ་མཆོག་རྩེ་པོ་བྲང་པོ་ཏ་ལའི་ཚོམས་ཆེན་སྲིད་ཞི་ཕུན་ཚོགས་སུ་སོག་པོ་བསྟན་འཛིན་ད་ལའི་རྒྱལ་པོ་དང་། སྡེ་སྲིད་སངས་རྒྱས་རྒྱ་མཚོ་མཆོག་གིས་དབུ་མཛད་པའི་བོད་སོག་སེར་སྐྱ་ཡོངས་ཀྱིས་གསེར་ཁྲིར་མངའ་གསོལ་ཞུས། ཆེང་གོང་མ་ཁང་ཤིས་མཆོག་ནས་ཀྱང་ཁྲོན་ཡོངས་ལ་དགོངས་བཞེས་ཀྱིས་ལྕང་སྐྱ་ཧོ་ཐོག་ཐུ་སོགས་གསེར་ཡིག་པ་བོད་དུ་མངགས་ཏེ་གསེར་ཁྲི་མངའ་གསོལ་གྱི་མཛད་སྒོའི་ཐོག་རིན་ཐང་བྲལ་བའི་གནང་རྟེན་བསྐུར་འབུལ་གནང་།

1698ས་སྟག་ལོ་འབྲས་སྤུངས་སུ་ཆོས་འབྲེལ་གྱི་ཐོག་མ་ལམ་རིམ་ཆེ་

མོའི་དབུ་ནས་ལྷུགས་ལུང་གནང་ཞིང་། རིག་ལམ་གྱི་གསན་བཞེས་དབུ་འཚུགས། སྡེ་སྲིད་ཀྱིས་སྐྲའི་རི་མོ་སྒྲོན་འབུལ་སོགས་གནང་། "སྐུ་ཡོན་གསན་བཞེས་མཛད་རིགས་ཀྱི་ནང་ནས་ཀྱང་ཕྱག་བྲིས་ཀྱི་བཟ་དག་དང་བཀའ་རྩོམ་གྱི་རིགས་གོང་མའི་བག་ཆགས་ཁྱད་པར་དུ་སད་པའི་ཤིན་ཏུ་ངོ་མཚར་ཞིང་། དད་པ་འཕེལ་བར་སྣང་"①ཞེས་གསལ་ཞིང་། ཡོངས་སུ་འཛིན་པ་ཆེན་པོ་གཙོ་བོ་པཎ་ཆེན་བློ་བཟང་ཡེ་ཤེས་དང་། ཁྲི་ཆེན་ཙོ་ནེ་ཚུལ་ཁྲིམས་དར་རྒྱས། དགེ་སློང་འཇམ་དབྱངས་གྲགས་པ། མངའ་རིས་དགེ་ལེགས་རྒྱ་མཚོ་སོགས་ཀྱི་ཞལ་སྔ་ནས་སྔགས་ཕྱོགས་ཀྱི་དབང་རྗེས་གནང་། རྒྱུད་ཀྱི་བཤད་པ། སྐྱེད་རྫོགས་ཀྱི་ཁྲིད། མདོ་ཕྱོགས་ཀྱི་ལུང་། ལམ་རིམ་གྱི་ཁྲིད། བཤད་ལུང་སོགས་འབུལ་གནང་མཛད། གཞན་ཡང་ས་དགེ་རྙིང་གསུམ་གྱི་བླ་མ་ཚད་ལྡན་དུ་མ་ལས་མདོ་སྔགས་ཀྱི་ཆོས་ཚུལ་མང་པོ་གསན། སྡེ་སྲིད་མཆོག་ནས་རྒྱལ་དབང་ཚངས་དབྱངས་རྒྱ་མཚོའི་སྐུ་ཡོན་གསན་བསམ་སྐོར"རེམ་རེམ་ནན་ཏན་གྱིས་དེ་ལྟར་མ་བྱུང་ན"ཞེས་ཡོངས་འཛིན་འཇམ་དབྱངས་གྲགས་པར་བཀའ་ནན་ཡང་ཡང་གནང་བ་སོགས་དོ་དམ་གང་ཆེ་དང་། སྡེ་སྲིད་རང་ཡང་ཤེས་བྱའི་གནས་དུ་མར་མཁས་པའི་ཐུལ་དུ་ཕྱིན་པས་ཚངས་དབྱངས་རྒྱ་མཚོའི་གསན་བཞེས་ལ་ཕན་ནུས་ཆེན་པོ་ཐོན་ཡོད། རབ་འབྱམས་པ་གྲགས་པ་ཆོས་འཕེལ་སོགས་དགེ་བའི་བཤེས་གཉེན་ལས་མཚན་ཉིད་དང་། སྙན་ངག རྩིས་སོགས་གསན་བསམ་མཛད་པར་འབྲས་རྟགས་བཟང་པོ་ཐོན་པ་བྱུང་། དེ་ནས་ཡང་སྲིད་རིན་པོ་ཆེས་

① (རྣམ་ཐར་གསེར་གྱི་སྙེ་མ་)

གདན་ས་གསུམ་དང༌། ཆོས་འཁོར་རྒྱལ་སོགས་གང་སར་བཀའ་ཆོས་བསྩལ་བ་དང༌། བཀའ་འགྱུར་གྱི་པར་གསར་བརྐོ་བསྐྲུན་རྒྱུའི་དབུ་འཛུགས་གནང་སྡེ་པོད་ཉི་ཤུ་ལྷག་ཙམ་ལེགས་གྲུབ་བྱུང་བ། ལྷ་ལྡན་གཙུག་ལག་ཁང་གི་ཡང་ཐོག་གསེར་ཟངས་ཀྱི་མདའ་གཡབ་དང༌། རྟེན་བཞེངས་སོགས་ཀྱང་མང་པོ་མཛད་ཡོད།

འོན་ཀྱང་མཆོག་སྤྲུལ་རིན་པོ་ཆེ་སྐུ་ན་འཚར་ལོངས་ཡོང་བའི་དུས་སྐབས་དེ་ནི་བོད་ཀྱི་ཆབ་སྲིད་ཡམ་ཡོམ་དང༌། ཕྱི་ནང་གི་འགལ་བ་སྣ་ཚོགས་གཅིག་རྗེས་གཉིས་མཐུད་དུ་ཐོན་པའི་དུས་བབ་ཟེར་བུན་གྱི་འགོ་ཚུགས་པའི་སྐབས་དང་ཏག་ཏག་འཁེལ་ཡོད། དེ་ཡང་ཏཱ་ལའི་བླ་མ་ལྔ་པ་ཆེན་པོ་དགོངས་པ་ཆོས་དབྱིངས་སུ་ཐིམ་རྗེས་བོད་སོག་ཆེ་ཕྲ་ཡོངས་ཀྱི་སྙན་རྗེ་གཅིག་སྡུད་ཐུབ་པའི་ནུས་མཐུ་མེད་པར་གྱུར་ཅིང༌། སྤྱི་ལོ1699བོད་ས་ཡོས་ལོར་བསྟན་འཛིན་ད་ལའི་ཧན་གྱི་སྲས་ཆེ་བ་བསྟན་འཛིན་དབང་རྒྱལ་དང༌། ཆུང་བ་ལྷ་བཟང་ཀླུ་དཔལ་གཉིས་ནང་ཁྲུལ་མ་མཐུན་པའི་འཁྲུག་གཞི་བྱུང་བ་སེ་སྲིད་མཆོག་ནས་བར་གསེད་གནང་ཐོག ལྷ་བཟང་ལ་གཞུང་ནས་སྐྱལ་ཐེབ་བབ་མཚུངས་འདོན་སྲིད་དང་འབྲེལ་མཚོ་སྔོན་དུ་ཕེབས་རྒྱུའི་འཁྲུན་གཙོད་གནང་ཞིང༌། དུས་མཚུངས་མཚོ་སྔོན་པོར་ཡོད་པའི་སོག་པོའི་དཔོན་རིགས་རྣམ་ཀྱང་ཕན་ཚུན་མ་འཆམ་པར་བ་དུར་ཐའི་ཇི་རྒྱ་ནག་ཏུ་ཕེབས་དགོས་བྱུང་བ་དང༌། ད་ལའི་དའི་ཆིང་གིས་ད་ཡན་ཧོང་ཐའི་ཇི་བསླུ་ཐབས་ལ་བརྟེན་ནས་བསད་པ་སོགས་ཟང་ཟིང་ལངས་པ་དང༌། 1700ལོར་ལྕགས་འབྲུག་ལོར་བོད་དུ་བསྟན་འཛིན་ད་ལའི་རྒྱལ་པོ་སྐུ་གཤེགས་ཤིང༌། སྲས་ཆེ་བ་བསྟན་འཛིན་དབང་རྒྱལ་ཧོང་ཐའི་ཇིའི་བུ་ཚབ་བྱས་ཏེ་སོག་ཡུལ་

དུ་ཡོད་པར་བརྟེན་སྲས་ཆུང་བ་ལྷ་བཟང་ཀླུ་དཔལ་དབུས་སུ་ཕེབས་ནས་ཡབ་ཀྱི་གོ་ས་བཟུང་བ་སོགས་སོག་པོ་ཡོན་བདག་རྣམས་ཀྱང་འཛིན་འཁྱེར་གྱི་དབང་དུ་གྱུར་པ་དང་། གཞན་ཡང་སྡེ་སྲིད་ཀྱིས་ཏཱ་ལའི་བླ་མ་ལྔ་པ་ཆེན་པོ་སྐུ་གཤེགས་སྐབས་ཡུན་རིང་གསང་རྒྱ་གནང་བ་དེ་ཆེད་གོང་མ་ཁང་ཞིའི་ཐུགས་ལ་མ་བབས་པ་བྱུང་བའི་ཐོག གོང་ནས་པཎ་ཆེན་བློ་བཟང་ཡེ་ཤེས་རྒྱལ་སར་གདན་འདྲེན་གྱི་དོ་དམ་སྡེ་སྲིད་ནས་གནང་དགོས་པའི་ལུང་ཕེབས་ཀྱང་། པཎ་ཆེན་རིན་པོ་ཆེས་འབྲུམ་པ་མ་ཐར་བའི་རྒྱུ་མཚན་དང་བཅས་དགོངས་ཞུ་མཐའ་གཅིག་ཏུ་མཛད་པ་དེ་ཡང་སྡེ་སྲིད་ནས་འགོག་རྐྱེན་བཟོས་པའི་ཐུགས་དོགས་སོགས་དགོངས་ཕྱོགས་ཀྱི་རྣམ་པ་ཆགས་པ། དེ་བཞིན་བོད་ནང་ཁུལ་དུའང་སྡེ་སྲིད་ཀྱིས་གཅིག་གཙོད་ལྟ་བུས་གསང་རྒྱ་ཡུན་རིང་བསྡམས་གནང་བ་དང་། རབ་བྱུང་ཆ་སྒྲུད་བཞེས་ནས་བདག་མོ་མངོན་གསལ་དུ་བསྟེན་གནང་སོགས་ཀྱི་མཛད་སྤྱོད་ལ་འབྲས་སེའི་འགོ་གཙོ་ཁག་གཅིག་གིས་ཡི་མ་རངས་པའི་རྣམ་འགྱུར་དངོས་ཤུགས་ནས་མཚོན་པ་སོགས་འགལ་བ་སྣ་ཚོགས་སྟོང་སྐད་ཀྱི་དོག་པ་འཛིངས་པ་ལྟར་མངོན་རྐྱེན་མཆོག་སྤྲུལ་རིན་པོ་ཆེ་ཡང་“ཐུགས་ཆོག་པ་ལྟ་བུས་ད་ནི་སློབ་གཉེར་བྱས་ཞན་འདྲ”ཞེས་དགོངས་པ་སྒྲིད་ལུག་གི་ཚུལ་དུ་གྱུར་ནས་བག་གཡེང་སྤྲོ་གསེང་ལ་གཞོལ་བའི་རྣམ་པ་ཇེ་ཆེར་གྱུར། སྡེ་སྲིད་ནས་ཡང་སྲིད་རིན་པོ་ཆེའི་ཐུགས་དམ་གསན་སྦྱོང་ཚགས་ཚུད་ཡོང་ཆེད་སླན་བསྐུལ་ཡང་ཡང་གནང་བ་དང་། ཡོངས་འཛིན་དང་སྐུ་མདུན་པ་རྣམས་ལ་དམ་བསྒྲགས་ཚ་གཙུན་མཛད་ཙང་། དེ་དག་ལེགས་ཕྱོགས་སུ་མ་གྱུར་པར་དེ་ལས་ལྡོག་སྟེ་མཆོད་ཡོན་རྣམ་གཉིས་ཀྱི་དབར་དུ་ཡང་རིམ་བཞིན་སེལ་ལྷད་ཀྱི་རྒྱུར་སོང་བ་མ་ཟད། མཆོད་གི་

སྤྲུལ་པའི་སྐུའི་མཛད་སྤྱོད་ཀྱང་ཆེད་གཏད་ཕྱིན་ཅི་ལོག་པ་ལྟ་བུས་ཇེ་ཞན་དུ་གྱུར་པར་མངོན།

1702བོད་ཆུ་རྟ་ལོའི་ཟླ་བ་དྲུག་པའི་ནང་མཆོག་སྤྲུལ་རིན་པོ་ཆེ་དགུང་གྲངས་ཉི་ཤུའི་ང་གཟིགས་སྐབས་སྡེ་སྲིད་ནས་བསྙེན་རྫོགས་བཞེས་དགོས་པའི་སྙན་ལྕག་གནང་བ་ལྟར་གཙང་ཕེབས་ཀྱིས་བཀྲ་ཤིས་ལྷུན་པོར་པཎ་ཆེན་བློ་བཟང་ཡེ་ཤེས་མཆོག་དང་མཇལ་འཕྲད་མཛད། དེའི་སྐོར་ཞིབ་པ་པཎ་ཆེན་སྐུ་ཕྲེང་ལྔ་པའི་གསུང་རྣམ་ནང་གསལ་བ་ལྟར། གསོལ་འདེབས་སྙན་བསྐུལ་ཇི་ལྟར་ཞུས་རུང“བཀའ་བཞེས་མ་གནང་ཞིང་། ཁུར་སྟབས་ཀྱི་རྣམ་པས་ཕེབས་ཏེ་ཉི་འོད（པཎ་ཆེན་གྱི་གཟིམ་ཆུང་）ཕྱི་ནས་སྐུ་ཕྱག་གསུམ་གནང་སྟེ། བླ་མའི་བཀའ་བཅག་པ་ཐོ་ལོ་བཤགས་གསུངས་པ་ཕྱིལ་མར་གནང་ནས་ཕེབས་པ་སོགས་བྱ་ཐབས་མ་བྱུང་བ་དང་རྗེས་སུའང་ཞུ་ཡིག་རིམ་པ་དང་བཅས་ཞུ་ནན་གང་ཆེ་བྱས་ཀྱང་མ་སྨིན་ཁར། སྔར་ཐོབ་ཀྱི་རབ་བྱུང་དང་དགེ་ཚུལ་གྱི་སྡོམ་པ་ཕྱི་འབུལ་མ་སྨིན་ན་ངེད་བཀྲ་ཤིས་ལྷུན་པོ་རང་ལ་ཁ་བལྟས་ཏེ་ལྕེབས་པ་དོན་གདམ་གའི་གསལ་དགོས་ཕེབས་པ་……བཅས་ཐུགས་རྫོགས་ལྟ་ཅི་སྨོས་རབ་བྱུང་སྔར་བཞེས་ཀྱང་ཤུགས་མ་ཐུབ་ཀྱིས་ངོར་གནང་དང་། མཐར་སྐུ་སྐྱུ་ཆས་སུ་མི་བསྒྱུར་བ་དང་། མི་རིང་བ་བར་མ་རབ་བྱུང་ཐུགས་རྫོགས་བཞེས་ཏེ་ཆོས་ཀྱི་འཁོར་ལོ་བསྐོར་བ་སོགས་ངེད་རང་གིས་དབུས་ཚང་མས་གསོལ་འདེབས་ཞུས་ཀྱང་མ་སྨིན་པས་སྡེ་སྲིད་རིན་པོ་ཆེར་ཇི་བྱུང་གི་གནས་ཚུལ་ཞིབ་པ་ཕུལ། གཞིས་ཀ་རྩེར་བཞུགས་ཞག་

བཅུ་བདུན་བཞུགས་ཏེ་ཕྱིར་ཕེབས་”①ཞེས་གསལ་བ་ལྟར་དེ་ནས་བཟུང་ན་བཟའ་སྐུ་ཆས་བཞེས་ཤིང་། གང་དགའ་གང་འདོད་ཀྱི་མཛད་པ་སྐྱོང་བཞིན་ཉིན་མོ་རྫོང་རྒྱབ་ཏུ་ཕྱག་མདའི་སྦྱང་རྩལ་དང་། འཁྲུང་བཞེས་སོགས་ལ་དགྱེས་རྒྱུར་རོལ་བ་དང་། ལྷ་ས་དང་ཉེ་སྐོར་གྱི་ས་གནས་གང་སར་སྤྲོ་གསེང་དུ་ཕེབས་ནས་བུད་མེད་གཞོན་ནུ་མ་ཅི་དགར་བསྟེན་གནང་སོགས་བརྟུལ་ཞུགས་ཀྱི་སྤྱོད་པ་ལ་གཞོལ་བར་མཛད། ཚུལ་དེ་དག་མི་རྣམས་ཀྱི་བློ་ཡུལ་དུ་བཟོད་དང་མི་བཟོད་གི་དག་སྣང་དང་ལོག་རྟོག་ཅི་རིགས་པ་ཞིག་བྱུང་ཞིང་། སྤྱི་ཚོགས་ཀྱི་གླེང་ཕྱོགས་ཀྱང་དེ་དང་འདྲ་བ་ཞིག་སྙམས་མ་དགོས་པ་ལགས་སོ།

2. ལྷ་བཟང་ཁང་གིས་སྡེ་སྲིད་བཀྲོངས་པ་དང་། བོད་ཀྱི་དབང་ཆ་བཟུང་བ།

ཏཱ་ལའི་བླ་མ་སྐུ་ཕྲེང་དྲུག་པ་དང་སྡེ་སྲིད་ཀྱི་དབར་འགལ་བ་ཙུང་ཟད་ཆགས་པ་དེ་ལྷ་བཟང་ཁང་གིས་བེད་སྤྱད་ནས་རྙོག་གཞི་ཇེ་མང་བཟོ་བཞིན་ཡོད་པ་དང་། ལྷ་བཟང་ཁང་ལ་དུག་སྦྱོར་བྱུང་ཚུལ་གྱི་གླེང་ཁ་ཞིག་ལྷགས་པ་སོགས་བོད་སོག་མཆོད་ཡོན་བར་གྱི་འགལ་ཟླ་ཇེ་ཆེར་གྱུར་པར་བརྟེན་ཆོས་སྐྱོང་གི་ལུང་དང་། མཆོག་སྤྲུལ་རིན་པོ་ཆེའི་དགོངས་གཞི་ལྟར་སྤྱི་ལོ1705བོད་ཤིང་བྱ་ལོའི་ཟླ་བ་དང་པོའི་ནང་། ཏཱ་ལའི་བླ་མ་ལྔ་པ་ཆེན་པོའི་གསེར་གདུང་འཛམ་གླིང་རྒྱན་གཅིག་གི་སྐུ་མདུན་དུ་ཡང་སྲིད་རིན་པོ་ཆེ་

① (སྤྱོད་ཚུལ་གསལ་བར་བྱེད་པ་འོད་དཀར་ཅན་གྱི་ཕྲེང་བ་ཤོག་གྲངས209)

དང་། སྐྱིད་ཤོད་སྡེ་པ། ལ་མོ་ཆོས་རྗེ། གདན་སའི་མཁན་པོ། གཞུང་གི་ཞབས་འབྲིང་གཙོ་གནད་ཁག པཎ་ཆེན་རིན་པོ་ཆེའི་སྐུ་ཚབ་མགྲོན་གཉེར་དཀའ་ཆེན་ནོ་རྗེ། སོག་པོའི་སྤྱིན་བདག་ཁག་བཅས་མཉམ་དུ་ཚོགས་འཛོམས་གནང་སྟེ་མཆོད་ཡོན་རྣམ་གཉིས་ཀྱི་ཕྱོགས་འགལ་སྐོར་ཇི་ལྟར་འཕྲུན་གཙོད་གནང་རྒྱུའི་བཀའ་གྲོས་གནང་བའི་མཐའ་མའི་ཆོད་དོན་ལ། སྡེ་སྲིད་སངས་རྒྱས་རྒྱ་མཚོས་སྲིད་གཞུང་གི་འགན་འཁུར་དགོངས་ཞུ་གནང་སྟེ་གསོལ་སྐལ་དུ་གོང་དཀར་རྫོང་འབུལ་རྒྱུ་དང་། ལྷ་བཟང་ཁང་གཞུང་སོག་རྒྱལ་པོའི་མཚན་གནས་རང་འཇགས་ཐོག་མཚོ་སྔོན་དུ་ཕེབས་བཞུགས་གནང་རྒྱུར་ཐབ་རྟེན་དང་། སོ་རྟུག（འབྲོག་ར）ཁག་གི་འབབ་ཡོང་རྣམས་པོད་ནས་དུས་སྐབས་སོ་སོར་འབུལ་རྒྱུ་བཅས་གཏན་འཁེལ་གནང་ཞིང་། ཕན་ཚུན་གཉིས་ཀས་གྲོས་དོན་ལྟར་མཛད་རྒྱུའི་ཁས་ལེན་ཞུས་ཏེ་སྡེ་སྲིད་མཆོག་གིས་གཞུང་གི་ལས་འགན་དགོངས་ཞུ་གནང་ནས། སྲས་བགྲེས་པ་ངག་དབང་རིན་ཆེན་ལ་སྡེ་སྲིད་གསར་བསྐོ་མཛད་པ་དང་། ལྷ་བཟང་ཁ་ཡང་མཚོ་ཁར་ཕེབས་ཁུལ་གྱིས་རྟོག་ཐོན་གནང་། འོན་ཀྱང་ཕྱོགས་གཉིས་ཀས་གྲོས་དོན་ལག་ལེན་དངོས་འབྲེལ་ཞིག་གནང་རྗེས་མེད་པར་མཐོན་ཏེ་དཔེར་ན་སྐབས་དེའི་འབྲས་སྤུངས་སྒོ་མང་མཁན་པོ་ངག་དབང་རྩོན་འགྲུས（འཇམ་དབྱངས་བཞད་པ་སྐུ་ཕྲེང་དང་པོ་）ཀྱི་རྣམ་ཐར་ནང་“སྡེ་སྲིད་དང་། རྒྱལ་པོ་གཉིས་མ་འཆམ་པར་སེ་འབྲས་ཀྱི་བླ་མ་རྣམས་ཕེབས་དགོས་བྱུང་བ་ལ་རྗེ་འདི་ཡང་བྱོན། ལ་མོ་ཆོས་སྐྱོང་གི་ལུང་ལྟར། རྒྱལ་པོ་མཚོ་ཁར་ཕེབས་པར་ཐག་བཅད། སྡེ་སྲིད་ནས་བླ་མ་ཚོ་ལ། རྒྱལ་པོ་བཟུང་ན་ཇི་ལྟར་ཡོང་གྲོས་དྲིས་པས། བླ་མ་གཞན་རྣམས་ནི་ཅང་མི་གསུངས། རྗེ་འདིས

རྒྱལ་པོ་འཛིན་རྒྱུ་ཡིན་ན། ང་དེའི་གྲོས་ནང་ན་མེད། མཚོ་ཁ་ན་རྒྱལ་པོའི་ཉེ་རིགས་ཐམས་ཅད་ཡོད་པས་དེ་རྣམས་ཀྱིས་ངེད་ཚོ་ལ་ཡག་པོ་བྱས་མི་ཡོང་ཞེས་ཞུས་པར་བརྟེན་བླམ་གཞན་རྣམས་ཀྱིས་ཀྱང་དེ་དང་ཕྱོགས་མཐུན་པར་ཞུས་པས་འཛིན་མ་ནུས"①ཞེས་གསལ་བ་དང་། ལྷ་བཟང་གིས་ཀྱང་ལྷ་ས་ནས་ཐོན་ཏེ་ཡངས་པ་ཅན་དང་། འདམ་གཞུང་ཁུལ་སོགས་སུ་བཅའ་ཞག་མང་པོ་བྱས་ནས་དཔལ་བསྐྱོད་ཀྱི་ནག་ཆུར་འགྱུར་ཞིང་། བྱང་ཁུལ་ཡས་མས་སུ་ཡོད་པའི་སོག་དམག་རྣམས་བསྡུ་རུབ་ཀྱི་དམག་གྲ་བསྒྲིགས་ཐོག སྡེ་སྲིད་ཀྱིས་གྲོས་དོན་ལ་བརྩིས་པར་པོ་ཏ་ལར་བསྡད་དེ་གཞུང་དོན་མཐའ་དག་ལ་བཀོད་འདོམ་བྱེད་ཀྱི་འདུག་ཅེས་པར་བསྣད་དེ་ཕྱིར་ལོག་བརྒྱབ། ལོ་དེའི་ཟླ་བ་ལྔ་པའི་ནང་འདམ་ནས་ལྷ་བཟང་ཁང་གིས་སོག་དམག་ཁག་གཉིས་སུ་བགོས་ནས་རྒྱལ་པོ་རང་དང་དཔུང་དམག་ཁག་གཅིག་འཕན་པོ་བརྒྱུད་ཡོང་བ་དང་། དཔོན་མོ་ཚེ་རིང་བཀྲ་ཤིས་དང་དམག་དཔོན་ཁག་གཅིག་གིས་ཁྲིད་པའི་དཔུང་ཁག་སྟོད་ལུང་བརྒྱུད་ནས་ཡོང་། སྐབས་དེར་གདན་སའི་བླ་མ་དང་རྒྱུད་གྲྭའི་སློབ་དཔོན། པཎ་ཆེན་རིན་པོ་ཆེའི་སྐུ་ཚབ་སོགས་ཤད་བསྐྱོད་ཀྱིས་རྒྱལ་པོར་དམག་འཁྲུག་བཤོལ་ཐབས་སྨྲ་རྗེས་སུ་བབ་གསེད་ཞུས་ཀྱང་མ་གསན་མཐར། སྡེ་སྲིད་གོང་དཀར་དུ་ཕེབས་རྒྱུ་དང་། གཞུང་གི་དབང་ཆ་ལྷ་བཟང་ཁང་ལ་སྤྲོད་རྒྱུ་བྱས་པར་བརྟེན་སྡེ་སྲིད་མཆོག་བྲེལ་སྟབས་ཀྱིས་གོང་དཀར་དུ་ཕེབས་ཐོན་གནང་དགོས་བྱུང་། སྐབས་དེར་གཞུང་ཕྱོགས་ནས་དབུས་གཙང་གི་གཟིམ་དམག་རྣམས་བསྡུ་བསྐྲོངས་ཀྱིས་བཀག

① （རྣམ་ཐར་ངོ་མཚར་སྐལ་བཟང་འདྲེན་པའི་）

འགོག་བྱེད་རྩིས་བྱེད་ནུང་། འཐབ་ནུས་གང་ཡང་མ་ཐོན་པར་རྒྱལ་པོ་དམག་བཅས་ལྷ་སར་འཁྱོར། དཔོན་མོས་ཁྲིད་པའི་དམག་རྣམས་སྟོད་ལུང་སྣང་རྩེར་འཁྱོར་སྐབས་སྡེ་སྲིད་གོང་དཀར་ལ་ཕེབས་ཚུལ་ཐོས་འཕྲལ་སོག་དམག་རྟག་བསྡུས་ཁག་གཅིག་བཏང་སྟེ་སྤྱི་ལོ1705ལོར་རབ་བྱུང་བཅུ་གཉིས་པའི་ཤིང་བྱ་ལོ་ཟླ་བ་བདུན་པའི་ནང་སྡེ་སྲིད་སངས་རྒྱས་རྒྱ་མཚོ་བཟུང་ཁྲིད་ཀྱི་སྟོད་ལུང་སྣང་རྩེར་འཁྱོར་འཕྲལ་མགུལ་བཅད་ནས་བཀྲོངས་པར་གྲགས།

དེ་ནས་བཟུང་སོག་པོ་ལྷ་བཟང་གིས་བོད་དབུས་གཙང་ལ་དབང་བསྒྱུར་ལོ་བཅུ་གཉིས་ཙམ་བྱས་ཤིང་། དེའི་རིང་གི་ལོ་རྒྱུས་ཞིབ་གསལ་ཡིག་རིགས་མ་མཐོང་ཡང་། མི་དབང་རྟོགས་བརྗོད་ནང་དེ་དུས་ཕོ་ལྷ་བ་རང་ཉིད་སྟོ་ཁ་སྨིན་གྲོལ་གླིང་དུ་རིག་འཛིན་གཏེར་བདག་གླིང་པའི་སྤྱན་སྔར་རིག་གནས་སློབ་གཉེར་གནང་དུས་སྡེ་སྲིད་ཀྱི་སྲས་ཆེ་བ་ཁྲི་གསར་ངག་དབང་རིན་ཆེན་གར་སོང་ཆ་མེད་དུ་གྱུར་པ་ལ་ལས་སྨིན་གྲོལ་གླིང་དུ་ཡོད་སྐད་གླིང་སྐབས་ལྷ་བཟང་གི་དཔོན་དམག་བསྐོག་བཤེར་དུ་ཡོང་བ་ཕོ་ལྷ་བས་ཐབས་མཁས་ཀྱིས་བཟློག་པའི་སྐོར[1]གསལ་བ་ལ་དཔགས་ན་སྡེ་སྲིད་ཀྱི་ནང་མི་སོགས་བརྩད་འཚོལ་བྱེད་པ་ལས། སྨིན་གླིང་གཏེར་ཆེན་སོགས་ལ་ཞོར་ནུད་ཉེས་སྐྱོན་ཆེར་མ་བཏང་བར་མངོན་ཞིང་། ལྷ་བཟང་གི་སྐབས་གཙོ་བོའི་དབང་འཛིན་པའི་གྲས་སུ"མདུན་ན་འདོན་གྱི་གཙོ་བོ་བྱམས་པ་གླིང་པ་དང་། དར་མ་པར་གྲགས་པའི་མཁན་པོ་ལུགས་གཉིས་སྲིད་པ"དང་། དེ་

[1] (མི་དབང་རྟོགས་བརྗོད་ལྷུགས་པར་དེབ་ངོས145)

མིན་བཀའ་སློན་བུ་ཆུང་། ཆོ་བརྟན་རྡོ་རྗེ་ཞེས་པ་སོགས་ཡོད་ཚུལ་ཡང་མི་དབང་རྟོག་བརྗོད་ནང་གསལ་འདུག་པ་དེ་ཚོ་ནི་སྔེ་སྲིད་ཀྱི་མི་མཐུན་ཕྱོགས་པ་ཡིན་པ་བཤད་མ་དགོས།

ལྷ་བཟང་གིས་བོད་ཀྱི་སྲིད་དབང་བཟུང་རྗེས་ཆོས་ཕྱོགས་སུ་སེ་རའི་ཚོགས་ཆེན་གྱི་འདུ་ཁང་འདི་གསར་རྒྱག་གནང་ཞིང་། ཚོགས་ཆེན་འདུ་ཁང་རྙིང་པར་གྲུ་ཁྲི་ཁང་གི་ཤུར་གེ་གྲྭ་ཚང་སྤྱིས་ཏེ་སེ་ར་སྔགས་པ་གྲྭ་ཚང་གསར་འཛུགས་སོགས་མཛད།

སྐབས་དེ་དུས་ནས་བོད་ས་གནས་སྲིད་གཞུང་གི་ཁྲིག་གཞིའི་ཁོངས་བཀའ་ཤག་དང་། རྩིས་ཁང་གི་རྣམ་པ་དེ་གལ་ཆེ་བའི་གྲས་སུ་ཡོད་པར་མངོན་ཏེ་མི་དབང་རྟོགས་བརྗོད་ནང་། ཕོ་ལྷ་བ་ལྷ་བཟང་ཁང་གི་ཞབས་འབྲིང་ཁོངས་ཞུགས་པའི་ཐོག་མའི་སྐབས། “མི་རྗེ་ལྷ་བཟང་གིས་བཀའི་མདུན་ན་འདོན་རྣམས་ལ་བསྒོ་བ་…… ཕོ་ལྷ་བའི་རིགས་ལས་སྐྱེས་པ་གཞོན་འདི་ནི་རང་བཞིན་གྱིས་ཡིད་གཞུངས་པ། བློ་གྲོས་ཀྱི་འཇུག་པ་ཡངས་པ། སྣང་དོར་གྱི་གནས་ལ་འཇུག་ལྡོག་མཁས་པ། སྒྱུ་རྩལ་གྱི་གནས་ལ་གཞན་དྲིང་མི་འཛོག་པ། ཕལ་མིའི་ངང་ཚུལ་ལས་འདས་པ་ཞིག་མཆིས་ན……ད་དུང་ཡང་རྒྱལ་ཁབ་ཆེན་པོའི་བྱ་བའི་རིམ་པ་ལ་མཁས་པར་གྱུར་པ་དེ་སྲིད་དུ་སློབ་དཔོན་མཁས་པ་བསྟེན་ཏེ་བསྟུན་པ་སྐྱིད་པར་སྐྱུལ་ཞིག་ཅེས་བཀའ་བསྩལ་པ་ལྟར་དུ་བཟོད་པར་བྱས་ནས། དེའི་གདུགས་ཕྱི་མ་ཁོ་ན་ལ་བཀའི་མདུན་ན་འདོན་རྣམས་འདུ་བའི་བྱ་བ་མང་པོས་ཁོར་ཡུག་ཏུ་དུས་འདའ་བ་དེར་སོང་ནས། ལས་ཀྱི་སྣེ་མོ་འཛིན་པ་སྤྱང་པ་བ་ཞེས་བྱ་བ་སློབ་དཔོན་དུ་བསྟེན་ནས་སྣང་དོར་གྱི་གནས་ཀུན་ཁོང་དུ་ཆུད་པར་བྱས། བྱང་

ཆུབ་པར་བྱས། ཡང་ལག་རྩིས་ཀྱི་འདུ་འགོད་མཁན་མང་དུ་ཚོགས་པའི་ཁང་བུ་རིགས་པ་དང་མི་རིགས་པའི་དག་ཐེར་སྤྱོད་པ། རིག་པ་དོན་དུ་གཉེར་བའི་གཞོན་ནུའི་ཚོགས་མང་དུ་འདུས་ནས་ཙ་ཙོའི་སྒྲས་གཙེར་བ། ཡི་གེ་དང་རྩིས་ཀྱི་ལས་ལམ་ལ་ཁོར་ཡུག་ཏུ་ངལ་བར་བྱེད། དུབ་པར་བྱེད་པ་དེར་སོང་ནས། དེའི་བྱ་བའི་རིམ་པ་མ་ལུས་པའང་རིང་པོར་མི་ཐོགས་པར་ཁོང་དུ་ཆུད་པར་བྱས། ཡོངས་སུ་རྫོགས་པར་བྱས་”①ཞེས་གསལ་བ་ལྟར་རྩིས་ཁང་ལས་ཁྲུངས་སུ་གཞུང་རྩིས་ཞིབ་བཤེར་དང་། དཔོན་རིགས་གསོ་སྐྱོང་གིས་སློབ་གྲྭ་གཉེར་གྱི་ཡོད་པ་གསལ་པོར་མཐོང་བས་བོད་དུ་གཞུང་ཕྱོགས་ཀྱིས་གཉེར་བའི་སློབ་གྲྭ་སྔ་ཤོས་འདི་ཡིན་པའང་ཤེས་ཐུབ། གཞན་ཡང་“སྐབས་དེ་ཤེད་དུ་མིའི་མིའི་བདག་པོ་ལྷ་བཟང་གི་བཙུན་མོ་དམ་པ་ཚེ་རིང་བཀྲ་ཤིས་དུས་ཀྱི་ཆོས་ཉིད་དུ་གྱུར་ནས། དེའི་བྱ་བ་དུ་མ་ལ་ཉིན་དང་མཚན་དུ་བསྔོན་པར་བྱེད་པ་དེའི་ཚེ་ཡི་གེ་དང་། རྩིས་ཀྱི་བྱ་བ་བྱེད་པ་པོར་ལག་རྩིས་ཀྱི་ཁང་བུ་ནས་ཡིག་རྩིས་ལ་མངོན་པར་བྱང་ཆུབ་པ་བཞི་ལྷགས་ནས། ཏ་ལམ་སྤྲི་ཆའི་ཆེར་གྲགས་པས་ཇི་ལྟར་བསྒོ་བ་རྣམས་ཁྱུར་དུ་བཟོད་པ་བྱས་”②ཞེས་གསལ་བས་སྡེ་སྲིད་སངས་རྒྱས་རྒྱ་མཚོ་བཀོངས་མཁན་དཔོན་མོ་གདུག་རྩུབ་ཅན་དེ་ཡང་རིང་པོར་མ་ཐོགས་པར་དུས་རབས་བཅོ་བརྒྱད་པའི་ལོ་རབས་བཅུ་པའི་ཡས་མས་སུ་འཆི་བར་མངོན་ནོ།

དེ་མིན་གཙང་ཤོངས་ཀྱི་ལྷོ་རྒྱུད་ཡུལ་གྱུ་སྲིད་རིན་ཆེན་རྩེ་(ད་ལྟ་ས་སྐྱ

① (མི་དབང་རྟོགས་བརྗོད་དེབ་ངོས198)

② (མི་དབང་རྟོགས་བརྗོད་དེབ་ངོས198 – 199)

རྫོང་ཁོང་སྲིད་ཆུས་) ཞེས་པའི་ས་ཁུལ་དེ་བས་སྐབས་ཤིག་ལ་འབྲས་ལྗོངས་ས་སྐྱོད་པས་བདག་ཐོབ་བྱེད་པ་དེ་ལྷ་བཟང་ཁང་གི་སྐབས་མི་དབང་པོ་ལྷ་བར་པ་གཞིས་སུ་སྲིད་འདུག་སྟེ་རྟོགས་བརྗོད་ལས"ཉང་ལྗོངས་སའི་ཐིག་ལེ་དགེ་བ་བཅུ་དང་ལྡན་པ། ཡུལ་སྲས་(སྲིད་) ཅེས་བྱ་བ་དང་། ཕོ་བྲང་ཆེན་པོ་རིན་ཆེན་རྩེར་གྲགས་པ་མངའ་རིས་དང་བཅས་པ་འཁོར་ཞིང་། རྒྱས་པ། བདེ་བ། ལེགས་པ། ནོར་དང་མིས་ཡོངས་སུ་གང་བ་དེའི་རྗེ་བོའི་རིགས་ལས་སོན་པའི་བཙུན་མོ་དམ་པ་དང་བཅས་པ་རང་གིར་འཛིན་པའི་ལུང་བཟང་པོ་ཐོབ་པོ" ཞེས་དང་། "དེ་ཡང་ཡུལ་དེའི་རྗེ་བོའི་རིགས་ལས་སོན་པའི་བཙུན་མོ་དམ་པ་རྒྱལ་སྲིད་དང་བཅས་པ་ནི་ཡུལ་འབྲས་ལྗོངས་ཀྱི་རྒྱལ་པོས་རེང་ཞིག་གི་བར་དུ་བདག་གིར་འཛིན་པ་ལས། ཕྱིན་ཆད་རྗེའི་སྲས་བསོད་ནམས་སྟོབས་རྒྱས་(པོ་ལྷ་བ་) ཀྱིས་དབང་དུ་བསྒྱུར་བར་མཛད་པ་ཡིན་པས། དེའི་ཕྱིར་འབྲས་ལྗོངས་ཀྱི་རྗེ་བློན་དེ་དག་སྙིང་མི་དགའ་ཞིང་། ཁྲོས་འཁྲུགས་ཇམས་པར་གྱུར་ལ་རེས་འགའ་ནི་སྟོབས་ནུས་ཅི་ཡོད་པས་དྲག་པོ་གཡུལ་གྱི་གཡོམ་ར་བསྐྱུལ་བར་བྱེད་པ་དང་། རེས་འགའ་དབྱེ་བ་དང་། སྐྲད་པ་དང་། བསད་རྫོངས་ལ་སོགས་པ་མངོན་སྤྱོད་(ཆོས་ལུགས་ཀྱི་མནན་གཏད་སོགས་) ཀྱི་མཐུས་བསྙིགས་པར་བྱེད་པ་སོགས་ཐབས་རྣམ་པ་སྣ་ཚོགས་པས་གཅེར་བར་བྱས་མོད་ཀྱི། འོན་ཀྱང་......"① ཞེས་གསལ་ཞིང་། དེ་ཡང་ཧྭ་ལའི་བླ་མ་ལྔ་པ་ཆེན་པོའི་སྐབས་ནས་འབྲས་ལྗོངས་ནི་བོད་ཀྱི་ཁོངས་གཏོགས་ཡིན་པ་ཁྲིམས་ཡིག་ཞལ་ལྕེ་བཅུ་གསུམ་པ་ལག་བསྟར་ཏེ་

① (མི་དབང་རྟོགས་བརྗོད་དེབ་ངོས210－212)

ལྟར་བྱེད་སྐོར་འབྲས་ལྗོངས་ས་སྐྱོང་པས་སྡེ་སྲིད་སངས་རྒྱས་རྒྱ་མཚོར་སློབ་སྟོན་ཞུས་པའི་《འབྲས་ལྗོངས་ཞུ་ལན་》སོགས་ཡིག་རིགས་ནས་མཐོང་ཐུབ་པ་ལྟར་སྐབས་དེར་བོད་ཡོངས་གཅིག་གྱུར་ལ་བརྟེན་རྩོད་གཞི་འདི་རིགས་ཀྱང་བོད་ཀྱི་དབང་བསྒྱུར་པ་ནང་ཁུལ་གྱི་འགལ་བ་ཞིག་ཡིན་པ་རྟོགས་པར་བྱའོ།

3. ལྷ་བཟང་ཁང་གི་བྱེད་པ་ལས་རྒྱལ་དབང་དྲུག་པའི་མཛད་པ་མཐའ་མའི་སྐོར།

ལྷ་བཟང་ཁང་གིས་དབང་བཟུང་རྗེས་ཏཱ་ལའི་མཆོག་སྤྲུལ་གྱི་མཛད་པར་སྐྱོན་འཛུགས་སྣ་ཚོགས་བྱས་པ་མ་ཟད། ལྷག་པར་པེ་ཅིན་དུ་མི་སྣ་བཏང་ནས་གོང་མ་ཁང་ཞིར་སངས་རྒྱས་རྒྱ་མཚོས་ཧྥུན་གར་དང་ངན་འབྲེལ་གིས་ངོ་ལོག་ཧྥུས་འགོད་བྱས་ཚུལ་དབྱེན་སྦྱོར་ཞུས་པ་མ་ཟད། སྡེ་སྲིད་ཀྱིས་པོ་ཏ་ལའི་ཁྲིར་བཀོད་པའི་ཚངས་དབྱངས་རྒྱ་མཚོ་ཡང་ཏཱ་ལའི་བླ་མ་ལྔ་པའི་ཡང་སྲིད་ངོ་མ་མ་ཡིན་པར་ནག་ཆང་དགའ་རྩེད་ལ་མགོ་འཁོར་ནས་སྡོད་པ་ལས། སྡོམ་ཁྲིམས་མི་སྲུང་བས་ཁྲི་ལས་འཕེབས་དགོས་ལུགས་ཀྱི་གསེར་སྙན་ཡང་སྙན། གོང་མ་ཁང་ཞིས་ཨ་ས་ཁན་ཧོ་ཧྲོའི་སོགས་བོད་ལྗོངས་སུ་བཏང་ནས་ལྷ་བཟང་ཁང་ལ་“བསྟན་སྐྱོང་ཀུན་ཧྲུན་ཧན་”ཞེས་པའི་ཆོ་ལོ་དང་། ལུང་བསྒྱུར་གྱི་ཐམ་ཀ་ཞིག་ཀྱང་གནང་ཞིང་ཚངས་དབྱངས་རྒྱ་མཚོ་པོ་ཏ་ལའི་ཁྲི་ནས་ཕབ་སྟེ་པེ་ཅིན་དུ་སྐྱེལ་གཏོང་དགོས་པའི་བཀའ་ཕབ་པ་བཞིན་ཚངས་དབྱངས་རྒྱ་མཚོ་རེ་ཞིག་པོ་ཏ་ལ་ནས་ལྷ་ཀླུ་དགའ་ཚལ་དུ་བཞུགས་ཐོག རིང་

མིན་རྒྱལ་ས་པེ་ཅིན་དུ་གཏོང་སྐབས་འབྲས་སྤུངས་དགོན་པའི་མདུན་མཚན་ཉིད་གླིང་ཁར་ཕེབས་སྐྱེལ་ཞུ་ས་ནས་འབྲས་སྤུངས་གྲྭ་རིགས་ཀྱིས་བཙན་འཕྲོག་དང་འབྲེལ་འབྲས་སྤུངས་དགའ་ལྡན་ཕོ་བྲང་དུ་གདན་དྲངས་པར་བརྟེན་ལྷ་བཟང་ཁང་གི་དམག་དཔུང་གིས་དགོན་པའི་མཐའ་བསྐོར་བ་དང་། གྲྭ་དམངས་ཀྱིས་ཀྱང་ཡ་བཟུང་བྱེད་རྩིས་ཀྱིས་ཕན་ཚུན་བསད་རྨས་ཡོང་ཉེན་ལ་གྱུར་བ་ཐུགས་ཀྱིས་མ་བཟོད་པར་ཚངས་དབྱངས་རྒྱ་མཚོ་མཆོག་ནས་རང་འགུལ་ངང་སོག་དམག་གི་ཁྲོད་དུ་ཕེབས་ནས་དམག་ཟིང་རང་སར་ཞི་ཐབ་པ་མཛད། དེ་ནས་བྱང་བརྒྱུད་པེ་ཅིན་དུ་ཕེབས་པའི་ལམ་བར་མཚོ་སྔོན་ཁོངས་ཀུན་དགའ་ནོར་ཞེས་པའི་ས་གནས་སུ་དགུང་ལོ་ཉེར་ལྔའི་ཐོག་ཞིང་བརྗེས་པའི་སྐོར་རྣམ་ཐར་ཡོངས་སུ་གྲགས་པ་དང་། བཤད་ཚུལ་གཞན་ཞིག་སྟེ་གསང་བའི་རྣམ་ཐར་ལྷའི་རམ་བུ་རའི་རྒྱུད་ཀྱི་སྒྲ་དབྱངས་ཞེས་པ་ལས་འབྱུང་བ་ལྟར་ན། ལྷ་བཟང་དང་སྡེ་སྲིད་དབར་འགལ་ཟླ་ཇེ་ཆེར་གྱུར་ཅིང་། "དེའི་རྗེས་ལ་འབྲུག་རྩོད་ཆེར་སོང་བ་དང་། གོང་མས་མཁྱེན་ནས་སྡེ་སྲིད་དང་ལྷ་བཟང་གཉིས་ལ་འཁྱིང་ (ཆིངས་) བྱེད་པར་སྤྱུག་ན་བླ་མ་དང་ཨ་ནཱ་ཁླ་གཉིས་རྫོང་བདའ་མཛད་པ་ཁོང་གཉིས་མ་སླེབས་མཚམས་ནས། ལྷ་བཟང་གིས་སྡེ་སྲིད་བཀྲོངས་ནས་འབྲུག་པའི་ཐ་རླབས་ཆེས་ཆེར་གཡོས་པའི་སྐབས་དེར་གསེར་ཡིག་པ་ཁོང་གཉིས་ཀྱང་འགྱོར་བར་ལྷ་བཟང་བདུད་དུ་བབས་ནས་གསེར་ཡིག་པ་གཉིས་ལ་ཅི་བྱ་གཏོལ་མེད་དུ་གྱུར་པའི་ཚིག་སྣ་ཚོགས་སྨྲས་ཏེ། དེའི་རྐྱེན་གྱིས་རྗེ་ཉིད་དགུང་ལོ་ཉེར་ལྔ་ཕེབས་པའི་མེ་ཕག་ལོའི་སྟོན་ཀ་རྒྱ་ནག་ཏུ་གདན་དྲངས" ཞེས་དང་ "རིམ་གྱིས་བྱང་ལམ་བརྒྱུད་ནས་སྟོང་ཏུ་མཚོ་ནག་ཏུ་འགྱོར་སྐབས་རྒྱ་ནག་གོང་མས་གསེར་ཡིག་བླ་མ་

དང་མ་ནཛྷ་ཁ་སོགས་ལ་ཁྱོད་ཆོས་རྒྱལ་དབང་རིན་པོ་ཆེ་འདིར་བྲངས་ནས་བཞུགས་ས་གང་དུ་ཐོན། བསྙེན་བཀུར་ཇི་ལྟར་བྱེད་སྙམ་པ་ཡིན། ཀོ་མ་ཚོད་འདུག་ཅེས་བཀའ་བསྒྱུར་དྲག་པོ་མཛད་པའི་གསེར་ཡིག་འབྱོར་བྱུང་བས་མི་སྣ་རྣམས་ཅི་དྲག་གང་དྲག་ལ་ཐུག་པས་ཁོང་རང་ཚོ་སྲོག་ལ་གནོད་པའི་ཞེད་སྣང་ཆེན་པོ་བྱུང་ནས་ཐབས་ཅི་དྲག་ལ་ཐུག་སྟེ། ང་ལ་(ཚངས་དབྱངས་རྒྱ་མཚོ་) ཁྱེད་རང་དབང་ཐོབ་པས་གཤེགས་པའམ་སྐུ་ཡལ་བ་ལྟ་བུ་མ་མཛད་ན་ངེད་ཚོའི་སྐྱེ་ལ་ཐུག་པ་འདུག་ཅེས་ཡང་དང་ཡང་དུ་ཟེར་བར་འདུན་པ་གཅིག་ཡིན་སྣང་བས། ཁྱེད་རང་ཆོས་དང་པོ་རྒྱལ་པོ་ལྷ་བཟང་དང་གྲོས་གང་འདྲ་བྱས་པ་ལྟར། ད་རེས་འཛམ་དབྱངས་གོང་མའི་ཕོ་བྲང་གི་གསེར་གྱི་ཐེམ་པར་སླེབས་ནས་ཞལ་མ་མཐོང་བར་དུ་ཕྱིར་མི་ལྡོག་ཅེས་ལབ་པས། མི་སྣ་རྣམས་ཤིན་ཏུ་འཇིགས་ཏེ་རང་སྲོག་ལ་གནོད་པའི་གྲབས་བྱེད་པར་ཐོས་ནས། ད་འོ་ན་ངས་ཁྱེད་ཚོ་ལ་གནོད་ཅིང་རང་ལ་རྒྱལ་ཁ་ཐོབ་པ་ཞིག་བྱས་པས་ཡོང་རྒྱུ་གང་ཡང་མི་འདུག དེ་བས་ང་རང་འཆི་བ་དྲག་འོན་ཀྱང་རེ་ཞིག་རྟེན་འབྲེལ་ཞིག་བརྟག་པར་བྱའོ་བྱས་པས་ཁོང་རྣམས་ཤིན་ཏུ་དགའ་འདུག ……དེ་ནས་ཀུན་དགའ་ནོར་ཟེར་བའི་ས་ཆར་བསྡད་པའི་གུར་སྒོའི་འགག་ཏུ་རས་གུར་ཡོད་པའི་སྒོ་ནས་སོག་པོ་རྒད་པོ་ཞིག་གིས་མགོ་ཉུག་ཉུག་བྱས་ཏེ་བལྟས་འདུག་པར་ཁྲིད་ཤོག་བྱས་པས་ཁྲིད་སླེབས་བྱུང་བར། མགྲོན་གཉེར་བེ་དུར་དཔོན་པོས་ལོ་ཙཱ་བ་བྱས་ཏེ་ས་འདིའི་མིང་ཅི་ཡིན། ཁྱོད་རང་གི་མིང་ལ་ཟེར་དྲིས་པས། ས་འདི་ལ་ཀུན་དགའ་ནོར་ཟེར། ངའི་མིང་ལ་ཨ་པ་ལང་ཡིན་ཟེར། སོག་སྐད་ཀྱི་སེང་གེའི་མིང་ཡིན་འདུག དེ་ཀུན་ལ་དགའ་བ་དང་། ནོར་བ་དང་། འཇིགས་པ་མེད་པར་ཡོང་བའི་

རྟེན་འབྲེལ་དུ་འདུག་པས། ཕོ་རང་ཚོའི་འདོད་པ་ལྟར་སྒྱུ་མའི་ཚུལ་བྱའོ་སྐམ་སྟེ་དཀོན་མཆོག་ལ་གསོལ་བ་བཏབས་པས་མཚན་མ་གཞན་ཡང་བཟང་བ་དང་། ཁྱད་པར་དཔལ་ལྡན་ལྷ་མོའི་ལུང་བསྟན་གསལ་བར་བྱུང་བ་ལྟར་དེ་ནུབ་བི་དུར་དཔོན་པོ་དང་། གསོལ་མགྲོན་གཉིས་དང་། རྒྱ་ནག་གི་མི་སྣ་རོ་མ་མ་གཏོགས་སུ་གཅིག་གིས་ཀྱང་མ་ཤེས་པར་བྱས་ཏེ་མཚན་མོའི་མཐུན་དང་པོ་ལ་གོས་སེར་པོའི་ལ་བ་དང་ཏམ་ཁ་མ་དམར་པོའི་ལ་བ་བརྩེགས་ནས་གྱོན། འཕོག་ཐོའི་ཞྭ་དང་། སོག་ལྷམ་དང་། གཞན་ལུས་ལ་འཆང་བཞིན་པ་རྒྱལ་པོ་མ་སྐྱེས་དགྲའི་རྟེན་སྐལ་གྱི་འཕེལ་གདུང་ཨ་མ་བྱ་ཐོའི་སྒོ་ང་ཙམ་ཡོད་པ། ཙན་དན་དམར་པོའི་ཕྲེང་བ། གློ་ཁུག་ཏུ་ཐེའུ་རྩེ་རྟགས་ཙན་གཅིག སྐྱིད་པར་རིག་འཛིན་གཏེར་བདག་གླིང་པས་གནང་བའི་གཏེར་སྲུང་གཅིག་རྣམས་མ་གཏོགས་གཞན་དངོས་པོ་གང་ཡང་མེད་པ་བཅས་འགྲོ་ཁར་གསོལ་མགྲོན་གཉིས་ལ་བཀའ་བསྒོ་དང་བསླབ་བྱ་བྱས། ཕོང་གཉིས་ཀྱང་མཆི་མས་གང་ཞིང་སྐྱོ་བ་ཚད་མེད་པ་འདུག དེ་ནས་གློ་བུར་དུ་ཐོན་ཏེ་ཤར་ལྷོའི་ཕྱོགས་སུ་ཁ་བལྟས་ཏེ་བྱོན་……”①ཅེས་གསལ། དེ་ནས་ཐོག་མར་ཚ་བ་རོང་སོགས་མདོ་ཁམས་དང་། དེ་ནས་དར་རྩེ་མདོ་བརྒྱུད་རྒྱ་ནག་གླིང་ཆེན་རི་བོ་སོགས་མཇལ་བར་ཕེབས། དེ་རྗེས་སླར་ཡང་བོད་དབུས་གཙང་དང་། རྒྱ་གར། བལ་ཡུལ། ཀན་སུ། རི་བོ་རྩེ་ལྔ། མཚོ་སྔོན། སོག་ཡུལ་སོགས་ས་ཕྱོགས་མང་པོར་ཕེབས་ཏེ་ཆོས་དང་འབྲེལ་བའི་མཛད་པ་ངོ་མཚར་ཅན་ཇི་སྙེད་བསྐྱངས་པའི་ཐོག་དགུང་ལོ་དྲུག་ཅུ་བརྒལ་བ་འཚོ་བཞེས་ཀྱི་

① （གསང་རྣམ་ལྕགས་པར་དེབ་ངོས24－26）

མཐར་སོག་ཡུལ་ཨ་ལག་ཤ་ས་གནས་སུ་སྐུ་གཤེགས་པའི་སྐུ་གདུང་ཡང་ཕྲུག་མཆོད་ཀྱི་རྟེན་དུ་བཞུགས་ཚུལ་བཅས་ཞིབ་པར་གསལ་ཞིང༌། དགོས་པའི་དབང་གིས་མཚན་ཡང་ངག་དབང་ཆོས་གྲགས་རྒྱ་མཚོ་ཞེས་བརྗེས་པར་གྲགས་པ་བཅས་འདི་སྐོར་གཅིག་གྱུར་གྱི་ལྟ་སྟངས་མེད་པས་འདིར་ཡང་ཁ་མཚོན་གཙོད་པར་བཀའ་འོ།

ཚངས་དབྱངས་རྒྱ་མཚོ་ས་སྣད་དུ་ཕེབས་ཐོན་གནང་རྗེས་ལྷ་བཟང་ཁང་གིས། གནས་ཆེན་ཁ་བ་དཀར་པོར་སྤྱི་ལོ1686བོད་མེ་སྟག་ལོར་འཁྲུངས་ཤིང༌། ས་ཡོས་ལོར་འབྲས་སྤུངས་སུ་ཕེབས་པའི་མཚན་རྟགས་བཟང་བའི་སྤྲུལ་སྐུ་ངག་དབང་ཡེ་ཤེས་རྒྱ་མཚོ་ཏཱ་ལའི་བླ་མ་སྐུ་ཕྲེང་དྲུག་པ་ཡིན་པར་ངོས་འཛིན་ཞུས་ཏེ་པོ་ཏ་ལའི་གསེར་ཁྲིར་མངའ་གསོལ་ཞིང༌། ལོ་བཅུ་གཅིག་ཙམ་ཁྲི་ལ་བཞུགས་ན་ཡང༌། བོད་ཀྱི་སེར་སྐྱ་མང་ཚོགས་ཚོས་ཁོང་ཏཱ་ལའི་བླ་མའི་ཡང་སྲིད་ཡིན་པར་ངོས་འཛིན་བྱེད་ཀྱི་མེད། པད་དཀར་འཛིན་པ་ཡེ་ཤེས་རྒྱ་མཚོ་པོ་ཏ་ལའི་ཁྲི་ལ་འཁོར་རྗེས་ལྷ་བཟང་ཁང་གིས་གང་མ་ཁང་ཞིར་གསེར་སྣན་སྦྲོན་ཏེ། ཁོང་ཏཱ་ལའི་བླ་མ་ཡིན་པའི་གསེར་ཐམ་ཞིག་གནང་རོགས་ཞུས་པ་ལྟར་ཐམ་ཀ་ཞིག་བསྐུལ་བའི་ཞལ་རིས་སུ“ བཀའ་ཡིས་ཞུས་རྒྱང་བྱེད་པའི་སྐུ་དྲུག་པ་ཏཱ་ལའི་བླ་མའི་ཐམ་ཀ” ཞེས་པ་གནང་བར་ཁ་རིས་བཅོས་བསྒྱུར་གྱི་“ བཀའ་ཡིས་ཞུལ་རྒྱང་བྱེད་པའི་སྐུ་དྲུག་པ་ཏཱ་ལའི་བླ་མའི་ཐམ་ཀ་ཞེས་འཁོད་”[①]ཅེས་གསལ་ཡོད།

སྐབས་དེར་བོད་ལྗོངས་སུ་དུས་བབ་ཟང་ཟིང་ཆེ་བར་སྨན་སྣད་གོང་

① （ཐམ་དེབ་ལོང་བའི་དམིགས་བུ་ཤོག་གྲངས11）

མ་ཁང་ཞིས་སྤྱི་ལོ1713ཐོད་རབ་བྱུང་བཅུ་གཉིས་པའི་ཆུ་སྦྲུལ་ལོར་པཎ་ཆེན་སྐུ་ཕྲེང་ལྔ་པ་བློ་བཟང་ཡེ་ཤེས་ལ“པཎ་ཆེན་ཨེར་ཏི་ནི”ཞེས་པའི་མཚན་གནས་འཁོད་པའི་འཇའ་ས་དང་གསེར་ཐམས་བསྩལ་ཐོག ཁོང་གིས་ལྷ་བཟང་ཁང་ལ་རོགས་སྐྱོར་མཛད་དེ་བོད་ཀྱི་ལས་ཀ་ལེགས་སྒྲུབ་ཡོང་ཐབས་གནང་དགོས་ཞེས་ཕེབས། དེ་ནས་བཟུང་པཎ་ཆེན་སྐུ་ཕྲེང་ན་རིམ་ལ་ཨེར་ཏི་ནིའི་ཚོ་ལོ་གཏན་འཇགས་སུ་གནང་ཡོད།

4. སོག་པོ་ཇུན་གར་བའི་དམག་དཔུང་བོད་ལ་སྙིག་འཛུལ་བྱས་པ།

ལྷ་བཟང་ཁང་གིས་སྡེ་སྲིད་བཀྲོངས་ནས་བོད་ཀྱི་སྲིད་དབང་བཟུང་བའི་རྗེས། སངས་རྒྱས་རྒྱ་མཚོའི་ཕྱོགས་གཏོགས་ཀྱིས་འཁོན་ལན་སློག་ཕྱིར་ཇུན་གར་ཚེ་དབང་རབ་བརྟན་ལ་དྲག་ཤུགས་ལ་བརྟེན་ནས་དགྲ་ཤ་ལེན་དགོས་པའི་སྐུལ་མ་བྱས་པར་གྲགས། ཚེ་དབང་རབ་བརྟན་ནི་དེ་སྡེ་སྲིད་དང་འབྲེལ་བ་ཡོད་པའི་དམག་དཔོན་དགའ་ལྡན་ཟེར་བའི་གཅེན་པོའི་བུ་ཡིན་པ་དང་། དགའ་ལྡན་གྱིས་དམག་དཔུང་ཁྲིད་དེ་ཕྱི་སོག་ལ་བཙན་འཛུལ་བྱེད་སྐབས་གོང་མའི་དམག་དཔུང་གིས་ཚར་བཅད་རྗེས་ཚེ་དབང་རབ་བརྟན་གྱིས་གཡི་ལིའི་ས་ཁུལ་དུ་ཁ་ཐོར་བའི་ཇུན་དམག་བསྡུ་རུབ་བྱས་ཏེ་རང་ཉིད་ཀྱིས་འགོ་གཙོ་བྱས་ཐོག ཆིང་གོང་མའི་སྲིད་གཞུང་ལ་ཡང་བརྩི་བཀུར་ཇི་བཞིན་མི་ཞུ་བར་གནས་ཡོད། སྐབས་དེ་དུས་ལྷ་བཟང་ཁང་གི་སྲུས་ཆེ་བ་དགའ་ལྡན་བསྟན་འཛིན་གཉེར་སྒྲིག་བྱེད་པའི་ན་ཚོད་ལ་སླེབས་

པར་གལ་ཏེ་ཧུན་གར་ཚེ་དབང་རབ་བརྟན་གྱི་བུ་མོ་ཞིག་བག་མར་བླངས་ན་གཉེན་འབྲེལ་ཆགས་ནས་ཕན་ཚུན་དབར་གྱི་མ་མཐུན་པ་སེལ་བར་ཕན་ཐོགས་ཡོང་རྒྱུའི་རེ་བ་བཅངས་ཏེ་ཡར་མར་ཕོ་ཉ་མངགས་པ་བརྒྱུད་རྩ་བའི་ཐོག་གཏན་འཁེལ་བྱས་རུང་། ཧུན་གར་བའི་ངོས་ནས་ཕན་ཚུན་མཛའ་མཐུན་ཡོང་རེ་རྩ་བ་ནས་མི་བྱེད་པར་ལྷ་བཟང་ཁང་དབང་དུ་བསྡུ་རྒྱུའི་བསམ་ངན་བཅངས་ཏེ། ལྷ་བཟང་ཁང་ལ་བུ་མོའི་སྐྱོང་རྟེན་དུ་དངུལ་སྲང་ཆེན་འབུམ་ཕྲག་གཅིག་གནང་དགོས་པ་དང་། སྲས་དགའ་ལྡན་ངོ་མ་ཧུན་གར་གྱི་ཡུལ་དུ་བུ་མོ་བསུ་བར་ཕེབས་དགོས། ཇོ་ཤུགས་གཉིས་མཛའ་གཅུག་འདྲིས་པར་བྱས་ནས་ད་གཟོད་སྐྱངས་དཔྱལ་ལྡན་ཅིག་བོད་དུ་བདེ་བར་བསྐྱེལ་རྒྱུ་ཡིན་ཞེས་གཡོ་ཐབས་ཀྱི་འཕྲིན་ཡིག་བཏང་འབྱོར་བྱུང་། དེ་ལ་ལན་འདེབས་ཚོད་མ་ཐེབ་བར་ལ་མོ་ཚངས་པར་ལུང་ཞུ་ཕུལ་བའི་བརྟག་ལན་ལའང་ཡབ་སྲས་གཉིས་ཀོ་བ་ལེན་ཕྱོགས་མ་མཐུན་པ་སོགས་དུས་ཡུན་རིང་ཙམ་དེ་སྣུར་ལུས། སྲས་དགའ་ལྡན་བསྟན་འཛིན་རང་ཉིད་བག་མ་ལེན་ཕྱིར་ཧུན་གར་དུ་འགྲོ་འདོད་འགོག་ཏུ་མེད་པ་སྐྱེས་ཏེ་མཐར་གལ་ཏེ་ང་མ་བཏང་ན་རང་སྲོག་འདོར་བ་ལས་འོས་མེད་ཅེས་མཐར་སྐྱེལ་བྱས་སྐབས་ཞབས་འབྲིང་བརྒྱ་ཕྲག་གསུམ་གྱི་འཁོར་དང་བཅས་ཧུན་གར་དུ་གཏོང་དགོས་བྱུང་ཞིང་། འོན་ཀྱང་གོང་མ་ཁང་ཞི་ནས་ལྷ་བཟང་ཁང་གིས་ཧུན་གར་ལ་ངན་འབྲེལ་བྱེད་པའི་ཐུགས་དོགས་མི་ཡོང་བའི་ཆེད་དུ། སྲས་ཆུང་བ་སུརྱ་ཡང་མཚོ་སྔོན་གྱི་སོག་པོའི་རྒྱལ་རིགས་ཤིག་གི་བུ་མོ་བག་མར་བསུ་ཆེད་འཁོར་བརྒྱ་ཕྲག་འགའ་དང་བཅས་དུས་གཅིག་ཏུ་བོད་ནས་ཐོན།

སྤྱི་ལོ1716བོད་མེ་སྤྲེ་ལོར་ཧུན་གར་ཚེ་དབང་རབ་བརྟན་གྱིས

དམག་དཔོན་ཆེན་པོ་ཚེ་རིང་དོན་གྲུབ་གཙོ་བོར་བྱས་པའི་དམག་དཔུང་གོ་རྟག་སྐྱོང་ཕྲག་དྲུག་བོད་དུ་རྒོལ་བར་བཏང་། སྐབས་དེའི་མངའ་རིས་ཁུལ་གྱི་སྤྱི་ཁྱབ་ཁང་ཆེན་པ་བསོད་ནམས་རྒྱལ་པོས་ལྷ་བཟང་ཁང་ལ་སྙན་ཞུ་བཏང་བར། ཡུལ་ཡར་ཀེན་ནས་གཅིག་ལས་གཉིས་སུ་བརྒྱུད་པའི་གཏམ་ཐོས་གསལ། ཇུན་གར་བའི་དཔུང་དམག་སྐྱོང་ཕྲག་ལྔ་ཙམ་བོད་མངའ་རིས་ཀྱི་ཕྱོགས་སུ་ཐོན་སྐད་ཐོས་པ་དགྲ་གཉེན་ཇི་ཡིན་རྟོགས་དཀའ་བས་སྐར་གསུམ་གྱི་ཡུལ་དམག་བསྡུས་ནས་ས་མཚམས་སུ་སོ་འཛིན་ལ་བསྐྱོད་ན་འཐུས་མིན་ཞེས་འཁོར་ཡང་། ལྷ་བཟང་ཁང་རྒྱལ་བློན་རྣམས་བགྲོས་སྐབས་གཉེན་འབྲེལ་དུ་གྱུར་པའི་རེ་དོགས་མ་ཆོད་པར་སོམ་ཉིའི་དྲ་བར་ཚུད་ནས་ལ་མོ་ཚངས་པ་སོགས་ལྷ་བླ་མར་ལུང་བརྟག་ཞུ་བ་ལས་འགོག་སྲུང་གི་གྲ་སྒྲིག་ཚགས་སུ་ཚུད་པ་ཞིག་བྱེད་མ་ཐུབ། ཇུན་གར་བའི་དཔུང་དམག་དེས་བྱེ་ཐང་མང་པོ་བརྒྱུད་དེ་ཧོ་ཐན་རི་བོ་བརྒལ་ནས་ཉིན་མོ་གབ་ཅིང་མཚན་ཐོག་ཐག་ཏུ་བཤར་ནས་ཡོད། སྔོན་ཆད་མ་གྲགས་པའི་ལམ་གསར་པ་ཞིག་གཏོད་དེ་སྤྱི་ལོ1717བོད་མེ་བྱ་ལོའི་དབྱར་སྟོད་དུ་བྱང་གནམ་མཚོ་བརྒྱུད་ནས་གློ་བུར་དུ་ཐོན་ཡོང་ཞིང་། ཁོ་པ་ཚོས་ད་དུང་རྒྱལ་པོ་ལྷ་བཟང་གི་སྲས་ཆེ་བ་བསྟན་མོ་དང་བཅས་བོད་དུ་ཕེབས་པའི་ཞབས་འདེགས་པ་ཡིན་ཞེས་བྱང་འབྲོག་རྣམས་མགོ་སྐོངས་པར་བྱས་སྐབས། འབྲོག་པས་སྦྲ་གུར་དང་བཟའ་བཏུང་སོགས་ཀྱི་སྣེ་ལེན་ཡང་བྱས་པར་གྲགས།

སྐབས་དེ་དུས་ལྷ་བཟང་ཁང་འདམ་གཞུང་དུ་བཞུགས་ཡོད་ཅིང་། སྲས་ཆུང་བ་སུཏྲ་བག་མ་དང་བཅས་མཚོ་སྔོན་ནས་འདམ་དུ་འཁོར་བའི་དགའ་སྟོན་ལ་རོལ་བཞིན་ཡོད་པའི་སྐབས་བྱང་གནམ་མཚོའི་འདབས་ནས

དཔུང་དམག་ཚན་ཆེ་ཞིག་ལྷགས་པའི་ཚུལ་ལྷ་བཟང་ཁང་གི་སྔན་དུ་གསོལ། དེ་མ་ཐག་དཔུས་གཙང་དྭགས་ཀོང་གི་དཔུང་ཚོགས་རྣམས་མྱུར་དུ་བསྡུ་བསྐུལ་གྱིས་དགྲ་བོ་འགོག་པའི་ལས་ཐབས་མང་དུ་བརྩམས་ཤིང་། འདམ་ཁུལ་དུ་ཕན་ཚུན་དམག་འཐབ་ཐེངས་འགའ་ཞིག་བྱུས་པའི་ནང་གཡུལ་ངོར་དཔའ་བའི་གྲགས་ཅན་མདའ་དཔོན་ཨོ་རོང་པ་དང་འབུམ་ཐང་པ་གཉིས་དམག་ཐོག་ཏུ་སྲོག་ཤོར་བ་དང་། ཕོ་ལྷ་ནས་ཀྱང་རྨས་སྐྱོན་ཕོག་པ་སོགས་ལས་འགོག་མ་ཐུབ་ཅིང་། དེ་ནས་ཇུན་གར་གྱི་དམག་རྣམས་ལྷ་སར་བསྐྱོད་རྗེས་བྱེད་པ་ཤེས་སྐབས་རྒྱལ་པོ་དཔུང་དང་བཅས་པ་འབྲེལ་སྐབས་ཀྱིས་ལྷ་སར་ཕྱིར་ཕེབས། གྲོང་ཁྱེར་གྱི་མཐར་བོད་སོག་དམག་དཔུང་གི་སྒར་བཏབ་ནས་སྲུང་བར་བསྒྲིམས། ཇུན་གར་གྱི་དཔུང་ཚོགས་ཀྱང་དེའི་རྗེས་སུ་བསླེགས་ཏེ་ཁག་གཅིག་ལྷ་སའི་ཤར་ཕྱོགས་སྐྱིད་ཆུའི་འགྲམ་དུ་སྒར་བཏབ་པ་དང་། ཁག་གཅིག་བྱང་ཕྱོགས་ཀྱི་གྲོང་སྣད་དང་གྲ་བཞིའི་ཐང་དུ་སྒར་བཏབ། ཁག་གཅིག་ནུབ་ཕྱོགས་སྐྱིད་ཚལ་ klu སྡིངས་ཀྱི་འདབས་སུ་སྒར་བཏབ་སྟེ་ཕྱིན་ནས་བསྐོར། ཇུན་གར་པས་བྱང་དུ་གཡུལ་སར་བོད་དམག་གསོན་བཟུང་བྱས་པ་རྣམས་ལ་ང་ཚོ་ནི་ལྷ་བཟང་ཁང་གཏོར་བའི་ཆེ་འོངས་པ་མ་ཡིན། མཚོ་སྔོན་ནས་དའི་ཆེང་ཁོ་ཤོའུ་ཆེ་དཔུང་དང་བཅས་པས་ཏཱ་ལའི་བླ་མའི་ཡང་སྲིད་བསྐལ་བཟང་རྒྱ་མཚོ་མཆོག་གདན་དྲངས་ནས་མགྱོགས་མྱུར་ཕེབས་གྲབས་ཡོད་པས་དེ་དང་ཕྱོགས་མཐུན་དུ་བོད་འབངས་སྲི་དང་། རྒྱལ་བའི་བསྟན་པ་སོ་ནའི་དོན་དུ་འོངས་པ་ཡིན་ན་ཁྱེད་ཚག་རང་རང་གི་ཡུལ་དུ་བདེ་བར་སོག་ཅིག་ཅེས་ཅི་འགར་བཏང་བའི་གླེང་ཕྱོགས་དེ་དག་གཅིག་ནས་གཉིས་རྒྱུད་ཀྱི་ཁྱབ་པར་གྱུར་པ་དང་། དམག་འཐབ་ཀྱི་ལས་ལ་ཡིད་བསུན་པ་

སོགས་ཀྱིས་བོད་དམག་རྣམ་སེམས་ཤུགས་ཆག་པ། དེ་བཞིན་བོད་ཀྱི་དཔོན་རིགས་ཁོངས་ནས་མདའ་དཔོན་བཀྲ་ཤིས་རྩེ་པ་སོགས་ལྷ་བཟང་ཁང་ལ་མི་དགའ་བ་ཁག་གཅིག་གིས་ཇུན་གར་ལ་ལྐོག་ཏུ་འབྲེལ་བ་བྱས་ཏེ་ནང་གཏམ་ཕྱིར་སྐྱེལ་བྱེད་མཁན་ཐོན་པ་སོགས་བློ་རྩེ་གཅིག་སྒྲིལ་མེད་པར་གྱུར། ཉིན་ཤས་སོང་རྗེས་ཇུན་གར་གྱིས་ཕྱོགས་ཡོངས་ནས་རྒོལ་བས་ཤར་ཕྱོགས་ཀྱི་དམག་རྣམས་པོ་ལྷ་ནས་ཀྱིས་གཙོ་བྱས་པའི་དཔུང་གིས་རེ་ཞིག་ཕྱིར་བསྐྲད་ནའང་། བྱང་ཕྱོགས་ནས་ཇུན་དམག་གྲོང་ཁྱེར་ནང་ཤོར་སྐབས་ལྷ་བཟང་ཁང་པོ་བྲང་ཕུན་ཚོགས་རབ་བརྟན་དཔལ་འཁྱིར་དུ་བཞུགས་ཡོད་པས་གསན་མ་ཐག་སྐུ་འཁོར་ཉུང་ཤས་དང་བཅས་རྩེ་པོ་བྲང་པོ་ཏ་ལར་ཕེབས། དེ་རྗེས་ལྷ་སའི་ཕྱོགས་ཀུན་ནས་ཇུས་དམག་རྣམས་འཛུལ་ཞིང་། བོད་དམག་སྲུང་བྱ་རྣམས་ཀྱང་རིམ་བཞིན་ཐོར་ནས་པོ་ལྷ་བའང་འབྲས་སྤུངས་སྒོ་མང་གྲྭ་ཚང་དུ་བྲོས་སོ།

ལྷ་བཟང་ཁང་གིས་རྩེ་པོ་བྲང་གི་ཆབ་སྒོ་རྣམས་བསྡམས་ནས་བསྲུངས་པས་ཇུན་དམག་གིས་གླགས་མ་རྙེད། འོན་ཀྱང་དེ་ལྟར་ཡུན་རིང་དུ་གནས་ཐབས་བྲལ་བས་སྲས་ཆུང་བ་སུར་ཡ་འཁོར་གཡོག་ཉུང་ཤས་དང་བཅས་མཚོ་སྔོན་དུ་གསང་སྐབས་ཀྱིས་བྲོས་སུ་བཅུག་མཐར་ལོ་དེའི་བོད་ཟླ་བཅུ་གཅིག་པའི་ཚེས་གཅིག་ཉིན་ལྷ་བཟང་ཁང་རང་ཉིད་གཉེན་བཤེས་ཀྱིས་བཀག་ཀྱང་མ་ཐུབ་པར་བློན་པོ་བློ་བཟང་ཆོས་འཕེལ་ཟེར་བའི་སོག་པོ་ཞིག་རྗེས་སུ་འབྲངས་ཏེ་རྗེ་བློན་གཉིས་པོ་ཏ་ལའི་ཞོལ་གྱི་ལྕགས་རིའི་ཤར་སྒོ་ནས་ཐོན་ཏེ་ཀླུ་སྒྲུག་ན་སྟེར་(ད་ལྟ་མི་དམངས་ལམ་གཞུང་)དུ་རྒྱུགས་ནས་ཇུན་གྱི་དམག་མི་འགའ་ཞིག་བསད་མཐར་ཇུན་དམག་མང་པོས་ལག་རུབ་བརྒྱབ་སྟེ་

རྗེ་བློན་གཉིས་ཀ་དམར་གསོད་བཏང་ངོ། །གོང་གི་ཇུན་གར་འགོག་པའི་དམག་འཐབ་སྐོར་ཞིབ་ཆ་གཟིགས་འདོད་ན་མི་དབང་རྟོགས་བརྗོད་ཀྱི་ནང་འཁོད་ཡོད་དོ།

དེ་ནས་ཇུན་གར་པས་རེ་ཞིག་བོད་ཀྱི་དབང་ཆ་བཙན་བཟུང་བྱས། སྟག་རྩེ་ཞབས་དྲུང་ལྷ་རྒྱལ་རབ་བརྟན་བོད་ཀྱི་སྲིད་སྐྱོང་བའི་ཁྲིར་བསྐོས། དེ་ནས་རིང་པོར་མ་ལོན་པར་དབུས་གཙང་ཁུལ་གྱི་གསང་སྔགས་བསྟན་པའི་ལྷེ་གནས་རྡོ་རྗེ་བྲག་དང་སྨིན་གྲོལ་གླིང་གི་བླ་མ་གཙོ་བོ་རྣམས་དང་། ལྷ་བཟང་ཁང་གི་ཞབས་འབྲིང་གཙོ་གནད་རྣམས་བཟུང་སྐྱིག་གིས་ཁྲིམས་མུན་དུ་བཙུག བོད་ས་གནས་ཀྱི་འགོ་གཙོ་རྣམས་པོ་ཏ་ལའི་ཚོམས་ཆེན་དུ་བསྐོངས་ཏེ། པད་དཀར་འཛིན་པ་ངག་དབང་ཡེ་ཤེས་རྒྱ་མཚོ་འདི་ཉིད་ཏཱ་ལའི་བླ་མ་ལྔ་པ་ཆེན་པོའི་ཡང་སྲིད་འཁྲུལ་བྲལ་ཡིན་དང་སྨིན་སྐོར་འདྲི་བརྩད་མང་དུ་བྱས་པར་ཚང་མས་ཞུ་བཤད་མཐར་སྤྲུལ་སྐུ་མ་ཡིན་པར་ཁྲུན་ཐག་བཅད་དེ་ཁོང་པོ་ཏ་ལའི་བཞུགས་ཁྲི་ནས་ཕབ་སྟེ་ལྕགས་པོ་རིའི་དགོན་པར་དོ་དམ་བྱས། དེ་ནས་ལྷ་ས་བླ་བྲང་སྟེང་དུ་དབུས་གཙང་གི་སེར་སྐྱ་ཆེ་གྲུ་རྣམས་བསྐོངས་ཐོག ཇུན་གར་དམག་གི་འགོ་གཙོ་ཚེ་རིང་དོན་གྲུབ་དང་། གདུགས་དཀར། ཆོས་འཕེལ་ཟེར་བ་བཅས་ནས་སྐད་ཕྱིན་གསང་སྔགས་རྙིང་མའི་ཆོས་ལུགས་བྱས་མི་ཚོག་པའི་ཁྲིམས་བསྒྲགས། ཉིན་དེའི་ནུབ་མོ་སྨིན་གྲོལ་གླིང་གི་ལོ་ཆེན་དྷརྨ་ཤྲཱི་དང་། རེ་རྗེ་འཛིན་པ་བློ་བཟང་བསྟན་པའི་རྒྱལ་མཚན། གདུང་སྲས་པདྨ་འགྱུར་མེད་རྒྱ་མཚོ་སོགས་ལྷ་ས་སྐྱིད་ཆུའི་འགྲམ་སོགས་སུ་ཁྲིད་དེ་བཀྲོངས། དེ་བཞིན་མི་རིང་བར་སྨིན་གྲོལ་གླིང་གི་གདུང་སྲས་ཆུང་བ་དང་། ཕྱག་མཛོད་ཞབས་དྲུང་ལེགས་གྲུབ། རྡོ་བྲག་

རིག་འཛིན་ཆེན་མོ་པདྨ་འཕྲིན་ལས། ལྷ་བཟང་ཁང་གི་ཞབས་འབྲིང་གཙོ་གྲས་མདུན་ན་འདོན་བུ་ཆུང་དང་། དངོས་ཞིབ་བ། པདྨ་ཚེ་རིང་། ཚང་ཁྲིམ་པ་སོགས་རིམ་གྱིས་ཉམས་ཉེས་པར་བྱས། རྒྱལ་རྩེ་ལྷུང་པོ་ཅན་པ་དང་། གཞའ་ནང་ལྷུང་སྦྲུག་པ་གཉིས་ཀྱི་སར་ཧྲུན་དམག་མངགས་ཏེ་རྒྱལ་རྩེ་དང་གཞའ་ནང་ས་གནས་སོ་སོར་དམར་གསོད་བཏང་བ་སོགས་མི་དབང་རྟོགས་བརྗོད་ནང་གསལ་ཡོད། ཕོ་ལྷ་བསོད་ནམས་སྟོབས་རྒྱས་ཀྱང་ཡུན་རིང་བཙོན་དུ་བཅུག་ཅིང་། ལྷག་གིས་གཞུས་པ་སོགས་བྱས་ཀྱང་མཐར་སྟེ་སྲིད་སྟག་རྩེ་བས་ངོ་ཆེན་མཐའ་ནན་གནང་བ་བརྒྱུད་སྟག་རྩེ་བར་རྩིས་སྤྲད་པའི་སྐོར་ཞིབ་པ་མི་དབང་རྟོགས་བརྗོད་ནང་དུ་གསལ། གཞན་ཡང་ཧྲུན་གར་པས་དགེ་ལྡན་རིང་ལུགས་ཀྱི་གྲུབ་མཐར་བཀུར་སྟི་དང་དག་ཐེར་དུ་རློམས་ནས་ཨོ་རྒྱན་པདྨ་འབྱུང་གནས་ཀྱི་སྐྱབ་ཕྱག་སྐན་གྲགས་ཅན་རྣམས་སྒོ་བཙིགས་ནས་ཞལ་བས་བཀག་པ་དང་། རྡོ་རྗེ་བྲག་དགོན་པ་དང་། སྨིན་གྲོལ་གླིང་། ཚ་ཤུར་ཐར་པ་གླིང་། གསང་སྔགས་བྱང་ཆུབ་གླིང་སོགས་རྙིང་ལུགས་ཀྱི་དགོན་སྡེ་མང་པོ་རྩ་གཏོང་ཤུལ་མེད་དུ་བཏང་བ་སོགས་བརྗོད་ལས་འདས་ཤིང་། ཕྱོགས་གཞན་ཞིག་ནས་དགའ་ལྡན་དགོན་པའི་འདབས་ཀྱི་སྨྲ་ཤོག་པ་དང་། འབྲས་སྤུངས་ཀྱི་འདབས་གནས་དན་འབག སེ་རའི་འདབས་འབྲིལ་སེར་ཤར་བ་དང་ཐ་འོག་པའི་གྲོང་ཁྱིམ་རྣམས་བཤིགས་སྟེ་རྒྱང་གྲགས་ལས་བརྒལ་བའི་སར་སྤོ་བཅུག་པ། བཀྲས་ལྷུན་དགོན་པ་ནས་གཞུ་འདོམ་ལྔ་བརྒྱའི་བར་གྱི་ཞོལ་གྲོང་རྣམས་བཤིགས་པ་བཅས་བཙན་བས་གསིག་ཅི་ཆེ་བྱུང་། རྒྱུད་སྨད་པའི་དགེ་འདུན་རེ་རེར་ལྷུང་བཟེད་ཕྱུས་ལྡན་རེ་ཕུལ་བར་ལྷུང་བཟེད་བསྒོམས་ལྔ་བརྒྱ་ཡོད་པས་དགེ་འདུན་གྱི་ཞལ་གྲངས་

ཀྱང་དེ་ལས་འཕར་ཆག་མི་ཆོག་པའི་ཚད་འཛིན་བྱེད་སྲོལ་དུས་ཕྱིས་བར་གནས་ཡོད།

མདོར་ན་ཧུན་གར་པས་བོད་དབུས་གཙང་ཁུལ་ལོ་འཁོར་གསུམ་ཙམ་གྱི་རིང་རང་སྐྱོང་གང་ཤར་གྱི་དབང་བསྒྱུར་བའི་ལོ་རྒྱུས་རགས་བསྡུས་ཙམ་བཀོད་ཅིང་། འདི་སྐོར་ཞིབ་པར་མཁྱེན་འདོད་ན་《མི་དབང་རྟོགས་བརྗོད》དང་། སློ་ལུང་རྗེ་དྲུང་བློ་བཟང་འཕྲིན་ལས་ཀྱི་《རང་རྣམ་སྐལ་བཟང་དགའ་སྟོན་》《མདོ་མཁར་ཞབས་དྲུང་གི་བྱུང་བ་བརྗོད་པ་》སོགས་སྐབས་དེའི་འབྲེལ་ཡོད་རིགས་ཁག་ལ་གཟིགས་པར་འཚལ་ལོ།

བོད་ཀྱི་ལོ་རྒྱུས་རགས་རིམ་གཡུ་ཡི་ཕྲེང་བ།
(བར་ཆ།)

སྒྲིག་རྩོམ་པ།	ཚབ་སྤེལ་ཚེ་བརྟན་ཕུན་ཚོགས། ནོར་བྲང་ཨོ་རྒྱན།
དཔེ་སྒྲིག་འགན་འཁུར་བ།	ཚབ་སྤེལ་ཚེ་བརྟན་ཕུན་ཚོགས། ནོར་བྲང་ཨོ་རྒྱན།
བསྐྱར་པར་མཐའ་ཞུས།	བུ་ཆུང་དབང་འདུས།
སྒྲིག་རྩོམ།	བོད་ལྗོངས་སྤྱི་ཚོགས་ཚན་རིག་ཁང་ནས་སྒྲིག་རྩོམ་བྱས།
དཔེ་སྐྲུན་འགྲེམ་སྤེལ།	བོད་ལྗོངས་བོད་ཡིག་དཔེ་རྙིང་དཔེ་སྐྲུན་ཁང་ནས་བསྐྲུན།
པར་འདེབས།	སི་ཁྲོན་འཇའ་ཚོན་པར་འདེབས་ཚད་ཡོད་ཀུང་སི།
དེབ་ཚད།	850 × 1168 1/32
པར་ཤོག	69.4
པར་གཞི།	2016ལོའི་ཟླ8པར་པར་གཞི་གཉིས་པ་བསྒྲིགས།
པར་ཐེངས།	2024ལོའི་ཟླ10པར་པར་ཐེངས་ལྔ་པ་བཏབ།
པར་གྲངས།	13,001 – 18,000
དཔེ་རྟགས།	ISBN978 – 7 – 80589 – 844 – 5
རིན་གོང་།	(སྟོད་ཆ། བར་ཆ། སྨད་ཆ།) སྒོར། 145.00

བོད་ཀྱི་ལོ་རྒྱུས་རགས་རིམ་གཡུ་ཡི་ཕྲེང་བ།

སྨད་ཆ།

བོད་ལྗོངས་སྤྱི་ཚོགས་ཚན་རིག་ཁང་ནས་སྒྲིག་རྩོམ་བྱས་པ།

བོད་ལྗོངས་བོད་ཡིག་དཔེ་སྙིང་དཔེ་སྐྲུན་ཁང་།

图书在版编目(CIP)数据

西藏简明通史 ·松石宝串 ：全3册 ：藏文 / 恰白·次旦平措等编著. －－ 2版. －－ 拉萨 ：西藏藏文古籍出版社，2016.10
ISBN ISBN 978－7－80589－844－5

Ⅰ. ①西… Ⅱ. ①恰… Ⅲ. ①西藏－地方史－藏语
Ⅳ. ①K297.5
中国版本图书馆CIP数据核字(2016)第228597号

西藏简明通史·松石宝串
（下册）

编纂者	恰白·次旦平措　诺昌·吴坚
责任编辑	恰白·次旦平措　诺昌·吴坚
再版终校	雄努洛桑
编　　纂	西藏社会科学院
出版发行	西藏藏文古籍出版社出版
印　　刷	四川嘉创印务有限责任公司
开　　本	850×1168　1/32
印　　张	69.4
印　　数	13,001－18,000
版　　次	2016年8月第2版
印　　次	2024年10月第5次印刷
书　　号	ISBN 978－7－80589－844－5

定价(上、中、下)145.00元

དཀར་ཆག

གསུམ་པ།　ཏཱ་ལའི་བླ་མ་སྐུ་ཕྲེང་བདུན་པ་བསྐལ་བཟང་རྒྱ་མཚོའི་སྐབས།
………………………………………… (1)

1. ཡང་སྲིད་ངོས་འཛིན་དང་།　བོད་དུ་ཆིབས་ཞལ་བསྒྱུར་བ།……………………………… (1)

2. ཇུན་གར་གྱི་དམག་དཔུང་བོད་ནས་ཕྱིར་འབུད་བྱས་པ། ……………………………… (15)

3. མཆོག་སྤྲུལ་རིན་པོ་ཆེ་གསེར་ཁྲིར་མངའ་གསོལ་དང་།　ས་གནས་སྲིད་གཞུང་གི་འགོ་འཛིན་བསྒྱུར་སྒྲིག་བྱས་པ། … (22)

4. བཀའ་བློན་ནང་འཁྲུགས་ཀྱིས་མཐར་དབུས་གཙང་བདེ་གཟར་ལངས་པ། ……………………… (40)

5. ཆིང་གོང་མས་ཞིབ་དཔྱོད་ཆེད་མངགས་ཀྱིས་ང་ལུམ་སྦྱར་གསུམ་ཁྲིམས་ཀྱིས་ཚར་བཅད་པ།………… (61)

6. ཏཱ་ལའི་བདུན་པ་རེ་ཞིག་ས་སྨད་དུ་ཕེབས་དགོས་བྱུང་བ། … (65)

7. གོང་མའི་བཀའ་ལྟར་བོད་ཀྱི་འགོ་འཛིན་པོ་ལྔ་བར་བསྐོས་པ།
………………………………………… (77)

8. འབྲུག་ཁུལ་ནང་འཁྲུགས་ལངས་པར་བོད་དམག་བཏང་སྟེ་ཞོད་འཇགས་དང་འབྲེལ་སྣང་ལོ་ཕྱུག་གཏོང་རྒྱུའི་ལམ་སྲོལ་བཙུགས་པ། ………………… (85)

9. བོད་དུ་བཙའ་སྟོད་ཆེང་གོང་མའི་དམག་དཔུང་
ཁྲུ་བསྐུ་གཏན་འབེབས་བྱས་པ་དང་། ཏཱ་ལའི་
བླ་མ་མཆོག་བོད་དུ་ཕྱིར་ཕེབས་གནང་བ། ………… (87)
10. ཏཱ་ལའི་བླ་མ་མཆོག་དང་། ཕོ་ལྷ་བའི་དབར་སྐྱ་
ཕྱིར་དམ་སེལ་ཞུགས་པ་ཇི་གསལ་དུ་གྱུར་ཅིང་།
མི་རིང་བར་ཕོ་ལྷ་བ་གྲོངས་པ། ……………… (106)
11. གོང་མས་ཕྱང་འགྱུར་མེད་རྣམ་རྒྱལ་ལ་ཕ་ཤུལ་
བུ་འཛིན་དུ་བོད་ཀྱི་འགོ་འཛིན་བསྐོས་པ། ……… (111)
12. འགྱུར་མེད་རྣམ་རྒྱལ་གྱི་བྱེད་ངན་ཚབས་ཆེ་བས་
ཨམ་བན་གྱིས་བསད་པ་དང་། ཕོ་པའི་ངན་
རོགས་ཀྱིས་ཨམ་བན་གཉིས་བསད་པ་
སོགས་ཀྱི་དོན་རྐྱེན་བྱུང་བ། ……………………… (120)
13. གོང་མའི་བཀའ་ལྟར་ཏཱ་ལའི་བླ་མས་བོད་ཀྱི་སྲིད་འགན་
བཞེས་པ་དང་། བཀའ་ཤག་ལས་ཁུངས་དངོས་སུ་
བཙུགས་པ། ……………………………… (138)
14. ཕྱིན་ཆད་བོད་ས་གནས་ཀྱི་ལས་དོན་བྱེད་ཕྱོགས་
རྩ་འཛིན་དོན་ཚན་བཅུ་གསུམ་གཏན་ལ་ཕབ་པ། … (146)
15. ལ་དྭགས་རྒྱལ་བློན་གྱི་ནང་འཁྲུག་འདུམ་ཐབས་
དང་། པཎ་ཆེན་དྲུག་པར་དབང་ལུང་བསྩལ་བ་
སོགས་ཆོས་སྲིད་ཀྱི་མཛད་པ་མུ་མཐུད་ལེགས་པར་
བསྐྱངས་པ། ……………………………… (166)

16. ཏཱ་ལའི་བླ་མ་མཆོག་ནས་སྲིད་འགན་ལོ་བདུན་བཞེས་མཐར་སྐུ་གཤེགས་པ་དང་། གོང་མས་དེ་མོ་རྒྱལ་ཚབ་ཏུ་བསྐོས་པ། .... (172)

བཞི་པ། ཏཱ་ལའི་བླ་མ་སྐུ་ཕྲེང་བརྒྱད་པ་འཇམ་དཔལ་རྒྱ་མཚོའི་སྐབས། .... (183)

1. ཡང་སྲིད་བཙད་འཚོལ་དང་། ངོས་འཛིན་ཁྲི་འདོན་སོགས་ཞུས་པ། .... (183)

2. སྲིད་སྐྱོང་དེ་མོ་གཤེགས་ཚབ་ཚེ་སྨོན་གླིང་ངག་དབང་ཚུལ་ཁྲིམས་ལ་བསྐོས་པ་དང་། གོང་མའི་ཡུམ་གྲོངས་པའི་མྱ་ངན་དང་དགོངས་རྫོགས་བསྒྲུབས་པ། ...... (204)

3. པཎ་ཆེན་དཔལ་ལྡན་ཡེ་ཤེས་རྒྱལ་ནང་དུ་ཕེབས་པ་དང་། སངས་པའི་དུས་ཟིན་ཞོད་འཛུགས་བཏང་བ། .... (209)

4. གོང་མས་ཏཱ་ལའི་བླ་མ་བརྒྱད་པ་ཆོས་སྲིད་གཉིས་ཀྱི་བདག་པོར་དབང་བསྐུར་བ་དང་། དེ་རྗེས་སྲིད་སྐྱོང་ཚེ་སྨོན་གླིང་བཀའ་ལྷར་རྒྱལ་ནང་དུ་ཕེབས་པ། .... (227)

5. བོད་དུ་གོར་དམག་གི་བཙན་འཛུལ་ཐེངས་དང་པོ་བྱུང་བའི་བརྒྱུད་རིམ། .... (238)

6. བོད་གོར་དབར་སྐྱིད་གྲོང་དུ་ཞི་གྲོས་ཆིངས་མོལ་བྱས་པ། .... (246)

7. བོད་གོར་ཆིངས་གྲོས་མུ་མཐུད་བྱེད་སྐབས་གོང་མས་ཆེ་
སྨོན་གླིང་སྐར་ཡང་བོད་ཀྱི་སྲིད་སྐྱོང་དུ་བསྐོ་རྫོངས་
གནང་རུང་། རིང་མིན་གཤེགས་པས་རྟ་ཚག་
རྗེ་དྲུང་ལ་སྲིད་ཀྱི་ཞབས་རོགས་བསྐོ་བཞག་
གནང་བ། ································ (257)
8. གོར་ཁས་ཆིངས་དོན་རྒྱབ་འགལ་གྱིས་ཎྜོག་གཡོ་བཤམས་
ཏེ་གཉའ་ནང་ནས་བོད་ཀྱི་བཀའ་བློན་གཉིས་སོགས་
བཟུང་ཁྲིད་ཐོག་སླར་ཡང་གོར་དམག་བཏང་ནས་
བཀྲས་ལྷུན་སོགས་ལ་ཇག་བཅོམ་བྱས་པ། ············ (267)
9. གོང་མ་ཆན་ལུང་གིས་གོར་ཁའི་བཙན་འཛུལ་མཐར་སྐྲོད་
ཆེད་དམག་དཔོན་ཕུ་ཁང་ཨན་གྱིས་གཙོས་པའི་དམག་
འབོར་ཆེན་མངགས་པ། ······················ (278)
10. རྒྱ་བོད་དཔུང་ཆེན་གཡུལ་ངོར་ཞུགས་མ་ཐག་རྣམ་
པར་རྒྱལ་ཏེ་གོར་ཁས་མགོ་སྨྲུར་བཟོད་གསོལ་ཞུས་
པ། ································ (285)
11. བཀའ་བློན་དགའ་གཡུ་གཉིས་རེ་ཞིག་པེ་ཅིན་རྒྱལ་
སར་རྫོངས་བདའ་དང་། ཕུ་ཁང་ཨན་སོགས་རྒྱལ་
ཁའི་ངང་ལྷ་སར་ཕྱིར་འཁོར་བ། ··············· (296)
12. ཆིང་གོང་མའི་སྲིད་གཞུང་གིས་བོད་ས་གནས་ཀྱི་སྒྲིག་
སྲོལ་ལམ་ལུགས་ལ་ཞིབ་བཤེར་གྱི་དོན་ཚན་ཉེར་དགུ་
གཏན་འབེབས་བྱས་པ། ······················ (301)

13. སྒྲིག་སྒྲོལ་དོན་ཚན་ཉེར་དགུའི་ནང་གི་གལ་ཆེའི་དོན་
གནད་ཀྱི་ཡོང་རྐྱེན་སོགས་འབྲེལ་ཡོད་ཡིག་ཆ་དང་།
ལག་བསྟར་སོགས་ཀྱི་དཔེ་མཚོན་འགའ་ཞིག ······ (319)
14. དབུས་གཙང་ཀུན་བདེ་གླིང་གསར་དུ་བཏབ་པ་དང་།
གོང་མ་ཆན་ལུང་གི་འདྲ་ཐང་ཕེབས་པ་རྡེ་ཕོ་བྲང་གི་
གཟིམ་ཆུང་ས་གསུམ་དུ་བཞུགས་སུ་གསོལ་བ། ······ (332)
15. ཏཱ་ལའི་བླ་མ་འཇམ་དཔལ་རྒྱ་མཚོ་སྐུ་གཤེགས་པ་དང་།
གོང་མ་ཏྭ་ཆིན་གྱིས་ཧ་ཚག་བསྟན་པའི་མགོན་པོ་རྒྱལ་
ཚབ་ཏུ་བསྐོས་པ། ························· (339)
ལྔ་པ། ཏཱ་ལའི་བླ་མ་དགུ་པ་ལུང་རྟོགས་རྒྱ་མཚོའི་སྐབས། ······ (347)
1. ཡང་སྲིད་ངོས་འཛིན་དང་། གསེར་ཁྲིར་མངའ་གསོལ་
ཞུས་པ། ································ (347)
2. རྒྱལ་ཚབ་ཧ་ཚག་གཤེགས་ཚབ་དེ་མོར་སྲིད་སྐྱོང་བསྐོས་པ་དང་།
ཏཱ་ལའི་བླ་མ་དགུ་པ་སྐུ་ན་ཕྲ་མོར་སྐུ་གཤེགས་པ། ······ (356)
དྲུག་པ། ཏཱ་ལའི་བླ་མ་བཅུ་པ་ཚུལ་ཁྲིམས་རྒྱ་མཚོའི་སྐབས། ······ (370)
1. ཡང་སྲིད་ངོས་འཛིན་དང་། སྲིད་སྐྱོང་དེ་མོ་གཤེགས་ཚབ་ཚེ་
སྨོན་གླིང་ལ་བསྐོས་ཤིང་། ཏཱ་ལའི་བླ་མ་ཁྲི་འདོན་ཞུས་པ།
································· (370)
2. གས་སྟག་ཞིབ་གཞུང་གསར་བཀོད་དང་། སྤོ་བོར་དཔུང་
འཇུག་བྱས་ཤིང་། ཏཱ་ལའི་བཅུ་པ་བསྙེན་རྫོགས་བཞེས་
ནས་རིང་པོར་མ་ལོན་པ་སྐུ་གཤེགས་པ། ············ (388)

བདུན་པ། ཧྭ་ལའི་ལྷམ་བཅུ་གཅིག་པ་མཁས་གྲུབ་རྒྱ་མཚོའི་
སྐབས། ………………………………… (399)
1. ཡང་སྲིད་ངོས་འཛིན་ཁྲིར་ཕེབས་དང་། སྟོད་མངའ་
རིས་ཁུལ་དུ་ལ་སེང་དམག་འཁྲུག་བྱུང་བ། ……… (399)
2. ཆིང་གོང་མས་གཏན་ལ་ཕབ་པའི་བོད་ཀྱི་དཔོན་རིགས་
ཆེ་ཕྲའི་གོ་གནས་རིམ་པ་ཡུན་རིང་ལག་བསྟར་གྱི་དེབ་
གཞི་བསྒྱུར་འགོད་བྱས་པ། ………………… (408)
3. གོང་མས་སྲིད་སྐྱོང་ཚེ་སྨོན་གླིང་ཁྲི་ལས་ཕབ་པ་དང་། པཎ་
ཆེན་བདུན་པ་དང་རྭ་སྒྲེང་ལ་སྲིད་སྐྱོང་རིམ་བཞིན་བསྐོས་
པ། བྲག་གཡབ་ཁུལ་ནང་འཁྲུག་བྱུང་བ། ……… (439)
4. གོང་མས་ཧྭ་ལའི་བཅུ་གཅིག་པར་བོད་ཀྱི་སྲིད་དབང་ཕུལ་ཡང་།
མི་རིང་བར་སྐུ་གཤེགས་པ་དང་། གོར་ཁའི་བཙན་
འཛུལ་དམག་འཁྲུག་བྱུང་བ། ………………… (448)
བརྒྱད་པ། ཧྭ་ལའི་ལྷམ་བཅུ་གཉིས་པ་འཕྲིན་ལས་རྒྱ་མཚོའི་
སྐབས། ………………………………… (460)
1. ཡང་སྲིད་བརྩད་འཚོལ་ངོས་འཛིན་དང་། ཁྲི་ལ་ཕེབས་
པ། ………………………………… (460)
2. ས་གནས་སྲིད་གཞུང་གི་དབང་འཛིན་པ་ནང་འགལ་
བྱུང་ནས་སྲིད་སྐྱོང་རྭ་སྒྲེང་རྒྱལ་ནང་དུ་བྲོས་པ་དང་།
བཤད་སྒྲ་དབང་ཕྱུག་རྒྱལ་པོས་སྡེ་སྲིད་བྱས་
པ། ………………………………… (469)

3. ཉག་རོང་དུ་དཔུང་འཇུག་དང་། སྡེ་སྲིད་བཤད་སྒྲ་འདས་ཚབ་
སྡེ་དྲུག་མཁྱེན་རབ་དབང་ཕྱུག་ལ་སྲིད་སྐྱོང་བསྐོས་པ། … (487)

4. དཔལ་ལྡན་དོན་གྲུབ་ཀྱི་དུས་ཟིན་དང་། སྲིད་སྐྱོང་སྡེ་
དྲུག་གྲོངས་རྗེས་ཏཱ་ལའི་བླ་མས་སྲིད་འགན་བཞེས་
ཐུང་རིང་མིན་སྐུ་གཤེགས་པ། …………………… (496)

5. རྟ་ཚག་རྗེ་དྲུང་ཧོ་ཐོག་ཐུ་ལ་རྒྱལ་ཚབ་བསྐོས་པ་དང་།
བོད་དུ་དབྱིན་ཇིའི་མི་རྟོག་ཞིབ་ལ་ཡོང་རྒྱུར་ངོ་རྒོལ་
བྱས་པ། ……………………………… (512)

དགུ་པ། ཏཱ་ལའི་བླ་མ་སྐུ་ཕྲེང་བཅུ་གསུམ་པ་ཐུབ་བསྟན་
རྒྱ་མཚོའི་སྐབས། ………………………… (520)

1. སྐུ་འཁྲུངས་པ་དང་། ཡང་སྲིད་ངོས་འཛིན་གྱིས་ཁྲི་
འདོན་ཞུས་པའི་སྐོར། ……………………… (520)

2. དབྱིན་ཇི་བཙན་རྒྱལ་རིང་ལུགས་ལ་ངོ་རྒོལ་བྱེད་པའི་
དམག་འཁྲུག་ཐེངས་དང་པོ་བྱུང་སྐོར། ………… (534)

3. ཏཱ་ལའི་བླ་མས་སྲིད་འགན་དངོས་སུ་བཞེས་པ་དང་།
བོད་ཀྱི་དབང་བསྒྱུར་པ་ནང་ཁུལ་སྲིད་དབང་འཕྲོག་
རེས་བྱེད་པའི་འཐབ་རྩོད་སྐོར། ……………… (552)

4. ཨུ་རུ་སུའི་འདྲེ་ལག་བོད་དུ་བཀྱུངས་པའི་སྐོར། …… (562)

5. བོད་ཀྱི་མི་རིགས་ཁག་གི་མི་དམངས་ཀྱིས་དབྱིན་ཇི་བཙན་
འཛུལ་པར་ངོ་རྒོལ་བྱེད་པའི་དམག་འཁྲུག་ཐེངས་གཉིས་
པའི་སྐོར། ……………………………… (571)

6. ཀྲུང་དབྱིན་ཐང་གིས་བོད་དོན་དག་ཐེར་བྱས་པའི་
སྐོར། ………………………………… (595)
7. ཏཱ་ལའི་བླ་མ་ཐུབ་བསྟན་རྒྱ་མཚོ་མཆོག་ཕྱི་སོག་ཏུ་ཞེན་
གཡོལ་དུ་ཕེབས་པ་དང་། དེ་རྗེས་པེ་ཅིང་དུ་ཕེབས་ཏེ་
གོང་མ་ཡུམ་སྲས་དང་མཇལ་འཕྲད་གནང་བའི་སྐོར།
………………………………… (605)
8. རྒྱལ་བ་ཐུབ་བསྟན་རྒྱ་མཚོ་རྒྱ་གར་དུ་བྲོས་བྱོལ་
ཕེབས་པའི་སྐོར། ………………………… (621)
9. སིམ་ལའི་གྲོས་ཚོགས་སྐོར། ………………… (632)
10. བོད་ས་གནས་སུ་སྲིད་འཛིན་གྱི་བྱེད་ཐབས་གསར་
པ་འགའ་ཞིག་བྱུང་སྐོར། ………………… (645)
11. ཏཱ་ལའི་བླ་མ་སྐུ་ཕྲེང་བཅུ་གསུམ་པ་ཆེན་པོ་དགོངས་
པ་རྫོགས་པ་དང་བོད་ཀྱི་དབང་འཛིན་པ་ནང་ཁྲུལ་
སྲིད་དབང་འཁྲུག་རེས་བྱུས་པའི་སྐོར། ………… (660)
12. ཏཱ་ལའི་བླ་མ་སྐུ་ཕྲེང་བཅུ་གསུམ་པའི་ཡང་སྲིད་ངོས་
འཛིན་དང་། གསེར་ཁྲིར་མངའ་གསོལ་བའི་སྐོར།
………………………………… (669)
13. ར་སྒྲེང་དང་སྟག་བྲག་གཉིས་སྔ་རྗེས་སུ་སྲིད་སྐྱོང་གི་
ཁྲིར་འཁོད་པ་དང་། ར་སྟག་གཉིས་དབར་འགལ་
བ་འབྱུང་རྐྱེན་དང་། བརྒྱུད་རིམ་སྐོར། ……… (677)
14. བོད་མི་དམངས་ལ་བདེ་སྐྱིད་ཀྱི་ཉི་མ་ཤར་བ། …… (690)

བཅུ་པ། དགའ་ལྡན་ཕོ་བྲང་པའི་དུས་བོད་དུ་བྱོན་པའི་མཁས་པའི་
དཔེ་མཚོན་སྐོར། ………………………… (702)

1. སྨན་རྩིས་མཁས་དབང་མཁྱེན་རབ་ནོར་བུ་མཆོག་གི་ལོ་
རྒྱུས་མདོར་བསྡུས། ………………………… (702)

2. ཉེ་དུས་ཀྱི་མཁས་པའི་དེད་དཔོན་དགེ་འདུན་ཆོས་འཕེལ་
གྱི་ལོ་རྒྱུས་མདོར་བསྡུས། ………………………… (717)

ས་བཅད་བརྒྱད་པ། མཇུག་བྱང་དང་། དཔྱད་གཞིའི་སྐོར།
………………………………………… (748)

1. གཡུ་ཐོག་དེབ་གསུམ་གྱི་མཇུག་བྱང་། …………… (748)

2. གཡུ་ཐོག་དེབ་གསུམ་སྒྲིག་རྩོམ་བྱེད་སྐབས་དཔྱད་
གཞིའི་ཡིག་རིགས་ཀྱི་དཀར་ཆག ……………… (752)

གསུམ་པ། དྲ་ལའི་བླ་མ་སྐུ་ཕྲེང་བདུན་པ་སྐལ་བཟང་རྒྱ་མཚོའི་སྐབས།

1. ཡང་སྲིད་ངོས་འཛིན་དང་བོད་དུ་ཆིབས་ཞལ་བསྒྱུར་ཚུལ།

དྲ་ལའི་བླ་མ་བློ་བཟང་སྐལ་བཟང་རྒྱ་མཚོ་མཆོག་ནི། མདོ་ཁམས་སྨད་ཀྱི་སའི་ཆར་ལི་ཐང་ཐུབ་ཆེན་བྱམས་པ་གླིང་ཞེས་གྲགས་པའི་ཆོས་ཀྱི་སྡེ་ཆེན་པོ་དེ་ཉིད་ཀྱི་ལྟོ་ཞོལ་གྲོང་ཚོར་ཡབ་བསོད་ནམས་དར་རྒྱས་དང་། ཡུམ་བློ་བཟང་ཆོས་མཚོ་བྱ་བ་གཉིས་ཀྱི་སྲས་སུ་སྤྱི་ལོ1708བོད་རབ་བྱུང་བཅུ་གཉིས་པའི་ས་ཕོ་བྱི་བ་ལོའི་སྟོན་དུས་ཧོར་ཟླ་བདུན་པའི་ཚེས་བཅུ་དགུ་ཉིན་སྐུ་བལྟམས། སྐུའི་ཞང་པོ་ཨ་དགེ་བཀྲ་ཤིས་ནས་སྐལ་བཟང་རྒྱ་མཚོ་ཞེས་པའི་མཚན་གསོལ། འཁྲུངས་ལྟས་དང་ཞལ་གསུང་སོགས་ངོ་མཚར་ཆེན་པོ་དུ་མ་བྱུང་བར་གྲགས་ཤིང་། དེ་ལ་བརྟེན་ནས་ཁམས་དང་མདོ་སྨད་རྒྱུད་ཀྱི་ལྷ་བླ་དང་དད་ལྡན་བོད་སོག་མང་པོས་དྲ་ལའི་སྐུ་ཕྲེང་དྲུག་པ་ཚངས་དབྱངས་རྒྱ་མཚོའི་ཡང་སྲིད་ཡིན་པའི་དད་མོས་དང་སྒྲིར་གྲགས་རིམ་བཞིན་ཁྱབ། འོན་ཀྱང་སྐབས་དེར་བོད་ས་གནས་ཀྱི་སྲིད་དབང་སོག་པོ་ལྷ་བཟང་ཁང་གིས་བཟུང་ཞིང་། པད་དཀར་འཛིན་པ་ཡེ་ཤེས་རྒྱ་མཚོ་པོ་ཏ་ལའི་ཁྲི་ལ་འགོད་བཞིན་པར་བརྟེན་དངོས་སུ་ངོས་འཛིན་ཞུ་རྗེ་མ་ཐོགས་པར་གདན་ས་གསུམ་གྱི་བླ་མ་དང་གཞུང་ཞབས་རྣམས་ཁྲུངས་འགའ་ཞིག་ནས་མདོ་སྨད་དུ་མངོན་ཚུང་གི་སྐྱབས་ཞུ་འདྲ་འབུལ་བ་ཙམ

དུ་ཟད། གསུང་རྣམ་ལས་འབྱུང་བ་ལྟར་སྤྲུལ་སྐུ་མཆོག་དགུང་ལོ་བདུན་ལ་ཞལ་ཕྱོགས་པ་སྤྱི་ལོ1714ཐོད་ཤིང་རྟ་ལོར་བོད་ནས་ལྷ་བཟང་ཁང་གིས་མངགས་པའི་མི་སྣ་དགེ་འདུན་དང་དར་རྒྱས་སྐྱབས་ཟེར་བ་གཉིས་ཡོང་གིན་འདུག་ཟེར་བ་ཡབ་ཡུམ་གྱིས་གསན་པ་དང་། ཕོང་ཚོ་ཡོང་ན་ལེགས་ཉེས་ཇི་བྱེད་མི་ཤེས་པས་རེ་ཞིག་ཡུལ་གཞན་དུ་བྱོལ་བར་དགོངས་ཏེ། རྟོར་ལྷ་དང་པོའི་ཚེས་བཞིའི་ཐོ་རེངས་ཆིབས་ཐོག་ཏུ་གདན་དྲངས་ཏེ་སྡེ་དགེ་ཕྱོགས་སུ་ཐེབས། རིམ་གྱིས་ཛག་པ་དང་ཆོས་རྒྱན་གྱི་ཉེན་ཆེ་བའི་ལམ་རྒྱུད་དེ་སྡེ་གཞུང་དཔོན་མཁའ་འགྲོ་དང་། ཁྲིམ་ཐར་མཁའ་འགྲོའི་སྡེ་ཐོག་ཏུ་གདན་དྲངས། རྟོར་ཧྲི་བོ་དཔོན་དར་ཧྲན་ནོ་ཡོན་དང་། སྡེ་དགེ་ནས་གདན་འདྲེན་གྱི་ཕོ་ཉ་བ་སྤྱ་ཕྱིར་བྱུང་བར་སྡེ་དགེའི་མངའ་ཁྲུལ་བརྒྱུད་རྟོར་ལྷ་གསུམ་པའི་ཚེས་བཅུ་བཞིར་རྫོང་གསར་དུ་ཐེབས། སྡེ་དགེ་དཔོན་བསྟན་པ་ཚེ་རིང་（སྡེ་དགེའི་བཀའ་བསྟན་པར་བཀོ་གནང་མཁན་དེ་ཡིན་）གིས་ཀྱང་ཐེབས་བསུའི་བཀོད་པ་མང་པོ་དང་བཅས་ལྷ་ལུང་ཁུད་དུ་སྤྱན་དྲངས། བསྙེན་བཀུར་དང་འབུལ་བ་གཟབ་རྒྱས་ཞུས། ཉེ་བར་གནས་པ་དང་ཕྱོགས་ནས་འདུས་པ་བཅས་སྐྱེ་བོའི་ཚོགས་དཔག་ཏུ་མེད་པ་མི་ཕྱེད་པའི་དད་པ་ལ་འགོད་པར་མཛད།

དེའི་ཚེ་མདོ་ཁམས་ཀྱི་ཚོང་པ་འགའ་ཞིག་ནས་མཚོ་སྔོན་དུ་ཆེང་ཞང་བླ་ཐུར་ཐའི་ཇི་ལ། ལི་ཐང་གི་སྤྲུལ་སྐུ་དེ་སྡེ་དགེར་གདན་དྲངས་སོང་ཟེར་བ་གསན་མ་ཐག་དར་འཕྱུར་དུང་འབུད་ཀྱི་རྟེན་འབྲེལ་མཛད། དེ་བཞིན་ཧྲུན་ཞང་དགའ་ལྡན་ཨེར་ཏེ་ནི་ཇུ་ནང་གིས་ཀྱང་གསན་ནས། མཚོ་སྔོན་གྱི་རྒྱལ་རིགས་དང་དཔོན་ཆེ་ཆུང་རྣམས་ལ་དྲིལ་བསྒྲགས་པས་དགའ་སྤྲོ་དཔག་མེད་དུ་ཐོབ། ཐམས་ཅད་བགྲོས་ཏེ་བདེན་མིན་བརྟག་དཔྱད་དང་། རྟེན་འབྲེལ་སྒྲིག

ཆེད་དཔོན་ཁག་སོ་སོས་བང་ཕྱིན་བློས་ཁེལ་བ་གཏོང་དགོས་ཞེས་གྲོས་འཆམས། རྒྱལ་པོ་ཁྲི་པ་ཆེང་ཕང་བླ་ཐུར་ཐའི་ཧི་ནས་ཨུ་ཙོང་ཐའི་ཧི་དང་། ཧྲུན་ཕང་ཧྲུ་ནང་གིས་ཤི་རེ་གེ་ཐུ་ཐླམ། སློབ་བཟང་བསྟན་སྐྱོང་རབ་བརྟན་ནས་ཨེར་ཁེ་ཐའི་ཧེ། ངག་དབང་ཆོས་དཔལ་གྱིས་མེར་གན་དཀའ་བཅུ། མེར་གན་དའི་ཆེང་གིས་ཧར་སྦྱོང་རབ་འབྱམས་པ། ཨེར་ཏེ་ནི་སྦྲོ་ཤོག་ཐུ་དང་། བཀྲ་ཤིས་དོན་གྲུབ་རྣམས་ཀྱིས་མི་རེ་བཅས་བཏང་བ་ཧོར་ཟླ་བདུན་པའི་ནང་སྐུ་ཞབས་སུ་སླེབས། པོ་ཏ་ཆོས་གྲུས་འདུད་དང་བཅས་ཆེང་ཕང་སོགས་ཀྱི་ཞལ་དཀྱིལ་མྱུར་དུ་མཇལ་བའི་རེ་སྨོན་ཞུ་ཡིག་དང་འབུལ་རྟེན་མང་པོ་ཕུལ།

དེ་ལྟར་མཚོ་ཁྲི་ཤར་རྒྱལ་མོའི་འགྲམ་ན་གནས་པའི་རྒྱལ་རྒྱུད་རྣམས་དང་། སྐྱེ་བོ་མཆོག་དམན་སེར་སྐྱ་ཕལ་མོ་ཆེས་གསོལ་བ་བཏབ་པ་བཞིན་ཕྱོགས་དེར་ཆིབས་ཁ་བསྒྱུར་བའི་དགོངས་པ་གཏད། སྡེ་དགེའི་བླ་མས་གཙོས་སེར་སྐྱ་སྟོང་ཕྲག་བརྒྱལ་བས་ཕེབས་སྐྱེལ་བཅས་ཕྱག་བཏེགས། དེ་ནས་མི་རིང་བར་བསྟན་འཛིན་ཆེང་ཕང་སོགས་དཔོན་གཡོག་ཏ་པ་བརྒྱ་སྐོར་ཕེབས་བསུར་འབྱོར། མཚོ་ཁར་ཕེབས་ནས་དླ་ཡན་ཧོང་ཐའི་ཧེ་དང་། ཕུན་ཚོགས་པའི་ལི་སོགས་ནས་བསྙེན་བཀུར་དང་ཞབས་བརྟན་ཕུལ། "ཤར་ཕྱོགས་འཇམ་དབྱངས་གོང་མ་བདག་པོ་ཆེན་པོ་ནས་ཀྱང་ཨ་ཆེ་ཐུ་ཁེ་ཡཱ་སོགས་དཔོན་གཡོག་དྲུག་ཅུ་སྐོར་མཆོག་སྤྲུལ་གདན་དྲེན་དུ་གཏོང་གནང་བ་ཡང་འབྱོར།" "རྒྱ་ནག་ཏུ་ཕེབས་དགོས་ཚུལ་སྐོར་ལ་མཚོ་སྔོན་གཡས་རུའི་དཔོན་ཁག་རྣམས་ཀྱིས་གོང་མ་ཆེན་པོར་དགོངས་འཕྲོལ་ཞུ་བར། ད་ལའི་ཧོང་ཐའི་ཧེ། བཀྲ་ཤིས་ཕུན་ཚོགས། དགེ་ལེགས་ཧྲུ་ནང་བཅས་ཇོང་དུ་མཛད་པར་རེ་འབྲས་རྣམས་

དོན་སྨིན་བྱུང་འདུག” ①ཅེས་སོགས་གསལ་བ་རགས་བསྡུས་ཀྱིས་བཀོད་ཅིང་། ཕྱི་ལོ1715ལོར་ཞིང་ལུག་ལོར་སྤྲུལ་སྐུ་ནོ་མོན་ཧན་དང་། མེར་གན་དའི་ཆེང་སོགས་ཀྱིས་རིམ་པར་གདན་དྲངས། “དེ་དུས་འཇམ་དབྱངས་གོང་མ་ཆེན་པོ་ནས་ཧུན་གར་ལ་དཔུང་འཇུག་མཛད་པར་མཚོ་སྔོན་གྱི་དཔོན་པོ་རྣམས་ཀྱང་ཚོགས་འདུར་འགྲོ་དགོས་པའི་སྐབས་ཀྱིས་མཚོ་ཁར་རེ་ཞིག་ཕེབས་མ་བདེ་བར་བརྟེན། གཡོན་རུའི་དཔོན་པོ་ཨེར་ཏེ་ནི་ཨེར་ཁེ་དང་། ཆིང་ཧོང་ཐའི་ཇི། མེར་གན་དའི་ཆེང་སོགས་ཀྱིས་རྨ་ཆུའི་ཕ་རིར་སྤྱན་དྲངས། ལོ་དེའི་ཟླ་བ་བརྒྱད་པའི་ཚེས་ཉི་ཤུ་གཟའ་སྐར་ཕུན་སུམ་ཚོགས་པའི་ཉིན་གཙོ་ཆེར་ཡབ་རྗེ་ཉིད་ནས་ཐུགས་ཁུར་ཆེ་བཞེས་ཀྱིས་སེར་འབྲས་དགེ་གསུམ་སོགས་བོད་གངས་ཅན་དང་། ཕྱོགས་མཐའ་དག་ནས་དད་པས་ལྷགས་པའི་དགེ་འདུན་རྣམས་བསྡུས་ནས་གྲྭ་ཚང་གསར་འཛུགས་གནང་བར་རྗེ་བླ་མ་ཉིད་ནས་རྣམ་རྒྱལ་གྲྭ་ཚང་ཞེས་པའི་མིང་བསྩལ།” ②ཞེས་གསལ་བ་སྔོན་ཚད་ཏཱ་ལའི་བླ་མ་ལྔ་པ་ཆེན་པོའི་སྐབས་ཀྱི་རྩེ་རྣམ་རྒྱལ་གྲྭ་ཚང་གི་དགེ་འདུན་རྣམས་སོག་པོ་ཧུན་གར་ལྷ་སར་བཙན་འཛུལ་སྐབས་ཚང་མ་གྲྭ་ཆས་བཞུས་ནས་སྐྱ་ཆས་གཡོགས་ཏེ་སོ་སོའི་ཡུལ་དུ་ཕྱིར་སློག་བྱས་པར་གྲགས་ཤིང་། དུས་ཕྱིས་ཀྱི་རྩེ་རྣམ་རྒྱལ་གྲྭ་ཚང་གི་ཐོག་མ་སྐབས་འདི་ནས་དབུ་ཚུགས་པར་སྣང་།

དེ་རྗེས་མཚོ་སྔོན་གཡས་རུ་གཡོན་རུའི་དཔོན་པོ་རྣམས་ཀྱང་རིམ་པར་

---

① （ཏཱ་ལའི་བདུན་པའི་རྣམ་ཐར་དཔག་བསམ་རིན་པོ་ཆེའི་སྙེ་མ་གླེགས་བམ་སྟོད་ཆའི་ཤོག་གྲངས14）

② （རྣམ་ཐར་དཔག་བསམ་སྙེ་མ་གླེགས་བམ་སྟོད་ཆའི་ཤོག་གྲངས16）

འགྱུར་ཞིང་། རྗེ་བླ་མ་ཉིད་རེ་ཞིག་སྐུ་འབུམ་གྱི་ཆོས་གྲྭ་ཆེན་པོར་ཕེབས་དགོས་ཚུལ་གྱི་གོང་མ་ཆེན་པོའི་བང་ཐྱིན་པ་ཨ་ཆེ་ཐུ་ཁེ་ཡཱ་ཙན་འགྱུར། དོན་འདིའི་སྐོར་ལ་མཚོ་སྔོན་གྱི་གཡས་རུ་གཡོན་རུའི་དཔོན་ཁག་རྣམས་དང་མཉམ་དུ་བཀའ་གྲོས་ཀྱིས་ལོ་འདིའི་རིང་ཕེབས་རྒྱུ་བཏོལ་བར་ཐུགས་གཏན་འཁེལ། དེ་དོན་གོང་མ་ཆེན་པོར་ཞུ་བར་གཡས་རུ་ནས་ཆེང་ཞང་དང་། གཡོན་རུ་ནས་ཆེང་ཧྲང་ཐའི་ཇི་གཉིས་རྫོང་དུ་གནང་།

སྤྱི་ལོ1716བོད་མེ་སྤྲེ་ལོ་འགོར། མཚོ་སྔོན་དཔོན་ཁག་རྣམས་བཀྲིས་ཐོག་གོང་མའི་བཀའ་བཞིན་མཆོག་སྤྲུལ་རིན་པོ་ཆེ་སྐུ་འབུམ་དུ་ཕེབས་རྒྱུ་ཐུགས་ཐག་ཆོད། "གང་ཅིའི་གྲ་སྒྲིག་ཏུ་འཇམ་དབྱངས་གོང་མ་ཆེན་པོ་ནས་ཨ་ཆེ་ཐུ་ཁེ་ཡཱ་དང་། སྤྱུར་གོ་ཆེ། དྲུང་ཡིག་སོགས་དཔོན་ཁག་གདན་འདྲེན་དུ་བཏང་བའང་འགྱུར། ཟླ་བ་གསུམ་པའི་ཚེས་བཅུ་ཉིན་ཀུན་དགའ་ནོར་ནས་ཆིབས་སྒྲ་བསྒྱུར། དེ་ནས་རིམ་གྱིས་ཕེབས་པའི་ལམ་བར་དུ་ཨེར་ཏེ་ནི་ཨེར་ཁེ་སོགས་དང་། གཞུང་སྡེའི་མཁན་ནང་། སྟོང་འཁོར་སྤྲུལ་སྐུ་རྣམས་སོ་སོས་ཆིབས་བསུ་དང་། སྟོན་མོ་ཞུས་ཤིང་མཇལ་ཁ་གནང་། ཚེས་བཅུ་དྲུག་ཉིན་སྐུ་འབུམ་གྱི་མཁན་གྲྭ་རྣམས་ནས་ཐབ་བསུ་དང་། རྒྱ་ནག་གི་ཡུལ་གྲུའི་ས་མཚམས་ལྕགས་རི་དཀར་པོའི་ནང་ཙམ་ནས་གདན་ས་ཆེན་པོ་སྐུ་འབུམ་གྱི་དགེ་འདུན་འདུས་པའི་ཚོགས་སྟོང་ཕྲག་གསུམ་ལྷག་གིས་མཆོད་པའི་ཡོ་བྱད་དུ་མ་ཐོགས་པའི་སེར་སྦྲེང་ས་ཀྱིས་བསུ་བ་མཛད། འཇམ་དབྱངས་གོང་མ་ཆེན་པོའི་འཕྲིན་ལས་པ་ཐུ་གིང་རྫང་གི་དཔོན་གཡོག་སྟོང་དུ་ཉེ་བའི་ཕེབས་བསུ་དང་། ཡང་ཞྲི་ཞིང་གི་དཔོན་པོ་ཙོང་ཡེ་སོགས་བརྒྱ་ཕྲག་དུ་མས་རྒྱན་ཆ་ལུགས་སྣ་ཚོགས་པའི་

གཟབ་མཚོར་གུས་འདུད་ཀྱི་བསུ་བ་དང་བཅས། ”①སྐུ་འབུམ་དུ་ཕེབས། “དེ་ནས་གོང་མ་ཆེན་པོའི་བཀས་མངགས་པའི་རྒྱ་དཔོན་ཆེ་བ་ཞིག་འགྱོར་ནས་དཔོན་ཁག་རྣམས་འདུས་པའི་སར་བཀའ་ལུང་བསྒྱུར་བར། ཏཱ་ལའི་བླ་མའི་སྤྲུལ་སྐུ་འདིར་ཕེབས་ནས་བཟུང་ངེད་སེམས་ཤིན་ཏུ་བདེ། འདི་ཏཱ་ལའི་བླ་མའི་སྐུའི་སྐྱེ་བ་འཁྲུལ་མེད་ཡིན་འདུག ངེད་དང་བསྟན་འཛིན་ཆོས་རྒྱལ་གྱི་གདུང་རྒྱུད་རྣམས་ཐམས་ཅད་སྦྱིན་བདག་ཡིན། ངེད་ནས་ལོ་གསུམ་གྱི་བར་གྲྭ་པ་བརྒྱ་དང་སུམ་ཅུ་སོ་བཞི་ལ་དབྱར་དགུན་གྱི་གོས་རྒྱུ་སོགས་ཚང་མ་འབུལ་རྒྱུ་ཡིན་ཞེས་བཀའ་ཕེབས། རྗེ་ཉིད་དང་སྦྱིན་བདག་བཅས་ནས་ཀྱང་གོང་མ་ཆེན་པོར་ལེགས་འབུལ་ཞུ་བ་དང་། མི་སྣར་གནང་སྦྱིན་དང་བཅས་རྫོང་དུ་གནང་……”གོང་མའི་སྐུ་མདུན་དུ་མཚོ་སྔོན་ནས་འཚམས་ཞུ་བ་བཏང་བའི་བཀའ་ལན་ཕྱིར་ཕེབས་ལ། “སྤྲུལ་པའི་སྐུ་འདི་ཏཱ་ལའི་བླ་མ་གོང་མའི་སྐུའི་སྐྱེ་བ་འཁྲུལ་མེད་ཡིན། མཆོག་དམན་ཐམས་ཅད་ཀྱིས་གུས་འདུད་ཞུ་དགོས། མཚོ་སྔོན་དཔོན་ཁག་རྣམས་ཀྱིས་ཀྱང་འཐེན་འཁྱེར་མ་བྱེད། ཐམས་ཅད་མཁྱེན་པ་འཇམ་གླིང་གི་ཉི་མ་ཤར་བ་ལྟ་བུ་ལ་སྒྱུར་ཐོས་འགེབ་ཐུབ་མི་ཡོང་། ཁོང་རང་གི་ཐུགས་རྗེ་དང་འཕྲིན་ལས་ཀྱི་འོད་ཟེར་ས་སྟེང་ཐམས་ཅད་དུ་ཁྱབ་པས་སངས་རྒྱས་ཀྱི་བསྟན་པ་དར་ཞིང་རྒྱས་པ་ཞིག་འབྱུང་ཞེས་གནང་། ”②ཞེས་གསལ་བ་སོགས་གོང་མ་ཁང་ཞེས་མི་སྣ་ལན་མང་མངགས་པ་དང་། མཆོག་སྤྲུལ་རིན་པོ་ཆེས་ཀྱང་ལེགས་འབུལ་དང་འཚམས་ཞུའི་མི་སྣ་ཡང་ཡང་གཏོང་གནང་མཛད་

① （དཔག་བསམ་སྙེ་མ་སྟོད་ཆའི་ཤོག་གྲངས34－35）

② （དཔག་བསམ་སྙེ་མ་སྟོད་ཆ་ཤོག་གྲངས36－37）

འདུག་ཅིང་། མེ་སྤྲེ་ཧོར་ཟླ་བཅུ་པའི་དམར་ཕྱོགས་ཀྱི་ཚེས་ལྔ་རྒྱལ་ཕུར་འཛོམ་པའི་འགྲུབ་སྦྱོར་བཟང་པོའི་ཉིན་ཡོངས་འཛིན་དམ་པ་ཆུ་བཟང་རྟ་མགྲིན་ཕྲ་རིན་པོ་ཆེ་ནས་ཐོག་མར་བསླབ་གཞི་ལྔ་འཛིན་པའི་དགེ་བསྙེན་གྱི་སྡོམ་པ་ཞུས་པའི་མཇུག་ཐོག་དེ་མ་ཐག་འགྲོ་བ་ལྷ་དང་བཅས་པའི་མཆོད་གནས་སུ་གྱུར་པའི་དྲང་སྲོང་གི་རྒྱལ་མཚན་ཡང་དག་པར་མནབས་ནས་རབ་ཏུ་བྱུང་བའི་ཚུལ་ཁྲིམས་རྣམ་པར་དག་པ་བཞེས་ཏེ། མཚན་ཡང་ངག་གི་དབང་ཕྱུག་ཆོས་ཀྱི་གྲགས་པ་ཐུབ་བསྟན་རྒྱལ་མཚན་དཔལ་བཟང་པོ་ཞེས་གསོལ། སྐུ་ཡོན་གསན་བསམ་གྱི་རིམ་པར་རྩེ་གཅིག་ཏུ་གཞོལ་བར་མཛད་པ་དང་། རྒྱ་བོད་སོག་གསུམ་གྱི་དད་ལྡན་སེར་སྐྱ་མང་ཚོགས་གྲངས་མེད་པར་མཇལ་ཁ་དང་བཀའ་ཆོས་སོགས་འགྲོ་དོན་རྒྱུན་མ་ཆད་པར་མཛད་པ་བསྐྱངས།

སྤྱི་ལོ1718ས་ཁྲི་ལོར། “བོད་དུ་ཇུན་གར་ཚེ་རིང་དོན་གྲུབ་ཀྱི་སར་གོང་མ་བདག་པོ་ཆེན་པོས་མི་སྣར་མངགས་པའི་སྦྱོར་གོ་ཆེ་གཅིག་དང་། སྤྱི་ཚའི་ཆེ་གཅིག་བཅས་ཀྱིས་མཇལ་ཁ་སྐབས་འཇུག་ཞུས་ནས་ལམ་དུ་ཞུགས།”①

ཞེས་གསལ་བས་བོད་དུ་ཇུན་གར་པའི་སར་གོང་མའི་ཕོ་ཉ་ཞིག་ཀྱང་མངགས་པར་སྣང་ཞིང་། ལོ་དེ་གའི་ནང་། “སྐབས་འདིར་གཡོན་རུའི་དཔོན་ཚེ་དབང་རབ་བརྟན་ནས་མི་སྣ་ཚེ་བརྟན་ཟེར་བ་ཞིག་བཏང་བའི་ཡི་གེ་དང་ངག་མར་རྗེ་ཙོང་ཁ་པའི་བསྟན་པ་དང་། ཧྭ་ལའི་བླ་མའི་ཞབས་འདེགས་ལ་བསམ་པ་བཟང་པོ་ཡོད་ལུགས། ལྷ་བཟང་གིས་ཡག་པོ་མ་བྱས་པར་དམག་དཔུང་བཏེགས་པའི་གནས་ཚུལ་སོགས་ཞུས་ཤིང་། མི་སྣ་རྣམས་གོང་མའི་སྐུ་མདུན་དུ

① （དཔག་བསམ་སྙེ་མ་སྟོད་ཆ་ཤོག་གྲངས52）

སོང་འདུག” ①ཅེས་འཁོད་པ་ལྟར་ཤིན་ཅང་རྫུན་གར་གྱི་འགོ་གཙོ་ཚེ་དབང་རབ་བརྟན་གྱིས་ཀྱང་གོང་མའི་སར་ཕོ་ཉ་བཙུགས་པའི་ཐོག མར་ལམ་ཏཱ་ལའི་བདུན་པ་ཡང་ཞུ་ཡིག་ཅིག་ཕུལ་འདུག

ཆིང་གོང་མའི་ཕོ་ཉ་ཙ་ཤི་ཁི་ཡཱ་ཞེས་པ་སྐུ་འབུམ་དུ་འབྱོར་བ་ཕྱིར་ལོག་དང་མཉམ་དུ་རྫུན་ཤང་དགའ་ལྡན་ཨེར་ཏེ་ནི་རྫུ་ནང་པེ་ཅེན་དུ་རྗོང་བདའ་གནང་སྟེ་གོང་མ་ཁང་ཞིར་མཆོག་སྤྲུལ་མཆོག་བོད་དུ་ཕེབས་བཞེད་ཡོད་པའི་རྒྱུ་མཚན་ཞུ་བར་བསྐྱོད་པར། “དོན་འབྲས་ཡིད་བཞིན་དུ་གྲུབ་ནས་ཕྱིར་སྐུ་མདུན་དུ་འབྱོར་ཏེ། གོང་མ་ཆེན་པོས་རྗེ་ཉིད་ལ་དགྱེས་པ་ཆེན་པོས་གནང་བའི་བཀའ་ལུང་། སྤྱིས་ཕོར་སོགས་ཡ་མཚན་པའི་དཔྱད་པ་དུ་མ་དང་བཅས་གང་ཅིའི་གནས་ཚུལ་ཞིབ་རྒྱས་ཞུས།” ②ཞེས་གསལ་བ་ལྟར་བོད་དུ་ཕེབས་རྒྱུར་བཀའ་འཁྲོལ་བྱུང་བར་མངོན།

སྤྱི་ལོ1719བོད་ས་ཕག་ལོར“འཇམ་དབྱངས་གོང་མ་བདེ་སྐྱིད་རྒྱལ་པོའི་(ཁང་ཞི་ལ་ཟེར་)རིགས་སྲས་བཅུ་བཞི་པ་ཙང་རྫུན་ཤང་ཉིད་ཟི་ལིང་ནས་དཔོན་པོའི་ཚོགས་དུ་མ་དང་། དཔུང་གི་ཚོགས་སྟོང་ཕྲག་གསུམ་ལྷག་དང་བཅས་ཇམ་བརྗིད་ཕུན་སུམ་ཚོགས་པའི་དཔལ་གྱིས་རྗེན་བཞིན་པར་ཕྱིན་ཞིང་། སྐུ་འབུམ་གྲྭ་ཚང་དང་ཉེ་བའི་ས་ནས་ཤང་ཉིད་ཀྱང་ཆིབས་ལས་བཞོལ་ཏེ་ཕེབས་པར། རྗེ་བླ་མས་འདུ་ཁང་ཆེན་པོའི་སྒོ་མཚོར་ནང་ཙམ་ནས་བསུ་བ་མཛད། མཆོད་ཡོན་ཐོག་མ་མཇལ་སྐབས་ལྷ་རྫས་དཀར་པོ་སྲིད་ན་རིང་བ་བཅས་གོང་མ

① （དཔག་བསམ་སྙེ་མ་སྟོད་ཆ་ཤོག་གྲངས52）
② （དཔག་བསམ་སྙེ་མ་སྟོད་ཆ་ཤོག་གྲངས53）

ཆེན་པོའི་སྐུའི་མཚམས་འདྲི་གནང་། དེ་རྗེས་ཞང་ཉིད་ལ་མཚམས་འདྲི་གནང་བས། ཞང་ནས་གུས་འདུད་ཆེན་པོ་དང་བཅས་ལན་ཕུལ། དེ་ནས་ཞང་ནས་རྗེ་འདི་པའི་ཕྱག་ནས་བཏེན་ཏེ་ལྷན་དུ་འདུ་ཁང་དུ་ཕྱགས་ཕེབས། ཁྲིར་ཞང་ལ་སྟོན་དུ་བཞུགས་དགོས་གསུངས་ཀྱང་། གོང་མ་ཆེན་པོའི་བཀའ་ཡོད་པས་ཁྲིད་སྟོན་ལ་བཞུགས། ངས་ཕྱག་འཚལ་དགོས་གསུངས་ནས། རྗེ་འདི་ཁྲིར་བཞུགས་སུ་གསོལ། ཞང་ཉིད་ཀྱིས་ཕྱག་ཕུལ་ནས་ཁྲིར་བཞུགས་ཤིང་གསོལ་ཇ་སོགས་དུས་མཚུངས་སུ་བཞེས། གང་ཅིའི་གསུང་གླེང་ཞིབ་རྒྱས་ལྷུག་པར་མཛད་པས། ཞང་ཆེན་པོ་ཐུགས་དད་ལྷག་པར་སྐྱེས་ཏེ་དགྱེས་ཚོར་ཆེན་པོས་བཀྲ་ཤིས་པའི་རྟགས་ཀྱིས་སྤྲས་པའི་ཁྱུག་མ་དང་། དྲི་བཟང་གི་ཕྱེ་མ་ཕུར་མ་ཟ་མ་ཏོག་འཐུལ་མ་བཅས་ཕུལ་ཏེ། ངེད་ལར་རྒྱའི་དོན་དུ་དམག་ལ་འགྲོ་བ་འདི་དཀའ་མོ་ཨེ་ཡོང་ཞུས་པར། རྗེ་འདི་པས་བསྟན་པ་དང་སེམས་ཅན་གྱི་ཕན་བདེ་ཐུགས་ལ་དགོངས་ནས་དཀོན་མཆོག་གསུམ་ལ་ཐུགས་བརྩེ་གཏད་དེ་གསོལ་བ་བཏབ་ན། འཛམ་དབྱངས་གོང་མ་ཆེན་པོ་ཡང་སྐུ་བསོད་གཞན་དང་མི་འདྲ་བས་ཡག་པོ་ཡོང་འགྲོ་ཞེས་པའི་བཀའ་ལན་གནང་། ཕྱིར་ཕེབས་སྐབས་ཐུབ་པའི་དབང་པོ་དང་། ཚེ་དཔག་མེད་ཀྱི་ལི་སྐུ། ཅིན་ཏེན་ལི་ཚན་བཅས་གནང་ཞིང་སྐུ་ངོས་ཀྱིས་སྐྱེལ་ཐུང་མཛད་དགོངས་པར་ཞང་ནས་ད་རེས་ཅིས་ཀྱང་གཟིམ་ཆུང་ལས་ཕྱིར་མ་ཕེབས། སླར་བོད་དུ་ཕེབས་སྐབས་ངེད་ཀྱང་ཞབས་ཕྱིར་འགྲོ་རྒྱུ་ཡིན་སོགས་ཞུས་ནས་དད་གུས་ཀྱི་རྣམ་འགྱུར་བླ་ན་མེད་པ་དང་བཅས་ཕྱིར་ཐེགས།”① ཞེས་གསལ་བ་ལྟར་ཧུན་གར་གྱི་དམག་དཔུང་

① (དཔག་སྐེ་སྟོད་ཆ་ཤོག་གྲངས55)

མཐར་བསྐྱོད་གཏོང་རྒྱུའི་དྲག་དཔུང་གི་བཀོད་འདོམས་དང་། ཏཱ་ལའི་བླ་མའི་ཡང་སྲིད་བོད་སོག་སྐྱེ་རྒྱ་ཀུན་གྱི་རེ་འདུན་ལྟར་བོད་ལྗོངས་སུ་ཕེབས་སྐྱེལ་ཞུ་བ་བཅས་ཀྱི་སྤྱི་ཁྱབ་ཏུ་གོང་མ་ཁང་ཞི་རང་ཉིད་ཀྱི་ལྷ་སྲས་ཆེན་པོ་ཅང་ཅུན་ཞང་ཆེད་གཉེར་མཚོ་སྔོན་དུ་གཏོང་གནང་མཛད་དེ། རྒྱ་སོག་གི་དཔུང་དམག་གཏོས་ཆེ་འདུ་འགོད་དང་མཆོག་སྤྲུལ་རིན་པོ་ཆེ་གདན་ཞུའི་གྲ་སྒྲིག་ཚང་མ་ཚགས་སུ་ཚུད་པ་གནང་།

སྤྱི་ལོ1720ཐོག་རབ་བྱུང་བཅུ་གཉིས་པའི་ལྕགས་བྱི་ལོར། “དེ་ནས་རྗེ་བླ་མ་ཉིད་དབུས་གཙང་ཆོས་ཀྱི་ཞིང་དུ་ཆིབས་ཀྱི་ཁ་ལོ་བསྒྱུར་བའི་དོན་སྐོར་ལ་མཚོ་སྔོན་དཔོན་ཁག་རྣམས་ཚོགས་འདུ་བྱེད་རྒྱུར་སྐུ་འབུམ་དུ་འཁྱོར། དེ་ཐོག་སྲས་ཅང་ཇུན་ཞང་ཆེན་པོ་ཡང་གོང་མ་ཆེན་པོའི་བཀའ་བསྒྱུར་བ་དང་། བཀོད་པ་གནང་རྒྱུར་ཕེབས་པ་ལ་(ཏཱ་ལའི་)ཡབ་རྗེ་ནས་བཀྲ་ཤིས་ཐང་གི་བར་བསུ་བར་ཕེབས། སྲས་ཅང་ཇུན་ཞང་ཆེན་པོའི་འཁོར་དུ་གོང་མའི་སྐུ་ཚབ་ནི་ཆིང་ཞང་། ཏཱ་ཞིན་ཆེན་པོ་དྲུག་རྣམ་པར་རྒྱལ་བའི་རུ་མཚོན་དུ་མ་བསྒྲེངས་ཞིང་རྔམ་བརྗིད་ཆེ་བའི་དཔུང་གི་ཚོགས་སྟོང་ཕྲག་གསུམ་དང་བཅས་ཕེབས་པའི་ཞབས་ཕྱི་ཕྱིངས་དགོན་པ་དང་རིང་བའི་ས་ནས་ཏ་ལས་བབས། སྐུ་འབུམ་ནས་ཀྱང་ཕྱོགས་ནས་ཕེབས་པའི་བླ་ཆེན་དུ་མ་དང་བཅས་དགེ་འདུན་ཚོགས་པས་སེར་སྦྲེངས་ཀྱི་བསུ་བ་བསྟར། རྗེ་འདི་པས་ཀྱང་བླ་བྲང་གི་སྒོ་ནང་ཙམ་ནས་བསུས་ཏེ་གཟིམ་ཆུང་དུ་མཇལ་འཕྲད་མཛད། སྲས་ཅང་ཇུན་མཆོག་ནས་སངས་རྒྱས་ཀྱི་བསྟན་པ་རྒྱས་པ་དང་། མཐའ་དབུས་ཀྱི་སྐྱེ་བོ་ཐམས་ཅད་བདེ་སྐྱིད་ཀྱི་དཔལ་ལ་སྤྱོད་པའི་ཆེད་དུ། ཏཱ་ལའི་བླ་མ་ཁྱེད་ཉིད་དབུས་གཙང་ཆོས་ཀྱི་ཞིང་དུ་ཕེབས་ཏེ་པོ་ཏ་ལའི་གསེར་གྱི་ཁྲིར་ཞབས་པད་འགོད་པར་མཛད་

དགོས་ཤིང་། མཚོ་སྔོན་རྒྱལ་རྒྱུད་རྣམས་ཀྱིས་གཙོས་བསྟན་པའི་སྦྱིན་བདག་ཆེན་པོ་མཐའ་དག་ཐུགས་ཡིད་གཅིག་འདྲིས་ཀྱི་སྒོ་ནས་ཞྭ་སེར་གྱི་བསྟན་པ་དང་། གོང་མ་ཆེན་པོའི་ཆབ་སྲིད་ལར་རྒྱ་སོགས་ལའང་འཕྲུལ་ཕྱུགས་སུ་དགེ་བའི་མཛད་སྒོ་གང་ལེགས་གནང་དགོས་ཞེས་སོགས་དང་། དེ་མཚུངས་མཚོ་སྔོན་གྱི་དཔོན་ཁག་རྣམས་ལའང་ཏཱ་ལའི་བླ་མའི་ཞབས་འདེགས་དང་། ཞྭ་སེར་གྱི་བསྟན་པ་དང་། གོང་མའི་ཆབ་སྲིད་ཀྱི་ལར་རྒྱ་བཙས་ལ་བློ་སེམས་རྩེ་གཅིག་པའི་སྒོ་ནས་འབད་དགོས་ཚུལ་སོགས་འཇམ་དབྱངས་གོང་མ་ཆེན་པོའི་གསེར་གྱི་བཀའ་ལུང་འཕྲུལ་དང་ཡུན་དུ་དགེ་བའི་བཀྲ་ཤིས་ཀྱི་དབྱངས་སྙན་པོ་ལྷའི་རྔ་བོ་ཆེ་བཞིན་དུ་སྒྲོགས་པར་མཛད་པས་ཚང་མ་དགའ་བདེའི་དཔལ་ལ་བཀོད། དེ་ནས་རྗེ་བླ་མ་ཉིད་ནས་ཀྱང་ཐུབ་བསྟན་སྤྱི་དང་། ཁྱད་པར་རྒྱལ་བ་འཇམ་དཔལ་སྙིང་པོའི་རིང་ལུགས་ཕྱོགས་ཐམས་ཅད་དུ་དར་ཞིང་རྒྱས་པ་དང་། རྒྱ་བོད་ཧོར་གསུམ་གྱིས་མཚོན་པའི་འཛམ་བུའི་གླིང་གི་སྐྱེ་འགྲོ་ཐམས་ཅད་བདེ་སྐྱིད་ལ་ལོངས་སྤྱོད་པ་ཞིག་ནི་འཇམ་དབྱངས་གོང་མ་ཆེན་པོ་ཁོ་ན་ལ་རག་ལས་ཤིང་། ངེད་བླ་མ་ཆུང་ངུ་ནས་ཀྱང་བསྟན་འགྲོའི་ཕན་བདེ་སྤེལ་ཆེད་ལྷག་བསམ་རྣམ་པར་དག་པས་མཆོག་གསུམ་ལ་གསོལ་འདེབས་སོགས་ཞུ་ཞིང་། མཚོ་སྔོན་རྒྱལ་རྒྱུད་རྣམས་ནས་ཀྱང་། གོང་མ་ཆེན་པོའི་བཀའ་ལུང་ལ་ཕུ་དུད་དགོས་ཚུལ་སོགས་སྤྱི་སྒོས་ཐམས་ཅད་ལ་རྣམ་པ་ཀུན་ཏུ་ཕན་པའི་བཀའ་ལན་ཤིན་ཏུ་རྒྱས་པ་བསྩལ།” ①ཞེས་གསལ་བ་དང་“ སྲས་ཅང་ཧྲུན་ཞང་ཆེན་པོ་ནས་བོད་དུ་ཕེབས་པའི་གྲ་སྒྲིག་ཐེབས་སུ་དངུལ་སྲང་ཁྲི་ཕྲག་འབུལ་བར་མི་དྲག་

① (དཔག་སྒྲི་སྟོད་ཆ་ཤོག་གྲངས་63 – 66)

བདུན་ཅམ་འཁོར་ཞིང་། དེ་རྣམས་ལ་ཆོ་དབང་བསྐུལ། " ①ཞེས་འཁོད་འདུག ལོ་དེའི་" ཧོར་ཟླ་གསུམ་པའི་ཚེས་ཉེ་ཤུའི་ཉིན་བདག་ཉིད་ཆེན་པོ་འདིར་གནམ་བསྐོས་འཇམ་དབྱངས་གོང་མ་ཆེན་པོས་མི་ཕྱེད་པའི་ཐུགས་འདུན་བརྟན་པོས་ཉེ་བར་དྲངས་ཏེ་རིན་ཆེན་དང་པོ་སྲང་བརྒྱ་དང་སུམ་ཅུ་ཐམ་པ་ལས་གྲུབ་པའི་ཐམ་གའི་ཞལ་བྱང་ལ། བསྟན་པ་རྒྱས་ཤིང་འགྲོ་བ་འདྲེན་པ་ཏཱ་ལའི་བླ་མ་དྲུག་པའི་ཐམ་ག་(སྐབས་དེར་ཚངས་དབྱངས་རྒྱ་མཚོ་ཁས་མ་བླངས་པས་ཡིན་) ཞེས་མན་ཏྲ། སོག་པོ། བོད་གསུམ་གྱི་ཡི་གེ་ཡོད་པ་དང་། གསེར་སྲང་བརྒྱ་དང་ལྔ་བཅུ་ལས་གྲུབ་པའི་གླེགས་བུ་ལ། ཚེ་རིང་གནམ་གྱི་ཤེ་མོང་གིས་ད་ལྟ་ཡོངས་ཀྱི་བདག་པོ་ཧྭང་ཏིའི་བཀའ། བདག་གིས་ས་སྟེང་འགྲོ་བ་ཐམས་ཅད་ཕན་བདེར་སྐྱོང་བ་ལ་ཕྱི་ནང་གི་སྐྱེ་འགྲོ་ཐམས་ཅད་རིས་སུ་མ་ཆད་པར་སྙོམས་པའི་བྱམས་བརྩེས་འདུད་པར་བྱས་ཏེ་འབངས་རྣམས་སྐྱོང་བར་བྱེད་ན། ཚངས་སྤྱོད་ལ་ཡང་དག་པར་གུས་པས་བསྲུང་བ་དང་། རྒྱལ་བའི་ཁྲིམས་ལུགས་ལ་གུས་ཤིང་ཚུལ་བཞིན་སྤྱོད་པ་རྣམས་ལ་ངེས་པར་བསྟགས་བརྗོད་དང་གཟེངས་བསྟོད་བྱས་ཏེ་ཀུན་ལ་མངོན་པའི་ལས་རྟགས་དང་མིང་སྟེར་བར་བྱེད་པས། སྔར་ནས་རྒྱུན་མ་ཆད་པར་ཏཱ་ལའི་བླ་མ་ན་རིམ་གྱིས་ཐུབ་ཕྱོགས་ནས་བསྟན་པའི་སྙིང་པོ་མཐའ་དབུས་ཐམས་ཅད་དུ་རྒྱས་པར་བྱས་ཤིང་། ཡུལ་དབུས་འདི་ནས་ལུང་ལས་ཀྱིས་མངོན་པར་མཐོ་བར་མཛད་པ་ཡིན་ལ། ད་ལྟ་ཁྱེད་ཀྱིས་གཞོན་དུས་ནས་སྔར་རྒྱུན་མཐུད་དེ་བསླབ་ཁྲིམས་དང་བསླབ་གཉེར་ལ་བརྩོན་པ་དང་། ཐེག་པ་གསུམ་གྱི་དོན་ཕྲ་ཞིབ་ལ་དཔྱོད་པས་མཐའ་དག་

① (དཔག་སླེ་སྟོད་ཆ་ཤོག་གྲངས63 －66)

ཡིད་ཆེས་སུ་འཛིན་པས་ན། ཆེད་དུ་བསྔགས་བརྗོད་ཀྱི་བཀའ་ལུང་དང་། འཇའ་ས་ཐམ་ག་གནང་ནས། ཁྱེད་ལ་བསྟན་པ་རྒྱས་ཤིང་འགྲོ་བ་འདྲེན་པའི་དྭ་ལའི་བླ་མ་དྲུག་པ་ཞེས་བཀུར་བ་ཡིན་པས་ཁྱེད་ཀྱིས་སངས་རྒྱས་ཀྱི་བསྟན་པ་ཀུན་ལ་སྤེལ་ནས་བདག་གི་ཚབ་སྲིད་ཀྱི་ཞབས་འདེགས་དང་། བསླབ་སྦྱོང་ལ་ཤིན་ཏུ་ནན་ཏན་དང་། བརྩོན་པ་ལ་མ་གཡེལ་བར་འབད་འཚལ། བདེ་སྐྱིད་དགུང་ལོ་ང་དགུ་པའི་ཟླ་བ་གཉིས་པའི་ཚེས་དགེ་བར་ཞེས་པའི་གསེར་གྱི་ལུང་། བོད་སོག་མན་ཇུའི་ཡི་གེ་གསུམ་གྱིས་བྲིས་པའི་འཇའ་ས། གོས་ཆེན་སྣ་ཚོགས་དང་། དངུལ་མདོང་སོགས་སྤྱད་པ་ཁྱད་མཚར། རྒྱ་ལུགས་ཀྱི་སྟོན་མོ། ཞབས་ཕྱི་སེར་མོ་བ་རྣམས་ལ་མཇོད་གོས་སོགས་ཀྱི་གསོལ་རས། རྩེད་མོའི་རྣམ་གྲངས་དཔག་ཏུ་མེད་པ་བཅས་སྐྱོལ་བར་སྲས་ཅང་ཇུན་ཆེན་པོ་ཕེབས། སྲས་ཝང་ཆེན་པོ་ཉིད་ནས་གསེར་ཡིག་ཐམ་ག་རྗེ་ཉིད་ཀྱི་ཕྱག་ཏུ་འབུལ་བ་གནང་བར་གུས་འདུད་དང་བཅས་ཏེ་བཞེས། དེ་འཕྲལ་སྲས་ཅང་ཇུན་ཝང་གིས་གཙོས་རྒྱ་བོད་ཧོར་གསུམ་གྱི་ཆེ་རྒྱུ་མཐའ་དག་གིས་རྗེ་བླ་མ་ཉིད་ལ་རྟེན་འབྲེལ་ལེགས་སོའི་ལྷ་རྫས་སོགས་ཕུལ་ཏེ། མཆོད་ཡོན་གཉིས་བཞུགས་ཁྲིར་འཁོད་པ་དང་། བསྟན་འཛིན་ཝང་གིས་གཙོས་མཚོ་སྔོན་རྒྱལ་རྒྱུད་རྣམས་དང་། རྗེ་ཉིད་ཀྱི་ཞབས་ཕྱི་བཅས་པར་རྒྱ་ལུགས་ཀྱི་སྟོན་མོ་རྒྱས་པར་གནང་། པན་ཚུན་ལུགས་བཟུང་བླང་དོར་ལས་བརྩམས་ཏེ་གང་ཅིའི་གསུང་གླེང་མཛད། ཝང་ཆེན་པོར་འཕེལ་གདུང་། རིན་ཆེན་རིལ་བུ། དངོས་པོའི་གནང་སྐྱེས་བཟང་པོ་དང་། གོང་མ་ཆེན་མོར་འབུལ་རྟེན་སྐུ་བརྙན། འཕེལ་གདུང་། རིན་ཆེན་

རིལ་བུ། སྨན་སྦྲུག་སོགས་ཀྱི་ལེགས་སྐྱེས་དང་བཅས་ཞུ་ཡིག་འབུལ་བ་གནང་།”①ཞེས་འཁོད་པ་ལྟར་ཆེང་གོང་མས་ཏཱ་ལའི་བླ་མར་གནང་བའི་འཇའ་སའི་འབྲུ་དོན་འདིའི་ཐོག་ནས་ཀྱང་བོད་དང་མེས་རྒྱལ་གྱི་འབྲེལ་བ་དེ་ཅི་འདྲ་ཞིག་ཡིན་པ་གསལ་པོར་མཐོང་ཐུབ་ཀྱི་ཡོད།

ལོ་དེའི་ཧོར་ཟླ་བཞི་པའི་ཚེས་གཉིས་དགེ་བའི་ཉིན་ཡང་སྲིད་རིན་པོ་ཆེ་རྒྱལ་སྲས་ཅང་ཅུན་ཞང་གི་ཕེབས་རོགས་འོག རྒྱ་སོག་ཞི་དྲག་དཔོན་རིགས་ཧ་ཅང་མང་པོ་དང་དམག་དཔུང་གྲངས་མེད་པས་བསྐོར་ཏེ་སྐུ་འབུམ་བྱམས་པ་གླིང་ནས་ཆིབས་ཁ་བསྒྱུར་ཅིང་། གངས་ཅན་གྱི་ལྗོངས་སུ་ཞལ་ཕྱོགས་ནས་ཕེབས་རྗོག་ཐོན། རིམ་བཞིན་ཕེབས་ནས་“འབྲི་ཆུ་སྒྲོལ་ཉིན་སྲས་ཅང་ཇུན་ཆེན་པོ་ནས་བཀོད་པ་མཛད་དེ་གོང་མའི་མི་དྲག་ཤ་སྟག་གིས་གྲུ་ཟམ་གྱི་སྟེ་དྲངས། རྗེ་འདི་པའི་སྐུ་དྲུང་དུ་ཞང་ཆེན་པོ་ཉིད་དེད་དཔོན་གྱི་ཚུལ་དུ་བཞུགས་ཏེ་སྐུ་འཁོར་དཔུང་ཚོགས་འབུམ་ཕྲག་བགྲལ་བ་རྣམས། གྲུ་ཆེན་དུ་མ་ཐབས་འཕྲུལ་གྱིས་བསྒྲིགས་པའི་ཟམ་པའི་སྟེང་ནས་སྐད་ཅིག་ཉིད་ལ་བསྒྲལ་བས་སྐྱེ་བོ་ཐམས་ཅད་ངོ་མཚར་བའི་གནས་སུ་གྱུར། ……དེ་ནས་ཚུ་རིར་ཕེབས་ཏེ་མཆོད་ཡོན་ཞག་ཤས་ལྷན་དུ་བཞུགས། ཞང་ཆེན་པོ་ཕྱིར་ཕེབས་ཁར། རྗེ་འདི་པས་ཉིད་བསོད་ནམས་སྟོབས་ཀྱིས་མངོན་པར་མཐོ་བ་ལགས་པས་དཀོན་མཆོག་གསུམ་ལ་རྟག་ཏུ་བླ་མར་འཛིན་པ་དང་། ཆབ་འབངས་མཐའ་དག་བྱམས་བརྩེས་བུ་བཞིན་སྐྱོང་བ་དང་། སྦྱིན་སོགས་དཀར་པོ་དགེ་བའི་ལས་ལ་རྟག་ཏུ་འབད་དགོས་ཞེས་སོགས་ཞལ་ཏ་མང་དུ་གནང་། ཞང་ཆེན་པོ་ནས་

① （དཔག་སླེ་སྟོད་ཆ་ཤོག་གྲངས66）

ཀྱང་……སྨོན་ལམ་རླབས་པོ་ཆེ་མང་དུ་བཏབ། མཆོད་ཡོན་གཉིས་འབྲལ་མི་ཕོད་པའི་རྣམ་འགྱུར་དང་ཐུགས་མཉེས་གཤིན་པའི་གསུང་གླེང་མང་དུ་མཛད་དེ་ཕང་ཆེན་པོ་ཕྱིར་ཐེགས་……”①ཞེས་གསལ་བ་ལྟར་དྭ་ལའི་བླ་མ་བདུན་པ་ཆེན་པོ་ངོས་འཛིན་ཞུས་པ་དང་། བོད་ལྗོངས་སུ་ཆིབས་ཞལ་བསྐྱུར་བའི་སྐོར་སོགས་རྣམ་ཐར་ལ་ཇི་ལྟར་གསལ་བ་རགས་རིམ་ཙམ་དྲངས་པ་ལགས་སོ།

2. རྫུན་གར་གྱི་དམག་དཔུང་བོད་ནས་ཕྱིར་འབུད་བྱས་པ།

དེ་ཡང་རྫུན་གར་དཔོན་དམག་ཚོས་བོད་དུ་སྤྱོད་རིང་ཚུལ་དང་མི་མཐུན་པའི་བཙན་བཤེད་ཀྱི་མནར་གཅོད་མང་པོ་བཏང་བར་བརྟེན་བོད་ཀྱི་སེར་སྐྱ་ཕལ་མོ་ཆེ་སྙིང་མི་དགའ་བའི་འཁོན་འགྲས་ཇེ་ཆེར་གྱུར་ཀྱང་། དྲག་ཤུགས་ཀྱི་འོག་ནས་ངོ་རྒོལ་བྱ་ཐབས་མ་བྱུང་བའི་སྐབས་དེ་ལྟ་བུར། གོང་མ་ཆེན་པོའི་དམག་དཔུང་བགྲང་བར་དཀའ་བ་དང་བཅས་དྭ་ལའི་བླ་མའི་ཡང་སྲིད་གདན་དྲངས་ནས་བོད་དུ་ཞལ་བསྐྱུར་བའི་གཏམ་སྙན་གཅིག་ནས་གཉིས་སུ་བརྒྱུད་དེ་ཁྱབ་པར་བརྟེན། བོད་ཀྱི་དཔོན་རིགས་ཁག་ཅིག་གིས་ཀྱང་ཐབས་ལམ་མི་འདྲ་བ་སྤྱད་ནས་རྫུན་གར་མཐར་སྐྲོད་གཏོང་ཆེད་གོང་མའི་དམག་དཔུང་ལ་གཞོགས་འདེགས་བྱ་རྒྱུའི་འབད་བརྩོན་སྣ་ཚོགས་བྱས་ཡོད། དཔེར་ན། དགའ་བཞི་བའི་བྱུང་བ་བརྗོད་པ་ལས། “གོང་མ་བདག་པོ་ཆེན་པོའི་ལྷ་དམག་འཁོར་བའི་འཇིགས་ཟིལ་མ་བཟོད་པར་རྫུན་སྐར་གྱི་ཐའི་ཇི་དང་། ཛའི་སང་སོགས་དྲག་རིགས་ནས་གཞུང་གི་རིན་ཆེན་རྒྱན་ཆས་གཙོས་སྐུ་ཆས་རྩ་ཆེ་འགའ་ཞིག་དང་། རྩེའི་འཕགས་པ་ལོ་ཀེ་ཤྭ་ར་སོགས་ནང་རྟེན་ཁ་ཤས་འཁྱེར་ཏེ་

① （དཔག་བསམ་སྙེ་མ་སྟོད་ཆ་ཤོག་གྲངས70）

མངའ་རིས་བརྒྱུད་ཕྱིར་ལོག་བྱེད་སྐབས་སྒར་དཔོན་ཁང་ཆེན་པས་གཡོ་སྒོར་གྱིས་གུར་ནང་དུ་མགྲོན་འབོད་སྟོན་མོ་བཤམས་ཐོག གུར་རྗེས་བཏང་བར་བརྟེན་གུར་ནང་དུ་མེད་པའི་གཡོག་རིགས་རེ་གཉིས་ཁྲིམས་ཐར་སྐད་ལས། གཙོ་དྲག་ཕལ་ཆེར་དམིགས་མེད་དུ་བཏང་མཐར། སྒར་ཡང་འཕགས་པ་རིན་པོ་ཆེའི་སྐུ་དང་རིན་ཆེན་རྒྱན་ཆས་གཙོས་གཞུང་གི་སྐུ་ཆས་ཧྲུན་སྒར་པས་འཕྲོར་བ་རྣམས་ནོར་བདག་པོའི་ལག་ཏུ་རྩིས་སྤྲུལ་བར་བརྟེན་གོང་མ་མཆོད་ཡོན་ནས་དའི་ཆེང་སྤྲ་དུར་ལ་པས་སེའི་ཚོ་ལོ་དང་བཀའ་བློན་གྱི་ལས་འཁུར་དུ་བསྐོ་བཞག་བསྩལ།”① ཞེས་གསལ་བ་དང་། དེ་བཞིན་མི་དབང་རྟོགས་བརྗོད་ལས་ཀྱང་། ཕོ་ལྷ་བ་རང་གི་སྒོམ་གཞིས་སུ་བཞུགས་སྐབས། “དེ་ནས་དུས་མི་རིང་བ་ན་ཤར་ཕྱོགས་པེ་ཅིང་གི་རྒྱལ་ཁབ་ཆེན་པོ་ནས་ལྷགས་པའི་དཔུང་གི་ཚོགས་ཆེས་མང་པོ་ཞིག་ནག་ཆུའི་སར་བསྐྱོད་དོ་ཞེས་ཐོས་སོ། ཐོས་ནས་ཀྱང་འདི་སྙམ་དུ་བསམ་པ། མ་ཉུངས་པ་ཧྲུན་གར་པའི་ཚོགས་དེ་དག་གིས་ཕོ་བོའི་བླ་མ་དང་། རྒྱལ་པོ་དང་། གཉེན་བཤེས་ཀྱི་ཚོགས་དེ་སྙེད་ཅིག་བརླག་པ་བྱས། རང་ཉིད་ཀྱང་ས་སྐྱོང་སྡུག་རྗེ་བ་དེའི་དྲིན་གྱིས་མ་གཏོགས་པ་ད་ཙམ་མེད་གི་ལྷག་མར་བྱེད་པ་གདོན་མི་ཟ་བ་དེ་ལྟ་བུའི་དགྲ་གནག་པའི་མཐར་ཐུག་པ་ཡིན་པས། ད་ནི་འཁོན་ལན་བླང་བའི་དུས་ལ་བབས་པའོ་སྙམ་ནས། ཡུལ་པེ་ཅིང་ནས་ལྷགས་པ་དེ་དག་གི་ཕྱོགས་བཟུང་བའི་སྒྲད་དུ་འཁོར་གཡོག་བཅུ་ཕྲག་གཉིས་ཀྱི་གྲངས་དང་ལྡན་པ་དང་ཆབས་ཅིག་ཏུ་གཤེགས་པའི་སྟ་གོན་ལ་བརྩོན་

① （དགའ་བཞི་བའི་མི་རབས་ཀྱི་བྱུང་བ་བརྗོད་པ་ཟོལ་མེད་གཏམ་གྱི་རོལ་མོ་ལྷུགས་པར་དེབ་ངོས25－26）

པར་གྱུར་ཏོ། ”① ཞེས་གསལ་ཞིང་། ཐེངས་དེར་ལྷམ་གྱིས་བཤོལ་བཏབ་པ་དང་། དཔལ་འཁོར་ཆོས་སྡེར་གཟན་སྒྲིལ་གྱི་བརྟག་པ་ཞུས་པར་མ་བབས་པས་དངོས་སུ་བསྐྱོད་མ་ཐུབ་མོད། འོན་ཀྱང་རྒྱན་གར་ལ་འཁོན་ལན་སློག་འདོད་དང་དེའི་རྒྱབ་རྟེན་ཆེང་གོང་མ་རང་ལ་བཙོལ་གྱིན་ཡོད་པ་དེ་གསལ་བར་མཚོན་ནོ།

དེའི་རྗེས་སུ་ཡང་རྟོགས་བརྗོད་ནང་། རྒྱན་གར་བས་བོད་དུ་བྱུས་པའི་སྟ་ཕྱིའི་ཉེས་སྤྱོད་རྣམས་བཀྲངས་པའི་མཇུག་ཏུ། "མ་རུངས་པའི་བསམ་སྦྱོར་གྱི་གཡོ་སྒྱུའི་རུ་མཚོན་འཕྱུར་བས་སྲིད་པ་གསུམ་ལས་རྒྱལ་བར་འདོད་པའི་ཚུལ་མིན་གྱི་སྤྱོད་ཚུལ་དུ་མ་ལྷུར་བླངས་པ་ལ་བརྟེན་ནས་ཁོ་བོ་ཙམ་དུ་ཆ་མ་འཚལ་བའི་བོད་འབངས་སྐྱེ་རྒྱ་ཕལ་མོ་ཆེ་ཡང་ཡི་མ་རངས་ཤིང་། སྣང་སེམས་ཀྱི་སྙིང་སྨྲས་པའི་རྣམ་འགྱུར་མཐའ་ཀླས་སུ་སྟོན་པར་བྱེད་མོད། འོན་ཀྱང་བོད་ཕྲུག་དག་ནི་བསམ་པ་ངན་པ་ཙམ་དུ་ཟད་ཀྱི། སྙིང་སྟོབས་དང་མཐུ་རྩལ་ལྡན་པ་འགའ་ཡང་མ་མཆིས་ལ། གོང་མ་འཇམ་མགོན་མིའི་གཟུགས་སུ་ཤར་བ་དང་། མཚོ་ཁྲི་ཤོར་རྒྱལ་མོའི་འགྲམ་ངོགས་ཀྱི་རྒྱལ་པོ་རྒྱལ་རིགས་དག་གིས་རྒྱལ་བའི་བསྟན་པ་རིན་པོ་ཆེ་མ་རུངས་པ་རྣམས་ཀྱིས་རྩ་འབྱིན་པ་མི་བཟོད་པས་དཔུང་གི་ཚོགས་ཆེན་པོ་མངགས་པར་འགྱུར་བ་གདོན་མི་ཟ་བས། དེའི་སྐད་དུ་ཁོ་བོ་ཡང་དུས་རེ་ཞིག་གི་བར་དུ་བས་མཐའི་སྡེ་མོ་ལས་འཛིན་ཞིག་ཏུ་བསྐྱོད་དེ། ཕྱིས་ནས་རྒྱན་གར་བའི་དཔུང་ཚོགས་འདི་དག་ལ་རྒོལ་བར་གང་ལྷགས་པ་དེའི་

① (མི་དབང་རྟོགས་བརྗོད་ལྷུག་པར་དེབ་ངོས344)

ར་མདར་རྫ་ཐོགས་པ་ཞིག་བགྱིའོ་སྙམ་དུ་དམ་བཅའ་སྙིང་ལ་བཀོད།”①ཅེས་གསལ་བ་ལྟར་ཕོ་ལྷ་བས་ཐབས་ཤེས་ཀྱིས་གཉའ་ནང་རྫོང་དཔོན་བསྐོ་བཞག་ཡོང་བ་བྱས་ཤིང་། ཡུལ་དེའི་མི་རྣམས་ལ་འཇམ་རྩུབ་ཀྱི་ཐབས་ལམ་སྤྱད་མཐར་ཚང་མས་ཧྲུན་གར་བ་ལ་དགྲ་ལན་སློག་རྒྱུའི་སྒྲིག་འཛུགས་བྱས་ཏེ་མནའ་གན་ཡང་བླངས་པ་དང་། དུས་དེ་ཙམ་ན་ཧྲུན་གར་པའི་དཔོན་དམག་ཁག་གཅིག་སྟོད་མངའ་རིས་ཀྱི་ས་ཁུལ་བརྒྱུད་དེ་ཕྱིར་བྲོས་འགྲོ་བ་རྣམས་སྐོར་གསུམ་སྤྱི་ཁྱབ་ཁང་ཆེན་པས་ཚར་བཅད་པའི་གནས་ཚུལ་གཉའ་ནང་ཕྱོགས་སུ་འང་ཁྱབ་པས་ཕོ་ལྷ་བ་རབ་ཏུ་དགྱེས། དེ་དུས་བོད་དུ་ལྷགས་ཀྱི་འབྱུང་ཁུངས་གཙོ་བོ་བལ་ཡུལ་ནས་འདྲེན་དགོས་ཤིང་། མངའ་རིས་སོགས་འབྲོག་ཁུལ་དུ་ལྷགས་དེ་བས་དཀོན་པོ་ཡོད་སྐབས་ཕོ་ལྷ་བས་རྟའི་རྨིག་ལྕགས་སྟོང་ཕྲག་ལྷག་ཙམ་ཞིག་མྱུར་སྒྲུབ་གནང་སྟེ་ཞབས་གྲས་ལྷ་བཙན་ཟེར་བ་སྐོར་གསུམ་ཁུལ་དུ་ཕོ་ཉར་མངགས་ནས་ཁང་ཆེན་པར་ཡི་གེ་བཏང་སྟེ། ཁོང་གི་དཔའ་མཛངས་ལ་བསྟོད་བརྗོད་དང་། གཉའ་ནང་དུ་ཧྲུན་གར་ལ་ཁོལ་བའི་གྲ་སྒྲིག་ཡོད་ཚུལ་སོགས་འབྲེལ་མཐུད་གནང་བར། ཁང་ཆེན་པས་ཀྱང་ཡི་རངས་མོས་མཐུན་གྱི་སློ་གྲོས་གཅིག་པའི་ཡིག་ལན་འཁོར་བ་བཅས་ཁོང་གཉིས་སྐབས་འདི་ཙམ་ནས་གྲོགས་པོ་བློ་ཐུབ་ཀྱི་མཐུན་འབྲེལ་ཆགས་པ་ཡིན་ནོ།

དེ་ནས་ཅིང་གོང་མའི་དམག་དཔུང་བོད་དུ་འཁོར་ལ་ཉེ་བའི་དུས་སུ་མངའ་རིས་སྐོར་གསུམ་གྱི་གཙོ་བོ་ཁང་ཆེན་པའི་དཔུང་ཚོགས་ཉེ་བར་བཏེག་སྟེ་གྲོ་ཤོད་ཁུལ་དུ་འཁོར། ཕོ་ལྷ་བས་གཉའ་ནང་ནས་དྲངས་པའི་དཔུང་ཚོགས

① （མི་དབང་རྟོགས་བརྗོད་དེབ་ངོས356）

དང་། རྒྱལ་རྩེ་རྫོང་དཔོན་རབ་བརྟན་ཤར་པའི་དཔུང་ཁག ལྷོ་དགོན་གྱི་དཔུང་བཅས་ཀྱང་ལྷ་རྩེར་འཛོམས། དེ་དུས་ཁང་ཆེན་པའི་ཞབས་གྲས་ངག་དབང་ཡོན་ཏན་ཟེར་བས་མངའ་རིས་དཔུང་ཁག་ཆ་ཤས་ཤིག་ཁྲིད་ནས་ཤེལ་དཀར་ཕྱོགས་སུ་འགྱུར་པ་དེ་ཆོས་མི་སེར་ལ་བརྫབས་གསིག་དང་། རྫུང་འཁྲུག་སོགས་བྱེད་པར་བརྟེན་དགྲ་བོར་ཕར་རྐོལ་བྱ་རྒྱུར་མི་ཕན་པའི་གནས་ཚུལ་ལྷགས་པར་ཕོ་ལྷ་བས་བསྒྲགས་གཏམ་སྤེལ་བ་འདི་ལྟར། "བོད་ཡུལ་འདིར་ཧུན་གར་པའི་དཔུང་ཚོགས་ཀྱིས་བཙན་པ་ལ་རྒྱ་འབྱིན་པར་བྱས་ཤིང་། ཡོངས་ཀྱི་དགེ་བའི་བཤེས་གཉེན་དུ་མངའ་མིང་གི་ལྷག་མར་བྱས། ཡུལ་དབུས་གཙང་ལྗོངས་ཀྱི་རྗེ་བོའི་རིགས་ལས་བྱུང་བའི་སྐྱེ་བོ་ཉེས་མེད་དུ་མ་སྲོག་དང་བྲལ། དེ་དག་གིས་བཟའ་བ་དང་བཏུང་བ་མདོར་ན་གཞན་པའི་ཟས་རྩྭ་འཇམ་བསྡུ་བ་ཡན་ཆད་ཀྱི་དཔྱ་ཁྲལ་གསར་བུ་དུ་མས་གཙེས་ཏེ་འབངས་མི་རྣམས་སྐད་ཅིག་ཀྱང་བདེ་བའི་གོ་སྐབས་བྲལ་བར་བྱས་པ་ལ། འཕགས་པ་ལག་ན་རལ་གྲི་ཅན་མིའི་གཟུགས་སུ་ཤར་བ་གནམ་གྱིས་བསྐོས་པའི་སའི་འཛིར་འཛིགས། གོང་མ་བདག་པོ་ཆེན་པོས་ས་ཆེན་པོའི་རྫུལ་གྱི་གྲངས་སྙེད་དཔུང་གི་ཚོགས་ཉེ་བར་བཤམས་ནས་སྡིག་ཏོ་ཅན་ཧུན་གར་པའི་ཚོགས་འཛོམས་པར་ཆས་ན་བདག་ཅག་ཀྱང་དེའི་རྗེས་སུ་ཅིའི་ཕྱིར་མི་འབྲང་། གལ་ཏེ་རྨོངས་པ་ལ་ལ་དག་དེའི་ཚུལ་མི་ཤེས་པས་ལོག་པར་རྟོག་ན་ངས་གཤིན་རྗེའི་གཤེད་མ་འདྲ་བའི་དཔུང་གི་ཚོགས་མངགས་ཏེ་ཚར་བཅད་ན་མི་འཛིགས་སམ་ཞེས་བྱ་བ་ལ་སོགས་པ་ཐབས་ལ་མཁས་པ་དང་དཔའ་ཞིང་བརྟུལ་ཕོད་པའི་གཏམ་གྱི་དྲིལ་རྫམ་པོ་ཆེ་རབ་ཏུ་

བསྒྲགས་”①ཞེས་གསལ་བ་ལྟར་དེའི་མཐུས་ནང་ཟིང་འཛགས་ནས་གན་པ་ལ་ཡན་ཆད་ཀྱི་གཙང་ལྷོངས་ཡོངས་སུ་ཧུན་རྐོལ་དཔུང་སྟོབས་ཀྱིས་བཟུང་ནས་མཁར་རྫོང་བཙན་པོ་དག་གི་རྩེ་མོར་དར་གྱི་ཅོད་པན་ལྡེ་ཛར་ཅན་གྱིས་མཛེས་པར་བྱས་ནས་བདེ་འཛགས་ལ་འཁོད་པ་བྱུང་། དེ་ནས་ཕོ་ལྷ་བས་པཎ་ཆེན་རིན་པོ་ཆེ་ཧུན་གར་གྱིས་གདན་དྲངས་ཀྱི་དོགས་ནས་དཔུང་བཅས་གཞིས་རྩེར་སྐུ་སྲུང་དུ་འཁྱེར་ཞིང་། ཉིན་བཅུ་གཅིག་སོང་བའི་སྐབས་ནག་ཚང་གི་རྫོང་དཔོན་བསམ་སྒྲིངས་པ་བྲེལ་སྟབས་ཀྱིས་འོངས་ནས། ཧུན་གར་པའི་དཔུང་ཚོགས་རྣམས་མངའ་རིས་ཕྱོགས་སུ་ཕྱིན་འགྲོ་ཚུལ་བརྗོད་པ་ཕོས་མ་ཐག་ཕོ་ལྷ་བ་དང་། ཨ་ཁེ་ཏ་སོགས་གཙང་སྟོད་བོད་སོག་གི་དམག་དཔུང་རྣམས་ཆབས་ཅིག་ཏུ་བརྟེག་ནས་ཤངས་ཀྱི་མདའ་ཨེ་དམར་སྒང་དུ་སྒར་བཏབ་ནས་ཡོད་སྐབས། ཧུན་གར་པའི་དམག་དཀྱུས་གཅིག་དཔུང་ལག་དང་ཁ་བྲལ་ནས་ཕྱིས་ཕྱོལ་གྱིས་པཎ་ཆེན་རིན་པོ་ཆེའི་སྐུ་མདུན་དུ་ཆོས་བྱེད་པར་འོངས་པ་ཞིག་དེར་འཁྱེར་བས་བརྗོད་རིགས་སུ། ཧུན་གར་གྱི་གཙོ་ཤུགས་དཔུང་ཚོགས་རྣམས་བྱང་ནག་ཚང་གི་སའི་ཆ་སྟོན་མོ་ཁྲུ་ལུང་ཟེར་བ་བརྒྱུད་ཕྱིས་ཟིན་སོང་ཞེས་པའི་གནས་ཚུལ་གསལ་རྟོགས་བྱུང་སྟབས་ས་ཐག་རིང་པོས་ཆོད་ཚར་བས་རྗེས་ཟིན་ཐབས་མེད་སྟབས་ཕྱིར་ལོག་པའི་སྐོར་སོགས་མི་དབང་རྟོགས་བརྗོད་ནང་ཞིབ་ཏུ་འཁོད་ཡོད།

གཞན་ཡང་ང་ཕོད་པ་རྡོ་རྗེ་རྒྱལ་པོས། ཧུན་གར་གྱི་གཙོ་བོ་དག་ལ་དམག་དཔུང་ཁྲིད་ནས་གོང་མའི་དཔུང་དམག་འགོག་པར་འགྲོ་རྒྱུར་ཁ་གཡར་

① （མི་དབང་རྟོགས་བརྗོད་དེབ་ངོས379）

ཏེ་མདོ་ཁམས་ཕྱོགས་སུ་བསྐྱོད། དོན་དུ་ཏཱ་ལའི་བླ་མ་མཆོག་དང་གོང་མའི་དམག་དཔུང་ལ་མདུན་བསུ་ཞུས་ནས་ལམ་རྒྱུས་བྲ་སྒྲིག་དང་། བོད་དུ་ཡོད་པའི་ཇུན་གར་དཔོན་དམག་གི་གནས་ཚུལ་རྣམས་ཞིབ་ཕྲ་ཞུས་པ་དང་། དེ་བཞིན་ལུམ་པ་བ་བཀྲ་ཤིས་རྒྱལ་པོས་ནི། ཏཱ་ལའི་བླ་མ་སྐུ་འབུམ་དུ་བཞུགས་སྐབས་ནས་གསང་སྟབས་ཀྱི་འབྲེལ་བ་ཞུས་པ་དང་། དེ་རྗེས་གདན་ས་གསུམ་གྱི་བླ་མ་ལས་སྡེ་དང་མཉམ་གྲོས་ཀྱིས་ཏཱ་ལའི་བླ་མ་བོད་དུ་གདན་ཞུའི་གསོལ་འདེབས་ཞུ་ཕྲིན་སོགས་ཕུལ་བར་གྲགས།

དུས་དེ་ཙམ་ན་ཆིང་གོང་མ་ཁང་ཞིས་ཇུན་གར་བོད་ནས་མཐར་སྐྲོད་གཏོང་མར་བྱེད་ཕྱིར་སྔོ་བྱང་དཀྱིལ་གསུམ་ནས་དམག་དཔུང་ཁག་བགོས་ཀྱི་བཏང་བའི་སྔོ་ལམ་གྱི་དམག་དཔུང་སྡེ། གྱེང་ཞི་ཙང་ཙུན་（འདི་ལ་མི་དབང་རྟོགས་བརྗོད་ནང་དའི་སི་ཙང་ཙུན་ཟེར་）གར་པི་གཙོ་བོར་བྱས་པའི་ཡུན་ནན་དང་། ཟེ་ཁྲིན། ཧུའུ་ནམ། ཀྲོ་ཙང་བཅས་ཀྱི་དཔུང་དམག་དེ་དར་རྩེ་མདོ་དང་ཆབ་མདོ་བརྒྱུད་སྤྱི་ལོ1720བོད་རབ་བྱུང་བཅུ་གཉིས་པའི་ལྕགས་བྱི་ལོའི་དབྱར་སྨད་དུ་ལྷ་སར་འགྱུར། ཇུན་གར་གྱི་གྲྭ་རིགས་སོགས་དོགས་ཅན་མི་སྣ་འགའ་ཞིག་འཛིན་བཟུང་ཐོག་བདེ་འཇགས་སྲུང་སྐྱོབ་ཀྱི་བྱ་བ་རྣམས་བསྒྲུབས་ཤིང་། དའི་ཆིང་བ་ཐུར་དང་པོ་ལྷ་བ་སོགས་ཀྱང་ལྷ་སར་འཕྲལ་འགྱུར་དགོས་པའི་ཡི་གེ་བཏང་། དཀྱིལ་ལམ་ནས་བསྐྱོད་མཁན་ནི་ཕིང་ཉི་ཙང་ཙུན་ཡན་ཞིན་གྱིས་གཙོ་བོ་བྱས་པའི་ཧྲན་ཀན་རྒྱུད་ཀྱི་དམག་དཔུང་དེས་ཏཱ་ལའི་བླ་མ་བདུན་པ་གདན་དྲངས་ཏེ་ལོ་དེའི་བོད་ཟླ་གསུམ་པའི་ནང་མཚོ་སྔོན་ནས་ཕེབས་ཐོན་གྱིས་དེའི་སྔོན་བསྐྱོད་དཔུང་སྡེས་ལམ་བར་དུ་ཇུན་དམག་གི་ས་སྲུང་ཡོད་པ་རྣམས་གཏོར་ཕམ་བཏང་སྟེ་མཆོག་སྤྲུལ་རིན་པོ་ཆེ་སྐུ་འཁོར་ནག་ཆུ་བརྒྱུད་སྟོན་

མཚམས་སུ་ལྷ་སར་བདེ་ལྡན་དང་ཞབས་སོར་འཁོད་པ་བཅས་ལགས་སོ།

3. མཆོག་སྤྲུལ་རིན་པོ་ཆེ་གསེར་ཁྲིར་མངའ་གསོལ་དང་། ས་གནས་སྲིད་གཞུང་གི་འགོ་འཛིན་བསྐུར་སྒྲིག་བྱས་པ།

དེ་ཡང་རྣམ་ཐར་ནང་། "ལྕགས་པོ་ཁྱི་ལོ་ཧོར་ཟླ་དགུ་པའི་ཚེས་བཅོ་ལྔ། རེས་གཟའ་ལྷག་པ། སྐར་མ་མོན་གྲུ། ཁམས་སྦྱོར་ལང་ཚོ་སྦྱོར་བ་སོགས་བཀྲ་ཤིས་དང་དགེ་མཚན་ཁྱད་པར་ཅན་གྱི་ཉིན། ནམ་ལངས་ཀྱི་དུས་སུ། མདོ་དར། གདུགས་རྒྱལ་མཚན། བ་དན་སོགས་དང་། རིན་ཆེན་རྒྱན་ཆ་བ་སོགས་ཆོས་སྲིད་ཟུང་དུ་འབྲེལ་བའི་འཁོར་ལོས་བསྒྱུར་རྒྱལ་ཆེན་པོ་ལ་འོས་པའི་རྟགས་མཚན་དུ་མ་མདུན་དུ་བདར། རྗེ་བླ་མ་ཉིད་སྐུ་ཆོས་ལ་སོགས་པ་དགེ་སྦྱོང་མཆོག་གི་ན་བཟའ་མཛེས་པར་གླུབས་པའི་མཚན་དཔེའི་དཀྱིལ་འཁོར་ཉིན་བྱེད་གཞོན་ནུ་འོད་ཟེར་གྱི་དྲ་བ་སྟོང་གིས་སྤྲས་པ་ལྟར་མངོན་པར་མཛེས་པ། ཙང་ཤེས་ཁྱུ་མཆོག་སྤྲིན་དཀར་གྱིས་བཏུམས་པ་ལྷ་བུར་ཆིབས་ཏེ་དཔལ་བུས་གཤེགས་ཤིང་། སྐུ་རྒྱབ་ཏུ་ལྗོ་བྱང་ནས་འོངས་པའི་ཙང་ཀྲུན་ཆེན་པོ་འཇིག་རྟེན་སྐྱོང་བའི་སྡེ་དཔོན་ལྷ་བུ་གཉིས་ཀྱིས་སྣ་དྲངས། འཛམ་དབྱངས་གོང་མའི་བློན་ཆེན་ཨ་ཏ་ཧྲ་ཏ། ཕོ་ཧྲིས་ཨེ་ཙོན་སོགས་དང་། བསྟན་པའི་གསལ་བྱེད་ཐུའུ་ཀྭན་ཧུ་ཐོག་ཐུ། བཀའ་འགྱུར་ཧྥ་བླ་མ། རྗེང་གིར་གནམ་གྱི་རྒྱལ་པོའི་(ཡོན་རབས)གདུང་རྒྱུད་ཁལ་ཁ་དོན་གྲུབ་ཤང་དང་། གུང་ཚེ་དབང་ནོར་བུ། ཐའི་ཇི་ལྷ་དབང་རྒྱ་མཚོ། གོ་ཤྲི་བསྟན་འཛིན་ཆོས་ཀྱི་རྒྱལ་པོའི་གདུང་རྒྱུད་ཨེ་བུས་པའི་ལི། ཚེང་ཤང་བློ་བཟང་བསྟན་འཛིན། ཛུ་ཤང་དགའ་ལྡན་ཨེར་ཏེ་ནེ་ཛུ་ནང་། ཨེར་ཏེ་ནེ་ཨེར་ཁེ། ཨེར་ཏེ་ནེ་དྷ་ལས་སྒྲོ་ཤོག་ཐུ། མེར་གན་དའི་ཆིང་། ཆིང་ཧོང་ཐའི་ཇི། ཨེར་ཏེ་ནེ་ཛུ་ནང་གི་སྲས་འཇིགས་བྱེད

སྐྱབས། ཨེར་ཏེ་ནི་སྦྲ་ཨོག་ཐུ། དགའ་ལྡན་བཀྲ་ཤིས། དའི་བྱུང་ཐའི་ཇི། དགེ་ལེགས་ཇུ་ནང་སོགས་རྒྱལ་རིགས་ཤིང་སྦ་ལ་ཆེན་པོ་ལྷ་བུ་ལས་ཉེ་བར་སོན་པ་རྣམས་ཤིང་བརྗེད་ཆགས་པ་དུ་མ་དང་། འཛམ་དབྱངས་གོང་མ་ཆེན་པོའི་ལུང་ལས་འཛིན་པའི་ཁི་ཡཱ། སྦྱར་གོ་ཆེ། སྦྲ་ཆའི་ཆེ། ཇ་ལང་ཇང་གི་སོགས་རྒྱའི་མི་དྲག་དུ་མ་དང་བཅས་པས་ཡོངས་སུ་བསྐོར་ཏེ། དགའ་ལྡན་ཚུ་འགོ་ནས་ཆིབས་བསྒྱུར་བར། ལྷ་ལྡན་ཏུ་བཞི་པོ་ཏ་ལ་ཞོལ་སོགས་ཉེ་སྐོར་བ་རྣམས་ཀྱི་བྲོ་གཞས་རྩེད་སྣའི་རིགས་དང་། ཆོས་སྡེ་ཆེན་པོ་དཔལ་ལྡན་འབྲས་སྤུངས། སེ་ར་ཐེག་ཆེན་གླིང་། དགའ་ལྡན་རྣམ་པར་རྒྱལ་བའི་གླིང་སོགས་ཀྱི་དྲུར་སྒྲིག་གི་རྒྱལ་མཚན་འཛིན་པའི་དགེ་འདུན་འདུས་པའི་ཚོགས་ཀྱིས་གདུགས། རྒྱལ་མཚན་མེ་ཏོག་ལ་སོགས་པའི་མཆོད་རྫས་དང་རོལ་མོའི་བྱེ་བྲག་སྣ་ཚོགས་པའི་བཀོད་པ་བསམ་གྱིས་མི་ཁྱབ་པ་ཚར་དུ་དངར་བ་དང་། གཞན་ཡང་ལྷ་ས་ཏུ་བཞི་ལ་སོགས་པའི་སྐྱེ་བོ་རྣམས་ཀྱི་ཁང་པའི་ཡང་ཐོག་ཏུ་དར་སྣ་ཚོགས་ཀྱི་ལྡ་ལྡི་བྲེས་ཤིང་། འབུད་དཀྲོལ་གྱི་བྱེ་བྲག་དུ་མ་སྙན་པར་སྒྲོག་པ་དང་། བསངས་ཀྱི་དུད་སྤྲིན་པཻ་ཧྲུཏུའི་ཞུན་མ་འཕོར་བ་ལྷ་བུས་ཀུན་གསལ་སྣེག་མོའི་ཕང་པ་རྣམ་བར་འགེངས་པ་དང་། རྒྱན་དང་ཚ་ལུགས་དང་། སྐད་དང་གོས་ཀྱི་བྱེ་བྲག་མི་འདྲ་བ་དུ་མ་དང་ལྡན་པའི་ཡུལ་གྲུ་སོ་སོའི་སྐྱེ་བོ་སྣ་ཚོགས་པས་རང་རང་གི་ལུགས་ཀྱི་མཆོད་པའི་བཀོད་པ་དུ་མ་བསྟར་བས་ནོར་འཛིན་གྱི་ཁྱོན་དོག་པོར་འགེང་བ་སོགས་རྒྱལ་བ་ཀུན་ཏུ་གཟིགས་པའི་ཞིང་གི་ཡོན་ཏན་གྱི་དཔལ་ལ་རྩེ་འདྲི་བར་བྱེད་པའི་བསུ་བའི་ཚོགས་དང་བཅས་བསམ་གྲུབ་ཕོ་བྲང་གི་ཐད་ཙམ་དུ་ཕྱིན་པ་ན་རྒྱལ་བའི་བསྟན་སྲུང་ཆེན་པོ་འོད་ལྡན་དཀར་པོ་ཡང་མེའི་ཁོག་ཏུ་བསླམས་ཏེ་དགྱེས་པའི་གར་གྱིས་རོལ་པ་དང་བཅས་ལས་བཞིའི་འཕྲིན་ལས་

སྒྲུབ་པའི་དར་ཚོན་སྣ་ལྔ་རྗེ་བླ་མ་ཉིད་ཀྱི་ཕྱག་ཏུ་ཕུལ་ཏེ་རྟེན་འབྲེལ་གྱི་སྒོ་ལེགས་པར་འགྲིག་པའི་ལུང་བསྟན་དུ་མ་ཞིག་ཕུལ། དེ་ནས་རིམ་གྱིས་འཕགས་པ་འཇིག་རྟེན་དབང་ཕྱུག་གིས་བྱིན་གྱིས་རླབས་པའི་གནས། ཆོས་ཀྱི་རྒྱལ་པོ་སྲོང་བཙན་སྒམ་པོའི་ཕོ་བྲང་གྲུ་འཛིན་གཉིས་པའི་གཞལ་མེད་ཁང་གི་ཐེམ་སྐས་ཀྱི་སྒོ་ལ་རིམ་པར་འཛེགས་ཏེ། རྗེ་གོང་མ་ན་རིམ་གྱིས་ཆོས་སྲིད་རྣམ་པར་རྒྱལ་བའི་རྒྱལ་མཚན་ཡང་དག་པ་བསྒྲེང་བའི་ཚོམས་ཆེན་སྙིང་པའི་ནང་དུ། འཇིགས་མེད་གདོང་ལྔས་བཏེག་པའི་གསེར་གྱི་ཁྲི་འཕང་མཐོན་པོར་གཙུག་ལག་རྩིས་ཀྱི་གཞུང་ལས་བྱུང་བ་ལྟར་ཞལ་ཤར་དུ་བསྒྱུར་བའི་སྟེང་དུ་ཞབས་སེན་གྱི་པདྨ་རྣམ་པར་འགོད་པ་མཛད། གཡོན་ཕྱོགས་སུ་ཙང་ཧྲུན་ཆེན་པོ་གཉིས་ཀྱིས་གཙོས་གོང་མའི་མི་དྲག་རྣམས་དང་། སྡེ་སྲིད་སྟག་རྩེ་བ་ལྷ་རྒྱལ་རབ་བརྟན་སོགས་དྲུང་འཁོར་ཆེ་གཉན་དཔག་ཏུ་མེད་པ་དང་། གཡས་ཕྱོགས་སུ་ཐུའུ་ཀྭན་ཧུ་ཐོག་ཐུ། བཀའ་འགྱུར་དྷ་བླ་མ། ཁལ་ཁ་མཚོ་སྔོན་སོགས་ཀྱི་དཔོན་རྒྱལ་རྒྱུད་རྣམས་དང་། ཆོས་སྡེ་ཆེན་པོ་ཁག་གི་ཆོས་ཀྱི་ཁྲི་ལ་དབང་བའི་སྤྲུལ་པའི་སྐུ་རྣམ་པ། སློབ་དཔོན་དགེ་བའི་བཤེས་གཉེན། དཔོན་ཆོས་མཛད། སྤྱི་གཉེར་དབུ་ཆོས་སོགས་སེར་སྐྱ་དཔག་ཏུ་མེད་པའི་ཚོགས་གདན་འཛོམ་པ་ལ་བཀྲ་ཤིས་པའི་གསོལ་ཟས་ཕུན་སུམ་ཚོགས་པས་སྣེ་དྲངས་ཡིན་ལུགས་དང་མཐུན་པའི་དགའ་སྟོན་ཤིན་ཏུ་རྒྱས་པའི་ཐོག འཇམ་དབྱངས་གོང་མ་ཆོས་ཀྱི་རྒྱལ་པོ་ཆེན་པོས་རྗེ་བླ་མ་ཉིད་གསེར་གྱི་ཁྲི་ཆེན་པོར་ཞབས་པད་གསར་དུ་འཁོད་པའི་ལེགས་འབུལ། ལྷ་རྫས་དཀར་པོ་སྲིད་དུ་རིང་བ་དང་། དངུལ་སྲང་ཁྲི་ཕྲག་བཅས་གནང་བ་ཕུལ་ཏེ། བསྟན་པ་དང་འགྲོ་བའི་དོན་དུ་ཞབས་པད་བསྐལ་པ་རྒྱ་མཚོའི་བར་དུ་བརྟན་པར་བཞུགས་ནས་ཆོས་ཀྱི་འཁོར་ལོ་རྒྱ་ཆེན་པོ་བསྐོར་དགོས་ཞེས་པའི་

གསེར་གྱི་ལུང་འབུད་པར་མཛད། གོང་མའི་མི་དྲག་རྣམས་དང་། རྒྱལ་རྒྱུད་དཔོན་པོ་རྣམས་ཀྱིས་ཀྱང་ལེགས་འབུལ་དཔངས་མཐོ་བ་ཕུལ།……”①ཞེས་གསལ་འདུག

ལོ་དེའི་ཟླ་བ་བཅུ་པའི་ནང་ཀུན་གཟིགས་པཎ་ཆེན་བློ་བཟང་ཡེ་ཤེས་བཀྲ་ཤིས་ལྷུན་པོ་ནས་གདན་དྲངས་ཏེ་རྗེ་ཐོ་བྲང་པོ་ཏ་ལར་ཕེབས། གཟིམ་ཆུང་བདེ་བ་ཅན་དུ་བཞུགས། ཡབ་སྲས་གསེར་ཞལ་དགྱེས་འཛོམས་ཐོག་ཟླ་བ་བཅུ་གཅིག་པའི་ཚེས་ལྔ་ཉིན་པོ་ཏ་ལའི་གཟིམ་ཆུང་ཉི་འོད་དུ་ཏྭ་ལའི་བླ་མ་རིན་པོ་ཆེར་དགེ་ཚུལ་གྱི་སྡོམ་པ་བསྩལ་ཞིང་། མཚན་སྔོན་ཡོད་ཐོག་བློ་བཟང་བསྟན་ཏེ་བློ་བཟང་སྐལ་བཟང་རྒྱ་མཚོར་གསོལ།②

སྐབས་དེ་ཙམ་ན་གོང་མ་ཆེན་པོའི་བཀས་མངགས་པའི་ཅང་ཅུན་རྣམས་ཀྱིས་སྡེ་སྲིད་སྟག་རྩེ་བ་དང་། བཀའ་བློན་བཀྲ་ཤིས་རྩེ་པ། ཨ་ཆོས་སོགས་ཧྲུན་གར་བ་བོད་དུ་སྡོད་རིང་དབང་ཆ་བཟུང་བའི་དཔོན་རིགས་ཁག་གཅིག་དང་། ཆོས་སྡེ་ཆེན་པོ་རྣམས་སུ་ཡོད་པའི་ཧྲུན་གར་གྱི་གྲྭ་རིགས་སོགས་ལ་བཀའ་ཁྲིམས་གཅོད་པའི་འགོ་འཛུགས་ཤིང་སྡེ་སྲིད་སྟག་རྩེ་བ་སོགས་ཀྱི་སྐྱོག་ལ་མི་འབབ་པའི་ཞུ་ངོ་ཏྭ་ལའི་བླ་མ་མཆོག་དང་། པཎ་ཆེན་རིན་པོ་ཆེ། ཕོ་ལྷ་བ་སོགས་ནས་ནན་ཞུ་གནང་འདུག་ཀྱང་། གོང་མ་ཆེན་པོའི་བཀའ་ལ་བརྟོག་ཐབས་མེད་ཅེས་ཁས་ལེན་མ་ཐོབ་པར་སྡེ་སྲིད་སྟག་རྩེ་བ་ལྷ་རྒྱལ་རབ་བརྟན་དང་། བཀའ་བློན་བཀྲ་ཤིས་རྩེ་པ། བཀའ་བློན་ཨ་ཆོས་བཅས་ལྔ་ས་སྐྱིད་ཆུའི་འགྲམ་ངོགས་རགས

① （དཔག་བསམ་སྙེ་མ་སྟོད་ཆ་ཤོག་གྲངས73 – 76）
② （པཎ་ཆེན་བློ་བཟང་ཡེ་ཤེས་ཀྱི་གསུང་རྣམ་འོད་དཀར་ཅན་གྱི་འཕྲེང་བ་ཤོག་གྲངས294）

རྒྱབ་ཀྱི་སའི་ཆར་སྦྲག་ཉེས་བཅད་པ་དང་། དེ་མིན་སྟག་རྩེ་བའི་བུ་རྒྱུད་དང་ཧྲུན་གར་གྱི་གྲྭ་རིགས་སོགས་ལེ་ཐོགས་ཁག་གཅིག་རྒྱལ་ནང་དུ་བཙོང་བདའ་བཅས་བྱས་པའི་སྐོར་ཞིབ་པ་མི་དབང་རྟོགས་བརྗོད་ནང་འཁོད་ཡོད།

སྤྱི་ལོ1721ཐོག་ལྷུགས་སྐྱང་ལོར་གོང་མའི་ལུང་ལྟར་དའི་ཆིང་སྲ་ཐུར་ཁང་ཆེན་པ་བསོད་ནམས་རྒྱལ་པོར་པས་སེའི་ཚེ་ལོ་དང་སྤྲགས་བོད་ཀྱི་དོན་བྱེད་བཀའ་བློན་གྱི་གཙོ་བོ་དང་། ང་ཕོད་པ་རྡོ་རྗེ་རྒྱལ་པོར་ཡང་པས་སེའི་ཚེ་ལོ་དང་སྤྲགས་ལས་རོགས། ལུམ་པ་བ་བཀྲ་ཤིས་རྒྱལ་པོར་གུང་གི་ཚེ་ལོ་དང་། ཕོ་ལྷ་བསོད་ནམས་སྟོབས་རྒྱལ་དང་། སྦྱར་ར་བ་བློ་གྲོས་རྒྱལ་པོ་སོ་སོར་ཐའི་ཇིའི་ཚེ་ལོ་དང་སྤྲགས་བཀའ་བློན་དུ་བསྐོ་བཞག་བསྐྱལ་ཏེ་བོད་ས་གནས་སྲིད་གཞུང་གི་ལས་དོན་གཙོ་སྐྱོང་ལས་ཁུངས་བཙུགས་པ་དེས། སྤྱི་ལོ1727བར་ལོ་དྲུག་ཙམ་སྲིད་དབང་སྤྱད་རིང་གི་ཐམ་གར། “པའི་སི་ཁང་ཆེན་པས་གཙོ་བོ་པའི་སི་ང་ཕོད་པས་རོགས་རམ་སོགས་བྱེད་སང་རྣམས་ཀྱི་ཐམ་ག་རྒྱལ་དགེའོ། ཞེས་བཏང་།”①ཞེས་གསལ་ཡོད།

གསུང་རྣམ་ནང་། “འདི་ལོ་གོང་མ་ཆེན་པོའི་ཞབས་བརྟན་དུ་དམིགས་རྫོང་གཞིས་ཚོར་ཁྲི་མུན་དུ་བཙུག་པ་རྣམས་གཏོང་དགོས་པའི་བཀའ་ལུང་བསྒྲགས་ཏེ་མི་འཇིགས་པ་སྐྱབས་ཀྱི་སྦྱིན་པ་རྒྱ་ཆེར་མཛད།”②ཅེས་གསལ་བ་ལྟར་ལོ་དེར་བོད་ཁུལ་ཡོངས་སུ་བཙོན་གྲོལ་ཆེན་པོ་ཞིག་གནང་འདུག ཙེ་ཕོ་བྲང་གི་མདུན་ངོས་སུ་ཆིང་གོང་མ་ཁང་ཞི་མཆོག་ནས་དམག་དཔུང་ཆེད་

① （ཐམ་དེབ་ལོང་བའི་དམིགས་བུ་བྲིས་མ་དེབ་ཤོག་གྲངས13）

② （དཔག་བསམ་སྙེ་མ་སྟོད་ཆ་ཤོག་གྲངས85）

མང་གས་ཀྱིས་ཧྲུན་གར་ཀྲུན་དམག་མཐར་བསྐྲོད་དང་། ཏཱ་ལའི་བླ་མའི་མཆོག་སྤྲུལ་བོད་དུ་གདན་དྲངས་པའི་མཛད་རྗེས་སྐོར་རྒྱ་བོད། མན་ཧྲུའི་ཡི་གེ་ཤན་སྦྱར་བཀོས་པའི་རྡོ་རིང་བསྐྲུན། གོང་མའི་སྲིད་གཞུང་གི་སྐུ་ཚབ་དའི་སེ་ཅང་ཅུན་དང་། ས་སྲུང་དམག་དཔུང་གི་འགོ་འདོམས་སུ་གུང་ཚེ་དབང་ནོར་བུར་ཅང་ཅུན་གྱི་གོ་གནས་འཕར་སྤེལ་གྱིས་འཇོག་གནང་མཛད། དེ་མིན་རྒྱ་སོག་གི་དཔུང་ཆེན་དཔོན་དམག་རྣམས་རིམ་བཞིན་ཕྱིར་ལོག་བྱས།

སྤྱི་ལོ1722བོད་ཆུ་སྟག་ལོར་"འདི་ལོ་ནས་བཟུང་གོང་མ་ཆེན་པོའི་ཞབས་བརྟན་དུ་དམིགས་ཏེ་སྲིད་རྒྱལ་བསྟན་ནམ་གནས་ཀྱི་བར་སྨོན་ལམ་ཆེ་མོ་ཉིན་གཅིག་སྤོར་གནང་སྟར་ཚགས་སུ་འཛུགས་པར་མཛད་པའི་ཚོགས་དབུར་ཕེབས་ཤིང་། དགེ་འདུན་རྣམས་ལ་མང་འགྱེད་དང་ལྷུགས་བསྔོ་རྒྱས་པར་རྒྱས་པར་གནང་།"① ཞེས་གསལ་བ་དང་། ཡང་"རྒྱའི་མི་དཔོན་ཏཱ་ཞིན་རྣམས་ནས་གོང་མ་ཆེན་པོའི་མཚན་བྱང་གསར་སྒྲིག་གནང་བ་(རྟེ་ཇོ་བྲང་)གཟིམ་ཆུང་ས་གསུམ་རྣམ་རྒྱལ་དུ་གདན་དྲངས་ཏེ་བཞུགས་སུ་བཅུག"② ཅེས་གསལ་འདུག་པ་ད་ལྟའང་དེ་རང་དུ་བཞུགས་ཡོད།

དེ་སྔ་ལྷ་ལྡན་སྨོན་ལམ་ཆེན་མོར་སེ་འབྲས་གཙོ་གྱུར་ཐོག་ཉེ་འདབས་ཀྱི་དགོན་པ་རི་ཁྲོད་སོགས་ཀྱི་དགེ་འདུན་ལས། གདན་ས་དགའ་ལྡན་ནས་ཕེབས་སྲོལ་མེད་འདུག་པར་སྤྱི་ལོ1723བོད་ཆུ་ཡོས་ལོ་ནས་བཟུང་དགའ་ལྡན་གྱི་དགེ་འདུན་རྣམས་ཀྱང་ཕེབས་རྒྱུའི་གཏན་འབེབས་མཛད་པ་མ་ཟད། ལོ་དེ་

① (དཔག་བསམ་སྙེ་མ་སྟོད་ཆ་ཤོག་གྲངས93)
② (དཔག་བསམ་སྙེ་མ་སྟོད་ཆ་ཤོག་གྲངས96)

གའི་སྨོན་ལམ་ཚོགས་དབུས་དྷ་ལའི་བླ་མ་མཆོག་ཆིབས་བསྒྱུར་ཐོག སྨོན་ལམ་ཆེ་མོའི་བཅའ་ཡིག་གསར་དུ་བསྒྲུལ་བའི་དབུ་བརྗོད་ནང་། "གོང་མའི་ལུང་གིས་ཞུལ་དུ་བྱུང་བའི་སྙིང་སྟོབས་ཀྱིས་ལྷོ་བདོའི་འགྲོ་བ་རྣམས་སྒྲོལ་བ་ལ་དུས་གསུམ་བདེ་གཤེགས་ཀུན་གྱིས་པད་དཀར་ལྟར་རྗེས་སུ་བཟུགས་པ། ཀུན་མཁྱེན་ཉེ་མའི་གཉེན་གྱི་ལུང་རྟོགས་ཀྱི་བསྟན་པ་རིན་པོ་ཆེ་གྱེན་དུ་འདེགས་ཤིང་། འགྲོ་བ་ལྷ་དང་བཅས་པའི་གཙུག་རྒྱན་དུ་དབང་བསྒྱུར་བ་དྷ་ལའི་བླ་མར་འབོད་པའི་གཏམ།" ཞེས་དང་དགོས་པ་བརྗོད་པར། "……རྒྱལ་བའི་བསྟན་པ་རིན་པོ་ཆེ་སྤྱི་དང་། བྱེ་བྲག་རྒྱལ་བ་འཇམ་དཔལ་སྙིང་པོའི་རིང་ལུགས་དྲི་མ་མེད་པ་འདི་ཉིད་འཕེལ་རྒྱས་གོང་སྤེལ་གྱི་ལྷག་བསམ་བཟང་པོས་གཞི་བྲངས། བསྟན་འགྲོ་མཐའ་དག་ལ་བླ་ན་མེད་པའི་བཀའ་དྲིན་གང་གིས་ཀྱང་གཞལ་དུ་དཀའ་བ་གནམ་བསྐོས་འཇམ་དབྱངས་གོང་མ་རྒྱལ་པོ་ཞབས་ཟུང་རྡོ་རྗེའི་ཁྲི་ལ་མངོན་པར་བརྟན་ཅིང་། ཆབ་སྲིད་དར་ཞིང་རྒྱས་པ་དང་། རིས་སུ་མ་ཆད་པའི་འགྲོ་བ་མཐའ་དག་བདེ་སྐྱིད་རྫོགས་ལྡན་གྱི་དཔལ་ལ་མངོན་པར་སྤྱོད་པའི་སླད་དུ་འབྲས་སྤུངས་དང་། སེ་ར་བ་སོགས་ཚོགས་པ་རྫོན་ཡོད་རྣམས་ཀྱི་ཐོག འདི་ལོ་ནས་དགའ་ལྡན་རྣམ་པར་རྒྱལ་བའི་གླིང་གི་དགེ་འདུན་རྣམས་ཀྱང་འདུས་གཤིས། ……" ཞེས་དང་། བསྒྲུལ་བའི་དུས་ཚོགས་ནི། "མཛེས་བྱེད་ཆུ་མོ་ཡོས་ཀྱི་ལོ་བཞི་ལྡན་གནམ་ལོའི་རང་ཞལ་གསར་དུ་ཚེས་ནས་མི་རེང་བ་རྒྱལ་བའི་ཆོ་འཕྲུལ་བསྟན་པའི་དུས་ཆེན་གྱི་ཉིན་ལྷ་ལྡན་སྤྲུལ་པའི་གཙུག་ལག་ཁང་ཆེན་པོའི་བ་གམ་གསུམ་པའི་གཞལ་མེད་ཁང་ནས་བྲིས་པ་ཇ་

ཡནྟ།”① ཞེས་གསལ་བའི་བཅའ་ཡིག་དེ་ཉིད་སྨོན་ལམ་ཆེ་མོའི་དགེ་འདུན་འདུས་པ་རྒྱ་ཆེའི་དབུས་སུ་གདན་ཐེལ་མཁན་བྲུར་ངག་དབང་དཔལ་བཟང་ནས་སྒྲོག་སྒྲུངས་གནང་བ་ལགས་སོ།

དེ་ལོ་ཚིང་གོང་མ་ཁང་ཞི་ཁྲི་ལོ་དྲུག་ཅུ་རེ་གཅིག་བསྐྱངས་ནས་གྲོངས་པ་ཡིན་ཏེ། རྣམ་ཐར་ནང་། "སྐབས་འདིར་འཇམ་དབྱངས་གོང་མ་བདེ་སྐྱིད་རྒྱལ་པོ་གནམ་དུ་གཤེགས་པའི་གཏམ་བྱུང་བ་ཙང་ཧྲུན་རྣམས་ནས་སྐུ་ཞབས་སུ་སྙན་སྒྲོན་ཕུལ། དེ་འཕྲུལ་རྟེན་ཁྱད་པར་ཅན་རྣམས་ཀྱི་དྲུང་དུ་མཆོད་པ་རྒྱ་ཆེན་པོ་འབུལ་བར་མཛད། དེ་ནས་བཟུང་ཞག་བཞི་བཅུ་ཞེ་དགུའི་བར་དུ་རྗེ་ཉིད་སྐུ་ངོས་ཀྱིས་རྟེན་རྣམས་ཀྱི་དྲུང་དུ་མཆོད་འབུལ་ཐུགས་སྨོན་ཉིན་རེ་བཞིན་མ་ཆག་པར་མཛད། ལོ་འདིར་གོང་མ་ཆེན་མོའི་དགོངས་རྫོགས་སུ་དམིགས། ཚོགས་མཆོད་ཉིན་གསུམ་སྤྱོར་གནང་ལ་རྗེ་བླ་མ་ཉིད་ཀྱང་ལྷ་ལྡན་དུ་ཆིབས་བསྒྱུར་གནང་སྟེ་ཉིན་ཁ་ཤས་ཀྱི་བར་སྨོན་ལམ་ལ་ཕེབས་ནས་འདུས་པ་རྒྱ་མཚོའི་ཚོགས་དང་ལྷན་ཅིག་ཏུ། འཇམ་དབྱངས་གོང་མ་ཆོས་ཀྱི་རྒྱལ་པོ་ཆེན་པོ་དང་རྒྱལ་ཡུམ་དེ་ཉིད་ཀྱི་དོན་དུ་ཞྭགས་བསྔོ་དང་ཐུགས་སྨོན་གྱི་མཚམས་སྦྱོར་གནད་སྨིན་གནང་།"② ཞེས་གསལ་བ་དང་། དེ་ནས་མགྲོན་གཉེར་དའི་དར་ཧན། ལྷ་སྲས་བཞི་པ་གོང་མ་ཆེན་པོའི་གསེར་ཁྲིར་གསར་ཕེབས་ཀྱི་ལེགས་འབུལ་ཞུ་བར་བཙོང་ད་གནང་།" ཞེས་དང་། "དེ་ནས་ར་ས་འཕྲུལ་སྣང་གཙུག་ལག་ཁང་དུ་ཕེབས་སྐབས། འཇམ་དབྱངས་གོང་མ་ཆེན་པོའི་གསེར་ཁྲིར་ལྷ་སྲས་

① (བོད་ཀྱི་སྟ་རབས་ཁྲིམས་སྲོལ་བདམས་བསྒྲིགས་ལྟགས་པར་དེབ་ངོས346 - 350)

② (དཔག་བསམ་སྙེ་མ་སྟོད་ཆ་ཤོག་གྲངས101)

བཞི་པ་（ ཡུང་གྲིན་）གསར་ཕེབས་ཀྱི་མི་སྣ་དྭ་བླ་མ་ཞང་རབ་འབྱམས་པ་དང་། བན་གསར་རབ་འབྱམས་པ། ཤང་རྫོ་ཁི་ཡཱ་སོགས་འགྲོར་པར་ཨེ་ཕྱམ་དུ་མཇལ་ཁ་གནང་ཞིང་། གོང་མ་ཆེན་པོའི་གསེར་ཡིག་ལེ་ཚན་གཉིས་དང་གནང་སྐྱེས་བཟང་པོ་གྱ་ནོམ་པ་ཕུལ་བ་རྣམས་ཕྱག་ཏུ་བཞེས་ཏེ། དེ་དག་ལ་སྟོན་མོ་གཟབ་རྒྱས་གནང་།”①ཞེས་གསལ་ལོ།

ལོ་དེར་གོང་མའི་ལུང་གིས་ལྷ་སར་ཡོད་པའི་དཔོན་དམག་རྣམས་རྒྱལ་ནང་དུ་ཕྱིར་ལོག་བྱ་དགོས་ཞེས་ཕེབས་པའི་སྐོར། མི་དབང་རྟོགས་བརྗོད་ནང་། “དེ་ནས་ཡུན་མི་རིང་བ་ན་འཇམ་མགོན་མིའི་གར་དུ་བློས་པ་གོང་མ་བདག་པོ་ཆེན་པོའི་ལུང་གིས་བསྒོ་ནས་ལྷ་ལྡན་རྒྱལ་ཁབ་ཆེན་པོར་འདུག་པའི་པེ་ཅིང་གི་གཙོ་བོ་དཔུང་ཚོགས་དང་བཅས་པ་ཕྱིར་ལྡོག་ཅིག་ཅེས་བསྐུལ་པ་དང་དུ་བླངས་ཏེ་ཙང་ཇུན་ཚེ་དབང་ནོར་བུ་དང་། ཨེ་བུས་པའི་ལི་ལ་སོགས་པ་གཡུལ་གྱི་ཁ་ལོ་པ་ཡན་ལག་བཞི་པའི་དཔུང་གི་ཚོགས་ཆེན་པོ་དང་བཅས་ཕྱིར་ལྡོག་པ་ལ་མངོན་དུ་ཕྱོགས་པར་གྱུར་ཏོ། དེའི་ཚེ་མངའ་རིས་ནས་དའི་ཆེང་པཱ་ཐུར་གྱི་མངག་གཞུག་པ་ངག་དབང་ཡོན་ཏན་དང་དར་གན་ཐའི་ཇི་གཉིས་འོངས་ཏེ་གཙོ་བོ་དེ་དག་གི་གམ་དུ་སོང་ནས་གསོལ་བ། བདག་ཅག་གི་ཛེ་བོ་དའི་ཆེང་གིས་ཁྱེད་ཅག་ལ་འཕྲིན་དུ་བྱ་བ་འདི་ཡིན་ན་དགོངས་སུ་གསོལ། ཙང་ཇུན་ཆེན་པོ་དཔུང་དང་བཅས་པ་རང་གནས་སུ་ལྡོག་པར་མཛད་པ་ནི། ལྷར་སྣང་ཐོད་འབངས་རྣམས་དཔྱ་དང་ཁྲལ་གྱིས་མི་མནར་བ་ལ་ཕན་པ་ལྟར་མཆིས་ཀྱང་དགྲ་བོ་ངན་པ་མིག་གི་ཆེར་མ་འདྲ་བ་གནམ་ལྕགས་འབབ་པ་ལྟར་སྐད་ཅིག

① （དཔག་བསམ་སྙེ་མ་སྟོད་ཆའི་ཤོག་གྲངས་102－104）

གིས་འོང་བ། མ་རུངས་པ་གཡོ་སྒྱུ་ལ་གོམས་པ་རྟུན་གར་པའི་ཚོགས་ཀྱིས་བདག་པོ་ཆེན་པོའི་བཀའ་ལ་གནས་པར་ཡང་མི་བྱེད། དེ་དཔུང་ཤེད་ཀྱིས་བཅོམ་པའང་མ་མཆིས་པས་དོགས་པ་ངན་པ་ལས་ནི་མ་གྲོལ། འཇིག་རྟེན་རྣམ་པར་འདྲེན་པ་ཀུན་མཁྱེན་ཐུག་ན་པདྨ་ངེས་པའི་དོན་དུ་རྣམ་པ་ཐམས་ཅད་མཁྱེན་པའི་ངོ་མཚར་ལས་མ་གཡོས་ཀྱང་། དྲང་དོན་དུ་སྐུ་གཞོན་ནུའི་ཚུལ་བསྟན་པ་དང་། ཐམས་ཅད་མཁྱེན་པ་པཎ་ཆེན་འགྲོ་བའི་མགོན་པོ་སྐུའི་ན་ཚོད་ཆེས་ཆེར་སྨིན་པའི་ཚུལ་བསྟན་པ། བོད་འབངས་ཀྱི་སྐྱེ་བོ་ནི་ཀྱ་ཀྱུ་ཆེ་བ། ཡིད་བརྟན་མི་རུང་བ། མཐའ་གཅིག་ཏུ་བསམ་པ་མི་མཐུན་པ་ཡིན་ན། དེ་རྣམས་ལ་ཇི་མི་སྙམ་པར་ཁྱེད་ཅག་དཔུང་བཅས་ཕྱིར་ཕྱོག་པ་ནི་བདག་པོ་ཆེན་པོས་བོད་འབངས་རྣམས་བརྩེ་བས་འདོར་བ་མ་ཡིན་ཀྲང་། དེ་ལྟ་མ་ལགས་ན་བདག་པོ་ཆེན་པོར་བདག་ཅག་གིས་ཞོ་ཤ་མངགས་ཏེ་ཞུ་འཕྲིན་དུ་བྱ་བས་དེ་ཕྱིར་ཕྱོག་གི་བར་དེ་སྲིད་དུ་གཙོ་བོ་གཅིག་ཉིད་བཞུགས་ན་ཅིར་འགྱུར། དེ་ཡང་མི་རུང་ན་བོད་ལྗོངས་སུ་ཆོས་དང་སྲིད་ཀྱི་བྱ་བ་བདག་པོ་ཆེན་པོའི་བཞེད་པ་དང་མཐུན་པ་འདི་དང་འདི་ལྟ་བུ་སྒྲུབས་ཤིག་དང་། འདི་དང་འདི་ལྟ་བུ་ངོར་ཞིག་ཅེས་བྱ་བའི་གླང་ངོར་གྱི་གནས་སྟོན་པའི་གཏམ་ལེགས་པར་བསྒྲོ་བ་མཛོད་ཅིག་ཅེས་དོན་འདིའི་སྐད་དུ་བདག་ཅག་མངགས་པ་ལགས་ན། ལན་དུ་འོས་པ་བཀའ་སྩོལ་བར་མཛད་དུ་གསོལ་ཞེས་ཟླས་མོད་ཀྱི། དེ་རྣམས་ན་རེ། བདག་ཅག་རྣམས་བགྲོས་ཏེ་སྐད་ཀྱིས་ལན་སྨྲོའོ་ཞེས་ཟེལ་ལ་བརྟེན་པར་བྱས་ནས་ལམ་དུ་ཞུགས་སོ། ”[①]ཞེས་གསལ་བ་སྐབས་དེའི་བོད་ཀྱི་སྲིད་འཛིན་གཙོ་བོ་

① （མི་དབང་རྟོགས་བརྗོད་ཕྱུགས་པར་དཔེ་ངོས452－453）

དེའི་རེ་ཞུའི་ཚོག་རིས་འདི་ཐོག་ནས། “བོད་ཀྱི་སྲིད་དོན་རྒྱལ་རབས་” ཟེར་བའི་ནང་དེ་དུས་ལྷ་སར་བཞག་པའི་གོང་མའི་དཔོན་དམག་དེ་དག་ནི། “ཕྱི་རྒྱལ་གཞུང་ཚབ་ལྟ་བུ་ལས་བོད་ཀྱི་ཆབ་སྲིད་ཕྱི་ནང་གང་ཅིར་ཐུས་འཁྲི་མེད།”①ཅེས་ལོ་རྒྱུས་འཁྲུག་བཤད་བྱེད་པའི་རྫུན་རྐུབ་དེ་ཟུར་རྗེན་དུ་བརྗོལ་ཐུབ་པོ།

དུས་སྐབས་དེ་དག་ཏུ་བོད་ཡུལ་གྱི་བདེ་འཇགས་ལ་ཉེན་ཆེ་ཤོས་ནི། སོག་པོ་ཇུན་གར་བའི་དཔུང་ཚོགས་སྔར་བཞིན་སློ་བུར་དུ་ལྷགས་པའི་དོགས་པ་ཁོ་ན་འཚང་བཞིན་ཡོད་སྐབས། གོང་མའི་བཀའ་ལྟར་དའི་ཆེང་བླ་ཐུར་ཉིད་མངའ་རིས་སྐོར་གསུམ་གྱི་ཕྱོགས་སུ་སྤྱ་རྗེས་ཐེངས་གཉིས་ཙམ་མངགས་པར་མཛད་པ་དང་། ཕོ་ལྷ་བ་ཡང་ནག་ཚང་ཁྲུལ་སོགས་བོད་ཀྱི་བྱང་ཕྱོགས་འབྲོག་ཐང་ཆེན་པོར་སོ་བལྟར་བསྐྱ་བརྫོང་གནང་བ་སོགས་ཞིབ་པ་མི་དབང་རྟོགས་བརྗོད་ནང་འཁོད་ཡོད་ཅིང་། དེ་བཞིན་བོད་ཀྱི་ཐམ་དེབ་སོགས་ཡིག་ཆ་ཁག་གཅིག་ནང་སྐབས་དེའི་བཀའ་བློན་ལྷ་ཚང་མ་ལྕགས་སླང་ལོར་བསྐྱ་བཞག་གནང་བ་ལྟ་བུ་འཁོད་འདུག་ཀྱང་། མི་དབང་ཕོ་ལྷ་བ་རང་གི་རྟོགས་བརྗོད་ནང་གསལ་བ་ལྟར་ན། “དེ་ནས་ཡུན་མི་རིང་བ་ན་གོང་མ་བདག་པོའི་ལུང་གིས་ཆེ་བའི་མངག་གཞུག་པ་ཨ་ས་ཁན་ཨམ་པར་གྲགས་པ་ཞིག་འོངས་ནས་འདི་སྐད་ཅེས། གོང་མ་བདག་པོའི་བཀའ་ལས་བོད་ཁྲི་སྐོར་བཅུ་གསུམ་གྱི་སྡོངས་སུ་བྱ་བ་ལས་ཀྱི་འཁོར་ལོ་ལ་བཀའི་དགུང་བློན་གཉིས་གསར་དུ་མངོན་པར་

① (དེབ་དེའི་སྟོད་ཆ་པར་ངོས་)

གཟེངས་བསྟོད་པར་བྱེད།”①ཅེས་བསྒྲགས་ནས་གཅིག་ཕོ་ལྷ་བ་དང་། གཞན་གཅིག་ནི་འོས་འཆར་མང་པོའི་མིང་ཡིག་བཀོད་ནས་འབྲས་སྤུངས་སྟགས་ཁང་འཛིགས་བྱེད་ཀྱི་སྤྱན་སྔར་གཟན་བརྟག་ཕུལ་དོན་སྦྱར་ར་བ་བློ་གྲོས་རྒྱལ་པོ་ཐོན་པ་སོ་སོར་བསྐོ་བཞག་གནང་ཚུལ་འཁོད་འདུག ཨ་ས་ཁན་ཨམ་པ་བོད་དུ་ཡོང་བའི་དུས་ཚོད་ནི་སྤྱི་ལོ1723ཙུ་ཡོས་ལོར་ཡིན་པ་ཊཱ་ལའི་བདུན་པའི་རྣམ་ཐར་ནང་གསལ་པོ་འཁོད་འདུག་པ་ལྟར་དེས་ན་ཐོག་མ་ཁང་ཆེན་པ་དང་ང་ཕུལ་བཅས་ལ་བཀའ་བློན་བསྐོ་བཞག་གནང་ནས་ལོ་གཉིས་ཙམ་སོང་རྗེས་གཞི་ནས་ཕོ་ལྷ་བ་དང་སྦྱར་ར་བ་གཉིས་ལ་ཐའི་ཇིའི་ཆོ་ལོ་དང་སྨྲགས་བཀའ་བློན་འཕར་སྣོན་བསྐོ་བཞག་གནང་བ་འདི་ཁུངས་དག་ཡིན་པ་ཤེས་པར་བྱའོ།

རྣམ་ཐར་ནང་ཙུ་ཡོས་ལོར། “མཚོ་སྔོན་དུ་དུས་ཟེར་བྱུང་བའི་གཏམ་གསན་འཕྲལ་དེ་སྐོར་ཐལ་ཆ་བྱུང་ཚེ་སེམས་ཅན་གྲངས་ལས་འདས་པ་སྡུག་བསྔལ་དང་འཇིགས་སྐྲག་འབྱུང་བར་མི་བཟོད་པའི་ཐུགས་རྗེ་ཆེན་པོས། ཆེངས་བྱེད་པར་དགའ་ལྡན་ཁྲི་རིན་པོ་ཆེ་དཔལ་ལྡན་གྲགས་པ་ཐེབས་དགོས་བཀའ་གནང་བ་བཞིན་ཁོང་དཔོན་སློབ་དང་། མགྲོན་གཉེར་བློ་བཟང་དཀོན་མཆོག་བཅས་ལ་ཐོན་ཕྱུག་ཐོག་བཀའ་ལས། མཚོ་སྔོན་དཔོན་ཁག་རྣམས་ལ་བསྟན་སྲིད་ལར་རྒྱུ་དང་འཕྲུལ་ཤུགས་སུ་བདེ་འཇགས་གཙོར་སྟོན་གྱིས་གླང་དོར་ཞིབ་མོལ་བྱེད་དགོས་པའི་བཀའ་མཐར་ཕྱིན་པ་བསྐུལ།”②ཅེས་པ་ཙམ་ལས་ཡོང་རྐྱེན་ཞིབ་པ་མ་འཁོད་རུང་། འདི་སྐོར་མི་དབང་རྟོགས་བརྗོད་ནང་།

---

① (མི་དབང་རྟོགས་བརྗོད་དེབ་ངོས453)

② (དཔག་བསམ་སྐྱེ་མ་སྟོད་ཆ་ཤོག་གྲངས106)

“མི་རིང་བ་ན་མཚོ་ཁྲི་ཤར་རྒྱལ་མོའི་འགྲམ་ངོགས་ཀྱི་རྒྱལ་པོ་རྒྱལ་རིགས་དག་བླངས་དོར་ཀྱི་གནས་ལ་ཀུན་ཏུ་རྨོངས་པའི་མུན་པ་སྟུག་པོས་བློ་མིག་ཀུན་ཏུ་བསྒྲིབས་ཏེ་བརླང་པོར་སྤྱོད་པའི་རྣམ་འགྱུར་ཤར་བ་ནི་འདི་ལྟ་སྟེ། དཔེར་ན་རི་བོ་ཆེན་པོ་སྲ་ཞིང་བརྟན་པ། ལྷུན་སྟུག་ཅིང་གཡོ་བ་མེད་པ་རྡོ་རྗེའི་ཁམས་ལས་གྲུབ་པ་མི་ཞིག་པའི་རང་བཞིན་ཅན་ལ་སྤྱི་བོས་བརྡུང་བ་དེ་བཞིན་དུ། ས་ཆེན་པོ་རྒྱ་མཚོའི་མཐར་ཐུག་མཚོན་གྱི་ཚད་པ་མེད་པར་སྐྱོང་བའི་རྒྱལ་པོ། དཔུང་གི་ཚོགས་ཡན་ལག་བཞི་དང་ལྡན་པ་གངྒའི་བྱེ་མའི་རྡུལ་གྱི་གྲངས་སྙེད་ཀྱིས་ཀུན་ཏུ་བསྐོར་བ་གོང་མ་བདག་པོའི་བཀའ་དྲིན་གྱིས་འཚོ་བ་ལ་དྲིན་དུ་མི་བསམ་པར་ཕྱིན་ཅི་ལོག་གི་བསམ་སྦྱོར་གྱིས་གོང་མའི་ཆབ་འབངས་དང་དཔུང་གི་ཚོགས་ལ་སྟོབས་ཅི་ཡོད་པ་དང་། རྩལ་ཅི་ཡོད་པས་རྩོལ་བར་བྱས་ཤིང་། ནང་དུའང་བསམ་པ་ཐ་དད་པར་གྱུར་པས་བསྟན་འཛིན་ཝང་གི་དཔུང་ཤེད་ཀྱིས་དའི་ཚེང་ཁོ་ཤོའུ་ཆི་དང་། ཨེར་ནེ་ཨེར་ཁེ་ཐམ་པར་བྱས་པ་སོགས་ཀྱི་གཏམ་གཅིག་ནས་གཅིག་ཏུ་བརྒྱུད་དེ་རླུང་ལྟར་གྲགས་སོ། དེའི་ཚེ་བོད་ཡུལ་གྱི་གཙོ་བོར་གྱུར་པ་བཀའི་མདུན་ན་འདོན་ཆེན་པོ་དག་ཀྱང་ཉམ་ང་བར་གྱུར་ནས། ཟླ་འཁོར་གཅིག་གི་ཡུན་ཁོ་ན་ལ་མངའ་རིས་སུ་ཕོ་ཉ་ལན་བདུན་མངགས་ནས་དའི་ཚེང་པླ་ཐུར་སྤྱོན་ཅིག་པར་བསྐུལ་བ་ལྟར་མི་རིང་བ་ཉིད་དུ་ཕྱིན། ཨ་ས་ཁན་ཨམ་པ་ཡང་ལྷ་ལྡན་རྒྱལ་ཁབ་ཆེན་པོར་ལྷགས་སོ། དེ་ཙམ་ན་རྒྱལ་བའི་ཡབ་རྗེ་དང་། དའི་ཚེང་པླ་ཐུར་དང་བཀའི་དགུང་བློན་རྣམས་ཨ་ས་ཁན་ཨམ་པའི་བསྟི་གནས་སྨོན་གྲོང་དུ་ཚོགས་པར་བྱས་ནས་དེ་ན་རེ། མཚོ་ཁྲི་ཤར་རྒྱལ་མོའི་འགྲམ་ངོགས་ཀྱི་རྒྱལ་རིགས་བློ་བཟང་བསྟན་འཛིན་ནི་གོང་མ་བདག་པོའི་བཀའ་དྲིན་གྱིས་མཆོག་ཏུ་བསྐྱངས་ཤིང་། ཆིང་ཝང་ཞེས་མིང་སྙན་པོས་ཀྱང་

མངོན་པར་གཟིངས་བསྟོད། དངུལ་སྲང་ཆེན་ཁྲི་ཕྲག་དུ་མས་བང་མཛོད་བཀང་སྟེ་རང་གི་སྲས་ཐུ་བོ་དང་མཚུངས་པར་རྗེས་སུ་བརྩེའོ། དེ་ལྟ་ནའང་ངན་པ་དྲིན་དུ་མི་གཟོ་ཞིང་བསམ་སྦྱོར་ཕྱིན་ཅི་ལོག་འཆང་བའི་རིགས་ཅན་དེས་ནི། གོང་མའི་བཀའ་ལས་རྒྱབ་ཀྱིས་ཕྱོགས་ནས་རང་ནུས་ཀྱི་གཡུལ་ཀྱང་སྤྲད་དོ། དེར་མ་ཟད་ཀྱི་ཡུལ་ཤུལ་གྱི་སྟེ་ནས་གོང་མའི་གསེར་ཡིག་པ་ཧྲ་བླམ་ཞང་ཁྲི་སོགས་ལ་རྐོལ་བར་བྱས་ཏེ་ཤུལ་ལམ་དུ་ཅི་བདེར་རྒྱུར་མི་སྟེར་བའི་མཐོ་འཚམས་པར་བྱས་སོ། དེས་ན་ཡུལ་དེའི་གཙོ་བོ་ཨེར་ཏེ་ནི་ཇི་ནོང་དང་། ནོ་ཡོན་ནང་སོ། མི་དའི་ཆེ་ཧའི་སང་ལ་སོགས་པ་བཟུང་ཞིང་བཅིང་བ་དང་ཧོར་ཁ་ཞིའི་སྡེ་རྣམས་ཆམ་དུ་འཕེབས་པ། ལུས་ལ་བགོ་ཆ་དང་བརྟེག་པའི་མཚོན་ཆ། བཞོན་པའི་རྟ་ལ་སོགས་པ་རྣམས་ལེན་པར་རིགས་ན་དེའི་སྐད་དུ་བཀའ་བློན་རྣམས་ལས་སུ་རིགས་པ་ཞིག་འགྲོ་བར་འོས་ཤིང་། དེ་ཡང་ཕོ་ལྷ་ཐའི་ཇི་ཉིད་འདོང་བར་རིགས་སོ། ཞེས་སྨྲས་པ་ན། དའི་ཆིང་གིས་གསོལ་བ། དེ་ལ་ཕོ་བོ་འགྲོ་བར་འོས་པའི་གནང་བར་མཛོད་ཅིག ཨ་ས་ཁན་ཨམ་པས་ལན་སྨྲས་པ། ཅི་སྟེ་བློ་བཟང་བསྟན་འཛིན་བོད་ལྗོངས་སུ་ལྷགས་སམ་ལྷགས་པའི་གཏམ་དག་བྱུང་ན་རང་ཅག་ཀུན་སྐབས་གཅིག་ཏུ་འདོང་བར་བྱ་བ་ཡིན་མོད། གཞན་དུ་ཁང་ཆེན་པ་ཉིད་གཙོ་བོར་མངགས་པ་ཡིན་པས་ལྷ་ལྡན་ཕོ་ན་ལ་འདུག་ཅིག་དང་། དེང་ཕོ་ལྷ་ཐའི་ཇི་ཉིད་སོང་ཞིག་ཅེས་བསྒྲུལ་ལོ། ”①ཞེས་གསལ་བ་ལྟར་བཀའ་བློན་ཕོ་ལྷ་ཐའི་ཇི་དང་། གཡུལ་གྱི་ཁ་ལོ་པ་བློ་བཟང་དར་རྒྱས་བོད་སོག་གི་དམག་མི་ལྔ་བརྒྱ་དང་བཅས་རིམ་བཞིན་བསྐྱོད་ནས་ནགས་ཤོད་ཀྱི་ས་ཆར་

① （མི་དབང་རྟོགས་བརྗོད་དེབ་ངོས457 – 459）

འཁྱེར། ཕོ་ལྷ་བས་ཞི་དྲག་ཐབས་སྣ་གང་གཟབ་ཀྱི་སྒོ་ནས་འགོ་དམངས་མང་ཆེ་བ་ཚུར་བཀུག་སྡེ་མགོ་སྒྱུར་ཕྱུག་འཚོལ་ཞིང་། གཙོ་བོ་ཨེར་ཏེ་ནི་ཇེ་ནོང་དང་། གོང་མའི་གསེར་ཡིག་པ་ལ་མཐོ་འཚམས་པར་བྱེད་པ་པོ་ནོ་ཡོན་ནང་སོ་དང་། མི་དའི་ཆེ་ལ་སོགས་པ་བཟུང་ཞིང་བཅིངས་ནས་ལྷ་སར་ཁྲིད། ནགས་ཤོད་དང་། ཡུལ་ཤུལ། ཧོར་ཁ་བཞི། འབྲོང་པ་སྟོད་སྨད། ཇོ་ཤུལ། ཁྱུང་པོ་དཀར་ནག་སེར་གསུམ་སོགས་མི་ཁྱིམ་ཁྲི་ཕྲག་གཉིས་བརྒྱལ་བ་ཆབ་འབངས་སུ་བསྡུག་པ་སོགས་རྒྱལ་ཁ་བླངས་ནས་ཚུར་འཁོར་ཞིང་། གོང་མའི་དམག་དཔུང་གིས་ཀྱང་བློ་བཟང་བསྟན་འཛིན་གྱི་དཔུང་ཁག་ཚར་བཅད་དེ་མཐར་ཕོ་པ་བྱུང་སྟོང་དུ་བྲོས་ཤོར་བར་བརྟེན་གོང་མའི་བཀའ་ལྟར་བོད་ནས་ཀྱང་དའི་ཆེང་བླ་ཐུར་དང་། རྒྱ་དཔོན་བྲའོ་ཧྲ་ལོ་ཡེལ། ཕོ་ལྷ་ཐའི་ཇེ་སོགས་དམག་དང་བཅས་རྗེས་འདེད་དུ་ཐོན་འདུག་ཀྱང་། བློ་བཟང་བསྟན་འཛིན་ནི་སློ་ཐག་ཆད་པའི་བྱ་ལྟར་སྐད་ཅིག་ལ་ཧྲུན་གར་གྱི་ཡུལ་དུ་གདོང་ཕྱོགས་ནས་བྲོས་པའི་སྐོར་སོགས་ཞིབ་པར་མཁྱེན་འདོད་ན་མི་དབང་རྟོགས་བརྗོད་ལ་གཟིགས་པར་འཚལ་ལོ།

སྤྱི་ལོ1724བོད་རབ་བྱུང་བཅུ་གཉིས་པའི་ཤིང་འབྲུག་ལོ། གོང་མ་ཡུང་ཀྲིན་མཆོག་ནས་ཏཱ་ལའི་བླ་མར་ཆོས་སྲིད་ལུགས་གཉིས་ཀྱི་ཐུགས་འགན་བཞེས་དགོས་པའི་བཀའ་ལུང་དང་འཇའ་ས་གསེར་ཐམ་བཅས་གནང་བའི་སྐོར་རྣམ་ཐར་ནང་། "འཇམ་དབྱངས་གོང་མ་ཆོས་ཀྱི་རྒྱལ་པོ་ནས་རྒྱལ་བསྟན་སྤྱི་དང་། ཁྱད་པར་འཇམ་མགོན་བླ་མའི་རིང་ལུགས་དར་ཞིང་རྒྱས་པ་དང་། འགྲོ་བའི་བདེ་སྐྱིད་རྫོགས་ལྡན་གྱི་དཔལ་ལ་ཙོ་འདྲི་བའི་གནས་སུ་འགོད་པར་བཞེད་ནས། ཏཱ་བླ་མ་བཀའ་བཅུ་བློ་བཟང་དཔལ་འབྱོར་དང་། སྒྱུར་གོ་ཆེ། སྤྱི་ཆའི་ཆེ་བཅས་རྫོང་ད་གནང་གདོང་ཀུན་གཟིགས་ལྷ་པ་ཆེན་པོའི་དུས་བཞིན

ཆོས་སྲིད་མཐའ་དག་སྐྱོང་དགོས་པའི་གསེར་གྱི་བཀའ་ལུང་བཟང་པོ་དང་། གསེར་གྱི་སླིགས་བུ་སྲབ་མཐུག་ཀོ་བ་ཙམ་བཅུ་དྲུག་ཡོད་པའི་འཇའ་ས་དང་། རྒྱ་དང་མན་ཇུ་བོད་སོག་གི་ཡིག་རིགས་བཞིས་སྤྲས་པའི་གསེར་ཐམ་ཆེ་མོའི་ཞལ་རིས་སུ། ནུབ་ཕྱོགས་མཆོག་ཏུ་དགེ་བའི་ཞིང་གི་རྒྱལ་དབང་། ས་སྟེང་གི་རྒྱལ་བསྟན་ཡོངས་ཀྱི་བདག་པོ། ཐམས་ཅད་མཁྱེན་པ་བཛྲ་དྷ་ར་ཏཱ་ལའི་བླ་མ་ཞེས་ཡོད་པ་དང་། གཞན་ཡང་བཀའ་ཤོག་ལེ་ཚན་གཉིས། བཟང་གོས་ཡུག་ཆེན་མང་བ། དངུལ་མདོང་སོགས་ཀྱི་གནང་སྐྱེས་བཟང་པོ་དཔག་ཏུ་མེད་པ་དང་བཅས་ཕུལ་བ་ཕྱག་ཏུ་བཞེས་ཏེ། གོང་མ་ཆེན་པོའི་སྐུ་ཆེ་བའི་ཡོན་ཏན་དང་། སྤྱི་ཕྱིར་བཀའ་དྲིན་ཆེ་ཚུལ་སོགས་ལས་བརྩམས་པའི་ལྗུགས་བཤད་རྒྱས་པ་གནང་བས་དེར་ཚོགས་ཀྱི་མཆོག་དམན་མཐའ་དག་དགའ་བ་དང་དད་པའི་སྤྲོ་ཤོང་གཡོས་པར་གྱུར་ཏོ། ”①ཞེས་འཁོད་པ་ལྟར་དེ་རྗེས་སྐུ་ཕྲེང་ན་རིམ་ནས་དགུང་གྲངས་བཅོ་བརྒྱད་ཡས་མས་ཙམ་ལ་ཆོས་སྲིད་གཉིས་ཀའི་ཐུགས་འགན་སྐྱོང་བཞེས་ཀྱི་མཛད་ལམ་ཡང་འདི་ནས་དབུ་ཚུགས་པར་སྣང་།

སྤྱི་ལོ1725ཤིང་སྦྲུལ་ལོར། “སྔར་མཚོ་སྔོན་གྱི་དུས་ཐེང་སྐབས་ཨ་མདོ་ཁུལ་གྱི་དགོན་ཁག་ཆེན་པོ་དུ་མ་ཞིག་རྒྱའི་དམག་གིས་ཐོར་རྐྱེན་དུ་སོང་བ་རྣམས་བསྟན་འགྲོའི་ཕན་བདེ་ཐུགས་ལ་དགོངས་ནས་སྔར་རྒྱུན་ལྟར་འཛུགས་པ་གནང་དགོས་ཚུལ་གོང་མ་ཆེན་པོར་ཞུ་བའི་ཆེད་དུ་མགྲོན་གཉེར་སྦྲི་ཆའི་ཆེ་ངག་དབང་བློ་བཟང་རྗོང་ད་གནང་། ”②ཞེས་གསལ་བ་ལྟར་གོང་མས་ས་གནས་

① （དཔག་བསམ་སླེ་མ་སྟོད་ཆ་ཤོག་གྲངས109）

② （དཔག་བསམ་ཉེ་མ་སྟོད་ཆའི་ཤོག་གྲངས120）

སུ་དེ་དོན་ཉམས་གསོ་དགོས་པའི་ལུང་གནང་བ་མ་ཟད། བོད་ནས་ཀྱང་ཉམས་གསོའི་ཞལ་འདེབས་དང་། ལག་ཤེས་བཟོ་རིག་པ་མཁས་དྲག་དུ་མ་གཏོང་གནང་སོགས་ཏཱ་ལའི་བླ་མ་མཆོག་ནས་མདོ་སྨད་ཀྱི་བསྟན་པར་སྨན་པའི་མཛད་པ་རླབས་པོ་ཆེ་སྐྱོང་གནང་མཛད་འདུག

ལོ་འདིར་"འཇམ་དབྱངས་གོང་མ་ཆེན་པོ་ནས་བསྟན་འགྱུར་རིན་པོ་ཆེའི་པར་གསར་བརྐོ་གནང་བའི་པར་ཕུད་དང་མ་ཕྱི་བཅས་འབུལ་བར་ཏཱ་བླ་མ་བློ་བཟང་དགེ་སློང་དང་། སྤྱིར་གོ་ཆེ། ཕྱི་ཚའི་ཆེ་བཅས་འགྱོར་པར། གསུང་རབ་རྣམས་བསུ་བའི་བཀོད་པ་ཕུན་སུམ་ཚོགས་པ་དང་བཅས་ཚོམས་ཆེན་སྙིང་པར་གདན་དྲངས་ཏེ་ཕྱག་ཏུ་བཞེས་ཤིང་། མི་སྣ་རྣམས་ལ་སྟོན་མོ་དང་བཀའ་འདྲི་སོགས་རྒྱས་པར་གནང་།"①ཞེས་གསལ་འདུག

སྤྱི་ལོ1726བོད་མེ་རྟ་ལོར་ཏཱ་ལའི་བླ་མ་བསྐྱེན་རྫོགས་བཞེས་པའི་སྐོར་མདོ་མཁར་ཞབས་དྲུང་གིས"མེ་ཕོ་རྟའི་ལོ་ཀུན་མཁྱེན་རྒྱལ་བའི་དབང་པོ་ཁམས་གསུམ་འགྲོ་བའི་འདྲེན་པ་ཆེན་པོས། བདེ་ལྡན་ཞིང་གི་མགོན་པོ་པཎ་ཆེན་ཐམས་ཅད་མཁྱེན་གཟིགས་ཆེན་པོར་བསླབ་གཞི་ཡོངས་སུ་རྫོགས་པ་དགེ་སློང་གི་དངོས་པོ་ཡང་དག་པར་བཞེས་ཏེ། ལྷ་དང་བཅས་པའི་འཇིག་རྟེན་གྱི་ཡོན་གནས་དམ་པར་གྱུར་པའི་ཚེ་རྗེ་བོ་ཤཱཀྱ་མུ་ནེའི་སྤྱན་སྔར་མཆོད་སྦྱིན་རྒྱས་གཏོམ་དང་གནས་ཡུལ་སོགས་ཚང་མའི་གྲ་སློག་གི་ཞབས་འདེགས་ཞུ་བའི་སྐལ་

①（དཔག་བསམ་སླེ་མ་སྟོད་ཆ་ཤོག་གྲངས126）

བ་བཟང་པོའང་རྙེད། ”①ཅེས་འཁོད་འདུག་པ་མ་ཟད། འདི་སྐོར་མི་དབང་རྟོགས་བརྗོད་ནང་གསལ་བ་ལྟར་ན། དང་ཐོག་ཏྭ་ལའི་བླ་མ་མཆོག་བསྙེན་རྫོགས་བཞེས་པའི་སྐད་དུ་པཎ་ཆེན་བློ་བཟང་ཡེ་ཤེས་ཀྱི་སྤྱན་སྔར་བཀྲ་ཤིས་ལྷུན་པོ་རང་དུ་ཆིབས་བསྒྱུར་གནང་རྒྱུ་གཏན་འཁེལ་ནས། གཙོ་བོ་དེའི་ཆེད་བྲྭ་ཐུར་གྱིས་དེའི་གྲ་སྒྲིག་ཞུ་སྐོའི་སྤྱི་ཁྱབ་ཏུ་བཀའ་བློན་པོ་ལྷ་ཐའི་ཇོ་གཞིས་ཀ་རྩེར་གཏོང་གནང་མཛད་དོ། རྣམ་འདྲེན་ཡབ་སྲས་ཞལ་འཛོམས་པའི་དགྱེས་སྟོན་དང་ལྷ་མིའི་མཆོད་ཡུལ་ཁག་ལ་བསྟར་རྒྱུའི་བསྙེན་ཡོན་སོགས་ཀྱི་འདུ་འགོད་རྒྱ་ཆེན་པོ་མཐའ་དག་གྲ་སྒྲིག་ལེགས་པར་གྲུབ་ནའང་། སློ་བུར་དུ་འགྱུར་ལྡོག་བྱུང་ནས་ཏྭ་ལའི་བླ་མ་མཆོག་གཙང་ཕེབས་མི་གནང་རྒྱུ་དང་། པཎ་ཆེན་རིན་པོ་ཆེ་ལྷ་སར་ཕེབས་དགོས་པའི་གཏན་འབེབས་ཤིག་བྱས་འདུག་པ་དེའི་ཐད་རྟོགས་བརྗོད་ནང་། “དེ་ལྟར་འཇིག་རྟེན་རྣམ་པར་འདྲེན་པ་ཆེན་པོ་ཆིབས་ཀྱི་ཁ་ལོ་བསྒྱུར་བའི་ཡོ་བྱད་ལ་སོགས་གང་དང་གང་འདུ་བྱ་བའི་རིམ་པ་རྣམས་ཚགས་སུ་ཚུད་པར་མཛད་ཟིན་མོད་ཀྱི། འོན་ཀྱང་སྐྱེ་བོ་རྨོངས་པ་བྱ་བ་དང་བྱ་བ་མ་ཡིན་པའི་གནས་མི་ཤེས་བཞིན་དུ་གྲུས་གྲུས་ལྟར་སྟོན་པ་དང་། སྙན་སྙན་ལྟར་སྨྲ་བ་ལ་ལ་དག་གིས་སྣ་ཚོགས་སུ་སྨྲས་ནས་བཞེད་པ་ཇི་བཞིན་གཏིང་དཔག་དཀའ་བས་ཆིབས་ཀྱི་ཁ་ལོ་བསྐྱོད་པ་ལས་ཟློག་གོ” ②ཞེས་སྤྱོམ་སྤྱོམ་ཞིག་འཁོད་པ་དེ་ལས་འབྱུང་རྐྱེན་ཞིབ་ཕྲ་བརྗོད་མ་བདེ་བ་གསལ་པོར་མཐོང་ཐུབ།

---

① (མདོ་མཁར་ཞབས་དྲུང་གི་བྱུང་བ་བརྗོད་པ་ཟོལ་མེད་ངག་གི་རོལ་མོ་ལྷུགས་པར་དེབ་ངོས19)

② (མི་དབང་རྟོགས་བརྗོད་དེབ་ངོས480－481)

དེ་ལ་དཔགས་ན་དབུས་གཙང་གི་བཀའ་བློན་མི་ལྷ་ཡུན་རིང་ཕྱོགས་འཛིན་གྱི་འགལ་བ་དེ་ཇེ་ཆེར་གྱུར་ནས་སྐབས་འདིར་ང་ལུམ་སྦྱར་གསུམ་གྱི་རྒྱལ་བའི་ཡབ་རྗེ་བསོད་ནམས་དར་རྒྱས་ཚུར་འཛིན་ཤུགས་ཆེ་རུ་ཕྱིན་པ་དང་། དེའི་ཤུགས་རྐྱེན་དུ་ཏཱ་ལའི་བླམ་ལའང་ཕོག་པའི་མངོན་རྟགས་ཤིག་ཡིན་པ་ཤུགས་ཀྱིས་རྟོགས་སླ་བ་ཡིན་སྙམ།

4. བཀའ་བློན་ནང་འཁྲུགས་ཀྱིས་མཐར་དབུས་གཙང་བདེ་གཟར་ལངས་པ།

དེ་ཡང་བཀའ་བློན་གཙོ་བོ་དའི་ཆེང་བ་ཏུར་དང་། ང་ལུམ་སྦྱར་གསུམ་ཕོ་ལྷ་བ་བཅས་མཉམ་སྦྲེལ་གྱི་དབང་བསྒྱུར་ཁྲིན་བསྡོམས་ལོ་དྲུག་ཙམ་བྱས་པའི་རིང་། མཐུན་སྦྲེལ་མཉམ་རུབ་ཀྱི་བྱ་བ་བཟང་པོ་ཞིག་ཐོག་མ་ཉིད་ནས་བྱུང་མེད་པར་མངོན་ཞིང་། མི་དབང་རྟོགས་བརྗོད་ནང་འཁོད་པ་ལྟར་ན་དེའི་ལན་རྩ་གཙོ་བོ་གུང་ལུམ་པ་བ་བཀྲ་ཤིས་རྒྱལ་པོས་བྱས་པ་ལྟ་བུ་བསྟར་ཆགས་སུ་འཁོད་པ་བཞིན་ཁོ་པ་ནི་མ་རུངས་པ་སྐྱག་གཡོ་ཅན་ཧུས་དང་། དཔེན་སྦྱོར་དཀྲུག་ཤིང་གི་བྱ་བ་ཁོ་ནར་གཞོལ་མཁན་ཞིག་ཡིན་པ་གཞིར་བཅས་ཤིང་། དེ་མིན་གཞན་བཞི་པོའང་ང་རྒྱལ་ཁེངས་དྲེགས་ཀྱིས་སློང་སྤྱོས་པ་དང་། ང་མིན་སུ་ཡིན་ཁོ་ན་ལས་གཞན་ལ་མཐུན་ཐབས་ཀྱི་བསམ་བློ་ཡེ་མེད་པར་ཕྲག་དོག་གི་ནད་ཀྱིས་བཏབ་པ་ཤ་སྟག་ཏུ་མངོན་ཞིང་། དེ་ཡང་དའི་ཆེང་བཱ་ཐུར་དང་ཕོ་ལྷ་བ་ནི་ཧུན་གར་ལ་རྒོལ་དུས་ནས་བཟུང་གཙང་སྟོད་ཁུལ་གྱི་དྲག་དཔུང་ལ་དབང་བསྒྱུར་བའི་རྨང་གཞི་དང་དམག་འཐབ་ཀྱི་ཉམས་མྱོང་བཟང་པོ་ཡོད་པའི་སྟོབས་ཤེད་དང་། ང་ལུམ་སྦྱར་གསུམ་ནི་ལྷ་ས་གཙོ་བོར་བྱས་པའི་དབུས་ཁུལ་འདི་དགའ་ལྡན་ཕོ་བྲང་པའི་ཆབ་སྲིད་ཀྱི་ལྟེ་གནས་ཡིན་པས་སྤུར་ནས་དཔོན་རིགས

གཙོ་གནད་ཚང་མ་དབུས་ཁུལ་དུ་ཡོད་པ་ཆོས་ཁོ་པ་ཚོར་རྒྱབ་བརྟེན་བཅོལ་བས་རང་ལ་ཆབ་སྲིད་ཀྱི་རྨང་གཞིའི་ཆ་རྐྱེན་ཡོད་སྙམ་པའི་གདེང་ཚོད་དང་། སྔོན་ཆད་གཙང་པ་སྡེ་པ་གཏོར་ཕམ་བཏང་བའི་ལོ་རྒྱུས་ཀྱི་ཤུགས་རྐྱེན་ལས་བར་སྐབས་ས་གནས་སྲིད་གཞུང་གི་ཆབ་སྲིད་འགན་འཁུར་གཙོ་བོའི་ནང་གཙང་ཁུལ་གྱི་དཔོན་རིགས་འཛོག་མི་འོས་པའི་ཕྱོགས་ལྷུངས་ཀྱི་ལྟ་བ་ཤུགས་ཆེན་འཛིན་གྱི་ཡོད་པ་ནི། དཔེར་ན། དེ་སྔོན་གོང་མའི་བཀས་མངགས་པའི་ཨ་སཁན་ཨམ་པས། བཀའ་བློན་གཉིས་གསར་དུ་བསྐོ་དགོས་པའི་ལུང་བསྒྱུར་སྐབས་ཨམ་པ་དེས། གཅིག་ནི་ཕོ་ལྷ་ཐའི་ཇི་འདི་འོས་སམ་ཞེས་མིང་བཏོན་སྐབས། "དགུང་བློན་སོགས་གཞན་དག་ན་རེ། དགའ་ལྡན་ཕོ་བྲང་པའི་གནའ་བོའི་ལུགས་སྲོལ་ལ་ཡུལ་གཙང་སྟོང་ས་ཀྱི་སྐྱེ་བོ་དག་སྡེ་མོ་ལས་འཛིན་ཆེན་པོའི་གོ་སར་འཁོད་པའི་རྒྱུན་མེད།"①ཅེས་བཤད་པ་ལས་གསལ་པོར་མངོན་ཐུབ། གཞན་ཡང་དའི་ཚེང་དང་ཕོ་ལྷ་བ་སྟོད་སྨད་དུ་སོ་སྲུང་ལ་ཕྱོགས་ཐོན་སྐབས་ང་ལུམ་སྦྱར་གསུམ་གྱིས་གཙང་ཁུལ་གྱི་མི་སྡེར་དཔྱ་ཁྲལ་འཕར་འགེལ་ཆེན་པོ་བྱས་པའི་སྐོར་གཙང་སྟོང་ས་ཀྱི་སྐྱེ་རྒྱ་མཆོག་དམན་ཀུན་གྱིས་དའི་ཚེང་བློ་ཐུར་ལ་འོ་དོད་འབོད་པ་དང་། དེ་བཞིན་དའི་ཚེང་དང་ཕོ་ལྷ་བ་ལྷ་སར་འབྱོར་རྗེས་རྟོགས་བརྗོད་ལས། "དུས་གཞན་ཞིག་ན་ལྷ་ལྡན་དང་ཕོ་བྲང་ཆེན་པོའི་ལྷ་ཞལ་ལ་སོགས་པའི་སྐྱེ་བོ་གྲུ་གྲུ་ཅན། རང་བཞིན་མི་དྲང་བ་དུ་མས་ཕོ་བྲང་འཁོར་པའི་ནང་བཟན་གྱི་བྱ་བ་བཟུང་སྟེ་གན་མཛོད་ཆེན་པོ་རྣམས་ནས་རྐུ་བ་དང་། སྦ་བ་དང་། གཅུགས་པར་བྱེད་པའི་གཏམ་རྣམ་པ་སྣ་ཚོགས་བྱུང་བ་ལ་

---

① (མི་དབང་རྟོགས་བརྗོད་དེབ་ངོས454)

བརྟེན་ནས། ཉོངས་པ་དང་མ་ཉོངས་པ་ལེགས་པར་བརྟགས་ཏེ་ཚུལ་བཞིན་མ་ཡིན་པ་བརྒྱ་ཕྲག་གཉིས་སུ་ཉེ་བ་གནས་ནས་དབྱུངས། ཡང་ལྷ་ལྡན་གྱི་གྲོང་ཁྱེར་ཆེན་པོ་ན་འབངས་མི་ཉམ་ཐག་པ་རྣམས་དཔྱ་དང་ཁྲལ་གྱི་གདུང་བ་བཟོད་དཀའ་བས་ཀུན་ཏུ་གཙེས་ཤིང་། སྐབས་འགྱུར་ཕུན་སུམ་ཚོགས་པ་རྣམས་ཀྱིས་བོད་རྗེ་རིམ་པ་བཞིན་དུ་ཐབས་ལ་མཁས་པའི་སྒོ་ནས་བཀའ་ཡིག་བཙན་པོ་དག་བླངས་ཏེ་དཔྱ་ཁྲལ་གྱི་ཆ་ཤས་ཙམ་ཡང་མི་སྒྲུབ་པས་གྲོང་ཁྱེར་གཅིག་ཉིད་དུ་ལུགས་སྲོལ་ཐ་དད་པ་དུ་མར་སྣང་བས་བདེ་སྡུག་མི་སྙོམས་པར་གཟིགས་ནས་དབང་ཤུགས་བཙན་པོས་འགྱིང་ཞིང་འགྲོ་བ་བརྒྱ་ཕྲག་བཞིར་ཉེ་བ་འབངས་མི་ཐལ་པ་རྣམས་དང་མཚུངས་པར་དཔྱ་ཁྲལ་སྒྲུབ་ཏུ་བཅུག་གོ།”①ཞེས་གསལ་བ་རྣམ་པ་གཅིག་ཏུ་ན་ལུགས་མཐུན་དྲང་བཞག་ཏུ་ཟད་མོད། ནང་དོན་ཐད་ང་ལུམ་སྒྱུར་གསུམ་གྱི་སྐྱོང་འོས་ཕྱོགས་གཏོགས་ཆེ་བཙན་དང་། ཁོ་པ་ཚོའི་བཀའ་ཉན་གྱི་འཁོར་གཡོག་རྣམས་ལ་ཕྱིར་འབུད་དང་རྫུང་རྫེག་གནད་དུ་འཁེལ་བ་ཞིག་བཏང་བ་མཐོང་ཐུབ། གཞན་ཡང་ཏྭ་ལའི་བླ་མ་ལྔ་པ་ཆེན་པོའི་སྐུ་དུས་ནས་རྩེ་ཕོ་བྲང་གི་ནུབ་ཕྱོགས་སུ་འཛུགས་གཉེར་གནང་བའི་རྒྱལ་བའི་དབུ་འཁོར་གྲྭ་ཚང་དུ་གྲགས་པ་རྣམ་པར་རྒྱལ་བ་ཕན་བདེ་ལེགས་བཤད་གླིང་གི་དགེ་འདུན་རྣམས་ཀྱང་། དའི་ཆེང་ཝྭ་ཐུར་དང་ཕོ་ལྷ་བ་གཉིས་བགྲོས་ནས་ཏྭ་ལའི་བདུན་པར་སླན་སེང་གེས་རྩེ་དང་ཨོ་རྒྱན་གླིང་ཞེས་པའི་དགོན་པར་གནས་སྤོས་བྱེད་བཅུག་སྟེ། དེའི་ཚབ་སེ་འབྲས་དགའ་གསུམ་དང་རྒྱུད་གྲྭ་སྟོད་སྨད་ནས་དགེ་འདུན་བརྒྱ་ལྷག་ཙམ་བདམས་འཛུགས་བྱས་ཤིང་། དེའི་རྒྱུ་མཚན་ཡང་

① （མི་དབང་རྟོགས་བརྗོད་དེབ་ངོས442）

ཕན་བདེ་ལེགས་བཤད་གླིང་པས་དྲག་པོ་མངོན་སྤྱོད་ཀྱི་མནན། བསྲེག་འཕང་ས་གསུམ་བྱས་པ་དེར་མཚོ་སྔོན་རྒྱལ་རྒྱུད་སོགས་ནས་སྐུར་པ་དང་གྲགས་པ་ངན་པ་ཁྱབ་ཚུལ་འཁོད་འདུག་ཀྱང་། དོན་ལ་དའི་ཚེང་སོགས་ལ་མནན་བསྲེག་གི་གླིང་འཕྲོས་ཤིག་ལྷགས་པར་གྲགས་པ་མ་ཟད། མི་དབང་རྟོགས་བརྗོད་དུའང་འདི་སྐོར་བཀོད་པའི་མཇུག་ཏུ། "བཀའི་དགུང་བློན་ཆེན་པོ་དག་ཏ་མཇའ་བའི་འཁོན་གཞི་གཅིག་ནི་འདི་ལ་བརྟེན་ནས་བྱུང་བར་གྲགས་སོ།"①ཞེས་འཁོད་པ་ལས་ཀྱང་ཤེས་པར་ནུས་སོ། དེ་དག་ནི་དབུས་གཙང་གི་བཀའ་བློན་རྣམས་མི་མཐུན་པ་འབྱུང་བའི་རྒྱུ་རྐྱེན་ནམ། མངོན་ཚུལ་གྱི་དཔེ་མཚོན་འགའ་ཞིག་ཙམ་བཀོད་པ་ལགས་ཤིང་། ཐམས་ཅད་ནི་བརྗོད་ཀྱིས་མི་ལང་ངོ་།

བོད་དུ་བཀའ་བློན་རྣམས་མཐུན་འགྲིག་མ་བྱུང་བས་ཕན་ཚུན་སྐྱོན་འཛུགས་ཀྱི་ཡི་གེ་དུ་མ་བོད་འབངས་སྤྱིའི་རེ་ཞུ་ཡིན་ཞེས་པ་དེ་འདྲ་གསང་སྟབས་ཀྱི་ཚེང་གོང་མའི་དྲུང་དུ་ཕུལ་བ་དང་། དོན་རྐྱེན་དེའི་ནང་ཏཱ་ལའི་བླ་མའི་ཡབ་རྗེས་ཡང་འབྲེལ་བ་ཡོད་ཚུལ་སོགས་ལ་མངོན་ཆུང་གི་མྱུང་ཞིབ་བྱེད་པར་གོང་མ་ཡུང་གྲིན་གྱིས་རྗེར་ཁེ་ཨམ་པ་ཞེས་པའི་ཕོ་ཉ་ཞིག་བོད་དུ་ཆེད་བརྫོང་གནང་བར་མཛད། དེའི་ཐད་རྟོགས་བརྗོད་ལས། "དེ་ནས་རྗེར་ཁེ་ཨམ་པ་ཡང་ཕྱིར་ལྡོག་པར་ཆས་པ་ལ། དགུང་བློན་ཆེན་པོ་ལ་སོགས་ཕོ་བྲང་འཁོར་པའི་ཚོགས་དང་བཅས་ཏེ་གདུགས་ཕྱེད་ཀྱི་བར་སྐྱེལ་མར་གཤེགས་པ་ན། ཨམ་པ་ན་རེ། ཡབ་རྗེ་ནི་བསོད་ནམས་ཀྱི་མཐུ་རྨད་དུ་བྱུང་བ་ཞིག་སྟེ་ཏཱ་ལའི་བླ

① （མི་དབང་རྟོགས་བརྗོད་དེབ་ངོས444 – 445）

མའི་ཡབ་ཏུ་གྱུར་པས་སོ། དེ་ཡང་ཁྱོད་ཀྱིས་ཏཱ་ལའི་བླ་མའི་ཞབས་འབྲིང་གི་ཁུར་བཟུང་སྟེ་ཉན་པར་འོས་པའི་རྣ་བ་ལྟ་བུ་དང་། སྨྲ་བར་འོས་པའི་ལྕེ་ལྟ་བུ་དང་། ལྟ་བར་འོས་པའི་མིག་ལྟ་བུ་བྱེད་པ་མ་གཏོགས། རྒྱལ་ཁབ་ཆེན་པོའི་བླང་དོར་གྱི་བྱ་བ་ལ་འཛུག་པར་མ་བྱེད་ཅིག རང་ཉིད་ཀྱིས་གཞུང་འབངས་ལ་དབང་བ་དག་མཆིས་ནའང་ཏཱ་ལའི་བླ་མའི་ལྷ་འབངས་སུ་སྦྱོར་ཞིག གཞན་ཡང་པས་སེ་ཁང་ཆེན་པ་ལ་སོགས་ཏེ་དཀུང་བློན་དག་གཅིག་གིས་གཅིག་ལ་མི་མཐུན་པར་བལྟ་ཞིང་ཕན་པ་མ་ཡིན་པར་བརྩོན་པའི་དབྱེན་སྦྱོར་གྱི་ཡི་གེ་བདག་པོ་ཆེན་པོ་ལ་འབུལ་བར་མ་བྱེད་ཅིག བོད་འབངས་རྣམས་གཅིག་ཏུ་བསྒྲིས་པའི་ཞུ་བ་ཡིན་ཞེས་སྨྲ་བ་འདི་ཡང་དེང་ཕྱིན་ཆད་བག་ཡོད་པར་ཐོས་ལ་མ་སྨྲ་ཞིག དཀུང་བློན་རྣམས་བསམ་པ་སྙོད་གཅིག་ཏུ་དཀར་བ་མ་བྱས་ན་མཐར་གྱིས་བདག་པོ་ཆེན་པོའི་བཀའ་ཁྲིམས་བཙན་ཅིང་བརྗིད་པ། འཁྲུག་པོའི་ལམ་དུ་མི་རྒྱུག་པ། གློག་དཀའ་བས་ཉམས་པར་འགྱུར་བ་གདོན་མི་ཟའོ། ཚིག་ཏུ་བརྗོད་པ་དེ་དག་གོང་མའི་བཀའ་ཡིན་པར་ཡང་མཆི། རང་ཉིད་ཀྱིས་བསམ་པ་ཇི་བཞིན་སྨྲས་པ་ཡིན་པར་ཡང་མཆི། ཇི་ལྟ་ནའང་རྣ་བའི་བུག་པ་ཡ་གཅིག་ཏུ་བཏབ་པའི་གཏམ་ཡ་གཅིག་ཏུ་འདོར་བར་མ་བྱེད་ཅིག ཅེས་སྨྲོས།"①ཞེས་གསལ་བ་ལས་རྟོགས་པར་ནུས་ཤིང་། གཞན་ཡང་གོང་མས་བོད་དུ་མངགས་པའི་མི་སྣ་རྣམས། "ཕྱི་རྒྱལ་གྱི་གཞུང་ཚབ་ལྟ་བུ"ཡིན་མིན་གོང་གསལ་གྱི་ལོ་རྒྱུས་ཡིག་རིགས་དེ་དག་ལས་ཀྱང་ར་སྤྲོད་བྱེད་ཀྱི་ཡོད།

1727བོད་རབ་བྱུང་བཅུ་གཉིས་པའི་མེ་ལུག་ལོར། དབུས་གཙང་

① (མི་དབང་རྟོགས་བརྗོད་དེབ་ངོས486－487)

བཀའ་བློན་བར་གྱི་འགའ་ཟླ་དེ་རྙོ་ངར་ཇེ་ཆེར་གྱུར་ཅིང་། སྐབས་དེའི་ལྷ་ས་རང་དུ་མངོན་པའི་སྟོབས་ཤུགས་ཀྱི་བསྡུར་ཚད་དེ་ཡང་ང་ལུམ་སྤྱུར་གསུམ་ལ་ཕན་ཡོད་ཀྱི་རྣམ་པ་མཚོན་པར་བརྟེན་ཕོ་ལྷ་ཐའི་རྗེས། དའི་ཆེང་ཧྭ་ཐུར་ལ་ཇོགས་གཟོན་གྲ་སྒྲིག་དགོས་པའི་གསང་བརྡ་ཡང་ཡང་བཏང་རུང་། ཁོང་ནི་སྙིང་སྟོབས་ཆེ་བ་དེ་བག་མེད་ཀྱི་གྲོགས་སུ་གྱུར་པ་ལྷ་བུས་ཕོ་ལྷ་བའི་གསལ་འདེབས་ལའང་མཐར་བསུན་སྣང་དང་འཕྱ་དམོད་བྱས་པར་བརྟེན་བསམ་ཕྱོགས་མི་མཐུན་པར་གྱུར། ཕོ་ལྷ་བ་ནི་སྙིང་གྲུང་ལྡན་པ་ཞིག་ཡིན་སྟབས་ཁོང་རང་གི་ལྷུམ་སྤྲུམ་ཕོ་ལྷའི་གཞིས་སུ་ཡོད་པ་ནད་མནར་གྱི་ལན་འཁོར་པའི་གོ་སྐབས་དང་བསྟུན་ནས་ཏཱ་ལའི་བླ་མ་མཆོག་དང་དའི་ཆེང་ཧྭ་ཐུར་ལ་རེ་ཞིག་གཞིས་བསྐོར་དུ་འགྲོ་ཆོག་པའི་དགོངས་འཁྲོལ་ཞུས་ཐོག། དམག་དཔོན་ཕག་མོ་བ་བློ་བཟང་དར་རྒྱས་དང་། བཤེར་དཔང་པོན་གྲོང་པ་ངག་དབང་བདེ་ཆེན། གཉེན་ཉེ་འདུས་བྱུང་སྐྱིད་སྡུག་པ་དབང་འདུས་སོགས་ནང་མ་བློས་ཐུབ་པ་རྣམས་ལ། ཁྱོད་ཆོས་ལྷ་སར་སྲིད་དོན་གྱི་འགྱུར་བ་ཇི་འབྱུང་ལ་དོ་སྣང་སྐྱོད་མེད་བྱས་ཏེ་གསང་འཕྲིན་དུས་ཐོག་ཏུ་གཏོང་དགོས་པའི་མངགས་ཆ་དང་བཅས་སྒོས་གཞིས་སུ་ཉེན་གཡོལ་དུ་ཕེབས་ཏེ། དེ་གའི་ལ་སོ་སྲུང་བ་དང་རང་གི་སྲས་ཀུང་ལྷ་ས་ནས་འཐོད་པ་སོགས་ཉེན་གཟོན་སྐྱོད་མེད་གནང་བར་གྲགས་པ་སོགས་ཞིབ་པ་རྟོགས་བརྗོད་ནང་གསལ་ལོ།

སྐབས་དེ་ཙམ་ལ་དེ་སྔོན་པེ་ཅིན་དུ་མི་སྣར་བསྐྱོད་པ་དག་པ་རབ་འབྱམས་པ་དང་ཚུལ་ཁྲིམས་ཐར་པ་སོགས་ཡར་ལོག་པའི་ལམ་བར་ནས་སྤྱི་མགྱོགས་ཞུ་ཡིག་ཕུལ་བའི་ནང་། གོང་མ་བདག་པོ་ཆེན་པོས་དའི་ཆེང་ཧྭ་ཐུར་ལ་ལུང་གིས་མངོན་པར་གཟེངས་བསྟོད་དང་། ཤེལ་གྱི་ཐམ་ག་བཅས་བསྩལ་བ་

དང་ཆབས་ཅིག་བོད་དུ་ལས་དོ་ལ་དབང་བའི་ཧྲ་ཞིན་གཉིས་འཁོར་དང་བཅས་པ་རིང་མིན་འོང་བའི་གནས་ཚུལ་ལྷ་སར་འགྱུར་ཞིང་། ང་ལུམ་སྒྱུར་གསུམ་གྱིས་དེ་ཐོས་རྗེས་མ་གཞི་བཀའ་བློན་གཙང་པ་གཉིས་སྒྲིག་གསོད་བྱ་རྒྱུའི་ངན་གྲོས་སྡོན་ནས་བཤམས་ཡོད་པར། "ད་ནི་བདག་པོ་ཆེན་པོའི་ལུང་ལས་ཐམ་ག་དང་། ཧྲ་ཞིན་དག་འོང་བའི་སྔ་རོལ་དུ་དོན་འདི་སྒྲུབ་པར་མ་བྱས་ན། ཕྱི་ནས་རེ་བ་འབྲས་མེད་དུ་འགྱུར་བའི་གནས་ཡོད་པས་མྱུར་བ་ཉིད་དུ་དའི་ཆེང་དང་། ཐའི་ཇེ། དེའི་ཕྱོགས་སུ་གཏོགས་པ་ཀུན་ཚར་བཅད་དེ་བདག་ཅག་བོད་ལྗོངས་སུ་གདུགས་གཅིག་པོར་འགྱུར་བ་དེ་ལྟར་བྱ་བའི་དུས་འདི་ཡིན་ནོ་ཞེས་གྲོགས་གཞན་པ་ཀུན་ལ་བགྲོས་པ་ལས་ཐམས་ཅད་བློ་གྲོས་གཅིག་ཏུ་མཐུན་པར་གྱུར་ཏོ།" ① ཞེས་གསལ་བས་གནས་ཚུལ་དེས་ཀྱང་མགྱོགས་རྐྱེན་ལྟ་བུ་བྱས་པར་གྲགས།

གང་ལྟར་ལོ་དེའི་ཧོར་ཟླ་དྲུག་པའི་(མདོ་མཁར་ཞབས་དྲུང་བརྗོད་ནང་ཟླ་བ་བདུན་པའི་ཞེས་གསལ་) ཚེས་བཅོ་བརྒྱད་ཉིན་ལྷ་ས་གཙུག་ལག་ཁང་གི་གཞུང་སྒོའི་སྒོ་མཆོར་སྟེང་གི་གཟིམ་ཆུང་ཁམས་གསུམ་དུ་དའི་ཆེང་བླ་ཐུར་དང་། པས་སེ་ང་ཕོད་པ། ཀུང་ལུམ་པ་བ། སྦྱར་ར་ཐའི་ཇི་སོགས་བཀའ་བློན་རྣམས་ལྷན་དུ་འཚོགས་སྐབས་སྔར་ནས་གྲ་སྒྲིག་ཡོད་པ་ལྟར། ལྷ་ཚོལ་ཁྲལ་ གྱི་ལས་སྣེ་འཛིན་པ་ང་ཕོད་པའི་བུ་ཐན་པ་བློ་བཟང་སྐལ་ཞུར་ཡོང་ནས་ཡི་གེ་རིང་མོ་ཞིག་དའི་ཆེང་བླ་ཐུར་ལ་ཕྱིན་བསྟར་ཞུས་ཏེ། དེ་ལ་གཟིགས་ནས་རྟོག་དཔྱོད་ཀྱིས་གཡེང་བའི་སྐབས་མགྲོན་གཉེར་བློ་བཟང་དོན་ཡོད་ཟེར་བས་དའི་ཆེང་གི་

① (མི་དབང་རྟོགས་བརྗོད་དེབ་ངོས525)

སྐུ་རྒྱབ་ངོས་ཕྱིན་ཏེ་གློ་བུར་དུ་དབུ་སྐྲ་ནས་བཟུང་མ་ཐག། ང་ཡོད་བློ་བཟང་དང་། པས་སེ་ང་ཡོད་པ། གུང་ལུམ་པ་བ། ཐའི་ཇི་སྦྱར་ར་བ་ལ་སོགས་པས་གྲི་ཏུབ་བརྒྱབ་སྟེ་གང་བྱུང་དུ་རྡེག་པ་དང་འཛུགས་པ་སོགས་བྱས་པ་ན། དའི་ཚེང་གིས་འཕག་གསིག་གང་ཐུབ་ཀྱིས་སློ་འགྲམ་ཕྱོགས་བགྲོད་པར་བརྩམས་ཀྱང་། ཡན་ལག་རེ་རེར་ཡང་མི་མང་པོས་བཟུང་ཞིང་མཆོན་ཆ་བར་མཚམས་མེད་པར་བསྣུན་པས་ཁྲག་རྒྱུན་འབབ་བཞིན་དུ་དེ་གར་བཀྲོངས་པ་མ་ཟད། ང་ལུམ་སྦྱར་གསུམ་གྱི་གཡོག་གྲས་དང་གཞུང་ལས་པ་མང་པོས་དའི་ཚེང་གི་ཞབས་གྲས་ཉེས་པ་མེད་པ་དུ་མ་ཡང་གཙུག་ལག་ཁང་གི་བར་ཁྲམས་སུ་བསད་པ་སོགས་ལྷ་ས་ཀླུ་ཁྲང་གཟིམ་ཆུང་གི་ཕྱི་ནང་དུ་ཁྲག་དམར་ཆུ་བཞིན་འཁྱིལ་བར་བྱས། ད་དུང་དའི་ཚེང་གི་ཕྱག་མཛོད་པ་སངས་སྲི་དར་དང་། དྲུང་ཡིག་གདོང་སྣ་བ་ཡང་བསད་པ་དང་། ཞབས་གྲས་གཞན་པ་རྣམས་བཟུང་ནས་བཙོན་དུ་བཙུག་ཅིང་། དེའི་ཕྱི་ཉིན་དའི་ཚེང་གི་བཞུགས་གནས་ཕུན་ཚོགས་རབ་བརྟན་དཔལ་འཁྱོར་གྱི་མཐའ་བསྐོར་ནས་ལྷུམ་ཆེ་ཆུང་གསོད་པར་གཤེད་མ་བཏང་། དེ་གཉིས་འཇིགས་ཤིང་སྐྲག་ནས་དུ་འབོད་ཀྱིས་ཞུ་བ་ཇི་ལྟར་འཐེན་ཏུང་སྙིང་རྗེ་སྤུ་ཙམ་མེད་པར་དམར་གསོད་བྱས་པ་དང་། དེ་ནས་ཀྱང་བྱིང་པ་བ་དང་གྲུབ་རྒྱལ་གླིང་པ་དཔུང་བཅས་ནག་ཆུར་བཏང་སྟེ་དའི་ཚེང་གི་ཕྱོགས་གཏོགས་ནག་ཆུ་མཁན་པོ་དང་ཇའི་སང་གཉིས་ཀྱི་སྲོག་ཕྲོགས། དུས་མཚུངས་པར་སྐྱིད་པ་ཐང་པ་དང་། བཀྲ་ཤིས་དཔལ་ར་བ། སྐྱུ་ཁང་པ་སོགས་ཀྱིས་གཙོ་བོ་བྱས་པའི་དཔུང་ཚོགས་འབྲུམ་ཡོ་ལྷར་མངགས་ཏེ་བཀའ་བློན་པོ་ལྷ་ཐའི་ཇི་ཚར་གཅོད་པར་བཏང་། དེ་བཞིན་དབུས་ཁུལ་དང་དགས་ཀོང་སོགས་ལ་བརྫ་ཁྲབ་སྦྱར་ནས་དཔག་བསྐུལ་བརྒྱབ་སྟེ་བྱང་ཕྱོགས་སུ་གནས་པའི་སོག་པོ་

ལྷག་འཕྲོ་རྣམས་ལ་དམག་རྒྱག་པར་བཏང་བ་སོགས་སྟོབས་དང་ནུས་པ་གང་ཡོད་ཀྱིས་སྒོ་ཀུན་ནས་ཕར་རྒོལ་བྱས། ཕོ་ལྷ་བའི་ཉེ་ལྟོས་འདུས་བྱུང་སྐྱིད་སྡུག་པའི་དབང་འདུས་ཞེས་པ་ལྷ་ས་ནས་རང་གཞིས་སུ་ཐོན་པའི་ལམ་བར་དུ་དའི་ཆེང་བ་ཐུར་དམར་གསོད་བཏང་བའི་གནས་ཚུལ་ཐོས་མ་ཐག་ལམ་སེང་གཡོག་གྲས་སྤྱེན་པ་ཟེར་བ་འབྲུམ་ཕོ་ལྷར་གསང་འཕྲིན་སྐྱེལ་བར་རིངས་སྟབས་ཀྱི་བཏང་བ་འཁྱེར་མ་ཐག ཕོ་ལྷ་བས་བསམ་གཞིགས་ནན་ཏན་གནང་བའི་འཆར་སྒོ་གསུམ་སྟེ། དང་པོ་འདི་ནས་བྱུང་ལམ་དུ་ཐོན་ཏེ་ཟི་ལིང་གྲོང་ཁྱེར་བརྒྱུད་གོང་མ་བདག་པོ་ཆེན་པོའི་ཞབས་དྲུང་དུ་སྙེག་གམ། གཉིས་པ་སྟོད་མངའ་རིས་སྐོར་གསུམ་དང་། གཙང་ཁུལ་གྱི་མི་མང་བསྐུལ་སློང་བྱས་ཏེ་དགྲ་བོ་དེ་རྣམས་ལ་དམག་འཐབ་བྱེད་དམ། གསུམ་པ་རེ་ཞིག་ས་དགའ་རྫོ་ཤོད་ཁུལ་གྱི་ས་ཆ་བཟུང་སྟེ་སྣད་ཕྱིན་རིམ་བཞིན་ཕར་རྒོལ་བྱེད་དམ་ཞེས་དོན་ཚན་གསུམ་སོ་སོར་བྲིས་པའི་ཤོག་དྲིལ་ཟན་རིལ་ནང་བཙུག་སྟེ་རྟེན་གསུམ་གྱི་སྤྱན་སྔར་བརྟག་སྒྲིལ་ཞུས་པར་དོན་ཚན་གཉིས་པ་སྟོད་གཙང་གི་དྲག་ཤུགས་བསྐུལ་ནས་འཕྲལ་མར་ཕར་རྒོལ་བྱ་རྒྱུ་དེ་རང་ཕེབས་པར་བློ་ཐག་གཅང་མར་བཅད་དེ་སྒོམ་གཞིས་ལ་བཙན་ཆ་སྲུང་འདོམས་སོགས་བཀས་མངགས་ཏེ་རིངས་སྟབས་ཀྱིས་གཤེགས་ཟིན་པས་དཔུས་དཔུང་རྣམས་ཀྱིས་རྗེས་མ་ཆོད་པར་ཕྱིར་ལོག་དགོས་བྱུང་། དེ་ནས་ཕོ་ལྷ་བ་ཉིད་ཐོག་མར་སྲད་རིན་ཆེན་རྩེའི་སྒོམ་གཞིས་སུ་གཞིས་བྱེས་ཀྱི་དགོས་མཁོ་རྣམས་ཚགས་སུ་ཚུད་པ་གནང་སྟེ། སྲས་བཀྲིས་གཞོན་དང་འཁོར་རྟག་སྒྲུག་རྟ་དམག་དྲུག་ཙུ་ཙམ་བྱས་ནས་གཅེན་ལུང་བརྒྱུད་ལ་སྟོད་དིང་རིའི་ཕྱོགས་སུ་ཕེབས། ཚོང་འགྲུལ་པ་རྣམས་ཀྱི་རྟ་དང་དྲེའུ་རྣམས་ཕྲོགས་ནས་བདག་ཏུ་བཟུང་། ཤེལ་དཀར་དུ་ཡོད་པའི་གཙང་ལྟོངས་ཀྱི་དམག

དཔོན་ལྷུང་པོ་ཅན་པ་དང་། བསམ་གྲུབ་གླིང་པ། ངམ་རིང་དུ་ཡོད་པའི་དམག་དཔོན་ཉུ་མ་བ་སོགས་ལ་དམག་བསྡུས་ནས་འཛོམས་དུས་བཏབ་པའི་སྒྲིང་ཡིག་བསྒྲིངས། "འོན་ཀྱང་ཉུ་མ་བས་ནི་དགོད་བཞིན་དུ་དེ་འདྲ་ཞིག་ཡོང་དགོས་པ་ཡོད་པས་དེ་བཞིན་བྱུང་འདུག ང་ནི་རི་ཞིག་ཤངས་ཕྱོགས་སུ་འགྲོ་ཞེས་དང་ལེན་མ་བྱས། " སྐབས་དེའི་ལྷ་རྗེ་རྫོང་དཔོན་དབུས་པ་ས་གྲུ་ཤར་པ་དང་བཙན་ཡུལ་བ་ཡིན་པ་དེ་གཉིས་བྲུང་ཤིག་ཅེས་གདོང་སྐྱ་བར་ཡི་གེ་གནང་བར། དེས་ཉུ་མ་བར་སྐད་ཆ་དྲིས་སྐབས་ཉུ་མ་བས་ཁོ་གཉིས་ལ་གསང་བརྡ་བཏང་ནས་བྲོས་བཅུག་པ་སོགས་བྱུང་འདུག དམག་དཔོན་ལྷུང་པོ་ཅན་པ་ནི་དེ་འཕྲལ་ཞབས་རྗེས་སུ་སླེབས་ནས་འཁོར། དེ་ནས་རིམ་གྱིས་སྤྱི་རིང་དུ་ཐེབས། འགོ་དཔོན་ཨ་ཛོ་ལ་གྲོས་བསྡུར་གནང་བར་ཁོང་གིས་རྟ་དམག་བརྒྱ་ཕྲག་གཅིག་གཏོང་རྒྱུའི་ཁས་ལེན་བྱས། དཔལ་ཁུད་ཀྱི་རྒྱུད་དུ་ཐེབས་སྐབས་བཀའ་བློན་སྨྱུར་ར་བའི་ཚོང་བ་གཡག་བརྒྱད་ཅུ་ཙམ་ལ་ཛ་སིག་ཉིས་བརྒྱ་ཙམ་བཀལ་ནས་འགྲོ་བ་དང་ཕྲད་པས་ནོར་ཟོག་རྣམས་ཕྲོགས། ཚོང་པ་གཡོག་བཅས་ཅི་བདེར་གློད་པར་མཛད། དེ་ནས་རྫོང་དགའ་བའི་འབངས་འཁོར་ལྔན་རྣམས་ཀྱི་རྟ་བཟང་པོ་བཞི་བཅུ་ཙམ་ཕྲོགས། ཡང་ལམ་དུ་བཀའ་བློན་ང་ཕོད་པའི་ཚོང་པ་དྲེའུ་ཉི་ཤུ་རྩ་གསུམ་དང་། དངུལ་སྲང་ཆེན་བདུན་བརྒྱ་ཙམ་རི་བའི་ཚོང་ཟོག་བཅས་ཕྲག་པ་བཙོམ་སྟེ་མི་རྣམས་སྐྲིད་ཁྲིང་དང་། གཉའ་ནང་དུ་བརྫངས་ནས་བཙོན་ལ་བཅུག རྫོང་དགའ་རྫོང་དཔོན་ས་ལྷ་བ་ནི་ང་ལུམ་སྨྱུར་གསུམ་གྱི་གྲོས་ཁོངས་ངན་རོགས་པ་ཞིག་ཡིན་སྐབས་ཕ་བུ་གཉིས་ཀ་བཟུང་སྟེ་མངའ་རིས་ཀྱི་བཙོན་རར་བཅུག དེ་ནས་ས་དཀར་ཐེབས་སྐབས་ཡུལ་དེའི་འགོ་དཔོན་ཨུའི་རྩེ་ནོ་ཡོན་སར་པོ་ཉ་བཏང་བར་དང་ཐོག་དོགས་པ་

ཆེན་པོ་སྐྱེས་ཀྱང་། མཐར་ཡིད་ཆེས་ཏེ་ཕོ་ལྷ་བའི་བཀའ་བཞིན་སྒྲུབ་རྒྱུའི་དམ་བཅའ་ཕུལ། ཁོང་གཉིས་ལེགས་པར་བསྒྲིས་ནས་དའི་ཆེང་བ་ཐུར་གྱི་གཙེན་པོ་དགའ་བཞི་བ་ཚེ་བརྟན་བཀྲ་ཤིས་མངའ་རིས་སྐོར་གསུམ་གྱི་སྤྱི་ཁྱབ་ཏུ་ཡོད་པ་དེ་ལ་སྤྱི་ཕྱིའི་རྒྱུ་རྐྱེན་ཞིབ་ཕྲ་འཁོད་པའི་ཡི་གེ་གནང་ནས་མྱུར་བར་དཔུང་ཆེན་འདེགས་དགོས་པའི་ཕོ་ཉར་ཞབས་ཕྲས་ཀུན་ར་ཤར་པ་བཛོང་བར་མཛད་ཅིང་། ཇ་དང་ཐ་མི་ཁ་ལ་སོགས་པ་སྐོར་གསུམ་གྱི་དཔུང་དམག་ལ་དགོན་པའི་མཁོ་རྫས་རྣམས་ས་དགར་བཞག་ནས། ཕོ་ལྷ་བ་ཉིད་ཀྱིས་དམག་སྣ་དྲངས་ཏེ་ལོ་དེའི་ཧོར་ཟླ་བདུན་པའི་ཚེས་བཅུ་བདུན་ལ་དཔུང་བཏེག་ནས་ས་དགའ་དང་། ཏྲ་ཤོད། ཟང་ཟང་སོགས་ཀྱི་དཔུང་ཚོགས་དང་བཅས་བྱང་ངམ་རིང་དང་། ལྷ་རྩེ། ཕུན་ཚོགས་གླིང་སོགས་ཀྱི་དམག་དཔུང་རྣམས་བསྡུ་ཞིང་རིམ་གྱིས་ཕྱིན་ནོ།

བར་དེར་འབྲུམ་ཕོ་ལྷ་ནས་ཕྱིར་ལོག་པའི་སྐྱིད་པ་ཐང་པ་དང་། སྐྱ་ཁང་པ་ལ་སོགས་པའི་དཔུང་གིས་རྒྱལ་རྩེའི་བཙན་རྫོང་བཟུང་བ་མ་ཟད། མི་རིང་བ་ན་ལུམ་པ་བ་དང་སྦྱར་ར་བས་འགོ་བྱས་ཏེ་དབུས་དང་དགས་ཀོང་གི་དཔུང་ཚོགས་གཙང་དུ་འདེགས་པའི་གནས་ཚུལ་ཐོས་མ་ཐག གཙང་ཁུལ་གྱི་དཔོན་རིགས་འཁྲོང་རྩེ་བ་བསྟན་འཛིན་ནོ་ཡོན་དང་། སྣང་དཀར་བ། དགའ་པོ་ལ། ཉིན་མཁར་བ། གནམ་རུ་དཔོན་ཆེང་བླ་ཐུར། སྐྱིད་ང་བ་སྤུན་གཉིས། ཐང་སྨད་པ་སོགས་སྣེར་དྲག་གི་རིགས་དང་། རུ་པ་ལྷིང་དཔོན་དང་བཅས་པས་གཙང་དཔུང་ཁྲིད་དེ་ཁ་རོ་ལ་ཁར་འཛིང་རགས་བརྒྱབ་ནས་འགོག་སྲུང་བྱས། དབུས་དཔུང་དེར་འཁྱོར་ནས་འཐབ་འཁྲུག་ཐེངས་འགའ་ཐུག་སྟེ་ཕན་ཚུན་ཤི་རྨས་ཀྱང་གང་འཚམ་བྱུང་རུང་། རྒྱལ་ཕམ་ཆེར་མ་བྱུང་མོད་མཐར་གཙང་

དཔུང་གི་མེ་རྫས་དང་མདེའུ་རྫོགས་ནས་ཕྱིར་འཐེན་བྱ་དགོས་བྱུང་། དེའི་ཚུལ་རྣམས་ཕོ་ལྷ་ཐའི་ཇེར་ཞུ་ཡིག་ཕུལ་ནས་གཙང་སྟོད་ཀྱི་དམག་དཔུང་འཕྲུལ་མགྱོགས་ཀྱི་ཕེབས་དགོས་ཞེས་སྐུལ་མ་ཞུ་བར་ཕོ་ལྷའི་ཞབས་གྲས་ཀུན་བཟང་སོགས་མངགས་པ་དང་། ལམ་བར་དུ་གཙང་སྟོད་ཀྱི་དམག་དཔོན་ནུ་མ་བས་དབུས་ཕྱོགས་སུ་བཏང་བའི་ཕོ་ཉ་ཞིག་ཀུན་བཟང་སོགས་ཀྱིས་བཟུང་ཞིང་བསྟོག་བཤེར་བྱེད་སྐབས། ཏཱ་ལའི་བླ་མར་འབུལ་རྒྱུའི་ཁ་བཏགས་དཀར་གཙང་ཞིག་གི་སྣེར། "ཁོ་བོ་ནི་བསམ་རྒྱུ་དང་བྱ་རྒྱུ་བླ་མ་ཁྱེད་ཀྱི་དོན་ལས་མ་མཆིས་སོ།" ཞེས་པའི་ཤོག་ལྷེ་གཅིག་བཏགས་ཡོད་པ་དང་། དེ་མིན་ཡབ་ཇེར་ཕུལ་བའི་ཞུ་འཕྲིན་སམ་ཁྲའི་ནང་། ཕོ་ལྷ་ཐའི་ཇི་མངའ་རིས་སུ་དཔུང་ཚོགས་བསྐུལ་བར་སོང་ངེས་དང་། འདམ་གཞུང་གི་སོག་རིགས་དའི་ཆེང་ལ་དགའ་བ་རྣམས་དང་ལག་མ་འབྲེལ་གོང་གཙང་སྟོད་ཡོངས་སུ་ཚར་གཅོད་དགོས་ཞེས་སོགས་བཀོད་པ་བཅས་ཕོ་ལྷ་བའི་ཕྱག་ཏུ་སོན་པས་རབ་ཏུ་ཁྲོས་ནས། ཞབས་གྲས་བསྟན་འཛིན་དགོས་སྐྱེས་སོགས་བཅུ་གྲངས་ཙམ་མངགས་ཏེ་མར་ལམ་སྲིད་རིན་རྩེ་ནས་ལྟ་འཛོམས་དང་། དར་རྒྱས་འཁོར་གཡོག་སུམ་ཅུ་ཙམ་མཉམ་ཁྲིད་ཀྱི་གཞིས་རྩེར་ལྡིང་ཆེན་པ་ཕ་བུ་གཉིས་ཀྱི་སར་སོང་ལ། ལྡིང་ཆེན་པས་ན་རྫུ་བཏབ་སྟེ་དོན་གལ་ཆེ་ཞིག་གྲོས་མོལ་ཞུ་དགོས་ཡོད་སྟབས་ནུ་མ་བ་ལམ་སེང་གཞིས་རྩེ་རྫོང་དུ་ཕེབས་རོགས་གནང་ཞེས་མགོ་བསྐོར་གཏོང་དགོས་པའི་མངགས་ཆ་གནང་། བྱ་ཐབས་རྣམས་དེ་བཞིན་དུ་བསྒྲུབས་པས་ནུ་མ་བ་དོགས་པ་མེད་པར་གཞིས་རྩེ་རྫོང་དུ་འབྱོར་མ་ཐག་ཕོ་ལྷ་བའི་ཞབས་འབྲིང་རྣམས་གློ་བུར་དུ་ཐོན་ཡོང་ནས་སྔ་ཕྱིའི་ཉེས་པ་རེ་རེ་བཞིན་བསྒྲགས་པ་ཁས་མི་ལེན་ག་མེད་དུ་གྱུར་མཐར། ལུས་ཀྱི་གོས་རྣམས་བཤུས། ཡན་ལག་རྣམས་ཐག

པས་བསྡམས་ཏེ་གཞིས་རྩེ་རྫོང་གི་ཡང་སྟེང་ནས་གཡང་སྒྲུར་བཏང་བས་ས་ཐོག་ཏུ་ལྷུང་བ་དང་ཆབས་ཅིག་སྲོག་འགགས་པར་གྱུར་ཏོ།

ཕོ་ལྷ་བས་དབུས་དཔུང་རྒྱལ་རྩེར་ལྷགས་པའི་གནས་ཚུལ་གསན་མ་ཐག་དཔུང་ཆེན་འདེགས་པ་ལ་བསྐུལ་ཞིང་། རིམ་གྱིས་གཞིས་རྩེའི་ཉེ་འདབས་སུ་སྦྲུ་མ་བཏབ། དེ་ནས་ལྷུང་པོ་ཅན་པས་དམག་དཔུང་ལག་གཅིག་ཁྲིད་དེ་ཤང་ཆུའི་སྟོ་རྒྱུད་དང་ཕོ་ལྷ་བས་དམག་ཆེན་ཁྲིད་དེ་བྱང་རྒྱུད་ནས་བརྟེག་སྟེ་རྒྱལ་རྩེའི་ཕྱོགས་སུ་བཤར། དབུས་དཔུང་ལག་གཅིག་འཁྲོང་རྩེར་སླེབས་ཡོད་པ་དང་གཡུལ་འཐབ་དང་པོ་བྱས། སྐབས་འདིར་པཎ་ཆེན་རིན་པོ་ཆེས་སྐུ་ཚབ་ས་ཁྱུད་པ་གཏོང་གནང་གིས་ཕྱོགས་གཉིས་ཀར་དམག་མི་རྒྱག་པའི་བབ་གསེད་གནང་འདུག་རུང་། དང་ལེན་མ་ཞུས་པར་མུ་མཐུད་འཁྲུག་ཐེངས་འགའ་ཤས་བྱས་ནས་ཕོ་ལྷ་བའི་གཅུང་པོ་བསྟན་འཛིན་དང་། སྣང་དཀར་བ། དབུས་དཔུང་གི་རྡུ་གཙོ་རབ་བརྟན་ཤར་པ་སོགས་འགོ་པ་ཁ་ཤས་དང་། ཕན་ཚུན་གྱི་དམག་དམངས་དུ་མ་འཆི་རྨས་བྱུང་ཞིང་། མཐར་ཕོ་ལྷ་བའི་དཔུང་ཆེན་རེ་ཞིག་ཕྱིར་འཐེན་བྱས་ནས་ས་དགའི་ཕྱོགས་སུ་བརྟེག་པའི་རྗེས་བཞིན་དབུས་དཔུང་ཡང་ངམ་རིང་གི་བར་དུ་འོངས། ཕན་ཚུན་དམག་འཐབ་སོགས་མ་བྱུང་བར་གཙང་ཁུལ་གྱི་རྫོང་གཞིས་སོ་སོའི་འགོ་དཔོན་དབུས་གོང་གི་དཔོན་རིགས་ལ་བསྐོས་ཤིང་། དབུས་དམག་བྱིངས་སོ་སོའི་ཡུལ་དུ་ལོག རིང་པོར་མ་ལོན་པ་ན་གཙང་དཔུང་སླར་ཡང་ཕྱིར་བརྟེག་ནས་ངམ་རིང་དུ་འབྱོར་སྟེ་ཕོ་ལྷ་བས་གཙང་ཡོངས་ལ་དབུས་ཕྱོགས་སུ་ཕར་རྒོལ་བྱ་རྒྱུའི་བསྒྲགས་ཡིག་ཚ་ཛམས་ཅན་གང་སར་བཀྲམས། དབུས་པའི་རྫོང་གཞིས་སྡེ་སྡོད་དེ་རྣམས་ལ་ལ་སྐྲག་ནས་བྲོས་པ་དང་། ལ་ལ་ཡུལ་སོ་སོའི་མི་སེར་གྱིས་བསད་པའམ་བཟུང་བ་སོགས་བྱས་པ་

ལས་པོ་ཆོས་ནུས་པ་ཅི་ཡང་མ་ཐོན། གཙང་སྟོངས་ཡོངས་ལ་ཕོ་ལྷ་མི་དབང་ཞེས་པའི་སྙན་གྲགས་ཀྱིས་ཁྱབ་པར་གྱུར། གུང་ལུམ་པ་བ་སོགས་གཙོ་བོ་རྣམས་ལྷ་སར་འགྱུར་ནས་ཉིན་ཤས་ལས་མ་སོང་བར་གཙང་དཔུང་སླར་ཡང་འོང་བའི་ལན་འཕྲིན་འགྱུར་སྟབས་བྲེལ་འཚུབ་དང་དབུས་དམག་བསྐྲོངས་ནས་གཙང་ཕྱོགས་སུ་བསྐྱོད་པའི་འགོ་ཚུགས། ཕོ་ལྷ་བས་ངམ་རིང་ནས་ཨུའི་ཚོང་ནོ་ཡོན་དམག་དཔུང་བརྒྱ་ཕྲག་དང་བཅས་ཉིན་མཚན་ཧྲོས་མེད་སྔོན་དུ་བཏང་ནས་རྒྱལ་རྩེའི་རྫོང་མཁར་བཙན་པོ་བཟུང་། ཉིན་ཞག་གཉིས་སོང་མཚམས་དབུས་དམག་ཀྱང་ཁ་རོ་ལ་བརྒྱུད་ནས་རྒྱལ་རྩེར་སླེབས་ཀྱང་བཙན་རྫོང་ཤོར་ཟིན་པས་ཉེ་འདབས་རྒྱལ་མཁར་དུ་དམག་སྒར་བཏབ། ཕོ་ལྷ་བ་དཔུང་ཆེན་དང་བཅས་རིམ་གྱིས་གཞིས་རྩེར་འགྱུར་ནས་པཎ་ཆེན་རིན་པོ་ཆེར་དབུས་གཙང་བདེ་གཟར་འདི་རྒྱལ་ཕམ་ཇི་ཡོང་གི་ཕྱགས་བརྟག་ཞུས་པར། "ཐའི་ཇི་རང་ཕྱུས་རྒྱལ་ཡོང་" ཞེས་བཀའ་ལན་ཕེབས། དེ་ནས་མེ་ལུག་ཧོར་ཟླ་བཅུ་པའི་ཚེས་ཉེར་ལྔ་ཉིན་རྒྱལ་རྩེ་རྫོང་དུ་འགྱུར། ཉིན་དེ་ནས་བཟུང་ཉིན་ལྔར་འཁྲུག་རེས་བྱས་ཀྱང་། རྒྱལ་ཕམ་ཆེ་བ་ནི་མ་བྱུང་བར་གྲགས། དེ་ནས་གཙང་དཔུང་གིས་གྲ་སྒྲིག་ལེགས་པར་བྱས་ཏེ་དབུས་དམག་ལ་མཚན་འགེབས་དམག་འཐབ་ཆེ་བ་ཞིག་བྱས་རུང་། ངོ་ལོག་པས་གསང་བརྡ་བཏང་བར་བརྟེན་དབུས་པས་ཀྱང་གདོང་ལེན་ཨང་སར་བྱེད་ཐུབ་པས་འཐབ་ཐེངས་དེའི་ནང་སྐོར་གསུམ་སྤྱི་ཁྱབ་དགའ་བཞི་བ་ཚེ་བརྟན་བཀྲ་ཤིས་ཀྱིས་གཙོས་པའི་གཙང་དམག་ཉི་ཤུ་ཙམ་སྲོག་ཤོར་བ་དང་། ཕར་ཡང་དེ་མོ་དཔོན་པོས་གཙོས་པའི་དབུས་དམག་བཅུ་གཉིས་བཀུམས་ཤིང་། ཐོན་པའི་མི་ངོ་དབུས་དཔུང་ཁོངས་ཡོད་པ་ཕོ་ལྷ་བར་མགོ་བཏགས་པ་སོགས་ལས་རྒྱལ་ཕམ་ཆེ་རིགས་བྱུང་མི་འདུག སྐབས་དེར་པཎ་

ཆེན་རིན་པོ་ཆེ་དང་ས་སྐྱ་བདག་ཆེན་སོ་སོའི་སྐུ་ཚབ་མངགས་ཏེ་དབུས་གཙང་བདེ་གཟར་གྱི་དམག་མཚམས་འཇོག་དགོས་པའི་ཕྱོགས་སོ་སོར་བཀའ་ཡིག་དང་བཅས་བར་མོལ་གནང་བར། ལུམ་པ་བ་སོགས་ཀྱིས་ཐག་རིང་གི་དབུས་དམག་ཁག་གཅིག་ད་དུང་མ་འཁྱུར་བས་སྐབས་བཙལ་ཏེ་བར་མོལ་བྱེད་ཁུལ་གྱིས་ཉེན་མ་སྐྱོལ་རྩིས་ཙམ་བྱེད་པ་དང་། ཕོ་ལྷ་བས་ལན་དུ་གསོལ་བ་ནི། "བདག་རྣམ་པར་འདྲེན་པ་ཆེན་པོའི་བཀའ་ལས་འགོང་བར་མི་བགྱིད་མོད། འོན་ཀྱང་ནངས་ཀྱི་དུས་ན་མིའི་ཁྲུ་མཆོག་དའི་ཆེང་བླ་ཐུར་དང་། ཁོ་བོ་ཆབས་ཅིག་ཏུ་གློ་གྲོས་མཐུན་པར་བྱས་ནས་ཡུལ་དབུས་གཙང་གི་ས་མཚམས་གན་པ་ལར་གྲགས་པ་ཡན་ཆད་མ་རུངས་པ་ཧྲུན་གར་པའི་ལག་ནས་དཔུང་ཤེད་ཀྱིས་བླངས་ཏེ་བདག་པོ་ཆེན་པོའི་ལྷ་འབངས་སུ་བཞག་པ་ཡིན་གྱི། ད་ཡང་འཇམ་མགོན་བདག་པོ་ཆེན་པོས་བཟང་ངན་སྐྱངས་འཛིན་གྱི་བཀའི་གནང་བ་མ་ཐོབ་བར་དུ་གཙང་ལྗོངས་རྒྱལ་ཁབ་མངའ་རིས་དང་བཅས་པ་དགྲ་ངན་འདི་དག་གི་དབང་དུ་གཏོང་བ་ནམ་ཡང་མི་སྲིད་ན་དོན་འདི་ལས་གཞན་དུ་གསོལ་བར་བྱ་བ་མེད་དོ།" ①ཞེས་གསོལ་བ་བཅས་འབྲུན་ཐག་གཅོད་ཐུབ་པ་ཞིག་མ་བྱུང་བར་ལུས།

དུས་དེ་ཙམ་ན་གཙང་རོང་རིན་སྤུངས་ཀྱི་ས་ཆར་ཕོ་ལྷ་བའི་ཕྱོགས་གཏོགས་སོག་རིགས་ཇོ་ཡོན་ཁོ་ཤོའུ་ཆེ་དང་ད་ཡན་ཐའི་ཇི་དཔུང་བཅས་དང་། དབུས་དཔུང་གི་གཙོ་བོ་དམག་དཔོན་བཀྲ་ཤིས་དཔལ་ར་བ་དཔུང་བཅས་དམག་འཐབ་ཡང་ཡང་བྱས་པ་ལས། "གཙང་ཕྱོགས་ཀྱི་དཔུང་གིས་དབུས

① (མི་དབང་རྟོགས་བརྗོད་དེབ་ངོས609)

ཀོང་རྣམས་ཕམ་ཉེས་སུ་བཏང་བས་ས་མ་ཆགས་པར་དབུས་དམག་ལྷག་མ་
རྣམས་རྒྱལ་རྩེར་ཡོད་པའི་དབུས་དཔུང་གི་སྐོར་དུ་འཁྱོར། དེ་ལྟར་ཡུན་རིང་
ཙམ་སོང་སྐབས་དབུས་དམག་གི་རྒྱུགས་ཕྱི་དང་། རྟའི་ཟན་ཆས་སོགས་རྫོགས་
ཏེ་ཉེ་འཁོར་ཀུན་ཏུ་འཕྲོག་བཅོམ་བྱས་པས་མང་ཚོགས་རྣམས་དགྲར་ལངས་པ་
དང་། དབུས་དམག་ལ་གཙང་དམག་གི་རྗུང་རྗེག་བཟུང་བསྐྱིགས་ཀྱང་ཡང་
ཡང་ཟློག་པ་ལས། ཉེན་མ་འཁྱིལ་དཀའ་བར་གྱུར་ནས་ཐབས་གཞན་མེད་པར་
ལུམ་པ་བ་སོགས་ཀྱིས་བཀྲས་ལྷུན་དང་ས་སྐྱའི་སྐུ་ཚབ་ལ་ཕར་བཏུད་ནས་བར་
མོལ་གནང་བར་བསྐུལ་མ་ཞུས་པ་ལྟར། ཁོང་ཚོས་ཕོ་ལྷ་བར་ཡང་ཡང་ཞུ་
བསྐུལ་བྱས་པ་ན། ཕོ་ལྷ་ཐའི་ཇི་ལ་ཐབས་ཤིག་རྙེད་དེ་མཐར་བར་མོལ་བྱ་རྒྱུ་
ཁས་བླངས། ཆིང་དོན་སྐོར་ཕན་ཚུན་མོལ་བསྡུར་ལན་འགའ་བྱས་མཐར་ཕོ་ལྷ་
བས། ད་ཕན་དོན་གྱི་བདག་པོ་ཏཱ་ལའི་བླ་མས་བཀའ་འདི་ལྟར་གནང་ཞེས་པ་
མ་ཐོས་པར། བཀའ་བློན་རྣམས་གཅིག་གིས་གཅིག་གསོད་པ་ནི་མི་འགྲིག་པར་
མཐོང་ནས་དམག་བརྒྱབ་པ་ཡིན། ད་ཆ་ཏཱ་ལའི་བླ་མ་མཆོག་ལ་སྙན་སེང་ཞུས་
ཏེ་བཀའ་ལན་ཇི་ལྟར་བསྩལ་བ་བཞིན་ལ་བརྩི་བཀུར་ཞུ་རྒྱུ་ཡིན་ཞེས་བཤད་
འདུག འདི་ནི་ཏཱ་ལའི་བླ་མ་མཆོག་དང་། ལྷག་པར་དུ་ཡབ་རྗེ། སྐུ་བཅར་
གཙོ་བོ་རྣམས་བཅས་ཀྱིས་བདེ་གཟར་འདི་ལ་འཛིན་པའི་རྣམ་འགྱུར་ཕྱིར་
མངོན་དུ་འཇུག་པའི་གཡོ་ཐབས་ཤིག་ཡིན་པ་གསལ་པོར་མངོན་སྣམ། ཚིག་དེ་
ལ་ཐམས་ཅད་མོས་མཐུན་གྱིས་ཏཱ་ལའི་བླ་མར་སྙན་ཞུ་ཞིབ་ཕྲ་ཕུལ་བའི་བཀའ་
ལམ་དུ། "ཕོ་ལྷ་ཐའི་ཇི་རང་ཉིད་ཀྱིས་མི་འཚམས་པའི་སྤྱོད་ཚུལ་ལ་འཇུག་
པར་མི་འགྱུར་བ་ཞིག་ཡིན་ན། ཤར་ཕྱོགས་བདག་པོ་ཆེན་པོའི་བཀའི་སྒང་
(གནང་) བ་ཇི་ལྟར་བསྩལ་བ་མ་ཐོབ་ཀྱི་བར་དུ་རང་ཉིད་སློས་ཀྱིས་དབང་བའི་

གཞིས་འབངས་དང་བཅས་པར་ཉེ་ཉོ་མེད་པར་ཕྲར་མགོ་ཧྲེ་ལྷ་བ་བཞིན་དུ་འདུག་ཏུ་ཆུག་ཅིག པཎ་ཆེན་ཐམས་ཅད་མཁྱེན་པའི་བཀའི་གནང་བ་ལས་འགོང་བར་མི་རུང་བས་དེའི་ཕྱུག་ལ་སླགས་བལྟ་བར་ཡང་མ་བྱེད་ཅིག གཙང་སྡོངས་གཡུལ་གྱི་ཁ་ལོ་པ་ཟུང་གིས་མཆོན་དྲུང་ན་སྤྱོད་པའི་རིགས་ཅན་རྣམས་ཀྱང་རང་རང་གི་གཞིས་སུ་ཕྲར་མགོ་ལྷར་ཅི་བདེར་འདུག་ལ། དུས་བབས་ཀྱི་དཔྱ་ཁྲལ་རྣམས་ཀྱང་སྐྱུད་པ་མེད་པར་སྒྲུབས་ཤིག དཔུང་གི་ཚོགས་ཆེན་པོ་འདུས་པའང་གཡུལ་བཀྱེ་བའི་བྱ་བ་བཤོལ་ལ། རང་རང་གི་གནས་སུ་སྲུར་བར་འདེངས་ཤིག"① ཅེས་བསྒྲུལ་བ་འཁྱེར་ཞིང་། དེ་ལ་ཆ་བཞག་ནས་དབུས་དཔུང་རྣམས་སྣ་དཀར་རྩེ་བར་དུ་ཕྱིར་འཐེག་པ་དང་། གཙང་དཔུང་ཡང་རེ་ཞིག་པ་རྣམ་བར་བསྐྱོད་ནས་ཕོ་ལྷ་ཐའི་ཧེས། པཎ་ཆེན་རིན་པོ་ཆེར། ཆིངས་དོན་དེ་ལྟར་ལག་ལེན་དུ་བསྟར་དགོས་ན་བདག་གི་རེ་བའི་འབྲས་བུ་མེད་པར་འགྱུར་བས་བཀའི་གནང་བ་སྩོལ་ཅིག་ཅེས་པའི་ཞུ་ཡིག་འབུལ་བར་ཕོ་ཉ་ཞིག་མངགས་ཤིང་། སྲས་བགྲེས་པ་ཤེལ་དཀར་དུ་ཡོད་པ་འཐོད་པར་བཏང་། མཐོང་ལྷུགས་རྫོང་དུ་སྲམ་རྒྱ་དཔོན་སོགས་དཔུང་བཅས་ཡོད་ཐོག་སྐར་ཡང་དཔུང་སྣོན་དམག་སུམ་བརྒྱ་ཙམ་མངགས། ནོ་ཡོན་ཁོ་ཐོའུ་ཆེ་དང་དམག་དཔོན་ལྷུང་པོ་ཅན་པ་དཔུང་དམག་ཉིས་སྟོང་དང་བཅས་སྐར་ཡང་རྒྱལ་རྩེར་བསྐྱོད། ད་ཡན་ཐའི་ཇི་སྟོང་དམག་དང་བཅས་རིན་སྤུངས་རྫོང་དུ་མངགས། ལྷ་ལུང་རྩེ་པ་དཔུང་དམག་ལྔ་བརྒྱ་དང་བཅས་འོད་ཡུག་གི་སྤྱིང་དཀར་དུ་གཏོང་བ་བཅས་མཛད་ཅིང་། སྲས་ཆེ་བ་འཁྱེར་བསྟུན་རྒྱལ་རྩེ་ནས་ལྷུང་པོ་ཅན་པ་

① （མི་དབང་རྟོགས་བརྗོད་དེབ་ངོས615）

དང་མཉམ་དུ་ཡར་འབྲོག་བརྒྱུད་དབུས་ཕྱོགས་སུ་དཔུང་བསྐྱོད་དགོས་པ་སོགས་གཡུལ་འགྱེད་ཀྱི་བཀོད་ཐུས་རྣམས་ཞིབ་པར་གནང་མཐར། ཕོ་ལྷ་བ་རང་ཉིད་དཔུང་དང་བཅས་ཉིན་མཚན་ལ་མ་བལྟོས་པར་བྱང་ལམ་བརྒྱུད་ཤོད་རྫོལ་གྱིས་ཡངས་པ་ཅན་གྱི་ས་ཆར་ཕེབས། དེ་ཙམ་ན་ང་ཕོད་པ་སོགས་ཀྱིས་གནས་ཚུལ་དེ་ཐོས་པས་དངངས་འཚབ་ངང་དབུས་ཀོང་གི་དཔུང་རྣམས་སྡ་དཀར་རྩེ་ནས་ཕྱིར་བཀུག་སྟེ་པོ་ཏ་ལའི་ཉེ་འདབས་སུ་དམག་སྒར་བཏབ། ཕོ་ལྷ་ཐའི་རྗེས་ཡངས་ཅན་ཡས་མས་སུ་གནས་པའི་ཧོར་སོག་གི་རིགས་རྣམས་དབང་དུ་བསྡུས། འགོ་པ་སངས་རྒྱས་སྐྱབས་ཞེས་པས་ང་ལུམ་སྤྱུར་གསུམ་ལ་མགོ་བཏགས་པ་དེ་བཟུང་ནས་སྲོག་དང་བྲལ། དེ་ནས་རིམ་གྱིས་ཐོ་ལོ་ཁོ་ཞེས་པའི་ས་གནས་དང་། ཕོ་ཚང་སུམ་མདོ། ནག་ཆུའི་ཁུལ་སོགས་ཀྱི་སོག་རིགས་རྣམས་ཐམས་ཅད་དབང་དུ་བསྡུས་པས་དཔུང་སྟོབས་ཆེན་པོར་གྱུར། སྐབས་དེར་གཙང་ནས་པཎ་ཆེན་རིན་པོ་ཆེ་དང་ས་སྐྱ་བདག་ཆེན་གྱི་སྐུ་ཚབ་དང་། དབུས་ནས་དགའ་ལྡན་ཁྲི་པ། སེ་འབྲས་དགའ་གསུམ་རྒྱུད་གྲྭ་སྟོད་སྨད་བཅས་ཀྱི་བླ་མ་ལས་སྡེ་སོགས་ཆེངས་མོལ་གནང་བར་ཕེབས་རྒྱུའི་འཕྲིན་འགྱུར་ཐུང་། ཕོ་ལྷ་བས་ཁས་མ་བཞེས་པར་འཕན་ཡུལ་བརྒྱུད་དཔུང་བཏེག་གོ། དེ་སྐབས་དམག་དཔོན་བྱིང་པ་བས་དབུས་ཀོང་གི་དཔུང་དམག་འབོར་ཆེན་ཁྲིད་དེ། སྐང་རོང་བརྒྱུད་ནས་ཡོང་བའི་གཙང་དམག་གི་གདོང་ལེན་དུ་ཐོན་པ་རྣམས་ཕྲུས་སྟེའི་ས་ཆར་ཕན་ཚུན་གདོང་ཐུག་སྟེ་དམག་འཐབ་བྱས་ནའང་། དབུས་དཔུང་རྣམས་ཐན་སྤྲིན་རླུང་གིས་གཏོར་བ་ལྟར་གང་སར་ཐོར་ཞིང་གཡུལ་ཕམ་པར་གྱུར། དེ་ནས་མི་དབང་ཕོ་ལྷའི་དཔུང་ཆེན་ཕན་པོ་བརྒྱུད་གར་པ་གྲོང་ཚོར་སྐར་ཕབ་ཅིང་། དབུས་དཔུང་གི་དགའ་མོའི་འཕྲང་སྲུང་བ་རྣམས་ཀྱང་

ཕམ་པར་བཏང་། དེའི་ཚེ་གུང་ལུམ་པ་བས་སླར་ཡང་དཔུང་ཚོགས་ཁྲིད་ནས་དགའ་མོ་འཕྲང་སྲུང་པར་བསྐྱོད་ཀྱང་། དབུས་དཔུང་རྣམས་སེམས་ཤུགས་ཉམས་ཟིན་པས་འཐབ་པ་ཙམ་གྱིས་ཕྱོགས་བཞིར་བྲོས་པ་སོགས་གྱུལ་འཁྲུག་མཐར་ཕྱིན་པར་ཕམ། ལུམ་པ་བ་འཁོར་ཉུང་ཤས་དང་བཅས་རང་གི་རལ་གྲི་ཡང་བསྐྱུར་ཏེ་རྩེ་ཕོ་བྲང་གི་ཆབ་སྐོའི་ནང་དུ་བྲོས། སྤྱི་ལོ1728བོད་ས་སྤྲེ་ལོའི་ཧོར་ཟླ་ལྔ་པའི་ཚེས་ཉེར་དྲུག་ཉིན་མི་དབང་ཕོ་ལྷ་བའི་དཔུང་ཤུགས་ཀྱིས་གྲོང་ཁྱེར་ལྷ་ས་ཡོངས་རྫོགས་བདག་གིར་བཟུང་བ་ལགས་སོ།

འདིའི་སྐོར་དྭ་ལའི་བདུན་པའི་རྣམ་ཐར་ནང་། “སྐབས་འདིར་རྗེ་བླ་མ་མཆོག་མཚན་ཉིད་གསན་སྦྱོང་ལ་ཐུགས་འགྲུས་ཤིན་ཏུ་ཆེ་བར་མཛད་ཅིང་། ཆབ་སྲིད་ཀྱི་ལས་དོན་གང་ཅིར་ཐུགས་གཡེང་རྩ་བ་ནས་མེད་པ་དང་། བཀའ་བློན་ལས་བྱེད་སོགས་ལའང་བསྟན་འགྲོར་ལྷག་བསམ་ཆེ་བ་བྱེད་དགོས་ཀྱི་ཞལ་ཏ་གསན་སྦྱོང་གི་གསེང་དབར་ལ་ལན་ཁ་ཤས་ཕེབས་པ་ཙམ་མ་གཏོགས། ཕོ་པ་ཚོས་གནས་ཚུལ་སོ་སོར་ཞུ་བ་སོགས་མེད་པས་གང་བྱེད་ཀྱི་མཚམས་ཐུགས་ཀྱིས་ཚོད་པ་མེད་པ་དང་། གཙོ་བོར་བོད་སྤྱིའི་ལར་རྒྱུར་བགེགས་ཆ་ལྟ་བུས། བཀའ་བློན་རྣམས་ཐུགས་ནང་མ་གཤིན་པས་རྐྱེན་ལངས་ཏེ། གློ་བུར་དའི་ཚེང་བླ་ཐུར་རྐྱེན་ལམ་དུ་བཏང་བ་སོགས་བྱུང་འདུག རྗེ་བླ་མ་ཉིད་ནས་གནས་ཚུལ་གསན་འཕྲུལ་ཐུགས་སྐྱོ་བ་བཟོད་གླགས་མེད་པ་བྱུང་ཞིང་། བདེ་གཟར་སོགས་ཀྱི་ལོ་ལངས་མི་ཡོང་བའི་མཛད་སྒོ་གང་ཟབ་གནང་བ་དང་། གཙང་དུ་ཡང་པཎ་ཆེན་རིན་པོ་ཆེར་དེ་ལུགས་ཀྱི་རྒྱུ་མཚན་ཞུ་བའི་བཀའ་ཤོག་གནང་བ་སོགས་སྒོ་དུ་མ་ནས་བདེ་འཇགས་ཀྱི་ཐབས་ལ་གཞོལ་བར་མཛད། དེ་ལྟ་ནའང་ཕན་ཚུན་ལས་ཀྱིས་བསླུལ་བ་ལྟ་བུས། རྒྱལ་བ་ཡབ་སྲས་ཀྱི་གསུང་ལ་ཆ་འཛོག་མེད་

པ་མ་ཟད། གོང་མ་ཆེན་པོའི་བཀའ་ལན་ཡང་མ་བསྒུགས་པར་འཁྲུག་ཟིང་གི་འགོ་བསླངས་ཤིང་། དེར་རྟེན་དབུས་གཙང་ཀུན་ཏུ་བདེ་གཟར་ཤིན་ཏུ་ཆེ་བ་ཞོ་ཕྱི་མའི་ཟླ་བ་དྲུག་པ་ཙམ་གྱི་བར་ཐག་མ་ཆོད་པ་བྱུང་འདུག”① ཅེས་གསལ་བ་ཙམ་ལས་ཞིབ་པ་འཁོད་མི་འདུག

གཙང་དཔུང་གིས་ལྷ་ས་བཟུང་རྗེས། ང་ལུམ་སྦྱར་གསུམ་དང་དབུས་ཀོང་གི་དམག་དཔུང་ལྷག་མ་ཙུང་ཤས་བཅས་རྩེ་པོ་བྲང་ཆེན་པོའི་ཆབ་སྐོའི་ནང་འཛུལ་ནས་སྐོ་བསྡམས་པར་བརྟེན། ཕོ་ལྷ་བའི་དམག་དཔུང་གིས་པོ་ཏ་ལ་དང་ཞོལ་བཅས་ཀྱི་མཐའ་དམ་པོར་བསྐོར་ནས་ཉིན་ཞག་གཉིས་སོང་བ་ན། འོན་རྒྱལ་སྲས་སྤྲུལ་སྐུ་དང་། བཙན་པོ་ནོ་མིན་ཧན། དགའ་ལྡན་ཁྲི་པ། གདན་ས་གསུམ་གྱི་བླ་མ་རྣམས་ལྷན་དུ་བགྲོས་ནས་ཕོ་ལྷ་བའི་དྲུང་དུ་ཕེབས་ཏེ། ང་ལུམ་སྦྱར་གསུམ་དང་། དེ་མིན་ཆོས་གོས་གྱོན་ནས་བདུད་ཀྱི་ལས་སྦྱོར་རྩོམ་མཁན་སོགས་ཉེས་ཅན་འགའ་ཞིག་མཆིས་པ་དེ་རིགས་ལ་ཞུ་ངོ་བྱེད་པ་མ་ལགས་ཤིང་། འོན་ཀྱང་ཧ་ལའི་བླ་མ་མཆོག་དང་ཡབ་རྗེ་གཉིས་ཀྱིས་དའི་ཆེད་བླ་ཐུར་སྲོག་འཕྲོག་པ་དང་། བདེ་གཟར་སློང་བ་སོགས་ལ་ཐེ་ཚུས་གནང་རིགས་རྩ་བ་ནས་མེད་པ་ང་ཚོ་རང་གིས་མནའ་སྐྱེལ་དག་འབུད་འགན་ལེན་ཞུ་ཐུབ་པ་ཡོད་ན། འདིའི་ཐོག་ལ་མི་དབང་མཆོག་ནས་དགོངས་བཞེས་རྒྱ་ཆེར་མཛད་དགོས་ཞེས་ཞུས་པར། ཕོ་ལྷ་བས་ཀྱང་ཁྱེད་ཚོས་གསུངས་པ་དེ་ལྟར་ཡིན་ན། དུག་སྦྲུལ་ལྟ་བུའི་མི་ངན་དེ་དག་དང་ལྷན་དུ་བཞུགས་མི་རུང་བས་ཡབ་སྲས་སྐུ་འཁོར་དང་བཅས་པ་རེ་ཞིག་སེ་འབྲས་གང་རུང་དུ་ཕེབས་སམ། ཡང་ན་བཀའ་བློན་གསུམ་

① (དཔག་བསམ་སྙེ་མ་སྟོད་ཆའི་ཤོག་གྲངས133)

དཔུང་དང་བཅས་པ་ཕོ་བྲང་ཆེན་པོའི་ཆབ་སྒོ་ནས་ཕྱིར་འབུད་པར་མཛད་དགོས་སོགས་ལན་ཕུལ་བར། དྲ་ཡའི་བླ་མ་ཡབ་སྲས་དང་བཅས་པས་དེ་དོན་ཞལ་གྱིས་བཞེས་ཏེ་འབྲས་ སྤུངས་སུ་ཕེབས་རྒྱུ་གཏན་འཁེལ་བ་ན། ཉིན་དེའི་ཕྱི་ དྲོ་སྣེ་ལུང་བཞད་པའི་རྡོ་རྗེ་ལྷ་སར་ཕེབས་ནས་སྐར་ཡང་ཕོ་ལྷ་བ་ལ་ནན་གསུང་གནང་ཞིང་། ཁོང་རང་དེ་འཕྲུལ་རྩེ་ཕོ་བྲང་དུ་ཕྱིན་ཏེ་དྲ་ཡའི་བླ་མ་མཆོག་ལ་ ཡང་བབ་གསེད་ཞིབ་རྒྱས་ཞུས་པར། དྲ་ཡའི་བླ་མ་མཆོག་ནས། ང་ནི་འབྲས་ སྤུངས་སུ་ཕྱིན་པ་ལེགས་ནའང་དེར་འགྲོ། ཡང་ན་བཀའ་བློན་རྣམས་ཀྱི་སྲོག་ལ་ འགན་སྲུང་བྱུང་ན་ཁོ་ཚོ་ལྷ་སར་བཏང་ནས་ང་རང་པོ་ཏ་ལར་བསྡད་ནའང་ འགྲིག་ཅེས་བཀའ་བསྩལ་ཏེ། ཕོ་ལྷ་བར་བཟང་གོས་ཡུག་གསུམ་དང་དངུལ་ སྲང་ལྔ་བརྒྱ་བསྩལ་ནས་བཀའ་བློན་གསུམ་ཉེ་ལྟོས་བཅས་ཀྱི་སྲོག་ལ་འཇིགས་པ་ མེད་པ་དགོས་ཞེས་ཕེབས། མི་དབང་ཕོ་ལྷས་ཀྱང་། དྲ་ཡའི་བླ་མས་ཇི་ལྟར་ བཀའ་བསྩལ་བ་ལྟར་བདག་གིས་ནི་ཁོ་པ་ཚོའི་སྲོག་འཕྲོག་པ་ཕར་བཞག སོ་ སོའི་གཉེན་ཉེ་དང་། གཡོག་འཁོར། ལོངས་སྤྱོད། ཁང་ཁྱིམ་སོགས་ལའང་ གནོད་པ་མེད་པར་ཅི་བདེར་གནས་སུ་འཇུག་གོ། "སྐྱིད་ཀྱིས་འཛམ་མགོན་ མིའི་རྣམ་རོལ་གོང་མ་བདག་པོའི་དཔུང་ཚོགས་གཙོ་བོ་དང་བཅས་པ་རྣམས ཡུལ་འདིར་ལྷགས་པ་ན། དའི་ཚེང་བླ་ཕྲར་དང་ཁོ་བོས་བསྟན་འགྲོའི་ཕན་བདེ་ ལ་གནོད་ཅིང་འཚེ་བ་ཇི་ལྟར་བགྱིས། རྒྱལ་བ་མཆོག་གི་མཛད་འཕྲིན་གྱི་གེགས་ སུ་གྱུར་པ་གང་བྱས་ལ་སོགས་པ་དགུང་བློན་རྣམས་ཀྱིས་གླེང་བར་འགྱུར་ལ། དགུང་བློན་གསུམ་གྱིས་ཚུལ་བཞིན་མ་ཡིན་པ་ཕྱིན་ཅི་ལོག་གི་བྱ་བ་ཇི་ལྟར་ བགྱིས་ཁོ་བོས་གླེང་བར་བྱེད་ལ། དེ་ལྟར་གླེང་བའི་མཐར་ཁོ་བོས་ནོངས་ཏེ་ བདག་ཉིད་བརླག་པར་འགྱུར་རམ། དགུང་བློན་རྣམས་ནོངས་ཏེ་དེ་དག

བརྟག་པར་འགྱུར་ཆ་མ་འཚལ་ན། དེ་ནི་ཁོ་བོས་གསོལ་བར་བྱ་བ་ཇི་མི་ཐོག་ཅིང་། དེའི་བར་དུ་ཀུན་མཁྱེན་རྒྱལ་དབང་མཆོག་གི་བཀའ་ལས་གདའ་བར་མི་བགྱིད་དོ།”①ཞེས་གསོལ་ཞིང་། ང་ལུམ་སྦྱར་གསུམ་རང་རང་གི་ཁྱིམ་དུ་ཅི་བདེར་གནས་སུ་བཅུག་ཐོག་ཡུལ་གཞན་དུ་ཕྲོས་ཕྱོལ་མི་ཤོར་བའི་ཆེད་སྲུང་བྱ་དམག་མི་སུམ་བརྒྱ་རེ་བཙུགས་ནས་བཞག དེ་ནས་ཟླ་བ་དྲུག་པའི་ནང་མི་དབང་ཕོ་ལྷ་བ་རང་ཉིད་དང་། སློ་ལུང་བཞད་པ་རྡོ་རྗེ། འོན་རྒྱལ་སྲས། ཁྲི་རིན་པོ་ཆེ། སེ་འབྲས་ཀྱི་མཁན་པོ་གདན་ཟུར་བཅས་དཔུང་ཚོགས་ཀྱིས་བསྐོར་ནས་རྩེ་ཕོ་བྲང་ཆེན་པོར། ཏཱ་ལའི་བླ་མ་མཆོག་གི་མཇལ་ཁར་བཅར། ཕན་ཚུན་སྔ་ཕྱིའི་ཡོང་རྐྱེན་དང་། སྣད་མཚོད་ཡོན་ཐུགས་ནང་སྙོད་གཅིག་ཏུ་དཀར་བའི་གསོལ་འདེབས་དང་། ཞལ་བཞེས་དབུ་སྙུང་གིས་རྒྱས་བཅད་བཅས་གནང་བར་གྲགས།

5. ཆིང་གོང་མས་ཞིབ་དཔྱོད་ཆེད་མངགས་ཀྱིས་ང་ལུམ་སྦྱར་གསུམ་ཁྲིམས་ཀྱིས་ཆ་ར་བཅད་པ།

ལོ་དེའི་སྟོན་ཟླ་ཐ་ཆུང་གི་ཚེས་གནམ་གང་ཉིན། “ཤར་ཕྱོགས་གོང་མ་བདག་པོའི་ལུང་གིས་མངགས་པའི་གཙོ་བོ་ཨ་ལི་ཁན་ཨམ་པ་དང་། མེ་རིང་ཛང་གི་དཔུང་ཚོགས་གྲངས་མེད་པ་དང་བཅས་ཏེ་ལྷགས་ནས་ཕོ་བྲང་ཆེན་པོའི་ཉེ་འདབས་ནེའུ་གསིང་གི་སྤྱོངས་རྣམས་སུ་དམག་སྐར་རྒྱ་ཆེར་བཅས་ཏེ་འདུག་གོ།” དེ་ནས་ང་ལུམ་སྦྱར་གསུམ་སོགས་བྱེད་གཏེ་གཙོ་བོ་རྣམས་དམག་སྐར་དུ་བསྐོངས་ཤིང་། “ཕུས་མོ་བཙུགས་ཏེ་འདུག་ཏུ་བཅུག་ནས། ཁྱོད་རྣམས་ཀྱིས་

① (མི་དབང་རྟོགས་བརྗོད་དེབ་ངོས641)

གོང་མའི་བཀའ་ལས་འགོངས་ཤིང་བྱ་བ་ངན་པ་རླབས་པོ་ཆེ་འདི་ལྟར་བགྱིས་པས་ནོངས་སོ་ཞེས་ཚིག་རྩུབ་རྣམ་པ་སྣ་ཚོགས་ཀྱིས་བསྡིགས་ཤིང་། ལག་པ་གཉིས་འབྲེལ་བཞིན་པར་ཁྲོ་གཏུམ་གྱི་རྣམ་འགྱུར་དུ་མ་བསྟན་ནས། དེའི་ཉིན་མོ་དགུང་བློན་གསུམ་ལ་སོགས་པ་རེ་རེའི་མགྲིན་པ་དང་ལག་པ་ལ་ལྕགས་ཐག་བསྐོན་ནས་མིའི་བདག་པོའི་དཔུང་ཚོགས་ལ་ཕྱིར་ཕྱིན་ནོ། "①ཞེས་གསལ་བ་དང་། དེ་ནས་ཉིན་ཞིག་གོང་མའི་དཔུང་གི་གཙོ་བོ་རྣམས་ཀྱིས་ལྷ་ཀླུ་དགའ་ཚལ་དུ་ཁྲིམས་ར་བཙུགས་ཤིང་། ཉེས་ཅན་རྣམས་ཁྲིད་ཕོག་སྟོན་དུ་ང་ལུམ་སྦྱར་གསུམ་གྱིས་གོང་མ་ཡུང་ཀྲིན་ལ། དའི་ཆེང་བླ་ཐུར་གྱི་ནག་ཉེས་ཞེས་པ་དོན་ཚན་བདུན་ཅུ་ལྷག་ཙམ་བཀོད་པའི་དབྱེན་སྦྱོར་གྱི་སྙན་ཞུ་ཕུལ་བ་ངོ་མ་བསྒྲངས་ནས་རེ་རེ་བཞིན་འདྲི་ཞིབ་བྱས་པ་དང་། དེ་དག་རེ་རེ་བཞིན་ལ་ཕོ་ལྷ་བས་རྒྱུ་མཚན་དྲངས་ཏེ་ལན་བཏབ་ནས་རྫུན་རྐུབ་ཐེར་འདོན་གྱིས་ལན་རྒྱག་རྒྱུ་མེད་པ་བཟོས། དེ་ལྟར་ཉིན་ཞག་དུ་མའི་བར་དུ་གདོང་བཤེར་ར་སྤྲོད་ཀྱི་བརྩད་ཞིབ་བྱས་པར་གྲགས།

“དེ་ནས་མི་རིང་བ་ན་ང་ཕོད་པ་དང་། ལུམ་པ་བ་ལ་སོགས་པའི་དགུང་བློན་གཉེན་བཤེས་དང་བཅས་པ་རྣམས་ཀྱི་རྫུན་ཚིག་སྨྲ་བ་ངན་པ་རྣམས་ཚར་བཅད་ཅིང་། མིའི་བདག་པོ་（ཕོ་ལྷ་བར་ཟེར་）རང་ཉིད་ཀྱིས་ཇི་སྐད་སྨྲས་པའི་གཏམ་རྣམས་བདེན་ཚིག་ཀླན་ཀ་དང་བྲལ་བར་གཏན་ལ་ཕེབས་པའི་བྱ་དགའི་ཚུལ་དུ་གོང་མ་བདག་པོ་ཆེན་པོའི་བཀའི་ལུང་བཟང་པོས་གཟེངས་བསྟོད་ཅིང་། དངུལ་སྲང་ཆེན་ཁྲི་ཕྲག་གསུམ་དུས་གཅིག་ཏུ་བསྩལ་ཏོ། དེའི་

① （མི་དབང་རྟོགས་བརྗོད་དེབ་ངོས650）

ཚེ་མིའི་བདག་པོ་འཁོར་དང་བཅས་པ་ཤར་ཕྱོགས་སུ་ཞལ་ཕྱོགས་ཏེ་ཕུས་མོའི་ལྷ་ང་དང་ཕྱག་ཟུང་ས་ལ་བཞག་ཅིང་དབུ་ཞྭའི་ཐོད་མཛོན་པར་བཏུད་པའི་ཕྱག་ལན་གསུམ་དང་། ཡང་འཁྲིད་བཞིན་ཡན་ལག་གསུམ་བཏུད་པ་བཅས་ཅོནའི་ལུགས་སྲོལ་གྱི་རྗེས་སུ་ཞུགས་པའི་ཕྱག་དགུ་ཕྲུགས་སུ་མཛད་དོ།"①ཞེས་གསལ་བ་དང་། དེ་རྗེས་ང་ཐོད་པ་དང་། ལུམ་པ་བ། སྦྲུར་ར་བ། སྐྱོར་ལུང་བླ་མ། རྣམ་རྒྱལ་གྲྭ་ཚང་གི་གཉེར་པ། དེ་བཞིན་ང་ཐོད་བློ་བཟང་སོགས་བུ་རྒྱུད་དང་། ཉེས་ཅན་གཞན་བཅས་མི་བཅུ་བདུན་བ་མ་རེའི་འགྲམ་གྱི་སྤང་ཐང་དུ་སྲོག་ཉེས་བཅད་པ་དང་། ཉེ་ལྟོས་སོགས་ཁག་གཅིག་རྒྱལ་ནང་དུ་བཙངས་པ་སོགས་ཞིབ་ཕྲ་མི་དབང་རྟོགས་བརྗོད་ནང་གསལ་བ་བཅས་ནི་སྐབས་དེར་དངོས་སུ་མཐོང་ཐོས་མྱོང་གསུམ་ལྡན་པའི་མདོ་མཁར་ཞབས་དྲུང་ཚེ་རིང་དབང་རྒྱལ་སྐུ་ངོ་མས་འབྲི་གནང་མཛད་པ་དེ་གཞིར་བཟུང་རགས་བསྡུས་ཙམ་བཀོད་པ་ལགས་སོ།

ཆིང་གོང་མའི་སྲིད་གཞུང་གིས་སྤྱི་ལོ1728ཐོད་ས་སྤྲེ"ལོ་དེ་རང་ལ་ཁམས་ཀྱི་ཤར་རྒྱུད་དུ་ཡོད་པའི་དར་རྩེ་མདོ་དང་། ལི་ཐང་འབའ་ཐང་བཅས་ཀྱི་ས་ཆ་རྣམས་སི་ཁྲོན་གྱི་ཁོངས་སུ་སྒྲིལ་དགོས་པ་དང་། དེ་མིན་ཁམས་ཀྱི་ལྷོ་རྒྱུད་དུ་ཡོད་པའི་རྒྱལ་ཐང་དང་། འཇོལ། འབའ་ལུང་བཅས་ཀྱི་ས་ཆ་རྣམས་ཡུན་ནན་གྱི་ཁོངས་སུ་སྒྲིལ་དགོས་པའི་བཀའ་ཕབ།"②ཅེས་གསལ་བ་མ་ཟད། དེ་དང་དུས་མཚུངས་པར་གཙང་སྟོངས་ཀྱི་ལྷ་རྩེ་དང་། ངམ་རིང་། ཕུན་ཚོགས་གླིང་བཅས་རྫོང་འགོ་གསུམ་པོ་ཡང་པཎ་ཆེན་སྐུ་ཕྲེང་ལྔ་པ་བློ་བཟང་ཡེ་

① （མི་དབང་རྟོགས་བརྗོད་དེབ་ངོས660）

② （ཏྭ་ལའི་རྣམ་ཐར་ཐོད་ཡིག་དེབ་ངོས114）

ཞིས་ལ་བདག་སྐྱོང་གནང་རྒྱུར་ཕུལ་ཞིང་1727ལོར་ཆིང་སྲིད་གཞུང་གིས་བོད་དུ་བཅའ་སྡོད་ཨམ་བན་གཉིས་བསྐོ་བཞག་བྱ་རྒྱུ་ཐག་བཅད་ནས་བོད་སྡོད་ཨམ་བན་དང་པོ་ཧུའུ་ཐུང་གཞོན་པ་མ་ལ་དང་། ལས་རོགས་ཨམ་བན་ཀྲུའེ་ཧྲི་སེང་གེ་ཡིན་ཅིང་། ཁོང་གཉིས་ས་སྤྲེ་ལོར་བོད་དུ་འབྱོར་ནས་ལས་འགན་དངོས་སུ་འཁུར་ལུགས་བཅས་གསལ་འདུག

གོང་དུ་གསལ་བ་ལྟར་ས་སྤྲེ་ལོ་ཆིང་གོང་མའི་བཀས་གཟེངས་སུ་བསྟོད་པ་དེ་ནས་བཟུང་བོད་ས་གནས་སྲིད་གཞུང་གི་འགན་དབང་རྣམས་མི་དབང་པོ་ལྷ་ཐའི་རྗེས་བདག་གིར་བཞེས་པར་སྣང་སྟེ། མདོ་མཁར་ཞབས་དྲུང་ཚེ་རིང་དབང་རྒྱལ་གྱིས་གསུངས་པར་སྐབས་དེར་“མིའི་བདག་པོའི་ཞབས་པད་ག་ལ་བར་ལོ་པོ་གཅིག་པོར་འཁོད་དེ་འདུག་པ་ན་བཀའ་བསྐུལ་བ། ཀ་ཡེ་གོ་བར་གྱིས་ཤིག དེང་གི་དུས་སུ་ལོ་པོ་གཅིག་པུས་རྒྱལ་ཁབ་ཆེན་པོའི་བྱ་བའི་རིམ་པ་ཕྲ་རགས་མཐའ་དག་བསྒྲིད་པ་ནི་ངལ་བ་ཙམ་དུ་ཟད་ཀྱི། དེ་ཡང་ཐོན་རིགས་ཀྱི་ས་ལ་སྤྱོད་པ་དང་། ཁྱོད་གཉིས་ཀྱིས་ངའི་དགུང་བློན་གྱི་ཁུར་བཟུང་སྟེ་ཇི་ལྟར་བསྒོ་བའི་ལས་རྣམས་སྒྲུབ་པར་གྱིས་ཤིག”①ཅེས་ཕེབས་པར་ཁོང་རང་ཉིད་མི་འོས་པས་དགོངས་འཁྲོལ་ཡོང་བ་ཞུས་ཀྱང་བཀའ་བཞེས་མ་ཐོབ་ཚུལ་དང་། ཡང་“དེ་ནས་ཉི་མ་གཞན་པ་ལ་ཐོན་རིགས་ཀྱི་ས་ལ་སྤྱོད་པ་དང་བདག་ཅག་ཟུང་གོང་མ་བདག་པོའི་དཔུང་ཚོགས་ཀྱི་གཙོ་བོ་ཆེན་པོ་ཨ་ལི་ཁན་ཨམ་པ་ལ་སོགས་པའི་དྲུང་དུ་ཁྲིད་པར་མཛད་ནས་སླར་ཡང་དེ་སྐད་དུ་བཀའ་བསྒོས

① （མི་དབང་རྟོགས་བརྗོད་དེབ་ངོས659）

སོ།”① ཞེས་གསལ་བ་ལྟར་སྐབས་དེ་ཤེད་ནས་ནང་དོན་ཕོང་གཉིས་ལ་བཀའ་སློབ་བསྐོ་བཞག་གནང་རྒྱུ་ལམ་ཙམ་གཏན་འཁེལ་བ་མཆོན་ཞིང་། ཐོན་རིགས་ཀྱི་ས་ལ་སྤྱོད་པ་ཞེས་པ་འདི་ནི་རྗེས་སུ་བཀའ་སློབ་ཐོན་པ་སྲི་ཆོད་ཚེ་བརྟན་ཟེར་བ་དེ་ཡིན་ནོ།

6. ཏཱ་ལའི་བདུན་པ་རེ་ཞིག་ས་སྨད་དུ་ཕེབས་དགོས་བྱུང་བ།

ཏཱ་ལའི་བླ་མ་སྐལ་བཟང་རྒྱ་མཚོ་ས་སྨད་དུ་ཕེབས་པའི་འབྱུང་རྐྱེན་སྐོར་ལ་མི་དབང་རྟོགས་བརྗོད་ནང་། “དེ་ནས་མི་རིང་བ་དགུན་ཟླ་ཐ་ཆུང་ལ་འབབ་པ་ན། ཨ་ལི་ཁན་ཨམ་པ་ལ་སོགས་པ་གཙོ་བོ་དེ་དག་ཕོ་བྲང་རི་བོ་གྲུ་འཛིན་དུ་སོང་ནས་ཐམས་ཅད་མཁྱེན་པ་རྒྱལ་བའི་དབང་པོ་ལ་གསོལ་པ། ཏཱ་ལའི་བླ་མ་དང་གོང་མ་ཤིང་རྒྱ་ཁང་（ཁང་ཞི་ལ་ཟེར་）ཞལ་དཀྱིལ་མངོན་པར་འཛོམས་པ་ལ་རིང་མོ་ནས་སྨོན་པར་མཛད་ཀྱང་གོང་མ་གནམ་དུ་གཤེགས། དེའི་རིགས་ཀྱི་སྲས་ཐུ་བོ་གོང་མ་བདག་པོ་འདི་ཉིད་ཀྱིས་ཡབ་ཀྱི་རྒྱལ་སྲིད་ཀྱི་ཚོད་པན་དབུ་ལ་བླངས་ནས། ཏཱ་ལའི་བླ་མ་དང་ཞལ་མངོན་པར་འཛོམ་པ་ལ་ཐུགས་འདུན་གཏད་ནས་ཕྱིའི་ལྟགས་རི་རྣམས་ལ་གཟིགས་མོར་གཤེགས་ནས། དེ་དང་སྟབས་མཚུངས་པར་ཏཱ་ལའི་བླ་མ་ཡང་བདག་ཅག་གིས་སྤྱན་དྲངས་ཏེ་པན་ཚུན་གསེར་ཞལ་མཇལ་མ་ཐག་པར་སླར་ཡང་གནམ་ལོ་གཅིག་གི་ངེས་པ་ཕོ་ནར་བོད་ལྗོངས་སུ་ཆིབས་ཀྱི་ཁ་ལོ་བསྒྱུར་པར་བྱེད་དོ་ཞེས་བྱ་བ་ལ་སོགས་པ་ཟབ་ཅིང་བརླིང་བ་མཐའ་མི་དཔོག་པའི་བཀའ་མང་དུ་བསྒྱུར་ཏོ། དེའི་ཚེ་

① （མི་དབང་རྟོགས་བརྗོད་དེབ་ངོས660）

ཐམས་ཅད་མཁྱེན་པ་རྒྱལ་བའི་དབང་པོས་འདི་སྐད་ཅེས། ཁྱོ་བོ་ནི་དེང་གི་དུས་ཐོས་བསམ་གྱི་གནས་རྣམས་མཐར་ཕྱིན་པར་མ་གྲུབ་པས་འགྲོ་ཅན་དུ་གྱུར་ལ། འབྲུམ་ནད་ཀྱང་མ་གྲོལ་དེའི་སྐད་དུ་རེ་ཞིག་པེ་ཅིང་དུ་བགྲོད་མི་དགོས་པ་གནང་བར་མཛོད་ཅིག་དང་། དེ་ལྟར་མི་ཐུབ་ན་ནི་སྟོན་ཚད་ཀྱང་བདག་པོ་ཆེན་པོའི་བཀའ་ཇི་ལྟར་བསྩལ་བ་ལ་མངོན་པར་བསྟོད་ཅིང་། ད་དུང་ཡང་བཀའ་ལས་འགོང་བར་གྱི་བགྱིད་དོ་ཞེས་བཀའ་བསྩལ་བས། དེ་དག་འཛུམ་མུལ་གྱིས་ཕྱུང་ནས་རེ་བ་རྫོགས་པར་བྱེད་དོ། ”① ཞེས་འཁོད་པ་དང་། མི་དབང་པོ་ལྷ་བས་གོང་མའི་མི་སྣ་རྣམས་ཀྱི་སར་ཡང་ཡང་ཕེབས་ནས་ཏཱ་ལའི་བླ་མ་མཆོག་སྨད་ཕྱོགས་སུ་ཕེབས་མ་དགོས་པ་ཞིག་ཅི་ནས་ཀྱང་གནང་དགོས་ཚུལ་སྙེར་ཞུས་དང་། སྤྱི་ཞུས་ནན་ཏན་ཆེན་པོ་གནང་ཚུལ་སོགས་རྒྱས་པར་གསལ་འདུག

འོན་ཀྱང་ཏཱ་ལའི་སྐུ་ཕྲེང་བདུན་པའི་རྣམ་ཐར་དུ་ནི། “དེ་ནས་དབུས་གཙང་དུས་ཟེར་ཏ་ཅང་ཆེ་བ་དང་། སྐྱེ་བོ་རྣམས་ཀྱང་ནག་ཕྱོགས་འགོང་པོས་རྒྱུད་བསླད་པས་ཕན་ཚུན་འཐབ་རྩོད་ལ་བརྟེན་པའི་ཕུང་བཀྲོལ་གྱི་རྒྱུ་དུ་མ་ཞིག་ལ་ངང་གིས་ཞུགས་པར་གྱུར་པས། རྗེ་བླ་མ་ཉིད་ལ་ཐུགས་ས་མི་བདེ་བ་བྱུང་ངོགས། ཤར་ཕྱོགས་འཇམ་དབྱངས་གོང་མ་ཆེན་པོ་ནས་ཆེད་མངགས་ཀྱི་ཏཱ་ཞིན་ཆེན་པོ་རྫོང་དང་མཛད་ཅིང་། གང་ཅིའི་ཆ་རྐྱེན་སྒྲོམས་ཆེ་བ་སྤྲུར་ཏེ་རེ་ཞིག་ལིག་ཐང་ཕྱོགས་སུ་ཕེབས་དགོས་ཀྱི་བཀའ་བྱུང་བ་སྤྱིར་གོང་མ་ཆེན་པོའི་ཐུགས་དགོངས་ལ་བོད་དུ་བདེ་གཟར་ཡོད་སྐབས། རྗེ་བླ་མ་མཆོག་སྐུ་མི་བསྐྱེལ་

① （མི་དབང་རྟོགས་བརྗོད་དེབ་ངོས680 – 681）

བ་དང་། ཐུགས་ཐོས་བདེ་བའི་ཆེད་བཅས་རེ་ཞིག་མདོ་སྨད་དུ་གདན་དྲངས་པ་ཡིན་འདུག་ཀྱང་། བསྟན་འགྲོ་སྤྱི་ལ་བོད་ནས་ཞབས་པད་གཞན་དུ་མ་བསྐྱོད་པ་ཞིག་བྱུང་ན་ལེགས་ལམ་ཆེ་བར་དགོངས་ཏེ། པཎ་ཆེན་རིན་པོ་ཆེ་དང་། དགའ་ལྡན་ཁྲི་རིན་པོ་ཆེ་སོགས་བླ་སྤྲུལ་སེར་སྐྱ་སྤྱི་ཕྱིངས་ནས་བཀོལ་འདེབས་ཀྱི་ཞུ་བ་ནན་ཏན་བྱུང་འདུག་ཀྱང་། བདག་ཉིད་ཆེན་པོ་འདི་ནི་འགྲོ་བའི་དོན་ལ་ཅུང་ཟད་ཀྱང་…… གཟིགས་པ་དུས་ལས་མི་འདའ་པའི་ཕྱིར། རེ་ཞིག་མདོ་སྨད་ཕྱོགས་ཀྱི་བསྟན་འགྲོའི་དོན་རྒྱ་ཆེན་པོ་མཛད་པའི་དུས་ལ་བབས་པར་གྱུར་པས་ཐུགས་དགྱེས་པ་ཆེན་པོས་གོང་མའི་བཀའ་ལྟར་བསྒྲུབ་པ་ཞལ་གྱིས་འཆེས།”① ཞེས་གསལ་བ་དུས་རབས་དེ་རང་ལ་བྲིས་པའི་ལོ་རྒྱུས་ཀྱི་ཡིག་ཆ་པར་མ་དེ་གཉིས་ཀྱི་བརྗོད་དོན་ལ་མི་འདྲ་ས་འགའ་ཤས་མཆིས་ཤིང་། གོང་མ་དང་མཇལ་འཕྲད་གནང་ཆེད་ཅེས་པ་ནི་ཕྱི་རྒྱར་ཡོངས་བསྒྲགས་བོད་ནས་ཕེབས་བཀོལ་ག་གོར་མི་འབྱུང་བའི་དོན་དུ་ཡིན་ཤས་ཁ་སྐྱེ། དཔེར་ན་གདན་ས་གསུམ་གྱི་བླ་མ་སོགས་ནས་གོང་མའི་མི་སྣའི་སར་བཅར་ཏེ། ཏཱ་ལའི་བླ་མ་རྒྱལ་ནང་དུ་ཕེབས་མ་དགོས་པ་ཞུ་ནན་བྱེད་སྐབས། “ཨ་ལི་ཁན་ཨམ་པས། ཏཱ་ལའི་བླ་མ་དང་བདག་པོ་ཆེན་པོ་ཞལ་མངོན་པར་འཛོམ་དུ་མི་རུང་བར་སྨྲ་བ་འདི་ཁོ་ན་ལོག་པ་ཆེན་པོ་མ་ཡིན་ནམ། ……”② ཞེས་བརྗོད་ཚུལ་འཁོད་པ་ལས་ཀྱང་མཐོང་ཐུབ། རྣམ་ཐར་ནང་གསལ་བའི་ཐུགས་བཟོས་མི་བདེ་བ་བྱུང་དོགས་ཞེས་པ་ནི་དོན་དངོས་ཡིན་སྲིད་སྙམ། དཔེར་ན་དེ་སྔོན་གྱི་

① （དཔག་བསམ་སྙེ་མ་སྟོད་ཆ་ཤོག་གྲངས135）

② （མི་དབང་རྟོགས་བརྗོད་དེབ་ངོས683）

ལོ་1727ཐོད་མེ་ལུག་ལོར་དབུས་གཙང་བདེ་གཟར་ཐོག་མའི་སྐབས་གཙང་དམག་རེ་ཞིག་རྒྱལ་རྩེ་ནས་ཕྱིར་འཐེན་བྱེད་དུས། ཕོ་ལྷ་བས་ལྷ་རྩེ་དམག་སྒར་ནས། གོང་མ་ཡུང་ཀྲིན་ལ་ཕུལ་བའི་སྙན་ཞུའི་འདྲ་བཤུས་ཀྱི་ནང་དོན་ཆ་ཚང་གཤམ་གསལ།

" གནམ་བསྐོས་༧གོང་མ་ཆེན་པོའི་ཞབས་པད་གསེར་གྱི་འཁོར་
ལོ་རྩེབས་སྟོང་རྣམ་པར་བཞད་པའི་དྲུང་དུ།

ཛ་སག་ཐའི་ཇི་བཀའ་བློན་པོ་ལྷ་བས་

གུས་ཕྱག་གྲངས་མེད་དང་བཅས་ཞུ་བ། བདག་པོ་ཆེན་པོའི་བཀའ་གནང་ཐོད་དུ་བཅིངས་ཤིང་སྤྱོད་གར་དང་བློ་བཟང་བསྟན་འཛིན་གཉིས་ལ་དགྲ་གདོས་བྱེད་མི་སྤུས་སེ་ཁང་ཆེན་ནས་དང་། ཐའི་ཇི་ཕོ་ལྷ་ནས་ལ་མཐོ་གནོན་བསྐུས་བསད་བྱུང་བའི་བསམ་ཡུལ་ཞིབ་ཆ་ཟེ་ལེང་བརྒྱུད་འཁོར་ཐོང་ཚོ་ཁེར་ཙན་མི་བཅུ་དང་། ཁམས་བརྒྱུད་ཐའི་ཇི་ཕོ་ལྷ་བའི་མི་གཉིས་བརྫོང་བརྫ་ཞུས་པ་གནས་ཚུལ་གསེར་གྱི་སྙན་དུ་དེངས་པ་གཞིར་བཅས། ༧བདག་པོ་ཆེན་པོའི་བཀའ་ཁྲིམས་དང་ཞབས་འདེགས་སུ་བསམ་ནས་ཐའི་ཇི་ཕོ་ལྷ་བས་གཙང་ཁུལ་མངའ་རིས་དང་བཅས་ཀྱི་དམག་བསྐུལ་ནས། སྤུས་སེ་ཁང་ཆེན་པའི་དགྲ་ཤ་ལོན་པ་ཞིག་བྱ་རྩིས་ཀྱི་དཔུང་བཤམས་ཚར་རྗེས་བཀྲས་ལྷུན། ས་སྐྱ་སོགས་ནས་ཆིངས་བྱེད་དགོས་གསུང་ཡང་། འདི་སྐོར་རྩ་བ་ཆེ་གཤིས་བདག་པོ་ཆེན་པོས་མཁྱེན་པ་མ་གཏོགས་མེད་པས་ཆིངས་མི་བྱེད་པར་ཐག་བཅད། ཏཱ་ལའི་བླ་མ། བསོད་ནམས་དར་རྒྱས (ཡབ་) གོང་པོ་བཀའ་བློན་ང་ཕོད་རྡོ་རྗེ་རྒྱལ་པོ། ལུམ་པ་བ། སྦྱར་ར་བ་བཅས་ཀྱིས་འགོ་བྱས་དབུས་པ། གོང་པོ། དྭགས་པོ། གཞུང་སོག ནག་ཚུའི་སོག་པོ། ཁམས་པ། བློ་བཟང་བསྟན་འཛིན་སོགས་

མཚོ་ཁའི་སོག་པོ་སུམ་བརྒྱ་སྐོར་བཅས་ཞིབ་སྦྲེལ་གྱིས་གཙང་དུ་འབྱོར། བླ་བ་བརྒྱུད་པའི་ཆོས་གཅིག ཆོས་ལྔ། ཆོས་བརྒྱད། ཆོས་བཅུ་གཅིག་རྣམས་ལ་འཐབ་འཛིངས་བྱས་པར་དབུས་ཀོང་། སོག་པོ་བཅས་གྲངས་མེད་བསད་བཟུང་བྱས་ཀྱང་། གཙང་གི་སྡེ་དཔོན་ཞུ་མ་བ། སྔོ་པའི་དམག་བཅས་དབུས་པར་ངོ་ལོག བདག་པོ་ཆེན་པོར་དགྲ་གདོས་བྱེད་མི་མཚོ་སྟོན་སོག་པོ་རྣམས། ཏཱ་ལའི་བླ་མ། བསོད་ནམས་དར་རྒྱས། སྤུས་སེང་ཕོད་པ། ལུམ་པ་བ་བཅས་ལ་མགོ་བཏགས་པ་སུམ་བརྒྱ་སྐོར་ལ། སྤུས་སེ་ཁང་ཆེན་པའི་མི་མདའ། སག་ཐག ཨོལ་འཐོག ཨ་ཁྲབ་སོགས་དགྲ་ཆས་རྣམས་སྤྲིན། གཞུང་རྣམ་སྲས་གན་མཛོད་ནས་གསེར། དངུལ། གོས་ཆེན་ཚན་ཆེ་སྤྲིན་ནས་མཚོང་དུ་བཙུག གཞུང་གི་རྟ་དྲེལ་རྣམས་འཕངས་མེད་དུ་ཞོན་རྒྱུགས་བྱས་ཤིང་། གཙང་པ་རྟ་ཤེད་ངན་པ་དང་། མངའ་རིས་ས་ཐག་རིང་བ་བཅས་དབུས་ཀོང་སོག་པོ་དང་བཅས་མིང་མེད་དུ་བཅོམ་མ་ཐུབ་གཉིས། བཀྲ་ཤིས་ལྷུན་པོ་ནས་ཞག་ལྔའི་སློབ་ས་ལྷ་རྩེ་རྫོང་དུ་རེ་ཞིག་ཕྲ་བཟུང་ནས་བསྡད་ཡོད། ཏཱ་ལའི་བླ་མས་བཏང་བའི་དབུས་ཀོང་སོག་པོ་དང་བཅས་ནས་གཙང་པའི་ཕོ་རྣམས་མཐོང་ཚད་བསད། མོ་རྣམས་བཀོལ་སྤྱོད། ཁང་པ་མེར་བསྲེག འདི་ལོའི་ལོ་ཏོག་ཐམས་ཅད་གཏོར་བརླག་ཏུ་གཏོང་བ་སོགས་མདོར་ན་བསམ་སྦྱོར་གྱི་ཡུལ་དང་བྲལ་བ་བྱེད་འདུག་པས། བོད་ཀྱི་སྐྱེ་འགྲོའི་བདེ་སྐྱིད་དང་བསྟན་པ་རིན་པོ་ཆེར་དགོངས་པའི་བདག་པོ་ཆེན་པོའི་དཔུང་ཆེན་བདེན་ཐོག་ཏུ་འཁྱོལ་བ་ཞིག་གི་ཚར་གཅོད་རྗེས་འཛིན་ཕྲལ་དུ་བརྩེ་བསམ་བཟུང་ཆོ། གཙང་མངའ་རིས་དང་བཅས་པའི་དམག་གི་རྣམས་བློ་འཕངས་ཆེ་ངེས་ཡོང་འདུག་པས་ངེད་རྣམས་སྙིང་རྗེའི་རེ་བ་ནས་མ་འདོར་བ་ཞིག་མཁྱེན། ཞུ་ཡིག་འདེགས་རྟེན་ཁ་བཏགས་གྲུར་གྲུམ་དང་

བཅས་རྣ་ཆོས་ལ་ལྷ་རྗེ་དམག་སྐར་ནས། གུས་ཕྱག་དང་བཅས་ལག་བྲིས་སུ་ཕུལ།”① ཞེས་གསལ་འདུག་པ་དང་། དེའི་ཕྱི་ལོ་མི་དབང་པོ་ལྷ་བའི་གཙང་དཔུང་དབུས་དམག་ལས་རྒྱལ་ནས་ལྷ་ས་བཟུང་བའི་རྗེས་པོ་ལྷ་ཐའི་རིས་པོ་བྲང་པོ་ཏ་ལར་ཏཱ་ལའི་བླ་མ་འཇལ་འཕྲད་དུ་བཅར་སྐབས། “དགུང་ལྷོན་ངན་པ་དག་གིས་དའི་ཆེང་བླ་ཐུར་མ་ཏུང་བར་བྱས་པ་དེ་མ་ཐག་པར་གོང་ས་མཆོག་གི་བཀའ་ཞེས་ཕྱོགས་ཀུན་ཏུ་གཏམ་ངན་གྱི་དྲིལ་བསྒྲགས་པ་ནི་ཐོས།”② ཞེས་སོགས་གསོལ་བ་བཅས་ལ་དཔགས་ན། ཏཱ་ལའི་བླ་མ་བདུན་པ་ཆེན་པོ་འདི་ཉིད་མདོ་སྔགས་ཀྱི་བསྟན་པ་ཐུགས་སུ་ཆུད་པའི་དོན་དམ་གྱི་བླ་མ་དམ་པ་ཆོས་ཕྱོགས་སུ་ཏཱ་ལའི་བླ་མ་སྐུ་ཕྲེང་རིམ་བྱོན་གྱི་ཁྲིད་ནས་ཕུལ་དུ་བྱུང་བ་ཞིག་ཡིན་མོད། འོན་ཀྱང་འཇིག་རྟེན་ཆབ་སྲིད་ཀྱི་ཐད་ལ་ནི་གཤམ་འོག་ནས་གང་བྱས་ལྟར་ལས་མེད་ཁར། ལྷག་པར་སྐབས་དེར་དགུང་ན་ཕྲ་བ་དང་། ཡབ་རྗེ་བསོད་དར་པའང་རང་ཚུགས་ཐུབ་པ་ཞིག་མ་ཡིན་པ། “ཆོས་གོས་གྱོན་ནས་བདུད་ཀྱི་ལས་སྒྱུར་རྩོམ་མཁན།” སྐྱེར་ལུང་མཁན་པོ་དང་རྣམ་རྒྱལ་གྲྭ་ཚང་གི་གཉེར་པ་སོགས་ང་ལུམ་སྦྱར་གསུམ་གྱི་རྗེས་འབྲངས་ངན་ཤུགས་ཆེ་བ་ཆོས་ཁ་ལོ་བསྒྱུར་ནས་མ་འཚམས་པའི་བཀའ་བེད་སྤྱོད་བཏང་བ་སོགས་བྱུང་བའི་ཐོག མི་དབང་པོ་ལྷ་བ་ནི་དཔའ་ངར་ཆེ་ལ་རང་རྒྱུད་གྱོང་བ་དང་། ཆབ་སྲིད་ཀྱི་བྱ་བར་གཡོ་འཕྲུལ་བྱེད་ཆུབ་པ་ཞིག་ཡིན་སྐབས་ཏཱ་ལའི་བླ་མར་ཕྱི་ཚུལ་གྱི་གུས་ཞབས་ཙམ་ལས། དོན་ལ་འཁོན་འཛིན་མི་སྙོད་པ་ཡིན་པ་བཅས་ལ་བརྟེན་ཆེང་

① （བོད་ཀྱི་ཡིག་ཚགས་དང་གཞུང་ཡིག་ཕྱོགས་བསྡུས་ལྷུགས་པར་དེབ་ངོས74－76）

② （མི་དབང་རྟོགས་བརྗོད་）

གོང་མ་དང་གསེར་ཡིག་པ་བཅས་ལ་ནང་དོན་ཇི་ལྟར་གསོལ་ཡོད་པའང་ཆ་མ་འཚལ་ཞིང༌། རྒྱ་རྗེན་དེ་དག་ལ་བརྟེན་ནས་རེ་ཞིག་ཏཱ་ལའི་བླ་མ་དབུས་གཙང་དུ་བཞུགས་ན་ཕྱིན་ཆད་ཀྱང་མི་ལ་ལས་ཁོང་གི་མཚན་སྙན་བེད་སྤྱོད་ནས་བདེ་གཟར་བསྐྱུར་སློང་རིགས་ཡོང་དོགས་པ་ཡིན་སྙིད་སྙམ། གང་ལྟར་གནད་དོན་འདིའི་ཐད་ཕྱི་ནང་གསང་གསུམ་གྱི་གནས་ཚུལ་རྙོག་འཛིངས་ཆེ་ཙམ་ཞིག་བྱུང་བར་མངོན་ནོ།

སྤྱི་ལོ1728བོད་ས་སྤྲེ་ལོའི་ཧོར་ཟླ་བཅུ་གཅིག་པའི་ཚེས་ཉེར་གསུམ་ཉིན་ཏཱ་ལའི་བླ་མ་མཆོག་དང༌། གང་གི་ཡབ་རྗེ་སྐུ་འཁོར་ཉིས་བརྒྱ་སྐོར་དང་བཅས་རྩེ་པོ་བྲང་ཆེན་པོ་ནས་ཆིབས་ཞལ་བསྒྱུར། ལྷ་སའི་སེར་སྐྱ་མང་ཚོགས་བརྒྱ་སྟོང་དུ་མས་ལྷ་གདོང་ཤན་ཁ་བར་ཡིད་འཕྲེང་བཞིན་པར་ཕེབས་སྐྱེལ་དང༌། གཞུང་ཞབས་རྣམས་དང་གདན་ས་གསུམ་གྱི་བླ་མ་ལས་སྣེ་སོགས་ཆེ་རྒྱ་ཀུན་གྱིས་བདེ་ཆེན་གསང་སྔགས་མཁར་བར་དུ་ཆིབས་སྐྱེལ་དུ་བཅར། རྒྱལ་དབང་མཆོག་ཕྱིར་ཕེབས་མ་ཐུབ་བར་སྨོན་ལམ་ཆེན་མོའི་ཚོགས་དབུས་མཚོན་རྣམ་དཀར་འཕྲིན་ལས་ཀྱི་སྐུ་ཚབ་ཏུ་འོན་རྒྱལ་སྲས་སྤྲུལ་པའི་སྐུ་འཛིགས་མེད་ཡེ་ཤེས་གྲགས་པ་བསྐོ་བཞག་དང་བཀའ་མངགས་མཛད་འདུག

ལོ་དེར་གོང་མའི་བཀའ་ལྟར་ཨ་ལི་ཁན་ཨམ་པ་ལ་སོགས་པ་དཔུང་དམག་བྱིངས་ཕྱིར་ལོག་ཅིང༌། བོད་ལྗོངས་སུ་སྡར་བྱུང་གློ་བུར་ཕྱི་ནང་གི་དུས་ཐེང་དེ་རིགས་མི་འབྱུང་བའི་སླད་དུ་མེ་ཏྲ་ཞིན་དང༌། སེང་ཏྲ་ཞིན་བྱ་བ་གཉིས་ཀྱིས་གཙོ་བོ་བྱས་པའི་གོང་མའི་དམག་དཔུང་སྟོང་ཕྲག་གཉིས་སྲུང་འདོམས་སུ་བཞག་ཅིང༌། བོད་དུ་རང་སྲུང་དམག་དཔུང་གི་གོ་མཚོན་དང་བཙོན་རྟ་སོགས་གྲབས་གསོག་དགོས་པའི་ཁྲབ་འདོན་ཀྱང་བྱས་པར་གྲགས།

མི་དབང་ཕོ་ལྷ་ཐའི་རྗེས་སྲིད་བཟུང་བའི་བྱ་བ་ཐོག་མ་ནི། གདན་ས་ཆེན་པོ་དཔལ་ལྡན་འབྲས་སྤུངས་སུ་འཇམ་དབྱངས་ཆོས་རྗེའི་དགོངས་རྫོགས་སྐྱབ་མཆོད་ཀྱི་གཏོང་སྒྲོན་དུ་སྟོད་ལུང་བསམ་གྲུབ་སྒང་གཞིས་འབངས་དང་། ལྷ་སྤྱིའི་གཏོང་སྒྲོན་དུ་དོལ་སྐྱ་ཁང་གཞིས་འབངས། སེ་ར་ཐེག་ཆེན་གླིང་དུ་བྱམས་ཆེན་ཆོས་རྗེའི་སྐྱབ་མཆོད་མཐུན་རྐྱེན་དུ་བཀྲ་ཤིས་དགོས་འདོད་ཀྱི་གཞིས་འབངས། འབྲོག་རི་བོ་དགའ་ལྡན་པར་ཁ་རབ་གོང་གཞིས་འབངས་དང་བཅས་པ་རྣམས་སྦྱོར་འཇགས་གནང་འདུག་པ་དེ་དག་ལའང་ཆོས་སྲིད་གཉིས་ཐད་ནས་དགོས་པ་ལྡན་ཡོད་པ་གོར་མ་ཆག

དེ་ནས་ས་བྱ་གནམ་ལོ་གསར་དུ་ཆོས་སྐབས་ཏཱ་ལའི་བླ་མ་མ་བཞུགས་སྐབས་སྤར་སྤྲོལ་གྱི་མཛད་སྒོ་སོགས་མ་དགོས་པར། གོང་མའི་ལུང་གིས་མངགས་པའི་ཏཱ་ཞིན་རྣམས་དང་། གདན་ས་གསུམ་གྱི་བླ་མ་ལས་སྣེ། གཞུང་ཞབས་རྣམས་བཅས་མི་དབང་ཕོ་ལྷ་རང་ཉིད་ཀྱིས་མགྲོན་དུ་གཉེར་བའི་དགའ་སྟོན་གྱིས་ཚོམ་པར་མཛད་པ་དང་། དེ་ལོའི་སྨོན་ལམ་ཆེ་མོ་དང་ཚོགས་མཆོད་ཀྱི་བསྙེན་བསྐུར་ཡང་སྤར་ན་མ་གྲགས་པའི་གཟབ་རྒྱས་སུ་བསྐྱར་ཚུལ་སོགས་ཞིབ་པ་རྟོགས་བརྗོད་ནང་གསལ་བས་འདིར་མ་སྤྲོས་ཤིང་། གོང་གསལ་བཀའི་དགུང་སྟོན་ཡང་དབུས་ཕྱོགས་ཀྱི་སྡེ་དཔོན་མདོ་མཁར་བ་དང་། དབུས་གཙང་བར་གྱི་ཁྲོན་པ་བར་བསྐོས་པ་སོགས་འདི་དག་ཀྱང་བོད་ས་གནས་ཀྱི་དབང་འཛིན་གསར་པ་སྲ་བརྟན་འཛུགས་པ་ལ་ཐབས་མཁས་ཀྱི་མཛད་པ་སྐྱོང་སྟངས་ཞིག་ཡིན་པ་ལས། སྐྱེས་དབང་དུ་བྱུང་བ་ནི་མིན་པར་སྙམ་མོ།

ཏཱ་ལའི་བླ་མ་སྐུ་འཁོར་རྣམས་རིམ་གྱིས་ཕེབས་མཐར་སྤྱི་ལོ1729བོད་ས་བྱ་ལོའི་ཟླ་བ་གཉིས་པའི་ཚེས་བརྒྱད་ཉིན་རང་གི་འཁྲུངས་ཡུལ་ལི་ཐང་དུ

ཕྱག་ཕེབས་པར། ལི་ཐང་གི་སྡེ་པ་ཨ་འབུམ་བཀྲ་ཤིས་དང་། དར་རྗོད་རྣམ་རྒྱལ་སོགས་ལྷ་སྡེ་མི་སྡེ་ཡོངས་ཀྱི་ཆེབས་བསུ་གཟབ་རྒྱས་དང་བཅས་ལི་ཐང་བྱམས་པ་གླིང་དུ་ཞབས་སོར་འཁོད་འདུག

"འདི་སྐབས་གོང་མ་ཆེན་པོ་ནས་གོས་དངུལ་སོགས་ཀྱི་གནང་སྦྱིན་རྒྱ་ཆེན་པོ་བཅས་ཨ་ས་ཁན་ཨམ་བན་དང་། མེ་རིང་ཛང་གི་ནེལ་གེ། ཏཱ་ལའི་བླ་མ་བསྟན་འཛིན་ཆོས་དར་དང་། ཆོས་འཕེལ་དར་རྒྱས། ནང་བློན་མའི་གུང་གི་བུ་ཁེ་ཨཱ་ཀཱི་ཏན། ཐེ་གུ་སུ་ཨ་ལི་ཁན་ཨམ་པའི་བུ་ཁེ་ཡཱ་ཤུ་མེང་། ཁེ་ཡཱ་གཞན་གཉིས་དང་། སྲི་བའི་ཆེ་སོགས་མི་དྲག་རྣམས་འཁྱེར་ཏེ་གོང་མའི་བཀའི་འཚམས་འདྲི་དང་། མེ་རིང་ཛང་གི་དང་སྣ་ཏཱ་ཞིན་གཉིས་ཞབས་ཕྱིར་སྔོད་རྒྱུ་དང་། སྐུའི་བསྲུང་ཆར་ཞིང་ཙོང་ཕན་གྱིས་གཙོས་དམག་མི་སྟོང་ཕྲག་གཉིས་འཛོག་རྒྱུའི་བཀའ་ཕེབ།"① ཅེས་དང་། ཡང་ཡབ་རྗེ་དམ་པ་གོང་མ་ཆེན་པོའི་མཇལ་ཁར་ཡོང་དགོས་ཚུལ་དགོང་མའི་བཀའ་ཕེབས་ལྟར་འཁྱེར་རྒྱུ་ལ་དཔོན་གཡོག་ཚང་མར་ཐོན་ཕྱག་རྫོང་བ་གཟབ་རྒྱས་དང་། བཀའ་བསྒོ་བསླབ་བྱ་སོགས་རྒྱས་པ་གནང་སྟེ་རྒྱ་ནག་པོ་བྲང་གི་ཙན་དན་ཇོ་བོར་སྐན་ཤལ་ཞལ་བྱང་ཅན་འབུལ་རྒྱུ་གནང་། "འདི་སྐབས་ཞབས་ཕྱིར་སྔོད་པའི་དྭ་ཞིན་རྣམས་ནས་ཀྱང་ཡབ་རྗེ་པོ་བྲང་དུ་ཕེབས་པར་ཞབས་ཕྱི་སོགས་གྲངས་བཅད་མི་དགོས་ཤིང་། ཡབ་རང་གི་ཐུགས་དང་བསྟུན་པས་ཆོག་ཅེས་གོང་མ་ཆེན་པོའི་བཀའ་ཕབ་པ་རྟ་ཟམ་རིམ་བརྒྱུད་ལ་ཡི་གེ་བྱུང་ཚུལ་སྐན་སྒྲོན་ཞུས།"② ཞེས་གསལ་ཞིང་ས་བྱ་ལོ་

① （དཔག་བསམ་སྐྱེ་མ་སྟོད་ཆ་ཤོག་གྲངས142－143）
② （དཔག་བསམ་སྐྱེ་མ་སྟོད་ཆ་ཤོག་གྲངས143）

ནང་དེར་ཡབ་རྗེ་བསོད་ནམས་དར་རྒྱས་བཀའ་ལྟར་གོང་མའི་དྲུང་དུ་བཙར་འདུག དེ་ནས་སྔོན་དུ་གོང་མའི་སྤྱན་སྔར་མཚམས་ཞུ་འབུལ་བར་བཏང་གནང་བའི་སྣོ་མང་སློབ་དཔོན་ནམ་མཁའ་ཕྱིར་འཁོར་ཐོག གོང་མ་ཆེན་པོས་གནང་བའི་གསེར་ཡིག་ཕྱག་ཏུ་བཞེས་ཤིང་། དེའི་ནང་སྔར་ལས་ལྷག་པའི་བཀུར་གཟིགས་ཆེ་བ་དང་། ལི་ཐང་དུ་ཕེབས་པ་ཡག་པོ་བྱུང་ཞིང་། རྒྱ་ཡུལ་དུ་ཚད་འབྲུམ་གྱི་སྣང་གཞི་ཡོག་རྫོགས་གདན་འདྲེན་མ་ནུས་ཀྱང་། གོང་མ་ཕྱིའི་ས་ཆར་ཕེབས་པའི་སྐབས་དང་བསྟུན་ནས་མཇལ་འཕྲད་གནང་བཞེད་ཡོད་ཚུལ་དང་། ལི་ཐང་དང་ཉེ་བའི་ས་ཆར་བཞུགས་གནས་དགོན་པ་ཞིག་གསར་དུ་བསྐྲུན་རྩིས་ཡོད་ལུགས། སྣད་ཕྱིན་ཕོ་བྲང་ཆེན་པོ་པོ་ཏ་ལར་ཕེབས་འདོད་བྱུང་ཚེ་སྟབས་བསྟུན་གོང་མར་བསྙབ་སྙོན་ཞུས་ནས་ཐུགས་བཞེད་ལྟར་ཕེབས་འཐུས་ཡོང་བ་སོགས་ཕེབས་སྒོ་ཤིན་ཏུ་བཟང་བ་དང་། གནང་སྦྱིན་ཡང་སྔར་ལས་ལྷག་པ་ཤེལ་དང་གུ་གུ་ཤ་སོགས་ཀྱི་སྤྱད་པ་སྣ་ཚོགས་ཡོད་པའི་སྣམ་བཞི་ཅམ་བཅས་ཕྱག་ཏུ་སོན་དེ་ནས་སྐུའི་དཔྱད་རྒྱ་ཞིག་ལ་བཞུགས་ཤིང་། “སྐུ་མཚམས་གྲོལ་རྗེས་ཡབ་རྗེ་ཉིད་གོང་མའི་རྒྱལ་ཁབ་ཏུ་འཁོར་སྐབས། གོང་བཀས་ཏྲ་ཞིན་ཕེབས་བསུར་ཡོང་བ་དང་། གོང་མའི་མཇལ་ཁའི་སྐབས་བཀུར་གཟིགས་ཤིན་ཏུ་ཆེ་ཞིང་། ནང་གི་གུང་རིམ་པ་ཆེ་བའི་ཚོ་ལོས་གཟེངས་བསྟོད་གནང་བ་སོགས་དང་། རྗེ་ཉིད་ལ་གོང་མས་འཚམས་འདྲིའི་རྟེན་ཁ་བཏགས་བཅས་ཐུགས་བློ་བདེ་ཁྲིད་ཀྱི་གནས་ཚུལ་འཕྲུལ་དུ་ཕུལ་ཕེབས་པ་ལྟར་བན་ཅི་སྒོ་ཉ་ཁ་དང་། ཡང་རྗེའི་ཞབས་ཕྱི་རྡོ་རྗེ་ཚེ་བརྟན་གནས་ཚུལ་འབུལ་བར་རྟ་ཟམ་ཐོག་ནས་འཁོར་པས་དཔོན་གཡོག་ཚང་མ་ཐུགས་བློ་ཕེབས་པ་བྱུང་འདུག དེ་འཕྲུལ་གོང་མ་ཆེན་པོར་འཚམས་ཞུ་དང་བཀའ་དྲིན་ཆེ་ཚུལ་སོགས་ཀྱི་ཞུ་ཡིག

འབུལ་བ་གནང་།”① ཞེས་གསལ་བ་བཅས་གོང་གསལ་རྣམ་ཐར་གྱི་བརྗོད་བྱ་དེ་དག་གི་ཐོག་ནས། དང་ཐོག་གློ་བུར་ས་སྣང་དུ་ཕེབས་དགོས་བྱུང་བ་དང་། དེ་རྗེས་ཡབ་རྗེ་རྒྱལ་སར་བཀའ་འཁྲུག་གནང་བ་སོགས་ལ་ཐུགས་གཡེང་ཕྲན་བུ་བྱུང་བར་མངོན་པ་དེ་དག་རིམ་དྭངས་ཀྱིས་ཚང་མ་ཐུགས་བློ་བདེ་པོ་ཆགས་པ་མཚོན་གྱི་འདུག

གོང་མ་ཆེན་པོའི་མཛོད་ནས་དངུལ་སྲང་ཁྲི་ཕྲག་བཞིའི་རྒྱུ་ཚོགས་ལས་བསྐྲུབས་ཏེ་མགར་ཐར་ས་གནས་སུ་ཡུལ་གྱི་“ཡོན་ཏན་དུ་མ་ལྡན་པའི་དབུས་སུ་ཀླུ་གདུག་པ་ཅན་གནས་པའི་མཚོ་ཞིག་ཡོད་པ་དེར་གཞུག་ལག་ཁང་གི་ལྟེ་བ་བྱས་པ་ལེགས་ཚུལ་རྒྱ་ནག་གི་ས་དཔྱད་མཁས་པའི་དཔྱད་དོན་ལ་བབས་པ་ལྟར་མཚོ་དེར་རྒྱའི་ཧྭ་ཤང་ཞིག་གིས་ཕུར་པ་མི་ཚད་ཙམ་ཞིག་བཏབ་ནས་རྟེན་འབྲེལ་གྱི་བཅོས་བྱས་ཏེ་མཚོ་བསུབ་པའི་སར་གཙུག་ལག་ཁང་དང་བླ་བྲང་བསྡོམས་པའི་རྒྱ་ཁྱོན་ལ་གཞུ་འདོམ་སུམ་བརྒྱ་ལྷག་བཅས་ཡོད་པ། གཙུག་ལག་ཁང་གསུམ་ཐོག་བཟོ་བཀོད་ངོ་མཚར་ཅན། ཕྱིའི་ལྕགས་རི་དཔངས་གཞུ་འདོམ་དོ། རྒྱར་གྲུ་བཞི་པ་ཕྱོགས་རེར་གཞུ་འདོམ་བཞི་བརྒྱ་ཙམ་རེ་དང་། རྒྱལ་སྒོ་རིམ་པ་གསུམ་དུ་ཡོད་པའི་སྟེང་གྱི་རྩེའི་རྒྱ་ཕིབས་རྒྱན་གྱི་རྣམ་པ་སྣ་ཚོགས་པས་བཀྲ་བ།”② ཞེས་གསལ་བ་ལྟར་གྱི་དགོན་པ་གསར་སྐྲུན་གནང་འདུག

“དེ་ནས་ཡབ་རྗེ་དམ་པར་གོང་མ་ཆེན་པོ་རང་གི་དབུ་ཞྭ་དང་། རྨ་བྱའི་སྒྲོ་མིག་གཉིས་པ། ན་བཟའ་ཆ་ཚང་། གསེར་དངུལ་གོས་དར་གྱི་གནང་

---

① （དཔག་བསམ་སྙེ་མ་སྟོད་ཆ་ཤོག་གྲངས145）

② （དཔག་བསམ་སྙེ་མ་སྟོད་ཆ་ཤོག་གྲངས149）

སྦྱིན་བསམ་གྱིས་མི་ཁྱབ་པའི་སྒོ་ནས་གཟེངས་བསྟོད་གནང་བའི་དངོས་པོ་དང་བཅས་འགྱུར་བར་མཇལ་ཁའི་ཐོག གོང་མ་ཆེན་པོས་རྗེ་ཉིད་ལའང་གསེར་ཡིག་གནང་རྟེན་སྤུལ་དུ་བྱུང་བ་འདུག་པ་རྣམས་བཞེས་ཤིང་། ཐུགས་སྤྲོ་བ་ཆེན་པོའི་ངང་ནས་གསུང་སྤྲིང་ཞིབ་རྒྱས་དང་། དགའ་སྟོན་སོགས་གཟབ་རྒྱས་མཛད།”① ཅེས་གསལ་བ་བཞིན་སྐབས་དེར་དེ་སྔ་བོད་དུ་དབུས་གཙང་བདེ་གཟར་སྐབས་ཡབ་རྗེ་སོགས་ནས་ཇི་མཛད་ཡོང་རྐྱེན་སྙན་སྒྲོན་རྣམས་ཐུགས་ལ་འཁྲོད་པོ་བྱུང་བ་མཚོན་གྱི་ཡོད།

སྤྱི་ལོ1730ཐོད་ལྕགས་ཁྱི་ལོར། ཟླ་བ་དང་པོའི་“ཚེས་ཉེར་གཅིག་ཉིན་ལི་ཐང་ཆོས་སྡེ་ཆེན་པོ་ནམ་མགར་ཐར་ཕྱོགས་སུ་ཆིབས་ཀྱི་ཁ་ལོ་བསྒྱུར།”“རིམ་གྱིས་རྫོར་ཟླ་གཉིས་པའི་ཚེས་གསུམ་གྱི་ཉིན་བཀྲ་ཤིས་པའི་རྟགས་མཚན་དུ་མ་དང་བཅས་མགར་ཐར་དགའ་ལྡན་ཡོངས་ལ་སྦྱིན་པ་གཏོང་བའི་གཙུག་ལག་ཁང་གི་བླ་བྲང་ཡང་ཐོག་གཟིམ་ཆུང་དུ་ཕེབས་ཏེ་རྒྱུད་སྨད་རྡོ་རྗེ་འཆང་གིས་གཙོས་ཞབས་ཕྱི་མཁན་པོ་རྣམས་དང་། གོང་མའི་མི་དྲག་མེ་རིང་ཛང་གི་ནེའི་གེ་དང་། ཨར་པོའི་འགོ་པ་གཉིས་དང་ཅོང་ཡེ་སོགས་དུ་མར་ཇ་གྲལ་དང་དཀར་སྤྲོ་གནང་ཐོག མེ་རིང་ཛང་གི་ནས་གོང་མ་ཆེན་པོའི་གནང་སྦྱིན་དངུལ་སྲང་སྟོང་ཕྲག་དུ་མ་ཕུལ། རྗེ་ཉིད་ནས་གོང་མ་ཆེན་པོའི་བཀའ་དྲིན་འཁོར་མཐའ་མ་མཆིས་པའི་ཚུལ་ཞིབ་རྒྱས་ཞུ་བར་མཛད།”② ཅེས་གསལ་བ་ལྟར་དེ་ནས་ལོ་ཤས་རིང་དྷ་ལའི་བླ་མ་མཆོག་མགར་ཐར་དུ་བཞུགས་ཤིང་། ཆོས་

① （དཔག་བསམ་སླེ་མ་སྟོད་ཆ་ཤོག་གྲངས146）

② （དཔག་བསམ་སླེ་མ་སྟོད་ཆ་ཤོག་གྲངས145）

ཕྱོགས་ཀྱི་མཛད་སྒོ་རྒྱ་ཆེར་སྤེལ་ནས་མདོ་ཁམས་ཕྱོགས་སུ་དད་ལྡན་སེར་སྐྱ་ཁྲི་ཚོ་དུ་མའི་ཡིད་ཀྱི་འདོད་པ་སྐོང་བར་མཛད་པ་ལགས་སོ།

7. གོང་མའི་བཀའ་ལྟར་བོད་ཀྱི་འགོ་འཛིན་པོ་ལྷ་བར་བསྐོས་པ།

ཧྭ་ལའི་བླ་མ་མཆོག་ས་སྨད་དུ་ཕེབས་གྲུབ་རྗེས་བོད་ལྗོངས་ཀྱི་སྲིད་དོན་ཞིབ་ཆ་རྣམས་མི་དབང་པོ་ལྷ་བས་བསྐྱངས་ཤིང་། དེ་ཡང་ཆིང་གོང་མས་ལུང་བསྒྱུར་གྱི་ཐམ་ག་བསྩལ་བའི་ཞལ་རིས་སུ། "དབུས་གཙང་གི་བཀའ་སློབ་ཀྱི་བྱ་བ་བྱེད་མཁན་ཇོ་རོས་པའི་ལིའི་ཐམ་ག" ཞེས་པ་དང་། དེ་རྗེས1740ཁོད་ལྷུགས་སྤྲི་ལོར་"དབུས་གཙང་གི་བཀའ་སློབ་ཀྱི་བྱ་བ་བྱེད་མཁན་ཇོ་རོས་(ཧྭན་)ཕང་གི་ཐམ་ག" ཞེས་པ་བཅས་བསྩལ་ཅིང་། "འདི་སྐབས་བཀའ་ཤག་གི་དམ་ཕྱག་ཞལ་རིས་པདྨ་སྒོར་མོ། ཞིང་ཁམས་གྲུ་བཞི་ཞིག་གནང་།" ① ཞེས་གསལ་འདུག

གཞན་ཡང་《དགའ་བཞི་བའི་མི་རབས་ཀྱི་བྱུང་བ་བརྗོད་པ་》ལས་འབྱུང་བ་ལྟར། དེ་སྔོན་དབུས་གཙང་བདེ་གཟར་སྐབས་རྒྱལ་རྩེའི་དམག་འཐབ་ནང་སྲོག་ཤོར་བའི་སྟོད་སྐར་དཔོན་དགའ་བཞི་བ་ཚེ་བརྟན་བཀྲ་ཤིས་ཀྱི་བུ་ལ་བྱུས་རྗེས་ཞུས་བསྩལ་སྐོར"ཡབ་དྲ་ལག་ཏུ་ཤོར་བའི་བྱུས་རྗེས་ལ་དགོངས་ཏེ་གཅེན་རྣམ་རྒྱལ་ཚེ་བརྟན་ལ་རིམ་པ་དང་པོའི་ཐའི་ཇི་འམ། ཐེར་གུན་ཇི་གེར་ཐའི་ཇི་དང་དོན་གཅིག་གི་ཆོ་ལོ་དང་། རིམ་པ་དང་པོའི་ཏོག་བྱུ་རུ་འཛམ་སང་དང་རྨ་བྱའི་སྒྲོ་མདོངས་བཅས་མི་དབང་ཆེན་པོ་ནས། གོང་མ་བདག་པོ་

---

① (དེབ་ཐེར་ལོང་བའི་དམིགས་བུ་)

ཆེན་པོ་གཡུང་ཆེན（གླིང་）དུས་ཞུས་བསྐུལ་གྱི་བཀའི་ཕྱིར་ཕེབས་ལ། སྔ་སོར་ཁྲོད་ཀྱི་ཕ་དགའ་བཞི་བས་བརྩོན་པ་ཆེན་པོས་གཉེད་མོ་ཕྱུལ་བར་བརྟེན་བདག་རྐྱེན་དུ་ཁྲོད་ཐེར་གུན་ཐའི་ཇིར་བརྟོན་པ་ཡིན་ཞེས་གཟེངས་བསྟོད་ཀྱི་གསེར་ཡིག་དང་འབྲེལ་བར་རྟོག་སྒྲོ་མདོངས་བཅས་བསྐུལ་བས་བོད་མིར་སྒྲོ་རྟོག་ཐོབ་པའི་སྔ་ཤོས་སུ་ལགས།”① ཞེས་གསལ་བ་དང་། ཡང་དེ་རྗེས་སྤྱི་ལོ1731བོད་ལྟུགས་ཕག་ལོར་“གཡུང་ཆེན་ཁྲིར་བཞུགས་དགུང་ལོ་དགུ་པའི་ཐོག་འཇའ་ས་གསེར་ཡིག་སྤྱི་བསྐུལ་གྱི་དགོངས་དོན་དུ། གནམ་གྱི་ཤ་སོས་དེང་གི་བདག་པོ་རྟོང་དེའི་བཀའ། ངེད་ས་སྟེང་གི་སྐྱེ་རྒྱུ་རྣམས་གཅིག་ཏུ་བསྡུས་ཏེ་ཕྱི་ནང་རིམ་གྱིས་སྐྱོང་བ་ལ། གང་གིས་ཡིད་བཙོས་མེད་དྲང་པོའི་དད་པ་ལ་རྗེས་སུ་འབྲེངས་ཏེ། ཡ་རབས་ཀྱི་ལུགས་སྲོལ་ལ་བརྩོན་པ་བསྐྱེད་ཐུབ་པའི་མི་ཕྱི་ནང་ཉེ་འགྱངས་གང་དུ་ཡོད་ཀྱང་ཕྱོགས་སུ་མ་ལྷུངས་པའི་བརྩེ་བས་སྐྱོང་བ་ནི་ལྷ་གོང་མ་རྣམས་ཀྱི་དགོངས་པ་ཡིན། དེ་དང་མཐུན་པར་བཙོས་མེན་དྲང་པོའི་སེམས་ཀྱིས་དད་པ་རྣམས་བྱམས་པར་སྐྱོང་བ་ནི་ངེད་རྒྱལ་རབས་རྣམས་ཀྱི་ལུགས་སྲོལ་ཡིན། ངེད་ནས་ཀྱང་ལྷ་གོང་མ་རྣམས་ཀྱི་དགོངས་པ་དང་མཐུན་པ་ངེད་རང་གི་བྱ་བར་བརྩོན་པའི་ལས་དཀའ་བ་སྤྱད་པ་རྣམས་དགོངས་ཏེ་མིང་དང་འཇའ་ས་སོགས་ཡིད་མགུ་བའི་བྱ་དགའ་གནང་རྒྱུར། དགའ་བཞི་བ་ཐེར་གུན་ཇིར་གི་ཐའི་ཇི་རྣམ་རྒྱལ་ཚེ་བརྟན། ཁྲོད་ཀྱི་ཨ་ཁུ་ཁང་ཆེན་པས་དང་པོ་ནས་ཁོ་རང་གི་བྱ་བ་མ་རྫོགས་བར་སེམས་དྲང་པོའི་སྒོ་ནས་གཉེད་མོ་ཕྱུལ་བ་ཡིན་པས་ངེད་ནས་གསོལ་རས་གནང་དགོས་ལ་ཁོ་པར་བུ་མེད་གཉིས། རྣམ་

① （དགའ་བཞི་བའི་བྱུང་བརྗོད་དེབ་ངོས28）

རྒྱལ་ཆེ་བརྟན་ཁྱོད་ཁང་ཆེན་ནས་ཀྱི་ཇོ་ཇོའི་བུ་ཡིན་པར་མ་ཟད། ད་སྔོས་ཕོ་ལྷ་ནས་ཀྱིས་ཁྱོད་ནས་ཡང་ཡང་གཤེད་མོ་ཕུལ་རྩལ་ཞུས་བྱུང་བ་དང་། ལྷག་པར་ངེད་རྣམས་ཁང་ཆེན་པའི་གཤེད་མོ་ཕུལ་བར་དགོངས་ཏེ་བདག་རྐྱེན་གནང་རྒྱུར། ཁྱོད་མི་དམངས་ལ་ཕན་པའི་གུང་ལ་བཏོན་པ་ཡིན། ཁྱོད་ངེད་ཀྱི་བཀའ་དྲིན་བསྐྱངས་པའི་དགོངས་པ་དང་མཐུན་པར་ཁྲིམས་ཀྱི་ལུགས་སྲོལ་གཅེས་སྲུས་ཀྱི་བྱ་བ་རྣམས་ཀུན་དང་མཐུན་པའི་བརྩོན་པ་བགྱིས་ན། ཁྱོད་རང་གི་ཕ་མེས་ལ་ཡང་ངོ་མཐོ་ཞིང་བུ་ཚ་རུས་རྒྱུད་ཀྱི་བར་ལའང་གསོལ་རས་ཀྱི་བསོད་ནམས་འཕེལ་ཡོང་། གལ་ཏེ་ཁྲིམས་ལུགས་དང་འགལ་བའི་བག་ཡངས་སུ་སྤྱོད་ན་ཁྱོད་ཀྱི་ཚེ་འདིའི་བྱ་བ་རྣམས་འཆུགས་ཤིང་། རྒྱལ་ཁམས་སྤྱི་ཁྲབ་ཏུ་ཁྲིམས་ལུགས་ཡོད་པ་ལས་བཟློག་ཏུ་མེད་བརྩོན་པར་གྲིས་ཤིག གཡུང་ཆེན་ཁྲིར་བཞུགས་དགུང་ལོ་དགུ་པ་དཔྱིད་ཟླ་ར་བའི་ཚེས་བདུན་ལ་ཞེས་པ་བསྩལ་ཞིང་། དེ་ནས་མི་རིང་བར་སླར་ཡང་གོང་མ་ཆེན་པོའི་བཀའ་ཡིག་ཕེབས་པའི་དོན་ཇོ་བྱིངས་སྔོན་མ་ནང་ལྟར་ཐོག མཇུག་བསྡོམས་སུ་ཁྱོད་ལ་སླར་ཡང་ཕུལ་དུ་ཕྱིན་པའི་སྔེའི་ཐུ་པ་ལ་ཆེ་གུང་གི་གསོལ་རས་དང་གཟེངས་བསྟོད་པ་ཡིན། མི་བརྒྱུད་ནས་མི་བརྒྱུད་ཀྱི་བར་རྒྱུན་ཆད་མེད་པར་རིམ་བཞིན་འཛིན་གནས་བྱེད་རྒྱུར། གཡུང་ཆེན་ཁྲིར་བཞུགས་དགུང་ལོ་དགུ་པའི་དགུན་ཐ་མའི་ཚེས་གསུམ་ལ་ཞེས་པའི་གསེར་ཡིག་བསྩལ།① ཅེས་འཁོད་འདུག་ཅིང་། གུང་འདི་པ་དང་སྤུན་ཆུང་བ་ནོ་ཡོན་པཎྜི་ཏ་གཉིས་ཀྱི་མདུན་ཐབས་སུ་ཕོ་ལྷ་བ་རང་གི་བུ་མོ་བདེ་ལྡན་སྒྲོལ་མ་ཕྱིན་ནས་སྟེ་དཔོན་བྱ་ས་བ་མི་རྒྱུད་ཇོགས་པའི་འཛིན་

① （དགའ་བཞིའི་བྱུང་བརྗོད་དེབ་ངོས29 – 30）

དབང་སོགས་སྲིད་པ་བཅས་དགའ་བཞི་བ་སྟེ་དཔོན་གྱི་ཁོངས་སུ་དེ་ནས་ཚུད་པར་སྣང་།

མི་དབང་རྟོགས་བརྗོད་ལས་འབྱུང་བ་ལྟར་དེ་སྔོན་དབུས་གཙང་བདེ་གཟར་སྐབས་འབྲས་ སྤུངས་སྟགས་པ་གྲྭ་ཚང་དང་། ཀོང་པོ་ཁང་ཚན། འཕྱོངས་རྒྱས་རི་བོ་བདེ་ཆེན་པ། དར་རྒྱས་གླིང་པ། རི་བོ་ཆོས་གླིང་པ་སོགས་ཀྱི་གྲྭ་རིགས་ནས་དབུས་དཔུང་གི་རྒྱབ་སྐྱོར་བྱ་རྒྱུ་ཡིན་ཞེས་ཁས་ལེན་པ་ཕྱིན་པ་དང་མཚོན་ཆ་གྲ་སྒྲིག ཧ་རྩལ་སྦྱོང་བ་སོགས་བྱས་འདུག་ཀྱང་། ཕོ་ལྷ་བས་དེ་དག་ལ་བརྩད་གཙོད་གང་ཡང་མ་བྱས་པར་བདེ་སྡོད་དུ་བཞག་པ་དང་། དེ་སྐ་དའི་ཆེང་བ་དུར་གྱིས་པོ་ཧྲ་ལ་ནས་རྩེ་དང་ཨོ་རྒྱན་གླིང་དུ་གནས་སྤོས་བཏང་བའི་སྟར་གྱི་ཕན་བདེ་ལེགས་བཤད་གླིང་པའི་གྲྭ་རིགས་འགའ་ཤས་དབུས་དཔུང་གི་ནང་དུ་ཞུགས་པ་དང་། ལ་ལས་དྲག་པོ་མངོན་སྤྱོད་ཀྱི་ཆོ་ག་མང་པོ་བསྒྲུབས་པ་སོགས་བྱས་པར་བརྟེན་ཕོ་ལྷ་བར་བོད་ས་གནས་ཀྱི་དབང་སྒྱུར་གོ་གནས་ཐོབ་སྐབས་རང་མཐོང་མ་བཟོད་པར་གྲྭ་པ་རྣམས་ཁྲིམས་ཁྱོལ་ཁ་ཕྱོར་དུ་གྱུར་ནས་རྩེ་དང་ཨོ་རྒྱན་གླིང་གི་དགོན་གནས་སྟོང་པར་ལུས་པ་ན། ཕོ་ལྷ་བས་ཞེ་འདབས་བོད་འབངས་ཀྱི་བྱིས་པ་བློ་གསལ་བ་རྣམས་བསྡུས་ནས་རབ་བྱུང་སྒྲུབ་ཏུ་བཙུག་ཕྱོག སྨད་རྒྱུད་གྲྭ་ཚང་གི་ཕྱག་ལེན་ལྟར་བསྡུས་གྲྭ་གསར་དུ་བཙུགས་ནས་མཁན་པོ་དཔལ་འབྱོར་གྲགས་པ་བསྐོས་པ་དང་། དགོན་མིང་ཡང་པཎ་ཆེན་རིན་པོ་ཆེར་འདོགས་པར་ཞུས་ནས། “དགེ་ལྡན་བཀྲ་ཤིས་ཆོས་འཁོར་ཞེས་གྲགས་ཤིང་། གོང་མ་བདག་པོ་ཆེན་པོས་ཀྱང་མངའ་གསོལ་གཟེངས་བསྟོད་རྒྱ་ཆེར་མཛད་ཅིང་། དགོན་མིང་གསེར་སྦྱར་ལ་རྒྱ་ཡིག་བཀོད

ནས་བསྐྱལ་བ་བོད་སྐད་དུ་བརྟན་བཞུགས་པདེ་ཆེན་གླིང་ཞེས་གྲགས། ”① ཞེས་གསལ་བ་དང་། གཞན་ཡང་བོད་ཡུལ་དུ་ཇག་རྐུན་དང་ཁྲམ་པ་སོགས་མི་ངན་རྣམས་གཙང་བཤེར་དང་། དཔོན་རིགས་སྡེ་སྡོད་རྣམས་ཀྱིས་བར་སྐབས་ཇ་ཁལ། ཨུ་ལག་སོགས་གང་འདོད་ལྟར་བསྐུལ་འདེད་དང་། དངོས་ཟོག་ཕྱུགས་ཞན་པར་ སྤྱད་ནས་ཞིང་འབྲོག་གི་ཐོན་ཐོན་རྫས་སོགས་ངོ་མཐོ་བའི་རྒྱུ་ནོར་འཕོར་ཆེན་ཚུར་ལེན་པ། རང་སྣང་གང་ཤར་གྱི་ཉེས་ཆད་དང་རྡུང་འཛོག་བྱེད་པ་སོགས་རྩ་བ་ནས་བྱས་མི་ཆོག་པ་དམ་བསྒྲགས་ནན་པོ་བྱས་པ་མ་ཟད། སྡོན་ཆད་འགྲུལ་སྐྱེལ་ས་ཚིགས་ཀྱི་ཁྲལ་ཨུལ་དེ་མི་སེར་ལ་དཀའ་ངལ་ཤིན་ཏུ་ཆེ་བར་ཕོ་ལྷ་བས་ལྷ་ས་ནས། མངའ་རིས་སམ་མདོ་ཁམས་ཀྱི་བར་ལམ་འཁེལ་ཁག་ལ་རང་ཉིད་ཀྱི་ཞབས་གྲས་དང་། ཧ་དྲིལ་སོགས་དགོས་ངེས་ཆེད་གཏོང་གནང་ནས་ཧ་ཟམ་ཞེས་པའི་སྲོལ་གསར་འཛུགས་མཛད། དེ་སྔོན་མི་སེར་ཡུལ་ཕྱོལ་དུ་སོང་བའི་དཔྱ་ཁྲལ་གྱི་འབབ་གྲོང་ཚོ་སོ་སོའི་བསྡད་དུད་རྣམས་ནས་སླར་དགོས་པ་དེ་རིགས་ཁྲལ་དེབ་ནང་བུད་སྐོང་གི་མཚན་འགོད་བྱས་ནས་རྩ་ཆག་གཏོང་བ་སོགས་ཆབ་འབངས་ཀྱི་བདེ་རྩར་ཕན་པའི་བྱ་བ་མང་པོ་སྒྲུབ་པར་མཛད་པ་མ་ཟད། དྲུང་འཁོར་གྱི་ཁྲིད་དུའང་ཆད་བུན་སྡེབས་གསོག་ཐེབས་ནས་སྒྲུབ་ཐབས་བྲལ་ཏེ་ཅི་བྱ་གཏོལ་མེད་དུ་གྱུར་པ་མང་དག་མཆིས་པ་དེ་དག་ཀྱང་། སྤྱི་(1728)ལོ་ཕན་གྱི་ཆད་འབབ་སྙིང་པ་མཐའ་དག་ཆག་ཡང་བཏང་བའི་ཁྲབ་བསྒྲགས་གནང་བ་སོགས་མདོར་ན་སྤྱི་ཚོགས་ཀྱི་བདེ་འཇགས་དང་། མི་རྣམས་ཀྱི་འཚོ་བ་སོགས་གང་ཅིར་བདེ་གཟར་གྱི་གནོད་འཚེ་བཟོས་པ་རྣམས

①　（མི་དབང་རྟོགས་བརྗོད་དེབ་ངོས706）

ལེགས་སྒྲིག་བྱས་པ་དེ་དག་གིས་ལྷར་སྣང་བོད་ལྗོངས་ཡོངས་ལ་ཕན་བདེ་བསྐྲུན་ཅིང་། དེ་ལ་བརྟེན་ནས་མི་སེམས་འགུག་པའི་ཚོ་ག་དེས་སྐད་རང་ཉིད་ཀྱི་དབང་བསྒྱུར་སྲ་བརྟན་འཛུགས་པའི་ཐབས་འཁོས་ཀྱི་ཆེན་པོ་ཞིག་བརྩམས་པ་མཐོང་ཐུབ་པོ། གཞན་ཡང་མི་དབང་པོ་ལྷ་བ་ནི་བློ་གྲོས་ཡངས་ཤིང་། སྙིང་སྟོབས་ཆེ་བ་དང་། ཤེས་རིག་བཀྲ་ལ་འཛོན་ཐང་ལྡན་པ་ཞིག་ཡིན་པར་སྣང་སྟེ། དཔེར་ན་རྟོགས་བརྗོད་ལས། "རྒྱལ་ཐབས་ཆེན་པོའི་བྱ་བའི་འཇུག་སྒོ་གི་རིམ་པ་སྤྱི་དང་བྱེ་བྲག་ལའང་། བློ་གྲོས་ཆུང་ངུ་དག་ནི་ཡུལ་དུས་གནས་སྐབས་ཀྱི་རྣམ་དབྱེ་བྱར་མེད་པ། འདི་ནི་གནའ་བོའི་ལུགས་སྲོལ་ཡིན་ནོ་ཞེས་དེ་བོ་ནའི་རྗེས་སུ་རྟོགས་དཔྱོད་མེད་པར་འཇུག་པར་བྱེད་ལ། མིའི་བདག་པོ་ནི་འདི་སྐམ་དུ། འཇིག་རྟེན་གྱི་བྱ་བ་གང་ཡིན་པ་ནི་དམ་པའི་ཆོས་འདུལ་བ་ལས་གསུངས་པའི་གནང་བཀག་ལྟ་བུ་མཐའ་གཅིག་ཏུ་ངེས་པར་བྱ་དགོས་པ་མ་ཡིན་གྱི། སྲོལ་ལུགས་ལོག་པ་དག་མཆིས་ན་ནི་གནའ་བོའི་ཡིན་ཀྱང་འདོར་བ་བྱེད། སྲོལ་ལུགས་བཟང་པོ་དག་མཆིས་ན་ནི་གསར་པུའི་ལུགས་ཡིན་ཀྱང་སྒྲུབ་པར་བྱ་འོས་པར་གཟིགས། ……"① ཞེས་གསལ་བ་དུས་དེ་ཙམ་ན་དམངས་ཕན་གྱི་གསར་གཏོད་རླབས་ཆེ་བ་བྱ་རྒྱུའི་དཔེ་གཞི་མེད་ལ་གྲལ་རིམ་དང་སྤྱི་ཚོགས་ཀྱི་ཆ་རྐྱེན་ཡང་མི་ལྡན་པས་འགྲུབ་མི་སྲིད་པ་སྨོས་ཅི་དགོས། འོན་ཀྱང་ད་ཕན་མི་ལོ་ཉིས་བརྒྱ་ལྔ་བཅུ་ཙམ་གྱི་སྔ་རོལ་ནས་བོད་ཀྱི་ཤེས་ལྡན་མི་སྣའི་བློ་ཡུལ་དུ་དེ་ལྟ་བུའི་སྣང་ངོར་གྱི་འཆར་སྣང་བྱུང་ནས་རི་མོའི་ལམ་དུའང་བཀོད་ཟིན་པ་མ་ཟད་ལག་ལེན་ནང་ལེགས་བཅོས་འགའ་ཤས་ཀྱང་གནང་བ་གཤམ་དུ་གསལ་བའི་

① (མི་དབང་རྟོགས་བརྗོད་དེབ་ངོས712)

བརྗོད་དོན་དུམ་བུ་འདི་དེང་སང་རང་རེའི་མི་ཁག་གཅིག་གི་བསམ་བློའི་གཏིང་སྐྱངས་དང་བསྟུར་ན་ཁོང་ཚོར་ཡར་ཐོན་གྱི་སྙིང་སྟོབས་ལྡན་ཡོད་ལ། བོད་མི་རིགས་རྗེས་ལུས་ཐེབས་པའི་རྒྱུ་རྐྱེན་ལ་དཔྱེ་ཞིབ་གནང་དུ་འཁེལ་ཙམ་ཞིག་ཀྱང་བྱས་འདུག་སྐབས། ལོ་རྒྱུས་ཀྱི་མ་སྣ་དང་བསམ་བློར་ཞིབ་འཇུག་བྱེད་པའི་དཔྱད་གཞིའི་རིན་ཐང་ལྡན་ནམ་བསམ་ནས་འདིར་དྲངས་ཙམ་བྱས་པ་ཡིན།

མི་དབང་པོ་ལྷ་ཐའི་རྗེས་སྐབས་དེའི་བོད་ས་གནས་ཀྱི་ཆོས་སྲིད་སྤྱི་དང་། བྱེ་བྲག་རིག་གནས་རྗེས་ཤུལ་ཐོག་ཕྱག་རྗེས་ཆེ་ཤོས་ཤིག་ནི། རྒྱལ་བའི་བཀའ་འགྱུར་རྩོ་ཅིག་འཛད་མེད་ཤིང་པར་དུ་བསྐྲུན་པར་མཛད་པ་དེ་ཡིན་ཏེ། ཞིབ་པ་རྫོགས་བརྗོད་ལས་འབྱུང་བ་ལྟར་མདོར་བསྡུས་ན། སྟོན་ཆད་ཧྲ་ལའི་བླ་མ་དྲུག་པ་མཆོག་གི་བཀའ་ལྟར་བཀའ་འགྱུར་ཤིང་པར་དུ་བསྒྲོ་བའི་དབུ་བརྩམས་ཀྱང་། ལོ་བདུན་ཙམ་གྱི་རིང་ལ་ཤེར་ཕྱོགས་གཙོ་བོར་བྱས་པའི་པུ་སྟི་བསྒོམས་ནི་ཤུ་རྩ་བརྒྱད་ཙམ་ཞིག་ལས་མ་གྲུབ་པ་འཕྲོ་ཅན་དུ་ལུས་ཤིང་། དེ་རྗེས་ལྷ་བཟང་ཁང་དང་། སྡེ་སྲིད་སྟག་རྩེ་བ། དའི་ཆེང་ཧྥ་ཐུར་བཅས་དབང་སྒྱུར་པ་རིམ་ཅན་སྐབས་སུས་ཀྱང་མཇུག་སྐྱོང་མ་ཐུབ་པའི་བྱ་བ་དཀའ་ཚོགས་ཅན་དེ་མི་དབང་པོ་ལྷ་བས་ལེགས་སྒྲུབ་གནང་རྒྱུར་སེམས་ཐག་བཅད་དེ། དེའི་འགན་འཁུར་གཙོ་བོ་རིག་འཛིན་ཆེན་པོ་མངའ་བདག་བྲག་པ་ཞུ་བ་ཞིག་ལ་བསྐོས་ནས་ཁོང་ལ་སྟོད་ཤེལ་དཀར་དུ་ཆེད་མངགས་གནང་ནས་པར་བསྐོའི་གྲ་སྒྲིག་རྣམས་མཛད་དེ། སྤྱི་ལོ1730བོད་རབ་བྱུང་བཅུ་གཉིས་པའི་ལྕགས་ཕྱི་ལོ་ཟླ་བ་བརྒྱད་པའི་ཚེས་ཉེར་བཞི་གཟའ་སྐར་དགེ་བའི་ཉིན་ཤེལ་དཀར་མི་འགྱུར་རྡོ་རྗེའི་རྫོང་གི་འདབས་རོལ་པར་ཁང་བདེན་བཞི་ཆོས་འཁོར་ཁང་དུ་པར་བསྐོའི་བྱ་བ་དབུ་ཚུགས། རིག་འཛིན་བྲག་པ་བ་དང་། དྲུ་རིག་ཐུ་ཁོ་ཤོའུ་ཆེ་གཉིས་

ཀྱིས་དབུ་མཛད་དེ་ཡས་མས་གང་ས་ནས་པར་བརྐོའི་ལག་རྩལ་པ་བསྡུ་བསྐོངས་གནང་རུང་མི་གྲངས་བརྒྱ་ཡང་མ་ཟིན་སྐབས། སྤར་གྱི་ཉམས་སྐྱོང་ལྟར་རྩིས་ན་བཀའ་འགྱུར་ཆ་ཚང་བཞེང་བར་དུས་ཡུན་མི་ལོ་ཉི་ཤུ་ལྷག་འགོར་བའི་གནས་ཚུལ་རྣམས་ཕོ་ལྷ་བར་སྙན་སེང་ཞུས་དོན། ཕོང་གིས་ཕྱིན་ཆད་ཀྱང་པར་བརྐོའི་ལག་རྩལ་བོད་ལྗོངས་ཡོངས་ལ་ཁྱབ་པ་ཞིག་བྱུང་ན་ཆོས་སྲིད་རིག་གནས་གང་ཅིར་ཕན་པ་ཡོང་རེ་དང་བཅས་རྒྱ་ཁྱབ་རྫོང་གཞིས་ཚང་མར་ཆབ་འབབས་ཀྱི་རྒྱ་ཁྱོན་དང་བསྟུན་པའི་པར་བརྐོའི་ལག་རྩལ་པ་གྲངས་ཚད་འདི་དང་འདི་འཕྲལ་དུ་སྦྱོང་བརྡར་བྱེད་བཅུག་ནས་ལམ་ཙམ་ཤེས་མ་ཐག་ཤེལ་དཀར་གྱི་པར་བརྐོའི་ལས་གྲར་གཏོང་དགོས་པའི་བཀའ་བཙན་པོ་བསྒྲགས་སྐབས། ཡུན་རིང་མ་འགོར་བར་པར་བརྐོ་བའི་ལག་རྩལ་པ་ཆིག་སྟོང་ལ་ཉེ་བ་འཚོར། དེ་དག་ལའང་ལེགས་ཉེས་དབྱེ་འབྱེད་དང་བྱ་དགའ་ཆད་གཅོད་སོགས་ཀྱི་ཐབས་ཤེས་རིམ་པ་གཏན་འབེབས་ལག་བསྟར་བྱས་པས་ཚང་མའི་ཧུར་བརྩོན་བསྐོངས་འཐེན་ཐུབ་སྟེ་ལས་ཕྱོད་ཀྱང་། སྔོན་ཆད་ཀྱི་དུས་སུ་ཟླ་བ་རེ་ལ་པར་བརྐོ་བ་རབ་ཀྱིས་པར་ཤིང་བྱང་བུ་ལྔ་དྲུག་དང་། འབྲིང་གི་གསུམ་བཞི། མང་ཆེ་བས་གཅིག་དང་གཉིས་ཙམ་ལས་མི་གྲུབ་པ་བྱུང་ཞེས་གྲགས་ལ། སྐབས་དེར་ཟླ་བ་རེར་ལག་རྩལ་བྱང་ཆུབ་པ་རྣམས་ཀྱིས་ཤིང་བྱང་ཉི་ཤུ་རྩ་གསུམ་ནས་བཅུ་དྲུག་གི་བར་དང་། འབྲིང་གིས་བཅོ་ལྔ་ནས་བཅུ་གྲངས་བར། དེ་མིན་ཆོས་བཅུ་གཉིས་ནས་བརྒྱད་ཙམ་བར། མང་ཆེ་བས་བདུན་ནས་ལྔའི་བར། ཡང་མཐས་ཀྱང་གསུམ་ནས་མ་ཆག་པ་བསྒྲུབས་པས་ལོ་གཅིག་དང་ཕྱེད་ཀའི་ཕོངས་སུ་བཀའ་འགྱུར་པར་བརྐོའི་བྱ་བ་ཡོངས་རྫོགས་ལེགས་སྒྲུབ་བྱུང་བའི་འགྲོ་གྲོན་ཤེལ་དཀར་རྫོང་གི་ལོ་རེའི་ཡོང་འབབ་ཐོག ཁ་སྐོང་ཕྱིངས་མི་དབང་རང་གི་

བང་མཛོད་ནས་བསྐུལ་ཏེ་སྤྱོངས་ཡོངས་ཀྱི་མི་སེར་ལ་བརྡབས་མནར་ཆེ་རིགས་མ་བྱུང་བར་བྲགས། བཀའ་འགྱུར་གྱི་པར་ཤིང་རྣམས་རྗེས་སུ་པཎ་ཆེན་བློ་བཟང་ཡེ་ཤེས་ལ་འབུལ་གནང་མཛད་དེ་དཔལ་སྣར་ཐང་གི་ཆོས་སྡེ་ཆེན་པོར་པར་ཁང་ཆེ་མོ་བསྐྲུན་ནས་བཞུགས་སུ་གསོལ་ཞིང་། མི་འཛད་པ་གསུང་པར་གྱི་རྒྱུན་བོད་སྤྱོངས་ཡོངས་སུ་ཡུན་རིང་དུ་སྤེལ་ཐུབ་པ་བྱུང་བ་ལགས་སོ། གཞན་ཡང་ལྷ་སའི་གཙུག་ལག་ཁང་གཉིས་ལ་ཉམས་གསོ་དང་། སྐུ་རྟེན་གསར་བཞེངས། གདན་ས་གསུམ་གྱིས་མཆོད་དགོན་སྡེ་དུ་མར་ཉམས་གསོ་འཛུགས་སྐྲུན་དང་རྟེན་བཞེངས་སོགས་ཆོས་ཕྱོགས་ཀྱི་མཛད་འཕྲིན་ཡང་རྒྱས་པར་མཛད་པ་འདིར་ཞིབ་ཏུ་མ་སྤྲོས་སོ།

8. འབྲུག་ཁྲལ་ནང་འཁྲུག་ལངས་པར་བོད་དམག་བཏང་སྟེ་ཞིད་འཛགས་དང་འབྲེལ་སྐྱད་ཚོ་ཕྱག་གཏོང་རྒྱུའི་ལམ་སྲོལ་བཙུགས་པ།

འབྲུག་ཡུལ་དང་བོད་ས་གནས་སྲིད་གཞུང་བར་དེ་སྔོན་འཁྲུག་ཟིང་དང་ཆེངས་མོལ་རིམ་པར་མཛད་ཀྱང་། ཕན་ཚུན་དགྲར་འཛིན་གྱི་གནས་སུ་གྱུར་པ་ལས་སྐབས་འདི་ཙམ་ན། འབྲུག་པ་སྐྱབས་མགོན་གྱི་ཡང་སྲིད་འོས་སྤྲུལ་གཉིས་བྱུང་བར་ཕྱོགས་ཁ་སོ་སོར་གྱེས་པའི་འཐེན་འཁྱེར་གྱི་རྐྱེན་ལས་འབྲུག་ཡུལ་དུ་ནང་འཁྲུག་ལངས་ནས་སྤྱིའི་འགོ་དཔོན་ཕྱང་ཕ་རྗེ་ཞེས་པ་དེ་ཁ་གཏད་ཕྱོགས་ཀྱིས་ཕམ་ཉེས་སུ་བཏངས་ཀྱང་དབྱུང་དང་ས་གནས། བོད་ས་གནས་སྲིད་གཞུང་ལ་རྒྱབ་རྟེན་བཅོལ་ནས་དམག་རོགས་གཏོང་གནང་ཞེས་སྣན་ཞུ་ཕུལ་འདུག་ཀྱང་། དེ་ནས་རིང་མིན་ཁོ་པ་དགྲ་ཕྱོགས་ཀྱིས་དམར་གསོད་བཏང་སྟེ་མཆོག་སྤྲུལ་གཞན་མ་དེ་ཁྲི་ལ་བཏོན་ཅིང་། འབྲུག་དཔོན་གསར་པ་ཞིག་ཀྱང་

བསྐོས་འདུག་ཟུང། སླར་ཡང་བླ་མ་དོན་གྲུབ་ཅེས་པ་ཀ་སྨྲེའི་སྡེ་ཤོག་དང་བཅས་པས་འབྲུག་དཔོན་གསར་པ་དེ་ལ་ཕར་རྒོལ་གྱི་ནང་འཁྲུག་བསྐྱར་ལངས་སྐབས། ཀ་སྨྲེའི་ཕྱོགས་ནས་ཡང་བསྐྱར་བོད་ལ་མགོ་བརྩོལ་དམག་རོགས་ཞུས་པར་ཕོ་ལྷ་བས་ཉེ་འདབས་རྫོང་གཞིས་ནས་དཔུང་རོགས་ཁག་གཅིག་བརྫངས་པ་འབྲུག་པས་ཕམ་ཉེས་སུ་བཏང་སྐབས། སླར་ཡང་དབུས་གཙང་གི་དམག་དཔོན་གསུམ་གྱི་ཐོག འབྲོང་རྩེ་བ་བསྟན་འཛིན་ནོ་ཡོན་སོགས་བོད་དམག་ཁག་གཅིག་དང་། སོག་དམག་ཇུང་ཤར་བཅས་འཕྲལ་དུ་མངགས་པ་ཁོང་ཚོས་ནུས་ལྡན་གྱི་ཕར་རྒོལ་བྱས་པས་འབྲུག་དམག་རྣམས་ཁ་ཐོར་ཞིང་། ལ་ལ་བཙན་རྫོང་ནང་བྲོས་ཏེ་རང་ཕྱོགས་པར་རྒྱལ་ཁ་ཐོབ། སྐབས་དེར་པཎ་ཆེན་རིན་པོ་ཆེ་དང་། ས་སྐྱ་བདག་ཆེན། ཀརྨ་པ་སོགས་ཀྱིས་སྐུ་ཚབ་བསྐྱལ་ནས་བོད་འབྲུག་དབར་དམག་མཚམས་འཇོག་པའི་ཆིངས་འདུམ་གནང་། འབྲུག་ཕྱོགས་ཕན་ཚུན་གཉིས་ཀྱི་སྡེ་རིས་རྣམས་སོ་སོར་བཅད་ནས་སླད་འཁྲུག་རྩོད་མི་བྱེད་པ་དང་། བཟུང་དམག་རྣམས་སོ་སོར་རྩིས་སྤྲོད་ཐོབ། ཕྱིན་ཆད་གནམ་ལོ་གསར་བཞད་སྐབས“འཇམ་མགོན་མིའི་སྲིད་པ་འཛིན་པ་གོང་མ་བདག་པོ་ཆེན་པོ་དང་། དཔལ་ནོར་འཛིན་སྐྱོང་བའི་དབང་ཕྱུག་མི་བདག་ཆོས་རྒྱལ་ཆེན་པོ་(ཕོ་ལྷ་བར་ཟེར་)ལ་སྐྱེས་འབུལ་ཞིང་ཕྱག་འབུལ་བའི་ལོ་ཉ་མངགས་པར་བྱེད་པ་སོགས་ཡི་གེ་རིས་སུ་འཁོད་པར་བྱས།……”① ཞེས་གསལ་བ་མ་ཟད། སྐབས་དེའི་འབྲུག་ས་སྐྱོང་པ་རིན་ཆེན་འཕྲིན་ལས་རབ་རྒྱས་རང་གི་ཨ་ཁུ་ཚེ་རིང་དབང་ཆེན་ཟེར་བ་ཡང་བོད་དུ་མི་གཏར་བཏང་། སྐང་སྟེང་བླ་མ་འཁོར

① (མི་དབང་རྟོགས་བརྗོད་དེབ་ངོས756)

བཅས་དང་། ཀ་སྦྱེ་བླ་མ་དོན་གྲུབ་རྣམས་འབྱུལ་དངོས་འཕོར་ཆེན་དང་བཅས་བོད་དུ་ཡོང་སྐྱེ་མི་དབང་པོ་ལྷ་བའི་ཞབས་ལ་ཕྱག་ཕྱས་པ་བཅས་འབྲུག་ཡུལ་ནས་ཆེང་གོང་མ་དང་། བོད་ས་གནས་སྲིད་གཞུང་ལ་ལོ་ཕྱག་འབྱུལ་གཏོང་གི་ལམ་ལུགས་འཛུགས་པ་སོགས་བྱུང་བར་མངོན། ༧དྭ་ལའི་བདུན་པའི་རྣམ་ཐར་དུའང་། ཆུ་གླང་ལོར་(1733)“བོད་ནས་པའི་ལི་ཕོ་ལྷ་བས་ལྷོ་མོན་འབྲུག་པ་ནང་ཚགས་ཁག་གཉིས་མཐུན་སྒྲིར་ཆེད་བཀའ་བློན་མདོ་མཁར་ཞབས་དྲུང་ཚེ་རིང་དབང་རྒྱལ་བཏང་བར་དགའ་ལྡན་ཕོ་བྲང་དང་ལར་རྒྱ་ལུགས་ལེགས་འགྲིག་ཚུལ་གྱི་ཞུ་ཡིག་རྟེན་བཅས་དང་། འབྲུག་པའི་མི་སྣ་གཉིས་བཅས་འགྲོར་བར་མཇལ་ཁ་གནང་སྐྱེ་བཀའ་འདྲི་རྒྱས་པ་བསྩལ།”① ཅེས་གསལ་བས་འབྲུག་ཁུལ་ནང་འཁྲུག་དེའི་དུས་ཚོད་ནི་མདོ་མཁར་བའི་བྱུང་བ་བརྗོད་པ་ལ་དཔགས་ན་ཕལ་ཆེར་སྤྱི་ལོ1731བོད་ལྕགས་ཕག་ལོ་ནང་ཙམ་ལ་བྱུང་བར་མངོན།

9. བོད་དུ་བཙའ་སྡོད་ཆེང་གོང་མའི་དམག་དཔུང་ཁྲ་བསྡུ་གཏན་འབེབས་བྱས་པ་དང་། ཏཱ་ལའི་བླ་མ་མཆོག་བོད་དུ་ཕྱིར་ཕེབས་གནང་བ།

1733བོད་ཆུ་གླང་ལོར་མི་དབང་ཕོ་ལྷ་བས་གོང་མ་ཆེན་པོར། བོད་དུ་གོང་མའི་དམག་དཔུང་ཉིས་སྟོང་ཙམ་བཙའ་སྡོད་བྱས་པའི་འགྲོ་གྲོན་རྣམས་གོང་མའི་མཛོད་ནས་རྒྱུན་ཆད་མེད་པར་གནང་བས་ཁྲལ་འཕར་སོགས་མེད་ཙང་། བོད་འདི་བདེ་ཡོད་ཀྱི་ས་རྒྱ་ཆུང་ཞིང་ཆབ་འབབས་ཀྱི་དུད་གྲངས་ཉུང་

① (དཔག་བསམ་སྐྱེ་མ་སྟོད་ཆ་ཤོག་གྲངས170)

བས་དམག་དཔུང་གི་ཧ་ཟན་དང་། འབུད་ཤིང་ཕྱུས་འདོན་ཞུ་རྒྱུ་ཡང་དཀའ་ངལ་ཧ་ཅང་ཆེ་བས་སྐད་ཕྱིན་དཔོན་རིགས་གཉིས་གསུམ་དང་། དམག་དཔུང་གནས་ཡུལ་ཡང་ལྷ་སའི་གྲོང་མིའི་ཁང་ཁྱིམ་མི་བཟུང་བར་བྱང་ཕྱོགས་གྲྭ་བཞིའི་ཐང་དུ་དམག་སྒར་གསར་རྒྱག་ནང་སྤྱི་ཤུགས་བྱ་རྒྱུ། དེ་བྱིངས་དཔོན་དམག་ཕྱིར་འཐེན་ཡོང་བ་ཞེས་སྙན་ཞུ་བསྐུར་ནས་སྤྱི་ཚའི་ཚེ་ཀ་བརྒྱད་སྐད་པ་ཚོ་བརྟན་རྒྱལ་སར་མངགས་པ་ལས། རིང་པོར་མ་ཐོགས་པར་གོང་མ་ཆེན་པོའི་བཀའ་ཐེབས་པར། "པའི་ལི་ཧོ་ལྷ་བ་ཡིད་བརྟེན་དུ་རུང་བ་དེ་ལྟ་བུ་བོད་ཡུལ་དུ་ཡོད་པ་དེས་ན་ད་ནི་པི་ཅིང་གི་དཔུང་ཚོགས་ཆེས་མང་པོ་ལྷ་ལྡན་དུ་འདུག་པ་ལ་དགོས་པ་ཆེར་མ་མཐོང་བས། དཔུང་ཚོགས་སྟོང་ཕྲག་ཕྱེད་དང་གཉིས་དང་གཙོ་བོ་གཉིས་ལ་སོགས་པ་ཕྱིར་ལོག་ཅིག ལྷག་མ་དམག་མི་བརྒྱ་ཕྲག་ལྔ་ན་འདུག་པར་ཕྱོས་ལ། དེ་ཡང་སྡེ་སྲིད་ཀྱི་ཁང་པ་དང་ཉེ་བ་གྲྭ་བཞིའི་ཐང་དུ་ཁང་པ་གསར་དུ་འདུ་བགྱིས་པ་ལ་འདུག་ཅིག"① ཅེས་ཐེབས་པ་ལྟར་གོང་མའི་དཔུང་གི་གཙོ་བོ་མེ་དྷ་ཞིན་དང་། སེང་དྷ་ཞིན། ཅང་ཤི་ཐན་ལ་སོགས་པ་དུ་མ་དང་། དམག་དཔུང་ཆིག་སྟོང་ལྔ་བརྒྱ་བཅས་ཕྱིར་ལོག་པ་མ་ཟད། ལྷ་སར་བཅའ་སྡོད་དམག་དཔོན་ཅིའུ་དྷ་ལོ་ཡེ་ཞེས་པ་ལ་སོགས་པ་དཔུང་དམག་ལྔ་བརྒྱ་དང་བཅས་གྲྭ་བཞིར་དམག་སྒར་གསར་རྒྱག་ནང་སྤྱི་ཤུགས་བྱས་པ་བཅས་དེའི་གོང་ལོ་ངོ་དྲུག་ཙམ་རིང་། གོང་མའི་དཔོན་དམག་ཡོན་ཆེ་གྲོང་ཁྱེར་ལྷ་སའི་ནང་སྡོད་དགོས་བྱུང་བས་དོག་འཚང་ཆེ་ལ། སོ་སོའི་གོམས་གཤིས་ཀྱི་གཙང་སྤྲ་མི་ལེགས་པ་སོགས་དམག་དམངས་ཚང་མར་དཀའ་ངལ་ཆེ་ཙམ་བྱུང་བ་དེ་ཡང་

① (མི་དབང་རྟོགས་བརྗོད་དེབ་ངོས831)

ཐག་གཅོད་འོས་ཤིང་འཚམས་པ་ཞིག་བྱུང་བར་སྣང་།

ཧྲ་ལའི་བླ་མ་མཆོག་མགར་ཐར་དུ་བཞུགས་རིང་གོང་མ་ཆེན་པོས་གསེར་ཡིག་པ་དང་། མི་སྣ་ཡང་ཡང་གཏང་ནས་འཚམས་འདྲི་གནང་སྦྱིན་སོགས་ཕེབས་པ་དང་། རྒྱལ་དབང་མཆོག་ནས་ཀྱང་མཚམས་ཞུའི་མི་སྣ་རྒྱུན་མ་ཆད་པ་མངགས་པར་མཛད་ཅིང་། ལྷག་པར་སྤྱི་ལོ1733བོད་ཆུ་གླང་ལོར་"གོང་མ་ཆེན་པོ་ནས་ས་གཡོའི་འཇིགས་སྐྱོབ་ཆེད་དུ་མགར་ཐར་གྱི་ཕོ་བྲང་ལྟེ་བའི་ནུབ་ཕྱོགས་སུ་ཀ་བ་བརྒྱ་ལྷག་གི་སར་གཟིམ་ཁང་གསར་རྒྱག་གནང་བ་གྲུབ་པར་གཟའ་སྐར་འཕྲོད་སྦྱོར་བཟང་བའི་ཉིན། མཁན་ཆེན་རྡོ་རྗེ་འཆང་ཆེན་པོ་ནས་འཇམ་དཔལ་དུས་དཀྲིའི་དབང་པོའི་སྐུར་བཞེངས་ཏེ་མི་མཐུན་ཕྱོགས་ཐམས་ཅད་ཞི་བའི་སྦྱིན་སྲེག་དང་། བཀྲ་ཤིས་ཀྱི་དགེ་མཚན་རྒྱས་པའི་མེ་ཏོག་གི་ཆར་ཕབ། ཟླ་བ་གྲོ་བཞིན་གྱི་འགྲུབ་སྦྱོར་ཉིན་གཟིམ་ཆུང་གསར་པར་སྤོ་བར་མཛད་"①ཅེས་གསལ་འདུག

རྣམ་ཐར་དང་། "འདི་སྐབས་འཇམ་དབྱངས་གོང་མ་ཆེན་པོ་ནས་བོད་ཁམས་ཡོངས་ཀྱི་བདེ་སྐྱིད་དང་། རྒྱལ་བའི་བསྟན་པ་རིན་པོ་ཆེ་འཕེལ་རྒྱས་སུ་འགྱུར་བ་རྗེ་ཉིད་ཁོན་ལ་རག་ལས་པར་དགོངས་པ་དང་། བོད་ཕྱོགས་སུ་བདེ་གཟར་གྱི་འབྲུག་ལོང་ཡང་འཇམ་ཆགས་སུ་སོང་བ་བཅས། རྗེ་ཉིད་གངས་ལྗོངས་སུ་ཆིབས་ཀྱི་ཁ་ལོ་བསྒྱུར་ཆོག་པའི་བཀའ་ཕེབས་འདུག་པ་རྒྱུན་སྡོད་རྒྱ་དཔོན་རྣམས་ནས་ནང་བཙར་གྱིས་མགྲོན་གཉེར་རབ་འབྱམས་པ་བློ་བཟང་དཔལ་འབྱོར་བརྒྱུད་ཡབ་རྗེ་དམ་པར་ཞུས་པ། ཡབ་རྗེ་ནས་བཀའ་ཆོས་གསན་

① (དཔག་བསམ་སྟེ་མ་སྟོད་ཆ་ཤོག་གྲངས165)

གནང་གི་ཐོག་སྙན་སྦྲོན་ཞུ་བར་ཕེབས་པ་བཀའ་ཆོས་ཀྱི་ཚོག་མཚམས་ནམ་མཁའ་དང་མཉམ་པ་ཞེས་པ་ཞིག་ལ་འགྲིག་པས། བོད་དུ་ཕེབས་ནས་རྒྱལ་བའི་བསྟན་པ་ལ་བྱ་བ་མཛད་པའི་འཕྲིན་ལས་ནམ་མཁའ་དང་མཉམ་པ་འབྱུང་བའི་རྟེན་འབྲེལ་དུ་མངོན། དེའི་སང་ཉིན་རྒྱའི་མི་དྲག་རྣམས་ནས་གོང་མ་ཆེན་པོའི་བཀའ་ལ། རྗེ་ཉིད་བོད་དུ་ཕེབས་རྒྱུའི་འབུལ་བཞེང་སྐོར་ལ་གོང་མའི་སྐུ་ཚབ་ཏུ་ལྷ་སྲས་བཅུ་བདུན་པ་ཁོ་ཤོས་ཁེང་སི་ཆེང་ཞང་དང་། ཏཱ་གོཾ་ཤྲི་ལྕང་སྐྱ་ཧོ་ཐོག་ཐུ་བཅས་ཕེབས་རྒྱུ་ཡིན་ཚུལ་གྱི་ཡི་གེ་ཇོར་(སྦྱོར་)ཁང་ནས་བྱུང་བའི་རྒྱུ་མཚན་ཁྲིམ་བསྒྲགས་སུ་ཞུས"① ཞེས་གསལ་བ་ལྟར་བོད་དུ་ཕེབས་ཚོག་པའི་གོང་མའི་བཀའ་ཐོན་ཚུལ་འགྱུར་མ་ཐག་བཀའ་ཆོས་ཀྱི་བར་མཚམས་བཅད་ནས་སྙན་སེང་ཞུས་ཚུལ་སོགས་ལས་སྐུ་འཁོར་ཚང་མ་དགྱེས་ཚོར་ཧ་ཅང་ཆེན་པོ་བྱུང་བ་མཚོན་ཞིང་། "དེ་ནས་ཧོར་ཟླ་བཅུ་གཅིག་པའི་ཚེས་ཉེར་གསུམ་གྱི་གཟའ་སྐར་འཕྲོད་སྦྱོར་བཟང་ཐོག གོང་མ་ཆེན་པོའི་གསེར་གྱི་བཀའ་ཇི་ལྟར་གནང་བ་བཞིན་དུ། ལྷ་སྲས་བཅུ་བདུན་པ་དང་ཁོ་པོ་ཅག་སོགས་མགར་ཐར་དུ་སླེབས" ཞེས་འཁོད་པའི་ཁོ་བོ་ཅག་ཅེས་པ་ནི་ཏཱ་ལའི་བདུན་པའི་རྣམ་ཐར་འདི་ཉིད་རྩོམ་པ་པོ་ལྕང་སྐྱ་ཧོ་ཐོག་ཐུ་རོལ་པའི་རྡོ་རྗེ་མཆོག་ཡིན་པ་དང་། ལོ་ཁམས་མ་འཁོད་ཀྱང་ཕལ་ཆེར་སྤྱི་ལོ1734བོད་ཤིང་སྟག་ལོར་ཡིན་པར་མངོན།

"དེ་ནས་རྗེ་བླ་མ་ཉིད་དབུས་དང་། ལྷ་སྲས་ཆེན་པོ་དང་ངེད་གཉིས་གཡས་གཡོན་བྱས་ཏེ་རིམ་གྱིས་འདུ་ཁང་ཆེན་མོར་ཕེབས། གོང་མ་ཆེན་པོའི་གསེར་ཡིག་བསྒྲགས་ཐོག གནང་རྟེན་ཀུ་ཀུ་ཤ་དང་རིན་པོ་ཆེའི་སྤྱད་པ་སྣ་ཚོགས།

① (དཔག་བསམ་སྙེ་མ་ཤོག་གྲངས172)

བཟང་གོས་ཡུག་ཆེན་བརྒྱ་ཕྲག་ལས་གྲུབ་པའི་མཆོད་རྫས་ཁྱད་མཚར་མང་བ། མཛོད་བཏགས་ཆེ་ཆུང་སྣ་ལྔ་དང་། མཛོད་གོས་ཡུག་ཆེན་བརྒྱ་ཕྲག་བརྒྱལ་བ། ཐོར་སྣམ་ཡུག་ཆེན་རེར་རྒྱན་འདེངས་ཉི་ཤུ་ཡོད་པ་དམར་སེར་བཅུ་ཕྲག་དངུལ་སྲང་ཁྲི་ཕྲག་གཉིས་དང་བཅས་པ་རྣམས་ཕུལ། དེ་རྗེས་ལྷ་སྲས་ཀྱིས་མཇལ་དར་རྩེ་སྒྲོད་དང་། ངེད་ཅག་རྣམས་ཀྱིས་མཇལ་དར་ཕུལ་ཏེ་ཕྱག་དབང་ཞུས། ཁྲིར་ཕེབས་ཐོག་གོང་མའི་མཛོད་ནས་གསོལ་སྟོན་རྒྱས་པ་ཞུས་ཏེ་གསུང་གླེང་མང་དུ་མཛད། གོང་མ་ཆེན་པོ་ནས་མཁན་ཆེན་རྡོ་རྗེ་འཆང་ཆེན་པོར་ཞྭ་སེར་བསྟན་པའི་གསལ་བྱེད་ཨ་ཆི་ཐུ་ནོ་མོན་ཧན་ཞེས་པའི་ཚོ་ལོ་དང་། གསེར་ཡིག འཇའ་ས། ཐམ་ག གོས་ཡུག་ཆེན་མང་བ་བཅས་པའི་གཟེངས་བསྟོད་ཀྱི་ལུང་འབུད་པ་གནང་ཞིང་། སྙིངས་ཆེན་པ་དར་ཧན་གྱི་གནས་སུ་བཞག་པའི་བཀའ་ཤོག གསོལ་གཟིམས་མཆོད་གསུམ་སོགས་ཞབས་ཕྱི་ནང་མ་རྣམས་དང་། མཚན་ཉིད་ཞབས་ཕྱི་བླ་མ་ལྔ། མགྲོན་གཉེར་སོགས་ལས་ཚན་པ་རྣམས་ལ་གོས་ཡུག་ཆེན་ལྔ་རེ་བཅས་གོང་མ་ཆེན་པོ་ནས་གནང་བ་རྣམས་སོ་སོས་ཞུས། ……”① ཞེས་གསལ་འདུག་ཅིང་། སྐབས་དེར་ཆིང་གོང་མས་ཕེབས་བྱམས་བཟོ་ཁྱད་ལྡན་པ་ཞིག་དང་། བྱམས་འདེགས་འགོ་པ་ཅང་ཡེ་སོགས་མི་གྲངས་ལྔ་བཅུ་ང་བཞི་ཡང་ཆེད་དུ་བསྐུལ་འདུག

དེ་ནས“ ཤིང་མོ་ཡོས་བོད་ལུགས་ཀྱི་གནམ་ལོ་གསར་ཚེས་ཧོར་ཟླ་དང་པོའི་ཚེས་གཅིག་ལ། འདུ་ཁང་དུ་མཆོད་ཡོན་ལྷན་རྒྱས་ཐོག་གསོལ་ཇ་གཅིག་ཞུས་རྗེས། ལྷ་སྲས་ཆེན་པོ་ནས། གོང་མའི་བཀའ། ཧྭ་ལའི་བླ་མ་བོད་གངས

① (དཔག་བསམ་སྙེ་མ་སྟོད་ཆ་ཤོག་གྲངས175)

ཅན་གྱི་ལྟོངས་སུ་ཕེབས་ནས་ཀུན་མཁྱེན་རྒྱལ་བའི་བསྟན་པ་སྤྱི་དང་། ཁྱད་པར་དུ་རྗེ་བློ་བཟང་གྲགས་པའི་བསྟན་པ་ཉིན་མོ་ལྟར་གསལ་བར་མཛད་པ་དང་། བོད་འབངས་ཐམས་ཅད་བདེ་སྐྱིད་ཀྱི་དཔལ་ལ་འགོད་པའི་མཛད་ཁྱབ་གང་ཆེ་གནང་དགོས་ཞེས་པའི་ལུང་འབུད་པ་གནང་བའི་བཀའ་ལན་དུ། རྗེ་བླ་མ་མཆོག་ནས། ངེད་ལ་དེ་འདྲའི་མཐུ་ནུས་མེད་ཀྱང་མཆོག་གསུམ་གྱི་ཐུགས་རྗེ་བསྐུལ་ཏེ་རྒྱལ་བསྟན་སྤྱི་དང་བྱེ་བྲག་འཕེལ་རྒྱས་སུ་འགྱུར་བ་དང་། མཐའ་དབུས་འགྲོ་བ་མཐའ་དག་བདེ་སྐྱིད་ལ་སྤྱོད་པའི་ཆེད་དུ་འཆད་རྩོད་རྩོམ་གསུམ་དང་། ཐོས་བསམ་སྒོམ་གསུམ་སོགས་ལ་འབད་པ་གང་ཕྱོགས་ཞུ་ཞེས་གསུངས།”①ཞེས་གསལ་ཞིང་། ཡུལ་དེའི་དད་ལྡན་སེར་སྐྱ་རྣམས་ལ་མཇལ་ཕྱག་དང་། བཀའ་ཆོས་སོགས་རང་རང་འདོད་མོས་ཡིད་བཞིན་དུ་སྐོང་བར་མཛད་པ་མ་ཟད། ལྷ་སྲས་བཅུ་བདུན་པ་ནས་གོང་མ་ཆེན་པོའི་དགོངས་བཞེད་ལྟར་ཏཱ་ལའི་བླ་མ་མཆོག་བོད་དུ་ཕེབས་རྗེས་མགར་ཐར་གྱི་གཙུག་ལག་ཁང་དེར་སྐུ་ཞབས་ཀྱི་ཞབས་ཕྱིའི་གྲས་ནས་བླ་མ་བཟང་བ་ཞིག་དང་། གྲྭ་པ་ལྔ་བཅུ་སྐོར་བསྡུས་ནས་གྲྭ་ཚང་འཛུགས་པ་དང་། གོང་མའི་མཛོད་ནས་ཕོགས་ཐོབ་གནང་རྒྱུ་ཞེས་སྙན་སྒྲོན་གནང་བ་བན་མགར་ཐར་དགོན་གྱི་མཁན་པོ་སྐུ་སྐྱེ་བློ་བཟང་དགེ་ལེགས་བསྐོ་བཞག་གནང་ཐོག་སྣད་དགོན་པ་གཉེར་སྐྱོང་གི་བཀའ་མངགས་རྣམས་ལེགས་པར་མཛད་ཅིང་། ལོ་དེའི་ཟླ་བ་གསུམ་པའི་ཚེས་ཉེར་གཅིག་ཉིན་མགར་ཐར་ནས་ཆིབས་ཁ་བསྒྱུར་ཏེ་རིམ་བཞིན་ལམ་བར་གྱི་དད་ལྡན་མང་ཚོགས་ལའང་མཇལ་ཁ་ཁྱེན་སྣབས་སོགས་རེ་འདོད་ལྟར་བསྐྱལ་ནས

① （དཔག་བསམ་སླེ་མ་སྟོད་ཆ་ཤོག་གྲངས་177）

བོད་ལྗོངས་ཆོས་ཀྱི་ཞིང་སར་ཕྱག་ཕེབས། སོག་འཕེལ་རྒྱས་གླིང་དུ་ཞབས་སོར་འཁོད་སྐབས་པའི་ལི་ཐོ་ལྷ་བས་མགྲོན་གཉེར་སྣེ་ཁྲུ་བརྒྱུད། ཏཱ་ལའི་བླ་མའི་ཞབས་ཕྱི་ནང་མའི་ཡོངས་སུ་ཐོ་ལྷ་བ་རང་གི་མི་ངོའི་ཁྲས་ནས་ཚོད་པ་ཞིག་བྱུང་ན། དེང་སང་དུས་ངན་གྱི་སྐབས་འདིར་དབྱེན་དཀྲུག་མི་ནུས་ཤིང་། མཐོང་ཕྱོགས་སེལ་བའི་དགོས་པ་དང་བཅས་བཞག་ཆོག་པ་དགོས་ཚུལ་ཞུས་པ་བཞིན་རྗེ་དྲུང་བློ་བཟང་དར་རྒྱས་གཟིམ་དཔོན་དང་། བྱུང་པ་གསོལ་དཔོན། བཀྲས་ཁྱུད་ཡེ་ཤེས་གཟིམ་ཆུང་འཁག་གི་དྲུང་ཁྲས། ཚ་རྟེ་བློ་བཟང་གསོལ་ཐབས་པར་འཛོག་པ་གནང་ཡང་། རྗེས་སུ་ཡོང་ཚེ་ཀུན་སློང་ལེགས་བཅོས་ཇི་ཡིན་གང་ལྟར་ཞབས་ཞུ་འགྲུབ་པ་ཞིག་མ་བྱུང་བར་གྲགས།

སྐབས་དེར་ཆིབས་བསུ་དང་འཚམས་ཞུ་བཅར་བ་སོགས་ཀྱི་སྐོར། མདོ་མཁར་ཞབས་དྲུང་གི་བྱུང་བ་བརྗོད་པའི་ནང་། "ངེད་དང་མགྲོན་གཉེར་སྣེ་ཁྲུ་བ་གཉིས་ར་སྒྲེང་ནས་སྔོན་ལ་ཐོན་ཏེ་གོང་ས་སྐྱབས་མགོན་ཆེན་པོ་དང་། ལྕང་སྐྱ་རིན་པོ་ཆེ། ཐུ་ཏཱ་ཞིན་སོགས་ལ་འཚམས་ཞུར་མངགས་པ་གནང་བྱུང་བ་ལྟར་བསྐྱོད། བཞུགས་སྒར་འདུ་ནག་གསུམ་མདོར་ཕེབས་ཐོག རྒྱལ་དབང་འཇིག་རྟེན་གསུམ་མགོན་ཐམས་ཅད་མཁྱེན་གཟིགས་ཆེན་པོ་གཟིམས་གུར་གྱི་མདོར་ཡོལ་སྐོར་གྱི་ནང་དུ་བཞུགས་གདན་སྲབ་ཨར་བཞུགས་འདུག་པའི་སྐུ་མདུན་དུ་བཅར། སྐུ་མཚན་དཔེའི་དཀྱིལ་འཁོར་གཟི་བྱིན་ལྷག་པར་གསལ་བ་མཐོང་ཐོས་དྲན་རེག་གིས་གྲོལ་བ་ལེགས་པར་མཇལ་ཞིང་། འཕྲི་ཤིང་དུད་པ་ལྟ་བུའི་ཕྱག་འཚལ་གྱིས་བཏུད་དེ་བྱིན་རླབས་ཞུས། སྐུའི་ཉེ་བའི་གམ་ཁོ་ནར་འདུག་ཏུ་བསྩལ་ནས། གསུང་དབྱངས་སྙན་ཅིང་འཇེབས་པའི་བཀའི་གནང་བ་བསྩལ་བ་རྣམས་ནི་ཡིད་ལ་བཟུང་། ཐུགས་བརྩེ་ཆེན་པོས་བསྐྱོད་པའི་

གཟིགས་པ་ལྷག་པར་དགེ་བ་ནི་ཉམས་སུ་སྐྱོང་ཞིང་། སྐྱབས་མགོན་ཆེན་པོ་དང་གོང་མའི་བླ་དཔོན་རྣམས་ལ་ཇི་ལྟར་གསོལ་འོས་ཀྱི་དོན་རྣམས་ལ་ཐེ་ཚོམ་གྱི་སྤྲོས་པ་ཆོད་པར་བྱས་ཏེ་ཕྱིར་ཕྱོག དེའི་ཉིན་ཕྱི་མ་ལ་འདམ་སྟོད་བཀྲ་ཤིས་ཐང་དུ་མི་དབང་ཆེན་པོ་དབུས་གཙང་གི་བླ་དཔོན་མི་དྲག་སྟོབས་པོ་ཆེ་དང་བཅས་ཏེ་བསུ་བའི་བཀོད་པ་རྒྱ་ཆེན་པོ་མངོན་པར་འདུ་མཛད་པའི་མདུན་བསྟར་ཏེ། གཟིམས་གུར་གངས་རིའི་དུམ་བུ་ཆད་པ་ལྟ་བུར་ཚང་མ་གདན་མངོན་པར་འཛོམས་པ་ན། མི་ཕྱིད་གུས་པའི་ཕྱག་གིས་བཏུད་པ་ལ་ཕྱག་དབང་སྩལ་ཞིང་དེར་འདུས་མཐའ་དག་དགའ་བ་དང་གུས་པ་དང་དྲངས་པའི་བསམ་པ་གཟུགས་ཅན་བཞིན་དུ་སྐྱེས་པར་གྱུར། དེ་ནས་ར་སྒྲེང་གི་གདན་ས་ཆེན་པོར་གནས་གཟིགས་སོགས་ལ་ཆིབས་ཁ་བསྒྱུར་ཞིང་། དེ་དག་གི་སྐབས་མཆོད་ཡོན་དགོངས་པ་སྣོད་གཅིག་ཏུ་དཀར་བའི་ལེགས་ལམ་གྱི་སྒྲོ་དོད་པ་བཅས་རྫོང་གཞིས་མཐའ་དག་ལ་གཏམ་སྙན་དྲིལ་བསྒྲགས་ཀྱི་བཀའ་ཤོག་ཀྱང་བསྩལ། ”① ཅེས་གསལ་བ་ལྟར་བར་སྐབས་སུ་ཏཱ་ལའི་བླ་མ་མཆོག་དང་། ཕོ་ལྷ་བའི་དབར་དགོངས་ཕྱོགས་སེལ་ལྷད་ཀྱི་རྣམ་པ་བྱུང་བ་ཤུགས་ཀྱིས་མཐོང་ཐུབ།

གཞན་ཡང་རྣམ་ཐར་ལས་འབྱུང་བ་ལྟར་འདམ་བཀྲ་ཤིས་ཐང་དུ་ཕེབས་བསུའི་སར། པའི་ལི་ཕོ་ལྷ་བས་དངུལ་གྱི་མཎྜལ་བཏེགས་ཏེ། རྗེ་བླ་མའི་སྐུ་ཆེ་བའི་ཡོན་ཏན་ལས་བརྩམས་པའི་བསྔགས་བརྗོད་དང་། མགར་ཐར་དུ་ཕེབས་རྗེས་སླར་བོད་དུ་ཕེབས་རྒྱུ་ཨེ་ཡོང་སྙམ་པའི་རེ་གདུང་བཅས་བོད་ལྗོངས་མཆོག་དམན་ཐམས་ཅད་ཀྱིས་གསོལ་བ་བཏབ་ཚུལ་དང་། ད་ལྟ་བོད་དུ་ཕེབས་རྒྱུ

① (མདོ་མཁར་བའི་བྱུང་བརྗོད་དེབ་ངོས40 –42)

བྱུང་བ་ངེད་ཅག་ཐམས་ཅད་སྐལ་བ་ཤིན་ཏུ་བཟང་བས་སྐད་ཀྱི་ཆར་ཞབས་པད་བསྐལ་བརྒྱར་བརྟན་ཅིང་། བསྟན་འགྲོའི་དོན་རླབས་ཆེན་མཛད་དགོས་ཚུལ་སོགས་ཞིབ་རྒྱས་ཞུས། དེའི་ལན་དུ་རྗེ་ཉིད་ནས་ང་རང་ལ་དེ་ལྟ་བུའི་ལུང་རྟོགས་ཀྱི་ཡོན་ཏན་གདེངས་འཁེལ་མེད་ཀྱང་། འཇམ་དབྱངས་གོང་མ་ཆེན་པོ་ན་རིམ་གྱི་བླ་ན་མེད་པའི་བཀའ་དྲིན་ཆེན་པོས་བསྐྱངས་ཏེ་རྒྱལ་བའི་བསྟན་པ་དང་། བོད་ཁྲི་སྐོར་བཅུ་གསུམ་གྱི་འཛིན་སྐྱོང་དགོས་རྒྱུའི་བཀའ་ནན་ལྷི་བས་གཟེངས་བསྟོད་མཛད། རང་ངོས་ནས་ཀྱང་བསྟན་འགྲོར་ལྷག་བསམ་གང་ཆེ་བྱེད་ཁུལ་ཡིན་ཀྱང་། སྐྱིགས་དུས་ཀྱི་བོད་འབངས་མཆོག་དམན་རྣམས་བདུད་ཀྱིས་ཡིད་དཀྲུགས་པས་བྱེད་སྒོ་མང་བར་བརྟེན་ལམ་དུ་འགྲོ་མིན་སྣ་ཚོགས་ཤིག་བྱུང་། ད་སྔོས་བོད་ཀྱི་སྐྱིད་སྡུག་མཐའ་དག་གཙོ་བོར་གོང་མ་ཆེན་པོའི་གཟིགས་སྐྱོང་དང་། ཡང་སྔོས་རང་རེ་མཆོད་ཡོན་གྱི་བྱེད་ལས་ལ་རག་ལུས་པས། ངས་ཀྱང་བླ་མ་དཀོན་མཆོག་ལ་གསོལ་འདེབས་ཀྱི་རྒྱལ་བསྟན་དར་ཞིང་། བོད་འབངས་བདེ་སྐྱིད་ལ་སྤྱོད་པའི་སྒོ་གསུམ་འབད་འབུང་བྱེད། ཁྱེད་རང་ནས་ཀྱང་གང་སྨྲས་པའི་དོན་ལ་འགྱུར་བ་མེད་པའི་ལྷག་བསམ་གྱི་འཕྲལ་ཕུགས་འདུན་པ་མ་ནོར་བ་ཞིག་ཅེས་ཀྱང་དགོས་ཞེས་བཀའ་ལན་ཞིབ་རྒྱས་བསྩལ་བ་ལས་ཀྱང་རྟོགས་ནུས་སོ།

སྤྱི་ལོ1735བོད་ཤིང་ཡོས་ལོའི་ཧོར་ཟླ་བདུན་པའི་ཚེས་བཅུ་གཅིག་ཉིས་བརྩེགས་ཕྱི་མའི་ཉིན་སྔ་ཆར་བསམ་བདེ་གླིང་ཁ་ནས་ཆིབས་ཐོན་གྱི་རིམ་བཞིན་སྨད་ཅུར་གཞུང་གི་ཐབ་བསུའི་སར་ཞབས་སོར་འཁོད། དེ་གར་ཆབ་མདོ་འཕགས་པ་ལྷ་དང་། འོན་རྒྱལ་སྲས། ལོ་སེམས་དཔའ། སླེ་ལུང་རྗེ་དྲུང་། རྟ་ཚག བཀྲ་ཤིས་ལྷུན་པོའི་ཕྱག་མཛོད། རྒྱུད་སྟོད་སྨད་དང་། སེ་འབྲས་

སོགས་ཀྱི་དཔོན་སློབ་ལས་སྣེ། སྨིན་གླིང་། རྗེ་བྲག་སོགས་གྲུབ་མཐའ་རིས་མེད་ཀྱི་བླ་མ། ལྷ་སར་བཅའ་སྡོད་སྣ་དྷ་ཞིན་སོགས་གོང་མའི་མི་དྲག་རྣམས་པའི་ལི་ཐོ་ལྷ་བ་དང་། བཀའ་བློན། མདའ་དཔོན་སོགས་དྲུང་འཁོར། གཞན་ཡང་རྒྱ་དང་། སོག་པོ། ཁ་ཆེ། བལ་པོ། འབྲུག་པ་སོགས་ཡུལ་གྲུ་སོ་སོའི་མི་སྣ་རང་རང་ཆ་ལུགས་མི་འདྲ་བས་སྤྲད་པ་སོགས་ཕེབས་བསུར་བཅར་བ་ཐམས་ཅད་ལ་མཇལ་ཁ་ཛ་གྲལ་བཅས་གནང་ཞིང་། དེ་ནས་རིམ་གྱིས་ཕེབས་པར་སེ་འབྲས། རྨེ་རུ། བཞི་སྡེ་སོགས་ཀྱི་སེར་སྐྱོངས་དང་། ལྷ་ས་རུ་བཞི། པོ་ཏ་ལ་ཞོལ་པ་སོགས་ཀྱི་གྲོ་གཞིས། གཞན་ཡང་ཕྱོགས་འདུས་སྐྱེ་བོ་ཁྲི་ཕྲག་དུ་མས་དད་མཇལ་དང་བཅས་ལྷ་ལྡན་གཙུག་ལག་ཁང་དུ་ཕེབས། སྤྱི་སོར་ཀུན་གཟིགས་ལྷུ་པ་ཆེན་པོ་རྒྱ་ནས་ཕེབས་སྐབས་ཐོག་མར་ཁྲམས་ར་ཆེ་མོར་ཕེབས་པས་རྟེན་འབྲེལ་འགྲོད་ལམ་ཆེ་བྱུང་བཞིན་ཁྲམས་རའི་མཐོངས་སུ་གུར་ཆེན་ཕུབ། བཟང་གོས་ལས་གྲུབ་པའི་དྲ་བ། དྲ་ཕྱེད། འཕན། ཕྱེ་ཕུར། རྒྱལ་མཚན་སོགས་མཆོད་རྫས་ཀྱིས་མཛེས་པར་བརྒྱན། འོག་གཞི་ཐམས་ཅད་རས་དཀར་པོ་མཉམ་པར་བཀྲམ་པའི་གུང་དུ་གསེར་ཁྲི་ཞབས་སེན་མངོན་པར་འཁོད། ཐོག་མར་ལྗང་སྐྱ་རིན་པོ་ཆེ་ནས་མཎྜལ་ལྷུགས་བཤད་དང་འབྲེལ་བའི་འབུལ་བ་འདེགས་པར་མཛད། དེ་ནས་ལོ་གསར་གྱི་སྐབས་ལྟར་ཆོས་སྲིད་ཀྱི་མཛད་སྒོ་གཟབ་རྒྱས་སུ་བསྐྱངས།

ལོ་འདིའི་ནང་“འཇམ་དབྱངས་གོང་མ་ཆོས་ཀྱི་རྒྱལ་པོ་གཡུང་ཅིང་གནམ་དུ་གཤེགས་ཤིང་། ལྷ་སྲས་བཞི་པ་ཁྲིར་ཕེབས་པའི་གནས་ཚུལ་ལྷ་སའི་དྷ་ཞིན་རྣམས་ནས་སྙན་སྒྲོན་ཞུས་པར་བརྟེན། གོང་མའི་འབྲུངས་སྐར་པོ་ཏ་ལར་ཚུགས་རྒྱུ་བཀོལ་ཏེ་ཟླ་བ་གཅིག་གི་རིང་འཇམ་དབྱངས་གོང་མ་ཆེན་པོའི་

དགོངས་རྫོགས་སུ་དམིགས། གདན་ས་གསུམ་གྱི་དགེ་འདུན་རགས་བསྡུས་ཆིག་སྟོང་སྐོར་ར་ས་འཕྲུལ་སྣང་གི་གཙུག་ལག་ཁང་དུ་བསྙེན་བཀུར་ཞིང་། ཉིན་རེ་སྟོང་མཆོད་རྒྱས་པ་བཤམས་ཏེ་མཆོད་འབུལ་སྨོན་ལམ་རྣམ་གསུམ་སོགས་ཀྱི་ཞལ་འདོན་དང་། དགེ་བ་རྫོགས་བྱང་དུ་བསྔོ་བར་མཛད། ”①ཅེས་གསལ་བ་ལྟར་དེ་དུས་གོང་མའི་འབྲུངས་སྐར་ལ་རྗེ་བོ་བྲང་ཆེན་པོའི་ནང་མཛད་སྒོ་ཚུགས་སྲོལ་ཡོད་པའང་ཤུགས་ལས་མཚོན་གྱི་འདུག

སྤྱི་ལོ1736བོད་མེ་འབྲུག་ལོར། འབྲུག་སྡེ་སྲིད་ནས་དྷ་ལའི་བླ་མ་མཆོག་ལ་མཇལ་ཕྱག་ཞུ་བར་བཅར་རྒྱུའི་སྔན་སེང་འགྱུར་པ་ལྟར་བོ་ལྷ་བར། འབྲུག་པ་འདི་སྔོན་ཆད་བོད་དང་ཞི་འཁོན་ཆེ་ཙམ་བྱུང་མྱོང་ཡོད་ནའང་། ད་ཆ་འཁོན་མེད་མཇལ་ཕྱག་ཏུ་འོང་བར་སྣེ་ལེན་མཐོང་གཟིགས་གང་ཆེ་དགོས་ཞེས་བཀའ་གནང་བ་བཞིན། མགྲོན་གཉེར་གཉིས་ཀྱིས་གཙོས་པའི་དྲུང་འཁོར་ཉི་ཤུ་སྐོར་བསུ་བར་གཏོང་གནང་སོགས་གཟིགས་བསྐྱངས་ཆེན་པོ་གནང་ནས་སྐྱོང་མཁས་མཛད་པར་གྲགས་ཤིང་། དེ་ནས་ལོ་བཞི་སོང་བའི་ལྕགས་སྤྲེ་ལོར། “འབྲུག་སྡེ་སྲིད་དགོངས་འགྲོལ་ཞུས་པའི་ཚབ་ཏུ་ལྗོ་ནང་སེར་སྐྱ་སྤྱིས་འོས་ཕུལ་བ་བཞིན་བློན་པོ་ངག་དབང་རྒྱལ་མཚན་བསྒོ་བཞག་གནང་” ②བ་བཅས་ལྷོ་འབྲུག་འདི་བོད་ཀྱི་མངའ་ཁོངས་སུ་ངང་གིས་འདུ་བའི་མཛད་པ་བསྐྱངས་པར་མངོན།

ལོ་འདིར་“ གོང་མ་ཆེན་པོའི་གསེར་ཡིག་པ་དྷ་བླ་མ་ཆོས་འཕེལ་དར་

① （དཔག་བསམ་སྙེ་མ་སྟོད་ཆ་ཤོག་གྲངས210）

② （དཔག་བསམ་སྙེ་མ་སྟོད་ཆ་ཤོག་གྲངས295）

རྒྱས་དང་བློ་བཟང་དཔལ་འབྱོར། རིམ་པ་གཉིས་པའི་ཁི་ཡཱ་ཁི་ཡ་ཐུ། རིམ་པ་གསུམ་པའི་ཁི་ཡཱ་ཨེ་བུས། སྦྱར་གོ་ཆེ་པཱ་ཐའི་དང་ཡུང་ལོ་ཡི་གཉིས། ཕྱི་ཚའི་ཚེ་གཉིས་བཅས་ཀྱི་གདོང་དུ་བཀའ་ཤོག་བཅུ་གཅིག་འདུག་པ་ལ་ཇ་བཏུང་དར་འཕྱར་སེར་སྦྲེངས་སོགས་ཀྱིས་བསུས་ཏེ་ཚོམས་ཆེན་དུ་ཏཱ་བླ་མ་སོགས་ནས་གསུང་ཅིང་གནམ་དུ་གཟིགས་པ་དང་། ལྷ་སྐྱོང་ཁྲིར་ཕེབས་པའི་རྒྱུ་མཚན་སོགས་ཀྱི་གསེར་ཡིག་བཞི་ཕྱག་ཏུ་ཕུལ། མི་སྣ་རྣམས་ལ་སྟོན་མོ་དང་གསུང་གླིང་བཀའ་འདྲི་རྒྱས་པ་གནང་། དེ་རྗེས་གོང་མ་གསུང་ཅིང་གནམ་དུ་གཟིགས་པར་རྒྱུན་བཞི་སེར་པོའི་སྐུ་སློག་གིས་གཙོས་ན་བཟའི་རིགས་མང་པོ་དང་། ཞལ་དང་གཡང་ཏི་སོགས་ཀྱི་སྤྱད་པ་ཁྱད་མཚར་དུ་མ་དང་། ལྷ་སྐྱོང་བདག་པོ་ཆེན་པོའི་གནང་སྦྱིན་རྒྱ་ཆེན་པོ་དང་བཅས་ཕུལ་བ་བཞེས་ཏེ་གོང་མ་ཞི་བར་གཟིགས་པ་དེ་ཉིད་ཀྱི་དགོངས་པ་ཡོངས་སུ་རྫོགས་པའི་ལྷུགས་བསྔོ་རྒྱས་པ་མཛད།”① ཅེས་གསལ་བ་དང་། དེ་རྗེས“གོང་མ་ཆེན་པོ་ལྷ་སྐྱོང་ཁྲིར་བཞུགས་པ་ལ་འཚམས་ཞུ་ཞུ་མི་གཟིམ་འགག་ལྷུགས་རི་བ་དང་། ཧུ་རིག་ཐུ་ཛའི་སང་གཉིས་ཐོན་གདོང་གོང་མ་ཆེན་པོར་སྙན་ཚིག་གི་ལམ་ནས་དྲངས་པའི་ཞུ་ཡིག་ཚིགས་བཅད་མ་ལེ་ཚན་གསུམ་དང་། རྟེན་ཆས་རྒྱ་ཆེན་པོ་འབུལ་བ་གནང་ཞིང་། དེ་མཚུངས་བླ་མ་སེར་མོ་བ་དང་ཞང་མི་དྲག་སོགས་སྦྱིན་བདག་རྣམས་ལའང་བཀའ་ཤོག་དང་རྟེན་སོགས་བསྩལ་ཏེ་ཐོན་ཕྱག་གནང་།”②ཞེས་འཁོད་ཡོད།

① （དཔག་བསམ་སྙེ་མ་སྟོད་ཆ་ཤོག་གྲངས219）
② （དཔག་བསམ་སྙེ་མ་སྟོད་ཆ་ཤོག་གྲངས222）

ལོ་འདིར་ལྷ་ས་གཙུག་ལག་ཁང་གི་དཀྱིལ་འཁོར་མཐིལ་དུ་བཞུགས་པའི་“མི་དབང་བྱམས་པ”ཞེས་པ་འདི་གསར་དུ་བཞེངས་པའི་སྐོར། “མེ་འབྲུག་ལོ་སྐྱབས་མགོན་རྒྱལ་བ་ཐམས་ཅད་མཁྱེན་གཟིགས་ཆེན་པོའི་བཀའ་བཞིན་མི་དབང་མཆོག་ནས་རྗེ་བོ་ཤཱཀྱ་མུ་ནེའི་སྤྱན་སྔར་རྒྱལ་བ་མི་ཕམ་པའི་སྐུ་བརྙན་ཆེ་བ་གསེར་ཟངས་ལས་བསྒྲུབས་པ་བཞེངས་པ་གནང་བར་རྗེ་གྲུབ་པའི་དབང་ཕྱུག་(ཤོགས་དོན་ཡོད་མཁས་གྲུབ་)ནས་རབ་གནས་སྐུལ།……”①ཅེས་གསལ་བ་དང་། དེ་སྐབས་བོད་ས་གནས་སྲིད་གཞུང་གི་གཞུང་ཏ་གཞུང་དྲིལ་འཁོར་ཆེན་དང་། སྤྱན་གཟིགས་སྣང་ཆེན་སོགས་ཀྱི་ལོ་འཁོར་མོའི་ཟན་ཟ་ཡོང་ཁུངས་གཙོ་བོ“སྟེ་བཞིའི་འདམ་ར་ཆེན་མོ”ཞེས་པ་འདི་ཡིན་ཅིང་། ལོ་ལྟར་འདམ་ཟ་བཏང་འདྲེན་གྱི་ཨུ་ལག་ནི་དབུས་གཙང་ཞིང་ཁྲུལ་མི་སེར་རྣམས་ཀྱི་དཀའ་ངལ་ཆེ་ཤོས་ཀྱི་ཁྲལ་ཨུལ་གྲས་ཤིག་ཡིན། དེའི་སྐོར་མདོ་མཁར་བས“རྫོང་རྒྱབ་ཀྱི་འདམ་ར་དབུས་གཙང་མི་སེར་ཕྱེད་ལངས་ཀྱིས་བཏང་བའི་སྲོལ་ཡོད་པར་སྤྱི་སྤྱོམས་སུ་བཏངས་གཤིས། ལས་རྒྱུན་ལྟ་མཆོད་བསྒྲལ་ནས་ཀྱང་འགོར་བ་དང་། ཉིན་ཆད་ཐེལ་ཆད་སོགས་ལ་དངུལ་བསྡུ་བ་འདམ་བཏང་ཟ་ཆད་དང་མཉམ་པ་སྒྲུབ་དགོས་སོགས་དཀའ་སྡུངས་ཤིན་ཏུ་ཆེ་བར་བརྟེན། རྗེས་སོར་མི་དབང་ཆེན་པོས་ཐབས་གང་འགབ་དྲི་བ་གནང་བར་རང་རང་གི་བསམ་ཚོད་སྣ་ཚོགས་ཤིག་ཕུལ་འདུག་ཀྱང་། འདམ་ར་ལ་ཐིག་བཏབ་པའི་ཆ་བགོས་དང་། དེ་ལ་རྫོང་གཞིས་མི་སེར་རྒྱན་བརྒྱབ་པའི་རང་སྐལ་སྒྲུབ་བཅུག་ན་རང་མི་རང་ལས་ཀྱི་ལས་འགོར་ཆུང་ཞིང་། ཉིན་ཆད་འཐེལ་ཚད་སོགས

① (མདོ་མཁར་བའི་བྱུང་བརྗོད་དེབ་ངོས40)

བསྟུ་མི་དགོས་པའི་དགེ་སློབས་ཆེ་ཚུལ་ཞུས་པ་ལྟར་དེང་སང་གི་བར་དུ་སྲོལ་ལམ་དེ་ཁོ་ན་གནས་པ་འདི་ནི་ཆོག་འདོན་ལེགས་པའི་དགེ་རྩ་རླབས་པོ་ཆེ་ཡིན་སླམ་པའི་རྣམ་པའང་མཆིས་སོ།”① ཞེས་དང་། ཡང་དེ་རྗེས། སྔོན་ཆད་སྨོན་ཚོགས་གཉིས་སྐབས་ཚོགས་ཞུགས་དགེ་འདུན་ལ་ཁྱུར་བ་ཞེས་རྒྱུམ་བསྒྲིག་ཁ་ཟས་གཏོང་སྲོལ་དེ་དངུལ་བསྒྱུར་བྱས་པའི་སྐོར། “ཚོགས་སྨོན་གྱི་ཁྱུར་ཆེན་དགེ་འདུན་ལ་འབུལ་བའང་བྱིངས་ལ་ཆག་རྒུག་སྤར་ཚོད་ཀྱི་ཕྲན་བུ་རེ་ལས་མི་ཡོང་བར་མི་སེར་ལག་གཡོག་སྒྲུབ་པ་པོ་རྣམས་ཉིན་མཚན་ཁོར་ཡུག་གི་དཀའ་ཚེགས་ཉམ་ཐག་བཟོད་དཀའ་བ་ཡོང་འདུག་གཤིས། མི་དབང་ཆེན་པོར་བབ་རྒྱུན་གནས་ཚུལ་ཞིབ་མོར་གསོལ་ཏེ།……ཁྱུར་དོད་དུ་དངུལ་སྤྲུལ་བ་ཞུ་བ་པོ་རྣམས་རེ་བ་མི་རྫོགས་པ་མེད་ཅིང་། གཞུང་གནས་དང་མི་སེར་ལ་ཕན་སློབས་ཆེ་བར་འགྱུར་བའི་སྒྲུབ་དོན་ལྡན་གྱི་དགེ་རྩ་སྒྲུབ།”② ཅེས་གསལ་བ་སོགས་ཀྱི་ཚོགས་དེ་ལྟ་བུའི་ནང་དབང་སྒྱུར་པས་ཁྲལ་འུལ་ལམ་ལུགས་ལ་རྩ་བའི་འགྱུར་བ་གཏོང་མི་སྲིད་ཀྱང་། ཕོ་ལྷ་བ་ནི་བློ་སྟོད་དགེ་འཚོལ་གྱིས་ལེགས་བཅོས་བྱེད་འདོད་ཡོད་པ་དང་། མདོ་མཁར་ཞབས་དྲུང་གིས་འདམ་འུལ“འགན་འཁྲིའི་ལམ་སྲོལ”ལྟ་བུའི་གྲོས་བརྩོན་པ་ལྟར་ལག་ལེན་བྱས་སྐབས་ལས་ཕྱོད་མཐོ་རུ་འགྲོ་བ་དང་། བར་ལག་ནས་དོ་དམ་པས་ཚད་དངུལ་ཧམ་ཟ་བྱེད་པ་ལ་འགྱུར་ལྡོག་གི་ཕན་འབྲས་ཐོན་པ་དང་དེ་མཚུངས་སྨོན་ཚོགས་ཁྱུར་ཆེན་ཡང་མཐོ་རིམ་སེར་མོ་བར་ཁ་ཟས་ཆ་ཚང་རག་ཀྱང་གྲྭ་དཀྲུས་ཚོར་མི་ཐོབ་པ་དེ་ཡང་མོས་

① （མདོ་མཁར་བའི་བྱུང་བརྗོད་དེབ་ངོས43）

② （མདོ་མཁར་བའི་བྱུང་བརྗོད་དེབ་ངོས50）

སྐོམས་བཀྲོས་པ་སོགས་དེ་དག་ནི་སྤྱི་ཚོགས་སྙིང་པའི་ནང་མཐོང་དཀོན་པའི་ལེགས་བཅོས་ཀྱི་བྱ་བ་ཞིག་བྱུང་བར་མངོན་ནོ།

སྤྱི་ལོ1737 བོད་མེ་སྦྲུལ་ལོར། པཎ་ཆེན་སྐུ་ཕྲེང་ལྔ་པ་བློ་བཟང་ཡེ་ཤེས་དགོངས་པ་རྫོགས། ལོ་འདིར་འབྲུག་རྒྱལ་གྱི་ཨ་ཁུ་ཆེ་རིང་དབང་ཆེན་ཏཱ་ལའི་བླ་མའི་སྐུ་མདུན་དུ་མཇལ་ཕྱག་ལ་བཅར་བར་གནང་སྦྱིན་གྱི་ནོམ་པ་བསྐུལ་ཅིང་། དགེ་འབྲུག་བར་གྱི་ལར་རྒྱུ་དང་འབྲུག་པ་ནང་ཚགས་སུ་ཡང་ལྷག་བསམ་རྣམ་པར་དག་པ་དགོས་པའི་བཀའ་སློབ་ཞིབ་པར་གནང་ཞེས་གསལ་བས་ཁོང་ལོ་ཤས་མི་གཏར་བོད་དུ་བསྡད་པ་ལོ་འདིར་ཕྱིར་སློག་མཛད་པར་མངོན།

སྤྱི་ལོ1738 བོད་ས་རྟ་ལོར། “ གོང་མ་ཆེན་པོའི་བཀའ་ཤོག་པོའི་ཁྲིམས་ར་ནས་རིམ་བརྒྱུད་དུ་བྱུང་བའི་ཡི་གེར། གོང་མ་ལྷ་སྐྱོང་ལོ་གསུམ་སོང་བའི་དབྱར་ཟླ་ར་བའི་ཚེས་བཅུ་དགུ་ལ་བཀའ་ཕབ་པ། བོད་ཕྱོགས་ཀྱི་དགོན་ཁག་ཆེ་ཆུང་སྟོང་ཕྲག་ལྷག་ཙམ་ཡོད་འདུག་པ་དེ་རྣམས་ལ་གཏོང་སྒོ་ཇ་ཚུལ་སོགས་ཏཱ་ལའི་བླ་མའི་ཕྱག་མཛོད་ནས་འགྲོ་དགོས་ཤིང་། གཞན་ཡང་བླ་ཁག་དགེ་རྩ་བྱེད་མི་སོགས་ལ་གཞུང་ནས་གཏོང་སྒོ་འགྲོ་ཆེ་བའི་སྐབས་དངོས་པོའི་འཁྲོལ་ཆ་ཆེན་པོ་མེད་འདུག་པས། ངེད་ཀྱི་ཡབ་ན་རིམ་ནས་ཏཱ་ལའི་བླ་མར་མཐོང་གཟིགས་བདག་རྐྱེན་གནང་འདུག་པ་བཅས། ད་ལམ་གཏོང་སྒོའི་ཐེབས་སུ་དར་རྩེ་མདོའི་དངུལ་ཐོག་ནས་ལོ་རེ་བཞིན་དངུལ་སྲང་སྟོང་ཕྲག་ལྔ་ཏཱ་ལའི་བླ་མའི་རྩེ་ཇ་འདྲེན་མིར་སྤྲོད་རྒྱུ་ཡིན། དེའི་ཕྱིར་དུ་བཏང་བ་ཡིན་ཞེས་པའི་ཡི་གེ་བྱུང་བ་བཀའ་ཚོས་ཀྱི་གསེང་དབང་དུ་སྣན་སྒྲོན་ཞུས། གསེར་ཡིག་པ་ཏཱ་བླ་མ་སོགས་ལ་ཐུགས་རྗེ་ཆེན་པོ་ཕྱག་བཞི་པའི་རྗེས་གནང་བསྐུལ། ཏང་ཏཱ་ཞིན་

སོགས་གོང་མའི་མི་དྲག་ལྷ་སར་སྡོད་མི་རྣམས་ལ་ལེགས་སོའི་གནང་སྦྱིན་དང་། གོང་མ་ཆེན་པོར་ཡང་བཀའ་དྲིན་ཆེ་ཚུལ་གྱི་ཞུ་ཡིག་ཏ་ཐམ་བརྒྱུད་འཕྲུལ་དུ་འབུལ་བ་གནང་། ……རྒྱ་དམག་རྒྱུན་སྡོད་ལྔ་བརྒྱ་སྐོར་ལ་བརྗེ་མི་བྱུང་བས་ཕྱིར་ལོག་རྣམས་ལ་ཐོན་ཕྱུག་གསོལ་རས་བཟང་པོ་གནང་།”①ཞེས་འཁོད་པ་ལྟར་ཆིང་གོང་མའི་སྲིད་གཞུང་ནས་བོད་ས་གནས་བོད་ས་གནས་སྲིད་གཞུང་གི་ནོར་སྲིད་གཏོང་ཡོང་སྐོར་ལ་སེམས་འཁུར་དང་ཁ་གསབ་གནང་གི་ཡོད་པ་མཚོན་ཞིང་། བོད་དུ་བཅའ་སྡོད་རྒྱ་དམག་རྣམས་ཀྱང་ལོ་གསུམ་ཙམ་གྱི་ཐོག་བརྗེ་ལེན་བྱེད་ཀྱི་ཡོད་པ་མཐོང་ཐུབ།

སྤྱི་ལོ1740བོད་ལྕགས་སྤྲེ་ལོར། “དེ་ནས་དགའ་བཞི་པཎྜི་ཏར་གོང་མ་ཆེན་པོས་གྲུང་གི་ཚེ་ལོ་དང་བཀའ་བློན་གྱི་ལས་ཚན་གནང་བའི་ལེགས་འབུལ་ཕུལ་བར་ལེགས་སོའི་གསོལ་རས་ཀྱང་བསྩལ།”ཅེས་གསལ་ཞིང་། འདིའི་སྐོར་དགའ་བཞིའི་བྱུང་བ་བརྗོད་པའི་ནང་། “དེ་ནས་མི་རིང་བར་གོང་ས་མཆོད་ཡོན་རྣམ་གཉིས་ནས་གོང་མ་བདག་པོ་ཆེན་པོར་ཞུ་གནང་མཛད་པར་བརྟེན། གོང་མ་ལྷ་སྐྱོང་རྒྱལ་པོའི་བཀའ་ཕྱིར་ཕེབས་སུ། ནད་རྐྱེན་གྱིས་འདས་པའི་ཕུ་པ་ལ་ཆེ་གྲུང་རྣམ་རྒྱལ་ཚེ་བརྟན་ཕོ་པའི་ངེས་དག་གི་ནུ་བོ་པཎྜི་ཏ་ལ་སྔར་ཡང་ཕུ་པ་ལ་ཆེ་གྲུང་གི་ཚེ་ལོ་སྤྲད་ནས་བུ་བརྒྱུད་ནས་བུ་བརྒྱུད་ཀྱི་བར་འཛུགས་གནས་བྱེད་རྒྱུ། ལྷ་སྐྱོང་ཁྲིར་བཞུགས་དགུང་ལོ་ལྔ་པའི་དཔྱིད་ཟླ་ཐ་མའི་ཚེས་ཉེར་དྲུག་ལ་ཞེས་པ་དང་སྟབས་མཚུངས་གཅེན་བཀའ་བློན་གྲུང་རྣམ་རྒྱལ་ཚེ་བརྟན་

① （དཔག་བསམ་སྙེ་མ་སྟོད་ཆའི་ཤོག་གྲངས293）

ཞིང་གཤེགས་ཀྱི་ཆེད་རྒྱའི་ལུགས་སྲོལ་ལྟར་དུར་མཆོད་ཀྱི་དགོས་ཆ་ཡང་བསྐུལ།”① ཅེས་གསལ་བ་ལྟར་གཅེན་རྣམ་རྒྱལ་ཚེ་བརྟན་ནས་ཀྱུང་ལོ་ཤས་བཀའ་བློན་བྱས་པར་མངོན་ཞིང་། ཕོང་གྲོངས་རྗེས་གཙུང་པོ་ནོ་ཡོན་པཎྜི་ཏར་གུང་གི་ཚེ་ལོ་དང་བཀའ་བློན་གྱི་ལས་ཚན་རྒྱུན་འཛིན་དུ་གནང་བ་ཡིན་འདུག་གོང་དུ་བརྗོད་པ་ལྟར་པའི་ལོ་ཐོ་ལྟ་བར་“རྗེ་རིས་རྟུན་ཕང་”གི་ཚེ་ལོ་ཡང་ལོ་འདིར་གནང་བ་ཡིན་ནོ།

1741བོད་ལྕགས་བྱ་ལོར། “སྔོན་དུ་གོང་མ་ཆེན་པོར་པཎ་ཆེན་ཐམས་ཅད་མཁྱེན་པའི་མཆོག་སྤྲུལ་ངེས་འབྱོངས་གསལ་བར་བྱུང་བའི་གནས་ཚུལ་ཕུལ་བའི་བཀའ་ལན་དང་། ཁྲི་འདོན་ལ་གསེར་ཡིག་པ་གནང་རྒྱུ། དེ་མཚུངས་རྗེ་ཉིད་ལའང་གསེར་ཡིག་གནང་རྟེན་བཅས་ཡོད་ཚུལ་ཕེབས་པར་དེ་འཕྲུལ་གོང་མ་ཆེན་པོར་བཀའ་དྲིན་ཆེ་ཚུལ་གྱི་ཞུ་ཡིག་འབུལ་བ་གནང་།”② ཞེས་གསལ་བ་ལྟར་པཎ་ཆེན་ལྔ་པའི་ཡང་སྲིད་དཔལ་ལྡན་ཡེ་ཤེས་མཆོག་གཙང་སྟོངས་ཤངས་མདའ་གྲམ་བཀྲ་ཤིས་རྩེ་བར་སྐུ་བལྟམས་པ་དེར་ངོས་འཛིན་གནང་སྟེ་གོང་མ་ཆན་ལུང་ལ་སྙན་སེང་མཛད་པ་ལྟར་བཀའ་ལན་ཕེབས་པ་དང་། “དེ་ནས་པཎ་ཆེན་ཐམས་ཅད་མཁྱེན་པ་ཆེན་པོའི་མཆོག་གི་སྤྲུལ་པའི་སྐུ་ཁྲི་འདོན་ལ་ཆེད་དུ་བཀས་མངགས་པའི་ཏཱ་བླ་མ་དང་། མི་དྲག་རྣམས་འགྲོར་པར་གསེར་ཡིག་གནང་རྟེན་དང་བཅས་པ་བཞེས་ཤིང་། ཕོང་པ་རྣམས་

① (དཀའ་བཞི་པའི་བྱུང་བརྗོད་དེབ་ངོས32)

② (དཔག་བསམ་སྙེ་མ་སྟོད་ཆ་ཤོག་གྲངས300)

ལ་འཁྱོར་སྟོན་རྒྱས་པར་བསྐུལ།”① ཅེས་གསལ་བ་ལྟར་ལོ་དེའི་ཕྱི་མར་པཎ་ཆེན་སྐུ་ཕྲེང་དྲུག་པ་དཔལ་ལྡན་ཡེ་ཤེས་མཆོག་གདན་ས་བཀྲ་ཤིས་ལྷུན་པོའི་བཞུགས་ཁྲིར་མངའ་གསོལ་གྱི་མཛད་སྒོ་རྣམས་སྔར་ལམ་བཞིན་ལེགས་པར་གྲུབ།

སྤྱི་ལོ1744ཐོག་ཤིང་བྱི་ལོར། “འདི་ལོ་གོང་མ་ཆེན་པོའི་ཡབ་ཀྱི་བཞུགས་གནས་རྙིང་པར་གཙུག་ལག་ཁང་ཆེན་པོ་གསར་དུ་བསྐྲུན་པར་ཚོ་ཆེན་ཞི་དགུ། ཁལ་ཁ་ཚོ་བདུན་དང་རྒྱ་བོད་སོགས་ཀྱི་བཙུན་གསར་སློ་རིག་བཟང་བ་ལྔ་བརྒྱ་བསྡུས་ཏེ་མདོ་སྔགས། རིག་གནས། སྨན་པའི་གྲྭ་ཚང་བཞི་འཛུགས་རྒྱུར་བོད་ནས་བླ་མ་སློབ་དཔོན་བཅས་རྫོང་ད་དགོས་ཚུལ་ཛོར་(སྦྱོར་)ཁང་བརྒྱུད་གོང་མ་ཆེན་པོའི་བཀའ་ཕེབས་པ་ལྟར་མཚན་ཉིད་གྲྭ་ཚང་གི་བླ་མར་ཧར་སྡོང་རབ་འབྱམས་པ་ངག་དབང་ཆོས་འཕེལ། རྒྱུད་པ་གྲྭ་ཚང་གི་བླ་མར་སྨད་རྒྱུད་བླ་མ་དཀོན་མཆོག་བསྟན་དར། རིག་གནས་གྲྭ་ཚང་གི་བླ་མར་རྩོམ་ལྡོག་ཞབས་དྲུང་། གསོ་བ་རིག་པའི་གྲྭ་ཚང་གི་བླ་མར་ཕུན་ཚོགས་འཛམ་གླིང་། དེ་དག་གི་རོགས་བྱེད་དུ་གདན་ས་གསུམ་དང་རྒྱུད་སོགས་ནས་དགེ་བའི་བཤེས་གཉེན་བཅོ་བརྒྱད་སོ་སོར་གཡོག་བཅས་རྫོང་ད་གནང་རྒྱུར་ཐོན་ཕྱག་བསྐུལ།”② ཅེས་གསལ་འདུག

ལོ་དེར་ཏཱ་ལའི་བླ་མའི་ཡབ་རྗེ་གུང་བསོད་ནམས་དར་རྒྱས་སྐུ་ཚེ་མ་ཟིན་པར“སོ་ཏཱ་ཞིན་སོགས་ལྷ་སར་སྡོད་པའི་མི་དྲག་རྣམས་ནས་ཡབ་རྗེ་དེ་ཉིད་

① (དཔག་བསམ་སྙེ་མ་སྟོད་ཆ་ཤོག་གྲངས302)

② (དཔག་བསམ་སྙེ་མ་སྟོད་ཆ་ཤོག་གྲངས343)

གཤེགས་པའི་རྒྱུ་མཚན་གོང་མར་ཞུས་པའི་བཀའ་ལན་དུ། ཡབ་རྗེ་དེ་ཉིད་གཞུང་དོན་ལ་རྒྱུར་ཐུགས་བསམ་དཀར་བས་ངེད་ཀྱང་ཐུགས་ཁྲལ་ཆེ་ཞིང་། ཏཱ་ལའི་བླ་མའི་སྐུ་དོན་ལའང་ཤིན་ཏུ་ཕན་པའི་མི་ཡིན་གཤིས། ངེད་ཀྱི་སྐུ་ལ་བཅར་བའི་མི་རིང་རྫོང་གི་ཨ་རན་ཐས་རོགས་བཅས་བཏང་སྟེ་དངུལ་སྲང་ལྔ་བརྒྱ་གནང་ཡོད་ལ། ཏཱ་ལའི་བླ་མར་ཡང་གསེར་ཡིག་བཅས་ཡོད་ཚུལ་གྱི་བཀའ་ཕེབས་འདུག་པ་སོ་ཏཱ་ཞིན་ནས་སྙན་འབུལ་ཞུས་པར། གོང་མ་ཆེན་པོ་ངེད་ཅག་ཐམས་ཅད་ལ་བཀའ་དྲིན་འཁོར་མཐའ་མེད་པ་ཡིན་ཚུལ་བཀའ་ཕེབས་ཏེ་ཁོང་པ་རྣམས་ལ་མཛལ་ཁ་ཇ་གྲལ་སོགས་གནང་།" ① ཞེས་གསལ་འདུག

གོང་མ་ཆན་ལུང་གི་བཀའ་གནང་བ་ལྟར་ལྕང་སྐྱ་ཧོ་ཐོག་ཐུ་མཆོག་ནས་བསྟན་བཅོས་འགྱུར་རྗེ་ཚིག་བོད་ཡིག་ནས་སོག་པོའི་ཡི་གེར་བསྒྱུར་གནང་མཛད་པ་དེ་སྤྱི་ལོ1742བོད་ཆུ་ཁྱི་ཟླ་བ་གསུམ་པའི་ཚེས་བཅོ་ལྔ་ཉིན་ཡོངས་སུ་རྫོགས་པ་གྲུབ་རྗེས་གོང་མའི་མཛོད་ནས་པར་དུ་བསྐྲུན་ཏེ་པར་ཕུད་ཀྱང་ཏཱ་ལའི་བླ་མ་མཆོག་ལ་འབུལ་གནང་མཛད་པ་ཤིང་གླང་ལོར་ཕྱག་འཁྱེར་བྱུང་བར་བཀའ་ལན་དང་ལེགས་སྐྱེས་སོགས་བསྐུལ་བར་མངོན་ཏེ་རྣམ་ཐར་ནང་། "འདི་སྐབས་གོང་མའི་བཀའ་ལྟར་ཁོ་བོ་ཅག(ལྕང་སྐྱ)གིས་བསྟན་བཅོས་འགྱུར་རྗེ་ཚིག་ཆེན་པོ་ཧོར་གྱི་སྐད་དུ་བསྒྱུར་བའི་ཞབས་འདེགས་ཞུས་པར་ཡང་ལེགས་སྐྱེས་གཟེངས་བསྟོད་ཀྱི་བཀའ་དང་། ཀུན་གཟིགས་ལྔ་པ་ཆེན་པོའི་སྐུ་ཐང་བྱིན་ཅན་དང་བྱིན་རླབས་རྟེན་སོགས་ཕོན་ཆེ་བ། བླ་མ་སེར་མོ་བ་བྱིངས

① (དཔག་བསམ་སྐྱེ་མ་སྟོད་ཆ་ཤོག་གྲངས344)

དང་། ཕྱང་མི་དྲག་སོགས་མཆོག་དམན་རྣམས་ཀྱི་བཀའ་ལན་ཡང་སྤྲོ་ལོ་ལྟར་གནང་།”① ཞེས་གསལ་བ་དང་། “པཎ་ཆེན་མཆོག་སྤྲུལ་རིན་པོ་ཆེར་ཕྱུགས་གཉེར་གྱི་སྙན་བསྐུལ་ཞུ་བའི་ཡོངས་འཛིན་དུ་སྡུགས་པ་སློབ་དཔོན་བློ་བཟང་བཟོད་པ་བསྒོ་བཞག་མཛད་པའི་རྒྱུ་མཚན་གོང་མ་ཆེན་པོར་ཞུ་བ་གནང་ཞིང་། བཀྲ་ཤིས་ལྷུན་པོར་ཡོངས་འཛིན་པར་ཡང་མདོ་སྔགས་སྐུ་ཡོན་གྱི་གཞི་རྩ་ཕྱུགས་གཉེར་ལ་ཞབས་བསྐུལ་ཞེ་སྐྱིད་དགོས་ཚུལ་བསླབ་བྱ་རྒྱས་པ་དང་བཅས་བཀའ་ཤོག་རིམ་བརྒྱུད་དུ་གནང་།” ཞེས་ཀྱང་གསལ་འདུག

སྤྱི་ལོ1746བོད་མེ་སྟག་ལོར། འདི་སྐབས་མངའ་རིས་གྲུང་དང་ད་ལའི་བླ་ཕྲུར་གཉིས་ལ་གོང་མ་ཆེན་པོ་ནས་སོ་སོར་ཆོ་ལོ་གནང་བར་སྟོན་མོ་དང་། ཀྱིན་པས་གཙོས་གནང་སྦྱིན་སྤྲམས་མཐོ་བ་བསྐུལ།”② ཅེས་འཁོད་པ་ལས། ཁོང་གཉིས་ལ་ཆོ་ལོ་གང་གནང་སོགས་མ་གསལ་ཡང་། ཡྭ་ཧན་གྲུང་གིས་བརྩམས་པའི་ཏཱ་ལའི་བླ་མའི་རྣམ་ཐར་ཞེས་པའི་ནང་། “དེ་ཡང་ཕོ་ལྷ་བར་བུ་གཉིས་ཡོད་པ་ནས་བུ་ཆུང་པའི་མིང་ལ་འགྱུར་མེད་ཚེ་བརྟན་ཟེར་ཞིང་། ཕོ་མངའ་རིས་གྲུང་དུ་བསྐོས་ཏེ་མངའ་རིས་ས་ཁུལ་གྱི་དམག་དཔུང་དང་ས་གནས་ཀྱི་ལས་དོན་གྱི་འགན་འཁུར་དུ་བཅུག་པ་དང་། བུ་གཞོན་པའི་མིང་ལ་འགྱུར་མེད་རྣམ་རྒྱལ་ཟེར་ཞིང་། ཕོ་ཐའི་ཇི་ཨང་དང་པོའི་གྲས་སུ་བསྐོས་ཏེ་བྱང་འབྲོག་ཚོ་བ་སོ་དགུ་དང་འདམ་བརྒྱ་ཤོག་བརྒྱད་ལ་དོ་དམ་བྱེད་དུ་བཅུག་པ

① (དཔག་བསམ་སྙེ་མ་སྟོད་ཆ་ཤོག་གྲངས357)

② (དཔག་བསམ་སྙེ་མ་སྟོད་ཆ་ཤོག་གྲངས365)

རེད།”①ཅེས་གསལ་འདུག

10. ཏཱ་ལའི་བླ་མ་མཆོག་དང་། ཕོ་ལྷ་བའི་དབར་སྡུ་ཕྱིར་དམ་སེལ་ཞུགས་པ་རྗེ་གསལ་དུ་ཕྱུར་ཅིང་། མི་རིང་བར་ཕོ་ལྷ་བ་གྲོངས་པ།

མི་དབང་ཕོ་ལྷ་བ་ནི་ཐོག་མཐའ་བར་གསུམ་དུ་རྒྱལ་ཁབ་ཀྱི་གཅིག་གྱུར་ལ་གོང་བཀུར་དང་། དབུས་གཙང་བདེ་ཐབས་ལ་ལོ་རྒྱུས་ཀྱི་བྱས་རྗེས་ཡོད་པའི་དཔའ་བོ་ཞིག་ཡིན་པ་ཁོང་གི་རྟོགས་བརྗོད་ཀྱི་ནང་ནས་གསལ་པོར་མཐོང་ཐུབ་ཅིང་། ཆོས་ཕྱོགས་སུའང་སྔ་རྗེས་སུ་གདན་ས་ཆེན་པོ་གསུམ་གྱི་ཚོགས་ཆེན་འདུ་ཁང་ཉམས་གསོ་རྒྱ་སྐྱེད་དང་། དགའ་ལྡན་གསེར་ཁྲིའི་དབུ་རྟེར་རྒྱ་ཕིབས། རྟེན་བཞེངས་དུ་མ། ལྷག་པར་དུ་རྒྱལ་བའི་བཀའ་འགྱུར་ཞིང་པར་ལེགས་བསྒྲུབས་རྗེས་སྣར་ཡང་བསྟན་བཅོས་འགྱུར་རོ་ཅོག་གི་ཞིང་པར་འབད་པ་ཆེན་པོས་གསར་བསྐྲུན་མཛད་པས་མཆོན་རླབས་ཆེ་བའི་ཕྱག་རྗེས་མི་དམན་པ་ཞིག་འཇོག་གནང་མཛད་པར་བརྟེན་བོད་མི་རིགས་ཀྱི་ཁྲོད་དུ་སྙན་གྲགས་དང་། བསྟོད་བསྔགས་ཀྱི་སྒྲ་དབྱངས་ད་དེར་དུ་སྒྲོག་པའི་ལོ་རྒྱུས་ཀྱི་མི་སྣ་ཞིག་ཡིན། འོན་ཀྱང་དབུས་གཙང་བདེ་གཟར་གྱི་ཡོ་ལང་ཆེན་པོ་དེས་རྐྱེན་བྱས་ཏཱ་ལའི་བླ་མ་བདུན་པ་མཆོག་ལ་སྔ་རྗེས་སུ་མི་ཕྱེད་པའི་དད་པ་ཐོབ་པ་ཞིག་མ་བྱུང་བར་མཚོན། ལྷག་པར་དུ་ཁོང་མ་གཤེགས་པའི་གོང་ཙམ་ལ་དེ་སྔ་ཁོང་རང་གི་ཞབས་ཕོངས་དྲུང་ཡིག་ཚངས་སྐྱེས་ཟེར་བ་ཞིག་རྗེས་སུ་ཏཱ་ལའི་བླ་མའི་ཐུགས་མཐུན་གྱི་ཞབས་ཕྱིར་གྱུར་པ་དེས། ཁོང་རང་ལ་མནན་གཏད་ཀྱི་རྫས་ཆ་སྒྲུབ་

① （ཏཱ་ལའི་བླ་མའི་རྣམ་ཐར་བོད་ཡིག་དེབ་ངོས118－119）

ཚུལ་དང་། དེ་ཡང་ཏཱ་ལའི་བླ་མའི་སྐུ་བཅར་གསོལ་དཔོན་གྲགས་པ་མཐའ་ཡས་ནས་མངགས་གཏོང་བྱས་ཚུལ་སོགས་གཤམ་འོག་ཞབས་འབྲིང་མི་སྣས་དཔྱེན་སྦྱོར་དཀྲུག་ཤིང་བྱུང་སྐབས། ཏཱ་ལའི་བླ་མ་མཆོག་ཀྱང་ཐུགས་ཐམ་བྱུང་ཚུལ་སྐོར་མཚོད་ཡོན་གཉིས་ཀར་དད་ཞེན་ཆེ་བ་མདོ་མཁར་བའི་བྱུང་བ་བརྗོད་པའི་ནང་། "ཤིང་སླང་ལོ་གོང་ས་མཆོད་ཡོན་རྣམ་གཉིས་བསྟན་འགྲོའི་ཕན་བདེ་སྤེལ་བ་ལ་ཐུགས་སྐྱེད་ཀྱི་འཇུག་པ་མཐའ་གཅིག་ཏུ་མཐུན་པ་དང་། གོ་བབས་དང་མཐུན་པའི་ལེགས་ལམ་དུ་མཐའ་ཆོས་པ་ཞིག་བྱུང་ན་བོད་ལྗོངས་བསྟན་འགྲོའི་བསོད་ནམས་ཀྱི་གོ་སྐལ་ཟླ་མ་མཆིས་པ་ཡིན་མོད་ཀྱང་། གཅིག་ཏུ་སྙིགས་མར་སྤྱོད་པའི་དུས་ཀྱི་རྣམ་འགྱུར་གསལ་བར་སྐྱེ་འགྲོའི་བསོད་ནམས་དམན་དབང་དང་། གཉིས་སུ་ན་སྐྱེ་བོ་བདུད་ཀྱིས་སླིང་བརླམས་པ་འཕྲུལ་དང་ཡུན་གྱི་ཕན་བདེ་འཇོམས་པ་བསམ་བཞིན་དུ་སྨོན་ལམ་གྱི་མཐུ་གྲུབ་པ་ལ་ལ་དག་གི་བྱེད་པས་དཔྱེན་བཙོས་ཏེ་མི་དབང་ཆེན་པོར་ལོག་པའི་སྣན་བསྐྱོད་དུ་མས་བསླུལ་བའི་རྣམ་འགྱུར་ལ་བརྟེན་ཇི་སྐད་དུ།

བློ་ཆེན་ཡིན་ཡང་འབྱུང་པོས་རྒྱུད། །

བརླམས་ན་ལོག་པའི་ལམ་དུ་འགྲོ། །

གསུངས་པ་ལྟར། དྲུང་ཡིག་ཚངས་སྐྱེས་ནས་མནན་པ་བྱས་ཚུལ་སོགས་ཀྱི་གླེང་གཞིའི་སྐོར་ནས་འཕྲོས་པའི་གསོལ་དཔོན་ཆེན་མོ་གྲགས་པ་མཐའ་ཡས་ལའང་གླེང་གཞི་བཟློས་པ་དེ་སྐོར་ལ། ཁོ་བོ་ཁྲི་ཆེན་ནོ་མིན་ཧན (ཏཱ་ལའི་བླ་མའི་ཡོངས་འཛིན) གྱི་དྲུང་དུ་མི་དབང་མཆོག་ནས་བསླབ་སྟོན་ཞུ་བར་མངགས་པ་གནང་བར། དྲུང་ཡིག་ཚངས་སྐྱེས་ཀྱི་ལག་བྲིས་མར་མནན་པའི་ཟག་རྫས་ལེན་དགོས་ཞེས་གསོལ་དཔོན་ནས་བསླབས་ཚུལ་བྱུང་ཡང་། ངེད་

ནས་འདི་ལ་བདེན་འཛིན་བྱེད་ཀྱི་མེད། འོན་ཀྱང་སྣེང་འདི་བྱུང་གཉིས་ཚངས་སྐྱེས་དང་ངོས་འཛིན་བྱེད་དམ། ཡང་རང་བབས་སུ་འཛོག་པ་གང་འདོད་བྱེད་རྒྱུ་ཡིན། ཁྱོད་རང་གོང་ས་མཆོག་གི་ཞབས་འདེགས་སྒྲུབ་མི་གཙོ་བོ་ཡིན་གཉིས། ངེད་ནས་ལོག་མཐོང་བྱེད་དོན་མེད་ཅེས་རྒྱུ་མཚན་ལོབས་གསུང་བ་ལྟར་ཁྲི་ཆེན་དེ་ཉིད་ཀྱི་དྲུང་དུ་མོལ་བར། གསོལ་དཔོན་ཆེན་མོས་ཞུ་རིགས་སུ། དཔོན་པོ་(མི་དབང་ལ་ཟེར་)ནས་རང་ངོས་ལ་སྣ་ཕྱིར་ཐུགས་རྗེས་གཟིགས་བཞིན་པའི་མུ་ཡིན། དེ་འདྲ་བྱེད་དགོས་དོན་ཅི་ལ་ཡོད། མདོར་ན་ཡིད་ལ་བསམ་པ་ལྷ་ཞིག་རྫི་ལམ་དུའང་རྨིས་པ་མེད། འོན་ཀྱང་ངོས་སྤྱིར་སྐོར་བཀའ་གནང་ཞུས་ཚོག་ཀྱང་། བཙོན་དོང་ནང་གི་མི་དང་ལབ་སྣེང་བྱེད་རྒྱུ་མི་འདུག དཔོན་པོ་དགོངས་པ་དྭངས་ཕྱིན་དེ་ཀས་ཚོག་ཅེས་ཞུས་སོང་བ་བཅས་འབྲུན་ཚོད་པ་དེ་བཞིན་ལ། དེའི་སང་ཉིན་གོང་ས་མཆོག་ནས་ཁོ་བོ་(མདོ་མཁར་ཞབས་དྲུང་)འབོད་དུ་གཏོང་བ་གནང་བྱུང་བ་བཞིན་སྐུ་མདུན་དུ་བཅར་བར་བཀའ་ལས། ཁ་སང་མི་དབང་གིས་ཁྱོད་བཏང་ནས་གྲགས་པ་མཐའ་ཡས་ལ་དྲི་བ་བྱས་པ་དེ་ངེད་ནས་གོ་བྱུང་། དེ་སྐོར་གྲགས་པ་མཐའ་ཡས་ལ་དོན་མེད་དུ་གཟུགས་མེད་གཟུགས་བཙོས་ཀྱི་རྒྱུ་མཚན་བྱས་པ་ལས། དོན་དུ་སྣད་སྣོད་འདི་ཚེ་ཐམས་ཅད་ང་མ་འདོད་པས་བྱས་པ་ལོས་ཡིན། དེས་ན་ངེད་ནི་ཁང་པའི་སྟུག་ཏུ་དཔེ་ཆ་འདྲ་བལྟས་ནས་ཉམ་ཆུང་གི་སྡོད་པ་ལས་གཞན་མའི་བྱ་བྱེད་རྣམ་འགྱུར་གང་ཡང་མེད། འདིས་ཀྱང་མ་འཐུས་ན་འབྲས་སྤུངས་སམ་རི་ཁྲོད་གང་རུང་ལ་ཕྱིན་པས་ཆོག དེ་གའི་རྒྱུ་མཚན་མི་དབང་ལ་ལོབས་ཕེབས་བྱུང་། དེ་ལ་ཕྲན་བུས་ཕྱག་གསུམ་བཙལ། གདུང་ཤུགས་ཆེན་པོས་ད་ལམ་འདི་སྐོར་སོགས་གཞུང་རང་གི་སྐུ་ཆག་བདོ་བ་འབྱུང་བའི་འཕྲུལ་སྐོབས་ཀྱི་ཡོང་བབ་གྱི་

ཉེས་ཤིག་ཡིན་འདུག དེང་སང་ཐན་ལྷས་ངན་པའི་རིགས་ཀྱང་མང་ཙམ་འདུག་པས་འབྱུང་པོའི་འཁྲུལ་སྣོབས་ཅེར་འགྱུར་མི་ཤེས་པས་ཐུགས་སྣོབས་རྒྱ་ཆེར་བསྐྱེད་དེ་འཛམ་ཚགས་སུ་འགྱུར་བ། བསྟན་འགྲོ་སྤྱི་ཡི་བདེ་ཐབས་ལ་དགོངས་པ་ཅི་ནས་ཀྱང་ཐུགས་རྗེས་གཟིགས་དགོས་ཞེས་གསོལ་འདེབས་ནན་ཆེར་ཞུས། མི་དབང་མཆོག་ལའང་གོང་ས་མཆོག་ནས་བཀའ་ཇི་ལྟར་ཕེབས་དོན་ཆད་ལྷག་མེད་པ་སྙན་དབང་དུ་གང་འཛེབས་ཞུས་པར་ཕྱིར་ཕེབས་ལ། སྟོན་མའི་རྒྱུ་མཚན་རྣམས་ནི་ཆོས་དབྱིངས་ཀྱི་ཚོད་པ་ལྟར་ཡིན་འདུག ད་སྔོས་ཐད་ནི།

གངས་རི་ར་བས་བསྐོར་བའི་ཞིང་ཁམས་འདིར། །

ཕན་དང་བདེ་བ་མ་ལུས་འབྱུང་བའི་གནས། །

སྤྱན་རས་གཟིགས་དབང་བསྐལ་བཟང་རྒྱ་མཚོ་ཡི། །

ཞབས་པད་སྲིད་མཐའི་བར་དུ་བརྟན་གྱུར་ཅིག །

ཅེས་པའི་དོན་དགོངས་དབྱིངས་སུ་འཛིགས་པ་དང་། བོད་འབངས་བསྟན་འགྲོའི་ཕན་བདེར་དགོངས་པ་བཀའ་དྲིན་ཆེ་བ་ལས། ཐོགས་སུ་སྙན་འདེབས་ཞུ་རྒྱུ་མེད་པ་སོགས་ཞུ་ལན་འབུལ་གནང་གི་ཡང་ཏིག་ཞེ་འཛགས་ཀྱི་ལེགས་ལམ་དུ་གྱུར་པ་དམ་པའི་རྣམ་ཐར་ཟབ་ཅིང་བརླིང་བ་ལྟར་བཞེས་པའི་བཀྲ་ཤིས་ལུགས་ལེགས་ཀྱི་དགེ་མཚན་གཞལ་དུ་མེད་པར་གྱུར་ཏོ། ”① ཞེས་འཁོད་པ་འདི་སྐོར་སྐབས་དེའི་བོད་ནང་ཁུལ་གྱི་དོན་གནད་ཚུང་འགངས་ཆེ་བ་ཞིག་ལ་བརྟེན་འདིར་དུམ་བུ་དེ་ཆ་ཚང་ཇི་མ་ཇི་བཞིན་དྲངས་པ་ཡིན། གཞན་

① （མདོ་མཁར་བའི་བྱུང་བརྗོད་དེབ་ངོས53－56）

དུ་འདི་རིགས་གོ་བདེར་བཅོས་ཁྲུལ་བྱས་ན། ཆོག་དོན་འགའ་ཤས་ལ་གོ་བ་ལེན་སྟངས་མི་འདྲ་བའི་དབང་གིས་ནང་དོན་འཛོ་འགྱུར་ཡོང་སྲིད་པ་ནི་གཞན་ཡང་རིགས་འགྲེ་བས་སློག་པ་པོ་རྣམས་ཀྱིས་མཁྱེན་རྟོགས་ཡོང་བ་ཞུ་ཞིང་། ད་དུང་འདིའི་ཐད་ཞིབ་འཇུག་གནང་འདོད་ཡོད་ན། ལྕང་སྐྱས་མཛད་པའི་ཧྲུ་ལའི་བདུན་པའི་རྣམ་ཐར་《དཔག་བསམ་རིན་པོ་ཆེའི་སྙེ་མ་》དང་། ཐུ་ཀན་གྱིས་མཛད་པའི་ལྕང་སྐྱ་རོ་ལོག་ཐུའི་རྣམ་ཐར་《དགེ་ལྡན་བསྟན་པའི་མཛེས་རྒྱན་》སོགས་ལའང་གསལ་བས་དེ་དག་ལའང་དཔྱད་གཞི་མཛད་འཚལ་ལོ།

སྤྱི་ལོ1747ཐོད་རབ་བྱུང་བཅུ་གསུམ་པའི་མེ་ཡོས་ལོར་རྗེ་རོལ་རྡུན་ཕང་པོ་ལྷ་བ་བསོད་ནམས་སྟོབས་རྒྱས་གྲོངས་པའི་སྐོར། “མེ་ཡོས་གནམ་ལོ་གསར་ཆོས་ཀྱི་དགའ་སྟོན་གྲུབ་ཙམ་ནས་མི་དབང་ཆེན་པོའི་སྐུ་མཇིང་ལ་གཉན་འབུར་གྱི་བསྙུན་དྲག་པོས་ཟིན་ཏེ་ཐབས་བཅོས་སྐུ་རིམ་སོགས་ཇི་སྙེད་མཛད་ཀྱང་། གང་གིས་ཀྱང་མ་བཟློག་པར་ཟླ་བ་གཉིས་པའི་ཚེས་གཉིས་ལ་གཟིམ་ཁྲི་མཐའ་ཅན་དུ་གྱུར།” ཞེས་དང་། “ལྷར་བཅས་སྐྱེ་རྒུའི་རྣམ་འདྲེན་རྒྱལ་དབང་ཐམས་ཅད་མཁྱེན་གཟིགས་ཆེན་པོའང་དགའ་ལྡན་ཁང་གསར་དུ་ཞབས་སོར་གྱི་པཱུ་བཀོད་དེ་ལྷུགས་བསྔོ་ཐུགས་སྨོན། སྐྱབས་འཇུག་གི་གསུང་འདོན་སོགས་ཀྱང་རྒྱས་པར་བསྩལ་ཞིང་། འབྲེལ་ཚད་དོན་ལྡན་གྱི་བཀའ་དྲིན་བླ་ན་མེད་པ་བསྩལ་ཏེ་བྱང་ཆུབ་ཀྱི་སེམས་རིན་པོ་ཆེ་ཐུགས་རྒྱུད་ལ་འཁྲུངས་པའི་རྣམ་ཐར་རྨད་དུ་བྱུང་བ་མངོན་དུ་མཛད།”① ཅེས་གསལ་ཞིང་། ཞབས་འཇུག་གི་དགེ་རྩ་རྒྱ་ཆེར་བསྒྲུབས་པ་སྨོས་མ་དགོས་ཁར། སྐུ་པུར་ཞུགས་འབུལ་གྱི་གདུང་

① （མདོ་མཁར་བའི་བྱུང་བ་བརྗོད་པ་དེབ་ངོས56－58）

ཏུས་སོགས་ལས་མི་དབང་གི་འདྲ་སྐུ་འཛེམ་བརྟན་ཞིག་ཀྱང་བཞེངས་ནས་ལྷ་ས་གཙུག་ལག་ཁང་གི་རྟེན་གྲལ་དུ་བསྒྲིགས་པར་གྲགས་སོ།

11. གོང་མས་ཞང་འགྱུར་མེད་རྣམ་རྒྱལ་ལ་པ་ཕྲུལ་བྱ་འཛིན་དུ་བོད་ཀྱི་འགོ་འཛིན་བསྐོས་པ།

མི་དབང་པོ་ལྷ་བར་རིགས་སྲས་གཉིས་ཡོད་པའི་ཆེ་བ་གུང་འགྱུར་མེད་ཚེ་བརྟན། (ཡིག་རིགས་ལ་ལར་ཡེ་ཤེས་ཚེ་བརྟན་ཞེས་གསལ་) སྟོད་མངའ་རིས་སྐོར་གསུམ་གྱི་སྤྱི་ཁྱབ་ལས་འགན་འཛིན་པ་དང་། ཡབ་གཤེགས་རྗེས་སྤྱི་ལོ1747བོད་རབ་བྱུང་བཅུ་གསུམ་པའི་མེ་ཡོས་ལོར་ཆིང་གོང་མ་ཆན་ལུང་གིས་སྲས་ཆུང་བ་ད་ལའི་བླ་ཕུར་འགྱུར་མེད་རྣམ་རྒྱལ་ལ་པ་དུས་ལྟར་བོད་དབུས་གཙང་གི་བྱ་བ་བྱེད་མཁན་ཧྲུན་ཞང་དུ་བསྐོས་ནས་བོད་ས་གནས་ཀྱི་སྲིད་དབང་བཟུང་བ་ཡིན། དེ་ཡང་འགྱུར་མེད་རྣམ་རྒྱལ་བོད་ཀྱི་སྲིད་སྐྱོང་དུ་སུ་ཞིག་གིས་བསྐོ་བཞག་བྱས་པའི་སྐོར་ད་ཕན་མི་ལོ་ཉིས་བརྒྱ་ལྷག་གི་རིང་ལ་རྩོད་གཞི་སྤྱ་ཙམ་ཡང་མེད། འོན་ཀྱང་ཉེ་དུས་ཕྱི་རྒྱལ་དུ་བརྩོན་པའི་“བོད་ཀྱི་སྲིད་དོན་རྒྱལ་རབས”ཞེར་བའི་ནང་འདི་ལྟར་བྲིས་འདུག “……མི་དབང་གཤེགས་འཕྲལ་ཀུན་མཁྱེན་རྒྱལ་བའི་དབང་པོ་མཆོག་ནས་སྲས་ཞང་འགྱུར་མེད་རྣམ་རྒྱལ་ལ་ད་ལའི་དའི་ཆིང་བླ་ཕུར་གྱི་ཆོ་ལོ་དང་བཅས་བོད་ཀྱི་ལས་དོན་པ་དུས་ལྟར་བྱས་ཚོག་པའི་བཀའ་བསྒྱུར་སྩལ་འདུག”① ཅེས་ལོ་རྒྱུས་དང་མི་མཐུན་པའི་བཤད་ཚུལ་གསར་པ་ཞིག་བཀོད་འདུག དེར་བརྟེན་མི་རྣམས་ཀྱིས་ལོ་རྒྱུས་ངོ་མ་གསལ་རྟོགས་ཡོང་ཆེད་འདིར་དེའི་ཐད་ཀྱི་ཡིག་ཆ་གནད་ཆེ་བ

① (དེབ་དེའི་པར་ངོས561)

འགའ་ཞིག་འདྲེན་རྒྱུ་ཡིན། སྐབས་དེའི་མི་དབང་ཡབ་སྲས་གཉིས་ཀའི་དུས་བཀའ་བློན་གྱི་ལས་འགན་བཞེས་མཁན་མདོ་མཁར་ཞབས་དྲུང་ཚེ་རིང་དབང་རྒྱལ་གྱིས་བྱུང་བ་བརྗོད་པའི་ནང་། "དེ་ནས་མི་རིང་བར་གནམ་གྱི་ལྷ་གོང་མ་བདག་པོ་ཆེན་པོས་དྲ་ལས་ཟླ་དྲུར་ལ་ཕྱང་ཕོ་ལྷ་ནས་ཀྱི་ལས་ཤུལ་བྱེད་དགོས་དང་། ཕྱང་གི་ཆོ་ལོ་ཐམ་ག་སོགས་བསྟུལ་ཏེ་བོད་འབངས་ཀྱི་ལས་དོན་བྱེད་པོར་ལུང་གིས་བསྐུགས་པར་ཡང་དགའ་སྟོན་གྱི་ཆོ་ག་ཉིན་ཞག་མང་པོ་སྦྲེལ་ནས་གཙོད་སྦྲིན་སྟག་སྨྱོས་ཀྱི་ཁེངས་པའང་ཐུང་དུར་བསྐྱེལ།"① ཅེས་གསུངས་འདུག་པ་དང་། དེ་བཞིན་ཕོ་ལྷ་བའི་ཁྲིམ་ཚང་གི་གཉེན་ཚན་དུ་གྱུར་པ་སྡེ་དཔོན་དགའ་བཞི་བའི་བྱུང་བ་བརྗོད་པར་ཡང་། "དེ་ནས་མི་དབང་བསོད་ནམས་སྟོབས་རྒྱས་དེ་ཉིད་ཀྱི་རིགས་སྲས་ཆུང་བ་དྲ་ལས་སྦ་དྲུར་འགྱུར་མེད་རྣམ་རྒྱལ་གོང་མའི་ལུང་གིས་བོད་ཀྱི་རྒྱལ་པོར་འཁོད།"② ཅེས་གསལ་ཞིང་། ལྷག་པར་དུ་དྲ་ལའི་བླ་མ་སྐུ་ཕྲེང་བདུན་པའི་རྣམ་ཐར《དཔག་བསམ་རིན་པོ་ཆེའི་སྙེ་མ》ནང་། "འདི་སྐབས་གོང་མ་ཆེན་པོས་ད་ལའི་ཟླ་ཐུར་ལ་ཕ་དུས་ལྟར་བོད་ཀྱི་ལས་དོན་བྱེད་རྒྱུའི་བཀའ་དང་ཧུན་ཕྱང་གི་གོ་ས་བསྟུལ་བ་བཅས་ལ་ལེགས་སོར་སྟོན་མོའི་ཐོག ཀྲེན་པ་ཆ་ཚང་གིས་གཙོས་དངོས་པོའི་གནང་སྦྱིན་གྱི་ནོམ་པ་གནང་སྟེ། བཀའ་ལས་གོང་མ་ཆེན་པོས་བརྩེ་བས་བསྐྱངས་པའི་ཐུགས་རྗེ་དང་བཀའ་དྲིན་དུ་ཤེས་ནས་རྣམ་པ་ཐམས་ཅད་དུ་བཀའ་དང་དགོངས་པ་ལས་སྐད་ཅིག་ཀྱང་མི་འགལ་བར་ལར་རྒྱའི་བྱ་བ་གང་ཅིར་ཚུལ་

---

① (མདོ་མཁར་བའི་བྱུང་བརྗོད་དེབ་ངོས58)

② (དགའ་བཞི་བའི་བྱུང་བརྗོད་དེབ་ངོས34)

བཞིན་བག་ཡོད་པ་སྤྱོད་དགོས་སོགས་ཀྱི་ཞལ་ཏ་མཐར་ཕྱིན་པ་གནང་། ”① ཞེས་གསལ་ཐག་ཆོད་འཁོད་པ་ལས་ཏྭ་ལའི་བླ་མ་རང་གིས་བསྒྲོ་བཞག་གནང་བའི་ཚིག་ཟུར་ཙམ་གསལ་མི་འདུག ད་དུང་བོད་ས་གནས་སྲིད་གཞུང་གི་ཐམ་དེབ་ཀྱི་ནང་དུའང་། “ལྷ་སྐྱོང་ཁྲི་བཞུགས་བཅུ་གཉིས་པ་མེ་ཡོས་ཟླ་བ་བཞི་པ་ནང་། ཕོ་ལྷའི་སྲས་འགྱུར་མེད་རྣམ་རྒྱལ་ལ་གོང་མ་ཆེན་པོས་ཐོ་ཉུན་ཧུན་ཤང་གི་ཚོ་ལོ་དང་བཅས་པ་དུས་ལྟར་བོད་ཀྱི་ལས་དོན་བྱས་འཐུས་ཕེབས།”② ཞེས་གསལ་བ་བཅས་མ་ཡིག་རེ་རེ་བཞིན་ལ་ཞིབ་བཤེར་གནང་ན་འཐུས་ཤིང་། གང་ཞིག་བདེན་པ་ཡིན་མིན་ཀློག་པ་པོ་ཚོས་རྣམ་དཔྱོད་ཀྱིས་ཆོད་རྒྱུར་འདིར་ང་ཚོའི་ལས་འགན་ནི་ལོ་རྒྱུས་ཀྱི་དོན་དངོས་ངོ་སྤྲོད་ཞུ་རྒྱུ་དེ་ཡིན་པ་ལས། རྟོག་གེའི་ཚིག་རྩོད་བྱ་རྒྱུ་ཞིག་མིན་སྐབས་གནད་དོན་གཞན་དག་ལའང་དེ་ལྟར་ཚད་བསྒྱུར་གནང་སྟེ་བདེན་རྫུན་གོ་ཕྱོག་ཏུ་མ་སོང་བ་ཞིག་ཡོང་བ་མཛད་རྒྱུ་ནི་གནད་ཀྱི་དམ་པ་ལགས་སོ།

ཤང་འགྱུར་མེད་རྣམ་རྒྱལ་བོད་ཀྱི་རྗེ་བོར་བསྐོས་ཏེ་མེ་ཡོས་ནས། ལུགས་རྟ་ལོ་ངོ་བཞི་རིང་དབང་བསྒྱུར་བྱས་པའི་ནང་། ཡང་སྐྱིད་བྱ་བ་གང་འདྲ་ཞིག་བྱས་ཡོད་དམ་ཞེ་ན། ཡབ་དུས་ནས་གྲ་སྒྲིག་ལས་འགོ་ཚུགས་པའི་སངས་རྒྱས་ཀྱི་མཛད་བརྒྱ་དཔག་བསམ་འཁྲི་ཤིང་སྨན་ཐང་ལུགས་ཀྱི་བྲིས་ཐང་ཤིང་པར་མ་ཙོ་མཚར་ཅན་དང་། དེ་བཞིན་ཙོང་ཁ་བརྒྱད་ཙུ། གནས་བརྟན་བཅུ་དྲུག་སོགས་ཀྱི་ཐང་སྐུ་ཤིང་པར་མ་བརྐོ་བའི་ལས་མཇུག་བསྒྲིལ་ཏེ་པ་ཎ་ཆེན་

① （དཔག་བསམ་སྐྱེ་མ་སྨོད་ཆ་ཤོག་གྲངས376）

② （དེབ་ཐེར་སོང་བའི་དམིགས་བུ་ཤོག་གྲངས15）

སྐུ་ཕྲེང་དྲུག་པར་འབུལ་སྦྱོར་ཞུས་པ་དང་། དགའ་ལྡན་དང་གསང་ཕུའི་འདུ་ཁང་རྒྱ་བསྐྱེད། དགའ་ལྡན་དགོན་པར་རྟག་རྗེ་སྐྲུབ་མཆོད་འཛུགས་པ་སོགས་རྣམ་པར་ཡབ་ཀྱི་རྗེས་སྐྱོང་དགེ་ཕྱོགས་ཀྱི་བྱ་བ་འགའ་ཤས་བསྒྲུབས་པར་གྲགས། དེ་མིན་སྲིད་སྐྱོང་ཕྱོགས་ཐད་ཁོང་གིས་སྲིད་དབང་བཟུང་བའི་ཕྱི་ལོ་སྤྱི་1748ལོར་ས་འབྲུག་ལོར་མདོ་མཁར་ཞབས་དྲུང་གིས་གསལ་སྟོན་གནང་བར། "ཕང་དུ་ལའི་བླ་དུར་དགའ་འདྲ་ཆབ་ཚན་དང་། དེ་ནས་གཙང་དུ་ཕེབས་རྒྱུའི་ཞམ་རིང་དུ་བཅར་དགོས་ཕེབས་དོན་ལྟར་ཞབས་རྩར་བཅར། འདི་ཙམ་ནས་བཟུང་སྟེ། ཇི་སྐད་དུ།

སྡིག་སྤྱོད་རྒྱལ་པོར་བསྐོས་པ་དང་། །
ཁང་པའི་ཡང་ཐོག་གྲུམ་པ་དང་། །
རི་རྩེ་ཤིན་ཏུ་ཞིག་པ་ཡི། །
འདབས་ན་གནས་རྣམས་རྟག་ཏུ་འཇིགས། །

ཞེས་གསུངས་པ་ལྟར། ཕང་གི་མཛད་སྤྱོད་མཐའ་དག་རང་དབང་གིས་མ་ཡིན་པར་འབྱུང་པོས་རྒྱུད་བརླམས་པའི་རང་རྟགས་རྣལ་དུ་མི་གནས་པར་ཁྲོ་ཞིང་གཏུམ་པ། གཟུ་ལུམ་ཅན། རང་བཞིན་གྱི་ཞེ་སྡང་བ་ཆུ་སྲིན་ལྟ་བུ། བྱ་བ་གང་ཡང་བརྟག་པ་དང་བཅས་པས་མི་ཟིན་པ་འབྲེལ་མེད་བྱུང་རྒྱལ་དུ་སྤྱོད་པ། སྐྱེ་བོ་སྲོག་འཕྲོག་པ་ལ་ནི་ཞིག་བཀུམ་པ་ཙམ་དུའང་ཇི་མི་སླམ་པ་ལ་སོགས་པའི་རྣམ་འགྱུར་ལ་བརྟེན། མཐོང་ཚད་གསོད་དང་། ཐོས་ཚད་སྐྲག་པའི་དཔེ་ལྟར་ཚང་མ་འཇིགས་ཤིང་སྐྱི་གཡའ་བར་བྱེད་པ་ལ། བདག་ཅག་ཀུང་རང་ཉིད་ཀྱིས་ཉེས་པར་སྨྲུད་པའི་ནོངས་འཁྱོད་དང་འགྲོགས་པ་མེད་ཀྱང་། རང་བཞིན་གྱིས་བག་ཁྲུམས་ཤིང་ཡ་ང་བཞིན་པར་ཞབས་རྗེས་སུ་འབྲངས་མོད་ཀྱང་། དྲང་པོ་

ཡིན་ལུགས་སུ་སྤྱོད་པའི་སྣང་ཚུལ་སོགས་ལེགས་པར་གསོལ་བ་ལ་ནི་བཞིན་གྱི་མདངས་མི་གསལ་བར་འཁོན་དུ་འཛིན་སྤྱོ་བ་དྲག་པོས་བསྡིགས། ངན་པ་བཟང་པོར་སྨྲ་བའི་རྫུན་གཏམ་དང་། གཡོ་སྒྱུས་བསླད་པའི་ཚིག་གི་ཕྲེང་བ་འཇམ་ཞིང་སྙན་པ་བག་ཕེབས་པར་སྨྲ་བ་ལ་ནི་འཛུམ་པའི་མདངས་ཕྱུངས་ཏེ། བཞད་གད་དང་བཅས་དགའ་བར་བྱེད། རྗེ་བར་བྱེད་པའི་རྣམ་འགྱུར་གསལ་བ་དེའི་ཚེ། བདག་ཅག་ནི་དགུན་གྱི་ཁུ་བྱུག་བཞིན་དུ་སྨྲ་བ་མེད་པར་གནས་པས་ཀྱང་མི་འཐུས་པར་སྒོ་དུ་མ་ནས་རྣམ་པ་དུ་མས་ཉེ་བར་འཚེ་བ་བར་མ་ཆད་དུ་མཆིས་ཏེ།" ཞེས་སྤྱིར་ན་འགྱུར་མེད་རྣམ་རྒྱལ་གྱི་མི་གཤིས་དང་། ཤེས་ཚད། སྤྱོད་ཚུལ་བཅས་གསལ་པོར་བསྟན་པའི་མཇུག་ཏུ། བྱེ་བྲག་ཡབ་དུས་ཀྱི་མཛའ་གྲོགས་མི་ལོ་ཉི་ཤུར་ཉེ་བ་བཀའ་བློན་གྱི་གཙོ་བོའི་ལས་འཁུར་བཞེས་ནས་ཆབ་སྲིད་དགུང་དུ་འདེགས་པའི་སྲོག་ཤིང་དུ་གྱུར་པ། གཙུག་ལག་རིག་པའི་གནས་ཀྱི་ཕ་མཐར་སོན་པའི་མཁས་པ་ཆེན་པོ་མདོ་མཁར་ཞབས་དྲུང་རང་ཉིད་སོགས་ལ་ཕྲད་པའི་ཚུལ་མིན་བརླང་སྤྱོད་ཀྱི་དཔེ་མཚོན་མུ་མཐུད་གསུང་པར། "སྐབས་ཤིག་དགའ་ལྡན་ཁང་གསར་གྱི་གཟིམ་ཚུང་འགག་ཏུ། ནོ་ཡོན་པཎྜི་ཏ་དང་ཁོ་བོ་གཉིས་པོས་ནས། མགྲོན་བློ་བཟང་བཀྲ་ཤིས་དང་དཔལ་ཤག་པ་བརྒྱུད་ཞང་གི་བསླབ་སྟོན་ལ། བླ་མ་བྱམས་པ་དང་། བུ་མོ། གུང་། ཞབས་དྲུང་བཅས་ནས་མངའ་རིས་གུང་ལ་དམག་ཁྲིགས་ཤོགས་བྱས་འདུག་ཅེས་ཧྲ་ཞེན་རྣམས་ནས་ངེད་ལ་གསུང་བྱུང་། ཁྱོད་ཚོའི་བྱེད་བབ་དེ་ཇི་ལྟར་ཡིན་གྱི་གསལ་ཕྲོངས་ཕེབས་པར། ཞུ་ལན་དུ་རང་ངོས་ནས་དྲག་གཞན་སུ་འདྲའི་ཐད་དུའང་དཀྲུག་ཤིང་དང་། བྱེད་ངན་བསམ་སྦྱོར་ལོག་པའི་རིགས་རྫི་ལམ་དུའང་བྱས་པ་མེད། འོན་ཀྱང་སོ་སོའི་ལས་དབང་སྨྱོང་བྱ་མ་ཉེས་ཁ་གཡོག་ལྷ་བུ་ཡིན་

ན་ནི་ཕྲན་རང་ན་ཚོད་འདི་ཙམ་ལ་སླེབ་པ་ད་ལྟ་བར་ནི་རྐྱེན་དབང་མེད་ཙམ་བྱུང་། ད་ནི་བན་སྐུ་ཚེ་རིང་ན་ལོ་གསུམ། རྐྱེན་གློ་བུར་བྱུང་ན་ཞག་གསུམ་གྱི་དཔེ་ལྟར་ཡིན་འདུག་པས་ཇི་ལྟར་གནང་ཡང་འགྲོད་པ་མེད་པས་དགོངས་པ་གང་དཔྱད་ལས་ཞུ་རྒྱུ་མེད་ཅེས་ཞུས།”① ཞེས་གསལ་བ་ལྟར་ཡབ་ཀྱི་བླ་མ་ཕུར་ལྕོག་བྱམས་མགོན་རིན་པོ་ཆེ་དང་། མི་དབང་གི་སྲས་མོ་བདེ་ལྡན་སྒྲོལ་མ། བཀའ་བློན་གུང་དགའ་བཞི་པཎྜི་ཏ། མདོ་མཁར་ཞབས་དྲུང་ཚེ་རིང་དབང་རྒྱལ་བཅས་སྐབས་དེའི་བོད་ཀྱི་བླ་དཔོན་ཆེ་གྲུ་དེ་རྣམས་ལའང་བཙན་གནོན་བསྒྲོན་འཇུགས་དེ་ལྟར་བྱེད་པ་ལས་དཔགས་ན། དབུས་གཙང་གི་སེར་སྐྱ་སྤྱི་བྱིངས་ལ་བཙན་ཤེད་ཀྱི་མནར་གཅོད་ཇི་ཙམ་བཏང་ཡོད་མེད་གསལ་པོར་མཐོང་ཐུབ། དེ་བཞིན་ལྷུགས་ཧ་ལོར་འགྱུར་མེད་རྣམ་རྒྱལ་གཙང་བསྐྱོད་ཀྱི་སྲིད་རིན་ཆེན་རྩེར་སྟོད་སྐབས་སྐར་ཡང་མདོ་མཁར་ཞབས་དྲུང་འགག་ཏུ་བསྐོངས་ནས། ཁྱོད་ཚོ་གོང་གསལ་མི་བཞིས་མངའ་རིས་གུང་ལ་ཡི་གེ་བཏང་ཚུལ་བསྐྱར་བཤད་བྱས་འདུག་པའི་སྐོར་ཡང་བྱུང་བ་བརྗོད་པའི་ནང་གསལ་བ་འདིར་བསྐྱར་ཟློས་བྱས་མེད།

འགྱུར་མེད་རྣམ་རྒྱལ་གྱིས་དབང་བསྒྱུར་ལོ་གསུམ་དང་ཕྱེད་ཀ་བྱས་རིང་ཡང་སྙིང་བོད་དུ་འབད་རྩོལ་ཆེ་བའི་བྱ་བ་གང་ཞིག་བསྒྲུབས་ཡོད་དམ་ཞེ་ན། མདོ་མཁར་བས་ས་འབྲུག“ལོ་འདིའི་མཇུག་དང་། ས་སྦྲུལ་དང་། ལྷུགས་ཧོ་ཧའི་ལོ་ལ་བྱུང་ཕྱོགས་ཀྱི་ཡུལ་ལྗོངས་སུ་རི་དགས་ཉེས་མེད་བག་ཡངས་སུ་རྒྱུ་བ་རྣམས་ལ་གོ་འདེད་དུ་དབུས་གཙང་གི་དམག་དཔུང་བསྐུལ་བ་ལྟ་བུའི་སྟོབས་པོ་

---

① （མདོ་མཁར་བའི་བྱུང་བརྗོད་དེབ་ངོས59－61）

ཆེ་དང་བཅས་ཏེ་གཉེགས། འབྲོང་། རྐྱང་། དགོ་བ། གཙོད་ལ་སོགས་པ་དང་། མདོར་ན་སའི་སྟེང་དུ་རྒྱུ་བའི་བྱིའུའི་ཚོགས་ཆེན་པོའང་ནམ་མཁར་འཕུར་མི་ཤེས་པར་རྫོག་འོག་ཏུ་འགྲོ་བ་བཅས་གྲངས་ཀྱིས་མི་ཚོད་པ་སྲོག་དང་བྲལ་བས་ས་གཞི་ཁྲག་གིས་ཆག་ཆག་ཏུ་བཏབ་པ། རི་དགས་ཀྱི་ཤ་དང་། པགས་པ་ལ་སོགས་པ་འཚལ་མར་གདལ་བ་གཉེན་རྗེའི་ཚལ་ལྟ་བུ་ཆེ་ཐུང་འགྱུར་གྱི་ལས་ཚབས་པོ་ཆེ་འདི་དག་མཐོང་ངོ།……"① ཞེས་སོགས་གསལ་བ་ལས་ལྟོངས་ཡོངས་ཀྱི་སྟོབས་ཤུགས་བསྐུལ་ཏེ་བོད་ས་མཐོའི་རང་བྱུང་རྩ་ཆེའི་སྲོག་ཆགས་རྣམས་ལ་དཔུང་འཇུག་གིས་རྩ་གཏོར་རང་བཞིན་གྱི་གོད་ཆག་བཏང་བ་དེ་ཡིན། ཁྲི་ར་རྒྱག་པའི་བྱ་རིམ་ནང་དུའང་དྲག་རྩུབ་ཅི་འདྲ་ཡོད་དམ་ཞེ་ན་མདོ་མཁར་བས། "གོ་བདེད་རྗེས་མ་འདིའི་སྐབས་ལེ་ཐོགས་ཅི་ཡང་མེད་ཙང་། རི་དགས་སྤྱང་མ་ཐུབ་པར་བསྣད་ནས་ཞང་གིས་ཁོ་བོ་ལ་དམིགས་ཕུག་སྟེ་ཕྱུག་མདའ་འཕངས་པ་ཐོག་མ་དེ་རྟའི་མཇིང་པ་ལ་ཕོག་ཁྲག་མང་དུ་ཟགས། དེ་རྗེས་ལན་ཅིག་འཕངས་པ་གཡོག་ཕྱུན་ཚོགས་དོན་གྲུབ་ཅེས་པ་ན་ཚོད་ཕྲ་ཞིང་རྩལ་ལག་དང་ལྡན་པ་ཞིག་ངེད་ཀྱི་མདུན་དུ་ཡོད་པ་དེའི་སྟོད་ལ་ཕོག་སྟེ་དེ་མཁད་རྟ་ལས་ལྷུངས་ཏེ་ཆེ་འཕོས། དེས་ཐུགས་ཚོམ་པ་ལྟ་བུས་རང་ཉིད་ལ་ཉེས་སྐྱོན་དུ་མ་གྱུར་ཙམ་བྱུང་།"② ཞེས་འཁོད་པ་ལྟར་དགུང་གྲངས་དྲུག་ཅུར་ཉེ་བར་བཀའ་བློན་བགྲེས་སོང་ཡང་བྱང་ཐང་དུ་རི་དགས་བཤོལ་བའི་ལག་གཡོག་ལ་བསྐུལ་བ་མ་ཟད། བྱང་སྟོང་གི་སྲོག་ཆགས་བྲོས་ཤོར་བའི་དོན་རྩ་

① (མདོ་མཁར་བྱུང་བརྗོད་དེབ་ངོས61 – 62)

② (མདོ་མཁར་བའི་བྱུང་བརྗོད་དེབ་ངོས63)

ཆུང་ངུར་ཡང་ཆེད་དུ་དམིགས་ནས་མདའ་འཕངས་ཏེ་མི་བསད་ཧྲ་བསྐྱིལ་གྱི་རྐུབ་སྐྱོད་དེའི་ཐོག་ནས་ཕོ་པའི་གདུག་རྐུབ་ཇི་ལྟར་ཆེ་བ་མཐོང་ཐུབ།

དེ་མིན་གཞན་ཞིག་ནི་རང་ཉིད་ཀྱི་གཙེན་པོ་མངའ་རིས་གུང་དང་ཕན་ཚུན་སྲིད་དབང་འཐོག་རེས་ཀྱི་ནང་འཁྲུག་དང་། དཔྱིན་སྦྱོར། སྐོག་གཡོ་ངན་ཇུས་སོགས་ཆེས་ཐ་ཤལ་གྱི་སྤྱོད་ངན་སྤེལ་བ་དེ་ཡིན། དེའི་སྐོར་ཏྭ་ལའི་བླ་མའི་གསུང་རྣམ་དུའང“ འདི་སྐབས་བོད་སྤྱིའི་གེགས་ཆགས་སམ། ཕོང་པ་ཚོ་བྱེད་སྒོ་མ་ལེགས་པས་བསོད་ནམས་རྫོགས་པ་ལ་མངོན་དུ་ཕྱོགས་པ་ཇི་ལྟར་ཡང་ཕྲང་ད་ལའི་དང་། མངའ་རིས་གུང་གཉིས་ནང་མ་གཤིན་པའི་འཐབ་རྩོད་ཡོ་ལངས་ཆེ་ཙམ་བྱུང་བར། རྗེ་བླ་མ་ཉིད་ནས་ཐུགས་བརྩེ་བ་ཆེན་པོས་བོད་འབངས་སྤྱིའི་ལར་རྒྱུ་སེམས་ལ་བཞག་སྟེ་ཕན་ཚུན་ལུགས་ལེགས་བྱེད་དགོས། འདི་ལྟུས་ཧ་ཅང་ཐལ་ན་སྐྱེ་བོ་མང་པོ་ལ་གནོད་ཚབས་ཆེ་ཞིང་། ཁྱེད་རང་ཉིད་ལའང་འཕྲལ་ཕུགས་སུ་མི་ལེགས་ཚུལ་དཔེར་ཕྱིན་པ་བཀའ་བསྒྲུལ་བྱུང་། ལས་ཀྱི་རིགས་སྟུགས་ཀྱིས་རྫོངས་པ་ལྟ་བུས་བཀའ་ལ་བརྩི་བ་ཞིག་མ་བྱུང་འདུག་ཀྱང་། ད་དུང་དགའ་མོ་ཡོང་རེས་སྐུ་བཅར་མཆན་སྒྲོགས་མཁན་པོ་ཙན་བཀའ་ཤོག་དང་བཅས་མངའ་རིས་སུ་རྫོང་ད་གནང་བ་ཡིན་ནའང་། ད་ལའི་ནས་ཐབས་འཕྲུལ་གྱིས་ཕོང་པ་གཉིས་དང་། བཀྲ་ཤིས་ལྷུན་པོའི་སྐུ་ཚབ་དང་བཅས་མངའ་རིས་སུ་མ་བཏང་བའི་གནས་ཚུལ་ཞུས་པར་སླར་ཡང་འགྲོ་གང་ཐུབ་བྱེད་དགོས་པའི་བཀའ་ལན་དང་། པཎ་ཆེན་ཐམས་ཅད་མཁྱེན་པ་ཆེན་པོ་ལའང་འདི་སྐོར་ཞི་འཇགས་ཡོང་བའི་སྐྱབས་འཇུག་སོགས་དགོས་ཚུལ་གྱི་ཞུ་ཡིག་ནན་ཏན་ཧྲ་

ཟམ་ཐོག་ཏུ་གནང་།”① ཞེས་གསལ་བ་ལྟར་འགྱུར་མེད་རྣམ་རྒྱལ་གྱིས་ཏཱ་ལའི་བླ་མ་དང་པཎ་ཆེན་རིན་པོ་ཆེའི་བཀའ་ལ་མ་ཉན་པར་ནང་འཁྲུག་ཟེ་སྣུག་ཏུ་བཏང་རྐྱེན་མངའ་རིས་ཀྱི་དམག་རྣམས་ས་དགར་རུབ་འཛོམས་བྱས་པ་དང་། དབུས་ནས་དམག་དཔུང་ལྟོས་ཆེ་བ་སྟོད་ཕྱོགས་སུ་བཏང་བ་བཅས་སྐྱིད་གྲོང་རྫོང་ལའང་འཁྲུག་ལེན་ཐེངས་གསུམ་ཙམ་བྱུང་བ་སོགས་བོད་ཡོངས་ཀྱི་མི་སེར་ལ་བཙན་མནར་ཚབས་ཆེན་བྱུང་བར་གྲགས། སྐབས་དེར་སྤྱི་ལོ1748ཐོད་ས་འབྲུག་ལོར“གོང་མ་ཆེན་པོའི་བཀས། ཕོ་བྲང་ཆེན་པོ་པོ་ཏ་ལའི་རྒྱ་ཕྱིན་དང་གཟིམས་ཆུང་རྣམས་ཀྱི་བཀོད་པ་ཇེ་ལྟ་བའི་ཚད་ལེན་མི་རྒྱའི་བྲིས་པ་གཉིས་འགྱུར་པར་ཕྱག་དབང་དང་མཚམས་འདྲི་གནང་།”② ཞེས་གསལ་བ་ལྟར་གོང་མ་ཆན་ལུང་གིས་སྐབས་དེ་དུས་ནས་པོ་ཏ་ལའི་འཛུགས་སྐྲུན་གྱི་སྐོར་ལ་ཐུགས་སྣང་ཧ་ཙང་ཆེན་པོ་གནང་གི་ཡོད་པ་མཚོན་གྱི་འདུག

12. འགྱུར་མེད་རྣམ་རྒྱལ་གྱི་བྱེད་ངན་ཚབས་ཆེ་བས་ཨམ་བན་གྱིས་བསད་པ་དང་། ཁོ་པའི་ངན་རོགས་ཀྱིས་ཨམ་བན་གཉིས་བསད་པ་སོགས་ཀྱི་དོན་རྐྱེན་བྱུང་བ།

སྤྱི་ལོ1749ཐོད་ས་སྒྲུལ་ལོ་མཇུག་ཙམ་ལ་ཡང་འགྱུར་མེད་རྣམ་རྒྱལ་གྱིས་སྟོད་ཕྱོགས་སུ་མི་མངགས་ནས་རང་ཉིད་ཀྱི་གཅེན་པོ་མངའ་རིས་གུང་འགྱུར་མེད་ཚེ་བརྟན་སྐྱོག་གསོད་བྱས་ཏེ་ཁོང་གི་བུ་ཡང་ཕྱིར་འབུད་བཏང་ནས་མངའ་རིས་ས་ཁོངས་དབང་འོག་ཏུ་བསྡུག་པ་དང་། ལྷ་སར་བཅའ་སྡོད་རྒྱའི

① (དཔག་བསམ་སྙེ་མ་སྟོད་ཆ་ཤོག་གྲངས404)
② (དཔག་བསམ་སྙེ་མ་སྟོད་ཆ་ཤོག་གྲངས390)

དཔོན་དམག་ཤུང་འཕྲི་ཡོང་བ་ཞེས་ཞུས་དོན་གོང་མས་དམག་དཔུང་ཁག་གཅིག་ཕྱིར་འཐེན་གནང་ཙང་། སླར་ཡང་ལྷ་སྟོད་ཨམ་བན་རྣམས་དང་འབྲེལ་བ་ཇི་སྲུག་ཏུ་བཏང་བ་མ་ཟད། ཐ་ན་ཆེང་གོང་མའི་དཔོན་དམག་བོད་དུ་འཇོག་རྒྱུར་མ་འདོད་པའི་རྣམ་འགྱུར་སྟོན་ཞིང་། དགྲ་བོ་ཧྤན་གར་བ་དང་སྒྲིག་ཏུ་ངན་གཞོམ་གྱི་འབྲེལ་གཏུགས་ཀྱང་བྱས་པར་གྲགས།

མདོར་ན་འགྱུར་མེད་རྣམ་རྒྱལ་གྱི་སྤྱོད་ཚུལ་དང་། མཐར་ཐུག་རང་ཕུང་གཞན་བཏྲག་གི་ངན་འབྲས་ཇི་ལྟར་བྱུང་བའི་སྐོར་ལ་སྐབས་དེའི་ཚོད་ལྡན་ལོ་རྒྱུས་ཀྱི་ཡིག་རིགས་ཏྭ་ལའི་བླ་མ་བདུན་པའི་རྣམ་ཐར་གྱི་ནང་ཇི་ལྟར་འཁོད་པའི་དུམ་བུ་ཞིག་དྲངས་ན། "ཕང་འགྱུར་མེད་རྣམ་རྒྱལ་ལ་གོང་མ་ཆེན་པོས་སྤྱན་བསྐྱངས་དང་། སྐྱེ་བོ་མང་པོས་ངོ་བསྟོད་བཀུར་གཟིད་ཆེ་བར་བརྟེན་ང་རྒྱལ་སྙེམས་པ་ཧ་ཅང་མཐོ་བར་མེ་ཏོག་མདའ་ཅན་སྡེ་དང་བཅས་པ་རབ་ཏུ་དགའ་བས་སྙིང་ལ་བརྣམས་ཏེ། གོང་མའི་བཀའ་དྲིན་ཁྱད་དུ་གསོད་པ་དང་། རྗེ་བླ་མར་ཡང་བསམ་སྦྱོར་ལོག་པའི་རྣམ་འགྱུར་མང་དུ་བྱེད་ཅིང་། ཆོས་མཐུན་གྱི་བླ་མ་དགེ་བའི་བཤེས་གཉེན་དུ་མར་ཆོས་ཀྱི་བར་ཆད་དུ་འགྱུར་བའི་ཟེར་མི་བདེ་བ་ཁ་ན་དང་། ཉེས་མེད་མང་པོའི་སྲོག་ལ་རྐོལ་བ་སོགས་ཀྱིས་མངའ་འབངས་ཐམས་ཅད་སྡུག་ལ་སྦྱོར་བ་དང་རང་ཉིད་ཀྱང་བག་མེད་པའི་ལོག་སྤྱོད་འབའ་ཞིག་ལ་ཞུགས་པས་གཞུང་སའི་ཕྱག་རྫས་མཐའ་དག་ཆུད་ཟོས་སུ་བཏང་། ཁྱད་པར་མངའ་རིས་གུང་ཡང་གཡོ་ཐབས་ཀྱིས་བསད་པ་སོགས་ལུགས་གཉིས་ཀ་ཕྱིན་ཅི་ལོག་ཏུ་སྤྱོད་པའི་སྡིག་ཚབས་ཆེ་བའི་གནས་ཚུལ་རིམ་གྱིས་གོང་མའི་སྙན་དུ་འགྲོལ་བར་བརྟེན།" ཞེས་ཕང་གི་ཉེས་སྤྱོད་དང་འབྱུང་རྐྱེན་རྣམས་འཁོད་པའི་མཇུག་ཏུ། མཐའ་མའི་ངན་འབྲས་བྱུང་ཚུལ་སུ་མཐུད་

བསྟན་པར་“ གོང་མ་ཆེན་པོ་ནས་ལྷ་སར་སྡོད་མི་ཏྭ་ཞིན་ཕུ་ཆེང་དང་ལབ་ཏུན་གཉིས་ལ་བཀའ་ཕབ་ཡོད་འདུག་གཤིས། （1750）ལྕགས་རྟ་ལོའི་ཧོར་ཟླ་བཅུ་པའི་ཚེས་བཅུ་གསུམ་གྱི་ཉིན་ཏྭ་ཞིན་གཉིས་ནས་ཕང་འགྱུར་མེད་རྣམ་རྒྱལ་ཐབས་འཕྲུལ་གྱིས་ཁྲིམ་གཟིགས་ཁང་དུ་བོས་ནས་སྲོག་ལ་བཀའ་ཁྲིམས་ཀྱི་ཆད་པ་ཕབ། དེ་འཕྲུལ་ཏྭ་ཞིན་གཉིས་ནས་གོང་མའི་བཀའ་ཁྲིམས་ཀྱི་ཆད་པ་ཕབ། དེ་འཕྲུལ་ཏྭ་ཞིན་གཉིས་ནས་གོང་མའི་བཀའ་ཡིན་ཚུལ་གྱིས་གུང་པཎྜི་ཏར་བོད་ཀྱི་ལས་དོན་བྱེད་དགོས་རྒྱུའི་ཕྱག་མདའ་སྐྱེལ་བར་པྭ་ཙོང་ཞིག་བཏང་སྟེ་ཐྲད་འདུག་པས། གུང་པཎྜི་ཏས་པོ་ཏ་ལར་སྐུ་མདུན་དུ་ཡོང་སྟེ་རྒྱུ་མཚན་རྣམས་ཞིབ་པར་ཞུས། དེ་སྐབས་ཕང་འགྱུར་མེད་རྣམ་རྒྱལ་གྱི་གཡོག་བློ་བཟང་བཀྲ་ཤིས་སོགས་ཁ་ཤས་ནས་འཕྲུལ་ཕུགས་གང་ལའང་བསམ་བློ་མ་ཐོང་བའི་བཙོལ་ཚུང་གཡམ་རྒྱུགས་དུ་མ་ཞིག་ཟླ་བོར་གཡབ་སྟེ་ཏྭ་ཞིན་གཉིས་ཀྱི་སྲོག་ལ་གོལ་བར་བརྩམས་པའི་གཏམ་རྗེ་བླ་མཆོག་གི་སྙན་དུ་གསན་འཕྲུལ། མགྲོན་གཉེར་རྣམས་ཀྱིས་གསོས་དྲུང་འཁོར་སེར་མོ་བ་ཕལ་མོ་ཆེ་དང་། སེར་འབྲས་གཉིས་ཀྱི་བླ་མ་ལས་སྡེ་གྲྭ་དམངས་དང་བཅས་པ་ཆེད་དུ་མངགས་ཏེ་མི་དྲག་རྣམས་ཀྱི་སྲོག་ལ་སྐྱོན་དུ་མི་འགྱུར་བའི་ཐབས་སྣ་དུ་མ་ཞིག་མཛད་ནའང་། ལས་ངན་པས་དབྱེན་བཙོས་ཏེ་བཀའ་ལ་ཅི་ཡང་མི་སེམས་པར་རས་སུ་བོར་བས། ཡང་བསྐུར་ཁྲི་ཆེན་རྡོ་རྗེ་འཆང་ཆེན་པོས་སྐུ་ངོས་ཀྱིས་ཕེབས་པ་དང་། བོད་སོག་ཁྱིངས་ལ་སྲུར་ཡིག་ཁྲིམ་བསྒྲགས་སུ་གནང་ན་ཕན་ཆ་ཨེ་ཡོང་དགོངས་ཏེ་བཀའ་ཤོག་གི་བརྗོད་དོན་ལ། གོང་མ་ཆེན་པོ་འགྱུར་མེད་རྣམ་རྒྱལ་ལ་དགོངས་པ་རྩོམས་པས་ཏྭ་ཞིན་གཉིས་ནས་བཀའ་ཁྲིམས་ཀྱིས་ཚར་བཅད་རྗེས་ད་ཆ་ཁྲོད་ཚང་མ་རང་ཚོ་བཟུང་ནས་སྡོད་མཁས་ལས། གོང་མ་ཆེན་པོའི་སྐུ་ཚབ་ལ་དོ་

བསྔོ་བ་སོགས་སུས་ཀྱང་ཐལ་ཆ་བྱས་ན། གོང་མ་ཆེན་པོ་གནམ་དང་ཁྱད་མེད་ཀྱི་བཀའ་ཁྲིམས་བཙན་བརྗིད་ཆེ་བས་འཕྲལ་ཕུགས་དང་། ཕྱི་ནོར་ཐམས་ཅད་དུ་ཅིས་ཀྱང་མི་ལེགས་པས་ཀུན་གྱིས་བག་ཡོད་པར་སྤྱོད་དགོས་ཞེས་ལྷ་ལྡན་གྱི་ཕྱོགས་པན་ཚུན་རྣམས་དང་། རྡོ་རིང་བཅས་ལ་སྦྱར་བས་བསམ་ཡོད་བྱིངས་རྣམས་བཀའ་དང་བླངས་ཀྱིས་རང་ཚོ་བཟུང་ནས་བསྡད་འདུག་ནའང་། བློ་བཟང་བགྲ་ཤིས་དང་། ཡ་སོར་གཉིས་སོགས་ལ་འཕུང་འདྲེ་ལོག་ཏུ་ཞུགས་ཏེ་བརྩི་འཇོག་ཅི་ཡང་མེད་པར་ཁྲི་ཆེན་རྡོ་རྗེ་འཆང་སོགས་ལའང་མཚོན་རྩེ་གཏད། མི་འཚམས་པའི་ཚིག་མང་དུ་ལབ་པ་དང་། བཀའ་ཤོག་སྦྱར་ཡིག་ཀྱང་དབྲལ་བ་སོགས་བྱས་རྗེས་དྲ་ཞིན་གཉིས་ཀྱི་སྲོག་ལ་གནོལ་བ་དང་། དམག་མི་དུ་མར་ཡང་སྐྱོན་བྱས་པའི་ཐལ་ཆ་མི་ལེགས་པ་བྱུང་འདུག རྗེ་བླ་མ་མཆོག་ནས་བྱེད་སྒོ་གང་ས་ནས་ངན་པ་དེ་འདྲ་ཐུགས་ཀྱིས་མ་བཟོད་པར་དབུས་གཙང་། དགས་ཀོང་། འདམ། ནག་ཆུ་སོགས་ས་གནད་ཆེ་བའི་རྫོང་དང་གཞིས་ཀ་མཐའ་དག་ལ། འགྱུར་མེད་རྣམ་རྒྱལ་གྱི་གཡོག་ཚུལ་མིན་བྱེད་པ་དེ་དག་གི་རྗེས་འབྲངས་ཀྱི་ཁུར་ཤོགས་སུས་ཀྱང་བྱས་མི་ཆོག་པའི་བཀའ་ཤོག་བཀྲམ་སྟེ་དྲིལ་བསྒྲགས། དེའི་ཚེ་སྐྱོན་མ་བྱུང་བ་སྤྱི་ཆའི་ཆེ་གཉིས་དང་། ཕོགས་དཔོན། ཨམ་བན་གཉིས་ཀྱི་ཟླ་པོ། དམག་མི། ཚོང་པ་བཅས་ཁྲིན་ཉིས་བརྒྱ་སྐོར་པོ་ཏ་ལར་བསྡུས་ཏེ་འཚོ་བའི་ཡོ་ཆས་ཟས་གོས་སོགས་ལེགས་པར་གནང་སྟེ་བཀའ་དྲིན་གྱིས་བསྐྱངས། གུང་པཉྩི་ཏ་ལའང་གོང་མ་ཆེན་པོའི་བཀའ་མ་ཕེབས་ཀྱི་བར་སྲིད་སྐྱོང་གི་ལས་དོན་བྱེད་དགོས་པའི་བསླབ་སྟོན་དང་ལས་ཐམ་ཞིག་ཀྱང་བསྩལ། དེ་འཕྲལ་གོང་མ་ཆེན་པོར་གནས་ཚུལ་རྣམས་ཞིབ་པར་འབོད་པའི་ཞུ་ཡིག་ཏ་ཟམ་ཐོག་ཤད་རྫོལ་གྱིས་ཕུལ་བའི་བཀའ་ལན་དུ་ཕེབས་པ་ནི་འདི་ལྟར།

ཆན་ལུང་གནམ་ལོ་བཅོ་ལྔ་བའི་ཟླ་བ་བཅུ་གཅིག་པའི་ཚེས་བཅོ་བརྒྱད་ལ། གོང་མའི་བཀའ་ཏཱ་ལའི་བླ་མ་དང་བཀའ་བློན་གྱི་དོན་བདག་བྱེད་མི་གུང་པཎྜི་ཏ་ལ་ཕབ་པ། ངེད་ཀྱི་སྟ་སོར་འགྱུར་མེད་རྣམ་རྒྱལ་ནས་དུས་རྒྱུན་ཏཱ་ལའི་བླ་མར་བསྙེན་བཀུར་མི་བྱེད་པར་མ་ཟད་འཕོན་དུ་བཟུང་འདུག་པར་བརྟེན། ཡང་དང་ཡང་དུ་བག་ཡོད་གྱིས་ཞེས་བསླབ་སྟོན་གྱི་བཀའ་ཕབ་པ་ཡིན། ཁོ་པས་ངེད་ཀྱི་བཀའ་ཁྱད་དུ་བསད་ནས་ཕྱིར་ཞིང་རྣམ་རྟོག་ཟས། དབུས་གཙང་དུ་སྡོད་པའི་ཨམ་བན་ཕུ་ཆེན་ཅན་ནས་ཀྱང་འགྱུར་མེད་རྣམ་རྒྱལ་དང་རྩོལ་གཏུམ་ཞིང་ངན་པས་ཏཱ་ལའི་བླ་མའི་སྐུ་གཟུགས་ལ་གནོལ་ཤས་ཆེ་སྙམ་དུ་དཀའ་བ་ཆེན་པོས་ལུས་སྲོག་ལ་མ་བལྟས་པར་འགྱུར་མེད་རྣམ་རྒྱལ་ཁྲིམས་ཀྱིས་ཚར་བཅད། འདི་རྣམས་ཐམས་ཅད་ཏཱ་ལའི་བླ་མའི་ཆེད་ཡིན། ད་ཆ་ཏཱ་ལའི་བླ་མ་ལ་ཉེ་བར་དོ་བསྟོ་བ་ཚར་བཅད། དབུས་གཙང་ཆོས་ཀྱི་ཞིང་དག་པར་བསྐྱབས་པས་ངེད་ཀྱི་སེམས་བག་ཡངས་པར་གྱུར། ཡང་མགྲོན་གཉེར་བློ་བཟང་བཀྲ་ཤིས་ཀྱིས་དབུས་གཙང་དུ་སྡོད་པའི་ཨམ་བན་ཆོ་ལ་གཏོལ་བའི་སྐབས་སུ་ཏཱ་ལའི་བླ་མས་དྲིལ་བསྒྲགས་ནས་མི་ངན་རྣམས་འཛིན་དུ་བཅུག བོད་སྡེ་བདེ་འཛགས་སུ་བྱས་ནས་ཡུལ་ལྗོངས་བདེ་བར་བཀོད་པ་ལ་ངེད་ནས་ཤིན་ཏུ་བསྔགས་པར་སེམས། གནང་སྦྱིན་གྱི་དངོས་པོ་རྣམས་དབུས་གཙང་དུ་སྡོད་པར་མངགས་པའི་ཨ་ས་ཁན་ཨམ་བན་རྣམ་རྒྱལ་ལ་སྤྲད་ནས་དབུས་གཙང་དུ་སླེབས་པ་དང་མཉམ་དུ་ངེད་ཀྱི་ནང་གཙང་གི་བརྩེ་བས་བསྐྱངས་པའི་གནང་སྦྱིན་གནང་བར་བྱེད། འགྱུར་མེད་རྣམ་རྒྱལ་ལ་སྟ་སོར་ཡང་ཧྲན་ཕང་གི་གོ་ས་སྦྱིན་པའི་འོས་མེད་ཀྱང་། ངེད་ནས་ཁོ་པའི་ཕ་པོ་ལྷ་ནས་ཀྱི་ཚེ་རིལ་པོར་དད་པ་དང་བླངས་ཀྱི་ཤེ་མོང་བྱིན་ནས་ཞབས་འདེགས་ཕུར་ཐག་བགྱིས་པ་ལ་བསམ

ནས་ལུགས་སྲོལ་ལས་འདས་པའི་བཀའ་དྲིན་བསྐྱངས་ནས་ཧུན་དབང་གི་གོ་ས་གནང་སྟེ། དབུས་གཙང་དོན་བདག་དབྱེ་འབྱེད་བྱེད་བཅུག་ཕྱིན་ཆད། འདོད་རྒྱལ་གྱི་བསམ་སྦྱོར་མ་རུངས་པའི་བྱ་བ་རིམ་གྱིས་རྒྱ་སྐྱིད་ངེད་ཀྱིས་ཀྱང་ཁོ་པས་ཞུས་པ་ལྟར་དབུས་གཙང་དུ་བསྡད་པའི་བློན་པོ་དང་དམག་དཔུང་ཕྱིར་འཐེན་པར་བརྟེན། ཁ་རང་ཅི་ལས་ངར་བསྐྱེད་ནས་མངའ་འབངས་ཀྱི་བོད་རྣམས་སྡུག་ཏུ་བཅུག འདོད་ཞེན་ལོག་སྲེད་བག་མེད་ཀྱིས་སྤྱད་འདུག ངེར་མ་ཟད་ཁོ་རང་གི་ཇོ་ཇོ་འགྱུར་མེད་ཚེ་བརྟན་ངོ་ལོག་པ་ཡིན་ཞེས་རྫུན་ཁག་བཀལ་ནས་ཞུས་ཏེ་བཀའ་བློན་དམག་དང་བཅས་པ་མངགས་ནས་ཁོ་རང་གི་ཇོ་ཇོ། དེའི་བུ་དང་འགོ་པ་ཐམས་ཅད་བསད། ཡང་པཎྜི་ཏའི་ནང་གཞིས་གཏོར། པཎྜི་ཏའི་བུ་དབུས་སུ་སྡོད་བཅུག་ནས། ཁོ་པས་མངགས་གཞུག་ཏུ་བཀོལ། ལམ་གྱི་ས་རིམ་ཏ་ཟམ་བཅད། བློན་པོ་དང་དམག་ཐམས་ཅད་ཟད་ཟད་དུ་བཅོམ་འདོད་སོགས་མནོ་བསམ་ཕྱིན་ཅི་ལོག་གྲངས་ཀྱིས་མི་ལང་བ་འདུག ངེད་ཀྱིས་མནོ་བསམ་ཞིབ་ཏུ་བཏང་ན་གཙོ་ཆེར་འགྱུར་མེད་རྣམ་རྒྱལ་ངང་ཚུལ་ངན་པ་ལས་བྱུང་ཡང་། ངེད་ནས་ཀྱང་གནང་སྦྱིན་བདག་རྐྱེན་ཐལ་དྲགས་པས་ཁོ་པས་དེ་ལྟར་ངར་བསྐྱེད་ཅིང་། དབུས་གཙང་དམངས་མས་ཁོ་པར་ཡི་མུག་ཀྱང་། ངེད་ནས་བཞག་པའི་ཕྱང་ཡིན་པའི་སྐབས་ཀྱིས་ཅི་ཡང་བྱེད་མ་ཐུབ་པར་སྡང་། ཚུལ་འདི་ལ་ངེད་ཀྱིས་ཤིན་ཏུ་འགྱོད་པར་འདུག འདི་ལ་བལྟས་ན་བཀའ་བློན་དུ་བསྐོས་པ་རྣམས་ལ་ཧ་ཅང་ཆེད་དུ་དབང་སྦྱིན་མི་ཉན་པར་འདུག དེ་བྱས་ན་ངེད་ཀྱི་བཀའ་དྲིན་གྱིས་དབུས་གཙང་གི་ས་ཆའི་སྐྱེ་བོ་མཐའ་དག་བདེ་སྐྱིད་དུ་བྱེད་པ་ནི་དོན་གྱི་གཙོ་བོ་ཡིན། འགྱུར་མེད་རྣམ་རྒྱལ་ཁྲིམས་ལ་སྦྱར་བའི་སྐབས་སུ་ཕུ་ཆེན་སོགས་ནས་པཎྜི་ཏ་ལ་དབུས་གཙང་གི་དོན་བདག་

གྱིས་ཟེར་འདུག་ཀྱང་། ངེད་ཀྱིས་ངེས་པར་བཀའ་ཕབ་པ་ནི་མེད། ཨམ་བན་གཉིས་ཀྱི་བསམ་པར་དབུས་གཙང་ལ་ཉིན་གཅིག་ཀྱང་འགོ་པ་བྱེད་པའི་མི་མེད་ན་མི་རུང་བསམ་འདུག ཡང་པཎྜི་ཏ་ནས་འཕྲལ་དུ་དམག་དཔུང་འཁྲིད་ནས་ཕན་གྲོགས་བྱེད་ཡོང་བསམ་ནས་སྐབས་གཅིག་ཏུ་གང་འོས་པ་དབྱེ་འབྱེད་བྱེད་ཆུག་སླམ་དུ་ལབས་འདུག པཎྜི་ཏ་ནས་ངེས་པར་བསམ་ཚོད་དང་མཐུན་པར་ཇ་ལོག་མི་རྣམས་ཚར་བཅད་ནས་གསོད་པ་དང་། ཨམ་བན་གཉིས་ལ་སྐྱོན་མེད་ཅིང་། དབུས་གཙང་གི་ས་ཆ་རྣམས་བདེ་འཇགས་བག་ཡོད་དུ་སྡོད་འཛུག་ཐུབ་པ་བྱུང་ཆོ། འཕྲལ་དུ་ཨམ་བན་གཉིས་ཀྱིས་ལབས་པ་ལྟར་བྱས་ཀྱང་མི་ཆོག་ཟེར་བའི་སྐབས་མ་མཆིས་མོད། ད་ལམ་ཁོ་པས་དབུས་གཙང་དུ་སྡོད་པའི་ཨམ་བན་རྣམས་སྐྱོབ་མ་ནུས་པ་ལ། ཉེས་སྐྱོན་མེད་ཟེར་དཀའ་བར་འདུག དེ་ལྟ་ནའང་པཎྜི་ཏ་གཟུགས་པོ་གཅིག་པུར་སོང་། སྟོབས་ཞན། རང་སྲོག་གཅེས་པར་བཟུང་སྟེ་དབང་ཀྱང་སྤྱིར་དང་ཚུལ་དཀྲུས་མ་ཡིན་མོད། གཅིག་ཏུ་འདས་ཚར་བའི་བྱ་བ་ཡིན་པས་བརྗོད་མ་བྱས་ན་ཆོག་པ་མ་གཏོགས། ཕན་བསྐྱལ་བའི་གྲས་སུ་བཞག་ནས་ངེད་ནས་དབང་གི་གོ་ས་གནང་རྒྱུའི་རེ་བ་བྱས་ག་ལ་ཆོག པཎྜི་ཏ་རང་གྲུང་གི་གོ་ས་ཉིད་དང་བཅས་ཏེ་ཏཱ་ལའི་བླ་མའི་བཀའ་བློན་གྱི་བྱ་བ་གྱིས། ཅོང་དུ་ཚེ་རིང་སོགས་བོད་དུ་སླེབས་འཕྲལ་ཏཱ་ལའི་བླ་མ་དང་ལྷན་ཅིག་ཏུ་བགྲོས་ནས། བོད་ཀྱི་འགོ་པ་རྣམས་ཀྱི་ནང་ནས་ཤེས་རྒྱ་ཆེ་ཞིང་ཡིད་གཏད་ཐུབ་པ། སྔར་ནས་བོད་མི་རྣམས་ཀྱིས་ཡིད་གཏོད་ཅིང་རྗེས་སུ་འབྲང་བའི་མི་གཅིག་བདམས་ནས་པཎྜི་ཏ་དང་ལྷན་དུ་བཀའ་བློན་གྱི་བྱ་བ་བྱེད་ཆུག ཁོང་ཚོའི་དོན་རྩ་ཆུང་བ་རྣམས་བཀའ་བློན་གཉིས་ནས་སྔར་བཞིན་བྱེད་ཆུག ངེད་ལ་ཞུ་རྒྱུའི་ཡི་གེ་བྲིས་ནས་དོན་བདག་ཞུ་བ་དང་། དམག་དཔུང་གྲ་

སྒྲིག་དང་རྟ་ཟམ་འཛུགས་པ་སོགས་དོན་རྩ་འགངས་ཆེ་བའི་རིགས་རྣམས་ཐམས་ཅད་བཀའ་ཡིས་མངགས་པའི་ཨམ་བན་རྣམས་ལ་གཏད་དེ་བཀའ་བློན་གཉིས་དང་ལྷན་དུ་དབྱེ་འབྱེད་བྱས་ནས་བཀའ་ཡིས་མངགས་པའི་ཨམ་བན་གཉིས་ཀྱིས་ཐམ་ག་གནོན་རྒྱུ། ཚུལ་དེ་ཁྱིན་ཆད་རྟག་ཏུ་ལུགས་སྲོལ་དུ་འཛུགས་རྒྱུ། བློན་པོ་དང་དམག་མི་རྣམས་སོ་འོན་སེང་གི་སྤྱོད་ལུགས་དང་། རྟ་ཟམ་འཛུགས་པ་སོགས་བྱ་བྱེད་མཐའ་དག་ཅོང་དུ་ཚེ་རིང་དང་། ཐེ་དུ་ཡོ་ཐུང་ཆེ། ཨ་ས་ཁན་ཨམ་བན་ཛོའུ་ཧོས། ཡང་བོད་དུ་སྡོད་པའི་ཨམ་བན་རྣམ་རྒྱལ། བན་དེ་རྣམས་ལ་གཏད་ནས། ཧྭ་ལའི་བླ་མ་དང་། པཎྜི་ཏ་རྣམས་ལྷན་ཅིག་ཏུ་བགྲོས་ནས་བསམ་མནོ་ཞིབ་ཏུ་བཏང་ནས་གང་འཐད་གང་འོས་ཀྱི་བགྲོས་ནས་ཞུ་བར་གྱིས། ཡང་འགྱུར་མེད་རྣམ་རྒྱལ་གྱིས་ཁོ་རང་གི་ཕྲུ་བོ་འགྱུར་མེད་ཚེ་བརྟན་ངོ་ལོག་པ་ཡིན་ཞེས་ཇུས་ཁག་བཀལ་ནས་ཞུས་ཏེ། སླགས་འཚོལ་བའི་དམག་བཏང་ནས་ཐབས་ཀྱིས་འཚེ་བར་བྱས་ཏེ་ནད་ཀྱིས་ཤི་སོང་ཞེས་ཇུས་ཞུས་འདུག ད་ཆ་དོན་ཆ་གཅིག་ཏུ་གསལ་བར་གྱུར། འགྱུར་མེད་ཚེ་བརྟན་སྤྱར་ནས་ངོ་ལོག་པ་མེད་ཅིང་། ཉེས་མེད་དུ་བསད་འདུག་པས་ངེས་པར་དག་ཚངས་བྱེད་འོས་སུ་འདུག པཎྜི་ཏར་གཏད་ནས་འགྱུར་མེད་ཚེ་བརྟན་གྱི་བུ་བརྩད་བཅད་ནས་ངེད་ཀྱི་བཀའ་ཕབ་སྟེ། སྣར་གུང་གི་གོ་ས་བྱིན་ནས་མངའ་རིས་སྐོར་གྱི་བོད་རྣམས་ཀྱི་འགོ་པ་བྱས་ནས་ཤེ་མོང་དང་ཞབས་འདེགས་འབད་དུ་རྒྱུ། གལ་ཏེ་མགྲོན་གཉེར་བློ་བཟང་བཀྲ་ཤིས་མངའ་རིས་སྐོར་གྱི་ས་ཆར་བསྐྱེལ་ཏེ་སོང་ཡོད་ཚེ་ཁོ་པ་ཤེ་མོང་གིས་འཛིན་རྒྱུ། འགྱུར་མེད་རྣམ་རྒྱལ་གྱིས་གཞིས་གཏོར་བར་ཁོ་པའི་ཕའི་སྤྱར་གྱི་ཕ་གཞིས། ཚེར། ནོར་རྫས་རྣམས་ཞིབ་ཏུ་བརྩད་བཅད་དེ་འགྱུར་མེད་ཚེ་བརྟན་གྱི་བུ་ལ་བྱིན།

ཡང་ད་ལོའི་ཟླ་བ་བཅུ་པའི་ཚེས་བརྒྱད་ལ་རྒྱ་བཏབ་སྟེ་བསྐྱར་བའི་ཕུ་ཆེན་དང་ལབ་ཏུན་ལ་ཕབ་པའི་བཀའ་དང་། ཡང་ཟླ་བ་དགུ་པའི་ཚེས་བཅུ་གཅིག་ལ་འགྱུར་མེད་རྣམ་རྒྱལ་ལ་ཕབ་པའི་བཀའ་རྣམས་འགྱུར་མེད་རྣམ་རྒྱལ་གྱི་བདེ་གཟར་སྐབས་རྟ་ཟམ་ཚད་ནས་ད་དུང་བོད་དུ་མ་སླེབས་ཤས་ཆེ། ག་ལ་ཏེ་བོད་དུ་སླེབས་ཡོད་ཚེ་པཎྜི་ཏས་ཕྱི་སྟེ་བལྟས་ནས་དབྱེ་འབྱེད་བྱེད་ཚུག མ་སླེབས་ཚེ་པཎྜི་ཏ་ནས་ལམ་གྱི་རྟ་ཟམ་ཐམས་ཅད་ལ་བཙད་བཅད་ནས་བལྟར་ཚུག ངེད་ཀྱིས་གནམ་འོག་ཐམས་ཅད་སྐྱོང་བ་ལ་བློན་པོ་དང་མངའ་འབངས་རྣམས་ཀྱིས་ཞབས་འདེགས་བསྒྲུབས་པ་རྣམས་ཞིབ་ཏུ་ཕྱི་སྟེ་ལྟེ་ཡང་གི་བབ་དང་མཐུན་པར་དབྱེ་འབྱེད་བྱེད་པ་ཡིན། པཎྜི་ཏས་ངེས་པར་མཛོ་བསམ་ཞིབ་མོས་དད་པ་དང་བླང་གིས་ཞབས་འདེགས་དང་། བོད་དུ་སོང་བའི་བློན་པོ་དང་དམག་མི་རྣམས་ལེགས་པར་བྱ་བྱེད་དང་། གསར་དུ་བསྐོས་པའི་བཀའ་བློན་དང་ལྷན་དུ་ཐམས་ཅད་གཅིག་སྒྲིལ་གྱིས་བགྲོས་ནས་དོན་བདག་རེ་རེ་བཞིན་ནས་གང་ཅིའི་བབ་བསྟུན་གྱིས་དབྱེ་འབྱེད་བྱེད་ཐུབ་པའི་ཚེ་ཆབ་སྲིད་ཀྱི་བློན་པོའི་སྙིང་པོ་ལྟ་བུར་གྱུར་གཤིས། རྟག་ཏུ་བདེ་སྐྱིད་ཀྱི་བསོད་ནམས་བཀའ་དྲིན་དང་དུ་བླངས་ཚོག དེ་བས་ན་ཡང་དག་པ་གསལ་བར་བྱས་ནས་དྲངས་པོའི་སེམས་ཀྱིས་ཆེད་དུ་བཀའ་ཕབ་ནས་གསལ་བར་ཕྱི་སྟེ་གོ་བར་བྱས་པ་ཡིན། པཎྜི་ཏ་ནས་བཀའ་འདི་དང་དུ་བླངས་ནས་ཇི་ལྟར་རྗེས་སུ་འབྲངས་ཏེ་ཞབས་འདེགས་སྒྲུབ་ཚུལ་ཡི་གེ་མགྱོགས་པར་ཞུ་བ་གྱིས། བཀའ་འདི་བོད་ཀྱི་སྐྱེ་བ་མཐའ་དག་ལ་དྲིལ་བསྒྲགས་ནས་གོ་བར་བྱེད་ཚུག་ཅེས་བཀའ་ཕབ། ཆན་ལུང་གནམ་ལོ་བཅོ་ལྔ་པའི་ཟླ་བ་བཅུ་གཅིག་པའི་ཚེས་བཅོ་བརྒྱད་ལ་བཀའ་ཕབ་ཅེས་དང་། དོན་འདི་སྐོར་ལ་ཡང་བསྐྱར་གོང་མ་ཆེན་པོས་བཀའ་ཕབ་པ་ནི། ཧྭ་ལའི་ཟླ་མར་

བཀའ་ཕབ་པ། སྤྱི་སོར་འགྱུར་མེད་རྣམ་རྒྱལ་ནས་ཏཱ་ལའི་བླ་མར་བཀུར་སྟི་མི་བྱེད་ཅིང་། བག་ཡོད་པར་མི་གནས་པར་བྱུང་རྒྱལ་གྱི་བྱ་བ་སྣ་ཚོགས་བྱེད་ཚུལ་ཐོས་ནས་ངས་ལན་མང་པོར་བསླབ་ཡར་གྱི་བཀའ་ཕབ་པ་ནི། དབུས་གཙང་གི་མི་ཐམས་ཅད་ཀྱིས་ཤེས་པ་ལྟར་ཡིན། དེ་རྗེས་ཁོ་པས་ངའི་བཀའ་གཏན་ནས་མ་ཉན་པར་ཕྱིར་ཞིང་བྱ་བ་ངན་པས་ཁོ་རང་གི་རྗེ་རྗེ་བསད། སླར་ཡང་ལྷག་པར་ཐུར་སོང་སྟེ་བསམ་པ་ངན་པ་འཆང་བའི་རྒྱུ་མཚན་བོད་ན་ཡོད་པའི་ཨམ་བན་རྣམས་ཀྱིས་ངེད་ལ་ཞུས་པར། ངེད་ཀྱིས་དེ་འཕྲལ་ཁོ་པ་ཁྲིམས་ལ་སྦྱོར་བསམ་པ་ཡོད་ཀྱང་། ཏཱ་ལའི་བླ་མ་ལ་གནོད་ཀྱི་དོགས་པ་ཁོ་ནས་འཛིན་པ་ཡིན། ཉེ་ཆར་ཟླ་བ་བཅུ་པའི་ཚེས་བརྒྱད་ལ་དབུས་གཙང་གི་ཨམ་བན་རྣམས་ནས། འགྱུར་མེད་རྣམ་རྒྱལ་བསམ་སྦྱོར་ངན་པ་སྣ་ཚོགས་སྤྱར་ལས་ཀྱང་ཧེ་ཆེར་སོང་འདུག་པར། སྐབས་དང་བསྟུན་ནས་སྐབས་གཅིག་ཏུ་ཁོ་པ་ལ་བཀའ་ཡིན་ཞེས་ཁྲིམས་ལ་སྦྱོར་བར་བྱེད་ཅེས་ཞུས་པར། ངེད་ནས་ཨམ་བན་ཆོས་དང་ཐུང་བ་ལ་བཀའ་བསྐྱོན་གནང་ནས་ཨམ་བན་བན་དེ་སྒྲུགས་ནས་ཨམ་བན་གསུམ་བགྲོས་ནས། ཏཱ་ལའི་བླ་མར་སྙན་སྒྲོན་བྱེད་འོས་པ་རྣམས་སྙན་སྒྲོན་བྱས་ནས་ཁྲིམས་ལ་སྦྱར་ན་ལེགས་ཞེས་བཀའ་ཕབ་པ་ཡིན། ངེད་ཀྱིས་ཕབ་པའི་བཀའ་དང་། མངགས་པའི་ཨམ་བན་བན་དེ་སླེབས་པའི་སྔོན་ལ་ཨམ་བན་ཆོས་འཕྲལ་དུ་ཁྲིམས་ལ་སྦྱར་ཞིང་། ཁོ་རང་གཉིས་ཀྱི་གཟུགས་པོ་ཡང་ཆུད་ཟོས་སུ་སོང་འདུག དེ་འདྲའི་འཁྲུག་ལོང་སྐབས་ཏཱ་ལའི་བླ་མའི་སྐུ་གཟུགས་ཤིན་ཏུ་བདེ་མོར་ཡོད་པ་ཐོས་པས་ངེད་སེམས་བདེ་མོ་བྱུང་། ངེད་ཀྱི་ཨམ་བན་གཉིས་དོན་དེར་དང་ཐུང་པོ་དེ་བཞིན་བྱུང་ཡང་ཅི་ནས་ཆབ་སྲིད་ཀྱི་ཞབས་འདེགས་བྱས་པ་ཡིན་མོད། ངས་བཀའ་དྲིན་ལོགས་སུ་གནང་རྒྱུ་ཡིན། དེ་སྐབས་ཏཱ་ལའི་བླ་

མས་འཕྲལ་དུ་མི་བཏང་ནས་འབྲུག་པ་སློང་བའི་བོད་འབངས་རྣམས་ལ་གོ་བར་དྲིལ་བསྒྲགས་ནས་འཐེན་བཙུག་པ་ནི། ངེས་པར་ཆབ་སྲིད་ཀྱི་དོན་ལ་ངེད་ཀྱི་རོགས་རམ་བྱས་པ་ཡིན་འདུག་པས་ངེད་ཀྱི་སེམས་ཤིན་ཏུ་དགའ། བཀའ་དྲིན་གནང་རྒྱུ་ཟུར་དུ་བཀའ་ཤབ་ཡོད། འབྲུག་པ་སློང་མི་རྣམས་ནས་ཏཱ་ལའི་བླ་མའི་ཚིག་གཏན་ནས་མི་ཉན་པར་བྱ་བ་མི་འཚམ་པ་དེ་ལྟ་བུ་བྱུང་ནའང་། ཏཱ་ལའི་བླ་མ་ནི་རབ་ཏུ་བྱུང་བའི་གང་ཟག་ཡིན་པས་དེ་སྐོར་ལ་དེ་ཙམ་བྱེད་པ་ལས་འོས་མ་མཆིས། འབྲུག་སློང་སྐབས་ངོ་ཐོག་ལ་སོང་གཤིས་གཞན་ཆོས་རྗེས་སུ་མི་འབྲང་བ་ལ། ཏཱ་ལའི་བླ་མས་ཀྱང་བྱེད་ཐབས་མ་མཆིས། ངེད་ཀྱིས་སྔོན་ནས་ད་ལྟའི་བར་དུ་ཞྭ་སེར་གྱི་བསྟན་པ་དར་བ་དང་ཏཱ་ལའི་བླ་མའི་སྐུ་བསྲུང་བའི་ཆེད་དུ་གཙོ་བོར་ཏཱ་ལའི་བླ་མའི་སྐུ་བདེ་མོར་ཡོད་ཕྱིན་བྱ་བ་གཞན་རྣམས་བྱེད་པ་ལས་སྨྲ། ངེད་ནས་ད་ཆ་ཟེ་ཁྲིན་གྱི་ཙོང་དུ་ཨམ་བན་ཚེ་རིང་མངགས་ནས་དམག་དཔུང་བཏེག་སྟེ་དབུས་གཙང་གི་ས་ཆ་རྣམས་སྲུང་འཛུགས་སུ་བྱེད་པ་དང་། མི་ནག་ཙན་གཞན་རྣམས་བཟུང་ནས་ཁྲིམས་ལ་སྒྲུར་བར་བཏང་ཡོད། བར་འདིར་པཎྜི་ཏ་ནས་འགྱུར་མེད་རྣམ་རྒྱལ་གྱི་འབྲུག་སློང་བྱེད་པའི་ངན་པ་རྣམས་འཛིན་ཐུབ་པ་བྱུང་ཡོད་ཚེ་ཤིན་ཏུ་གལ་ཆེ་ཞིང་། ཏཱ་ལའི་བླ་མ་ཐུགས་བདེ་མོར་སྡོད་པོའི་ངང་ནས་བོད་འབངས་རྣམས་སྐྱོང་བ་དང་། དམག་དཔུང་སླེབས་པ་ལ་སྒྲུག་པར་གྱིས། ངེད་ཀྱིས་མངགས་པའི་ཨམ་བན་རྣམས་སླེབས་འཕྲལ་འབྲུག་པ་སློང་བའི་མི་ངན་རྣམས་ཚར་བཅད་ནས་ལར་རྒྱ་བདེ་འཛུགས་སུ་སྒྲུར་ནུས་པ་ཡོད་པས། ཏཱ་ལའི་བླ་མ་ཐུགས་སྡོད་པར་མཛོད། ཞུ་འོས་ཀྱི་འཕྲིན་ཡིག་ཚད་མེད་དུ་ཞུ་བ་མཛོད། ཆན་ལུང་གནམ་ལོ་བཅོ་ལྔ་པའི་ཟླ་བ་བཅུ་གཅིག་པ་ཉིས་བརྩེགས་ཕྱི་མའི་ཚེས་བཅོ་ལྔ་ལ་ཞེས་པ་དང་། ཡང་ནང་

བཅར་གྱིས་བཀའ་ཕེབས་པ་ནི་འདི་ལྟར། ཆན་ལུང་གནམ་ལོ་བཅོ་ལྔ་པའི་ཟླ་བ་བཅུ་གཅིག་པའི་ཚེས་ཉེར་དགུ་ལ། གོང་མའི་བཀའ་དྲ་ལའི་ཟླ་མར་ཕབ་པ། ཟླ་མའི་ཞུ་ཡིག་ནང་། ཨམ་བན་རྣམས་ལ་ཕན་ཆ་བྱེད་མ་ཐུབ་པའི་རྒྱུ་མཚན་དང་། མི་ངན་རྣམས་པཎྜི་ཏ་ནས་ཐམས་ཅད་བཟུང་སྟེ་བསྒྲུངས་ཡོད། བོད་ཀྱིས་ཆ་ཐམས་ཅད་ལ་ཉེ་ཞོ་མེད་པར་བདེ་འཇགས་སུ་ཡོད་པའི་གནས་ཚུལ་ངེད་ནས་གཟིགས་ཏེ་ཤིན་ཏུ་དགའ། ཡང་ཟླ་མའི་ཞུ་སྐོར་ཐམས་ཅད་ངེད་ནས་ཞིབ་ཏུ་གཟིགས་པས། ངེད་ཀྱི་དགོངས་པ་དང་ཤིན་ཏུ་མཐུན། ངེད་ཀྱིས་མངགས་པའི་ཨམ་བན་རྣམས་བོད་དུ་སླེབས་འཕྲལ་དུ། ཟླ་མར་བཀའ་ཕབས་ཏེ་གྲོས་མཐུན་ནས་དབྱེ་འབྱེད་བྱེད་དགོས་ཀྱི་དོན་རྣམས་ལེགས་པར་བགྲོས་ནས་བྱེད་རྒྱུ་ཡིན། བར་སྐབས་འདིར་ཟླ་མ་ཁྱེད་ཀྱིས་བསྟན་པའི་བཤད་སྒྲུབ་ཀྱི་བྱ་བ་ཇེ་རྒྱས་སུ་བྱས་ནས། བོད་འབངས་ཐམས་ཅད་བདེ་འཇགས་སུ་སྐྱོང་བ་ལ་བརྩོན་པར་གྱིས། ཧ་ཟམ་བརྒྱུད་དེ་ཟླ་མ་ཁྱེད་ལ་ཡིད་བཞིན་འགྲུབ་པའི་སྐྱེས་བཟང་གཅིག་འཕྲལ་དུ་བསྐུར་ཡོད། ལར་རྒྱའི་དོན་ཐམས་ཅད་བསམ་བཞིན་དུ་འགྲུབ་པར་འགྱུར་ཅིག ཆེད་དུ་བཀའ་ཕབ་ཅེས་པའོ།”① ཞེས་འཁོད་འདུག འགྱུར་མེད་རྣམ་རྒྱལ་གྱི་ཉེས་སྤྱོད་དང་། བདེ་གཟར་གྱི་འབྱུང་རྐྱེན། མཐའ་འདོམས་བྱེད་ཕྱོགས་སོགས་གསལ་པོར་འཁོད་པའི་གོང་མའི་བཀའ་ཡིག་གསུམ་གྱི་ནང་དོན་ཆ་ཚང་རྣམས་གལ་ཆེར་རྩིས་ནས་རྣམ་ཐར་དུ་ལེབ་འགོད་གནང་འདུག་པ། བོད་དང་མེས་རྒྱལ་གྱི་འབྲེལ་བའི་སྐོར་ལ་དེང་རབས་ཀྱི་མིས་འགྲེལ་བཤད་མང་པོ་བྱེད་མི་དགོས་པར་ཚད་ལྡན་ལོ་རྒྱུས་ཀྱི་ཡིག

① （དཔག་བསམ་སྙེ་མ་སྟོད་ཆ་གྲངས417 – སྨད་ཆ་གྲངས1བར་）

རིགས་ནང་གང་ཞིག་གསལ་བ་རྣམས་འདིར་ཡང་ཇི་མ་ཇི་བཞིན་དྲངས་པ་ཡིན། གཞན་ཡང་གོང་གསལ་ཏྭ་ལའི་བླ་མ་དང་གུང་པཎྜི་ཏ་ལྔན་རྒྱས་ལ་བསྩལ་བའི་གོང་མའི་བཀའ་ཡིག་དང་པོ་དེའི་འབྲུ་དོན་ཁྱད་མེད་ཆ་ཚང་དགའ་བཞི་བའི་མི་རབས་ཀྱི་བྱུང་བ་བརྗོད་པའི་ནང་དུའང་གསལ་བ་མ་ཟད། ད་དུང་དགའ་བཞི་གུང་པཎྜི་ཏ་རང་ལ་གོང་མས་ཕབ་པའི་བཀའ་ཤོག་ཁག་ལྔ་རེ་རེ་བཞིན་གྱི་འབྲུ་དོན་རྣམས་ཀྱང་ཞིབ་པར་བཀོད་འདུག་པ་ཚང་མ་དྲངས་ན་ཡི་གེ་མང་དོགས་ནས་དེ་ཙམ་གྱིས་འཐུས་པ་བྱས་ཤིང་། དེ་དག་གི་རྩ་དོན་ཆེ་བ་རྣམས་ཏྭ་ལའི་བླ་མར་གནང་བའི་བཀའ་དང་གཅིག་མཚུངས་ཡོག ཉེས་ཅན་རྣམས་ལ་གཙོ་ཕལ་དབྱེ་བ་འབྱེད་ཕྱོགས་དང་། འགྱུར་མེད་རྣམ་རྒྱལ་གྱི་བུ་དར་རྒྱས་ཚེ་རིང་ཟེར་བར་བཅད་ཞིབ་ཐག་གཅོད་བྱེད་སྐབས། དུས་ཟིན་སྐབས་བསམ་གྲུབ་ཕོ་བྲང་དུ་ཡོད་པའི་གོང་མའི་མཛོད་དངུལ་ཕོན་ཆེ་བརླག་གཏོར་ཤོར་བ་རྣམས་ཁྱུངས་ཐོན་བྱུང་རིགས་ཨམ་བན་གསར་འགྱོར་སྐབས་རྗེས་སྙིད་ལས། དེ་འཕྲོས་མི་མང་ལ་བརྟབ་གཅེར་མི་ཡོང་ཆེད་བཅད་ཞིབ་བྱེད་མི་དགོས་པ་དང་། སྣོད་ཁྲིན་བོད་དོན་གཏན་འབེབས་བྱེད་ཙོས་རིགས་ཨམ་བན་རྣམས་དང་གྲོས་བསྡུར་ཐོག ཏྭ་ལའི་བླ་མར་སྙན་སྒྲོན་ཞུ་དགོས་སྐོར་སོགས་ཞིབ་ཙམ་གསལ་བ་མཁྱེན་འདོད་ན་དགའ་བཞིའི་བྱུང་བ་བརྗོད་པར་གཟིགས་རྒྱུ་དང་། གོང་མའི་བཀའ་ཤོག་དེ་རྣམས་བཀོད་པའི་མཇུག་ཏུ་བསྟན་འཛིན་དཔལ་འབྱོར་གྱིས། "གོང་དུ་གནམ་བསྐོས་འཇམ་དབྱངས་གོང་མ་བདག་པོ་ཆེན་པོ་ནས་གསེར་ཡིག་ཁག་མང་ཕེབས་པའི་ཚིག་དོན་རྣམས་ཀྱང་གཞན་ཟེར་རྗེས་འབྲེངས་དང་། རྫོངས་ཞེན་འདོད་གཏམ་དུ་བཀོད་པ་སོགས་མིན་པར་འདི་གར་གསེར་ཡིག་རིན་པོ་ཆེ་ངོ་མ་ཁག་རྣམས་བོར་བརླག་མེད་པ་ཡོད་གཤིས། དེ་དག་གི་འབྲུ་

དོན་བཟང་ངན་གང་ཡོད་ཆོག་ཞུས་ར་སྒྲོད་འཕེར་བའི་དངོས་གནས་སུ་བགོད་ཡོད་མིན་མ་ཕྱི་ངོ་མ་དང་ཞུས་དག་མཛད་ཚེ་ཆུ་དྭངས་ཉ་གསལ་ཡོང་བ་ཡོད།”① ཅེས་གསུངས་འདུག་པས་ཏྭ་ལའི་བླ་མའི་རྣམ་ཐར་ནང་གསལ་བ་རྣམས་ནི་དེ་བས་དེ་ལྟར་ཡིན་པ་བརྗོད་མ་དགོས་པ་བཅས་སྐབས་དེ་རང་གི་རྒྱུས་ཅན་མི་སྣས་བྲིས་པའི་ལོ་རྒྱུས་ཀྱི་རྩ་འཛིན་ཡིག་ཆ་འདི་ལྟ་བུ་ལ་གཞི་ནས་ཡིད་རྟོན་རུང་བ་ལགས་སོ།

འགྱུར་མེད་རྣམ་རྒྱལ་གྱི་དོན་རྐྱེན་བྱུང་དུས་མདོ་མཁར་ཞབས་དྲུང་ནག་ཚང་བཞུགས་ཡོད་པར། ཏྭ་ལའི་བླ་མའི་བཀའ་ཤོག་ཕེབས་པ་ལྟར་ཤོད་རྩོལ་གྱིས་ལྷ་སར་ཕེབས་ནས་ཤར་རྒྱག་པོ་ཏྭ་ལར་མཇལ་ཕྱག་ཏུ་བཅར་སྐབས་མདོ་མཁར་བས་ཚབས་ཆེའི་དོན་རྐྱེན་དེ་ལ་དཔྱད་གཏམ་གསོལ་སྐབས “བོད་འབངས་སྤྱིས་ཐུགས་མ་རྙེད་པའི་འབྱུང་པོ་མཐུ་བོ་ཆེ་དེ། ད་ལམ་གོང་མའི་ཐུགས་རྗེས་ཏྭ་ཞིན་གཉིས་ནས་སྙིང་སྟོབས་ཆེན་པོས་བསྒྲལ་བ་གཅིག་བུ་རྣག་ཐོག་ཏུ་འཁེལ་ཡང་། སྐྱེ་བོ་གཟུ་ལུམ་ཅན་དུ་མས་ཏྭ་ཞིན་གཉིས་མ་རུང་བར་བྱས་པ་ནི་གཉིས་ཕུང་བདག་བརླག་གི་སྤྱོད་པ་ཐལ་ཆེ་ཚུལ་སོགས་ཞུས་པར། དེ་ག་བྱུང་སོང་སོགས་བཀའ་བསྩལ་བག་ཕེབས་པའི་བདུད་རྩིའི་ཐིགས་མངར་སྙིང་གའི་བཅུད་དུ་སྨིན།”② ཞེས་གསལ་བ་དེ་ནི་སྐབས་དེའི་བོད་མི་མཆོག་དམན་བར་གསུམ་བརྒྱ་ཆ་དགུ་ཅུ་ཡན་གྱི་བསམ་ཚུལ་ཡིན་པ་ལོ་རྒྱུས་ཀྱི་ཡིག་རིགས་མང་པོ་ནས་མཚོན་ཡོད། འོན་ཀྱང་དེང་རབས་ཀྱི་མི་ལ་ལས། གོང་

① （དགའ་བཞི་བའི་བྱུང་བརྗོད་དེབ་སྟོད་ཆའི་པར་ངོས61）

② （མདོ་མཁར་བའི་བྱུང་བརྗོད་དེབ་ངོས67）

གསལ་ཡོངས་སུ་གྲགས་པའི་ཏྭ་ལའི་བླ་མའི་རྣམ་ཐར་དང༌། མདོ་མཁར་བ་དང་དགའ་བཞི་པའི་བྱུང་བ་བརྗོད་པ་གཉིས་ཀྱི་ནང་འཁོད་པའི་ལོ་རྒྱུས་ཀྱི་ཡིག་རིགས་ངོ་མ་དེ་ཚོ་སྤྲས་ནས། གཟྲུ་ལུམ་གཏུམ་སྐྱིད་ཙན་གྱི་འགྱུར་མེད་རྣམ་རྒྱལ་ལ། "རྒྱལ་ཁབ་ཀྱི་དཔའ་བོ་སྙིང་སྟོབས་ཅན་ཞིག་ཡིན་པར་ཐེ་ཚོམ་ཟ་བ་ནས་མེད་"①ཅེས་མིག་བཙུམ་ནས་ཞུད་སྒྲོག་བྱེད་ཀྱི་འདུག དེར་བརྟེན་ང་ཚོས་གལ་ཆེར་ནན་ཏན་གྱི་དཔེ་བཞིན་འདིར་སྤར་ཡང་སྟོན་ཚད་མི་རྣམས་ཀྱིས་མཐོང་ཐོས་ཆེས་དཀོན་པའི་ལོ་རྒྱུས་ཀྱི་ཡིག་ཆ་ཞིག་འདྲེན་རྒྱུ་ཡིན།

བོད་འབངས་ལྷ་སྡེ་མི་སྡེ་སྤྱི་ནས། གོང་མ་ཆེན་ཞུང་ལ་ཕུལ་བའི་སྙན་ཞུ།

"གནམ་འོག་ས་སྟེང་གི་འགྲོ་བ་ཐམས་ཅད་ཀྱི་སྐྱབས་མགོན་འཇམ་དཔལ་དབྱངས་གོང་མ་བདག་པོ་ཆེན་པོའི་ཞབས་རྟེན་གསེར་གྱི་པདྨ་རྣམ་པར་བཞད་པའི་དྲུང་དུ།

ཕྲན་བཀའ་བློན་གུང་པཎྜི་ཏ། བཀའ་བློན་ཚེ་རིང་དབང་རྒྱལ། བཀའ་བློན་སྲི་གཅོད་ཚེ་བརྟན། བཀའ་བློན་བླ་མ་ཉི་མ་རྒྱལ་མཚན་ཅན་སེར་སྐྱ་བཞིས་མཚོན་བོད་ལྗོངས་ཀྱི་མཁན་པོ་བླ་མ་སྡེ་པ་དྲུང་འཁོར་སོགས་སེར་སྐྱ་ཐམས་ཅད་ཀྱིས་ཤར་ཕྱོགས་སུ་གདོང་ཕྱོགས་པུས་མོ་བཙུགས་ཐལ་མོ་སྦྱར་བའི་ཕྱག་དང་བཅས་ཏེ་གུས་པས་ཞུ་གསོལ། ༄གོང་མ་བདག་པོ་ཆེན་པོ་སེམས་ཅན་ཐམས་ཅད་ཀྱི་བླ་མ་ལྷ་བུའི་ཐུགས་རྗེས་སྐྱོང་བ་དང༌། ལྷག་པར་བདག་སོགས་བོད་འབངས་བསྟན་འགྲོ་ཐམས་ཅད་བདེ་ཞིང་སྐྱིད་པའི་ཆེད་དུ་ཕྱག་རྗེས་དམག་མི་ལ་སོགས་པ་གང་ལའང་འཕངས་པ་མེད་པའི་བཀའ་

---

① ("བོད་ཀྱི་སྲིད་དོན་རྒྱལ་རབས" ཟེར་བའི་དེབ་ངོས572)

དྲིན་བསམ་གྱིས་མི་ཁྱབ་པས་སྤྱ་ཕྱིར་དུ་བསྐྱངས་ཤིང་། ད་ཆར་འགྱུར་མེད་རྣམ་རྒྱལ་ནས་༸གོང་ས་མཆོག་གི་༸ཞབས་འདེགས་མེད་པར་ཐུགས་བསྒུན་པར་བྱས་པ་དང་། བོད་འབངས་བསྟན་འགྲོ་ཐམས་ཅད་སྡུག་བསྔལ་ལ་སྒྱུར་བ་སོགས་ཐུགས་ཀྱིས་མ་བཟོད་པར་ཁོ་པ་བཀའ་ཁྲིམས་ལ་སྒྱུར་བའི་དགོངས་པ་དང་མཐུན་པར་བོད་སྤྱིའི་དགྲ་བོ་མ་རུངས་པ་དེ་ཧྥ་ཞེན་གཉིས་པོས་ཚར་བཅད་དེ་མེད་པ་བཟོས་བོད་འབངས་ཐམས་ཅད་བདེ་བ་ལ་བཀོད། བློ་བཟང་བཀྲ་ཤིས་སོགས་མི་ངན་རྣམས་ཀྱིས་བྱ་བ་ངན་པ་ཚབས་ཆེན་བྱས་པར་བརྟེན་དཔུང་འདེགས་པའི་དགོངས་པ་ཤར་ཡང་། རྗེས་སོར་ཉེས་ཅན་གཏེ་པོ་རྣམས་འཛིན་བཟུང་ཐུབ་པར་བརྟེན་བོད་འབངས་ལ་བརྟབ་བསིག་བྱུང་དོགས་དཔུང་ཆེན་ཕྱིར་འཐེན་བཀའ་དྲིན་བསྐྱངས་ནས། བོད་ཀྱི་ལས་དོན་བྱེད་པོ་ཨམ་བན་རྣམས་རིམ་པར་རྫོང་བརྫ་བཀའ་དྲིན་ཆེ་བར། ཉེས་ཅན་གཏེ་པོ་བློ་བཟང་བཀྲ་ཤིས་ཀྱི་ཁ་དབང་ཤེད་ཤུགས་མ་ཐུབ་པར་དབང་མེད་དུ་ཁོ་པ་དང་མཉམ་དུ་འགྲོ་དགོས་པ་སོགས་ལ་བརྩེ་བ་ཆེན་པོས་གཟིགས་ཏེ་ཉེས་པ་དགོངས་ཡངས་གནང་། མཛོད་ཀྱི་དངུལ་མི་ངན་རྣམས་ཀྱིས་འཁྱེར་བ་མ་འགྲིག་པ་རྣམས་ལའང་ཉེས་ཅན་གྱི་ཆས་དངོས་ཀྱིས་ཚབ་སྒྲིག་ལས་བྱིངས་ལ་རྩད་དཔྱད་མེད་པ་སོགས་བཀའ་དྲིན་བསམ་ལས་འདས་པ་དང་། ལྷག་པར་འགྱུར་མེད་རྣམ་རྒྱལ་གྱི་སྨྱོན་སྤྱོད་ལོག་པ་ཤ་སྟག་གིས་བོད་ཀྱི་མི་དྲག་ཞན་ཉེས་མེད་དུ་རྒྱང་འབུད་དུ་བཏང་བ་བསད་མ་གྲུབ་པ་ཐམས་ཅད་ཕྱིར་ལོག་གི་རང་རང་གི་ཁང་ཞིང་རྒྱུ་ནོར་ལ་བདག་བྱེད་དུ་བཅུག བབ་འབྲེལ་མེད་པར་ས་ཆ་མི་སེར་སོགས་སྦྱིན་པ་ཐམས་ཅད་བླངས་ཏེ་གཞུང་གི་ཆབ་ཞབས་སུ་བཅུག འགྱུར་མེད་རྣམ་རྒྱལ་ནས་རང་འདོད་ཀྱིས་ཁྲལ་རིགས་གསར་པ་ཤིན་ཏུ་ལྕི་བ་བཀལ་བ་ཐམས་ཅད་

ཆག་ཏུ་བཙུག་པ་སོགས་བར་སྐབས་ཀྱི་སྲོལ་ངན་ཐམས་ཅད་བསྒྱུབས་ནས་སྔར་གྱི་སྲོལ་ལམ་རྙིང་པ་རྣམས་བརྩད་དཔྱད་དེ་ཕྱིན་ཆད་བོད་ཀྱི་བྱ་བྱེད་གལ་ཆེ་བ་ཐམས་ཅད་ཡིག་ཐོག་བཀོད་པའི་དོན་ཚན་བཅུ་གསུམ་ཡོད་པའི་སྐོར་ཨམ་བན་ལྷན་རྒྱས་ནས་༧གོང་ས་མཆོག་ལ་སྙན་ཞུ་དང་། མཁན་པོ། བླ་མ། བཀའ་བློན། མདའ་དཔོན། ལས་ཚན། དྲུང་འཁོར་སོགས་མི་དྲག་ཐམས་ཅད་ལ་གྲོས་བསྡུར་མཛད་ནས་བོད་འབངས་བསྟན་འགྲོ་ཇི་སྲིད་ཀྱི་བར་དུ་བདེ་སྐྱིད་ལ་སྤྱོད་ཆོག་པ་དང་། ༧གོང་ས་མཆོག་གི་དགོངས་བཞེད་དང་མཐུན་པའི་ཞབས་འདེགས་སྒྲུབ་སླབ་བཅས་སྐྱ་སེར་ཐམས་ཅད་སེམས་རྩེ་གཅིག་གི་སྒོ་ནས་ཞུ་བར་བཀའ་དྲིན་ཆེན་པོ་བསམ་གྱིས་མི་ཁྱབ་པ་བྱུང་ཞིང་། ཕྲན་ཚུང་བོད་འབངས་རྣམས་ཀྱི་ཆེད་དུ་དྷ་ཞིན་དཔོན་ཁག་དང་། ནང་གི་དམག་མི་ལྔ་བརྒྱ་ཡང་སྔར་སྲོལ་ལྟར་བཅའ་བཞུགས་གནང་རྒྱུ་སོགས་ད་ཆར་བར་སྐབས་ཀྱི་སྡུག་བསྔལ་ཐམས་ཅད་བསལ་ཏེ་མཆོག་དམན་ཐམས་ཅད་བདེ་སྐྱིད་ཀྱི་དཔལ་ལ་སྤྱོད་ཆོག་པ་སོགས་༧གོང་མ་བདག་པོ་ཆེན་པོའི་ཐུགས་རྗེ་དང་། བཀའ་དྲིན་བསམ་གྱིས་མི་ཁྱབ་པར་དགའ་ཞིང་གུས་པ་ཐོབ་སྟེ་བོད་འབངས་ལྷ་སྐྱེ་མི་སྐྱེ་ཐམས་ཅད་ནས་ལེགས་འབུལ་མཚོན་བྱེད་ཙམ་ལྷ་རྫས་དྲི་བྲལ། མགོན་པོ་ཚེ་དཔག་མེད་ཀྱི་ལི་སྐུ། བྱུ་རུའི་ཕྲེང་བ། སྤོས་ཤེལ་གྱི་ཕྲེང་བ། གཙང་སྤོས་དམར་སེར་ཆག་པ་ལྔ་བཅུ། སྣམ་ཕྲུག་ཐིག་རིས་བུབས་ཉི་ཤུ་བཅས་གུས་པ་ཆེན་པོས་ཕུལ་བར་བརྩེ་བ་ཆེན་པོས་བཞེས་པ་དང་། སྣང་ཆད་དུའང་བདག་སོགས་བོད་འབངས་བསྟན་འགྲོ་ཐམས་ཅད་ལ་མས་བུར་ < བརྩེ་བ་ཇི་བཞིན་ཐུགས་རྗེའི་ཀློང་ལས་མི་འདོར་བ་མཁྱེན་ཞེས > མགྲིན་གཅིག་ཏུ་གསོལ་བ་འདེབས་པ་ལགས། ཞུ་ཡིག་སྤྱན་ལམ་རིན་པོ་ཆེར་འདེགས་བྱེད་ལྷ་རྫས་རབ་དཀར་དང་བཅས་བོད་

འབངས་ལྷ་སྡེ་མི་སྡེ་སེར་སྐྱ་ཐམས་ཅད་ཀྱིས་ཕྱུག་དང་བཅས་ཏེ་གུས་པས་ཕྱུལ་བའི་ཡི་གེ།" ① ཞེས་གསལ་བའི་ནང་" མས་བུར་" ཞེས་པ་ནས་" མགྲིན་གཅིག་ཏུ་" ཞེས་པའི་བར་ངོ་བཤུས་སྐབས་ཡིག་ཕྲེང་གཅིག་ཆད་པ་འདྲ་བས་རྩ་དོན་ཆེ་ས་མེད་སྐབས་ <   > གུག་རྟགས་ནང་གི་ཚིག་འབྲུ་བཅུ་གསུམ་འདི་སྔ་འགྲེས་རྩོམ་སྒྲིག་པས་ཚིག་སྒྲིས་དང་བསྟུན་ནས་ཁ་གསབ་བྱས་པ་སྣང་མ་ཡིག་རག་ན་བསྒྱུར་བཅོས་གནང་དགོས་ཡོད།

བཀའ་བློན་གུང་ནོ་ཡོན་པཎྜི་ཏས་རྒྱ་ཁྲབ་ཏུ་བཀའ་རྒྱ་འགྲེམ་བསྒྲགས་དང་། དྲག་དཔུང་བཏང་ནས་འགྱུར་མེད་རྣམ་རྒྱལ་གྱི་རྗེས་འབྲངས་ངོ་ལོག་པ་བློ་བཟང་བཀྲ་ཤིས་སོགས་མི་ངན་རྣམས་ཚང་མ་གསོན་བཟུང་བྱེད་ཐུབ་པ་བྱུང་ཞིང་། " དེ་ནས་མི་རིང་བར་གོང་མ་བདག་པོ་ཆེན་པོའི་བཀའི་ལུང་གིས་མངགས་པའི་མི་དྲག་བན་ཨ་ལི་ཁན་ཨམ་བན་འཁོར་ཏེ་ཉེས་ཅན་བློ་བཟང་བཀྲ་ཤིས་ཀྱིས་མཚོན་པ་དྲག་ཞན་མང་པོའི་ཚོགས་ལ་འདྲི་བརྩད་ཞིབ་མོར་དཔྱད་དེ། ཉེས་པ་ཐོག་ཏུ་བབས་པ་རྣམས་ཁྲིམས་ལུགས་སྣ་ཚོགས་པའི་སྒོ་ནས་ལྷུང་ལོ་ཅན་གྱི་སྒོ་རར་བཀའ་ཁྲིམས་ཀྱིས་ཚར་བཅད།" ② ཅེས་གསལ་བ་ལྟར་གོང་དུ་གོང་མའི་བཀའ་ཤོག་ནང་འཁོད་པ་བཞིན་བན་དེ་ཨམ་བན་བོད་དུ་སྟོན་ལ་འཁོར་ནས། ལྕགས་རྟ་ལོ་མཇུག་དེ་རང་དུ་ཉེས་ཅན་པ་རྣམས་ལ་བབ་ཐོབ་ཀྱི་ཁྲིམས་གཅོད་བྱས་པ་དང་། དུས་མཚམས་དྷ་ལའི་བླ་མ་མཆོག་གིས་" སྔ་སོར་ཕང་ད་

① (བོད་ཀྱི་ལོ་རྒྱུས་ཡིག་ཚགས་དང་གཞུང་ཡིག་ཕྱོགས་བཏུས་ལྷུགས་པར་དེབ་ངོས115 – 117)

② (མདོ་མཁར་བྱུང་བརྗོད་དེབ་ངོས67)

ལའི་ནས་གསང་སྔགས་ཆོས་རྫོང་དུ་ཉེས་མེད་དུ་སྐྱུགས་པའི་དྲུང་འཁོར་སོགས་འཛིགས་པས་ཉེན་པ་དུ་མར་རང་ཡུལ་དུ་ལོག་ཚོག་པའི་བཀའ་ཤོག་གནང་སྟེ་རྗེ་ཉིད་ཀྱི་བཀའ་དྲིན་དྲན་བཞིན་པའི་སློ་ནས་མི་སུམ་བརྒྱ་ཙམ་ཕྱིར་ལོག་རྒྱུ་བྱུང་བས་མི་འཛིགས་སྐྱབས་ཀྱི་སྦྱིན་པ་རྒྱ་ཆེན་པོ་མཛད།”①ཅེས་གསལ་འདུག

13. གོང་མའི་བཀའ་ལྟར་ཏཱ་ལའི་བླ་མས་བོད་ཀྱི་སྲིད་འགན་བཞེས་པ་དང་། བཀའ་ཤག་ལས་ཁུངས་དངོས་སུ་བཙུགས་པ།

སྤྱི་ལོ1751བོད་རབ་བྱུང་བཅུ་གསུམ་པའི་ལྕགས་ལུག་ལོའི་ལོ་འགོར། གོང་མའི་བཀས་བོད་ཀྱི་ལས་དོན་ཞིབ་གཅོད་དུ་མངགས་པའི་ཟེ་ཁྲིན་གྱི་ཚོང་དུ་ཚེ་རིང་དང་། ཨ་ས་ཁན་ཨམ་བན་ཇོའུ་ཧོས། བོད་དུ་བཅའ་སྡོད་བྱེད་མི་ཨམ་བན་རྣམ་རྒྱལ་སོགས་དང་། དམག་མི་ལྔ་བརྒྱ་བཅས་ལྷ་སར་རིམ་འབྱོར་གྱིས་ཏཱ་ལའི་བླ་མར་མཇལ་ཁ་ཞུས་ཐོག གོང་མས་འགྱུར་མེད་རྣམ་རྒྱལ་སྐོར་གྱི་བདེ་གཟར་ལངས་སྐབས་ཏཱ་ལའི་བླ་མ་མཆོག་ནས“བསྟན་པ་ཆབ་སྲིད་གཉིས་ཀའི་ལ་རྒྱར་དགོངས་ཏེ་བཀའ་ཁྲབ་བཟང་པོ་གནང་བས་ཐམས་ཅད་བདེ་འཇགས་བྱུང་འདུག་པ་ངེད་ཀྱི་དགོངས་པར་ཤིན་ཏུ་བབས་པ་བྱུང་ཞེས་པའི་ལེགས་སོའི་བཀའ་དང་། ཤེལ་སྦྱིད་སྣ་ཚོགས། གོས་ཡུག་ཆེན་མང་པོ་བཅས་གནང་འདུག་པ་ཕུལ།”②ཞེས་གསལ། ཏཱ་ལའི་བླ་མ་མཆོག་གིས་བོད་ཀྱི་ཆོས་སྲིད་ཐུགས་འགན་བཞེས་པའི་སྐོར་རྣམ་ཐར་ནང་། “སྐབས་འདིར་གོང་མ་ཆེན་པོའི་མི་

① (དཔག་བསམ་སྙེ་མ་སྨད་ཆ་ཤོག་གྲངས4)

② (རྣམ་ཐར་དཔག་གསམ་སྙེ་མ་སྨད་ཆ་ཤོག་གྲངས5)

དྲག་རྣམས་ནས། གོང་མ་ཆེན་པོའི་བཀའ་ལ་སྟར་ཕན་ཚད་བོད་ཀྱི་དཔོན་པོ་རྣམས་ནས་སྲིད་ཀྱི་འགན་ལེན་བྱས་ཀྱང་། རྡོ་རྗེ་འཆང་ཏཱ་ལའི་བླ་མའི་ཞབས་འདེགས་མི་ཡོང་བར་མ་ཟད། ཆབ་སྲིད་ཀྱི་ལར་རྒྱ་ལའང་མི་འཚམ་པ་དུ་མ་བྱུང་ཞིང་། བོད་འབངས་སྤྱི་ལའང་ཕན་པ་མ་བྱུང་འདུག་པས། ད་ནས་ཆོས་སྲིད་ཐམས་ཅད་ཀྱི་འགན་འཁུར་རྗེ་བླ་མ་ཉིད་ནས་བཞེས་ན། ཞྭ་སེར་གྱི་བསྟན་པ་དང་ཆབ་སྲིད་ཆེན་པོར་ཕན་སླེབས་ཤིན་ཏུ་ཆེ་བས་ངེས་པར་དེ་ལྟར་མཛད་དགོས་ཤིང་། ཞབས་ཕྱིར་བཀའ་བློན་བཞི་བསྐོ་ཞེས་བཀའ་ཕབ་པའི་དོན་བཞིན། སྐུ་མདུན་དུ་མི་དྲག་རྣམས་དང་བཀའ་བགྲོས་ཐོག་གུང་པཎྜི་ཏའི་བླ་པོར། ཛ་སག་མདོ་མཁར་ཞབས་དྲུང་ཚེ་རིང་དབང་རྒྱལ་དང་། ཛ་སག་ཐོན་པ་སྲི་ཆོད་ཚེ་བརྟན་གཉིས་གང་ཅིར་ལྷག་བསམ་དྲང་ཞིང་ན་ཚོད་ཀྱང་རྒན་པ་བཅས་བཀའ་བློན་གྱི་ལས་ཀ་བྱེད་པ་དང་། རྗེ་རང་གི་སྐུ་མདུན་ཞབས་ཕྱིའི་གྲས་ནས་ཐུགས་བློ་འཁེལ་བ་ཞིག་བསྐོ་དགོས་ཚུལ་བྱུང་བ་བཞིན་མགྲོན་གཉེར་དར་ཧན་བཀའ་བློན་དུ་བསྐོ་བཞག་མཛད་པ་གོང་མ་ཆེན་པོའི་དགོངས་པར་ཡང་འགྲོར་ཏེ་མི་རིང་བར་ཉི་མ་རྒྱལ་མཚན་ལ་ཛ་སག་བླ་མའི་ཚོ་ལོའི་བདག་རྐྱེན་ཡང་བསྩལ།"① ཅེས་འཁོད་འདུག་པ་ལྟར་ཏཱ་ལའི་བླ་མ་བདུན་པ་ཆེན་པོས་བོད་ཀྱི་ཆབ་སྲིད་ཐུགས་འགན་བཞེས་པ་དེ་ནི། གོང་མའི་བཀའ་ལུང་བཟློག་ཏུ་མེད་པས་དང་ལེན་མཛད་དགོས་བྱུང་བ་ཞིག་ཡིན་པ་སྐབས་དེའི་བོད་ཀྱི་གཞུང་སྒེར་ཡིག་རིགས་ཚད་ལྡན་དུ་མའི་ནང་གཅིག་གྱུར་དུ་འཁོད་པ་ད་ཕན་ཀླན་ཀ་ཅི་ཡང་མེད་པ་ཞིག་ཡིན་མོད། འོན་ཀྱང་ཉེ་དུས་བཟོས་པའི་"བོད་ཀྱི་

---

① (དཔག་བསམ་སླེ་མ་སྨད་ཆ་ཤོག་གྲངས5 –6)

སྲིད་དོན་རྒྱལ་རབས་” ཟེར་བ་དེའི་ནང་། “བོད་ལྗོངས་སེར་སྐྱ་སྤྱི་ནས་ཇེ་ལྟར་གསོལ་བ་བཏབ་པ་ལྟར་ལྕགས་ལུག1751ལོར་ཀུན་མཁྱེན་རྒྱལ་བའི་དབང་པོ་མཆོག་ནས་ཆབ་སྲིད་ལུགས་གཉིས་ཀྱི་ཐུགས་འགན་བདག་གིར་བཞེས།”① ཞེས་རྣམ་ཐར་སོགས་ལོ་རྒྱུས་ཀྱི་ཡིག་རིགས་ཀུན་དང་མི་མཐུན་པ་ཞིག་བྲིས་འདུག ཏཱ་ལའི་བླ་མ་ལྔ་པ་ཆེན་པོས་ཀྱང་སྲིད་ཀྱི་ཞབས་འདེགས་པ་སྡེ་སྲིད་རིམ་པ་ལྔ་ཙམ་བསྐོ་བཞག་གནང་སྟེ། ཡོང་སྐུ་ངོ་མས་དངོས་སུ་སྲིད་འཛིན་གྱི་མཚན་བཞེས་མཛད་སྲོལ་མེད་པ་བཅས་ཐེངས་འདི་ནི་ཏཱ་ལའི་བླ་མ་མཆོག་གིས་དངོས་སུ་བོད་ཀྱི་ཆབ་སྲིད་ཐུགས་འགན་ཐོག་མར་བཞེས་ལམ་གྱི་སྒོ་ངོད་ས་ཡིན་སྟབས། བོད་ཀྱི་ལོ་རྒྱུས་ངོ་མ་འཆད་སྐབས་དོན་ཆེན་འདི་ལྟ་བུའི་འབྱུང་གཞིར་གཡོལ་ཐབས་བྲལ་ན་ག་ལ་འགྲིག དེར་བརྟེན་ང་ཚོས་མི་རྣམས་ཀྱི་ཤེས་རྟོགས་གསལ་པོ་བཟོ་ཆེད་ད་དུང་འབྲེལ་ཡོད་ཀྱི་ཡིག་ཆ་རེ་ཟུར་འདྲེན་དགོས་པ་འདུག འདི་སྐོར་སྐབས་དེའི་ཆེང་གོང་མ་ཆན་ལུང་གི་གམ་བཅར་བླ་མ་ལྕང་སྐྱ་རོལ་པའི་རྡོ་རྗེའི་རྣམ་ཐར་དུ་“རྟའི་ལོ་བོད་ཀྱི་དཔོན་པོ་ད་ལའི་བཱ་ཐུར་དུ་གྲགས་པ་འགྱུར་མེད་རྣམ་རྒྱལ་གྱི་སྙིང་ལ་ལུས་མེད་བདག་པོའི་མཐུ་ཞུགས་པས་ཚུལ་མིན་གྱི་སྤྱོད་པ་སྣ་ཚོགས་པས་བོད་འབངས་ཐམས་ཅད་སྡུག་ལ་སྦྱར་ཞིང་། རྒྱལ་དབང་ཐམས་ཅད་མཁྱེན་པ། རྗེ་བཙུན་བླ་མ་ཕུར་བུ་ལྕོག་པ་ཆེན་པོ་སོགས་སྐྱེས་ཆེན་དམ་པ་རྣམས་ལ་བསམ་སྦྱོར་ངན་པས་ལོག་སྒྲུབ་མི་བཟད་པ་རྩོམ་པ་སོགས། བྱིས་པ་གྲི་ཁར་རྩེ་བ་དང་མཚུངས་པའི་བྱ་སྤྱོད་བྱུང་རྒྱལ་སྣ་ཚོགས་བྱེད་པ་ལྷ་སར་སྡོད་པའི་གོང་མའི་ཨམ་བན་གཉིས་ཀྱིས་ཁྲིམས་ལ་

① (དེབ་དེའི་སྟོད་ཆ་པར་ངོས572)

སྒྱུར། དེ་འཕྲུལ་རྒྱལ་དབང་ཐམས་ཅད་མཁྱེན་པའི་བཀའ་ལུང་བཞིན་བོད་འབངས་ཐམས་ཅད་བདེ་འཇགས་སུ་བསྡད་ན་སྲིད་སྐྱོང་གི་དཔོན་རྒྱུད་རྒྱུན་མཐུད་ཐུབ་ཙམ་ཡོང་ཤས་ཆེ་ཡང་། བློ་བཟང་བཀྲ་ཤིས། དཔལ་གྲོང་ཤག་པ། ལྷིང་ཁ་ཆོས་མཛད་སོགས་འདོད་ལྷའི་བྲན་དུ་གྱུར་པ་འགགས་རྒྱལ་བའི་དབང་པོའི་གསུང་རས་སུ་བོར་ཏེ་འཁྲུག་ཤོང་བསླངས་ཤིང་ཨམ་བན་གཉིས་ཀྱི་སྲོག་ལ་རྐོལ་བ་སོགས་ཐལ་ཆ་ངན་པ་བྱུང་བར་བརྟེན། གོང་མ་ཆེན་པོ་ཐུགས་དགོངས་ཤིན་ཏུ་ཆོམ་པས་རྗེ་བླ་མ་（ལྕང་སྐྱ）ཉིད་ལ་བཀའ་གནང་བ། འགྱུར་མེད་རྣམ་རྒྱལ་གྱི་བྱ་སྤྱོད་ངན་པ་དེ་རྣམས་གཅིག་ཏུ་ཁོ་རང་ངང་ཚུལ་ངན་པ་ལས་བྱུང་ཡང་། གཉིས་སུ་ངེད་ཀྱིས་བདག་རྐྱེན་ཆེས་ཐལ་བའི་སྐྱོན་ཡིན་འདུག་པས། དེང་ཕྱིན་ཆད་བོད་ཀྱི་མི་ལ་དབང་སྦྱིན་མི་རུང་བ་འདུག ལྷ་སར་རྒྱ་མཁར་ཆེན་པོ་ཞིག་བརྩིགས་ནས་བོད་འབངས་ཀྱི་མགོ་ཤེས་པའི་ཙོང་ཐུ་ཞིག་དང་། དམག་དཔོན་ཐེས་ཏུ་ཞིག་དམག་མི་ཁྲི་ཕྲག་དང་བཅས་པ་བཞག དཔྱ་ཁྲལ་སྡུད་པ་དང་ཁྲིམས་གཅོད་པའི་དཔོན་པོ་ཏོའུ་བཀྱན། གྲི་སྒུ། ཞན་སོགས་བསྐོས་ནས། བོད་ཀྱི་བྱ་བ་ཆེ་ཆུང་གང་ཡོད་རྒྱ་དཔོན་ཁོ་ནས་ཤེས་པ་ཞིག་བྱེད་དགོས་འདུག་ཅེས་ཕེབས། དེར་རྗེ་བླ་མ་མཆོག་གི་ཐུགས་དགོངས་ལ་བཀའ་ཕེབས་དེ་བཞིན་མཛད་པ་ཤར་ན་བོད་གངས་ཅན་གྱི་བསྟན་སྲིད་ཐམས་ཅད་ལོ་རྟོག་སད་ཀྱིས་ཁྱེར་བ་ལྟ་བུ་འབྱུང་ངེས་པ་ཐུགས་ཀྱིས་མ་བཟོད་པར། སྤྱིར་རྒྱལ་པོས་ཐག་བཅད་ནས་བཀའ་ཕེབས་པ་རྣམས་ལ་འཕྲུལ་དུ་གྱེན་ཕྱོག་ཞུ་མི་རུང་བ་ཁྲིམས་ཀྱི་ལུགས་སྲོལ་ཡིན་ནའང་། ད་རེས་བཤོལ་འདེབས་ཀྱི་ཞུ་བ་འཕྲུལ་དུ་མི་བགྱིད་ཀ་མེད་འདུག་སྙམ་ཐུགས་སྟོབས་བསྐྱེད་ནས། དེ་མ་ཐག་ཞབས་ཕྱུས་ཀྱི་ལྷ་ང་ས་ལ་བཙུགས་གོང་མ་བདག་པོ་ཆེན་པོ་ཉིད་ཡབ་མེས་གོང་

མ་རྣམས་ནས་བསྟན་པ་རིན་པོ་ཆེ་གུང་མཚོད་ལྷུར་ལེན་པར་མཛད་པ་དང་། ཁྱད་པར་བདག་པོ་ཆེན་པོ་ཉིད་བསྟན་པའི་དོན་འབའ་ཞིག་ཐུགས་ལ་དགོངས་པའི་ཆོས་རྒྱལ་ཆེན་པོ་ཡིན་ཅིང་། བོད་གངས་ཅན་གྱི་ལྗོངས་འདི་བསྟན་པའི་འབྱུང་ཁུངས་ཡིན་པས། བཀའ་ཕེབས་དེ་བཞིན་མཛད་ན་བོད་ཡུལ་གྱི་བསྟན་པ་ཤིན་ཏུ་ཉམས་དམས་པར་འགྱུར་བ་གདོན་མི་ཟ་བས། བསྟན་པ་རིན་པོ་ཆེ་ཐུགས་ལ་བཏགས་པ་ཞིག་བཀའ་དྲིན་སྐྱོང་བ་ཅིས་ཀྱང་ཞུ་ཞེས་ཕུར་ཚུགས་ལྷ་བུ་ཞུས་པར་རེ་ཞིག་ཅང་མི་གསུང་བར་བཞུགས་པའི་འཕྲོ་ལ། ཧོ་ཐོག་ཐུས་ཞུས་པ་དེ་མད་པར་འདུག་པས་རིམ་གྱིས་གང་འཐད་བྱེད་ཅེས་ཕེབས། མཚམས་དེར་བོད་ནས་རྒྱལ་དབང་སྲིད་ཞིའི་གཙུག་རྒྱན་ཆེན་པོས་བོད་འབངས་བདེ་འཇགས་ཀྱི་མཛད་ཁྱབ་གང་དྲག་གནང་བ་གོང་མ་ཆེན་པོར་གནས་ཚུལ་གྱི་ཞུ་འཕྲིན་ཐུགས་ལ་འཐད་པ་རིམ་པས་ཕུལ་བ་རྣམས་ལ་གོང་མ་ཐུགས་དགྱེས་པས། མི་རིང་བར་རྗེ་བླ་མ་ཉིད་གོང་མའི་སྐུ་མདུན་དུ་ཕེབས་པར་བཀའ་ལས། བོད་ཡུལ་འདི་བསྟན་པའི་འབྱུང་ཁུངས་ཡིན་པའི་དབང་གིས་འདིའི་དོན་སྐོར་ལ་ངེད་ཀྱིས་ཀྱང་ཐོམ་མ་ཐུབ་པར་བསམ་བློ་ཡང་ཡང་ཞིབ་ཏུ་བཏང་སྟེ་ཁྲིད་ལ་གྲོས་དྲིས་པ་ཡིན། ངེད་ཀྱི་བསམ་པ་ལ་ད་ཆ་བོད་ཀྱི་བསྟན་སྲིད་ཐམས་ཅད་ཀྱི་འགན་འཁུར་ཏཱ་ལའི་བླ་མར་གཏད་ན་ཞྭ་སེར་གྱི་བསྟན་པ་དང་ཆབ་སྲིད་ཆེན་པོར་ཕན་སླེབ་ཆེ་བ་འདྲ་སྙམ་པས་དེ་བཞིན་བགྱིས་པས་འཐུས་པ་ཨེ་འདུག་ཅེས་ཕེབས་པར། རྗེ་བླ་མ་མཆོག་ནས་བཀའ་དྲིན་ཤིན་ཏུ་ཆེ་ཞེས་ཞུས་པས། དེ་མ་ཐག་གསེར་གྱི་བཀའ་ལུང་ཁྲིམ་བསྒྲགས་སུ་ཕེབས་ཏེ་བོད་གངས་ཅན་གྱི་ཆོས་སྲིད་མཐའ་དག་གངས་ཅན་གྱི་མགོན་པོ་རང་གི་ཕྱག་ཏུ་གཏད་པས། གཞུང་ས་དགའ་ལྡན་ཕོ་བྲང་གི་བསྟན་སྲིད་ཟེར་བའི་སྒྲ་བོ་ཆེ་དེ་ད་དུང་མ་ཉམས་པར་

གནས་པ་འདི་བཞིན་ནོ། འདི་སྐོར་བླ་མ་ཐུགས་རྗེ་ཆེན་པོ་དང་ལྡན་པ་ཉིད་ནས་བདག་ལ་དངོས་སུ་གསུང་བ་སྒྲོ་སྐུར་མེད་པར་བྲིས་པ་ཡིན། ”① ཞེས་གསལ་བ་གོང་མ་མཆོད་ཡོན་ནང་ཁུལ་གསུང་མོལ་གྱིས་ཞིབ་གནང་བ་རྣམས་ལྷང་སྐྱ་རོལ་པའི་རྡོ་རྗེ་མཆོག་ནས་སློབ་མའི་གཙོ་བོ་ཐུའུ་བཀྭན་ཆོས་ཀྱི་ཉི་མ་གང་ཉིད་ལ་དངོས་སུ་ཇི་ལྟར་བཀའ་གནང་བ་རྣམས་སྒྲོ་འདོགས་མེད་པ་དེ་བཞིན་དུ་གསུང་རྣམ་ནང་འགོད་པར་མཛད་ལུགས་དམིགས་སུ་བཀར་ནས་གསལ་ཁ་ཡང་གཏོད་གནང་མཛད་པ་འདི་ལྟ་བུ་ནི་ཚད་ལྡན་ལོ་རྒྱུས་ཀྱི་ཡིག་རིགས་འབའ་ཞིག་སུས་ཀྱང་ཟླུན་ཀ་འཆོལ་ཐབས་མེད། གཞན་ཡང་དེ་སྐབས་བོད་ས་གནས་སྲིད་གཞུང་སྐབས་བཀོད་པའི་རྩ་འཛིན་ཐམ་དེབ་ཀྱི་ནང་དུའང་། “ལྷ་སྐྱོང་ངམ་ཚན་ལུང་ཁྲི་བཞུགས་བཅུ་དྲུག་པ། གོང་ས་མཆོག་དགུང་ལོ་བཞི་བཅུ་ཞེ་བཞིར་སོན་པ་རབ་བྱུང་བཅུ་གསུམ་པའི་ལྕགས་ལུག་ལོ། གོང་མ་ཆེན་པོའི་བཀས་ཆོས་སྲིད་ཀྱི་འགན་བཞེས་ཏཱ་ལའི་བླ་མ་ཉིད་ནས་བཞེས་དགོས་དང་། ཞབས་ཕྱིར་བཀའ་བློན་བཞི་བསྐོ་དགོས་ཕེབས་པ་ལྟར་ལོ་དེར་རྒྱལ་དབང་བདུན་པ་ཆེན་པོ་སྐལ་བཟང་རྒྱ་མཚོ་མཆོག་ནས་བོད་ལྗོངས་ཆོས་སྲིད་ཀྱི་ཐུགས་འགན་བཞེས། ” ཞེས་དང་། “གོང་མ་ཆེན་པོའི་གསེར་ཐམ་ཕེབས་པ་ལའང་། སྐུ་ཕྲེང་ལྔ་པ་ཆེན་པོའི་ལམ་བཞིན་ནུབ་ཕྱོགས་མཆོག་ཏུ་དགེ་བའི་ཞིང་གི་རྒྱལ་དབང་ས་སྟེང་རྒྱལ་བསྟན་ཡོངས་ཀྱི་བདག་པོ་ཐམས་ཅད་མཁྱེན་པ་བཛྲ་ར་ཏྣ་ལའི་བླ་མའི་ཐམ་ག་ཞེས་འཁོད་པ་བསྩལ། ”② ཅེས་གསལ་བ་

① （ཐུའུ་བཀྭན་གསུང་འབུམ་གླེགས་བམ་དང་པོའི་ཤོག་གྲངས185）

② （དེབ་ཐེར་ལོང་བའི་དམིག་བུ་གླིས་མ་ཤོག་གྲངས16）

བཅས་དེ་ལྟག་འགྲེལ་བཤད་གང་ཡང་བྱེད་དགོས་དོན་མེད།

བོད་ས་གནས་སྲིད་གཞུང་གི་གཙོ་བོའི་ལས་ཁུངས་བཀའ་ཤག་གསར་འཛུགས་སྐབས་བཀའ་བློན་སོ་སོར་གོང་མའི་བསྒོ་བཞག་བཀའ་བསྒྱུར་ཡང་གནང་འདུག་པ་དཔེར་ན། མདོ་མཁར་བས“……ཨམ་བན་རྣམས་ནས་འབོད་མི་བྱུང་བ་བཞིན་བསམ་གྲུབ་ཕོ་བྲང་དུ་བཅར། དེར་གོང་གསལ་དཔོན་པོ་རྣམས་ཚང་མ་འཛོམས་འདུག་ཐོག བན་ཨམ་བན་ནས་སོག་སྐད་མཛད་དེ་གསུང་རིགས། ཁྱོད་སྔ་སོར་ནས་གོང་མ་ཆེན་པོའི་ཐུགས་རྗེས་བསྐྱངས་ཏེ་བཀའ་བློན་གྱི་གོ་སར་བཞག་པ་ཡིན། ཕྱང་ཕོ་ལྷ་བའི་དུས་དང་། འགྱུར་མེད་རྣམ་རྒྱལ་གྱི་དུས་གང་ལའང་བྱ་བ་ངན་པ་མ་བྱས་ཤིང་བསམ་པ་དྲང་པོར་བཟུང་འདུག ད་དུང་ཡང་བོད་ཀྱི་བཀའ་བློན་ལས་ཁུར་བྱེད་དགོས་ཡོད། གོང་མའི་བཀའ་ལས་མི་འགལ་བའི་ཕྱུར་ཐག་ཐོང་། མི་རབས་ཀྱི་བར་དུ་ཐུགས་རྗེས་འཚོ་བ་ཡོང་། ཞེས་གསུངས་བྱུང་བར། ངེད་ནས་དེ་ལན་ཞུ་རིགས། ཕྲན་བུ་ས་འོག་གི་འབུ་སྲིན་ལྟ་བུས་གོང་མ་བདག་པོ་ཆེན་པོའི་ཞབས་འདེགས་སུ་འགྱུར་བ་སྐྲ་རྩེ་ཙམ་ཡང་མེད་པར་སྤྱར་ཡང་བཀའ་བློན་གྱི་གོ་སར་འཛོག་པ་གནང་བའི་བཀའ་དྲིན་བསམ་གྱིས་མི་ཁྱབ། ད་སྔོས་ཀྱང་ང་རང་གི་ཉེས་ཡོང་གང་ནས་ཀྱང་ཞབས་འདེགས་འགྲུབ་པའི་མཁོས་ཤོག་ཐོན་སྙམ་པ་མི་འདུག འོན་ཀྱང་གོང་མ་ཆེན་པོས་བཀའ་བློན་གྱི་གནས་དང་། ཛ་སག་ཐའི་ཇི་ཆོ་ལོ་གནང་བ་འདི་ཁོ་ནའི་ཐུགས་རྗེའི་གཟི་བྱིན་མ་བཟོད་པ་མ་གཏོགས། ཕྱང་འགྱུར་མེད་རྣམ་རྒྱལ་ནས་ད་ཚོད་ཚར་བཅད་ཚར་པས། ད་ནི་གོང་མ་ཆེན་པོའི་བཀའ་ཕེབས་ཀྱི་རྗེས་སུ་འབྲངས་ནས་གསོལ་བ་བཏབ་སྟེ་རང་གི་ཉེས་ནུས་ཀྱིས་གང་ཐུབ་ཞབས་འདེགས་སྒྲུབ་ཆོག་པ་ཞུ་ཞེས་ཞུས་པར་ཚང་མས

དགྱེས་ཉམས་ཆེ་བ་མཛད། ”① ཅེས་གསལ་བ་ལྟར་བཀའ་བློན་གཞན་ལའང་དེ་ལྟར་ཕེབས་ཡོད་པ་གཞིར་བཅས་ཤིང་། བཀའ་ཤག་དངོས་སུ་གསར་འཛུགས་གནང་བའི་སྐོར། “ རྟོར་ཟླ་གཉིས་པའི་ཚེས་གཅིག་གཟའ་སྐར་འཕྲོད་སྦྱོར་དགེ་བའི་ཉིན། གོང་གསལ་བཀའ་བློན་བཞི་ལ་གསོལ་རས་ཀྱི་ནོམ་པའི་ཐོག་ལས་ཐམ་བཅས་གནང་། བཀའ་བློན་ཐུན་མོང་གི་དྲུང་ཡིག་ཏུ་གཞིས་རྩེ་བཀྲས་མཐོང་པ། ལྷ་ས་ཚ་ཚུལ་བ། མལ་དྲོ་ཁྲིན་པ་རྒྱབ་པ། མགྲོན་གཉེར་དུ་སྙེ་ཐང་བདེ་སྐྱིད་གླིང་པ་བཅས་བསྐོ་བཞག་གནང་། ”② ཞེས་གསལ་བ་དང་། བཀའ་སློབ་དང་གནང་སྦྱིན་སོགས་ཅུང་ཞིབ་པ་དཀའ་བཞི་བའི་བྱུང་བརྗོད་ནང་འཁོད་པ་ནི། “ བཀའ་བློན་ལྷན་རྒྱས་པོ་ཏ་ལའི་གཟིམ་ཆུང་དུ་ངོས་འཕོད་ཀྱིས་སེར་དུ་བཀའ་སློབ་སྩལ་བའི་དོན་རྗེས། ནོ་ཡོན་གུང་པཎྜི་ཏ་རང་རྒྱུས་ཡོད། ཤེས་བྱ་བྱས་པ་བཅས་ཆེ་བ་ཀུན་ཤེས་ལྟར་གྱི་ཐོག བཀའ་བློན་ཞབས་དྲུང་ཅན་སྐུ་སེར་གསུམ་པོ་ཡང་འདེམས་སྒྲུགས་ཀྱིས་བསྐོས་པ་ཤ་དག་ལས། འདོད་ཞུ་དོག་འཚངས་བྱས་པ་སོགས་མེད་སྟབས་སྔ་དུས་ཀྱི་བཀའ་བློན་རྣམས་ལྟར་ཡུལ་ཞེན་འཕེན་འཁྱེར་དང་། རང་འདོད་ཞེ་བཞག་སོགས་དྲང་ཚུགས་མི་ཟིན་པའི་རིགས་གཏན་ནས་མ་མཛད་པར། ཆབ་སྲིད་ཀྱི་ཞབས་འདེགས་དང་། མངའ་འབངས་ཀྱི་འཚོ་སྐྱོང་བཅས་ལ་ཚང་མས་བསམ་པ་གྲུ་ནང་མཛད་ཕྱིན། ངོས་ནས་ཀྱང་བུ་ཚ་དུས་རྒྱུད་ཀྱི་བར་ལ་འདི་ཕྱིར་དགེ་བའི་སྐྱབས་འཇུག་བྱེད་ཚུལ་དང་། ལྷག་དོན་སྲིད་ཀྱི་བགྱི་བའི་ཁ་བཀོད་ངེད་དགེ་སྦྱོང་གིས་བྱེད་རྒྱུ་འདི་

① （མདོ་མཁར་བའི་བྱུང་བརྗོད་དེབ་ངོས68）

② （དཔག་བསམ་སྙེ་མ་སྨད་ཆ་ཤོག་གྲངས6）

བཞིན་བསྟན་པའི་མིག་སྟོས་ལ་གནོད་ཅིང་། རང་སེམས་ཤིན་ཏུ་འཚེར་བ་བཅས་ཕྱིན་ཆད་ནས་གལ་ཆེ་དམིགས་བསལ་རེ་གཉིས་བྱུང་ན་མ་གཏོགས། དེ་ཕྱིངས་ཚང་མ་ཁྱེད་རང་རྣམས་གསུང་མོལ་གྱིས་ཐག་ཆོད་པ་མཛད་དགོས་སོགས་བཀའ་ཕེབས་དང་རྗེས་སུ་འབྲེལ་བར་བཀའ་བློན་སྐུ་བོ་གསུམ་ལ་རྒྱ་ལུ་ཆས་ཀྱི་གོས་སྟོད་གན་གོས་གཞི་དམར་ཆེན་ཁྲས་ཕྱུག་པ་སྲམ་རྒྱན་ཕུར་འཇའ་སོགས་ཀྱིས་མཛེས་པ་རྒྱུ་རྐྱེན་ཁ་གསར། སེར་མོ་བར་འཕྱར་སྟོད་གཟན་བཅས། མགྲོན་དྲུང་རྣམས་ལའང་དཔྱད་ལྡན་གཞི་སེར་རྒྱུ་རྐྱེན་ལས་གྲུབ་པའི་གོས་སྟོད་གྱོན་ཆོག་མ་རེ་དང་། སོ་སོར་བབ་དང་མཐུན་པའི་ཁ་བཏགས་དཀར་གཙང་རེ་བཅས་ཕྱག་བཏར་གྱིས་བསྩལ། ”① ཅེས་གསལ་བ་ལྟར་དེ་ནས་བཟུང་། 1959ལོ་བར་བཀའ་ཤག་གི་སྒྲིག་གཞི་དང་འགན་དབང་མཐའ་དག་མི་ལོ་ཉིས་བརྒྱ་ལྷག་ཙམ་རིང་བརྟར་ཆགས་སུ་གནས་པ་ཡིན་ནོ།

14. ཕྱིན་ཆད་བོད་ས་གནས་ཀྱི་ལས་དོན་བྱེད་སྟངས་རྩ་འཛིན་དོན་ཚན་བཅུ་གསུམ་གཏན་ལ་ཕབ་པ།

དེ་ནས་གོང་མའི་བཀའ་མངགས་ལྟར་ཏཱ་ལའི་བླ་མ་མཆོག་ནས་བོད་ཀྱི་ཆོས་སྲིད་གཉིས་ཀའི་ཐུགས་འགན་བཞེས་ཐོག བར་སྐབས་མི་ལོ་བཅུ་ཕྲག་འགའ་ཤས་རིང་། ལྷ་བཟང་ཁང་གིས་སྡེ་སྲིད་བཀྲོངས་ནས་དབང་སྒྱུར་བྱས་པ་དང་། ཇུན་གར་པས་ལྷ་བཟང་ཁང་བཀྲོངས་ནས་དབང་བཟུང་བ། དེ་རྗེས་བཀའ་བློན་ནང་འཁྲུག་གིས་དབུས་གཙང་བདེ་གཟར་ལངས་པ། མི་དབང་ཕོ་ལྷ་བ་ཕ་བུས་དབང་བསྒྱུར་ཅིང་། ལྷག་པར་ཞང་འགྱུར་མེད་རྣམ་རྒྱལ་གྱིས

① （དཀའ་བཞི་བའི་བྱུང་བརྗོད་དེབ་ངོས65）

ཁྲིམས་ལུགས་ཐམས་ཅད་དཀྲུག་པ་བཅས་ལ་བརྟེན་བོད་ས་གནས་སྲིད་གཞུང་གི་ལམ་ལུགས་ཉམས་ལད་ཧ་ཅང་ཆེན་པོ་བྱུང་བར་བརྟེན། གོང་མའི་བཀས་ཆེད་དུ་མངགས་པའི་ཏཱ་ཞིན་རྣམས་དང་། གུང་པཎྜི་ཏ་བཅས་མཉམ་གྲོས་ཀྱིས་སྔར་ལམ་ལ་ཞིབ་དཔྱད་ཐོག་ཆབ་སྲིད་ཀྱི་སྒྲིག་གཞི་ལམ་ལུགས་ཉམས་པ་སོར་ཆུད་དང་། མི་ཉམས་གོང་འཕེལ་ཡོང་བའི་ཆེད་གོང་མར་དགོངས་བསྐུར་དང་། ཏཱ་ལའི་བླ་མར་སྙན་སེང་ཞུས་ཐོག་སྤྱད་ཕྱིན་ལས་དོན་བྱེད་ཕྱོགས་ཀྱི་རྩ་འཛིན་དོན་ཚན་བཅུ་གསུམ་ཞེས་པའི་གྲོས་ཆོད་ཅིག་གཏན་འབེབས་བྱས་པའི་ནང་དོན་ཆ་ཚང་གཤམ་གསལ།

"ཆིང་ཆའི་ཏཱ་ཞིན། ཐའི་ཧྲེ། ཐའི་པོའུ། པིང་བུ་ཤ་ཤུ། ཏུ་སྣྲ་ཡུའན་ཡུ་ཏུ་ཡུ་ཤི་ཙོང་ཏུ་སི་ཆོན་དེ་ཆུ་དེ་ཕ་ཧྲུན་ཨུ། ཀྲུན་ལི། ལང་ཤ་གོ་ཕན། ཤུན་ཐུ། ཤི་ཀོ་ཨི་ཟྲུང་། ཀྲུན་ཟྲུང་ཀྲུ་ཨེར་གི། གྱི་ལུ་ཨེར་ཆི་ཚེ་རིང་། ཧྥུ་བུ་ཛོ། ཤི་ལང་། ཐུ་ཏུ་ཐུང་། ཞང་དཔུ། ཏཱ་ཞིན། རྡོའུ་ཧྥུའི། བོད་ཀྱི་བྱ་བ་དབྱེ་འབྱེད་ཡུ་ཁྲན་ཤི་ཧྲུའི། ཧྥུ་ཀྲུན་ཐུང་ལིང་། ཟྲུང་བུ། ཛོ་ཤི་ལང་། ཤུ་ནས། ཨུ་བུ། ཏཱ་ཞིན་རྣམ་རྒྱལ། བོད་ཀྱི་བྱ་བ་དབྱེ་འབྱེད་ཐུ་ཏུ་ཐུང་བེཀྲན། ཧྲིང་ཐུ་ལང་ཏྲུང་། བ་ཧ་ད། འདི་ཕན་ཕློན་ཏྲུ་ཤི་ཤི་ཀ་བུ། པི་ཆའི་ཆི་ཐུ་ལུང་ང་། ཆུན་ཐའི་བཀའ་བློན་གུང་པཎྜི་ཏ།

དོན་འདི། གོང་མ་ཆེན་པོའི་བཀའི་རྗེས་སུ་འབྲེངས་པའི་ལུགས་སྲོལ་བཟང་པོ་བཙུགས་པ། ཞིབ་ན་སྔ་སོར་ཕང་འགྱུར་མེད་རྣམ་རྒྱལ་ནས་བྱ་སྤྱོད། ཏཱ་ལའི་བླ་མ་ལ་གུས་འདུད་མེད་པའི་ལོག་མཐོང་དང་། ཡང་མངའ་འོག་གི་སྡེ་མི་སེར་ལ་མནར་སྤྱོད་བྱས་པ། ཁོ་རང་གི་ཇོ་ཇོ་བསད་པ། སྲིང་མོ་བཟང་བཙོན་དུ་བཅུག ཉིན་རེ་ལས་ཉིན་རེ་བྱ་བ་ངན་པ་རྗེ་ལོད་དུ་སོང་བའི་ངོ་ལོག་

གི་བསམ་པ་ངན་པ་བཟུང་ནས་ཁྲིམས་མེད་མི་ལེགས་པའི་བྱ་བ་མང་ཙམ་བྱས་པར་བརྟེན། ལྷ་སར་སྡོད་མཁན་ཏཱ་ཝེན་གཉིས་ནས་མིག་གིས་བལྟས་པར། བོད་མི་དམངས་ཐམས་ཅད་ནས་ཁོ་པ་ལ་སྙིང་མི་ན་བའི་མི་མི་འདུག་པ་དང་། ཡང་གལ་སྲིད་ཏཱ་ལའི་བླ་མའི་སྐུ་ལ་གནོད་འཚེ་བྱས་དོགས་ཀྱི་མཐའ་གཅིག་ཏུ་ལས་ཀ་ཐག་ཆོད་པ་བྱེད་ཅེས་གོང་མ་ཆེན་པོར་༧སྙན་སྒྲོན་ཕུལ་བའི་ངོ་མ་བོས་ནས་ཁྲོམ་གཟིགས་ཁང་དུ་ཁྲིམས་ལ་སྦྱར་ཏེ་བསད་པ་དང་། གོང་མ་ཆེན་པོར་ཏཱ་ལའི་བླ་མའི་ཞུ་ཡིག་དང་། ཏཱ་ཝེན་བཅས་ཀྱི་ཞུ་ཡིག་ཕུལ་བ་གཟིགས་པའི་སྐྱོད་རྗེང་དམུ་ཆོད་ཀྱི་མི་ངན་དེ་ཚར་བཅད་འདུག་པ། ད་ཕྱིན་ཆད་ཀྱི་དོན་ཐམས་ཅད་ཤིན་ཏུ་ལེགས་པར་བྱེད་དགོས་པར་དགོངས་ནས། བཀས་མངགས་པའི་ཨམ་པ་ངེད་རྣམས་བོད་དུ་སླེབས་ནས། ཏཱ་ལའི་བླ་མ་ལ་བཀའ་བགྲོས་ཞུས། གུང་པཎྜི་ཏ་དང་ལྷན་ཅིག་ཏུ་ལས་དོན་བྱེད་དགོས་གང་ཅིར་ལྷག་བསམ་རྣམ་དག་གི་ཞིབ་ལེགས་པར་དཔྱད་ནས་ཐར་ཀྱི་ལུགས་སྲོལ་ལྟར་གནས་འཛུགས་བྱེད་པར་འབྲུན་བཅད། ལྷག་པར་བོད་སྡོངས་གཏན་དུ་བདེ་འཛུགས་ཡོང་བ་དང་། འགྲོ་བ་ཐམས་ཅད་ནས་ཏཱ་ལའི་བླ་མ་ལ་མཆོག་ཏུ་བཀུར་བའི་དད་ཞེན་བྱེད་དགོས་པ་ཤེས་པར་བྱེད། རང་རང་བབས་འབྲེལ་དང་མཚུངས་པའི་བྱ་བྱེད་ཚུལ་ལྡན་གྱི་བདེ་སྐྱིད་ལ་སྤྱོད་ཆོག་པ་གྱིས། ཁྱོད་བོད་ཀྱི་སེར་སྐྱ་དྲག་ཞན་ཐམས་ཅད་ལ་ཐུགས་རྗེས་གཟིགས་པའི་བཀའ་དྲིན་ཆེན་པོས་བསྐྱངས་པ་གོ་ཞིང་ཤེས་པར་བྱེད་དགོས། སྔར་ཡང་གོང་མ་ཆེན་པོས་བོད་འབངས་ཐམས་ཅད་ལ་ཐུགས་རྗེས་བྱམས་སྐྱོང་གནང་རྒྱུའི་དགོངས་པ་དང་མཐུན་པ་བྱེད་དགོས་པའི་བཀའ་ཕེབས་པར་གུས་པས་རྗེས་སུ་འབྲེངས་ཏེ། ངེད་ཚང་མས་ལྷན་ཅིག་ཏུ་འདུས་ནས་ལེགས་པར་གྲོས་བྱས་ཏེ་ལུགས་སྲོལ་ལྟར་

དབྱེ་འབྱེད་བྱས་པའི་སྐོར་དོན་ཚན་གཤམ་གསལ་རིམ་པ་ལྟར་བཀོད་པར།

དོན་ཚན་གཅིག་ལ། ལུགས་སྲོལ་རྙིང་པ་ལྟར། བཀའ་བློན་བསྐོ་བཞག་བྱེད་དགོས་ལ་ཞིབ་དཔྱད་པར་སྔ་སོར་གྱི་ལུགས་སྲོལ་རྙིང་པ་ལ། ལས་བྱེད་བཀའ་བློན་བཞི་འདུག་པའི་ནང་བཀའ་བློན་འཁོར་རྗེ་བ་མིག་གཉིས་ཡོང་འདུག་པ་དང་། སྔ་སོར་འགྱུར་མེད་རྣམ་རྒྱལ་གྱིས་སྔོན་ནས་ཁོ་པ་ཕུད་འདུག ད་ལྟ་ཡོད་པའི་བཀའ་བློན་གུང་པཎྜི་ཏ། ཚེ་རིང་དབང་རྒྱལ། སྲི་གཅོད་ཚེ་བརྟན་བཅས་འདི་གསུམ་ཡིན་འདུག་པས། པཎྜི་ཏ་འདི་གོང་མ་ཆེན་པོའི་བཀའ་ལྟར་གུང་གི་ཆོ་ལོ་དང་བཀའ་བློན་གྱི་ལས་དོན་བྱེད་དགོས་ལས་གསར་དུ་གྲོས་བྱེད་རྒྱུ་མེད། ཚེ་རིང་དབང་རྒྱལ་དང་། སྲི་གཅོད་ཚེ་བརྟན་འདི་གཉིས་ནས་བློ་བཟང་བཀྲ་ཤིས་ནས་ཇོ་ལོག་དང་འབྲུག་གཞི་མ་བྱུང་བའི་སྔོན་ནས་འགྱུར་མེད་རྣམ་རྒྱལ་གྱིས་རང་འདོད་ཀྱི་ས་ཕྱོགས་གཞན་དུ་བཏང་འདུག་པས། ལྷ་སར་མ་བསྡད་འདུག འདི་གཉིས་ལ་སྔ་སོར་ནས་བྱ་བར་ཉོར་འབྲེལ་རིགས་མི་འདུག་པ་མ་ཟད། རྗེས་སུ་ཇོ་ལོག་གི་བྱ་བ་ངན་པ་ཡང་རྒྱུས་མི་འདྲུག་པས། སྔར་ནས་བཀས་བསྐོ་བཞག་གནང་བའི་བཀའ་བློན་ཡིན་གཤིས། ད་དུང་ཡང་སྔར་སྲོལ་ལྟར་ཁོ་རང་གཉིས་ནས་བཀའ་བློན་གྱི་ལས་དོན་བྱེད་དགོས། བཀའ་བློན་འཁོར་རྗེ་བའི་ཚབ་ལ་བབས་འོས་དང་བསྟུན་པའི་ཞྭ་སེར་གྱི་བསྟན་པའི་དོན་ཤེས་པའི་བླ་མའི་ནང་ནས་གཅིག་འདེམས་སྒྲུག་བྱས་པའི་བཀའ་བློན་ལ་བསྐོ་རྒྱུ་དང་ལྷན་ཅིག་ཏུ་ལས་ཀ་བྱས་ན་སེར་སྐྱ་ཐམས་ཅད་ལ་ཕན་ཐོགས་ཡོང་བ་དང་། ད་ལྟའི་བཀའ་བློན་གྱི་ནང་ནས་པཎྜི་ཏ་འདི་གུང་གི་ཆོ་ལོ་དང་། གཞན་མ་ཐམས་ཅད་ལ་སྔ་སོར་ནས་བཀའ་ཕེབས་པའི་ཛ་སག་ཐའི་ཇིའི་ཆོ་ལོ་གསོལ་རས་གནང་འདུག གསར་བསྐོས་ཀྱི་བླ་མ་འདི་ལ་ཆོ་ལོ་ཞིག་མ་གནང་ན་

གཞན་ཚོ་དང་མི་འདྲ་འདུག་པས། གོང་མ་ཆེན་མོར་སྙན་སྒྲོན་ཕུལ་ཏེ། བྱིངས་མཚུངས་ཀྱི་ཛ་སག་བླ་མ་ཆེ་བའི་ཚོ་པོ་གནང་ནས་བཀའ་བློན་གཞན་རྣམས་དང་ལས་ཀ་མཉམ་དུ་བྱེད་འཇུག

དོན་ཚན་གཅིག་ལ། བཀའ་བློན་རྣམས་ཀྱི་ལས་དོན་དབྱེ་འབྱེད་བྱེད་སྐབས། བབས་འོས་དང་བསྟུན་པའི་མཉམ་ཚོགས་ཀྱི་སྤྱི་ཁང་དུ་ལས་དོན་བྱེད་དགོས་རྒྱུ་དང་། སྔར་ལུགས་ལྟར་ཞིབ་དཔྱད་ན། བཀའ་བློན་ཐམས་ཅད་ལས་ཀ་དབྱེ་འབྱེད་བྱེད་པ་ལ་སྤྱ་སོར་ནས་བཀའ་ཤག་གི་ཁང་པ་ཡོད་འདུག་ཀྱང་། རྗེས་སོར་པོ་ལྷ་ནས་ཀྱི་དུས་ལ། བཀའ་བློན་ཐམས་ཅད་སྤྱི་ཁང་བཀའ་ཤག་ཏུ་མ་ཕྱིན་པར། སྒེར་ཁང་དུ་ལས་ཀ་བྱས་འདུག་ཅིང་། སྤྱི་ཐོག་བཀོད་པའི་མགྲོན་གཉེར་དང་། དྲུང་ཡིག་དོན་མེད་དུ་བཞག་ནས་སྒེར་གྱི་ཟླ་གྲས་ནས་རང་འདོད་ཀྱི་མགྲོན་དྲུང་སོགས་ལས་ཚན་སྣ་ཚོགས་གསར་འཕར་བསྐོ་བཞག་བྱས་པར་བརྟེན། མགྲོན་གཉེར་བློ་བཟང་བཀྲ་ཤིས་གྲས་ཀྱི་མི་རྣམས་གསར་དུ་དབང་ཤེད་བཙན་པོར་སོང་ནས་རང་འདོད་ཀྱི་མི་དམངས་ཐམས་ཅད་ཁ་དབང་དུ་བསྡུ་བ་བྱུང་འདུག ད་ཆ་སྲོལ་རྒྱུན་ལྟར་བཀའ་བློན་བསྐོས་པའི་རྗེས་ལ་བབས་འབྲེལ་དང་བསྟུན་པའི་སྲོལ་རྒྱུན་ཉིང་པའི་རྗེས་འབྲངས་ཀྱི་བྱ་བའི་དབྱེ་འབྱེད་བྱེད་དགོས་གང་ཡིན། སྤྱི་ཁང་བཀའ་ཤག་ཏུ་སྤྱི་ཐོག་ཚོགས་ནས་ལས་ཀའི་འབྲུན་བཅད་ན་བབས་འོས་སུ་འདུག རང་འདོད་ཀྱི་བཞག་པའི་ལས་ཚན་གསར་འཕར་ཚང་མ་ལས་ཀ་འཛོག་ཆུག ད་དུང་ཡང་སྤྱི་ཐོག་ནས་བཀོད་པའི་མགྲོན་གཉེར་སོགས་ལས་བྱེད་ཀྱི་གྲས་ནས་ལས་དོན་བྱེད་འོས་རྣམས་བྱེད་ཆུག བྱ་བ་ཆུང་ཆུང་རིགས་བཀའ་བློན་སྤྱི་ཐོག་ནས་གྲོས་བྱས་ཏེ་དྲང་བཞག་གི་སྒོ་ནས་བཀོད་པ་བྱེད་པ་ལས་གཞན་མ་གལ་སྲིད་བསླབ་སྟོན་ཞུ་

དགོས་པའི་རིགས་དང་། བསོ་པ། རྟ་ཟམ་སོགས་ཀྱི་གྲས། བྱ་བ་འགངས་ཆེ་བའི་རིགས་བྱུང་ན། ཅིས་ཀྱང་བཀའི་རྗེས་སུ་འབྲངས་ནས། ཏྭ་ལའི་བླ་མ་དང་། ལྷ་སར་ཡོད་པའི་ཏྭ་ཞིན་རྣམས་ལ་ཞུས་པའི་ཐག་ཆོད་བསྟུན། ཏྭ་ལའི་བླ་མའི་ཐམ་ག་དང་། བཀས་མངགས་པའི་ཏྭ་ཞིན་གྱི་ཐམ་ཀ་བཅས་ཕབ་སྟེ་གནང་བའི་དོན་ལྟར་རྗེས་འབྲངས་ཀྱི་སྒྲུང་བླངས་བྱེད། གལ་སྲིད་ད་ནས་བཟུང་བཀའ་བློན་རྣམས་ཀྱི་ནང་ནས་ཀྱང་ལུགས་སྲོལ་བཙུགས་པ་འདི་ལ་བསམ་པ་མ་དག་པའི་རྗེས་འབྲངས་མི་བྱེད་པའི་རིགས་བྱུང་ན་བཀའ་བློན་གཞན་རྣམས་ནས་དེའི་དོན་ཤེས་པར་བྱས་ནས་བྱ་བ་ལོག་པ་བྱས་པའི་རྒྱུ་མཚན་ཞུས་ཏེ་ཉེས་པ་གཏོང་འཇུག

དོན་ཚན་གཅིག་ལ། རྫོང་དཔོན་གཞིས་གཉེར། འགོ་པ་སོགས་བསྐོ་བཞག་བྱེད་དུས། བཀའ་བློན་རྣམས་ནས་རང་འདོད་ཀྱི་བསྐོ་བཞག་བྱས་ན་མི་འཐུས་ཤིང་། ཞིབ་དཔྱད་ན་ཕྱོགས་སོ་སོའི་ལས་ཚན་འགོ་ཡོད་འདི་རྣམས་ཀྱི་སྡེ་སོ་སོའི་ལས་དོན་གྱི་དབྱེ་འབྱེད་དང་། མི་སེར་ལ་འཚོ་སྐྱོང་། བསླབ་བྱ་སོགས་ཀྱི་འཁུར་ལེན་བྱེད་དགོས་ཡིན་འདུག་ཀྱང་། འགྱུར་མེད་རྣམ་རྒྱལ་སྨྱོན་པའི་ལོག་སྤྱོད་ཀྱིས་ལས་འཁུར་བྱས་པ་ནས་བཟུང་། ཁོ་རང་གི་བློ་ལ་ཡོད་པའི་མི་རྣམས་ལས་ཚན་ལ་བཀོད་པའི་མིང་བཏགས་ནས། དོན་དུ་མི་ངོ་ཐོག་མ་བཏང་བར་དེ་དག་གི་གཡོག་རེ་བཏང་ནས་དེས་བྱ་བ་བྱས་འདུག དེ་ལ་བརྟེན་ནས་ཡུལ་གྱི་སྡེ་མི་སེར་རྣམས་ལ་རྡབ་བསིགས་མནར་སྤྱོད་མང་ཞིང་། མི་སེར་སྐྱོང་དར་ལ་ཕན་ཐོགས་གཏན་ནས་མ་བྱུང་འདུག ད་ཕྱིན་ཆད་འདི་གྲས་ཀྱི་སྡེ་པ་ལས་ཚན་བསྐོ་བཞག་བྱེད་རྒྱུ་ཚང་མ། བཀའ་བློན་རྣམས་ནས་ལྷག་བསམ་དྲང་པོའི་སྒོ་ནས་དམིགས་བཙུགས་བྱས་ཏེ་ཏྭ་ལའི་བླ་མ་དང་། ལྷ་སར་

བཞུགས་པའི་དྭ་ཞིན་རྣམས་ལ་རྒྱ་མཚན་ཞུས་པའི། དྭ་ལའི་བླ་མའི་ཐམ་ག་དང་། བཀས་མངགས་པའི་དྭ་ཞིན་གྱི་ཐམ་ག་རྒྱབ་པའི་བཀའ་ཤོག་གནང་བསྩུན། དེ་དོན་བཞིན་རྗེས་སུ་འབྲེང་བ་བྱེད། ད་ལྟ་ཡོད་པའི་ལས་སྡེ་པ་རྣམས་ཀྱི་ནང་ནས་གཡོག་པོ་ཚབ་ལ་བཏང་བའི་མི་ཡོད་ཕྱིན་ཐམས་ཅད་ཕྱིར་སློག་ནས། མི་གཞན་བརྗེ་མ་གཏོང་དགོས། ཡང་འགྱུར་མེད་རྣམ་རྒྱལ་བསད་པའི་རྗེས་ལ། ཕོ་པའི་གཡོག་ངན་ལས་སྡེར་ཡོད་པ་རྣམས། པཎྜི་ཏ་ནས་བརྗེ་མ་བཏང་ནས་ཐམས་ཅད་ཕྱིར་ལོག་བྱུས་འདུག དེ་སྐབས་རེངས་ཁྱད་ཀྱི་བརྗེ་ཚབ་བཏང་བ་རྣམས་ཆ་སོ་སོར་མཐུན་གཤིབས་མེད་པའི་ཡང་བརྗེ་མ་དགོས་རིགས་འདུག་ན་སླར་ཡང་སེམས་དྲང་པོའི་སྒོ་ནས་ཞིབ་དཔྱད་ཀྱིས་ལས་ཚན་བརྗེས་པའི་དྭ་ལའི་བླ་མ་དང་། ལྷ་སའི་དྭ་ཞིན་རྣམས་ལ་སྙོབ་དོན་ཞུས་ཏེ་མི་གཞན་འདེམ་སྒྲུགས་བསྐོ་གཞག་བྱེད།

དོན་ཚན་གཅིག་ལ། ལས་ཚན་པའི་རིགས་བརྗེ་དགོས་དང་ཉེས་པ་གཏོང་རྒྱུའི་སྲོལ་ལམ་བཙུགས་དགོས་འདུག་པར། ཞིབ་དཔྱད་ན་སྔར་གྱི་ལུགས་སྲོལ་ལ་ལས་ཚན་འགོ་ཡོད་བསྐོ་བཞག་བྱེད་པར། རིགས་རྟུས་ཡོད་པའི་མི་ཡོང་ཐང་ཆེ་བ་འདེམ་ནས་འཛུག་དགོས་པ་ལས། ལས་ཁ་མི་ཤེས་པ་དང་། རང་མཚམས་ཀྱི་ཁྲིམས་འགལ་བྱེད་མི་ཡོད་ན། དྲང་པོའི་ཐོག་ནས་བབས་འོས་ཀྱི་ཁྲིམས་གཏོང་དགོས་སུ་འདུག འགྱུར་མེད་རྣམ་རྒྱལ་ནས་རང་སྣང་གང་ཤར་གྱི་རྩིང་སྤྱོད་ཆེ་བ་དང་། བཟང་ངན་དབྱེ་འབྱེད་མེད་པའི་མི་རྙིང་པ་ཉེས་མེད་རྣམས་ཀྱི་ལས་ཚན་བརྗེས། ཉེས་འགེལ་གྱི་རྒྱ་ཆ་ཐམས་ཅད་བླངས་པ་དང་། བདེན་པ་ཡོད་མེད་མགོ་མཇུག་བསྒྱུར་བའི་སྐབས་ཀྱིས་ཐམས་ཅད་ཀྱིས་སྡུག་སྐད་མི་རྒྱག་པའི་མི་མི་འདུག ད་སྔོན་ལས་སྡེ་འགོ་ཡོད་སོགས་ནས་ཁྲིམས་

འགལ་ཆུང་ངུའི་རིགས་ལ་རྒྱུག་པ་དང་། ལྟག་ཚན་གཏོང་དགོས། ཉེས་ཆད་ཆུང་ཆུང་དགོས་རིགས་དང་། གཞན་མ་ཁྲིམས་འགལ་རྐྱེན་ཇག་བྱས་པ་སོགས་ཀྱི་མིག་འདོན། ལག་འབྲེག་སོགས་བཙན་ཁྲིམས་གཅོད་དགོས་རིགས་བཀའ་བློན་རྣམས་ཀྱིས་སེམས་དྲང་པོའི་སྒོ་ནས་ཐག་གཅོད། བླ་མ་དང་མི་དྲག་དྲུང་འཁོར་སོགས་སྐུ་སེར་ལ། རྒྱུ་དངོས་ཆས་ལེན་དགོས་དང་། སྤྱག་ལ་འབབ་པའི་རིགས་ཀྱི་ཉེས་པ་ཡོད་ན། བཀའ་བློན་དང་མདའ་དཔོན་བཅས་ཀྱི་སེམས་དྲང་པོས་ཅིས་ཀྱང་གསལ་བར་ཞིབ་དཔྱད་ཀྱི་དབྱེ་བ་ཕྱེ་གྲུབ་བསྟུན། ཏཱ་ལའི་བླ་མ་དང་། ལྷ་སར་སྡོད་པའི་ཏཱ་ཞིན་ལ་བསླབ་སྟོན་ཞུས་པའི་བཀའ་གནང་གི་རྗེས་སུ་འབྲང་ནས་བྱེད།

དོན་ཚན་གཅིག་ལ། ཁྲི་ལ་བཞུགས་མཁན་བླ་མ་དང་མཁན་པོ་འདེམ་ནས་འཛོག་རྒྱུའི་སྐོར། བབས་འོས་ཀྱི་སྤྲ་སྤྲོལ་ལྟར་བྱས་ན་བབས་འབྲེལ་འདུག་ཞིབ་དཔྱད་ན་སྔར་ལུགས་ལ་དགོན་ཁག་སོ་སོའི་མཁན་པོ། བླ་མ་ཐམས་ཅད་ཏཱ་ལའི་བླ་མ་ནས་དགོན་པ་ཆེ་ཆུང་ལ་གཞིགས་པའི་བླ་མ་ཡོན་ཏན་དང་ཤེས་ཡོང་ཅན་འདེམ་སྒྲུགས་ཀྱི་བསྒོ་བཞག་བྱེད་པ་ཡིན་ཀྱང་། འགྱུར་མེད་རྣམ་རྒྱལ་གྱི་ལས་ཀ་བྱེད་ཚུན་ཆད། ཁོ་རང་གི་འདོད་པར་གང་ཡོད་ཀྱི་བསྒོ་བཞག་དང་བརྗེ་ལེན་སོགས་རང་ཐག་བཅད། ཏཱ་ལའི་བླ་མ་ལ་སྐུ་དབང་གཏན་ནས་མེད་པ་བྱས་པ་འདི་ཤིན་ཏུ་མ་འོས་པ་ཆེན་པོ་བྱུང་འདུག ད་ཕྱིན་ཆད་དགོན་ཁག་སོ་སོའི་མཁན་པོ་བླ་མ་བསྒོ་བཞག་གི་གཏོང་རྒྱུ་དང་། མཁན་པོ། བླ་མར་སྡོད་མི་མ་འཕེར་བའི་རིགས་བརྗེ་དགོས་བྱུང་ན། ཏཱ་ལའི་བླ་མ་ནས་བབས་གཟིགས་ཀྱི་ཐག་གཅོད། བཀའ་བློན་ཚོ་ནས་སྔར་གྱི་སྲོལ་ངན་དང་འདྲ་བ་བྱས་ནས་རང་འཚམས་ཀྱི་ཐག་བཅད་མི་ཆོག བླ་མའི་ཁྲིད་ནས་ཁྲིམས་འགལ་རིགས་

བྱུང་ན་བཀའ་བློན་རྣམས་ཀྱིས་དྲང་པོའི་སྒོ་ནས་ཏྭ་ལའི་བླ་མར་རྒྱུ་མཚན་གསལ་པོ་ཞུས་པའི། ཏྭ་ལའི་བླ་མའི་བཀའ་གང་གནང་ལྟར་སྒྲུབ་དགོས།

དོན་ཚན་གཅིག་ལ། ལས་སྣེ་འཐོལ་ཡོད་རྣམས་ཀྱི་ལས་ཀ་བཞོག་བཅུག་སྟེ་ཁྲུང་དུ་གཏོང་བའི་བབས་འབྲེལ་འདུག ཞིབ་དཔྱད་ན་སྔར་སྲོལ་ལ། ཏྭ་ལའི་བླ་མའི་སྐུ་མདུན་དུ་ཡོད་པའི་མགྲོན་གཉེར་དང་། ཕྱག་མཛོད། གཟིམ་དཔོན། གསོལ་དཔོན་བཅས་ལས་ཚན་དྲག་པ་ཡོད་འདུག་ཅིང་། རྗེས་སོར་པོ་ལྷ་ནས་ལ་དབང་གནང་བ་ནས་བཟུང་། ཡང་ཏྭ་ལའི་བླ་མའི་སྲོལ་ལྟར་རང་གི་ཟླ་བོ་རྣམས་ལ་ལས་ཚན་དྲག་རིམ་གྱི་མིང་བཏགས་ནས་བསྐོ་བཞག་བྱས། དེང་སང་བཀའ་བློན་རྣམས་དབང་གི་གྲས་མ་ཡིན་པས། ཡང་གལ་སྲིད་སྔར་སྲོལ་དང་འདྲ་བའི་ལས་ཚན་དྲག་པའི་མིང་དང་། བསྐོ་བཞག་མང་པོ་བྱས་ན་བབས་འབྲེལ་མེད་པར་མ་ཟད། ཧ་ཅང་ཐལ་ཆེ་བ་ཡོང་འདུག འདི་སྐོར་ཞིབ་གསལ་བར་དཔྱད་པའི་ལས་ཁ་འཛོག་ཆུག ད་སྔོན་བཀའ་ཤག་ལ་སྔར་རྒྱུན་ལྟར་མགྲོན་གཉེར་གཉིས། དྲུང་ཡིག་དང་བཅས་ལས་ཚན་པ་རྣམས་ནས་ལས་དོན་བྱེད་འཇུག

དོན་ཚན་གཅིག་ལ། འོས་བབས་མདའ་དཔོན་གཅིག་བསྣོན་མ་འཛོག་པའི་བབས་འབྲེལ་འདུག ཞིབ་དཔྱད་ན་སྲོལ་རྙིང་པ་ལ། བཀའ་བློན་རྣམས་ནས་ས་ཆ་དང་། ཡུལ་གྱི་ལས་དོན་བྱེད་པ་ཡིན། མདའ་དཔོན་ནས་དམག་གི་ལས་དོན་ལ་བཀོད་པ་བྱས་པའི་འོན་སེང་དང་། བསོ་འཛིན་འཛོག་རྒྱུའི་ལས་དོན་བྱེད་པ་ཡིན། ད་ཆ་སྔར་སྲོལ་ལྟར་རང་རང་སོ་སོའི་ལས་ཁ་བྱེད་དུ་འཇུག གཙང་ཕྱོགས་འདི་ས་ཆ་ཤིན་ཏུ་རྒྱ་ཆུང་ཐོག་ཏུ་སྔ་སོར་མདའ་དཔོན་གསུམ་བཞག་འདུག དབུས་འདི་ས་ཆ་རྒྱ་ཆེ་བར་མདའ་དཔོན་གཅིག་ལས་མི་འདུག

པས། གལ་སྲིད་གཞུང་དོན་དུ་ཕྱོགས་ལ་འགྲོ་དགོས་བྱུང་ན་དང་། ན་བའམ་འཁོར་ཞིག་ལྷ་བུའི་དགོངས་པ་ཞུ་དགོས་བྱུང་ན། དམག་ལ་འགོ་འཛིན་བྱེད་མཁན་མི་འདུག་པ་དང་། དཔེར་ན་འགྱུར་མེད་རྣམ་རྒྱལ་གྱིས་མདའ་དཔོན་དར་རྒྱས་བཀྲ་ཤིས་ནག་ཚུར་བཏང་འདུག་པའི་རྗེས་སུ་ལྷ་སར་དམག་གི་འགོ་འཛིན་བྱེད་མཁན་མེད་པར་བརྟེན། ཀུན་མ་མི་ངན་བློ་བཟང་བཀྲ་ཤིས་ནས་ཉེ་ཚར་རང་འཚམས་ཀྱི་མི་དམངས་བསྡུས་པ་སོགས་ཀྱི་རྐྱེན་གྱིས་ས་ཆ་ཡུལ་ཕྱོགས་སུ་མི་བདེ་བ་ལྷ་བུར་ཐུག ད་ཆ་བབས་འབྲེལ་བྱས་ན་མདའ་དཔོན་གཅིག་གསར་དུ་བཀོད་པའི་མཉམ་དུ་སྲེལ་ནས་བཀོད་པ་བྱེད་དུ་བཅུག་ན་ཡོང་བ་འདུག གཅིག་ཕྱོགས་སུ་ལས་དོན་ལ་ཕྱིན་ན་ཡང་། གཅིག་ལྷ་སར་ཡོད་གཉིས། ས་ཆར་འོན་སེང་བྱེད་པ་དང་། ཏཱ་ལའི་བླ་མའི་ཞབས་ཕྱི་དང་ཉེན་སེལ་སོགས་བྱས་ཚོག་པ་འདུག ད་ཕན་ནས་གལ་སྲིད་དམག་འཕོད་དགོས་བྱུང་རིགས་དང་། སོ་འོན་སེང་འཛོག་དགོས་བྱུང་ན་ཚང་མས་བཀའི་རྗེས་སུ་འབྲངས་ནས། ཏཱ་ལའི་བླ་མ་དང་། ལྷ་སར་སྡོད་པའི་ཏཱ་ཞིན་རྣམས་ཀྱི་ཐམ་ག་བབ་པའི་བཀའ་ཤོག་གི་དགོངས་དོན་བཞིན་བྱེད། མདའ་དཔོན་རྣམས་ནས་རྒྱུན་དུ་ས་ཆ་ཡུལ་ཕྱོགས་ཀྱི་སྲུང་ཆ་སེམས་བཞག་གི་བཅག་ཐོན་བྱེད། གལ་སྲིད་དོགས་གཞོན་དགོས་རིགས་བྱུང་ན་འཕྲལ་དུ། བཀས་མངགས་པ་ཏཱ་ཞིན་རྣམས་ལ་ཞུས་པའི་བསླབ་དོན་གནང་དོན་ལྟར་སྒྲུབ་དགོས། ཡང་གཞིགས་ན་གཙང་ལ་སྦྲ་སོར་ཡོད་པའི་མདའ་དཔོན་ལྷུང་ལོ་ཅན་པ་འདི་ལ། ཉེས་པ་གཏན་ནས་མི་འདུག་ཀྱང་། འགྱུར་མེད་རྣམ་རྒྱལ་གྱིས་ཁོ་པ་གསོད་དགོས་བསམ་པའི་རང་འཚམས་ཀྱི་ལས་ཚན་བཞག་ཏུ་བཅུག་འདུག་པས། འོས་བབས་བལྟས་ན་ད་དུང་ཡང་ཁོ་པ་བོས་པའི་གཙང་གི་མདའ་དཔོན་རང་འཛུགས་བྱས་ནས་ནག་

མེད་ལ་ནག་འགེལ་བྱས་པ་དཀར་སར་འཛོག་འོས་སུ་འཇུག

དོན་ཚན་གཅིག་ལ། བཀའ་སློན་མདའ་དཔོན་བཅས་ལ་བབས་འབྲེལ་བྱས་ན་བཀའ་ཤོག་གནང་འོས་སུ་འདུག དཔྱད་ན་བཀའ་སློན་མདའ་དཔོན་ཚང་མ། ཏཱ་ལའི་བླ་མའི་མངའ་ཞབས་ས་ཁུལ་གྱི་ལས་ཀའི་དབྱེ་འབྱེད་དང་། དམག་གི་བཀོད་པ་བྱེད་པའི་སློན་པོ་ཆེ་བ་ཡིན་འདུག མངགས་པའི་ལས་ཁུར་ཤིན་ཏུ་ནས་ལྗི་བའི་སྐབས་འདི་དག་སོ་སོར་བཀའ་ཤོག་རེ་གནང་ནས་བསྐོས་པའི་ལས་ཁུར་འགངས་ཆེ་བར་བྱེད། ད་ལྟ་ཡོད་པ་དང་། འཕར་མ་འཛོག་རྒྱུའི་བཀའ་སློན་མདའ་དཔོན་རྣམས་ཀྱི་མིང་ཐོ་སྔང་རྩེའི་དེབ་ལ་བཀོད་དེ་སྤྱིར་ཁང་ལ་ཕུལ་ནས་སྙན་སྒྲོན་ཞུས་ཏེ་ཕྱིར་ཕེབས་བཀའ་གནང་རྒྱུ་དང་། ཕྱིན་ཆད་ཚབ་འཇུག་དགོས་རིགས་བྱུང་ན་བཀས་མངགས་པའི་ཏཱ་ཞིན་དང་ཏཱ་ལའི་བླ་མ་བཅས་ཀྱི་བཀའ་གྲོས་བྱས་པའི། བཀོད་འོས་པའི་མི་འདེམས་ནས་བསླབ་དོན་ཞུས་ཏེ་བསྐོ་བཞག་བྱེད། ད་སྔོས་སྤྱིར་ཁང་ལ་ཞུས་ནས་བཀའ་ཤོག་ཕྱོགས་མཚུངས་རེ་བཀའ་དྲིན་བསྐྱངས་སུ་འཇུག རྗེས་སོར་ངེས་མེད་ཏཱ་ལའི་བླ་མ་མཆོག་ཏུ་མི་འཛིན་པར་ཁྲིམས་དང་འགལ་བ། ས་ཆ་ཡུལ་ཕྱོགས་ཀྱི་ལས་དོན་སྒྲུབ་མི་ཤེས་ཤིང་། ལས་ཚན་བཞོག་ཏུ་འཇུག་འོས་རིགས་འདུག་ན། ཏཱ་ལའི་བླ་མ་དང་། བཀས་མངགས་ནས་ལྷ་སར་བསྡད་པའི་ཏཱ་ཞིན་རྣམས་དང་ལྷན་རྒྱས་ནས་མ་འཕེར་བའི་གནས་ཚུལ་བསླབ་དོན་ཞུས་ནས། ལས་ཚན་མེད་པ་བྱས་ཏེ་སྔ་སོར་གནང་བའི་བཀའ་ཤོག་ཚུར་རྩིས་བླངས་ནས་སྤྱིར་ཁང་དུ་རྩིས་འབུལ་དགོས་རྒྱུ་ཡིན།

དོན་ཚན་གཅིག་ལ། མི་སེར་སོགས་ལ་རང་འཚམས་ཀྱི་བདག་བཟུང་བྱེད་མི་འཇུག་པའི་བབས་འབྲེལ་འདུག དཔྱད་ན་སྔར་སྲོལ་ལ་བོད་ཀྱི་མི་སེར་

ཐམས་ཅད། ཏཱ་ལའི་བླ་མའི་མངའ་འོག་ཡིན་འདུག་པས་སའི་རྒྱ་ཆེ་ཆུང་མི་སེར་དུད་མང་ཉུང་གི་དབྱེ་བ་ཕྱེ་ནས་སོ་སོའི་སྔར་རྒྱུན་གྱི་ཁྲལ་རིགས་སྒྲུབ་ནས། ཞྭ་སེར་བསྟན་པའི་དགེ་རྒྱུན་གྱི་ཐེབས། དགེ་འདུན་གྱི་ཞབས་ཏོག་འགྱེད་མང་ཇའི་དགོས་ཆའི་ཐོག་ཏུ་འགྲོ་བ་བྱེད་པ་ཡིན། ཕོ་ལྷ་ནས་དང་། འགྱུར་མེད་རྣམ་རྒྱལ་ཕ་བུ་ནས་ལས་ཁུར་བྱེད་པ་ནས་བཟུང་རང་འདོད་ཀྱི་བདག་འཛིན་བྱས་པ་དང་། འཕྲོག་པ་སོགས་ཀྱི་ཁོ་རང་གི་བདག་བརྒྱན་ཡོད་པའི་མི་ལ་དོན་མེད་དུ་རང་འཚམས་ཀྱི་སྦྱིན་པ་མང་པོ་འདུག ཡང་བདག་བརྒྱན་ཡོད་རིགས་ལ་ཁྲལ་མི་དགོས་པའི་བཀའ་ཤོག་སྦྱིན་འདུག་པ་དང་། མི་དགའ་བའི་མི་ལ་ཁྲལ་གསར་འཕར་སྣ་ཚོགས་ལེན་པའི་སྐབས། མི་སེར་གྱི་སྐྱིད་སྡུག་མི་སྙོམས་པ་བྱུང་འདུག བཀའ་བློན་མདའ་དཔོན་ཐུན་མོང་ནས་འཕྲུལ་དུ་དེབ་ཡིག་ནང་བཞིན་ཞིབ་བལྟས་ཀྱི་བསྟན་སྲིད་ལ་རྒྱུར་ཕན་ཐོགས་ངེས་པར་འབྱུང་བའི་མི་ལ་ཚར་དགའ་བདག་བརྒྱན་གནང་བ་རྣམས་ཕྱིར་མི་ལེན་པ་དང་། གཞན་འགྱུར་མེད་རྣམ་རྒྱལ་ནས་རང་འདོད་ཀྱི་དོན་མེད་དུ་སྦྱིན་པ་ཡོད་ཚེ་ཐམས་ཅད་དྲང་པོས་རྩད་བཅད་པའི། ཏཱ་ལའི་བླ་མ་ལ་གསལ་བར་ཞུས་པའི་ཕྱིར་ལེན་བྱས་པའི་གཞུང་དོན་ལ་ཕན་པ་དགོས་རྒྱུ་ཡིན། ཁྲལ་མི་དགོས་པའི་བཀའ་ཤོག་གནང་བ་རྣམས་ཞིབ་དཔྱད་བྱས་ནས་ཚུར་བླངས་དགོས་རྒྱུ་ཡིན། སྔར་རྒྱུན་གྱི་ཁྲལ་གང་ཡིན་སྒྲུབ་ཏུ་ཆུག ཁྲལ་གསར་འཕར་གང་ཡིན་ཏཱ་ལའི་བླ་མ་ལ་ཞུས་པའི་ཡང་དུ་ཆུག འདི་བཞིན་བྱས་ན་མི་སེར་ཐམས་ཅད་སྐྱིད་སྡུག་སྙོམས་པ་ཡོང་འདུག ད་ནས་བཟུང་སྟེ་སེམས་རྣམ་དག་གི་ཞབས་འདེགས་ལེགས་པར་ཞུས་པའི་བདག་རྒྱན་གནང་འོས་རིགས་ཀྱི་མི་ཡོད་ཚེ་བཀའ་བློན་མདའ་དཔོན་བཅས་ནས་དྲང་པོའི་སྒོ་ནས། ཏཱ་ལའི་བླ་མ་དང་། བཀས་མངགས་པའི་ཏཱ་

ཞིན་རྣམས་ལ་བསླབ་དོན་ཞུས་ནས་བབས་འབྲེལ་དང་མཚུངས་པའི་བདག་རྒྱུན་གནང་རྒྱུ་ཡིན།

དོན་ཚན་གཅིག་ལ། དོས་ཧྲ་སོགས་ལམ་ཡིག་བཀའ་ཤོག་ཏྲ་ལའི་བླ་མ་ལ་ཞུས་པའི་གནང་ན་བབས་འབྲེལ་འདུག དཔྱད་ན་སྔར་ལུགས་ལ་ཏྲ་ལའི་བླ་མའི་ཁྲལ་རིགས་དོན་གཅོད་སོགས་ལ་མི་སེར་ཐམས་ཅད་ཀྱི་དོས་ཧྲ་སོགས་ཀྱི་ཞབས་ཕྱི་ཞུ་བ་ཡིན་ཅིང་། ཕོ་ལྷ་ནས་དང་། འགྱུར་མེད་རྣམ་རྒྱལ་ཕ་བུས་ལས་ཁའི་དབྱེ་འབྱེད་བྱེད་པ་ནས་བཟུང་། སྲོལ་རྒྱུན་རྙིང་པ་བཤིག་ནས། བཀའ་བློན། མདའ་དཔོན་བཅས་ཀྱི་ཚོང་པ་བཏང་ནས་ཟེ་ལེང་དང་། དར་རྩེ་མདོ། བར་ཁམས། མངའ་རིས་བཅས་ཀྱི་ས་ཡུལ་དུ་ཚོང་བྱེད་པར་བཏང་དུས་རང་འདོད་ཀྱི་ལམ་ཡིག་བྱིན་པའི་ཨུ་ལག་བཏང་། གྲོ་ཚས་གང་དགོས་སོགས་ཐམས་ཅད་སྡེ་མི་སེར་ཕོག་སྐྱུལ་འདེད་ཀྱི་བླངས་པར་བརྟེན་མི་སེར་རྣམས་ལ་ཁྲལ་འཕར་གྱི་སྡུག་བསྔལ་ཆེན་པོ་ལྷ་ཉན་མེད་པ་བྱུང་གཤིས། མི་སེར་ཐམས་ཅད་འཚོ་བའི་རྟེན་དང་བྲལ་ནས་འཐོར་ཀྱེན་ལ་འགྲོ་བ་ཤིན་ཏུ་མང་། སྲོལ་འདི་སྔར་གཏན་ནས་བྱེད་མི་འཇུག་པའི་བབས་འབྲེལ་འདུག ད་ཕྱིན་ཆད་བཀའ་བློན་མདའ་དཔོན་ནས་ཚོང་པ་གཏོང་བར་རང་འདོད་ཀྱི་ལམ་ཡིག་བཏང་མི་ཆོག གཞུང་དོན་ཨུ་ལག་དགོས་ངེས་བྱུང་ན་ཅིས་ཀྱང་ཏྲ་ལའི་བླ་མར་བསླབ་དོན་ཞུས་པའི་ཕྱག་དམ་རྒྱབ་པའི་ལམ་ཡིག་བཀའ་ཤོག་དགོངས་དོན་ལྟར་བྱེད་དགོས། ཐག་ཉེ་སྐོར་ལ་ཉིན་ལྟར་དགོས་པའི་ཨུ་ལག་བཀའ་བློན་ཚོ་རང་གི་ཐག་བཅད་ནས་ཡི་གེ་སྤྲོད་ཆོག

དོན་ཚན་གཅིག་ལ། ཏྲ་ལའི་བླ་མའི་ཕྱག་མཛོད་ནང་བཞག་པའི་སྐུ་ཆས་རྣམས་ལ་རང་འདོད་ཀྱི་བླངས་མི་ཆོག ཞིབ་དཔྱད་ན་ལུགས་སྲོལ་རྙིང་པ་

ལ། ཕྱག་མཛོད་པས་དོ་དམ་བྱས་པ་ཡིན་འདུག གཞུང་དོན་ལ་བེད་སྤྱོད་བྱེད་དགོས་བྱུང་ན་བཀའ་བློན་རྣམས་ནས། དྭ་ལའི་བླ་མ་ལ་ཞུས་ནས་བེད་སྤྱོད་བྱེད་པ་ཡིན། སྒོ་འབྱེད་སྒོམ་ཚང་མར་དྭ་ལའི་བླ་མའི་ཕྱག་དམ་གནང་གི་ཡོད་འདུག ལོ་ལྟ་ནས་དང་། འགྱུར་མེད་རྣམ་རྒྱལ་ནས་ལས་དོན་དབྱེ་འབྱེད་བྱེད་སྐབས་ཚུན། རང་འདོད་ཀྱི་སྣངས་པའི་ལོངས་སྤྱོད་པ་དང་། དྭ་ལའི་བླ་མ་ལ་ཞུ་བ་ཕར་བཞག དྭ་ལའི་བླ་མ་ནས་ཁ་བཏགས་གཅིག་ཙམ་སྣངས་ནས་བེད་སྤྱོད་ལའང་སྐྱ་དབང་མེད་པ་ལྟ་བུར་ཐུག་འདུག་པས་འདི་ཤིན་ཏུ་མི་འོས་པ་ཆེན་པོ་ཡིན་འདུག སླར་ནས་སྔར་རྒྱུན་སྙིང་པ་ལྟར་དགོས་ཆ་ཆང་ཆུང་རིགས་ཕྱག་མཛོད་པས་འཁྲུན་གཅོད་བྱེད། སྒོ་འབྱེད་སྒོམས་ཚང་མར་དྭ་ལའི་བླ་མའི་ཕྱག་དམ་ཕབ་ཆུག གཞུང་དོན་ལ་གཏོང་དགོས་རིགས་བྱུང་ཚེ་བཀའ་བློན་རྣམས་ཀྱི་གྲོས་བསྡུས་བྱས་པའི། དྭ་ལའི་བླ་མར་ཞུས་པའི་བཀའ་གང་གནང་བཞིན་གྱི་རྗེས་འབྲངས་ཞུ་བ་དང་། རང་འདོད་ཀྱི་སྣངས་ནས་བེད་སྤྱོད་གཏན་ནས་མི་བྱེད།

དོན་ཚན་གཅིག་ལ། མངའ་རིས་དང་། ནག་ཆུ་བཅས་ཀྱི་ས་ཆ་རྣམས་གནད་འགག་ཤིན་ཏུ་ཆེ་བ་ཡིན་འདུག་པས། ཞིབ་དཔྱད་ན་ནག་ཆུ་འདི་མཚོ་སྔོན་པོའི་ས་འབྲེལ་ཡིན་འདུག མངའ་རིས་ས་ཆ་འདི་སྐྱོང་འགར་དང་ས་འབྲེལ་ཡིན་འདུག དེ་ལ་འགོ་པ་བསྐོ་བཞག་བྱེད་རྒྱུ་ཅིས་ཀྱང་བློས་འཁེལ་གྱི་མི་གོ་ཆོད་འདེམས་ནས་བཞག་ན་ས་ཆ་ཡུལ་ཕྱོགས་ལ་ཕན་ཐོགས་པ་ཡོང་འདུག སྔར་ནས་མི་སྙིང་ཁྲུངས་མེད་ཡོད་པ་འདེམས་ནས་གཏོང་རྒྱུན་ལ་ད་ཆ་དྭ་ལའི་བླ་མར་ཞུས་པའི་འདེམས་ནས་གཏོང་རྒྱུ་བྱེད། གཏོང་རྒྱུའི་མིའི་མིང་སྐྱོར་ཁང་ལ་ཕུལ་ནས་གོང་མ་ཆེན་པོའི་བཀའ་ཤོག་གསོལ་རས་ཞུས་ནས། ས་ཆའི་འོན་

སེང་པར་ཕན་སློབས་ཡོང་བ་བྱེད་འཇུག

དོན་ཚན་གཅིག་ལ། འདམ་གྱི་ས་ཆའི་སོག་པོ་རྣམས་བཀའི་རྗེས་སུ་འབྲངས་ནས་འཁྲུན་བཅད་དེ་གནས་འཇུག་ངོས་སུ་འདུག ཞིབ་དཔྱད་ན་སྔ་སོར་ཕོ་ལྷ་བ་ནས་ཀྱི་སོག་པོ་འདི་གྲས་བསོ་དམག་ལ་གཏོང་བའི་ཆེད་དུ་བསླབ་དོན་ཞུས་ནས་བཀོད་པ་བྱེད་རྒྱུ་ཡིན་ཅིང་། འགྱུར་མེད་རྣམ་རྒྱལ་བསད་པའི་རྗེས་སུ་ཁོ་པ་ཚོ་ལ་འགོ་འཆིངས་མེད་སྐབས་འདམ་ལ་བྲོས་སོང་འདུག སོག་པོ་འདི་གྲས་ཚང་མར་ཉེས་པ་མེད་པའི་མི་ཡིན་ཅིང་། སྔ་སོར་ནས་ཚེར་བཟུང་སྐྱེ་འཚོ་ཞིང་གནས་པ་ཡིན་པས། བོད་དང་ལུགས་སྲོལ་མི་འདྲ་འདུག ཉེ་ཆར་བཀའི་རྗེས་སུ་འབྲངས་ནས་དྲི་བ་བྱས་པར་ཁོ་རང་ཚོ་འདམ་ལ་ལོག་ནས་བསྡད་པའི་ཐོག་ཕྱོགས་འགྲོའི་རིགས་ལ་ཤ་མོ་ཕུལ་ནས་འགྲོ་འདོད་ཡོད་ཟེར་བར་བརྟེན། བབས་བལྟས་ན་གོང་མ་ཆེན་པོའི་ཐུགས་རྗེས་བརྩེ་གཟིགས་ཀྱི་དགོངས་པ་དང་མཐུན་པར་འཁྲུན་ལེགས་པར་དཔྱད་དེ་སྡོད་འཇུག སྔ་སོར་ཁོ་པ་རྣམས་སོ་ལོན་བརྒྱད་བཟོས་འདུག་པས་འགོ་ཡོད་རྣམས་ལ་ཚོ་ལོ་བྱིན་ཏེ་ཡང་ན་ཇའི་སང་དང་། ཡང་ན་ཐའི་ཇེ་ཞེས་འབོད་པ་ཐམས་ཅད་ཕོ་ལྷ་ནས་དང་། འགྱུར་མེད་རྣམ་རྒྱལ་བཅས་ཀྱི་རང་འཚམས་ཀྱི་དོན་མེད་ཚོ་ལོ་སྦྱིན་པ་ཡིན་འདུག་པས་སྲོལ་ལམ་དང་གཏན་ནས་མི་མཐུན་གཤིས། བབས་བལྟས་ཀྱི་ད་ལྟ་ཡོད་པའི་འགོ་པ་བརྒྱད་ལ་ཀུ་སེའི་ཏཱ་བསྐོ་བཞག་བྱེད། སོ་ལོན་ནང་ནས་མི་བརྒྱད་འདེམས་པའི་སོ་ལོན་ཛང་གིར་བསྐོ་བཞག་བྱེད། ཡང་མི་བརྒྱད་འདེམས་པའི་ཁྲུན་དུ་སྦྲོ་ཤོ་ཁོར་བསྐོ་བཞག་བྱེད། འདི་ཐམས་ཅད་ལ་ལུགས་སྲོལ་དང་མཐུན་པར་ཞྭ་མོའི་འབྲུ་རྒྱག་ཆུག རིམ་པ་བཞིན་དུ་བཀོད་པ་བྱེད་ཅིང་། འདི་དག་ཐམས་ཅད་ལ་ལྷ་སར་བཞུགས་པའི་ཏཱ་ཞིན་ནས་སྤྱིའི་བཀོད

ཁྲབ་བྱེད། སོ་སོན་རེ་ནས་མི་བཅུ་རེ་བཏོན་ཏེ་ཁྲོན་མི་བརྒྱད་ཅུ་ལྷ་སར་བཞག་པའི་ཕྱོགས་འགྲོར་གྲ་སྒྲིགས་ཀྱི། ཏཱ་ལའི་བླ་མའི་ཞབས་ཕྱི་ཞུ་འཇུག ཁོ་པ་ཚོ་ཟ་ཆས་གྲོ་ཁ་སོགས་སྟེར་ལུགས་ལྟར། ཏཱ་ལའི་བླ་མའི་ཕྱག་མཛོད་ནས་གནང་ཆུག དམག་འགུགས་དགོས། སོ་པ་གཏོང་དགོས་སྐོར་ཐམས་ཅད་མངགས་པའི་ཏཱ་ཞིན་རྣམས་ཀྱི་ཐམ་ག་བརྒྱབ་པའི་ཡི་གེའི་དོན་ལྟར་འགྲོ་སྟོད་བྱེད། བཀའ་བློན། མདའ་དཔོན་བཅས་ནས་རང་འདོད་ཀྱི་བཏང་མི་ཆོག འདི་དག་ལ་བློན་པོ་བསྐོ་བཞག་བྱེད་མིན་གྱི་སྐོར་ཚང་མ་བཀགས་མངགས་པའི་ཏཱ་ཞིན་རྣམས་ཏཱ་ལའི་བླ་མ་དང་ལྷན་དུ་གྲོས་ཐོག་ནས་འཁྲུན་གཅོད་བྱེད། ལོ་ལྟར་བཞིན་ཞིབ་བལྟས་ཀྱི་སོག་པོའི་ཁྲིད་ནས་བསམ་པ་རྣམ་དག་གི་ཧུར་སྐྱེད་བྱེད་པའི་མི་དྲག་པ་བྱུང་ན་འོས་ཚོད་ཀྱི་གསོལ་རས་གནང་། གལ་སྲིད་ཁྲིམས་ཀྱི་རྗེས་འབྲང་མི་བྱེད་པ་འདུག་ཚེ་རྗེས་གནོན་ཚ་ནན་གཏོང་། དེང་སང་ལྷ་སར་ཡོད་པའི་སོག་པོ་རྣམས་ཀྱི་ཁྲིད་ནས་རང་ཡུལ་དུ་ཧ་ཧོར་སོགས་གཏན་ནས་མེད་པའི་འཚོ་རྟེན་དང་བྲལ་བར་བརྟེན། སྤྱི་མོ་ནས་ལྷ་སར་བསྡད་པའི་མི་ཤུང་ཤས་ཡོད་པ་ཞིབ་གསལ་བར་དཔྱད་ནས་སྟེར་རྒྱུན་ལྟར་ལྷ་སར་སྡོད་བཅུག་པའི་འཚོ་ཆུག འདི་འདྲ་བྱས་ཚེ་སོག་པོ་ཐམས་ཅད་ལ་བཀོད་འདོམས་བྱེད་པར་ལས་སླ་བ་ཡོང་ཞིང་། ཐམས་ཅད་གོང་མ་ཆེན་པོའི་སྐུ་དྲིན་ལ་བརྟེན་པའི་གསོལ་རས་ཐོབ་པ་ཡོང་འདུག

གོང་གསལ་དོན་ལེ་ཚན་རྣམས་ཚང་མ་གོང་མ་ཆེན་པོའི་བཀའི་རྗེས་སུ་འབྲངས་ནས་དབུས་གཙང་གི་སེར་སྐྱ་མཐའ་དག་ལ་ཇི་སྲིད་བར་བདེ་སྐྱིད་ཡོང་བའི་དོན་དུ་ཡིན། ཏཱ་ཞིན་རྣམས་ནས་ཏཱ་ལའི་བླ་མ་དང་བཀའ་གྲོས་ཞུས་ཐོག་ནས་སྟར་གྱི་སྲོལ་རྙིང་རྣམས་ལ་དཔྱད་དེ་དམངས་ཀྱི་སེམས་དང་མཐུན་པར་

གུང་པ་ཧྲི་ཏའི་བསམ་ཚོད་དང་བཅས་བབས་འབྲེལ་དང་བསྟུན། དོན་ཚན་འདི་རྣམས་ཆ་བཞག་པ་ཡིན། ཁྱོད་ཚོ་བཀའ་བློན་དང་། མདའ་དཔོན། སྤྱི་པ། འགོ་ཡོད་དང་སེར་སྐྱ་དྲག་ཞན་ཐམས་ཅད་ནས་གོང་མ་ཆེན་པོའི་སྐུ་དྲིན་ལ་དད་ཅིང་བསམ་པ་རྣམ་དག་གི་རྗེས་སུ་འབྲངས། གུས་པ་རྩེ་གཅིག་གི་ཏཱ་ལའི་བླ་མ་མཆོག་ཏུ་བསྟེན་ལུགས་ཀྱིས། བོད་ཐམས་ཅད་དེང་སང་བདེ་བ་དང་ལྡན་ཞིང་། དགེ་ཚོགས་དང་བསོད་ནམས་ལ་ཡོངས་སྤྱོད་ཚོག་པར་མ་ཟད། བུ་ཚ་བརྒྱུད་ཀྱི་བར་དུ་རང་རང་གི་བསྒོ་སྐལ་དུ་ཐོབ་པའི་ལུས་སྲོག་ཡོངས་སྤྱོད་ཐམས་ཅད་རང་དབང་དུ་སྤྱོད་ཚོག་པ་དང་། གཏན་དུ་གོང་མ་ཆེན་པོའི་ཐུགས་རྗེ་དང་གསོལ་རས་ལ་བརྟེན་ཅིང་། ཏཱ་ལའི་བླ་མའི་སྐྱབས་འོག་ཏུ་ཚུད་པར་ཡོང་། ཚུལ་འདི་དང་འགལ་བར་སྤྱོད་པའི་ཉེས་པ་ཡང་བ་རྣམས་ཉེས་པ་ཐོབ་པའི་གནས་ཚུལ་ཞུས་ཏེ་གོ་ས་འབེབས་པ། ཉེས་པ་ལྕི་བ་རྣམས་ལུས་སྲོག་ལ་མི་འབབ་པ་བྱེད་མི་ཐུབ། འདི་ཕྱིར་ཆེད་དུ་དམིགས་ནས་ལུགས་གཏན་འཇགས་སུ་གནས་པའི་ལམ་སྲོལ་བཙུགས་ཏེ་ས་ཆེན་པོའི་མཐར་ཐུག་གི་བར་དུ་གནས་པའི་སྐྱེ་མི་སེར་ཐམས་ཅད་ལ་གོ་བར་དྲིལ་སྒྲོགས་པ་ཀྱིས། ཚང་མ་ཐམས་ཅད་ཀྱི་འདིའི་རྗེས་སུ་འབྲངས་ནས་འགྲོ་དགོས་རྒྱུ་ཡིན། དེ་ལས་འགལ་བ་བྱུས་ཚོག་རྒྱུ་མིན།

འབྲས་སྤུངས་ནས། སྔོ་མང་བླ་མ་སངས་རྒྱས་རྡོ་རྗེ། བློ་གླིང་བླ་མ་འཇམ་དབྱངས་སྨུན་ཚོགས། བདེ་ཡང་བླ་མ་དགེ་འདུན་བདེ་ཆེན། སྒོ་མང་བླ་མ་ངག་དབང་ལེགས་པ། འདུལ་བ་བླ་མ་ངག་དབང་བཀྲ་ཤིས། ཤར་རྩེ་བླ་མ་བློ་བཟང་འཇམ་དབྱངས། རྒྱས་པ་བླ་མ་དོན་གྲུབ་རྒྱ་མཚོ། སེ་ར་སྨད་བླ་མ་བློ་བཟང་ཆོས་འབྱོར། སྟོད་པ་བླ་མ་དཔལ་འབྱོར་རྒྱ་མཚོ། དགའ་ལྡན་

བྱང་རྩེ་བླ་མ་བློ་བཟང་འཕྲིན་ལས། ཉག་རོང་བླ་མ་བྱམས་པ་རིག་འཛིན། གོང་ས་མཆོག་གི་གསོལ་དཔོན་གྲགས་པ་མཐའ་ཡས། མགྲོན་ཡོན་ཏན་ལེགས་གྲུབ། ལོ་ཙཱ་བ་བླ་མ་ངག་དབང་དོན་གྲུབ། འབྲས་སྤུངས་སྒྲོ་སོ་བློ་བཟང་ནོར་བུ་དང་། བསམ་གྲུབ་རྒྱ་མཚོ། སེ་ར་སྒྲོ་སོ་བློ་བཟང་དཔལ་ལྡན་དང་། བློ་བཟང་འཕྲིན་ལས། དགའ་ལྡན་ཁྲི་པའི་ཕྱག་མཛོད་བསྟན་པ་དར་རྒྱས། བཀའ་བློན་ཤུང་པཎྜི་ཏ། བཀའ་བློན་ཚེ་རིང་དབང་རྒྱལ། བཀའ་བློན་སྲི་གཅོད་ཚེ་བརྟན། བཀའ་བློན་ཉི་མ་རྒྱལ་མཚན། ཤུང་ཀུན་དགའ་བསྟན་འཛིན། ཤུང་འགྱུར་མེད་དབང་རྒྱལ། ཛ་སག་ཐའི་ཇི་དབང་འདུས། དབུས་མདའ་དཔོན་དར་རྒྱས་བཀྲ་ཤིས་དང་། ཟླ་གདོན་རྡོ་རྗེ། གཙང་མདའ་དཔོན་ལྷུང་པོ་ཙན་པ་ཨ་ཇིག་དང་། པད་ཚལ་ཚེ་རིང་རྣམ་རྒྱལ། རམ་པ་རབ་བརྟན། རྩིས་དཔོན་མཁར་ལྡན་ཕུན་ཚོགས། ལྷ་ས་བླ་བྲང་ཕྱག་མཛོད་སྤྲེལ་བཞི་ཚེ་དབང་བཀྲ་ཤིས་དང་། དར་མོ་བཀྲ་ཤིས་རྒྱལ་པོ། གཤེར་དཔང་སྤྲོ་བ་ངག་དབང་། ལྷ་ས་གཉེར་ཚང་པ་ཁྲུང་རམ་ཚེ་རིང་བཀྲ་ཤིས། སྣོམ་པ་དཔལ་ལྡན་ཚེ་རིང་། ཞོལ་གཉེར་མཁར་ཐོག་བག་གྲོ། ལྷ་ལུང་རྩེ་ཚེ་རིང་རྡོ་རྗེ། མི་དཔོན་རགས་རྩིབས་ཚེ་དབང་དོན་གྲུབ། བཀྲས་རབ་རྡོ་རྗེ་ཕུན་ཚོགས། ཆིབས་དཔོན་གཏེར་སྣ་ཚེ་དཔལ། མེར་མོ་དབང་འདུས་རྡོ་རྗེ། བཀའ་དྲུང་ཚ་ཚུལ་དངོས་གྲུབ་དཔལ་འབར། ལྕགས་སྦྲག་ཚེ་དཔལ། ཟུར་ཁང་ལྷ་དབང་དར་རྒྱས། རྩམ་ལེན་གྲོང་སྟོད་ཁང་གསར་དོན་གྲུབ། སྤྲོ་ར་བུ་ཚེ་བརྟན་རྣམ་རྒྱལ། ཙ་གཉེར་ཤར་སྒོ་ཚེ་དབང་རྣམ་རྒྱལ། བདེ་ཆེན་བསོད་ནམས་དབང་རྒྱལ། ཤིང་གཉེར་ཁྲིང་མ་ལྷ་དབང་རབ་བརྟན་རྣམས།

ལྷ་སྐྱོང་ཁྲིར་བཞུགས་དགུང་ལོ་བཅུ་དྲུག་པའི་དཔྱིད་ཟླ་ཐ་མའི་ཚེས་

གསུམ་བཟང་པོ་ལ།”[1] ཞེས་གསལ་ཞིང་། རྩ་འཛིན་འདི་གཏན་འབེབས་བྱེད་སྐབས་ཀྱི་གནས་ཚུལ་སྐོར། སྐབས་དེར་དངོས་སུ་ཞུགས་གནང་མྱོང་བའི་བཀའ་བློན་མདོ་མཁར་ཞབས་དྲུང་ཚེ་རིང་དབང་རྒྱལ་གྱིས། “དེ་རྗེས་སེ་འབྲས་དགའ་གསུམ་གྱི་བླ་མ་ལས་སྣེ་དང་། གུང་བཀའ་བློན། མདའ་དཔོན་ཛ་སག དྲུང་འཁོར་ལས་ཚན་པ་ཆེ་ཕྲ་ཚང་མ་བསམ་འགྲུབ་ཁང་གསར་གྱི་ཚོམས་ཆེན་དུ་བསྡུས། གོང་མའི་ལུང་གིས་མངགས་པའི་མི་དྲག་ཅོང་དུ་ཆེ་གུང་ཡེ་ནས་སོགས་དཔོན་ཁག་ཐམས་ཅད་འཛོམ་ཐོག བོད་ལྗོངས་ཀྱི་བྱ་བ་ལས་ཀྱི་འཁོར་ལོ་ཇི་ལྟར་བསྒྱི་བའི་ཚུལ་དོན་ཚན་བཅུ་གསུམ་དུ་བསྡུས་པའི་རྩ་ཚིག་དང་། དེའི་དོན་རེ་རེ་བཞིན་དུ་ཅོང་དུ་ཆེ་གུང་ཡེ་ནས་རྒྱས་བཤད་དང་བཅས་ལེགས་པར་འདོམས་པའི་མཐར། དེ་ལྟར་བསྒོ་བ་ནི་ཁྱོད་རང་བོད་འབངས་ཀྱི་དོན་ཁོ་ན་ཡིན། དེ་མ་ཡིན་པའི་བྱ་བ་བཤད་ལུགས་གཞན་ཟེར་རྒྱུ་ཨེ་ཡོད་གསུང་བར། གོང་མ་བདག་པོ་ཆེན་པོ་རྗེ་བཙུན་འཇམ་པའི་དབྱངས་དངོས་དང་དབྱེར་མེད་པའི་དགོངས་པར། ཏཱ་ལའི་བླ་མའི་ཆོས་སྲིད་ཡར་རྒྱས་དང་། བོད་འབངས་ཉམས་ཐག་པ་འདི་རྣམས་ཉེས་ཀྱི་དོགས་པ་དང་། སྡུག་བསྔལ་གྱིས་གཙེར་གྱི་དོགས་ནས་གནས་སྐབས་ཐམས་ཅད་དུ་བདེ་བ་ལ་སྤྱོར་བ། ཉེ་རིང་ཕྱོགས་ལྷུང་མེད་པར་སྐྱོང་བའི་དགོངས་པ་ཁོ་ན་མངའ་གཤིས། ད་ལམ་ཡང་ཁྱེད་དཔོན་ཁག་རྣམས་ངེད་བོད་འབངས་རང་གི་ཆེད་དུ་ཕེབས། བོད་ཀྱི་བྱེད་སྒོའི་སྐོར་ཡང་བར་སྐབས་ཀྱི་སྲོལ་ངན་པ་རྣམས་དོར། སྲོལ་བཟང་བབ་འབྲེལ་དང་མཐུན་པ་རྣམས་ཡར་རྒྱས་སུ་གནང་རྒྱུའི་རྩ་ཚིག་དང་བཀའ་ཕེབས

① （བོད་ཀྱི་སྔ་རབས་ཁྲིམས་སྲོལ་བདམས་བསྒྲིགས་ལྟུགས་པར་མའི་དེབ་ངོས1 – 16）

པར། བཀའ་དྲིན་ཆེ་ཞེས་ཕྱག་འཚལ་བ་ལས་གཞན་རྒྱུ་མཚན་ཞུ་རྒྱུ་མེད་ཅེས་ཞུས།”① ཞེས་གསུང་འདུག་པ་དང་། དྷ་ལའི་བླ་མའི་རྣམ་ཐར་དུ། “གོང་མ་ཆེན་པོའི་མི་དྲག་རྣམས་ནས་བོད་ཀྱི་ལས་ཀ་དོན་ཚན་བཅུ་གསུམ་དུ་བཀོད་པའི་དོན་རྣམས་དྲིལ་བསྒྲགས་ཤིང་། གཙོ་བོར་སེར་སྐྱ་ཚང་མས་གོ་ཞིང་ངེས་དགོས་རྒྱུར། རྡོ་རྗེ་འཆང་དྷ་ལའི་བླ་མ་འདི་ཁོ་ན་བོད་གངས་ཅན་གྱི་མགོན་པོ་ཡིན་པས། གོང་མ་ཆེན་པོས་དགོངས་པ་ཁྱད་པར་ཅན་གྱིས་རྒྱལ་བའི་བསྟན་པ་དར་བ་དང་འགྲོ་བ་ཐམས་ཅད་བདེ་འཇགས་ཀྱི་ཆེད་དུ་དྷ་ལའི་བླ་མ་ལྔ་པ་ཆེན་པོའི་སྐུ་དུས་ལྟར་བོད་ཀྱི་ལར་རྒྱུའི་དོན་ཐམས་ཅད་རྡོ་རྗེ་འཆང་དྷ་ལའི་བླ་མ་རང་གིས་མཛད་དགོས་ཀྱི་མངའ་གསོལ་གཟིངས་བསྐྱོད་ཕུལ་བ་ཡིན་པ་ལ། ཁྱོད་བླ་མ་སེར་མོ་བ་དང་སྡེ་པ་མི་དྲག་སོགས་བོད་ཀྱི་སེར་སྐྱ་ཐམས་ཅད་ནས། གོང་མ་ཆེན་པོའི་བཀའ་དྲིན་དང་རྡོ་རྗེ་འཆང་དྷ་ལའི་བླ་མར་གུས་པ་རྩེ་གཅིག་བྱས་ན་དུས་རྟག་ཏུ་བདེ་སྐྱིད་དང་ལྡན་པ་ཡོང་། དེ་ལས་འགོང་ན་གོང་མ་ཆེན་པོའི་བཀའ་ཁྲིམས་བཙན་འཇིགས་ཆེ་བ་ཤེས་གསལ་བཅས་མཐའ་དག་ནས་ངེས་པར་གྱིས་ལ་རྟག་ཏུ་བདེ་སྐྱིད་ལ་སྤྱོད་ཚོག་པའི་བླང་དོར་ཡང་དག་པ་བྱེད་དགོས་པའི་བཀའ་ཤོག།”② ཅེས་འཁོད་འདུག་ཅིང་། དེ་ནས་བཟུང་བོད་ས་གནས་སྲིད་གཞུང་གི་བྱེད་སྒོ་རྣམས་དོན་ཚན་བཅུ་གསུམ་གྱི་འབྲུ་དོན་ཚད་འཛིན་དུ་བྱས་ནས་ལག་བསྟར་བྱས་པ་ནི་གུང་པཎྜི་ཏའི་ཚ་བོ་རྡོ་རིང་བསྟན་འཛིན་དཔལ་འབྱོར་གྱིས། “བོད་སྐྱོངས་བདེ་ཐབས་ཀྱི་རྩ་ཚིག་དོན་ཚན་བཅུ་

---

① （མདོ་མཁར་བྱུང་བརྗོད་དེབ་ངོས69－70）

② （དཔག་བསམ་སྙེ་མ་སྨད་ཆ་ཤོག་གྲངས6）

གསུམ་མ་ཞེས་དེང་དུས་ཀྱང་མཆོག་དམན་ཀུན་གྱིས་ཚད་མར་འཛིན་ཅིང་རླུང་ལྟར་གྲགས་པ།”① ཞེས་བྲིས་འདུག་པ་ལས་ཀྱང་གསལ་བར་རྟོགས་ཐུབ་པ་ལགས་སོ།

15. ལ་དྭགས་རྒྱལ་བློན་གྱི་ནང་འཁྲུག་འདུམ་ཐབས་དང་། པཎ་ཆེན་དྲུག་པར་དབང་ལུང་བསྩལ་བ་སོགས་ཆོས་སྲིད་ཀྱི་མཛད་པ་སྣ་མཐུད་ལེགས་པར་བསྒྲུངས།

དེ་ནས་ཟི་ཁྲིན་ཅོང་ཐུ་ཆེ་རིང་དང་། ཛོའུ་ཧྲོས་ཨམ་བན། སྤྱང་དམག་བཅས་ཕྱིར་ལོག་ལ་ཏཱ་ལའི་བླ་མ་མཆོག་ནས་མཇལ་ཁ་ཟ་གྲལ་དང་། ཐོན་ཕྱུག་གནང་སྩྲིན་སྣམས་མཐོ་བ་བཅས་བསྩལ། “འདི་སྐབས་ལ་དྭགས་རྒྱལ་པོ་དང་། བློན་པོ་ཚུལ་ཁྲིམས་ཀྱི་བུ་གཉིས་ནང་ཙུང་ཟད་མ་གཤིན་པའི་གནས་ཚུལ་གསན་འཕྲལ། ཕྱོགས་དེའི་རྒྱལ་བློན་ཚང་མ་བདེ་འཇགས་ལུགས་ལེགས་དགོས་པའི་བཀའ་ཤོག་རྟེན་དང་བཅས་པ་གནང་།”②“ ཡང་བསྐྱར་ཕོང་པ་རྣམས་ནས་བླ་མ་ཀ་ཐོག་པའམ། འབྲུག་པ་སྤྲུལ་སྐུ་རིན་པོ་ཆེ་གཉིས་གང་རིགས་ཤིག་རྫོང་ད་དགོས་ཚུལ་ནན་གྱིས་ཞུས་པ་བཞིན་ཀ་ཐོག་པར་ལ་དགས་ཕྱོགས་སུ་འགྲོ་དགོས་པའི་བཀའ་ཤོག་ཀྱང་གནང་།”③ ཞེས་འཁོད་འདུག

སྤྱི་ལོ1752ཐོད་ཆུ་སྤྲེ་ལོར། པཎ་ཆེན་དཔལ་ལྡན་ཡེ་ཤེས་དབུས་ཕྱོགས་སུ་ཆིབས་བསྒྱུར་གནང་། དེ་སྐབས་སྤྲུལ་ལོར་ཏཱ་ལའི་བླ་མ་མཆོག་གི་དྲུང་

① （དགའ་བཞི་བའི་བྱུང་བརྗོད་དེབ་ངོས61）

② （དཔག་བསམ་སྒྲི་མ་སྨད་ཆ་ཤོག་གྲངས18）

③ （དཔག་བསམ་སྒྲི་མ་སྨད་ཆ་ཤོག་གྲངས25）

དུ་རབ་བྱུང་སྡོམ་བཞེས་དང་། མདོ་སྔགས་ཀྱི་བཀའ་ཆོས་ཞུ་འདུན་གྱི་ལྷ་སར་ཕེབས་ཙང་། ཕང་འགྱུར་མེད་རྣམ་རྒྱལ་གྱི་བྱེད་སྒྲོད་ལ་བརྟེན་ནས་རབ་བཞེས་ཀྱི་མཛད་སྒོ་གནང་ཐུབ་ཙམ་ལས། དབང་། ལུང་། ཁྲིད་གསུམ་གྱི་བཀའ་ཆོས་སོགས་རྗེ་ཡབ་སྲས་གཉིས་ཀའི་ཐུགས་བཞེད་དང་མཐུན་པ་ཞིག་མ་བྱུང་བར་འཕྲལ་མྱུར་གཙང་ཕེབས་གནང་དགོས་བྱུང་འདུག་ཀྱང་། ཐེངས་འདིར་དབང་དང་། རྗེས་གནང་། ཁྲིད་ལུང་སོགས་མཐའ་ཡས་པ་དགོངས་བཞེད་ལྟར་ཞུ་ཐུབ་པ་མ་ཟད། ལྷག་པར“དཔལ་དུས་ཀྱི་འཁོར་ལོའི་སྐུ་གསུང་ཐུགས་ཡོངས་སུ་རྫོགས་པའི་དཀྱིལ་འཁོར་རྡུལ་ཚོན་ལ་བརྟེན་པ་རྒྱས་པ་ཉིན་གསུམ་གྱི་རིང་ལ་བྱིས་པ་ལྟར་འཇུག་པའི་དབང་བདུན་དང་། མཆོག་དབང་གོང་མ་གསུམ། གོང་ཆེན་གསུམ། རྡོ་རྗེ་སློབ་དཔོན་བདག་པོ་ཆེན་པོའི་དབང་མཐའ་རྟེན་དང་བཅས་མཐའ་དག རྒྱུད་ཀྱི་རྒྱལ་པོ་ཆེན་པོའི་འགྲེལ་ཆེན་དྲི་མ་མེད་པའི་འོད་ཀྱི་དགོངས་པ། ......འཇམ་མགོན་བླ་མ་ཙོང་ཁ་པ་ཆེན་པོའི་བཞེད་སྲོལ་ཐུན་མོང་མ་ཡིན་པ། གང་ཉིད་ཀྱི་སྲས་ཀྱི་ཐུ་བོ་མཁས་གྲུབ་ཆེན་པོ་སྨྲ་བའི་ཉི་མ་དགེ་ལེགས་དཔལ་བཟང་པོས་རྒྱུད་ཀྱི་འགྲེལ་ཆེན་དང་། དཀྱིལ་འཁོར་གྱི་ཆོ་ག་ཆ་ལག་དང་བཅས་པ་ལེགས་པར་གཏན་ལ་ཕབ་པ་བཞིན་ཟབ་རྒྱས་སུ་བསྐུལ་བས་དབང་དོན་བརྗོད་པ་ཙམ་དུ་མ་ཟད། ཕྱི་ནང་གཞན་གསུམ་གྱི་དུས་ཀྱི་འཁོར་ལོའི་གནད་འགག་མཐའ་དག་ལ་མ་རྟོགས་ལོག་རྟོག་གི་ཐེ་ཚོམ་དྲི་མ་མཐའ་དག་བསལ་ཏེ་དཔྱོད་ལྡན་མཁས་པ་རྣམས་ལའང་རྒྱུད་དོན་མཐའ་ཆོད་པའི་གོ་དོན་བླ་ན་མེད་པ་བསྐུལ་ཞིང་། ཚེ་དཔག་མེད་ལྷ་དགུ་དང་།

ཐུགས་རྗེ་ཆེན་པོ་བཅུ་གཅིག་ཞལ་གྱི་བཀའ་དབང་བཅས་ཀྱང་"①བསྐུལ་བ་སོགས་ཕན་ཚུན་ཐུགས་ཀྱི་བཞེད་དགོངས་ལེགས་པར་གྲུབ་རྗེས་པཎ་ཆེན་མཆོག་རང་གི་གདན་སར་ཕྱིར་ཕེབས་བསྐྱངས།

ལོ་འདིར་"བོད་ཀྱི་ལས་དོན་ལ་འོངས་པ་རྡོ་རྗེ་ཨམ་པར་འགྱུར་ཕྱུག་གི་ཐོག་གོང་མ་ཆེན་པོས་བསྐུལ་བའི་འཚམས་རྟེན་རྣམས་ཀྱང་བཞེས།" "དེ་ནས་བོད་ཀྱི་ལས་དོན་བྱེད་མི་བན་དེ་ཨམ་པ་ཕྱིར་ལོག་ལ་སྐུ་བརྟན། ཕྱིན་རྟེན་གྱི་རིགས་དང་དངོས་པོའི་རྫོང་བ་གཟབ་པ་བསྐུལ། ཐོན་གདོང་གོང་མ་ཆེན་པོར་ཡང་འཚམས་ཞུའི་ཞུ་ཡིག་རྟེན་སྐུ་བརྟན་བཅས་འབུལ་རྒྱུ་གནང་།"②"དེ་རྗེས་གོང་མ་ཆེན་པོའི་བཀའ་རིམ་བརྒྱུད་དུ་གནང་བར། མི་དྲག་བན་དེ་ཨམ་པ་སླེབས་སྐབས་སྐད་ཆ་དྲིས་པར། རྗེ་བོ་རིན་པོ་ཆེའི་སྐུ་མདུན་དུ་ཤར་ཕོ་ལྷ་ནས་ཀྱི་རུས་པ་ཡོད་པའི་མཆོད་རྟེན་བཞག་པ་དང་། ཡང་ཁོ་རང་གི་གཟུགས་ལི་མ་ལྷ་ཁང་གི་མཆོད་གྲལ་དུ་བཞག་པ་སོགས་ཡོད་སྐད་འདུག རྗེ་བོ་རིན་པོ་ཆེ་སྐྱེ་འགྲོ་ཐམས་ཅད་ཀྱི་ཞིང་ས་མཆོག་ཏུ་གྱུར་པ་ཡིན་པས་དེའི་མཆོད་གྲལ་དུ་སྐྱེ་བོ་ཕལ་པ་དེ་འདྲའི་རུས་པ་དང་གཟུགས་བཞག་པ་ཤིན་ཏུ་མ་འོས་པས། རྗེ་ཨམ་བན་ལ་བཀའ་ཕབ་ནས། རྡོ་རྗེ་འཆང་ཏཱ་ལའི་བླ་མའི་དགོངས་བསྟུན་གནས་གཞན་དུ་སྤོས་པ་འགབ། ཅེས་དགུན་ཟླ་ར་བའི་ཚེས་དགུ་ལ་བཀའ་ཕབ་པ་ཡིན་ཞེས་ཕེབས་འཕྲལ་ཨམ་བན་རྣམས་སྐུ་མདུན་དུ་འོངས་ནས་རྒྱུ་མཚན་ཞུས་པར། བོད་ཀྱི་མི་རྗེ་སྲོང་བཙན་སྒམ་པོ་ནས་བཟུང་ད་ལྟའི་བར་དུ་དེ་

① (མདོ་མཁར་བའི་བྱུང་བརྗོད་དེབ་ངོས75 –76)

② (དཔག་བསམ་སླེ་མ་སྨད་ཆ་ཤོག་གྲངས31 –32)

རིགས་ཀྱི་སྲོལ་མི་འདུག་པ་མ་ཟད། འཇམ་དབྱངས་གོང་མ་ཆེན་པོ་ནས་ཀྱང་དཀོན་མཆོག་ལ་སྲི་ཞུ་ལྷག་པར་མཛད་པའི་བཀའ་ཁྱད་པར་ཅན་གནང་བར་དགོངས་ཏེ་འཕྲལ་དུ་རྗེས་དང་དགའ་ལྡན་ཆོས་འཁོར་གླིང་དུ་སྒྲོ་ཏུ་འཇུག་པ་གནང་།”① ཞེས་གསལ་བ་འདི་དག་ཀྱང་འགྱུར་མེད་རྣམ་རྒྱལ་གྱིས་མི་དབང་གཤེགས་རྗེས་དགེ་འཇུག་ཡིན་ཁུལ་གྱི་རང་འདོད་ལྟར་བྱས་པ་ཤིན་ཏུ་གསལ།

སྤྱི་ལོ1753ཐོད་ཆུ་བྱ་ལོར། “གོང་མ་ཆེན་པོའི་བཀའ་ཕེབས་བཞིན་འཚམས་ཀྱི་སློབ་དཔོན་དུ་བཀྲ་ཤིས་ལྷུན་པོ་ནས་དཀའ་ཆེན་བློ་བཟང་འཕྲིན་ལས་དང་། རབ་འབྱམས་པ་བློ་བཟང་དགེ་འདུན། གར་འཚམ་གཉིས་ཀའི་སློབ་དཔོན་དུ་རྣམ་རྒྱལ་གྲྭ་ཚང་གི་གྲྭ་པ་དགེ་སློང་བསྐལ་བཟང་སྟོབས་ལྡན་དང་། བསྐལ་བཟང་ཚེ་དབང་། གར་གྱི་སློབ་དཔོན་དུ་ཞ་ལུ་བ་དགེ་སློང་རིན་ཆེན་བརྩོན་འགྲུས་དང་། རིན་ཆེན་མཆོག གྲྭ་ཚང་གསར་པའི་དབུ་མཛད་དུ་བློ་གླིང་རབ་འབྱམས་པ་དཔལ་བཟང་བཟོད་པ། བྱང་འདྲེན་དུ་རྒྱུད་སྨད་པ་དོན་ཡོད་ལེགས་ལྡན། སྨན་པར་འབྲས་སྤུངས་སྨན་སྒྲིན་པ་ཀུན་དགའ་མགོན་སྐྱབས་དང་། ཉི་མ་ཐང་པ་ངག་དབང་བསྐལ་བཟང་བཅས་པེ་ཅིང་དུ་འགྲོ་རྒྱུར་ཐོན་ཕྱག་གནང་སྒྲིན་བཟང་པོ་དང་། འགྲོ་འདུག་སོགས་སྤྱོད་ལམ་བག་ཡོད་པ་བྱེད་དགོས་པའི་ཞལ་ཏའང་གནང་།”② ཞེས་གསལ་བ་འདི་ལས་གཅིག་ནས་གོང་མ་ཆབ་ལུང་གིས་མེས་རྒྱལ་ནང་སར་དགེ་ལུགས་ཀྱི་མདོ་སྔགས་གཉིས་ཀའི་ཆོ་ག་ཕྱག་ལེན་ཆ་ཚང་ཙམ་ཡོད་པའི་དགོན་སྡེ་ཞིག་འཛུགས་རྒྱུར་དང་ཞེན་

①　(དཔག་བསམ་སླེ་མ་སྨད་ཆ་ཤོག་གྲངས41 –42)

②　(དཔག་བསམ་སླེ་མ་སྨད་ཆ་ཤོག་གྲངས48 –49)

ཆེན་པོ་དེ་འདྲ་གནང་བ་མཚོན་པ་དང་། གཉིས་ནས་བོད་ཀྱི་དགོན་གནས་སུ་གར་དང་འཆམས་ཞེས་རིགས་གཉིས་ཡོད་པ་མ་ཟད། སྐབས་དེར་བཀྲ་ཤིས་ལྷུན་པོར་འཆམས་གཙོ་བོ་དང་། ཞ་ལུར་གར་གཙོ་བོ་ཡིན་པ། རྣམ་རྒྱལ་གྲྭ་ཚང་དུ་གར་འཆམས་གཉིས་ཀ་ཡོད་པ་བཅས་མཚོན་པས་སྔད་བོད་ཀྱི་གར་འཆམས་ལ་ཞིབ་འཇུག་གནང་མཁན་ཚོར་དཔྱད་གཞི་ཁུངས་ལྡན་ཞིག་ཡོང་སྲིད་སྙམ་མོ།

གཞན་ཡང་སྐབས་འདིའི་དོན་གནད་འགའ་ཞིག་བོད་ཀྱི་ཡིག་ལམ་མ་རྙེད་པ་དཔེར་ན་ཡཱ་རྟན་ཀྲང་གིས་བསྒྲིགས་པའི་ཏཱ་ལའི་བླ་མའི་རྣམ་ཐར་ནང་། ཙོང་ཐུ་ཆེ་རིང་དང་བན་དེ་ཨམ་བན་སོགས་ཀྱིས་དོན་ཚན་བཅུ་གསུམ་གཏན་འབེབས་བྱས་སྐབས། "སྤར་འགྱུར་མེད་རྣམ་རྒྱལ་གྱི་(ལ་)ངོ་དམ་བྱེད་རྒྱུར་སྤྲད་པའི་བྱང་འབྲོག་ཚོ་པ་སུམ་ཅུ་སོ་དགུ་དང་། འདམ་བརྒྱ་ཤོག་བརྒྱད་བོད་བཞུགས་ཨམ་བན་གྱི་ངོ་དམ་བྱེད་ཁོངས་སུ་བསྒྲིལ་བ་རེད།" ཅེས་དང་། དུས་མཚུངས"བཀའ་ཤག་གི་སྟོབས་ཤུགས་ཉམས་དམས་སུ་གཏོང་ཆེད་དང་བཀག་སྐྱིལ་བྱེད་ཆེད་དུ། ཏཱ་ལའི་བླ་མའི་ཡིག་ཚང་ཞིག་བཙུགས་ཏེ་དེའི་ནང་དུ་དྲུང་ཡིག་ཆེ་མོ་བཞི་བསྐོ་གཞག་བྱེད་དགོས་པ་དེ་ཚོ་ཚང་མ་རྩེ་དྲུང་ཡིན་དགོས་ཤིང་། བཀའ་ཤག་གི་སྲིད་དོན་གཞུང་ཡིག་ཚང་མ་ཡིག་ཚང་གིས་ཞིབ་བཤེར་གཏན་འབེབས་མ་བྱས་ན་ཡར་འབུལ་མར་འགྲེམས་བྱས་མི་ཆོག་པའི་གྲོས་འགོ་བཏོན་པ་རེད། རྩེ་རིག་གནས་སློབ་གྲྭ་བཙུགས་ཏེ་དགོན་སྡེ་ཁག་གི་གྲྭ་པ་སྦྱོང་བརྡར་བྱས་ནས་རྫོང་ཁག་དང་གཞིས་ཁག་ཏུ་བཏང་སྟེ་རྫོང་དཔོན་དང་གཞིས་དཔོན་ཀྱི་འགན་འཁུར་དུ་འཛུག་རྒྱུའམ་བཀའ་ཤག་གི་ཁོངས་གཏོགས་ལས་ཁུངས

ཁག་ནང་དུ་ལས་འགན་འཁྱེར་དུ་འཇུག་རྒྱུ་བྱས། ”①ཞེས་སོགས་གསལ་བ་ལྟར་ཧོར་ཚོ་སུམ་ཅུ་སོ་དགུ་དང་འདམ་རྒྱུ་ཤོག་བརྒྱད་བཅས་སྐབས་དེ་ནས་བཟུང་བོད་སྡོད་ཨམ་བན་གྱིས་ཐད་ཀར་དོ་དམ་བྱེད་ཁོངས་སུ་བཅུག་པ་དང་། རྩེ་ཡིག་ཚང་ལས་ཁུངས་ཀྱང་དེ་དུས་བཙུགས་པ་ཡིན་འདུག་ཅིང་། བཀའ་ཤག་གི་གཞུང་དོན་ཡིག་རིགས་ཡར་འབུལ་མར་འགྲེམས་སྐབས་ཡིག་ཚང་ནས་ཞིབ་བཤེར་བྱ་རྒྱུ་ཞེས་པ་དེ་ཨམ་བན་ནས་གྲོས་འགོ་ཞིག་བཏོན་པ་ཡིན་ན་ལས། དེ་མིན་གོ་མིང་དབང་ཚད་དང་མི་མཐུན་ལ་དེ་རིགས་དངོས་སུ་ལག་ལེན་བསྟར་བའི་ལོ་རྒྱུས་ཀྱང་གོ་ཐོས་མེད། ཏཱ་ལའི་བླ་མ་སྐུ་ཕྲེང་བདུན་པས་རྩེ་སློབ་གྲྭ་གསར་འཛུགས་གནང་དུས་ནི་སྤྱི་ལོ1754བོད་རབ་བྱུང་བཅུ་གསུམ་པའི་ཤིང་ཁྱི་ལོར་ཡིན་པ་དང་། ཐོག་མ་སློབ་གྲྭ་ཚུགས་ཡུལ་ཡང་ས་གནས་གཞན་ཞིག་ཏུ་ཡིན་པ་ནས། ཏཱ་ལའི་བླ་མ་སྐུ་ཕྲེང་བརྒྱད་པའི་སྐབས་སྤྱི་ལོ1788བོད་ས་སྤྲེ་ལོའི་ཟླ་བ་ལྔ་པའི་ནང་རྩེ་པོ་བྲང་ཆེན་པོའི་ལེ་ལག་ཏུ་སྤོ་བཤུག་གི་གཏན་འཛུགས་གནང་བ་དང་། སྤྱི་ལོ1794བོད་ཤིང་སྟག་ལོར་སློབ་གྲྭ་དེའི་སྒྲིག་ལམ་སོགས་གཏན་འབེབས་ཀྱི་བཅའ་ཡིག་ཅིག་ཀྱང་བཟོ་གནང་མཛད་པ་སོགས་ཏཱ་ལའི་བླ་མ་སྐུ་ཕྲེང་བཅུ་གསུམ་ཆེན་པོས་སྤྱི་ལོ1932བོད་ཆུ་སྤྲེ་ཟླ་བ་ལྔ་པའི་ཚེས་ཉེར་དྲུག་ཉིན་བསྩལ་བའི་རྩེ་སློབ་གྲྭའི་བཅའ་ཡིག་གསར་པའི་ནང་ཞིབ་པར་འཁོད་འདུག་ཅིང་། དེས་ན་རྩེ་ཚིག་དོན་ཚན་བཅུ་གསུམ་བཏོན་ནས་ལོ་གསུམ་སོང་རྗེས་གསར་འཛུགས་གནང་བ་ཞིག་ཡིན། འོན་ཀྱང་ས་གནས་སྲིད་གཞུང་གི་ལས་ཁུངས་དུ་མ་དང་རྒྱ་ཁྱབ་རྫོང་གཞིས་ཁག་གི་སྣེ་སྡོད་དུ་རྩེ་

① （གོང་གསལ་བོད་ཡིག་དེབ་ལྷུགས་པར་མའི་པར་དངོས141－142）

བྲུང་མང་པོ་གཏོང་སྲོལ་དེ་དག་ཏཱ་ལའི་བླ་མ་བདུན་པའི་སྐུ་དུས་ནས་ཆགས་པ་ནི་དོན་དངོས་ཡིན། སློབ་གྲྭ་དེའི་ནང་ཡིག་གཟུགས་དང་། བཟ་དག་གཙོ་བོར་བཟུང་བའི་ཐོག སྒྲ། སྙན་ངག ཚིས་སྐར་ནག་ལ་སོགས་པ་དང་། ད་དུང་ལྷཱ། ཕྱཀྲུ་ལ་སོགས་རང་རང་བློ་ཚོད་དང་བསྟུན་པའི་རིག་གནས་སློབ་ཚན་མང་པོ་ཡོད་དོ། དུས་མཚུངས་སྐབས་དེ་དག་ཏུ་རྩེ་པོ་ཏ་ལའི་ཞོལ་དུ། སྐུ་བརྙན་མཆོད་ཆས་སོགས་བྲིས་བཞེངས་ལག་བཟོའི་བཟོ་ར་འདོད་དཔལ་ཞེས་པ་གསར་འཛུགས་མཛད་པའི་ནང་། རྒྱ་ཁྲབ་ནས་དྲིས་ཚུགས་ཐིག་ཚད་ཁྲུངས་ལྡན་གྱི་བྲིས་པ་དང་། ཚག་རྟུང་སོགས་ལག་ཤེས་བཟོ་རིགས་མཁས་པའི་དབུ་ཆེ་ཆུང་མང་པོ་བསྡུ་འགུག་ཐོག སློབ་ཕྲུག་གསོ་སྐྱོང་བྱེད་འཛུག་གནང་བ་དེ་དག་ལ་ཡུལ་སྲོལ་སྣ་ཡོན་དང་རྫོང་ཡུལ་སོགས་འགྲིག་ངེས་གནང་ཞིང་། བཟོ་ར་དང་དོ་དམ་དམིགས་བསྐོས་སོགས་གནང་བ་བཅས་མདོར་ན། ཏཱ་ལའི་བླ་མ་བདུན་པ་ཆེན་པོས་སྐུ་ཚེ་རྫིལ་པོར་སངས་རྒྱས་ཀྱི་བསྟན་པ་དར་སྤེལ་རྒྱ་ཆེན་པོ་གནང་བ་མ་ཟད། བོད་ཀྱི་གནའ་བོའི་རིག་གནས་དང་ལག་རྩལ་མི་ཉམས་གོང་སྤེལ་ཡོང་ཐབས་ཀྱི་སྐོར་ལ་ཡང་ཐུགས་འཁུར་དང་མཛད་རྗེས་བཟང་པོ་འཇོག་གནང་མཛད་ཡོད་པ་ལགས་སོ།

16. ཏཱ་ལའི་བླ་མ་མཆོག་ནས་སྲིད་འགན་ལོ་བདུན་བཞེས་མཐར་སྐུ་གཤེགས་པ་དང་། གོང་མས་དེ་མོ་རྒྱལ་ཚབ་ཏུ་བསྐོས་པ།

ཏཱ་ལའི་བླ་མ་བདུན་པ་མཆོག དང་ཐོག་ཆུ་བྱི་ལོ་ཙམ་ནས་སྐུ་འཁྲུགས་ཀྱི་བསྟུན་གཞི་བཞེས་པ་དེ་སིང་དངས་མ་གྱུར་པར་མངོན་ཞིང་། རྣམ་ཐར་ནང་སྤྱི་ལོ1755 བོད་ཤིང་ཕག་ལོར། “དེ་ནས་སྐུ་འཁྲུགས་ཀྱི་ཚུལ་བཞེས

འདིར་སྨྲར་ཕན་གསོལ་སྨན་སོགས་གང་གིས་ཀྱང་འཕྲོད་ངོ་ཆེར་མ་བཞེས་པར་བརྟེན་སྨན་པ་རྣམས་ཀྱི་མོལ་བསྡུར་ལ། ནོར་བུ་གླིང་ཁའི་འགྲམ་ལྷ་བུའི་རྒྱུག་ཆུར་འཕྲོད་བཞེས་ཤིག་གནང་ཐུབ་ན་ཕན་པ་ཨེ་ཡོང་གི་བསམ་པ་ལྟར་གསོལ་བ་བཏབ་ཅིང་། དེ་དོན་བཀའ་ལྡན། སྐུ་བཅར་ནང་མ་ཚང་མས་ཞུས་པར་བཀའ་ལས། ནད་འདི་རྣམ་དཀར་ཆོས་འཆད་སྤེལ་བྱེད་པའི་གེགས་སུ་འདུག་གཤིས། ཐན་པ་ཞིག་བྱུང་ཚེ་དེ་དག་ལྟར་ལེན་དགོས་པ་གཞིར་བཅས་ཀྱང་། ནད་འདིར་ཕན་ངོ་ཆེ་བ་ཞིག་མ་བྱུང་ཚེ་སེར་སྐྱ་སྤྱི་ཕྱིངས་ཀྱི་ལྟ་སྣང་དུ་ངེད་ཀྱི་ནད་འདིར་ཕན་ཆེད་ཀྱི་ཐབས་བཙོས་མི་བྱེད་ཀ་མེད་ཡིན་པ་མི་ཤེས་པར། སྤྱི་གསེང་གུ་ཡངས་བྱས་པ་ལྟ་བུ་ཞིག་གིས་གྲ་ས་ཆེན་པོ་ཁག་གི་དགེ་འདུན་པའི་འདུལ་ཁྲིམས་སོགས་ཀྱི་སྤྱན་ལྟོས་ལ་གནོད་པ་འདྲ་འབྱུང་ཉེན་ཆེ་བས་ངང་འཐེན་ཨེ་ལེགས་ཐེབས་”①ཞེས་གསལ་བ་སྐུ་ཕྲའི་གནད་འགག་འདི་ལྟ་བུར་ཐུག་ནའང་། དགེ་འདུན་སྤྱི་ཕྱིངས་ཀྱི་སྒྲིག་སྲོལ་ལ་གནོད་དོགས་དགོངས་བཞེད་དེ་འདྲ་གནང་བ་ནི་དངོས་འབྲེལ་རང་དཔེ་གཞན་སྟོན་གྱི་མཛད་པ་རྨད་དུ་བྱུང་བ་རྗེས་སུ་ཡི་རངས་ཞུ་འོས་པ་ཞིག་མ་ཡིན་ནམ། དེ་ནས་སྐུ་བཅར་ཞབས་འབྲིང་གཙོ་བོ་རྣམས་ཀྱིས། “ཡང་བསྐྱར་སྐུ་འཁྲུགས་ཀྱི་ཚུལ་བཞེས་འདི་ལྟ་བུར་འཕྲོད་བཞེས་ཅི་འདྲ་ཞིག་གནང་དགོས་བྱུང་ཡང་མ་གནང་མཐུ་མེད་ལགས་པར་བརྩེ་བས་གཟིགས་དགོས་ནན་གྱིས་ཞུས། ཧྲ་ཞིན་གཉིས་ནས་ཀྱང་ཚབ་གྲང་གི་འཕྲོད་བཞེས་དང་། བཞུགས་སྐར་གནང་ན་ས་དམའ་བ་བཅས་སྐུ་འཁྲུགས་ལ་ངེས་པར་འཕྲོད་དུ་རེ་བས་ཅིས་ཀྱང་ཐེབས་དགོས་ཞུས་

① （དཔག་བསམ་སྐྱེ་མ་སྨད་ཆ་ཤོག་གྲངས98）

པར། དེ་ལྟར་ནན་གྱིས་ཞེར་ན་ད་ཆ་ཕན་དུ་རེ་བས་འགྲོ་རྒྱུ་བྱེད་ཕེབས་པ་བཞིན་ཆིབས་རགས་ཞུང་བསྡུས་དང་བཅས་ནོར་བུ་གླིང་ཁར་ཕེབས་” ཞེས་དང་། “ཧཱ་ཞིན་གཉིས་སོགས་དཔོན་ལག་ནས་ཀྱང་ཆབ་བཞེས་སར་ཆིབས་སྐྱེལ་ཞུས་ཤིང་། བཞུགས་སྒར་ཕྱི་ནང་དང་ཆབ་རྫིང་སོགས་ལ་བཟོ་བཀོད་བྱས་ཏེ་ཐུགས་སྤྲོ་བར་ཡོང་བའི་ཆེད་བྱེད་ཞབས་ཕྱི་རྣམས་ནས་ཞབས་འདེགས་གང་ལེགས་ཞུ་དགོས། ལྷག་པར་བཀའ་བློན་གཅིག་སྐྱར་བཅར་ནས་ཞབས་ཕྱིར་སྡོད་དགོས་ཕེབས་པར་བཀའ་བློན་ཛ་སག་བླ་མས་ཞབས་ཕྱིར་བསྡད་……ཉིན་ལྟར་ཆབ་ཐེངས་གཉིས་རེ་ཙམ་གནང་ཞིང་སྨན་པ་རྣམས་ནས་ཀྱང་ཕྱག་རྩར་བརྟག་པ་སོགས་ཞུས་པར་སྐུ་ཚུང་ཟད་འཕྲོད་ཉམས་ཀྱི་ཚུལ་བཞེས།”① ཞེས་གསལ་བ་བཞིན་ལྷུང་གསེབ་དེར་ནོར་བུ་གླིང་ཁ་ཞེས་པའི་མིང་སྟེར་ནས་ཡོད་པ་མཚོན་ཞིང་། འོན་ཀྱང་བཞུགས་སྒར་ཕྱི་ནང་ཞེས་འཁོད་པར་གཞིགས་ན་ཕོ་བྲང་སོགས་གང་ཡང་མེད་པར་སྐུ་འཁོར་ཚང་མ་དབུ་གུར་ནང་བཞུགས་ཀྱི་ཡོད་པ་མཐོང་ཐུབ།

“སྐབས་འདིར་གོང་མ་ཆེན་པོའི་བཀའ་ཕེབས་སུ། ཧཱ་ལའི་བླ་མའི་སྐུ་འབྲུགས་སིང་དངས་མ་བྱུང་བའི་གནས་ཚུལ་ཐོས་པས་ངེད་སེམས་ཁྲལ་ཤིན་ཏུ་ཆེ་བ་བྱུང་། ལྷུང་སྐྱ་རུ་ཐོག་ཐུས་དབུས་པེ་ཅིང་ཕྱོགས་ཀྱི་བླ་མ་སེར་མོ་བ་ཐམས་ཅད་ལ་སྐུ་རིམ་རྒྱ་ཆེན་སྒྲུབ་རྒྱུ་གནང་བ་ཡིན། ཡར་བོད་དུ་ཡང་སྐུ་གཟུགས་ལ་སྨན་བཅོས་བྱེད་པར་སྨན་པ་མཁས་པ་ཞིག་དང་། དེ་སྐྱེལ་བ་དང་འཚམས་ཞུ་བཅས་སུ་མི་དྲག་ཁེ་ཡཱ་ཞིག་ཟླ་བ་བཅུ་གཅིག་པའི་ནང་རང་ལ་གང་མགྱོགས་

① （དཔག་བསམ་སྙེ་མ་སྨད་ཆ་ཤོག་གྲངས99）

ཐོན་པ་གཏོང་རྒྱུ་ཡིན་ཕེབས།”① ཞེས་གསལ་བ་ཁོང་ཚོ་མོ་མཇུག་དེ་རང་ལ་རྫོག་ཐོན་གྱིས་མེ་བྱེ་ལོ་འགོར་བོད་དུ་འགྱུར་པའི་སྐོར། “སྐབས་འདིར་གོང་མ་ཆེན་པོས་རྗེ་བླ་མའི་སྐུའི་འཚམས་ཞུར་མངགས་པའི་ཁེ་ཡྰ་དང་སྨན་པ་གཞོན་པ་བཅས་འགྱུར་བསྟུན་འདིར་ཡོད་རྒྱུ་དཔོན་བཅས་གསར་རྙིང་ཚང་མར་ཕྱག་དབང་དང་། ཛ་གྲལ། དཀར་སྦྲེ། བཀའ་འདྲི་སོགས་གནང་། ཁེ་ཡྰ་དེའི་གདོང་གོང་མ་ཆེན་པོས་བཀའི་འཚམས་འདྲིར། ཧྭ་ལའི་བླ་མ་སྐུ་འཁྲུགས་དངས་སྐྱིད་བྱུང་ཨེ་ཡོད་དང་། ཆེད་མངགས་ཁེ་ཡྰ་འདི་སྐུ་ཁམས་ལ་ཞིབ་མཇལ་ངོས། སྐུ་ཁམས་དངས་པའི་འཕྲོད་བསྟེན་གང་ལེགས་མཛད་དགོས་ཞུས་ནས་ཕྱིར་ལོག་རྒྱུར། སྨན་པ་གཉིས་ཡོད་པ་སྐུ་འཁྲུགས་མ་དངས་བར་བོད་དུ་བསྡད་ནས་སྨན་བཅོས་གང་ཟབ་འབུལ་རྒྱུ་ཡིན་སོགས་བཀའ་བཟང་པོ་བསམ་གྱིས་མི་ཁྱབ་པ་དང་། མཛོད་ཀྱི་བཟང་གོས་གསེར་ཡོད་ཡུག་ཆེན་མང་པའི་གནང་རྟེན་བཅས་བསྩལ་བ་བཀུར་གཟོས་ཀྱིས་བཞེས། དེ་ནས་ཁེ་ཡྰ་དང་སྨན་པ་བཅས་སྐུ་མདུན་དུ་ཡོང་སྟེ་སྨན་པ་དེས་ཕྱག་རྩར་ནན་ཏན་དུ་བརྟག་པ་ཞུས་ནས་བསམ་ཚོད་བསྟུན་བབ་དང་། འཕྲོད་བཞེས་གནང་ལུགས་སོགས་ཞུས། སྨན་པ་རྒན་པ་དེ་ལོ་ཏ་ཙང་མཐོ་ཞིང་ལམ་དུ་ཤད་རྩོལ་གྱིས་ངོངས་པ་བཅས་ལྷ་རི་ནས་ལག་པ་ན་བའི་རྐྱེན་གྱིས་རྗེས་སུ་ལུས་པ་ལ་བརྟེན་ཞུ་མ་རིར་མ་འཚོ་བའི་གནས་ཚུལ་འགྱུར་འཕྲུལ། གོང་མ་ཆེན་པོས་སྐུའི་སྲི་ཞུར་ཆེད་མངགས་གནང་བ་བཅས་ལ་དགོངས་དགེ་འདུན་བརྒྱ་ཕྲག་མང་པོར་མང་འགྱེད་ཀྱིས་བསྙེན་བཀུར་ཏེ་སྨོན་ལམ་གསུངས་ཤིང་། འཕགས་པ་ལོ་ཀེ་ཤྭ་ར་

① （དཔག་བསམ་སྙེ་མ་སྨད་ཆ་ཤོག་གྲངས113）

དང་གསེར་གདུང་རིན་པོ་ཆེ་སོགས་ལ་བརྒྱ་མཆོད་དང་ལྷུགས་བསྐོ་བཅས་དེར་དམིགས་ཀྱི་དགེ་བའང་རྒྱ་ཆེར་གནང་། ཨམ་བན་གཉིས་དང་། ཕི་ཡཱ། སྨན་པ་བཅས་སྐུ་མདུན་དུ་འོངས་ཏེ་སྨན་པ་ནས་ཕྱག་རྩར་བརྟག་པ་དང་། གོང་ནས་གནང་བའི་རྒྱ་ལུགས་ཀྱི་སྨན་ཤིང་གི་རྩ་བ་དང་འབྲུ་སོགས་སྣ་བཅུ་གཉིས་སྐོར་ཚད་ལྟར་སྦྱར་བའི་གསོལ་སྨན་བཞེས་ལུགས་སོགས་ཞུས་ནས་གསོལ་དཔོན་བརྒྱུད་ལྷུགས་ཐོག་ཏུ་སྨིན་རྒྱུར་ཕུལ།”① ཞེས་གསལ་བ་བཅས་གསོལ་སྨན་དང་། ཆབ་བཞེས་ཀྱི་འཕྲོད་བསྟེན། བོད་ཀྱི་མཆོག་དམན་སེར་སྐྱ་ཡོངས་ནས་ཞབས་བརྟན་འབུལ་བ་དང་། རིས་མེད་དགེ་འདུན་གྱི་སྡེ་རྒྱ་ཆེན་པོར་ཞབས་རིམ་སྨིན་སྒྲུབ་ནར་མར་ཞུས་པ་སོགས་ཞིབ་ཆ་ཡིག་ལམ་ཁག་ལ་གསལ་བ་ལྟར་ཡང་། དངས་སྐྱིད་མ་བཞེས་པར་སྤྱི་ལོ1757བོད་རབ་བྱུང་བཅུ་གསུམ་པའི་མེ་གླང་ལོའི་ཧོར་ཟླ་གཉིས་པའི་ཚེས་གསུམ་ཉིན་དགོངས་པ་རྫོགས་པའི་སྐོར་མདོ་མཁར་བའི་བྱུང་བརྗོད་ནང་དེ་ཉིན“བདག་ཅག་རྣམས་སྐུའི་གམ་དུ་བཙར་ཏེ་བསྟུན་དྲི་གསོལ་བར། ཞལ་འཛུམ་མུལ་བཞིན་སྐྱོན་མི་འདུག་ཕེབས་ཤིང་། ཉིན་ཕྱེད་ཙམ་ནས་སྤྱན་ནམ་མཁའ་ལ་ཡང་ཡང་གཟིགས་ཤིང་ཐུགས་དམ་སྐྱོང་བ་ལས། བཀའ་ཕེབས་ཆེར་མ་བྱུང་བར། དེ་སྐབས་ཕྲན་རྣམས་ནས་གོང་མའི་སྐུ་ཚབ་ཨུ་པ་ཡེ་དང་། བན་ཨམ་བན་གཉིས་ཀྱི་སར་ཕྱིན་ནས་སྐུའི་ལྟེམ་བབ་སོགས་སྙན་དུ་གསོལ་བར་དེ་འཕྲལ་གོང་མ་ཆེན་པོར་གྲལ་ཚེ་ཕུལ།” ཞེས་དང་། “དེ་ནས་གཟིམ་ཚུང་སྒྲུག་ཏུ་ཕེབས། ཐུགས་རྗེ་ཆེན་པོ་སེམས་ཉིད་ངལ་གསོའི་བཞུགས་སྟངས་ཆེད་དུ་མཛད་དེ། དཔལ་འཁོར་ལོ་སྡོམ་པའི་

① （དཔག་བསམ་སླེ་མ་སྨད་ཆ་ཤོག་གྲངས116）

ཉེ་སྙིང་ཡི་གེ་བདུན་པ་སོགས་གསུང་བ་དང་། རླུང་སྡུགས་དབྱེར་མེད་ཀྱི་རྡོ་རྗེའི་བཟླས་པ་ལ་སོགས་པ་མཛད་བཞིན་པར། ཞིང་འདིར་བསྟན་འགྲོའི་དོན་རླབས་པོ་ཆེ་བསམ་གྱིས་མི་ཁྱབ་པ་མཛད་པའི་དགོངས་པ་མཐར་ཕྱིན་ཏེ། གདུལ་བྱ་རྟག་འཛིན་ཅན་རྣམས་ཆོས་ལ་བསྐུལ་བའི་དོན་དུ། སྟོང་པ་གསུམ་རིམ་གྱིས་ཐིམ་པའི་མཐར། ཐམས་ཅད་སྟོང་པ་འོད་གསལ་བདེ་ཆེན་ལྷན་ཅིག་སྐྱེས་པའི་ཡེ་ཤེས་ཆོས་ཀྱི་སྐུ་མངོན་དུ་མཛད་ཅིང་། ཡེ་ཤེས་མངོན་སྤྱོར་གྱི་ཐུགས་དམ་ཟབ་མོ་ལ་བཞུགས་སོ།"① ཞེས་འཁོད་པ་དང་། དེ་འཕྲལ་"ཨམ་བན་གཉིས་ལ་གོང་མ་ཆེན་པོར་གནས་ཚུལ་འཕྲལ་དུ་ཞུ་རྒྱུ་དང་། དེ་ཡང་རྒྱ་ལུགས་དང་བསྟུན་པའི་ཕོང་རྣམས་སྐུ་གདུང་རིན་པོ་ཆེའི་དྲུང་དུ་འཕྲལ་དུ་བཅར་ན་ཐུགས་དམ་འདྲོག་རྐྱེན་བྱེད་པས། ཐུགས་དམ་གྲོལ་རྗེས་ཕེབས་དགོས་སོགས་གསེད་བཀྲོལ་གཏོང་བར་ངེད་ཅག་བཀའ་བློན་རྣམས་དང་། སྐུ་མདུན་མཁན་པོ་བཅས་བཅར་བར་ཨམ་བན་གཉིས་སྤྱན་ཆབ་འབྱིན་པ་སོགས་ཐུགས་ངལ་ཆེ་བར་མཛད་ཅིང་། གང་ཞུས་རྣམས་ལ་གསན་དགོངས་ཀྱི་གང་ཅི་ལམ་དུ་མི་འགྲོ་བའི་རིགས་མ་བྱུང་།"② ཞེས་འཁོད་འདུག

ཧྲ་ལའི་བླ་མ་སྐུ་ཕྲེང་བདུན་པ་སྐུ་གཤེགས་རྗེས་བོད་དུ་བཅའ་སྡོད་ཨམ་བན་གཉིས་དང་བཀའ་ཤག་བཅས་ནས་གོང་མ་ཆན་ལུང་ལ་གསེར་སྙན་སྦྲོན་པའི་བཀའ་ལན་ཕེབས་དགོངས་ལྟར་དེ་མོ་སྤྲུལ་སྐུ་བདེ་ལེགས་རྒྱ་མཚོར་བོད་ཀྱི་སྲིད་སྐྱོང་བསྐོ་བཞག་གནང་བའི་སྐོར་མདོ་མཁར་ཞབས་དྲུང་གི་བྱུང་བ་བརྗོད་

① (མདོ་མཁར་བའི་བྱུང་བརྗོད་དེབ་ངོས89 –91)
② (མདོ་མཁར་བྱུང་བརྗོད་དེབ་ངོས91)

པའི་ནང་། "སྐབས་འདིར་གོང་མ་ཆེན་པོར་སྤྲོ་སྣོར་ཕུལ་བའི་ལན་གསེར་གྱི་བཀའ་ལུང་བཟང་པོ་ཡང་ཡང་ཕེབས་ཤིང་། ལྷག་པར་ཨམ་བན་གཉིས་བརྒྱུད་ཞུས་པའི་བཀའ་ལན་དུ། རྡོ་རྗེ་འཆང་ཏཱ་ལའི་བླ་མ་ནི་སངས་རྒྱས་ཀྱི་བསྟན་པའི་བྱ་བ་ཐམས་ཅད་ཁུར་དུ་བླངས་པའི་སྐྱེས་བུ་དམ་པ་མཐའ་དག་གི་མཆོད་གནས་དང་རེ་ས་ཡིན་ཅིང་། བོད་འབངས་ཐམས་ཅད་བདེ་སྐྱིད་ལ་བཀོད་པར་མ་ཟད། བསྟན་སྲིད་ལས་དོན་ཐམས་ཅད་ངེད་ཀྱི་སེམས་དང་མཐུན་པའི་ཤིན་ཏུ་བསྟུགས་པའི་ཡུལ་ཡིན་པ་ལ། ད་ཆ་གློ་བུར་དུ་ཞི་བར་གཤེགས་པ་ལ་ངེད་སེམས་ཁྲལ་ཤིན་ཏུ་ཆེ་བས་ཡིད་འཕངས་ཤིང་སྐྱོ་བར་གྱུར། དགོངས་རྫོགས་སྐབས་སྐོར་བྲུར་གསལ་ལྟར་ལ་ངེད་ཀྱི་དགོངས་པར་དབུས་གཙང་གི་ལར་རྒྱའི་གལ་འགངས་ཆེ་བས། རྡོ་རྗེ་འཆང་ཏཱ་ལའི་བླ་མའི་སྤྲུལ་སྐུ་མ་གསལ་གྱི་བར་དུ་ཧུ་ཐོག་ཐུ་ཆེ་བ་ཞིག་ནས་འགོ་འཛིན་ཁུར་ལེན་བྱེད་བཅུག་ན་དབུས་གཙང་གི་ཆབ་འབངས་མཐའ་དག་ལ་ཤིན་ཏུ་ཕན་པ་འདུག་སྙམ་པ་ལྟར། དེ་མོ་ཧུ་ཐོག་ཐུ་སྐྱིའི་འགོ་འདྲེན་དུ་བསྐོས་ནས་ཞྭ་སེར་བསྟན་པ་འཛིན་བྱེད་དཔལ་ལྡན་ནོ་མིན་ཧན་གྱི་ཚོ་ལོ་གནང་བ་ཡིན། དེ་མོ་ཧུ་ཐོག་ཐུ་ཁྱོད་ཀྱིས་ཏཱ་ལའི་བླ་མའི་མཛད་སྒོ་ཐམས་ཅད་ཁུར་དུ་བླངས་ནས་བྱེད་དགོས་གཤིས། ཅེས་ཀྱང་ཞྭ་སེར་གྱི་བསྟན་པ་དར་བ་དང་། བོད་འབངས་ལ་བདེ་སྐྱིད་འབྱུང་བའི་བྱེད་སྒོ་མ་འཕྱུགས་པ་དགོས་ཤིང་། ངེད་ནས་གནམ་འོག་ས་སྟེང་གི་སྐྱེ་འགྲོ་ཐམས་ཅད་བྱམས་བརྩེས་བསྐྱངས་པའི་དགོངས་པ་དང་མཐུན་པར་ཏཱ་ལའི་བླ་མ་སྤྲུལ་སྐུ་མ་གསལ་གྱི་བར་དུ་གུས་པས་བཀའ་བཞིན་སྒྲུབ་པ་ལ་ལེ་ཤོར་མེད་པ་གྱིས། བཀའ་སློན་སོགས་ནས་ཀྱང་རང་རང་ལ་བབས་པའི་ལས་ལ་འབད་པ་དང་། ཏཱ་ལའི་བླ་མའི་སྐུ་དུས་བཞིན་སྤྱར་སྲོལ་བཟང་པོ་མ་ཉམས་པར་བྱེད་དགོས་

སོགས་བཀའི་གསེར་ཡིག་བཟང་པོ་ཕེབས། ”①ཞེས་གསལ་བ་མ་ཟད། དྭ་ལའི་བླ་མའི་རྣམ་ཐར་ནང་དུའང་གོང་མའི་བཀའ་ཡིག་འབྲུ་དོན་གོང་གསལ་ཞུད་དག་འགྲོ་བ་བཅས②འཁོད་འདུག་པ་ལྟར་བོད་དུ་བླ་ཆེན་གྱིས་རྒྱལ་ཚབ་བམ། ཡང་ན་སྲིད་སྐྱོང་གནང་བའི་སྲོལ་དེ་ནས་འགོ་ཚུགས་པ་ཡིན། གོང་མའི་བཀས་བསྐོས་ཚུལ་ས་གནས་སྲིད་གཞུང་གི་རྩ་འཛིན་ཐམ་དེབ་ཀྱི་ནང་དུའང་གསལ་ཐག་ཆོད་འཁོད་ཡོད། འོན་ཀྱང་ཉེ་དུས་བཟོས་པའི་“ བོད་ཀྱི་སྲིད་དོན་རྒྱལ་རབས” ཟེར་བ་དེའི་ནང་། “ རྒྱལ་དབང་སྐལ་བཟང་རྒྱ་མཚོ་དགོངས་པ་གཞན་དོན་དུ་གཤེགས་མ་ཐག བཀའ་བློན་རྣམས་དང་། སྐུ་བཅར་ཁག་གདན་ས་གསུམ་གྱི་སློབ་དཔོན། དྲུང་རིགས་སེར་སྐྱ་རྣམས་ཀོ་བསྡུར་གྱིས་རྒྱལ་བའི་ཡང་སྲིད་རིན་པོ་ཆེ་གདན་ཞུ་དང་འབྲེལ་དེས་སྲིད་ཀྱི་ཐུགས་འགན་སྐྱེད་བཞེས་མ་གནང་བར་དེ་སྲིད་དུ་བླ་སྤྲུལ་ཞིག་རྒྱལ་ཚབ་ཏུ་བསྐོ་བཞག་མཛད་རྒྱུ་འོས་འགབ་ཆེ་ཚུལ་བསམ་གྲོས་གཅིག་མཐུན་བྱུང་བར་བརྟེན་ཚང་མའི་སྤྱི་མོས་ལྟར་དེ་མོ་སྤྲུལ་སྐུ་ངག་དབང་འཇམ་དཔལ་བདེ་ལེགས་རྒྱ་མཚོར་ནོ་མིན་ཧན་གྱི་ཆོ་ལོ་དང་བཅས་སྐྱབས་མགོན་རྒྱལ་བའི་རྒྱལ་ཚབ་ཏུ་དབང་བསྐུར། ”③ ཅེས་བྲིས་འདུག་པ་ལོ་རྒྱུས་ཀྱི་ཡིག་ཆའི་ཁུངས་གང་ཡང་མ་མཆིས་ཤིང་། སྲིད་སྐྱོང་གི་དབང་བསྒྱུར་ལག་ཆ་དངུལ་ཐམ་ཆེ་མོའི་ཁ་རིས་སུ། “ བོད་ཀྱི་ལས་དོན་འཁུར་འཛིན་ཞྭ་སེར་བསྟན་པ་འཛིན་བྱེད་དཔལ་ལྡན་ནོ་མིན་ཧན་གྱི་ཐམ་ག

① (མདོ་མཁར་བའི་བྱུང་བརྗོད་དེབ་ངོས98 –99)

② (དཔག་བསམ་སྐྱེ་མ་སྨད་ཆ་ཤོག་གྲངས173 –174)

③ (གོང་གསལ་དེབ་ཕྱི་པར་མའི་སྟོད་ཆ་པར་ངོས584)

རྒྱུ།”① ཞེས་འཁོད་ཡོད་པའི་ཐོག་ནས་སྲིད་སྐྱོང་གི་ཚོ་ལོ་དང་ལས་ཐམ་དེ་སུ་ཞིག་གིས་གནང་བའམ། ཡང་ན་ཕུལ་བ་གང་ཡིན་མཐོང་ཐུབ་པ་མ་ཟད། ཕྱི་ལོ1757ཐོད་མེ་གླང་ལོར་དེ་མོ་བདེ་ལེགས་རྒྱ་མཚོར་སྲིད་སྐྱོང་དང་པོ་བསྐོས་པ་ནས། ཕྱི་ལོ1886ཐོད་མེ་ཁྱི་ལོར་དེ་མོ་བློ་བཟང་འཕྲིན་ལས་ལ་སྲིད་སྐྱོང་བསྐོས་པའི་བར་ལོ་བརྒྱ་ལྷག་ཙམ་རིང་སྡེ་རྟེང་དུ་བོད་ཀྱི་རྒྱལ་ཚབ་བམ། སྲིད་སྐྱོང་བཅུ་གྲངས་ཤིག་བྱུང་ཡོད་པ་དེ་དག་ཚང་མ་ཆེང་གོང་མར་གསེར་སྙན་སྦྲོན་ནས་ལུང་གིས་བསྐོས་པ་ཞེ་ཅིག་ཡིན་པ་ནི་ལོ་རྒྱུས་ཀྱི་ཡིག་ཆ་དང་། བླ་མ་སོ་སོའི་རྣམ་ཐར་ལའང་འཁོད་ཡོད་པས་ཀློག་པ་པོ་ཚོས་དཔྱད་ཞིབ་ཞུད་དགོས་པ་འཚལ།

དྭ་ལའི་བླ་མ་བདུན་པའི་རྣམ་ཐར་དུའང“གོང་མ་ཆེན་པོའི་བཀའ་ལུང་ལྟར་མི་རིང་བར་གཟའ་སྐར་འཕྲོད་སྦྱོར་དགེ་བའི་ཉིན། རྒྱལ་བ་མཆོག་གི་ཐུགས་སྲས་དེ་མོ་མཆོག་སྤྲུལ་རིན་པོ་ཆེར། བཀའི་དགུང་བློན་རྣམ་པས་དབུས་རྩེ་ཨོད་ཀྱི་དྲུང་འཁོར་སེར་སྐྱ་སྤྱི་དང་ཚོ་ཆེན་སོགས་ནས་ལེགས་འབུལ་རྒྱ་ཆེར་ཕུལ་ཏེ། རྗེ་བླ་མ་མཆོག་གི་ཡང་སྲིད་མ་ཕེབས་ཀྱི་བར་གདངས་སྟོངས་པན་བདེའི་རྩ་ལག་ཕྱག་ན་པདྨའི་རྒྱལ་ཚབ་དམ་པར་མངའ་གསོལ་ལོ།”② ཞེས་གསལ་བ་ལྟར་མེ་གླང་ལོ་ནང་དེ་རང་ལ་རྒྱལ་ཚབ་ཀྱི་ཁྲི་ལ་ཕེབས་ཤིང་། འདི་ནི་བླ་མ་གཞན་གྱི་སྤྲུལ་སྐུས་བོད་ཀྱི་སྲིད་དབང་འཛིན་པའི་ཐོག་མ་དེ་ལགས་སོ།

གསེར་གདུང་རིན་པོ་ཆེ་གསར་བཞེངས་སྐོར་ལ། མདོ་མཁར་ཞབས་

① （དེབ་ཐེར་ལོང་བའི་དམིགས་བུ་ཤོག་གྲངས62）
② （དཔག་བསམ་སྙེ་མ་ཤོག་གྲངས174）

བྲང་གིས། “དེ་ནས་རྒྱལ་བའི་སྐུ་གདུང་རིན་པོ་ཆེ་ཡིད་བཞིན་གྱི་ནོར་བུ་ཞུགས་སུ་ཕུལ་བ་དང་། རིལ་པོར་བཞུགས་པ་གང་ལེགས་རྒྱལ་ཚབ་རིན་པོ་ཆེའི་སྐུ་བྲང་དུ་བདག་ཅག་རྣམས་ཀྱིས་མོལ་ཞིབ་ཏུ་བྱས་པར། རྒྱལ་ཚབ་རིན་པོ་ཆེས་བརྟག་སྒྲིལ་གནང་བའི་དེར་གང་ཐོན་བྱེད་རྒྱུར་ཐག་བཅད་ནས་སྐུ་གདུང་རིན་པོ་ཆེའི་བྲང་དུ་ཐུགས་དམ་རྟེན་ཇེའི་སྐུ་བརྙན་བཀྲ་ཤིས་ཇོ་ཁ་མ། ཇོ་བོའི་ལུང་བསྟན་སྒྲོལ་མ། ལྷ་མོ་གསུང་བྱོན་མ་བཅས་གདན་དྲངས་ནས་བརྟག་སྒྲིལ་གནང་བར། སྐུ་གདུང་རིན་པོ་ཆེ་མ་ཉམས་པར་བཞུགས་པ་ལེགས་པར་བབས་ཤིང་། བཞུགས་གནས་ཀྱང་ཐུགས་བརྟགས་ལ་བབས་པ་བཞིན། གཟིམ་ཆུང་བཀྲ་ཤིས་འཁྱིལ་བར་གཙུག་ལག་ཁང་གསར་དུ་བསྐྲུན་པ་བཟོ་བཀོད་ཀྱང་ཤིན་ཏུ་བཀའ་བབས་ཤིང་ཕུན་སུམ་ཚོགས་པ། ཞུལ་མི་སོགས་ཏ་ཅང་ཆེན་པོའི་བཙབ་བསིག་ཀྱང་མ་དགོས་པ་ལེགས་པའི་ཕུལ་དུ་ཕྱིན་པ་བྱུང་། དེ་ནས་སྐུ་གདུང་རིན་པོ་ཆེ་ཡིད་བཞིན་ནོར་བུ་འགྲོ་བའི་བསོད་ནམས་ཀྱི་ཞིང་མཆོག་དམ་པར་བཞུགས་སུ་གསོལ་བའི་མཆོད་སྡོང་ཆེན་པོའི་སྐུ་རྒྱུའང་གསེར་སྦྲུངས་འབབ་ཞིག་ལས་གྲུབ་པ་ཅི་ནས་ཀྱང་བབ་འབྲེལ་ཆེ་རུང་། གཞུང་སའི་ཕྱག་མཛོད་དུའང་དེ་ལྟ་བུའི་དམིགས་ཡུལ་དུ་གྱུར་པ་མེད་གཉིས་སློས་ཤིན་ཏུ་འབྱུང་དཀའ་ཡང་། ཚང་མ་གསུང་མོལ་ཐོག་ནས་གསེར་སྦྲུངས་རང་ལས་བཞེངས་པར་ཐག་བཅད་པའི་ཚེ། བཀྲ་ཤིས་ལྷུན་པོ་ནས་པཎ་ཆེན་ཐམས་ཅད་མཁྱེན་གཟིགས་ཆེན་པོས་སྐུ་རྒྱུ་ཡོངས་རྫོགས་ཐོན་རྩིས་ཀྱི་གསེར་སིལ་མ་སྲང་སྟོང་ཕྲག་བདུན་དུས་གཅིག་ཏུ་བསྩལ་ཞིང་། གཞན་ཡང་མཆོག་ཏུ་དད་པའི་ནོར་ཅན་རྣམས་ནས་དགོངས་རྫོགས་ཞལ་འདེབས་དང་། གསེར་གདུང་རིན་པོ་ཆེའི་སྐུ་རྒྱུ་ཕྲ་རྒྱན་སོགས་ལ་ཆེད་དམིགས་ཀྱིས་ཕུལ་བ། གཞུང་ཕྱག་མཛོད་

ནས་སྤྱི་ཕྱིར་བསྐུལ་བ་བཅས་ཁྲོན་གཅིག་ཏུ་བསྡོམས་པར་གསེར་སིལ་མ་སྲང་ཆིག་ཁྲི་ལྔ་སྟོང་དགུ་བརྒྱ་ལྔ་བཅུ་ལས་བསྒྲུབས་པ། རིན་ཐང་གཞལ་དུ་མེད་པའི་རིན་པོ་ཆེ་མཱུ་ར། ཨིནྡྲ་ནཱི་ལ། པདྨ་རཱ་ག། མཀྲད། པདྨ་ར་ག་གེ་གེ་ཏ། རྡོ་རྗེ་ཕ་ལམ། མེ་ཤེལ། གཡུ། བྱུ་རུ། སྤུར་ལེན། མུ་མེན། མུཏྟི་ཀ་སོགས་བསམ་གྱིས་མི་ཁྱབ་པའི་ཕྲ་རྒྱན་གྱིས་མཛེས་པར་སྤྲུག་པ་བཟོ་བཀོད་ལྷ་བས་ཆོག་མི་ཤེས་པ། དངུལ་སྲང་བརྒྱད་བརྒྱ་ལྷག་བཅས་ལས་བསྒྲུབས་པའི་འདྲ་སྐུ་རིན་པོ་ཆེ།……སོགས་སྣང་པོ་ཏོར་ཐྣ་དགུ་པའི་ནང་ལེགས་པར་གྲུབ།”① ཅེས་འཁོད་པ་ལྟར་སྐུ་གདུང་བཞེང་བའི་བྱ་རིམ་དང་། གསེར་གདུང་གི་སྐུ་རྒྱུའི་གྲུབ་ཆ་སོགས་ཞུང་གསལ་ཙམ་འཁོད་འདུག་པས་རགས་བསྡུས་ཤིག་འདིར་དྲངས་ཤིང་། གསེར་གདུང་རིན་པོ་ཆེ་འདིའི་མཚན་ལ་བཀྲ་ཤིས་འོད་འབར་ཞེས་ཞུ་བ་ཡིན་ནོ།

ཏཱ་ལའི་བླ་མ་བདུན་པ་ཆེན་པོའི་ཡབ་ཚང་ནི། ཐོག་མ་ལི་ཐང་ནས་སྐུ་ངོ་ཚང་མ་བོད་དུ་ཕྱག་ཕེབས་གནང་ཞིང་། རྗེས་སུ་སྐུའི་གཅུང་པོ་གུང་ཀུན་དགའ་བསྟན་འཛིན་སོགས་སྐུ་ཚོས་རྣམས་ཀྱི་བཞུགས་ཡུལ་ལྷ་ས་བསམ་གྲུབ་ཕོ་བྲང་ཞེས་དེ་སྔ་ཏཱ་ལའི་བླ་མ་སྐུ་ཕྲེང་ལྔ་པའི་སྐབས་ཡོན་བདག་གོ་ཤྲི་བསྟན་འཛིན་ཆོས་རྒྱལ་གྱི་ཕོ་བྲང་དུ་གསར་བསྐྲུན་མཛད་པ་ལྟར་གོ་ཤྲི་ཡབ་སྲས་མི་རབས་གསུམ་ཙམ་རིང་བཞུགས་པ་དང་། རྗེས་སུ་ལྷ་བཟང་ཁང་ཉམས་ཉེས་ཤིང་ཧྲུན་གར་མཐར་བསྐྲད་རྗེས་སྐབས་ཤིག་རིང་། གོང་མའི་བཀས་བོད་དུ་མངགས་པའི་མི་དྲག་རྣམས་ཀྱི་འཚོར་མལ་ཡང་བྱེད་སྒྲོང་བ་དེ་གཏན་འཇགས་

---

① (མདོ་མཁར་བྱུང་བརྗོད་དེབ་ངོས99 –)

སུ་བསྒྲུལ་བར་བརྟེན་ཡབ་གཞིས་ཀྱི་མཚན་ཡང་བསམ་གྲུབ་ཕོ་བྲང་པ་ཞེས་ཆགས་ཤིང་། གཞུང་ནས་སྔོ་ཁ་གྲ་ནང་དང་ཟངས་རི་སོགས་འགྲོངས་ཐེབས་གཞིས་ཁ་རྒྱ་ཆེ་གནང་བ་བཅས་དུས་ཕྱིས་གཞུང་ཞབས་སྐྱེ་དཔོན་ཆེ་ཁའི་གྲས་སུ་གྱུར་པ་འདི་ནི་དྷ་ལའི་བླ་མའི་ཡབ་གཞིས་རིམ་བྱུང་གི་ནང་ནས་ཆགས་སྔ་ཤོས་དེ་ལགས་སོ།

བཞི་པ། དྷ་ལའི་བླ་མ་སྐུ་ཕྲེང་བརྒྱད་པ་འཇམ་དཔལ་རྒྱ་མཚོའི་སྐབས།

1. ཡང་སྲིད་བརྟད་འཚོལ་དང་། ངོས་འཛིན་ཁྲི་འདོན་སོགས་ཞུས་པ།

དྷ་ལའི་བླ་མ་བརྒྱད་པ་རྗེ་བཙུན་བློ་བཟང་བསྟན་པའི་དབང་ཕྱུག་འཇམ་དཔལ་རྒྱ་མཚོ་དཔལ་བཟང་པོ་མཆོག་ནི། བོད་ལྗོངས་གཙང་གཡས་རུའི་སའི་ཆར་གཏོགས་པ་ཐོབ་རྒྱལ་ལྷ་རི་སྒང་དུ་ཡབ་བསོད་ནམས་དར་རྒྱས་དང་། ཡུམ་ཕུན་ཚོགས་དབང་མོ་བྱ་བ་གཉིས་ཀྱི་སྲས་སུ་སྤྱི་ལོ1758བོད་རབ་བྱུང་བཅུ་གསུམ་པའི་ས་ཕོ་སྟག་གི་ལོའི་ཧོར་ཟླ་དྲུག་པའི་ཚེས་བརྒྱད་ཉིན་སྐུ་བལྟམས་པ་ཡིན།

དྷ་ལའི་བླ་མའི་ཡང་སྲིད་བརྟད་འཚོལ་དང་། བརྟག་ཞིབ། ངོས་འཛིན་བཅས་ཞུས་པའི་སྐོར་འདི་གཞི་རྐང་སྐབས་དེའི་ལོ་རྒྱུས་ཡིག་ཚང་ཁུངས་གང་རུང་ཞིག་ལ་རྩ་བ་བཟུང་སྟེ་དོན་དངོས་རགས་བསྡུས་ངོ་སྤྲོད་བྱས་ན་འཐུས་

པ་ཞིག་ཡིན་མོད། འོན་ཀྱང་“བོད་ཀྱི་སྲིད་དོན་རྒྱལ་རབས་” ཟེར་བ་དེའི་ནང་ཚིག་དོན་མ་མཚུངས་པའི་རྟོག་གཞི་ཞིག་བཟོས་འདུག་པ་འདི་ལྟ་སྟེ། དང་ཐོག་“རྒྱལ་མཆོག་འཇམ་དཔལ་རྒྱ་མཚོའི་སྐོར་ཕལ་ཆེ་བ་སྲིད་སྐྱོང་དེ་མོ་ཐུབ་བསྟན་འཇིགས་མེད་ནས་མཛད་པ་རྣམ་ཐར་འཛམ་གླིང་མཐའ་གྲུ་ཡངས་པའི་རྒྱན་ལ་གཞི་བཅོལ་བྱས་པ་ཡིན།”①ཞེས་ཆེད་དུ་མཆན་འགོད་བྱས་འདུག་ཀྱང་། དོན་དངོས་སུ་རྒྱལ་བའི་ཡང་སྲིད་ངོས་འཛིན་གཏན་འཁེལ་ཇི་ལྟར་བྱས་ནས་བྱུང་བའི་སྐོར་རྣམ་ཐར་དང་ཕྱོགས་འགལ་གྱི་འདི་ལྟར་བཤད་འདུག “ལྕགས་སྦྲུལ1760ལོར་རྒྱལ་བའི་ཡང་སྲིད་སྐོར་ལ་རྒྱ་ཁྲབ་ཇོང་གཞིས་ཁག་དང་། ཆོས་སྡེ་ཁག་ནས་ཕུལ་བའི་བྱིས་པ་རྟགས་མཚན་བཟང་རིགས་ཀྱི་མིང་གཞུང་འཁྱེར་བ་དེ་སྐོར་གལ་གནད་ཆེ་བས་པཎ་ཆེན་རིན་པོ་ཆེ་རྒྱལ་ཁབ་ཏུ་གདན་ཞུ་དང་། མདོ་སྨད་ནས་ཆེད་ཕེབས་ལྷུང་སྐྱ་ཧོ་ཐོག་ཐུ་ཡེ་ཤེས་བསྟན་པའི་སྒྲོན་མེ། རྒྱལ་ཚབ་ནོ་མིན་ཧན་སོགས་བླ་སྤྲུལ་ཆེ་ཁག་དང་། ལ་མོ། གནས་དགའ། བསམ་ཡས་སོགས་གཞུང་བསྟེན་ཆོས་སྐྱོང་ཁག་བཅས་པར་བརྟག་ལུང་ཞུ་གནང་མཛད་པའི་ཁོངས་ནས་བཟང་ཕེབས་བྱུང་བ་ཁམས། གཙང་། འོལ་དགའ་བཅས་སུ་ཡོད་པའི་བྱིས་པ་རྣམས་ལ་སྐུའི་ཉེར་ཆས་དང་། རྟགས་མཚན་སོགས་བརྟག་ཞིབ་བྱེད་མིའི་མི་སྣ་ཁག་ཆེད་གཏོང་མཛད་པ་ཕྱིར་འཁོར་ཁོངས་ནས་ས་སྟག1758ཟླ6ཚེས15ཉིན་ཐོབ་རྒྱལ་ལྷ་རི་སྒང་དུ་བཙས་པའི་བྱིས་པ་དེར་ཕལ་ཆེར་བཟང་ཕེབས་རྩེ་མཐུན་བྱུང་བར་བརྟེན་སླར་ཡང་གསོལ་དཔོན་གྲགས་པ་མཐའ་ཡས་དང་། མགྲོན་ཡོན་ཏན་ལེགས་གྲུབ། རྩིས་དཔོན་སྦྲུར་ར་

① （དེབ་དེའི་སྟོད་ཆ་པར་ངོས585）

པ་ཕུན་ཚོགས་གསུམ་གདོང་སྐུ་གོང་མའི་ཐུགས་དམ་གྱི་རྟེན་དང་། སྐུའི་ཉེར་ཆས། ན་བཟའ་སོགས་ངོ་འདྲ་འཕྱིར་ཏེ་བརྟག་དཔྱད་གཟིགས་འབུལ་ཞུས་པར་ཚང་མ་འཁྲུལ་མེད་ངོས་འཛིན་མཛད་པར་བརྟེན་ཚང་མས་དེ་རང་ལ་སྐྱབས་མགོན་རྒྱལ་བའི་ཡང་སྲིད་སྤྲུལ་སྐུར་ཐག་བཅད་ཞུ་རྒྱུ་ཡིན་ཚུལ་དགོངས་པ་རྗེ་མཐུན་བྱུང་གཤིས་དེ་དོན་རྒྱལ་ཚབ་ནོ་མིན་ཧན་དང་། བཀའ་ཤག་ནས་བོད་ལྗོངས་མངའ་སྡེ་ཡོངས་ལ་གཏམ་སྙན་གྱི་དྲིལ་བསྒྲགས་མཛད་"① ཅེས་བྲིས་འདུག་པ་ལྟར་སྐུ་ཧོ་ཐོག་ཐུ་མདོ་སྨད་ཀྱི་ས་ཆ་ཅི་འདྲ་ཞིག་ནས་གང་གི་དོན་དུ་ཕེབས་པ་ཡིན་དང་། ལོ་དུས་གང་ལ་བོད་དུ་ཕེབས་སོགས་མི་གསལ་བའི་ཁར། རྒྱལ་བའི་ཡང་སྲིད་དངོས་སུ་གཏན་འཁེལ་བའི་ཐག་གཅོད་ཇི་ལྟར་བྱས་པ་སོགས་རྣམ་ཐར་དང་རྩ་བ་ནས་མི་མཐུན་པར་བརྟེན་ང་ཚོས་ཀྱང་དེ་མོ་སྲིད་སྐྱོང་ཐུབ་བསྟན་འཇིགས་མེད་ཀྱིས་མཛད་པའི་ཏཱ་ལའི་བླ་མ་སྐུ་ཕྲེང་བརྒྱད་པའི་རྣམ་ཐར《འཛམ་གླིང་མཐའ་གྲུ་ཡངས་པའི་རྒྱན》ཤིང་པར་མ་དེ་རང་ལ་གཞི་བཅོལ་ཐོག ལྕང་སྐྱ་རོལ་པའི་རྡོ་རྗེའི་རྣམ་ཐར་ཐུའུ་བཀྭན་ཆོས་ཀྱི་ཉི་མས་མཛད་པ་དང་། སྐབས་དེའི་བཀའ་བློན་མདོ་མཁར་ཞབས་དྲུང་གི་བྱུང་བ་བརྗོད་པ་དང་། དགའ་བཞི་བའི་མི་རབས་ཀྱི་བྱུང་བ་བརྗོད་པ་སོ་སོ་ནས་ཀྱང་ཁ་སྐོང་ཙུང་ཟད་བཅས་བྱས་ཏེ་ལོ་རྒྱུས་ངོ་མ་གསལ་རྟོགས་ཡོང་བའི་ཕྱིར་ཡིག་ཚོགས་ལ་མ་འཛེམས་པར་ཞིབ་ཙམ་ཞིག་འགོད་དགོས་བྱུང་།

དེ་ཡང་ཏཱ་ལའི་བླ་མ་སྐུ་གོང་མ་དགོངས་པ་རྫོགས་པའི་མེ་གླང་ལོ་དེ་རང་ལ་གོང་མ་ཆན་ལུང་གིས་ལྕང་སྐྱ་ཧོ་ཐོག་ཐུ་རྒྱལ་བའི་ཡང་སྲིད་འཚོལ་བྲལ་

①《བོད་ཀྱི་སྲིད་དོན་རྒྱལ་རབས》ཟེར་བའི་དེབ་སྟོད་ཆའི་པར་ངོས585

བརྟད་འཚོལ་ཆེད་བོད་དུ་མངགས་རྫོང་གནང་བའི་སྐོར་ལུང་སྐྱའི་རྣམ་ཐར་ལས། "དེ་ནས་རིང་པོར་མ་ལོན་པ་ན་གོང་མ་ཆེན་པོའི་བཀའ་ལས། ཏཱ་ལའི་བླ་མ་བོད་ཀྱི་བསྟན་པའི་སྲོག་ཤིང་གཅིག་པུ་ཡིན་པས་ཞི་བར་གཤེགས་པ་ཤིན་ཏུ་མ་ལེགས་ཀྱང་བྱ་ཐབས་དང་བྲལ་བར་གྱུར། ད་ནི་ཏཱ་ལའི་བླ་མའི་མཆོག་གི་སྤྲུལ་པའི་སྐུ་འཁྲུལ་མེད་ངོས་ཟིན་པ་གལ་ཆེ་བས། ཧུ་ཐོག་ཐུ་ཉིད་བོད་དུ་ཕེབས་ནས་སྤྲུལ་སྐུ་བརྟད་བཅད་ནས་ཐག་ཆོད་པ་བྱེད་དགོས། ཧུ་ཐོག་ཐུ་ངེད་ཀྱི་གམ་ནས་ཐག་རིང་པོར་གཏོང་མི་ཕོད་ཀྱང་། ད་རེས་བོད་ཀྱི་བསྟན་པའི་དོན་གལ་ཆེ་བས་ཕེབས་ནས་མ་འགྱངས་པར་སྤྲུལ་སྐུ་ཐག་ཆོད་བསྟུན་ཚུར་ཕེབས་དགོས་ཞེས་པའི་བཀའ་ཕེབས། ཕྱག་གཡོག་ཏུ་ཨམ་བན་གཅིག་དང་། དཔོན་ཆུང་ཁ་ཤས། གོང་མའི་བླ་སྨན་གཉིས་བཅས་གཏོང་བ་གནང་། པེ་ཅིང་ནས་ཆིབས་བསྐྱོད་མཛད།"① ཅེས་གསལ་ཞིང་། དེ་སྐོར་མདོ་མཁར་ཞབས་དྲུང་གིས་ཀྱང་། "འདི་སྐབས་གནམ་གྱི་ལྷ་གོང་མ་བདག་པོ་ཆེན་པོས་རྒྱལ་དབང་རྡོ་རྗེ་འཆང་གི་ཡང་སྲིད་འཁྲུལ་མེད་མྱུར་གསལ་གྱི་དགོངས་པ་གཏད་ནས། རྒྱལ་དབང་མཆོག་གི་ཐུགས་སྲས། མཁྱེན་པ་དང་བརྩེ་བ་ཟུང་དུ་འཇུག་པ། བསྟན་པའི་གསལ་བྱེད་ཆེན་པོ་ཏཱ་ཀཱཾ་ཁྲི་ལྷུང་སྐྱ་མཆོག་སྤྲུལ་རིན་པོ་ཆེ་ཆེད་གཉེར་རྫོངས་བརྫ་གནང་བ་བཞིན་ཟླ་བ་བཅུ་གཉིས་པའི་ནང་དུ་ལྷ་ལྡན་རྡོ་རྗེ་གདན་གྱི་གནས་སུ་ཕེབས།"② ཞེས་འཁོད་པ་དང་། དེའི་གོང་པཎ་ཆེན་རིན་པོ་ཆེ་ལྷ་སར་ཆེད་དུ་གདན་ཞུ་དང་འབྲེལ་རྒྱལ་ཚབ་དེ་མོ་ཧོ་ཐོག་ཐུ་དང་

① (ཐུའུ་བཀན་ཆོས་ཀྱི་ཉི་མའི་གསུང་འབུམ་སྒྲིགས་བམ་དང་པོའི་ཤོག་གྲངས192)

② (མདོ་མཁར་བྱུང་བརྗོད་དེབ་ངོས102)

བཀའ་ཤག་སོགས་ནས་ཡང་སྲིད་འོས་སྤྲུལ་གར་ཕེབས་སྐོར་ལ་ཐོག་མའི་བརྩད་ཞིབ་ཞུས་པའི་ཐད་མདོ་མཁར་བས། "རྒྱལ་ཚབ་རིན་པོ་ཆེས་བཀའ་སློབ་ཀྱི་དོན་ལྟར་གསང་སྟབས་མངོན་ཆུང་གི་སྒོ་ནས་ཕྱོགས་རྣམས་ཀུན་ཏུ་རྟོག་དཔྱོད་བྱེད་མི་གཏོང་གནང་བར་ཕ་མ་སོགས་ཀྱི་ཟེར་ཚོད་དང་བསྟུན་པ་དང་། ལྟས་ཡ་མཚན་པ་འདྲ་བྱུང་ཚུལ་བཅས་ལ་བརྟེན་པར་སྐབས་སུ་སྟོད་སྨད་བར་གསུམ་ནས་ཐེ་ཚོམ་གྱི་གླེང་གཞི་ཆེ་ཞིང་། ཆོས་སྐྱོང་ཁག་ནས་ཀྱང་དེ་དང་དེའི་སྐབས་བསྟུན་གྱི་ལུང་ལས་འཁྲུལ་མེད་མཇུབ་བཙུགས་ཀྱི་ཡིད་རྟོན་ཐུབ་པ་བྱུང་རིགས་སུ་མི་འདུག"① ཅེས་གསལ་བ་མ་ཟད། ལྷུང་སྐྱ་ཧྲོ་ཐོག་ཐུ་ཕེབས་པའི་རྗེས་སུ་ཡང་འོས་སྤྲུལ་མང་པོ་ཐོན་པས་གཏན་འགེལ་མཛད་དཀའ་ཙམ་བྱུང་བར་སྣང་སྟེ། རྗེ་རིང་བསྟན་འཛིན་དཔལ་འབྱོར་གྱིས་གསུངས་པར། "སྐབས་ཤིག་སྐྱབས་རྗེ་ལྷུང་སྐྱ་སྐུ་གོང་མས། མི་རྗེ་བཀའ་དྲིན་ཅན་དེ་ཉིད་ལ། (གྲུང་པ་རྡོ་ཏར་ཟེར་) སྐུ་རྗེད་ཀྱི་ཚུལ་དུ་བཀའ་ཕེབས་པར། རྒྱལ་བའི་མཆོག་སྤྲུལ་གྱི་སྐོར་འདི་རྩ་བ་ཆེ་སྟབས་རང་ཅག་རྣམས་ཀྱིས་བློས་མ་འཁྱུད་པར་མངོན་ཤེས་ཡོད་རེས་ཆོས་སྐྱོང་ཁག་རྣམས་སྤྱན་འདྲེན་ཞུས་ཀྱང་། སོང་བའི་འཁར་བ་ལྟ་བུ་བཅས་ལུང་ཕེབས་ཚང་མ་པོ་ཏ་ལའི་གསེར་ཁྲིར་སྡེབས་གཅིག་ལ་བསྐྱལ་བས་ནི་མ་འཐུས། འདི་མུས་རིམ་འགྱངས་སུ་ལུས་ན་ནི་སྐུ་གེགས་སོགས་ཇི་ཡོང་ཆ་མི་རྟོགས་པའི་ཁར། གོང་མ་ཆེན་པོས་ཀྱང་ཇི་གསུང་མི་ཤེས་པ་བཅས། ད་སྒོས་པཎྜི་ཏ་འདི་ལ་ཆོས་སྐྱོང་སྐུ་གསོལ་ཞིག་ཞུ་དགོས་རྒྱུ་ཨེ་ཡིན་ཞེས་གསུངས་པ་ན། དེའི་ལན་དུ་……སྤྱན་འདྲེན་ཇི་ཙམ་མཛད་ཀྱང་ལྷ་འདྲེ་ཁོག་ཞུགས་ནི་ཐུན་

① (མདོ་མཁར་བྱུང་བརྗོད་དེབ་ངོས106)

ལ་གཏན་ནས་མི་ཡོང་། འོན་ཀྱང་ཐུགས་རྗེ་ཆེ་ཡུལ་དུ་རང་གི་བསམ་ཚོད་མཛོས་ལམ་དུ་མ་སོང་བར་ཞུ་ན། རྒྱལ་བའི་ཡང་སྲིད་སྐོར་འདི་རྩ་བ་ཆེ་སྟབས་རྒྱ་ནག་གོང་མ་ཆེན་པོས་ཀྱང་མདའ་ལ་ཡིད་མ་ཆེས་པར་མདུང་ལ་སྲུང་གང་སྲིད་དེ་བཀས་མངགས་པ་ནི་སྐྱབས་མགོན་ཆེན་པོ་ཉིད་ལས་གཞན་དུ་མ་མཆིས་པ་བཅས་དེས་ན། གཞན་ཟེར་རྗེས་འབྲེང་དང་མཛོས་ལམ་དུ་མ་སོང་བའི་ཡེ་ཤེས་ཀྱི་གཟིགས་པས་དཔྱད་དེ་ཐག་ཆོད་པ་ཞིག་མཛད་ཕྱིན། དེ་དོན་ལས་མི་འགལ་བའི་ཞབས་འགྱུར་ཞུ་འོས་རྣམས་ལྟོ་ཟོས་སྒོ་ཁྱིའི་དཔེ་ལྟར་ཕྲན་ཚང་མས་བསམ་པ་རྣམ་དག་ཞུ་དགོས་གཞིར་བཅས་ཞེས་ཞུ་བར་མཛད།”① ཅེས་གསལ་བ་ལྟར་སྐྱིག་སྒྱུར་གྱི་བྱ་བ་ཆེན་པོ་འདི་ལྟ་བུར་ཡས་མས་གང་ས་ནས་ཀླུན་ཀ་ལྷགས་རྟོགས་མཛད་གཙོ་རྣམས་ཀྱང་ཕན་ཚུན་ཆོད་ལེན་དང་། ཞལ་ཆོན་གཙོད་དཀའ་བའི་གནང་གཏད་མི་འདྲ་བ་དུ་མ་བྱུང་བ་མཚོན་ཞིང་། དེ་རྗེས་འོས་སྤྲུལ་ནང་ནས་བརྟག་དཔྱད་བསྐྱར་འདེམས་ཡང་འདེམས་བྱས་ཏེ་གཙང་དང་། འོལ་དགའ། ཁམས་བཅས་སུ་འཁྲུངས་པའི་ཁྱིའུ་གསུམ་ཐོན་པ་མཐར་ཐུག་པཎ་ཆེན་དཔལ་ལྡན་ཡེ་ཤེས་ལ་དཔྱད་འདེམས་མཛད་རྒྱུར་སྤུལ་བའི་སྐོར་ལྕང་སྐྱའི་རྣམ་ཐར་ནང་། “ད་ནི་རང་ཅག་ཐམས་ཅད་ཀྱིས་པཎ་ཆེན་རིན་པོ་ཆེར་གསོལ་བ་རྩེ་གཅིག་ཏུ་བཏབ་ནས་བཀའ་གང་ཕེབས་ལ་ཆ་བཞག་བྱེད་པ་ལས་འོས་མི་འདུག་གསུངས་པར། བོད་ཀྱི་ལས་དོན་ཤེས་མཁན་ཐམས་ཅད་ཀྱིས་དེ་བཞིན་ལེགས་པར་གསོལ་བ་བཞིན། རྗེ་བླ་མས་(ལྕང་སྐྱར་ཟེར་) གཙོ་མཛད། རྒྱལ་ཚབ། བཀའ་བློན་སོགས་ལས་དོན་བྱེད་པོ་ཐམས་ཅད་ཀྱིས་

① (དགའ་བཞི་བའི་བྱུང་བརྗོད་སྟོད་ཆའི་དེབ་ངོས78－79)

མཁྱེན་གཅིག་ཏུ། པཎ་ཆེན་མཆོག་ལ་རྣམ་འདྲེན་རྒྱལ་བའི་དབང་པོའི་ཡང་སྲིད་རིན་པོ་ཆེ་འཁྲུལ་བྲལ་ངོས་འཛིན་གྱི་བཀའ་ལུང་གཙང་ཐག་ཆོད་པ་བཀའ་དྲིན་བསྐྱངས་དགོས་ཚུལ་གྱི་ཞུ་བ་ནན་ཏན་ཕུལ་བས། པཎ་ཆེན་ཐམས་ཅད་མཁྱེན་ཅིང་གཟིགས་པ་ཆེན་པོས་འཁྲུལ་བྲལ་ཡེ་ཤེས་ལ་རྟེན་པར་ཤར་བ་བཞིན་གཙང་ཕྱོགས་སུ་སྐྲུ་འཁྲུངས་པ་དེ་ཉིད་རྒྱལ་དབང་འཇིག་རྟེན་གསུམ་མགོན་མཆོག་གི་སྐུའི་ཡང་སྲིད་འཁྲུལ་མེད་དུ་ཐག་གཅོད་པའི་བཀའ་ལུང་བསྩལ།”① ཅེས་གསལ་ཞིང་། ཐེངས་འདིའི་ཡང་སྲིད་འོད་འདེམས་ལ་གཞན་དང་མི་འདྲ་བའི་དཀའ་གནད་འདི་ལྟར་འཕྲད་དོན་ནི། གཙོ་བོ་གོང་མ་ཆན་ལུང་གིས་དེ་སྐོར་ཐུགས་སྣང་ཞིབ་ཚགས་ཆེན་པོ་མཛད་པའི་རྐྱེན་གྱིས་ཡིན། པཎ་ཆེན་རིན་པོ་ཆེས་འོས་སྤྲུལ་གཅིག་ཐོག་གཏན་འཁེལ་གནང་ཟིན་ཙང་། ད་དུང་ཆེང་གོང་མའི་བཀའ་ལུང་འཐོབ་དགོས་ཀྱི་ཡོད། དཔེར་ན་སྐབས་དེའི་བཀའ་བློན་མདོ་མཁར་བས། “གཙོ་བོ་སངས་རྒྱས་སྣང་བ་མཐའ་ཡས་པཎ་ཆེན་ཐམས་ཅད་མཁྱེན་པ་ཆེན་པོར་ཐུགས་དམ་བརྟག་ཞུ། ཆོས་སྐྱོང་ཁག་པོ་ཏ་ལར་དུས་གཅིག་ཏུ་སྤྱན་འདྲེན་གྱི་ལུང་ཞུ། གཞན་ཡང་བླ་མ་སེར་མོ་བ་སོགས་བློ་གྲོས་ཀྱི་ཕུལ་དང་ལྡན་པ་མཐའ་དག་ལ་དྲི་རྩད་སོགས་ཀྱི་སྒོ་ནས་ཀྱང་གཏན་ལ་ཕབ་པར། ངོ་མཚར་བའི་བརྟག་དཔྱད་རྟེན་འབྲེལ་བཅོས་མིན་མཚན་ལམ་གྱི་ངེས་པ་ཐུགས་བརྟག ལུང་བསྟན་བཅས་སྒོ་མཐུན་པར་ཐོབ་རྒྱལ་ལྷ་རི་སྒང་དུ་སྐྲུ་བལྟམས་པ་རྒྱལ་བ་རིན་པོ་ཆེ་འདི་ཉིད་ཁོ་ན་ངེས་པ་གཏིང་ཕྱིན་པར་གྱུར་ཀྱང་། བསྒྲིག་བཅད་བཟར་བའི་གསེར་བཞིན་དཔྱད་པ་གསུམ་གྱིས་རྣམ་པར་དག

① （ཐུའུ་བཀྭན་གསུང་འབུམ་གླེགས་བམ་དང་པོ་ཤོག་གྲངས232）

པའི་སྐད་དུ། སྔར་ཡང་སྐུ་མདུན་ནང་མ་ཁག་ནས་རྩོག་དཔྱོད་གནང་རྒྱུ་ལུས་སྐྱོང་དང་། གོང་གི་གནས་ཚུལ་གང་དང་ཅི་མཆིས་པ་རྣམས་འཛམ་པའི་དབྱངས་གོང་མ་བདག་པོ་ཆེན་པོའི་གསེར་གྱི་སྙན་དུ་གསོལ་ཏེ་ཇི་ལྟར་བཀས་དཔྱད་པའི་དོན་ལ་སྒང་བླང་ཞུ་རྒྱུའི་ཐ་ཚིག་ཀྱང་བཞེས་པ་ལྟར་(ལུང་སྐྱ) སྔར་པེ་ཅིང་དུ་ཕེབས་བསྐྱོད་གྲུབ་རྗེས།”① ཞེས་གསལ་བ་ལྟར་ལྕང་སྐྱ་རྗེ་ཐོག་ཐུས་སྤྱི་ལོ1760ཐོད་ལྕགས་འབྲུག་ལོར་ཡང་སྲིད་འོས་སྤྲུལ་སྐོར་གྱི་བརྟག་དཔྱད་གནས་ཚུལ་ཚང་མ་བསྡུ་རུབ་ཐོག གོང་མར་སྙན་སྒྲོན་གནང་སྟེ་བཀའི་ཕྱིར་ཕེབས་ཇི་ལྟར་བསྒྲུབ་བའི་དོན་ལ་བརྩེ་བཀུར་ཞུ་རྒྱུའི་བོད་ཀྱི་སེར་སྐྱ་ཆེ་ཆུང་ནས་མཐའ་འདོམས་ཀྱང་བཞེས་ཏེ་པེ་ཅིན་དུ་ཕྱིར་ཕེབས་གནང་བ་དང་། དེ་རྗེས་བཀའ་ལན་འཁོར་བར“གོང་མ་ཆེན་པོས་ཀྱང་ཏཱ་ལའི་བླ་མའི་ཡང་སྲིད་སྐོར་གཙང་གི་དེ་གསལ་ཆ་ཆེ་བ་བྱུང་འདུག་པས་ཕོ་བྲང་ཉེ་འདབས་སུ་གདན་འདྲེན་ངོས། སྔར་ཕྱིངས་ལ་ཚོར་སྣང་མི་གནང་བ་དང་། ཚོགས་ཐུབ་པ་བྱུང་བསྟུན་གསེར་ཁྲིར་གདན་འདྲེན་ཞུ་རྒྱུའི་བསླབ་སྟོན་ཞུ་དགོས་ཕེབས་པའི་རྗེས་སུ་འབྲངས་ཏེ། གཙང་ལྷོངས་སུ་རྒྱལ་ཚབ་རིན་པོ་ཆེ་དང་། ཇི་ཨམ་བན། ནོ་ཡོན་གུང་པཎྜི་ཏ་འཁོར་ཚོགས་དང་བཅས་རྒྱལ་བའི་མཆོག་སྤྲུལ་རིན་པོ་ཆེ་སྤྱན་འདྲེན་ལ་གཤེགས། ངེད་ཅག་ནས་རེ་ཤིག་སྐྱེ་ཐང་བདེ་བ་ཅན་དུ་སྟན་ཆགས་རྒྱུའི་གཟིམ་ཁང་ཞིག་གསོས་མཚོན་དགོས་ཆ་གང་ཅིའི་གྲ་སྒྲིག་དང་། སྔར་ཕོ་བྲང་ཆེན་པོར་ཕེབས་རྒྱུའི་གཟིམ་གུར་སྣར་བཅས་དང་། ཆིབས་དར། ཆིབས་རོལ། གཟིམ་འཕོགས། འཕན་གདུགས། རྒྱལ་མཚན། གར་པ་དང་།

① (མདོ་མཁར་བྱུང་བརྗོད་དེབ་ངོས107)

མཆོད་ཕྲིན་སྣ་བརྒྱད་ཀྱི་ཚོགས་པས་མཚོན་པ་གསར་བསྐྲུན། གསོལ་སྟོན་གྱི་བཀོད་གཤམས་བཅས་གྲ་སྒྲིག་ཞུས།”①ཞེས་འཁོད་པ་བཞིན་གོང་མའི་བཀའ་ལན་ཕེབས་རྗེས་གཞི་ནས་གཙང་དུ་འབྱུངས་པའི་འོས་སྤྲུལ་རིན་པོ་ཆེ་ཏཱ་ལའི་ཡང་སྲིད་དུ་ཐུགས་གཏན་གཙང་མ་འཁེལ་བ་གསལ་པོར་མཚོན།

སྤྱི་ལོ1761ཐོད་ལྕགས་སྦྲུལ་ལོའི་ཟླ་བ་དང་པོར་མཆོག་སྤྲུལ་རིན་པོ་ཆེ་བཀྲ་ཤིས་ལྷུན་པོར་ཕེབས་ཏེ་པཎ་ཆེན་མཆོག་གིས་དབུ་སྐྲ་གཙུག་ཕུད་བཞེས་ནས་མཚན་བློ་བཟང་བསྟན་པའི་དབང་ཕྱུག་འཇམ་དཔལ་རྒྱ་མཚོ་ཞེས་གནང་། དེ་ནས་དབུས་སུ་གདན་ཞུའི་སྐོར་ཏཱ་ལའི་བླ་མ་བརྒྱད་པའི་རྣམ་ཐར《འཛམ་གླིང་མཐའ་གྲུ་ཡངས་པའི་རྒྱན》ལས་འབྱུང་བ་ལྟར་ཟླ་བ་དེ་གའི“ཚེས་ཉི་ཤུ་གཉིས་ལ་དབུས་ཕྱོགས་སུ་ཆིབས་ཁ་བསྒྱུར་བར་ཐུགས་ཐག་ཆོད་པར། ཡབ་སྲས་གཉིས་བར་འབྲལ་མི་ཕོད་པ་ལྟ་བུའི་ཚུལ་བསྐྱངས། ཆིབས་བསྒྱུར་སྐབས་གཟིམ་ཆུང་ཉི་འོད་ཀྱི་གཟིམ་སྒོ་བར་པཎ་ཆེན་མཆོག་ནས་ཕེབས་སྐྱེལ་མཛད་པ་སྐུ་དངས་པོ་གནང་ཞེས་ཞུ་བ་གནང་། དེ་ནས་ཕེབས་ཁྲམས་སུ་ཡུམ་བཞུགས་ཀྱང་མི་དགྱེས་པའི་ཚུལ་མཛད། ད་པོ་ཏ་ལར་འགྲོ་ཞེས་ཕེབས།” ཞེས་དང་། དེ་ནས་རིམ་བཞིན་ཕེབས་ཏེ“མཉེས་ཐང་མདོར། བཀའི་གུང་བློན་ཇ་སག་མདོ་མཁར་ཚེ་རིང་དབང་རྒྱལ། གུང་འགྱུར་མེད་དབང་རྒྱལ། ཐའི་ཇི། མདའ་དཔོན། རྫིས་དཔོན། བཤེར་དཔང་། མི་དཔོན། ཕྱག་མཛོད་པ། ཞལ་གཉེར། གཉེར་ཚང་པ་སོགས་དགའ་ལྡན་ཕོ་བྲང་པའི་ལས་སྣེ་སེར་སྐྱ་སྤྱི་དང་། དགའ་ལྡན། འབྲས་སྤུངས། སེ་ར། རྒྱུད་སྟོད་སྨད་ཀྱི་ལས་སྣེ་ཆེ་ཕྲ།

① （མདོ་མཁར་ཞབས་དྲུང་བརྗོད་དེབ་ངོས108）

རྒྱལ་སྲས་སྤྲུལ་སྐུ། སྣེ་ལུང་རྫེ་དྲུང་སྤྲུལ་སྐུ་སོགས་ལྷ་སྡེ་མི་སྡེས་མཆོན་ཆིབས་བསྒྱུར་ཆར་སྒྲོས་ཀྱི་ལྗོ་སྦྱིན་གཏིབས་པ་ལྟར་འགྱུར། མཉེས་ཐང་བདེ་བ་ཅན་པ་ལ་སོགས་པའི་དགེ་འདུན་རྣམས་ཀྱིས་མཆོད་པའི་བྱེ་བྲག་བསམ་གྱིས་མི་ཁྱབ་པའི་མདུན་བསུས་ནས། བདེ་བ་ཅན་གྱི་རྒྱལ་སྒོའི་འགག་ཏུ་བོད་བཞུགས་ཏཱ་ཤིང་གཉིས། སྦྱར་ཀོ་ཆེ། སྦྲི་ཆའི་ཆེ། ཤུལ་ཡེ་སོགས་ནས་ཕེབས་བསུ་མཛད་པར་མཇལ་ཕྱག་གནང་།”① ཞེས་གསལ་བ་ལྟར་མཆོག་སྤྲུལ་རིན་པོ་ཆེ་རེ་ཞིག་མཉེས་ཐང་བདེ་བ་ཅན་གྱི་དགོན་པར་བཞུགས་གདན་འཛུགས་པའི་ཞབས་ཞུ་སྒྲི་འདོམས་སུ་བཀའ་བློན་དགའ་བཞི་གུང་པཎྜི་ཏ་བཞུགས་པ་དང་། རྒྱལ་ཚབ་དེ་མོ་ཧོ་ཐོག་ཐུ་དང་། རྒྱ་བོད་ཀྱི་དཔོན་རིགས་ཁྱིངས་ལྷ་སར་ཕེབས་འདུག་དགའ་བཞི་བའི་བྱུང་བ་བརྗོད་པའི་ནང་། འདི་སྐབས་ལྕང་སྐྱ་ཧོ་ཐོག་ཐུ་ཡང་གཙང་དུ་ཕེབས་ཚུལ་དང་། པཎ་ཆེན་དཔལ་ལྡན་ཡེ་ཤེས་ཡབ་སྲས་ལྷན་ཅིག་དབུས་ཕེབས་གནང་ལུགས་སོགས་གསལ་ཏུང་དག་པར་མ་མཐོང་སྟེ། ལྕང་སྐྱའི་རྣམ་ཐར་དང་། མདོ་མཁར་བའི་བྱུང་བ་བརྗོད་པ་ལའང་རྣམ་ཐར་འདི་དང་གཅིག་མཐུན་གསལ་བས་དེ་དག་ཁུངས་བཙན་པར་སྣང་ངོ་།

རྣམ་ཐར་ནང་དེ་ནས“དེ་མོ་རིན་པོ་ཆེ་དང་། གོང་མའི་འཕྲིན་ལས་པ་ཏཱ་ཤིང་བཅས་ཀྱིས་སྐྱབས་མགོན་དམ་པའི་བཀའི་ཕེབས་སྒོ་དང་། མཛད་སྒྲིད་ངོ་མཚར་བའི་རྣམ་ཐར་ཕྲ་ཞིབ། ཏཱ་ཤིང་ནས་སྦྲི་ཆའི་ཆེ་པླ་ལོ་ཡེར་སོར་མོའི་ཟློས་གར་འཁྲུག་ཏུ་བཅུག་སྟེ། གནམ་བསྐོས་གོང་མ་ཆེན་པོའི་གསེར་གྱི་སྙན་དང་གཟིགས་པ་ཡངས་པའི་སྤྱན་རས་ཀྱི་ལམ་དུ་འབུལ་རྒྱུའི་གྲལ་རྩེ་ཧོར་ཟླ་

---

① (རྣམ་ཐར་འཛམ་གླིང་མཐའ་རྒྱན་ཤིང་པར་མའི་ཤོག་གྲངས20 – 21)

གསུམ་པའི་ཡར་ཚེས་བཅུ་གཉིས་ཉིན་ཤད་ཀྱིས་ཐོན་པར། དེའི་བཀའ་ལན་ཟླ་བ་ལྔ་པའི་ཚེས་ཉི་ཤུ་གཉིས་ལ་ཇེ་བུ་ཨམ་བན་གྱི་སར་ཕེབས་ཏེ། དེ་ལ་བཀའ་བཟང་པོའི་གསེར་ཡིག་རིན་པོ་ཆེ་དང་། གནང་སྐྱེས་ངོ་མཚར་ཅན་ལེ་ཚན་བཅས་བསྐུལ་བར། རྒྱ་བོད་བཀའ་གྲོས་ཐོག་དར་འཕྱུར་བ་སོགས་སྐུ་གོན་བཀའ་བསྒྱུར་དང་། འབྲུམས་ཡིག་བསྲིང་རྒྱུའི་བཀའ་འདོམས་མཛད། ཚུ་སྟོད་ཟླ་བའི་ཚེས་བརྒྱད་གཟའ་སྐར་འཕྲོད་སྦྱོར་ལེགས་ཉིན། གོང་མའི་མི་དྲག་ཨམ་བན་གཉིས་ཀྱིས་མཆོན་རྒྱ་དཔོན་ཁག དེ་མོ་ནོ་མིན་ཧན་རིན་པོ་ཆེས་མཆོད་གཞུང་སའི་དྲུང་ན་སྤྱོད་པ་སེར་སྐྱ། གདན་ས་ཆེན་པོ་གསུམ་གྱི་བླ་མ་ལས་སྡེ་སོགས་དང་བཅས་པས། གསེར་ཡིག་རིན་པོ་ཆེ་མཉེས་ཐང་བདེ་བ་ཅན་དུ་གདན་དྲངས། གསེར་ཡིག་རིན་པོ་ཆེའི་ཕེབས་བསུར་སྒྲོལ་མ་ལྷ་ཁང་གི་མདུན་དུ་སྐུ་བཅར་མཁན་པོ་བཞི་སོགས་ནས་ཕུས་མོའི་ལྷ་ང་ས་ལ་བཙུགས་ནས་ཕྱག་འཚལ་སྤོས་ཀྱི་དུད་སྤྲིན་གྱིས་སྤྱན་དྲངས། ཆོས་རར་སྐྱབས་མགོན་མཆོག་སྤྲུལ་རིན་པོ་ཆེ་ཐུགས་དགྱེས་བཞིན་ཕེབས། འདུ་ཁང་གི་བཞུགས་ཁྲིའི་མདུན་དེར་བཞུགས། སྐུའི་གཡས་སུ་ཇེའུ་ཨམ་བན། གཡོན་དུ་ཕུ་ཨམ་བན་གཉིས་ཀྱིས་གསེར་ཡིག་བཟུང་། བཀའི་གུང་ཀློན་ནོ་ཡོན་གུང་པཎྜི་ཏས། གསེར་ཡིག་རིན་པོ་ཆེ་ཆད་ཀློས་མེད་པར་བསྒྲགས་པའི་བཀའི་དོན་ལ། ཚེ་རིང་གནམ་གྱི་ཤེ་མོང་གིས་ཡངས་པའི་ནོར་འཛིན་གྱི་ཁྱོན་ལ་དབང་བསྒྱུར་བ་ཧྭང་ཏིའི་བཀའ། ཏཱ་ལའི་བླ་མའི་སྤྲུལ་སྐུ་ལ་ཕབ་པ། ང་ལམ་དབུས་གཙང་གི་ལས་དོན་བྱེད་མི་མིའི་རིང་ཇང་གི་ཕུས་ངེད་ཀྱི་བཀའ་བཞིན་སྤྲུལ་པའི་སྐུ་ཁྱོད་བསུ་བར་སོང་སྟེ་ཁོ་པ་ནས་ཞུས་པར། སྤྲུལ་པའི་སྐུ་ཁྱོད་གཞན་དང་མི་འདྲ་བའི་ངོ་མཚར་ཅན་འདུག་ཟེར་བ་ངེད་ཀྱི་སེམས་ཤིན་ཏུ་དགའ། ཏཱ་ལའི་བླ་མ་སྐུ་གོང་མ་ཆོས་ཀྱི་

ཡོན་ཏན་ཐུལ་དུ་ཕྱིན་པར་མ་ཟད། ངོས་ཀྱི་བཀའ་དང་དུ་བླངས་ནས་ཞྭ་སེར་གྱི་བསྟན་པ་དང་། བོད་དབུས་གཙང་གི་ཆབ་འབངས་ཐམས་ཅད་བདེ་སྐྱིད་ལ་སྤྱོར་བའི་མཛད་སྒོ་ཐམས་ཅད་ངེད་ཀྱི་དགོངས་པ་དང་མཐུན་པས། ངེད་ནས་ཐུགས་མཉེས་པའི་གཟིངས་བསྐོད་རྒྱ་ཆེར་བགྱིས་པ་ཡིན། ཁོང་པ་ཞི་བར་གཤེགས་ནས་ངེད་ལ་སེམས་ཁྲལ་ཆེན་པོ་བྱུང་ཡང་། ད་ལྟ་ལོ་གསུམ་གྱི་ཁོངས་སུ་སྤྲུལ་པའི་སྐུ་གསལ་བར་བྱོན་པ་འདི་ངེད་ཀྱི་ཡིད་དང་མཐུན་པས་སྤྲོ་དགའ་རྒྱས། སྤྲུལ་པའི་སྐུ་ཁྱེད་ནས་སངས་རྒྱས་ཀྱི་བསྟན་པའི་སྙིང་པོ་ཞྭ་སེར་གྱི་རིང་ལུགས་དར་ཞིང་རྒྱས་པའི་ཕྱིར་དུ་ཐོས་བསམ་ལ་བརྩོན་པར་མཛད་ནས་སྐུ་ཡོན་སྦྱོང་བ་སོགས་ལེ་ཤོར་མེད་པ་གལ་ཆེ། ད་ལམ་སྤྲུལ་པའི་སྐུ་གསལ་པོ་བྱོན་པའི་རྟེན་དགའ་སྟོན་དུ་ཁ་བཏགས་ཆེ་ལེགས། གསེར་གྱི་ཚེ་དཔག་མེད་ཀྱི་སྐུ་བརྙན། གཡང་གིའི་ཤཱཀྱ་ཐུབ་པའི་སྐུ་བརྙན། རིན་པོ་ཆེའི་ཕྱག་འཕྲེང་བཅས་གནང་བ་འདི་སྤྲུལ་པའི་སྐུ་སྐུ་ཚེ་ཡུན་དུ་བརྟན་ཅིང་། ཞྭ་སེར་གྱི་བསྟན་པ་དར་བའི་ཆེད་དུ་ཕབ་པ་ཡིན། གནམ་སྐྱོང་ཁྲི་བཞུགས་དགུང་ལོ་ཉེར་དྲུག་པའི་དབྱར་ཟླ་དང་པོའི་ཚེས་བཅུ་གཉིས་ལ། བཀའ་ལུང་བཟང་པོ་ངོ་མཚར་གྱི་གནང་སྐྱེས་བཅས་བསྐུལ་བར་དགྱེས་ཚུལ་དང་བཅས་གསན་ནས་ཞབས་གོམ་གཉིས་ཙམ་དུ་འཕགས་ནས་གོང་མའི་བཀའ་ཡིག་གུས་འདུད་དང་བཅས་པས་བཞེས། དེ་ནས་ཚེ་དཔག་མེད་ཀྱི་སྐུ་བརྙན་ཞིག་དང་། ཁ་བཏགས་བཅས་ཧེ་ཐུ་ཨམ་བན་གྱི་ཕྱག་ཏུ་གནང་། གོང་མ་རིན་པོ་ཆེ་ཐུགས་རྗེ་ཆེ་འདུག་ཅེས་བཀའ་བསྩལ། གོང་མའི་མི་དྲག་ཨམ་བན་སོགས་དེར་འདུས་སྐྱེ་བོ་རྣམས་ལ་ཕྱག་དབང་དགྱེས་བཞིན་བསྩལ། བཀའི་གྲུང་བློན་སོགས་རྒྱ་བོད་ཀྱི་མི་དྲག་ཆེ་རྒྱ་མཐའ་དག་ལ་གསོལ་རས་དང་བྱིན་རླབས་ཀྱང་གོ་བབ་ཀྱི་གནང་། གོང་

མའི་གསེར་ཡིག་བསྐུལ་ཕེབས་ཀྱི་རྟེན་འབྱུང་ལེགས་སོར་བཀྲས་ལྷུན། སེ་འབྲས་དགའ་གསུམ། རྣམ་རྒྱལ་གྲྭ་ཚང་། རྒྱུད་སྟོད་སྨད། སྨེ་ཏྲ། བཞི་སྡེ་སོགས་དགོན་སྡེའི་བླ་སྤྲུལ་ཁག་ནས་ཞབས་བརྟན་དང་དངོས་འབུལ་ཕུལ་བར་མཇལ་ཕྱག་གནང་། དགོན་ཆེ་ཕྲ་མཐའ་དག་ལ་མང་འགྱེད་བསྐུལ། ཁྲ་འབྲུག གནས་ཆུང་། ལ་མོ་བཅས་ཀྱི་སྐུ་རྟེན་པ་རྣམས་ལའང་མཇལ་ཕྱག་བསྐུལ། ” ཅེས་དང་། ཡང་“ གོང་མ་ཆེན་པོའི་བཀའ་ལྷ་སའི་ཨམ་བན་བརྒྱུད་ནས་བསྐུལ་ཕེབས་ལ། པཎ་ཆེན་ཨེར་ཏེ་ནི་དང་དེ་མོ་ཧོ་ཐོག་ཐུ་གྲོས་བསྡུར་གྱི་ཐོག བླ་མ་བཟང་བ་མང་པོའི་ཁྲིད་ནས་འདེམས་སྒྲུགས་ཀྱིས་ཏཱ་ལའི་བླ་མའི་སྐུ་མདུན་དུ་བཞག་ནས་སྐུ་ཡོན་འབུལ་ཆུག པཎ་ཆེན་ཨེར་ཏེ་ནིས་ཏཱ་ལའི་བླ་མའི་མཆོག་སྤྲུལ་ལ་རྗེས་གནང་དང་། དབང་ལུང་། འཁྲིད། བསླབ་སྡོམ་སོགས་ལེགས་པར་འབུལ་དགོས་ཞེས་ཕེབས་དོན་བཞིན་པཎ་ཆེན་རིན་པོ་ཆེ་དང་། རྒྱལ་ཚབ་དེ་མོ་རིན་པོ་ཆེ་བཅས་བཀའ་བགྲོས་ཐོག ཕུར་བུ་ལྕོག་རྗེ་བླ་མ་ངག་དབང་བྱམས་པ། བྱང་རྩེ་ཆོས་རྗེ་བྱ་ཁྱུང་པ་ངག་དབང་ཆོས་གྲགས། སྐུ་འབུམ་བྱམས་གླིང་མཁན་པོ་ཆུ་བཟང་ཧོ་ཐོག་ཐུ་བཅས་འདི་གསུམ་གོང་མའི་གསེར་སྙན་དུ་ཕུལ་བར། ངག་དབང་བྱམས་པ་དང་། བྱ་ཁྱུང་པ་ངག་དབང་ཆོས་གྲགས་གཉིས་སྐུ་ཡོན་འབུལ་བའི་དགེ་རྒན་དུ་འབུལ་སྒྲིར་ཞུ་དགོས་ཕེབས་པར། ཟླ་བ་དགུ་པའི་ཚེས་བརྒྱད་གཟའ་སྐར་འཕྲོད་སྦྱོར་དགེ་བར་ར་བ་སྟོད་ཚོམས་ཆེན་དུ་ཞལ་གྲོའི་དཀར་སྒྲོ་གཟབ་རྒྱས་ཐོག རྒྱལ་ཚབ་དེ་མོ་ཧོ་ཐོག་ཐུ་དང་། བཀའི་ཕྱིང་སང་རྣམས་ལྷན་རྒྱས་ཏེ་ཕུར་བུ་ལྕོག་བླ་མ་ངག་དབང་བྱམས་པ། བྱང་རྩེ་ཆོས་རྗེ་བྱ་ཁྱུང་པ་གཉིས་ལ་གོང་མ་ཆེན་པོའི་བཀའ་རྣམས་བསྒྱུར་ཏེ་ཡོངས་འཛིན་དུ་ཕུལ། དེ་བསྟུན་རྟེན་འབྲེལ་གྱི་ཆེད་དུ་གཞུང་ས་ནས་སྐྱབས་

མགོན་མཆོག་སྤྲུལ་རིན་པོ་ཆེར་དངོས་འབུལ་གྱི་ནོམ་པ་དང་། ཡོངས་འཛིན་གཉིས་ལ་ཡང་རྟེན་འབྲུང་གི་གསོལ་རས་བསྟུལ། རྒྱལ་ཚབ་དེ་མོ་ནོ་མིན་ཧན། བཀའི་བློན་ཆེན་སོགས་སེར་སྐྱ་སྟོང་ཕྲག་བརྒྱལ་བར་ཕྱག་དབང་གནང་། ཡོངས་འཛིན་གཉིས་ནས་བྱབས་ཁྲུས་ཞུལ་ཐར། བླ་མ་ཡོངས་འཛིན་ངག་དབང་བྱམས་པ་ནས་ལམ་རིམ་ལྷུགས་ལུང་གཟབ་རྒྱས་བཅས་ཞུལ།”① ཞེས་གསལ་བ་ལྟར་གོང་མའི་བཀའ་ལུང་བཞིན་ཡོངས་འཛིན་བགྲེས་གཞོན་གཉིས་བསྐོ་བཞག་དང་འཕྲེལ་མཆོག་སྤྲུལ་དགུང་ལོ་བཞི་ལ་གཏད་ཙམ་ནས་སྐུ་ཡོན་འབུལ་བཞེས་དབུ་འཛུགས་པར་མཛད།

དེ་ནས“རྒྱལ་ཚབ་དེ་མོ་རིན་པོ་ཆེ་དང་། བཀའི་གུང་བློན་རྣམས་བཀའ་གྲོས་ཐོག་པོད་བཞུགས་ཨམ་བན་གཉིས་བརྒྱུད། མཆོག་སྤྲུལ་རིན་པོ་ཆེ་མཉེས་ཐང་དུ་ཕེབས་ནས་སྐུ་དཀྱིལ་དྲངས་ཤིང་། མཛད་པ་རྣམ་ཐར་གང་ཅི་ངོ་མཚར་ཆེ་བ་བཅས། ཕོ་བྲང་ཆེན་པོའི་གསེར་ཁྲིར་མྱུར་དུ་མངའ་གསོལ་ཚོགས་པ་འཛམ་དབྱངས་གོང་མའི་གསེར་སྐྱན་དུ་སྙོན་པར་གནང་བའི་ལན་དུ། ལྷ་སྐྱོང་ཁྲི་བཞུགས་དགུང་ལོ་ཉེར་དྲུག་པའི་ཟླ་བ་བཅུ་གཅིག་པའི་ཚེས་གཅིག་ལ་བཀའ་ཕེབས་པར། ཇིའུ་ཨམ་བན་གྱི་ས་ནས་དེ་མོ་ཧོ་ཐོག་ཐུས་གུང་པཎྜི་ཏ་མངགས་ཏེ། ཟླ་ལའི་བླ་མའི་མཆོག་སྤྲུལ་མཉེས་ཐང་བདེ་བ་ཅན་དུ་གདན་དྲངས་ནས་མཆོག་སྤྲུལ་སྐུ་སྐྱེད་ཆེ་བ་བྱུང་གཤིས། པོ་ཏ་ལའི་གསེར་ཁྲིར་གདན་དྲངས་ན་ཞྭ་སེར་གྱི་བསྟན་པ་རྒྱས་ཤིང་། དབུས་གཙང་གི་སྐྱེ་འགྲོ་ཚང་མ་གུས་སྤྲོ་འཕེལ་བ་ཡོང་ཚུལ་ཞུ་ཡིག་ཕུལ་བྱུང་ཞིང་། སྤྱ་སོར་ངེད་ནས། ཟླ་ལའི་བླ

① (རྣམ་ཐར་འཛམ་གླིང་མཐའ་རྒྱན་ཤོག་གྲངས21－23)

མའི་མཆོག་སྤྲུལ་མི་མངས་མཇལ་ཁའི་སྐབས་འཚེར་སྣང་མེད་པར་བཞུགས་ཐབ་དུས་ཨམ་བན་གཉིས་དང་བགྲོས་ཐོག་ཁྲི་འདོན་མཛོད་ཅེས་བཀའ་ཕབ་པ་ཡིན། ད་ཆ་མཆོག་སྤྲུལ་སྐྱིད་ཆེ་ཞིང་མཇལ་ཁར་འཚེར་སྣང་མེད་པ་འདུག་ན་ཏྲ་ལའི་བླ་མའི་མཆོག་སྤྲུལ་འཕྲུལ་དུ་པོ་ཏ་ལའི་ཁྲི་ལ་འདོན་འོས་པ་འདུག་མཐའ་གཅིག་ཏུ་མཆོག་སྤྲུལ་ཁྲི་འདོན་བྱེད་རྒྱུ་ སྤྱི་ཡེར་དགའ་སྟོན་གྱི་ལས་དོན་ཆེན་པོ་ཡིན། འདི་ལ་ཨར་སྐྱ་ཧོ་ཐོག་ཐུ་མངགས་ནས། ཕྱི་ལོ་མི་རིང་བར་ཛང་ཀི་ཕུ་ཆེང་དང་མཉམ་དུ་ལྷ་སར་ཕྱིན་ནས་ཆོས་གྲངས་བཟང་བར་མཆོག་སྤྲུལ་གསེར་ཁྲིར་མངའ་གསོལ་བྱེད་རྒྱུ། ངེད་ཀྱི་གསོལ་རས་གནང་ཆའི་དངོས་པོ་རྣམས་ཁོ་པ་ཚོར་སྤྲད་ནས་ཁྱེར་དུ་རྒྱུ། འདི་སྐོར་ཇོའུ་ཅན་ལ་གཉེར་ནས་དེ་མོ་ཧོ་ཐོག་ཐུར་ངེས་སུ་རྒྱུ། ནན་ཏན་གྱི་རྗེས་སུ་འབྲངས་ཏེ་དེའི་ཆེད་དུ་བསྒྲུར་ཞེས་བཀའ་བཟང་པོ་དེ་ལྟར་ལྷ་སའི་ཨམ་བན་གཉིས་ཀྱི་སར་ཕེབས་པར། རྒྱལ་ཚབ་དེ་མོ་རིན་པོ་ཆེས་མཉེས་ཐང་དུ་སྐྱབས་མགོན་མཆོག་ལ་གཏམ་སྙན་གནས་ཚུལ་འབུལ་བ་གནང་བར། ཐུགས་དགྱེས་ཉམས་ཀྱིས་ཞལ་འཛུམ་གནང་བ་དང་བཅས་ཐུགས་རྗེ་ཆེ་ཞེས་ཕེབས། སྤྱི་ཡེར་འབུལ་མིར་གསོལ་རས་བསྩལ།”① ཅེས་འཁོད་འདུག

གོང་གསལ་ཡང་སྲིད་ཐུགས་གཏན་འཁེལ་བའི་སྐོར་ལ་གོང་མས་གནང་བའི་བཀའ་ལན་གྱི་འབྲུ་དོན་རྣམས་མདོ་མཁར་བ་དང་། དགའ་བཞིའི་བྱུང་བརྗོད་ནང་དུའང་རྣམ་ཐར་དང་ཕྱོགས་མཚུངས་འཁོད་ཡོད་པ་བཅས་གླེག་པ་པོ་ཆོས་སྐབས་དེ་རང་གི་ལོ་རྒྱུས་ཡིག་རིགས་ངོ་མ་དེ་དག་དང་བསྡུར་ནས་ཞིབ་

① （རྣམ་ཐར་འཛམ་གླིང་མཐའ་རྒྱན་ཤོག་གྲངས24）

འཇུག་གནང་རྒྱུའི་རེ་བ་ཡོད།

དེ་ནས་ཁྲི་འདོན་དངོས་གཞི་གནང་བའི་སྐོར་ལའང་། རྣམ་ཐར་དེ་རང་ལས་འབྱུང་བ་ལྟར། སྤྱི་ལོ1762ཐོད་ཆུ་རྟ་ལོ་“ ཟླ་བ་ལྔ་པའི་ནང་ཁྲི་འདོན་ལ་ཁལ་ཁ་ཅང་ཧྲུན་ཆིང་ཕང་ཚེ་བརྟན་སྐྱབས། མི་རེང་ཛཉྫི་ཕུ་ཆིང་། ཨར་སྐྱ་ཧོ་ཐོག་ཐུ། ཨེར་ཕུ་གོང་ཡེ། སྦྱར་ཀོ་ཆེ། སྤྲི་ཆའི་ཆེ་སོགས་འཁོར། སྐྱབས་མགོན་ཆེན་པོ་པོ་ཏ་ལའི་གསེར་ཁྲིར་མངའ་གསོལ་སྐབས། པཎ་ཆེན་ཐམས་ཅད་མཁྱེན་པ་དགུས་སུ་ཆིབས་བསྒྱུར་བཀའ་དྲིན་ཆེ་རྒྱུའི་ཞལ་བཞེས་སྔོན་དུ་ཡོད་པ་བཞིན། ཆིབས་བསུར་མགྲོན་གཉེར་སྐལ་བཟང་དོན་གྲུབ་ཀྱིས་མཆོད་དཔོན་གཡོག་མང་ཙམ་མངགས་པ་གནང་། པཎ་ཆེན་རིན་པོ་ཆེ་བྱང་འཁྲིམ་དུ་ཡངས་པ་ཅན་བརྒྱུད་ཕེབས། སྐུ་བཅར་ཡར་འཕེལ་སོགས་ཆིབས་བསུར་རིམ་རྫོང་གནང་། ཟླ་བ་དྲུག་པའི་ཚེས་བཅུ་གཉིས་ལ་པཎ་ཆེན་རིན་པོ་ཆེ་མཉེས་ཐང་དུ་ཕེབས་རྒྱུའི་ཐབས་བསུ་མཉེས་ཐང་མདོར་ཞུས། ཉི་དྲོས་ཙམ་ལ་མཉེས་ཐང་དུ་ཕེབས་པར་རྒྱལ་བ་ཡབ་སྲས་གསེར་ཞལ་ལྷན་རྒྱས་མཇལ་དར་དང་། ཕྱག་རྟེ་སྤྲོད་གནང་ཞིང་། རྟེན་འབྱུང་རྟེན་འབྲེལ་ལེགས་པར་བསྒྲིགས་པ་གནང་། རྒྱལ་དབང་རིན་པོ་ཆེར་པཎ་ཆེན་མཆོག་ནས་འཛིགས་བྱེད་ལྷ་བཅུ་གསུམ་མ་དང་། དཔའ་བོ་གཅིག་པ་སོ་སོའི་དབང་ཆེན་སྐུ་གོན་དང་བཅས་པ། མགོན་པོ་བར་ཆད་ཀུན་སེལ། འཛམ་དཀར། མི་གཡོ་བ་དཀར་པོའི་རྗེས་གནང་། ཚེ་རྟ་ཁྱུང་འབྲེལ་གྱི་དབང་སོགས་བཀའ་ཆོས་གཟབ་རྒྱས་ཅན་འབུལ་བ་གནང་།”① ཞེས་གསལ་ཞིང་། དེ་ནས་ཁྲི་ཕེབས་ཀྱི་མཛད་སྒོའི་གྲ་སྒྲིག

① （འཛམ་གླིང་མཐའ་རྒྱན་ཤོག་གྲངས25）

རྣམས་ལེགས་པར་གྲུབ་བསྟུན་ལོ་དེའི། “གྲོ་བཞིན་ཟླ་བའི་དཀར་ཕྱོགས་ཀྱི་བཟང་པོ་གཉིས་པའི་རེས་གཟའ་དྲང་སྲོང་ཕུར་བུ་རེས་འགྲིགས་རྒྱལ་དང་ལྡན་ཅིག་འཛོམས་པའི་ཉིན། བདེ་བ་ཅན་ནས་སྐྱབས་མགོན་ཡབ་སྲས་ཆིབས་བསྒྱུར་གནང་བའི་ཕེབས་བསུར། གོང་མ་ཆེན་པོའི་བཀས་མངགས་པའི་སྐུ་ཚབ་ཅང་ཧྲུན། ཆིང་ཞང་ཆེ་བརྟན་སྐྱབས། མི་རེང་ཇང་གི་ཕུ་ཆིང་ཨམ་པ། ཕུ་ཡན་ལླམ་ཨར་སྐྱ་ཧོར་ཐོག་ཐུ། ཁཱུ་ཨེ་བུ་གོང་ཡེ། བོད་བཞུགས་ཨམ་བན་མི་རེང་ཇང་གི་ཧི་ཕུ་ཨམ་བན། སྤྲུར་གོ་ཆེ་གཉིས། སྤྲི་ཚའི་ཆེ་གསུམ། ཙོང་ཡེ། ཤུ་ཡེ། ཕོགས་དཔོན་སོགས་རྒྱའི་དཔོན་ཁག་ཆེ་ཆུང་གིས་གཙོས་ཏུ་དར་གྲེན་བསྒྲིངས་ཀྱི་དམག་མི། ཞྭ་སེར་བསྟན་པ་འཛིན་པ་དེ་མོ་ནོ་མིན་ཧན། སྤྲུལ་སྐུ་རྣམ་པ། བཀའི་གུང་བློན་བཞི། གུང་ཇ་སག མདའ་དཔོན། ནང་མ་མཁན་སྡེ་ཆེ་ཆུང་སོགས་གཞུང་གི་ཞབས་འདེགས་ཞུ་བ་པོ་སེར་སྐྱ་མཆོག་དམན་བར་པར་བཅས་པ་རྣམས་དང་། གདན་ས་ཆེན་པོ་སེ་འབྲས་དགའ་གསུམ། རྒྱུད་སྟོད་སྨད། རྨེ་རུ། བཞི་སྡེ་སོགས་ཀྱི་མཁན་སློབ་ལས་སྡེ། གཞན་ཡང་ཁང་ཡོད། ཁ་ཆེ། བལ་པོ། ཨ་ཙཱུ་སོགས་གྲངས་ཀྱིས་མི་ལངས་པའི་ཆིབས་བསུས་མདུན་བདར། འབྲས་སྤུངས་མཚན་ཉིད་གླིང་ཁར་བཞུགས་སྐར་ཕབ། ཞག་གཅིག་བཅག་མལ་གནང་།……ཆོས་དགུ་གཟའ་སྐར་འཕྲོད་སྦྱོར་ཕུན་སུམ་ཚོགས་པའི་ཉིན་རིན་ཆེན་རྒྱན་ཆ། ཆིབས་དར་ཕྱཀྱ་ལ་སོགས་གཟབ་མཚོར་གཟབ་རྒྱས་ཀྱིས་ཆིབས་ཁ་བསྒྱུར། སྐྱིད་ཚལ་ཀླུ་སྡིངས་སུ་གསོལ་ཐབ་ཐབ་བསུ་བཞེས། དེར་ཁྲི་རིན་པོ་ཆེས་མཚོན་སེར་སྐྱ་མང་པོར་ཕྱག་དབང་བསྐྱལ། དེ་ནས་ཆིབས་ཁ་བསྒྱུར་བར་སེར་སྦྲེངས། བྲོ་པ། གཞས་མ་སོགས་མཆོད་སྤྲིན་གྲངས་མེད་པས་སྤྱན་དྲངས། གཞུང་སྒོ་ཕུན་ཚོགས་འདུ་ལམ་

བརྒྱུད་ཕེབས། བདེ་ཡངས་ཤར་ནས་རྣམ་པར་རྒྱལ་བ་ཕན་བདེ་ལེགས་བཤད་གླིང་པ་རྣམས་ཀྱིས་སེར་སྦྲེངས་ཀྱིས་བསུས། གཟིམ་ཚུང་ཉི་འོད་འཁྱིལ་དུ་པཎ་ཆེན་རིན་པོ་ཆེས་ཤིས་བརྗོད་མཉྫ་ར་བའི་མེ་ཏོག་གི་ཆར་བསྐྱིལ་བ་དང་བཅས་རྡོ་རྗེའི་ཁྲིར་ཞབས་ཟུང་བཀྲ་ཤིས་དང་འཁོར་ལོ་གཡུང་དྲུང་འཁྱིལ་བས་བརྒྱན་པ་བཀོད་པར་མཛད་དོ།”① ཞེས་འཁོད་འདུག་ཅིང་། དེའི་ཕྱི་ཉིན་“ཆོས་བཅུ་ལ་རྗེ་གོང་མ་རིམ་བྱོན་གྱི་ཆོས་སྲིད་རྣམ་པར་རྒྱལ་བའི་རྒྱལ་མཚན་ཡང་དག་པར་བསྒྲེངས་ཏེ་ཆོས་ཀྱི་འཁོར་ལོ་བསྒྱུར་བའི་གནས་ཆོས་ཚོམས་ཆེན་རྙིང་པའི་ནང་དུ། འཇིགས་མེད་གདོང་ལྔས་བཏེག་པའི་གསེར་གྱི་ཁྲི་འཕང་མཐོན་པོར་ཞབས་སེན་གྱི་པདྨ་མངོན་པར་འགོད་མཛད། དེར་སྐྱབས་མགོན་པཎ་ཆེན་ཐམས་ཅད་མཁྱེན་པ་མཆོག་དང་། རྒྱལ་ཚབ་དེ་མོ་རིན་པོ་ཆེ། ཨམ་བན། གུང་བཀའ་བློན་ལ་སོགས་པའི་ལྷ་མིའི་ཁྲོམ་ཚོགས་བསམ་གྱིས་མི་ཁྱབ་པའི་དབུས་སུ། གནམ་གྱི་ལྷ་འཇམ་དཔལ་དབྱངས་གོང་མ་ཆེན་པོའི་བཀའི་གསེར་ཡིག་གི་ལུང་ཚན་ཆེན་པོ་མཆོག་དམན་མཐའ་དག་གིས་ཐོས་པའི་དྲིལ་བསྒྲགས་ཏེ། མཉྫུ། སོག་ཡིག བོད་ཡིག་བཅས་རིམ་པ་གསུམ་དུ་བསྒྱུར། གོང་མའི་ལེགས་འབུལ་ལྷ་རྫས་རྟེར་སོན། བྱུ་རུའི་ཤལ་བ། བཞུགས་གདན། གདིང་བ། སྐུ་བེར། མཎྜལ། ན་བཟའ་ཆ་ཚང་བཀྲ་ཤིས་པའི་རྫས་རྟགས། ཤེལ་སྒྲུད་སོགས་རིམ་པར་ཕུལ། ལྷུང་སྐུ་རྡོ་རྗེ་འཆང་གི་ལེགས་འབུལ་དང་། ཅང་ཧུན། ཆིང་ཕང་། ཕུ་ཆིང་ཨམ་པ། ཨར་སྐྱ་ཧོ་ཐོག་ཐུ། ཨེ་བུ་གོང་ཡེ། ཇི་ཕུ་ཨམ་བན། སྤྱུར་སྤྲི་ལ་སོགས་པས་ལེགས་འབུལ་སྤྲམས་མཐོ་བ་ཕུལ། གཞུང་ས་ནས་

① (འཛམ་གླིང་མཐའ་རྒྱན་ཤོག་གྲངས25 –26)

རྟེན་ཅིང་འབྲེལ་འབྱུང་གི་འབུལ་བ་སྤྲམས་མཛོ་བ་བསྐྲར། རྗེ་བཙུན་འཕགས་པ་ཕྱུག་ན་པ་དྨོའི་ཚབ་འབབས་བོད་ཀྱི་ཞིང་ཆེན་ཁྲི་སྐོར་བཅུ་གསུམ་གྱི་ལྷ་སྡེ་མི་སྡེ་ནས་ཉིན་བརྒྱད་ཀྱི་བར་རྟེན་འབྲེལ་བསྒྲིགས། དངོས་པོའི་རྣམ་གྲངས་ལེགས་འབུལ་བསམ་ལས་འདས་པ་ཕུལ།”①ཞེས་གསལ་ཞིང་གོང་མའི་བཀའ་ལུང་ཚན་ཆེན་པོ་དྲིལ་བསྒྲགས་ཞེས་པ་ལས་ཚིག་དོན་མ་འཁོད་པ་ཕལ་ཆེར་སྟོན་ཏུ་ཡང་སྲིད་གཏན་འཁེལ་དང་། པོ་ཏ་ལར་ཁྲི་འདོན་ཞུ་དགོས་པ་སོགས་ཀྱི་བཀའ་ལུང་ལེ་ཚན་རྣམས་དེ་ཉིན་ཁྲོམ་བསྒྲགས་སུ་བཀླགས་པ་ཡིན་ནམ་སྙམ། མདོ་མཁར་བའི་བྱུང་བ་བརྗོད་པའི་ནང་། “བཀའ་རྗེས་ཕེབས་ལ། ཏཱ་ལའི་བླ་མའི་སྤྲུལ་སྐུ་པོ་ཏ་ལའི་ཁྲི་ལ་བཞུགས་སུ་འཇུག་རྒྱུའི་སྐད་དུ་ངེད་ནས། ཁྱེད་ཆོས་ཞུས་པ་ལྟར་ཆེད་དུ་ཏལ་ཏའི་ཆིང་ཤང་གི་གོ་ས་ཅན་ཚེ་བརྟན་སྐྱབས། མི་རེངས་ཐུ་ཧྲང་གི་ཕུ་ཆིང་། ཨ་སྐྱུ་རྟ་ཐོག་ཐུ། རིམ་པ་དང་པོའི་ཁྲུ་ཧོ་ཧོའི་ཨེ་ཕུ་ཧུ་ལིང་ཨུ་སོགས་ཕྱུང་སྟེ། ཏཱ་ལའི་བླ་མའི་སྤྲུལ་སྐུ་པོ་ཏ་ལའི་ཁྲི་ལ་གདན་དྲངས་ནས་བཞུགས་སུ་ཆུག་ཅེས་བཀའ་ཕབ་པར་མངགས་པ་ཡིན། ཞེས་པའི་བཀའི་གནང་བ་བསྩལ།”② ཅེས་འཁོད་པ་འདི་ཡིན་པའང་སྲིད་སྙམ་མོ།

དེ་ནས་བཟུང་མཆོག་སྤྲུལ་རིན་པོ་ཆེ་སྐུ་ནའི་བབ་དང་བསྟུན་ཏེ་ཡོངས་འཛིན་རྣམ་གཉིས་ནས་སྐུ་ཡོན་གསན་བསམ་གྱི་རིམ་པ་མ་འཆོལ་བར་ཕུལ་བ་བརྩོན་བཞེས་ཀྱི་དུས་འདའ་བར་མཛད་ཅིང་སྲིད་ཀྱི་གནང་སྒོ་རྣམས་སྲིད་སྐྱོང་དེ་མོ་ཧོ་ཐོག་ཐུ་དང་། བོད་བཞུགས་ཨམ་བན། བཀའ་ཤག་བཅས་ནས་སྟར་

① （འཛམ་གླིང་མཐའ་རྒྱན་ཤོག་གྲངས27）

② （མདོ་མཁར་བྱུང་བརྗོད་དེབ་ངོས111）

རྒྱན་བཞིན་སྐྱོང་གནང་མཛད། 1763ཕོད་ཆུ་ལུག་ལོར་དེ་མོ་སྲིད་སྐྱོང་ལྷ་སར་བཞུགས་ཡུལ་བསྟན་རྒྱས་གླིང་བླ་བྲང་གསར་དུ་བསྐྲུན། 1765ཕོད་ཤིང་བྱ་ལོར་པཎ་ཆེན་དཔལ་ལྡན་ཡེ་ཤེས་དབུས་ཕེབས་མཛད་དེ་ཏཱ་ལའི་བླ་མའི་མཆོག་སྤྲུལ་རིན་པོ་ཆེར་དགེ་ཚུལ་གྱི་བསླབ་སྡོམ་འབུལ་གནང་བསྐྱངས་པའི་རབ་བཞེས་ཀྱི་མཛད་སྒོ་ཁག་སྟར་ལམ་ལྟར་ལེགས་པར་མཛད།

སྤྱི་ལོ1770ལྕགས་སྟག་ལོར། “འཇམ་དབྱངས་གོང་མ་ཆོས་ཀྱི་རྒྱལ་པོས་རྒྱལ་བསྟན་རིན་པོ་ཆེ་གོང་འཕེལ་གྱི་ཐུགས་བསྐྱེད་རྨད་དུ་བྱུང་བས་བཞད་ཧོར་པོ་ཏ་ལ་ཞེས་པའི་དགོན་སྡེ་གསར་བསྐྲུན་བཀའ་དྲིན་ཆེ་བའི་མཁན་པོར་མཁས་བཙུན་བཟང་གསུམ་འཛོམས་པའི་དགེ་བཤེས་དང་། དབུ་མཛད་བཅས་གཏོང་དགོས་ཀྱི་བཀའ་ཕེབས་པ་ལྟར། རྒྱུད་སྨད་འབྲས་སྒོ་མང་དགེ་བཤེས་སྲིད་རྒྱུད་མཁན་པོ་སངས་རྒྱས་འོད་ཟེར། ཟླ་གྲས་བླ་མ་ཚུང་བ་སྒོ་མང་རབ་འབྱམས་པ་རྒྱུད་སྨད་མདུང་ནག་ཞབས་དྲུང་ངག་དབང་ཆོས་གྲགས་དང་། ཟློ་གླིང་རབ་འབྱམས་པ་རྒྱུད་སྨད་ཟློ་བཟང་དགེ་ལེགས་གཉིས། དབུ་མཛད་དུ་རྒྱུད་སྨད་དགེ་སློང་ངག་དབང་རིན་ཆེན་དང་། དགེ་སློང་ངག་དབང་སྐལ་ལྡན་བཅས་རྫོང་བདའ་གནང་བར་སོ་སོར་ལུས་ཆས་ཀྱིས་མཚོན་གོ་བབ་ཀྱི་ཕྱོན་གནང་གཟབ་རྒྱས་ཕྱོག རྒྱལ་བསྟན་སྤྱི་དང་ཁྱད་པར་འཇམ་མགོན་བླ་མའི་རིང་ལུགས་དྲི་མ་མེད་པ་དར་རྒྱས་ཕན་བདེའི་དཔྱིད་དཔལ་དུ་འགྱུར་བའི་ཆོས་འཆད་སྤེལ་སོགས་གནམ་བསྒྲིས་གོང་མ་ཆོས་ཀྱི་རྒྱལ་པོའི་དགོངས་བཞེད་བླ་ན་མེད་པ་སྐོང་བའི་མདོ་སྔགས་མཐའ་དག་ལ་ཉམས་ལེན་དཀྱིལ་ཆེ་དགོས་པ་

……བཅས་སོ་སོར་ཆོས་དང་འབྲེལ་བའི་བསླབ་བྱ་བསྩལ།”① ཅེས་གསལ་བ་ལྟར་དགོན་གནས་དེ་ནི་ཧོ་པེས་ཞིང་ཆེན་ཁོངས་ཁྲིང་ཏྲ་གྲོང་ཁྱེར་གྱི་རི་ལྡེབས་སུ་ཡོད་པའི་པོ་ཏ་ལ་ཞེས་པ་དེ་ཡིན་པར་སྣང་།

སྤྱི་ལོ1777མེ་བྱ་ལོ་དགུང་གསར་གྱི་དགྱེས་སྟོན་གྲུབ་འཕྲུལ་ཏྲ་ལའི་བླ་མ་མཆོག་དགུང་ལོ་ཉི་ཤུ་ང་གཏད་པས་བསྐྱེན་རྫོགས་ཀྱི་སྡོམ་པ་བཞེས་རྒྱུའི་མཁན་པོར་པཎ་ཆེན་རིན་པོ་ཆེ་གདན་ཞུའི་མི་སྣ་གཙང་དུ་མངགས་རྫོངས་གནང་ཞིང་། བླ་བ་གཉིས་པའི་ནང་དབུས་སུ་ཆིབས་ཁ་བསྒྱུར་བར་བཀའ་སློབ་དགའ་བའི་གུང་པརྟི་ཏ་གནམ་བཞུགས་ཞག་སར་འཚམས་ཞུར་གཏོང་གནང་དང་། ལྷ་སར་ཕེབས་ཉིན་སྟར་སྒྲོལ་ལྟར་ཆིབས་བསུ་གཟབ་རྒྱས་ཐོག་ཡབ་སྲས་ལྷན་འཛོམས་ཕེབས་སྟོན་དཀར་སྤྲོ་འདེགས་འབུལ་སོགས་རྒྱས་པར་མཛད། དེ་རྗེས་པོ་ཏ་ལའི་གཟིམ་ཆུང་ས་གསུམ་རྣམ་རྒྱལ་དུ་ཏྲ་ལའི་བླ་མ་མཆོག་གིས་གཙོ་མཛད་པའི་བླ་སྤྲུལ་དགེ་བཤེས་སོགས་བརྒྱ་སྐོར་ལ། པཎ་ཆེན་རིན་པོ་ཆེས་བྱང་ཆུབ་ལམ་རིམ་བདེ་ལམ་གྱི་བཀའ་ཆོས་ཞིབ་པར་བསྩལ། ཧོར་ཟླ་བཞི་པའི་ཆོས་བཅུ་གཉིས་ཉིན་ཡབ་སྲས་རྣམ་གཉིས་ལྷ་ལྡན་གཙུག་ལག་ཁང་དུ་ཆིབས་བསྒྱུར་ཐོག ས་ཟླའི་དུས་ཆེན་གསུམ་འཛོམས་ཆོས་བཅོ་ལྔའི་ཉིན་རིགས་བརྒྱའི་ཁྱབ་བདག་པཎ་ཆེན་ཐམས་ཅད་མཁྱེན་པས་མཁན་པོ་དང་། སྐྱབས་མགོན་རྒྱལ་བའི་དབང་པོས་སློབ་མའི་ཚུལ་བཞེས་ཏེ། ལས་སློབ། གསང་སྟོན། ཁ་སྐོང་དགེ་འདུན་ཞལ་གྲངས་ཚང་བའི་དབུས་སུ་བསྙེན་པར་རྫོགས་ཏེ་སྡོམ་བརྩོན་བསྟན་པའི་བདག་པོར་མངའ་གསོལ་ཞིང་། རྗེས་འབྲེལ་སྟོན་ཆེན་

① (འཛམ་གླིང་མཐའ་རྒྱན་ཤོག་གྲངས64)

སོགས་ཆོས་སྲིད་ཀྱི་མཛད་སྒོ་ཁག་ཀུང་བརྟེན་འབྱུང་གི་སནྡ་མ་འཚོལ་བ་ལེགས་པར་སྒྲུབ་གནང་མཛད་པ་ལགས་སོ།

2. སྲིད་སྐྱོང་དེ་མོ་གཤེགས་ཚབ་ཚེ་སྨོན་གླིང་ངག་དབང་ཚུལ་ཁྲིམས་ལ་བསྐོས་པ་དང་། གོང་མའི་ཡུམ་གཤེགས་པའི་སྐུ་ངན་དང་དགོངས་རྫོགས་སྒྲུབ་སྐོར།

སྤྱི་ལོ་1777བོད་མེད་བྱ་ལོའི་ཟླ་བ་དང་པོའི་ཚེས་ཉེར་གཉིས་ཉིན་རྒྱལ་ཚབ་དེ་མོ་ནོ་མིན་ཧན་སྐུ་གཤེགས་པའི་སྐོར་རྣམ་ཐར་ནང་། "ཐུ་ལོ་འབྲས་ལྗོངས་སུ་ཆུ་བཏོལ་བ་དང་། དུས་གཏོར་ལ་མེ་ཕྲ་ངན་པ་སོགས་རྟགས་དཔྱད་ཤིན་ཏུ་ངན་པའི་རིགས་བྱུང་བར། ཚེས་ཉེར་གཉིས་ཉིན་མཁའ་འགྲོའི་དུས་ཆེན་གྱི་ཐོ་རངས་འཕྲིན་ལས་པ་དེ་མོ་རྒྱལ་ཚབ་ནོ་མིན་ཧན་གཞན་དོན་དུ་དགོངས་པའི་མགྱོགས་བསྒྱུ་འབྱུལ་མི་བྱུང་བར། དེ་འཕྲུལ་ལོ་ཀོ་ཤྭ་ར་དང་། གསེར་གདུང་རྣམ་གཉིས་ལ་སྟོང་མཆོད། མཆོད་ཁང་ཁག་ལ་བརྒྱ་མཆོད་རེ། གྲྭ་ཚང་ཚོགས་དབུར་ཆིབས་བསྒྱུར་གྱིས་དགོངས་རྫོགས་དང་མཆོག་སྤྲུལ་བསྟན་འགྲོར་ཕན་བདེ་སྨོལ་ནུས་གསལ་དྭངས་འཁྲུལ་བྲལ་མྱུར་བྱོན་གྱི་ཐུགས་སྨོན་རྫོད་དྲག་རེ་བཀའ་དྲིན་བསྐྱངས། གྲལ་རྩེའི་ཐོག་གོང་མར་སྙན་གསན་ཕབ།"① ཅེས་འཁོད་ཅིང་། དུས་མཚུངས་"བཀའ་བློན་ལྷན་རྒྱས་ནས་བོད་བཞུགས་ཨམ་བན་རྣམ་གཉིས་བརྒྱུད། གནམ་བསྐོས་འཇམ་དབྱངས་གོང་མ་བདག་པོ་ཆེན་པོར་རྒྱའི་གྲལ་ཅིའི་ཐོག རྒྱལ་ཚབ་རིན་པོ་ཆེ་གཤེགས་སྐོར་གྱི

① (འཛམ་གླིང་མཐའ་རྒྱན་ཤོག་གྲངས79)

གནས་ཚུལ་འབྲུལ་གནང་མཛད།”① ཅེས་གསལ་བ་དང་། ལྕང་སྐྱའི་རྣམ་ཐར་ནང་། “དེ་དུས་བོད་དུ་དེ་མོ་ཧུ་ཐོག་ཐུ་ཞི་བར་གཤེགས་པས། གོང་མ་ཆེན་པོས་ཡོང་གི་ཚབ་ཏུ་བོད་ཀྱི་ལས་དོན་བྱེད་མཁན་གྱི་བླ་མ་ཞིག་གཏོང་དགོས་འདུག་པས་སུ་བཏང་ན་ལེགས་ཞེས་བཀའ་ཕེབས་པར། བླ་མ་(ལྕང་སྐྱར་ཟེར་)མཆོག་ནས་སྨིན་གྲོལ་སྤྲུལ་པའི་སྐུ་བཏང་ན་ཞུས་པ་གོང་མའི་དགོངས་པར་མ་སོན་པས། རྗེ་བླ་མ་རང་ཉིད་སྐུ་ན་སྨིན་ནའང་གོང་མའི་སྐུ་དོན་ཡིན་གཤིས་སོང་ཆོག་ཅེས་ཞུས་པར། བཀའ་ལས་བོད་ས་ཐག་རིང་བ་དང་ལོ་ཡང་མང་ཙམ་འགོར་འགྲོ་བས་ཧུ་ཐོག་ཐུ་ཉིད་གཏོང་མི་ཐོད། ཤར་རྩེ་མཁན་པོ་ནོ་མོན་ཧན་བཏང་ཆོག་པ་འདྲ་ཞེས་ཕེབས་པར་བླ་མ་མཆོག་ནས་དེ་ཀས་འཐུས་ཚུལ་ཞུས། དེ་ནས་རྒྱལ་ཡུམ་གཤེགས་པའི་དགོངས་རྫོགས་སྒྲུབ་པ་དང་བོད་ཀྱི་ལས་དོན་བྱེད་པ་ཐུན་མོང་དུ། ཙ་ནེ་ནོ་མོན་ཧན་ངག་དབང་ཚུལ་ཁྲིམས་གཏོང་བ་གནང་། ཡོང་ལ་བོད་ཀྱི་བསྟན་སྲིད་ལས་དོན་སྒྲུབ་ཚུལ་གྱི་བསླབ་བྱ་རྒྱས་པ་གནང་ཞིང་། དད་རྟེན་དུ་ཕྱག་ཕྲེང་ཞིག་དང་རྫོངས་བའི་གནང་སྐྱེས་ཀྱི་ནོམ་པ་བསྐུལ།”② ཅེས་འཁོད་པ་བཞིན་ཡོང་ནི་གོང་མས་ཆེད་དུ་བདམས་བསྐོ་གནང་བའི་བོད་ཀྱི་སྲིད་སྐྱོང་བླ་མ་ཨང་གཉིས་པ་དེ་ཡིན།

འདི་དུས་ཏཱ་ལའི་བླ་མ་དགུང་ལོ་ཉེ་ཤུར་ཉེ་བ་ཕེབས་ཀྱང་། གོང་མའི་ཐུགས་ལ་ཆབ་སྲིད་བཞེས་རྒྱུ་ད་དུང་སྔ་དྲགས་པར་དགོངས་པ་འདྲ་ཞིང་། རྣམ་ཐར་ནང་། “ཟླ་བ་གསུམ་པའི་ཚེས་བདུན་ལ་གྲལ་ཙོ་ཕེབས་པར་ངེད་ཀྱི་

① (དགའ་བཞིའི་བྱུང་བརྗོད་སྙན་ཆ་དེབ་ངོས296)

② (ཐུའུ་བཀན་གསུང་འབུམ་སྒྲིགས་བམ་དང་པོའི་ཤོག་གྲངས320)

ཏཱ་ལའི་བླ་མ་རིན་པོ་ཆེ། ད་ལྟ་མདོ་སྨད་ཕྱོགས་ཀྱི་བཀའ་ཆོས་མང་པོ་གསན་བཞིན་ལ་སྐུ་ཡོན་གྱི་གེགས་སུ་མི་འགྱུར་བའི་ཆེད། ཨེར་ཏེ་ནི་ནོ་མིན་ཧན་ངག་དབང་ཚུལ་ཁྲིམས་ཆོས་སྲིད་ཀྱི་ལས་དོན་ཞབས་འདེགས་ཞུ་བར་བཀའི་ལུང་གིས་མངགས་ཏེ་རྫོང་བདའི་གནས་ཚུལ་ལ་ལན་ཡང་ཕུལ། ”① ཞེས་གསལ་ལོ།

ལོ་འདིར་གོང་མའི་ཡུམ་ཧྥང་ཐའི་ཧོ་གཤེགས་པའི་གནས་ཚུལ་ལྷ་སར་འབྱོར་པའི་སྐོར་རྗེ་རིང་བསྟན་འཛིན་དཔལ་འབྱོར་གྱིས། “འདི་སྐབས་ཨམ་བན་རྣམ་གཉིས་སོགས་རྒྱ་དཔོན་རྣམས་རྒྱ་ལུགས་མྱ་ངན་གྱི་གོས་པ་དཀར་པོ་དང་། ཞྭ་མོ་ཛ་ལར་མེད་པ་གྱོན་གཤིས། གུང་བཀའ་མདའ། ཛ་སག་སོགས་གོང་མའི་མིང་དང་ཆོ་ལོ་འཛིན་པ་རྣམས་ཀྱང་དེ་དོན་ལྟར་བྱེད་དགོས་ཨམ་བན་གཉིས་ནས་གསུང་འདུག་དོན་ལྟར་འདི་སྐབས་བོད་ཀྱི་མི་དྲག་རྣམས་ཞག་ཤས་བར་དབུ་ཞྭ་འཕོག་རྗེ་དང་། ན་བཟའ་འགོ་སྣམ་དཀར་པོ་དང་སྣམ་ཕྲུག་དཀར་པོ་ཞེ་གཅིག་གྱོན་བཞེས་མཛད་དགོས་པ་བྱུང་སོང་གཤིས། རྒྱ་ནག་གི་མྱ་ངན་ཆ་ལུགས་བོད་ཀྱི་རྟེན་འབྲེལ་ལེགས་ཆས་སུ་གྱུར་པའི་ཡ་མཚན་པ་ཞིག་བྱུང་། ”② ཞེས་གསུངས་འདུག་ཅིང་། རྣམ་ཐར་ནང་། “གོང་མའི་ཡུམ་ཞི་བར་གཤེགས་པའི་མཆོད་སྤྲིན་སྤེལ་བར་ཏཱ་བླ་མ་གཉིས། ཨམ་བན་གཉིས་སྤྱིར་ཀོ་ཆེ་བཅས་འབྱོར་བར། གོང་མའི་བཀའ་བཟང་པོ། ཡུ་ཡེ་གནང་ཆ་རྣམས་ཕུལ། མི་སྣ་ཁག་ལ་ཕྱག་དབང་སྟོན་མོ་བཅས་གནང་། ནོ་མིན་ཧན་ལ་བཀའ་མཆིད་ཞིབ་རྒྱས་གནང་། ཡུམ་གྱི་དགོངས་རྫོགས་སུ་འདུས་པ་རྒྱ་མཚོའི་

① （འཛམ་གླིང་མཐའ་རྒྱན་ཤོག་གྲངས80）

② （དགའ་བཞིའི་བྱུང་བརྗོད་དེབ་ངོས297）

དཔུས་རྒྱལ་བ་ཡབ་སྲས་སྤྱན་དྲངས་བསྒོ་བ་རྒྱ་ཆེར་བསྐྱལ། ”① ཅེས་གསལ་བ་ལྟར་སྐབས་འདིར་སྲིད་སྐྱོང་གསར་པ་ནོ་མིན་ཧན་ངག་དབང་ཚུལ་ཁྲིམས་ཀྱང་ལྷན་ཅིག་ཕེབས་པར་མངོན་ཞིང་། དེ་ནས་“ བླ་བ་བདུན་པའི་ཚེས་བཅུ་བཞི་ལ། ཁྲི་སྲི་ཤིག་ཐུ་ཨེར་ཏེ་ནི་ནོ་མིན་ཧན་འཕྲིན་ལས་གྱེན་འདེགས་ཀྱི་རྒྱལ་སར་དབང་བསྒྱུར། ཞལ་སྲོ་ལེགས་སྐྱེས་བསྟར་ཞིང་། གོང་མ་ཆོས་ཀྱི་རྒྱལ་པོའི་བཀའ་དང་དམ་པ་ཉིད་ཀྱི་ཐུགས་བསྐྱེད་སྨོན་ལམ་བཙན་པོའི་མཐུ་བཟང་པོ་དུས་སུ་སྨིན་པར་བསྟན་སྲིད་ལར་རྒྱ་གོང་འཕེལ་གྱི་ཐུགས་བསྐྱེད་གནང་དགོས་ཞེས་བཀའ་ཕེབས། ”② ཞེས་འཁོད་པ་ལྟར་དེ་ནས་བཟུང་ཧོང་གིས་སྲིད་སྐྱོང་གི་ཐུགས་འགན་བཞེས་ཤིང་། དང་ཐོག་བཞུགས་མཆོར་དགའ་ལྡན་ཁང་གསར་དུ་གྲྭ་སྒྲིག་ཞུས་པར་སྟན་ཆགས་གནང་བ་དང་། རྗེས་སུ་ཚེ་སྨོན་གླིང་དུ་སྤོ་བཞུགས་མཛད་པས་ཚེ་སྨོན་གླིང་སྐུ་ཕྲེང་དང་པོ་དེ་ཡིན། འདི་སྐོར་ཡང་“ བོད་ཀྱི་སྲིད་དོན་རྒྱལ་རབས་” ཟེར་བ་དེའི་ནང་འཁྲུག་བཤད་ཅི་འདྲ་བྱས་མིན་བསྟུར་ཙམ་གནང་རྒྱུ་ཡོད་དོ། སྲིད་སྐྱོང་འདིའི་སྐོར《རྒྱལ་རབས་ཤེལ་དཀར་མེ་ལོང་》ནང་ཅུང་ཟད་འཁོད་པ་ལྟར་ན་ཧོང་གི་འབྱུངས་ཡུལ་ནི་མདོ་སྨད་ཅོ་ནེ་ནས་ཡིན་པ་དང་། གཞོན་ནུའི་སྐབས་བར་ཁམས་བརྒྱུད་ཨ་ཅོར་རྗེ་ཁྲིས་བསྙམ་ནས་བོད་དུ་ཕེབས། སེར་སྨད་གྲྭ་ཚང་དུ་སྒྲིག་གཞུག་གནང་ནས་གཞུང་ལུགས་རབ་འབྱམས་ལ་སྦྱངས་ཏེ་རིམ་བཞིན་མཁས་པ་ཆེན་པོར་གྱུར། དེ་ནས་རྒྱུད་སྟོད་དུ་ཕེབས་ཤིང་མདོ་སྔགས་ཡོངས་རྫོགས་ཀྱི་བཤེས་གཉེན་དུ་གྱུར་ནས།

---

① （འཛམ་གླིང་མཐའ་རྒྱན་ཤོག་གྲངས83）

② （འཛམ་གླིང་མཐའ་རྒྱན་ཤོག་གྲངས་）

རྒྱུད་པ་མཁན་པོའི་སྐབས་རྒྱ་ཕྱོགས་སུ་ཕེབས་དགོས་བྱུང་བས་ཤར་རྩེ་མཁན་པོའི་ཁྲི་འཛིན་ཙམ་མཛད་ནས་པེ་ཅིང་དུ་ཕེབས། ཡུང་ཧྭ་དགོན་གྱི་མཁན་པོ་ལོ་བརྒྱད་དགུ་ཙམ་མཛད་རྗེས་བོད་ཀྱི་ལས་དོན་ལ་ཕེབས་” ཞེས་གསལ་བ་དང་། སྲིད་སྐྱོང་གནང་ནས་གཞུང་གི་ལམ་ལུགས་ལ་དམ་གཙུན་དང་། སེར་སྐྱ་དམངས་ལ་བདེ་ཐབས་གང་ཡོང་གནང་བར་མཛོན་ཏེ། ལོ་རྒྱུས་དེའི་ནང་ཁོང་“ རྒྱ་ནས་ཕེབས་པ་ཡིན་པ་དང་། ཧོ་ཐོག་ཐུར་སོང་བས་བཀའ་བློན་དང་རྒྱ་བོད་མི་དྲག་གས་ཆུན་ཆེ་ཞིང་། ས་ཚོགས་དོས་ཧ་སྐོར་ལ་རྒྱལ་ཚབ།(དེ་མོ་) རིན་པོ་ཆེས་ཀྱང་དམ་བསྒྲགས་མཛད་པ་ཡིན་མོད། ནང་ཚགས་སྐྱ་དྲག་རྣམས་འཛོད་དབང་ཆེ་སྟབས་ཧ་ཅང་ཁུར་བསྟུས་རྒྱུ་རང་མེད་པ་ལ་འདི་ཉིད་ནས་ས་ཚོགས་ཁག་སྐྱོང་ལ་དགོངས་ཏེ་གདམ་ར་ཆེན་མཛད་པས་གཞུང་གི་སྐྱ་ཆས་དང་། དགོས་ངེས་མ་གཏོགས་འགྲིམ་བཞུད་ཆེར་མེད་པ་བྱུང་བས་བོད་ཀྱི་གྲོང་གསེབ་པ་རྣམས་ནས།

སྐུ་ཞབས་རྒྱ་ནས་ཕེབས་བྱུང་། །
ཁམས་གསུམ་བདེ་བ་བཀོད་སོང་། །
བོང་བུའི་རྐལ་རྨ་སོས་སོང་། །

ཞེས་གཞས་འཐེན་སྐད།”①ཅེས་གསལ་བའི“ རྒྱ་ནས་ཕེབས་པ་ཡིན་པ་དང་།” ཟེར་བའི་གོ་དོན་ནི། ཁོང་གོང་མ་རང་གིས་བཀའ་མངགས་དང་འབྲེལ་དམིགས་བསལ་བསྐོ་རྫོང་གནང་བས་རྒྱ་བོད་ཚང་མས་བརྩི་བཀུར་ཞུ་བ་དེ་མཚོན་ཞིང་། གོང་གསལ་གཞས་ཚིག་ནས་ཀྱང་པ་གཅིག་ཆད་པ་འདྲ།

① (རྒྱལ་རབས་ཆོས་འབྱུང་ཤེལ་དཀར་མེ་ལོང་ཡིག་རྙིང་དྲིས་མ་ཤོག་གྲངས86)

གཞན་ཡང་། "རང་ཉིད་གྲ་རྐྱང་མཛད་སྐྱོང་བས་དབུལ་འཕྲོ་རྒྱུག་དང་། རྩམ་ཐང་སོགས་ལ་ཚོང་ཁྲིམས་མཛད་པས་སེ་འབྲས་གྲྭ་རིགས་ལ་ཕན་ཆེར་བྱུང་།"① ཞེས་འཁོད་པ་ལས་ཞིབ་ཆ་མ་གསལ་རུང་། སྐབས་དེའི་གྲོང་ཁྱེར་སེར་སྐྱ་ཉམ་ཐག་ཚོའི་འཚོ་གནས་ཀྱི་འགག་རྩ་ལྷ་སའི་ཁྲོམ་རའི་བཟའ་རྩམ་སོགས་ཀྱི་རིན་ཐང་དང་། དབུལ་འཕྲོ་རྒྱུག་བྱེད་ཕྱོགས་སོགས་ལ་ཁྲིམས་སྲོལ་གྱི་གཏན་འབེབས་བཟོ་གནང་བཅས་དམངས་ཕན་གྱི་མཛད་བཟང་འགའ་ཞིག་ཕྱག་བསྟར་གནང་བ་མཚོན་གྱི་འདུག

3. པཎ་ཆེན་དཔལ་ལྡན་ཡེ་ཤེས་རྒྱལ་ནང་དུ་ཕེབས་པ་དང་། ས་ངན་པའི་དུས་ཟིང་ཞོད་འཇགས་བཏང་བ།

སྤྱི་ལོ1779ཐོད་ས་ཕག་ལོར། གོང་མའི་བཀའ་ལྟར་པཎ་ཆེན་སྐུ་ཕྲེང་དྲུག་པ་དཔལ་ལྡན་ཡེ་ཤེས་རྒྱལ་ནང་དུ་ཕེབས་པའི་སྐོར། རྣམ་ཐར་དུ"བླ་བ་དང་པོའི་ཚེས་བརྒྱད་ལ་གོང་མའི་གྲལ་ཙེ་ཕེབས་པའི་དགོངས་དོན་དུ། ལུགས་བྱི་ལོ་ཛོས་ལོ་དྲུག（བདུན）ཙུའི་སྦྲ་ཡེར་ལ་པཎ་ཆེན་ཨེར་ཏེ་ནི་རྒྱལ་ཁབ་ཏུ་ཕེབས་དགོས་བཀའ་བསྒྱུར་ལ་ནོ་མིན་ཧན་དང་། ལིའུ་ཨམ་པ་གཉིས་ནས་བཀའ་བསྒྱུར་ཞུས་ཕེབས་པ་བཞིན། ཆོས་ཉེར་ལྔའི་ཉིན་སྲིད་སྐྱོང་ཨེར་ཏེ་ནི་དང་། ཨམ་པ། བཀའ་བློན་རྡོ་རིང་བཅས་ལ་ཐོན་ཕྱག་བསྩལ།"② ཅེས་གསལ་བ་ལྟར་གོང་མའི་བཀའ་བསྒྱུར་སྙན་སྒྲོན་ཞུ་བར་སྲིད་སྐྱོང་ཚེ་སྨོན་གླིང་དང་། ལིའུ་ཨམ་བན། བཀའ་བློན་གུང་པཎྜི་ཏ་བཅས་བཀྲ་ཤིས་ལྷུན་པོར་

---

① （རྒྱལ་རབས་ཆོས་འབྱུང་ཤེལ་དཀར་མེ་ལོང་ཡིག་སྙིང་བྲིས་མ་ཤོག་གྲངས86）

② （འཛམ་གླིང་མཐའ་རྒྱན་ཤོག་གྲངས37）

ཕེབས་རྒྱུའི་ཏཱ་ལའི་བླ་མར་ཐོན་ཕྱག་ཞུ་གནང་མཛད་པ་ཡིན་ཅིང་། རྒྱ་བོད་བླ་དཔོན་གཙང་ཕེབས་སྐོར་འདི་དགའ་བཞི་བའི་བྱུང་བརྗོད་ནང་ཞིབ་ཙམ་གསལ་ཡང་ཡི་གེར་འཛེགས་ནས་འདིར་མ་དྲངས།

ལྕང་སྐྱའི་རྣམ་ཐར་དུ། ཁོང་“ཐུ་མ་བོད་དུ་ཕེབས་སྐབས་པཎ་ཆེན་ཐམས་ཅད་མཁྱེན་པའི་ཞལ་ནས། སྔར་ངེད་རང་པེ་ཅིང་དུ་ཡོང་རྒྱུ་ཡིན་པས་དེ་དུས་ཉིད་ལ་བཀའ་ཆོས་འགའ་ཞིག་ཀྱང་ཞུ་དགོས་ཞེས་ཕེབས་པ་ལ། རྗེ་བླ་མ་མཆོག་ནས་སོ་གང་གི་ནང་དུ་ཕེབས་རྒྱུ་ཡིན་ཞུས་པར། ཡོང་རྒྱུ་ཡིན་ཀྱང་ད་ལྟ་དུས་ལ་མ་བབས་ཞེས་པའི་ཕྱིས་འབྱུང་གི་ལུང་བསྟན་གནང་བའི་དུས་ལ་སླེབས་པས། གོང་མ་ཆེན་པོའི་གདན་འདྲེན་བཞེད་དང་པཎ་ཆེན་མཆོག་ནས་ཕེབས་བཞེད་ཡོད་པའི་བར་གྱི་མཚམས་སྦྱོར་རྗེ་བླ་མ་མཆོག་ནས་མཛད་དེ། བདག་པོ་ཆེན་པོ་དགུང་ལོ་བདུན་ཅུར་ཕེབས་པའི་དགའ་སྟོན་གྱི་སྐབས་པཎ་ཆེན་ཐམས་ཅད་མཁྱེན་པ་རྒྱལ་ཁབ་ཆེན་པོར་ཕེབས་རྒྱུར་ཕན་ཚུན་གཉིས་ཀ་ནས་ཐུགས་ཐག་བཅད། དེ་ནས་གོང་མ་ཆེན་པོས་ཞེ་ཧོར་དུ་པཎ་ཆེན་རིན་པོ་ཆེ་ཕེབས་ནས་བཞུགས་གནས་ཀྱི་ཆེད་བཀྲ་ཤིས་ལྷུན་པོ་ལ་དཔེ་བླངས་པའི་བླ་བྲང་རྒྱལ་མཚན་མཐོན་པོའི་གཟིམ་ཁང་། གསེར་གདུང་ལྷ་ཁང་གཉིས། མཆོད་ཁང་གྲྭ་ཤག་དང་བཅས་པ་རྟེན་གསུམ་མཆོད་རྫས་ཀྱིས་ཕྱུར་བུར་གཏམས་པའི་ངོ་མཚར་ཅན་དང་། པེ་ཅིང་དུ་ལྷ་ཁང་སེར་པོ་ནུབ་མར་བཞུགས་གནས་ཀྱི་ཁང་པ་ཤིན་ཏུ་རྒྱ་ཆེ་བ་གསར་བསྐྲུན་མཛད་”①ཅེས་གསལ་བར་གཞིགས་ན་ཐུ་ས་ནས་བཞེད་དགོངས་དང་གྲ་སྒྲིག་ཡོད་པར་མངོན།

① （ཐུའུ་བཀྭན་གསུང་འབུམ་གླེགས་བམ་དང་པོའི་ཤོག་གྲངས304）

ལོ་དེའི་ཟླ་བ་དྲུག་པའི་ནང་པཎ་ཆེན་རིན་པོ་ཆེ་གདན་ས་བཀྲ་ཤིས་ལྷུན་པོ་ནས་ཐེབས་ཐོན་གྱིས་བྱང་འབྲིམ་བརྒྱུད་ཐད་ཀར་རྒྱལ་ནང་དུ་ཆིབས་བསྒྱུར་གནང་རྒྱུར་བརྟེན་ཏཱ་ལའི་བླ་མ་མཆོག་ཀྱང་ཐེབས་སྐྱེལ་མཇལ་འཕྲད་དུ་ཡངས་པ་ཅན་བར་ཐེབས་པའི་སྐོར་རྣམ་ཐར་ནང་། “རྒྱལ་བ་སྣང་མཐའ་དངོས་སྤྲུལ་གར་རོལ་པཎ་ཆེན་ཐམས་ཅད་མཁྱེན་པ་འཇམ་དཔལ་དབྱངས་གོང་མའི་རྒྱལ་ཁབ་ཏུ་ཆིབས་ཞལ་སྐྱོད་རྒྱུར་ཡངས་ཅན་བཀྲ་ཤིས་མཐོང་སྨོན་དུ་ཐེབས་པ་དང་། ཡབ་སྲས་མཚན་དཔེའི་ཞལ་དཀྱིལ་འཛོམས། གཞུང་གི་མཇལ་ཕྱར་ཆེན་མོའི་ཁྲིར་རྒྱལ་བ་ཡབ་སྲས་ལྷན་རྒྱས་ཞབས་པད་བཀོད། དགོང་ཇ་བཞེས་ཕྱུར་རྒྱས་པའི་ཐོག་སྲིད་སྐྱོང་ནོ་མིན་ཧན། ཨམ་པ་གཉིས། བཀའ་བློན་ཁྲི་གདན་ཟུར་གསུམ། ལྷ་ཀླུའི་ཛོ་ལགས། (ཏཱ་ལའི་བླ་མའི་སྐུའི་གཅེན་པོ་) མདའ་དཔོན་གཉིས། བཀྲས་ལྷུན་ཕྱག་མཛོད། རྩེའི་མཁན་ རྫེ་ཆེ་ཆུང་། ནང་རྣམ་ལས་ཚན་དྲུང་དྲག་འབྲིང་དགུས་བཅས་དང་། རྣམ་རྒྱལ་གྲྭ་ཚང་རྒྱབ་ཆ་བ་བཅས་ཕྱིན་སུམ་བརྒྱ་ལྔ་བཅུ་སྐོར་དང་། བླ་བྲང་གསོལ་གཟིམ། མགྲོན་གཉེར་དྲུང་དྲག་འབྲིང་དགུས་བཅས་སེར་སྐྱ་ཉིས་བརྒྱ་ཉི་ཤུ་སྐོར། མཇལ་དམངས་སུམ་བརྒྱ་བརྡལ་བ་བཅས་ལ་བྱིན་རླབས་བསྩལ།”① ཅེས་གསལ་ཞིང་། དེ་ནས་ནག་ཆུ་བར་གཞུང་ནས་ཆིབས་བསྒྱུར་ཞབས་ཞུར་བཀའ་བློན་ཐོན་པ་སྲིད་ཞི་དབང་འདུས་དང་། ནག་ཆུ་ནས་འབྲི་ཆུའི་བར་བཀའ་བློན་མདོ་མཁར་ཛ་སག་བསོད་ནམས་དབང་རྒྱལ་གཏོང་གནང་སོགས་ཐེབས་སྐྱེལ་སྐོར་ཞིབ་ཙམ་དགའ་བཞིའི་བྱུང་བརྗོད་ནང་གསལ་ཡོད།

---

① (འཛམ་གླིང་མཐའ་རྒྱན་ཤོག་གྲངས95)

ལོ་འདིའི་ཟླ་བ་བཅུ་པ་ནང་། ཁམས་ཁུལ་ས་ངན་པ་རྣམས་ནས་རྒྱུན་གཏན་མི་མང་དཔུང་སྐྲོལ་གྱིས་ཇག་བཅོམ་ཟིང་སློང་ཁར། དེ་ལོ་གཞུང་ཚོང་མདོ་སྨར་དཔོན་གྱི་རྩེ་ཇ་བཅོམ་འཕྲོག་སོགས་བྱུང་བའི་སྐོར། "ཕྲག་དོག་དུག་ཆུས་སྨྱོས་པའི་ས་ངན་པ་རྣམས་གཞན་འཚོར་ཕུན་ཚོགས་ལ་མ་བཟོད་ཅིང་། ལས་འབྲས་ཁྱད་བསད་ཀྱིས་ཡུལ་པ་དང་འགྲུལ་པ་མཐའ་དག་ལ་ཆོམ་པོ་ཁོ་ནས་དུས་འདའ་བས། སྐྱེ་བོ་མང་པོར་བཙབས་གསིག་ལ་དྲག་པོ་དཔུང་གི་སྒྱུར་བ་མ་དགོས་པའི་འཇམ་ཆགས་སུ་གྱུར་ན་དགོངས། ཐུགས་སྙིང་རྗེས་མ་བཟོད་པས་སྤྱི་ཕྱིར་དྲུང་འཁོར་སེར་སྐྱ་མངགས་ཏེ། ཕྱག་རྫས་ཀྱི་གནང་ཆ་དང་བཅས་དགེ་སྡིག་བླང་དོར། རྒྱལ་ཁྲིམས་ཀྱི་འཇིགས་ཟིལ་སོགས་རིམ་པར་མོལ་བཙུག་ནའང་། དཔའ་སྐྱེས་ཀྱི་ངན་སྤྱོད་བཟློག་མེད་ལ་ལས་ངན་ཕྱོག་ཏུ་བབས་པར་བརྟེན། རྒྱལ་དབང་མཆོག་ལ་གསང་སྔགས་ཀྱིས་བོད་བཞུགས་ཧྲ་ཤིང་གཉིས་ནས་གོང་མར་སྙན་སྒྲོན་ཕུལ་བར། གནམ་གྱི་ལྷ་འཇམ་དཔལ་དབྱངས་ཆོས་ཀྱི་རྒྱལ་པོ་ཡང་ཐུགས་འཁྲུགས་ཏེ། ཅང་ཇུན་དཔུང་ཚོགས་དང་བཅས་གཡུལ་གྱི་སྒྱུར་བར་མངགས་པར། བཀའི་གུང་བློན་པཎྜི་ཏས་དབུས་ལས་བྱ་བར་བྲག་ཤར་ཐའི་ཇི། ལྷ་བུ་སླང་ཆེན། མི་ཏུ་རྒྱབ་པ། ཕ་ཇོ་ལྷ་ཁང་པ་རྣམས་ཇོང་བདའ་བསྐྱངས་སྐབས་བཀའ་ལས། རང་ངོས་ནས་བསྟན་འགྲོ་རིས་མེད་ལ་ཕན་བདེའི་ལྷག་བསམ་དགེ་བས། ས་ངན་པར་མ་ཏུངས་བརླངས་པོར་སྤྱོད་པ་དེ་རིགས་ཞིག་དགོས་པའི་བཀོད་པ་སྤྱི་རིམ་པར་སོང་ཡང་། བསྒོ་བ་རྣར་གཟོན་གྱིས་མ་ཉན་པར་སྡིག་འབྲས་དུས་སུ་བདོ་བར་བྱ་ཐབས་ཀྱིས་དབེན་ཀྱང་། ཡིད་སྲུབས་ཀྱི་མདའ་སྙིང་དུ་ཟུག་པ་རེ་གཉིས་ཀྱི་སྒྱུར་བས་བྱས་པ་ཤུགས་མ་ཐུབ་པས། སྔ་དམངས་སྤྱིར་ཉེས་པ་ཆེར་ཡོང་དོགས་མ་ཁ་བས། འཇམ་

དབྱངས་གོང་མ་ཆོས་ཀྱི་རྒྱལ་པོའི་འཕྲིན་ལས་མཚན་རྟགས་ཀྱི་ཞབས་འདེགས་གང་འགྱུར་དང་། བཀས་མངགས་ཅང་རྟན་ཆེན་པོས་དབུས་དཔོན་ཁག་རྣམས་དང་བསྟུན་ཕྱོགས་དགོངས་སྒྱུར་གྱི་ཐོག རང་གིས་བྱས་པ་རང་གི་མྱོང་བྱར་གྱུར་པའི་ནག་ཅན་རྣམས་ནི་རྫོགས་པའི་སངས་རྒྱས་ཀྱིས་ཀྱང་སྐྱོབ་པར་དཀའ་བ་ལྷས་བྱིན་དང་འདྲ་མོད། གཞན་སྡེ་དམངས་བྱིངས་ལ་བཙབས་གསིག་མནར་གཅོད་དུ་མ་སོང་བའི་ངང་ནས་གོང་མ་མཆོད་ཡོན་གྱི་ལྷ་འབངས་སུ་ཆུད་ནས་བདེ་སྐྱིད་ལ་འགོད་ཐུབ་པའི་བསམ་པ་མ་སྨད་པའི་འདུན་པ་སྐྱེད་དགོས། ཁོ་པོས་ཀྱང་དེ་བཞིན་འགྲུབ་པའི་འདུན་པ་དང་། ཁྱོད་རྣམས་ལ་སྐྱབས་འཇུག་ཡིད་ལ་འདྲོངས་པ་བྱེད་ཅེས་བསྐུལ།"① ཅེས་འཁོད་པ་ལྟར་ཏཱ་ལའི་བླ་མ་མཆོག་ནས་ཆོས་ཕྱོགས་ཀྱི་དགོངས་བཞེད་དཔུང་འཇུག་མ་དགོས་པ་དང་། མཐའ་འདོམས་ཀྱང་ཞི་འཇམ་གང་ཆེ་ཡོང་གང་ཐུབ་གནང་བ་ཏ་ཅང་གསལ་ཡང་། "བོད་ཀྱི་སྲིད་དོན་རྒྱལ་རབས"ཞེར་བའི་ནང་འདི་སྐོར་ལའང་ཕྱིན་ཅི་ལོག་ནས་བྲིས་འདུག གོང་གསལ་ཡོང་རྐྱེན་ཐད་དགའ་བཞི་བསྟན་འཛིན་དཔལ་འབྱོར་གྱིས། "གཞུང་མདོ་སྨད་དཔོན་ཡར་ཡོང་སྐབས། སྨར་ཁམས་ཁུལ་ས་ངན་རི་ཁ་ཤེ་པ་རྣམས་ནས་སྐྱབས་མགོན་རྒྱལ་དབང་ཐམས་ཅད་མཁྱེན་པར་གོང་མ་བདག་པོ་ཆེན་པོའི་གནང་རྗེན་རྫེ་ཛར་ཛག་བཙམ་བྱས་པར། རྒྱ་བོད་བླ་དཔོན་བཀའ་མོལ་གྱི་སྟེང་ནས་གོང་མ་ཆེན་པོར་གནས་ཚུལ་གྲོལ་རྗེ་ཕུལ་གྲུབ་པར་བརྟེན་དེ་སྐོར་གྱི་ཞིབ་དཔྱོད་དང་། དཔུང་འཇུག་ལ་ཆེད་དམིགས་ཟི་ཆོན་ཆེན་ཐུ་ཧྲུ་ནས་ཐེ་ཅང་རྟན་ཆེན་པོ་དང་། བོད་བཞུགས་ལིའུ་

① (འཛམ་གླིང་མཐའ་རྒྱན་སྟོག་གྲངས106－107)

ཨམ་བན་གྱི་བརྗེ་ཚབ་དང་སྲུགས་ནང་བློན་སྤྱའོ་ཨམ་བན་སོགས་རྒྱ་དང་། མཐུ། རྒྱལ་རོང་བཅས་ཀྱི་དཔོན་པོ་དང་། དམག་མི་སྟོས་ཆེ་འགྲུངས་མེན་སྨར་ཁམས་སུ་འཁྱོར་རྒྱུའི་གནས་ཚུལ་འཁྱོར་བར་བརྟེན། ཁམས་ཁུལ་གཞུང་ཞབས་ཁག་དང་། སྔེར་ཁག་གྲུས་ཆབ་བྲག་འབབ་ལོ། སྡེ་དགེ་བཅས་ཀྱི་བོད་དམག་རྣམས་ཀྱི་འགོ་ཡོད་དུ་ཁོ་བོའི་མེས་པོ་བཀའ་དྲིན་ཅན་མི་རྗེ་གུང་པཎྜི་ཏར་ལས་བྱ་གཙང་མདའ་དཔོན་ལྷུང་ལོ་ཅན་པ་བཀྲ་ཤིས་ཕུན་ཚོགས་དང་། པ་ལྷ་བསྟན་འཛིན་རྣམ་རྒྱལ། སྨར་ཁམས་འགོ་ཧྲེང་བྲག་ཤར་ཐའི་ཧེ་དང་། སྟོད་སྨར་ཧྲེང་མི་རྒྱབ་ཐའི་ཧེ་བཅས་ཕེབས་རྒྱུའི་སྒྲོ་དོད།"① ཅེས་གསུངས་འདུག་པ་མ་ཟད། སྐབས་དེར་སངན་དུ་དཔུང་འཇུག་གིས་ཐའི་ཧེ་མེ་རུ་རྒྱབ་པས་དམག་སྡེ་ཁྲིད་དེ་བཙན་ས་རྫོང་འབུར་མོ་ཞེས་པ་སྟོད་བརྡུད་མེར་བསྲེག་བཏང་བ་དང་། སངན་པའི་འགོ་གཙོ་སྡེ་རོ་ཨ་འཚོགས་ཟེར་བ་ཡང་གུང་པཎྜི་ཏས་བསྐུ་ཁྲིད་ཀྱིས་གསོན་བཟུང་ཟེ་ཁྲོན་ཙང་ཙུན་ལ་རྩིས་སྤྲོད་ཁྲག་སྦྱོར་བྱས་ཤིང་། རྒྱ་དམག་རྣམས་ཕྱིར་ལོག་རྗེས་མེ་རྒྱབ་པས་བོད་དམག་ཁྲིད་ནས་ཇག་གཙོ་ཧ་ཀོད་བྱམས་པ་དང་། ཁོ་པའི་བུ་ཕྲུན་ཀན་པ་བཅས་མི་གཉིས་སྲོག་ཐོག་གི་ཁྲིམས་གཅོད་ཐོག བུ་ཕྲུན་ཚུང་བ་དང་ཚུང་མ། མ་ཀན། བུ་མོ་བཅས་གསང་རྫོང་རི་མ་ལྷུང་རར་རྒྱང་འབུད་དུ་བཏང་ཞིང་། སངན་པ་ནས་རྫོན་ཚད་གཞུང་ལ་མར་ཁྲལ་འཇལ་དགོས་རྣམས་སྨར་གསོ་བྱས་ཏེ་ཕྱིན་ཆད་ལོ་ལྟར་དངུལ་སྲིལ་གྱིས་འབུལ་རྒྱུ་དང་། སྨད་ཇག་རྐུན་ཁྲིམས་མེད་རིགས་མི་བྱེད་རྒྱུའི་མཐའ་འདོམས་སོགས་གནང་སྟེ་བཀའ་བློན་ངོ་ལས་ལྷུགས་བྱི་ཧོར་ཟླ་བརྒྱད་

① （དགའ་བཞིའི་བྱུང་བརྗོད་དེབ་ངོས378）

པའི་ནང་ཕྱིར་འཁོར་བ་བཅས་ཞིབ་ཆ་དགའ་བཞིའི་བྱུང་བ་བརྗོད་པའི་ནང་འཁོད་ཡོད་ཅིང་། དགའ་བཞི་གུང་ལྷ་སར་འགྱུར་ཉེན། "སྔོན་གྲོང་ཟམ་སྣེར་རྩེ་ཤོད་མགྲོན་གཉེར་དང་། ཤོད་དྲུང་ལས་ཚན་ཡོད་མེད་སོགས་དང་བཅས་གཞུང་གི་ཐབ་བསྒུས་སྟོན་བསྒུས་ཐོག འདི་ཉིན་བོད་བཞུགས་སྤྱོའི་ཨམ་བན་དང་། ཧིང་ཨམ་བན་གཉིས་ནས་བསམ་གྲུབ་ཁང་གསར་གྱི་ཡ་མོན་དུ་ལྷན་རྒྱས་ཀྱི་སར་ལམ་རྒྱུད་ཕེབས་དགོས་ཞེས་ཁྲིམས་དཔོན་ཞིག་གཞུང་གི་ཐབ་བསྒུའི་སར་ཨམ་བན་གཉིས་ནས་འཚམས་ཞུ་འབུལ་བ་དང་སྦྲགས་གཏོང་གནང་མཛད་འདུག་དོན་བཞིན་ཕེབས་སོང་བར། དེ་འཕྲལ་ཨམ་བན་གཉིས་ཀྱིས་མི་རྗེ་དེ་ཉིད་ལ། པཎྜི་ཏ་ནས་སངན་དཔུང་འཇུག་གི་ལས་དོན་སྐོར་ལ་འཐུས་གཙང་བྱུང་ཚུལ་གྱི་གོང་མ་བདག་པོ་ཆེན་པོའི་བཀའ་བསྐུར་དང་སྦྲགས་ནོར་བུ་པདྨ་རཱ་གའི་ཏོག་དང་། རྨ་བྱའི་སྒྲོ་མདོངས་བཅས་བསྐྱལ།……དེ་སྟོན་མི་དབང་པོ་ལྷ་བའི་སྐུ་དུས་མི་རྗེ་དེ་ཉིད་ཀྱི་རྗེ་ལགས་རྣམ་རྒྱལ་ཚེ་བརྟན་ལ་ཏོག་དང་སྒྲོ་མདོངས་བསྐྱལ་ཚུལ་གོང་དུ་གསལ་བ་ལྟར་ལས། དེ་ནས་འདིའི་བར་བོད་མི་རང་གཞན་སུ་ལའང་དེ་རིགས་སྤྲོད་ལམ་མ་བྱུང་འདུག་སྐབས། ཕེབས་ལམ་གྱི་བཞི་མདོ་རྣམས་སུ་ཞལ་མཇལ་ཞུ་མི་སྐྱ་སེར་ཕོ་མོའི་ཁྲོམ་མི་ཚོགས་ཆེ་བ་རྣམས་ཀྱང་ཤིན་ཏུ་ངོ་མཚར་ཆེ་བ་བྱེད་འདུག"① ཅེས་འཁོད་པ་ལྟར་དུས་ཕྱིས་ཀྱང་བཀའ་བློན་གསར་བསྐོ་བྱུང་རྗེས་ཏོག་གི་རྩེ་རྒྱན་དུ་ངེས་པར་པདྨ་རཱ་ག་རྒྱག་སྲོལ་དེ་དམངས་གཙོའི་བཅོས་བསྐྱུར་མ་བྱས་བར་གནས་པ་ཡང་ལམ་སྲོལ་འདི་ཙམ་ནས་རིམ་ཆགས་བྱུང་བར་མངོན་ནོ།

① （དགའ་བཞིའི་བྱུང་བརྗོད་དེབ་ངོས414）

པཎ་ཆེན་དྲུག་པ་རྒྱལ་ནང་དུ་ཕེབས་པའི་རིམ་པ། ལྕང་སྐྱའི་རྣམ་ཐར་ནང་གསལ་ཙམ་འཁོད་པ་ལྟར། ས་ཕག་ལོ“ པཎ་ཆེན་རིན་པོ་ཆེ་མདོ་སྨད་སྐུ་འབུམ་གྱི་ཆོས་སྡེ་ཆེན་པོར་དགུན་བཞུགས་མཛད་ཅིང་། ལྕགས་ཕོ་བྱི་བའི་ལོ་མདོ་སྨད་ནས་ཕྱག་བཏེག་སོག་ཡུལ་བརྒྱུད་ནས་རིམ་གྱིས་ཕེབས་སྐབས། རྗེ་བླ་མ་(ལྕང་སྐྱར་ཐེར་) གོང་མའི་བཀའ་བཞིན་ཕེབས་བསུར་མཚོ་བདུན་གྱི་དགོན་པར་ཕེབས།” ཞེས་དང་། དེ་ནས“ གོང་མའི་བཀའ་བཞིན་རྗེ་བླ་མ་བྱང་ཏས་ཀའི་དགོན་པར་ཕེབས་ནས་བཞུགས་པས། མི་རིང་བར་རྒྱལ་སྲས་དྲུག་པ་ཡང་དེར་འབྱོར། ཧོར་ཟླ་ལྔ་པའི་ཉི་ཤུ་དྲུག་ལ་ཏས་ཀའི་ལྷ་ཁང་བཀྲ་ཤིས་ཚོགས་འཕེལ་དུ་ལྷ་སྲས་དྲུག་པ་དང་རྗེ་བླ་མ་ལྷན་དུ་པཎ་ཆེན་ཐམས་ཅད་མཁྱེན་པར་མཇལ་འཕྲད་མཛད་དེ། གོང་མའི་གསེར་གྱི་ལུང་དང་གནང་སྐྱེས་བསྟུལ་བ་རྣམས་འབུལ་བ་གནང་། འདུ་ཁང་དུ་གདན་འཛོམས་ཏེ་གསུང་གླེང་འཕེལ། པཎ་ཆེན་རིན་པོ་ཆེ་བཞུགས་སྐར་དུ་ཕེབས་ཐོག་ལྷ་སྲས་དང་རྗེ་བླ་མ་ལྷན་དུ་ཕེབས་ཏེ་དངོས་འབུལ་དང་ཕྱག་དབང་ཞུ་བ་གནང་། ཕྱི་ཉིན་ལྷན་རྒྱས་ཐོག་པཎ་ཆེན་ཐམས་ཅད་མཁྱེན་པར་གོང་ནས་བསྟུལ་བའི་གསོལ་སྟོན་ཤིན་ཏུ་རྒྱས་པ་ཕུལ་ཏེ་ཟློས་གར་དང་། རྟ་རྒྱུགས་སོགས་རྩེད་སྣ་ཡ་མཚན་དུ་མ་བསྟར་བ་སོགས་ཐོག་མའི་རྟེན་འབྲེལ་ཕུན་སུམ་ཚོགས་པ་སྒྲིག་པར་མཛད།”①
“མཚོ་བདུན་དུ་ཕེབས་པ་ན། གོང་ནས་པཎ་ཆེན་རིན་པོ་ཆེ་དང་རྗེ་བླ་མ་རྣམ་གཉིས་ལ་དབྱར་གྱི་ན་བཟའ་ཆ་ཚང་། རིན་པོ་ཆེའི་ཕྱག་ཕྲེང་དང་ཤེལ་ཐོག་སྣ་ཚོགས་བསྟུལ་བ་རྣམས་འབྱོར། བཀས་མངགས་པའི་གུང་ཕུང་ཤིང་ཅིས་ལུན་

① (ཐུའུ་བཀྭན་གསུང་འབུམ་གླེགས་བམ་དང་པོའི་ཤོག་གྲངས305)

དང་། ཛ་སག་བླ་མ་དཔལ་འབྱོར་བཅས་སླེབས། དྲུག་པའི་ཉི་ཤུའི་ཉིན་པཎ་ཆེན་ཐམས་ཅད་མཁྱེན་པ་མཚོ་བདུན་དུ་ཕེབས་རྒྱུར། རྗེ་བླ་མ་ཉིད་སླར་ཡང་ཕེབས་བསུར་ཕྱིན་པ་ཆ་ཧན་བུ་ལག་ཏུ་མཇལ་ནས་ཇ་གྲལ་དཀར་སྒྲོའི་ཐོག་ཕན་ཚུན་ཐུགས་ཤིན་ཏུ་དགྱེས་པའི་གསུང་གླེང་འཕེལ། ཕྱི་ཉིན་ལྷན་དུ་དོ་ལོན་ནོར་དུ་ཕྱུག་ཕེབས། བཀས་མངགས་པའི་གྲུང་ཕུང་ཤིང་ཅིས་ལུན་དང་ཛ་སག་དཔལ་འབྱོར་གཉིས་ཀྱིས་པཎ་ཆེན་མཆོག་ལ་གོང་ནས་བསྩལ་བའི་གསེར་ཡིག་དང་རྟེན་ཆས་རྣམས་ཕུལ་ཏེ་གཞིས་གདན་འཛོམ་ཐོག་ཇ་གྲལ་དང་དཀར་སྒྲོ་ཞུས། བཞུགས་གྲལ་གྲོལ་རྗེས་རྗེ་བླ་མ་མཆོག་ནས་མཇལ་འཛོམ་གྱི་ཕྱག་རྟེན་མཚོན་བྱེད་ཀྱི་དངོས་འབུལ་དང་བཅས་སྐྱེར་མཇལ་ཞུ་བ་གནང་།”① ཞེས་དང་། དེ་རྗེས“རྒྱལ་སྲས་དྲུག་པ་དང་རྗེ་བླ་མ། གོང་མའི་བཀས་ཞེ་ཧོར་དུ་སྔོན་ལ་ཕེབས་རྒྱུར་པཎ་ཆེན་མཆོག་ནས་ཕེབས་རྫོངས་རྒྱས་པ་བསྐྱར། ……རྗེ་བླ་མ་ཞེ་ཧོར་ལ་ཕེབས་ནས་གོང་མ་ཆེན་པོ་མཇལ་འཕྲད་གནང་བར་པཎ་ཆེན་རིན་པོ་ཆེའི་ཕེབས་ལམ་གྱི་སྐོར་སོགས་བཀའ་འདྲི་གནང་ཞིང་། པཎ་ཆེན་མཆོག་དང་རྗེ་བླ་མ་རྣམ་གཉིས་ལ་རྣམ་བཅུ་དབང་ལྡན་གྱིས་མཚོན་པའི་དབུ་ཞྭ་ཆེད་སྐྲུན་རེ་གནང་སྦྱིན་མཛད། （པཎ་ཆེན་དགུ་པའི་སྐབས་ས་སྣང་ཞབས་འབྲིང་གི་དཔོན་ཞྭ་ལའང་རྣམ་བཅུ་དབང་ལྡན་གྱི་ཆོས་རིས་ཡོད་པ་ལོ་རྒྱུས་འདིའི་རྒྱུན་བཟུང་བར་སྣང་།） བདུན་པའི་ཉེར་གཉིས་ཀྱི་ཉིན་པཎ་ཆེན་རིན་པོ་ཆེ་ཞེ་ཧོར་གྱི་ཕོ་བྲང་ཆེན་པོར་གོང་མ་བདག་པོ་ཆེན་པོ་དང་མཇལ་འཕྲད་མཛད་རྒྱུར། རྗེ་བླ་མ། སློན་ཨེར་ཨེ་ཕུ། ཧའི་ཏྲ་ཞིན། གོང་མའི་སྐུ་ཚབ་གྲུང་

① （ཐུའུ་བཀྭན་གསུང་འབུམ་སྒྲིགས་བམ་དང་པོའི་ཤོག་གྲངས306）

ཕུང་ཞིང་ཅིས་ལུན་བཅས་བློན་པོ་ཆེ་ཆུང་མང་པོ་དང་། ཕོ་བྲང་གི་བླ་མ་ཆེ་ཆུང་དུ་མ་དང་ལྷན་དུ་ཆིབས་བསྒྱུར་ཕེབས། པཎ་ཆེན་རིན་པོ་ཆེ་གོང་མར་མཇལ་རྒྱུའི་ཐོག་མར་རྗེ་བླ་མ་མཆོག་ནས་ཧྭ་ཕུ་ཟེར་ (སི་) བཞུགས་ཡུལ་ལྷ་ཁང་དུ་ཞབས་ཏོག་གྲ་སྒྲིག་མཛད་ཡོད་པར་རྩུང་ཟད་ངལ་བསོ་བ་མཛད་ནས་མ་འགྱངས་པར་སྐྱིད་ཚལ་གྱི་ཕོ་བྲང་ཆེན་པོར་པཎ་ཆེན་ཐམས་ཅད་མཁྱེན་པ་དང་འཇམ་དབྱངས་མིའི་རྗེ་པོ་ལྷན་ཅིག་ཏུ་ཞལ་འཛོམ། གོང་མ་ཆེན་པོས་རྗེ་བླ་མ་མཆོག་ལ། ཏུ་ཐོག་ཐུ་དེ་རིང་སྦྲ་ཡེར་ཆེན་པོ་བྱུང་ངོ་ཞེས་ཕེབས་པར། རྗེ་བླ་མས་དེ་རིང་སྐུ་ཞབས་མཆོད་ཡོན་གཉིས་ཞལ་འཛོམ་གནང་བར་གནམ་གཤིས་ཡག་པ་བཅས་རྟེན་འབྲེལ་ལེགས་ཤིང་སྦྲ་ཡེར་ཆེན་པོ་གཞན་དང་མི་འདྲ་བ་བྱུང་ཞེས་ཞུ་བ་མཛད། དེ་ནས་གོང་མའི་བཀའ་བཞིན་དུ་རྗེ་བླ་མ་མཆོག་ནས་ཞབས་ཕྱི་ཞུས་ཏེ། པཎ་ཆེན་རིན་པོ་ཆེ་སྐྱིད་ཚལ་གྱི་ཕྱོགས་ཐམས་ཅད་དུ་ཕེབས་ནས་ཤིས་བརྗོད་མཛད་ཅིང་། རིམ་གྱིས་པཎ་ཆེན་བཞུགས་ཡུལ་དུ་ཆེད་བསྐྲུན་མཛད་པའི་བཀྲ་ཤིས་ལྷུན་པོའི་གཟིམ་ཁང་དུ་ཕྱག་ཕེབས། པཎ་ཆེན་ཐམས་ཅད་མཁྱེན་པ་དང་། རྗེ་བླ་མ་དང་ལྷ་སྲས་དྲུག་པ་སོགས་བླ་དཔོན་རྣམས་ལ་ཇ་གྲལ་ཐོག་ཐུགས་སྤྲོ་བའི་གསུང་གླེང་མཛད། ཕྱི་ཉིན་གནམ་གྱི་ལྷ་གོང་མ་བདག་པོ་ཆེན་པོ་བཀྲ་ཤིས་ལྷུན་པོར་ཕེབས། པཎ་ཆེན་མཆོག་ལ་བརྟན་བཞུགས་འབུལ་བ་གནང་སྐབས་......གོང་ནས་སྐུ་གསུང་ཐུགས་རྟེན་སོགས་དངོས་ཆས་བསམ་གྱིས་མི་ཁྱབ་པ་འབུལ་བ་གནང་། གསོལ་ཇ་བཞེས་སྐབས་གོང་མའི་བཀའ་ལས། ངེད་ཀྱི་དགུང་ལོ་བདུན་ཅུའི་སྦྲ་ཡེར་ཆེན་པོའི་ཐོག་པཎ་ཆེན་ཨེར་ཏེ་ནི་ཕེབས་པ་ཕྱོགས་འདིའི་བསྟན་འགྲོ་ལ་ཤིན་ཏུ་ཕན། ངས་ལོ་མང་པོར་ལྕང་སྐྱ་ཏུ་ཐོག་ཐུ་ལས་ཆོས་ཅུང་ཟད་བསླབས་པ་ཡིན་ཙང་། སངས་

རྒྱུས་ཀྱི་ཆོས་འདི་རྒྱ་མཚོ་ལྟར་ཟབ་ལ་རྒྱ་ཆེ་ཞིང༌། ངེད་ནས་རྒྱལ་སྲིད་ཀྱི་ལས་དོན་ས་སྙིང་གི་དོན་ཐམས་ཅད་བྱེད་དགོས་པས། ལོང་སྐབས་མེད་པའི་སྟབས་ཀྱིས་ཏུ་ཐོག་ཐུ་ནས་བསླབས་པའི་ཆོས་རྣམས་ལ་སྒོམ་པའི་རྟོགས་པ་སྐྱེ་མ་ཐུབ་ཀྱང༌། རིམ་རིམ་བྱེད་པའི་སྐབས་ན་ཡོད། ད་ལམ་རང་རེ་མཆོད་ཡོན་དངོས་ཀྱིས་མཇལ་བ་འདི་སྔོན་གྱི་སྨོན་ལམ་དང་ཐུགས་བསྐྱེད་ཀྱི་འབྲེལ་བ་བཟང་པོ་ངེས་པར་སྨིན་པའི་དུས་ལ་བབས་པ་ཡིན་འདུག་པས། ངེད་ནས་བླ་མ་ཉིད་ལ་ཆོས་བཀའ་མང་པོ་ཞུ་རྒྱུ་ཡིན། ངེད་ནས་སྔར་བོད་ཀྱི་ཕལ་སྐད་མི་ཤེས་ཀྱང་ཉིད་ཕེབས་རྒྱུར་འཕྲལ་དུ་ཏུ་ཐོག་ཐུ་ལ་ཉེར་མཁོའི་ཕལ་སྐད་གང་ཟིན་འབད་རྩོལ་གྱིས་བསླབས་པ་ཡིན་ནའང་བྱང་པོ་མི་འདུག ཆོས་ཀྱི་གཏམ་ཕྲ་མོ་རྣམས་ཏུ་ཐོག་ཐུས་ལོ་ཙཱ་བྱས་ནས་བསྒྱུར་ཚིག་ཅེས་གསེར་གྱི་བཀའ་བཟང་པོ་བསྩལ། གོང་མ་ཕོ་བྲང་དུ་ཕེབས་རྗེས་པཎ་ཆེན་མཆོག་གི་སྐུ་དྲུང་དུ་ཛ་གྲལ་ཐོག་རྗེ་བླ་མ་ནས། དེ་རིང་གཟའ་སྐར་ཕུན་སུམ་ཚོགས་པའི་ཉིན་མཆོད་ཡོན་གཉིས་གསེར་ཞལ་ལྷན་འཛོམས་ཀྱིས་འཛམ་དབྱངས་མི་ཡི་གཟུགས་ཅན་གོང་མ་ཆེན་པོ་ནས། རྗེ་ཉིད་ལ་ཞབས་བརྟན་འབུལ་བ་གནས་བར་ཐུགས་གྲ་ཤིན་ཏུ་འགྲིག་ཅིང༌། གནམ་གཤིས་དང་རྟེན་འབྲེལ་ཤིན་ཏུ་ལེགས་པར་མ་ཟད། གོང་མ་ཆེན་པོས་རྗེ་ཉིད་ལ་ཐུགས་དད་དང་ལྷག་པར་དགྱེས་ཚོར་བསམ་གྱིས་མི་ཁྱབ་པ་གནང་བ་ནི། ཁོ་བོ་ཆན་པོ་ན་ཚོད་འདི་ལྟ་བུའི་བར་རྒྱལ་པོ་འདི་དང་འགྲོགས་པ་ཡིན་ཀྱང་དེ་ལྟ་བུའི་དགྱེས་ཚོར་གཏན་ནས་མ་ཤེས། འདི་ཐམས་ཅད་མཆོད་ཡོན་རྣམ་གཉིས་ཀྱི་ཐུགས་བསྐྱེད་རླབས་པོ་ཆེའི་མཐུས། སྔར་ཡང་རྒྱལ་བ་ཙོང་ཁ་པ་ཆེན་པོའི་བསྟན་པ་འདི་བླ་ནས་བླར་གོང་འཕེལ་དུ་འགྲོ་བའི་རྟགས་སུ་སྣང་བས།

ཤིན་ཏུ་ཐུགས་རྗེ་ཆེ་ཚུལ་གྱི་ཞུ་བ་དང་སྨྲ་ཡེར་གྱི་ཁ་བཏགས་འབུལ་བར་མཛད་དོ།”① ཞེས་གསལ་འདུག་ཅིང་། གཞན་ཡང་དེའི་དུས་ཀྱི་མཛད་རིམ་སྐོར་ལ། “སྐབས་ཤིག་གོང་མ་ཆེན་པོས་པཎ་ཆེན་མཆོག་དང་རྗེ་བླ་མ་གཉིས་འཕགས་ཡུལ་གྱི་ཐོགས་མེད་དབྱིག་གཉེན་གཉིས་དང་མཚུངས་པར་བསྔགས་པའི་ལྷུགས་རྩོམ་ཚིགས་བཅད་ཕྱག་བྲིས་མཛད་པའི་བསིལ་གཡབ་རེ་སོ་སོ་ལ་གནང་བ་བླ་མ་དམ་པས་རྒྱུན་དུ་བསྣམས་པ་མཛད། ཉེར་བཞིའི་ཉིན་མཆོད་ཡོན་གསེར་ཞལ་ལྷན་རྒྱས་ཀྱི་སྟོན་ཆེན་གནང་བ་དང་། ཉེར་ལྔ་ནས་བཟུང་ཉིན་བཅུའི་རིང་འཆར་ཅན་གྱི་གློས་གར་རྩེད་མོ་གཟིགས་པར་པཎ་ཆེན་མཆོག་ཕེབས་པ་རྣམས་སུ་རྗེ་བླ་མ་ཉིད་ཀྱང་ལྷན་དུ་ཕེབས་པ་མཛད། ཉེར་དྲུག་གི་ཉིན་པཎ་ཆེན་རིན་པོ་ཆེ་པོ་ཏ་ལར་གནས་གཟིགས་ལ་ཕེབས་སྐབས། རྗེ་བླ་མ་མཆོག་ཀྱང་དེར་ཕྱིན་ནས། ཚོགས་པ་ལ་པཎ་ཆེན་རིན་པོ་ཆེས་དགའ་ལྡན་ལྷ་བརྒྱ་མའི་བཤད་ལུང་བསྐུལ་བའང་གསན་པ་གནང་། ཉེར་དགུའི་ཉིན་ཧྭ་ཁྲུ་ཟེའི་དགུ་གཏོར་ལ་གོང་མ་ཆེན་པོ་དང་པཎ་ཆེན་རིན་པོ་ཆེ་ལྷན་རྒྱས་ཐོག རྗེ་བླ་མ་མཆོག་ནས་རྡོ་རྗེ་སློབ་དཔོན་མཛད་དེ་དྲུག་ཅུ་པའི་ཟོར་འཕེན་པ་གནང་། ཚེས་གསུམ་གྱི་ཉིན་གོང་ནས་པཎ་ཆེན་མཆོག་ལ་རྒྱ་སྐད་དུ་པོའུ་པས་ཞེས་པ་ནོར་བུ་ཆེན་པོའི་ཐམ་ཀ་གནང་སྐབས། རྗེ་བླ་མ་ཉིད་ཕྱིན་ནས་པཎ་ཆེན་མཆོག་གིས་ཐམ་ཀ་བཞེས་སྐབས་ལྷན་བཞུགས་མཛད་ཅིང་སྨྲ་ཡེར་གྱི་ཁ་བཏགས་འབུལ་བ་གནང་། ཚེས་དྲུག་གི་ཉིན་བཀྲ་ཤིས་ལྷུན་པོར་སྨོན་ལམ་ཚོགས་པའི་མགོན་དུ་མཆོད་ཡོན་གཉིས་དང་རྗེ་བླ་མ་མཆོག་ཕེབས་ནས། པཎ་ཆེན་རིན་པོ་ཆེས་བདེ་སྨོན་བསྟན་

① （ཐུའུ་བཀྭན་གསུང་འབུམ་སྒྲིགས་བམ་དང་པོའི་ཤོག་གྲངས307 –309）

འབར་མ་སོགས་གསུངས་ཤིང་ཤིས་བརྗོད་མཛད། དགོན་སྡེ་བཀྲ་ཤིས་ལྷུན་པོ་འདི་ཁར་སྔགས་ཀྱི་ཆོ་ག་ཕྱག་ལེན་སོགས་གཙང་གི་བཀྲ་ཤིས་ལྷུན་པོ་ནང་ལྟར་འཛུགས་རྒྱུར། པཎ་ཆེན་རིན་པོ་ཆེའི་གྲྭ་ཁྲིད་ནས་བླ་མ་བཟང་བ་ཞིག་དང་བྱང་འདྲེན་དགེ་བསྐོས་སོགས་དགོས་ཚུལ། རྗེ་བླ་མ་མཆོག་ལ་གོང་ནས་བཀའ་ཕེབས་པ་བཞིན་པཎ་ཆེན་རིན་པོ་ཆེར་སྙན་འབུལ་མཛད་དེ་བླ་མ་སོགས་བསྐོ་བཞག་གནང་། ཟླ་བ་བརྒྱད་པའི་ཚེས་བདུན་ལ་པཎ་ཆེན་ཐམས་ཅད་མཁྱེན་པ་ཆེན་པོས། གནམ་གྱི་ལྷ་གོང་མ་བདག་པོ་ཆེན་པོ་དགུང་ལོ་བདུན་ཅུར་ཕེབས་པའི་བཀྲ་ཤིས་ཁྲི་ཕྲག་ཁྲི་ཕྲག་གི་སྨྲ་ཡེར་ཆེན་པོ་དང་བསྟུན་ཞབས་བརྟན་འབུལ་རྒྱུར། རྗེ་བླ་མ་མཆོག་ཀྱང་པཎ་ཆེན་རིན་པོ་ཆེ་དང་ལྷན་དུ་གོང་མའི་བཞུགས་གནས་སུ་ཕྱིན། སྔ་ཕྱིར་པཎ་ཆེན་མཆོག་གོང་མར་མཇལ་འཕྲད་སྐབས་ཐམས་ཅད་དུ་རྗེ་བླ་མ་ཉིད་ལྷན་དུ་ཕེབས་པ་གནང་ཞིང་། དེ་དག་གི་སྐབས་གོང་མའི་བཀས་པཎ་ཆེན་རིན་པོ་ཆེ་གཟིམ་ཁང་ནང་མའི་བར་འདོ་ལི་ལ་བཞུགས་ནས་དང་། རྗེ་བླ་མ་གཟིམ་ཚང་ཕྱི་མའི་འགག་བར་དུ་ཕེབས་བྱམས་ལ་བཞུགས་ནས་འགྲོན་ཚོགས་པའི་བདག་རྐྱེན་བླ་ན་མེད་པ་བསྐྱལ། པཎ་ཆེན་ཐམས་ཅད་མཁྱེན་པ་ཆེན་པོ་ནས། འཇམ་དབྱངས་གོང་མ་ཆེན་པོའི་རྒྱལ་སྲིད་ཀྱི་མཛད་པ་བསམ་གྱིས་མི་ཁྱབ་ཅིང་། སྐུ་ཆེ་བའི་བསྔགས་བརྗོད་ལས་བརྩམས་ཏེ་གསུང་བཤད་འབྱམས་ཀླས་པའི་སྒོ་ནས་ཞབས་བརྟན་གྱི་བདེན་ཚིག་ཕུལ་བ་དང་། གོང་མ་ཆེན་པོས་བཀའ་ལན་ཟབ་ཅིང་རྒྱ་ཆེ་བ་ནོར་བུའི་དོ་ཤལ་བཞིན་ལྷུག་པར་བསྩལ་བ་རྣམས་རྗེ་བླ་མཆོག་ནས་མཆོད་ཡོན་སོ་སོ་ལ་བསྒྱུར་ནས་སྙན་དུ་འབུལ་བ་གནང་། ཆོས་བརྒྱད་ཀྱི་ཉིན་པོ་ཏ་ལར་སྨོན་ལམ་གྱི་ཚོགས་དབུར་མཆོད་ཡོན་གདན་འཛོམས་པར་རྗེ་བླ་མ་མཆོག་ཀྱང་ཕེབས། ཆོས་བཅུ་གསུམ་

གྱི་འབྲུང་ས་སྐར་དངོས་གཞིའི་ཉིན།……པཎ་ཆེན་མཆོག་དང་ལྷན་དུ་གོང་མ་ཆེན་པོར་མཇལ་འཕྲད་དང་། ཕོ་བྲང་ནང་མར་ཚེ་ཚོགས་སོགས་ཞབས་བརྟན་ཞལ་འདོན་གྱི་རིམ་པ་གནང་། ཚེས་བཅོ་བརྒྱད་ཀྱི་ཉིན་གོང་ནས་པཎ་ཆེན་རིན་པོ་ཆེར་བདེ་མཆོག་དཀར་པོའི་ཚེ་དབང་གསན་བཞེས་མཛད་སྐབས་གསུང་བཤད་དང་ཚོགས་འཁོར་གྱི་དམིགས་རིམ་རྣམས་རྗེ་བླ་མ་མཆོག་ནས་སོག་སྐད་དུ་བསྒྱུར་ཏེ་གོང་མའི་སྙན་དུ་འབུལ་བ་གནང་། དེ་ནས་པཎ་ཆེན་མཆོག་རྒྱལ་ཁབ་ཆེན་པོ་པེ་ཅིང་དུ་ཆིབས་བསྒྱུར་ཉེ་བ་ན། རྗེ་བླ་མ་ཞག་ཤས་ཀྱི་སྔོན་ལ་པེ་ཅིང་དུ་ཕྱག་ཕེབས་ནས་པཎ་ཆེན་རིན་པོ་ཆེའི་ཕེབས་བསུར་མགྲོན་གཉེར་བསྟན་པ་དེམ་ཆེ་གཏོང་བ་གནང་། ཟླ་བ་དགུ་པའི་ཚེས་གཅིག་གི་ཉིན་པོ་བྲང་ཆེན་པོའི་ཉེ་འདབས་ཤ་ར་སུ་མེར་ཕེབས་པ་ལ་རྗེ་བླ་མ་མཆོག་ནས་མཇལ་འཛོམས་ཀྱི་ཐོག་ཚོས་སྲིད་ཀྱི་གསུང་གླེང་རྒྱས་པ་གནང་། ཚེས་གསུམ་གྱི་ཉིན་པཎ་ཆེན་མཆོག་དང་རྗེ་བླ་མ་མན་ཧུའི་ལྷ་ཁང་དུ་ཕེབས་པར། གོང་ནས་རྒྱལ་བ་ཐམས་ཅད་མཁྱེན་པར་སྐུལ་རྒྱུའི་འཇའ་ས་གསེར་ཡིག་གི་འཆར་གཞི་ལྷ་སྲས་དྲུག་པ་བརྒྱུད་ནས་པཎ་ཆེན་མཆོག་ལ་སྤྲུན་བསྐུར་ཞུ་རྒྱུ་གནང་བ། རྗེ་བླ་མ་མཆོག་ནས་བོད་སྐད་ཀྱིས་བསྒྲལ་ཏེ་པཎ་ཆེན་རིན་པོ་ཆེར་སྙན་འབུལ་མཛད། དེ་ནས་ཡོ་མི་ཡན་(ཡོན་)གྱི་སྐྱིད་ཚལ་ལྷའི་ཡུལ་གྱི་ཡ་མཚན་ཐམས་ཅད་མ་ཚང་བ་མེད་པ་དེར། པཎ་ཆེན་ཐམས་ཅད་མཁྱེན་པ་གཟིགས་སྐོར་ཕེབས་པས་རྗེ་བླ་མ་མཆོག་ཀྱང་ལྷན་དུ་བྱོན། རྗེ་བླ་མ་མཆོག་ནས་པཎ་ཆེན་ཐམས་ཅད་མཁྱེན་པར། རྒྱལ་པོ་ཆེན་པོ་འདི་སྔོན་གྱི་ཐུགས་སྐྱེད་གཞན་དང་མི་འདྲ་བའི་དབང་གིས་བསྟན་པ་བསྟན་འཛིན་སྐྱོ་དང་། ལྷག་པར་རྗེ་ཉིད་ལ་མི་འཕྲོག་པའི་དད་པ་དང་ལྡན་པའི་རྟགས་སུ་སྐྱིད་མོས་ཚལ་གྱི་ཕྱི་ནང་ཀུན་ཏུ་སྤྱན

དྲངས་ཏེ་ཤིས་བརྗོད་དང་བྱིན་རླབས་ཞུ་བ་གནང་བ་མ་གཏོགས། སྐྱིད་ཚལ་ནང་མར་གཞན་མ་སློན་པོ་རྣམས་ཀྱང་ཡོང་མི་ཆོག འདི་ལ་དཔགས་ན་མཆོད་ཡོན་རྣམ་གཉིས་སྔོན་དུས་ཤིག་ནས་ཐུགས་བསྐྱེད་ཀྱི་འབྲེལ་བ་ཟབ་མོ་ཡོད་པ་ད་ལམ་མངོན་དུ་གྱུར་པ་ངོ་མཚར་ཆེ་ཚུལ་སོགས་ཞུ་བ་མཛད། སྐྱིད་ཚལ་ནས་ཚུར་ཕེབས་པའི་ལམ་དུ་ཧྭ་ཤང་གི་དགོན་པ་རྗེ་ཞིང་ཟེ་བྱ་བར་ཕེབས་པས། དགོན་དེའི་ཁྲི་ཟུར་ཧྭ་ཧྭ་ཤང་མདོ་སྡེ་ལ་ཤིན་ཏུ་མཁས་པ་ཞིག་ཡོད་པ་ལ། པཎ་ཆེན་མཆོག་ནས་ལྟ་བ་དང་། འདུལ་བའི་སྐོར་སོགས་མདོ་ཕྱོགས་ཀྱི་དཀའ་གནད་མང་པོའི་བཀའ་འདྲི་གནང་བ་དང་། ཧྭ་ཤང་གིས་དེ་ལ་ལན་ཐོགས་མེད་ཞུས་པ་རྣམས་རྗེ་བླ་མ་མཆོག་ནས་ལོ་ཙཱ་མཛད་པས། པཎ་ཆེན་ཤིན་ཏུ་དགྱེས་ནས་ཧྭ་ཤང་ལ་བསྔགས་བརྗོད་མཛད། དེ་གའི་རྒྱ་མཚན་རྗེ་བླ་མ་དང་ལྷ་སྲས་དྲུག་པས་གོང་མའི་སྙན་དུ་གསོལ་བས། གོང་མ་ཐུགས་དགྱེས་པས་ཧྭ་ཤང་དེ་ལ་ཆན་ཞི་ཞེས་བསམ་གཏན་སློབ་དཔོན་གྱི་ཆོ་ལོ་བཀའ་དྲིན་བསྩལ། དེ་ནས་པཎ་ཆེན་རིན་པོ་ཆེ་བཞུགས་གནས་སུ་ཕེབས་པར་རྗེ་བླ་མ་མཆོག་ནས་ཟུར་གསོལ་གྱི་བསྙེན་བཀུར་རྒྱ་ཆེ་བ་འབུལ་བ་མཛད། ཆོས་དགུའི་ཉིན་ཤར་ཀའི་སྐྱིད་ཚལ་དུ་པཎ་ཆེན་མཆོག་དང་གོང་མ་མཇལ་འཛོམ་མཛད་རྒྱུའི་ཕྱག་ཕྱིར་རྗེ་བླ་མ་མཆོག་ཀྱང་ཕེབས། བཅུ་གཉིས་ནས་ཉིན་ཁ་ཤས་ཀྱི་བར་པཎ་ཆེན་མཆོག་ཕོ་བྲང་ཆེན་པོའི་ནང་གི་གོང་མའི་བཞུགས་གནས་རྣམས་དང་། ཙན་དན་རྗེ་བོའི་ལྷ་ཁང་སོགས་ལྷ་ཁང་མང་པོ་རྣམས་སུ་ཕེབས་པ་དང་། དེ་ནས་ཕན་ཤུའུ་ཤན་དུ་མཚོ་ཆེན་པོ་ལ་གྲུ་ཆེན་ངོ་མཚར་ཅན་ལ་བཞུགས་ནས་ཕེབས་པ་དང་། ཤང་ཤན་(ཧྲན་)གྱི་ལྷ་ཁང་རྣམས་སུ་ཕེབས་པ་བཅས་ལ་རྗེ་བླ་མ་མཆོག་ཀྱང་ལྷན་དུ་ཕེབས་ནས། ལྷ་ཁང་རྣམས་ཀྱི་ལོ་རྒྱུས་དང་སྐྱིད་ཚལ་

གྱི་ཡ་མཚན་པའི་བཀོད་པ་རྣམས་སྙན་དུ་གསོལ་བ་གནང་ཞིང་། ལྟ་བའི་སྐོར་གྱི་དྲི་བ་འགའ་ཞིག་ཞུས་པར་པཎ་ཆེན་མཆོག་ནས་ལན་མཐའ་ཚོད་པ་བསྐྱལ་བས་རྗེ་བླ་མ་མཆོག་གི་ཐུགས་ཚིམ་པ་བྱུང་སྐད། ཉེར་གཅིག་གི་ཉིན་ལྷ་ཁང་སེར་པོར་པཎ་ཆེན་ཐམས་ཅད་མཁྱེན་པ་ལས་གཙོད་ཀྱི་བླ་རྒྱུད་གསོལ་འདེབས། ཀླུང་ཛོ་བིར་མའི་ལུང་ཁྲིད་བཅས་གསན་པ་མཛད།......བཅུ་པའི་ཚེས་གསུམ་གྱི་ཉིན་པོའུ་ཧེའི་ཧིན་བྱ་བ་རྒྱལ་པོ་ན་རིམ་གྱི་ཁྲི་འདོན་གནང་བའི་ཕོ་བྲང་དུ། གོང་མ་ཆེན་པོ་དང་པཎ་ཆེན་ཐམས་ཅད་མཁྱེན་པ་གདན་འཛོམ་པའི་སྟོན་མོ་ཆེན་པོ་ལ་རྗེ་བླ་མ་མཆོག་ཀྱང་ཕེབས། གོང་མའི་བཀས་པཎ་ཆེན་མཆོག་ཕོ་བྲང་འདིའི་ཐེམ་སྐས་གསུམ་པའི་བར་དང་། རྗེ་བླ་མ་ཐེམ་སྐས་གཉིས་པའི་བར་དུ་འདོ་ལི་ལ་བཞུགས་ནས་ཕེབས། པོའུ་ཧེའི་ཧིན་འདི་རྒྱལ་པོ་ན་རིམ་ཁྲི་འདོན་མཛད་པའི་ཕོ་བྲང་ཡིན་པས། གནམ་འོག་གི་མི་དྲག་གཞན་སུ་ཡང་འདོ་ལི་ལ་འདུག་པ་ལྟ་ཞོག་བཀའི་གནང་བ་མེད་པར་རྟ་སྐོར་དུ་འཛུག་པ་ཡང་མི་རུང་བ་ལ། འདི་རེས་བླ་མ་དམ་པ་རྣམ་གཉིས་ལ་ཐུར་དཔེ་མེད་པའི་དམིགས་བསལ་འདི་འདྲ་གནང་བ། གོང་མ་ཆེན་པོ་བསྟན་པ་བསྟན་འཛིན་དང་བཅས་པར་གུས་པ་ལྷུར་བཞེས་པའི་རང་རྟགས་ཟོལ་མེད་དུ་བསྟན་པ་ཉིད་དོ།......ཚེས་བརྒྱད་ཀྱི་ཉིན་ཙན་དན་ཇོ་བོའི་མདུན་དུ་གོང་མ་ཆེན་པོ་དང་པཎ་ཆེན་རིན་པོ་ཆེ་རྗེ་བླ་མ་བཅས་ལྷན་རྒྱས་ངོས་སྤྱན་འདྲེན་ཁྲུས་གསོལ་སོགས་རྒྱས་པར་མཛད་ཅིང་། དེ་མཚུངས་ཉེར་གཉིས་ལ་ཡུང་ཧེ་གུང་དུ་སྨོན་ལམ་རྒྱས་པ་མཛད། ཉེར་དྲུག་ཉིན་པཎ་ཆེན་ཐམས་ཅད་མཁྱེན་པ་རྗེ་བླ་མ་རང་གི་བཞུགས་གནས་ཟྲུང་གྲུ་ཟིར་གདན་དྲངས། གཙུག་ཏོར་རྣམ་རྒྱལ་ལྷ་དགུའི་རྗེས་གནང་དང་། གདུགས་དཀར། བྱམས་པས་དམ་བཅས་པའི་གཟུངས། སྒྲོལ་མ།

རྣམ་རྒྱལ་མའི་གཟུངས་བཅས་ཀྱི་ལྦུགས་ལུང་ཞུ་བ་མཛད། ……བྱམས་ཆེན་ཆོས་རྗེའི་གཟིམ་ཆུང་སོགས་ལྷ་ཁང་ཁག་དང་། རྗེ་བླ་མའི་མཆོད་ཁང་སྙིང་ཐོད་མགོན་ཁང་རྣམས་སུ་ཞབས་ཀྱིས་བཅགས་ཏེ་མཆོད་འབུལ་ཐུགས་སྨོན་ཤིས་བརྗོད་སོགས་མཛད། ……པཎ་ཆེན་རིན་པོ་ཆེ་ནས་རྗེ་བླ་མ་མཆོག་ལ་ནི་གུ་ཆོས་དྲུག་གི་ཟབ་ཁྲིད་གསན་པ་མཛད་ཅིང་ཟུང་གྲུ་ཟིར་ཞག་གཅིག་བཞུགས།”① ཞེས་གསལ་བ་རྣམས་ཉིན་ཐོའི་ཚུལ་ལྟར་གོ་བདེ་ལ་དོན་གསལ་བས་འདི་རགས་ཙམ་དྲངས་པ་ཡིན།

པཎ་ཆེན་དཔལ་ལྡན་ཡེ་ཤེས་རྒྱལ་ནང་དུ་སྐུ་གཤེགས་པའི་སྐོར་ལ། ཉེ་ཆར“པཎ་ཆེན་རིན་པོ་ཆེས་གོང་མ་ཆེན་པོར་རྗེས་གནང་ཕུལ་གྲུབ་ནས་བཞུགས་གནས་སུ་ཕེབས་སྐབས་ཞལ་ནས། ད་ནི་བྱེད་རྒྱུ་ཐམས་ཅད་ཚར་བ་ཡིན་གཤིས་བློ་ཡང་ཤིན་ཏུ་བདེ་ཞེས་པའི་བཀའ་བཞད་མོ་རུང་ཟད་དང་བཅས་ཕེབས་བྱུང་བར། རྗེ་བླ་མ་མཆོག་གིས་སྐྱབས་མགོན་མཆོག་ནས་དེ་ལྟ་བུའི་བཀའ་གཏན་ནས་མ་ཕེབས་པ་ཞིག་དགོས། མཛད་པ་ཕྲུག་ལས་རྣམས་བསྟན་འགྲོའི་དོན་འབའ་ཞིག་ཡིན་པས་འཁོར་བ་མ་སྟོང་གི་བར་ལ་རྫོགས་པའི་མཐའ་ཡོད་དོགས་མེད། རྒྱལ་ཁབ་འདིར་གོང་མ་ཆེན་པོའི་བཞེད་པ་རྣམས་བསྐངས་ཏེ། བོད་གངས་ཅན་གྱི་ལྗོངས་སུ་ཞབས་སོར་བཀོད་ནས་ཀྱང་བསྟན་འགྲོའི་དོན་དཔག་ཏུ་མེད་པ་ཞིག་གནང་རྒྱུ་ཡོད་མོད། ད་ལྟའི་བཀའ་དེ་ལྟ་བུ་སྐུ་རྟེན་གྱི་ཚུལ་དུའང་གཏན་ནས་མི་གནང་བ་མཁྱེན་ཞེས་ཞུ་བ་མཛད། བཀའ་ལས་རྗེ་ལྗོང་སྐྱ་རིན་པོ་ཆེས་དབུས་ཁྲིད་རྣམ་པས་གང་གསུངས་པ་དེ་ལྟར་ངེས་པར་རེད་

① （ཐུའུ་བཀྭན་གྱི་གསུང་འབུམ་གླེགས་བམ་དང་པོའི་ཤོག་གྲངས309－313）

དེ། ངེད་ནས་ཞུ་རྒྱུར། འཇམ་པའི་དབྱངས་གོང་མ་ཆེན་པོའི་བཞེད་པ་སྐོང་རྒྱུའི་ལས་དོན་རྩ་བ་ཆེ་རིགས་རྣམས་ཚར་བ་ལ་བསམས་ནས། ད་རེས་སྐུ་རྟེན་གྱི་ཚུལ་དུ་ཞུས་པ་ལས། གཞན་མ་ཡིན་ད་ལྟ་ཇི་ལྟར་གསུངས་པ་བཞིན་འགྲུབ་པའི་སྨོན་འདུན་གསོལ་འདེབས་གང་དྲག་ཞུ་ཞེས་ཕེབས། པཎ་ཆེན་ཐམས་ཅད་མཁྱེན་པ་ལྷ་ཁང་སེར་པོའི་བཞུགས་གནས་སུ་ཕེབས་ནས་སྐུ་ལྟེམས་པའི་ཚུལ་བཞེས་པས། རྗེ་བླ་མ་མཆོག་སྤྱན་དྲངས། ཕྱག་གཡོག་རྣམས་ནས་ཕྱག་རྩ་ལ་གཟིགས་དགོས་ཚུལ་ཞུས་པ་བཞིན་གཟིགས་ནས། ཕྱག་རྩ་ཞུས་པས་དེ་ཙམ་ཅི་ཤེས་རྗེ་རང་གི་ཐུགས་བསྐྱེད་རང་གཙོ་ཆེ་བས། བསྟན་པ་དང་འགྲོ་བའི་དཔལ་དུ་ཞབས་པད་ཡུན་རིང་བརྟན་དགོས་ཚུལ་གྱི་གསོལ་བ་ནན་ཏན་འདེབས་པ་གནང་། ཕྱི་ཉིན་གོང་མ་ཆེན་པོ་ཕེབས་ནས་གཟིགས་རྟོག་མཛད་ཅིང་། རྗེ་བླ་མ་མཆོག་ལ་སྐུ་དྲུང་དུ་བཅར་བཞུགས་གནང་དགོས་པའི་བཀའ་ཕེབས། པཎ་ཆེན་ཐམས་ཅད་མཁྱེན་པ་ཞིང་གཞན་དུ་དགོངས་པ་གཏད་ཟིན་པའི་དབང་གིས་ཉིན་བཞིན་སྐུ་ཁམས་ཇེ་ལོད་དུ་ཕེབས།……དེ་ནས་ཧོར་ཟླ་བཅུ་གཅིག་པའི་ཚེས་གཅིག་གི་ཉི་ཉས་ཙམ་ན་སྲིད་ཞིའི་གཙུག་རྒྱན་བསྟན་འགྲོའི་དཔལ་མགོན་གཅིག་པུ་དེ་ཉིད་གཟུགས་སྐུའི་བཀོད་པ་རྒྱལ་བ་འོད་དཔག་མེད་ཀྱི་ཐུགས་ཀར་གཤེགས་པའི་ཚུལ་བསྟན། དེ་དུས་ཕྱག་གཡོག་པ་ནང་མ་ཐམས་ཅད་མྱ་ངན་གྱིས་བཀྲུལ་ཏེ་སྐུ་དྲུང་ན་འཁོད་པ་སུ་ཡང་མེད་པས། རྗེ་བླ་མ་མཆོག་ལ་ཇ་སག་བླ་མ་ནམ་མཁས་ཕྱག་གཡོག་ཞུས་ཏེ། སྐུ་གདུང་རིན་པོ་ཆེར་འཕྲུལ་དུ་དགོས་པའི་སྲི་ཞུ་རྣམས་མཛད་ཅིང་། ཐུགས་དམ་གསལ་འདེབས་ཀྱི་རིམ་པ་དང་། སྤྲུལ་སྐུ་མྱུར་ཕེབས་ཀྱི་གསོལ་འདེབས་བཅས་རྒྱས་པ་གནང་སྟེ། ཕྱག་མཇོད་དང་གསོལ་དཔོན་སོགས་སྐུ་མདུན་ནང་མ་རྣམས་ལ་

སེམས་གསོ་བའི་ཞལ་ཏའང་བཀའ་དྲིན་བསྟུལ། …… ལྕགས་གླང་ཧོར་ཟླ་གཉིས་པའི་ཚེས་བཅུ་གཉིས་ལ་པཎ་ཆེན་ཐམས་ཅད་མཁྱེན་པའི་གསེར་གདུང་རིན་པོ་ཆེ་བོད་དུ་སྤྱན་འདྲེན་པའི་ཐེབས་སྐྱེལ་ལ་ཆེང་ཏའི་ཕུ་བར་དུ་ཕྱིན་ནས། སྐུ་གདུང་ཡིད་བཞིན་ནོར་བུ་སླིང་པོར་བཞུགས་པའི་མཆོད་རྟེན་ལ་ཁ་བཏགས་དངུལ་གྱི་མཇལ་བཅས་ཕུལ་ཏེ། ཡང་སྲིད་མྱུར་ཐེབས་ཀྱི་ཐུགས་རྗེ་བསྐུལ་བ་གནང་ནས་ཕྱིར་ཐེབས་སོ།”① ཞེས་གསལ་འདུག ཏ་ལའི་བླ་མ་བརྒྱད་པའི་རྣམ་ཐར་ལས་འབྱུང་བ་ལྟར། “པཎ་ཆེན་ཐམས་ཅད་མཁྱེན་པའི་སྐུ་གདུང་རིན་པོ་ཆེར་མཆོད་འབུལ་དང་འབྲེལ་འབྲི་ཆུ་བར་བསུ་བར་གྲུང་བློན་ཐོན་པ་དང་། མགྲོན་གཉེར་ཕྱིངས་པ།”② སོགས་ཆེད་བཙོང་བསྐྱངས་པ་མ་ཟད། སྐུ་གདུང་ཡངས་ཅན་དུ་འཁྱོར་སྐབས་མཆོད་འབུལ་དང་ཐུགས་སྨོན་སྐན་ཤལ་སོགས་འབུལ་མི་ཡང་གཏོང་གནང་མཛད་འདུག

4. **གོང་མས་ཏཱ་ལའི་བླ་མ་བརྒྱད་པ་ཆོས་སྲིད་གཉིས་ཀྱི་བདག་པོར་དབང་བསྐུར་བ་དང་། དེ་རྗེས་སྲིད་སྐྱོང་ཚེ་སྨོན་གླིང་བཀའ་ལྟར་རྒྱལ་ནང་དུ་ཐེབས་པ།**

རྣམ་ཐར་ནང་། ཕྱི་ལོ1781 བོད་རབ་བྱུང་བཅུ་གསུམ་པའི་ལྕགས་གླང་ཧོར་ཟླ་དྲུག་པའི་ཚེས་གཅིག་ཉིན། “ལྷ་དང་བཅས་པའི་འགྲོ་བ་ཕན་བདེའི་དཔལ་ལ་སྦྱོར་བར་མཛད་པའི་རྒྱལ་དབང་འཇིག་རྟེན་གསུམ་མགོན་སྡེ་བཞིའི་ཕུན་ཚོགས་འདུ་བའི་ཚོམས་ཆེན་དུ་བཀྲ་ཤིས་དགེ་ལེགས་ཀྱིས་མཚན་

① （ཐུའུ་བཀྭན་གསུང་འབུམ་སྙིགས་བམ་དང་པོའི་ཤོག་གྲངས314－316）
② （འཛམ་གླིང་མཐའ་རྒྱན་ཤོག་གྲངས120）

པའི་ཞབས་སོར་བཀོད། ······ཁྲི་ནོ་མིན་ཧན་ས་མ་ དྷི་པཎྜི་སོགས་གདན་ས་གསུམ་གྱི་སློབ་དཔོན་ཁྲི་གདན་ཟུར། དགོན་སྡེ་ཁག་གི་བླ་སྤྲུལ་བཅས་འཕགས་པའི་དགེ་འདུན་རབ་ཏུ་མང་བ། མེས་པོ་ཚངས་པ་དང་། དྲང་སྲོང་ཕུར་བུ་སོགས་ཀྱི་བློ་གྲོས་གཅིག་ཏུ་བསྡུམས་པ་ལྷ་བུའི་བཀའི་འཕྲུལ་བློན་བཞིས་གཙོས་གངས་ཅན་བོད་ཀྱི་མི་དྲག་དྲུང་འཁོར་སེར་སྐྱ་ཚོགས་ཆེ་བ། སྒྱུ་རྩལ་ལ་བྱང་ཆུབ་པའི་དམག་དཔོན་ཆེན་པོ་ལྷས་མཆོན་དཔའ་ཞིང་དཀྱིལ་ཆེ་བའི་དཔའ་བོའི་ཚོགས་དུ་མ། གནམ་གྱི་ལྷ་གོང་མའི་ལུང་གིས་བྱ་རུའི་ཅོད་པན་མཛེས་པ་འཕྲིན་ལས་པ་ཆེན་པོ་བོད་བཞུགས་ཨམ་བན་གྱིས་དབུས་རྒྱ་དཔོན་ཁག འབྲུག་ལ་དགས། ཧོར་སོག ཀློ་པོ། བལ་པོ་སོགས་ཕྱོགས་མཐའི་རྒྱལ་ཁག་གི་མི་སྣ་བཅས་མཆོག་དམན་བར་པའི་སྐྱེ་བོ་བགྲང་བྱ་བྲལ་བའི་འདུ་ཚོགས་ཀྱི་དབུས། བཀས་མངགས་སྒོ་མང་ཧོ་ཐོག་ཐུ་ཇ་སག་མཁན་པོ་ཧྲུ་བླ་མ་དང་། ཨམ་པ། ཕྱུར་སྤྲི་བཞི། ཙོང་ཨེ། སྦྲ་ཤོ་ཁ་སོགས་མི་སྣ་དཔོན་འཁོར་རྣམས་ལྷགས་ཏེ། སྟོབས་ཀྱི་འཁོར་ལོས་བསྒྱུར་བ་འཇམ་དབྱངས་གོང་མ་རྒྱལ་པོའི་གསེར་གྱི་བཀའ་ལུང་འཛིགས་པ་མེད་པའི་སེང་གེའི་གད་རྒྱངས་ཀྱི་དྲིལ་བསྒྲགས་པར། ······རྡོ་རྗེ་འཆང་ཧུ་ལའི་བླ་མ་ཁྱེད། ད་ཆ་སྐུ་ན་ཡར་སོན། མདོ་སྔགས་ཀྱི་ཆོས་ཐམས་ཅད་ཐུགས་ཀྱི་རྒྱ་མཚོར་ཆུབ་པ་ནི་ཕན་བདེའི་རྩ་བ་ཆེན་པོ་ཡིན། ཁྱད་པར་ཤཱཀྱ་ཐུབ་པའི་བསྟན་པའི་སྙིང་པོ་ཞྭ་སེར་གྱི་རིང་ལུགས་ལ་མཁས་ཤིང་དོན་རྣམས་ཀུང་ལེགས་པར་རྟོགས་པར་གྱུར། སེམས་ཅན་ཐམས་ཅད་ལ་བློ་ཉེ་རིང་མེད་པ་བུ་ལྟ་བུར་བསྐྱངས། མི་ངན་པ་རྣམས་ལ་ཉེས་པ་ཕབ་པ་ཡང་ཕྱིའི་བདེ་སྐྱིད་ཁྲིམས་ཀྱི་ལུགས་སྲོལ་ཡིན་པ་མཁྱེན། རྡོ་རྗེ་འཆང་ཧུ་ལའི་བླ་མ་གོང་མ་དང་ཁྱད་མེད་པ། ངེད་གནམ་འོག་ས་སྟེང་གི་རྒྱལ་པོ་སེམས་ཅན་ཐམས་

ཅད་ཀྱི་ཕ་མའི་དགོངས་པ་དང་མཐུན་པར་གྱུར། ཉི་མ་ནུབ་ཕྱོགས་ཀྱི་སེམས་ཅན་ཐམས་ཅད་ཕན་བདེ་ལ་བཀོད། ཆོས་སྲིད་གཉིས་ཀྱི་བདག་པོར་རྡོ་རྗེ་འཆང་ཏཱ་ལའི་བླ་མ་ཁྱོད་དབང་བསྒྱུར་གཟེངས་བསྟོད་པར་ཏཱ་བླ་མ་ཧོ་ཐོག་ཐུ་ཇ་སག་མཁན་པོ་དང་། བློན་ཆེན་མི་སྣ་རྣམས་ཆེད་དུ་མངགས་པའི་གདོང་། གསེར་སྲང་བདུན་ཅུ་ལས་གྲུབ་པའི་སྤྱང་ལེབ་བཅུ་བདུན་ལ་འཇའ་ས་དང་། གསེར་སྲང་(　　)ལས་གྲུབ་པའི་ཐམ་ཀ། གཞན་ཡང་གསོལ་རས་གནང་སྦྱིན་རྒྱ་ཆེན་པོ་བསྩལ་བ་གུས་པས་དང་དུ་ལོངས། སངས་རྒྱས་ཀྱི་བསྟན་པ་རྒྱས་པ་དང་། སེམས་ཅན་རྣམས་བདེ་སྐྱིད་ལ་འགོད་པར་བརྩོན་པ་མི་ལྷོད་པ་གྱིས། ནན་ཏན་གྱིས། གསེར་གྱི་སྤྱང་ལེབ་ལ་གཟིང་བཀོས་ཀྱི་འཇའ་ས་མཛུ། རྒྱ་སོག་བོད་ཡིག་བཅས་སྐད་རིགས་བཞི་ཤན་སྦྱར་བའི་བཀའ་ཡིག་དགོངས་དོན་དང་། གསེར་ཐམ་ཞལ་རིས་སྐད་བཞི་ཤན་སྦྱར། བོད་ཡིག་ཏུ། ནུབ་ཕྱོགས་མཆོག་ཏུ་དགེ་བའི་ཞིང་གི་རྒྱལ་དབང་ས་སྟེང་གི་རྒྱལ་བསྟན་ཡོངས་ཀྱི་བདག་པོ་ཐམས་ཅད་མཁྱེན་པ་རྡོ་རྗེ་འཆང་ཏཱ་ལའི་བླ་མའི་ཐམ་ཀ། ཞེས་འཁོད་པ་རྣམས། མདུན་ན་འདོན་གསེར་གྱི་སྣུག་འཛིན་པ་ཆེན་པོ་བསྐལ་བཟང་བསྟན་དར་ནས་སྐད་གསང་མཐོན་པོས་སྒྲོག གོང་མའི་ན་བཟའ། མགུལ་ཕྲེང་། སྐུ་གསུང་ཐུགས་རྟེན་སོགས་ཆོས་དང་། མཁར་གྱི་དབྱུག་པ་སོགས་ཁྲིམས་ཀྱི་ཡོ་བྱད། གསེར་དངུལ། རིན་པོ་ཆེའི་སྤྱད་པའི་བྱེ་བྲག སྣ་མང་། ནང་གི་གོས་དར་སོགས་སྲིད་པའི་འབྱོར་པའི་ཕུང་པོ་མཐའ་མ་འགགས་པ་ཕུལ་བ་རྣམས་བདག་གིར་བཞེས།”① ཞེས་གསལ་བ་དང་། སྐབས་དེར་དགའ་བཞི་བསྟན་འཛིན་

① (འཛམ་གླིང་མཐའ་རྒྱན་ཤོག་གྲངས118－120)

དཔལ་འབྱོར་གྱིས་ཀྱང་། “འདི་ལོ་གངས་ཅན་ལྷ་གཅིག་ཕྱག་ན་པདྨོ་སྐྱབས་མགོན་རྒྱལ་བའི་དབང་པོར་གོང་མ་ཆེན་པོས་ཆོས་སྲིད་གཉིས་ལྡན་གྱི་བདག་པོར་བཞེངས་ཚོག་པའི་བཀའ་རྟགས་འཇའ་ས་གསེར་ཐམ་རིན་པོ་ཆེ་བསྩལ་བའི་ལེགས་འབུལ་བརྫ་མཚོན་ཙམ་སྤྱན་ལམ་དུ་བཙའ་ཕྱིར་འདི་གའི་ངོ་མ་རྣམས་ཕོ་བྲང་པོ་ཏཱ་ལར་ངོས་བསྐྱོད་ཐོག གཟིམ་ཆུང་ཞབས་བརྟན་དུ་ལྷ་རྫས་མཎྜལ་སྐུ་གསུང་ཐུགས་རྟེན་བཅས་ཀྱིས་སྣེ་དྲངས། འབུལ་བར་གསེར་སྲང་གསུམ་རེ་ཡོད་པའི་ཐུམས་གསུམ་དང་། རྒྱ་དར་དུལ་བྲེ་ཆེན་གཅིག ཏམ་སྲང་རྡོ་ཚད་གཉིས། བཟང་གོས་ཡུག་བདུན།……བཅས་འབུལ་སྐབས་ཀྱི་ཞབས་བརྟན་གསོལ་འདེབས་ཀྱང་ཁོ་བོ་རང་ནས་ཞུས།”① ཞེས་འཁོད་པ་བཅས་འདིར་ཞིབ་ཙམ་འདྲེན་དགོས་དོན་ནི། “བོད་ཀྱི་སྲིད་དོན་རྒྱལ་རབས”ཟེར་བའི་དེབ་དེའི་ནང་། “གོང་ས་མཆོག་གཞན་བསམ་གྲུབ་པར་བརྟེན། བོད་ལྗོངས་ལྷ་མི་སྤྱི་མཁྱེན་ནས་གསོལ་བ་བཏབ་པ་ལྟར་ལོ་འདིའི་ཟླ་དྲུག་པའི་ཚེས་གཅིག་ཉིན་རྒྱལ་དབང་མཆོག་ནས་ལུགས་གཉིས་ཀྱི་ཐུགས་འགན་བཞེས་གནང་མཛད།”② ཅེས་དང་། ད་དུང་དུས་མཚམས་དཀྱུག་ནས། “དེ་ཁའི་ལོ་རྗེས་མར་སྐྱིད་ཤྲོང་བསམ་གཏན་གླིང་ནས་མཁས་ཤིང་གྲུབ་པའི་དབང་ཕྱུག་དཀའ་ཆེན་ཡེ་ཤེས་རྒྱལ་མཚན་གདན་ཞུས་ཀྱིས་སྐུའི་ཡོངས་འཛིན་དུ་བསྐོ་བཞག་གིས་རྒྱུན་དུ་རྩེ་ཕོ་བྲང་རང་ལ་རྟག་བཞུགས་མཛད་ཅིང་། པེ་ཅིང་ནས་མན་ཧྥུ་གོང་མས་ལུགས་གཉིས་ཐུགས་འཁུར་བཞེས་པའི་ལེགས་འབུལ་ཞུ་མི་ཨམ་བན་

① （དཀའ་བཞིའི་བྱུང་བརྗོད་དེབ་ངོས428－429）

② （“བོད་ཀྱི་སྲིད་དོན་རྒྱལ་རབས”605－606）

གདོང་། གསེར་སྲང་བདུན་ཅུ་ལས་གྲུབ་པའི་པང་ལེབ་བཅུ་བདུན་ལ་འཇའ་སའི་ཡི་གེ་གཟྲིང་བཀོས་ཀྱིས་མན་ཧྲུ། རྒྱ་ཡིག སོག་ཡིག བོད་ཡིག་བཞི་སྦྱར་དུ། ནུབ་ཕྱོགས་མཆོག་ཏུ་དགེ་བའི་ཞིང་གི་རྒྱལ་དབང་ས་སྟེང་རྒྱལ་བསྟན་ཡོངས་རྫོགས་ཀྱི་བདག་པོ་ཐམས་ཅད་མཁྱེན་པ་རྡོ་རྗེ་འཆང་ཏཱ་ལའི་བླ་མ། ཞེས་འཇའ་ས་འབུལ་མི་འགྱུར་བ་མ་ཟད། རྒྱ་ཁྲབ་ཡོངས་ནས་ལེགས་འབུལ་ཞུ་མིའི་མི་སྣ་དག་ཀྱང་འགྱུར།” ① ཞེས་ཁྲི་འདོན་འདི་ལོ་མཛད་ནས་ལེགས་འབུལ་ཕྱི་ལོ་བསྟར་བ་ལྷ་བུ་སོགས་ཁྲིས་འདུག་པར་བརྟེན་ཏཱ་ལའི་བརྒྱུད་པའི་རྣམ་ཐར་ངོ་མས་གཙོས་སྐབས་དེའི་ཡིག་རིགས་དང་བལྟ་བསྡུར་བྱེད་བདེའི་ཆེད་དུ་དྲངས་པ་ལགས་སོ།

“ལོ་དེའི་ཟླ་བ་བཅུ་པའི་ནང་། སྦྲ་ཨམ་བན་གདོང་འཇམ་དབྱངས་གོང་མ་ཆེན་པོ་ནས་བཀའི་གསེར་ཡིག གཡང་ཏིའི་སྤྱད་པ་སོགས་བཀའ་དྲིན་བསྩལ། སྐུ་མཆེད་རྗེ་ལགས་ལ་གྲུང་གི་ཚོ་ལོ་བསྩལ་བར་ལེགས་སྐྱེས་གནང་།” ② ཞེས་དང་། ཡང་“ཟླ་བ་བཅུ་གཅིག་པའི་ཚེས་གཅིག་ཉིན། སྐུའི་ཁུ་བོར་(རྗེ་དྲུང་བློ་བཟང་ཕུན་ཚོགས་ལ་ཟེར་) ཨ་ཆེ་ཐུ་མཁན་པོའི་ཚོ་ལོ་ཐེབས་པར་ལེགས་འབུལ། རག་ཐོན་གཉིས་ལ་ཏོག་སྒྲོ་མདོངས་བསྩལ་བའི་མཇལ་ཞུས་ལེགས་སྐྱེས་བཀའ་དྲིན་བསྐྱངས།” ③ ཞེས་གསལ་བ་བཅས་སྐབས་དེར་གོང་མ་ཆན་ལུང་གིས་ཏཱ་ལའི་བླ་མའི་སྐུའི་གཙེན་པོ་དང་། ཁུ་བོ་གཉིས

---

① (“བོད་ཀྱི་སྲིད་དོན་རྒྱལ་རབས” དེབ་ངོས605 – 606)

② (འཛམ་གླིང་མཐའ་རྒྱན་ཤོག་གྲངས120)

③ (འཛམ་གླིང་མཐའ་རྒྱན་ཤོག་གྲངས120)

ལའང་ཆོ་ལོ་ཆེད་གནང་གིས་ཆབ་སྲིད་སྐྱོང་བར་མཐུན་རྐྱེན་ཡོང་རེ་བཅངས་ན་ཡང་། ཡབ་གཞིས་སྐུ་ངོ་རྣམས་ནས་རང་དོན་སྒྲུབ་ཕྱོགས་ཀྱིས་གཞུང་དོན་ལ་མཐུད་ཤོར་ལས་དགེ་མཚན་མ་ཐོན་སྟབས་སླར་ཡང་སྲིད་སྐྱོང་བསྐྱར་བསྐོ་བྱ་དགོས་བྱུང་བ་མ་ཟད། རྗེས་སུ་ཏཱ་ལའི་བླ་མའི་སྐུའི་ཉེ་རིགས་ནས་གཞུང་དོན་ལ་ཐེ་གཏོགས་མི་ཆོག་པའི་གཏན་འབེབས་ཀྱང་བྱ་དགོས་བྱུང་བར་སྣང་། རག་ཐོན་གཉིས་ཞེས་པ་ནི་སྐབས་དེའི་བཀའ་བློན་ར་ག་ཤག་པ་དང་ཐོན་པ་གཉིས་ལ་གོང་མས་ཧོག་དང་། རྒྱ་བྱའི་སྒྲོ་མདོངས་འཕར་བསྣོལ་གྱི་གསར་མཇལ་དུ་བཅར་བར་ཏཱ་ལའི་བླ་མ་མཆོག་ནས་ཀྱང་ལེགས་སྐྱེས་གསོལ་རས་གནང་བ་ཡིན་ནོ།

སྤྱི་ལོ1782ཆུ་སྟག་ལོའི་ཟླ་བ་བརྒྱད་པའི་ནང་། "གོང་མས་བཀས་མངགས་སྤྱི་ཚའི་ཆེ་བོད་ཡིག་སློབ་མི་གསར་འགྱུར་བཞིའི་དགེ་རྒན་དུ་རྗེ་དྲུང་སློ་མང་རབ་འབྱམས་པ་ཆོས་རྒྱ་མཚོ་དང་། སྐུ་ཞང་མོན་ཆོས་བསྐལ་བཟང་བདེ་ལེགས་བསྐོ་བཞག་གནང་།"① ཞེས་གསལ་བ་ལྟར་གོང་མ་ཆན་ལུང་གིས་བོད་ཀྱི་དོན་གནད་གསལ་རྟོགས་ཡོང་ཆེད་ཧོང་རང་གིས་ལྷུང་སྐྱ་ཧོ་ཐོག་ཐུ་ནས་བོད་ཀྱི་སྐད་ཡིག་སློབ་སྦྱོང་གནང་བ་མ་ཟད། དཔོན་རིགས་ན་གཞོན་བདམས་ནས་ཤུལ་རིང་ལེ་དབར་ཁྲི་ཡི་ལམ་ཐག་ཧ་སྐྱིག་གིས་བརྒལ་ཏེ་བོད་ཀྱི་ལྷ་སར་བོད་ཡིག་སློབ་གཉེར་དུ་ཆེད་རྫོངས་གནང་བ་དེའི་ཐོག་ནས་ཧོང་གི་ཆབ་སྲིད་སྐྱོང་སྟངས་ཧ་ཅང་དོ་ནན་ཡིན་པ་དེ་མཚོན་གྱི་ཡོད།

ལོ་འདིར་བཀའ་བློན་གཙོ་བོ་རྗེ་རིང་ནོ་ཡོན་པཎྜི་ཏ་ལས་འགན་དགོངས་ཞུ་གནང་འདུག་པའི་འཕྲུལ་རྐྱེན་ནི་ཚེབས་རྟ་འདྲོགས་ནས་ལྷུང་བརྡབས་ཀྱི་

① （འཛམ་གླིང་མཐའ་རྒྱན་ཤོག་གྲངས128）

བསྟུན་གཞི་གཙོང་ཞུགས་ལྷ་བུས་བྱས་འདུག་ཅིང་། དགའ་བཞི་བའི་བྱུང་བ་བརྗོད་པའི་ནང་ཤོང་གིས། "ད་ཆ་ན་ཆོད་མཐོ་ཁར་ད་ལམ་ཧ་བརྡབས་ཀྱི་སྐྱོན་ལས་འགྲོ་སྟོད་དགའ་བ་འདི་བཞིན་དགོན་མཆོག་ཐུགས་རྗེ་ཅན་གྱིས། ཁྲིམ་ཐོག་ཆོད་དུས་ཧ་ཁ་འཐེན་དགོས་པའི་བརྡ་སྟོན་མཛད་པ་ཡིན་འདུག་པས་དེས་ན་བཀའ་བློན་གྱི་ལས་འཁུར་བྱས་ནས་ཀྱང་དེང་དུས་ཀྱི་མི་ཚེ་རིང་ཐུང་སློམས་པའི་ཚེ་ཚད་ཀྱི་ཆོད་ཙམ་སོང་སྐབས། ཨ་ཙི་རང་ཡང་ན་ཆོད་དང་ཤེས་ཡོང་མི་དམན་ཙམ་བཅས་ཕ་བུ་གོ་བརྗེས་ཤིག་ཐུབ་ན། ངེད་རང་ཡང་ཚེ་མཇུག་དགེ་སྦྱོར་འཕེལ་ཞིང་། ཨ་ཙི་རང་ལའང་རང་འགན་འཁྲིས་སྐབས་ད་ལྟའི་འཁུར་མེད་འདི་དང་མི་འདྲ་བར་ཐོན་སྐྱེད་ཆེ་བ་ཡོང་འདྲ་གསུངས་ཏེ། གོང་ས་སྐྱབས་མགོན་ཡབ་ཕྱིན་དང་བོད་བཞུགས་ཨམ་བན་རྣམ་གཉིས་བཅས་ལ་དེ་དོན་ཞུ་གནང་སྐབས། གོང་ས་རྗེ་ཤོད་གཉིས་ནས་བཀའ་ཕེབས་སུ་ནི་ཡོན་གྱང་པཎྜི་ཏ་རང་རྒྱུས་ཡོད་དང་། གཞུང་བསམ་ཤེས་ཡོང་ཆེ་སྐབས་རེ་ཞིག་དགོངས་པ་ཞུ་ཐལ་མ་བྱས་ན་སླམ་ཙང་། ན་ཆོད་མཐོ་ཁར་གཟུགས་གཞི་གཙོང་ཟིན་གྱིས་མ་འཕེར་ངེས་ཡིན་ན་བྱ་ཐབས་མི་འདུག་ཅེས་དང་། ཨམ་བན་གཉིས་ནས་གསུང་རིགས་སུ། ཕ་བུ་གོ་བརྗེས་ཞུ་འདོད་ཡིན་ཙང་ནང་གི་ལུགས་སྲོལ་ལྟར་ན། སྟོན་ལ་གྱང་རང་ན་རྒས་གཟུགས་གཞིས་མ་འཕེར་ཚུལ་དང་བཅས་དགོངས་པ་ཞུས། དེ་རྗེས་བུར་རང་འཛུགས་ཞུ་ཐབས་བྱེད་པ་ལས་བོད་ལུགས་ལྷ་བུར་གོང་མ་ཆེན་པོར་ཞུ་ཕོད་མི་ནུས་ཚུལ་གསུངས་ཏེ། མི་རྗེ་བཀའ་དྲིན་ཅན་གྱང་པཎྜི་ཏ་བཀའ་བློན་གྱི་ལས་འཁུར་དགོངས་ཞུ་མཛད་རྒྱུའི་དྲིལ་རྗེ་ཕུལ་བར་བརྟེན་འདི་ལོ་དགུན་ཐོག་བཀའ་གསལ་ཕྱིར་ཕེབས་བསྐུལ་འཁྱོར་ལ། པཎྜི་ཏའི་ཕ་མེས་ནས་བཟུང་ཞབས་འདེགས་སྒྲུབ་པའི་བྱས་ཅན་

སློབ་པོ་སྙིང་ཁུངས་ཀྱི་རྒྱུད་དང་། ལྷག་དོན་པཎྜི་ཏ་རང་ནས་ཀྱང་རྒྱུན་རིང་པོའི་བར་ཞབས་འདེགས་ཧུར་ཐག་བྱས་པར་བསམས་ན་ལམ་ན་རྒས་གཟུགས་པོས་མ་འཕེར་ངེས་ཡིན་ན་དགོངས་པ་བདེ་འཁྲིལ་དུ་སྦྲིན་ནས་དམིགས་བསལ་དར་ཧན་གུང་གི་ཆོ་ལོས་གཟེངས་བསྟོད་པ་ཡིན། ལས་དོན་གལ་ཆེ་སྐབས་ངོས་འགྲོ་རྒྱུས་ཡོད་སྟར་བཞིན་ཧུར་སྐྱེད་བྱེད་དགོས་དང་། སྟོན་དུས་གསོལ་རས་བསྩལ་བའི་ནོར་བུའི་ཏོག་དང་། རྒྱ་བྱའི་སྒྲོ་མདོངས་ཀྱང་པཎྜི་ཏ་རང་གི་མི་ཚེའི་རིང་རྒྱག་ཆུག ཞེས་སོགས་གོང་མ་ཆན་ལུང་ངམ་ལྷ་སྐྱོང་རྒྱལ་པོའི་གསེར་གྱི་བཀའ་བཟང་པོ་དང་འབྲེལ་བར་གོང་མ་ཆེན་པོ་རང་གི་མགུལ་ཕྲེང་ངོ་མ་གསོལ་རས་སུ་བསྩལ་བ་བོད་བཞུགས་ཨམ་བན་གཉིས་ལྷ་ལྡན་འབྱམ་རར་ཡ་མོན་ཕྱག་འཚལ་ལ་ལྷན་ཕེབས་སྐབས་བསྩལ་བ་དང་ཐུགས་བཀའ་བསྒྱུར།"① ཅེས་འཁོད་འདུག་ཅིང་། བཀའ་བློན་ཚབ་གསར་བསྐོ་བཞག་བྱེད་སྲོལ་སྐོར་ཡང་། "དེ་ནས་མི་འགྱངས་པར་མི་རྗེ་བཀའ་དྲིན་ཅན་དེ་ཉིད་ཀྱི་ལས་ཤུལ་དུ་འོས་ཐོ་དང་པོ་ཁོ་བོ་(བསྟན་འཛིན་དཔལ་འབྱོར་རང་ཉིད་)དང་། གཉིས་པ་བཤེར་དཔང་འཁྲོང་རྩེ་བ། གསུམ་པ་ལྷ་གཉེར་ལྷུམ་ར་ཁང་གསར་བ་བཅས་སུ་འོས་དབྱིངས་བཅད་ཀྱིས་བསྐོ་བཞག་ཞུ་རྒྱུ་པེ་ཅིང་རྒྱལ་ཁབ་ཆེན་པོར་དྲིལ་རྩེ་འབུལ་གནང་མཛད།"② ཅེས་དང་། དེའི་ཕྱི་ལོ་བསྟན་འཛིན་དཔལ་འབྱོར་གང་ཉིད"རང་ལོ་ཉེར་གསུམ་གྱི་ཐོག་ཏུ་སླེབས་པ་ཆུ་མོ་ཡོས་(1783)ལོའི་ཧོར་ཟླ་གཉིས་པའི་ཚེས་ཀྱི་ཉིན……གོང་མ་བདག་པོ་ཆེན་པོས་ངེད་རང་ལ་

---

① (དགའ་བཞིའི་བྱུང་བརྗོད་དེབ་ངོས443－445)

② (དགའ་བཞིའི་བྱུང་བརྗོད་དེབ་ངོས445－447)

མི་རྗེ་དེ་ཉིད་ཀྱི་ལས་ཞུལ་བཀའ་བློན་གྱི་གོ་ས་དང་ཇ་སག་གི་ཚོ་ལོ་བཅས་བསྩལ་བའི་དྲིལ་རྡེའི་བཀའ་ལན་འགྱུར་བར་བརྟེན་བསམ་གྲུབ་ཁང་གསར་གྱི་སྤྲོའི་ཨམ་བན་གྱི་ཡ་མོན་དུ་བཀའ་བསྒྱུར་བསྩལ།”①ཅེས་གསལ་བ་བཅས་རྡོ་རིང་གུང་པཎྜི་ཏ་ནི་སྐབས་དེའི་བོད་ཀྱི་དཔོན་རིགས་གཙོ་བོ་ཞིག་ཡིན་ཁར། ལས་འཁྱུར་འཕོས་ལེན་གྱི་སྐོར་འདི་ཁ་གསལ་ཞིག་འཁོད་འདུག་པ་བཅས་ལ་བརྟེན་རགས་བསྡུས་ཙམ་དྲངས་པ་ཡིན།

པཎ་ཆེན་དཔལ་ལྡན་ཡེ་ཤེས་ཀྱི་ཡང་སྲིད་སྐུ་ཕྲེང་བདུན་པ་བློ་བཟང་བསྟན་པའི་ཉི་མ་པ་རྣམ་སྐྱིད་གཞོངས་སུ་འཁྲུངས་པ་དེར་ངོས་འཛིན་གསལ་ཐོན་བྱུང་ལུགས་ཏཱ་ལའི་བླ་མ་མཆོག་ནས་གོང་མ་ཆེན་ལུང་ལ་སྙན་སེང་གནང་བའི་བཀའ་ལན་ཕྱིར་འཁོར་འདུག་པ་རྣམ་ཐར་ནང་། “སྔོན་དུ་ཀུན་གཟིགས་པཎ་ཆེན་རིན་པོ་ཆེའི་མཆོག་སྤྲུལ་སྐོར། འཇམ་དབྱངས་གོང་མ་ཆེན་པོར་དྲལ་ཅེ་ཞུ་བའི་བཀའ་ལན་ཕྱིར་ཕེབས་སུ། པཎ་ཆེན་ཨེར་ཏེ་ནིའི་སྤྲུལ་སྐུ་ངེས་པ་རྙེད་པ་ནི་སྨྲ་ཡེར་ཆེན་པོ་ཡིན་ཞེས་རྒྱལ་དབང་མཆོག་ལ་ཁ་བཏགས། གཡང་ཏི་སོགས་རིན་པོ་ཆེའི་སྤྱད་པ། བཟང་གོས་ཡུག་དང་གོས་ཁྲུག་བཅས་མང་བ། པཎ་ཆེན་མཆོག་སྤྲུལ་དང་། ཨེར་ཏེ་ནི་ནོ་མིན་ཧན(སྲིད་སྐྱོང་ཚེ་སྨོན་གླིང་)རྣམ་གཉིས་སུའང་གསོལ་རས་ཕེབས་པ་རྣམས་སོ་སོར་བསྩལ། གསོལ་དཔོན་ཇ་སག་བླ་མ། གསོལ་དཔོན་ཚོགས་བསགས་པ་བཅས་ཀྱི་དཀར་སྤྲོའི་ཐོག་འབུལ་འདེགས་པ་ཞབས་གྲས་བརྒྱ་སྐོར། མཆོག་སྤྲུལ་ངེས་པ་རྙེད་པར་ལེགས་སྐྱེས་འབུལ་བར་སྐུ་ཚབ་རྗེ་དྲུང་སྐུ་མཆེད་བཀྲིས་པ་རྫོང་བདའ་གནང་། བཀྲས་

① (དགའ་བཞིའི་བྱུང་བརྗོད་དེབ་ངོས445－447)

ལྷུན་ཛ་སག་བླ་མ་དང་། མཆོག་སྤྲུལ་གདན་ཞུས་མཚོན་ཕྱི་ནང་བཀྲི་སྒོའི་སྐོར་བཀའ་སློབ་བསྩལ།”① ཅེས་འཁོད་འདུག་པ་མ་ཟད། དེ་ལོའི་ལོ་མཇུག་ཏུ་པཎ་ཆེན་མཆོག་སྤྲུལ་རིན་པོ་ཆེ་པ་རྣམ་སྐྱིད་གཤོངས་ནས་པ་རྣམ་ཐར་པ་དགོན་དུ་གདན་འདྲེན་སྐབས་གོང་མ་ཆེན་པོའི་བཀའ་བཞིན་བོད་བཞུགས་ཨམ་བན་ཆེང་གུང་ཡེ་ཕེབས་པའི་སྐེ་ཤན་དུ་བཀའ་བློན་དགའ་བཞི་བསྟན་འཛིན་དཔལ་འབྱོར་གཏོང་གནང་མཛད་པའི་སྐོར་ཞིབ་ཕྲ་དགའ་བཞི་བའི་བྱུང་བ་བརྗོད་པའི་② ནང་གསལ་ཡང་འདིར་མ་སྤྲོས།

ཏཱ་ལའི་བླ་མ་སྐུ་ཕྲེང་བདུན་པའི་སྐབས་ཆབ་བཞེས་གནང་ཡུལ་ནོར་བུ་གླིང་ཁར་དེ་སྔོན་ཆབ་རྫིང་དང་། སྐུ་འཁོར་རགས་བསྡུས་བཞུགས་སའི་དབུ་གུར་སྒྲོན་ཡུལ་ཙམ་ལས་མེད་འདུག་པར། སྤྱི་ལོ1784བོད་ཤིང་འབྲུག་ལོར་བསྐལ་བཟང་ཕོ་བྲང་གསར་བཞེངས་མཛད་པ་དང་། ཆབ་ཞུགས་ཀྱི་མཛད་སྒོ་ཐོག་མ་དེ་ལོ་ནས་བཟུང་གནང་བར་གྲགས་ཤིང་། དེ་རྗེས་སྐུ་ཕྲེང་ན་རིམ་དབྱར་ཐོག་ནོར་བུ་གླིང་ཁར་བཞུགས་ལམ་ཆགས་པ་མ་ཟད། ཕོ་བྲང་མ་ལག་ལྷུགས་རེ་སོགས་རིམ་བཞིན་རྒྱ་སྐྱེད་བྱུང་བ་ལགས་སོ།

ལོ་འདིར་པཎ་ཆེན་མཆོག་སྤྲུལ་རིན་པོ་ཆེའི་དབུ་སྐྲས་གཙུག་ཕུད་འབུལ་བཞེས་དང་འབྲེལ་མཚན་གསོལ། དགེ་བསྙེན་གྱི་བསླབ་སྡོམ་སྩོལ་བ་བཅས་ཀྱི་ཆེད་ཏཱ་ལའི་བླ་མ་མཆོག་དང་། སྲིད་སྐྱོང་ནོ་མིན་ཧན། ཕྱོགས་ཨམ་བན་སོགས་གཙང་ཕེབས་གནང་ཞིང་། གདན་ས་བཀྲ་ཤིས་ལྷུན་པོར་དབུ་སྐྲས་གཙུག་ཕུད

① (འཛའ་གླིང་མཐའ་རྒྱན་ཤོག་གྲངས133)

② (དགའ་བཞིའི་བྱུང་བརྗོད་དེབ་ངོས460)

འབུལ་བཞེས་ཀྱི་མཚན་བློ་བཟང་དཔལ་ལྡན་བསྟན་པའི་ཉི་མ་ཕྱོགས་ལས་རྣམ་རྒྱལ་དཔལ་བཟང་པོ་ཞེས་གསོལ་གནང་དང་འབྲེལ་ཆོས་སྲིད་ཀྱི་མཛད་སྒོ་ཏ་ཅང་གཟབ་རྒྱས་གནང་བའི་སྐོར་ཞིབ་པ་གཟིགས་འདོད་ན་སྐབས་དེའི་སྡེ་ཤན་སྤྱི་ཁྱབ་བཀའ་བློན་དགའ་བཞི་བསྟན་འཛིན་དཔལ་འབྱོར་གྱིས་མཛད་པའི་བྱུང་བ་བརྗོད་པའི་ནང་གསལ་བ་ལྟར་འདིར་དེ་ཙམ་གྱིས་འཐུས་པ་བྱས་སོ།

སྤྱི་ལོ1786མེ་རྟ་ལོའི་ཟླ་བ་གསུམ་པའི་ནང་། “འདི་སྐབས་འཇམ་དབྱངས་གོང་མ་ཆེན་པོས་དྲལ་རྩེ་ཕེབས་པའི་དགོངས་དོན་དུ། ངེད་ཀྱི་ཐམ་ཀ་བླ་མ་ལྕང་སྐྱ་རྡོ་ཐོག་ཐུ་ཞལ་མ་འཚོ་བར་སངས་རྒྱས་ཀྱི་ཞིང་དུ་གཤེགས་པའི་ཚབ་ཐམ་ཀ་བླ་མར་ཁྲི་ནོ་མིན་ཧན་ཕོ་བྲང་དུ་ཡོང་དགོས། ཏཱ་ལའི་བླ་མས་མདོ་སྔགས་ཀྱི་ཡོན་ཏན་ཐམས་ཅད་ནི་མཁྱེན། སྲིད་ཀྱི་བྱ་བ་ཐམས་ཅད་ཀྱང་ཐུགས་སུ་ཆུད་པས། ད་ཆ་ཆོས་སྲིད་གཉིས་ཀའི་ཐུགས་འཁུར་ཆེར་བཞེས་ནས། སངས་རྒྱས་ཀྱི་བསྟན་པ་དང་། སེམས་ཅན་ཐམས་ཅད་ལ་ཉེ་རིང་མེད་པའི་ཕན་པ་ཆེན་པོ་ངེད་ཀྱི་དགོངས་པ་དང་མཐུན་པ་གནང་དགོས་ཞེས་ཕེབས།” ཞེས་དང་། ཟླ་བ་བཞི་པའི་ནང་། “ཨམ་བན་རྣམ་གཉིས་དང་རྩེའི་དྲུང་ཡིག་བཅས་འཛོམས་ཐོག་ལས་དོན་ཐམ་ཀ་རྒྱལ་དབང་མཆོག་ལ་འབུལ་བ་གནང་།”① ཞེས་གསལ་ཞིང་། མཆོད་ཡོན་མཇལ་འཛོམས་ཀྱིས་ཆོས་སྲིད་དང་འབྲེལ་བའི་ཕན་ཚུན་གསུང་གླེང་ཞིབ་རྒྱས་དང་། རྟེན་འབྱུང་འབུལ་སྐྱེས་སོགས་བསྩལ་ཐོག “དགའ་ལྡན་ཁང་གསར་ནས་ཁྲི་ནོ་མིན་ཧན་སྟོན་འཁོར་པེ་ཅིང་རྒྱལ་ཁབ་ཏུ་ཕེབས་པར། གཙུག་དགོན་གསར་དུ་གཞུང་ནས་ཐབ་སྐྱེལ་ལ་

① （འཛམ་གླིང་མཐའ་རྒྱན་ཤོག་གྲངས587 –589）

ཨམ་པ་སོགས་རྒྱ་དཔོན། གུང་བཀའ་ཛོ། ནང་མ་རྩེ་ཨོད་ཀྱི་དྲུང་འཁོར་ཆེ་ཕྲ་རྣམས་ཀྱི་ཕེབས་སྐྱེལ། བསམ་བདེ་གླིང་ཁང་སྐུའི་ཁུ་བོ་རྫོང་བདའ་སོགས་བཀུར་གཟབ་གང་ཆེ་བརྩེ་བས་བསྐྱང་།"① ཞེས་གསལ།

5. བོད་དུ་གོར་དམག་གི་བཙན་འཛུལ་ཐེངས་དང་པོ་བྱུང་བའི་བརྒྱུད་རིམ།

དོན་རྐྱེན་འདིའི་བྱུང་ཚུལ་སྐོར་བཀའ་བློན་དགའ་བཞི་བ་བསྟན་འཛིན་དཔལ་འབྱོར་རྡོ་མ་ཐོག་མཐའ་བར་གསུམ་གྱི་དམག་དོན་བྱ་བའི་ནང་དངོས་སུ་ཞུགས་མྱོང་བར་བརྟེན་ཁོང་གིས་བརྩམས་པའི་དགའ་བཞི་བའི་བྱུང་བ་བརྗོད་པའི་ནང་ཞིབ་གསལ་འཁོད་པ་ལྟར་རགས་བསྡུས་ཀྱི་བརྗོད་ན། སྤྱི་ལོ1785ཤིང་སྦྲུལ་ལོར་བོད་ས་གནས་སྲིད་གཞུང་ནས་སྤར་ལམ་བལ་ཡུལ་རྟེན་བཞེངས་པ་ཞེས་གཙོ་བོ་མཆོད་རྟེན་རྣམ་གསུམ་ལ་ཉམས་གསོ་སྐུ་དཀར་གསོལ་བ་དང་། ཞར་དུ་སྤོས་སྨན་རིགས་ཉོ་སྒྲུབ་བཅས་བྱེད་མི་རྩེ་དྲུང་དགའ་ལྡན་དཀའ་བཅུ་པ་དང་། རྩེ་འཕྲུལ་བདེ་ཕྱག་མཛོད་ཀྱི་ནང་ཟན་ཨེམ་ཆེ་ཟེར་བ་གཉིས་བཏང་ཞིང་། ཁོ་ཚོ་བལ་ཡུལ་དུ་འབྱོར་སྐབས་གོར་ཁ་རྒྱལ་བློན་ནས་བརྗོད་རིགས་སུ། ཡམ་བུའི་རྒྱལ་ཐོག་རྙིང་པའི་དུས་འགྲེམ་སྤེལ་བྱས་པའི་བལ་ཊམ་རྣམས་ལྷད་ཅན་ཤ་དག་ཡིན་པ་དང་། གོར་ཁ་རྒྱལ་ཁང་གསར་པའི་སྐབས་དཔར་འགྲེམ་བྱས་པའི་གོར་ཊམ་འདི་དག་དངུལ་རྐྱང་ལྷད་མེད་ལྟ་བུ་ཡིན་ཙང་། བོད་དབུས་གཙང་དུ་དངུལ་ཟངས་ཊམ་ཁྱད་མེད་འགྲོ་རྒྱུག་བྱེད་པ་མ་འོས་གཤིས། བལ་ཊམ་རྙིང་པ་འགྲོ་རྒྱུག་མེད་པ་གནང་དགོས་ཞེས་བོད་

① （འཛམ་གླིང་མཐའ་རྒྱན་ཤོག་གྲངས587 – 589）

གཞུང་ལ་ཡི་གེ་རེམ་པ་ཕུལ་ཡང་ལག་བསྐར་མ་བྱུང་བ་ད་ཆ་བོད་ནས་དེ་ལྟར་དོན་འགྲོལ་མ་བྱས་ཚེ་བོད་ཁོངས་གཉའ་ནང་དང་། རོང་ཤར། སྐྱིད་གྲོང་བཅས་ས་ཁུལ་གསུམ་པོ་འདི་དེ་སྔོན་ཡམ་བུའི་རྒྱལ་ཐོག་རྙིང་པའི་དུས་སུའང་འཛིན་ལམ་བྱུང་འདུག་སྐབས། ཕྱིན་ཆད་གོར་ཁའི་མངའ་ཁོངས་སུ་རྩིས་སྤྲོད་བྱུང་ན་དང་། དེ་ལྟར་མ་བྱུང་ཚེ་དམག་དཔུང་གཏོང་དགོས་བྱུང་ན་མི་ལེགས་པས་དེ་དོན་ཁྱོད་རང་ཧེན་བཞེངས་པ་གཉིས་ནས་བོད་གཞུང་ལ་གནས་ཚུལ་གསལ་འབོད་ཀྱི་ཡི་གེ་གཏོང་དགོས་ལ། བྱེད་བདེའི་ལན་གསལ་མ་བྱུང་བར་ཁྱོད་ཚོ་མི་གཏའ་ལྟ་བུར་བལ་ཡུལ་དུ་སྡོད་དགོས་ཞེས་བསུན་གཙེར་སྣ་ཚོགས་ཀྱིས་སྐོར་བསྐྱིལ་བྱེད་རྩིས་བྱས་འདུག

སྐབས་དེར་ཀརྨ་ཞྭ་དམར་སྤྲུལ་སྐུ་སྐྱེ་ཕྲེང་བཅུ་པ་ཆོས་གྲུབ་རྒྱ་མཚོ་དང་། འབྲུག་ལུགས་བདེ་ཆེན་ཆོས་འཁོར་དགོན་གྱི་སྤྲུལ་སྐུ་སྟོན་འཁོར་རྣམས་ཤིང་འབྲུག་ལོར་བལ་ཡུལ་དུ་གནས་མཇལ་དུ་ཕེབས་པ་ཡམ་བུར་བཞུགས་མུས་ལ། གོར་ཁས་བོད་གོར་དབར་སྐད་འདོགས་ཀྱི་རྩོད་གཞི་བསླངས་འཕྲུལ་བདེ་ཆོས་སྤྲུལ་སྐུ་འཁོར་བཅས་རྙོག་གཞིའི་ནང་ཚུད་དོགས་ཀྱིས་མཚན་ཀྱང་དེ་རང་ལ་བལ་ཡུལ་ནས་ཐོན་ཏེ་བོད་དུ་ཕྱིར་ལོག་གནང་འདུག་ཀྱང་། ཞྭ་དམར་སྤྲུལ་སྐུས་དེ་ལས་ལྡོག་སྟེ་གོར་ཁ་དང་། ཧེན་བཞེངས་པའི་དབར་བར་འདུམ་ཡིན་ཚུལ་གྱི་ཞུགས་ནས་ཉིན་ཞག་མང་པོའི་རིང་ཕན་ཚུལ་བ་སྣེ་སྦྲད་མཐར། རྗེ་དོན་བལ་ཡུལ་ཧེན་བཞེངས་པ་སྤྲེལ་པོར་གོར་གཞུང་ནས་བསུན་གཙེར་མེད་པ་བོད་དུ་ཕྱིར་སློག་བྱ་རྒྱུ་དང་། ཁོ་ཚོའི་ཚབ་ཏུ་ཞྭ་དམར་བ་འཁོར་བཅས་བོད་ནས་བྱེད་བདེའི་ལན་གསལ་མ་འབྱོར་བར་བལ་ཡུལ་དུ་སྡོད་རྒྱུ། ཧེན་བཞེངས་པ་གཉིས་ནས་ཀྱང་ཚ་ཐོན་ཟམ་དཔེར་མ་སོང་བ་རྒྱ་བོད་བླ་དཔོན་ལ་སྙན་སེང་

གིས་གོར་ཁས་བརྟན་པའི་རི་འདུན་ལྷུར་བལ་ཏམ་ཧྲེང་པ་བོད་དུ་འགྲོ་རྒྱུག
གཏན་འགོག་གམ། ཡང་ན་གཉའ་སྐྱིད་རོང་གསུམ་གོར་ཁར་རྩིས་སྤྲོད་གང
བདེ་ལན་གསལ་དང་། ཞྭ་དམར་བ་ཕྱི་དོན་དུ་བསྡད་པར་ཀླན་ཀ་མི་ཡོང་བ
དང་། བལ་ཡུལ་ནས་འདོན་ཐབས་བོད་གཞུང་གིས་གནང་རྒྱུ་བཅས་ཆད་དོན
བྱས་ཚུལ་སོགས་འཁོད་པའི་རྩེ་ཤོད་བཀའ་ཤག་དང་བཅས་པར་བླ་མ་ཞྭ་དམར
བས་ཕུལ་བའི་སྙན་ཞུ་འཕྲེར་ཏེ་བལ་ཡུལ་རྟེན་བཞེངས་པ་གཉིས་པོ་སྲིད་སྐྱོང་ནོ
མིན་ཧན་རྒྱལ་ནང་དུ་ཕེབས་ཐོན་མ་གནང་གོང་ཙམ་སྟེ། མི་ཧ་ལོ་འགོར་ལྷ
སར་འབྱོར་པར་སྣང་། རྟེན་བཞེངས་པ་གཉིས་ཀྱི་ཞུ་གསལ་དང་ཞྭ་དམར་བའི
སྙན་ཞུའི་བརྗོད་དོན་གཉིས་རྒྱབ་འགལ་ཤ་སྟག་སྟེ་ཁོང་ཚོས། ཞྭ་དམར་བའི
ཡིག་དོན་ཚང་མ་མཇེས་ཟོལ་གཡོ་སྒྲར་ཁོ་ན་ལས། དོན་དུ་གོར་རྒྱལ་གྱི་དབང
འཛིན་རྒྱལ་པོའི་ཨ་ཁུ་དང་ཞྭ་དམར་བ་ནི་ནང་ཚགས་སྐྱིད་སྡུག་འདོད་གཅིག་ལྟ
བུ་ཡིན་པས་རྟོག་དྲ་འདི་གོར་ཁ་རྒྱལ་བློན་ལ་ཤོག་སྨུག་ལྷུང་འཚང་བྱེད་མཁན
ཞྭ་དམར་བ་ཡིན་ཚུལ་སོགས་ཞུས་འདུག དེ་སྐོར་དཔུས་གཙང་ཡོངས་ལ
"གོར་ཁ་རྒྱལ་ཕྲན་ཞིག་གིས་ལུང་བསྐུར་ཐུབ་པ་ཅི་ལ་སྲིད་ཟེར། མཐའ་མི
འདི་དག་ངན་གཡོར་བྱུང་རྐྱབ་སྐབས་ཞྭ་དམར་བ་དང་ཁྲི་སྤྱང་ལག་སྤྲེལ་གྱི་ཐོག
ནས་གསང་དམག་བཏང་སྟེ་གཉའ་སྐྱིད་སོགས་ས་མཚམས་རྫོང་འགོ་ཁ་ཤས
ཤིག་ལ་འཕྲོག་རྩོད་བསྒྱུན་གཅེར་བྱས་མི་ཡོང་ངམ་སྙམ་རྒྱ་བོད་བླ་དཔོན་ཚང་མ
ཐུགས་དོགས་བྱུང་སོང་སྐབས། ས་མཚམས་རྫོང་གཞིས་ཁག་ལ་འོན་སེང་རྟོག
འཇུག་གི་ཐོག་ནས་རི་བོང་ཅལ་འདྲོག་དང་། གླེན་པ་གདེང་ཆོད་དུ་མ་སོང
བའི་གནས་ཚུལ་བསྒྲིང་རྒྱུ་དང་། སྔ་ཚུད་ནས་ས་འགག་གནད་ཆེ་ཁག་རྣམས
སྲུང་བཀག་དགོས་པས་མཆོན་བྱེད་སྒྲ་ཕྲ་ཞིབ་བཀའ་རྒྱ་ཆེད་སྒྲུལ་དང་སྐབས

མཚུངས་གཙང་ཁུལ་རྫོང་ཞབས་གཞུང་སྐྱེར་ཆོས་གསུམ་ལ་མངོན་ཆུང་གི་ཐོག་ནས་དམག་ཇེ་དང་། རྫས་བཟོ་བྱེད་རྒྱུ་སོགས་མདའ་རྫོང་སོ་སོར་བཀའ་ཁྱབ་མཛད།"① ཅེས་དང་། "དེ་མཚུངས་བླ་མ་ཞྭ་དམར་བར་ཞུ་ཡིག་ཕུལ་ལན་ཏུའང་། ཏམ་ཀ་གསར་རྙིང་གི་ཐད་ལ་འཛའ་ཁྱད་བབ་མཚུངས་ཤིག་བྱས་པས་འཁྲིག་ཆོད་འདུག་ན་བོད་བལ་དཀར་ཚོ་ལེགས་ལམ་ཟིང་ཞིག་ཏུ་མི་འགྲོ་བའི་འཁྲིག་ཆགས་ཁྱད་མི་བྱེད་ཀ་མེད་ཡིན་འདུག་ཅེང་། གཞན་དེ་ག་ནས་ཚད་དོན་རྗེ་ཚིག་ཏུ་བཀོད་པའི་དོན་ཚན་རྣམས་ནི་འཁྲིག་རེ་བྲལ་སྐབས། མི་འགྲུབ་ཁས་ལེན་གྱི་རིགས་བྱེད་མ་བདེ་ཚུལ་སོགས་ཀྱི་དོན་རྗེ་འཁོད་པའི་བཀའ་ལན་འཇང་མོལ་ཞིབ་ལྷིང་གི་ཐོག་ནས་བསླུལ་སོང་སྐབས་ང་མིན་ཁྱོད་ཡིན་སོགས་པན་ཚུན་སུས་ཀྱང་འགྱོད་པ་དང་། རེ་འཁང་རྒྱག་དགོས་པ་མེད།"② ཅེས་གསལ་འདུག

གོང་དུ་ལོ་རྒྱུས་ནང་དབུས་གཙང་གི་མདའ་དཔོན་ལྷ་ཟེར་བ་སོགས་གསལ་སྐབས། སྐབས་དེར་བོད་ལ་དྲག་དཔུང་གི་གནས་ཚུལ་ཅི་འདྲ་ཞིག་ཡོད་དམ་སྙམ་ན། མཚམས་འདིར་རྗེ་རིང་བསྟན་འཛིན་དཔལ་འབྱོར་གྱིས་གསུངས་པར། "དབུས་གཙང་ཁུལ་གྱི་ཆབ་འབངས་རྣམས་ནི་གོང་མ་མཆོད་ཡོན་གྱི་ཐུགས་རྗེས་དབུས་གཙང་དུས་ཟེར་(1727ལོ་)བྱུང་ཚུན་ནས་འདི་ལོ་པན་དམག་གི་མིང་ཙམ་ཡང་མི་གྲགས་པའི་དུས་བདེ་ཉེད་འཛགས་ལ་སོང་སྐབས་བསྐོར་རེས་གཟིམ་ཆུང་སྐར་པའི་ཏང་དམག (སྔོན་ལམ་གཏོར་རྒྱག

① (དགའ་བཞི་བྱུང་བརྗོད་དེབ་ངོས559－560)

② (དགའ་བཞི་བའི་བྱུང་བརྗོད་དེབ་ངོས560)

དང་། ལྷ་གསོལ་སྐབས་སྤྱོད་པ་) དང་། བཀའ་མདའ་ལས་ཚན་པ་སོགས་ཀྱི་རྟ་དམག་ཁུ་བསྡུས་ལྷ་ལྡན་སྨོན་ལམ་ཆེ་མོའི་རྗེས་འབྲེལ་གཏོར་རྒྱག་ཏུ་ཡོང་སྲོལ་དེ་ཙམ་མ་གཏོགས་དེང་དུས་དང་མི་འདྲ་བར་འདི་སྐབས་བོད་འདིར་ཁྲལ་དམག་ཉིས་འཛིན་བྱེད་མི་ཤ་དག་ལས། དམག་མི་ཞེས་དགྲ་བྱུང་ན་དོན་ཚོག་མ་ནི་གཏན་ནས་མེད།……”① ཅེས་གསལ་བ་དེ་ཐོག་ནས་ཆེད་གཉེར་གཞུང་བཙུགས་དམག་མི་གཅིག་ཀྱང་མེད་པ་དང་། དབུས་གཙང་མདའ་དཔོན་ཞེས་པ་རྣམས་ནི་དགོས་གལ་བྱུང་དུས་ཁྲལ་མི་ནས་སྐབས་བསྟུན་དམག་ཁྲལ་བསྡུ་སྐུལ་གྱི་ཡུལ་དམག་ངོ་དམ་འགོ་འཛིན་ཙམ་ཞིག་ཡིན་པ་གསལ་པོ་ཤེས་ཐུབ་བོ།

དེ་ལྟར་དབུས་གཙང་དགས་ཀོང་ཁུལ་དུ་དམག་བསྐུལ་གྲ་སྒྲིག་ཞིབ་གཙོད་དུ་མདའ་མགྲོན་ཟུང་འབྲེལ་ཆེད་གཉེར་དུ་བསྐོ་རྫོང་གནང་འདུག་ཙང་། དེ་གའི་མུར་སྤྱི་ལོ1787བོད་མེ་ལུག་ལོའི་ཟླ་བ་དྲུག་པའི་ནང་། ཞྭ་དམར་བའི་གཡོག་གྲས་ཀརྨ་མཆོག་སྦྱིན་སོགས་ཁ་ཤས་ཀྱིས་ས་སྐྱེ་ལམ་རྒྱུས་བྱས་ཏེ་བོད་ཁོངས་གཉའ་ནང་དང་། རོང་ཤར། སྐྱིད་གྲོང་བཅས་ས་མཚམས་ཁག་གསུམ་ལ་གོར་ཁའི་དམག་དཔུང་གློ་བུར་དུ་བཙན་འཛུལ་བྱུང་འདུག་པར། ས་མཚམས་རྫོང་འགོ་ཁག་ནས་བཀག་འགོག་འཐབ་འཛིངས་སོགས་ནུས་པ་གང་ཡོད་ཀྱིས་བྱས་འདུག་ན་ཡང་། དགྲ་ཆས་བཟང་ཞན་དང་མང་ཉུང་གིས་མ་བརྟེན་པར་སྐྱིད་གྲོང་རྫོང་སྡོད་རམ་བུ་ལུང་པ་སོགས་མི་སྣ་འགའ་ཤས་དམག་ཐོག་ཏུ་ཤོར་ཞིང་། འབྲོ་ལུས་རྣམས་ཐོར་བྲོས་སུ་མ་གྱུར་ཀ་མེད་ཆགས་སྟབས། གཉའ་ནང་དང་རོང་ཤར་བརྒྱུད་འཛུལ་བའི་གོར་དམག་རྣམས་ཤེལ་དཀར་

① （དགའ་བཞི་བའི་བྱུང་བརྗོད་དེབ་ངོས561）

ཁྲུལ་སྔགས་པ་དང་། སྐྱིད་གྲོང་བརྒྱུད་ཡོང་བ་རྣམས་རྫོང་དགའ་ཕྱོགས་ཐོན་བསྐྱོད་སོང་ཚུལ་གྱི་གནས་ཚུལ་ཧ་ཟམ་བརྒྱུད་གཅིག་རྗེས་གཉིས་མཐུད་ཀྱི་ལྷ་སར་ཕུལ་འཁྱོར་བྱུང་སྐབས། སྤྱི་འཁྲིས་ཐག་ཉེ་གཙང་ཁྲུལ་ཁྲལ་དམག་བསྡུ་བསྐུལ་ཁག་བཀོས་ཀྱིས་གཉའ་ཤེལ་ཕྱོགས་ཀྱི་འགོ་འདོམས་སུ་གཙང་མདའ་དཔོན་ལྷང་ལོ་ཙན་པ་དང་། རྫོང་སྐྱིད་ཕྱོགས་ཀྱི་འགོ་འདོམས་སུ་གཙང་མདའ་དཔོན་པད་ཚལ་བ་གཉིས་ལ་སོ་སོར་ལས་བྱ་དང་བཅས་འཕྲལ་བསྐྱོས་ཆེད་རྫོང་ཐོག དབུས་གོང་གི་ཁྲལ་དམག་ཀྱང་གང་ཐོན་ཞིབ་བསྐུལ་གྱིས་ཆེད་རྫོང་བྱེད་པར་རྒྱ་དཔོན་ཆུང་བ་རེ་དང་། རྩེ་དྲུང་རེ། བཀའ་བློན་གྱི་གཡོག་པོ་རྡོ་ཚོད་རེ་བཅས་འཕྲལ་གཏོང་བྱས་ཤིང་། དེ་རྗེས་བཀའ་བློན་གཡུ་ཐོག་བཀྲ་ཤིས་དོན་གྲུབ་དབུས་གཙང་དམག་བསྐུལ་གྱི་དྲག་དཔུང་སྤྱི་ཁྱབ་ཏུ་རྒྱ་བོད་བླ་དཔོན་བཀའ་གྲོས་ཀྱི་ཐོག་ནས་རྫོང་བདའ་གནང་། "བོད་བཞུགས་ཨམ་བན་གཉིས་ནས་གནམ་བསྐོས་འཇམ་དབྱངས་གོང་མ་བདག་པོ་ཆེན་པོར་ཡང་གོར་དམག་ལྷགས་ལུགས་ཀྱིས་མཚོན་འདི་བྱས་འདི་བྱུང་གི་གནས་ཚུལ་དྲིལ་རྩེ་དཔའ་སྒྲོ་ལྟེ་ཞེས་ཤིན་ཏུ་མགྱོགས་པའི་སྒོ་ནས་ཕུལ་བ་ན། བོད་ལྗོངས་ཀྱི་བསྟན་འགྲོ་ཡོངས་ལ་ཐུགས་བརྩེ་བ་ཆེན་པོས་གཟིགས་ཏེ། ཟི་ཅོན་ཆེན་ཐུ་ཧྲུའི་ཡུལ་གྲུ་ཆེན་པོའི་དཔོན་དམག་རྣམས་ལ་འཕྲལ་ཐོན་དགོས་པའི་བཀའ་ཕབ་པར་བརྟེན་ངོ་ཙང་ཅུན་དང་། ཁྲིན་ཐེའི་ཐུ། ཀྲང་ཏྲ་རིན། མུ་ཏྲ་རིན་སོགས་ཀྱིས་དབུས་རྒྱ་ནག་དང་། སོ་ལོང་། རྒྱལ་རོང་སོགས་ཀྱི་དཔོན་དམག་ལྟོས་ཆེ་འགྱངས་མེད་རིམ་བཞིན་འཁྱོར་རྒྱུའི་གནས་ཚུལ་སླེབས།"① ཞེས་གསལ་བ་ལྟར་རྒྱལ་ནང་

① (དགའ་བཞི་བའི་བྱུང་བརྗོད་དེབ་ངོས563)

དཔུང་དམག་གི་ཧ་ཁལ་གྲོ་ཚས་དང་། རྒྱ་བོད་དམག་དཔུང་སྤྱིའི་དམག་ཕོགས་སྐྱེལ་འདྲེན་བརྗོད་འཐག་སོགས་ཀྱི་གྲབས་གཞོམ་ཆེན་པོ་ཛ་དྲག་གི་འདུ་འགོད་བྱས་འདུག

ལ་སྟོད་ཕྱོགས་ཀྱི་དུས་བབ་ཛ་དྲག་ཏུ་གྱུར་པར་བརྟེན་བོད་སྟོད་ལས་རིགས་གཡའ་ཨམ་བན་དང་། བཀའ་བློན་བསམ་ཕོ་གུང་བཀྲ་ཤིས་རྣམ་རྒྱལ་གཉིས་པ་ཏ་ཆེན་མཆོག་སྤྲུལ་རིན་པོ་དབུས་ཕྱོགས་སུ་གདན་འདྲེན་ཞུ་བར་བཀྲ་ཤིས་ལྷུན་པོར་ཤད་རྩོལ་གྱིས་ཐོན་ཏེ། དེ་འཕྲལ་པ་ཏ་ཆེན་མཆོག་སྤྲུལ་སྐུ་འཁོར་ཉུང་བསྡུས་དང་བཅས་ཤངས་དང་། འོད་ཡུག མར་རྐྱང་བཅས་བརྒྱུད་སྟོད་ལུང་མཚུར་ཕུ་ལ་ནས་རིམ་ཕེབས་ཕོ་བྲང་པོ་ཏ་ལར་ཡབ་སྲས་གསེར་ཞལ་ལྷན་འཛོམས་ཀྱི་བཞུགས་གདན་འཛུགས། དེ་ནས་རིང་མིན་གོང་མའི་བཀའ་ལྟར་ནང་སའི་དཔུང་དམག་ཕོན་དང་པོ་ཁྲིན་ཐེའི་ཐུ་དཔོན་དམག་རྣམས་ལྷ་སར་འབྱོར་ཞིང་། དམག་སར་ཕོན་རྒྱུའི་ལས་རིགས་སུ་བཀའ་བློན་དགའ་བཞི་བསྟན་འཛིན་དཔལ་འབྱོར་དམིགས་འཛུགས་ཀྱི་ཡོང་དགོས་བརྗོད་དོན་ལྟར་འཕྲལ་ཕོན་གྱི་ཁོང་ཚོ་གཞིས་རྩེར་འབྱོར་སྐབས་ཤེལ་དཀར་དུ་འཛུལ་བའི་གོར་དམག་རྣམས་ཕྱིར་འཐེན་གྱིས་གཉའ་ནང་དང་། རོང་ཤར། སྐྱིད་གྲོང་། རྫོང་དགའ་བཅས་རྫོང་འགོ་བཞི་གོར་དཔུང་གིས་བཟུང་སོང་ཞེས་པའི་གནས་ཚུལ་འབྱོར། རྒྱ་དཔོན་ཁྲིན་ཐེའི་ཐུ་རང་ངོས་ནས་རྗེས་ཡོང་དཔོན་དམག་རྣམས་ཀྱང་མ་སྒུག་པར་གོར་དམག་ཡོད་སར་བཤར་བསྐྱོད་ཀྱིས་འཐབ་འཛིང་བྱེད་ཤག་གི་རྗིག་ཉམས་མ་ཐོར་བ་བྱེད་རྩིས་ཀྱང་། ཐེའི་ཐུའི་གྲོས་རོགས་རྒྱ་དཔོན་སི་ཡེར་ཐེར་བ་དང་། ཀྲང་ཏའ་ལོ་ཡེ། རྒྱལ་རོང་དམག་དཔོན་འབྲུག་ཐར་ཞེས་པ་སོགས་གཙོ་དྲག་ཁ་ཤས་ཟུར་ཚོགས་ཀྱིས་བཀའ་བློན་དགའ་བཞི

བར་སྐྱོག་ཏུ་ཐབས་ཚུལ་སྣ་ཚོགས་ཀྱི་སྒོ་ནས་དོན་ལ་ལམ་སེང་དམག་འཐབ་བྱས་
ན་དམག་གྲངས་ཉུང་བས་ཕམ་ཉེན་དང་། དཔུང་དམག་སྟོབས་ཆེན་སྡེབས་
འཛུགས་བྱེད་པར་བོད་པས་ཧ་ཁལ་སྟོད་སྒྲིག་སོགས་ཐེག་ཐབས་མེད་པས་ཐལ་ཆ་
མ་བྱུང་གོང་ནས་ཞི་མོལ་འགྲིག་ཐབས་ཤིག་ཡོང་བ་བྱེད་རང་ནས་གྲོས་འདོན་
དགོས་ཚུལ་དང་། ཁྲིན་ཐེའི་ཐུ་ལ་དྲག་འཐབ་མི་དགོས་པར་ཞི་གྲོས་བབ་བལྷ་
ཚོག་པ་ཞུ་དགོས་སོགས་རིང་ཐུང་མང་པོ་བཤད་འདུག་ཀྱང་། དགའ་བཞི་བས་
ཁས་ལེན་རྩ་བ་ནས་མ་བྱས་ཁར། སྟོན་ལ་རྫོང་འགོ་ཕྱིར་ཤོར་རྣམས་མ་བླངས་
པར་ཞི་འགྲོས་བྱ་ཐབས་མེད་ཚུལ་མཐར་བཀག་བྱས་སྐབས། རིམ་བཞིན་ཕུན་
གླིང་དང་ལྷ་རྩེ་སོགས་བརྒྱུད་ཤེལ་དཀར་དུ་བསྐྱོད། དེ་སྐབས་གོང་མས་པེ་ཅིན་
ནས་ཆེད་གཏོང་གནང་བའི་ཆེན་ཁྲིའི་དཔའ་ཧ་རིན་དང་། ཅང་ཅུན་སོགས་
དཔོན་དམག་རྗེས་ཡོང་རྣམས་མ་འབྱོར་བར་ཤེལ་དཀར་དུ་བསྡད་འདུག དེ་
ནས་ངའོ་ཅང་ཅུན་དང་། ཨམ་བན་ལུ་ཀྲང་གཉིས། ནང་བློན་ཆེན་ཁྲིའི་
དཔའ་ཟ་རིན་སོགས་རྒྱ་སོག་རྒྱལ་རོང་གི་དཔོན་དམག་རྣམས་ཤེལ་དཀར་དུ་
འབྱོར་དང་འབྱོར་ཉེའི་སྐབས། རྒྱ་དཔོན་སྤྱ་ཕྱི་རྣམས་ནང་ཡིག་མོལ་བསྡུར་
གྱིས་བཀྲ་ཤིས་ལྷུན་པོ་ནས་པཎ་ཆེན་གྱི་ཡབ་རྗེ་དཔལ་ལྡན་དོན་གྲུབ་སོགས་
དང་། ས་སྐྱ་ནས་སྐྱ་ཚབ་མགྲོན་གཉེར་བཅས་ཚིངས་སྒྲིག་ཏུ་ཡོང་དགོས་འབོད་
བཏང་གིས་རིམ་བཞིན་འབྱོར། འོན་ཀྱང་དགུན་དུས་ཤར་བས་གཉའ་ནང་
མཐོང་ལ་ཁ་བས་འགག་ཕྱིན་འབྲེལ་མཐུད་བྱ་ཐབས་མེད་པས་དགུན་དཔྱིད་ཟླ་
བ་བརྒྱད་ཙམ་རིང་དེ་སུར་ལུས།

སྐབས་འདིར་གྲིབ་ཏུ་རྒྱལ་བའི་ཡོངས་འཛིན་པཎྜི་ཏ་ཡེ་ཤེས་རྒྱལ་མཚན་
མཆོག་གི་བཞུགས་ཡུལ་གདན་ས་ཚེ་ཚོག་གླིང་བླ་བྲང་དང་། སྒྲུབ་སྡེའི་དགེ་

སློང་རྣམས་ཀྱི་གྲྭ་ཤག་བཅས་བཀོད་པས་མཛེས་པ་གཞུང་གནས་ནས་གསར་སྐྲུན་ལེགས་གྲུབ་མཛད་འདུག

6. བོད་གོར་དབར་སྐྱིད་གྲོང་དུ་ཞི་གྲོས་ཆིངས་མོལ་བྱས་པ།

སྤྱི་ལོ1789བོད་ས་བྱ་ལོར་ནམ་དུས་དྲོས་མཚམས་མཐོང་ལའི་ཁ་བ་བཞུ་ནས་བགྲོད་ལམ་དོད་མ་ཐག བགྲེས་ལྷུན་དང་ས་སྐྱའི་སྐུ་ཚབ་རྣམས་ནས་གཉའ་ནང་བརྒྱུད་བལ་ཡུལ་དུ་མི་སྣ་བཏང་ནས་གོར་གཞུང་དང་། བླ་མ་ཞྭ་དམར་བར་ཆིངས་གྲོས་བྱ་རྒྱུའི་ལབ་སྣེ་སྤྲད་འདུག་པར། གོར་ཕྱོགས་ནས་ལན་གསལ་གང་ཡང་མ་སྤྲད་པར་ཞྭ་དམར་བའི་ཡིག་ལན་ཞིག་བཏང་བའི་ནང་། རང་ངོས་ནས་ད་ཕན་གོང་མ་མཆོད་ཡོན་གྱི་བཀའ་དྲིན་སྙིང་བཅངས་བོད་ཀྱི་སྤྱི་དོན་དང་། གཞུང་བསམ་མ་བྱས་པའི་བློ་འགྱོད་མེད་ཪུང་། རྟེན་བཞེངས་པ་སྤྲུལ་པོས་ཆུ་ཐོན་ཟམ་དཔེ་བྱས་ཁར། གཞུང་བླ་དཔོན་རྣམས་ནས་ཀྱང་ཕྱོགས་གཅིག་གི་ཞུ་བར་བདེན་འཛིན་གྱིས་བྱིའུ་ཕྲུག་ཐང་སྐྱུར་དུ་བཞག་པར་བརྟེན། ད་ཆ་ཁོ་བོའི་ལུས་སྲོག་ཡོངས་རྫོགས་ལ་ལེགས་ཉེས་ཇི་བྱེད་གོར་རྒྱལ་གྱི་ལག་ཏུ་ཡོད་སྐབས་ཞུ་ནན་ཆེ་བའང་བྱེད་མི་ནུས་ཤིང་། གལ་ཏེ་འབད་རྩོལ་བྱས་ནས་འགྲིག་ཙམ་བྱུང་ཪུང་རྒྱ་བོད་བླ་དཔོན་ནས་ཇི་གསུང་ཇི་དགོངས་མི་ཤེས་ཚུལ་གྱི་ཡིག་ལན་སྤྱོམ་ཡོར་དགོས་པ་ཅན་ཞིག་བཏང་འགྱུར་བྱུང་བ་དང་། དེ་འཕྲལ་དམག་སར་ཡོད་པའི་རྒྱ་དཔོན་རྣམས་དང་ས་བགྲེས་ཀྱི་ཆིངས་པ་རྣམས་གྲོས་བསྡུར་བྱས་ཏེ། དེ་སྔོན་ཞྭ་དམར་བ་དང་འབྲེལ་འདྲིས་ལེགས་པའི་བགྲེས་ལྷུན་གཉེར་ཟུར་བླམ་རྣམ་རྒྱལ་ལགས་ཤེལ་དཀར་དུ་ཆེད་འབོད་ཀྱིས་ཁོང་སྣེ་སྒྲོར་དུ་གཏོང་རྩིས་བྱས་ཀྱང་། ཁོང་པ་ན་ནས་གཟུགས་གཙོང་གིས་རིང་ཡུལ་དུ་བགྲོད་ཐབས་མེད་གཤིས། ཁོང་གིས་ཞྭ་དམར་བར་གཏོང་རྒྱུའི་ནང་ཡིག་བཟོས་པའི་

དོན་རྟོར། དེང་དུས་རྒྱ་དམག་བགྲང་གིས་མི་ལང་བ་བྲ་སྤུ་གནོན་གྱི་འཁྱོར་དང་འཁྱོར་བཞིན་བཅས་འདི་མུས་ལུས་ཆེ་རྒྱ་བོད་བལ་གསུམ་ཚང་མར་བརྡབས་སིག་ཅི་ཆེ་ཡོང་རྒྱུར། འཐབ་ལག་མ་འཕྲོད་གོང་ས་མཚམས་རྫོང་འགོ་རྣམས་བོད་རང་ལ་རྩིས་སྤྲོད་བྱུང་རྗེས་བོད་བལ་དཀར་འཚོ་ཟིང་ཞིག་ཏུ་མི་འགྲོ་བ་ས་བཀྲས་གཉིས་ནས་ཆིངས་སྒྲིག་མཛད་རྩིས་དོན་འགྲོལ་ཡོང་བ་གནང་དགོས་དང་། དེ་སྔོན་ཉིད་ལ་སྤྱི་ཚག་སྐེར་ལྷུང་བྱུང་རིགས་ཀྱང་ཆིངས་སྒྲིག་སྐབས་ཚར་གཙོད་རྗེས་འཛིན་ཡོང་ཐབས་ཀྱི་འགན་འཁུར་ང་རང་ནས་ཞུས་ཆོག་པ་ཡོད་ཚུལ་སོགས་ཡི་གེ་འཇམ་འདྲོངས་གང་ཆེ་ཞིག་བཟོས་ཏེ། ཡངས་ཅན་དགོན་སྡེ་བླ་བྲང་དང་བཅས་པའི་སྐུ་ཚབ་ཏུ་སྟོད་མི་ཞྭ་དམར་བའི་མགྲོན་གཉེར་ཡེ་ཤེས་རྒྱལ་མཚན་ཟེར་བ་བལ་ཡུལ་དུ་ཆེད་རྫོངས་བྱས་དོན། ཁོ་པ་རིང་མིན་ཕྱིར་འཁོར་བྱུང་མདུན་ཞྭ་དམར་བས་བཏང་ཡིག་ནང་། དེ་ལྟར་ཡིན་ན་ས་བཀྲས་ཀྱི་ཆིངས་པ་རྣམས་ནས་འགལ་ཟླ་གཞུང་གི་སྐུ་ཚབ་མཉམ་འཁྲིད་ཀྱིས་རྫོང་སྐྱིད་ཕྱོགས་འཁྱོར་པ་བྱས་རྗེས། ངེད་ནས་ཀྱང་གོར་རྒྱལ་གྱི་བློན་པོ་མི་དྲག་ཁྲིད་ནས་རིང་མིན་ཕྱོགས་དེར་ཡོང་ཆོག་རྒྱུ་དང་། རྫོང་འགོ་ཤོར་བ་རྣམས་ཆིངས་སྒྲིག་གོང་ཕྱིར་སློག་དགོས་བཤད་ཆེ་གོར་རྒྱལ་ནས་ཉན་རེ་བྲལ་ཡང་། ཆིངས་དན་བྱུང་ན་རྫོང་འགོ་མི་སྤྲོད་པ་མི་སྲིད་ཅེས་འཁོད་པ་འཁྱོར་འདུག སྐབས་འདིར་ཆིངས་མོལ་བྱེད་མིན་ཐད་རྒྱ་བོད་དཔོན་རིགས་རྣམས་བསམ་ཕྱོགས་མི་མཐུན་ཙམ་ཞིག་བྱུང་བར་མངོན་ཏེ། དགའ་བཞི་བའི་བྱུང་བརྗོད་ནང་། "སྤྱིར་ན་འཁོར་བ་པ་ཐམས་ཅད་རེ་དོགས་འདི་གས་བསླུས་པ་མ་ཟད། ཡང་སྟོབས་འཇིག་རྟེན་གཏམ་དཔེ་ལ། རྒྱ་དོགས་པས་བསླུ། བོད་རེ་བས་འཕུང་ཟེར་བ་འདུག་ཙང་། འདི་དུས་རྒྱ་བོད་གཉིས་ལ་རེ་དོགས་ཀྱི་

འཆར་སྣོ་གོ་སློག་ནས་བོད་མི་རང་གཞན་ཚང་མས་ཡིད་དོགས་ཀྱི་ཉེན་བསྐུལ་ཇི་སྙེད་ཅིག་བྱུས་ཟུང་། རྒྱ་དཔོན་རྣམས་བླ་མ་ཞྭ་དམར་བ་ལྟས་ངན་གཡང་ལ་ཁྱུག་རེས་གཏན་ནས་མ་ཉན་པར། ས་མཚམས་ཀྱི་རྫོང་འགོ་ཤོར་བ་རྣམས་ལ་དྲག་པོའི་དཔུང་འཇུག་ཙམ་ཡང་བྱ་ལོང་མེད་པའི་སྟོན་ལ་ཞི་བའི་ཆིངས་སྒྲིག་བྱེད་རྩིས་ཀྱི་སྐུ་ཚབ་ཏུ་གཞུང་གི་དྲུང་འཁོར་སྐྱ་སེར་དོ་ཚོད་མཉམ་སྤྲེལ་འཕྲལ་གཏོང་མཛད་དགོས་ཞུས་འདུག་སྐབས། ཤོད་དྲུང་རྩིས་དཔོན་སྟེ་སྨུག་པ་དང་། རྩེ་དྲུང་རྩེ་མགྲོན་དོན་གྲུབ་ཕུན་ཚོགས་གཉིས་ལ་ལས་རོགས་རྩེ་དྲུང་བློ་བཟང་ཚུལ་ཁྲིམས་དང་བཅས་ལྷ་ས་ནས་གཏོང་གནང་དོན་བཞིན་ཤེལ་དཀར་དུ་འབྱོར་འཕྲལ་རྒྱ་དཔོན་རྣམས་ནས་བྱེད་སྒོའི་བཀའ་སློབ་དང་བཅས་ས་བཀྲས་ཀྱི་ཆིངས་པ་རྣམས་དང་ལྡན་ཅིག་རྫོང་སྐྱིད་ཕྱོགས་སུ་འཕྲལ་རྫོང་མཛད་སོང་།”①ཞེས་གསལ་འདུག ཆིངས་མོལ་བྱེད་མི་རྣམས་རྫོང་དགར་འབྱོར་རྗེས་བླ་མ་ཞྭ་དམར་བས་གོར་ཁ་རྒྱལ་ཁང་གི་མི་དྲག་མང་པོ་དང་དམག་དཔུང་བཅས་ཁྲིད་དེ་སྐྱིད་གྲོང་ཕྱོགས་ཡོང་སྐད་ཐོས་གཤིས། ཆིངས་པ་རྣམས་བློས་མ་བཟོད་པར་ནང་བློན་དཔའ་ཧ་རེན། ངའོ་ཅན་ཅུན་སོགས་རྒྱ་དཔོན་རྣམས་ལ་ཞུ་ཡིག་ཕུལ་ཏེ། བཀའ་མདའ་འམ། གོང་ས་རྒྱལ་དབང་མཆོག་གི་སྐུ་མདུན་ནང་མ་མཁན་ཆེན་སོགས་བཀའ་ཁྲབ་བརྗོད་དོན་ཆེ་བ་ཞིག་དང་། ཆིངས་རྒྱབ་དམག་མི་བཅས་འཕྲལ་རྫོང་མཛད་དགོས་ཞེས་འབྱོར་དོན་བཞིན་རྒྱ་དཔོན་ཚོས། བཀའ་བློན་དགའ་བཞི་བ་དང་། མདའ་དཔོན་ལྷུང་ལོ་ཅན་གཉིས་རྫོང་དགར་ལམ་སེང་ཐོན་དགོས་ཞེས་བཏང་འདུག་ཅིང་། ཆིངས་མོལ་བྱེད་ཡུལ་

① （དགའ་བཞི་བའི་བྱུང་བརྗོད་དེབ་ངོས593－594）

རྫོང་སྐྱིད་གར་བྱེད་པན་ཚུན་ལབ་རེས་བྱས་ཀྱང་མཐར་གོར་ཁའི་ཁ་དབང་ལྷུར་སྐྱིད་གྲོང་དུ་མཉམ་འཛོམས་ཐོག བོད་ཕྱོགས་ནས་བཀའ་བློན་དགའ་བཞི་བསྟན་འཛིན་དཔལ་འབྱོར་དང་། རྩིས་དཔོན་སྡེ་སྲུག་པ། རྩེ་མགྲོན་དོན་གྲུབ་ཕུན་ཚོགས། རྩེ་དྲུང་བློ་བཟང་ཚུལ་ཁྲིམས། ཆིངས་སྐྲིག་པ་པཎ་ཆེན་མཆོག་སྤྲུལ་གྱི་ཡབ་རྗེ་ཨ་ལི་དཔལ་ལྡན་དོན་གྲུབ་དང་། ས་སྐྱའི་མགྲོན་གཉེར་འཁོར་བཅས་དང་། གོར་ཕྱོགས་ནས་ཆིངས་སྐྲིག་མི་སྣ་དང་ཆིངས་རྒྱབ་དམག་དཔོན་ཐུང་འབྲེལ་དུ་གོར་ཁའི་རྒྱལ་རྒྱུད་རྣམ་ས་ཧེབ་དང་། གོར་ཁའི་མཆོད་གནས་བྲམ་ཟེ་ཧྲ་མེན་སྟག་གསར་ལས་ཐོག་པ་ཧ་རི་ཨུཏྟ་དེ་ཕ། གྲུ་རྒྱལ་པོ་གོར་འོག་ཏུ་ཚུད་པའི་ཀ་ཙི་ཇར་ཤིང་ཐར་པ། ཨ་ཆབ་སུ་ཧྥི་ཌར་དང་ཧ་སིང་ཛ་མ་ཌར་སོགས། ཆིང་རྒྱབ་ཤྲི་ན་ཐ་ཀོ་ཕེང་ཞེས་དམག་སྣར་བཅས་དང་། བར་མོལ་བྱེད་མི་བླ་མ་ཞྭ་དམར་བ་རྣམས་སྐྱིད་གོང་ཝོལ་གྱི་ཉེ་འདབས་འོང་གསེབ་ཏུ་རས་གུར་ནང་མཉམ་འཛོམས་ཆིངས་གྲོས་ཉེན་མཚན་བསྡུད་མར་བྱས་པའི་ལབ་གཞི་གཙོ་གནད་ནི། གོར་ཕྱོགས་ནས་ཟེར་ན། བར་སྐབས་ཤིག་ནས་བོད་གཞུང་གིས་འབྲས་སྤྲོངས་པའི་རྒྱབ་གཉེར་ཤ་དག་ལས། གོར་བོད་མཐུན་འབྲེལ་ལ་བསམ་གཞིགས་མ་བྱུང་ཚུལ་དང་། གོར་རྒྱལ་པོ་ཧི་ཙ་རཙ་ལ་བོད་ནས་མཐུ་གཏད་བྱས་རྐྱེན་གྱིས་འདས་ཚུལ། ལྷག་པར་བལ་རྒྱལ་རྙིང་དུས་ཀྱི་ཏམ་ཀ་ལྷད་ཅན་དང་། གོར་ཏམ་ལྷད་མེད་གཉིས་ལ་འཛའ་ཁྲད་དགོས་ཚུལ་ལན་མང་ཞུས་རུང་གསན་དགོངས་མེད་ཁར། གཙང་ཁུལ་རྫོང་གཞིས་ལ་དམག་རྩིས་དང་རྫས་བཟོ་སོགས་འཐབ་འཛིང་བྱེད་ཤག་གནང་བྱུང་བར་བརྟེན་གོར་དམག་མི་གཏོང་ཀ་མེད་བྱུང་ཞེས་དང་། དཔུང་འཇུག་བྱས་པའི་འབྲས་བུར་གཉའ་ནང་དང་། རོང་ཤར། རྫོང་དགའ། སྐྱིད་གྲོང་བཅས་ཐོབ་

བྱུང་བས་དེ་དག་ཕྱིར་སློག་དགོས་ཚེ་རྫོང་འགོ་རེ་ལ་བླུ་རིན་རྒྱ་དངུལ་རྫོ་ཚད་(གཅིག་ལ་སྲང་ལྔ་བཅུ་རེ་) སུམ་བརྒྱ་རེ་ཡོ་ལྟར་གཙང་སྒྲུབ་ཐོག་གསེར་ཁ་དང་། ཚྭ་ཁའི་དགེ་བེད་ལེན་མི་རྣམས་ནས་གོར་ཁར་བཅུ་ཁའི་ཁྲལ་སྤྲོད་དགོས་ཚུལ། གོར་ཁའི་ཁོངས་གཏོགས་མི་རིགས་ལ་བོད་ནས་བཟོ་ལག་ཤེས་ཀྱི་ཁྲལ་དང་། ཚོང་ཁྲལ་སོགས་འགེལ་ལེན་བྱས་མི་ཆོག་ཚུལ་སོགས་བཤད་འདུག་པ་དང་། དེ་ལན་བོད་ཕྱོགས་ནས། འབྲས་ལྗོངས་བོད་ཞབས་བསྐྱོན་མེད་ལ་གོར་ཁས་ཚུར་རྐོལ་བྱས་བཞིན་དུ་ད་དུང་བོད་ལ་བསྐྱོན་འཛུགས་ཡིན་ཚུལ་དང་། ཏམ་ཀ་གསར་རྙིང་གི་འཛའ་ཐང་ཐད་ཡུལ་དུས་དང་བསྟུན་ནས་ཚོང་པ་སོ་སོའི་འདོད་སྒྱུར་བྱེད་པ་ལས། གནམ་བསྐོས་གོང་མ་ཆེན་པོའི་མཛོད་དངུལ་ལྷད་མེད་རྣམས་ལའང་རྒྱལ་པོའི་དབང་ཤེད་ཀྱི་སྒོ་ནས་རིན་ཐང་མཐའ་གཅིག་ཏུ་བཀག་སྲོལ་མི་འདུག་སྐབས་དེ་རིགས་བྱེད་དགོས་དོན་མེད་ཚུལ། གོར་རྒྱལ་པི་ཏི་ཋ་རཋ་རང་ཉིད་ཚོའི་འདུ་བྱེད་སྟོངས་པ་ལས། མཐུ་གཏད་འདི་བྱས་ཀྱི་ཁུངས་སྐྱེལ་ར་སྤྲོད་གང་ཡང་མེད་པར་ཡ་ལ་བསྐྱོན་འཛུགས་རང་ཡིན་ཚུལ། གསེར་ཁ་དང་ཚྭ་ཁ་ནི་བོད་རང་གི་ཡུལ་གྱི་དགེ་མཚན་ལས་བྱུང་བར་ལྷ་ཡུལ་དུ་འདྲེ་ལག་སྐྱོང་མི་ཆོག་ཚུལ། གཞན་ཡང་ཁེ་འདོད་ཀྱི་ཚོང་དང་། མཁས་འདོད་ཀྱི་བཟོ་ལག་ཤེས་བྱེད་མི་རྣམས་ལ་བལ་པོ་ཙམ་དུ་མ་ཟད། རྒྱལ་ཁག་མི་གཅིག་པའི་མི་རིགས་ཀུན་ནས་ཤ་ལམ་གྱིས་ཚོད་ཀྱི་ཁྲལ་འཇལ་ཁྲིམས་འཁྱེར་བྱེད་སྲུས་ལ། དེ་རིགས་མི་འདོད་ཚེ་གོར་ཁའི་ཁོངས་གཏོགས་ནས་བོད་དུ་བཟོ་ཚོང་ལག་ལེན་མ་བྱས་ན་ལབ་རྒྱུ་མེད་ཚུལ། གོར་ཁ་ནས་འདྲེ་ལི་སྤྱ་ཆ(རྗེ་ལི་གཞུང་) དང་། ཕོ་རེང་(དབྱིན་ཇི་) ལ་གཉེན་སྦྲེལ་བྱས་པ་ཇི་ལྟར་ཡང་། “ངེད་བོད་གངས་ཅན་གྱི་བསྟན་འགྲོ་ཐམས་ཅད་ཚེ་འདིའི་འགོ་འདྲེན་གྱི་རྒྱབ་

གཉེར་དཔུང་གྲོགས་ཞུ་ཡུལ་རྗེ་བཙུན་འཇམ་དཔལ་དབྱངས་སྟོབས་ཀྱི་འཁོར་ལོར་བསྒྱུར་བ་ཆོས་ཀྱི་རྒྱལ་པོའི་རྣམ་པར་བསྟན་པ་གནམ་བསྐོས་གོང་མ་ཆེན་པོ་དང་། ཕྱི་མའི་ཡར་འདྲེན་བློ་གཏད་འཆའ་ཡུལ་འཕགས་པ་སྤྱན་རས་གཟིགས་སྡོམ་བརྩོན་བླ་མའི་རྣམ་པར་བསྟན་པ་རྒྱལ་དབང་ཐམས་ཅད་མཁྱེན་གཟིགས་ཆེན་པོ་མཆོད་ཡོན་ཉེ་ཟླ་ཟུང་འབྲེལ་ལས་གཞན་ན་ལོགས་སུ་མ་མཆིས་སྐབས། ཉེ་ཆར་གོར་ཁ་ནས་བོད་དུ་ཚུར་རྐོལ་བྱས་པ་གསན་མ་ཐག་འཇམ་དབྱངས་གོང་མ་ཆེན་པོ་ཐུགས་ཁྲོས་ནས་ནང་གི་ལྷ་དམག་ཁྲི་ཕྲག་མང་པོ་མངགས་རྫོང་མཛད་འདུག་པ་རྣམས་ལམ་རྐྱང་ལྷགས་ཚེ་ས་མཚམས་རྫོང་འགོ་ཤོར་བ་རྣམས་དགྲ་ལག་ནས་ལོན་པ་དངོས་བསྟན་ཐོག བལ་ཡུལ་གླིང་གསུམ་ཡང་ཤུལ་མེད་དུ་འགྲོ་བའི་ཞོར་ལ་དམག་ལམ་བོད་དབུས་གཙང་བརྒྱུད་དགོས་གཤིས། རྒྱ་བོད་བལ་གསུམ་གྱི་སྐྱེ་འགྲོ་མཐའ་དག་ལ་བརྡབས་བསིགས་མནར་གཅོད་གཞི་ཆེར་འགྱུར་ངོགས་བཀྲ་ཤིས་ལྷུན་པོ་དང་། ས་སྐྱ་གཉིས་ནས་ཐུགས་བསམ་བཟང་པོས་ལེགས་འདུམ་བྱས་ཆོག་པ་ཞེས་ཞུ་གནང་མཛད།”① ཚུལ་སོགས་འཕྲུར་རྒྱག་གང་ཆེའི་ཐོག རྫོང་གཞིས་སོ་སོའི་ཡོང་འབབ་ལས་ལྷག་པའི་བླུ་རིན་འབོར་ཆེན་ལོ་ལྟར་དགོས་ཟེར་བ་སོགས་ངན་པ་བྱས་རྒྱལ་ཁོ་ན་ལས། ལེགས་ཕྱོགས་ཀྱི་བསམ་བློ་གཏོང་རྒྱུ་མི་འདུག་ཚུལ་སོགས་བོད་གཞུང་སྐུ་ཚབ་རྣམས་ནས་ཨ་འཐས་མཁྲེགས་བཟུང་ལྟ་བུ་བཤད་པ་དང་། བླ་མ་ཞྭ་དམར་བ་དང་ས་བཀྲས་ཀྱི་སྐུ་ཚབ་རྣམས་ནས་ཕན་ཚུན་ལ་གོ་གསེད་ཡང་ཡང་བྱས་པ་བརྒྱུད། མཐའ་མའི་འདུམ་དོན་ལ་ཏམ་ཀ་གསར་རྙིང་གི་འཇའ་ཐང་སྒྲོར་དང་། བོད་

① （དགའ་བཞི་བའི་བྱུང་བརྗོད་དེབ་ངོས633）

བལ་ལས་སྣོ་ཚོང་འདུས་ཀྱི་དངོས་ཟོག་ལ་ཐང་གཞི་བྱེད་ལུགས། ཤོ་ཁྲལ་ལེན་ལུགས་ཀྱི་མཚོན་རྩ་བ་ཙུང་ཟད་ཆེ་གྲས་ཀྱི་དོན་ཚན་རྣམས་དེ་སྟོན་གཉའ་ནང་འགྲམ་དུ་བཞག་པའི་གོར་བོད་ཆིངས་དན་བྱས་པའི་ཆོག་གཞི་ནས་ཆ་བསྐོར་ཐོག ཕྲན་བུ་རྒྱས་བསྡུས་སྒྱུར་གཅིག་དགོས་རིགས་གཉིས་སློབས་མོད་སྙོམས་བྱེད་རྒྱུ་བྱས་འདུག་པར་ཕན་ཚུན་མི་མོས་པ་མ་བྱུང་ཡང་། གཙོ་བོ་རྫོང་འགོའི་བློ་རིན་ཐད་གཅིག་ཆ་ཡོང་ཐབས་གང་ཐུབ་བྱས་ཙང་། ཧང་སོང་ཆེ་བས་ཆིངས་དོན་མི་སྣས་བློས་མ་ཆོད་སྐབས་ཤེལ་དཀར་དུ་ཡོད་པའི་ཆེན་ཁྲིའི་དཔའ་ར་རིན་དང་། ཙང་རྡུན། ཐེའི་ཐུ་སོགས་ལ་དགོངས་བསྐོར་ཞུ་བ་དང་དུས་མཚུངས་ཧྲ་ལའི་བླ་མའི་སྐུ་ཞབས་ཨ་ཁུ་ལགས་སུ་རྒྱུ་རྐྱེན་ཞིབ་ལྗོངས་ཀྱི་གནས་ཚུལ་བཅས་ཕུལ་འདུག་པར། རྒྱ་དཔོན་རྣམས་ནས་ནར་འགྱངས་མིན་པ་འཕྲལ་དུ་ཐག་ཆོད་པ་བྱེད་དགོས་ཟེར་བ་ལས། ཆིངས་དངུལ་སྐོར་ལན་གསལ་གང་ཡང་ཐོད་མི་འདུག སྐུ་ཞབས་ཨ་ཁུ་ལགས་ནས་མཐའ་མ་རྫོང་གཞིས་རེ་ལ་བློ་རིན་དངུལ་རྫོ་ཚད་བརྒྱ་རེ་རྩིས་ཁྱོན་ཐོད་ཐེངས་གཅིག་ལ་རྫོ་ཚད་བཞི་བརྒྱའམ། མཐར་ལྔ་བརྒྱ་ཐོད་ནས་འགྲིག་ཐབས་བྱུང་ན་ཐག་གཅོད་དགོས་ཞེས་ཡིག་ལན་འབྱོར་འདུག་ཅེང་། པར་བཤད་ཚུར་བཤད་ལན་མང་བྱས་ནས་མཐའ་མའི་འཇོག་སོའི་སྐོར་བྱུང་བརྗོད་ནང་། “ཆིངས་ཁྲ་ཆེན་མོར་ཆོག་བཅོས་བསྒྱུར་བཀོད་རིགས་གཏན་ནས་བྱེད་མ་ཐུབ་ཀྱང་། ཆིངས་ཁྲ་ཟུར་པ་གསར་བྲིས་ཀྱི་བརྗོད་དོན་ལ། འདི་ལོའི་རིང་རྒྱ་དངུལ་མ་རྩ་ལོངས་པའི་རྫོ་ཚད་སུམ་བརྒྱ་ཐམ་པ་བོད་ནས་གོར་ཁར་འཕྲལ་ཐོད་བྱུང་རྗེས་གཉའ་སྐྱིད་སོགས་ས་མཚམས་རྫོང་གཞིས་གོར་ཁས་བླངས་པ་རྣམས་ཕྲ་བཟུང་མེད་པ་བོད་ལ་ཕྱིར་སློག་བྱེད་རྒྱུ་དང་། ཆིངས་ཁྲ་ཆེན་མོའི་ནང་དུ་རྫོང་གཞིས་ཁག་བཞིའི་

བླུ་རིན་འཕོར་གོང་གསལ་ལོ་ལྟར་སྤྲོད་དགོས་གསལ་ཏུང་། ཕྱི་ལོ་བལ་ཡུལ་རྟེན་བཞེངས་པ་དང་ཕྱོགས་མཚུངས་གཞུང་གི་སྐུ་ཚབ་སེར་སྐྱ་དོ་ཚོད་བཟུང་འབྲེལ་ཞིག་ཆེད་དམིགས་བལ་ཡུལ་ཡམ་བུའི་རྒྱལ་ཁང་དུ་འགྱུར་ནས་ཆག་ཞུ་བྱས་རྗེས་བོད་གོར་དཀར་འཚོའི་ལེགས་ལམ་ལ་བསམ་དངུལ་འཕོར་གོང་གསལ་རྩ་ཆག་ཡོང་བའི་འགན་ལེན་བླ་མ་ཞྭ་དམར་བས་བྱས་པ་ཡིན་ཞེས་བརྗོད་བྱ་གསལ་འཁོད་ཞིག་ལེན་ཐུབ་ཙམ་བྱུང་སྐབས་འགལ་ཟླ་ཕན་ཚུན་དང་། བར་དཔང་གི་ཐེའུའི་ངོ་གྲངས་དང་ཁ་རིས། ལོ་ཟླ་དུས་ཚེས་སོགས་ཆིངས་ཁྲ་མ་བུ་གཉིས་ཀ་འདྲ་གཉིས་ཕྱོགས་མཚུངས་སུ་དན་ཐེལ་འཛོག་དགོས་བྱུང་བར་ཕུགས་བརྟན་ཕྱེང་ཆེ་ཁྱད་ཆིངས་ཁྲ་མ་བུའི་དོན་ལ་བོད་གོར་གཉིས་ཐད་ནས་སྤང་བླང་རྒྱུན་འཁྱོངས་དགོས་པའི་རྒྱ་དཔོན་ཁག་ནས་ཁྲིམས་བདག་མཛད་དེ་འགོ་མཆན་ཞིག་ཞུ་ཐབས་ངེས་པར་དགོས་པའི་ཕུགས་བརྟན་འཕྲོས་མོལ་བྱས་པར། བླ་མ་ཞྭ་དམར་བ་དང་། ཧྣམ་ས་ཏེབ་ཙན་གོར་ཁའི་མི་སྣ་རྣམས་ཀྱི་བློ་འདོད་ལའང་དེ་དོན་མེད་པ་མི་འདུག་ཏུང་། ཤེལ་དཀར་དུ་ངོས་འགྲོ་མ་ནུས་པར་སྐྱིད་གྲོང་རང་དུ་རྒྱ་དཔོན་དམག་གྲངས་བཅས་ཉུང་བསྡུས་ཤིག་ཚུར་འབོད་ཐབས་བྱེད་དགོས་ཟེར་བར་བརྟེན། རབ་ནང་བློན་ཆེན་ཁྲའི་དཔའ་རྟ་རིན་དང་། འབྲིང་ཙང་རྟུན་ཐེའི་ཐུ་གཉིས་སུ་ཏུང་། མཐར་ནུ་ཀྲང་ཨམ་བན་རྣམ་གཉིས་དཔོན་གཡོག་སུམ་ཙུ་ལས་མི་མང་བ་གང་རྩོལ་ཆིབས་བསྐྱོད་དགོས་པའི་བོད་གོར་སྐུ་ཚབ་ཕན་ཚུན་མགྲིན་གཅིག་གི་ཞུ་ཡིག་གཅིག་འཐུས་བཟོས་ཏེ་སྐྱིལ་མིའི་ཕོ་ཉ་ཡང་བོད་གོར་མི་སྣ་བཟུང་འབྲེལ་དུ་སྐྱིད་གྲོང་ནས་ཤེལ་དཀར་དུ་

བཏང་།”① ཞེས་གསལ་བ་བཞིན་མཐར་རྒྱ་དཔོན་སུ་ཨམ་བན་དང་། ཀྲང་ཨམ་བན། ལས་བྱ་ཉན་ཅོང་ཡེ་སོགས་དཔོན་འཁོར་ཉེ་ཤུ་སྐོར་སྐྱིད་གྲོང་དུ་འབྱོར་ན་ཡང་། ཆིངས་ཁྲར་འགོ་མཆན་འགོད་རྒྱུ་ཀ་ཀོར་གྱིས་གཡོལ་ཐབས་བྱས་པ་དང་། མཐའ་མཇུག་རྒྱ་ཡིག་ཤོག་ལྷེ་འདྲ་གཉིས་ཤིག་བཏང་འདུག་པ། ཆིངས་ཁྲ་མ་བུ་ལྟོ་འབྱར་གྱི་འགོར་སྦྱར་མཐུད་བྱས་ཚུལ་ཙམ་ལས། འབྲུ་དོན་གང་ཡོད་དགའ་བཞི་བསྟན་འཛིན་དཔལ་འབྱོར་རང་ཉིད་ཀྱིས་ཀྱང་མཁྱེན་ཚོར་བྱུང་མེད་པར་སྣང་། དེ་རྗེས་ཨམ་བན་གཉིས་ནས། “གོང་མ་ཆེན་པོར་འགོ་འདྲེན་སྐྱབས་མགོན་བཅོལ་ཏེ་ཁྲིམས་བདག་ཏུ་བཀུར་གྲུབ་པ་ཡིན་གཤིས། འདི་ལོ་ནས་བཟུང་ལོ་གནངས་ཆགས་ཀྱི་མཚམས་ཞུའི་མི་སྣ་གཏོང་དགོས་ཞེས་གསུངས་པར། ཧྲམ་ས་ཧེབ་ཅན་ནས་གོར་རྒྱལ་ལ་སྙན་ཞུ་བྱེད་རྒྱུ་ཞེས་བང་མི་ཞིག་ཆེད་གཏོང་བྱས་པ་ཕྱིར་འཁོར་གྱི་ལན་དུ་དེ་དོན་བྱུང་རྗེས་ཤིན་ཏུ་བཀའ་དྲིན་ཆེ་ཚུལ་དང་། དེ་སྔ་ཕན་མི་སྣ་འགྲོ་མྱོང་མེད་སྐབས་ཐོན་མི་རྣམས་ལ་རྒྱ་ནག་གི་ལུགས་སྲོལ་སློབ་པ་དང་། འབུལ་རྟེན་ཇི་དགོས་བཀའ་སློབ་ཞུ་ཁྱད་སུ་ཀྲང་ཨམ་བན་སུ་རུང་ཞིག་ངོས་ཕེབས་ཐུབ་ན་རབ་དང་། མཐར་སྐུ་ཚབ་རྒྱ་དཔོན་ངོ་ཚོད་ཅིག་བལ་ཡུལ་ཡམ་བུའི་རྒྱལ་ཁང་རང་དུ་ཆེད་རྫོང་མཛད་དགོས་ཞུས་འདུག་པར་བརྟེན་རྒྱ་དཔོན་ཉན་ཅོང་ཡེ་དཔོན་གཡོག་ཉུང་བསྡུས་གོར་ཁའི་མཚམས་ཞུའི་མི་སྣ་འཐོད་པ་དང་སྦྲགས་སྐྱིད་གྲོང་ནས་ལམ་རྐྱང་(བརྐྱངས་) བལ་ཡུལ་དུ་ཆེད་བཟློངས་མཛད།”② ཅེས་གསལ་བ་དང་། རྫོང་

① (དགའ་བཞི་བའི་བྱུང་བརྗོད་དེབ་ངོས640 – 641)

② (དགའ་བཞི་བའི་བྱུང་བརྗོད་དེབ་ངོས647)

འགོའི་བླ་རིན་རྒྱ་དངུལ་ཧ་རྨིག་མ་དང་ རྗོག་བསྡོམས་རྗོ་ཚད་སུམ་བརྒྱ་ཐམ་པ་འཁྱེར་འཕྲུལ་གོར་ཁར་རྩིས་སྤྲད། "དེ་ནས་མི་འགྱངས་པར་གོར་ཁ་རྒྱལ་བློན་འབངས་དང་བཅས་པས་གནམ་བསྐོས་འཛམ་དབྱངས་གོང་མ་བདག་པོ་ཆེན་པོར་མཚམས་ཞུའི་རྟེན་ཆས་འབུལ་མི་ཧ་རི་ས་ཧེབ་དང་། ཀྲ་ལ་སྦྲ་དུར་ཙན་ཊ་གཡོག་བཅུ་སྐོར། ཁམས་པ་བྲམ་ཟེ་གླྭ་ལྷན་བཅས།"① རིམ་བཞིན་རྒྱ་དཔོན་རྣམས་དང་ལྷན་དུ་ནང་སར་བསྐྱོད་པ་དང་། ཚེངས་འགྲིགས་ཀྱི་ལེགས་སོར་གོང་མ་ཆེན་པོ་ནས་བཀའ་བློན་དགའ་བཞི་བ་དང་། པཎ་ཆེན་མཆོག་སྤྲུལ་གྱི་ཡབ་རྗེ་གཉིས་ལ་རིམ་པ་དང་པོའི་ཧོག་བྱུ་དྭ་འཛམ་སང་དང་། རྒྱ་བྱའི་སྒྲོ་མདོངས། གཙང་མདའ་དཔོན་ལྷུང་ལོ་ཙན་པར་རིམ་པ་གསུམ་པའི་ཧོག་དྭངས་ཤེལ་སྔོན་པོ་དང་། སྒྲོ་མདོངས་སོགས་ཀྱི་གསོལ་རས་བསྩལ་འདུག་པ་དང་། གཙང་མདའ་པད་ཚལ་བར་བཀའ་ཉེས་ཐོགས་པའི་སྐོར་དགའ་བཞི་བས། "བོད་བཞུགས་ཨམ་བན་ཤྲུ་བུ་གཉིས་ཀྱི་སར་བཙར་སྐབས། གཙང་མདའ་པད་ཚལ་བ་ནས་རྫོང་དགའི་རྫོང་འགོ་དགྲ་ལག་ཏུ་བསྐྱལ་བའི་ཉེས་པར་རྒྱ་ནག་ཏུ་གཏོང་རྒྱུར་བཀའ་བློན་གྱང་ནས་ཕོ་པར་དེ་རྩིས་ཀྱི་བཀའ་བསྒྱུར་ཐོག་རེ་ཞིག་བྲིས་བྱོལ་མི་ཡོང་བའི་དོ་དམ་བྱེད་དགོས།" གསུངས་པར་ཕོང་ལ་ལེ་ཁག་མེད་པའི་བབ་རྒྱུས་ཞུ་གནང་འདུག་ཀྱང་། "སྔོན་དུ་ནང་བློན་ཆེན་ཁྲིའི་དཔའ་ཧ་རིན་ཙན་ནས། གོང་མ་ཆེན་པོར་སྙན་ཞུ་ཕུལ་གྲུབ་འདུག་པས་བྱ་ཐབས་མེད་ཅེས་གསན་དགོངས་མ་མཛད།"② ཅེས་གསལ་ཞིང་། "ནོར་གླིང་

① (དགའ་བཞི་བའི་བྱུང་བརྗོད་དེབ་ངོས652)

② (དགའ་བཞི་བའི་བྱུང་བརྗོད་དེབ་ངོས656－658)

དུ་སྐྱབས་མགོན་རྒྱལ་དབང་ཐམས་ཅད་མཁྱེན་གཟིགས་ཆེན་པོར་འདི་བྱས་འདི་བྱུང་གི་གནས་ཚུལ་ཞུ་བ་དང་། ཐུགས་རྗེས་རྒྱུད་བསྐུལ་བྱེད་པར་བཀའ་ཤོག་ནས་མགྲོན་དྲུང་ཞིག་བཏང་དོན་བཞིན། འཕགས་མཆོག་སྙིང་རྗེའི་རང་གཟུགས་རྒྱལ་དབང་ཐམས་ཅད་མཁྱེན་པས་ཀྱང་ཨམ་བན་གཉིས་ལ་གསུང་ནན་མཛད་འདུག་ཅང་། སྔོན་གྱི་སྐུ་ལས་སྒྲོང་བྱ་བཟློག་མེད་ལ་བརྟེན་དེ་ནས་མི་འགྱངས་པར་རྒྱ་ནག་ལ་ཕེབས་དགོས་བྱུང་སོང་བར་འབྲུམ་ནད་ཀྱིས་སྐུ་ཁམས་མ་འཚོ་འདུག" ① ཅེས་གསལ་ཐག་ཆོད་འཁོད་ཡོད་ཀྱང་། དོན་རྩ་ཆུང་ངུ་འདི་ཙམ་ཞིག་ལའང་ "བོད་ཀྱི་སྲིད་དོན་རྒྱལ་རབས" ཟེར་བ་དེའི་ནང་། "གཙང་མདའ་དཔོན་པད་ཚལ་བས་རྫོང་དགའ་དང་། ས་དགའ་ཤོར་བའི་ཉེས་པར་ལས་ཞབས་གནས་དབྱུངས་གནང་།" ② ཞེས་ཏཱ་ལའི་བླ་མ་མཆོག་ནས་བཀའ་ཉེས་གནང་ཚུལ་བཟོས་འདུག་གོ།

མདོར་ན་གོར་ཁའི་བཙན་འཛུལ་ཐེངས་འདིའི་སྐོར་ལ་ཏཱ་ལའི་རྣམ་ཐར་ནང་། "པའ་ཨམ་པའི་གདོང་གོར་མ་རང་གི་མགུལ་བཞེས་མུ་ཏིག་འཕྲེང་བ་དང་། བཀའ་བཟང་པོ་ཕེབས་པར། ས་མཚམས་ཆུང་ངུ་ཞིག་ཏུ་འཐབ་རྐུན་གྱི་ཟིང་ཆ་ཕྲན་བུར་ཏཱ་ལའི་བླ་མ་ཐུགས་གཡེངས་གནང་མི་དགོས། ཆོས་ཀྱི་མཛད་པར་བརྩོན་པ་གནང་། ངེད་ཀྱི་དམག་མི་དང་ཕོགས་ལ་ནམ་ཡང་འཛད་རྒྱུ་མེད་ཅེས་ཨམ་བན་ནས་བཀའ་བསྒྱུར་ཞུལ།" ③ ཞེས་གསལ་བ་ལྟར་གོང་མ་

① (དགའ་བཞི་བའི་བྱུང་བརྗོད་དེབ་ངོས656－658)

② (དེབ་དེའི་སྟོད་ཆ་པར་ངོས628)

③ (འཛམ་གླིང་མཐའ་རྒྱན་ཤོག་གྲངས175)

ཚན་ལུང་ནས་དམག་དཔུང་དང་ཐོགས་གྲོན་སོགས་འཛོམ་མེད་ཀྱིས་དགྲ་ལན་འཁྲོད་ངེས་ཤིག་སློག་རྒྱུར་བཀའ་ཁྱབ་གནང་འདུག་ཀྱང་། ས་གནས་སུ་ཡོང་མཁན་རྒྱ་དཔོན་ཁག་ནས་རང་གཟོན་འཛོམ་བག་ཁོ་ནས་དྲག་འཐབ་ཐེངས་གཅིག་ཀྱང་མ་བྱས་པར་ཞི་མོལ་ཡོང་ཐབས་མཐར་སྐྱེལ་བྱས་རྐྱེན། གོར་ཕྱོགས་དང་ཞྭ་དམར་བ་སོགས་ངན་པ་བྱས་རྒྱལ་དུ་ཕོར་ཏེ་བཙན་གནོད་ཐེངས་གཉིས་པ་བཙམ་རྒྱུའི་རྣམ་སེམས་སྤར་བས་ཆེ་རུ་འགྲོ་བར་བསྐྱལ་མ་བཏང་བ་ཞིག་ལས། མཚན་དོན་ལ་རྒྱུར་ཕན་པ་ཞིག་བྱུང་མི་འདུག

7. བོད་གོར་ཆིངས་གྲོས་མུ་མཐུད་བྱེད་སྐབས་གོང་མས་ཚེ་སྨོན་གླིང་སླར་ཡང་བོད་ཀྱི་སྲིད་སྐྱོང་དུ་ཆེད་གཏོང་གནང་རུང་། རིང་མིན་གཤེགས་པས་རྟ་ཚག་རྗེ་དྲུང་ལ་སྲིད་ཀྱི་ཞབས་རོགས་བསྐོ་བཞག་གནང་བ།

དེ་རྗེས་གོར་ཕྱོགས་ནས་བོད་དུ་ཏཱ་ལའི་བླ་མ་དང་པཎ་ཆེན་མཆོག་སྤྲུལ། བོད་བཞུགས་ཨམ་བན་གཉིས་དང་། བཀའ་ཤག་བཅས་ལ་རྟེན་འབུལ་ཞུ་མི་ཡིན་ཚུལ་གྱི་རྫོན་དུ་སྐྱིད་གྲོང་ཆིངས་སྒྲིག་ལ་ཡོང་མི་ཛམ་ས་ཏེབ་ཀྱི་སྤུན་འབའ་ཧུ་ས་ཏེབ་དང་། སྟག་གསར་ཏ་རི་ཏར་ཨུཏྲ་དེ་ཕའི་ཚ་རིགས་ཐྲི་གི་པི་ཊ། ཨུ་མ་ར་ཨ་ཆི་གན་ཀ། ཛ་མ་ཏར་ཛ་ས་རམ་ཐར་པ་སོགས་མི་སྣ་ངོ་གཡོག་ཉི་ཤུ་སྐོར་དང་། སྐད་སྒྱུར་དུ་ཞྭ་དམར་བའི་གྲྭ་གྲས་འགྱུར་མེད་རྣམ་རྒྱལ་ཟེར་བ་བཅས་ལྷ་སར་བཏང་འཁྱོར་བྱུང་བར་སྟོད་སྒྲིག་དང་སྣེ་ལེན་སོགས་གང་དྲག་བྱས་འདུག དེ་སྐོར་དགའ་བཞིའི་བྱུང་བརྗོད་ནང་། "དེ་སྐབས་རང་གཞན་ཚང་མས་མཚམས་ཞུའི་མི་སྣ་ཡིན་ཤག་ལས་ཡིད་དོགས་ཀྱི་འཆར་སྒོ་ཙམ་མ་བྱུང་རུང་། ཕྱིས་སུ་ཞིབ་བརྟག་བྱས་ཚེ་ལྷུགས་པག་ལོ་དུས་གཟིར་སློང་འདོད་སོགས

དགོས་དབང་སྤྱུག་ཞུགས་ཀྱི་ཐོག་ནས་ནང་གནད་དམག་ལམ་གྱི་ཡོང་ཕྱོགས་སོགས་ས་ཉམས་གཅོད་མི་ཡིན་བཞིན་དུ་ཕྱི་རྒྱར་རྒྱ་བོད་བླ་དཔོན་ལ་མཚམས་ཞུ་འབུལ་མིའི་ཐྲོལ་གྱིས་ཡོང་བ་ཞིག་ཡིན་པ་གོར་མ་ཆག་པའི་རྒྱུ་མཚན། ཕོ་པ་རྣམས་ཚུར་ལམ་ལྷ་རྩེ་ཕུན་གླིང་བརྒྱུད་ཡོང་འདུག་རུང་། ཕྱིར་ལོག་སྐབས་ས་སྐྱ་མཇལ་དགོས་ཡོད་ཚུལ་ལ་བསྙད་ཞོང་ང་ལ་བརྒྱུད་ཐོན་འདུག་དོན་བཞིན། ལྷུགས་པག་དུས་གཟིར་སྐབས་བཀྲ་ཤིས་ལྷུན་པོར་གོར་དམག་གིས་ཡོང་ལམ་ཕུན་ཚོགས་གླིང་གི་བྲག་ལ་ཆུ་འཐབ་ཀྱི་ལམ་འཕྲང་དེ་ནས་ཡོང་མ་ནུས་པར། ས་སྐྱ་ཞོང་ང་ལ་བརྒྱུད་ཡོང་འདུག་པ་མ་ཟད། མི་སྣ་གོང་གསལ་རྣམས་ཀྱང་ལྷུགས་པག་དུས་གཟིར་སྐབས་གོར་ཁའི་དམག་དཔོན་གཙོ་དྲག་རང་གི་གྲས་སུ་ཡོད་ངེས་རང་གིས་མིག་མཐོང་གཟུགས་གྲུབ་བཅས་དེ་སྐབས་སྲིན་པོ་མི་རུ་བརྫུས་ནས་དབུས་གཙང་ཕྱོགས་སུ་ཡོང་འདུག” ①ཅེས་གསལ།

སྤྱི་ལོ1790བོད་ལྷུགས་ཁྲི་ལོ་སྟར་ལམ་བལ་ཡུལ་རྟེན་བཞེངས་པ་རྩེ་དྲུང་རིན་ཆེན་འབྱུང་གནས་སེར་སྐྱ་སྤྲེལ་པོ་ཐོན་པ་དང་སྟབས་མཚུངས་བོད་གོར་ཆིངས་མོལ་བྱ་ཡིག་གི་དོན་བཞིན་ཕྱིན་ཆད་རྫོང་འགོའི་བླུ་རིན་སྤྲོད་མི་དགོས་པ་རྩ་ཆག་གི་འཁྲུན་མཇུག་གཅོད་མི་རྩེ་མགྲོན་དོན་གྲུབ་ཕུན་ཚོགས་དང་། ཉིད་དྲུང་དོལ་སྤྱོར་གདོང་པ་གཉིས་བླ་མ་ཞྭ་དམར་བ་དང་། འཁྲོགས་འདྲིས་ཟབ་པ་སོགས་དྲག་ཏུ་རེ་ནས་རྒྱ་བོད་བླ་དཔོན་བཀའ་མོལ་གྱི་ཐོག་ནས་བལ་ཡུལ་དུ་རྫོངས་བརྫ་མཛད་འདུག

“དེ་རྗེས་གོར་ཁའི་མི་སྣ་པེ་ཅིང་ཕོ་བྲང་དུ་མཚམས་ཞུར་འགྲོ་མི་ཧ་རི་ས་

① (དཀའ་བཞི་པའི་བྱུང་བརྗོད་དེབ་ངོས665 –666)

ཧེབ་དང་། ཛྷ་ལ་སྨྲ་དུར་སོགས་ཕྱིར་ལོག་བྱུང་བ་དང་སྐབས་མཚུངས་ལྷ་བུར་སྤྱི་ལོ་བོད་དུ་དཔུང་དམག་གི་འགོ་ཡོད་དུ་ཕེབས་མི་ངའོ་ཅང་ཧྲུན་ཟེ་ཁྲིན་ཁྲིན་ཐུ་ཧྲུའི་ཙོང་ཐུའི་གོ་སར་དཔོན་གནས་འཕར་འདུག་པ་དེ་བཞིན། གནམ་བསྐོས་འཇམ་དབྱངས་གོང་མ་བདག་པོ་ཆེན་པོའི་བཀའ་ངག་དང་འབྲེལ་བོད་དུ་ཞིབ་དཔྱོད་ལ་ཕེབས་འཁྱོར་གྱི་ལྷ་ལྡན་སྤྲོ་བདེ་ཁང་གསར་དུ་བཞུགས་གནས་མཛད་དེ། སྐྱབས་མགོན་རྒྱལ་དབང་མཆོག་གི་སྐུ་མཆེད་རྗེ་དྲུང་རྣམ་གཉིས་དང་། རྗེ་དྲུང་གྲུས་རྗེ་ཕྱག་མཛོད་བློ་བཟང་མཁས་མཆོག ནོར་གླིང་ཆབ་རྫིང་སྐོར་གྱི་དཀོན་གཉེར་བྱེད་མི་འབྲས་གཙང་གྲྭ་རིགས། ལྷ་ཀླུའི་ཨམ་མཆོད། ཤོད་དྲུང་གྲུས་རྗེས་དཔོན་རིག་སུམ་པ། ཆིབས་དཔོན་རོང་མུན་པ་བཅས་རྒྱ་ནག་ཏུ་མངགས་རྫོངས་མཛད་དགོས་བྱུང་སོང་།”①ཞེས་གསལ་བ་ལས་དེ་དག་གི་བྱུས་ཉེས་ཁ་གསལ་གང་ཡང་འཁོད་མི་འདུག་ཅིང་། འོན་ཀྱང་གོང་གསལ“བོད་ཀྱི་སྲིད་དོན་རྒྱལ་རབས”ཟེར་བའི་ནང་། སྲིད་སྐྱོང་ཚེ་སྨོན་གླིང་ནས་མི་སྣ་དེ་རིགས་ལ་འགའ་ཤས་གནས་དབྱུངས་དང་། འགའ་ཤས་ས་འཛིན་རྒྱང་འབུད་བཅས་ཉེས་ཆད་གནང་ལུགས་བྲིས་ཏེ་རྒྱ་ནག་ཏུ་བཙོངས་ཚུལ་སྐོར་བཀོད་མི་འདུག②

འདི་སྐོར་ཚ་བྱེ་ལོ་ཨམ་བན་ཕུ་ཅན་ནས་ལས་དོན་མཇུག་སྐྱོང་གི་སྐོར་གསེར་སྙན་སྒྲོན་པར། གོང་མ་ལྷ་སྐྱོང་ནས་བཀའ་ལན་བསྐྱལ་བའི་རྩ་ཚིག་དོན་ཚན་གསུམ་ཡོད་པའི་ནང་། “ཧྭ་ལའི་བླ་མ་དང་། པཎ་ཆེན་ཨེར་ཏེ་ནིའི་ཉེ་

① (དགའ་བཞི་བའི་བྱུང་བརྗོད་དེབ་ངོས714)

② (བོད་ཀྱི་སྲིད་དོན་རྒྱལ་རབས་ཟེར་བའི་དེབ་ངོས629)

རིགས་ལ་ལས་དོན་བསྒོ་བཞག་བྱས་ཆོ་མཐུད་ཤོར་མི་ཡོང་བའི་ངེས་པ་མ་མཆིས། སྤྱི་སོར་ཨ་ཁྲུ་ལགས་དང་། དཔལ་ལྡན་དོན་འགྲུབ། བློ་བཟང་དགེ་འདུན། གྲགས་པ་བཅས་ནས་དབང་ཤེད་ལྷག་འཁྱེར་གྱི་འོས་མིན་ཤ་དག་བྱས་འདུག་པ་དེ་དག་ཀྱང་གནས་ཚུལ་ཕུལ་བ་ལྟར་སྣར་འགོ་ཡོད་ཆེ་ཆུང་དང་། ལས་དོན་བྱེད་མི་བླ་མ་སོགས་ཏཱ་ལའི་བླ་མ་དང་། པཎ་ཆེན་ཨེར་ཏེ་ནིའི་ཉེ་རིགས་ནས་བསྒོ་བཞག་མ་བྱས་ན་འཐུས་ཚང་ཡོང་འདུག ཏཱ་ལའི་བླ་མ་དང་། པཎ་ཆེན་ཨེར་ཏེ་ནི་ཞིང་བརྗེས་ནས་སྐུ་གཞན་དུ་འཁྲུངས་རྗེས་སུ་གོང་མའི་ཉེ་རིགས་ལ་མི་བབས་ཤེས་ཡོང་ལ་གཞིགས་པའི་བབ་བལྟས་ཀྱི་བསྒོ་བཞག་བྱས་ཆོ་དྲང་ཞིག་ཡོང་འདུག”① ཅེས་གསལ་བའི་ནང་གི་ཨ་ཁྲུ་ལགས་ཞེས་པ་ནི། ཏཱ་ལའི་བླ་མ་སྐུ་ཕྲེང་བརྒྱད་པའི་སྐུའི་ཁུ་བོ་རྗེ་དྲུང་བློ་བཟང་ཕུན་ཚོགས་ཞེས་པ་དེ་ཡིན་པ་དང་། དཔལ་ལྡན་དོན་འགྲུབ་ནི། པཎ་ཆེན་སྐུ་ཕྲེང་བདུན་པའི་ཡབ་རྗེ་ཡིན་པ། བློ་བཟང་དགེ་འདུན་དང་གྲགས་པ་ནི། ཏཱ་ལའི་བླ་མ་བརྒྱད་པའི་སྐུ་མཆེད་རྗེ་དྲུང་རྣམ་གཉིས་བྱ་བ་དེ་དག་ཡིན་འདུག་ཅིང་། འདི་གཉིས་རྒྱལ་ནང་དུ་རྫོང་བཀོད་བྱེད་སྐབས་ཨ་ཁྲུ་ལགས་ཟེར་བ་གྲོངས་ཚར་ཙམ་ཡིན་པ་ནི་དགའ་བཞི་བའི་བྱུང་བརྗོད་ལས་ཤེས་ཐུབ་ཀྱི་འདུག ཏཱ་ལའི་བླ་མས་སྲིད་དབང་བཞེས་བཞིན་པའི་སྐབས་སུ་གོང་མའི་བཀའ་ལུང་མ་གཏོགས། སྲིད་སྐྱོང་ནས་ཏཱ་ལའི་སྐུ་ཉེར་ཉེས་ཆད་གཅོད་མི་ཆོག་པ་ནི་རྒྱུས་ཅན་མི་སྣ་ཚང་མས་གོ་བས་ཀྱང་ཆོད་ཐུབ་པ་ཞིག་ཡིན། དགའ་བཞི་བའི་བྱུང་བརྗོད་ནང་ལོ་དུས་གསལ་པོ་མ་འཁོད་པས་ལ་ལ་ཞིབ་བཤེར་བྱེད་དཀའ་ཙམ་འདུག་ཀྱང་། གོ་

① (ཚུ་ཕྲི་ཚུ་སྨད་གི་རྩ་ཚིག་ཁག་གསུམ་འཁོད་པའི་གཞུང་དེབ་ཁྲིམས་མ་ཤོག་གྲངས2)

རིམ་ལྟར་བྱས་ན། ཚེ་སྨོན་གླིང་སྲིད་སྐྱོང་བོད་ཕེབས་སྐོར་ལ་དེའི་ནང་། "བོད་འདིར་ཕྱི་དགྲ་ནང་འཁྲུག་སོགས་མི་འབྱུང་ཕྱིར་གནམ་བསྐོས་འཇམ་དབྱངས་གོང་མ་ཆེན་པོས་བདག་སོགས་བོད་ལྗོངས་ཀྱི་བསྟན་འགྲོ་ཡོངས་ལ་བརྩེ་བས་དགོངས་ཏེ། སྐྱབས་མགོན་ནོ་མིན་ཧན་ངག་དབང་ཚུལ་ཁྲིམས་དེ་སྔོན་བོད་ཀྱི་སྲིད་སྐྱོང་ལ་བཞུགས་སྐྱོང་གི་རྒྱུས་ཡོད་སོགས་གང་ཅི་ནས། བཀའ་ཁྱབ་བརྗོད་ནོན་ཆེ་ཁྱད་པེ་ཅིང་གསེར་གྱི་རྒྱལ་ཁབ་ནས་བོད་གངས་ཅན་གྱི་ལྗོངས་འདིར་སྐྱབས་མགོན་རྒྱལ་དབང་ཐམས་ཅད་མཁྱེན་གཟིགས་ཆེན་པོའི་ཆོས་སྲིད་འཕྲིན་ལས་ཀྱི་བྱེད་པོར་སྣར་ཡང་ཆེད་རྫོང་མཛད་དོན་བཞིན་དེ་སྐབས་སྐུ་ན་སྨིན་ཆེ་རུང་སྐུའི་ངལ་བར་མ་བསྔོས་པར་ས་ཐག་རིང་པོའི་ལམ་ནས་ཤིད་རྩོལ་ཆེན་པོས་ཆིབས་ཁ་བསྒྱུར་ཏེ་མེར་གཞུང་དང་། འབྲི་གུང་བརྒྱུད་སྐྱིད་ཤོད་ཀྱི་ཆུ་བོའི་བྱང་འགྲིམ་ནས་ཕེབས་འཁྱོར་བྱུང་སྐབས་ཁོ་བོ་ཅག་བཀའ་གུང་ཛ་མདའ་ལས་ཚན་ཕྱི་ནང་སོགས་སྐུ་བོའི་རིགས་དང་། སེ་འབྲས་དགའ་གསུམ་གྱི་བླ་མ་ཁྲི་གདན་ཟུར། དཔོན་ཆོས་མཛད། གྲྭ་ས་གྲྭ་ཚང་གི་ལས་སྣེ་སོགས་སེར་མོ་བའི་རིགས་དང་བཅས་པས་མིང་བཀྲའི་ཁྱད་བསམ་བདེ་གླིང་ཁ་ནས་ཆིབས་བསུ་ཞུས་ཏེ། ཕོ་བྲང་ཆེན་པོ་དགའ་ལྡན་ཁང་གསར་གྱི་གསེར་ཁྲིར་ཞབས་སོར་འགོད་པར་མཛད།" ① ཅེས་འཁོད་འདུག

དེ་ནས་མི་འགྱངས་པར་བལ་ཡུལ་དུ་དོན་གཅོད་ལ་འགྲོ་མི་རྩེ་མགྲོན་དོན་གྲུབ་ཕུན་ཚོགས་དང་། ཤོད་དྲུང་དོལ་སྦྱོར་གདོང་པ་གཉིས་པོ་ཕྱིར་འཁོར་བྱུང་བའི་རྒྱུ་མཚན་ཞུས་དོན་སྙིང་པོར། རྫོང་འགོའི་བླ་རིན་སྐོར་རྩ་ཆག་དགོས

---

① (དགའ་བཞི་བའི་བྱུང་བརྗོད་དེབ་ངོས715 – 716)

པའི་ཐབས་ཤེས་གང་ཡོད་བྱས་རུང་། ཞྭ་དམར་བས་ངན་བསླབས་ཀྱི་གོར་ཁ་རྒྱལ་བློན་ནས། བླུ་དངུལ་འབོར་ཆེན་འདི་ཙམ་མི་སྣ་ཚུང་ངུ་ཁྱོད་གཉིས་ལྷ་བུའི་ངོ་ལ་ཆག་གཏོང་ག་ལ་ཐུབ། ཕྱིན་ཆད་བོད་གོར་འཆམ་མཐུན་ཡོང་མིན་བློན་པོ་གཙོ་དྲག་རྣམས་ཀྱི་བྱེད་ལས་ལ་རག་ལུས་གཤིས། ཏཱ་ལའི་བླ་མའི་སྐུའི་ཁུ་བོ་སྐུ་ཞབས་ཨ་ཁུ་ལགས་ཟེར་བ་དང་། དགའ་བཞི་གུང་པཎྜི་ཏ་གཉིས་བལ་ཡུལ་དུ་ཡོང་ནས་ཆག་ཞུ་བྱས་ན་བླུ་དངུལ་རྩ་ཆག་དང་འབྲེལ་རྒྱལ་ཁམས་ཕན་ཚུན་གྱི་གཙོ་དྲག་གཅིག་ཡིད་གཅིག་ཆེས་ཀྱི་བོད་གོར་མཐུན་ལམ་ཡུན་གནས་ཡོང་ཐབས་བྱ་རྒྱུ་ཞེས་བཤད་འདུག་པར། བོད་ཀྱི་སྐུ་ཚབ་གཉིས་ནས་སྐུ་ཞབས་ཨ་ཁུ་ལགས་སྐུ་ཁམས་མ་འཚོ་བ་དང་། དགའ་བཞི་པཎྜི་ཏ་དགུང་ན་སྨིན་ཅིང་སྐུ་གཟུགས་གཙོང་བས་ཕེབས་ཐུབ་ཐབས་མེད་ཚུལ་བཤད་པའི་ལན་དུ། དེ་ལྟར་ཡིན་ན་ཏཱ་ལའི་བླ་མའི་སྐུ་མཆེད་རྗེ་དྲུང་རྣམ་གཉིས་སུ་རུང་གཅིག་དང་། དགའ་བཞི་བཀའ་བློན་བསྟན་འཛིན་དཔལ་འབྱོར་ཙམ་ངོ་ཕེབས་བྱུང་ན་དངུལ་འབོར་རྩ་ཆག་གཏོང་རྒྱུ་སོགས་བརྗོད་ཚུལ་རྣམས་ཏཱ་ལའི་བླ་མ་དང་། སྲིད་སྐྱོང་ཨེར་ཏེ་ནི། བོད་བཞུགས་ཨམ་བན་རྣམ་གཉིས། བཀའ་ཤག་བཅས་ལ་སྙན་སེང་ཞིབ་ཞུས་ལྟར་རྒྱ་བོད་བླ་དཔོན་ཚང་མ་བཀའ་གྲོས་གནང་དོན་སྙིང་པོར། རྗེ་དྲུང་གཉིས་གོང་མའི་བཀའ་བཞིན་རྒྱ་ནག་ཏུ་ཕེབས་སོང་བ་དང་། བཀའ་བློན་དགའ་བཞི་བ་ལས་བྲེལ་ཆེ་ཁར་གོང་མ་བདག་པོ་ཆེན་པོས་གནང་བའི་མིང་ཚོ་ལོ་ཡོད་པར་སོང་གཤིས་བོད་བཞུགས་ཨམ་བན་བརྒྱུད་གོང་མ་ཆེན་པོར་གསེར་སྙན་མ་སྦྲོན་པར་འགྲོ་ཐུས་བྲལ་བ་མ་ཟད། རྫོང་འགོའི་བླུ་རིན་སྤྲོད་ལེན་གྱི་སྐོར་འདི་གོང་མ་ཆེན་པོའི་གསེར་སྙན་དུ་དྲངས་པ་ལྟ་ཏེ། བོད་བཞུགས་ཨམ་བན་གཉིས་ནས་ཀྱང་ད་ཕན་མ་མཁྱེན་པ་བཅས། འདི་སྐོར་ཆུ

དངས་ཉ་གསལ་དུ་གྱུར་ཆེ་བོད་གོར་སྤྲོད་ལེན་བྱེད་མི་གཉིས་ཐད་ལ་གོང་མ་ཆེན་པོ་རྣམ་མཁྱེན་འཚོམ་འཁྲུག་གི་བཀའ་ཁྲིམས་དྲག་པོ་བཀློག་མེད་དུ་འབྱུང་ངེས།”① ཞེས་སོགས་རྒྱུ་རྐྱེན་ཞིབ་འཕོད་ཀྱི་གོར་རྒྱལ་དང་། ཨ་ཁྲུ་ཧྲ་དུར་ས་ཧེབ། ཧྲམ་ས་ཧེབ་སོགས་གཙོ་དྲག་ཁག་དང་། ཞྭ་དམར་བ་བཅས་ལ་བཀའ་ཡིག་གནང་རྗེན་དང་བཅས་བསྐུལ་ཏེ་མཁན་ཆེན་སེར་སྨད་ཐོགས་མེད་དང་། རྩིས་དཔོན་བདེ་སྨུག་པ་གཉིས་སྐུ་ཚབ་ཏུ་མངགས་རྫོང་གནང་། ཕོང་གཉིས་བལ་ཡུལ་དུ་འབྱོར་ནས་བཀའ་མངགས་དགོངས་དོན་འཕྲོས་མོལ་ཐེངས་མང་བྱས་རུང་། གོར་ཕྱོགས་ནས་བཀའ་བློན་སོགས་མིང་ཅན་མི་སྣ་མ་ཡོང་བར་བློ་རིན་རྩ་ཆག་བྱེད་ཐབས་མེད་ཚུལ་ཕོ་ན་བཤད་ཅིང་། སེར་སྨད་མཁན་ཟུར་ཐོགས་མེད་ལགས་ས་ཆུ་མ་འཁྲིད་པའི་རྐྱེན་བྱས་རིང་ཚད་ཕོག་ནས་གྲོངས་པ་དང་། དེ་རྗེས་རྩིས་དཔོན་བདེ་སྨུག་པས་མུ་མཐུད་འཕྲོས་མོལ་ཡང་ཡང་བྱས་པའི་མཐའ་མར། བཀའ་བློན་དགའ་བཞི་བས་གཙོས་པའི་གཞུང་གི་སྐུ་ཚབ་རྣམས་བལ་ཡུལ་དུ་ཡོང་མ་དགོས་པར་གཉའ་ནང་ཚོང་འདུས་སུ་འབྱོར་པ་བྱ་དགོས་དང་། དེ་བསྟུན་བླ་མ་ཞྭ་དམར་བས་ཧྲམ་ས་ཧེབ་ཀྱིས་གཙོས་པའི་གོར་དཔོན་དྲག་གྲས་ཁྲིད་དེ་ངོ་འཛོམས་ཐོག རྫོང་འགོའི་བློ་དངུལ་རྩ་ཆག་གིས་མཚོན་བོད་བལ་དབར་ལས་སྒོ་ཚོང་འགྲུལ་སྐོར་དང་། ཞྭ་དམར་བ་ཕྱིར་ལོག་བདེ་འཇགས་སྐོར་སོགས་གྲོས་མོལ་མནའ་ཆིངས་བྱ་རྒྱུ་བརྗོད་པ་བཅས་ཀྱི་དགོངས་བསྐོར་གནས་ཚུལ་འབྱོར་པར་བརྟེན། བོད་བཞུགས་དཔའ་ཨམ་བན་ནས་བཀའ་བློན་དགའ་བཞི་བ་ལས་རོགས་འདེད་མོས་ལྟར་ཁྲིད་དེ་གཉའ་ནང་

① （དགའ་བཞི་བའི་བྱུང་བརྗོད་དེབ་ངོས729）

ཏུ་འཕྲུལ་ཐོན་བྱ་དགོས་ཟེར་ཡང་། གཡའ་ཨམ་བན་དང་། ལྷག་པར་སྲིད་སྐྱོང་ནོ་མིན་ཧན་ནས་མོས་མཐུན་མ་གནང་བར་རེ་ཞིག་འགྱངས་པའི་མུར། སྤྱི་ལོ1791བོད་ལུགས་ཕག་ལོའི་ཟླ་བ་གསུམ་པའི་ཚེས་ཉེར་བདུན་ཉིན་སྲིད་སྐྱོང་ནོ་མིན་ཧན་ངག་དབང་ཚུལ་ཁྲིམས་མཆོག་བསྟན་གཞིས་རྒྱེན་པས་རྩེ་པོ་བྲང་དུ་སྐུ་གཤེགས།① སྐབས་འདིར་བོད་ཀྱི་དུས་བབ་བརྟན་ལྷིང་མེད་པར་བརྟེན་གོང་མ་ཆན་ལུང་ནས། ཏཱ་ལའི་བླ་མའི་ཆབ་སྲིད་ཀྱི་ཞབས་རོགས་རྟ་ཚག་སྤྲུལ་པའི་སྐུ་ཡེ་ཤེས་བློ་བཟང་བསྟན་པའི་མགོན་པོར་བསྐོ་བཞག་གནང་འདུག དེ་ཡང་ཐུ་སོར་ས་བྱ་ལོ་རྟ་ཚག་རིན་པོ་ཆེ་འབྲས་སྤུངས་སུ་གསན་བསམ་གནང་སྐབས། གོང་མའི་བཀས་མཆོ་བདུན་ནོ་ལོ་ནོར་གྱི་ཐམ་ཀ་བླ་མར་ཕེབས་དགོས་བཀའ་ལུང་འགྱུར་པ་བཞིན་ཇོག་ཐོན་གྱིས" སྟོན་འཁོར་རྣམས་ནག་ཆུ་ཁ་ནས་རིམ་གྲོན་གྱི་འབྲི་ཆུ་ཆུ་དམར་རབ་བདུན་གྱི་ཕ་རོལ་དུ་ཕེབས་སྐབས་ཟི་ལིང་གི་སྤྱི་ཆའི་ཆེ་ཤིང་དྭ་ལོ་ཡེ་ཆེད་དུ་མངགས་པའི་(གདོང་བཀའ་) ཉམས་མེད་སོན་པ་བཀུར་གཟིགས་ཆེན་པོ་དང་བཅས་གསེར་སྙན་དུ་བསྐུར་བ་ནི་འདི་ལྟར། 'ཚེ་རིང་གནམ་གྱི་ཤེ་མོང་གིས་ས་སྟེང་ཡོངས་ལ་མངའ་བསྒྱུར་བ་ཧྭང་ཏིའི་བཀའ། རྗེ་དྲུང་ཏུ་ཐོག་ཐུ་ལ་ཕབ་པར། ཏུ་ཐོག་ཐུ་ཁྱོད་བོད་དང་ཁམས་ལུང་པའི་མིང་གྲགས་ཅན་གྱི་བླ་མ་ཡིན། སངས་རྒྱས་ཀྱི་བསྟན་པའི་ལུགས་སྲོལ་ལ་བརྩོན་པར་བྱས་པ་དང་ཆོས་ལུགས་སོགས་ལ་ལེགས་པར་བསླབ་པ་ཡིན་པས་ན། ངེས་པར་ཞྭ་སེར་གྱི་བསྟན་པ་གཙང་མ་སྲུང་བའི་བླ་མ་ཡིན། ད་ལམ་བོད་ལ་བལ་པོའི་དོན་སྐོར་བཟང་པོར་ཐག་ཆོད་སོང་བའི་རྗེས་སུ་ལས་དོན་སྣ་ཚོགས་རྣམས་ཆོས་

---

① (དེབ་ཐེར་ལོང་བའི་དམིགས་བུ་ཤོག་གྲངས19)

བཞིན་དུ་བྱེད་པར་ཏཱ་ལའི་བླ་མ་ལ་རོགས་བྱེད་དོན་དག་སོགས་ལ་དབྱེ་འབྱེད་བྱེད་མི་དགོས་རྒྱུ་ཡིན་སྐབས་ཏུ་ཐོག་ཐུ་ཁྲོད་ལ་བསྟན་པ་ལ་བསམ་ནས། སྤྱི་ལེག་ཐུ་ནོ་མིན་ཧན་གྱི་ཆོ་ལོ་དང་ཛ་སག་(ལ་) ཏཱ་བླ་མ་གནང་བར་ཕྱིན་ཆད་བཀའ་བློན་རྣམས་དང་བཅས་ནས་ཏཱ་ལའི་བླ་མ་ལ་རོགས་བྱེད་ཀྱི་ལས་དོན་དབྱེ་འབྱེད་བྱས་ཆོག་ནོ་མིན་ཧན་གྱི་ཆོ་ལོ་གནང་བའི་ལུགས་སྲོལ་ལྟར། བཀའ་ཡིག་འཛའ་ས་གནང་བ་ཏུ་ཐོག་ཐུ་ཁྲོད་ཀྱིས་དང་དུ་བླངས་ཏེ་ད་ཕྱིན་ཆད་ཀྱང་བོད་མི་རྣམས་ལ་ཕན་པར་བྱེད། སེར་སྐྱ་རྣམས་བདེ་སྐྱིད་ལ་འགྱུར་བའི་དགོངས་པ་མཐར་ཕྱུག་དང་མཐུན་པར་བགྱིས། ཞྭ་སེར་གྱི་བསྟན་པ་དར་ཞིང་སྐྱོང་བར་བྱེད། ཏཱ་ལའི་བླ་མ་ལ་རོགས་བྱས་ནས་དོན་དག་ཏུར་ཐག་བཟང་པོ་བགྱིས། བརྩོན་པར་བགྱིས། མི་ལྷོད་པར་བགྱིས།’ ཞེས་ཟེབས”①པ་ལྟར་བོད་དུ་ཕྱིར་ལོག་བསྐྱངས་འདུག འོན་ཀྱང་རག་ར་ཆོས་འབྱུང་ནང་། “……སྐུ་འཁོར་ཚང་མ་ཡར་ལོག་མཛད་དེ་ལྷ་སར་ཕྱག་ཟེབས། གོང་ནས་གོང་སར་འབུལ་རྒྱུ་རྣམས་ཕུལ་ཏེ་གང་ཅིའི་བཀའ་ལུང་ཡོད་པའི་གནས་ཚུལ་ཞུས་ཀྱང་། དེ་སྐབས་ཇོ་དྲུང་ཨ་ཁུ་(ཏཱ་ལའི་བརྒྱུད་པའི་ཨ་ཁུ་) ལགས་ཡོད་པའི་དབང་གིས་ཇི་བཞིན་དོན་ཁེལ་མ་བྱུང་ཞིང་། ཨམ་བན་གཉིས་ཀྱི་དེ་སྐབས་གཞོན་པ་ཕྲུགས་ཆེ་བས་སྐུ་མཆེད་སོགས་ཀྱི་ཕྱོགས་སུ་འཁྱོག་པ་བཅས་(ལྕགས་) ཁྲི་ལོར་དབང་ལྡན་དཔལ་འབར་(ལྷ་སར་ཡོད་པའི་སྐབས་དེའི་དཔོན་ཁང་ཞིག་) དུ་བཞུགས།”② ཞེས་གསལ་བ་ལྟར་གཞུང་དོན་ལ་དབང་ཧྲུས་ཆེར་གནང་མ་ཐུབ་

---

① (ཏ་ཚག་རྣམ་ཐར་དད་པའི་པད་འཛུམ་ཤོག་གྲངས140)

② (རྒྱལ་རབས་ཆོས་འབྱུང་ཤེལ་དཀར་མེ་ལོང་ཁྲིམས་མ་ཤོག་གྲངས88)

པར་མཛད། དེ་ནས“ཨ་ཁུ་ལགས་གཟིགས། སྐུ་མཆེད་གཉིས（ དྷ་ལའི་སྐུ་མཆེད་）རྒྱུར་ཆས་པའི་སྐོར་དོད། བོད་ཀྱི་ལས་དོན་ལ་ཁྲི་ནོ་མིན་ཧན་སླར་ཕེབས། སྐུ་ཞོག（ ཧ་ཚག་）རྒྱུར་ཕེབས་དགོས་པའི་བཀའ་བྱུང་བས་ལྷུགས་པག་ན྄་བ་དང་པོའི་ནང་བཏེགས། མར་ལམ་དཔའ་ཤོད། ཆབ་མདོ་སོགས་རིམ་གྱིས་བརྒྱུད་ཤ་ལ་ཐུར་ཕེབས་པ་ན། བོད་ལ་ནོ་མིན་ཧན་ན྄་བ་བཞི་པའི་ནང་གཟིགས་པའི་སྐབས་བོད་ཀྱི་ལས་དོན་ལ་སླར་ཡང་ཕེབས་དགོས་པའི་གྲལ་ཅེ་དང་། ཞག་ཤས་ནས་ཐེ་ལིང་ཨམ་བན་འཁོར་ཚོགས་བརྒྱ་ཕྲག་གཉིས་ལྷག་ཙམ་དང་བཅས་གསེར་ཡིག་གདན་དྲངས་ཏེ་འབྱོར། རེ་ཞིག་གོང་མ་མཇལ་འདོད་བྱུང་བས་དེ་རྩིས་དགོངས་སྐོར་འབུལ་དགོས་ནའང་བསྐྱེད་མཛད་ཀྱང་ཨམ་བན་གྱིས་འབུལ་མི་ནུས་ཟེར། སླར་ཡང་ཡར་ལོག་ཕེབས་དགོས་བྱུང་།”①
ཞེས་འཁོད་འདུག་པ་ལྟར་ན་ཧ་ཚག་འདི་རྒྱ་ཕེབས་ཐེངས་གཉིས་དང་། ཕྱིར་ལོག་ཐེངས་གཉིས་གནང་དགོས་བྱུང་འདྲ་ཞིང་། ཐེངས་རྗེས་མ་ལྷ་སར་ཕེབས་དུས་ཐད་ཐམ་དེབ་ནང་། “……ཧ་ཚག་རྗེ་དྲུང་སྤྲི་ལིག་ཐུ་རྒྱ་ཕེབས་ལམ་བར་ནས་ཕྱིར་བསྐྱོད་མཛད་པས། （ལྷུགས་པག་）ན྄་བ་བརྒྱད་པའི་ཚེས་བརྒྱད་ཉིན་ལྷ་སར་ཕེབས་ཏེ། ལོ་དེར་གོང་ས་མཆོག་གི་འཕྲིན་ལས་ཀྱི་རམ་འདེགས་ཞབས་ཞུ་མཛད།”② ཅེས་གསལ་བ་བཅས་མཚམས་འདིར་སྲིད་སྐྱོང་གསར་པ་ཧ་ཚག་གི་སྐོར་འདི་མདོར་བསྡུས་ཙམ་བཀོད་པ་ལགས།

---

① （རྒྱལ་རབས་ཆོས་འབྱུང་ཤེལ་མེ་ཤོག་གྲངས88）
② （དེབ་ཐེར་ལོང་བའི་དམིགས་བུ་ཤོག་གྲངས19）

8. གོར་ཁས་ཆེ་དངས་དོན་རྒྱབ་འགལ་གྱིས་སྙིག་གཡོ་བཤམས་ཏེ་གཉའ་ནང་ནས་བོད་ཀྱི་བཀའ་བློན་གཉིས་སོགས་བཟུང་ཁྲིད་ཐོག སླར་ཡང་གོར་དམག་བཏང་ནས་བཀྲས་ལྷུན་སོགས་ལ་ཇག་བཅོམ་བྱས་པ།

སྲིད་སྐྱོང་ཚེ་སྨོན་གླིང་གྲོང་ས་ནས་རྟ་ཚག་ནོ་མིན་ཧན་ལྷ་སར་མ་ཕེབས་པའི་བར་དེར། སླར་ཡང་རྗེས་དཔོན་བདེ་སྲུག་པ་ནས་གཙོ་བོའི་མི་སྣ་གང་མགྱོགས་ངོས་ཕེབས་དགོས་པའི་ཡི་གེ་བསྐུར་འགྱུར་བྱུང་བར་བརྟེན། དེ་འཕྲལ་བོད་བཞུགས་ཨམ་བན་གཉིས་ནས་བཀའ་བློན་དགའ་བཞི་བསྟན་འཛིན་དཔལ་འབྱོར་ལ་འཕྲལ་ཐོན་དགོས་པའི་བཀའ་བསྒྱུར་ཐོག ལས་རོགས་བཀའ་བློན་གཡུ་ཐོག་བཀྲ་ཤིས་དོན་གྲུབ་དང་། བསྟན་གླིང་ཇོ་བླ་སྐལ་བཟང་བསྟན་རྒྱས། གཙང་མདའ་དཔོན་ལྷུང་ལོ་ཙན་པ་བཀྲ་ཤིས་ཕུན་ཚོགས་བཅས་སྤྲེལ་ཟླར་བསྐོ་བཞག་དང་། ལས་བྱེར་རྣམ་སྲས་གླིང་པ་དང་། སྲིན་ཚ་ཧོ་པ། སྐྱི་ཁང་ལྷུང་གྲོང་པ། རོལ་སྤྱོར་གདོར་པ། ཡར་འབྲོག་སྣོག་མཁར་བ་བཅས་ཉེར་མཁོའི་དགོས་བྱེད་དང་། རྟ་ཁལ་སོགས་ད་ལམ་དམིགས་བསལ་འདོད་མོས་ལྟར་གནང་འཕྲུས་རྒྱ་བོད་བླ་དཔོན་ནས་བཀའ་བཞེས་བཟང་པོ་བསྩལ་བ་དང་། མདའ་ལྷུང་ལ་གཙང་དུ་བཀའ་རྒྱ་བསྩལ་བ་དང་སྟབས་མཚུངས་བཀྲ་ཤིས་ལྷུན་པོ་དང་། ས་སྐྱ་ནས་སྐུ་ཚབ་དོ་ཚོད་གཏོང་གནང་དགོས་པའི་བཀའ་རྒྱ་ཡང་བསྩལ། ལྷུགས་ཕག་མོའི་ཟླ་བ་ལྔ་པའི་ནང་བཀའ་བློན་དགའ་གཡུ་གཉིས་དང་བསྟན་གླིང་ཇོ་སག་ངོ་ལས་བཅས་ལྷ་ས་ནས་རྟོག་ཐོན་གྱིས་གཞིས་རྩེར་འགྱུར་སྐབས། ཟླམ་ཞྭ་དམར་བས་ཡང་བསྐུར་ཡི་གེ་བཏང་གསལ། ཁོ་པ་དང་རྗེས་དཔོན་བདེ་སྲུག་པ་མཉམ་དུ་གོར་ཁའི་རྒྱལ་རྒྱུད་དམག་དཔོན་ཧྭམ་ས་རྟེབ་

སོགས་མི་སྣ་དྲུག་རིགས་བཅས་གཉའ་ནང་དང་ཉེ་བའི་ས་མ་ལི་ཁྲི་སྤྱི་སྒོར་དུ་འགྱུར་ཡོད་ཚུལ་དང་། རྩིས་དཔོན་བདེ་སྒྲུག་པ་རིང་ཚད་ཀྱིས་ནད་མནར་ལ་བོད་གཞུང་ནས་སྨན་པ་མཁས་པ་ཞིག་འཕྲལ་རྫོང་མ་ཟད། གཞུང་གི་སྐུ་ཚབ་རྣམས་ཀྱང་གང་མགྱོགས་གཉའ་ནང་ཚོང་འདུས་སུ་ཕེབས་དགོས་ཚུལ་འཁོད་པ་ལྟར་གཞིས་རྩེ་ཨེམ་ཆི་ཚ་རིང་རྗེ་དྲུང་དང་། ལམ་རྒྱུས་ཤོད་དྲུང་དོལ་སྤྱིར་གདོང་པ་བཅས་ལམ་སེང་ཐོན་ཙུང་། ཁོང་ཚོ་མ་འགྱུར་གོང་རྩིས་དཔོན་བདེ་སྒྲུག་པ་འདས་གྲོངས་སོང་བའི་གནས་ཚུལ་དང་ཆབས་ཅིག་གཉའ་ནང་ཤོ་པའི་ངོ་ཚབ་དང་། གནས་པོ་ཀོ་ཐང་པ་བཅས་ནས་ཡི་གེ་ཕུལ་གསལ། ཟླ་མ་ཞྭ་དམར་བ་དང་། དམག་དཔོན་ཧྲམ་ས་ཧེབ། ཀ་ཙི་འདམ་ཧར་པ་ཧས་བཅས་མ་ལི་ཁྲི་སྤྱི་སྒོར་དུ་འགྱུར་པ་མ་ཟད། དམག་མི་དང་འཐབ་རྫས་ཀྱང་ཤིན་ཏུ་མང་བ་ཞིག་འགྱུར་བཞིན་ཡོད་སྐད་འདུག་ན། ཆེངས་མོལ་གནང་ཡུལ་གཉའ་ནང་ཚོང་འདུས་འདི་བཞིན་ས་ཡུལ་གྱི་དོག་པས་གཉའ་ནང་འཕེལ་རྒྱས་གླིང་ཅམ་བབ་འོས་ཆེ་འདྲ་དང་། རང་ཕྱོགས་ལའང་ཆེངས་རྒྱབ་དམག་དཔུང་འཁོར་གང་ཆེ་ཞིག་མེད་ན་གློས་མི་འཕྲད་ཚུལ་སོགས་ས་གནས་ཀྱི་ཚོ་བབ་འོན་སེང་ཐེང་ངེས་འགྱུར་འདུག་པ་ལྟར། སྐུ་ཚབ་རྣམས་ཁྲོས་བསྐྱུར་གྱིས་ས་མཚམས་སྐྱེ་མོ་བའི་སྐན་སེང་འགྱུར་དོན་རྣམས་ལྷ་སར་རྒྱ་བོད་བླ་དཔོན་ལྷན་རྒྱས་སུ་ཧ་ཟམ་རིམ་བརྒྱུད་ཐོག་ཕུལ་ཏེ་བཀའ་ལན་མ་ཕེབས་བར་ཤེལ་དཀར་དུ་སྒུག་སྡོད་བྱས་འདུག་ཀྱང་། "རྒྱ་བོད་བླ་དཔོན་གྱི་བཀའ་ལན་བཞུགས་སྟན་སྟེང་ནས་གནང་ཚོག་པའི་བབ་ཀྱིས། ཆེངས་རྒྱབ་དམག་མི་ཧ་ཅང་འཁོར་ཆེ་ཞིག་འཕྲལ་དུ་འགྲིག་རེ་བྲལ་ཙུང་། གང་ཐོག་རྣམས་འཀྱངས་མེད་རིམ་རྫོང་བྱེད་རྩིས་ཡིན་ནའང་། དམག་མི་རྣམས་གཉའ་ནང་རང་དུ་ཁྲིད་ན་ཕ་རོལ་པོ་

རྣམས་ཡིད་དོགས་ཀྱི་ཚིངས་དོན་ཟེང་ཞིག་གི་རྒྱུ་བཅས་དེ་ཕྱོགས་གང་འགྱུར་རྣམས་ནམ་དགོས་ཐོན་ཚོག་སྤྱི་ལེན་གྱི་ངོས་ནས་སྤྱ་འཕྲོས་དེང་རི་ཙམ་དུ་འཛོག་པ་ལས་གཉའ་ནང་མཐོང་ལ་བརྒྱལ་ནས་ཁྲིད་ཐལ་མེད་པ་དང་། བཀའ་མདའ་སོགས་སྐུ་ཚབ་སེར་སྐྱ་ཆེད་རྫོངས་བྱས་པ་རྣམས་གཉའ་ནང་ཚོང་འདུས་རང་དུ་ཕ་རོལ་པོའི་འདོད་མོས་ལྟར་མ་ཕྱིན་པར། འཕེལ་རྒྱས་གླིང་སོགས་སུ་ག་གོར་གྱི་བསྡད་ཚེ་མི་འགྲིག་པའི་རྒྱུ་བཅས་དེ་རྗེས་འཕྲུལ་ཐོན་མཛད་དགོས་པོད་བཞུགས་ཨམ་བན་ལྷན་རྒྱས་ནས་ཀྱང་བཀའ་ནན་ཆེ་གནང་གི་འདུག་ཅེས་འགྱུར།”① ཞེས་གསལ་བ་ལྟར་འགན་གཏན་ནས་མི་འཁུར་བའི་རོ་འབུད་འདེད་ལྟ་བུ་བྱས་འདུག་པར་བརྟེན། གཞུང་གི་སྐུ་ཚབ་རྣམས་དང་། བཀྲས་ལྷའི་སྐུ་ཚབ་མགྲོན་གཉེར་ས་ཁྲུད་པ་དང་ཐང་སྨད་ནོར་དབང་། ས་སྐྱའི་སྐུ་ཚབ་བཅས་རིམ་འཛོམས་རྣམས་ཀྱང་། ཚིངས་རྒྱབ་དམག་མི་ནམ་འགྱུར་ངེས་མེད་ཁར། དགྲ་ཉེན་ཆེ་སར་མཉམ་ཁྲིད་མ་ཚོག་ཚེ་བསྒུག་ཀྱང་དོན་མེད་བཅས་དམག་མི་འགྱུར་རེའི་འགོ་འདོམ་དུ་ལས་བྱ་རྣམ་སྲུས་གླིང་པ་དེང་རེར་བཞག་སྟེ། གཉའ་ནང་མཐོང་ལ་བརྒྱུད་པོད་ཟླ་དྲུག་པ་ཚེས་ཤར་ལ་འཕྲུལ་ཐོན་བྱས་ནས་རིམ་བཞིན་གཉའ་ནང་ཚོང་འདུས་སུ་འགྱུར། འདི་སྐབས་གཉའ་སྐྱིད་སོགས་ས་མཚམས་རྫོང་འགོ་རྣམས་ལ་རང་ཁུངས་ནས་ས་སྲུང་དམག་མི་བཅུ་སྐོར་རེ་བཙུགས་པར་དམག་རྩལ་སློབ་སྟོན་དང་། སོ་འོན་ཉིས་ལྕོགས་སུ་རྒྱ་མི་ཚན་ཙོང་གྲུས་གཉིས་རེ་འཛོག་གནང་ལྟར་གཉའ་ནང་དུ་ཕང་དགའ་དང་། ཁྲིན་དྲ་ཕུ་ཞེས་པ་གཉིས་ཡོད་པ་ནས་ཕྱི་ནང་གི་མི་སྣ་འགྱུར་ཐོན་ཐོ་འགོད་ཀྱིས་པོད་

① （དགའ་བཞི་བའི་བྱུང་བརྗོད་དེབ་ངོས749）

བཞུགས་ཨམ་བན་ལ་གནས་ཚུལ་འབུལ་གྱི་ཡོད་འདུག[1]

བཀའ་བློན་གཉིས་དང་མདའ་དཔོན་ལྷང་ལོ་ཅན་འཁོར་བཅས་གཞའ་ནང་ཨོ་ཁང་ལྟེ་བའི་ནང་དང་། བསྟན་གླིང་ཛ་བླ་དང་ས་བཀྲས་སྐུ་ཚབ་རྣམས་གཞའ་ནང་བླ་མ་འགྱུར་མེད་ཀྱི་ཁྱིམ་ཚང་བཅས་སུ་བཞུགས། གོར་ཕྱོགས་ནས་ངན་སེམས་སྡོན་བཙངས་ཀྱི་གྲ་སྒྲིག་བྱེད་མུས་ལྟར་བོད་ཕྱོགས་སྐུ་ཚབ་རྣམས་སྡོད་གནས་ཁག་གཉིས་སུ་བྱས་སྐབས་ཕྱོགས་གཅིག་འགེབ་བཟུང་སྐབས་གཅིག་ཨོས་ཐྲིས་ཨོར་བྱུང་དོགས་ཀྱིས་བླ་མ་ཞྭ་དམར་བས་ཡི་གེ་ཆེད་བཏང་ནས། "བླ་མ་ཞྭ་དམར་རང་དང་གོར་ཁའི་མི་སྣ་རྣམས་ཀྱང་དེང་དུས་གཞའ་ནང་འགྲམ་དུ་འཁྱོར་ཡོད་ཀྱང་། འདི་ཕྱོགས་ཕར་ཐོས་སུ་རྗེ་རིང་བཀའ་བློན་གྱུང་སྐུ་ཞབས་ནས་ངེད་ཞྭ་དམར་བ་གཡོ་ཐབས་ཀྱིས་འཛིན་བཟུང་ཐུབ་པ་བྱས་ཏེ། ཐོད་བཞུགས་ཨམ་བན་རྣམ་གཉིས་ཀྱི་མདུན་དུ་རྩིས་འབུལ་ཞུ་རྒྱུའི་ཁས་ལེན་མཛད་པར་བརྟེན་ཨབ་བན་གཉིས་ནས་དོན་སྨིན་བྱུང་རྗེས་གྱུང་ནས་གནས་སྤར་ཏེ་དབང་གི་ཚོ་ལོ་དང་གོ་ས་བདག་རྐྱེན་གནང་རྒྱུའི་ནང་ཚགས་ཞལ་བཞེས་ཀྱང་མཛད་ཡོད་སྐད་གླེང་བ་བཅས་སྤྲ་འཁྲོས་སྐྱ་གམ་དུ་འཕྲུལ་བཅར་བྱེད་ཉུས་པ་ཞིག་མ་བྱུང་བས། དེ་སྐོར་བདེན་རྫུན་དྲི་ཞིབ་བྱེད་རྒྱུར་བསྟན་རྒྱས་གླིང་ཛ་སག་བླ་མ་དང་། ས་བཀྲས་གཉིས་ཀྱི་སྐུ་ཚབ་ངོ་མའི་ཐོག བཀའ་མདའ་གསུམ་གྱི་ཞབས་ཕྱི་དོ་ཚོད་དྲག་མ་རེ་བཅས་འདི་ག་གཞའ་ནང་འགྲམ་དུ་འཕྲུལ་འཁྱོར་བྱུང་བསྡུན། རྒྱུ་མཚན་ཚོ་བབ་ལ་གཞིགས་པའི་དེ་གར་ངོས་བཅར་ཞུ་འོས་ཆེ་

[1] （དཀའ་བཞི་བའི་བྱུང་བརྗོད་དེབ་ངོས751）

མིན་བབ་བལྟ་ཞུས་ཆོག་པ།”① ཞེས་གསལ་བར་དགྲ་བོས་རང་ཕྱོགས་ཀྱི་ཕྱུགས་ཟ་ལོན་ཐུབ། རང་ཕྱོགས་ནས་གནོད་ཚུང་ཉུས་མེད་ཆུ་སྣ་གར་འཁྲིད་ལྟ་བུར་གྱུར་ཏེ། བསྟན་གླིང་ཇོ་བླ་ངོ་གཡོག་དང་། ས་བཀྲས་སྐྱ་ཚབ་བཅས་ཀྱི་ཐོག་དགའ་བཞི་བའི་གཡོག་བཀྲ་ཤིས་དང་། གཡུ་ཐོག་པའི་རྒྱལ་མཚན། མདའ་ལྷུང་གི་པདྨ་དགྲ་འདུལ་བཅས་གཞན་ནང་འགྲམ་དུ་ཞྭ་དམར་བའི་སར་གསེད་སྐྲོལ་བྱེད་པར་མངགས་བསྐྱོད་བྱས་འདུག

ལྷགས་ཕག་ཧོར་ཟླ་དྲུག་པའི་ཚེས་ཉེར་གཅིག་གི་ས་སྲིབ་ཙམ་ལ་དེ་གོང་གཞན་ནང་དུ་གོར་ཕྱོགས་མི་སྣའི་སྡོད་ཡུལ་གྲ་སྒྲིག་ཏུ་ཡོང་བའི་ཇ་མ་ཧར་ཇ་ས་རམ་ངོ་གཡོག་དང་། དེ་ཉིན་ཕྱི་དྲོ་ཧྲམ་ས་ཧེབ་ཀྱི་སྨུན་རཀྵི་ཏ་ས་ཧེབ་ཟེར་བ་དམག་མི་ལྔ་བཅུ་ཙམ་ཁྲིད་ནས་བཀའ་བློན་དགའ་བཞི་བར་ཧྲམ་ས་ཧེབ་སྣེར་ནས་མཇལ་ཞུར་བཏང་ལུགས་ཀྱི་འགོ་དམག་རྣམས་ཟླ་སྒྲིལ་ཐོག དེ་མིན་གོར་ཁོངས་ཚོང་པ་ཡིན་ཁུལ་སོགས་མི་མང་པོ་ཐུབ་འཛོམས་ཀྱིས་ཡོང་ཐོག་དེ་ཉིན་གོར་ལུགས་ལྷ་ཆེན་དབང་ཕྱུག་ཆེན་པོའི་དུས་མཆོད་ཀྱི་གཟིགས་འབུལ་ཞུ་རྒྱུ་ཞེས་ཐོ་ཁང་གི་སྒོར་རོལ་མོ་སྣ་ཚོགས་བར་མཚམས་མེད་པར་དཀྲོལ་ཞིང་། གར་སྟེང་ཀྱི་རིགས་འདྲ་མིན་འཁྲབ་སྟོན་སོགས་མཚན་གང་ཧུར་སྦྲ་བརྒྱབ་ནས་གཉིད་ཁུག་ཏུ་མ་བཅུག་པ་མ་ཟད། དེ་ནུབ་འགྲམ་ནས་གོར་དམག་འཐོར་ཆེན་མཚན་བཤར་བརྒྱབ་སྟེ་གཞན་ནང་ཚོང་འདུས་ཀྱི་མཐའ་བསྐོར་བ་དང་། བསྟན་གླིང་ཇོ་བླ་སོགས་འགྲམ་དུ་འཁྱེར་མ་ཐག་ཚང་མ་འཛིན་བཟུང་བྱས་ཐོག་ཚེས་ཉེར་གཉིས་ཉིན་ནམ་གསལ་མ་ཐག་སྟོན་འཁྱེར་ཇ་མ་ཧར་ཇ་ས་རམ་དང་།

① (དགའ་བཞི་བའི་བྱུང་བརྗོད་དེབ་ངོས་)

སྐད་སྒྱུར་ཞྭ་དམར་བའི་འགག་པ་དགེ་ལེགས་གཉིས་བཀའ་བློན་དགའ་བཞི་བའི་གཟིམ་ཆུང་དུ་ཡོང་སྟེ་གལ་ཆེའི་གསང་གནས་བཀའ་མོལ་ཞིག་ཞུ་དགོས་ཡོད་པས་གཡུ་ཐོག་དང་། མདའ་ལྷུང་གཉིས་ཀྱང་ལྷན་ཕེབས་ཡོང་བ་ཟེར་དོན་ཁོང་གསུམ་མཉམ་འཛོམས་ཐོག ཛོང་འགོའི་བླ་རིན་རྩ་ཆག་གཏོང་རྒྱུར་གཉའ་ནང་འགྲམ་ནས་ཚོང་འདུས་ཀྱི་གཤམ་བར་ས་ཆ་རྣམས་གོར་ཁ་ལ་གནང་ན་གཏམ་གནད་ཀྱི་ཁྱད་པར་ཙམ་ལས། བོད་གཞུང་ལ་གནོད་འགག་ཆེར་མེད་ཅེས་ཡུལ་སྦྱོངས་དེའི་ས་ཁྲ་ཡིན་ཁུལ་ཞིག་བཏོན་ནས་འགྲེལ་བཤད་བྱེད་སྐབས། བཀའ་མདའ་གསུམ་ག་མགོ་རྟུབ་རྟུབ་ཀྱིས་དེར་བལྟ་མུར་གློ་བུར་ཁང་ཕྲུག་གི་གསང་སྐྱིད་ཀྱི་སྒོ་བརྒྱུད་གོར་དམག་བཅུ་སྐོར་འཚང་འཛུལ་གྱིས་བཀའ་མདའ་གསུམ་གྱི་གཉའ་ནས་མནན་ཏེ་གསོན་བཟུང་བྱས་པ་དང་། དེ་འཕྲལ་བཀའ་མདའི་ལས་བྱ་ཞབས་གྲས་རྣམས་དང་གོར་དམག་ཕན་ཚུན་ལག་འཛིངས་ཀྱིས་མེ་མདའི་སྒྲ་དྲག་པོ་བསྒྲགས་ཤིང་། གཞུང་ཞབས་ལས་བྱའི་གྲས་ཡར་འབྲོག་སྒོག་མཁར་བ་དང་། སྤེན་རྩ་སྟོ་པ། ཤེལ་དཀར་ཁྲུལ་ལྷིང་ལྷུང་ཕྲུག་པ་གསུམ་དང་། བཀའ་མདའ་གསུམ་གྱི་གཡོག་གྲས་མང་ཆེ་བ་སྟེ་བཅུ་ཕྲག་འགའ་ཤས་ཀྱིས་རང་སྲོག་བློས་བཏང་གིས་འཛིངས་པས་གོར་དམག་ཐོན་ཆེ་ཞིག་བསད་རྨས་བཏང་བ་བཅས་གཉའ་ནང་ཤོ་ཁང་གི་ཕྱི་ནང་ཚང་མ་ཁྲག་གི་རྫིང་ཆུ་དང་མི་རོས་ཁེངས་པ་ཞིག་བྱུང་མཐར་བཀའ་མདའ་གསུམ་ཐག་ཞགས་ཀྱིས་བསྡམས་ནས་འཁོར་ཞབས་ཉུང་ཤས་དང་། རྒྱ་རིགས་དཔོན་ཆུང་ཕང་ཁྲིན་གཉིས་བཅས་གོར་དམག་གི་དབུས་སུ་བཙུག་སྟེ་འགྲམ་དུ་ཁྲིད། དེ་ནས་བསྟན་སླིང་ཛ་བླ་དང་། ས་བཀྲས་ཀྱི་སྐུ་ཚབ་འཁོར་གཡོག་བཅས་སྙེབས་སྐྱིལ་གྱིས་གོར་དཔོན་ཇར་མུན་སུ་ཧྲི་ཧར་ཟེར་བ་དང་། འདུ་ཧར་འབལ་གྲུབ་ཤིང་ཟེར་

པ། སྐད་སྒྱུར་ཞྭ་དམར་བའི་གྲྭ་རིགས་འགྱུར་མེད་རྣམ་རྒྱལ། སྲུང་བྱ་གོར་དམག་དང་བཅས་བལ་ཡུལ་ཚ་བའི་རོང་དུ་ཁྲིད་ཅིང་། བླ་མ་ཞྭ་དམར་བ་རང་ཉིད་འཁོར་བཅས་ཀྱང་རྗེས་འདེད་ཀྱི་ཚུལ་དུ་ཡོང་སྟེ། རྒྱ་མི་དཔོན་ཆུང་གཉིས་ཟེ་ཁྲོན་ཁྲིན་དུའི་མི་ཡིན་གཤིས་ཚ་བ་ཐེག་ཐུབ་ཟེར་ནས་ཞྭ་དམར་བ་རང་དང་མཉམ་དུ་ཡམ་བུ་རྒྱལ་ཁང་དུ་ཁྲིད་རྒྱུ་དང་། བཀའ་མདའ་སོགས་བོད་མི་རྣམས་ཚ་དུས་མ་ཡོལ་བར་ལྷ་དབང་ཕྱུག་གི་རྫོ་སྐྱ་ཆུ་ནང་གན་རྐྱལ་དུ་གནས་པའི་ཉེ་འགྲམ་མ་ཏྲ་དེ་ཕ་སུ་ལི་ཞེས་པའི་རི་བོ་མཐོ་ཞིང་། ཙུང་ཟད་བསིལ་སར་ཙ་ཁང་གསར་པ་ཆེད་དུ་བཟོ་བཅུག་ནས་དེ་གར་བཙོན་སྐར་བཙུགས་ཏེ་ཟླ་བ་གཅིག་ལྷག་ཙམ་བཞག་འདུག་ཅིང་། དེ་ནས་རིམ་བཞིན་གནས་སྟོབས་ཀྱིས་མཐར་བལ་ཡུལ་མཆོད་རྟེན་བྱ་རུང་ཁ་ཤོར་དུ་བཞག་པ་སོགས་ཞིབ་པ་དཀའ་བཞི་པའི་བྱུང་བརྗོད་ནང་གསལ་ཡོད།

གོར་དམག་གིས་གཉའ་ནང་དུ་ཆིངས་མོལ་པ་རྣམས་བསད་བཟུང་བྱས་རྗེས་དམག་འཐོར་ཆེ་བ་དེ་ཤར་རྒྱག་ཤེལ་དིང་ཁུལ་དུ་བསྐྱོད་པ་དང་། དམག་ཁག་གཅིག་སྐྱིད་གྲོང་བརྒྱུད་བཏང་བ་རྣམས་ཀྱིས་སྐྱིད་གྲོང་རྫོང་སྔར་ཡང་བླངས་ཏེ་རྫོང་དགར་འཁྱོར་སྐབས། ས་སྐྱེ་ལོ་ཤེལ་དཀར་རྫོང་སྲུང་སྐྱོང་བྱེད་མི་སྡིང་ཆེ་བའི་བུ་མིང་དངོས་ལ་བསམ་གྲུབ་ཟེར་ཡང་། “ཕྱིས་གཞུང་ས་ནས་མདའ་དཔོན་བསྐོ་བཞག་བསྐུལ་ཀྱང་མ་ཞུས་པར་བརྟེན། དགྲ་འཛོམས་དཔའ་བོའི་དབང་ཕྱུག་ཅེས་ཚོ་མིང་གཟེངས་བསྟོད་དེ་མངའ་རིས་(རྫོང་དགའ་) རྫོང་སྟོད་དུ་བསྐོ་བཞག་བསྐུལ་བ་ཁོ་པས་རྫོང་དགའ་རྫོང་བཙན་པ་དང་། ཁོ་རང་མིང་དོན་མཚུངས་པའི་དགྲ་ཐོག་ཏུ་དཔའ་བ་གཉིས་འགྲིགས་པས་རྫོང་དགའི་གཞུང་རྫོང་དགྲ་ལག་ཏུ་ཤོར་བ་ལྟ་ཅི། རྫོང་སྐྱིད་བརྒྱུད་བོད་

ད་ཡོང་རྗེས་ཀྱི་གོར་དཔུང་རྣམས་རྫོང་དགའི་ས་མཚམས་བསྒྲལ་ནས་བཏང་ཕྱིར་མེད་པའི་བཀའ་འདོམས་བྱེད་ཐུབ་པ་བྱུང་འདུག”① ཅེས་གསལ་བ་ལྟར་སྐབས་དེར་བོད་རིགས་རྒྱལ་གཅེས་ཀྱི་དཔའ་བོ་དེ་ལྷ་བུ་བྱུང་བའང་ལོ་རྒྱུས་ཀྱི་དེབ་ཐེར་དུ་འཁོད་འོས་པ་ལོས་ཡིན།

གཉའ་ནང་ཚོང་འདུས་སུ་ཧྲུས་ཉེས་བྱུང་རྗེས་ཟང་ཟིང་གི་སེང་དབར་དུ་བཀའ་བློན་དགའ་བཞི་བའི་ཞབས་ཀྲུས་ཆ་སྙོར་བསྟན་འཛིན་ཟེར་བ་རྨས་ཆེར་མ་ཐོག་པར་བརྟེན། བཀའ་མདའ་གསུམ་ཁྲུས་སོལ་གྱིས་བཀའ་བློན་གཉིས་ནས་བཙོན་སྲུང་པར་མགོ་བསྐོར་དང་འབྲེལ་མདའ་ལྷུང་ནས་ཐེངས་དེའི་ཡོང་བབ་དང་། འཆི་གསོན་གྱི་གནས་ཚུལ་རྣམས་ཞིབ་ཆ་ངག་ཐོག་མགྲིན་མངགས་ཀྱིས་གསང་ཐབས་ངང་ཕོ་ཉར་མངགས་པ་གཉའ་ནང་སྡོ་ར་སོགས་ལམ་ཀྱུག་བརྒྱུད་རིམ་བསྐྱོད་མཐར་ཤེལ་དཀར་དུ་འབྱོར་ཞིང་། ཤེལ་དཀར་རྫོང་ཆོས་ནས་དེ་འཕྲལ་རྟ་ཟམ་བརྒྱུད་སྐན་ཞུ་ཕུལ་བ་མ་ཟད། ཆ་སྙོར་བསྟན་འཛིན་རང་ཡང་བཞོན་རྟ་སྤྲད་ནས་ལྷ་སར་བཏང་འདུག་པ་བཅས་རིམ་འགྲོར་བྱུང་ཞིང་། དིང་ཤེལ་སོགས་ནས་གོར་དམག་བསྐྱར་འཛུལ་ཡོང་ཚུལ་གནས་སྐན་ཡང་འགྲོར་སྐབས་རྒྱ་བོད་བླ་དཔོན་རྣམས་ཀྱང་ཐུགས་འཚབ་ཆེན་པོ་བྱུང་དོན་གནས་ཚུལ་རྣམས་དེ་འཕྲལ་གོང་མ་ཆེན་པོར་གསེར་སྐན་རིམ་འབུལ་ཞུས།

གཉའ་ནང་བརྒྱུད་འཛུལ་བའི་གོར་དམག་རྣམས་དིང་ཤེལ་ཁུལ་ནས་མུ་མཐུད་ནང་འཛུལ་བྱེད་སྐབས་བོད་སྡོད་ཨམ་བན་གཉིས་འགན་བློས་མ་བཟོད་པའི་སྐོར་རྣམ་ཐར་དུ། ལུགས་ཕག་ཟླ་བ་བདུན་པའི་ནང་། “དུས་འདིར་

① （དགའ་བཞི་བའི་བྱུང་བརྗོད་དེབ་ངོས799）

གོར་དམག་གི་ཟིང་ཆ་ཤིན་ཏུ་ཆེ་ཞིང་། ཁྱད་པར་གཡའ་ཨམ་བན་དང་ཞབས་པད་ལྷན་རྒྱས་སྐུ་མདུན་དུ་བཙར་ནས་གོར་དམག་རྣམས་བཀྲ་ཤིས་ལྷུན་པོར་འགྲོར་ཉེ་ཡོད་འདུག་པ་ཙམ་མ་ཟད། ཕྱོགས་འདིར་ཡང་མི་ལྷགས་པའི་ངེས་པ་མི་འདུག་པས། དེས་ན་ཧྲ་ལའི་བླ་མ་སྐུ་གཉིས་པས་རེ་ཞིག་ར་སྒྲིང་ཙམ་དུ་ཆིབས་བསྒྱུར་ཡོད་པ་ཞིག་དང་། པའུ་ཨམ་བན་ནས་པཎ་ཆེན་རིན་པོ་ཆེ་གདན་འདྲེན་ཞུས་ཏེ་ཆོས་ཉེར་ལྔ་ཙམ་ལ་འདིར་ཕེབས་ཆོད། ཆོས་ཉེར་དྲུག་ཙམ་ལ་ལྷན་རྒྱས་འདི་ནས་ཆིབས་ཐོག་ཏུ་ཕེབས་དགོས་ལུགས་ཞུས་པས་བཀའ་ལན་ལ། གོར་ངན་གྱི་དམག་དབུས་ལ་ལྷགས་ཐུབ་པ་ཡོང་མི་འགྲོ་བས། པཎ་ཆེན་རིན་པོ་ཆེ་ཕེབས་བསྡུན་ཞིབ་ཆ་གསུང་མོལ་མཛད་ཆོག་ཅེས་བཀའ་ཕེབས།”① ཞེས་གསལ་ཞིང་། དེ་རྗེས་པཎ་ཆེན་རིན་པོ་ཆེ་དབུས་ཕེབས་གྲུབ་འཕྲལ་གོར་དམག་རྣམས་གཞིས་རྩེར་འགྲོར་པ་མ་ཟད། གོར་དམག་བཀྲ་ཤིས་ལྷུན་པོའི་དགོན་ནང་འཛུལ་ཏེ་གསེར་དངུལ་སོགས་རིན་པོ་ཆེའི་རིགས་དང་། དར་གོས་སོགས་འཕྲོག་བཅོམ་བྱས་ཤིང་། སྐུ་གསུང་ཐུགས་རྟེན་བཅོམ་གཏོར་དང་། ཕྲ་རྒྱན་བཀོག་པ་སོགས་ཧག་རྐུན་གྱི་ངན་སྤྱོད་ཐ་ཤལ་ཡོད་ཚད་སྤྱད་ནས། གཙང་ཁུལ་གྱི་སེར་སྐྱ་མི་དམངས་ལ་བཟོད་པར་དཀའ་བའི་མནར་གཅོད་བཏང་འདུག སྐབས་དེར་སྡེ་དཔོན་རྒྱ་རི་བ་སོགས་དབུས་དམག་སྟར་མ་འགའ་ཞིག་གིས་ཕ་རོལ་གྱི་དགྲ་དམག་མིག་མཐོང་ཙམ་ཡང་མ་བྱུང་བར་ཕྱིར་བྲོས་ཀྱིས། གོར་དམག་རྣམས་བཀྲ་ཤིས་ལྷུན་པོ་ནས་སྙང་རོང་ཕྱེད་བགོས་ཀྱི་ཟླ་བ་བརྒྱད་པའི་ཆོས་ཉེར་གསུམ་ཉིན་དབུས་ཕྱོགས་སུ་ཐོན་འདུག་ཅེས་པའི་

① （འཛམ་གླིང་མཐའ་རྒྱན་ཤོག་གྲངས་）

གཏམ་འཆལ་བཟློས་པར་བརྟེན། ཨམ་བན་གཉིས་དང་ཞབས་པད་རྣམས་རྗེ་ཐོ་བྲང་དུ་སྐུ་བཅར་གྱིས། “ད་ཆ་ར་སྒྲིང་ཡང་ཐག་ཉེ་བས་བཞུགས་མི་ཐུབ་ཅིང་། ཆབ་མདོ་བར་ཆིབས་བསྒྱུར་གནང་དགོས་འདུག་ཅེས་ཞུ་བར། གོང་མ་ཆེན་པོའི་བཀས་མངགས་པའི་སྐུ་ཚབ་ཧུ་སོང་གཤིས། དངོས་ལན་གནང་རྒྱུ་རྣམས་ཨམ་བན་གྱི་དགོངས་དཔྱད་དང་མཐུན་པར་ངོས་ཐོན་པས་ཆོག་ཀྱང་། གོང་མ་ཆེན་པོའི་སྐུའི་གཟི་བྱིན་ལ་བརྟེན་ནས་རྒྱུན་དམག་ཕྱོགས་འདིར་ལྷགས་ཐུབ་པ་མི་ཡོང་བས་ད་དུང་ངེད་ནས་བརྟག་པ་བྱེད་ཅིང་། ཁྱེད་གཉིས་ནས་ཀྱང་དགོངས་པ་མཐོ་སྨྲོན་མ་མཛད་ན། འདི་སྐོར་སྔར་གོང་མ་ཆེན་པོར་སྙན་ཞུ་བྱེད་དགོས་ཤིང་། སྙིང་ཆ་གང་ཆེ་མཛོད་ཅེས་ཕེབས།”① ཞེས་གསལ་བ་ལྟར་ཨམ་བན་གཉིས་ནས་འདི་སྐོར་དུས་འགྱངས་གྱུར་ན་སྐྱོད་དགེ་སྐྱོན་ཅི་ཡོང་མི་ཤེས་པས་ནོམ་ཆེ་ཨེར་ཏེ་ནི་མཁན་པོ་དང་། བཀའ་བློན་རྣམས་ཡ་མོན་དུ་ད་ལྷ་ཕྱོན་ཞེས་ཐོ་བྲང་ནས་ལམ་བརྒྱངས་ཡ་མོན་དུ་ཕྱོན། གནས་ཚུལ་དེ་སེ་འབྲས་སུ་ཁྱབ་པས་བླ་མ་ལས་སྣེ་ཆེ་བགྲེས་ཚང་འཛོམས་ཀྱིས་ཡ་མོན་དུ་ཕེབས་ནས། རྒྱུན་དམག“ཅི་སྟེ་འདིར་ལྷགས་ཀྱང་གཡུལ་གྱི་དགྲ་འཐབ་ལ་བྱུང་བའི་གྲ་པ་ཡང་སྟོང་ཕྲག་མང་པོ་ཡོད་པས་ཁོ་པའི་དཔུང་ལ་དེ་ཙམ་འཇིགས་མ་དགོས་ཤིང་། རྒྱལ་བ་ཡབ་སྲས་འདི་གར་རང་དུ་བཞུགས་ཆོག་པ་མ་མཛད་ཆོ། ལྷ་ལྡན་འདི་ན་ཡོད་པའི་མི་ཕལ་ཆེར་ནི་ཕྱོགས་འདིར་མི་འདུག་པ་ཤས་ཆེ་བས། བོད་འདིའི་རྟེན་མཆོག་ཇོ་བོ་རིན་པོ་ཆེ་རྣམ་གཉིས་དང་། པོ་ཏ་ལའི་ནང་བཞུགས་ཀྱི་གསེར་གདུང་རྣམ་གཉིས་ཀྱིས་གཙོས་པའི་བོད་ཀྱི་རྟེན་མཆོག་དང་།

① （འཛམ་གླིང་མཐའ་རྒྱན་ཤོག་གྲངས197）

ཁྱད་ནོར་རྣམས་ཀྱང་གོད་ཉམས་ཆག་ཏུ་གྱུར་ན་སྐར་གོང་མ་ཆེན་པོ་དགོངས་འཚོམས་ཀྱི་རྒྱུ་བྱེད་པས། དེ་བས་ང་ཅག་སེ་འབྲས་དགེ་གསུམ་གྱི་གྲྭ་གཞོན་རྣམས་ནས་པོ་ཏ་ལ་དང་། ལྷ་ས་བཅས་སྲུང་ཆ་ཁས་ལེན་ཞུ་བས་ཏ་ལའི་བླ་མ་པོ་བྲང་དུ་བཞུགས་ཆོག་པ་དགོས་ཞེས་ཞུས་པ་ན། ཨམ་བན་གཉིས་ཀྱང་སྐྱབས་མགོན་ཆེན་པོ་ནས་གོར་དམག་ཕྱོགས་འདིར་ཡོང་མི་ཐུབ་ཅེས་ཞལ་གྱིས་བཞེས་པ་དང་། སེ་འབྲས་ནས་ཕྱོགས་འདིར་བྱུང་རུང་སྲུང་ཆ་ཁས་ལེན་བྱེད་རྒྱུའི་ཞུ་བ་ཕྱུང་བར་བརྟེན། གོང་མ་ཆེན་པོར་སྙན་ཞུ་ཕྱུས་པ་ནི། ཨམ་བན་གཉིས་རང་གིས་ཆབ་མདོ་བར་གདན་འདྲེན་ཞུ་ཤག་ཡིན་ཀྱང་། ཏ་ལའི་བླ་མ་དང་། སེ་འབྲས་པ་སོགས་ནས་གོང་བཞིན་གྱིས་གདན་འདྲེན་ཞུ་མ་བཏུག་ཚུལ་དོན་རྟོར་འཁོད་པའི་སྙན་ཞུའི་དྲལ་རྩེ་ཡང་ཕུལ།"① ཞེས་འཁོད་འདུག སྐབས་འདིར་དབུས་གཙང་སེར་སྐྱ་མང་ཚོགས་རྣམས་ནས་རྒྱལ་བ་ཡབ་སྲས་གཉིས་ཀ་ཕྱོགས་ཕེབས་གནང་དགོས་ཤག་གིས་སོ་སོའི་འཁོས་དཔགས་དངོས་འཁྱེར་རྣམས་སྐྱབས་རྟེན་དུ་འབུལ་ཞིང་། སྤྲི་ངག་གི་སྙོ་ནས་གསེར་ཞལ་མྱུར་མཇལ་གྱི་སྨོན་ལམ་འདེབས་པ་སོགས་སྤྱི་ཚོགས་འཁོས་སུ་མི་ཕེབས་པའི་གནས་ཚུལ་ཚབས་ཆེ་བྱུང་ཡོད། "དེ་ནས་གོང་མ་ཆེན་པོའི་གསེར་ཡིག་བཀའ་ལུང་ཕེབས་པར། ཨམ་བན་གཉིས་ནས་ཏ་ལའི་བླ་མ་ཆབ་མདོར་གདན་དྲངས་ཏེ་པོ་ཏ་ལ་ཀུན་མ་ལ་སྤྲོད་རྩིས་བྱས་འདུག་ཀྱང་། ཏ་ལའི་བླ་མ་ནས་དོན་རྩ་བ་ཆེན་པོ་འདི་ཐག་བཅད་ནས་པོ་ཏ་ལར་བཞུགས་འདུག་པ་ཤིན་ཏུ་ལེགས་ཚུལ་དང་། པའུ་ཨམ་པས་པ་ཊ་ཆེན་ཨེར་ཏེ་ནི་བཀྲ་ཤིས་ལྷུན་པོ་ནས་ཁྲིད་འདུག་པ་ཨེར་ཏེ་ནི་སྐུ་

① (འཛམ་གླིང་མཐའ་རྒྱུན་རྗེ་ཤོག་གྲངས198)

ན་ཕྲ་བས་ཉེས་པ་མེད། ཨམ་བན་གྱི་བྲ་བ་མ་འོས་པ་བྲིས་ཚུལ་དང་། སེ་འབྲས་ཀྱི་བླ་གྲྭ་རྣམས་ནས་བསྟན་སྲིད་ཀྱི་ཞབས་ཕྱི་ཡག་པོ་ཞུས་པར་བླ་མ་ཏན་པ་གཉིས་ལ་བདག་རྐྱེན་གནང་རྒྱུར། བླ་མའི་མིང་གསེར་སྙན་དུ་ཞུ་དགོས་ཚུལ་སོགས་ཀྱི་བཀའ་ཡིག་ཕེབས། གཞན་ཡང་གོང་མ་ཆེན་པོ་ནས་ཧྭ་ལའི་བླ་མ་དང་། སངས་རྒྱས་ཀྱི་བསྟན་པ་ལ་ཐུགས་བསྐྱེད་ཀྱི་གོར་དམག་ཕྱིར་བཟློག་ཕྱིར་ལྷ་དམག་འབུམ་ཕྲག་གཏོང་རྒྱུ་དང་། དེ་དག་གི་ཕོགས་ཐོབ་རྡོ་ཚད་ཁྲི་ཚོ་བརྒྱ་ཐམ་པ་གསོལ་རས་གནང་ཚུལ་སོགས་ཀྱི་བཀའ་ཡིག་ཀྱང་ཕེབས།”① ཞེས་གསལ་འདུག

9. གོང་མ་ཆན་ལུང་གིས་གོར་ཁའི་བཙན་འཛུལ་མཐར་སྐྲོད་ཆེད་དམག་དཔོན་ཕུ་ཁང་ཨན་གྱིས་གཙོས་པའི་དམག་དཔུང་འབོར་ཆེན་མངགས་པ།

གོང་མ་ཆན་ལུང་ནས་བོད་ཀྱི་བདེ་གཟར་སྐོར་སྙན་ཞུ་འབྱོར་འཕྲལ་གོར་ཇག་རྣམས་མཐར་བསྐྲོད་གཏོང་ཆེད་བོད་དུ་དམག་དཔུང་བསྐྲོ་རྫོང་གནང་བའི་སྐོར། རྩང་ཁ་གསལ་བ་རྒྱའི་ཡིག་ཚང་ལས་དྲངས་པ་ལྟར་ན། “གོང་མ་ཆན་ལུང་གི་དྲུང་དུ་སྙན་ཞུ་འབྱོར་རྗེས་ལམ་སང་སི་ཁྲོན་གྱི་ཙུང་ཏུའུ་ཨོ་ཧུའི་དང་། ཁྲེང་ཏུའུ་ཡི་ཙང་ཙུན་ཁྲེང་ཧེ་གཉིས་ལ་སི་ཁྲོན་གྱི་དམག་མི་སྟོང་ཕྲག་བཞི་ཁྲིད་དེ་དར་རྩེ་མདོ་ནས་བོད་ལྗོངས་སུ་བསྐྱོད་དགོས་པའི་བཀའ་ཕབ། མི་དེ་གཉིས་ཀྱི་ལག་ཏུ་བཀའ་ཡིག་འབྱོར་རྗེས། ཉིན་ལམ་རེ་རེ་བཞིན་དལ་པོར་བསྐྱོད་ཀྱི་ཡོད་པས་གོང་མ་ཆན་ལུང་གིས་མི་དེ་གཉིས་ལ་བརྟེན་མི་རུང་བ་ཤེས་

① (འཛམ་གླིང་མཐའ་རྒྱན་ཤོག་གྲངས199)

སྐབས། ཡང་སྤྱི་ལོ1791ལོ་[ཆིང་རྒྱལ་རབས་ཀྱི་ཆན་ལུང་ཁྲི་ལོ་ལྔ་བཅུ་ང་དྲུག་པ་] ཡི་དགུན་ཁར། ཙ་ཡུང་གུང་ཐྲུ་ཁང་ཨན་(བོད་པས་ཐུ་སི་ཀྲུང་ཐང་ཟེར་) དམག་དཔོན་ཆེན་པོ་དང་། ཁྲའོ་ཡུང་གུང་ཧའེ་ལན་ཁྲ་ཚན་བློན་ཆེན་དུ་བསྐོས་ཏེ་ཁོ་གཉིས་ཀྱིས་མན་ཀྲུའུ་ནས་བསྐོངས་པའི་དཔའ་རྔར་ཆེ་ཞིང་དམག་འཐབ་མཁས་པའི་སུའོ་ལུན་(འདི་ལ་བོད་ཡིག་ནང་སོ་ལོང་ཟེར་) དམག་མི་སྟོང་ཕྲག་གཉིས་ཁྲིད་དེ་ཟི་ལིང་ནས་བོད་ལྗོངས་སུ་ཆས། ཡང་བཙན་ལྷ་ནས་ཡུལ་དམག་སྟོང་ཕྲག་ལྔ་དང་། བོད་ལྗོངས་ནང་གི་དཔོན་དམག་སྟོང་ཕྲག་གསུམ་བསྐོངས་ཤིང་། དེ་རྗེས་སླར་ཡང་སི་ཁྲོན་གྱི་དམག་མི་སྟོང་ཕྲག་གསུམ་བསྐོངས་པ་བཅས་སྔོན་རྗེས་ཁྲོན་བསྡོམས་དམག་མི་ཆིག་ཁྲི་བདུན་སྟོང་ལྷག་ཙམ་བསྐོངས་ནས་གཡུལ་སར་བཏང་ཡོད།

གོང་མ་ཆན་ལུང་གིས་སླར་ཡང་སི་ཁྲོན་གྱི་ཙོང་ཏུའུ་ལས་ཚབ་སུན་ཧྲི་དཔྱི་ལ་སི་ཁྲོན་ནས་ཆབ་མདོ་བར་གྱི་དམག་རྒྱགས་གྲབས་གཞོམ་དང་སྐྱེལ་འདྲེན་བྱེད་རྒྱུའི་ལས་འགན་འཁུར་དགོས་པ་དང་། བོད་བཞུགས་ཨམ་བན་ཧོ་ལིན་ལ་ཆབ་མདོ་ནས་དབུས་གཙང་བར་གྱི་དམག་རྒྱགས་སྐྱེལ་འདྲེན་བྱེད་རྒྱུའི་ལས་འགན་འཁུར་དགོས་པ། སི་ཁྲོན་གྱི་ཙུང་ཏུའུ་ཧུའེ་ལིང་ལ་གཙང་ཕྱོགས་ནས་བལ་ཡུལ་གྱི་གཡུལ་ས་བར་གྱི་དམག་རྒྱགས་སྐྱེལ་འདྲེན་དང་མགོ་སྒྲིད་བྱེད་རྒྱུའི་ལས་འགན་འཁུར་དགོས་པ་བཅས་ཀྱི་བཀའ་ཕབ་ཅིང་། ལས་དོན་སྒྲུབ་པར་ཤུགས་མི་རྒྱག་མཁན་ཨོ་ཧྲུའེ་དང་ཁྲིང་ཧེ་གཉིས་ཀར་གནས་དབྱུང་གཏོང་རྒྱུའི་ཉེས་ཆད་བཅད་ནས་ཐར་བཞིན་དམག་དཔུང་ནང་དུ་ཞབས་ཕྱི་ཞུ་རུ་འཇུག་དགོས་པའི་བཀའ་ཕབ། སྐབས་དེར་བོད་བསྐྱོད་དམག་དཔུང་ལ་མཚོན་ཆ་མགོ་སྒྲིད་བྱེད་རྒྱུ་དེ་ཐད་དེ་ནང་ཁུལ་ནས་དཔོར་འདྲེན་བྱ་རྒྱུ་དང་།

དམག་རྒྱུགས་མང་ཆེ་བའང་སི་ཁྲིན་གྱིས་མགོ་སྐྱིད་བྱ་རྒྱུར་བརྟེན་པའི་ཐོག བོད་ལྗོངས་རང་ནས་ཀྱང་འབྲུ་རྡོན་ཁྲི་ཕྲག་བདུན་ཙམ་དང་། ཕྱུགས་དཀར་ནག་ཁྲི་ཕྲག་གཉིས་ལྷག་ཙམ་ཉོ་སྒྲུབ་བྱས་ཡོད་པས་མི་ཁྲི་ཕྲག་གཅིག་ལྷག་ཙམ་གྱི་ལོ་གཅིག་གི་བཟའ་ཆས་འདང་ངེས་ཤིག་ཡོད། དེ་མིན་ཏྲའན་ཞི་ནས་ཁལ་དྲིལ་སྟོང་ཕྲག་གཅིག་བསྡུ་ཉོ་བྱས་ནས་བོད་ལྗོངས་སུ་དམག་མགོ་སྐྱེལ་འདྲེན་བྱེད་པར་དེད། དམག་འཁྲུག་ཐེངས་དེར་རྒྱལ་མཛོད་ནས་དམག་གྲོན་དངུལ་སྲང་ཁྲི་ཕྲག་ཆིག་སྟོང་བརྒྱ་མེད་ལྔ་བཅུ་ང་གཉིས་བཏང་བ་དེས་སྐབས་དེའི་རྒྱལ་ཡོངས་ཀྱི་དཔྱ་ཁྲལ་ཡོང་འབབ་བསྡོམས་འབོར་གྱི་བཞི་ཆ་གཅིག་ཟིན་གྱི་ཡོད།”① ཅེས་འཁོད་འདུག

སྤྱི་ལོ1791བོད་ཆུ་བྱི་ལོའི་ཟླ་བ་བཅུ་པའི་ནང་། སྤྱི་ཁྱབ་དམག་དཔོན་ཆེན་པོ་ཕུ་ཁང་ཨན་ལྷ་སར་ཕེབས་འབྱོར་ཐོག་མའི་མཇལ་འཕྲད་སྐོར། ཏཱ་ལའི་བླ་མ་བརྒྱད་པའི་རྣམ་ཐར་དུ་འཁོད་པ་ལྟར། “ཆོས་ཉི་ཤུ་གསུམ་ཉིན་ཀྱང་ཐང་ཆེན་པོ་ཕེབས་རྒྱུར། སེ་འབྲས་ཀྱི་བླ་མ་ལས་སྣེ་རྣམས་དང་། བོད་ཀྱི་མི་དྲག རྗེ་ཨོད་ཀྱི་དྲུང་འཁོར་ཚང་མས་ཟུར་ཁང་གཡུལ་ཁ་ནས་ཕེབས་བསུ་དང་། སྔོན་གྲོང་ཟམ་སྣེ་ནས་རྫེ་བཞིའི་དགེ་འདུན་སུམ་བརྒྱ་སྐོར་གྱི་སེར་སྤྲེངས། རྡོ་རིང་སྣང་ནས་ཕུན་ཚོགས་འདུ་ལམ་བརྒྱུད་རྣམ་རྒྱལ་གྲྭ་ཚང་གི་སེར་སྤྲེངས། པོ་བྲང་རྩེ་ནས་དར་འཕྱར་དང་རོལ་ཆ། བཀྲ་ཤིས་ཁྲ་རིང་སོགས་རྒྱལ་ཁབ་ཆེན་པོའི་མཐོང་གཟིགས་ཟླ་ན་མེད་པ་མཛད། དེ་ནས་ཆོམས་ཆེན་རྙིང་པར་ལོ་གསར་ནང་བཞིན་གྱི་རྒྱན་འགྲེམས་དང་། གསེར་ཁྲིའི་གཡས་སུ་ཀུན་གཟིགས་པཎ

① （ཏཱ་ལའི་བླ་མའི་རྣམ་ཐར་ཞེས་པ་བོད་ཡིག་དེབ་ངོས150 – 152）

ཆེན་རིན་པོ་ཆེའི་བཞུགས་ཁྲི། གཡོན་དུ་ཀུན་ཐང་ཆེན་པོ་ལ་གོང་ལས་གོས་ཁ་གཅིག་དམའ་བའི་བཞུགས་ཁྲི་ཞལ་སྐོར་མཉམ་གཟིགས། ཨམ་བན་སོགས་དཔོན་ཁག་རྣམས་ལ་རྒྱུན་བཞིན་གྱི་གྲ་སྒྲིག་ཐོག ཚོམས་ཆེན་དུ་རྩེ་འཛོམ་ཡོང་ཚོད་ལ། ཡབ་སྲས་ལྷན་རྒྱས་ཆིབས་བསྒྱུར་ནས་ཚོམས་ཆེན་གཟིམ་སྒོའི་ནང་ཙམ་དུ་ཡབ་སྲས་གཉིས་ནས་གོང་མ་ཆེན་པོར་མཚམས་ཞུ་མཛད། འདི་ཐོག་གོང་མ་ཆེན་པོ་ནས་ཀྱང་ཡབ་སྲས་སོ་སོར་ཁ་བཏགས་ནང་མཛོད། གཡུའི་ཕྱག་ཕྲེང་པདྨ་རཱ་ག་དང་བྱུ་རུ་སོགས་རིན་པོ་ཆེས་བརྒྱན་པ་རེ། གོས་ཁྲུག་ཆ་ལྔ་རེ་བཅས་བསྩལ་འདུག་པ་འབུལ་བཞེས་བཀའ་དྲིན་ཆེ། དེ་ནས་གསེར་ཁྲིའི་མདུན་དུ་མཇལ་དར་རྩེ་སྤྲོད། ཨ་ལི་ཧ་ཏྭ་ཆེན་པོ་བཤུལ་རིང་གི་ལམ་ལ་སྐྱུངལ་བྱུང་མེད་ལས་ཆེ་ཞེས་མཚམས་ཞུ་མཛད། ཀུན་ཐང་ཆེན་པོ་ནས་ཀྱང་ཏྭ་ལའི་བླ་མ་ཁྱེད་སངས་རྒྱས་དངོས་ཡིན་པའི་ཐུགས་རྗེ་ལ་བརྟེན། ངེད་རྣམས་ལམ་བགྲོད་བདེ་བར་བྱུང་ཞིང་། ད་ཆ་སངས་རྒྱས་དང་མཇལ་སྐབས་འདིར་ངེད་ནས་ཕྱག་འཚལ་ཞུས་ཚོག་པ་ཞུ་བས་ཏྭ་ལའི་བླ་མ་གསེར་ཁྲིར་བཞུགས་པ་མཁྱེན་ཞུ་བར་མཛད། སྐྱབས་མགོན་ཆེན་པོ་ནས་ཀྱང་གོང་མ་ཆེན་པོ་ནི་སངས་རྒྱས་ཐམས་ཅད་ཀྱི་ཡབ་འཇམ་དཔལ་དབྱངས་དངོས་ཡིན། ངེད་ཉི་མ་ནུབ་ཕྱོགས་ཀྱི་བསྟན་པ་དང་འགྲོ་བའི་དོན་དུ་ཁྱེད་གོང་མ་ཆེན་པོའི་སྤྱན་གྱི་འབྲས་བུ་ལྟ་བུ་ཞིག་འདིར་ཕེབས་པ་ན། ཁྱེད་ལྷ་བུས་བླ་མ་བདག་ལ་ཕྱག་འཚལ་བ་ལུགས་སྲོལ་ལ་མེད་པས་དེ་ལྟར་མི་མཛད་པ་ཞུ་ཞེས་ནན་ཆེར་མཛད། ཡང་ཀུན་ཐང་ཆེན་པོ་ནས། ཏྭ་ལའི་བླ་མ་ནས་གོང་མ་ཆེན་པོའི་སྐུའི་ཆེ་བ་ལ་དགོངས་ངེད་ཀྱི་ཕྱག་འཚལ་མི་བཞེས་གསུང་བ་ནི། ངེས་པར་ནང་གི་ལུགས་སྲོལ་མཁྱེན་པའི་རྟགས་ཡིན་འདུག་པས་དེ་རིང་གི་གནས་སྐབས་སུ་ཕྱག་མི་བཞེས་ཏུང་རྗེས་སུ་

ཕྲུལ་ཚོགས་པ་དང་། ཧཱུ་ཡའི་བླ་མ་ཉིད་ནི་སངས་རྒྱས་དངོས། ཧུ་ཐོག་ཐུ་ཐམས་ཅད་ཀྱི་གཙུག་རྒྱན། གོང་མ་ཆེན་པོའི་དབུ་བླ་རྣམས་ཀྱི་གཙོ་བོ་ཡིན་པས་ངེད་ལ་ཁྲི་འདི་ལྷ་བུ་གནང་ན་བསོད་ནམས་ལ་གནོད་པས་ངེས་པར་དམའ་བའི་གདན་ཞིག་ལ་འདུག་ཚོག་པ་དགོས་ཞེས་ནན་ཞུ་མཛད། སྐྱབས་མགོན་ཆེན་པོ་ནས་འཇམ་དབྱངས་གོང་མ་ཆེན་པོས་ངེད་བོད་ན་ཡོད་པའི་འགྲོ་བ་སེར་སྐྱ་ཡོངས་ལ་བྱམས་བརྩེས་དགོངས། གོང་མ་གཉིས་པ་ལྷ་བུའི་བློན་ཆེན་ཁྱེད་བརྫོང་བདའ་གནང་བ་བཀའ་དྲིན་ཆེན་པོ་སྙིང་ལ་བཅངས་ཏེ། གོང་མ་ཆེན་པོའི་བློན་ཆེན་ཁྱེད་བཞུགས་སར་ཁྲི་དམིགས་སུ་བཤམས་པ་ལགས་པས། འདིར་མ་བཞུགས་ན་བླ་མ་ངེད་བསམ་པ་མི་རྫོགས་ཞེས་ཞུ་བར་མཛད་པ་སོགས་བཀའི་ཕེབས་སྒོ་རྣམས་ནང་གི་ལུགས་སྲོལ་བཞིན་ཐོགས་མེད་དུ་མཛད་པས། ཀྱང་ཐང་ཆེན་པོ་ཐུགས་དད་ལྷག་ཏུ་འཕེལ་ཏེ་སྐྱབས་མགོན་ཆེན་པོའི་ཕྱག་ནས་འཇུས་ཏེ་ཉིད་ཀྱི་དབུ་ཐོག་ཏུ་བཞག ཡབ་སྲས་གཉིས་དང་བཅས་སོ་སོའི་བཞུགས་ཁྲིར་མཉམ་བཞུགས་མཛད། དེ་ནས་མི་དྲག་རྣམས་ལ་ཕྱག་དབང་གནང་གྲུབ་པ་དང་། ཡབ་སྲས་གཉིས་ཀྱི་ཞལ་དཀར་སོ་སོའི་གསོལ་དཔོན་དང་། ཀྱང་ཐང་གི་ཞལ་དཀར་དྲུང་ཡིག་ཆུམ་པ་བས་བཏེགས་ནས་གསོལ་ལྷིར་གྱི་སར་གདན་ཐོག་ཡབ་སྲས་གཉིས་དང་། ཀྱང་ཐང་ཆེན་པོའི་ཞལ་དཀར་དུ་རིམ་བཞིན་གསོལ་ཇ་ཞུས་ཐོག གསོལ་དཔོན་སོ་སོས་བཏེག་ནས་ཕྱག་ཏུ་མཉམ་འབུལ་མཛད། སྐབས་འདིའི་སྟོན་ཆེན་གྱིས་དབུས་ལྷན་རྒྱས་ཆེན་པོའི་རིགས་ལ་གསོལ་ཇ་མཉམ་འདེགས་ཁོ་ན་དང་། སྐྱེར་མཇལ་འགོལ་གསེང་གི་སྐབས་སྐྱབས་མགོན་ཆེན་པོ་ཉིད་གཙུག་ཏུ་མཆོད་པར་མཛད་པ་དེ་ཁས་ཤེས་སོ། འདི་སྐབས་ཀྱང་ཐང་ཆེན་པོ་ནས་གོང་མ་ཆེན་པོའི་ཞབས་བརྟན་དུ་དམིགས་

དགེ་འདུན་སྟོང་ཚོ་ཁ་ཤས་ལ་བསྙེན་བཀུར་གྱི་ཐོག་སྐྱབས་མགོན་ཆེན་པོ་ཡང་ཚོགས་དབུས་སུ་སྤྱན་འདྲེན་འདོད་ཡིན་པས་ངེས་པར་ཕེབས་ཐུབ་པ་ཞིག་དང་། དུས་ཚེས་གང་ལ་ལེགས་ཞེས་སྙན་ཞུའང་མཛད། སྐྱབས་མགོན་ཆེན་པོ་ནས་བོད་འདི་ཆོས་དར་བའི་ཞིང་ལྷ་དཀོན་མཆོག་གསུམ་པོ་གཙུག་ཏུ་མཆོད། དེ་ནས་དོན་ལ་འཇུག་པ་ལུགས་སྲོལ་ཡིན་པས། ད་ལམ་བློན་པོ་ཆེན་པོ་ནས་ཆོས་ཀྱི་ལུགས་སྲོལ་ལྟར་བཀའ་འདྲི་ཐམས་ཅད་ཀྱི་ཐོག་མར་དགེ་འདུན་གྱི་སྡེ་ལ་བསྙེན་བཀུར་མཛད་རྒྱུའི་དུས་འདེབས་པ་ནི་ཤིན་ཏུ་ལེགས་ཤིང་། ལྷ་དཀོན་མཆོག་གསུམ་གྱི་མཐུ་ལ་བརྟེན་ནས་བསྟན་ཇུས་ཀྱི་ལས་དོན་འདི་ཡང་ངེས་པར་ཕུན་སུམ་ཚོགས་པའི་རྩེར་སོན་པ་ཞིག་འབྱུང་བའི་རྟེན་འབྲེལ་འགྲིག དུས་ཀྱང་ཚེས་ཉི་ཤུ་ལྔ་ལ་མཛད་ཕྱིན་རྒྱལ་བ་ཙོང་ཁ་པ་ཆེན་པོས་དོན་གྱི་འོད་གསལ་ལ་བརྟེན་ནས་ཕྱི་ནང་གི་བདུད་ཐམས་ཅད་བཅོམ་པའི་དུས་ཡིན་ཅིང་། རྒྱལ་བ་ཙོང་ཁ་པ་ཆེན་པོ་དང་གོང་མ་ཆེན་པོ་གཉིས་ནི་རྗེ་བཙུན་འཇམ་དབྱངས་མི་ཡི་གཟུགས་སུ་བྱོན་པ་ཐུགས་རྒྱུད་གཅིག་ཡིན་པས་དུས་དེ་ལེགས་ཚོགས་ཆེ་ཞེས་ཕེབས་པར། ཀྲུང་ཐང་ཆེན་པོ་ཡང་ཐུགས་དད་ལྷག་པར་འཕེལ་ཏེ། བཞུགས་ཁྲི་ལས་ཧར་བཞེངས་མཛད་ནས་ཐུགས་རྗེ་ཆེ་ཞེས་ཞུ་བ་མཛད།”① ཅེས་ཕན་ཚུན་གུས་བཀུར་དང་བརྩེ་མཐོང་ཆེན་པོ་མཛད་ཚུལ་ཇི་མ་ཇི་བཞིན་འཁོད་འདུག་པ་སྐབས་དེའི་ལམ་སྲོལ་སོགས་ལོ་རྒྱུས་ངོ་མ་གསལ་རྟོགས་ཡོང་ཆེད་དུམ་བུ་འགའ་ཤས་རང་བཟོས་མ་བསྣད་པར་འདྲེན་དགོས་ངེས་འདུག་སྙམ། དེ་ནས“ ཀྲུང་ཐང་གི་ལས་དོན་པ་ཙན་ཅི་བཞི། ཀ་ལན་ཏ། བོད་ཞུགས་ཨེ་ཨམ་

① （འཇམ་གླིང་མཐའ་རྒྱན་ཤོག་གྲངས200－203）

བན་བཅས་སྐུ་མདུན་དུ་བཙར་ནས། མཚམས་ཞུ་ཁ་བཏགས་དང་བཅས་ས་མཚམས་ཀྱི་ལས་དོན་སྐོར་གྱི་བཀའ་འདྲི་ཞུས་པར། སྐྱབས་མགོན་ཆེན་པོ་ནས་ཀྱང་བོད་ལྡོངས་བདེ་ཕྱིར་དུ་དགོངས་ཏེ། དང་པོ་ས་སྲི་བདེ་གཟར་བྱུང་ལུགས། དེ་སྐབས་ཀྱི་ལས་དོན་བྱེད་མིས་ཆུ་དོང་སོག་ཁེབས་སུ་བཞག་ལུགས། དེར་བརྟེན་ཁོ་པ་ངན་པ་བྱས་རྒྱལ་གྱི་བསམ་པས་འདི་ལོའི་དུས་ཁྲིམས་བྱུང་ལུགས་ད་ཆ་གནམ་གྱི་ལྷ་གོང་མ་ཆེན་པོས། ངེད་དང་བོད་ཀྱི་སྐྱེ་འགྲོ་སྤྱི་ལ་དགོངས་ཏེ་བཀའི་མདུན་ན་འདོན་དཔོན་འཁོར་ལྷ་དམག་འབུམ་སྡེའི་ཚོགས་དང་། ནམ་མཁའ་མཛོད་ཀྱི་སྒོ་འཕར་ཕྱེ་སྟེ་མགོ་དགུའི་དཔལ་འབྱོར་གཏེར་བཞིན་དུ་འཛད་མེད་གཏོང་བའི་མཛད་པ་ནི་སངས་རྒྱས་ཀྱི་བསྟན་པ་དང་། བོད་འབངས་ལ་བྱམས་གཟིགས་བླ་ན་མེད་པ་ཡིན། ད་ཕྱིད་བཀའི་བློན་ཆེན་ནས་ཀྱང་གོང་མ་ཆེན་པོའི་དགོངས་པ་མཐར་ཐུག་དང་མཐུན་པར། མུ་སྟེགས་རྒུན་པོའི་དམག་འདི་བཞིན་ཉི་མའི་དཀྱིལ་འཁོར་དང་འཕྲད་པའི་མུན་པ་བཞིན་དུ། རྩིག་མེད་དུ་གཏོང་བ་ཐུགས་རྗེས་གཟིགས་པ་དང་། ངེད་བླ་མ་ཚང་དུ་ནས་ཀྱང་འདི་དོན་སངས་རྒྱས་ཀྱི་བསྟན་པ་གནད་ཆེ་ཡིན་པས་མཛོད་ནས་ཐུགས་མགོ་རིང་ཐུང་འབྲུ་དངུལ་གྱི་མཆོད་པའི་དངོས་པོ་ཕངས་མེད་དང་། བཀའ་བློན་གྱིས་མཆོད་པའི་བོད་མི་དྲག་ཞན་སེར་སྐྱར་མ་ལྟོས་པ་ཞབས་ཕྱི་རྗེ་ལྟར་དགོས་ཀྱང་ལེ་འཕྲི་མེད་པ་དགོས་རྒྱུའི་བཀོད་པ་གཏོང་དང་གཏོང་བཞིན་ཡིན་པས། ད་ལམ་འདི་སྐོར་ཐག་གཅང་ཚོད་ཅིག་དགོས་ཞེས་བཀའ་ནན་ཆེ་བར་ཕེབས། ཁོང་པ་རྣམས་ནས་ཀྱང་ཀྱང་ཐང་ཆེན་པོར་དེ་དོན་ཞུས་འདུག་པར། ཐམས་ཅད་མཁྱེན་པའི་དགོངས་པ་དཀྱིལ་ཆེ་ལ་ཟབ་ཅིང་བསླེང་བ་ཡིན་པས་བློན་པོ་ཆེན་པོ་ཡང་ཤིན་ཏུ་དད་ཅིང་། གུས་བཏུད་ཆེ་སྐྱེད་དང་། གོང་མ་

ཆེན་པོར་ཡང་བཀའི་ཕེབས་སྒོ་འདི་ལྟར་བྱུང་ཚུལ་ཕུལ་བས། གོང་མ་བདག་པོ་ཆེན་པོ་ཐུགས་མཉེས་ཏེ་བཀའ་བཟང་པོ་དང་། པཎྜ་ར་གའི་ཕྱག་ཕྲེང་སོགས་གནང་སྦྱིན་ཡང་བསྩལ།”① ཅེས་གསལ་ཞིང་། དེ་ནས་ལྷ་ལྡན་གཙུག་ལག་ཁང་དང་རྩེ་པོ་ཏ་ལ་གྲྭ་ཚང་(?)

ཁང་དང་རྩེ་པོ་བྲང་གི་ཚོམས་ཆེན་སོ་སོར་སེ་འབྲས་ཀྱི་དགེ་འདུན་སྟོང་ཕྲག་འགའ་ཞིག་འཚོགས་ཏེ་ཉིན་གསུམ་རིང་གོང་མ་ཆེན་པོའི་ཞབས་བརྟན་བསྒྲུབས་པའི་ཚོགས་དབུར་རྒྱལ་བ་ཡབ་སྲས་གཉིས་ཕེབས་ཤིང་། ཀྲུང་ཐང་ནས་འབུལ་བ་དང་བསྔོ་བཀུར་གཟབ་ཅིང་རྒྱས་པ་བཏབ་འདུག

10. རྒྱ་བོད་དཔུང་ཆེན་གཡུལ་ངོར་ཞུགས་མ་ཐག་རྣམ་པར་རྒྱལ་ཏེ་གོར་ཁས་མགོ་སྒུར་བཟོད་གསོལ་ཞུས་པ།

སྤྱི་ལོ1792བོད་ཆུ་བྱི་ལོར། “ཟླ་བ་གསུམ་པའི་ནང་དུ་ཀྲུང་ཐང་ཆེན་པོ་ལྷ་དམག་འབུམ་སྡེའི་ཚོགས་དང་བཅས་གོར་དམག་འཛོམ་ཕྱིར་གཙང་ཕེབས་ལ་ཐོན་གནང་ཕེབས་སྐྱེལ་མཇལ་ཕྱག་གནང་བ་དང་། ཀྲུང་ཐང་གི་ཞབས་ཕྱིར་ཞབས་པད་བཤད་སྒྲ་དང་། མགྲོན་གཉེར་ལོ་ཙཱ་བ་ཆོས་རྒྱ་མཚོ་སོགས་ཞབས་ཕྱི་དྲག་འཕྲིན་མང་པོ་གཏོང་གནང་སོགས།”② མཛད་ཅེས་གསལ།

དཔུང་འཇུག་དངོས་གཞི་བྱས་ཚུལ་སྐོར་དགའ་བཞི་པའི་བྱུང་བརྗོད་ནང་། “ངའོ་ཅང་ཧུན་དང་། ཁྲིན་ཐེའི་ཐུས་དབུས་རྒྱ་དང་རྒྱལ་རོང་གི་དམག་མི་ཁ་ཤས་གཉའ་ནང་ཚོང་འདུས་སུ་འགྱུར་ནས། གཉའ་ནང་དུ་ཡོད་

① (འཛམ་གླིང་མཐའ་རྒྱན་ཤོག་གྲངས203 – 204)

② (འཛམ་གླིང་མཐའ་རྒྱན་ཤོག་གྲངས204)

པའི་གོར་དམག་ས་སྲུང་པ་རྣམས་ཐོ་ཁང་དུ་སྡོད་སྐབས་རྒྱ་མིས་ས་མེ་བརྒྱབ་སྟེ་ཐོ་ཁང་གོར་དམག་དང་བཅས་པའི་སྡོད་བཅུད་ཚང་མ་ཤུལ་མེད་དུ་གཏོར་འདུག་པ་དང་། དེ་མཚུངས་སྤྱི་ཁྱབ་དམག་དཔོན་ཕུ་ཟེ་གུང་ཧ་ཀྲུང་ཐང་ཆེན་མོ་དང་། དཔའ་བོའི་ཁྲུ་མཆོག་གོང་མའི་ནང་བློན་སྦ་དུར་ཧད་གུང་། ཟེ་ཆེན་ཐུ་ཧུའི་རིན་སོགས་རྒྱ་ནག་དང་། སོག་པོ། མཇུ། རྒྱལ་རོང་དང་བཅས་པའི་དཔུང་དམག་ཁྲིངས་རྣམས་ཀྱང་ཇོང་སྐྱིད་བརྒྱུད་ཐོན་ཏེ། སྐྱིད་གྲོང་མཚམས་ཟེར་བའི་ས་འགག་དམ་པོར་རི་དྭགས་སླ་བས་ཀྱང་བགྲོད་དཀའ་བའི་ལམ་དེར་དཔའ་བོའི་ཁྲུ་མཆོག་ཧད་གུང་སོགས་སོ་སོང་སྦ་དུར་རྣམས་ཀྱི་ལིང་གི་བཙོན་པ་ཀླུང་གི་ཤུགས་ལྟར་མགྱོགས་པར་བསྐྱོད་བཞིན་དུ། ཐང་ལ་གནས་པའི་ཕ་རོལ་པོ་རྣམས་ལ་ཉག་ཕྲན་གྱི་འཕྲུལ་འཁོར་འཕངས་ཏེ་ཕྲེང་རྡོག་སྲིད་བུར་རྒྱུས་པ་ལྟར་མདའ་རེས་མི་ལྔ་དྲུག་ཙམ་ཐལ་བྱུང་དུ་འབིགས་པ་དང་། རྒྱལ་མོ་རོང་པའི་དཔོན་དམག་རྣམས་དཔུང་བུ་ཆུང་གི་ཚུལ་དུ་རྐང་འགྲོས་ལ་རྟ་ལས་ཀྱང་མགྱོགས་པར་བསྐྱོད་དེ། ཕས་རྒོལ་ནགས་སུ་བྲོས་པ་རྣམས་ལ་ཐག་རིང་བར་མེ་མདའ་དང་། ཉེ་བར་རལ་གྲིའི་འཕྲུལ་འཁོར་གྱི་སྒོ་ནས་གོར་དམག་ས་སྲུང་པ་རྣམས་ཚང་མ་མཚན་འགེབས་ཀྱིས་བཅོམ་ཐོག སྐྱིད་གྲོང་ཇོང་སྲུང་དུ་ཡོད་པའི་གོར་དཔུང་རྣམས་ལའང་སྤྱང་གིས་ལུག་ཁྲུ་མཐོང་བ་ལྟར་ཇོང་འཚང་བྲུས་ཏེ་རེ་གཉིས་ཙམ་བྲོས་ཐར་ན་ལས། དེ་ཁྲིངས་ཚང་མ་གཏན་བརླག་ཏུ་བཅོམ་སྟེ་གཡུལ་ལས་རྣམ་པར་རྒྱལ་བའི་དཔའ་རྟགས་ཀྱི་རུ་མཚོན་སྲིད་རྩེར་སྒྲེང་བཞིན་དུ་བོད་ཀྱི་ས་སྟེ་བསྒྲལ་ནས། བལ་པོ་ཇོང་དང་ཉེ་བའི་ཆར་ཕེབས་འགྲོར་བྱུང་ཡོད་འདུག་སྐབས་གོར་ཁ་རྒྱལ་བློན་རྣམས་ཚང་མ་ཅི་དྲག་ལ་གྲུར་ནས་གཉའ་ནང་དང་། སྐྱིད་གྲོང་བཅས་ཁག་གཉིས་ཀར་དཔུང་རྒྱབ་དམག་མི་

རིམ་རྫོང་བྱེད་དགོས་སྐབས་མ་འདེངས་པར་ངེད་རྣམས་ཀྱི་བཙོན་སྲུང་དུ་ཡོད་པའི་གོར་དམག་ཀོ་ཕིང་གཅིག་པོ་དེ་ཡང་བཏང་། ……”① ཞེས་གསལ་འདུག་པ་དང་། ཡཱ་ཧན་ཀྲང་གིས་བརྩམས་དེབ་ནང་། ཕུ་ཁང་ཨན་བོད་ལྗོངས་སུ་འབྱོར་མ་ཐག་གཙོ་ཤུགས་དམག་དཔུང་གཞིས་ཀ་རྩེ་ནས་རྫོང་དགའ་དང་སྐྱིད་གྲོང་བརྒྱུད་དེ་ཐད་ཀར་བལ་ཡུལ་གྱི་དཀྱིལ་ཁུལ་དུ་ཕར་རྒོལ་བྱེད་རྒྱུ་དང་། ཁྲིང་ཧྲེ་དམག་ཁག་གཅིག་ཁྲིད་དུ་བཅུག་ནས་གཉའ་ནང་ལ་ཕར་རྒོལ་བྱས་ཏེ་གཉོགས་འདེགས་བྱེད་པར་གཏོང་རྒྱུ་ཐག་བཅད་པ་མ་ཟད། བོད་དམག་ལའང་ཕག་རི་ནས་གྲོ་མོ་ལ་ཕར་རྒོལ་བྱས་ཏེ་གོར་ཁཱས་བཙན་བཟུང་བྱས་ནས་སྡོད་པའི་གྲོ་མོའི་ས་ཆ་ཚུར་ལེན་དགོས་པའི་བཀའ་ཕབ་པ་རེད།” ཅེས་དང་། “སྤྱི་ལོ1792ལོའི་ཟླ་བ་བཞི་པར་ཕུ་ཁང་ཨན་གྱིས་དཔུང་ཆེན་ཁྲིད་དེ་དིང་རི་སྒང་འཁོར་ནས་དཔུང་འཇུག་བྱས་ཏེ་ཟླ་བ་ལྔ་པའི་ཚེས་བདུན་ཉིན་གྲམ་སླེབས་ཤིང་། དེ་མུར་སྐྱིད་གྲོང་ཡང་ཚུར་བླངས་པ་དང་། ཚེས་བཅོ་ལྔ་ཉིན་བོད་བལ་ས་མཚམས་རི་ཟུར་(སོག་)ཟམ་པ་བླངས། དེ་དང་དུས་མཉམ་དུ་ཁྲིང་ཧྲེ་སོགས་ཀྱིས་ཁྲིད་པའི་དམག་དཔུང་གིས་ཀྱང་གཉའ་ནང་ཚུར་བླངས་ཤིང་། མུ་ས་ཟམ་པ་བླངས་པ་མ་ཟད། གོར་ཁཱའི་འགོ་པ་ཆེན་པོ་ཙ་མ་ཧ་ཨར་(ཛམ་ཧར་)ཙེང་ས་ཧེབ་གསོན་བཟུང་ཡང་བྱས་པ་རེད། སྐབས་དེར་སླེབས་དུས་གོར་ཁཱས་བཙན་བཟུང་བྱས་པའི་བོད་ལྗོངས་ཀྱི་ས་ཆ་ཚང་མ་ཚུར་བླངས་པ་དང་། བོད་ལྗོངས་སུ་བཙན་འཛུལ་བྱེད་མཁན་གོར་ཁཱ་ཡོངས་རྫོགས་ཕྱིར་བསྐྲད་བཏང་བ། ཆིང་དམག་བལ་ཡུལ་གྱི་མཐའ་མཚམས་སུ་འབྱོར་པ་བཅས

① (དཀའ་བཞི་བའི་བྱུང་བརྗོད་དེབ་ངོས852－853)

ལ་བརྟེན་གོར་ཁ་རྒྱལ་པོ་ལ་ན་ (རཏྣ་) སྨྲ་དུར་གྱིས་དེ་སྔ་གསོན་བཟུང་བྱས་པའི་རྒྱ་དམག་ཕང་ཀང་དང་། རྫོང་དཔོན་ཐང་སྨད་ཕྱིར་ལོག་བཏང་བར་མ་ཟད། ཁོ་གཉིས་ལ་འདུམ་སྒྲིག་ཡོང་རེའི་ཞུ་ཡིག་གཅིག་ཀྱང་བསྐུར་ཡོད། འོན་ཀྱང་ཞུ་ཁང་ཨན་གྱིས་ཡིག་ལན་བཏང་ནས་འདུམ་སྒྲིག་བྱེད་རྒྱུ་ཁས་མ་བླངས་པ་མ་ཟད། དཔུང་ཆེན་ལ་རྒྱལ་ཁ་ཐོབ་མུར་མདུན་སྐྱོད་དགོས་པའི་བཀའ་ཡང་བབ་སྟེ། ཟླ་བ་ལྔ་པའི་ཚེས་ཉེར་བཞི་ཉིན་དཔུང་ཆེན་དེ་གོར་ཁའི་མངའ་ཁོངས་སུ་བསྐྱོད་ནས་ཞེ་པུའུ་ལུའུ་ (ཤ་རུ་) བཙན་འགག་ཏུ་འཁྱོར་དུས་གོར་ཁས་ཆུ་པོར་བརྟེན་ནས་འགོག་སྲུང་བྱས་ཏེ་བསྡད་ཀྱང་། ཞུ་ཁང་ཨན་གྱིས་མཚན་མོ་ཆར་པ་འབབ་པའི་གོ་སྐབས་དང་བསྟུན་ཏེ་གཟིངས་བཟོས་ནས་ཆུ་པོ་བརྒལ་ཏེ་བཙན་རྫོང་ལྷུ་མེར་སྲེག་བཏང་། ཟླ་བ་དྲུག་པའི་ཚེས་བཅོ་བརྒྱད་ཉིན་གོར་ཁ་རྒྱལ་པོས་སླར་ཡང་འགོ་པ་ཆེན་པོ་བཞི་བཏང་ནས་དེ་སྔ་གསོན་བཟུང་བྱས་པའི་བཀའ་བློན་བསྟན་འཛིན་དཔལ་འབྱོར་དང་རྒྱ་བོད་ཀྱི་དཔོན་དམག་རྣམས་ཕྱིར་བསྐྱལ་ཡོང་། རྒྱལ་པོ་དེས་ཞུ་ཁང་ཨན་ལ་ཡི་གེ་བཏང་སྟེ་ནག་ཉེས་ངོས་ལེན་བྱས་ནས་འདུམ་སྒྲིག་ཡོང་རེ་དང་དཔུང་འཇུག་བྱེད་མཚམས་འཇོག་རེ་ཞུས་ཀྱང་། ཧྥུ་ཁང་ཨན་གྱིས་སླར་ཡང་ཡིག་ལན་བཏང་ནས་ཁས་མ་བླངས་པ་རེད། ”① ཅེས་གསལ། གོར་ཁས་འདུམ་འགྲིག་ཡོང་རེ་ཞུས་པའི་སྐོར་ཏ་ཅང་ཞིབ་ཕྲ་དཀའ་བཞི་བའི་བྱུང་བརྗོད་ནང་འཁོད་པ་ཡིག་ཚོགས་ཆེ་བས་ཆ་ཚང་འདྲེན་མ་ཐུབ་ཀྱང་། དོན་སྙིང་རགས་བསྡུས་ཙམ་བརྗོད་ན། བོད་ཀྱི་བཀའ་བློན་དགའ་གཞུ་སོགས་བལ་ཡུལ་མཚོད་རྟེན་བྱང་ཕྱོགས་ཀྱི་རི་

① (ཏཱ་ལའི་བླ་མའི་རྣམ་ཐར་དེབ་ངོས152 – 154)

ཕེབས་ནགས་ཁྲོད་དུ་བཞག་སྐངས། ཉིན་གཅིག་གློ་བུར་དུ་དེ་སྔ་ལྷ་སར་སྡོད་སྐྱོང་བའི་བལ་པོ་རྨ་ཆེན་ཧ་ར་ཟེར་བ་བོད་སྐད་བོད་ཡིག་མཁས་པ་ཞིག་ཡོད་པ་དེས། སྣང་པོ་ཆེ་རྒྱན་ཆས་སྤྲས་པ་གཅིག་ཁྲིད་དེ་རྗེ་རིང་ཀ་ཅི་ད་ལྟ་གོར་ཁ་རྒྱལ་ཁང་དུ་ཕེབས་དགོས་ཟེར་དོན། ཁོང་དང་རོགས་ཟླ་འགྱུར་མེད་ཚེ་བརྟན་གཉིས་ཕེབས་པར། གོར་རྒྱལ་རཎ་སྲཱ་དུར་ཛ་མ་རྒྱ་གར་དང་ཉེ་མཚམས་སུ་ཐོས་ཟིན་ནས་བསྟད་མེད་ཀྱང་། རྒྱལ་པོའི་ཨ་ཁུ་སྲཱ་དུར་ས་ཧེབ་ཟེར་བ་རྒྱལ་ཁང་གི་དབང་བདག་ཁོ་རང་དང་། བློན་པོ་གཙོ་དྲག་ཁ་ཤས་བཅས་ནས་ཐུག་འཕྲད་ཀྱི་སྟེར་དང་མི་འདྲ་བའི་སྐྱེ་ལེན་གཟབ་རྒྱས་ཐོག སྲཱ་དུར་ས་ཧེབ་ནས་བོད་གོར་སྟེར་ནས་འཚམ་མཐུན་ཡང་། བར་སྐབས་བླ་མ་ཞྭ་དམར་བས་དཀྲུག་ཤིང་ངན་བསླབས་སོགས་ཀྱི་དམག་འཁྲུག་བྱ་དགོས་བྱུང་ཚུལ་ཞིབ་ཕྲ་དང་། ད་ཆ་རྒྱ་སོག་བོད་བཅས་ཀྱི་དམག་དཔུང་ཐོན་ཆེ་འཁོར་ནས་གཉའ་སྐྱིད་ཁྲུལ་གྱི་གོར་དམག་བཅོམ་སྟེ་བལ་ཡུལ་དང་ཐག་ཉེར་འཁོར་འདུག་ཅེང་། བླ་མ་ཞྭ་དམར་བ་ནི་དུག་འགམས་པའམ་གང་ལྟར་འདས་ཟིན་འདུག་ན། རྗེ་རིང་ཀ་ཅི་རང་ནས་གོང་མའི་དམག་དཔོན་གྱི་སར་བསྐྱོད་དེ། ཡང་སྐྱེང་རྒྱ་བོད་ཀྱི་དྲག་དཔུང་རྣམས་བལ་ཡུལ་གླིང་གསུམ་ནང་མི་ལྷགས་པ་དང་། སླད་ཕྱིན་ཡང་རྒྱ་མིའི་དཔོན་དམག་བལ་ཡུལ་དུ་གཏན་སྡོད་རིགས་མི་དགོས་པ་ཞིག་བྱུང་ཕྱིན། "བཀྲ་ཤིས་ལྷུན་པོའི་སྐུ་ཆས་དང་། ཁྱིད་རང་བཀའ་མདའ་སོགས་ཀྱི་ཆས་དངོས་བླངས་པ་རྣམས་ངོ་ཡོད་ངོ་དང་ངོ་མེད་ཚབ་སྒྲིག་བྱེད་རྒྱུ་དང་། རྒྱ་བོད་ཀྱི་མི་དྲག་ཤི་རྨས་བྱུང་བ་རྣམས་ལ་བོད་ལུགས་ཀྱི་དགེ་སྟོང་རྨས་འཇལ་ཡང་ཁྲིམས་སྲོལ་ལྟར་སྤྲོད་དགོས་བྱུང་ཙང་མི་སྤྲོད་ཀ་མེད་ཐོག ཕྱིན་ཆད་ནས་རྒྱ་ནག་གོང་མ་ཆེན་པོ་དང་། བོད་ཀྱི་རྒྱལ་བ་ཡབ་སྲས་གཉིས་ལ་ལོ་ལྟར་མཚམས་

ཞུ་མི་སྣའི་གདོང་བབ་མཚུངས་འགྲུབ་ཚོད་ཀྱི་དཔྱ་ཁྲལ་ཙམ་འབུལ་དགོས་བྱུང་རུང་། བཀའ་གནང་ལྟར་ལོ་ཐོགས་ཕྲ་བཟུང་མེད་པ་ཕུལ་ཚོག་པ་ཞུ་རྒྱུ་ཡིན་པས་དེ་རྩིས་སྙན་ཞུ་བྱེད་པར་འཕྲུལ་ཐོན་དགོས་ཞེས།”① བརྗོད་འདུག་པས། བཀའ་བློན་དགའ་བཞི་བས་ལན་རྗོར། བླ་མ་ཞྭ་དམར་བ་ནས་ཤོག་སྨུག་རླུང་འཚང་བྱས་པ་བདེན་མིན་ཇི་ལྟར་ཡང་། དོན་དུ་གོར་ཁ་རྒྱལ་བློན་ནས་སྤྱི་ཕྱིར་ཁྲིམས་དང་ལས་འབྲས་བརྩི་མེད་བྱས་ཚུལ་དང་། ཞྭ་དམར་བ་འདས་གྲོངས་གྱུར་པ་བདེན་མིན་མི་ཤེས་ཤིང་། གཞི་ནས་ངེད་རྒྱ་བོད་མི་སྣ་ཚང་མ་མཉམ་དུ་ཕྱིར་སློག་བྱེད་ན་ལས། ཁོ་བོ་གཅིག་པུ་སྔོན་ལ་ལོག་མི་ནུས་ཚུལ་བཤད་པར། ལན་དུ་བླ་མ་ཞྭ་དམར་བ་མ་ཤི་ཤི་ཚུལ་དང་། ཡང་ན་ངེད་ཚོས་བསད་པ་སོགས་ཡིན་མིན་ཁྱེད་རང་ཡིད་མ་ཆེས་ན། ད་ལྟ་ཕུང་པོ་མཆོད་རྟེན་བྱ་རུང་ཁ་ཤོར་གྱི་ཉེ་འགྲམ་དུ་ཡོད་པས་བལྟ་ཞིབ་བྱེད་ན་འགྲིག ཁོ་པས་གོར་བོད་བར་དཀྲུག་ཤིང་བྱས་མིན་བླ་མའི་ནང་མི་བུ་མོ་ལགས་ཟེར་བ་དང་། གསོལ་དཔོན་རྗེ་དྲུང་སོགས་གསོན་པོར་བསྡད་ཡོད་པས་དེ་དག་དང་ར་སྤྲོད་བྱས་ཆོག ཁྱེད་རང་གཅིག་པུ་འགྲོ་མི་ནུས་ཚེ་སྤྱི་ལོ་གཉའ་ནང་ནས་ཁྱེད་ཚོ་དང་མཉམ་དུ་བཟུང་བའི་རྒྱ་མི་དཔོན་ཚང་གཉིས་དང་། དེ་དུས་སྐྱིད་གྲོང་དུའང་རྒྱ་མི་དཔོན་ཚང་གཉིས་འདུག་པ་འཛིན་བཟུང་གི་ད་ལྟ་རྒྱ་མི་བཞི་པོ་ཡམ་བུ་རང་དུ་ཡོད་གཤིས། དེ་གྲས་མི་གཉིས་ཁྱེད་དང་མཉམ་དུ་སྐྱིད་གྲོང་ཕྱོགས་བཏང་འཕྲུས་དང་། ཁྱེད་ཀྱི་གཡོག་པོ་གཅིག་དང་རྒྱ་མི་གཞན་གཉིས་པོ་གཉའ་ནང་དུ་གཏོང་རྒྱུ་ལས། འདིར་ཡོད་རྒྱ་བོད་མི་སྣ་ཚང་མ་སྐབས་གཅིག་ཏུ་ཕྱིར་སློག་བཏང་ཆོག་ཡིད་མི་

① （དགའ་བཞི་བའི་བྱུང་བརྗོད་དེབ་ངོས861）

ཆེས་པས་ཁྱེད་ཀྱིས་རྒྱ་བོད་དཔུང་དམག་ལ་བབ་གསེད་དོན་སྨིན་བྱུང་འཕྲལ་ཚང་མ་འདོད་ཁེངས་ཀྱི་ཇོང་བ་དང་བཅས་ཕྱིར་སློག་བྱ་རྒྱུ་བཅས་བཤད་འདུག་པར་དགའ་བཞི་བས། ངེད་ཀྱི་བསམ་ཚོད་ལྟར་ན་རྒྱལ་པོ་རཛཱ་སྭ་དུར་ཇོ་མའམ། ཨ་ཁུ་སྭ་དུར་ས་ཧེབ་སུ་ཏུང་ཞིག་ངེད་འདིར་ཡོད་རྒྱ་བོད་མི་སྣ་རྣམས་དང་མཉམ་དུ་གྲུང་ཐང་གི་སྐུ་མདུན་དུ་ཕྱིན་ཐོག ད་ལམ་ང་ལ་གང་བཤད་རྣམས་ཞིབ་གསོལ་བྱས་ཏེ་ངེད་རྒྱ་བོད་ཆོས་ཀྱང་ཞུ་ཕྱོགས་གང་དྲག་བྱས་ན་ལེ་འགྲིག་ཡོང་རེ་ལས། ང་ཚོ་རྒྱ་བོད་མི་སྣ་རེ་གཉིས་ནས་སྙན་ཞུ་དེ་རིགས་བྱས་ཏང་ཁྱོད་ཚོར་དོན་སྨིན་མི་ཡོང་བའི་ཁར། ངེད་སྙན་ཞུ་བྱེད་མི་ལའང་དགོངས་ཕྱོགས་ཀྱི་ཉེས་སྐྱོན་ཇི་ཡོང་མི་ཤེས་པས་གཏན་ནས་འགྲོ་ནུས་ཐབས་མི་འདུག་ཅེས་བརྗོད་རྐྱེན་མཐར་ཐུག་རྒྱ་བོད་མི་སྣ་ཚང་མ་མཉམ་སློག་བྱ་རྒྱུ་ཁས་བླངས་ཐོག དེའི་སང་ཉིན་བཀའ་བློན་དགའ་གཡུ་གཉིས་དང་། གཞའ་ཤོ་སྡེ་སྟོད། བཀྲས་ལྷུན་ཐང་སྨད་ནོར་དབང་། ས་སྐྱའི་དྲུང་ཡིག་བཅས་དང་། རྒྱ་རིགས་དཔོན་ཆུང་བཞི་མཉམ་འཛོམས་ཀྱིས་བླ་མ་ཞྭ་དམར་བ་ཡིན་མིན་ཕུར་ལ་ཞིབ་བརྟག་བྱས་དོན། ལག་གཡས་ཀྱི་འཛེར་པ་དང་། གདོང་གི་སྨེ་བ་སོགས་གང་ཅི་ནས་ངོ་ནོར་མེད་པ་གསལ་པོ་ར་འཕྲོད་བྱུང་འདུག་ཅིང་། དེའི་གནངས་ཉིན་རྒྱ་བོད་མི་སྣ་རྣམས་ལ་ཞྭ་གོས་དང་། གོ་བབ་ཀྱི་ལག་དངུལ། ལམ་ཆས་སོགས་སྤྲད་ཐོག གོར་ཁའི་བློན་པོ་ཀ་ཅི་རཛཱ་ཇི་པླ་རས་དང་། སྟག་གསར་ལས་ཐོག་ན་སེང་མི་སར། ཁྲི་ག་པི་ན་བཅས་གཙོ་དྲག་གསུམ་བཅས་མཉམ་ཐོན་བྱེད་སྐབས་གཞའ་ཤོ་སྡེ་སྟོད་པའི་གཡོག་བསྟན་འཛིན་ཟེར་བ་དང་། སྐྱིད་གྲོང་ནས་དགྲ་ལག་ཏུ་ཚུད་པའི་རྒྱ་དཔོན་ཧུ་དགའ་ཟེར་བ་གཉིས་གཞའ་ནང་བརྒྱུད་བཏང་བ་ཕུད། དེ་བྱིངས་རྣམས་གོར་དཔོན་གསུམ་དང་མཉམ་དུ་སྐྱིད་

གྲོང་ཕྱོགས་ཐོན་ཞིང་། འདི་སྐབས་རྒྱ་བོད་ཀྱི་དཔུང་ཆེན་རྣམས་བལ་པོ་རྫོང་གི་ཕ་རིར་རྡོ་དཔུང་ཞེས་པའི་ས་གནས་སུ་དམག་སྒར་བཏབ་ནས་བཞུགས་ཡོད། "རྒྱ་ཁྲིའི་རྟོར་ཟླ་དྲུག་པའི་ཚེས་ཉེར་བདུན་གྱི་ནམ་ཕྱེད་ཡོལ་ཙམ་ལ་ཀྲུང་ཐང་སྒར་ཐོག་ཏུ་འཁྱོར།"① ཞེས་གསལ་འདུག་པ་གོར་ཁས་ཞི་ཆིངས་ཡོང་བའི་རེ་འདུན་ཞུ་སྐྱངས་སྐོར་གོང་གི་ཡིག་ཆ་དང་ཅུང་ཟད་མཐུན་མིན་ཡང་། སྐབས་དེར་བྱ་བ་ངོ་མའི་ནང་དངོས་སུ་ཞུགས་མྱོང་བའི་དགའ་བཞི་བའི་རང་རྣམ་དེ་ཁུངས་དག་གམ་སྙམ།

དེ་དུས་ཀྱི་གནས་ཚུལ་དངོས་སྐོར་དགའ་བཞི་བའི་བྱུང་བརྗོད་ནང་"དེ་ལྟར་ངེད་རྣམས་རྡོ་དཔུང་ཟེར་བའི་ས་ཡུལ་ཀྲུང་ཐང་གི་སྒར་ཐོག་ཏུ་འཁྱོར་མ་ཐག ངེད་བོད་མི་རྣམས་དང་རྒྱ་དཔོན་ཆུང་བཞི (གསུམ་) པོ་བཅས་ཀྲུང་ཐང་རང་གི་ནང་བློན་ཀ་ལཀྵ་བཞི་འདུག་པའི་ནང་གི་རྡའི་ཀ་ལཀྵ་ཟེར་བ་ཁ་དབང་ཆེ་བ་ཞིག་འདུག་པ་དེའི་གུར་ནང་དུ་བཞག་ནས། གོར་ཁའི་བློན་པོ་ག་ཅི་རཏྣ་པཱ་རས་དང་། སྟག་གསར་ན་སིང་མི་སར་ཇོ་གཡོག་རྣམས་ཟེ་ལིང་གི་དམག་མི་ཉི་ཤུ་སྐོར་གྱི་སྲུང་བྱ་དང་བཅས་ཐང་ཤིང་སྡོང་སྒྲིག་གི་སྡོད་གནས་ཁྲིའུའི་འཇུག་སྡོད་ལྟ་བུ་ཞིག་ཆེད་དུ་བཟོས་འདུག་པ་དེའི་ནང་དུ་བཅུག སང་ཉིན་སྔ་ཐོག་གི་ཆར་ཁོ་བོ་དང་། གཡུ་ཐོག གཉའ་ནང་ཉི་རྟེང་པ་སྣེ་སྟོད། བཀྲ་ཤིས་ལྷུན་པོའི་ཐང་སྨད་ནོར་དབང་། ས་སྐྱའི་དྲུང་ཡིག རྒྱ་དཔོན་ཆུང་བཞི་བཅས་མཇལ་ཁར་བཏང་བྱུང་སྐབས། ཕུ་ཐེ་གུང་ཐ་ཀྲུང་ཐང་ཆེན་པོ་རང་གུར་ཆུང་ཞིག་གི་དབུས་སུ་བཞུགས་ཏེ་རྒྱའི་ལུགས་སྲོལ་ལ་གཡས་གཡོན་གཉིས་ལས་

① (དགའ་བཞི་བའི་བྱུང་བརྗོད་དེབ་ངོས874)

གཡོན་ཕྱོགས་གྲལ་འགོར་ངོས་འཛིན་པ་བཅས་ཀྱང་ཐང་གི་གཡོན་དུ་སྣ་དུར་དཔའ་བོ་ཆེན་པོ་ཧད་གུང་དང་། གཡས་སུ་ཟི་ཁྲིན་གྱི་ཙོང་ཐུ་འཁོད་དེ་འདུག་པར། ཁོ་བོ་ཅག་རྣམས་ཀྱིས་རྒྱའི་ལུགས་སྲོལ་ལྟར་གྱི་ཕྱག་དགུ་ཕྱུགས་སུ་བཙལ་ནས་མདུན་དུ་པུས་མོ་བཙུགས་ཏེ་གནས་པ་ན། ཀྱང་ཐང་ནས་མཇུའི་སྐད་དུ་སྨྲས་པ་རྣམས་རྩེའི་གོང་ཞབས་རིན་པོ་ཆེའི་མགྲོན་གཉེར་ལོ་ཙཱ་བ་ཆོས་རྒྱ་ཆོས་བོད་སྐད་དུ་བསྒྱུར་ཏེ། དེ་ཉིད་ཐོག་མའི་ཆར་ཁམས་བདེའི་བཀའ་འདྲི་དང་། བལ་ཡུལ་གྱི་རི་གླང་ས་དཔྱད་དང་། ལས་སྣོ་ཚོང་འདུས་ཀྱི་སྐོར་སོགས་གང་འཚམས་ལས་ཞིབ་ཏུ་ཕེབས་མ་བྱུང་གཤིས་ཕར་ཡང་དངོས་ལན་མདོར་བསྡུས་རེ་ཞུས། དེ་རྗེས་རྒྱ་དཔོན་གོང་གསལ་གསུམ་ག་དཀྱིལ་སྣར་གྱི་ལྷིང་གུར་ཆེ་ལེགས་ཤིག་འདུག་པའི་ནང་དུ་ཕེབས་ནས་མཐའ་སྐོར་དུ་མཇུ་དང་། སོ་ལོང་གི་སྣ་དུར། རྒྱལ་མོ་རོང་པའི་དཔོན་དམག་སོགས་རྫམ་ཟེལ་ཆེ་བའི་དཔའ་བོ་དུ་མས་ལྷུགས་རེ་སུ་མཁྱུད་ལྟར་བསྐོར་ནས། གོར་ཁའི་སློན་པོ་ངོ་གཡོག་རྣམས་ལ་མཇལ་ཁ་གནང་སོང་བ་ལས་བཀའ་འདྲི་ཇི་ཕེབས་ནི་མ་རྟོགས།"① ཞེས་འཁོད་འདུག

ཐེངས་དེའི་དམག་འཐབ་ཀྱི་མཐའ་མའི་འཛོག་སོའི་སྐོར་ཡཱ་ཧན་ཀྱང་གིས་བརྩམས་དེབ་ནང་འཁོད་པར། "ཆེང་དམག་གོར་ཁཱའི་རྒྱལ་སར་སློབ་གྲབས་ཡོད་པས། གོར་ཁཱ་རྒྱལ་པོ་ལ་ན་(རཏྣ་)སྣ་དུར་གྱིས་ཟླ་བ་བདུན་པའི་ཚེས་བརྒྱད་ཉིན་སྣར་ཡང་འགོ་པ་ཆེན་པོ་བཏང་ནས་དམག་དཔུང་གི་མདུན་དུ་མགོ་བཏགས་ཚོག་པའི་རེ་བ་ཞུས་པ་མ་ཟད། སྔོན་ཆད་བོད་ལྗོངས་དང་གོར་

① (དགའ་བཞི་བའི་བྱུང་བརྗོད་དེབ་ངོས886)

ཁྲའི་བར་བཞག་པའི་ཆིངས་ཡིག་ཕྱིར་བསྐྱལ་ཡོང་བ་དང་། སྔོན་ཆད་བཀྲ་ཤིས་ལྷུན་པོ་ནས་འཁྲོག་བཅོམ་བྱས་པའི་གོང་མ་ཁང་ཞིས་པཎ་ཆེན་སྐུ་ཕྲེང་ལྔ་པར་གནང་བའི་གསེར་གྱི་འཇའ་ས་ཤོག་ལྷེ་བཅུ་གཉིས་མ་དང་བཅས་པའི་ཅ་ལག་རྩ་ཆེན་རྣམས་བསྐྱལ་ཡོང་བར་མ་ཟད། ཞྭ་དམར་བའི་གདུང་རུས་ཀྱང་ཕྱིར་བསྐྱལ་ཡོང་བ་རེད། ཡིན་ནའང་ཆྱུ་ཁང་ཨན་གྱིས་ད་དུང་ཁས་མ་བླངས་པ་རེད། ཟླ་བ་བདུན་པའི་ཚེས་བཅུ་བཞི་ཉིན་གོར་ཁ་རྒྱལ་པོས་སླར་ཡང་ཞྭ་དམར་བའི་བཟའ་ཟླ་ཚེ་དབང་ལྷ་མོ་དང་བུ་མོ་ཚེ་དབང་ཁྲ་འབྲུག་ཆིང་དམག་ལ་ཕུལ་བར་མ་ཟད། ཡི་གེ་བཏང་ནས་མགོ་བཏགས་ཚོག་པའི་རེ་བ་ཞུས་ཐོག་ད་ཕྱིན་དུས་ནམ་ཡང་ས་མཚམས་ལ་བཙན་འཛུལ་བྱེད་མི་ཡོང་ལ། ཐེངས་དང་པོ་ལྟར་མགོ་བཏགས་རྗེས་ཡང་བསྐྱར་བཙན་འཛུལ་བྱེད་མི་ཡོང་ལ། ཐེངས་དང་པོ་ལྟར་མགོ་བཏགས་རྗེས་ཡང་བསྐྱར་བཙན་འཛུལ་རིགས་ཀྱང་མི་ཡོང་། ……ཆེད་མངགས་ཀྱི་དོན་གཅོད་ཀ་ཅི་ཧི་ཕྲུ་ཏ་ཐེ་ཐ་པ་པེ་ཅིང་དུ་བཏང་ནས་……གུས་པ་ཆེན་པོས་ཞུ་ཡིག་བཀུག་སྟེ་ངེད་ཀྱི་ཚབ་ཏུ་ཕྱག་འཚལ་དང་འབྲེལ་གོང་མ་ཆེན་པོའི་ཞལ་རས་མཇལ་རྒྱུར་མ་ཟད། ལྷག་བསམ་རྣམ་དག་གིས་རོལ་མོ་བ་དང་། སྣང་ཆེན་དུལ་མ་དང་། ཡུལ་རྟ། ཡུལ་རྫས་སོགས་གྲ་སྒྲིག་ཀྱང་བྱས་ཡོད། ……ཕྱིན་ཆད་ལོ་ལྔ་རེར་ཀ་ཅི་རེ་བཏང་ནས་གུས་པ་ཆེན་པོས་མཇལ་རྟེན་དང་བཅས་མཇལ་ཁ་ཐེངས་རེ་ཞུས་ཚོག་པའི་རེ་བ་ཟློལ་མེད་དུ་ཞུ་རྒྱུ་ཡིན། ཞེས་བཤད་པ་རེད། ཆིང་དམག་གིས་དཔུང་འཇུག་བྱས་ཧེ་ཀ་ཏ་མན་གྱི་ཉེ་འདབས་སུ་འགྱོར་སྐབས་སྟོན་འཇུག་ཡིན་པས། ཆྱུ་ཁང་ཨན་གྱིས་གོང་མ་ཆེན་ལུང་ལ། ‘བོད་ལྗོངས་ཀྱི་མཐའ་ཁྲུལ་ཁ་བ་འབབ་སྟ་ཤོས་ཏེ། དཔེར་ན་རྫོང་དགའ་དང་མཐོང་ལ་སོགས་སུ་ལོ་ལྟར་ཟླ་བ་བརྒྱད་པ་

དང་དགུ་པར་ཁ་བ་ཆེན་པོ་རི་བོ་ཀུན་ཏུ་ཁྱབ་ནས་སྡོད་ཀྱི་ཡོད། ད་ལོའི་དུས་ཚིགས་སྨྱུ་ཙམ་ཡོད་པས་སྟོན་ཀ་ཤར་ནས་ཉི་མ་བཅུ་ལྷག་ཙམ་ཕྱིན་ཚར་བ་རེད། གང་ལྟར་ཁ་བ་རི་བོ་ཀུན་ཏུ་མ་ཁྱབ་གོང་དུ་དམག་ཕྱིར་འཐེན་ཐུབ་པ་བྱེད་དགོས་པ་ལས་དུས་འགྱངས་བཏང་ན་འགྲིག་པ་མི་འདུག' ཅེས་སྙན་ཞུ་ཞུས། གོང་མ་ཆན་ལུང་གི་དྲུང་དུ་སྙན་ཞུ་དེ་འགྱོར་རྗེས་ཧྥུ་ཁང་ཨན་ལ་མཇུབ་སྟོན་བྱས་པར། ཁོ་ཚོ་སྒྲིག་ནས་ཞུ་བ་འཐེན་པའི་གོ་སྐབས་དང་བསྟུན་ཏེ་ལམ་སང་དེ་ལྟར་བྱས་ཆོག་པ་བྱེད་རྒྱུའི་བཀའ་ལུང་བརྒྱུད་བསྒྲགས་བྱས་ཐོག དེའི་འགོ་པ་གཙོ་ཆེ་བ་ཞིག་པེ་ཅིང་དུ་ཁྲིད་ཡོང་སྟེ་མཇལ་ཁ་ཞུ་བ་དང་འབྲེལ་རྟེན་འབུལ་གྱི་ཞུ་ཡིག་འབྲི་རུ་བཅུག་ཆོག དེ་ལྟར་བྱེད་རྒྱུ་དེ་ཧུས་ཐ་ཞིག་ཡིན་མོད། འོན་ཀྱང་གནམ་གཤིས་ཀྱི་དབང་གིས་དེ་ལྟར་མ་བྱས་རང་བྱས་རེད་ཅེས་བཤད་ཡོད། སྤྱི་ལོ1792ལོ་[ཆིང་རྒྱལ་རབས་ཀྱི་ཆན་ལུང་ཁྲི་ལོ་ང་བདུན་པ་] ཡི་ཟླ་བ་བརྒྱད་པའི་ཚེས་ཉེར་བརྒྱད་ཉིན་ཧྥུ་ཁང་ཨན་གྱིས། གོར་ཁཱ་རྒྱལ་པོས་མགོ་བཏགས་ཚིག་པ་ཞུས་པ་ཁས་བླངས་ནས་དཔུང་འཇུག་བྱེད་མཚམས་བཞག་པ་དང་། དེ་ནས་གོར་ཁཱ་རྒྱལ་པོས་བློན་ཆེན་བཏང་ནས་ཕྱུགས་དཀར་ནག་དང་། ཕག་པ། འབྲས། ཨ་རག ཤིང་ཏོག་བཅས་འབོར་ཆེན་ཁྱེར་ཏེ་ཆིང་དམག་ལ་མཚམས་འདྲི་ཞུ་བར་ཡོང་། ཟླ་བ་དགུ་པའི་ཚེས་བཞི་ཉིན་ཆིང་དམག་ཡོངས་རྫོགས་གོར་ཁཱའི་མངའ་ཁོངས་ནས་ཕྱིར་འཐེན་ཏེ་སྐྱིད་གྲོང་དུ་ལོག་པ་རེད།”① ཅེས་འཁོད་འདུག་པ་འདི་སྐོར་བོད་ཡིག་ལོ་རྒྱུས་ནང་ཁ་གསལ་དེ་ཙམ་མ་འཁོད་སྐབས་དུམ་བུ་འདི་དྲངས་པ་ཡིན་ཅིང་། འདིའི་ནང་། “ཞྭ་དམར་བའི་

① (ཏཱ་ལའི་བླ་མའི་རྣམ་ཐར་བོད་ཡིག་དེབ་ངོས153 – 156)

བཟའ་ཟླ་ཚེ་དབང་ལྷ་མོ་དང་བུ་མོ་ཚེ་དབང་ཁྲ་འབྲུག་ཆེད་དམག་ལ་ཕུལ་” ཞེས་པ་དེ་ཐད་ཞྭ་དམར་བའི་གསང་ཡུམ་གྱི་མིང་ལ་ཡོངས་གྲགས་སུ་བུ་མོ་ལགས་ཟེར་བ་དགའ་བཞི་བའི་བྱུང་བརྗོད་ནང་གསལ་པོ་འཁོད་པ་ལྟར་མོའི་མིང་ངོ་མར་ཚེ་དབང་ལྷ་མོ་ཟེར་བ་ཡིན་ཤས་ཆེ་རུང་། “བུ་མོ་ཚེ་དབང་ཁྲ་འབྲུག” ཅེས་པ་འདི་ཞྭ་དམར་བར་བུ་མོ་དང་། ཡང་ན་གསང་ཡུམ་ཆུང་བ་སོགས་ཡོད་སྐད་མི་འདུག་པས་བོད་མིང་རྒྱ་ཡིག་ཐོག་ཉེས་ཟློས་འཁྲུལ་གཞི་བྱུང་བ་མིན་ནམ་སྙམ།

11. བཀའ་བློན་དགའ་གཡུ་གཉིས་རེ་ཞིག་པེ་ཅིན་རྒྱལ་སར་རྫོངས་བདའ་དང་། ཕུ་ཁང་ཨན་སོགས་རྒྱལ་ཁའི་དང་ལྷ་སར་ཕྱིར་འཁོར་བ།

ཐེངས་དེའི་བདེ་གཟར་ཡ་ལངས་དེས་འབྲེལ་ཡོད་བོད་ཀྱི་དཔོན་རིགས་ལའང་དོ་ཐོག་ཙུང་ཟད་བྱུང་ཞིང་། གཉའ་ནང་དུ་གོར་ཁ་མགོ་བསྐོར་འཛིན་བཟུང་བྱུས་པའི་དཔོན་རིགས་ཁོངས་ནས་གཙང་མདའ་དཔོན་ལྷུང་ལོ་ཅན་པ་བལ་ཡུལ་མཆོད་རྟེན་དུ་ཡོད་སྐབས་འདས་གྲོངས་སོང་བ་དང་། གཉའ་ཤོ་སྡེ་སྡོད་པ་དང་བཀྲས་ལྷའི་སྐུ་ཚབ་ཐང་སྨད་ནོར་དབང་སོགས་ཀྱང་ཐང་སྐར་ཐོག་འཁྱེར་རྗེས་མོན་ཚད་ཀྱིས་ནད་འདས་སོང་འདུག་ཅིང་། གཙོ་བོ་བཀའ་བློན་དགའ་གཡུ་གཉིས་ལ་ཀྱང་ཐང་སྐར་ཐོག་ཙུན་ཅི་དྲ་རེན་རྣམས་ནས་ སྔ་ཕྱིའི་ཡོང་རྐྱེན་ཞིབ་བརྟད་བྱུས་མཐར་བཀའ་བསྒྱུར་ཕབ་དོན། “ལྟགས་ཕག་ལོ་གཉའ་ནང་དུ་བྱུས་ཉེས་བྱུང་སྐབས་ཁྱོད་བཀའ་བློན་གཉིས་དང་། མདའ་དཔོན་ལྷུང་ཅན། བསྟན་གླིང་ཇོ་ཟླ་བཅས་ངོ་གཡོག་ནས་ཕ་རོལ་འཛོམ་ཐུབ་པའི་དགྲ་ནུས་ཐོན་པ་ཡོད་ན་བརྗོད་མེད་དང་། དེ་མིན་དཔུང་མང་ཉུང་ཐུག་ནས་སླགས་མ་

ཉེད་ཏུང་། རང་ལུས་དགྲ་ལག་ཏུ་རྟེས་སྤྲོད་མ་བྱུས་པར་སྐྱེབ་ཕྱི་མ་ཡང་གོང་མ་མཚོད་ཡོན་གྱི་ཞབས་འདེགས་བསྒྲུབ་རྒྱུ་ཡོང་བ་དང་། ཕ་རོལ་པར་ངན་ལན་ལེན་རྒྱུ་ཡོང་བའི་སྨོན་ལམ་བཏབ་སྟེ་དབང་དྷ་ལས་སྲ་དུར་ཁྲིམས་སྲུར་གྱི་དུས་པོད་སྟོད་ཨམ་བན་ཕུ་ཏ་རིན་དང་། ལྷ་ཏ་རིན་གཉིས་ནས་ཇི་ལྟར་ཉམས་སུ་མྱངས་པ་ཅི་འདྲ་བ་དེ་འདྲར་རང་ཉིད་ཀྱི་སྐུ་ལ་རང་ཉིད་ཀྱིས་འགག་ཐག་གྱོན་ནས་ཤི་ནུས་པ་བྱུང་རྗེས་ཕོ་བྲོ་ཁའི་མཚན་ཉིད་ཚང་ཞིང་། ཕུ་ཚ་ཏུས་རྒྱུད་ལའང་གོ་ས་བདག་རྐྱེན་སོགས་གསོལ་རས་དཔག་མེད་ཐོབ་ཡོང་ཏུང་། ཁྱེད་རྣམས་ནས་དེ་ལྟར་བྱེད་མ་ནུས་པར་རང་ལུས་དགྲ་ལག་ཏུ་རྟེས་སྤྲད་པ་འདི་ལ་ནང་གི་ལུགས་སྲོལ་དུ་ཉེས་པ་ཐོབ་ཡོད་འདུག་སྐབས། བསྟན་རྒྱས་གླིང་གི་ཛ་སག་བླམ་འཁོར་བཅས་ཀྱང་རྒྱ་ནག་ཏུ་བརྫངས་ཟིན་པ་བཅས། ཁྱེད་བཀའ་བློན་གཉིས་དང་། གཞའ་སྐྱིད་ས་སྲུང་ཐོག་ནས་དགྲ་ལག་ཏུ་ཤོར་བའི་རྒྱ་མི་ཕང་ཀ་ཅན་བཞི་ཡང་ལྷན་ཅིག་རྒྱ་ནག་པེ་ཅིང་ཕོ་བྲང་དུ་འཕྲུལ་ཐོན་བྱེད་དགོས་ཡོད་ཅེས་བཀའ་བསྒྱུར་བསྐུལ་བྱུང་།"① ཞེས་གསལ་བ་དང་། བསྟན་འཛིན་དཔལ་འབྱོར་གྱིས། "དེ་ནས་མི་འགྱངས་པར་ཕུ་ཟེ་གུང་ཏ་ཀྲུང་ཐང་ཆེན་པོའི་སྐུ་མདུན་དུ་ངོས་མཛལ་གྱི་ཐོན་ཕྱག་ལ་བཅར་སྐབས། ཕོ་བོའི་ཏོག་དང་སྒྲོ་མདོངས་རྣམས་རྟེས་བཞེས་མཛད་དགོས་ཞུས་ཀྱང་། གོང་མ་ཆེན་པོས་གསོལ་རས་བསྐུལ་བ་ངེད་ནས་ལེན་ཐལ་བྱེད་མི་ནུས་པས་སྤྱི་འཁྲོས་པེ་ཅིང་ཕོ་བྲང་དུ་མ་སླེབས་བར་སྤར་མུས་བཞིན་གྱིས། པེ་ཅིང་དུ་འབྱོར་བསྟུན་གོང་མ་

① (དགའ་བཞི་བའི་བྱུང་བརྗོད་དེབ་ངོས895－898)

ཆེན་པོས་དབྱིངས་བཅད་མཛད་ཡོང་ཞེས་གསུངས་ནས་རྗེས་བཞེས་མཛད་མ་སོང་།”① ཞེས་གསལ་ཞིང་། དགའ་གཡུ་གཉིས་རྒྱབ་རྫི་ལན་ཧ་རིན་སོགས་ཀྱི་མཉམ་དུ་ཐོན་ནས་བྱང་ལམ་བརྒྱུད་ཐད་ཀར་པེ་ཅིན་རྒྱལ་སར་བསྐྱོད་པའི་ལམ་བར་དང་། རྒྱལ་སའི་མཐོང་ཐོས་སོགས་བྱུང་བ་བརྗོད་པའི་ནང་སྨན་འཛེམས་གསོན་ཉམས་དང་ལྡན་པ་དུ་མ་འཁོད་འདུག་ཀྱང་། ཡིག་ཚོགས་ལ་འཇིགས་ནས་མ་སྤྲོས་ཤིང་། ཐོག་མར་ཀྲུང་ཐང་བློན་ཆེན་རྣམས་མཇལ་སྐབས་འཚམས་འདྲི་དང་། བོད་གོར་འཕྲུག་རྐྱེན་སྤྱ་ཕྱིའི་སྐོར་ལ་བཀའ་འདྲི་རག་བསྡུས་ཤིག་གནང་བར་དེ་བསྟུན་ལན་ཞུས་ཚུལ་དང་། “བོད་མི་སྐྱ་བོའི་ཆ་ལུགས་ཀྲུང་ཐང་རྣམས་ནས་མ་གཟིགས་སྐབས་རྣ་བ་གཡས་གཡོན་ལ་རྒྱན་ཆ་ཞེ་མི་མཚུངས་པར་འདོགས་པ་འདི་གང་གི་ལུགས་སྲོལ་ཡིན་ཞེས་བཀའ་འདྲི་ཕེབས་བྱུང་བར། ཁོ་བོ་གྲལ་འགོར་ཡོད་གཞིས་དེ་ལན་དུ། གཡུ་འདོགས་པ་འདི་བོད་རྙིང་ཁྲུངས་ཀྱི་སྲོལ་དང་། མུ་ཏིག་འདོགས་པ་འདི་མཚོ་སྔོན་གྱི་རྒྱལ་པོ་གོ་ཤྲི་ཁང་གི་རྒྱལ་རྒྱུད་ནས་བོད་ཀྱི་རྒྱལ་པོ་བྱེད་དུས་སྲོལ་ལམ་དར་བ་ཡིན་འདུག་ཚུལ་ཞུས།”② ཞེས་གསལ་ཞིང་། མཐའ་མའི་བཀའ་ཆད་གནང་བའི་སྐོར། “ཀྲུང་ཐང་རྣམས་ཀྱི་བཀའ་བསྒྱུར་དོན་དོར། རྫོ་རིང་བསྟན་འཛིན་དཔལ་འབྱོར་དང་། གཡུ་ཐོག་བཀྲ་ཤིས་དོན་གྲུབ་གཉིས་ནས་གོང་མ་ཆེན་པོའི་བཀའ་དྲིན་མ་བསམ་པར་རྐུན་མ་གོར་ཁར་མགོ་བཏགས་སོགས་བློ་སེམས་ལོག་པའི་བྱ་བ་ཚབས་ཆེ་བྱས་རིགས་ཀྱི་ཉེས་པ་མི་འདུག་ཀྱང་། འོན་མ་སང་ཞིང་རང་སྟོབས་ཞན་པའི་

①　(དགའ་བཞི་བའི་བྱུང་བརྗོད་དེབ་ངོས895－898)
②(དགའ་བཞི་བའི་བྱུང་བརྗོད་དེབ་ངོས929)

བྱ་བ་ལ་བརྟེན་ནས་དགྲ་ལག་ཏུ་ཚུད་གཤིས་གོང་མ་ཆེན་པོའི་གུང་དང་། ཏཱ་ལའི་བླ་མའི་བཀའ་སློན་གྱི་གོ་ས་ཡོད་པ་ཞིག་དེ་ལམ་དུ་བཞག་པས་མ་འཐུས་གཤིས། ནང་གི་ལྷ་དམག་ཆེད་རྫོངས་བྱེད་དགོས་པ་སོགས་རྒྱ་བོད་བལ་ཡུལ་གྱི་བསྟན་འགྲོ་སེམས་ཅན་ལ་བརྡབས་བསིགས་ཡོང་རྐྱེན་གྱི་ལེ་ཐོགས་པ་བཅས་ནང་གི་ལུགས་སྲོལ་ལྟར་ན་ཉེས་པ་ཆེ་བར་ཐོབ་རུང་། ལུགས་སྲོལ་ཤེས་མིན་བྱུང་བར་བསམས་ཉེས་པ་བྱིངས་དགོངས་ཡངས་བྱས་ཏེ་ཁྲིད་རང་གཉིས་ཀ་བཀའ་སློན་གྱི་གོ་ས་ནས་གནས་ཕབ་པ་ཡིན་ཅིང་། དེ་མཚུངས་བསྟན་འཛིན་དཔལ་འབྱོར་ལ་བརྒྱུད་འཇགས་གུང་གི་ཆོ་ལོ་བསྐུལ་བ་དང་། ཧོག་སྲི་མདོངས་སྟོན་བསྐུལ་དང་། ཤང་ཀ་ཅན་རྒྱ་མི་གཉིས་ཀྱི་ཧོག་གནས་སྤྱ་འཕྲོས་ཕྱིར་ལེན་བྱེད་རྒྱུ་ཡིན་ཚུལ་ཕེབས།"①ཞེས་འཁོད་འདུག དེ་རྗེས་ཁོང་ཚོར་གོང་མ་ཆན་ལུང་གི་མཛལ་ཁ་དང་གཟིགས་རྟོག་གནང་ཚུལ་སོགས་ཞིབ་པ་དགའ་བཞི་བའི་བྱུང་བ་བརྗོད་པའི་ནང་གསལ་ཡོད།

ཕུ་ཁང་ཨན་རྒྱལ་ཁའི་ངང་ཕྱིར་འཁོར་ལྷ་སར་འབྱོར་སྐབས་ཏཱ་ལའི་བླ་མ་བརྒྱད་པ་མཆོག་སྐུ་ངོ་མ་བསུ་བར་ཕེབས་པའི་སྐོར་རྣམ་ཐར་ནང་། "དེ་ནས་ཀྱང་ཐང་ཆེན་པོ་མར་ཕེབས་སྐབས་སྐྱབས་མགོན་ཆེན་པོ་སྟོན་འཁོར་རྣམས་ཀྱིས་སྐྱིད་ཀླུར་ཕེབས་བསུ་ཞུས།"② ཞེས་གསལ་ཡོད་པ་དང་། དེ་ནས་དམག་དོན་མཇུག་བསྡོམས་ཀྱི་ལས་དོན་ཇི་ལྟར་བྱས་པའི་སྐོར་ལ་དེ་སྤའི་ས་གནས་སྲིད་གཞུང་གི་ཡིག་ཚགས་བལྟ་འཚོལ་གྱི་ཆ་རྐྱེན་མ་འཛོམས་ཤིང་། ཡཱ་

①(དགའ་བཞི་བའི་བྱུང་བརྗོད་དེབ་ངོས929)

② (འཛམ་གླིང་མཐའ་རྒྱན་ཤོག་གྲངས204)

ཧན་ཀྲང་གི་བརྩམས་དེབ་ནང་མཇོར་བསྡུས་ཤིག་འཁོད་པ་ལྟར་ན། “དང་ཐོག་བྱེད་གཏེ་ལ་ཉེས་ཆད་བཅད་དེ་ཞྭ་དམར་བའི་ཡང་སྲིད་ངོས་འཛིན་མི་ཆོག་པ་བཟློས་ཤིང་། ཁོའི་གསེར་དངུལ་དང་། གཞིས་ཀ། ནོར་ལུག མི་སེར་བཅས་ཡོངས་རྫོགས་གཞུང་བཞེས་བཏང་ནས་ལོ་རེའི་ཡོང་འབབ་རྣམས་བོད་དམག་གི་དམག་རྒྱུགས་སུ་གཏོང་རྒྱུ་དང་། དགོན་པའི་ཁང་པ་རྣམས་གཞུང་གནས་ཀྱི་ལས་དོན་འཁྱེར་འཛིན་བྱེད་མཁན་རྗེ་དྲུང་ཧོ་ཐོག་ཐུར་(ཀུན་བདེ་གླིང་ཧ་ཚག་སྲིད་སྐྱོང་བསྟན་པའི་མགོན་པོ་ཡིན་)གསོལ་རས་གནང་རྒྱུ། དགོན་པའི་ནང་དུ་ཞྭ་དམར་བའི་གྲྭ་པ་བརྒྱ་དང་བཅུ་མེད་གསུམ་ཡོད་པ་དེ་དག་ཚང་མ་བཙན་ཤེད་ཀྱིས་དགེ་ལུགས་པར་བསྒྱུར་ནས་གདན་ས་གསུམ་གྱིས་ཇོ་དམ་བྱེད་རྒྱུ་བཅས་ཐག་བཅད་པ་རེད། གོར་ཁ་བཀྲ་ཤིས་ལྷུན་པོའི་དགོན་པར་བཙན་འཛུལ་བྱེད་སྐབས་པཎ་ཆེན་སྐུ་ཕྲེང་དྲུག་པའི་གཅེན་པོ་དྲུང་པ་ཧོ་ཐོག་ཐུས་(བཀྲས་ལྷུན་ཛ་སག་བླ་མ་བློ་བཟང་སྦྱིན་པ་)དམག་ཁྲིད་དེ་དགོན་པ་སྲུང་སྐྱོང་མ་ཐུབ་པར་དངོས་ཆས་རྩ་ཆེ་གྲུས་ཁྱེར་ནས་སྔོན་ལ་བྲོས་བྱིན་པས་ཁོའི་ནག་ཉེས་ཧ་ཅང་ཆེན་པོ་རེད། དེར་བརྟེན་གོང་མ་ཆན་ལུང་གིས་དྲུང་པ་ཧོ་ཐོག་ཐུ་པེ་ཅིན་དུ་བསྐྱལ་ཡོང་ནས་ཉེས་ཆད་གཅོད་དགོས་པའི་བཀའ་ཕབ། དེ་མིན་གོར་ཁ་བཀྲ་ཤིས་ལྷུན་པོའི་དགོན་པར་བཙན་འཛུལ་བྱེད་སྐབས་རྗེ་དྲུང་བླ་མས་མོ་བཏབ་པར་ཁ་གཡར་ནས་འགོག་རྒོལ་བྱེད་མི་ཐན་ཞེས་བཤད་སྟབས་གྲྭ་པ་རྣམས་གཅིག་རྗེས་གཉིས་མཐུད་ཀྱིས་བྲོས་བྱོལ་དུ་ཕྱིན་སྟབས་གཞི་ནས་ཐག་པ་རྣམས་ཀྱིས་འཁྲུག་བཙོམ་བྱེད་ཐོད་པ་བྱུང་བ་རེད། དེར་བརྟེན་བྱེད་གཏེ་རྗེ་དྲུང་བླ་མ་དཔུས་ཕྱོགས་སུ་བསྐྱལ་ཏེ་དམངས་ཚོགས་ཀྱི་ཁྲོད་དུ་བླ

གོས་བཀྲུས་ཏེ་བསོད་དགོས་ཞེས་བཤད།”① ཅེས་འཁོད་འདུག་པ་ནས། དགོན་པའི་ཁང་པ་རྗེ་དྲུང་ཧོ་ཐོག་ཕྱུར་གནང་ཞེས་པ་དང་། གྲྭ་པ་རྣམས་གདན་ས་གསུམ་ནས་ངོ་དམ་བྱེད་རྒྱུ་ཞེས་པ་དེ། ཞྭ་དམར་བའི་གདན་ས་ཡངས་ཅན་དགོན་པ་གྲུབ་མཐའ་དགེ་ལུགས་སུ་བསྒྱུར་ནས་བདག་དབང་སྲིད་སྐྱོང་ཏ་ཚག་གི་བླ་བྲང་ལ་གནང་བ་ཡིན་ནམ་སྙམ་པ་དང་། བཀྲས་ལྷུན་ཞབས་པད་བློ་བཟང་སྤྱིན་པ་ནི་ཆུ་བྱི་ལོ་སྟོད་ཙམ་ལ་པེ་ཅིན་དུ་རྫོང་བདའ་གནང་ནས་མི་རིང་བར་འདས་གྲོངས་སོང་འདུག་པ་དགའ་བཞི་བའི་བྱུང་བརྗོད་ལས་ཤེས་ཐུབ་པ་མ་ཟད། ཞྭ་དམར་བའི་བཟའ་ཟླ་བུ་མོ་ལགས་ཟེར་བ་དེ་དང་གཡོག་པོ་མོ་བརྒྱད་དགུ་ཞིག་གོར་ཁས་རྩིས་སྤྲད་པ་རྣམས་ཀྱང་རྒྱ་ནག་ཏུ་བཙོངས་པ་དེ་དག་ལ་ཁྲིམས་ཉེས་ཇི་ལྟར་བཅད་ཡོད་མེད་ཀྱི་ཡིག་ཆ་མཐོང་བ་བཅས་མདོར་ན། གོར་ཁ་རྒྱལ་ཁང་གིས་བོད་ལ་བརྙས་བཅོས་ཧག་བཙོམ་ཚོད་མེད་བྱས་པ་དེ་རྒྱ་བོད་ཕྱུན་ཟླ་མི་རིགས་མཉམ་སྦྲེལ་གྱིས་མཐར་བསྐྲད་བཏང་ཐོག མེས་རྒྱལ་སྔོ་ནུབ་ཀྱི་རྒྱལ་མཚམས་བརྟན་སྲུང་བྱས་པའི་དར་རྒྱུད་སྐྱོང་ལ་ལྡན་ཞིང་མཐར་ཕྱུག་གཟི་བརྗིད་རྣམ་པར་རྒྱལ་བའི་ལོ་རྒྱུས་ཀྱི་ལེའུ་ཞིག་བརྩམས་ཡོད་པ་དེའི་གལ་ཆེ་རིགས་རགས་ཙམ་བཀོད་པ་དེ་ལྟར་ལགས་སོ།

12. ཆིང་གོང་མའི་སྲིད་གཞུང་གིས་བོད་ས་གནས་ཀྱི་སྲིག་སྲོལ་ལམ་ལུགས་ལ་ཞིབ་བསྐེར་གྱི་དོན་ཚན་ཉེར་དགུ་གཏན་འབེབས་བྱས་པ།

དེ་སྐོར་གྱི་ཡོང་རྐྱེན་ཙུང་ཞིབ་པ་ཡཱ་ཏན་ཀྲང་གི་བརྩམས་དེབ་ནང་

① (ཏྭ་ལའི་བླ་མའི་རྣམ་ཐར་བོད་ཡིག་དེབ་ངོས157 – 158)

འཁོད་པ་ལྟར་ན། “གོང་མ་ཚན་ལུང་གིས། གོ་ཁྲ་ཕམ་པར་བྱས་པའི་དམག་གི་བརྗེད་ཉམས་དང་། བཙན་འཛུལ་པ་གོར་ཁྲ་ཕྱིར་སྐྲོད་བཏང་བ་དེས་དོན་དངོས་ཐོག་བོད་ལྗོངས་མི་དམངས་སྡུག་བསྔལ་ལས་བསྐྱབས་པས་བོད་ལྗོངས་ཀྱི་རིམ་གྲས་གོང་འོག་གིས་དགའ་གུས་ཞུ་བའི་ཕན་ཡོད་ཀྱི་ཆ་རྐྱེན་ལ་བརྟེན་ནས། བོད་ལྗོངས་ཀྱི་ལས་དོན་ལ་དག་ཐེར་མཐའ་འཁྱོལ་ཙམ་ཞིག་དུས་ཐོག་ཏུ་བྱེད་བསམ་གྱི་ཡོད། དེར་བརྟེན་ཧྥུ་ཁང་ཨན་སོགས་ལ་‘འབྱུང་འགྱུར་དམག་ཕྱིར་འཐེན་རྗེས་ངེས་པར་དུ་ཏན་ཏིག་གི་སྒོ་ནས་སྒྲིག་ཡིག་གཏན་འབེབས་བྱས་ཏེ་ཡུན་དུ་བརྩི་སྲུང་ཐུབ་པ་ཞིག་ཡོང་བ་བྱེད་དགོས།’ ཞེས་མཛུབ་སྟོན་བྱས་ཡོད།”① ཅེས་གསལ་བ་དང་། “ཧྥུ་ཁང་ཨན་ལྷ་སར་འབྱོར་རྗེས་ཏཱ་ལའི་བླ་མ་སྐུ་ཕྲེང་བརྒྱད་པ་འཇམ་དཔལ་རྒྱ་མཚོར། ‘ད་རེས་གཞུང་དམག་ས་ཐག་རིང་པོ་ནས་ཇག་ཀྲུན་འདུལ་བར་ཡོང་བའི་དམིགས་ཡུལ་ནི་ཐད་དེ་དབུས་གཙང་གི་སེར་སྐྱ་རྣམས་སྲུང་སྐྱོབ་བྱེད་རྒྱུའི་ཆེད་དུ་ཡིན། ད་ཆ་ཇག་ཀྲུན་གྱིས་བསམ་པ་རྣམ་དག་གིས་རང་ཉེས་ངོས་ལེན་བྱས་སྐབས་དུས་གཏན་དུ་ཡང་བསྐྱར་ཕུང་དཀྲུག་སློང་མི་སྲིད་པ་སྨོས་མེད་རེད། འོན་ཀྱང་བོད་ལྗོངས་ཀྱི་ལས་དོན་སྒྲུབ་པར་ལམ་ལུགས་གཏན་ནས་མི་འདུག ཏཱ་ལའི་བླ་མ་གང་ཉིད་ཀྱིས་བསྟེན་མཚམས་ལ་བཞུགས་རྒྱུ་ཁོ་ན་ལས། ཕྱི་རོལ་གྱི་དོན་དག་ཟབ་པོ་མི་མཁྱེན་ལ། བཀའ་བློན་སོགས་ཀྱིས་དུས་རྒྱུན་དུ་མགོ་བདེ་དྲན་འཕྲུལ་ཁོ་ན་བྱེད་ཅིང་། བཙན་འཛུལ་བྱུང་དུས་འགོག་སྲུང་བྱེད་ཐུབ་ཀྱི་མེད། དེར་བརྟེན་སྒྲིག་ཡིག་རྣམས་ངེས་པར་དུ་གཏན་འབེབས་བྱས་ནས་ཁོ་ཚོས་བརྩི་སྲུང་བྱེད་དགོས་པ་

① （ཏཱ་ལའི་བླ་མའི་རྣམ་ཐར་བོད་ཡིག་དེབ་ངོས158）

ཞིས་པ་བཟོ་དགོས། དེང་དུས་གོང་མ་ཆེན་པོས་བཀའ་སློབ་ཞིབ་ཕྲ་གནང་ནས་དོན་ཚན་རེ་རེ་བཞིན་མཇུབ་སྟོན་མཛད་དེ་དམག་དཔོན་ཆེན་པོ་ངེད་ལ་གྲོས་མོལ་ཞིབ་ཕྲ་བྱེད་རྒྱུར་གནང་ནས་དུས་གཏན་དུ་སྐྱོན་མི་ཡོང་བ་དང་། བོད་པ་རྣམས་ལ་ཡུན་དུ་ཕན་པའི་ཐུགས་རེ་མཛད་ཀྱི་ཡོད། ཧྭ་ལའི་བླ་མ་གང་ཉིད་ཀྱིས་གོང་མ་ཆེན་པོར་བཀའ་དྲིན་གཟོ་དགོས་པ་མཁྱེན་གསལ་ཡིན་པས་འབྱུང་འགྱུར་གྲོས་མོལ་བྱས་ནས་ཐག་ཆོད་རྗེས་གུས་པ་ཆེན་པོས་བརྩི་སྲུང་བྱས་ཏེ་བྱ་བ་སྒྲུབ་ངེས་ཡིན་པ་སྨོས་ཅི་དགོས། གལ་སྲིད་ཡུན་རིང་དུ་ཆགས་པའི་གོམས་གཤིས་མཁྲེག་བཟུང་བྱས་ན་དམག་ཕྱིར་འཐེན་རྗེས་གོང་མ་ཆེན་པོས་བོད་བཞུགས་ཨམ་བན་དང་དཔོན་དམག་སོགས་ཕྱིར་འཐེན་མཛད་རྒྱུ་ཡིན་པས། ཕྱིན་ཆད་དོན་དག་བྱུང་ནའང་གོང་མའི་སྲིད་གཞུང་གིས་ཐག་གཅོད་བྱེད་རྒྱུ་མིན། གང་ཞིག་ཕན་པ་ཡིན་དང་གང་ཞིག་གནོད་པ་ཡིན། གང་ཞིག་ལྗི་བ་ཡིན་དང་གང་ཞིག་ཡང་བ་ཡིན་དེ་རང་ཉིད་ཀྱིས་གདམ་ག་གནང་ཆོག' ཅེས་བཤད་སྐབས་ཧྭ་ལའི་བླ་མ་སྐུ་ཕྲེང་བརྒྱད་པ་འཇམ་དཔལ་རྒྱ་མཚོས་ལམ་སང་ཁོང་ལ། 'དབུས་གཙང་གི་དོན་དག་སྐོར་ལ་གོང་མ་ཆེན་པོས་ཐུགས་འཁུར་གནང་ནས་ཁྲིམས་ལུགས་གཏན་འབེབས་མཛད་རྒྱུ་དེ་འབྱུང་འགྱུར་ཡུན་རིང་ལ་དགོངས་པ་བཞེས་པ་ཞིག་ཡིན། ངེད་དང་བོད་རིགས་སེར་སྐྱ་རྣམས་ཀྱིས་སྙིང་ཐག་པ་ནས་ཐུགས་རྗེ་ཆེ་ཞུ་རྒྱུ་ལས། དེ་དང་རྒྱབ་འགལ་སྤྱུ་ཙམ་ཡང་བྱེད་ག་ལ་ཡོད། འབྱུང་འགྱུར་སྒྲིག་ཡིག་གཏན་འབེབས་མཛད་རྗེས་ངེད་ཀྱིས་བོད་བཞུགས་ཨམ་བན་དང་མཉམ་དུ་བཀའ་བློན་དང་། བོད་རིགས་མང་ཚོགས་སོགས་ལ་སྐུལ་མ་དང་སྣེ་ཁྲིད་བྱས་ཏེ་གུས་པ་ཆེན་པོས་བརྩི་སྲུང་ནན་ཏན་བྱས་ནས་བྱ་བ་གང་ཅི་ཚང་མ་སྒྲིག་ཡིག་ལྟར་ཏུར་ཐག་འབད་ཐག་གིས་སྒྲུབ་རྒྱུ་ཡིན།

དེ་ལྟར་བྱས་ན་བོད་སྤྱོངས་ལ་ཕན་ཆེན་པོ་ཐོགས་ངེས་ཡིན་ལ། ངེད་རང་ལའང་ཕན་ཆེན་པོ་ཐོགས་ངེས་ཡིན།' ཞེས་ལན་བསྐྱོད་ཡོད།"① ཅེས་གསལ་བའི་གཤམ་དུ། 《གོང་མས་ཐག་བཅད་པའི་སྒྲིགས་ཡིག》 དོན་ཚན་ཉེར་དགུ་མ་ཞེས་པའི་ནང་དོན་བགོད་འདུག ང་ཚོས་འདིར་དེ་སྔའི་བོད་ས་གནས་སྲིད་གཞུང་གི་ཡིག་ཚགས་དེབ་ཐེར་ཁོངས། 《ཆུ་སྦྲང་ཕང་ཞུ་ཚུར་ཕུལ་གྱི་དེབ》 ཅེས་པ་ནས་དྲངས་པའི་དོན་ཚན་ཉེར་དགུ་མའི་ནང་དོན་བགོད་པ་གཤམ་གསལ།

བོད་ཀྱི་ལུགས་སྲོལ་གསར་འཛུགས་སྐོར་གྱི་རྩ་ཚིག་དོན་ཚན་ཉེར་དགུ།

"གོང་མ་ཆེན་པོའི་བཀས་མངགས་པ་སྲས་ཀྱི་གོ་ས་ལུ་ཡིན་དན་གྱི་སློན་ཆེན་དཔའ་བོ་དང་པོའི་གུང་ཅང་ཧྲུན་ཆེན་པོ་ཕུ། བཀས་མངགས་ཞིན་ཡོན་དན་གྱི་སློན་ཆེན་ལུགས་སྲོལ་སྤྱོར་ཁང་གི་ཨ་ལི་ཨམ་བན་(སུན་) བཀས་མངགས་དམག་གི་སྤྱོར་ཁང་གི་ཨ་ལི་ཨམ་བན་ཐེ་ཁྲིན་ཙུང་ཐུ་ཧྲུས། བཀས་མངགས་བོད་ཀྱི་ལས་དོན་འཁྱེར་འཛིན་པ་ཀུང་བུ་ཞང་ཤུ་ཧོ། བཀས་མངགས་བོད་ཀྱི་ལས་དོན་རོགས་བྱེད་ཁྲིན་ཨམ་བན་བཅས་ནས་ཡི་གེ་བཏང་བར། ད་ལམ་ངེད་ཅང་ཧྲུན་ཆེན་པོ་ཅན་(ནས་) གསེར་སྐན་སྒྲོན་ཐོག བོད་ཀྱི་ལས་དོན་གསར་འཛུགས་དོན་ཚན་ཉི་ཤུ་རྩ་དགུའི་སྐོར་གསེར་སྐན་སྒྲོན་པའི་ཟིན་ཐྲིས་ཞལ་ཤུས་ཀྱིས་རིམ་པར་ཕུལ་བ་དེབ་གསལ་ལྟར་དང་། དེ་དག་རྣམས་རྒྱུན་རིང་སོང་སྟབས་(སྐབས་) བོར་བརླག་བྱུང་ཚེ་སླར་ལས་དོན་བྱེད་དཀའ་བ་(བས་) ད་ལམ་ཡང་བསྐྱར་གནས་ཚུལ་འདི་བཞིན་ཕུལ་བ་ཏཱ་ལའི་བླ་མ་དང་

① (ཏཱ་ལའི་བླ་མའི་རྣམ་ཐར་བོད་ཡིག་དེབ་ངོས159 – 161)

རྗེ་དྲུང་ཧོ་ཐོག་ཐུ་ནས་དོན་ཚན་ཀྱི་དོན་རྗེ་རྣམས་ལ་གཞིགས་པའི་དགོངས་དོན་ལྷར་འཕྲུལ་དུ་བཀའ་མདའ། རྫོང་གཞིས་སོ་སོར་བཀྲམ་ནས་ཚང་མ་ཇེ་སྲིད་པར་རྒྱུན་འཛུགས་བྱས་པ་ལ་ཚང་མས་འདི་སྐོར་ལ་སྤར་ལྷར་རྩིས་མེད་འོས་མིན་བྱས་ཆེ་ཉེས་པ་གཅོད་རྒྱུར། དེའི་ཆེད་དུ་ཕུལ། འདི་གདོང་ལུགས་སྲོལ་གསར་འཛུགས་ཀྱི་དོན་ཚན་ཉི་ཤུ་རྩ་དགུ་བཅས་ཕྱོགས་མཚུངས་སུ་ཕུལ། ལྷ་སྐྱོང་དཀྱུང་ལོ་བརྒྱུད་པའི་ཟླ་ཆེས་ལ།

དོན་ཚན་དང་པོར། སྤྲུལ་སྐུ་ངོས་འཛིན་བྱེད་ལུགས་སྐོར། སོ་སོས་རྩད་གཅོད་ངེས་ཏིག་བྱས་ངོས། ཆོས་སྐྱོང་བཞི་ལ་ལུང་ཞུས་ཐོག་གོང་ནས་བསྐུལ་བའི་གསེར་བུམ་ནང་དུ་སྐུ་སྐྱེ་ངོགས་གནད་ཡོད་རིགས་ཀྱི་མིང་དང་། ལོ་ཟླ་དུས་ཆེས་ཤིང་བྱང་ཐོག་བཀོད་པ་བཅུག་སྟེ། བླ་མ་ཡོན་ཏན་བཟང་བ་འདེམ་སྒྲུག་གིས་ཞག་བདུན་རིང་སྐུ་རིམ་བྱས་རྗེས། ཧོ་ཐོག་ཐུ་རྣམས་འཛོམས་ནས་རྗེ་བོའི་སྐུ་མདུན་དུ་ཨམ་པ་དང་ཕྱོགས་མཚུངས་ངོས་འཛིན་དང་། ཡང་ཆོས་སྐྱོང་བཞི་པོ་ཁ་མཐུན་གྱི་ངོས་འཛིན་བྱུང་ན། དེའི་མིང་ཡིག་ཤིང་བྱང་དང་ཤིང་བྱང་ཡི་གེ་མེད་པ་གཅིག་བཅས་བུམ་པའི་ནང་དུ་བཅུག་ནས། ཡི་གེ་མེད་པའི་ཤིང་བྱང་ཐོན་ན། དེ་ལ་བདག་འཛིན་བྱེད་རྒྱུ་མི་ཡོང་བས། སྐུ་སྐྱེ་ལོགས་སུ་རྩད་གཅོད་དགོས་དང་། ཡང་རྒྱལ་བ་ཡབ་སྲས་ལྷ་བུའི་སྐུ་སྐྱེའི་ངོས་འཛིན་སྐབས། མཇུ་དང་། རྒྱ་བོད་བཅས་ཀྱི་ཡི་གེ་སྣ་གསུམ་ཤིང་བྱང་ལ་བྲིས་པ་བྱས་ཆེ་སྤྱི་བྱིངས་ཚང་མ་དད་མོས་ཆེ་བ་ཡོང་།

དོན་ཚན་གཉིས་པར། གོང་གི་དཔོན་དམག་ནས་ས་མཚམས་སུ་དཔུང་འཛུག་གནང་བར་བརྟེན། གོར་ཁ་བས་མགོ་སྐྱུར་ཕྱག་འཚལ་ཞུས་སྐབས་བོད་ཡུལ་བདེ་འཛུགས་སུ་འབོད་པ་དང་། ཕྱོགས་མཐའི་རྒྱལ་ཁག་རིགས་ནས་ལྷ་

སར་ཚོང་པ་ཡོང་རྒྱུན་རྣམས་ཚུལ་མཐུན་གྱི་སྒོ་ནས་སྔར་བཞིན་འགྲོ་འདུག་བྱས་ཆོག་ཅིང་། ཕྱོགས་མཐའི་མི་རིགས་དང་། ཁ་ཆེ་སོགས་ཀྱི་ཚོང་པའི་མིང་ཐོ་བཀོད་ནས་ཨམ་པའི་ཡ་མོན་དུ་དེབ་སྐྱོར་བྱེད་དགོས། དེ་མཚུངས་བལ་པོའི་ཚོང་པ་ལོ་རེ་ཐེངས་གསུམ་རེ་དང་། ཁ་ཆེའི་ཚོང་པ་ལོ་རེ་ཚར་རེ་ཡོང་ཆོག་པ་བཅས་དེ་དག་ཕྱོགས་གང་དུ་འགྲོ་ཡང་འགོ་ཡོད་སོ་སོས་ཨམ་པའི་ཡ་མོན་དུ་ཞུས་ཏེ། ལམ་ཕྱོགས་གང་དུ་འགྲོ་ཡང་དེ་གའི་ལམ་ཡིག་སྤྲོད་རྒྱུར། རྒྱལ་རྩེ་དང་། དིང་རི་བརྒྱུད་འགྲོ་མིའི་རིགས་གསར་བཙུགས་དཔོན་དམག་ནས་ལམ་ཡིག་ལ་མིག་བལྟ་དང་། ཕྱོགས་མཐའ་ནས་ཚུར་ཡོང་མིའི་རིགས་ལའང་གོང་བཞིན་རྩད་གཅོད་ཀྱིས་མི་གྲངས་འདི་ཡོད་གནས་ཚུལ་ཕུལ་བའི་ལྷ་སར་འབྱོར་སྐབས་ཞིབ་འཇུག་བྱེད་རྒྱུ་དང་། གཞན་ཡང་། འབྲུག་པ། འབྲས་ལྗོངས། སྟོང་པ་བཅས་ལྷ་སར་ཡོང་མིའི་རིགས་ལའང་གོང་བཞིན་གནས་ཚུལ་དང་། ས་མཚམས་ཀྱི་འགོ་ཡོད་སོ་སོས་རྩད་གཅོད་བྱེད་དགོས། གཞུང་ནས་བལ་ཡུལ་རྟེན་བཞེངས་མི་སྣ་དང་། གནས་མཇལ་དུ་འགྲོ་མི་སོགས་ཨམ་པ་ནས་དུས་ཚེས་བཀོད་དེ་ལམ་ཡིག་ཀྱང་སྟེར་རྒྱུར། དུས་ཐོག་ཏུ་ཕྱིར་འཁོར་མ་བྱུང་ན་གོར་རྒྱལ་ལ་བཀའ་ཤོག་བཏང་ནས་འགུགས་རྒྱུ།

དོན་ཚན་གསུམ་པར། བོད་དུ་སྔར་ནས་ཏམ་ཁ་ལྷད་ཡོད་རིགས་ཤ་སྟག་ཡིན་པར། ཕྱིན་ཆད་ལྷད་མེད་ཁོ་ན་དང་། དེ་ཡང་སྔར་རྒྱུན་ཏམ་རེར་ཞོ་གང་སྐར་ལྔའི་ལྡིད་ཡོད་པ་བྱས་ཏེ་ལྷད་མེད་ཏམ་ཁ་དྲུག་ལ་རྒྱ་དངུལ་སྲང་རེ་རྩིས་ངེས། རྒྱ་དངུལ་སྲང་རེ་ས་ནས་ཞོ་རེ་པར་རྒྱག་གི་དགོས་བྱེད་ལ་བཅད་པ་ཡིན། ད་ལམ་ཏམ་གསར་ལྷད་མེད་དང་གོར་ཏམ་ལྷད་མེད་འདྲ་བའི་འཛའ་ཁྱད་གོང་བཞིན་དང་། ཏམ་ཁ་ལྷད་ཡོད་གསར་སྙིང་ཁྱད་མེད་ཀྱི་ཏམ་བརྒྱུད་

རེར་རྒྱ་དངུལ་སྒོར་རེ་བཅས་བྱེད་རྒྱུ་དང་། ཕྱིན་ཆད་ཏམ་གསར་ལ་ལྷོད་ཆ་ཕྲན་ཙམ་བཏང་མི་ཆོག

དོན་ཚན་བཞི་པར། དམག་མི་གསར་འཛུགས་བྱས་པ་དབུས་གཙང་སོ་སོར་སྟོང་ཕྲག་རེ་དང་། རྒྱལ་རྩེ། དིང་རི་སོ་སོར་ལྔ་བརྒྱ་རེ་བཅས་ཁྱོན་སུམ་སྟོང་དགོས་པ་གནས་སོ་སོའི་འབྲེལ་མཚུངས་ནས་བསྡུགས་ཐོག ད་ལམ་གསར་བསྐོས་དང་བཅས་དམག་མི་ལྔ་བརྒྱ་རེར་མདའ་དཔོན་རེ། ལྷ་སའི་བོད་དམག་སྤྱི་ཁྱབ་རྒྱ་དཔོན་ཡུ་ཐེ་དང་། གཞིས་རྩེ། རྒྱལ་རྩེ། དིང་རི་བཅས་ཀྱི་སྤྱི་ཁྱབ་གཞིས་རྩེའི་རྒྱ་དཔོན་ཏུ་སི་ནས་བྱེད་རྒྱུ། གོང་གསལ་དམག་མི་གསར་འཛུགས་རྣམས་ཀྱི་མིང་ཐོ་གཅིག་ཨམ་བན་ལ་འབུལ་ལུགས་དང་། གཅིག་བཀའ་ཤག་ཏུ་འཇོག་དགོས་རྒྱུར། དེ་ཡོངས་ནས་དམག་མི་འདས་རིགས་བྱུང་ཚེ་དེབ་བརྗོད་དང་། ཚབ་འཕྲུལ་འཛུགས་བྱེད་དགོས།

དོན་ཚན་ལྔ་པར། སྔར་ནས་དམག་གི་འགོ་ཡོད་མདའ་དཔོན་ཙམ་ལས་མེད་འདུག་ཀྱང་། ད་ཆ་མདའ་དཔོན་གྱི་འོག་ཏུ་རུ་དཔོན་བཅུ་གཉིས་དང་། རུ་དཔོན་རེའི་འོག་ཏུ་དམག་མི་ཉིས་བརྒྱ་ལྔ་བཅུ་རེ། རུ་དཔོན་གྱི་འོག་ཏུ་བརྒྱ་དཔོན་ཉི་ཤུ་རྩ་བཞི། བརྒྱ་དཔོན་རེར་དམག་མི་བརྒྱ་དང་ཉི་ཤུ་རྩ་ལྔ་རེ། བརྒྱ་དཔོན་གྱི་འོག་ཏུ་ལྡིང་དཔོན། ལྡིང་དཔོན་རེའི་འོག་དམག་མི་ཉི་ཤུ་རྩ་ལྔ་རེ་བཅས་དེ་དག་ཚང་མ་མི་ན་གཞོན་རྩལ་ལྡན་ཤ་སྟག་འདེམ་སྒྲུག་གིས་འཛུགས་པ་དང་། བཀའ་ཁྲོག་ཀྱང་སྦྱོང་དགོས། མདའ་དཔོན་གྱི་འོས་ལ་རུ་དཔོན། རུ་དཔོན་གྱི་ཚབ་ཏུ་བརྒྱ་དཔོན། དེ་ཚབ་ལྡིང་དཔོན་བཅས་རིམ་བཞིན་འཕར་དགོས་ལ། མི་དྲག་དང་། དྲུང་འཁོར་ཡིན་ཀྱང་གོང་བཞིན་གནས་རིམ་འཕར་ལས། མཐོ་འཛེགས་བྱས་མི་ཆོག (པ་) དང་། མི་སེར་བྱིངས་དམངས་ཀྱི་

ཁོངས་ནས་ལྡིང་དཔོན་གྱི་གོ་ས་བྱས་མི་ཚོག་པའི་སྲོལ་ཞིག་ཡོད་ཚོད་ལ། དེ་ཡང་ཕྱིན་ཆད་སོ་སོའི་བློ་སྟོབས་ཤེས་འཁོས་སོགས་ཀྱིས་འཕེར་བ་ཡོད་ཚེ་རིམ་བཞིན་འཕར་ཚོག་པ་ལས་བཀག་འགོག་མི་དགོས།

དོན་ཚན་དྲུག་པར། སྔར་ནས་དམག་མི་རྣམས་ལ་ཐོགས་དང་དགྲ་ཆས་རིགས་སྤྲོད་སྲོལ་མེད་འདུག་ཀྱང་། ཕྱིན་ཆད་དམག་མི་རེར་ལོ་ལྟར་འབྲུ་དན་གཉིས་དང་བསྐུལ་ལྔ་རེ་སྤྲོད་རྒྱུར་ཁྱོན་འབྲུ་དན་བདུན་སྟོང་ལྔ་བརྒྱ་དགོས་པ་དབུས་གཙང་གི་འབབ་ཡོང་ཐོག་ནས་མ་འདེང་ཡང་། ཞྭ་དམར་བ་དང་། དྲུང་པ་ཧོ་ཐུག་ཐུ། བསྟན་འཛིན་དཔལ་འབྱོར་བཅས་ཀྱི་ས་རིགས་འབབ་ཡོང་ཐོག་ནས་གཏོང་བ་དང་། དེས་ཀྱང་མ་འདེང་ན་ཞྭ་དམར་བ་བློ་བཟང་འཇམ་དཔལ་གྱི་དངོས་ཆས་བཙོང་པའི་རིན་ཐོག་ནས་བཏང་ན་འདེང་ངེས་འདུག་ཅིང་། དམག་མིའི་ཁོངས་སུ་ཚུད་པ་གང་ཡིན་ལ་ཧྲ་ལའི་ཟླ་མས་ཁྲལ་ཆག་གི་བཀའ་ཤོག་ཀྱང་བསྐུལ་དགོས་དང་། མདའ་དཔོན་རྣམས་ལ་མདའ་གཞིས་ཡོད་སྟབས་ཐོགས་མ་དགོས་ཤིང་། དེ་ཕྱིན་ལོ་ལྟར་དུ་དཔོན་རེར་དངུལ་སྲང་སུམ་ཅུ་སོ་དྲུག་རེ་དང་། བརྒྱ་དཔོན་རེར་དངུལ་སྲང་ཉི་ཤུ་རེ། ལྡིང་དཔོན་རེར་དངུལ་སྲང་བཅུ་བཞི་དང་ཞོ་བརྒྱད་རེ་བཅས་སྤྲོད་རྒྱུ་ཁྱོན་བསྡོམས་ལོ་རེར་དངུལ་སྲང་ཉིས་སྟོང་དྲུག་བརྒྱ་ཐོབ་པ་གཞུང་ནས་སྟོན་དཔྱིད་གཉིས་སུ་ཚར་ཏེ་ཐོད་བཞུགས་ཨམ་པར་ཕུལ་ནས་སྤྲོད་དགོས།

དོན་ཚན་བདུན་པར། དམག་མིའི་དགྲ་ཆས་སྤྲོད་འོས་ལ་བཅུ་ཆ་ལྔར་མེ་མདའ། བཅུ་ཆ་གསུམ་ལ་མདའ་གཞུ། བཅུ་ཆ་གཉིས་ལ་གྲི་མདུང་བཅས་དགོས་པར། དབུས་གཙང་གི་དགོན་སྡེ་ཚང་མར་རྫད་གཙོད་ཀྱིས་དགྲ་ཆས་འཕེར་ངེས་གང་བྱུང་ལ་རིན་སྤྲོད་རྒྱུ་དང་། ཞྭ་དམར་ཏུ་བའི་འབབ་དངུལ་

སྤྱང་ལྷ་བརྒྱ་ལྷ་བཅུ་ལྷག་ཙམ་འདུག་པ་དེ་ཐོག་ནས་དགྲ་ཆས་རིགས་དང་། མེ་རྫས་སོགས་ལོ་ལྟར་གཞུང་ནས་གོང་པོ་དང་དཔལ་འབར་བཅས་ལ་མི་སྣ་བཏང་ནས་སྐྱབ་འཚོལ་གྱི་དམག་མིས་ཀྱང་རྒྱལ་སྲུང་ཡང་དག་བྱེད་དགོས།

དོན་ཚན་བརྒྱད་པར། ཏཱ་ལའི་བླ་མ་དང་། པཎ་ཆེན་ཨེར་ཏེ་ནི་གཉིས་ཀྱི་གཏོང་སྒོ་དང་། འབབ་ཡོང་རིགས་ལ་སྐུ་ཉེ་སྐུ་འཁོར་སོགས་ནས་འགན་ཁུར་བྱས་སྐབས་བར་ལག་ཏེ་བག་བྱུང་དོགས་འདུག་པར། སྔད་ནས་བོད་བཞུགས་ཨམ་པས་ཞིབ་འཇུག་བྱེད་དགོས་ལ། བཀའི་དགོངས་དོན་བཞིན་སྟོན་དཔྱད་སོ་སོར་གནས་ཚུལ་འབུལ་དགོས།

དོན་ཚན་དགུ་པར། སངས་རྒྱས་ཐམས་ཅད་སེམས་ཅན་ལ་དགོངས་པ་དེ་བཞིན་དུ་ཏཱ་ལའི་བླ་མ་དགེ་འདུན་གྱི་སྡེ་དབུས་སུ་ཕེབས་ནས་ཆོས་འཆད་པ་དང་། དགེ་འདུན་ལ་བཀུར་སྟི་མཛད་པ་སོགས་སྐྱེ་འགྲོའི་བདེ་སྐྱིད་ཀྱི་དོན་ཡིན་པར། མངའ་ཞབས་མི་སེར་རྣམས་ལའང་བྱམས་པས་སྐྱོང་དགོས་པ་ལ། ཀུན་མས་གནོད་འཚེ་བྱས་པར་བརྟེན་ཚང་མ་ཁག་སྡུག་ཆེན་པོ་བྱུང་སོང་བས། ད་ལན་སྐྱིད་གྲོང་། རོང་ཤར། གཉའ་ནང་བཅས་ཀྱི་མི་སེར་ལ་ལོ་གཉིས་རིང་ཁྲལ་འགྲོ་ལག་འདོན་གྱི་ཁྲལ་རིགས་ཆེ་ཕྲ་ཆག་ཡང་དང་། རྫོང་དཀའ། དིང་རི། མཁར་ཏ། ཆུ་འདུས་བཅས་ལ་ལོ་གཅིག་གི་རིང་ཁྲལ་ཆག་གོང་མཚུངས་སོང་ཞིང་། དེ་ཕྱིན་དབུས་གཙང་རྒྱ་ཁྲབ་ཏུ་ལྷུགས་པག་པན་གྱི་ཁྲལ་ཆད་རྩ་ཡང་དང་། རྩེ་ཤོད་ཀྱི་དྲུང་འཁོར་རྫོང་གཞིས་སྡེ་སྡོད་སོགས་ཀྱི་ཆད་རིགས་ཕྱེད་ཆ་ཡང་བ་བཅས་སོང་བ་བོད་སྐྱོངས་བདེ་ཐབས་ལོ་ནའི་ཆེད་ཡིན།

དོན་ཚན་བཅུ་པར། བོད་བཞུགས་ཨམ་པ་འཆར་ཅན་ཡ་མོན་སོགས་ལ་རྩེར་ཡོང་དགོས་ལས། གཞན་མ་ལས་དོན་གང་ཅི་ཏཱ་ལའི་བླ་མ་དང་པཎ་ཆེན་

ཨེར་ཏེ་ནི། བོད་བཞུགས་ཨམ་བན་བཅས་འདྲ་མཉམ་གྱི་གྲོས་བསྡུར་བྱེད་པ་དང་། བཀའ་བློན་གྱི་འགོ་བྱས་བོད་ཀྱི་ལས་སྣེ་འགོ་ཡོད་བླ་མ་སོགས་ཚེ་ཕྲ་ཀུན་གྱིས་ཨམ་པའི་ངག་བཀོད་དང་ལེན་དང་། བཀྲ་ཤིས་ལྷུན་པོའི་ལས་དོན་གསོལ་དཔོན་མཁན་པོས་བྱེད་དགོས་གང་ཅི་དྲང་བཞག་དང་བྱེད་སྒོ་གང་ཅི་བོད་བཞུགས་ཨམ་བན་ལ་སྙོན་ཚུད་གནས་ཚུལ་ཕུལ་ནས། ས་སྐོར་དུ་འགྲོ་སྐབས་ཞིབ་འཇུག་བྱས་ཆོག་པ་བྱེད།

དོན་ཚན་བཅུ་གཅིག་པར། བཀའ་བློན་ཚབ་འཇུག་བྱེད་སྐབས་འོས་ལ་མདའ་དཔོན། རྩིས་དཔོན། ཕྱག་མཛོད་བཅས་ནས་ཤེས་ཡོང་དང་བྱས་པ་ཆེ་ཆུང་ལ་དཔགས་པའི་བོད་བཞུགས་ཨམ་པ་དང་། ཧྭ་ལའི་བླ་མས་འདེམ་སྒྲུག་གིས་མི་གཉིས་གསེར་སྐྱན་དུ་ཕུལ་ནས་བསྐོ་བཞག་གནང་རྒྱུ་དང་། བླ་མ་བཀའ་བློན་གྱི་ཚབ་འཇུག་ལ་མཁན་པོ་ཆེ་ཁའི་གྲས་ནས་འདེམ་སྒྲུག་གསེར་སྐྱན་དུ་ཕུལ་ནས་བསྐོ་བཞག་དང་། མདའ་དཔོན་གྱི་ཚབ་འཇུག་དགོས་རིགས་དམག་གི་རུ་དཔོན་གྲས་དང་། དེ་མིན་ས་མཚམས་ཀྱི་རྫོང་དཔོན་སོགས་འདེམ་སྒྲུག་གིས་མི་གཉིས་གསེར་སྐྱན་སྤྲོན་ནས་བསྐོ་བཞག་བྱེད་རྒྱུ་ལས། དམག་གི་འགོ་བྱེད་དང་རྒྱལ་སྐྱོང་ལ་འཐུས་ཤོར་ཡོང་རིགས་བྱས་མི་ཆོག རྩིས་དཔོན་དང་ཕྱག་མཛོད་ཀྱི་ཚབ་བསྐོ་འོས་གཉེར་ཚང་པ་དང་། བཤེར་དཔང་བཀའ་དྲུང་ཆེ་བ། རྩེ་དྲུང་བླ་མ་བཅས་ཀྱི་ཐོག་ནས་བསྐོ་བཞག གཉེར་ཚང་དང་། བཤེར་དཔང་གི་ཚབ་ཞོལ་པ་དང་། མི་དཔོན། ཧ་དཔོན་བཅས་ནས་འགྲོ་དགོས། ཞོལ་(པ་)མི་དཔོན་ཧ་དཔོན་བཅས་ཀྱི་ཚབ་ཕྱོགས་ཀྱི་རྫོང་དཔོན་དང་། བཀའ་ཤག་མགྲོན་གཉེར་གྱི་གྲས་བསྐོ་རྒྱུ། གཉེར་ཚང་དང་། ཞོལ་པ་སོགས་གྲ་པ་ཡིན་རིགས་གྲྭ་པའི་གྲས་རང་ནས་བསྐོ་དགོས། དྲུང་ཡིག་ཆེ་བའི་

ཚབ་ཏུ་དྲུང་ཡིག་ཆུང་བ་དང་། མགྲོན་གཉེར་སོགས་བསྐོ་བཞག ཛོང་འགོ་ཆེ་བ་དང་། ས་མཚམས་ཀྱི་ཛོང་དཔོན་ཚབ་འཛུག་དགོས་རིགས་ཛོང་འགོ་ཆུང་བའི་ཐོག་ནས་འཕར་དགོས། དྲུང་ཡིག་ཆུང་བའི་ཚབ་འཛུག་དམག་མིའི་བརྒྱ་དཔོན་དང་། འགོ་བྱེད། གཞན་ཡང་བབ་མཚུངས་ཀྱི་བསྐོ་བཞག ཕྱོགས་ཀྱི་ཛོང་དཔོན་དང་། ཛོང་ཁག་ཆུང་ཁ་ལ་དྲུང་འཁོར་བྱིངས་གྲས་ནས་བསྐོ་བཞག ས་མཚམས་ཀྱི་མཆོན་ཛོང་འགོ་ཆེ་ཆུང་ཚང་མ་དེབ་བཀོད་བྱས་ཆེ་ལས་དོན་བྱེད་བདེ་བ་ཡོང་། ཡང་སེར་སོ་བ་ཛོང་དཔོན་བྱེད་མིའི་རིགས་འདི་དག་ཏཱ་ལའི་བླ་མའི་སྐུ་ལ་བཅར་བར་སོང་གཤིས་ངོ་ཚབ་གཏོང་རྒྱུའི་ཐད། ངོ་ཚབ་འདི་ཡིན་པོད་བཞུགས་ཨམ་པར་ཞུས་ནས་འདེམ་སྒྲུག་གིས་བསྐོ་བ་ལས། སོ་སོས་ངོ་ཚབ་ཐག་བཅད་ནས་བཏང་མི་ཆོག བཀའ་ཤག་མགྲོན་དྲུང་འདི་དག་གནས་ཆུང་ངུ་ཡིན་འདུག་ཀྱང་། བཀའ་བློན་གྱི་རོགས་བྱེད་དགོས་སྐབས་རྩ་བ་ཆེ་ཙམ་ལ། དྲུང་འཁོར་ཞེས་ཡོང་ཆེ་བ་འདེམ་སྒྲུག་གིས་བསྐོ་དགོས། དངུལ་པར་རྒྱག་གི་དོ་དམ་ལ་རྩིས་དཔོན་གཉིས་དང་། རྩེ་དྲུང་གཉིས་བཅས་བསྐོ་དགོས་སོགས་གོང་གསལ་བསྐོ་བཞག་བྱེད་རྒྱུ་ཚང་མ་པོད་བཞུགས་ཨམ་བན་དང་ཏཱ་ལའི་བླ་མར་ཞོལ་བསྒྱུར་གྱིས་བསྐོ་དགོས། བཀའ་བློན་དང་། མདའ་དཔོན་སྐོར་གོང་དུ་གསེར་སྐན་སྒྲོན་པ་དང་། དེ་ཕྱིན་སྐན་སྒྲོན་མ་དགོས་པ་ཏཱ་ལའི་བླ་མ་དང་། ཨམ་བན་(གྱིས་)མཉྫུ་རྒྱ་བོད་ཀྱི་ཡི་གེའི་བཀའ་ཤོག་སྤྲད་འཕྲུས། རྩ་གཉེར། འགག་པ། རྩམ་ལེན། གུར་པ། ཞེ་མ་བཅས་ཏཱ་ལའི་བླ་མ་རང་ནས་བསྐོ་བཞག་མཛད་ཆོག བགྲ་ཤིས་ལྷུན་པོའི་ཕྱག་མཛོད་བསྐོ་དགོས་གསོལ་དཔོན་གཟིམ་དཔོན་ཐོག་ནས་བསྐོ་བ་དང་། གསོལ་དཔོན་གྱི་ཚབ་རྩེ་དྲུང་གྲས་ནས་བསྐོས། གཟིམ་དཔོན་གྱི་ཚབ་མགྲོན་གཉེར་བཅས་རིམ་འཕར། བགྲས་ལྷུན་

ཁོངས་གཏོགས་རྒྱ་གྲོན་ཆུང་གཞིས། ལམ་གྱི་འུ་ལག་སོགས་སྔར་རྒྱུན་ལྟར་བྱས་ཆོག ཕྱག་མཛོད། གསོལ་གཟིམ། རྫོང་འགོ་ཆེ་ཁ་སོགས་དབུས་ནང་བཞིན་བོད་བཞུགས་ཨམ་བན་དང་པཎ་ཆེན་ཨེར་ཏེ་ནི་མོལ་བསྡུར་གྱིས་བསྐོ་བ་དང་། བཀའ་ཤོག་སྤྲོད་དགོས། དེ་ཕྱིན་རྩ་བ་ཆུང་རིགས་སྔར་རྒྱུན་བཞིན་བསྐོས་ཆོག

དོན་ཚན་བཅུ་གཉིས་པར། ཧྭ་ལའི་བླ་མ་བཅས་ཀྱི་ཉེ་རིགས་ནས་ལས་དོན་བྱས་ཚེ་ལས་དོན་འཕྲུས་སྐྱོ་མི་ཚང་འདུག་པ་བཅས་ཕྱིན་ཆད་ཧྭ་ལའི་བླ་མ་དང་པཎ་ཆེན་ཨེར་ཏེ་ནི་ཞལ་བཞུགས་རིང་སོ་སོའི་ཉེ་རིགས་ནས་ལས་དོན་བྱས་མི་ཆོག་ཅིང་། སྐར་ཞིང་བརྗེས་པ་སོགས་བྱུང་ཚེ་སྐུ་ཉེ་རྣམས་ལ་ཤེས་འཁོས་དང་བསྟུན་པའི་ལས་དོན་བྱས་ཆོག

དོན་ཚན་བཅུ་གསུམ་པ། བོད་བཞུགས་ཨམ་བན་གཉིས་རེ་མོས་ཀྱིས་སྟོན་དཔྱིད་གཉིས་ལ་གཙང་གི་ས་སྐོར་དང་། དམག་མི་རྩལ་སྦྱོང་གི་（ལྟ་）སྐོར་（སྐབས་）ཡུལ་གྱི་རྒྱ་དཔོན་དང་རྫོང་དཔོན་བཅས་ནས་དམག་མིར་ཁག་སྦྱོང་དང་། མི་སེར་ལ་བཙབས་བསེགས་བཏང་མིན་ཨམ་པར་ཞུ་དགོས་དང་། ཨམ་བན་གྱི་དགོས་ཆ་འུལ་མི་སོགས་ལ་རྔལ་གླ་སྤྲོད་པ་ལས་བཙབས་བསེགས་བཏང་མི་ཆོག

དོན་ཚན་བཅུ་བཞི་པར། སྔར་ནས་ཕྱིའི་རྒྱལ་ཁག་གོར་ཁ། འབྲུག་པ། འབྲས་ལྗོངས། ཙོང་པ་སོགས་ནས་བོད་དུ་འཇལ་འབུལ་དང་དོན་གཅོད་དུ་ཡོང་རིགས་ཧྭ་ལའི་བླ་མས་ཡིག་ལན་འཕྲུས་པོ་མ་བྱུང་བ་དཔེར་ན། སྔོན་དུ་གོར་ཁ་ནས་ཏམ་ཁའི་སྐོར་གྱི་གླེང་གཞི་བྱས་པར་ལན་འདོམས་ཇི་བཞིན་མ་བྱུང་སྟབས་འཁྲུག་འཛིང་གི་རྒྱུ་བྱས་འདུག་པ། ཕྱིན་ཆད་གོར་ཁ་ནས་ཧྭ་ལའི་བླ་མ་དང་། བོད་བཞུགས་ཨམ་པ་བཅས་ལ་མི་སྣ་ཆེད་མངགས་ཡོང་རིགས་ལ་ཡིག

ལན་སོགས་ཨམ་བན་གྱི་ངག་བཀོད་ལྟར་བྱེད་ཅིང༌། དེས་མཚུངས་ཕྱོགས་མཐའ་ནས་ཡིག་བསྒྱུར་བྱུང་རིགས་ཀྱང་བོད་བཞུགས་ཨམ་པར་སྤྱན་བསྟར་ཞུ་དགོས། ཡང་འབྲུག་པ། འབྲས་ལྗོངས། ཅོང་པ། སློ་པོ་མན་ཐང་བཅས་མགོ་གཉིས་ལྷ་བུར་སོང་སྐབས་དེ་དག་ནས་ཏྭ་ལའི་བླ་མ་དང༌། པཎ་ཆེན་ཨེར་ཏེ་ནི་བཅས་(ལ་)འབུལ་བ་བྱུང་རིགས་ལ་བཀག་ཆ་བྱེད་རྒྱུ་མི་འདུག་ཀྱང༌། ཞིབ་འཇུག་ཡང་དག་བྱེད་དགོས། ཕྱོགས་མཐའི་མི་རིགས་བོད་དུ་ཡོང་མི་རྣམས་ལ་ས་མཚམས་སོ་སོའི་རྫོང་དཔོན་ནས་མི་གྲངས་ཇི་ཡོད་ཐོ་བཀོད་དེ་བོད་བཞུགས་ཨམ་པར་ཞུ་དགོས། དེ་མཚུངས་རྒྱལ་རྩེ་དང༌། དིང་རིའི་རྒྱ་དཔོན་ནས་ཀྱང་རྩད་གཅོད་བྱེད་དགོས། ཡང་རྒྱལ་ཕྲན་རིགས་ནས་བོད་བཞུགས་ཨམ་པར་ཡི་གེ་བྱུང་བའི་ལན་ཨམ་པ་རང་ནས་བཏང་འཕྲུས་དང༌། ཏྭ་ལའི་བླ་མ་སོགས་ལ་ཡི་གེ་བྱུང་ཚེ་གཏོང་ཚོད་སོགས་ཨམ་པར་ཞུས་ནས་ཕྱིར་ལོག་བྱེད་དགོས། བཀའ་བློན་ཡང་རྒྱ་བོད་ཀྱི་ལས་བྱེད་མིར་སོང་གཤིས། ཕྱོགས་མཐའི་རྒྱལ་ཕྲན་ལ་རང་འཚམས་ཀྱི་ཡི་གེ་(གཏང་)མི་ཆོག་ཅིང༌། ཕྱོགས་མཐའ་ནས་ཚུར་ཡི་གེ་བྱུང་རིགས་ཨམ་པ་ལ་ཕུལ་ནས་ཏྭ་ལའི་བླ་མ་དང་གྲོས་བསྡུར་གྱིས་ཡི་གེའི་ལན་གཏོང་བ་ལས་རང་འཚམས་ཀྱིས་བཏང་མི་ཆོག

དོན་ཚན་བཅོ་ལྔ་པར། ས་མཚམས་སྐྱིད་གྲོང༌། གཉའ་ནང༌། རོང་ཤར། མཁར་རྟ། ས་དགའ། ཁུམ་བུ་བཅས་གོར་ཁ་དང་ཁད་ཉེ་ཡིན་འདུག་པར། སྐྱིད་གྲོང་ཕན་རི་སོག་ཟམ་པ། གཉའ་ནང་ཕན་འགྲམ་གྱི་ཙ་ཟམ། རོང་ཤར་གྱི་ས་མཚམས་བཅས་ཐོ་བོས་གཅོད་དགོས་ཀྱང་འཕྲལ་དུ་བྱེད་པ་ལས་ཕྱི་འགྱངས་བྱས་མི་ཆོག་ཅིང༌། བལ་པོ་དང་བོད་མི་བཅས་ཕར་ཕྱིར་རང་མཚམས་ཀྱི་ཕྱིན་མི་ཆོག་པ་བཅས་བོད་བཞུགས་ཨམ་པ་ས་སྐོར་དུ་འགྲོ་སྐབས་

ཞིབ་དཔྱོད་བྱེད་དགོས།

དོན་ཚན་བཅུ་དྲུག་པ། ཕྱོགས་མཐའི་རྫོང་འགོ་འདི་དག་ས་མཚམས་མི་སེར་གྱི་འགོ་འཛིན་དང་། ཕར་ཕྱིར་(འགྲོ་) འདུག་བྱེད་མི་རྩད་གཅོད་བྱེད་དགོས་སོགས་རྩ་བ་ཆེ་བར། མི་ཤེས་ཡོང་མེད་པའི་རིགས་བཏང་ཆེ་འཐུས་ཤོར་ཡོང་རིགས་ལ་རྫོང་དཔོན་ཚུང་ཁ་དང་། དམག་མིའི་འགོ་བྱེད་དྲག་གྲས་འདེམ་སྒྲུག་གིས་གཏོང་དགོས་ལ་ལོ་གསུམ་རེར་བཞག་སྟེ་ལས་དོན་འཐུས་པོ་བྱུང་ན་མདའ་དཔོན་གྱི་གོ་སར་སྤར་བ་དང་། ཡང་འཐུས་མིན་བྱུང་ན་གནས་ཕབ་དགོས།

དོན་ཚན་བཅུ་བདུན་པ། སྔོན་ཕན་འགོ་ཡོད་བསྐོ་བཞག་བྱེད་སྐབས་དྲུང་འཁོར་གྲས་བསྐོ་བ་ལས། བྱིངས་གྲས་ནས་བསྐོ་སྲོལ་མེད་པ་དང་། གལ་སྲིད་འགོ་ཡོད་བསྐོས་ཀྱང་མཐོ་ན་ལྡིང་དཔོན་ཙམ་དང་། འགོ་པ་ཚུང་བ་མ་གཏོགས་དེ་ཡན་འཕར་མི་ཆོག་པ་ལྟ་བུ་ཞིག་ཡོད་འདུག་པ། དེས་ན་འཐུས་ཤོར་ཡོང་རིགས་ལ། ཕྱིན་ཆད་དམག་མིའི་གྲས་ནས་ཤེས་ཡོང་དང་དགྲ་ནུས་ཆེ་བ་ཡོད་ཚེ་དྲུང་རྒྱུད་མིན་ཀྱང་ལྡིང་དཔོན་ནས་བཟུང་མདའ་དཔོན་གྱི་བར་རིམ་བཞིན་འཕར་ཆོག འགོ་མི་བསྐོ་འོས་རིགས་སྔར་རྒྱུན་དྲུང་གྲས་ནས་བསྐོས་པ་ལས། ལས་ཚན་ཕ་ཤུལ་བུ་འཛུགས་བྱས་ཆེ་འཐུས་ཤོར་གྱི་རྒྱུ་དང་། དྲུང་ཡིག་ཚུང་བ། མགྲོན་གཉེར། རྫོང་དཔོན་ཚུང་ཁ་སོགས་བསྐོ་རྒྱུ་ཡང་ལོ་བཅོ་བརྒྱད་ཡན་ལ་བསྐོ་བ་ལས། ལོ་ཚུང་རིགས་ལ་བསྐོ་མི་ཆོག

དོན་ཚན་བཅོ་བརྒྱད་པ། མཁན་པོ་ཟེར་བ་དགོན་པའི་འགོ་བྱེད་ཡིན་འདུག་པར། ཡོན་ཏན་ཆེ་ཞིང་མི་བབ་བཟང་རིགས་བསྐོ་དགོས་དང་། ཡང་དགོན་པ་ཆེ་བའི་བླ་མ་སོགས་ནས་ཆོས་གཞིས་རྒྱ་ཆེ་བཟུང་བའི་ཚོང་ཁེ་སོགས

བྱེད་ཀྱི་ཡོད་འདུག་པ། ཕྱིན་ཆད་དགོན་པ་ཆེ་བའི་བླ་མ་བསྐོ་བཞག་སྐོར་ཏཱ་ལའི་བླ་མ་དང་། བོད་བཞུགས་ཨམ་པ། རྗེ་དྲུང་ཧོ་ཐོག་ཐུ་བཅས་ཀྲིས་བསྐུར་འདེམ་སྒྲུག་གིས་བསྐོ་བཞག་བྱས་པའི་གསུམ་གའི་བཀའ་ཤོག་ཐམ་ག་ཡང་སྦྲོད་དགོས་དང་། དགོན་པ་ཆུང་བའི་མཁན་པོ་བླ་མ་བསྐོ་རྒྱུའི་རིགས་སྔར་རྒྱུན་ལྟར་ཏཱ་ལའི་བླ་མ་ནས་བསྐོ་བཞག་བྱེད།

དོན་ཚན་བཅུ་དགུ་པར། གཞུང་ནས་ཁྲལ་བསྡུས་ཀྱི་དངུལ་དང་། དངོས་པོ་ཉོ་ཚོང་སོགས་ལ་དངུལ་གྱི་འཛའ་ཁྱད་པར་འཛུགས་ལྟར་ཏམ་གསར་དང་ཏམ་རྙིང་དབྱེ་འབྱེད་ཀྱིས་སྤྲོད་ལེན་བྱེད་པ་ལས། འཕར་མ་བླངས་མི་ཆོག

དོན་ཚན་གཉིས་ཤུ་པར། སྐྱིད་གྲོང་། གཉའ་ནང་བཅས་ནས་འབྲས་ཚྭ། དངོས་པོའི་རིགས་ཀྱི་ཤོ་ཁྲལ་ལེན་སྲོལ་སོགས་སྔར་བཞིན་བྱས་ཆོག་ཀྱང་། དེ་དོན་བོད་བཞུགས་ཨམ་པར་ཞུས་ནས་ལས་དོན་བྱེད་པ་ལས་འཕར་ལེན་སོགས་ཕྲ་མོ་ཙམ་བྱས་མི་ཆོག

དོན་ཚན་ཉི་ཤུ་རྩ་གཅིག་པར། བོད་ཁོངས་མི་སེར་ཚང་མའི་ཁྲལ་འུལ་མི་རྟེང་རྟ་ཁལ་སོགས་གང་ལའང་མི་སེར་ཁྱེར་ཞན་རྣམས་ཁག་སྡུག་ཆེ་ཞིང་། ཕྱུག་པོ་རྣམས་བཀའ་ཤོག་གིས་ཁྲལ་ཆག་པ་དང་། ཏཱ་ལའི་བླ་མ་རྣམས་ཀྱི་ཉེ་རིགས། ཧོ་ཐོག་ཐུ་ཆེ་བ་མང་དག་གིས་བཀའ་ཤོག་སྦྲོད་པ་དང་། བཀའ་མདའ། བླ་མ་ཆེ་བ་སོགས་ཀྱི་གཞིས་ཀ་མི་སེར་ལ་བཀའ་ཤོག་སྦྲད་ནས་ཁྲལ་ཐོགས་ཡང་བ་སོགས་འདུག་པ་འདི་རིགས་ཕྱིན་ཆད་བཀའ་ཤོག་ཚང་མ་བསྡུས་ནས་མི་སེར་ཚང་མ་ཁྲལ་རིགས་སྙོམ་པ་བྱེད་དགོས། ངེས་མེད་དམིགས་བསལ་ཡོད་རིགས་ཏཱ་ལའི་བླ་མ་དང་། བོད་བཞུགས་ཨམ་བན་ཀྲིས་བསྐུར་གྱིས་རྐང་འགྲོ་སོགས་ཆག་པའི་བཀའ་ཤོག་སྦྲོད་དགོས། དམག་མི་གསར་འཛུགས་གང་

ཡིན་ལ་མིང་ཐོ་བཀོད་པའི་རྐང་འགྲོའི་ཁྲལ་ཆག་གི་བཀའ་ཤོག་སྤྲོད་རྒྱུ་དང་། ཤི་ཆད་བྱུང་རིགས་ཀྱི་བཀའ་ཤོག་འཕྲུལ་འཕྲུལ་ཚུར་ལེན་དགོས།

དོན་ཚན་ཉི་ཤུ་རྩ་གཉིས་པར། དགོན་ཁག་ཆེ་ཆུང་གི་བླ་མ་དང་གྲྭ་པའི་ཁ་གྲངས་མིང་ཐོ་སོགས་ཞིབ་བཀོད་དང་། ཡང་བཀའ་བློན་ནས་ཧོ་ཐོག་ཐུའི་མི་སེར་གྱི་མིང་ཐོ་ཞིབ་གསལ་བཀོད་ནས་བོད་བཞུགས་ཨམ་པ་དང་ཧྲ་ལའི་བླ་མ་སོ་སོར་དེབ་རེ་ཕུལ་ཏེ་སྐྱད་ཕྱིན་རྩད་གཅོད་བྱེད་བདེ་དང་། སྐར་བཀའ་ཤོག་མ་ཞུས་པར་རང་འཚམས་ཀྱིས་ཕྱོགས་མཐའ་ལ་ཐོན་རིགས་རྩད་གཅོད་ཀྱིས་ཉེས་པ་གཅོད་དགོས།

དོན་ཚན་ཉི་ཤུ་རྩ་གསུམ་པར། མཚོ་སྔོན་སོགས་ཀྱི་དཔོན་ཁག་ནས་མི་སྣ་ཆེད་གཏོང་གིས་བོད་ནས་བླ་མ་ཡོན་ཏན་ཆེ་རིགས་སོ་སོའི་ཡུལ་དུ་གདན་འདྲེན་ཞུ་བ་སོགས་སྔོན་ཆད་བོད་བཞུགས་ཨམ་པར་ཞུས་མིན་སྣ་ཚོགས་འདུག་ཀྱང་། ཕྱིན་ཆད་དེ་རིགས་ཟི་ལིང་ཨམ་པ་སོགས་ནས་བོད་དུ་གནས་ཚུལ་ཕུལ་ཐོག བོད་བཞུགས་ཨམ་བན་ནས་ལམ་ཡིག་སྤྲོད་དེ་གཏོང་བ་དང་། ཟི་ལིང་ཨམ་པར་གནས་ཚུལ་བཏང་ཆེ་རྩད་གཅོད་བདེ་ཞིང་། དེ་མཚུངས་ཕྱོགས་ཁག་ཏུ་གནས་མཇལ་ལ་འགྲོ་མི་བླ་མ་ཡང་གོང་བཞིན་ཨམ་པར་ཞུས་ནས་ལམ་ཡིག་སྤྲོད་དེ་འགྲོ་བ་ལས། རང་འཚམས་ཀྱིས་ཕྱིན་མི་ཆོག

དོན་ཚན་ཉི་ཤུ་རྩ་བཞི་པར། སྤར་རྒྱུན་འུལ་མི་གཏོང་དགོས་ཀྱི་ལམ་ཡིག་སོགས་ཧྲ་ལའི་བླ་མས་གནང་མུས་ལ་ཕྱིས་སུ་བཀའ་བློན་དང་། མདའ་དཔོན། ཧྲ་ལའི་བླ་མའི་ཉེ་རིགས་སོགས་ནས་རང་འཚམས་ཀྱིས་རྟ་ཁལ་བསྐུལ་བ་དང་། དགོས་ཆ་གྲོ་ཆས་བསྟུ་བ་སོགས་འདུག་པ། སྐྱད་ཕྱིན་ཚང་མས་རང་དོན་དུ་ཕར་ཕྱིར་འགྲོ་བར་འུ་ལག་བསྐུལ་མི་ཆོག་པ་མ་ཟད། རང་འཚམས་

ཀྱིས་བཀའ་ཤོག་ཀྱང་སྲུད་མི་ཆོག གཞུང་དོན་རིགས་དགོས་ངེས་ལ་བོད་བཞུགས་ཨམ་པ་དང་། དྷ་ལའི་བླ་མར་ཞུས་ཐོག་ལམ་ཡིག་བཀའ་ཤོག་དམ་སྒྲུར་སྲུད་རྗེས། ལམ་བར་ནས་དེ་དོན་བྱེད་དགོས།

དོན་ཚན་ཉི་ཤུ་རྩ་ལྔ་པར། བོད་དུ་འབྲུག་འཛིང་། མི་བསད་རྐུན་ཇག་སོགས་ལ་ཉེས་ཆད་གཏོང་སྲོལ་ལ་བོད་ཀྱི་ལུགས་སྲོལ་དང་ཡིག་ཆ་རྒྱ་ཡུལ་དང་མི་མཐུན་གཉིས་སྟེར་རྒྱུན་ཉེས་ཆད་བཏང་ཆོག་རྒྱུ་མིན་(ཡིན་)ཀྱང་། ནག་ཆེ་ཆུང་གི་དབྱེ་འབྱེད་བྱས་ཚོ་ཚང་མ་ཡིད་ཆེས་པ་ཡོང་ཞིང་། ཉེ་ལམ་བཀའ་བློན་མི་དཔོན་བཅས་ནས་ཁྲིམས་དྲང་བཞག་མི་བྱེད་པར། ཉེས་ཆད་འཕར་མ་ལེན་པ་དང་། ཕྱུག་པོ་རྣམས་ཀྱི་ལག་ནས་ཉེས་ཆད་མང་བ་བླངས་ནས་ཉེས་ཆད་གསེར་དངུལ། གཡག་ལུག་སོགས་ལ་གྲངས་བཅད་མེད་ཅིང་། ཚང་མ་གཞུང་དུ་མ་ཕུལ་བར་རང་བདག་བྱས་པ་དང་། ཡང་བཀའ་བློན་བཅས་ནས་མི་ཆུང་བར་དབང་ཤེད་ཀྱིས་ཉེས་འགེལ་བྱས་པའི་དྷ་ལའི་བླ་མར་ཞུས་ནས་དངོས་ཆས་གཞུང་ལེན་གཏོང་བ་མང་དག་འདུག་པས། ད་ནས་བཟུང་ཉེས་ཆད་མང་ཉུང་སྟེར་རྒྱུན་ལྟར་བཏང་བའི་ཐོ་བཀོད་ཀྱིས་བོད་བཞུགས་ཨམ་པར་འབུལ་དགོས། ཡང་བཙོན་པ་ནག་ཆེ་རིགས་ཡོད་ཚེ་བོད་བཞུགས་ཨམ་པར་ཞུས་ནས་ལས་དོན་བྱེད་དགོས། དེས་མཚུངས་དངོས་ཆས་གཞུང་ལེན་བྱེད་འོས་རིགས་ཀྱང་ཨམ་པར་ཞུས་ནས་བབ་ལྟས་བྱེད་རྒྱུ་དང་། སྒེར་གཞུང་ལ་མ་ལྟོས་པར་ཁྲིམས་སར་ཐུག་རིགས་ལའང་དྲང་བཞག་བྱེད་དགོས། བཀའ་བློན་རྣམས་ནས་དོན་མེད་དབང་ཤེད་ཀྱིས་མི་སེར་གྱི་ལག་ནས་དངོས་ཆས་འཕྲོག་པའི་རིགས་བྱུང་ཚེ། གོ་ས་ཕབ་ནས་བཀའ་བློན་རང་གི་དངོས་ཆས་གཞུང་ལེན་སོགས་ཉེས་པ་གཅོད་རྒྱུ་ཡིན།

དོན་ཚན་ཉི་ཤུ་རྩ་དྲུག་པར། དཔོན་དམག་གི་རྩལ་སྦྱོང་ལ་རྫས་མདེའུ་སོགས་ཀྱི་ཁ་གྲངས་ཨམ་པའི་བཀའ་ཤོག་དམ་འབྱར་ཐྲད་པའི་བཀའ་སློན་ནས་མི་དོ་ཚོད་ཀོང་པོར་ཚེད་བཏང་གིས་རྫས་བཟོ་བྱས་ངོས་ལྷ་སར་སྐྱེལ་འདྲེན་གྱིས་སོ་སོར་སྤྲོད། ཡང་གཙང་དུ་སྤར་ནས་གནམ་ལྕགས་མི་འདུག་ཀྱང་ད་ཆ་གསར་བཟོས་བཅུ་གསུམ་གྱི་གྲས་ནས་གཉིས་གཙང་དུ་བཞག་པའི་རྩལ་སྦྱོང་སྐབས་ཚ་ཁ་ལྷུ་བ་དང་། འཕྲོས་རྣམས་པོ་ཏ་ལར་རྩིས་སྤྲོད་དགོས།

དོན་ཚན་ཉི་ཤུ་རྩ་བདུན་པར། བཀའ་སློན་མདའ་དཔོན་བཅས་ལ་སྤར་རྒྱུན་དྭ་ལའི་བླ་མས་ལས་ཤག་དང་། འཛིན་ཐེབས་གཞིས་ཀ་སྤྲོད་སྤྲོལ་ལ། ལས་ཁུར་འཕོས་ཚེ་གསར་པར་རྩིས་སྤྲོད་དགོས་ལ། རེ་གཉིས་ཤུལ་མི་སོགས་ལ་རང་འཇགས་ཀྱི་འཛིན་ཐེབས་གཞན་ནས་གསར་སྤྲོད་བྱེད་དགོས་སོགས་ཡོད་འདུག་པ་དང་ད་ནས་བཟུང་འཕོ་ལེན་བྱུང་འཕྲལ་གསར་པ་སོ་སོར་རྩིས་སྤྲོད་བྱེད་དགོས།

དོན་ཚན་ཉི་ཤུ་རྩ་བརྒྱད་པར། བླ་མ་དགེ་འདུན་སོགས་ཀྱི་ཕོགས་ཐོབ་སྤྲོད་དགོས་རིགས་དུས་ཚོད་སོ་སོར་སྤྲོད་རྒྱུན་ལ། སྤྱ་བསྐུར་གྱིས་སྤྲོད་ལེན་བྱེད་མི་མང་དག་ཡོད་འདུག་པ། ཕྱིན་ཆད་དུས་ཐོག་སོ་སོར་སྤྲོད་པ་ལས་སྤྱ་བསྐུར་རིགས་བྱས་མི་ཆོག་ཅིང་། དེ་རིགས་འདུག་ཚེ་རྗེ་དྲུང་ཧོ་ཐོག་ཐུ་ནས་རྩད་གཅོད་ཀྱིས་སྤྱ་བསྐུར་བླངས་པ་དང་། གྲངས་ཚང་མ་ཐྲད་པ་སོགས་འདུག་ཚེ་འགོ་ཡོད་ལ་ཉེས་པ་གཅོད་དགོས།

དོན་ཚན་ཉི་ཤུ་རྩ་དགུ་པར། བོད་ཀྱི་མི་སེར་སོ་སོའི་ཁྲལ་བོགས་དངོས་པོ་འབུལ་དགོས་རྣམས་ཉེ་སྐོར་ལ་རྩེ་དྲུང་དང་། ཐག་རིང་སར་ཤོད་དྲུང་བཏང་ནས་བསྐུལ་འདེད་བྱེད་དགོས་ལ། དྲུང་འཁོར་དང་། རྫོང་དཔོན་རེ་

གཉིས་ནས་སོ་སོའི་ཁྲལ་འབབ་གཞུང་ལ་མ་ཕུལ་བར་ཆད་མང་པོ་ཡོད་འདུག་པ་དང་། ཕྱི་སོའི་ཁྲལ་རིགས་སྤ་བསྐྱུར་དང་། བུད་སྟོང་གི་ཁྲལ་བསྡད་གྲོང་ཐོག་འགེལ་བ་སོགས་བརྡབས་བསིགས་ཆེན་པོ་ཡོང་གི་ཡོད་འདུག་པ། ཕྱིན་ཆད་དུས་ཚོད་ལ་བཀག་ནས་རྗེ་ཨོད་དྲུང་འཁོར་དང་། རྫོང་དཔོན་བཅས་ནས་ལོ་ལྟར་གྱི་ཁྲལ་གྲངས་ཚད་བསྡུ་ལེན་དང་། སྤ་བསྐྱུར་བྱས་མི་ཆོག མི་སེར་བུད་སྟོང་ཡོད་ངེས་ལ་ཁྲལ་འབབ་ཆག་པ་དང་། སྣར་ཁྱེངས་ཆུག་བྱུང་ཆེ་ཁྲལ་རིགས་སྤར་རྒྱུན་བཞིན་བསྡུ་ལེན་བྱེད།"① ཅེས་གསལ་འདུག ཆ་འཛིན་འདི་ནི་གོར་བོད་བདེ་གཟར་མཇུག་སྒྲིལ་རྗེས་གོང་མ་ཆན་ལུང་གི་བཀའ་ལྟར་ཅང་ཅུན་ཀྲུང་ཐང་ཕུ་ཁང་ཨན་དང་། ལུགས་སྲོལ་སྒྱུར་ཁང་གི་ཨ་ལི་ཨམ་བན་སུན། དམག་གི་སྒྱུར་ཁང་གི་ཨ་ལི་ཨམ་བན་ཟེ་ཁྲིན་ཙོང་ཐུ་ཧྲུས། བོད་ཀྱི་ལས་དོན་འཁྱུར་འཛིན་པ་ཨམ་བན་ཧོ་དང་། བོད་ཀྱི་ལས་དོན་རོགས་བྱེད་ཨམ་བན་ཁྲིན་བཅས་ནས་བོད་དབུས་གཙང་གི་ལས་ཀར་ཞིབ་འཇུག་དང་འབྲེལ་ཏཱ་ལའི་བླ་མར་བཀའ་བསྡུར་ཞུས་ཐོག་གོང་མར་སྙན་སེང་ཕུལ་ཏེ་ཆོག་མཆན་ཐོབ་པའི་གཏན་འབེབས་ཁག་གི་སྙིང་དོན་རགས་བསྡུས་བྱས་ནས་དོན་ཚན་ཉི་ཤུ་ཙ་དགུར་བསྒྲིགས་པའི་ཕྱོགས་བསྡོམས་ཆ་གནད་ཀྱི་ཡིག་རིགས་ཞིག་ཡིན།

13. སྒྲིག་སྲོལ་དོན་ཚན་ཉེར་དགུའི་ནང་གི་གལ་ཆེའི་དོན་གནད་ཀྱི་ཡོང་རྐྱེན་སོགས་འབྲེལ་ཡོད་ཡིག་ཆ་དང་། ལག་བསྟར་སོགས་ཀྱི་དཔེ་མཚོན་འགའ་ཞིག

འདིར་གསལ་དོན་གནད་གལ་ཆེའི་རིགས་ལ་ཐོག་མའི་ཡོང་རྐྱེན་དང་།

① （ཆུ་སྐད་ཚུར་ཕུལ་ཕང་ཞུའི་དེབ་）

དཔྱད་ཞིབ་བྱ་རིམ། ཞིབ་ཕྲའི་ལག་བསྟར་བྱེད་ཕྱོགས་སོགས་འཁོད་པའི་གཏན་འབེབས་ཡིག་ཆ་ཟུར་དུ་ཡོད། དཔེར་ན་དོན་ཚན་དང་པོ་སྤྲུལ་སྐུ་ངོས་འཛིན་བྱེད་ལུགས་སྐོར་ལ་ཆ་མཚོན་ན་ཕང་ཞུའི་ནང་“ཏཱ་ལའི་བླ་མར་གནས་ཚུལ་ཞུས་དོན། ལྷ་སྐྱིད་དགུང་ལོ་ང་བརྒྱད་པའི་ཟླ་བ་དགུ་པའི་ཚེས་བཅོ་ལྔ་ལ་སེ་ཁྲིན་རུས་ཙོང་ཐུའི་གནས་ཚུལ་འགྱུར་དོན་ལ། ལྷ་སྐྱིད་དགུང་ལོ་ང་བརྒྱད་པའི་ཟླ་བ་བརྒྱད་པའི་ཚེས་ཉེ་ཤུ་ཉིན་མོང་གོལ་སྦྱོར་ཁང་ནས་མན་ཧྲུའི་ཡི་གེའི་གནས་ཚུལ་འགྱུར་བྱུང་བ་རྒྱ་ཡིག་ལ་ཕབ་པའི་དོན་རྗེས། ཝུན་ཙི་ཁྲུ་ནས་བཀའ་བསྒྱུར་གནང་བའི་དོན་གསལ་ལ། ལྷ་སྐྱིད་དགུང་ལོ་ང་བརྒྱད་པའི་ཟླ་བ་བཞི་པའི་ཚེས་བཅུ་དགུ་ཉིན་གོང་མ་ཆེན་པོའི་བཀའི་དགོངས་དོན་ལ། སྔོན་དུ་ཁལ་ཁ་དབྱིངས་ཡིན་པོ་ཡོན་གྱི་རྒྱལ་ཕྲན་ནས་ཨེར་ཏེ་ནི་པཎྜི་ཏའི་ཧོ་ཐོག་ཐུ་འདས་རྗེས་ཁོ་པའི་ཕྱག་མཛོད་པ་ངག་དབང་བཀྲ་ཤིས་ནས་རང་མཚམས་ཀྱི་ཧན་ཕང་གི་བུ་རྒྱུད་གྲས་ནས་སྐུ་སྐྱེ་ངོས་འཛིན་བྱེད་རྩིས་བྱས་འདུག་པའི་སྐོར་དེ་སྐབས། ཏཱ་ལའི་བླ་མ་ནས་ལ་མོ་ཆོས་སྐྱོང་ལ་དྲི་ཚོད་བྱས་པར་ཚེ་བརྟན་རྡོ་རྗེའི་བུ་ལ་ངོས་འཛིན་བྱས་པར་བརྟེན་སོ་སོར་བབ་བལྟས་ཀྱི་ཉེས་པ་དཔྱད་པ་སོགས་བཀའ་ཕྱིར་ཕེབས་ཀྱི་དགོངས་དོན་ལྟར་ཕྱོགས་མཐའ་དག་གི་མོང་གོལ་དང་བོད་བཅས་ལ་གྲགས་ཤིང་། ད་ལམ་ཧོ་ལིན་གྱི་ཞུ་རིགས་སུ་ཏཱ་ལའི་བླ་མར་དྲི་བརྩད་བྱས་ན། ངག་དབང་བཀྲ་ཤིས་ལྷ་སར་འགྱོར་སྐབས་ཨེར་ཏེ་ནི་པཎྜི་ཏ་ཧོ་ཐོག་ཐུའི་སྐུ་སྐྱེ་ཕྱོགས་གང་ཐད་དུ་ཡོད་དྲིས་པར། ཏཱ་ལའི་བླ་མ་ནས་ལ་མོ་ཆོས་སྐྱོང་ལ་དྲི་བརྩད་བྱེད་བཅུག་པར་མིང་འཛུག་རྒྱུ་མེད་འདུག་པར། ཡང་བསྐྱར་དྲིས་ནས་ངག་དབང་བཀྲ་ཤིས་ཀྱིས་ཐུ་ཞྭའི་ཐུ་ཧན་གྱི་བུ་བྱ་ལོ་པ་མིང་བཙུགས་བྱས་ཐོག་དེ་གར་ངོས་འཛིན་བྱས་པར་ཏཱ་ལའི་བླ་མ་ནས་རྒྱུན་གཏན་ལ་

མོ་ཆོས་སྐྱོང་ལ་ཆ་འཇོག་བྱེད་མུས་ལ་དེ་དོན་བཞིན་ལ་མོ་ཆོས་སྐྱོང་གི་ལུང་བསྟན་ནང་གསལ་བཞིན་བཀོད་པ་སོང་བ་དང་། ཡང་ལ་མོ་ཆོས་སྐྱོང་གི་གཉེར་པ་དོན་གྲུབ་དར་རྒྱས་ལ་དྲི་བ་བྱས་པར་ཕོ་པའི་ཞུ་རིགས་སུ། ངག་དབང་བཀྲ་ཤིས་ལྷ་སྐྱོང་དགུང་ལོ་ང་ལྔ་པའི་ནང་ལ་མོ་ལྷོག་ཏུ་ཡོང་ནས། སྤྲུལ་སྐུ་ཕྱོགས་གང་དུ་ཡོད། ལ་མོ་ཆོས་སྐྱོང་ནས་ལུང་བསྟན་གནང་དགོས་ཞུས་སོང་བར། དེ་འཕྲུལ་ཆོས་སྐྱོང་གི་ལུང་བསྟན་ལ་ཤར་ཕྱོགས་སུ་མི་ཚང་བར་པ་ཞིག་གི་ནང་དུ་ཡོད་རྟོག་འཇུག་གིས་གསུངས་སོང་བར་ཞག་ཤས་སོང་ཐོག ངག་དབང་བཀྲ་ཤིས་ཡང་བསྐྱར་ལྷོག་ཏུ་ཡོང་ཐོག་དངུལ་སྲང་ལྔ་བཅུ་དང་། གོས་ཡུག་ལྔ། ཁ་བཏགས་གཅིག་བཅས་ཆོས་སྐྱོང་ལ་རྟེན་པ་ཕུལ་ནས་ཞུ་རིགས་སུ། ཐུ་ཞལ་ཐུ་ཏན་ཚེ་བརྟན་རྡོ་རྗེ་དང་། གུང་རིན་ཆེན་རྡོ་རྗེའི་བུ་བཅས་ཚང་མ་བྱ་ལོ་པ་ཡིན་པས་འདི་གཉིས་ཀྱི་གྲས་ནས་སྤྲུལ་སྐུ་ཡིན་ཟེར་བ་ཕ་མའི་ལོ་ཁམས་མིང་སོགས་ཡིག་ཐོག་ཏུ་བཀོད་ནས་འདི་གཉིས་ཀྱི་གྲས་ནས་སུ་ཡིན་ངོས་འཛིན་བྱེད་དགོས་ཞེས་ཞུས་སོང་བར། དེ་ནས་ལ་མོ་ཆོས་སྐྱོང་ནས་ཕོ་པས་ཕུལ་བའི་ཐོའི་ཐོག་ཏུ་ཚེ་བརྟན་རྡོ་རྗེའི་བུ་བྱ་ལོ་པར་ངོས་འཛིན་བྱས་པ་དེ་དག་ལ་གཞིགས་ན། ཕོ་པ་ཕྱག་མཛོད་པ་ངག་དབང་བཀྲ་ཤིས་ནས་རང་མཚམས་ཀྱི་ཏན་ཞང་གི་བུ་ལ་སྐུ་སྐྱེ་ངོས་འཛིན་བྱས་(ན་)གཏམ་གྲགས་ཡོང་བའི་ཁྱད་ཡིན་འདུག འདི་དག་ལ་བརྟད་གཅོད་ཀྱི་ཉེས་པ་མ་བཅད་ཚེ་སླར་ཡང་ངན་པ་ལང་ཤོར་དུ་འགྲོ་ངེས་བཅས་དེ་དོན་བཞིན་གོང་མ་ཆེན་པོའི་བཀའ་ཕེབས་པར། ངེད་ཁྲི་ཐོག་ཏུ་ཕྱིན་ནས་ལོ་ལྔ་བཅུ་ང་བརྒྱད་སོང་བར་མོང་གོལ་དང་བོད་ཀྱི་སློབ་གཉེར་སོགས་ཀྱང་ལོ་ལྔ་བཅུ་ལྷག་ཙམ་སྐྱོང་བར་སངས་རྒྱས་ཀྱི་བསྟན་པ་དེ་བཞིན་ངེད་ཀྱི་རྒྱལ་ཁབ་ནས་བསྲུངས་ཐོག ཞྭ་སེར་གྱི་བསྟན་པ་དར་ཞིང་

ཕྱོགས་མཐའི་མོང་གོལ་སོགས་ནས་ཀྱང་བརྩི་འཛོག་དང་མཐུན་ཆེ་བ་ལས། རྒྱལ་པོ་ཡོན་ཏན་ཀྱི་དུས་བཞིན་བླ་མ་ནས་ཁ་ལན་སློག་པ་ལ་ལྟེ་བྲེག　འཐབ་འཛིངས་བྱེད་མིར་ལག་པ་བྲེག་པ་སོགས་མེད་ཅིང་།　ད་ལམ་སེར་མོ་བ་འདི་དག་གི་བྱེད་བབ་ཚབས་ཆེ་ཡིན་འདུག་པ་མ་ཟད།　མོང་གོལ་དང་བོད་ཀྱང་སྤྱིར་དང་མི་འདྲ་བའི་དངོས་ཆས་ལ་བརྩེ་དུང་ཆེ་བ་ལས།　སངས་རྒྱས་ཀྱི་ཆོས་ཁྲིམས་ལ་སེམས་རྩེ་གཅིག་གི་དད་འདུན་གང་ཡང་མེད་འདུག་པ།　དེ་དག་ལ་ཚོད་འཛིན་མི་བྱེད་མཐུ་མེད་བཅས་དེས་ན་འདི་ག་ནས་གསེར་གྱི་བུམ་པ་ལྷ་སར་བཏང་ཐོག་བླ་བྲང་དུ་མཆོད་འབུལ་གྱི་སྐར་ཏྭ་ལའི་བླ་མ་དང་།　པཎ་ཆེན་ཨེར་ཏེ་ནི།　དེ་མཚུངས་རྗེ་ཐོག་ཐུ་ཆེ་བ་སོགས་ཀྱི་སྐུ་སྐྱེ་ངོས་འཛིན་བྱེད་སྐབས་བྱིས་པ་ཁ་ཤས་འདེམ་སྒྲུག་ཐོག　དེ་དག་གི་ལོ་ཁམས་མིང་སོགས་ཤིང་བྱང་ཐོག་ཏུ་བཀོད་པ་བུམ་པའི་ནང་བཅུག་པའི་ཏྭ་ལའི་བླ་མ་བཅས་ནས་ཆོས་འདོན་བྱས་ཐོག　བོད་སྡོད་ཨམ་བན་དང་ཕྱོགས་མཚུངས་ཀྱི་ཤིང་བྱང་ཐོན་ནས་མི་གཅིག་ལ་གནས་པ་དང་།　ཡང་པེ་ཅིང་ཡུང་ཧོ་དགོན་དུའང་བུམ་པ་གཅིག་མཆོད་འབུལ་བྱས་ཐོག་མོང་གོལ་ས་ཡུལ་གྱི་ཧོ་ཐོག་ཐུའི་སྤྲུལ་སྐུ་ངོས་འཛིན་བྱེད་སྐབས། དེ་འཕྲུལ་མོང་གོལ་སྒྱུར་ཁང་དུ་ཞུས་རྗེས་གོང་བཞིན་ལོ་ཟླ་མིང་སོགས་ཤིང་བྱང་ཐོག་ཏུ་བཀོད་ནས་ཚོད་འཛིན་བྱེད་རྒྱུ་དང་།　དེ་མཚུངས་ཞང་བཅས་ཀྱི་མི་རྒྱུད་སྤུན་ཟླ་སོགས་ལ་རང་མཚམས་ཀྱི་སྐུ་སྐྱེ་ཡིན་ཚུལ་སོགས་བཀག་འདོམས་དང་།　ངོས་ནས་བཀོད་པ་བཏང་བ་འདི་ཐད་མོང་གོལ་ཏན་ཞང་།　པའི་ལོ། པས་སོ།　གུང་སོགས་སོ་སོར་རང་འཇགས་ཀྱི་ཚོ་ལོ་ཡོད་པར་སོང་གཉིས། ཡང་བསྐྱར་བླ་མ་སྤྲུལ་སྐུ་སོགས་ལ་སྣད་པའི་ཁེ་བསང་བྱས་མི་ཆོག་པའི་ཁྲིད་ཡིན།　དཔེར་ན་ཞྭ་དམར་བས་ཆས་དངོས་ལ་རྩོད་གཞི་བྱུང་བའི་སྐབས་གླིང་ཆེ་

བྱུང་རུང་། ངེད་རྒྱལ་ཁག་གི་སྟོབས་ཤུགས་ཆེ་བའི་སྟབས་ཤེད་འཛུགས་སུ་སོང་
བ། དེ་མཚུངས་ཕྱོགས་མཐའི་བོད་དང་། མོང་གོལ་ཇ་སག་བཅས་ནས་ཀྱང་
ཚང་མ་མོང་གོལ་སྤྱིར་ཁང་དུ་འབུལ་དགོས་ལ་སུ་ཐད་ནས་རྗོད་གཞིའི་རིགས་
བྱུང་ཆེ་དྲང་བཞག་གི་དཔྱད་མཚམས་དགོས་རྒྱུར། རང་མཚམས་རྒྱུ་ནོར་གྱི་
འདོད་དབང་ལྟར་ལ་སོང་ན་ཕྱུགས་ཡུལ་གླེང་གཞི་ཆེ་བ་བཅས་དེ་དོན་བཞིན་
ངེད་ནས་སྔར་ཤུལ་དུ་ལོག་ཐབས་བྱས་པ་འདི་ཐད་ཞུ་སེར་གྱི་བསྟན་པ་སྲུང་བ་
དང་། མོང་གོལ་མི་རིགས་བཅས་ལ་བྱམས་སྙིང་གི་སྒོ་ནས་བསླབ་བྱ་བྱས་ཐོག་
ཇི་སྲིད་བར་རྗོད་གླེང་མི་ཡོང་བ་དང་། སངས་རྒྱས་ཀྱི་བསྟན་པ་ལ་གནོད་འཚེ་
མི་ཡོང་བའི་ཆེད་ཡིན། དཔེར་ན་སངས་རྒྱས་ཤཱཀྱ་ཐུབ་པ་ཡང་ཞིང་ལ་ཕེབས་
རྗེས་སྐུ་སྐྱེ་འཁྲུངས་རིགས་མི་འདུག་པ་དང་། ཏཱ་ལའི་བླ་མ་དང་པཎ་ཆེན་ཨེར་
ཏེ་ནི་བཙོང་ཁ་པའི་བུ་སློབ་ཆེ་བར་སོང་གཤིས། དེས་ན་སྐུ་སྐྱེ་རིམ་ཅན་གྱི་ངོས་
འཛིན་བྱས་ནས་རྒྱུན་རིང་སོང་འདུག་ཅིང་། ཏཱ་ལའི་བླ་མ་ལྔ་པ་ཡང་པེ་ཅིང་དུ་
ཡོང་སྐྱོང་ཞིང་། པཎ་ཆེན་སྐུ་གོང་མ་ཡང་མདོ་ཐུགས་ཀྱི་ཡོན་ཏན་ཤིན་ཏུ་ཆེ་
ཡང་། ད་ལྟའི་ཏཱ་ལའི་བླ་མ་ལོ་ན་ཕྲ་བའི་སྐབས་ཡོན་ཏན་གསར་སྦྱོང་ལ་སོང་
གཤིས་མངོན་མཁྱེན་སོགས་ཡོང་བ་མི་སྲིད། རྟ་ཐོག་ཐུ་ངོས་འཛིན་བྱེད་འོས་
རིགས་ལ་མོ་ཆོས་སྐྱོང་གི་ལུང་བསྟན་ལ་ཆ་འཇོག་བྱེད་མུས་ཡིན་འདུག་པ།
ཆོས་སྐྱོང་གི་སྐུ་རྟེན་པ་དེ་བཞིན་ཡང་རྒྱའི་ཡུལ་གྱི་ལྷ་འདྲེ་ཞུགས་པ་ལྟ་བུ་ཡིན་
འདུག རྒྱ་ཡུལ་གྱི་ལྷ་འདྲེ་ཞུགས་མི་ནས་གྲི་རྒྱུག་པ་དང་། གྲི་ལྕེས་ལྡག་པ། སྣ་
གྲི་སོགས་ཀྱི་ཆོ་འཕྲུལ་བསྟན་ནས་མི་མང་ཡིད་དུ་འོང་བ་བྱེད་ཅིང་། ད་ལམ་སྐུ་
རྟེན་པ་དེ་བཞིན་ལ་བོད་སྲིད་བློན་ཆེན་ཏོ་ལིན་ནས་གྲི་སྦྲད་སྤྱོ་དྲུས་ཇི་འདུག
བལྟུས་པར་ཚང་མ་འཇིགས་རྔམས་བྱེད་པ་ཡོད་འདུག་པ། དེས་ན་རྒྱ་ཡུལ་གྱི་

ལྷ་འདྲེ་ཞུགས་མེར་ཡང་མ་དོ་བའི་སྤྲུལ་སྐུ་ངོས་འཛིན་བྱས་པ་དེ་དག་མངོན་གསལ་ལྟར་ཡིན་ནའང་། བོད་མི་རྣམས་ཀྱིས་ཆ་འཇོག་བྱས་ནས་ལོ་མང་སོང་བར་རྩོད་བྱས་ལ་བརྩད་གཅོད་མེད་པ་དང་། ཕྲན་བུའི་བརྟག་པ་བདེན་པའི་སྐབས་ལྷ་ལུང་བསྟན་བཙན་འཇུལ་(འགོག་)གྱི་འཕྲུལ་གང་བཀོད་པ་གཏོང་མ་དགོས་པ། ད་ལམ་གསེར་གྱི་བུམ་པ་བླ་བྲང་གཙུག་ལག་ཁང་གི་མདུན་དུ་མཆོད་འབུལ་གྱིས་སྐར་སྤྲུལ་སྐུ་ངོས་འཛིན་བྱེད་དགོས་བྱུང་ཚེ་ཤིང་བྱུང་འདོན་པ་ལས། ཇི་སྲིད་བར་ཆོས་སྐྱོང་ནས་ངོས་འཛིན་བྱས་ཆོག་རྒྱུ་མིན་ཅིང་། རང་བཞིན་བོད་མི་ནས་ལུང་བསྟན་ཞུས་པ་སོགས་ལ་བཀག་འདོམས་བྱེད་མ་དགོས། ཆོས་སྐྱོང་གི་སྐོར་ཡང་རིམ་བཞིན་ཉམས་ཐག་ཏུ་འགྲོ་ངེས་ལ་དེ་སྐབས་རང་ཤུགས་ཀྱི་བཀག་འདོམས་བྱེད་བདེ་ཡོང་བ་གཞིར་བཅས། བོད་ཀྱི་ཡོང་འབབ་ཉུང་བའི་ཁར། དགེ་འདུན་གྱི་དགོས་ཆ། བོད་དམག་གི་ཕོགས་སོགས་གཞུང་ནས་གཏོང་དགོས་ལ་གཏོང་ཡོང་ག་མ་ཐུག་པའི་དགོས་ཆ་ཚང་མ་བོད་དང་། མོང་གོལ་(གྱི་)འབུལ་རྟེན་ལ་རེ་ལྟོས་བྱེད་དགོས་བཅས། སྔར་རང་མཚམས་ཀྱི་སྤྲུལ་སྐུ་ངོས་འཛིན་བྱས་མི་ཆོག་པ་ལས། རང་བཞིན་མཇལ་ཕྱག་དང་མང་བསྐུལ་ལ་ཡོང་མིའི་རིགས་ལ་བཀག་ཆ་བྱེད་མ་དགོས་པ་ངེད་ནས་ཀྱང་ཚང་མས་འབུལ་རྟེན་བྱེད་དགོས་ཀྱི་བཀོད་པ་སོགས་གྲུབ་ཅིང་། དཔེར་ན་ངག་དབང་བཀྲ་ཤིས་ནས་ཧན་ཞང་གི་བུ་ལ་སྐུ་སྐྱེ་ངོས་འཛིན་བྱེད་དགོས་དེ་རིགས་དང་། ཡང་སྤྱི་ལོ་དགའ་ལྡན་ཤི་རའི་ཧོ་ཐོག་ཐུ་ནས་བུ་སློབ་བཏང་བ་ཐོར་རྒོད་ཀྱི་སར་འབུལ་སྡུད་ལ་བཏང་བ་དེ་ཐད་ཚང་མ་མོང་གོལ་དང་། བོད་བཅས་ནས་བྱས་མི་ཆོག་པ་དེ་བཞིན་ཞྭ་སེར་གྱི་བསྟན་པ་དར་བ་དང་། མོང་གོལ་བཅས་ཇི་སྲིད་བར་བདེ་སྐྱིད་ཡོང་བའི་ཆེད་ལས། སངས་རྒྱས་ཀྱི་བསྟན་པར་དད་འདུན་མི་

བྱེད་པ་དང་། ཏཱ་ལའི་བླ་མ་དང་པཎ་ཆེན་ཨེར་ཏེ་ནིར་འབུལ་བ་ཕུལ་མི་ཚོག་པའི་རིགས་མིན་པས། ངེད་ནས་སྔོན་ཇེ་དང་ལྡན་པའི་བཀོད་པ་བཏང་བ་འདི་དག་ཡང་བསྐྱར་ཕྱོགས་མཐའ་ཁག་གི་མོང་གོལ་དང་བོད་མི་བཅས་ལ་ངེས་གསལ་ཡོང་བའི་བཀོད་པ་གཏོང་དགོས་རྒྱུར་བརྩི་འཛོག་གྱིས་ཞེས་སྦྱར་ཁང་དུ་ཕབ་བྱུང་བར། དེ་དོན་བཞིན་སེ་ཁྲིན་ཅོང་ཐུར་ཡི་གེ་བཏང་བ་ཡིན་ཞེས་འགྱུར་བྱུང་བར། འདི་གནས་ཕྱོགས་མཐའ་ཁག་ལ་བཀོད་པ་བཏང་བའི་ཕྱིར་བོད་བཞུགས་ཨམ་བན་ལྷན་རྒྱས་ལ་གནས་ཚུལ་དུ་ཕུལ་ན། ཏཱ་ལའི་བླ་མར་ཡང་བསྐྱར་གནས་ཚུལ་ཕུལ་ཐོག་ཕྱོགས་མཐའ་ཁག་གི་མོང་གོལ་དང་། བོད་བཅས་ལ་སྒྲོག་སྒྲུངས་ཡོང་བ་ཞུ་ཞེས་འགྱུར་བྱུང་བ་དེའི་ཆེད་ཏཱ་ལའི་བླ་མར་གནས་ཚུལ་འདི་བཞིན་ཕུལ་བར་ཡང་བསྐྱར་གོང་མ་ཆེན་པོའི་བཀའི་དགོངས་དོན་བཞིན་ཕྱོགས་མཐའ་ཁག་གི་མོང་གོལ་དང་། བོད་མི་བཅས་ལ་སྒྲོག་སྒྲུངས་ཡོང་བ་ཞུ། དེའི་ཆེད་གནས་ཚུལ་དུ་ཕུལ། ལྷ་སྐྱོང་དགུང་ལོ་ང་བརྒྱད་པའི་ཟླ་བ་དགུ་པའི་ཚེས་ལ།"① ཞེས་གསལ་བ་འདིས་མཚོན་བླ་མའི་ཡང་སྲིད་ངོས་འཛིན་འདི་ཁོ་ནར་ཡང་ཞིབ་ཆའི་གསེར་ཡིག་ཁག་གསུམ་ཙམ་འདུག་པ་དང་། དེ་བཞིན་བོད་དམག་གསར་འཛུགས་སྐོར་ལའང་སྤྱི་ལོ1792བོད་ཆུ་བྱི་ལོར་རྩ་ཚིག་དོན་ཚན་དྲུག་ཡོད་གཅིག་བསྟུལ་ཞིང་། དེ་མིན་ཕྱི་མི་ནང་ཡོང་དང་ནང་མི་ཕྱིར་བསྐྱོད་སོགས་ཕྱི་དོན་གྱི་སྐོར་དང་། བོད་ཀྱི་དཔོན་རིགས་བསྐོ་བཞག་བྱེད་ཕྱོགས་ཀྱི་སྐོར། བོད་དངུལ་པར་འདེབས་དང་འགྲེམ་སྤེལ་འཛའ་ཐང་གི་སྐོར། བཀའ་གཞིས་དང་མདའ་གཞིས་སོགས་ས་རིགས་བདག་དབང་གི་སྐོར།

① (ཆུ་སླང་ཤང་ཞུ་ཚུར་ཕུལ་གྱི་དེབ་བཤུས་དཔར་ངོས85 -91)

ཁྲལ་རིགས་སྐྱུབ་ཆག་གི་སྐོར། བོད་ས་གནས་སྲིད་གཞུང་དང་བཀྲས་ལྷུན་བླ་བྲང་གི་ནོར་སྲིད་གཏོང་ཡོང་གི་སྐོར་སོགས་གལ་ཆེའི་དོན་གནད་མང་པོར་ཞིབ་ཆའི་གཏན་འབེབས་ཀྱི་བཀའ་ལུང་དུ་མ་མཆིས་ཀྱང་། ཡིག་ཚོགས་ཆེ་བས་འདིར་ཚང་མ་འདྲེན་མ་ཐུབ་པ་ཚུར་ཕྱུལ་ཕང་ཞུའི་དེབ་ཐེར་ཁག་ལ་གཟིགས་དགོས།

སྐྲིགས་སྲོལ་དོན་ཚན་ཉེར་དགུའི་ནང་དོན་ལག་ལེན་ཇི་ལྟར་བྱས་ཡོད་པའི་སྐོར་ལ་ཆ་མཚོན་ན་འང་། དོན་གནད་གལ་ཆེ་ཤོས་ཏཱ་ལའི་བླ་མ་དང་པཎ་ཆེན་ཨེར་ཏེ་ནི་ས་གཙོ་བོ་གནང་བའི་བླ་སྤྲུལ་ཆེ་ཁག་གི་ཡང་སྲིད་ངོས་འཛིན་ཞུ་ཕྱོགས་ཀྱི་གཏན་འབེབས་དེ་ལག་བསྟར་ཇི་ལྟར་བྱུང་བ་དཔེ་མཚོན་དུ་བརྗོད་ན། གོང་གསལ་གསེར་བུམ་དཀྲུག་འདོན་དགོས་པའི་གསེར་ཡིག་ཕེབས་མ་ཐག་ཏཱ་ལའི་བླ་མ་སྐུ་ཕྲེང་བརྒྱད་པས་བོད་ལྗོངས་རྒྱ་ཁྲབ་ཏུ་གནང་བའི་ཆུ་གླང་བཀའ་ཤོག་གི་འབྲུ་དོན་ལ། “གནམ་གྱི་ལྷ་འཛམ་དབྱངས་གོང་མ་བདག་པོ་ཆེན་པོ་ནས་རྒྱུན་པར་བཀའ་དྲིན་བླ་ན་མེད་པ་གནང་བ་མ་ཟད། ཕྱི་བྲག་ཞྭ་སེར་འཆང་བའི་རིང་ལུགས་ཡར་རྒྱས་མཛད་པ་དང་། ཡང་བོད་འབངས་སྐྱི་བྱིངས་ལ་བྱམས་གཟིགས་གནང་བ་འདི་དག་བཀའ་དྲིན་མུ་མཐའ་མེད་པ་ཡིན་འདུག་ཅིང་། ལྷག་དོན་རྗེ་ཙོང་ཁ་པའི་ཆོས་ལུགས་སུ་གྱུར་པའི་སེར་མོ་བ་རྣམས་ཀྱང་འཛམ་དབྱངས་གོང་མ་ཆེན་པོའི་བཀའ་དྲིན་སྙིང་ལ་བཅངས་ཏེ་བསླབ་པ་ལ་བརྩོན་པ་དང་། རང་རང་ཡང་རབ་ཏུ་བྱུང་བའི་དགོས་པ་མཐར་ཕྱིན་བྱས་པའི་རྒྱུན་དུ་གོང་མ་ཆེན་པོའི་བཀའ་དྲིན་གསབ་བྱེད་ཞབས་བརྟན་གྱི་ཆོས་མང་པོ་འདོན་པ་སོགས་ལ་འབད་བརྩོན་བྱས་ཚེ་རང་རང་ཡང་ཐར་པ་དང་། ཐམས་ཅད་མཁྱེན་པའི་གོ་འཕང་རིམ་འཛོགས་ཡོང་བ་བཅས་འདི་དོན་བྱས་ཚེ

ཞྭ་སེར་གྱི་དགེ་འདུན་ཚུལ་ལྡན་ཡིན་འདུག དེང་སང་བླ་སྤྲུལ་ཕལ་ཆེར་ཡང་ཆོས་ལ་སློབ་སྦྱོང་མི་བྱེད་པ་འདི་བཞིན་སྐྱེ་བ་ངོས་འཛིན་སྐབས་ངེས་གསལ་ཐག་མ་བཅད་འདུག་པའི་སྐབས། སེར་མོ་བ་སྤྱི་བྱིངས་ནས་ཀྱང་དད་གུས་མི་བྱེད་པ་དང་། དེ་མཚུངས་ཆོས་སྐྱོང་ཁག་ལ་སྤྱན་འདྲེན་ཞུས་ནས་ལུང་ཚིག་གི་གང་ཟེར་ལྟར་ངོས་འཛིན་གྱི་ཆ་བཞག་བྱས་པར་བསྟད་ནས་དོན་དུ་ནོམ་པར་བལྟས་པའི་མི་རྒྱུ་ཆ་ལག་ལྡན་ཡོད་པའི་ཕྲུག་གུ་ཤ་དག་ལ་ངོས་འཛིན་ངེས་གསལ་ཡིན་མིན་རིགས་ཀྱི་ལམ་འགྲོ་མིན་སྣ་ཚོགས་བྱུང་འདུག ད་ཆ་གོང་མ་བདག་པོ་ཆེན་པོའི་བཀའ་དྲིན་བླ་ན་མེད་པའི་སངས་རྒྱས་ཀྱི་བསྟན་པ་ལ་ཤིན་ཏུ་ནས་བརྩེ་དུང་ཆེ་བའི་དགོངས་དོན་ལྟར། སྐུ་སྐྱེ་ངོ་མ་ངོས་འཛིན་བྱས་ཚེ་ཞྭ་སེར་གྱི་བསྟན་པ་ཇི་སྲིད་བར་འཕེལ་ཞིང་ཡར་རྒྱས་ཡོང་ཆེད་གོང་མ་ཆེན་པོ་ནས་དགོངས་ཟབ་བླ་ན་མེད་པས་ཆེད་དུ་བསྩལ་བའི་གསེར་གྱི་བུམ་པ་རིན་པོ་ཆེ་བཀས་མངགས་ཧུས་གྲུང་ནས་སྤྱི་གཙུག་ཏུ་འཁུར་ཏེ་འདི་གར་ཕེབས་བྱུང་བ། བུམ་པ་རིན་པོ་ཆེ་ལྷ་ལྡན་གཙུག་ལག་ཁང་དུ་རྗེ་ཙོང་ཁ་པ་ཆེན་པོའི་སྐུ་མདུན་དུ་མཆོད་འབུལ་གྱི་བཞུགས་ཐོག སླད་ནས་བོད་ཡུལ་ས་ཆ་ཁག་གི་བླ་མ་སྐུ་སྐྱེ་འཁྲུངས་འོས་གང་ཡིན་རྣམས་སོ་སོའི་འཁྲུངས་པའི་ལོ་ཁམས་དང་། ཟླ་དུས་ཚེས་གྲངས་མིང་སོགས་ཞིབ་གསལ་གྱི་ཐོ་འགོད་བྱས་ཏེ་ངེད་དྭ་ལའི་བླ་མ་དང་། བོད་བཞུགས་བཀས་མངགས་ཨམ་བན་རྣམས་ལ་གནས་ཚུལ་ཕུལ་བསྟུན་ལ་མོ་ཆོས་སྐྱོང་བཅས་སྤྱན་འདྲེན་ཞུས་ཐོག་ངོས་འཛིན་ཁ་ཤས་བྱུང་རུང་། དེ་རིགས་རྣམས་ཀྱི་ལོ་ན་ཟླ་དུས་མིང་སོགས་ཤིང་བྱང་ལ་བྲིས་ནས་རིན་པོ་ཆེ་བུམ་པའི་ནང་དུ་ཕུལ་ཐོག ངེད་དྭ་ལའི་བླ་མ་ངོ་བསྐྱོད་ཀྱི་བླ་མ་ཁ་ཤས་ཁྲིད་དེ་དཀོན་མཆོག་གསུམ་ལ་བདེན་པ་བདར་ཞིང་། ཙོང་ཁ་པར་གསོལ་བ་བཏབ་ནས་

བཀས་མངགས་བོད་བཞུགས་ཨམ་བན་རྣམས་ༀླ་བྲང་དུ་གདན་འདྲེན་ཞུས་པའི་ཚང་འཛོམས་ཐོག མི་དམངས་ཀྱི་གདོང་དུ་ཤིང་བྱང་ངོས་འཛིན་གྱི་ཐག་གཅོད་རྒྱུར། སྲུའི་ཤིང་བྱང་ངོ་མ་ཐོན་ཚེ་དེ་རིགས་སྐུ་སྐྱེ་འཁྲུལ་མེད་ཡིན་འདུག་པ། སྔར་ལུགས་ལྟར་གང་ཡིན་ངོས་འཛིན་ཐག་གཅོད་བྱས་ཆོག་རྒྱུ་མིན་ཅིང་། ཡང་ཆོས་སྐྱོང་ནས་སྐུ་སྐྱེ་གཅིག་རང་ལ་ངོས་འཛིན་བྱས་ཚེ་དེ་ཁའི་མིང་གཅིག་པོ་དེ་བཞིན་དུ་ཤིང་བྱང་དུ་བྲིས་པའི། དེ་མཚུངས་ཤིང་བྱང་མིང་མེད་གཅིག་བཅས་བུམ་ནང་བཙུག་སྟེ་ངེས་མེད་མིང་མེད་པ་དེ་བཞིན་བཏོན་ཚེ་དེ་དག་སྤྲུལ་སྐུ་ངོ་མ་མིན་འདུག་པ་བཅས་ཡང་བསྐྱར་གཞན་དག་ལ་འཚོལ་དགོས་དང་། འདི་སྐོར་ད་དུང་སྔར་ལུགས་ལྟར་རང་འདོད་ཀྱི་ངོས་འཛིན་བྱས་རིགས་རྣམས་བརྩད་གཅོད་བྱུང་ཚེ་ཉེས་པ་དྲག་པོ་གཅོད་ངེས་ཡིན། ……”①ཞེས་འཁོད་འདུག་པ་ལྟར་དེ་ནས་བཟུང་གསེར་བུམ་དཀྲུག་འདོན་གྱི་ལམ་སྲོལ་ལག་བསྟར་གནང་ཡོད་ཅིང་། དཔེར་ན་ཏཱ་ལའི་བླ་མ་སྐུ་ཕྲེང་བཅུ་པ་ཚུལ་ཁྲིམས་རྒྱ་མཚོ་དང་། བཅུ་གཅིག་པ་མཁས་གྲུབ་རྒྱ་མཚོ། བཅུ་གཉིས་པ་འཕྲིན་ལས་རྒྱ་མཚོ་བཅས་འོས་སྤྲུལ་བདམས་གསེས་ཀྱི་མཚན་བྱང་གསེར་བུམ་ནང་བཙུག་སྟེ་བོད་བཞུགས་ཨམ་བན་ངོ་མས་དཀྲུག་འདོན་བྱས་ཏེ་ཡང་སྲིད་དུ་གཏན་འཁེལ་བྱུང་བ་དང་། ཏཱ་ལའི་བླ་མ་སྐུ་ཕྲེང་དགུ་པ་ལུང་རྟོགས་རྒྱ་མཚོ་དང་། བཅུ་གསུམ་པ་ཐུབ་བསྟན་རྒྱ་མཚོ་རྣམ་གཉིས་འཁྲུངས་ལྟས་སོགས་ངོ་མཚར་བའི་ཁར། འགྲན་ཟློད་འཕེར་བའི་འོས་སྤྲུལ་གཞན་དག་མ་བྱུང་བ་བཅས་ལ་བརྟེན་བོད་སྡོད་ཨམ་བན་ནས་བརྟག་དཔྱད་ཞིབ་འཇུག་དང་འབྲེལ་སྐབས་སོ་སོའི་

---

① （རྒྱ་སྐད་ཡིག་ཞུ་ཚུར་ཕྱུལ་ཀྱི་དེབ་བསྡུས་པར་ངོས108－110）

ཆིང་གོང་མར་གསེར་སྣན་སྒྲོན་དོན་གསེར་བུམ་དཀྲུག་འདོན་ཞུ་མ་དགོས་པར་ཡང་སྲིད་གཅིག་ཐོག་ཏུ་ངོས་འཛིན་བྱས་ཆོག་པའི་བཀའ་འཁྲོལ་ཐོབ་པར་བརྟེན་ནས་གཏན་འཁེལ་བྱུང་བ་བཅས་སྐུ་ཕྲེང་སོ་སོའི་རྣམ་ཐར་ནང་གསལ་འཁོད་ཡོད་པ་ལས་ཤེས་ཐུབ། པཎ་ཆེན་ཨེར་ཏེ་ནི་སྐུ་ཕྲེང་བརྒྱད་པ་བསྟན་པའི་དབང་ཕྱུག་དང་། དགུ་པ་ཆོས་ཀྱི་ཉི་མ་རྣམ་གཉིས་ཀྱིས་གཙོས་བླ་སྤྲུལ་ཆེ་ཁ་སོགས་ཀྱི་ཡང་སྲིད་ཀྱང་གསེར་བུམ་དཀྲུག་འདོན་གྱི་གཏན་འཁེལ་བ་བཅས་ལག་བསྟར་རྒྱུན་འཁྱོངས་བྱས་ཡོད། དེ་མཚུངས་བོད་དམག་འཛུགས་གཉེར་དང་། ཕྱི་འབྲེལ་གྱི་ལས་དོན། དཔོན་རིགས་བསྐོ་འཇེན་དང་ཏོག་གནས་སོགས་ཀྱི་ལམ་ལུགས་གལ་ཆེའི་རིགས་རྣམས་ཀྱང་སྤྱི་ལོ1911བོད་རབ་བྱུང་བཅོ་ལྔ་པའི་ལྕགས་ཕག་ལོ་རྒྱལ་ནང་གསར་བརྗེ་ལངས་ནས་ཆིང་གོང་མའི་རྒྱལ་རབས་རྩ་ཐོར་དུ་མ་སོང་བར་རྩ་བའི་ཆ་ནས་དོན་ཚན་ཉེར་དགུའི་གཏན་འབེབས་ཁག་ལག་བསྟར་བྱས་ཡོད་པ་དེ་སྔའི་བོད་ས་གནས་སྲིད་གཞུང་གི་ཡིག་རིགས་རབས་དང་རིམ་པའི་ཐོག་ནས་ར་འཕྲོད་ཀྱི་ཡོད།

བོད་དངུལ་པར་འདེབས་ཀྱི་སྐོར་ཡང་། གོར་བོད་བདེ་གཟར་སྐབས་གོར་ཁས་སྐད་འདོགས་ས་གཙོ་བོ་གཅིག་ནི་བོད་དུ་བལ་ཏམ་རྙིང་པ་དང་། གོར་ཏམ་གསར་པའི་འཛའ་ཐང་སྐོར་ཡིན་པར་བརྟེན་སྲིད་སྐྱོང་ཚེ་སྨོན་གླིང་ངག་དབང་ཚུལ་ཁྲིམས་སྐབས། བོད་དུ་སྐབས་དེའི་རྒྱལ་ཡོངས་ཞིང་ཆེན་གཞན་དག་དང་འདྲ་བར་ས་གནས་རང་ཁུངས་སུ་དངུལ་པར་བརྒྱབ་འཐུས་ཆོག་པ་ཆིང་གོང་མའི་སྲིད་གཞུང་ལ་སྙན་སེང་ཞུས་པ་ལྟར་དངུལ་ཏམ་པར་འདེབས་ཀྱི་གྲ་སྒྲིག་རིམ་བྱས་མཐར། སྤྱི་ལོ1792བོད་རབ་བྱུང་བཅུ་གསུམ་པའི་ཆུ་བྱི་ལོར་བོད་ས་གནས་ཀྱི་འགྲོ་རྒྱུག་དངུལ་ཏམ་“བཅུ་གསུམ་ཞེ་དྲུག”

(རབ་བྱུང་བཅུ་གསུམ་པའི་ལོ་བཞི་བཅུ་ཞེ་དྲུག་ཟེར་) ཅེས་འཁོད་པ་དངུལ་པར་རྒྱུག་འགོ་ཚུགས་པ་དང་། དེའི་ཕྱི་ལོ1793 བོད་ཆུ་གླང་ལོར་སླར་ཡང་གོང་མའི་བཀའ་ལྟར་" ཚན་ལུང་པའོ་གཙང་" (ཚན་ལུང་སྐབས་ཀྱི་བོད་ཀྱི་ནོར་བུ་ཟེར་) ཞེས་པའི་རྒྱ་བོད་ཡིག་རིགས་གཉིས་འཁོད་ཀྱི་དངུལ་ཏམ་པར་འདེབས་བྱས་ཤིང་། དེ་ནས་བཟུང་ཆེང་གོང་མ་རིམ་ཅན་སོ་སོའི་སྐབས། " ཏྭ་ཆེན་པའུ་གཙང་། " དང་། " ཛའོ་ཀྭང་པའུ་གཙང་། " " ཤོན་ཕྲོང་བོད་ཀྱི་རིན་འཁོར་ཁྲུ་ཡོན་ཞོ་གང་། " ཞེས་པ་སོགས་རིམ་པར་པར་འདེབས་འགྲེམ་སྤེལ་བྱས་པའི་དངུལ་དང་འདྲ་པར①ཡོད་པ་དང་། ཕྱི་ལོ1890 བོད་རབ་བྱུང་བཅོ་ལྔ་པའི་ལྕགས་སྟག་ལོར་སླར་ཡང་། " བཅོ་ལྔ་ཉེར་བཞི" ཞེས་པའི་ཏམ་དཀར་སོགས་རིམ་འདོན་བྱས་པ་བཅས་མདོར་ན་བོད་དངུལ་པར་འདེབས་ཐོག་མའང་ཆེང་གོང་མའི་བཀའ་ལུང་བཞིན་འགོ་ཚུགས་པ་ཞིག་ཡིན།

རྫ་འཛིན་གྱི་དོན་ཚན་བཅུ་གཅིག་པའི་ནང་འཁོད་པ་ལྟར་བོད་ས་གནས་སྲིད་གཞུང་གི་ཕྱི་ནང་ཞི་དྲག་སེར་སྐྱ་དཔོན་རིགས་བསྐོ་འཛིན་གྱི་ལམ་སྲོལ་གཏན་ལ་ཕབ་པ་མ་ཟད། ཧོག་གནས་རིམ་པ་མཐོ་དམའ་སོགས་ཞིབ་གསལ་དེབ་བཀོད་བྱས་པར་" བཀའ་ཤག་རྒྱ་དེབ" ཅེས་ཡོངས་སུ་གྲགས་པ་དེར་ལས་ཚན་རེ་རེ་བཞིན་གྱི་ཧོག་གནས་རིམ་པ་དང་འཕོ་འགྱུར་ལོ་དུས་ཚབ་གསར་མིང་འགོད་སོགས་རྒྱུན་རིང་བེད་སྤྱོད་བྱས་རྗེན་དེབ་གཞི་རྟུལ་གྱུར་སྟབས། ཕྱི་ལོ1842 ཏྭ་གོང་ཁྲི་བཞུགས་ཉེར་གཉིས་པ། བོད་རབ་བྱུང་བཅུ་བཞི་པའི་ཆུ་སྟག་ལོ་དེབ་གཞི་གསར་སྒྲིག་བྱས་པའི་རྒྱ་དེབ་ཀྱི་ཞལ་བཤུས་ད་ལམ་ལག་སོན་

① (དེ་སྔའི་བོད་ས་གནས་ཀྱི་དངུལ་ལོར་གནས་བསྡུས་རྒྱ་ཡིག་དེབ་ངོས14 – 20)

བྱུང་བའི་འགོ་བརྗོད་ནང་། "……དགའ་ལྡན་ཕྱོགས་ལས་རྣམ་པར་རྒྱལ་བའི་ཕོ་བྲང་ཆེན་པོ་འདི་ཉིད་ཀྱི་ཞབས་འབྲིང་དུ་འཁོད་པ་ཕྱི་ནང་སྣེ་མོར་མངགས་པ་རྣམས་ལ་གནམ་བསྐོས་འཛམ་དབྱངས་གོང་མ་བདག་པོ་ཆེན་པོས་ཏོག་གནས་རྩལ་བ་གོ་རིམ་མཐོ་དམའ་རིམ་པར་ཕྱེ་བ་སྤྱིར་བཏང་ཐོག བྱས་རྗེས་ལ་བརྟེན་ནས་འཕར་མའི་བདག་རྒྱུན་སྐྱོལ་བ་སོགས་ཞིབ་གསལ་གྱི་དེབ་གཞི་སྟོན་ཡོད་རྒྱལ་གྱུར་ཆེ་བར་བརྟེན་ས་དབང་ལྡན་རྒྱས་ནས་བཀའ་བསྒྱུར་སྐྱོལ་བ་སྤྱི་པོར་ནོས་ཏེ་རང་ཤེས་འཁོས་བསྟུན་གྱི་བརྩོན་པ་ཆེན་པོའི་སྒོ་ནས་ཞིབ་མོའི་བློ་ཡིས་ནན་ཏན་དུ་དཔྱད་དེ་དགོས་པ་རྒྱུ་མཚན་དང་འབྲེལ་བའི་ཚིག་དོན་བཟ་ཟུར་རྣམས་མ་ཉམས་པར། ལེགས་པར་སྒྱུར་བ་སམ་ཀྲི་ཏའི་སྐད་དུ་ཤུཀྵ་ཀྲིར་འབོད་པ། གནམ་བསྐོས་གོང་མ་བདག་པོ་ཆེན་པོ་རྗའོ་ཀོང་ཁྲི་བཞུགས་ཉེར་གཉིས་པ་ཆུ་སྟག་གྲལ་ཚེས་དགེ་བར་དེབ་ཐེར་གསར་བསྒྲིགས་བཀོད་པ་ལ།……" ཞེས་འཁོད་འདུག ཞིབ་ཕྲའི་ལས་ཚན་དང་མི་མིང་སོགས་ལོ་དུས་ཀྱི་འཁྲུལ་གཞི་མི་འབྱུང་བའི་ཆེད། གཤམ་དུ་ཏཱ་ལའི་བླ་མ་སྐུ་ཕྲེང་བཅུ་གཅིག་པ་མཁས་གྲུབ་རྒྱ་མཚོའི་སྐབས་དེབ་ཐེར་རགས་བསྡུས་ཀྱིས་འགོད་རྒྱུ་ཡིན་པ་དེ་ཐོག་ནས་གཏན་འབེབས་དེ་ཞིབ་ཕྲ་ལག་ལེན་བསྟར་ཕྱོགས་གསལ་པོ་རྟོགས་ཐུབ་པ་བཅས་དེ་དག་ནི་དོན་གནད་གལ་ཆེ་རིགས་འགའ་ཤས་དཔེ་མཚོན་ཙམ་དུ་བརྗོད་པ་ལགས་སོ། "བོད་ཀྱི་སྲིད་དོན་རྒྱལ་རབས" ཟེར་བའི་ནང་སྐབས་དེའི་ཆབ་སྲིད་ལམ་ལུགས་ཀྱི་ཡིག་ཆ་དང་། ལག་བསྟར་གལ་ཆེ་འདི་དག་ཚིག་ཟུར་ཙམ་མ་བྲིས་པར། "དམག་རོགས་བཏང་བ་ནི་འཛམ་གླིང་ནང་མཐུན་ཕྱོགས་རྒྱལ་ཁབ་གཅིག་གིས་གཅིག་ལ་དམག་རོགས་བཏང་བ་

སྤྱིའི་སྒྲོལ་ལས། དམག་རྫོགས་བཏང་བས་དེའི་མངའ་འོག་ཡིན་ཞེས་བརྗོད་མི་ཐུབ།”① ཟེར་བ་སོགས་རང་སྣང་ཉོག་བཤད་ཀྱི་ཡིག་རིགས་འདི་ལྟ་བུས་བོད་ཀྱི་སྲིད་དོན་ལོ་རྒྱུས་ཀྱི་གོ་ཆོད་དང་མི་ཆོད་གོང་གསལ་ལོ་རྒྱུས་ཡིག་རིགས་ངོ་མ་རྣམས་ལ་རྟོག་དཔྱོད་བྱས་ན་ཚང་མས་མཐྱེན་ཐུབ་པ་མི་འདུག་གམ།

14. དབུས་གཙང་ཀུན་བདེ་གླིང་གསར་དུ་བཏབ་པ་དང་། གོང་མ་ཆན་ལུང་གི་འབྲུ་ཐང་ཕེབས་པ་རྩེ་ཕོ་བྲང་གི་གཟིམ་ཆུང་ས་གསུམ་དུ་བཞུགས་སུ་གསོལ་བ།

དེ་ལྟར་བོད་ཀྱི་སྲིག་སྲོལ་གཏན་འབེབས་འདི་རྣམས་ཐོག་མའི་འཆར་འགོད་ཕུ་ཁང་ཨན་ནས་བྱས་པ་ལས། ཕྱིང་རང་མར་ལམ་ལྷ་སར་ཟླ་བ་གསུམ་བཞི་ཞིག་ལྷག་ཡུན་རིང་བསྡད་མེད་པར་མངོན་ཏེ། ད྄་ལའི་བླ་མའི་རྣམ་ཐར་ནང་ཆུ་སྤྲང་ཟླ་བ་དང་པོའི་“ ཆོས་ཉེ་ཤུ་ཉིན་ཀྲུང་ཐང་ཆེན་པོ་དབང་ཕྱོགས་སུ་ཕེབས་གོང་མཇལ་ཞུར་ཕེབས་པ་དངོས་འབྱུལ་ཤིན་ཏུ་གཟབ་ཅིང་། གཟིམ་ཆུང་དབང་ཁང་དུ་ལྷན་རྒྱས་རྒྱུན་རིང་ཐོག་སྐྱབས་མགོན་ཆེན་པོ་ནས་ཀྱང་བསྟན་འགྲོའི་དོན་ཐུགས་ལ་བཅངས་ཏེ། ད་ལམ་གོང་མ་ཆེན་པོ་ནས་ས་མཚམས་ཀྱི་ལས་དོན་འདིར་ནང་གི་བློན་ཆེན་ཆེད་དུ་མངགས་པ་ལས། ཕ་རོལ་པོ་ལྷ་འབངས་སུ་བཞེས་ཏེ་འཁྲུན་གཙང་ཆོད་དུ་མཛད་པ་བཀའ་དྲིན་ཆེན་པོ་བྱུང་། ད་དུང་ཉེ་མ་ནུབ་ཕྱོགས་འདིར་གནས་པའི་འགྲོ་བ་སེམས་ཅན་རྣམས་གོང་མ་ཆེན་པོའི་བཀའ་དྲིན་གྱིས་འཚོ་བ་ཞིག་ལགས་ན། གོང་མ་ཆེན་པོ་ནས་སྔར་བཞིན་དུ་ཐུགས་བརྩེ་བ་ཆེན་པོས་བསྐྱངས་པ་ཞིག་དགོས་པ་གོང་མ་ཆེན་

① (བོད་ཀྱི་སྲིད་དོན་རྒྱལ་རབས་ཟེར་བའི་དེབ་ངོས956)

པོར་སྙན་ཞུ་དགོས་ཚུལ་སོགས་བོད་ཀྱི་ལ་རྒྱུར་དགོངས་པའི་བཀའ་སློབ་རྒྱ་ཆེར་བསྩལ།……”①ཅེས་སོགས་གསལ་ཞིང་། ཟླ་བ་དང་པོའི་ཚེས་ཉེར་ལྔ་ཉིན་ཀྲུང་ཐང་ལྷ་ས་ནས་ཁྲོན་སྐབས་ཏཱ་ལའི་བླ་མ་མཆོག་ཀྲུང་རྩེ་ཕོ་བྲང་ནས་སྐྱེལ་ཐུང་དུ་ཐབ་སྐྱེལ་དབུ་གུར་སར་ཆིབས་བསྒྱུར་དང་། ལྷ་ཀླུའི་གུང་དང་མགྲོན་པོ་ཚོ་བ་སོགས་མལ་གྲོ་བར་དང་། སྐུ་བཅར་ལ་མོ་རྫེ་དྲུང་གོང་པོ་རྒྱ་མདའ་བར། བཀའ་བློན་ལྷ་སྡིངས་པ་དང་། མགྲོན་སྐལ་བཟང་ཚུལ་ཁྲིམས་རྣར་ཁམས་བར་བཅས་སོ་སོར་ཕེབས་སྐྱེལ་དུ་གཏོང་གནང་མཛད་འདུག

ཀྲུང་ཐང་ནང་སར་མ་ཕེབས་གོང་དུ་ཐེངས་དེའི་གོར་དམག་མཐར་སྐྱོད་ཀྱི་གཡུལ་ངོར་ཞུགས་པའི་རྒྱུ་དང་། མན་ཧྲུ། མོང་གོལ་སོགས་ཀྱི་འགོ་དམག་ནས་དགྲ་བོ་ལས་རྣམ་པར་རྒྱལ་བའི་རྟགས་མཚན་དང་། གོང་མ་མཆོད་ཡོན་གྱི་ཞབས་བརྟན་དུ་དམིགས་དངུལ་ཀྲུང་རྒྱ་སྲང་བདུན་སྟོང་སྐོར་གྱི་རྒྱུ་འགྲོ་དང་བཅས་ཏེ་ལྷ་སའི་བོང་བ་རིའམ། བར་མ་རིར་གྲགས་པ་འདི་ཉིད་དུ་རྒྱ་བོད་ཀྱི་ལྷ་ཁང་དགོན་སྡེ་དང་བཅས་གསར་འཛུགས་གནང་རྒྱུ་སྲིད་སྐྱོང་རྟ་ཚག་རྗེ་ཐོག་ཐུར་མངག་ཞུའི་ཐོག སྙད་དགོན་བདག་ཀྲུང་རྟ་ཚག་རིན་པོ་ཆེ་ནས་གནང་འཕྲུས་བཅས་དེ་དོན་གོང་མ་དང་ཏཱ་ལའི་བླ་མ་སོགས་ལའང་སྙན་སྒྲོན་བཀའ་འཁྲོལ་བྱུང་འདུག་པ་ལྟར། ཆུ་བྱི་ལོ་ནང་དེ་རང་ལ་བཟོ་སྐྲུན་འགོ་བཙུགས་ནས་བོང་བ་རིར་འཇམ་དཔལ་དབྱངས་ཀྱི་ལྷ་ཁང་རྒྱན་གསུམ་པ་དང་། མ་ཧཱ་ཙཱིནའི་དགྲ་ལྷ་ཀཱན་ཡུན་ཆང་གི་ལྷ་ཁང་（བོད་དུ་གེ་སར་ལྷ་ཁང་ཟེར་）རྒྱན་གསུམ་པ། བོད་ཀྱི་ལྷ་ཁང་བརྟན་བཞུགས་ཆོས་འཁོར་གླིང་གཙང་ཁང་ཀ་བ་

① （འཛམ་གླིང་མཐའ་རྒྱན་ཤོག་གྲངས207）

བཞི་དང་། འདུ་ཁང་ཀ་བ་བཅུ་དྲུག་སྒོ་མཆོར་སྣེང་ཤོད། བླ་བྲང་། གྲ་ཤག་རྡུང་ཁང་། ར་བ་སྒོ་ཕྱིག་དང་བཅས་པ་སྐུ་གསུང་ཐུགས་རྟེན་གྱིས་སྤུ་བ་རྣམས་སྤྱི་ལོ1794ཐོད་ཤིང་སྟག་ལོར་ལེགས་པར་བཞེངས་གྲུབ་པར་ཏྭ་ལའི་བླ་མ་མཆོག་ནས་དགོན་མིང་བརྟན་བཞུགས་ཆོས་འཁོར་གླིང་ཞེས་འདོགས་པར་མཛད་པ་དང་། རྗེས་སུ་གོང་མ་ཐུ་ཆིང་ཁྲི་ལོ་དང་པོ་མེ་འབྲུག་ལོར་གོང་མ་མཆོག་ནས“ དབུས་གཙང་ཀུན་བདེ་གླིང་” ཞེས་པའི་དགོན་མིང་ཕྱན་དང་། གྲ་པ་ལྔ་བཅུ་འདུས་ཐེབས་བཀའ་ཤོག ཕྱག་མཛོད་བསྟན་འཛིན་རྒྱ་མཚོར་ཇ་ཐུ་ཏྭ་བླ་མའི་ཆོ་ལོ་བཅས་བསྩལ་ཐེབས།① ལྟར་དེ་ནས་བཟུང་ཀུན་བདེ་གླིང་ཞེས་པའི་གྲྭ་ཚང་དང་། རྒྱ་རིགས་བཟོ་པས་བསྒྲུབ་པའི་གེ་སར་ལྷ་ཁང་བཅས་བྱུང་ཞིང་། དེ་མིན་གཞིས་ཀ་རྩེ་དང་། དིང་རི། གོང་པོ་རྒྱ་མདའ་སོགས་སུའང་རྒྱ་ལུགས་ཀྱི་གེ་སར་ལྷ་ཁང་ཡོད་པ་རྣམས་དུས་སྐབས་འདིའི་ཡས་མས་སུ་བཞེངས་པར་མངོན་ནོ།

སྤྱི་ལོ1795ཐོད་རབ་བྱུང་བཅུ་གསུམ་པའི་ཤིང་ཡོས་ལོ་གོང་མ་ཆན་ལུང་ཁྲི་ལ་བཞུགས་ནས་ལོ་དྲུག་ཅུ་ཐམ་པ་སོང་ཞིང་། རྣམ་ཐར་ནང་། “ བླ་བ་གསུམ་པའི་ཆོས་ལྔ་ཉིན་གོང་མ་ཆེན་པོའི་གསེར་གྱི་བཀའ་ལུང་ཐེབས་པར། ཏྭ་ལའི་བླ་མ་ནས་ངེད་ཁྲི་ལོ་དྲུག་ཅུ་པའི་ཐོག་སྨྲ་ཡེར་མི་སྣ་བཏང་ཆོག་པ་དང་། ངེད་དགུང་ལོ་ཁྲི་ཕྲག་ཏུ་བརྟན་པའི་ཆེད་དགེ་འདུན་གྱི་སྡེ་ལ་ཆོས་འདོན་པ་དང་། མངའ་འབངས་མི་སེར་ལ་ཁྲལ་ཆག་བཏང་བ། མི་སེར་རྣམས་ལ་མཛོད་ནས་དངུལ་སྲང་ཁྲི་ཚོ་མང་པོ་དང་། འབྲུ་ཁལ་ཁྲི་ཚོ་མང་པོ་སྦྱིན་པ་

① (རྟ་ཚག་རྣམ་ཐར་དད་པའི་པནྡྷ་འཛུམ་བྱེད་ཤོག་གྲངས183 – 185བར་གསལ་)

སོགས་ནི་ངེད་ཀྱི་དགོངས་པ་མཐར་ཐུག་དང་མཐུན་པའི་སྨྲོ་བ་ཤིན་ཏུ་འཕེལ། དེའི་ཆེད་དུ་ཧྭ་ལའི་བླ་མར་གསོལ་རས་སུ་ཁ་བཏགས་ནང་མཛོད། ཚེ་དཔག་མེད་ཀྱི་སྐུ། རིན་པོ་ཆེའི་ཕྱག་ཕྲེང་ཁྲིད་དུ་འཕགས་པ། གཡང་ཏིའི་ཡིད་བཞིན་འགྱུག་པའི་ལུ་ཡི། གོས་ཡུག་ཆ་གསུམ་བཅས་དང་། དངུལ་སྲང་ཁྲི་ཚོ་གསུམ་བཅས་གནང་བ་ཡིན། སྦྲ་ཡེར་མཁན་པོ་ཡང་བཏང་ཆོག་ཅེས་ཕེབས་པའི་གསོལ་རས་རྣམས་འབུལ་བར་བོད་བཞུགས་ཨམ་བན་གཉིས་བཅར་བར་གཟིམ་ཆུང་དགའ་ལྡན་ཡང་རྩེར་མཇལ་ཁ་དང་། གསོལ་རས་རྣམས་ཀྱང་དགྱེས་བཞེས་མཛད།”① ཅེས་གསལ་ཞིང་། ལོ་འདིར་གོང་མ་ཆན་ལུང་ཁྲི་བཞུགས་གནང་བར་མངོན་ཏེ་ཏ་ཚག་རྣམ་ཐར་ནང་། “འདི་ལོ་གནམ་བསྐོས་གོང་མ་ལྷ་སྐྱོང་ཆེན་པོ་རྒྱལ་པོའི་གསེར་ཁྲི་བཞུགས་ཏེ་གང་གི་རིགས་སྲས་ཐུ་བོ་བཅའ་ཆེན་ཆེན་པོ་གོང་མའི་རྒྱལ་སར་ཕེབས་པར་གཞུང་ས་ནས་སྦྲ་ཡེར་འབུལ་མི་ཆེད་དུ་མངགས་པའི་གདོང་གོང་མ་ཡབ་སྲས་སོ་སོར་སྦྲ་ཡེར་གྱི་མཚམས་ཞུ་དང་། ལེགས་སྐྱེས་ཀྱི་དངོས་པོ་གཏོས་ཆེ་བ་འབུལ་བར་མཛད།”② ཅེས་འཁོད་འདུག་ཅིང་། ཆན་ལུང་ཁྲི་བཞུགས་གནང་རྗེས་རབ་བྱུང་གི་སྟོམ་བཞེས་དང་བསྙེན་རྫོགས་གཅིག་ཅར་དུ་མཛད་པ་མ་ཟད། འདྲ་ཐང་ཡང་བོད་དུ་བསྐུལ་ཕེབས་བྱུང་བ་དང་། ཧྭ་ལའི་བླ་མ་བརྒྱད་པ་ཆེན་པོས་སྤྱི་ལོ1798 བོད་ས་རྟ་ལོར་རྩེ་པོ་བྲང་གི་གཟིམ་ཆུང་ས་གསུམ་དུ་འདྲ་ཐང་བཞུགས་ཡུལ་ཆེད་སྒྲུབ་གནང་བའི་སྐོར། རྣམ་ཐར་ནང་“འཇམ་དབྱངས་གོང་མ་ཆེན་མོ་ནས

① (འཛམ་གླིང་མཐའ་རྒྱན་ཤོག་གྲངས237)

② (ཏ་ཚག་རྣམ་ཐར་དད་པའི་པདྨོ་འཛུམ་བྱེད་ཤོག་གྲངས203)

བོད་ལྗོངས་བདེ་སྐྱིད་འཕེལ་ཆེད་དང་། ཁྱད་པར་རྒྱ་བོད་ཀྱི་ཆེ་དགུ་ཚང་མས་
ལུགས་སྲོལ་བཞིན་གྱི་ཕྱག་འཚལ་ཞུ་བའི་རྟེན་དུ། གོང་མ་རང་གི་སྐུ་བརྙན་
དགེ་སློང་རྡོ་རྗེ་འཛིན་པའི་ཆ་བྱད་ཅན་སྤྱི་གོང་ནས་གསོལ་རས་བསྩལ་བ་ད་
ཅང་གི་བཞུགས་ཡུལ་སྒྲོ་བ་མེད་གཤིས། སྐྱབས་མགོན་ཆེན་པོས་བཀའ་ཕེབས་
སུ། གོང་མ་ཆེན་པོ་འདི་ཉིད་རྒྱལ་བ་ཀུན་གྱི་ཡབ་གཅིག་རྗེ་བཙུན་འཇམ་
དཔལ་དབྱངས་ཉིད་མི་རྗེའི་རྣམ་པར་བསྟན་པས་ན། ལྷ་དང་བཅས་པའི་
འཇིག་རྟེན་ཀུན་གྱི་ཕྱག་བྱ་བའི་གནས་ཡིན་ཅིང་། གངས་ཅན་པ་སྤྱི་དང་ཁྱད་
པར་གསེར་མདོག་ཅོད་པ་ཎ་འཆང་བའི་རིང་ལུགས་འཛིན་པ་ཡོངས་ལ་ཐུགས་
བརྩེ་བ་ཆེན་པོས་བཀའ་ལུང་གིས་གཙུག་ཏུ་མཆོད་པར་མཛད་པ་ན། དེང་སང་
རྒྱལ་བ་ཙོང་ཁ་པའི་བསྟན་པ་རིན་ཆེན་འཕེལ་རྒྱས་སུ་བཞུགས་པ་གོང་མ་ཆེན་
པོ་འདི་ཉིད་ཀྱི་བཀའ་དྲིན་ཡིན་ཅིང་། དེས་ན་རང་རེ་རྣམས་གང་གི་འདྲ་ཐང་
ལ་སྲི་ཞུ་ཕུན་སུམ་ཚོགས་པས་མཆོད་དགོས་ཞེས་བཀའ་སློབ་བཤད་སྒྲ་བ་དང་།
རྩེ་ཕྱག་སྐལ་བཟང་ཆོས་གྲགས་གཉིས་ལ་དོ་དམ་གྱི་དབུས་སུ་ཐོག་ཡང་གཙོ་ལ་
བཀལ་བའི་སྙིང་གསེར་གྱི་གཞི་རས་མཛེས་པ་དང་། འདྲ་ཐང་བཞུགས་ཡུལ་
གསེར་རྐྱང་གི་གཙོ་ལ་རྒྱ་ཕིབས་དང་བཅས་པ། དེའི་ཕྱིར་རྒྱ་ལུགས་ཀྱི་བཀོད་
པ་ཕུན་སུམ་ཚོགས་པའི་ཁྲ་མས་བཅད་པ་ལ་ནང་གོས་ཀྱི་ཡོལ་བ་དང་། མཆོད་
རྫས་བསམ་གྱི་མི་ཁྱབ་པའི་དབུས་སུ་འདྲ་ཐང་བཞུགས་ཐོག སྐུ་མདུན་དུ་
མདུན་ལྕོག་རིམ་པ་དྲུ་མའི་སྙིང་གསེར་དཔྱད། དངུལ་དཔྱད། གཡང་ཏི།
ཞལ་གྱི་དཔྱད་པ་སྣ་ཚོགས་ཀྱིས་ཀུན་ཏུ་མཛེས་པར་མཛད་ཅིང་། ལྷ་ཁང་དུ་སྣོ་

ལྷའི་མཆོད་སྦྱིན་ཁོར་ར་ཁོར་ཡུག་ཏུ་འཛུགས་པར་མཛད།”① ཅེས་གསལ་བ་ལྟར་དྷ་ལའི་བླ་མ་བདུན་པ་ཆེན་པོའི་སྐབས་ཀྱི་གོང་མ་ཁང་ཞིའི་མཚན་བྱང་ཡང་ལྷ་ཁང་འདི་ཉིད་དུ་བསྐྲིགས་པ་བཅས་བོད་དང་མེས་རྒྱལ་གྱི་འབྲེལ་བ་མཚོན་པའི་ལོ་རྒྱུས་ཀྱི་རིག་དངོས་འདི་དག་ཉམས་པ་མེད་པར་སྲུང་བཞིན་རྩེ་པོ་བྲང་གི་ས་གསུམ་ལྷ་ཁང་ནང་དུ་ལྟའང་དངོས་སུ་མཇལ་རྒྱུ་ཡོད་དོ།

སྤྱི་ལོ1799བོད་རབ་བྱུང་བཅུ་གསུམ་པའི་ས་ལུག་ལོར་གོང་མ་ཆན་ལུང་གྲོངས་པའི་སྐོར་ཧ་ཚག་རྣམ་ཐར་ནང་། “ཟླ་བ་གཉིས་པའི་ཚེས་བཅུ་སྐོར་ལ་དབང་ཕྱོགས་ནས་གོང་མ་ཡབ་རྗེ་རྒྱལ་པོ་ཞི་བར་གཤེགས་པའི་གནས་ཚུལ་གྲལ་རྩེའི་ལམ་ནས་ཡ་མོན་དུ་འཁྱུར་འཕྲུལ་མི་རྗེ་བཀའི་དཀྱུང་བློན་རྣམས་ན་བཟའ་ཆས་གོས་དཀར་པོ་དང་བཅས་ཏེ་སླན་ཞུར་ཕེབས་པར། དེ་འཕྲུལ་སྲུར་སྲོལ་གྱི་ལམ་རྣམས་ལ་ཐུགས་ཞིབ་ཀྱི་ཐོག་ཚེས་བཅུ་བཞིའི་ཉིན་སེར་འབྲས་ནས་དགེ་འདུན་ཁྲེ་བསྡུས་ཀྱི་གྲངས་བདུན་བརྒྱ་སྐོར་ལྷ་ལྡན་ཁྲམས་ར་ཆེན་མོར་དགོངས་རྫོགས་སུ་ཆེད་དམིགས་ཀྱི་འཚོགས་རྒྱུ་དང་། དེ་མཚུངས་ར་ཆེར་དཔལ་ལྡན་རྒྱུད་སྟོད་གྲྭ་ཚང་དགེ་འདུན་སུམ་བརྒྱ་སྐོར་ཉིན་བདུན་གྱི་རིང་འཚོགས་རྒྱུའི་དཔྱད་ཁྲ་དང་། ངོ་དམ་བསྒོ་བཞག རྩེར་གསེར་གདུང་རྣམ་གཉིས་དང་། འཕགས་པ་རིན་པོ་ཆེ། གོང་མའི་འདྲ་ཐང་བཅས་ཀྱི་སྐུ་མདུན་དུ་བརྒྱ་མཆོད། སེ་འབྲས་རྣམས་ལ་བཀའ་རྒྱ་སོགས་འཕྲུལ་དུ་བསྒྲུལ། སང་ཉིན་ཚེས་བཅུ་བཞིའི་སྔ་ཆར་འདྲ་ཐང་གི་མདུན་དུ་སྐྱབས་མགོན་ཡབ་སྲིན་ལྷན་རྒྱས་ཚོགས་དབུས་སུ་ཕེབས་ཤིང་། དེ་ཐོག་བསྟན་སྲིད་མཆོག་སྤྲུལ་རིན་པོ་ཆེ་

① （འཛམ་གླིང་མཐའ་རྒྱན་ཤོག་གྲངས269）

དང་། ར་སྒྲེང་ནོ་མིན་ཧན་རིན་པོ་ཆེ། རྣམ་རྒྱལ་གྲྭ་ཚང་པ་ཉེར་གཅིག་བཅས་ནས་དཔལ་འཁོར་ལོ་སྡོམ་པའི་བདག་མཇུག་གི་རིམ་པ་གནང་སྐྱིན་དུ་མཛད་པའི་སར། གོང་མས་བཀས་མངགས་ཨམ་བན་རྣམ་གཉིས་དང་། སྤྱུར་གོ་ཆེ། སྤྲི་ཆའི་ཆེ། གུང་བཀའ་མདའ་སོགས་རྒྱ་བོད་ཀྱི་མི་དྲག་ཚང་མ་ན་བཟའ་གོས་དཀར་མནབས་པའི་སྒོ་ནས་འདྲ་ཐང་ལ་ཕྱག་འཚལ་གནང་། དེ་དག་གྲུབ་བསྟུན་གོང་མ་ཆོས་ཀྱི་རྒྱལ་པོར་ཡབ་རྗེ་ཞིང་དུ་གཤེགས་པར་ཐུགས་ངལ་མི་མཛད་པ་དང་། ཐུགས་དགོངས་རྫོགས་བྱེད་ཀྱི་རིམ་པ་འདི་ལྟར་མཛད་ཚུལ། དགོངས་རྫོགས་ཀྱི་མཆོད་སྤྲིན་མཁན་པོ་གཏོང་ཚོགས་པ་སོགས་ཀྱི་གནས་ཚུལ་ཞུ་ཡིག་རྩེ་ཤོད་སོ་སོ་ནས་གྲལ་རྩེའི་ལམ་ནས་འབུལ་བར་མཛད།”①ཅེས་འཁོད་འདུག

སྤྱི་ལོ1801བོད་ལྷགས་བྱ་ལོར་པཎ་ཆེན་སྐུ་ཕྲེང་བདུན་པ་བསྟན་པའི་ཉི་མ་མཆོག་དབུས་ཕེབས་གནང་སྐབས། ས་ག་ཟླ་བའི་ཚེས་བཅོ་ལྔ་ཉིན་ལྷ་ལྡན་ཇོ་བོ་ཤཱཀྱ་མུ་ནེའི་སྤྱན་སྔར་དྭ་ལའི་བླ་མ་མཆོག་གིས་མཁན་པོ་མཛད་དེ་བསྙེན་རྫོགས་ཀྱི་སྡོམ་པ་འབུལ་བཞེས་དང་། བཀའ་ཆོས་ཞུ་གནང་སོགས་ཀྱི་མཛད་སྒོ་སྤར་སྤྲོལ་ཉམས་མེད་ལེགས་པར་བསྒྲུངས། རྣམ་ཐར་ནང་ཟླ་བ་བདུན་པའི་ཚེས་བཅུ་བཞི་ཉིན“ཀུན་གཟིགས་པཎ་ཆེན་རིན་པོ་ཆེ་དབུས་ཕེབས་ཀྱི་ཐུགས་རྫོགས་སོགས་འབུལ་རྒྱུ་ལེགས་པར་གྲུབ་པའི་གནས་ཚུལ་གོང་མ་བདག་པོ་ཆེན་པོར་གྲལ་རྩེ་ཕུལ་བའི་བཀའ་ལན། རྒྱལ་བ་ཡབ་སྲས་གཉིས་གར་གནང་རྟེན་དང་བཅས་ཕེབས་འདུག་པ་འབུལ་བའི་ཆེད་དུ། བོད་བཞུགས་ཧུ་ཨམ་བན་

① （དད་པའི་པད་འཛུམ་ཤོག་གྲངས222）

ཕེབས། （ནོར་གླིང་）ཚལ་རྫིང་དབུ་གཡབ་ནང་སྐྱབས་མགོན་ཆེན་པོས་སྐུ་ཚོས་དང་དབུ་པཎ་བཞེས་ཏེ་གུས་འདུད་དང་བཅས་སྐུ་བཞེངས་གནང་ཐོག ཨམ་པས་གོང་མ་ཆེན་པོའི་བཀའ་ཡིག་ཏུ། ཏཱ་ལའི་བླ་མའི་དྲུང་དུ། པཎ་ཆེན་ཨེར་ཏེ་ནི་དབུས་ཕེབས་ཀྱི་ཐུགས་རྫོགས་འབྱུལ་བཞེས་ལེགས་པར་གྲུབ་པ་དེ་བཞིན་ལ། ངེད་སེམས་ཤིན་ཏུ་དགའ་ཞེས་བཀའ་བཟང་པོ་ལྷན་མེད་པ་དང་བཅས་དེའི་ཆེད་དུ། ཏཱ་ལའི་བླ་མར་གནང་རྟེན་ཁ་བཏགས། བྱུ་རུའི་ཕྲེང་བ། གསེར་གྱི་སྦྱར་བུ། ཁུག་མ་ཆེ་བ་ཀ། ཆུང་བ་ཆ་གཉིས་བཅས་བསྐྱལ་བ་ཡིན་ཞེས་ཕེབས་པར་ཐུགས་འདུད་ལྷན་མེད་པ་བཅས་གསོལ་རས་ཞུ་བ་གནང་ཞིང་……སྐྱབས་མགོན་ཆེན་པོས། གོང་མ་བདག་པོ་ཆེན་པོས་གཟིགས་པ་བདག་རྐྱེན་ཆེས་ལྷི་བའི་གསོལ་རས་ལ་གུས་པས་ཕྱག་བཙལ་ཏེ། གོང་མ་བདག་པོ་ཆེན་པོ་སྐུ་ཚེ་ཁྲི་ཕྲག་ཁྲི་ཕྲག་གི་བར་བརྟན་པའི་ཞབས་བརྟན་སྒྲུབ་ཚོག་པ་ཞུ་རྒྱུ་ཡིན་ཞུ་བ་གནང་།"①ཞེས་གསལ་འདུག

15. ཏཱ་ལའི་བླ་མ་འཇམ་དཔལ་རྒྱ་མཚོ་སྐུ་གཤེགས་པ་དང་། གོང་མ་ཇཱ་ཆིན་གྱིས་ཏ་ཚག་བསྟན་པའི་མགོན་པོ་རྒྱལ་ཚབ་ཏུ་བསྐོས་པ།

དགའ་བཞི་བའི་བྱུང་བ་བརྗོད་པའི་ནང་། སྤྱི་ལོ1804ཐོད་རབ་བྱུང་བཅུ་གསུམ་པའི་ཤིང་བྱི་"གནམ་ལོ་འདི་ནང་གི་ལོ་གསར་ཉིན་དང་གཉིས་གཉིས་ཀར་གཞུང་གི་གསོལ་སྟོན་ཚོགས་པ་དང་སྟབས་མཚུངས་ཁ་བ་ཡང་ཆེ་ཙམ་བབས་གཤིས། ནོར་འཛིན་བུ་མོས་ཀ་ཤིའི་རས་གོས་གྱོན་པ་ལྟར་རི་གླིང་

① （འཛམ་གླིང་མཐའ་རྒྱན་ཤོག་གྲངས292）

ཐམས་ཅད་དཀར་པོར་གྱུར་ཅིང་། གཞན་ཡང་དབུས་གཙང་ཁུལ་གྱི་གནས་རྟེན་དང་། མགོན་ཁང་བཀའ་གཉན་འགའ་ཞིག་ལ་ཐན་ལྷས་ངན་པ་ཁ་ཤས་བྱུང་སྐད་གླེང་བ་བཅས་ཚུལ་དེ་དག་ལ་བརྟེན་ནས། གངས་ཅན་ལྷ་གཅིག་སྐྱབས་མགོན་རྒྱལ་དབང་ཐམས་ཅད་མཁྱེན་ཅིང་གཟིགས་པ་ཆེན་པོ་རྗེ་བཙུན་བློ་བཟང་བསྟན་པའི་དབང་ཕྱུག་འཇམ་དཔལ་རྒྱ་མཚོ་དཔལ་བཟང་པོ་ཉིད་བདག་སོགས་རྟག་འཛིན་ཅན་གྱི་ཐུན་མོང་གདུལ་བྱའི་སྣང་ངོར་ཐོག་མར་སྐུ་འཁྲུགས་ཀྱི་རྣམ་པས་བསྟུན་ཚུལ་བཞེས་པ་རིམ་འོད་ཀྱི་མཐར་ཆབ་གཞི་ལྷ་བུས་སྐུ་བརྟེན་བབ་ལྷི་ཙམ་བྱུང་འདུག་པར་བརྟེན་སྐྱབས་མགོན་ཏ་ཚག་ནོ་མིན་ཧན་རིན་པོ་ཆེ་དང་བཀའ་བློན་ལྷན་རྒྱས་སོགས་གནམ་བསྐོས་དགའ་ལྡན་ཕོ་བྲང་པའི་ཆོས་སྲིད་འཕྲིན་ལས་ཀྱི་བྱེད་པོ་རྣམས་གསུང་མོལ་གྱི་ཐོག་ནས་གདན་ས་ཆེན་པོ་སེ་འབྲས་དགའ་གསུམ་དང་། དཔལ་ལྡན་རྒྱུད་གྲྭ་སྟོད་སྨད་ཀྱིས་དབུས་གྲུབ་མཐའ་རིས་སུ་མ་ཆད་པའི་དགོན་སྡེ་ཁག་ལ་ཞབས་བརྟན་སྐུ་རིམ་རྒྱ་ཆེ་འབད་འབུང་གིས་སྒྲུབ་གནང་མཛད་རྒྱུ། སྐུ་བཅར་ླ་སྨན་མཁན་པོ་རྣམས་ཀྱི་ཐོག་ཕྱོགས་མཐའི་འཚོ་བྱེད་རྒྱུད་གཞུང་ལག་ལེན་ལ་མཁས་ཤིང་བྱུང་བ་ཇི་ཡོད་རྣམས་ལའང་བཀའ་རྒྱ་ཆེད་བསྒྲལ་གྱིས་བཀུག་སྟེ་ཕྱག་རྩ་ཆབ་རྟགས་ལ་གཞིགས་པའི་གསོལ་སྨན་འབུལ་རྒྱུ་དང་། སྐུའི་སྤྱོད་ལམ་འཁྲིད་བཞེས་ཀྱི་ཞབས་བསྐྱལ་ཞུ་རྒྱུ་སོགས་གང་ཅི་འགྲོད་མེད་མཛད་སྐད་གླེང་རུང་། དོན་དུ་ཞིང་བྱེ་རྟོར་ཟླ་བདུན་པའི་ཚེས་བཅོ་བརྒྱད་ཀྱི་སྲོད་འཁོར་ཕྱི་ཆར་མཛད་མཐའ་མའི་གཟིམ་ཁྲིར་མནལ་བའི་ཚུལ་བཞེས་མཛད་འདུག”① ཅེས་འཁོད་ཅིང་

① （དགའ་བཞི་བའི་བྱུང་བརྗོད་དེབ་ངོས1217－1218）

ཐུགས་དམ་གསལ་འདེབས་དང་། དགོངས་རྫོགས་མཆོད་སྤྲིན། སྨུར་ཕྲིན་གསོལ་འདེབས་སོགས་སྔར་ལམ་ལྟར་མཛད་པ་དང་། “འདི་སྐབས་རྩེ་ཤོད་ཀྱི་བྲུང་ན་སྤྱོད་པ་ཚང་མས་ཕྱིན་པ་ཡང་ཁ་གསར་མི་ཕྱིན་ཞིང་། ཧའི་དོམ་དོམ་འཁྲོལ་བ། ལས་ཚན་སྐུ་པོ་རྣམས་ནས་སྔེང་ཕྱིན་ཕུད་ཅིང་། ལྷ་ཞོལ་ཁྲུལ་གྱི་མཆོག་དམན་ཚང་མའི་སྐྱེས་པ་རྣམས་ནས་རྣ་རྒྱན་སོག་ཁེ་དང་། བུད་མེད་རྣམས་ནས་མགོ་ལུས་ཀྱི་རྒྱན་ཆ་བཅས་ཟླ་ཤས་བར་བཀྲོལ་ཞིང་། ཀང་ཐྲོ་གླུ་གཞས་དང་། མདའ་རྒྱག་རྩེ་སྣ་མི་བྱེད་པ་ཙམ་ལས། ཐུག་དར་ལྷོག་རིགས་ནི་པོ་ཏ་ལ་དང་། ལྷ་ས་ལྷ་བྲང་གིས་མཆོན་དགོན་གྲྭ་ཚང་མས་ཕབ་མ་སོང་།”①

ཞེས་གསལ་བ་དང་། “སྐྱབས་མགོན་རྒྱལ་བའི་དབང་པོ་དགོངས་པ་གཞན་དོན་དུ་མ་གཤེགས་གོང་པོད་བཞུགས་ཨམ་བན་བརྒྱུད། གོང་མ་བདག་པོ་ཆེན་པོའི་གསེར་སྙན་དུ་བསྙུན་བབ་ལྡི་བའི་གནས་ཚུལ་འབུལ་གནང་མཛད་པར་བརྟེན། པེ་ཅིང་གསེར་གྱི་རྒྱལ་ཁབ་ཆེན་པོ་ནས་ཝུའི་ཨམ་བན་དང་། རྒྱའི་སྨན་པ་བཅས་ཤད་རྩོལ་ཆེན་པོས་ཆེད་རྫོང་མཛད་འདུག་ཀྱང་། དེ་དག་རྣམས་ཟླ་ཚོན་ཆེན་ཐུ་ཧུར་འཁོར་སྐབས་རྒྱལ་དབང་ཐམས་ཅད་མཁྱེན་པ་དག་ཞིང་དུ་གཤེགས་གྲུབ་པ་འཇམ་དབྱངས་གོང་མ་ཆོས་ཀྱི་རྒྱལ་པོ་ནས་གསན་ཐོས་ལ་བརྟེན། སྐུ་ཚབ་ཝུའི་ཨམ་བན་ཙན་སོགས་སྔོན་ཐོན་གྱི་རྗེས་གང་ཟིན་དུ་སྐུ་གདུང་རིན་པོ་ཆེར་རྒྱ་ལུགས་ཀྱི་མཆོད་འབུལ་བྱེད་པ་དང་། དགོངས་རྫོགས་སྒྲུབ་པར་ནང་གི་སྤྱར་གོ་ཆེ་ཙན་དཔོན་ཁག་རྣམས་སྤྱི་བྱེ་རིམ་བཞིན་འཁོར་བའི་

① （དགའ་བཞི་བའི་བྱུང་བརྗོད་དེབ་ངོས1221）

བཀའ་མངགས་དགོངས་དོན་གྱི་བྱེད་སྒོ་རྣམས་གྲུབ་བསྟུན་བྱེར་སོག” ① ཅེས་འཁོད་འདུག

དེ་ལྟར་དྭ་ལའི་བླ་མ་སྐུ་ཕྲེང་བརྒྱད་པ་སྐུ་གཤེགས་རྗེས་སྲིད་སྐྱོང་རྟ་ཚག་ནོ་མིན་ཧན་བོད་ལྗོངས་ཆོས་སྲིད་ཀྱི་རྒྱལ་ཚབ་ཏུ་དབང་བསྐུར་བའི་སྐོར། “བོད་ཀྱི་སྲིད་དོན་རྒྱལ་རབས” ཟེར་བའི་ནང་། “སྐབས་དེར་བཀའ་ཤག་དང་། སྐུ་བཅར་སྤྱི་མཁན། གདན་ས་གསུམ། བོད་ལྗོངས་སེར་སྐྱ་མི་དམངས་བཅས་ནས་སྲིད་སྐྱོང་རྟ་ཚག་ནོ་མིན་ཧན་རིན་པོ་ཆེར་རྒྱལ་བའི་རྒྱལ་ཚབ་ཏུ་ལུགས་གཉིས་ཀྱི་ཐུགས་འགན་གཙང་མ་བཞེས་ནས། རྒྱལ་བའི་ཡང་སྲིད་མཆོག་སྤྲུལ་རིན་པོ་ཆེ་འཁྲུལ་བྲལ་ངེས་རྙེད་བརྩད་གཙོད་གནང་རྒྱུས་མཆོན། གཞུང་དོན་ཞི་དྲག་གང་ལའང་ཐུགས་འཁུར་ཆེ་བཞེས་ཡོང་བའི་གསོལ་འདེབས་ཞུས།” ② ཞེས་ལོ་རྒྱུས་ཡིག་རིགས་ཀྱི་ལུང་ཁུངས་གང་ཡང་མ་དྲངས་པར་བྲིས་འདུག ང་ཚོས་རྟ་ཚག་ནོ་མིན་ཧན་དེ་ཉིད་ཀྱི་རྣམ་ཐར་དད་པའི་པདྨོ་འཛུམ་བྱེད་ནང་ཇི་ལྟར་འཁོད་པ་དེ་འདྲེན་རྒྱུ་ཡིན། སྤྱི་ལོ1805བོད་ཤིང་གླང་ལོར། “གོང་མ་ཆོས་ཀྱི་རྒྱལ་པོས། མགོན་པོ་ཉིད་རྒྱལ་བའི་རྒྱལ་ཚབ་ཆོས་སྲིད་གཉིས་ལྡན་གྱི་བྱེད་པོར་དབང་བསྐུར་བའི་གསེར་ཡིག་དང་བཅས་ཆེད་དུ་བཀས་མངགས་པའི་ཧོ་རྣ་ལོ་ཡེ་ཕེབས་སྐད་གསན་པར་རྒྱང་བསུ་རིང་ཐུང་སོགས་ཀྱང་བསྒྲུལ་ཅིང་། ཆོས་ཉེར་བཞིའི་ཉིན་སྐབས་མགོན་ཉིད་ཏུ་ཐོག་ཐྲུ་ཆེ་ཁག་རྣམས་དང་། ཨམ་བན་གཉིས། གཞུང་སའི་མི་

① （དགའ་བཞི་བའི་བྱུང་བརྗོད་དེབ་ངོས1226）

② （བོད་ཀྱི་སྲིད་དོན་རྒྱལ་རབས་ཟེར་བའི་དེབ་ངོས663）

དྲག་སོགས་དང་ལྷན་ཅིག་ཏུ་བྲུར་ཁང་གཡུལ་ཁར་གསེར་ཡིག་གི་ཆིབས་བསུར་
ཕྱིན་ཏེ་མཇལ་འཕྲད་དང་། དེ་ནས་རྗེར་ཆིབས་བསྐྱོད་ཀྱིས་གཟིམ་ཆུང་བདེ་
ལྡན་འཁྱིལ་དུ་སྐྱབས་མགོན་མཆོག（ རྟ་ཚག ）གཙོ་བོར་བཞུགས་ཐོག ལྷང་
སྐུ་རིན་པོ་ཆེས་གཙོ་མཛད་པའི་བླ་སྤྲུལ་ཆེ་ཁག་དང་། གུང་བཀའ་མདའ། སེ་
འབྲས་ཀྱི་བླ་མ་ལས་སྣེ། རྗེ་ཉོད་ཀྱི་ལས་ཚན་པ་རྣམས་དང་། ཨམ་བན་རྣམ་
གཉིས། སྤྱིར་སྤྱི་ཕོགས་ཙོང་སོགས་རྒྱ་བོད་ཀྱི་མི་དྲག་ཚང་འཛོམས་ཐོག
བཀས་མངགས་ཧོ་ཧྭ་ལོ་ཡེ་ནས་གོང་མའི་གསེར་ཡིག་ཕྱག་ཏུ་འབུལ་བཞེས་ཐོག
བྲུང་ཡིག་ནས་སྐན་འབུལ་མཛད་པ་ཚང་མའི་སྐན་ལམ་དུ་བསྐྱར་བ་ན་འདི་ལྟར་
དུ་གསལ་ཏེ། ཚེ་རིང་གནམ་གྱི་ཤེ་མོང་བཙན་པོས་ས་སྟེང་ཡོངས་ལ་དབང་
བསྒྱུར་བའི་ཧྭང་ཏིའི་བཀའ། རྗེ་བྲུང་ཏུ་ཐོག་ཐུ་སོགས་དགོན་སྡེ་ཐམས་ཅད་ཀྱི་
མཁན་བླ་རྣམས་དང་། བཀའ་བློན་བཞི། མདའ་དཔོན་སོགས་སྡེ་པ་ཐམས་
ཅད་ལ་ཕབ་པར། ཏཱ་ལའི་བླ་མ་ནི་སངས་རྒྱས་ཀྱི་བསྟན་པ་ཡོངས་ཀྱི་མངའ་
བདག བླ་མ་ཐམས་ཅད་ཀྱི་གཙོ་བོ་ཡིན་པས་དབུས་གཙང་ན་འཁོད་པའི་སྐྱེ་
སེར་ཀུན་གྱི་རེ་ལྟོས་འཆའ་བའི་གནས་ཡིན་ཀྱང་། ད་རེས་འཕྲུལ་དུ་སྐུའི་
བཀོད་པ་ཆོས་དབྱིངས་སུ་བསྡུས་པའི་ཚུལ་བསྟན་པ་ཐོས་པས་ངེད་ཀྱི་ཐུགས་ལ་
ཤིན་ཏུ་ཕངས་པར་གྱུར། ཕྱིན་ཆད་ཏཱ་ལའི་བླ་མའི་ཡང་སྲིད་སྤྲུལ་སྐུ་མ་ཕྱིན་གྱི་
བར་དུ་བླ་མ་ཆེ་ཤོས་ཤིག་ལས་ལ་བསྐོས་ཏེ་ལས་དོན་བགྱིད་དུ་འཇུག་ན་དབུས་
གཙང་གི་སྐྱེ་སེར་ཐམས་ཅད་ལ་ཕན་ཐོགས་པ་འབྱུང་བར་འགྱུར་བས་ན། རྗེ་
དྲུང་ཏུ་ཐོག་ཐུ་ཁྱོད་ནི་མི་བློ་གསལ་ཞིང་ཆོས་ལ་དགའ་བར་མ་ཟད། སྔ་སོར་
གནམ་སྐྱོང་དགུང་ལོ་ང་བཞི་པའི་དུས་བཀས་མངགས་ཏེ་དབུས་གཙང་གི་ལས་
དོན་བགྱིས་པའི་བླ་ཕྲོགས་སུ་བསྐོས་པ་ནས། ལས་དང་བྱ་བ་ཀུན་ལ་ཏཱ་ལའི་བླ་

མ་དང་གྲོས་མཐུན་བགྱིས་ཏེ་ཚུལ་བཞིན་སྤྱོད་པས། དེའི་ཕྱིར་དབུས་གཙང་དུ་འཁོད་པའི་སྐུ་སེར་ཀུན་གྱིས་ཚུལ་བཞིན་དུ་དད་པར་གྱུར་པའི་རྒྱུ་མཚན་དེའི་ཕྱིར་ངེད་ནས་ཁྱེད་ལ་བསྟུགས་བརྗོད་མཛད་ཅིང་བསྔོད་པར་དགོངས། ངེད་ཀྱི་ཏཱ་ལའི་བླ་མ་ཞིང་གཞན་དུ་སྐུ་གཤེགས་འདུག་པར། ཁོང་གི་སྐུའི་ཡང་སྲིད་སྤྲུལ་པ་མ་གསལ་གྱི་བར་དུ་ཧེ་ཧྲུང་ཧུ་ཐོག་ཐུ་ཁྱོད་ཀྱིས་བླ་མ་སེར་མོ་བ་རྣམས་ཀྱི་ལས་དོན་གྱི་སྤྱི་གཙོ་བགྱིས་ལ་ལས་གྱིས་ཤིག སྒྲག་ཏུ་ངེད་ཀྱིས་ས་སྟེང་གི་སྐྱེ་འགྲོ་ཡོངས་ལ་བྱམས་བརྩེས་གཟིགས་པའི་དགོངས་བཞེད་མཆོག་དང་མཐུན་པར་ཞྭ་སེར་གྱི་བསྟན་པ་དར་རྒྱས་དང་ལས་དོན་གང་ཡིན་ལ་ དོ་དམ་ལེགས་པར་གྱིས། ཕྱོགས་དེར་འཁོད་པའི་སྐུ་སེར་ཐམས་ཅད་བདེ་སྐྱིད་ལ་འགོད་པའི་སྤྱོར་བ་ལ་བརྩོན་པར་བགྱིས། མཁན་བླ་བཀའ་བློན་མདའ་དཔོན་སོགས་ཐམས་ཅད་ཀྱིས་ཀྱང་རང་རང་སོ་སོའི་ལས་སྐལ་ལ་འབད་བརྩོན་ཤུགས་དྲག་གི་སྒོ་ནས་ཧེ་ཧྲུང་ཧུ་ཐོག་ཐུ་ལ་རོགས་བསྒྲོས་བགྱིད་དེ། ཏཱ་ལའི་བླ་མ་ཞལ་བཞུགས་དུས་ཀྱི་སྲོལ་བཞིན་གྱིས་ལ། ལས་དོན་ཐམས་ཅད་དེར་འཁོད་ལས་བྱེད་མཁན་གྱི་ཨམ་བན་ལ་གྲོས་ཞུ་བགྱིད་དེ་ཁྲིམས་སྲོལ་བཞིན་གྱིས། ཐུན་མོང་ནས་གུས་པས་ནན་ཏན་བགྱིས། ལེ་ལོར་མ་བགྱིད་ཅིག ཆེད་དུ་བཀའ་ཕབས་སོ། ཞེས་ཕེབས་པའི་དོན་རྣམས་ཐུགས་ཡུལ་དུ་མངའ་བར་མཛད་ཅིང་བདག་གིར་ལེགས་པར་བཞེས།”① ཞེས་དང་། “ཧོར་ཟླ་ལྔ་པའི་ཚེས་བཅུ་གཉིས་དུས་ཆོས་གཟའ་སྐར་སོགས་མཆོག་ཏུ་དགེ་བའི་ཉིན་མགོན་པོ་ཉིད་གོང་མ་ཆེས་ཀྱི་རྒྱལ་པོའི་གསེར་གྱི་བཀས་མངགས་པའི་དོན་ལྟར། ལྟར་བཅས་འགྲོ་བ་

① （ཧ་ཚག་རྣམ་ཐར་དང་པའི་པད་འཛུམ་ཤོག་གྲངས444 – 447）

ཡོངས་ཀྱི་སྐྱབས་མགོན་དཔུང་གཉེན་དམ་པར་རྒྱལ་དབང་མཆོག་གི་རྒྱལ་ཚབ་ཆོས་སྲིད་གཉིས་ལྡན་གྱི་བྱེད་པོར་མངོན་པར་བཞེངས་པའི་ཁྲི་འདོན་མངའ་གསོལ་མཛད། ……”①ཅེས་སོགས་ཁྲི་འདོན་གྱི་མཛད་སྒོ་ཞིབ་པར་གསལ་འཁོད་འདུག་པ་བཅས་འདི་ལས་ལྷག་པའི་ཁུངས་འདྲེན་དགོས་དོན་མ་མཆིས་སོ། འོན་ཀྱང་སྐློག་པ་པོ་རྣམས་དེ་བས་ངེས་ཤེས་སྐྱེ་བའི་ཆེད་དེ་སྐབས་བོད་ས་གནས་སྲིད་གཞུང་གི་རྩ་འཛིན་ཐམ་དེབ་ནང་ཇི་ལྟར་གསལ་ཡོད་ཅེ་ན། “རྟ་ཆེན་ཁྲི་བཞུགས་དགུ་པ། རབ་བྱུང་བཅུ་གསུམ་པའི་ཤིང་བྱི་ཟླ་བཅུ་པའི་ཚེས་བཅུ་གསུམ་ཉིན་རྒྱལ་དབང་བརྒྱད་པ་ཆེན་པོ་དགུང་མལ་ཞེ་བདུན་ཐོག་དགོངས་པ་ཞི་དབྱིངས་སུ་མནལ། དེའི་ཚུལ་གསེར་སྐྲན་སྦྲོན་པའི་བཀའ་ཡིག་དགོངས་དོན། རྗེ་དྲུང་ཧོ་ཐོག་ཐུ་སུམ་ཧྲི་པཎྜི་ཉིད་སྣར་ཡང་ཆོས་སྲིད་སྲི་ཁྱབ་ཀྱི་མཛད་པོར་དབང་བསྐུར། འདི་ལོ་གསེར་སྐྲན་སྦྲོན་པའི་ཕྱིར་ཕེབས་བཀའ་བཟང་དང་སྨྲགས་དེ་སྟོན་མེ་ལུག་སྦྱོར་ཁང་དུ་ཕྱིར་བཞེས་མཛད་པའི་དངུལ་ཐམ་ཆེ་མོ་ཧ་ཚག་འདི་ཉིད་ལ་བསྩལ་བ་ཕེབས།”②ཞེས་གསལ་བ་ལས། བོད་ལྗོངས་སེར་སྐྱ་སྤྱི་མཁྱེན་ནས་འོས་ཐོ་ཕུལ་བ་ཙམ་ཡང་འཁོད་མེད་ཅིང་། དངུལ་ཐམ་ཆེ་མོ་འདི་ནི། སྤྱི་ལོ1751བོད་རབ་བྱུང་བཅུ་གསུམ་པའི་མེ་སྦྲུང་ལོར། གོང་མ་ཆན་ལུང་གིས་བོད་ཀྱི་རྒྱལ་ཚབ་དང་པོ་དེ་མོ་བདེ་ལེགས་རྒྱ་མཚོར་གནང་བ་དེ་ཡིན་ཅིང་། དེའི་སྐོར་ཐམ་དེབ་ནང་དེ་མོ་གཤེགས་རྗེས། “ཆན་ལུང་ཁྲི་བཞུགས་ཞེ་གཉིས་པ་མེ་བྱ་ཟླ་བརྒྱད་པའི་ཚེས་བཅོ་ལྔ་ཉིན་དེ་སྔ་

① （ཧ་ཚག་རྣམ་ཐར་དད་པའི་པད་འཛུམ་ཤོག་གྲངས444 – 447）

② （དེབ་ཐེར་ལོང་བའི་དམིགས་བུ་བྲིས་མ་ཤོག་གྲངས20）

པེ་ཅིང་དུ་ཕེབས་པའི་ཚེ་ལོ་ཡོད་པ་དགའ་ལྡན་ཁྲི་ཟུར་ཨེ་ཧེ་ནེ་ནོ་མིན་ཧན་ངག་དབང་ཚུལ་ཁྲིམས། （ཚེ་སྨོན་གླིང་རྒྱལ་ཐོག་དང་པོ་ཚ་རྫོར་བ་ཞུ་བ་）བོད་རྗེའི་ཁྲིར་ཕེབས། ཁྲི་ལོ་བཅུ་ཐམ་པ་མཛད་ནས་མེ་རྟ་ལོ་གོང་མ་ཆེན་པོའི་བཀའ་ཡིག་དགོངས་དོན་རྗེ་ལྕང་སྐྱ་རོལ་པའི་རྡོ་རྗེའི་སྐུ་ཚབ་ཏུ་པེ་ཅིང་རྒྱལ་ཁབ་ཆེན་པོར་ཕྱིར་ཕེབས། གོང་གི་དཔྱལ་ཐམ་ཆེན་མོ་དེ་སྔ་དེ་མོ་རིན་པོ་ཆེའི་དེ་ག་རྒྱུན་མཐུད་དུ་གནང་བ་དེ་དག་རེ་ཞིག་དམ་མནན་གྱི་བོད་བཞུགས་ཨན་བན་ནས་ཉར་ཚགས་མཛད་དེ་མེ་ལུག་ལོ་མི་སྣ་མཁན་པོའི་གདོང་སྒྱུར་ཁང་དུ་བཞེས།”①ཞེས་འཁོད་པ་ལྟར་དཔྱལ་ཐམ་ཆེ་མོ་དེ་ཐེངས་འདིར་པེ་ཅིན་ནས་སླར་ཡང་བོད་དུ་ཏ་ཚག་ལ་བསྐུལ་ཕེབས་བྱུང་བའི་དོན་ཡིན་ཅིང་། དེ་ནི་བོད་ཀྱི་རྒྱལ་ཚབ་སྲིད་སྐྱོང་ན་རིམ་གྱི་ལས་ཐམ་གཙོ་བོ་ཡིན་པའང་རྟོགས་པར་བྱའོ།

ཏཱ་ལའི་བླམ་བརྒྱད་པ་ཆེན་པོའི་ཡབ་ཚང་ལ་གཞུང་ནས་འཁྱོངས་ཐེབས་སུ་རོང་གཡག་སྡེའི་གཞིས་ཀ་དང་། འོད་ཡུག་ལུང་དམར་གཞིས་ཀ་སོགས་གནང་ཞིང་། བཞུགས་གནས་ཀྱང་ལྷ་ཀླུ་དགའ་ཚལ་དུ་གསར་སྐྲུན་བཅས་མཛད་པས་ཡབ་གཞིས་ལྷ་ཀླུ་བ་ཞེས་གྲགས་པ་དེ་ཡིན་ནོ།

---

① （ཐམ་དེབ་ལོང་བུ་དམིགས་བུ་བྲིས་པ་ཤོག་གྲངས་17）

ལྔ་པ། ཏྭ་ལའི་བླ་མ་དགུ་པ་ལུང་རྟོགས་རྒྱ་མཚོའི་སྐབས།

1. ཡང་སྲིད་ངོས་འཛིན་དང་། གསེར་ཁྲིར་མངའ་གསོལ་ཞུས་པ།

ཏྭ་ལའི་བླ་མ་སྐུ་ཕྲེང་དགུ་པ་ལུང་རྟོགས་རྒྱ་མཚོ་ནི། རྣམ་ཐར་དད་པའི་ཡིད་འཕྲོག་ལས་ཞིབ་ཕྲ་འབྱུང་བ་ལྟར། རང་རྒྱལ་ཁྲི་ཁྲོན་ཞིང་ཆེན་ཁོངས་མདོ་ཁམས་སྨད་ཀྱི་སའི་ཆ་འབྲི་ཆུའི་ཉེ་འགྲམ་ལྡན་མའི་ཡུལ། ལྡན་ཐུབ་བསྟན་ཆོས་འཁོར་ཞེས་པའི་ཆོས་སྡེ་ཆེན་པོའི་ཉེ་འགྲམ་དཔོན་ཚང་གི་ཁྱིམ་དུ་ཡབ་ཐུ་སེ་བསྟན་འཛིན་ཆོས་སྐྱོང་དང་། ཡུམ་དོན་གྲུབ་སྒྲོལ་མ་གཉིས་ཀྱི་སྲས་སུ་སྤྱི་ལོ1805ཞོད་རབ་བྱུང་བཅུ་གསུམ་པའི་ཤིང་གླང་ལོའི་ཧོར་ཟླ་བཅུ་གཉིས་པའི་གྲལ་ཚེས་གཉིས་ཉིན་ངོ་མཚར་བའི་ལྟས་བཟང་པོ་དང་བཅས་སྐུ་འཁྲུངས་སོ།

གོང་མའི་བཀའ་ལྟར་ཏྭ་ལའི་བླ་མ་བརྒྱད་པའི་ཡང་སྲིད་ངོས་སྤྲུལ་ས་གནས་གང་སར་བརྩད་གཅོད་བྱེད་སྐབས་སྤྲུལ་སྐུ་གང་དེ་ངོ་མཚར་བའི་མཚན་ལྟས་བཟང་པོ་ལྡན་པའི་གནས་ཚུལ་བོད་དབུས་རིམ་གྱིས་ཁྱབ་པར་བརྟེན་རྒྱལ་ཚབ་ཏ་ཚག་ནོ་མིན་ཧན་མཆོག་དང་། བཀའ་བློན་བཞི་སོགས་ཆེ་རྒྱ་ཐམས་ཅད་བཀའ་བགྲོས་ཏེ་སྤྱི་ལོ1807ཞོད་རབ་བྱུང་བཅུ་བཞི་པའི་ཐོག་མ་མེ་ཡོས་ལོར་སྐུ་གོང་མའི་སྤྱན་བསལ་གཟིམ་འགག་རབ་བརྟན་རྒྱ་མཚོ་ཆེད་དུ་མངགས་ནས་འོས་སྤྲུལ་གདན་ཞུར་རྫོང་བདའ་གནང་བ་ལྟར་ལོ་དེའི་ཟླ་བ་དགུ་པའི་ནང་འོས་སྤྲུལ་རིན་པོ་ཆེ་ཡབ་ཚང་སྐུ་འཁོར་དང་བཅས་པ་རིམ་གྱིས་ཕེབས་མཐར་རེ་

ཞིག་གོང་མ་ཆེན་པོར་གསེར་སྙན་སྟོན་ཏེ་བཀའ་བསྒྲུག་དགོས་སྟབས། ཚོལ་གུང་ཐང་གི་གཙུག་ལག་ཁང་དུ་གདན་དྲངས་ནས་བཞུགས་སྟན་ཆགས། སྐབས་དེར་དེ་མིན་གྱི་འོས་སྤྲུལ་གཞན་དག་རེ་ཟུང་ཡོད་པར་མངོན་ཏེ། རྣམ་ཐར་ལས། "……ཁྱི་ནང་གི་རྟགས་ལྡན་སུམ་ཚོགས་པས་ཡང་སྲིད་མཆོག་གི་སྤྲུལ་སྐུར་རྩོད་མེད་དུ་གྲུབ་ཟིན་ནའང་། བོད་གངས་ཅན་གྱི་མི་ཕལ་མོ་ཆེ་ནི་དོན་ཡིན་པ་ལ་འཇུག་པ་ན་མགོ་མཁྲིགས་ཞིང་མགུ་དགའ་བ། དོན་མིན་པར་འཇུག་པ་ལ་དབང་པོ་བརྟུལ་པོའི་འཇུག་པས་ཞུགས་པ། ཕྱོགས་ལྷུངས་རབ་རིབ་ཀྱི་སྐྱོན་གྱིས་མིག་ལྡོངས་པ་དག་གི་ལིང་ཏོག་བསལ་བའི་ཕྱིར་(ལོ་དེའི་)ཟླ་བ་བཅུ་པའི་ཆོས་འཁོར་གཟིམ་ཆུང་ཉི་འོད་འཁྱིལ་བར་མཐུན་རྫས་རྒྱས་པར་བསྟར་ཏེ་ཆོས་སྐྱོང་ཆེན་པོ་སྤྱན་དྲངས། སྐྱབས་མགོན་རྒྱལ་ཚབ་རིན་པོ་ཆེས་གཙོ་མཛད། བཀའི་དགུང་བློན་རྣམ་པ། གསོལ་གཟིམ་མཆོད་གསུམ། དྲུང་ཡིག་རྣམ་པ་བཞི་སོགས་རྩེ་ཤོད་ཀྱི་ལས་ཚན་པ་ཐམས་ཅད་ནས་མཁྱེན་གཅིག་ཏུ། སྐྱབས་མགོན་ཆེན་པོའི་ཡང་སྲིད་མཆོག་གི་སྤྲུལ་པའི་སྐུ་དོགས་གནས་བྱུང་བ་འདི་རྣམས་ལས་གང་ཞིག་ཡིན་གྱི་གསལ་ཆའི་བཀའ་ལུང་ནན་ཆགས་ཞུ་བ་གནང་བར། རྡོ་རྗེའི་བཀའ་ལུང་ཕེབས་པ་ནི་འདི་སྐད་ཅེས། མ་ཡི་དོན་གྲུབ་སྤྲུལ་མའི་པང་དུ་ནོར་བུའི་འོད་ཟེར་སྨིན། ཞེས་གསལ་བར་ཕེབས" ཞེས་གསལ་ཞིང་། པཎ་ཆེན་རིན་པོ་ཆེ་ནས་ལ་མོ་ཚངས་པར་ལུང་ཞུ་གནང་བའི་ལན་དུའང་རྩེ་མཐུན་གྱི་བཟང་ཕེབས་བྱུང་འདུག "འོན་ཀྱང་ད་དུང་བསྲེག་བཅད་བརྡར་བའི་གསེར་བཞིན་དུ་ལེགས་པར་བརྟག་པའི་ཕྱིར། ཧོར་ཟླ་བཅུ་གཅིག་པའི་ཚེས་ཉེ་ཤུའི་ཉིན་གཟའ་སྐར་ལྡན་སུམ་ཚོགས་པ་ལ། གུང་ཐང་དུ་པཎ་ཆེན་ཐམས་ཅད་མཁྱེན་གཟིགས་ཆེན་པོ་དང་། རྒྱལ་ཚབ་ནོ་མིན་ཧན་ས་

མ་ཧཱ་པཎྜི་རིན་པོ་ཆེ། བོད་བཞུགས་ཨམ་བན་རྣམ་གཉིས། ངེད་དེ་མོ་བ་(རྣམ་ཐར་རྗོམ་པ་པོ་) ར་སྒྲེང་རིན་པོ་ཆེ། བཤད་སྒྲུབ་གླིང་སྤྲུལ་པའི་སྐུ། ཚེ་མཆོག་གླིང་སྤྲུལ་པའི་སྐུ་སོགས་ཧོ་ཐོག་ཐུ་ཆེ་དྲག་རྣམས་དང་། བཀའ་བློན། མདའ་དཔོན། དྲུང་ཡིག་རྣམ་པ་སོགས་ཚང་འཛོམས་ཀྱི་ཐོག་ངོས་འཛིན་བརྟག་དཔྱད་ཞུ་སྐབས་སྟེང་གི་གཟིམ་ཆུང་ནས་ཤོད་ཚོམས་ཆེན་དུ་སྤྱན་དྲངས་པར་......གསོལ་ཇ་གྲུབ་པ་དང་བསྟུན་ཡུའི་ཨམ་བན་ནས་ཕྲན་ལ་གློ་བུར་དུ་ངོས་འཛིན་གྱི་ཡོ་བྱད་རྣམས་ཁྱེད་ཀྱིས་སྟོབ་ཅེས་བཀས་གནང་བར། ཚུལ་འདི་ནི་སེམས་ཅན་གྱིས་སངས་རྒྱས་ལ་ཚོད་བགམ་པ་ལྟར་དུ་འདུག་པས་ཤིན་ཏུ་བསྙེངས་པ་ཆེ་བ་དང་ཡང་བ་བྱུང་རུང་། ཨམ་བན་གྱི་ཚིག་ལས་བཟློག་མ་ནུས་པས་རིམ་བཞིན་ཕུལ་བ་ནི། དང་པོར་རྒྱལ་བ་སྐུ་ཕྲེང་གོང་མ་རྣམས་ཀྱི་ཕྱག་དམ་རྟེན་གྲས་མཉམ་མེད་ཇོ་བོ་(ཨ་ཏི་ཤ་) ཆེན་པོའི་འབྲལ་སྤྱང་དུ་གྲགས་པའི་སྒྲོལ་སྐུ་ལུང་བསྟན་མ་དང་། རྗེ་བཙུན་ཙོང་ཁ་པ་ཆེན་པོའི་སྣང་བརྙན་བཀྲ་ཤིས་རྗེ་ཁམ། ཕྱག་དྲིལ། ཕྱག་ཌམ། སྐུ་བེར་རྣམས་དངོས་བཏགས་གཉིས་རེ་ཕྱག་ཏུ་ཕུལ་བར་......སྐུ་དང་ཉེར་དཔྱད་ངོ་མ་གང་ཡིན་ལ་འདི་ངའི་ཡིན་ཞེས་གཅིག་ཀྱང་མ་འཁྲུལ་བར་ངོས་འཛིན་མཛད། འདི་སྐབས་སུ་ཨམ་བན་གཉིས་ནས་གོང་མ་ཆེན་པོར། སྐུ་རྟེན་ཉེར་དཔྱད་སོགས་ལ་ངོས་འཛིན་ལེགས་ཚུལ་དང་། མཛད་སྤྱོད་སོགས་གང་གི་སྒོ་ནས་གཞན་འགྲན་མེད་པ་ཡོད་ཚུལ་གྱི་གྲལ་ཅེ་(ཟླ་བཅུ་པའི་) ཚེས་ཉི་ཤུ་དྲུག་གི་ཉིན་ཟླ་དཔོན་ཚང་འཛོམས་ཐོག་དཀྱིལ་འཁོར་སྟེངས་ནས་ཕུལ། ”① ཞེས་གསལ་བ་ལྟར་ཐེངས་འདིའི་བརྟག་

① (རྣམ་ཐར་དད་པའི་ཡིད་འཕྲོག་ཤོག་གྲངས24－26)

དཔྱད་ངོས་འཛིན་ནི་གོང་མར་ཡང་སྲིད་གཅིག་ཐོག་ཏུ་ངོས་འཛིན་བྱས་ཚོག་པ་ཞུ་བདེའི་ཆེད་ཨམ་བན་གཉིས་ངོ་བསྐྱོད་ཀྱིས་བལྟ་ཞིབ་བྱས་པ་ཞིག་ཡིན་པ་རྣམ་ཐར་གྱི་ཚིག་རིས་ནས་གསལ་པོ་མཚོན་གྱི་འདུག

སྤྱི་ལོ1808བོད་རབ་བྱུང་བཅུ་བཞི་པའི་ས་འབྲུག་ལོའི་ཟླ་བ་དང་པོའི་"ཚེས་བཅུ་དགུའི་ཉིན། གོང་དུ་ཡང་སྲིད་ཀྱི་ངོས་འཛིན་ལེགས་ཚུལ་གྱི་གྲལ་ཙེ་ཕུལ་བའི་བཀའ་ལན་དུ། ལྷན་ཚོགས་འཁོར་ཐུ་སི་བསྟན་འཛིན་ཆོས་སྐྱོང་གི་བུ་དེས། ཏཱ་ལའི་བླ་མ་ལྔ་པ་ཆེན་པོ་སོགས་ཀྱི་སྐྱེ་བ་དྲན་གསལ་ཆེ་ཞིང་། ཆུང་དུ་ནས་ངག་འདོན་ཤེས་པ། སྐུ་རྟེན་ཉེར་དཔྱད་སོགས་མ་ནོར་བར་ངོས་འཛིན་བྱེད་པས་མཚོན་གང་ས་ནས་ཐེ་ཚོམ་མ་དགོས་པས། གོང་མ་ཡབ་རྗེ་ཆེན་པོ（ཆན་ལུང་）དེ་ཉིད་ཀྱི་སྐུ་དུས་ལྟ་བུ་ཡིན་ནའང་། འདི་འདྲའི་ཐད་ལ་བཀུར་གཟིགས་བདག་རྐྱེན་གནང་ངེས་བཅས་གསེར་བུམ་དཀྲུག་འདོན་མ་དགོས་པར། འདི་ཉིད་རང་ཏཱ་ལའི་བླ་མའི་ཡང་སྲིད་དུ་ཐག་བཅད་པ་ཡིན་ཅིང་། ཐོག་མའི་སྤྲ་ཡེར་གནང་རྟེན་ཁ་བཏགས། ཚེ་དཔག་མེད་ཀྱི་སྐུ་བརྙན། རིན་པོ་ཆེའི་ཕྲེང་བ། རྗེ་དྲིལ་བཅས་བཀའ་ཡིས་མངགས་པའི་ཅང་ཇུན་ཐེ་ཆེན་གདོང་སྐུར་མགྱོགས་ཀྱི་གནང་རྒྱུ་ཡིན། ཞེས་བཀའ་དང་། དབུའི་གཙུག་ཕུད་བཞེས་རྒྱུའི་སྐར་གྱི་སྟན་གསན་འབུལ་བར་ཞབས་པད་བྲི་སྐོན། མཁན་པོ་དཔལ་ལྡན། བཀྲས་ལྷུན་ཇོ་སག་བླ་མ་བཅས་ཕེབས་པར་མཇལ་ཕྱག་བསྩལ།"①ཅེས་གསལ་བ་ལྟར་དེ་ནས་མི་རིང་བར་པཎ་ཆེན་བསྟན་པའི་ཉི་མ་མཆོག་གིས། མཆོག་སྤྲུལ་རིན་པོ་ཆེའི་དབུ་སྐྲས་གཙུག་ཕུད་བཞེས་ཏེ་མཚན་བློ་བཟང་བསྟན་པའི་

① （རྣམ་ཐར་དད་པའི་ཡིད་འཕྲོག་ཤོག་གྲངས27）

འབྱུང་གནས་ངག་དབང་ལུང་རྟོགས་རྒྱ་མཚོ་ཞེས་གསོལ་བར་མཛད། “ བླ་བ་གཉིས་པའི་ཚེས་གསུམ་གྱི་ཉིན། གོང་མ་བདག་པོ་ཆེན་པོ་ནས་སྔོན་དུ་གྲལ་ཅེའི་ཐོག་བཀའ་བཟང་པོ་ཕེབས་པ་བཞིན་བཀའ་བསྒྱུར་བར། རྒྱལ་ཚབ་ནོ་མིན་ཧན་རིན་པོ་ཆེས་དབུས་གཞུང་སའི་མི་དྲག་རྣམས་དང་། བཀས་མངགས་པའི་བོད་བཞུགས་ཨམ་བན་རྣམ་གཉིས་དཔོན་འཁོར་དང་བཅས་པ་ཕེབས། ……ལྷན་རྒྱས་དཔོན་འཁོར་དང་བཅས་པ་（ ཚལ་གུང་ཐང་གི་ ）ཉོད་ཚོམས་ཆེན་དུ་ཕྱག་བཏེག བཞུགས་ཁྲི་ཆེན་མོའི་མདུན་གུང་སྟེར་དུ་གོས་ཁའི་ཐོག སྣན་དམར་བཏིང་བའི་སྟེང་མཆོག་སྤྲུལ་རིན་པོ་ཆེ་སྤྱན་དྲངས། ཞལ་ཤར་དུ་ཕྱོགས། ཨམ་བན་རྣམ་གཉིས་སོགས་རྒྱ་བོད་ཚང་མ་སྤྲིངས་ནས། མཆོག་སྤྲུལ་རིན་པོ་ཆེ་ལ་ཨམ་བན་རྣམ་གཉིས་ནས་སྣན་འབུལ་དུ། གོང་མ་བདག་པོ་ཆེན་པོ་ནས་ཁྱེད་རང་ཏཱ་ལའི་བླ་མ་ལྔ་པ་ཆེན་པོའི་ཡང་སྲིད་འཁྲུལ་མེད་ཡིན་པར་ཐག་ཆོད་པ་ཡིན་ཞེས་བཀའ་བསྒྱུར་ཕུལ། མཚོད་ཡོན་གཉིས་ཕན་ཚུན་ཆོས་དང་ཟང་ཟིང་གི་འབྲེལ་བ་ཕུན་སུམ་ཚོགས་པས། དེ་འཕྲུལ་སྲུས་ཀྱང་ཞབས་བསྐྱལ་སོགས་ལ་ལྟོས་པ་མེད་པར། མཆོག་སྤྲུལ་རིན་པོ་ཆེ་ནས། གོང་མ་བདག་པོ་ཆེན་པོས་བདག་ལ་བཀའ་བཟང་པོ་ཕེབས་པ་ཐུགས་རྗེ་ཆེ་ཞེས་གསུང་དལ་ཞིང་བརྗོད་པ་དག་པས་གསུངས་ཏེ་གོང་མ་ཆེན་པོར་གུས་འདུད་ལྷག་མེད་པ་མཛད། ” ①ཅེས་གསལ་འདུག

ཡང་སྲིད་རིན་པོ་ཆེ་གཅིག་ཐོག་ཐུགས་གཏན་འཁེལ་རྗེས་བོད་བླ་ལྔ་པའི་ཆོས་བདུན་ཉིན་ཚོས་ཕྱོགས་ཀྱི་སྐུ་ཡོན་འབུལ་བའི་ཡོངས་འཛོན་དུ་འོན་རྒྱལ་

---

① （ རྣམ་ཐར་དད་པའི་ཡིད་འཕྲོག་ཉོག་གྲངས28 ）

སྲུས་སྤྲུལ་པའི་སྐུ་དང་། དེ་མོ་ཏོ་ཐོག་ཐུ་ཐུབ་བསྟན་འཇིགས་མེད་རྒྱ་མཚོ་གཉིས་བསྐོ་བཞག་གནང་བ་ལྟར་གསན་བསམ་ལ་རྩེ་གཅིག་ཏུ་གཞོལ་བར་མཛད་འདུག

ས་དེའི་བོད་ཟླ་གསུམ་པའི་ནང་། གོང་མ་ཏྭ་ཆིང་གེས་ཆེད་དུ་མངགས་པའི་གསེར་ཡིག་པ་ཁྲིན་ཐུའི་ཙང་ཙུན་ཐེ་ཆིང་ལྷ་སར་འབྱོར་ནས་མཆོག་སྤྲུལ་རིན་པོ་ཆེར་ཏཱ་ལའི་བླ་མའི་ཡང་སྲིད་གཅིག་ཐོག་གཏན་འཁེལ་ཟིན་པའི་བཀའ་ཡིག་དང་། གནང་རྟེན་རྣམས་ཕུལ་ཞིང་། སླར་ཡང་ཟླ་བ་བརྒྱད་པའི་ནང་གསེར་ཁྲི་མངའ་གསོལ་གྱི་མཛད་སྒོར་ཞུགས་མི་ཏུའུ་ལིང་ཧྲུན་ཞང་དང་། དགའ་ལྡན་ཕྲི་རེ་གེ་ཏོ་ཐོག་ཐུ། ཨ་ས་ཁན། ཧི་ལེ་སོགས་དཔོན་འཁོར་རྣམས་ལྷ་སར་འབྱོར་ནས་གོང་མའི་བཀའ་དང་། གནང་རྟེན་སོགས་ཏཱ་ལའི་བླ་མར་ཕུལ་ཏེ་མཇལ་ཕྱག་ཞུས་འཇུག

ས་དེའི་བོད་ཟླ་དགུ་པའི་ཚེས་བཅུ་ཉིན་ཏཱ་ལའི་བླ་མ་ཆིབས་བསུ་གཟབ་རྒྱས་དང་བཅས་གུང་ཐང་ནས་ཕེབས་ཐོན་གྱིས་སྐྱིད་ཆུ་བསྒྲལ་ནས་དཔལ་བརྩེགས་ཐང་དུ་ཕེབས་པ་དང་། དེ་གར་བཞུགས་ཞག་གཉིས་གནང་ནས་ཚེས་ཉེར་གཅིག་ཉིན་ཕྱུར་སྦྲོལ་ཆིབས་བསྒྱུར་ཆེ་མོའི་ཡོ་ལང་གཟབ་རྒྱས་དང་བཅས་རྩེ་པོ་བྲང་ཆེན་པོའི་གཟིམ་ཆུང་ཉི་འོད་དུ་ཞབས་སོར་འཁོད་ཅིང་། ཚེར་ཉེར་གཉིས་ཉིན་རྩེ་ཚོམས་ཆེན་སྲིད་ཞི་ཕུན་ཚོགས་ཀྱི་གསེར་ཁྲིར་མངའ་གསོལ་ཞུས་པའི་སྐོར་རྣམས་གཟབ་ཅིང་རྒྱས་ལ་ཞིབ་ཚགས་པ་རྣམ་ཐར་ནང་འཁོད་འདུག་ཀྱང་ཡི་གེ་མང་དོགས་ཀྱི་འདིར་མ་སྤྲོས།

འོན་ཀྱང་སྐབས་དེའི་རྒྱལ་བའི་ཡང་སྲིད་ངོས་འཛིན་གཏན་འགེལ་བྱེད་ཕྱོགས་ཀྱི་སྐོར་ལ"བོད་ཀྱི་སྲིད་དོན་རྒྱལ་རབས"ཟེར་བ་དེའི་ནང་"ད་ལམ

རྒྱལ་བའི་ཡང་སྲིད་འཁྲུལ་བྲལ་ཡིད་ཆེས་གསལ་པོར་བྱུང་བས་གསེར་བུམ་དཀྲུག་འདོན་བྱེད་རྒྱུ་སོགས་ལ་ཆ་འཛོག་འཕྲོས་པ་ཙམ་མ་བྱས་པར་སྔར་ལམ་ཆོས་ཕྱོགས་ཀྱི་བརྟག་དཔྱད་ཞུས་ཏེ་ཐག་གཅོད་དྲིལ་བསྒྲགས་བྱེད་རྒྱུར་བྱས།" ① ཟེར་བ་སོགས་བྲིས་འདུག་པར་བརྟེན་འདིར་རྣམ་ཐར་ནས་དེ་དང་འབྲེལ་ཡོད་དུམ་བུ་གཅིག་འདྲེན་དགོས་པ་འདུག དེ་ཡང་གསེར་ཁྲི་མངའ་གསོལ་གྲུབ་པའི་ཉིན་གཉིས་པ་ཏེ། "ཟླ་བ་དགུ་པའི་ཚེས་ཉེར་གསུམ་ལ། གོང་མ་ཆེན་པོ་ནས་མཆོག་སྤྲུལ་རིན་པོ་ཆེ་གསེར་བུམ་དཀྲུག་མ་དགོས་པར་བདག་རྐྱེན་ཆེན་པོས་ངོས་འཛིན་མཛད་པའི་བཀའ་དྲིན་གཏང་རག་འབུལ་བར་གཟིམ་ཆུང་ས་གསུམ་རྣམ་རྒྱལ་དུ་གོང་མ་ཡབ་རྗེའི་འདྲ་ཐང་དང་། ཐུ་ཆེན་གྱི་མཚན་བྱང་སྐུ་མདུན་དུ་མཆོད་པ་སྟ་ལྷའི་སྲིན་དང་བཅས། མཆོག་སྤྲུལ་རིན་པོ་ཆེ། རྒྱལ་ཚབ་ནོ་ཧན་ཧན། ཆེན་ཁྲའི་དཔོན་ཁག བོད་བཞུགས་ཨམ་བན་གཉིས། ཡོངས་འཛིན་རྒྱལ་སྲས་རིན་པོ་ཆེ། ཕྲན་དེ་མོ་བ། ཚེ་སྨོན་གླིང་སྤྲུལ་པའི་སྐུ། རྭ་སྒྲེང་ཁྲི་ཆེན་རིན་པོ་ཆེ། བཙན་པོ་ནོ་མིན་ཧན། དཔང་ཆེན་ནོ་མིན་ཧན། ཚེ་མཆོག་གླིང་སྤྲུལ་པའི་སྐུ། སེམས་དཔའ་སྤྲུལ་པའི་སྐུ་སོགས་སེ་འབྲས་ཀྱི་སྤྲུལ་སྐུ་ཆེ་ཁག་རྣམས་དང་། གསུང་ཆོག་ཞབས་ཕྱི་རྣམ་རྒྱལ་གྲྭ་ཚང་གི་སློབ་དཔོན་དབུ་མཛད། སྐད་བཟང་བ་བཅས་ནས་གསུང་ཆོག་རྒྱུན་རིང་བའི་ཐོག་ཐུགས་སྨོན་རྒྱ་ཆེན་པོ་མཛད། དེ་རྗེས་གོང་ས་མཆོག་སྤྲུལ་རིན་པོ་ཆེ་ནས་རྒྱལ་བསྟན་སྤྱི་སྒོས་དར་ཞིང་རྒྱས་པ། དེ་འཛིན་བྱེད་པོ་རྣམས་ཞབས་པད་བརྟན་པ། བསྟན་པ་བསྟན་འཛིན་དང་བཅས་པ་ལ་སྤྱི་ཞུའི་གུས་པ་

① (དེབ་དེའི་སྟོད་ཆ་པར་ངོས669)

ལྷུར་བཞེས་གོང་མ་བདག་པོ་ཆེན་པོའི་ཞབས་པད་བསྐལ་པ་ཁྲི་ཕྲག་གི་བར་དུ་བརྟན་ཅིང་། ཆབ་སྲིད་མངའ་ཐང་རྣམས་གོང་ནས་གོང་དུ་འཕེལ་བའི་ལྟོགས་བསྐོའི་རིམ་པ་ཡང་སྐན་ཞིང་འཛེབས་པའི་གསུང་གསང་མཐོན་པོས་མཛད་པ་ན། ཐམས་ཅད་ཀུང་དད་པའི་དབུ་བ་རྐོད་པའི་དགའ་བའི་ཡིད་མཆོ་གྱེན་དུ་འཕྱུར་བར་གྱུར། "① ཅེས་གསལ་བ་དེ་ལས་ལོ་རྒྱུས་ཀྱི་དོན་དངོས་དེ་གསལ་བཤད་བྱེད་ཀྱིན་ཡོད། ཟླ་དེའི་ཚེས་ཉེར་ལྔ་ཉིན་རྗེ་ཚོམས་ཆེན་དུ་རྒྱ་བོད་ཆེ་རྒྱུ་མཐའ་དག་ལ་གཞུང་ནས་གསོལ་སྟོན་མཛད་སྒོ་རྒྱ་ཆེ་བཤམས་པ་དང་། ཚེས་ཉེར་དྲུག་ཉིན་གོང་མའི་བཀས་མངགས་ཧར་ཆེན་ཆེང་ཕང་དང་། དགའ་ལྡན་ཐྲི་རེ་གེ་ཏོ་ཐོག་ཐུ་ཁྲི་རྒྱ་ནག་པ་སོགས་གསེར་ཁྲི་མངའ་གསོལ་གྱི་མཛད་སྒོར་ཞུགས་མཁན་རྣམས་ཕྱིར་ཕེབས་ཐོན་ཕྱག་ཏུ་འགྲོར་པར་སྡེ་ལེན་དང་། རྫོང་བ་གསོལ་རས། གསུང་མོལ། གོང་མར་འཚམས་ཞུ་བཅས་གནང་བའི་སྐོར་ཡང་ཞིབ་རྒྱས་སུ་འཁོད་འདུག

སྤྱི་ལོ1810ལོར་ལྕགས་རྟ་ལོར་རྗེ་ཕོ་བྲང་ཆེན་པོའི་གཟིམ་ཆུང་སོགས་ཁག་ཅིག་ལ་ཉམས་གསོ་མཛད་པར་མངོན་ཏེ་རྣམ་ཐར་ནང་" དེ་ཡང་རྒྱལ་བའི་དབང་པོ་ལྔ་པ་ཆེན་པོའི་ཐུགས་སྐྱེད་དང་རྣད་བྱུང་འཕྲིན་ལས་བཟང་པོ་ལས་སྡེ་སྲིད་རིམ་ཅན་གྱིས་ལེགས་པར་བསྒྲུབས་པའི་ཕོ་བྲང་ཆེན་པོ་མངོན་པར་མཐོ་བ། ལྷའི་དབང་པོའི་ཁང་བཟང་མི་ཡུལ་དུ་འཕོས་པ་འདྲ་བ་འདི་ཉིད་ཕྲག་བཏབ་ནས་ལོ་བརྒྱ་ཕྲག་དུ་མ་སོང་བའི་རྐྱེན་གྱིས་རིམ་བཞིན་གོགས་སྐྱོན་དུ་གྱུར་པར་བརྟེན། མཆོད་ཡོན་གཉིས་དགོངས་པ་གཅིག་ཏུ་གྱུར་པ་དང་། ལྕེ་བླ་མའི་

---

① （དད་པའི་ཡིད་འཕྲོག་ཤོག་གྲངས69）

ལུང་བསྟན་ལ་ཡང་ཞིག་གསོ་བྱེད་པར་སྐབས་སུ་བབས་པ་བཅས། རྒྱལ་བའི་དབང་པོའི་འཕྲིན་ལས་དགུང་དུ་འདེགས་པ་ལ་ཟླ་ན་མེད་པའི་ཐུགས་བསྐྱེད་ཀྱི་མཐུ་གྲུབ་པ་རྒྱལ་ཚབ་ནོ་མིན་ཧན་ཆེན་པོ་དང་། བཀའི་དགུང་བློན་ཆེན་པོ་བཞི། སྲི་ཁྲིབ་མཁན་པོ་སོགས་བཀའ་བགྲོས་ནས་ཞིག་གསོ་མཛད་པར་ཐུགས་ཐག་བཅད་དེ། འདི་འདྲའི་བྱ་བ་ལས་ཀྱི་འདུ་འགོད་སྒྲུབ་པ་ལ་འོས་སུ་གྱུར་པའི་བློ་གྲོས་ཅན་ཕགས་དཔོན་ཚང་རོང་པ་སྲི་ཁྲིབ་དང་། རྩེ་ཕྱག་མཛོད་དགའ་ལྡན་གླིང་པར་ཨར་དཔོན། བཟོ་རིག་པར་རྣམ་དཔྱོད་ཀྱི་འཕྲུལ་གཞན་ལས་ཕུལ་དུ་ཕྱིན་པ་འདོད་དཔལ་དོ་དམ་པ་ཞི་བ་ཚེ་རིང་བཅས་དོ་དམ་དུ་བསྐོ་བཞག་མཛད་ནས་ཞབས་བརྟན་ལྷ་ཁང་སྟེང་ཤོད། ཤར་རྒྱུད་སྐོར། གསོལ་ཐབ་སྟེང་ཤོད། ན་བཟའ་ཁང་སྟེང་ཤོད། གཟིམ་ཆུང་འགག་སོགས་ཀྱིས་མཚོན་ཕོ་བྲང་ཆེན་པོའི་ཤར་ནུབ། ལྷོ་བྱང་ཤིན་ཏུ་རྒྱ་ཆེ་བ་དང་། ཉེ་སྐོར་གྱི་གཞུང་ཁང་ཞིག་གསོ་དགོས་རིགས་ཆེ་ཕྲ་རྣམས་སྲ་ཞིང་བརྟན་པ་རི་རབ་ལྟ་བུ་ཇི་སྲིད་བསྐལ་པའི་བར་དུ་མི་འཛིག་སྐམ་པའི་གདེངས་དང་ལྡན་པ། བཟོ་བཀོད་ཕུན་སུམ་ཚོགས་པ་མིག་གི་བདུད་རྩིར་གྱུར་པ་འདི་རྣམས་རྒྱལ་བའི་དབང་པོའི་རྣམ་དཀར་འཕྲིན་ལས་དང་། བྱེ་བྲག་སྲི་ཁྲིབ་དོ་དམ་ཆེ་ཕྲ་སོགས་ཀྱི་ལྷག་བསམ་རྣམ་པར་དག་པའི་སེམས་སྐྱེད་དང་རྣམ་དཔྱོད་ཀྱི་རྩལ་ཕུན་སུམ་ཚོགས་པའི་འཕྲུལ་གྱིས་ཟླ་བ་དགུ་ལྷག་བཅས་ཀྱི་ཁོངས་སུ་ཚོགས་མེད་དུ་ལེགས་པར་གྲུབ་པ་བགྱིས་……”① ཞེས་འཁོད་པ་ལྟར་སྐབས་དེའི་ཉམས་གསོ་བྱ་ཡུལ་གཙོ་བོ་ཤར་རྒྱུད་ཕོ་བྲང་གི་ཁོངས་སུ་ཡིན་པར་མངོན་ནོ།

① （དད་པའི་ཡིད་འཕྲོག་ཤོག་གྲངས114）

2. རྒྱལ་ཚབ་རྟ་ཚག་གཟིགས་ཚབ་དེ་མོར་ཕྲིད་སྐྱོང་བསྐོས་པ་དང་། ད྄་ལའི་བླ་མ་དགུ་པ་སྐུ་ན་ཕྲ་མོར་སྐུ་གཤེགས་པ།

ཕོ་བྲང་ཉམས་གསོ་གནང་ནས་རིང་པོར་མ་ལོན་པར་རྒྱལ་ཚབ་རྟ་ཚག་ནོ་མིན་ཧན་བསྟན་པའི་མགོན་པོ་མཆོག་བསྟུན་གཞིས་རྐྱེན་པས་ཕྱི་ལོ1810བོད་ལུགས་རྟ་ལོའི་ཟླ་བ་བཅུ་གཉིས་པའི་ཚེས་སུམ་ཅུ་ཉིན་ལྷ་བྲང་ཀུན་བདེ་གླིང་དུ་སྐུ་གཤེགས་པ་དང་། དེ་འཕྲལ་གོང་མར་སྙན་སེང་ཞུས་དོན་ཕྱི་ལོ1811བོད་ལུགས་ལུག་ལོའི་ཟླ་བ་གསུམ་པར་བཀའ་ལན་ཕེབས་པ་ལྟར་ཡོངས་འཛིན་དེ་མོ་ཧོ་ཐོག་ཐུ་ཐུབ་བསྟན་འཇིགས་མེད་རྒྱ་མཚོར་སྲིད་སྐྱོང་བསྐོ་བཞག་གནང་འདུག འོན་ཀྱང་“བོད་ཀྱི་སྲིད་དོན་རྒྱལ་རབས”ཟེར་བའི་ནང་། དེ་སྐོར“……བཀའ་ཤག་དང་། གདན་སའི་སློབ་དཔོན་ལས་ཟུར། གཞུང་ཞབས་སེར་སྐྱ་སྤྱི་མཐུན་ཐོག་ནས། དེ་མོ་ཨེར་ཏེ་ནི་ནོ་མིན་ཧན་ཐུབ་བསྟན་འཇིགས་མེད་རྒྱལ་ཚབ་ཀྱི་ཁྲིར་བསྐོ་བཞག་ཞུས།”①ཞེས་བྲིས་འདུག འདི་སྐོར་དེ་མོ་སྲིད་སྐྱོང་རང་ཉིད་ཀྱིས་རྩོམ་སྒྲིག་གནང་བའི་ད྄་ལའི་དགུ་པའི་རྣམ་ཐར་ནང་འདི་ལྟར་གསུངས་ཏེ། ལུགས་ལུག“ཟླ་བ་གསུམ་པའི་ཚེས་བཅུ་དྲུག་གཟའ་སྐར་འཕྲོད་སྦྱོར་ཕུན་སུམ་ཚོགས་པའི་ཉིན། གོང་མ་ཆེས་ཀྱི་རྒྱལ་པོ་ནས་ཁོ་བོ་ཅག་ལ་རྒྱལ་བའི་འཕྲིན་ལས་གྱེན་དུ་འདེགས་པའི་ཁུར་གྱིས་ལྟེ་བའི་སྲིད་སྐྱོང་གི་བྱེད་པོར་དབང་བསྐུར་གཟེངས་སུ་བསྟོད་པའི་བཀའ་ཡིག་ཕེབས་པར། དཀར་སྦྲ། ཞལ་བསྐྱོའི་ཐོག བཀའ་ཡིག་གི་དགོངས་དོན་བསྒྲགས། ལས་དོན་གྱི་ཐམ་ག་བསྟུལ་ནས་རྒྱལ་དབང་མཆོག་དང་། ཡོངས་འཛིན་རྒྱལ་

① (དེབ་དེའི་པར་ངོས673)

གྲུས་རྡོ་རྗེ་འཆང་། ཞབས་པད་རྣམ་པ། སྤྱི་ཁྱབ་མཁན་པོ་བཅས་ཆེ་དགུ་ཐམས་ཅད་ཀྱིས་ཁོ་བོ་ཅག་ལ་ལེགས་སྐྱེས་ཀྱི་ཁ་བཏགས་གནང་།”①ཞེས་གསལ་བ་མ་ཟད། སྲིད་གཞུང་གི་རྩ་འཛིན་ཐམ་དེབ་ནང་དུའང་། “རྟ་ཚག་རིན་པོ་ཆེ་གཤེགས་ཚབ་ཐད་བོད་སྤྱིའི་ཞུ་མོས་བཞིན་གསེར་སྣན་སྒྲོན་པའི་བཀའ་ཡིག་དགོངས་དོན། ཡོངས་འཛིན་དེ་མོ་བློ་བཟང་ཐུབ་བསྟན་འཇིགས་མེད་རྒྱ་མཚོར་བསྐོ་བཞག་བསྐུལ་གཤིས། སྲིད་སྐྱོང་རིམ་པའི་དངུལ་ཐམ་ཆེན་མོ་དང་། དེ་མོ་སྐུ་གོང་མའི་རྒྱ་དམ། སེལ་དམ། རྟགས་ཐམ་དང་བཅས་ཏཱ་ཆེན་ཁྲི་བཞུགས་བཅུ་དྲུག་པ་ལྷུགས་ལུག་ཟླ་བ་གསུམ་པའི་ཚེས་བཅུ་བདུན་ཉིན་དེ་མོ་རིན་པོ་ཆེར་རྗེས་འབུལ་གནང་བས་དེ་ཉིན་ནས་བཟུང་ལུང་བསྒྱུར་བསྐྱངས། ཁྲི་ཐེབས་ཟླ་བ་བཞི་པའི་ཚེས་བཅུ་གཅིག་ལ་མཛད་ཅིང་། རྒྱ་ཐམ་གོང་གསལ་ལ་ཐོད་དུ་ཕ་རྟུའི་ཛ་རྟགས་གསར་བཀོས་ཀྱིས་བསྐུལ། ལོ་དེ་གར་གསེར་སྣན་སྒྲོན་འབྲེལ་ཨེརྟ་ནེ་ནོ་མིན་ཧན་གྱི་ཚོ་ལོའི་བཀའ་ཤོག་ཕེབས།”②ཞེས་གསལ་ཐག་ཆོད་འཁོད་ཡོད། དེ་མོ་སྲིད་སྐྱོང་གི་ཁྲིར་ཕེབས་རྗེས་གཞུང་བསམ་ལྷད་མེད་ཀྱི་མཛད་པ་སྐྱོང་བཞིན་ཡོད་པར་སྣང་སྟེ། རྣམ་ཐར་ནང་“འདི་སྐབས་ཁོ་བོ་ཅག་ལ་སྲིད་སྐྱོང་གི་ཁུར་བབས་པར། རྒྱལ་དབང་མཆོག་ལ་རང་ཉིད་ནས། རྗེ་བླ་མ་ཉིད་གདུལ་བྱའི་སྣང་ངོར་གསན་བསམ་གྱི་ཚུལ་བཞེས་མ་གྲུབ་བར་ཆོས་ཀྱི་འཕྲིན་ལས་ཀྱི་ཞབས་འདེགས་ཞུས། དེ་ནས་ཞབས་བརྟན་འབབ་ཞིག་བསྒྲུབས་ཏེ་སྙིང་ལས་ཆུང་ངུར་སྡོད་པ་ལས། སྲིད་ཀྱི་ལས་འདི་ལྟ་བུར་འཇུག་

① （དད་པའི་ཡིད་འཕྲོག་ཤིང་པར་ཤོག་གྲངས123）

② （དེབ་ཐེར་ཞོང་བའི་དམིགས་བུ་ཤོག་གྲངས22）

མ་དགོས་པ་ཞིག་གི་འདུན་པ་མཆིས་ཀྱང་། སྔོན་གྱི་ལས་ཀྱིས་འདས་ཤིང་། འཕྲུལ་གྱི་རྐྱེན་འཛམ་དབྱངས་གོང་མའི་བཀའ་ལུང་བཙན་པོས་ཟིན་པས་བྱ་ཐབས་བྲལ་བས། དགའ་ལྡན་ཕོ་བྲང་པའི་ཆོས་སྲིད་སངས་རྒྱས་བསྟན་པའི་རྩ་ལག་ཏུ་གྱུར་པ་འདི་ཉིད་ཉམས་པ་མེད་པར་གོང་རྒྱས་སུ་འགྱུར་རེས་མཆོད་ཡོན་གྱི་ཞབས་འདེགས་བསམ་པ་རྩ་མེད་པའི་སྒོ་ནས་ཞུ་རྒྱུར། ཕོ་བོ་ཅག་ནས་བློ་ལྷག་གིས་ཆོས་གཞིས་གསར་ཚོད་དང་། སྐྱེར་གྱི་ཟླ་གྲས་དྲུང་འཁོར་རྣམས་ལ་གཞུང་གི་རྫོང་གཞིས་དགོན་སྡེ་ཆེ་ཆུང་སོགས་ཐབ་འཛིན་དུ་གཏན་ནས་ཞུ་རྒྱུ་མིན་ཅིང་། རྒྱལ་དབང་གོང་མས་ངེད་ཀྱི་ཛ་སག་བླ་མའི་ཐབ་འཛིན་དུ་རྟ་དབང་གཉེར་པ་བསྐུལ་འདུག་པ་དེ་ཡང་ཕྱིར་འབུལ་ཞུ་བ་དང་། རྒྱལ་དབང་མཆོག་དང་ལྷན་རྒྱས་སུ་ངོས་ལ་དངོས་འབུལ་བྱུང་རིགས་ཀྱང་གཞུང་ཕྱག་མཛོད་དུ་འབུལ་བ་ལས་སྐྱེར་བདག་བྱེད་རྒྱུ་མིན་པས་བགྱིད་སྒོ་གང་ཅི་གཞུང་བསྟན་སྲིད་ཡར་རྒྱས་དང་། མངའ་འབངས་བདེ་ལ་འགོད་ཐབས་སོགས་གོང་མ་མཆོད་ཡོན་གྱི་དགོངས་བཞེད་བསྐྱོང་ནུས་པ་ཞིག་བྱུང་ན་ཅི་མ་རུང་སྙམ་པ་སྙིང་ཐག་པ་ནས་མཆིས་ན། སྐྱབས་འཇུག་རྒྱུན་འཁྱོངས་ཐུགས་རྗེས་གཟིགས་པ་མཁྱེན་མཁྱེན་ཞེས་གསོལ་……”①ཅེས་གསལ་བ་དེ་ལས་སྲིད་སྐྱོང་གི་བླ་བྲང་ཁག་དང་གཞུང་སའི་བར་གྱི་དཔལ་འབྱོར་འབྲེལ་བའི་ཐད་གནད་དོན་ཆགས་ས་གསལ་ཙམ་མཐོང་ཐུབ་པས་འདིར་དྲངས་པ་ཡིན།

དེ་སྔ་ལྷ་སའི་ཚེ་སྨོན་གླིང་གྲྭ་ཚང་འདི་ལ། ཐུབ་བསྟན་ཆོས་འཁོར་གླིང་ཞེས་འབོད་ཀྱི་ཡོད་འདུག་ཏེ། རྣམ་ཐར་ནང་། སྤྱི་ལོ1812བོད་ཆུ་སྤྲེ་ལོའི་

① （དད་པའི་ཡིད་འཕྲོག་ཤོག་གྲངས123－124）

"བླ་བ་དང་པོར་ཐུབ་བསྟན་ཆོས་འཁོར་གླིང་དུ་གོང་མ་ཆེན་པོ་ནས། ཚེ་སྨོན་གླིང་ཞེས་པའི་པན་ཕེབས་པའི་ལེགས་འབུལ་ཞུ་བར་སྤྲུལ་པའི་སྐུ་སྐུ་འཁོར་རྣམས་……སོགས་ལ་ཕྱག་ཕྱིན་བསྐུལ།"①ཅེས་འཁོད་འདུག

ལོ་འདིར་གཞུང་ས་ནས་ལྷ་ལྡན་གཙུག་ལག་ཁང་གི་ཁོར་ཡུག་ཏུ་རྟོན་བཞེངས་གསེར་ཟངས་ཀྱི་བྱ་འདབ་དང་། སྟེང་ཐོག་གི་ཕྱོགས་བཞིའི་རྒྱ་ཕིབས་སོགས་ཀྱི་ཤིང་ཆ་རུལ་སྐྱོན་གྱུར་རིགས་གསར་བཟོ་དང་། གསེར་ཟངས་རལ་རྡོལ་རིགས་ལ་ཉམས་གསོ་བཅས་གནང་འདུག

སྤྱི་ལོ1813ཐོད་ཆུ་བྱ་ལོའི་ཟླ་བ་དགུ་པའི་ནང་། པཎ་ཆེན་བསྟན་པའི་ཉི་མ་མཆོག་གཙང་ནས་གདན་ཞུ་དང་འབྲེལ་ཆོས་ཉེར་གཉིས་སྟོན་པ་ལྷ་ལས་བབས་པའི་དུས་ཆེན་གཟའ་སྐར་འཕྲོད་སྦྱོར་བཟང་བའི་ཉིན། ལྷ་ལྡན་གཙུག་ལག་ཁང་གི་རྟེན་གཙོ་ཇོ་བོ་ཤཱཀྱ་མུ་ནེའི་སྤྱན་སྔར་པཎ་ཆེན་སྐུ་ཕྲེང་བདུན་པ་མཆོག་ནས་མཁན་པོ་དང་། ཁྲི་ཆེན་ངག་དབང་སྣན་གྲགས་པས་སློབ་དཔོན། ཤར་པ་ཆོས་རྗེ་བྱང་ཆུབ་ཆོས་འཕེལ་བས་ཐོབ་དུས་གསན་པ་བཅས་མཛད་ཅིང་། ཚེ་སྨོན་གླིང་སྤྲུལ་སྐུ་ངག་དབང་འཇམ་དཔལ་ཚུལ་ཁྲིམས་དང་། ཚེ་མཆོག་གླིང་སྤྲུལ་སྐུ་འཇམ་དཔལ་ཡེ་ཤེས་བསྟན་པའི་རྒྱལ་མཚན། ཕུར་ལྕོག་སྤྲུལ་སྐུ་བློ་བཟང་བྱམས་པའི་དཔལ། སྒྲུབ་ཁང་སྤྲུལ་སྐུ་བློ་བཟང་དགེ་ལེགས་རྒྱལ་མཚན་ལ་སོགས་པ་དང་དད་པའི་དགེ་འདུན་བཅུ་ཕྲག་ལྷག་པའི་དབུས་སུ། མཆོག་སྤྲུལ་རིན་པོ་ཆེ་མཆོག་གིས་དགེ་ཚུལ་གྱི་སྡོམ་པ་རྣམ་པར་དག་པ་བཞེས་ཏེ་ངུར་སྨྲིག་རྒྱལ་མཚན་སྒྲེང་བ་རྣམས་ཀྱི་གཙུག་རྒྱན་དུ་གྱུར་པའི་མཛད་སྒོ་རྣམས་གཟབ

① （དད་པའི་ཡིད་འཕྲོག་ཤོག་གྲངས128）

རྒྱས་ཕུན་སུམ་ཚོགས་པ་སྒྲུབ་པར་མཛད་དོ།

ཡུ་ཧྲན་ཀྲང་གིས་བསྒྲིགས་པའི་དེབ་དེའི་ནང་། "1811ལོའི་ཟླ་བ་བཅུ་པར་རྒྱ་གར་གྱི་ཙུང་ཏུའུ་མིང་ཏུའོ་ཡིས་མན་ཉིང་བོད་ལྗོངས་སུ་བཏང་ཡོང་བ་རེད། མན་ཉིང་ཏཱ་ལའི་བླ་མ་སྐུ་ཕྲེང་དགུ་པ་ལུང་རྟོགས་རྒྱ་མཚོར་མཇལ་ཁ་ཞུ་བར་བཅར་སྐྱོང་བའི་གནས་ཚུལ་དེའི་སྐོར། ཧྲུང་ཧོ་ཕུན་གྱིས་བརྩམས་པའི་《དབྱིན་ཇིས་བོད་ལ་བཙན་འཛུལ་བྱས་པའི་ལོ་རྒྱུས》ཞེས་པ་དེའི་ནང་དུ་གཤམ་གསལ་གྱི་དུམ་བུ་འདི་བཀོད་ཡོད་པ་རེད། 1811ལོའི་ཟླ་བ་བཅུ་གཉིས་པའི་ཚེས་བཅུ་བདུན་ཉིན། མན་ཉིང་པོ་ཏ་ལའི་ཕོ་བྲང་ནང་དུ་ཏཱ་ལའི་བླ་མར་མཇལ་ཁ་ཞུ་བར་བཅར་སྐབས། ཐེར་མ་ཡུག་འགའ་ཞིག་དང་། དཀར་ཡོལ་གྱི་བུམ་པ་ཆ་གཉིས། ངོམ་བཟོ་སྟོན་ཆེད་ཟངས་ལས་གྲུབ་པའི་ཡང་ལྷ་ཡི་སྟེགས་རྩེ་དྲ་གཙང་མར་ཕྱིས་པ་ཆ་གཅིག་གི་སྟེང་དུ་ཡང་ལྷ་བཞུགས་པ་བཅས་མཇལ་རྟེན་དུ་ཕུལ་ཡོད། གཞན་ཡང་འོད་འཕྲོ་བའི་དངུལ་སྐོར་སུམ་ཅུ་ཐམ་པ་དང་ཞིན་སྐོར་ཡང་གྲངས་དེ་དང་འདྲ་བ་ཞིག་ཕྱིར་ཡོད་པའི་ཐོག སེ་སྨི་ཧི་ཆུ་དྲི་མ་ཞིམ་པོ་ལྡད་མེད་པ་ཤེལ་དམ་ཁ་ཤས་དང་། ནན་ཅེན་གྱི་ཇ་འཐོར་ཆེན་ཞིག་ཀྱང་ཕྱིར་ཡོད་པ་རེད། ཇ་དེ་རིགས་ལྷ་སར་དཀོན་པའི་དངོས་པོ་རྩ་ཆེན་པོ་ཞིག་ཡིན་པས་ལས་སླ་པོར་འཐོབ་མི་ཐུབ་པ་ཞིག་རེད། དེ་ནས་ཁང་པ་ཆེན་པོ་ཞིག་གི་ནང་དུ་འཁྱོར་འཕྲུལ་གྲུས་ལུགས་ལྟར་ཏཱ་ལའི་བླ་མར་ཕྱག་ཐེངས་གསུམ་བཙལ་ཞིང་། སློན་ཆེན〔སྲིད་སྐྱོང〕ལའང་ཕྱག་ཐེངས་གཅིག་བཙལ་བ་རེད། ཁོས་ཕྱག་འཚལ་སྐབས་སྐུ་འཁོར་ལྷུགས་རྟགས་ཚ་པོ་ཞིག་གིས་ཆུ་དྲི་མ་ཞིམ་པོའི་ཤེལ་དམ་གྱི་ཁ་ཕྱེ་ནས་ཆུ་དྲི་མ་ཞིམ་པོ་ཕྱིར་ཐོན་དུ་བསྒྲུག་པ་རེད། ཁོས་ཏཱ་ལའི་བླ་མར་འབུལ་ཚན་ཕུལ་རྗེས་ཞྭ་མོ་ཕུད་ནས་སྤྱི་བོར་ཕྱག་དབང་

ཞུས་པ་རེད། དེ་ལྟར་གྲུས་ལུགས་ཚར་རྗེས་ཧྥ་ལའི་བླ་མའི་བཞུགས་ཁྲིའི་མཁྲིས་སུ་ཡོད་པའི་འཐོལ་གདན་སྟེང་དུ་བསྡད་ནས་ཇ་འཐུང་བ་རེད། འོན་ཀྱང་ཧྥ་ལའི་བླ་མའི་རྣམ་པ་དང་ཉམས་འགྱུར་ཡིད་དུ་འོང་ཞིང་སྒྲོ་སྣང་ལྡན་པ་དེས་ཁོའི་ཡིད་དབང་རབ་ཏུ་ཕྲོགས་ཏེ་སེམས་ལ་ཧྥ་ལའི་བླ་མའི་རྣམ་པ་ཡིད་དུ་འོང་བ་འདི་ལྟ་བུ་ནི་སྙན་ངག་གི་བརྗོད་བྱ་ལྡན་པ་ཞིག་རེད་བསམས་ཡོད་པ་རེད། སྐབས་དེར་ཧྥ་ལའི་བླ་མ་དགུང་ལོ་བདུན་ཙམ་དུ་ཕེབས་ཡོད་པ་རེད། ཁོང་སློབ་གསོ་ཡག་པོ་ཐོབ་པ་ཞིག་དང་རིགས་བརྒྱུད་བཟང་པོའི་བྱིས་པའི་ཡ་རབས་ཀྱི་སྤྱོད་ཚུལ་ལྷད་མེད་ལྡན་པ་ཞིག་ཡིན་ཅིང་། ལྷག་པར་དུ་ཁོང་གིས་མན་ཉིད་ལ་ཅེ་རེར་གཟིགས་དུས་ཐུགས་ལ་མཚར་སྣང་ཞིག་འཁྲུངས་ཏེ་བཞད་རྒྱངས་ཤོར་ལ་ཁད་བྱུང་བ་དེ་བཞད་ཆུང་ཞིག་ཏུ་གྱུར་ཡོད་པ་རེད། མན་ཉིད་གིས་ཁོང་བཞད་མོ་ཤོར་བ་བཟོ་མཁན་ནི་རང་གི་ཨ་ར་སྐྱ་པོ་འདི་དང་མིག་ཤེལ་འདི་ཡིན་པར་ཐེ་ཚོམ་མེད་ཅེས་ཐད་ཀར་ཐོ་བཀོད་ཡོད་པ་རེད། སྐུ་ན་ཕྲ་བའི་ཧྥ་ལའི་བླ་མ་དེས་མན་ཉིད་ལ་བཀའ་མོལ་ཚིག་ཁ་ཤས་གསུངས་དུས་བོད་སྐད་ཐོག་ནས་ཀྲུང་གོའི་སྐད་སྒྱུར་ལ་གསུངས། སྐད་སྒྱུར་དེས་རྒྱ་སྐད་ཐོག་ནས་མན་ཉིད་གི་ཀྲུང་གོའི་དྲུང་ཡིག་ལ་བཤད། དྲུང་ཡིག་དེས་ལ་ཧྲིང་གི་སྐད་ཐོག་ནས་མན་ཉིད་ལ་བཤད་པ་རེད། མན་ཉིད་གིས་རང་ཉིད་ཀྱིས་ཐོ་བཀོད་པ་དེའི་ནང་དུ། ད་རེས་ཧྥ་ལའི་བླ་མ་མཇལ་བ་དེས་རང་ཉིད་ལ་སེམས་འགུལ་ཧ་ཅང་ཆེན་པོ་ཞིག་ཐེབས་བྱུང་། ཚོར་སྣང་ཡ་མཚན་ཅན་ཞིག་གིས་ཏོག་ཙམ་མ་གཏོགས་མིག་ཆུ་ཤོར་བ་ཞིག་བཟོས་བྱུང་ཞེས་བྲིས་ཡོད་པ་རེད། ”① ཅེས་གསལ་བ་དེ་ནི་

① （དེབ་དེའི་བོད་ཡིག་པར་ངོས189－191）

དབྱིན་ཇི་བཙན་རྒྱལ་རིང་ལུགས་པས་བོད་དུ་བཙན་འཛུལ་བྱ་རྩིས་ཀྱི་ཐོག་མའི་ཉང་ཞིབ་བྱེད་འགོ་བཙུགས་པ་ཞིག་ཡིན་པར་སྣང་། གཞན་ཡང་སྐབས་དེའི་ཡས་མས་སུ་བོད་ཀྱི་མཐའ་མཚམས་རྒྱལ་ཁབ་གོར་ཁ་དང་འབྲས་ལྗོངས་སོགས་སུ་ནང་འཁྲུག་དང་། གོར་འབྲས་དབར་འཁྲུག་རྩོད་རིམ་བྱུང་སྐོར་དང་གོར་འབྲས་སོ་སོས་བོད་བཞུགས་ཨམ་བན་ལ་རྒྱབ་སྐྱོར་གནང་རོགས་ཞེས་པའི་ཞུ་ཡིག་རིམ་འབྱོར་ལ་བདག་གཉེར་ཁ་ཡ་མ་བྱས་པར་བརྟེན་མཐར་གོར་ཁ་དང་འབྲས་ལྗོངས་གཉིས་ཀ་དབྱིན་ཇིའི་ཕྱོགས་སུ་ཁ་བལྟ་དགོས་བྱུང་རྐྱེན། རྗེས་སུ་དབྱིན་ཇི་བཙན་རྒྱལ་རིང་ལུགས་པས་བཙན་འཛུལ་རྒྱ་སྐྱེད་བྱེད་ཐུབ་པའི་གོ་སྐབས་བྱུང་བའི་སྐོར་དེབ་དེའི་ནང་ཞིབ་འགོད་གནང་འདུག་ཀྱང་ཡིག་ཚགས་ཆེ་ཪོགས་འདིར་མ་སྤྲོས། གོང་གསལ་གནས་ཚུལ་དེ་དག་གི་ཐོག་ནས་གཏན་འབེབས་སྒྲིག་སྲོལ་གྱི་འབྲུ་དོན་ལྟར་བོད་ཀྱི་ཕྱི་འབྲེལ་ལས་དོན་རྣམས་གོང་མའི་སྲིད་གཞུང་དང་། བོད་སྡོད་ཨམ་བན་ནས་བྱེད་ཀྱི་ཡོད་པ་གསལ་མཐོང་ལྟར་རྣམ་ཐར་སོགས་ཀྱི་ནང་དུའང་ཕྱི་ཕྱོགས་ནས་སྲིད་དོན་དང་འབྲེལ་བའི་ཞུ་ཡིག་འགྱུར་ཚུལ་རིགས་འཁོད་པ་མ་མཐོང་།

སྤྱི་ལོ1814བོད་ཤིང་ཁྱི་ལོར། དེ་སྔ་ཆུ་གླང་ལོ་གཏན་འབེབས་བྱས་པའི་སྒྲིག་སྲོལ་དོན་ཚན་ཉེ་ཤུ་རྩ་དགུའི་ནང་གསེས་དོན་ཚན་ཉེར་གཉིས་པར་"དགོན་ཁག་ཆེ་ཆུང་གི་བླ་མ་དང་གྲྭ་པའི་ཁ་གྲངས་མིང་ཐོ་སོགས་ཞིབ་བཀོད"དགོས་རྒྱུ་གསལ་བ་ལྟར་བོད་དང་ཁམས་སོག་བཅས་ཀྱི་བླ་སྤྲུལ་རྣམས་ལ་ཐོ་དེབ་རིམ་འགོད་བྱས་པར་ལོ་འདིའི་ནང་བསྐྱར་ཞིབ་དང་འབྲེལ་ཨམ་བན་རྒྱ་དེབ་དང་ཞུས་དག་འཕེར་བའི་དེབ་གཞི་གསར་འགོད་བྱས་འདུག་པའི་ཞལ་བཀྲུས་ཤིག་ལག་སོན་བྱུང་བ་དེའི་ཁ་བྱང་ལ།

“བོད་དང་བར་ཁམས་རྒྱ་སོག་བཅས་ཀྱི་བླ་སྤྲུལ་རྣམས་ཀྱི་སྐྱེ་ཕྲེང་གི་དེབ་གཞུང་དག།”ཞེས་དང་། འགོ་བརྗོད་ལ། “ཞིང་ཁྲི། བོད་བཞུགས་ཏུ་ཞང་ཨམ་བན་ལྷན་རྒྱུན་ནས་བཀའ་ཕེབས་དོན། ཏཱ་ལའི་བླ་མ་རིན་པོ་ཆེའི་ཆ་ཞབས་སུ་བླ་མ་སྤྲུལ་སྐུ་ཕེབས་མི་རྣམས་ཀྱི་སྐྱེ་ཕྲེང་རིམ་བྱོན་རིགས་ནས་སྐྱེ་ཐོག་ཇི་ཙམ་སོང་དང་། སོ་སོའི་སྐྱེ་ཡུལ། མིང་། ལོ་གྲངས་བཅས་ཐོ་དེབ་སྟོན་ཡོད་ནས་བསྐུར་ཞིབ་ཀྱིས་རྒྱ་དེབ་དང་ཞུས་དག་འགྲོ་བའི་དེབ་བཀོད་པར།” ཞེས་འཁོད་འདུག་པའི་ནང་བྱོན་བསྡོམས་བླ་སྤྲུལ་ཆེ་ཆུང་བརྒྱ་དང་དྲུག་ཅུ་རེ་བདུན་གྱི་མཚན་གསལ་བ་མ་ཟད། རྒྱ་སོག་ཁུལ་གྱི་བླ་སྤྲུལ་སུམ་ཅུ་སོ་གསུམ་ཕུད། བོད་དང་ཁམས་ཁུལ་གྱི་བླ་མ་བརྒྱ་དང་སུམ་ཅུ་སོ་བཞི་རེ་རེ་བཞིན་སོ་སོའི་སྐྱེ་ཕྲེང་དང་པོ་ནས་དུས་སྐབས་དེའི་དངོས་བཞུགས་སྤྲུལ་སྐུའི་བར་གྱི་མཚན་དང་། འཁྲུངས་ཡུལ། གཤེགས་དུས་ཀྱི་དགུང་གྲངས་བཅས་ཚང་མ་འཁོད་འདུག་པ་ཡིག་ཚོགས་ཆེ་བས་འདིར་ཡོངས་རྫོགས་བརྗོད་ཀྱིས་མི་ལང་ཡང་། དཔེ་མཚོན་གཅིག་རང་བཀོད་ན། “དེ་མོ་རིན་པོ་ཆེའི་སྐྱེ་ཕྲེང་ནི། གདན་ས་རིམ་བྱོན་གྱི་ཐོག་མ་སྤྲུལ་སྐུ་དཀོན་མཆོག་འབྱུང་གནས། མདོ་སྟོད་ཕྱིག་ཞེས་པར་འཁྲུངས། དགུང་ལོ་བརྒྱད་ཅུ་པར་གཤེགས། དེའི་སྤྲུལ་སྐུ་དཔལ་འབྱོར་བཀྲ་ཤིས། གོང་པོ་སདཀར་ཆོས་ཁང་དུ་འཁྲུངས། དགུང་ལོ་དོན་གསུམ་པར་གཤེགས། དེའི་སྤྲུལ་སྐུ་ ལྷ་ དབང་ ཕྱོགས་ ལས་ རྣམ་ རྒྱལ། གོང་ པོ་ གཉའ་ ཁྲི་ གྲོང་ ཆེན་ དུ་འཁྲུངས། དགུང་ལོ་དགུ་བཅུ་གོ་དྲུག་པར་གཤེགས། དེའི་སྤྲུལ་སྐུ་ལྷ་དབང་བསྟན་པའི་རྒྱལ་མཚན། གོང་པོ་བྲག་ཅེ་(ཕྱི་)ཡུལ་སྨད་དུ་འཁྲུངས། དགུང་ལོ་ཞེ་དྲུག་པར་གཤེགས། དེའི་སྤྲུལ་སྐུ་ངག་དབང་ནམ་མཁའ་འཇམ་དབྱངས། གོང་པོ་བྲག་བརྒྱ་གྲོང་དུ་འཁྲུངས། དགུང་ལོ་རེ་གསུམ་པར་གཤེགས། དེའི་

སྤྲུལ་སྐུ་ངག་དབང་འཇམ་དཔལ་བདེ་ལེགས་རྒྱ་མཚོ། ཀོང་པོ་བུ་ཆུ་ལྷ་ཁང་གི་
གྲོང་མལ་དུ་འཁྲུངས། རྗེ་བཙུན་ཐམས་ཅད་མཁྱེན་པ་བློ་བཟང་བསྐལ་བཟང་
རྒྱ་མཚོ་དེ་ཉིད་རེ་ཞིག་དག་ཞིང་དུ་ཕེབས་སྐབས། འཇམ་དབྱངས་གོང་མ་ཆེན་
པོས་རྗེ་ཐམས་ཅད་མཁྱེན་པའི་རྒྱལ་ཚབ་ཏུ་མངའ་གསོལ། ཞྭ་སེར་བསྟན་པ་
འཛིན་བྱེད་དཔལ་ལྡན་ནོ་མིན་ཧན་ཞེས་པའི་ཆོ་ལོ་དང་། སྣར་ཡང་བོད་ཀྱི་
ལས་དོན་འཁྱུར་འཛིན་ཞྭ་སེར་བསྟན་པ་འཛིན་བྱེད་དཔལ་ལྡན་ནོ་མིན་ཧན་གྱི་
ཐམ་ག་བསྩལ། གཟིངས་བསྐྱོད་བདག་རྐྱེན་མངོན་པར་ཕྱི་བ་བསྩལ། དགུང་
ལོ་ང་ལྔ་པར་གཤེགས། གོང་མ་ཆེན་པོ་ནས་དགེ་ཚོགས་སྒྲུབ་ཐེབས་དངུལ་སྲང་
ཆིག་སྟོང་དང་། གདུང་ཁང་ལ་འདོགས་རྒྱུ་ནང་མཇོད་འདོམ་བཞི་མ། མགུལ་
དུ་བཞེས་པའི་གཡུ་ཕྲེང་དང་བཅས་བཀའ་དྲིན་ཆེན་པོས་བསྩལ། དེའི་སྐུ་སྐྱེ་བློ་
བཟང་འཇམ་དབྱངས་དཔལ་འབྱོར་དོན་གྲུབ་རྒྱ་མཚོ་ཆབ་མདོ་བྱམས་པ་གླིང་
གི་ཉེ་འདབས་ས་སྔང་དུ་འཁྲུངས། ས་འབྲུག་ཐུ་ཆེན་ཁྲི་བཞུགས་བཙུ་དྲུག་པའི་
ནང་། རྒྱལ་ཚབ་ཧ་ཚག་ནོ་མིན་ཧན་གཤེགས་པའི་ཚབ་བོད་ཀྱི་ལས་དོན་འགོ་
ཆིངས་སུ་བསྐོ་བཞག་དང་། ནོ་མིན་ཧན་གྱི་ཆོ་ལོ་དང་ཐམ་ག་བཅས་བསྩལ་བ་
དགུང་ལོ་ཞེ་གཉིས་པ་ས་ཡོས་ཟླ་བ་གསུམ་པའི་ཚེས་གསུམ་ཉིན་ཞིང་དུ་
གཤེགས།”①ཞེས་གསལ་བ་ལྟ་བུ་དང་། དེབ་དེའི་ནང་ཧོ་ཐོག་ཐུ་སོགས་བླ་
སྤྲུལ་ཆེ་ཁག་རྣམས་གོང་མར་སྙན་སྒྲོན་ཞུ་དགོས་པ་དང་། བླ་མ་ཆུང་འབྲིང་
རིགས་རྒྱུ་དེབ་ཏུ་གསལ་ཡང་། གོང་མའི་གསེར་སྙན་དུ་མི་འགྲོ་བའི་གྲས་རེ་རེ་

---

① （བོད་དང་བར་ཁམས་རྒྱ་སོག་བཅས་ཀྱི་བླ་སྤྲུལ་རྣམས་ཀྱི་སྐྱེ་ཕྲེང་གི་དེབ་གཞུང་ཤོག་གྲངས་1）

བཞིན་མཆན་འགོད་ཀྱང་བྱས་འདུག་པ་མ་ཟད། ལྷག་པར་ཆུ་གླང་སྒྲིག་སྲོལ་གཏན་འབེབས་ཚུན་གྱི་ཡང་སྲིད་ངོས་འཛིན་ཞུས་རིགས་ཚང་མ་གསེར་བུམ་དཀྲུག་འདོན་བྱས་པའི་འོས་སྐྱུལ་ཁག་སོ་སོའི་སྐྱེ་མིང་དང་། གསེར་བུམ་དཀྲུག་པའི་ལོ་དུས་ཟླ་ཚེས། སུ་ཞིག་ཐོན་དང་དེ་ལ་མཚན་གང་གནང་སོགས་ཚང་མ་གསལ་འགོད་བྱས་འདུག་གོ།

རྣམ་ཐར་ནང་སྤྱི་ལོ1815ཐོད་ཤིང་ཕག་ལོའི་"ཟླ་བ་བདུན་པའི་ནང་ལ་བཀའ་བློན་གཡུ་ཐོག་དང་། ཐོན་སྲས་ཛ་སག ཊེས་དཔོན་རི་ཟུར། ལྕགས་གྲོང་སྤྱི་ཁང་པ་སོགས་གཉའ་སྐྱིད་ས་མཚམས་ཞོད་འཛུགས་ཆེད་གོར་དམག་བཟློག་པར་བཏོང་བདའ་གནང་།" ཞེས་དང་། "བསམ་ཁང་གོང་ཡེ་ཨམ་པ་དང་། བསམ་ཕོའི་བཀའ་བློན་གུང་བཀྲས་ལྷུན་ཕྱོགས་ཉང་གདོན་ས་བསྐོར་དུ་ཐོན་ཕྱག་དང་། ཀུན་གཟིགས་པཎ་ཆེན་རིན་པོ་ཆེར་འཚམས་འདྲི་བཀའ་རྒྱ་གནང་།"①ཞེས་པ་ཙམ་ལས་ཞིབ་པ་མ་གསལ་ཡང་དེ་ནི་ཡུ་ཧྲན་ཀྲང་གིས་བརྩམས་དེབ་ནང་། "དབྱིན་ཇིས་འབྲས་ལྗོངས་ལ་རོགས་རམ་གྱིས་གོར་ཁའི་མངའ་ཁོངས་ས་ཆ་འཕྲོག་པ་དེར་གོར་ཁས་སྡུག་འཁུར་བྱེད་མ་ཐུབ་པས་དམག་བཏང་ནས་དབྱིན་ཇིར་རྒོལ་ལན་སློད་པ་དང་འབྲེལ་གོར་ཁ་དང་འབྲས་ལྗོངས་གཉིས་སུ་བཙན་འཛུལ་བྱེད་མཁན་དབྱིན་ཇིའི་དམག་དཔུང་ཕམ་པར་བྱས་ཏེ་མངའ་ཁོངས་ནས་ཕྱིར་སྐྲོད་བཏང་བ་དང་། 1815ལོར་དབྱིན་ཇིས་སླར་ཡང་དཔུང་ཆེན་བསྡུ་རུབ་བྱས་ནས་གོར་ཁར་ཚུར་རྒོལ་རྒྱ་ཆེར་བྱེད་སྐབས་གོར་ཁས་ཕྱོགས་གཅིག་ནས་དམག་བཏང་སྟེ་འགོག་རྒོལ་བྱས་ཤིང་། ཕྱོགས་གཅིག་ནས

① (རྣམ་ཐར་དད་པའི་ཡིད་འཕྲོག་ཤོག་གྲངས173)

བོད་བཞུགས་ཨམ་བན་ཞི་མིང་ལ་སློན་སེང་ཞུས་ཏེ་དམག་རྒྱུགས་ཐོག་ནས་རོགས་རམ་ཡོང་རེ་ཞུས་པ་རེད། འོན་ཀྱང་བོད་བཞུགས་ཨམ་བན་གྱིས་ཁས་མ་བླངས་པར་མ་ཟད། གོར་ཁས་སྟོན་ཚད་བྱ་བྱེད་མང་པོས་དབྱིན་ཇིར་ཕོང་ཁྲི་བསླངས་པ་དེ་མ་འགྲིག་པ་རེད་ཅེས་གཤེ་གཤེའང་བཏང་ཡོད་པ་རེད།”①ཅེས་གསལ་བ་སྐབས་དེ་འདྲ་ཞིག་ལ་ཡིན་པར་འཕྲོད་ཀྱི་འདུག

ཏཱ་ལའི་བླ་མ་དགུ་པ་འདི་ཉིད་སྐུ་ན་ཕྲ་ཡང་། སྐུ་ཡོན་གསན་བཞེས་ཀྱི་མཛད་སྒོར་གུས་རྟག་སྦྱོར་བའི་ཐུགས་བརྩོན་ལྷག་པར་ཆེ་བས་དགུས་འགྱུར་གདན་སའི་ཆོས་སྤྱོད་ཕལ་མོ་ཆེ་ཐུགས་འཛིན་གྲུབ་པ་མ་ཟད། སྐལ་བཟང་རྒྱན་ཕྲེང་དང་། རྒྱན་འཇུག་གཉིས། མཛོད་རྩ་བ་སོགས་རྒྱ་གཞུང་དུ་མ་ཐུགས་ལ་བཞུགས་ཤིང་། སྡེ་སོ་སྟོན་མཚམས་ནས་ཡོངས་འཛིན་རྣམ་གཉིས་ལས་ཚད་མ་གསུམ་གྱི་གཞལ་བྱའི་གནས་ཀུན་གཏན་ལ་འབེབས་པའི་བསྡུས་གཞུང་གི་བརྗེ་བཞག་ལེགས་པར་བཞེས་ནས་བདག་ཉིད་ཀྱི་དམ་བཅའ་འཛིན་ལ་མཁས་པ་དང་། གཞན་གྱི་དམ་བཅའ་ཡང་མི་དག་པ་བསུན་འབྱིན་པ་ལ་མཁས་པའི་ཚུལ་བཞེས་པ་སོགས་བསྟན་འགྲོར་སྨན་པའི་གཙུག་རྒྱན་དམ་པར་འགྱུར་བའི་རེ་བ་ཆེ་སྣང་དུ། སྤྱི་ལོ1815བོད་རབ་བྱུང་བཅུ་བཞི་པའི་ཤིང་ཕག་ལོའི་ཟླ་བ་དང་པོའི་ནང་དང་ཐོག་མགུལ་འཚམ་གྱི་བསྙུན་གཞི་བཞེས་པ་སླར་ཟླ་བ་གཉིས་པའི་ཆོས་འཁོར་བསྙུན་ལོག་བབ་ལྷིར་གྱུར། རྣམ་ཐར་ནང་། “དེ་ནས་ཨམ་བན་གཉིས་དང་ཕོ་བོ་ཅག（དེ་མོ་སྲིད་སྐྱོང་）ལྷན་རྒྱས་གཟིམ་ཚུང་ཉེ་འོད་དུ་ཅུང་ཟད་བཞུགས་ཏེ་སྤྱ་ཕྱིའི་བསྙུན་གཞིའི་བབ་དང་། ཞབས་བརྟན་སྒྲུབ

①（ཏཱ་ལའི་བླ་མའི་རྣམ་ཐར་བོད་ཡིག་དེབ་ངོས193－194）

ལུགས་ཀྱི་མཆིད་མོལ་ཞིབ་རྒྱས་བྱས་ནས་སྐུ་མདུན་དུ་བཅར་བར། རྒྱུན་ལྡན་ལྟར་རྡོ་རྗེ་སྐྱིལ་ཀྲུང་གིས་བཞུགས་ཏེ་བསྙུན་གང་ཡང་མེད་པ་ལྟར་བཞུགས། གུས་འདུད་སྔོན་དུ་འགྲོ་བས་མཇལ་དར་ཕུལ་ཏེ་བསྙུན་འདྲི་ཞུས་པར། བཀའ་ལས། ཨམ་བན་རྣམ་གཉིས་སྐུ་མཉེལ་པོ་མ་བྱུང་ངམ། དེང་སང་ཐུགས་བྲེལ་ཆེ་བ་རང་མེད་ལས་ཆེ་ཞེས་ཕེབས། ལན་ཕུལ་བ་དང་། ཡང་བཀའ་ལས། ངེད་འདི་ལོ་ཟླ་བ་དང་པོའི་མཇུག་ཏུ་འཚམ་པའི་ནད་གཞིས་ཐུང་ཟད་མ་བདེ་ལགས་པར་སྨན་དཔྱད་རིམ་གྲོས་དྲག་སྐྱིད་བྱུང་ཡང་། ཡང་བསྐྱར་ཟླ་བ་གཉིས་པའི་ཚེས་འགོ་ནས་བསྐྱར་ལྡབ་ཀྱིས་བབ་ལྷི་ཙམ་བྱུང་བ། སྨན་དཔྱད་རིམ་གྲོ་ཟས་སྤྱོད་ཇི་ལྟར་བྱས་རུང་དྲག་སྐྱིད་ཆེར་མ་བྱུང་ཡང་སྟར་ཆགས་སུ་གནས་ཤིང་། ད་ནི་གང་ཡང་སྐྱོན་ཡོང་བ་མེད། མགྱོགས་པོ་མཇལ་ཡོང་ཞེས་ལན་གཉིས་སུ་གསལ་ཞིང་དགའ་པའི་བཀའ་ལྷེམ་པོར་(ཆེད་ཀྱིས་གཡོལ་བའི་ཚིག་) དགོངས་ཏེ་ཕེབས་……”① ཞེས་གསལ་ཞིང་། དེ་ནས་ཟླ་བ་གཉིས་པ་དེ་རང་གི་ཚེས་བཅུ་བཞི་ཉིན་ཞི་བར་གཤེགས་འདུག

ཐམ་དེབ་ནང་འཁོད་པར། “ཐུ་ཆེན་ཁྲི་བཞུགས་ཏེ་ཤུ་པ་རབ་བྱུང་བཅུ་བཞི་པའི་ཤིང་ཕག་ཟླ་གཉིས་པའི་ཚེས་བཅུ་བཞི་ཉིན་གོང་ས་ཐམས་ཅད་མཁྱེན་གཟིགས་སྐུ་ཕྲེང་དགུ་པ་ལུང་རྟོགས་རྒྱ་མཚོ་དགུང་ལོ་བཅུ་གཅིག་ཐོག་གཟིམ་ཁྲི་མཐའ་ཅན་གྱི་ཚུལ་བསྟན། དེའི་རྒྱུ་མཚན་གསེར་སྟན་སྒྲོན་པའི་ཕྱིར་ཕེབས་དང་སྤྲགས་འཇའ་ས་ཕེབས་དོན་ལྟར་དེ་མོ་ནོ་མིན་ཧན་རིན་པོ་ཆེ་རྒྱལ་

① (དད་པའི་ཡིད་འཕྲོག་ཤོག་གྲངས181)

བའི་རྒྱལ་ཚབ་ཏུ་ཟླ་བཅུ་པའི་ཚེས་གཉིས་ཉིན་མངའ་གསོལ།” ①ཅེས་གསལ་བ་དང་། རྣམ་ཐར་དུའང་། “གོང་མ་བདག་པོ་ཆེན་པོ་ནས། སྐུ་གདུང་ཡིད་བཞིན་དབང་གི་རྒྱལ་པོར་མཆོད་འབུལ་ཕྱག་འཚལ་སྐུ་ཚབ་ཏུ་མི་སྐྱིད་ཤིས་ཨམ་བན་མངགས་པ་ལྟར། ཨམ་བན་རྣམ་གཉིས་ཕེབས་ཏེ་ཨ་རག་གི་སྐྱེམས་དང་། ལ་བའི་མེ་མཆོད། དངུལ་སྲང་བརྒྱ་རེ་ཡོད་པའི་འཐུམ་ལྔ་བཅུ་ཐམ་པ་འབུལ་སྒྲིག་ཐོག་གསེར་ཡིག་གི་དོན་སྒྲིགས……འདི་སྐབས་སུ་ཁོ་པོ་ཅག་ལ་གོང་མ་ཆེན་པོ་ནས་བཀའ་ཕེབས་སུ། དེ་མོ་ཧོ་ཐོག་ཐུ་ཁྱོད་ཀྱིས་ཏཱ་ལའི་བླ་མའི་མཛད་སྒོ་ཐམས་ཅད་ཁུར་དུ་བླངས་ནས་བྱེད་དགོས་གཤིས། ཅི་ནས་ཀྱང་ཞྭ་སེར་གྱི་བསྟན་པ་དར་བ་དང་། བོད་འབངས་ལ་བདེ་སྐྱིད་འབྱུང་བའི་བྱེད་སྒོ་མ་འཕྱུགས་པ་དགོས་ཤིང་། ངེད་ནས་གནམ་འོག་གི་སྐྱེ་འགྲོ་ཐམས་ཅད་ལ་བྱམས་བརྩེས་བསྐྱངས་པའི་དགོངས་པ་དང་མཐུན་པར། ཏཱ་ལའི་བླ་མའི་སྤྲུལ་སྐུ་གསལ་གྱི་བར་དུ་གུས་པས་བཀའ་བཞིན་སྒྲུབ་པ་ལ་ལེ་ཉེར་མེད་པ་གྱིས། ཏཱ་ལའི་བླ་མའི་སྐུ་དུས་བཞིན་ སྟར་སྲོལ་བཟང་པོ་མ་ཉམས་པར་བྱེད་དགོས་སོགས་ཞིབ་རྒྱས་ཀྱི་བཀའ་བཟང་པོ་ཕེབས་པ་བཞིན་སེར་སྐྱ་ཆེ་རྒུ་ཐམས་ཅད་ཀྱི་ཐུགས་མོས་ལྟར་རྒྱལ་བའི་གདུང་འཚབ་ཏུ་དབང་བསྒྱུར་བའི་ཆེ་འདོན་རགས་བསྡུས་ཤིག་ཀྱང་བྱས།” ② ཞེས་གསལ་བ་ལྟར་སྲིད་སྐྱོང་དེ་མོ་ནི་མིན་ཧན་ཐོ་བཟང་ཐུབ་བསྟན་འཇིགས་མེད་རྒྱ་མཚོར་གོང་མ་ཇ་ཆིན་ནས་རྒྱལ་ཚབ་ཀྱི་ལས་འགན་འཁུར་དགོས་པའི་བཀའ་ཡིག་ཕེབས་པ་ལྟར་ཁྲི་འདོན་གནང་ཞིང་། རྒྱལ་བའི་

① (དེབ་ཐེར་ཤོང་བའི་དམིགས་བུ་ཤོག་གྲངས22)

② (དད་པའི་ཡིད་འཕྲོག་ཤོག་གྲངས193－194)

དགོངས་རྫོགས་ཞུ་སྒོ་རྣམས་བསྒྲུབས་པ་དང་། གདུང་རྟེན་གསེར་སྡོང་ས་གསུམ་མངོན་དགའ་གསར་བཞེངས་བཅས་མཛད་དོ།

ཏཱ་ལའི་བླ་མ་དགུ་པའི་ཡབ་གཞིས་སྐོར། ལྷ་ཁྲན་གྲང་གི་བརྩམས་དེབ་ནང་། "……བཀའ་ཤག་གིས་ཁོང་ལ་གཞིས་ཀ་མང་པོ་སྤྲད་པས་བོད་ལྗོངས་ཀྱི་སྐུ་དྲག་ཆེན་པོའི་གྲས་ཤིག་སྟེ་དེང་སང་གི་གུང་ལྟང་ལོ་ཙན་དུ་གྱུར་ཡོད་པ་རེད།"①ཅེས་འཁོད་འདུག་པ་དེ་ནི་ནོར་འཁྲུལ་ཡིན། ཐམ་དེབ་ཀྱི་གཤམ་དུ《ཏཱ་ལའི་བླ་མ་ན་རིམ་གྱི་འཁྲུངས་ལོ། འཁྲུངས་ཡུལ། གཤེགས་ལོ། ཡབ་གཞིས་བཅས་ཁ་གསལ་བཀོད་པ་》ཞེས་པའི་ནང་། "དགུ་པ་ལུང་རྟོགས་རྒྱ་མཚོ་ཁམས་ལྡན་ཁོག་ཏུ་རབ་བྱུང་བཅུ་གསུམ་པའི་ཤིང་གླང་ལོ་བལྟམས། དགུང་ལོ་བཅུ་གཅིག་པ་ཤིང་ཕག་ལོ་ཞི་དབྱིངས་སུ་མནལ། ཡབ་གཞིས་ཟུར་ཁང་དུ་ཟླ་སྒྲིལ།"②ཞེས་གསལ་བ་ལྟར་ཡབ་བསྟན་འཛིན་ཆོས་སྐྱོང་སྟེ་ས་ནས་གྲོངས་པ་དང་། ཡུམ་དང་སྐུའི་ཁུ་བོ་ནི་ཐུགས་བག་མ་ཕེབས་པར་ཕ་ཡུལ་དུ་ཕྱིར་ཕེབས་གནང་བར་གྲགས་ཀྱང་། ཐམ་དེབ་ནང་ཟུར་ཁང་དུ་ཟླ་སྒྲིལ་ཞེས་འཁོད་པར་གཞིགས་ན་ཡབ་ཚང་གི་སྐུའི་ཉེ་རིགས་གཞན་ཞིག་སྔར་ཟུར་ཁང་པ་དང་ཟླ་སྒྲིལ་བ་ཡིན་ནམ་སྙམ། གང་ལྟར་ཡབ་གཞིས་ཀྱི་འཁྱོངས་ཐེབས་ཀ་ལུང་གཞིས་ཀ་སོགས་ནི་དམངས་གཙོའི་བཅོས་བསྒྱུར་མ་བྱས་བར་ཟུར་ཁང་པའི་ཕ་གཞིས་གྲས་སུ་ཡོད་ཤུས་བཅས་ལགས་སོ།

① (ཏཱ་ལའི་བླ་མའི་རྣམ་ཐར་བོད་ཡིག་དེབ་ངོས187)

② (དེབ་ཐེར་ལོང་བའི་དམིགས་བུ་ཤོག་གྲངས35)

དྲུག་པ། དྭ་ལའི་བླ་མ་བཅུ་པ་ཚུལ་ཁྲིམས་རྒྱ་མཚོའི་སྐབས།

1. ཡང་སྲིད་ངོས་འཛིན་དང་། སྲིད་སྐྱོང་དེ་མོ་གསེགས་ཆབ་ཆེ་སློན་གླིང་ལ་བསྐོས་པ་ཤིང་། དྭ་ལའི་བླ་མ་ཁྲི་འདོན་ཞུས་པ།

དྭ་ལའི་བླ་མ་སྐུ་ཕྲེང་བཅུ་པ་ཚུལ་ཁྲིམས་རྒྱ་མཚོ་ནི། མདོ་ཁམས་སྨད་དྲུག་ཏུ་གྲགས་པའི་ནང་ཚན་སྤོམ་འབོར་སྨད་ཀྱི་ཁོངས་གཏོགས་ལི་ཐང་ཤོག་དྲུག་སྒྲོ་མདོངས་སུ་འབོད་པའི་སའི་ཆར་གྲོང་སྟོད་ནོར་བུ་ཚང་བྱ་བའི་ཁྱིམ་དུ་ཡབ་བློ་བཟང་སྙན་གྲགས་དང་ཡུམ་རྣམ་རྒྱལ་བུ་ཁྲིད་གཉིས་ཀྱི་སྲས་སུ། སྤྱི་ལོ1816ཐོད་རབ་བཅུ་བཞི་པའི་མེ་བྱི་ཟླ་བ་གསུམ་པའི་ཚེས་ཉེར་དགུ་ཉིན་སྐུ་བལྟམས། དེ་ཡང་སྐུ་བཅར་དར་ཧན་བློ་བཟང་འཕྲིན་ལས་རྣམ་རྒྱལ་གྱིས་མཛད་པའི་རྣམ་ཐར་《ངོ་མཚར་ནོར་བུའི་ཕྲེང་བ་》ལས་འབྱུང་བ་ལྟར། "སྐུ་གསུང་ཐུགས་ཀྱི་མཛད་པ་རྣམ་ཐར་ངོ་མཚར་ཅན་དུ་མ་ཞིག་ཉི་མ་དང་འོད་ཟེར་འགོག་པར་མི་ནུས་པའི་ཚུལ་དུ་ཕལ་མོ་ཆེ་ལ་མངོན་སུམ་དུ་གྱུར་པས་ཉེ་འཁོར་བ་དང་། ཕྱོགས་འདུས་ཀྱི་སྐྱེ་བོ་མཆོག་དམན་དུ་མ་དད་པ་དང་གུས་པའི་རྒྱ་མཚོ་གྱེན་དུ་འཕྱུར་བའི་སྙན་པར་གྲགས་པའི་དབྱངས་ཀྱི་ང་རོ་ཕྱོགས་དང་། ཕྱོགས་བྲལ་ཀུན་ཏུ་ཁྱབ་པ་ལས་བོད་ཕྱོགས་སུའང་རྒྱ་བོད་མང་པོས་མགྲིན་གཅིག་གི་ཚུལ་དུ་སྒྲོགས་པ་མ་ཟད། ལི་ཐང་ཆོས་སྡེ་ནས་ཀྱང་བཀའ་རྒྱ་རིམ་ཕེབས་དགོངས་དོན་ལྟར་དངོས་གནས་ཟོལ་བྲལ་གྱི་སྙན་ཞུ་སྦྱིར་འབྱོར་

པ་སོགས་ལ་བརྟེན། ཚང་མ་མོས་འདུན་རྩེ་གཅིག་ཏུ་གྱུར་པས་དེ་དོན་འགྲུབ་ངས་མིན་ངེས་པ་རྙེད་པའི་སླད་དུ། སྔ་དུས་མེ་ཡོས་ལོ་སྐྱབས་མགོན་དགུ་པ་ཆེན་པོ་གསེར་ཞལ་ངེས་པ་རྙེད་པའི་ལམ་སྲོལ་ལྟར་གསེར་བུམ་རིན་པོ་ཆེར་བརྟག་དཔྱད་ཞུ་མི་དགོས་པར། ལི་ཐང་ཤོག་དྲུག་སྒྲོ་མདོངས་སུ་འཁྲུངས་པ་འདི་གར་ངོས་འཛིན་གདན་ཞུ་ཆོག་པ་ཞིག གོང་མ་བདག་པོ་ཆེན་པོར་གསེར་སྙན་སྦྲོན་བརྒྱུད་འགྲུབ་ངས་མིན་ཐུགས་རྗེ་ཆེ་དགོས་ཞུ་རྒྱུའི་སྐོར་ལ། ལྷ་ལྡན་བླ་བྲང་གཟིམ་ཆུང་ཉི་འོད་དུ་ས་སྟག་ཟླ་བ་བཅུ་གཉིས་པའི་ཚེས་དགེ་བའི་ཉིན། བཀའི་ཕྱིང་སང་ལྷན་རྒྱས་ཀྱིས་གཙོས། རྩེ་ཤོད་ནང་མ་ལས་ཚན། དྲུང་དྲག་འབྲིང་དཀྱུས་གསུམ། སེ་འབྲས་དགའ་གསུམ། རྒྱུད་སྟོད་སྨད། རྣམ་རྒྱལ་གྲྭ་ཚང་སོགས་ཀྱི་མཁན་སློབ་ལས་སྣེ་བཅས་ཚང་མ་སྤྱི་ཚོགས་ཀྱིས་བཀའ་བགྲོས་ཞལ་དན་གཅིག་ཏུ་འཁྲོལ་བའི་དོན་རྗེ་འགྱུར་མེད་ཀྱི་སྙན་ཞུ་ཡི་གེར་བཀོད་ནས་རྒྱལ་ཚབ་དེ་མོ་ནོ་མིན་ཧན་རིན་པོ་ཆེར་འབུལ་ལམ་ཞུས་པར། དེ་དོན་སྐྱབས་མགོན་རྒྱལ་ཚབ་མཆོག་ནས་ཀྱང་ཐུགས་འགན་བླ་ལྷག་ཏུ་བཞེས་ནས། ཧྭ་ལའི་བླ་མ་རིན་པོ་ཆེའི་སྐུའི་ཡང་སྲིད་དོགས་གནས་ལི་ཐང་སྒྲོ་མདོངས་སུ་འཁྲུངས་པ་འདི་ཉིད་སྔ་ཕྱིར་ལྟས་རྟགས་དང་། སྐུ་གསུང་ཐུགས་ཀྱི་མཛད་སྤྱོད་སོགས་ངོ་མཚར་ཆེ་ངེས་ཡོད་ལུགས། ལྷ་བླ་མ་རྣམས་ཀྱི་ལུང་བསྟན་ཁག་ཀྱང་འདི་ཉིད་རང་ལ་གཅིག་ཏུ་རྩེ་མཐུན་ཚུལ། དེར་བརྟེན་བོད་སེར་སྐྱ་སྤྱི་ཡང་འདི་ཉིད་ཁོ་ནར་མོས་འདུན་འགྱུར་མེད་རྩེ་གཅིག་པ་དེ་ལྟར་ལ། གསེར་བུམ་རིན་པོ་ཆེར་བརྟག་དཔྱད་ཞུ་མི་དགོས་པར་མེ་ཡོས་ཀྱི་ལམ་ལྟར་ངོས་འཛིན་ཞུ་འཐུས་ཐུགས་རྗེ་ཆེ་དགོས་ཞེས་ཨམ་བན་རྣམ་གཉིས་བརྒྱུད་འཛམ་དབྱངས་གོང་མ་ཆོས་ཀྱི་རྒྱལ་

པོར་ཞུ་ཡིག་དྲལ་རྩེའི་ཐོག་ནས་འབུལ་བར་མཛད།”①ཅེས་གསལ་ཞིང་། ཧྭ་ལའི་བླ་མའི་ཡང་སྲིད་མཆོག་སྤྲུལ་ཐུགས་གཏན་མ་འཁེལ་བའི་བར་དེར་རྒྱལ་ཚབ་དེ་མོ་ཧོ་ཐོག་ཐུ་མཆོག་ཛོ་རྗེ་ཚེར་མའི་ནད་ཡམས་ཀྱི་སྐྱེན་གཞི་བབ་ལྷེ་ཞིག་ཐོག་རྐྱེན། སྤྱི་ལོ1819བོད་ས་ཡོས་ལོའི་ཟླ་བ་གསུམ་པའི་ཚེས་གསུམ་ཉིན་སྒོ་བུར་སྐུ་གཤེགས་པ་དང་། སྲིད་སྐྱོང་ཚབ་གསར་སྐོར་རྣམ་ཐར་ནང་། ཟླ་བ་གསུམ་པའི་ཚེས་བཞི་སྟེ་“དེའི་ཕྱི་ཉིན་བཀའི་བློན་ཆེན་རྣམས་དང་། རྩེ་ཤོད་ནང་མ་ལས་ཚན། དྲུང་ཁྱིངས། སེ་འབྲས་ཀྱི་བླ་མ་ལས་སྣེ་སོགས་སྤྱི་འཛོམས་ཀྱི་ཐོག་ནས། དེང་སྐབས་རྒྱལ་དབང་ཐམས་ཅད་མཁྱེན་གཟིགས་ཆེན་པོའི་མཆོག་སྤྲུལ་གསེར་ཞལ་ངེས་པ་མ་རྙེད་པའི་ཁར། དེ་མོ་ནོ་མིན་ཧན་རིན་པོ་ཆེ་ཡང་སྒོ་བུར་ཞབས་པད་མ་བརྟན་པ་འདི་མུས་སུ་གྱུར་ཐེབས་མ་མཆིས་པས། དེས་ན་ཁྲི་ཆེན་ཨེར་ཏེ་ནི་ནོ་མིན་ཧན(ཚེ་སྨོན་གླིང་)གྱི་སྤྲུལ་པའི་སྐུ་འདི་དེང་སྐབས་གོང་མ་ཆེན་པོ་དགུང་ལོ་དྲུག་ཅུར་ཕེབས་པའི་སྨྲ་ཡེར་མཁན་པོར་ཕེབས་ཉེར་གྱུར་ནའང་། བོད་ཀྱི་ལས་དོན་རྩ་འགངས་ཆེ་གཤིས་སྨྲ་ཡེར་མཁན་པོ་གཞན་ཞིག་གཏོང་འཐུས་དང་། སྤྲུལ་པའི་སྐུ་འདི་ཉིད་དེ་མོ་ནོ་མིན་ཧན་གྱི་ལས་ཚབ་ཏུ་བསྐོ་བཞག་དང་བཅས་གོང་མ་ཆེན་པོའི་གསེར་སྙན་དུའང་སྒྲོན་བརྒྱུད་ཐུགས་རེ་ཆེ་དགོས་ཞེས་མགྲིན་གཅིག་གི་གྲོས་མཐུན་ལྟར། བོད་བཞུགས་ཡུའི་ཨམ་བན་དང་གོ་ཨམ་བན་རྣམ་གཉིས་ཀྱི་ཡ་མོན་དུ་ཚང་མ་བསྐྱོད་དེ་སྙན་འཛུགས་ཞུས་དོན། ཧྭ་ཤིན་རྣམ་གཉིས་ནས་ཀྱང་བོད་ཀྱི་ལས་དོན་ཐུགས་འགན་ཆེ་བའི་བབ་ཀྱིས་དེ་འཕྲུལ་བསྟན་རྒྱས་གླིང་ནས་ལས་ཐམ་རྣམས

① (རྣམ་ཐར་ངོ་མཚར་ནོར་བུའི་ཕྲེང་བ་ཤིང་པར་མའི་ཤོག་གྲངས35－36)

ཡ་མོན་དུ་བཞེས་ནས། སྐུ་ཚབ་སྤྱུར་པོ་ཆེའི་གདོང་ཚེ་སྨོན་གླིང་བླ་བྲང་དུ་འབུལ་བར་མངགས་ནས། བོད་ཀྱི་ལས་དོན་འདི་མུས་ནས་འཕྲུས་ཤོར་བྱུང་ན་མ་འགག་པས་ངེད་གཉིས་ཀྱིས་གོང་མ་ཆེན་པོའི་གསེར་སྙན་དུའང་སྙན་སྒྲོན་རྒྱུར་བཀའ་གསལ་མ་ཕེབས་ཀྱི་བར་སྤྲུལ་པའི་སྐུ་ཉིད་ནས་དེ་མོ་ཧོ་ཐོག་ཐུའི་ལས་ཚབ་ཀྱི་ལས་དོན་གང་ཅི་གནང་དགོས་བསྒོ་བཞག་གནང་བ་བཞིན། ཕྱི་ཉིན་ཆོས་ལྷ་ནས་ལས་དོན་འཁུར་བཞེས་བསྐྱངས།”①ཞེས་གསལ་ཞིང་། འདི་སྐོར་ཐམ་དེབ་ནང་། དེ་མོ་ནོ་མིན་ཧན་“ས་ཡོས་ཟླ་གསུམ་པའི་ཚེས་གསུམ་ཉིན་བསྟན་རྒྱས་གླིང་ཆོས་རང་སྐུ་གཤེགས། རྒྱལ་དབང་ཐམས་ཅད་མཁྱེན་པའི་ཡང་སྲིད་མཆོག་སྤྲུལ་ངེས་པ་མ་རྙེད། སྐབས་དེའི་ཨམ་བན་ཡུའི། ཀོ་ཧྲམ་གཉིས་ནས་ཐམ་ག་ཁག་དམ་མནན་གྱི་ཕྱག་ལྷེ་བཀའི་མདུན་བློན་རྣམ་པར་རྩིས་སྤྲོད་མཛད། དེ་འཕྲུལ་ཚོགས་འདུ་འཛོམས་ཏེ་སྲིད་འཛིན་སུ་འོས་མདུན་གྲོས་སྤྱི་མོས་ཀྱི་ཨམ་བན་ལྷན་རྒྱས་ལ་སྙན་ཞུས་ཐོག ཨེར་ཏེ་ནི་སུ་མ་ཏི་པཎྜིའི་སྤྲུལ་སྐུ་ངག་དབང་འཇམ་དཔལ་ཚུལ་ཁྲིམས་རྒྱ་མཚོར་ས་ཡོས་ཟླ་གསུམ་པའི་ཆོས་ལྷ་ཉིན་དེ་མོ་རིན་པོ་ཆེ་དེ་ཉིད་ཀྱི་དངུལ་ཐམ་དང་། རྒྱ་ཐམ། ཏགས་ཐམ་བཅས་རྩིས་སྤྲོད་བསྩལ་ཏེ་དེ་ཉིན་ནས་སྲིད་སྐྱོང་ལས་ཚབ་ལུང་བསྒྱུར་མཛད་པས་ཟླ་བརྒྱད་པའི་ཚེས་བཅུ་གཉིས་བར་དེ་མོའི་དམ་ཕྲུག་ལེ་ཚན་སུ་མཐུད་འཛིན་པ་གནང་ཡང་། གཏན་ཚིགས་དང་། རྒྱབ་གཉེན་རིགས་ལ་མ་བསྩལ། གསེར་སྙན་ཞོན་སྒྲོན་གྱི་ཕྱིར་ཕེབས་བཀའ་ཡིག་དགོངས་དོན། ཐུ་ཆེན་ཁྲི་བཞུགས་ཉེར་བཞི་པ་ས་ཡོས་ལོ་དེ་གའི་ཟླ་བརྒྱད་པའི་ཚེས་བཅུ་གཉིས་ཉིན་ས་མ་ཏི་

① （རྣམ་ཐར་ནོར་བུའི་ཕྲེང་བ་ཤོག་གྲངས36－37）

པཀྲྀའི་སྤྲུལ་སྐུ་ངག་དབང་འཇམ་དཔལ་ཚུལ་ཁྲིམས་རྒྱ་མཚོ་སྲིད་ཀྱི་ཁྲི་ལ་མངའ་གསོལ།……”ཞེས་དང་། “ལྷུགས་འབྲུག་ལོར་སྲིད་སྐྱོང་ཆེན་པོར། གསེར་སླན་སྒྲོན་པའི་བཀའ་ཡིག་དགོངས་དོན་ཨེར་ཏེ་ནི་ནོ་མིན་ཧན་གྱི་ཆོ་ལོ་འཇའ་ས་བཅས་ཕེབས།”① ཞེས་གསལ་འདུག འདི་ལོ་གོང་མ་ཐུ་ཆེན་འདས་ཤིང་། ལྷུགས་སྤྲུལ་ལོ་གོང་མ་ཏའོ་ཀོང་ཁྲིར་ཕེབས། རྣམ་ཐར་ནང་། “རྒྱལ་བའི་མཆོག་སྤྲུལ་སྐོར་ལ་སྤྱི་སོར་དྲིལ་རྩེའི་ལམ་ནས་ཞུ་ཡིག་ཕུལ་བའི་བཀའ་ལན་ཡང་འཁོར་བའི་ཕྱིར་ཕེབས་སུ། ཏྭ་ལའི་བླ་མའི་སྐྱེ་སྲིད་སྐོར་ལ་སྤྱི་དུས་གོང་མ་ཡབ་རྗེ་ཆེན་པོའི་བཀའི་བཅད་མཚམས་ཀྱི་དགོངས་དོན་ལྟར་གསེར་བུམ་དུ་བརྟག་དཔྱད་བྱས་ན་ལུགས་སྲོལ་དང་མཐུན་ཅིང་། སྐུ་ཚེ་ཡང་བརྟན་པ་བཅས་ཡོང་རེ་ལ་ལི་ཐང་གི་སྐྱེ་སྲིད་རྟགས་གནས་སྟོན་ཡོད་ཐོག ད་དུང་བསྐྱར་འཚོལ་བྱས་པའི་རྟགས་གནས་ཁག་གཉིས་བྱུང་བསྟུན་གསེར་སླན་སྒྲོན་ཐོག་ནས་གསེར་བུམ་དུ་བརྟག་པ་བྱེད་དགོས་ཞེས་ཕེབས།”② ཞེས་གསལ་བ་ལྟར་ཚེ་སྨོན་གླིང་ནོ་མིན་ཧན་ནས། བོད་དབུས་གཙང་། སྟོད་མངའ་རིས། བྱང་རིགས། བྱར་དགས་ཀོང་གསུམ། མདོ་ཁམས་སྟོད་སྨད་སོགས་ཀྱི་རྫོང་གཞིས་འགོ་ཡོད་ཚང་མར་བསྐྱར་དུ་མཆོག་སྤྲུལ་རྟགས་གནས་ཀྱི་ཁྱིའུ་ངོ་མཚར་བ་ཇི་ཡོད་དྲང་འབྲེལ་གྱི་སྙན་ཞུ་འབུལ་དགོས་ཁྱབ་འདོམས་གནང་བ་ལྟར་ཀོང་པོ་ཁུལ་སྤྱང་གྲོང་ནས་ཁྱིའུ་གཅིག་དང་། རིན་སྤུངས་རྫོང་འོག་ནས་གཅིག རྒྱ་སྡེ་དཀར་རུ་ནས་གཅིག ཆབ་མདོ་ཨ་ཐང་གནས་གྲོང་ནས་གཅིག ཆབ་མདོ་ས་སྣང་ནས་

---

① （དེབ་ཐེར་ལོང་བའི་དམིགས་བུ་ཤོག་གྲངས23）

② （རྣམ་ཐར་ནོར་བུའི་ཕྲེང་བ་ཤོག་གྲངས37）

གཅིག་བཅས་ཀྱི་སོ་སོའི་གནས་ཚུལ་སྙན་ཞུ་འཁྱེར་པ་ལྟར་ས་གནས་སོ་སོར་བརྟག་དཔྱད་ཞིབ་བརྩད་བྱེད་མི་ཟྲུང་སྲེལ་ཆེད་གཏོང་གནང་བ་ཕྱིར་འཁོར་བསྐུན། སྔོན་ཡོད་ལི་ཐང་གི་འོས་སྤྲུལ་ཐོག་དོགས་གནས་གཞན་དག་གི་ནང་ནས་སྐུ་གསུང་ཐུགས་ཀྱི་རྣམ་སྤྲུལ་ངོ་བཟང་བ་སུ་དང་སུ་ཡོད། ཀུན་གཟིགས་པཎ་ཆེན་བསྟན་པའི་ཉི་མར་ཐུགས་བརྟག་ཞུ་གནང་ལ། ལི་ཐང་གི་ཆུང་སྲིད་ཐོག ཆབ་མདོ་ནས་ཡིན་པའི་ཆུང་སྲིད་གཉིས་ངོ་ཆེ་ཚུལ་ཕེབས། དེ་ནས་ཕྱི་ལོ་1821བོད་ལྕགས་སྤྲུལ་ལོའི་ཟླ་བ་དང་པོའི་ཚེས་བཞི་ཉིན། རྗེ་གཟིམ་ཆུང་ཁམས་གསུམ་དུ་སེར་སྐྱ་འགོ་གཙོ་ཚང་མ་འཛོམས་ཐོག ཚེ་སྨོན་གླིང་ནོ་མིན་ཧན་མཆོག་ནས་བཀའ་བློན་རྣམས་བརྒྱུད་བཀའ་བསྒྱུར་བསྐུལ་དོན། རྒྱལ་བའི་ཡང་སྲིད་རིན་པོ་ཆེ་བཙལ་འཚོལ་སྐོར་སྤྱ་ཕྱིའི་རྒྱུ་རྐྱེན་ཚང་མ་ཞིབ་གསལ་གསུངས་ཐོག ཕྱིན་ཆད་ཇི་ལྟར་བྱས་ལེགས་སྐོར་ལ་བསམ་གྲོས་གང་ཡོད་བཀའ་འདྲི་ཕེབས་འདུག་པར། "ཚང་མ་གྲོས་ཁ་གཅིག་མཐུན་དུ། ད་ཆ་ལི་ཐང་གི་ཆུང་སྲིད་སྔོན་ཡོད་ཐོག་བླ་ལྷའི་ལུང་བསྟན་ལ་བབས་པ་ཆབ་མདོའི་ཁག་གཉིས་བཅས་གསུམ་པོ་འདི་བཞིན་གོང་ས་ཆེན་པོའི་གསེར་སྙན་དུ་སྦྲོན་བརྒྱུད་ཐུགས་རྗེ་ཆེ་དགོས་ཀྱི་ཞུ་བ་རྟགས་ཅན་མགྲིན་གཅིག་ཏུ་ཕུལ་བ་ལྟར། ནོ་མིན་ཧན་རིན་པོ་ཆེ་ནས་ཀྱང་དེ་དོན་གོང་ས་ཆེན་པོར་གསེར་བུམ་དུ་བརྟག་དཔྱད་ཞུ་འཐུས་ཀྱི་ཞུ་ཡིག་དང་བཅས་བོད་བཞུགས་ཨམ་བན་ཝུན་ལིང་རྣམ་གཉིས་སུ་ཞང་ཤུ་བསྐུལ་བར། ཨམ་བན་གཉིས་ནས་བཀའ་ཕེབས་སུ། འདི་སྐོར་བོད་ཕྱི་མཐུན་གྱི་སྙན་ཞུ་འཐུས་ལེགས་བྱུང་འདུག་ཀྱང་། ཏཱ་ལའི་བླ་མའི་སྐུ་དོན་རྩ་འགངས་ཆེ་གཤིས་པཎ་ཆེན་ཨེར་ཏེ་ནི་ནས་ཀྱང་ཕྱོགས་མཚུངས་ཀྱི་ཞང་ཤུ་རྟགས་ཅན་ཀྱང་བོད་ཕྱིའི་ཞུ་བ་དང་མཐུན་པའི་ཞང་ཤུ་དམ་སྦྱར་མ་བསྐུལ།

དེ་འབྲེལ་ཨམ་བན་ཆེན་པོ་གཉིས་ནས་ཀྱང་སྙིང་ཆ་གང་ཆེ་དང་འབྲེལ་བའི་གོང་མ་ཆེན་པོར་སྙན་ཞུའི་དྲལ་རྩེ་ལྷུགས་སྤྲུལ་བླ་བ་བདུན་པའི་ཚེས་ཉེར་དགུའི་ཉི་ཧྲས་སྤྱ་ཆར་ངེས་འབུལ་བསྐྱངས་” ①ཞེས་གསལ་བ་དང་། གོང་མར་སྙན་སེང་ཞུས་ཟིན་སྐབས་ཆུང་སྲིད་གསུམ་སོ་སོའི་འཁྲུངས་གནས་སུ་གདན་ཞུ་མི་སྔ་ཆེད་རྫོངས་ཀྱི་རེ་ཞིག་ལྷ་སའི་ཉེ་འཁོར་དབེན་གནས་འོས་བབ་སོ་སོར་བཞུགས་སྐྱན་ཆགས། གོང་མའི་བཀའ་ལྟར་འོས་སྤྲུལ་རྣམས་གསེར་བུམ་བརྟག་དཔྱད་གནང་དགོས་སྐབས་ཀུན་གཟིགས་པཎ་ཆེན་རིན་པོ་ཆེ་མཆོག་ཀྱང་། ཆུ་རྟ་ཟླ་བ་དང་པོའི་ནང་དབུས་ཕེབས་བསྐྱངས། ལོ་དེའི་ཟླ་བ་དང་པོའི་ཚེས་བཅོ་ལྔའི་དུས་ཆེན་ཉིན་གསེར་བུམ་བརྟག་དཔྱད་མཛད་རྒྱུར་སྔ་ཚོད་ཚེས་བདུན་ཉིན་ནས་གསེར་བུམ་ལྷ་ས་གཙུག་ལག་ཁང་ནས་རྩེ་ཕོ་བྲང་གི་གཟིམ་ཆུང་ས་གསུམ་རྣམ་རྒྱལ་ནང་གོང་མའི་འདྲ་ཐང་བཞུགས་ཡུལ་དུ་སྤྱན་དྲངས་ནས། ཡོངས་འཛིན་དགའ་ལྡན་ཁྲི་ཟུར་ངག་དབང་སྙན་གྲགས་དབུ་བཞུགས་ཀྱིས་ཤར་བྱང་ཆོས་རྗེ་སོགས་བླ་སྤྲུལ་ཆེ་ཁ་དང་། རྣམ་རྒྱལ་གྲྭ་ཚང་ཚོགས་ཞབས་བཅས་ནས་བུམ་སྒྲུབ་གསུང་ཚོག་སོགས་ཚུགས་འདུག་ཅིང་། གསེར་བུམ་དཀྲུག་འདོན་དངོས་གཞིའི་སྐོར་རྣམ་ཐར་ནང་། 1922བོད་རབ་བྱུང་བཅུ་པའི་ཆུ་རྟ་ཟླ་བ་དང་པོའི་ཚེས་བཅོ་ལྔ་ཉིན། “ཉི་མ་རྩེ་ཤར་ལ་ཀུན་གཟིགས་པཎ་ཆེན་རིན་པོ་ཆེ་ནོར་གླིང་ནས་རྩེར་ཆིབས་ཞལ་བསྒྱུར་ཏེ་མཆོད་ཡོན་ལྷན་རྒྱས་འདྲ་ཐང་གི་སྐུ་མདུན་དུ་ཕེབས་བཞུགས་གནང་ནས་མི་རིང་བར་ཨམ་བན་རྣམ་གཉིས་ཀྱང་ཕྱིན་ཏེ་རྒྱ་བོད་བླ་དཔོན་ལྷན་རྒྱས་པའི་ཐོག མཇལའི་དྲུང་ཡིག་རྣམས་ནས་སོ་

① （ནོར་བུའི་ཕྲེང་བ་ཤོག་གྲངས36－40）

སོའི་བྱང་བུའི་ངོས་སུ་དོགས་གནས་ཆུང་སྲིད་ཁག་གསུམ་སོ་སོའི་མཚན་བྱང་མཆུའི་ཡི་གེ་དང་། བྱང་བུའི་ངོས་གཅིག་ལ་བོད་དྲུང་ནས་བོད་ཡིག་གི་མཚན་བྱང་བཅས་བྲིས་པར་ལྷན་རྒྱས་ནས་ཞུད་དག་ལེགས་པར་མཛད་རྗེས། ལེང་ཨམ་བན་ནས་གསེར་བུམ་རིན་པོ་ཆེར་ཕྱག་འཚལ་ལན་གསུམ་མཛད་ནས་མཚན་བྱང་གསུམ་པོ་བུམ་ནང་དུ་བཙུག་རྗེས། གསུང་ཚིག་པ་ཚང་མ་དང་བཅས་པས་མཆོག་གསུམ་ཐུགས་རྗེ་བསྐུལ་བའི་བདེན་ཚིག་སྨོན་ལམ་ཤུགས་དྲག་ལན་གསུམ་གསུངས་པའི་ཚིག་མཚམས་སུ་འུན་ཨམ་བན་ནས་ཕྱག་འཚལ་ལན་གསུམ་མཛད་པའི་སྒོ་ནས་བུམ་ནང་གི་མཚན་བྱང་གསུམ་པོ་ལེགས་པར་དཀྲུག་ཐོག ཐེ་ཚོམ་མེད་པར་བྱང་བུ་གཅིག་འཐེན་པར་མཛད་པ་མཐོན་པོར་བཏེགས་ཏེ་གཟིགས་ནས། ལི་ཐང་ཞེས་གསུང་ཆེན་པོས་འབོད་པར་མཛད་ནས་བྱང་བུ་ཀུན་གཟིགས་པཎ་ཆེན་རིན་པོ་ཆེ་དང་། ནོ་མིན་ཧན། ལེང་ཨམ་བན་སོགས་རྒྱ་བོད་བླ་དཔོན། མི་དྲག་སོགས་སེར་སྐྱ་དེར་འཁོད་ཚང་མའི་སྤྱན་ལམ་དུ་བསྟར་རྗེས་གསེར་བུམ་རིན་པོ་ཆེའི་སྟེང་དུ་མཆོད་འབྲུས་བཀང་བའི་ཡོལ་གོ་ཞིག་གི་ནང་དུ་མཚན་བྱང་དེ་གྲེན་སྒྲེང་དུ་བཞུགས་སུ་གསོལ་བས་སྐྱེ་འགྲོ་ཐམས་ཅད་ཀྱི་འདོད་འབྲས་ཡིད་བཞིན་ནོར་བུ་བསླུ་མེད་འཁྲུལ་བྲལ་ལག་རྗེར་སོན་པས་ཚང་མ་དགའ་བ་དང་། དད་པའི་ལང་ཚོ་ཤིན་ཏུ་རྒྱས་པར་གྱུར་……"①ཞེས་གསལ་བ་སོགས་ངོས་འཛིན་ཞུ་རིམ་དང་། གསེར་བུམ་དཀྲུག་འདོན་དངོས་སུ་བྱས་པའི་མཛད་སྒོ་རགས་བསྡུས་བཅས་འབྲེལ་ཡོད་དུམ་བུ་འགའ་ཞིག་རྣམ་ཐར་ནང་འཁོད་པའི་ཚིག་དོན་ཇི་མ་ཇི་བཞིན་དྲངས་པ་ནི།

① (ནོར་བུའི་ཕྲེང་བ་ཤོག་གྲངས60)

འདི་སྐོར་“བོད་ཀྱི་སྲིད་དོན་རྒྱལ་རབས་” ཟེར་བ་དེའི་ནང་། “……ཟླ་བ་དང་པོའི་ཚེས་བཅོ་ལྔ་ཉིན་རྒྱལ་བའི་ཡང་སྲིད་སྐོར་གསེར་བུམ་དཀྲུག་འདོན་བྱས་པར་ལི་ཐང་ཤོག་དྲུག་སྤྲོ་མདོངས་ཚང་གི་ཆུང་སྲིད་རིན་པོ་ཆེ་ཐོན་སོང་ཞེས་ཤོད་འགག་ནས་ཁྲབ་བསྒྲགས་གནང་བས་འོ་ཁོལ་ལ་ཆུ་གྲང་བླུགས་པ་ལྟར་བོད་སྤྱོངས་སེར་སྐྱ་ཚང་མ་སློ་ཁ་ཇོགས་པ་བྱུང་བས་མ་ཚད། དངོས་གནས་གསེར་བུམ་དཀྲུག་འདོན་མ་བྱས་ཀྱང་། ལྟར་སྣང་དུ་དཀྲུག་པ་ལྟ་བུ་བསྟན་པས་མན་ཧྭའི་ཨམ་བན་ཡང་བསམ་པ་ཇོགས་པ་བྱུང་ཡོད་ཚོད་དང་། དེར་བརྟེན་རྣམ་ཐར་ལའང་གསེར་བུམ་དཀྲུག་འདོན་གནང་བའི་ལོ་རྒྱུས་ཙམ་བཀོད་གནང་མཛད་པ་ཡིན་ཚོད་”①ཅེས་གོང་གསལ་ལོ་རྒྱུས་ཀྱི་ཡིག་ཆ་དངོས་རྣམས་ཟུར་ཙམ་ཡང་མ་དྲངས་པར་ཚོད་ཚོད་ཀྱི་རྟོག་བཟོ་བྱས་འདུག་པར་བརྟེན། པཎ་ཆེན་བསྟན་པའི་ཉི་མས་དབུ་མཛད་པའི་སྐབས་དེའི་བོད་ཀྱི་ཆེ་རྒྱུ་དང་། བོད་སྡོད་ཨམ་བན་གཉིས་བཅས་འཚོ་བཞུགས་སྐབས་བརྗོད་པའི་རྣམ་ཐར་གྱི་ཚིག་རིས་ངོ་མ་འགའ་ཤས་ཉུང་བསྡུས་ཀྱིས་དྲངས་པ་ཡིན།

དེ་ནས་ཟླ་བ་དེ་གའི་ཚེས་བཅོ་བརྒྱད་ཉིན་ཀུན་གཟིགས་པཎ་ཆེན་རིན་པོ་ཆེ་མཆོག་གིས་སྐྱེ་ཐང་བདེ་བ་ཅན་དུ་ཡང་སྲིད་མཆོག་སྤྲུལ་གྱི་དབུ་སྐྲས་གཙུག་ཕུད་བཞེས་ནས་ཡོངས་རྫོགས་དགེ་བསྙེན་གྱི་བསླབ་སྡོམ་བསྩལ་ཏེ། མཚན་ངག་དབང་བློ་བཟང་འཇམ་དཔལ་ཚུལ་ཁྲིམས་རྒྱ་མཚོ་ཞེས་གསོལ་གནང་མཛད་པ་དང་། ཟླ་བ་གཉིས་པའི་ཚེས་བཅུ་གསུམ་ཉིན་རབ་ཏུ་བྱུང་བའི་བསླབ་སྡོམ་ཡང་འབུལ་བཞེས་བསྐྱངས་འདུག

① （ནོར་བུའི་ཕྲེང་བ་ཤོག་གྲངས60）

ལོ་ཤས་ཀྱི་གོང་དེར་གཞུང་ནས་བསམ་ཡས་གཙུག་ལག་ཁང་ཉམས་གསོ་གནང་བ་སྐབས་འདིར་ལེགས་གྲུབ་བྱུང་སྐབས། ཨར་ལས་སྤྱི་ཁྱབ་བཀའ་བློན་བཤད་སྒྲ་འོག་པ་དོན་གྲུབ་རྡོ་རྗེར་གོང་མ་ཏཱ་ཀོང་མཆོག་ནས་བདག་རྐྱེན་འཕར་གཟིགས་ཀྱིས་རྨ་བྱའི་སྒྲོ་མདོངས་དང་། ཁང་པར་ལྷན་བཅས་གནང་འདུག་བོད་ཀྱི་དཔོན་རིགས་སྔེར་གྱི་ཁང་པར་གཟིགས་གཟོས་ལྷན་གནང་བ་དེ་ཙམ་ལས་ཕལ་ཆེར་མ་བྱུང་བར་མངོན།

རྒྱལ་བའི་ཡང་སྲིད་ངེས་གཏན་འཁེལ་བའི་མཚམས་འདིར་བོད་བཞུགས་ཨམ་བན་ཝུན་དང་ལིང་གཉིས་ནས་སྲིད་སྐྱོང་ཚེ་སྨོན་གླིང་ནོ་མིན་ཧན་བརྒྱུད་མཆོག་སྤྲུལ་རིན་པོ་ཆེར། "ཏཱ་ལའི་བླ་མ་རིན་པོ་ཆེ་སྐུ་གོང་མ་ན་རིམ་གྱི་དུས་ནས་གོང་མ་བདག་པོ་ཆེན་པོ་ཡབ་མེས་རིམ་པ་དང་མཆོད་ཡོན་དུ་འབྲེལ་ཞིང་བཀའ་དྲིན་ཕར་གཟིགས་ཀྱིས་བཀུར་ཚུལ" དང་གོང་མའི་བཀའ་དྲིན་གསོབ་ཆེད་གསན་བསམ་ལར་རྒྱ་སྔར་ལྷག་འབད་བརྩོན་གནང་དགོས་པ་སོགས་ཀྱི་སྙན་བསྐུལ་ཕྱང་ཤུ་རྒྱ། བོད། མན་སོག་བཅས་ཀྱི་ཡིག་རིགས་ཤན་སྦྱར་ཞིབ་རྒྱས་ཤིག་ཕུལ་བའི་ཚིག་དོན་ཆ་ཚང་རྣམ་ཐར①ནང་འཁོད་འདུག་ཀྱང་། ནང་དོན་གསར་པ་མི་འདུག་པས་ཡི་གེར་འཇིགས་ནས་འདིར་མ་སྤྲོས།

དེ་ནས་ཡང་སྲིད་ཁྲི་འདོན་སོགས་ཀྱི་སྐོར་གོང་མར་དྲལ་རྗེ་ཕུལ་བའི་ཕྱིར་ཕེབས་བཀའ་ལན་བོད་ཟླ་བཞི་པའི་ནང་། ཨམ་བན་རྣམ་གཉིས་བརྒྱུད་ཕེབས་པ་ཡང་སྲིད་རིན་པོ་ཆེར་སྒྲོག་སྤྱངས་ཞུ་བའི་མཛད་སྒོར་པཎ་ཆེན་བདུན་པ་མཆོག་དང་། སྲིད་སྐྱོང་ནོ་མིན་ཧན། བོད་བཞུགས་ཨམ་བན་གཉིས་རྒྱ་

---

① (ནོར་ཕྲེང་ཤོག་གྲངས69 –71)

པོད་ཆེ་རྒྱུ་རྣམས་བཅས་ར་སྟོད་བདེ་བ་ཅན་དུ་ཕེབས་འཛོམས་ཀྱི་འདུ་ཁང་ནང་། མཆོག་སྤྲུལ་རིན་པོ་ཆེ་སོགས་“བཞུགས་གདན་བདེ་སྟན་ལ་ཞལ་ཤར་གཟིགས་ཕྱུས་བཙུགས་ཀྱིས་བཞུགས་ཐོག དྲུང་ཡིག་གཡུལ་ཁང་འཇམ་དཔལ་བདེ་ལེགས་ནས་བཀའ་ཡིག་གསུང་སྒྲོག་སྙན་འབུལ་ཞུས་པའི་བརྗོད་དོན་དུ། རྗའོ་ཀོང་ཁྲི་བཞུགས་གཉིས་པའི་ཟླ་བ་བཞི་པའི་ཚེས་བདུན་ཉིན་བཀའ་ཡིག་ཕྱི་ཕེབས་སུ། ཞུན་གན་ཅན་ནས་གསེར་སྙན་སྒྲོན་དོན་དུ། སྔར་ལམ་བཞིན་ཏཱ་ལའི་བླ་མའི་སྤྲུལ་སྐུ་གསེར་བུམ་དུ་བརྟག་པ་བགྱིས་སྐོར་དང་། ཁྲི་འདོན་གྱི་ཟླ་དུས། དེ་མཚུངས་པཎ་ཆེན་ཨེར་ཏེ་ནི་གཙང་དུ་ཕྱིར་ལོག་ཞུས་ཆོག་མིན་སོགས་ཀྱི་སྐོར་འཁྱུར་བ། ཏཱ་ལའི་བླ་མའི་སྤྲུལ་སྐུ་ངེས་པ་རྙེད་ཚུལ་ཞུན་གན་ཅན་ནས་གནས་ཚུལ་འཁྱུར་བའི་ཁྲིའུ་གསུམ་པོ་གསེར་བུམ་དུ་ཚང་འཛོམས་སར་བརྟག་པ་བགྱིས་པར། ལི་ཐང་གི་བོད་མི་བློ་བཟང་སྙན་གྲགས་ཀྱི་བུ་བསྐལ་བཟང་རྒྱལ་མཚན་ཐོན་པར་བརྟག་དཔྱད་ངོ་མཚར་ལྡན་ཞིང་། ཏཱ་ལའི་བླ་མའི་སྤྲུལ་སྐུ་འཕྲུལ་མེད་ཞྭ་སེར་གྱི་གཙོ་འཛིན་དུ་ངེས་པ་རྙེད་པར་སོང་གཤིས། ཚང་མ་དགའ་མགུ་ཡི་རངས་ཀྱི་དགེ་མཚན་དུ་མ་བྱུང་བ་སོགས་དངོས་གནས་ཀྱི་སྙན་ཞུ་འཁྱུར་བར་སོང་སྐབས་ཤིན་ཏུ་ནས་དགའ་སྤྲོར་གྱུར་ཅིང་། ད་ལམ་སྤྲུལ་སྐུར་གསོལ་རས་སུ་ཁ་བཏགས་གཅིག ཚེ་དཔག་མེད་ཀྱི་སྐུ་བརྙན་གཅིག རྡོ་དྲིལ་ཆ་ཚང་གཅིག བྱི་རུའི་བཟླས་ཕྲེང་གཅིག་བཅས་ཡོད་པ་ཞུན་གན་ནས་སྤྲོད་དགོས་དང་། ཡང་པཎ་ཆེན་ཨེར་ཏེ་ནི་དང་། ངག་དབང་འཇམ་དཔལ་ཚུལ་ཁྲིམས་རྒྱ་མཚོ་བཅས་སོ་སོར་གསོལ་རས་སུ་ཁ་བཏགས། ཚེ་དཔག་མེད་ཀྱི་སྐུ་བརྙན་རེ་བཅས་ཡོད་པ་ཡང་ཕྱོགས་མཚུངས་སུ་སྤྲོད་དགོས་དང་། ཏཱ་ལའི་བླ་མའི་ཁྲི་འདོན་ཟླ་བ་བརྒྱད་པའི་ཚེས་བརྒྱད་ཉིན་བྱེད་རྒྱུར་སོང་གཤིས། ཞུན་

གན་ཅན་ནས་ཁྲིན་ཐུ་ཐུ་ཧུང་ཐུ་སུ་ཁྲུང་ཤྲཱ་དང་། ལྕང་སྐྱ་ཧོ་ཐོག་ཐུ་བཅས་མཉམ་སྦྲེལ་གྱི་ཞིབ་འཇུག་བྱེད་དགོས་རྒྱུར། ལྕང་སྐྱ་ཧོ་ཐོག་ཐུ་པི་ཅིང་ནས་ཤད་རྫོང་གྱིས་མངགས་རྒྱུར་ཀོང་ཀྲུའི་ནས་ལམ་རྒྱུགས་དངུལ་སྲང་སུམ་བརྒྱ་ཐམ་པ་སྤྲོད་དགོས་སོང་ཞིང་། ཏཱ་ལའི་བླ་མ་ཅན་ལ་བསྐུལ་རྒྱུའི་བཀའ་ཡིག་དང་། སྤར་ལམ་གསོལ་རས་སོགས་མོང་གོལ་སྤྱིར་ཁང་ནས་སི་ཡོན་གཉིས་ཆེད་མངགས་ཀྱིས་རོགས་རམ་བྱེད་དགོས། པཎ་ཆེན་ཨེར་ཏེ་ནི་ནས་ཏཱ་ལའི་བླ་མའི་གཙུག་ཕུད་དང་། བསླབ་སྡོམ་སོགས་བགྱིས་ཟིན་གཤིས་ཏཱ་ལའི་བླ་མའི་ཁྲི་འདོན་བྱེད་རྒྱུར་བླ་ཤས་འདུག་སྐབས་གཙང་དུ་ཕྱིར་ལོག་བྱས་འཐུས་ལ་དེ་དོན་ཝུན་གན་དང་། སྤོའོ་ཁྲ། སུང་ཁྲུ་ཨ་བཅས་ནས་བརྩི་འཛོག་གྱིས། ཞེས་སྤྱི་ཕེབས་བྱུང་ཞེས་འཁོད། བཀའ་ཡིག་སྔན་སྦྲོན་གྲུབ་མཇུག་སྐྱབས་མགོན་ཆེན་པོ་ཡབ་སྲས་ཡས་ཕྱིན་དང་། ཧུ་ཐོག་ཐུ་ཆེ་ཁག མི་དྲག་སེར་སྐྱ་བཅས་ནས་གོང་མ་ཆེན་པོར་ཕྱག་འཚལ་དགུ་ཕྲུགས་སུ་མཛད། ......”① ཅེས་གསལ་ཞིང་། མཆོག་སྤྲུལ་རིན་པོ་ཆེའི་ཡོངས་འཛིན་སྐོར་བླ་བ་ལྷུ་པའི་ཆོས་ཉེར་གཉིས་ཉིན་བཀའ་ལན་ཕྱིར་ཕེབས་སུ། “ཝུན་གན་ཅན་ནས་གསེར་སྔན་སྦྲོན་དོན་བཞིན། ཏཱ་ལའི་བླ་མའི་ཡོངས་འཛིན་བསྐོ་བཞག་ཡོང་བ་ཞེས་ཞུ་གསལ་ལྟར། དགའ་ལྡན་ཁྲི་གེ་ཐུ་སུ་མ་ཏི་པཎྜི་ནས་ཏཱ་ལའི་བླ་མའི་ཡོངས་འཛིན་ཆེ་བ་བགྱིས་འཐུས་དང་། དགའ་ལྡན་ཁྲི་ཟུར་ངག་དབང་སྔན་གྲགས་དང་། ཡོངས་འཛིན་པ་ཤྲི་ཏ་(སྤྲུལ་སྐུ་)འཇམ་དཔལ་ཡེ་ཤེས་བསྟན་པའི་རྒྱ་མཚོ་གཉིས་ཡོངས་འཛིན་ཆུང་ཁ་བགྱིས་འཐུས་སོང་བ། དེས་ན་ཆོས་ཀྱི་ཡོན་ཏན་ལ་སློབ་

① （ནོར་བུའི་ཕྲེང་བ་ཤོག་གྲངས77）

ཚ་གང་ཆེ་བགྱིད་དགོས་སྙི་ཕེབས་བྱུང་།”[1]ཞེས་དང་། དེ་བཞིན་ཏཱ་ལའི་བླ་མའི་གསེར་ཐམ་སོགས་ཀྱི་སྐོར་ཡང་སྙན་སྒྲོན་ཞུས་འདུག་པའི་ཕྱིར་ཕེབས་དགོངས་དོན་དུ། “ཏའོ་ཀོང་ཁྲི་བཞུགས་གཉིས་པའི་ཟླ་བ་དྲུག་པའི་ཚེས་གཉིས་ཉིན་བཀའ་ཡིག་སྙི་ཕེབས་སུ། ཞུན་གན་ཙན་ནས་གསེར་སྙན་སྒྲོན་དོན། ……སྔ་སོར་ཏཱ་ལའི་བླ་མ་སྐུ་གོང་མའི་གསེར་ཐམ་ཁྲི་འདོན་སྐབས་ཕབ་འདུག་པ་ལྟར། ད་ལམ་ཡང་སྤྲུལ་སྐུ་ཁྲི་འདོན་སྐབས་ཐུགས་རྗེ་ཆེ་ཞུའི་ཞུ་ཡིག་ཐོག་ཏུ་སྟར་ལམ་ཕབ་འཐུས་ཡོང་འགྲོ་བས་དེ་དོན་བརྩི་འཛོག་གྱིས་ཞེས་སྙི་ཕེབས་བྱུང་བ་དང་། ཡང་བཀའ་ཡིག་སྙི་ཕེབས་སུ། ཞུན་གན་ཙན་ནས་གསེར་སྙན་སྒྲོན་དོན། ……ཏཱ་ལའི་བླ་མ་གོང་མར་ཡང་མགྱོགས་བྱམས་སེར་པོ་དང་། ཧ་སྨ། སྲབ་མདའ་སེར་པོ་བཅས་སྟར་ལམ་ལྟར་བྱས་འཐུས་སོང་བ་བརྩི་འཛོག་གྱིས་ཞེས་སྙི་ཕེབས་བྱུང་……”[2] ཞེས་གསལ་བ་བཅས་ཡང་སྲིད་ངོས་འཛིན་དང་། ཁྲི་འདོན་མ་གནང་བར་གྱི་མཛད་ལམ་རྣམ་ཐར་འདིའི་ནང་ཙུང་ཞིབ་ཙམ་འཀོད་འདུག་པ་འདིར་དཔེ་མཚོན་དུ་མདོ་ཙམ་དྲངས་པ་ཡིན།

ལོ་དེའི་ཟླ་བ་བདུན་པའི་ཚེས་བཅུ་བཞིའི་ཉིན་བཀས་མངགས་ལྕང་སྐྱ་ཧོ་ཐོག་ཐུ་མཆོག་སྤྲུལ་རིན་པོ་ཆེ་མཇལ་ཕྱག་ཞུ་བར་སླེ་ཐང་དུ་ཕེབས་པ་དང་། “འདི་སྐབས་རྒྱལ་ཡབ་བློ་བཟང་སྙན་གྲགས་ལ་རིམ་པ་དང་པོའི་ཐའི་ཇིའི་ཧོག་གནས་དང་། སྲི་ཁྲབ་མཁན་པོ་བློ་བཟང་ཤེས་རབ་དགོངས་པ་ཞུས་འཁྲིལ་ཚབ་གསར་པ་སྐུ་བཅར་མཁན་པོ་བློ་བཟང་བཟོད་པར་བསྐོ་བཞག་བསྐུལ་སྐོར་གོང་

① (ནོར་བུའི་ཕྲེང་བ་ཤོག་གྲངས87)

② (ནོར་ཕྲེང་ཤོག་གྲངས90)

མ་ཆེན་པོའི་བཀའ་ཡིག་ཕེབས།……”① ཞེས་ཀྱང་འཁོད་འདུག

ཁྲི་ཕེབས་སྐོར་མདོ་ཙམ་བརྗོད་ན། ཚུ་ར་ཧོར་ཟླ་བརྒྱད་པའི་ཚེས་ལྔ་ཉིན་སྒོ་ཐང་བདེ་བ་ཅན་གྱི་ཆོས་ར་ནས་མཆོག་སྤྲུལ་རིན་པོ་ཆེ“ དཔུ་ཞྭ་ཐང་ཞུ་གསོལ་ཏེ་ཕེབས་བྱམས་སུ་བཞུགས།” སྟར་སྒྲོལ་ཆིབས་བསྒྱུར་ཆེ་མོའི་གྲལ་བཀོད་གཟབ་རྒྱས་དང་བཅས་ཆིབས་ཞལ་བསྒྱུར། “ གཉན་མཁར་ནག་གི་བྲག་གདོང་བསྟན་པའི་བདག་པོའི་སྐུ་བརྟེན་ (སྒོ་ཐང་ཡས་སྣའི་རི་བྲུར་ལྡེབས་བྲག་བཀྲིས་ཐུབ་དབང་) ལ་སྐན་ཤལ་དང་། མཁར་ནག་རྟེན་མཁར་ལ་ཚོད་པན། ཟླ་མཆོར་མཚོ་རྫས་བཅས་ཀྱང་བསྟུལ།” དེ་ནས་སྟོད་ལུང་སྒང་དུ་གསོལ་ཚ་གནང་། སྣར་ཡང་ཕེབས་ཐོན་གྱིས“ རྒྱལ་བདེ་ཚལ་གྱི་ཉེ་འདབས་སུ་ཕེབས་པ་ན་བསྟན་སྲུང་ཆེན་པོ་དགའ་གདོང་ཡོན་ཏན་རྒྱལ་པོ་གཟུགས་ཅན་གྱི་ཁོག་ཏུ་བབས་ནས། གུས་ཚུལ་ཤིན་ཏུ་ཆེ་བ་དང་བཅས་ཕེབས་བསུ་པད་འབུལ་ཞུས་པར་མཐུན་རྫས་སྤྲོད་དར་སོགས་འབུལ་གནང་ཐོག་ཐུགས་སྨོན་འཕྲིན་བཅོལ་གནང་སྨིན་དུ་བསྒྲུངས།” དེ་ནས་མཚན་ཉིད་གླིང་ཁར་བཞུགས་སྐར་ཆེ་མོའི་དཔུས་སུ་ཕེབས་ནས་མཛད་སྒོ་རྣམས་གྲུབ་བསྟུན་དེ་ནུབ་མཚན་གཟིམ་ཕྱིང་གུར་ནང་བཞུགས་ཞག་མཛད། སང་ཉིན་ཚེས་དྲུག་གི་སྔ་ཆར“ འདི་ཉིན་ཐོག་མར་པོ་བྲང་ཆེན་པོར་ཕེབས་རྒྱུར་སོང་གཤིས་འཕྲུལ་ཡུན་གྱི་རྟེན་འབྲེལ་དུ་མའི་ཁྱད་མ་ཟད། ཕེབས་ལམ་དུ་འཁོད་པའི་དད་འདུས་མཆོག་དམན་སའི་དྲིག་པ་ལྟ་བུ་ཞལ་མཇལ་དུ་ལྷགས་པ་རྣམས་ཀྱི་རེ་བ་འབྲས་ལྡན་དུ་མཛད་ཕྱིར། ཆིབས་ཐོག་ཏུ་ཕེབས་ན་ཞེས་སྐུ་ཞབས་ནོ་མིན་ཧན་ནས་

① （ནོར་ཕྲེང་ཤོག་གྲངས94）

སྙན་ཞུ་གནང་བ་ལྟར་ལ་གོང་ས་མཆོག་ཀྱང་ལྷག་པར་མཉེས་ཚུལ་དང་བཅས་ཞལ་གྱིས་བཞེས་ཏེ་སྐུ་གོང་མའི་ཆིབས་ཆེན་རྙིང་པ་གཡང་ཆགས་ཀྱི་དཀར་ཞེས་པ་ཆིབས་པར་མཛད།” སྔར་ལམ་ཆིབས་བསུ་གཟབ་རྒྱས་དང་བཅས་རིམ་ཕེབས་ཀྱིས་སྐྱིད་ཚལ་ཀླུ་སྡིངས་སུ་གཞུང་གི་ཐབ་བསུའི་སར་ཕེབས། “ཆེན་ཁྲའི་སྐུ་ཚབ་སུ་ཧོ་ཡེ་དང་། བོད་བཞུགས་ཨམ་བན་གཉིས་སོགས་ཀྱང་ཞབས་བསུར་བཅར་བར་ལུགས་སྲོལ་བཞིན་གྱི་ཁ་བཏགས་རྟེ་སྦྲོད་དང་བཅས་ཚོམས་ཆེན་དུ་ཕེབས་ནས་བཞུགས་ཁྲིར་ཞབས་སོར་བཀོད་དེ། ཆེན་ཁྲའི་དཔོན་ཁག་དང་ཨམ་བན་སོགས་ལ་བཀའི་འཚམས་འདྲི་སོགས་ཀྱང་ཞིབ་ལྷུག་ཏུ་བསྐྱངས། གསོལ་ཇ་བཞེས་འབྲས་སོགས་ཕེབས་རྗེས་རྒྱ་དཔོན་རྣམས་སྔོན་ལ་ཕེབས།” མཇལ་ཕྱག་སོགས་མཛད་སྒོ་གྲུབ་བསྟུན་ཆིབས་བསྒྱུར་གྱི་སྔར་ལམ་དགོན་ཁག་གི་སེར་སྤྲེངས་དང་། ཆབ་འབངས་ཀྱི་བྲོ་གཞས་སོགས་ཀྱིས་མདུན་བསྟར་ནས་རིམ་ཕེབས། “བྲག་སྒོ་ཀླུའི་མཚམས་ནས་ཕོ་བྲང་ཆེན་པོར་གཡས་བསྐོར་གྱིས་འབྲས་སྤྱིང་གཞིས་ཀའི་ཐད་དུ། བྱ་ཁྲི་ཆོས་སྐྱོང་ཆེན་པོ་ཁོག་བཀླམས་ཀྱིས་བསུ་བར་ཕེབས་པར་མཐུན་རྫས། སྦྲོན་དར་དང་འཕྲིན་བཅོལ་བཅས་བསྐྱངས། དེ་ནས་ཞོལ་གཞུང་སྒོ་བརྒྱད་རྩེ་རིང་ནང་མ་ནས་ཆིབས་ལས་བཤོལ་ཏེ་ཕེབས་བྱམས་སུ་ཕེབས།” ཆེ་རྒྱའི་སྲོལ་སྒྲ་དང་བཅས་གཞུང་སྒོ་ཕུན་ཚོགས་འདུ་ལམ་བརྒྱུད་བདེ་ཡངས་ཤར་དུ་ཕེབས་བྱམས་ལས་བཤོལ་ཞིང་། ཐོག་མའི་རྟེན་འབྲེལ་ཁྱད་པར་ཅན་ལ་དགོངས་ཏེ་ལམ་རྐྱང་ (བརྐྱངས་) གྲུ་འཛིན་གཞལ་མེད་ཁང་གི་རྟེན་གཙོ་འཕགས་པ་ལོ་ཀེ་ཤྭ་རའི་སྣང་བརྙན་ལ་གནས་གཟིགས་སྙན་ཤལ་སྤྲོན་འབུལ་དང་། “དེ་ནས་གཟིམ་ཆུང་ས་གསུམ་རྣམ་རྒྱལ་དུ་འཛམ་དབྱིངས་གོང་མ་ཆེན་པོའི་འདྲ་ཐང་ལ་ཕྱག་འཚལ་བསྐྱངས་ནས་

ཕེབས་ཞོར་གསེར་གདུང་འཛམ་གླིང་རྒྱན་གཅིག་དང་། ཤོད་ལྷ་མོ་གསུང་བྱོན་མའི་སྐུ་བཅས་པར་སྣང་ཤལ་ཐུགས་སྨོན་བསྐྱངས་ནས་གཟིམ་ཆུང་ཉི་འོད་འཁྱིལ་བར་ཕེབས་བསྐྱོད་ཀྱིས་འཇིགས་བྲལ་ཆོས་ཀྱི་ཁྲི་འཕངས་མཐོན་པོར་ཞབས་སོར་བཀོད་འཕྲུལ་གཞུང་ནས་ཐོག་མའི་ཕེབས་སྟོན་དཀར་སྤྲོ་འབུལ་གསོལ་” སོགས་མཛད་སྒོ་ཚུགས། ཡར་ངོའི་རྒྱལ་བ་གཉིས་པའི་ཆོས་བརྒྱུད་ཉིན་སྔ་སྲོལ་ཚེས་ཞབས་དང་བཅས་“ གཟིམ་ཆུང་ཉི་འོད་ནས་ཚོམས་ཆེན་སྙིང་པ་སྲིད་ཞིའི་ཕུན་ཚོགས་སུ་ཕེབས་པ་དང་། ཆེན་ཁྲིའི་སྐུ་ཚབ་སྐྱབས་རྗེ་ལྷུང་སྐྱ་རིན་པོ་ཆེ་དང་། སུ་ཧོ་ཏཱ་ཞིང་། བོད་བཞུགས་ཨམ་བན་གཉིས་བཅས་ཀྱང་ཕེབས་འཛོམས་དུས་འགྲིག་ཐོག གོང་མ་ཆེན་པོའི་གནང་སྐྱེས་རིན་ཐང་བྲལ་བའི་དངོས་པོ་བཟང་ཞིང་གྱི་ནོམ་པ་རྣམས་སྟེགས་ཀྱི་ཁར་སྟོན་ཚུད་ཀྱིས་བསྐྲིགས་ཟིན་པའི་སྐུ་མདུན་དུ། གོང་ས་མཆོག་བཞུགས་གདན་གྱི་སྟེང་ནས་ཞལ་ཤར་གཟིགས་ཀྱི་ཞབས་པུས་བཙུགས་ནས་བཞུགས་འཇགས་དང་། སྐུ་ཞབས་ནོ་མིན་ཧན་རིན་པོ་ཆེ་དང་། ཡོངས་འཛིན་ཚེ་མཆོག་གླིང་པ། གུང་། བཀའ་བློན་སོགས་མི་དྲག་རྣམས་ཀྱང་གུས་འདུད་པུས་བཙུགས་ཀྱིས་བཞུགས་པའི་ཐོག བཀའ་ལུང་བཟང་པོས་མངོན་པར་གཟེངས་སུ་བསྟོད་པའི་གསེར་ཡིག་ཏམྦུ་རའི་སྒྲ་དབྱངས་གསར་དུ་སྤུལ་བ། ཧུང་ཡིག་མཁན་པོ་གཡུལ་ཁ་བས་གསེར་སྣན་དུ་སྒྲོན་པའི་ཚིག་དོན་ནི་འདི་ལྟར། ཚེ་རིང་གནམ་གྱི་ཤེ་མོང་བཙན་པོས་ས་སྟེང་ཡོངས་ལ་མངའ་དབང་བ། ཧྭང་ཏིའི་བཀའ། ཏཱ་ལའི་བླ་མ་ལ་ཕབ་པ། ངེད་ནས་གནམ་འོག་ས་སྟེང་གི་སྐྱེ་འགྲོ་ཡོངས་ལ་ཁྲིམས་ཀྱི་ཁ་ལོ་བསྒྱུར་བ་ནི། ཡུལ་ཕྱོགས་ཀུན་གྱི་སྐྱེ་འགྲོ་ཐམས་ཅད་སོ་སོ་ནས་བདེ་སྐྱིད་ཀྱིས་འཚོ་ཞིང་། ཆོས་དང་སྲིད་ཀྱི་འཁོར་བ་ཕུན་ཚོགས་པ་དར་རྒྱས་སུ་གྱུར་ན་སྙམ་

པ་གཙོར་བྱེད་ཅིང་། ད་ལམ་བོད་སྡོད་ཨམ་བན་གཉིས་ནས་སྤྲུལ་སྐུ་ཁྱེད་སྐུ་བལྟམས་པ་ནས་ངོ་མཚར་རྨད་བྱུང་གི་དགེ་མཚན་མང་པོ་མངོན་སུམ་དུ་བྱུང་བ་དང་། རང་བཞིན་ཚུགས་ཐུབ་ཅིང་། བྱ་སྤྱོད་རྣམ་འགྱུར་མཐའ་དག་གི་ངང་ཚུལ་ཁྱད་པར་དུ་འཕགས་པ། ཆུང་ངུ་ནས་ཆོས་སློག་འདོན་ཤེས་པ་དང་། ཏཱ་ལའི་བླ་མ་སྐུ་གོང་མས་མཆོད་པའི་རྟེན་གསུམ་དང་ཉེར་སྤྱད་ཀྱི་ཡོ་བྱད་ཐམས་ཅད་ངོ་ཤེས་པར་བརྟེན། བོད་འབངས་སྐྱ་སེར་ཐམས་ཅད་ཀྱིས་མཐོང་བ་དང་། ཐོས་པ་ཙམ་གྱིས་ཡིད་ཆེས་དང་མོས་གུས་རྩེ་གཅིག་ཏུ་ཐོབ་འདུག་པས་ན། རྒྱ་ཟླ་གཉིས་པ་བདག་ཅག་གི་སྟོན་པས་ཆོ་འཕྲུལ་གྱི་མཛད་པ་ཆེན་པོ་བསྟན་པའི་ཆོས་གྲངས་ཕུན་སུམ་ཚོགས་པའི་ཉིན། པོ་ཏ་ལའི་ཕོ་བྲང་ཆེན་མོར་སྔོན་དུ་ཧུ་ཐོག་ཐུ་རྣམས་ནས་ཉིན་བདུན་གྱི་རིང་ཆོས་འདོན་དང་རིམ་གྲོ་ལ་འབད་ཅིང་། པཎ་ཆེན་ཨེར་ཏེ་ནི་ཙན་ནས་གསོལ་བ་བཏབ་ཅིང་བདེན་སྟོབས་བརྗོད་པ་སོགས་གྲུབ་བསྟུན། པོ་ཏ་ལའི་ཕོ་བྲང་དུ་མཆོད་པའི་གཙུ་ཙུང་རྫོགས་ལྷན། ཧྭང་ཏིའི་འདྲ་ཐང་རིན་པོ་ཆེའི་མདུན་དུ། གསེར་གྱི་བུམ་པ་ནས་ཁྱེད་ཀྱི་མཚན་བྱང་ཐོན་ཚུལ་སོགས་ཞུས་བྱུང་བར། ངེད་ནས་ཤིན་ཏུ་དགའ་སྤྲོ་ཐོབ་ཅིང་། ཁྱེད་ཏཱ་ལའི་བླ་མའི་སྤྲུལ་སྐུར་མངའ་གསོལ་གྱི་བཀའ་ཕབ་པའི་དོན་ལ་ཆེད་དུ་བོད་ཀྱི་ཨམ་བན་ཕན་ཀན། ཆིན་ཏུའི་ཨམ་བན་སུ་ཆུང་། ལྕང་སྐྱ་ཧུ་ཐོག་ཐུ་རྣམས་མངགས་ནས། ད་ལོའི་ཟླ་བ་བརྒྱད་པའི་ཚེས་བརྒྱད་ལ་ཚང་མས་ལྷན་ཅིག་ཏུ་སྤྲུལ་སྐུ་ཁྱེད་པོ་ཏཱ་ལའི་བཞུགས་ཁྲིར་མངའ་གསོལ་ཕྱིར་བཀའ་ཕབ་ནས་བཏང་བ་ཡིན། ཡང་ཁྱེད་ལ་བསྩལ་བའི་བཀྲ་ཤིས་པའི་རྟེན་ཆས་སྣ་ཚོགས་སོག་པོ་ཁྲིམས་གྲའི་བློན་པོ་དཀྱུས་མ་ལ་རྩིས་སྤྲད་དེ། ཟུར་དུ་རྟེན་ཆས་རྣམ་གྲངས་བྲིས་པའི་རྒྱ་ཡིག་ཕན་ཀན་ལ་སྤྲོད་བསྐུར་བྱས་ཡོད། དེ་གར་འབྱོར་ཚེ་

སྤྲུལ་སྐུ་ཁྱེད་ནས་བདག་གིར་མཛོད། སྐབས་འདིར་སྤྲུལ་སྐུ་ཁྱེད་ནི་ཤེས་རབ་གོང་དུ་འཕེལ་བའི་དུས་ཡིན་པས། ངེད་ནས་བསྐྱངས་པའི་བཀའ་དྲིན་རྗེས་སུ་དྲན་བཞིན་པར་སློབ་གཉེར་ཡོན་ཏན་གྱི་རིགས་ལ་འབད་བརྩོན་ལྷུར་ལེན་གྱིས། ཞྭ་སེར་གྱི་བསྟན་པ་དར་ཞིང་རྒྱས་པ་དང་། སྐྱ་སེར་ཆབ་འོག་པ་ཐམས་ཅད་བདེ་སྐྱིད་ཀྱིས་འཚོ་བའི་ཐབས་ལ་འབད་པ་གལ་ཆེ། ལོ་ཤོར་མ་གྱིས། ཆེད་དུ་ཕབ་པ་ཡིན། སྲིད་གསལ་ལོ་གཉིས་པའི་གཤོལ་ཟླ་ཕྱི་མའི་གསུམ་པའི་ཚེས་དྲུག་ལ། ཞེས་ཕེབས་པ་ལེགས་པར་གསན་བཞེས་གྲུབ་རྗེས་ལུགས་སྲོལ་བཞིན་གྱི་སྐུ་ཕྱག་དགུ་ཕྲུགས་སུ་བསྐྱངས། དེ་ནས་བོད་བཞུགས་ཨམ་བན་དང་། ཆེན་ཁྲའི་བླ་དཔོན་རྣམས་ལ་མཇལ་དར་ཛེ་སྤྲོད་གནང་། བླ་དཔོན་རྣམས་ནས་གོང་མའི་གནང་སྐྱེས་གྲས་ནས་བཞུགས་སྟན་དང་། སྐུ་བསྙེས་བཅས་བཞུགས་ཁྲི་ཆེན་མོའི་སྟེང་དུ་ཕྱུལ་བའི་ཐོག་ཞབས་ཟུང་རྡོ་རྗེའི་མདུན་རྒྱ་ལེགས་པར་བཅིངས་ནས་བཞུགས་འཇགས་ཟིན་འཕྲུལ། གནང་སྐྱེས་ཁྲིད་ནས་དབུ་པཎ་དང་། སྐུ་བེར་གཉིས་སྒྲོན་འབུལ་མཛད་པར་སྟོན་ཚུད་ཚད་ལེན་གྱིས་བསྐྱུན་པ་བཞིན་དབུ་དང་། སྐུ་གཟུགས་ལ་ཤིན་ཏུ་རན་པར་གྱུར་པ་ནི་མ་བསྒྲིགས་པའི་རྟེན་འབྲེལ་ཕུན་སུམ་ཚོགས་པར་གྱུར་……”①ཅེས་འཁོད་པ་སོགས་སྣར་སྲོལ་ཁྲི་ཕེབས་ལེགས་འབུལ་གྱི་མཛད་སྒོ་གཟབ་ཅིང་རྒྱས་པར་མཛད་དོ།

---

① （ནོར་ཕྲེང་ཤོག་གྲངས95 －104）

2. ལྷུགས་སྟག་ཞིབ་གཞུང་གསར་བཀོད་དང་། སྤྱི་བོར་དཔྱད་འཇུག་བྱས་ཤིང་། ཏཱ་ལའི་བཅུ་པ་བསྐྱེན་རྫོགས་བཞེས་ནས་རིང་པོར་མ་ལོན་པ་སྐུ་གཤེགས་པ།

ཏཱ་ལའི་བླམ་བཅུ་པ་མཆོག་སྐུ་གཞོན་ནུའི་ཚུལ་བཞེས་ལྟར་གཙོ་བོ་མདོ་སྔགས་གཞུང་ལུགས་རྒྱ་མཚོའི་གསན་བསམ་ལ་གཅིག་ཏུ་འགྲུས་པར་མཛད་པའི་མཐུ་ལས་ལུང་རྟོགས་ཀྱི་སྐུ་ཡོན་ཟླ་བ་ཡར་ངོའི་དཔལ་ལ་འགྲན་པ་བཞིན་གོང་འཕེལ་དུ་འཚོ་ཞིང་གཞེས་པ་དང་། སྤྱི་ལོ1824བོད་ཤིང་སྤྲེ་ཟླ་བ་གསུམ་པའི་ཚེས་བཅོ་ལྔ་ཉིན། རྭ་སྒྲེང་ཁྲི་ཆེན་རིན་པོ་ཆེའི་ཡང་སྲིད་འོས་སྤྲུལ་ཁག་གསེར་བུམ་བརྟག་དཔྱད་ཀྱི་མཛད་སྒོར་མཆོད་ཡོན་ལྷན་རྒྱས་དང་། བོད་བཞུགས་ཨམ་བན་རྣམ་གཉིས་བཅས་རྩེ་གཟིམ་ཚང་ས་གསུམ་རྣམ་རྒྱལ་གྱི་གོང་མའི་འདྲ་ཐང་གི་མདུན་དུ་གདན་འཛོམས་པའི་ཐོག མཚན་བྱང་དགུག་པར་དངོས་གྲུབ་སྩེངས་སུ་འབྲུངས་པའི་ཆུང་སྲིད་ཀྱི་མཚན་བྱང་ཐོན་པའི་ངོས་འཛིན་གཏན་འཁེལ་བྱུང་བ།① ཡང་ཟླ་བ་བཞི་པའི་ཚེས་བཅུ་གསུམ་ཉིན་དེ་མོ་སྲིད་སྐྱོང་གི་འོས་སྤྲུལ་གསེར་བུམ་དགུག་དོན་ཆབ་མདོའི་ཆུང་སྲིད་ཀྱི་མཚན་བྱང་ཐོན་འདུག②

ལོ་དེའི་ནང་། རྒྱལ་བ་མཆོག་གི་ཡོངས་འཛིན་ཁྲི་ཆེན་ངག་དབང་སྙན་གྲགས་སྐུ་ན་སྨིན་ཅིང་། ཡུན་རིང་བསྟུན་བཞེས་མཐར་དགོངས་པ་རྫོགས་པའི་

① (ནོར་ཕྲེང་ཤོག་གྲངས་141)

② (ནོར་ཕྲེང་ཤོག་གྲངས་142)

སྐུ་ཚབ་ཏུ་དགའ་ལྡན་ཁྲི་པ་ངག་དབང་ཆོས་འཕེལ་བསྐོ་འཛུགས་མཛད་བཞིད་“མཆོད་ཡོན་དགོངས་པ་གཅིག་མཐུན་གྱི་ཐོག་ནས་ཨམ་བན་ལྷན་རྒྱས་བརྒྱུད་གོང་མ་བདག་པོ་ཆེན་པོའི་གསེར་སྙན་དུ་གསོལ་བར་དེ་དོན་རེ་འབྲས་སྨིན་པའི་བཀའ་ལུང་བཟང་པོ་དྲལ་རྫེའི་ལམ་ནས་ཕེབས་པ་ལྟར་ཟླ་བ་བརྒྱད་པའི་ཚེས་བཅོ་ལྔ་ཉིན”[1]དངོས་སུ་ཡོངས་འཛིན་གྱི་ཆེ་འདོན་གནང་འདུག

དེ་མིན་འབྲུག་པ་ཐམས་ཅད་མཁྱེན་པ་དང་། ཡར་ལུང་དཔོན་སྤྲུལ། ཉྭ་ བྲག་གསུང་སྤྲུལ་བཅས་ཀྱི་སྐུ་སྐྱེ་འོས་སྤྲུལ་ཁག་སྤྱི་རྗེས་སུ་གསེར་བུམ་དཀྲུག་འདོན་གྱི་མཛད་སྒོར་ཡང་ཏྭ་ལའི་བླ་མ་མཆོག བོད་བཞུགས་ཨམ་བན་གཉིས་དང་ལྷན་ཕེབས་ཀྱིས་ངོས་འཛིན་བསྐྱངས་འདུག

སྤྱི་ལོ1830བོད་ལྕགས་སྟག་ལོའི་ཟླ་བ་དགུ་པའི་“ཆོས་ཉི་ཤུ་སྐོར་ལ། སྤྱི་སོར་རྒྱ་བོད་ཀྱི་བཀའ་འབྲེལ་བཞིན་མངའ་འབངས་གྱི་ཁྲལ་རིགས་ཐང་འདོན་སོགས་ལ་སྙོམས་མཐར་ཞིབ་དཔྱོད་སྤྱི་ཁྱབ་བཀའ་བློན་བཤད་སྒྲ་དོན་གྲུབ་རྡོ་རྗེ་དང་། ཕྲན་སྐུ་བཅར་མཆོད་དཔོན་མཁན་པོ། (རྣམ་ཐར་ནོར་ཕྲེང་རྫོམ་པ་པོ་) རྩིས་དཔོན་ཕ་ལྷ་བ། སྐུ་སྒེར་མགྲོན་བསྐལ་བཟང་ངག་དབང་བཅས་ལོ་སྤྱི་ཕྱིར་ཞིབ་དཔྱོད་ཀྱིས་མངའ་འབངས་སྐྱིད་སྡུག་མེས་སྙོམས་དང་། གཞུང་སྙིབས་ཡོང་ཆེད་ལྕགས་སྟག་ཞིབ་གཞུང་གཏན་འཁེལ་ལ་རྒྱ་བོད་ཟུང་འབྲེལ་གྱི་ཐམ་ག་གནང་བ་བཅས་ཀྱི་འབྲུ་དོན་སོར་གནས་རྒྱུན་འཁྱོངས་ཡོང་ཕྱིར། གཞུང་ཞབས་སེར་སྐྱ་མགྲོན་གཅིག་ནས་རྒྱལ་དབང་མཆོག་ལ་སྙན་ཞུའི་ཞུ་ཐོ་ཕུལ་བར་དོན་སྨིན་གྱི་བཀའ་གསལ་ཞུ་ཐོ་མགོ་མཆན་དམ་འབྱར་དུ་ཕེབས

---

① (ནོར་ཕྲེང་ཤོག་གྲངས146)

པར། ཞབས་པད་སོགས་ཀྱིས་གཙོས་པའི་གཞུང་ཞབས་དྲག་འཁྲིད་དཀྱུས་བཅས་ཚང་མ་དང་། སྐུ་བཅར་རྣམ་རྒྱལ་གྲྭ་ཚང་ཚོགས་ཡོངས། སེ་འབྲས་དགའ་གསུམ་གྱི་ཚོགས་ཆེན། གྲྭ་ཚང་ཁག རྒྱུད་སྟོད་སྨད་ཀྱི་བླ་མ་ལས་སྣེ་སོགས་ནས་ཐུགས་རྗེ་ཆེ་ཞུའི་ལེགས་དར་དང་འབྲེལ་བའི་མཇལ་ཁ་རིམ་ཞུས་ཚང་མར་འདོད་མོས་བཞིན་གྱི་མཇལ་ཕྱག་ཆོམས་མེད་དུ་བསྐྱངས།”① ཞེས་འཁོད་པ་ལྟར་《ལྕགས་སྟག་ཞིབ་གཞུང་》ནི། དེ་སྔའི་བོད་ས་གནས་སྲིད་གཞུང་གི་མངའ་ཁོངས་ཡོངས་ནས་ས་ཁུལ་ཁུང་ཤས་ལ་དེ་རྗེས་བསྐྱར་ཞིབ་བྱས་ཏེ་ཞིབ་གཞུང་གསར་བཀོད་རེ་ཟུང་ཕུད། དེ་ཁྱིངས་རྒྱ་ཁྱབ་ཚང་མར་ས་རིས་བདག་དབང་དང་། ཁྲལ་འུལ་སྐྱབ་ཆག་འཛུགས་གསུམ་གང་ཅི་དེ་རང་ལ་རྩ་འཛིན་བྱེད་པའི་ཡོངས་གྲགས་ཀྱི་ཞིབ་གཞུང་སྒྱུད་གོ་ཆེ་ཤོས་དེ་ཡིན། བོད་ལ་དམངས་གཙོའི་བཅོས་བསྒྱུར་མ་བྱས་བར་མི་ལོ་བརྒྱ་དང་ཉེ་ཤུ་ཙ་དགུ་ཙམ་རིང་རྩ་བའི་ཆ་ནས་གཞུང་སྒེར་ཆོས་གསུམ་ཚང་མས་དེ་ལ་གཞིར་བཟུང་བྱེད་པས། བོད་ཀྱི་སྤྱི་ཚོགས་རྙིང་པའི་ཐོན་སྐྱེད་བདག་དབང་ལམ་ལུགས་ལ་ཞིབ་འཇུག་བྱ་རྒྱུའི་དཔྱད་གཞིའི་ཡིག་ཆ་གལ་ཆེན་པོ་ཞིག་ཡིན་པ་མ་ཟད། ཞིབ་གཞུང་དེ་མར་སྐབས་དེའི་བོད་སྡོད་ཨམ་བན་གྱིས་ཀྱང་ཐམ་ག་ཕབ་ཡོད་པ་བཅས་ཆ་ཚང་ད་ལྟ་བོད་རང་སྐྱོང་ལྗོངས་ཡིག་ཚགས་བདག་གཉེར་ཁང་གི་ཁོངས་སུ་ཡོད་དོ།

སྤྱི་ལོ1831བོད་ལྕགས་ཡོས་ལོའི་ཟླ་བ་གསུམ་པའི་ནང་། “འདི་ལོ་ཕོ་བྲང་དམར་པོའི་སྟོ་བརྒྱུད་གཟིམ་ཚུང་ས་གསུམ་རྣམ་རྒྱལ་སོགས་ཉམས་གསོ་གནང་དགོས་ལ། གོང་མ་བདག་པོ་ཆེན་པོའི་འདུ་ཐང་བཞུགས་ཡུལ་སྒོ་ཤུགས་

① (ནོར་ཕྲེང་ཤོག་གྲངས253－254)

དང་། གོང་ས་མཆོག་ཀུང་རིང་མིན་ཕ་བོང་ཁར་ཆིབས་བསྐྱོད་གནང་རྒྱུའི་སྒོ་རྡོད་པ་བཅས་ལ་སྤྱ་འཕྲོས་འདི་ཟླའི་ཚེས་ཉེར་དྲུག་ཉིན་གོང་མ་བདག་པོ་ཆེན་པོའི་འདྲ་ཐང་རིན་པོ་ཆེ་གཟིམ་ཆུང་བྱམས་ཁང་དུ་སྐྱོ་ཤུགས་མཛད་རྒྱུར། བོད་བཞུགས་ཨམ་བན་གཉིས་ཕེབས་པ་དང་བསྟུན་ས་གསུམ་དུ་མཛལ་དར་རྩེ་སྤྲོད་དང་མཚམས་འདྲི་བཅས་གནང་ནས། རོལ་ཆ་དང་པོ་བཏང་བ་དང་གོང་ས་མཆོག་དང་། ཨམ་བན་གཉིས། སྐུ་ཞབས་ནོ་མིན་ཧན་བཅས་ནས་འདྲ་ཐང་ལ་ཕྱག་འཚལ་གྲུབ་རྗེས། བཀའ་བློན་བཤད་སྒྲ་ནས་འདྲ་ཐང་གདན་ཞུ་དང་། བཀའ་བློན་ཐོན་པ་ནས་མཚན་བྱང་གདན་ཞུས་ལ་གཡས་ཕྱོགས་ནས་རྣམ་གྲྭ་ཉི་ཤུ་སྐོར་གྱིས་སེར་སྦྲེངས་དང་། གཡོན་ཕྱོགས་ནས་མི་དྲག་རྣམས་བསྒྲིགས་ཕྲེང་དང་བཅས་རོལ་ཆ་གཉིས་པའི་སྐབས་བྱམས་ཁང་དུ་གདན་ཞུས་ཀྱིས་བཞུགས་ཁང་གདན་ཞུ་གྲུབ་པར་རོལ་ཆ་གསུམ་པ་དང་དུས་མཚུངས་སུ། གོང་ས་མཆོག་ནས་འདྲ་ཐང་ལ་ནང་མཛོད་སེར་པོའི་སྟན་ཤལ་འབུལ་གནང་དང་བཅས་ཕྱག་འཚལ་བསྐྱངས་རྗེས། རྣམ་གྲྭ་བཅུ་ནས་རབ་གནས་ཀྱི་ཚིག་ཚུགས།”① ཞེས་གསལ་བས་སྐབས་དེར་ས་གསུམ་རྣམ་རྒྱལ་རྒྱུད་ལ་ཉམས་གསོ་ཞིག་གནང་བར་མངོན་ཡང་གཞི་རྒྱ་ཆེ་རིགས་མིན་འདུག་པ་ནི། ལོ་དེ་གའི་ཟླ་བ་བདུན་པའི་ནང་། “རྩེའི་ཕོ་བྲང་གི་ཉམས་གསོ་བྱིངས་དང་། ཉེ་འོད་ཀྱི་ཡང་སྟེང་དུ་གཟིམ་ཆུང་གསར་རྒྱག་མཛད་པ་རྣམས་ཚང་མ་གྲུབ་སྟེ་འདི་ཟླའི་ཚེས་དགུ་ཉིན་དཔེན་གནས་ཕ་བོང་ཁ་ནས་གྲུ་འཛིན་གཉིས་པའི་གཞལ་མེད་ཁང་དུ་ཆིབས་

① （ནོར་ཕྲེང་ཤོག་གྲངས258）

ཞལ་བསྒྱུར། ……”① ཅེས་གསལ་བའི་ཨར་པོའི་ལས་རྒྱུན་ལས་ཤེས་ཐུབ་ཅིང་། ལོ་དེའི་ཟླ་བ་བཅུ་པའི་ཚེས་གཉིས་ཉིན་གོང་མའི་འདྲ་ཐང་སོགས་སྔར་བཞིན་གཟིམ་ཆུང་ས་གསུམ་དུ་སྒོ་ཤུགས་གནང་བའི་མཛད་སྒོ་གོང་གསལ་དང་འདྲ་བ་བསྐྱངས་འདུག②

《ལྕགས་སྟག་ཞིབ་གཞུང་》གསར་འགོད་ལེགས་བསྒྲུབས་བྱུང་བའི་སྐོར་ཨམ་བན་གཉིས་ནས་གོང་མར་གསེར་སྙན་སྦྲོན་པའི་ཕྱིར་ཕེབས་དགོངས་དོན། ཞིབ་དཔྱོད་སྤྱི་ཁྱབ་བཀའ་བློན་བཤད་སྒྲ་དོན་གྲུབ་རྡོ་རྗེར་རིམ་པ་དང་པོའི་ཐའི་ཇི་དང་། མཆོད་དཔོན་ཟུར་པ་བློ་བཟང་འཕྲིན་ལས་རྣམ་རྒྱལ་ལ་དར་ཧན་མཁན་པོའི་ཚེ་ལོ། རྩིས་དཔོན་ཕ་ལྷ་བར་རིམ་པ་གསུམ་པའི་ཧོག་གནས་བཅས་གཟིགས་བསྐྱངས་སུ་བསྩལ་བའི་བཀའ་བསྒྱུར་ལོ་འདིའི་ཟླ་བ་བཞི་པའི་ཚེས་ཉེར་བརྒྱད་ཉིན་ཕེབས་འདུག

སྤྱི་ལོ1834ཏཱ་ཀོང་ཁྲི་བཞུགས་བཅུ་བཞི་པ། བོད་ཤིང་རྟ་ཟླ་བ་བཞི་པའི་ཚེས་བདུན་ཉིན། ཏཱ་ལའི་བླ་མ་སྐུ་ཕྲེང་བཅུ་པ་ཚུལ་ཁྲིམས་རྒྱ་མཚོ་མཆོག་ལ་པཎ་ཆེན་སྐུ་ཕྲེང་བདུན་པ་བསྟན་པའི་ཉི་མས་མཁན་པོ་མཛད་དེ་རྩེ་ནུབ་རྒྱུད་ཚོམས་ཆེན་གསར་པའི་འཕྲུངས་རབས་ལྷ་ཁང་གི་རྟེན་གཙོ་ཇོ་བོ་རིན་པོ་ཆེའི་སྐུ་མདུན་དུ་བསྙེན་རྫོགས་ཀྱི་བསླབ་སྡོམ་ཚ་ག་ཡང་དག་པར་འབུལ་བཞེས་ལེགས་པར་མཛད་གྲུབ་པར་གོང་མ་ཆེན་པོ་ནས། ཡབ་སྲས་གཉིས་ཀར་བཀའ་བཟང་གནང་སྐྱེས་བཅས་བསྩལ་བའི་ཚིག་དོན་སྙན་སྦྲོན་ཞུས་པར། “ཏའོ་ཀོང་ཁྲི་བཞུགས་བཅུ་བཞི་པའི་ཟླ་བ་བདུན་པའི་ཚེས་གཅིག་ཉིན་བཀའ་ཡིག་སྤྱི

---

① ②(ནོར་ཕྲེང་ཤོག་གྲངས260 – 262)

ཕེབས་སུ། ལུང་འུན་ཅན་ནས་གསེར་སླན་རིན་པོ་ཆེ་སྨྲོན་དོན། འདི་ལོ་ཟླ་བ་བཞི་པའི་ཆོས་བདུན་ཉིན་ཏཱ་ལའི་བླ་མ་ནས་པཎ་ཆེན་ཨེར་ཏེ་ནི་ར་དགེ་སློང་གི་ཐུགས་རྫོགས་སྒྲུབ་རྒྱུ་ཕུན་སུམ་ཚོགས་པོ་བྱུང་འདུག་པས། ངོས་ཀྱང་ཤིན་ཏུ་སྤྲོ་བ་སྐྱེས། ད་དུང་ཏཱ་ལའི་བླ་མ་ནས་སླར་སེམས་བསྐྱེད་དེ་སྐུ་ཡོན་གསན་བཞེས་སོགས་ལ་འབད་བརྩོན་ཆེ་སྐྱེད་ཐོག་ཞྭ་སེར་གྱི་བསྟན་པ་འཛིན་སྐྱོང་ཐུབ་པ་དགོས།”① ཞེས་སོགས་གསལ་བའི་ཡབ་སྲས་སོ་སོར་གཟིགས་གཟོས་འཕར་མའི་གནང་སྐྱེས་སྤྲམས་མཐོ་བ་བཅས་བསྐུལ་འདུག

སྤྱི་ལོ1836བོད་མེ་སྤྲེ་ལོར། སྤོ་བོ་ཀཿགནམ་སྡེ་པ་ནས་བོད་ས་གནས་སྲིད་གཞུང་ལ་སྔར་ལམ་ལོ་དུས་ཀྱི་བཙའ་ཁྲལ་རྣམས་དུས་ཐོག་ཏུ་མ་ཕུལ་བ་མ་ཟད། བརྡ་འདེད་བཀོད་རྒྱ་བཏང་བར་ཡང་ཉན་ཤེས་མ་བྱས་པར་སྤྲོ་ཁྲུལ་ས་བཙན་ལམ་འཕྲང་དོག་པ་སོགས་ལྟག་འཁུར་ངན་ཤེད་བྱས་པར་བརྟེན། བཀའ་བློན་བཤད་སྒྲ་དོན་གྲུབ་རྡོ་རྗེ་ངོ་ལས་དམག་དཔུང་དང་བཅས་རྫོངས་བདའ་གནང་དོན། ཞི་དྲག་ཟུང་འབྲེལ་གྱི་སྒོ་ནས་ཞིབ་དཔྱོད་བཀོད་ཁྱབ་བྱས་པར་ཀཿགནམ་དཔོན་འབངས་ཚང་མས་སླད་ཕྱིན་ཕྱང་བླང་འཇོལ་མེད་ཞུ་རྒྱུའི་ཁས་ལེན་དམ་བཅའ་བཞག་ནས་རེ་ཞིག་ལེ་འཁྲིག་བྱུང་འདུག དེ་སྐོར་རྣམ་ཐར་དུ་འང། “འདི་ལོ་སྤོ་དམག་ལམ་འགྲོ་བྱུང་བར་གོང་མ་ཆེན་པོ་ནས་བོད་ཀྱི་བཀའ་བློན་གྱིས་གཙོས་མི་དྲག་རྣམས་ལ་ཏོག་གནས་ཚོ་ལོ། སྨྲ་མདོངས་སོགས་བདག་རྐྱེན་འཕར་གཟིགས་བསྐུལ་བའི་ལེགས་འབུལ་ཞུ་མི་རྣམས་ལ་

① (ནོར་ཕྲེང་ཤོག་གྲངས288 –289)

མཇལ་ཕྱག་རིམ་པར་བསྟུལ།”① ཅེས་འཁོད་འདུག་ཀྱང་། དེའི་ཕྱི་ལོ་སྔར་ཡང་ཁས་ལེན་དམ་བཅར་བརྩེ་སྲུང་གིས་ཁྲལ་འབུལ་སོགས་མ་བྱས་པར་སྔར་བཞིན་ངན་ཤེད་བྱས་རྐྱེན་དབུས་གཙང་གཞུང་དམག་དང་རྒྱ་ཁྱབ་ནས་དམག་བསྐྱལ་སོགས་རིམ་རྫོངས་བྱས་པ་མ་ཟད། དཔུང་དམག་སྤྱི་ཁྱབ་ཏུ་བཀའ་བློན་པ་ལྷ་བ་ངོ་ལས། དམག་དཔུང་འགོ་འདོམས་སོགས་བསྐོ་གཏོང་གཞི་རྒྱ་ཆེ་ཙམ་གནང་དགོས་བྱུང་འདུག་པ་རྣམ་ཐར་དུའང་། མི་བྱ་ཟླ་བ་བདུན་པའི་ནང་། “འདི་སྐབས་སྤྱི་དོན་སྐོར་བསྐྱུར་དུ་ཟིངས་ཤིག་ལ་བརྟེན་དམག་བསྐྱུར་ལང་གི་དཔུང་འཇུག་ཏུ་འགྲོ་མི་རྩེ་ཤོད་དྲུང་འཁོར་དང་། དམག་མིའི་འགོ་བྱེད་རུ་བརྒྱ་ལྡིང་སོགས་དང་། དབུས་གཙང་དམག་མི་བྱིངས་སོགས་རིམ་ཐོན་རྣམས་ལ་ཕྱག་དབང་སྐྱབས་འཇུག་ཐོན་གནང་རིམ་པར་བསྟུལ། བཀའ་བློན་པ་ལྷ་ཡང་ཁམས་ཁུལ་དོན་གཅོད་དུ་བསྐྱོད་དགོས་ལ་ངོ་གཡོག་ལས་བྱ་དང་བཅས་པར་ཐོན་ཕྱག་མཇལ་ཁ་གནང་། དེ་སྐབས་སྤྱི་དམག་བསྐྱུར་ལང་གིས་མི་སེར་ལ་བརྫབས་བསིག་དང་། གཞུང་གནས་ལ་ཡང་ཐུགས་འཁྲུགས་ཅི་ཆེ་བཅས་བྱུང་བར་ཐུགས་གཡེང་དང་། ཐུགས་ཡིད་འབྱུང་བའི་ཚུལ་ཡང་བཞེས།”② ཞེས་འཁོད་ཅིང་། དཔུང་འཇུག་བྱས་མཐར་ཟིང་སློང་བྱེད་གཏེ་རྣམས་མཐར་སྐྲོད་ནན་པོ་བྱས་ཐོག དཔོན་སྟེ་བྱིངས་ནས་སྔར་བྱས་རྒྱབ་བསྐྱུར་དང་ཕྱིན་ཆད་སྤང་བླང་ཞུ་རྒྱུའི་མཐའ་འདོམས་གན་རྒྱ་བླངས་ཏེ་འཁྲུན་གཅོད་ལེགས་ཙམ་བྱུང་བར་གྲགས།

---

① （ནོར་ཕྲེང་ཤོག་གྲངས228）

② （ནོར་ཕྲེང་ཤོག་གྲངས313）

1837བོད་མེ་བྱ་ལོའི་ཟླ་བ་བདུན་པའི་ཚེས་ཉེ་ཤུ་སྐོར་ནས། ཏཱ་ལའི་བླ་མ་ཚུལ་ཁྲིམས་རྒྱ་མཚོ་མཆོག “སྐུ་ཁམས་ཅུང་ཟད་མི་བདེ་བའི་ཚུལ་བཞེས་ཤིང་། དངོས་སུ་སྙུན་ཟུག་ཆེར་མེད་ཀྱང་། གསོལ་ཟས་གསོལ་འདོད་མེད་པ་དང་། ཞབས་ཆག་གནང་བའི་ཚེ་ཞལ་དབུགས་ཅུང་ཟད་འཚང་ཉམས་བྱུང་སྐབས་དེ་འཕྲལ་བླ་སྨན་རྣམས་ནས་ཕྱག་རྩ་ཞུས་ཏེ་གསོལ་སྨན་ཕུལ་ཡང་དྭངས་སྐྱེད་མ་བཞེས་ཤིང་། གཞུང་གནས་ནས་ཀྱང་བླ་ལྷར་ལུང་བརྟག་ཞུས་ཏེ་ཞབས་རིམ་རྒྱ་ཆེ་སྨིན་སྒྲུབ་དང་། བླ་སྨན་མཁན་པོ་འབྲུག་གྲགས་སོགས་སྟོན་ཡོད་ཐོག་གཞུང་གི་སྨན་སྦྱིན་པ་དང་། བསྟན་གླིང་ཨེམ་ཆི་དཔལ་རྒྱལ། གཡུ་ཐོག་ཨེམ་ཆི་སོགས་འདེམས་སྒྲུག་གིས་ཕྱག་རྩ་དང་། སྐུ་ཆབ་ལ་ཞིབ་འཇུག་གོ་བསྡུར་ཐོག་གསོལ་སྨན་ཕུལ་ཞིང་། སླར་ཡང་གཞུང་གནས་ནས་ཞབས་བརྟན་རྒྱ་ཆེ་གནང་རྒྱུ་ཡིན་ལུགས་དང་། སྐུ་ཚེ་ཞབས་པད་བརྟན་དགོས་ཚུལ་སྐུ་བཅར་རྣམས་ནས་གསོལ་འདེབས་གནང་བར་བཀའ་ལན་དུ། ཞབས་བརྟན་རྒྱ་ཆེ་སྒྲུབ་ཀྱང་རྣམ་དཀར་ཡིན་འདུག་པས་རྒྱུ་སོང་གི་འབྲས་བུ་ཡོང་རུང་ཞབས་བརྟན་གཡོར་སྒྲུབ་ཟེར་བ་རྒྱུ་ལ་དཔག་པའི་ལྷ་བཞེངས་ཟེར་བའི་དཔེ་ལྟར་ཡིན། ཕྱི་སོར་ངོས་ནས་རྣམ་སྲས་གན་མཛོད་དུ་ལྟུགས་སྟག་ཞིབ་དངུལ་དང་འབྲེལ་བའི་དངུལ་འབོར་ཕོན་ཚུགས་ཙམ་ཞིག་བྱུང་ན་སྙམ་པས་ལོ་ཕྱི་ཕྱིར་ཏལ་ཏ་དང་། ཐོར་རྒོད་སྦྱིན་བདག་རྣམས་ནས་འབུལ་དངུལ་གཡོར་ཆེ་བྱུང་བ་ཚང་མ་རྣམ་གན་དུ་བཙུག་ནས་རེ་ཞིག་བེད་སྤྱོད་མི་དགོས་པའི་རྩིས་བྱས་པ་ཡིན་ཀྱང་། སྤྱི་པོར་དམག་གི་ཟིང་ཆ་དེ་དང་། ངོས་གཟུགས་གཞི་མི་བདེ་བའི་སྐུ་རིམ་བཅས་ལ་ཕལ་ཆེར་དག་སོང་། འདིས་མཚོན་གཞུང་གི་བསྟན་སྲིད་ལས་རྒྱ་དང་། བོད་ཁམས་སྤྱིའི་བདེ་ཐབས་སོགས་ལ་ཕན་པ་གང་ཆེ་ཞིག་བྱུང་ན་སྙམ

རྟུང་། ཡར་སྐྱིད་མི་འདུག་པས་གང་བྱས་ཀྱང་བྱས་པ་རྗེས་མེད་ཅིག་རང་ཡིན་པ་འདྲ་ཞེས་ཕེབས་པ། དེ་དག་གི་སྐབས་སུ་རྒྱལ་བློན། སྐུ་བཅར་ཚང་མས་ལྷ་དགོངས་དྭངས་བའི་གསོལ་འདེབས་ཇི་ལྟར་ཞུས་ཀྱང་། བཞད་མོ་དང་བཅས་དེ་རང་རེད་གསུངས་པ་ཙམ་ལས་ཞལ་བཞེས་མ་གནང་བ་བཅས། དགུང་གྲངས་ཞེར་གཉིས་ཕེབས་པ་མེ་བྱ་ཟླ་བ་དགུ་པའི་ཚེས་གཅིག་ཉིན་གཟིམ་ཆུང་ཕུན་ཚོགས་འདོད་འཁྱིལ་དུ་ཁྲིའུ་ཤིང་གི་ཁར་བྱམས་པའི་བཞུགས་སྟངས་ཀྱིས་བཞུགས་ཏེ། བཞད་མོའི་རྣམ་པ་བཅས་མཛད་བཞིན་པའི་ངང་མཛད་པའི་མཐའ་མ་མྱ་ངན་ལས་འདས་པའི་ཚུལ་བསྟན་ནོ། ”① ཞེས་གསལ་བ་རྣམས་རགས་བསྡུས་ཙམ་དྲངས་པ་ལགས་ཤིང་། གདུང་རྟེན་གསེར་སྡོང་ཁམས་གསུམ་རྒྱན་མཆོག་ཅེས་པ་མཆོད་སྡོང་འཛམ་གླིང་རྒྱན་གཅིག་གི་གཡོན་ངོས་སུ་བཞུགས་པ་འདི་ལགས་སོ།

ལོ་དེའི“ ཟླ་བ་བཅུ་གཅིག་པའི་ནང་གནམ་བསྐོས་གོང་མ་ཆོས་ཀྱི་རྒྱལ་པོ་ནས། རྒྱལ་མཆོག་དེ་ཉིད་ཀྱི་དགོངས་པ་རྫོགས་པ་དང་། མཆོག་སྤྲུལ་མྱུར་གསལ་སོགས་ཀྱི་རྣམ་དཀར་ភྲབས་པོ་ཆེའི་ཐབས་སུ་མཛད་ནས་རྒྱ་དངུལ་སྲང་སྟོང་ཕྲག་ལྔ་དང་། ཤེལ་གྱི་སྦྱིད་པ་དང་། སྤོས་ལ་སོགས་པའི་གསོལ་རས་ཕེབས་པ་རྣམས་སྐུ་གདུང་རིན་པོ་ཆེའི་སྐུ་མདུན་དུ་ཨམ་བན་ངོས་བཅར་གྱི་ཐོག་ནས་སྟེགས་ཀྱི་ཁར་བསྒྲིགས་འབུལ་དང་། ཕྱག་འཚལ་ཞུས་ཤིང་། བཀའ་ཡིག་ཀྱང་ཀུན་གྱི་རྣ་ལམ་དུ་སོན་པར་བསྒྲགས”②ཞེས་གསལ་ལོ།

---

① （དོར་ཐེང་ཤོག་གྲངས320 – 322）

② （དོར་ཐེང་ཤོག་གྲངས333 – 334）

ཏཱ་ལའི་བླ་མ་འདི་ཉིད་ཀྱི་ཡབ་གཞིས་ཐད། དེ་སྔ་གནའ་རབས་བོད་སྨན་གྱི་སྲོལ་འབྱེད་ཆེན་པོ་གཡུ་ཐོག་རྙིང་མ་ཡོན་ཏན་མགོན་པོ་མཆོག་གི་འཁྲུངས་གཞིས་སྟོད་ལུང་ཁུལ་དུ་གཡུ་ཐོག་སྐྱིད་ཚལ་བ་ཞེས་པ་ཡོད་ཅིང་། དེ་གའི་མི་རྒྱུད་ཀྱང་གཡུ་ཐོག་རྙིང་མའི་སྐུ་རྒྱུད་ཡིན་པར་གྲགས་ལ། དེ་རྗེས་དགའ་ལྡན་ཕོ་བྲང་པའི་གཞུང་ཞབས་དྲུང་དྲག་གི་ཁོངས་སུ་ཞུགས་པ་ལྟར་ཏཱ་ལའི་བླ་མ་སྐུ་ཕྲེང་བརྒྱད་པ་དང་དགུ་པ་སོ་སོའི་སྐབས་བཀའ་བློན་ཡང་མི་ཐོག་གཉིས་ཙམ་བྱུང་བ་རྣམ་ཐར་ལ་གསལ་ཞིང་། སྐབས་འདིར་ཏཱ་ལའི་བཅུ་པའི་སྐུའི་ཉེ་རིགས་ཤིག་དང་གཉེན་སྒྲིག་མཛད་པའམ་གང་ལྟར་གཡུ་ཐོག་དང་བླ་སྒྲིལ་ཐོག འཁྲུངས་ཐེབས་སྐྱེ་མོ་བདེ་ལེགས་གླིང་གཙོ་བོར་གྱུར་པའི་གཞིས་ཁ་རྒྱ་ཆེ་ཙམ་སྦྱོར་འཛུགས་དང་འབྲེལ་དུས་ཕྱིས་ཡབ་གཞིས་གཡུ་ཐོག་པ་ཞེས་གྲགས་པ་དེ་བྱུང་བར་སྣང་།

གཞན་ཡང་བོད་ཀྱི་ལོ་རྒྱུས་ཡིག་རིགས་རྣམ་ཐར་སོགས་ལ་གསལ་རིགས་ང་ཚོར་ལག་སོན་མ་བྱུང་རུང་། ཡཱ་ཧན་ཀྲང་གིས་བརྩམས་པའི་དེབ་དེའི་ནང་། "ཏཱ་ཀོང་། ཁྲི་ལོ་བཅོ་ལྔ་བར་［སྤྱི་ལོ1835ལོ］ས་མཚམས་ཀྱི་རྐྱེན་གྱིས་གོར་ཁ་དང་འབྲས་ལྗོངས་བར་སྐར་ཡང་རྩོད་གཞི་བྱུང་སྐབས་གོར་ཁ་རྒྱལ་པོས་བོད་བཞུགས་ཨམ་བན་ཨོ་ཧྲུན་ཨན་ལ་'འབྲས་ལྗོངས་ཚོ་པས་ས་མཚམས་བཙན་བཟུང་བྱེད་ཀྱི་འདུག་པས་ཐག་གཅོད་བྱེད་སྟངས་སྐོར་ལ་བཀའ་སློབ་གནང་རོགས་གནང་' ཞེས་སྙན་སེང་ཞུས་པ་རེད། གོང་མ་ཏའོ་ཀོང་གིས་ལས་འགན་གསར་དུ་ལེན་མཁན་ཀོན་ཧྲེང་པའོ་ལ་'ལམ་སང་ཉིན་གཅིག་གིས་ཉིན་ལམ་གཉིས་བཅད་དེ་མགྱོགས་པོར་མདུན་དུ་སོང་ནས་རང་ཉིད་ངོ་མས་ས་མཚམས་ཀྱི་གནས་ཚུལ་ལ་ཞིབ་དཔྱད་བྱེད་དགོས་པར་མ་ཟད། སྐབས་འཕྲལ་མི་བཏང་

ནས་གསང་སྟབས་ཀྱིས་མྱུལ་ཞིབ་ཀྱང་བྱེད་དགོས། གལ་སྲིད་ཕྱི་གླིང་པ་དེ་དག་གིས་ཧམ་པ་ཆེན་པོའི་སྒོ་ནས་རྩོད་རེས་བྱེད་ན། བློན་ཆེན་སོགས་ཀྱིས་རང་འགག་རྒྱ་བོད་དཔོན་རིགས་ལ་ཁ་ལུང་〔སྒྲ་སྒྱུར་〕ནན་སྤྲུང་དང་སྔོན་འགོག་དམ་པོ་བྱེད་དགོས་པའི་བཀའ་ཕབ་ནས་མི་གཅིག་གིས་ཀྱང་ས་མཚམས་ལས་བརྒལ་ནས་རྩོད་གཞི་སློང་རིགས་བྱས་མི་ཆོག་པ་བྱེད་རྒྱུ་དེ་ནི་གལ་འགངས་ཆེ་ཤོས་དེ་རེད།’ （《བོད་བཞུགས་ཨམ་བན་ལ་རྟོག་ཞིབ་བྱས་པ་》ཞེས་པར་གསལ་） ཅེས་སློབ་སྟོན་གནང་ཡོད་པ་རེད། སློབ་སྟོན་དེའི་ནང་དུ་གོང་ཁ་དང་འབྲས་ལྗོངས་བར་གྱི་རྩོད་གཞི་དེ་ཡང་སྙིང་ཐག་གཅོད་གང་འདྲ་ཞིག་བྱེད་དགོས་སྐོར་ཚིག་ཟུར་ཙམ་ཡང་བཤད་མེད་པ་རེད། དེར་བརྟེན་འབྲས་ལྗོངས་དང་གོར་ཁས་སྔར་ཡང་དབྱིན་ཇིར་འདུམ་སྒྲིག་གནང་རེ་ཞུས་སྐབས་‘དབྱིན་ཇིའི་སྲིད་གཞུང་གིས་རྩོད་གཞི་དེ་འདུམ་སྒྲིག་བྱེད་པར་ཀོ་ལན་ཏེ་བཏང་བ་རེད། རྩོད་གཞི་དེ་ཐག་ཆོད་རྗེས་ཀོ་ལན་ཏེས་འབྲས་ལྗོངས་ཀྱི་རྡོ་རྗེ་གླིང་གཡར་ནས་དབྱིན་ཇིའི་ཚ་གསོལ་བྱེད་ས་བྱེད་རྒྱུའི་འདོད་ཚུལ་འཛིན་གྱི་ཡོད་པ་རེད། 1835ལོར་འབྲས་ལྗོངས་ཀྱིས་རྡོ་རྗེ་གླིང་དང་རྒྱ་གར་གྱི་བདེ་ཐང་ས་ཁུལ་དང་འབྲེལ་ནས་ཡོད་པའི་རི་ཁུལ་བཅད་ནས་དབྱིན་ཇིར་སྤྲད་ཅིང་། དབྱིན་ཇིའི་སྲིད་གཞུང་གིས་ལོ་རེར་དབྱིན་པང་སུམ་བརྒྱ་རེ་འབྲས་ལྗོངས་རྒྱལ་པོའི་ལོ་ཕོགས་སྤྲོད་ཀྱི་ཡོད་པ་རེད་’〔《བོད་ཀྱི་ལོ་རྒྱུས་ཀུན་གསལ་》ཞེས་པར་〕གསལ་ཞེས་འཁོད་འདུག་པ་འབྲས་ལྗོངས་པ་ཁ་ཕྱིར་ཕྱོགས་པ་དང་། དུས་དེ་ནས་བཟུང་རྡོ་རྗེ་གླིང་སོགས་དབྱིན་ཇིས་བཟུང་བ་བཅས་ཀྱིས་རྗེས་སུ་དབྱིན་དམག་བོད་དུ་བཙན་འཛུལ་བྱ་རྒྱུར་གལ་ཆེའི་ཆ་རྐྱེན་བསྐྲུན་པ་ཡིན་པར་བརྟེན་འདིར་ལོ་རྒྱུས་ཀྱི་དཔྱད་གཞིར་དྲངས་པ་ཡིན།”

བདུན་པ། ཏཱ་ལའི་བླ་མ་བཅུ་གཅིག་པ་མཁས་གྲུབ་རྒྱ་མཚོའི་སྐབས།

1. ཡང་སྲིད་ངོས་འཛིན་ཁྲིར་ཕེབས་དང་། སྟོད་མངའ་རིས་ཁུལ་དུ་ལ་སིང་དམག་འཁྲུག་བྱུང་བ།

ཏཱ་ལའི་བླ་མ་སྐུ་ཕྲེང་བཅུ་གཅིག་པ་མཁས་གྲུབ་རྒྱ་མཚོ་ནི། མི་ཉག་མགར་ཐར་དགོན་པའི་ཉེ་འདབས་སུ། མན་ཚོད་དཀོན་བརྩེགས་གཤིས་ཁྱིམ་ཚང་དུ་ཡབ་ཚེ་དབང་དོན་གྲུབ་དང་། ཡུམ་གཡུང་དྲུང་བུ་ཁྲིད་བྱ་བ་གཉིས་ཀྱི་སྲས་སུ་སྤྱི་ལོ1838ཐོད་རབ་བྱུང་བཅུ་བཞི་པའི་ས་ཁྱི་ཧོར་ཟླ་དགུ་པའི་ཚེས་གཅིག་ཉིན་སྐུ་བལྟམས། སྐབས་དེར་རྒྱལ་བའི་ཡང་སྲིད་འོས་སྤྲུལ་གསུམ་བྱུང་བའི་ནང་ནས་འདི་ཉིད་ཕོ་ན་འབྱུངས་ལྟས་སོགས་གང་ཅི་ནས་ངོ་མཚར་དང་སྙན་གྲགས་ཆེ་བར་གྲགས། དེ་ཡང་སྐུ་བཅར་(རྒྱལ་དབང་)མཁན་སྤྲུལ་བློ་བཟང་འཕྲིན་ལས་རྣམ་རྒྱལ་ནས་མཛད་པའི་རྣམ་ཐར་ངོ་མཚར་ལྷའི་རོལ་མོ་ཞེས་བྱ་བ་ལས་འབྱུང་བ་ལྟར། "དབུས་གཙང་གི་ལྗོངས་འདིར་འཁོད་པའི་སྐྱེ་འགྲོ་མཐའ་དག་རྒྱལ་བའི་དབང་པོའི་ཡང་སྲིད་ནམ་ཕེབས་ལ་སྐོམ་པས་ཆུ་འདོད་པ་ལྟར་གྱུར་ཅིང་། ཀུན་གཟིགས་པཎ་ཆེན་ཐམས་ཅད་མཁྱེན་པ་སོགས་ལྷ་དང་བླ་མར་ཞུས་པའི་ལུང་བསྟན་རྣམས་མཐུན་པར་ཁམས་ཕྱོགས་སུ་བཟང་བར་བརྟེན། ……རྒྱ་བོད་ཟུང་འབྲེལ་ནས་བཀའ་བགྲོས་ཀྱིས་ཡང་སྲིད་འཁྲུལ་མེད་བརྩད་གཅོད་དུ་མངགས་པའི་མི་སྣ་འབྲས་སྤུངས་འདུལ་བ་མཁན་

པོ་སློ་གྲོས་བརྟན་པ། རྗེའི་གཟིམ་འགག་སངས་རྒྱས་དཔལ་བཟང་། ཏུ་དཔོན་སྣང་དཀར་ཟླུས་རྣམས་བཀའ་རྒྱ་སྟོན་བཏང་གིས་རིམ་གྱིས་ཏྲེ་ཧོར་ཁང་གསར་བརྒྱུད་མཆོག་སྤྲུལ་བརྫོད་གཙོད་དུ་ཕེབས།” ཞེས་དང་། （ལྷུགས་ཕྱི་）“ལོ་དེའི་ཟླ་བ་དགུ་པའི་……ཚེས་བཅུ་གསུམ་ཉིན་གོང་གསལ་དཔོན་གཡོག་རྣམས་གཟིམ་ཁང་དུ་ཕེབས་ནས། ཞལ་གྱི་དཀྱིལ་འཁོར་ཐོག་མར་མཇལ། བཀྲ་ཤིས་པའི་ལྷ་གོས་སྲིད་དུ་རིང་བ། རྒྱལ་བ་ཚེ་མཐའ་ཡས་པའི་སྐུ་བརྟེན་བཅས་ཕུལ་བར་ཞལ་འཛུམ་བག་དང་བཅས་ཏེ་དགྱེས་ཚོར་ཆེན་པོས་བཞེས།”① ཞེས་གསལ་ཞིང་། འབྲུངས་ལྟས་སོགས་གང་ས་ནས་ངོ་མཚར་ཆེན་པོ་བྱུང་བར་བརྟེན་ལྷ་སར་སྙན་ཞུས་དང་འབྲེལ་ད་དུང་གོང་མར་གསེར་སྙན་སྒྲོན་དགོས་སྐབས། འོས་སྤྲུལ་གྱི་གྲས་སུ་བྱུས་ནས་གོང་གསལ་གཞུང་གི་མི་སྣ་རྣམས་དང་། མགར་ཐར་གྲྭ་ཚང་གི་མཁན་པོ་ལས་སྣེ། ཡུལ་གྱི་འགོ་དྲག་སོགས་ནས་གདན་དྲངས་ཏེ་མགར་ཐར་རྣམ་རྒྱལ་གླིང་དུ་ཕེབས་ནས་རེ་ཞིག་དེ་གར་བཞུགས་སྡོད་ཆགས།

སྤྱི་ལོ1841ཐོད་ལྕགས་གླང་ལོར་འོས་སྤྲུལ་ཁག་གསུམ་སྤར་ལམ་གསེར་བུམ་དཀྲུག་འདོན་ཞུ་རྒྱུར་ལྷ་སར་གདན་དྲངས་པ་ལྟར། རྗེ་འདི་ཡང་ཟླ་བ་གཉིས་པའི་ནང་མགར་ཐར་ནས་ཆིབས་བཏེགས་ཏེ་རིམ་གྱིས་ཕེབས་ནས་ལོ་དེའི་ཟླ་བ་ལྔ་པའི་ནང་བདེ་ཆེན་གསང་སྔགས་མཁར་དུ་ཕེབས། དེ་གར་ཀུན་གཟིགས་པཎ་ཆེན་རིན་པོ་ཆེ་དང་། རྒྱལ་ཚབ་ནོ་མིན་ཧན། ཐོད་བཞུགས་ཨམ་བན་རྣམ་གཉིས། གདན་ས་གསུམ་གྱི་བླ་སྤྲུལ་ལས་སྣེ། བཀའི་གུང་བློན་

---

① （ཧྲུ་ལའི་བཅུ་གཅིག་པའི་རྣམ་ཐར་ངོ་མཚར་ལྷའི་རོལ་མོ་ཤོག་གྲངས11－12）

སོགས་ཆེ་ཀྲུ་རྣམས་ཕེབས་ནས་སྐུ་གོང་མ་ན་རིམ་གྱི་ཐུགས་དམ་རྟེན་མཆོག་དང་། སྐུའི་ཉེར་སྤྱོད་སོགས་ངོ་འདྲ་སྤྱན་བསྟར་བརྟག་ཞིབ་གནང་བར་ངོས་འཛིན་འཁྲུལ་མེད་མཛད་པར་གྲགས།

ལོ་དེའི་ཟླ་བ་ལྔ་པའི་ཚེས་"ཉེར་བཞི་ཉིན་པོ་ཏ་ལར་གནམ་བསྐོས་གོང་མའི་ལུང་གིས་གསེར་བུམ་དཀྲུག་པར་"① མགར་མཐར་གྱི་མཆོག་སྤྲུལ་རིན་པོ་ཆེ་འདི་ཉིད་ཐོན། ཟླ་བ་དྲུག་པའི་ཚེས་འགོར་བདེ་ཆེན་ནས་གུང་ཐང་གཙུག་ལག་ཁང་དུ་གདན་འདྲེན་ཞུས་ཤིང་། དྲུག་པ་ཚེས་བཞིའི་དུས་ཆེན་ཉིན་ཀུན་གཟིགས་པཎ་ཆེན་བསྟན་པའི་ཉི་མ་མཆོག་གིས་ཡང་སྲིད་རིན་པོ་ཆེའི་དབུ་སྐྲས་གཙུག་ཕུད་བཞེས་ནས། མཚན་ངག་དབང་བསྐལ་བཟང་བསྟན་པའི་སྒྲོན་མེ་མཁས་གྲུབ་རྒྱ་མཚོ་དཔལ་བཟང་པོ་ཞེས་གསོལ་བར་མཛད་པ་དང་། ཉིན་དེ་རང་ལ་གུང་ཐང་ནས་རི་རྒྱ་བསམ་གཏན་གླིང་དུ་གདན་འདྲེན་ཞུས། "གནམ་བསྐོས་གོང་མ་ཆེན་པོར་གསེར་བུམ་བརྟག་དཔྱད་ཞུས་པའི་གནས་ཚུལ་སྙ་སོར་ནས་ཕུལ་བས་ཕྱིར་ཕེབས་ལེགས་འབུལ་དུ། (ཟླ་བ་བདུན་པའི་) ཚེས་ཉེར་གསུམ་ཉིན་གསེར་ཡིག་རིན་པོ་ཆེ་དང་། བཀྲ་ཤིས་པའི་ལྷ་གོས་སྲིད་དུ་རིང་བ། རྫོར་དྲིལ་ཆ་ཚང་། ཕྱྭ་ཏུའི་ཕྲེང་བ་སོགས་བསྩལ་བ་རི་རྒྱ་བསམ་གཏན་གླིང་དུ་ཕུལ་བ་ན། པཎ་ཆེན་ཐམས་ཅད་མཁྱེན་གཟིགས་ཆེན་པོ་དང་། རྒྱལ་བའི་རྒྱལ་ཚབ་ཁྲི་ཆེན་ནོ་མིན་ཧན་རིན་པོ་ཆེས་དབུས་པའི་བོད་བཞུགས་ཨམ་བན་ལྷན་རྒྱས་བཀའི་དགུང་བློན་སོགས་ཆེ་ཀྲུ་ས་རྟུལ་གྱི་གྲངས་དང་མཉམ་པའི་དབུས་སུ། གསེར་ཡིག་གི་དགོངས་དོན་སྙན་དུ་ཕུལ་བར། འཇིགས་ཤིང་ཞུམ་

① (རྣམ་ཐར་ལྷའི་རོལ་མོ་ཤོག་གྲངས16)

པ་མེད་པའི་ཉམས་ཀྱིས་གསན་ཅིང་ཐུགས་སྤྲོ་བའི་རྣམ་འགྱུར་དུ་མ་མཛད། ”① ཅེས་གསལ་ཞིང་། གནས་དེར་ཟླ་བ་བཅུ་ཙམ་ཞིག་བཞུགས་པར་སྣང་།

1842ལོར་ཆུ་སྟག་ལོའི་ཟླ་བ་བཞི་པའི་ཚེས་བཅུ་བཞི་ཉིན་རི་རྒྱ་བསམ་གཏན་གླིང་ནས། གོང་མ་ཆེན་པོས་བཀས་མངགས་ཆེན་ཁྲལ་གྱིས་མཆོན་རྒྱ་བོད་བླ་དཔོན་ཆེ་ཕྲ་སོགས་སྤར་སྤྱོལ་ཆིབས་བསྒྱུར་ཆེ་མོའི་ཆིབས་རགས་དང་། ཕེབས་བསུ་གཟབ་རྒྱས་བཅས་འདོད་རྒྱ་ཐང་གི་བཞུགས་སྒར་དུ་བཞུགས་ཞག་དང་། དེའི་སང་ཉིན་ཚེས་བཅོ་ལྔའི་སྔ་ཆར་རྗེ་ཕོ་བྲང་ཆེན་པོ་པོ་ཏ་ལར་ཞབས་སོར་བཀོད། ཁྲི་ཕེབས་དངོས་གཞིའི་སྐོར་རྣམ་ཐར་ནང་། “རོལ་ཆ་དང་གཉིས་ཀྱིས་རིམ་པར་སྐབས་དབྱེ་བའི་ཐོག ཡ་མོན་ནས་གོང་མ་བདག་པོ་ཆེན་པོའི་གསེར་ཡིག་རིན་པོ་ཆེ་སེར་སྦྲེང་གིས་སྤུན་བསུས་ཏེ་གདན་ཞུ་དང་། དེ་ནས་སྐྱབས་མགོན་རྒྱལ་ཚབ་ཁྲི་ཆེན་མཆོག་དང་། བོད་བཞུགས་ཨམ་བན་རྣམ་གཉིས། ཆེན་ཁྲལ། སྐྱབས་རྗེ་ལྕང་སྐྱ་རིན་པོ་ཆེ་དཔོན་ཁག་བཅས་ཕེབས་བསྟུན་རོལ་ཆ་གསུམ་པ་དང་འབྲེལ་བར་སྤྱན་འདྲེན་རྒྱ་གླིང་དང་། རིན་རྒྱུན་སོགས་ཀྱིས་མདུན་བདར། རྒྱལ་ཚབ་རིན་པོ་ཆེ་དང་ཞབས་པད་སོགས་ཀྱིས་སྤྱོས་སྣ་མཛད་དེ་ཚོམས་ཆེན་སྲིད་ཞི་ཕུན་ཚོགས་སུ་ཕེབས་འཕྲལ་བཞུགས་གདན་ཐོག་ཤར་གཟིགས་ཕྱུས་བཙུགས་ཀྱིས་བཞུགས་པར། གོང་མ་ཆེན་པོའི་གནང་རྟེན་འབུལ་བཞེས་དང་། གསེར་ཡིག་སྙན་སྒྲོན་གྲུབ་བསྟུན་ཕྱག་འཚལ་བསྐྱངས་རྗེས་ཨམ་བན་སོགས་དང་མཇལ་དར་རྟེ་སྤྲོད་བསྐྱངས་ཏེ། གསེར་ཁྲི་ཆེན་མོར་ཞབས་སོར་འཁོད་བསྟུན་རྒྱལ་ཚབ་ནོ་མིན་ཧན་ནས་མཇལ་དར

① (ལྷའི་རོལ་མོ་ཤོག་གྲངས18)

འབུལ་བཞེས་དང་། ཇོ་ཁང་སྐུ་རིན་པོ་ཆེ་ནས་མཇལ་དར་ཕུལ་ནས་བཞུགས་ཁྲིར་འཁོད། ......”① དེ་ནས་བླ་སྤྲུལ་དཔོན་རིགས་སོགས་ཀྱི་མཇལ་ཕྱག་དང་། དགའ་སྲི་སྟོན་ཆེན་སོགས་སྔར་ལམ་གྱི་མཛད་སྒོ་མཐའ་དག་གཟབ་རྒྱས་གནང་འདུག

ལོ་འདིའི་སྤྱི་རྗེས་ཙམ་ལ་སེང་པས་བོད་ཀྱི་མངའ་རིས་སྐོར་གསུམ་ལ་བཙན་འཛུལ་དམག་འཁྲུག་བྱུང་བའི་སྐོར། དེ་སྔོན་ནས་སེང་པའི་རྒྱལ་པོས་ལ་དྭགས་ཀྱི་ས་མཚམས་ཁག་ལ་དམག་འཁྲུག་སྤྱི་ཕྱིར་བྱས་པ་མ་ཟད། སྤྱི་ལོ1834ལོད་ཤིང་རྟ་ལོར་ཀ་སི་སྨིར་གྱི་རྒྱལ་པོ་གུ་ལབ་སེང་ཟེར་བས་སེང་པའི་རྒྱབ་རོགས་བྱས་ཏེ་དམག་དཔོན་ཤ་ཛོར་ཝ་ར་ཤར་དང་། ནེ་རྟབ་སེང་ལ་སོགས་དཔུང་དམག་འཁོར་ཆེན་མངགས་ནས་ཐོག་མར་ལ་དྭགས་ལ་བཙན་འཛུལ་བྱས་པ་དང་། སྐབས་དེར་ལ་དྭགས་ཀྱི་ས་མཚམས་སྲུང་མཁན་མཁར་དཔོན་ས་ཕུད་བཀྲ་ཤིས་དབང་ཕྱུག་ཕ་བུ་གཉིས་དང་། ལ་དྭགས་ཀྱི་བཀའ་བློན་ཧོག་པ་རྡོ་རྗེ་རྣམ་རྒྱལ་སོགས་ནས་སེང་དམག་བཀག་འགོག་དམག་འཐབ་དཔའ་ངར་ཆེ་བསྐྱེད་བྱས་འདུག་ཀྱང་། མཚོན་ཆ་བཟང་ཞན་ཐུག་པས་མཐར་ཁོང་གསལ་འགོ་དཔོན་གསུམ་ཀ་དམག་ཐོག་ཤོར་བ་དང་། བློན་པོ་དངོས་གྲུབ་བསྟན་འཛིན་ཟེར་བ་རྣམས་སྐྱོན་ཕོག་ཁར་དམག་དཔུང་བྱིངས་ཐོར་ནས་དགྲ་བོར་མགོ་འདོགས་དགོས་བྱུང་བ་བཅས་ལ་བརྟེན་མཐར་ལ་དྭགས་ཡོངས་རྫོགས་སེང་པས་བཟུང་ཞིང་། དངོས་གྲུབ་བསྟན་འཛིན་ལ་དྭགས་ཀྱི་རྒྱལ་པོར་བསྐོས་ནས་ལོ་རེ་ལ་སེང་ལ་དངུལ་སྒོར་སྟོང་དགུ་སྟོང་རེ་འབུལ་རྒྱུ་བྱས་ནས་ལོ་ལྔ་

① （ལྷའི་རོལ་མོ་ཤོག་གྲངས19）

ཙམ་རྒྱལ་པོ་བྱས་པའི་སྐོར་སོགས་ལ་སེང་དམག་འཁྲུག་གི་ལོ་རྒྱུས་ཞིབ་པ་①ཡིག་ཚ་གཞན་ལས་ཤེས་པར་བྱ་ཞིང་། ལོ་དྲུག་སོང་བའི་རྗེས་དམག་དཔོན་ཕ་ཛོར་སླར་ཡང་ལ་དགས་སུ་ཡོང་། བསྟན་འཛིན་དངོས་གྲུབ་ཁྲི་ལས་ཕབ། མི་འགྱུར་ཀུན་དགའ་རྣམ་རྒྱལ་ལ་དགས་ཀྱི་རྒྱལ་པོར་བསྐོས། ལ་སེང་ཕྱོགས་སྤྲེལ་གྱིས་མངའ་རིས་སྐོར་གསུམ་དུ་དཔུང་འཇུག་བྱེད་སྐབས་ཕ་ཛོར་གྱིས་སེང་དམག་ཇེ་ཡོད་རྣམས་ཁྲིད་པ་དང་། ལ་དགས་ནས་ནོ་ནོ་བསོད་ནམས་དང་། བསྟོའི་བཀའ་བློན། གོ་ལམ་ཁན། ཕྱག་མཛོད། མགོན་པོ། བློན་པོ་ས་པི་སོགས་ཀྱིས་འགོ་བྱས་དམག་དཔུང་བཅས་མངའ་རིས་ཕྱོགས་ཐོན། སྟོན་བྱང་ལ་བརྒྱུད་ཐོག་མར་རུ་ཐོག་བཅོམ། དེ་དུས་མངའ་རིས་སྐོར་གསུམ་ནང་ཡུལ་དམག་ལྔ་བརྒྱ་ཙམ་ལས། བོད་ནས་དམག་དཔུང་འཁོར་མ་ཐུབ་པས་ཕ་ཛོར་གྱིས་དམག་དཔོན་ཆེ་བ་བྱས་ཏེ་དམག་བརྒྱབ་ནས་སྐོར་གསུམ་དབང་དུ་བསྡུས། སྤར་དུ་དགྲ་རྫོང་བརྩིགས། སྤུ་རང་དང་། རུ་ཐོག་སོགས་ལ་སེང་དམག་དང་མཁར་དཔོན་བསྐོས་ནས་བཞག②ཚུལ་སོགས་གསལ་འདུག མངའ་རིས་སྐོར་གསུམ་དུ་ལ་སེང་གི་དམག་བཙན་འཛུལ་འགོ་ཚུགས་མ་ཐག་སྤར་དཔོན་ནས་ལྷ་སར་རྒྱ་བོད་ལྷན་རྒྱས་སར་གནས་ཚུལ་འབུལ་བ་འཁོར་འཕྲལ། གཙང་མདའ་དཔོན་སྤེལ་བཞི་བ་དང་། དབུས་མདའ་ཟུར་ཁང་པ་དང་ཐར་གླིང་ཚེ་བརྟན་དཔུང་བཅས་མྱུར་སྐྱབས་ཀྱིས་བསྐྱོད་ཐོག་དམག་འཐབ་བྱས་ཏེ་སྤུ་རང་སྟག་ལ་མཁར་བསྐོར་ནས་སེང་དམག་ལྔ་བཅུ་ཙམ་ཡོད་པ་བསད་དེ་བོད་པས་རྫོང་

① （ལ་དགས་རྒྱལ་རབས་སྨྲམ་པར་དེབ་ངོས70－74）

② （ལ་དགས་རྒྱལ་རབས་དེབ་ངོས75）

བཟུང་། དེ་མིན་ལག་ཆ་བཟང་ཞན་ཐུག་པས་ས་ལེན་མ་ཐུབ་པ་མ་ཟད། ལ་སིང་དམག་ས་དགའ་དང་གྲོ་ཤོད་ཀྱི་ས་མཚམས་བར་སླེབས། བོད་ནས་སླར་ཡང་དཔུང་དམག་བསྡུ་བསྐྱལ་གྱིས་བཀའ་བློན་ཆེ་བརྟན་རྡོ་རྗེར་དམག་དོན་སྤྱི་ཁྱབ་བསྐོས་ཏེ་དཔོན་དམག་མགྱོགས་ཚད་ཀྱིས་སྟོད་ཕྱོགས་ཐོན་ནས་སྤུ་ཧྲེང་གི་བོད་དམག་རྣམས་ཉུ་གསུམ་དུ་བགོས་ནས་ཕར་རྒོལ་བྱས། སྐབས་དེར་དམག་དཔོན་ཕ་ཇོར་གྱིས་ལ་སིང་དམག་ཧྲུག་བསྡུས་ཕོ་རང་གིས་དམག་སྣེ་ཁྲིད་ནས་སྤུ་རང་སྟག་ལ་མཁར་ལ་བསྐོར་རྒྱག་བྱས། འོན་ཀྱང་བོད་དམག་གིས་རྫོང་ནང་བཙན་ཆ་བཟུང་ཡོད་སྟབས་སིང་དམག་མང་པོ་ཤི་རྨས་བྱུང་། སྐབས་དེར་ནམ་དུས་གྲང་སྒང་སླེབས་ཁར་ཁ་བ་ཆེན་པོ་བབས་པས་སིང་དམག་གྲང་ཟུག་མི་ཐེག་པར་བསྐྱལ་བསྐྱོད་དཀའ་བར་གྱུར། གོ་སྐབས་དེ་དང་བསྟུན་ནས་འཐབ་པས་བོད་དམག་ལ་རྒྱལ་ཁ་ཆེ་ཙམ་ཐོབ། ཉིན་གཅིག་ཞོགས་པ་ནམ་མ་ལང་ཙམ་ལ་བོད་དམག་རྣམས་སྟག་ལ་མཁར་ནས་ཕྱིར་ཐོན་ཏེ་ཕ་ཇོར་གྱི་དམག་སྒར་བསྐོར་ནས་ཕན་ཚུན་མེ་མདའ་ཟམ་མི་ཆད་པ་བརྒྱབ་སྟེ་འཛིངས་པས་ཕྱོགས་གཉིས་ཀར་ཤི་རྨས་ཆེན་པོ་བྱུང་། ཉི་མ་རི་འགོར་ཤར་དུས་བོད་དམག་འགོ་པ་(ཡ་སོར་)མིག་དམར་གྱིས་སྣ་ཁྲིད་དེ་རྟ་དམག་མང་པོ་སིང་པའི་སྒར་ནང་དུ་མཆོངས་ནས་ཐེ་ཚོམ་མེད་པར་འཛིངས་སྐབས། ཕ་ཇོར་ཕོ་རང་ངར་སྐད་འདོན་བཞིན་རྟ་ཐོག་ནས་གྲི་གཡུགས་བཞིན་ཐོན་ཡོང་སྟེ་བོད་དམག་བཞི་ལྔ་ཙམ་བསད། “བོད་ཀྱི་ཡ་སོར་ནས་ཕོ་པ་ཕ་ཇོར་ཡིན་པ་ངོ་ཤེས་ནས་སྲོག་ལ་མ་སྟོས་པར་མདུང་གཟར་ནས་མདུན་དུ་བསྐྱོད་དེ་བྲང་དཀྱིལ་དུ་བསྣུན་པ་ན། ཕ་ཇོར་སྐད་སྒྲ་ཡང་འདོན་མ་ཐུབ་པར་ས་ལ་ལྷུངས། ལག་ནས་རལ་གྲི་ཤོར། སླར་ཡང་གྲི་དེ་ལེན་ཁུལ་བྱས་ཀྱང་མ་ལྡོགས། ཡ་སོར་གྱིས་མདུང་དེ་བཞག་

ནས་སྐྱེད་ནས་གྲི་བཏོན་ཏེ་མགོ་བོ་བཅད་ནས་ཁྱེར། དེར་བརྟེན་སིང་དམག་རྣམས་ཐོ་ཞིག བོད་པའི་རྐང་དམག་རྣམས་ཀྱང་སྐར་ནང་འཚང་དམག་གི་འགོ་པ་དང་ལ་དྭགས་སྐུ་དྲག་རྣམས་ཟང་ཟིང་དུ་གྱུར་ནས་བྲོས་ནས་ཐར་ཚོད་བྲོས། དེ་ལྷག་རྣམས་བསད་”① ཚུལ་སོགས་ཞིབ་ཙམ་འཁོད་པ་ལྟར་བོད་དམག་རྒྱལ་ཞིང་། ལ་དྭགས་ཀྱི་ནོ་ནོ་བསོད་ནམས་དང་། བས་གོ་བཀའ་བློན་གོ་ལམ་ཁན་སོགས་དང་། སིང་པའི་འགོ་པ་ཁ་ཤས། སིང་དམག་བཟུང་རིགས་བཅས་དཔུས་ཕྱོགས་སུ་བརྫངས་འདུག

དེ་རྗེས1842བོད་ཆུ་སྟག་ལོར་རྒྱལ་པོ་གུ་ལབ་སིང་གིས་སླར་ཡང་དམག་དཔོན་དེ་ཝན་ཧ་རི་ཙན་དང་། ཝ་ཛིར་ཧུ་ན་གཉིས་ལ་སིང་དམག་བརྒྱད་སྟོང་ཙམ་བཅས་བཏང་སྟེ་ལ་སིང་གི་དམག་དཔུང་གིས་ཚུར་རྒོལ་འཐབ་རེས་ལན་མང་བྱས་པ་དང་། ཐེངས་གཅིག་སིང་པས་བོད་ཀྱི་དམག་སྐར་ཡོད་སར་ཆུ་ཆེན་བཙུག་ཐོག ཚུར་འགེབས་བྱས་མཐར་བོད་དམག་ཕམ་ནས་དམག་དཔོན་སྤྱིལ་བཞི་དང་། ཟུར་ཁང་བོད་དམག་ལྔ་བཅུ་ཙམ་བཅས་སྐབས་ཤིག་ལ་དྭགས་སླེལ་དུ་བཟུང་ཁྲིད་བྱས་འདུག་ཅིང་། མཐར་ཐུག་བོད་དང་སིང་པའི་བར་པན་ཚུན་ཆེངས་མོལ་བྱས་ནས་ལ་དྭགས་དང་བོད་གཉིས་ཀྱི་ས་མཚམས་སྔར་དུས་གཞིར་བཟུང་སོ་སོས་བདག་གཉེར་བྱེད་རྒྱུ། བོད་ནས་གཞུང་ཚོང་པ་དང་། ལ་དྭགས་ནས་ལོ་ཕྱག་པ་སོགས་སྔར་གྱི་ཁྲིམས་སྲོལ་ལྟར་གཏོང་རྒྱུ། ལ་དྭགས་ཀྱི་ཚོང་པ་སྣར་དང་ཇ་ཐོག་སོགས་གང་འཐད་དུ་འགྲོ་རྒྱུ་དང་། དེ་བཞིན་བོད་བྱང་པའི་ཚོང་པ་ལ་དྭགས་ལ་འགྲོ་རྒྱུ་སོགས་སྔོན་མའི་རྒྱལ་དུས་སུ་

---

① （ལ་དྭགས་རྒྱལ་རབས་དེབ་ངོས76 –77）

ཇེ་ཡོད་ལ་ཆ་འཛོག་བྱ་རྒྱུ་བྱས་པར་གྲགས་སོ།

རྣམ་ཐར་ནང་། ཆུ་སྟག་ལོ་དེའི་ཟླ་བ་བཅུ་གཉིས་པའི་“ ཆོས་བཅོ་ལྔ་ཉིན་ལ་སེང་དཔུང་འཇུག་དབྱེ་འཁྲུན་གཙང་ཚོད་ཀྱི་སྤྱི་ཁྱབ་པ་བཀའ་བློན་ཐའི་ཇེ་ཟུར་ཁང་པ་དང་། ལས་བྱ་དབུས་མདའ་དཔོན་ཚེ་བརྟན། རྫེ་ཕྱག་གསར་བྱུང་པ། ཉི་ཐང་བླ་མ་ཡེ་ཤེས་སོགས་སྟོན་འཁོར་རྣམས་ཀྱིས་འགྱུར་ཕྱག་དང་འགྱུར་འབུལ་སྨྲགས་མར་ཞུས་པར་ཛ་གྲལ་ཕྱག་མདུད། མགྲོན་ཐོབ་བཅས་བཀའ་དྲིན་ཆེ། ”①ཞེས་གསལ་བ་ལྟར་མཇུག་འཁྲུན་ཆེངས་དོན་གཅོད་མཁན་གོང་གསལ་རྣམས་ཡིན་པར་མངོན་ཞིང་། 1843ཐོད་ཆུ་ཡོས་ལོའི་ཟླ་བ་གཉིས་པའི་“ ཆོས་དགུ་ཉིན་མདའ་དཔོན་བཤད་སྒྲ་བ་ཐའི་ཇེ་དབང་ཕྱུག་རྒྱལ་པོ་བཀའ་བློན་ཆེ་འདོན་གྱི་མཇལ་ཕྱག་ལ་གསོལ་ཇ་བཞེས་འབྲས་སྲུང་མདུད་བཅས་བཀའ་དྲིན་བསྩལ་ཞིང་། ཆོས་བཅུ་གསུམ་ཉིན་སྟོད་དམག་སྤྱི་ཁྱབ་པ་བཀའ་བློན་རྣམ་པ་གཉིས་དང་། ཞི་དྲག་གི་ལས་བྱ་དཔོན་འཁོར་བཅས་ལ་གྲྭ་བཞིར་དམག་སྟོན་ཐོག གོང་ས་མཆོད་ཡོན་གྱི་སྐུའི་མདུན་ས་ནས་ཕྱག་མདུད། གསོལ་ཇ་དང་། གོ་བབ་ཀྱི་གནང་ཆ་བཅས་བསྩལ་བར། གྲྭ་བཞི་སྟོན་མོ་སྐར་ནས་བཀའ་བློན་ཟུར་བཤད་རྣམ་གཉིས་དང་། ལས་བྱ་ངོ་གཡོག་བཅས་པར་ལེགས་སོའི་མཇལ་ཕྱག་ཐོག བཀའ་བློན་རྣམ་གཉིས་ལ་གཟིམ་སྤྲུག་ཏུ་གསོལ་ཇ་བཞེས་འབྲས། བཞེས་སྒྲོ། ལས་བྱ་སྟོན་འཁོར་ལ་མགྲོན་བརྒྱུད་ཀྱི་མཇལ་དར་འབུལ་བཞེས་ཐོག་སྲུང་མདུད་བསྩལ། ”② ཅེས་འཁོད་འདུག་པ་བཞིན་

① （རྣམ་ཐར་ལྔའི་རོལ་མོ་ཤོག་གྲངས29 – 30）

② （རྣམ་ཐར་ལྔའི་རོལ་མོ་ཤོག་གྲངས29 – 30）

དབུས་མདའ་དཔོན་བཤད་སྒྲ་བ་དབང་ཕྱུག་རྒྱལ་པོར་ལ་སེང་དམག་འཐབ་སྐབས་ཀྱི་བྱུས་རྗེས་སུ་གོང་མ་ཏའོ་ཀོང་ལ་ཞུས་ནས་བཀའ་བློན་ཐའི་ཇིར་གནས་སྤར་གནང་བ་དང་། དེ་ཕྱིངས་ཇོ་ལས་ཚང་མར་དམག་སྐོན་གཟབ་རྒྱས་ཤིག་བཤམས་པ་དངོས་སུ་གསལ་ལོ།

2. ཆིང་གོང་མས་གཏན་ལ་ཕབ་པའི་བོད་ཀྱི་དཔོན་རིགས་ཆེ་ཕྲའི་གོ་གནས་རིམ་པ་ཡུན་རིང་ལག་བསྟར་གྱི་དེབ་གཞི་བསྐྱུར་འགོད་བྱས་པ།

གོང་དུ་ཏཱ་ལའི་བླ་མ་སྐུ་ཕྲེང་བརྒྱད་པའི་སྐབས་ཀྱི་ལོ་ཚན་དྲུག་པའི་ནང་ཟུར་ཙམ་གླེང་བ་ལྟར་སྤྱི་ལོ1793བོད་རབ་བྱུང་བཅུ་གསུམ་པའི་ཆུ་གླང་ལོར་གོང་མའི་བཀའ་ལུང་གིས་གཏན་ལ་ཕབ་པའི་བོད་ཀྱི་སྒྲིག་སྲོལ་དོན་ཚན་ཉི་ཤུ་ཙ་དགུ་པའི་ནང་གསེས་དོན་ཚན་བཅུ་གཅིག་པ་ལྟར་བོད་ས་གནས་སྲིད་གཞུང་གི་ཕྱི་ནང་ལས་ཚན་ཆེ་ཕྲ་མཐའ་དག་བསྐོ་འཛིན་གྱི་ལམ་སྲོལ་གཏན་འཁེལ་བ་མ་ཟད། ཞིབ་ཕྲའི་ཏོག་གནས་རིམ་པ་མཐོ་དམའ་སོགས་གསལ་འགོད་ཀྱི་ཙ་འཛིན་དེབ་ཐེར་གསར་སྒྲིག་གིས་ལག་བསྟར་རྒྱུན་འཁྱོངས་བྱས་ཡོད་པར་སྤྱིར་བཏང་ངག་རྒྱུན་དུ“ བཀའ་ཤག་རྒྱ་དེབ་” ཅེས་འབོད་པ་དེ་བཀོད་ནས་དུས་རབས་ཕྱེད་ཀ་ཙམ་སོང་ཟིན་སྐབས། སྐབས་འདིར་བསྐྱུལ་ཟད་རྩུལ་གྱུར་ཆེ་ཁར་མཚན་འགོད་བྱ་ཡུལ་ཡང་མེད་པར་གྱུར་གཤིས། 1842བོད་རབ་བྱུང་བཅུ་བཞི་ཆུ་སྟག་ལོར་བཀའ་ཤག་ནས་སྔར་སྲོལ་གཞིར་བཞག་དེབ་གཞི་གསར་འགོད་བྱུས་འདུག་པ་འགོ་བརྗོད་ཀྱི་ནང་ནས་མཇུག་རྒྱུ་བཅས་ཡིག་ཆ་འདི་རིགས་དེ་སྔའི་ས་གནས་སྲིད་གཞུང་གི་བཀའ་བློན་དང་། བཀའ་དྲུང་ཕྱེད་སྒྲོང་མཁན་ཚོས་མ་གཏོགས་དཔོན་རིགས་གཞན་དག་གིས་ཀྱང་དངོས་སུ་མཐོང་

དཀའ་བར་བརྟེན་སྐྱེ་བོ་ཕྱིངས་ལ་ཚ་རྒྱུས་དེ་བས་ཀྱང་ག་ལ་ཡོད། ད་ལམ་ང་ཚོར་དེབ་གཞི་དེའི་ཞལ་བཤུས་ལག་སོན་བྱུང་བ་ལྟར་དེའི་འགོ་བརྗོད་དང་། ལས་ཚན་འགྲོ་ཁུངས། གལ་གནད་ཆེ་བའི་མཚན་བུ་འགའ་ཤས་ཙམ་དཔེ་མཚོན་དུ་བཀོད་ནས་སྤྱི་ཕྱིངས་བྱུར་བསྟན་ལེབ་མཐོང་གི་དཔེ་ལྟར་མཁྱེན་རྟོགས་ཡོང་རྒྱུ་བཅས་རགས་བསྡུས་ཇི་བཞིན་བྲིས་པ་གཤམ་གསལ།

(ཁ· བྱུང·)

"གཞུང་དཀའ་ལྡན་ཕོ་བྲང་པའི་ལས་ཚན་ཕྱི་ནང་ཏོག་གནས

ཀྱི་གོ་རིམ་དེབ་ཐེར་རིན་ཆེན་ཕྲེང་བ

ཞེས་བྱ་བ་བཞུགས་སོ།

བློ་གྲོས་ཇམ་བུ་ན་དའི་ཁྲི་ཤིང་ཆེ།

ལྷག་བསམ་འབྲས་བུའི་འཁུར་གྱི་དུད་པ་གང་།

ལེགས་བྱས་གསེར་གྱི་ག་བུར་སྨིན་བྱེད་པ།

ནོར་བུའི་གདེངས་ཀ་མདོན་མཐོའི་སྔོ་མོ་བ།

གོང་མའི་ལུང་བཞིན་མཆོག་དམན་དབྱེ་བའི་ཚུལ།

ཕྲ་ཞིབ་མིང་དོན་བརྡ་ཡི་རྟོགས་སླད་དུ།

དེབ་ཐེར་སྐྱེ་བ་ལྔ་པའི་མགུལ་འཕྲིན་ལས།

འཁྲུལ་མེད་དབྱངས་ཀྱི་ང་རོ་གསར་དུ་བསྒྲགས།

ཞེས་ཤེས་པར་བརྗོད་པ་དང་དངོས་པོ་ངེས་པར་བསྟན་པའི་ཚིག་སྦྱོར་འཛིགས་མེད་གདོང་ལྔའི་དབང་པོའི་དབྱངས་ཀྱི་ང་རོས་སྲིད་གསུམ་ཡིད་ཅན་ཡོངས་ཀྱི་ཐོས་འཛིན་ནོར་བུའི་ཡོལ་གོ་འགེངས་པར་བྱས་ཏེ། དགེ་བ་བཅུ་དང་། མི་ཆོས་གཙང་མ་བཅུ་དྲུག་ལ་སོགས་པ་ཆོས་བཞིན་སྤྱོད་པའི་ལེགས་

མཛད་ཕྱུལ་དུ་ཆེ་བ་ལས་འདི་སྣང་སྲིད་ཀྱི་བདེ་བ་མཐའ་དག་མ་བོས་པར་མགྲོན་དུ་ཁུག་སྟེ་སྡེ་བཞིའི་དཔལ་འབྱོར་ཕྱུལ་དུ་ཆེ་བ་བསིལ་ལྗོངས་ཆོས་ལྡན་རྒྱལ་པོ་དགའ་ལྡན་ཕྱོགས་ལས་རྣམ་པར་རྒྱལ་བའི་ཕོ་བྲང་ཆེན་པོ་འདི་ཉིད་ཀྱི་ཞབས་རིང་དུ་འཁོད་པ་ཕྱི་ནང་སྣེ་མོར་མངགས་པ་རྣམས་ལ། གནམ་བསྐོས་འཇམ་དབྱངས་གོང་མ་བདག་པོ་ཆེན་པོས་ཏོག་གནས་བསྐྱལ་བ་གོ་རིམ་མཐོ་དམའ་རིམ་པར་དབྱེ་བ་སྤྱིར་བཏང་ཐོག བྱས་རྗེས་ལ་བརྟེན་ནས་འཕར་མའི་བདག་རྐྱེན་བསྐྱལ་བ་སོགས་ཞིབ་གསལ་གྱི་དེབ་གཞི་སྟོན་ཡོད་རྟུལ་གྱུར་ཆེ་བར་བརྟེན་ས་དབང་ལྡན་རྒྱས་ནས་བཀའ་བསྒྱུར་བསྐྱལ་བ་སྤྱི་བོར་ནོས་ཏེ་རང་ཤེས་འཁོས་བསྟུན་གྱི་བརྩོན་པ་ཆེན་པོའི་སྒོ་ནས་ཞིབ་མོའི་བློ་ཡིས་ནན་ཏན་དུ་དཔྱད་དེ་དགོས་པ་རྒྱུ་མཚན་དང་འབྲེལ་བའི་ཚིག་དོན་བཟང་ཟླུར་རྣམས་མ་ཉམས་པར། ལེགས་པར་སྒྱུར་བ་སཾསྐྲི་ཏའི་སྐད་དུ་ཤུབྷ་གྲིར་འབོད་པ། གནམ་བསྐོས་གོང་མ་བདག་པོ་ཆེན་པོ་རྟའོ་ཀོང་ཁྲི་བཞུགས་ཉེར་གཉིས་པ་ཆུ་སྟག་གྲལ་ཚེས་དགེ་བར་དེབ་ཐེར་གསར་བསྒྲིགས་བཀོད་པ་ལ།

རིམ་པ་གསུམ་པ། བཀའི་མདུན་འདོན་བཞིའི་གྲས།

བཀའ་བློན་རྟ་མགྲིན་ཚེ་དབང་།

〔འདི་ཐུ་ཆེན་ཁྲི་བཞུགས་ཉེར་བཞི་པའི་（ས་ཡོས་）ཟླ་བ་བཞི་པའི་ཚེས་ཉེར་བཞི་ཉིན་བསྐོ་བཞག་བསྐྱལ། ནག་ཆུ་ཁུལ་གྱི་མངའ་འབངས་རྣམས་ཀྱི་འཚོ་ཚོགས་ཞིབ་དཔྱོད་དང་། གོང་མ་ཆེན་པོར་མཚམས་ཞུ་ཞབས་བརྟན་འབུལ་བར་འགྲོ་མི་མཁན་ནང་སྐྱེལ་སྒྲོལ་དུ་འབྲི་ཆུ་ཁ་བར་ཐེབས་པའི་རྒྱུ་མཚན་པོད་བཞུགས་ཨམ་བན་ལྷན་རྒྱས་ནས་གསེར་སྐྱན་རིན་པོ་ཆེར་སྦྲོན་གནང་གི་ཕྱིར་ཐེབས་སུ། རྒྱ་བྱའི་སྤྲོ་མདངས་རྟའོ་ཀོང་ཁྲི་བཞུགས་དགུ་པ་ས་སླང་ཟླ་བ་

བཅུ་གཉིས་པའི་ཚེས་བཅུ་དགུ་ཉིན་བསྒྲལ། སྤྱི་ལོའི་ལས་དོན་འགྲུབ་ཆོད་འཐུས་ཚང་བྱུང་སྐོར་རྒྱུ་རྐྱེན་པོད་བཞུགས་ཨམ་བན་ལྷན་རྒྱས་ནས་གསེར་སྨན་རིན་པོ་ཆེར་སྒྲོན་པར་བཀའ་དྲིན་འཕར་གཟིགས་ཀྱི་རིམ་པ་གཉིས་པའི་ཏོག་ཇའོ་གོང་ཁྲི་བཞུགས་བཅུ་དྲུག་པ། མེ་སྤྲེ་ཟླ་བ་བརྒྱད་པའི་ཚེས་བཅུ་ཉིན་ཕེབས།]

བཀའ་བློན་ཚེ་བརྟན་རྡོ་རྗེ།

[འདི་ཇའོ་གོང་ཁྲི་བཞུགས་དགུ་པ་ས་གླང་ཟླ་བཅུ་གཉིས་པའི་ཚེས་ཉིན་བསྐོ་བཞག་བསྒྲལ། བྱང་རིགས་ཁག་ལ་ཧག་བཅོམ་བྱེད་མི་བཙང་དཔྱོད་དུ་ཕེབས་པར། རྒྱ་སྡེའི་ཡོངས་ཧག་མི་འགོ་དཔོན་བྱེད་གཏེ་ཆེ་དབང་གཡུང་དྲུང་ཅན་འཛིན་བཟུང་ཐོག་རྒྱ་པོད་སར་རྩིས་འབུལ་ཞུ་གནང་དང་། བྱིངས་ཁྲིམས་འགལ་བྱེད་མི་ལེ་ཐོགས་ཚང་མར་ས་གནས་སུ་རྩ་འཛིན་སྐྱད་འདོམས་མཐར་ཕྱིན་གྲུབ་པ་དང་། ཨོ་སྐར་ཕྱོ་གསུམ་རྒྱ་སྡེ་ནས་འགྲུལ་འགྲིམ་ཆེ་ཁའི་ལས་གཡོར་ཏ་ཁལ་སྒྲིགས་གཏོང་དགོས་རིགས་དོན་ཚང་ཞུ་རྒྱུ་བཅས་ཀྱི་ཆུན་བསྡོམས་ལས་དོན་འཐུས་ཚང་བྱུང་སྐོར་རྒྱུ་རྐྱེན་པོད་བཞུགས་ཨམ་བན་ལྷན་རྒྱས་ནས་གསེར་སྨན་རིན་པོ་ཆེར་སྒྲོན་པར། བཀའ་དྲིན་འཕར་གཟིགས་ཀྱི་རིམ་པ་གཉིས་པའི་ཏོག་དང་རྨ་བྱའི་སྒྲོ་མདོངས་བཅས་ཇའོ་གོང་ཁྲི་བཞུགས་བཅུ་གཉིས། ཆུ་འབྲུག་ཟླ་བ་བཅུ་གཅིག་པའི་ཚེས་ལྔ་ཉིན་ཕེབས།]

བཀའ་བློན་བསོད་ནམས་རྒྱལ་པོ།

[ཇའོ་གོང་ཁྲི་བཞུགས་བཅོ་ལྔ་པ་ཤིང་ལུག་ཟླ་བ་གསུམ་པའི་ཚེས་ཉེར་གསུམ་ཉིན་བསྐོ་བཞག་བསྒྲལ། སྤྱི་ལོའི་ལས་དོན་འགྲུབ་ཆོད་འཐུས་ཚང་བྱུང་སྐོར་རྒྱུ་རྐྱེན་པོད་བཞུགས་ཨམ་བན་ལྷན་རྒྱས་ནས་གསེར་སྨན་རིན་པོ་ཆེར་སྒྲོན་

པར། བཀའ་དྲིན་འཕར་གཟིགས་ཀྱི་རྨ་བྱའི་སྒྲོ་མདོངས་ཏའོ་ཀོང་ཁྲི་བཞུགས་བཅུ་དྲུག་པ། མེ་སྲེ་ཟླ་བ་བརྒྱད་པའི་ཚེས་བཅུ་ཉིན་ཕེབས། སྤྱི་བོའི་ཟིང་ཤིག་བསྐྱར་ལངས་ཀྱི་ལས་འགྲུན་འཐུས་ཚང་བྱུང་སྐོར་རིམ་པ་གཉིས་པའི་ཏོག་ཏའོ་ཀོང་ཁྲི་བཞུགས་བཅུ་དགུ་པ་ས་ཕག་ཟླ་དང་པོའི་ཚེས་ཉིན་ཕེབས། འདི་དགོངས་ཞུའི་ཚབ་གནས་བཞི་པ་རྗེ་ཕྱག་མཛོད་གསར་བྱུང་གནོད་སྦྱིན་ཕུན་ཚོགས་ལ། གོང་མ་ཆེན་པོའི་གསེར་སྙན་སྒྲོན་པའི་ཏའོ་ཀོང་ཁྲི་བཞུགས་ཉེར་གསུམ་པ་ཆུ་ཡོས་ཟླ་བ་བཅུ་གཉིས་པའི་ཚེས་བཅོ་ལྔ་ཉིན་ཁྲི་འདོན་མཛད།〕

བཀའ་བློན་སྐྱེལ་བཞི་བ་དབང་ཕྱུག་རྒྱལ་པོ། （རྗེས་སུ་བཤད་སྒྲ་བར་མེད་བསྒྱུར）

〔（འདི་ཆུ་སྟག）ཟླ་བ་བཅུ་གཉིས་པ་རྟེང་མའི་ཚེས་ཉེར་བདུན་ཉིན་བཀའ་ཤག་ཕེབས། ཏའོ་ཀོང་ཁྲི་བཞུགས་ཉེར་གསུམ་པའི་（ཆུ་ཡོས་）ཟླ་བ་གཉིས་པའི་ཚེས་དགུ་ཉིན་ཁྲི་འདོན་མཛད།〕

རིམ་པ་བཞི་པ་དབུས་གཙང་གི་མདའ་དཔོན་དྲུག་གི་གྲས།

དབུས་མདའ་དཔོན་ཐར་གླིང་ཚེ་བརྟན།

〔སྟོད་དམག་དོན་བྱུས་རྗེས་ལ་བརྟེན་ཏའོ་ཀོང་ཁྲི་བཞུགས་ཉེར་གཉིས་ཆུ་སྟག་ཟླ་བ་ལྔ་པའི་ཚེས་ཉེར་དགུ་ཉིན་བསྐོ་བཞག་བསྩལ།〕

དབུས་མདའ་དཔོན་སྐྱེལ་བཞི་བ་དབང་ཕྱུག་རྒྱལ་པོ།

〔སྤྱི་དོན་དམག་སར་ལས་དོན་ཕུར་སྐྱེད་ཞུས་པའི་བདག་རྒྱུན་དུ་ཏའོ་ཀོང་ཁྲི་བཞུགས་བཅུ་དྲུག་པ་མེ་སྲེ་ཟླ་ཚེས་ཉིན་བསྐོ་བཞག་བསྩལ། འདི་བཀའ་བློན་དུ་གནས་འཕར་ཚབ་……〕

གཙང་མདའ་དཔོན་ཚ་རོང་བསྟན་འཛིན་ནོར་བུ།

〔 ཏའོ་ཀོང་ཁྲི་བཞུགས་བཅུ་གསུམ་པ་ཆུ་སྦྲུལ་ཟླ་ཚེས་ཉིན་བསྐོ་བཞག་བསྐྱལ། 〕

གཙང་མདའ་དཔོན་ཁྲག་འཛུན་པ་ལྷ་དབང་ནོར་བུ།

〔 ཏའོ་ཀོང་ཁྲི་བཞུགས་བཅུ་བདུན་པ་མེ་བྱ་ཟླ་བ་གཉིས་པའི་ཚེས་ཉེར་དགུ་ལ་བསྐོ་བཞག་བསྐྱལ།…… 〕

གཙང་མདའ་དཔོན་རམ་པ་མགོན་པོ་རྡོ་རྗེ།

〔 ཏའོ་ཀོང་ཁྲི་བཞུགས་བཅུ་དགུ་པ་ས་ཕག་ཟླ་བ་གཉིས་པའི་ཚེས་ལ་བསྐོ་བཞག་བསྐྱལ།…… 〕

གཙང་མདའ་དཔོན་སྨན་གྲོང་པ་ནོར་བུ།

〔 ཏའོ་ཀོང་ཁྲི་བཞུགས་བཅུ་དགུ་པ་ས་ཕག་ཟླ་ཚེས་ཉིན་གནས་སྤར་བསྐོ་བཞག་བསྐྱལ།…… 〕

རིམ་པ་བཞི་པ། རྗེས་དཔོན་ཇོ་མ་གསུམ་གྲས།

སྤྱི་ལྕགས་དོན་གྲུབ་སྟོབས་རྒྱལ།

〔 ཏའོ་བཀོང་ཁྲི་ཞུགས་བཅུ་བཞི་པ་ཤིང་རྟ་ཟླ་བ་གསུམ་པའི་ཚེས་བཅོ་ལྔ་ཉིན་བསྐོ་བཞག་བསྐྱལ། 〕

ལྷ་སྡིང་པ་བསོད་ནམས་སྟོབས་རྒྱལ།

〔 ཏའོ་ཀོང་ཁྲི་བཞུགས་བཅུ་དགུ་པ་ས་ཕག་ཟླ་བ་གཉིས་པའི་ཚེས་བཅོ་ལྔ་ཉིན་གནས་སྤར་བསྐོ་བཞག་བསྐྱལ།…… 〕

སྤྲང་མཐོང་པ་རྡོ་རྗེ་རྒྱལ་པོ།

〔 ཏའོ་ཀོང་ཁྲི་བཞུགས་ཉི་ཤུ་པ་ལྕགས་བྱི་ཟླ་བ་གཉིས་པའི་ཚེས་བཅོ་ལྔ་ཉིན་བསྐོ་བཞག་བསྐྱལ། 〕

རིམ་པ་བཞི་པ། ཕྱག་མཛོད་པ་གཉིས་ཀྱི་གྲས།

བླ་བྲང་ཕྱག་མཛོད་པ་སྲིད་སྐྱོད་པ་འགྱུར་རྒྱུས།

〔འདི་རྡའོ་ཀོང་ཁྲི་བཞུགས་ཉེར་གཅིག་པའི་(ལྕགས་གླང་) ཟླ་བ་དྲུག་པའི་ཚེས་ཉེར་དགུ་ཉིན་བསྐྱལ།……〕

བླ་ཕྱག་བློ་བཟང་དོན་གྲུབ།

〔……〕བླ་ཕྱག་མོན་ཆོས་ངག་དབང་བདེ་ལྡན།

〔……〕

རྗེ་ཕྱག་མཛོད་པ་གསར་བྱུང་གནོད་སྦྱིན་ཕུན་ཚོགས།

〔……〕

རིམ་པ་ལྔ་པ། དབུས་གཙང་གི་ཏུ་དཔོན་བཅུ་གཉིས་གྲས།

ལྷ་ས་ཏུ་དཔོན་ཆོས་འཕེལ།〔……〕

ལྷ་ས་ཏུ་དཔོན་ཕུན་ཚོགས་བཀྲ་ཤིས།〔……〕

ལྷ་ས་ཏུ་དཔོན་བསོད་ནམས་ཡར་འཕེལ།〔……〕

ལྷ་ས་ཏུ་དཔོན་སྣང་དཀར་བ་འཇིགས་མེད་སྟོབས་རྒྱལ།〔……〕

གཞིས་རྩེ་ཏུ་དཔོན་བཀྲས་མཐོང་པ་ཚེ་བརྟན་ཕུན་ཚོགས།〔……〕

གཞིས་རྩེ་ཏུ་དཔོན་ལུག་ར་བ་ཚེ་དབང་ཕུན་ཚོགས།〔……〕

གཞིས་རྩེ་ཏུ་དཔོན་དགའ་གཙུ་ལོ།〔……〕

གཞིས་རྩེ་ཏུ་དཔོན་བཀྲས་ཁང་ཉི་མ་ཚེ་རིང་།〔……〕

རྒྱལ་རྩེ་ཏུ་དཔོན་འགྱུར་མེད།〔……〕

རྒྱལ་རྩེ་ཏུ་དཔོན་སྐྱིད་ང་བ་ཟླ་བ་ཚེ་རིང་།〔……〕

དིང་རི་ཏུ་དཔོན་ཡེ་ཤེས།〔……〕

དིང་རི་བུ་དཔོན་གཡུལ་རྒྱལ། [······]
རིམ་པ་ལྔ་པ། ལྷ་ས་གཉེར་ཚང་པ་གཉིས་གྲས།
དྭགས་ལྷུང་དབང་རྒྱལ། [······]
ཐོན་པ་རྣམ་རྒྱལ་དོན་གྲུབ། [······]
རིམ་པ་ལྔ་པ། སྣང་རྩེ་ཤག་མི་དཔོན་གཉིས་གྲས།
སྨན་སྤེལ་བློ་བ་ཚེ་བརྟན། [······]
མཁར་གདོང་པ་ཚེ་རིང་དབང་འདུས། [······]
རིམ་པ་ལྔ་པ། བཤེར་དཔང་པ་གཉིས་གྲས།
དགའ་བཞི་པ་ཉི་མ་ལྷུན་གྲུབ། [······]
ཉིན་མཁར་བ་ལྷ་སྒོད་དགྲ་འདུལ། [······]
རིམ་པ་ལྔ་པ། ཞོལ་པ་གཉིས་གྲས། [······]
ཐར་པ་གླིང་ཚེ་བརྟན། [······]
བདེ་མཁར་བ་ཚེ་བརྟན་དབང་རྒྱལ། [······]
རིམ་པ་ལྔ་པ། ས་མཚམས་རྫོང་འགོ་བཅུ་བཞིའི་གྲས།
ཆར་ཁམས་རྫོང་སྡོད། [ལྷ་ས་ནས་ཞག་ལྔ་བཅུ། ལེ་དབར3500]
ང་ཕོད་པ་ཕུན་ཚོགས་བསམ་གྲུབ། [······]
སྟོད་སྨར་ དཔོན་ གཉིས། [ལྷ་ ས་ ནས་ ཞག་ ལྔ་ བཅུ། ལེ་དབར3500]
འགྱུར་རྒྱས་པ་རྣམ་རྒྱལ་ཚེ་བརྟན། [······]
མཚོ་སྨོ་གང་ཆེན་པ། [······]
ནག་ཚུ་འགོ་པ་སེར་སྐྱ་འགྲོ་ཁུངས་གཉིས་ [ལྷ་ས་ནས་ཞག་བཅུ། ལེ་

དབར700]

རྗེ་བྲང་ཚུལ་ཁྲིམས་བཤད་གྲུབ། [……]

ཐང་སྨད་དོན་གྲུབ་ཚེ་རིང་། [……]

མཚོ་སྔ་རྫོང་སྡོད་སྐུ་བོའི་འགྲོ་ཁུངས་གཉིས། [ལྷ་ས་ནས་ཞག་བཅུ། ལི་དབར700]

བདེ་སྨོན་པ་དབང་འདུས་རྡོ་རྗེ། [……]

ཕུན་རབ་པ་ཚེ་བརྟན་དཔལ་འབྱོར། [……]

ཕག་རི་རྫོང་སྡོད་སྐུ་བོའི་འགྲོ་ཁུངས་གཉིས། [ལྷ་ས་ནས་ཞག་དགུ། ལི་དབར630]

བསམ་གྲུབ་གླིང་པ་དར་རྒྱས་ཚེ་རིང་། [……]

ཞི་བོ་དགྲ་འདུལ་ཕུན་ཚོགས། [……]

གཉིང་སྐྱེས་རྫོང་སྡོད་སྐུ་བོའི་འགྲོ་ཁུངས་གཉིས། [ལྷ་ས་ནས་ཞག་བཅུ་གཅིག ལི་དབར770]

ཡ་སྨོན་ཡིག་བསྒྱུར་དོན་གྲུབ་ཚེ་དབང་ནོར་སྐྱོང་། [……]

སྣེ་ལུང་པ་བློ་བརྟན། [……]

གཞའ་ནང་རྫོང་སྡོད་སྐུ་བོའི་འགྲོ་ཁུངས་གཉིས། [ལྷ་ས་ནས་ཞག་བཅུ་བདུན། ལི་དབར1190]

བྲ་རིག་པ་རྡོ་རྗེ། [……]

ཚབ་ཚོམ་པ་བདུད་འདུལ། [……]

སྐྱིད་གྲོང་རྫོང་སྡོད་སྐུ་བོའི་འགྲོ་ཁུངས་གཉིས། [ལྷ་ས་ནས་ཞག་ཉེར་ལྔ། ལི་དབར1750]

ཕྱུགས་རི་ཤར་མ་ཚེ་དབང་དཔལ་འབྱོར། 〔……〕

རོང་བྲག་པ་པདྨ་རྡོ་རྗེ། 〔……〕

གོ་འཇོ་རྫོང་སྡོད་སྐུ་བོའི་འགྲོ་ཁུངས་གཅིག 〔ལྷ་ས་ནས་ཞག་ཞི་ལྔ། ལི་དབར3150〕

ང་ཡོད་པ་ཕུན་ཚོགས་བསམ་གྲུབ། 〔……〕

སྤུ་ཧྲེང་རྫོང་སྡོད་སྐུ་བོའི་འགྲོ་ཁུངས་གཅིག 〔ལྷ་ས་ནས་ཞག་སོ་ལྔ། ལི་དབར་2450〕

བོན་གྲོང་ཤོད་པ་རིག་འཛིན་རྣམ་རྒྱལ། 〔……〕

སྒྱུ་བོའི་རྫོང་སྡོད་སྐུ་བོའི་འགྲོ་ཁུངས་གཉིས། 〔ལྷ་ས་ནས་ཞག་སུམ་ཅུ། ལི་དབར་2100〕

ཤེལ་དཀར་གླིང་པ་རྒྱལ་ཕུར་དབང་འདུས། 〔……〕

ང་ཡོད་པ་ཕུན་ཚོགས་བསམ་གྲུབ། 〔……〕

ཀོང་པོ་ཞོལ་ཁ་རྫོང་སྡོད་སྐུ་བོའི་འགྲོ་ཁུངས་གཅིག 〔ལྷ་ས་ནས་ཞག་དགུ། ལི་དབར་630〕

སྨོན་འཚོ་བ་ཚེ་དབང་། 〔……〕

རོང་ཤར་ཤོ་པ་སྐུ་བོའི་འགྲོ་ཁུངས་གཅིག 〔ལྷ་ས་ནས་ཞག་བཅུ་བདུན། ལི་དབར་1190〕

མཁར་འཚོ་བ་རིག་འཛིན་ལྷུན་གྲུབ། 〔……〕

མདའ་མཁར་རྫོང་སྡོད་སྐུ་བོའི་འགྲོ་ཁུངས་གཉིས། 〔 ལྷ་ས་ནས་ཞག་ཞི་ལྔ། ལི་དབར3150〕

བཀྲས་མཐོང་པ་ཚེ་དབང་ཕུན་ཚོགས། 〔……〕

ཡ་གཅིག་གདོང་སྣ་རྡོ་རྗེ་ནས་གཅིག་སྟོགས། 〔……〕

གནས་ཆེ་ཁའི་རྫོང་སྡོད་རིམ་པ་ལྔ་པ་བཅུའི་གྲས།

སྣེ་གདོང་རྫོང་སྡོད་སྐུ་བོའི་འགྲོ་ཁུངས་གཉིས། 〔ལྔ་ས་ནག་ཞག་བཞི། ལི་དབར280〕

བཞི་གྲོང་པ་རྣམ་རྒྱལ་བཀྲ་ཤིས། 〔……〕

ལྷུང་རྒྱབ་པ་ལྷ་དབང་མགོན་པོ། 〔……〕

འཕྱོངས་རྒྱས་རྫོང་སྡོད་སྐུ་བོའི་འགྲོ་ཁུངས་གཉིས། 〔ལྔ་ས་ནས་ཞལ་ལྔ། ལི་དབར350〕

རག་རྩིབ་པ་ཕུར་བུ་དགྲ་འདུལ། 〔……〕

ཤག་བྱང་པ་ཚེ་རིང་དབང་འདུས། 〔……〕

གོང་དཀར་རྫོང་སྡོད་སྐུ་བོའི་འགྲོ་ཁུངས་གཉིས། 〔ལྔ་ས་ནས་ཞག་གཉིས། ལི་དབར140〕

རི་གཞོང་པ་ཚེ་དབང་རྣམ་རྒྱལ། 〔……〕

སྨོན་གྲུབ་པ་ཚེ་དབང་རྒྱལ་པོ། 〔……〕

ལྷུན་རྩེ་རྫོང་སྡོད་སྐུ་བོའི་འགྲོ་ཁུངས་གཉིས། 〔ལྔ་ས་ནས་ཞག་བདུན། ལི་དབར490〕

ལྷུམ་ཁང་པ་འཇམ་དབྱངས། 〔……〕

ཡིག་བསྐུར་རྣམ་རྒྱལ་ཕུན་ཚོགས། 〔……〕

གསང་རྫོང་རྫོང་སྡོད་སྐུ་སེར་འགྲོ་ཁུངས་གཉིས། 〔ལྔ་ས་ནས་ཞག་ཞེ་ལྔ། ལི་དབར3150〕〔……〕

ངག་དབང་སྐལ་ལྡན། 〔……〕

མཆོད་རྫས་དོ་དམ་ཉི་མ་ཆོས་འཕེལ། 〔……〕

ཀོང་པོ་རྩེ་སྣང་རྫོང་སྟོད་སྐྱ་བོའི་འགྲོ་ལུགས་གཅིག 〔ལྷ་ས་ནས་ཞག་བཅུ་གཉིས། ལི་དབར840〕

ལྷུགས་གྲོང་པ་དབང་འདུས་དཔལ་འབྱོར། 〔……〕

རྒྱལ་རྩེ་རྫོང་སྟོད་སྐྱ་བོའི་འགྲོ་ལུགས་གཉིས། 〔 ལྷ་ས་ནས་ཞག་བདུན། ལི་དབར490〕

སྣེ་མོ་མདོ་མཁར་བ་ཧ་མགྲིན་དོ་རྗེ།〔……〕

སྟོན་མོ་ལུང་པ་ཀུན་དགའ། 〔……〕

གཞིས་རྩེ་རྫོང་སྲིད་སེར་སྐྱ་འགྲོ་ལུགས་གཉིས། 〔ལྷ་ས་ནས་ཞག་དགུ། ལི་དབར630〕

རྩེ་དྲུང་བློ་བཟང་སངས་རྒྱས། 〔……〕

པད་ཚལ་བ་མགོན་པོ་དབང་འདུས། 〔……〕

ཤེལ་དཀར་རྫོང་སྟོད་སེར་སྐྱ་འགྲོ་ལུགས་གཉིས། 〔ལྷ་ས་ནས་ཞག་བཅོ་ལྔ། ལི་དབར1750〕

རབ་འབྱམས་པ་བློ་བཟང་ཆོས་དར། 〔……〕

ཚེ་སྨོན་གླིང་ཛ་སག་བླ་མའི་ཞོར་སྐྱོང་། 〔……〕

རིམ་པ་དྲུག་པའི་ཧོག་གནས་གྲས།

དབུས་གཙང་གི་བརྒྱ་དཔོན་ཉི་ཤུ་རྩ་བཞིའི་ཡོངས་ནས།

ལྷ་སའི་བརྒྱ་དཔོན་བརྒྱད།……

གཞིས་རྩེའི་བརྒྱ་དཔོན་བརྒྱད།

རྒྱལ་རྩེའི་བརྒྱ་དཔོན་བཞི།

དེང་རི་བརྒྱ་དཔོན་བཞི།
རིམ་པ་དྲུག་པའི་ཧོག་གནས་ནང་གི་ལས་ཚན་གྲས།
ཚེབས་དཔོན་གཉིས།
བཀའ་ཤག་དྲུག་ཡིག་ཆེ་བ་གཉིས།
མགྲོན་གཉེར་གསུམ།
རིམ་པ་དྲུག་པའི་ཧོག་གནས་རྫོང་བཞི་བཅུ་ཞེ་གསུམ་གྲས། སྙེ་རྫོང་རྫོང་སྡོད་སྐུ་ཚབ་འགྲོ་ཁུངས་གཉིས། (ས་ཐག་མ་འཁོད་)
ལྷ་རྩེ་ངག་དབང་རྡོ་རྗེ། 〔……〕
རོང་སྐྱིད་སྡོད་པ། 〔……〕
ཛོ་རྫོང་རྫོང་སྡོད་སྐུ་ཚབ་འགྲོ་ཁུངས་གཅིག 〔……〕
……
སྟག་རྩེ་རྫོང་སྡོད་སྐུ་ཚབ་འགྲོ་ཁུངས་གཅིག 〔ལྷ་ས་ནས་ཞག་གཅིག་ལེ་དབར70〕
……
བསམ་ཡས་རྫོང་སྡོད་སེར་མོ་བའི་འགྲོ་ཁུངས་གཅིག 〔ལྷ་ས་ནས་ཞག་གཉིས། ལེ་དབར140〕
……
པ་རྣམ་རྫོང་སྡོད་སྐུ་ཚབ་འགྲོ་ཁུངས་གཉིས། 〔ལྷ་ས་ནས་ཞག་བརྒྱད། ལེ་དབར560〕
……
རིན་སྤུངས་རྫོང་སྡོད་སྐུ་ཚབ་འགྲོ་ཁུངས་གཉིས། 〔ལྷ་ས་ནས་ཞག་ལྔ།

ལེ་དབར350〕

……

རིན་ཆེ་རྫོང་སྟོད་སྐྱ་བོའི་འགྲོ་ལུགས་གཉིས། 〔ལྷ་ས་ནས་ཞག་དགུ། ལེ་དབར630〕

……

རྣམ་གླིང་རྫོང་སྟོད་སྐྱ་བོའི་འགྲོ་ལུགས་གཉིས། 〔ལྷ་ས་ནས་ཞག་བདུན། ལེ་དབར490〕

……

རྫོང་དགའ་རྫོང་སྟོད་སྐྱ་བོའི་འགྲོ་ལུགས་གཉིས། 〔ལྷ་ས་ནས་ཞག་ཉེར་གསུམ། ལེ་དབར1610〕

……

ས་དགའ་རྫོང་སྟོད་སེར་སྐྱ་འགྲོ་ལུགས་གཉིས། 〔ལྷ་ས་ནས་ཞག་ཉེར་གསུམ། ལེ་དབར1610〕

……

མངའ་སྒང་རྫོང་སྟོད་སེར་སྐྱ་འགྲོ་ལུགས་གཉིས། 〔ལྷ་ས་ནས་ཞག་སོ་གཉིས། ལེ་དབར2240〕

……

སྐྱར་རྫོང་རྫོང་སྟོད་སྐྱ་བོའི་འགྲོ་ལུགས་གཉིས། 〔ལྷ་ས་ནས་ཞག་བཅོ་ལྔ། ལེ་དབར1050〕

……

རྒྱ་མདའ་རྫོང་སྟོད་སྐྱ་བོའི་འགྲོ་ལུགས་གཅིག 〔ལྷ་ས་ནས་ཞག་བདུན།

ལི་དབར་490〕

……

སྐུ་རྣམ་རྫོང་སྡོད་སྐྱ་བོའི་འགྲོ་ཁུངས་གཅིག 〔ལྷ་ས་ནས་ཞག་དགུ། ལི་དབར་630〕

……

འོལ་དགའ་རྫོང་སྡོད་སྐྱ་བོའི་འགྲོ་ཁུངས་གཅིག 〔ལྷ་ས་ནས་ཞག་གསུམ། ལི་དབར་210〕

……

ལྷུན་རྫོང་(གྲུབ་)རྫོང་སྡོད་སེར་མོའི་འགྲོ་ཁུངས་གཅིག 〔ལྷ་ས་ནས་ཞག་གཉིས། ལི་དབང་140〕

……

ཆུ་ཤུར་རྫོང་སྡོད་སྐྱ་བོའི་འགྲོ་ཁུངས་གཅིག 〔ལྷ་ས་ནས་ཞག་གཉིས། ལི་དབར་140〕

……

རྡོ་རྫོང་རྫོང་སྡོད་སྐྱ་བོའི་འགྲོ་ཁུངས་གཅིག 〔ལྷ་ས་ནས་ཞག་དྲུག་ལི་དབར་420〕

……

སེང་རྫོང་རྫོང་སྡོད་སྐྱ་བོའི་འགྲོ་ཁུངས་གཅིག 〔ལྷ་ས་ནས་ཞག་བདུན། ལི་དབར་490〕

……

ཙ་རྫིང་རྫོང་སྡོད་སྐྱ་བོའོ་འགྲོ་ཁུངས་གཅིག 〔ལྷ་ས་ནས་ཞག་ཞེ་བདུན།

ལི་དབར3290〕

……

ཏ་ཐོག་རྫོང་སྟོད་སེར་མོའི་འགྲོ་ཁུངས་གཅིག 〔ལྷ་ས་ནས་ཞག་བཞི་བཅུ། ལི་དབར2800〕

……

སོག་གཞིས་སྟོད་སེར་སྐྱའི་འགྲོ་ཁུངས་གཉིས། 〔ལྷ་ས་ནས་ཞག་བཅུ་གསུམ། ལི་དབར910〕

……

དོལ་གཞིས་སྟོད་སེར་སྐྱའི་འགྲོ་ཁུངས་གཉིས། 〔ལྷ་ས་ནས་ཞག་གཉིས། ལི་དབར140〕

……

རྒྱལ་སྟོན་རྫོང་སྟོད་སེར་མོའི་འགྲོ་ཁུངས་གཅིག 〔ལྷ་ས་ནས་ཞག་བཅོ་ལྔ། ལི་དབར1050〕

……

གྲི་གུ་གཞིས་སྟོད་སེར་སྐྱའི་འགྲོ་ཁུངས་གཉིས། 〔ལྷ་ས་ནས་ཞག་ལྔ། ལི་དབར350〕

……

ཤོ་མདོ་རྫོང་སྟོད་སྐྱ་བོའི་འགྲོ་ཁུངས་གཉིས། 〔ལྷ་ས་ནས་ཞག་ཉེར་བཞི། ལི་དབར1680〕

……

ལྷ་རི་རྫོང་སྟོད་སེར་མོའི་འགྲོ་ཁུངས་གཅིག 〔ལྷ་ས་ནས་ཞག་བཅུ་

གཉིས། ལི་དབར940〕

སྣང་རྫོང་སྟོད་སྐྱ་བོའི་འགྲོ་ཁྱུངས་གཅིག 〔ལྷ་ས་ནས་ཞག་བཅུ། ལི་དབར700〕

……

ཨོ་རོང་རྫོང་སྟོད་སེར་མོའི་འགྲོ་ཁྱུངས་གཅིག 〔ལྷ་ས་ནས་ཞག་བདུན། ལི་དབར490〕

……

མལ་གྲུང་རྫོང་སྟོད་སྐྱ་བོའི་འགྲོ་ཁྱུངས་གཅིག 〔ལྷ་ས་ནས་ཞག་གཉིས། ལི་དབར140〕

མཁར་རྩེ་རྫོང་སྟོད་སྐྱ་བོའི་འགྲོ་ཁྱུངས་གཅིག 〔ལྷ་ས་ནས་ཞག་ ལི་དབར་ 〕

……

འོན་བྲག་ཁ་གཞིས་སྟོད་སེར་སྐྱ་འགྲོ་ཁྱུངས་གཉིས། 〔ལྷ་ས་ནས་ཞག་གཉིས། ལི་དབར140〕

……

ཤག་སྐྱེ་རྫོང་སྟོད་སེར་མོའི་འགྲོ་ཁྱུངས་གཅིག 〔ལྷ་ས་ནས་ཞག་བཞི། ལི་དབར280〕

……

ཚལ་བདེ་（སྟོད་ལུང་）རྫོང་སྟོད་སེར་མོའི་འགྲོ་ཁྱུངས་གཅིག 〔ལྷ་ས་ནས་ཞག་གཉིས། ལི་དབར140〕

……

དར་མ་རྫོང་སྡོད་སྐུ་པོའི་འགྲོ་ཁུངས་གཅིག 〔ལྷ་ས་ནས་ཞག་བརྒྱད། ལི་དབར་560〕

……

སྙེ་མོ་རྫོང་སྡོད་སྐུ་པོའི་འགྲོ་ཁུངས་གཅིག 〔ལྷ་ས་ནས་ཞག་གསུམ། ལི་དབར210〕

……

སྣ་རྩེ་རྫོང་སྡོད་སེར་སྐུའི་འགྲོ་ཁུངས་གཉིས། 〔ལྷ་ས་ནས་ཞག་བཞི། ལི་དབར280〕

……

（ཡར་འབྲོག་）སྣིང་གཞིས་སྡོད་སེར་སྐུ་འགྲོ་ཁུངས་གཉིས། 〔ལྷ་ས་ནས་ཞག་དྲུག ལི་དབར་420〕

……

ལྷ་བུ་གཞིས་སྡོད་སེར་མོའི་འགྲོ་ཁུངས་གཅིག 〔ལྷ་ས་ནས་ཞག་དྲུག ལི་དབར་420〕

……

（འོད་ཡུག་）སྣིང་དཀར་རྫོང་སྡོད་སྐུ་པོའི་འགྲོ་ཁུངས་གཅིག 〔ལྷ་ས་ནས་ཞག་དྲུག ལི་དབར་420〕

……

གནམ་མཚོ་འགོ་པ་སེར་མོའི་འགྲོ་ཁུངས་གཅིག 〔ལྷ་ས་ནས་ཞག་བཞི། ལི་དབར280〕

……

ཡངས་ཅན་འགོ་པ་སེར་མོའི་འགྲོ་ལུགས་གཅིག 〔ལྷ་ས་ནས་ཞག་གསུམ། ལི་དབར210〕

……

མར་རྒྱུད་འགོ་པ་སེར་མོའི་འགྲོ་ལུགས་གཅིག 〔ལྷ་ས་ནས་ཞག་བཞི། ལི་དབར280〕

……

ནང་མ་ཆུང་ཁ་རིམ་པ་བདུན་པའི་ཏོག་གནས་གྲས།

བཀའ་ཤོད་དྲུང་ཡིག་གསུམ། ……

བཀའ་ཤག་འགག་པ་གསུམ། ……

རྩམ་ལེན་སེར་སྐྱའི་འགྲོ་ལུགས་གཉིས། ……

ཤིང་གཉེར་སེར་མོ་བའི་འགྲོ་ལུགས་གཅིག ……

རྩ་གཉེར་སྐྱ་བོའི་འགྲོ་ལུགས་གཉིས། ……

གུར་པ་སྐྱ་བོའི་འགྲོ་ལུགས་གཉིས། ……

ཕྱུགས་གཉེར་སྐྱ་བོའི་འགྲོ་ལུགས་གསུམ། ……

གནས་ཆུང་ཁའི་རྫོང་གཞིས་ནི་ཤུ་རྩ་ལྔའི་གྲས།

ཡར་སྟོད་རྫོང་སྡོད་སྐྱ་བོའི་འགྲོ་ལུགས་གཅིག 〔ལྷ་ས་ནས་ཞག ལི་དབར་ 〕

……

སྐྱེམ་སྟོང་རྫོང་སྡོད་སེར་མོའི་འགྲོ་ལུགས་གཅིག 〔ལྷ་ས་ནས་ཞག་བཅུ། ལི་དབར700〕

ལྷ་གསོལ་རྫོང་སྡོད་སྐྱ་བོའི་འགྲོ་ལུགས་གཅིག 〔ལྷ་ས་ནས་ཞག་དྲུག་ལི་

དབར་420〕

……

ཟ་ལྷ་རྫོང་སྟོད་སེར་མོའི་འགྲོ་ཁུངས་གཅིག 〔ལྷ་ས་ནས་ཞག་གཉིས། ལི་དབར་140〕

……

སྤྲང་ཐང་རྫོང་སྟོད་སེར་མོའི་འགྲོ་ཁུངས་གཅིག 〔ལྷ་ས་ནས་ཞག་གཅིག ལི་དབར་70〕

……

ཕོ་བྲང་གཞིས་སྟོད་སྐྱ་བོའི་འགྲོ་ཁུངས་གཅིག 〔ལྷ་ས་ནས་ཞག་བཞི། ལི་དབར་280〕

……

གྲ་ཕྱི་གཞིས་སྟོད་སྐྱ་བོའི་འགྲོ་ཁུངས་གཅིག 〔ལྷ་ས་ནས་ཞག་གསུམ། ལི་དབར་210〕

……

ཟད་གཞིས་སྟོད་སྐྱ་བོའི་འགྲོ་ཁུངས་གཅིག 〔ལྷ་ས་ནས་ཞག་གཉིས། ལི་དབར་140〕

……

འདུས་བྱུང་གཞིས་སྟོད་སྐྱ་བོའི་འགྲོ་ཁུངས་གཅིག 〔ལྷ་ས་ནས་ཞག་བརྒྱད། ལི་དབར་560〕

……

དབང་ལྡན་གཞིས་སྟོད་སྐྱ་བོའི་འགྲོ་ཁུངས་གཅིག 〔ལྷ་ས་ནས་ཞག་

བརྒྱད། ལེ་དབར་560〕

……

རྒྱ་མཚོ་གཞིས་སྡོད་སྐྱ་བོའི་འགྲོ་ཁུངས་གཅིག 〔ལྷ་ས་ནས་ཞག་དྲུག ལེ་དབར་420〕

……

ལྷ་ཁང་གཞིས་སྡོད་སེར་མོའི་འགྲོ་ཁུངས་གཅིག 〔ལྷ་ས་ནས་ཞག་དགུ། ལེ་དབར་630〕

……

ཆོས་འཁོར་རྒྱལ་གཞིས་སྡོད་སྐྱ་བོའི་འགྲོ་ཁུངས་གཅིག 〔ལྷ་ས་ནས་ཞག་བདུན། ལེ་དབར་490〕

……

ཚལ་གཞིས་སྡོད་སྐྱ་བོའི་འགྲོ་ཁུངས་གཅིག 〔ལྷ་ས་ནས་ཞག་ཕྱེད། ལེ་དབར་35〕

……

ཆོས་ལུང་གཞིས་སྡོད་སེར་མོའི་འགྲོ་ཁུངས་གཅིག 〔ལྷ་ས་ནས་ལེ་དབར་50〕

……

བསྒྲགས་ཕྲེང་གཞིས་སྡོད་སྐྱ་བོའི་འགྲོ་ཁུངས་གཅིག 〔ལྷ་ས་ནས་ཞག་གཅིག ལེ་དབར་70〕

……

བཀྲས་གླིང་གཞིས་སྡོད་སྐྱ་བོའི་འགྲོ་ཁུངས་གཅིག （ས་ཐག་མ་

གསལ།)

……

གྲ་གཞི་(བཞི་) གཞིས་སྡོད་སྐྱ་བོའི་འགྲོ་ཁྱུངས་གཅིག 〔ལྷ་ས་ནས་ལེ་དབར་14〕

……

སྟོ་མོས་ གཞིས་ སྡོད་ སྐྱ་ བོའི་ འགྲོ་ ཁྱུངས་ གཅིག 〔ལྷ་ ས་ ནས་ ལེ་དབར་15〕

……

སྐྱུར་ པོ་ གཞིས་ སྡོད་ སྐྱ་ བོའི་ འགྲོ་ ཁྱུངས་ གཅིག 〔ལྷ་ ས་ ནས་ ལེ་དབར་40〕

……

གླང་ ཧུ་ གཞིས་ སྡོད་ སེར་ མོའི་ འགྲོ་ ཁྱུངས་ གཅིག 〔ལྷ་ ས་ ནས་ ལེ་དབར་15〕

……

སྣེའུ་ གཞིས་ སྡོད་ སེར་ མོའི་ འགྲོ་ ཁྱུངས་ གཅིག 〔ལྷ་ ས་ ནས་ ལེ་དབར་20〕

……

ལྷུང་ གཞིས་ སྡོད་ སེར་ མོའི་ འགྲོ་ ཁྱུངས་ གཅིག 〔ལྷ་ ས་ ནས་ ལེ་དབར་100〕

……

མཉེས་ཐང་ གཞིས་སྡོད་ སེར་མོའི་ འགྲོ་ཁྱུངས་གཅིག 〔ལྷ་ས་ནས་ལེ་

དཔང་100〕

……

སྐུ་འབུམ་ཐང་གཞིས་སྡོད་སེར་མོའི་འགྲོ་ཁུངས་གཅིག 〔 〕

……

(གསར་འཕར་) གནས་བཞི་པ་སྤྱི་བོ་སྤྱི་ཁྱབ་པ་གཅིག (ས་ཐག་མ་འཁོད་)

……

སྤྱི་བོ་རྫོང་སྡོད་གོང་ཁོངས་ནས། སྐྱེ་ལ་ཐང་གསུམ་གྱི་ས་ཆ་ག་གནམ་པར་གནང་བའི་རྫོང་སྡོད་གསུམ་ཕྱིར་འཐེན་ཚབ་ཀོང་པོ་ཛོ་རྩེ་ཞོ་གསུམ་གྱི་ཁོངས་སུ་གསར་འཛུགས་བྱས་གྲས།

གནས་ལྔ་པ་ཞོ་ཁ་ཁུལ་མཚོ་འཇུག་དང་། ལེ་སྨྲེ་གཉིས་འཛིན་གྱི་རྫོང་སྡོད། སྨྲོན་འཚོ་བ་ཚེ་དབང་། 〔……〕

གནས་དྲུག་པ་རྩེ་སྨང་ཁུལ་དེ་མོ་དང་། ཀླུ་ནང་གཉིས་འཛིན་གྱི་རྫོང་སྡོད། ཟུར་ཀླྀ་བ་དགྲ་འཛོམས། 〔……〕

གནས་དྲུག་པ་ཇོ་རྫོང་ཁུལ་གནས་བཞི་དང་། ཆོས་རྩེ་གཉིས་འཛིན་གྱི་རྫོང་སྡོད། བྱེ་པད་པ་ཚེ་བརྟན་མི་འགྱུར། 〔……〕

གོང་མ་ཆེན་པོ་ནས་མི་དྲག་ཁག་ལ་ཚོ་ལོ་དང་། ཏོག་གནས་སོགས་བསྐུལ་བའི་མཚན་ཐོ་བཀོད་པར།

རིམ་པ་དང་པོའི་ཏོག་གནས་བསྐུལ་བ་རྒྱལ་བ་ (ཏྲ་ལའི་བཅུ་པ་) མཆོག་གི་སྐུའི་གཅུང་པོ་སྐལ་བཟང་ཕུན་ཚོགས།

〔 འདི་ཟའོ་ཀོང་ཁྲི་བཞུགས་བཞི་པ་ཞིང་སྨྲེ་ཟླ་ཆེས་ཉིན་ཏོག་གནས

བསྟཱུལ།〕

ལྷུང་ཅན་གྲུང་ཚེ་དབང་འགྱུར་མེད།

〔ཏྲ་ཆེན་ཁྲི་བཞུགས་ཉེར་གཅིག་པ་(1816མི་བྱི་ལོའི་)ཟླ་བ་བཅུ་གཉིས་པའི་ཚེས་ཉིན་བསྐོ་བཞག་བསྟཱུལ།〕

ཧོར་ཁང་ཛ་སག་དོན་གྲུབ་གཡུལ་རྒྱལ། 〔……〕

ཚེ་སྨོན་གླིང་ཛ་སག་འཇམ་དཔལ་རབ་རྒྱས། 〔……〕

བསྟན་གླིང་ཛ་སག་བླ་མ་བློ་བཟང་བསྟན་དར། 〔……〕

དཔའ་ཤོད་ཛ་སག་བླ་མ་བློ་བཟང་བསྟན་པ། 〔……〕

བསམ་ཕོ་ཐའི་ཇི་རྒྱལ་མཚན་དངོས་གྲུབ། 〔……〕

རྫོ་རིང་ཐའི་ཇི་རྡོ་རྗེ་ཚེ་རིང་། 〔……〕

ར་སྒྲེང་དགེ་འཕེལ་གླིང་གི་ཧུ་ཐུ་ཐུ་ཡེ་ཤེས་འཕྲིན་ལས། 〔……〕

ལྷ་ཀླུ་སྲས་བསོད་ནམས་ཚེ་འཕེལ།

〔འདི་ལ་རིམ་པ་བཞི་པའི་ཧོག་གནས་རྡའོ་གོང་ཁྲི་བཞུགས་བརྒྱད་པ་ས་བྱི་ཟླ་ཚེས་ཉིན་བསྟཱུལ།〕

དར་ཧན་མཁན་པོ་སྤྲུལ་སྐུ་བློ་བཟང་འཕྲིན་ལས་རྣམ་རྒྱལ།

〔དབུས་གཙང་རྒྱ་ཁྱབ་ཀྱི་ཁྲལ་རིགས་མིས་སྐོམས་ཞིབ་དཔྱོད་བགྱིད་སྒོ(ལུགས་སྲོག་ཞིབ་གཞུང་)རྗེ་འབངས་གཉིས་ལར་དགེ་བའི་ལས་དོན་འཐུས་ཚང་བྱུང་བའི་རྒྱུ་རྐྱེན་བོད་བཞུགས་ཨམ་བན་ལྷན་རྒྱས་ནས་གསེར་སྐྱན་སྦྲོན་གནང་གི་ཕྱིར་ཕེབས་སུ་དར་ཧན་མཁན་པོའི་ཚོ་ལོ་རྡའོ་གོང་ཁྲི་བཞུགས་བཅུ་གཉིས་པ་ལུགས་ཡོས་ཟླ་བཞི་པའི་ཚེས་ཉིན་བསྟཱུལ།〕

རྒྱལ་བའི་(ཧྭ་ལའི་བཅུ་གཅིག་པ་)ཡབ་རྗེ་ཚེ་དབང་དོན་གྲུབ་ལ།

ཏའོ་ཀོང་ཁྲི་བཞུགས་ཉེར་གཅིག་པ་ལྕགས་གླང་ཟླ་བ་བཅུ་པའི་ཚེས་ལྔ་ལ་གུང་གི་ཚོ་ལོ་དང་བྱུར་ཧོག་བསྐུལ།”

(ཡང་རྒྱུ་དེབ་དེ་རང་གི་གཤམ་ཆར། ཁ་བྱང་ལ་)

“ གཞུང་དགའ་ལྡན་ཕོ་བྲང་པའི་རྩེ་དྲུང་སེར་མོ་བའི་ལས་ཚན་ཕྱི་ནང་ཧོག་གནས་ཀྱི་གོ་རིམ་དེབ་ཐེར་རིན་ཆེན་འཕྲེང་བ་བཞུགས་སོ།

ཏའོ་ཀོང་ཁྲི་བཞུགས་ཉེར་ལྔ་པ་ཤིང་སྤྲུལ་ཟླ་བ་གསུམ་པའི་ཚེས་བཅོ་ལྔ་ཉིན། ཨམ་བན་ལྷན་རྒྱས་ནས་བོད་ཀྱི་ལས་ཚན་འགྲོ་ལུགས་དང་། གོ་རིམ་སྐོར་གཏན་འཁེལ་གྱི་གསེར་སྐན་སྒྲོན་གནང་མཛད་ཟིན་པའི་གནས་ཚུལ་དང་སྒྲིགས་རིམ་པ་བདུན་ཡན་གྱི་ནང་མ་ལས་ཚན་དང་། རྫོང་གཞིས་བཅས་ཀྱི་གོ་གནས་འགྲོ་ཁྲུངས་རིགས་ལ་ཐོ་ཕེབས་གསལ། རྩེ་དྲུང་སེར་མོ་བའི་གོ་གནས་འགྲོ་ཁྲུངས་དང་། ད་ལྟའི་ལས་ཐོག་བཅས་ཀྱི་དེབ་གཞི་གསར་བཀོད་བྱས་པར།

གནས་གསུམ་པ་བཀའ་བློན་དང་འདྲ་བ་སྐུ་བཅར་སྤྱི་ཁྱབ་མཁན་པོ།

བློ་བཟང་རྒྱ་མཚོ། 〔སེར་སྐད་〕

〔འདི་གཤེགས་ཚབ། གནས་བཞི་པ་གསོལ་དཔོན་བློ་བཟང་རབ་རྒྱས་ལ་ཏའོ་ཀོང་ཁྲི་བཞུགས་ཉེར་དགུ་པ་ས་བྱ་ཟླ་བ་གསུམ་པའི་ཚེས་ཉེར་ལྔ་ཉིན་གསེར་གྱི་བཀའ་ཕེབས་པས་ཟླ་བ་བཞི་པའི་ཚེས་བཅུ་དྲུག་ཉིན་ཁྲི་ཕེབས་མཛད་……〕

གནས་བཞི་པ་སེར་མོ་བ་སྐུ་བཅར་གསོལ་གཟིམ་མཆོད་གསུམ་གྱི་གྲས།

སྐུ་བཅར་གསོལ་དཔོན་མཁན་པོ་ངག་དབང་བསྟན་དར། 〔གྲོང་སྟོད་ཤར་པ་〕

〔འདི་སྤྱི་ཁྱབ་མཁན་པོར་འཐོས་ཚབ་ངག་དབང་དཔལ་འབྱོར་ལ་དཔྱད་མཚམས་དགོངས་དོན་མི་བབ་སྤྱན་ཞུའི་ཐོག་ནས་བསྐྱོ་བཞག་བསྐུལ་……〕

སྐུ་བཅར་གཟིམ་དཔོན་མཁན་པོ་བློ་བཟང་རབ་རྒྱས། 〔……〕

སྐུ་བཅར་མཆོད་དཔོན་མཁན་པོ་བརྩོན་འགྲུས་རྒྱལ་མཚན།〔རྣམ་གྲྭ་〕

〔……〕

སྐུ་བཅར་བློ་བཟང་ཐར་འདོད། 〔……〕

སྐུ་བཅར་ཡེ་ཤེས་དགེ་ལེགས། 〔……〕

སྐུ་བཅར་ངག་དབང་འཇམ་དཔལ། 〔……〕

སྐུ་བཅར་འཇམ་དབྱངས་བསྟན་པ། 〔……〕

གནས་བཞི་པ་མཁན་ཚུང་རྩེ་དྲུང་ཡིག་སེར་མོ་བ་བཞིའི་གྲས།

དྲུང་ཡིག་བློ་བཟང་ཆོས་འབྱོར།

〔འདི་དགོངས་ཞུས་ཚབ། ཚུལ་ཁྲིམས་ཆོས་འཕེལ་ལ་ཞན་རྟོང་ཁྲི་བཞུགས་དགུ་པ་(1859ས་ལུག་ལོའི་) ཟླ་བ་གསུམ་པའི་ཚེས་གཅིག་ཉིན། མི་བབ་སྤྱན་ཞུའི་ཐོག་ནས་བསྐྱོ་བཞག་བསྐུལ།〕

དྲུང་ཡིག་བློ་བཟང་རབ་བརྟན། 〔གནས་གསར་〕

〔……〕

དྲུང་ཡིག་བློ་བཟང་ཆོས་འཕེལ། 〔སེར་བྱེས་〕

〔……〕

དྲུང་ཡིག་བློ་བཟང་བསྟན་འཛིན། 〔གཡུ་ཐོག་〕

〔……〕

གནས་བཞི་པ། སྐུ་བཅར་ཞབས་ཞུ་མཁན་སྡེ་ཚང་ཁ་བརྒྱད་ཀྱི་གྲས།

མཁན་ཚང་བློ་བཟང་ཆོས་ལྡན། 〔……〕

མཁན་ཚང་གྲགས་པ་སྐྱུ་སྐྱབ། 〔……〕

མཁན་ཚང་བློ་བཟང་རབ་རྒྱས། 〔……〕

གནས་ ཚང་ སྐུ་ བསྟེན་ པ་ མཁན་ ཚང་ སྐལ་ བཟང་ ཚུལ་ ཁྲིམས། 〔……〕

བསམ་ ཡས་ སྐུ་ བསྟེན་ མཁན་ ཚང་ མཐུ་ སྟོབས་ བསམ་ གྲུབ། 〔……〕

མཁན་ཚང་ཆོས་འཕེལ་རྒྱ་མཚོ། 〔……〕

མཁན་ཚང་བློ་བཟང་རྒྱལ་མཚན། 〔……〕

མཁན་ཚང་གྲགས་པ་རབ་རྒྱས། 〔……〕

གནས་བཞི་པ། རྩེ་ཕྱག་མཛོད་སེར་མོ་བ་གཉིས།

……

གནས་བཞི་པ། གསོལ་དཔོན་ཚང་བ།

……

གནས་བཞི་པ། རྩེ་མགྲོན་ཆེ་བ།

……

གནས་བཞི་པ། ཕོགས་དཔོན།

……

གནས་བཞི་པ། ཐླ་སྨན་ཆེ་བ།

……

གནས་ལྔ་པ། སེར་མོ་བའི་ལས་ཚན་མགྲོན་གཉེར་བཅུའི་གྲས།

……

གནས་ལྔ་པ། སྐད་སྒྱུར་མོ་ཧྥ་བ་བཞིའི་གྲས།

……

གནས་ལྔ་པ། ལྷ་སྨན་ཆུང་བ།

……

གནས་ལྔ་པ། རྩེ་གཉེར་ཚང་པ་གསུམ་གྱི་གྲས།

……

གནས་ལྔ་པ། ཤོད་གཉེར་ཚང་པ་སེར་མོ་བ་གཅིག

……

གནས་ལྔ་པ། ཞོལ་གཉེར་སེར་མོ་བ་གཅིག

……

གནས་ལྔ་པ། རྫོང་སྡོད་སེར་མོ་བའི་གྲས་(ལྔ་)

……

གནས་དྲུག་པ། སེར་མོ་བའི་ལས་ཚན་གྲས།
ཕྱག་དཔེ་དོ་དམ་པ་གཉིས།

……

གནས་དྲུག་པ། མཆོད་རྫས་དོ་དམ་པ་གཉིས།

……

གནས་དྲུག་པ། བདེ་འཁྱིལ་སྐུ་གཉེར་གཅིག

……

གནས་དྲུག་པ། སེར་མོ་བའི་རྫོང་སྡོད་གྲས།(19)

……

གནས་བདུན་པའི་སེར་མོ་བའི་ལས་ཚན་གྲས།

རྩམ་ལེན་པ་གཅིག

……

རྩ་གཉེར་གཅིག

……

ཞིང་གཉེར་གཅིག

……

རྩེ་གཟིམ་འགག་བཞི་གྲས།

……

འདོད་དཔལ་དོ་དམ་པ་གཉིས།

……

བཟོ་ཁང་དོ་དམ་པ་གཅིག

……

སྤྱིས་བསྡུ་དོ་དམ་པ་གཅིག

……

སྣང་མཆོད་དོ་དམ་པ་གཅིག

……

བླ་བྲང་ཁང་གཉེར་གཅིག

……

ཉོར་བུ་གླིང་གའི་ཁང་གཉེར་གཅིག

……

གནས་བདུན་པའི་སེར་མོ་བའི་རྫོང་སྡོད་གྲས། (10)

……" ①

ཞེས་གསལ་བ་བཅས་རྗེས་སུ་ལས་ཚན་འགའ་ཞིག་འཕར་ཆག་དང་། རྫོང་གཞིས་ཁག་ཅིག་སྐྱེར་ཆོས་ཀྱི་ཁོངས་སུ་ཚོད་པ་སོགས་འགྱུར་ལྡོག་ཕྲན་ཚེག་བྱུང་ཡོད་པ་ལས་འགངས་ཆེའི་ལས་ཚན་དང་། རྫོང་གཞིས། ཧོག་གནས་ཀྱི་རིམ་པ་བཅས་ཚང་མ་དམངས་གཙོའི་བཅོས་བསྒྱུར་མ་བྱས་བར་མི་ལོ་བརྒྱ་དང་དྲུག་ཙུ་ལྷག་ཙམ་རིང་ཆབ་སྲིད་སྒྲིག་གཞིའི་ལམ་ལུགས་དེ་རང་སོར་གནས་ཡོད་པ་སྲིད་གཞུང་གི་དེབ་ཐེར་རིམ་ཅན་དང་རྒྱན་རབས་ཚང་མའི་བློ་ལ་ངེས་པ་ལྟར་ཡིན། ཇི་སྐོར་ལས་ཚན་ནང་མའི་གོ་གནས་རིམ་པ་དེ་དག་ཐོན་ཆད《བཀའ་ཤག་རྒྱ་དེབ》ནང་འཁོད་མེད་པའང་། སྤྱི་ལོ1845ཐོད་རབ་བྱུང་བཅུ་བཞི་པའི་ཤིང་སྦྲུལ་ལོ་ནས་བཟུང་དེབ་འགོད་བྱས་པ་བཅས་མདོར་ན་དེ་སྔའི་བོད་ས་གནས་སྲིད་གཞུང་གི་ཁྲི་ནང་ལས་ཚན་སེར་སྐྱ་དཔོན་རིགས་ཆེ་འབྲིང་ཆུང་གསུམ་གྱི་གོ་གནས་ཐོབ་ཐང་གི་རིམ་པ་མཐའ་དག་ཆེང་གོང་མའི་སྲིད་གཞུང་གིས་གཏན་ལ་ཕབ་པ་ལྟར་ལག་ལེན་བསྟར་གྱི་ཡོད་པ་བཀའ་ཤག་གི་རྩ་འཛིན་ཡིག་རིགས་འདི་ཐོག་ནས་ར་འཕྲོད་ཀྱི་ཡོད་པ་མ་ཟད། བོད་ས་གནས་སྲིད་གཞུང་གི་ལས་དོན་དངོས་སུ་བྱེད་མཁན་བཀའ་བློན་བཞི་དང་། སྐྱ་བཙར་སྤྱི་ཁྱབ་མཁན་པོ། མདའ་དཔོན་སོགས་དཔོན་རིགས་ཆེ་ཁ་ཁག་ཅིག

① (ཆུ་སྟག་ལོ་དང་། ཤིང་སྦྲུལ་ལོར་རིམ་བཀོད་བཀའ་ཤག་རྒྱ་དེབ་)

བསྐྱི་འཕེན་སྐབས་ཏྲ་ལའི་བླ་མར་བཀའ་གྲོས་དང་འབྲེལ་བོད་སྡོད་ཨམ་བན་ནས་གོང་མར་སྙན་འབུལ་བྱེད་པ་དང་། ལས་དོན་ལེགས་སྒྲུབ་བྱུང་རིགས་ལ་ཞིབ་བཤེར་གྱིས་ཧོག་གནས་འཕར་གཟིགས་སམ། ཚོ་ལོ་གནང་རྒྱུའི་འཆར་འབུལ་ཞུ་བ། རྗེ་དྲུང་ཡིག་ཆེན་མོ་བཞི་སོགས་དཔོན་རིགས་ཁག་ཅིག་ཨམ་བན་ལ་མི་བབ་སྨྲུན་ཞུ་དང་འབྲེལ་བསྐྱི་བཞག་སོགས་བོད་སྡོད་ཨམ་བན་ནས་བྱེད་ཀྱི་ཡོད་པའང་གསལ་པོར་མཐོང་ཐུབ། འོན་ཀྱང་“བོད་ཀྱི་སྲིད་དོན་རྒྱལ་རབས”ཟེར་བ་དེའི་ནང་། “སྐབས་དེའི་དུས་མན་ཧྭའི་ཨམ་བན་གྱི་ལས་ཀའི་གཙོ་བོ་ནི། བོད་ནང་དཔོན་རིགས་དང་། དགོན་པ་ཁག་ལ་གཟིགས་བསྐྱོད་ཞུ་རྒྱུ་དང་། སྔོ་ཡིག(པན)ཞེས་པ་འབུལ་རྒྱུ། བོད་ནང་གི་གནས་ཚུལ་རྣམས་རྒྱ་ནག་ཏུ་གཏོང་རྒྱུ་ཙམ་ལས་གཞན་ལས་ཀ་གང་ཡང་ཡོད་པ་མ་རེད།”①ཅེས་བྲིས་འདུག དེར་བརྟེན་ལོ་རྒྱུས་ངོ་མ་ཞིབ་གསལ་མི་རྟོགས་མཁན་ཚོར་གསལ་བཤད་བྱེད་པ་དང་། གཞན་ཡང་དུས་སྐབས་དེའི་ས་གནས་སྲིད་གཞུང་གི་སྒྲིག་གཞི་སྤྱི་དང་། བྱེ་བྲག་རྫོང་གཞིས་ཀྱི་རྣམ་གྲངས་སོགས་ལོ་རྒྱུས་ཞིབ་འཇུག་གནང་མཁན་ཚོར་དཔྱད་གཞི་ཡོང་རྒྱུ་སླད་ལས་ཚན་འགྲོ་ཁུངས་རྣམས་ཡིག་ཚོགས་ལ་མ་འཛོམས་པར་འདིར་ཆ་ཚང་བྲིས་ཤིང་། རྗེ་སྐོར་སེར་མོ་བའི་འགྲོ་ཁུངས་རྫོང་གཞིས་རྣམས་ཆུ་སྟག་དེབ་ཐེར་ནང་གསལ་བ་དང་གཅིག་མཚུངས་ལ་བརྟེན་མ་བྲིས་པ་དང་། དེ་མིན་ལས་ཚན་ནམ་རྫོང་གཞིས་ཆུང་ཁའི་རིགས་ཀྱི་མི་འགྲོའི་མིང་དང་། བསྐྱི་བཞག་གི་དུས་ཚོད། འཕོས་ཚབ་སུ་བསྐོས་སོགས་ཀྱི་མཚན་བུ་རྣམས་དགོས་པ་དེ་ཙམ་མི་ཆེ་བས་བསྡུ་གང

①（དེབ་དེའི་པར་ངོས679）

ཐུབ་ཞུས་པ་ཡིན།

3. གོང་མས་སྲིད་སྐྱོང་ཚེ་སྨོན་གླིང་ཁྲི་ལས་ཕབ་པ་དང་། པཎ་ཆེན་བདུན་པ་དང་རྭ་སྒྲེང་ལ་སྲིད་སྐྱོང་རིམ་བཞིན་བསྐོས་པ། ཐག་གཡབ་ཁྲུལ་ནང་འཁྲུག་ཐུང་བ།

སྤྱི་ལོ1844བོད་ཤིང་འབྲུག་ཟླ་བ་བདུན་པའི་ནང་སྲིད་སྐྱོང་ཚེ་སྨོན་གླིང་ནོ་མིན་ཧན་ངག་དབང་འཇམ་དཔལ་ཚུལ་ཁྲིམས་རྒྱ་མཚོ་སྲིད་སྐྱོང་གི་ལས་འགན་ལོ་ཉི་ཤུ་རྩ་ལྔ་ཙམ་གནང་རྗེས། གོང་མ་ཏའོ་ཀོང་གི་བཀའ་ལྟར་སྲིད་སྐྱོང་གི་ཁྲི་ལས་ཕབ་སྟེ་རྒྱལ་ནང་དུ་རྒྱང་འབུད་བྱས་པ་མ་ཟད། བླ་བྲང་གི་འཛིན་དབང་རྒྱུ་ནོར་གཞུང་བཞེས་སོགས་ཉེས་ཆད་ཚབས་ཆེན་ཞིག་ཕོག་འདུག་ཨོན་ཀྱང་ཉེས་པ་གང་བྱས་སྐོར་ཁ་གསལ་འཁོད་པའི་ཡིག་རིགས་ལག་སོན་གཏན་ནས་མ་བྱུང་། ཐམ་དེབ་ནང་“ཚེ་སྨོན་གླིང་ནས་བོད་རྗེའི་ཁྲི་ལོ་ཉི་ཤུ་དྲུག་བསྐྱངས་ཏེ་ཏའོ་ཀོང་ཁྲི་བཞུགས་ཉེར་བཞི་པ་ཤིང་འབྲུག་ལོ་ཆེའི་ཀྲུང་ཐང་ནས་གསེར་སླན་སྒྲོན་འབྲེལ་སྲིད་ཀྱི་ཁྲི་ལས་ཕབ་སྟེ་རྒྱ་ཡུལ་དུ་སྤྱུགས།”①ཞེས་གསལ་བ་དང་། ཡུ་ཧན་ཀྲང་གིས་བརྩམས་དེབ་ནང་། “བོད་བཞུགས་ཨམ་བན་ཆེའི་ཧྲན་དང་བོད་ཀྱི་སྲིད་སྐྱོང་ཚེ་སྨོན་གླིང་ཧོ་ཐོག་ཐུ་གཉིས་མི་མཐུན་པ་བྱུང་རྗེས་བོད་བཞུགས་ཨམ་བན་ཆེ་ཧྲན་གྱིས་གོང་མ་ཏའོ་ཀོང་ལ། སྲིད་སྐྱོང་འདི་རྒྱུ་ནོར་ལ་བརྩམས་ཤིང་སྙེར་སེམས་ཆེ་བས་གང་ཉིད་ཀྱི་བཀའ་འཁྲོལ་རྗེས་ཡུལ་ཧྲོང་ལུང་ཙང་དུ་རྒྱང་འབུད་བཏང་སྟེ་བཀོད་སྒྲིག་བྱས་ཐོག རྒྱུ་ནོར་ཡོད་ཚད་ཞིབ་བཤེར་གྱིས་གཞུང་བཞེས་དང་འབྲེལ་དངུལ་དུ་ཕབ་སྟེ་དགོན་ཁག

① （དེབ་ཐེར་ལོང་བའི་དམིགས་བུ་ཤོག་གྲངས25）

ཉམས་གསོ་བྱེད་རྒྱུའི་གྲོན་དངུལ་སྐྱེན་ཚབ་ཏུ་སྤྲོད་དུ་འཇུག་རྒྱུ་ཡིན་ཞེས་སྐད་སེང་ཞུས་པ་རེད། ”① ཅེས་གསལ་བ་ལས་ཉེས་དོན་ཇི་མ་གང་བྱུང་འཁོད་མི་འདུག་ཅིང་། གོང་གི་རྒྱུ་རྐྱེན་དེ་ཙམ་ཞིག་ལ་ཉེས་ཆད་ལྗི་པོ་དེ་འདྲ་གཅོད་མི་སྲིད་སྙམ་ཡང་། ཁུངས་ལྡན་ཡིག་རིགས་ཀྱི་ཐོག་ནས་ཐེ་ཚོམ་གྱི་མདུད་རྒྱུ་འགྲོལ་ཐུབ་པ་ཞིག་བྱུང་མ་སོང་།

དེ་འཕྲུལ་པཎ་ཆེན་བདུན་པ་བསྟན་པ་ཉི་མས་རེ་ཞིག་བོད་ཀྱི་སྲིད་སྐྱོང་གི་ཐུགས་འགན་བཞེས་པའི་སྐོར་ལ་ཐམ་དེབ་ནང་། “ ཆེའི་ཀྲུང་ཐང་ནས་གསེར་སྐད་སྤྱ་ཚུད་ནས་སྦྲོན་པའི་བཀའ་ཡིག་དགོངས་དོན། ཀུན་གཟིགས་པཎ་ཆེན་ཨེར་ཏེ་ནི་བསྟན་པའི་ཉི་མ་ལྷ་སར་གདན་དྲངས་ཏེ་(ཤིང་འབྲུག་) ལོ་དེའི་ཟླ་བ་བརྒྱད་པའི་ཚེས་དྲུག་ནས། ཤིང་སྦྲུལ་ཟླ་བ་བཞི་པའི་ཚེས་ཉེར་དྲུག་བར་ཟླ་བ་ཕྱེད་དགུ་ཙམ་གཞུང་ཚབ་སྲིད་ཀྱི་ཐུགས་འགན་བཞེས་ཐོག ཚེ་སྨོན་གླིང་གི་དམ་ཕྲུག་ཆེ་ཆུང་རྩིས་འབུལ་མཛད་པ་ལྟར་སྲིད་འགན་སྐྱོང་རིང་རྒྱ་ཐམ་ཛར་ཡིག་གྲུ་བཞི་མ་གོང་སྨྲས་དང་དེའི་འགྲམ་དུ་པཎ་ཆེན་རང་ཉིད་ཀྱི་ཐུགས་དམ་སྐོར་མོ་ཚེས་དུང་རིས་ཆུང་བ་ཟུང་སྦྲེལ་དུ་བསྐུལ། ”② ཅེས་གསལ་བ་ལྟར་པཎ་ཆེན་རིན་པོ་ཆེ་དབུས་ཞབས་ཀྱི་ཐོག་མར། “ པོ་ཏ་ལའི་ཚོམ་ཆེན་དུ་གོང་མའི་འབྲུངས་སྐར་དང་བསྟུན་པའི་ཞབས་བརྟན་མཛད་སྒོ་བསྐྲུངས། རྗེར་ཡབ་སྲས་ཞལ་འཛོམས་སྐབས་ཀུན་གཟིགས་རིན་པོ་ཆེས། བདག་ལུང་རྫོགས་ཀྱི་ཡོན་ཏན་ཤིན་ཏུ་དམན་ཁར་ན་རྒས་གཟུགས་གཅོང་བབ་དང་བཅས་ཚོས་

① (ཏྭ་ལའི་བླ་མའི་རྣམ་ཐར་བོད་ཡིག་དེབ་ངོས204)

② (དེབ་ཐེར་སོང་བའི་དམིགས་བུ་ཤོག་གྲངས25)

སྲིད་གཉིས་ཀྱི་ཁ་འཛིན་ཞབས་འགྱུར་འགྲུབ་དཀའ་ཡང་། གོང་མ་ཆེན་པོའི་བཀའ་ལ་གུས་ཞུས་བྲལ་བས་ཟླ་ཤས་བར་དུར་བསྐྱེད་ཞུས་ཏེ་རིང་མིན་གཙང་དུ་ལོག་ཆོག་པ་དང་། ལས་དོན་སྐོར་གོང་མ་ཆེན་པོའི་དགོངས་བཞེད་མཐུན་ཅིང་། བདག་གི་ཡིད་སྨོན་ལྟར་འགྲུབ་པ་བཅས་ཀྱི་གོང་ལ་སྙན་ཞུ་རྟེན་འབུལ་གནང་”①ཞེས་གྲགས།

སྐབས་དེར་ཚེ་སྨོན་བླ་བྲང་ལ་སྒོ་རྒྱ་དང་། སྲིད་ཟུར་ཡང་ཚེ་སྨོན་གླིང་ཆོས་རར་ཟུར་བཀག་གནང་ཞིང་། ཚེ་སྨོན་གླིང་གི་ཡིག་རིགས་ལ་བརྟག་བཤེར་སོགས་བྱེད་སྐབས། སྲིད་ཟུར་གྱི་ཐོབ་ཁུངས་སེར་སྨད་གྲྭ་ཚང་གི་གྲྭ་པ་མང་པོ་ཞིག་དེ་གར་འཚང་འཛུལ་བྱས་ཏེ་བཀའ་བློན་ཟུར་ཁང་སོགས་ལ་ཉེས་བརྡུང་བཏང་བ་མ་ཟད། སྲིད་ཟུར་ཡང་བཏོན་ཏེ་རེ་ཞིག་སེར་སྨད་དུ་ཁྲིད་པ་སོགས་འགོག་རྐྱོལ་མཁྲིགས་བཟུང་གི་ཟིང་ཆ་ཞིག་བྱུང་འདུག "ལོ་དེའི་ཟླ་བ་བཅུ་གཉིས་པའི་ཚེས་གཅིག་ཉིན་བོད་སྟོད་ཨམ་བན་ནས་རྒྱ་བོད་ཀྱི་གཞུང་དམག་བསྡུས་ནས་སེར་སྨད་ལ་དཔུང་འཇུག་བྱ་རྒྱུའི་གྲ་སྒྲིག་བྱས་ཐོག པཎ་ཆེན་རིན་པོ་ཆེའི་སར་བཅར་ཏེ་གོང་མ་ཆེན་པོའི་ཆབ་འབབས་ནས་བཀའ་ལ་བརྩི་འཛོག་མེད་པར་རང་སྟང་གང་ཤར་འདི་འདྲ་དེ་ལམ་དུ་བཞག་ན་ཆོས་དང་། རྒྱལ་པོ་ཚང་གི་ཁྲིམས་སྲོལ་དང་མི་མཐུན་སྟབས། ངེད་རང་ལྷ་དམག་རྣམས་བསྐུལ་ཏེ་སེར་སྨད་བཅོམ་དུ་འགྲོ་རྒྱུར་པཎ་ཆེན་རིན་པོ་ཆེ་ནས་ཨམ་བན་གྱི་ཐམ་ག་འདི་རྩིས་བཞེས་དགོས་ཚུལ་ནན་ཏན་ཞུས་པར། རྗེ་ཉིད་ནས་ཐུགས་ཀྱིས་མ་བཟོད་པར་སྲི་ཁྲབ་མཁན་པོ་སོགས་ཆེ་དྲག་རྣམས་དང་། སེ་འབྲས་དགེ་གསུམ་གྱི་བླ

① (པཎ་ཆེན་རྣམ་ཐར་)

མ་ལས་སྡེ་བཙས་འཕྲུལ་དུ་བསྐོངས་ཚོགས་ཀྱི་ཐབས་མཁས་ཆེན་པོས་ལྷ་དམག་དཔུང་འཇུག་མི་དགོས་པའི་ཀྲུང་ཐང་ལ་བཀའ་སློལ་ཟབ་ནན་མཛད་པ་ལས་གསན་བཞེས་ཀྱི་དུས་བདེ་ཞོད་འཛགས་བྱུང་” ①ཞེས་གསལ།

པཎ་ཆེན་རིན་པོ་ཆེས་གཞུང་གི་སྲིད་འགན་བཞེས་མི་དགོས་པར་ཆོས་ཕྱོགས་ཀྱི་ཐུགས་དམ་རྩེ་གཅིག་ཏུ་བསྐྱངས་ཆོག་པའི་ཐུགས་བཞེད་མཐའ་འཁྱོངས་མཛད་པར་བརྟེན། བོད་སྟོད་ཨམ་བན་ནས་གོང་མར་སྙན་ཞུ་ཕུལ་བའི་བཀའ་ལན་དུ། པཎ་ཆེན་ཨེར་ཏེ་ནི་གཙང་དུ་ལས་དོན་འཐུས་ཤོར་བ་མ་ཟད། ལྷ་སར་ཡུན་རིང་བཞུགས་ན་གཙང་གི་སེར་སྐྱ་རྣམས་སེམས་ཕམ་ཆེན་པོ་ཡོང་འགྲོ་བས་ད་ཆ་སྲིད་སྐྱོང་གི་ཐམ་ཀ་རྭ་སྒྲེང་ཨ་ཆི་ཧོ་ཐོག་ཐུ་ལ་རྩིས་སྤྲད་དེ་གཙང་དུ་ཕེབས་འཐུས་ཞེས་བསྒྱུར་འདུག ཏཱ་ལའི་བླ་མའི་རྣམ་ཐར་ནང་དུའང་སྤྱི་ལོ1845བོད་ཤིང་སྦྲུལ་ལོའི་ཟླ་བ་བཞི་པའི་ཚེས་ཉེར་དྲུག་ཉིན། “རྭ་སྒྲེང་ཨ་ཆི་ཐུ་ནོ་མིན་ཧན་ཆེན་པོར། གནམ་གྱི་ལྷ་འཇམ་དཔལ་དབྱངས་གོང་མ་བདག་པོ་ཆེན་པོ་ནས་བོད་ཀྱི་ལས་དོན་བྱེད་པོར་བཀའ་ཡིག་ཕེབས་པར། ཀུན་གཟིགས་པཎ་ཆེན་རིན་པོ་ཆེ་ནས་ལས་དོན་གྱི་ཐམ་ཀ་བསྟམས་ཏེ་ནོར་གླིང་ནས་རྩེར་ཕེབས་ཤིང་། གོང་ཆོས་ཀྱི་ཉི་མ་རྩེ་ཤར་ལ་རྭ་སྒྲེང་ཨ་ཆི་ཐུ་ལྷ་ལྡན་ནས་ཆིབས་བསྐྱོད་ཀྱིས་གཞུང་སྒོ་ཕུན་ཚོགས་འདུ་ལམ་བརྒྱུད་ཤར་རྒྱུད་(ཤོད་) གཟིམ་ཆུང་དུ་ཕེབས་བསྐྱོད་ཀྱིས་བཞུགས་ཁྲིར་ཞབས་སོར་འཁོད་འཕྲུལ་རྩེ་གསོལ་ཐབ་ནས་གསོལ་ཇ་དང་གསོལ་གྲོ་ཕེབས། དེ་ནས་གཟིམ་ཆུང་ཕུན་ཚོགས་འདོད་འཁྱིལ་དུ་རྒྱལ་བ་ཡབ་སྲས་ལྷན་རྒྱས་ཐོག་མཇལ་ཕྱག་དང་།

① (པཎ་ཆེན་རྣམ་ཐར་)

སོ་སོར་མཇལ་དར་འབུལ་བཞེས་ཐོག་གསོལ་གྲོ་དང་གསོལ་ཇ་ཕེབས། དྲུང་ཇ་གྲུབ་རྗེས་ཉི་འོད་དུ་ཡབ་སྲས་བཞུགས་ཁྲིར་འཁོད་བསྟུན་སྲིད་སྐྱོང་གི་ལས་དམ་འབུལ་བཞེས་གྲུབ་རྗེས་སྐུ་ཕྱག་དང་། མཎྜལ་རྟེན་གསུམ་ཕུལ་ནས་བཞུགས་ཁྲིར་ཕེབས་བསྟུན་གཞུང་ནས་ལེགས་སྐྱེས་ཐོག རྒྱལ་ཡབ། ཞབས་པད་རྣམ་པ། སྤྱི་ཁྱབ་མཁན་པོ། དར་ཧན་མཁན་པོ། ཇོ་དྭ། ཐའི་ཇི། ནང་མ་མཁན་སྡེ་ཚེ་ཆུང་། དྲུང་དྲག་འཁྲིང་དཀྱུས། བཀྲས་ལྷུན་ཞབས་གྲས་དྲག་འཁྲིང་དཀྱུས། དྲུང་ཧོག་ཡན་ནས་མཇལ་དར་ཕུལ་ཏེ་གྲལ་ལ་འཁོད། གསོལ་གྲོ། གསོལ་ཇ། ལྡུ་མཐུད་བཞེས་འབྲས། དཀར་སྒྲོ་བཀྲེ་བསྡུ་སོགས་གྲུབ་མཇུག་སྲུང་མདུད་བསྩལ་ཏེ་བཞུགས་གྲལ་གྲོལ། ”①ཞེས་གསལ་ཐག་ཆོད་འཁོད་ཡོད། འོན་ཀྱང་“ བོད་ཀྱི་སྲིད་དོན་རྒྱལ་རབས” ཟེར་བའི་ནང་། པཎ་ཆེན་རིན་པོ་ཆེ་དང་ར་སྒྲེང་སོ་སོས་སྲིད་སྐྱོང་མཛད་སྐོར་ སྐབས་ཤིག་ བོད་ལྗོངས་སྤྱི་ཚོགས་ནས་བསྐོ་བཞག་བྱས་པ་ལྟ་བུ་ཨུ་ཚུགས་ཀྱིས་བྲིས་འདུག

སྤྱི་ལོ1846བོད་མེ་རྟ་ལོར། པཎ་ཆེན་བསྟན་པའི་ཉི་མ་མཆོག་ནས་མཁན་པོ་མཛད་དེ་དྭ་ལའི་བླ་མ་མཁས་གྲུབ་རྒྱ་མཚོ་མཆོག་ལྷ་ལྡན་གཙུག་ལག་ཁང་གི་ཇོ་བོ་ཤཱཀྱ་མུ་ནེའི་སྤྱན་སྔར་བོད་ཟླ་བཞི་པའི་ཚེས་བདུན་ཉིན་སོ་ཐར་རབ་བྱུང་གི་བསླབ་སྡོམ་འབུལ་བཞེས་ཀྱི་མཛད་སྒོ་སྔར་ལམ་ལྟར་གཟབ་རྒྱས་བསྐྱངས།

དེ་དུས་རྒྱལ་རྩེ་དང་པ་རྣམ་ཁུལ་གཞུང་རྒྱུགས་ཁྲལ་པ་རྣམས་ཁྲལ་ཝུལ་བུན་ལོན་སོགས་ཀྱིས་གཙེས་ཏེ་མང་ཆེ་བ་ཉམ་ཐག་མཐར་ལྷུངས་དང་། ཁྲལ་

① (ཇོ་མཚར་ལྷའི་རོལ་མོ་ཤོག་གྲངས62)

འཚོ་མི་ཟིན་པའི་གནས་སུ་གྱུར་རྐྱེན་པོ་འདིར་གཞུང་ནས་ཞིབ་དཔྱོད་པ་ཆེད་གཏོང་གནང་དོན་གཞུང་རྒྱུགས་ངན་རྟུལ་རྣམས་སྣེར་ཆོས་ཁག་ལ་སླང་སྐྱེ་བེལ་བཏགས་ཞེས་འགན་དགྲི་དང་། ཆེ་བཙན་ནས་ས་ཞིང་བར་ཟློས་བྱས་རིགས་ལ་ཁྲལ་འགེལ་བཅས་རྩ་ཞིབ་མཐའ་ཚོད་ཙམ་ཞིག་བྱུང་འདུག་སྐབས། པོ་རྗེས་མར་ས་ཁུལ་དེར་རྩ་འཛིན་མེ་ལུག་ཞིབ་གཞུང་ཞེས་པ་གསར་འགོད་ཀྱིས་དམངས་གཙོའི་བཅོས་བསྒྱུར་བར་ས་མི་ཁྲལ་རིགས་གང་ཅི་དེ་ལ་རྩ་བ་བཟུང་བཞིན་ཡོད་དོ།

པོ་འདིའི་ཡས་མས་སུ་ཁམས་ཁུལ་བྲག་གཡབ་དགོན་པའི་བླ་མ་ཆེ་ཚང་ཧོ་ཐོག་ཐུ་ནོ་མིན་ཧན་བློ་བཟང་ཐུབ་བསྟན་འཇིགས་མེད་དང་། ཆུང་ཚང་སྤྲུལ་སྐུ་བློ་བཟང་བསྟན་འཛིན་རྒྱ་མཚོ་གཉིས་བར་འགལ་ཟླ་ཆགས་ཤིང་། གཤམ་འོག་ཕྱོགས་གཏོགས་སོ་སོས་འཐེན་འཁྱེར་གྱི་འཁྲུག་གཞི་ལངས་བར་ས་གནས་སྲིད་གཞུང་ནས་དང་ཐོག་མཆོད་དཔོན་བསྟན་འགྲུས་རྒྱལ་མཚན་དང་། མགྲོན་ངག་དབང་སྐལ་བཟང་གཉིས་བྲག་གཡབ་དོན་གཅོད་དུ་མངགས་རྫོངས་གནང་ཞིང་། དེ་རྗེས་སླར་ཡང་བཀའ་བློན་བཤད་སྒྲ་དབང་ཕྱུག་རྒྱལ་པོ་ལས་བྱ་བཅས་ཁམས་སུ་ཕེབས་ནས་བྲག་གཡབ་ཏུ་ཆབ་མདོ་མཛོད་ཟུར་ཚུལ་ཁྲིམས་དང་། སྣེ་དགེ་གཉེར་ཆེན་དགེ་ལེགས་སོགས་འཛམ་བཤད་བློ་འགུག་བྱེད་པར་བཏང་དོན། ཕྱོགས་གཉིས་ཀས་ཞིབ་སར་འཐུས་མི་ཡོང་ཞིང་དཔྱད་མཚམས་ཁྲ་མ་བཏང་བར་སོར་གནས་ཞུ་རྒྱུ་བྱས་ཏེ་འབྲུན་ཐག་ཆོད་པ་ལྟ་བུར་སྣང་ཡང་ཡུ་ཧན་ཀྲང་གིས་བརྩམས་དེབ་ཀྱི་ནང་དུ། 1852 བོད་ཆུ་བྱི་ལོར། “ཁམས་ཀྱི་བྲག་གཡབ་ས་ཁུལ་གྱི་དགོན་པའི་ནང་ཁུལ་དུ་འགལ་བ་བྱུང་སྐབས་བྲག་གཡབ་ཆུང་ཚང་བླ་མས་ཕྱིར་འཁོན་ཞེ་འཛིན་བྱས་ཏེ་མི་མང་པོ་བསྡུ་རུབ་ཀྱིས

ནོ་མིན་ཧན་（ཆེ་ཚང་）གྱི་མངའ་འོག་འགོ་པ་ཆེ་ཆུང་བཅུ་བདུན་བསད་པ་མ་ཟད། འཇའ་ས་དང་ཐམ་ག་དང་དགོན་སྡེའི་ནོར་རྫས་འཕྲོག་བཅོམ་དང་མེར་བསྲེག་བཏང་ཞིང་། ས་ཚོགས་ཀྱི་ཐང་རྟ་འཕྲོག་ཕྱིན་པས་བོད་ལྗོངས་དང་ནང་སོགས་བར་གྱི་འགྲིམ་འགྲུལ་དང་ཡིག་ཟམ་ཡང་ཆད་པ་རེད། དེ་དང་དུས་མཉམ་དུ་ཉག་སྐྱིད་ས་ཁུལ་དུའང་དོན་རྐྱེན་དེ་ལྟ་བུ་བྱུང་ཡོད་པར་བརྟེན་བོད་བཞུགས་ཨམ་བན་དང་། བཀའ་ཤག་གིས་བཀའ་བློན་ཆེ་བརྟན་དང་། ཚབ་མདོའི་ཕྱག་མཛོད། དྲག་གཡབ་ཀྱི་རྫོང་པེ་བཏང་ནས་དྲག་གཡབ་སུ་ཚར་གཅོད་དང་། ཆད་གཅོད་བྱེད་པར་ཕྱིན་ཅིང་། སེ་ཁྲིན་ཕྱོགས་ནས་དམག་བཏང་སྟེ་ཉག་སྐྱིད་དུ་ཚར་གཅོད་དྲག་པོ་བྱེད་པར་ཕྱིན་ནས་ལོ་གཅིག་ལྷག་ཙམ་སོང་རྗེས་གཞི་ནས་ས་ཁུལ་དེ་གཉིས་ཀྱི་ཟིང་ཆ་གནས་སྐབས་དྲག་གནོན་བྱེད་ཐུབ་པ་བྱུང་བ་རེད།”① ཅེས་འཁོད་པ་ལྟར་དྲག་གཡབ་ཏུ་སླར་ཡང་དུས་ཟིང་བསྐྱར་ལངས་ཤིག་བྱུང་བ་ཡིན་འདུག་ཅིང་། རྣམ་ཐར་ནང་དུའང་། སྤྱི་ལོ1855བོད་རྒྱ་སྣང་ལོའི་ཟླ་བ་བརྒྱད་པའི་“ཆོས་བརྒྱད་ཉིན་བཀའ་བློན་བཀྲས་ཁང་ལས་བྱ་བཅས་ནས་དྲག་གཡབ་དོན་གཅོད་རྗེས་གཙང་བྱུང་བར། གོང་མ་མཆོད་ཡོན་ནས་བདག་རྐྱེན་གཟིངས་བསྐྱོད་དུ་བཀའ་བློན་ངོ་མར་ཐའི་རྗེའི་ཚོ་ལོ་དང་། བྱུར་ཧོག གཙང་མདའ་དཔོན་རྗེར་རྒྱལ་ལ་རིམ་པ་གསུམ་པའི་ཧོག་དང་སྒྲོ་མདངས། མི་དཔོན་ང་ཕོད་པར་སྒྲོ་མདངས་བཅས་བསྩལ་བའི་བཀའ་དྲིན་ལེགས་གསོལ་དུ། བཀའ་མདའ་མི་དཔོན་སོ་སོ་ནས་རྟེན་

① （ཏཱ་ལའི་བླ་མའི་རྣམ་ཐར་བོད་ཡིག་གི་དེབ་ངོས206－207）

གསུམ་དངོས་འབུལ་བརྟེགས་པ་གཟིམ་འགག་ནས་འབུལ་བཞེས་བསྐྱངས།”①
ཞེས་གསལ་བ་ལོ་དུས་རྗེ་མཐུན་གྱི་འདུག་པས་མཚམས་འདིར་མུ་མཐུད་པ་ཡིན།

ད་ནི་ལོ་དུས་ཀྱི་དཀྱུས་ལ་འཇུག་ན། སྤྱི་ལོ1848ཐོད་ས་སྤྲེ་ལོའི་ཟླ་བ་བརྒྱད་པའི“ཆོས་བཅུ་གསུམ་ཉིན་རྒྱལ་ཡབ་སྐུ་ཞབས་སུ། གོང་མ་བདག་པོ་ཆེན་པོ་ནས་བཀའ་དྲིན་འཕར་གཟིགས་ཀྱིས་པདྨ་ར་གའི་ཧོག་དང་། སྒྲོ་མདོངས་མིག་གཉིས་མ་བཅས་བསྩལ་བཀའ་བསྒྱུར་མཇལ་དར་འབུལ་བཞེས་དང་། ཨམ་བན་ལ་ཐུགས་རྗེ་ཆེ་ཞུའི་མཚམས་ཞུ་ཡང་འབུལ་གཏོང་མཛད།”②
ཅེས་གསལ་འདུག་ཅིང་། 1849ཐོད་ས་བྱ་ལོར་“འདི་ལོ་སྤྱི་ཁྱབ་མཁན་པོ་རྙིང་པ་རྒྱལ་རོང་བློ་བཟང་རྒྱ་མཚོ་ཆོས་མ་ཟིན་པར། གསར་པ་སྐུ་བཅར་གཟིམ་དཔོན་བློ་བཟང་རབ་རྒྱས་ལ་བསྐོ་བཞག་གི་ཞང་ཞུ་ཨམ་བན་ལྷན་རྒྱས་སུ་གནང་བ་ལྟར་གོང་མ་ཆེན་པོར་གསེར་སྙན་སྦྲོན་པའི་ཕྱིར་ཕེབས་དྲུང་རྩེའི་བཀའ་ལན་ཟླ་བ་བཞི་པའི་ཚེས་གཅིག་ཉིན་འཁྱེར་ཚུལ་ཨམ་བན་ནས་གནས་ཚུལ་ཞུ་བར་ཐུང་སི་ཆེད་དུ་མངགས་པར། ཨམ་བན་ལ་མཚམས་ལན་དང་། ཐུང་སིར་གསོལ་རས་བཅས་བསྩལ།”③ཞེས་འཁོད་པ་ལྟར་འདི་རིགས་ཏ་ལའི་བླ་མ་ནས་བསྐོ་བཞག་གིས་ཨམ་བན་བརྒྱུད་གོང་མར་སྙན་སེང་བཀའ་ལན་འཁོར་ན་དེ་གས་འཐུས་ཀྱི་ཡོད་པར་སྣང་།

1850ཐོད་ལྕགས་ཁྱི་ལོར་ཆིང་གོང་མ་ཊའོ་ཀོང་གྲོངས་པ་དང་། དེའི་

---

① (ཇོ་མཚར་ལྷའི་རོལ་མོ་ཤོག་གྲངས235)
② (ལྷའི་རོལ་མོ་ཤོག་གྲངས109)
③ (ལྷའི་རོལ་མོ་ཤོག་གྲངས117)

ཕྱི་ལོ་ལྕགས་ཕག་ལོར་གོང་མ་ཞན་ཧྥུང་ཁྲི་ལ་འཁོད་ཅིང་། སྐབས་དེ་ཤེད་དུ་རྒྱལ་ནང་ཉལ་ཐའི་དམག་འཁྲུག་དང་ཞི་བདེ་གནམ་རྒྱལ་གྱི་གསར་བརྗེའི་དམག་འཁྲུག་བཅས་བསྟུད་མར་ལངས་པར་བརྟེན་ཆིང་རྒྱལ་རབས་ཀྱི་དབང་བསྒྱུར་དེར་རྒྱལ་ཡོངས་ཀྱི་ཁྲོན་ལ་གཡོ་འགུལ་བྱུང་ཡོད། དེའི་ཤུགས་རྐྱེན་བོད་ལྗོངས་སུ་ཡང་ཐེབས་པ་ནི་སྨོས་ཅི་ལ་དགོས། དེར་བརྟེན་མདོ་ཁམས་ཁུལ་ཙམ་དུ་མ་ཟད་བོད་ཀྱི་མཐའ་མཚམས་ས་ཁུལ་ལ་ལར་ཡང་ཆེ་ཆུང་ལ་མ་ལྟོས་པའི་དུས་ཟིང་གི་རྣམ་པ་འགའ་ཤས་ཐོན་མྱོང་བ་སྟེ། སྟོད་ཁུལ་འཆར་ཅན་གྱི་གཞུང་ཚོང་པར་ལ་དགས་པས་སྔར་ལམ་གྱི་རྟ་འུལ་མ་བཏང་བ་དང་། རུ་ཐོག་ཁོངས་ཨོད་ཟེར་བའི་ས་ཆ་ལ་དགས་པས་བཟུང་བ་སོགས་དང་། དེ་བཞིན་མོན་ཁུལ་གྱི་བོད་ཁོངས་མི་སེར་ཤེས་རབ་གྲགས་པ་ཟེར་བས་ཁྲལ་ཁྲིམས་མ་འཁུར་བར་བརྟེན། ས་གནས་རྫོང་སྡོད་ནས་འཛིན་བཟུང་བྱེད་པར་གཏོང་སྐབས་ཁོ་པ་བྲོས་ཤོར་གྱིས་དབྱིན་ཇིའི་རྒྱ་གར་བཙན་བཟུང་བྱེད་མིའི་དབང་འཛིན་པར་མགོ་བཏགས་ཞུས་ཐོག ཁོ་པས་སྔེ་ཁྲིད་ཀྱིས་མོན་ཁུལ་དུ་བརྐྱད་གཅེར་སྒྲ་ཕྱིར་བྱེད་པ་སོགས་བྱུང་འདུག་ཀྱང་། དེ་དག་སོ་སོར་ཞིབ་དཔྱོད་མི་སྣ་བཏང་ནས་ཕན་ཚུན་ཞི་བའི་འཕྲོས་མོལ་བྱས་ཏེ་དམག་འཁྲུག་རིགས་མ་དགོས་པར་འཁྲུན་ཆོད་བྱུང་འདུག་ཅིང་། རྣམ་ཐར་གྱི་ནང་དུའང་། 1853ཆུ་གླང་ལོར་“བཀའ་བློན་བཤད་སྒྲ་བར་རྟ་དབང་དོན་གཙོད་འཐུས་ཚང་བྱུང་བའི་གཟེངས་བསྟོད་དུ་ཐའི་ཧེ་མི་ཐོག་གཉིས་རྒྱུད་འཛིན་དང་། ཚོ་པོ་ཆེ་བརྟན་དཔལ་འབྱོར་ལ་རིམ་པ་གཉིས་པའི་ཐའི་ཧེའི་ཏོག་གནས། ཐོགས་དཔོན་སྐྱིད་སྟོད་པར་རིམ་པ་གསུམ་པའི་ཏོག་དང་། རིམ་པ་གསུམ་པའི་གོ་གནས་འཐོབས་སྐྱའི་རྗེས་མིང་། མདའ་དཔོན་རང་བྱིན་པར་རིམ་པ་གསུམ་པའི་

རྟོག་དང་སྒྲོ་མདོངས། ཡ་མོན་རྒྱ་དྲུང་དངོས་གྲུབ་རྡོ་རྗེར་རིམ་པ་ལྔ་པའི་རྟོག་དང་། བྱ་ གཞུག་ བསྟུལ་ བའི་ བཀའ་ བསྒྱུར་ མཇལ་ དར་ མགྲོན་ བརྒྱུད་ ཀྱིས་ བཞེས།"① ཞེས་གསལ་བ་ལྟར་ལྡོ་མོན་ཁུལ་གྱི་དོན་གཅོད་ཞི་ཁྲོས་ལེགས་གྲུབ་བྱུང་བར་མི་སྣ་ངོ་ལས་ལ་གོང་མ་ཆེན་པོས་གཟིགས་གཟོས་བདག་རྐྱེན་གནང་བ་མཚོན་གྱི་འདུག

4. **གོང་མས་ཏཱ་ལའི་བཅུ་གཅིག་པར་བོད་ཀྱི་སྲིད་དབང་ཕུལ་ཡང་། མི་རིང་བར་སྐུ་གཤེགས་པ་དང་། གོར་ཁའི་བཙན་འཛུལ་དམག་འཁྲུག་བྱུང་བ།**

སྤྱི་ལོ1852བོད་ཆུ་བྱི་ལོ་དང་། དེའི་ཕྱི་ལོ་བཅས་བསྟུད་མར་ཏཱ་ལའི་བླ་མ་མཆོག་འབྲས་སེ་དགའ་བཅས་གདན་ས་ཆེན་པོ་གསུམ་སོ་སོར་གསན་བསམ་དབུ་འཛུགས་ཀྱི་སྟར་ལམ་གྲྭ་བསྐོར་དུ་ཆིབས་བསྒྱུར་གྱི་མཛད་སྒོ་གཟབ་རྒྱས་སུ་བསྐྱངས་པ་དང་། དད་བསྟུས་སེར་སྐྱ་ཁྲི་སྟོང་ལ་མཇལ་ཁ་དང་བཀའ་ཆོས་གནང་བ། གདན་ས་ཆེན་པོ་འབྲོག་རི་བོ་དགའ་ལྡན་ནས་ལམ་བརྒྱངས་ཏེ་ཆོས་འཁོར་རྒྱལ་དང་། བསམ་ཡས་གཙུག་ལག་ཁང་སོགས་ལྷོ་ཁ་ཁུལ་གྱི་གནས་གཟིགས་དང་འབྲེལ་དད་ལྡན་སེར་སྐྱ་ཡོངས་ཀྱི་འདོད་མོས་ཡིད་བཞིན་དུ་སྐོང་བར་མཛད།

1853བོད་ཆུ་སྟག་ལོར་ཀུན་གཟིགས་པཎ་ཆེན་བསྟན་པའི་ཉི་མ་མཆོག་དགུང་ལོ་བདུན་ཅུའི་ཐོག་དགོངས་པ་ཆོས་དབྱིངས་སུ་ཐིམ་པའི་ཚུལ་བསྟན་པར་དགོངས་རྫོགས་ཐུགས་སྨོན་རྒྱ་ཆེ་དང་སྒྲུགས་མཆོད་སྦྱིན་གཏང་སྨིན་སྒྲོ་

① (ཛོ་མཚར་ལྷའི་རོལ་མོ་ཤོག་གྲངས236)

བར་མཛད།

ཕྱི་ལོ1854ཐོག་ཤིང་སྟག་ལོའི་ཟླ་བ་བརྒྱད་པའི་ནང་། “ཐོད་བཞུགས་ཀུན་ཨམ་བན་སྐུ་བཅར་ཐོག་ཕྱི་ཁྲབ་མཁན་པོ་གསར་པའི་འོས་འཆར་སྐུ་བཅར་གསོལ་དཔོན་ཆེན་མོ་དང་། སྐུ་བཅར་ལྷུགས་ལ་མཁན་པོ་གཉིས་མི་བབ་སྤྱན་ཞུ་གནང་།” ཞེས་དང་། “ཆོས་བཅུ་བདུན་ཉིན་གསོལ་དཔོན་ཆེན་མོ་ངག་དབང་བསྟན་དར་ལ་ཕྱི་ཁྲབ་མཁན་པོའི་ལས་ཚབ་བསྐོ་བཞག་བསྐྱལ་བའི་བཀའ་བསྒྱུར་མཛལ་དར་འབུལ་བཞེས་བསྐྱངས།” ①ཞེས་གསལ་བ་ལྟར་རྩེ་སྐོར་སྐུ་བཅར་ལས་ཚན་ཆེ་ཁ་འདི་རིགས་བསྐོ་བཞག་སྐབས་ཏྭ་ལའི་བླ་མ་མཆོག་ནས་འོས་འཆར་མི་གཉིས་འདེམས་སྒྲུག་གནང་ཐོག ཐོད་སྡོད་ཨམ་བན་ལ་མི་བབ་སྤྱན་ཞུ་དང་འབྲེལ་བཀའ་མོལ་གྱིས་སུ་འོས་གཅིག་ལ་ལས་ཚབ་བསྐོ་བཞག་གནང་སྟེ། ཨམ་བན་ནས་གོང་མར་སྙན་ཐོ་བཀོད་ནས་བཀའ་ལན་འཕོར་བསྟུན་ངོ་མའི་ཆེ་འདོན་བྱེད་པའི་ལམ་སྲོལ་གསལ་བར་མཚོན་པས་འདིར་བཀོད་པ་དང་། ཡང་རྣམ་ཐར་ནང་། ལོ་དེའི་ནང་“བསམ་ཡས་གཙུག་ལག་ཁང་ཉམས་བཟོ་ལེགས་པར་གྲུབ་པར་གནམ་བསྐོས་གོང་མ་ཆེན་པོ་ནས‘བསྟན་པའི་སྲོག་ཤིང་འགྲན་ཟླ་མེད་པའི་ཞིང་མཆོག’ ཅེས་པའི་པ་ཎ་བསྐྱལ་བའི་ཡིག་འབྲུ་གསེར་ཟངས་ཀྱིས་བྱས་པ་སྤྱན་ཞུ་དང་ཕྱག་ནས་ཞུ་བར་གུང་བཤད་སྒྲ་དང་། ལས་བྱ་རྩེ་མགྲོན་བྱམས་པ་ཆོས་འཕེལ། བཀའ་དྲུང་མཁར་སྣ། ཡ་མོན་དྲུང་ཡིག་རྨ་ཧོ་ཐ། རྩེ་དྲུང་བསོད་ནམས་རྒྱ་མཚོ་ངོ་གཡོག་རྣམས་བཅར་བར་ཕྱག་དབང་དང་། པ་ཎ་འཛུགས་པར་བསམ་ཡས་སུ་ཐོན་རྒྱུའི་ཐོན་

① （ལྷའི་རོལ་མོ་ཐོག་གྲངས་）

གནང་ཡང་བསྐྱལ། ”① ཅེས་འཁོད་འདུག་ཅིང༌། ལྷན་དེ་བཟོ་སྐབས་འདོད་དཔལ་ནས་ཟངས་བཟོ་དཔུ་ཆེན་དང༌། དཔུ་ཆུང་སོགས་ཀྱང་ཆེད་གཏོང་གནང་བ་གསལ།

སྤྱི་ལོ1855བོད་རབ་བྱུང་བཅུ་བཞི་པའི་ཤིང་ཡོས་ལོར་ཧྲ་ལའི་ཟླ་མ་བཅུ་གཅིག་པ་ནས་བོད་ཀྱི་ཆོས་སྲིད་གཉིས་ཀའི་ཐུགས་འགན་བཞེས་པའི་སྐོར་ལ་རྣམ་ཐར་ནང༌། "ཆོ་འཕྲུལ་བཀྲ་ཤིས་ཀྱི་ཟླ་བ་འདི་ཉིད་ཀྱི་ཡར་ངོའི་དཀར་ཕྱོགས་ཀྱི་རྒྱལ་བ་གསུམ་པའི་ཚེས་བཅུ་གསུམ་རྒྱལ་ཕུར་འཛོམས་པའི་འགྲུབ་སྦྱོར་གྱི་ཉིན། གོང་ས་ལྷ་མིའི་རྣམ་འདྲེན་ཆེན་པོར་འཇམ་དབྱངས་གོང་མ་བདག་པོ་ཆེན་པོས་གངས་ལྗོངས་ཆོས་སྲིད་ཟུང་དུ་འབྲེལ་བའི་འཕྲིན་ལས་གསེར་གྱི་འཁོར་ལོ་རྩིབས་སྟོང་དང་ལྡན་པ་གང་གི་ཕྱག་མཚན་དུ་གཏད་ནས་ཁམས་གསུམ་འགྲོ་བའི་བླ་མ་ཆོས་ཀྱི་ཉི་མ་ཆེན་པོར་དབང་བསྒྱུར་ཏེ་ནོར་བུའི་འཇའ་ས་དང་ཐམ་ཀ་སྤར་ཡོད་ཆོས་སྲིད་ཀྱི་ལས་དོན་ལ་འབེབས་ཆོག་པའི་གསེར་གྱི་བཀའ་བཟང་ཕེབས་པ་བཅས་ཀྱི་ཐོག་མའི་ལེགས་བྱས་ཀྱི་སྒོ་འཕར་དང་པོར་དབྱེ་བའི་ཐོ་རེངས་སྟ་ཆར་རོལ་ཆ་དང་གཉིས་ཀྱི་སྐབས་དབྱེ་བའི་ཐོག་ཉི་འོད་བཞུགས་ཁྲི་ཆེན་མོའི་ཤར་ངོས་སུ་གོས་སེར་གྱིས་བསྐྲུམས་པའི་སྟེགས་ཀྱི་པར། ནོར་བུ་རིན་པོ་ཆེའི་འཇའ་ས་དང་ཐམ་ཀ། གསེར་གྱི་འཇའ་ས་དང་ཐམ་ཀ་བཅས་བཞུགས་སུ་གསོལ་བའི་སྐུ་མདུན་དུ་མཆོད་པ་སྣ་ལྔ་འབུལ་བཤམས་དང༌། དཀར་སྤྲོ་སྤོས་སྤྲིག་སོགས་སྔོན་དུ་ཟིན་བསྟུན། ཉི་ཤར་འབྲུག་གི་སྟ་ཆ་དང་པོར་རོལ་ཆ་གསུམ་པ་དང་སྟབས་མཚུངས་ཕོ་བྲང་རྩེ་དང༌། ལྷ་

① (ངོ་མཚར་ལྷའི་རོལ་མོ་ཤོག་གྲངས246)

ལྷན་གཙུག་ལག་ཁང་། ལྷ་ཞོལ་དགོན་སྡེ། གྲོང་ཁྱིམ་བཅས་ནས་ཇ་དུང་དར་འཕྱར་བསངས་དུད་སོགས་ཀྱི་མཆོད་སྤྲིན། རྩེ་བདེ་ཡངས་ཤར་དུ་བྲོ་གཞས་སོགས་དང་འབྲེལ་བར། གོང་ས་སྐྱབས་མགོན་རྒྱལ་བའི་དབང་པོ་ཉི་འོད་གསེར་ཁྲི་ཆེན་མོར་ཞབས་སོར་བཀོད་ཐོག གཞུང་ནས་ལེགས་འབུལ་མཇལ་དར། མཎྜལ་རྟེན་གསུམ། སྐབས་མགོན་ཤོད་ནས་མཇལ་དར་འབུལ་བཞེས་བཅས་ཟིན་ནས་ཡོངས་འཛིན་ཁྲི་རིན་པོ་ཆེ་ནས་རྟེན་གསུམ་དངོས་འབུལ། རྒྱལ་ཡབ་གུང་། ཞབས་པད་རྣམ་པ། སྤྱི་ཁྱབ་མཁན་པོ། གུས་པ་དར་ཧན་མཁན་པོ། རྭ་སྒྲེང་ཇོ་སག་སོགས་ཀྱིས་མཚོན་རྩེ་ཤོད་དང་། སྐུ་སྐེར་གྱི་ལས་ཚན་པ། དྲུང་དྲག་འཁྲིད་དཀྱུས། རྣམ་གྲྭའི་ལས་སྡེ། ཞབས་གསར་བཀྲས་ཁང་ཐའི་ཇེ་དང་། མཁན་ཆུང་སྤྱི་ལྟགས་བློ་བཟང་དབང་ཕྱུག་སོགས་རྩེ་ཤོད་ཞབས་གསར་བ་མང་ཙམ་བཅས་ཚང་མས་མཆོད་ཡོན་སོ་སོར་མཇལ་དར་ཕུལ་ཏེ་གྲལ་འཁོད་ཐོག་གསོལ་གྲྭ། གསོལ་ཇ། དཀར་སྦྲོ་བཀྱེ་ཚོག་སོགས་ཞུས་ཏེ་གྲོལ། ......"① ཅེས་གསལ་བ་དེ་ལྟར་ཡང་། "བོད་ཀྱི་སྲིད་དོན་རྒྱལ་རབས" ཟེར་བ་དེའི་ནང་། "གོང་ས་སྐྱབས་མགོན་ཆེན་པོ་གསན་བསམ་ལེགས་པར་གྲུབ་པ་དང་། དགུང་གྲངས་ཀྱང་བཅུ་བདུན་ལ་ཕེབས་པས་བོད་ལྗོངས་ལྷ་མི་ཡོངས་ཀྱི་རེ་འདོད་ལྟར་ཤིང་ཡོས1855ཟླ་བ་དང་པོའི་ཚེས་བཅུ་གསུམ་ཉིན་ལུགས་གཉིས་ཆབ་སྲིད་ཀྱི་ཐུགས་འགན་བསྐྱེད།"②ཅེས་བྲིས་འདུག དགུང་གྲངས་བཅུ་བདུན་ལ་ཕེབས་པ་དེ་སྲིད་འགན་བཞེས་པའི་རྒྱུ་མཚན་དུ་

① (ངོ་མཚར་ལྷའི་རོལ་མོ་ཤོག་གྲངས252)

② (དེབ་དེའི་སྐད་ཆ་ཤོག་གྲངས22)

བཀོད་ཀྱང་། ཏཱ་ལའི་བླ་མ་སྐུ་ཕྲེང་ སྔ་མ་གསུམ་ཀྱང་ དགུང་གྲངས་བཅུ་བདུན་ལ་སྲིད་འགན་བཞེས་པ་བྱུང་མེད་དོ། ལོ་འདིར་པཎ་ཆེན་སྐུ་ཕྲེང་བརྒྱད་པ་བསྟན་པའི་དབང་ཕྱུག་སྐུ་བལྟམས།

ཤིང་ཡོས་ལོ་ནང་དེར་གོར་ཁས་ཆེངས་དོན་བརྩི་མེད་ཀྱིས་སླར་ཡང་བོད་ཀྱི་སྟོད་ ཕྱོགས་ སུ་ བཙན་ འཛུལ་ དམག་ འཁྲུག་ བསླངས་ པའི་ སྐོར། དབྱིན་ ཇི་བཙན་རྒྱལ་རིང་ ལུགས་ པས་ ཕོ་ པའི་ རྒྱ་ སྐྱིད་ ཀྱི་ ངན་ སེམས་ ཁོག་ བཅངས་ ཐོག་གོར་ཁ་རྒྱལ་བློན་ལ་ངན་བསླུལ་བྱས་པའི་འོག 1842ལོ་ནས་བཟུང་བོད་སྟོད་ཨམ་བན་ལ་ཁྱེངས་མེད་ཀྱི་རེ་འདུན་ཡི་གེ་ཡང་ཡང་བཏང་བར་ཨམ་བན་གྱིས་ཁས་ལེན་མ་བྱས་པར་བརྟེན། ཤིང་ཡོས་ལོ་འགོར་གོར་ཁས་སྐྱིད་གྲོང་དུ་མི་སྣ་མངགས་ཏེ་མི་སེར་ལ་ངན་བསླུལ་གྱིས་ས་ཆ་བཟུང་རྩིས་བྱས་པར། བོད་ནས་བཀའ་བློན་བཤད་སྒྲ་དང་། ཨམ་བན་གྱི་འབྲུ་གཉེར་ཀྲང་ཆེ་སོགས་བཏང་ནས་དིང་རི་ཁུལ་གྲོད་གཞི་ཞིབ་བཤེར་ལ་ཁ་གཡར་ཏེ་ཉང་གཙོན་དང་གྲ་སྒྲིག་བྱས་ཤིང་། དེ་རྗེས་གོར་ཕྱོགས་ནས་བོད་ཀྱི་དཔོན་རིགས་ཀྱིས་ས་མཚམས་སུ་གོར་ཁའི་ཚོང་པར་འབྲས་ཁྲལ་འབབ་བསྡུ་བྱེད་ཚུལ་དང་། གོར་ཁོངས་ཚོང་པ་བཀག་འགོག་བྱས་ཚུལ། དེ་མིན་བསད་རྨས་འཕྲོག་བཅོམ་གྱི་གྲོད་གཞི་སོགས་ཁག་འདོགས་སྣ་ཚོགས་ཀྱིས་སྔོན་ཆད་བོད་ལ་བཙན་གནོད་ནམ་ཡང་མི་བྱེད་པའི་ཆ་བྱེ་ལོའི་ཁས་ལེན་གན་དོན་དང་རྒྱབ་འགལ་བྱས་ཏེ། དམག་མི་སྟོང་ཕྲག་ཁ་ཤས་བཏང་ནས་བོད་སར་བཙན་འཛུལ་བྱས་ཐོག སྐྱིད་གྲོང་དང་། གཉའ་ནང་། རྫོང་དགའ་བཅས་རིམ་བཞིན་བཙན་བཟུང་བྱས། བོད་སྟོད་ཨམ་བན་ཧོ་ཐེ་ངོ་མ་ཤེལ་དཀར་དུ་བསྐྱོད་དེ་གོར་ཁའི་དཔོན་རིགས་དང་ཐུག་འཕྲད་བྱས་ཐོག གོར་ཕྱོགས་ཀྱི་བརྗོད་བབ་གཞིར་བཞག་བོད་ཕྱོགས་ནས་རྒྱ་

དངུལ་སྲང་ཆིག་ཁྲི་ལྔ་སྟོང་གོར་ཁར་སློག་རྒྱུ①བྱས་ནས་དམག་མཚམས་འཇོག་དགོས་པའི་འབྲུན་ཐག་བཅད་ཀྱང་། གོར་ཕྱོགས་ནས་དང་ལེན་མ་བྱས་པར་དམག་དཔུང་ཁ་སྣོན་བརྒྱབ་སྟེ་སླར་ཡང་མངའ་རིས་ཁུལ་གྱི་སྤུ་ཧྲེང་རྫོང་དང་། གཙང་ཁུལ་གྱི་རོང་ཤར་བཙན་བཟུང་བྱས་པ་མ་ཟད། ཆེང་དམག་གི་དཔུང་སྐར་རྩ་མེད་དུ་གཏོང་རྩིས་བྱས། སྐབས་དེར་བཀའ་བློན་ཚེ་བརྟན་（བཀྲས་ཁང་པ་ཡིན་པ་འདྲ་）གྱིས་བོད་དམག་ཁྲིད་ནས་གོར་ཁར་རྒོལ་ལན་སྤྲད་དེ་གོར་དམག་བརྒྱ་ཕྲག་ཁ་ཤས་བསད་ཅིང་། གཉའ་ནང་ཚུར་ཁའི་གོར་དམག་གི་དམག་སྐར་རྩིག་མེད་དུ་བཏང་བ་དང་གཉའ་ནང་ཚུར་བླངས་པ། རྫོང་དགའ་ཡང་མཐའ་ནས་བསྐོར་བ་བཅས་ཀྱི་ཐོག བཀའ་བློན་ངོ་མས་སླར་ཡང་དམག་དཔུང་ཁྲིད་དེ་རོང་ཤར་ལ་དཔུང་འཇུག་བྱས་སྐབས་དམག་འཁྲུག་གི་གནས་བབ་ཡག་ཏུ་སོང་བར་གྲགས།②དེ་དུས་བོད་དམག་འགོ་འདོམས་སུ་དབུས་མདའ་དཔོན་རང་གྲོན་པ་དང་། གཙང་མདའ་དཔོན་པད་ཚལ་བ་ཡོད་ཅིང་། བོད་དུ་དམངས་ཁྲིད་ཀྱི་ངག་རྒྱུན་ལ། "པད་ཚལ་དཔའ་བོའི་རྒྱུད་རེད། གོར་ཁ་ར་ལུག་གསོད་གསོད།" ཅེས་པ་ཞིག་ཡོངས་གྲགས་སུ་ཡོད་པ་སྐབས་འདི་དུས་མདའ་དཔོན་པད་ཚལ་བས་དམག་ཐོག་ཏུ་བྱས་རྗེས་ཆེ་ཙམ་ཞིག་བཞག་པར་མངོན།

ཐེངས་དེར་གོར་དམག་ཕམ་རྗེས་སླར་ཡང་བལ་ཡུལ་ནས་དམག་མི་ཧྲག་སྦྲུག་བདུན་སྟོང་ཙམ་འཕར་སྣོན་བྱས་ཏེ་ཐད་ཀར་གཉའ་ནང་དུ་འཇུལ་ཡོང་

① （ཡཱ་ཧན་ཀྲང་གི་བརྩམས་དེབ་བོད་ཡིག་པར་ངོས209）

② （ཏཱ་ལའི་བླ་མའི་རྣམ་ཐར་བོད་ཡིག་དེབ་ངོས209）

ནས་ཡང་བསྐྱར་གཉའ་ནང་ཕར་བླངས། སྐབས་དེར་རྒྱལ་ནང་དུ་ཞི་བདེ་གནམ་རྒྱལ་གྱི་དམག་འཁྲུག་ད་དུང་རྒྱག་གི་ཡོད་པར་བརྟེན་ཆེང་གོང་མའི་སྲིད་གཞུང་གིས་གོར་ཁར་ཁ་གཏད་གཙོག་རྒྱུའི་གོ་སྐབས་མེད་པས་བོད་སྡོད་ཨམ་བན་གྱིས་དབུས་ཁུལ་ནས་རྒྱ་བོད་སེར་སྐྱ་དམག་མི་ཉིས་སྟོང་ཙམ་བསྐུལ་བསྐྱོངས་ཀྱིས་གཙང་དུ་བཏང་བ་དང་། ཕྱོགས་གཞན་ཞིག་ནས་གོང་མར་སི་ཁྲིན་ཙོང་ཏུའུ་ཡིས་བར་ཁམས་ཁུལ་དམག་བསྐུལ་གྱིས་རྒྱབ་སྐྱོར་གནང་རོགས་བཅས་ཞུས་ནའང་། ས་ཁད་རྒྱང་བ་དང་གོ་ལག་ཞན་པ་སོགས་ཀྱིས་དམག་དོན་ཐོག་རྒྱལ་ཁ་ལེན་ཐུབ་པ་མ་བྱུང་། འོན་ཀྱང་གོར་ཕྱོགས་སུ་དབུས་གཙང་ཁམས་གསུམ་དུ་དམག་བསྐུལ་གྱི་ཡུལ་དམག་ཁྲི་སྟོང་མང་པོ་ཡོང་ལུགས་དང་། སེ་འབྲས་དགའ་གསུམ་ནས་དང་བླངས་སེར་དམག་ཁྲོན་ཆེ་འཁོར་ཚུལ་སོགས་སྤྲིར་གྲགས་ཆེན་པོ་ཐོས་ཁར། ནམ་དུས་ཀྱང་སྟོན་འགོ་ཚུགས་པ་བཅས་ཀྱིས་གངས་ཞོད་མ་ཚུགས་གོང་གཞི་ནས་གྲོས་མོལ་བྱ་རྒྱུའི་ཁས་ལེན་བྱས། བོད་ནས་ཞི་འཕྲོས་བྱེད་པར་བཀའ་བློན་བཤད་སྒྲ་ངོ་ལས་དང་། དགོན་པ་ཆེ་ཁག་གི་འཐུས་མི་བཅས་བཏང་བ་རྣམས་དང་ཐོག་ཤེལ་དཀར་དང་དེ་ནས་གཉའ་ནང་དུ་བསྐྱོད། གོར་ཕྱོགས་ནས་གྲོས་མོལ་བྱེད་མཁན་བལ་ཡུལ་རང་དུ་གཏོང་དགོས་བཤད་པར་བརྟེན་བོད་ཕྱོགས་ཀྱི་འཐུས་མི་རྗེ་མགྲོན་ངག་དབང་རྒྱལ་མཚན་དང་། བཀའ་མགྲོན་རྫུམ་པ་སྲས། བཀའ་བློན་སོ་སོའི་ངོ་ཚབ། བཀྲ་ཤིས་ལྷུན་པོ་དང་། ས་སྐྱ། གདན་ས་གསུམ་གྱི་འཐུས་མི་སོགས་བལ་ཡུལ་རང་དུ་ཐོན་དགོས་བྱུང་འདུག

ལོ་འདིའི་ནང་དྷ་ལའི་བླ་མ་སྐུ་ཁམས་མི་བདེ་བའི་རྣམ་པ་བསྟན་ཞིང་། རྣམ་ཐར་ནང་། ཟླ་བ་བརྒྱད་པའི་ནང་“ ད་དུང་རེ་ཞིག་སྐུ་ཁམས་འཚོ་བརྟན

དང་། དེའི་རིང་ཡང་ཞལ་འདོན་ཕྱག་དམ་སོགས་མ་ཆག་ཅིང་། བླ་སྨན་རྣམས་ནས་གསོལ་སྨན་སོགས་ཀྱི་འཁྲོད་བཞེས་ཕུལ་བ་རྣམས་ཀྱང་འདོད་མོས་ལྟར་བཞེས་ཆ་མཛད།……ཟླ་བ་བཅུ་པའི་ནང་བོད་བཞུགས་ཨམ་བན་གོང་ས་མཆོག་གི་སྐུ་ཁམས་ཀྱི་བབ་ལ་གཟིགས་རྟོག་གི་ཆེད་དུ་ཕེབས་པར། ཨམ་བན་སྐུ་རྐྱང་ལ་མཇལ་འཕྲད་ཐོག་སྐུའི་སྨན་བབ་ཀྱི་གནས་ཚུལ་སོགས་གསུང་བགྲོས་ཞིབ་ལྷིངས་མཛད། དེ་ནས་ཀྱང་སྐུའི་དངས་བསྐྱེད་མ་བཞེས་པས་ཚང་མ་སློ་གཡེང་ཇེ་ཆེར་གྱུར་པས་སླར་ཡང་ཡོངས་འཛིན་ཁྲི་རིན་པོ་ཆེ་བརྒྱུད་དངོས་འབུལ་དང་བཅས་ཞབས་པད་བརྟན་པའི་གསོལ་འདེབས།……སྤྱི་སྙེར་ཚང་མ་ནས་མཇལ་རྟེན་གསུམ་དང་བཅས་ལན་གཅིག་གཉིས་མ་ཡིན་པའི་གསོལ་བཏབ་སོགས་སྒོ་ཐམས་ཅད་ནས་རྩལ་ཅི་ཡོད་ཀྱི་ཞབས་པད་ཡུན་བརྟན་གྱི་ཐབས་ལ་འབད་ན་ཡང་། དུས་ངན་གྱི་འགྱུར་བ་སོགས་ཀྱིས་ཐུགས་ཡིད་འབྱུང་པས་རེ་ཞིག་ཞིང་ཁམས་གཞན་ཕྱོན་གྱི་དགོངས་བཞེད་གཏད་ཟིན་པའི་དབང་གིས་ཟླ་བ་བཅུ་གཉིས་པའི་ནང་ནས་གསོལ་ཆས་སོགས་ཆེར་མི་གསོལ་ཞིང་། སྨན་བབ་རིམ་ལྷིར་ཕེབས།”①ཞེས་འཁོད་པ་ལྟར་ཏྭ་ལའི་བླ་མ་མཆོག་དགུང་གྲངས་བཅོ་བརྒྱད་དུ་ཕེབས་པ1855བོད་ཤིང་ཡོས་ལོའི་ཟླ་བ་བཅུ་གཉིས་པའི་ཚེས་ཉེར་ལྔའི་ཐོ་རེངས་ཙམ་ལ་དགོངས་པ་ཆོས་དབྱིངས་སུ་ཐིམ། ཚེས་ཉེར་དྲུག་ཉིན་ནས་སླར་ཡང་རྭ་སྒྲེང་ཨ་ཆི་ཧོ་ཐོག་ཁྱུ་ངག་དབང་ཡེ་ཤེས་ཚུལ་ཁྲིམས་རྒྱལ་མཚན་ནས་སྲིད་སྐྱོང་གི་ཐུགས་འགན་ལྷུ་མཐུད་བསྐྱངས་ནས་དགོངས་རྫོགས་མཆོད་སྤྲིན་གྱི་ཞུ་སྒོ་མཆོག་སྤྲུལ་མྱུར་བྱོན་གྱི་གསོལ་འདེབས། སྐུ་གདུང་

① （ངོ་མཚར་ལྟའི་རོལ་མོ་ཤོག་གྲངས་）

བཞུགས་ཡུལ་དང་། གསེར་སྡོང་ཕན་བདེའི་འོད་འབར་གསར་བཞེངས་ཀྱི་ལས་གྲྭ་འཛུགས་རྒྱུ་སོགས་རིམ་བཞིན་སྤར་སྤྲོལ་ལྟར་མཛད། ཏཱ་ལའི་བླ་མ་འདིའི་ཡབ་ཚང་ལ་གཞུང་ནས་རྒྱལ་རྩེ་ལྷུང་ལོ་སོགས་འཁྱོངས་ཐེབས་གཞིས་ཀ་རྒྱ་ཆེ་དང་། ལྷ་སར་ཡབ་གཞིས་གསར་བསྐྲུན་ལ་ཕུན་ཚོགས་ཁང་གསར་དུ་གྲགས་པས་ཡབ་གཞིས་ཕུན་ཁང་པ་ཞེས་པའོ།

དེ་ལྟར་བལ་ཡུལ་དུ་བཏང་བའི་བོད་ཕྱོགས་ཀྱི་མི་སྣ་གོང་གསལ་རྣམས་ནས་གོར་ཁ་རྒྱལ་ཁང་དང་ཞི་འགྲོས་ཉིན་ནས་ཉིན་བསྟུད་ཀྱི་བྱས་ཀྱང་། དམག་དོན་གྱི་གནས་བབ་ཞན་པའི་དབང་གིས་མཐར་འདྲ་མཉམ་མིན་པའི་ཆིངས་དོན་ཞིག་ལ་མོས་མཐུན་བྱེད་དགོས་བྱུང་བའི་ནང་དོན་གཙོ་བོ་ནི། “བོད་ནས་ལོ་ལྟར་གོར་ཁ་རྒྱལ་ཁང་ལ་དངུལ་ཨ་ལད་སྟོང་ཕྲག་བཅུ་ཐམ་པ་སྤྲོད་རྒྱུ་དང་གཅིག གོར་བོད་གཉིས་ཀ་ཕྲི་གོང་མ་ཆེན་པོ་ལ་གུས་འདུད་ཞུ་མི་ཡིན་ཅིང་། བོད་ཡུལ་འདི་བཞིན་བླ་མའི་དགོན་པ་དང་། ཆོས་བྱེད་སྒོམ་ཆེན་སྡོམ་གཙང་ཤ་སྟག་གི་བཞུགས་སར་སོང་གཉིས། ད་ནས་བཟུང་བོད་ཀྱི་ས་གནས་ལ་རྒྱལ་ཁབ་གཞན་གྱིས་དམག་རྒྱག་མཁན་བྱུང་ཚེ་གོར་ཁ་རྒྱལ་ཁང་ནས་རོགས་རམ་སྐྱུང་སྡོམ་གང་ཐུབ་བྱེད་རྒྱུ་དང་གཉིས། གོར་ཁའི་མི་སེར་ཚོང་པ་ལ་ད་ནས་བཟུང་ཚོང་ཁྲལ། ལམ་ཁྲལ་སོགས་ཁྲལ་གྱི་རིགས་གང་ཡང་བོད་ནས་མི་ལེན་ཐེར་བ་དང་གསུམ། བོད་ནས་འཛིན་བཟུང་ཀྱི་བཞག་པའི་སེང་པའི་དམག་མི་དང་། ད་ལམ་དམག་ལ་འཛིན་བཟུང་བགྱིས་པའི་གོར་ཁའི་དམག་མི་དཔོན་གཡོག་དང་། བུད་མེད་རིགས་སྒྲིགས་བཅས་བོད་ནས་གོར་ཁ་རྒྱལ་ཁང་ལ་ཕྱིར་སློག་བྱེད་རྒྱུ། བོད་ཀྱི་དམག་མི་དང་། སྐྱིད་གྲོང་། གཉའ་ནང་། རྫོང་དགའ། སྤུ་ཧྲེང་། རོང་ཤར་བཅས་ཀྱི་མི་སེར་རྣམས་ཀྱི་མཚོན་ཆ་དང་།

གཡག་བཅས་གང་ལུས་ཡོད་པ་གོར་ཁཱ་རྒྱལ་ཁང་ནས་ཕྱིར་སློག་བྱེད་རྒྱུ་དང་། ཆིངས་འགྲིགས་ཚར་རྗེས་སྤུ་ཧྲེང་། རོང་ཤར། སྐྱིད་གྲོང་། རྫོང་དགའ། གཉའ་ནང་། དར་སྒྲིང་། ལ་རྩེ་ཚུན་གྱི་གོར་དམག་རྣམས་ཚུར་བསྡུས་ཀྱི་ས་ཡུལ་སློས་བཏང་ཕྱིར་སློག་བྱེད་རྒྱུ་དང་བཞི། ལྷ་ལྡན་དུ་ད་ནས་བཟུངས་གོར་ཁཱ་རྒྱལ་ཁང་ནས་བལ་འགོ་མི་འཛོག མི་དྲག་འཛོག་རྒྱུ་དང་ལྔ། ལྷ་ལྡན་དུ་རྒྱལ་ཁང་གི་ཚོང་ཁང་བཞག་རྒྱུ། ནོར་བུ་རྒྱན་ཆས། གོས་ཆས། ཟ་ཆས། ཟོག་རིགས་རྣམས་འདོད་མཐུན་གྱི་ཚོང་བརྒྱབ་ཆོག་པ་དང་དྲུག བལ་ཡུལ་ནང་ལྷ་སའི་མི་སེར་ཚོང་པ་རྣམས་འཁྲུག་པ་བྱུང་ན་གོར་ཁཱའི་མི་དྲག་ནས་ཁྲིམས་གཅོད་བྱས་མི་ཆོག ལྷ་སའི་ས་གནས་སུ་ཡོད་པའི་གོར་ཁཱའི་མི་སེར་ཚོང་པ། ཡམ་བུའི་ཁ་ཆེ་རྣམས་འཁྲུག་པ་བྱུང་ན་བོད་རྒྱལ་ཁང་ནས་ཁྲིམས་གཅོད་མི་ཆོག གོར་བོད་གཉིས་ཀྱི་མི་སེར་འཁྲུག་པ་བྱུང་ཚེ་གོར་བོད་གཉིས་ཀྱི་མི་དྲག་ལྷན་རྒྱས་ཐོག་ཁྲིམས་གཅོད་བྱེད་རྒྱུ། ཁྲིམས་གཅོད་བྱེད་སྐབས་བོད་ཀྱི་མི་སེར་གྱི་ཉེས་དངུལ་བོད་པའི་མི་དྲག་གིས་ལེན་རྒྱུ། གོར་ཁཱའི་མི་སེར་ཚོང་པ་དང་ཁ་ཆེ་རྣམས་ཀྱི་ཉེས་དངུལ་གོར་ཁཱའི་མི་དྲག་ནས་ལེན་རྒྱུ་དང་བདུན། གོར་ཁའི་མི་སེར་ནས་མི་བསད་དེ་བོད་ཀྱི་ས་གནས་སུ་བྲོས་ན་བོད་ནས་གོར་རྒྱལ་ལ་རྩིས་སྤྲོད་བྱེད་རྒྱུ། བོད་མི་སེར་ནས་མི་བསད་དེ་གོར་ཁཱའི་ས་གནས་སུ་བྲོས་ན་གོར་ཁཱ་ནས་བོད་རྒྱལ་ལ་རྩིས་སྤྲོད་བྱེད་རྒྱུ་དང་བརྒྱད། གོར་ཁཱའི་མི་སེར་ཚོང་པའི་རྒྱུ་ནོར་བོད་པའི་མི་སེར་ནས་(གྱིས་)འཕྲོག་བཅོམ་བྱས་ཚེ་གོར་ཁཱ་མི་སེར་རྒྱུ་ནོར་གྱི་བདག་པོ་ལ། བོད་མི་དྲག་དཔོན་རིགས་ནས་བརྩད་གཅོད་ཀྱིས་ཕྱིར་སློག་བྱེད་འཛུག་རྒྱུ། འཕྲོག་བཅོམ་བྱེད་མི་ནས་རྒྱུ་ནོར་སྤྲོད་མ་ཐུབ་ཚེ་ལེན་དགོས་རྣམས་དུས་འགྱངས་ཀྱིས་སྤྲོད་རྒྱུའི་ཆོད་འདོམས་བོད་མི་དྲག་ནས་བྱེད་

རྒྱུ། བོད་མི་སེར་ཚོང་པའི་རྒྱུ་ནོར་གོར་ཁའི་མི་སེར་ནས(གྱིས)འཕྲོག་བཅོམ་བྱས་ཚེ་བོད་མི་སེར་རྒྱུ་ནོར་གྱི་བདག་པོ་ལ། གོར་ཁའི་མི་དྲག་དཔོན་རིགས་ནས་བཙང་གཅོད་ཀྱིས་ཕྱིར་སློག་བྱེད་འཇུག་རྒྱུ། འཕྲོག་བཅོམ་བྱེད་མི་ནས་རྒྱུ་ནོར་སྤྲོད་མ་ཐུབ་ཚེ་ལེན་དགོས་རྣམས་དུས་འགྱངས་ཀྱིས་སྤྲོད་རྒྱུའི་ཚོད་འཛོམས་གོར་ཁའི་མི་དྲག་ནས་བྱེད་རྒྱུ་དང་དགུ། ད་ལམ་དམག་སྐབས་བོད་ཀྱི་མི་སེར་གོར་ཁ་རྒྱལ་ཁང་དང་མཐུན་ནས་ཡོང་མི་དང་། གོར་ཁའི་མི་སེར་བོད་རྒྱལ་ཁང་དང་མཐུན་ནས་ཡོང་མི་ལ་ཆེངས་བསྒྲིགས་ཚར་རྗེས་ཕོ་པའི་རྒྱུ་ནོར་སོགས་ལ་རྒྱལ་ཁང་ཕན་ཚུན་གཉིས་ཀ་ནས་རྩིག་ཟ་མི་བྱེད་རྒྱུ་དང་བཅུ་ཐམ་པ།"①(1856)བོད་མེ་འབྲུག་ཟླ་བ་གཉིས་པའི་ཚེས་བཅོ་བརྒྱད་ལ།

དེ་ལྟ་བུའི་ཚོད་དོན་བཞག་ནས་ལག་ལེན་བསྟར་ཏེ་དམག་འཁྲུག་འཁྲུན་ཐག་བཅད། ལྷ་སར་གོར་ཁེ་གཞབ་ཏན་ཟེར་བ་ངོ་ལས་བཙུགས་པ་དང་། བོད་ནས་གོར་ཞིབ་ལས་ཁུངས་ཟེར་བའི་ངོ་དམ་པ་ཡང་འཛུགས་གཉེར་བྱེད་སྲོལ་ཆགས་ཤིང་། སྐབས་འདིའི་ཆིངས་དོན་ནི་ཐད་དེ་དྲང་བཞག་མིན་པའི་བྱ་གཞག་ཅིག་ཡིན་རུང་། བོད་ལ་བཙོངས་བཀྲོལ་མ་ཐོབ་བར་ལོ་བརྒྱ་ཕྲག་གཅིག་ཙམ་རིང་སྡུག་འཁུར་བྱ་དགོས་བྱུང་ཡོད།

ཤིང་ཡོས་ལོའི་གོར་ཁའི་བཙན་འཛུལ་དེ་ནི། དབྱིན་ཇི་བཙན་རྒྱལ་རིང་ལུགས་པས་སློག་ཏུ་རྒྱབ་སྐྱོར་དང་ངན་བསླུལ་བྱས་པ་ལས་བྱུང་བ་ཞིག་ཡིན། གང་ཡིན་ཞེ་ན། སྐབས་དེའི་གོར་ཁ་རྒྱལ་པོ་སྤྲིག་རམ་ཤཱ་ཟེར་བ་དེས་དམག་དཔོན་ཛཾ་སྦ་ཐུར་ཟེར་བ་ཞིག་ལ་རྒྱལ་ཁང་གི་བློན་ཆེན་བསྐོས་ཤིང་། ཁོ་པ་ནི་

① (ཧྲ་ལའི་བླ་མའི་རྣམ་ཐར་བོད་ཡིག་དེབ་ངོས210－212)

དབྱིན་ཇི་བཙན་རྒྱལ་རིང་ལུགས་པར་ལྷག་བསམ་རྣམ་དག་བྱེད་མཁན་ཞིག་ཡིན་པ་དང་། དེ་དུས་དབྱིན་ཇིས་རྒྱ་གར་ལ་བཙན་འཛུལ་དབང་སྒྱུར་བྱེད་པ་དེར་རྒྱ་གར་གྱི་རྒྱལ་པོ་མང་པོས་གང་ས་གང་ནས་ངོ་རྒོལ་བྱས་རྐྱེན་དབྱིན་ཇི་བ་ཚོ་དཀའ་བསུན་མང་པོ་འཕྲད་སྐབས། གོར་ཁ་རྒྱལ་ཁང་གིས་བློན་ཆེན་ཛངྒ་སྦ་ཧུར་དམག་དཔོན་དུ་བསྐོས་ནས་གོར་དམག་ཧྲག་སྒྲུག་སྟོང་ཕྲག་དྲུག་ཙམ་བཅས་རྒྱལ་གར་ལག་ནོ་ཕྱོགས་དབྱིན་ཇིའི་དམག་རོགས་སུ་བཏང་བས་རྒྱ་གར་བར་དྲག་གནོན་བྱ་རྒྱུར་ནུས་པ་ཆེན་པོ་ཐོན། དེར་བརྟེན་དབྱིན་ཇི་རྒྱལ་ཁབ་ཀྱིས་གོར་རྒྱལ་སྲིད་རམ་ཤཱ་ལ་ཤྲི་ལྔ་ལྡན་གྱི་གོ་མིང་དང་ཛངྒ་སྦ་ཧུར་ལ་ཤྲི་གསུམ་ལྡན་གྱི་གོ་ས། སྔོན་ཆད་དབྱིན་ཇིས་ཧམ་བཟུང་བྱས་པའི་ས་ཆ་ཆེན་པོ་ཞིག་གོར་ཁར་ཕྱིར་སློག་བཅས་བྱས་པར་གྲགས། དབྱིན་ཇིའི་རྒྱབ་སྐྱོར་དང་ངན་བསླབ་ཐོབ་པའི་འོག་ཛངྒ་སྦ་ཧུར་གྱིས་དེ་སྔ་གོར་ཁས་ཆུ་བྱི་ལོར་ཁས་ལེན་དམ་བཅའ་བཞག་པའི་ཆིངས་དོན་རྗོད་རོལ་དུ་བཏང་ནས་བོད་ཀྱི་མཐའ་མཚམས་སུ་བཙན་འཛུལ་བྱེད་ཐོད་པ་བྱུང་ཡོད། ཕྱོགས་གཞན་ཞིག་ནས་བཤད་ན་ཆིང་གོང་མའི་སྲིད་གཞུང་གི་སྟོབས་ཤུགས་ཉམས་དམས་སུ་གྱུར་པ་དང་། མེས་རྒྱལ་ནང་སར་ཕྱི་ནང་དམག་འཁྲུག་གི་དུས་ཟིང་རིམ་བསྟུད་ཀྱི་ལངས་པ་དང་ཡང་ཁ་བྲལ་ཐབས་མེད་པ་ནི་སྨྲས་མ་དགོས་པ་ཞིག་ཡོས་ཡིན།

བརྒྱད་པ། ཏཱ་ལའི་བླ་མ་བཅུ་གཉིས་པ་འཕྲིན་ལས་རྒྱ་མཚོའི་སྐབས།

1. ཡང་སྲིད་བརྩད་འཚོལ་ངོས་འཛིན་དང་། ཁྲི་ལ་ཕེབས་པ།

ཏཱ་ལའི་བླ་མ་སྐུ་ཕྲེང་བཅུ་གཉིས་པ་འཕྲིན་ལས་རྒྱ་མཚོ་མཆོག་ནི། སྤྱི་ལོ1856བོད་རབ་བྱུང་བཅུ་བཞི་པའི་མེ་འབྲུག་ལོ་ཧོར་ཟླ་བཅུ་གཉིས་པའི་ཡར་ཚེས་གཅིག་ཉིན། བོད་སྟོད་ཁའི་སའི་ཆ་འོལ་དགའ་རྫིང་ཕྱིའི་ཉེ་འདབས་འབག་འཕྲོག་ཉང་ཚང་པ་ཞེས་པའི་ཁྱིམ་དུ། ཡབ་ཕུན་ཚོགས་ཚེ་དབང་དང་ཡུམ་ཚེ་རིང་གཡུ་སྒྲོན་བྱ་བ་གཉིས་ཀྱི་སྲས་སུ་སྐུ་བལྟམས། ཐོག་མའི་མཚན་ལ་བློ་བཟང་བསྟན་འཛིན་འགྱུར་མེད་ཅེས་གསོལ། ཡཱ་ཧན་ཀྲང་གི་བརྩམས་དེབ་ནང་། རྗེ་འདི་འཁྲུངས་ཡུལ་“བོད་ལྗོངས་ཀྱི་སྐུ་དྲག་ཆེན་པོ་ལྷ་ཀླུའི་སྲས་ཡིན།”① ཞེས་འཀོད་པ་ནི་རྗེས་སུ་ཡབ་གཞིས་ལྷ་ཀླུར་ཟླ་བསྒྲིལ་བ་དང་གོ་ནོར་བྱུང་བར་ཟད་ཅིང་། དེ་མིན་ཡིག་ཆ་ལ་ལར་ཡུམ་གྱི་མཚན་ལ་“ཚེ་རིང་སྒྲོལ་མ་”② ཞེས་བྲིས་པའང་དག་པར་མ་མཐོང་སྟེ། སྐུ་ཐོག་དེ་རང་གི་ཡོངས་འཛིན་ཕུར་ལྕོག་བློ་བཟང་ཚུལ་ཁྲིམས་བྱམས་པ་རྒྱ་མཚོས་མཛད་པའི་ཏཱ་ལའི་བཅུ་གཉིས་པའི་རྣམ་ཐར་《དྭངས་ཤེལ་མེ་ལོང་》ནང་ཡང་སྲིད་བརྩད་འཚོལ་

---

① （ཏཱ་ལའི་བླ་མའི་རྣམ་ཐར་བོད་ཡིག་དེབ་ངོས213）

② （ཐོ་བྲང་པོ་ཏ་ལའི་ལོ་རྒྱུས་ཕྱོགས་བསྒྲིགས་ལྷུགས་པར་དེབ་ངོས98）

སྐབས། "ཚངས་པ་ཆེན་པོ་ནས།

ཡབ་ཡུམ་བཀྲ་དང་གཡུ་ཡི་མིང་ཅན་ལ། །

ཇི་ལྟར་སྐལ་བ་ལྡན་པའི་མི་འབྲས་འབྱུང་། །

ཞེས་པའི་བཀྲ་ནི་ཡབ་ཀྱི་མིང་ཟུར་ཕུད་ཚོགས་ཀྱི་དོན་དང་། གཡུ་ཞེས་ཡུམ་ཚེ་རིང་གཡུ་སྒྲོན་གྱི་མིང་དངོས།"①ཞེས་གསལ་བ་མ་ཟད། ད་དུང་ས་སྐྱ་བདག་ཟུར་རྡོ་རྗེ་རིན་ཆེན་ལ"ཐུགས་བརྟག་ཞུས་པར་ཡང་། རྗེང་ཕྱི་པ་མ་ཚེ་རིང་གཡུ་སྒྲོན་གྱི་བུ་དེ་བཞིན་རྒྱལ་དབང་མཆོག་གི་སྐུ་གསུང་ཐུགས་ཀྱི་སྤྲུལ་པ་འཁྲུལ་མེད་ཡིན་" ཚུལ་ཕེབས་ཞེས་གསལ་པོར་འཁོད་པས་སོ།

རྣམ་ཐར་དེ་ཉིད་ལས་འབྱུང་བ་ལྟར། སྲིད་སྐྱོང་རྭ་སྒྲེང་ཨ་ཆི་ཐུ་ཧོ་ཐོག་ཐུ་ཆེན་པོ་ནས། བོད་ཁོངས་དབུས་གཙང་དགས་ཀོང་། སྟོད་མངའ་རིས་སྐོར་གསུམ། བྱང་རིགས་སྡེ་བཞི། ཁམས་བཅས་ཀྱི་རྫོང་གཞིས་ཁག་དང་། གཞན་ཡང་འབའ་ལི་ཐང་། རྒྱལ་ཐང་། སྡེ་དགེ། ཧོར་སེར་ཁ ཁྲུང་པོ་དཀར་ནག་སེར་གསུམ། ལྷུགས་ལ་སོགས་ཡུལ་གྲུ་ཁག་ཚང་མར།"② ཁྱེའུ་ངོ་མཚར་ཆེ་བ་ཅི་འདྲ་ཞིག་བལྟམས་ཡོད་ཙུང་གབ་སྦས་དང་། ཧེ་བག་མེད་པའི་སྙན་ཞུ་འཕྲལ་འཕྲལ་འབུལ་དགོས་པའི་བཀའ་རྒྱ་སྔ་ཕྱིར་གནང་བ་ལྟར། སྨོ་ཕྱོགས་ཟངས་རི་དང་། འོལ་དགའ། རྒྱལ་ཁུལ། དགས་པོ་ལྷ་གསོལ། བྱང་ཕྱོགས་སོག་ཁུལ། རོང་པོ་ཁྲུང་པོ་གསེར་རྫ། ལྷ་ལྡན་ཉེ་འཁོར་ཉང་བྲན། བྱང་ཤར་མཚམས་ཡུན་ནན་ཁོངས་རྒྱལ་ཐང་སྟོང་རོ་བཅས་ནས་ཁྱེའུ་ངོ་མཚར་ཅན་བྱུང་

① （རྣམ་ཐར་དྭངས་ཤེལ་མེ་ལོང་ཤོག་ངོས24）

② （ཏཱ་ལའི་བཅུ་གཉིས་པའི་རྣམ་ཐར་དྭངས་ཤེལ་མེ་ལོང་ཤོག་ངོས24）

ཚུལ་གྱི་སྙན་ཞུ་རིམ་འགྱུར་བྱུང་བ་ནས་དོགས་གནས་ཆེ་རིགས་དང་། ཀུན་ལ་གྲགས་ཆེ་བ་རྣམས་ལྷ་བླ་རུ་མར་ལུང་ཞུ་མཛད་པར། ཟངས་རི་དང་། འོལ་དགའ། དགས་པོ་ལྷ་གསོལ་བཅས་ཀྱི་ཁྲིའུ་རྣམས་བཟང་བར་ཕེབས་གཤིས། དེ་དག་ལ་ཐོག་མའི་བརྟག་དཔྱད་ཞུ་མི་བདམས་བསྒྲུགས་ཀྱིས་སྐུ་གོང་མའི་མཚན་ཞབས་སྒོ་མང་དགེ་བཤེས་ངག་དབང་ནོར་བུ་དང་། སེར་སྨད་གོང་པོ་དགེ་བཤེས་ངག་དབང་ཚུལ་ཁྲིམས་གཉིས་གོང་གསལ་ཁྲིའུ་གསུམ་གྱི་འཁྲུངས་གནས་སོ་སོར་ཆེད་རྫོངས་གནང་ནས་ཁྲིའུ་སོ་སོ་ངོས་མཇལ་གྱིས་སྐུའི་བྱད་དཔྱིབས་མཛད་སྤྱོད་སོགས་ལ་བརྟག་དཔྱད་དང་། ངོ་མཚར་བའི་མཚན་ལྟས་རྣམས་དངོས་ཤུགས་ཅི་རིགས་ནས་བརྗོད་ཞིབ་ནན་ཏན་དགོས་པའི་བཀའ་མངགས་མཛད་པ་ལྟར་འོལ་དགའི་ཆུང་སྲིད་དེ་གཞན་ལས་ཁྱད་དུ་འཕགས་པ་བྱུང་བར་གྲགས་ཤིང་། ཁྲིའུ་གསུམ་གྱི་གནས་ཚུལ་ཡབ་ཡུམ་དང་། ཉེ་འཁོར་ཡུལ་མི་སོགས་ཀྱི་ཞུ་བ་རྟགས་འགྱུར་རྣམས་སྙན་སེང་ཞུས་ཤིང་། སྲིད་སྐྱོང་རྭ་སྒྲེང་དང་། བཀའ་བློན། སྤྱི་མཁན་བཅས་བཀའ་གྲོས་ཐོག སླར་ཡང་ཡོངས་འཛིན་བློ་བཟང་མཁྱེན་རབ་དབང་ཕྱུག་(ཧེ་དྲུག་) དང་། ཆུ་བཟང་ཡེ་ཤེས་རྒྱ་མཚོ། དཔལ་འབར་སྤྲུལ་སྐུ་བཅས་ལ་ཐུགས་བརྟག་དང་། ལ་མོ་ཚངས་པ། བསམ་ཡས་ཆོས་སྐྱོང་། ཁྲ་འབྲུག་ཚངས་པ་བཅས་ཆོས་སྐྱོང་གསུམ་ལ་ལུང་ཞུ་བཅས་གནང་བར། གོང་གསལ་ཁྲིའུ་གསུམ་གསེར་བུམ་དཀྲུག་འདོན་ཡོང་བ་ཞུས་ན་བཟང་ཚུལ་རྗེ་མཐུན་དུ་ཕེབས། དེ་ནས་སེ་འབྲས་དགའ་གསུམ་གྱིས་མཆོད་པའི་དགོན་སྡེ་ཆེ་ཁག་གི་བླ་མ་ལས་སྡེ་དང་། གཞུང་ཞབས་སེར་སྐྱ་དྲག་འབྲིང་དཀྱུས་གསུམ་བཅས་མཉམ་དུ་འཚོགས་སྒྲིག་ཐོག ཡང་སྲིད་སྐོར་སྟ་ཕྱིར་བརྟག་དཔྱད་བརྗོད་ཞིབ་བྱས་པའི་གནས་ཚུལ་དང་། ཞུ་ཤོག་ཁག ལུང་

བརྟག་ཞུས་པའི་བཀའ་ལན་བཅས་སྒྲོག་སྦྱངས་མཛད་ཐོག “ གནམ་བསྐོས་གོང་མ་བདག་པོ་ཆེན་པོས་སྟོན་ནས་བཀས་བཅད་དགོངས་དོན་གསེར་བུམ་རིན་པོ་ཆེར་བརྟག་དཔྱད་ཞུ་དགོས་ལ། ཆུང་སྲིད་ཁྲིའུ་གསུམ་ལ་ཆ་འཛོག་བྱེད་དམ། དེ་མིན་སྔར་ཡང་ཁྲིའུ་གཞན་དག་བརྩད་འཚོལ་བྱེད་དགོས།……སྒྲུག་འདྲེན་མེད་པར་གསལ་ཆ་དགོས་རྒྱུ་བཀའ་ཁྱབ་ནན་ཏན་མཛད་འདུག་པས། ཚོགས་འདུ་སེར་སྐྱ་མཆོག་དམན་ཐམས་ཅད་མགྲིན་གཅིག་ནས། སྐྱབས་མགོན་རྒྱལ་དབང་ཐམས་ཅད་མཁྱེན་གཟིགས་ཆེན་པོའི་མཆོག་གི་སྤྲུལ་སྐུ་རིན་པོ་ཆེ་བརྩད་གཙོད་གནང་ལུགས་འདི་ལྟག་གནང་ཐབས་མེད་འདུག་པས་མཆོག་སྤྲུལ་ངོས་འཛིན་པར་འགྱུངས་སུ་མ་སོང་བར་……ཆུང་སྲིད་འདི་གསུམ་ལྷ་ལྡན་དུ་གདན་ཞུས་ཀྱིས་རྒྱ་བོད་བླ་དཔོན་ཐམས་ཅད་ནས་ཐུགས་ཞིབ་བསྐྱངས་ཏེ། ཐུགས་ཡིད་ཆེས་ངེས་བྱུང་ཚེ་གསེར་བུམ་རིན་པོ་ཆེར་བརྟག་དཔྱད་མཛད་ཐུབ་པ་དང་། ངེས་མེད་ཁྲིའུ་འདི་གསུམ་ལྷ་ལྡན་དུ་གདན་ཞུས་ཀྱིས་བརྟག་དཔྱད་མཛད་སྐབས། ཐུགས་ཡིད་ཆེས་མིན་བྱུང་ཚེ་སྔར་ཡང་ཁྲིའུ་གཞན་དག་བརྩད་འཚོལ་མ་མཛད་མཐུ་མེད་ལ་དེ་ལུགས་བཀའ་ཁྱབ་གནང་ལུགས་ཡོད་པ་ཞེས་གྲོས་ཐག་གཅིག་བཅད་ཀྱི་ཞུ་བ་རྟགས་འབྱར་ནན་འབུལ་ཞུས་པར་བརྟེན། དེ་དོན་ར་སྒྲེང་ཧོ་ཐོག་ཐུ་རིན་པོ་ཆེ་ནས་ཨམ་བན་ཆེན་པོར་འདི་སྐོར་གྱི་གནས་ཚུལ་ཞིབ་གསལ་གྱི་ཕྱང་ཤུ་རིམ་པར་བསྐུལ། ” ཞེས་དང་། “ ལྷག་པར་གསེར་བུམ་བརྟག་དཔྱད་མ་མཛད་གོང་ལ་རྒྱ་བོད་བླ་དཔོན་ཐམས་ཅད་ནས་ཆུང་སྲིད་རྣམས་ལ་བརྟག་དཔྱད་ལེགས་པར་མཛད་དགོས་ལ། ཟངས་རི། འོལ་དགའ། ལྷ་གསོལ་བཅས་སུ་འཁྲུངས་པའི་ཆུང་སྲིད་རྣམས་འགྱུངས་མིན་ལྷ་ལྡན་ཕྱོགས་སུ་གདན་ཞུས་ཀྱི་བརྟག་དཔྱད་ཞིབ་ཆ་མཛད་ཐོག

གསེར་བུམ་བརྟག་དཔྱད་མཛད་རྒྱུར་ཆུང་སྲིད་དེ་རྣམས་ཀྱིས་འཐུས་པ་འདུག་དགོངས་པ་བྱུང་ཚེ་དེ་དོན་གནས་ཚུལ་དང་བཅས་སྙོན་གྱི་དེབ་གསལ་ལྟར་གཟའ་ཚེས་ལེགས་པ་ཞིག་ལ་གསེར་བུམ་བརྟག་དཔྱད་ཞུས་ཚོག་པ་ཞེས་གོང་མ་བདག་པོ་ཆེན་པོར་སྙན་སྒྲོན་བརྒྱུད་ཞུ་ཐུགས་རྗེ་དགོས་ཞེས་ཨམ་བན་ཆེན་པོར་ཕར་ཞུ་བསྐུལ་གནང་ལྟར། ཨམ་བན་མཆོག་ནས་ཀྱང་དེ་དོན་ཅིས་ཀྱང་ཞུ་ཞེས་ཕར་ཞུ་འབུལ་འགྱུར་བྱུང་།”①ཞེས་གསལ་བ་བཅས་གསེར་བུམ་མ་དཀྲུག་གོང་གི་ཡང་སྲིད་བརྩད་གཅོད་དང་། གྲོས་བསྡུར་བརྒྱུད་རིམ་སོགས་རྣམ་ཐར་འདིའི་ནང་ཁ་གསལ་འདུག་པས་ཚབ་མཚོན་ལྟ་བུར་འདིར་རགས་བསྡུས་ཀྱིས་དྲངས་པ་ཡིན།

དེ་ནས་ཆུང་སྲིད་གསུམ་ལྷ་སར་གདན་ཞུའི་མི་སྣ་སོ་སོར་ཆེད་རྫོངས་གནང་བ་ལྟར་སྤྱི་ལོ1857བོད་མེ་སྦྲུལ་ལོའི་ཟླ་བ་བཅུ་པ་ནང་ཆུང་སྲིད་གསུམ་ག་ལྷ་སར་ཕེབས་གྲུབ་ཅིང་། ཟླ་བ་བཅུ་པའི་ཚེས་བདུན་ཉིན་ནོར་གླིང་བསྐལ་བཟང་ཕོ་བྲང་དུ་གདན་འདྲེན་ཞུས་ཏེ་བླ་དཔོན་ཆེ་ཁྲུ་ལྷན་འཛོམས་སར་ཏྭ་ལའི་བླ་མ་སྐུ་ཕྲེང་ན་རིམ་གྱི་ཐུགས་དམ་རྟེན་དང་། སྐུ་ཆས། ཕྱག་ཕྲེང་སོགས་ངོ་རེ་འདྲ་རེ་བཀྲམས་ནས་ངོས་འཛིན་མཛད་བཅུག་པར་འོལ་དགའི་ཆུང་སྲིད་རིན་པོ་ཆེས་ཚང་མ་མ་ནོར་བར་ངོ་མ་ཡིན་བཞེས་པར་གྲགས། “ཚེས་བཅུ་གསུམ་ཉིན་ནོར་གླིང་བསྐལ་བཟང་ཕོ་བྲང་གི་གཟིམ་ཆུང་ཉི་འོད་དུ་ར་སྒྲེང་ཧོ་ཐོག་ཐུ་དང་། ཨམ་བན་ཆེན་པོ་བཅས་རྒྱ་བོད་བླ་དཔོན་ལྷན་འཛོམས་ཀྱི་དབུས་སུ་ཆུང་སྲིད་རྣམས་སྤྱར་ལྟར་གདན་ཞུས་ཀྱི་ཨམ་བན་ནས་ཐུགས་ཞིབ་བསྐྱངས

① （དྲངས་ཐེལ་མེ་ལོང་ཤོག་གྲངས27－28）

པར། ཆུང་སྲིད་འདི་རྣམས་སྐུའི་བྱད་དཔྱིབས་སོགས་ཞིབ་ཏུ་ལེགས་ཞིང་། མཛལ་བ་ཙམ་ནས་དང་བ་འདྲེན་པ་ཞིག་འདུག་པས། ཨམ་བན་ནས་ཀྱང་ཆུང་སྲིད་འདི་རྣམས་ཀྱི་མཚན་བྱང་གསེར་བུམ་དུ་ཆོས་ཆ་ལེགས་པ་ཞིག་ལ་བརྟག་དཔྱད་ཞུས་ཆོག་པ་ཞེས་གོང་མ་བདག་པོ་ཆེན་པོར་གསེར་སྙན་སྒྲོན་རྒྱུ་མཛད།” ཅེས་གསལ་བ་ལྟར་གོང་མར་སྙན་སེང་ཞུས་པའི་བཀའ་ལན་འཁོར་མ་ཐག 1858བོད་ས་རྟ་ལོའི་ཟླ་བ་དང་པོའི་ཚེས་གཉིས་ཉིན་གསེར་བུམ་རིན་པོ་ཆེ་ལྷ་ས་གཙུག་ལག་ཁང་ནས་རྩེ་པོ་བྲང་གི་གོང་མའི་འདྲ་ཐང་བཞུགས་ཡུལ་ས་གསུམ་རྣམ་རྒྱལ་དུ་གདན་དྲངས་ཐོག ཡོངས་འཛིན་ཕུར་ལྕོག་སྤྲུལ་སྐུ་སོགས་བླ་སྤྲུལ་གཙོ་ཆེ་བ་རྣམས་དང་རྣམ་རྒྱལ་གྲྭ་ཚང་པ་བཅས་ནས་མཆོད་འབུལ་བུམ་སྒྲུབ་ཀྱི་ཚོགས་ཉིན་བཅུ་གཅིག་རིང་གནང་ཞིང་། ཟླ་བ་དེ་གའི་ཚེས་བཅུ་གསུམ་ཉིན་ནོར་སྒྲིང་ཏོ་ཐོག་ཐུ་དང་། བོད་བཞུགས་ཨམ་བན་ལྷན་རྒྱས་ཐོག མན་ཇུའི་དྲུང་ཡིག་རྣམས་ནས་བྱང་བུ་སོ་སོའི་ངོས་སུ་ཆུང་སྲིད་རྣམས་ཀྱི་མཚན་མན་ཇུའི་ཡི་གེ་དང་། བྱང་བུའི་ངོས་གཅིག་ལ་མཁན་དྲུང་རྣམས་ནས་བོད་ཡིག་གི་མཚན་བྱང་བྲིས་ཏེ། ལྷན་རྒྱས་ལ་སྤྱན་ཞུ་ཕབ་པར་གཟིགས་རྟོགས་ལེགས་པར་བསྐྱངས་རྗེས་ཨམ་བན་ནས་འདྲ་ཐང་ལ་ཕྱག་འཚལ་གྱིས་མཚན་བྱང་རྣམས་གསེར་བུམ་གྱི་ནང་དུ་བཙུག དེ་ནས་ཚོ་གའི་ཚིག་དོན་ལྟར་དེར་འཁོད་ཚང་མ་ནས་འཕགས་མཆོག་ཐུགས་རྗེའི་རང་གཟུགས་དང་མཆོག་གསུམ་རྒྱ་མཚོར་ཐུགས་རྗེ་བསྐུལ་བའི་བདེན་ཚིག་དང་སྨོན་པ་ཞུགས་དྲག་ལན་གསུམ་པའི་མཚམས་སུ། སླར་ཡང་ཨམ་བན་ནས་ཕྱག་འཚལ་དགུ་ཕྲུགས་དང་བཅས་བུམ་ནང་གི་མཚན་བྱང་གསུམ་ལེགས་པར་དཀྲུག་སྟེ་གཡོ་ཟོལ་མེད་པར་བྱང་བུ་གཅིག་བཏོན་ཏེ། ཏོ་ཐོག་ཐུ་ཆེན་པོ་དང་ཨམ་བན་བཅས་ནས་གཟིགས་རྟོགས་

མཛད་ནས། འོལ་དགའ་བློ་བཟང་བསྟན་འཛིན་འགྱུར་མེད་ཅེས་མཚན་གྱི་སྙན་པ་ཀུན་ལ་བསྒྲགས་པར་མཛད་པ་ནས། མཆོག་གསུམ་ལ་ཡིད་ཆེས་ཀྱི་དད་གུས་དང་དགའ་སྤྲོ་གཉོན་དུ་མི་བཟོད་པའི་ངང་ནས་ལྷ་རྒྱལ་འུར་གྱིས་འཕེན། ཨམ་བན་ནས་འོལ་དགའི་ཆུང་སྲིད་ཀྱི་ཡབ་ཕུན་ཚོགས་ཚེ་དབང་ལ། ཁྱོད་ཀྱི་བུ་བློ་བཟང་བསྟན་འཛིན་འགྱུར་མེད་ཏཱ་ལའི་བླ་མ་རིན་པོ་ཆེའི་ཡང་སྲིད་དུ་གསེར་བུམ་ནས་ཐོན་སོང་བས། གོང་མ་བདག་པོ་ཆེན་པོའི་བཀའ་དྲིན་ལ་ཕྱག་འཚལ་ཅེས་གསུངས་པ་ལྟར། གོང་མའི་འདྲ་ཐང་ལ་ཕྱག་འཚལ་དང་། ཨམ་བན་དང་རྟ་ཐོག་ཐུ་ཆེན་པོར་མཇལ་དར་རེ་ཕུལ།……”①ཞེས་འཁོད་འདུག མཚན་བྱང་ཐོན་འཕྲུལ་རྭ་སྒྲེང་རྟ་ཐོག་ཐུ་ནས། བཀའ་བློན་བཤད་སྒྲ་དབང་ཕྱུག་རྒྱལ་པོ་ཡང་སྲིད་བཞུགས་ཡུལ་དགོན་གསར་རི་ཁྲོད་དུ་གཏམ་སྙན་ཞུ་བར་ཆེད་གཏོང་གནང་འདུག

དེ་ནས་མཆོག་སྤྲུལ་རིན་པོ་ཆེ་སྤྱ་འཁྲིས་ནོར་གླིང་བསྐལ་བཟང་ཕོ་བྲང་དུ་གདན་དྲངས་ཤིང་། ཟླ་དེའི་ཚེས་བཅོ་ལྔ་ཉིན་སྲིད་སྐྱོང་རྭ་སྒྲེང་གིས་མཆོག་སྤྲུལ་རིན་པོ་ཆེའི་དབུ་སྐྲེས་གཙུག་ཕུད་བཞེས་ནས་མཚན་ངག་དབང་བློ་བཟང་བསྟན་པའི་རྒྱལ་མཚན་འཕྲིན་ལས་རྒྱ་མཚོ་ཞེས་གསོལ་གནང་མཛད། གནམ་བསྐོས་གོང་མ་བདག་པོ་ཆེན་པོ་ནས་ཀྱང་གསེར་བུམ་བརྟག་དཔྱད་སོགས་ནོར་འཁྲུལ་མེད་པར་ངེས་རྙེད་བྱུང་བ་ལ་ཐུགས་ཤིན་ཏུ་དགྱེས་པ་ཟླ་ན་མེད་པར་བསྐྱེད་དེ། སྐྱབས་མགོན་མཆོད་ཡོན་ལ་ཐོག་མའི་བཀའ་ཡིག་གནང་རྟེན་བཅས་བསྒྲུལ་འགྱུར་བྱུང” བ་ཟླ་བ་བཞི་པའི་ཚེས་བཅོ་ལྔ་ཉིན་མཆོག་སྤྲུལ་རིན་

① （རྣམ་ཐར་དྭངས་ཤེལ་མེ་ལོང་ཤོག་གྲངས32－34）

པོ་ཆེར་དངོས་སུ་འབུལ་རྒྱུ་གཏན་འཁེལ། དེ་ཉིན་མེ་སྐྱིད་ཨམ་བན་ཡ་མོན་ནས། ནོར་གླིང་བར་སེ་འབྲས་དང་། རྩེ་བཞི། གླིང་ཁག ལྷུགས་རི་བ། རྣམ་རྒྱལ་གྲྭ་ཚང་བཅས་ཀྱི་སེར་སྤྲེང་དང་། ཡ་མོན་ནས་བཀའ་ཤིག་གདན་ཞུར་ཞབས་པད། གུང་ཇོ་སག ནང་མ་མཁན་སྡེ་ཆེ་ཆུང་གི་འཐུས་མི་བཅས་ཆེད་བསྐྱོད་ཀྱིས་ནོར་གླིང་དུ་གདན་དྲངས་པ་དང་། མཚོད་ཡོན་རྣམ་གཉིས་གཟིམ་ཆུང་ལྷུན་གྲུབ་དགའ་ཚལ་དུ་ལྷན་རྒྱས་ཐོག གསེར་ཡིག་ཕེབས་འཕྲུལ་མཚོད་ཁྲིའི་ཐོག་བསྒྲིགས་པར་མཚོད་འབུལ་དང་། ཨམ་བན་ཕེབས་རྗེས་བཀའ་ཤིག་ཚོམས་ཆེན་དུ་གདན་ཞུས། ར་སྒྲེང་ཧོ་ཐོག་ཐུས་གཙོས་གཞུང་ཞབས་མཐོ་རིམ་ཕོགས་མདའ་ཡན་ཚང་མ་ཁ་ཤར་དུ་བལྟས་ནས་པུས་བཙུགས་ཀྱི་འཁོད་ཐོག དྲུང་ཡིག་མཁན་པོ་ནས་བཀའ་ཡིག་སྒྲོག་སྒྲུང་ཟིན་བསྟུན་རྒྱུ་བོད་ཚང་མས་ཕྱག་འཚལ་དགུ་ཕྲུགས་སུ་ཞུས་པ་དང་། མཆོག་སྤྲུལ་ལ་མཇལ་དར་འབུལ་བ་སོགས་མཛད་སྒོ་འཚོགས་པའི་བརྒྱུད་རིམ①ཞིབ་རྒྱས་རྣམ་ཐར་ནང་གསལ་ཞིང་། "ཟླ་བ་དགུ་པའི་ཚེས་བདུན་གྱི་ཉིན་གོང་ས་མཆོག་གི་ཡབ་ལ་གོང་མ་ཆེན་པོ་ནས། གུང་གི་ཚོ་ལོ་དང་རིམ་པ་དང་པོའི་ཏོག་གནས་གཟིགས་གསོས་བསྩལ།"②ཅེས་གསལ་འདུག

སྤྱི་ལོ1860བོད་ལྷུགས་སྤྲེ་ཟླ་བ་བདུན་པའི་ཚེས་གསུམ་ཉིན་མཆོག་སྤྲུལ་རིན་པོ་ཆེ་རྗེ་ཕོ་བྲང་པོ་ཏ་ལའི་གསེར་ཁྲིར་མངའ་གསོལ་གྱི་མཛད་སྒོ་བསྐྱངས་པའི་སྐོར་རྣམ་ཐར་ནང་། "……རོལ་ཆ་གསུམ་པའི་སྔན་གསན་

① （རྣམ་ཐར་དྲངས་ཤེལ་མེ་ལོང་ཤོག་གྲངས42－44）

② （དྲངས་ཤེལ་མེ་ལོང་ཤོག་གྲངས49）

ཐོག་སྐུ་ཞབས་ཧྲོ་ཐོག་ཐུ་ཆེན་པོ་དང་། བཀའི་དགུང་བློན་རྣམས་ནས་སྲོས་སྟེ་དང་། བཀའ་བློན་བགྲེས་པ་དང་སྤྱི་ཁྱབ་མཁན་པོ་གཉིས་ཀྱིས་ཕྱག་བརྟེན། སྤྱན་འདྲེན་རྒྱ་གླིང་། སྲོས་འཛིན་རིན་རྒྱན་སོགས་ཀྱིས་མདུན་བསྟར། འཁོར་ཚོགས་རྒྱ་མཚོས་བསྐོར་བཞིན་པར་ཚོམས་ཆེན་སྲིད་ཞིའི་ཕུན་ཚོགས་སུ་དཔལ་གྱིས་ཕྱིན་པར་མཛད་པ་དང་། ཆེན་ཁྲལ་ཨམ་བན་གསེར་ཡིག་བཅས་ཕེབས་འཛོམས་དང་། གོང་མ་བདག་པོ་ཆེན་པོའི་གནང་སྐྱེས་གྱ་ནོམ་པ་སྟོན་ཚུད་སྟེགས་ཀྱི་ཁར་བཀོད་ལེགས་མཛེས་པར་བཤམས་པའི་མདུན། གོང་ས་མཆོད་ཡོན་རྣམ་གཉིས་བཞུགས་སྟན་སྟེང་ཞལ་ཤར་གཟིགས་ཀྱིས་ཞབས་ཕྱུས་བཙུགས་པར་མཛད། གུང་བཀའ་བློན་སོགས་ཀྱང་ཕྱུས་བཙུགས་གུས་འདུད་ཆེན་པོས་འཁོད་ཐོག གོང་མ་བདག་པོ་ཆེན་པོ་ནས་རྒྱལ་དབང་མཆོད་ཡོན་རྣམ་གཉིས་མངོན་པར་གཟེངས་སུ་བསྟོད་པའི་གསེར་ཡིག་མན་ཇུའི་ཧྥུང་ཡིག་དང་། མཁན་ཧྥུང་བཅས་ནས་སྒྲ་དག་གསལ་གསུམ་གྱིས་སྙན་སྒྲོན་ཞུས་གྲུབ་འཕྲལ་མཆོད་ཡོན་རྣམ་གཉིས་སོགས་ནས་སྐུ་ཕྱག་དགུ་ཕྲུགས་མཛད། ཨམ་བན་གཉིས་ནས་མཆོད་ཡོན་ལ་ལེགས་འབུལ་མཇལ་དར་ཕུལ་བ་རང་སློག་མཛད། གོང་ས་མཆོག་འཇིགས་མེད་གདོང་ལྔའི་དབང་པོ་བརྒྱུད་ཀྱིས་བཏེགས་པའི་བཞུགས་ཁྲི་ཆེན་པོར་ཐོག་མར་ཞབས་སོར་འཁོད་འཕྲལ། ཨམ་བན་ནས་གོང་མ་ཆེན་པོའི་གནང་རྟེན་རྣམས་སྤྱན་ལམ་དུ་བསྟར་ཏེ་ཕུལ། དེ་རྗེས་ཐོགས་དཔོན་ཧྣ་ཚོང་སྤྱུར་སྤྱི་སོགས་ནས་མཇལ་དར་ཕུལ་བ་རང་སློག་དང་ཕྱག་དབང་བསྐུལ། སྐྱབས་མགོན་ཤོད་ནས་སྐུ་ཕྱག་དང་འབྲེལ་བའི་མཇལ་དར་སྲིད་ན་རིང་བ་ཕུལ་ཏེ་བཞུགས་ཁྲིར་འཁོད། དེ་རྗེས་ཡོངས་འཛིན་ཁྲི་ཟུར་རིན་པོ་ཆེ་དང་། བསྟན་གླིང་། ཚེ་མཆོག་གླིང་། འོལ་དགའ་སྤྲེལ་ལུང་། མངའ་རིས་སྤྲུལ་

སྐུ་དང་གུས་པ་བཅས་ནས་མཆོད་ཡོན་རྣམ་གཉིས་ལ་ཕྱག་འཚལ་མཇལ་དར་འབུལ་བཞེས་ཕྱག་དབང་བཀའ་དྲིན་བསྐྱངས། རིམ་པར་གྲལ་འཁོད། ……"① ཅེས་གསལ་བ་སོགས་སྟར་སྒྲོལ་ཁྲི་ཐེབས་ཀྱི་མཛད་སྒོ་གཟབ་རྒྱས་གནང་བའི་སྐོར་ཞིབ་པར་འཁོད་འདུག

སྤྱི་ལོ1861ཐོག་ལྕགས་བྱ་ལོར་གོང་མ་ཞན་ཧྥུང་གྲོངས་པ་དང་། དེའི་སྤྱི་ལོ1862ཐོག་ཆུ་ཁྱི་ལོར་གོང་མ་ཐུང་ཀྲི་ཁྲི་ལ་འཁོད།

2. ས་གནས་སྲིད་གཞུང་གི་དབང་འཛིན་པ་ནང་འགལ་བྱུང་ནས་སྲིད་སྐྱོང་རྭ་སྒྲེང་རྒྱལ་ནང་རུ་འབྲོས་པ་དང་། བཤད་སྒྲ་དབང་ཕྱུག་རྒྱལ་པོས་སྡེ་སྲིད་བྱས་པ།

སྲིད་སྐྱོང་རྭ་སྒྲེང་རྒྱལ་ནང་དུ་ཐེབས་དགོས་བྱུང་བའི་རྒྱུ་རྐྱེན་སྐོར་ཡོངས་གྲགས་ཡིག་རིགས་ནང་། འབྲས་སྤུངས་རིགས་གྲྭའི་གཏོང་སྒོ་ཆག་རྐྱེན་ལས་བྱུང་ཚུལ་གསལ་ན་ཡང་། དོན་དངོས་ནི་སྐབས་དེའི་ས་གནས་སྲིད་གཞུང་གི་དབང་འཛིན་པ་ནང་ཁྲུལ་དབང་ཆ་འཕྲོག་རེས་ཀྱི་འགལ་བ་ལ་བརྟེན་ནས་བྱུང་བ་ཞིག་ཡིན། དེ་ཡང་ཆིང་གོང་མའི་དབང་བསྒྱུར་སྟོབས་ཤུགས་ཉམས་དམས་སུ་གྱུར་པ་དང་། ཊ་ལའི་བླ་མ་དགུང་ན་ཧ་ཅང་ཕྲ་བ་བཅས་ཀྱི་གནས་ཚུལ་འོག བོད་ཀྱི་དབང་བསྒྱུར་པ་གཙོ་བོ་ཚོ་ཡང་དེ་སྔའི་སྲིག་སྲོལ་རང་འཁྱེར་གྱི་སྤྱོད་ཚུལ་ཇི་ཞན་དུ་གྱུར་ནས་ནང་ཁྲུལ་འགལ་ཟླར་ལངས་ཤིང་། འཐབ་རྩོད་རྩོ་ངར་ཛ་དྲག་ཆེན་པོ་བྱུང་ཡོད་པ་དེའི་སྐོར་ཞིབ་གསལ་ཡིག་རིགས་ལ་འཁོད་པ་ཤུང་རུང་། གཞུང་ཞབས་ཀན་རབས་རིམ་ཅན་ནང་བཤད་ཚུལ་མང་པོ་རྒྱུན་

① （རྣམ་ཐར་དྭངས་ཤེལ་མེ་ལོང་ཤོག་གྲངས57）

འཛུགས་སུ་ཡོད་པ་ལྟར་ན། འགལ་བ་ཕྱིར་མཛོན་གྱི་ཡོང་རྐྱེན་ནི། བར་སྐབས་ཞིག་ལ་སྲིད་སྐྱོང་ར་སྒྲེང་ནས་གང་སར་གཏན་ཚོགས་དང་། ཞི་བམ། མགོ་མཆན། ལག་འཁྱེར་སོགས་ཞུ་མཁན་མང་པོར་སྲིད་ཐམ་ཕབ་ཀྱུང་གནང་ཐལ་ཆེ་ཙམ་བྱུང་བར་བརྟེན་བཀའ་ཤག་སོགས་ལ་བརྩི་མཐོང་ཇེ་ཆུང་དུ་གྱུར་པ་དང་། གཞུང་གི་ལས་དོན་ལའང་གནོད་གཞི་སོགས་ཆགས་སྐབས་སྐབས་དེའི་བཀའ་བློན་ཁྲི་པ་བཤད་སྒྲ་དབང་ཕྱུག་རྒྱལ་པོས་ཐོག་མར་བཀའ་བློན་བཀྲ་ཤིས་ཁང་གསར་བར་ནང་གྲོས་དང་། དེ་རྗེས་བཀའ་ཤག་ལྷན་འཛོམས་ཐོག་བཤད་སྒྲས་བར་ལམ་གྱི་གནད་དོན་བཤད་པ་དང་འབྲེལ་སྲིད་སྐྱོང་རིན་པོ་ཆེས་འདི་ལྟར་གནང་ན་གཞུང་གི་ཆབ་སྲིད་ལས་དོན་བཀའ་ཤག་ནས་འགན་ལེན་བྱ་ཐབས་བྲལ་ལུགས་སོགས་ཀྱི་གྲོས་འགོ་བཏོན་པར། ལས་རོགས་བཀའ་བློན་གསུམ་ནས་ཀྱང་བསམ་ཚུལ་གཅིག་མཐུན་ཡིན་ལུགས་གྲོས་འཆམ་བྱུང་བ་ལྟར་བཀའ་ཤག་ནས། དེ་སྐོར་གནས་ཚུལ་དགེ་སྐྱོན་རྣམས་ཐད་ཀར་སྲིད་སྐྱོང་རང་ལ་ཞུས་ཐོག མཐའ་དོན་དུ་སྐྱབས་མགོན་ཏཱ་ལའི་བླ་མ་རིན་པོ་ཆེའི་ཕྱག་ཐམ་ལའང་སྐུ་བཅར་སྒྲི་ཁྲབ་མཁན་པོས་ཐམ་འཛིན་པ་ཞུས་ཐོག་སྤྱག་ཐམ་བསྐུལ་སྐབས་དྲུང་ཡིག་ཆེ་མོ་བཞི་བཅས་མཉམ་འཛོམས་ཀྱིས་དམ་ཞུ་གནང་སྲོལ་ཡོད་པ་རྒྱུ་མཚན་དུ་བཀོད་དེ། སླད་སྲིད་ཐམ་ལའང་དེ་ལྟ་བུ་ཞིག་མཛད་ན་གཞུང་དོན་ཐལ་ལུས་མི་འབྱུང་བ་དང་། སྲིད་སྐྱོང་རིན་པོ་ཆེའི་མཚན་དོན་ལའང་སྨན་པ་ཞིག་ཡོང་བའི་དགེ་མཚན་ཆེ་ཚུལ་སོགས་ཞིབ་ནན་ཞུས་པར། སྲིད་སྐྱོང་ར་སྒྲེང་ནི་གཤམ་འོག་ནས་གང་ཞུས་ལྟར་ལས་སྲིད་ཕྱོགས་ཀྱི་མཁྱེན་ཡོན་དེ་ཙམ་མེད་པ་ཞིག་ཡིན་འདུག་ཁར། བར་སྐབས་ཐམ་ཀ་གནང་ཐལ་གྱི་གནད་དོན་ཆགས་པ་བཅས་བཀའ་ལན་ལ། དེ་འདྲ་བྱས་ན་ཡང་ཡག་པོ་ཡོང་བ་འདུག

ཐམ་འཛིན་པ་སུ་འོས་བཀའ་ཤག་ནས་འཆར་འབུལ་དགོས་རྒྱུར་དེ་བསྟུན་བསྐོ་བཞག་བྱས་འཐུས་ཞེས་ཁས་ལེན་གནང་དགོས་བྱུང་། འོན་ཀྱང་ར་སྒྲེང་གི་ཐུགས་ལ་ཐམ་འཛིན་བླ་མ་སེར་མོ་བ་ཞིག་བསྐོ་བཞག་བྱེད་ཤག་ལས། བཀའ་བློན་གྱིས་ཐེ་ཚུས་བྱས་ཡོང་སྙམ་པ་ག་ལ་ཡོད། བཀའ་ཤག་ཏུ་བཀའ་བློན་རྣམས་གྲོས་བསྡུར་བྱས་པའི་སྙིང་པོར། བཀའ་བློན་བགྲེས་པ་བཤད་སྒྲ་ཡིན་སྐབས་དེ་ལས་འོས་པ་གཞན་མེད་ཚུལ་གྱི་དོན་ལ་བཤད་སྒྲས་མ་གཏོགས་སྲིད་ཐམ་ལ་བཏང་འཛིན་བྱེད་མི་ཐུབ་པས་དེ་དོན་གྱི་འཆར་གཞི་བཟོས་ཏེ་སྲིད་སྐྱོང་ལ་ཕྱག་རྟགས་ཞུ་རྒྱུར་ཕུལ་བ་ན། སྲིད་སྐྱོང་ཡང་ཐུགས་དོགས་ཤིག་བྱུང་ནས་མཚན་མོ་དེ་རང་ལ་ཤོད་ནས་སྐུ་བཅར་ཕྱི་ཁྱབ་མཁན་པོ་རྒྱལ་དབང་སྤྲུལ་སྐུ་བློ་བཟང་འཕྲིན་ལས་འཕོད་གནང་གིས་དེ་སྐོར་གྲོས་འདྲི་མཛད་པར། རྗེ་ཤོད་སེར་སྐུ་དཔོན་རིགས་ཀྱི་དབང་ཆའི་ཐད་ལའང་རྟག་པར་འགལ་བ་འཕྲད་མུས་ཡིན་པ་དང་བཅས་ཕྱི་ཁྱབ་མཁན་པོ་དེས། འདི་ནི་དོན་དངོས་ལ་སྲིད་སྐྱོང་གི་དབང་ཆ་འཕྲོག་རྒྱུའི་སྐོག་གཡོ་ཞིག་ཡིན་ངེས་ལ། དེ་སྐོར་ཐོག་མའི་གྲོས་འགོ་འདོན་མཁན་སུ་ཡིན་བརྩད་གཅོད་གནང་དགོས་ཚུལ་ཞུས་པ་ལྟར་འཆར་གཞིར་ཕྱག་རྟགས་མ་གནང་བར། བཀའ་བློན་བཞིའི་ནང་གི་བཀྲ་ཤིས་ཁང་གསར་བ་ནི་ར་སྒྲེང་སྲིད་སྐྱོང་དང་སྐུ་ཉེ་ཡིན་སྐབས་ཁོང་ལ་ནང་མའི་བཀའ་འདྲི་ནན་པོ་གནང་མཐར་བཤད་སྒྲས་གྲོས་འགོ་བཏོན་པའི་བསམ་འཆར་ལ་ཚང་མས་མོས་མཐུན་བྱས་ཚུལ་ཞུས་པར་བརྟེན། ར་སྒྲེང་གིས་དེ་འཕྲལ་དོན་རྩ་ཕྲ་མོ་གཞན་ཞིག་ལ་སྙད་བཏགས་ཏེ་བཤད་སྒྲ་བཀའ་བློན་གྱི་གོ་གནས་ཕབ་པ་མ་ཟད། གཞུང་ཞབས་ཁོངས་ནས་ཕྱིར་འབུད་ཀྱིས་བཤད་སྒྲ་རང་གི་འཛིན་ཁོངས་གྲས་སླེ་མོ་བྱ་སྒོ་གཉིས་ཀར་སྙོམས་ཆུང་ཚུལ་མཐུན་གྱི་སྡོད་དགོས་པའི་

བཀའ་དཔྱད་ཅིག་གློ་བུར་བཏང་འདུག བཤད་སྒྲ་སྐེ་མོར་སྟོད་སྐབས་གོར་ཁ་རྒྱལ་ཁང་གི་བློན་ཆེན་ཛང་ག་སྒྲ་ཐུར་ཟེར་བ་དང་དེ་སྐུ་གོར་བོད་ཆིངས་སྲོལ་བྱེད་དུས་ཡིག་ཐོག་གི་འབྲེལ་གཏུགས་ཡོད་སྐབས། ཁོ་པས་འཚམས་འདྲིའི་ཡི་གེ་ཞིག་བཏང་འགྱུར་ལ་བཤད་སྒྲས་ཀྱང་ཁོང་རང་གི་གནས་ཚུལ་རྣམས་འཁོད་པའི་ཡིག་ལན་ཞིག་བཏང་བའི་ཟེན་བྲིས་ལག་བསྟར་མ་དེ་བཤད་སྒྲའི་ལྷ་ལྕམ་ནས་ལྐོག་ཏུ་ཕྱིར་ཏེ་ཕྱག་མཛོད་དབང་འདུས་རྒྱལ་པོ་བརྒྱུད་ར་སྒྲེང་སྲིད་སྐྱོང་ལ་ཕུལ་ནས་སྣ་སེང་ཞུས་འདུག དེ་འདྲ་བྱེད་པའི་རྒྱུ་རྐྱེན་ཐད་བཤད་ཚུལ་མི་འདྲ་བ་གཉིས་འདུག་པའི་དང་པོ་ནི། བཤད་སྒྲའི་ལྷ་ལྕམ་དང་ཕྱག་མཛོད་གཉིས་ལྐོག་ཏུ་འགབ་མཐུན་བྱེད་ཀྱི་ཡོད་ཅིང་། ར་སྒྲེང་ཕྱོགས་གཏོགས་པས་ཕྱག་མཛོད་དབང་འདུས་རྒྱལ་པོ་ཚུར་བཀུག་ནས་བཤད་སྒྲའི་བྱ་སྤྱོད་ལ་རྟོག་ཞིབ་ཉང་གཙོན་བྱས་ཏེ་གནས་ཚུལ་གང་ཡོད་སྣ་སེང་དགོས་པའི་མངགས་བྱ་ཡོད་པར་བརྟེན་ཁོ་པས་གོར་ཁ་དང་ཡིག་འགྲུལ་བྱས་པ་ཤེས་འཕྲལ། ལྷ་ལྕམ་ལ་ངན་བསྐུལ་གྱིས་ཡིག་ཟེན་བརྐུ་བཅུག་ནས་ར་སྒྲེང་ལ་ཕུལ་བ་རེད་ཟེར། བཤད་ཚུལ་གཞན་ཞིག་ནི། བཤད་སྒྲ་དབང་ཕྱུག་རྒྱལ་པོས་རང་ཁོངས་གསེར་ཁང་ཤར་མའི་དབྱངས་སྐྱིད་ཟེར་བའི་བུད་མེད་ཅིག་ཟུར་གྲོགས་སུ་བསྟེན་ནས་དེ་ལ་དགའ་པོ་བྱེད་ཀྱི་ཡོད་སྐབས་ལྷ་ལྕམ་ཁོང་ཁྲོ་ལངས་ནས་ཡིག་ཟེན་བརྐུས་ཏེ་ར་སྒྲེང་ལ་ཕུལ་བ་རེད་ཟེར། གང་ལྟར་ནའང་། "ནང་བགྲ་མ་ཤེས་ན་ཕྱི་དོན་མི་འགྲུབ" ཟེར་བའི་དཔེ་དོན་ཐོག་ཏུ་འཁེལ་བ་ཞིག་བྱུང་འདུག

དེ་ནས་སྲིད་སྐྱོང་ཕྱོགས་གཏོགས་དང་བཅས་པས་གྲོས་བསྡུར་ཐོག་བཀའ་ཤག་ལ་བཀའ་ཕབ་སྟེ། སྒྲིག་སྲོལ་གཏན་འབེབས་དང་འགལ་ནས་ཕྱི་ཕྱོགས་ལ་ཡིག་འགྲུལ་བྱས་པའི་ཉེས་མིང་དང་བཅས་མདའ་དཔོན་ཐོན་པ་བ་

དམག་དཔུང་ཁྲིད་དེ་འཕྲུལ་ཐོན་དགོས་པའི་བཀའ་བསྒྱུར་གནང་། བཀའ་བསྒྱུར་སྐབས་བཤད་སྒྲ་གསོད་དགོས་ཞེས་མངོན་གསལ་དུ་བཤད་མེད་ཀྱང་། ངན་རྩ་དེ་མེད་པ་བཟོ་དགོས་ཞེས་ཁྲབ་འདོམས་བྱས་པ་མ་ཟད། དེ་དང་མཐུན་པའི་རྩ་འཛིན་ལག་འཁྱེར་ཞིག་ཀྱང་བསྐུར་ཡོད་པར་གྲགས། མདའ་དཔོན་ཐོན་པ་འགོ་དམག་གསང་སྟབས་ཀྱིས་སླེ་མོར་ཤར་བསྐྱོད་ཐོག བཤད་སྒྲ་སྡོད་ཡུལ་བྱ་སྒོ་གཞིས་འོག་མ་ཆི་ཐང་པ་ཞེས་པའི་སྤྲོ་ཁང་ནང་བསྡད་ཡོད་པར་ནམ་གྱང་ལ་དེའི་མཐའ་བོད་དམག་གིས་བསྐོར་ཞིང་། ཐོན་པ་མདའ་དཔོན་འཁོར་བཅས་ཤར་རྒྱག་ནང་དུ་འཛུལ་སྐབས་བཤད་སྒྲས་འཚབ་འཚུབ་མེད་པར་མལ་ནང་དུ་སྡོད་གོས་གྱོན་ནས་ཅོག་པུར་བསྡད་ཐོག མདའ་དཔོན་སྐུ་ཞབས་ཡར་ཕེབས། བཞུགས་གདན་འཇགས་ཞེས་སྨས་འགྲམ་གྱི་རྐུབ་སྟེགས་ཐོག་བཞག་སྟེ། ང་རྒད་པོ་ངོ་གཡོག་ཁ་ཤས་ལས་མེད་པར་ཤིག་གསོད་པར་སྟ་རེ་འཕྱུར་བའི་དཔེ་བཞིན་དཔོན་དམག་མང་པོ་ཕེབས་དགོས་དོན་གང་ཡོད། འདི་འདྲ་གནང་དགོས་པའི་རྒྱུ་རྐྱེན་ག་རེ་བྱུང་བ་ཡིན་ནམ་ཞེས་བརྗོད་པར་མདའ་དཔོན་ནས། འདི་ནི་བླ་དཔོན་གོང་མའི་བཀའ་ཡིན། གནས་ཚུལ་ཇི་བྱུང་ལག་རྩ་འདིར་གསལ་ཡོད་ཅེས་ལག་རྩ་སྤྲད་པར། བཤད་སྒྲས་ལག་འཁྱེར་དེ་མགོ་བོའི་ཐོག་གཏུགས་ཙམ་བྱས་ཏེ་མིག་ཀྱང་མ་བལྟས་པར་ཅོག་རྟེའི་སྟེ་བཞག་ནས། མི་ང་ནི་རྟག་པར་མ་ཉེས་ཁ་གཡོགས་ཐོག་མཁན་ཞིག་ཡིན། མདའ་དཔོན་སྐུ་ཞབས་ཁྱེད་དགུང་ལོ་ཆུང་ཆུང་རེད། མི་རྒན་ངའི་གནས་ལུགས་འདི་འདྲ་ཡིན་ཞེས་ཁོང་རང་ཐོག་མ་གཞུང་ཞབས་བྱས་པ་ནས་བཟུང་ལས་ཚན་ཐེག་པ་རིམ་འཛེགས་ཀྱི་བརྒྱུད་ཚུལ་དང་། ལ་སིང་དམག་འཐབ་ནང་རང་སྲོག་འདོར་ནུས་ཀྱི་ཞབས་ཕྱི་ཞུས་པར་རྒྱ་བོད་བླ་དཔོན་གོང་མ་ནས

དམིགས་བསལ་བདག་རྐྱེན་དུ་བཀའ་བློན་བསྐོ་བཞག་བསྐུལ་ལུགས། མོན་པ་ཤེས་རབ་གྲགས་པས་ཕྱི་རྒྱལ་ལ་མགོ་བཙོལ་ནས་མོན་ཁུལ་ཟང་ཟིང་བཟོ་སྐབས་རྟ་དབང་དུ་བསྐྱོད་དེ་མཐའ་འདོམས་ཞིབ་དཔྱོད་བྱས་པ། ཐག་གཡབ་དང་། རྨར་ཁམས། ས་ངན་ཁུལ་སོགས་ལ་ཞིབ་དཔྱོད་དུ་བསྐྱོད་ནས་ཞོད་འཛུགས་གཏན་འཁེལ་བཟོས་པའི་བྱས་རྗེས། རྗེས་སུ་ཤིང་ཡོས་གོར་བོད་བདེ་གཟར་སྐབས་མཐའ་མཚམས་སུ་བསྐྱོད་ནས་རང་ནུས་ཀྱི་འབད་པ་གང་ཡོད་བྱས་ལུགས་སོགས་མདོར་ན་གཞུང་དང་། ཆབ་འབངས་མི་སེར་ལ་ཕན་པའི་བསམ་སྦྱོར་ཇི་ཞུས་རེ་རེ་བཞིན་བཤད་ཐོག མཐའ་མཇུག་ཏུ་ནག་མེད་ཉེས་འགེལ་གྱི་གནས་དབྱུངས་ཕྱིར་འབུད་བྱུང་ཚུལ་དང་། ད་ལམ་གོར་ཕྱོགས་སུ་འཚམས་འདྲིའི་ཡིག་འགྲུལ་བྱུང་བ་ཡང་དེ་སྔ་བོད་གོར་ཆིངས་དོན་སྐོར་གཉའ་ནང་ནས། ཛང་ག་སྨ་ཐུར་དང་ཡིག་ཐོག་ཆིངས་མོལ་གྱི་འབྲེལ་བ་བྱས་རྐྱེན་ཉེ་ཆར་བདེ་མཚམས་ཀྱི་འཕྲིན་ཡིག་འགྱོར་བར་འཚམས་ལན་ཙམ་བཏང་བ་ལས། རང་ངོས་ནས་ཐོག་མཐའ་བར་གསུམ་དུ་གཞུང་དོན་ལར་རྒྱའི་ཐོག་བློ་ཡོག་སེམས་ཡོག་སྤྱི་ཙམ་ཞུས་རིགས་མེད་པ་དཀོན་མཆོག་དཔང་པོར་བཞུགས་ཡོད། ངའི་གནས་ཚུལ་དེ་དག་ཞུས་ཟིན་རྗེས་ད་ཆ་གསོད་བཏུང་སྲེག་གསུམ་གང་ཞིག་གནང་དགོས་ཀྱང་ཁྲིད་ཀྱི་ཕྱག་ན་ཡོད་པས་བཀའ་འབྲེལ་ལྟར་གནང་ཀྱང་གནང་རོགས་ཞེས་བློ་བག་ཕེབས་པོའི་ངང་བརྗོད་སྐབས། ཐོན་པ་མདའ་དཔོན་སྐད་ཆ་ཉན་གྱིན་བསམ་བློར་གཡོ་འགྲུལ་ཐེབས་ནས། གལ་སྲིད་མ་ཉེས་ཁ་གཡོགས་ཡིན་ཚེ་གཞུང་ཞབས་བྱས་ཙན་རྒྱ་ནག་གོང་མའི་སྙན་ལ་འཁྱོལ་བའི་མི་སྣ་གྲགས་ཆེན་འདི་འདྲ་གསོད་ཐལ་གྱུར་ན། རྗེས་སུ་ང་རང་ལའང་མིང་ཤས་དང་རྙོག་དྲ་ཆེན་པོ་ཇི་ཡོང་ཆ་མི་འཚལ་བས། སྔ་འཕྲོས་ནམ་ཡང་ཕྲོས

ཐོར་མི་འབྱུང་བའི་ཆེ་བརྩོན་དམ་པོ་ཞིག་ལ་བརྟུག་བཞག་ན་འཕྲུལ་ཕྱུགས་ཐལ་ཆ་ཆུང་བ་འདུག་སྙམ་སྟེ། དཔྱིད་རང་དམར་གསོད་བཏང་ཡོང་སྙམ་པའི་ཞེད་སྣང་གནང་མི་དགོས། འོན་ཀྱང་བཀའ་ནན་འདི་ཙམ་ཕེབས་ཟིན་པས་ད་སྨུས་བཟོད་བདེ་གུ་ཡངས་ནི་ཡོང་ཐབས་མེད་ཅེས་བཤད་ནས་དེ་གར་སྲུང་བྱ་དམ་ནན་བཙུགས་ཤིང་། སྲི་དཔོན་ཐོན་པ་རང་དང་མི་རབས་མང་པོར་མཆོད་ཡོན་གྱི་འབྲེལ་བ་ཧ་ཅང་ཟབ་པའི་སྐྱེ་མོ་རྒྱལ་བྱེད་དགོན་པའི་འདུ་ཁང་གི་རྩེ་ཐོག་ཏུ་མངོན་ཆུང་གི་བརྩོན་ཁང་བཙན་པོ་ཞིག་བཟོ་བརྟུག་ཐོག བཤད་སྒྲའི་སྒྲ་བཞར་ནས་དེར་བརྟུག་སྐྱེ་རྒྱལ་བྱེད་དགོན་པའི་ལས་སྣེ་འགོ་བྱེད་རྣམས་ལ་ནམ་ཡང་བཏང་ཐོར་མི་འབྱུང་བ་དགོས་རྒྱུ་མ་ཟད། ཕྱི་མི་སུ་དང་ཡང་ཐུག་འཕྲད་བྱེད་དུ་བརྟུག་མི་ཆོག་པའི་མངགས་ཆ་ནན་འདོམས་བྱས་ཤིང་། ཐ་ན་བཤད་སྒྲ་ཡང་སྐྱིང་གང་དུ་ཡོད་མིན་ཙམ་ཡང་མི་ཤེས་པའི་གསང་རྒྱ་དམ་བསྒྲགས་བྱས་པར་གྲགས། བཤད་ཚུལ་གཅིག་ལ་དེ་དུས་བཤད་སྒྲའི་ཕ་ནོར་གསེར་གྱི་སོག་ཀོང་མུ་ཏིག་དུག་སྦྲུལ་ཊཱད་ཏིག་དང་། ཕྲ་ཡོམ་ཚང་མ་པོད་གཡུ་ཡིན་པ་ཞིག་ཡོད་པ་དེ་བཤད་སྒྲས། ད་ཆ་ང་ལ་འདི་རིགས་དགོས་བྱེད་མེད་ཅེས་ཐོན་པ་མདའ་དཔོན་ལ་དྲིན་གཟོར་སྤྲད་པ་རེད་ཟེར། དེ་ནས་ཐོན་པ་དཔུང་བཅས་ལྷ་སར་ཕྱིར་ལོག་བྱས། ཐོག་མར་སྲི་མཁན་རྒྱལ་དབང་སྤྲུལ་སྐུ་མཇལ་སྐབས་ཐོན་པ་མདའ་དཔོན་ལ་ཕོ་མེད་པ་བཟོས་ཟིན་ནམ་ཞེས་དྲིས་པའི་ལན་དུ། མེད་པ་བཟོས་པ་ནང་བཞིན་གཅིག་བཟོས་པ་ཡིན་ཞེས་ཞུས་པར་གྲགས། དེ་དུས་ར་སྒྲེང་ཕྱོགས་གཏོགས་ལ་ལས། ཐོན་པས་གོ་སྐབས་བཟང་པོ་དེ་བསྐྱལ་ཚར་བས་རྗེས་སུ་ཆག་སྒོ་སློང་གི་རེད་ཅེས་ཞོད་མཁན་ཡང་བྱུང་བར་གྲགས།

སྐབས་དེར་ལྷ་ས་ཁུལ་དུ་བཤད་སྒྲ་བཀའ་བློན་བསད་ཚར་བ་རེད་ཟེར་

བ་དང་། ཡང་ལ་ལས་བསད་མེད་པ་རེད་ཟེར་བ་སོགས་གླེང་ཕྱོགས་སྣ་ཚོགས་བྱུང་། དེར་བརྟེན་བཤད་སྒྲ་དང་ཐུན་མོང་མ་ཡིན་པའི་མཚོད་ཡོན་གྱི་འབྲེལ་བ་དམ་ཟབ་ཡོད་པའི་དགའ་ལྡན་དགོན་པའི་བླ་གྲ་ནས་བཤད་སྒྲ་བཀའ་ཟུར་འཆི་གསོན་ཇི་བྱུང་གི་སྐོར་ལ་སེམས་འཁུར་ཆེན་པོ་བྱེད་ཀྱི་ཡོད་ཅིང་། ལྷག་པར་ཤར་རྩེ་མཁན་པོའི་ཕྱག་མཛོད་དཔལ་ལྡན་དོན་གྲུབ་ཟེར་བ་བཤད་སྒྲའི་ནང་མ་གློས་འཁེལ་ཞིག་ཡོད་པ་དེས་གཙོ་འགན་འཁུར་ཏེ་ཐོག་མར་དགའ་ལྡན་ནས་གྲྭ་པ་གོ་ཚོད་ཅིག་ཨ་ཅོར་གནས་སྐོར་བར་བརྫུས་ནས་སླེ་མོ་ཁྲུལ་བཙད་གཅོད་བྱེད་པར་བཏང་། ཕོས་གང་སར་ཉན་བཙད་བྱས་མཐར་རྒྱལ་བྱེད་དགོན་པར་བཙོན་འཇུག་བྱས་ཡོད་ཚུལ་ཐོས་པས་ཕྱིར་ལོག་གནས་ལུགས་རྣམས་བཤད་རྗེས་བཤད་སྒྲ་གསོན་པོར་གནས་ཡོད་པ་ཤེས་ཚོར་བྱུང་། དེ་སྔ་དགའ་ལྡན་སོགས་དབུས་ཁུལ་གྱི་གྲྭ་རིགས་ལ་ལས་ལྷ་ས་ནས་དར་རས་དང་། སུ་པན། སྣ་ཐ། མུ་སི་སོགས་ཚོང་ཟོག་རྩག་རྩིག་སྐལ་པར་འཁྱེར་ནས་སླེ་མོ་ཁྲུལ་བཙོང་སྟེ་ཚུར་ལོག་སྐབས་རྒྱལ་བྱེད་དགོན་པ་ནས་སྤྱིས་ཉོས་ཏེ་ཡོང་སྲོལ་ཡོད། དེར་བརྟེན་དཔལ་ལྡན་དོན་གྲུབ་སོགས་ཀྱིས་དགའ་ལྡན་པའི་གྲྭ་པ་གློས་འཁེལ་ཞིག་བདམས་སྒྲུག་གིས་ཚོང་ཟོག་རྩག་རྩིག་བསྐུར་ནས་མངགས་ཆ་དང་བཅས་སླེ་མོར་བཏང་ཐོག ཕོ་ལ་རྣ་ཏུ་ཞིག་གི་ནང་གསང་བའི་ཡི་གེ་ཤོག་ཛར་བླུགས་ཏེ་གསང་ཐབས་ཀྱིས་བཤད་སྒྲར་སྤྲད་ནས་ཡིག་ལན་ཡོང་ཐབས་བྱ་དགོས་ཞེས་བཤད། གྲྭ་པ་དེས་རྒྱལ་བྱེད་དགོན་པའི་ཉེ་འདབས་སུ་ཚོང་ཟོག་འཚོང་བ་དང་། དགོན་པ་ནས་སྤྱིས་ཉོ་བ་སོགས་ཀྱི་གོ་སྐབས་དང་བསྟུན་ནས་བཤད་སྒྲའི་བཙོན་སྲུང་གྲྭ་པ་དེ་བརྒྱུད་རྣ་ཏུ་ཡར་བསྐུར་བ་དང་། རྣ་ཏུ་སྟོང་པའི་ནང་ཡིག་ལན་ཤོག་འཚང་བརྒྱབ་པ་ཕྱིར་སྐྱེལ་སོགས་ཀྱི་འབྲེལ་ལམ་

འཛུགས་ཐུབ་པ་བྱུང་འདུག

གོང་གསལ་དུས་བུ་དེའི་ནང་གི་སྤྱི་ཕྱིའི་དོན་རྐྱེན་ནམ་བྱུང་ལོ་ཁམས་ཟླ་ཚེས་སོགས་གཞུང་ཡིག་བལྟ་བའི་གོ་སྐབས་བྲལ་སྟབས་ངེས་རྙེད་བརྗོད་དཀའ་ཡང་། དང་ཐོག་བཤད་སྒྲ་བཀའ་བློན་གནས་དབྱུངས་བཏང་བའི་དུས་ཚོད་ནི་ཕལ་ཆེར་སྤྱི་ལོ1860བོད་ལྕགས་སྤྲེ་ལོར་མིན་ནམ་སྙམ། དེ་ཡང་ཏྭ་ལའི་བཅུ་གཉིས་པའི་རྣམ་ཐར་ནང་། ས་རྟ་ལོ་གསེར་བུམ་དཀྲུག་ཐོན་སྐབས་ཆུང་སྲིད་རིན་པོ་ཆེ་དགོན་གསར་རི་ཁྲོད་དུ་བཞུགས་སར་གཞུང་སའི་རྟེན་འབྱུང་མཇལ་དར་འབུལ་བར་" བཀའ་བློན་ཤུང་བཤད་སྒྲ་བ་གཏོང་གནང་མཛད། "①ཅེས་འཁོད་འདུག་ཅིང་། དེ་རྗེས་ས་ལུག་ལོར་བཀའ་བློན་འཕོ་འགྱུར་བྱུང་བ་མ་གསལ་བ་དང་། ལྕགས་སྤྲེ་ཟླ་བ་བདུན་པའི་ཚེས་གཅིག་ཉིན་ཡང་སྲིད་རིན་པོ་ཆེ་ནོར་གླིང་བསྐལ་བཟང་ཕོ་བྲང་ནས་རྩེ་ཕོ་བྲང་ཆེན་པོ་པོ་ཏ་ལར་ཐེབས་སྐབས་ཆིབས་བསྒྱུར་ཆེ་མོའི་ཆིབས་རགས་ཞབས་ཞུར་"……རྒྱལ་ཡབ་གུང་བཀའི་མདུན་ན་འདོན་རྣམ་བཞི……"ཞེས་ཞབས་པད་བཞི་ཀ་ཡོད་པ་ལྟ་བུ་ཡང་། དེའི་སང་ཉིན་ཏེ་ཟླ་བ་བདུན་པའི་" ཚེས་གཉིས་ཉིན་དྲུང་ཇ་གྲུབ་རྗེས། མཆོད་ཡོན་གཟིམ་ཆུང་འདོད་འཁྱིལ་དུ་གསོལ་ཇ་ཐེབས་སྐོ་རིམ་ཐེབས་ལྷ་ཕྱག་སྒྲོ་ཤོད་པར་བཀའ་བློན་བསྐོ་བཞག་དྲལ་རྩེའི་བཀའ་ལན་འཁོར་བ་གསོལ་རྒྱབ་ཏུ་བཀའ་བསྒྱུར་མཇལ་དར་ཕུན་ཚོགས་འདོད་འཁྱིལ་དུ་ཕུལ་བར་གསོལ་ཇ་མཐུད་ཁ་དགོང་བུར་སྲུང་མདུད་བཅས་བསྟུལ།" ཞེས་འཁོད་པ་དང་། ཁྲི་ཐེབས་དངོས་གཞི་ཟླ་བ་བདུན་པའི་ཚེས་གསུམ་ཉིན་མཛད་རྒྱུའི་ཞོགས་པ་དེ་

① （རྣམ་ཐར་དངས་ཤེལ་མེ་ལོང་）

རང་གི་བྲུང་ཇ་ཕེབས་འདུག "ཉི་འོད་བཞུགས་ཁྲི་ཆེན་པོར་ཞབས་སོར་འཁོད། བཀའ་བློན་སྤྱི་ཁྱོད་ནས་ཞབས་པད་གསར་མཇལ་ཞུ་བར་མཆོད་ཡོན་ལྷན་རྒྱས་ལ་མཇལ་དར་མཎྜལ་རྟེན་གསུམ་འབུལ་དངོས་རྣམས་སྤྱན་ལམ་དུ་བསྟར། བཀའ་བློན་ངོ་གཡོག་རྣམས་ལ་འཆར་འཕར་གྱི་ལེགས་གནང་སྟེར་ལམ་ལྟར་བསྩལ།"① ཅེས་གསལ་ཞིང་། དེ་འཕྲལ་ཚོམས་ཆེན་དུ་ཕེབས་ནས་གསེར་ཁྲིར་མངའ་གསོལ་གྱི་མཛད་སྒོ་གཟབ་རྒྱས་ངང་ཚུགས་འདུག གནས་ཚུལ་དེ་དག་ལ་གཞིགས་ན། ཏཱ་ལའི་བླ་མ་ཁྲི་ཕེབས་མཛད་ཆེན་སྐབས་བཀའ་བློན་བཞི་ཀ་མེད་ན་རྟགས་རྟེན་ལ་མི་གཏུབ་པ་དང་། ཉི་མ་གཉིས་ཀྱི་ནང་འགྱུར་ལྡོག་ཅིག་བྱུང་བ་ལྟ་བུས་སྤྱི་ཁྱོད་པར་ཚ་ཐུག་རྒྱ་གཏུགས་འདི་འདྲ་ཞིག་ལ་བཀའ་བློན་བསྐོ་བཞག་བཀའ་བསྒྱུར་དང་གསར་མཇལ་སོགས་རྒྱུན་ལྡན་མིན་པའི་སྣང་ཚུལ་ཞིག་མངོན་པ་འདི་དག་ལ་དཔགས་ན། ཕལ་ཆེར་བཤད་སྒྲ་བཀའ་བློན་གློ་བུར་གནས་དབྱུངས་བཏང་བའི་ཚབ་མིན་ནམ་སྙམ་ཞིང་། དེ་ལྟར་ན་དོན་རྐྱེན་དེ་ལྕགས་སྤྲེ་ལོའི་དབྱར་དུས་སུ་བྱུང་བར་སྣང་ལ། བཤད་སྒྲ་གླར་ཡང་རྒྱལ་བྱེད་དགོན་པར་བཙོན་འཇུག་བྱས་པ་དེ་ནི་ལྕགས་བྱ་ལོར་ཡིན་དགོས་པ་ལྟ་བུ་འདུག

དགའ་ལྡན་པས་སྲིད་སྐྱོང་ར་སྒྲེང་ལ་ངོ་རྒོལ་བྱ་རྒྱུའི་ནང་གྲོས་བཤམས་ནས་དེའི་སྐོར་བཤད་སྒྲ་དབང་ཕྱུག་རྒྱལ་པོར་གསང་བའི་ཡིག་འགྲུལ་གྱི་བློ་འདྲི་བྱས་པར། ཁོང་གིས་དགའ་ལྡན་པ་གཅིག་པུས་རང་སྐྱ་འཕེར་ཐབས་མེད་པས་འབྲས་སྤུངས་དགོན་པ་དང་ལག་སྦྲེལ་ཐུབ་ཐབས་དགོས་པ་མ་ཟད། གཞུང་

---

① (རྣམ་ཐར་དྭངས་ཤེལ་མེ་ལོང་ཤོག་གྲངས57)

ཞབས་ཕོངས་ནས་ཀྱང་འདི་དང་དེ་བརྒྱུད་ནས་རྒྱབ་སྐྱོར་འཚོལ་དགོས་ཞེས་རྒྱུས་བབ་ཀྱི་ཧུས་འདོན་གནད་ལ་འཁེལ་བ་ཞིག་བྱས་པར་གྲགས། ཤར་རྩེ་ཕྲུག་མཛོད་དཔལ་ལྡན་དོན་གྲུབ་ཀྱིས་གཙོས་པའི་དགའ་ལྡན་དགོན་པའི་ལས་སྣེ་རྣམས་ནས་བཤད་སྒྲའི་སློབ་སྟོན་ལྟར་འབྲེལ་གཏུགས་ཏུར་བརྩོན་ཆེན་པོས་བྱེད་སྐབས། ཕྱི་ལོ1862བོད་ཆུ་ཁྱི་ལོ་འགོར་མ་སྒྲིག་ལྷུན་གྲུབ་ལྷ་བུར་འབྲས་སྤུངས་དགོན་པའི་རིགས་གྲ་ཞེས་པའི་མཆོད་ཡོགས་གཞུང་ནས་དངུལ་བསྐྱུར་བྱས་རྐྱེན་དེའི་གནོང་སྐོར་སྐྱོང་གུན་ཡོག་པའི་སྐོར་འབྲས་སྤུངས་དགོན་པ་དང་སེད་སྐྱོང་རྭ་སྒྲེང་དབར་འགལ་བ་ཐུག་པ་ཏག་ཏག་འཁེལ་བའི་གོ་སྐབས་དེ་བེད་སྤྱོད་ནས། འབྲས་སྤུངས་པའི་རྒྱབ་ཏུ་དགའ་ལྡན་པ་ལངས་ཏེ་ངོ་རྒོལ་རྒྱ་ཆེར་བཏང་རྐྱེན་ལོ་དེའི་ལྷ་ལྡན་སྨོན་ལམ་ཆེ་མོ་ཡང་འཚོགས་མ་ཐུབ་པའི་ཟིང་ཆ་བསླངས་ཤིང་། སྐབས་དེར་དགའ་འབྲས་གཉིས་ནས་གྲྭ་ཤར་བཅུ་ཕྲག་འགའ་ཞིག་ཧྲག་འདེམས་ཀྱིས་གྱི་མདུང་མེ་མདའ་སོགས་ཐོགས་ནས་སྣེ་མོར་བཏང་སྟེ། རྒྱལ་བྱེད་དགོན་པ་ནས་བཀའ་ཟུར་བཤད་སྒྲ་བཙན་འཕྲོག་གིས་ལྷ་སར་གདན་ཞུ་བྱས་པ་མ་ཟད། གདོང་དཀར་ཤོ་སྐོར་འབྲས་སྤུངས་ནས་ཉེན་སྲུང་ཁ་སྟོན་དང་། དགའ་འབྲས་ཟླ་སྤྱིས་རྒྱང་ཐང་སྣང་དུ་ཐབ་བསུ་གཟབ་རྒྱུས་ཞུས་ཤིང་། དེ་ནས་བཤད་སྒྲ་མི་བཞིས་བཏེགས་པའི་འདོ་ལིའི་ཐོག་བཞུག་སྟེ་ཕེབས་བསུ་དང་སྐུ་སྲུང་ཡོན་ཆེས་བསྐོར་ནས་རིམ་བཞིན་ལྷ་སར་འབྱོར་སྐབས། ཞོལ་རྫོ་རིང་ཕྱི་མའི་འགྲམ་དུ་དགའ་འབྲས་ཕྱོགས་གཏོགས་རྩེ་སྐོར་ནས་ཐབས་བསྐུལ་གྱིས་རྩེ་གསོལ་ཐབ་ནས་ཇ་ཞུ་དང་དཀར་སྤྲོ་སོགས་ཕེབས་པར་གྲགས། དེ་གར་བཤད་སྒྲ་བཏེགས་ཁྲི་ལས་བབས་ཏེ་རྩེ་ཕོ་བྲང་ཆེན་པོར་ཁ་ཕྱོགས་ནས་ཕྱག་འཚལ་སྨོན་ལམ་བཏབ་ཅིང་། ཏྭ་ལའི་བླ་མར་འཚམས་ཞུའི་མཇལ་དར་ཡང་

འབུལ་བསྐུར་ཞུས་པ་བཅས་ལྷ་ཞོལ་སེར་སྐྱ་མི་མང་གི་ཁྲིད་དུ་བཤད་སྒྲ་ནི་རྒྱལ་དབང་མཆོག་གི་བཀའ་འབྲེལ་ལྟར་ལྷ་སར་ཕེབས་པ་ལྷ་བུའི་སྣང་འཆར་དང་གླིང་ཕྱོགས་ཁྱབ་པ་ཞིག་བཟོས། དེ་ནས་ཤར་རྒྱུག་བཤད་སྒྲའི་སྒྲོ་ཁང་དུ་གདན་འདྲེན་ཞུས་དོན་དེ་གར་ཡུད་ཙམ་བཞུགས་ནས་ཁོང་གིས་དགའ་འབྲས་ལས་སྣེ་ཚོར། འདི་གར་མ་གཞི་ང་རང་གི་སྡོད་ཡུལ་ཡིན་རུང་གནས་དུས་འདི་ཙམ་ལ་ཐུག་དུས་ང་ཚོ་འདིར་སྡོད་མི་ཉན། གལ་སྲིད་མི་ཚོས་བསྐོར་བརྟུང་བཏང་བ་ཡིན་ན་རང་རེ་སྐྱིད་ཆུར་མཆོང་རྒྱུ་ཡིན་ནམ་ཞེས་གསུངས་ཏེ་ལྷ་ལྡན་བླ་བྲང་དུ་སྒྲོ་ཤུགས་གནང་ནས་བཞུགས། དེ་གར་དགའ་འབྲས་ཀྱི་སྐུ་སྲུང་པ་བཙུགས་ཤིང་མཚན་མོ་དེ་རང་ལ་བརྡ་ཐོ་བསྐུར་ནས་ལྷ་སར་ཡོད་པའི་གཞུང་ཞབས་སེར་སྐྱ་དང་། དགའ་འབྲས་ཐོབ་ཁུངས་ཀྱི་ཁམས་རིགས་ཚོང་པ་སོགས་ཚང་མ་སང་ཞོགས་བླ་བྲང་སྟེང་དུ་ཚོགས་འདུར་ཡོང་དགོས་བརྡ་ཁྱབ་བྱས་དོན་དགའ་འབྲས་དང་བཤད་སྒྲའི་ཕྱོགས་གཏོགས་སྨོས་མེད་ཁར། དེ་མིན་ཚོགས་དོན་གང་ཡིན་མ་ཤེས་པ་བཅས་ཀྱི་རྫེ་ཤོད་གཞུང་ཞབས་མང་པོ་ཞིག་འཛོམས། ཚོགས་འདུ་དེའི་ཐོག་བཀའ་ཟུར་བཤད་སྒྲས་ཁོང་རང་གི་ཕ་ཕྱིའི་ལོ་རྒྱུས་དང་། བར་སྐབས་སྲི་ཆག་སྒེར་ལྡུངས་ཀྱི་མ་ཉེས་ཁ་གཡོགས་བྱུང་ཚུལ། སྲིད་སྐྱོང་རྭ་སྒྲེང་ཕྱོགས་གཏོགས་དང་བཅས་པས་གཞུང་འབངས་ལ་གནོད་པའི་ལུགས་འགལ་བྱེད་འཛོལ་སོགས་ཞིབ་རྒྱས་བཤད་མཐར། ད་ཆ་རྭ་སྒྲེང་སྲིད་སྐྱོང་ལ་ངོ་རྒོལ་བྱ་རྒྱུར་ཚང་མས་མདུང་ཤུགས་ཆེག་སྒྲིལ་བྱ་དགོས་དང་། དེ་མིན་ཞིབ་ཕྲའི་འཐབ་ཇུས་སྐོར་སོགས་ཕྱི་ནང་གི་བཀོད་སྒྲིག་རྣམས་ཚགས་སུ་ཚུད་པ་བྱས་ནས་“དགའ་འབྲས་དྲུང་སྒྲི”ཟེར་བའི་ཕྱོགས་ཁག་དེ་ཆགས་པ་མ་ཟད། རྫེ་ཕོ་བྲང་དང་གཙུག་ལག་ཁང་སོ་སོར་སྲུང་བྱ་བཙུགས་པ་དང་། དེ་བྱིངས་དགའ་

འབྲས་ཀྱི་གྲྭ་པ་དང་སྤྲ་ཞོལ་གྱི་ཁམས་པ་སོགས་མི་མང་བསྡུ་རུབ་ཀྱིས་སྲིད་སྐྱོང་ར་སྒྲེང་བཞུགས་ཡུལ་བཞི་བདེ་གླ་བྲང་གི་མཐའ་བསྐོར་ནས་རྐོལ་འཛིངས་བྱས་པར་གྲགས། འདི་སྐོར་ཡཱ་ཧན་ཀྲང་གི་བརྩམས་དེབ་ནང་དུའང་། "ཆིང་རྒྱལ་རབས་སྲིད་གཞུང་གིས་བོད་ལྗོངས་སུ་དབང་བསྒྱུར་བྱེད་པ་དེ་གཡོ་འགྱུལ་བྱུང་བས་...... བོད་ལྗོངས་ནང་ཁུལ་དུའང་སྙིང་འཛགས་མེད་པའི་གནས་ཚུལ་ཉིན་རེ་བཞིན་ཚབས་ཆེ་རུ་འགྲོ་གི་ཡོད་པ་རེད། 1862ལོར་[ཆིང་རྒྱལ་རབས་ཀྱི་ཐུང་ཀྲིའི་ཁྲི་ལོ་དང་པོ་] དོན་དག་གཅིག་གི་རྐྱེན་གྱིས་བོད་ཀྱི་སྲིད་སྐྱོང་ར་སྒྲེང་ཧོ་ཐོག་ཐུ་དང་འབྲས་སྤུངས་དགོན་པའི་དགེ་འདུན་ཚོས་མ་འདོད་པ་བྱས་ནས་མི་མང་བསྡུ་རུབ་ཀྱིས་སྲིད་སྐྱོང་གི་གཟིམ་ཤག་ཏུ་ཕྱིན་ཏེ་ཨུར་སྒྲ་རྒྱག་སྐབས། བོད་བཞུགས་ཨམ་བན་མན་ཆིང་གིས་འབྲུ་དོན་ཨུ་ཡོན་ལི་ཡུས་ཕུའུ་དང་ཡིའུ་ཙི་ཐང་ཧོའི་ལྷུའུ་སོགས་རྒྱ་དམག་དང་བཅས་དྲག་གནོན་བྱེད་པར་བཏང་ཡང་། ལི་ཡུས་ཕུའུ་ཡིས་འབྲས་སྤུངས་དགོན་པའི་ཕྱོགས་བྱས་སྐབས་གནས་ཚུལ་རྒྱ་ཆེ་རུ་ཕྱིན་ཏེ་འབྲས་སྤུངས་དགོན་པའི་དགེ་འདུན་རྣམས་ཀྱིས་དགའ་ལྡན་དགོན་པའི་དགེ་འདུན་རྣམས་དང་འབྲེལ་བ་བྱས་ཐོག པོ་ཏ་ལའི་ཕོ་བྲང་གི་གོ་མཛོད་ཀྱི་སྒོ་ཕྱེ་ནས་མེ་སྒྲོགས་བཏོན་ཏེ་སྲིད་སྐྱོང་གི་གཟིམ་ཤག་ལ་བརྒྱབ་པ་རེད་" ཅེས་དང་། "དོན་རྐྱེན་དེ་བྱུང་རྗེས་ར་སྒྲེང་ཧོ་ཐོག་ཐུས་ཕྱོགས་གཅིག་ནས་བོད་བཞུགས་ཨམ་བན་ལ་གནས་ཚུལ་ཞུས་ཤིང་། ཕྱོགས་གཅིག་ནས་མི་མང་བསྡུ་རུབ་ཀྱིས་མེ་མདའ་བརྒྱབ་སྟེ་འགོག་རྐོལ་ཉིན་གཅིག་བྱས་རྗེས་ཞུང་བས་མང་བ་མ་དོ་བས་ར་སྒྲེང་ཧོ་ཐོག་ཐུས་མཚན་མོར་

སྲིད་སྐྱོང་གི་ཐམ་ག་ཕྱིར་ཏེ་ཁྲོས་ཕྱིན་པ་རེད།” ①ཅེས་འཁོད་འདུག

འདི་སྐོར་དེ་སྔ་བཤད་ཚུལ་གཅིག་ལ། སྲིད་སྐྱོང་གི་བླ་བྲང་ལ་རྐོལ་གཏོར་ཞོག་སྐབས་དང་ཐོག་རྒྱ་བོད་གཞུང་དམག་གིས་སྲུང་འགོག་ཕྲན་བུ་བྱས་ཀྱང་། གཞུང་ཞབས་ནང་ཁུལ་ནས་མདའ་དཔོན་ཚོར་འབྲེལ་གཏུགས་ཀྱིས་དམག་དཔུང་ཕྱིར་འཐེན་བརྒྱབ་པར་བརྟེན་མཐའ་མ་སེར་བྱེས་གྲྭ་རིགས་ཁེར་རྐྱང་ལ་ཐུག་པས་སྲིད་སྐྱོང་རྭ་སྒྲེང་དང་། སྤྱི་ཁྱབ་མཁན་པོ་རྒྱལ་དབང་སྤྲུལ་སྐུ་བཀའ་བློན་བཀྲས་ཁང་པ་བཅས་སྐུ་འཁོར་ཧྲག་བསྡུས་སྲིད་ཐམ་བསྣམས་ནས་ཐོག་མ་སེ་རར་ཁྲོས་ཐེབས་ཤིང་། དེར་ཡང་བཞུགས་བློས་མ་བཟོད་པར་ཕན་པོ་སྒོ་ལ་བརྒྱབ་ནས་བྱང་ལམ་བརྒྱུད་མེས་རྒྱལ་ནང་སར་ཆིང་གོང་མའི་དྲུང་དུ་ཁྲིམས་གཏུགས་ཞུ་ཆེད་ཐེབས་པར་གྲགས།

བཤད་ཚུལ་གཞན་ཞིག་ལ། སྐབས་དེར་བོད་དམག་རྣམས་དགའ་འབྲས་དྲུང་སྤྱིས་ཁ་ལོ་བསྒྱུར་ཟིན་པས་བཞི་བདེ་བླ་བྲང་བསྐོར་མཁན་ཁོངས་སུ་ཡོད་པ་མ་ཟད། ཕྱོགས་བཞིའི་སྲུང་བྱ་མདའ་དཔོན་སོ་སོར་འགན་དགྲིས་ཏེ་རྭ་སྒྲེང་གང་ནས་ཁྲོས་ཤོར་རུང་། དེ་གའི་འགོ་འདོམས་ལ་དམག་སྤྱོལ་གྱི་ཉེས་ཆད་གཅོད་རྒྱུའི་ཁྱབ་འདོམས་ཀྱང་བྱས་ཤིང་། བཤད་སྒྲའི་ཧུས་བཀོད་ལྟར་གཞུང་གི་གོ་མཛོད་ནས་མེ་སྒྱོགས་བཏོན་ཏེ་ཁ་ལྷ་གདོང་དུ་བཙུགས་ཐོག་བཞི་སྟེར་རྒྱག་བཅུག་པ་དེ་ནི་བཞི་སྡེ་ནས་མེ་ལན་སྐྱུག་རྒྱུར་རྗེས་སུ་རྭ་སྒྲེང་གིས་རྩེ་པོ་བྲང་ལ་ཁ་གཏད་ནས་མེ་མདའ་བརྒྱབ་སོང་ཞེས་ནག་འགེལ་བྱ་རྒྱུའི་ཆེད་དུ་རེད་ཟེར། མཐའ་མ་ཐོན་པ་མདའ་དཔོན་རྭ་སྒྲེང་དང་འབྲེལ་ཟབ་ལ་བརྟེན་དེ་

① （ཧྭ་ལའི་རྣམ་ཐར་བོད་ཡིག་དེབ་ངོས214－215）

ཕྱོགས་ནས་ཐོན་ཕེབས་པ་འགོག་བཟུང་མ་ཐུབ་པར་ཤོར་བ་དང་། དགའ་འབྲས་ལྡང་སྤྱིའི་ཚོགས་འདུས་ཐོན་པ་མདའ་དཔོན་བཟུང་སྟེ་དམག་སྤྱོལ་ཉེས་པ་ལྟར་སྲོག་ཐོག་གཏོང་རྒྱུར་གཏན་འཁེལ་སྐབས། བཀའ་ཟུར་བཤད་སྒྲས། ད་རེས་ཀྱི་ཉེས་འགན་ལ་དཔག་ན་ཁྲིམས་གཅོད་དགོས་ངེས་ཀྱང་། མི་འདི་གྲིག་གྲིག་ཚ་ཙམ་མ་གཏོགས་སེམས་བཟང་པོ་ཡོད། ད་ལྟ་ང་གསོན་པོར་ལོག་རྒྱུ་བྱུང་བ་འདི་ཁོའི་བྱས་རྗེས་ཡིན། དེར་བརྟེན་སྲོག་ཉེས་ཡང་བ་བྱ་དགོས་ཞེས་ལས་ཞབས་གནས་དབྱུངས་ཀྱིས་རྒྱང་འབུད་དུ་བཏང་བར་གྲགས།

རྭ་སྒྲེང་རྒྱལ་ནང་དུ་ཕེབས་པའི་སྐོར་ཡཱ་ཧན་ཀྲང་གི་བརྩམས་དེབ་ནང་“རྭ་སྒྲེང་ཧོ་ཐོག་ཐུ་ལྷ་ས་ནས་ཐོན་རྗེས་མཚོ་སྔོན་བརྒྱུད་པེ་ཅིན་དུ་བཅར་ཏེ་ཆིང་རྒྱལ་རབས་ཀྱི་སྲིད་གཞུང་ལ་ཞུ་གཏུགས་བྱས་པ་རེད། ཆིང་རྒྱལ་རབས་སྲིད་གཞུང་གིས་ཕྱོགས་གཅིག་ནས་ཧྲུ་ཅེ་ཞིབ་གཅོད་བློན་ཆེན་དུ་བསྐོས་ཏེ་བོད་ལྗོངས་སུ་དོན་དེ་ཞིབ་གཅོད་བྱེད་པར་བཏང་ཡང་། སྐབས་དེར་ཁམས་ཀྱི་ཉག་རོང་ས་ཆར་ཚོ་པའི་བར་ལ་རྩོད་གཞི་ལངས་ནས་ལམ་འགགས་པས་འགྲོ་མ་ཐུབ་པ་རེད། ཕྱོགས་གཅིག་ནས་འབྲུ་དོན་ཨུ་ཡོན་ལི་ཡུས་ཐུའུ་པེ་ཅིན་དུ་ར་སྤྲུགས་བྱེད་པར་བསྐོངས་ཀྱང་། བོད་བཞུགས་ཨམ་བན་གྱིས་ལི་ཡུས་ཐུའུ་ལ་ངན་རྒྱབ་བྱས་ནས་འཕྲལ་དུ་མ་བཏང་བ་རེད། རྗེས་སུ་རྭ་སྒྲེང་ཧོ་ཐོག་ཐུ་པེ་ཅིན་དུ་གཤེགས་པས་ཀྲོད་གཞི་དེ་ཐག་མ་ཆོད་པར་རང་འགར་འཛོག་དགོས་བྱུང་བ་རེད།”①ཅེས་འཁོད་འདུག

བཤད་སྒྲ་བཀའ་ཟུར་ལ་སྡེ་སྲིད་བསྐོས་པའི་སྐོར། ཐམ་དེབ་ནང་། རྭ་

① （ཏཱ་ལའི་རྣམ་ཐར་བོད་ཡིག་དེབ་ངོས216）

སྒྲིང་སྲིད་སྐྱོང་“ཐུང་དྲིའི་ཁྲི་བཞུགས་དང་པོ་ཆུ་ཁྱི་ལོར། འབྲས་ལྗོངས་རིགས་གྲ་ཆེན་མོའི་གཏོང་སྒོ་ཆག་སྐོར་ནས་གླིང་ལངས་ནང་ཟིང་གིས་སྲིད་ཀྱི་ཐམ་ག་བསྣམས་ཏེ་སློ་བུར་རྟབ་རྟོབ་བྱུང་བརྒྱུད་ནས་རྒྱ་ནག་ཏུ་ཐེབས། འདིའི་རྒྱལ་ཐོག་ལན་གཉིས་རིང་ལུང་བསྐྱུར་གྱི་རྒྱ་ཐམ་གླིང་ལྷ་མ་རྟོར་ཡིག་གི་འབྲུར། ‘བཀས་མངགས་བོད་ཀྱི་ལས་དོན་འཁྱུར་འཛིན་ཞྭ་སེར་བསྟན་པ་འཛིན་བྱེད་ཨ་ཧྲེ་ནེ་མོ་མིན་ཧན་གྱི་ཐམ་ག་རྒྱལ་’ཞེས་ཡོད་པ་བསྩལ། ལོ་དེ་གའི་མཇུག་ཏུ་བོད་རྗེའི་ཁྲི་ལ་སྡེ་སྲིད་བཤད་སྒྲ་དབང་ཕྱུག་རྒྱལ་པོ་བཀོད་དེ་གསེར་སྙན་སྒྲོན་འབྲེལ་ནོ་མིན་ཧན་གྱི་ཆོ་ལོ་བསྩལ།” ཅེས་དང་། “སྲིད་འཛིན་འདིའི་རིང་ལུང་བསྐྱུར་ལ་གོང་ས་མཆོག་གི་ཐམ་ག་དང་། བཀའ་ཤག་ཐམ་གས་འཐུས་པས་རྒྱལ་པོའི་ལས་ཐམ་རིགས་མེད།”①ཅེས་འཁོད་པ་ལྟར་གོང་མས་སྤྲད་པའི་སྲིད་ཐམ་མེད་སྐབས་རང་བཞིན་གྱི་ཐམ་གས་གོ་མི་ཆོད་པ་དེ་གང་ལེགས་མཚོན་གྱི་ཡོད། འོན་ཀྱང་“བོད་ཀྱི་སྲིད་དོན་རྒྱལ་རབས”ཟེར་བ་དེའི་ནང་རྣ་སྒྲིང་རྒྱ་ནག་ཏུ་བྲོས་ཐེབས་པའི་སྐོར་བཀོད་མ་ཐག“དེ་འཕྲལ་དགའ་འབྲས་དྲུང་སྤྱིས་མཚོན་བོད་ལྗོངས་སེར་སྐྱ་ཡོངས་ནས་སྤྱི་ཞུས་ལྟར། ཟླ་བ་གསུམ་པའི་ཆོས་བཅུ་གཉིས་ཉིན་སྐྱབས་མགོན་རྒྱལ་དབང་མཆོག་དགུང་གྲངས་བདུན་ལས་མ་ཐེབས་ཀྱང་། ཕྱི་རྒྱར་ལུགས་གཉིས་ཀྱི་ཐུགས་འགན་བཞེས་པའི་ཚུལ་བཞེས་ཐོག ནང་དོན་ཕྱུག་རིགས་ཞབས་ཞུར་བཀའ་ཟུར་བཤད་སྒྲ་དབང་ཕྱུག་རྒྱལ་པོར་ནོ་མིན་ཧན་གྱི་ཆོ་ལོ་དང་བཅས་སྲིད་སྐྱོང་བསྐོ་བཞག་གནང་།”②ཞེས་

① （དེབ་ཐེར་ལོང་བའི་དམིགས་བུ་ཤོག་གྲངས26）

② （དེབ་དེའི་སྨད་ཆ་དེབ་ངོས40－41）

ཆེང་གོང་མའི་སྲིད་གཞུང་དང་འབྲེལ་བ་གང་ཡང་མེད་པ་ལྟ་བུ་ཞིག་བྲིས་འདུག

དོན་དངོས་ལ་ཏྭ་ལའི་བླ་མ་བཅུ་གཉིས་པའི་རྣམ་ཐར་ཤིང་པར་མའི་ནང་། ར་བཤད་འགལ་བའི་སྐོར་ཁ་གསལ་འཁོད་མེད་ཀྱང་། རྩ་དོན་འདིའི་སྐོར་ལ་སྤྱི་ལོ1862བོད་ཆུ་ཁྱི་ལོའི་ཟླ་བ་གཉིས་པའི་ནང་། "འདི་སྐབས་སྲིད་སྐྱོང་ར་སྒྲེང་ཧོ་ཐོག་ཐུ་ཆེན་པོ་དང་དགའ་འབྲས་ཀྱི་འཐུས་མིའི་དབང་དམ་སྲི་འབྱུང་པོ་ཁ་རྒྱས་པའི་འཕྲུལ་གྱིས་ཐུགས་ཁ་དན་མིན་བྱུང་བར་ཟིང་གཞི་ཆེ་ལངས་ལ་ས་སྐྱ་བདག་ཆེན་དང་། བཀྲས་ལྷུན་སྐུ་ཚབ་གསོལ་མགྲོན་སྡུགས་ཆེན་སོགས་ཀྱིས་བར་འདུམ་ནན་ཆེས་ཀྱང་མ་འདུམ་པར་བརྟེན་ར་སྒྲེང་ཧོ་ཐོག་ཐུ་ནས་སྲིད་ཀྱི་ལས་དོན་བསྐྱུངས་སུ་མ་ཐུབ་པས་གོང་ས་ལྷ་མིའི་རྣམ་འདྲེན་རྒྱལ་དབང་ཐམས་ཅད་མཁྱེན་གཟིགས་ཆེན་པོ་ཆོས་སྲིད་ལུགས་གཉིས་ཀྱི་འགན་བཞེས་གནང་དགོས་བྱུང་བར་ཟླ་བ་གསུམ་པའི་ཚེས་བཅུ་གཉིས་ཉིན་ནོར་བུའི་འཛམ་ས་དང་དེ་འབྲེལ་ཐམ་ག་བཅས་ཕྱག་བཞེས་བསྐྱངས......"① ཞེས་གསལ་བ་བོད་དུ་ཆོས་སྲིད་ཀྱི་དབུ་འཛིན་མེད་པར་འཛོག་ཐབས་མེད་པའི་གནས་ཚུལ་འོག སྤྱ་འཁྲིས་ཏྭ་ལའི་བླ་མའི་མཆོག་སྤྲུལ་ནས་ཆེང་གོང་མ་རིམ་ཅན་གྱིས་ཕུལ་བའི་འཇའ་ས་དང་གསེར་ཐམ་ལ་བརྟེན་ནས་སྲིད་དབང་མཚན་བཞེས་གནང་བ་དེ་དང་། བཤད་སྒྲར་སྲིད་སྐྱོང་གི་གོ་མིང་དང་ཚོ་ལོ་ཐོབ་པ་དེ་དག་ཏ་ཀྲུང་མཉམ་བསྡེབས་ཀྱིས་རབ་རིབ་བཟོ་རྩིས་བྱས་འདུག དེ་རྗེས་བཤད་སྒྲར་སྡེ་སྲིད་བསྐོས་པ་དང་ཚོ་ལོ་རག་པའི་གོ་རིམ་ནི་རྣམ་ཐར་ནང་། ལོ་དེའི་ཟླ་བ་དྲུག་པའི་ནང་། "གོང་ས་ལྷ་མིའི་རྣམ་འདྲེན་མཆོག་ནས་ཆོས་སྲིད་ལུགས

① (རྣམ་ཐར་དྲངས་ཤེལ་མེ་ལོང་ཤོག་གྲངས90)

གཉིས་ཀྱི་ཐུགས་འགན་བསྐྱངས་པར་མཛད་ཀྱང་། དེ་སྐབས་སྐུ་ན་ཕྲ་སྟབས་ཀྱིས་འཕྲིན་ལས་ཞབས་སྟེགས་ཀྱི་གཙོ་བོ་ཞིག་བསྒོ་བཞག་མཛད་རྒྱུར་དགའ་འབྲས་དྲུང་གསུམ་བཅས་ནས་བཀའ་ཟུར་བཤད་སྒྲ་བ་གཞུང་ས་མཆོག་དང་ཐུགས་འདོད་གཅིག་སྒྲིལ་མཛད་རྒྱུར་མོས་མཐུན་སྐོར། གོང་མ་ཆེན་པོར་གསེར་སྙན་སྒྲོན་བརྒྱུད་བཀའ་ཡིག་ཕྱིར་ཕེབས་ཨམ་བན་གཉིས་ནས་འཕྲུལ་དུ་ཆབ་སྲིད་ལས་དོན་འགན་ཞུ་བགྱིད་དགོས་རྒྱུར་ཕྱང་འབྲེལ་ཟླ་བ་དྲུག་པའི་ཚེས་ཉེར་གཅིག་ཉིན་བཀའ་ཟུར་བཤད་སྒྲ་བ་ཉིད་བླ་བྲང་སྟེང་ནས་རྟེར་བསྐྱོད།”① ཅེས་གསལ་ཐག་ཆོད་འཁོད་ཡོད། བཤད་སྒྲར་ནོ་མིན་ཧན་གྱི་ཚོ་ལོ་དེའང་རང་བྱུང་ཞིག་ག་ལ་ཡིན་ཏེ་རྣམ་ཐར་ནང་། ལོ་དེའི་ཟླ་བ་དགུ་པའི་“ཆོས་བདུན་ཉིན་གོང་ས་ལྷ་མིའི་རྣམ་འདྲེན་ལུགས་གཉིས་ཀྱི་བདག་པོར་མངའ་གསོལ་བ་དང་། བཀའ་ཟུར་བཤད་སྒྲ་དབང་ཕྱུག་རྒྱལ་པོར་སྲིད་ཀྱི་རོགས་སྐྱོང་དུ་ནོ་མིན་ཧན་གྱི་ཚོ་ལའི་བཀའ་ཡིག་ཕེབས་པར་དགྱེས་སྟོན་ཆེན་པོ་མཛད་རྒྱུར……ཚོམས་ཆེན་སྲིད་ཞིའི་ཕུན་ཚོགས་སུ་ཆིབས་བསྒྱུར་གྱིས་ཨམ་བན་དང་མཇལ་འཕྲད། གོང་ས་རྒྱལ་དབང་རིན་པོ་ཆེ་དང་། ནོ་མིན་ཧན། ཏཱ་ཐོག་ཐུ་ཆེ་ཁག གུང་བཀའ་བློན། སྤྱི་ཁྱབ་མཁན་པོ་བཅས་ནས་ཕུས་བཙུགས་ཀྱི་བཞུགས་ཐོག་མན་དྲུང་དང་། མཁན་དྲུང་བཅས་ནས་གསེར་ཡིག་སྒྲོག་སྒྲུང་ཞུས་ཟིན་བསྟུན་ཚང་མས་གོང་མ་ཆེན་པོར་གུས་འདུད་ཀྱི་ཕྱག་འཚལ་དགུ་ཕྲུགས་ཞུས།……”②ཞེས་སོགས་གསལ་བ་འདི་དག་ནི་སྐབས་དེའི་ལོ་རྒྱུས་ཀྱི་བརྒྱུད་རིམ་ངོ་མ་ཡིན་ནོ།

① ②(རྣམ་ཐར་དྭངས་ཤེལ་མེ་ལོང་ཤོག་གྲངས92－95)

བཤད་སྒྲ་དབང་ཕྱུག་རྒྱལ་པོས་སྡེ་སྲིད་ཀྱི་དབང་ཆ་བཟུང་རྗེས་ཁོང་གི་བློས་འཁེལ་ཨ་ཕྲུག་ཤར་རྩེ་མཁན་པོའི་ཕྱག་མཛོད་དཔལ་ལྡན་དོན་གྲུབ་སྲིད་གཞུང་གི་རྩེ་སྐོར་དཔོན་རིགས་ཁོངས་སུ་བཙུག་པ་མ་ཟད། གལ་ཆེའི་ལས་འགན་ཡང་རིམ་འཁུར་དབང་ཤུགས་ཆེན་པོ་ཆགས་པའི་འགོ་ཚུགས་པ་ཡིན། དགའ་འབྲས་དྲུང་སྤྱིའི་དུས་ཟིན་དེས་རྒྱེན་བྱས་ལོ་དེའི་ལྷ་ལྡན་སྨོན་ལམ་ཆེ་མོ་ཡང་དུས་ཐོག་ཏུ་འཚོགས་མ་ཐུབ་པར་ཟིན་ཆ་འཇགས་རྗེས་ཧོར་ཟླ་དགུ་པའི་ནང་གཞི་ནས་འཚོགས་པའི་སྐོར་རྣམ་ཐར་ནང་གསལ་པོ་འཁོད་འདུག

3. ཉག་རོང་དུ་དམག་འཇུག་དང་། སྡེ་སྲིད་བཤད་སྒྲ་འདས་ཚབ་སྡེ་དྲུག་མཁྱེན་རབ་དབང་ཕྱུག་ལ་སྲིད་སྐྱོང་བསྐོས་པ།

ཉག་རོང་ཁུལ་དེ་སྔོན་ནས་ཚོ་པ་ཕན་ཚུན་བར་རྩོད་གཞི་དང་འཁྲུག་འཛིང་འགའ་ཤས་བྱུང་ཡོད་པ་རིམ་བཞིན་ཛ་དྲག་ཏུ་གྱུར་པའི་ཟིན་སློང་གཙོ་གཏེ་ནི་ཉག་རོང་མགོན་པོ་རྣམ་རྒྱལ་ཟེར་བ་ཕ་བུ་རྣམས་ཡིན་ཅིང་། ཁོ་པ་ཚོས་རྒྱལ་ནང་དང་བོད་བཅས་སུ་དུས་བདེ་ཞོད་འཇགས་མེད་པའི་དུས་སྐབས་དེ་བེད་སྤྱོད་ནས་བཙན་ཤེད་དཔུང་ངོམས་ཀྱིས་ཉག་རོང་སྟོད་སྨད་བར་གསུམ་ལ་དབང་བསྒྱུར་བྱས་པ་མ་ཟད། ཧོར་བྲག་མགོ་ཐུ་སིའི་ས་ཆ་བཙན་བཟུང་དང་། ཧྲེ་ཧོར། བེ་རི་སོགས་ཀྱི་ས་སྡེ་མང་པོ་འཕྲོག་འཛིན་བྱས་ཏེ་ལྷུགས་ལ་ཐུ་སིའི་ཁོངས་དར་རྩེ་མདོ་ས་ཁུལ་དུའང་ཁྱབ་ནས་ངན་པ་བྱས་རྒྱལ་ལྷ་བུས་ཏམ་སྨྱོན་ཇེ་ཆེར་གྱུར་ཞིང་། སྤྱི་ལོ1863བོད་ཆུ་ཕག་ལོ་ཤར་སྐབས་ཁོ་པའི་བུ་མགོན་པོ་ཚེ་བརྟན་གྱིས་ཇག་དཔུང་བསྟུ་རུབ་བྱས་ཏེ་ལི་ཐང་གི་ཐུ་སིའི་མཁར་རྫོང་དང་། ལས་གཞུང་གི་ཟམ་པ་གཏོར་བ་མ་ཟད། མདོ་སྨད་དཔོན་གྱི་གཞུང་ཇ་བཙོམ་འཕྲོག་དང་། རྒྱ་བོད་གསེར་ལམ་སྐྱེད་བཅས། གཞུང་ཡིག་ཕྲོགས་ནས་ཁ་ཕྱེ་

པ་དང་སྐད་བསྒྱུར་བཟུང་བསྐྱིགས་སོགས་ཁྲིམས་མེད་ལུང་མེད་ཀྱི་རྩེ་མོར་སོན་པ་བྱས་སྐབས། དེ་སྔོན་ནས་བྲག་མགོ་དཔོན་དབང་ཆེན་དགྲ་འདུལ་དང་། ཁང་གསར་དཔོན་དངོས་གྲུབ་ཕུན་ཚོགས་སོགས་རང་འཚོ་སྡེ་དུད་མང་པོ་ཁྲིད་དེ་བོད་དུ་སྐྱབས་ཞུར་འོངས་པ་མ་ཟད། དེ་རྗེས་སྡེ་དགེ་ས་སྐྱོད་པ་དང་། དགོན་ཆེན་བླ་གྲྭ་སོགས་ནས་ཀྱང་རྒྱབ་སྐྱོར་དཔུང་འཇུག་དགོས་པའི་ཞུ་ཡིག་རིམ་བསྟུད་འབྱོར་པ་བཅས་ལ་བརྟེན་བོད་ས་གནས་ཀྱི་རྒྱ་བོད་འགོ་འཛིན་རྣམས་བཀའ་བགྲོས་ཐོག ཉག་རོང་གི་ཇག་གཙོ་མགོན་པོ་རྣམ་རྒྱལ་ཕ་བུ་མཐར་བསྐྲད་ཀྱིས་ཟིང་ཆ་ཞོད་འཇགས་གཏོང་བའི་དམག་དོན་སྤྱི་ཁྱབ་བཀའ་བློན་ཕུ་ལུང་པ་ཚེ་དབང་རྡོ་རྗེར་བསྐོ་བཞག་ཐོག དབུས་མདའ་དཔོན་ཁྲི་སྨོན་པ་འཆི་མེད་རྡོ་རྗེ་དང་། དབུས་མདའ་དཔོན་མདོ་མཁར་བ་ཚེ་དབང་ནོར་བུ་དམག་དཔུང་བཅས་དང་། ཐོགས་ཁང་ངོ་ལས་སོགས་སྤྱི་ལོ1863བོད་རྒྱ་ཕག་ལོའི་ཟླ་བ་གཉིས་པའི་ཚེས་དགུ་ཉིན་ལྷ་ས་ནས་ཐོན་ཅིང་། མར་ལམ་ཁམས་ཁུལ་ཤོ་མདོ་དང་། སྟར་རྫོང་། སྟོ་རྫོང་། རི་བོ་ཆེ། ཆབ་མདོ། དཔའ་ཤོད་སོགས་ནས་ཡུལ་དམག་བསྡུ་བསྐོངས་དང་བཅས་རིམ་བསྐྱོད་ཀྱིས་ལོ་དེའི་བོད་ཟླ་དགུ་པའི་ནང་ཉག་རོང་དུ་ཐོག་མའི་དཔུང་འཇུག་བྱས་པར་གྲགས། འོན་ཀྱང་རོང་ས་རི་བྲག་བཙན་ལ་ལམ་འཕྲང་དོག་པ་དང་། ཇག་དཔུང་རྣམས་ཀྱང་ངན་པ་དཔའ་ཐལ་ལྷ་བུའི་དགྲ་ཞུགས་ཆེ་བ་བཅས་ཐོག་མའི་ཆར་གཞུང་དམག་ལ་དཀའ་ཉེན་མང་པོ་ཐུག་ནས་དཔུང་འཇུག་འགྲོ་ཁྱབ་དེ་ཙམ་མ་བྱུང་རུང་། ཉག་ཇག་གིས་ཁམས་ཁུལ་གང་སར་ལོ་ཤས་རིང་གསོད། བསྡིག བརྡུང་། འཕྲོག་སོགས་མང་ཚོགས་ལ་མནར་གཅོད་དྲག་པོ་བྱས་སྐབས། རྒྱ་ཁྱབ་མི་མང་གིས་རིམ་བཞིན་གཞུང་དམག་ལ་རྒྱབ་སྐྱོར་ཐོབ་ཐུབ་པ་

ཕྱུང་བར་གྲགས།

སྤྱི་ལོ1864ཐོད་ཤིང་བྱི་ལོའི་ཟླ་བ་བཞི་པའི་ཚེས་བཅུ་གསུམ་ཉིན་ལྷ་ས་གཙུག་ལག་ཁང་གི་ཇོ་བོ་རིན་པོ་ཆེའི་སྤྱན་སྔར་ཡོངས་འཛིན་ཁྲི་བྱང་སྡེ་དྲུག་བློ་བཟང་མཁྱེན་རབ་དབང་ཕྱུག་གིས་མཁན་པོ་མཛད་དེ། ཏཱ་ལའི་བླ་མའི་མཆོག་སྤྲུལ་རིན་པོ་ཆེར་རབ་བྱུང་གི་བསླབ་སྡོམ་འབུལ་བཞེས་ཀྱི་མཛད་སྒོ་སྔར་ལམ་ལྟར་བསྐྱངས། ལོ་དེའི་ཐོད་ཟླ་བརྒྱད་པའི་ཚེས་ཉེར་ལྔ་ཉིན་སྡེ་སྲིད་བཤད་སྒྲ་དོ་མིན་ཏན་དབང་ཕྱུག་རྒྱལ་པོ་སྲིད་ཀྱི་འགན་འཁུར་ལོ་འཁོར་གཉིས་ཙམ་གནང་མཐར་སྐྱོན་མནར་གྱིས་ནོར་བུ་གླིང་ཁའི་གཟིམ་ཆུང་ལྷུན་གྲུབ་དགའ་ཚལ་དུ་སྐུ་ཁམས་མ་འཚོ་བའི་སྙན་སེང་ཞུ་བ་དང་སྔགས་ཏཱ་ལའི་བླ་མ་མཆོག་ལ་ལྷགས་བསྐོའི་སྐྱབས་ཞུ་འབུལ་འགྱུར་ལྟར་ཐུགས་སྨོན་བཀའ་དྲིན་བསྐྱངས་པ་སོགས་རྣམ་ཐར་དུ་གསལ་བ་མ་ཟད། "ཟླ་བ་དགུ་པའི་ཚེས་གཉིས་ཉིན་སྲིད་ཀྱི་འཚོ་འཛིན་གསར་བསྐོའི་སྐོར་ལ། གནས་ཆུང་ཆོས་སྐྱོང་ཆེན་པོར་ལུང་ཞུ་དང་། ཨམ་བན་ལ་ཡང་ཞུ་བཅས་ལ་ཕྱག་དམ་བསྐུལ།"①ཅེས་འཁོད་པ་ལྟར་ཏཱ་ལའི་བླ་མ་མཆོག་ད་དུང་དགུང་ན་ཕྲ་བར་བརྟེན་ཕྱག་རོགས་སྲིད་སྐྱོང་གསར་བསྐོ་གནང་རྒྱུའི་སྐོར་ལ་ལས་སྐལ་བཟང་ཞན་ཆོས་སྐྱོང་ལ་ལུང་ཞུའི་ས་བོན་དང་། སྲིད་སྐྱོང་གསར་པ་བསྐོ་བཞག་གནང་ཕྱོགས་ཐད་བོད་བཞུགས་ཨམ་བན་ལ་འབུལ་རྒྱུའི་ཡང་ཞུ་སོ་སོར་དུས་ཅིག་ཏུ་ཕྱག་དམ་བསྐུལ་བ་གསལ་པོར་མཚོན་ཞིང་། རྣམ་ཐར་ནང་ཟླ་བ་དེ་གའི་ཚེས་ཉེར་དགུ་ཉིན་ཏཱ་ལའི་བླ་མ་མཆོག་ནས། ཡོངས་འཛིན་སྡེ་དྲུག་མཁྱེན་རབ་དབང་ཕྱུག་ལ་འཕྲིན་ལས་ཀྱི་

① （རྣམ་ཐར་ཏྭངས་ཤེལ་མེ་ལོང་ཤོག་གྲངས121）

ཞབས་འདེགས་གཙོ་སྐྱོང་གནང་དགོས་པའི་བཀའ་བསྒྱུར་བསྒྲུལ་འདུག་པ་བཅས་ལས། "བོད་ཀྱི་སྲིད་དོན་རྒྱལ་རབས" ཞེར་བའི་ནང་བྲིས་པ་ལྟར། "སོ་དྲུག་བློ་བཟང་མཁྱེན་རབ་དབང་ཕྱུག་ལ་སྤྱི་ཚོགས་ནས་ཚོག་ཚ་དང་བཅས་ཕྱག་རོགས་སྲིད་སྐྱོང་གི་ཐུགས་འཁུར་བཞེས་དགོས་སྐབས་འཇུག་ཞུས་པ་ཞལ་བཞེས་ཀྱིས་ཆོས་ཉེར་དགུ་ཉིན་བཀའ་བསྒྱུར་མཛལ་དར་འབུལ་བཞེས་དང་འབྲེལ་བས་ཆབ་སྲིད་ཀྱི་ཐུགས་འགན་བཞེས།"① ཞེར་བ་དེ་འདྲ་མིན་པར་ཏྭ་ལའི་བླ་མ་མཆོག་ནས་བོད་བཞུགས་ཨམ་བན་ལ་ཕྱང་ཞུ་འབུལ་གནང་དང་འབྲེལ་བསྐོ་བཞག་གནང་བ་ཞིག་ཡིན་པ་མ་ཟད། ད་དུང་རྣམ་ཐར་དུ "ཆོས་སྲིད་འཕྲིན་ལས་ཀྱི་རོགས་སྐྱོར་གྱི་གཙོ་འཛིན་ཁྲི་ཟུར་ཡོངས་འཛིན་རིན་པོ་ཆེ་ནས་མཛད་རྒྱུ་གོང་མ་ཆེན་པོར་གསེར་སྙན་སྦྲོན་པའི་བཀའ་ཡིག་ཕྱིར་ཕེབས་དང་བསྟུན་མཛད་རྒྱུ་ཡིན་ནའང་། ཨམ་བན་ལྷན་རྒྱས་ནས་འགྲུངས་མིན་ལས་དོན་བགྲོ་དགོས་ཀྱི་ཕྱང་འབྲེལ་ལྟར་(ཟླ་བ་དགུ་པའི་)ཆོས་ཉེར་གསུམ་ཉིན་དྲུང་ཇའི་གོང་ཤར་རྒྱུད་རིག་གནས་ཀུན་གསལ་དུ་ཡོངས་འཛིན་ཁྲི་ཟུར་རིན་པོ་ཆེར་གསོལ་ཁྲ་སོགས་རྟེན་འབྱུང་གི་ཕེབས་སྒོ་དང་། གཞུང་ས་ནས་རྟེན་གསུམ་མཇལ་དར།"② སོགས་ཕུལ་ནས་དེ་རྗེས་གཟིམ་ཚུང་ཉེ་འོད་དུ་ཏྭ་ལའི་བླ་མ་ཆེན་པོར་གསར་མཇལ་རྟེན་གསུམ་འབུལ་གནང་མཛད་དེ་སྲིད་སྐྱོང་གི་ཁྲི་ལ་ཕེབས་ཚུལ་ཞིབ་པར་གསལ་འདུག དེ་ནི་སྐབས་དེར་ཏྭ་ལའི་བླ་མ་དགུང་ལོ་དགུ་ལ་ཞལ་ཕྱོགས་པ་ཙམ་ལས་ཕེབས་མེད་པ་དང་། ཉག་རོང་གི་དུས་ཟིང་

① (དེབ་དེའི་སྨད་ཆ་པར་ངོས45)

② (རྣམ་ཐར་དྭངས་ཤེལ་མེ་ལོང་ཤོག་གྲངས122)

ཞིད་འཛུགས་བཏང་མ་ཟིན་པ་སོགས་ལ་བརྟེན་ལས་དོན་མཐུད་ཤོར་མི་འབྱུང་བའི་ཆེད་བཀས་མངགས་ཨམ་བན་གྱིས་ཐག་གཅོད་བྱས་པ་གསལ་པོར་འཁོད་ཡོད་ཅིང་། དེ་དུས་སྡེ་དྲུག་ལ་སྲིད་སྐྱོང་ངོ་མའི་ཆོ་ལོ་དང་དུང་གཏན་འཁེལ་མེད།

རྣམ་ཐར་ནང་སྤྱི་ལོ1865བོད་ཤིང་གླང་ལོའི་ཟླ་བ་གཉིས་པའི་"ཆོས་བདུན་ཉིན་ཡོངས་འཛིན་ཁྲི་ཟུར་རིན་པོ་ཆེར་གོང་མ་བདག་པོ་ཆེན་པོ་ནས་ནོ་མིན་ཧན་གྱི་ཆོ་ལོ་དང་སྲིད་ཀྱི་ལས་དོན་རོགས་སྐྱོང་དུ་བཀའ་བཟང་ཕེབས་པར་ཡ་མོན་ནས་གསེར་ཡིག་གདན་ཞུ་མཛད་ལུགས་སྟར་ལམ་ལྟར་ལ་ཉི་ཤར་མཚམས་སུ་བཀའ་ཡིག་ཉི་འོད་དུ་འགྱུར་མཚམས། གོང་ས་མཆོད་ཡོན་ཧོ་ཐོག་ཐུ་ཆེ་ཆུང་སོགས་ནས་ཞབས་པུས་བཙུགས་ཤིང་། སྲི་ཞུ་ནླ་ན་མ་མཆིས་པས་གསན་པར་མཛད།"① ཅེས་གསལ་བ་ལྟར་དེ་ནས་བཟུང་སྲིད་སྐྱོང་ནོ་མིན་གྱི་མཚན་གནས་གཏན་འཁེལ་བ་གསལ་པོར་མཐོང་ཐུབ་པོ།

1865ལོ་དེར་ཉག་རོང་གི་དུས་ཟིང་ཞིད་འཛུགས་གཏོང་རྒྱུའི་དམག་དོན་གྱི་དུས་བབ་ཛེ་ལེགས་སུ་གྱུར་ཁར། བོད་བཞུགས་ཨམ་བན་ནས་སླར་ཡང་རྒྱ་དྭན་"ལི་ཡུས་ཐུའུ་བོད་དམག་དང་བཅས་དཔུང་འཇུག་བྱེད་པར་བཏང་ཐོག ཆིང་རྒྱལ་རབས་ཀྱི་སྲིད་གཞུང་གིས་ཁམས་ཀྱི་མར་ཟུར་ཚང་(ཧོར་མ་ཟུ་)གི་ཐུ་སི་བསོད་ནམས་དབང་རྒྱལ་དང་། ལྕགས་ལ་ཚང་གི་ཐུ་སི་རྒྱལ་མཚན་རིན་ཆེན་ལའང་དམག་དྲངས་ཏེ་གཞོགས་འདེགས་ཀྱི་ལམ་བགོས་ནས་བསྐོར་རྒོལ་བྱེད་དགོས་པའི་བཀའ་ཕབ་པ་རེད།"② ཅེས་གསལ་བ་དང་།

---

① (ཏྭ་ལའི་བླ་མའི་རྣམ་ཐར་བོད་ཡིག་དེབ་ངོས217)

② (ཏྭ་ལའི་བླ་མའི་རྣམ་ཐར་བོད་ཡིག་དེབ་ངོས217)

མདའ་དཔོན་ཁྲི་སྨོན་པས་སྡེ་ཁྲིད་དེ་བོད་དམག་གིས་སྣོ་ཀུན་ནས་ཕར་རྒོལ་ཤུགས་ཆེན་བྱས་ཐོག་རྡོ་རྫོང་དང་། བྱ་རྒོད་དགྲ་རྫོང་། ཞག་ཆུ་ཁའི་དགྲ་རྫོང་སོགས་ས་བཙན་ཁག་རིམ་བཞིན་བླངས་མཐར་ཟླ་བ་བདུན་པའི་ནང་། མགོན་པོ་རྣམ་རྒྱལ་གྱི་ལྟེ་བའི་མཁར་བཙན་ཞག་སྐྱིད་རི་ནང་རྫོང་ཟེར་བའི་མཐའ་བསྐོར་ནས་བཀག་སྡོམ་བྱས། ངན་རེངས་ཀྱི་ཇག་གཙོ་ཁག་གཅིག་གིས་ཤི་འཛིངས་བྱེད་པར་བརྟེན་ལོ་དེའི་ཟླ་བ་བརྒྱད་པའི་ཚེས་གཅིག་ཉིན་རྫོང་མཁར་ལ་མེ་བརྒྱབ་སྟེ་མགོན་རྣམ་ཕ་བུ་དང་། ཕྱུན་ཉེ། ཨ་ཕྲུག་བཅས་མི་བཅུ་ཕྲག་འགའ་ཤས་དུས་གཅིག་ཏུ་གསོན་བསྡིག་བཏང་བར་གྲགས། དེ་འཕྲོས་ལྷག་ལུས་ཐམས་ཅད་ཀྱིས་མགོ་སྒྲུར་ཞིང་། ཞག་རོང་སྟེ་འབངས་ཚང་མས་བཀའ་བཙི་ཁྲིམས་འཁུར་ཞུ་རྒྱུའི་མཐའ་འདོམས་བྱས་ཏེ་ཡུན་རིང་གི་ཟིང་ཆ་དེ་ཞོད་འཛགས་མཐར་ཕྱིན་བཏང་ཐོག བོད་དང་ནང་སའི་བར་གྱི་རྒྱ་བོད་གསེར་ལམ་ཡང་སྔར་བཞིན་སྐྱར་གསོ་ཤར་བསྒྲོད་ཐུབ་པ་བྱུང་། དམག་དོན་སྤྱི་ཁྱབ་བཀའ་བློན་ཕུ་ལུང་པས་ཕོགས་དཔོན་ཕུན་རབ་པ་ཚེ་རིང་དཔལ་ལྡན་ཞག་རོང་སྤྱི་ཁྱབ་ཏུ་བསྐོ་བཞག་བྱས་ཏེ་ཡོང་གིས་མཇུག་ཞིབ་ཀྱི་བྱ་བ་རྣམས་དྲང་ནན་ལེགས་སྒྲུབ་བྱས་པའི་སྐབས་གྲགས་ཆེན་པོ་བྱུང་འདུག ཡཱ་ཏན་ཀྲང་གི་བརྩམས་དེབ་ནང་། “བོད་དམག་གིས་ཞག་རོང་བླངས་རྗེས་སི་ཁྲོན་ཙུང་ཏུའུ་ལ་དམག་གྲོན་དངུལ་སྲང་ཁྲི་ཕྲག་ཉི་ཤུ་ཐམ་པ་དགོས་ཞེས་བཤད་པ་སི་ཁྲོན་ཙུང་ཏུའུ་ཡིས་ཁས་མ་བླངས་པར་བརྟེན་བོད་དམག་གིས་ཞག་རོང་ས་ཆ་བཟུང་ནས་སྡོད་པ་ལས་ཕྱིར་མ་འཐེན་ཞིང་། ཆིང་རྒྱལ་རབས་ཀྱི་སྲིད་གཞུང་གིས ‘ ཞག་རོང་སྟོད་སྨད་བར་གསུམ་ཚང་མ་ཏཱ་ལའི་བླ་མར་གསོལ་རས་གནང་སྟེ་མཁན་པོ་བདག་སྐྱོང་བྱེད་པར་བཏང་ནས་དགོན་པ་བཏབ་སྟེ་བཤད་སྒྲུབ་སྤེལ་དགོས ’

ཞེས་པའི་བཀའ་ཡིག་ཐབ་པ་རེད།”①ཅེས་འཁོད་འདུག

རྣམ་ཐར་དྭངས་ཤེལ་མེ་ལོང་དུའང་། སྤྱི་ལོ1866ཐོད་མེ་སྟག་ལོར་“ཉག་སྐྱིད་དམག་དོན་འཁྲུན་ཆོད་ཀྱིས་ཉག་སྐྱིད་པ་གཞུང་ས་ཆེན་པོའི་ཆབ་འོག་ཏུ་ཆུད་པར་ཟླ་བ་བཅུ་པའི་ཚེས་གཅིག་ཉིན། གོང་མ་བདག་པོ་ཆེན་པོ་ནས་གོང་ས་མཆོད་ཡོན་ལ་གཟིགས་འཕར་དུ་གསེར་ཡིག་ནང་རྟེན་ཁ་བཏགས་སེར་པོ། ཡོངས་འཛིན་ནོ་མིན་ཧན་ལ་ཧོ་ཐོག་ཐུའི་ཚོ་ལོ་བཅས་ཕེབས་པར་བཀའ་ཡིག་སྟེར་སྲོལ་ལྟར་ཡ་མོན་ནས་གཟིམ་ཚང་ཉི་འོད་དུ་གདན་ཞུས་ཀྱིས་སྡེ་དྲུང་ནས་སྔན་སྒྲོན་ཞུས་ཤིང་། གོང་ས་མཆོད་ཡོན་ནས་གོང་མ་ཆེན་པོར་སྐུ་ཕྱག་དགུ་ཕྲུགས”སུ་བསྐྱུངས། ཞེས་དང་། “ཕྱོགས་མཚུངས་ཤང་ཤྲུ་ཕེབས་འཁྱོར་ནང་གསལ་བཀའ་བློན་པདྨ་རྒྱལ་པོར་ཇ་བྱའི་སྒྲོ་མདོངས། བཀའ་བློན་རྡོ་རྗེ་དོན་གྲུབ་ལ་རིམ་པ་གཉིས་པའི་ཧོག་གནས། བཀའ་བློན་ཕུན་ཚོགས་(ཕུ་ལུང་)ཚེ་དབང་རྡོ་རྗེར་རིམ་པ་གཉིས་པའི་ཧོག་གནས་དང་ཇ་བྱའི་སྒྲོ་གདོངས་མི་རབས་གཉིས་སུ་ཐའི་ཇིའི་རྒྱུད་འཛིན། བཀའ་བློན་ཚེ་དབང་དཔལ་འབར་ལ་ཇ་བྱའི་སྒྲོ་མདོངས། སྤྱི་ཁྱབ་མཁན་པོ་བློ་བཟང་དབང་ལྡན་ལ་ཏུ་སྟིན་གན་གྱི་ཚོ་ལོ། སྡེ་དྲུང་བློ་བཟང་ཡོན་ཏན་ལ་དྲུང་ཆེ་རང་འཇགས་དང་ཐུ་བླ་མའི་གོ་གནས། བཤད་སྒྲ་ཐའི་ཇི་ཚེ་རིང་དབང་ཕྱུག་ལ་ཇ་བྱའི་སྒྲོ་མདོངས། དབུས་མདའ་དཔོན་ཁྲི་སྨོན་པ་འཆི་མེད་རྡོ་རྗེར་རིམ་པ་གཉིས་པའི་ཧོག་གནས་ཐའི་ཇི་རྒྱུད་འཛིན་གཅིག མཁན་ཆུང་ནམ་མཁའ་རྒྱལ་མཚན་ལ་རྩེ་ཕྱག་མཛོད་པའི་གོ་གནས། བླ་ཕྱག་ཐུམ་པ་སྲས་རྣམ་རྒྱལ་རྡོ་རྗེར་རིམ་པ་གསུམ་པའི་ཧོག

① (ཏཱ་ལའི་བླ་མའི་རྣམ་ཐར་བོད་ཡིག་དེབ་ངོས217 – 218)

གནས། དབུས་མདའ་དཔོན་མདོ་མཁར་ཚེ་དབང་ནོར་བུར་རིམ་པ་གསུམ་པའི་ཧོག་དང་རྒྱ་བྱའི་སྒྲོ་མདོངས། གཙང་མདའ་བྱ་རིགས་པ་འགྱུར་མེད་རྗེ་རྗེར་རིམ་པ་གསུམ་པའི་ཧོག་གནས། རྩིས་དཔོན་ཟུར་ཁང་སྲས་དབང་ཆེན་ནོར་བུར་རིམ་པ་གསུམ་པའི་ཧོག་གནས་བཅས། གཞན་ཡང་དམག་དོན་བྱེད་མི་དྲུང་སྐྱ་སེར་ཉུ་བརྒྱ་ལྷེང་གསུམ་ལས་དོན་ངོ་ཐོན་བྱུང་མི་རྣམས་ལ་འོས་འབབས་ཀྱི་གནས་འཕར་དང་སྒྲོ་མདོངས་སོགས་ཨམ་བན་ཤང་ཤུ་ལྟར་གཟིམ་འགག་ནས་བཀའ་བསྒྱུར་བསྒྲུབ་བ་དེ་དག་ཐམས་ཅད་ཀྱིས་ཀྱང་གཟིམ་ཆུང་འགག་ནས། གོང་མ་ཆེན་པོར་གུས་འདུད་ཀྱི་ཕྱག་འཚལ་ཞུས།”① ཞེས་འཁོད་པ་ལྟར་ཉག་རོང་དཔུང་འཇུག་གི་རྒྱལ་ཁར་ཆེད་གོང་མ་ནས་ཀྱང་གཟེངས་བསྟོད་ཞིབ་ཚགས་ཤིག་གནང་བར་མངོན་ནོ།

1867ལོར་རབ་བྱུང་བཅོ་ལྔ་པའི་མེ་དང་པོ་མེ་ཡོས་ཟླ་བ་དང་པོའི་“ཆོས་བཅུ་གསུམ་ཉིན། ཉག་སྐྱིད་དམག་ཐག་ལེགས་པར་ཆོད་པར་གོང་མ་བདག་པོ་ཆེན་པོ་ནས་གོང་ས་མཆོག་ལ།

འདྲེན་མཆོག་འཕྲིན་ལས་འོད་ཀྱིས་ཕྱོགས་ཀུན་ཁྱབ། ཅེས་པའི་བཀའ་བཟང་གི་པན་ཕེབས་པར་སྤྱན་འདྲེན་རྒྱ་གླིང་དང་སྤོས་འཛིན་པ་སོགས་བཀུར་སྟིས་ཚོམས་ཆེན་དུ་གདན་ཞུས་ཀྱིས་གོང་ས་མཆོག་དང་། སྐུ་ཞབས་ཧོ་ཐོག་ཐུ། གཞན་ཡང་ཧོ་ཐོག་ཐུ་ཆེ་ཆུང་། བཀའ་གྲུང་མི་དྲག་བཅས་ནས་གོང་མ་བདག་པོ་ཆེན་པོར་གུས་འདུད་ཀྱིས་སྐུའི་ཕྱག་འཚལ་སོགས་མཛད་ཅིང་། བཞུགས་ཁྲིར་ཞབས་སོར་འཁོད་ནས་ཨམ་བན་སོགས་ཆེ་དྲག་ནས་མཇལ་དར་འབུལ་

① (རྣམ་ཐར་དྭངས་ཤེལ་མེ་ལོང་ཤོག་གྲངས135 – 136)

བཞེས་དཀར་སྨྲ་སོགས་ཀྱི་དགྱེས་སྟོན་ཆེན་པོས་རོལ་བར་མཛད་”① ཅེས་འཁོད་པ་བཞིན་གོང་མ་ཐུང་གྲི་ཁྲི་ལོ་དྲུག་པའི་ལོར་ཕེབས་པའི་ པླན་དེ་རྗེ་ཕོ་བྲང་པོ་ཏ་ལའི་ཚོམས་ཆེན་སྲིད་ཞིའི་ཕུན་ཚོགས་ཀྱི་དབུས་སུ་ཏཱ་ལའི་བླ་མ་སྐུ་ཕྲེང་ན་རིམ་གྱི་བཞུགས་ཁྲི་ཆེན་པོའི་ཐོད་དུ་བཞུགས་པ་ད་ལྟའང་མཇལ་རྒྱུ་ཡོད་དོ།

ལོ་དེའི་“ཧོར་ཟླ་བདུན་པའི་ཚེས་བཅུ་གཉིས་ཉིན། གནམ་བསྐོས་གོང་མ་བདག་པོ་ཆེན་པོ་ནས་གསེར་གྱི་བཀའ་བཟང་དང་། སྲིད་སྐྱོང་རིམ་བྱུང་གི་ལས་ཐམ་དངུལ་ཐམ་ཆེན་མོ་བཅས་ཡ་མོན་དུ་འབྱོར་པ། ནོར་གླིང་སྐལ་བཟང་ཕོ་བྲང་དུ་གདན་དྲངས་རྒྱུར་སྤྱ་ཐོག་ནས་རྗེ་དང་། ལྷ་ཞལ་བཅས་ནས་ཛ་བརྟུང་དར་འཕྱར། ནམ་ཟེར་སྐབས་ཞབས་པད་སོགས་(དང་)རྗེ་སྐོར་མཁན་སྡེ་ཆེ་ཆུང་སོགས་ནས་སྤྱར་ལམ་ལྷར་གདན་ཞུ་(བས་)ཡ་མོན་ནས་རིམ་པར་གདན་ཞུས་ལས་གནས་སོ་སོར་རྨི་བཞི་དང་། ཕྱུགས་རི་བ་སོགས་ནས་སེར་སྦྲེང་། ནོར་གླིང་རྒྱལ་སྒོ་ཕྱི་མ་ནས་གུང་བཀའ་བློན། ཇོ་ཏྲ་ཐའི་ཧེ་སོགས་ནས་བསུ་བ་དང་བཅས་གཟིམ་ཆུང་ཉི་འོད་དུ་རིམ་ཕེབས་ཀྱིས་དངུལ་ཐམ་ཆེན་མོ་སྟེགས་ཀྱི་སྟེང་དུ་གདན་དྲངས་ཏེ་མཆོད་འབུལ། ཨམ་བན་ཕེབས་བསྟུན་མཇལ་དར་སྣེ་སྤྲོད། གོང་ས་མཆོད་ཡོན་དང་། ཧོ་ཐོག་ཐུ། བཀའ་གུང་མི་དྲག་བཅས་ནས་གོང་མ་ཆེན་མོར་གུས་འདུད་ཀྱིས་ཤར་ཕྱོགས་སུ་སྐུ་ཕྱག་མཛད་ཟིན་བསྟུན། གོང་ས་རིན་པོ་ཆེ་བཞུགས་ཁྲིར་ཞབས་སོར་འཁོད་པར་ཨན་བན་ནས་དངུལ་ཐམ་ཆེན་མོ་ཕྱག་ཏུ་འབུལ་བཞེས་མཛད། ཨམ་བན་སོགས་རྒྱ་

---

① (དྭངས་ཤེལ་མེ་ལོང་ཤོག་གྲངས139)

དཔོན་ཁག་ནས་གོང་ས་མཆོག་ལ་མཇལ་དར་ཕུལ། གོང་ས་མཆོག་ནས་དངུལ་ཐམ་ཆེན་མོ་སྲིད་སྐྱོང་མཆོག་ལ་བསྩལ་འཕྲུལ་ཤོད་(སྲིད་སྐྱོང་སྡེ་དྲུག་ལ་ཟེར་) ནས་ཕྱག་འཚལ་དང་བཅས་ཏེ་མཇལ་དར་རྟེན་གསུམ་ཕུལ་བ་སོགས་རྒྱ་དཔོན་ཁག་གི་གནང་ཆ་དང་། གོང་ས་མཆོད་ཡོན་ལ་མི་དྲག་རྣམས་ནས་ཀྱང་མཇལ་དར་འབུལ་བཞེས་བཀའ་དྲིན་བསྐྱངས་པ་གནའ་བོའི་སྲོལ་བཟང་མ་ཉམས་པར་དགྱེས་སྟོན་ཆེན་པོར་རོལ་བར་མཛད།"①ཅེས་གསལ་བ་དངུལ་ཐམ་ཆེ་མོ་ནི་ཆིང་གོང་མ་ཆན་ལུང་ཁྲི་ལོ་ཉེར་གཉིས་པ་སྤྱི་ལོ1757བོད་རབ་བྱུང་བཅུ་གསུམ་པའི་མེ་གླང་ལོར་བོད་ཀྱི་སྲིད་སྐྱོང་བླ་མ་དང་པོ་དེ་མོ་བདེ་ལེགས་རྒྱ་མཚོར་གནང་བའི་ཁ་རིས་ལ"བོད་ཀྱི་ལས་དོན་འཁུར་འཛིན་ཞྭ་སེར་བསྟན་པ་འཛིན་བྱེད་དཔལ་ལྡན་ནོ་མིན་ཧན་གྱི་ཐམ་ག"ཞེས་འཁོད་པ་སྲིད་སྐྱོང་ན་རིམ་གྱི་ལས་ཐམ་དེ་ཡིན་ཅིང་། 1862ལོར་སྲིད་སྐྱོང་ར་སྒྲེང་གིས་བསྣམས་ནས་རྒྱལ་ནང་དུ་བྲོས་ཐེབས་ཏེ་ཆིང་གོང་མའི་སྲིད་གཞུང་ལ་རྗེས་འབུལ་ཞུས་པ་དང་། བར་ལམ་ལོ་དྲུག་ཙམ་རིང་གཙོ་བོ་དྷ་ལའི་བླ་མའི་གསེར་ཐམ་ཆེན་མོ་བསྩལ་བ་ལས་སྲིད་སྐྱོང་གི་ལས་ཐམ་ངོ་མ་མེད་པ་སྐབས་འདིར་སྡེ་དྲུག་ཧོ་ཐོག་ཐུ་ལ་གཞི་ནས་བསྩལ་བ་ཡིན་ནོ།

4. དཔལ་ལྡན་དོན་གྲུབ་ཀྱི་དུས་ཟིང་དང་། སྲིད་སྐྱོང་སྡེ་དྲུག་གྲོངས་རྗེས་དྷ་ལའི་བླ་མས་སྲིད་འགན་བཞེས་ཐུང་རིང་མིན་སྐུ་གཤེགས་པ།

དཔལ་ལྡན་དོན་གྲུབ་ནི་ཕ་ཡུལ་ཁམས་རྫི་ལི་ནས་ཡིན་ཅིང་། ལོ་ཆུང་

① (རྣམ་ཐར་དྭངས་ཤེལ་མེ་ལོང་ཤོག་གྲངས141)

སྐབས་དབུས་སུ་འོངས་ནས་དགའ་ལྡན་ཤར་རྩེ་གྲྭ་ཚང་ཁོངས་སུ་ཞུགས་པ་དང་། ལོ་ལྟར་སྨོན་ལམ་ཆེ་མོའི་རྗེས་བཤད་སྒྲར་དགའ་ལྡན་པའི་གྲྭ་གྲངས་དྲུག་ཅུ་ཙམ་དྲག་འདེམས་ཀྱིས་སྨོན་ཚོགས་གཉིས་ཀྱི་སེང་དབར་ལ་བཀའ་འགྱུར་དག་སྒྲོག་དང་། སྒྲོལ་མ་འབུམ་ཐེར་གསོག་པ་སོགས་ཀྱི་སྐུ་རིམ་ཚུགས་སྐབས་དཔལ་ལྡན་དོན་གྲུབ་དེ་དག་གི་འགོ་འདོམས་ཇ་མ་ཟེར་བ་བྱེད་ཀྱི་ཡོད་པས་བཤད་སྒྲ་དང་འབྲེལ་བ་དམ་ཟབ་ཆགས། རྗེས་སུ་ཁོང་གིས་ཤར་རྩེ་མཁན་པོའི་ཕྱག་མཛོད་བྱེད་སྐབས་བཤད་སྒྲ་དབང་ཕྱུག་རྒྱལ་པོ་སྐེ་མོ་རྒྱལ་བྱེད་དགོན་པའི་བཙོན་ཁང་ནས་འདོན་ཐབས་ཀྱི་ཀང་ལེན་བྱས་པར་བརྟེན་དེ་རྗེས་བཤད་སྒྲས་སྡེ་སྲིད་གནང་དུས་ཁོ་པ་གཞུང་གི་རྩེ་དྲུང་ཁོངས་ཚུད་ཅིང་། རིམ་བཞིན་གལ་ཆེའི་ལས་གནས་སུ་སླེབས་པ་མ་ཟད། དབང་ཤུགས་ཀྱང་ཆེན་པོ་བྱུང་བར་གྲགས། ཁོང་ལ་རིག་གནས་ཀྱི་ཤེས་ཡོན་མེད་ཀྱང་བློ་ཁོག་དང་ཁ་ཤུགས་ཆེན་པོ་ཡོད་པས་མི་ཚང་མས་འཛེམ་གཟབ་བྱེད་དགོས་པ་ཞིག་ཡོད་འདུག གཞུང་ཞབས་ཀན་རབས་ཀྱི་ངག་རྒྱུན་རིམ་བརྒྱུད་ལྟར་ན་ཁོ་པས་རང་ལ་བྱས་རྗེས་དབང་གྲགས་ཡོང་བའི་ཆེད་དུ། གོང་རིམ་ལ་གཞུང་འབབ་ཞིབ་རྩིས་ལས་ཁུངས་ཤིག་བཙུགས་ཏེ་སེར་སྐྱ་དཔོན་རིགས་ཁོངས་ནས་གཞུང་ལ་རྩིས་ཞུ་དགོས་རིགས་ཚང་མ་དག་བཤེར་ཆད་འདེད་དགོས་པའི་གྲོས་འཆར་ཞིག་བཏོན་པ་ལྟར་ཆོག་མཆན་ཐོབ་ནས་"གཞུང་རྩིས་ཞིབ་ཁང་"ཞེས་པའི་ལས་ཁུངས་ཤིག་བཙུགས་པ་དང་། དེའི་འགོ་གཙོའང་དཔལ་ལྡན་དོན་གྲུབ་རང་ལ་བསྐོ་བཞག་བྱས། ལས་ཁུངས་དེའི་ལས་ཐམ་གསར་བཟོ་བྱེད་དུས་ཁ་རིས་ཇི་ལྟར་འགོད་དགོས་ཁོང་ལ་དྲིས་པར། "ཀྱུག་ལོ"ཟེར་བ་ཞིག་བཀོད་ན་འགྲིག་ཅེས་བཤད་པ་མ་

ཟད། དེ་ལ་འགྲེལ་བཤད་བྱེད་དུས། སྡེ་པ་གཞུང་གི་ལས་ཀ་དེ་ཀྱོག་ཙམ་ཞིག་བྱས་ན་ལོ་འགྲོ་བས་ཡིན་ཟེར། དེ་སྐྱའི་ཞིབ་ཁང་ལས་ཁུངས་ཀྱི་ལས་དམ་ཁ་རིས་ལ་རྟོར་ཡིག་ཀྱོག་པོ་ཞེས་འབོད་ཡོད་ཅེས་བརྗོད་སྲོལ་ཡོངས་གྲགས་ཀྱང་། རང་ཉིད་ནས་ཞིབ་འཇུག་བྱེད་མ་མྱོང་། ལས་ཁུངས་དེ་བཙུགས་ནས་ཕྱི་ནང་ལས་ཁུངས་ཁག་དང་རྫོང་གཞིས་སོགས་གཞུང་ལ་རྩིས་ཞུ་དགོས་རིགས་ཚང་མར་ཞིབ་བཤེར་ནན་པོ་དང་། ཚད་རིགས་ཚ་འདེད་བྱས་ཤིང་བཤད་སྲོལ་ལྟར་ན་ཞིབ་ཁང་ལས་ཁུངས་ཀྱི་སྒོ་འགྲམ་དུ་ཟངས་ཆེན་བཙུགས་པའི་ནང་གཡག་གོ་བུབ་ཁ་ཤས་སྦྲངས་བཞག་སྟེ། གཞུང་ཚད་ཟླ་དུས་ཆེས་ཆ་བཀག་ཚུན་གཙང་སེལ་མ་བྱས་ན་གོ་བསྐུམ་བརྒྱབ་ནས་ཆུ་སྐྱུར་གཏོང་རྒྱུ་ཡིན་ཞེས་འཇིགས་སྐུལ་བྱས་སྐད་སོགས་གང་ལྟར་གཞུང་ཞབས་རྣམས་འཇིགས་སྐྲག་སྐྱེ་བ་ཞིག་དང་། ཁོ་པར་མ་བརྟེན་ཀ་མེད་ཅིག་བཟོས་པར་གྲགས། འོན་ཀྱང་ཁོ་རང་ལ་གོང་བཀུར་བྱེད་མཁན་ཚོར་དངོས་པོ་ཕན་ཡོད་ལ་རྩིས་འགྲོ་ཆེ་གཏོང་དང་། ཕན་ཆེར་མེད་རིགས་ཀྱང་ཚད་ཐོག་གཙོད་རྒྱུ་བྱས་ཏེ་གཞུང་ཚད་སྒྲུབ་བདེ་ཡོང་བ་བྱེད་ཀྱི་ཡོད། དེ་ལྟར་བྱས་ནས་གཞུང་ཞབས་མང་པོ་ཞིག་དབང་དུ་བསྡུས་པ་དང་། དེ་ནས་ཁོ་པས་ བླ་བྲང་ཕྱག་མཛོད་དང་། བཀའ་ཚབ་བླ་མ་སོགས་གོ་གནས་གལ་ཆེ་རིམ་པར་བཟུང་བ་མ་ཟད། སྤྱི་ལོ1868བོད་ས་འབྲུག་ལོར་དཔལ་ལྡན་དོན་གྲུབ་ལ་སྐུ་བཙར་སྤྱི་ཁྱབ་མཁན་པོ་བསྐོ་བཞག་བྱུང་བ་བཅས་བརྒྱུད་ཁོ་པ་དེ་བས་སྨྱོ་ཧམ་དང་དབང་ཤེད་ཛེ་ཆེར་སོང་། ཆབ་སྲིད་ཀྱི་དབང་ཆ་བཟུང་ཆེད་ཁོ་པས་རྒྱུན་དུ་ཨ་ཕྲུག་སེར་སྐྱ་གློས་འཁེལ་བཅུ་ཕྲག་ཁ་ཤས་གསོ་ཉར་དང་། དགའ་འབྲས་དྲུང་སྤྱི་ཟེར་བའི་ཚོགས་ཁག་དེ་སྟོབས་ཤུགས་ཀྱི་རྨང་

གཞིར་བྱས་ཏེ་གཅིག་གཅོད་ཀྱི་དབང་བསྒྱུར་འཛུགས་རྒྱུའི་བསམ་ངན་འཆང་གི་ཡོད། སྐབས་དེའི་གཞུང་ཞབས་ཆེ་གྲས་སོགས་ནས་ཤེས་ཡོན་འཛིན་ཐང་ཆེ་བ་དང་། ལྷག་པར་ཁོ་པའི་ཁ་དབང་དུ་མི་འགྲོ་བ་རྣམས་རེ་རེ་བཞིན་མེད་པ་བཟོ་ཐབས་བྱས་པར་གྲགས། དཔེར་ན། ཉག་རོང་དཔུང་འཇུག་གི་དམག་དོན་སྤྱི་ཁྱབ་བཀའ་བློན་ཕུ་ལུང་པས་ཉག་རོང་ཞོད་འཇགས་བཏང་རྗེས་བཀའ་ལྟར་ཁམས་ཁུལ་དུ་ཇག་ཞིབ་བྱེད་སྐབས། བར་ལམ་ཉག་ཟིང་གི་རྐྱེན་པས་འབའ་དང་ཆ་ཕྲེང་ཁུལ་སོགས་ནས་གང་སར་འཁྲུམས་ཉུལ་གྱིས་རྐུ་ཇག་བྱེད་མཁན་མང་པོ་བོད་དམག་བཏང་ནས་དྲག་གནོན་བྱེད་དགོས་བྱུང་ཞིང་། དེ་དག་གི་གཉེན་ཉེ་ལ་ལ་ལྷ་སར་ཡོང་སྟེ་སྤྱི་མཁན་དཔལ་ལྡན་དོན་གྲུབ་ལ་ཞུ་འབོད་སྐྱབས་བཅོལ་བྱུང་སྟབས་ཁོ་པས་ཡུལ་ཞེན་རྒྱབ་ལངས་དང་། ལྷག་པར་ཕྱིན་ཆད་ཁོ་རང་གི་བསམ་པ་འགྲུབ་པའི་འགག་རྫོར་གྱུར་དོགས་ཀྱིས་ཕུ་ལུང་པ་ཁམས་ནས་ལོག་པའི་ལམ་བར་དུ་མེད་པ་བཟོས་པ་ཡོངས་གྲགས་ཀྱང་། ཞིབ་ཕྲའི་བྱུང་རྐྱེན་ལ་ཤོད་སྟངས་མི་འདྲ་བ་འདུག གྲགས་ཆེ་བའི་བཤད་ཚུལ་ལྟར་ན་དཔལ་ལྡན་དོན་གྲུབ་ཀྱིས་ཕྱག་དམ་སློག་ཏུ་ཕབ་པའི་བཀའ་རྒྱ་རྫུན་མ་ཞིག་སྟར་རྫོང་རྫོང་སྤོད་ལ་བཏང་སྟེ། ཕུ་ལུང་པ་ཕྱིར་ལོག་སྐབས་ཡར་ལམ་མེད་པ་བཟོ་དགོས་ཞེས་འཁོད་ཡོད་ནའང་། རྫོང་དཔོན་གྱིས་ལག་པ་བསྒྱུལ་མ་ནུས་པར་མཐའ་མ་ཕྱག་དམ་བཀའ་རྒྱ་དོ་མ་དེ་ཕུ་ལུང་པ་རང་ལ་བསྟན་སྐབས། ཕུ་ལུང་པས་གང་ལྟར་ཡག་པོ་མི་ཡོང་བ་ཤེས་ནས། ཁྱོད་ཚོས་མི་གསོད་ཀྱི་སྡིག་ཉེས་གསོག་མི་དགོས། ང་རང་གིས་ཐག་གཅོད་བྱས་ཆོག་ཅེས་གསུངས་ནས་སྨོན་ལམ་ཡུན་རིང་བཏབ་མཐར་ཞབས་གཡས་ཟམ་པའི་སྟེང་ནས་ཁོང་རང་གི་བུ་ཞིག་ཡོད་པའང་མཉམ་དུ་འཐེན་ནས་ཆུ་ལ་ལྕེབས་པ་རེད་ཟེར། བཤད་ཚུལ་

གཞན་ཞིག་ལ་དཔལ་ལྡན་དོན་གྲུབ་ཀྱིས་མངགས་པའི་མི་ངན་གྱིས་སྦྲ་ཚུད་ནས་ཞབས་གཡས་ཟམ་པའི་ཟམ་ཤིང་གདུང་མ་རྣམས་བཀྲོལ་ནས་སྣེ་ལ་ཐག་པ་བཏགས་ཏེ་བསྒྱུར་སྒྲིག་བྱས་ནས་འཛབ་སྒྲུག་བརྒྱབ་ཅིང་། ཕུ་ལུང་པ་ཟམ་སྟེང་དུ་འགྲོ་སྐབས་གློ་བུར་ཐག་པ་འཐེན་ཏེ་ཟམ་གདུང་བསྒྱུར་ནས་ཆུ་ལ་བསྒྱུར་པ་རེད་ཟེར། གང་ལྟར་ཁོང་ལ་དཔལ་ལྡན་དོན་གྲུབ་ཀྱི་གནོད་འཚེ་ཐོག་ནས་ཕྱིར་ལོག་ཐེབས་རྒྱུ་བྱུང་མི་འདུག

གཞན་ཡང་སྐབས་དེར་ལྷ་སར་ཡོད་པའི་བཀའ་བློན་གསར་བྱུང་པ་དང་། མཚོ་སྨོ་བ། ཐུམ་པ་བ། བཤད་སྒྲ་ཚེ་རིང་དབང་ཕྱུག་བཅས་བཞིའི་ནང་ནས་མཚོ་སྨོ་བ་མིག་དམར་ཚེ་རིང་ཤེས་ཡོང་ཆེ་ཤོས་ཡིན་པར་བརྟེན་ཁོང་ཡང་དཔལ་ལྡན་དོན་གྲུབ་ཀྱི་གཡོ་ཁྲམ་འོག་སྒྲིག་གསོད་བཏང་འདུག དེ་ལའང་ཐོག་མའི་འགལ་འཛོལ་བྱུང་སྟངས་དང་རྗེས་སུ་ཆུ་ལ་སྐྱུར་ལུགས་སོགས་ཞིབ་ཕྲའི་བཤད་ཚུལ་མི་འདྲ་བ་འགའ་ཞིག་འདུག དཔེར་ན་འགལ་འཛོལ་བྱུང་རྐྱེན་སྐོར་ལ་ལས་ཟེར་ན། སྲིད་སྐྱོང་སྡེ་དྲུག་གི་སྐུ་སྒེར་ཕྱུག་མཛོད་དེའང་དཔལ་དོན་གྱི་ཕྱོགས་སུ་ལངས་ཀྱི་ཡོད། ཉིན་གཅིག་བཀའ་ཤག་ལྷན་རྒྱས་ཤོད་གཟིམ་ཚང་དུ་སྲིད་སྐྱོང་སར་སྙན་ཞུར་ཐེབས་ནས་ཕྱིར་ལོག་སྐབས། འགག་ནས་བཀའ་བློན་མཚོ་སྨོ་བས་སྲིད་སྐྱོང་ལ་དགོངས་བསྐོར་ཞུ་རྒྱུ་ཞིག་བརྗོད་པ་ལྟ་བུ་བྱས་ཏེ་ཡང་བསྐྱར་གཟིམ་ཚང་དུ་འཛུལ་ནས་སྲིད་སྐྱོང་སྡེ་དྲུག་ལ། སྤྱི་ཁྲབ་མཁན་པོའི་བྱ་སྤྱོད་གང་ལ་བརྟགས་ཀྱང་གོང་ས་མཆོད་ཡོན་གཉིས་ལ་དོ་སྣང་ལང་རྒྱུའི་གཡོ་ཐབས་སྤྱིལ་གྱི་མེད་དམ་སྙམ་པ་འདུག་ན། གཙོ་བོ་སྐུ་འཕྱུར་ཐུགས་གཟོན་དང་ལས་དོན་ལ་ཐུགས་གཟབ་གནང་སྐྱོང་ཞེས་གསལ་འདེབས་ཞུས་པ་དེ་སྐུ་སྒེར་ཕྱུག་མཛོད་ཀྱིས་ཕག་ཉན་བརྒྱབ་ནས་དཔལ་དོན་ལ་ལན

བསྐྱིལ་བས་འགལ་ཟླ་ཆགས་པ་རེད་ཟེར།

ཡང་བཤད་ཚུལ་གཅིག་ལ། ཉིན་གཅིག་བཀའ་ཤག་ཏུ་སྤྱི་མཁན་དཔལ་དོན་ཡོང་སྐབས་བཀའ་བློན་མཚོ་སྨོ་བ་གཅིག་པུ་ལས་མེད་པར་དང་ཐོག་སྤྱི་བགྲོས་མོལ་བགྲོས་བཤད་རེས་བྱས་པའི་ཞོར་ལ་ཁོ་པས། "ཡཱད་ཕྲུ་གུ་བསོད་བདེ་ཆེན་པོ་དེ་གཉིས་ཕ་བོང་ཁ་ལ་བསྐྱིལ་བཞག ཞབས་པད་ང་རང་གཉིས་རྗེ་རིན་པོ་ཆེ་བགྲུས་པའི་ཁྲུ་བ་རེ་འཕྲུང་ན། དེ་ནས་དེ་འདྲ་ཞིག་མ་རེད་པས།" ཞེས་བཤད་པ་དེའི་གོ་དོན་ནི་སྐབས་དེར་ཏཱ་ལའི་བླ་མ་འཁྲིན་ལས་རྒྱ་མཚོ་མཆོག་དང་པཎ་ཆེན་བརྒྱད་པ་བསྟན་པའི་དབང་ཕྱུག་གཉིས་ཀ་སྐུ་ན་ཕྲ་མོ་ཡིན་སྐབས་ཁོང་གཉིས་ཕ་བོང་ཁའི་རི་ཁྲོད་དུ་བཞག་ནས་བཀུར་སྟི་ཞུ་རྒྱུ་དང་། སྲིད་སྐྱོང་གི་དབང་ཆ་འཕྲོག་ནས་ཁོ་རང་གཉིས་བཀའ་ཤག་གི་རྟེན་གཙོ་ཙོང་ཁ་པའི་སྐུ་བརྙན་དེ་བགྲུས་པའི་ཁྲུ་བ་རེ་འཕྲུང་ནས་རྟོག་རྩ་ཆེག་སྤྲིལ་བྱ་རྒྱུའི་མཐའ་སྐྱེལ་ཞིག་བྱས་ན། བོད་ཀྱི་དབང་ཆ་འཛིན་རྒྱུར་དེ་མིན་གྱི་གནད་འགག་མེད་ཟེར་བ་དེ་ཡིན་པར་གྲགས། མཚོ་སྨོ་བས་ཁོ་པས་བཤད་པའི་གོ་དོན་དེ་རྟོགས་ནས་ཐད་ཀར། "ང་ལ་ནི་དེ་འདྲའི་བསམ་བློ་རྨི་ལམ་དུ་ཡང་མེད། མཁན་པོ་ནས་ཀྱང་དགོངས་པ་དེ་ལྟ་བུ་རྩ་བ་ནས་མ་བཞེས་རོགས་གནང་།" ཞེས་བཤད་སྐབས་ཁོས། ཏ་ཏ་ཞེས་གད་མོ་ཆེན་པོ་ཞིག་བགད་དེ། ངས་ཞབས་པད་ཀྱི་ཁོག་པ་ལ་ལྟད་མོ་ཞིག་བལྟས་པ་ཡིན། དོན་ལ་དེ་འདྲ་ག་ལ་སྲིད་ཅེས་ཉམས་ཚོད་བླངས་པའི་ཚུལ་བྱས་ཤིང་། འོན་ཀྱང་གསང་བ་ཤོར་བར་བརྟེན་ཕྱོག་གསོད་བརྒྱབ་པ་རེད་ཟེར།

ད་དུང་བཤད་ཚུལ་གཞན་ཞིག་ལ། ཐོག་མར་དཔལ་ལྡན་དོན་གྲུབ་ཀྱིས་བཀའ་བློན་མཚོ་སྨོ་བར་ཉམས་ཚོད་ལེན་ཕྱིར་བསྐོར་གཏམ་གྱི་སྒོ་ནས། "བུམ་

པ་རི་འདིས་ཉེ་མ་སླེབ་པ་ལས་ཕན་ཐོགས་གང་ཡང་མི་འདུག་པས། འདི་གཏོར་བཞག་ན་གང་འདྲ་འདུག" ཅེས་དྲིས་པར་མཚོ་སྔོ་བས་གོ་བ་ལོན་པའི་དང་། "དེ་འདྲ་བྱས་ན་ཏ་ཐལ་འཚུབ་ཆེན་པོ་གཅིག་བརྒྱབ་མི་ཡོང་ངམ་" ཞེས་མོས་མཐུན་མེད་པའི་རྣམ་འགྱུར་བསྟན། འོན་ཀྱང་ཁོ་པས་མཚམས་འཛོག་མ་བྱས་པར་ཉིན་ཞིག་རྩེར་བཀའ་ཤག་དང་སྤྱི་མཁན་ལྷན་འཛོམས་སྐབས་དཔལ་དོན་གྱིས། སྲིད་སྐྱོང་སྡེ་དྲུག་ནས་ཆོས་ཕྱོགས་མ་གཏོགས་ཆབ་སྲིད་ཀྱི་ཐོག་ཕྱག་ལས་ནུས་པ་ཐོན་ངེས་ཤིག་གནང་ཐུབ་མིན་ལ་སྲིད་སྐྱོང་གི་ལས་འགན་དགོངས་ཞུ་གནང་རྒྱུའི་ཞབས་བསྐུལ་ཞིག་ང་རང་ཚོས་ཞུས་ན་གང་འདྲ་འདུག་ཅེས་གྲོས་གཞི་བཏོན་པར་བཀའ་བློན་ཚོས་སྐབས་བསྟུན་གྱི་བསམ་ཞིབ་ནན་ཏན་ཞུ་རྒྱུ་ཡིན་ཚུལ་ལན་འདྲ་ཆགས་པོ་ཞིག་བརྒྱབ་ཅིང་། མཚོ་སྔོ་བས་གནས་ཚུལ་དེ་དག་གསང་སྟབས་ཀྱིས་སྲིད་སྐྱོང་ལ་སྙན་སེང་ཞུས་པ་སྡེ་དྲུག་ཕྱག་མཛོད་ནས་ཕག་ཉན་གྱིས་དཔལ་དོན་ལ་ལན་བསྐྱལ་བར་གྲགས་ཟེར་བ་བཅས་ཞིབ་ཕྲའི་བྱུང་ཚུལ་ལ་ཁྱད་པར་ཕྲན་བུ་འདུག

དེ་བཞིན་དཔལ་ལྡན་དོན་གྲུབ་ཀྱིས་བཀའ་བློན་མཚོ་སྔོ་བ་ཚུར་སྐྱུར་སྐོག་གསོད་བྱས་པའི་སྐོར་ལ་ཡང་ཡོངས་གྲགས་རྩུབ་ཆེ་བའི་བཤད་ཚུལ་ལྟར་ན། ཉིན་གཅིག་དཔལ་དོན་གྱིས་མཚོ་སྔོ་བར་སམ་ཁྲ་ཞིག་བསྐུར་བའི་ནང་རྒྱལ་བ་རིན་པོ་ཆེའི་བཀའ་འཁྲོལ་གཞུང་དོན་གལ་ཆེ་ཞིག་ཐོན་སོང་བཀའ་བློན་ལྷན་རྒྱས་སྤྱི་མཁན་སྡོད་ཤག་ཏུ་ད་ལྟ་ཕེབས་དགོས་ལ་བཀའ་བློན་གཞན་ལའང་བརྡ་ཕུལ་ཟིན་པས་ཞབས་པད་མཆོག་ལམ་སེང་ཕེབས་རོགས་ཞེས་བཏང་བ་ལྟར། མཚོ་སྔོ་བ་དེ་འཕྲལ་ཁོ་པའི་སྡོད་གནས་སུ་བསྐྱོད་སྐབས་སྔ་ས་ནས་གྲ་སྒྲིག་ཡོད་པ་ལྟར་གཟིམ་ཆུང་ནང་འཛུལ་མ་ཐག་ཁོ་པའི་ཨ་ཕྱུག་ཆོས་བརྡམས་བསྒྲིགས་

འཛིན་བཟུང་བྱས་པ་དང་། ས་སྲོས་མཚམས་ཨ་ཕྱུག་མང་པོས་བཟུང་འཁྲིད་བྱས། ལམ་བར་དུ་མཚོ་སྔོ་བསང་ཆུ་ལ་བསྒྱུར་ཀྱང་ངའི་རྟ་གཡུ་འདི་གཡུག་ན་ཕངས་པས་ཁྲིད་ཆོས་ཁྲིར་ལ་ནོར་ཉམས་ཚོད་མཁན་ཞིག་ལ་བཙོང་ན་རིན་ཆེན་པོ་ཁྱུག་གི་རེད་ཅེས་བཤད་པ་ལྟར་རྟ་གཡུའི་ཐག་པ་བཅད་ནས་ཨ་ཕྱུག་ཆོས་ཉར། དེ་ནས་ལྷ་ས་སྐྱིད་ཆུའི་ཨུ་ཚུགས་རགས་ཟེར་བའི་ཟུར་ནས་མཚོ་འཁོར་ནང་བསྒྱུར་བ་རེད་ཟེར།

བཤད་ཚུལ་གཞན་ཞིག་ནི་དཔལ་ལྡན་དོན་གྲུབ་ཀྱིས་སྙིག་གཉོམ་གྲ་སྒྲིག་ཆ་ཚང་ཡོད་པའི་སྔོ་ནས། གྲིབ་ཚེ་མཆོག་གླིང་གི་གླིང་གར་གྲུར་བརྒྱབ་ནས་སྐྱིད་བཏང་སྟེ་བཀའ་བློན་མཚོ་སྔོ་བ་མགྲོན་འབོད་བྱས་སྐབས་མ་ཕྱིན་ན་ལྟ་ཕྱོགས་ཡོང་དོགས་ཀྱིས་བསྐྱོད་པར་ས་སྲིབ་བར་ག་རེ་ཀོ་རེ་བྱས་ནས་ཕྱིར་ལོག་མ་བཏང་བ་དང་། ས་སྲིབ་སྐབས་ཀོ་བར་ཞུགས་ཏེ་ཕྱིར་ལོག་སྐབས་གཙང་ཆུའི་གཞུང་དུ་སླེབས་དུས་ཨ་ཕྱུག་ཆོས་མཚོ་སྔོ་བ་དཔོན་གཡོག་ཆུ་ལ་སྒྱུར་ཞིང་། ཕྱི་རྒྱུར་ཀོ་ལོག་ཐེབས་པའི་གླེང་ཕྱོགས་བཟོས་པ་དང་། གོང་དུ་གསལ་བ་ལྟར་རྟ་གཡུ་དེ་གཉན་པར་རག་ནས་རྗེས་སུ་ལྷ་སའི་བར་སྐོར་ནང་བཙོང་པ་བརྒྱུད་རིམ་བཞིན་གཡུ་གྲགས་ཅན་དེ་མཚོ་སྔོ་བའི་རྟ་གཡུ་ཡིན་པ་ངོ་ཤེས་ཏེ་གཞི་ནས་ཆུ་ལ་བསྒྱུར་པ་ར་འཕྲོད་པ་རེད་ཅེས་ཟེར། གཡུ་དེ་རྗེས་སུ་རིན་གོང་ལྡབ་འཕར་སྤྲད་ནས་མཚོ་སྔོ་བ་རང་ལ་བྱུང་ཞིང་། པོད་ཞི་བའི་བཅིངས་བཀྲོལ་ཐོབ་རྗེས་སུའང་མཚོ་སྔོ་བ་དོན་གྲུབ་ཚེ་རིང་དེ་ཉིད་ཀྱི་སྣ་གཡུར་བཞེས་ནས་ཡོང་གིས། དེ་སྐུ་མཚོ་སྔོ་བཀའ་བློན་ཆུར་གཡུག་དུས་ཀྱི་རྟ་གཡུ་གྲགས་ཅན་དེ་འདི་རེད་དྲ་ཞེས་མིག་སྟོན་གནང་བ་བཤད་སྒྲ་དགའ་ལྡན་དཔལ་འབྱོར་གྱིས་གཟིགས་སྐྱོང་ཞེས་ང་ལ་གསུངས་བྱུང་།

གང་ལྟར་དཔལ་ལྡན་དོན་གྲུབ་ཀྱིས་མཚོ་སྔོ་བ་ཆུར་བསྒྱུར་སྒྲིག་གསོད་བཏང་བ་ནི་དོན་དངོས་གཅིག་གྱུར་ཡོངས་གྲགས་ཡིན་ཅིང་། དེ་རྗེས་བཀའ་བློན་མཚོ་སྔོ་བ་རྐྱེན་འདས་གྱུར་སྐོར་རིམ་བཞིན་གླེང་ཕྱོགས་སྣ་ཚོགས་བྱུང་བ་དང་། དེ་མིན་གྱི་གཞུང་ཞབས་གཞན་དག་འགའ་ཞིག་ཀྱང་གར་སོང་ཆ་མེད་དུ་གྱུར་པ་རྗེས་སུ་དཔལ་ལྡན་དོན་གྲུབ་ཀྱིས་ཨ་ཕྲུག་བཏང་ནས་ཆུ་སྒྱུར་སྒྲིག་གསོད་ཕོག་པ་བཅས་དོན་རྐྱེན་རིམ་ཐོན་སྐབས། སྲིད་སྐྱོང་སྡེ་དྲུག་གིས་ལོ་པའི་བྱ་སྤྱོད་ཀྱི་ཁུངས་སྣེ་འགའ་ཤས་མཁྱེན་རྟོགས་བྱུང་ཞིང་། དེ་འཕྲུལ་འབྲས་སྤུངས་བླ་སྤྱིར་བཀའ་ཕབ་སྟེ་འབྲས་སྤུངས་དགོན་ནང་གི་ལོ་པའི་གྲོགས་པོ་བློས་ཐུབ་འགའ་ཤས་ཡོད་པ་དེ་ཚོ་དང་སྡེ་དྲུག་རང་གི་ཕྱུག་མཛོད་བཅས་པ་དོ་ནུབ་མཚན་མོ་རང་ལ་གྲྭ་ཤར་བཏང་ནས་འཛིན་བཟུང་དང་འབྲེལ་གྲྭ་སའི་སྐྱིད་སྡུག་ནས་ཕུད་དེ་སང་ཉིན་གཞུང་ལ་རྩིས་འབུལ་དགོས་པའི་བཀོད་འདོམས་ཚ་ནན་གནང་བ་ལྟར་ལོ་ཚོ་ཚང་མ་གློ་བུར་འཛིན་བཟུང་བྱས་པ་དང་། དུས་མཚུངས་བཀའ་བློན་རྣམས་དང་སྐུ་བཅར་སྤྱི་མཁན་སང་ཞོགས་ཤོད་གཟིམ་ཆུང་དུ་ཕེབས་དགོས་ཀྱི་བརྡ་ཐོ་གནང་ཞིང་། དཔལ་ལྡན་དོན་གྲུབ་སོགས་འཛིན་བཟུང་བྱ་རྒྱུའི་གྲ་སྒྲིག་ཚགས་ཚུད་མཛད་ན་ཡང་། བརྡ་ཐོ་འཁྱེར་འཕྲུལ་ལོ་པ་རང་མཐོང་མ་བཟོད་པར་ཕྱོགས་གཏོགས་བཀའ་བློན་བཤད་སྒྲ་ཚེ་རིང་དབང་ཕྱུག་ཀྱང་མཉམ་ཁྲིད་ཨ་ཕྲུག་འགའ་ཤས་དང་བཅས་མཚན་གུང་བྲོས་བྱོལ་དུ་ཕྱིན་ནས་དགའ་ལྡན་དགོན་པར་འབྱོར། ལོ་པ་ཕ་ཡུལ་དུ་འགྲོ་རྩིས་བྱས་ཀྱང་དགའ་ལྡན་དགོན་པ་རང་གིས་སྲུང་སྐྱོབ་གང་དགོས་ཞུ་རྒྱུ་ཡིན་ཞེས་མ་བཏང་བ་མ་ཟད། དགའ་ལྡན་དུ་སྲུང་བྱའི་རིམ་པ་བརྩུགས་ནས་ཡ་བཟུང་བྱས་པར་གྲགས།

སྲིད་སྐྱོང་སྡེ་དྲུག་གིས་ཀྱང་ཕྱུགས་ཐག་ཆོད་པོའི་སྒོ་ནས་བོད་སྟོད་ཨམ་བན་ལ་བཀའ་བསྟུར་གྱིས་ལྷ་སར་ཡོད་པའི་རྒྱ་བོད་གཞུང་དམག་གང་ཡོད་ལམ་སེང་དཀའ་ཉེན་དུ་དཔུང་འཇུག་གནང་ཞིང་། རྒྱབ་སྐྱོར་དུ་ཉེ་འདབས་ཀྱི་ཡུལ་དམག་ཀྱང་བསྡུ་བསྐྱོངས་རིམ་རྫོངས་མཛད། ལྷག་པར་སེ་ར་དགོན་པ་ནས་དེ་སྤུ་རྟ་སྦྲིང་སྐབས་ཀྱི་འགྲས་གཞི་དང་བཅས་མ་བསྐུལ་དངས་བླངས་ཀྱིས་སེར་དམག་མང་པོ་གཏོང་ལེན་དུ་ཐོན་འདུག འོན་ཀྱང་དཀའ་ཉེན་དགོན་པ་རི་བྲག་ཛོས་ཆགས་ས་བཙན་པས་ལམ་སེང་འཇུལ་དཀའ་བ་དང་། དགོན་གནས་ལ་གཏོར་བཤིག་མི་ཐོག་པའི་ཆེད་རེ་ཞིག་དམག་དཔུང་གིས་མཐའ་བཙན་པོར་བསྐོར་ནས་བྱེད་གཏེ་དཔལ་ལྡན་དོན་གྲུབ་རྩིས་འབུལ་དགོས་པའི་བརྡ་སྦྲིད་དང་། ཕྱོགས་གཞན་ཞིག་ནས་འཐུང་ཆུ་དང་། བཟའ་ཆ། མེ་ཤིང་སོགས་བཀག་འདོམས་དམ་བསྒྲགས་ཆེན་པོ་བྱས་པར་གྲགས། སྐབས་དེར་བོད་དམག་ཚོས་གཞས་བཏང་བའི་ཚིག་ལ།

དགའ་ལྡན་དབང་བསྐུར་རི་དེ།།
གནམ་ལྕགས་མེ་མདས་བསྐོར་ཡོད།།
དར་ཧན་དཔལ་ལྡན་དོན་གྲུབ།།
བྲོས་ས་ཨེ་འདུག་ལྟོས་ཤིག །

ཅེས་བཏང་བའི་བཤད་སྲོལ་ཡང་འདུག མཐའ་མ་དེ་མུར་ཡུན་རིང་སྡོད་ཐབས་བྲལ་བར་བརྟེན་དཔལ་ལྡན་དོན་གྲུབ་ཁོ་རང་དང་། ཨ་ཕྲུག་མགྲོན་གཉེར་མགོན་པོ་ཟེར་བ་མི་གཉིས་མཚན་གུང་ཞིག་ལ་ཁང་སྟེང་ནས་ཕྱིར་མཆོངས་ཏེ་ཕ་ཡུལ་ལ་འགྲོ་རྩིས་ཀྱི་བྲོས་སྐབས། གཞུང་དམག་གིས་རྗེས་འདེད་བཏང་བར་བྱུན་ཟེར་བའི་ལུང་པའི་མདར་སླེབས་དུས་མདུན་ཕྱོགས་ཀྱི་རྒྱ་མའི་

མས་སྟེའི་འཕྲང་ཟུར་ནས་མར་མི་མང་པོ་ནག་རོག་རོག་འོང་བ་ལྟ་བུ་ཞིག་མཐོང་ནས། ད་བྱས་མ་སོང་འཕྲང་དེའང་བཀག་ཚར་འདུག་ཟེར་བཞིན་འཚབ་འཚུབ་དང་བྱན་ལྷུང་པའི་ཕུར་བྲོས་ཕྱིན། ཀ་ཀོར་རྩུང་ཟད་ཕྱེད་རིང་གཞུང་དམག་ཀྱང་ཉེ་སར་བཙར་ཡོང་སྐབས་ཁོ་པ་ཝུ་ཐུག་ཐབས་ཟད་ཀྱིས་ཨ་ཕྲུག་མགོན་པོར་དང་གཉིས་ཁོ་ཚོའི་ལག་པར་ཐེབས་ན་སྡུག་པོ་སྣ་དགུ་མྱོང་རྒྱུ་ལས་མེད། དེ་བས་ང་རང་གཉིས་ཕན་ཚུན་མེ་མདའ་བརྒྱབ་ནས་འཆི་རྒྱུ་དེ་ལས་དྲག་པའི་ཐབས་གཞན་མེད་ཟེར་ནས་མེ་མདའ་ཁ་སྦྲོད་དུ་གཏད་དེ་གཅིག་གཉིས། གསུམ་ཞེས་བསྐུལ་ཏེ་མགོན་པོས་མེ་མདའ་བརྒྱབ་ནས་ཁོ་པ་དེ་གར་འཆི་བ་དང་། དཔལ་ལྡན་དོན་གྲུབ་ཀྱིས་མེ་མདའ་བརྒྱབ་མེད་པས་མགོན་པོ་མ་ཤི་བར་གྲགས། དེ་འཕྲལ་དགའ་ལྡན་དགོན་པའི་འགོ་དམངས་ཡོངས་ནས་མགོ་སྒྲུར་ཞུས་ཏེ་ཞབས་པད་བཤད་སྒྲ་ཆོ་རིང་དབང་ཕྱུག་དང་། ཁོ་པའི་ཨ་ཕྲུག་སོགས་ཟེར་སློང་གཙོ་བོ་འགའ་ཞིག་བཅས་བོད་དམག་གིས་བཟུང་བསྐྱིགས་བྱས་ཐོག དཔལ་ལྡན་དོན་གྲུབ་ཀྱི་ཕུང་པོར་བསྒྱུངས་ཤིང་བརྒྱབ་ནས་རྟ་ཐོག་བསྡམས་པ་བཅས་དམག་དཔུང་གི་རུ་སྐར་ནང་བཙུག་སྟེ་ཕྱིར་འཁོར་ལྷ་སར་ཁྲིམ་བསྐོར་ཡང་བྱས་པར་གྲགས། དེ་ནས་བཀའ་ཞིབ་ཟུར་འཛུགས་ཀྱི་ལོ་ཐོགས་རྣམས་ལ་མཐུག་འབྲུན་གཙོད་སྐབས་དགའ་ལྡན་ཁྲི་པ་སོགས་བླ་སྤྲུལ་མང་པོས་ངོ་ཆེན་ཞུས་པར་བརྟེན་བཤད་སྒྲ་ཆོ་རིང་དབང་ཕྱུག་ལས་ཞབས་གནས་དབྱུང་ཐོག མཁར་དབང་གཞུང་བཞིས་ཀྱིས་དོ་བདག་སྡེ་གདོང་རྫོང་དུ་རྒྱང་འབུད་དང་། དེ་བྱིངས་ལོ་འཁྲི་རྣམས་ལ་བབ་མཚུངས་ཀྱི་བཀའ་ཆད་བྱམས་ཡང་གང་ཆེ་གནང་ཞིང་། དགའ་འབྲས་དྲུང་སྦྱི་ཟེར་བའི་སྒྲིག་གཞི་ཡང་དེ་ནས་བཟུང་རྩ་ཞིག་ཏུ་བཏང་སྟེ་ལྷ་སའི་དུས་བབ་ཞི་ལྗིང་བྱུང་བས་སྲིད་སྐྱོང་

སྙེ་དྲུག་གི་སྙན་གྲགས་ཀྱང་ཆེ་རུ་སོང་བར་གྲགས།

དོན་རྐྱེན་འདི་སྐོར་ཏཱ་ལའི་བཅུ་གཉིས་པའི་རྣམ་ཐར་དུ་བྱུང་རྐྱེན་སོགས་གཞན་དག་གང་ཡང་གསལ་མི་འདུག་ཀྱང་། 1871 བོད་ལྕགས་ལུག་ལོའི་ཟླ་བ་གསུམ་པའི་ནང་། "དེ་སྐབས་སྐུ་བཅར་མཁན་པོ་དཔལ་ལྡན་དོན་གྲུབ་ཀྱི་ཤག་ཏུ་ཕེབས་ཏེ་ཁོ་པའི་སྒོའི་ཕྱི་རོལ་དུ་སྐུ་རྩེད་ཀྱི་རྣམ་པས་རྩོམ་བསྒྲིགས་(ཆོས་ལུགས་ཀྱི་བསྒྲུལ་ཚིག) ཀྱི་ཚུལ་ཞག་གྲངས་དུ་མའི་བར་མཛད་ཅིང་། རིང་པོར་མ་ལོན་པར་དཔལ་ལྡན་དོན་གྲུབ་ལ་བརྟེན་པའི་དགའ་ལྡན་དུ་ཟིང་བཤིག་ལངས་སྐབས། བོད་བཞུགས་ཨམ་བན་ནས་ནོར་གླིང་བཞུགས་གནས་ཐང་སྟོང་དུ་སོང་གཤེགས། ཕ་རོལ་པོ་ནས་སྐུ་དགྲ་ཞུ་མི་མི་ཡོང་བའི་ངེས་པ་མི་འདུག་པས་རྒྱ་བོད་གཉིས་ཀ་ནས་སྐུ་སྲུང་བཙུགས་དགོས་སུ་རྒྱ་བོད་ཀྱི་དམག་མི་དང་། སེ་འབྲས་ཀྱི་གྲྭ་གྲས་ནས་སྐུ་སྲུང་བཙུགས་པར་དེ་དག་ཆར་ཆུའི་དཀའ་སྤྱོད་ཆེ་བར་བརྟེན་རྗེ་ཕོ་བྲང་དུ་ཆིབས་བསྐྱོད་མཛད།"①ཅེས་པ་ཙམ་གསལ་བ་དེ་ལས་དོན་རྐྱེན་བྱུང་དུས་ལྕགས་ལུག་ལོ་སྟོད་དུ་ཡིན་པ་དང་། དཔལ་ལྡན་དོན་གྲུབ་ནི་དམ་སྲི་མི་ངན་ཞིག་ཡིན་པ། སྐབས་དེའི་བོད་སྡོད་ཨམ་བན་ཨེན་ལིན་ནས་རྒྱ་བོད་སེ་འབྲས་བཅས་ལ་བཀོད་འདོམས་བྱས་ཏེ་ནོར་གླིང་དུ་ཏཱ་ལའི་བླ་མའི་སྐུ་འཕྲུར་འགན་སྲུང་ནན་པོ་བྱས་པ་བཅས་མཚོན་གྱི་འདུག

དེ་མིན་སྐབས་དེའི་གཞུང་ཡིག་སོགས་ཞིབ་ཡུལ་ཆ་རྐྱེན་མ་འཛོམས་ཀྱང་། དོན་རྐྱེན་འདི་ཡང་བོད་ཀྱི་དབང་འཛིན་ནང་ཁྲུལ་དུ་བྱུང་བའི་ལོ་རྒྱུས་ཡོངས་གྲགས་ཆེ་བ་ཞིག་ཡིན་སྟབས། དེ་སྔ་ནས་གཞུང་ཞབས་སོགས་ལྷ་སའི་མི་

① (རྣམ་ཐར་དྲངས་ཤེལ་མེ་ལོང་ཤོག་གྲངས184)

རབས་སྟོན་མའི་ནང་དེའི་སྐོར་གྱི་བཤད་རྒྱུན་མང་པོ་ཞིག་ཡོད་པ་རང་གི་གོ་ཐོས་ཙམ་ལ་ཚད་འཛིན་མ་བྱས་པར། ད་ལམ་སླར་ཡང་ལྷ་གླུ་ཆེ་དབང་རྡོ་རྗེ་མཆོག་དང་། རྟོར་ཁང་བསོད་ནམས་དཔལ་འབར་མཆོག བཤད་སྒྲ་དགའ་ལྡན་དཔལ་འབྱོར་མཆོག་སོགས་གཞུང་ཞབས་བགྲེས་རབས་ལོ་རྒྱུས་མཁྱེན་ཡོན་ལྡན་པ་རྣམས་ལ་ཆེད་དུ་དངོས་མཇལ་གྱིས་བཤད་སྒྲ་དབང་ཕྱུག་རྒྱལ་པོའི་སྐོར་དང་། འདི་སྐོར་བཅས་བཀའ་འདྲི་བཀའ་སློབ་ཞུས་དོན་ཚང་མས་རང་གི་གསན་ཐོས་གང་ཡོད་ལྷུག་པོར་རོགས་རམ་གནང་བྱུང་བ་ལྟར་བཤད་རྒྱུན་མི་འདྲ་བ་དག་ཀྱང་དཔྱད་གཞིར་རགས་འགོད་ཞུས་ཤིང་། རྩ་བའི་དོན་རྐྱེན་སྔ་ཕྱི་དང་བྱུང་བ་གལ་ཆེ་རིགས་རྣམས་གཅིག་མཐུན་ལས་ཧེ་བག་མི་འདུག་ཅིང་། སྲིད་སྐྱོང་སྡེ་དྲུག་གྲོངས་རྗེས་བཤད་སྒྲའི་རྗེས་ཤུལ་རྟེས་དཔོན (འདི་ཟུར་ཁང་ནས་མག་པར་བླངས) བཟའ་ཚོ་ནས་བསྐྱར་དུ་བདེ་སྡུག་སྐྱན་ཞུ་ཕུལ་དོན་བཤད་སྒྲའི་ཞབས་རྗེན་འཛིན་དབང་ཕྱིངས་རང་འཛུགས་ཕྱིར་བསྐྱལ་བྱུང་འདུག་ཀྱང་། ཀོང་པོ་དགའ་ཆག་གཞིས་ཀ་དང་། སྨྲོན་སྟར་སྟོང་གཞིས་ཀ། ཨེ་ཤག་ལྷོ་གཞིས་ཀ། རྫེ་ཐང་དགའ་ཚོས་ལས་འཛིན་བཅས་དང་། རྒྱ་ནོར་སྐོར་ནས་བཤད་སྒྲའི་རིན་ཆེན་བང་མཛོད་ཅེས་གལ་ཆེའི་བཀར་འཛུག་ཁང་པ་ཞིག་ཡོད་པ་དེའི་ནང་གི་དངོས་རིགས་རྣམས་རྣམ་གན་དུ་བསྡུ་བཞེས་སྟོན་གྲུབ་བཅས་ཕྱིར་སློག་བྱུང་མི་འདུག་ཅེས་ད་ལམ་བཤད་སྒྲ་རང་ནས་གསུང་བྱུང་བ་ལྟར་དེ་རྗེས་ཀོང་པོ་དགའ་ཆག་གཞིས་ཀ་ཧྥ་ལའི་བཅུ་གཉིས་པའི་ཡབ་གཞིས་ཀྱི་འགྱིངས་སྟོན་དུ་བསྐལ་འདུག སྡེ་སྲིད་བཤད་སྒྲ་དང་དཔལ་ལྡན་དོན་གྲུབ་སྐོར་རྗེས་སོར་འཕྲིལ་ཡོད་གཞུང་ཡིག་ཐོན་ན་དག་བཅོས་གནང་རྒྱུར་ད་ཡོད་ཡོངས་གྲགས་ཀྱི་ངག་རྒྱུན་ཆད་ལ་ཉེ་བ་རྣམས་རྩ་མེད་དུ་གྱུར་དོགས་ཀྱིས་འདིར

རགས་པ་ཙམ་བཀོད་པ་ལགས་སོ།

དུས་མཚམས་དེའི་བར་དུ་སྤྱི་ལོ1870ཕོད་ལྕགས་རྟ་ལོར་ཏཱ་ལའི་བླ་མ་མཆོག་གདན་ས་ཆེན་པོ་དཔལ་ལྡན་འབྲས་སྤུངས་དང་། སེ་ར་ཐེག་ཆེན་གླིང་སོ་སོར་སྤར་ལམ་གྲྭ་བསྐོར་དམ་བཞེས་སུ་ཆིབས་བསྒྱུར་ཐོག ཆོས་ཕྱོགས་ཀྱི་མཛད་སྒོ་གང་ཅི་སྤར་སྲོལ་སྐུ་ཕྲེང་ན་རིམ་གྱི་སྐབས་བཞིན་ལེགས་སྒྲུབ་མཛད་ནས་ཕོ་བྲང་ཆེན་པོ་པོ་ཏ་ལར་བདེ་ལྡན་ངང་ཕྱིར་ཕེབས་གནང་འདུག

སྤྱི་ལོ1872ཕོད་ཆུ་སྤྲེ་ལོའི་ཟླ་བ་དགུ་པའི་ཚེས་བཅོ་བརྒྱད་ཉིན་སྲིད་སྐྱོང་སྡེ་དྲུག་ཧོ་ཐོག་ཐུ་བློ་བཟང་མཁྱེན་རབ་དབང་ཕྱུག་མཆོག་ནོར་གླིང་བསྐལ་བཟང་ཕོ་བྲང་དུ་སྐུ་གཤེགས། ཡིག་ཆ་ལ་ལར①ཆུ་བྱི་ལོ་གཤེགས་ཞེས་གསལ་ཡང་དེ་ནི་ཁྲི་ལོ་མཐུད་ཐབས་ཙམ་དུ་ཟད་དེ་རྣམ་ཐར་གྱི་ཚིག་འགྲོས་ལས་ཀྱང་རྟོགས་ནུས་སོ། དེ་ནས་ཏཱ་ལའི་བླ་མས་ལུགས་གཉིས་ཐུགས་འགན་དངོས་སུ་བཞེས་པའི་སྐོར་ལ། རྣམ་ཐར་ནང་གོང་ས་རྒྱལ་དབང་ཐམས་ཅད་མཁྱེན་ཅིང་གཟིགས་པ་ཆེན་པོ་སྤྱ་སོར་ཆུ་ཁྱི་ལོར་དགུང་ལོ་བདུན་པའི་སྐབས་བོད་མི་མཆོག་དམན་ཐུན་མོང་ནས་ཆོས་སྲིད་རྒྱལ་སྲིད་ཕྱག་མཚན་དུ་བསྐྱངས་པ་ཞིག་བྱུང་ན་སྙམ་སྙེ་དེ་དོན་གོང་མ་བདག་པོ་ཆེན་པོར་སྙན་སྒྲོན་བོད་བཞུགས་ཨམ་བན་བརྒྱུད་ཞུས་པ་ལྟར་དོན་སྨིན་ཐོབ་ཅིང་། སྐུ་ན་ཚང་སྐབས་གསན་བཞེས་ལ་སྐུ་གེགས་མི་འབྱུང་ཆེད་སྲིད་ཀྱི་རོགས་སྐྱོར་ཟུར་དུ་བསྐོས་ཆོག་པ་ཞུ་དོན་སྡེ་སྲིད་བཤད་སྒྲ་བ་དང་། ཡོངས་འཛིན་ཁྲི་ཟུར་མཁྱེན་རབ་དབང་ཕྱུག་བཅས་ནས་རིམ་པར་སྲིད་ཀྱི་རོགས་སྐྱོང་གོང་ས་རིན་པོ་ཆེ་དགུང་ལོ་བཅུ་བདུན་བར་རིམ་

① （ཐམ་དེབ་ཡོང་བའི་དམིགས་བུ་）

ཞུས་ཀྱིས་དགུང་ལོ་བཅོ་བརྒྱད་དུ་ཕེབས་པ་ན། སྔོན་ནས་གོང་མ་ཆེན་པོའི་བཀའི་བཅད་མཚམས་ལྟར་ལུགས་གཉིས་ཀྱི་ཐུགས་འགན་བསྐྱངས་རྒྱུར་(1873ལོ་) ཆུ་བྱ་ཧོར་ཟླ་གཉིས་པའི་ཚེས་བཅུ་བཞི་གཟའ་སྐར་འགྲོད་སྦྱོར་དགེ་བའི་ཉིན་སྤྲ་སོར་ཕོ་བྲང་ཡང་སྟེང་ནས་རོལ་ཆ་དང་གཉིས་ཀྱིས་སྐབས་ཕྱི་ནས་གཟིམ་ཆུང་ཉི་འོད་ཆེན་མོའི་གདེངས་ཆའི་བཞུགས་ཁྲིའི་གཡས་ཕྱོགས་སུ་ཉེར་བུའི་ཐམ་ཀ་དང་། གསེར་གྱི་འཛའ་ས་ཐམ་ཀ། དེའི་མདུན་དུ་མཆོད་སྲིན་སྙིག་གཞོམ་དང་། གོང་ས་མཆོག་བཞུགས་ཁྲི་ཆེན་པོར་ཞབས་སོར་འཁོད་པ་ནས་ཕྱག་མའི་རྟེན་འབྲེལ་གྱི་སྒོ་འཕར་ཕྱེ་སྐད་གཞུང་ས་ནས་མཇལ་དར་ཞིང་ཁམས་རྒྱ་མཚོའི་བཀོད་པ། རྟེན་གསུམ། ཕྲན་ཡོངས་འཛིན་པ་དང་གུང་ཞབས་པད་ནས་བཟུང་དྲུང་ཧོག་ཡན་དང་། རྣམ་གྲྭ་ལས་སྡེ་བཅས་ནས་མཇལ་དར་ཕུལ། ……ཕོ་བྲང་ཡང་སྟེང་དང་ལྷ་ཞོལ་གྱིས་མཆོན་ཡུལ་ཁག་ནས་བསངས་རོལ་རྔ་བརྡུངས་དར་འཕྱུར་སོགས་མཆོད་པའི་སྤྲིན་གྱིས་ཞིང་ཁམས་ཀུན་བཀང་ཞིང་། དེ་ནས་བཀའི་བློན་ཆེན་དང་རྩེ་ཕྱག་སོགས་ནས་སྤྱིས་སྣེས་གདན་ཞུ་དང་བཅས་ཕོ་བྲང་དམར་པོའི་ཚོམས་ཆེན་སྲིད་ཞིའི་ཕུན་ཚོགས་སུ་གདན་ཞུས་ཀྱིས་ཆིབས་བསྒྱུར་བསྐྱངས་པ་དང་བོད་བཞུགས་ཨམ་བན་ཡང་དེར་འབྱོན་གྱིས་མཇལ་འཕྲད་བསྐྱངས། རྒྱ་དཔོན་རྣམས་ནས་ཀྱང་མཇལ་དར་ཕུལ་བ་ཕྱིར་སློག་བསྩལ། རྣམ་གྲྭ་རྗེ་དབུ་གསུང་བཟང་པ་བཅས་ནས་བཀྲ་ཤིས་པའི་ཚིགས་སུ་བཅད་པ་གདངས་སྙན་པོར་བརྗོད་དེ་བཀྲ་ཤིས་ཟས་རྟགས་རྒྱལ་སྲིད་སྣ་བདུན་སོགས་ཕུལ་ཏེ་མེ་ཏོག་གི་ཆར་ཕབ། ……དགེས་སྟོན་གྲུབ་འཕྲུལ་སྟེང་གཟིམ་ཆུང་དུ་ཆིབས་བསྐྱོད་ཀྱིས་ཐམ་འཛིན་མཁན་པོ་ནས་མཇལ་དར་རྟེན་གསུམ། སྐུ་དྲུང་བཞི་སོ་སོ་ནས་མཇལ་དར་རེ་ཕུལ་ནས་གྲལ་འཁོད་

གྱིས་གསོལ་གྲོ་སོགས་ཕེབས་རྗེས་སྣན་ཞལ་སོགས་ལ་ཐམ་ཕུད་བསྐྱངས་པ་གྲུབ་བསྟན་སྤྱི་ཁྱབ་མཁན་པོར་ནང་མཛོད་དང་། སྡེ་དྲུང་རྣམས་ལ་ཨ་ཤེ་རེ་བསྐུལ།”① ཅེས་གསལ་བ་ལྟར་ཐེངས་འདིར་སྲིད་ཀྱི་ཐུགས་འགན་དངོས་སུ་བཞེས་པ་དེ་ཡང་གོང་མ་ཆེན་པོའི་ལུང་དང་བཀའི་དཔྱད་མཚམས་ལྟར་ཕྱག་ལེན་གནང་བ་ཡིན་ཚུལ་ནན་ཏན་ཆེན་པོས་གསལ་བཤད་བྱས་འདུག

1874ལོར་ཤིང་ཁྱི་ལོར། ཏཱ་ལའི་བླ་མ་མཆོག་སྔར་ལམ་ལྟར་གདན་ས་ཆེན་པོ་དགའ་ལྡན་རྣམ་པར་རྒྱལ་བའི་གླིང་དུ་གྲྭ་བསྐོར་དམ་བཅར་ཆིབས་བསྒྱུར་དང་། དེ་ནས་ལམ་བརྒྱངས་ཏེ་ཆོས་འཁོར་རྒྱལ་སོགས་ལྷོ་ཁ་ཁུལ་གྱི་གནས་གཟིགས་བཅས་ལ་ཕེབས་ཏེ་ཁུལ་དེ་དག་གི་དད་ལྡན་སེར་སྐྱ་ཀུན་ལ་མཇལ་ཕྱག་དང་ཆོས་འབྲེལ་སོགས་ཡིད་ཀྱི་རེ་འདོད་སྐོང་བར་མཛད།

1875ལོར་ཤིང་ཕག་ལོའི་ཟླ་བ་གཉིས་པའི་“ཆོས་ཉེར་བརྒྱད་ཉིན་ཡ་མོན་དུ། གོང་མ་བདག་པོ་ཆེན་པོ་ཐུང་དྲི་གནམ་གཤེགས་ཀྱི་དྲལ་རྗེ་འཁྱུར་འཕྲུལ་ལོད་བཞུགས་ཨམ་བན་ནས་ཕང་ཤུ་ཕུལ། གོང་མ་བདག་པོ་ཆེན་པོ་འདི་ཉིད་མཚན་གྱི་སྣན་པ་ཤིན་ཏུ་ཆེ་གཤིས། གོང་ས་མཆོག་ནས་ཀྱང་ཐུགས་འཕྲེང་གི་རྣམ་པ་མཛད་ཅིང་། ཆོས་སུམ་ཅུ་ཉིན་ཚོགས་མཆོད་སེར་སྦྲེང་ལ་ཐུགས་ཞིབ་བསྐྱངས་རྗེས་གོང་མ་བདག་པོ་ཆེན་པོའི་དགོངས་རྫོགས་སུ་སྟེང་ཤོད་ཐམས་ཅད་ལ་གནས་གཟིགས་སུ་ཆིབས་བསྐྱོད་ཀྱིས་རྟེན་རྣམས་ལ་ཐུགས་སྨོན་སྣན་ཞལ་འབུལ་གནང་དང་། རྗེ་བོའི་སྤྱན་སྔར་མཆོད་འབུལ་ཞལ་འདོན་དང་བཟང་པོ་སྤྱོད་པའི་སྨོན་ལམ་སོགས་ཀྱི་ཞལ་འདོན། དཔལ་ལྷ་ལྕོག་ཏུ་གནས

---

① （རྣམ་ཐར་དྭངས་ཤེལ་མེ་ལོང་ཤོག་གྲངས191 – 192）

གཟིགས་ཀྱིས་དཔལ་ལྷ་ཞི་དྲག་ལ་གསེར་སྐྱེམས་འཕྲིན་བཅོལ་དང་། དཔལ་ལྡོག་ཡང་སྟེང་ནས་ཕོ་བྲང་ལྟེབ་ཆེན་དུ་གོས་སྐུ་བཞམས་པར་རྒྱང་གཟིགས་ཀྱིས་ཐུགས་སྨོན་ཡུན་རིང་ཙམ་མཛད།”①ཅེས་གསལ་ཞིང་། དེ་ལོར་གོང་མ་ཀོང་ཞུ་ཁྲི་ལ་ཕེབས།

ལོ་དེའི་ཟླ་བ་གསུམ་པའི་ཚེས་བཞི་ནས་བཟུང་ཏྭ་ལའི་བླ་མ་མཆོག་ལ་སྐུ་གྲང་གི་བསྙུན་གཞི་ཕོག་ཅིང་། གསོལ་སྨན་འཕྲོད་བསྟེན་དང་ཞབས་བརྟན་རིམ་གྲོ་རིམ་བསྐྱུད་ཀྱིས་གནང་ཀྱང་། དངས་སྐྱིད་མ་བྱུང་བ་མ་ཟད་བསྙུན་བབ་ཛེ་ལོད་དུ་གྱུར་ནས་མཐར་དགུང་གྲངས་ཉི་ཤུའི་ངོར་ཕེབས་པའི་ཤིང་ཕག་ཟླ་བ་གསུམ་པའི་ཚེས་ཉི་ཤུ་ཉིན་རྩེ་པོ་བྲང་གི་གཟིམ་ཆུང་ཉི་འོད་དུ་དགོངས་པ་ཆོས་དབྱིངས་སུ་ཐིམ་ཚུལ་བསྟན། དེ་འཕྲུལ་བོད་བཞུགས་ཨམ་བན་དང་། ཞབས་འབྲིང་གཙོ་བོ་རྣམས་བཅས་མྱུ་ངན་གྱི་གྲོན་ཆས་དང་བཅས་སྐུ་གདུང་རིན་པོ་ཆེར་མཇལ་ཕྱག་ཞུས་ཤིང་། སྔར་ལམ་ལྟར་གྱི་དགོངས་རྫོགས་མཆོད་སྦྱིན་རྒྱ་ཆེ་སྒྲིན་སྒྲུབ་ཞུས་པ་ལགས་སོ།

5. ཏྭ་ཚག་ཇེ་ཏྲུང་ཏོ་ཐོག་ཁྲུ་ལ་རྒྱལ་ཚབ་བསྐོས་པ་དང་། བོད་དུ་དབྱིན་ཇིའི་མི་རྟོག་ཞིབ་ཏུ་ཡོང་རྒྱུར་ངོ་རྒོལ་བྱས་པ།

ཐམ་དེབ་ནང་གསལ་བ་ལྟར་ན། “ཀོང་ཞུའི་ཁྲི་བཞུགས་དང་པོ་(1875)ཤིང་ཕག་ཟླ་བ་གསུམ་པའི་ཚེས་ཉི་ཤུ་ལ་གོང་ས་རྒྱལ་དབང་བཅུ་གཉིས་པ་ཆེན་པོ་དགུང་མལ་ཉི་ཤུའི་ཐོག་གཟིམ་ཁྲི་མཐའ་ཅན་གྱི་ཚུལ་བསྟན། ཟླ་ཤས་རིང་བོད་ཀྱི་ལས་དོན་བཀའ་ཤག་གིས་འཐུས་པའི་བོད་ལྗོངས་ཚོགས་

① (ནམ་ཐར་དྭངས་ཤེལ་མེ་ལོང་ཤོག་གྲངས231)

འདུ་རྒྱུས་འཛོམས་མདུན་གྲོས་ཐོག་ནས། སྤྱི་མོས་ཏ་ཚག་རྗེ་དྲུང་ཧོ་ཐོག་ཐུ་ངག་དབང་དཔལ་ལྡན་ཆོས་ཀྱི་རྒྱལ་མཚན། ཀོང་ཞུའི་ཁྲི་བཞུགས་དང་པོའི་ལོ་དེ་གར་སྲིད་ཀྱི་ཁྲི་ལ་དབང་བསྒྱུར་” ཞེས་གསལ་བ་ སྟར་ལམ་བོད་བཞུགས་ཨམ་བན་དང་མོལ་བསྡུར་གྱིས་སྲིད་སྐྱོང་ལས་ཚབ་ཀྱི་འགན་བཞེས་པ་དང་། “མེ་གླང་(1877)ལོ་རྒྱལ་ཚབ་ཐོང་ཤན་གྱི་ཆོ་ལོ་ཕེབས།”①ཞེས་གསལ་བ་ལྟར་དེ་ནས་རྒྱལ་ཚབ་ཀྱི་འགན་དབང་དངོས་སུ་བཞེས་པས་ཏ་ཚག་འདི་ལ་ཐོང་ཤན་ཧོ་ཐོག་ཐུ་ཞུ་བ་ཡིན། རྒྱལ་བློན་བཀའ་བགྲོས་ཀྱི་ཐོག་ནས་སྐུ་གདུང་བཞུགས་ཡུལ་གསེར་སྡོང་གསར་བཞེང་གི་སྤྱི་ཁྱབ་དོ་དམ་བཀའ་བློན་མདོ་མཁར་བ་དང་། སྐུ་བཅར་སྤྱི་ཁྱབ་མཁན་པོ་ངོ་ལས་བཅས་བསྐོ་བཞག་གནང་དོན་ལྟར་གསེར་སྡོང་འཛམ་གླིང་རྒྱན་གཅིག་གི་གཡས་ཕྱོགས་སུ་གསེར་སྡོང་ཚེ་སྦྱིན་འོད་འབར་གསར་བཞེངས་དང་རབ་གནས་སོགས་ལེགས་པར་མཛད།

སྐུ་ཕྲེང་འདིའི་ཡབ་ཚང་ནི། ཏྭ་ལའི་བླ་མ་བརྒྱད་པའི་ཡབ་གཞིས་ལྷ་ཀླུ་དགའ་ཚལ་བ་དང་ཟླ་བསྒྲིལ་བའི་འཁྲུངས་སྟོན་དུ་ཀོང་པོ་དགའ་ཆག་གཞིས་ཀ་ལེ་ལག་དང་བཅས་པ་གསར་དུ་བསྩལ་བས་ཡབ་གཞིས་ལྷ་ཀླུ་བའི་འཛིན་འབྲས་གཞན་ལས་རྒྱ་ཆེ་བ་དེ་ལྟར་ཆགས་པ་ཡིན་ནོ།

དབྱིན་ཇི་བཙན་རྒྱལ་རིང་ལུགས་པས་སྔ་ས་ནས་ཀྱང་གོའི་བོད་ལྗོངས་ལ་བཙན་འཛུལ་བྱ་སེམས་བཅངས་ཡོད་པ་ལྟར་ཏྭ་ལའི་སྐུ་ཕྲེང་བཅུ་གཉིས་པའི་སྐུ་རིང་ལ། དབྱིན་ཇིས་འབྲས་ལྗོངས་ལ་དཔུང་འཇུག་བྱས་མཐར་དབྱིན་འབྲས་དབར་འདྲ་མཉམ་མིན་པའི་ཆིངས་ཡིག་འཛོག་དགོས་བྱུང་དོན་དང་། སྐད་

① (དེབ་ཐེར་ལོང་བའི་དམིགས་བུ་ཤོག་གྲངས32)

དབྱིན་ཇིས་བོད་ལ་འགྲིམ་འགྲུལ་བྱེད་བདེ་ཡོང་བའི་གཏན་འབེབས་སོགས་བྱས་ཡོད། འོན་ཀྱང་བོད་ཕྱོགས་ནས་དབྱིན་ཇིའི་མི་སྣ་ནང་འཛུལ་མི་ཡོང་བའི་དམ་བསྒྲགས་མཐའ་གཅིག་ཏུ་བྱེད་ཀྱི་ཡོད་པར་བརྟེན་ཕོ་པས་ཕྱོགས་གཞན་ཞིག་ནས། ཆིང་གོང་མའི་ཀྲུང་དབྱང་སྲིད་གཞུང་ཉམས་རྒུད་ངན་རུལ་དུ་གྱུར་པ་དེ་ལ་གནོན་ཤུགས་སྤྲད་དེ་བོད་ལ་སིམ་འཛུལ་བྱ་རྒྱུའི་ཐབས་ངན་ཡང་འཆང་གི་ཡོད། ཡཱ་ཏུན་ཀྲུང་གི་བརྩམས་དེབ་ནང་འཁོད་པ་ལྟར་ན། 1876ལོར་(ཆིང་རྒྱལ་རབས་ཀྱི་ཀོང་ཞུས་ཁྲི་ལོ་གཉིས་པ་)དབྱིན་ཇི་བཙན་རྒྱལ་རིང་ལུགས་པས་ཡུན་ནན་ཐེང་ཡུའི་ཡི་མི་དམངས་ཀྱིས་དབྱིན་ཇིའི་སྐད་སྒྱུར་མ་ཅ་ལི་བསད་པའི་དོན་རྐྱེན་དེར་ཁ་གཡར་ཏེ་ཆིང་རྒྱལ་རབས་ཀྱི་སྲིད་གཞུང་ལ་འཇིགས་སྣང་བསྐུལ་བས་ཆིང་རྒྱལ་རབས་ཀྱི་སྲིད་གཞུང་གིས་ལི་ཧུང་ཀྲང་སྐུ་ཚབ་ཏུ་བསྐོས་ཏེ་ཀྲུང་གོར་བཅའ་སྡོད་དབྱིན་ཇིའི་གཞུང་ཚབ་ཝེ་ཐུ་མ་དང་ཧྲན་ཏུང་ཡན་ཐའི་རུ《ཡན་ཐའི་ཡི་ཆིངས་ཡིག》འཛོག་སྐབས་དབྱིན་ཇི་བཙན་རྒྱལ་རིང་ལུགས་པས་སྐབས་དང་བསྟུན་ཏེ་བཙན་ཤེད་ཀྱིས་ཆིངས་ཡིག་དེའི་ནང་དུ་གཞམ་གསལ་གྱི་དོན་ཚན་གཅིག་འགོད་དུ་བཅུག་ཡོད་པ་རེད། དེའི་ནང་དུ།

'ད་ལྟ་དབྱིན་ཇིས་བབ་ལ་བལྟས་ཏེ་གྲོས་འགོ་འདོན་རྒྱུར། ཏ་ལམ་སང་ལོར་མི་སྣ་བཏང་སྟེ་ཀྲུང་གོའི་རྒྱལ་ས་ནས་ལམ་དུ་ཆས་ནས་ཀན་སུའུ་དང་མཚོ་སྔོན་རྒྱུད་ཀྱི་ཡུལ་ཕྱོགས་རྣམས་བརྒྱུད་ནས་སམ། ཡང་ན་ནང་ལོག་སི་ཁྲིན་སོགས་ནས་བོད་ལྗོངས་སུ་ཕྱིན་ཏེ་རྒྱ་གར་དུ་སླེབས་པ་བྱེད་རྒྱུའི་དམིགས་ཡུལ་ནི་འགྲོ་ལམ་རྟད་གཙོད་བྱེད་ཆེད་ཡིན། དེ་ལྟར་བྱེད་རྒྱུར་དགོས་པའི་ལམ་ཡིག་དང་། ས་གནས་ཁག་གི་དཔོན་ཆེན་དང་བོད་བཞུགས་ཨམ་བན་ལ་གོ་བརྗ

གཏོང་རྒྱུའི་གཞུང་ཡིག་དུས་ཐོག་ཏུ་ཕྱི་དོན་སྤྱི་ཁྱབ་ཡ་མོན་གྱིས་བབ་ལ་བལྟས་ནས་ཏན་ཏན་ཏིག་ཏིག་གིས་སྤྲོད་དགོས། གལ་སྲིད་བཏང་བའི་མི་སྣ་ལམ་འདི་ནས་མ་ཕྱིན་པར་རྒྱ་གར་དང་བོད་ལྗོངས་ཀྱི་ས་མཚམས་ནས་ཕྱིན་པ་ཡིན་ནཀྱང་གོའི་ལག་ཏུ་དབྱིན་ཇིའི་སྙན་ཆེན་གྱི་སྤྲིངས་ཡིག་ཏན་ཏན་འབྱོར་འཕྲལ་བོད་བཞུགས་ཨམ་བན་ལ་གཞུང་ཡིག་བཏང་ནས་གནས་ཚུལ་ལ་དཔགས་ཏེ་མི་བཏང་ནས་ཏན་ཏན་ཏིག་ཏིག་གིས་ལྟ་རྟོག་བྱེད་དགོས་པ་མ་ཟད། བཀག་འགོག་མི་ཡོང་བ་བྱེད་ཆེད་ཕྱི་དོན་སྤྱི་ཁྱབ་ཡ་མོན་གྱིས་ལམ་ཡིག་ཀྱང་སྤྲོད་དགོས།’ ཞེས་བཤད་ཡོད་པ་རེད། དེ་ནི་དབྱིན་ཇིའི་མི་རྒྱ་གར་ནས་བོད་ལྗོངས་སུ་འགྲོ་མི་ཐུབ་པས་མཚོ་སྔོན་དང་སི་ཁྲིན་ནས་བོད་ལྗོངས་སུ་འགྲོ་བསམ་ནས་བརྟོན་པའི་གླང་བྱ་ཞིག་རེད། 1879ལོར་(ཆིང་རྒྱལ་རབས་ཀྱི་ཀོང་ཞུས་ཁྲི་ལོ་ལྔ་པ་) དབྱིན་ཇི་བཙན་རྒྱལ་རིང་ལུགས་པས་ཆེངས་ཡིག་གི་དོན་ཚན་དེ་གཞིར་བཟུང་ནས་‘ ཡུལ་སྐོར་’ ལ་འགྲོ་རྩིས་བྱས་པ་མ་ཟད། པེ་ཅིན་ནས་བོད་བཞུགས་ཨམ་བན་སུང་ཀུའེ་ལ་ཡི་གེ་ཞིག་བཏང་བ་དེའི་ནང་དུ། བཀའ་ཤག་ལ་རྒྱ་དམག་དང་བོད་དམག་བདམས་ནས་ལྟ་རྟོག་དང་སྲུང་སྐྱོང་བྱེད་པར་གཏོང་དགོས་པའི་བརྫ་ཐོ་གཏོང་དགོས་ཞེས་བཤད་ཡོད་པ་རེད། བཀའ་ཤག་གི་ལག་ཏུ་ཕྱི་གླིང་པ་བོད་ལྗོངས་སུ་‘ རྟོག་ཞིབ་’ བྱེད་པར་ཡོང་རྒྱུའི་སྐོར་གྱི་ཡི་གེ་འབྱོར་རྗེས། དབུས་གཙང་གི་སེར་སྐྱ་འགོ་པའི་གྲོས་ཚོགས་བསྡུས་ཐོག་གོ་བསྡུར་བྱེད་སྐབས་ཕྱི་གླིང་པ་བོད་ལྗོངས་སུ་ཡོང་རྒྱུར་མགྲིན་གཅིག་ཏུ་ངོ་རྒོལ་བྱས་པར་མ་ཟད། སྤྱི་སྒྲིག་གན་རྒྱ་ཐུ་མོ་ཆེ་ཞིག་བཞག་ཐོག་ཏཱ་ལའི་བླ་མ་དང་པཎ་ཆེན་རྣམ་གཉིས་ཀྱི་མཚན་དང་པོར་བཀོད་དེ་བོད་བཞུགས་ཨམ་བན་ལ་སྤྱི་སྙན་ཞིག་ཕུལ་ནས་ཆེང་རྒྱལ་རབས་ཀྱི་གོང་མར་བརྒྱུད་ཞུ་གནང་དགོས་པའི་

གླང་ཐུ་བརྙན་ཡོད་པ་རེད། གན་རྒྱ(སྤྱི་སྐྱན)དེའི་ཡི་གེ་ཆ་ཚང་གཤམ་དུ་གསལ།

གཞུང་གནས་ཀྱི་ལས་དོན་འཁྲུར་འཛིན་ཐུང་ཞན་རྗེ་དྲུང་རྡོ་ཐོག་ཐུ་ངེད་ཀྱིས་གུས་པ་ཆེན་པོས་དྭ་ལའི་བླ་མ་དང་པཎ་ཆེན་ཨེར་ཏེ་ནི་རྣམ་གཉིས་ཀྱི་བཀའ་སློབ་ལྟར་བོད་ལྗོངས་ཡོངས་ཀྱི་རྡོ་ཐོག་ཐུ་ཁག་དང་། གདན་ས་གསུམ་གྱི་མཁན་པོ། རྒྱལ་ཡབ་གསར་སྙིང་། ཐའི་ཇི། བོད་དཔོན་སེར་སྐྱ། དམག་དམངས་བཅས་ཀྱི་སྣེ་ཁྲིད་དེ་སྤྱི་སྒྲིག་གན་རྒྱ་ཐུ་མོ་ཆེ་བཞག་དོན་ལྟར་བཀས་མངགས་བོད་བཞུགས་ཨམ་བན་གྱིས་ངེད་ཚོའི་ཚབ་མཛད་དེ་དོན་དེ་སྐྱན་སེང་ཞུ་རོགས་གནང་ཞུ་རྒྱུ་ནི། ཕྱི་གླིང་པ་བོད་ལྗོངས་སུ་ཡུལ་བསྐོར་ལ་ཡོང་རྒྱུའི་གནད་དོན་སྐོར་ཐྲན་ཚོའི་ལག་ཏུ་བོད་བཞུགས་ཨམ་བན་གྱི་འཕྲིན་ཡིག་ཡང་འགྲོར་བྱུང་བ་དེ་དག་གི་ནང་དུ་ཆེངས་ཡིག་བཞག་ནས་ཁོ་ཚོ་བོད་ལྗོངས་སུ་ཡོང་ཆོག་པ་བྱེད་དགོས་ཐོག གོང་ལ་གསལ་པོར་ཞུས་ཟིན་པའི་རིགས་དེ་དག་གཏན་ནས་སྒྱུར་བཅོས་བྱས་མི་ཆོག་པས་རྒྱལ་ཁབ་ཁག་གི་མི་སླེབས་དུས་རྒྱ་མི་དང་བོད་པ་ཚང་མས་ལྟ་རྟོག་དང་སྲུང་སྐྱོང་བྱེད་དགོས་པ་ལས། རྩོད་གཞི་སློང་རིགས་བྱེད་རྒྱུ་མེད་པ་ལ་སོགས་པའི་རྒྱུ་མཚན་གསུངས་པར་མ་ཟད། གང་ཉིད་ཀྱིས་རྒྱུ་མཚན་ཡང་ནས་ཡང་དུ་གསལ་པོར་གསུང་བྱུང་བས། བོད་ལྗོངས་སུ་ཕྱི་གླིང་པ་གཏན་ནས་ཡོང་མྱོང་མེད་པའི་ཐོག གོམས་གཤིས་དང་ཆོས་ལུགས་གང་ཅི་མི་འདྲ་བ་ཡིན་སྟབས་ཆོས་ལྡན་གྱི་ཡུལ་ཕྱོགས་ལ་འགལ་རྐྱེན་ཡོང་ཉེན་ཆེ་སྙམ་ཞིང་། བོད་ལྗོངས་སེར་སྐྱ་མི་དམངས་ཡོངས་ཀྱི་སེམས་ཁྲལ་དེ་བོད་བཞུགས་ཨམ་བན་གང་ཉིད་ཀྱིས་ཁོ་ཚོའི་ཚབ་གནང་སྟེ་བརྒྱུད་ཞུ་གནང་རེ་ནན་པོ་བྱེད་ཀྱི་ཡོད། དབུས་གཙང་གཉིས་མི་རབས་ནས་མི་རབས་བར་གོང་མ་

ཆེན་པོས་བཀའ་དྲིན་གྱིས་བསྐྱངས་ཏེ་ཞྭ་སེར་བསྟན་པ་དར་སྤེལ་དང་། ཆོས་ལྡན་གྱི་ཡུལ་ལྗོངས་སྲུང་སྐྱོང་གནང་བའི་བཀའ་དྲིན་བླ་ན་མེད་པ་དེའི་ཆ་ཙམ་ཡང་གཞལ་མི་ཐུབ་པར་ད་དུང་སྡིག་པ་མིག་བརྩུམས་ཀྱིས་བཀའ་གཙིག་ག་ལ་ཡོད། ཕྱི་གླིང་བའི་གཤིས་ཀར་བལྟས་ན་ཕོ་ཆེ་མི་བཟང་པོའི་གྲས་ཤིག་གཏན་ནས་མིན་པས་སངས་རྒྱས་ཀྱི་བསྟན་པ་སྣུབ་ཅིང་། མི་ལ་མགོ་སྐོར་གཏོང་ངེས་ཡིན་པས་དངོས་གནས་མི་ཆུ་མཉམ་གཤིབས་གཏན་ནས་བྱེད་ཐབས་མེད། ད་ལྟ་བོད་ལྗོངས་སེར་སྐྱ་ཡོངས་ཀྱིས་ཕྱི་གླིང་པ་བོད་ལྗོངས་སུ་ཡོང་དུ་མི་འཇུག་པའི་མནའ་བསྐྱལ་གན་འཛོག་བྱས་པ་ཡིན། ད་ནས་བཟུང་མི་རབས་ནས་མི་རབས་བར་ཤི་གསོན་ཇི་ཡོང་ལ་མ་འཛེམས་པར་དུས་ནམ་ཡང་ཕྱི་གླིང་པ་མངའ་ཁོངས་སུ་འཛུལ་དུ་འཇུག་རྒྱུ་མིན། གལ་སྲིད་ཡོང་མཁན་བྱུང་ན་ལམ་ཁག་ཏུ་དམག་བཏང་ནས་ཁ་འཇམ་ཚིག་བཟང་གིས་བསླབ་བྱ་བཏང་ནས་ཕྱིར་སློག་གིས་ཕན་ཚུན་འགྲོ་བདེ་འདུག་བདེ་ཡོང་བ་བྱེད་རྒྱུ་ཡིན། གལ་སྲིད་ཤུགས་ངོམ་བྱས་བྱུང་ན་བོད་ལྗོངས་མི་མང་གིས་རང་སྲོག་དང་བསྡོས་ནས་བཀག་འགོག་བྱེད་རྒྱུ་ཡིན། གནམ་གྱི་ལྷ་རྣམས་ཀྱིས་ཆོས་ལྡན་གྱི་ཡུལ་མཆོག་ལ་སྐྱབས་འཇུག་གནང་གི་ཡོད་པ་དང་། གོང་མ་ཆེན་པོས་སངས་རྒྱས་བསྟན་པ་སྲུང་སྐྱོང་ལ་ཐུགས་ཁུར་ཟབ་བཞེས་མཛད་བཞིན་ཡོད་པས་ཕོ་ཆེའི་བརྙས་བཙོས་འཁེལ་ནས་བློ་ཕམ་དགོས་པ་ཞིག་གཏན་ནས་ཡོང་གི་མ་རེད་བསམ་གྱི་འདུག བོད་ལྗོངས་ཀྱི་སེར་སྐྱ་དཔོན་དམངས་ཡོངས་ཀྱིས་གུས་པ་ཆེན་པོས་ཐུན་མོང་དུ་གོ་བསྒྱུར་བྱེད་སྐབས་བཤད་པའི་སེམས་ཁྲལ་དང་སེམས་སྡུག་ཇི་ཡོད་ཕྱི་སྙན་ནང་དུ་ཇི་མ་ཇི་བཞིན་བཀོད་དེ་ཆེད་མངགས་ཀྱིས་བོད་བཞུགས་ཨམ་བན་གང་ཉིད་ཀྱིས་ཕོ་ཆེའི་ཚབ་མཛད་དེ་བརྒྱུད་ཞུ་གནང་ཡོང་བའི་རེ་འདུན་དང་། གོང་མ་

མཆོག་གིས་བཀའ་དྲིན་ཚད་མེད་ཀྱིས་བསྐྱངས་ཏེ་བོད་ལྗོངས་ཀྱི་འགྲོ་བ་ཐམས་ཅད་ཀྱི་སྲོག་སྐྱབ་ཡོང་བའི་རེ་འདུན་མཐའ་གཅིག་ཏུ་ཞུ་གི་ཡོད། གུས་པ་ཆེན་པོས་ཕུལ།

ཏཱ་ལའི་བླ་མ་དང་པཎ་ཆེན་ཨེར་ཏེ་ནི་རྣམ་གཉིས་དང་། ཧོ་ཐོག་ཐུ་ཁག་བཀའ་བློན། ཁམས་བོད་སྟོད་སྨད་ལྷོ་བྱང་གི་ཁོངས་གཏོགས་མི་སེར་བཅས་ཀྱིས་ཐུན་མོང་དུ་སྤྱི་སྐད་ཐོག་ཐེལ་རྩེ་བརྒྱབ་ཡོད།”①ཅེས་འཁོད་འདུག

གོང་གསལ་ལོ་རྒྱུས་ཀྱི་ཡིག་རིགས་དེའི་ཐོག་ནས་དབྱིན་ཇི་བཙན་རྒྱལ་རིང་ལུགས་པས་བཙན་འཛུལ་གྱི་དམིགས་ཡུལ་སྒྲུབ་ཆེད་བོད་དང་མེས་རྒྱལ་གྱི་འབྲེལ་བར་ངན་སེམས་ཟུར་བཅངས་ཀྱིས་གཏོར་བཤིག་ཇི་ལྟར་བཏང་ཡོད་པ་དང་། བོད་ཀྱི་འགོ་དམངས་ཚང་མས་མེས་རྒྱལ་གྱི་མཐའ་མཚམས་སྲུང་སྐྱོབ་བྱེད་ཕྱིར་སེམས་ཐག་ཅི་འདྲ་བཅད་ཡོད་པ་སོགས་གསལ་བར་མཚོན་པའི་ལོ་རྒྱུས་ཀྱི་དོན་སྙིང་ལྡན་པའི་ཡིག་ཆ་འདི་རིགས་བརྗོད་པར་ཐངས་པ་ཞིག་ཡིན་པ་མ་ཟད། རྒྱལ་གཅེས་ཀྱི་སྲོལ་རྒྱུན་ལྡན་པའི་བོད་མི་དམངས་ཀྱི་སྙིང་སྟོབས་དེ་ལྟ་བུ་མི་རབས་རྗེས་མར་སློབ་གསོ་བྱ་རྒྱུའི་ད་ཡོད་ཀྱི་དོན་སྙིང་ཡང་ལྡན་པ་བཅས་ལ་བརྟེན། སྐབས་དེའི་སྤྱི་སྒྲིག་གན་རྒྱ་ཐུ་མོ་ཆེ་དང་། སྤྱི་སྐད་ཀྱི་མ་ཟིན་ངོ་མ་སོགས་རང་ལྗོངས་ཡིག་ཚགས་ཁོངས་ཡོད་པ་གཞིར་བཅས་ཀྱང་། ང་ཚོའི་སྤྱོད་ཡུལ་དུ་གྱུར་ཐབས་བྲལ་སྐབས་དུམ་བུ་འདི་ཆ་ཚང་དྲངས་པ་ཡིན། ད་དུང་ཡིག་རིགས་དེའི་ནང་། “བོད་ལྗོངས་ཀྱི་གོང་འོག་ཚང་མས་ཕྱི་གླིང་པ་བོད་ལྗོངས་སུ་ཡོང་བར་ངོ་རྒོལ་བྱེད་རྒྱུར་བློ་ཐག་ཆོད་པའི་སྤྱོད་ཚུལ་འཛིན་པ་

① (ཏཱ་ལའི་བླ་མའི་རྣམ་ཐར་ཞེས་པའི་བོད་ཡིག་དེབ་ངོས260 – 264)

དེའི་མདུན་དུ་བོད་བཞུགས་ཨམ་བན་སུང་ཀུའེ་ཅི་བྱ་གཏོལ་མེད་དུ་གྱུར་ཏེ་གོང་མ་ཀོང་ཞུས་ལ་‘ སྲིད་གཞུང་འདིས་ཆུགས་པ་དབུ་བཙུགས་ཀྱི་ལྷ་བ་མཁྲིག་བཟུང་བྱས་ཏེ་མི་མང་གི་སློང་ཕྱོགས་ཐལ་དྲགས་པ་དེ་ཕྱིར་ནས་གོང་མ་གང་ཉིད་ཀྱི་མཁྱེན་དགོངས་ཟབ་ཅིང་ཡངས་པའི་བཀའ་དང་འགལ་བའི་རིགས་བྱས་འདུག……གཞུང་གནས་ཀྱིས་ལྷ་དགོངས་དཀྱུག་བྱེད་ཀྱི་ཞུ་ཡིག་ཕུལ་བ་ལས་བཀའ་ལ་བརྩི་སྲུང་མི་བྱེད་པའི་རྒྱུ་མཚན་ཚང་མ་ཇེ་མ་ཇེ་བཞིན་སྐན་སེང་ཞུས་ཡོད་ལགས་ན། གཞུང་གནས་ཀྱི་ལས་དོན་འཁུར་འཛིན་བྱེད་མཁན་ཐུང་ཞན་ཧོ་ཐོག་ཐུ་དང་། བཀའ་བློན། སྤྱི་ཁྲབ་མཁན་པོ་སོགས་ལ་ཉེས་ཆད་དྲག་པོ་གཅོད་དགོས་པའི་བཀའ་སྒྲོལ་གནང་ཡོད་པ་དང་། ཕྲན་གྱིས་ལྷིང་འཇགས་དང་འཆམ་མཐུན་བྱེད་ཐབས་བྱེད་ཐུབ་མེད་ལ་ཞབས་འདེགས་ནུས་པ་ལྡན་པ་ཞིག་ཀྱང་བྱེད་ཐུབ་མེད་པས་ཕྲན་ལའང་ཆབས་ཅིག་ཏུ་ཉེས་ཆད་ལྷོད་པོ་གཅོད་དགོས་པའི་བཀའ་སྒྲོལ་གནང་ཡོད་པ་ཞུ་རྒྱུ་མ་ཟད། གོ་གནས་མཐོ་བའི་མི་སྣ་འཛིན་ཐང་ཅན་ཞིག་བདམ་ནས་བོད་ལྗོངས་སུ་བཏང་ནས་ཐག་གཅོད་འོས་ཤིང་རིགས་པ་ཞིག་ཡོང་རེ་ཞུ་རྒྱུ་ཡིན……’ ཅེས་ཞུས་ཡོད་པ་རེད།

ཆིང་རྒྱལ་རབས་ཀྱི་སྲིད་གཞུང་གི་ལག་ཏུ་གོང་གསལ་སྤྱི་སྐན་དང་བོད་བཞུགས་ཨམ་བན་གྱི་ཞུ་ཡིག་འཛིན་རྗེས་དེས་ཀྱང་བྱ་བ་རྙོག་དྲ་ཧ་ཅང་ཆེན་པོ་ཞིག་འདུག་བསམ་ནས་སྙིག་ཏུ་སི་ཁྲིན་ཅོང་ཏའུ་ལ་ཕྱི་གླིང་པ་བོད་ལྗོངས་སུ་འགྲོ་བ་བཀག་འགོག་བྱེད་དགོས་པའི་བཀའ་ཕབ་པ་རེད།”①ཅེས་གསལ་བ་མ་ཟད། སི་ཁྲིན་ཅོང་ཏའུ་ཏིང་པའོ་གྲེན་གྱིས་གོང་མའི་བཀའ་བཞིན་བཀག་

① （ཏཱ་ལའི་བླ་མའི་རྣམ་ཐར་བོད་ཡིག་དེབ་ངོས264 – 265）

འགོག་བྱ་ཐབས་ཞུ་རྒྱུའི་ལན་ཕུལ་བ་དང་། ལོ་དེའི་ཕྱི་ལོར་དབྱིན་ཇིས་ཉེན་ཁར་མ་འཇེམ་པར་ཁམས་འབའ་ཐང་དུ་མི་སྣ་བཏང་སྟེ་བོད་ལ་ཡོང་རྩིས་བྱས་པར་བོད་རིགས་མི་དམངས་ཀྱིས་དྲག་ཤུགས་ལ་བརྟེན་ནས་དབྱིན་འགོག་མཐའ་གཅིག་ཏུ་བྱ་རྒྱུའི་གྲ་སྒྲིག་བྱས་པར་བརྟེན་དབྱིན་ཇིའི་མིས་གནས་ཚུལ་དངོས་གནས་ཚབས་ཆེན་ཡོད་པ་མཐོང་རྗེས་གཞི་ནས་གནས་སྐབས་བོད་དུ་འགྲོ་རྒྱུ་བཤོལ་ཏེ་མི་སྣ་དེ་དག་འབའ་ནས་ཡུན་ནན་བརྒྱུད་རྒྱ་གར་དུ་ལོག་དགོས་བྱུང་བ་བཅས་ཀྱི་སྐོར་ཡང་འཁོད་འདུག ལོ་རྒྱུས་ཀྱི་དོན་རྐྱེན་བྱུང་རིམ་འདི་དག་རྟོགས་ན་བར་སྐབས་བོད་དང་མེས་རྒྱལ་གྱི་འབྲེལ་བར་བར་ཆད་ཡོང་ལུགས་ཡོང་སྟངས་དང་། ཕྱི་རྒྱལ་བཙན་དབང་རིང་ལུགས་ནི་ཐོག་མཐའ་བར་གསུམ་དུ་མེས་རྒྱལ་ཁ་བྲལ་གཏོང་རྩིས་བྱེད་མཁན་གྱི་གཏེ་བོ་ཡིན་པ་དེ་གསལ་རྟོགས་ཡོང་ཐུབ་རྒྱུར་བརྟེན་དུས་མཚམས་དེའི་ལོ་རྒྱུས་རགས་ཙམ་ཞིག་བཀོད་པ་ལགས་སོ།

དགུ་པ། ཏཱ་ལའི་བླ་མ་སྐུ་ཕྲེང་བཅུ་གསུམ་པ་ཐུབ་བསྟན་རྒྱ་མཚོའི་སྐབས།

1. ༧རྒྱལ་དབང་ཐུབ་བསྟན་རྒྱ་མཚོ་སྐུ་འཁྲུངས་པ་དང་ཡང་སྲིད་ངོས་འཛིན་གྱིས་ཁྲི་འདོན་ཞུས་པའི་སྐོར།

ཏཱ་ལའི་བླ་མ་སྐུ་ཕྲེང་བཅུ་གསུམ་པ་ཆེན་པོའི་རྣམ་ཐར་ངོ་མཚར་རིན་པོ་ཆེའི་ཕྲེང་བར་འཁོད་པར་གཞིགས་ན། རྒྱལ་དབང་ཐུབ་བསྟན་རྒྱ་མཚོ་ནི་རི་བོ་

ཤན་ཏའི་ཉེ་འདབས་ཤར་ཕྱོགས་དྭགས་སྨད་ཁུལ་གྱི་སླང་སླིང་ལྷ་པ་ཞེས་རི་བོ་སླང་ཆེན་འགྱིངས་པ་ལྟ་བུའི་མདུན་ན་སླང་མདུན་ཞེས་གྲགས་པའི་ཞིང་པ་ སྤྱིར་བཏང་པ་ཞིག་གི་ཁྱིམ་དུ་ཡབ་ཀུན་དགའ་རིན་ཆེན་དང་། ཡུམ་བློ་བཟང་སྒྲོལ་མ་ཞེས་པའི་སྲས་སུ་ངོ་མཚར་གྱི་ལྟས་སྣ་ཚོགས་དང་བཅས་རབ་བྱུང་བཅོ་ལྔ་པའི་མེ་བྱི་(སྤྱི་ལོ1876)ལོའི་ཟླ་ལྔ་པའི་ཚེས་ལྔ་ཉིན་གྱི་ཐོགས་པའི་ཉི་འོད་རི་རྩེར་འཕྲོ་བ་དང་དུས་མཚུངས་ལྷུམས་ཀྱི་རྒྱ་ལས་གྲོལ་ཏེ་སྐུ་བལྟམས། ཐོག་མའི་མཚན་དུ་བློ་བཟང་ཐབས་མཁས་རྒྱ་མཚོ་ཞེས་གསོལ། འཁྲུངས་ཡུལ་སླང་སླིང་ལྷ་པ་ཞེས་གྲགས་པ་གནམ་གཤིས་དྲོ་གྲང་སྙོམ་པ་མཐའ་བཞི་ཁ་དོག་རྣམ་པར་བཀྲ་བའི་མེ་ཏོག་དང་སྔོ་ལྗང་རི་བོས་བསྐོར་བའི་ལྟ་ན་སྡུག་པའི་ཞིང་ཁམས་ལྟ་བུ་ཞིག་ཡོད་ཅིང་། ཁྱིའུ་གང་དེ་དཔལ་བའི་དབྱེས་ཆེ་ཞིང་བཞིན་གྱི་དཀྱིལ་འཁོར་ལེགས་པ་མཚན་བཟང་གི་ངོ་མཚར་དུ་མ་དང་ལྡན་པ་ཞིག་ཡོད།

སྐབས་དེར་ཏྭ་ལའི་བླ་མ་སྐུ་ཕྲེང་བཅུ་གཉིས་པ་འཕྲིན་ལས་རྒྱ་མཚོ་གཟིམ་ཁྲི་མཐའ་ཅན་དུ་གྱུར་ཏེ་ལོ་གཅིག་ལྷག་ཙམ་སོང་སྐབས་ཡང་སྲིད་རིན་པོ་ཆེ་བརྟད་འཚོལ་ངོས་འཛིན་ཞུ་ཕྱོགས་ཐད་ སྟར་སྒྲོལ་དུ་ལྷ་བླ་མའི་ལུང་རྟགས་ལྟར་འཚོལ་དགོས་པས། ཐོག་མར་ཀུན་གཟིགས་པཎ་ཆེན་ཐམས་ཅད་མཁྱེན་པ་སྐུ་ཕྲེང་བརྒྱད་པ་བསྟན་པའི་དབང་ཕྱུག་ལ་ཐུགས་དམ་ཞུས་པར་ཡང་སྲིད་རིན་པོ་ཆེ་སྐུ་བལྟམས་ཟིན་པ་མ་ཟད། དེ་ལྷ་སའི་ཤར་ལྷོའི་མཚམས་སུ་ཡོད་ཅེས་གསུངས། དེ་ནས་གནས་ཆུང་རྡོ་རྗེ་དྲག་ལྡན་སོགས་ཆོས་སྐྱོང་ཁག་སྤྱན་འདྲེན་ལུང་ཞུས་སྐབས་ཀྱང་ཡང་སྲིད་རིན་པོ་ཆེ་ཤར་ལྷོའི་མཚམས་སུ་སྐུ་བལྟམས་ཟིན་པའི་བཀའ་ལུང་གསལ་པོར་གནང་བར་བརྟེན་རྒྱལ་ཚབ་རྟ་ཚག་དང་བཀའ་ཤག་གི་བཀའ་བཞིན་དཔོན་རིགས་དང་བླ་མ་ལས་སྣེ་མང་པོ་ཁག

བསྒོས་ཏེ་ཡང་སྲིད་འཚོལ་བར་འགྲོ་སྐབས་ཆོས་འཁོར་རྒྱལ་གཉེར་སྟོད་ཀྱིས་དྭགས་པོ་སླང་མདུན་དུ་ཁྱིའུ་ངོ་མཚར་ཅན་ཞིག་སྐུ་བལྟམས་ཚུལ་སྐོར་སྙན་སྒྲོན་ཞུས་པས། རྒྱུད་སྟོད་མཁན་ཟུར་བློ་བཟང་དར་རྒྱས་ཚོགས་གྲྭ་དང་བཅས་པ་ས་གནས་ཐོག་ཏུ་རྟོག་ཞིབ་གནང་བར་ཕེབས་སྐབས་མཚོ་མཇལ་དང་རྨི་ལྟས་བྱུང་རིགས་གཅིག་མཐུན་བྱུང་ལུགས་དང་མཐོང་ཐོས་དོགས་གསུམ་རྩེ་བག་ཏིལ་འབྲུ་ཙམ་ཡང་མེད་པར་སྲིད་གཞུང་ལ་སྙན་ཞུ་ཕུལ་འབྱོར་བྱུང་འཕྲལ་སྐུ་བཅར་མཁན་ཆེན་བྱང་ཆུབ་རྣམ་གྲོལ་དང་བཀའ་དྲུང་ལྷ་དབང་ནོར་བུ་སྐུ་འཁོར་དང་བཅས་གཏོང་གནང་མཛད། ཁོང་རྣམ་གཉིས་ཀྱིས་སླར་ཡང་རྟོག་ཞིབ་ཟབ་ནན་མཛད་ཐོག་ཡབ་ཡུམ་གཉིས་ལ་སྔ་ཕྱིར་སྔ་ལྟས་བཟང་པོ་གང་དང་གང་བྱུང་རིགས་ལ་སྙོན་འཕྲི་རྩེ་བག་སྤུ་ཙམ་ཡང་མེད་པར་ཡིག་ཐོག་ཏུ་བཀོད་དེ་སྙན་ཞུ་འཕྲལ་དུ་འབུལ་དགོས་པའི་བཀའ་ཕབ། སྐུ་བཅར་མཁན་ཆེན་བྱང་ཆུབ་རྣམ་གྲོལ་དང་བཀའ་དྲུང་ལྷ་དབང་ནོར་བུ་གཉིས་ཀྱིས་ཡབ་ཡུམ་ཟུང་ལ་མཇལ་དར་ཨ་ཤེ་སྤུས་ལེགས་རེ་དང་། གསེར་ཟངས་ཀྱི་སྐུ་བརྙན་སོགས་ཕུལ་ཏེ་ཁྱིའུ་འདི་ཉིད་གཞན་ལས་ཁྱད་དུ་འཕགས་པའི་ངོ་མཚར་བསམ་གྱིས་མི་ཁྱབ་པ་ཞིག་འདུག་པས་རྒྱུན་དུ་གཙང་སྦྲ་གང་ལེགས་དང་ཕྱི་མི་གཞན་དང་གང་བྱུང་གིས་མཇལ་འཕྲད་གནང་ན་འགྲིག་མིན་གྱི་བཀའ་བརྡ་བསླབ་བྱ་གང་གཟབ་མཛད།

དེ་ནས་སྐུ་བཅར་མཁན་ཆེན་བྱང་ཆུབ་རྣམ་གྲོལ་དང་བཀའ་དྲུང་ལྷ་དབང་ནོར་བུ་ལྷ་སར་ཕྱིར་ལོག་ཕེབས་རྗེས་གོང་གསལ་གནས་ཚུལ་རྣམས་ཞིབ་གསལ་རིམ་བཞིན་སྙན་སེང་སྒྲོན་པས་སླང་མདུན་དུ་བལྟམས་པའི་ཆུང་སྲིད་འདི་ནི་ཏཱ་ལའི་བླ་མ་སྐུ་ཕྲེང་བཅུ་གཉིས་པའི་ཡང་སྲིད་འཁྲུལ་བྲལ་ཡིན་པ་ཐ་གྲུ་ཀུན་ཏུ་གྲགས་ཆེ་བས་འགལ་རྐྱེན་མི་ཡོང་བའི་སླད་དུ་ཐོག་མའི་ངོས་འཛིན་གྱི་

གོ་བསྒྲིག་མཛད་ཆེད་གཞུང་གནས་ནས་རྒྱུད་སྟོད་མཁན་ཟུར་བློ་བཟང་དར་རྒྱས་རྒྱུས་མངའི་བབས་ཀྱིས་འབྲུངས་ཡུལ་དུ་མངགས་རྫོངས་གནང་མདུན་ཡང་སྲིད་མཆོག་སྤྲུལ་ལ་མཇལ་དར་དང་། གསེར་ཟངས་ལས་གྲུབ་པའི་སྒྲོལ་དཀར་ཡིད་བཞིན་འཁོར་ལོའི་སྐུ་བརྙན་སོགས་འབུལ་གནང་མཛད།

དེ་འཕྲལ་པཎ་ཆེན་སྐུ་ཕྲེང་བརྒྱད་པ་བསྟན་པའི་དབང་ཕྱུག་དང་། རྒྱལ་ཚབ་ཀུན་སློང་ཏ་ཚག་ཐུང་ཞན་ཧོ་ཐོག་ཐུ་ངག་དབང་དཔལ་ལྡན། གདན་ས་ཆེན་པོ་སེར་འབྲས་དགའ་གསུམ། བཀྲ་ཤིས་ལྷུན་པོ། གཞུང་ཞབས་སེར་སྐྱ་དཔོན་རིགས་ཡོངས་བཅས་བློ་རྩེ་གཅིག་མཐུན་གྱིས་ཆུང་སྲིད་འདི་ཉིད་བསྲེགས་བཅད་བརྡར་གསུམ་བྱས་ཏེ་འཁྲུལ་པའི་དྲི་མ་དང་བྲལ་བ་ཡིན་པས་མགྲིན་དབྱངས་གཅིག་སྒྲུར་གྱིས་བོད་བཞུགས་ཨམ་བན་སྲུང་ཀུའི་བརྒྱུད་གནམ་བསྐྱོས་གོང་མ་ཀོང་ཞུའི་ལ་གསེར་སྙན་སྒྲོན་པས་༧གོང་མ་མཆོག་གི་བཀའ་ཕྱིར་ཕེབས་སུ་“ཀུན་དགའ་རིན་ཆེན་གྱི་ཁྲིའུ་བློ་བཟང་ཐབས་མཁས་རྒྱ་མཚོ་དེ་བཞིན་གསེར་བུམ་བརྟག་དཔྱད་ཞུ་མ་དགོས་པར་འཕྲལ་འཕྲལ་ཏཱ་ལའི་བླ་མ་རིན་པོ་ཆེའི་མཆོག་སྤྲུལ་དུ་ངོས་འཛིན་བྱས་འཐུས་ཡོང་འགྲོ་”①ཞེས་བཀའ་བཞེས་བཟང་པོ་ཐོབ་པས་གཞུང་གནས་ནས་ཆུང་སྲིད་མཆོག་སྤྲུལ་རིན་པོ་ཆེའི་འབྲུངས་གཞིས་སུ་གོང་མ་མཆོག་གི་བཀའ་ལན་སྙན་སྒྲོན་ཞུ་བར་བཀའ་བློན་མདོ་མཁར་བ་ཚེ་དབང་ནོར་བུ་དང་། སྐུ་བཅར་ཞབས་ཞུར་རྩེ་གཟིམ་དཔོན་མཁན་པོ་རྗེ་དྲུང་ངག་དབང་དངོས་གྲུབ་ཀྱིས་གཙོས་གསོལ་ཐབ་ཞབས་འབྲིང་མི་གྲངས་བདུན་སོགས་ཆེད་དུ་མངགས་རྫོངས་གནང་བ་ཧོར་ཟླ་དགུ་པའི་ཚེས་

① （རྣམ་ཐར་ངོ་མཚར་རིན་ཕྲེང་ཤིང་པར་སྟོད་ཆ་ཤོག་གྲངས43）

བཅོ་ལྔ་གཟའ་སྐར་འཕྲུང་འཕྲོད་མཆོག་ཏུ་དགེ་བའི་ཉིན་གྱི་སྔ་དྲོ་སྔགས་མདུན་དུ་ངེས་འགྱུར་ཐུབ་པ་བསྐྱོད་ཅིང་དེ་འཕྲུལ་གསོལ་ཁྲི་དང་། གསོལ་ཇ། དཀར་སྒྲོ། བཞེས་འབྲས་སོགས་ལེགས་པར་བསྒྲིགས་པའི་དབུས་ན་ཡང་སྲིད་རིན་པོ་ཆེ་བཞུགས་ཁྲོག་ལེགས་འབུལ་མཇལ་དར་དང་། མཎྜལ་རྟེན་གསུམ་བསྟར་བ་སོགས་རྟེན་འབྲེལ་མཛད་སྒོ་གནང་།

མེ་གླང་（1877）ལོའི་ཟླ་བཅུ་པའི་ཚེས་ཉེ་ཤུ་ཉིན་གཟའ་སྐར་འཕྲོད་སྦྱོར་བཟང་བས་རྩེ་ནས་གསོལ་གཟིམ་མཆོད་གསུམ་དང་། བཀའ་བློན་གཡུ་ཐོག་པ་ལྷ་དབང་རྡོ་རྗེ། ཐའི་ཇེ་མདའ་དཔོན་སོགས་སེར་སྐྱ་དཔོན་རིགས་ལྔ་བཅུ་ཙམ་གདན་ཞུར་བསྐྱོད་དེ་འབྲུངས་གཞིས་དྭགས་པོ་སྔགས་མདུན་དུ་འགྱུར་འཕྲུལ་བཀའ་བློན་གཡུ་ཐོག་པས་གཙོས་ཕེབས་བསུ་བ་ཡོངས་ཀྱིས་གུས་ཕྱག་ཕུལ་བ་དང་འབྲེལ་སྲིད་གཞུང་སོགས་གཞུང་སྒེར་ནས་ཕུལ་བའི་ལེགས་འབུལ་མཇལ་དར་དང་། མཎྜལ་སྐུ་གསུང་ཐུགས་རྟེན། ན་བཟའ་ཡོ་ཆས། གསེར་དངུལ། གོས་དར་སོགས་བཏེགས་ཤིང་། རང་རང་གོ་བབ་ཀྱི་མཇལ་དར་ཕུལ་ཏེ་ཕྱག་དབང་ཞུས། ཡབ་ཡུམ་སྐུ་འཁོར་ཡོངས་ལ་གསེར་དངུལ་གོས་དར་སོགས་ལེགས་སྐྱེས་གང་གཟབ་ཕུལ། འབྲུངས་གཞིས་ནས་ཀྱང་ཕེབས་བསུ་བ་དཔོན་རིགས་ཞབས་འབྲིང་ཡོངས་ལ་ཡུལ་ལུགས་ལྟར་བསུ་བ་ཞབས་ཏོག་གང་ལེགས་ཞུས།

ཟླ་བཅུ་གཅིག་པའི་ཚེས་གཅིག་གཟའ་སྐར་མཐུན་སྦྱོར་མཆོག་ཏུ་དགེ་བའི་ཉིན་ཡང་སྲིད་མཆོག་སྤྲུལ་ཡབ་ཡུམ་སྐུ་འཁོར་དང་བཅས་ཕེབས་ཐོན་གནང་། ཕེབས་བསུ་བཀའ་བློན་གཡུ་ཐོག་པ་སོགས་ཆིབས་ཞབས་རྣམས་ཀྱི་དབུས་སུ་ཡང་སྲིད་རིན་པོ་ཆེ་ཕེབས་བྲུམས་ལ་བཞུགས་ཁྲོག་གར་རོལ་པ་དང་།

ཧ་དར་བ། གླིད་པ་རྫའི་ཕྲུག་རྒྱ་དང་བཅས་པས་ལམ་སྣེ་དྲངས་ཏེ་འཁྲུངས་གཞིས་ནས་དངོས་སུ་ཆིབས་ཁ་བསྒྱུར། ལམ་འཁེལ་ཡུལ་གྲུ་ཀུན་གྱི་ལྷ་སྡེ་མི་སྡེ་ཡོངས་ནས་ཕེབས་བསུངས་དང་། སེར་སྐྱོངས་ཟ་བཙུང་དར་འཕྱུར་སོགས་ཀྱི་ཞུ་བཀུར་སྣེ་ཞབས་རྟོག་གང་ལེགས་ཞུས་ཏེ་རིམ་བཞིན་ཆིབས་བསྒྱུར་མཛད། དེ་ལོའི་ཟླ་བཅུ་གཅིག་པའི་ཚེས་བཅུ་བཞི་ཉིན་ལྷ་སའི་ཤར་ངོས་ཚལ་གུང་ཐང་དུ་ཕེབས། སྔར་སྲོལ་བཞིན་བོད་བཞུགས་ཨམ་བན་སྲུང་ཀྲུའི་དང་ལས་རོགས་སའི་ལིང་ཨང་རྣམ་གཉིས་ཀྱང་ཚལ་གུང་ཐང་དུ་ངོ་བཅར་མཛད། ཡང་གླིད་རིན་པོ་ཆེ་གཟིམ་ཆུང་ཉི་འོད་དུ་གདན་དྲངས་ཐོག་ཕྲུག་སྟན་སྟེང་ཞལ་ཤར་གཟིགས་སུ་བཞུགས། དེའི་སྐུ་རྒྱབ་ཏུ་རྒྱལ་ཚབ་ཧ་ཚག་ངག་དབང་དཔལ་ལྡན་དང་། ཡོངས་འཛིན་སྐུ་གཞོན་པ་ཕུར་ལྕོག་རིན་པོ་ཆེ། སེར་སྐྱ་དཔོན་རིགས་བཅས་ཕྱུས་མོ་ས་ལ་བཙུགས་ཏེ་བཞུགས། དེ་ནས་ཨམ་བན་སྲུང་ཀྲུའི་ནས་“ཀྱཻ་གོང་མ་བདག་པོ་ཆེན་པོས། ཏཱ་ལའི་བླ་མར་ངོས་འཛིན་བྱས་པ་ཡིན།”ཞེས“ཀྱཻ་གོང་མའི་བཀའ་སྒྲོག་སྒྲུང་ཞུས་འཕྲལ་ཏཱ་ལའི་བླ་མ་མཆོག་གིས་ཞལ་ཤར་དུ་གཟིགས་ཏེ་ཕྲུག་དགུ་ཕྱུགས་ཕུལ་རྗེས་བཞུགས་ཁྲིར་ཞབས་སོར་འཁོད་①ཨམ་བན་སྲུང་ཀྲུའི་དང་ལས་རོགས་སིའི་ལིང་ཨང་རྣམ་གཉིས་ཀྱིས་ཏཱ་ལའི་བླ་མ་མཆོག་ལ་གྲུས་པས་མཇལ་དར་ཕུལ། ཨམ་བན་དང་ལས་རོགས་ལ་ཚུར་མཇལ་དར་ཨ་ཤེ་རེ་དང་། གསོལ་རས་གསེར་ཟངས་ལས་གྲུབ་པའི་སྐུ་བརྙན། སྣམ་ཕྲུས་ལེགས་སྤྱོས་སོགས་གནང་སྐྱེས་གྱི་དོམ་པ་གནང་།”

དེ་ནས་རྟེན་འབྲེལ་མཛད་སྒོ་ཚུགས་ཏེ་ཐོག་མར་རྒྱལ་ཚབ་ཧ་ཚག་ངག་

---

① （རྣམ་ཐར་རིན་ཕྲེང་སྟོད་ཆ་ཤོག་གྲངས47）

དབང་དཔལ་ལྡན་ཡེ་ཤེས་མཆོག་གིས་སྲིད་གཞུང་གི་སྐུ་ཚབ་མཛད་དེ་མཇལ་དར་དང་། མཎྜལ། རིན་ཆེན་སྣ་ལྔ། དར་གོས་ཆེན་སོགས་འབུལ་བ་ཇི་སྙེད་པ་ཕུལ། དེ་རྗེས་གདན་ས་ཆེན་པོ་བཀྲ་ཤིས་ལྷུན་པོའི་སྐུ་ཚབ་མགྲོན་གཉེར་དང་། དེ་བཞིན་དུ་ཐོག་ཐུ་ཁག་དང་། བཀའ་བློན། གུང་ཛ་སག ཐའི་ཇི། སེར་འབྲས་དགའ་གསུམ་གྱི་འཐུས་མི་སོགས་ནས་མཇལ་དར་ཕུལ། ས་སྟག་(1878)ལོའི་ཟླ་དང་པོའི་ཚེས་བཞི་ཉིན་གཞུང་ནས་གདན་ཞུས་ལྟར། ཀུན་གཟིགས་པཎ་ཆེན་སྐུ་ཕྲེང་བརྒྱད་པ་བསྟན་པའི་དབང་ཕྱུག་ལྷ་སར་ཕེབས། ཟླ་དང་པོའི་ཚེས་བཅུ་གཅིག་ཉིན་ཀུན་གཟིགས་པཎ་ཆེན་རིན་པོ་ཆེ་མཆོག་དང་། རྒྱལ་ཚབ་ཏ་ཚག་ཐུང་ཞན་ཏུ་ཐོག་ཐུ་ངག་དབང་དཔལ་ལྡན། ཡོངས་འཛིན་ཕུར་ལྕོག་བློ་བཟང་ཚུལ་ཁྲིམས་བྱམས་པ་རྒྱ་མཚོ་སོགས་གུང་ཐང་དུ་ཆིབས་བསྐྱོད་གནང་སྟེ་༧རྒྱལ་བའི་ཡང་སྲིད་དང་ཞལ་འཛོམས་གནང་ཐོག་ཕན་ཚུན་མཇལ་དར་འབུལ་རེས་མཛད། དེ་རྗེས་ཏཱ་ལའི་བླ་མ་མཆོག་གི་དབུ་སྐྲའི་གཙུག་ཕུད་མ་གཏོགས་དབུ་སྐྲེས་དང་། དར་གོས་ཀྱི་ན་བཟའ་རྣམས་དོར་ཏེ་རབ་བྱུང་གི་ཆ་ལུགས་མནབས་ཤིང་། གཟིམས་ཆུང་ཉི་འོད་ཀྱི་རྟེན་གཙོ་བྱིན་ཅན་གྱི་སྤྱན་སྔར་པཎ་ཆེན་རིན་པོ་ཆེ་མཆོག་གིས་ཆུང་སྲིད་རིན་པོ་ཆེའི་དབུ་སྐྲའི་གཙུག་ཕུད་བཞེས་ཏེ་“རྗེ་བཙུན་ངག་དབང་བློ་བཟང་ཐུབ་བསྟན་རྒྱ་མཚོ་འཇིགས་བྲལ་དབང་ཕྱུག་ཕྱོགས་ལས་རྣམ་པར་རྒྱལ་བའི་སྡེ་དཔལ་བཟང་པོ་”ཞེས་མཚན་གསོལ་བ་དང་ཆབས་ཅིག་བཞུགས་ཁྲི་ལས་བཞེངས་ཏེ་མཇལ་དར་དང་གསེར་ཟངས་ལས་གྲུབ་པའི་ཚེ་དཔག་མེད་ཀྱི་སྐུ་རྙིང་མ་ཕྱོན་ལེགས་པ་ན་བཟའ་དང་ལྡན་པ་ཞིག་འབུལ་གནང་མཛད། དེ་འཕྲལ་ཏཱ་ལའི་བླ་མ་མཆོག་གིས་མཇལ་དར་ནང་མཛོད་ཕྱུས་ལེགས་གཅིག གསེར་ཟངས་ཀྱི་སྐུ་བརྟན་ཕྱུས་

ལེགས་ནམ་ལྷན་ཞིག་འབྱུལ་གནང་མཛད། དེ་ནས་བོད་ས་གནས་སྲིད་གཞུང་དང་བཀྲ་ཤིས་ལྷུན་པོས་སྔ་རྗེང་དུ་ཡང་སྲིད་རིན་པོ་ཆེ་དབུ་སྐྲ་གཙུག་ཕུད་འབྱུལ་བཞེས་དང་མཚན་གསོལ་བའི་མཛད་སྒོའི་རྟེན་འབྲེལ་ཞུ་ཆེད་འདུ་ཁང་ཆེན་མོར་དཀར་སྤྲོའི་དགྱེས་སྟོན་གཟབ་རྒྱས་བཤམས། སྐྱེ་བོ་སེར་སྐྱ་མཐའ་དག་དགའ་སྤྲོའི་དཔལ་ལ་ཅི་དགར་རོལ།

ཟླ་དེའི་ཚེས་བཅོ་བརྒྱད་ཉིན་ཏཱ་ལའི་བླ་མ་མཆོག་རྒྱལ་ཚབ་ཏ་ཚག་ངག་དབང་དཔལ་ལྡན་དང་། བླ་སྤྲུལ་ཁག དྲུང་རིགས་སེར་སྐྱ་སོགས་ཆིབས་ཞབས་དུ་མའི་དབུས་སུ་གུང་ཐང་གཙུག་ལག་ཁང་ནས་ཆིབས་ཁ་བསྒྱུར་ཏེ་ལྷ་སའི་སྙིང་ཆུའི་བྱང་ངོས་དབེན་གནས་རི་རྒྱ་བསམ་གཏན་གླིང་དུ་ཕེབས་ཏེ་ལོ་འཁོར་གཅིག་ཙམ་དེར་བཞུགས། སྐབས་དེར་ཀུན་གཟིགས་པཎ་ཆེན་བསྟན་པའི་དབང་ཕྱུག་གཞིས་རྩེར་ཕྱིར་ཕེབས་མཛད། དེ་ནས་བོད་ས་གནས་སྲིད་གཞུང་གིས་བོད་བཞུགས་ཨམ་བན་སྲུང་ཀུའི་བརྒྱུད་“ཏཱ་ལའི་བླ་མ་རིན་པོ་ཆེ་ཕྱི་ལོ་གསེར་ཁྲིར་མངའ་གསོལ་ཞུ་འཐུས་དང་། སྤར་ལམ་ནོར་བུའི་འཛའ་ས་དང་གསེར་གྱི་འཛའ་ས་བཅས་འཛུགས་གནས། གསེར་ཐམ་ཡང་སྤར་རྒྱུན་བེད་སྤྱོད་ཞུས་འཐུས། ཕྱོགས་མཚུངས་ཕེབས་བྲམས་སེར་པོ་སོགས་སྤར་སྤྲོལ་བཞིན་བསྐུལ་ཐུབ་པ་” ཞེས་གོང་མ་ཆེན་པོར་དྲལ་ཅེའི་ཐོག་གསེར་སྙན་སྒྲོན་འབྱུལ་ཞུས་པས་ས་ཡོས་ (1879) ལོའི་ཕྱི་ཟླ་ལྔ་པའི་ནང་གོང་མའི་བཀའ་མཆན་ཕྱིར་ཕེབས་སུ་“ཏཱ་ལའི་བླ་མའི་སྐྱེ་སྤྲུལ་རིན་པོ་ཆེ་ངོས་འཛིན་གཏན་འཁེལ་ཟིན་ཏེ་འདི་ལོ་ཟླ་བ་དྲུག་པའི་ཚེས་བཅུ་གསུམ་ཉིན་མངའ་གསོལ་བྱ་རྒྱུ་སོགས་ཤིན་ཏུ་ནས་བཀྲ་ཤིས་པའི་དོན་གནད་བཟང་པོར་སོང་གཤིས། ངོས་ཀྱང་དགའ་སྤྲོ་ལྷག་པར་ཐོབ་ཅིང་། ཏཱ་ལའི་བླ་མའི་མཆོག་སྤྲུལ་ལ་གནང་སྐྱེས་

སྲུ་ཁ་བཏགས་སེར་པོ་གཅིག སྐུ་བརྟན་གཅིག བཟླས་ཕྲེང་གཅིག རྡོར་དྲིལ་ཆ་ཚང་གཅིག་བཅས་བསྐུལ་ཡོད། ཕྱོགས་མཚུངས་ཏཱ་ལའི་བླ་མ་སྐུ་གོང་མར་བསྐུལ་ཕྱོབ་བྱུང་བའི་སེར་གྱི་ཐམ་ག་དེ་བཞིན་ཏཱ་ལའི་བླ་མ་གསེར་ཁྲིར་འཁོད་སྐབས་ཐུགས་རྗེ་ཆེ་ཞུའི་ཞུ་ཡིག་ཕྱོག་ཕབ་འཐུས་དང་། འགྲོགས་བྱམས། ཤིང་རྟ། སྒ་འཕོལ་སྲབ་མདའ། ཁྲུ་རལ་སོགས་ཁ་དོག་སེར་པོ་ཡང་སྤར་ལམ་བེད་སྤྱོད་བཀྱིས་འཐུས། ཡབ་ཀུན་དགའ་རིན་ཆེན་ལ་གུང་གི་ཚོ་ལོ་དང་། ནོར་བུའི་ཏོག རྒྱ་བྱའི་སྒྲོ་མདོངས་བཅས་གསོལ་རས་ཡོད་པས་དགའ་བར་གྱིས་”①
ཞེས་འཁོད་ཡོད།

ཡབ་ཀུན་དགའ་རིན་ཆེན་ལ་གུང་གི་ཚོ་ལོ་བསྐུལ་རྗེས་སྔར་ལམ་ལྟར་གཞུང་གིས་སྒོས་གཞིས་རྒྱ་ཆེ་དང་ཞིང་ཁྲན་མང་པོ་གནང་བས་མངའ་བདག་ཆེ་གྲས་སུ་གྱུར་པ་ལྟར་ཡབ་གཞིས་གླང་མདུན་ཞེས་གྲགས།

དེ་ནས་ཟླ་ལྔ་པའི་ཚེས་བཅུ་ཉིན་རྒྱལ་ཚབ་ཏཱ་ཚག་ཐང་ཞབ་ཏུ་ཕྱོག་ཐུ་ངག་དབང་དཔལ་ལྡན་དང་། བཀའ་བློན། གུང་ཇོ་སག ཐའི་ཇི་སོགས་བོད་ཀྱི་སེར་སྐྱ་དཔོན་རིགས་ཆེ་གྲས་ཁག་རེ་རྒྱ་བསམ་གཏན་གླིང་དུ་ཏཱ་ལའི་བླ་མ་གདན་འདྲེན་པར་ཕེབས། ཚེས་བཅུ་གཉིས་ཉིན་ཏཱ་ལའི་བླ་མ་མཆོག་དང་། ༄རྒྱལ་ཚབ་ཏཱ་ཚག་ངག་དབང་དཔལ་ལྡན་ཡེ་ཤེས་སོགས་སྣང་སྟོད་འདོད་རྒྱུ་ཐང་དུ་བཞུགས་སྐར་བཀྲ་ཤིས་མངོན་པར་ཉམས་དགའི་གནས་དེར་ཆིབས་བསྒྱུར་གནང་རྒྱུ་ཡིན་པས་བཞུགས་སྐར་དུ་བོད་བཞུགས་སྲུང་ཀུའི་ཨམ་བན་དང་། ཕེབས་བསུ་བ་སེར་སྐྱ་དཔོན་རིགས་ཡོངས་རྫོགས་འཛོར་ཞིང་། ཏཱ་

① （རྣམ་ཐར་རིན་ཕྲེང་སྟོད་ཆ་ཤོག་གྲངས52－53）

ལའི་བླ་མ་མཆོག་ཕེབས་བྱམས་ལ་བཞུགས་ཐོག་༧རྒྱལ་ཚབ་རྗེ་ཚག་ངག་དབང་དཔལ་ལྡན། ཡོངས་འཛིན་ཕུར་ལྕོག་བློ་བཟང་ཚུལ་ཁྲིམས་སོགས་ཆིབས་ཞབས་དང་བཅས་སྣང་སྟོད་འདོད་རྒྱ་ཐང་གི་བཞུགས་སྒར་དུ་ཕེབས། ཨམ་བན་དང་མཇལ་དར་སྣེ་སྤྲོད་མཛད་དེ་མཇལ་གྲུར་ཆེན་མོའི་ནང་བཞུགས་ཁྲིར་ཞབས་སོར་འཁོད་རྗེས་རྒྱལ་ཚབ་རྗེ་ཚག་ཐུང་ཞན་རྟ་ཐོག་ཐུ་ངག་དབང་དཔལ་ལྡན་དང་ཀུན་གཟིགས་པཎ་ཆེན་བསྟན་པའི་དབང་ཕྱུག་གི་སྐུ་ཚབ། ཡོངས་འཛིན་ཕུར་ལྕོག་བློ་བཟང་ཚུལ་ཁྲིམས། དེ་མོ་ཏུ་ཐོག་ཐུ་ངག་དབང་བློ་བཟང་འཕྲིན་ལས་རབ་རྒྱས་སོགས་སྤྲུལ་སྐུ་ཆེ་ཁག གུང་དང་ཞབས་པད། ཐོགས་མདའ་རྩིས་སྲུས་ཤར་བྱུང་ཆོས་རྗེ་རྣམ་གཉིས། སེར་འབྲས་དགའ་གསུམ། རྒྱུད་གྲྭ་སྟོད་སྨད་ཀྱི་སློབ་དཔོན། དྲུང་རིགས་སེར་སྐྱ་ཁྲིངས། གླིང་ཁག རྩེ་ཏྲ། བཞི་སྡེ། ཁང་ཡོད་ཁང་ཆུང་། ཁ་ཆེ། བལ་པོ། སྐྱ་དར་བ་སོགས་ནས་རང་རང་གི་གོ་བབ་ལྟར་རིམ་བཞིན་མཇལ་དར་ཕུལ་རྗེས་རྟེན་འབྲེལ་མཛད་སྒོ་ཚུགས།

ཚེས་བཅུ་གསུམ་ཉིན་དྭ་ལའི་བླ་མ་གསེར་ཁྲིར་འཁོད་པའི་མཛད་སྒོ་དངོས་སུ་ཚུགས་རྒྱུ་ཡིན་སྐབས་གནའ་བོའི་ཡུལ་མཆོག་ལྷ་ས་དང་ཉེ་འདབས་ཀྱི་གྲོང་སྡེ་གང་སར་བསངས་དང་གདུག་སྤོས་ཀྱི་དྲི་ཞིམ་ཀུན་ཏུ་ཁྱབ། ཕེབས་ལམ་གཡས་གཡོན་དུ་རྡོ་སྣར་དང་དཀར་ཐིག་འཐེན། ཕོ་བྲང་ཆེན་པོ་པོ་ཏ་ལ་དང་། ར་ས་འཕྲུལ་སྣང་གཙུག་ལག་ཁང་སོགས་ཀྱི་ཡང་སྟེང་དུ་གདུགས་དང་། རྒྱལ་མཚན། བ་དན། བཀྲ་ཤིས་ཁྲ་རིང་སོགས་ཀྱིས་མཛེས་པར་བརྒྱན་པས་ལྷ་ས་འདི་ཡང་མཐོ་རིས་ལྷ་ཡི་ཞིང་ཁམས་མི་ཡུལ་དུ་འཐོས་པ་ལྟ་བུར་གྱུར། རྫ་དང་། སིལ་སྙན། དུང་ལ་སོགས་པའི་རོལ་མོའི་རྣམ་གྲངས་ཀྱི་སྒྲ་དབྱངས་སྙན་པར་

སྒྲིག་པའི་ཁྲིད་དུ་དྷ་ལའི་བླ་མ་མཆོག་ཕེབས་བྱམས་སེར་པོ་བྱམས་འདེགས་པ་བརྒྱད་ཀྱིས་བཏེགས་པའི་ནང་བཞུགས། རྒྱལ་ཚབ་རྟ་ཚག་ཐུང་ཞན་ཧུ་ཐོག་ཐུ་དང་། ཡོངས་འཛིན་ཕུར་ལྕོག་བློ་བཟང་ཚུལ་ཁྲིམས། དགའ་ལྡན་ཁྲི་གདན་ཟུར། ཧུ་ཐོག་ཐུ་ཁག སྐྱེ་སྤྲུལ་ཆེ་ཁག ཀུང་། ཞབས་པད། ཛ་སག ནང་མ་མཁན་སྡེ། དྲུང་སྐྱ་སེར། ཆེན་ཁྲལ་དཔོན་རིགས་ཁག དེ་བཞིན་ལ་དྭགས་ཁ་ཆེ། བལ་པོ་ཨ་རྟྣ་སོགས་ཆིབས་ཞབས་དང་བཅས་ཕེབས། སྔོན་གྲོང་ཟམ་པ་བརྒྱུད་ཤར་སྐྱ་རེངས་ནས་རྒྱ་བོད་དམག་དཔུང་ཊ་བསྒྲིགས་ཏེ་སྤྱིས་སྟེ་སྤྱིས་འཛུགས་ཞུས། ལྷ་ལྡན་གསུང་ཆོས་ར་བར་ཕེབས་སྐབས་གཞུང་བསྟེན་གནས་ཆུང་འོད་ལྡན་དཀར་པོའང་བསུ་བར་བཅར། དེ་ནས་སྟར་སྒྲོལ་ལྟར་གཙུག་ལག་ཁང་དུ་ཛོ་བོ་ཤཀྱ་མུ་ནེ་དང་། འཕགས་པ་རང་བྱུང་ལྔ་ལྡན། སྲོང་བཙན་སྒམ་པོ། རྒྱ་བཟའ། བལ་བཟའ། དཔལ་ལྡན་ལྷ་མོ་སོགས་རྟེན་གསུམ་ཁག་ལ་སྣན་ཞལ་སྒྲོན་འབུལ་སོགས་གནས་གཟིགས་ཀྱི་མཛད་སྒོ་རྒྱ་ཆེ་གནང་། དེ་ནས་རྩེ་པོ་བྲང་དུ་ཕེབས་ནས་གཟིམས་ཆུང་ཉི་འོད་འགག་བརྒྱུད་ཕེབས་ཏེ་གོང་མའི་འདྲ་ཐང་དང་འཕགས་མཆོག་ལོ་ཀེ་ཤྭ་རའི་སྣང་བརྙན་སོགས་ལ་སྐུ་ཕྱག་དང་སྣན་ཞལ་འབུལ་གནང་མཛད། དེ་ནས་ཆོས་བཅུ་བཞི་ཉིན་གཟའ་སྐར་མཐུན་སྦྱོར་ཕུན་སུམ་ཚོགས་པས་རྩེ་མོ་བྲང་ཆེན་པོའི་ཚོམས་ཆེན་སྲིད་ཞི་ཕུན་ཚོགས་སུ་བཞུགས་ཁྲིར་ཞབས་སོར་འཁོད་པའི་ཆེ་འདོན་མངའ་གསོལ་ཞུ་སྐབས་༧གོང་ས་ཆེན་པོའི་སྐུ་ཚབ་ཨམ་བན་མཆོག་ནས་༧གོང་མའི་གནང་སྐྱེས་རྣམས་སྟེགས་ཀྱི་ཁར་བཤམས་ཐོག་༧གོང་ས་ཆེན་པོས་དྷ་ལའི་བླ་མ་ཉིད་གསེར་ཁྲིར་མངའ་གསོལ་ལ་མཆོག་ཏུ་དགྱེས་པའི་གཟེངས་བསྟོད་ཀྱི་བཀའ་ཡིག་བསྒྲལ་བ་དེ་མཁན་དྲུང་བགྲེས་པས་སྐད་གསང་མཐོན་པོས་སྣན་སྒྲོན་ཞུས་མ་

ཐག་ཏུ་ཨམ་བན་སུང་ཀུའི་མཆོག་ནས་ལེགས་འབུལ་མཇལ་དར་སྤུས་ལེགས་གཅིག་དང་། གཡང་ཏི་སྟོན་པོའི་ཏུ་ཡི་གཅིག་སོགས་ཕུལ་ཞིང་། གོང་མ་ཆེན་པོས་བསྩལ་བའི་ལེགས་སྐྱེས་གོས་ཀྱང་ཧོན་ལས་གྲུབ་པའི་ཞལ་ཐང་ཆེ་བ་གཅིག ཁ་བཏགས་གཅིག གཡང་ཏིའི་ཞལ་དཀར་ཡུ་རིང་གཅིག དངུལ་ལ་ཚ་གསེར་བཏང་བའི་འཁོར་ལོ་གཅིག དངུལ་གྱི་མཎྜལ་ཆེ་བ་གཅིག་རྒྱ་དངུལ་སྲང་ཆིག་ཁྲི་ཐམ་པ་སོགས་རིན་ཐང་བྲལ་བའི་དངོས་པོ་ཧེ་སླེད་པ་བསྐུར། དུས་དེར་རྒྱལ་དབང་ཐུབ་བསྟན་རྒྱ་མཚོ་གསེར་ཁྲིར་མངའ་གསོལ་བའི་དགའ་སྟོན་རྟེན་འབྲེལ་ཞུ་ཆེད་རྩེ་ཞོལ་རྡོ་རིང་སྣང་དུ་བོད་ཀྱི་ས་གནས་ཁག་ནས་འོངས་པའི་གྲྭ་པ་གཞས་མ་དང་། ལྷ་མོ་བས་གླུ་གར་གྱི་འཁྲབ་སྟོན་སྣ་ཚོགས་བྱས། ན་གཞོན་ཕོ་མོ་གྲངས་ལས་འདས་པས་གཟབ་མཆོར་སྣ་ཚོགས་སྤྲས་ཏེ་བཀྲ་ཤིས་གླུ་དབྱངས་བླངས། མདོར་ན་སྟོད་མངའ་རིས་བསྐོར་གསུམ་དང་། བར་དབུས་གཙང་རུ་བཞི། སྨད་མདོ་ཁམས་སྒང་དྲུག་གི་ལྷ་སྡེ་མི་སྡེ་ཡོངས་ཀྱི་སྐྱེ་བོ་མཐའ་དག་དགའ་སྤྲོའི་དཔལ་ལ་ཅི་དགར་རོལ།

དེ་ནས་ཕྱིར་ལམ་ལྷར་སྦྲ་ཡེར་མཁན་པོ་གཏོང་གནང་མཛད་དེ་འཇམ་དབྱངས་གོང་མ་ཆེན་པོར་བསྟུགས་བརྗོད་ཀྱི་ཡི་གེའི་ནང་། "སྟོན་ཚད་བདག་ཅག་མཐའ་འཁོབ་སྐྱེ་བོ་ཡི། བདེ་སྐྱིད་མ་ལུས་ཁྱོད་ཀྱི་བཀའ་དྲིན་ཏེ། ད་དུང་ཁྱོད་མིན་སྐྱབས་གནས་སུ་ལ་རེ།" ཞེས་འཁོད།

ཆུ་རྟ་(1882)ལོར། ཏཱ་ལའི་བླ་མ་མཆོག་དགུང་གྲངས་བདུན་ལ་ཕེབས་པའི་སྐབས་དེར་ཀུན་གཟིགས་པཎ་ཆེན་བསྟན་པའི་དབང་ཕྱུག་སློང་གཞི་བཞེས་སྟབས་རྒྱལ་ཚབ་རྟ་ཚག་ཐུང་ཞན་ཧུ་ཐོག་ཐུ་ངག་དབང་དཔལ་ལྡན་གྱི་དྲུང་ནས་དགེ་ཚུལ་གྱི་སྡོམ་པ་བཞེས།

ཆུ་རྟ་(1882)ལོར། ཀུན་གཟིགས་པཎ་ཆེན་བསྟན་པའི་དབང་ཕྱུག་དགོངས་པ་ལྷ་ངན་ལས་འདས། མེ་ཕྱི་(1886)ལོའི་ཟླ་བཞི་པའི་ཚེས་བརྒྱད་ཉིན་གྱི་ཉི་ནུབ་དུས་དེར་རྒྱལ་ཚབ་རྟ་ཚག་ཐུང་ཞན་ཧུ་ཐོག་ཐུ་ངག་དབང་དཔལ་ལྡན་མཆོག་རྟེ་ཤར་བརྒྱུད་ཤོད་གཟིམ་ཆུང་དུ་སྐུ་གཤེགས། "ཆོས་དགུ་ཉིན་བོད་བཞུགས་ཟ་མ་ཨམ་བན་ནས་ཡོངས་འཛིན་སྲིད་སྐྱོང་ཆེན་པོའི་སྐུ་གདུང་ལ་ཞིབ་འཇུག་དང་། ཐམ་ཀར་དོ་དམ་བྱས་" "ཆོས་བཅུ་གསུམ་ཉིན་བཀའི་མདུན་ན་འདོན་རྣམ་བཞི་དང་། སྤྱི་ཁྱབ་མཁན་པོ་བཅས་ནས་མཇལ་དར་མཎྜལ་རྟེན་གསུམ་འདེགས་འབུལ་གྱི་སྒོ་ནས་གོང་ས་ཆེན་པོ་སྐུ་ན་མ་སོན་ཅིང་། ཐུགས་གཉེར་གསན་བསམ་མཛད་དགོས་དང་བཅས་རེ་ཞིག་འཕྲིན་ལས་ཀྱི་མཛད་པོ་སྲིད་སྐྱོང་ཁུར་འཛིན་དེ་མོ་ཧོ་ཐོག་ཐུ་རང་འོས་ཚུལ་གོ་བསྟུར་སྙན་སྒྲོན་ཞུ་བར་མཛད་"①ཅེས་གསལ་ཞིང་། དེ་ནས་ཏཱ་ལའི་བླ་མའི་དགོངས་མཐུན་བྱུང་འཕྲལ་བོད་བཞུགས་ཨམ་བན་གཉིས་ལ་བཀའ་ཤག་ནས་གོ་བསྟུར་ཞུས་པ་ལའང་མོས་མཐུན་བྱུང་འདུག་པ་ནི་རྣམ་ཐར་ནང་"སྲིད་སྐྱོང་ལས་ཚབ་གསར་བསྐོའི་སྐོར་བོད་བཞུགས་ཨམ་བན་གཉིས་ལའང་བཀའ་བསྟུར་མཛད་པ་བཞིན་དེ་མོ་ཧོ་ཐོག་ཐུ་རང་ལ་ཐུགས་གཏན་འཁེལ་དོན། ཨམ་བན་བཀའ་འབྲེལ་བཀའི་ཕྱིང་སང་ཧྲ་མདོ་གཡུ་གསུམ་གོང་ས་མཆོག་ལ་སྙན་སྒྲོན་ཞུ་བར་ཕེབས"②ཞེས་འཁོད་པ་བཞིན་ཨམ་བན་གཉིས་ནས་དེ་མོར་སྲིད་སྐྱོང་བསྐོ་བཞག་ཡོང་བའི་གོང་མ་ཆེན་པོར་གསེར་སྙན་སྒྲོན་པ་དང་། བོད་ཀྱི་སྲིད་

① (རྣམ་ཐར་རིན་ཕྲེང་སྟོད་ཆ་ཤོག་གྲངས138)

② (རྣམ་ཐར་རིན་ཕྲེང་སྟོད་ཆ་ཤོག་གྲངས140)

འགན་རྒྱུན་མཐུད་སྐྱོང་དགོས་སྐབས་ལོ་དེའི་ཧོར་ཟླ་ལྔ་པའི་ཚེས་བཅུ་གསུམ་ཉིན་དེ་མོ་ཧོ་ཐོག་ཐུ་སྲིད་སྐྱོང་ལས་ཚབ་ཀྱི་ཆེ་འདོན་བསྐྱངས་འདུག

དེ་ནས་གོང་མ་ཆེན་པོའི་བཀའ་ལན་འཁོར་རྗེས་སྲིད་སྐྱོང་གི་ཁྲི་འདོན་དངོས་གཞི་གནང་བའི་སྐོར་རྣམ་ཐར་ནང་། ལོ་དེ་གའི་ཟླ་བ་དགུ་པའི་ཚེས་བཅུ་གསུམ་ཉིན་“འཇམ་དབྱངས་གོང་མ་ཆེན་པོ་ནས་གསེར་གྱི་བཀའ་ཤོག་རིན་པོ་ཆེ་བསྩལ་ཕེབས་དགོངས་དོན་བཞིན། དེ་མོ་ཧོ་ཐོག་ཐུ་མཆོག་ནས་གངས་ལྗོངས་ཆབ་སྲིད་འཕྲིན་ལས་ཀྱི་འཚོ་འཛིན་ཐུགས་འགན་གཙང་བཞེས་ཀྱི་ཁྲི་ཕེབས་དང་། ལས་ཐམ་རྗེས་བཞེས་ཀྱི་མཛད་སྒོ་ཆབས་ཅིག་བསྐྱང་རྒྱུའི་སླད་དུ……” རྩེ་ཕོ་བྲང་དུ་ཕེབས་ཏེ་ཐོག་མར་ཤར་རྒྱུད་ཤོད་གཟིམ་ཆུང་རིག་གནས་ཀུན་གསལ་དུ་སྔར་སྲོལ་རྟེན་འབྲེལ་གྱི་མཛད་སྒོ་རྣམས་གནང་། “དེ་ནས་ཉི་འོད་དུ་མཆོད་ཡོན་ཐབས་གཅིག་ཏུ་གསེར་ཞལ་ལྷན་འཛོམས་པའི་སར་ཕོད་བཞུགས་ཨམ་བན་ནས་དངུལ་ཐམ་ཆེ་མོ་ཟ་མ་ཏོག་ནས་ཕྱུང་སྟེ་སྲིད་སྐྱོང་ཆེན་པོའི་ཕྱག་ཏུ་ཕུལ”①ཞེས་གསལ་བ་ལྟར་དེ་ནས་བཟུང་ཆབ་སྲིད་ཀྱི་གནང་སྒོ་རྣམས་དངོས་སུ་ཕྱག་བསྟར་མཛད།

སྤྱི་ལོ1888ས་བྱི་ལོའི་ཟླ་བ་དང་པོའི་ཚེས་བཅུ་བཞི་ཉིན་པཎ་ཆེན་སྐུ་ཕྲེང་བརྒྱད་པའི་ཡང་སྲིད་འོས་སྦྱུལ་དྭགས་པོ་ཕྱུམ་པ་ཁྱུལ་དང་། ལ་མོ། ཐོབ་རྒྱལ་བཅས་སུ་ཁྲིའུ་གསུམ་ཐོན་པ་སྟར་ལམ་རྩེ་གཟིམ་ཆུང་ས་གསུམ་རྣམ་རྒྱལ་དུ་བུམ་སྒྲུབ་དང་འབྲེལ་མཚན་བྱང་གསེར་བུམ་དཀྲུག་འདོན་བསྐྱངས་དོན། དགས་ཕྱུམ་གྱི་ཁྲིའུའི་མཚན་བྱང་འཕར་ཏེ་ཐོན་པས་པཎ་ཆེན་སྐུ་ཕྲེང་དགུ་པ

① （རྣམ་ཐར་རིན་ཕྲེང་སྟོད་ཆ་ཤོག་གྲངས148）

ཆོས་ཀྱི་ཉི་མ་མཆོག་ཡང་སྲིད་འཁྲུལ་བྲལ་དུ་ངེས་པ་རྙེད་ཐུབ་པ་བྱུང་།

དུས་དེར་བོད་ཀྱི་གནས་ཚུལ་ཧ་ཅང་རྙོག་འཛིང་ཆེ་བའི་གནས་སུ་གྱུར་བ་སྟེ། ཆིན་རྒྱལ་རབས་ཀྱི་དབང་བསྒྱུར་སྣུམ་ཐད་སྒྲོན་མེ་དང་མཚུངས་པས། དབྱིན་ཇི་བཙན་རྒྱལ་རིང་ལུགས་པ་སོགས་ཀྱིས་བོད་ལ་བཙན་འཛུལ་བྱེད་པའི་ཧམ་སེམས་ཉིན་བཞིན་ཇེ་ཆེར་ཕྱིན། རྒྱལ་དབང་ཐུབ་བསྟན་རྒྱ་མཚོ་སྐུ་ན་ཕྲ་བས་བོད་ཀྱི་དབང་བསྒྱུར་གྲལ་རིམ་ནང་ཁྲུལ་སྲིད་དབང་འཁྲུག་རེས་བྱེད་པའི་འགལ་བའང་རྙོག་འཛིང་ཅན་དུ་འགྱུར་བ་དང་བཅས་སོ།

2. དབྱིན་ཇི་བཙན་རྒྱལ་རིང་ལུགས་ལ་ཛ་དྲག་བྱེད་པའི་དམག་འཁྲུག་ཐེངས་དང་པོ་བྱུང་སྐོར།

དུས་རབས་བཅུ་དགུ་པའི་སྐབས་སུ་འཛམ་གླིང་མ་རྩའི་རིང་ལུགས་དེ་སྔར་སྔོམ་མ་རྩའི་རིང་ལུགས་དང་བཙན་རྒྱལ་རིང་ལུགས་ཀྱི་དུས་སྐབས་སུ་སླེབས་ཤིང་། བཙན་རྒྱལ་རིང་ལུགས་རྒྱལ་ཁབ་ཁག་དབར་ཚོང་ར་དང་། ཐོན་སྐྱེད་རྒྱུ་ཆས་འཁྲུག་རེས་བྱེད་པའི་དམག་འཐབ་ཡང་ཡང་ལངས་ཤིང་། དུས་དེར་ཆིན་ཀྲུང་དབྱང་སྲིད་གཞུང་ཧ་ཅང་ཉམས་ཞན་གྱི་གནས་སུ་ལྷུངས་ཏེ་རང་རྒྱལ་སྲོ་ནུབ་ས་ཁུལ་སོགས་ས་གནས་མང་པོར་དབང་བསྒྱུར་བྱེད་པའི་ནུས་པ་དང་བྲལ་བས་དབྱིན་ཇི་དང་ཨུ་རུ་སུས་ཟེ་ཁྲིན་བོད་རིགས་ས་ཁུལ་ཁག་ལ་ཕྱི་རྒྱལ་གྱི་ཆོས་ཁང་བཙུགས། དབྱིན་ཇི་དང་ཨུ་རུ་སུའི་དབར་ས་གནས་དེ་དག་ཕན་ཚུན་འགྲན་རྩོད་བྱེད་པའི་རྩོད་གླེང་ཡང་ཡང་ལངས། དུས་དེར་དབྱིན་ཇིས་བཙན་བཟུང་གི་ས་ཆ་རྒྱ་སྐྱེད་གཏོང་བ་དང་བོད་ཕྱིལ་པོ་བཙན་བཟུང་བྱེད་པའི་དམིགས་ཡུལ་བསྒྲུབ་ཆེད་ཆོས་སྤྱེལ་བ་དང་། ཡུལ་བསྐོར། གཏེར་རིགས་བརྟག་ཞིབ་བྱེད་པ་སོགས་ལ་ཁ་གཡར་ནས་སྣ་རྗེས་སུ་གསང་ཇུས་མང་པོ་བོད་

དུ་བཏང་། བོད་ཀྱི་མི་རིགས་ཁག་གི་མི་དམངས་ཀྱིས་ཁོ་པ་ཚོའི་གཡོ་སྒྱུའི་སྤྱོར་
བ་གསལ་པོར་རྟོགས་ཏེ་ངོ་རྒོལ་མཐའ་གཅིག་ཏུ་བྱས་སྐབས་དབྱིན་ཇིས་བཙན་
འཛུལ་གྱི་དམིགས་ཡུལ་དེ་བསྒྲུབ་ཆེད་ཐབས་ལམ་གཞན་ཞིག་བཙལ་བ་སྟེ་ཐོག་
མར་བོད་ཀྱི་ས་འབྲེལ་རྒྱལ་ཁབ་ཚུང་ངུ་ཁག་གཅིག་བཙན་བཟུང་བྱས་པ།
དཔེར་ན། ཤིང་ཁྱི་(1814)ལོར། དབྱིན་ཇིས་གཡོ་སྒྱུའི་སྤྱོར་བས་འབྲས་
ལྗོངས་པར་དཔུང་རོགས་བྱས་ཏེ་བལ་པོའི་ལག་ནས་ས་ཆ་ཁག་གཉིས་བཙན་
འཕྲོག་བྱས། དུས་དེར་བལ་པོས་ཕྱོགས་གཅིག་ནས་དབྱིན་ཇི་བཙན་རྒྱལ་
དམག་ལ་ངོ་རྒོལ་མཐའ་གཅིག་ཏུ་བྱས་པ་དང་། ཕྱོགས་གཞན་ཞིག་ནས་བོད་
བཞུགས་ཨམ་བན་ཞི་མིང་མཆོག་ལ་དཔུང་རོགས་གཏོང་རྒྱུའི་རེ་བ་ཛེ་ལྟར་ཞུས་
ཀྱང་དེས་དཔུང་རོགས་གཏོང་རྒྱུ་ལྟ་ཞོག "དོན་མེད་རྙོག་དྲ་བཟོས་ན་མི་
འགྲིག"ཅེས་ཁ་ཧྲུང་བཏང་། དེར་བརྟེན་བལ་པོ་བྱེའུ་ཕྲུག་ཐང་ལ་ལུས་པ་ལྟ་
བུར་གྱུར་ནས་དབྱིན་ཇི་བཙན་འཛུལ་པར་འགོག་རྒོལ་བྱེད་ཐབས་དབེན་པའི་
གནས་སུ་ལྷུངས་ནས་མཐར་མགོ་བཏགས་ཞུས་ཏེ་འདྲ་མཉམ་མིན་པའི་ས་ག་
ལིའི་ཆིངས་ཡིག་མ་བཞག་ཐབས་མེད་དུ་གྱུར་ཅིང་། དབྱིན་ཇིས་བལ་པོ་རྒྱལ་
ཁབ་ཚུང་ངུ་དེར་གཅིག་འཇུག་གཉིས་མཐུད་ཀྱིས་བཙན་འཛུལ་བྱེད་པའི་
དམིགས་ཡུལ་གཙོ་བོ་ནི་བལ་ཡུལ་དང་ས་འབྲེལ་ཡིན་པའི་ས་རྒྱ་ཆེ་ལ་དམག་
ཤུགས་ཞན་པ་དང་། ཆོས་དད་ཆེ་ལ་དོགས་ཟོན་ཆུང་བ། མི་འབོར་ཉུང་ལ་
ཐོན་ཁུངས་མང་བའི་བོད་འདི་ཟ་སེམས་བཅངས་པ་དེ་ཡིན། དེ་ནས་དབྱིན་
ཇིས་འབྲུག་པའི་མི་ཁག་གཅིག་དང་ངན་འབྲེལ་བྱས་ཏེ་བོད་ཀྱི་ས་ཁོངས་ནོན་
དང་། མཚོ་སྣ་སོགས་བཙན་བཟུང་བྱེད་པའི་གྲབས་གཞོམ་བྱས་པ་མ་ཟད།
འབྲུག་ཡུལ་དང་འབྲས་ལྗོངས་སུ་བཙན་འཛུལ་བྱེད་སྒོ་བརྩམས། སྐབས་དེར་

འབྲས་ལྗོངས་ས་སྐྱོང་པ་མཐུ་སྟོབས་རྣམ་རྒྱལ་གྲོ་མོ་ཆུ་འབི་ཕོ་བྲང་དུ་ཚ་གཡོལ་དུ་བཞུགས་སྐབས་དབྱིན་ཇིས་འཇིགས་སྐུལ་དང་བསླུ་སྲིད་ཐེངས་མང་བྱས་ཏེ་ཁོང་རྒྱ་གར་རྡོ་རྗེ་གླིང་དུ་ཕེབས་དགོས་ཞེས་ཞུས། འོན་ཀྱང་ཁོང་གིས་ཁས་ལེན་རྩ་བ་ནས་མ་གནང་བར་མེ་བྱི་(1876)ལོར་འབྲུག་པ་ས་སྐྱོང་པ་དང་། ཁོང་རང་ཉིད་ནས་གོང་མ་ཆེན་པོའི་སྐུ་ཚབ་བོད་བཞུགས་སྲུང་ཀྲུའེ་ཨམ་བན་དང་། རྒྱལ་ཚབ་ཧ་ཅག་ཐུང་ཞན་ཏུ་ཐོག་ཐུ་ངག་དབང་དཔལ་ལྡན། བཀའ་བློན་གུང་ལྷ་ཀླུ་ཡེ་ཤེས་ནོར་བུ་དང་། བཀའ་བློན་བླ་མ་ཡོན་ཏན། མདོ་མཁར་བ་ཚེ་རིང་ནོར་བུ། གཡུ་ཐོག་ལྷ་དབང་རྡོ་རྗེ། རམ་པ་བཀྲ་ཤིས་དར་རྒྱས་བཅས་བོད་ཀྱི་དཔོན་རིགས་གཙོ་བོ་རྣམས་ལ་“ དེང་སང་དབྱིན་ཇིའི་སྐྱོག་གཡོའི་བྱེད་བབ་གང་ལ་བལྟས་ཀྱང་རིང་པོར་མི་ཐོགས་པར་བོད་ལྗོངས་ཆོས་ལྡན་གྱི་ཞིང་སར་བཙན་འཛུལ་གྱིས་རྒྱལ་བའི་བསྟན་པ་རིན་པོ་ཆེར་རྨ་འབྱིན་གྱི་བྱ་ངན་སྤེལ་རྒྱུ་གདོན་མི་ཟ་བའི་སྣང་ཚུལ་གསལ་པོར་མཐོང་འདུག་པས་དེས་ན་བོད་གཞུང་མཆོག་ནས་ཁུལ་འདིའི་ས་མཚམས་འཕྲང་ཁག་སོགས་སྒོ་གང་སར་ཕྱི་ནང་གསང་གསུམ་གྱི་མྱུར་ཞིབ་སོ་འོན་བྱེད་མི་དོ་ཆོད་གཏོང་གནང་དང་འབྲེལ་སྟོན་ཚུད་ནས་ཞི་དྲག་ཐབས་སྒོ་གང་དགེའི་མཛད་ཕྱོགས་ལག་ལེན་བསྟར་འོས་གང་བསམ་ཟློལ་མེད་གསལ་འདེབས་ཞུ་རྒྱུ”ཞེས་འཕོད་པའི་སྙན་ཞུ་ཕྱ་རྗེས་སུ་འགྱོར། དུས་མཚུངས་མཐའ་མཚམས་ས་གནས་རྫོང་གཞིས་ཁག་ནས་ཀྱང་ཁུལ་དེའི་གནས་ཚུལ་མཐོང་ཐོས་དོགས་གསུམ་སྐོར་སྙན་ཞུ་ཕྱ་རྗེས་སུ་ཐུལ་འགྱོར་བྱུང་བ་དང་། ལྷག་པར་དུ་ཕག་རི་དང་གམ་པ་རྫོང་ཁག་གཉིས་ནས་སྙན་ཞུ་རིམ་ཕུལ་ནང་གསལ“ གྲུས་ཆོས་རྒྱལ་མཚམས་ས་འདྲེས་གནད་ཆེ་ཁག་ཏུ་གསང་སྐབས་ཀྱིས་མྱུར་ཞིབ་སོ་འོན་བྱེད་མི་ཕྱ་རྗེས་སུ་བཏང་བ་དང་།

གཞན་ཡང་ས་འདྲེས་ཕྱི་རྒྱལ་མི་སེར་ལ་འབྲེལ་བ་བྱས་ཏེ་གནས་ཚུལ་བརྗོད་གཙོད་བྱས་པ་རྗེ་མཐུན་བྱུང་བར་བསྟན་དགྲ་ཕྱི་གླིང་པས་རང་ཕྱོགས་སུ་བཙན་འཛུལ་བྱ་རྒྱུའི་བསམ་ངན་ཁོག་བཅང་གིས་ཁོང་ཚོའི་གནད་ཡོད་མི་སྣ་རང་རེའི་ས་མཚམས་ཡས་མས་གང་སར་མངོན་ཆུང་གི་ཐོག་ནས་ཀུལ་ཞིབ་ཏུ་ཡོང་སྐབས་འཕྲང་དོག་སར་ལམ་བཟོའི་ས་བཀྲ་ཞིབ་འགོད་བྱས་པས་མ་ཚད་རང་ཕྱོགས་སུ་དམིགས་ནས་དམག་མི་བསྡུ་གསོག་དང་། དམག་རྒྱུགས་གྲབས་གཤོམ་བྱེད་གཏན་ཡིན་འདུག་པར་རྒྱལ་མཚམས་ཤིན་ཏུ་རྩ་འགངས་ཆེ་གཤིས་གུས་འབངས་ས་མཐའི་རྫོང་སྡོད་འགོ་པ་རྣམས་རང་བཞིན་ཨོ་ཚོད་འདི་མྱུར་སྡོད་བློས་བཟོད་བྲལ་ལགས་ན་བླ་དཔོན་ཆེན་པོས་འཕྲལ་མྱུར་སྐྱ་ཚབ་དེ་ཚོད་གཏོང་གནང་མཛད་འོས་སོགས་གང་དགའ་ཅི་ལེགས་ཐུགས་གཡེངས་སུ་མ་འགྱུར་བ་མཁྱེན། མཁྱེན་” ཞེས་པ་འཁྱེར་འཕྲལ་བོད་བཞུགས་སྲུང་ཀུའི་ཨམ་བན་མཆོག་དང་། སྲིད་སྐྱོང་རྟ་ཚག་ངག་དབང་དཔལ་ལྡན། བཀའ་ཤག་སོགས་བཀའ་བསྒྱུར་ཟབ་ནན་མཛད་པའི་སྐྱིང་པོར། ས་མཚམས་ཀྱི་དོན་གནད་འདི་ནི་རྒྱལ་ཁབ་ཀྱི་བདག་དབང་དང་བོད་མི་རིགས་ཁག་གི་མི་མང་གི་དངོས་སྲོག་ལ་ཐུག་པའི་རྩ་ཆེའི་བྱ་བ་ཞིག་ཡིན་པས་འཕྲལ་དུ་ས་མཚམས་གནད་དོན་རྟོགས་ཞིབ་བྱེད་པོར་ཨམ་བན་སྐྱ་ཚབ་ཕོགས་དཔོན་ཀྲང་ཆེང་ཐུངས་དང་། བོད་དམག་མདའ་དཔོན་བཀྲ་ཤིས་དར་རྒྱས་གཉིས་ཆེད་དུ་བསྐོ་བཞག་ཐོག་མངགས་གཏོང་མཛད་ཀྱང་། ཁོ་པ་གཉིས་ནས་ས་མཚམས་རྫོང་གཞིས་ཁག་ལ་ངོ་བསྐྱོད་ཐོག་རྟོག་ཞིབ་དང་བཀོད་སྒྲིག་གང་ཡང་མ་བྱས་པར་བཤར་རྒྱུག་འབྲས་ལྟོངས་སུ་བསྐྱོད་དེ་འབྲས་ལྟོངས་རྒྱལ་པོ་མཐུ་སྟོབས་རྣམ་རྒྱལ་སོགས་དཔོན་རིགས་ཡོངས་ལ་ཁྲིད་ཆོས་བོད་ཕྱོགས་སུ་དབྱིན་དམག་བཏང་ཤོར་བྱུང་

ན་མི་འགྲིག་ཅེས་བླང་དོར་གནད་རྒྱ་ཞིག་བླངས་པ་དེས་ས་མཚམས་གནད་དོན་གལ་ཆེ་རྣམས་ཐག་གཅོད་ཐུབ་པར་རློམས་ཏེ་སྣང་ཆུང་དུ་སོང་བའི་ངན་འབྲས་སུ་དབྱིན་ཇིས་བཙན་འཛུལ་གྲབས་གཡོམ་མང་ཙམ་སྤེལ་རུང་མགོ་རུལ་སྣ་ཡིས་མི་ཆོར་བའི་དཔེ་ལྟར་གྱུར། དེ་ནས་དབྱིན་ཇི་བཙན་འཛུལ་དམག་གི་འགོ་པ་ཧོའི་ཧྲེ་ཟེར་བས་འབྲས་ལྗོངས་རྒྱལ་པོའི་ཉེ་འབྲེལ་རྡོ་ཁྲ་བཀྲས་གླིང་གི་ཕ་རྣམ་རྒྱལ་དང་། པོ་གདོང་བླ་མ་ཟེར་བ་གཉིས་དང་ངན་པ་ལག་འབྲེལ་གྱིས་འབྲས་ལྗོངས་ཡོངས་སུ་བཙན་བཟུང་བྱས་ཐོག་འབྲས་ལྗོངས་དེ་ཉིད་བོད་ཕྱོགས་སུ་བཙན་འཛུལ་བྱེད་སའི་དམག་ལམ་བཟོ་བ་དང་། དམག་མཁོའི་ཟམ་པ་རྒྱག་པ། དམག་མི་བསྡུ་རུབ་དམག་ཐོགས་གྲ་སྒྲིག་བྱེད་པའི་ལྟེ་གནས་ཞིག་ཏུ་གྱུར། འབྲས་ལྗོངས་དང་འབྲུག་ཡུལ་དབྱིན་ཇིའི་ལག་འོག་ཏུ་ཤོར་རྗེས་རང་རྒྱལ་མི་རིགས་ཁག་གི་མི་དམངས་དང་། ལྷག་པར་དུ་བོད་མི་མང་གིས་དོགས་ཟོན་ཆེར་སྐྱེད་ཀྱིས་རང་སྲུང་རྩོལ་ལན་སྒྲིག་པའི་གྲ་སྒྲིག་གང་ལེགས་བྱས་པ་དང་བོད་ས་གནས་སྲིད་གཞུང་གིས་ཀྱང་ས་མཚམས་སྲུ་བརྟན་ཡོང་ཆེད་དང་། འབྲས་ལྗོངས་པ་དང་བོད་རིགས་ཤ་རུས་ཀྱི་འབྲེལ་བ་ཟབ་པ་དང་། སྐད་ཡིག་འདྲ་བ། ནང་པ་སངས་རྒྱས་པའི་ཆོས་ལ་དད་གུས་བྱེད་མཁན་གཅིག་པ་ཡིན་སྟབས་འབྲས་ལྗོངས་རྒྱལ་པོ་སྐུ་འཁོར་རྣམས་བོད་ཀྱི་མངའ་ཁོངས་ས་གནས་སུ་གནས་སྡོ་གནང་དགོས་པའི་བསྐུལ་བྱ་ཡང་ཡང་མཛད། འབྲས་ལྗོངས་རྒྱལ་པོ་མཐུ་སྟོབས་རྣམ་རྒྱལ་སྐུ་འཁོར་གྱིས་ཀྱང་བསྐུལ་བྱ་དྲངས་ལེན་མཛད་དེ་བོད་དུ་གནས་སྤྱོས་ཀྱིས་ལོ་གཉིས་ལྷག་ཙམ་བཞུགས། དུས་དེར་དབྱིན་ཇི་བཙན་འཛུལ་པས་འབྲས་ལྗོངས་རྒྱལ་པོ་མཐུ་སྟོབས་རྣམ་རྒྱལ་མཆོག་འཕྲལ་དུ་ཕྱིར་ལོག་དགོས་ཞེས་འཇིགས་སྐུལ་ཐེངས་མང་བྱས་ཀྱང་ཁོང་གིས་དཔའ་ངར་ཞུམ་

པ་མེད་པར་དབྱིན་ཇི་བཙན་འཛུལ་པར་ཡིག་ཐོག་ནས་ཁ་རྒྱང་དྲག་པོ་གཏོང་གནང་མཛད། དུས་མཚུངས་འབྲས་ལྗོངས་རྒྱལ་པོ་མཐུ་སྟོབས་རྣམ་རྒྱལ་དང་ལྷ་ལྕམ་ཡེ་ཤེས་སྒྲོལ་མ་རྣམ་གཉིས་ལྷ་སར་ངོ་ཕེབས་ཐོག་བཀའ་ཤག་ཏུ“ དབྱིན་ཇིའི་བྱ་སྤྱོད་གང་ལ་གཞིགས་ཀྱང་འབྲས་ལྗོངས་རྗེ་འབངས་རྣམས་ད་མུས་ཨོ་ཚོད་དུ་སྡོད་བློས་བཟོད་མིན་ལ་བརྟེན་བོད་འབྲས་བསྟན་ལ་གཅིག་གྱུར་ལ་དགོངས་བོད་གཞུང་གིས་ང་ཚོར་རྒྱབ་སྐྱོར་དང་འགོ་འདྲེན་སྔར་བཞིན་ཡོང་བའི་ཞལ་བཞེས་ཡོང་བ” ཞེས་ཞུས་ཤིང་། བོད་ས་གནས་སྲིད་གཞུང་གིས་རྒྱབ་སྐྱོར་མཐའ་གཅིག་ཏུ་གནང་རྒྱུ་ཞལ་བཞེས་བཟང་པོ་གནང་བ་མ་ཟད། འབྲས་ལྗོངས་རྒྱལ་སྲས་ངོ་འཁོར་གྱི་ཁྲི་ཕེབས་ལེགས་འབུལ་དང་། མཇལ་རྟེན་གསུམ་འབུལ་བཞེས་ཐོག་འབྲས་ལྗོངས་རྒྱལ་པོ་དང་། ལྷ་ལྕམ། སྲས་སོགས་ཕྱིར་ཕེབས་སྐབས་ན་བཟའ་དང་། དངུལ་ཏམ་རྗེ་སུམ་ཅུ་སོ་དྲུག་ཇ་འཁོར་དྲུག་བདུན་ཅུ་ཐམ་པ་གཞིས་རྩེ་བཀར་ཁང་ནས་འབྲུ་ཁལ་ཆིག་སྟོང་ཐམ་པ་འདོན་སྤྲོད་ཆོག་པའི་བཀའ་ཡིག་བཅས་བསྩལ།

དབྱིན་ཇིས་འབྲུག་ཡུལ་དང་འབྲས་ལྗོངས་བཟུང་རྗེས་ས་མཚམས་རྫོང་གཞིས་ཁག་ལ་ཕྱི་རྒྱལ་མི་རིགས་བོད་སར་ནང་འཛུལ་མི་ཆོག་པའི་བཀའ་ཡིག་ཚ་ནན་གནང་ཡང་དབྱིན་ཇིའི་གསང་ཉུལ་རྒྱ་གར་བ་ས་ར་ཙན་ར་ཟེར་བ་དེས་ཆོས་བྱེད་སྐྱེས་བུ་དམ་པར་བརྫུས་ཏེ་ཐོག་མ་རྒྱལ་རྩེར་འབྱོར། དེ་ནས་རིམ་བཞིན་འབྲོང་རྩེར་འོངས་ཏེ་འབྲོང་རྩེའི་གཞིས་བདག་ཕ་ལྷ་ལྕམ་གྱིས་སྣང་མེད་དང་སྙིང་རྗེའི་བསམ་པ་བཅངས་ཏེ་ཕོ་པར་སྡེ་ལེན་རོགས་རམ་གང་མང་གནང་བ་མ་ཟད། བཀྲས་ལྷུན་གྱི་སྤྲུལ་སྐུ་སེང་ཆེན་སྐུ་ཕྲེང་ན་རིམ་གང་མང་གནང་བ་མ་ཟད། བཀྲས་ལྷུན་གྱི་སྤྲུལ་སྐུ་སེང་ཆེན་སྐུ་ཕྲེང་ན་རིམ་དང་ཕ་ལྷ་དཔར་

མཆོད་ཡོན་གྱི་འབྲེལ་བ་དམ་ཟབ་ཆེ་བས་བཀྲས་ལྷུན་དགོན་གྱི་སེང་ཆེན་སྤྲུལ་སྐུ་བློ་བཟང་དཔལ་ལྡན་ཆོས་འཕེལ་ལ་ངོ་སྤྲོར་གནང་སྐབས་དེས་དབྱིན་ཇིའི་སོ་པ་ས་ར་ཙན་ཏ་སེ་ཆོས་བྱེད་དགེ་འདུན་ཚུལ་ལྡན་ཞིག་ལ་མངོན་ཏེ་ཕྱག་དཔེ་དང་དངོས་པོ་མང་པོ་གནང་། ཟླ་སློབ་ཀྱི་ལ་རྒྱ་བཟུང་སྟེ་བཞུགས་པའི་གནས་ཚུལ་སོགས་བོད་ས་གནས་སྲིད་གཞུང་གིས་རྟོགས་རྗེས་སེང་ཆེན་སྤྲུལ་སྐུ་བློ་བཟང་དཔལ་ལྡན་ལྷ་སར་བཀའ་འགུག་གནང་སྟེ་ཕྱི་རྒྱལ་གྱི་མི་རྒྱལ་མཚམས་བརྒལ་ཏེ་ནང་སར་ཡོང་མི་ཆོག་པའི་བཀའ་རྒྱ་རབས་དང་རིམ་པ་ཡོད་པ་ཤེས་བཞིན་དུ་ཕྱི་མི་བདག་སྐྱོང་གྱིས་གསང་བ་ཕྱི་གྲུར་བྱེད་པའི་ནོར་འཁྲུལ་ཚབས་ཆེ་ཡང་ཉེས་ཆད་ཡང་བཟོས་གྱིས་མཁར་དབང་གཞུང་བཞེས་དང་གྲྭ་སའི་ལས་གནས་དབྱུང་སྟེ་ཀོང་པོ་རྒྱ་མདའ་རྫོང་དུ་རྒྱངས་འབུད་བཏང་། མཐར་རྒྱ་མདའ་རྫོང་དུ་བཀྲོངས། ཕྱོགས་མཚུངས་དབྱིན་ཇིའི་གསང་ཤུལ་དེ་དང་ཕ་ལྷའི་ལྷམ་མཉམ་དུ་རྒྱལ་རྩེ་བརྒྱུད་མར་ལམ་ཡར་འབྲོག་བསམ་སྡིང་སོགས་ལ་གནས་མཇལ་བའི་ཚུལ་བྱེད་བཞིན་ལྷ་སར་འགྱུར། གནས་ཚུལ་དེ་བོད་ས་གནས་སྲིད་གཞུང་གིས་རྟོགས་རྗེས་སྣེར་ཕ་ལྷ་བའི་འཛིན་ཁོངས་འབྲོང་རྩེ་གཞིས་ལེ་ལག་ནས་ལོ་རེ་ས་གནས་སྲིད་གཞུང་ལ་བཀར་འཛུག་འབྲུ་གཙང་ཏུའི་ཁལ་དགུ་སྟོང་དགུ་བརྒྱ་དགུ་བཅུ་གོ་དགུ་དང་བྲེ་བཅུ་དགུ་དང་ཕུལ་ལྔ་རེ་ལོ་ལྟར་གཙང་འབུལ་ཞུ་དགོས་པའི་ཉེས་ཆད་གནང་། དེར་བརྟེན་སྣེར་ཕ་ལྷ་བའི་སྲས་ཆུང་བ་སྲས་སྨྱོན་ཟེར་བ་དེས་བོད་མི་རིགས་ལ་རྒྱབ་གཏོད་ཀྱིས་དབྱིན་ཇིའི་རྗེས་འབྲངས་པ་བྱས།

སྐབས་དེར་དབྱིན་ཇིས་བོད་ཀྱི་ས་འབྲེལ་རྒྱལ་ཁབ་ཆུང་དུ་ཁག་ཡོངས་སུ་བཙན་བཟུང་བྱས་ཏེ་བོད་ལ་སྒོ་ཀུན་ནས་བཙན་འཛུལ་བྱེད་པའི་ཉེན་ཁའི་

གནས་སུ་ལྷུངས། དུས་མཚུངས་དབྱིན་ཇི་དང་ཧྥ་རན་སིའི་མཉམ་འབྲེལ་དམག་དཔུང་པེ་ཅིང་དུ་འཁྱོར་བཞིན་ཡོད་པས་ཚིན་གྲུང་དབྱང་སྲིད་གཞུང་ཡང་རླུང་གི་དབུས་ན་གནས་པའི་སྒྲོན་མེ་ལྟ་བུར་གྱུར། བོད་ཀྱི་མི་རིགས་ཁག་གི་མི་མང་དང་། རྒྱལ་གཅེས་དཔོན་རིགས་སེར་སྐྱ་ཁག་གིས་མེས་རྒྱལ་གྱི་མཐའ་མཚམས་བརྟན་སྲུང་དང་རང་ཉིད་ཀྱི་མཛེས་སྡུག་ལྡན་པའི་ཕ་ཡུལ་འདི་འདྲེ་ལག་ཏུ་མི་ཤོར་བའི་ཆེད་དུ་མེ་སྟག (1866) ལོར། རང་རྒྱལ་གྱི་ས་ཆ་བསྐྱོན་མེད་ལུང་ཐུར་ལར་སོ་ལྟ་ཁང་དང་སྲུང་དམག་བཙུགས་ཏེ་ས་མཚམས་སུ་གང་བྱུང་གིས་ཚོང་འགྲུལ་བྱེད་པ་དང་། དབྱིན་ཇིའི་མི་རང་མཚམས་ཀྱིས་བོད་ཀྱི་ས་ཁོངས་སུ་ཡོང་བར་བཀག་འགོག་བྱས། ད་དུང་ལུང་ཐུར་ལར་གནས་ཚུང་འོད་ལྡན་དཀར་པོའི་རྟེན་ཁང་ཡང་བཞེངས། དབྱིན་ཇི་བཙན་འཛུལ་པས་ལུང་ཐུར་ལར་སོ་ལྟ་ཁང་བཙུགས་པ་མཐོང་འཕྲལ་མེ་སྟག (1866) ལོའི་སྤྱི་ཟླ་བཅུ་གཅིག་པའི་ཚེས་ཉེར་དགུ་ཉིན་ཀྲུང་གོར་བཅའ་སྡོད་དབྱིན་ཇིའི་གཞུང་ཚབ་ཆེ་མོ་བ་ཏྲར་སིན་གྱིས་ཚིན་གྲུང་དབྱང་སྲིད་གཞུང་གི་ཕྱི་དོན་སྤྱི་ཁྱབ་ཡ་མེན་ལ“ད་ལྟ་བོད་པས་དབྱིན་ཇིའི་མི་བོད་དུ་ཡོང་མཚམས་བཞག་པ་ཤེས་རྗེས་ས་མཚམས་ཕྱི་རོལ་དུ་རྡོ་རྗེ་གླིང་དང་རྒྱང་ཐག་ལེ་དབར་བརྒྱ་ཙམ་གྱི་སར་སྒྲིགས་རྫོང་བརྒྱབ་པ་དེའི་དམིགས་ཡུལ་ནི་ཚོང་འགྲུལ་བཀག་སྡོམ་བྱེད་ཆེད་རེད། དབྱིན་ཇིར་ཆ་མཚོན་ན་སྒྲིགས་རྫོང་དེ་གཏོར་ལས་སླ་པོ་ཡོད་རུང་། ང་ཚོའི་རྒྱལ་ཁབ་ཀྱིས་རྩོད་གྲ་བྱེད་འདོད་མེད་པས་དེ་ག་ནས་བོད་བཞུགས་ཨམ་བན་ལ་བརྡ་གཏང་ནས་བོད་པས་རང་སྟང་གང་ཤར་གྱིས་རྣམ་པ་ཚ་པོ་བྱེད་མི་རུང་བ་བརྒྱུད་བསྒྲགས་བྱེད་དུ་འཇུག་རོགས་གནང་”ཞེས་ཡི་གེ་བཏང་འཁྱོར་བྱུང་འཕྲལ་ཚིན་གྲུང་དབྱང་སྲིད་གཞུང་དངངས་སྐྲག་རབ་ཏུ་སྐྱེས་ཏེ་དཀར་

ནག་དབྱེ་བ་ཙམ་ཡང་མི་འབྱེད་པར་བོད་བཞུགས་ཨམ་བན་ཝུན་ཧྲའོ་བརྒྱུད་བོད་ས་གནས་སྲིད་གཞུང་ལ་ལུང་ཐུར་ལའི་སོ་ལྷ་ཁང་གཏོར་དགོས་པའི་བཀའ་ཕབ་ཀྱང་བོད་ས་གནས་སྲིད་གཞུང་དང་སེར་སྐྱ་མི་མང་ཡོངས་ཀྱིས་ཆེན་ཀྱང་དབྱང་གི་ནོར་འབྲུལ་གྱི་བཀའ་དེར་མ་བརྩིས་པར། མེ་ཕག་(1887)ལོའི་ཟླ་གཉིས་པར་གདན་ས་ཆེན་པོ་སེར་འབྲས་དགའ་གསུམ་དང་བཀྲ་ཤིས་ལྷུན་པོ། བོད་ཀྱི་སེར་སྐྱ་ཡོངས་ནས་ཨམ་བན་ཝུན་ཧྲའོ་བརྒྱུད་ཆེན་སྲིད་གཞུང་ལ“ལུང་ཐུར་ལ་ནི་བོད་ཀྱི་མངའ་ཁོངས་བསྐྱོན་མེད་ཡིན་པས་སོ་ལྷ་ཁང་ནམ་ཡང་ཕྱིར་འཐེན་བྱེད་ཀྱི་མིན”ཞེས་གསེར་སྙན་སྒྲོན། ད་དུང་དབྱིན་ཇི་བཙན་འཛུལ་པ་འབྲས་ལྗོངས་ས་ཁོངས་ནས་ཕྱིར་འཐེན་བྱེད་དགོས་པའི་རེ་བ་བཏོན་ཅིང་། ཆེན་དུས་རབས་སུ་དབྱིན་ཇིས་བོད་ལ་བཙན་འཛུལ་བྱས་པའི་ལོ་རྒྱུས་ཞེས་པའི་དེབ་ཐེར་ནང་“དུས་དེར་དབྱིན་ཇི་བཙན་རྒྱལ་རིང་ལུགས་པས་ཕྱོགས་གཅིག་ནས་ས་མཚམས་སུ་རྟོད་གླིང་རབས་དང་རིམ་པ་བཟོ་བ་དང་། ཕྱོགས་གཞན་གཅིག་ནས་བོད་ལ་དངོས་སུ་བཙན་འཛུལ་བྱེད་ཆེད། ཕྱི་ལོ1887ལོར་ས་མཚམས་སུ་དམག་མི་ཉིས་སྟོང་ལྷག་ཙམ་བསྐྱངས་པ་དང་མེ་སྒྱོགས་བཞི་དབོར་བ་མ་ཟད། པད་སྟོང་མདུན་ཞེས་པའི་ས་གནས་དེར་དམག་མགོའི་ཡོ་ཆས་འབོར་ཆེན་དབོར་ནས་བོད་དུ་བཙན་འཛུལ་བྱེད་པའི་རྟེན་གཞི་དངོས་སུ་བཙུགས”ཞེས་འཁོད། སྐབས་དེར་ས་གནས་དེ་གར་དངོས་པོ་དབོར་འདྲེན་བྱེད་མཁན་མང་པོ་བོད་རིགས་ཡིན་སྟབས་དབྱིན་ཇིས་བོད་ལ་བཙན་འཛུལ་བྱེད་རྩིས་ཡོད་པ་ཁོ་ཚོས་ཤེས་རྟོགས་བྱུང་འཕྲུལ་དབོར་འདྲེན་ལས་མི་འགོ་པ་ས་ཐར་དར་རྒྱས་ཞེས་པ་བོད་མི་ལུས་སྟོབས་བཟང་ལ། སྙིང་སྒྲུང་འཛོམས་པ་ཞིག་ཡོད་པ་དེས་བོད་མི་རྣམས་སྒྲིག་འཛུགས་བྱས་ཏེ་ཐེལ་ཙེ་ལག་བསྐོར་གྱིས་དབྱིན་

ཛེ་བཙན་འཛུལ་པར་ངོ་རྒོལ་བྱེད་པའི་གྲབས་བྱས་ཀྱང་ནང་རུལ་ཞིག་གིས་གསང་ཁ་བརྗོལ་ནས་དབྱིན་དམག་གིས་ས་ཐར་དར་རྒྱས་བཟུང་སྟེ་སྒྲིག་འཛུགས་དེའི་ནང་མི་ཛེ་འདྲ་ཡོད་མིན་གྱི་མིང་ཐོ་ཁ་གསལ་ཞིག་དགོས་ལུགས་བརྗོད་ཀྱང་། ས་ཐར་དར་རྒྱས་ཀྱིས་སྐྱག་ཏུ་མིང་ཐོ་འཕོད་པའི་མནའ་གན་བཟས། ཕོང་ཁྲིའི་མེ་ལྕེ་འབར་བཞིན་མིག་རྩ་དམར་པོར་གྱུར་པའི་ངང་བཙན་འཛུལ་པ་ཁྲོད་ཆོར་མིང་ཐོ་དགོས་ན་སྐྱུག་གཅིན་ནང་དུ་འཚོལ་ཞིག་བརྗོད་པས། དབྱིན་དམག་ཅི་བྱ་གཏོལ་མེད་དུ་གྱུར་ཏེ་ས་ཐར་དར་རྒྱས་བསྡམས་བཀྱིག་བྱས་ཐོག་བོད་ཕྱོགས་སུ་བཏང་། རྗེས་སུ་ས་ཐར་དར་རྒྱས་ཀྱི་རྒྱལ་གཅེས་ཀྱི་བྱ་སྤྱོད་དེར་གཟིགས་བསྟོད་མཛད་ཆེད་གྲོ་མོ་སྤྱི་ཁྱབ་བསྐོ་བཞག་བསྐྱལ་བར་གྲགས།

དུས་དེར་བོད་ཀྱི་མི་རིགས་ཁག་གི་མི་མང་དང་དབྱིན་ཛེ་བཙན་འཛུལ་པ་ལྟ་སྤྱོད་གང་སར་མེ་ཚ་ལྟ་བུ་ནམ་ཡང་མཐུན་ཐབས་མེད་པ་ཞིག་ཡིན་སྐབས་སྲིད་སྐྱོང་དང་། བཀའ་ཤག་བཀའ་བསྟུར་ཐོག་བོད་ལྗོངས་ཚོགས་འདུ་རྒྱས་འཛོམས་བསྐོངས་འཚོགས་དང་འབྲེལ་སེར་སྐྱ་མི་མང་ཚང་མའི་བསམ་གྲོས་ཞིབ་བསྡུར་མ་བྱས་ཐབས་མེད་ཡིན་པའི་ངོས་འཛིན་གནང་སྟེ་ཚོགས་འདུ་ཐེངས་མང་བསྐོངས་འཚོགས་ཐོག"སྤྱི་སྒྲིག་མནའ་གན་མཐུ་མོ་ཆེ"བཞག་སྟེ་ཛེ་སྲིད་བར་བོད་སེར་སྐྱ་མི་མང་ཡོངས་ནས་སྤྱི་སྒྲིག་གན་དོན་སེམས་ཐག་གཅང་བཅད་ཀྱིས་ལག་བསྟར་བྱ་རྒྱུ་ཁས་ལེན་བྱས་ཏེ་ཚོགས་འདུར་ཞུགས་པའི་འཐུས་མི་ཡོངས་ནས་སློས་བླངས་མིང་རྟགས་བཀོད་དེ་བོད་བཞུགས་ཨམ་བན་འུན་ཏའི་དང་། རྒྱལ་ཚབ་རྟ་ཚག་ངག་དབང་དཔལ་ལྡན། བཀའ་ཤག་བཅས་ལ་དབྱིན་དམག་འགོག་ཐབས་བྱེད་པའི་བསམ་གྲོས་བཏོན་དོན"དབྱིན་ཛེ་བཙན་འཛུལ་པ་བཀག་འགོག་ནན་ཏན་མཐའ་འཁྱོངས་བྱེད་ཆེད་མཐའ་མཚམས་སུ་ཞི་

བ་དང་དྲག་པོའི་ལས་དོན་གྱི་བཀོད་འདོམས་ནུས་ལྡན་གདེང་ཐུབ་ཁག་གཅིག་བསྐྲི་བཞག་གནང་དགོས་ཁར་དབུས་གཙང་དང་། ལྷོ་ཁ། དྭགས་ཀོང་། སྤོ་བོ། ཁམས་ཁུལ། བྱང་འབྲོག་བཅས་ནས་འདོན་དམག་དང་ཡུལ་དམག་སྐུལ་འགུག་དང་། ད་དུང་དགོས་པ་བྱུང་ཚེ་དགོན་སྡེ་ཆེ་འབྲིང་ཁག་ནས་སེར་དམག་དང་། ཐ་ན་སྐྱེས་པ་བཅོ་བརྒྱད་དྲུག་ཅུའང་དམག་སྐུལ་རྒྱུག་དགོས་རྒྱུར་དམག་མི་བསྡུ་བསྒྲིང་བྱེད་མཁན་དཔོན་རིགས་སེར་སྐུའི་ཕྱོངས་ནས་འགན་འཁུར་མི་སྣ་བསྐྲི་བཞག་གནང་དགོས་པ་དང་། ཀོ་ལག་ཐད་པོད་བཟོས་མི་སྒྱོགས་དང་། པོད་མདའ་མེ་རྫས། ཞ་མདེལ། སྦུད་ཏི། གྲི་མདུང་ཐན་ཝུར་རྗ་ཡན་ཆད་ཀོ་སྒྲིག་དང་། ཕྱུགས་མཚུངས་དམག་རྒྱུགས་འབྲུ་རིགས་ཀྱིས་གསོས་བཟའ་ཆས་གང་ཅི་འདུ་འགོད་གསོག་འཛོག་དང་དཔོར་འདྲེན་དོས་ཁལ་སོགས་ཕྱུགས་གང་ས་ནས་དམག་གྲབས་འཐུས་ཚང་བྱ་རྒྱུ་ཉིན་འགྱངས་ཞག་འབུད་དུ་མ་སོང་བ་ལས་འགོ་འཛུགས་རྒྱུ་དང་། དེ་བཞིན་དགྲ་འགོག་དམག་བཀློག་ཞབས་རིམ་བསྒྲུབ་རྒྱུའི་ཐད་དཀའ་ལྡན་ཁྲི་གདན་ཟུར་གྱིས་གཙོས་བླ་སྤྲུལ་ཁག་ལ་ཐུགས་དམ་གསུང་ཞུའི་དགོངས་དོན་གདན་ས་ཆེན་པོ་རྣམ་བཞི་དང་དཔལ་ལྡན་གསང་ཆེན་རྒྱུད་གྲྭ་སྟོད་སྨད་སོགས་རིས་མེད་དགོན་སྡེ་ཁག་ལ་མང་འགྱེད་བསྙེན་བཀུར་དང་སྒྲགས་དགྲ་འགོག་དམག་འཐབ་ལ་རྒྱལ་ཁ་ཐོབ་པའི་མཆོག་གསུམ་གསོལ་འདེབས་རྒྱབ་སྐྱོར་རིམ་གྲོ་བསྒྲུབ་རྒྱུ་དང་། དེ་འབྲེལ་གཞུང་བསྟེན་དགྲ་ལྷའི་གཙོ་བོ་གནས་ཆུང་ཆོས་རྒྱལ་ཆེན་པོ་དང་། ལ་མོ་ཚངས་པ། དགའ་གདོང་ཆོས་སྐྱོང་སོགས་ལྷ་བླ་ཁག་ལ་དབྱིན་ཇིར་ཞི་བ་དང་དྲག་པོའི་འགོག་ཐབས་ཇི་ལྟར་བྱས་པ་བཟང་སྐོར་ལུང་བརྟག་ཕབ་ཏེ་བཀའ་ལུང་དགོངས་དོན་ལག་བསྟར་བྱེད་འོས་ཀྱིས་མཆོད་ཐབས་སྣ་གང་

གཟབ་མ་ཚང་བ་མེད་པ་དམ་འཛིན་སྙོད་མེད་དགོས་རྒྱུ་” སོགས་ཀྱི་སྐོར་བསམ་འཆར་གྲོས་གཞི་ཚིག་ཕྲ་སྤྱི་དམ་བཞི་སྤྱུར་ཕུལ། དེའི་སྐོར་བོད་བཞུགས་ཨམ་བན་ཝུན་ཧྲའོ་བརྒྱུད་གོང་མ་ཀྭང་ཞུད་ལ་སྔ་ཕྱིའི་ཡོང་རྐྱེན་ཞིབ་གསལ་སྙན་སྒྲོན་སྔ་ཕྱི་ཞུས་ཀྱང་ཕན་པ་གང་ཡང་མ་བྱུང་།

དུས་དེར་བོད་ས་གནས་སྲིད་གཞུང་དང་སེར་སྐྱ་མི་མང་ཡོངས་ནས་དབྱིན་ཇི་བཙན་འཛུལ་པར་འགོག་རྒོལ་བྱེད་པའི་དམག་གྲབས་བྱེད་སྒོ་དེ་དག་ལ་བོད་བཞུགས་ཨམ་བན་ཝུན་ཧྲའོ་མཆོག་གིས་རྒྱབ་སྐྱོར་མཐའ་གཅིག་ཏུ་གནང་། མེ་ཕག་(1887)ལོའི་ཟླ་བདུན་པའི་ཚེས་བཞི་ཉིན་ཕས་རྒོལ་མ་རུངས་པ་དེ་དག་བཀྲག་ཆེད་འབྲས་ལྗོངས་ས་མཚམས་སུ་མདའ་དཔོན་ལྷ་སྡིང་སྲས་དང་། རྗེ་མགྲོན་བསོད་ནམས་རྒྱལ་མཚན། གོང་དམག་བཅས་གཏོང་གནང་མཛད། དེ་བཞིན་ཁམས་ཕྱོགས་ཀྱི་དཔུང་དམག་སེར་སྐྱ་ལྔ་བརྒྱ་ཉི་ཤུ་ཙམ་བོད་འབྲས་ས་མཚམས་སུ་བསྐྱོད། ས་མཚམས་ཀྱི་གནས་ཚུལ་ཉེན་བཞིན་ཛ་དྲག་ཆེ་བའི་གནས་སུ་གྱུར་བའི་སྐབས་དེར་འབྲས་ལྗོངས་རྒྱལ་པོ་མཐུ་སྟོབས་རྣམ་རྒྱལ་གྱི་ཕོ་ཉ་མངགས་ཏེ་དབྱིན་ཇི་དང་བོད་གཞུང་ཕྱོགས་གཉིས་ཀར་ཞི་བའི་གྲོས་མོལ་ཡོང་བའི་རེ་བ་བཏོན་ཡང་དབྱིན་ཇི་བཙན་འཛུལ་དམག་གིས་ཉན་འཇོག་སུ་ཙམ་ཡང་མ་བྱས་ཁར། ས་བྱི་(1888)ལོའི་ཟླ་གཉིས་པའི་ཚེས་བདུན་ཉིན། དབྱིན་ཇི་བཙན་འཛུལ་དམག་མི་གྲངས་བཞི་བརྒྱ་ལྔ་བཅུ་ཙམ་གྱིས་གློ་བུར་དུ་ལུང་ཐུར་ལ་གཤམ་ནས་བོད་དམག་ལ་ཚུར་རྒོལ་བྱས། དུས་དེར་བོད་དམག་རྣམས་སོ་ལྔ་ཁང་གི་ཉེ་འགྲམ་དུ་གནས་ཚང་འོད་ལྡན་དཀར་པོའི་སྐུ་གསོལ་བཟོས་ནས་རུ་བསྒྲིགས། ལག་ཏུ་བོད་མདའ་དང་། མདའ་གྲི་མདུང་གསུམ་སོགས་གནའ་རབས་ཀྱི་མཚོན་ཆ་མང་པོ་འཁྱེར་ཏེ་

དབྱིན་ཇིའི་དམག་མིར་ཕར་རྒོལ་དྲག་པོ་བྱས། ཆེན་དུས་རབས་སུ་དབྱིན་ཇིས་
བོད་ལ་བཙན་འཛུལ་བྱས་པའི་ལོ་རྒྱུས་ཞེས་པའི་ནང་“ དུས་དེར་དམག་ཆས་
སེར་པོ་གྱོན་པའི་དབྱིན་ཇིའི་དམག་དཔོན་ཞིག་བསད། དེ་བྱིངས་དམག་མི་
རྣམས་དངངས་སྐྲག་རབ་ཏུ་སྐྱེས་ཏེ་ཕྱིར་བྲོས། བོད་དམག་ཡོངས་ལ་སྐྱོན་ཆ་
གང་ཡང་མ་བྱུང་ཞིང་ ཟླ་གཉིས་པའི་ཚེས་བརྒྱད་ཉིན་གྱི་ཞོགས་པ་དབྱིན་ཇི་
བཙན་འཛུལ་པས་སྔར་ལམ་བརྒྱུད་སླར་ཡང་བོད་དམག་ལ་ཚུར་རྒོལ་བྱས།
བོད་དམག་ཡོངས་ཀྱིས་གྲ་སྒྲིག་ཨང་བསར་ཐོག་དཔའ་ངར་ཞུམ་པ་མེད་པར་
བཙན་འཛུལ་དམག་དང་དམག་འཐབ་ཐེངས་མང་བྱས་ཏེ་མཐར་དབྱིན་ཇིའི་
དམག་མི་བརྒྱ་ལྷག་ཙམ་བསད་རྨས་བཏང་། བོད་དམག་གི་བརྒྱ་དཔོན་གཅིག་
དང་། ཡུལ་དམག་ཉི་ཤུ་ལྷག་ཙམ་དམག་ཐོག་ཏུ་ཤོར་” ཞེས་འཁོད། དུས་
དེར་འབྲས་ལྗོངས་མི་མང་གིས་ཀྱང་གཡས་གཞོགས་གཡོན་འདེགས་ཐོག་དབྱིན་
ཇི་བཙན་འཛུལ་པར་དམག་འཐབ་ཡང་ཡང་བྱས། བཙན་འཛུལ་པས་རང་
ཉིད་ཕམ་པར་སྨུག་ནད་རྩ་བ་ནས་མི་ཐེགས། ཟླ་གཉིས་པའི་ཚེས་བཅུ་གཉིས་
ཉིན་དབྱིན་ཇིའི་དམག་དཔོན་ཆེན་པོ་ཀ་ལུད་རྟོས་དབྱིན་དམག་འཁོར་ཆེན་
ཞིག་སྣེ་འཁྲིད་དེ་བོད་དམག་ལ་སླར་ཡང་ཚུར་རྒོལ་བྱས། མི་སྒྲིགས་འཕེན་པས་
མདེའུ་བོད་དམག་བསྣུ་རུབ་བྱས་པའི་དཀྱིལ་དུ་ལྷུངས་སྐབས་གནའ་བོའི་གོ་
མཚོན་ལག་ཏུ་ཐོགས་པའི་བོད་དམག་རྣམས་ཅི་བྱ་གཏོལ་མེད་ཀྱི་གནས་སུ་གྱུར་
ཏེ་ནག་ཐང་གི་ཕྱོགས་སུ་བྲོས། དབྱིན་ཇི་བཙན་འཛུལ་པས་ལུང་ཐུར་ལ་ཡོངས་
སུ་བཙན་བཟུང་ཐོག་རིམ་བཞིན་ས་མཚམས་བཀལ་ཏེ་མདུན་བསྐྱོད་བྱས།
ཆེན་དུས་རབས་སུ་དབྱིན་ཇིས་བོད་ལ་བཙན་འཛུལ་བྱས་པའི་ལོ་རྒྱུས་ཞེས་པའི་
ནང་“ བོད་དམག་རྣམས་ནག་ཐང་དུ་འགྱུར་རྗེས་ནག་ཐང་བྱང་ངོས་རི་བོ་ཐེ་ཨི་

ཁ་ན་ཞེས་པ་མཐོ་ཚད་རྒྱ་མཚོའི་ངོས་ལས་དབྱིན་ཁྲི་ཆིག་ཁྲི་སུམ་སྟོང་ལྔ་བརྒྱ་ཡོད་པ་དེ་བཟུང་ཐོག་འཐབ་ར་བཟོས་ཏེ་ཡིབ་བསྡད། ཉིན་ཞིག་དགོང་མོ་དབྱིན་ཇིའི་འགོ་དམག་རྣམས་ནག་ཐང་དུ་འཁྱོར་ཏེ་ཕྱོགས་བཞིར་ཞུལ་ཞིབ་ཡང་ཡང་བྱས་ཀྱང་བོད་དམག་གཅིག་ཀྱང་མ་མཐོང་སྐབས་དེར་མཚན་མོ་སྐར་བརྒྱབ་ནས་བསྡད་” ཅེས་འཁོད། དུས་དེར་སྤྱང་གྲུང་འཇོམས་ཤིང་དཔའ་མཛངས་ལྡན་པའི་གོང་དམག་གིས་མཚན་མོ་གསང་སྐབས་ཀྱིས་དབྱིན་ཇིའི་དམག་སྒར་གྱི་མཐའ་བཞི་ཡོངས་སུ་བསྐོར་ཏེ་གོང་དམག་རྣམས་ཀྱིས་ལག་ཏུ་གྲི་དཔའ་དམ་རེ་འཁྱེར། དུས་གཅིག་ཏུ་ཕྱོགས་བཞི་མཚམས་བརྒྱུད་ནས་ཀི་ཧྲེ་ཧྲེ་ཞེས་ངར་སྐད་འབྲུག་སྒྲ་ལྟར་བ་ལྟར་སྒྲོག་བཞིན་དབྱིན་དམག་ལ་ཕར་རྒོལ་བྱས། དབྱིན་ཇིའི་འགོ་དམག་མང་པོ་ཚར་བཅད། དེ་ནས་དབྱིན་ཇི་འགོ་དམག་གིས་ནག་ཐང་བྱང་ངོས་སུ་བོད་དམག་མང་པོ་ཡོད་པ་ཤེས་འཕྲལ་མི་སྒྲིགས་ཡང་ཡང་འཕེན་པར་བརྟེན་བོད་ཀྱི་འགོ་དམག་རྣམས་ཆུ་སྦྲིད་པོ་བྲང་ངོས་སུ་ཕྱིར་འཐེན་མི་བྱེད་ཐབས་མེད་ཀྱི་གནས་སུ་གྱུར། མཐའ་མཚམས་ཀྱི་གནས་ཚུལ་ཉིན་བཞིན་ཛ་དྲག་ཆེ་བར་བརྟེན་ལྷ་བདུན་པའི་ཚེས་ཉེར་བརྒྱད་ཉིན་བོད་དམག་དམག་སྒར་སྤྱི་ཁྱབ་ཏུ་བཀའ་བློན་ལྷ་ཀླུ་བ་ཡེ་ཤེས་ནོར་བུ་བསྐོ་བཞག་བསྐུལ་བ་མ་ཟད། ལས་བྱ་སེར་སྐྱ་དང་། བོད་དམག ཡུལ་དམག་སོགས་མི་གྲངས་ཆིག་ཁྲི་ཙམ་ས་མཚམས་སུ་བསྐྱོད།

དེ་རྗེས་བོད་ས་གནས་སྲིད་གཞུང་དང་སེར་སྐྱ་མི་མང་ཡོངས་ཀྱིས་ལྷུ་མཐུད་དབྱིན་ཇི་བཙན་འཛུལ་པར་ཕར་རྒོལ་བྱེད་པའི་གྲབས་གཞོམ་བྱས། བཀའ་བློན་ཐུན་མོང་གིས་གནས་ཚང་འོད་ལྡན་དཀར་པོར་ལུང་ཞུ་ཕུལ་བའི་བཀའ་ལན་དུ“ དང་པོ་བརྩམས་པར་མི་བྱས་ཏེ། བརྩམས་ནས་ལྡོག་པར་ག་ལ་

རིགས་” ཞེས་གསུངས་པ་བཞིན། མུ་མཐུད་དབྱིན་འགོག་རང་སྲུང་དམག་འཐབ་བྱ་རྒྱུ་གཏན་འཁེལ་གྱིས་མདའ་དཔོན་ཤུན་རབ་པ་དབང་འདུས་རྡོ་རྗེ་དང་། རྩེ་མགྲོན་བྱམས་པ་བསྟན་འཛིན་གཉིས་ཀྱི་ཐོག་ལས་བྱ་བྲུང་རིགས་སེར་སྐྱ་བཞི་དང་། ཀོང་པོ་རྒྱ་མདའ་དང་། རྫོ་སོ། རྩེ་སྣང་། ཉོ་ཁ་བཅས་རྫོང་ཁག་བཞིའི་འདོན་དམག་ཆིག་སྟོང་ཉིས་བརྒྱ་དང་། སྨོ་ཁ་སྣེ་གདོང་དང་། འཕྱོངས་རྒྱས། འོན། འོལ་དགའ། སྨོ་གྲག་སོགས་ཀྱི་ཡུལ་དམག་ཆིག་སྟོང་དྲུག་བརྒྱ་ཡུལ་དམག་སོ་སོའི་འགོ་འདོམས་རུ་དཔོན་དང་། བརྒྱ་དཔོན། ལྡིང་དཔོན་བཅས་ཁྲིན་བསྡོམས་འགོ་དམག་གྲངས་ཉིས་སྟོང་བརྒྱད་བརྒྱ་སེར་དམག་ཀྱང་ཁ་སྣོན་དུ་གཏོང་གནང་མཛད། རྒྱལ་དབང་ཐུབ་བསྟན་རྒྱ་མཚོས་གོང་གསལ་དཔོན་དམག་རྣམས་ལ་མཇལ་འཕྲད་དང་། སྲུང་བ། ཕྱག་ཚོ། ན་བཟའ་སོགས་ཡིད་ཚིམ་པ་གནང་སྟེ་ཕས་རྒོལ་གདུག་པ་ཅན་རྣམས་མཐར་སྐྲོད་དགོས་པའི་བསླབ་བྱ་ཡང་ཡང་གནང་། བོད་བཞུགས་ཨམ་བན་ཞུན་ཧྲའོ་ཡིས་བོད་ཀྱི་སེར་སྐྱ་མི་མང་གི་རྒྱལ་གཅེས་མཐའ་སྲུང་གི་བྱ་སྤྱོད་ལ་རྒྱབ་སྐྱོར་མཐའ་གཅིག་ཏུ་གནང་བ་མ་ཟད། དམག་འཐབ་ཀྱི་ཞིབ་གསལ་ཐབས་ཇུས་རབས་དང་རིམ་པ་འདོན་གནང་མཛད། དུས་མཚུངས་ཆིན་ཀྲུང་དབྱང་སྲིད་གཞུང་གི་ཕྱི་རྒྱལ་ལ་མགོ་སྒྲུར་བའི་ནོར་འཁྲུལ་གྱི་བྱེད་ཐབས་དེར་མོས་མཐུན་མ་བྱས་པར་“ དབྱིན་ཇི་དང་ཨུ་རུ་སུས་བོད་ལ་འདི་ལྟ་བུའི་དོ་སྣང་བྱེད་པ་དེ་ཚོང་ལས་ཙམ་མ་ཡིན་པར་ཡུན་རིང་གི་དམིགས་ཡུལ་ངན་པ་བཅངས་ཡོད་པས་བོད་མི་ཡོངས་ནས་སངས་རྒྱས་ཀྱི་བསྟན་པ་དང་རང་ཡུལ་སྲུང་སྐྱོབ་བྱེད་པའི་བྱ་སྤྱོད་ནི་ཡོངས་སུ་ཡང་དག་པ་ཞིག་ཡིན་པས་ཆིན་ཀྲུང་དབྱང་སྲིད་གཞུང་གིས་དེར་རྒྱབ་སྐྱོར་གནང་དགོས་” ཞེས་གནས་ལུགས་རབས་དང་རིམ་པ་ཞུས་ཀྱང་ཉན་

འཇོག་སྤྲ་ཙམ་མ་བྱས་ཁར་ཁོང་གནས་དབྱུངས་བཏང་སྟེ་ལས་ཚབ་ཏུ་ཨམ་བན་ཧྲེང་ཐམས་བོད་དུ་མངགས་པས་དེས་ཆེན་གྲུང་དབྱང་སྲིད་གཞུང་གི་མགོ་འདོགས་རིང་ལུགས་པའི་ལམ་ཕྱོགས་ཡོངས་སུ་ལག་ལེན་བསྟར་ཏེ་བོད་དམག་རྣམས་ཕག་རིར་བཀའ་སྒྲུག་སྟེ་སྡོད་དགོས་པ་ལས། དབྱིན་ཇིར་འགོག་རྒོལ་བྱེད་མི་ཆོག་པའི་བཀའ་ཕབ། ཁོ་པ་ཚོའི་མགོ་འདོགས་རིང་ལུགས་ཀྱི་བྱེད་ཐབས་དེ་ཡང་དག་པ་ཡིན་པ་མཚོན་ཆེད་ལུང་ཕྲུར་ལར་སོ་ལྷ་ཁང་བཙུགས་པ་དེ་བོད་ཕྱོགས་ནས་ནོར་བ་རེད་ཟེར་བ་དང་དེ་རྗེས་ཁོ་པ་དངོས་སུ་གཡུལ་སའི་མདུན་ཕྱོགས་སུ་བསྐྱོད། "གྲོ་མོ་རིན་ཆེན་སྒང་ཁུལ་དུ་ཡོད་པའི་བོད་དམག་ཆིག་ཁྲི་ལྷག་ཙམ་དེ་དག་ཕྱིར་འཐེན་དགོས" ཞེས་བོད་ས་གནས་སྲིད་གཞུང་ལ་བརྡ་ལན་ཡང་ཡང་བཏང་། སྐབས་དེར་དབྱིན་ཇི་བཙན་འཛུལ་པས་ཕྱིར་འཐེན་བྱེད་རྒྱུ་ལྟ་ཞོག་མགོ་ཐར་དཔུང་འཛུད་ཀྱིས་ས་ཆ་མང་པོ་བཙན་བཟུང་ཐོག་བོད་དམག་ལ་མེ་སྒྲོགས་ཡང་ཡང་བརྒྱབ། གཡོ་ཅན་དབྱིན་ཇིས་གློ་བུར་ཚུར་རྒོལ་བྱེད་ཉེན་ཤིན་ཏུ་ཆེ་བས་བོད་དམག་རྣམས་གླིང་མ་ཐང་ཞེས་པའི་ས་ཁུལ་ཡན་དུ་ལེ་དབར་བཅུ་ཕྲག་ཁ་ཤས་ཡོད་པའི་ནགས་གསེབ་ཏུ་ཡིབ་ཏེ་འཐབ་ར་བཟོས་ཐོག་བརྟན་སྲུང་བྱ་དགོས་ཞེས་བཀའ་ཤག་གིས་བཀའ་ཕབ། དེ་རྗེས་ཨམ་བན་ཧྲེང་ཐམས་ཀྱིས་བོད་དམག་ནགས་གསེབ་ཏུ་བསྡད་ཡོད་པ་ཤེས་འཕྲལ་དངངས་སྐྲག་རབ་ཏུ་སྐྱེས་ཏེ "བོད་དམག་འཕྲལ་དུ་ཕྱིར་འཐེན་དགོས། དབྱིན་དམག་བསྐྱུར་དུ་ཡོང་ན་བོད་སྡོད་ཨམ་བན་ང་ལ་སྐྱད་ཆ་དྲིས་ཆོག" ཅེས་གཏམ་འཆལ་མང་ཙམ་བཤད། བོད་ས་གནས་སྲིད་གཞུང་གིས་ཨམ་བན་གྱི་བཀའ་བརྗེ་བཀྱུར་ཞུ་ཁུལ་ཙམ་ལས་དོན་དུ་བོད་དམག་ཁ་བཀྲམ་སྟེ་ཁུལ་དེ་གར་བཞག་འདུག དེ་རྗེས་ཨམ་བན་ཧྲེང་ཐམས་ཀྱིས་བོད་དབྱིན་ཚོང་དོན་སྐོར་གྲོ་

སོར་དབྱིན་ཇི་དང་གྲོས་མོལ་བྱེད་རྒྱུ་ཡིན་ལུགས་བརྗོད་སྐབས་སྲིད་སྐྱོང་དེ་མོ་ངག་དབང་བློ་བཟང་འཕྲིན་ལས་རབ་རྒྱས་མཆོག་དང་། བཀའ་ཤག གདན་ས་གསུམ། གཞུང་ཞབས་ཡོངས་བཅས་བཀའ་གྲོས་མཛད་དེ་ཨམ་བན་རྫིང་ཐམས་ལ་ཕྱང་ཞུ་ཞིག་ཕུལ་བའི་དོན་དུ“ ཀྲང་ཞུད་ཁྲི་ལོ་གཉིས་པ། རབ་བྱུང་བཅོ་ལྔ་པའི་མེ་བྱི་ལོ་ནས་དབྱིན་ཇིས་སྦྱི་ཁྱི་བར་གསུམ་དུ་བོད་སར་ཚོང་འགྲུལ་གསར་གཏོད་སོགས་ཁ་གཡར་ས་སྣ་ཚོགས་བཙལ་ཏེ་བཙན་འཛུལ་བྱེད་རྒྱུའི་སྙིག་གཡོའི་འཆར་གཞི་ཡོད་པ་འདིའི་ཐད་བོད་སྔོངས་སེར་སྐྱ་མི་དམངས་ཚང་མས་བཟོད་སྒོམ་བྱ་ཐབས་བྲལ་གཤིས་རང་ནུས་གང་ཡོད་ཀྱིས་འགོག་སྲུང་བྱ་རྒྱུ་ཉག་གཅིག་མ་གཏོགས་ད་ཕན་ཕམ་ཉེས་ཕྲན་བུ་བྱུང་ཡང་སེམས་ཐག་སྟོན་བཅད་ལ་ནམ་ཡང་འགྱུར་བ་མེད་པས་ས་མཚམས་སུ་འགོ་དམག་རིམ་བཏང་གིས་འགོག་སྲུང་བྱས་དང་བྱེད་བཞིན་ཡིན་ཀྱང་། ད་ཆ་ཨམ་བན་རྫིང་ཐམས་ཉིད་ཀྱི་དགོངས་འཆར་དེ་གནམ་བསྐོས་གོང་མ་བདག་པོ་ཆེན་པོའི་བཀའ་ཡིན་ཞེས་ཡང་ཡང་ནན་བཤད་གནང་བ་ལྟར་དམག་མཚམས་འཛོག་དགོས་ན་སྤྱི་འཁྲུས་ཀྲུ་སོར་ཡོད་པའི་དབྱིན་འགོག་བྱེད་མཁན་བོད་དམག་རྣམས་ས་གནས་གཅིག་ཏུ་ཉུབ་སྡོད་མ་དགོས་པར་ཁ་བཀྲམ་ནས་བཞག་ཚོག་པ་ལས། ཕྱིར་འཐེན་རྩ་བ་ནས་ཞུ་མ་དགོས་པ་དང་། གལ་སྲིད་ཕྱིར་འཐེན་བྱས་ན་དགྲ་བོར་སྟབས་བདེའི་གོ་སྐབས་སྤྲད་པ་ཞིག་རང་ཡིན་པས་ངེས་པར་དུ་གནས་སྐབས་རིང་དེ་དོན་ལག་ལེན་བསྟར་ཚོག་པ་” ཞེས་ཞུས། ཆབས་ཅིག་སྲིད་སྐྱོང་དེ་མོ་མཆོག་དང་། བཀའ་ཤག་གིས་ཚོགས་འདུའི་བསམ་གྲོས་གཞིར་བཟུང་ཨམ་བན་རྫིང་ཐམས་ལ་ནང་མོལ་ཇི་ལྟར་ཞུས་ཀྱང་ཁོ་པས“ དེ་ཡང་འགྲིག་གི་མ་རེད། བོད་དམག་ཁག་གཅིག་ཕག་རིར་འཛོག་པ་ཕུད། དེ་བྱིངས་ཕྱིར་འཐེན་བྱེད་

དགོས” ཞེས་མཐའ་གཅིག་ཏུ་བཤད། ཕྱོགས་མཚུངས་མི་རིགས་ཀྱི་རྐང་འདྲེན་པ་ཨམ་བན་རྟེང་ཐས་ཟེར་བ་དེས་གྲོ་མོ་ཤར་སིང་མར་དབྱིན་ཇིའི་དམག་སྐར་དུ་བསྐྱོད་དེ་དབྱིན་གཞུང་སྐུ་ཚབ་སྤེར་དང་མཉམ་དུ་འཐབས་ཞྭོངས་དང་ཚོང་འགྲུལ་ས་མཚམས་དབྱེ་ཕྱོགས་སྐོར་གྲོས་མོལ་བྱས། ས་གླང་(1889)ལོར། བོད་ས་གནས་སྲིད་གཞུང་གི་སྐུ་ཚབ་བཀའ་བློན་རམ་པ་བཀྲ་ཤིས་དར་རྒྱས་སོགས་ལྷ་ས་ནས་གྲོ་མོར་ཕྱིར་ལོག་སྐབས་སུ་ཨམ་བན་རྟེང་ཐས་ལ་སྲིད་སྐྱོང་དེ་མོ་ཧུ་ཐོག་ཐུ་ངག་དབང་བློ་བཟང་འཕྲིན་ལས་རབ་རྒྱས་མཆོག་དང་། གདན་ས་ཆེན་པོ་གསུམ། སེར་སྐྱ་དཔོན་རིགས་ཐུན་མོང་གི་ཞུ་ཡིག་གཅིག་ཕུལ་ཏེ་དམག་མི་ཕྱིར་འཐེན་བྱེད་ཕྱོགས་སྐོར་གོང་གི་བཀའ་བཞིན་ཞུས་ཆོག་པ་དང་། ས་མཚམས་དབྱེ་ཕྱོགས་དང་ཚོང་འགྲུལ་སྐོར་བོད་ས་གནས་སྲིད་གཞུང་གིས་མོས་མཐུན་མེད་པའི་བསམ་གྲོས་མང་པོ་བཤད་ཀྱང་ཉན་འཛོག་རྩ་བ་ནས་མ་བྱས་པར། ས་གླང་(1889)ལོའི་ཟླ་གཉིས་པའི་ཟླ་སྟོད་དུ་ཆིན་གྲུང་དབྱང་སྲིད་གཞུང་གིས་བསྐོ་བཞག་བྱས་པ་ལྟར་རྟེང་ཐས་ཕོ་པས་དབང་ཆ་ཚང་མ་ཡོད་པའི་བློན་ཆེན་གྱི་མིང་འཁྱེར་ཏེ་ཀ་ལི་ཀ་ཏར་བསྐྱོད། དབྱིན་ཇིའི་སྐུ་ཚབ་ཏེན་རྫུ་ལེག་ལྷའི་སྤྱི་ཁྱབ་ལས་དོན་བློན་ཆེན་ཨང་དང་པོ་དང་མཉམ་དུ་རྒྱལ་བཙོང་ཆིངས་ཡིག་དོན་ཚན་བརྒྱད་བཞག དེ་རྗེས་སྦྲེ་གདོང་འགག་སྒོའི་སྐོར་ཆིངས་ཡིག་དོན་ཚན་དགུ་བཞག་པ་བཅས་ལ་བོད་ཀྱི་སེར་སྐྱ་མི་མང་ཡོངས་ནས་ངོ་རྒོལ་མཐའ་གཅིག་ཏུ་བྱས།

3. ཏཱ་ལའི་བླ་མས་སྲིད་འགན་དངོས་སུ་བཞེས་པ་དང་། བོད་ཀྱི་དབང་བསྒྱུར་པ་ནང་ཁུལ་སྲིད་དབང་འཕྲོག་རེས་བྱེད་པའི་འཐབ་རྩོད་སྐོར།

རྒྱལ་དབང་ཐུབ་བསྟན་རྒྱ་མཚོ་སྐུ་ན་ཆུང་བའི་སྐབས་དེར་བོད་ཀྱི་གནས་ཚུལ་རྙོག་འཛིང་ཆེ་བའི་དུས་ལ་བབས་ཀྱང་སྲིད་ཕྱོགས་ཀྱི་བྱ་བ་མཐའ་དག་སྲིད་སྐྱོང་དང་བཀའ་ཤག་སོགས་ཀྱི་བྱས་ཏེ། རྒྱལ་དབང་ཉིད་ཡོངས་འཛིན་རྣམ་གཉིས་སོགས་མཁས་དབང་མང་པོ་བསྟེན་ཏེ་ནང་རིག་པ་དང་ཚད་མ་རིག་པ་སོགས་རིག་གནས་ཆེ་ཆུང་ཁག་ལ་གསན་སྦྱོང་མཐར་ཕྱིན་མཛད་ཐོག་རབ་བྱུང་བཅོ་ལྔ་པའི་ཤིང་ལུག(1895)ལོར་རྒྱལ་དབང་ཐུབ་བསྟན་རྒྱ་མཚོ་དགུང་ལོ་ཉི་ཤུར་ཕེབས་སྐབས་སྔར་ལམ་ལྟར་ན། ཀུན་གཟིགས་པཎ་ཆེན་རིན་པོ་ཆེའི་དྲུང་ནས་དགེ་སློང་གི་སྡོམ་པ་བཞེས་དགོས་ཀྱང་། དུས་དེར་པཎ་ཆེན་སྐུ་ཕྲེང་དགུ་པ་ཆོས་ཀྱི་ཉི་མ་སྐུ་ན་ཕྲ་བས་ལོ་འདིའི་ཟླ་དང་པོའི་ཚེས་ལྔ་ཉིན་དྲུང་རིགས་སེར་སྐྱ་ཡོངས་ཀྱིས་མགྲིན་དབྱངས་གཅིག་གྲགས་ཐོག་གསོལ་བ་བཏབ་པ་བཞིན་རྗེ་བོ་ཤཱཀྱ་མུ་ནེའི་སྤྱན་སྔར་བསླབ་གཞི་ཡོངས་རྫོགས་ཀྱི་སྡོམ་པ་བཞེས་སླད་དང་ལྷ་ལྡན་ཚེ་འཕྲུལ་སྨོན་ལམ་ཆེན་མོའི་ཚོགས་མགོན་དུ་ལྷ་ལྡན་གཙུག་ལག་ཁང་དུ་ཞབས་སོར་འཁོད་དེ་ཚེས་བཅུ་གཅིག་ཉིན་རྗེ་བོ་ཤཱཀྱ་མུ་ནེ་དང་། ཆེད་དུ་གདན་དྲངས་པའི་ཐུབ་དབང་སྟ་ཟུར་མ་སོགས་རྟེན་གཙོ་ཁག་གི་སྤྱན་སྔར་རྣམ་ལྔའི་མཆོད་སྤྲིན་གཟབ་རྒྱས་བཤམས་པའི་མདུན་དུ་བཞུགས་ཁྲིར་ཞབས་སོར་བཀོད་དེ། ཡོངས་འཛིན་ཕུར་ལྕོག་བྱམས་པ་རྒྱ་མཚོས་མཁན་སློབ་སྦྲགས་མ་དང་། ཡོངས་འཛིན་ཆུང་བ་གླིང་སྤྲུལ་བློ་བཟང་ལུང་རྟོགས་བསྟན་

འཛིན་འཕྲིན་ལས་ཀྱིས་གསང་སྔེ་སྟོན་པ། སྒྲུབ་ཁང་སྤྲུལ་སྐུ་བློ་བཟང་ངག་དབང་བསྟན་འཛིན་རྒྱ་མཚོ་ནས་དུས་གོ་བ། ལས་ཀྱི་ཁ་སྐོང་ཁྲི་ཆེན་བློ་བཟང་ཚུལ་ཁྲིམས་དང་ཤར་བྱང་ཆོས་རྗེ་རྣམ་གཉིས་སོགས་དད་པའི་དགེ་འདུན་གྲངས་ཚང་བའི་དབུས་སུ་བསྙེན་པར་རྫོགས་པ་དགེ་སློང་གི་སྡོམ་པ་བཞེས་ཤིང་། དེ་ནས་ཁྲམས་ར་ཆེན་མོར་སྲིད་སྐྱོང་དེ་མོ་ཧུ་ཐོག་ཐུ་ངག་དབང་བློ་བཟང་འཕྲིན་ལས་རབ་རྒྱས་མཆོག་དང་། གུང་། བཀའ་བློན། ཇོ་སག་ཐའི་ཇི། གདན་ས་གསུམ་གྱི་འཐུས་མི། སེར་སྐྱ་དཔོན་རིགས་ཡོངས་བཅས་ནས་མཇལ་དར་དང་། མཎྜལ་རྟེན་གསུམ་སོགས་དགྱེས་སྟོན་མཛད་སྒོ་གཟབ་རྒྱས་བསྐྱངས་རྗེས་མཁན་སློབ་དགེ་འདུན་དང་བཅས་བསྙེན་རྫོགས་འབུལ་བ་པོ་རྣམས་ལ་གསེར་དངུལ་དར་གོས་སོགས་ཡོན་འབུལ་གང་གཟབ་དང་རྟེན་གཙོ་ཁག་ལ་རིན་པོ་ཆེའི་རྒྱན་དང་། གོས་དར་གྱི་ན་བཟའ། མཆོད་སྤྲིན་རྒྱ་ཆེར་འབུལ་གནང་མཛད། སྔོན་ལམ་གྲོལ་རྗེས་སྐྱབས་མགོན་ཏཱ་ལའི་བླ་མ་མཆོག་རྗེ་ཛོ་བྲང་ཆེན་པོ་པོ་ཏ་ལར་ཕྱིར་ཕེབས། དེ་ནས་ སྟར་ལམ་ལྷར་སྦྲ་ཡེར་མཁན་པོ་མངགས་ཏེ་འཇམ་དབྱངས་གོང་མ་གོང་ཞུའི་མཆོག་ལ་གསེར་སྙན་སྒྲོན། བླ་དྲུག་པའི་ཆོས་གཉིས་ཉིན་གོང་མ་མཆོག་གིས་དྲལ་ཅེའི་ཐོག་བཀའ་ཡིག་ཕེབས་པར“ཏཱ་ལའི་བླ་མ་ནས་བླ་བ་དང་པོའི་ཆོས་བཅུ་གཅིག་ཉིན་ཐུགས་རྫོགས་ཟིན་པ་འདི་དག་བཀྲ་ཤིས་དགེ་མཚན་ལྷག་པར་ཆེ་བས་ངོས་ཀྱང་ཡིད་སྤྲོ་དཔག་མེད་བསྐྱེད་ཅིང་ད་ནས་བཟུང་ཏཱ་ལའི་བླ་མས་ཆོས་སྦྱོད་སློབ་གཉེར་འཕྲུར་བརྩོན་གང་ཆེས་ཞྭ་སེར་གྱི་བསྟན་པ་རྒྱ་ཁྱབ་འཕེལ་རྒྱས་དགོས་ངེས་ལ། ད་ལམ་ཏཱ་ལའི་བླ་མ་ལ་བཀའ་དྲིན་འཕར་མའི་གསོལ་རས་སུ་བྱུ་རུའི་བཟླས་ཕྲེང་གཅིག་དང་། གསེར་སྐུད་ལས་གྲུབ་པའི་ཤུབས་བཅས་ཡོལ་གོ་གཅིག གཡང་ཏི་

དཀར་པོའི་ཡོལ་གོ་གཅིག རྒྱ་ཕྲུག་ཆེ་བ་གཅིག རྒྱ་ཕྲུག་ཆུང་བ་གཉིས། ཕྱུགས་མཚུངས་ཡོངས་འཛིན་ཆེ་བ་ཕུར་ལྷོག་ཞབས་དྲུང་བློ་བཟང་ཚུལ་ཁྲིམས་བྱམས་པ་རྒྱ་མཚོར་ཁ་བཏགས་ཆེ་བ་གཅིག་བཅས་བསྐུལ་ཡོད་” ཅེས་ཕེབས་པ་བོད་སྲིད་ཨམ་བན་བརྒྱུད་སྤར་སྤྲོལ་རྟེན་འབྲེལ་ལེགས་ཚོགས་ཀྱི་སྒོ་འཕར་ཕྱེ་བའི་ལམ་ནས་ཏཱ་ལའི་བླ་མ་མཆོག་གི་ཕྱག་ཏུ་བཞེས་ཏེ་དགྱེས་པའི་ངང་སྐུ་ཕྱག་དགུ་ཕྲུགས་བསྐྱངས་①དུས་དེར་བོད་ཀྱི་གནས་ཚུལ་ལ་འགྱུར་ལྡོག་དང་རྙོག་འཛིང་ཧ་ཅང་ཆེན་པོ་བྱུང་བ་སྟེ། ལྕང་ཐུར་ལའི་དམག་འཐབ་ཕམ་རྗེས་བོད་ཀྱི་ཆབ་སྲིད་དང་། དཔལ་འབྱོར། དམག་དོན་སོགས་གང་ཅིའི་ཐད་སྤར་བྱུང་མ་མྱོང་བའི་གྱོང་གུན་ཆེན་པོ་ཕོག་སྟེ་སྒྱི་ཚོགས་ཀྱི་འགལ་བ་ཤུགས་ཆེར་ཕྱིན་པ་དང་གཅིག དབྱིན་ཇི་བཙན་འཛུལ་པས་བོད་ཡོངས་རྫོགས་ཁ་ལོ་བསྒྱུར་བའི་ཆེད་དུ་བཙན་འཛུལ་དམག་འཁྲུག་ཐེངས་གཉིས་པ་སློང་བའི་གྲ་སྒྲིག་བྱེད་པ་དང་གཉིས། ཆེན་པོང་མའི་ཀྲུང་དབྱང་སྲིད་གཞུང་ནི་ནྲུང་གི་དབུས་ན་གནས་པའི་སྒྲོན་མེ་ལྟ་བུར་གྱུར་བས་ཕྱི་ནང་གི་ལས་དོན་མཐའ་དག་ལ་བགོད་བྱུས་གཏོང་བའི་ནུས་པ་བྲལ་བ་དང་གསུམ། བོད་ཀྱི་དབང་བསྒྱུར་གྲལ་རིམ་ནང་ཁུལ་སྲིད་དབང་འཐྲོག་ལེན་བྱེད་པའི་འཐབ་རྩོད་དེ་རྗེ་ངར་དང་མངོན་གསལ་དོད་པོར་གྱུར་པ་དང་བཞི། ཨུ་རུ་སུས་གོ་སྐབས་དེ་དང་བསྟུན་ཏེ་འདྲེ་ལག་བོད་དུ་བརྒྱུངས་པ་དང་ལྔ་བཅས་སོ། གོང་གསལ་གནས་ཚུལ་དེ་དག་ལ་བརྟེན་སྲིད་སྐྱོང་དེ་མོ་མཆོག་གིས་དགོངས་ཞུ་རིམ་པ་མཛད་དེ་ཏཱ་ལའི་བླ་མ་ཐུབ་བསྟན་རྒྱ་མཚོས་སྲིད་འགན་དངོས་སུ་བཞེས་དགོས་པའི་གསེར་སྙན་སྒྲོན་ཞིང་།

---

① (རྣམ་ཐར་རིན་ཐང་སྟོད་ཆ་ཤོག་གྲངས253)

བཀའ་ཤག་དང་། གདན་ས་སེར་འབྲས་དགའ་གསུམ། དྲུང་རིགས་སེར་སྐྱ་མང་ཆེ་བ་བཅས་ཀྱིས་ཀུང་ཧྲ་ལའི་བླ་མ་མཆོག་གིས་སྲིད་འགན་དངོས་སུ་བཞེས་དགོས་པའི་རེ་འདུན་ཡང་ཡང་བཏོན་པ་ལྟར། ཤིང་ལུག(1894)ལོར་སྲིད་སྐྱོང་དེ་མོ་ཧུ་ཐོག་ཐུའི་དགོངས་ཞུའི་ཞུ་ཡིག་དེ་བཀའ་ཤག་དང་། གདན་ས་སེར་འབྲས་དགའ་གསུམ། སེར་སྐྱ་དཔོན་རིགས་ཡོངས་བཅས་ཀྱི་ཚོགས་འདུ་རྒྱས་འཛོམས་ཐོག་གྲོས་མོལ་བྱེད་དགོས་པའི་བཀའ་ཐེ་ཕེབས་བཞིན། ཚོགས་འདུ་རྒྱས་འཛོམས་ཐོག་གྲོས་མོལ་ཟབ་ནན་ཞུས་ཏེ་གོང་ས་མཆོག་ལ་ཕུལ་བའི་སྙན་ཞུ་འདི་ལྟར་ཏེ། "གོང་ས་ཆེན་པོས་ཆབ་སྲིད་ཀྱི་བགྱི་བའི་སྣེ་མོ་ལས་འཛིན་པ་དྲུང་རིགས་སེར་སྐྱ་སྤྱི་ཚོགས་ལ་ཇི་འགབ་གོ་བསྡུར་དགོས་རྒྱུ་བཀའ་ཕེབས་ལྟར་ཚང་འཛོམས་ཞིབ་མོལ་ཞུས་མཐར་ཆུ་འབྲུག་དང་། ཤིང་རྟ་ལོ་གཉིས་སུ་ཇི་ལྟར་གསོལ་བ་བཞིན་རྗེ་བླ་མ་སྲིད་ཞིའི་གཙུག་རྒྱན་ཕྱག་ན་པདྨ་གང་ཉིད་བདག་ཅག་ཁ་བ་རི་པའི་མགོན་སྐྱབས་དམ་པར་རྒྱལ་བ་སྲས་དང་བཅས་པས་བསྔགས་པའི་མི་ཏོག་གང་ལ་ཐོག་པའི་ལྷ་སྐལ་དོན་གྱི་བདག་པོ་ཡིན་པར་མ་ཟད། མདོ་སྔགས་གཞུང་ལུགས་རྒྱ་མཚོར་གསན་བསམ་དང་། བསླབ་གཞི་ཡོངས་སུ་རྫོགས་པ་ལྟར་བཞེས་ལེགས་པར་གྲུབ་ཅིང་། སྔར་གྱི་བཞེས་སྲོལ་དགུང་གྲངས་བཅོ་བརྒྱད་ཐོག་ལུགས་གཉིས་ཀྱི་ཐུགས་འགན་བཞེས་དུས་ལས་ཀྱང་ལྷག་པའི་སྐུའི་ན་ཚོད་བཅུ་ཕྲག་ཟུང་དུ་ཕེབས་པ་དང་། སྲིད་དང་ཞི་བའི་ཆོས་ཚུལ་མཐའ་དག་ལ་གཞན་དྲིང་མི་འཇོག་པའི་མཁྱེན་རླབས་རྣམ་དཔྱོད་ཟབ་དཀྱིལ་འགྲན་ཟླ་དང་བྲལ་བ་སོགས་གང་ཅིའི་སྒོ་ནས་བདག་ཅག་བཀའ་འབངས་ལྷ་མི་སེར་སྐྱ་རིས་སུ་མ་ཆད་པ་ཐམས་ཅད་བློ་མོས་རེ་སེམས་རྩེ་གཅིག་ལགས་ན། ད་ཆ་བོད་ལྗོངས་ཆོས་སྲིད་ཐུགས་གཉིས་ཀྱི་ཐུགས་འགན་སྐྱབས

མགོན་ཐམས་ཅད་མཁྱེན་གཟིགས་ཆེན་པོ་མཆོག་ཉིད་ནས་གཙང་བཞེས་བཀའ་དྲིན་ཆེ་ཐུབ་པ་ཞེས་མགྲིན་གཅིག་གིས་གསོལ་བ་འདེབས་ལགས།"①ཞེས་རེ་བ་ཞུས་པ་ལྟར་དང་། དེ་བཞིན་གོང་མ་ཆེན་པོར་ རྫོན་དུ་གསེར་སྙན་བསྒྲོན་པའི་བཀའ་ཕྱིར་ཕེབས་སུའང་"རྡོ་རྗེ་འཆང་ཏཱ་ལའི་བླ་མ་ཁྱེད། ད་ཆ་སྐུ་ན་ཡར་སོན། མདོ་སྔགས་ཀྱི་ཆོས་ཐམས་ཅད་ཐུགས་ཀྱི་རྒྱ་མཚོར་ཆུབ་པ་ནི་ཕན་བདེའི་རྩ་བ་ཆེན་པོ་ཡིན། ཁྱད་པར་ཤཱཀྱ་ཐུབ་པའི་བསྟན་པའི་སྙིང་པོ་ཞྭ་སེར་གྱི་རིང་ལུགས་ལ་མཁས་ཤིང་དོན་རྣམས་ཀྱང་ལེགས་པར་རྟོགས་པར་གྱུར།"

སེམས་ཅན་ཐམས་ཅད་ལ་བློ་ཉེ་རིང་མེད་པ་བུ་ལྟ་བུར་བསྐྱངས། མི་ངན་པ་རྣམས་ལ་ཉེས་པ་ཕབ་པ་ཡང་སྤྱིའི་བདེ་སྐྱིད་ཁྲིམས་ཀྱི་ལུགས་སྲོལ་ཡིན་པ་མཁྱེན། རྡོ་རྗེ་འཆང་ཏཱ་ལའི་བླ་མ་གོང་མ་རྣམས་དང་ཁྱད་མེད་པ། ངེད་གནམ་འོག་ས་སྟེང་གི་རྒྱལ་པོ་སེམས་ཅན་ཐམས་ཅད་ཀྱི་ཕ་མའི་དགོངས་པ་དང་མཐུན་པར་གྱུར། ཉི་མ་ནུབ་ཕྱོགས་ཀྱི་སེམས་ཅན་ཐམས་ཅད་ཕན་བདེ་ལ་བཀོད། ཆོས་སྲིད་གཉིས་ཀྱི་བདག་པོར་རྡོ་རྗེ་འཆང་ཏཱ་ལའི་བླ་མ་ཁྱེད་དབང་བསྐུར་གཟེངས་བསྟོད་པར་མི་སྣ་ཆེད་དུ་མངགས་པའི་གདོང་གསོལ་རས་གནང་སྦྱིན་རྒྱ་ཆེན་པོ་བསྐུལ་བ་གྲུས་པས་དང་དུ་ལོངས། སངས་རྒྱས་ཀྱི་བསྟན་པ་དང་སེམས་ཅན་རྣམས་བདེ་སྐྱིད་ལ་བཀོད་པར་བརྩོན་པ་མི་ལྷོད་པ་གྱིས། ནན་ཏན་གྱིས།"②ཞེས་ཕེབས་པ་བཅས་ལ་བརྟེན། ཤིང་ལུག(1895)ལོའི་ཟླ8ཚེས8ཉིན་པོ་བྲང་ཆེན་པོ་པོ་ཏ་ལའི་ཚོམས་ཆེན་སྲིད་ཞིའི་ཕུན་ཚོགས་སུ

① (རྣམ་ཐར་རིན་ཕྲེང་སྟོད་ཆ་ཤོག་གྲངས255)

② (རྣམ་ཐར་རིན་ཕྲེང་སྟོད་ཆ་ཤོག་གྲངས255 – 256)

རྒྱལ་དབང་ཐུབ་བསྟན་རྒྱ་མཚོས་ལུགས་གཉིས་ཀྱི་ཐུགས་འགན་ཡོངས་སུ་བཞེས་པའི་མཛད་སྒོ་ཚུགས། ཉིན་དེར་ཕོ་བྲང་ཆེན་པོ་པོ་ཏ་ལའི་ཡང་སྟེང་དང་། ལྷ་སའི་གྲྭ་ཚང་དང་གྲོང་མིའི་ཁང་པའི་ཡང་སྟེང་དུ་དར་ལྕོག་བཙུགས་ཤིང་། དུང་རྒྱ་གླིང་གཏོང་བ། བསང་གཏོང་ལྷ་གསོལ་བྱེད་པ། མཆོད་སྤྲིན་གཟབ་རྒྱས་སྤྲོ་བ་དང་། བོད་ཡོངས་ཀྱི་སྐྱེ་རྒུ་མཐའ་དག་གཟབ་མཚར་གྱིས་བརྒྱན་ཏེ་ཟ་ཟུང་བྲོ་འཁྲབ་པ་སོགས་དགའ་སྤྲོའི་དཔལ་ལ་ཅི་དགར་རོལ།

སྟར་ལམ་ལྟར་ཐོག་མར་བཀའ་ཤག་དང་། དེ་ནས་རིམ་བཞིན་བཀྲ་ཤིས་ལྷུན་པོ་དང་། གདན་ས་སེར་འབྲས་དགའ་གསུམ། བོད་ས་གནས་ཁག་གི་སེར་སྐྱ་ཡོངས་ཀྱི་འཐུས་མིས་འབུལ་ཚན་ཕུལ་ཏེ་རྟེན་འབྲེལ་ཞུས་པ་མ་ཟད། འབྲུག་པ་རྒྱལ་པོ་དང་། འབྲས་ལྗོངས་ས་སྐྱོང་པ། གོར་ཁ་རྒྱལ་པོ། ཕྱི་སོག་གི་ཆོས་རྒྱལ་རྗེ་བཙུན་དམ་པ་སོགས་མཐའ་བཞིའི་རྒྱལ་ཁག་གིས་ཕོ་ཉ་མངགས་ཏེ་ལེགས་འབུལ་བརྟེན་པ་དགྱེས་བཞེས་བསྐྱངས།

མེ་སྤྲེལ་(1896)ལོར། དཀྱུང་གསར་གྱི་སྟར་སྲོལ་མཛད་སྒོ་གྲུབ་རྗེས་ཟླ་དང་པོའི་ཚེས་དགུ་ཉིན་ལྷ་ལྡན་ཚོ་འཕྲུལ་སྨོན་ལམ་ཆེན་པོའི་སྐབས་སུ་རྒྱལ་དབང་ཐུབ་བསྟན་རྒྱ་མཚོ་ཚོགས་མགོན་དུ་ཆིབས་བསྒྱུར་བསྐྱངས་ཐོག་གདན་ས་གསུམ་གྱི་དགེ་འདུན་ཁྲི་ཕྲག་གཉིས་ལྷག་ཙམ་ལ་གསུང་ཆོས་གནང་། ཆོས་བཅོ་ལྔ་མཚན་མོ་བཅོ་ལྔ་མཆོད་པའི་མཆོད་གཟིགས་ལ་ཆིབས་བསྒྱུར་མཛད་སྐབས་སྐུ་བཅར་མཁན་པོ་དང་། དཔོན་རིགས་ཆེ་གྲས་ཁག་མ་གཏོགས་མི་སེར་ཀྱུས་མ་རྣམས་བར་བསྐོར་དུ་སྐྱོད་མི་ཆོག་ལ། ཁང་པའི་ཡང་སྟེང་ནས་ཀྱང་བལྟ་མི་ཆོག དེ་ནས་སྨོན་ལམ་ཚོགས་དབུས་ཀྱི་མཛད་པ་ལེགས་གྲུབ་ཟིན་ཏེ་ཆོས་ཉེར་ལྔ་ཉིན་རྒྱ་བཏབ་ར་མོ་ཆེར་གནས་གཟིགས་གྲུབ་རྗེས་ཕོ་བྲང་པོ་ཏ་

ལར་ཕྱིར་ཕེབས་མཛད།

རྒྱལ་དབང་ཐུབ་བསྟན་རྒྱ་མཚོས་ལུགས་གཉིས་ཀྱི་ཐུགས་འགན་ཡོངས་སུ་བཞེས་རྗེས་བོད་ཀྱི་གནས་ཚུལ་ལ་འགྱུར་ལྡོག་མངོན་གསལ་དོད་པོ་ཁག་གཉིས་བྱུང་བ་འདི་ལྟར། དང་པོ་བོད་བཞུགས་ཨམ་བན་གྱི་གོ་གནས་སྟར་བཞིན་གནས་ཀྱང་། ཚིན་གོང་མས་མགོ་འདོགས་ཀྱི་ལམ་ཕྱོགས་ལག་ལེན་བསྟར་ཏེ་དབྱིན་ཇོལ་དམག་འབྲུག་ལ་རྒྱབ་སྐྱོར་མ་བྱས་པ་དང་། ཉག་རོང་དུས་ཐྲིང་ལངས་པ་སོགས་ལ་བརྟེན་བོད་བཞུགས་ཨམ་བན་དང་ཏཱ་ལའི་བླ་མ་མཆོག་དབར་གྱི་འབྲེལ་བ་ཉེན་བཞིན་ཇེ་སྡུག་ཏུ་སོང་བ། གཉིས་པ། ཚིན་གོང་མས་བོད་མི་མང་གི་རྒྱལ་གཅེས་མཐའ་སྲུང་གི་དམག་འཐབ་ལ་རྒྱབ་སྐྱོར་བྱེད་རྒྱུ་ལྟ་ཞོག དབྱིན་ཇི་བཙན་འཛུལ་པར་ངོ་དགའ་གདོང་གསོལ་བྱེད་ཆེད་ལུང་ཐུར་ལ་ནས་བཟུང་གམ་པ་རྫོང་གི་སྒོ་ངོས་འཁྲོག་ར་དང་ས་ཆ་མི་ཉུང་བ་ཞིག་སྤྲད་པ་སོགས་ལ་བརྟེན་ཏཱ་ལའི་བླ་མས་ཨུ་རུ་སུར་དཔུང་རོགས་བཙོལ་ཏེ་དབྱིན་ཇི་བཙན་འཛུལ་པ་མཐར་སྐྲོད་པའི་ཐབས་བྱུས་གསར་པ་ཞིག་མི་བཟུང་ཐབས་མེད་དུ་གྱུར། འོན་ཀྱང་ཨུ་རུ་སུས་གོ་སྐབས་དེ་དང་བསྟུན་ནས་བོད་འདི་ཁོ་པ་ཆོས་ཁ་ལོ་བསྒྱུར་བའི་རི་ངན་བཙངས་ཏེ་འདྲེ་ལག་བོད་དུ་བཀྱང་ས།

ཕྱོགས་མཚུངས་བོད་ཀྱི་དབང་བསྒྱུར་གྲལ་རིམ་ནང་ཁུལ་དུ་སྲིད་དབང་འཁྲུག་རེས་བྱེད་པའི་འཐབ་རྩོད་ཇེ་ངར་ཅན་དུ་གྱུར་པ་སྟེ། ས་ཕག་(1899)ལོར། ཏཱ་ལའི་བླ་མ་སྐུ་ཕྲེང་བཅུ་གསུམ་པ་ཆེན་པོ་བཀྲོངས་རྗེས་བྱེད་པའི་དོན་གནད་ཅིག་བྱུང་བའི་བྱེད་གཏེ་གཙོ་བོ་དེ་མོ་རུ་ཐོག་ཐུ་ངག་དབང་བློ་བཟང་འཕྲིན་ལས་རབ་རྒྱས་སྐར་བཤད་སྲོལ་མི་འདྲ་བ་མང་ཙམ་བྱུང་བ་དཔེར་ན། ལ་ལས་དེ་མོ་སྲིད་ཟུར་འཛིན་བཟུང་བྱས་རྗེས་བཙོན་ཁང་དུ་སྐུ

བཞེགས་ཟེར་བ་དང་། ལ་ལས་བཙོན་ཁང་དུ་བཙུག་རྗེས་བཀྲོངས་ཟེར་བ། ཡང་ལ་ལས་ངན་གཏད་བཙུག་སྟེ་སྲིད་དབང་འཕྲོག་རྩིས་བྱེད་པ་ཟེར་བའི་གནས་ཚུལ་དེ་རིགས་རྩ་བ་ནས་མེད་པར་མ་ཟད་ཉེས་ཁ་གཡོགས་བྱུང་ཟེར་བ་སོགས་བཤད་ཚུལ་མང་ཙམ་ཡོད། འོན་ཀྱང་དོན་གནད་འདིའི་ཐད་ཏྭ་ལའི་བླ་མ་སྐུ་ཕྲེང་བཅུ་གསུམ་པའི་རྣམ་ཐར་ངོ་མཚར་རིན་པོ་ཆེའི་ཕྲེང་བར་འཁོད་པ་འདི་ལྟར། "སྲིད་བྱུར་དེ་མོ་ངག་དབང་བློ་བཟང་འཕྲིན་ལས་རབ་རྒྱས་དེ་ཉིད་ནི་གོང་མ་མཆོད་ཡོན་གྱིས་གཟིགས་མཐོང་ཆེ་ཞིང་། གཞུང་བསྟན་ལ་ཕྱག་རྗེས་མི་དམན་པ་ཞིག་ཡིན་པར་གྲགས་ཀྱང་། བར་ལམ་བསྟན་རྒྱས་གླིང་བླ་བྲང་གི་ལས་ཁུར་འཛིན་ཅན་གྲས་བློ་གཟུ་བོར་གནས་པ་དག་འདས་ཤིང་། སྐུའི་ཚོ་བོར་གྱུར་པ་ནོར་བུ་ཚེ་རིང་དང་དོན་ལྡན་ཞེས་པ་སོགས་འགའ་ཞིག་གི་ཐོག་ཏུ་བབས་པ་ན་རང་ཉིད་ཉེས་འདོད་ཀྱི་སྤྱི་ལྟས་ལྟ་བུར་ཏྭ་ལའི་བླ་མ་མཆོག་གི་མངའ་ཐང་མཛད་པ་ཕུན་སུམ་ཚོགས་པ་ལ་ཡོང་ཡེ་མི་བཟོད་ཅིང་། བོད་ལྗོངས་ཆབ་སྲིད་མངའ་འབངས་དང་བཅས་པ་རང་ཉིད་ཀྱི་དབང་དུ་བསྡུ་བར་འདོད་པའི་ཀུན་སློང་ངན་པའི་གདོན་གྱིས་རྒྱུད་བསྒྱུར་ཏེ་ཐོག་མར་གོང་ས་ཆེན་པོ་བཀྲོང་རྒྱུའི་རྩིས་ཀྱིས་དགུང་སྐྱིང་མཚན་གསལ་གྱི་ཟླ་ཚེ་སྲོག་གསུམ་ལིངྒའི་དམིགས་ཡུལ་དུ་བཀོད་པ་དང་། བོད་ཀྱི་སྐྱེ་འགྲོ་རྣམས་རྒྱལ་དབང་ཉིད་ལ་བློ་ཡིག་སྐུར་འདེབས་ཡོང་རེས་གངས་ལྗོངས་སུ་ཆར་མེད་ནད་མུག་སོགས་བཀྲ་མི་ཤིས་པ་གཏོང་རྒྱུ་བཅས་ཀྱི་ངན་གཏད་རྫས་སྦྱོར་སྔགས་འཁོར་ཁག་མང་དཔལ་རི་སྦྱིལ་སྐུ་དང་། ཉག་སྦྱིལ་ཟེར་བར་རྒྱུ་ཛན་སྦྱོད་དན་བྱས་ནས་བཟོ་བསྒྲུབས་ཀྱིས་པོ་ཏ་ལའི་ཕྱོགས་བཞི་དང་བསམ་ཡས་ཧས་པོ་རི། གཞན་ཡང་ལྷ་མཐུ་ཆེན་གནས་ས། རྒྱལ་དབང་མཆོག་ལ་འབུལ་རྒྱུའི་ཞབས་ཕྱགས་གསར་བསྐྲུན་

གྱི་མཐིལ་སྟོ་སྨྱུར་ནང་བཅས་སུ་སྦ་འཇུག་བགྱིས་ཤིང་། རེ་ཞིག་བར་སྐབས་མགོན་ཆེན་པོའི་སྐུ་ཁམས་ཉོག་པ་དང་། ཐུགས་རིག་བྱིང་བ། གསོལ་ཟས་ཀྱི་དང་ག་འགག་པ། འགྱུར་དུག་གི་རིག་པས་གང་གསོལ་བ་ཐམས་ཅད་གནོད་པ་ཅན་དུ་གྱུར་ནས་ལྟེམ་ཚུལ་ཆེར་བཞེས་པ་ན། དམར་ཟླུམ་ཡེ་ཤེས་ཀྱི་སྨྱུན་ལྡན་དག་གིས་ཤིག་ཐོག་སོར་མོ་འཛུགས་པ་ལྟར་ངན་སྤྱོད་ཀྱི་མཚང་བརྗོལ་བས་བརྗོད་ཆོད་དེ་གཞུང་ནས་ཁྲིམས་ལུགས་ལྟར་རྩ་ཞིབ་རིམ་བཞིན་མཛད་པར། འདི་སྐོར་གྱི་བྱེད་གཏེ་མཐོང་ཐོས་ལེ་འཁྲི་རྣམས་ནས་ངོས་ལེན་མཐའ་གསལ་ཞུས་པའི་ལག་ཁྲིས་ཀྱི་ཞུ་ཐོ་ནང་གསལ་ལྟར་སྟར་མ་གྲགས་པའི་བྱས་ཉེས་ཚབས་པོ་ཆེ་ཐོན་གཤིས། བོད་ལྗོངས་ཚོགས་འདུ་བློ་གྲོས་གཅིག་ཏུ་མཐུན་ཏེ་ཉེས་ཅན་ཁག་ལ་ཁྲིམས་གཅོད་དང་བསྟན་གླིང་སྣོད་བཅུད་གང་ཅི་རྩ་མེད་གཞུང་བཞེས་ཞུ་རྒྱུའི་འཆར་གཞི་ཕུལ་…… སྲིད་བྱུར་ཉིད་ཀྱང་བསྟན་གླིང་ཆོས་རར་མཚམས་བཅད་བཞུགས་སུ་བཅུག་ཐོག་སྐུ་སྲོག་ལ་ཆད་ལས་ཀྱི་ཉེལ་བའི་རྐྱེན་གང་ཡང་མེད་པར་གུང་གྲངས་ཞེ་ལྔའི་ཐོག་ཏུ་སྐུ་ཚེའི་འདུ་བྱེད་འདོར་བའི་ཚུལ་བསྟན་” “འདི་སྐོར་སྐབས་དེར་གོང་མར་སྙན་སྒྲོན་དང་འབྲེལ་བཀའ་དཔྱད་ཇི་ལྟར་གནང་བ་སོགས་བླ་སྤྲུལ་རྒྱ་དེབ་དང་། ཞང་ཤུའི་དེབ་གཞུང་སོགས་ལ་འཁོད་” ①ཚུལ་གསལ།

གོང་གསལ་འདི་དག་གི་ཐོག་ནས་སྲིད་སྐྱོང་དེ་མོ་ཧུ་ཐོག་ཐུ་ལས་གནས་དགོངས་ཞུ་གནང་རྗེས་དེ་མོའི་སྐུ་ཚ་ནོར་བུ་ཚེ་རིང་དང་དོན་ལྡན་སོགས་དང་ཁོ་པ་ཚོའི་ཕྱོགས་གཏོགས་དཔོན་རིགས་ཁག་སེམས་ཅན་འགའ་ཞིག་གིས་རང་

① (རྣམ་ཐར་རིན་ཕྲེང་སྟོད་ཆ)

ཉིད་ཀྱི་དབང་ཤོར་བས་ཧྲ་ལའི་བླ་མ་མཆོག་ལ་ཡི་མ་རངས་པར་བཀྲོང་ཐབས་བྱས་ཏེ་ཁོ་པ་ཚོས་སླར་ཡང་བོད་ས་གནས་སྲིད་གཞུང་གི་སྲིད་དབང་འཛིན་རྒྱུའི་རེ་ངན་བཅངས་ཙུང་། སློག་གཡོ་དེ་དག་མཐིལ་བརྟོལ་རྗེས་བྱེད་གཏེ་གཙོ་བོ་ནོར་བུ་ཚེ་རིང་དང་དོན་ལྡན་སོགས་དེའི་རྗེས་འབྲངས་པ་གཙོ་བོ་རྣམས་འཛིན་བཟུང་ཐོག་ཞུ་བ་བླངས་པས་སོ་སོའི་སྡིག་ཉེས་རྣམས་ངོས་ལེན་ཞུས་ཤིང་། དེ་མོ་སྲིད་ཟུར་ངག་དབང་བློ་བཟང་འཕྲིན་ལས་རབ་རྒྱས་ནས་གོང་གསལ་གནས་ཚུལ་རྣམས་ཐོས་འཕྲལ་ཉིན་དེའི་མཚན་མོ་གློ་བུར་དགོངས་པ་རྫོགས། སྐབས་དེར་དགུང་ལོ་ཞེ་བཅུ་ཞེ་ལྔར་ཕེབས། དེ་ནས་བོད་ས་གནས་སྲིད་ཞུང་གིས་བྱེད་གཏེ་རྣམས་རིམ་བཞིན་ཚར་བཅད། བསྟན་སྐྱོང་གྲྭ་ཚང་གི་རྒྱུ་དངོས་རང་འཛགས་ཐོག་བླ་བྲང་གི་རྒྱུ་དངོས་དང་། སྟེ་གདོང་ངམ་རིང་། མལ་གྲོ་གུང་དཀར་སོགས་གཞིས་ཁག་གཞུང་བཞེས་ཐོག་དེ་མོ་ཧུ་ཐོག་ཐུའི་མཚན་གནས་མེད་པ་བཟོས་ཏེ་སླད་ཕྱིན་ཡང་སྲིད་ཀྱང་ངོས་འཛིན་ཞུ་མི་ཆོག་ཅེས་བཀའ་ཕབ།

གོང་དུ་སྨོས་པ་ལྟར་དེ་མོ་སྲིད་ཟུར་གྱི་དོན་གནད་སྐོར་བཤད་ཚུལ་མི་འདྲ་བ་ཇི་ལྟར་ཡོད་ཙུང་། དོན་དུ་འདིའི་ཐོག་ནས་སྐབས་དེར་བོད་ཀྱི་དབང་བསྒྱུར་པ་ནང་ཁུལ་སྲིད་དབང་འཕྲོག་ལེན་བྱེད་པའི་འཐབ་རྩོད་དེ་རྙོང་རར་དང་། ཛ་དྲག་ རྙོག་འཛིང་ཆེ་བའི་གནས་སུ་གྱུར་བ་གསལ་པོ་མཐོང་ཐུབ།

དུས་དེར་བོད་ས་གནས་སྲིད་གཞུང་དང་། བཀྲས་ལྷུན་བླ་བྲང་གཉིས་དབར་གྱི་འགལ་བའང་ཚབས་ཆེར་འགྱུར་བའི་འགོ་ཚུགས། མདོར་ན། བོད་ཀྱི་དབང་བསྒྱུར་པ་ནང་ཁུལ་སྲིད་དབང་འཕྲོག་རེས་བྱེད་པའི་འཐབ་རྩོད་ཡང་ཡང་ལངས་སྐབས་དབྱིན་ཇི་དང་། ཨུ་རུ་སུ་སོགས་ཕས་རྒོལ་མ་རུངས་པ་ཚོར་བོད་ཀྱི་ནང་སྲིད་ལ་ཐེ་ཇུས་དང་དཀྲུག་ཤིང་། བཙན་འཛུལ་དམག་འབྲུག་སློང་

བ་བཅས་ཀྱི་གོ་སྐབས་རྙེད་དེ་ཁ་པ་ཆེའི་འདྲེ་ལག་བོད་དུ་བརྒྱུད་ངས།

4. ཨུ་རུ་སུའི་འདྲེ་ལག་བོད་དུ་བརྒྱུད་ངས་པའི་སྐོར།

རྒྱ་ཡིག་གི་དེབ་ཐེར་དྭ་ལའི་བླ་མའི་རྣམ་ཐར་ཞེས་པའི་ནང་“ དྭ་ལའི་བླ་མ་མཆོག་གིས་ཨུ་རུ་སུར་འབྲེལ་བ་གནང་བ་དེ་ནི་གཤམ་གསལ་གྱི་གནས་ཚུལ་ལ་བརྟེན་ནས་བྱུང་བ་སྟེ། ཕྱོགས་གཅིག་ནས་དབྱིན་ཇི་བཙན་རྒྱལ་རིང་ལུགས་ཀྱི་དམག་དཔུང་བོད་ཀྱི་མཐའ་མཚམས་སུ་སླེབས་ཏེ་བོད་འདི་ཉེན་ཁའི་གནས་སུ་ལྷུང་ས་པ་དང་། ཕྱོགས་གཞན་གཅིག་ནས་ཆིན་རྒྱལ་རབས་སྲིད་གཞུང་གིས་དབྱིན་ཇིར་ཞེད་སྣང་སྐྱེས་ཏེ་བོད་མི་མང་གིས་ཕར་ཀོལ་བྱས་པ་དེར་རྒྱབ་སྐྱོར་ཤུགས་ཆེན་བྱེད་མི་ནུས་སྐབས་དྭ་ལའི་བླ་མ་ཕྱི་ཕྱོགས་ཀྱི་རྒྱབ་སྐྱོར་གཞན་ཞིག་བཙལ་ཏེ་དབྱིན་ཇིའི་བཙན་འཛུལ་ལ་འགོག་རྒོལ་བྱེད་དགོས་སྙམ། དེར་བརྟེན་ཨུ་རུ་སུ་བཙན་རྒྱལ་རིང་ལུགས་པའི་མགོ་བསྐོར་དུ་ཚུད་དེ་ནོར་འཁྲུལ་གྱི་སྒོ་ནས་ཨུ་རུ་སུ་བཙན་རྒྱལ་རིང་ལུགས་པས་བོད་ལ་རོགས་རམ་བྱས་ཏེ་དབྱིན་ཇིར་འགོག་རྒོལ་བྱེད་པའི་ངོས་འཛིན་བྱས”①ཞེས་བཀོད་ཡོད། གོང་གསལ་གྱི་དཔྱེ་ཞིབ་དེ་དག་སྐབས་དེའི་གནས་ཚུལ་དང་ཡོངས་སུ་མཐུན་ཞིང་། དྭ་ལའི་བླ་མ་མཆོག་གིས་ཐོག་མར་ཨུ་རུ་སུར་འབྲེལ་བ་འཛུགས་པའི་དམིགས་ཡུལ་གཙོ་བོ་ནི་དབྱིན་རྒོལ་རྒྱལ་སྲུང་གི་ཆེད་དུ་ཡིན། དེ་རྗེས་ཨུ་རུ་སུའི་སྒྲིག་གཡོའི་ངན་བྱུས་ལ་དབུ་འཁོར་ནས་ནོར་འཁྲུལ་གྱི་ལམ་དུ་ལྷུངས་ཏེ་མེས་རྒྱལ་གོང་བུ་གཅིག་གྱུར་ལ་མི་ཕན་པའི་བྱ་བ་འགའ་ཞིག་མཛད་ཡོད།

ཨུ་རུ་སུའི་ངོས་ནས་བཤད་ན། བོད་འདི་མེས་རྒྱལ་གྱི་མངའ་ཁོངས

① (དྭ་ལའི་བླ་མའི་རྣམ་ཐར་ཞེས་པ་བོད་ཡིག་དེབ་ངོས399 –400)

ནས་ཁ་བྲལ་བཏང་སྟེ་ཕོ་བ་ཚོའི་མི་སེར་སྤྱིལ་ཡུལ་དུ་བསྒྱུར་བའི་སློག་གཡོ་དེ་སྟེ་
ས་ནས་ཡོད་པ་ཞིག་ཡིན། དཔེར་ན་རབ་བྱུང་བཅོ་ལྔ་པའི་ཆུ་སྤྲེལ་(1872)
ལོར་ཨུ་རུ་སུའི་ཧྲང་ཞའོ་དམག་དཔོན་ཕུ་རྫེ་ཕའར་སི་ཡི་དང་། ལོའི་ཕུ་བློ་སུ་སི་
ཅི་སོགས་ཤིན་ཙང་བྱང་ངོས་བརྒྱུད་ནག་ཆུ་བར་སླེབས། བོད་ས་གནས་སྲིད་
གཞུང་དང་སེར་སྐྱ་མི་མང་ཡོངས་ཀྱིས་ངོ་རྒོལ་མཐའ་གཅིག་ཏུ་བྱས་སྐབས་མི་དེ་
དག་ནག་ཆུ་ནས་མཚོ་སྔོན་དུ་ཕྱིར་ལོག་མི་བྱེད་ཐབས་མེད་བྱུང་། སྐབས་དེར་
ཨུ་རུ་སུའི་ཞུལ་མ་དང་ས་གནས་དེ་གའི་བོད་རིགས་མི་མང་དབར་གདོང་གཏུག་
འཐབ་རྩོད་ཐེངས་གསུམ་ཙམ་བྱུང་སྟེ་ཕོ་བ་ཚོས་གཏུག་རྒྱབ་ཆེན་པོས་བོད་
རིགས་མི་མང་སུམ་ཅུ་ལྷག་ཙམ་བསད། དེ་རྗེས་མེ་བྱི་(1876)ལོར་ཨུ་རུ་
སུའི་ངོ་དཔོན་ཉིའི་ཛེར་བ་བོད་དུ་སྐྱུལ་ཞིབ་ཏུ་ཡོང་བར་བོད་ཀྱི་སེར་སྐྱ་མི་མང་
ཡོངས་ནས་ངོ་རྒོལ་མཐའ་གཅིག་ཏུ་བྱས་ཡོད། བཙན་རྒྱལ་ཨུ་རུ་སུའི་ཞུལ་མ་
བཀག་འགོག་བྱེད་པའི་སྐོར། ཧ་ཚོག་རྗེ་དྲུང་ཧུ་ཐོག་ཐུ་ངག་དབང་དཔལ་ལྡན་
ཡེ་ཤེས་ཀྱིས་བོད་བཞུགས་ཨམ་བན་སུང་ཀུའི་བརྒྱུད་གོང་མ་ཆེན་པོར་སྙན་ཞུ་
ཕུལ་བ་འདི་ལྟར། "གཞུང་གི་ལས་དོན་ཞོར་སྐྱོང་བྱེད་པོ་རྗེ་དྲུང་ཧུ་ཐོག་ཐུ་
ནས་ཡི་གེ་ཕུལ་དོན། ཉེ་ཆར་ཨམ་བན་མཆོག་ནས་འདི་གར་ཕང་ཤུ་གནང་
འཁྱེར་ཞིབ་ཆ་དེབ་གསལ་བསྐྱར་བློས་ཞུམ་དགོས་པ་ཕུད། འགག་དོན་དུ་རྒྱལ་
ཁག་ཕན་ཚུན་ཚོང་འགྲུལ་སྐོར་སྤྱི་ཁྱབ་ལས་དོན་བྱེད་པོའི་ཡ་མོན་ནས་གནས་
ཚུལ་ཕེབས་གསལ་གོང་ཞུའི་ཁྲི་བཞུགས་གཉིས་པའི་ཟླ་ལྔ་པའི་ཚེས་བདུན་ཉིན་
ངོ་རྒོལ་རྒྱལ་ཁབ་ཀྱི་ལས་དོན་བྱེད་པོ་ནས་མི་སྣ་ཆེད་མངགས་ཀྱིས་གནས་ཚུལ་
འཁྱེར་གསལ་དུ་ངོ་དཔོན་ཉིའི་ཛེར་བ་ཕ་མི་བརྒྱུད་བོད་སྔོངས་བཅས་པའི་ས་
གནས་སུ་བསྐོར་ཞུལ་དུ་ཐོན་ཚེ་གང་ཅེར་མཐོང་ཐོས་རྒྱ་ཆེ་ཡོང་གནས་ལ་ལག་

འཕྲིན་གསོལ་རས་གནང་ལུགས་ནན་གྱིས་ཞུ་བར་བརྟེན། པེ་ཅིང་ཞུན་ཐན་ཕུའི་ཡ་མོན་ནས་ཐམ་ག་ཕབ་སྟེ་ངོ་རྒོལ་རྒྱལ་ཁབ་ཀྱི་མི་སྣར་རྩིས་སྤྲོད་སོང་བ། སླར་ངོ་དཔོན་ཉེའི་བཅས་འཁྱོན་སྐབས་ལག་འཕྲིན་ལ་གཞིགས་པས་གཏོང་དགོས་ལས་ཟིངས་ཤིག་དོན་ཕུད་རིགས་མི་འབྱུང་བ་དགོས་རྒྱུ་ཕེབས་པ་ལྟར་བརྩེ་འཇོག་བྱེད་དགོས་ཞེས་གསལ་བ་འདི་སྐོར་བཀའ་ལྷན་རྣམ་པ་དང་། སྤྱི་ཁྱབ་མཁན་པོ་བརྒྱུད་བོད་འབངས་སེར་སྐྱ་མི་དམངས་ལ་ཕང་ཤུ་སྒྲིག་སྤྱངས་ཐོག་བཀོད་ཁྱབ་ཞུས་པར་སེར་སྐྱ་སྤྱི་མཐུན་གྱིས་ཞུ་རིགས་སུ། དེ་སྔ་ཞན་ཏོང་ཁྲི་བཞུགས་བཅུ་གཅིག་པའི་ལོ་ཐན་ཀྲུའི་མི་རིགས་སོགས་གསར་སྤྲོས་ཀྱིས་བཏང་ཚོ་ནང་པ་སངས་རྒྱས་ཀྱི་བསྟན་པ་དང་། བོད་ཁམས་སྤྱིའི་བདེ་སྐྱིད་ལ་གནོད་ཚབས་ཡོང་གནས་ལ་འདི་རིགས་ཇི་ལྟར་བྱས་ཀྱང་གཏོང་ཐབས་མེད་ལུགས་མནའ་གན་སྤྱི་སྒྲིག་རྟགས་སྤྱར་བཞག་ཐོག་བོད་བཞུགས་ལྷན་ཆེན་བརྒྱུད་གོང་མ་ཆེན་པོར་གསེར་སྙན་སྙོན་པ་སོགས་རྒྱ་བོད་དེབ་གསལ་མ་ཟད། རང་ཁོངས་ས་གནས་ཁག་ནས་འདི་གྲས་འགྲོ་འདུག་བཏང་ཤོར་ལྟ་བཞག་ཡིག་འགྲུལ་ཙམ་ཡང་གཏོང་ལེན་མི་ཚུགས་པའི་དམ་དྲག་ཞུ་མུས་དེ་ལྟར་ཡིན་ན། ད་ལམ་ངོ་རྒོལ་མི་རིགས་བོད་ཕྱོགས་སུ་གསར་སྤྲོས་ཀྱིས་གཏོང་རྒྱུ་སྟར་བཞག་གནང་དོན་ལ་མི་གནས་པའི་ཁར། ས་གནས་འདབ་འབྲེལ་ཁག་མང་ནས་འདི་དང་འདི་འདྲ་བའི་འགྲུལ་ལམ་འགོ་ཚུགས་སོགས་ལབ་རྫོད་ཀྱིས་ས་མཚམས་ཞེད་མི་འཛགས་པའི་ཟིངས་ཤིག་དང་། དེར་བརྟེན་བསྟན་ལར་འཕྲུལ་ཕུགས་གནོད་འགལ་ཇི་འགྱུར་འགན་ཁྲེས་བཟོད་མེད་ལ་ངོ་གོལ་མི་རིགས་ས་གནས་ཇི་འདྲར་འཁྱོར་རུང་། བཀག་འགོགས་ཕྱིར་སློག་མི་ཞུ་མཐུ་མེད་ལ་དེ་དོན་རྒྱ་བོད་བཀའ་མོལ་འཕྲུལ་དུ་ཡོད་པ་ཞེས་ཞུ་ནན་ཅི་ཆེ་དང་འབྲེལ་བས་སེར་སྐྱ་མི་

དམངས་ནས་ངོས་ཧ་ཐོག་ཐུ་དང་། བཀའ་བློན་ཐུན་མོང་བཅས་ལ་ཞུ་ཐོ་དང་། ཨམ་བན་ཆེན་པོར་འབུལ་རྒྱུའི་སྙན་ཞུ་རྟགས་འཁྱེར་བཅས་ཕུལ་འཁོར་བྱུང་བ་ཨམ་བན་མཆོག་དགོངས་དྭངས་ཆེད་སེར་སྐྱ་སྤྱིའི་སྙན་ཞུ་རྟགས་འཁྱེར་ཐུར་འབུལ་ཞུས་པར་ཐུགས་ཞིབ་ཀྱིས་རྒྱལ་ཁབ་ཕན་ཚུན་ཚོང་འགྲུལ་སྤྱི་ཁྲབ་མཛད་པོའི་ཡ་མོན་ལ་གནས་ཚུལ་གནང་འོས་སོགས་བོད་ཁམས་བསྟན་སྲིད་སྤྱི་དོན་གལ་ཆེར་དགོངས་བཞེས་ཀྱིས་ངོ་རྒོལ་མི་རིགས་གསར་སྦྲོས་ཡོང་ཐལ་མི་འབྱུང་བ་ཞིག་དགོངས་འཛུགས་ཡོད་པ་ཞུ། དེའི་ཆེད་དུ། མེ་ཕྱི་ཟླ་བརྒྱད་ཚེས་བཅུ་ལ་ཕུལ་” ཞེས་འཁོད་ཡོད། གོང་གསལ་གྱི་ཞུ་ཡིག་འདིའི་ཐོག་ནས་བོད་ས་གནས་སྲིད་གཞུང་དང་སེར་སྐྱ་མི་མང་ཡོངས་ནས་ངོ་གོལ་མི་རིགས་ཧེ་ཨུ་རུ་སུ་ཉུལ་ཞིབ་པ་བོད་དུ་ཡོང་རྒྱུ་ལྷ་ཞོག ཐན་ཚོང་འགྲུལ་དང་ཡིག་འགྲུལ་ཙམ་ཡང་གཏོང་ལེན་བྱེད་པར་ངོ་རྒོལ་མཐའ་གཅིག་ཏུ་བྱས་པ་གསལ་པོ་མཐོང་ཐུབ། དེ་རྗེས་ཨུ་རུ་སུའི་ཉུལ་མ་དང་དམག་དོན་མི་སྣ་ཆབ་མདོ་སོགས་བརྒྱུད་བོད་ཀྱི་ས་ཁོངས་སུ་ཡོང་ཐབས་ཇི་ལྟར་བྱས་རུང་། བོད་ཀྱི་ས་གནས་སོ་སོའི་འགོ་དམངས་ཡོངས་ནས་སེམས་ཐག་གཅང་བཅད་ཀྱིས་བཀག་འགོག་མཐའ་གཅིག་ཏུ་བྱས་སྟབས་ཁོ་པ་ཚོ་བྱེད་ཐབས་དབེན་པའི་གནས་སུ་གྱུར།

ཕྱི་རོལ་པ་ནི་གཡོ་ཐབས་ངན་སྦྱོར་ལ་ཤིན་ཏུ་མཁས་པས་ཨུ་རུ་སུའི་མི་ངོ་མ་བོད་ལ་ཐར་ཐབས་རྩ་བ་ནས་མེད་སྟབས་ཐབས་ལམ་གཞན་ཞིག་གི་སྒོ་ནས་བོད་ཀྱི་ནང་སྲིད་ལ་ཐེ་བྱུས་བྱེད་པའི་སློག་གཡོའི་ངན་བྱུས་བརྩམས་པ་སྟེ། ཨུ་རུ་སུ་བཙན་རྒྱལ་རིང་ལུགས་པས་ཕྱི་སོག་བཙན་བཟུང་བྱས་རྗེས་ཐོག་མར་རྗེ་བཙུན་དམ་པ་བརྒྱད་ཏྲ་ལའི་བླ་མ་མཆོག་འཁུག་ཐབས་བྱས་པ་མ་ཟད། ནང་པ་སངས་རྒྱས་པའི་ཆོས་ལ་དད་གུས་ཚད་མེད་བྱེད་ཁུལ་གྱིས་ནང་པའི་དགོན་

པར་ཉམས་གསོ་དང་། ཆོས་བྱེད་སྐྱེས་བུ་དམ་པ་རྣམས་ལ་རྒྱབ་སྐྱོར་དང་དངོས་པོའི་རོགས་རམ་ཤུགས་ཆེན་བྱེད་པའི་གཡོ་ཐབས་ལ་བརྟེན་ནས་ཕྱི་སོག་ཡོངས་སུ་ཁ་ལོ་བསྒྱུར་རྗེས་ནང་སོག་དང་བོད་རིམ་བཞིན་ཟ་རྔོས་བྱས། སྐབས་དེར་ཕྱི་སོག་ནས་གཞོན་ནུ་ཉིས་བརྒྱ་ལྷག་ཙམ་བོད་དུ་འོངས་ཐོག་སེར་འབྲས་དགའ་གསུམ་དང་། གདན་ས་བཀྲ་ཤིས་ལྷུན་པོ་བཅས་ལ་རབ་ཏུ་བྱུང་། རྡོ་རྗེ་གཡིབ་ཟེར་བ་ཡང་སྐབས་དེར་ལྷ་སར་འཁྱོར་ཏེ་དཔལ་ལྡན་འབྲས་སྤུངས་དགོན་དུ་གྲྭ་པ་བྱས། ཁོ་པ་ནི་མེ་རྟ་(1846)ལོར་ཕྱི་སོག་གི་ས་ཁོངས་ལི་གཡའ་ཐར་སྐྱེས། སོག་པོའི་མིང་དུ་རྡོ་རྗེ་གཡིབ་དང་། མིང་གཞན་དུ་གའོ་ཐུང་ལོ་སེན་ཨོ་མིན་གཡའ་ཀུན་དབང་རྡོ་རྗེ་ཟེར་བོད་དུ་འཁྱོར་རྗེས་ཆོས་མིང་བློ་བཟང་ངག་དབང་ཞེས་འབོད། མི་དེའི་མིང་སྒྲ་བསྒྱུར་བྱེད་སྟངས་མི་འདྲ་བ་མང་བ་སྟེ་ཨུ་རུ་སུའི་ཡིག་ཐོག་ཏུ་རྡོ་རྗེ་གཡུད་བུ་དང་། དབྱིན་ཡིག་ཏུ་རྡོའོ་ཇི་བུ། རྒྱ་ཡིག་ཏུ་རྡ་ཀར་ཀྲི་ཞེས་འཁོད། དབྱིན་ཡིག་གི་རྡོ་རྗེ་གཡིབ་ཀྱི་ལོ་རྒྱུས་མདོར་བསྡུས་ཞེས་པའི་ནང་འཁོད་དོན། "ཕྱི་ལོ1871ལོར། རྡོ་རྗེ་གཡིབ་རང་ལོ་ཉེར་ལྔར་སོན་སྐབས་བོད་དུ་འོངས་ནས་འབྲས་སྤུངས་དགོན་པར་རབ་ཏུ་བྱུང་། ལོ་སུམ་ཅུ་སོ་ལྔར་སླེབས་སྐབས་དགོན་པ་དེའི་སློབ་དཔོན་བྱས། རིག་གནས་སྤྱི་དང་ལྷག་པར་དུ་མཚན་ཉིད་ལ་སྦྱང་པ་མཐར་ཕྱིན་ནས་ཏེ་མཁས་པར་གྱུར། སྐབས་དེར་རྒྱལ་ཁབ་ཕྱི་ནང་གི་ཆབ་སྲིད་དང་དམག་ལས་སོགས་འཇིག་རྟེན་ཁྲིམ་པའི་ལས་ལ་ཐེ་བྱུས་རྩ་བ་ནས་མི་བྱེད་པར་རབ་བྱུང་པ་ཚུལ་ལྡན་གྱི་ངང་ཚུལ་བསྟན། ཕྱི་ལོ1898ལོར་ཁོ་པ་རང་ལོ་ལྔ་བཅུ་ང་གཉིས་ལ་སླེབས་པ་ནས་བཟུང་ཁོ་པའི་གདོང་རིས་ངོ་མ་དེ་ཕྱིར་བཏོན་ཏེ་ཕྱི་དོན་གལ་ཆེ་ཁག་ལ་ཐེ་གཏོགས་དང་ཉེས་སྐྱོན་འཛེམས་མེད་ཀྱིས་འཐབ་ལས་གཡོ་འཕྲུལ་གྱི་

བྱ་བ་མང་ཙམ་བརྩམས་པས་རྡོ་རྗེ་གཡིབ་ཟེར་བའི་མིང་དེ་ཀ་ལི་ཀ་ཏྟ་དང་། སྤྱི་ལྔ་སོགས་འཛམ་གླིང་ས་ཆ་མང་པོར་ཁྱབ། སྤྱི་ལོ1898ལོར། ཨའོ་ཀྲའུ་དང་། ཨུ་རུ་སུའི་ཤར་ལྷོ་ཞིང་ཆེན་ཁག་ལ་བསོད་སྙོམ་གྱི་མིང་འཁྱེར་ནས་བསྐྱོད་སྐབས་ཨུ་རུ་སུའི་འབྲེལ་ཡོད་ཀྱི་བློན་ཆེན་ཚོས་ཤེས་འཕྲུལ་ཁོ་པ་དང་ཐུག་འཕྲད་ཐོག་ནང་མོལ་ཞིབ་ཕྲ་བྱས་པ་བརྒྱུད་རྡོ་རྗེ་གཡིབ་ལྷ་སར་བཅའ་སྡོད་ཨུ་རུ་སུའི་སྐུ་ཚབ་ཏུ་བསྐོ་བཞག་བྱས” ཟེར། དེ་རྗེས་རྡོ་རྗེ་གཡིབ་རིམ་བཞིན་བོད་དུ་ཕྱིར་ལོག་སྟེ་རྒྱལ་དབང་ཐུབ་བསྟན་རྒྱ་མཚོར་འབུལ་བ་འབོར་ཆེན་འབུལ། དེ་བཞིན་བཀའ་བློན་བཤད་སྒྲ་དཔལ་འབྱོར་རྡོ་རྗེ་སོགས་བོད་ས་གནས་སྲིད་གཞུང་གི་དཔོན་རིགས་ཆེ་གྲས་ཁག་ལའང་དངོས་པོ་མང་ཙམ་ཕུལ། ཨུ་རུ་སུའི་གསང་ཞུལ་ལས་ཁུངས་ཀྱིས་བཀོད་མངགས་བྱས་པ་ལྟར། རྡོ་རྗེ་གཡིབ་ཀྱིས་ཏྟ་ལའི་བླ་མ་སོགས་ལ་ཞུ་གསལ། “ཀྲུང་གོའི་རྒྱལ་ཁབ་ཅེས་པ་ཁྱེད་རང་གི་བདག་པོའི་རྒྱལ་ཁབ་ཡིན་ཞིང་། ད་ལྟ་སོག་མ་ཆག་དུམ་ལྟ་བུར་གྱུར་པས་དེར་བསླེས་ན་མི་འགྲིག ཀྲུང་གོའི་རྒྱལ་ཁབ་དབྱིན་ཇིའི་དབང་ཤུགས་འོག་ཚུད་ཟིན་ཅིང་། དབྱིན་ཇི་དེ་བཞིན་འདོད་གནག་རྫོགས་མེད་དང་། ཡེ་ཤུའི་ཆོས་ལུགས་ལ་གུས་སེམས་ཆེ་བས་ཁྱེད་རང་གི་ཆོས་ལ་དད་གུས་མི་བྱེད་པ་མ་ཟད། བོད་ཀྱི་བླ་མའི་སྐུ་དབང་སྲོལ་རྙིང་རྩ་མེད་དུ་གཏོང་ངེས་ཡིན། ཨོ་རོས་འདི་བཞིན་གནམ་འོག་གི་སྟོབས་ཤུགས་ཅན་ཡིན་ན་དཔུང་རོགས་བྱུང་ཚེ་དབྱིན་ཇི་འདུལ་ཐུབ་པས་མ་ཚད། ཨོ་རོའི་གོང་མའང་ཁྱེད་རང་གི་ཆོས་ལ་འཇུག་ཐུབ་པ་དང་། ཨོ་རོས་མི་རིགས་ཡོངས་རྫོགས་སྤྱན་རས་གཟིགས་ཀྱི་མངའ་འབངས་ཞུས་ཏེ་བརྟེན་པ་སློབ་མ་ཡོང་ངེས་རེད” ཟེར་བ་སོགས་གཡོ་སྒྱུའི་སྦྱོར་བ་མང་ཙམ་སྤེལ། སྐབས་དེར་ཏྟ་ལའི་བླ་མ་མཆོག་ནས་ཆེན་ཀྲུང་དབྱང་སྲིད་གཞུང་ལ་

ནོར་སྲིད་དང་། མཆོན་ཆའི་ཐད་རྒྱབ་སྐྱོར་ཡོང་བའི་རེ་བ་ཇི་ལྟར་གསོལ་ཡང་ཆེན་པོང་མས་མགོ་འདོགས་ཀྱི་ལམ་ཕྱོགས་ལག་ལེན་བསྟར་ཏེ་བོད་མི་མང་གི་དབྱིན་འགོག་མཐའ་སྲུང་གི་རྒྱལ་གཅེས་ཀྱི་བྱ་སྤྱོད་ལ་ཐོག་མཐའ་བར་གསུམ་དུ་རྒྱབ་སྐྱོར་མི་བྱེད་པ་དང་། ཕྱོགས་མཚུངས་ཆེན་རྒྱལ་རབས་རང་ཉིད་ཀྱང་རིམ་བཞིན་རྨུམ་ཟད་སྨྲོན་མེ་ལྟ་བུར་གྱུར་པ་སོགས་ཕྱི་ནང་གི་གནས་ཚུལ་ཏ་ཙང་རྙོག་འཛིང་ཆེ་བའི་གནས་སུ་གྱུར་བར་བརྟེན་རྡོ་རྗེ་གཡིབ་ཀྱི་གཡོ་གཏམ་དེ་དག་དོན་དངོས་དང་མཚུངས་པའི་བདེན་གཏམ་ཞིག་ཏུ་གཟིགས་ཏེ་བཀའ་ཤག་སོགས་དཔོན་རིགས་སེར་སྐྱ་ཡོངས་དང་། གདན་ས་གསུམ་གྱི་འཐུས་མིར་བཀའ་བསྡུར་ཙམ་ཡང་མ་གནང་བར་གསང་བའི་ཐོག་ནས་ཨུ་རུ་སུར་ཕེབས་རྩིས་གནང་། བཀའ་ཤག་གིས་གནས་ཚུལ་དེ་ཤེས་འཕྲལ་རྒྱལ་དབང་ཐུབ་བསྟན་རྒྱ་མཚོར་སྙན་ཞུ་ཕུལ་བའི་ནང་“……ཨུ་རུ་སུས་བོད་ལ་རྒྱབ་སྐྱོར་བྱེད་པའི་བསམ་པ་ཡོད་ནའང་གཞུང་དོན་གལ་ཆེ་འདི་ལྟ་བུ་རྡོ་རྗེ་གཡིབ་གཅིག་པུར་བཀའ་བསྡུར་མཛད་དེ་ཐག་གཅོད་གནང་བ་ནི་དབང་ཆ་ལས་བརྒལ་བས་ག་ལ་སྲིད་” ཅེས་གསོལ། དེ་ནས་བཀའ་ཤག་དང་སེར་སྐྱ་དཔོན་རིགས། གདན་ས་གསུམ་སོགས་ཀྱིས་བྱ་ཐབས་རྣམ་པ་སྣ་ཚོགས་ལ་བརྟེན་ནས་བཀག་འགོག་བྱས་སྟབས་སྐུ་ངོ་ཕེབས་གནང་ཐབས་བྲལ་བས་ས་ཕག(1899)ལོར། རྡོ་རྗེ་གཡིབ་སླར་ཡང་ཨུ་རུ་སུར་བསྐྱོད་དེ་ཨུ་རུ་སུའི་གོང་མས་མཇལ་འཕྲད་གནང་། ཁོ་པ་ཨུ་རུ་སུར་བསྐྱོད་པའི་སྐོར་ལ་དབྱིན་ཇི་སོགས་རྒྱལ་ཁབ་མང་པོས་དོ་སྣང་ཆེན་པོ་བྱས་ཤིང་། སྐབས་དེའི་ཕྱི་རྒྱལ་ཚགས་པར་ཐོག་བཀོད་དོན། “ཏཱ་ལའི་བླ་མས་བཏང་བའི་ཕོ་ཉ་དེར་ཨུ་རུ་སུས་དགའ་བསུ་ཆེན་པོ་ཞུས་པ་རེད། ཕོ་ཉའི་མིང་ལ་རྡོ་རྗེ་ཟེར། ཁོའི་དམིགས་ཡུལ་གཙོ་བོ་ནི་ཨུ་རུ་སུ་

དང་མཛའ་མཐུན་གྱི་འབྲེལ་བ་དམ་དུ་གཏོང་ཆེད་དང་། ཧྲ་ལའི་བླ་མའི་ཕྱག་བྲིས་ཕྱག་བསྐུར་མ་དང་ཡུལ་ཟློག་སྣ་ཚོགས་གོང་མར་ཕུལ་ཞིང་། དེ་མིན་ཨུ་རུ་སུའི་རྒྱལ་ས་རྫིང་པི་ཏེ་པའོ་རུ་བོད་ཀྱི་གཞུང་ཚབ་བཙའ་སྡོད་འཛུགས་ཕྱོགས་སྐོར་ལ་གྲོས་མོལ་བྱེད་པར་འོང་བ་རེད་” ཟེར། ཡང་ཚགས་པར་འགའ་ཞིག་ཐོག་བཀོད་པར་“ ཧྲ་ལའི་བླ་མས་བལྟས་ན་ཨུ་རུ་སུ་དང་མཛའ་མཐུན་ཡོང་བ་བྱས་ན་གོ་རིམ་བབ་དང་མཐུན་ཤོས་ཤིག་ཡིན། དེའི་རྒྱུ་མཚན་ཨུ་རུ་ནི་དབྱིན་ཇིའི་སྐྲག་གཞོམ་རྩ་གཏོར་གཏོང་ཐུབ་མཁན་གྱི་རྒྱལ་ཁབ་སྟོབས་ལྡན་ཉག་ཅིག་ཡིན་པའི་རྐྱེན་གྱིས་རེད་” ཅེས་ཟེར། དུས་དེར་དབྱིན་ཇི་བཙན་རྒྱལ་རིང་ལུགས་པས་ཧྲ་ལའི་བླ་མ་མཆོག་གིས་ཕོ་ཉ་མངགས་ཏེ་ཨུ་རུ་སུ་དང་འབྲེལ་བ་དམ་ཟབ་ཏུ་གཏོང་བའི་གནས་ཚུལ་ཤེས་འཕྲུལ་ཧོང་ཁྲོ་ཆེན་པོ་ལངས་ཏེ་“ ཧྲ་ལའི་བླ་མས་ང་ཚོའི་རྩུང་ཏུའུ་ཡིས་བསམ་པའི་བརྩེ་དུང་བསྟན་པ་དེ་དང་དུ་མི་ལེན་པར་ང་ཚོ་རྩིས་མེད་བཏང་བ་མ་ཟད། མངོན་སུམ་འཛེམས་མེད་ཀྱིས་ཨུ་རུ་སུར་ཕོ་ཉ་བཏང་བ་སོགས་བྱས་སྐབས་ང་ཚོས་དེའི་ཐད་མཐུག་འབྲས་ག་འདྲ་ཞིག་ཡོང་མིན་ད་དུང་གསལ་པོ་མི་ཤེས། བོད་ཀྱི་ད་ཡོད་གནས་ཚུལ་ལ་བསྒྱུར་བཅོས་སམ་དཀྲུག་ཐབས་བྱེད་པའི་ཕྱོགས་ལྷུང་གང་ཞིག་ལའང་ཁ་རོག་སྡོད་ཐབས་མེད་” ཟེར།

དེ་ནས་རྡོ་རྗེ་གཡིབ་བོད་དུ་ཕྱིར་ལོག་བྱེད་སྐབས་ཨུ་རུ་སུའི་གོང་མས་ཧྲ་ལའི་བླ་མར་འབུལ་བྱེད་ཡི་གེ་གཅིག་ཁྱེར་ཡོང་ནས་བརྗོད་གསལ། ངོ་གོལ་མི་སྣ་ཆེད་མངགས་གཏོང་རྒྱུའི་སྐོར་གྲོས་མོལ་ཞིབ་གསལ་དགོས་རྒྱུ་ཟེར་བ་དང་། གོང་མས་བཀུར་བའི་ངོ་རྗེའི་ཤེ་ལྕ་ཆོས་ལུགས་ཁང་གི་ཆོས་ཀྱི་བདག་པོའི་ཆོས་སྲོལ་གྱོན་པ་ཞིག་ཧྲ་ལའི་བླ་མ་མཆོག་ལ་ཕུལ། དེ་ནས་ཟླ་བ་གཅིག་ཙམ་སོང་

རྗེས་རྡོ་རྗེ་གཡིབ་སླར་ཡང་ཨོའོ་གྲུའུ་དུ་སྐྱོད་སྐབས་ཏཱ་ལའི་བླ་མས་བཀའ་ཤག་སོགས་སེར་སྐྱ་དཔོན་རིགས་མང་པོས་སྙན་ལྷུག་སྤྲོན་པར་གསན་འཇོག་རྩ་བ་ནས་མ་གནང་བར་སྒྲིག་ཏུ་སྒོ་མང་མཚན་ཞབས་དར་ཧན་མཁན་པོ་བློ་བཟང་ངག་དབང་དང་སྐུ་ཚབ་དོན་གཅོད་དུ་རྩེ་མགྲོན་རྒྱལ་མཚན་ཕུན་ཚོགས་ཅན་བལ་ཡུལ་བརྒྱུད་དང་རྩེ་དྲུང་གཏམ་སྙན་ངག་དབང་ཆོས་འཛིན་ངོ་མས་དང་གསེར་དངུལ་ཟངས་ལྕགས་ཀྱི་བཟོ་རིགས་ཁ་ཤས་སོག་ཡུལ་བརྒྱུད་ཨུ་རུ་སུའུ་ལ་ཁོ་པ་དང་མཉམ་དུ་གཏོང་གནང་མཛད། ཁོ་པ་ཚོ་ཨུ་རུ་སུར་འགྱོར་རྗེས་གོང་མས་མཇལ་འཕྲད་ཐོག་གྲོས་མོལ་མང་ཙམ་བྱས། ལྕགས་གླང་(1901)ལོར། ལྷ་སར་ཕྱིར་ལོག་རྗེས་ཏཱ་ལའི་བླ་མ་མཇལ་སྐབས་ཕན་ཚུན་གྲོས་མོལ་ཞུས་པའི་དོན་ཚན་ནང་དུ་ཆེན་ཕང་ལྷ་སར་མངགས་སྡོད་ཀྱིས་ཕན་ཚུན་དབར་གྱི་མཛའ་གྲོགས་སྤེལ་རྒྱུ་དང་། བོད་ཀྱི་འཐུས་མི་ཆོས་ཕུལ་བའི་ཨུ་རུ་སུ་དང་བོད་དབར་གྱི་ཆིངས་ཟིན་ནང་"ངོ་གོས་བོད་ལ་བཟོ་སྒོ་ཕྱེ་(འབྱེད་)དང་། སྔོ་ཕྱོགས་ཉེ་འབྲེལ་དང་བྱེད་དཀའ་བའི་དོན་རྩ་བྱུང་ཚེ་ངོ་གོས་ནས་ལས་ལེན་རོགས་རམ་བྱེད་རྒྱུ། ངོ་གོ་ནས་གཡའ་ཤི་གཡའ་ས་དཀྱིལ་རྒྱལ་ཁབ་ཁོངས་སུ་སངས་རྒྱས་ཀྱི་བསྟན་པ་འཕེལ་རྒྱས་གཏོང་རྒྱུ"ཞེས་འཁོད་པ་དེ་སྐྱབས་མགོན་ཏཱ་ལའི་བླ་མ་མཆོག་ལ་ཕུལ་ཐོག་རྟགས་འཛུགས་གཏན་འཁེལ་མཛད་ཀྱང་། བོད་ས་གནས་སྲིད་གཞུང་གིས་ལས་མ་བླངས་ཤིང་། ཡང་ཏཱ་ལའི་བླ་མ་མཆོག་དགོངས་འགལ་ཡོང་དོགས་ཀྱིས་བབ་སེལ་མང་ཙམ་ཞུས་པ་མ་ཟད། ཏཱ་ལའི་བླ་མའི་དགོངས་དོན་འབའ་ཞིག་མི་སྒྲུབ་ཐབས་མེད་དུ་གྱུར་ཏེ་མཆོད་ཆ་གྲབས་གཟོམ་བྱེད་ཆེད་རྡོ་རྗེ་གཡིབ་སླར་ཡང་ཨུ་རུ་སུར་བཏང་སྟེ་རིམ་བཞིན་མཆོད་ཆ་འབོར་ཆེན་བོད་དུ་དཔོར་ནས་ནོར་བུ་གླིང་ཁར་ཉར་ཚགས་གནང་། དུས་དེར་རྡོ་རྗེ་གཡིབ་

དང་བཀའ་བློན་བཤད་སྒྲ་དཔལ་འབྱོར་རྡོ་རྗེའི་བར་ཡའང་འབྲེལ་བ་དམ་ཟབ་ཏུ་སོང་བ་དང་། བཀའ་བློན་བཤད་སྒྲའི་ལྟ་བ་ཡའང་འགྱུར་ལྡོག་ཆེན་པོ་བྱུང་སྟེ་ཨུ་རུ་སུར་དཔུང་རོགས་བཅོལ་ནས་དབྱིན་འགོག་རང་སྐྱོང་གི་དམག་འཐབ་བྱེད་པའི་ཐབས་བྱུས་ལ་ཡོངས་སུ་སེམས་མཐུན་བྱས།

སྐབས་དེར་དབྱིན་ཇི་བཙན་རྒྱལ་རིང་ལུགས་པས་ས་མཚམས་སུ་ཞིབ་བཤེར་བྱེད་པར་ཁ་གཡར་ཏེ་དམག་མི་བཏང་ཐོག་གམ་པ་རྫོང་བཙན་བཟུང་བྱས། ད་དུང་བོད་ལ་དྲག་པོའི་བཙན་འཛུལ་རྒྱ་ཆེ་བྱེད་པའི་གྲ་སྒྲིག་བྱས་པ་མ་ཟད། དབྱིན་ཇི་དང་བོད་དབར་གྱི་འབྲེལ་བ་དེ་ཨུ་རུ་སུ་དང་བོད་དབར་གྱི་འབྲེལ་བ་ལས་ཧ་ཅང་དམ་ཟབ་ཆེ་བ་ཡོད། གལ་སྲིད་ཨུ་རུ་སུས་བོད་དུ་བྱ་སྤྱོད་སྤེལ་ཙམ་བྱས་ན་དབྱིན་ཇིས་ཟུར་བསྙོལ་རྩ་བ་ནས་མི་བྱེད་ཐག་ཆོད་ཡིན་ཟེར།

ཨུ་རུ་སུས་བོད་དུ་གསང་ཞུལ་ཐེངས་མང་བཏང་སྟེ་བོད་ཀྱི་ཆབ་སྲིད་དང་། དམག་དོན། དཔལ་འབྱོར་སོགས་ཕྱོགས་གང་ཐད་ནས་ཡོངས་སུ་ཁ་ལོ་བསྒྱུར་དགོས་བསམ་ནའང་སྐབས་དེར་རི་པིན་དང་ཨུ་རུ་སུའི་དབར་གྱི་འབྲེལ་བ་ཉིན་བཞིན་ཇེ་སྡུག་ཏུ་སོང་སྐབས་དབྱིན་ཇིར་ཁ་གཏད་གཅོག་པའི་ནུས་པ་དང་བྲལ་ཏེ་ཕྱིར་བསྙོལ་མི་བྱེད་ཐབས་མེད་ཀྱི་གནས་སུ་གྱུར།

5. བོད་ཀྱི་མི་རིགས་ཁག་གི་མི་དམངས་ཀྱིས་དབྱིན་ཇི་བཙན་འཛུལ་པར་ངོ་རྒོལ་བྱེད་པའི་དམག་འཁྲུག་ཐེངས་གཉིས་པའི་སྐོར།

༧རྒྱལ་དབང་ཐུབ་བསྟན་རྒྱ་མཚོས་ལུགས་གཉིས་ཀྱི་ཐུགས་འགན་ཡོངས་སུ་བཞེས་རྗེས་སྔར་བཞིན་དབྱིན་འགོག་མཐར་སྐྱོང་གི་མཛད་ཕྱོགས་ཕྱག་བསྟར་མཛད་སྐབས་བོད་ས་གནས་སྲིད་གཞུང་དང་ཨམ་བན་དབང་གྱི་

འགལ་བ་ཤུགས་ཇེ་ཆེར་ཕྱིན་ཞིང་དེར་བརྟེན་དབྱིན་ཇི་བཙན་རྒྱལ་རིང་ལུགས་པར་བོད་བཙན་བཟུང་བྱེད་པའི་གོ་སྐབས་གསར་པ་ཞིག་རྙེད་དེ་དབྱིན་ཇི་བཙན་འཛུལ་པའི་དམག་དཔོན་ཧྲོའི་ཐེས་དབྱིན་དམག་ཉིས་བརྒྱ་ཙམ་འཁྲིད་དེ་གམ་པ་རྫོང་ཁོངས་རྒྱ་ཁང་ཞེས་པའི་ས་ཆ་དེ་བཙན་བཟུང་གིས་འཕྲོག་པའི་ར་ལུག་ལྷ་སྟོང་ཙམ་དང་འབྲི་གཡག་དྲུག་བརྒྱ་ཙམ་འཕྲོག་བཅོམ་བྱས། སྐབས་དེར་བོད་མི་མང་གིས་འགོག་རྒོལ་མཐའ་གཅིག་ཏུ་བྱས་པ་དང་། ཨུ་རུ་སུས་ཀྱང་བོད་ཀྱི་རྒྱབ་ལངས་བྱས་ཏེ་དབྱིན་ཇིར་མཐའ་ཚིག་ནན་པོ་བསྒྲགས་སྐབས་དབྱིན་ཇིའི་འགོ་དམག་རྣམས་ཕྱིར་འཐེན་མི་བྱེད་ཐབས་མེད་ཀྱི་གནས་སུ་གྱུར། དེ་ནས་དབྱིན་ཇི་བཙན་འཛུལ་པས་ཞི་བའི་གཡོ་ཐབས་ལ་བརྟེན་ནས་ས་ཕག་(1899) ལོར་ཀ་ཤི་སྨིར་བཅའ་སྡོད་དབྱིན་ཇིའི་ངོ་ཚབ་དང་རྡོ་རྗེ་གླིང་དུ་བཅའ་སྡོད་འབྲུག་རྒྱལ་པོའི་སྐུ་ཚབ་ཨོ་རྒྱན་བརྒྱུད་༧གོང་ས་མཆོག་ལ་ཡི་གེ་སྟེ་རྗེས་ཁག་གཉིས་འབུལ་ཏེ་ཏཱ་ལའི་བླ་མ་སྐུ་ངོ་མ་དང་མཇལ་འཕྲད་ཞུས་ནས་བོད་ཀྱི་ས་མཚམས་དང་། དབྱིན་བོད་ཚོང་འགྲུལ་སོགས་སྐོར་གྲོས་མོལ་ཞུ་རྒྱུའི་རེ་བ་བཏོན་ཡང་། ཆེན་ཀྲུང་དབྱང་སྲིད་གཞུང་དང་བོད་སྡོད་ཨམ་བན་བརྒྱུད་དེ་མ་གཏོགས་ཕྱི་རྒྱལ་བ་དང་ཡིག་འགྲུལ་བྱས་མི་ཆོག་ཟེར་ཡི་གེ་དེ་གཉིས་ཕྱིར་སློག་མཛད། འོན་ཀྱང་ཆེན་ཀྲུང་དབྱང་སྲིད་གཞུང་ལ་བོད་ས་གནས་ཀྱི་དོན་གནད་སྐོར་འདྲ་མཉམ་དྲང་བདེན་གྱི་སྐད་ཆ་ཤོད་པའི་ནུས་པ་བྲལ་སྐབས་དབྱིན་གཞུང་དང་ཞི་འཇམ་མཐུན་ཐབས་ཀྱི་བསམ་པ་བཅངས་ཏེ་འབྲས་སྤྱི་བློན་ཆེན་ཟེར་བའི་དབྱིན་ཇིའི་མི་སྤེལ་བརྒྱུད་དབྱིན་གཞུང་ལ་འབྲེལ་གཏུགས་བྱས་ཤིང་། སྤེལ་གྱིས་ཆུ་སྟག (1902) ལོའི་ཟླ་5ཚེས་26ཉིན་བོད་བཞུགས་ཨམ་བན་གཡུའུ་ཐད་ལ་དབྱིན་ཇིས་བོད་ཀྱི་གནད་དོན་སྐོར་གྱི་བསམ་འཆར་

ཟེར་བའི་ཡི་གེ་ཞིག་སྤྲོད་པའི་ནང་འཁོད་པ་འདི་ལྟར།

"དང་པོ། རྒྱ་གར་སྲིད་གཞུང་གིས་ཀྲུང་གོའི་དཔོན་རིགས་ལ་དབང་ཆ་མེད་པས་བོད་གཙུན་མི་ཐུབ་པ་མཐོང་རྗེས་དབང་ཆ་ཡོད་པའི་བོད་དཔོན་དང་འཆིང་ཡིག་བསྐྱར་དུ་འཛོག་རྒྱུ་ལས་ད་ཕྱིན་ཀྲུང་གོའི་དཔོན་རིགས་ལ་བོད་བདག་སྐྱོང་བྱེད་པའི་དབང་ཆ་མེད་པ་བཟོ་རྩིས་འདུག

གཉིས་པ། བོད་སྲིད་གཞུང་གིས་གལ་ཏེ་མི་སྣ་བཏང་ནས་ཕོ་ཆེ་དང་གྲོས་མོལ་མ་བྱས་ན་ཕོ་ཆེས་གོ་སྐབས་དང་བསྟུན་ཏེ་བོད་དུ་ཡོང་ནས་བོད་ཀྱི་སྲིད་དབང་གི་ཚབ་བྱས་ཏེ་བདག་སྐྱོང་བྱེད་རྒྱུ་རེད།

གསུམ་པ། ཨུ་རུ་སུས་ཀྱང་བྱང་ཕྱོགས་ནས་དཔུང་འཇུག་བྱེད་སྲིད་ཙང་། དེ་ལྟར་བྱུང་ན་ལྷོ་ཕྱོགས་ནས་རྒྱ་གར་དང་བྱང་ཕྱོགས་ནས་ཨུ་རུ་སུས་བཙིར་སྐོལ་གྱིས་བོད་ལ་བཙན་ཤེད་ཀྱིས་ཀོར་ལི་ལྟར་རང་དབང་རང་བདག་བྱེད་འཇུག་རྒྱུ་རེད།

བཞི་པ། བློན་ཆེན་གང་ཉིད་ཀྱིས་ངེས་པར་དུ་འཕྲལ་དུ་ཏཱ་ལའི་བླ་མ་དང་གྲོས་མོལ་གནང་ནས་མི་སྣ་འཛིན་ཐང་ཆེ་བ་ཞིག་བདམས་ཐོག་དབང་ཆ་ཚང་མ་གནང་སྟེ་ཀྲུང་གོའི་དཔོན་རིགས་དང་མཉམ་དུ་ལས་དོན་སྒྲུབ་ཏུ་འཇུག་དགོས་པ་ལས་བོད་དཔོན་གྱིས་ཕྱི་གླིང་པ་དང་འབྲེལ་གཏུག་བྱས་ནས་རང་མཚམས་ཀྱིས་ཆིངས་ཡིག་འཛོག་ཏུ་འཇུག་མི་རུང་" ཞེས་ཟེར།

གོང་གསལ་དོན་ཚན་དེ་དག་གི་ཐོག་ནས་དབྱིན་ཇི་བཙན་རྒྱལ་རིང་ལུགས་པས་བོད་བཙན་བཟུང་བྱེད་རྒྱུའི་སྐྱིག་གཡོམ་དེ་དམར་རྗེན་དུ་ཐོན་པ་དང་། ཆིན་ཀྲུང་དབྱང་སྲིད་གཞུང་དེའང་ནུས་མེད་ཉམས་ཞན་དུ་གྱུར་པ་གསལ་པོ་མཐོང་ཐུབ།

དེ་ནས་དབྱིན་ཇི་བཙན་རྒྱལ་རིང་ལུགས་པས་ས་མཚམས་རང་སྣང་གང་ཤར་གྱིས་རྡོ་རྟགས་གསར་པ་བཙུགས་ཏེ་ས་ཆ་མང་པོ་བཙན་བཟུང་བྱས་སྐབས་བོད་མི་མང་སོང་ཁྲོའི་མེ་ལྕེ་རབ་ཏུ་འབར་ནས་རྡོ་རྟགས་གསར་པ་དེ་རྣམས་གཏོར་བར་བརྟེན་དབྱིན་ཇི་བཙན་འཛུལ་པས་བོད་དམག་གིས་ས་མཚམས་ལས་བརྒལ་བ་དང་། ཆིངས་ཡིག་དང་རྒྱབ་འགལ་བྱས་པ་རེད་ཟེར་བ་སོགས་དཀར་ནག་གཞན་ཕྱི་སློག་པའི་གླེང་ཕྱོགས་མང་ཙམ་བཟོས། དོན་དངོས་ཐོག་བོད་ཕྱོགས་ནས་ཐོག་མཐའ་བར་གསུམ་དུ་ཆིན་འཛམ་དབྱངས་༧གོང་མ་ཆེན་པོ་ཆན་ལུང་ཁྲི་བཞུགས་ལོ་ང་དགུ (1794) ལོར་གཏན་འབེབས་གནང་བའི་ས་མཚམས་ཐོ་པོ་ལས་ནམ་ཡང་མི་བརྒལ་བར་རང་མཚམས་བརྟན་པོར་བཟུང་ཡོད། འོན་ཀྱང་ཆུ་ཡོས (1903) ལོར་དབྱིན་ཇིའི་གཞུང་ཕྱོགས་ནས་བོད་འབྲས་ས་མཚམས་སུ་ཞི་བའི་གྲོས་མོལ་བྱས་ཏེ་ས་མཚམས་གནད་དོན་ཐག་གཅོད་བྱེད་དགོས་པའི་རེ་བ་བཏོན་པ་ལྟར། ལོ་དེའི་ཟླ་གསུམ་པའི་ཚེས་བཅུ་བདུན་ཉིན། ༧གོང་མ་ཆེན་པོའི་བཀས་མངགས་བོད་བཞུགས་སྐུ་ཚབ་གནས་གསུམ་པའི་ཀྲེ་ཧྲུ་ཧྭ་ཙུན་ཤེན་དང་། ཀྲོ་མོའི་དཔྱ་ཁྲལ་སི་སྒྲ་འར། བཀའ་ཤག་གི་ངོ་ཚབ་དྲུང་ཡིག་ཆེ་མོ་བ་བློ་བཟང་འཕྲིན་ལས། དབུས་མདའ་ཚ་རོང་དབང་ཕྱུག་རྒྱལ་པོ་བཅས་འཕྲུས་མི་བཞི་དང་ལས་བྱ་རྩེ་དྲུང་དགེ་འདུན་ཆོས་དར་དང་། བརྒྱ་དཔོན་འགྱུར་མེད་ཚེ་བརྟན། ལྡིང་དཔོན་མི་ལྷ། རྒྱ་སྒྲོང་དམག་མི་བཅུ་གཉིས་བཅས་གཏོང་གནང་མཛད་ཀྱང་། དུས་དེར་དབྱིན་དམག་གི་དམག་དཔོན་རུང་ཧའོ་ཕྲང་དང་། འབྲས་ལྗོངས་སུ་བཅའ་སྡོད་དབྱིན་ཇིའི་གྲོན་ཡོན་ཧོས་ཐ་གཉིས་ཀྱིས་དབྱིན་ཇིའི་འཕྲུས་མིའི་མིང་འབྱེར་ནས་དམག་མི་ཉིས་བརྒྱ་ཙམ་སྐྱེ་འཁྲིད་དེ་བོད་ལ་འབྲེལ་བ་ཙམ་ཡང་མ་བྱས་

པར་ས་མཚམས་ལས་བརྒལ་ཏེ་གམ་པ་རྫོང་ཕྱོགས་སུ་འོངས། ས་གནས་རྫོང་
སྡོད་ཀྱིས་བཀག་འགོག་ཇི་ལྟར་བྱས་ཀྱང་ཉན་འཛོག་བྱེད་རྒྱུ་ལྟ་ཞོག རྫོང་
དཔོན་ལའང་ཉེས་རྟུང་བཏང་ཞིང་། དེ་འཕྲལ་གམ་པ་རྫོང་སྡོད་བཅག་སེར་
ཁང་བས་བཀྲས་ལྷུན་བླ་བྲང་བརྒྱུད་བཀའ་ཤག་ལ་སྙན་ཞུ་ཕུལ་བའི་ཕྱིར་ལན་
ཕེབས་གསལ་ དུ་“ ཉེ་སྔོན་ བོད་ ཟླ་ གསུམ་ པའི་ ནང་ དབྱིན་ གཞུང་ ནས་ ཡི་ གེ་
འཁྱེར་གསལ་དབྱིན་བོད་ས་མཚམས་དང་། ཚོང་འགྲུལ་སྐོར་གྲོས་མོལ་ཐག་
གཅོད་བྱེད་པར་གམ་འབྲས་ས་མཚམས་སུ་མི་སྣ་དོ་ཚོད་འཕྲལ་གཏོང་དགོས་རྒྱུ་
གསལ་བ་བཞིན་འདི་ནས་ཞི་གྲོས་མཛད་པོ་བོད་བཞུགས་ཨམ་བན་སྐུ་ཚབ་ཧྭ་
ཝུན་ཤིན་དང་། མཁན་དྲུང་བློ་བཟང་འཕྲིན་ལས། དབུས་མདའ་ཚ་རོང་
དབང་ཕྱུག་རྒྱལ་པོ། ལས་བྱ་སེར་སྐྱ། སྐུ་སྲུང་དམག་མི་དང་བཅས་ཆེད་རྫོང་
སོང་བ་བཞིན་གཞི་ཁང་ད་ལམ་གམ་འབྲས་ས་མཚམས་སུ་བོད་དབྱིན་ལྷན་
འཛོམས་གནང་རྒྱུ་འདི་བཞིན་ཞི་བའི་འགྲོས་སྡེ་མཐུད་ཐབས་ཤིག་ཡིན་རུང་།
ཕ་རོལ་པོ་ཆབ་སྲིད་ཀྱི་གཡོ་ཐབས་ཆེ་བས་ད་དུང་བསམ་སྦྱོར་ངན་གཞོམ་ཇི་
ཡོད་མ་ངེས་སྐབས་གམ་པ་དེ་བཞིན་དེ་ག་བླ་བྲང་གི་འཛིན་ཁོངས་ཡིན་གཤིས
རྫོང་སྡོད་མི་སྣ་དོ་ཚོད་ཡོད་ཤག་ལ་འདི་གའི་ཞི་གྲོས་མི་སྣར་གོ་སྨུར་དང་འབྲེལ་
གཞིས་བྱེས་ཕྱར་བ་གྲུ་འདེགས་ཀྱིས་དོན་དུ་བཙན་འཛུལ་མི་ཡོང་བའི་ཞི་དྲག
ཐབས་སྣ་གང་མཁས་ཀྱི་མཛད་ཕྱོགས་འཐུས་ཟབ་ཡོད་པ་” ཞེས་འཁོད་པ་ལྟར་
བཀྲས་ལྷུན་བླ་བྲང་གིས་དེ་འཕྲལ་སེར་སྐྱ་དཔོན་རིགས་ཡོངས་ཀྱི་ཚོགས་འདུ་
བསྐོངས་འཚོགས་ཐོག་གམ་པ་རྫོང་ནས་དབྱིན་ཇི་ཕྱིར་སློག་བྱེད་པའི་གྲོས་མོལ་
བྱེད་པར་ཀུན་གཟིགས་པཎ་ཆེན་རིན་པོ་ཆེའི་སྐུ་ཚབ་ཐུགས་ཆེན་མཁན་པོ་གྲུབ་
དབང་སྤྲུལ་སྐུ་དང་། རྗེ་ཕྱག་ལས་འཕར་རིམ་བཞི་ནོར་སྒང་བསོད་ནམས་

དབང་འདུས། ལས་བྱ་ལྟེ་འཆང་མདངས་ཆེན་སྲིད་དར་དང་། ལས་ཚན་ལྷན་སྐྱུན། ལས་ཚན་དོན་ཁང་། ཡུལ་དམག་འགོ་འདོམས་ཤོད་དྲུང་སྟེང་པ་སོགས་ལག་རྟགས་ཡུལ་ཐོག་འཐོར་ཆེན་འཁྱེར་ནས་གཏོང་གནང་ལྟར་ཡོང་ཚོས་འཛམ་བཤད་ཇི་ལྟར་བྱས་ཀྱང་ཕན་འབྲས་གང་ཡང་མ་བྱུང་ཞིང་། དེ་ནས་ཆེན་ཀྲུང་དབྱང་སྲིད་གཞུང་དང་བོད་ས་གནས་སྲིད་གཞུང་གི་སྐུ་ཚབ་རྣམས་གམ་པ་ཇོང་དུ་འགྱོར་འཕྲལ་དབྱིན་ཕྱོགས་དང་འབྲེལ་གཏུགས་བྱས་ཐོག སྔོན་ཚུད་ནས་བརྗོད་གསལ་ལྟར་ཞི་བའི་གྲོས་མོལ་བྱེད་ཡུལ་གྲོ་མོ་ཡོ་ནར་མ་གཏོགས་གམ་པ་ཇོང་དུ་བྱས་ན་མི་འགྲིགས་ཞེས་བཤད། འོན་ཀྱང་དབྱིན་ཕྱོགས་ཀྱིས་ཉན་འཇོག་རྩ་བ་ནས་མ་བྱས་པར། ད་དུང་པེ་ཅིང་དུ་བཅའ་སྡོད་དབྱིན་ཇིའི་དཔོན་རིགས་སྣ་ཏ་གཡིས་ཆེན་ཀྲུང་དབྱང་སྲིད་གཞུང་ལ་གྲོས་མོལ་འཐུས་མིར་བོད་སྡོད་ཨམ་བན་དང་བཀའ་བློན་ཞིག་གཏོང་དགོས་བརྗོད་པ་ལྟར། ནུས་མེད་གཉོད་ཆུང་དུ་གྱུར་པའི་ཆེན་ཀྲུང་དབྱང་སྲིད་གཞུང་གིས་བོད་བཞུགས་ཨམ་བན་གཡུས་ཀང་འཕྲལ་དུ་གམ་པ་ཇོང་དུ་བསྐྱོད་དེ་ཞི་བའི་གྲོས་མོལ་ཐོག ཕན་ཚུན་དམག་འཐབ་མི་ཡོང་བ་བྱེད་དགོས་པའི་བཀའ་ཕབ་ཀྱང་། བོད་ས་གནས་སྲིད་གཞུང་དང་གདན་ས་སེར་འབྲས་དགའ་གསུམ་གྱི་འཐུས་མིས་བོད་བཞུགས་ཨམ་བན་གམ་པ་ཇོང་དུ་འགྲོ་རྒྱུར་ངོ་རྒོལ་མཐའ་གཅིག་ཏུ་བྱས་ཏེ་བརྗོད་དོན། "སྔོན་ཆད་ལུང་ཐུར་ལར་ཕམ་ཉེས་བྱུང་ཡང་ད་ལྟ་བསྐྱར་གསོ་བྱེད་ཐུབ། བོད་བཞུགས་ཨམ་བན་ཧྲེང་ཐའེ་ཡིས་དམག་རྒྱག་པར་བཀག་འགོག་མང་པོ་བྱས་སྐབས་ས་ཆ་ཤོར་བ་རེད། ད་རེས་གལ་ཏེ་སླར་ཡང་བཀག་འགོག་བྱས་ཚེ་བོད་བཞུགས་ཨམ་བན་གྱིས་སླར་ཡང་ལས་ཀར་འཐུས་ཤོར་བཟོས་པ་རང་རེད།" ཅེས་བཤད། སྐབས་དེར་བོད་བཞུགས་ཨམ་བན་གཡུས

ཀང་དང་ལས་རོགས་གཉིས་ཀ་བྱ་ཐབས་དབེན་པའི་གནས་སུ་གྱུར་ནས་གོང་མར་བོད་ཀྱི་གནས་ཚུལ་སྐོར་ཞིབ་གསལ་སྙན་ཞུ་ཕུལ་ཐོག་ལས་གནས་དགོངས་པ་ཞུས་ཤིང་། དེའི་ལས་ཚབ་ཏུ་གཡུའུ་ཐད་བོད་སྡོད་ཨམ་བན་དང་རྟ་ཆེན་ལས་རོགས་སུ་བསྐོ་བཞག་སྐུལ།

སྐབས་དེར་བཀའ་བློན་བཤད་སྒྲས་གཙོས་པའི་བཀའ་ཤག་གིས་དབྱིན་ཇིར་ཞི་བའི་གྲོས་མོལ་ལས་དྲག་ཤུགས་ཀྱི་འགོག་རྒོལ་བྱེད་པར་མོས་མཐུན་མ་བྱས་སྟབས་༧གོང་ས་མཆོག་དགོངས་ཚོམས་ཀྱིས་བཀའ་བློན་བཤད་སྒྲ་དཔལ་འབྱོར་རྡོ་རྗེ་དང་། བཀའ་བློན་ཞོལ་ཁང་ཚེ་བརྟན་དབང་ཕྱུག བཀའ་བློན་ལྷ་མ་ཆང་ཁྲིམ་ངག་དབང་དཔལ་བཟང་། ཛ་སག་ཧོར་ཁང་པ་བསོད་ནམས་སྟོབས་རྒྱལ་བཅས་ལས་ཞབས་གནས་དབྱུངས་ཀྱིས་ནོར་གླིང་ལས་ཤག་ཏུ་དོ་དམ་ཐོག ཚོགས་འཐུས་ཟུར་བཙུགས་ཀྱི་ཞིབ་གཅོད་གནང་རྒྱུ་གཏན་འབེབས་མཛད་ཅིང་། ཧོར་ཁང་ཛ་སག་འཛིགས་སྐྲག་གིས་མ་བཟོད་པར་བྲོས་ཏེ་ལྷ་སའི་སྐྱིད་ཆུར་མཆོངས་ནས་རང་སྲོག་རང་གིས་ལྕེབས་པ་རེད།

དེ་ནས་ཆུ་ཡོས་(1903)ཟླ10པར་དབྱིན་དམག་རྣམས་རང་འགུལ་གྱིས་ཕྱིར་འཐེན་བྱས་ཤིང་། དབྱིན་གཞུང་ནས་ཞི་བའི་གྲོས་མོལ་གྱིས་ས་མཚམས་གནད་དོན་ཐག་གཅོད་བྱེད་དགོས་བརྗོད་པ་དེ་གཡོ་སྒྱུའི་སྒྲུར་བ་ཙམ་ཡིན་ཞིང་། དོན་དུ་སྐབས་དེར་བོད་ལ་དྲག་པོའི་བཙན་འཛུལ་བྱེད་པའི་གྲ་སྒྲིག་ཨུ་མཐུད་བྱས་ནས་གཞིས་རྩེ་ས་ཁུལ་དུ་སོ་པ་འབྲས་ལྗོངས་པ་མི་གཉིས་བཏང་སྟེ་ཉུལ་ཞིབ་བྱེད་པ་སོགས་ཁྲིམས་འགལ་གྱི་བྱ་བ་མང་ཙམ་སྤེལ་བས་ས་གནས་དེ་གའི་རྫོང་སྡོད་ནས་འཛིན་བཟུང་བྱས། དབྱིན་ཇིའི་དམག་དཔོན་རུང་ཧཱོ་ཧྥུང་གིས་གནས་ཚུལ་དེ་ཤེས་འཕྲལ་གོང་གསལ་གསང་ཉུལ་དེ་གཉིས

ཉེན་བཙུའི་ནང་སློད་དགོས་པ་དང་། གུན་གསབ་དབྱིན་ཇིའི་སྒོར་མོ་ཉིས་སྟོང་སྤྲོད་དགོས་ཟེར་བ་སོགས་ཚུལ་མིན་གྱི་རེ་འདུན་མང་ཙམ་བཏོན་ཀྱང་། བོད་ས་གནས་སྲིད་གཞུང་དང་གདན་ས་སེར་འབྲས་དགའ་གསུམ་གྱིས་རེ་འདུན་དེ་དག་ལ་མོས་མཐུན་རྩ་བ་ནས་མ་བྱས་སྟབས་གམ་པ་རྫོང་ཁུལ་ནས་འབྲི་གཡག་ཉིས་བརྒྱ་ཙམ་དང་། དངོས་པོ་འབོར་ཆེན་ཕྲོགས་པ་མ་ཟད། དཀར་ནག་གབ་ཕྱི་སློག་སྟེ་ས་མཚམས་སྐོར་ཞི་བའི་གྲོས་མོལ་ལེགས་སྒྲུབ་མ་བྱུང་བའི་འགན་གཙོ་བོ་བོད་ས་གནས་སྲིད་གཞུང་གིས་འཁུར་དགོས་པ་དང་། དབྱིན་ཇི་དང་བོད་ཀྱི་གནད་དོན་དེ་དྲག་ཤུགས་ལ་བརྟེན་ནས་ཐག་གཅོད་དགོས་ཟེར།

དུས་མཚུངས་བོད་ས་གནས་སྲིད་གཞུང་གིས་སེར་སྐྱ་མི་མང་ཡོངས་ནས་མདུང་ཤུགས་གཅིག་སྒྲིལ་གྱིས་བསྟན་དགྲ་ཕྱི་གླིང་པར་འགོག་རྒོལ་མཐའ་གཅིག་ཏུ་བྱེད་ཆེད་དམག་སྐུལ་རྩ་ཚིག་སྤེལ་བའི་ནང་དོན་འདི་ལྟར། "བོད་ལྗོངས་ཀྱི་ས་མཚམས་ཀྱི་གནད་དོན་སྐོར་……ད་ལྟ་ས་མཚམས་དེ་གར་ཀྱང་དབྱིན་གྲོས་ཚོགས་འཚོག་ཐོག་གྲོས་མོལ་བྱེད་བཞིན་ཡོད་མོད། འོན་ཀྱང་ཕྱོགས་གཉིས་ཀས་འཆམ་མཐུན་ངང་ནས་ཉན་འཛོག་བྱེད་ཐུབ་པ་ཞིག་ཡོང་ཧ་ཅང་ཁག་པོ་རེད། གལ་སྲིད་ད་དུང་ཁྲེངས་ལྷུང་མེད་པའི་རེ་འདུན་བཏོན་བྱུང་ན་རང་རེས་ངེས་པར་དུ་མི་ཡུལ་བདེ་སྐྱིད་ཀྱི་རྩ་བར་གྱུར་པའི་སངས་རྒྱས་བསྟན་པའི་ཆེད་དུ་རང་ལུས་འབུལ་དགོས་པ་ལས་ལག་པ་བསྐུམས་ནས་བསྡད་ན་གཏན་ནས་འགྲིག་གི་མ་རེད། བོད་ལྗོངས་ཀྱི་སྤྱི་སྒྲིགས་མནའ་གན་མཐུ་བོ་ཆེའི་ནང་དུ་གཏན་འབེབས་བྱས་པ་ལྟར་ཡར་ལངས་ནས་ཕོ་ཚོའི་ཁྲེངས་ལྷུང་མེད་པའི་བྱེད་སྟངས་ལ་རྒོལ་ལན་སྤྲོད་དགོས། དེའི་དོན་དུ་ས་བྱི་ལོར་ཁྲབ་བསྒྲགས་བྱས་པའི་རྩ་ཚིག་ནང་དུ་ཆག་ཡང་བཏང་བའི་སྐེར་པའི་ཁྲལ་དང་།

དམག་ཁྲལ། དབུལ་པོའི་ཁྲལ་བཅས་དང་། ལྟུགས་ཡོས་ལོར་རྟོག་ཞིབ་བྱས་རྗེས་ཁྱབ་བསྒྲགས་བྱས་པའི་ཁྲལ་ཆག་གཏོང་སྒྲོལ་ཡིག་གསལ་རྣམས་ཕུད། དེ་བྱིངས་གཞུང་སྒེར་ཆོས་གསུམ་ཁོངས་ཀྱི་འབྲོག་པ་ཡིན་ཕྱིན་ཁྲལ་རྐང་དྲུག་རེ་ལ་དམག་མི་རེ་འཁྲི་སྒྲུབ་བྱེད་དགོས། གཞན་ཡང་ས་ཁུལ་ཁག་གི་མི་མིང་དང་ལོ་ན་སོགས་མིང་ཐོ་གསར་དུ་བཀོད་དེ་སྟར་ལམ་དམག་ཁྲལ་རྒྱུགས་སྟངས་སམ་ལུགས་སྲོལ་ལྟར་མིང་ཐོ་གསར་པའི་ནང་དུ་བཀོད་པའི་མི་རྣམས་ངེས་པར་དུ་དུད་ཚང་སོ་སོའི་མིར་བརྩིས་ནས་འདི་གར་སྐྱོལ་དགོས། འོན་ཀྱང་དུད་ཚང་དེའི་ཁོངས་མི་གལ་སྲིད་དངོས་གནས་རྒས་པའམ་ལོ་ན་ཕྲ་བ་ཞིག་ཡིན་པས་མི་གཞན་ཞིག་ཚབ་བྱེད་དུ་འཇུག་དགོས་བྱུང་ཚེ་སྐྱེ་སྟོབས་འབར་ཞིང་ལས་འགན་འཁེར་བ་ཞིག་འདེམས་དགོས་པ་ལས་ཁྲལ་སེལ་སླ་བཅོས་རིགས་བྱས་མི་ཆོག མཚོན་ཆ་དང་། རྫས་མདེལ། སྦྲི་སྡེ། ཟླ་བ་གཅིག་གི་དམག་རྒྱུགས་སོགས་དམག་མགོའི་དངོས་རྫས་སྐོར་རྒྱལ་རྩེ་ཞོལ་པས་ས་བྱི་ལོར་ཁྱབ་བསྒྲགས་བྱས་པའི་ལུགས་སྲོལ་ལྟར་བྱེད་དགོས།” ཞེས་ཟེར།

སྐབས་དེར་དབྱིན་ཇིས་བོད་ལ་བཙན་འཛུལ་ཐེངས་གཉིས་པ་བྱེད་འགོ་ཚུགས་ཤིང་། ཆེན་དུས་རབས་སུ་དབྱིན་ཇིས་བོད་ལ་བཙན་འཛུལ་བྱས་པའི་ལོ་རྒྱུས་ཞེས་པའི་ནང་“ སྤྱི་ལོ1903ལོའི་ཟླ11པར། དབྱིན་ཇི་བཙན་འཛུལ་པས་སེང་པའི་རྐང་དམག་ཆིག་སྟོང་བཞི་བརྒྱ་ཙམ་དང་། གོར་ཁ་འི་དམག་མི་མི་གྲངས་བདུན་བརྒྱ་ཧ་དམག་མི་གྲངས་བརྒྱ། མེ་སྒྲོགས་དང་མེ་མདའ་སྦྲག་སྦྲག་གི་དམག་སྡེ་ཁག་གཅིག གཡུལ་འགྱེད་དམག་མིའི་སྨན་ཁང་། རྒྱབ་ཕྱོགས་མགོ་སྐྱོད་དཔུང་སྡེ་སོགས་མི་གྲངས་ཆིག་ཁྲི་ལྷག་ཙམ་སྒྲིག་འཛུགས་བྱས་ཤིང་། དེའི་ནང་དབྱིན་ཇིའི་མི་བརྒྱ་ལྷག་ཙམ་ལས་མེད། དབྱིན་དམག་གི་

དམག་དཔོན་ཆེན་པོ་རྒྱ་ཁྲི་ཐང་རྣའི་བཀོད་འདོམས་འོག་ཧྲང་ཞའོ་དམག་དཔོན་ཝུང་ཏའོ་ཧྲུང་གིས་དམག་སྡེ་འཁྲིད་དེ་ལོ་དེའི་ཟླ་བཅུ་གཉིས་པའི་ཚེས་བཅུ་ཉིན། གོང་གསལ་དབྱིན་དམག་རྣམས་ནག་ཐང་དུ་འཛོམས། དེ་ནས་རིམ་བཞིན་ཛ་ལེབ་ལ་བརྒལ་ཏེ་གྲོ་མོ་རིན་ཆེན་སྒང་དང་། ཕག་རི་རྫོང་ལ། གུ་རུ་ཕྱོགས་སུ་འོངས་” ཞེས་འཁོད། སྐབས་དེར་ཁམས་ཁྲུལ་ཤོ་སྟར་ལྷོ་གསུམ་དང་། རྒྱར་མཛོ་གསང་གསུམ། རི་ཆབ་དཔའ་གསུམ། དྭགས་ཀོང་རྫོང་གཞིས་ཁག་བརྒྱད། དབུས་གཙང་རྫོང་གཞིས་བདུན། ལྷོ་ཁ་རྫོང་གཞིས་ཁག་བཅོ་བརྒྱད། ནག་ཚང་ཚོ་དྲུག བྱང་རིགས་སྡེ་བཞི་སོགས་ཀྱི་ཡུལ་དམག་དང་། འདོན་དམག་རྣམས་རིམ་བཞིན་གཡུལ་སའི་མདུན་ཕྱོགས་སུ་བསྐྱོད་དེ་བོད་དམག་སུམ་སྟོང་ལྷག་ཙམ་ཕག་རིར་འཁྱོར་ནས་འགོག་རྒོལ་མཐའ་གཅིག་ཏུ་བྱས་ཀྱང་། ཆེན་ཀྲུང་དབྱང་སྲིད་གཞུང་གིས་བོད་བཞུགས་ཨམ་བན་གཡུའུ་ཐད་དང་། བོད་ས་གནས་སྲིད་གཞུང་གི་འཐུས་མི་མངགས་ཏེ་དབྱིན་ཕྱོགས་དང་གྲོས་མོལ་བྱེད་དགོས་པའི་བཀའ་ཕབ། འོན་ཀྱང་བོད་མི་མང་གིས་མེས་རྒྱལ་གྱི་མཐའ་མཚམས་དང་རང་གི་ཕ་ཡུལ་སྲུང་སྐྱོབ་བྱེད་ཆེད་ལུ་མཐུད་འགོག་རྒོལ་མཐའ་གཅིག་ཏུ་བྱས་སྟབས་བོད་བཞུགས་ཨམ་བན་གཡུའུ་ཐད་ཀྱང་གྲོ་མོར་འགྲོ་མི་ནུས་པར་དེ་མུར་སྡོད་དགོས་བྱུང་ཞིང་། དུས་དེར་དབྱིན་དམག་གིས་ཕག་རི་བཙན་བཟུང་བྱས་རྗེས་རིམ་བཞིན་རྒྱལ་རྩེ་ཕྱོགས་སུ་དམག་བསྐྱོད་བྱེད་པའི་གྲབས་བྱས་ཀྱང་། བོད་དམག་གི་རྒྱབ་ཕྱོགས་དཔུང་རོགས་ཇི་ཡོད་མ་ཤེས་སྟབས་དབྱིན་ཇིས་དོ་པོ་དཔོར་འདྲེན་བྱེད་མཁན་བོད་མི་གཉིས་ལ་ཊན་པ་འཕོར་ཆེན་སྤྲད་དེ་ཕྱུགས་རྫི་བར་བརྫུས་ནས་ཀ་ལ་བར་བོད་དམག་གི་རྒྱབ་ཕྱོགས་སུ་དཔུང་རོགས་གང་དང་གང་ཡོད་ཞུལ་ཞིབ་བྱེད་པར་བཏང་། ལོ་པ་

གཉིས་ཕྱིར་ལོག་སྐབས་ཆ་ལུ་དམག་སྒར་གྱིས་མི་གཅིག་འཛིན་བཟུང་བྱས་པ་དང་། གཅིག་ཤོས་སྡེ་ཕྱོགས་ཇོ་མོ་རི་གཤམ་བརྒྱུད་གྲོས་ཕྱིན་ཏེ་དབྱིན་ཇི་བཙན་འཛུལ་དམག་གི་འགོ་དཔོན་ལ་ཆུ་མིག་གཤོངས་ཀོ་དང་། ཇོ་ཆེན། ཆ་ལུ། ཀ་ལ་སོགས་ལ་དམག་སྒར་རིམ་བཞིན་ཡོད་པ་དང་། རྒྱབ་ཕྱོགས་དཔུང་དམག་ཀྱང་འབོར་ཆེན་ཡོད་པའི་གསང་བའི་གནས་ཚུལ་རྣམས་དབྱིན་དམག་གི་འགོ་དཔོན་ལ་བཤད་སྟབས་དངངས་སྐྲག་རབ་ཏུ་སྐྱེས་ཏེ་བྱེད་ཐབས་བསྒྱུར་ནས་གཡོ་ཅན་དྲང་བརྫུས་ཀྱིས་ཤིང་འབྲུག་(1904)ལོའི་ཟླ་དང་པོའི་ཚེས་བཅོ་ལྔ་ཞོགས་པ་དུད་སྣེ་ནས་བོད་ཀྱི་དམག་སྒར་ལ་ཡི་གེ་ཞིག་བཏང་དོན་"ད་བར་བོད་དབྱིན་དབར་ཞི་གྲོས་རིམ་པར་བྱས་རུང་བོད་ཕྱོགས་ནས་ཞི་དྲག་གྱི་འདོམས་དབང་ཆ་ཆེ་བའི་མི་སྣ་མེད་སྟབས་ཐག་གཅོད་མ་ཐུབ་པས་ད་ཆ་དབང་ཆ་ཡོད་པའི་མི་སྣ་དང་ང་ཚོ་ཇོ་འཕྲད་བྱས་ཐོག་ད་ཕན་འཁྲུན་ཆོད་མ་ཐུབ་པ་རྣམས་ད་ལམ་ས་གནས་འདི་རང་དུ་འཁྲུན་ཆོད་བྱ་རྒྱུར་ང་ཚོར་མོས་མཐུན་ཡོད་ཅིང་། དབྱིན་བོད་ཞི་གྲོས་མི་སྣ་གང་མགྱོགས་ལྷན་འཛོམས་བྱ་རྒྱུ་ཡིན་"ཞེས་ཟེར། བོད་ཀྱི་དཔོན་དམག་རྣམས་དམག་དོན་དང་ཆབ་སྲིད་ཀྱི་བྱ་བར་སྦྱོང་བྱང་དམན་པ་དང་། བྱ་བ་ཆེ་རིགས་མཐའ་དག་ལྷ་དང་བླ་མའི་བཀའ་ལུང་ལ་གཞིགས་ཏེ་བསྒྲུབ་དགོས་པས་དབྱིན་དམག་གི་གཡོ་སྒྱུའི་སྦྱོར་བའི་མགོ་བསྐོར་དུ་ཚུད་དེ་གྲོས་མོལ་བྱེད་རྒྱུ་ཁས་བླངས་ཤིང་། དེ་ནས་དབྱིན་ཇིའི་དཔོན་དམག་སྔོན་ལ་ཧྲ་དམག་དང་། དེ་རྗེས་རྒང་དམག ངོས་ཁལ། ཁྱུར་པ་སླ་མི་སོགས་རིམ་བཞིན་ཆུ་མིག་གཤོངས་ཀོ་ཕྱོགས་སུ་འོངས། ས་གནས་དེ་གའི་ས་སྲུང་བོད་དམག་དང་ཞི་བའི་གྲོས་མོལ་ལ་གཞུག་མཁན་འཐུས་མི་རྣམས་བཞུགས་མུས་ཐོག དབྱིན་དམག་གི་ཚོ་བབ་ཡོང་རྐྱེན་རྣམས་སོ་ལྔ་རིམ་པ་

བཙུགས་ཡོད་པས་གསང་གནས་གང་ཡོད་སྐབས་འཕྲུལ་སྣ་སེང་ཞུས་འཕྲུལ་མདའ་དཔོན་ལྷ་སྡིང་སྲས་དང་། རྣམ་སྒླིང་པ། རྒྱལ་རྩེ་རུ་དཔོན་སྐྱིད་སྨུག་པ། ཁང་ཤར། པཎ་ཆེན་རིན་པོ་ཆེའི་སྐུ་ཚབ་རྩེ་གསོལ་དཔོན་མཁན་པོ་ཟླུར་ཁང་ནུབ། སེ་འབྲས་དགའ་གསུམ་གྱི་འཐུས་མི་བཅས་ནང་གྲོས་ཞིབ་གསལ་མཛད་དོན། སྔོན་ལ་དབྱིན་ཇིར་གྲོས་མོལ་བྱེད་མཁན་གདོང་ལེན་དུ་ཐོན་ཏེ་ཞི་བའི་ཐབས་ལམ་ལ་བརྟེན་ནས་དབྱིན་བོད་དབར་གྱི་གནད་དོན་རྣམས་ཐག་གཅོད་ཡོང་བ་བྱེད་རྒྱུ་དང་། གལ་སྲིད་ཞི་བའི་གྲོས་མོལ་བྱས་ཏེ་ཕན་ཚུན་མཐུན་ཐབས་མ་བྱུང་ཚེ་རང་ཅག་རྣམས་ནས་བསྟན་སྲིད་ཀྱི་ལར་རྒྱ་མི་འདོར་བར་དཔའ་ངར་ཞུམ་མེད་ཀྱིས་འགོག་རྒོལ་མཐའ་གཅིག་ཏུ་བྱེད་དགོས་སྐབས་འགོ་དམག་རྣམས་འཛིང་རགས་ཁག་ལ་བགོས་ཏེ་མེ་མདའ་ཡི་སྒྲུད་ཏེ་སྤྱར་ནས་སྡོད་དགོས་པ་དང་། གྲི། མདུང་། ཞུར་རྡོ་སོགས་གྲ་སྒྲིག་ཨང་བསར་དགོས་པ་ལས། འཚབ་འཚུབ་ཀྱིས་མེ་མདའ་ཁ་ཕོར་ཏེ་དཀྲུག་རྐྱེན་བཟོ་བ་སོགས་དགོས་མེད་ཀྱི་བྱ་བའི་རིགས་མི་ཡོང་བ་བྱེད་དགོས་ཟེར་བརྡ་ཁྱབ་བཏང་ཞིང་། དེ་ནས་དབྱིན་བོད་ཕྱོགས་གཉིས་ཀས་ཕན་ཚུན་འབྲེལ་མཐུད་བྱས་ཐོག་མདའ་དཔོན་ལྷ་སྡིང་སྲས་དང་རྣམ་སྲས་སྒླིང་། རྒྱལ་རྩེ་རུ་དཔོན་སྐྱིད་སྨུག པཎ་ཆེན་རིན་པོ་ཆེའི་སྐུ་ཚབ་གསོལ་དཔོན་མཁན་པོ་ཟླུར་ཁང་ནུབ་སོགས་བོད་ཕྱོགས་ཀྱི་འཐུས་མི་དང་། རུང་ཏའོ་ཧྲང་སོགས་དབྱིན་ཇིའི་འགོ་དམག་གི་འཐུས་མི་རྣམས་ཆུ་མིག་གཞོངས་ཀོའི་དཀྱིལ་དུ་རྫོའི་རགས་སྐོར་ཞིག་ཡོད་སར་ཚང་མ་འཛོམས་ཐོག་ཕན་ཚུན་གོ་མིང་གནས་བབ་ངོ་སྤྲོད་གནང་རེས་མཛད་འཕྲུལ་དབྱིན་ཇིའི་དམག་དཔོན་རུང་ཏའོ་ཧྲང་གིས་“གྲོས་མོལ་བྱེད་པར་ཐོག་མར་ཕྱོགས་གཉིས་ཀས་སྔོན་འགྲོའི་ཆ་རྐྱེན་དུ་ཞི་བའི་སྒོ་ནས་གྲོས་མོལ་བྱེད་དགོས་

སྐབས་དྲག་ཆས་འཇོག་དགོས་པས་པན་ཚུན་དམག་མི་ཚོའི་མེ་མདའི་ནང་གི་མདེའུ་འདོན་དགོས་ཤིང་། བོད་དམག་ཚོས་སྤྲུད་ཏིའི་མེ་གསོད་དགོས་པ་དང་། དབྱིན་དམག་ཚང་མས་མེ་མདའི་ཁོག་ནང་གི་མདེའུ་ཚང་མ་འདོན་རྒྱུ་ཡིན་” ཞེས་བརྗོད། སྐབས་དེར་བོད་དམག་གི་ལྡིང་དཔོན་ཡན་ལ་འཕྲུལ་མདའ་རེ་མ་གཏོགས་དམག་དཀྱུས་རྣམས་ལ་བོད་མདའ་རེ་དང་། གྲི་དཔའ་དམ་རེ་ལས་མེད། བོད་ཕྱོགས་ཀྱི་འགོ་དམག་དཔོན་རིགས་ཆོས་དགྲ་ཕྱོགས་ཀྱི་ཁ་མཁས་ཚིག་འཇམ་ལ་ཡིད་ཆེས་ཀྱིས་མདའ་དཔོན་ལྷ་སྡིང་པ་སོགས་འཐུས་མི་རྣམས་ནས་དེ་ལྟར་དྭངས་ལེན་གྱིས་བོད་དམག་རྣམས་ལ་བཀའ་བརྡ་བཏང་བས་བོད་དམག་ཡོངས་ནས་མེ་མདའི་སྤྲུད་ཏི་བསད་དེ་ཞི་བའི་ཐབས་ལམ་བརྒྱུད་དབྱིན་བོད་གནད་དོན་ཐག་གཅོད་ཡོང་བའི་རེ་སྒོང་བསྐྱུག་སྟེ་བློ་སྟོད་པོའི་ངང་བསྡད་ཅིང་། དབྱིན་ཇི་བཙན་འཛུལ་པ་ནི་གཡོ་འཕྲུལ་གདུག་རྩུབ་ཀྱི་ལས་ལ་བྱང་ཆུབ་པ་ཞིག་ཡིན་སྐབས་སྐྱོག་ཏུ་དབྱིན་དམག་མང་པོ་བོད་དམག་གི་མཐའ་སྐོར་དུ་ཡིབ་ཏེ་བསྡད་ཅིང་། མེ་མདའི་ཁོག་ནང་གི་མདེའུ་བཏོན་ཡང་མེ་མདའི་མཐེལ་གྱི་རྨུམ་གླུགས་སའི་ནང་མདེའུ་སྦས་ཏེ་ཉར། དེ་ནས་པན་ཚུན་ཞི་བའི་གྲོས་མོལ་བྱེད་འགོ་ཚུགས་ཏེ་ཆུ་ཚོད་སྐར་མ་བཅོ་ལྔ་ཙམ་སོང་སྐབས་དབྱིན་དམག་གི་དམག་དཔོན་ཞིག་གིས་སློ་བུར་དུ་མེ་མདའ་ཆུང་ཆུང་ཞིག་བཏོན་ནས་ལྷ་སྡིང་སྲས་དང་། རྣམ་སྲས་གླིང་སོགས་བོད་ཕྱོགས་ཀྱི་འཐུས་མི་རྣམས་ལ་མེ་མདའ་འཕངས་པའི་སྒྲ་དེ་ཉེ་འགྲམ་དུ་སྒྲུག་བསྡད་པའི་རང་ཕྱོགས་འཐུས་མིའི་གམ་གཡོག་ཆོས་ཐོས་འཕྲུལ་ལྷ་སྡིང་སྲས་ཀྱི་ཨ་ཕྲུག་དགྲ་འདུལ་གྱིས་ང་ཚོའི་མི་བསད་སོང་ཞེས་མདའ་དཔོན་ལྷ་སྡིང་གི་ཆིབས་པའི་ཐོག་གི་དཔའ་དམ་དེ་ཤུབས་ལས་ཕྱུངས་ཏེ་ཀི་སྒྲ་སྒྲོག་བཞིན་དེར་ཡོད་གཡོག་འགའ་ཞིག་གི་སྣེ་

འཁྲིད་དེ་ཐེ་ཚོམ་སྤུ་ཙམ་ཡང་མེད་པར་མཚོངས་ཏེ་དབྱིན་དམག་ཏུ་དཔོན་གཅིག་དང་། བརྒྱ་དཔོན་གཅིག ལྡིང་དཔོན་གཅིག་སོགས་འགོ་དམག་བཅུ་གྲངས་ཞིག་ལ་གྲི་བསྣུན་ཏེ་བསད་རྨས་བཏང་། མཐའ་བཞིར་ཡོད་པའི་བོད་དམག་རྣམས་ཀྱིས་ཀྱང་དཔའ་ངར་ཞུམ་པ་མེད་པར་རལ་གྲི་འཕྱར་བཞིན་མཚོང་ཡོང་ཡང་དབྱིན་དམག་གིས་མཐའ་བཞི་བསྐོར་ཏེ་མེ་མདའ་སྡག་སྡག་སོགས་དེང་རབས་ཅན་གྱི་མཚོན་ཆ་བེད་སྤྱོད་སྐབས་བོད་དམག་རྣམས་དཔའ་རྩལ་ཅན་གྱི་དཔའ་བོ་ལག་རྟུམ་དང་འདྲ་བར་བྱ་ཐབས་དབེན་པའི་གནས་སུ་ལྷུངས་ཤིང་། མཐར་བོད་ཕྱོགས་ཀྱི་འཐུས་མི་རྣམ་སྲས་གླིང་པ་དང་པ་ཊ་ཆེན་རིན་པོ་ཆེའི་སྐུ་ཚབ་གསོལ་དཔོན་མཁན་པོ་བྲུར་ཁང་ནུབ་དང་། སེར་འབྲས་དགའ་གསུམ་གྱི་འཐུས་མི་གཅིག ཏུ་དཔོན་ཁང་གསར་བ་བཅས་ས་གནས་དེ་ག་རང་དུ་བཀྲོངས། དེ་མིན་བོད་དམག་ལྔ་བརྒྱ་ཙམ་སྲོག་ཤོར་བ་དང་། བོད་དམག་ཉིས་བརྒྱ་ཙམ་རྨས་པའི་གོ་ལག་ཡོངས་རྫོགས་ཕྲོགས་ཤིང་། མདའ་དཔོན་ལྷ་སྡིང་སྲས་ཀྱང་རྨས་ནས་རོ་ཡི་དཀྱིལ་དུ་ཤི་བརྫུ་བཏབ་སྟེ་བཞུགས་པའི་སྐབས་སུ་ས་ཏུབ་མཚམས་སུ་དབྱིན་དམག་གི་རྫོག་ཕྲེས་དཔོར་མི་འགའ་ཞིག་རོ་ཡི་དཀྱིལ་དུ་རྣ་ལོང་དང་། ཚོགས་ཁེབ་སོགས་དངོས་པོ་འཚོལ་བར་འོངས་ཤིང་། འབྲས་ལྗོངས་པའི་བུད་མེད་གཅིག་གིས་མདའ་དཔོན་ལྷ་སྡིང་སྲས་ཀྱི་ཕྱག་མཛུབ་ཏུ་གསེར་གྱི་ཚོགས་ཁེབ་ཅིག་ཡོད་པ་མཐོང་འཕྲལ་གྲི་ཆུང་ཞིག་བཏོན་ཏེ་མཛུབ་མོ་གཅོད་པར་འོངས་པས་ལྷ་སྡིང་སྲས་ན་རེ། གསེར་གྱི་ཚོགས་ཁེབ་འདི་ཁྱོད་ལ་སྤྲད་ཆོག ང་ཚོ་ཆོས་ལུགས་གཅིག་པ་རེད། དབྱིན་དམག་ལ་གསང་བརྡ་མ་སྐྱེལ་རོགས་ཞེས་ཡང་ཡང་གསུངས། འོན་ཀྱང་མོས་གསེར་གྱི་ཚོགས་ཁེབ་དེ་ཚུར་བླངས་ཏེ་དབྱིན་ཇིའི་དམག་སྐར་དུ་འཁྱེར་རྗེས་དགྲ་དམག

ལ་བོད་དམག་གི་དམག་དཔོན་ཞིག་རོའི་དཀྱིལ་དུ་ཤི་བརྒྱ་བཏབ་སྟེ་བསྡད་འདུག་ཅེས་སྨྲས་པས་དབྱིན་དམག་གིས་མདའ་དཔོན་ལྷ་སྡིང་བཟུང་བར་འོང་བ་གཟིགས་མ་ཐག་ཏུ་ཉེ་འགྲམ་དུ་ཡོད་པའི་ཧ་དཀར་པོ་ཞིག་ཆིབས་ཏེ་ཆུ་མིག་གཞོངས་ཀོའི་ཤར་ངོས་ཀྱི་རིའི་སྟེང་དུ་བྲོས་ཐེབས་སྐབས་དབྱིན་དམག་གིས་མེ་སྒྲོགས་འཕངས་པས་ལྷ་སྡིང་སྲས་དཔའ་ངར་ལྡན་པའི་ངང་སྐུ་གཤེགས་སོ། དེ་ནས་ས་ཏུབ་མཚམས་རོའི་དཀྱིལ་དུ་ཤི་བརྒྱ་བཏབ་སྟེ་བསྡད་པའི་བོད་དམག་གཞན་རྣམས་བྲོས་ཕྱིན་པ་དང་། ཏུ་དཔོན་སྐྱིད་སྡུག་པ་ཞབས་ལ་མེ་མདའ་ཕོག་སྟེ་རྨས་ནས་ལུས་པ་ཞབས་ཕྱིས་མཐོང་འཕྲལ་སྐྱལ་པར་འཁྱེར་བ་དང་། ཏུ་དཔོན་སྟེང་པ་ཡང་རྨས་སྐྱབས་དམག་དཀྱུས་ཤིག་གིས་སྐྱལ་པར་འཁྱེར་ཏེ་འགྲོ་བ་དམག་མི་གཞན་གྱིས་མཐོང་འཕྲལ་རེས་མོས་ཀྱིས་འཁྱེར་ནས་རིམ་བཞིན་སྐྱིད་སྡུག་གི་འཇོན་ཁོངས་ཆ་ལུ་གཞིས་སུ་འཁྱེར་བ་དང་ཏུ་དཔོན་སྐྱིད་སྡུག་པས་བཀའ་ཤག་ཏུ་ཧ་ཤད་བཏང་སྟེ་སྤྱི་ཁྱིའི་ཡོང་རྐྱེན་རྣམས་ཞིབ་གསལ་སྙན་ཞུ་ཕུལ་བ་དང་འབྲེལ་དེ་ཁུལ་དམག་སྐར་ཁག་ལ་འགོག་སྲུང་བྱེད་ཐབས་སྐོར་ལ་གསང་འཕྲིན་སྐྱེལ་བར་བཏང་ཞིང་། བོད་དམག་རྣམས་ཕྱིར་འཐེན་བྱེད་པའི་ལམ་བར་དབྱིན་དམག་དང་དམག་འཐབ་ཡང་ཡང་བྱས་ཏེ་སླར་ཡང་བོད་དམག་བདུན་བརྒྱ་ཙམ་ཤི་རྨས་བྱུང་། མདོར་ན། ཐེངས་འདིའི་དབྱིན་རྒོལ་དམག་འཐབ་ནང་བོད་དམག་གི་མདའ་དཔོན་ལྷ་སྡིང་སྲས་དང་། རྣམ་སྲས་སླིང་། ཏུ་དཔོན་ཁང་གསར་བྱུང་མ་སོགས་མི་གྲངས་ཆིག་སྟོང་བཞི་བརྒྱ་ལྷག་ཙམ་ཤི་རྨས་བྱུང་བ་དང་། གོ་ལག་ཐལ་ཆེ་བ་དགྲ་ལག་ཏུ་ཤོར་ཞིང་། དབྱིན་དམག་གི་ཧྲང་ཤའོ་དམག་དཔོན་པུ་ལན་ཛའི་ལག་པ་ཡ་གཅིག་ཤོར་བ་དང་། ཧྲང་ཤའོ་དམག་དཔོན་ཏུན་ལའོ་དང་གསར་འགྱུར་འགོད་མཁན་ལ་

རྨས་སྐྱོན་ཚབས་ཆེན་ཐོག འགོ་དམག་བཅུ་གསུམ་ཙམ་ཤི་རྨས་བྱུང་བ་ལས། དེ་མིན་མི་སྲོག་དང་རྒྱུ་དངོས་གང་ལའང་གནོད་པ་ཆེ་བ་གང་ཡང་བྱུང་མེད།

ཆུ་མིག་གཙོང་ས་ཀོའི་དམག་འཐབ་ལ་ཕམ་ཉེས་འདི་ལྟ་བུ་བྱུང་བའི་རྩ་བའི་རྒྱུ་མཚན་ནི། དབྱིན་དམག་གི་གཡོ་ཐབས་ལ་བརྟེན་ནས་གློ་བུར་དུ་ཚུར་རྡོལ་བྱས་པ་དང་གཅིག ཆེན་ཀྲུང་དབྱང་སྲིད་གཞུང་གིས་མགོ་འདོགས་རིང་ལུགས་ཀྱི་ལམ་ཕྱོགས་ལག་ལེན་བསྟར་ཏེ་དབྱིན་འགོག་དམག་འཁྲུག་ལ་མི་ཤུགས་དང་དངོས་ཤུགས་གང་གི་ཐད་ནས་ཀྱང་རོགས་སྐྱོར་གང་ཡང་མ་བྱས་པ་དང་གཉིས། བོད་ས་གནས་སྲིད་གཞུང་གི་དབང་འཛིན་པ་ནང་ཁུལ་དུའང་འགལ་བ་ཆེ་བས་མདུང་ཤུགས་གཅིག་སྒྲིལ་གྱི་དམག་འཐབ་བྱེད་མ་ཐུབ་པ་དང་གསུམ། ལྷ་ཀླུ་མའི་ལུང་བསྟན་པོ་ནར་བརྟེན་ནས་དམག་འཐབ་བྱེད་པ་ལས་བོད་དམག་གི་འགོ་དམག་རྣམས་དམག་དོན་གྱི་ཤེས་བྱ་དང་སྦྱོང་བདར་དམན་པ། སྦྱོང་བརྡར་གོ་མཚོན་ཞན་པ་དང་བཅས་བཞིའོ། འོན་ཀྱང་ཐེངས་འདིའི་དམག་འཐབ་ལ་ཕམ་ཉེས་ཚབས་ཆེན་བྱུང་བ་དེས་བོད་ཀྱི་འགོ་དམངས་ཡོངས་ལ་ཁྲག་གི་བསླབ་བྱ་གཏིང་ཟབ་ཅིག་ཐོབ་སྟེ་ཕོང་ཁྲོའི་མེ་ལྕེ་རབ་ཏུ་འབར་བཞིན་དབྱིན་ཇི་བཙན་འཛུལ་པར་འགོག་རྒོལ་མཐའ་གཅིག་ཏུ་བྱེད་པའི་སེམས་ཐག་བཅད་ཅིང་། བོད་ས་གནས་སྲིད་གཞུང་གིས་ཀྱང་བོད་ཀྱི་སེར་སྐྱ་མི་མང་ཡོངས་ལ་སྐུལ་སློང་ཤུགས་ཆེན་བྱས་ཏེ་སླར་ཡང་དམག་སྐུལ་བརྒྱབ་ནས་འདོན་དམག་དང་། ཡུལ་དམག སེར་དམག་བསྡོམས་ཆིག་ཁྲི་དྲུག་སྟོང་ལྷག་ཙམ་རྒྱབ་དཔུང་དུ་བཏང་སྟེ་རྒྱལ་རྩེ་དང་། གཞིས་རྩེ། སྣ་དཀར་རྩེ་སོགས་དམག་འཐབ་ཀྱི་འགག་རྩ་ས་གནས་ཁག་ལ་ས་སྲུང་དུ་བཞག དུས་དེར་ཆུ་མིག་གཙོང་ས་ཀོ་ནས་ཕྱིར་འཐེན་བྱས་པའི་དམག་མི་ལྷག་འཁྱོངས་སུམ་བརྒྱ་བརྒྱད་ཙུ

ཙམ་ལས་མེད་ཀྱང་རྒྱབ་ཕྱོགས་ཀྱི་དཔུང་རོགས་ཁག་ཅིག་རིམ་བཞིན་འགྱུར་ཏེ་དམག་གྲངས་ཉིས་སྟོང་སུམ་བརྒྱ་སྐོར་ཡོད་པ་ཞིབ་བཤེར་དང་འབྲེལ་རྫས་མདེལ་དམག་རྒྱགས་སོགས་ལ་ལེགས་སྒྲིག་འོས་འཚམ་བྱས་ཐོག གཙང་མདའ་བཀྲས་གླིང་པ་དང་། རྒྱལ་རྩེ་མདའ་དཔོན་རམ་པ་བཅས་འགོ་དམག་ཡོངས་ཀྱིས་སེམས་ཐག་གཙང་བཅད་ཀྱིས་དམག་འཐབ་བྱེད་རྒྱུའི་དམ་བཅའ་བཞག དབྱིན་དམག་གིས་ནུ་མཐུད་རྒྱལ་རྩེ་ཕྱོགས་སུ་ཡོང་བའི་ལམ་བར་བྱང་གླིང་དགོན་པ་དང་། སྐུ་འབུམ་དགོན་པ་སོགས་དགོན་སྡེ་མང་པོ་མེར་བསྲེགས་པ་དང་སྐུ་གསུང་ཐུགས་རྟེན་དང་མང་ཚོགས་ཀྱི་དངོས་པོ་མང་པོ་འཕྲོག་བཅོམ་བྱས་ཤིང་། དེ་རྗེས་དབྱིན་དམག་རྣམས་ཁང་དམར་གྱི་ལྷོ་ནུབ་རི་རྒྱབ་ཏུ་གནས་པའི་ཐོ་ལམ་དགོན་དུ་འགྱུར་བའི་ནམ་སྨད་དུ་མདའ་དཔོན་བཀྲས་གླིང་པ་དང་རམ་པ་གཉིས་ཀྱིས་དམག་དཔུང་འཁྲིད་དེ་མཚན་འགེབས་དྲག་འཐབ་བྱས་མཐར་དབྱིན་དམག60ལྷག་ཙམ་བསད་རྨས་བཏང་བ་དང་། དབྱིན་དམག་གི་མི་མདའ་ཆུང་ཆུང་འགའ་ཞིག་ཐོབ། དེ་ནས་དབྱིན་དམག་རྒྱལ་རྩེར་འགྲོ་བའི་ལམ་བུར་བོད་དམག་གིས་འགོག་རྒོལ་དམག་འཐབ་ཐེངས་མང་བྱས་ཤིང་། ལྷག་པར་དུ་དབྱིན་དམག་རྣམས་རྫ་འཕྲང་བརྒྱུད་ཡོང་སྐབས་ལྷོ་ཁ་དང་དྭགས་ཀོང་ཁུལ་གྱི་འདོན་དམག་དང་། ཡུལ་དམག སེར་དམག་སོགས་མི་གྲངས3000ཙམ་བསྡུ་རུབ་ཀྱིས་མདའ་དཔོན་བཀྲས་གླིང་པ་དང་། རམ་པ། སློན་སྐྱིད་གླིང་པ། སེར་དམག་གི་འགོ་འདོམས་འབྲས་སྤུངས་བསམ་ལྷོ་བསྟན་འཛིན་རྣམ་རྒྱལ། སེར་བྱེས་ཏར་གདོང་བློ་བཟང་། དགའ་ལྡན་བྱང་རྩེ་བློ་དགའ། ར་སྟོད་བྱམས་པ་ཕུན་ཚོགས། སེ་རའི་རྗོབ་རྗོབ་ཨ་དགའ། རྗོབ་རྗོབ་ཀུན་ཧུར་ཅན་སོགས་ཀྱིས་དམག་གྲབས་གང་ལེགས་བྱས་ཏེ་དབྱིན་དམག་

ཚར་གཅོད་གཏོང་རྒྱུའི་དམ་བཅའ་བཞག ཇོ་འཕྲང་ཟེར་བའི་ས་ཆ་དེ་ནི་གཡས་གཡོན་གཉིས་ཀར་བྲག་རི་མཐོ་བ་དང་། ལམ་ཐག་རིང་ལ་གྱ་དོག་པ། དགྲ་བོར་དམག་འཐབ་བྱེད་སའི་ས་ཆ་བཙན་པ་ཞིག་ཡིན་ཞིང་། དེའི་གཡས་གཡོན་གྱི་རི་སྟེང་དུ་འཛིང་རགས་བཟོས་ཏེ་བོད་དམག་རྣམས་ཀྱི་འཕྲུལ་མདའ་དང་། བོད་མདའ། མདའ་གྲི་མདུང་གསུམ་གྲ་སྒྲིག་ལེགས་པར་བྱས་ནས་སྒུག་བསྡད་དེ་དགྲ་བོ་ཚར་གཅོད་གཏོང་རྩིས་བྱས་ཀྱང་རང་དམག་གཅིག་གིས་མི་མདའ་ཁ་ཤོར་སྐབས་དབྱིན་དམག་གིས་རེའི་གཡས་གཡོན་དུ་བོད་དམག་ཡོད་པ་ཤེས་ཏེ་མེ་སྒྱོགས་དང་འཕྲུལ་མདའ་མང་པོ་འཕེན་ཞིང་། རི་ཀླུང་གི་ཁྲོད་པར་ཤོར་སྐབས་བོད་དམག་གིས་མི་མདའ་དང་། ཐབ་རྡོ་མང་པོ་བསྒྲིལ་ཏེ་དབྱིན་དམག་ལ་རྒྱས་སྐྱོན་གང་འཚམས་ཐོག་པ་ལས་ཚར་གཅོད་གཏོང་བའི་དམིགས་ཡུལ་སྒྲུབ་མ་ཐུབ། དེ་ནས་དབྱིན་དམག་གིས་ལྡུ་མཐུད་མདུན་བསྐྱོད་ཐོག་རིམ་བཞིན་རྒྱལ་རྩེའི་ཉེ་འགྲམ་གནས་རྙིང་དགོན་པར་འཁྱོར་ཏེ་ཆོས་བྱེད་སྐྱེས་བུ་རྣམས་ལ་མནར་གཅོད་ཚད་མེད་བཏང་། དགོན་པ་དེ་བཙན་བཟུང་གིས་རྫོ་གཅལ་གྱི་དཀྱིལ་དུ་སྨར་བརྒྱབ་སྟེ་བསྡད་ཅིང་། བོད་དམག་གིས་གནས་ཚུལ་དེ་ཤེས་འཕྲུལ་ཐབས་གྲོས་ཟབ་ནན་བྱས་ཏེ་ཉིན་ཞིག་མཚན་མོ་གོང་དམག་གིས་གནས་རྙིང་དགོན་པའི་མཐའ་བསྐོར་ཏེ་སློ་བུར་འཛབ་རྒོལ་བྱས་སྐབས་དབྱིན་དམག་གིས་བོད་དམག་རྣམས་མཐོང་མ་ཐག་ཏུ་དངངས་སྐྲག་རབ་ཏུ་སྐྱེས་ཏེ་བྲོས་ཐབས་བྱས་ཀྱང་མ་ཐར་བར་དབྱིན་དམག་དུ་མ་ཚར་བཅད་ཅིང་། གནས་རྙིང་དགོན་པའི་སྒོ་ར་དེ་ཡང་ཁྲག་གི་མཚོར་ལྟ་བུར་གྱུར་པས་ད་ལྟའང་ཕས་རྒོལ་མ་རུངས་པའི་ཁྲག་རྗེས་དངོས་སུ་མཐོང་རྒྱུ་ཡོད། ཡུལ་དེ་ཁུལ་གྱི་དམངས་གཞན་སུ་“ ཨ་དར་གོང་པོའི་དམག་གིས། དབྱིན་མགོ་ས་ལ་གཡུགས་

སོང་། གནས་རྙིང་རྗེ་གཙལ་ཆེ་མོ། དམར་པོའི་ཁྲག་གིས་བསྒྱུངས་སོང་།” ཞེས་པ་དེ་ནི་སྐབས་དེའི་དམག་འཐབ་ཀྱི་གནས་ཚུལ་དངོས་སུ་མཚོན་པ་ཞིག་རེད། དེ་རྗེས་དབྱིན་དམག་ལ་དཔུང་རོགས་རིམ་བཞིན་འབྱོར་ཏེ་རྒྱལ་རྩེ་བཙན་བཟུང་ཕོག་འབྲུ་རིགས་ཁལ་སྟོང་ཕྲག་ཁ་ཤས་དང་། འབར་རྫས་ཀྲོན་ཁ་ཤས་ཕྲོགས་པ་མ་ཟད། རྒྱལ་རྩེ་རྫོང་གི་ཁང་པ་མང་ཆེ་བ་བཤིག དབྱིན་དམག་གི་དམག་དཔོན་རུང་ཧའོ་ཕྭང་གིས་སྣེ་འཁྲིད་བྱས་པའི་དབྱིན་དམག་རྣམས་ཀྱུང་ཆུའི་འགྲམ་གྱི་ལྷུང་ལོ་གླིང་ཁར་སྒར་བརྒྱབ་སྟེ་བསྡད་པའི་སྐབས་སུ་མཚན་མོ་ཞིག་ལ་བོད་དམག་ཆིག་སྟོང་ལྷག་ཙམ་གྱིས་ལག་ཏུ་གྲི་རིང་ཐོགས་ཏེ་མཁའ་ལྡིང་སྒྱུལ་ལ་བརྗམས་པ་ལྟར་དབྱིན་དམག་གི་དམག་སྒར་དུ་བར་རྒོལ་བྱས་སྟབས་བཙན་འཛུལ་པ་ལ་ལ་དངངས་སྐྲག་རབ་ཏུ་སྐྱེས་ཏེ་ཆུ་ལ་མཆོངས་པ་དང་། ལ་ལ་དམར་གསོད་བཏང་ཞིང་། དམག་དཔོན་རུང་ཧའོ་ཕྭང་དང་དམག་མི་བཞི་བཅུ་ལྷག་ཙམ་དངངས་འཚབ་ངང་གྲོ་མོ་ཆུ་འབི་ཕོ་བྲང་དུ་བྲོས་ཕྱིན། སྐབས་དེའི་དམངས་གཞས་སུ“ རི་བྱ་རི་ལ་བྲོས་སོང་། ཕི་གླིང་ཆུ་ལ་མཆོངས་སོང་། དཔའ་བོའི་བོད་དམག་ཚོ་ཡིས། ཕི་གླིང་ཚག་གཤག་བཏང་སོང་།” ཞེས་བཏང་བར་གྲགས། རུང་ཧའོ་ཕྭང་སོགས་ཆུ་འབི་ཕོ་བྲང་དུ་འབྱོར་ནས་དབྱིན་ཇིའི་དམག་དཔོན་ཆེན་པོ་མད་ཁླ་ཐང་སྣ་ལ་དམག་རོགས་འཕྲུལ་གཏོང་དགོས་པའི་རེ་བ་བཏོན་པ་བཞིན་མད་ཁླ་ཐང་སྣ་ཡིས་དམག་དཔུང་འབོར་ཆེན་འཁྲིད་དེ་དེང་རབས་ཅན་གྱི་མེ་སྒྱོགས་དང་། མེ་མདའ་སྦྲག་སྦྲག་སོགས་མཚོན་ཆ་མང་པོ་འཁྱེར་ནས་རྒྱལ་རྩེར་འབྱོར་འཕྲུལ་བོད་དམག་ལ་ཚུར་རྒོལ་ཤུགས་ཆེན་བྱས་པ་མ་ཟད། ཕ་ལྷ་གྲོང་ཚོ་དང་། ལྷུང་ལོ་གླིང་ཁ་བཙན་བཟུང་ཕོག་དམག་དོན་གྱི་རྟེན་གཞི་བཙུགས་ཏེ་རྫོང་རྩེའི་མཐའ་བསྐོར་

ནས་ཧ་ཅང་ཉེན་ཁ་ཆེ་བའི་གནས་སུ་གྱུར་བའི་སྐབས་དེར་གནས་སྟེང་དགོན་དང་། རྒྱལ་རྩེ་རྩེ་ཆེན་དགོན་དགྲ་ལག་ཏུ་ཤོར་བ་མ་ཟད། རྒྱལ་རྩེ་རྫོང་ཡང་དགྲ་ལག་ཏུ་ཤོར་ཉེན་ཆེ་བའི་ཞིབ་གསལ་སྙན་ཞུ་བཀའ་བློན་གཡུ་ཐོག་བརྒྱུད་བཀའ་ཤག་ཏུ་ཕུལ་བར་དེ་འཕྲལ་བཀའ་ཤག་གིས་བོད་བཞུགས་ཨམ་བན་གཡུའུ་ཐད་ལ་རྒྱལ་རྩེ་ཁུལ་དུ་སྔ་ཕྱིར་དམག་འཐབ་རྒྱལ་ཕམ་ཇི་ལྟར་བྱུང་ཚུལ་སྐོར་དང་། ད་ལྟ་ཞི་བའི་གྲོས་མོལ་ཡོང་ཐབས་མེད་པས་དགྲ་བོར་འགོག་རྒོལ་བྱེད་ཕྱོགས་ཐད་བཀའ་བསྟུར་ཞུས་ཀྱང་། བོད་བཞུགས་ཨམ་བན་གྱིས“མན་ཆིང་གོང་མས་བོད་དབྱིན་དབར་ཞི་གྲོས་ཀྱི་ཐག་གཅོད་བྱེད་པ་ལས་དྲག་འཐབ་བྱས་ན་མི་འགྲིག་པའི་བཀའ་སྔ་ཕྱིར་ཡོད། ང་རང་ད་ལྟ་གཟུགས་བབ་བདེ་མིན་ལ་དྲག་སྐྱེས་བྱུང་མཚམས་རྒྱལ་རྩེར་ཞི་གྲོས་བྱེད་པར་འགྲོ་རྒྱུ་ཡིན་” ཞེས་བཤད་དེ་ཉེན་འགྱངས་ཞག་འབུད་ཀྱིས་དབྱིན་དམག་ལ་མགོ་འདོགས་བྱེད་པའི་ལམ་ཕྱོགས་རྒྱུན་འཁྱོངས་བྱས་པ་རེད། དུས་དེར་བོད་དམག་གི་གོ་ལག་ཞན་པ་དང་དམག་མི་ཉུང་བ་སོགས་དཀའ་ངལ་ཆེ་བས་ཏཱ་ལའི་བླ་མ་ཐུབ་བསྟན་རྒྱ་མཚོ་མཆོག་གིས་ཞི་བའི་མོས་གྲོལ་བྱས་ཏེ་དབྱིན་དམག་འགོག་ཐབས་ཀྱི་དགོངས་ཚུལ་འདོན་གནང་མཛད་དེ་བཀའ་ཚབ་བླ་མ་ངོ་ལས་དང་བཀའ་ཚབ་གཡུ་ཐོག་ལ་ཞི་གྲོས་བྱེད་སྐོའི་ཐད་བཀའ་ཡིག་བསྩལ་ཞིང་། འོན་ཀྱང་དམག་དོན་སྤྱི་ཁྱབ་པ་ཚོར་བཀའ་ཡིག་ཕེབས་འབྱོར་མ་བྱུང་གོང་ཟླ་ལྔ་པའི་ཚེས་བདུན་ཉིན་གྱི་ཐོ་རེངས་སུ་དབྱིན་དམག་གིས་རྫོང་རྩེར་མེ་སྒྱོགས་དང་མེ་མདའ་སྦག་སྦག་གི་མདེའུ་སེར་དྲག་ལྟར་ཕབ་ཅིང་། སྐབས་དེར་རྫོང་རྩེར་བོད་དམག་ལྔ་སྟོང་ཙམ་ཡོད་པ་དེ་དག་ལ་ལག་ཆར་བོད་མདའ་དང་། མདའ་གྲི་མདུང་གསུམ། ཞུར་རྫ་སོགས་ལས་མེད་ཀྱང་དཔའ་ངར་ཞུམ་པ་མེད་པར་རང་སྲུང་

ཕར་རྒོལ་མཐའ་གཅིག་ཏུ་བྱས། དེ་དུས་རྒྱལ་རྩེའི་དབྱིན་འགོག་དམག་འཁྲུག་ནང་ཞུགས་མྱོང་བའི་རྒན་རབས་ཆོས་བཤད་དོན་" དབྱིན་ཇི་བཙན་འཛུལ་དམག་གིས་ཐོག་མར་རྫོང་ལ་མེ་སྒྱོགས་དང་མེ་མདའ་ཐྲག་ཐྲག་ཡང་ཡང་བརྒྱབ། དེ་ནས་རྐང་དམག་གིས་ཚུར་རྒོལ་ཐེངས་མང་བྱས་ཀྱང་ང་ཚོས་བོད་མདའ་དང་། མདའ་གྲི་མདུང་གསུམ། འུར་རྡོ་སོགས་ལ་བརྟེན་ནས་འགོག་རྒོལ་བྱས་པ་མ་ཟད། སྐབས་འགར་མཚན་མོ་རི་རྩེ་ནས་བབས་ཏེ་དབྱིན་དམག་གི་དམག་སྒར་ལ་ཕར་རྒོལ་བྱེད་པར་ཕྱིན། ཟླ་བ་གཅིག་ཙམ་སོང་རྗེས་རིའི་སྒང་གི་ཆུ་ཚང་མ་རྫོགས། འཚོ་བའི་ཐོག་ལ་དཀའ་ངལ་ཏ་ཙང་ཆེ་བའི་གནས་སུ་གྱུར། འོན་ཀྱང་ང་ཚོའི་སེམས་པར་གཡོ་འགུལ་སྤུ་ཙམ་མེད་པར་མཚན་མོ་རི་གཤམ་གྱི་ཆུ་ཀློགས་ཀླངས་ཏེ་བཏུང་། སྐབས་འགར་ཆུ་ཀློགས་རྫོགས་ཏེ་གཅིན་པའང་འཐུང་མྱོང་" ཟེར། དེ་རྗེས་སྐབས་མི་ལེགས་པ་ཞིག་ལ་ཉིན་ཞིག་རྫས་ཀླུག་སྐབས་གཟབ་གཟབ་མ་བྱུང་བར་རྫོང་རྩེའི་རྫས་ཁང་ལ་མེ་ཤོར་ཏེ་བོད་དམག་མང་པོ་གྲོངས་ཤིང་། དགྲ་དམག་གིས་གོ་སྐབས་དེ་དང་བསྟུན་ནས་ཚུར་རྒོལ་དྲག་པོ་བྱས་སྐབས་རི་རྩེ་ནས་བོད་དམག་རྣམས་ཕྱིར་འཐེན་མི་བྱེད་ཐབས་མེད་བྱུང་། དེ་ནས་ཐག་ཉེའི་བོད་དམག་ཁག་གཅིག་རང་ཡུལ་དུ་ཕྱིར་ལོག་པ་དང་། སེར་དམག་དང་ཡུལ་དམག་མང་ཆེ་བའང་ཁ་འཐོར་དུ་སོང་ཞིང་། དེ་རྗེས་དམག་དོན་སྐྱི་ཁྱབ་པ་བཀའ་ཚབ་གཡུ་ཐོག་པས་རིན་སྤུངས་དང་། གླིང་དཀར། མར་རྒྱང་། སྣེ་མོ་བཅས་ཀྱི་ཡུལ་དམག་ཆིག་སྟོང་བཞི་བརྒྱ་ཙམ་བསྡུ་འགུག་གིས་འགོ་འདོམས་སྣེ་མོ་བཀྲས་གཞོངས་པ་དང་། འོད་ཡུག་རབ་དཀར་འཕྲིན་ལས་དགྲ་འདུལ། དར་སྟེང་བསོད་ནམས་དར་རྒྱས་སོགས་ལ་མདའ་དཔོན་དང་རུ་དཔོན་བསྐོ་བཞག་ཐོག་སྣ་དཀར་རྩེར་མངགས་གཏོང་གནང་།

དབྱིན་དམག་རྣམས་ཀྱིས་རྒྱལ་རྩེ་བཙན་བཟུང་བྱས་རྗེས་ཤིང་འབྲུག(1904)ལོའི་ཟླ་ལྔ་པར་ལྷ་སའི་ཕྱོགས་སུ་དཔུང་འཇུག་བྱས་པའི་ལམ་བར་སྣ་དཀར་རྩེར་འཁྱེར་སྐབས་བོད་དམག་དང་ཡུལ་དམག་གིས་འགོག་རྒོལ་གང་ཐུབ་བྱས་ཀྱང་མཐར་ཕམ་ཉེས་བྱུང་ཞིང་། དེ་ནས་བོད་དམག་དང་ཡུལ་དམག་རྣམས་ཀྱིས་དམག་དཔོན་སྤྱི་ཁྱབ་པའི་བཀོད་སྒྲིག་ལྟར་ལམ་འཁེལ་ས་འགག་ཁག་ལ་འཛིང་རགས་བཟོས་ཏེ་དབྱིན་དམག་འགོག་ཐབས་བྱས་ཀྱང་ཕན་པ་གང་ཡང་མ་བྱུང་བར་དགྲ་དམག་རྣམས་རིམ་བཞིན་ཆུ་ཤུར་ཉེ་འགྲམ་དུ་འཁྱོར། དེ་འཕྲལ་བོད་ས་གནས་སྲིད་གཞུང་གི་བཀའ་བློན་རྣམས་དང་། གདན་ས་སེར་འབྲས་དགའ་གསུམ་གྱི་འཐུས་མི་སོགས་མོལ་བསྡུར་གང་ལེགས་མཛད་མཐར་ཏཱ་ལའི་བླ་མ་ཐུབ་བསྟན་རྒྱ་མཚོ་མཆོག་ལྷ་སར་མ་བཞུགས་ན་དགེ་མཚན་ཆེ་བར་གཟིགས་ཏེ་རྒྱལ་ཚབ་ཏུ་དགའ་ལྡན་ཁྲི་པ་བློ་བཟང་རྒྱལ་མཚན་བསྐོ་བཞག་གནང་ཐོག སྐུ་འཁོར་ཏག་བསྡུས་དང་བཅས། ལྷ་སའི་བྱང་ངོས་ཀྱི་སྒོ་ལ་བརྒྱུད་བྱང་ལམ་ནས་ཉེན་གཡོལ་དུ་ཐེབས། དུས་དེར་བཀའ་ཤག་དང་། དྲུང་རྩིས། གདན་ས་གསུམ་གྱི་འཐུས་མི་སོགས་ནས་རྒྱལ་ཚབ་ཀྱི་རམ་འདེགས་ཞུས་ཏེ་ཆབ་སྲིད་ཀྱི་བྱེད་སྒོ་རྣམས་མཛད།

དེ་རྗེས་དབྱིན་ཇི་བཙན་འཛུལ་དམག་ལྷ་སར་འཁྱོར་འཕྲལ་བོད་བཞུགས་ཨམ་བན་གཡུའུ་ཐད་ཀྱིས་དབྱིན་དམག་ལ་གྲོ་ཞིབ་དང་ཤ་རིགས་འབོར་ཆེན་སྤྲད་དེ་སྣེ་ལེན་བྱས། འོན་ཀྱང་བོད་ས་གནས་སྲིད་གཞུང་དང་དབྱིན་དམག་དབར་ཐད་ཀར་འབྲེལ་བ་བྱེད་དཀའ་བར་གྱུར་ཅིང་། བཙན་འཛུལ་དམག་ལྷ་སར་འཁྱོར་རྗེས་རྒྱ་དམག་དང་། རྐང་དམག་རྣམས་ཏུ་སྒྲིག་སྒྲུར་བདར་ཡིན་ཁུལ་གྱིས་བོད་ཀྱི་མི་མང་ལ་འཇིགས་སྐུལ་ཡང་ཡང་བྱས་ཀྱང་།

བོད་ཕྱོགས་ནས་ལྷ་སའི་ཤར་ཕྱོགས་ཀྱི་འཁྲིམ་སྟོད་དང་། བདེ་ཆེན། ཚལ་གུང་ཐང་སོགས་ཀྱི་འདོན་དམག3000ཙམ་བསྡུ་རུབ་ཀྱིས་དབྱིན་དམག་ལ་ཁ་གཏད་གཙོག་རྒྱུའི་གྲ་སྒྲིག་ཨང་བསར་བྱས་ཏེ་བསྡད་པ་མ་ཟད། ཉིན་ཞིག་ལྷ་སར་བོད་ས་གནས་སྲིད་གཞུང་གི་དབང་འཛིན་པ་དང་། དབྱིན་ཇིའི་དམག་དཔོན་ཪོ་ཐུག་གྲོས་མོལ་བྱེད་པའི་སྐབས་སུ་སེ་ར་དགོན་གྱི་གྲྭ་པ་གཅིག་གིས་རང་སྲོག་བློས་བཏང་བྱས་ཏེ་གཟན་འོག་གྲི་དཔའ་དམ་ཞིག་བཙུག་ནས་གློ་བུར་དུ་ཆོས་གསུམ་ཐང་གི་དབྱིན་དམག་གི་གུར་ནང་མཆོངས་འོངས་ཏེ་དབྱིན་ཇིའི་དམག་དཔོན་གཅིག་དང་། དམག་མི་འགའ་ཞིག་བསད་རྨས་བཏང་སྟེ་ཕྱིར་མཆོངས་འགྲོ་བའི་སྐབས་དེར་སྟབས་མི་ལེགས་པ་ཞིག་ལ་གུར་ཐག་ལ་འཁོན་ནས་འགྱེལ་སྐབས་དབྱིན་དམག་གིས་མཐའ་བསྐོར་ནས་བཟུང་ཐོག་དམར་གསོད་བཏང་བའི་དོན་རྐྱེན་བྱུང་རྗེས་སེར་སྐྱ་མི་མང་ཚང་མ་འཁོན་འཛིན་ཇེ་ཆེར་སོང་སྟེ་ཡིག་སྐུར་སྤྲུར་འགྲེམས་བྱས་པའི་ནང་“མི་སུ་ཡིན་རུང་དབྱིན་ཇིའི་དམག་སྐར་ཆགས་ཡུལ་ཉེ་འགྲམ་དུ་ཤ་ཚལ་དང་གཟན་ཤིང་སོགས་ཉོ་ཚོང་གི་འབྲེལ་བ་གཅོད་དགོས་པས་མི་ཚད། བོད་གཞུང་གི་དཔོན་གནས་ཆེ་ཆུང་སུས་ཀྱང་འབྲེལ་བ་བྱས་ན་མི་འགྲིག”ཟེར་བ་དང་ཡང་“ཀ་གཅིག་དང་པོ་ཆོས་གསུམ་ཐང་ཆེན་ནས་བརྒྱབ་སྟེ། ཁུ་བྱུ་བབས་པ་བཞིན་དུ་དགྲ་སྐར་ནང་མཆོངས་ཤིང་། གེ་སར་ལྷ་བུའི་དཔའ་བོས་ཕྱི་གླིང་པ་བསད་ནས། ཇོ་མཚར་ལྷད་མོ་བསྟན་འཕྲུལ་དབྱིན་དམག་རྣམས་ཁྲོས་སོ།” ཞེས་སོགས་ཁྲིས་པར་གྲགས། དབྱིན་དམག་གི་འགོ་པས་ལྷ་སའི་སེར་སྐྱ་མི་མང་ཚང་མས་ཁོ་པ་ཚོར་འཁོན་འཛིན་ཚད་མེད་བྱེད་པ་དང་། གནམ་གཤིས་གྲང་ངར་ཆེ་ལ་ས་ཆུ་མི་འཕྲོད་པ་སོགས་ཕྱི་ནང་གི་འགལ་རྐྱེན་རྣམ་པ་སྣ་ཚོགས་འཕྲད་པས་བོད་

བཞུགས་ཨམ་བན་གཡུའུ་ཐང་ལ་འཕྲལ་དུ་ཆིངས་ཡིག་འཛོག་དགོས་པའི་རེ་བ་བཏོན་ཅིང་། ཨམ་བན་གཡུའུ་ཐང་ནི་ཉམས་ཆུང་ཐབས་མེད་ཅིག་ཡིན་པས། བཀའ་ཤག་ལ་བཙན་ཤེད་ཀྱིས་ཆིངས་ཡིག་འཛོག་དགོས་པའི་བཀའ་ཕབ་རྗེས་སྲིད་སྐྱོང་ལ་དགོངས་སྐོར་སྙན་སྒྲོན་ཞུས་པའི་བཀའ་ལན་དུ་བོད་ལྗོངས་ཚོགས་འདུར་གྲོས་བསྡུར་བྱས་ཏེ་ཆིངས་ཡིག་འཛོག་མིན་ལན་གསལ་ཐྲིད་འཐུས་ཀྱང་། གཞི་ནས་ད་ལྟ་སྐྱབས་མགོན་ཏཱ་ལའི་བླ་མ་རིན་པོ་ཆེ་བཞུགས་མེད་སྐབས་ང་ཚོས་ཐག་གཅོད་ག་ལ་ཐུབ་ཅེས་གསུངས་པར་བོད་བཞུགས་ཨམ་བན་རབ་ཏུ་ཁྲོས་ཏེ་སྐད་ཆ་དེ་ཚོ་རུང་ཏའོ་སྟོང་ལ་ཤོད་པར་འགྲོ་དགོས་ཟེར། དེ་རྗེས་ལྷ་སར་བཅའ་སྡོད་ནེ་པ་ལའི་སྐུ་ཚབ་པ་ཏ་ཟླུའུ་དང་། འབྲུག་པའི་སྐུ་ཚབ་ཨོ་རྒྱན་དབང་ཕྱུག་གཉིས་ཀྱིས་འཇམ་ཐབས་ལ་བརྟེན་ནས་བོད་ས་གནས་སྲིད་གཞུང་ལ་ཞི་བའི་གྲོས་མོལ་གནང་ན་དགེ་མཚན་ཆེ་ལུགས་མང་ཙམ་ཞུས། དབྱིན་ཕྱོགས་པས་འཇིགས་སྐུལ་དང་འཇམ་རྩུབ་ཀྱི་ཐབས་རྣམ་པ་སྣ་ཚོགས་སྤྱད་སྐབས་བོད་ས་གནས་སྲིད་གཞུང་གི་དབང་འཛིན་པ་རྣམས་གནམ་གྱིས་ས་བརྫུང་བ་ལྟ་བུར་བྱ་ཐབས་མེད་པར་གྱུར་ཏེ་ཤིང་འབྲུག(1904)ལོའི་ཟླ་དགུ་པའི་ཚེས་བཞི་ཉིན་ལྷ་སའི་ཆིངས་ཡིག་ཅེས་པ་རྒྱལ་འཚོང་ཆིངས་ཡིག་དོན་ཚན་བཅུ་ཡོད་པ་ཞིག་འཛོག་དགོས་བྱུང་། འོན་ཀྱང་ཆིན་ཀྲུང་དབྱང་སྲིད་གཞུང་གིས་ལྷ་སའི་ཆིངས་ཡིག་ཁས་མ་བླངས་པ་དང་། མཐར་ཕན་ཚུན་གྲོས་མོལ་གྱིས་པེ་ཅིང་ཆིངས་ཡིག་ཅེས་པ་བཞག་ཅིང་། དེའི་ནང་དབྱིན་ཇིས་བོད་ཀྱི་ནང་སྲིད་ལ་ཐེ་གཏོགས་རྩ་བ་ནས་བྱེད་མི་ཆོག མི་འཁོར་ལུགས་ལམ་དང་། གཞུང་ལམ། ལྕགས་སྐུད། ས་གཏེར་འདོན་བྱེད་བཅས་ཀྱི་དབང་ཆ་ནི་ཆིན་ཀྲུང་དབྱང་སྲིད་གཞུང་ཁོ་ནར་མ་གཏོགས་ཕྱི་རྒྱལ་རྒྱལ་ཁབ་སུ་ལའང་མེད་ཅེས་

བཀོད། མདོར་ན། ཐེངས་འདིའི་དབྱིན་རྒོལ་དམག་འཁྲུག་ལ་ཕམ་ཉེས་བྱུང་ནའང་བོད་ཀྱི་སེར་སྐྱ་དམག་དམངས་ཡོངས་ཀྱིས་བོད་མདའ་དང་། མདའ་གྲི་མདུང་གསུམ་འུར་རྡོ་སོགས་འཁྱེར་ཏེ་མེ་སྒྱོགས་དང་། འཕྲུལ་མདའ། མེ་མདའ་སྦག་སྦག་སོགས་དེང་རབས་ཅན་གྱི་མཚོན་ཆ་འཁྱེར་བའི་དབྱིན་ཇི་བཙན་འཛུལ་དམག་ལ་དཔའ་ངར་ཞུམ་པ་མེད་པའི་དམག་འཐབ་ཡང་ཡང་བྱས་ཏེ་མེས་རྒྱལ་གྱི་མཐའ་མཚམས་དང་། རང་ཉིད་ཀྱི་ཕ་ཡུལ་སྲུང་སྐྱོབ་བྱེད་པའི་ཆེད་དུ་རང་སྲོག་བློས་བཏང་བའི་སྐུ་གཤེགས་དཔའ་བོ་དེ་དག་གི་མཛད་རྗེས་ལ་མི་རབས་ནས་མི་རབས་བར་བསྔགས་པར་འོས་སོ།

6. ཀྲུང་དབྱིན་ཐང་གིས་བོད་དོན་དག་ཐེར་བྱས་པའི་སྐོར།

ཤིང་འབྲུག་(1904)ལོའི་ཟླ་དྲུག་པའི་ཚེས་ཉེར་གཉིས་ཉིན་དབྱིན་ཇི་བཙན་འཛུལ་དམག་ལྷ་སར་འབྱོར་ཏེ་ཡུན་རིང་མ་སོང་བར་བོད་བཞུགས་ཨམ་བན་གཡུའུ་ཐད་དང་བོད་ས་གནས་སྲིད་གཞུང་ལ་བཙན་ཤེད་འཇིགས་སྐུལ་གྱིས་ཆིངས་ཡིག་འཛོག་དགོས་པའི་རེ་བ་བཏོན། གཡུའུ་ཐད་ཀྱིས་ཀྲུང་དབྱིན་དམག་གི་རེ་འདུན་ལྟར་བོད་ཀྱི་དབང་འཛིན་པར་འཕྲལ་དུ་ཆིངས་ཡིག་འཛོག་དགོས་པའི་བཀའ་ཕབ་དུས་དེར་ཏཱ་ལའི་བླ་མ་ཐུབ་བསྟན་རྒྱ་མཚོ་མཆོག་ཉེན་གཡོལ་དུ་ཕེབས་ཏེ་བཞུགས་མེད་སྐབས་རྒྱལ་ཚབ་དང་བཀའ་ཤག་གིས་ཐག་གཅོད་མི་ཐུབ་པའི་སྐོར་གནས་ཚུལ་རིམ་པ་ཞུས་ཀྱང་ཉན་འཛོག་རྩ་བ་ནས་མ་བྱས་པར་མཐར་"ལྷ་སའི་ཆིངས་ཡིག"ཅེས་རྒྱལ་འཚོང་ཆིངས་ཡིག་དོན་ཚན་བཅུ་བཞག་ཅིང་འོན་ཀྱང་ཆིན་ཀྲུང་དབྱུང་སྲིད་གཞུང་གིས་ཁས་ལེན་མ་བྱས་པར་ཀྲུང་དབྱིན་དབར་སླར་ཡང་གྲོས་མོལ་བྱེད་འགོ་ཚུགས་ཏེ་ཕྱི་དོན་པུའུ་ཡི་ཐང་ཧྲའོ་གཡི་ཀྲུང་གོའི་དབང་ཆ་ཚང་མ་ཡོད་པའི་འཐུས་མིར་བསྐོ་བཞག་བྱས

ཏེ་ཀ་ལི་ཏ་ཏར་མངགས་གཏོང་བྱས་ཐོག "ལྷ་སའི་ཆིངས་ཡིག" ལ་བཟོ་བཅོས་བྱེད་ཕྱོགས་སྐོར་གྲོས་མོལ་ཡུན་རིང་བྱས་ཀྱང་ཕན་འབྲས་གང་ཡང་མ་བྱུང་ཞིང་། དེ་ནས་ཐང་རྟའི་གཡིར་ནད་གཞི་ཐོག་སྟེ་དགོངས་ཞུ་ཞུས་པའི་ཚབ་ཏུ་ཀྲང་དབྱིན་ཐང་བསྐོ་བཞག་བྱས་ཏེ་མུ་མཐུད་དེ་ཞི་བའི་གྲོས་མོལ་བྱས་ནའང་སྔར་བཞིན་འབྲས་བུ་མ་ཐོབ་ཅིང་། མཐར་མེ་རྟ (1906) ལོར་པེ་ཅིང་དུ་གྲོས་མོལ་བྱེད་འགོ་ཚུགས་ཏེ་ཀྲུང་དབྱང་སྲིད་གཞུང་གི་དབང་ཆ་ཚང་མ་ཡོད་པའི་འཐུས་མི་ཐང་རྟའི་གཡི་དང་དབྱིན་གཞུང་གི་དབང་ཆ་ཚང་མ་ཡོད་པའི་འཐུས་མི་སྣ་ཏའོ་གཡི་སོགས་ཞི་བའི་གྲོས་མོལ་བྱས། གྲོས་མོལ་བྱེད་སྐབས་བོད་ས་གནས་སྲིད་གཞུང་གིས་དབྱིན་ཕྱོགས་སུ་གུན་གསབ་ཀྱི་དངུལ་སློག་སྤྲོད་བྱེད་པའི་འབོར་གྲངས་དང་དུས་ཚོད་སོགས་ཀྱི་སྐོར་རྩོད་གླེང་ཏ་ཅང་ཆེན་པོ་བྱུང་ཞིང་མཐར་ཕན་ཚུན་ཞི་བའི་གྲོས་མོལ་ཐོག་ལྷ་སའི་ཆིངས་ཡིག་ལ་བཟོ་བཅོས་གལ་ཆེན་བྱས་ཏེ "པེ་ཅིང་ཆིངས་ཡིག" ཅེས་པ་བོད་དོན་སྐོར་གྱི་ཆིངས་ཡིག་དོན་ཚན་དྲུག་བཞག སྐབས་དེར་ཀྲང་དབྱིན་ཐང་གིས་ཀྲུང་དབྱང་ཕྱི་དོན་པུའུ་ལ་ཏར་ཡིག་གཅིག་བཏང་ནས་བོད་སྐྱོང་སྲིད་ཇུས་གསར་པ་ཞིག་བཏོན་ཅིང་ཏར་ཡིག་དེའི་ནང་དུ "དབྱིན་ཇེས་བོད་དོན་གཉེར་བྱས་ཏེ་ཡུན་རིང་ཕྱིན་པའི་རིང་ལ་གྲོན་དངུལ་དབྱིན་སྐོར་ཁྲི་ཆིག་སྟོང་ཙམ་བཏང་ཞིང་མི་རྣམས་ཀྱི་བསམ་ཡུལ་ལས་འདས་པའི་གཡོ་སྒྱུའི་སྒྲུར་བ་སྤེལ་བ་དང་གཞིས་ནིང་དབྱིན་ཇེས་རི་པིན་དང་ཨུ་རུ་སུ་གཉིས་དམག་རྒྱག་བཞིན་ཡོད་པས་ཨུ་རུ་སུའི་སྟོབས་ཤུགས་ཤར་ནུབ་གང་དུའང་ཁྱབ་མི་ཐུབ་པ་ཞེས་པ་མ་ཟད། རང་རྒྱལ་དུ་དོན་རྐྱེན་ཡང་ཡང་བྱུང་བའི་གོ་སྐབས་དང་བསྟུན་ཏེ་བོད་ལ་བཙན་འཛུལ་བྱེད་འགོ་བརྩུགས་ཤིང་ད་ལམ་སླར་ཡང་པཎ་ཆེན་བསླུ་ཁྲིད་ཀྱིས་རྒྱ་གར་དུ་

གདན་དྲངས་ཏེ་རྒྱལ་པོའི་ཐོབ་ཐང་ལྟར་བསུ་བ་སྟེ་ལེན་གང་གཟབ་ཞུས་ཤིང་རྒྱ་
གར་གྱི་ཚོགས་པར་ཐོག་དབྱིན་ཇིས་པ་ཊ་ཆེན་དང་ཏཱ་ལའི་བླ་མ་མི་མཐུན་པ་
གསལ་པོ་ཤེས་སྐབས་དབྱིན་ཇིས་པ་ཊ་ཆེན་ལ་སྲུང་སྐྱོབ་དང་ཏཱ་ལའི་བླ་མ་རང་
ཚུགས་བྱེད་འཛུག་རྒྱུ་མེད་ཅེས་ཁ་ཏ་བསླབ་བྱ་བྱས་པ་རེད་ཅེས་བཀོད་ཡོད།
པ་ཊ་ཆེན་ནི་སྐུ་ན་ཆུང་ཞིང་ཐུགས་བསམ་དམན་པས་མགོ་བསྐོར་དུ་མི་ཚུད་པའི་
ངེས་པ་མེད། འོན་ཀྱང་པ་ཊ་ཆེན་གྱིས་རང་ཚུགས་དང་གནས་ཐབས་བྱེད་ག་ལ་
ཐུབ། འདི་ནི་རི་པིན་གྱིས་ཀཽ་ལེར་རོགས་སྐྱོར་བྱེད་པའི་གཡོ་ཐབས་དེ་བསྐྱར་
དུ་བེད་སྤྱོད་པ་ཞིག་རང་རེད། ……ཕྲན་གྱི་བསམ་པར་བོད་ཀྱི་ཤར་ནས་
ནུབ་བར་ལེ་དབར་བདུན་སྟོང་ལྷག་ཙམ་དང་ལྷོ་ནས་བྱང་བར་ལེ་དབར་ལྔ་སྟོང་
ལྷག་ཙམ་ཡོད་ཐོག་ཟེ་ཁྲིན་དང་། ཡུན་ནན། ཧྲན་ཞི། ཀན་སུའུ་བཅས་ཞིང་
ཆེན་བཞིའི་འགག་སྒོ་ཡིན་སྐབས་གལ་སྲིད་སྔར་མེད་དུ་སོང་ན་ཞིང་ཆེན་བཞིའི་
འགོག་སྲུང་ཉེན་ལྟར་བྱེད་དགོས་པ་མ་ཟད་མཐར་ཐུག་གནས་ཚུལ་ཇི་ཡོང་ཆོད་
དཔགས་དཀའ་བ་ཞིག་རེད། དེས་མ་ཚད་ཞིང་ཆེན་ཁག་གིས་མཐའ་མཚམས་
སྲུང་སྐྱོབ་བྱེད་པར་དམག་མི་མང་པོ་བཞུག་དགོས་ཤིང་། འོན་ཀྱང་བོད་ནི་རྒྱ་
གར་དང་ས་མཚམས་འབྲེལ་ཡོད་པས་མཐའ་མཚམས་ཀྱི་རྩོད་གཞི་ཐག་གཅོད་
བྱེད་ཕྱོགས་ཐད་ཞིང་ཆེན་ཁག་དང་མི་འདྲ་ལ་དེའི་ཉེན་ཁའི་རང་བཞིན་ཆེར་
དང་མི་འདྲ་བ་ཞིག་རེད། གཙོ་འགན་བཞེས་མཁན་བློན་ཆེན་གྱིས་གསུངས་པ་
ལྟར་བོད་དུ་བཅོས་སྒྲིག་བྱེད་རྒྱུ་ནི་དངོས་གནས་ནར་འགྱངས་ཡུད་ཙམ་བྱས་ན་
མི་འགྲིག་པ་ཞིག་རེད། འོན་ཀྱང་བོད་དུ་བཅོས་སྒྲིག་བྱེད་དགོས་ན་སྲིད་དབང་
ཚུར་མི་ལེན་ཐབས་མེད་དང་སྲིད་དབང་ཚུར་ལེན་དགོས་ན་དྲག་ཤུགས་ལ་མི་
བརྟེན་ཐབས་མེད་རེད། ……སྐུ་དྲག་གི་མི་རྒྱུད་དྲག་འདེམས་ཀྱིས་བོད་

ཡོངས་ལ་སྲིད་དབང་འཛིན་བཙུག་ཐོག་དམག་དོན་ཤེས་མཁན་དཔོན་ཆེན་ཞིག་གིས་དམག་ཧྲུག་ཉིས་ཁྲི་སྐྱེ་འཁྲིད་དེ་མགྱོགས་མྱུར་ངང་ཟི་ཁྲིན་བརྒྱུད་བོད་དུ་བསྐྱོད་དེ་ཁག་བགོས་ཐོག་འགག་རྩའི་ས་ཆ་ཁག་ལ་བཙའ་སྡོད་ཀྱིས་མིག་སྔའི་ཉེན་ཁ་བསལ་ཏེ་ཁྲོན་ཡོངས་ནས་ལྷིང་འཇགས་བྱུང་རྗེས་རིམ་བཞིན་བོད་དམག་ཁ་སྣོན་དང་སྦྱོང་བདར་ཐོག་ལོ་རེ་བཞིན་རྒྱ་རིགས་དམག་མི་ཉུང་དུ་བཏང་སྟེ་དམག་གྲངས་ལྔ་སྟོང་ཙམ་བོད་ལ་བཞག་ན་ཟིང་ཆ་སློང་མཁན་ལ་དྲག་གནོན་བྱེད་ཐུབ་ངེས་རེད། ཕྱོགས་མཚུངས་ཏཱ་ལའི་བླ་མ་དང་པཎ་ཆེན་རིན་པོ་ཆེར་ཆོ་ལོ་སྤྲར་ལས་མཐོ་བ་བསྐུལ་ཐོག་བོད་ཀྱི་ཆོས་ཀྱི་བདག་པོར་བཀུར་ཞིང་ནང་སྲིད་དང་ཕྱི་འབྲེལ་གྱི་བྱ་བ་མཐའ་དག་དང་སྲིད་བྱུས་གསར་པ་ཚང་མ་རྒྱལ་ཁབ་ཀྱིས་དཔོན་རིགས་དྲག་འདེམས་ཀྱིས་དོ་དམ་བྱེད་དུ་བཙུག་ཐོག་སྐྱོང་གནོན་ཟུང་དུ་འབྲེལ་ནས་བོད་མིའི་བསམ་པར་རྒྱལ་ཁབ་ཀྱི་དབང་ཤུགས་ལ་ཐད་དེ་བརྟེན་ཆོག་པ་འདུག་སྙམ་པའི་ཡིད་ཆེས་སྐྱེ་བ་བཟོས་ན་རྒྱབ་རྟེན་བཙོལ་བའི་སློ་རྩ་དེ་བས་ཀྱང་བརྟན་དུ་འགྲོ་ངེས་ཡིན་པས་བསམ་ཚུལ་ཐ་དད་པ་ག་ལ་འཛིན་ཐོད། ངེས་མ་ཚད་དབྱིན་རྗེས་ཀྱང་བོད་དུ་ཡོད་པའི་རང་རེའི་དམག་ཤུགས་ཆེ་ཆུང་ལ་ལྟ་གི་ཡོད་པས་དེ་ནི་བོད་བདག་སྐྱོང་བྱེད་ཐུབ་མིན་གྱི་རག་ལས་ས་ཞིག་ཏུ་གྱུར་ཡོད་པ་རེད། རང་རེས་རང་སྐྱོང་བྱེད་ཐུབ་ན་ཕྱི་གླིང་པ་གོ་སྐབས་མ་རྙེད་པར་ཧམ་སེམས་རང་ཤུགས་སུ་འཇགས་འགྲོ་རྒྱུ་རེད། གོང་གསལ་རྣམས་གོང་མ་ཆེན་པོར་སྙན་སྒྲོན་གནང་བའི་རེ་བ་ཡོད་”①ཅེས་འཁོད་

① (ཡ་ཧན་གྲུང་གིས་བརྩམས་པའི་《ཏཱ་ལའི་བླ་མའི་རྣམ་ཐར་》རྒྱ་ཡིག་གི་དེབ་ཤོག་གྲངས་189གསལ་)

ཡོད་པ་རེད།

ཀྲུང་དབྱིན་ཐང་གིས་བརྟན་པའི་བོད་སྐྱོང་བའི་སྲིད་བྱུས་གསར་པ་ཞེས་པ་དེས་ཆིན་སྲིད་གཞུང་གི་བསམ་འདུན་དང་མཐུན་སྟབས་ཆ་བའི་ཆ་ནས་བསམ་འཆར་དེ་དང་ལེན་ཐོག ཆིན་ཀྲུང་དབྱང་སྲིད་གཞུང་གིས་ཀྲུང་དབྱིན་ཐང་ལ་ཏཱའུ་ཐུང་གཞོན་པའི་གོ་གནས་བསྐོ་བཞག་དང་འབྲེལ་བོད་དོན་ཞིབ་གཅོད་བྱེད་པར་འགྲོ་དགོས་པའི་བཀའ་ཕབ་པ་བཞིན་མེ་རྟ(1906)ལོར་རྒྱ་གར་རྡོ་རྗེ་གླིང་བརྒྱུད་དེ་ལོའི་སྤྱི་ཟླ་བཅུ་པའི་ཚེས་བཅུ་གཉིས་ཉིན་ལྷ་སར་འབྱོར་ཞིང་། སྐབས་དེར་རྒྱལ་ཚབ་དགའ་ལྡན་ཁྲི་པ་བློ་བཟང་རྒྱལ་མཚན་དང་། བཀའ་བློན་གྱིས་གཙོས་པའི་དྲུང་རིགས་སེར་སྐྱ། མི་རིགས་ཁག་གི་མི་མང་སོགས་ལྷ་སའི་ཉེ་འདབས་སུ་ཕེབས་ཏེ་དགའ་སྤྲོའི་བསུ་བ་དང་སྣེ་ལེན་གཟབ་རྒྱས་ཞུས། ཀྲུང་དབྱིན་ཐང་སོགས་ཆིན་སྲིད་གཞུང་གི་དཔོན་རིགས་འགའ་ཞིག་ལྷ་སར་འབྱོར་རྗེས་བོད་ཀྱི་དཔོན་རིགས་དང་། མི་མང་གིས་བོད་སྡོད་ཨམ་བན་གཡུའུ་ཐད་སོགས་ལྷ་སར་བཅའ་སྡོད་མན་ཆིན་གྱི་དཔོན་རིགས་གཙོ་བོ་རྣམས་ཀྱིས་དབྱིན་ཇི་བཙན་འཛུལ་པར་ངོ་བསྟོད་དང་བོད་རིགས་མི་མང་ལ་བརྡབ་གསིག་དང་གནར་གཅོད་གཏོང་བ། གཞུང་རྒྱུ་སྒྲིག་ཟ། ཞུ་རྟེན་སྒྲིག་རྫན་ལེན་པ་སོགས་ཚུལ་མིན་གྱི་བྱ་སྤྱོད་ལ་འཁོན་འཛིན་ཏ་ཅང་ཆེན་པོ་བྱེད་པ་ཙམ་མ་ཟད། ཆིན་ཀྲུང་དབྱང་སྲིད་གཞུང་ལའང་བློ་ལོག་པའི་གནས་ཚུལ་རྟོགས་རྗེས་རྒྱ་ཆེའི་སེར་སྐྱ་དཔོན་རིགས་དང་བོད་རིགས་མི་མང་གི་བློ་འགུག་ཐབས་དང་། ཀྲུང་དབྱང་སྲིད་གཞུང་གིས་བོད་དུ་འཛིན་པའི་དབང་ཆ་སྲ་བརྟན་ཐོག་བོད་སྐྱོང་བའི་སྲིད་བྱུས་གསར་པ་ལག་བསྟར་དོན་འགྲོལ་ཡོང་ཆེད་ཐོག་མར་བོད་སྡོངས་ཨམ་བན་གཡུའུ་ཐད་སོགས་དཔོན་ངན་ཚོའི་སྡུ་ཕྱིའི་

བྱ་སྤྱོད་ལ་བརྟག་ཞིབ་གཏིང་ཟབ་བྱས་ཏེ་གསལ་པོར་རྟོགས་དོན། གཡུའུ་ཐད་སོགས་ལྷ་སར་བཙའ་སྡོད་ཆེན་ཀྲུང་དབྱང་གི་དཔོན་རིགས་གཙོ་བོ་རྣམས་ཀྱིས་སྔ་ཕྱི་བར་གསུམ་དུ་བོད་མི་མང་གི་རྒྱལ་གཅེས་དབྱིན་གོལ་བྱ་སྤྱོད་ལ་རྒྱབ་སྐྱོར་བྱེད་རྒྱུ་ལྟ་ཞོག དབྱིན་ཇིའི་འགོ་དམག་ཚོར་ངོ་དགའ་གདོང་གསོལ་བྱེད་པ་དང་། རང་འགན་མི་འཁུར་བར་གཞུང་དོན་འཐུས་ཤོར་གཏོང་བ། གཞུང་རྒྱུ་སྒྲིག་ཟས་དང་རྩིས་ཁྲ་རྫུན་བཟོ་བྱེད་པ། ཞུ་རྟེན་སྒྲིག་རྫན་ལེན་པ། གཤམ་འོག་གི་དཔོན་རིགས་བསྐོ་སྐབས་དགའ་ཉེ་ཕྱོགས་ལྷུང་བྱེད་པ། བོད་རིགས་མི་མང་ལ་བཙབ་གསིག་གཏོང་བ། ཀུན་སྤྱོད་མི་གཙང་བ་སོགས་ཀྱི་ཉེས་སྐྱོན་ཏ་ཙང་ཆེ་བ་དང་། དེ་བཞིན་བཀའ་བློན་ཕུན་ཚོགས་དབང་ལྡན་དང་། སྣང་རྩེ་ཤག་གི་མི་དཔོན་གྱི་བྱེད་ཚུལ་ངན་པ་བཅས་ཆེན་གོང་མར་གསེར་སྙན་སྒྲོན་ཏེ་ཁོ་པ་ཚོར་ཉེས་ཆད་ནན་པོ་གཅོད་དགོས་པའི་རེ་འདུན་ཞུས་ཤིང་། ལོ་དེའི་ཟླ་བཅུ་གཅིག་པའི་ཚེས་ཉེར་དགུ་ཉིན། ཆེན་ཀྲུང་དབྱང་སྲིད་གཞུང་གིས་གཡུའུ་ཐད་སོགས་ལྷ་སྡོད་དཔོན་རིགས་ངན་པ་ཁག་གཅིག་གནས་དབྱུང་ཉེས་ཆད་གཅོད་དགོས་པའི་བཀའ་ཕབ་ཅིང་། བཀའ་དེའི་ནང་“གོང་མ་ཆེན་པོས་བཀའ་ཕབ་པར། ཀྲང་དབྱིན་ཐང་གིས་གློག་འཕྲིན་ཐོག་ནས་ཕུལ་བའི་ཞུ་ཡིག་འབྱོར་བྱུང་། དེའི་ནང་བོད་སྡོད་དཔོན་རིགས་ཀྱི་སྤྱོད་ཚུལ་ངན་པས་བོད་རིགས་མི་སེར་ལ་མནར་གཅོད་དང་། དམག་ཕོགས་ཧམ་ཟ་སོགས་བྱ་བ་ངན་པ་ཇི་སྙེད་པ་བྱས་འདུག་པས་ཁོང་ཁྲོ་ཆེན་པོ་ལངས་ཤིང་། ལིའུ་ཧྲུན་ཐུང་དང་། སུང་ཐའོ། ལི་མིང་སི། ཨན་ཞི། ཙང་ཕྲའོ། ཡུས་ཀྲའོ། ཧྲན་ཆི་རུང་བཅས་གནས་དབྱུང་བཏང་ཐོག་ཁྲིམས་ལ་སྦྱར་ཏེ་མི་སོ་སོར་བརྩོན་འཇུག་གམ་ཁྲིམས་གཅོད་ནན་པོ་བྱེད་དགོས། ཧྲན་ཡིའུ་གནས་དབྱུང་བཏང་ནས་ནམ་ཡང་

གཞུང་གི་ལས་གནས་འཕྲུར་མི་ཚོག་ལ་ཕ་ཡུལ་དུ་བསྐྱལ་ཐོག་དོ་དམ་ནན་པོ་བྱེད་དགོས། ཀྲའོ་ཀྲུན་ཕེའོ་དང་མ་ཚོན་ཅི་གཉིས་བཙན་ཤེད་ཀྱིས་ལས་འབྲུར་ངལ་གསོ་བྱེད་འཇུག་དགོས། ལི་ཧྲུ་ལིན་གནས་དབྱུང་བཏང་རྗེས་ལས་ཀ་སྒྲིད་དེ་ཞབས་ཞུ་བྱེད་དུ་འཇུག་དགོས། གལ་སྲིད་ཕོས་སྔར་བཞིན་ཧམ་ཟ་བྱེད་རིགས་བྱུང་ཚེ་ཕོ་ལ་ཉེས་ཆད་དྲག་པོ་གཏོང་དགོས། གཡུའུ་ཐད་ནི་ནུས་པ་མེད་ཅིང་བློ་སྙོངས་པ་ཞིག་ཡིན་སྟབས་ལས་འགན་སྒྲུབ་ཐབས་བྲལ་བ་མ་ཟད། ཤོག་ཟ་བྱས་པའི་རྩིས་ཐོ་ཐུལ་ཡོད་པས་སྔོན་ལ་ཕོ་པ་གནས་དབྱུང་བཏང་ཐོག་པེ་ཅིན་དུ་ཕྱིར་ལོག་བྱས་ཏེ་ཁྲིམས་གཅོད་འཕྲུར་རྒྱུ་སྒྲུག་བཅུག་སྟེ་ཀྲང་དབྱིན་ཐང་གིས་སྔར་བཞིན་ནན་ཏན་གྱི་སྒོ་ནས་ཞིབ་གཅོད་མཐར་ཕྱིན་བྱས་ཏེ་གནས་ཚུལ་ཇི་ཡོད་བསྐྱུར་དུ་ཞུ་ཡིག་འབུལ་དགོས། བོད་ཀྱི་དཔོན་རིགས་བཀའ་བློན་ཕུན་ཚོགས་དབང་ལྡན་སོགས་དཔོན་ངན་ཚང་མ་གནས་དབྱུང་བཏང་ཐོག་ཞིབ་བརྟད་ཀྱིས་ཁྲིམས་གཅོད་བྱེད་དགོས།”①ཞེས་འཁོད་ཡོད་ཅིང་། ཀྲང་དབྱིན་ཐང་གིས་གོང་མ་ཆེན་པོའི་བཀའ་ལྟར་གཡུའུ་ཐད་སོགས་དཔོན་ངན་རྣམས་གནས་དབྱུང་དང་ཁྲིམས་གཅོད་བྱས་སྐབས་བོད་མི་མང་གིས་དགའ་བསུ་བརྗེ་བཀུར་ཞུས་ཏེ་ཀྲང་དབྱིན་ཐང་བོད་སྡོད་ཨམ་བན་རིམ་འགྱུར་གྱི་ནང་ནས་གཞུང་སེམས་དྲང་ཤོས་ཀྱི་དཔོན་རིགས་གཅིག་རེད་ཟེར། ཀྲང་དབྱིན་ཐང་རང་ཉིད་ཀྱིས་ཀྲུང་གོང་མ་ཆེན་པོར་ཕུལ་བའི་ཞུ་ཡིག་ནང་“སློན་ཆེན་ངེད་ད་རེས་གོང་མ་ཆེན་པོའི་བཀའ་ལྟར་བོད་ལ་བསྐྱོད་པ་དེས་བོད་ཡོངས་ལ་གཡོ་

---

① (ཡ་ཧན་ཀྲང་གིས་བརྩམས་པའི《ཏཱ་ལའི་བླ་མའི་རྣམ་ཐར་》རྒྱ་ཡིག་གི་དེབ་ཤོག་གྲངས192གསལ་)

འགྲུལ་ཧ་ཅང་ཆེན་པོ་ཞིག་ཐེབས་ཡོད་ཅིང་། ཚང་མས་ངེད་ཀྱི་བྱེད་ལུགས་ལ་མིག་ཧྲིག་གེར་བལྟས་ནས་བློན་ཆེན་ངེད་གོང་མ་ཆེན་པོའི་བཀའ་ཆེན་ཕེབས་ལྟར་བོད་ཀྱི་ལས་དོན་ལ་ཞིབ་གཙོད་བྱེད་པར་ཡོང་མཁན་ཞིག་ཡིན་པས་བོད་དཔོན་རིགས་སྤྱིར་བཏང་པ་དང་མི་འདྲ་བ་འདུག་སྙམ་ཞིང་”①ཞེས་བཀོད་ཡོད་པ་རེད།

དེ་ནས་ཀྲང་དབྱིན་ཐང་གིས་ཆེན་ཀྲུང་དབྱང་སྲིད་གཞུང་ལ་བོད་ཀྱི་ཆབ་སྲིད་དང་དཔལ་འབྱོར་སོགས་ལེགས་བཅོས་བྱེད་ཐབས་སྐོར་གྱི་བསམ་འཆར་དོན་ཚན་བཅུ་དགུ་བཏོན་པ་དེར་ཆེན་གོང་མ་ཆེན་པོས་མོས་མཐུན་གནང་སྟེ་བོད་སྐྱོང་ཐབས་སྐོར་གྱི་སྲིད་བྱུས་གསར་པའི་རྩ་འཛིན་ལྟ་བུར་གྱུར་ཅིང་། དེ་རྗེས་སྲིད་བྱུས་ཀྱི་རྩ་འཛིན་དེ་གཞིར་བཟུང་བོད་ས་གནས་སྲིད་གཞུང་གི་ལས་ཁུངས་ཁག་བཅོས་སྒྲིག་བྱས་ཏེ་འབྲེལ་གཏུག་ལས་ཁུངས་དང་། དམག་སྤྱོད་ལྷ་སྐྱུལ་ལས་ཁུངས། ཛ་ཚྭ་ལས་ཁུངས། ནོར་སྲིད་ལས་ཁུངས། འཁྲིམ་འགྲུལ་གཏེར་ལས་ལས་ཁུངས། བཟོ་ཚོང་ལས་ཁུངས། སློབ་དོན་ལས་ཁུངས། སོ་ནམ་ལས་ཁུངས། བསྐོར་གཡེང་ཉེན་རྟོག་ལས་ཁུངས་བཅས་ལས་ཁུངས་ཆེ་གྲས་ཁག་དགུ་བཙུགས་ཏེ་ཕན་ཚུན་གྱི་འབྲེལ་བ་དང་འགན་ནུས་གཏན་འབེབས་གསལ་པོར་གནང་བ་མ་ཟད། བཀའ་བློན་གསར་བྱུང་ཚེ་བརྟན་དབང་ཕྱུག་གིས་འབྲེལ་གཏུག་ལས་ཁུངས་དང་བཟོ་ཚོང་ལས་ཁུངས་ཀྱི་འགན་འཁུར་རྒྱུ་དང་། བཀའ་བློན་ཚ་རོང་དབང་ཕྱུག་རྒྱལ་པོས་དམག་སྤྱོད་ལྷ་སྐྱུལ་

① (ཡ་ཧན་ཀྲང་གིས་བརྩམས་པའི་《ཏཱ་ལའི་བླ་མའི་རྣམ་ཐར་》རྒྱ་ཡིག་གི་དེབ་ཤོག་གྲངས192གསལ་)

ལས་ཁུངས་དང་འགྲིམ་འགྲུལ་གཏེར་ལས་ལས་ཁུངས། ཛ་ཚ་ལས་ཁུངས་བཅས་ལས་ཁུངས་ཁག་གསུམ་གྱི་འགན་འཁུར་རྒྱུ། བཀའ་བློན་བློ་མ་བློ་བཟང་འཕྲིན་ལས་ཀྱིས་ནོར་སྲིད་ལས་ཁུངས་དང་། སློབ་དོན་ལས་ཁུངས། བསྐོར་གཡེང་ཉེན་རྟོག་ལས་ཁུངས་བཅས་ལས་ཁུངས་ཁག་གསུམ་གྱི་འགན་འཁུར་རྒྱུ། གཞན་ཡང་ད་དུང་སོ་ནམ་ལས་ཁུངས་ཀྱི་སྤྱི་ཁྱབ་ཏུ་གུང་ལྷ་ཀླུ་འཇིགས་མེད་རྣམ་རྒྱལ་དང་། གུང་ལྷུང་ཅན་རྣམ་རྒྱལ་ཚེ་བརྟན། ལས་རོགས་སུ་ཧོར་ཁང་ཛ་སག་དབང་ཆེན་ཕུན་ཚོགས་དང་། ཕུན་ཁང་སྲས་བཀྲ་ཤིས་རྡོ་རྗེ། ཐོན་པ་སྲས་དོན་གྲུབ་རྒྱལ་པོ། འདོད་དཔལ་དོ་དམ་སྐལ་བཟང་ཡོན་ཏན། རྩེ་གཉེར་ཡེ་ཤེས་ཚོགས་གཉིས་བཅས་བསྐོ་བཞག་སྐྱལ། གོང་གསལ་ལས་ཁུངས་ཆེ་ཕྲས་ཁག་དགུའི་ནང་ནས་ལས་ཁུངས་ཁག་གཅིག་དེ་ནས་འགོ་ཚུགས་པ་མ་ཟད། སོ་ནམ་ལས་ཁུངས་དང་། ཛ་ཚ་ལས་ཁུངས་སོགས་བཙུགས་པ་དེས་བོད་ས་གནས་སྲིད་གཞུང་གི་ནོར་སྲིད་ལས་དོན་ལ་ཕན་པ་ཆེན་པོ་བྱུང་སྟེ1959ལོར་བར་མུ་མཐུད་གནས་ཡོད་པ་རེད།

ཀྲང་དབྱིན་ཐང་གིས་ད་དུང་《ལུགས་སྲོལ་བསླབ་བྱ་གོ་བདེའི་གཏམ་》དང་“བོད་སྲོལ་ལེགས་བཅོས”ཞེས་པའི་དེབ་ཆུང་གཉིས་བོད་ཡིག་ལ་བསྒྱུར་ཏེ་ས་གནས་ཁག་ལ་འགྲེམས་སྤེལ་བྱས་པ་དེར་ཡོངས་ཁྱབ་ཏུ་ཨམ་བན་བསླབ་བྱ་ཞེས་འབོད་ཀྱི་ཡོད་པ་རེད། དེབ་དེ་གཉིས་ནང་ཀྲང་དབྱིན་ཐང་གིས“ཕ་བུ་བར་ལ་བརྩེ་དུང་ཡོད་པ་”དང་། “རྒྱལ་བློན་བར་ལ་དྲང་བདེན་ཡོད་པ།” “ཁྱོ་ཞུག་བར་ལ་ཁྱད་པར་ཡོད་པ།” “མི་ཤི་རྗེས་རོ་སྨམ་ནང་དུ་བླུག་དགོས་པ།” “བྱིས་པ་ལོ་བདུན་བརྒྱད་ལོན་དུས་རྒྱ་ཡིག་སློབ་དགོས་པ།” “གྲྭ་པ་ཚོས་ཉིན་མོ་ཁ་འདོན་བྱེད་མི་དགོས་པར་ཞོར་དུ་ཞིང་བཟོ་ཚོང་གསུམ་གྱི་ལས་

རིགས་གཉེར་ནས་རྒྱུ་ནོར་སྤེལ་དགོས་པ་ལས་མི་གཞན་གྱི་སྦྱིན་པར་རེ་བ་བཅོལ་ནས་བསྡད་མི་ཆོག" "བོད་དུ་ཏྭ་ཆེང་གི་ལོ་འགོ་བྱེད་པའི་ཟླ་གྲངས་བེད་སྤྱོད་གཏོང་དགོས་པ་" སོགས་འདོད་ཚུལ་མང་ཙམ་བཏོན་ནས་བོད་ཀྱི་ཡུལ་གོམས་གཤིས་ལུགས་དང་བསམ་པའི་འདུ་ཤེས་ལ་བཙན་ཤེད་ཀྱིས་བསྒྱུར་བཅོས་བྱེད་དགོས་པའི་འདོད་ཚུལ་བཏོན་པ་རེད། དེ་བཞིན་ཀྲང་དབྱིན་ཐང་གིས" སྲིད་དབང་ཚུར་ལེན་དགོས" ཟེར་བ་དེ་དོན་དུ་ཏྭ་ལའི་བླ་མ་དང་ས་གནས་སྲིད་གཞུང་གི་དབང་ཆ་ཡོངས་སུ་འཕྲོག་སྟེ་བོད་སྟོད་ཨམ་བན་གྱིས་འཛིན་རྒྱུ་དང་། "བོད་རིགས་རྒྱ་རིགས་ཅན་དུ་སྒྱུར་རྒྱུ།" "ཆོས་ལུགས་ཀྱི་བྱེད་སྒོར་བཙན་ཤེད་ཀྱིས་ཐེ་གཏོགས་བྱེད་པ་" བཅས་ཀྱི་འདོད་ཚུལ་དེ་དག་ལ་བོད་ཀྱི་སེར་སྐྱ་དཔོན་རིགས་དང་། མི་དམངས་གིས་མོས་མཐུན་རྩ་བ་ནས་མ་བྱས་པ་མ་ཟད། དགེ་མཚན་ལྡན་པའི་བསམ་འཆར་འགའ་ཞིག་ཀྱང་བོད་ཀྱི་མཐོ་རིམ་མི་སྣའི་རྩ་བའི་ཁེ་ཕན་དང་འགལ་བ་ཡོད་སྐབས་བཀའ་ཤག་གིས་ལག་ལེན་མཐར་ཕྱིན་བསྟར་མེད་ཅིང་། དེ་བཞིན་གཞུང་བླའི་བར་གྱི་འབྲེལ་བ་ཐག་གཅོད་བྱེད་ཕྱོགས་ལ་བྱ་ཐབས་བཟང་པོ་གང་ཡང་འདོན་ཐུབ་མེད།

འོན་ཀྱང་ཀྲང་དབྱིན་ཐང་ནི་ལུགས་བསྒྱུར་གསར་བཅོས་ཀྱི་སྔོན་ཐོན་བསམ་བློའི་ཤུགས་རྐྱེན་གང་འཚམ་འཐེབས་པའི་དཔོན་རིགས་ཤིག་ཡིན་སྐབས་བཟོ་ཚོང་ལས་རིགས་འཕེལ་རྒྱས་དང་། གཏེར་ལས་གསར་སྤེལ། འགྲིམ་འགྲུལ་བདེ་པོ་ཡོང་ཐབས། སློབ་གསོ་དར་སྤེལ་གཏོང་བ་སོགས་བོད་ཀྱི་སྤྱི་ཚོགས་གོང་དུ་སྤེལ་བའི་འདོད་ཚུལ་དང་བྱ་ཐབས་མང་ཙམ་བཏོན་གནང་བ་དེས་བོད་ཀྱི་བྱ་གཞག་ལ་དགེ་མཚན་ལྡན་པའི་ནུས་པ་ཐོན་སྐབས་བོད་རིགས་མང་པོས་ཀྲང་རན་ཞེས་བསྔགས་བརྗོད་ཡང་ཡང་བྱེད་ཀྱི་ཡོད་པ་རེད། ཁོང་

གིས་ས་བོན་བསྐམས་ཕེབས་པའི་མི་ཏོག་དེའི་མིང་དུའང་མི་ཏོག་“ཀྲང་ཏྲ་རན་”ཞེས་མིང་བཏགས་ཏེ་མི་ཏོག་དེ་ད་ལྟ་གང་སར་ཁྱབ་པས་ཁོང་གི་མཛད་རྗེས་ལ་དྲན་གསོ་ཞུ་བའི་མཚོན་རྟགས་ལྟ་བུར་གྱུར་ཡོད།

དེ་ནས་ཚིན་ཀྲུང་དབྱང་སྲིད་གཞུང་གི་བཀའ་ལྟར་ཀྲང་དབྱིན་ཐང་ཤིང་སྤྲེལ་(1907)ལོའི་སྤྱི་ཟླ6པར་བོད་ནས་རྫོང་ཐོན་གནང་སྟེ་དབྱིན་ཇི་དང་རྒྱལ་རྗེར་ཚོང་ར་འཛུགས་ཐབས་སྐོར་གྲོས་མོལ་གནང་བར་སིམ་ལར་ཕེབས་ཤིང་། བོད་དོན་ཞིབ་གཅོད་བྱེད་པའི་ལས་འགན་རྣམས་ཨམ་བན་ལན་ཡུལ་ལ་རྩིས་སྤྲོད་གནང་། སྐབས་དེར་བཀའ་བློན་ཚ་རོང་དབང་ཕྱུག་རྒྱལ་པོ་དང་ཞབས་འབྲིང་བདུན་བཅས་ཀྲང་དབྱིན་ཐང་དང་ལྷན་དུ་སིམ་ལར་ཕེབས་པ་རེད།

7. ཏཱ་ལའི་བླ་མ་ཐུབ་བསྟན་རྒྱ་མཚོ་མཆོག་ཕྱི་སོག་ཏུ་ཉེན་གཡོལ་དུ་ཕེབས་པ་དང་། དེ་རྗེས་པེ་ཅིང་དུ་ཕེབས་ཏེ་༧གོང་མ་ཡུམ་སྲས་དང་མཇལ་འཕྲད་གནང་བའི་སྐོར།

རབ་བྱུང་བཅོ་ལྔ་ཤིང་འབྲུག་(1904)ལོའི་ཟླ་དྲུག་པའི་ཚེས་བཅུ་གཉིས་ཉིན་དབྱིན་དམག་འགོ་པ་རུང་ཧོ་ཧྥུང་གིས་སྣེ་འཁྲིད་བྱས་པའི་བཙན་འཛུལ་དམག་རྣམས་ཆུ་ཤུར་ལྕགས་ཟམ་གྱི་ཉེ་འགྲམ་དུ་སླེབས་སྐབས་བཀའ་བློན་རྣམ་པ་དང་། གདན་ས་སེར་འབྲས་དགའ་གསུམ་གྱི་འཐུས་མི། སེར་སྐྱ་དཔོན་རིགས་ཁག་བཀའ་གྲོས་ལེགས་པར་མཛད་དེ་ཏཱ་ལའི་བླ་མ་མཆོག་རེ་ཞིག་གཡོལ་ཐབས་མཛད་ན་དགེ་མཚན་ཆེ་ལུགས་སྐོར་གསེར་སྙན་སྒྲོན་པ་ལྟར། ༧གོང་ས་མཆོག་ནོར་བུ་གླིང་ཁ་ནས་རྩེ་པོ་བྲང་དུ་ཕེབས་ཐོག་ཚེས་བཅུ་གསུམ་ཉིན་དགའ་ལྡན་ཁྲི་པ་བློ་བཟང་རྒྱལ་མཚན་རྩེ་པོ་བྲང་གཟིམ་ཚང་ཉེ་འོད་དུ་

ཆེད་མངགས་གནང་ཞུ་མཛད་དེ་“ དབྱིན་ཇི་བཙན་འཛུལ་དམག་ལ་ད་ཕན་བོད་གཞུང་ནས་སྔ་ཕྱི་བར་གསུམ་དུ་ཞི་བའི་གྲོས་མོལ་ལན་དགུ་ཚད་མཐུད་བྱས་ཀྱང་ཉན་ཤེས་མ་བྱུང་སྟབས་དྲག་དཔུང་གི་འགོག་སྲུང་གཡུལ་འགྱེད་མི་བྱ་མཐུ་མེད་བྱུང་བ་ལྟར་དམག་འཐབ་སྔ་ཕྱིར་གོང་མ་ཆེན་པོ་མཆོག་ལ་དབྱིན་ཇིས་བོད་ལ་འབུ་ཆེས་ཆུང་ཐོས་བཙན་འཛུལ་བྱས་དང་བྱེད་བཞིན་འདུག་པ་དམག་རོགས་སྐྱབས་འཇུག་རིམ་པར་ཞུས་ཀྱང་རྒྱབ་དཔུང་རོགས་སྐྱོར་མ་གནང་ཁར། བོད་སྡོད་ཨམ་བན་ནས་ཀྱང་བོད་དམག་གི་འགོག་སྲུང་བྱ་གཞག་ལ་མ་འགྲིག་མ་འཐུས་པའི་ཀ་ཀོར་ཇི་སྙེད་གསུངས་པ་དང་ད་ལམ་སྣ་དཀར་རྩེ་རྫོང་གྱི་ས་འགག་ཛོང་འགོ་ཁག་ལ་རང་འཚམས་ཀྱིས་དབྱིན་ཇི་འགོག་སྲུང་ཆེད་བཞག་དཔུང་དམག་རྣམས་ཕྱིར་འཐེན་དགོས་པའི་བཀའ་བཏང་བ་བཅས་ད་ཆ་དབྱིན་ཇིའི་འགོ་དམག་རྣམས་ལྷ་སར་འབྱོར་ཉེར་ད་དུང་ངོས་ནས་གདེང་ཚོད་མེད་པར་དེ་མུར་བསྡད་ན་རྒྱལ་བསྟན་ཆབ་སྲིད་ལ་འཕྲུལ་ཕུགས་དགེ་སྐྱོན་ཇི་ཡོང་འགན་བློས་བཟོད་བྲལ་ལ་བརྟེན་སྔ་འཁྲོས་རྒྱ་སོག་ཡུལ་གྲུ་བརྒྱུད་པ་ཅིང་དུ་བསྐྱོད་དེ་གོང་མ་ཡུམ་སྲས་མཇལ་འཕྲད་ཞུ་འོས་སམ་མདོ་དོན་བོད་བསྟན་ཆབ་སྲིད་ཡུན་གནས་ཀྱི་ཆེད་དུ་ངལ་བ་ཁྱད་བསད་ཀྱིས་ཐབས་ཤེས་གང་ཡོང་བྱ་རྩིས་ཡིན་ན་དེའི་བར་བསྟན་སྲིད་ཀྱི་འགན་འཁུར་མཛད་པོ་ད་ཡོད་བླ་སྤྲུལ་ཁག་གི་ནང་ནས་ཁྱེད་ཉིད་ལས་འོས་བབ་ཆེ་བ་མེད་གཤིས། བོད་བསྟན་ཆགས་འཇིག་འགག་རྩའི་སྐབས་འདིར་སྙིང་སྟོབས་ཀྱི་གོ་ཆ་བཞེས་ཏེ་སྲིད་སྐྱོང་གི་ཐུགས་འགན་སྐྱོངས་དགོས” ཞེས་བཀའ་ཕབ་པ་དང་ཆབས་ཅིག་ལུང་བསྐུར་གྱི་སྲིད་ཐམ་རྩིས་སྤྲོད་གནང་ཞིང་། དེ་བཞིན་བཀའ་ཤག་དང་། དྲུང་རྩིས། དྲུང་རིགས་སེར་སྐྱ་བཅས་ལ་ཆོས་སྲིད་ཀྱི་གཙོ་བོའི་ཐུགས་འགན་དགའ་ལྡན་ཁྲི་པ་

ནས་བཞེས་རྒྱུ་དང་། གཤམ་འོག་དཔོན་རིགས་ཚང་མས་རང་རང་སོ་སོའི་འགན་བབ་ཀྱི་ཞུ་བྱ་གང་སྤྱི་བསྟན་སྲིད་ལ་སྨན་པའི་ལྷག་བསམ་ཐུར་བ་གྲུ་འདེགས་བྱེད་དགོས་པའི་བཀའ་སློབ་ཡང་ཡང་མཛད། དེ་ནས་ཚེས15ཉིན་གྱི་ནམ་ཕྱེད་ཕྱི་ཆའི་དུས་སུ་རྗེ་བོ་བྲང་ནས་ཏཱ་ལའི་བླ་མ་མཆོག་དང་སྐུ་བཅར་རྟག་བསྟུས་བཅས་གསང་སྟབས་ཀྱིས་ཆིབས་ཁ་བསྒྱུར་ཞིང་། ད་དུང་སེར་འབྲས་དགའ་གསུམ་དུ་ཡོད་པའི་སོག་པོ་སྤྱི་རའི་ཐུའི་གྲྭ་པ་མི་གྲངས་སུམ་ཅུ་ཙམ་ལྷན་དུ་འཁྲིད་གནང་མཛད། དེ་ནས་རིམ་བཞིན་ལྷ་སའི་བྱང་ངོས་སྒོ་ལའི་ཉེ་འགྲམ་སྙིང་བུ་རྫོང་གསར་དུ་ཐུར་ལྡོག་བླ་བྲང་ནས་ཕེབས་བསུ་གྲ་སྒྲིག་ཞུས་པར་ཞབས་སོར་འགོད། བ་ཡག་ཏུ་གསོལ་ཚོགས་ཕྲན་བུ་བཞེས་ཏེ་ན་བཟའ་བླ་གོས་རྣམས་བརྗེ་གནང་མཛད་དེ་སོག་རིགས་རྗེ་བོའི་ཆ་ལུགས་སུ་ཞུགས་ཏེ་སླང་ཐང་བརྒྱུད་རིན་ཆེན་བྲག་གི་དགོན་དུ་བཞུགས་ཞག་མཛད།

དེ་ནས་སྟག་ལུང་དགོན་གྱི་ཉེ་འགྲམ་དུ་ཕེབས་སྐབས་སྟག་ལུང་མ་སྤྲུལ་སོགས་བླ་མ་ལས་སྣེ་ཡོངས་ཀྱིས་སྤྱིས་སྣེ་དང་ཕེབས་བསུ་གཟབ་རྒྱས་ཞུས་ཐོག་གཟིམ་ཚང་དུ་གདན་དྲངས། རིམ་བཞིན་ར་སྒྲེང་དུ་ཆིབས་བསྒྱུར་མཛད་དེ་དགོན་དེའི་བླ་མ་ལས་སྣེ་ཡོངས་ནས་སེར་སྦྲེངས་ཕེབས་བསུ་དང་ཕེབས་ལམ་ཐུགས་མཐོ་སོགས་འབུལ་བ་གང་མང་ཕུལ། ཚེས་བཅོ་བརྒྱད་ཉིན་ར་སྒྲེང་དགོན་པ་ནས་ཆིབས་ཁ་བསྒྱུར་ཏེ་འདམ་གཞུང་དང་གསང་གཞུང་སོགས་བརྒྱུད་རིམ་བཞིན་ཀ་ཆེན་ལའི་རྒྱབ་ཐང་དཀྱིལ་དུ་ནག་ཆུ་ཞབས་བརྟན་དགོན་གྱི་བསམ་གཏན་སྤྲུལ་སྐུ་དང་ལས་སྣེ་སོགས་ནས་ཕེབས་བསུ་དང་བསྙེན་བཀུར་ཞབས་ཏོག་གང་ལེགས་ཞུས་པ་དང་། དེ་བཞིན་སྒྲུབ་ཁང་སྤྲུལ་སྐུ་སོགས་རྟེན་འབུལ་དང་དཀར་སྒྲོའི་སྲི་ཞུ་གཟབ་རྒྱས་ཞུས་པ་དགྱེས་བཞེས་ཐོག་ཁུལ་དེའི་

སེར་སྐྱ་མང་ཚོགས་ལ་མཇལ་ཁ་དང་།   ཚེ་དབང་སོགས་མཛད།   ཆོས་ཉེར་བརྒྱད་ཉིན་ནག་ཆུ་ནས་ཐེབས་རྫོག་ཐོན་ཏེ་ཟླ་བདུན་པའི་ཚེས་གསུམ་ཉིན་གདང་ལ་བརྒྱུད་དེ་ཐེབས་སྐབས་སུ་འགོ་ལོག་པའི་ཇག་པ་ཐབ་ཁག་སུམ་ཅུ་སྐོར་འདུག་ཅེས་སྐད་གྲགས་ཏ་ཙང་ཆེ་བས་སྐུ་བཅར་རྣམས་འཇིགས་སྣང་རབ་ཏུ་སྐྱེས་ཏེ་རེ་ཞིག་ཕྱིར་འཐེན་མཛད་ན་ལེགས་ཞེས་གསེར་སྐྱན་སྙན་ཡང་༸གོང་ས་མཆོག་གིས་གསན་བཞེས་ཟ་བ་ནས་མ་གནང་བར་མུ་མཐུད་འགྲོ་དགོས་བཀའ་ཕབ་པ་ལྟར་རིམ་བཞིན་ཐེབས།   ཇག་པ་འགོ་ཁྲིད་ཡོངས་ཀྱིས་ཧྲ་ལའི་བླ་མ་མཇལ་མ་ཐག་ཏུ་དངངས་སྐྲག་དང་དད་གུས་ཅིག་ཅར་དུ་འཆར་ཏེ་གནོད་འཚེ་སྤྱ་ཙམ་ཞུ་རྒྱུ་ཕར་བཞག   ༸གོང་ས་མཆོག་ལ་དད་གུས་ཆེན་པོས་ཕྱག་འཚལ་དང་དངོས་པོ་མང་པོ་ཕུལ་བས་དགྱེས་བཞིན་ཐོག་དེ་རྣམས་ལ་བྱིན་རླབས་བསྩལ་ཏེ་རིམ་གྱིས་ཕྱིན་ནས་གདང་ལའི་འགག་སྒོར་བཞུགས་བཞག་མཛད།

དེ་ནས་ཟླ་བདུན་པའི་ཚེས་བཅོ་བརྒྱད་ཉིན་མཚོ་སྔོན་ཚ་འདམ་གཞུང་དུ་ཐེབས་སྐབས་གཞི་ནས་གྲོང་ཚོ་གཟིགས།   ཡུལ་དེའི་སོག་རིགས་ཀྱི་གཙོ་དྲག་རྣམས་ཀྱིས་འབྲོག་པ་མི་སེར་རྣམས་འཁྲིད་དེ་ཐེབས་བསུའི་མཇལ་ཕྱག་ཏུ་བཅར་ཐོག་ཡུལ་ཐྲོག་མང་པོ་ཕུལ།   དེ་མཚུངས་ཐེབས་ལམ་གྱི་ཡུལ་སྡེ་ཚང་མའི་ཕང་ཡེ་དང་།   མཁན་པོ།   སོག་རིགས་མི་སྣ་ཚང་མས་དད་པའི་ཕྱག་དང་བསྙེན་བཀུར་ཞབས་ཏོག་གང་ལེགས་ཞུས་ཤིང་།   ཟླ་བརྒྱད་པའི་ཟླ་མཇུག་ཏུ་ཧྲ་ལའི་བླ་མ་སྐུ་འཁོར་དང་བཅས་པ་གན་སུའུ་ཞིང་ཆེན་ཁོངས་ཝུ་ཀྲུ་ཞེས་པའི་ས་གནས་བརྒྱད་ཕྱི་སོག་ཏུ་ཐེབས།   ཟླ་དགུ་པའི་ཚེས་བཅོ་བརྒྱད་ཉིན་ཕྱི་སོག་གི་བསམ་གཏན་སྐྱིབ་བདེ་གླིང་དགོན་གྱི་བླ་མ་ལས་སྡེ་ནོ་ཡོན་སོགས་ཀྱིས་རྟེན་གསུམ་དངོས་འབུལ་དང་བརྟན་བཞུགས་ཞུ་བ་དགྱེས་བཞེས་ཐོག་མི་གྲངས་

ཉིས་སྟོང་བརྒྱལ་བར་གྲུབ་རྒྱལ་ལུགས་ཀྱི་ཚེ་དབང་སོགས་གནང་བ་དང་། གཡུང་དགོན་བསམ་གཏན་སྐྱིད་བདེ་གླིང་གི་ཆོས་རྣར་དམ་བཅའི་ཚོགས་མགོན་དུའང་ཞབས་སོར་བཀོད། དེ་ནས་དགོན་འདིའི་གྲྭ་མང་ཡོངས་ལ་མང་ཇ་སྐུ་འགྱེད་གང་ལེགས་དང་། བླ་མ་ལས་སྡེ་རྣམས་ལ་སྐུ་བརྙན་སོགས་གནང་ཚ་གང་གཟབ་བསྟུལ། དེ་ནས་ཟླ་དགུ་པའི་ཚེས་སུམ་ཅུ་ཉིན་དགའ་ལྡན་བདེ་ལྡན་གླིང་དུ་ཆིབས་བསྒྱུར་མཛད་སྐབས་ཆོས་རྒྱལ་ཁལ་ཁ་རྗེ་བཙུན་དམ་པས་ཕེབས་བསུར་ཆེད་མངགས་མི་སྣ་མགྲོན་གཉེར་དང་། ཇོའི་སང་། ཏ་ལག་ཆེ་བཞི་སོགས་གཏོང་གནང་མཛད་པ་མ་ཟད། རྒྱངས་རིང་ནས་སེར་སྤྲེངས་དང་། སྤྱིས་སྣ་སོགས་ཀྱིས་སྡེ་དྲངས་ནས་དབུ་གུར་དུ་གདན་དྲངས། སོག་ལུགས་ཀྱི་བརྟེན་འབྲུལ་དང་ཟང་ཟིང་གི་མཆོད་པ་གཟབ་རྒྱས་ཕུལ། ༧གོང་ས་མཆོག་ནས་དགའ་ལྡན་བདེ་ལྡན་གླིང་གི་ཆོས་རྣར་དམ་བཅའི་ཚོགས་མགོན་དུ་ཕེབས་པ་དང་། དེ་རྗེས་ཚོགས་ཆེན་དུ་མང་ཇ་སོགས་བསྙེན་བཀུར་ཕོག་དགེ་འདུན་ཉིས་སྟོང་སུམ་བརྒྱ་ལྔ་བཅུ་ང་བདུན་ལ་སྐུ་འགྱེད་བཅས་བསྟུལ།

ཕེབས་བསུ་གཉིས་པར་ཁལ་ཁ་ནས་ཆེད་མངགས་གཏོང་གནང་མཛད་པའི་མགྲོན་གཉེར་དང་། དབུ་གདུགས་པ་གཉིས་ཕེབས་ཕྱམས་པ་བརྒྱད་འབོབ་ལྕག་འཕྲེར་མི་གཉིས་ཏ་ལག་ཆེ་བཞི་བཅས་འཁོར་ཏེ་སོ་སོའི་ཡུལ་ལུགས་ཀྱི་གུས་པའི་ཕྱག་ཕུལ། ཏཱ་ལའི་བླ་མ་ཐུབ་བསྟན་རྒྱ་མཚོ་མཆོག་ཕེབས་ཕྱམས་ལ་བཞུགས་ཏེ་ཐུབ་རྟེན་ཞེས་པར་ཕེབས། དེ་རྗེས་ཁལ་ཁ་རྗེ་བཙུན་དམ་པ་མཆོག་གིས་ཇོ་ལགས་མཁན་ཆེ་དང་པའི་སི་མངགས་གཏོང་མཛད་དེ་༧གོང་ས་མཆོག་ལ་ན་བཟའ་སོགས་འབུལ་ལམ་ཞུས་པ་རྣམས་དགྱེས་བཞེས་མཛད།

དེ་ནས་ཏཱ་ལའི་བླ་མ་མཆོག་ཕེབས་ཕྱམས་སུ་བཞུགས་ཏེ་ཤ་ར་ཨ་གསར་

ཏུ་ཁལ་ཁའི་དབུ་གུར་གྱི་བཞུགས་སྒར་དུ་ཕྱིན་ཏེ་ཕེབས་བསུ་གསུམ་པར་ཁལ་ཁ
ཚོགས་ཆེན་དབུ་མཛད་ནས་མཇལ་ཚོམ་བུ་བཀོད་དེ་ཕུལ་བས་སྔ་དྲངས་ཏེ་ཏཱ་བླ
མ་ལ། ཇོ་ལགས་སེར་སྐྱ་དང་། གསོལ་ཐབ་པ། གྲྭ་ཚང་ཁག་གི་ལས་སྡེ་སོགས
མི་གྲངས་དྲུག་ཅུ་ལྷག་ཙམ་གྱིས་གུས་ཕྱག་དང་བཅས་མཇལ་དར་ཕུལ། དེ་ནས
ཟླ་བཅུ་པའི་ཚེས་ཉི་ཤུ་ཉིན་ཕྱི་སོག་གི་ལྡེ་གནས་གྲོང་ཁྱེར་ཏཱ་ཁུ་རལ་དུ་ཕེབས
སྐབས་ཆེན་གོང་མ་ཆེན་པོའི་བཀོད་མངགས་ལྟར་སྐུ་སྲུང་དུ་ཏཱ་ཁུ་རལ་དུ་ཡོད
པའི་གོང་མའི་དམག་དཔུང་གོ་མཆོན་རང་ཐོགས་འོངས་ནས་སྐུའི་སྲུང་བྱ་ཞུས།
ཕེབས་ལམ་གཡས་གཡོན་དུ་སེར་སྦྲེངས་བསྒྲིགས་ཏེ་ཛ་དང་སིལ་ཉན་དཀྲོལ།
དུང་དང་རྒྱ་གླིང་བཏང་། དམག་མི་བརྒྱ་ཕྲག་དུ་མས་རུ་བསྒྲིགས་ཞུས། དྲི
ཞིམ་སྤོས་ཀྱི་ཕྲེང་བ་ཆར་སྤྲིན་སྔོན་པོ་ལྡང་བ་ལྟར་ནམ་མཁའ་ཁེངས། ཕོ་མོ
རྒན་གཞོན་ཚང་མས་རང་རང་གི་རྒྱན་དང་ཆ་ལུགས་བཟང་པོས་སྤྲུབས་ཏེ
ཕེབས་བསུ་ཞུ་བའི་དབུས་སུ་ཏཱ་ལའི་བླ་མ་སྐྱ་འཁོར་དང་བཅས་ཁལ་ཁ་རྒྱལ
ཁག་བཞིས་ཕེབས་སྒྲིག་ཞུས་པའི་དགའ་ལྡན་ཉེ་འོད་བཞུགས་ཁྲི་ཆེན་མོར
ཞབས་སོར་འཁོད་མ་ཐག་ཨམ་བན་དང་། ཛེ་བཙུན་དམ་པ། ཏཱ་ཁུ་རལ
དགོན་ཆེན་གྱི་གྲྭ་ཚང་དགུ་དང་ཁང་ཚན་སུམ་ཅུའི་འཐུས་མི་བཅས་ཀྱིས་མཇལ
དར་དང་རྟེན་གསུམ་སོགས་རིམ་བཞིན་ཕུལ་བས་དགྱེས་བཞེས་གནང་།

དེ་རྗེས་ཆེན་གོང་མ་ཆེན་པོ་དང་། རྒྱལ་ཡུམ་རྟོང་ཐའི་ཧུ་ནས་ཏཱ་ལའི་བླ
མ་མཆོག་ལ་མཚམས་ཞུ་འབུལ་བར་ཆེད་མངགས་ཆེན་ཕྲལ་ཨམ་བན་གཏོང
གནང་མཛད་དེ་མཇལ་དར་དང་། ན་བཟའ་སྤྲིན་འབྲུག་ཚང་འཁོར་དགུ་ཡོད
སོགས་གནང་ཆ་བསྐྱལ་བས་༸གོང་ས་མཆོག་ཡར་བཞེངས་ཏེ་པེ་ཅིང་ཕྱོགས་སུ
ཞལ་གཟིགས་ཐོག་སྐུ་ཕྱག་དགུ་སྦྲུགས་མཛད་པ་དང་། གོང་མ་ཡུམ་སྲས་གཉིས

ལ་ཐུགས་རྗེ་ཆེ་ཞུ་བའི་ཆབ་ཤོག་དང་། ཁ་བཏགས་ནང་མཛོད་སེར་པོ། སྟོན་པའི་སྐུ་བརྙན་བཅས་འབུལ་གནང་མཛད།

ཏཱ་ལའི་བླ་མ་མཆོག་ཕྱི་སོག་ཏུ་བཞུགས་སྐབས་ཨུ་རུ་སུའི་རྒྱལ་སར་ཕེབས་རྗེས་གནང་ལུགས་སྐོར་ཚད་ལྡན་ཡིག་རིགས་ཁག་ལ་ཞིབ་པར་བརྟག་སྐབས་གནས་ཚུལ་དེ་རིགས་རྩ་བ་ནས་མེད་པ་མ་ཟད། དུས་དེར་ཨུ་རུ་སུའི་སྲིད་གཞུང་གིས་ཀྱང་༧གོང་ས་མཆོག་གང་མྱུར་བོད་དུ་ཕྱིར་ལོག་མཛད་དགོས་པའི་རེ་བ་མང་ཙམ་བཏོན་ཞིང་། ཏཱ་ལའི་བླ་མ་སྐུ་ཕྲེང་བཅུ་གསུམ་པ་ཆེན་པོའི་རྣམ་ཐར་ངོ་མཚར་ཕྲེང་བར་འཁོད་པར་གཞིགས་ན། ཏཱ་ལའི་བླ་མ་རིམ་བྱོན་དང་། ཁལ་ཁ་རྗེ་བཙུན་དམ་པ་སྐུ་ཕྲེང་རིམ་བྱོན་རྣམས་ཀྱང་ཡབ་ཚན་བླ་སློབ་ཐུགས་ནང་དག་པའི་གནས་ཡོན་ཡིན་གཤིས། སྐབས་དེར་ཡང་དང་ཐོག་ཁལ་ཁ་སྤྱི་སློས་ཚང་མས་མཚམས་ཞུ་དང་ཕེབས་བསུ་རྒྱ་ཕྱི། བཞུགས་སྒར་ཕེབས་སྒྲིག་སོགས་དང་བས་ཀུན་བླངས་ལར་རྒྱའི་དགེ་མཚན་གཅིག་གྱུར་ལྷ་བུ་བྱུང་ཞིང་། ཕར་ཡང་མཚམས་རྟགས་འབུལ་གནང་གྱི་ནོམ་པ་བསྐུལ་བ་སོགས་གོ་བབ་ལ་གཞིགས་པའི་བཀུར་གཟིགས་སྤྱན་མཐོང་མི་དམན་པ་མཛད་ཙུང་། ཁྱུལ་དེའི་སྐྱེ་བོ་མཆོག་དམན་མཐའ་དག་གིས་ཏཱ་ལའི་བླ་མ་མཆོག་ལ་སྲི་ཞུ་ལྷུར་ལེན་དང་ཆོས་འབྲེལ་སོགས་ཞུས་ཤིང་། གང་གི་མཛད་འཕྲིན་དང་མཚན་སྙན་ཕྱོགས་བཞི་ཀུན་ཏུ་ཁྱབ་ཆེ་བས་ཁལ་ཁ་རྗེ་བཙུན་དམ་པ་ཐུགས་མ་རངས་པར་དད་པ་འགྱུར་བའི་རྣམ་པ་བྱུང་སྟེ་ཏཱ་ལའི་བླ་མ་མཆོག་གི་བཞུགས་ཁྲི་བཤིག་གཏོར་དང་སྐུ་མདུན་དུའང་ཐ་མག་འཐེན་པ་སོགས་འཛིག་རྟེན་མ་རབས་པའི་ངང་ཚུལ་བསྟན་སྟབས་ཁལ་ཁ་རྒྱལ་ཁག་བཞི་དང་། རྗེ་བཙུན་དམ་པའི་ཞབས་གྲས་རྣམས་ནས་གོང་ས་མཆོག་ལ་དགོངས་སེལ་རེམ་ཞུས་མཐར། ཁྱུལ་དེའི་

དཔོན་རིགས་ཕལ་ཆེར་ཆོས་འབྲེལ་ཐོབ་པའི་སློབ་མར་སོང་སྐབས་ཞུ་བཤགས་བརྟན་བཞུགས་འབུལ་བཞེས་ཀྱི་དོན་སྨིན་བསྐུལ་ཐོབ་བཞིན་ཆོས7ཉིན་དྷ་ལའི་བླ་མ་མཆོག་དགའ་ལྡན་ཐེག་ཆེན་གླིང་གི་འདུ་ཁང་བཞུགས་ཁྲིར་ཕེབས་འཕྲུལ་རྒྱལ་ཁག་ལྷ་སྒྲི་དང་། མཁན་པོ་ཆེ་ཆུང་ཕྱག་མཛོད་ནོ་ཡོན། དྷ་བླ་མ་གཉིས་སོགས་བླ་དཔོན་གཙོ་དྲག་དུ་མ་དང་། ཁལ་ཁ་རྗེ་བཙུན་དམ་པའི་ཞབས་འབྲིང་བཞི་བཅུ་སྐོར་བཅས་ཀྱིས་རྟེན་གསུམ་དང་། དངོས་འབྱོར་གྱི་འབུལ་བ་གང་གཟབ་ཕུལ། དེ་རྗེས་དད་ལྡན་སྐྱེ་བོ་དུ་མར་བཀའ་དབང་བསྐུལ་བ་སོགས་བསྟན་སྲིད་ལ་ཕན་པའི་མཛད་པ་རྒྱ་ཆེར་སྤེལ་ཞིང་། འོན་ཀྱང་སྐབས་དེར་ཆེན་ཀྱང་དབྱང་སྲིད་གཞུང་གིས་དྷ་ལའི་བླ་མ་མཆོག་གང་མྱུར་བོད་དུ་ཕྱིར་ལོག་ཕེབས་དགོས་པའི་བཀའ་ཕབ་པ་དང་། བླ་སློབ་དབར་ཐུགས་མཐུན་དམ་གཙང་མ་བྱུང་བ། དེ་བཞིན་བོད་ས་གནས་སྲིད་གཞུང་གིས་ཀྱང་སྐུ་ཚ་གུང་དོན་གྲུབ་རྡོ་རྗེ་དང་། ཇོ་སག་བློ་བཟང་དོན་གྲུབ། བླ་བྲང་ཕྱག་མཛོད་པ། གདན་ས་སེར་འབྲས་དགའ་གསུམ་གྱི་འཐུས་མི། རྩེ་རྣམ་རྒྱལ་གྲྭ་ཚང་གི་གཉེར་པ། བཀྲ་ཤིས་ལྷུན་པོའི་འཐུས་མི། གར་པ་མི་དགུ་བཅས་ཕྱི་སོག་གི་གྲོང་ཁྱེར་གཙོ་བོ་ཉ་ཁུ་རལ་དུ་གདན་ཞུར་འོངས་པ་བཅས་གོང་གསལ་གནས་ཚུལ་དེ་དག་གིས་རྐྱེན་པས་༧གོང་ས་མཆོག་ནས་བོད་དུ་འཕྲུལ་མར་ཕྱིར་ལོག་ཕེབས་རྒྱུའི་ཞལ་བཞེས་མཛད་ཅིང་། འོན་ཀྱང་དབྱིན་ཇིས་དྷ་ལའི་བླ་མ་བོད་དུ་ཕྱིར་ཕེབས་གནང་བར་ངོ་རྒོལ་མཐའ་གཅིག་ཏུ་བྱས་པར་བརྟེན་སྤྱི་ལོ1906བོད་མེ་རྟ་ལོའི་ཟླ་གཉིས་པའི་ཚེས་བཅུ་དགུ་ཉིན་ཀྱང་དབྱིན་ཐང་གིས་གོང་མར་སྙན་ཞུ་ཕུལ་བའི་ནང་འཁོད་དོན“ རྒྱ་གར་གྱི་སྐམ་དམག་ཙུང་ཐུང་གིས་སྒྲིག་ཏུ་སྦྲན་ལ་དྷ་ལའི་བླ་མས་ཨུ་རུ་སུ་དང་འབྲེལ་ཐུག་གནང་བ་དེའི་ཐད་ལ་ང་ཚོ་དབྱིན་ཇིར

ཡ་ལན་སློག་ཐབས་ཡོད་ཅེས་ཤོད་ཀྱི་འདུག དཔྱ་ཁྲལ་དཔོན་རིགས་ཧན་གྱིས་རྩད་གཅོད་བྱས་པར་གཞིགས་ན་རྒྱ་གར་སྲིད་གཞུང་གིས་སྤྱར་བོད་དུ་འགྲོ་སྐྱོང་མཁན་མ་ཏུན་ཧོ་ཉེ་ལམ་སླར་ཡང་བོད་དུ་དམག་སྐྱོད་ལམ་ཐིག་རྩད་ཞིབ་བྱེད་པར་བཏང་བ་རེད་ཅེས་ཤོད་ཀྱི་འདུག གནས་ཚུལ་དེ་རིགས་ལ་བལྟས་ན་དབྱིན་ཇིས་བོད་དུ་དཔུང་སྐྱོད་བྱེད་པའི་ཧམ་སེམས་ཉིན་རེ་ལས་ཉིན་རེ་བཞིན་ཇེ་ཆེར་འགྲོ་གི་འདུག་པས་འབྲུག་རྐྱེན་སློང་རིགས་མི་ཡོང་བ་བྱེད་ཆེད་ཏཱ་ལའི་བླ་མ་བོད་དུ་ཕྱིར་ཕེབས་གནང་བར་འགོག་ཐབས་སམ། ཡང་ན་པེ་ཅིང་དུ་གདན་དྲངས་ནས་བཞུགས་སུ་འཇུག་ཐབས་གནང་རོགས” ཞེས་ཞུས། སྐབས་དེར་༧གོང་ས་མཆོག་ཏྲ་ཁུ་རལ་ནས་ཆིབས་ཁ་བསྒྱུར་ཏེ་ལམ་བར་གནས་ཆེན་ཁག་ལ་གནས་གཟིགས་དང་འབྲེལ་རིམ་བཞིན་ཟི་ལིང་དུ་ཕེབས། ཡུལ་དེར་ཕེབས་སྐབས་སེར་སྐྱ་མི་མང་ཡོངས་ནས་བསུ་བ་གཟབ་རྒྱས་དང་བསྙེན་བཀུར་ཞབས་ཏོག་ཚད་མེད་ཞུས་ཤིང་། གོང་གསལ་གནས་ཚུལ་གྱིས་རྐྱེན་པས་ཆེན་གོང་མ་ཆེན་པོས་བསྐྱར་དུ་བཀའ་བཏང་བ་ལྟར་༧གོང་ས་མཆོག་དང་སྐུ་བཅར་རྣམས་ཇེ་སྐུ་འབུམ་དུ་ལོ་གཅིག་ལྷག་ཙམ་བཞུགས། དེ་རྗེས་༧གོང་མ་ཀོང་ཞུ་དང་རྒྱལ་མོ་ཚེ་ཞི་ཐད་ཧའོ་རྣམ་གཉིས་ཀྱི་བཀོད་མངགས་ལྟར་ཏཱ་ལའི་བླ་མ་སྐུ་འཁོར་དང་བཅས་ཟི་ལིང་ནས་ཆིབས་ཁ་བསྒྱུར་ཏེ་པེ་ཅིང་དུ་ཕེབས་པའི་ལམ་བར་ལན་ཀྲའུ་དང་། ཤིས་ཨན། ལིན་ཕྲུང་སོགས་བརྒྱུད་རྒྱ་ནག་རི་བོ་རྩེ་ལྔར་གནས་གཟིགས་སུ་ཕེབས་པའི་གནས་ཚུལ་དེ་ཕྱིའི་རྒྱལ་ཁག་གིས་ཤེས་འཕྲལ་འཇར་མན་དང་། རི་པིན། ཨུ་རུ་སུ་སོགས་ཀྱི་དཔོན་རིགས་དང་དད་ལྡན་སྐྱེ་བོ་འགའ་ཞིག་རྒྱ་ནག་རི་བོ་རྩེ་ལྔར་གོང་ས་མཆོག་མཇལ་བར་འོངས།

༧གོང་མའི་སློན་ཆེན་ཙུན་ཧི་དང་། སན་ཤི་ཞུན་ཧྥུའུ་བརྒྱུད་གོང་མ

ཡུམ་སྲས་རྣམ་གཉིས་ཀྱི་གསེར་ཡིག་ཕེབས་དགོངས་བཞིན་ས་སྤྲེལ་(1908)ལོའི་ཟླ་བདུན་པའི་ཚེས་ཉེར་བདུན་ཉིན་ཏཱ་ལའི་བླ་མ་མཆོག་དང་སྐུ་འཁོར་ཞབས་འབྲིང་བཅས་རི་བོ་རྩེ་ལྔ་ནས་པེ་ཅིང་དུ་ཆིབས་ཁ་བསྒྱུར་བའི་སྐབས་སུ་རི་བོ་རྩེ་ལྔའི་ཛ་སག་དང་། དཔོན་རིགས་དགོན་པའི་ལས་སྣེ་བཅས་ཀྱིས་ཕེབས་སྐྱེལ་གཟབ་རྒྱས་ཞུས་ཏེ་རི་རྩེ་ནས་ཕེབས་ཐོན་བསྐྱོད་ས་ཤིང་། ཁྲིན་ཧྲུ་ནས་མེ་འཁོར་དུ་ཞུགས་ཏེ་ཕེབས་སྐབས་ལམ་འཁེལ་ས་གནས་བབས་ཚུགས་ཁག་གི་ཞི་དྲག་བློན་ཆེན་དང་མི་མང་གིས་བསུ་བ་གང་ལེགས་ཞུས་ཤིང་། ཟླ་བརྒྱད་པའི་ཚེས་གསུམ་ཉིན་པེ་ཅིང་ལྷུགས་རི་སྒོ་ཕྱོགས་ཆན་ལན་མེ་འཁོར་བབས་ཚུགས་སུ་ཕེབས་སྐབས་ཆེན་ཀྲུང་དབྱང་གི་འབྲེལ་ཡོད་ཞི་དྲག་བློན་ཆེན་ཁག་དང་། དགོན་སྡེ་ཁག་གི་ཛ་སག ཏཱ་བླ་མ་ལས་སྣེ། དམག་དཔུང་སོགས་གྲལ་བསྟར་བསྒྲིགས་པའི་དབུས་སུ་ཏཱ་ལའི་བླ་མ་མཆོག་ཕེབས་བྱམས་སེར་པོར་བཞུགས་ཐོག་ཆིབས་ཞབས་ཆིབས་ཧྲག་དང་བཅས་ཧྲོང་སེ་སྟེ་དགོན་པ་སེར་པོར་གདན་དྲངས་ཤིང་། སྔོན་རྩིས་ལྟར་ན་ཟླ་8ཚེས་6ཉིན་གོང་མ་ཡུམ་སྲས་རྣམ་གཉིས་ནས་མཇལ་འཕྲད་གནང་རྒྱུ་ཡིན་རུང་། གོང་མ་དང་ཡུམ་ཚེ་ཞི་ཐའི་ཧུས་ཏཱ་ལའི་བླ་མར་མཇལ་འཕྲད་གནང་སྐབས་གུས་བཀུར་ཞུ་ལུགས་སྐོར་རྩོད་པ་ཆེན་པོ་བྱུང་སྟེ་མཇལ་འཕྲད་ཀྱི་དུས་ཚོད་ནར་འགྱངས་ཀྱིས་མཐར་ཚེས་20ཉིན་མཇལ་འཕྲད་གནང་རྒྱུ་གཏན་འཁེལ་མཛད་དེ་ཞྭ་གོང་ས་མཆོག་ཕེབས་བྱམས་སུ་བཞུགས་ཐོག་ཆིབས་ཞབས་ཆིབས་ཧྲག་དང་བཅས་ལམ་གཡས་གཡོན་དམག་མིའི་རུ་སྒྲིག་དང་། འབྲེལ་ཡོད་དཔོན་རིགས་ཁག དད་ལྡན་སྐྱེ་བོ་མང་པོ་བཅས་ཀྱི་གྲལ་སྟར་དབུས་སུ་བྱོན་ཏེ་ཕོ་བྲང་ཞང་ཤུ་ཁྲིན་ཞེས་པའི་ཤར་ཕྱོགས་ཀྱི་ཆབ་སྒོའི་འགག་ཏུ་ཕེབས་འཕྲུལ་ཕེབས་བྱམས་ལས་བཞོལ།

རིན་ཁྲིའུ་ཏན་གཟིམ་ཆུང་དུ་ཡུམ་ཚེ་ཞི་ཐའི་ཧུ་ཕེབས་བཞུགས་ཐོག་ཡུལ་ཚན་ཏྲ་ཁྲིན་དང་། ཚུན་ཧི་སོགས་ཞི་དྲག་དཔོན་རིགས་ལྔ་བརྒྱ་ཙམ་གྱིས་སྒྲང་བན་དང་། ཏིས་ཁང་སྦུག་ཐང་ཀན་ཆེ་བ་ནས་ཕེབས་སྣེ་ཞུས་ཤིང་། གསུང་སྙུར་ཞབས་ཞུ་བ་ཞིག་དང་། ཞབས་འབྲིང་འབྲས་སྤུངས་འདུལ་བ་སློབ་དཔོན། པེ་ཅིན་ལོ་ཙཱ་བ་ངག་དབང་དགེ་འདུན། སྐུ་བཅར་ཀུན་གླིང་ཛ་སག་བློ་བཟང་བཤད་གྲུབ། གསོལ་དཔོན་ཆེ་བ་བྱམས་པ་དགེ་ལེགས། མཆོད་དཔོན་བློ་བཟང་འོད་ཟེར། མཚན་ཞབས་མཁན་ཆེ་བློ་བཟང་ངག་དབང་བཅས་ལ་ཡུམ་ཚེ་ཞི་ཐའི་ཧུས་མཇལ་འཕྲད་གནང་ཞིང་། ཏཱ་ལའི་བླ་མ་མཆོག་གིས་༧གོང་མའི་ཡུམ་ལ་ཕྱག་རྟེན་དུ་སྟོན་པའི་སྐུ་བརྙན་དང་མཇལ་དར་འབུལ་གནང་མཛད། གོང་མའི་ཡུམ་ནས་ཚུར་རིན་པོ་ཆེའི་ཕྲེང་བ་ཞིག་དང་མཇལ་དར་དྲི་མེད་སྤུས་ལེགས་ཤིག་འབུལ་གནང་མཛད་དེ་བཞུགས་གདན་ཐོག་འཁོད་འཕྲལ་ཕན་ཚུན་འཚམས་འདྲིའི་བཀའ་མོལ་གནང་རེས་གནང་། དེ་ནས་ཏཱ་ལའི་བླ་མ་དང་། སྐུ་བཅར་མཁན་པོ། ཞབས་འབྲིང་བཞི། གསུང་སྙུར་བ་བཅས་ལ་༧གོང་མས་མཇལ་འཕྲད་གནང་ཐོག་ཕན་ཚུན་བཀའ་མོལ་མཛད་ཅིང་། ཏཱ་ལའི་བླ་མ་མཆོག་གིས་༧གོང་མ་ཀོང་ཞུ་དང་ཡུམ་ཚེ་ཞི་ཐའི་ཧུ་མཆོག་ལ་བོད་ཀྱི་བྱ་བ་ཧ་ཅང་གལ་འགངས་ཆེ་བས་ལས་དོན་མཐའ་དག་བོད་བཞུགས་ཨམ་བན་བརྒྱུད་དེ་ཞུ་དགོས་ཚེ་རྟག་ཏུ་འགོར་གཞི་ཧ་ཅང་ཆེ་བས། སླད་ཕྱིན་ལས་དོན་གལ་ཆེ་རྣམས་བོད་བཞུགས་ཨམ་བན་བརྒྱུད་མི་དགོས་པར་ངོས་ནས་༧གོང་མ་ཆེན་པོར་ཐད་ཀར་གསེར་སྙན་སྙོན་ན་ཆོག་གམ་མི་ཆོག དེ་ལྟར་བྱས་ན་རྒྱ་བོད་གཉིས་ཀྱི་མཐུན་ལམ་དམ་པོ་དང་ཕྱར་བ་ཟུར་འདེགས་ཀྱིས་བོད་ཀྱི་ས་ཆ་སྲུང་སྐྱོང་བྱེད་རྒྱུར་ཕན་ཐོགས་ཡོང་ངེས་རེད་ཅེས་ཞུས་ཀྱང་། དེའི་ཐད་ལ་སྐབས

དེར་འགྲིག་མིན་གྱི་ལན་གང་ཡང་མ་གསུང་། དེ་རྗེས་ལི་ཏན་ཡོན་ཞེས་པའི་ལས་ཁུངས་ཀྱིས་ཏཱ་ལའི་བླ་མ་མཆོག་ལ་ཡིག་ཐོག་ནས་བརྡ་ཐོ་ཕུལ་བར་“གོང་མའི་བཀའ་བཞིན་ཏཱ་ལའི་བླ་མས་རྒྱལ་ཡུམ་ཏོང་ཐའི་ཧའུའི་འཁྲུངས་སྐར་ཐོག་གུས་འདུད་ཆེན་པོ་ཞུས་པས་བདག་རྐྱེན་གནང་འོས་ཤིང་། བོད་དུ་ཕྱིར་ཕེབས་རྗེས་བདག་པོའི་རྒྱལ་ཁབ་ཀྱི་ཁྲིམས་སྲོལ་ལ་བརྩི་སྲུང་སྤྱར་ལས་ནན་ཏན་ཆེ་བ་བྱེད་པའི་རེ་བ་ཡོད། བྱ་བ་ཚང་མ་གོང་མར་ཐད་ཀར་གསེར་སྙན་མ་སྒྲོན་པར་བོད་བཞུགས་ཨམ་བན་བརྒྱུད་དེ་ཞུས་ཐོག་བཀའ་ལན་སྒྲུག་དགོས། དེ་དོན་ཡིད་འཇགས་ཀྱིས” ཞེས་ཟེར་བས་རྒྱལ་དབང་ཐུབ་བསྟན་རྒྱ་མཚོ་མཆོག་ཆེན་ཀྲུང་དབྱང་སྲིད་གཞུང་ལ་ཐུགས་ཡིད་ཡོངས་སུ་ཆད་དེ་ཐུགས་བློ་མི་བདེ་བར་གྱུར། དེ་ནས་རིང་པོར་མ་ལོན་པར་གོང་མ་ཀོང་ཞུ་དང་ཡུམ་ཚེ་ཞི་ཐའི་ཧུ་སྤྱ་རྗེས་སུ་དགོངས་པ་རྫོགས། སྤྱི་ལོ1908ལོའི་ཟླ10པར། གོང་མ་སྔོན་ཐུང་གསེར་ཁྲིར་མངའ་གསོལ་བས་ཆེན་ཀྲུང་དབྱང་སྲིད་གཞུང་གི་དབང་འཛིན་པ་དབར་གྱི་འགལ་བ་སྤྱར་ལས་ཆེས་ཆེར་ཕྱིན། དུས་དེར་བཀའ་ཤག་གིས་མི་སྣ་ཆེད་མངགས་བཏང་སྟེ་གོང་ས་མཆོག་འཕྲལ་དུ་ལྷ་སར་ཆིབས་བསྒྱུར་ཡོང་བའི་རེ་བ་ཞུས་ཤིང་། ཆེན་ཀྲུང་དབྱང་སྲིད་གཞུང་གིས་མོས་མཐུན་གནང་བ་ལྟར། ས་སྤྲེལ་(1908)ལོའི་ཟླ་བཅུ་པར་ཏཱ་ལའི་བླ་མ་སྐུ་འཁོར་དང་བཅས་པ་པེ་ཅིང་ནས་བོད་དུ་ཆིབས་ཁ་བསྒྱུར་ཞིང་། ཆེན་ཀྲུང་དབྱང་སྲིད་གཞུང་གིས་སྤྱར་སྲོལ་ལྟར་ཀྲུང་ཐང་ལྷོ་ཐུང་མི་འཁོར་བབས་ཚུགས་སུ་ཕེབས་སྐྱེལ་ཞུ་བར་བཏང་། དེ་ནས་རིམ་བཞིན་ཏཱ་ལའི་བླ་མ་སྐུ་འཁོར་དང་བཅས་སྐུ་འབུམ་བྱམས་པ་གླིང་དུ་ཕེབས་འཕྲལ་ཏ་དྲེལ་དང་གསོལ་ཐབ་ཀྱི་ཡོ་ཆས། དབུ་གུར་སོགས་ཕེབས་ལམ་ཐུགས་མཁོའི་རིགས་ཉེ་སྐབ་མཛད་དེ་བོད་ལ་ཕྱིར་ལོག་གནང་རྒྱུའི་གྲ་སྒྲིག

ལེགས་པར་མཛད་ཅིང་། ས་བྱ་(1909)ལོའི་ཟླ་གསུམ་པའི་ཚེས་དགུ་ཉིན་༧གོང་ས་མཆོག་གིས་བཀའ་བློན་བླ་མ་ཆང་ཁྱིམ་པ་དང་། མཁན་ཆེན་བློ་བཟང་གྲགས་པ། གདན་ས་ཁག་གི་འཐུས་མི། བོད་དམག་ཁག་གཅིག་བཅས་ལམ་ཁྲིད་མི་སྣ་ཁག་དང་པོ་དེ་བོད་དུ་མངགས་གཏོང་མཛད། དེ་ནས་ཟླ་བཞི་པའི་ཚེས་བཅོ་ལྔ་ཉིན་ཏྭ་ལའི་བླ་མ་སྐུ་འཁོར་དང་བཅས་རྗེ་སྐུ་འབུམ་ནས་ཆིབས་ཁ་བསྒྱུར་ཞིང་། ཁུལ་དེའི་སེར་སྐྱ་དཔོན་རིགས་དང་དད་ལྡན་སྐྱེ་བོ་ཡོངས་ཀྱིས་རྒྱ་ཆེ་གཟབ་རྒྱས་ངང་ཕེབས་སྐྱེལ་ཞུས་ཤིང་། དེ་ནས་ཟླ་ལྔ་པའི་ཚེས་བཅོ་ལྔ་ཉིན་༧གོང་ས་མཆོག་ཤང་སྡེར་ཕེབས་སྐབས་བོད་ས་གནས་སྲིད་གཞུང་གི་གདན་ཞུ་བཀའ་བློན་བླ་མ་བློ་བཟང་འཕྲིན་ལས་སོགས་སེར་སྐྱ་དཔོན་རིགས་དང་ཞབས་འབྲིང་བཅས་ཕེབས་བསུར་འབྱོར། ཡུལ་དེའི་སོག་རིགས་མི་མང་གིས་༧གོང་ས་མཆོག་ལ་བསུ་བ་ཞུ་བའི་དགའ་སྟོན་རྟེན་འབྲེལ་གྱི་ཚོགས་ཆེན་ཐོག་རྟ་རྩལ་འགྲན་བསྡུར་དང་། གླུ་གར། སྦྲེ་ག་སོགས་ཀྱི་གཟིགས་མོ་ཕུལ། ཟླ་5ཚེས་18ཉིན་ཤང་སྡེ་ནས་ཕེབས་ཇོག་ཐོན་ཏེ་རིམ་བཞིན་ནག་ཆུའི་ཉེ་འགྲམ་ཁྲ་ཚང་ལ་སྟེང་དུ་ཕེབས་སྐབས་པཎ་ཆེན་རིན་པོ་ཆེའི་སྐུ་ཚབ་མགྲོན་གཉེར་སྒྲུབ་པ་དང་། ས་སྐྱའི་བདག་མོ། མཚུར་ཕུ་ཀརྨ་པ། ཧོར་ཁང་ཛ་སག ལྷ་ཀླུའི་གུང་། ལྷང་ཅན་གུང་སོགས་བོད་ཀྱི་དཔོན་རིགས་ཆེ་གྲས་ཁག་ཕེབས་བསུར་བཅར་ཞིང་། ལོ་དེའི་ཟླ་བརྒྱད་པའི་ཚེས་གཉིས་ཉིན་རྒྱལ་དབང་ཐུབ་བསྟན་རྒྱ་མཚོ་སྐུ་འཁོར་དང་བཅས་པ་ནག་ཆུར་ཕེབས་སྐབས་པཎ་ཆེན་བློ་བཟང་ཐུབ་བསྟན་ཆོས་ཀྱི་ཉི་མ་དང་། བོད་བཞུགས་ཨམ་བན་གྱི་སྐུ་ཚབ་གྲྭ་བཞི་ཐུང་ལིང་། དབུས་གཙང་མདའ་དཔོན། སེར་སྐྱ་མི་མང་བཅས་ཀྱིས་དགའ་བསུ་གཟབ་རྒྱས་ཞུས། དེ་ནས་ཏྭ་ལའི་བླ་མ་སྐུ་འཁོར་དང་བཅས་པ་

ཕེབས་བསུའི་གྲལ་བསྐོར་གྱི་ཁྲིད་དུ་ནག་ཆུ་སྐྱབ་ཁང་དགོན་པར་ཕེབས་འཕྲལ་པཎ་ཆེན་ཐམས་ཅད་མཁྱེན་པ་དང་སྐྱབ་ཁང་སྤྲུལ་སྐུ་རྣམ་གཉིས་ཀྱི་མཇལ་དར་དང་མཇལ་བརྟེགས་པ་དང་། དཀར་སྤྲོ་སོགས་རྒྱས་པར་བསྒྲིགས་ཏེ་༧གོང་ས་མཆོག་བདེ་བླག་ངང་ཕྱིར་ཕེབས་གནང་བར་དགའ་སྟོན་རྟེན་འབྲེལ་ཞུས་པས་ཐུགས་ཤིན་ཏུ་དགྱེས་ཤིང་། སྐབས་དེར་ཏཱ་ལའི་བླ་མ་མཆོག་ཕྱི་སོག་དང་པེ་ཅིང་སོགས་སུ་ཕེབས་རིང་བོད་ཀྱི་གནས་ཚུལ་ལ་འགྱུར་ལྡོག་ཧ་ཅང་ཆེན་པོ་བྱུང་བ་ནི། ཀྲང་དབྱིན་ཐང་བོད་དུ་འཛུལ་རྗེས་བོད་ནང་ཁུལ་དུ་བཅོས་སྒྲིག་ཐོག་བོད་སྐྱོང་བའི་བྱེད་ཐབས་གསར་པ་དོན་ཚན་བཅུ་དགུ་བཏོན་ཏེ་སྲིད་དབང་ཚུལ་ལེན་དགོས་ཟེར་བ་དང་། བཙན་ཤེད་ཀྱིས་རྒྱའི་སྐད་ཡིག་དང་གོམས་གཤིས་དང་ལེན་བྱེད་འཇུག་པ་སོགས་ཀྲང་དབྱང་གོང་མའི་སྲིད་གཞུང་ན་རིམ་གྱི་སྲིད་ཇུས་དང་རྒྱབ་འགལ་གྱི་བྱ་བ་མང་ཙམ་སྤེལ་ཞིང་། དེ་རྗེས་ལན་ཡུས་ཀྱིས་ཨམ་བན་བྱས་རྗེས་རྩ་བའི་ཚ་ནས་ཀྲང་དབྱིན་ཐང་གི་སྲིད་ཇུས་གསར་པ་ལག་ལེན་བསྟར་བ་དང་། དེ་མཚུངས་ཀྲའོ་འར་ཧྥུང་གིས་ས་འགོའི་ལམ་ལུགས་མེད་པར་བཟོས་ཏེ་དཔོན་རིགས་མངགས་གཏོང་ལམ་ལུགས་འཛུགས་པའི་བྱེད་ཐབས་དེ་དར་རྩེ་མདོ་དང་། ལི་ཐང་། འབའ། སྡེ་དགེ་སོགས་བོད་རིགས་ས་ཁུལ་དུ་དྲག་ཤུགས་ལ་བརྟེན་ནས་ལག་བསྟར་བྱས་སྐབས་རྒྱ་བོད་མི་རིགས་དབར་འགལ་བ་ཆེས་ཆེར་ཕྱིན། ད་དུང་ཆིན་ཀྲང་དབྱང་སྲིད་གཞུང་གིས་ཀྲའོ་འར་ཧྥུང་བོད་སྡོད་ཨམ་བན་དང་། ཟེ་ཁྲིན་དང་ཡུན་ནན་མཐའ་མཚམས་དོན་གཅོད་བློན་ཆེན་ལ་བསྐོ་གཞག་བྱས་པ་མ་ཟད། ཟེ་ཁྲིན་སྐམ་དམག་གི་ཧྲང་ས་ནས་ཧྲག་སྐྱུག་བརྒྱབ་སྟེ་དམག་མི་ཉིས་སྟོང་ཙམ་དམག་སྐར་ཁག་གསུམ་ལ་བགོས་ཐོག ས་བྱ་ (1909) ལོའི་ཟླ་དྲུག་པར་དྲེན་ཧྲུའུ་ནས་ཇོག་ཐོན་གྱིས་

དར་རྩེ་མདོ་དང་། ཆབ་མདོ་བརྒྱུད་ལྷ་སར་བཏང་། ཀྲའོ་འར་ཕུང་གི་དམག་མི་རྣམས་ལྷ་སར་འོངས་བའི་ལམ་བར་མི་མང་ལ་མནར་གཅོད་ཚད་མེད་བཏང་། དཀར་ནག་དབྱེ་བ་མ་ཕྱེ་བར་མི་མང་པོ་བསད་པ་དང་། དངོས་པོ་འཕྲོག་པ། ལྷག་པར་དུ་ཆོས་བྱེད་སྐྱེས་བུ་རྣམས་ལ་རབ་ཏུ་སྡང་ཟུག་བཅས་བྱས། དེ་ནས་བཟུང་ཆིན་གྲུང་དབྱང་སྲིད་གཞུང་དང་། བོད་ས་གནས་སྲིད་གཞུང་གི་དབང་འཛིན་པའི་དབར་གྱི་འབྲེལ་བ་ཉེན་བཞིན་ཇེ་སྡུག་ཏུ་སོང་བར་བརྟེན་ཕྱི་རྒྱལ་བས་བོད་ཀྱི་ནང་སྲིད་ལ་ཐེ་ཇུས་བྱེད་པའི་གོ་སྐབས་གསར་པ་ཞིག་རྙེད་ཅིང་། གོང་གསལ་གནས་ཚུལ་དེ་དག་ལ་བརྟེན་ནས་ཏཱ་ལའི་བླ་མ་མཆོག་གིས་ཆིན་གྲུང་དབྱང་ལ་ཀྲའོ་འར་ཕུང་གི་དམག་མི་རྣམས་ཕྱིར་འཐེན་དགོས་པའི་རེ་བ་བཏོན་གནང་མཛད་ཅིང་། ས་བྱ་(1909)ལོའི་ཟླ་དགུ་པའི་ཚེས་བཅུ་གཉིས་ཉིན་ཏཱ་ལའི་བླ་མ་སྐུ་འཁོར་དང་བཅས་ནག་ཆུ་ནས་ཆིབས་རྗོག་ཐོན་ཏེ་འདམ་གཞུང་དང་། རྭ་སྒྲེང་། བྱང་སྟག་ལུང་སོགས་བརྒྱུད་ལྷ་སར་ཕྱིར་ལོག་ཕེབས། ཟླ་བཅུ་པའི་ཚེས་སུམ་ཅུ་ཉིན་ལྷ་སའི་ཉེ་འདབས་སུ་ཕེབས་སྐབས་བོད་བཞུགས་ཨམ་བན་ལྷན་ཡུས་དང་དེ་མིན་ལས་རིགས་རྣམས་ཕེབས་བསུར་བཅར་ཡང་ཏཱ་ལའི་བླ་མ་མཆོག་གིས་སྤྱན་གྱིས་མ་གཟིགས་པའི་ཚུལ་མཛད་དེ་ཁ་ཡ་ཙམ་ཡང་མ་གནང་བར་ཕེབས་པར་གྲགས། བོད་བཞུགས་ཨམ་བན་ལྷན་ཡུས་ཁོང་ཁྲོའི་མེ་ལྕེ་རབ་ཏུ་འབར་བཞིན་ཏཱ་ལའི་བླ་མས་ཨུ་ཏུ་སུའི་མཚོན་ཆ་དཔོར་ཡོད་ཅེས་བརྗོད་དེ་རྩེ་ཕོ་བྲང་དུ་ཨམ་བན་ངོ་བསྐྱོད་ཐོག་སྐུ་ཆས་བཤེར་བྱས་ཀྱང་གང་ཡང་མ་ཐོན་ཞིང་། སླར་ཡང་ནག་ཆུར་མི་སྣ་ཆེད་མངགས་བཏང་ཐོག་སྐུ་ཆས་ཡོངས་རྫོགས་བཤེར་བྱས་ཀྱང་མཚོན་ཆ་སྣེ་གཅིག་ཀྱང་མ་ཐོན་པར་སྐུ་ཆས་མང་པོ་བོར་བརླག་ཏུ་སོང་། དེ་ནས་ཏཱ་ལའི་བླ་མས་བོད་བཞུགས

ཨམ་བན་སོགས་ལ་འབྲུ་རིགས་དང་གཟན་ཆག་སོགས་མཁོ་འདོན་བྱེད་མི་ཆོག་པའི་བཀའ་ཕབ་སྟེ་ཕན་ཚུན་དབར་མེ་དང་ཆུ་ལྟ་བུར་མཐུན་ཐབས་མེད་པར་གྱུར།

དུས་དེར་ཀྲའོ་འར་ཧྥང་གི་དམག་དཔུང་རྣམས་ཆབ་མདོ་ནས་ལྷ་སའི་ཕྱོགས་སུ་འོངས་སྐབས་བཀའ་ཤག་ནས་བོད་དམག་དང་། ཡུལ་དམག་སྒྲིག་འཛུགས་ཀྱིས་འགོག་རྒོལ་ཇི་ལྟར་བྱས་ཀྱང་བོད་དམག་རྣམས་ཕམ་སྟེ་དམག་དཔུང་དེ་དག་རིམ་བཞིན་ལྷ་སའི་ཕྱོགས་སུ་དཔུང་བསྐྱོད་བྱས་ཏེ་ལྕགས་ཁྱི་(1910) ལོར་སྤྱི་ཟླ2པར་ཀོང་པོ་རྒྱ་མདར་འཁྱོར་སྐབས་ཁུལ་དེའི་བོད་དམག་གིས་འགོག་རྒོལ་དྲག་པོ་བྱས་ཤིང་མཐར་བོད་དམག་བརྒྱ་ལྷག་སྲོག་ཤོར། དམག་དཔོན་བཅོ་བརྒྱད་ཙམ་སྐྱེ་བཅད་དེ་མགོ་བོ་ཁྲིམ་སྟོན་བྱས་པས་མི་རྣམས་སྙིང་རྩ་འདར་བཞིན་དབང་མེད་དུ་མགོ་སྒུར།

དེ་ནས་ཀྲའོ་འར་ཧྥུང་གི་འགོ་དམག་རྣམས་ལྷ་སའི་ཕྱོགས་སུ་ནུ་མཐུད་ཡོང་སྐབས་ཏཱ་ལའི་བླ་མ་མཆོག་གིས་རང་འགུལ་ངང་བོད་བཞུགས་ཨམ་བན་གྱི་ལས་རོགས་སློན་ཆེན་ཞུན་ཙུང་ཡའོ་རྗེ་པོ་བྲང་ཆེན་པོར་གདན་དྲངས་ཏེ་བོད་ཕྱོགས་ནས་ལམ་འཁེལ་ས་གནས་ཁག་གི་བོད་དམག་རྣམས་ཕྱིར་འཐེན་བྱེད་རྒྱུ་དང་། བོད་བཞུགས་ཨམ་བན་ལན་ཡུས་ལ་བརྗེ་བཀུར་ཞུ་རྒྱུ། གང་ཅིའི་མཁོ་སྤྲོད་རྣམས་སྔར་ལམ་བཞིན་འབུལ་རྒྱུ་བཅས་ཞལ་བཞེས་གནང་ཞིང་། ལས་རོགས་སློན་ཆེན་ཞུན་ཙུང་ཡའོ་མཆོག་གིས་ཡང་ཟེ་ཁྲིན་དམག་དཔུང་ལྷ་སར་འཁྱོར་རྗེས་སྤྱི་ཚོགས་ཀྱི་བདེ་འཇགས་ལ་སྲུང་སྐྱོང་དང་། ཟིང་ཆ་མི་སློང་བ། ཏཱ་ལའི་བླ་མའི་ཆོས་ཀྱི་དབང་ཆར་གནོད་འཚེ་མི་བྱེད་པ། ཆོས་བྱེད་སྐྱེས་བུ་དམ་པ་དམར་གསོད་མི་གཏོང་བ། བོད་ཀྱི་བྱ་བ་མཐའ་དག་ཞི་བའི་ཐབས་

ལམ་བརྒྱུད་ཐག་གཅོད་བྱེད་རྒྱུ་སོགས་ཁས་ལེན་མཛད། འོན་ཀྱང་བསམ་ཡུལ་ལས་འདས་པ་ཞིག་ལ་ཀྲོའོ་ཨར་ཐུང་གི་དམག་མི་རྣམས་དམག་ཁྲིམས་ཧ་ཅང་ཞན་སྐབས་ལྷ་སའི་གྲོང་ནང་འཁྱོར་མ་ཐག་ཏུ་ས་སྲུང་དམག་མིར་མི་མདའ་བརྒྱབ་སྟེ་མི་རེ་ཟླུང་བསད། དེ་རྗེས་ལྷ་ལྡན་སྨོན་ལམ་ཆེན་མོའི་དོ་དམ་པ་ཐུན་ཁང་ཐའི་རྗེར་མི་མདའ་བརྒྱབ་ཐོག་འཛིན་བཟུང་བྱས་པ་དང་། ལས་རོགས་རྗེ་རྡུང་འཇམ་དཔྱངས་རྒྱལ་མཚན་དང་ཐུན་ཁང་ཐའི་རྗེའི་ཞབས་འབྲིང་རྣམས་དམར་གསོད་བཏང་བ་དེ་བཞིན་རྗེ་པོ་བྲང་ཆེན་པོར་ཁ་གཏད་དེ་མི་མདའ་འཕངས་པ། མི་མང་གི་དངོས་ཟོག་མང་པོ་འཕྲོག་བཅོམ་སོགས་བྱས་པས་ལྷ་ས་ཡོངས་སུ་ཟིང་ཆ་ཆེན་པོ་ལངས་ཏེ་ཏཱ་ལའི་བླ་མ་མཆོག་མཛད་ཐབས་དཀའ་བའི་གནས་སུ་གྱུར་པ་བཅས་སོ།

8. རྒྱལ་བ་ཐུབ་བསྟན་རྒྱ་མཚོ་རྒྱ་གར་དུ་བྲོས་བྱོལ་ཕེབས་པའི་སྐོར།

གོང་དུ་སྨོས་པ་ལྟར། ཀྲོའོ་ཨར་ཐུང་གི་དམག་མི་རྣམས་ལྷ་སར་འཁྱོར་འཁྲུལ་ཟིང་ཆ་ཆེན་པོ་བསླངས་སྐབས་ཏཱ་ལའི་བླ་མ་མཆོག་གི་སྐུ་སྲོག་ལའང་ཧ་ཅང་ཉེན་ཁ་ཆེ་བའི་གནས་སུ་གྱུར་བས་བོད་ས་གནས་སྲིད་གཞུང་གི་སེར་སྐྱ་དཔོན་རིགས་གཙོ་བོ་རྣམས་བཀའ་གྲོས་མཛད་དེ་གནས་སྐབས་ཉེན་གཡོལ་གནང་ན་དགེ་མཚན་ཆེ་ལུགས་སྐོར་གསེར་སྐྱན་སྤྲོན་པ་དང་། སྐབས་དེར་༧གོང་ས་མཆོག་ལ་ཕར་ཤུ་ཞིག་ཕུལ་འཁྱོར་བྱུང་བའི་ནང་དུ“ཆོས་ཀྱི་དབང་ལུང་རང་འཇགས”ཡིན་ལུགས་འཁོད་པ་ཙམ་ལས་སྲིད་དབང་ཡོངས་སུ་ཨམ་བན་གྱིས་འཛིན་རྒྱུ་ཡིན་པ་གསལ་པོར་མཁྱེན་ཏེ་ཆུ་ཐོག་བརྒྱད་པེ་ཅིང་དུ་གོང་མར་བོད་ཀྱི་ཆོས་སྲིད་བྱ་བའི་སྐོར་སྤྱ་ཕྱིའི་ཡོང་རྒྱུན་ཞུ་བར་ཕེབས་རྗེས་གནང་

སྟེ་ལྕགས་ཁྱི་(1910)ཟླ་དང་པོའི་ཚེས་གསུམ་ཉིན་ས་སྐྱིབ་ཙམ་དུ་དགའ་ལྡན་ཁྲི་པ་ཚེ་སྨོན་གླིང་ཧོ་ཐོག་ཐུ་ཆེད་འབོད་མཛད་ཐོག་ཆོས་སྲིད་ཀྱི་བྱེད་སྒོ་གང་ཅིའི་ཐད་ཞལ་ཏ་བཀའ་སློབ་དང་འབྲེལ་དེའི་ཕྱག་རོགས་སུ་སྡེའུ་ཤག་མཁྱེན་རབ་ཕུན་ཚོགས་བསྐོས་མངགས་མཛད་ཅིང་དེ་ནས་ནམ་ཕྱེད་ཙམ་དུ་རྩེ་པོ་བྲང་ནས་ནོར་བུ་གླིང་ཁར་ཆིབས་བསྒྱུར་གནང་སྟེ་སྲིད་བློན་བཤད་སྒྲ་དཔལ་འབྱོར་རྡོ་རྗེ་དང་། ཞོལ་ཁང་དོན་གྲུབ་ཕུན་ཚོགས། ཚང་ཁྲིམ་མཁྱེན་རབ་དཔལ་བཟང་། བཀའ་བློན་གསར་བྱུང་ཚེ་བརྟན་དབང་ཕྱུག བཀའ་བློན་བསམ་ཕོ་བ། བཀའ་ཚབ་གྲུང་ཐང་བསྟན་འཛིན་དབང་པོ་བཅས་དང་ལྷན་དུ་ནམ་ལངས་ཁར་ར་མ་སྒང་གི་གྲུ་ཁ་ཐོན་ཏེ་ལྷ་སའི་སྐྱིད་ཆུའི་ཆུ་བརྒྱུད་དེད་ནས་གསོལ་ཚས་ཙམ་ཡང་བཞེས་ལོང་མེད་པར་ཉིན་གཉིས་ཀྱི་ལམ་ཉིན་གཅིག་ལ་ཕེབས་ཤིང་། བོད་བཞུགས་ཨམ་བན་ལན་ཡུས་ཀྱིས་ཏཱ་ལའི་བླ་མ་བྲོས་བྱོལ་ཕེབས་པའི་གནས་ཚུལ་དེ་ཤེས་འཕྲལ་རྟ་དམག་སུམ་བརྒྱ་ལྷག་ཙམ་རྗེས་འདེད་དུ་བཏང་ཞིང་། ཟེ་ཁྲོན་གྱི་དམག་མི་རྣམས་སྔ་རྗེས་སུ་ཆུ་ཤུར་དུ་འབྱོར་འཕྲལ་གྲུ་འཚོལ་ཐབས་བྱེད་སྐབས་༧གོང་ས་མཆོག་གི་བཀའ་ལྟར་སྐབས་དེར་ཆིབས་ཞབས་སུ་ཡོད་པ་སྐུ་བཅར་སྒྲུབ་བསལ་གནམ་གང་གིས་གཙོས་སྐུ་སྲུང་རྒྱ་སྐྱོང་དམག་མི་བཅུ་ལྷག་ཙམ་གྱིས་གཙང་པོའི་ཕ་རོལ་ནས་འགོག་རྒོལ་མཐའ་གཅིག་ཏུ་བྱས་པའི་ནང་ཟེ་ཁྲོན་གྱི་དམག་མི་བཅུ་ལྷག་ཙམ་སྲོག་ཤོར་བ་མ་ཟད། དེ་བྱིངས་དམག་མི་རྣམས་རེ་ཞིག་གཙང་པོ་བརྒལ་མ་ཐུབ་པར་ལུས་སྐབས་ཏཱ་ལའི་བླ་མ་མཆོག་དང་སྐུ་འཁོར་གཙོ་བོ་རྣམས་དཔལ་དེ་དང་། སྣ་དཀར་རྩེ་བརྒྱུད་བསམ་སྡིངས་དགོན་དུ་ཕེབས་ཏེ་བཞུགས་ཞག་གསུམ་གནང་། ཕྱི་ཉིན་གོང་ས་མཆོག་ན་བཟའ་དཀྲུས་ཆས་བཞེས་ཏེ་ཁ་བ་བུ་ཡུག་གང་ལའང་མ་འཛེམས་པར་

ཕག་རི་དངས་ལ་བརྒྱུད་རིམ་བཞིན་གྲོ་མོར་ཕེབས། དེ་ནས་ཆེན་གྲུང་དབྱང་སྲིད་གཞུང་ལ་གསེར་སྙན་སྦྲོན་ཏེ་བོད་ཀྱི་ལས་དོན་མཐའ་དག་ཞི་བའི་ཐབས་ལམ་བརྒྱུད་ཐག་གཅོད་ཡོང་བའི་རེ་བ་ཆེན་པོ་མཛད་ཀྱང་ཆེན་གྲུང་དབྱང་སྲིད་གཞུང་གི་བརྫ་ལན་གང་ཡང་མ་གནང་བ་མ་ཟད། ཟེ་ཁྲིན་དམག་མི་རྣམས་ཀྱིས་རྗེས་དེད་བཏང་བས་གྲོ་མོར་མུ་མཐུད་བཞུགས་ཐབས་བྲལ་བ་དང་། སྐབས་དེར་དབྱིན་དམག་གི་དམག་དཔོན་རྨད་ཁླི་ཐང་སྣ་དང་ཁོ་པ་ཚོའི་རྒྱུགས་ཁྲིས་གཡོ་སྒྱུའི་སྦྲོར་བ་མང་ཙམ་སྤེལ་ཏེ་རྒྱ་གར་དུ་གདན་དྲངས་ཤིང་། ཀ་ལོན་སྤུག་ཏུ་ཕེབས་ནས་དེར་ཞག་བདུན་བཞུགས། དུས་དེར་ཆེན་གྲུང་དབྱང་སྲིད་གཞུང་གིས་ཏཱ་ལའི་བླ་མ་སྐུ་ཕྲེང་བཅུ་གསུམ་པའི་དབུ་གནས་གནས་དབྱུང་བཏང་བ་དང་། ཏཱ་ལའི་བླ་མ་གསར་པ་གསེར་བུམ་དཀྲུགས་ཏེ་བསྐོ་གཞག་བྱེད་དགོས་པའི་ཁྲབ་བསྒྲགས་བྱས་པ་མ་ཟད། བོད་སྟོད་ཨམ་བན་ལན་ཡུས་ཀྱིས་ཀྱང་གང་སར་རྩ་ཚིག་སྦྱར་འགྲེམས་བྱས་པ་དང་༧གོང་ས་མཆོག་དང་ལྷན་དུ་རྒྱ་གར་དུ་བྲོས་བྱོལ་འགྲོ་མཁན་གཞུང་ཞབས་ཚོ་གནས་དབྱུང་བཏང་ཐོག་འཛིན་བཟུང་བྱེད་དགོས་པའི་ཁྲབ་བསྒྲགས་བྱས་པ་སོགས་ཀྱི་གནས་ཚུལ་རྣམས་གསལ་པོར་མཁྱེན་པར་བརྟེན་སྔར་ཡང་པེ་ཅིང་དུ་ཕེབས་ནས་ཆེན་གོང་མར་སྙན་སེང་ཞུས་ཀྱང་དོན་སྨིན་ཡོང་ཐབས་བྲལ་བས་འབྲས་ལྗོངས་སུ་བཅའ་སྡོད་དབྱིན་ཇིའི་གྲོན་ཡོན་སྤེལ་གྱིས་གདན་ཞུས་བྱས་པ་ལྟར་རྒྱ་གར་རྡོ་རྗེ་གླིང་དུ་ཕེབས་ཏེ་དབྱིན་གཞུང་ནས་སྔེ་ལེན་བསྙེན་བཀུར་ཞུས་པ་དགེས་བཞེས་ཐོག་བོད་ཀྱི་དོན་གནད་སྐོར་གསང་བའི་གྲོས་མོལ་མང་ཙམ་གནང་ཞིང་། དབྱིན་གཞུང་གིས་ཏཱ་ལའི་བླ་མ་མཆོག་ལ་སྲུང་སྐྱོབ་བྱེད་པར་ཁ་གཡར་ཏེ་བོད་འདི་མེས་རྒྱལ་མངའ་ཁོངས་ནས་ཁ་བྲལ་གཏོང་བའི་སྐྱིག་གཡོ་བཤམས། དུས་དེར་

ཆེན་ཀྲུང་དབྱང་སྲིད་གཞུང་གིས་ཏཱ་ལའི་བླ་མའི་མཚན་གནས་མེད་པ་བཟོས་
པར་བརྟེན་རྒྱལ་ནང་གི་སངས་རྒྱས་ཆོས་ལུགས་ལ་དད་མོས་བྱེད་མཁན་ཚང་
མས་ངོ་རྒོལ་མཐའ་གཅིག་ཏུ་བྱས་པ་དང་། ཕྱོགས་གཞན་ཞིག་ནས་༧གོང་ས་
མཆོག་ཡུན་རིང་ཕྱི་རྒྱལ་དུ་བཞུགས་ཚེ་ཕྱི་རྒྱལ་བ་དང་ཆེངས་ཡིག་བཞག་ནས་
བསམ་ཡུལ་འདས་པའི་མཐའ་འབྲས་ངན་པ་ཡོང་སྐབས་སྔ་ཆེན་སྲིད་གཞུང་གིས་
ཏཱ་ལའི་བླ་མ་ཚུར་འགུག་ཐབས་བྱེད་ཆེད་ནོར་འཕྲུལ་གྱི་སྲིད་ཇུས་འགའ་ཞིག་ཡོ་
བསྒྲང་བྱས་པ་སྟེ། ཀུའོ་འར་ཧྲུང་ཟེ་ཁྲིན་གྱི་སྤྱི་ཁྱབ་པར་བསྐོ་བཞག་ཐོག་བོད་
དུ་འགྲོ་མི་དགོས་པའི་བཀའ་ཕབ་པ་དང་། རྒྱ་གར་དུ་ཕོ་ཉ་ཆེད་མངགས་
བཏང་སྟེ་ཏཱ་ལའི་བླ་མ་བོད་དུ་ཕྱིར་ལོག་ཕེབས་དགོས་པའི་སྐུལ་མ་ཞུས་པ་
སོགས་བྱ་ཐབས་གསར་པ་མང་པོ་སྤེལ་ཡང་དགེ་མཚན་ལྡན་པའི་ཕན་འབྲས་
གང་ཡང་མ་ཐོན་ཞིང་། དེ་ནས་ལྕགས་ཕག（1911）ལོའི་སྟོན་ཁར་འབྲུག
པ་རྒྱལ་པོས་ཀ་ལོན་སྤུག་ཏུ་ཡོད་པའི་ཁམས་ཡངས་ཤིང་བཀོད་པ་ལེགས་པའི་སྒྲོ
ཁང་ཞིག་༧གོང་ས་མཆོག་ལ་ཕུལ་བས་དེར་བོད་དུ་ཕྱིར་ལོག་མ་མཛད་བར་
བཞུགས་ཤིང་། དུས་དེར་རྒྱལ་ནང་གི་གནས་ཚུལ་ལ་གནམ་ས་མགོ་རྟིང་སློག
པ་ལྟ་བུའི་འགྱུར་ལྡོག་བྱུང་བ་སྟེ། སྐུ་ཞབས་སུན་ཀྲུང་ཧྲན་མཆོག་གིས་དབུ
ཁྲིད་མཛད་པའི་ལྕགས་ཕག་གསར་བརྗེ་ལངས་ཏེ་ལོ་ངོ་སྟོང་ཕྲག་འགའ་ཞིག
ཀྲུང་གོར་དབང་བསྒྱུར་བའི་བཀས་བཀོད་རྒྱུད་འཛིན་གྱི་དབང་བསྒྱུར་ལམ་
ལུགས་མགོ་རྟིང་བསློགས་ཤིང་། ཡངས་ཤིང་རྒྱ་ཆེའི་མེས་རྒྱལ་གྱི་ས་ཆ་གང་
སར་གསར་བརྗེའི་མེ་ལྕེ་རབ་ཏུ་འབར། དུས་དེར་རྒྱ་གར་གྱི་ཙུང་ཏུའུ་སུ་ལུ་ལ་
རྡོ་རྗེ་གླིང་དུ་ཆེད་མངགས་ཏཱ་ལའི་བླ་མ་མཇལ་བར་འོངས་ཏེ་དབྱིན་གཞུང་དང་
བོད་ས་གནས་སྲིད་གཞུང་དབར་གྱི་ཕྱི་ནང་ལས་དོན་སྐོར་གསང་བའི་གྲོས་མོལ་

ཡུན་རིང་གནང་བ་དང་། དེ་རྗེས་ཏཱ་ལའི་བླ་མ་མཆོག་གིས་སྤྱན་བསལ་གནམ་གང་ངམ་ཟླ་བཟང་དགྲ་འདུལ་བོད་དུ་མངགས་གཏོང་མཛད་དེ་བོད་ཀྱི་ས་གནས་གཙོ་གནད་ཁག་ཏུ་ཟེ་ཁྲིན་དམག་མིར་འགོག་རྒོལ་བྱེད་པའི་འཐབ་བྱུས་བརྩམས། དུས་དེར་དབྱིན་ཇི་བཙན་རྒྱལ་རིང་ལུགས་དང་ཨུ་རུ་སུའི་ངན་བསྐུལ་འོག་ཏཱ་ལའི་བླ་མའི་ཆབ་སྲིད་ཀྱི་དགོངས་བཞེད་ལ་རྩ་བའི་འགྱུར་ལྡོག་བྱུང་བ་སྟེ། རྒྱལ་ནང་དུ་ལྕགས་ཕག་གསར་བརྗེ་ལངས་པའི་གོ་སྐབས་དང་བསྟུན་ཏེ་བོད་འདི་མེས་རྒྱལ་དང་ཁ་བྲལ་གཏོང་བའི་གྲབས་མཛད་པ་དང་དེ་སྔ་དབྱིན་ཇིར་ངོ་རྒོལ་མཐའ་གཅིག་ཏུ་གནང་བ་དེ་དབྱིན་ཇིའི་དྲག་ཤུགས་ལ་བརྟེན་ནས་ཀྱང་དབྱང་སྲིད་གཞུང་ལ་ངོ་རྒོལ་བྱེད་པའི་ལངས་ཕྱོགས་སུ་བསྒྱུར་ཞིང་། ཨུ་རུ་སུའི་དྲག་ཤུགས་ལ་བརྟེན་ནས་དབྱིན་ཇི་མཐར་སྐྲོད་པའི་ལངས་ཕྱོགས་ནས་ཨུ་རུ་སུར་རྒྱབ་རྩ་བཙོལ་ཏེ་བོད་རང་བཙན་བྱེད་པའི་ལངས་ཕྱོགས་སུ་བསྒྱུར་ཏེ་མེས་རྒྱལ་གོང་བུ་གཅིག་སྒྱུར་ལ་གནོད་པའི་བྱ་བ་འགའ་ཞིག་མཛད་ཅིང་། ལྕགས་ཕག(1911)ལོར་ཏཱ་ལའི་བླ་མ་མཆོག་གིས་ཨུ་རུ་སུའི་༧གོང་མ་ནི་ཀོ་ལར་བཏང་བའི་སྦྲིང་ཡིག་འདི་ལྟར།

"ཡངས་པའི་ས་ཆེན་བདེ་བར་སྐྱོང་བ་གོང་མ་རྒྱལ་པོ་ཆེན་པོ་མཆོག་གི་ཞབས་དྲུང་དུ།

ཆེད་དུ་ཞུ་གསོལ། རང་རེ་བོད་རྒྱལ་ཁང་མཐཱུའི་རྒྱལ་ཁབ་དང་ཉེ་འབྲེལ་མཆོད་ཡོན་ཚོད་ལས་མངའ་འོག་པ་མིན་ཀྱང་། རིམ་པར་ཟླ་སེམས་ཀྱིས་བོད་པ་མགོ་སྐོར་དབང་ཧུས་ཐམས་ཅད་འཕྲོག་རྗེས་ཀྱིས་བསྟན་པར་རྩ་འབྱིན་ཆོས་བྱེད་བསད་དེ་ཆོས་རྫས་རྒྱུ་དངོས་ཧམ་འཕྲོག་མནར་གཅོད་བརྙེད་ཀྱིས་མི་ལངས་པ་བྱ་མུས་སྐབས། དེ་དག་དང་ཉེ་འབྲེལ་ཁོངས་གཏོགས་སྟར་མུས་

བཞིན་སྐད་ཅིག་ཙམ་ཡང་གནས་ཐབས་མེད་པ་དང་། བོད་དོན་སྐོར་དེ་སྔ་རྒྱལ་ཁབ་ཆེན་པོ་ཧྲུ་དབྱིན་རྣམ་གཉིས་ནས་ཆིངས་ཡིག་བཞག་གནང་ལ་བརྟེན་རང་འཚོ་ཟིན་ཙམ་བྱུང་དོན། དེང་སང་བོད་རྒྱལ་ཁང་དཔོན་དམངས་ཐམས་ཅད་ནས་རྒྱལ་ཁབ་ཆེན་པོ་གཉིས་ལ་རོགས་བཙོལ་རྒྱབ་བརྟེན་ཐོག་སྒེར་བཙན་པ་བྱེད་རྒྱུར་མཁྱེན་དབྱངས་གཅིག་གིས་ངོས་ཧྲ་ལའི་བླ་མས་གོང་མ་བདག་པོ་ཆེན་པོར་གསོལ་འདེབས་ཡིན་ཞེས་ཞུ་བ། འདི་ཐད་རྒྱལ་ཁབ་ཆེན་པོ་གཉིས་ནས་འཕྲུལ་དུ་བཀའ་མོལ་ཐུགས་རྗེ་ཆེ་ཐོག་ཕྱི་རྒྱལ་ཆེན་པོ་རྣམས་སུ་དྲིལ་བསྒྲགས་རོགས་ཕན་དང་། ལྷག་པར་དུ་མཉྫུ་ཕྱོགས་ནས་གནོད་སེམས་ཁོག་བཅུག་གི་བོད་ལྟོངས་རྒྱ་ཁོངས་ཡིན་ཚུལ་གྱི་དམག་བཏང་སྐེ་ཁ་མཚུ་མི་བྱེད་པའི་ངེས་པ་མི་འདུག་པ། དེ་ཐད་རྒྱལ་ཁབ་ཆེན་པོ་རྣམ་གཉིས་ནས་བཀའ་མོལ་གྱིས་སླད་སྒེར་བཙན་ཕྱུགས་བརྟན་བདེ་བར་འཁོད་པའི་རོགས་མགོན་ཅིས་ཀྱང་ཐུགས་རྗེ་ཆེ་བ་དང་། སྔོན་རྒྱལ་པོ་ཆེན་པོར་ཞུས་པ་ལྟར་དོན་སྨིན་གྱི་རྒྱལ་ཁབ་ཆེན་པོར་ནང་པའི་མཆོད་གནས་ལྷ་ཁང་བཞེངས་གནང་ལ་རྒྱལ་པོ་རྒྱལ་སྲས་བཅས་དང་། བཙུན་མོ་སྐུ་ཚེ་མཛད་འཕྲིན་རྒྱས་ཤིང་། ཆབ་སྲིད་བསྐལ་བརྒྱར་བརྟན་པའི་ཆེད་དུ་ཞབས་བརྟན་ཞུ་མི་མཁན་པོ་གཅིག་དང་། དགེ་འདུན་བཅུ་དྲུག་བཅས་བོད་སོག་ཐོར་གོད་པའི་མི་སྡོ་རད་ཐུ་སོགས་ནང་པ་གང་ནས་ཀྱང་བསྟོད་ཚིག་པའི་བཀའ་འདོམས་དང་། ལྷ་རབས་ས་གནས་གུ་དོག་པས་ས་ཆ་གསོལ་རས་ཡོད་པ་ཞུ། མཚན་ཞབས་ཅན་གདོང་ས་སྨད་བྱང་ཕྱོགས་ཀྱི་དགོན་སྡེ་ཁག་ལ་དད་རྟེན་བསྐུར་ཐོག་ནང་པ་ཐམས་ཅད་ཆོས་ལུགས་ཡར་ལྡན་གྱི་དོ་དམ་བྱེད་རྒྱུའི་ལག་ཁྱེར་སྤྲད་དོན་ལྟར་གང་ཅིར་རོགས་མགོན་ཐུགས་རྗེ་ཆེ་བ་དང་། རྒྱལ་ཁབ་ཏུ་སློབ་གཉེར་བ་ཁ་ཤས་བཏང་ཡོད་པས། སློབ་གྲྭ་ཆེ་

སོར་འཇུག་གནང་གིས་རོགས་མགོན་ཐུགས་འདོར་མེད་པ་ཞུ་རྒྱུ་བཅས་དགོངས་དབྱིངས་སུ་འཇགས་པ་མཁྱེན། ཞུ་འདེགས་ལྷ་གོས་དང་སངས་རྒྱས་ཀྱི་སྐུ་བརྙན་རྙིང་མ་བཅས་བླ་ཆེས་བཟང་པོར་ཕུལ་” ཞེས་འཁོད། ཨུ་རུ་སུའི་གོང་མ་ནི་ཁོ་ལས་སྤྲིངས་ཡིག་དེ་འཁྱེར་འཕྲུལ་ཏཱ་ལའི་བླ་མ་མཆོག་ལ་ཡིག་ལན་ཕུལ་ཏེ་བོད་ལ་མཛའ་ཞིང་ཕན་པའི་བསམ་པ་ནམ་ཡང་འགྱུར་བ་མེད་པ་ཡོད་ལུགས་དང་། ད་དུང་འདིའི་སྐོར་དབྱིན་ཇིའི་རྒྱལ་ཁབ་དང་བཀའ་མོལ་ཞུ་དང་ཞུ་བཞིན་དུ་ཡོད་པས་ཉིད་ཀྱི་ཐུགས་འདོད་ལྟར་ཟིང་གཞི་ལྷིང་འཇགས་མྱུར་དུ་ཡོང་ངེས་རེད་ཅེས་ཟེར་བ་སོགས་ངན་པ་སྐུལ་སློང་མང་ཙམ་བྱས་ཤིང་། སྐབས་དེར་བོད་ཀྱི་ས་གནས་མང་པོར་ཟི་ཁྲིན་དམག་མི་དང་རྒྱ་རིགས་ལ་ཇོ་རྒོལ་བྱེད་པའི་ཟིང་ཆ་ཤུགས་ཆེན་ལངས་པ་དང་། ཟི་ཁྲིན་དམག་དཔུང་ནང་ཁུལ་དུའང་འགལ་བ་ཆེས་ཆེར་ཕྱིན་ཞིང་། བོད་སྟོད་ཨམ་བན་ལན་ཡུས་དམག་སྤྱི་ཆེན་པོར་བསྐོ་བཞག་བྱས་རྗེས་བོད་ས་གནས་སྲིད་གཞུང་ལ་ཟི་ཁྲིན་དམག་མིའི་དམག་ཕོགས་རྒྱ་དངུལ་སྲང་ཁྲི་བཅུ་དང་། རྟ་ནོར་ལུ་སྟོང་ཙམ་དགོས་པའི་རེ་བ་བཏོན་ཅིང་། སྐབས་དེར་ཟི་ཁྲིན་དམག་མི་དྲག་ཤུགས་ཆེ་བས་བོད་ས་གནས་སྲིད་གཞུང་གིས་རྒྱ་དངུལ་སྲང་ཁྲི་དྲུག་དང་། རྟ་ནོར་ལུ་སྟོང་ཙམ་མི་སྤྲོད་ཀ་མེད་བྱུང་། ཟི་ཁྲིན་དམག་དཔུང་གིས་ཁ་དན་ཆོག་ལ་མི་གནས་པར་ཕྱིར་འཐེན་རྩ་བ་ནས་མ་བྱས་པ་མ་ཟད། དམག་མི་ཚོར་དམག་ཕོགས་འཐོར་ཆེན་སྤྲད་སྟབས་རང་སྣང་གང་ཤར་གྱིས་ཤོ་སྦག་རྒྱག་པ་དང་། ཐུད་མེད་ལ་ཕོག་གཡེམ། ཚོང་ཟོག་འཕྲོག་བཅོམ། ཁང་པ་མེར་བསྲེགས་པ་སོགས་བྱས་སྟབས་བོད་རིགས་མི་མང་ཚོས་ཇོ་རྒོལ་མཐའ་གཅིག་ཏུ་བྱས་པ་དང་། ཟི་ཁྲིན་དམག་གི་ཧྲང་ཤའོ་དམག་དཔོན་ཤེ་གོ་ལེང་སོགས་དམག་མི་ཁག་གཅིག་ཀྱང་བློ་

ཕོག་སྟེ་བོད་ས་གནས་སྲིད་གཞུང་གི་ཕྱོགས་སུ་ལངས་ཐོག་ཀྱང་ཡིང་གིས་བཀོད་འདོམས་བྱེད་པའི་ཟེ་ཁྲིན་དམག་མི་དང་ཟླ་བ་གཅིག་ལྷག་ཙམ་རིང་དམག་འཐབ་བྱས་ཤིང་དེ་བཞིན་གྲོ་མོར་བཙའ་སྟོད་བྱེད་མཁན་ཟེ་ཁྲིན་དམག་མི་ནང་ཁུལ་དུའང་ཟིང་ཆ་ཆེན་པོ་ལངས། ཕྱོགས་གཞན་ཞིག་ནས་བོད་ས་གནས་སྲིད་གཞུང་གི་བཀའ་བློན་ཚ་རོང་དབང་ཕྱུག་རྒྱལ་པོ་དང་། བཀའ་དྲུང་ཚེ་ཞབས་པ། བསྟན་རྒྱས་གླིང་སོགས་ནས་ཟེ་ཁྲིན་དམག་མིར་རྒྱབ་སྐྱོར་ཤུགས་ཆེན་བྱས་པ་བཅས་བོད་ཀྱི་གནས་ཚུལ་ཏ་ཙང་རྙོག་འཛིང་ཆེ་བའི་གནས་སུ་གྱུར་ཞིང་། ལྷ་སའི་ཐལ་སྤྱུངས་སྐང་ནས་ཐད་དྲངས་རྣམ་སྲས་གླིང་དང་། གདུང་རྩེ་ཟུར། གླ་བྲང་རྙིང་པ། གསུང་ཆོས་ར་བ། ཀླུ་སྦུག་རྒྱལ་སྒོ་བཅས་ཀྱི་བྱང་ངོས་རྣམས་བོད་དམག་གིས་བཟུང་། དེའི་ལྷོ་ངོས་རྣམས་ཟེ་ཁྲིན་དམག་གིས་བཟུང་ནས་ཕན་ཚུན་ས་མེ་དང་མེ་སྒྱོགས་རྒྱག་རེས་བྱས་ཏེ་དམག་འཐབ་ཡུན་རིང་བྱས། མཐར་ཟེ་ཁྲིན་དམག་མི་རྣམས་ནང་ཁུལ་འགལ་བ་ཆེ་བ་དང་། སྒྲིག་ཁྲིམས་ཞན་པ། མགོ་སྐྱོད་དུས་ཐོག་ཏུ་མི་འགྱོར་བ་སོགས་ཕྱི་ནང་གི་རྒྱུ་རྐྱེན་ཤིན་ཏུ་མང་བས་ཕམ་ཉེས་ཚབས་ཆེན་ཕོག་སྟེ་ཅི་བྱ་གཏོལ་མེད་ཀྱི་གནས་སུ་ལྷུངས།

ཆུ་བྱི་(1912)ཟླ་ལྔ་པའི་ཚེས་བཅུ་ཉིན་ཏཱ་ལའི་བླ་མ་སྐུ་འཁོར་དང་བཅས་ཀ་སྤུག་མངོན་དགའི་ཕོ་བྲང་ནས་བོད་ལྗོངས་སུ་ཆིབས་ཁ་བསྒྱུར། སྐབས་དེར་རྒྱ་གར་དུ་ཡོད་པའི་བོད་མི་སེར་སྐྱ་མང་ཚོགས་ཀྱིས་ཕེབས་སྐྱེལ་གཟབ་རྒྱས་ཞུས་པ་དང་། དབྱིན་ཇིའི་དཔོན་རིགས་འགའ་ཞིག་གིས་ཏྲ་སྒྲིག་ཞྭ་ཕུད་ཀྱི་གུས་འདུད་ཞུས་པར་མཇལ་ཁ་གནང་། དེ་ནས་རིམ་བཞིན་རྫ་ལེབ་ལ་བརྒྱུད་ཤར་གསིང་མར་ཕེབས་ཉིན་གཉའ་གདོང་ནས་ཏཱ་ལའི་བླ་མ་ཕེབས་བྱམས་སུ་བཞུགས་ཐོག་ཆིབས་ཞབས་དང་བཅས་བྱོན་པར་གྲོ་མོ་སྤྱི་ཁྱབ་མདའ་

དཔོན་སློབ་ཞི་བ་འགོ་དམག་ཡོངས་དང་། ཤར་གསེང་མར་བཅའ་སྡོད་དབྱིན་ཇིའི་ངོ་ཚབ་དཔོན་རིགས་མེག་སྒྲོལ་དང་ལས་བྱེད་རྣམས་ཀྱི་ཕེབས་བསུ་དང་བཅས་ཤར་གསེང་མའི་མགྲོན་ཁང་དུ་ཕེབས་ཏེ་ཉིན་ཞག་བདུན་ཙམ་བཞུགས། ཤོད་དྲུང་ཤེལ་དཀར་གླིང་པར་བཀའ་ཚབ་བསྐོ་གཞག་སྐུལ་བ་སོགས་ཆོས་སྲིད་ཀྱི་བྱེད་སྒོ་མང་ཙམ་སློབ་གནང་མཛད། དེ་ནས་སེར་འབྲས་དགའ་གསུམ་གྱི་སེར་དམག་ཉིས་བརྒྱ་ལྷག་ཙམ་དང་འགོ་འདོམས་མདའ་དཔོན་རག་ཁ་ཤག་པ། སྤྱིམ་མདའ་ཚང་དང་འབྲོག་པ་ཚང་གི་ཁམས་དམག་བཅས་ཀྱི་ཕེབས་བསུ་དང་སྲུང་སྐྱོབ་འོག་ཕག་རི་བརྒྱུད་ར་ལུང་དགོན་དུ་ཕེབས། དུས་དེར་ཀུན་གཟིགས་པཎ་ཆེན་རིན་པོ་ཆེས་ཕེབས་བསུའི་མཇལ་དར་དང་། དངོས་འབུལ་རྒྱ་ཆེ་བཏེག་པ་བཞེས་ཐོག་ཕན་ཚུན་གསུང་མོལ་ཞིབ་ལྷུག་མཛད། འོན་ཀྱང་པཎ་ཆེན་རིན་པོ་ཆེའི་མཛད་ཚུལ་འགའ་ཞིག་ལ་༧གོང་ས་མཆོག་ཐུགས་བློ་མ་མཐུན་པར་ཕན་ཚུན་འགལ་བ་ཆེས་ཆེར་ཕྱིན། ར་ལུང་དགོན་ནས་ཆིབས་ཁ་བསྐྱུར་ཏེ་རྒྱལ་རྩེར་མ་ཕེབས་པར་ཛ་ར་དཀར་མོ་བརྒྱུད་ཐད་ཀར་བསམ་སྡིངས་དགོན་པར་ཕེབས། སྐབས་དེར་ལྷ་སར་དམག་འཐབ་མཇུག་སྒྲིལ་མེད་སྟབས་དགོན་དེར་ཟླ་བ་གཉིས་ལྷག་ཙམ་བཞུགས། དེའི་རིང་མདོ་སྨད་དོན་གཅོད་ལས་ཚན་བློ་བཟང་ལ་དྷ་བླ་མའི་གོ་གནས་དང་། བཀའ་ཤག་ཤོད་པ་བཤད་སྒྲ་སྲས་ལ་བཀའ་མགྲོན། ཕེབས་བྱམས་འགོ་པ་ཟུར་ཁང་སྲས་ལ་བཀའ་དྲུང་བཅས་བསྐོ་གཞག་བསྐུལ་བ་དང་གཞན་ཡང་དགོན་ཁག་མང་པོའི་བླ་སྤྲུལ་ལས་སྣེ་དང་། རྫོང་གཞིས་ཀྱི་སྣེ་འཐུས་ཡུལ་སྡེའི་གཙོ་དྲག་སོགས་ལ་མཇལ་ཁ་གནང་ཞིང་། དུས་དེར་བོད་བཞུགས་ཨམ་བན་ལན་ཡུས་དང་། དམག་དཔོན་མན་ཀྲུང་ཟུང་ནས་ཏ་ལའི་བླ་མ་བསམ་སྡིངས་སུ་ཕེབས་པ་ཤེས་ཕྲལ་ཕར་ཤུ་ཞིག་ཕུལ་ཏེ། རྒྱ་

བོད་ཆེངས་འདུམ་གྲོས་མོལ་གནང་བར་༄གོང་ས་མཆོག་གི་སྐུ་ཚབ་ཅིག་འཕྲལ་དུ་མངགས་གཏོང་གནང་བའི་རེ་བ་བཏོན་པ་ལྟར་བློན་ཆེན་ཆང་ཁྲིམ་མཁྱེན་རབ་དཔལ་བཟང་དང་། སེར་སྨད་ཚ་བ་ཁྲི་པ་སྤྲུལ་སྐུ། རྗེ་མགྲོན་བསྟན་འཛིན་ཕུན་ཚོགས་བཅས་ལ་ནང་དོན་བཀའ་སློབ་ཞིབ་རྒྱས་དང་འབྲེལ་ལྷ་སར་བཀོད་གཏོང་མཛད་དེ་ཕན་ཚུན་ཞི་བའི་གྲོས་མོལ་བྱས་པ་བརྒྱུད་བོད་བཞུགས་ཨམ་བན་དང་། ཕོགས་དཔོན་སོགས་འབྲེལ་ཡོད་དཔོན་རིགས་དང་སྐུ་སྲུང་བ་ཉུང་ཤས་ཕུད། དེ་མིན་ཟེ་ཁྲིན་དམག་ཡོངས་རྫོགས་རྒྱ་གར་བརྒྱུད་ཕྱིར་ལོག་དགོས་པ་དང་། རྒྱའི་དཔོན་རིགས་དང་སྐུ་སྲུང་བར་དགོས་ངེས་ཀྱི་མེ་མདའ་བཅུ་ཕྲག་ཁ་ཤས་ཕུད་དེ་བྱིངས་མཚོན་ཆ་ཡོངས་རྫོགས་བོད་ས་གནས་སྲིད་གཞུང་གི་ཁོ་མཛོད་དུ་དམ་འབྱར་གྱིས་ཉར་ཚགས་བྱེད་དགོས་པའི་ཆོད་ཡིག་བཞག བཀའ་ཚབ་ཤེལ་གླིང་བར་བཀའ་བློན་བསྐོ་བཞག་བསྐུལ་བའི་གསར་མཛལ་ཞུས། དེ་ནས་ལྷ་སའི་གནས་ཚུལ་རིམ་བཞིན་ལྷིང་འཇགས་སོང་བས་ཟླ8ཚེས29ཉིན་༄གོང་ས་མཆོག་དང་སྐུ་འཁོར་དང་བཅས་བསམ་སྡིངས་ནས་ཆིབས་ཁ་བསྒྱུར་ཏེ་ཉ་སོག་གྲུ་ཁ་བརྒྱུད་ཟད་ཆོས་འཁོར་ཡང་རྩེར་ཕེབས་ཏེ་ཟླ་ཤས་རིང་དགོན་དེར་བཞུགས་ཤིང་། དེ་ནས་ཆུ་བྱི་ཟླ་བཅུ་གཉིས་པའི་ཚེས་བཅུ་དྲུག་ཉིན་ལྷ་སར་ཕེབས་པའི་སྐབས་སུ་རྒྱལ་ཚབ་དགའ་ལྡན་ཁྲི་པ་ཚེ་སྨོན་གླིང་དང་། བཀའ་བློན་སོགས་སེར་སྐྱ་དཔོན་རིགས། མི་མང་ཡོངས་ནས་བསུ་བ་གཟབ་རྒྱས་ཞུས། ཕྱི་ཆར་པའི་ཆར་ཐག་ཆོད་ཀྱང་། ནང་ཐིགས་པའི་ཐིགས་ཐག་མི་ཆོད་ཅེས་པའི་དཔེ་ལྟར། ༄རྒྱལ་དབང་ཐུབ་བསྟན་རྒྱ་མཚོ་ལྷ་སར་ཕྱིར་ལོག་ཕེབས་རྗེས་བོད་ཀྱི་དབང་བསྒྱུར་གྲལ་རིམ་ནང་ཁུལ་གྱི་འགལ་བ་ཆེས་རྙོ་ངར་དང་། ཛ་དྲག་ཅན་དུ་གྱུར་ཏེ་ཏཱ་ལའི་བླ་མ་དང་པཎ་ཆེན་རིན་པོ་

ཆེ་རྣམ་གཉིས་དབར་གྱི་འབྲེལ་བ་ཇེ་སྟུག་ཏུ་སོང་ཞིང་། དེ་བཞིན་བསྟན་རྒྱས་གླིང་དགོན་པས་ཐེ་ཁྲིན་དམག་ལ་རྒྱབ་སྐྱོར་ཤུགས་ཆེན་བྱས་སྐབས་དགོན་པའི་རྒྱུ་དངོས་ཡོངས་རྫོགས་གཞུང་བཞེས་བཏང་། དགེ་འདུན་པ་རྣམས་རང་རང་སོ་སོའི་གནས་སུ་ཕྱིར་སློག ཟླ་བཟང་དགྲ་འདུལ་གྱིས་༧གོང་ས་མཆོག་ལ་སྐྱུང་སྐྱོབ་དང་ཐེན་ཁྲིན་དམག་ལ་དགག་རྒོལ་བཅས་ཀྱི་བྱས་རྗེས་ཡོད་ཅེས་བོད་དམག་གི་དམག་སྤྱིར་བསྐོ་གཞག་བསྐྱལ། ཚ་རོང་དབང་ཕྱུག་རྒྱལ་པོ་དང་། སྲས་བཀའ་མགྲོན་གཉིས་ཀ་མེ་མདའ་བརྒྱབ་སྟེ་བསད་སྐབས་ཚ་རོང་ལ་གཞུང་ཞབས་མེད་པས་ཟླ་བཟང་དགྲ་འདུལ་འཚོ་འཛིན་གོ་མག་ཏུ་བཀོད་སྒྲིག་གནང་སྟེ་ཤུལ་འཛིན་བསྐྱལ་བས་ཕྱིས་ཚ་རོང་ཟླ་བཟང་དགྲ་འདུལ་ཞེས་ཟེར། རྒྱལ་ཚབ་དགའ་ལྡན་ཁྲི་པ་ཚེ་སྨོན་གླིང་ལ་གཟེངས་བསྟོད་མཛད་ཆེད་སྔགས་གཞིས་མང་པོ་གསོལ་རས་གནང་ཞིང་། སེར་ར་བླ་སྤྱིར་འདམ་བརྒྱ་ཤོག་བརྒྱད་ཀྱི་སྤྱི་ཁྱབ་དང་། དགའ་ལྡན་བླ་སྤྱིར་མཆོ་སྨ་རྫོང་གི་རྫོང་དཔོན་ཡ་གཅིག་གཏན་འཇགས་བསྐྱལ།

དེ་ནས་བོད་ཀྱི་རྫོང་གཞིས་ཡན་ཆད་གྱི་སེར་སྐྱ་དཔོན་རིགས་ཡོངས་རྫོགས་བསྐོངས་འཚོགས་ཐོག་སྐད་ཕྱིན་བོད་ཀྱི་ཕྱི་འབྲེལ་དང་དམག་དོན། ཁྲིམས་ལུགས་སོགས་ཇི་ལྟར་བྱེད་དགོས་པའི་སྐོར་གྲོས་མོལ་ཡང་ཡང་བྱས་གཤིས། བོད་ཀྱི་སེར་སྐྱ་དཔོན་རིགས་མང་ཆེ་བས་ཆེན་གོང་མ་ཆེན་པོས་བོད་ལ་འཛིན་པའི་ནོར་འཁྲུལ་གྱི་སྲིད་བྱུས་ལ་མོས་མཐུན་མི་བྱེད་པ་ཙམ་ལས། བོད་འདི་མེས་རྒྱལ་གྱི་མངའ་ཁོངས་ནས་ཁ་བྲལ་གཏོང་བའི་འདོད་ཚུལ་རྩ་བ་ནས་མེད་ཅིང་འོན་ཀྱང་དབྱིན་ཇི་དང་ཨུ་རུ་སུའི་རྗེས་འབྲངས་པ་ཉུང་ཤས་ཀྱིས་ཐབས་བརྒྱ་བྱུས་སྟོང་གིས་བོད་འདི་མེས་རྒྱལ་མངའ་ཁོངས་ནས་ཁ་བྲལ་བཏང་

སྟེ་བཙན་རྒྱལ་རིང་ལུགས་པའི་མི་སེར་སྦེལ་ཡུལ་དུ་བསྒྱུར་རྒྱུའི་རེ་ངན་བཅངས་པ་བཅས་སོ།

9. སིམ་ལའི་གྲོས་ཚོགས་སྐོར།

སིམ་ལའི་གྲོས་ཚོགས་ནི་ཆུ་སྟག་(1913)ལོའི་ཟླ་བཅུ་པའི་ཚེས་བཅུ་གསུམ་ཉིན། ཧིན་རྡུའི་བྱང་ངོས་སིམ་ལ་ཞེས་པའི་ས་གནས་དེར་འཚོགས་ཞིང་། གྲོས་ཚོགས་དེ་ནི་དབྱིན་ཇི་བཙན་རྒྱལ་རིང་ལུགས་པས་མངོན་སུམ་འཛེམས་མེད་ཀྱིས་ཀྲུང་གོའི་ནང་སྲིད་ལ་ཐེ་བྱུས་བྱས་ཏེ་བོད་འདི་མེས་རྒྱལ་གྱི་ཁོངས་ནས་ཁ་བྲལ་གཏོང་བའི་སློག་གཡོའི་ངན་བྱུས་ཤིག་ཡིན། གྲོས་ཚོགས་དེར་ཞུགས་མཁན་ནི་ཀྲུང་དབྱང་གི་སྐུ་ཚབ་བོད་སྡོད་ཤའན་ཧྥུ་ཧྲི་དྲེན་དབྱི་ཧྥན་དང་། ཤའན་ཧྥུ་ཧྲི་གཞོན་པ་ཤང་ཏན་ཡིན། དབྱིན་ཇིའི་སྐུ་ཚབ་ཕྱི་འབྲེལ་བློན་ཆེན་མཀ་མ་ཧུང་དང་། ཀྲུང་གོའི་ལས་དོན་གྱི་ཆ་རྒྱུས་པ་ལའོ་སི། བོད་ཀྱི་ལས་དོན་གྱི་ཆ་རྒྱུས་པ་སྦེལ། བོད་ས་གནས་སྲིད་གཞུང་གི་སྐུ་ཚབ་བློན་ཆེན་བཤད་སྒྲ་དཔལ་འབྱོར་རྡོ་རྗེ་དང་། ལས་རོགས་ཐའི་ཇི་ཁྲི་སྨོན་ནོར་བུ་དབང་རྒྱལ། སྒོ་མགྲོན་མཁན་ཆུང་བསྟན་པ་དར་རྒྱས། རིམ་བཞི་ཏ་མདོ་བ། རིམ་ལྔ་ཁྲུང་རམ་གཞོན་པ། ཤོད་མགྲོན་ཐུབ་བསྟན་ངག་དབང་། སེར་འབྲས་དགའ་གསུམ་གྱི་འཐུས་མི་སོགས་ཡོད།

གྲོས་ཚོགས་དེ་མ་ཚོགས་གོང་དུ་འབྲས་ལྗོངས་སུ་བཅའ་སྡོད་དབྱིན་ཇིའི་དཔོན་རིགས་སྦེལ་ཆེད་མངགས་རྒྱལ་རྩེར་ཡོང་ནས་བློན་ཆེན་བཤད་སྒྲ་དཔལ་འབྱོར་རྡོ་རྗེ་སོགས་དང་གསང་བའི་གྲོས་མོལ་ཐེངས་མང་བྱས་ཏེ། བོད་འདི་མེས་རྒྱལ་མངའ་ཁོངས་མིན་ཚུལ་སྐོར་ཡིག་རིགས་གང་མང་གྲ་སྒྲིག་བྱེད་དགོས་པའི་ངན་སྐུལ་བྱས་པའི་སྐོར་སྦེལ་རང་ཉིད་ཀྱིས་བརྩམས་པའི་《བོད་ཀྱི་སྔོན་

ཆད་དང་དེང་རབས་》ཞེས་པའི་ནང་“ ཀྲུང་གོའི་དབང་ཆ་ཚང་མ་ཡོད་པའི་གཞུང་ཚབ་ཀྲུང་གོར་སྡོད་པའི་སྐབས་སུ་ངས་རྒྱལ་རྩེར་ བློན་ཆེན་བཤད་སྒྲ་དང་ཐུག་འཕྲད་བྱས་པ་ཡིན། ཁོང་བོད་ཀྱི་དབང་ཆ་ཚང་མ་ཡོད་པའི་སྐུ་ཚབ་བྱས་ཏེ་ལྷ་ས་ནས་རྒྱ་གར་གྱི་གྲོས་ཚོགས་སུ་གཞུག་པར་འགྲོ་མཁན་ཞིག་རེད། ངས་ཁོང་ལ་སྔོན་ཆད་ཀྲུང་གོ་དང་བོད་དབར་འབྲེལ་གཏུག་བྱེད་ལུགས་དང་། ཀྲུང་གོས་རིམ་བཞིན་བཙན་བཟུང་བྱས་ཀྱང་ད་ལྟ་བོད་ཀྱིས་ཚུར་ལེན་སྙམ་པའི་ཀྲུའུ་དང་། རྫོང་ཁག་གི་འབྲེལ་ཡོད་ཡིག་རིགས་རྣམས་འཚོལ་བསྡུ་བྱས་ཏེ་ཚོགས་འདུའི་ཐོག་འཁྱེར་དགོས་པའི་བསླབ་བྱ་བྱས་པ་ཡིན་” ཞེས་མཛོན་སུམ་འཛོམས་མེད་ཀྱིས་བཀོད་ཡོད་ཅིང་ཁོ་པས་ངན་སློལ་བྱས་པ་བཞིན་བོད་ས་གནས་སྲིད་གཞུང་གི་ཡིག་ཚགས་མང་པོ་བསྡུ་རུབ་དང་སྒྲིགས་སྒྲིག་བྱས་ཏེ་ཚོགས་འདུར་འཁྱེར་ཞིང་། སྐབས་དེར་བཤད་སྒྲ་བློན་ཆེན་དཔལ་འབྱོར་རྡོ་རྗེ་དང་ལས་རོགས་ཐའི་ཇི་ཁྲི་སྨོན་ནོར་བུ་དབང་རྒྱལ་སོགས་བོད་ས་གནས་སྲིད་གཞུང་གི་འཐུས་མི་རྣམས་ཉིན་འདུའི་བྱང་ངོས་སེམ་ལར་འབྱོར་སྐབས་ཕྱི་འབྲེལ་བློན་ཆེན་ཇད་ཁ་མ་ཧྲུང་གི་སྐུ་ཚབ་དང་འབྲས་སྤྱི་བློན་ཆེན་སོགས་དབྱིན་ཇིའི་དཔོན་རིགས་འགའ་ཞིག་གིས་བསུ་བ་དང་སྣེ་ལེན་གཟབ་རྒྱས་བྱས་པ་དང་། འཐུས་མི་ཚོར་བཞུགས་གནས་ཀྱང་གྲ་སྒྲིག་གང་ལེགས་བྱས་པ་མ་ཟད། དབྱིན་ཇི་སྲིད་གཞུང་གི་དཔོན་རིགས་ཆེ་གྲས་འགའ་ཞིག་ཐུག་འཕྲད་བྱེད་པར་འོངས་ནས་ཕན་ཚུན་གྲོས་མོལ་ཡང་བྱས་ཡོད།

ཐེངས་དེའི་གྲོས་ཚོགས་ནི་ཇད་ཁ་མ་ཧྲུང་གིས་ཡོངས་སུ་ཁ་ལོ་བསྒྱུར་ཞིང་། དབྱིན་ཇིའི་དཔོན་རིགས་འགའ་ཞིག་དང་བློན་ཆེན་བཤད་སྒྲ་དཔལ་འབྱོར་རྡོ་རྗེ་སོགས་སྔོན་ཚུད་ནས་གསང་གྲོས་རིམ་པ་བྱས་པ་ལྟར། གྲོས་མོལ་

འགོ་ཚུགས་མ་ཐག་ཏུ་བློན་ཆེན་བཤད་སྒྲ་དཔལ་འབྱོར་རྡོ་རྗེ་སོགས་བོད་ས་གནས་སྲིད་གཞུང་གི་འཐུས་མིས་གླང་བྲ་དྲག་པོ་དོན་ཚན་དྲུག་བཏོན་པ་འདི་ལྟར།

“དོན་ཚན་དང་པོ། ཕྱིན་ཆད་རྒྱ་བོད་བར་ཚུར་དབང་བྱུས་ལ་ཐེ་བྱུས་མི་བྱེད་པ་མ་ཟད། བོད་འདི་རྒྱལ་ཁབ་རང་བཙན་ཡིན་པར་ཐག་བཅད། སྐྱབས་མགོན་ཏཱ་ལའི་བླ་མ་རིན་པོ་ཆེ་བོད་ཀྱི་ཆོས་སྲིད་ཡོངས་རྫོགས་ཀྱི་བདག་པོ་ཡིན་པར་ཐག་བཅད། ཀྭང་ཞུའི་ཁྲི་བཞུགས་སོ་གཉིས་པ་ཕྱི་ལུགས་འདས་ལོ1906ཟླ་བཞི་པའི་ཚེས་བདུན་ལ་པེ་ཅིང་དུ་རྒྱ་ཕྱི་གཉིས་ཆིངས་ཡིག་རྟགས་འཛོག་སྐབས་བོད་ཀྱི་སྐུ་ཚབ་དང་། ཐམ་ག་ཕབ་རིགས་མེད་གཤིས་བརྗེ་འཛོག་བྱེད་མི་ཐུབ་པར་བརྟེན་རྒྱལ་ཁབ་གསུམ་ག་ནས་ཆ་འཛོག་མེད་པ་བྱེད་རྒྱུ།

དོན་ཚན་གཉིས་པ། རྒྱ་བོད་ཀྱི་ས་མཚམས་ཐད་བྱང་ཤར་ཟི་ལིང་ཙེ་ཏུ་སྣང་གི་རྫོ་བཙུགས་དང་། ཤར་རྨ་ཆེན་སྤོམ་རའི་གངས་རིའི་ཆུ་བརྒྱུད་ཕྱུགས་པ་དང་པོ། ཤར་ལྷོའི་མཚམས་བྱིན་དྲངས་ཟེར་བའི་ཡུལ་དུ་མཆོད་རྟེན་དཀར་པོ་ཞེས་པ་བཅས་ཡིན་ངེས་ཡོངས་གྲགས་བཞིན་ད་ལམ་དབྱེ་འབྱེད་བགྱིས་པར་བོད་ཀྱི་ས་ཁོངས་ཞིབ་ཆ་བྱང་ཕྱོགས་ཀུན་ལུང་རི་རྩེ། ཨལ་རྟེན་ཏའི་རི་རྩེ། མཚལ་འདམ་རི་བརྒྱུད་ནས་རོ་ནེ་ལི་རི་རྩེ། སྦྲ་ཁང་སྤྱི་ཐོའི་རི་རྩེ་ནས་མཚོ་སྔོན་པོའི་བྱང་བརྒྱུད་སྦྲ་ནག་ཁག་གསུམ་ཚུར་ཚུད་པའི་རྒྱའི་ཞིང་ཆེན་ཀན་སུའི་ས་མཚམས་བརྒྱུད། དེ་ནས་ལྷོ་ཕྱོགས་ཕྱིན་ཏེ་ཤར་ལྷོའི་སར་འགོ་ལོག ཧོར་ཁོག་ཉག་རོང་། རྒྱལ་རོང་རྒྱལ་ཁག་བཅོ་བརྒྱད། ལྕགས་ལ། དར་མདོ་ཚུར་ཚུད་དེ་ནས་ལྷོར་ཕྱིན་གྱི་ཟི་ཁྲིན་དང་ཡུན་ནན་ས་མཚམས་བར། དེ་ནས་བོད་ཀྱི་ས་མཚམས་བརྒྱུད་ནུབ་རི་དམར་ཚུན་བཅས་ཞིབ་པ་བར་སྐབས་བོད་ཀྱི་ས་ཆ་རྒྱ་

ཕྱོགས་ནས་རིམ་ཐོས་ལ་ཟེ་རང་ཞེས་མིང་གསར་བཏགས་ཡོད་འདུག་པ་དེའི་ཁོངས་འཁོད་ཀྱི་ས་དང་། མི་རིགས་རྣམས་ཀྱང་བོད་མི་ཡིན་གཤིས་ཕྱིན་ཆད་བོད་གཞུང་དུ་བདག་པ་དང་། ས་ཐེ་སོང་གི་ཁྲལ་དངུལ་རྣམས་ཕྱིར་སློག་བྱེད་རྒྱུ་བྱས།

དོན་ཚན་གསུམ་པར། དབྱིན་བོད་ཚོང་གི་འགྲོ་ལུགས་སྐོར་འདས་ལོ1893ལྷ་དང་པོའི་ཚེས་ཉེར་ལྔ་དང་འདས་ལོ1908ལྷ་བཞི་པའི་ཚེས་ལ་ཉེར་བདུན་ལ་བཞག་པའི་ཆིངས་གསལ་རྣམས་དབྱིན་གཞུང་དང་། བོད་གཞུང་བཀའ་མོལ་གྱིས་ཕན་ཚུན་གཉིས་དགེའི་བསྐྱར་བཅོས་བྱེད་རྒྱུར་རྒྱ་ཕྱོགས་ལ་ཐེ་ཆ་མེད།

དོན་ཚན་བཞི་པ། བོད་དུ་རྒྱ་དཔོན་དམག་སྡོད་རྒྱུ་ སྔར་ཕན་འཁོན་འགྲས་ཆེན་པོ་ཞུགས་པའི་མི་རིགས་ཡུལ་གཅིག་ཏུ་མཉམ་ཚོགས་བྱེད་རྒྱུ་སྔར་ཡང་རྗོད་འཁྲུགས་ཀྱི་རྒྱུ་མ་ཟད། རྒྱ་གཞུང་ལའང་ཐོགས་འགྲོ་ལས། བོད་ནས་ཡོང་འབབ་མེད་ཅིང་། བོད་གཞུང་མི་སེར་དང་བཅས་པར་འགྲོ་དོན་བརྟབ་བསིགས་ལ་རྟེན་འཕྲུལ་ཐུགས་ཕན་ཚུན་བདེ་འཛགས་ཡུན་གནས་ཆེད་བོད་ཀྱི་ས་ཁོངས་ལ་རྒྱ་མི་ཨམ་བན་དང་། དཔོན་རིགས། དམག་མི། མི་སེར་བཅས་འགྲོ་སྡོད་མི་ཆོག རྒྱ་མི་ཚོང་པ་བོད་གཞུང་གི་བཀའ་འབྲེལ་དཔོན་རིགས་ཀྱི་ལག་འཁྱེར་མེད་པར་བོད་བསྐྱོད་མི་ཆོག

དོན་ཚན་ལྔ་པ། སོག་ཡུལ་དུའང་སྐྱབས་མགོན་ཧུ་ལའི་བླ་མ་སྐུ་ཕྲེང་གསུམ་པ་བསོད་ནམས་རྒྱ་མཚོ་ཕེབས་ཏེ་ནང་བསྟན་ཁྱབ་སྤེལ་བླ་སློབ་ལར་རྒྱ་གཅིག ཁལ་ཁ་རྗེ་བཙུན་དམ་པའི་སྐུ་སྐྱེ་ངོས་འཛིན་དང་ཞབས་ཞུ་བླ་མ་དཔོན་རིགས་གཏོང་རྒྱུ། ཚེ་ལོ། བཀའ་ཤོག་སོགས་སྩལ་མུས་མ་ཟད། རྒྱ་སོག་ཡུལ་

ཀྲུ་ནས་གདན་ས་ཁག་ལ་གྲྭ་རྒྱུན་དང་དགེ་རྒྱུན་འབུལ་དངོས་ཕྱིན་ཆེ་ཡོང་མུས་ཀོང་གསལ་ཁུལ་གྱི་ནང་པའི་ཆོས་བྱེད་བླ་མ་གྲྭ་རིགས་ནས་དྷ་ལའི་བླ་མ་རིན་པོ་ཆེའི་ཆོས་ཁྲིམས་འཁྱེར་ཤེས་སོགས་ལམ་ལུགས་སྔར་བཞིན་གནས་རྒྱུ།

དོན་ཚན་དྲུག་པ། རྒྱ་དཔོན་དམག་དང་། མི་སེར་བཅས་ནས་དབང་ཤེད་ཀྱིས་བོད་གཞུང་སྐུ་ཆས་དངུལ་དངོས་འཕྲོག་འཇིར། གཡར་སླངས། ཉག་རོང་སོགས་རྫོང་གཞིས་འཕྲོག་ཉར་དངོས་པོ་ཁྲལ་འབབ། སྡེ་དགེ་གཞུང་ཞབས་མི་སེར་དང་། ལ་དྭགས་ཁ་བལ་བཅས་ཀྱི་མི་བསད་རྒྱུ་དངོས་འཕྲོག་འཇིར་སྐོར་ཀླག ཁང་པ་མེར་བསྲེགས་བཤིག་སྐོར་བཅས་རང་བཞིན་ཕྱོང་འཁྱེར་ཐུབ་མིན་ལ་རྐྱེན་ཚབ་འཕྲུལ་སྤྲོད་བྱེད་རྒྱུ་བཅས་ཀྱི་ཚིག་དོན་ཡོད་པ་ཞུ་རྒྱུར། བོད་གཞུང་སྐུ་ཚབ་སྲིད་བློན་བཤད་སྒྲས། ཚུ་སླང་ཟླ་བརྒྱད་པའི་ཆོས་བཅུ་གཅིག་ལ" ཞེས་འཁོད། བོད་ཀྱི་འཐུས་མིས་བརྟན་པའི་གྲོས་གཞི་དོན་ཚན་དྲུག་པོ་དེའི་ཐོག་ནས་བལྟས་ན་དབྱིན་ཇི་བཙན་རྒྱལ་རིང་ལུགས་པའི་ངན་བསྐུལ་འོག་ཁོ་པ་ཚོའི་རྗེས་འབྲངས་པ་ཉུང་ཤས་ཀྱིས་སྐྱོ་ཧམ་ཆེན་པོས་བོད་འདི་མེས་རྒྱལ་མངའ་ཁོངས་ནས་ཁ་བྲལ་བཏང་སྟེ་རང་བཙན་ཞེས་པ་དོན་དུ་དབྱིན་ཇིའི་མི་སེར་སྲིལ་ཡུལ་དུ་བསྒྱུར་རྩིས་བྱེད་པའི་སློག་གཡོ་ཞིག་ཡིན་པ་ཏ་ཙང་གསལ།

དུས་དེར་ཀྲུང་དབྱང་གི་སྐུ་ཚབ་བོད་བཞུགས་ཤའོན་ཧྲུ་ཧྲེ་དྲན་དཔེ་ཧྲན་གྱིས་ཀྲུང་དབྱང་སྲིད་གཞུང་གི་བཀོད་མངགས་ལྟར་བོད་ས་གནས་ཀྱི་འཐུས་མིས་བརྟན་པའི་གྲོས་གཞིར་དགག་ལན་བརྒྱབ་པ་འདི་ལྟར་" རྒྱ་བོད་གཉིས་འབྲེལ་བ་བྱུང་བ་ནས་བཟུང་བོད་ལ་ཕན་པ་རྒྱ་ཆེ་དང་སྲུང་སྐྱོབ་ལན་མང་བྱས་གཤིས། སྤྱི་ལོའི་དུས་རབས་བདུན་པར་རྒྱ་དམག་ལྷ་སར་ཐོག་མར་སླེབས།

ཡང་སྤྱི་ལོ1240ལོར་ཧེང་གེར་རྒྱལ་པོས་བོད་ལ་དམག་དྲངས་ནས་ཁོ་རང་གི་རྒྱལ་ཁབ་ཆེན་པོའི་མངའ་འོག་ཏུ་བསྡུས། སྤྱི་ལོ1652ལོར་ཏཱ་ལའི་བླ་མ་དེ་བཞིན་གོང་མ་ཤུན་ཆེ་མཇལ་བར་འོངས་ཏེ་ཏཱ་ལ་ལྷ་པར་མཚན་གསོལ། འཇའ་ས་དམ་ཁ་སྩལ། ཡང་སྤྱི་ལོ1717ལོར་ཙུན་གར་དམག་གིས་བོད་ཡུལ་ཁྱབ་པས་གོང་མས་དཔུང་རོགས་བཏང་སྟེ་ཕ་རོལ་པོ་རྣམས་བོད་ནས་ཕྱིར་བསྐྲད། དེ་རྗེས་གོར་དམག་ལན་གཉིས་ལྷགས། ཐེངས་གཅིག་ལ་གོར་དམག་ཆིག་ཁྲི་བརྒྱད་སྟོང་ཙམ་འོངས་ནས་བཀྲ་ཤིས་ལྷུན་པོའི་དགོན་པ་སྟོང་བཤིག་བཏང་བ་དང་། དངོས་པོ་ལག་པར་གང་ཐེབས་འཁྱེར། བོད་འདི་ཏ་ཙང་ཉུ་ཐུག་ཐབས་ཟད་ཀྱིས་སླར་ཡང་རྒྱ་ནག་གོང་མར་དམག་རོགས་བཅོལ་བས་ལམ་སེང་དམག་མི་ཁྲི་ཚོ་ལྔ་བོད་དུ་བཏང་ངས། གོར་དམག་རྣམས་ཕྱིར་བསྐྲད། བོད་མི་དང་། བོད་ཀྱི་ས་ཆ་སྤྱང་ཆེད་རྒྱ་ནག་ནས་མི་སྲོག་མང་པོ་དང་། གསེར་དངུལ་གྲངས་མེད་བཏང་བའི་ལོ་རྒྱུས་ནི་རྒྱ་ནག་གི་དེབ་ཐེར་དང་ཡིག་ཚགས་ནང་འཁོད་པ་སྨོས་ཅི། དབྱིན་གཞུང་གི་ཡིག་ཚགས་དེབ་ཁོངས་དང་། སྔོར་གྱིས་བྲིས་པའི་དཔེ་དེབ་སོགས་ལའང་གསལ་པོ་འཁོད་ཡོད། ཉེ་ལམ་རྒྱ་བོད་དབར་འཁོན་རྩོད་ཡོང་རྐྱེན་རྒྱ་ནག་ལ་ཁག་དགྲི་མེད། སྐྱབས་མགོན་ཏཱ་ལའི་བླ་མའི་མཛད་ལུགས་དང་། དཔོན་རིགས་རྡོ་རྗེ་གཡིབ་སོགས་ཀྱི་དབྱེན་སྦྱོར་དཀྲུགས་ཤིང་ལ་བརྟེན་ནས་བྱུང་འདུག……གོང་ཞུས་ལྟར། བོད་ཕྱོགས་ཀྱི་རྗེ་ཆོག་རྣམས་ཁས་ལེན་བྱེད་མི་ཐུབ་པའི་རྒྱུ་རྐྱེན་གོང་དུ་བཀོད་པ་ཕུད་བོད་དོན་འདིའི་སྐོར་གཞམ་གསལ་དོན་ཚན་ཁག་རྩ་བཟུང་བྱེད་དགོས་པ་སྟེ།

གཅིག་ལ། ངོས་གཞམ་གསལ་མིང་རྟགས་འཁོད་པ་རྣམས་ནས་ཐུགས་བློ་མཐུན་པའི་སྒོ་ནས་བོད་ལྗོངས་འདི་བཞིན་རྒྱ་ནག་མི་སེར་རྒྱལ་ཁབ་ཀྱི་ས

ཆའི་ནང་དུ་གནས་ངེས་ཡིན་པ་ཆ་འཛོག་བྱ་རྒྱུ་དང་། བོད་གཞུང་དབྱིན་གཞུང་གཉིས་ཀའི་ཐད་ནས་འདི་ལ་དཀྲོག་རྐྱེན་སོགས་མི་བྱེད་པའི་སྟར་རྒྱ་ནག་གིས་བོད་ཁམས་ལ་དབང་བསྒྱུར་གང་ཡོད་ལ་བོད་ཕྱོགས་ནས་ཀྱང་སྟར་ལམ་བཞིན་བརྩི་གནས་དགོས་རྒྱུ་དང་། དེ་དག་ལ་དབྱིན་གཞུང་ནས་ཀྱང་ཆ་འཛོག་མཛད་རྒྱུ། རྒྱ་ནག་མི་སེར་རྒྱལ་ཁབ་གཞུང་ནས་ཀྱང་བོད་ཡུལ་དེ་བཞིན་རྒྱའི་ཞིང་ཆེན་དུ་བསྒྱུར་བཀོད་མི་བྱེད་པ་ཁས་ལེན་བྱས། དབྱིན་གཞུང་ནས་ཀྱང་བོད་སྤྱོངས་སམ་བོད་ཀྱི་ས་སྡེ་ཆ་ཤས་དབྱིན་ཁོངས་སུ་བཞེས་རྒྱུ་མེད་པ་བྱས།

གཉིས་ལ། རྒྱ་ནག་མི་སེར་རྒྱལ་ཁབ་གཞུང་གིས་བོད་ལྷ་ལྡན་དུ་ཨམ་བན་གཅིག་བསྐོ་གཞག་བྱས་ཏེ་བཞག་ཆོག་པ་དང་། དེ་ལ་སྟར་ལམ་གྱི་ཚོད་དབང་ཐོབ་ཐང་གང་ཡོད་སྟར་རྒྱུན་ལྟར་བྱེད་དགོས་པ་ལ་སྐུ་སྲུང་རྒྱ་དམག་ཉིས་སྟོང་དྲུག་བརྒྱ་བཞག་པ་དེ་ཐོག་ནས་ཆིག་སྟོང་ལྷ་ལྡན་དུ་འཛོག་རྒྱུ། དེ་འཕྲོས་ཆིག་སྟོང་དྲུག་བརྒྱ་ས་གནས་ཨམ་བན་དེའི་འདོད་མོས་ལྟར་འཛོག་རྒྱུ།

གསུམ་ལ། བོད་ཕྱོགས་ནས་ཕྱི་རྒྱའི་ལས་དོན་དང་། དམག་དོན་བྱེད་སྒོའི་སྐོར་རྒྱ་ནག་གི་བཀའ་སློབ་ལྟར་བྱེད་རྒྱུ། ཡང་ཕྱི་རྒྱལ་ཁག་སུ་འདྲ་ཞིག་དང་གྲོས་མོལ་བྱ་དགོས་ཙང་རྒྱ་གཞུང་མ་བརྒྱུད་པར་མི་བྱེད། འོན་ཀྱང་ཕྱི་ལོ1906ཟླ་དགུ་པའི་ཚེས་བདུན་ཉིན་དབྱིན་བོད་ཆིངས་ཡིག་དོན་ཚན་ལྔ་པ་ནང་གསལ། དབྱིན་ཇིའི་ཚོང་རའི་དོ་དམ་པ་དང་། བོད་ཀྱི་དཔོན་རིགས་བར་ཚུན་ཐུག་འཕྲད་ཚོང་དོན་སྐོར་གྲོས་མོལ་དགོས་རིགས་ལ་དགག་བྱ་མེད།

བཞི་ལ། བོད་ཕྱོགས་གནས་བོད་དཔོན་ཁག་དང་མི་སེར་རྒྱ་ཕྱོགས་ལ་དཀར་བ་ཡོད་རིགས་མཁྱེན་གསལ་བཙོན་བཙུག་བྱས་རིགས་དང་རྒྱུ་དངོས་གཞུང་བཞེས་བྱས་རིགས་རྣམས་དགོངས་དྭངས་ཀྱི་བཙོན་འདོན་དང་རྒྱུ་དངོས

ཕྱིར་སློག་བྱེད་རྒྱུ་བྱས།

ལྔ་པ། བོད་ཕྱོགས་ཀྱི་འཆར་གཞི་དོན་ཚན་ལྔ་པ་དེ་སྐོར་བཀའ་མོལ་མཛད་ཆོག

དྲུག་པ། དེ་སྔ་ཚོང་གི་འགྲོ་ལུགས་སྐོར་གྱི་ཆིངས་ཡིག་ཕྱི་ལོ1893ཟླ་བཅུ་གཉིས་པའི་ཚེས་ལྔ་དང་ཡང་ཕྱི་ལོ1908བཞི་པའི་ཚེས་བཞི་ཚོང་གི་འགྲོ་ལུགས་ཀྱི་ཆིངས་ཡིག་རྣམས་ལ་བསྐྱར་བཅོས་བྱ་དགོས་བྱུང་ཆེ་ཚང་མ་ཞིབ་མོལ་གྱིས་ཕྱི་ལོ1906ཟླ་བཞི་པའི་ཚེས་ཉེར་བདུན་ལ་རྒྱ་ཕྱི་ནས་བོད་དོན་སྐོར་བཞག་པའི་ཆིངས་ཡིག་དེའི་དོན་ཚན་གསུམ་པ་ལྟར་བཀའ་མོལ་གནང་རྒྱུ།

བདུན་པ། རྒྱ་ནག་དངོས་གནས་དང་། བོད་ཀྱི་ས་མཚམས་དེ་བཞིན་ད་ལྟ་འདི་ནང་རྟགས་ལམ་རོབ་བཀོད་དེ་ཟུར་ཐུལ་ཞུས་ཡོད། ཕྱི་ལོ1913ཨོག་བར་ཏྭ་རིག་སུམ་ཅུ་ལ” ཞེས་འཁོད། ཀྲུང་དབྱང་སྲིད་གཞུང་གི་སྐུ་ཚབ་ཁྲན་དཔྱི་ཧྥན་ནས་ཚོག་འཛམ་ལ་དོན་ཟབ་མོའི་སྒོ་ནས་རྒྱ་བོད་གཉིས་ཀྱི་ལོ་རྒྱུས་ཐོག་གི་འབྲེལ་བ་དང་ལྷག་པར་དུ་ཡོན་རྒྱལ་རབས་ཀྱི་དུས་ནས་བཟུང་བོད་འདི་ཀྲུང་གོའི་མངའ་ཁོངས་བསྐྱོན་མེད་གཅིག་ཏུ་གྱུར་སྟབས་སྔར་ལམ་བཞིན་བོད་བཞུགས་ཨམ་བན་གཏོང་དགོས་པ་དང་། སྲུང་དམག་བོད་དུ་བཅའ་སྡོད་བྱེད་དགོས་པ། ཕྱི་འབྲེལ་དང་དམག་དོན་སོགས་བོད་ཀྱི་ལས་དོན་གལ་ཆེའི་རིགས་ཀྲུང་དབྱང་ལ་སྙན་སྒྲོན་མ་ཞུས་པར་རང་དགར་ཕྱིའི་རྒྱལ་ཁབ་གང་འདྲ་ཞིག་ལའང་འབྲེལ་གཏུགས་མི་ཆོག་པ་སོགས་སྐོར་ནན་བཤད་ཡང་ཡང་གནང་།

དེ་བཞིན་བོད་ཀྱི་དཔོན་རིགས་དང་། མི་སེར་ཀྲུང་དབྱང་ལ་བློ་དཀར་བ་ཡོད་རིགས་ལ་དོན་མེད་བསྙད་འདོགས་ཀྱིས་བཙོན་འཇུག་བྱས་པ་ཚང་མ་

འཕྲུལ་དུ་སྙོད་བཀྲོལ་དང་དངོས་པོ་གཞུང་བཞེས་བྱས་རིགས་ཕྱིར་སྒྲོད་དགོས་པའི་རེ་བ་ནན་པོ་བཏོན་ཅིང་། འོན་ཀྱང་བཤད་སྒྲ་དཔལ་འབྱོར་རྗོ་རྗེ་སོགས་བོད་ས་གནས་ཀྱི་འཐུས་མི་ཚོས་བོད་སྐེར་བཙན་ཡིན་ལུགས་སྐོར་མཐའ་འཁྱོངས་བྱས་སྐབས་ཀྱང་དབྱིན་སྲིད་གཞུང་གི་འཐུས་མི་དང་བོད་ས་གནས་སྲིད་གཞུང་གི་འཐུས་མིའི་དབར་འཁོན་རྩོད་མང་ཙམ་བྱུང་བ་དང་། ལྷག་པར་དུ་རྒྱ་བོད་ས་མཚམས་ཟེར་བའི་སྐོར་ཕན་ཚུན་རྩ་བ་ནས་མཐུན་ཐབས་མེད་པའི་གནས་སུ་གྱུར་པ་རེད།

དུས་དེར་དབྱིན་གཞུང་གི་འཐུས་མི་ཟླད་ཁ་མ་ཧུང་གིས་སྔོན་ཚུད་ནས་ཁོ་པ་ཚོས་ནང་མོལ་ཞིབ་གྲོས་བྱས་པ་ལྟར། རྒྱ་བོད་དབར་བར་འདུམ་བྱེད་མཁན་ཡིན་ཡུལ་གྱིས་ཆིངས་ཡིག་འཆར་ཟིན་དོན་ཚན་བཅུ་གཅིག་བཏོན་པ་དེར་ཀྱང་དབྱིན་སྲིད་གཞུང་གི་སྐུ་ཚབ་ཀྱིས་ངོ་རྩོལ་མཐའ་གཅིག་ཏུ་བྱས་སྐབས་འཆར་ཟིན་དོན་ཚན་བཅུ་གཅིག་ཟེར་བ་བཟོ་བཅོས་ཕྲན་བུ་བྱས་ཏེ་ཟླ་ཁ་མ་ཧུང་དང་བཤད་སྒྲ་གཉིས་ནས་ནང་མོལ་ཆིངས་ཡིག་བཞག་པ་འདི་ལྟར།

"དོན་ཚན་དང་པོར། ཟུར་ཐོ་གསལ་བའི་ཆིངས་ཡིག་ནང་གང་ཡོད་དེ་ད་ལྟའི་ཆིངས་ཡིག་འདི་ལ་བསྒྱུར་བཀོད་དུ་འགྲོ་གཞིའམ་མ་མཐུན་པ་གོ་ལྡོག་ཏུ་གྱུར་པའི་རིགས་མ་ཡིན་པའི་ཚིག་གཞི་གང་ཡོད་ལ་ཕན་ཚུན་དོ་བདག་གཞུང་ས་རྣམས་ནས་རྩི་འཛོག་གནང་དགོས།

དོན་ཚན་གཉིས་པར། དབྱིན་གཞུང་དང་། རྒྱ་ནག་གཞུང་ནས་བོད་ལྗོངས་འདི་བཞིན་ཕྱི་རྒྱུར་རྒྱ་ནག་གི་མངའ་ཁོངས་ཡིན་དབང་རྩིས་ཀྱང་། བོད་ཕྱི་མའི་ནང་དོན་རྒྱལ་ཁག་རང་བཙན་ཡིན་པ་མཁྱེན་ཚོད་ལྟར་ཆ་འཛོག་གནང་ནས་མངའ་ཁོངས་ས་མཚམས་ལ་དབྱེ་འབྲི་དང་། བོད་ཕྱི་མའི་ནང་དོན་དབང་

བྱས། ཏཱ་ལའི་བླ་མའི་སྐུ་སྐྱེ་ངོས་འཛིན་དང་། ཁྲི་གསོལ་སོགས་ལ་ཐེ་ཚོགས་གཏན་ནས་མི་བྱེད་པར་ཚད་དབང་གང་ཡོད་ཚང་མ་ལྷ་ལྡན་བོད་གཞུང་རྒྱལ་ཁབ་རང་ལ་གནས་རྒྱུ་ཁས་ལེན་བྱས། རྒྱ་ནག་གཞུང་ནས་བོད་ཡུལ་འདི་ཉིད་རྒྱའི་ཞིང་ཆེན་དུ་མི་བསྒྱུར་བའི་ཁས་ལེན་བྱས། དབྱིན་ཇིའི་གཞུང་ནས་ཀྱང་བོད་དང་བོད་སའི་ཆ་ཤས་ཙམ་ཡང་བདག་མི་བྱེད་པ་ཁས་ལེན་བྱས།

དོན་ཚན་གསུམ་པར། རྒྱ་གར་རྒྱལ་ཁབ་དང་དེ་འབྲེལ་རྒྱལ་ཕྲན་རྣམས་དང་། བོད་གཞུང་ས་འབྲེལ་ལ་བརྟེན་ས་མཚམས་ཉེ་འདབས་བདེ་འཇགས་དང་། བོད་དུ་ཆབ་སྲིད་གཏན་གནས་དགོས་པ་དབྱིན་གཞུང་ལ་ཁྱད་པར་ཆེན་པོ་ཡོད་པར་ཆ་གནས་བྱུང་དོན་རྒྱ་ནག་གཞུང་ས་ནས་ཆིངས་ཡིག་འདིའི་དོན་ཚན་བཞི་པའི་ཚིག་དོན་ལྟར་མ་གཏོགས་བོད་ཕྱི་མར་དམག་མི་མི་གཏོང་བ་མ་ཟད། ཞི་དྲག་དཔོན་རིགས་མི་འཛོག་པ་དང་། རྒྱ་ནག་གི་མི་སེར་ས་ཞིང་འདེབས་འཁོས་ཀྱིས་བོད་དུ་གཞིས་ཆགས་གཏན་སྡོད་བྱེད་མི་འཇུག་པར་ཁས་ལེན་བྱས། རྒྱ་ནག་གི་དཔོན་དམག་དེ་འདྲ་ཆིངས་འདི་བཞིན་རྟགས་འཛོག་སྐབས་བོད་ཕྱི་མའི་ནང་ཡོད་ཙང་། ཟླ་གསུམ་མི་འགྱངས་པར་ཕྱིར་འཐེན་བྱེད་རྒྱུ། དབྱིན་གཞུང་ནས་ཀྱང་འདས་ལོ1904ཟླ་དགུ་པའི་ཆོས་བདུན་ལ་དབྱིན་བོད་དབར་བཞག་པའི་ཆིངས་ཡིག་གི་འབྲུ་དོན་ལྟར་མ་གཏོགས་བོད་ལ་ཞི་དྲག་དཔོན་རིགས་མི་འཛོག་པ་དང་། སྐུ་ཚབ་རྣམས་ཀྱི་སྐུ་སྲུང་ལས་ལྷག་པའི་དམག་མི་མི་འཛོག་པ་མ་ཟད། མི་སེར་ས་ཞིང་འདེབས་འཁོས་ཀྱི་གཞིས་ཆགས་གཏན་སྡོད་བྱེད་མི་འཇུག་པར་ཁས་ལེན།

དོན་ཚན་བཞི་པར། གོང་གསལ་དཔྱད་མཚམས་བྱུང་རྗེས་ལྷ་སར་རྒྱ་ནག་དཔོན་པོ་ཆེ་བ་གཅིག་བཞག་སྲོལ་འདུག་པར་སྐུ་སྲུང་བབ་མཚུངས་དང་

བཅས་པ་སུམ་བཅུ་ལས་ལྷག་པ་གཏན་ནས་བཞག་མི་ཆོག་པ་བྱས་ཡོད།

དོན་ཚན་ལྔ་པར། བོད་སྐོར་རྒྱ་ནག་དང་བོད་རྒྱལ་ཁག་གཉིས་ནང་ཚག་བར་ཆིངས་ཡིག་དང་། གན་རྒྱ་བཞག་མི་ཆོག་པ་མ་ཟད། རྒྱལ་ཁག་གཞན་དག་དང་ཡང་མི་འཇོག་པ་རྒྱ་བོད་གཉིས་ཀྱིས་ཁས་ལེན་བྱས་ཡོད། ཡིན་ཀྱང་དབྱིན་བོད་གཉིས་བར་ཕྱི་ལོ1904ཟླ་དགུ་པའི་ཚེས་བདུན་བཞག་པའི་ཆིངས་ཡིག་དང་། ཕྱི་ལོ1904ཟླ་བཞི་པའི་ཚེས་ཉེར་བདུན་ལ་དབྱིན་ཇི་དང་། རྒྱ་ནག་བར་བཞག་པའི་ཆིངས་ཀྱི་འབྲུ་དོན་ལྟར་དབྱིན་གཞུང་དང་ཆིངས་གན་བཞག་ཆོག་པ་བྱས་ཡོད།

དོན་ཚན་དྲུག་པར། དབྱིན་ཇི་དང་། རྒྱ་ནག་བར་ཕྱི་ལོ1906ཟླ་བཞི་པའི་ཚེས་ཉེར་བདུན་ལ་བཞག་པའི་ཆིངས་གསལ་དོན་ཚན་གསུམ་པ་དེ་བཞིན་བརྩི་འཇོག་མ་དགོས་པ་བྱས་ཡོད། ……རྒྱ་ནག་གམ་རྒྱལ་ཁག་དགའ་ཉེ་གཞན་དག་ལ་གནང་བའི་ཚོང་བྱུས་བདེ་ཐབས་དེ་ནང་བཞིན་དབྱིན་ཇིའི་ཚོང་ཟོག་ལ་ཡང་གནང་དགོས།

དོན་ཚན་བདུན་པར། ཀ་པར། ཕྱི་ལོ1893དང་ཕྱི་ལོ1908ལ་བཞག་པའི་ཚོང་གི་འགྲོ་ལུགས་ཆིངས་ཡིག་རྣམས་ལ་བརྩི་འཇོག་མེད་པ་བྱེད་རྒྱུ་བྱས། ཁ་པར། ཕྱི་ལོ1904ལ་བཞག་པའི་ཆིངས་ཡིག་གི་དོན་ཚན་གཉིས་པ་དང་། བཞི་པ། ལྔ་པའི་འབྲུ་དོན་ལ་བརྩི་འཇོག་ཡོང་བའི་ཆེད་དུ་བོད་གཞུང་ནས་དབྱིན་ཇི་གཞུང་དང་། བོད་ཕྱི་མར་ཚོང་གི་འགྲོ་ལུགས་གསར་བཟོ་ལམ་སེང་བྱ་རྒྱུའི་ཁས་ལེན་བྱས་ཡོད། ཡིན་ཀྱང་རྒྱ་གཞུང་དང་མ་བསྟུན་པར་ཆིངས་ཡིག་འདིར་བསྐྱར་བཅོས་སུ་འགྲོ་གཞིའི་ཚོང་གི་འགྲོ་ལུགས་ཆིངས་ཡིག་མི་འཇོག་རྒྱུ་བྱས།

དོན་ཚན་བརྒྱད་པར། དབྱིན་བོད་གཉིས་བར་ཕྱི་ལོ1904ཟླ་དགུ་པའི་ཚེས་བདུན་ལ་བཞག་པའི་ཆིངས་ཡིག་འདི་དོན་བཞིན་བོད་གཞུང་ལ་བཀའ་མོལ་ཞུ་དགོས་བྱུང་ན་རྒྱལ་རྩེ་ནས་ཡིག་འགྲུལ་ལ་སོགས་པས་ཐག་ཆོད་མིན་ཡོང་འདུག་པ། རྒྱལ་རྩེར་བཞུགས་པའི་དབྱིན་གཞུང་སྐུ་ཚབ་སྐུ་སྲུང་ཁྲིད་ནས་ལྷ་སར་འགྲོ་ཆོག་པ་བྱས་ཡོད།

དོན་ཚན་དགུ་པར། ཆིངས་ཡིག་འདིར་རྩ་འཛིན་བདེ་ཆེད་དུ་བོད་ཀྱི་ས་མཚམས་ས་ཁྲ་ཐྲུར་ཡོད་ལ་རྟགས་དམར་པོ། བོད་ནང་མ་དང་། ཕྱི་མའི་ས་མཚམས་ལ་རྟགས་སྔོན་པོ་བརྒྱབ་ཡོད་པ་ལྟར་ཡིན། ད་ལྟའི་ཆིངས་ཡིག་འདིའི་ཚིག་དོན་གང་ཡོད་རུང་། བོད་ནང་མར་བོད་གཞུང་གི་དབང་ཆ་ཐོབ་ཐང་ཡོད་ལུས་ཚང་མ་རང་འཛུགས་ལ་ལྷག་དོན་དགོན་ཁག་སོ་སོའི་བླ་མ་བསྐོ་བཞག་དང་ཆོས་སྡེའི་སྐོར་སོགས་བསྒྱུར་བཀོད་ཀྱི་དབང་ཆ་ཚང་མར་གནོད་འགལ་ཉམ་ཆག་ཏུ་མི་འགྲོ་བ་བྱས་ཡོད།

དོན་ཚན་བཅུ་པར། ད་ལམ་ཆིངས་ཡིག་འདི་བཞིན་དབྱིན་ཡིག་དང་། རྒྱ་ཡིག བོད་ཡིག་རྣམས་ཡི་གེར་བསྒྱུར་སྐབས་གོ་བསྡུར་ཏན་ཏིག་བྱས་ཡོད་པ་གོ་ཕྱོགས་ལོག་སློང་བྱུང་ན་དབྱིན་ཡིག་ཏུ་གསལ་བ་དེ་རང་ལ་སོར་གནས་བྱ་རྒྱུ།

དོན་ཚན་བཅུ་གཅིག་པར། ཆིངས་ཡིག་འདི་བཞིན་ལག་རྟགས་བརྒྱབ་པ་ནས་བཟུང་བརྩི་འཛིན་བྱ་རྒྱུ། ཆིངས་ཡིག་འདི་བཞིན་དབྱིན་རྒྱ་བོད་བཅས་ཀྱི་ཡི་གེ་འདྲ་གསུམ་རེའི་ཐོག་སྐུ་ཚབ་སོ་སོའི་ཐམ་ག་དང་། མིང་རྟགས་འཁོད་ཡོད། སིམ་ལར་ཕྱི་ལོ1914ཟླ་བཞི་པ་ཧྲུ་ལ་ཏ་རིས་གསུམ་རྒྱ་ལུགས་མི་སེར་རྒྱལ་ཁབ་ཀྱི་ལོ་གསུམ་པའི་ཟླ་བ་བདུན་པའི་ཚེས་གསུམ། བོད་ཤིང་སྟག་ཟླ་ལྔ་པའི་ཚེས་བཅུ་ལ་” ཞེས་འཁོད།

གོང་གསལ་ཆིངས་དན་དོན་ཚན་ལྔག་བཅུ་གཅིག་དེའི་ཐོག་ནས་གསལ་པོར་མཐོང་ཐུབ་པར། དབྱིན་ཇིའི་སྐྱ་ཚབ་རྒྱད་ཁམ་ཧྲུང་སོགས་ཀྱིས་སྔོན་ཚུད་ནས་ཁོ་པ་ཚོ་ནང་མོལ་བྱས་པ་ལྟར་བར་འདུམ་བྱེད་པའི་ངང་ཚུལ་སྟོན་པ་ཙམ་ལས་དོན་དུ་གཡོ་སྒྱུའི་སྦྱོར་བར་བརྟེན་ནས་མཚོ་སྔོན་དང་། ཤིའི་ཁམས་ཀན་སུའུ། ཟི་ཁྲིན། ཡུན་ནན་བཅས་ཀྱི་བོད་རིགས་ས་ཁུལ་ཡོངས་རྫོགས་བོད་ཁོངས་སུ་བརྩི་དགོས་པ་དང་། དེ་ལའང་ཕྱི་ནང་གཉིས་སུ་དབྱེ་བ་སྟེ། འབྲི་ཆུའི་ནུབ་ངོས་ས་ཁུལ་ལ་བོད་ཕྱི་དང་། འབྲི་ཆུའི་ཤར་ངོས་ས་ཁུལ་ལ་བོད་ནང་མ་ཞེས་མིང་བཏགས། བོད་ནང་མའི་ས་གནས་ཁག་གི་བྱ་བ་མཐའ་དག་རྒྱ་བོད་ཐུན་མོང་ནས་དོ་དམ་གནང་དགོས་ཟེར་བ་དང་། བོད་ཕྱི་མའི་བྱ་བ་ཆེ་འབྲིང་ཆུང་གསུམ་ཚང་མ་བོད་གཞུང་རང་ནས་ཐག་གཅོད་བྱེད་ཆོག་པ་ཟེར་བ་འདི་ནི་མངོན་སུམ་འཛེམས་མེད་ཀྱིས་བོད་འདི་མེས་རྒྱལ་མངའ་ཁོངས་ནས་ཁ་བྲལ་གཏོང་རྩིས་བྱེད་པ་ཞིག་རང་ཡིན།

དུས་དེར་ཡོན་རྟེ་ཁྲད་སྲིད་གཞུང་ཉམས་ཆུང་ཐབས་མེད་ཀྱི་གནས་སུ་ལྷུངས་ཏེ། དབྱིན་ཇི་བཙན་རྒྱལ་རིང་ལུགས་པར་མདུང་རྩེ་ཁ་གཏད་ཀྱིས་འཐབ་རྩོད་བྱེད་མི་ཐོད་སྟབས་དབྱིན་གཞུང་གིས་མགོ་ཐར་དཔུང་འཇུད་ཀྱིས་ཆིངས་ཡིག་འཆར་ཟིན་དོན་ཚན་བཅུ་གཅིག་འདི་གཙོ་བོར་འཛིན་ཏེ་གྲོས་མོལ་བྱེད་དགོས་ཟེར་བ་མ་ཟད། སླར་ཡང་འཆར་ཟིན་དོན་ཚན་བརྒྱད་བཏོན་ཏེ་ཀྲུང་དབྱང་སྲིད་གཞུང་གི་འཐུས་མི་དྲན་དབྱི་ཧྲན་ལ་བཙད་ཤེད་ཀྱིས་མིང་རྟགས་འགོད་དགོས་བཟོད་པར་ལྟར། དྲན་དབྱི་ཧྲན་ཡང་བྱེད་ཐབས་དབེན་པའི་གནས་སུ་གྱུར་ནས་འཆར་ཟིན་དོན་ཚན་ལ་མིང་རྟགས་བཀོད་ཅིང་། གནས་ཚུལ་དེ་རྒྱལ་ནང་གི་ཚགས་པར་ཐོག་བཀོད་འཕྲལ་རྒྱལ་ཡོངས་མི་རིགས་

ཁག་གི་མི་དམངས་གིས་ངོ་རྒོལ་མཐའ་གཅིག་ཏུ་བྱས་པ་མ་ཟད། ཡོན་རྟེ་ཁྲིད་གཞུང་ལ་ཁ་རྒྱང་དྲག་པོ་བཏང་བས་ཡོན་རྟེ་ཁྲིད་ཀྱིས་ཚིངས་ཡིག་འཆར་ཟིན་དེར་ཚིག་མཚན་སྒྲོད་མ་ནུས་པར་དྲེན་དབྱི་ཐྭན་ལ་ཚིངས་ཡིག་དངོས་སུ་འཛོག་སྐབས་མིང་རྟགས་འགོད་མི་ཆོག་ཅེས་བཀའ་ཕབ་པ་ལྟར་ཚིངས་ཡིག་དངོས་སུ་འཛོག་སྐབས་དྲེན་དབྱེ་ཐྭན་གྱིས་མིང་རྟགས་རྩ་བ་ནས་མ་བཀོད་སྐབས་དབྱིན་གཞུང་སྐུ་ཚབ་རྒྱད་ཁ་མ་ཧྲུང་དང་བོད་ས་གནས་ཀྱི་སྐུ་ཚབ་བློན་ཆེན་བཤད་སྒྲ་དཔལ་འབྱོར་རྡོ་རྗེས་གསང་བའི་ཐོག་མིང་རྟགས་བཀོད་པ་མ་ཟད། ཤར་ཕྱུང་ས་ཁྲའི་ཐོག་དབྱིན་བོད་ས་མཚམས་རྒྱད་ཁ་མ་ཧྲུང་ཞེས་པའི་ས་ཐིག་བཀོད། འོན་ཀྱང་སིམ་ལའི་ཚིངས་ཡིག་ངོ་མ་དེར་ཀྲུང་དབྱང་སྲིད་གཞུང་གི་འཐུས་མིས་བཀོད་མངགས་ལྟར་དངོས་སུ་མིང་རྟགས་བཀོད་མེད་སྐབས་ཚིངས་ཡིག་དེའང་དབྱིན་བོད་དབར་གསང་བའི་ཐོག་བཞག་པའི་ཁྲིམས་འགལ་གྱི་ཚིངས་ཡིག་ཅིག་ཡིན་ལ། དབྱིན་ཇི་བཙན་རྒྱལ་རིང་ལུགས་པས་བོད་འདི་མེས་རྒྱལ་མངའ་ཁོངས་ནས་ཁ་བྲལ་གཏོང་བའི་དཔང་རྟགས་ཁུངས་བཙན་ཞིག་ཀྱང་ཆགས་ཡོད།

10. བོད་ས་གནས་སུ་སྲིད་འཛིན་གྱི་བྱེད་ཐབས་གསར་པ་འགའ་ཞིག་བྱུང་སྐོར།

རྒྱལ་དབང་ཐུབ་བསྟན་རྒྱ་མཚོ་དང་སེར་སྐྱ་དཔོན་རིགས་ཆེ་གྲས་འགའ་ཞིག་མེས་རྒྱལ་ནང་ཁུལ་དང་། ཕྱི་སོག རྒྱ་གར་སོགས་ཀྱི་ས་གནས་མང་པོར་དུས་ཡུན་གང་འཚམས་བཞུགས་ཏེ་སྔོན་ཐོན་གྱི་འཛུགས་སྐྲུན་དང་། འཕྲུལ་ཆས། ཚན་རིག་ལག་རྩལ་དོ་དམ་ལམ་ལུགས། དམག་དོན་སོགས་དངོས་སུ་གཟིགས་སྐབས་དབྱིན་ཇི་དང་། རྒྱ་གར། ཕྱི་སོག མེས་རྒྱལ་ནང་ཁུལ་གྱི་དོ་

དམ་ལམ་ལུགས་དང་ཚན་རིག་ལག་རྩལ་སོགས་སྐོར་བརྟག་ཞིབ་ཡུན་རིང་གནང་སྟེ་བོད་ཀྱི་སྤྱི་ཚོགས་དངོས་འབྲེལ་གོང་སྤེལ་གཏོང་དགོས་ན་དེང་རབས་ཀྱི་ཚན་རིག་ལག་རྩལ་དང་། དོ་དམ་ལམ་ལུགས། དམག་དཔུང་ངེས་ཅན་ཞིག་སོགས་དགོས་ངེས་ལས་ལྷ་བླ་མ་ཁོ་ནར་གསོལ་བ་འདེབས་བཞིན་བསྡད་ན་མི་འགྲིག་པ་དེ་གསལ་པོར་མཁྱེན། དེར་བརྟེན་བོད་ཀྱི་ཆབ་སྲིད་དང་། དཔལ་འབྱོར། རིག་གནས། དམག་དོན་སོགས་ཡར་རྒྱས་གོང་འཕེལ་ཡོང་ཆེད་བྱེད་ཐབས་གསར་པ་འགའ་ཞིག་ལག་ལེན་བསྟར་བ་འདི་ལྟར། ཤིང་སྟག་(1914) ལོར་སིམ་ལའི་གྲོས་ཚོགས་གྲོལ་ནས་ཡུན་རིང་མ་སོང་བར་བོད་དམག་བཅོས་སྒྲིག་དང་རྒྱ་བསྐྱེད་བཏང་སྟེ་བོད་དམག་དམག་སྒར་གཅིག་ལ་ཉི་ཧོང་གི་དམག་དཔོན་རྙིང་པ་ཡ་སུ་མ་ཛི་ཡ་ནས་ཉི་ཧོང་གི་དྲག་པོའི་ལུགས་སྲོལ་གྱི་དམག་རྩེད་དང་། དམག་སྒར་གཅིག་ལ་ཨུ་རུ་སུའི་དྲག་པོའི་སློབ་སྦྱོང་ཐོན་པ་སོག་པོ་བསྟན་པ་རྒྱལ་མཚན་ནས་ཨུ་རུ་སུའི་ལུགས་ཀྱི་དམག་རྩེད། དམག་སྒར་གཅིག་ལ་དབྱིན་ཇིའི་ལུགས་ཀྱི་དམག་རྩེད། ཐུར་ཡོད་རྒྱ་སྦྱོང་དམག་རྩེད་བཅས་ཁག་སོ་སོར་སློབ་སྦྱོང་བྱེད་དུ་བཅུག་སྟེ་དམག་རྩལ་འགྲན་བསྡུར་གྱིས་དམག་རྩེད་གང་ཞིག་དགེ་མཚན་ཆེ་བ་ཡོད་མེད་གཟིགས་ཞིབ་དང་འབྲེལ་བོད་དམག་ཆིག་ཁྲི་ཙམ་འཛུགས་རྒྱུའི་འཆར་འགོད་གནང་། དེའི་སྤྱི་ཁྱབ་དམག་དཔོན་ཆེ་བ་བཀའ་བློན་ཚ་རོང་ཟླ་བཟང་དགྲ་འདུལ་དང་། དམག་སྤྱི་གཉེན་པ་ཐའི་ཇི་ཁྲི་སྨོན་ནོར་བུ་དབང་རྒྱལ་ལ་བསྐོ་གཞག་བསྐྱལ། དེ་རྗེས་དམག་སྒར་གསར་རྙིང་རྣམས་ཀ་སྡེའི་གོ་རིམ་སྡེ་ཚན་བསྒྲིགས་ཤིང་། དམག་དར་དང་། དམག་སྤྱི་ལས་ཁུངས་ཀྱི་རྩ་འཛུགས་སྒྲིག་གཞི། དམག་ཁྲིམས་སོགས་གཏན་འབེབས་གསལ་བསྒྲགས་གནང་། གོང་གསལ་དམག་སྒར་ཁག་དེ་

རྣམས་ལ་དེ་སྔའི་རྒྱ་སྟོང་། སྲིག་གཞི་གཞིར་བཟུང་དམག་མི་ལྔ་བརྒྱ་རེར་མདའ་དཔོན་རེ་དང་། དེ་འོག་ཏུ་དཔོན་གཉིས་དང་། བརྒྱ་དཔོན་བཞི། ལྡིང་དཔོན་ཉི་ཤུ། བཅུ་དཔོན་ལྔ་བཅུ་རེ་བཅས་རིམ་བཞིན་བསྐོ་གཞག་བསྒྲུལ་ཞིང་། དེ་ནས་དམག་དོན་མི་སྣ་གསོ་སྐྱོང་བྱེད་ཆེད་རྒྱལ་རྩེར་དབྱིན་ཇིས་དམག་དཔོན་གྱི་སློབ་གྲྭ་བཙུགས་ཏེ་དམག་དོན་མི་སྣ་ཁག་གཅིག་གསོ་སྐྱོང་གིས་རིམ་བཞིན་དམག་སྒར་སོ་སོར་ཁག་བགོས་ཐོག་དམག་དཔོན་གྱི་ལས་འགན་འཁུར་བ་རེད།

དེ་ནས་བོད་དམག་གི་མཚོན་ཆའི་འབྱུང་ཁུངས་ཐག་གཅོད་ཡག་པོ་ཡོང་ཆེད་གྲྭ་བཞི་གློག་འཕྲུལ་ཁང་གསར་བཙུགས་ཐོག་མེ་མདའ་དང་མདེའུ་བཟོས། འོན་ཀྱང་སྐབས་དེར་ལག་རྩལ་དང་རྒྱུ་ཆས་སོགས་ཕྱི་ནང་གང་ཅིའི་ཆ་རྐྱེན་ཤིན་ཏུ་དམན་པས་མེ་མདའ་དང་མདེའུའི་འཐོར་ཚད་དང་ སྤུས་ཚད་གཉིས་ཀ་འགན་སྲུང་བྱེད་མ་ཐུབ་སྐབས་རྗེས་སུ་གྲྭ་བཞི་དངུལ་དཔར་ཁང་དུ་བསྒྱུར་ནས་བོད་ས་གནས་སྲིད་གཞུང་གི་དངུལ་ལོར་པར་འདེབས་ཀྱི་ལས་འགན་འཁུར་ཏེ་རིམ་བཞིན་དངུལ་སྒོར་དང་། ཟངས་ཏམ་ཤོག་དངུལ། སྒྲུག་འཛིན་བཅས་པར་འདེབས་བྱ་ཡུལ་དུ་བསྒྱུར། ལོ་དེར་དངུལ་ལོར་འགའ་ཞིག་པར་འདེབས་འགྲེམས་སྤེལ་གནང་།

དེ་ནས་བོད་དུ་གློག་ལས་དང་། གཏེར་ལས། སྒྲུག་ཏར་ལས་རིགས་སོགས་གསར་འཛུགས་བྱེད་ཆེད་བྱང་ངོས་པ་རིག་འཛིན་རྡོ་རྗེ་དང་། སློན་གྲོང་མཁྱེན་རབ་ཀུན་བཟང་། སྐྱིད་སྡུག་དབང་འདུས་ནོར་བུ། སྒོག་མཁར་བསོད་ནམས་རྒྱལ་པོ་ (ཡིག་ཆ་འགའ་ཞིག་ཏུ་བསོད་ནམས་མགོན་སྐྱབས་ཞེས་འཁོད་) བཅས་དཔོན་རིགས་ཀྱི་གཞོན་ནུ་བཞི་དབྱིན་ཇིའི་རྒྱལ་ས་ལུན་ཏུན་དུ་

སྒྲོག་ལས་དང་། སྒྲུག་ཏར། གཏེར་ལས། དམག་དོན་བཅས་སློབ་སྦྱོང་བྱེད་པར་གཏོང་གནང་བ་དང་འབྲེལ་ཕོ་ཚོའི་ལྷ་སྐྱོང་འགོ་འཛིན་བྱེད་པོ་རྩིས་པ་ལུང་ཤར་རྡོ་རྗེ་ཚེ་རྒྱལ་གཏོང་གནང་མཛད། སྤྲེལ་གྱིས་བརྩམས་པའི་《བོད་ཀྱི་སྟོན་ཚད་དང་ད་ལྟ》ཞེས་པའི་ནང་བཀོད་དོན“མཐོ་རིམ་གྱི་ཕྲུ་གུ་བཞིའི་ནང་ནས་ལོ་ན་རྒན་ཤོས་སྐོག་མཁར་བས་དམག་ལས་སྦྱངས་པ་དང་། དམག་སྐར་དུའང་ཟླ་བ་བཅུ་གཅིག་ཙམ་སྦྱོང་བདར་བྱས་ཤིང་། སློབ་གྲྭ་མ་ཐོན་གོང་བོད་ལ་ཕྱིར་ལོག་པ་དང་། ལོ་ཆུང་ཤོས་བྱང་ངོས་པ་ནི་སྦྱོང་གྲུང་འཛོམས་ལ་རིག་པ་རྣོ་བ་ཞིག་ཡོད། དེས་སྒྲོག་ལས་སྦྱང་སྟེ་སྦྱང་འབྲས་གང་ལེགས་ཐོན་ཞིང་། དེ་མིན་གཞན་གཉིས་སློབ་སྦྱོང་ལ་བརྩོན་འགྲུས་ཞན་པས་གྲུབ་འབྲས་དེ་ཙམ་བྱུང་མེད་”ཟེར། ཕོ་ཚོ་སྤྱ་རྗེས་སུ་བོད་ལ་ལོག་རྗེས་སྐྱིད་སྡུག་དབང་འདུས་ནོར་བུས་ལྷ་སའི་ཏར་ཁང་བཙུགས་ཏེ་འགོ་འཛིན་བྱེད་པོའི་འགན་འཁུར་གནང་བ་དང་། སྨོན་གྲོང་མཁྱེན་རབ་ཀུན་བཟང་གིས་ལྷ་སའི་བྱང་ངོས་ནས་གསེར་གྱི་གཏེར་ཁ་འདོན་པའི་ལས་འགོ་བརྩམས་ནས་གཏེར་ཁ་འདོན་སྐབས་ས་འོག་ནས་སྤྲུལ་པ་ཆེན་པོ་ཞིག་ཐོན་པས་མི་མང་པོས་བཀྲ་མི་ཤིས་པའི་རྟགས་མཚན་རེད་ཅེས་གཏེར་འདོན་པའི་ལས་ཀར་ངོ་རྒོལ་མཐའ་གཅིག་ཏུ་བྱས་སྟབས་ལས་མཚམས་མི་འཛོག་ག་མེད་བྱུང་། འོན་ཀྱང་སྐབས་དེར་རྒྱལ་དབང་ཐུབ་བསྟན་རྒྱ་མཚོའི་བཀའ་དགོངས་བཞིན་བོད་ཀྱི་ས་གནས་རྫོང་གཞིས་ཁག་ལ་བཀའ་རྒྱ་བཏང་སྟེ་གཏེར་རྡོ་འཚོལ་ཞིབ་བྱེད་དགོས་པའི་བཀའ་ཕབ་པ་ལྟར་ས་གནས་ཁག་ནས་གཏེར་རྡོའི་དཔེ་ཚད་འདྲ་མིན་སྣ་ཚོགས་ས་གནས་སྲིད་གཞུང་ལ་ཕུལ་ཏེ་མི་མང་ཡོངས་ནས་གཏེར་རྡོ་འཚོལ་བའི་བྱ་བ་བཟང་པོ་ཞིག་འགོ་ཚུགས་པ་རེད། བྱང་ངོས་པ་རིག་འཛིན་རྡོ་རྗེས་བོད་དུ་འཕྲུལ་འཁོར་བཟོ་གྲྭ་འཛུགས་

རྒྱུའི་འགན་འཁུར་གནང་བ་མ་ཟད། དོག་སྡེའི་ཆུ་ཤུགས་གློག་འདོན་ཁང་བཙུགས་ཏེ་གློག་བཞུ་ཡང་སྤྱར་ཐུབ་པ་བྱུང་བ་རེད། སློག་མཁར་བ་བསོད་ནམས་རྒྱལ་པོ་བོད་ལ་ཕྱིར་ལོག་ནས་ཡུན་རིང་མ་སོང་བར་ཚེ་ཡི་འཕེན་པ་རྫོགས། དེ་རྗེས་དཔོན་རིགས་དང་ཚོང་པ་ཆེ་གྲས་ཁག་གི་བུ་ཕྲུག་མང་པོ་རྒྱ་གར་ལ་སློབ་སྦྱོང་དུ་འགྲོ་མཁན་བྱུང་ཡོད་ཀྱང་བོད་ཀྱི་འཛུགས་སྐྲུན་ལ་ཕན་པའི་བྱ་བ་གང་ཡང་མ་བྱུང་བར་མངོན།

མེ་འབྲུག(1916)ལོའི་ཟླ9ནང་ལྷ་ས་བསྟན་རྒྱས་གླིང་གི་ཉེ་འདབས་སུ་ཁང་པ་གསར་སྐྲུན་ཐོག་བོད་ལུགས་སྨན་རྩིས་ཁང་དངོས་སུ་བཙུགས། དབུ་འཛིན་སྨན་རྩིས་མཁས་དབང་འབྲས་སྤུངས་སྨན་སྦྱིན་པ་མཁྱེན་རབ་ནོར་བུར་རྩེ་དྲུང་ལས་ཚན་ཆེ་བའི་གོ་གནས་བསྐོ་བཞག་མཛད། དབུས་གཙང་དང་། ཁམས། མངའ་རིས་སོགས་མངའ་ཁུལ་ས་གནས་ཁག་ནས་སློབ་མ་མང་པོ་བསྡུ་བསྐོང་ཐོག་བོད་ཀྱི་རིག་གནས་སྤྱི་དང་། ཁྱད་པར་སྨན་རྩིས་ཀྱི་གཞུང་ལུགས་ལ་སྦྱོང་པ་གང་ལེགས་བྱས་ཏེ་བོད་ཀྱི་རིག་གནས་གོང་དུ་སྤེལ་བ་དང་། བོད་མི་དྲག་ཞན་ཚང་མའི་ནད་གསོར་ཕན་པའི་བྱ་བ་མང་པོ་མཛད་པས་ད་ལྟའང་སྨན་རྩིས་ཁང་ཞེས་ཡུལ་གྲུ་ཀུན་ཏུ་གྲགས་ཆེ་བར་གྱུར།

གཞན་ཡང་བོད་ལྗོངས་ཀྱི་ཞིང་ནགས་ཐོན་སྐྱེད་གོང་འཕེལ་ཡོང་ཐབས་དང་། ཐོན་ཟོག་གཙོ་བོ་བལ་གྱི་ཚོང་ལས་སྐོར་སོགས་དཔལ་འབྱོར་ཡར་རྒྱས་འབྱུང་ཐབས་ལའང་ཐུགས་འཁུར་ཆེ་བཞེས་མཛད་ཡོད་པ་ནི། རྣམ་ཐར་ནང་1913བོད་ཆུ་སྦྲང་ལོར་"བོད་ལྗོངས་སེར་སྐྱ་ཡོངས་ལ་སྨད་ཀྱི་བླང་དོར་བྱེད་སྒོའི་སྐོར་"གྱི་རྩ་ཚིག་སྤྲུག་དམ་སྒྱུར་མ་ཞིག་བསྩལ་པའི་དོན་ཚན་"ལྔ་པར། ད་ནས་བཟུང་སྤྱི་ས་རི་ཀླུང་བེད་མེད་སྟོང་ལུས་ཇི་ཡོད་ལ་ཁྲིམ་པ་ཉམས

ཅན་རྩོལ་ལྡན་ནས་ས་ཞིང་འདུལ་བ་དང་། སྲུར་ལྕང་སྐྱེ་ཚེར་ཡན་གྱི་ཕན་བདེ་སྤེལ་བའི་འདེབས་འཕེལ་གང་ཐུབ་བྱེད་པར་གཞུང་སྒེར་ཚོས་བཅས་སུས་ཀྱང་བཀག་འགོག་ནམ་ཡང་མི་ཆོག་ཅིང་། དེ་དག་དགེ་བེད་ལོ་གསུམ་ཁྲལ་མེད་དུ་སྤྱོད་རྗེས་རྒྱ་ཁྱོན་དང་དགེ་བེད་ལ་གཞིགས་པའི་ཁྲལ་བོགས་གཉིས་ལོ་འགེལ་འོས་ཐོག འཛིན་བདག་གཏན་འཇགས་སུ་སྤྲད་པས་གཞུང་འབངས་གཉིས་སྐྱིབས་ཡོང་བ་བྱ་རྒྱུ”①ཞེས་གསལ་བ་ལྟར་དེ་སྔོན་ས་སྟོང་བེད་མེད་རྣམས་ཀྱང་སྲིད་གཞུང་དང་། དགོན་སྡེ། སྒེར་པ་ཁག་བཅས་ཀྱིས་བཀག་འདོམས་བྱེད་པ་དེ་དག་སླད་ཞིང་པ་ཉམས་སྐྱོང་དང་འབད་རྩོལ་ཡོད་པ་ཚོས་ས་ཞིང་གསར་སྤོལ་ལམ། སྲུར་ལྕང་སྐྱེ་ཚེར་སོགས་འདེབས་གང་ཐུབ་རང་མོས་ལྟར་བྱས་ཆོག་པ་གནང་ཞིང་། ཐོན་སྐྱེད་བྱས་པའི་དགེ་བེད་ཐེ་བྱུང་ལོ་གསུམ་རིང་ཁྲལ་འབབ་མེད་པར་སོ་སོས་ལོངས་སྤྱོད་ཆོག་པ་དང་། དེ་རྗེས་ཁྲལ་ལམ་ཡང་ན་བོགས་མ་སོགས་གཞུང་འབངས་གཉིས་ལོ་གཏན་འབེབས་ཀྱིས་འཛིན་བདག་ངལ་རྩོལ་བྱེད་པོ་རང་ལ་གཏན་འཇགས་བྱས་འཐུས་གནང་བ་དེ་ནི་སྐབས་དེའི་སྤྱི་ཚོགས་ལ་དཔགས་ན་གསར་བཅོས་ཤིག་ཡིན་པས་གཞུང་འབངས་གཉིས་ཀར་དགེ་སྐྱིབས་ངེས་ཅན་ཞིག་བྱུང་ཡོད།

དེ་བཞིན་བོད་ཀྱི་ཚོང་ལས་ཐོན་ཟོག་དྲག་ཤོས་ལུག་བལ་ཡིན་པ་དེ་དག་ས་གནས་སོ་སོའི་དཔོན་པོ་དང་ཚོང་པ་མཉམ་འབྲེལ་གྱིས་འཁྲིག་པར་རིན་འབབ་སྐེ་སེལ་ཙམ་ལས་མ་སྤྲད་པར་ཉོ་འདྲེན་གྱིས་རྒྱ་གར་ཕྱོགས་བཙོང་སྟེ་ཁེ་

① （བོད་ཀྱི་ལོ་རྒྱུས་རིག་གནས་དཔྱད་གཞིའི་རྒྱུ་ཆ་བདམས་བསྒྲིགས་དེབ་འདོན་ཐེངས11པའི་པར་ངོས217－218）

བཟང་ཟ་བར་བརྟེན་གཞུང་ཚོང་སྒྱིམ་མདའ་ཚང་ལ་བསྒྲི་བཞག་གནང་སྟེ། འཁྲིག་པར་ཡུལ་ཐང་གི་བལ་རིན་གཅིག་གྱུར་སྒྲད་དེ་ཉོ་སྒྲུབ་ཀྱིས་རྒྱ་གར་ལ་སྐྱེལ་ཚོང་བྱས་ནས་གཞུང་ལ་ཁེ་འབབ་ཆེ་ཙམ་འབུལ་གྱི་ཡོད་ཏུང་། རྒྱ་གར་གྱི་མ་རྫ་ཅན་ཆེ་ཁག་ཚོས་ཁ་མཐུན་བྱས་ཏེ་བལ་གོང་གཅིག་གང་ཐུབ་བྱས་མཐར་སྐྱོང་གུན་གཏོང་གི་ཡོད་པར་བརྟེན་དྭ་ལའི་བླ་མ་མཆོག་ནས་ཚོང་ལས་བྱ་གཞག་དེ་རིགས་ལའང་ཐུགས་འཁུར་ཆེན་པོ་བཞེས་ཀྱི་ཡོད་པ་ནི། རྣམ་ཐར་ནང་1931བོད་ལྕགས་ལུག་ལོར། ཟླ་བ་བཅུ་གཅིག་པའི་ཚེས་གསུམ་ཉིན། ཨ་མེ་རི་ཀའི་སིའི་སུ་ཡེ་དམ། ཁ་ཀྲིང་ལ་ཕྱག་བྲིས་བསྐུལ་དོན། "འདི་ག་བོད་ཡུལ་ནས་ཐོན་ཁུངས་བལ་རྣམས་བོད་གཞུང་གི་ཆབ་སྲིད་དང་། མི་སེར་གྱི་བདེ་ཐབས་འཕེལ་རྒྱས་ཆེད་ལོ་གསུམ་རིང་གཞུང་ཚོང་སྒྱིམ་མདའ་ཚང་ནས་ཚོང་བསྒྱུར་ཚོག་པ་དེ་ལྟར་ཡང་། སྔ་ལོའི་བལ་འབབ་རྣམས་རྒྱ་གར་ཀ་ཡན་ཁག་གསུམ་ལ་བཙོངས་ཟིན་ཐོག འདི་ལོའི་བལ་འབབ་རྣམས་ཀྱང་ཚོང་བསྒྱུར་བྱ་རྒྱུ་ཡིན་ཏུང་གོང་གསལ་ཀ་ཡན་རྣམས་ནས་ངན་མཐུན་ཐོག་བལ་གོང་དམའ་གཅོག་དང་། དེ་ག་ཨ་མེ་རི་ཀ་ནས་བལ་ཉོའི་ངོ་ཚབ་ཡོང་སྐབས་གོང་གསལ་ཀ་ཡན་རྣམས་ནས་ཆང་རིན་སྤྲད་དེ་བལ་ཉོ་རྒྱུ་ཁ་བཀག་གིས་ཕྱིར་སློག་ཐོག བལ་ཉོ་ཚོང་ལ་གནོད་རྐྱེན་གང་ཐུབ་ངན་པ་ཁ་འགྲིལ་ཤ་སྟག་བྱས་ཏེ་བལ་འདོད་ཉོ་འདོད་ཚོང་བྱེད་མ་བཅུག་པས་གཞུང་གུན་ཆེ་གཤིས། ད་ཆ་གཞུང་ཚོང་སྒྱིམ་མདའ་ཚང་གི་བལ་དོ་རྣམས་རྒྱ་གར་ཀ་ཡན་གྱི་ལག་ཐོག་འགྲིམ་ཚོང་མ་དགོས་པར་རང་རེ་དོ་བདག་རྣམས་པན་ཚུན་ངོ་སྤྲད་ཐོག་ནས་བལ་ཚོང་བྱས་འཐུས་

ཤིག་བྱུང་ཕྱིན་གཉིས་སླན་ཡོང་རྒྱུ་ཞེས་འབོད་པའི་ཕྱག་བྲིས་ཤིག་བསྐུལ། ”①ཞེས་འབོད་འདུག་པ་བཅས་དཔལ་འཁྱོར་གོང་སྤེལ་ཐད་ཀྱི་ཞིབ་ཕྲའི་ལག་བསྟར་བྱ་རིམ་གཞུང་ཡིག་ནང་འབོད་རྒྱུ་ཡང་། འདིར་རྣམ་ཐར་ནང་ནས་དཔེ་མཚོན་གཉིས་དྲངས་ཏེ་བཀོད་པ་ལགས་སོ།

ཛ་ཝེ་བོད་མི་རྣམས་ཀྱི་འཚོ་བའི་ནང་མེད་ཐབས་མེད་པ་ཞིག་ཡིན་པ་དང་། སྐབས་དེར་འཕྲིམ་འགྲུལ་སྟབས་མི་བདེ་བས་འབྱུང་ཛ་ཡུལ་ཕྱོགས་གཞན་ནས་འདྲེན་པར་དཀའ་ངལ་ཏ་ཅང་ཆེ་བའི་གནས་སུ་གྱུར་ཅིང་། ཛའི་གནད་དོན་དེ་ཐག་གཅོད་ཐུབ་རེས་ཆུ་ཕག(1923)ལོར་ཛ་ཆུ་རོང་དུ་ཛ་ཤིང་འདེབས་ལས་ཀྱི་ཚོད་ལྟ་གནང་། དེའི་འགོ་འཛིན་བྱེད་པོར་རུ་དཔོན་ལས་ཚན་བྱམས་པ་སྐལ་བཟང་བསྐོ་གཞག་བསྐུལ། འོན་ཀྱང་ལོ་མང་རིང་ཛ་ཤིང་འདེབས་ལས་ཚོད་ལྟའི་ལས་ཀར་ཕན་འབྲས་མངོན་གསལ་དོད་པོ་དེ་ཙམ་མ་བྱུང་སྟབས་རྗེས་སུ་ཚོད་ལྟའི་ལས་ཀ་དེ་མཚམས་འཇོག་གནང་དགོས་བྱུང་།

ཆུ་ཕག(1923)ལོ་དེར་བོད་ཀྱི་ལྷེ་བའི་གྲོང་ཁྱེར་ལྷ་སའི་སྤྱི་ཚོགས་བདེ་འཇགས་ཀྱི་ལས་ཀར་ཤུགས་རྐྱེན་ཡོང་ཆེད“པུ་ལི་སིའི་”དམག་སྒར་གསར་དུ་བཙུགས་ཏེ་ལྷ་སའི་ཕྱོགས་བཞིར་པུ་ལི་སིའི་ཚོ་ཁང་རེ་དང་། སྲང་ལམ་གཙོ་བོ་ཁག་ལ“པུ་ལི་སི་”བཞག་སྟེ་ཉིན་མཚན་ཀུན་ཏུ་བདེ་སྲུང་གི་ལས་ཀའི་འགན་འཁུར་འཛུགས་གནང་མཛད་ཅིང་། དེའི་འགོ་ཁྲིད་དུ་ལེགས་ལྡན་སཱ་ཧེབ(མིང་གཞན་བསོད་ནམས་ལེགས་ལྡན་)དང་། རྗེ་དྲུང་མཁྱེན་རབ་

① (བོད་ཀྱི་ལོ་རྒྱུས་རིག་གནས་དཔྱད་གཞིའི་རྒྱུ་ཆ་བདམས་བསྒྲིགས་དེབ་འདོན་ཐེངས11པའི་པར་ངོས293)

ཀུན་བཟང་བསྐྱི་གཞུག་གནང་བ་མ་ཟད། མདོ་མཁར་སྲས་དང་། ལྕང་གྲོང་པ་སོགས་ལ“ པུ་ལི་སིའི་” དམག་ཁྲིམས་དང་། སྒྲིག་གཞི། སྦྱོང་བདར་བྱ་ཐབས་སོགས་ཞིབ་འཇུག་བྱེད་རྒྱུའི་བཀའ་བཀོད་ཀྱང་གནང་བ་རེད།

དེ་ནས་ཤིང་གླང་ (1925) ལོར་སྟག་ཏར་ཁང་གསར་དུ་བཙུགས་པ་དང་། དེའི་འགོ་འཛིན་བྱེད་པོར་རྗེ་དྲུང་གྲགས་པ་ཆོས་རྒྱལ་དང་། ལས་བྱ་ཤོད་དྲུང་སྡེལ་བཞི་བ། ཏར་གཏོང་རྗེ་དྲུང་ཆོས་ལྡན་བསྟན་དར། ཤོད་དྲུང་སྐྱིད་སྡུག་པ། སྟག་དྲུང་གཉིས་བཅས་བསྐྱི་གཞུག་བསྐྱལ་ཐོག་ཏར་ཡིག་དང་སྟག་ཡིག་སླ་ཆ་དཀྱིལ་འབབ་ཇི་བྱུང་ཟླ་བ་དྲུག་རེའི་མཚམས་སུ་རྩིས་ཕྲ་ཁམས་དྭངས་བཀའ་ཤག་ལ་འབུལ་དགོས་པའི་གཏན་འབེབས་གནང་།

དེ་རྗེས་དངུལ་ཁང་གསར་དུ་བཙུགས་ཏེ་ཐོག་མར་ཕུན་ཁང་གྲུང་ལ་དངུལ་ཁང་གི་འགོ་འཛིན་བསྐྱི་བསྐྱལ་དང་། དེ་རྗེས་བཀའ་བློན་ཚ་རོང་ཟླ་བཟང་དགྲ་འདུལ་སོགས་ལ་འགོ་འཛིན་བསྐྱི་བཞག་གནང་ནས་བོད་ཀྱི་དངུལ་ལོར་ལམ་ལུགས་ལ་བསྒྱུར་བཅོས་གནང་བ་སྟེ། དེ་སྔ་བོད་དུ་ཏམ་དཀར་སྣ་ཚོགས་འགྲོ་རྒྱུགས་བྱེད་སྲོལ་ཡོད། ཏམ་དཀར་དེ་རིགས་ནང་ནས་ཚན་ལུང་ཚང་པའོ་ཞེས་པའི་ཆེན་གོང་མ་ཚན་ལུང་སྐབས་སུ་གཏན་འབེབས་དང་པར་འདེབས་གནང་བའི་ཏམ་དཀར་དེ་འགྲོ་རྒྱུགས་གང་འཚམས་ཆེ་བ་ཞིག་ཡིན་པ་དང་། ཏམ་དཀར་དེ་ལ་བོད་མི་རྣབ་རབས་རྣམས་ཀྱིས་མ་དག་རྒྱུན་འཇགས་ཀྱིས་ཙང་ཚན་པའོ་ལུང་ཞེས་འབོད། བོད་དངུལ་ལམ་ལུགས་ལ་བསྒྱུར་བཅོས་གནང་རྗེས་བོད་རང་ནས་ཟངས་ཀྱི་པད་ཤག་ཁ་གང་དང་། སྐར་ལྔ། སྐར་ཕྱེ་བརྒྱད། ཞོ་གང་བཅས་རིགས་བཞི་དང་། དེ་རྗེས་དངུལ་གྱི་ཞོ་ལྔའི་སྒོར་མོ། སྲང་གང་སྒོར་མོ། སྲང་གསུམ་སྒོར་མོ་སོགས་དངུལ་པར་དང་། ད་དུང་སྒེར་

ཏམ་ཡང་པར་འདེབས་བྱས་ཡོད། དེ་རྗེས1912ལོ་བཞིན་བཟུང་བོད་ཀྱི་ཤོག་ལོར་ཐོག་མ་དངུལ་ཏམ་ལྔ་དང་། ཏམ་བཅུ། ཏམ་བཅོ་ལྔ། ཏམ་ཉི་ཤུ་རྩ་ལྔ། ཏམ་ལྔ་བཅུ་བཅས་རིགས་ལྔ་དཔར་འདེབས་བྱས་པ་དེ་དག་ཤིང་པར་ཡིན་ལ་ལྗང་། ལི། སྨུག སེར། སྔོ་བཅས་ཚོས་གཅིག་མ་ཡིན་པ་དང་། ལོ་རབས་སུམ་ཅུའི་ཡས་མས་ཙམ་ལ་ཏམ་ལྔ་བཅུའི་ཤོག་ལོར་ལྷུགས་པར་ཚོན་ཁྲ་ཅན་ཐོག་མར་བརྒྱབ་པ་དང་། དེ་མིན་དངུལ་སྲང་ལྔ་དང་། སྲང་བཅུ། སྲང་ཉི་ཤུ་རྩ་ལྔ། སྲང་བརྒྱ་ཐམ་པ་བཅས་ཀྱི་ཤོག་ལོར་རྣམས་ནི་ཏཱ་ལའི་བླ་མ་བཅུ་གསུམ་པ་སྐུ་གཤེགས་པའི་རྗེས་སུ་རིམ་བཞིན་བཏོན་པ་མ་ཟད། དངུལ་སྲང་གང་ཞེ་ལྔའི་སྒོར་མོ་དང་། སྲང་གསུམ་སྒོར་མོ། སྲང་བཅུའི་སྒོར་མོ། སྲང་ཉེར་ལྔ་དང་། སྲང་ལྔ་བཅུའི་སྒོར་མོ་སོགས་ཀྱང་དཔར་འདེབས་བྱས་ཡོད།

གོང་དུ་སྨོས་པའི་བོད་དམག་རྒྱ་བསྐྱེད་དང་། བཟོ་གྲྭ། སྦྲག་ཏར། སློབ་གྲྭ། དངུལ་ཁང་སོགས་འཛུགས་གཉེར་བྱེད་པའི་ནོར་སྲིད་ཡོང་འབབ་ཐག་གཅོད་ཡོང་ཆེད་དཔྱ་ཁྲལ་བསྡུ་ལུགས་ལ་བསྒྱུར་བཅོས་བྱས་ཏེ་བལ་ནོ་དང་། རྩྭ་ནོ། པགས་ནོ་སོགས་དཔྱ་ཁྲལ་ལམ་ལུགས་གསར་དུ་བཙུགས་ཤིང་། དེས་བོད་ས་གནས་སྲིད་གཞུང་དང་། དགོན་སྡེ་ཁག་དབར་འགལ་བ་ཤུགས་ཆེན་ལངས་པ་དང་། ལྷག་པར་དུ་པཎ་ཆེན་གྱི་མངའ་ཞབས་བཀྲ་ཤིས་ལྷུན་པོ་དང་འབྲེལ་བ་ཇེ་སྡུག་ཏུ་སོང་ཞིང་། དེའི་རྒྱུ་མཚན་གཙོ་བོ་ནི་ཆེན་རྒྱལ་རབས་ཀྱི་དུས་ནས་བཟུང་པཎ་ཆེན་གྱི་མངའ་ཁོངས་དགོན་སྡེ་ཁག་དང་། སྐོར་པ་སོགས་ཀྱིས་ས་ཞིང་དང་འབྲོག་སྡེ་མང་པོ་བདག་བཟུང་བྱས་ཀྱང་བཀྲ་ཤིས་ལྷུན་པོར་དཔྱ་ཁྲལ་དང་ཞིང་བོགས་གང་འཚམས་འཇལ་དགོས་པ་ཙམ་ལས། བོད་ས་གནས་སྲིད་གཞུང་ལ་དཔྱ་ཁྲལ་ཆེ་རིགས་འཇལ་མི་དགོས་སྐབས་དཔྱ་ཁྲལ་ལམ་

སྲོལ་གསར་དུ་གཏན་འཁེལ་གནང་བ་དེས་ཕོ་པ་ཚོའི་ཁེ་ཕན་ལ་གནོད་འཚེ་ཤུགས་ཆེན་ཐོག་པས་ཡི་མི་རངས་པར་གྱུར། བོད་ས་གནས་སྲིད་གཞུང་གིས་བཀྲས་ལྷུན་བླ་བྲང་ཁོངས་གཏོགས་རྣམས་ཀྱང་ཏཱ་ལའི་བླ་མའི་མངའ་ཞབས་སྤྱི་མཚུངས་སུ་བསྒྱུར་ཆེད་ཤིང་སྟག (1914) ལོར་གཞིས་ཀ་རྩེའི་སྤྱི་རྫོང་དུ་མཁན་ཆུང་བློ་བཟང་དོན་གྲུབ་དང་། ཤོད་དྲུང་སྨུ་བྱ་བསྐྱོ་གཞག་གནང་ཐོག་གཙང་ཕྱོགས་རྫོང་ཁག་བཅུ་དྲུག་ལ་དོ་དམ་བྱས། པཎ་ཆེན་མངའ་འོག་གི་རྫོང་གཞིས་ཚང་མ་དེའི་ནང་དུ་འདུས་པ་མ་ཟད། རྫོང་གཞིས་དེ་དག་ནས་བལ་ཤོ་དང་། པགས་ཤོ། རྩྭ་ཤོ་སོགས་ཁྲལ་རིགས་སྣ་ཚོགས་བསྡུ་ལེན་བྱས་ཤིང་། དེ་བཞིན་ལྕགས་བྱ (1921) ལོར་ཞིབ་འཕར་ལས་ཁུངས་གསར་དུ་བཙུགས་ཏེ་བཀྲ་ཤིས་ལྷུན་པོར་ལོ་རེ་དམག་ཐོགས་འབྲུ་ཁལ་ཆིག་ཁྲི་བསྒྲུབ་དགོས་པའི་བཀའ་ཕབ་སྟབས་བོད་ས་གནས་སྲིད་གཞུང་དང་། བཀྲ་ཤིས་ལྷུན་པོ་དབར་འགལ་བ་ཉིན་བཞིན་ཇེ་སྡུག་ཏུ་སོང་བ་དང་། མཐར་ཆུ་ཕག (1923) ལོའི་ཟླ11ཚེས15ཉིན་གྱི་མཚན་མོ་པཎ་ཆེན་སྐུ་ཕྲེང་དགུ་པ་བློ་བཟང་ཐུབ་བསྟན་ཆོས་ཀྱི་ཉི་མ་སྐུ་འཁོར་དང་བཅས་མེས་རྒྱལ་ནང་ཁུལ་དུ་བྲོས་བྱོལ་དུ་ཐེབས།

དུས་དེར་བོད་ས་གནས་སྲིད་གཞུང་དང་། དེའི་མངའ་ཁོངས་དགོན་སྡེ་ཁག་དང་སྙེར་པ་སོགས་དབར་ལའང་འགལ་བ་ཇེ་མང་དུ་ཕྱིན་པ་དང་། ལྷག་པར་དུ་སྲིད་བློན་བསྐྱུར་དུ་བཙུགས་གནང་བ་དེས་བཀའ་ཤག་གི་དབང་ཆ་ཆུང་དུ་ཕྱིན་སྟབས་ཏཱ་ལའི་བླ་མ་མཆོག་དང་། བཀའ་བློན་ཚོའི་དབར་གྱི་འབྲེལ་བའང་ཉིན་བཞིན་ཇེ་སྡུག་ཏུ་སོང་ཞིང་། སྐབས་དེར་མདོ་སྨད་ཁུལ་དུ་བོད་དམག་དང་ཟི་ཁྲིན་གྱི་དམག་མིའི་དབར་ཟིང་ཆ་ཡང་ཡང་ལངས་པ་སོགས་མདོར་ན་བོད་ནང་ཁུལ་གྱི་གནས་ཚུལ་དེ་རྙོག་འཛིང་ཏ་ཅང་ཆེ་བའི་གནས་སུ་

གྱུར་བས་དབྱིན་ཇིས་བོད་འདི་མེས་རྒྱལ་དང་ཁ་བྲལ་གཏོང་ཆེད་སྤེལ་སྣར་ཡང་བོད་དུ་བཏང་སྟེ་ཚ་རོང་ཟླ་བཟང་དགྲ་འདུལ་སོགས་ཁོ་པ་ཚོའི་རྗེས་འབྲངས་པར་ཤོག་སྒུག་རླུང་འཚང་གིས་གསང་བའི་སྒྲིག་འཛུགས་བཙུགས་ཏེ་ཏཱ་ལའི་བླ་མའི་སྲིད་བསྒྱུར་བྱ་རྒྱུའི་སྒྱིག་གཡོའི་ངན་ཇུས་བཤམས་ཤིང་། སྒྲིག་འཛུགས་དེའི་ནང་ཞུགས་མཁན་མང་ཆེ་བ་རྒྱལ་རྩེ་དབྱིན་དམག་སློབ་གྲྭ་ནས་ཐོན་པའི་བོད་དམག་གི་དམག་དཔོན་གཞོན་ནུ་རྣམས་ཡིན། ཚ་རོང་ཟླ་བཟང་དགྲ་འདུལ་གྱི་ཁྱིམ་དུ་གསང་བའི་སྒོ་ནས་ཚོགས་འདུ་བསྐོངས་ཏེ་ས་གནས་སྲིད་གཞུང་གི་སྲིད་དབང་འཕྲོག་ཐབས་སྐོར་ཞིབ་གསལ་གྲོས་མོལ་དང་མནའ་སྐྱེལ་དམ་བཅའ་འཇོག་པ་སོགས་བྱས། ཚོགས་ཞུགས་ཁོངས་མི་བོད་དམག་གི་དམག་དཔོན་དྭགས་པོ་སྦྲུམ་པས་སྒྱིག་ཏུ་རྒྱལ་བ་ཐུབ་བསྟན་རྒྱ་མཚོའི་སྐུ་དྲུང་དུ་བསྐྱོད་དེ་ཚ་རོང་སོགས་ནས་ངན་གྲོས་བྱེད་པའི་གནས་ཚུལ་རྣམས་ཞིབ་གསལ་སྙན་སེང་ཞུས་སྐབས་ཏཱ་ལའི་བླ་མས་གནས་ཚུལ་འདི་ནི་ཧ་ཅང་ཚབས་ཆེ་བའི་སྒྱིག་གཡོ་ཞིག་ཡིན་པ་གསལ་པོར་མཁྱེན་ཅིང་། རིང་མིན་ཚ་རོང་ཟླ་བཟང་དགྲ་འདུལ་བོད་དམག་གི་དམག་སྤྱིའི་གོ་གནས་ལས་ཕབ། དམག་དོན་དབང་ཆ་ཡོངས་སུ་འཛིན་ཐུབ་པའི་ཆེད་དུ་ཏཱ་ལའི་བླ་མ་ཐུབ་བསྟན་རྒྱ་མཚོའི་སྐུ་ཚ་དྭགས་པོ་སྦྲུམ་པར་བོད་དམག་གི་དམག་སྤྱི་བསྐོ་གཞག་བསྩལ། འོན་ཀྱང་དྭགས་པོ་སྦྲུམ་པ་ནི་དམག་དོན་གྱི་འཛིན་ཐང་ཞན་པ་དང་། སྐྱིད་ལུགས་ཆེ་བ་ཞིག་ཡིན་སྐབས་དོན་དངོས་ཐོག་དམག་དོན་གྱི་དབང་ཆ་ཚགས་སུ་ཚུད་པ་ཞིག་མ་བྱུང་བར་བརྟེན་རྩིས་དཔོན་ལུང་ཤར་ལ་དམག་སྤྱིའི་འཚོ་འཛིན་བསྐོ་བཞག་བསྩལ། སྤེལ་གྱིས་བརྩམས་པའི་ཏཱ་ལའི་བླ་མ་སྐུ་ཕྲེང་བཅུ་གསུམ་པའི་རྣམ་ཐར་ནང་“སྤྱི་ལོ1925ལོར་སླེབས་སྐབས་ཏཱ་ལའི་བླ་མས་བློ་བརྟན་འགྱུར་མེད་ཀྱིས་

དབྱིན་ཇི་རྒྱལ་ཁབ་དང་འབྲེལ་བ་ཉེན་བཞིན་རྒྱུང་རིང་དུ་བཏང་སྟེ་ཀྲུང་གོར་ཕྱོགས་པ་རེད། ལོ་འདིར་ཁོང་གིས་ལུང་ཤར་ལ་བོད་དམག་གི་དམག་སྤྱིར་བསྐྱོ་གཞག་བྱས་ཤིང་། ལུང་ཤར་ནི་དབྱིན་ཇིར་ངོ་རྒོལ་བྱེད་མཁན་ཡིན་པ་དངོས་གསལ་དོད་པོ་རེད། ང་ཚོའི་གྲོགས་པོ་རྙིང་པ་དེ་སྟའི་བོད་དམག་གི་དམག་སྤྱི་ཚ་རོང་ནི་ཐོག་མཐའ་བར་གསུམ་དུ་དབྱིན་ཇིར་དགའ་ཞེན་ཡོད་པ་ཞིག་རེད། སྐབས་དེར་ཁོང་གི་དབང་ཆ་མང་ཆེ་བ་ཤོར་བ་མ་ཟད། མུ་མཐུད་གོ་གནས་དམའ་རུ་བཏང་ཞིང་། 1926ལོར་རྒྱལ་རྩེར་བཙུགས་པའི་དབྱིན་ཇིའི་སློབ་གྲྭ་མཚམས་འཇོག་བྱས་པ་རེད་” ཅེས་བཀོད་པ་བཞིན། རྒྱལ་དབང་ཐུབ་བསྟན་རྒྱ་མཚོ་ནི་དོན་དངོས་ཐོག་རང་གི་མེས་རྒྱལ་ལ་དགའ་ཞེན་ཆེ་བ་དང་། བོད་མི་རིགས་ཀྱི་དཔལ་འབྱོར་དང་། རིག་གནས། དམག་དོན་སོགས་ཕྱོགས་གང་ཅིའི་ཐད་མུར་དུ་གོང་སྤེལ་གཏོང་བའི་དགོངས་པ་རྒྱ་ཆེ་ཡོད་སྟབས་དབྱིན་ཇིས་ཞི་དྲག་གཉིས་ཀྱི་ཐབས་ལ་བརྟེན་ནས་གཡོ་སྒྱུའི་སྦྱོར་བ་ཇི་ལྟར་བཤམས་ཀྱང་ཁོ་ཚོའི་དམིགས་ཡུལ་ངན་པ་དེ་གསལ་པོར་མཁྱེན་པ་མ་ཟད། རྒྱ་བོད་མི་རིགས་དབར་གྱི་སྙན་ཟླའི་འབྲེལ་བ་གཏིང་ཟབ་ཏུ་གཏོང་རྒྱུ་དང་། ཀྲུང་དབྱང་སྲིད་གཞུང་དང་བོད་ས་གནས་སྲིད་གཞུང་དབར་གྱི་མཐུན་ལམ་ལེགས་བཅོས་བྱེད་རྒྱུ་འདི་ནི་ཐབས་ལམ་བཟང་ཤོས་ཡིན་པ་ལོ་མང་རིང་གི་བྱ་བ་དངོས་ཀྱི་ནང་ནས་གསལ་པོར་རྟོགས་ཏེ་ས་འབྲུག་(1928)ལོའི་དགུན་དུས་མ་སྐྱུལ་དང་གླང་ས་ཀྱིས་རྒྱ་ནག་རི་བོ་རྩེ་ལྔར་བཅའ་སྡོད་བོད་ཀྱི་མཁན་པོ་བློ་བཟང་པ་སངས་དང་། དེ་རྗེས་པེ་ཅིང་དབྱི་ཧོ་ཀུང་སྟེ་དགའ་ལྡན་བྱིན་ཆགས་གླིང་གི་མཁན་པོ་དཀོན་ཅོག་འབྱུང་གནས་རྣམ་གཉིས་ནན་ཅིང་དུ་གཏོང་གནང་མཛད་དེ་གོ་མིན་ཏང་ཀྲུང་དབྱང་སྲིད་གཞུང་ལ་བརྩེ་བཀུར་ཞུ་བའི་རྣམ་པ་

བསྟན་པ་མ་ཟད། ཏཱ་ལའི་བླ་མ་རང་ཉིད་ལ་དབྱིན་ཇི་བཙན་རྒྱལ་རིང་ལུགས་དང་མཉམ་འབྲེལ་གྱིས་མེས་རྒྱལ་ལ་འཁོན་འཛིན་བྱེད་པའི་དགོངས་ཚུལ་རྩ་བ་ནས་མེད་ལུགས་བབ་སེད་ཡང་ཡང་གནང་བ་དང་། པཎ་ཆེན་རིན་པོ་ཆེ་བོད་ལ་ཕྱིར་ལོག་གནང་རྒྱུར་དགའ་བསུ་དང་བརྩི་བཀུར་ཞུ་གི་ཡིན་ཞེས་གསུངས། དེ་རྗེས་ལྕགས་རྟ་(1930)ལོར་ལིའུ་མན་ཆེན་གྱིས་གནས་བསྐོར་དུ་ཡོང་བའི་ཚུལ་བྱས་ཏེ་མཁན་པོ་དཀོན་ཅོག་འབྱུང་གནས་དང་མཉམ་དུ་བོད་དུ་ཡོང་སྟེ་ཀྲུང་དབྱང་སྲིད་གཞུང་དང་བོད་ས་གནས་སྲིད་གཞུང་དབར་མཛའ་བརྩེའི་འབྲེལ་བ་འཛུགས་རྒྱུའི་སྐོར་འཁོད་པའི་གོ་མིན་ཏང་གི་ཙུང་ཐུང་ཅང་ཅེ་ཧྲེའི་ཕྱག་བྲིས་ཕྱག་བསྟར་མ་ཞིག་གོང་ས་མཆོག་ལ་ཕུལ་ཞིང་། བོད་ས་གནས་སྲིད་གཞུང་གིས་ཁོང་རྣམ་གཉིས་ལ་བོད་ཀྱི་སྟང་སྲོལ་བཞིན་བསུ་བ་སྣེ་ལེན་གཟབ་རྒྱས་གནང་། ལིའུ་མན་ཆེན་སྐབས་དེར་ལོ་ཉི་ཤུ་རྩ་གསུམ་ལ་སླེབས་པ་དང་ཁོང་གི་མ་ནི་བོད་རིགས་ཤིག་ཡིན་པས་ཐེངས་འདིར་བོད་དུ་ཡོང་དོན་ནི་ཀྲུང་དབྱང་དང་བོད་ས་གནས་སྲིད་གཞུང་དབར་གྱི་འབྲེལ་བ་བསྐྱར་གསོ་ཡོང་ཆེད་ཡིན་ཞེས་གསལ་བཤད་ཡང་ཡང་ཞུས་པ་མ་ཟད། གོ་མིན་ཏང་བོད་སོག་ཨུ་ཡོན་ལྷན་ཁང་གི་བསམ་འཆར་ལྟར་བོད་ཀྱི་གནད་དོན་ཇི་ལྟར་བྱས་ཏེ་ཐག་གཅོད་བྱེད་དགོས་པའི་སྐོར་དྲི་བ་དོན་ཚན་བརྒྱད་བཏོན་པ་འདི་ལྟར།

"དང་པོ། བོད་དང་ཀྲུང་དབྱང་གི་འབྲེལ་བ་ག་འདྲ་བྱས་ཏེ་བསྐྱར་གསོ་བྱེད་དགོས་སམ།

གཉིས་པ། ཀྲུང་དབྱང་གིས་བོད་ལ་དབང་བསྒྱུར་གྱི་དབང་ཆ་ག་འདྲ་བྱས་ཏེ་འཛིན་དགོས་སམ།

གསུམ་པ། བོད་ས་གནས་རང་སྐྱོང་གི་དབང་ཆ་ག་འདྲ་བྱས་ཏེ་གཏན་

འཁེལ་བྱེད་དགོས་སམ།

བཞི་པ། ཏཱ་ལའི་དང་པཎ་ཆེན་རྣམ་གཉིས་ཀྱུང་གོ་གོ་མིན་ཏང་ནང་ཞུགས་སམ།

ལྔ་པ། ཏཱ་ལའི་དང་པཎ་ཆེན་གྱི་བོད་ཀྱི་ཆབ་སྲིད་ཀྱི་གོ་གནས་དང་དབང་ཆ་སྔར་བཞིན་བྱེད་དམ། ཡང་ན་གསར་དུ་གཏན་འབེབས་བཟོ་དགོས་སམ།

དྲུག་པ། པཎ་ཆེན་བོད་དུ་ཕྱིར་ལོག་ན། ཏཱ་ལའི་མཆོག་ནས་བསུ་བ་གང་འདྲ་བྱེད་དམ།

བདུན་པ། ཕན་ཚུན་འབྲེལ་བ་བྱེད་བདེ་བའི་ཆེད་དུ་ཏཱ་ལའི་བླ་མ་ནས་ནན་ཅིང་དུ་དོན་གཅོད་ཁང་འཛུགས་སམ།

བརྒྱད་པ། བོད་ཕྱོགས་ནས་ཀྱུང་དབྱང་ལ་ད་དུང་རེ་བ་གང་ཞིག་ཡོད་དམ་” ཞེས་འཁོད་ཡོད།

གོང་གསལ་གྱི་དོན་ཚན་ཁག་ལ་དྲིས་ལན་ཞིབ་གསལ་ཕུལ་བ་དང་། བོད་ས་གནས་སྲིད་གཞུང་གིས་ཀྱུང་དབྱང་སྲིད་གཞུང་གི་བཀའ་ལ་བརྩི་བཀུར་ཞུ་བའི་རྣམ་པ་བསྟན་པ་སྨོས་ཏེ། ལོ་དེ་གར་མཁན་པོ་དཀོན་ཅོག་འབྱུང་གནས་ནན་ཅིང་དུ་བཙའ་སྡོད་བོད་ཀྱི་སྤྱི་ཁྱབ་འཐུས་མིར་བསྐོ་གཞག་བསྐུལ།

དེ་རྗེས་ལྕགས་རྟ་ (1930) ལོའི་ཟླ་12པར་གོ་མིན་ཏང་བོད་སོག་ཨུ་ཡོན་ལྷན་ཁང་གིས་དཔོན་རིགས་ཤེས་གོ་ལེང་དང་། དྲུང་ཡིག་ཐན་ཡུན་རྫན་རྒྱ་གར་བརྒྱུད་བོད་དུ་གཏོང་གནང་མཛད་ཀྱང་ཤེས་གོ་ལེང་ཚུ་ཤུར་དུ་འཁོར་རྗེས་སློ་བུར་དུ་གྲོངས་པ་དང་དེའི་སྐུ་ཕུང་ལྷ་སར་གདན་དྲངས་ནས་འདས་མཆོད་གཟབ་རྒྱས་གནང་བ་དང་། དྲུང་ཡིག་ཐན་ཡུན་རྫན་ལ་ཏཱ་ལའི་བླ་མ་

མཆོག་ནས་མཇལ་འཕྲད་གནང་བ་མ་ཟད། བསུ་བ་དང་སྐྱེ་ལེན་གང་ལེགས་གནང་ཞིང་། ཁོང་བོད་དུ་ཡུན་རིང་བཞུགས་ཀྱང་གནད་དོན་ཆེ་བ་གང་ཡང་ཐག་གཅོད་བྱེད་ཐབས་བྲལ་བས་མཐར་ཕྱིར་ལོག་ཕེབས།

ལྕགས་ལུག་(1931) ལོར་བོད་ས་གནས་སྲིད་གཞུང་གིས་ཚུལ་ཁྲིམས་བསྟན་འཛིན་སོགས་སེར་སྐྱ་དཔོན་རིགས་འགའ་ཞིག་ནན་ཅིང་དུ་མངགས་གཏོང་མཛད་དེ་ནན་ཅིང་དུ་བཅའ་སྡོད་བོད་ཀྱི་དོན་གཅོད་ཁང་དངོས་སུ་བཙུགས། ཀྲུང་དབྱང་སྲིད་གཞུང་དང་བོད་ས་གནས་སྲིད་གཞུང་དབར་གྱི་འབྲེལ་བ་སླར་གསོ་དང་སྔར་བས་གོང་འཕེལ་ཕྱིན་པ་བཅས་སོ།

11. ཏཱ་ལའི་བླ་མ་སྐུ་ཕྲེང་བཅུ་གསུམ་པ་ཆེན་པོ་དགོངས་པ་རྫོགས་པ་དང་། བོད་ཀྱི་དབང་འཛིན་ནང་ཁུལ་སྲིད་དབང་འཐབ་རེས་བྱས་པའི་སྐོར།

ཆུ་བྱ་ལོའི་(1933) ཟླ་བཅུ་པའི་ཚེས་བཅུ་གསུམ་ཉིན་རྒྱལ་དབང་ཐུབ་བསྟན་རྒྱ་མཚོ་དང་ཐོག་མགྲུལ་འཚམ་བཞེས་ཏེ་སྐུ་ཁམས་ཅུང་ཟད་མི་བདེ་བར་གྱུར་ཅིང་། ཚེས24ཉིན་རྒྱུད་སྨད་གྲྭ་ཚང་ལ་འཆར་ཅན་གྱི་དགུན་མཇལ་གནང་བས་སྐུ་གཟུགས་འཁྲུགས་ཏེ་སྟེང་གཞི་ཇེ་སྡུག་ཏུ་སོང་བས་བཀའ་ཤག་དང་དགའ་ལྡན་ཁྲི་ཟུར་བྱམས་པ་ཆོས་གྲགས་མཆོག་ནས་ཏཱ་ལའི་བླ་མའི་སྐུ་གམ་དུ་བཅར་ཚོག་པའི་སྨན་སྦྲོན་ཞུས་ཀྱང་བཀའ་བློན་ཚོར་མཇལ་འཕྲད་མ་གནང་བ་མ་ཟད། སྨན་སྦྲོན་མཇལ་དར་ཡང་ཡང་ཕྱིར་སློག་གནང་བ་དང་། དགའ་ལྡན་ཁྲི་ཟུར་གྱི་མཇལ་དར་དང་རྟེན་རྫས་བཞེས་ཏེ་མཇལ་འཕྲད་གནང་རྒྱུའི་ཞལ་བཞེས་མཛད། དེ་ནས་གོང་ས་མཆོག་སྟེང་གཞི་ཉིན་བཞིན་ལྗིད་དུ་སོང་བའི་གནམ་ངན་དེ་ཕྱིར་ཁྲབ་རྗེས་རྒྱ་ཆེའི་སེར་སྐྱ་མང་ཚོགས་ཡོངས་ནས་སེམས་ཁྲལ་

ཚད་མེད་བྱས་པ་མ་ཟད། ལྷ་ལྡན་གཙུག་ལག་ཁང་དང༌། རྒྱ་སྟག་ར་མོ་ཆེ། གདན་ས་སེར་འབྲས་དགའ་གསུམ་སོགས་དགོན་སྡེ་ཁག་གི་དགེ་འདུན་པ་ཡོངས་ཀྱིས་བརྟན་བཞུགས་གསོལ་འདེབས་དང་ཞབས་རིམ་གང་མང་བསྒྲུབས་ཀྱང་ཕན་པ་གང་ཡང་མ་བྱུང་བར་ཟླ10ཚེས30ཉིན་གྱི་ཞོགས་པ་ཐུགས་དྲན་ཉམས་ནས་གསུང་མོལ་གང་ཡང་གནང་མི་ཐུབ་པར་གྱུར་ཏེ་དགོང་དྲོའི་ཆུ་ཚོད་དྲུག་པ་ཙམ་ལ་ནོར་གླིང་སྐལ་བཟང་ཕོ་བྲང་གི་འདབ་འབྲེལ་གཟིམ་ཆུང་འཆི་མེད་མཆོག་འཁྱིལ་དུ་གཟིམ་ཁྲི་མཐའ་ཅན་དུ་གྱུར་ཅིང༌། སྐབས་དེར་དགུང་གྲངས58ལ་ཕེབས་ཡོད། རྒྱལ་དབང་ཐུབ་བསྟན་རྒྱ་མཚོ་དགོངས་པ་རྫོགས་པའི་གཏམ་ངན་དེ་ཁྱབ་འཕྲལ་བོད་ལྗོངས་ལྷ་སྡེ་མི་སྡེ་ཡོངས་སྡུག་བསྔལ་གྱི་ཁྲུང་བུའི་ནང་དུ་ལྷུངས་ཤིང༌། བཀའ་ཤག་གིས་བདུན་གསུམ་རིང་དཔོན་རིགས་རྣམས་རྣ་རྒྱན་འདོགས་མི་ཆོག་པ་དང༌། ཁང་པ་ཚང་མའི་དར་ལྕོག་འབེབས་དགོས་པ། ཤེལ་ཡོལ་ཁྲ་ཁྲ་བརྒྱབ་མི་ཆོག་པ། སྐྱེ་རྒུ་མཐའ་དག་གྱོན་ཆས་ཁྲ་ཁྲ་སིལ་སིལ་གྱོན་མི་ཆོག་པ་སོགས་ཀྱི་བཀའ་ཕབ།

དེ་ནས་གོང་ས་མཆོག་གི་སྐུ་གདུང་རིན་པོ་ཆེར་ཆོས་གོས་རྣམ་གསུམ་དང༌། ཞལ་ཁེབས་དར་གོས་མཚལ་ཁ། དབུ་ཞྭ་པཎ་རིང་སོགས་སྒྲོན་ཏེ་བཞུགས་ཁྲིའི་སྟེང་དུ་གདན་དྲངས་ནས་བཞུགས་སུ་གསོལ། སྐུ་མདུན་དུ་མཆོད་སྦྲིན་རྒྱ་ཆེ་གཟབ་རྒྱས་བཤམས། དེ་བཞིན་གདན་ས་ཆེན་པོ་སེར་འབྲས་དགའ་གསུམ་དང༌། གླིང་བཞི་སྟེ་ཀུན་བདེ་གླིང་དང༌། བསྟན་རྒྱས་གླིང༌། ཚེ་སྨོན་གླིང༌། ཚེ་མཆོག་གླིང་སོགས་དགོན་སྡེ་ཁག་གིས་སྤར་སྤྲོལ་ལྟར་དགོངས་རྫོགས་གང་ལེགས་བསྒྲུབས་ཐོག་དེ་རྗེས་གདུང་མཇལ་བཏང་སྟེ་གདན་ས་ཆེན་པོ་སེར་འབྲས་དགའ་གསུམ་དང༌། གླིང་བཞིའི་འཐུས་མི། ཡབ་གཞིས།

བཀའ་བློན། རྒྱལ་སྲུལ། གསོལ་གཟིམ་མཆོད་གསུམ་དྲུང་རྩིས་སོགས་སེར་སྐྱ་དཔོན་རིགས་ཡོངས་དང་། ས་གནས་རྫོང་གཞིས་ཁག་གི་འཐུས་མི་སོགས་ནས་མཇལ་དར་དང་གསེར་གདུང་གི་ཞལ་འདེབས་རྒྱ་ཆེ་ཕུལ།

དེ་ནས་ཟླ་དེའི་ཟླ་12ཚེས་22ཉིན་བཀའ་ཤག་གིས་དམིགས་བསལ་ཚོགས་འདུ་བསྐོངས་ཏེ་རྒྱལ་དབང་མཆོག་གི་སྐུ་གདུང་ལྷ་ཁང་དང་གདུང་རྟེན་བཞེངས་ཕྱོགས་སྐོར་གྲོས་བསྡུར་མཛད་སྐབས་འཐུས་མི་རྣམས་ནས་མགྲིན་དབྱངས་གཅིག་གྱུར་གྱིས་རྒྱལ་དབང་ཐུབ་བསྟན་རྒྱ་མཚོ་ནི་བོད་འབངས་སེར་སྐྱ་ཡོངས་ལ་བཀའ་དྲིན་ལྷག་པར་ཆེ་བ་ཞིག་ཡིན་པས་གསེར་གདུང་ཁྱད་དུ་འཕགས་པ་ཞིག་བཞེངས་དགོས་པའི་རེ་བ་བཏོན་པ་ལྟར། འཕྲལ་དུ་གསེར་གདུང་གསར་བཞེངས་དོ་དམ་པར་བཀའ་བློན་ཁྲི་སྨོན་པ་དང་། མཁན་དྲུང་རམ་པ་བ། རྩིས་དཔོན་ཁྲི་དགའ་བ། ལས་བྱ་འགའ་ཞིག་བཅས་བསྐོ་གཞག་བསྐུལ་བ་དང་འབྲེལ་གསེར་གདུང་ལྷ་ཁང་དང་གསེར་གདུང་བཞེངས་ཡུལ་གང་དགའ་བརྟག་དཔྱད་གང་ལེགས་མཛད་ཐོག་རྩེ་པོ་བྲང་དམར་པོའི་ནུབ་རྒྱུད་དུ་ཨར་ལས་དང་གསེར་གདུང་ལས་གྲྭ་དུས་གཅིག་ཏུ་འགོ་ཚུགས་ཏེ་རྒྱལ་མཆོག་ལྔ་པ་ཆེན་པོའི་གསེར་གདུང་འཛམ་གླིང་རྒྱན་གཅིག་ལས་སྐུ་ཚད་རྒྱུག་མཐོ་ལྷས་མཐོ་བ་དང་། བཟོ་བཀོད་ཤིན་ཏུ་ལེགས་པ་རིན་བྲལ་ཕྲ་རྒྱན་སྣ་ཚོགས་ཀྱིས་བརྒྱན་པའི་གསེར་གདུང་དགེ་ལེགས་འདོད་འཇོ་བཞེང་འགོ་ཚུགས་པ་དང་། དེ་བཞིན་དད་ལྡན་སྐྱེ་བོ་ཀུན་གྱིས་མཆོད་འབུལ་དང་བསྙེན་བཀུར་ཞུ་བདེ་བའི་ཆེད་དུ་རྒྱལ་དབང་མཆོག་གི་འདྲ་སྐུ་ལྷ་བཞེངས་ཏེ་གདུང་ཁང་དགེ་ལེགས་འདོད་འཇོ་དང་། རྩེ་པོ་ཏ་ལ། ལྷ་ལྡན་གཙུག་ལག་ཁང་། ཞོལ་པར་ཁང་། ནོར་བུ་གླིང་ཁ་བཅས་ལ་བཞུགས་སུ་གསོལ་བའི་གཏན་འབེབས་མཛད་

ཅིང་། ཕྱོགས་མཚུངས་སྟར་ལམ་ལྟར་གོ་མིན་ཏང་གུང་དབྱང་སྲིད་གཞུང་ལ་རྒྱལ་དབང་ཐུབ་བསྟན་རྒྱ་མཚོ་དགོངས་པ་རྫོགས་པའི་སྐོར་ཞིབ་གསལ་སྙན་སྒྲོན་ཞུས།

དུས་དེར་བོད་ཀྱི་དབང་འཛིན་པ་ནང་ཁྲུལ་སྲིད་དབང་འཕྲོག་ལེན་བྱེད་པའི་འཐབ་རྩོད་དེ་སྟར་བས་རྙོ་ངར་དང་། ཛ་དྲག མདོན་གསལ་དོད་པོ་བཅས་སུ་གྱུར། དེ་སྔ་རྒྱལ་དབང་ཐུབ་བསྟན་རྒྱ་མཚོ་ཞལ་བཞུགས་སྐབས་སུ་སྤྱན་བསལ་ཚ་རོང་ཟླ་བཟང་དགྲ་འདུལ་དང་། རྩིས་དཔོན་ལུང་ཤར་རྡོ་རྗེ་ཚེ་རྒྱལ། དེ་རྗེས་སྐུ་བཅར་ཐུབ་བསྟན་ཀུན་འཕེལ་བཅས་རིམ་པ་བཞིན་དབང་ཤུགས་ཏ་ཅང་ཆེ་བས་བཀའ་བློན་སོགས་སེར་སྐྱ་དཔོན་རིགས་མང་པོ་ཡི་མི་རངས་པར་གྱུར་པ་དང་། དེ་བཞིན་ཚ་རོང་ཟླ་བཟང་དགྲ་འདུལ་དང་། ལུང་ཤར་རྡོ་རྗེ་ཚེ་རྒྱལ། སྤྱན་བསལ་ཀུན་འཕེལ་བཅས་ཀྱི་དབར་གཅིག་དབང་གཅིག་གིས་འཕྲོག་པའི་འཐབ་རྩོད་མཐུན་ཐབས་མེད་པ་རིམ་བརྒྱུད་དུ་བྱུང་ཡོད། རྩིས་དཔོན་ལུང་ཤར་གྱིས་དམག་སྤྱིའི་གོ་གནས་བཟུང་རྗེས་ཚ་རོང་གིས་བོད་སོགས་དམག་དམག་སྤྱི་བྱེད་སྐབས་གོ་མཚོན་མང་པོ་མི་ཚང་བར་ཁ་གཡར་བ་ཐབས་ལམ་འདྲ་མིན་བརྒྱུད་ནས་ཚ་རོང་བཀའ་བློན་གྱི་དབང་ཆ་གནས་དབྱུང་བཏང་བ་དང་། "དེ་རྗེས་སྤྱན་བསལ་ཀུན་འཕེལ་ལགས་དང་ལུང་ཤར་གཉིས་ཤུགས་ཆེ་མཉམ་ཡིན་སྐབས་སྤྱན་བསལ་ནང་ཁྲུལ་མཐུན་པོ་མ་བྱུང་བས་བསྙད་འཚོལ་ཆེད་ཏཱ་ལའི་བླ་མར་གླེང་ཕྱོགས་མང་པོ་ཞུ་གི་ཡོད་འདུག དཔེར་ན་ལུང་ཤར་རོལ་ཆ་གཏོང་རྒྱུར་དགའ་པོ་ཡོད་སྐབས་ཟླ་རེ་བཞིན་ཉིན་གཉིས་ཙམ་རེང་རོལ་ཆ་གཏོང་རོགས་ཚོ་དང་མཉམ་དུ་འཛོམས་ཏེ་ཉིན་གུང་ཙམ་ནས་གཞས་དང་ཞབས་བྲོ་བརྒྱབ་སྟེ་སྤྲོད་ཀྱི་ཡོད་ལུགས་སོགས་སྙན་ཕྲ་ཞུས་

སྐབས། གཞུང་དོན་ལས་ཀར་དོ་འཕྲུར་མ་བྱས་པ་ལྷ་བུའི་དགོངས་ཕྱོགས་བྱུང་སྟེ་དམག་སྤྱིའི་ལས་འཕྲུར་ཕྱིར་འཐེན་དང་རྩིས་དཔོན་རང་འཛུགས་སུ་འཛོག་པ་གནང་”① ཞེས་གསལ་བ་ལྟར་ལུང་ཤར་དང་ཀུན་འཕེལ་ལགས་གཉིས་དབར་འགལ་བ་ཇི་ངར་ཅན་ཆགས་ཡོད། འགག་རྩ་དེ་འདྲ་ཞིག་གི་སྐབས་ཏྭ་ལའི་བླ་མ་སྐྱོ་བུར་དགོངས་པ་རྫོགས་སྐབས་ལུང་ཤར་གྱིས་འཕོན་ལན་སློག་པའི་གོ་སྐབས་རྙེད་ནས་དྲུང་རྩིས་དང་། གདན་ས་གསུམ་གྱི་འཐུས་མིར་ངན་བསྐུལ་གྱིས་སྨྱུན་བསལ་ཀུན་འཕེལ་ལགས་དང་། ཁོང་གི་ཕྱ་རྒན་སོགས་འཛིན་བཟུང་གིས་མཐར་ཁོང་ཀོང་པོར་རྒྱངས་འབུད་བཏང་། དེ་རྗེས་སྨྱུན་བསལ་ཀུན་འཕེལ་ལགས་རྒྱ་གར་དུ་བྲོས་ཀྱང་། རྒྱ་གར་བས་ཁོང་ལ་དོགས་པ་ཚད་མེད་བྱས་ཏེ་གང་འགྲོའི་སར་གསང་ཞུལ་རྟག་ཏུ་བཏང་བ་སོགས་ཉེན་ཁ་ཏ་ཅང་ཆེ་བའི་གནས་སུ་གྱུར་སྐབས་མེས་རྒྱལ་ནང་སར་ཚུར་ཕྱིར་ལོག་མི་བྱེད་ཀ་མེད་བྱུང་བ་རེད།

དེ་ནས་ཤིང་ཁྱི（1934）ལོར། དྲུང་རྩིས་སོགས་ཚོགས་འདུ་རྒྱས་འཛོམས་ཐོག་སྲིད་སྐྱོང་གསར་བསྐོ་བྱེད་ཕྱོགས་སྐོར་གྲོས་མོལ་དང་འབྲེལ་གོ་མིན་ཏང་གྲུང་དབྱང་སྲིད་གཞུང་ལ་སྙན་སྒྲོན་ཞུས་པ་ལྟར། ར་སྒྲེང་ཐུབ་བསྟན་འཇམ་དཔལ་ཡེ་ཤེས་སྲིད་སྐྱོང་དང་སྟག་བྲག་མདུན་ཀུན་དགའ་དབང་ཕྱུག་སྲིད་བློན་ལས་རོགས་སུ་བསྐོ་གཞག་བྱས། ར་སྒྲེང་ཐུབ་བསྟན་འཇམ་དཔལ་ཡེ་ཤེས་ཁྲི་ལ་འཁོད་མ་ཐག་ཏུ་དབྱིན་ཇི་བཙན་རྒྱལ་རིང་ལུགས་པས་སླར་ཡང་གནོག

① （བོད་ཀྱི་རིག་གནས་ལོ་རྒྱུས་དཔྱད་གཞིའི་རྒྱུ་ཆ་བདམས་བསྒྲིགས་དེབ་གཉིས་པའི་པར་ངོས19）

ཕྱུག་ལྷུང་ཚང་གིས་དེའི་སྲིད་དབང་མགོ་རྙིང་སློག་པའི་ངན་བྱུས་མང་ཙམ་སྤེལ་ཞིང་། དུས་དེར་ལུང་ཤར་རྡོ་རྗེ་ཚེ་རྒྱལ་སོགས་ནས་སྲིད་ཕྱོགས་ཀུན་མཐུན་ཞེས་པའི་གསང་བའི་སྒྲིག་འཛུགས་ཤིག་བཙུགས།

སྒྲིག་འཛུགས་དེར་ཕྱི་རྒྱུར་བསྟན་པ་རྒྱས་པའམ་འགྲོ་བ་བདེ་བ་སོགས་འབོད། ཁོ་པ་ཚོས་ལྐོག་ཏུ་ཚོགས་འདུ་བསྐོངས་ཏེ་བོད་དུ་སྲིད་མོ་ཁེ་རིན་སིའི་(དམངས་གཙོ་ཞེས་པའི་དོན་ཡིན་) ལམ་ལུགས་ལག་ལེན་བསྟར་དགོས་བརྗོད་སྐབས་ཚོགས་ཞུགས་དཔོན་རིགས་འགའ་ཞིག་གིས་ཐ་སྙད་དེའི་གོ་དོན་གང་ཡིན་ཞེས་འདྲི་སྐབས་ལུང་ཤར་རྡོ་རྗེ་ཚེ་རྒྱལ་གྱིས་དབྱིན་ཇིའི་ལམ་ལུགས་ལ་ཟེར་བ་རེད་ཅེས་འགྲེལ་བཤད་ཁྱེངས་མ་དག་ཅིག་བརྒྱབ་སྐབས་ཚོགས་ཞུགས་དཔོན་རིགས་ལ་ལས་བོད་ལ་དབྱིན་ཇིའི་ལམ་ལུགས་འཛུགས་རྒྱུར་ངོ་རྒོལ་མཐའ་གཅིག་ཏུ་བྱས་སྐབས་སྒྲིག་འཛུགས་དེའི་ཁོངས་མི་ནང་ཁྲུལ་དུ་འགལ་བ་ལངས་ཏེ་གསང་བའི་གྲོས་མོལ་བྱས་པའི་གནས་ཚུལ་རྣམས་བཀའ་བློན་ཁྲི་སྨོན་ལ་སྙན་སེང་ཞུས་ཤིང་། ཁྲི་སྨོན་གྱིས་གནས་ཚུལ་དེ་ཐོས་འཕྲལ་སྲིད་སྐྱོང་ར་སྒྲེང་ཐུབ་བསྟན་འཇམ་དཔལ་ཡེ་ཤེས་ལ་སྙན་སྒྲོན་ཞུས་སྐབས་བཀའ་ཤག་གིས་ལུང་ཤར་རྡོ་རྗེ་ཚེ་རྒྱལ་འཛིན་བཟུང་ཐོག་མིག་འབྲས་གཉིས་ཀ་བཏོན་པ་མ་ཟད། མཁར་དབང་གཞུང་བཞེས་དང་། ཚེ་གང་བཙོན་དུ་འཇུག་རྒྱུའི་གཏན་འབེབས་བྱས་ཤིང་། གྲོས་མི་གཙོ་གྲས་འགའ་ཞིག་ཀྱང་རྒྱང་འབུད་དུ་བཏང་།

དེ་རྗེས་སྤྱན་བསལ་ཀུན་འཕེལ་ལགས་ཀྱི་རྒྱབ་རྟ་སྤོམ་མདའ་སྟོབས་རྒྱལ་སོགས་ནས་སྨར་ཁམས་ཁྲུལ་ཡུལ་དམག་བསྡུ་རུབ་ཀྱིས་བོད་དམག་ལ་ཚུར་རྒོལ་བྱས་ཏེ་སྨར་ཁམས་ཀྱི་ས་ཆ་བདག་བཟུང་བྱས་པའི་གནས་ཚུལ་བོད་ས་གནས་སྲིད་གཞུང་གིས་ཤེས་འཕྲལ་ཆབ་མདོ་ནས་བོད་དམག་འབོར་ཆེན་བཏང་ཏེ་

སྔར་ཁམས་སུ་དཔུང་འཇུག་བྱས། སྲོམ་མདའི་དཔུང་རོགས་རྣམས་དམག་ཕམ་སྟེ་སྲོམ་མདའ་སྟོབས་རྒྱལ་སོགས་མི་ཁག་གཅིག་ཟི་ཁྲིན་ཞིང་ཆེན་ཁོངས་འབའ་ཡུལ་དུ་བྲོས་པ་དང་། དེ་མིན་ཡུལ་དམག་ཁག་གཅིག་བོད་དམག་གིས་བཟུང་སྟེ་རྐང་པའི་ཉ་ལྕགས་གི་རྩ་བཅད་དེ་ཕྱིར་སློག་བཏང་ཞིང་། སྲོམ་མདའ་རབ་དགའ་ཡང་གོང་གསལ་དོན་གནད་དང་འབྲེལ་བ་ཤིན་ཏུ་ཆེ་བ་བཅས་ལ་བརྟེན་བོད་ས་གནས་སྲིད་གཞུང་གིས་བོད་དམག་བཏང་སྟེ་ལྷ་སར་ཡོད་པའི་སྲོམ་མདའ་ཚང་གི་ཁང་པའི་མཐའ་བསྐོར་བྱས་ན་ཡང་། སྲོམ་མདའ་ཡར་འཕེལ་ནི་སྤྱིར་གྱུར་འཛོམས་ཤིང་སྐབས་བསྟུན་བྱ་བ་གང་ཅིར་བྱང་ཆུབ་པ་ཞིག་ཡིན་སྟབས་ལམ་སེང་བོད་ས་གནས་སྲིད་གཞུང་ལ་དགོངས་སེལ་དང་རྒྱུ་དངོས་ཀུན་གསབ་བྱེད་པའི་ཁས་ལེན་དམ་བཅའ་བཞག་སྟེ་གནད་དོན་རྣམས་ཞི་བའི་ངང་ཐག་གཅོད་ཐུབ་པ་བྱུང་བ་རེད།

དེ་ནས་ཤིང་ཁྱི（1934）ལོའི་ཟླ4པར་གོ་མིན་ཏང་ཀྲུང་དབྱང་སྲིད་གཞུང་གིས་སྐུ་ཚབ་ཧོང་རྨའོ་སུང་བོད་དུ་གཏོང་གནང་མཛད་དེ་ལྷ་སར་འགྱོར་བས་བོད་ས་གནས་སྲིད་གཞུང་ནས་དཔོན་རིགས་བཏང་སྟེ་བསུ་བ་དང་སྣེ་ལེན་གང་ལེགས་ཞུས། ཧོང་རྨའོ་སུང་སྐུ་འཁོར་དང་བཅས་པ་ལྷ་སར་འགྱོར་འཕྲལ་ཕྱར་སྤྲོ་ལྟར་ལྷ་ལྡན་གཙུག་ལག་ཁང་དང་། རྒྱ་སྟག་ར་མོ་ཆེ། སེ་འབྲས་དགའ་གསུམ་བཅས་པར་གནས་གཟིགས་དང་མཆོད་འབུལ་རྒྱ་ཆེ་གནང་། དེ་རྗེས་པོ་བྲང་ཆེན་པོ་རྩེ་པོ་ཏ་ལར་མཛད་སྒོ་ཚོགས་ཏེ་ཏཱ་ལའི་བླ་མ་མཆོག་ལ“རྒྱལ་སྐྱོང་བསྟན་རྒྱས་ཀུན་ཁྱབ་བྱང་ཆུབ་སློབ་དཔོན་ཆེན་པོ་”ཞེས་པའི་རྗེས་སྟོན་ཆོ་ལོ་དང་། གཡང་གྱིའི་འཇའ་ས་དམ་ཁ་ཐུབ། གསེར་གདུང་ཞལ་འདེབས་གསེར་དང་ནོར་བུའི་རིགས་འབོར་ཆེན་གནང་ཞིང་། ཀྲུང་དབྱང་སྐུ

ཆབ་ཧོང་རྨའོ་སུང་དང་ལས་རོགས་ལི་ཏན་སོགས་བོད་དུ་བླ་བ་གསུམ་བཞུགས་ཏེ། ཀྲུང་དབྱང་སྲིད་གཞུང་དང་བོད་ས་གནས་སྲིད་གཞུང་དབར་འབྲེལ་བ་འཐུས་སློ་ཚང་དུ་གཏོང་བ་སོགས་ཀྱི་སྐོར་ཕན་ཚུན་ཞིབ་གྲོས་ཐེངས་མང་གནང་སྟེ་ནན་བཤད་གནང་དོན། ཀྲུང་དབྱང་གིས་བོད་དུ་འཛིན་པའི་རྩ་བའི་མཛད་ཕྱོགས་ནི་ཙུང་ལི་སུན་ཀྲུང་ཧྲན་གྱི་ཞལ་ཆེམས་ལྟར་མི་རིགས་འདྲ་མཉམ་གྱི་རྩ་དོན་གཞིར་བཟུང་སྟེ་ཕྱི་འབྲེལ་དང་། རྒྱལ་སྲུང་། རང་རྒྱལ་དང་ཕྱིའི་རྒྱལ་ཁག་གཞན་དག་དབར་གྱི་ཚོང་འགྲུལ་སོགས་བྱ་བ་གལ་ཆེན་རྣམས་ཀྲུང་དབྱང་གིས་འགན་འཁུར་དགོས་པ་ཕུད། དེ་མིན་གནད་དོན་རྣམས་སྔར་བཞིན་བོད་ས་གནས་སྲིད་གཞུང་རང་གིས་ཐག་གཅོད་བྱས་ཆོག་པ་དང་། ཀྲུང་དབྱང་དང་བོད་ས་གནས་སྲིད་གཞུང་དབར་གྱི་འགལ་རྐྱེན་མཐའ་དག་མེད་པ་བཟོ་བ། བོད་ཀྱི་འཛུགས་སྐྲུན་གོང་འཕེལ་གཏོང་བ་སོགས་ཡིན། སྐབས་དེར་དབྱིན་ཇི་བཙན་རྒྱལ་རིང་ལུགས་པས་རྒྱ་བོད་འབྲེལ་བ་སྔར་བས་དམ་ཟབ་འགྲོ་བར་ཞེད་སྣང་ཚད་མེད་སྐྱེས་ཏེ་ཏའོ་ཐེ་སོགས་ཆེད་མངགས་བོད་ལ་བཏང་སྟེ་རྒྱ་བོད་མི་རིགས་དབར་དབེན་སྦྱོར་དཀྲུག་ཤིང་དང་གཏོར་བརླག་གཏོང་བའི་སྤྱོད་ངན་མང་ཙམ་སྤེལ་བ་རེད།

དེ་ནས་ཧོང་རྨའོ་སུང་གིས་སླར་ཡང་བོད་ས་གནས་སྲིད་གཞུང་གི་དཔོན་རིགས་ཆེ་ཁག་རྣམས་དང་བཀའ་གྲོས་ཞིབ་གསལ་གནང་སྟེ་གོ་མིན་ཏང་ཀྲུང་དབྱང་སྲིད་གཞུང་གི་བཀའ་བཀོད་ལྟར་གྲོས་མོལ་བྱེད་པའི་རྩ་དོན་དོན་ཚན་དགུ་བཏོན་པར། བོད་འདི་ཀྲུང་གོའི་མངའ་ཁོངས་བསྐྱོན་མེད་ཡིན་པ་དང་། བོད་ས་གནས་སྲིད་གཞུང་གིས་ཀྲུང་དབྱང་སྲིད་གཞུང་གི་བཀའ་ལ་བརྩི་བཀུར་མཐའ་གཅིག་ཏུ་ཞུ་རྒྱུ་འདི་ནི་སྟོན་འགྲོའི་ཆ་རྐྱེན་ཡིན་ཞེས་གསུངས། དེ་བཞིན་

བོད་ཀྱི་ཆབ་སྲིད་ལམ་ལུགས་དང་། བོད་དང་ཕྱིའི་རྒྱལ་ཁབ་དབར་གྱི་འབྲེལ་བ། བོད་ཀྱི་དཔོན་རིགས་ཆེ་ཁག་རྣམས་བསྐོ་གཞག་བྱེད་ཕྱོགས་སྐོར་སོགས་ཀྱི་རྩ་དོན་རྣམས་གསལ་པོར་བཏོན་གནང་བ་རེད། བོད་ས་གནས་སྲིད་གཞུང་གིས་གྲོས་མོལ་བྱེད་པའི་རྩ་དོན་དེ་དག་ལ་དམིགས་ཏེ་བོད་འདི་ཕྱི་ཕྱོགས་སུ་མཚོན་ན་ཀྲུང་གོའི་མངའ་ཁོངས་ཡིན་ཙང་། དོན་དུ་ཀྲུང་དབྱང་སྲིད་གཞུང་གིས་བོད་འདི་ཞིང་ཆེན་ཞིག་ཏུ་མི་བསྒྱུར་བའི་ཁས་ལེན་དགོས་པ་དང་། བོད་ཀྱི་ད་ཡོད་ཆོས་སྲིད་ལམ་ལུགས་ཐམས་ཅད་སྔར་བཞིན་རང་དབང་རང་བདག་བྱེད་དགོས་པ། བོད་དུ་རྒྱ་གཞུང་གི་སྐུ་ཚབ་དཔོན་རིགས་ཤིག་བཅའ་སྡོད་ཆོག་ཀྱང་ངོ་འཁོར་མི་གྲངས་ཉེར་ལྔ་ལས་འགལ་མི་ཆོག་པ། བོད་དུ་གཏན་སྡོད་རྒྱ་རིགས་མཐའ་དག་བོད་ཀྱི་སོ་ནམ་ལས་ཁུངས་ཀྱི་ཁོངས་སུ་བཙུག་སྟེ་དོ་དམ་བྱེད་དགོས་པ་སོགས་ཚུལ་མིན་གྱི་དོན་ཚན་བཅུ་བཏོན་ཞིང་། གོང་གསལ་དོན་ཚན་དེ་དག་གི་ཐོག་ནས་གསལ་པོ་མཐོང་ཐུབ་པ་ཞིག་ལ་དབྱིན་ཇི་བཙན་རྒྱལ་རིང་ལུགས་པའི་ངན་སྐྱལ་འོག་བོད་ཀྱི་དབང་འཛིན་པ་ཉུང་ཤས་ཀྱིས་སེམ་ལའི་གྲོས་ཚོགས་སྐབས་ཀྱི་ནོར་འཁྲུལ་ལམ་ཕྱོགས་དེ་མཐའ་འཁྱོངས་བྱེད་པ་དེ་ཡིན།

དེ་ནས་ཧོང་ཀྲའོ་སུང་དང་ཕྲུག་རོགས་ལི་ཧྲན་སོགས་སྐུ་འཁོར་རྣམས་རྒྱ་གར་བརྒྱུད་ནས་ཅེང་དུ་ཕྱིར་ཕེབས་གནང་རྗེས་གོ་མིན་ཏང་ཀྲུང་དབྱང་སྲིད་གཞུང་ལ་བོད་ཀྱི་གནས་ཚུལ་ཞིབ་གསལ་སྙན་སྒྲོན་ཞུས་པ་དང་འབྲེལ་ཕན་ཚུན་གཉིས་མོས་ཐོག་ལྷ་སར་བོད་སོག་ཨུ་ཡོན་ལྷན་ཁང་གི་དོན་གཅོད་ཁང་གསར་བཙུགས་ཀྱིས་བོད་སོག་ཨུ་ཡོན་ལྷན་ཁང་གི་ཨུ་ཡོན་ལིའུ་ཕུའུ་ཧྲེན་ལ་བོད་སྡོད་དོན་གཅོད་ཁྲུའུ་ཡི་ཁྲུའུ་ཀྲང་བསྐོ་བཞག་གནང་བ་དང་། དོན་གཅོད་ཁང་དེའི་ཁོངས་སུ་འགྲེམ་འགྲུལ་ཕུའུ་ཡི་ཚོང་ལས་སློག་འཕྲིན་ཁང་ཞིག་བཙུགས། དེ་

བཞིན་སྐྱིད་སྡོད་པར་སློབ་གྲྭ་དང་། སྨན་ཁང་། གནམ་གཤིས་བབས་ཚུགས་བཅས་བཙུགས་ཀྱང་དེ་དག་ལ་ལས་དོན་མི་སྣ་མི་གྲངས་བཞི་བཅུ་ཞེ་ལྔ་ལས་མེད།

12. ཏཱ་ལའི་བླ་མ་སྐུ་ཕྲེང་བཅུ་གསུམ་པའི་ཡང་སྲིད་ངོས་འཛིན་དང་གསེར་ཁྲིར་མངའ་གསོལ་བའི་སྐོར།

ཐོག་མར་ཡང་སྲིད་ས་ཕྱོགས་གང་དུ་སྐུ་བལྟམས་ཡོད་མིན་སྐོར་སྔར་ལམ་བཞིན་ཆོས་སྐྱོང་སྲུང་མ་ཁག་ལ་འཕྲིན་བཅོལ་གཟབ་རྒྱས་ཀྱི་ཐོག་ནས་ལུང་ཞུ་དང་། སྐྱེས་ཆེན་དམ་པ་ཁག་ལ་ཐུགས་དམ་བརྟག་ཞུ། ལྷག་པར་དུ་ཆོས་འཁོར་རྒྱལ་ལྷ་མོའི་བླ་མཚོར་བསྐང་འཕྲིན་གང་ཟབ་ཐོག་སྲིད་སྐྱོང་སྐུ་ངོ་མ་ས་གནས་རང་དུ་ཕེབས་ཏེ་མཚོ་གཟིགས་གནང་སྐྱོལ་ལྟར་ཤིང་ཕག(1935)ལོ་ཟླ5པར་རྒྱལ་ཚབ་ར་སྒྲེང་ཐུབ་བསྟན་འཇམ་དཔལ་ཡེ་ཤེས་དང་། བཀའ་བློན་ཁྲི་སྨོན་པ་ནོར་བུ་དབང་ཆེན། མཁན་དྲུང་བཀྲ་ཤིས་གླིང་པ་མཁྱེན་རབ་དབང་ཕྱུག རམ་པ་ཐུབ་བསྟན་ཀུན་མཁྱེན་སོགས་སྐུ་འཁོར་དང་བཅས་པ་རྒྱལ་མེ་ཏོག་ཐང་དགོན་པར་ཕེབས་ཏེ་དཔལ་ལྡན་དམག་ཟོར་རྒྱལ་མོས་གཙོས་པའི་བསྟན་སྲུང་ཁག་ལ་བསྐང་འཕྲིན་གནད་སྨིན་གནང་ཞིང་། དེ་ནས་དགོན་དེའི་ཤར་བྱང་མཚམས་སུ་གནས་པའི་ལྷ་མོའི་བླ་མཚོར་རྒྱལ་ཚབ་ར་སྒྲེང་མཆོག་མཚོ་མར་ལ་དུ་ཐེངས་གསུམ་ཙམ་ཕེབས་ཏེ་མཚོ་མར་ལ་རའི་བྱུང་གསང་རྒྱ་གནང་བས་སྐུ་བཅར་སུས་ཀྱང་ཤེས་ཚོར་མ་བྱུང་ཞིང་། དེ་ནས་ལྷ་སར་ཕྱིར་ལོག་ཕེབས་རྗེས་ཤིང་ཕག(1935)ལོའི་ཟླ6ཚེས5ཉིན་མཚོ་མཇལ་ཇེ་གཟིགས་ཤོག་ལྡེ་ཞིག་བོད་ལྗོངས་ཚོགས་འདུ་ཧྲག་བསྡུས་ལ་གནང་བའི་ནང་། དབུ་ཅན་གྱི་ཡིག་འབྲུ་ཨ་དང་། ཀ། མ། ཞེས་དང་། དེ་རྗེས་དགོན་པ་ཐོག་ས་གསུམ་

རྩིག་པར་ཐོག་གཡུ་རྩེ་ཅན་གྱི་ཡང་སྟེང་དུ་གསེར་ཟངས་ཀྱི་རྒྱ་ཕིབས་ཡོད་པ། དགོན་པ་དེའི་ཤར་ཕྱོགས་འགྲོ་ལམ་སྐྱ་ཐ་ལེར་རི་ཆུང་ཞིག་གི་རྩེར་ཐུག་པ། དེའི་ཐད་ཁང་པ་ཐོག་གཅིག་མ་ཐོག་སྟོན་པོ་བྱས་པ་གཅིག་གཟིགས་ཚུལ་རྣམས་འཁོད་ཡོད། བོད་ལྗོངས་ཚོགས་འདུ་རྟག་བསྡུས་ཐོག་འོས་འདེམས་མི་སྣ་ལམ་ལག་གསུམ་ལ་བགོས་ཏེ་ཧྲ་ལའི་བླ་མའི་ཡང་སྲིད་འཚོལ་བ་གཏོང་རྒྱུའི་ཐག་གཅོད་བྱས་པ་ལྟར། མཚན་ཞབས་ཀེའུ་ཚང་སྤྲུལ་སྐུ་དང་། ཕྱག་རོགས་ཞོལ་གཉེར་ཁེ་སྨད་སྲས་བསོད་ནམས་དབང་འདུས། ནག་ཆུ་མཁན་པོ་རྩེ་དྲུང་མཁྱེན་རབ་བསྟན་འཛིན། རྩེ་དྲུང་བློ་བཟང་ཚེ་དབང་བཅས་མཚོ་སྔོན་ཞིང་ཆེན་ཟི་ལིང་ཁུལ་དུ་མངགས་གཏོང་མཛད་པ་དང་། ཡོངས་འཛིན་ཕུར་ལྕོག་རིན་པོ་ཆེ་དང་། ཕྱག་རོགས་སུ་རྩེ་མགྲོན་བསྟན་པ་འབྱུང་གནས། རྩེ་དྲུང་ཆང་ཁྲིམ་པ་ཐུབ་བསྟན་ཚེ་དཔལ། ཤོད་དྲུང་ཕུན་རབ་པ་བཅས་དྭགས་ཀོང་ཁུལ་དུ་གཏོང་གནང་མཛད། སེར་བྱེས་ཁང་སེར་སྤྲུལ་སྐུ་དང་། ཕྱག་རོགས་སུ་རྩེ་དྲུང་ལས་ཚན་ཚུལ་ཁྲིམས་ཆོས་འཕེལ། ཤོད་དྲུང་ལས་ཚན་འཕྲི་ཡུལ་བ་བཅས་སོ་སོར་ཡང་སྲིད་རྩད་གཅོད་ཞུ་ཕྱོགས་ཀྱི་བྱེད་སྒོའི་གྲོན་དངུལ་དང་། སྐུའི་ཉེར་ཆས་སོགས་སྤྲུལ་ཏེ་གཏོང་གནང་མཛད་པ་ལྟར་ཕྱོགས་གང་སར་རྒྱལ་བའི་ཡང་སྲིད་རིན་པོ་ཆེ་བརྩད་གཅོད་སྐོར་དོགས་འཆར་འོས་སྤྲུལ་ཚང་མར་བསྐྱིགས་བཅད་བརྡར་གསུམ་བྱས་མཐར་ཀེའུ་ཚང་སྤྲུལ་སྐུ་ངོ་ལས་ནས་ཨ་མདོའི་ཁུལ་གང་སར་བརྩད་ཞིབ་གནང་བས་ཨ་མདོ་སྐྱ་འབུམ་གྱི་ཤར་སྨད་སྟག་འཚེར་ཞེས་པའི་ཞིང་གྲོང་ཆུང་ངུ་ཞིག་ཏུ་ཕྱིའི་ཆར་ཟེར་བའི་ཁྱིམ་ཚང་གི་ཡབ་ཆཽ་ཆཽ་ཆེ་རིང་དང་། ཡུམ་བསོད་ནམས་མཚོ་གཉིས་ལ་ཤིང་ཕག (1935) ལོའི་ཟླ5ཚེས5ཉིན་སྐུ་འཁྲུངས་པའི་ཆུང་སྲིད་མཚན་ལྷ་མོ་དོན་གྲུབ་ཞུ་བ་ཁྱིའུ

གཞན་དང་མི་འདྲ་བའི་ངོ་མཚར་ཆེ་བའི་རྟགས་མཚན་མང་དག་ཅིག་བྱུང་བ་ཁྱུལ་དེའི་སེར་སྐྱ་ཀུན་གྱི་ཁྲོད་དུ་ཡོངས་སུ་གྲགས་པ་དང་། ལྷག་པར་དུ་རྭ་སྒྲེང་རིན་པོ་ཆེས་མཚོ་འཛམ་དུ་གཟིགས་པའི་ལུང་པའི་དབྱིབས་དང་མཐུན་པ་བཅས་ལ་བརྟེན་དེ་ནས་མཚོ་སྔོན་ཞིང་ཆེན་སྲིད་གཞུང་ལ་ཏཱ་ལའི་བླ་མའི་ཡང་སྲིད་ཀྱི་འོས་སྦྱལ་དེ་བཞིན་བོད་དུ་གདན་འདྲེན་ཆོག་པའི་རེ་བ་ཞུས་ཀྱང་ཀྲུའུ་ཞི་མ་པུ་ཧྥང་དང་། སྐུ་འབུམ་བླ་སྤྱིས་ཡང་སྲིད་ངོ་མ་ཡིན་མིན་ས་གནས་ད་ག་རང་དུ་གཏན་འཁེལ་བྱེད་དགོས་པ་སོགས་ག་གོར་མང་པོ་བཤད་སྐབས་སྐབ་སྐོར་སྤྱིལ་ལྟར་ན་ཡང་སྲིད་འོས་སྦྱལ་ཚང་མ་ལྷ་སར་གདན་དྲངས་ནས་ཆོས་ཕྱོགས་ཀྱི་འགྲོ་ལུགས་བཞིན་བརྟག་དཔྱད་ངོས་འཛིན་བྱེད་དགོས་པའི་སྐོར་ཐབས་མཁས་གང་ཆེའི་བབ་གསེད་རེ་ཞུ་གནང་མོད། འོན་ཀྱང་མ་པུ་ཧྥང་ནས་ཡང་སྲིད་བླ་ཡོན་ལྷ་བུར་ཏཱ་ཡང་འབུམ་ཕྲག་བཞི་ཙམ་དགོས་ཟེར་བ་སོགས་འགོག་རྐྱེན་མང་པོ་བཟོས་སྐབས་གོ་མིན་ཏང་ཀྲུང་དབྱང་སྲིད་གཞུང་ལ་སྙན་སེང་མི་ཞུ་ག་མེད་བྱུང་ཞིང་། གོ་མིན་ཏང་ཀྲུང་དབྱང་སྲིད་གཞུང་གིས་ཟི་ལིང་ཀྲུའུ་ཞི་མ་པུ་ཧྥང་ལ་ཏཱ་ལའི་བླ་མའི་ཡང་སྲིད་འོས་སྦྱལ་བོད་ལ་ཕེབས་སྐྱེལ་ཞུ་དགོས་པའི་བཀའ་ཕབ་པ་དང་། གྲོན་དངུལ་སྒོར་ཁྲི་བཅུ་ཙམ་གནང་། དེ་ནས་ཡང་སྲིད་འོས་སྦྱལ་རིན་པོ་ཆེ་དང་། ཡབ་ཆོས་ཆོས་ཚེ་རིང་། ཡུམ་བསོད་ནམས་མཚོ་སོགས་སྐུ་འཁོར་དང་བཅས་པ་མ་པུ་ཧྥང་གི་ངོ་ཚབ་ཧྲེ་ཀྲང་མ་ཡོན་ཧྥད་དང་། སྤུའུ་ཐོན་ཀྲང་སོགས་རྟ་དམག་བརྒྱ་ཕྲག་འགའ་ཞིག་གི་ཕེབས་སྐོགས་འོག་མཚོ་སྔོན་ནས་ཆིབས་ཁ་བསྒྱུར།

ས་ཡོས་（1939）ལོའི་ཟླ6ཚེས28ཉིན་རྗེ་གཟིམ་ཚུང་བདེ་ལྡན་འཁྱིལ་དུ་བོད་སྡོངས་ཚོགས་འདུ་རྒྱས་འཛོམས་ཐོག་སྲིད་བཀའ་ལྷན་རྒྱས་ནས

དྲུང་རྩིས་བརྒྱུད་བཀའ་གསལ་གནང་དོན། ཏཱ་ལའི་བླ་མའི་ཡང་སྲིད་འོས་སྤྲུལ་ཁག་ལ་སྒྲ་རྗེས་སུ་བརྟག་ཞིབ་ནན་ཏན་བྱས་པ་བརྒྱུད་མཚོ་སྔོན་ཞིང་ཆེན་ཁོངས་སྟག་འཚེར་དུ་འཁྲུངས་པའི་ཆུང་སྲིད་ལྷ་མོ་དོན་གྲུབ་དེ་ཉིད་ཡང་སྲིད་འཁྲུལ་བྲལ་གཅིག་ཐོག་གཏན་འཁེལ་མཛད་འོས་སུ་འདུག་ན་བོད་སྤྱོངས་ཚོགས་འདུ་རྒྱས་འཛོམས་ནས་ཀྱང་མཛེས་ཟྙོན་སྤྱངས་པའི་ཚིག་ཐོ་འབུལ་དགོས་གསུངས་པ་ལྟར། སེར་འབྲས་དགའ་གསུམ་དང་། གླིང་ཁག་གཞུང་ཞབས་སེར་སྐྱ་དཔོན་རིགས་སོགས་སྤྱི་མཁྲིན་ནས་སྐུ་འབུམ་སྟག་འཚེར་དུ་འཁྲུངས་པའི་འོས་སྤྲུལ་དེ་རང་རྒྱལ་བའི་ཡང་སྲིད་དུ་ངེས་འཛིན་ཞུ་རྒྱུའི་བསམ་གྲོས་གཅིག་མཐུན་ཡིན་ཞེས་ཚིག་ཐོ་ཕུལ་ནས་དངོས་སུ་ཏཱ་ལའི་བླ་མའི་ཡང་སྲིད་དུ་གཏན་འཁེལ་ཁྲབ་བསྒྲགས་གནང་བ་རེད། ཡང་སྲིད་རིན་པོ་ཆེ་བོད་ཀྱི་ས་སྟེང་ཕེབས་འགྱུར་ཟིན་པར་བརྟེན་ཕེབས་བསུ་སྤྱི་གསུམ་ཁོངས་བཀའ་བློན་བོན་ཤོད་པ་ཚེ་བརྟན་རྡོ་རྗེ་སོགས་ནག་ཆུར་ཕེབས་བསུར་ཕེབས་རྒྱུའི་ཁྲབ་བསྒྲགས་གནང་ཞིང་། སྐབས་དེར་གློ་བུར་དུ་རྒྱལ་བའི་ཡང་སྲིད་རིན་པོ་ཆེ་སྟོན་འཁོར་དང་བཅས་གདང་ལར་ཆིབས་བསྒྱུར་གནང་ཟིན་པའི་གནས་ཚུལ་འགྱུར་འཕྲལ་བཀའ་བློན་བོན་ཤོད་ཚེ་བརྟན་རྡོ་རྗེས་གཙོས་ཆིབས་ཞབས་སེར་སྐྱ་དང་། ཕེབས་བྱམས་པ། རྣམ་གྲྭ། རྩེ་གསོལ་ཐབ་པ། ཆིབས་དར་སོགས་ཟླ8ཚེས5ཉིན་ལྷ་ས་ནས་ཐོན་ཏེ་འབྲོམ་སྟོད་ཞག་སར་འགྱུར་སྐབས་ནག་ཆུ་འགོ་པ་ཟུང་ནས་ཛ་དྲག་གི་ཏ་ཤད་འགྱུར་གསལ་ཟླ8ཚེས10ཉིན་ཡང་སྲིད་རིན་པོ་ཆེ་སྐུ་འཁོར་དང་བཅས་ནག་ཆུར་ཕེབས་རྒྱུ་གཏན་འཁེལ་ཟིན་ལུགས་གསལ་བ་ལྟར། བཀའ་བློན་བོན་ཤོད་ངོ་ལས་ཧྲག་བསྡུས་འཕྲལ་དུ་ཆིབས་རྟོག་ཐོན་པ་མ་ཟད། དེ་མིན་ལས་བྱ་རྣམས་ཟླ8ཚེས9ཉིན་ནག་ཆུར་འགྱུར་དགོས

པའི་བཀའ་བརྡ་གནང་། དེ་ནས་ཕེབས་བསུ་བ་ངོ་ལས་ཚང་མ་སྤྱ་རྗེས་སུ་དུས་བཀག་ལྟར་ནག་ཆུར་འབྱོར་ཞིང་། རིམ་བཞི་ཡན་ནས་ཁལ་ཁ་གཟུགས་དང་ལས་ཚན་དྲུང་དཀྱུས་རྣམས་རྒྱ་ལུ་ཆས། རྫོ་སྐོར་ནས་ཕྱུར་གྲུ་ཆབ་སྟོད་སོགས་གཟབ་མཚོར་གང་ལེགས་ཀྱིས་ཡང་སྲིད་རིན་པོ་ཆེར་ཕེབས་བསུ་དང་མཇལ་དར་ཕུལ། ཚེས10ཉིན་གྱི་ཉི་ཤར་མཚམས་སུ་མཛད་སྒོ་གནང་བར་ཡང་སྲིད་མཆོག་སྤྲུལ་རིན་པོ་ཆེ་ན་བཟའ་བླ་ཆས་བཞེས་ཏེ་བཞུགས་ཁྲིར་བཞུགས་སུ་གསོལ། ཏཱ་ལའི་བླ་མའི་ཡབ་ཡུམ་གཉིས་ཀྱང་བཞུགས་ཁྲིའི་འགྲམ་དུ་སྐུ་བཞེངས་གནང་སྟེ་བཞུགས། དུས་དེར་བཀའ་བློན་བོན་ཤོད་པ་ཚེ་བརྟན་རྡོ་རྗེས་བོད་ས་གནས་སྲིད་གཞུང་གི་སྤྱི་འཐུས་ཞུས་ཏེ་མཎྜལ་སྐུ་གསུང་ཐུགས་རྟེན་ཕུལ་ཐོག་རྒྱལ་བའི་ཡང་སྲིད་རིན་པོ་ཆེ་གཅིག་ཐོག་ཐུགས་གཏན་འཁེལ་བའི་རྒྱལ་ཚབ་རྭ་སྒྲེང་དང་། བཀའ་ཤག བོད་ལྗོངས་ཚོགས་འདུ་རྒྱས་འཛོམས་ཀྱི་ཚོག་ཐོ་བཅས་འབུལ་གནང་མཛད་རྗེས་ཕེབས་བསུར་བཅར་བའི་སེར་སྐྱ་དཔོན་རིགས་ངོ་ལས་ཡོངས་ནས་མཇལ་དར་ཕུལ་ཞིང་། ཕྱག་དབང་ཞུས། གསོལ་ཇ་བཞེས་འབྲས་ཕེབས། དེ་རྗེས་བླ་རྩེས་ལས་ཚན་དངོས་གྲུབ་སྟེང་པ་བློ་བཟང་རྡོ་རྗེས་སྡེ་བརྒྱད་གསེར་སྐྱེམས་དང་། སྲིད་པ་ཧོའི་རྒྱབ་ཡིག་སྒྲིགས་སྒྲུང་དང་འབྲེལ་ཚིབས་དར་སོགས་ཀྱིས་སྟོན་བསུས་སྤར་ལམ་གཞུང་ཞབས་སེར་སྐྱ་ཆིབས་རྟག་དང་བཅས་ནག་ཆུ་ཞབས་བརྟན་དགོན་དུ་ཞབས་སོར་འཁོད།

དེ་ནས་རིམ་བཞིན་འདམ་སྟོད་དབུ་མ་བཀྲ་ཤིས་ཐང་བཞུགས་ཞག་སར་ཕེབས་བསུ་གཉིས་པར་རྒྱལ་ཚབ་རྭ་སྒྲེང་ཐུབ་བསྟན་འཇམ་དཔལ་ཡེ་ཤེས་སོགས་ཕེབས། དེ་ནས་བཀའ་གདམས་བསྟན་པའི་ཆུ་འགོ་རྭ་སྒྲེང་དགོན་དུ་ཆིབས་བསྒྱུར་གྱིས་བཞུགས་ཞག་གསུམ་གནང་སྟེ་རིམ་བཞིན་རེ་རྒྱ་བསམ་

གཏན་གླིང་དུ8ཚེས23ཉིན་ཚེབས་བསྐྱུར་གྱིས་བདེ་ཆེན་འདོད་རྒུ་ཐང་དུ་ནམ་མཁའི་སྐར་ཚོགས་ས་ལ་འཐྲོས་པ་ལྟར་བཞུགས་སྐར་སྐར་སྒྲིག་ཆེ་མོའི་སྐར་ཐོག་ཏུ་ཚེབས་བསྐྱུར་གྱིས་ཕེབས་བསུ་གསུམ་པར་གཞུང་ཞབས་སེར་སྐྱ་ཡོངས་རྫོགས་དང་། གདན་ས་གསུམ། རྒྱུད་གྲྭ་རྣམ་གཉིས་སོགས་ཀྱི་བླ་སྤྲུལ་མཁན་ལས། བལ་པོ་དང་། འབྲུག་པ་ལོ་ཕྱག་པ། ཀ་ཤི་མིར་ཁ་ཆེའི་འགོ་པ་སོགས་མཇལ་ཁར་བཅར་ཞིང་། དེར་བཞུགས་ཞག་གཅིག་གནང་སྟེ་ཟླ8ཚེས24ཉིན་དྭ་ལའི་བླ་མ་མཆོག་གི་ཡང་སྲིད་སྐུ་འཁོར་དང་བཅས་པ་ལྷ་སར་ཕེབས་སྐབས་སྤྱིར་ལམ་ཚེབས་བསུའི་བཀོད་པ་མུ་ཏིག་སྟར་ལ་བརྒྱུས་པ་ལྟར་བསྒྲིགས་པའི་དབུས། ཕེབས་བྱམས་ནང་བཞུགས་སུ་གསོལ་ཞིང་། གཡས་ངོས་སུ་སེ་འབྲས་དགའ་གསུམ་ཆོས་སྡེ་གཙོ་བོ་རྣམས་ཀྱི་དགེ་འདུན་ཆོས་མཆོད་རྫས་དང་། རིན་ཆེན་སྣ་ཚོགས་ལག་ཏུ་ཐོགས་པའི་སེར་སྤྲེངས་དང་། གཡོན་ངོས་སུ་བོད་དམག་གིས་གོ་མཚོན་ལག་ཏུ་ཐོགས་ནས་བསྟོད་པའི་གླུ་དབྱངས་དང་གུས་འདུད་ཞུས། ཐྲ་པ་གཞས་མ་སོགས་སྒྱུ་རྩལ་གྱི་རིགས་རྣམ་པ་སྣ་ཚོགས་དང་། འབུད་དཀྲོལ་གྱི་བྱེ་བྲག་མཐའ་ཡས་པ་སོགས་བསུ་བ་གཟབ་རྒྱས་ཞུས། དེ་བཞིན་དྲི་བཟང་སྣ་ལྔ་སྦྱར་བའི་སྤོས་དང་བསང་གི་དུད་སྤྲིན་མཐའ་ཡས་དགུང་སྔོན་ཡོངས་སུ་ཁེངས་པར་སྤྲོས།

དེ་ནས་རྒྱལ་ཚབ་རྭ་སྒྲེང་དང་། སྲིད་བློན་གླང་མདུན་གུང་། བཀའ་བློན། སྐུ་བཅར་སྤྱི་ཁྱབ་མཁན་པོ་སོགས་ཀྱིས་ཚེབས་ཞབས་དང་བཅས་ཐོག་མར་ཡང་སྲིད་རིན་པོ་ཆེ་ལྷ་ལྡན་སྤྲུལ་པའི་གཙུག་ལག་ཁང་དུ་ཕྱིན་ནས་ཇོ་བོ་ཤཱཀྱ་མུ་ནེར་ཐུགས་སྨོན་མཚམས་སྦྱོར་མཛད་རྗེས་ནོར་གླིང་སྐལ་བཟང་ཕོ་བྲང་དུ་གདན་དྲངས་སོ།

དེ་ནས་ཟླ་10ཚེས་12ལ་རྒྱལ་ཚབ་རྭ་སྒྲེང་ཐུབ་བསྟན་འཇམ་དཔལ་ཡེ་ཤེས་དང་། མཚན་ཞབས་དར་ཏན་སྟག་བྲག་ངག་དབང་གསུང་རབ་མཐུ་སྟོབས་རྣམ་གཉིས་ཀྱིས་ཡོངས་འཛིན་བགྲེས་གཞོན་གྱི་ཐུགས་འགན་ཡོངས་སུ་བཞེས། ཚེས་13ཉིན་ཡང་སྲིད་རིན་པོ་ལྷ་ལྡན་གཙུག་ལག་ཁང་དུ་གདན་དྲངས་ཐོག་ཇོ་བོ་ཤཱཀྱ་མུ་ནེ་དང་། ཐུགས་དམ་གྱི་རྟེན་གཙོ་ཐུབ་དབང་སྟ་ཟུར་མ། ཇོ་བཀྲ་ཤིས་རྡོ་ཁ་མ། སྒྲོལ་མ་གླིང་དཀའ་མ་བཅས་གདན་དྲངས་པའི་དྲུང་དུ་རྒྱལ་ཚབ་རྭ་སྒྲེང་རིན་པོ་ཆེས་དབུ་སྐྲེས་གཙུག་ཕུད་བཞེས་ཏེ་མཚན་དུ་འཇམ་དཔལ་ངག་དབང་བློ་བཟང་ཡེ་ཤེས་བསྟན་འཛིན་རྒྱ་མཚོ་སྲིད་གསུམ་དབང་བསྒྱུར་མཚུངས་པ་མེད་པའི་སྡེ་ཞེས་གསོལ་གནང་མཛད།

དེ་ནས་ལྕགས་འབྲུག(1940)ལོའི་ཟླ་1ཚེས་14(ཡིག་ཚགས་འགའ་ཞིག་ཏུ་ཚེས་20ཞེས་འཁོད་)ཉིན་ཚོམས་ཆེན་སྲིད་ཞི་ཕུན་ཚོགས་ཀྱི་མི་འཇིགས་གདོང་ལྔའི་དབང་པོས་བཏེགས་པའི་གསེར་ཁྲི་རྒྱལ་དབང་མཆོག་སྐྱུལ་རིན་པོ་ཆེ་མངའ་གསོལ་ཞུ་སྐབས། སྔར་ལམ་བཞིན་བཀའ་བློན་བླ་མ་དང་། སྤྱི་ཁྱབ་མཁན་པོ་གཉིས་ནས་ཕྱག་འདྲེན་གདན་ཞུ་དགོས་པར་སྐབས་དེའི་བཀའ་བློན་བླ་མ་བསྟན་པ་འཇམ་དབྱངས་དང་སྤྱི་ཁྱབ་མཁན་པོ་ངག་དབང་བསྟན་འཛིན་གཉིས་ནས་ཕྱག་འདྲེན་ཞུས་ཏེ་བཞུགས་ཁྲི་ཆེན་མོའི་སྟེང་དུ་བཞུགས་སུ་གསོལ་ཐོག བཀྲ་ཤིས་རྟགས་བརྒྱད་དང་། རྫས་བརྒྱད། རྒྱལ་སྲིད་སྣ་བདུན་གྱིས་སྣེ་དྲངས་པའི་ཁྱད་དུ་འཕགས་པའི་འབུལ་ནོར་རྣམ་པ་སྣ་ཚོགས་སྤྱན་ལམ་དུ་བསྟར་བ་དང་། མཛད་སྒོ་རྒྱ་ཆེ་གཟབ་རྒྱས་འཚོགས་ཤིང་། ལྷ་ཞོལ་ཁུལ་དུ་ཇ་བཏུང་དར་འཕྱར་དང་། བདེ་ཡངས་ཤར་དུ་བྲོ་པ་གཞས་མ། ཟློས་གར། ལྷ་མོ་བ་སོགས་བསྟར་སྒྲིག་གིས་འཁྲབ་སྟོན་དང་། རྡོ་རིང་ནང་

མར་ཤིང་རྩེད། རྡོ་རིང་ཕྱི་མར་མི་ཏའི་བང་རྩལ་བཅས་པར་གནང་སྦྱིན་དང་། སྒྲི་ཁ་རྡོ་མགྱོགས་སོགས་པོ་རྩལ་སྣ་ཚོགས་འགྲན་པ་བཅས་བཀྲ་ཤིས་དགའ་སྟོན་བླན་མེད་པར་རོལ། ཕྱོགས་མཚུངས་བོད་ལྗོངས་ཡུལ་གྲུ་ཀུན་ཏུའང་གཏམ་སྙན་དར་འཕྱུར་གྱི་དགའ་སྟོན་གཟབ་རྒྱས་ཅི་དགར་སྤྱེལ་བ་ལགས་སོ།

དུས་དེར་གོ་མིན་ཏང་གུང་དབྱང་སྲིད་གཞུང་གིས་ཏཱ་ལའི་བླ་མ་བསྟན་འཛིན་རྒྱ་མཚོ་ཁྲི་ཐེབས་མཛད་སྒོར་བོད་སོག་ཨུ་ཡོན་ལྷན་ཁང་གི་ཨུ་ཡོན་ཀྲང་ཝུ་ཀྲུང་ཤིན་ངོ་ལས་ཧྲེན་དུ་བརྒྱུད་ལྷ་སར་མངགས་གཏོང་མཛད་ཅིང་། ཝུ་ཨུ་ཡོན་ཀྲང་ལྷ་སར་འབྱོར་སྐབས་བོད་ས་གནས་སྲིད་གཞུང་གིས་སྔར་ལམ་བཞིན་བསུ་བ་དང་སྣེ་ལེན་གཟབ་རྒྱས་ཞུས་ཤིང་འོན་ཀྲང་དབྱིན་ཇི་བཙན་རྒྱལ་རིང་ལུགས་པ་དང་དེའི་རྗེས་འབྲངས་པ་ཚོ་ཡི་མི་རངས་པར་འབྲས་ལྗོངས་པའི་ཆབ་སྲིད་དཔོན་རིགས་ཀུན་ཏྣ་སོགས་མི་བཅུ་ལྷག་ཙམ་བོད་དུ་བཏང་། ཕོ་པ་ཚོ་ཕྱི་ཚུལ་དུ་ཏཱ་ལའི་བླ་མའི་ཁྲི་ཐེབས་མཛད་སྒོར་ཧྲེན་འབྲེལ་ཞུ་བའི་རྣམ་པ་བསྟན་ཏུང་། དོན་དུ་ཝུ་ཀྲུང་ཤིན་ལ་ལྷ་རྟོག་དང་། རྒྱ་བོད་ཐུན་ཟླ་མི་རིགས་དབར་གྱི་མཐུན་སྒྲིལ་ལ་གནོད་པར་བཤིག་གཏོང་བར་འོངས། དེ་བཞིན་དབྱིན་ཇི་བཙན་རྒྱལ་རིང་ལུགས་པས་ངན་བསླབ་བྱས་པ་ལྟར་ཏཱ་ལའི་བླ་མ་ཁྲི་ཐེབས་མཛད་སྒོའི་གཙོ་སྐྱོང་བྱེད་ཕྱོགས་དང་། གདན་ཐོབ་སོགས་ཀྱི་སྐོར་ལ་རྩོད་གླེང་མང་ཙམ་ཆགས་ཤིང་། ཝུ་ཀྲུང་ཤིན་གྱིས་གུང་དབྱང་གི་བཀའ་བཀོད་ལྟར་བོད་འདི་མེས་རྒྱལ་གྱི་མངའ་ཁོངས་བསྒྲོན་མེད་ཡིན་པའི་རྩ་དོན་རྒྱུན་འཛིན་མཐའ་གཅིག་ཏུ་གནང་བ་མ་ཟད། ར་སྒྲེང་ཐུབ་བསྟན་འཇམ་དཔལ་ཡེ་ཤེས་ཀྱི་མཛད་རྗེས་ལ་གཞིགས་ཏེ“ སྐུ་གོ་ཞུང་ཧོ་ཏན་ཧྲེ” ཞེས་པའི་ཆེ་ཐོ་གནང་། དེ་ནས་ཝུ་ཨུ་ཡོན་ཀྲང་ཞབས་འབྲིང་དང་བཅས་ལྷ་ས་ནས་སླར་ཡང་ཧྲེན་དུ་བརྒྱུད་དྲུང་ཆེན་

དུ་ཕྱིར་ལོག་མཛད། བོད་ས་གནས་སྲིད་གཞུང་གིས་སྔར་ལམ་ལྟར་ཇ་སག་ངག་དབང་རྒྱལ་མཚན་སོགས་འཐུས་མི་མངགས་གཏོང་ཐོག་གོ་མིན་ཏང་ཀྲུང་དབྱང་སྲིད་གཞུང་ལ་ཐུགས་རྗེ་ལེགས་འབུལ་ཡང་ཞུས་ཡོད།

ཏཱ་ལའི་བླ་མ་བསྟན་འཛིན་རྒྱ་མཚོ་ཁྲིར་ཕེབས་རྗེས་སྔར་སྲོལ་ལྟར། ཏཱ་ལའི་བླ་མའི་ཡབ་ཚང་ལ་སྐུ་རྗེས་སུ་སྨོས་གཞིས་དང་མངའ་འབངས་མི་སེར་མང་ཙམ་ཕུལ་ཞིང་། ལྷ་ས་ལྷུང་གསེབ་ཤར་དུ་གཟིམ་ཤག་གསར་བསྐྲུན་བཅས་བོད་ཀྱི་མངའ་བདག་ཆེ་གྲས་སུ་གྱུར་ནས་ཡབ་གཞིས་སྟག་འཚེར་ཞེས་གྲགས་པ་བཅས་སོ།

13. རྭ་སྒྲེང་དང་སྟག་བྲག་གཉིས་ལྟ་རྗེས་སུ་སྲིད་སྐྱོང་གི་ཁྲིར་འཁོད་པ་དང་། རྭ་སྟག་གཉིས་དབར་འགལ་བ་འབྱུང་རྐྱེན་དང་བརྒྱུད་རིམ་སྐོར།

དེ་ཡང་ཆུ་བྱ་(1933)ལོའི་ཟླ10ཚེས30ཉིན་ཏཱ་ལའི་བླ་མ་ཐུབ་བསྟན་རྒྱ་མཚོ་དགོངས་པ་གཞན་དོན་དུ་གཤེགས་རྗེས་བོད་ལྗོངས་ཚོགས་འདུ་རྒྱས་འཛོམས་གྲོས་བསྡུར་བྱས་པའི་སྙིང་པོར་རྒྱལ་ཚབ་ཀྱི་འོས་འཆར་དུ་རྭ་སྒྲེང་ཐུབ་བསྟན་འཇམ་དཔལ་ཡེ་ཤེས་ནི་༧རྒྱལ་དབང་སྐུ་གོང་མའི་ཐུགས་ག་སོགས་ཆེ་ཞིང་། སྤྲུལ་སྐུའི་མཚན་རྟགས་བཟང་བའི་སྐན་གྲགས་ལྡན་པ་དང་དེ་མིན་ཆོས་ཕྱོགས་ལ་ཁྱད་དུ་འཕགས་པའི་དགའ་ལྡན་ཁྲི་པ་མི་ཉག་ཡེ་ཤེས་དབང་ལྡན་དང་། ཕུར་ལྕོག་ཡོངས་འཛིན་སྤྲུལ་སྐུ་བྱམས་པ་ཐུབ་བསྟན་བཅས་རྗེ་འཕགས་པ་ལོ་ཀེ་ཤྭ་རའི་སྤྱན་སྔར་སྲིད་བློན་གླང་མདུན་ཀུན་དགའ་དབང་ཕྱུག་དང་། བཀའ་ཤག ཟུར་རྗེས། སེ་འབྲས་དགའ་གསུམ་གྱི་མཁན་པོ་ལས་ཟུར་སོགས་བོད་ལྗོངས་ཚོགས་འཐུས་ཚང་འཛོམས་སར་དགའ་ལྡན་ཁྲི་ཟུར་བྱམས་པ་ཆོས

གྲགས་ཀྱིས་ཟབ་བརྟག་ཞུལ་བར་རྭ་སྒྲེང་ཧོ་ཐོག་ཏུ་མཆོག་ཕེབས་བྱུང་བར་བརྟེན་བོད་ལྗོངས་ཚོགས་འདུས་རྭ་སྒྲེང་རིན་པོ་ཆེས་རྒྱལ་ཚབ་ཀྱི་ཐུགས་འགན་བཞེས་དགོས་པ་དང་། སྲིད་བློན་གླང་མདུན་གྱིས་སྤར་ཟུས་བཞིན་ཐུགས་འགན་མཉམ་བཞེས་གནང་དགོས་པའི་གཏན་འབེབས་བྱས་པ་ལྟར། རྭ་སྒྲེང་ཐུབ་བསྟན་འཇམ་དཔལ་ཡེ་ཤེས་མཆོག་ནས་རྒྱལ་ཚབ་ཀྱི་གཙོ་འགན་བཞེས་ཏེ་སྲིད་བློན་གླང་མདུན་ཀུན་དགའ་དབང་ཕྱུག་དང་ལྷན་དུ་ལོ་ལྔ་ཙམ་རིང་སྲིད་འགན་བཞེས་པའི་མཐར་རྭ་སྒྲེང་དང་གླང་མདུན་རྣམ་གཉིས་གཞུང་སྐེར་ཕྱུག་ལས་གནང་ཕྱོགས་ཐད་དགོངས་འཆར་མཐུན་མིན་བྱུང་བར་བརྟེན་ས་སྟག་(1938) ལོར་རྭ་སྒྲེང་གིས་བཀའ་ཤག་སོགས་ལ་རྒྱལ་ཚབ་དགོངས་ཞུ་གནང་རྒྱུའི་དགོངས་ཚུལ་གསུངས་ཤིང་། དེ་འཕྲལ་བཀའ་ཤག་གིས་སྤྱི་ཁྱབ་མཁན་པོ་དང་། དྲུང་རྩིས། གདན་ས་གསུམ་གྱི་མཁན་པོར་ནང་མོལ་ཞུས་ཐོག་བོད་ལྗོངས་ཚོགས་འདུ་ཧྲག་བསྡུས་རྒྱས་པ་སྐོང་འཚོགས་གནང་སྟེ་གྲོས་བསྡུར་བྱས་པ་བརྒྱུད་རྭ་སྒྲེང་ལ་ཏཱ་ལའི་བླ་མའི་མཆོག་སྤྲུལ་རིན་པོ་ཆེས་ལུགས་གཉིས་ཀྱི་གཙོ་འགན་མ་བཞེས་བར་སྐུ་མཐུད་ཆོས་སྲིད་ཀྱི་ཐུགས་འགན་བཞེས་དགོས་པའི་རེ་བ་བཏོན་པ་མ་ཟད། བཀའ་ཤག་དང་། དྲུང་རྩིས་སོགས་སེར་སྐྱ་དཔོན་རིགས་ཡོངས་ཀྱིས་རྒྱལ་ཚབ་མཆོག་གི་བཀའ་ཅི་གསུང་དྲངས་ལེན་ཞུ་བའི་ཁས་ལེན་ཡང་ཞུས་ཤིང་། ས་ཡོས་(1939) ལོར་རྒྱལ་ཚབ་རྭ་སྒྲེང་མཆོག་གིས་སླར་ཡང་བཀའ་ཤག་ལ་དགོངས་འཆར་གནང་དོན། "དེ་སྔོན་རྒྱལ་ཚབ་རིམ་པར་ལས་སྦྲེལ་མེད་རུང་། ང་རང་གི་སྐབས་ལ་ལས་སྦྲེལ་ཡོད་པ་འདི་ནི་བསྟན་པ་གཅིག་ལ་སྟོན་པ་གཉིས་ལྟ་བུས་ཏཱ་ལའི་བླ་མའི་ཡང་སྲིད་རིན་པོ་ཆེ་གདན་ཞུ་བྱ་རྒྱུ་སོགས་ལ་འགོག་རྐྱེན་མཛད་དཀའ་ཡོང་གི་འདུག" ཅེས་

ཕེབས་པར་བརྟེན་བཀའ་ཤག་ནས་ཚོགས་འདུ་ཧྲག་བསྡུས་རྒྱས་པ་སྐོང་འཚོགས་ཐོག་དྲུང་རྩིས་བརྒྱུད་གོང་གསལ་དགོངས་ཚུལ་རྣམས་ལ་གྲོས་བསྡུར་བྱས་ཏེ་༧རྒྱལ་བའི་ཡང་སྲིད་གདན་ཞུ་སོགས་ལ་འགོག་རྐྱེན་མི་ཡོང་བའི་ཆེད་ར་སྒྲེང་རྒྱལ་ཚབ་ནས་སྲིད་འགན་མུ་མཐུད་བཞེས་དགོས་པ་དང་། སྲིད་བློན་གླང་མདུན་ལ་དམིགས་བསལ་མཛད་ཉེས་མེད་སྐབས་སྲིད་ཟུར་གྱི་གདན་ཐོབ་དང་གསོལ་ཕོགས་རང་འཇགས་འབུལ་རྒྱུའི་ཐག་གཅོད་བྱས།

དེ་ནས་ར་སྒྲེང་ཐུབ་བསྟན་འཇམ་དཔལ་ཡེ་ཤེས་ཀྱིས་ལུགས་གཉིས་ཀྱི་ཐུགས་འགན་ཡོངས་སུ་བཞེས་ཏེ་༧རྒྱལ་བའི་ཡང་སྲིད་གདན་ཞུ་དང་། གསེར་ཁྲིར་མངའ་གསོལ། དབུས་སྐྱེས་གཙུག་ཕུད་བཞེས་ནས་མཚན་གསོལ་བ་སོགས་མཛད་པ་རྣམས་ལེགས་བསྒྲུབས་གནང་ཞིང་། རྒྱ་བོད་མི་རིགས་དབར་གྱི་མཐུན་ལམ་འཕྲེལ་བ་སོགས་ཀྱི་ཐད་ལའང་བསྔགས་པར་འོས་པའི་བྱ་བ་མང་པོ་མཛད་ཡོད།

དེ་ནས་ལྕགས་འབྲུག་(1940)ལོར། ར་སྒྲེང་ཐུབ་བསྟན་འཇམ་དཔལ་ཡེ་ཤེས་ནས་རྒྱལ་ཚབ་ཀྱི་ཐུགས་འགན་བཞེས་མུས་སུ་དབྱིན་ཇིའི་རྗེས་འབྲངས་པ་འགའ་ཞིག་གིས་ཡིག་སྐྱུར་ཞིག་སྤྲུར་ཏེ་ནང་དོན་དུ་ར་སྒྲེང་ལ་སྡོམ་པ་མེད་པས་ཏཱ་ལའི་བླ་མའི་མཆོག་སྤྲུལ་རིན་པོ་ཆེར་རབ་བྱུང་གི་བསླབ་སྡོམ་འབུལ་བཞེས་སོགས་ཡོང་ཐབས་བྲལ་བ་དང་། རབ་བཞེས་ཀྱི་མཛད་སྒོ་བསྐྱང་རྒྱུའི་དུས་ཚོད་གཏན་འཁེལ་ཟིན་པས་འདི་མུར་གནས་ཐབས་རྩ་བ་ནས་མེད་ལུགས་སྣེང་ཕྱོགས་མང་ཙམ་བཟོས་སྐབས་རྒྱལ་ཚབ་ར་སྒྲེང་ཅི་བྱ་གཏོལ་མེད་ཀྱི་གནས་སུ་ལྷུང་བ་དང་། ཕྱོགས་མཚུངས་ལྷ་བླ་མའི་ལུང་བརྟག་ལའང་རྒྱལ་ཚབ་ཉིད་ཀྱི་སྐུ་ཕྱུར་འཚུབ་ཆ་ཆེ་བའི་སྐོར་མང་ཙམ་ཐོན་ཞིང་། ལྷག་པར་དུ

རྒྱལ་ཚབ་མཆོག་གིས་རྒྱུན་དུ་པྲ་མཁན་སེང་གེ་བླ་མར་ཡིད་ཆེས་ཆ་འཇོག་ཆེན་པོ་གནང་བས་སེང་གེ་བླ་མས་ཀྱང་རིན་པོ་ཆེའི་སྐུ་ཕྱུར་འཚུབ་སློངས་ཆེ་བས་རྒྱལ་ཚབ་དགོངས་ཞུ་གནང་ན་བཟང་ཞེས་ཞུས་པ་བཅས་ལ་བརྟེན་རྒྱལ་ཚབ་ར་སྒྲེང་མཆོག་ནས་གནས་སྐབས་ལས་ཚབ་སུ་ཞིག་ལ་བསྐོ་བཞག་མཛད་ན་ལེགས་མིན་སྐོར། ར་སྒྲེང་ཛ་སག་འཇམ་དཔལ་རྒྱལ་མཚན་དང་། ཛ་ཟུར་འཇམ་དཔལ་བདེ་ལེགས། སྟོང་གནས་བླ་མ་བློ་བཟང་ཡེ་ཤེས་རྣམ་རྒྱལ། མཁར་རྫོ་སྤྲུལ་སྐུ་སྐལ་བཟང་ཐུབ་བསྟན། གཟིམ་དཔོན་མཁན་པོ་ངག་དབང་བློ་ལྡན་བཅས་ལ་ནང་མའི་བཀའ་བསྡུར་གནང་བར་མང་ཆེ་བས་གནས་སྐབས་ལོ་གཉིས་གསུམ་ཙམ་རིང་རྒྱལ་ཚབ་དགོངས་ཞུ་གནང་སྟེ་ལས་ཚབ་ཏུ་སྟག་བྲག་བླ་མ་བསྐོ་གཞག་གནང་ན་ཕྱིན་ཆད་སྐུའི་འགལ་རྐྱེན་སེལ་མཚམས་སྲིད་འགན་རང་འཛེགས་བཞེས་ཆོག་ལུགས་སྐོར་སོགས་ཞུས། འོན་ཀྱང་གཟིམ་དཔོན་མཁན་པོ་ངག་དབང་བློ་ལྡན་གྱིས་སྐུ་ཕྱུར་འཚུབ་ཆ་ཡོད་ན་རྐྱེན་སེལ་ཞབས་རིམ་སྒྲུབ་པས་བཟློག་སྲིད་ཅིང་། ངའི་བསམ་པར་རྒྱལ་ཚབ་དགོངས་ཞུ་མ་གནང་ན་དགེ་མཚན་ཆེ་བ་འདུག་ཅེས་ཞུས་ཀྱང་གཙོ་བོ་ཏྭ་ལའི་བླ་མའི་ཡང་སྲིད་ལ་རབ་བྱུང་གི་བསླབ་སྡོམ་འབུལ་རན་པར་བརྟེན་ཀླུན་ཀ་ཡོང་དོགས་སོགས་ཀྱིས་དེར་གསན་འཇོག་མ་གནང་བར་གྲགས། དེ་ནས་ར་སྒྲེང་ཧོ་ཐོག་ཐུས་ཡོངས་འཛིན་ཆུང་བ་སྟག་བྲག་ལའང་ནང་མོལ་གནང་ཐོག ལྕགས་འབྲུག(1940)ལོའི་ལོ་མཇུག་ཏུ་བཀའ་ཤག་ལ་གསུངས་དོན་“ ང་རང་ནས་ད་ཕན་ཆབ་སྲིད་ཀྱི་འཁུར་འགན་བླངས་ཏེ་གཙོ་ཆེར་སྤྱི་ནོར་ཡང་སྲིད་མཆོག་སྤྲུལ་རིན་པོ་ཆེ་ལྷ་མི་ཀུན་ཡིད་ཆེས་པ་མི་ཡུལ་ཐག་རིང་ནས་གདན་ཞུ་འགལ་མེད་ཐོག གསེར་ཁྲི་མངའ་གསོལ་སོགས་མཛད་སྒོ་རིམ་པ་གྲྭ་རྟེན་མི་འཇོལ་བ་ལེགས་གྲུབ་མ་ཟད།

ས་མཚམས་ཡས་མས་སོགས་ལའང་ཆབ་སྲིད་མཚན་ཉས་འཐུས་ཤོར་མེད་ཙམ་གྱི་བསྟན་སྲིད་དཀར་འཛམ་ཡུག་གཅིག་ཏུ་གནས་མུས་ཀྱང་། ལྔ་བླ་མའི་ལུང་བརྟག་དགོངས་དོན་འདི་ལོ་ངོས་རང་གི་ཚེ་སྲོག་ལ་འཚུབ་ལྗོངས་ཆེ་ཕེབས་ད་ལྟ་རྒྱལ་ཚབ་ཡོངས་འཛིན་བཅས་ཀྱི་ལས་འཕྲུར་དགོངས་ཞུ་མི་བྱེད་མཐུ་མེད་ལ་བརྟེན་གོང་ས་སྐྱབས་མགོན་ཆེན་པོར་ཡང་ལུགས་མཐུན་དགོངས་སྙན་ཞུས་ཟིན་པ་ལྟར་དེ་དོན་དགོངས་འཁྲིལ་ཡོང་བ་དང་། ཡང་སྲིད་རིན་པོ་ཆེ་སྐུ་ན་ཕྲ་གཞིས་བསྟན་སྲིད་འཕྲུར་བཞེས་སྲིད་སྐྱོང་ཚབ་གསར་ཐད། སྟག་བྲག་རིན་པོ་ཆེས་ཡོངས་འཛིན་ཆུང་བའི་ཐུགས་འཕྲུར་བསྐྱངས་མུས་ལ་གོང་ས་ཆུང་སྲིད་རིན་པོ་ཆེ་མཆོག་ནས་ཀྱང་བཤེས་གཉེན་བསྟེན་ཚུལ་ཇི་བཞིན་བརྩི་བཀུར་ལྷག་ཏུ་ཆེ་བ་གནང་མུས་དང་། སྐྱབས་མགོན་སྐུ་གོང་མས་ཀྱང་ཐུགས་བརྩེ་ཆེ་བསྐྱངས་མཁྱེན་གསལ་བཅས་ཆོས་སྲིད་མཁྱེན་ཡོན་གང་ཅིའི་བབས་ནས་འོས་བབས་འདི་ལས་ཆེ་བ་མེད་ངེས་ཐོག་མོ་བརྟག་ནན་ཏན་རིམ་བགྱིས་ལའང་བཀའ་བབས་ཐུགས་སྐལ་ཤིན་ཏུ་བཟང་ཕེབས་ལྟར། བསྟན་སྲིད་དཀར་འཛམ་ཡུན་གནས་རྒྱུན་འཁྱོངས་ཡོང་རེ་སྤྱི་དོན་ཁོ་ན་ལས། རང་དོན་ཡིད་བཅངས་ཀྱི་བསམ་པ་ཏིལ་འབྲུ་ཙམ་མེད་ངེས་ལ་སྲིད་སྐྱོང་ཚབ་གསར་ཐད་སྤྱི་ཚོགས་ལ་གོ་བསྒྱུར་དགོས་རྒྱུ" ཞེས་གསུངས་པ་བཞིན་སྟག་བྲག་ངག་དབང་གསུང་རབ་མཐུ་སྟོབས་ལ་སྲིད་ཚབ་བསྐོ་བཞག་གནང་ཞིང་། སྐབས་དེར་ཕྱི་རྒྱར་ཡོངས་གྲགས་གླིང་ཕྱོགས་ལ་རྭ་སྟག་གཉིས་དབར་བླ་སློབ་ནང་མའི་འབྲེལ་བ་དམ་ཟབ་ཡོད་ཁར། སྟག་བྲག་དགུང་ན་མཐོ་བའི་རྐྱེན་གྱིས་སྲིད་སྐྱོང་སྣར་ཡང་ཚུར་བཞེས་བདེ་བའི་ཆེད་དུ་རེད་ཟེར་བ་སོགས་གླིང་གཏམ་ཡང་བྱུང་བར་གྲགས།

ལྕགས་སྦྲུལ་(1941) ལོའི་ཟླ་དང་པོའི་ཚེས་གཅིག་ཉིན་ཡོངས་འཛིན་སྟག་བྲག་སྲིད་སྐྱོང་གི་ཁྲིར་ཕེབས་ཏེ་ཕྱག་ལས་རྩིས་ལེན་གནང་བ་དང་། དེ་རྗེས་སྟག་བྲག་ལྷ་སར་བཞུགས་ཡུལ་ཀུན་བཟང་པོ་བྲང་དུ་ར་སྒྲེང་སྐུ་འཁོར་ཚང་མ་གདན་ཞུས་ཀྱིས་གསོལ་སྟོན་གཟབ་རྒྱས་བཤམས་ཐོག་ཐུགས་རྗེ་ལེགས་འབུལ་མཚོན་བྱེད་འབུལ་དངོས་ཀྱང་མི་ཉུང་བ་ཞིག་ཕུལ། དེ་ནས་ཡུན་རིང་མ་སོང་བར་རྒྱལ་ཐུར་ར་སྒྲེང་ལྷ་ས་ནས་གདན་ས་ར་སྒྲེང་དུ་ཕྱིར་ལོག་མཛད་ཅིང་། བཀའ་བློན་གྱིས་གཙོས་གཞུང་ཞབས་སེར་སྐྱ་དཔོན་རིགས་དང་། གདན་ས་གསུམ་གྱི་མཁན་པོ། དམག་སྒར་ཁག་གི་ཏུ་སྒྲིག་སོགས་སྤྱར་སྒྲོལ་བྱེད་སྒོ་ཚང་མ་གཟབ་རྒྱས་བྱས་ཐོག་ཕེབས་སྐྱེལ་ཞུས་པ་རེད།

སྟག་བྲག་ངག་དབང་གསུང་རབ་ཀྱིས་སྲིད་སྐྱོང་གི་ལས་འགན་དངོས་སུ་འཁུར་རྗེས་དབྱིན་ཇིའི་རྗེས་འབྲངས་པ་ཟུར་ཁང་དབང་ཆེན་དགེ་ལེགས་ལ་བཀའ་བློན་དང་ཞྭ་སྒབ་པ་དབང་ཕྱུག་བདེ་ལྡན་ལ་རྩིས་དཔོན་བསྐོ་གཞག་དང་། དེ་མིན་དཔོན་རིགས་འགའ་ཞིག་གསར་བསྐོས་བྱས་ཏེ་བོད་ས་གནས་སྲིད་གཞུང་གི་དབང་ཆ་གཙོ་བོ་རྣམས་དབྱིན་ཇིའི་རྗེས་འབྲངས་པའི་ལག་ཏུ་ལྷུངས་ཏེ་མེས་རྒྱལ་ཁ་བྲལ་གཏོང་བའི་སྤྱོད་ངན་ཇི་སྙེད་སྤེལ་བ་སྟེ་ཆུ་རྟ་(1942) ལོའི་ཟླ་4ཚེས་23ཉིན་ཁྲིམས་འགལ་གྱི་སྒོ་ནས་ཕྱི་འབྲེལ་ལས་ཁུངས་བཙུགས་པ་མ་ཟད། བོད་དུ་བཅའ་སྡོད་དབྱིན་ཇི་དང་བལ་པོའི་ངོ་ཚབ་ལ་སྣད་ཕྱིན་བྱ་བ་མཐའ་དག་ཕྱི་འབྲེལ་ལས་ཁུངས་མ་བརྒྱུད་པར་ཐད་ཀར་བཀའ་ཤག་ལ་འབྲེལ་གཏུགས་ཞུ་མི་ཆོག་ཟེར་བ་དང་། དེ་བཞིན་གོ་མིན་ཏང་ཀྲུང་དབྱང་སྲིད་གཞུང་གི་བོད་སོག་ཨུ་ཡོན་ལྷན་ཁང་གི་ལྷ་སར་བཅའ་སྡོད་དོན་གཅོད་ཁང་དུའང་སྣད་ཕྱིན་ཕྱི་འབྲེལ་ལས་ཁུངས་མ་བརྒྱུད་པར་བཀའ་ཤག་ལ་ཐད་ཀར་

འབྲེལ་བ་བྱེད་མི་ཚོག་ཅེས་ཉ་ཉུང་མཉམ་བསྲེས་ཀྱིས་བརྗོད་ཀྱང་། བོད་སྟོད་དོན་གཅོད་ཁང་གི་འགོ་འཛིན་པས་པོ་མིན་ཏང་གྲུང་དབྱང་སྲིད་གཞུང་གི་བཀའ་བཀོད་ལྟར། ཕྱི་འབྲེལ་ལས་ཁུངས་ལ་འབྲེལ་གཏུགས་རྩ་བ་ནས་མ་བྱས་སྟབས་སྟག་བྲག་སོགས་བྱེད་ཐབས་དཀའ་བའི་གནས་སུ་ལྷུངས། དེ་རྗེས་མེ་ཕག་(1947)ལོར་རྒྱ་གར་རྡེ་ལི་གསར་པར་བསྐྱངས་འཚོགས་བྱས་པའི་ཡཱ་གླིང་གི་གྲོས་ཚོགས་ཐོག་བོད་སྐྱེར་བཙན་རྒྱལ་ཁབ་གཅིག་ཏུ་བརྩེ་རྒྱུའི་རེ་ངན་བཅངས་ནས་གདན་ཞུ་བྱས་ཏེ་བོད་དམག་གི་དམག་དར་གངས་རི་དང་སེང་གེ་རྟགས་ཅན་དེ་བོད་ཀྱི་རྒྱལ་དར་དུ་བརྩིས་ནས་རྒྱལ་ཁབ་ཁག་གི་དར་ཆ་དང་མཉམ་དུ་བཀལ་བ་སོགས་ཀྱི་སྤྱོད་ངན་དེ་དག་ལ་གྲུང་དབྱང་སྲིད་གཞུང་དང་། བོད་ཀྱི་རྒྱལ་གཅེས་སྟོབས་ཤུགས་ཀྱིས་ཁ་བརྟུང་དྲག་པོ་བཏང་སྟབས་ལུགས་འགལ་གྱི་སྒྲིག་གཡོར་ཕམ་ཉེས་བྱུང་བས་དབྱིན་ཇིའི་རྗེས་འབྲངས་པ་ཚོ་ཚོ་ཁ་སྐྱེངས་ཀྱིས་བོད་ཀྱི་རྒྱལ་གཅེས་སྟོབས་ཤུགས་ལ་རྟུང་རྡེག་དྲག་པོ་བཏང་བ་རེད།

ར་སྒྲེང་གི་དོན་གནད་འབྱུང་རྐྱེན་གཙོ་བོ་ནི། སྟག་བྲག་ངག་དབང་གསུང་རབ་ཀྱིས་ལོ་གསུམ་ནས་སྲིད་སྐྱོང་ལས་འཁུར་ར་སྒྲེང་རྒྱལ་ཟུར་ལ་ཕྱིར་འབུལ་ཞུ་རྒྱུའི་ནང་དོན་ཁ་དན་གྱི་དུས་ཚོད་ཡོལ་ཟུང་། སྟག་བྲག་གིས་སྲིད་སྐྱོང་གོ་གནས་ཕྱི་ཁ་ཟུས་བཟུང་ལྟར་ཕྱིར་འབུལ་བྱེད་བཟོ་རྩ་བ་ནས་མེད་སྟབས་ར་སྒྲེང་རིན་པོ་ཆེ་དང་སེར་བྱེས་མཁན་པོ་ངག་དབང་རྒྱ་མཚོ་སོགས་ནང་མོལ་གནང་སྟེ་རྒྱལ་ཟུར་ར་སྒྲེང་མཆོག་ཕྱི་རྒྱུར་སྐབས་དེར་སེར་བྱེས་གྲྭ་ཚང་ཉམས་གསོ་ལེགས་བསྒྲུབས་ཟིན་པའི་རབ་གནས་མཛད་པར་གདན་ཞུས་ལྟར་ལྷ་སར་ཕེབས་ཤིང་། དོན་དུ་སྲིད་སྐྱོང་སྟག་བྲག་དང་མཇལ་འཛོམས་ཐོག་དེ་སྔ་ནང་མོལ་གནང་བ་ལྟར་སྲིད་སྐྱོང་གི་ལས་འགན་ཕྱིར་འབུལ་ཞུ་རྒྱུའི་རེ་བ་མཛད་པ་

དེ་ཡིན། ར་སྒྲེང་རིན་པོ་ཆེ་ལྷ་སར་ཕེབས་རྗེས་རྩེ་ཕོ་བྲང་དུ་ཧྟ་ལའི་བླ་མ་དང་། སྲིད་སྐྱོང་སྟག་བྲག་ལྷན་འཛོམས་སར་འགྱོར་ཕྱག་ཞུ་གནང་ཕོག མཛད་སྒོ་གྲོལ་རྗེས་ཤོད་གཟིམ་ཆུང་དུ་སྟག་བྲག་དང་མཇལ་འཕྲད་གནང་བར་ཕེབས་ཏེ་ར་སྒྲེང་མཆོག་ནས་སྐུ་ཕྱྭའི་རྟེན་སེལ་བསླེན་སྒྲུབ་ཟིན་ལུགས་དང་། སྟག་བྲག་སྐུ་ན་མཐོ་བས་མུ་མཐུད་སྲིད་འགན་བཞེས་ན་སྐུ་ངལ་ཆེ་བ་མི་ཡོང་ངམ་སྙམ་ནས་ད་རེས་ཆེད་མངགས་སྐུ་བཅར་ཞུས་པ་ཡིན་གསུངས་ཀྱང་། སྟག་བྲག་གིས་མ་འདོད་འོན་པར་བརྫུས་ཏེ་སྤྱིར་བཏང་གི་འཚམས་འདྲིའི་བཀའ་མོལ་འབའ་ཞིག་ཞུ་བ་ཙམ་ལས་གོང་གསལ་དོན་གནད་དེའི་ཐད་ལེགས་ཉེས་འགྲིག་མིན་གང་ཡང་མ་བཤད་པར་མཇིག་བཟུང་བྱས་སྐབས་ར་སྒྲེང་ཐུབ་བསྟན་འཇམ་དཔལ་ཡེ་ཤེས་ཐུགས་འཁྲུག་ཤིན་ཏུ་ཆེན་པོ་སྐྱེས་ཤིང་། སྐབས་དེར་ཕྱོགས་གཉིས་ཀའི་གཤམ་འོག་གི་དཔོན་རིགས་རྣམས་དབང་ཆ་འཕྲོག་རེས་བྱེད་རྒྱུའི་འཐབ་རྩོད་ཇ་དྲག་པོ་ཡོད་པ་མ་ཟད། ལྷག་པར་དུ་སྟག་བྲག་གི་ཕྱག་མཛོད་ཇ་སག་བསྟན་པ་མཐར་ཕྱིན་གྱིས་སྲིད་སྐྱོང་ལས་འགན་ཕྱིར་འབུལ་བྱ་རྒྱུར་ངོ་རྒོལ་མཐའ་གཅིག་ཏུ་བྱས། དེ་ནས་བཟུང་ར་སྟག་དབར་གྱི་འགལ་བ་ཉིན་བཞིན་མངོན་གསལ་དོད་པོར་གྱུར་ཅིང་། བོད་ས་གནས་སྲིད་གཞུང་གི་འགངས་ཆེའི་ལས་ཁུངས་ནང་ཡོད་པའི་ར་སྒྲེང་རིན་པོ་ཆེར་བློ་དགར་བའི་སེར་སྐྱ་དཔོན་རིགས་དང་། སེར་འབྲས་ཀྱི་མཁན་པོ་སོགས་རིམ་བཞིན་འཕོ་བསྒྱུར་དང་ཕྱིར་འཐེན་བྱས་ཏེ་སྟག་བྲག་གི་རྗེས་འབྲངས་པ་རྣམས་བསྐོ་གཞག་བྱས་པ་རེད།

ར་སྒྲེང་རྒྱལ་ཟུར་ནི་མེས་རྒྱལ་གོང་བུ་གཅིག་གྱུར་དང་། རྒྱ་བོད་མི་རིགས་མཐུན་སྒྲིལ་ལ་བརྩེ་སྲུང་གནང་མཁན་རྒྱལ་གཅེས་རིང་ལུགས་པ་ཞིག་ཡིན་སྟབས་སྐབས་འཕྲལ་དུ་གོ་མིན་ཏང་ཀྲུང་དབྱང་ལ་བོད་ཀྱི་ཆབ་སྲིད་གནས

ཚུལ་ཞིབ་ཕྲ་སྐན་སྐྲོན་ཞུ་མི་བརྒྱ་དཔོན་ཚང་གི་བུ་སོགས་ཆེད་དུ་མངགས་གཏོང་གནང་སྟེ་དགོས་ངེས་ཀྱི་རྒྱབ་སྐྱོར་ཡོང་བའི་རེ་བ་ཞུས་ཀྱང་གོ་མིན་ཏང་ཀྲུང་དབྱང་སྲིད་གཞུང་ངན་ལྷུངས་རུལ་སུངས་སུ་གྱུར་པས་ནུས་ལྡན་གྱི་རྒྱབ་སྐྱོར་གང་ཡང་ཐོབ་མ་ཐུབ། སྐབས་དེར་རྒྱལ་གཅེས་ཀྱི་སྟོབས་ཤུགས་དང་། དབྱིན་ཇིའི་རྗེས་འབྲངས་པའི་དབར་གྱི་སྲིད་དབང་འཕྲོག་ལེན་བྱེད་པའི་འཐབ་རྩོད་དེ་ཉིན་བཞིན་ཇེ་དྲག་དང་། ཇོ་ངར་ཅན་དུ་གྱུར་ཅིང་། རྭ་སྒྲེང་ཕྱོགས་ཁག་གི་བྱེད་སྒྲུབ་བཟོ་མིན་བྱུང་བར་བསྐྱད་དེ་སྟག་བྲག་ངག་དབང་གསུང་རབ་དང་། ཇ་སག་བསྟན་པ་མཐར་ཕྱིན། ཟུར་ཁང་དབང་ཆེན་དགེ་ལེགས། ཞྭ་སྒབ་པ་དབང་ཕྱུག་བདེ་ལྡན་སོགས་ནས། རྭ་སྒྲེང་ཕྱོགས་གཏོགས་ཀྱིས་དུས་བཀག་འབར་མདེལ་ཞིག་སྐྱེལ་བར་བཏང་སྟེ་སྟག་བྲག་བཀྲོང་རྩིས་དང་། རྭ་སྒྲེང་དང་སེ་ར་དགོན་པའི་གྲྭ་པ་ཁ་མཐུན་ནས་སྟག་བྲག་གི་སྲིད་དབང་མགོ་རྟིང་སློག་རྩིས་ཡོད་པ་རེད་ཟེར་བ་སོགས་ཀྱི་གླེང་ཕྱོགས་མང་ཙམ་བཟོས་ཏེ། མེ་ཕག་(1947) ཟླ2པར་བཀའ་བློན་ཟུར་ཁང་དབང་ཆེན་དགེ་ལེགས་དང་ལྷ་ཀླུ་ཚེ་དབང་རྡོ་རྗེ་སོགས་ནས་བོད་དམག་ཉིས་བརྒྱ་ལྷག་ཙམ་འཁྲིད་དེ་རྭ་སྒྲེང་དགོན་པར་རྒྱལ་ཟུར་ཐུབ་བསྟན་འཇམ་དཔལ་ཡེ་ཤེས་འཛིན་བཟུང་བྱེད་པར་ཉེན་མཚན་ཤད་བསྐྱོད་བྱས། གནས་ཚུལ་དེ་ལྷ་སར་ཡོད་པའི་རྭ་སྒྲེང་གི་ཞབས་འབྲིང་ལ་ལས་ཤེས་འཕྲུལ་མཆོད་དཔོན་ཡེ་ཤེས་ཚུལ་ཁྲིམས་སོགས་འཕྲུལ་དུ་མངགས་གཏོང་བྱས་ཀྱང་། བོད་དམག་རྣམས་སྔོན་ལ་རྭ་སྒྲེང་དུ་འབྱོར་ཟིན་ཅིང་བཀའ་བློན་ཟུར་ཁང་དབང་ཆེན་དགེ་ལེགས་སོགས་ནས་སྐུ་ཕྱག་ཕུལ་ཏེ་གདན་ཞུར་བཅར་བའི་ཚུལ་བྱས་ཏེ་ལྷ་སར་བཙན་འཁྲིད་བྱས། བོད་ཟླ2ཚེས27ཉིན་ལྷ་སར་ཕེབས་རྒྱུ་དང་། ཕེབས་ལམ་ཐད་ནང་དོན་འཕན་པོ་

སྒོ་ལ་བརྒྱུད་སེ་ར་དགོན་གྱི་ཉེ་འགྲམ་ནས་ཕེབས་རྒྱུ་གཏན་འཁེལ་ན་ཡང་། ཕྱི་རྒྱུར་ཤར་ཕྱོགས་འཁྲོམ་སྟོད་དང་། ནུབ་ཕྱོགས་སྟོད་ལུང་བརྒྱུད་ཕེབས་ཚུལ་གྱི་སྐད་ཆ་གང་སར་བཀྲམ་པ་མ་ཟད། ཤར་ནུབ་གཉིས་ཀར་ཉེན་སྲུང་དམག་མི་བཏང་བས་རྒྱལ་གཅེས་གྲྭ་པ་དང་། མང་ཚོགས་མང་པོ་མགོ་སྐོར་ཐེབས་ནས་རྒྱལ་བྲུར་ར་སྒྲེང་རིན་པོ་ཆེ་ཚུར་འཁྲིག་མ་ཐུབ་ཅིང་། སྐབས་དེར་བཀའ་བློན་བྲུར་ཁང་སོགས་ཀྱིས་ར་སྒྲེང་རིན་པོ་ཆེ་བཙན་འཁྲིད་ཀྱིས་འཕན་པོ་སྒོ་ལ་བཀལ་ཏེ་གླིང་བུ་རྫོང་གསར་དུ་སླེབས་སྐབས་ཁོ་པ་ཚོ་ཚོ་ལས་རྣམས་ནང་གྲོས་བྱས་ཏེ་ར་སྒྲེང་རིན་པོ་ཆེར་ན་བཟའ་གྲྭ་ཆས་སྒྲོན་པ་དང་། སྐུ་བཅར་གསོལ་དཔོན་རིག་རྣམ་དང་། གཟིམ་འགག་ཚུལ་ཁྲིམས་ནོར་བུ། གསོལ་ཐབ་པ་ནོར་འཛིན་བཅས་མི་གསུམ་ཡོད་པར་ལུས་བཤེར་བྱས་ནས་ར་སྒྲེང་རིན་པོ་ཆེ་རྩེར་གདན་ཞུ་བྱ་རྒྱུ་དང་། ཁྱོད་ཚོ་གྲྭ་བཞི་དམག་སྐར་ལ་རྩིས་སྤྲོད་བྱས་པ་ཡིན་ཞེས་བརྗོད་དེ་གྲྭ་བཞིའི་བརྒྱ་དཔོན་དོན་གྲུབ་ཚེ་རིང་ལ་རྩིས་སྤྲད་པ་རེད། དེ་ནས་ར་སྒྲེང་རིན་པོ་ཆེ་རྩེར་འཁྲིད་དེ་ཤར་ཆེན་ལྕོག་ཏུ་བཙོན་འཇུག་བྱས། སེར་བྱེས་གྲྭ་ཚང་སོགས་ནས་ར་སྒྲེང་གི་རྒྱབ་ལྗོངས་བྱས་སྐབས་བོད་ས་གནས་སྲིད་གཞུང་དང་སེ་རའི་དབར་ཟིང་འཁྲུག་ལངས་ཤིང་། མཐར་སེ་རའི་གྲྭ་པ་རྣམས་ཕོ་མཚོན་ཞན་པ་དང་། དམག་འཐབ་ཀྱི་ཉམས་མྱོང་རྩ་བ་ནས་མེད་སྐབས་མེ་ཕག(1947)ལོའི་ཟླ3ཚེས8ཉིན་བོད་དམག་གིས་སེ་ར་དབུ་རྩེ་བླངས། ཉིན་ཤས་རིང་དམག་འཐབ་དྲག་པོ་བྱས་ཏེ་སེ་རའི་གྲྭ་པ་བཅུ་ལྷག་ཙམ་སྲོག་ཤོར། གྲྭ་པ་མང་པོ་རྨས། གཏེ་པོ་བཅུ་ཕྲག་འགའ་ཞིག་འཛིན་བཟུང་ཐོག་ཁྲིམས་གཅོད་དྲག་པོ་བཏང་བ་སྟེ། ལ་ལ་ཚེ་སྒོ་ཚེ་ལྷུགས་བརྒྱབ་སྟེ་རྒྱངས་འབུད་བཏང་བ་དང་། ལ་ལ་རྐང་ལྷུགས་ལག་ལྷུག་བརྒྱབ་སྟེ་སྐུ་དྲག་ཆེ་ཁག་ལ་

ཚིས་སྲིད། དགོན་པའི་རྒྱུ་ནོར་གལ་ཆེ་བ་མང་པོ་འཕྲོག མཁན་པོ་ངག་དབང་རྒྱ་མཚོ་སོགས་མི་གྲངས་བཅུ་ལྷག་ཙམ་ཁམས་ཕྱོགས་སུ་བྲོས་ཕྱིན་པ་རེད།

ར་སྒྲེང་ཐུབ་བསྟན་འཇམ་དཔལ་ཡེ་ཤེས་འཛིན་བཟུང་བྱས་རྗེས་སྟག་བྲག་སོགས་དབྱིན་ཇིའི་རྗེས་འབྲངས་པ་རྣམས་ནས་བཙན་སྐྱོང་དུ་ཆེད་མངགས་ལུང་ཤར་གྱི་བུ་ཨོ་རྒྱན་རྡོ་རྗེ་(དེ་སྔ་ཨོ་རྒྱན་རྣམ་གྲོལ་ཟེར་)དང་། རྩེ་དྲུང་ཡེ་ཤེས་ཐུབ་བསྟན་(རྩེ་དྲུང་བལ་པོའང་ཟེར་)ཁོང་གཉིས་ཀ་ར་སྒྲེང་ལ་འཁོན་འཛིན་ཆེན་པོ་ཡོད་པ་ཞིག་ཡིན་པ་སོགས་བཙུགས་ཤིང་། ར་སྒྲེང་རིན་པོ་ཆེ་དོ་དམ་ཁོངས་བཞུགས་རིང་ཚོགས་འདུ་ཧྲག་བསྡུས་སར་འདྲི་བ་ཐེངས་འགའ་ཞིག་ལེན་སྐབས་ཁོང་གིས་སྐུ་ཕྱུག་གནང་བཞིན་ངས་བོད་ཀྱི་བསྟན་སྲིད་ལ་གནོད་པའི་ལས་ཀ་གང་ཡང་བྱས་མེད་པ་མ་ཟད། གཤམ་འོག་ལས་བྱར་མ་བྱེད་མ་བསྐུར་ཁོ་ན་བརྗོད་ཀྱི་ཡོད་ཅེས་ཡང་ཡང་གསུངས། སྐབས་དེར་དྲུང་ཚིས་སོགས་བཀའ་ཤག་ཏུ་ཡོང་ནས་ར་སྒྲེང་ལ་ཁྲིམས་གཅོད་ཇི་ལྟར་བྱེད་དགོས་ལུགས་སྐོར་གྲོས་མོལ་ཡང་ཡང་བྱེད་སྐབས་སྔེ་མགྲོན་ཐུབ་བསྟན་ལེགས་སྨོན་གྱིས་ཁྲིམས་དེབ་གཅིག་འཁྱེར་ཡོང་ནས་ཁ་ཕྱེ་སྟེ་ནག་ཅན་ཁྲག་སྦྱོར་གྱི་ཞལ་ལྕེའི་ནང་འབབས་ཀྱིན་ཕྱོག་བྱས་ན……ཞེས་པའི་ལུང་དྲངས་ཏེ་རྒྱལ་ཟུར་ར་སྒྲེང་གི་སྐྱོན་འབྲས་གཉིས་ཀ་འདོན་རྒྱུའི་གྲོས་འགོ་བཏོན་པ་དང་། དེར་མགྲོན་གཉེར་ཆེ་མོ་བ་ཕ་ལྷ་ཐུབ་བསྟན་འོད་ལྡན་ནས་རྒྱབ་སྐྱོར་ཐོག་ཁྲིམས་ཆད་ནན་པོ་གཅོད་དགོས་ཞེས་བརྗོད་སྐབས་ཚ་རོང་ཟླ་བ་དགྲ་འདུལ་དང་། གདན་ས་སེར་འབྲས་དགའ་གསུམ་གྱི་མཁན་པོ་ལས་ཟུར། གཞུང་ཞབས་སེར་སྐྱ་ཁག་གཅིག་གིས་བྱེད་ཐབས་དེ་དག་ལ་མོས་མཐུན་མེད་པའི་རྣམ་འགྱུར་བསྟན་པ་མ་ཟད། ཚོགས་ཞུགས་སེར་སྐྱ་དཔོན་རིགས་མང་ཆེ་བས་དེའི་སྐོར་གྲོས་བསྡུར་རྩ་

བ་ནས་མ་བྱུས་པ་རེད།

དེ་རྗེས་ར་སྒྲེང་སྙུང་གཞི་བཞེས་པའི་གནས་ཚུལ་རྗེ་ཕྱུག་ནས་ཚོགས་འདུར་སྙན་སྒྲོན་ཞུས་སྐབས་བཀའ་ཤག་གིས་སྨན་རྩིས་མཁན་ཆུང་མཁྱེན་རབ་ནོར་བུ་གཏོང་གནང་མཛད་དེ་བརྟག་དཔྱད་བྱེད་སྐབས་ཀླུང་གྲིབ་སྙུང་གཞི་ཙམ་ལས་གནད་འགག་ཆེ་བ་མི་འདུག་ཅེས་གསུངས། དུས་དེར་ར་སྒྲེང་ཐུབ་བསྟན་འཇམ་དཔལ་ཡེ་ཤེས་ཀྱིས་བཤན་པའི་ལག་ཏུ་བཤད་ལུག་ཐེབས་པ་ལྟ་བུའི་གནས་སུ་ལྷུངས་པ་གསལ་པོར་མཁྱེན་ཏེ་ཡོངས་འཛིན་ཁྲི་བྱང་སྤྲུལ་སྐུ་བློ་བཟང་ཡེ་ཤེས་དང་། དྲུང་ཡིག་ཆེ་མོ་འབུམ་ཐང་ཆོས་འཕེལ་ཐུབ་བསྟན། བཀའ་བློན་ཀ་ཤོད་ཆོས་རྒྱལ་ཉི་མ་བཅས་ལ་ཕྱག་བྲིས་གནང་སྟེ་བཙོན་ནས་སྐྱོབ་ཐབས་ཡོང་བའི་རེ་བ་མཛད་ཀྱང་ཡི་གེ་དེ་དག་རྗེ་དྲུང་ཡེ་ཤེས་ཐུབ་བསྟན་དང་། ལྷུང་ཤར་ཨོ་རྒྱན་རྡོ་རྗེས་སྟག་བྲག་ཕྱོགས་ལ་སྤྲད་པས་འཕྲལ་དུ་ཐག་གཅོད་མ་བྱུས་ན་ཤོར་ཉེན་ཡོད་པའི་ཇོགས་པ་ཆགས་ཏེ་མེ་ཕག（1947）ཟླ3ཚེས8ཉིན་གྱི་ཐོ་རེངས་ཙམ་ལ་ར་སྒྲེང་རིན་པོ་ཆེ་དགོངས་པ་གཞན་དོན་དུ་གཤེགས་སོང་ཞེས་རྗེ་ཕྱུག་ཐུབ་བསྟན་རྒྱལ་པོ་དང་། སྲུང་ཆའི་འགོ་འཛིན་ཤོད་མགྲོན་སྐལ་བཟང་ངག་དབང་གཉིས་ནས་ཚོགས་འདུ་དང་བཀའ་ཤག་ལ་སྙན་སེང་ཞུས་པ་རེད།

ར་སྒྲེང་གཤེགས་རྐྱེན་སྐོར་ལ་བཤད་ཚུལ་མི་འདྲ་བ་མང་ཙམ་བྱུང་བ་སྟེ། ལ་ལས་མགུལ་དུ་དར་བཙངས་བརྒྱབ་སྟེ་བསྒྲོངས་པ་རེད་ཟེར་བ་དང་། ལ་ལས་ཕོ་མཚན་འབྲས་བུ་བ་ཙོར་ཏེ་བསྒྲོངས་པ་རེད་ཟེར་བ། ཡང་ལ་ལས་དུག་འབུལ་ཏེ་བསྒྲོངས་པ་རེད་ཟེར། སྨན་རྩིས་མཁན་ཆུང་མཁྱེན་རབ་ནོར་བུས་གཤེགས་གོང་བརྟག་དཔྱད་ནན་ཏན་མཛད་དོན་ཀླུང་གྲིབ་ལྷ་བུའི་སྙུན་གཞི

ལས། གནད་ཆེ་མི་འདུག་ཅེས་ཚོགས་འདུར་ཞུས་པ་དང་། གཤེགས་རྗེས་ཚོགས་འཐུས་ནས་སྐུ་ཕུར་ལ་བལྟ་ཞིབ་བྱས་པ་སོགས་ཕྱོགས་གང་ཅིའི་གནས་ཚུལ་ལ་དཔྱད་སྐབས་སྟག་བྲག་ཕྱོགས་གཏོགས་ཀྱི་མི་ངན་ཚོས་བསྟུན་ནད་ཕོག་པའི་གོ་སྐབས་དང་བསྟུན་སྦྱུར་དུག་ཕུལ་ནས་སྐྱོག་བཀྲོངས་བྱས་པ་ཞིག་ཡིན་པར་སྣང་ཞིང་། སྐབས་དེར་ལྷ་སར་ཁྱབ་གདལ་ཆེ་བའི་དམངས་གཞས་སུ“ཕུ་དཀྲུག་མདའ་དཀྲུག་བཟོ་མཁན། །བདུད་ཕྲུག་མིན་ན་གང་ཡིན། །ར་ཕོ་བསད་པའི་སྡིག་གླར། །ལྷ་སའི་མི་དཔོན་སྤྲད་སོང་།” ཟེར་བ་སོགས་གླིང་ཕྱོགས་སྣ་ཚོགས་བྱུང་ཙང་དེ་དག་ལ་བརྩད་གཅོད་བདའ་འདེད་གང་ཡང་བྱེད་ཐོད་མེད། དེ་ལྟར་བྱས་ནས་དབྱིན་ཇིའི་རྗེས་འབྲངས་པ་ཚོས་བོད་ཀྱི་སྲིད་དབང་ཡོངས་སུ་ཁ་ལོ་བསྒྱུར་ཐུབ་པ་བྱུང་།

དེ་རྗེས་ཚོགས་འདུའི་ཐོག་ར་སྒྲེང་བླ་བྲང་གི་འབྲེལ་ཡོད་མི་སྣ་དང་བཅས་པར་བཀའ་དཔྱད་གཏོང་རྒྱུའི་འཆར་གཞི་ཕུལ་བ་ལྟར་ར་སྒྲེང་བླ་བྲང་གི་དེ་སྤྱིའི་འཛིན་དབང་རང་འཇགས་ལས། གསར་ཚོད་ཆོས་གཞིས་ཡོངས་རྫོགས་གཞུང་བཞེས་དང་། སྙད་ར་སྒྲེང་གི་ཡང་སྲིད་ལ་ཚོགས་ཆེན་སྤྲུལ་སྐུའི་གདན་ཐོབ་ལས་རྒྱལ་སྤྲུལ་ཏུ་ཐོག་ཐུའི་ཐོབ་ཐང་མེད་པ་བཟོས་ཤིང་། ར་སྒྲེང་ཇ་སག་འཇམ་དཔལ་རྒྱལ་མཚན་དང་། མཁར་རྡོ་བླ་མ་གཉིས་ལ་ཏྲ་ལྕུག་ཚ་ནན་བཏང་ཐོག་ཆེ་སྒོ་ཆེ་ལྕུགས་བརྒྱབ་སྟེ་ནོར་གླིང་སྐུ་སྲུང་དམག་སྒར་དུ་བཙོན་ཁང་གསར་རྒྱུག་དང་འབྲེལ་ཆེ་གང་བཙོན་འཇུག་སོགས་ཚང་མར་ཐག་གཅོད་ནན་པོ་བྱས་པ་རེད།

ར་སྒྲེང་ཐུབ་བསྟན་འཇམ་དཔལ་ཡེ་ཤེས་བཀྲོངས་པའི་གནས་ཚུལ་གང་སར་ཁྱབ་རྗེས་བོད་མི་དམངས་དང་ལྷག་པར་དུ་ར་སྒྲེང་དང་སེ་ར་དགོན་པའི་

དགེ་འདུན་པ་རྣམས་ཁོང་ཁྲོའི་མེ་ལྕེ་རབ་ཏུ་འབར་ནས་ར་སྒྲེང་དགོན་པའི་སྒོ་ཁང་ནང་བཞུགས་པའི་སྲུང་བྱ་བོད་དམག་བཅུ་དྲུག་དེ་དག་བཟུང་ནས་ཙག་གཤག་བཏང་། བཀའ་ཤག་གིས་གནས་ཚུལ་དེ་ཤེས་འཕྲལ་སླར་ཡང་བོད་དམག་ཆིག་སྟོང་ཙམ་ར་སྒྲེང་དུ་བཏང་སྟེ་ཡུལ་དེའི་མཐའ་བཞི་བསྐོར་སེར་དམག་དང་བོད་དམག་ཉིན་མཚན་འགའ་ཞིག་རིང་དྲག་འཐབ་དྲག་པོ་བྱས་མཐར་སེར་དམག་ལ་ཕམ་ཉེས་ཚབས་ཆེན་ཕོག་པ་མ་ཟད་དགོན་པའི་གསེར་ཀོང་དང་དངུལ་ཧྲང་སངས་རྒྱས་ཀྱི་སྐུ་བརྙན་དར་གོས་ཆེན་རིན་ཆེན་སྣ་ཚོགས་སོགས་དངོས་རིགས་རྫ་ཆེན་ཡོངས་རྫོགས་འཕྲོག་བཅོམ་བྱས་ཏེ་ཡ་ང་བའི་གནས་སུ་གྱུར། མདོར་ན་ཐེངས་འདིར་རྒྱལ་གཅེས་སྟོབས་ཤུགས་ལ་ཧྲུང་རྟེག་ཚབས་ཆེན་ཕོག་སྟེ་སྟག་བྲག་སོགས་དབྱིན་ཇིའི་རྗེས་འབྲངས་པས་བོད་ཀྱི་སྲིད་དབང་ཡོངས་སུ་ཁ་ལོ་བསྒྱུར་ནས་མེས་རྒྱལ་གོང་དུ་གཅིག་གྱུར་ལ་གནོད་པའི་བྱ་ངན་ཇེ་མང་སྤེལ་བ་རེད།

14. བོད་མི་དམངས་ལ་བདེ་སྐྱིད་ཀྱི་ཉི་མ་ཤར་བ།

འཛམ་གླིང་དམག་ཆེན་གཉིས་པའི་སྐབས་སུ་ཨ་རི་བཙན་རྒྱལ་རིང་ལུགས་པས་བོད་ཧམ་བཟུང་བྱེད་རྒྱུའི་སྔོན་གྲབས་བྱས་ཤིང་། ཆུ་རྟ་(1942)ལོར་དབྱི་ལི་ཡ་ཐུའོ་ཨེར་སི་ཐའེ་ལ་སོགས་ཨ་རིའི་སྐུ་ཚབ་ཚོགས་པ་བོད་དུ་འོངས། བོད་ཀྱི་འབྲེལ་ཡོད་དཔོན་རིགས་དང་གསང་བའི་གྲོས་མོལ་ཡང་ཡང་བྱས་ཏེ་བོད་ཀྱི་ཁ་བྲལ་རིང་ལུགས་པ་དང་ཨ་རི་བཙན་རྒྱལ་རིང་ལུགས་དབར་གྱི་འབྲེལ་བ་ཉིན་བཞིན་དམ་ཟབ་ཏུ་ཕྱིན་ཞིང་དེ་རྗེས་མེ་ཕག་(1947)ལོའི་ཟླ་བ་10པར་རྩིས་དཔོན་ཞྭ་སྒབ་པ་དབང་ཕྱུག་བདེ་ལྡན་དང་མཁན་ཆུང་ཆང་ཁྱིམ་ཐུབ་བསྟན་ཚེ་དཔལ། རིམ་བཞི་སྦྲོམ་མདའ་ཡར་འཕེལ། ཟུར་ཁང་

མདའ་དཔོན་ལྷ་དབང་སྟོབས་རྒྱལ་བཅས་ཚོང་དོན་རྟོག་ཞིབ་ཚོགས་པ་ཟེར་བ་སྒྲིག་འཛུགས་བྱས་ཏེ་ཨ་མི་རི་ཀ་དང་དབྱིན་ཇི་སོགས་ལ་རྟོག་ཞིབ་ཏུ་འགྲོ་རྒྱུ་ཞེས་བཤད་ཀྱང་དོན་དུ་སྐབས་དེར་བོད་ཀྱི་བལ་དང་། པགས་རིགས། སྨན་རིགས་རྩ་ཚེ་སོགས་ཕྱིར་གཏོང་ཚོང་ཟོག་གི་སྤྱིའི་རིན་གོང་ཨ་རིའི་སྒོར་ཁྲི་སུམ་ཅུ་ཙམ་ལས་མེད་སྐབས་ཆེད་མངགས་ཚོང་དོན་ཚོགས་པ་གཏོང་བའི་དགོས་པ་ཅི་ཡང་མེད་གཤིས། ཁོ་པ་ཚོའི་དམིགས་ཡུལ་གཙོ་བོ་ནི་ཨ་རི་བཙན་རྒྱལ་རིང་ལུགས་པས་སྔོན་ཚུད་ནས་སྙིག་ངན་བཤམས་པ་ལྟར་ཨ་མེ་རི་ཀ་དང་དབྱིན་ཇི། རྒྱ་གར་སོགས་དང་ངན་འབྲེལ་གྱིས་བོད་སྐོར་བཙན་ཟེར་བར་རྒྱབ་སྐྱོར་ཐོབ་པའི་རེ་སྟོང་བྱེད་པ་དེ་ཡིན། འོན་ཀྱང་བཙན་རྒྱལ་རིང་ལུགས་པའི་འདོད་བློ་དང་ཡོངས་སུ་འགལ་ཏེ་འཛམ་གླིང་རྒྱལ་ཁབ་མང་པོས་ཁོ་ཚོར་རྒྱབ་སྐྱོར་མ་བྱས་སྐབས་ཕྱི་རྒྱལ་དུ་འགྲོ་བའི་ལག་འཁྱེར་དང་འགྲོ་དངུལ་སོགས་ལའང་དཀའ་ངལ་མང་པོ་འཕྲད་ཅིང་། གནས་ཚུལ་དེ་དག་ལ་བརྟེན་ནས་བོད་ཀྱི་ཚོང་དོན་ཚོགས་པ་དེ་སྤྱི་(1948)ལོའི་ལོ་སྟོད་དུ་ནན་ཅིང་ལ་མི་འགྲོ་ཀ་མེད་བྱུང་བ་དང་། སྐབས་དེར་ནན་ཅིང་གོ་མིན་ཏང་གྲུང་དབྱང་སྲིད་གཞུང་གིས་བོད་ཀྱི་ཚོང་དོན་ཚོགས་པ་ཕྱི་རྒྱལ་དུ་འགྲོ་དགོས་དོན་མེད་ལུགས་སྐོར་ནན་བཤད་བྱས་ཀྱང་ཚོང་དོན་ཚོགས་པས་ཉན་འཛོག་རྩ་བ་ནས་མ་བྱས་པར་སྙིག་ཏུ་ནན་ཅིང་ལ་བཅའ་སྡོད་ཨ་རིའི་གཞུང་ཚབ་ཆེ་མོ་སི་ཐུ་ལུད་ཏིང་དང་། དབྱིན་ཇིའི་གཞུང་ཚབ་ཆེ་མོ་བ་སོགས་ལ་ངན་སྦྲེལ་གྱིས་ཕྱི་རྒྱལ་དུ་འགྲོ་ཆོག་པའི་ལག་འཁྱེར་དང་འབྲེལ་ཡོད་བྱེད་སྒོ་རྣམས་བསྒྲུབས་རྗེས་བོད་ཀྱི་ཚོང་དོན་ཚོགས་པས་བོད་དུ་ཕྱིར་ལོག་བྱེད་རྒྱུ་ཡིན་ལུགས་སྐོར་གོ་མིན་ཏང་གྲུང་དབྱང་སྲིད་གཞུང་ལ་སྙན་སྒྲོན་ཞུས་སྐབས་ཁོ་པ་ཚོར་ཕྱི་རྒྱལ་གྱི་དངུལ་ལོར་དང་། གནང་

སྐྱེས་གང་ལེགས་གནང་བ་མ་ཟད། ཆེད་མངགས་གནམ་གྲུ་བཏང་སྟེ་ཧོང་ཀོང་བར་དུ་བསྐྱལ་ཞིང་། ཁོ་པ་ཆོས་སྟོན་ཚུད་ནས་སྒྲིག་གཡོ་བཤམས་པ་ལྟར། ཧོང་ཀོང་དུ་བཅའ་སྡོད་ཨ་རིའི་གཞུང་དོན་ཁང་གི་རོགས་རམ་འོག་ཞྭ་སྐབ་པ་དབང་ཕྱུག་བདེ་ལྡན་སོགས་མི་བཞི་ཨ་རིའི་རྒྱལ་ས་ཧྭ་ཧྲིན་ཏུན་དུ་བསྐྱོད་དེ་ཚོང་དོན་ཁ་ལ་འཁྱེར་བ་ཙམ་ལས་དོན་དུ་བོད་སྐྱེར་བཙན་ཡོང་བར་ཨ་རིའི་རྒྱབ་སྐྱོར་དགོས་ལུགས་སྐོར་བརྗོད་པ་མ་ཟད། ཨ་མེ་རི་ཀ་དང་བོད་དབར་འབྲེལ་བ་དངོས་སུ་བཙུགས་པ་དང་། ཨ་རིར་ཟླ་བ་བཞི་ལྷག་ཙམ་བསྡད། དེ་རྗེས་དབྱིན་ཇིར་བསྐྱོད་དེ་ཟླ་ཤས་རིང་བསྡད་ནས་སྤྱི་ (1948) ལོའི་ལོ་མཇུག་ཏུ་རྒྱ་གར་བརྒྱུད་བོད་དུ་ཕྱིར་ལོག་བྱས་པ་རེད།

སྐབས་དེར་མེས་རྒྱལ་སྐམ་ས་ཆེན་པོའི་ཐོག་རྩ་བའི་རང་བཞིན་ལྡན་པའི་འགྱུར་ལྡོག་བྱུང་བ་སྟེ། ལེའོ་ཧྲན་གཡུལ་འགྱེད་དང་ཕེན་ཅིན་གཡུལ་འགྱེད། ཧྲའོ་ཏད་གཡུལ་འགྱེད་བཅས་དམག་འཐབ་ཆེན་པོ་གསུམ་ལ་རྒྱལ་ཁ་ཐླབས་པོ་ཆེ་ཐོབ་སྟེ་གོ་མིན་ཏང་གི་དམག་ཤུགས་གཙོ་བོ་རྣམས་ཚར་བཅད་སྟབས་ཅང་ཅེ་ཧྲེའི་སྲིད་དབང་རླུང་གི་དབུས་ན་གནས་པའི་སྒྲོན་མེ་ལྟ་བུར་གྱུར་པ་དང་། མཛེས་ཤིང་ལྟ་ན་སྡུག་པའི་མེས་རྒྱལ་སྐམ་ས་ཆེན་པོ་རིམ་བཞིན་བཅིངས་བཀྲོལ་གཏོང་བཞིན་པའི་སྐབས་དེར་ཨ་མེ་རི་ཀ་དང་། དབྱིན་ཇི། ཧིན་དུ། བོད་དུ་ཡོད་པའི་ཁོ་པ་ཚོའི་རྗེས་འབྲང་བ་སྟག་བྲག་སོགས་དངངས་སྐྲག་རབ་ཏུ་སྐྱེས་ཐོག་བོད་སྡོད་ཧིན་དུ་སྲིད་གཞུང་གི་ལས་ཚབ་རི་ཙ་སན་གྱི་གཡོ་སྒྱུའི་སྒྲོར་བར་བརྟེན་ནས་ཁོ་པ་ཚོའི་རྗེས་འབྲང་བ་སྟེའུ་ཤག་ཐུབ་བསྟན་ཐར་པ་དང་། ཟུར་ཁང་སོགས་ལ་ལྷ་སར་གུང་ཁྲན་ཏང་གི་གསང་བའི་སྒྲིག་འཛུགས་དང་གུང་ཁྲན་ཏང་མི་ཡོད་སྟབས་ཁོ་པ་ཚོ་མུ་མཐུད་ལྷ་སར་བཞག་ན་ཕྱི་ནང་ལག་སྦྲེལ་

གྱིས་བོད་འདི་རྒྱ་ཡི་འོག་ཏུ་ཚུད་ཉེན་ཤིན་ཏུ་ཆེ་བས་ཁོ་པ་ཚོ་འཕྲལ་དུ་ཕྱིར་འབུད་བྱེད་དགོས་བརྗོད་པ་ལྟར། མཐོ་རིམ་ལོག་སྤྱོད་པ་དེ་དག་གིས་ནན་ཅིང་དུ་བཅའ་སྡོད་བོད་ས་གནས་སྲིད་གཞུང་གི་དོན་གཅོད་ཁང་གི་ངོ་ལས་ཡོངས་རྫོགས་ཕྱིར་འཐེན་བྱས་པ་མ་ཟད། ས་གླང་(1949)ལོའི་ཟླ7པར་ལྷ་སར་བཅའ་སྡོད་གོ་མིན་ཏང་གི་དཔོན་རིགས་ཡོངས་རྫོགས་དང་། གུང་ཁྲན་ཏང་མི་རེད་ཅེས་ལྷ་སྡོད་རྒྱ་བོད་ལས་དོན་མི་སྣ་ཡོངས་རྫོགས་ཕྱིར་འབུད་བྱས་ཤིང་། ད་དུང་བོད་ལྗོངས་གློག་འཕྲིན་ལས་ཁུངས་ཟེར་བ་དངོས་སུ་བཙུགས་ཏེ་རྒྱ་བོད་དབར་མཆོད་ཡོན་གྱི་འབྲེལ་བ་ཙམ་ལས། བོད་འདི་ཀྲུང་གོའི་མངའ་ཁོངས་མིན་ལུགས་སྐར་གཏམ་འཆལ་མང་ཙམ་སྤེལ་བ་དང་། ལོ་དེའི་ཟླ8པར་ཨ་མེ་རི་ཀའི་སོ་པའི་འགོ་པ་ལའོ་・འར་・ཐང་མུ་སི་བོད་དུ་བཏང་སྟེ་མངོན་སུམ་འཛོམས་མེད་ཀྱིས་ཀྲུང་གོའི་ནང་སྲིད་ལ་ཐེ་བྱུས་དང་། བོད་ཀྱི་མཐོ་རིམ་ལོག་སྤྱོད་ཤོག་ཁག་ལ་གཤོག་སྒྲུག་རླུང་འཚང་གིས་བོད་དམག་རྒྱ་སྐྱེད་བཏང་སྟེ་མི་དམངས་བཅིང་བཀྲོལ་དམག་ལ་འགོག་རྒོལ་མཐའ་གཅིག་ཏུ་བྱེད་དགོས་པའི་ངན་བྱུས་དུ་མ་བཤམས་ཀྱང་། ལོ་རྒྱུས་ཀྱི་འཁོར་ལོ་མདུན་དུ་བསྐྱོད་པར་ལོག་སྤྱོད་ཀྱི་སྟོབས་ཤུགས་གང་འདྲ་ཞིག་གིས་ཀྱང་འགོག་ཐབས་ཟ་བ་ནས་མེད་པ་ནི་སྤྱི་ཚོགས་འཕེལ་རྒྱས་ཀྱི་ཆོས་ཉིད་ལས་འདའ་ག་ལ་ནུས།

ས་གླང་(1949)ལོར། ཀྲུང་གོ་མི་དམངས་བཅིངས་འགྲོལ་དམག་གིས་བོད་ལྗོངས་ཕུད་པའི་མེས་རྒྱལ་སྐམ་ས་ཆེན་པོ་བཅིངས་འགྲོལ་བཏང་སྟེ་སྤྱི་ཟླ10ཚེས1ཉིན་རླབས་ཆེན་གཙོ་འཛིན་མའོ་ཀྲུའུ་ཞིས་གནམ་བདེ་སྒོ་མོའི་ཡང་སྟེང་ནས་འཛམ་གླིང་ཡོངས་ལ་ཀྲུང་ཧྭ་མི་དམངས་སྤྱི་མཐུན་རྒྱལ་ཁབ་དངོས་སུ་དབུ་བརྙེས་པའི་གཟི་བརྗིད་ཀྱི་ཁྱབ་བསྒྲགས་མཛད་ཅིང་། མཐའ་ཡས་དགུང་

སྟོན་དབྱིངས་སུ་སྐར་ལྷའི་དར་དམར་ལྷབ་ལྷུབ་གཡོ་བ་དང་། མི་རིགས་ཁག་གི་མི་དམངས་ཀྱིས་དགའ་སྤྲོའི་སྐད་གསང་འབྲུག་སྒྲ་ལྡིར་བ་ལྟར་བསྒྲགས་པ་དང་། དེ་ནས་བཟུང་དམངས་གཙོ་རིང་ལུགས་གསར་པའི་གསར་བརྗེ་མཇུག་སྒྲིལ་ཞིང་། མི་རིགས་ཁག་གི་མི་དམངས་རྣམས་བདེ་སྐྱིད་ཕུན་སུམ་ཚོགས་པའི་སྤྱི་ཚོགས་རིང་ལུགས་ཀྱི་བགྲོད་ལམ་ཐོག་གོམ་སྟབས་ཆེན་པོས་མདུན་སྐྱོད་བྱེད་བཞིན་ཡོད་པ་རེད།

འོན་ཀྱང་མེས་རྒྱལ་གྱི་ལྷོ་ནུབ་མཐའ་མཚམས་སུ་གནས་པའི་བོད་ས་མཐོའི་ཐོག་གི་མི་རིགས་ཁག་གི་ཞིང་བྲན་རྣམས་ད་དུང་སྡུག་བསྔལ་གྱི་རྒྱ་མཚོ་ལས་མ་ཐར་བར་ཉིན་མཚན་ཀུན་ཏུ་བདེ་སྐྱིད་ཀྱི་ཉི་མ་དེ་གང་མྱུར་བོད་དུ་ཤར་རྒྱུའི་རེ་སྒུག་བྱེད་བཞིན་གནས་ཡོད། དུས་དེར་《མི་དམངས་ཉིན་རེའི་ཚགས་པར་》ཐོག་ཏུ་ཀྲུང་གོ་མི་དམངས་ཀྱིས་ངེས་པར་དུ་བོད་བཅིངས་འགྲོལ་གཏོང་རྒྱུ་ཡིན་ཞེས་པའི་ཆེད་བརྗོད་ཅིག་སྤེལ་བས་ཨ་མེ་རི་ཀ་དང་དབྱིན་ཇི་བཙན་རྒྱལ་རིང་ལུགས་པ། ཕོ་པ་ཚོའི་རྗེས་འབྲངས་པ་རྣམས་དངངས་སྐྲག་ཚད་མེད་སྐྱེས་ཏེ་ཞི་དྲག་ཐབས་ལམ་གང་སར་བརྟེན་ནས་འགོག་རྐྱེན་མང་པོ་བཟོས་ཀྱང་། ཀྲུང་དབྱང་མི་དམངས་སྲིད་གཞུང་གིས་ད་དུང་ངང་རྒྱུ་རིང་པོས་ཁ་ཏ་བསླབ་བྱ་གནང་བ་མ་ཟད། བོད་ཞི་བའི་བཅིངས་འགྲོལ་ཐོབ་ཆེད་དགེ་བའི་བཤེས་གཉེན་ཆེན་པོ་ཤེས་རབ་རྒྱ་མཚོ་མཆོག་སྟོན་བརྒྱུད་བོད་དུ་བསླབ་བྱ་བྱེད་པར་གཏོང་གནང་མཛད་ཀྱང་། ནག་ཆུ་ཁར་འབྱོར་སྐབས་བོད་ཀྱི་བཙན་རྒྱལ་དགའ་ཉེར་བསྟེན་མཁན་ཁ་བྲལ་ཕྱོག་ཁས་དྲག་ཤུགས་ལ་བརྟེན་ནས་ཕྱིར་བསྐྲད་པ་རེད། འོན་ཀྱང་ཀྲུང་དབྱང་མི་དམངས་སྲིད་གཞུང་གིས་ཀུན་ཁྱབ་སློག་འཕྲིན་བརྒྱུད་ཀྲུང་དབྱང་གི་བོད་དུ་འཛིན་པའི་མི་རིགས་འདྲ་མཉམ་དང་

ཆོས་དད་རང་མོས་ཀྱི་སྲིད་ཇུས་དྲིལ་བསྒྲགས་དང་། བོད་དུ་ཡོད་པའི་བཙན་རྒྱལ་རིང་ལུགས་པའི་སྟོབས་ཤུགས་མཐའ་དག་མཐར་བསྐྲད་དེ་བོད་འདི་གང་མྱུར་རྡོ་རྗེ་སྐྱིད་ལྡན་པའི་མེས་རྒྱལ་ཁྱིམ་ཚང་ཆེན་པོའི་ནང་ཚུར་ལོག་དགོས་པའི་བསླབ་བྱ་ཡང་ཡང་གནང་བ་དང་། ཀྲུང་དབྱང་མི་དམངས་སྲིད་གཞུང་དང་བོད་ས་གནས་སྲིད་གཞུང་དབར་ཞི་བའི་གྲོས་མོལ་བྱེད་ཆེད་ལྕགས་སྟག(1950)ལོའི་ཟླ7ཚེས10ཉིན་ཤིས་ཁམས་ཞིང་ཆེན་མི་དམངས་སྲིད་གཞུང་གི་ཀྲུའུ་ཞི་གཞོན་པ་དགེ་སྟག་རིན་པོ་ཆེ་བོད་ཀྱི་མཐོ་རིམ་མི་སྣར་དགེ་བཤད་སྡིག་བཀྲོལ་བྱེད་པར་གཏོང་གནང་མཛད་དེ་གོང་ཟླའི་ཚེས24ཉིན་ཆབ་མདོ་ས་གནས་སུ་ཕེབས་འབྱོར་ཟིན་པ་དང་། ཁོང་གིས་འབྲེལ་ཡོད་སེར་སྐྱ་དཔོན་རིགས་ཁག་ལ་གང་ཅིའི་དྲིལ་བསྒྲགས་དང་སློབ་གསོ་གནང་བ་མ་ཟད། ཧྭ་ལའི་བླ་མ་མཆོག་ཞལ་མཇལ་ཏེ་གང་ཅིའི་གནས་ལུགས་ཞུས་ཆོག་པའི་རེ་བ་འདོན་གནང་མཛད་པར་མདོ་སྨད་སྤྱི་ཁྱབ་པས་འཕྲལ་དུ་བོད་ས་གནས་སྲིད་གཞུང་ལ་དགེ་སྟག་རིན་པོ་ཆེ་ཆབ་མདོར་ཕེབས་ལུགས་སྐོར་སྙན་སྒྲོན་ཞུས་ལན་དུ"དགེ་སྟག་སྤྲུལ་སྐུ་ལྷ་སར་གཏོང་མི་ཆོག་ལ། མར་ཕྱིར་ལོག་བྱས་ཀྱང་མི་འགྲིགས"ཞེས་འཁོད་ཡོད། དེའི་དམིགས་ཡུལ་ནི་སྐབས་དེར་གལ་སྲིད་བཙན་རྒྱལ་རིང་ལུགས་པའི་རྒྱབ་སྐྱོར་འོག་བོད་དམག་དང་ཡུལ་དམག་འབོར་ཆེན་བསྡུ་རུབ་བྱས་ཏེ་བཅིངས་འགྲོལ་དམག་ལ་འགོག་རྒོལ་བྱེད་པའི་བྱ་བ་དེ་བསྒྲུབ་མ་ཐུབ་ཚེ་དགེ་སྟག་རིན་པོ་ཆེ་བརྒྱུད་དེ་ཞི་བའི་གྲོས་མོལ་བྱེད་སྙམ་པ་དེ་རེད། དེ་ནས་མདོ་སྨད་སྤྱི་ཁྱབ་ཀྱིས་བཀའ་ཤག་གི་བཀའ་ལྟར་དགེ་སྟག་རིན་པོ་ཆེ་ཆབ་མདོར་བཀག་བཞག་སྐབས་སྟབས་མི་ལེགས་པར་ལྕགས་སྟག(1950)ལོའི་ཟླ8ཚེས22ཉིན་གློ་བུར་ཆབ་མདོར་སྐུ་གཤེགས་སོ། དགེ་སྟག་གྲོངས་རྐྱེན་

སྐོར་ལ་བཤད་ཚུལ་མི་འདྲ་བ་འགའ་ཤས་བྱུང་རུང་། རྗེས་སུ་བརྟད་ཞིབ་སྐབས་རྒྱུན་ནད་སྟོང་གཞི་འཕར་ལྷབ་ཁར་ཁོང་རང་གིས་གསོལ་སྨན་མཆོད་ཉེས་ཀྱི་རྐྱེན་བྱུས་པར་མངོན།

དགེ་སྟག་རིན་པོ་ཆེ་ནི་མཚན་སྙན་ཤིན་ཏུ་ཆེ་བའི་རྒྱལ་གཅེས་སྤྲུལ་སྐུ་ཞིག་ཡིན་ཏེ། ཤིང་ཕག（1935）ལོར་དམར་དམག་རྒྱངས་བསྐྱོད་སྐབས་དཀར་མཛེས་ས་ཁུལ་དུ་འགྱོར་བར་ཁོང་གིས་བོད་རིགས་མང་ཚོགས་སྐུལ་སློང་གནང་སྟེ་དམར་དམག་ལ་གང་ཅིའི་རྒྱབ་སྐྱོར་ལྷད་མེད་མཛད་ཅིང་། ཁོང་གིས་བོད་པ་སྲིད་གཞུང་གི་ཀྲུའུ་ཞི་གཞོན་པའི་ལས་འཛིན་གནང་བ་དང་། དེ་རྗེས་བོད་ཞི་བའི་བཅིངས་འགྲོལ་ཐབ་ཆེད་རང་སྲོག་བློས་གཏོང་གིས་ཆབ་མདོར་ཕེབས་ཁར། ཆབ་མདོ་དང་ལྷ་སར་ཡོད་པའི་གཉེན་གྲོགས་རྣམས་ལ་ཞལ་ཏ་བསླབ་བྱ་ཡང་ཡང་མཛད་མཐར་བོད་ཞི་བའི་བཅིངས་འགྲོལ་གཏོང་ཆེད་སྐུ་སྲོག་ཀྱང་ལེགས་སྐྱེས་སུ་ཕུལ་བའི་རྒྱལ་གཅེས་རིང་ལུགས་པའི་སྙིང་སྟོབས་དེར་རང་ཅག་རྣམས་ཀྱིས་ནམ་ཡང་སློབ་སྦྱོང་ཞུ་འོས་པ་ཞིག་ཡིན།

དེ་ནས་བོད་ཞི་བའི་བཅིངས་འགྲོལ་གཏོང་རྒྱུར་ཕྱི་ནང་གི་འགོག་རྐྱེན་མཐའ་དག་སེལ་བ་དང་། བོད་འདི་མེས་རྒྱལ་ཁྱིམ་ཚང་ཆེན་པོའི་ནང་གང་སྒྱུར་ལོག་ཐུབ་པའི་ཆེད་དུ་ལྕགས་སྟག（1950）ལོའི་སྟོན་དུས་སུ་མི་དམངས་བཅིངས་འགྲོལ་དམག་ཆབ་མདོ་ཕྱོགས་སུ་དཔུང་བསྐྱོད་བྱས། གནས་ཚུལ་དེ་ཐོན་རྗེས་སྟག་བྲག་སོགས་བོད་ཀྱི་མཐོ་རིམ་ལོག་སྤྱོད་པ་དངངས་སྐྲག་ཆེན་པོ་སྐྱེས་ཏེ་བཙན་རྒྱལ་རིང་ལུགས་དང་ངན་པ་ལག་སྤྲེལ་གྱིས་མཚོན་ཆ་མང་པོ་བོད་དུ་དྲོར་བ་དང་། དམག་སྐུལ་བརྒྱབ་སྟེ་དམག་སྒར་གསར་པ་དང་སེར་དམག་སོགས་ཁམས་ཕྱོགས་སུ་རྒྱབ་སྐྱོར་བྱེད་པར་བཏང་། མདུན་དུ་སྐྱོད་བཞིན་པའི་

ལོ་རྒྱུས་ཀྱི་རྩིབས་སྟོང་འཁོར་ལོ་དེ་ལོག་སྤྱོད་སྟོབས་ཤུགས་ཀྱིས་འགོག་ཐབས་ག
ལ་ཡོད། ལྕགས་སྟག(1950)ལོའི་ཟླ10ཚེས7ཉིན་མི་དམངས་བཅིངས
འགྲོལ་དམག་གིས་ཆབ་མདོར་དཔུང་འཐུག་བྱེད་འགོ་བཙུགས་ཏེ་བོད་དམག
གི་གཙོ་ཤུགས་དམག་དང་ཡུལ་དམག་ལྷ་སྟོང་བདུན་བརྒྱ་སོ་བརྒྱད་ཙམ་དམག
འཐབ་ཀྱི་ནུས་པ་ཤོར་བ་བཟོས་ཤིང་གོང་ཟླའི་ཚེས11ཉིན་སྨར་ཁམས་ཕྱོགས
ཀྱི་ས་སྲུང་བོད་དམག་ཏ་དང་མདའ་དཔོན་སྡེ་དགེ་སྐལ་བཟང་དབང་འདུས
འགོ་དམག་ཡོངས་ཀྱིས་འོས་ལངས་བྱས་པ་བཅས་བརྒྱུད་ཟླ10ཚེས15ཉིན
ཆབ་མདོ་གྲོང་བརྡལ་ཡོངས་སུ་བཅིངས་འགྲོལ་བཏང་བས་བཙན་རྒྱལ་རིང
ལུགས་པ་དང་ཁོ་པ་ཚོའི་རྗེས་འབྲངས་པར་རྫུང་རིག་ཚ་ནན་ཐོག་ཅིང་། ཁོ་པ
ཚོས་ངོ་ཚ་ཁ་སྐྱེངས་ཀྱིས་ཁྲུངས་མེད་སྐད་ཅོར་ཡང་ཡང་བརྒྱབ་པ་སྟེ། གོང
ལོའི་ཟླ10ཚེས31ཉིན་དབྱིན་ཇིའི་ཚགས་པར་ཐོག"ཀྲུང་གོས་བོད་ལ་འཛིན
པའི་བདག་པོའི་དབང་ཆ་དེར་ལོ་རྒྱུས་ཐོག་ནས་གཞི་འཛིན་ས་ཞིག་རྙེད་མི
ཐུབ"ཅེས་ངོ་ཚ་ཁྲེལ་མེད་ཀྱིས་བཤད་པ་དང་། དུས་མཚུངས་ཨ་མེ་རི་ཀའི
མཉམ་འབྲེལ་གསར་འགྱུར་ཁང་གིས་ལུན་ཏུན་ནས་སྤེལ་བའི་གློག་འཕྲིན
གསར་འགྱུར་ནང་དུ"ཀྲུང་གོས་བོད་དུ་དམག་བསྐྱོད་བཙན་འཛུལ་བྱས་པ་དེ
ཁྲིམས་དང་མཐུན་མིན་བརྟག་ཞིབ་བྱེད་ཀྱི་ཡོད"ཟེར་བ་སོགས་གཏམ་འཆལ
སྣ་ཚོགས་སྤེལ་ཞིང་། བོད་ཀྱི་མཐོ་རིམ་ལོག་སྤྱོད་ཤོག་ཁ་ནི་དངངས་འཚབ
དང་སྐྱི་སྣང་ཅིག་ཅར་དུ་འཆར་ཏེ་ཅི་བྱ་གཏོལ་མེད་ཀྱི་གནས་སུ་ལྷུངས་པ་དང་།
བོད་ཀྱི་དབང་བསྒྱུར་གྲལ་རིམ་ནང་ཁུལ་གྱི་འགལ་བ་དེ་སྔར་བས་རྗེ་ངར་དང
མངོན་གསལ་དོད་པོར་གྱུར་ཏེ་སྲིད་སྐྱོང་སྟག་བྲག་ངག་དབང་གསུང་རབ
འཕྲུལ་དུ་སྲིད་སྐྱོང་གི་ལས་གནས་དགོངས་ཞུ་བྱེད་དགོས་པ་དང་། ཏཱ་ལའི་བླ

མ་བསྟན་འཛིན་རྒྱ་མཚོ་མཆོག་གིས་ལུགས་གཉིས་ཀྱི་ཐུགས་འགན་བཞེས་དགོས་པའི་རེ་བ་བཏོན་པས་སྲིད་སྐྱོང་སྟག་བྲག་ལས་གནས་དགོངས་ཞུ་མི་བྱ་ཐབས་མེད་དུ་གྱུར་ཅིང་། ལྕགས་སྟག（1950）ལོའི་ཟླ10ཚེས8ཉིན་ཏཱ་ལའི་བླ་མ་མཆོག་གིས་ལུགས་གཉིས་ཀྱི་གཙོ་འགན་ཡོངས་སུ་བཞེས་གནང་མཛད། དེ་ནས་རིམ་བཞིན་མི་དམངས་བཅིངས་འགྲོལ་དམག་གིས་ཆབ་མདོ་ས་ཁུལ་ཡོངས་སུ་བླངས་པ་དང་། བཅིངས་འགྲོལ་དམག་ལ་རྒྱ་ཆེའི་མི་དམངས་ཀྱིས་དགའ་བསུ་ཞུ་བ་སོགས་དངོས་ཡོད་གནས་ཚུལ་རྣམས་གང་སར་ཁྱབ་རྗེས་བོད་ས་གནས་སྲིད་གཞུང་གི་དཔོན་རིགས་ཆེ་གྲས་བཀའ་བློན་དང་། སྤྱི་ཁྱབ་མཁན་པོ་དྲུང་རྩིས་སོགས་དང་། གདན་ས་སེར་འབྲས་དགའ་གསུམ་གྱི་འཕྲུས་མི་བཅས་གསང་བའི་གྲོས་མོལ་ཐེངས་མང་བྱས་ཏེ་ཏཱ་ལའི་བླ་མ་མཆོག་ལྷ་ས་ནས་ཉེན་གཡོལ་མཛད་ན་དགེ་མཚན་ཆེ་བའི་གནས་ལུགས་ཞིབ་གསལ་གསོལ་བར་བརྟེན་ལྕགས་སྟག（1950）ཟླ11ཚེས11ཉིན། མཁན་ཆེ་བློ་བཟང་བཀྲ་ཤིས་དང་རྩིས་དཔོན་བདེ་མཁར་བ་ཚེ་དབང་རབ་བརྟན་གཉིས་ལ་སྲིད་ཚབ་བསྐོ་གཞག་གནང་བ་དང་། དེ་འཕྲལ་ཏཱ་ལའི་བླ་མ་སྐུ་འཁོར་དང་བཅས་གྲོ་མོར་ཉེན་གཡོལ་དུ་ཐེབས། དུས་དེར་བོད་ས་གནས་སྲིད་གཞུང་གི་དབང་འཛིན་པ་ནང་ཁུལ་དུའང་འགལ་བ་ཇེ་ཆེར་གྱུར་ཅིང་། བཙན་རྒྱལ་རིང་ལུགས་པའི་རྗེས་འབྲངས་པ་ཉུང་ཤས་ཀྱིས་ཏཱ་ལའི་བླ་མ་མཆོག་ཕྱི་རྒྱལ་དུ་གདན་དྲངས་ནས་ཨ་མེ་རི་ཀ་དང་དབྱིན་ཇི་སོགས་ལ་སྐྱབས་གནས་བཙོལ་ཏེ་བོད་སྙེར་བཙན་ཡོང་བར་བརྩོན་ལེན་བྱེད་དགོས་ཞེས་བརྗོད་ཀྱང་། བོད་ས་གནས་སྲིད་གཞུང་གི་དཔོན་རིགས་ཆེ་གྲས་མང་ཆེ་བ་དང་གདན་ས་སེར་འབྲས་དགའ་གསུམ་གྱི་འཕྲུས་མི། ལྷག་པར་དུ་བོད་ཀྱི་སེར་སྐྱ་མང་ཚོགས་ཡོངས་ཀྱིས་དེ་ལ་ངོ་རྒོལ་

མཐའ་གཅིག་ཏུ་བྱས་པར་བརྟེན་ཕྱི་རྒྱལ་དུ་གདན་འདྲེན་ཞུ་མ་ཐུབ། རྒྱལ་གཅེས་དཔོན་རིགས་མང་པོས་ཕྱི་རྒྱལ་ལ་རྒྱབ་རྟེན་བཙོལ་ནས་བོད་སྙེར་བཙན་ཡོང་ཐབས་བྱེད་པ་ནི་སྐྱབས་ཐབས་མེད་པ་ཞིག་ཡིན། དེ་བས་ཀྲུང་དབྱང་མི་དམངས་སྲིད་གཞུང་དང་གྲོས་མོལ་གྱིས་ཞི་བའི་ཐབས་ལམ་ལ་བརྟེན་ནས་བོད་ཞི་བའི་བཅིངས་འགྲོལ་ཡོང་ཐབས་བྱེད་པ་ནི་ཡང་དག་པའི་བྱེད་ཐབས་ཁོ་ན་ཡིན་ཞེས་བརྗོད་དོན་མཐར་རྒྱལ་གཅེས་དཔོན་རིགས་དང་། གདན་ས་གསུམ་གྱི་འཐུས་མིའི་དགོངས་ཚུལ་ལ་སེར་སྐྱ་དཔོན་རིགས་མང་ཆེས་ཡི་རངས་བྱས་ཏེ་ཀྲུང་དབྱང་མི་དམངས་སྲིད་གཞུང་ལ་གོང་བཀུར་ཞུ་རྒྱུ་དང་། འཕྲལ་དུ་འཐུས་མི་བཏང་སྟེ་ཞི་བའི་གྲོས་མོལ་གནང་རྒྱུར་གྲོས་ཐག་བཅད། དེ་ནས་ཀྲུང་དབྱང་མི་དམངས་སྲིད་གཞུང་གིས་བོད་ས་གནས་སྲིད་གཞུང་ནས་འཐུས་མི་མངགས་ཏེ་མི་རིགས་འདྲ་མཉམ་ཐོག་ཞི་བའི་གྲོས་མོལ་བྱེད་དགོས་པའི་བཀའ་ཕབ་པ་ལྟར། ལྕགས་ཡོས་(1951)ལོའི་སྤྱི་ཟླ2པར་ང་ཕོད་ངག་དབང་འཇིགས་མེད་དང་། ཁེ་སྨད་བསོད་ནམས་དབང་འདུས། ཐུབ་བསྟན་བསྟན་དར། ཐུབ་བསྟན་ལེགས་སྨོན། བསམ་ཕོ་བསྟན་འཛིན་དོན་གྲུབ་བཅས་དབང་ཆ་ཚང་མ་ཡོད་པའི་འཐུས་མི་མི་ལྔ་བསྐོ་གཞག་དང་། ང་ཕོད་ངག་དབང་འཇིགས་མེད་མཆོག་གིས་ཚོགས་གཙོའི་འགན་བཞེས་གནང་རྒྱུ་གཏན་འབེབས་གནང་ཐོག་འཐུས་མི་རྣམས་གོང་ལོའི་སྤྱི་ཟླ་བཞི་པར་སྤུ་རྗེས་ཀྱིས་པེ་ཅིང་དུ་བདེ་འཁྱོར་བྱུང་བ་དང་། ཀྲུང་དབྱང་མི་དམངས་སྲིད་གཞུང་གིས་དབང་ཆ་ཚང་མ་ཡོད་པའི་འཐུས་མི་ལི་ཝེ་ཧན་དང་། ཀྲང་ཅིང་ཨུ། ཀྲང་གོ་ཧྲ། སུན་ཀྲི་ཡོན་བཅས་ལ་བསྐོ་གཞག་གནང་བ་དང་། ལི་ཝེ་ཧན་གྱིས་ཚོགས་གཙོའི་འགན་བཞེས་གནང་རྒྱུའི་གཏན་འབེབས་གནང་སྟེ་ལྕགས་ཡོས་

(1951) ལོའི་སྤྱི་ཟླ4ཚེས29ཉིན་ཀྲུང་དབྱང་མི་དམངས་སྲིད་གཞུང་དང་། བོད་ས་གནས་སྲིད་གཞུང་གི་འཐུས་མི་རྣམས་ལྷན་འཛོམས་ཐོག་ཞི་བའི་གྲོས་མོལ་གནང་འགོ་ཚུགས་པ་དང་། ཕྱོགས་གཉིས་ཀས་ཏང་གི་མི་རིགས་སྲིད་ཇུས་དང་། བོད་ཀྱི་དངོས་ཡོད་གནས་ཚུལ་གཞིར་བཟུང་མཛའ་བརྩེའི་མཐུན་ལམ་གྱི་གྲོས་མོལ་ཐེངས་མང་གནང་ཐོག་གོང་ལོའི་ཟླ5ཚེས23ཉིན་པེ་ཅིང་ཆེན་ཀུན་ཕོ་བྲང་དུ། ཀྲུང་དབྱང་མི་དམངས་སྲིད་གཞུང་དང་བོད་ས་གནས་སྲིད་གཞུང་ཕྱོགས་གཉིས་ཀའི་དབང་ཆ་ཚང་མ་ཡོད་པའི་འཐུས་མི་རྣམས་ནས་བོད་ཞི་བས་བཅིངས་འགྲོལ་འབྱུང་ཐབས་སྐོར་གྱི་གྲོས་མཐུན་དོན་ཚན་བཅུ་བདུན་ལ་མིང་རྟགས་དངོས་སུ་བཀོད་པའི་མཛད་སྒོ་གཟབ་རྒྱས་ཚོགས་པ་དང་། གྲོས་མཐུན་དོན་ཚན་བཅུ་བདུན་ནང་ཀྲུང་དབྱང་མི་དམངས་སྲིད་གཞུང་དང་བོད་ས་གནས་སྲིད་གཞུང་དབར་གྱི་གང་ཅིའི་འབྲེལ་བའི་སྐོར་ལ་གཏན་འབེབས་གསལ་ཞིང་གསལ་བ་གནང་བ་མ་ཟད། བོད་ནང་ཁུལ་གྱི་ལོ་རྒྱུས་ཐོག་ལྷག་པའི་གནད་དོན་ཁག་ཀྲུང་ཐག་གཅོད་ཡང་དག་པ་གནང་བ་སོགས་ལ་བརྟེན་ཏཱ་ལའི་བླ་མ་མཆོག་དང་། བོད་ཀྱི་སེར་སྐྱ་དཔོན་རིགས་མང་ཆེ་བ། རྒྱ་ཆེའི་མང་ཚོགས་བཅས་ཀྱིས་བསྟི་བཀུར་མཐའ་གཅིག་ཏུ་ཐོབ་ཡོད།

“ཏཱ་ལའི་བླ་མ་མཆོག་གིས། མའོ་ཀྲུའུ་ཞིར་ཕུལ་བའི《བོད་ཞི་བས་བཅིངས་འགྲོལ་འབྱུང་ཐབས་སྐོར་གྱི་གྲོས་མཐུན》ལ་བསྟི་བཀུར་ཞུ་བའི་སྐོར་གྱི་སྙན་འཕྲིན།

ཀྲུང་དབྱངས་མི་དམངས་སྲིད་གཞུང་གི་མའོ་ཀྲུའུ་ཞི་མཆོག་ལ།

འདི་ལོ་བོད་ས་གནས་སྲིད་གཞུང་གིས་བཀའ་བློན་ང་ཕོད་སོགས་དབང་ཆ་ཚང་ཡོད་པའི་སྐུ་ཚབ་མི་ལྔ་ཆེད་གཏོང་བྱས་པ1951ལོའི་ཟླ་བ་བཞི་པའི་

ཟླ་མཇུག་ལ་པེ་ཅིན་དུ་སླེབས་འཁྱོར་གྱིས་ཀྲུང་དབྱང་མི་དམངས་སྲིད་གཞུང་གིས་དམིགས་འཛུགས་གནང་བའི་དབང་ཆ་ཆ་ཚང་ཡོད་པའི་སྐུ་ཚབ་དང་ཞི་བའི་གྲོས་མོལ་བྱས་ཏེ་ཕྱོགས་གཉིས་པོའི་སྐུ་ཚབ་ཀྱིས་མཛའ་བརྩེ་མཐུན་ལམ་གྱི་རྨང་གཞིའི་ཐོག་1951ལོའི་ཟླ་བ་5ཚེས་23ཉིན《བོད་ཞི་བས་བཅིངས་འགྲོལ་འབྱུང་ཐབས་སྐོར་གྱི་གྲོས་མཐུན་》ལ་མིང་རྟགས་བཀོད་པར་བོད་ས་གནས་སྲིད་གཞུང་དང་བོད་རིགས་སེར་སྐྱ་མི་དམངས་རྣམས་ཀྱིས་གཅིག་གྱུར་ཐོག་སྒྲུབ་བརྩི་ཞུ་རྒྱུ་མ་ཟད། མའོ་ཀྲུའུ་ཞི་དང་ཀྲུང་དབྱང་མི་དམངས་སྲིད་གཞུང་གི་འོག་མི་དམངས་བཅིངས་འགྲོལ་དམག་བོད་སྐྱོད་དཔུང་སྡེར་རོགས་རམ་བྱ་རྒྱུར་འབད་པ་ལྷོད་མེད་ཀྱིས་རྒྱལ་སྲུང་སྲ་བརྟན་དང་། བཙན་རྒྱལ་རིང་ལུགས་ཀྱི་སྟོབས་ཤུགས་བོད་ནས་ཕྱིར་འབུད་བྱས་ཏེ་མེས་རྒྱལ་གྱི་ས་ཁོངས་དབང་ཆ་གཅིག་གྱུར་ལ་སྲུང་སྐྱོབ་བྱ་རྒྱུ་བཅས།

བོད་ས་གནས་སྲིད་གཞུང་ནས་ཏཱ་ལའི་བླ་མས་

སྤྱི་ལོ1951ཟླ10ཚེས24

བོད་ལྕགས་ཡོས་ཟླ8ཚེས24ཉིན་ཕུལ་” ①

ཞེས་གསལ་ཡོད།

དེ་ནས་ཏཱ་ལའི་བླ་མ་བསྟན་འཛིན་རྒྱ་མཚོ་སྐུ་འཁོར་དང་བཅས་པ་ལྕགས་ཡོས་(1951)ལོའི་ཟླ5ཚེས18ཉིན་གྲོ་མོ་ནས་ཆིབས་ཁ་བསྒྱུར་ཏེ་ཟླ6ཚེས15ཉིན་ལྷ་སར་ཕེབས་འཁྱོར་ཟིན་པ་དེ་ནི་བཙན་རྒྱལ་རིང་ལུགས་པ་

① (བོད་ཀྱི་རིག་གནས་ལོ་རྒྱུས་དཔྱད་གཞིའི་རྒྱུ་ཆ་བདམས་བསྒྲིགས་འདོན་ཐེངས་དགུ་པའི་དེབ་ངོས248－249)

དང་། དེའི་རྗེས་འབྲངས་པའི་སྒྲིག་གཡོ་ངན་བྱུས་ཐལ་བའི་རྟུལ་དུ་བརླགས་ཏེ་བོད་འདི་དྲ་སྙིད་ལྡན་པའི་མེས་རྒྱལ་ཁྲིམ་ཚང་ཆེན་པོའི་ནང་ཚུར་ལོག་ཐུབ་པ་བྱུང་བ་རེད། རླབས་ཆེན་ཀྲུང་གོ་གུང་ཁྲན་ཏང་གི་ཡང་དག་པའི་དབུ་ཁྲིད་འོག་སྤུན་ཟླ་མི་རིགས་གཞན་དང་འདྲ་བར་མི་རིགས་འདྲ་མཉམ་གྱི་ཁེ་ཕན་ཡོངས་སུ་སྤྱོད་ཐུབ་པ་དང་། བོད་ཀྱི་ཆབ་སྲིད་དང་། དཔལ་འབྱོར། རིག་གནས་སོགས་ཡར་ངོའི་ཟླ་ལྟར་ཉིན་བཞིན་གོང་དུ་འཕེལ་ཞིང་། བདེ་སྐྱིད་ཕུན་སུམ་ཚོགས་པའི་ཉི་མ་ཤར་རིའི་ཕྲག་པའི་རྩེ་ནས་འཆར་ཏེ་བསིལ་ལྡན་སྣ་ལའི་སྦྱོངས་སུ་འཁྲིས་ཤིང་། དུས་དེ་ནས་བཟུང་བོད་ཀྱི་མི་རིགས་ཁག་གི་མི་དམངས་ཡོངས་རྫོགས་བདེ་སྐྱིད་དཔལ་ཡོན་འབར་བའི་འོད་ཟེར་སྟོང་ལྡན་གྱི་མདུན་ལམ་དུ་བསྐྱོད་པ་ལགས་སོ།

བཅུ་པ། དགའ་ལྡན་ཕོ་བྲང་པའི་དུས་ཐོན་པའི་མཁས་པའི་དཔེ་མཚོན་སྐོར།

1. སྨན་རྩིས་མཁས་དབང་མཁྱེན་རབ་ནོར་བུ་མཆོག་གི་ལོ་རྒྱུས་མདོར་བསྡུས།

དགའ་ལྡན་ཕོ་བྲང་པས་བོད་ས་གནས་ལ་དབང་བཟུང་བའི་དུས་ཡུན་མི་ལོ་སུམ་བརྒྱ་ཙམ་དེའི་རིང་ལ་བོད་དུ་གཙོ་བོ་མདོ་སྔགས་གཞུང་ལུགས་ཀྱི་ནང་དོན་རིག་པ་དང་། ཚད་མ་རིག་པ་སོགས་རིག་པའི་གནས་ཆེ་ཆུང་ལ་བྱང་ཆུབ་པའི་མཁས་པ་བགྲང་བྱའི་ཡུལ་ལས་འདས་པ་ནམ་མཁའི་སྐར་ཚོགས་ལྟ་བུ་རེམ་

པ་བཞིན་ཕྱིན་ཡོད་པ་རྣམས་ཀྱི་ལོ་རྒྱུས་ལྟར་བཞག་ཐ་ན་མཚན་གྱི་རིམ་པ་ཙམ་ཡང་བརྗོད་ག་ལ་ནུས། འོན་ཀྱང་ཉེ་རབས་སྤྱི་ལོའི་དུས་རབས་ཉི་ཤུ་པ་འདིའི་ནང་བོད་ཀྱི་རིགས་གནས་ལ་ཁྱད་དུ་འཕགས་པའི་ཕྱག་རྗེས་འཇོག་གནང་མཛད་པའི་མཁས་དབང་རེ་ཟུང་ཙམ་ཞིག་དཔེ་མཚོན་གྱི་ཚུལ་དུ་ཞུ་རྒྱུར།

སྨན་རྩིས་རིག་པའི་ཁྱུ་མཆོག་མཁས་པའི་དབང་པོ་མཁྱེན་རབ་ནོར་བུ་མཆོག་ནི། བོད་ཡུལ་ཡར་ཀླུང་གི་སའི་ལྟེ་བ་རྩེད་ཐང་ཁུལ་བྲ་ས་ལྷ་ཁང་གི་ཉེ་འདབས་སུ། ཡབ་རྩིས་རིག་སློབ་གཉེར་མགོ་ལེབ་བམ་རྩིས་པ་ཛ་བོ་ཆེ་ཞེས་སུ་གྲགས་པ་དང་། ཡུམ་དབྱངས་ཅན་ཞུ་བ་གཉིས་ཀྱི་སྲས་སུ་སྤྱི་ལོ1883བོད་རབ་བྱུང་བཅོ་ལྔ་པའི་ཆུ་མོ་ལུག་གི་ལོ་སྐུ་བལྟམས། ཡབ་ཡུམ་གཉིས་ཀྱིས་ཐུགས་ག་སྨོགས་ཆེན་པོས་ལེགས་པར་བསྐྱེད་བསྲིངས་ཏེ་དགུང་ལོ་བདུན་བརྒྱད་ཙམ་དུ་སོན་སྐབས། རྩེད་ཐང་ལྷ་མཆོད་གྲྭ་ཚང་དུ་ཆོས་སློར་འཇུག་པ་གནང་ཞིང་། གང་གི་མཁྱེན་དཔྱོད་དང་བརྩོན་འགྲུས་སོགས་ཕུན་སུམ་ཚོགས་པས་ཆོས་སྤྱོད་འཛིན་སྐྱོར་སོགས་བརྩུན་ཆུང་གཞན་ལས་ལྷག་པའི་བསླབ་འབྲས་བཟང་པོ་ཐོན་པ་བྱུང་། དེ་ནས“དགོན་པས་དྲག་རེས་འདེམས་སྒྲུག་གིས་ལྕགས་རི་འགྲོ་ཕག་རིག་བྱེད་གླིང་དུ་གསོ་རིག་སློབ་གཉེར་དུ་མངགས”①ཞེས་གསལ་བ་ལྟར་ལྷ་ལྡན་ལྕགས་པོ་རིའི་གསོ་རིག་སྨན་གྱི་སློབ་གྲྭར་ཕེབས་རྒྱུའི་གོ་སྐབས་བཟང་པོ་ཞིག་རྙེད་འདུག འོན་ཀྱང་ལོ་དུས་གང་ལ་ཕེབས་པ་ངེས་གསལ་མ་འཁོད་ཙང་། བཀྲས་ཁང་ བླ་སྨན་བྱམས་པ་ཐུབ་དབང་གི་མཛད་རྗེས་ངོ་སྤྲོད་གནང་བའི་ནང་སྤྱི་ལོ1897བོད་རབ་བྱུང་བཅོ་ལྔ་པའི་མེ་བྱ་ལོར་ཏྭ་

① （ལྕགས་པོ་རིའི་བྱུང་རབས་གསལ་བའི་སྒྲོན་མེ་ལྕགས་པར་དེབ་ངོས175）

ལའི་བླ་མ“ སྐུ་ཕྲེང་བཅུ་གསུམ་པ་ཆེན་པོ་ནས་དམིགས་བསལ་བདག་རྐྱེན་དང་
བཅས་པའི་སྒོ་ནས་གསོ་རིག་མཁས་དབང་དངོས་གཞི་བྱམས་པ་ཐུབ་དབང་
མཆོག་ལ་མཁན་ཆུང་གི་གོ་གནས་ཐོག་སྐུ་བཅར་བླ་སྨན་བགྲེས་པར་བསྐོ་བཞག
དང་སྟོད་ཤེལ་དཀར་ཆོས་སྡེ་ནས་ཡིན་པའི་འཚོ་བྱེད་མཁས་དབང་བྱ་ཕྲུག་པ་
དམ་ཆོས་དཔལ་ལྡན་ལ་དུས་གཅིག་ཏུ་བླ་སྨན་གཞོན་པ་དང་ལས་ཚན་པའི་གོ་
གནས་བསྩལ་ཏེ་སླད་ཕྱིན་བོད་ཀྱི་གསོ་རིག་མི་ཉམས་གོང་འཕེལ་ཡོང་ཕྱིར་བླ་
སྨན་བགྲེས་གཞོན་རྣམ་གཉིས་ལ་ལྕགས་རི་རིག་བྱེད་འགྲོ་ཕན་གླིང་ནས་བློ་
གསལ་དོན་གཉེར་ཅན་ཆེད་མངགས་བདམས་གསེས་ཀྱིས་གསོ་སྐྱོང་བྱེད་དགོས
པའི་བཀའ་དགོངས་ལྟར་”① དངོས་གཞི་བྱམས་པ་ཐུབ་དབང་མཆོག་གིས
ལྕགས་པོ་རིའི་སྨན་སློབ་ཁོངས་ནས་བདམས་གསེས་གསོ་སྐྱོང་གནང་“ ཐེངས
གཉིས་པར་རྩེད་ཐང་ལྷ་མཆོད་ཀྱི་སྨན་གྲྭ་མཁྱེན་རབ་ནོར་བུ……”ཞེས་ཁོང་
གི་མཚན་གསལ་བ་ལྟར་ལྕགས་པོ་རིར་སྦྲིག་ཞུགས་གོང་གསལ་སྤྱི་ལོ1897མེ
བྱ་ལོར་གནང་བའམ་ཡང་ན་དེ་ནས་རིང་པོར་མ་ལོན་པ་ཞིག་ལ་ཕེབས་པར
སྣང་ངོ་།

ཁོང་ལྕགས་རི་སྨན་གྲྭར་ཕེབས་ནས་ཐོག་མ་ལྕགས་པོ་རི་གྲྭ་ཚང་གི་སྨན
དགེ་གདན་ས་ཆེན་པོ་སེ་ར་ཐེག་ཆེན་གླིང་གི་སྨན་ཟིན་པ་ངག་དབང་ཆོས་ལྡན
གྱི་ཞབས་ལ་གཏུགས་ནས་སྨན་གཞུང་གསན་སྦྱོང་གི་དབུ་ཚུགས། དེ་ཡང་ཇི
སྐད་དུ། “བདེ་བ་འདོད་ན་རིག་པ་ངོར། །རིག་པ་འདོད་ན་བདེ་བ་ངོར། །

---

① （བོད་ཀྱི་སྨན་རྩིས་ཆེད་རྩོམ་ཕྱོགས་བསྡུས་ལྕགས་པར་དེབ་ངོས43－44）

བདེ་འདོད་རིག་པ་ག་ལ་རྙེད། །རིག་པ་དོན་གཉེར་ག་ལ་བདེ་"① ཞེས་གསུངས་པ་ལྟར་ཡོང་གིས་ལེ་ལོ་སྤྱིད་ལུག་རྣམ་པར་གཡེང་བ་ཀུན་ནས་སྤངས་ཏེ་ཐུགས་རྩེ་གཅིག་སྒྲིམ་གྱིས་སློབ་གཉེར་ཁོ་ནར་ཉིན་མཚན་རྟག་འགྲུས་གནང་ཞིང་། ན་བཟའ་གསོལ་ཆས་སོགས་ལ་འདོད་ཞེན་མི་མཛད་པར་འཚོ་བ་ངན་ངོན་ཙམ་གྱིས་ཆོག་ཤེས་པའི་གྲྭ་རྒྱུད་བྱ་བྲལ་བའི་བརྟུལ་ཞུགས་ལྟར་བཞེས་པ་ལ། ཐ་ན་སྐུ་གཟན་ཡང་རྒྱལ་པོར་གྱུར་པ་ལ་མདུད་པ་མང་པོ་བརྒྱབ་པ་ཞིག་མནབས་པར་བརྟེན་གྲྭ་པ་གཞན་ཆོས་ཡོང་ལ་བརྒྱད་མདུད་པ་ཞེས་མིང་འདོགས་ཀྱང་བཏགས་པར་གྲགས། དེ་ལྟར་ལོ་ནས་ལོ་བསྟུད་ཀྱི་བརྩོན་འགྲུས་རྒྱ་མཚོའི་རླབས་བཞིན་དུས་ལས་མི་ཡོལ་བ་བསྐྱངས་པ་ལས་སྨན་གཞུང་ཐུགས་འཛིན་དང་། ཚོགས་འདོན་ཆོས་སྤྱོད་སོགས་བདེ་བླག་ངང་དུས་ཐོག་ཏུ་རྒྱུགས་འབུལ་གནང་ཐུབ་པ་བྱུང་བས་སློབ་བརྩོན་གྱི་མཚན་སྙན་ཐོན་པར་བརྟེན་དྲུ་ལའི་བླ་མའི་སྐུའི་བླ་སྨན་ཆེ་བ་གསོ་རིག་མཁས་ཙན་དངོས་གཞི་བྱམས་པ་ཐུབ་དབང་མཆོག་གིས་དམིགས་བསལ་ཆེད་གཉེར་གསོ་སྐྱོང་གནང་རྒྱུའི་སྨན་སློབ་ཐེངས་གཉིས་པའི་སློབ་གྲྭ་བ་གསུམ་གྱི་ཡོངས་སུ་བདམས་སྐྱུག་གིས་ཚུད་ཐུབ་པ་བྱུང་འདུག དེ་གར་བླ་སྨན་མཁས་པ་མཆོག་ལས་དཔལ་ལྡན་གསོ་བ་རིག་པའི་རྒྱུད་བཞི་དང་། གཞུང་འགྲེལ་བཻ་ཌཱུར་སྔོན་པོ་ལ་སོགས་པ་སྨན་གྱི་གཞུང་ལུགས་དུ་མའི་ལུང་འཁྲིད་མན་ངག་ལག་ལེན་དང་བཅས་པར་རྒྱུན་བསྲིངས་ཀྱི་སྦྱངས་བརྩོན་དཔྱིས་ཕྱིན་པར་མཛད། གཞན་ཡང་གནས་ལྔའི་མཁས་དབང་འཚོ་བྱེད་རྡོ་རྗེ་རྒྱལ་མཚན་དང་། འཇམ་དཔལ་རོལ་པའི་བློ་གྲོས། འབྲས་ལྗོངས་

① （ལུགས་ཀྱི་བསྟན་བཅོས་ཤེས་རབ་སྡོང་བུ་）

བླ་མ་ཨོ་རྒྱན་བསྟན་འཛིན་རྒྱ་མཚོ། ཁུ་ནུ་བླ་མ་བསྟན་འཛིན་རྒྱལ་མཚན། བླ་མ་འཇིགས་མེད་འཕྲིན་ལས། ཅ་རི་ཅེ་ཅར་གདུང་འཛིན་སོགས་རིས་མེད་ཀྱི་མཁས་པ་དུ་མ་བཤེས་གཉེན་དུ་བསྟེན་གནང་གིས་དེ་དག་ལས་གསོ་རིག་དང་། སྐར་ནག་རྩིས་ཀྱི་རིག་པ། སུམ་རྟགས་དང་སྒྲ་རིག་པ། སྙན་ངག་སོགས་རིག་པ་བཞིན་འབད་བརྩོན་ཆེན་པོས་གསན་བཞེས་ངོམ་པ་མེད་པར་བསྐྱངས་པའི་བརྡ་སྤྲོད་ཀུན་བཤད་ཀྱི་མཚན་ལ“དབྱངས་ཅན་དགྱེས་པའི་ལང་ཚོ”ཞེས་སུ་གསོལ། སྐབས་ཤིག་བླ་སྨན་མཁན་པོ་དངོས་གཞི་བ་དང་། འཚོ་བྱེད་རྡོ་རྗེ་རྒྱལ་མཚན། འབྲས་ལྗོངས་བླ་མ་ཨོ་རྒྱན་ལགས་བཅས་སློབ་དཔོན་ཁག་གསུམ་ལས་དུས་གཅིག་ཏུ་རིག་གཞུང་གི་བདུད་རྩི་སྙིང་བའི་སྐལ་བ་ཐོབ་སྐབས་སྤྱི་དགོང་ཉིན་གསུམ་གྱི་དུས་ཚོད་སྐར་ཆ་ཙམ་ཡང་ཆུད་ཟོས་མི་འགྱུར་བའི་འབད་པ་དྲག་པོ་རྒྱུན་འཁྱོངས་གནང་ནས་ཉིན་གུང་མཚམས་བག་ལེབ་ཁ་ཤས་གཟིགས་ནས་རྡོ་རིང་ཕྱི་མའི་འགྲམ་ཡུད་ཙམ་སྐྱང་ལ་གསོ་བའི་ཚུལ་གྱིས་བཞེས་པ་ལས་ཞལ་ལག་མཆོད་རྒྱུ་ཡང་ཐུགས་ག་སྟོགས་མི་གནང་བར་ཡོན་ཏན་གསན་སྦྱོང་ལ་རྩེ་གཅིག་ཏུ་གཞོལ་བར་མཛད། རིག་པའི་གཞུང་ཆེན་གྱི་ལོ་ཚན་འགངས་ཆེ་བ་རྣམས་སློབ་དཔོན་གྱི་དྲུང་དུ་རྒྱུགས་ཚད་ལེགས་པར་འབུལ་ཐུབ་པའི་སྐབས་ཐུགས་ལ་དགྱེས་ཚོར་དཔག་མེད་འཁྲུངས་ནས་ལྷ་ས་གྲོང་ཁྱེར་ནང་དཔྱིད་ཟླའི་བཟའ་ཁང་ཞེས་པའི་ནང་ཕེབས། གསོལ་ཚོགས་ཙུང་ཟད་བཟང་བ་རེ་མཆོད་པ་དང་། གལ་ཏེ་སློབ་ཁྲིད་ཞུས་ཟིན་པ་ནས་ཐུགས་འཛིན་ཕྲན་བུ་མ་ཐུབ་པའམ། སློབ་དཔོན་ལ་དྲིས་ལན་ཡང་དག་པ་འབུལ་མ་ཐུབ་པ་སོགས་བྱུང་དུས་གསོལ་ཟས་མ་བཞེས་པར་རང་གིས་རང་ལ་ཆད་པ་བཅད་དེ་ཉིན་མཚན་དབྱེར་མེད་མཚན་གང་སྐྱོར་སྦྱོང་ངམ། བསྐྱར་སྦྱོང་མཛད་པ་སོགས

མདོར་ན་ཁོང་སྐུ་གཞོན་ནུའི་སྐབས་ནས་རིག་གནས་གསན་བསམ་ལ་འབད་རྩོལ་ཡུན་རིང་དེ་ལྟ་བུ་གནང་བ་ནི། རང་རེ་མི་རབས་རྗེས་མ་ཚོས་དྲན་གསོ་དང་སློབ་སྦྱོང་ཞུ་འོས་པ་ཞིག་ཡིན་ནོ། ཁྱུལ་དུ་བྱུང་བའི་སློབ་གཉེར་དང་ཐུགས་ནུས་གཅིག་སྒྲིལ་གྱིས་བསླབ་དོན་ལག་ལེན་དུ་འཁྱོལ་བ་མཛད་པ་ལ་བརྟེན་ནས་སྨན་རྩིས་གཙོ་བོར་གྱུར་པའི་མི་རིགས་ཀྱི་རིག་གཞུང་ཀུན་ལ་མཁྱེན་དཔྱོད་ཀྱི་ཕོ་ལག་ཡངས་པོར་གྲོལ་བའི་མཁས་པའི་གོ་ས་ལ་ཞབས་ཀྱི་པད་མོ་རང་བཞིན་གྱིས་འཁོད་པར་གྱུར་ཏོ།

དེ་ནས་སྤྱི་ལོ1910བོད་ལུགས་ཁྲི་ལོར་མཁས་དབང་གང་དེ་དགུང་གྲངས་ཉེ་ཤུ་རྩ་བརྒྱད་དམ་རྩ་དགུར་སོན་སྐབས་ལྕགས་རི་སྨན་སློབ་གྲྭ་ཚང་ནས་གདན་ས་ཆེན་པོ་དཔལ་ལྡན་འབྲས་སྤུངས་ཀྱི་སྨན་སྦྱིན་པར་མངའ་གསོལ། སེར་སྐྱ་མང་པོར་སྨན་བཅོས་ཀྱི་འཕྲིན་ལས་རྒྱ་ཆེར་སྤེལ་བ་མ་ཟད། གསོ་བ་རིག་པའི་གཞུང་ལུགས་ལ་ཞིབ་འཇུག་དང་སྨན་གཞུང་གསར་རྩོམ་གནང་བའི་དབུ་ཚུགས་པ་ཡིན། རྟོགས་བརྗོད་ནང་“གསོ་བ་རིག་པ་ནས་བཤད་པའི་ལུས་ཕྱིག་ཟླ་བ་ནོར་བུའི་མེ་ལོང་གི་མཇུག་དོན་ནང་དུ་‘ དེ་སྔོན་རབ་ཆེས་ལྕགས་ཁྲི་ལོར་རང་ཉིད་བགྲང་བྱ་ཉེར་དགུ་པ་དཔལ་ལྡན་འབྲས་སྤུངས་སྨན་སྦྱིན་ལས་ཐོག་མིང་འཛིན་སྐབས་རྩེད་ཐང་ཁང་ཚན་མའི་ལྷོ་རྒྱུད་ནང་གི་སྨན་གྲོང་གཉིས་པར་རྒྱུད་འགྲེལ་བའི་སྔོན་སོགས་དང་། བྲིས་ཆ་སོགས་སྔོ་དུ་མར་ཟླ་གཉིས་ཙམ་ཞིབ་རྟོག་ནན་ཏན་གྱིས་ལག་ལེན་དུ་ཐེབས་པར་བྱས་ཏེ་འགའ་ཞིག་སར་རྒྱུད་ཚིག་གསར་ལེན་གྱིས་མཚལ་དང་། མཆན་བུ་རྒྱ་སྐག་གི་ལེགས་པར་བཏབ་སྟེ་སློབ་དཔོན་བཀའ་དྲིན་ཟླ་མེད་རྡོ་རྗེ་རྒྱལ་མཚན་ཞལ་སྔ་ནས་ལའང་གཟིགས་ཞིབ་ཕུལ་བས་དགྱེས་ཚོར་ཆེན་པོས་བཀའ་སློབ་བསྩལ་རིགས་ཀྱང་མནོས་ཏེ་

བཅོས་བསྒྱུར་གདེངས་འཁེལ་བྱས་ཞེས་དང་དེ་བཞིན་དཔལ་ལྡན་རྩ་བའི་རྒྱུད་ཀྱི་སྟོང་འགྲེམས《 གསོ་རིག་རྒྱ་མཚོའི་སྙིང་པོ་》《 སྔོ་སྨན་འཁྲུངས་དཔེ་བསྡུས་པ་ངོ་མཚར་གསེར་གྱི་སྙེ་མ་》《 བྱིས་པ་བཙའ་ཐབས་ཀུན་ཕན་ཟླ་བའི་མེ་ལོང་》སོགས་བརྩམས་པར་མཛད་” ①ཅེས་གསལ་བ་ལྟར་སྐུ་ན་གཞོན་ནུ་དེ་ཙམ་ནས་བོད་ཀྱི་གསོ་རིག་རྒྱ་མཚོ་ཆེན་པོར་རྣམ་དཔྱོད་ཀྱི་གྲུ་གཟིངས་ལ་ཞུགས་ཏེ་སྐྱེ་རྒུར་ཕན་བདེ་སྦྱིན་པའི་སྟོན་མེད་ཀྱི་ནོར་བུ་འདྲེན་བྱེད་དེད་དཔོན་དུ་གྱུར་པ་འདི་ལྟ་བུ་ནི་ངོ་མཚར་གྱི་ཡུལ་དུ་གྱུར་པ་ཡོས་ཡིན། དབྱིན་ཇི་བཙན་རྒྱལ་རིང་ལུགས་པས་མེས་རྒྱལ་གྱི་ས་མཚམས་བཙན་བཟུང་བྱ་རྒྱུའི་སློག་གཡོ་སྤེལ་ཏེ་སྤྱི་ལོ1913བོད་ཆུ་གླང་ལོར་བོད་ཀྱི་བློན་ཆེན་བཤད་སྒྲ“ ཀྲུང་དབྱིན་སིམ་ལའི་གྲོས་ཚོགས”ཟེར་བར་བསྐྱོད་སྐབས་མཁས་དབང་མཁྱེན་རབ་ནོར་བུ་མཆོག་དྲག་འདེམས་ཀྱིས་བླ་སྨན་དུ་ཕེབས་དགོས་བྱུང་ཞིང་། ཕྱི་རྒྱལ་དུ་བཞུགས་རིང་སྐབས་དེར་འཛམ་གླིང་ན་ཚན་རིག་ཡར་རྒྱས་ཆེ་ཤོས་ཡིན་ཟེར་བ་དབྱིན་ཇི་བ་དང་། དེ་མིན་རྒྱ་གར་གྱི་མི་རིགས་སོགས་གསོ་དཀའ་བའི་ནད་པ་འགའ་ཞིག་ལ་ཁོང་གིས་སྨན་བཅོས་གནང་སྟེ་བདེ་ཐག་དང་ཕན་གསོས་ཆེན་པོ་བྱུང་བས་ངོ་མཚར་གྱི་བསྔགས་བརྗོད་ཞུ་བ་དང་། དྲན་རྗེས་ཀྱི་སྐུ་པར་སྤྲོད་པ། དངོས་སྐྱེས་འབུལ་བ་སོགས་བྱུང་སྟེ་བོད་ཀྱི་གསོ་བ་རིག་པའི་ཐུན་མོང་མ་ཡིན་པའི་མཚན་སྙན་ཕྱོགས་མཐར་ཁྱབ་པར་མཛད་འདུག

སྤྱི་ལོ1916བོད་རབ་བྱུང་བཅོ་ལྔ་པའི་མེ་འབྲུག་ལོར། ཏཱ་ལའི་བླ་མ་སྐུ

① （མཁས་དབང་མཁྱེན་རབ་ནོར་བུའི་རྟོགས་བརྗོད་སྐལ་ལྡན་ཡིད་འཕྲོག་ལྷུགས་པར་དཔེ་ངོས53－54）

ཁྲི་བཙུ་གསུམ་ཆེན་པོའི་ཕྱུག་རྟགས་དགོངས་དོན་བོད་ཀྱི་“ གསོ་རིག་སློབ་གསོ་དང་། སྨན་བཅོས་ལག་རྩལ། སྨན་རྫས་སྦྱོར་བཟོ། གནམ་རིག་སྐར་རྩིས། རིག་གནས་སྐད་ཡིག་བཅས་ཕྱོགས་བསྡུས་ཀྱི་སློབ་གྲྭ་ཆེན་མོ་བོད་ལྗོངས་ལྷ་ས་སྨན་རྩིས་འགྲོ་ཕན་གླིང་གསར་འཛུགས་བསྐྱངས་” ① སྐབས་དམིགས་བསལ་བདམས་གསེས་གཟིགས་བསྐྱངས་ཀྱིས་མཁས་དབང་མཁྱེན་རབ་ནོར་བུ་མཆོག་ལ་རྗེ་དྲུང་ལས་ཚན་པའི་མཚན་གནས་དང་སྦྲགས་སྨན་རྩིས་སློབ་གྲྭ་གསར་བཙུགས་ཀྱི་དབུ་འཛིན་དགེ་རྒན་དང་། ལྕགས་པོ་རི་སྨན་པ་གྲྭ་ཚང་གི་སློབ་དཔོན་གཅིག་ཕྱོགས་སུ་བསྐོ་བཞག་གནང་འདུག སྨན་རྩིས་སློབ་གྲྭ་ཁང་དེའི་“ ལས་འགན་ནི་གཙོ་བོར་དགོན་སྡེ་ཁག་ལ་སྨན་རྩིས་མི་སྣ་གསོ་སྐྱོང་བྱེད་རྒྱུ་དང་ཆབས་ཅིག་མང་ཚོགས་ལ་སྨན་བཅོས། བོད་ཀྱི་ལོ་ཐོ་འདོན་རྒྱུ། རྫོང་གཞིས་ཁག96ལ་བྱིས་པ་ཉེར་སྤྱོད་དང་། བྱིས་པ་བཙའ་ཐབས་བྱིས་པའི་སྐྱེས་སྐར་ཚེ་རྩིས་རྒྱག་རྒྱུ་བཅས་ཡིན་” ② ཞེས་གསལ་བ་ལྟར་དེ་ནས་བཟུང་དམ་པ་གང་གིས་སྨན་རྩིས་གཞུང་ལུགས་འཆད་སྤེལ་དང་། ལག་ལེན་དམར་ཁྲིད། སྨན་རྫས་འཐུ་སྒྲུབ་དང་སྦྱོར་བཟོས་མཆོད་ཐུགས་འགན་ཡོངས་རྫོགས་བཞེས་ནས་ཉིན་མཚན་གཡེལ་བ་མེད་པར་འབད་རྩོན་ཆེན་པོ་གནང་ཞིང་། སློབ་གྲྭའི་སྒྲིག་སྲོལ་སྲི་དང་བྱེ་བྲག་རྒྱུགས་འབུལ་སློབ་ཐོན་ལམ་ལུགས་སོགས་གསར་གཏོད་གནང་བས་ཚད་ལྡན་སློབ་མ་མང་པོ་ཐོན་ནས་ལྗོངས་ཡོངས་སུ་གསོ་རིག

① （ལྕགས་པོ་རིའི་བྱུང་རབས་གསལ་བའི་མེ་ལོང་དེབ་ངོས176）

② （སྨན་རྩིས་ཁང་གི་གདན་རབས་བསྡུས་པ་སྐལ་བཟང་སྐྱེ་བོའི་འཇུག་ངོགས་དེབ་ངོས183）

ཁྱབ་སྤེལ་གྱི་བྱ་གཞག་འགོ་ཚུགས་པ་བྱུང་། དུས་མཚུངས་པར་ཁོང་གིས་ལྷུགས་རི་འགྲོ་ཕན་རིག་བྱེད་གླིང་གི་དབུ་འཛིན་མི་ལོ་བཅུ་གསུམ་ཙམ་རིང་གཅིག་ཕྱོགས་གནང་སྐབས་གྲྭ་ཚང་དེའི་“ ཕྱི་ནང་སྨོད་བཙུད་ཡོངས་སུ་ཐུགས་འགན་དགྱེས་བཞེས་ཀྱིས་སྐབས་དེར་དགོན་པའི་འདུལ་ཁྲིམས་དམ་བཟུང་དང་། བསླབ་པ་སློབ་གཉེར། དཔལ་འབྱོར་འདོད་ཡོན་གང་ཅིར་དར་རྒྱས་གོང་འཕེལ་འགྲོ་བ་དང་། ལྷག་པར་རབ་བྱུང་བཅོ་ལྔ་པའི་ཆུ་ཕག་[སྤྱི་ལོ1923] ལོར་གྲྭ་ཚང་གི་ཆོས་ཁྲ་ཅན་གྱི་དཔེ་རིས་སྨན་ཐང་བརྒྱད་ཅུ་གྱ་གཅིག་(རྡེ་སྲིད་སངས་རྒྱས་རྒྱ་མཚོས་གསར་བཞེངས་) ཡོད་པ་རྣམས་བར་སྐབས་གཡར་བརྫེད་པོར་བརླག་གིས་ངོ་གྲངས་སོ་གཅིག་ལས་མེད་གཤིས། རྒྱལ་དབང་མཆོག་གི་བཀའ་དགོངས་ལྟར་རྗེ་འདི་ཉིད་ནས་ཐུགས་འགན་བཞེས་ཏེ་བསྐྱར་བྲིས་ཁ་གསབ་མཛད་སྐབས་དུས་ད་ལྟའི་བར་དུའང་སྨན་རྩིས་ཁང་དུ་ཆ་ཚང་བཞུགས་……” ①པ་སོགས་བསྔུབ་ཏུ་མེད་པའི་ཕྲུག་རྗེས་ཆེན་པོ་འཇོག་གནང་མཛད་པ་ཡོངས་རྫོགས་བརྗོད་ཀྱིས་མི་ལང་བས་དེ་ཙམ་ལགས། དེ་ལྟར་ཀུན་ཕན་གྱི་མཛད་པས་དུས་འདའ་བ་ལ་བརྟེན་ནས་མཁས་པའི་སྙན་གྲགས་དང་མཛད་འཕྲིན་བཟང་པོ་ཕྱོགས་ཀུན་ཏུ་ཁྱབ་གདལ་དུ་གྱུར་ཏེ་བློ་གསལ་དོན་གཉེར་ཅན་དུ་མ་པད་མོའི་མཚོ་ལ་ངང་མོ་འདུ་བ་ལྟར་ཞབས་ལ་གཏུགས། གཙོ་བོར་དབུས་གཙང་གི་ཆོས་སྡེ་ཁག་དང་བོད་དམག་དམག་སྒར་ཁག་སོ་སོར་གང་གིས་གསོ་སྐྱོང་མཛད་པའི་སྨན་སྦྱིན་པ་སེར་སྐྱ་མང་པོ་གང་སར་ཁྱབ་པ་དང་། སྨན་རྩིས་བརྒྱུད་འཛིན་གྱི་སྟུགས་འཆང་སོགས་ཡོན་ཏན་དོན་གཉེར་གྱི་བློ་གསལ་དུ

① (ལྷུགས་པོ་རིའི་བྱུང་རབས་གསལ་བའི་མེ་ལོང་དེབ་ངོས177)

མ། དེ་མིན་མཚོ་སྔོན་དང་། ཛ་པ་ཁྲུལ། ཁམས་ཕྱོགས། ཐ་ན་འབྲུག་པ་དང་། འབྲས་ལྗོངས། ལ་དགས། ཁུ་ནུ་ལ་སོགས་པའི་སློབ་མ་ཡང་འདུས་ཏེ་དངོས་སློབ་ཡང་སློབ་བསྡོམས་ན་སྟོང་ཕྲག་ཙམ་བྱུང་བ་རྣམས་ལ་སྨན་རྩིས་གཙོ་གྱུར་གྱི་རིག་གནས་དག་ཡིག་དང་། སྙན་ངག་སུམ་རྟགས། སྒྲ་ལ་སོགས་པ་རང་རང་གི་བློ་མོས་དང་འཚམས་པར་བསྐྱངས་པར་བརྟེན་ཡུལ་གངས་ཅན་གྱི་སྨན་རྩིས་བསྟན་པའི་ཤིང་རྟ་ཆེན་པོར་གྱུར་པ་ལགས་སོ།

དེ་ལྟར་རང་ཉིད་མཁས་པའི་གོ་འཕང་མཐོན་པོར་བརྙེས་ཀྱང་ཇི་ལྟར་རྒྱ་མཚོ་ཆེན་པོ་ཆུ་ཡིས་མི་ངོམས་པ་བཞིན་དུ་སླར་ཡང་མཁས་བཙུན་བཟང་གསུམ་གྱི་དགེ་བའི་བཤེས་གཉེན་འགྲོ་མགོན་བླ་མ་འཇམ་དཔལ་རོལ་པའི་བློ་གྲོས་དང་། མཚན་ཉིད་སྤྲུལ་སྐུ་འཇམ་དཔལ་ནོར་བུ། འབྲས་སྤུངས་ཁང་གསར་རིན་པོ་ཆེ། ཕ་བོང་ཁ་པ་བདེ་ཆེན་སྙིང་པོ། ལྷ་བཙུན་རིན་པོ་ཆེ། འཇམ་དབྱངས་མཁྱེན་བརྩེ་དབང་པོ། རྫོགས་ཆེན་དཔལ་སྤྲུལ་ལ་སོགས་པ་གྲུབ་མཐའ་རིས་སུ་མ་ཆད་པའི་མཁས་དབང་ལས་གསོ་རིག་རྒྱུད་བཞི་དང་། དུས་ཀྱི་འཁོར་ལོ། གཡུ་ཐོག་སྙིང་ཐིག་སོགས་ཀྱི་དབང་ལུང་ཁྲིད་གསུམ་ལེགས་པར་གསན་པ་དང་། རོང་ཐ་ཆུ་ཚང་བློ་བཟང་དམ་ཆོས་རྒྱ་མཚོ་ལས་བཻ་དཀར་བུ་དཔེའི་ཚངས་དབྱངས་རྒྱ་མཚོའི་འཁྲུངས་རྩིས་ཐོག་ནས་ཚེ་རབས་ལས་རྩིས་དང་། བག་རྩིས། གཤིན་རྩིས། དབྱངས་འཆར་འགྲེལ་པ། དཔལ་སྦྲོན་སྙིང་ནས་ལེའུ་བཅུ་གའི་འཁོར་ལོ་བཅས་ཀྱི་ཁྲིད་རྒྱུན་གསན། སྡེབ་སྦྱོར་རིན་ཆེན་འབྱུང་གནས་ངོ་མཚར་རྟོགས་བྱེད་རི་མོ་བཅས་གསན་བཞེས་གནང་ཞིང་། ད་དུང་སོག་པོ་དགེ་བཤེས་དགའ་ལྡན་གནས་བརྟན་བྱ་བ་ལས་སྒྲ་འགྲེལ་གསལ་ལྡན་གྱི་སྙིང་ནས་བརྡ་སྤྲོད་དབྱངས་ཅན་སྒྲ་མདོའི་རི་མོ་ཆ་ཚང་གསན་པ་སོགས་རྒྱ་ཆེན་ཐོས་

བསམ་གྱི་སྒྲོ་འདོགས་ལེགས་པར་གཅོད་པ་མཛད།①

སྤྱི་ལོ1918ཐོད་ས་རྟ་ལོར་ཏཱ་ལའི་བླ་མ་སྐུ་ཕྲེང་བཅུ་གསུམ་པ་ཆེན་པོས་དམིགས་བསལ་གཟིགས་བསྐྱངས་ཀྱིས་ཁོང་ལ་སྐུའི་བླ་སྨན་པ་ཆུང་བ་བསྒོ་བཞག་བསྐུལ་འདུག་ཅིང་། 1925ཤིང་གླང་ལོར་ལྷུགས་པོ་རི་"དགོན་པའི་ལས་སྡེ་དང་། གྲྭ་པ་དོན་མ་གོ་རེ་ཟུང་ནས་ཕྲན་བུའི་ཐུགས་གཤིས་གཏུམ་པའི་མཛད་ཕྱོགས་ལ་ཁག་ངན་བཏགས་ནས་རྫེ་ཡིག་ཚང་ལས་ཁྲུངས་སུ་ཞུ་ལོག་ཕུལ་རྐྱེན་ལས་འཁྱུར་མཚམས་འཛོག་གནང་དགོས་བྱུང་"②ཞེས་གསལ་བ་ལྟར་དེ་ལོ་ནས་ལྷུགས་རི་གྲྭ་ཚང་གི་དབུ་འཛིན་མ་གནང་བ་དང་། དེ་རྗེས1932ཐོད་ཆུ་སྤྲེ་ལོར་ཏཱ་ལའི་བླ་མ་མཆོག་གི་སྐུའི་བླ་སྨན་པ་མི་ལོ་བཅོ་ལྔ་ཙམ་གནང་མུར་འགལ་ཉེས་འདི་ཡིན་གང་ཡང་མེད་པར་ཉིན་གཅིག་སློ་བུར་མཁས་དབང་དེ་ཉིད་བླ་སྨན་གྱི་མཛད་འཁྱུར་ཕྱིར་འཐེན་གནང་བའི་བཀའ་བསྒྱུར་ཕེབས་འདུག "དེའི་ཕྱི་ལོ་ཆུ་བྱ་(1933)ལོར་གོང་ས་མཆོག་མགུལ་ཚམ་ལྷ་བུའི་བསྟན་གཞིས་རྐྱེན་པས་སྐུ་ཞིང་ལ་ཕེབས་དུས་གསོལ་སྨན་འབུལ་ཕྱོགས་སྐོར་ལ་སྨན་པ་བྱམས་པ་ལགས་ཞེས་པར་ཁྲིམས་གཅོད་ཕོག་ཅུང་། སློབ་དཔོན་མཁྱེན་རབ་ནོར་བུ་མཆོག་སྔ་ལོ་ནས་བླ་སྨན་ཕྱིར་འཐེན་མཛད་ཟིན་པས་དེའི་སྐོར་འགན་འཁྲི་གང་ཡང་མེད་སྐབས་མུ་མཐུད་སྨན་རྩིས་སློབ་གྲྭ་གཉེར་རྒྱུའི་ཕྱག་ལས་གནང་ཐུབ་པ་དེ་ནི་རྒྱལ་དབང་སྐུ་ཕྲེང་བཅུ་གསུམ་པ་ཆེན་པོས་མ་འོངས་མདོན་གཟིགས་ཀྱི་དགོངས་པ་ཐབས་ཆེན་བཞེས་པ་གཞི་ནས་མཁྱེན་ཏེ་དང་གུས་ཆེས་

① (རྟོག་བརྗོད་སྐལ་ལྡན་ཡིད་འཕྲོག་དེབ་ངོས55－56)

② (གདན་རབས་སྐལ་བཟང་འཛུག་ངོགས་དེབ་ངོས190)

ཚེར་འཕེལ་བའི་སྐོར་རྗེས་འཇུག་སློབ་མ་ཚོར་ཡང་ཡང་གསུང་པར་གྲགས།”① ཞེས་གསལ་འདུག

དེ་རྗེས་ར་སྒྲེང་གི་སྲིད་སྐྱོང་གནང་སྐབས་ཁོང་ལ་ས་གནས་སྲིད་གཞུང་གི་མཁན་ཆུང་གི་གོ་གནས་སུ་གནས་སྤར་གནང་ཞིང་། སྨན་རྩིས་ཁང་གི་སློབ་གྲྭ་བར་ཐོགས་ཐོབ་གསར་གནང་སོགས་ཐུགས་འཁུར་ཆེན་པོ་བསྐྱངས་འདུག ཕྱི་ལོ1957བོད་མེ་བྱ་ལོར་སློབ་དཔོན་མཁྱེན་རབ་ནོར་བུ་མཆོག་ལ་ཏཱ་ལའི་བླ་མ་བཅུ་བཞི་པས་སྐུ་བཅར་མཁན་ཆེ་དར་ཧན་གྱི་གོ་མིང་བསྩལ་བ་དང་། བོད་དུ་དམངས་གཙོའི་བཅོས་བསྒྱུར་བྱས་རྗེས1961ལྕགས་གླང་ལོར་མཁས་དབང་མཆོག་ལ་ལྷ་ས་སྨན་རྩིས་ཁང་གི་ཡོན་ཀྲང་བསྐོ་བཞག་གནང་ཞིང་། དེའི་ཕྱི་ལོ་ཡོན་ཀྲང་མཁྱེན་རབ་ནོར་བུ་མཆོག་ཀྲུང་གོ་མི་དམངས་ཆབ་སྲིད་གྲོས་ཚོགས་རྒྱལ་ཡོངས་ཨུ་ཡོན་ལྷན་ཁང་གི་ཨུ་ཡོན་གྱི་མཚན་གནས་དང་། རྒྱལ་ཁབ་ནས་གསོལ་ཕོགས་སོགས་ཐོབ་ཐང་ཕུན་སུམ་ཚོགས་པའི་བཀུར་སྟི་གནང་། མཐར་དགུང་གྲངས་བརྒྱད་ཅུར་སོན་པ། ཕྱི་ལོ1962བོད་རབ་བྱུང་བཅུ་དྲུག་པའི་ཆུ་སྟག་ལོའི་ཧོར་ཟླ་བཅུ་པའི་ཚེས་ཉེར་བརྒྱད་ཀྱི་ཐོ་རངས་ཁར་སྐུ་གཤེགས་པ་ལགས་སོ།

མཁས་པའི་དབང་པོ་གང་དེས་མཛད་པའི་གསུང་རྩོམ་ལ་མཚོན་ན་འབྲས་སྤུངས་སྨན་སྦྱིན་པ་གནང་སྐབས་ཀྱི་སྨན་གཞུང་གོང་དུ་གསལ་བ་ཕུད། 《རྒྱུད་ཀྱི་ས་བཅད་སྟག་མོའི་ཛམས་ཐབས་》དང་《བཤད་རྒྱུད་ཀྱི་སྟོང་འགྲེམས་ཟླ་ཤེལ་ནོར་བུའི་མེ་ལོང་》《ཉམས་ཡིག་བསྡུས་འབྲིང་དང་མན་ངག་

---

① （གདན་རབ་སྐལ་བཟང་འཇུག་ངོགས་དེབ་ངོས191）

སྔན་ཐབས་ནས་བཤད་པའི་ནད་མིང་ཚོགས་སུ་བཅད་པ་རིན་ཆེན་ཕྲེང་བ་》《ཕྲི་མ་རྒྱུད་ཀྱི་སྤྱི་དོན་སྟོམས་ཚིག་གཞུང་དོན་སྒོ་རྒྱ་འབྱེད་པའི་ལྡེ་མིག་》《ཕྱི་རྒྱུད་རྩ་ཆུའི་སྔན་ཐབས་》《གཏར་རྩའི་སྟོམས་ཚིག་གཞོན་ནུའི་ངག་རྒྱན་》《བྱིས་པའི་ནད་རིགས་བཅོས་པའི་ཉམས་ཡིག་》《ཕྲོག་སྨན་འབྲུངས་དཔེ་ཡིད་བཞིན་འདོད་འཇོའི་བུམ་བཟང་》《བདུད་རྩིའི་སྟོའི་འབྲུངས་དཔེ་རྒྱས་པ་འཚོ་བྱེད་གཞོན་ནུའི་སྙིང་ནོར་》《སྦྱོ་སྨན་འབྲུངས་དཔེ་བསྡུས་པ་ངོ་མཚར་གསེར་གྱི་སྙེ་མ་》《སྨན་སྦྱོར་ནུས་པ་ཕྱོགས་བསྡུས་》《སྨན་སྦྱོར་བདུད་རྩི་བུམ་བཟང་》《སྨན་གྱི་རོ་སྦྱེབས་སྦྱོར་བའི་རེའུ་མིག་》ལ་སོགས་པ་དང་“སྐར་རྩིས་སྐོར་ལ་ས་ཧ་རིགས་ལྡན་སྙིང་ཐིག་གི་རྩིས་འགོ་སྒྲོ་གནང་དང་། རྒྱ་རྩིས་རིགས་ལྡན་མཆོད་པའི་འོད་སྣང་གི་རྩིས་འགོ་བསྡུང་བ་སོགས་རྗེས་འཇུག་སློབ་མ་རྣམས་ལ་སློབ་ཁྲིད་འཆད་ཉན་བཀའ་དྲིན་བསྐྱངས་རིགས་ད་ལྟའང་མཐོང་བརྒྱུད་ཐུབ་ལེན་ཇི་བཞིན་མ་ཉམས་པར་གནས་ཡོད། ”① གཞན་སྨན་རྩིས་བསྟན་པའི་སྲི་ཞུའི་ཆེད་དང་། འཆད་ཉན་དར་རྒྱས་ཡོངས་ཕྱིར་སྨན་རྩིས་ཁང་སློབ་གྲྭའི་ཚོགས་ཁང་གི་ལྡེབས་བྲིས་ལ་རྩ་བཤད་ཀྱི་སྟོང་འགྲེམས་དང་། གཏར་བསྲེག་དཔེ་རིས། བྱང་ཁོག་ཡུལ་ཐིག་སྤྱ་དུས་སྟེ་སྲིད་སངས་རྒྱས་མཚོའི་སྐབས་ལྷོ་བྲག་བསྟན་འཛིན་ནོར་བུས་ཕྱུང་པོ་དངོས་ལ་བལྟས་ཏེ་བྲིས་པའི་དཔེ་རིས། གསོ་རིག་རྒྱུད་བཞིའི་ཡོངས་གཏད་ལེའུའི་རི་མོ། དུས་འཁོར་ལུགས་ཀྱི་རི་རབ་དང་གོ་ལའི་དཔེ་རིས་མི་འདྲ་བ། སྨན་ངག་སྨྲ་རྒྱན་བྱ་དགའ་བའི་ཀུན་བཟང་འཁོར་ལོ་སོགས་སློབ་མ་ཚོར་བལྟ་བདེའི་རི་མོ་ཚར་དུ་དངར་བ་མིག་གི་བདུད་

---

① （རྟོགས་བརྗོད་སྐལ་ལྡན་ཡིད་འཕྲོག་དེབ་ངོས51）

རྗེ་ལྷ་བུ་གསར་བཞེངས་གནང་།

སྤྱི་ལོ1952ཐོག་ཆུ་འབྲུག་ལོར་སློབ་དཔོན་གང་ཉིད་དགུང་གྲངས་བདུན་ཅུར་ཕེབས་པའི་སྐབས་སུ། གསོ་ཚུལ་གྱི་སྡོང་འགྲེམས་ཞེས་པ་བྱང་ཆུབ་སྙིང་པོའི་ཚུལ་དུ་བཀོད་ནས་ལྷུགས་རྩོམ་བསྐྲུན་མཛད། དེའི་ཞལ་གདམས་ཀྱི་འཕྲོས་དོན་ཅུང་ཟད་སྨྲས་པ་ཞེས་པའི་སློབ་སྟོན་ཚིགས་སུ་བཅད་པ་དོན་གྱི་དགོངས་པ་ཅན་བསྒྲུབ་པའི་ནང་“དུས་བབ་ཀུན་ལ་དར་ཁྱབ་ཀྱི། སྨན་བཅུད་དྭངས་མའི་སྨན་ཐབས་དང་། དཔྱད་དང་དཔྱད་ཀྱི་ཆ་དཔྱད་ལ། ངོ་མཚར་མཐོང་བས་རྗེས་ཡི་རངས། རྒྱ་རིགས་འདྲལ་གཅོད་ལ་སོགས་པར། རྣམ་དཔྱོད་དཔལ་ལྡན་ཡིད་འཕྲོག་ཀྱང་།”① ཞེས་སོགས་གསར་དར་སྡོན་ཐོན་གསོ་རིག་གི་དཔྱད་ཐབས་དང་། དཔྱད་ཆས། སྨན་ཁབ་དང་གཤག་བཅོས་སོགས་ངོ་མཚར་ཁྱད་དུ་འཕགས་པའི་བཅོས་ཐབས་ལ་རྗེས་སུ་ཡི་རངས་ཆེན་པོ་མཛད་པ་འདིའི་ཐོག་ནས་ཀྱང་ཁོང་ནི་ཚན་རིག་པ་མཁས་ཅན་ཞིག་ཡིན་པའི་རྣམ་དཔྱོད་འགྲན་ཟླ་བྲལ་བ་གང་ལེགས་མངོན་གྱིན་ཡོད།

དམ་པ་མཆོག་དེས་གསོ་སྐྱོང་གནང་བའི་སློབ་མ་སྨན་རྩིས་མཁས་པ་ནི་རེ་རེ་བཞིན་བརྗོད་ཀྱིས་མི་ལངས་མོད། རྟོགས་བརྗོད་ནང་སྨན་རྩིས་ཀྱི་དགེ་རྒན་གནང་མཁན་ཁོ་ན་རིམ་བྱོན་ལྟར་བྱས་ན། ཐུར་མཁར་མདོ་སྔགས་གླིང་གི་སྨན་དགེ་བློ་བཟང་ཐབས་མཁས་དང་། སྟོ་ཁ་བདེ་ཆེན་ཆོས་འཁོར་གྱི་རྩིས་དགེ་འཇམ་དཔལ་མཐུ་སྟོབས། རྩེད་ཐང་དགའ་ལྡན་ཆོས་འཁོར་གྱི་སྨན་རྩིས་གཉིས་ལྡན་དགེ་རྒན་དཔལ་ལྡན། སྟོ་ཁ་སྨིན་གྲོལ་གླིང་གི་སྨན་དགེ་ཐུབ་བསྟན་

---

① (རྟོགས་བརྗོད་སྐལ་ལྡན་ཡིད་འཕྲོག་དེབ་ངོས90)

དཔལ་འབར་དང་། འཇམ་དཔལ། སྡེ་ཁ་དོལ་གསུང་རབ་གླིང་གི་སྨན་དགེ་ཐུབ་བསྟན། ཡར་འབྲོག་བསམ་སྡིངས་དགོན་གྱི་སྨན་དགེ་རྣམ་གྲོལ་ཆོས་དབང་། ཇོ་བྲག་ཨེ་ཝཾ་ལྕོག་སྒར་གྱི་རྩིས་དགེ་བྱམས་པ། སྐྱེ་མོ་རྒྱལ་བྱེད་དགོན་གྱི་རྩིས་དགེ་བློ་བཟང་མཁས་མཆོག དགས་པོ་བམ་རིམ་ཆོས་སྡེའི་སྨན་དགེ་བསྟན་འཛིན། སྡེ་ཁ་དར་རྒྱས་གླིང་གི་རྩིས་དགེ་བྱམས་པ་ཆོས་གྲགས། ཡངས་ཅན་དགོན་གྱི་སྨན་དགེ་དཔལ་ལྡན་རྒྱལ་མཚན། སྐྱེ་མོ་རྒྱལ་བྱེད་དགོན་གྱི་རྩིས་དགེ་ཡེ་ཤེས་ཆོས་འཕེལ། འཕྱུས་དཔལ་རི་དགོན་གྱི་སྨན་དགེ་དབང་ཕྱུག་རྡོ་རྗེ། འབྲི་གུང་ཡང་རི་སྒར་གྱི་སྨན་དགེ་དཀོན་མཆོག་ལྷུན་གྲུབ། འཕྱོངས་རྒྱས་རི་བོ་ཆོས་གླིང་གི་སྨན་དགེ་བློ་བཟང་བསྟན་པ། ཐོབ་རྒྱལ་དགའ་ལྡན་རབ་རྒྱས་ཀྱི་སྨན་དགེ་དཔལ་ལྡན་བསྟན་འཛིན། ལྷ་རྩེ་ཆོས་སྡེའི་སྨན་དགེ་ཡེ་ཤེས་རྒྱལ་མཚན། གོང་དཀར་ཆོས་སྡེའི་རྩིས་དགེ་ཚུལ་ཁྲིམས་ཆོས་འབྱོར་བཅས་དང་། ཕྱག་པར་ལྷ་སྨན་མཁན་ཚང་ཐུབ་བསྟན་ལྷུན་གྲུབ་དང་། ལྷ་སྨན་མཁན་ཚང་བློ་ལྡན་ཆོས་གྲགས། ལྷ་སྨན་ལས་ཚན་ངག་ཆོས་གྲགས། ལྷ་སྨན་ལས་ཚན་ཡོན་ཏན་ཚུལ་ཁྲིམས། ལྷ་སྨན་ལས་ཚན་བསྟན་འཛིན་ཆོས་གྲགས། སྨན་རྩིས་ཁང་གི་ཡོན་ཀྲང་གཞོན་པ་ཀུན་དགའ་ཕུན་ཚོགས། སྨན་རྩིས་ཁང་གི་ཡོན་ཀྲང་རྒྱལ་ཁབ་རིམ་པའི་ཆེད་མཁས་བྱམས་པ་འཕྲིན་ལས་ལ་སོགས་པ་དུ་མ་བྱུང་བ་རྣམས་ཀྱིས་སློབ་དཔོན་ཆེན་པོ་མཁྱེན་རབ་ནོར་བུའི་མཐོང་རྒྱུད་ཕྱུག་ལེན་ཇི་ལྟ་བ་བཞིན་སྨན་རྩིས་ཀྱི་བསྟན་པ་འཛིན་སྐྱོང་སྤེལ་གསུམ་མཛད་པ་མ་ཟད། དེ་དག་རེ་རེས་ཀྱང་སློབ་མ་དང་ཡང་སློབ་མཐའ་ཡས་པ་གསོ་སྐྱོང་མཛད་པ་བཅས་ལ་བརྟེན་བོད་ཀྱི་གསོ་བ་རིག་པ་དང་། སྐར་རྩིས་རིག་པའི་གཞུང་ལུགས་ལག་ལེན་དང་བཅས་པ་མི་ཉམས་གོང་འཕེལ་གྱིས་དེང་སྐབས

རྒྱལ་ཡོངས་དང་འཛམ་གླིང་གི་ཁྱོན་ལ་སྙན་པའི་བ་དན་ལྷབ་ལྷུབ་ཏུ་གཡོ་བ་འདིའི་ནང་མཁས་དབང་མཁྱེན་རབ་ནོར་བུ་མཆོག་གིས་ནམ་ཡང་མི་ནུབ་པའི་མཛད་རྗེས་གཟེངས་སུ་ཐོན་པ་ཞིག་འཇོག་གནང་མཛད་ཡོད་པར་རང་རེ་ཚང་མས་བཀའ་དྲིན་རྗེས་དྲན་ཞུ་དགོས་པ་ལགས་སོ།

ཁོང་གི་མཛད་རྣམ་མདོར་བསྡུས་འདི་ནི། སྨན་རྩིས་ཡོན་ཁྲང་མཁས་དབང་བྱམས་པ་འཕྲིན་ལས་མཆོག་ནས་མཛད་པའི་《མཁས་དབང་མཁྱེན་རབ་ནོར་བུའི་རྟོགས་བརྗོད་བསྡུས་པ་སྐལ་ལྡན་ཡིད་དབང་འཕྲོག་པའི་ཕོ་ཉ་》དང་《བོད་ལྗོངས་སྨན་རྩིས་ཁང་གི་གདན་རབས་བསྡུས་པ་སྐལ་བཟང་སྐྱེ་བོའི་འཇུག་ངོགས་》སྨན་རམ་དགེ་རྒན་ཚེ་མོ་ཐུབ་བསྟན་ཚེ་རིང་ལགས་ནས་མཛད་པའི་《ལུགས་རི་འགྲོ་ཕན་རིག་བྱེད་གླིང་གི་བྱུང་རབས་བརྗོད་པ་གསལ་བའི་སྒྲོན་མེ་》བཅས་ལས་རགས་བཏུས་ཀྱིས་བཀོད་པ་ལགས་ཤིང་། ཞིབ་པར་མཁྱེན་འདོད་ན《བོད་ཀྱི་སྨན་རྩིས་ཆེད་རྩོམ་ཕྱོགས་བསྡུས་》ཞེས་པའི་ནང་གཟིགས་གནང་ཞུ།

2. ཉེ་དུས་ཀྱི་མཁས་པའི་དེང་དཔོན་དགེ་འདུན་ཆོས་འཕེལ་གྱི་ལོ་རྒྱུས་མདོར་བསྡུས།

མཁས་པའི་དབང་པོ་དགེ་འདུན་ཆོས་འཕེལ་མཆོག་ནི། མདོ་སྨད་ཀྱི་སའི་ཆ་རེབ་གོང་གསེར་མོ་ལྗོངས་སུ་གྲགས་པའི་ཁོངས་གཏོགས་ཡུལ་ཚོ་སྔང་ཞེས་བྱ་བའི་གྲོང་ཚོར་ཡབ་གསང་སྔགས་རྙིང་མའི་རིག་པ་འཛིན་པ་ཨ་ལག་རྒྱལ་པོ་ཞེས་པ་དང་། ཡུམ་པདྨ་བྱ་བ་གཉིས་ཀྱི་སྲས་སུ་སྤྱི་ལོ1903བོད་རབ་བྱུང་བཅོ་ལྔ་པའི་ཆུ་མོ་ཡོས་ཀྱི་ལོའི་ཧོར་ཟླ་བརྒྱད་པའི་ནང་སྐུ་བལྟམས། ཐོག་མའི་

མཚན་ལ་རིག་འཛིན་རྣམ་རྒྱལ་ཞེས་བཏགས།① ཡིག་ཆ་ལ་ལར་1905ཤིང་སྦྲུལ་ལོར་འཁྲུངས་ཞེས་དང་། ལ་ལར་ནི་སྤྱི་ལོ1895ཙམ་ལ་སྐུ་འཁྲུངས་ཟེར་བ་སོགས་ནི་དག་པར་མ་མཐོང་སྟེ་དམ་པ་གང་ཉིད་ཀྱི་གསུང་ལས། "རང་ལོ་སོ་གཉིས་སུ་སོན་པ་བོད་ཀྱི་རབ་བྱུང་བཅུ་དྲུག་པའི་ཤིང་ཕོ་ཁྱིའི་ལོ་ལ་ཕོ་བོ་རྒྱ་གར་དུ་བརྗོལ།"②ཅེས་བྱུང་བ་ནི་སྤྱི་ལོ1934ལོ་ཡིན་པས་དེ་ནས་གྱེན་འདེད་བྱས་ན་གོང་གསལ་ཆུ་ཡོས་ལོར་འཁྲུངས་པ་མཇུབ་རྩེས་ཀྱིས་ཀྱང་རྟོགས་ནུས་པས་སླྀང་མེད་ཀྱི་གཏན་ལ་ཕེབས་པ་ཡིན་ནོ།

ཁོང་ཐུགས་དྲན་རྙེད་ཙམ་ནས་བྱིས་པ་གཞན་དང་མི་འདྲ་བའི་མཁྱེན་རིག་ཤིན་ཏུ་བཀྲ་བས་ཡབ་ཀྱིས་དགུང་ལོ་བཞི་པ་ནས་ཡི་གེ་འབྲི་ཀློག་སློབ་པའི་དབུ་འཛུགས་མཛད་པ་ཚེགས་མེད་པར་མྱུར་དུ་མཁྱེན་ཅིང་། རིམ་བཞིན་ཡབ་ལས་ཡི་གེའི་བཟ་དག་དང་སྨན་སུམ་ཡང་གསན་སྦྱོང་གནང་། དགུང་ལོ་བདུན་ཙམ་གྱི་ཐོག་ཡབ་གཤེགས་པར་གྲགས། ཁོང་ཐུགས་རབ་རྒྱས་པའི་སྐན་གྲགས་ཀྱིས་གཡའ་མ་བཀྲ་ཤིས་འཁྱིལ་དགོན་པའི་རྗེ་བྲག་སྦྲུལ་སྐུའི་སྐྱེ་སྲིད་ཡིན་ཞེས་གདན་དྲངས་ནས་ཆོས་ཞུགས་གནང་། དེ་ནས་མི་རིང་བར་ཞྭ་དམར་པཎྜི་ཏའི་དགོན་པ་རྗེ་ཚ་ཞེས་བྱ་བར་ཕེབས་ནས་མཁན་ཆེན་དགེ་འདུན་རྒྱ་མཚོའི་ཞབས་ལ་གཏུགས་པས་མཚན་ཡང་དགེ་འདུན་ཆོས་འཕེལ་ཞེས་གསོལ་བར་གྲགས། སྐུ་ཆུང་དུའི་དུས་ནས་ཨ་མདོར་ཁོང་ལ་རྗེ་ཚ་ཨ་ལག་ཅེས་ཞུ་མཁན་མང་། ཆོས་

①　(གསུང་རྩོམ་དེབ་དང་པོའི་མཛད་པ་པོའི་ལོ་རྒྱུས་མདོར་བསྡུས་)

②　(རྒྱལ་ཁམས་རིག་པས་བསྐོར་བའི་གཏམ་རྒྱུད་གསེར་གྱི་ཐང་མ་ལྷུགས་པར་དེབ་དང་པོའི་པར་ངོས6)

དང་རིག་གནས་ཀྱི་གསན་བསམ་ཐོག་མ་དེ་གར་གནང་།

དེ་ནས་མདོ་སྨད་ཀྱི་ཆོས་སྡེ་ཆེན་པོ་བཀྲ་ཤིས་འཁྱིལ་དུ་ཕེབས་ཏེ་མཚན་ཉིད་ཀྱི་འཛིན་གྲྭར་བསྡུས་གྲྭ་དང་། བློ་རིགས། རྟགས་རིགས་སོགས་ནས་ཕར་ཕྱིན་འོག་མའི་བར་སློབ་གཉེར་འབད་བརྩོན་མཛད་པས་མཁས་པའི་གྲགས་པ་ཆེན་པོ་ཐོབ། ཁོང་གིས་ཚད་མ་རིག་པ་སོགས་ལ་གསན་བསམ་མཛད་པ་ནི་སྤྱིར་བཏང་གི་དཔེ་ཆ་བ་ཆོས་སློབ་གཉེར་བྱེད་པ་དང་རྩ་བ་ནས་མི་འདྲ་བར་སྤྱར་གྱི་བཤད་པ་པོ་ནའི་རྗེས་སུ་འབྲངས་ནས་ལོང་བས་སླང་མཐུག་བཟུང་སྟེ་འགྲོ་བ་ལྟ་བུ་དེ་འདྲ་མ་ཡིན་པར། ཚད་མ་རིག་པའི་དགོངས་པ་མཐར་ཐུག་དེ་ཡང་དག་པར་ཐུགས་སུ་ཆུད་པ་མཛད་ནས་འཁོར་འདས་ཀྱི་ཤེས་བྱ་གང་ལའང་རང་རྟོགས་ཀྱིས་དཔྱད་པ་ཕུལ་དུ་ཕྱིན་པ་གནང་བས་ཐུགས་རབ་གཞན་དྲིང་མི་འཇོག་པ་ཞིག་གློང་དུ་གྱུར་པ་དེ་ནི། ཁོང་སྐུ་ཚེ་འདིར་སུས་ཀྱང་དོ་ཟླ་མི་ནུས་པའི་དོན་གྱི་མཁས་པ་ཞིག་ཏུ་འགྱུར་བའི་ཆ་རྐྱེན་བསྐྲུན་པ་མ་ཟད། རང་ཅག་ཕྱི་རབས་པ་རྣམས་ལ་སློབ་སྦྱོང་བྱེད་ཐབས་ཀྱི་མིག་དཔེ་ཞིག་ཀྱང་བཙུགས་གནང་བ་འདི་ང་ཚོས་ནམ་ཡང་བརྗེད་དུ་མི་རུང་བ་ཞིག་ཡིན། དེ་ལྟ་བུའི་རྣམ་དཔྱོད་ཀྱི་རྩལ་རྩེ་མོར་སོན་སྐབས་བཀྲ་ཤིས་འཁྱིལ་དུ་ཚོགས་ལངས་ཤིག་གནང་སྐབས། རྒྱུ་མཚན་དང་ལྡན་ལ་རིག་པའི་རྡོ་དཔལ་འབར་བའི་སྒྲོ་ནས་གདན་ས་དེ་ཉིད་ཀྱི་རྩ་བའི་མཚན་ཉིད་ཡིག་ཆ་འཇམ་དབྱངས་བཞད་པས་མཛད་པའི་དགོངས་པ་འགའ་ཞིག་ཁས་མ་བཞེས་པས་དཔེ་ཆ་བ་རྣམས་ཧང་སངས་པ་དང་། དགོན་པའི་ཆེ་བཙན་གྲགས་ཅན་ཚོའི་ཡིད་ལ་མ་བབས་མོད་རིགས་པའི་གཞུང་ལུགས་ཀྱི་ཐོག་ནས་སུས་ཀྱང་ལན་འདེབས་མ་ཐོད་རུང་། དེས་རྐྱེན་པའི་ཁོང་ལ་དངོས་ཤུགས་བརྒྱུད་གསུམ་གྱི་སྡང་ཟུག་ཆེན་པོ་བྱུང་བར་བརྟེན་གནས་དེར་

བཞུགས་མ་སྲོ་ཞིང་། ཡང་དག་པའི་རིགས་གཞུང་གིས་ཕུ་ཐག་གཅོད་པའི་ཕྱིར་དབུས་གཙང་ཆོས་ཀྱི་ཞིང་སར་ཕེབས་འདོད་ཀྱི་བསྐུལ་མ་ལྟ་བུར་གྱུར། སྤྱི་ལོ1927བོད་རབ་བྱུང་བཅུ་དྲུག་པའི་མེ་ཡོས་ལོར་བོད་དུ་ཕྱིན་ནས་དང་ཐོག་ལྷ་སར་གནས་ཚང་ཚོང་པ་དཀོན་མཆོག་ནོར་བུ་ཞེས་པའི་ཁྱིམ་དུ་བཞུགས། ཁོང་རི་མོའི་ཕྱག་རྩལ་འགྲན་ཟླ་མེད་པར་བརྟེན་གནས་ཚང་གིས་བསྐུལ་མ་ཞུས་པ་ལྟར་ཕ་བོང་ཁ་བདེ་ཆེན་སྙིང་པོའི་སྐུ་བརྙན་ཞིག་འབྲི་བའི་ཕྱིར་ཕ་བོང་ཁ་རིན་པོ་ཆེའི་སྐུ་དྲུང་དུ་ལྷན་ཕེབས་ཀྱིས་འབྲི་གནང་མཛད་པ་འདྲ་པར་དང་གཉིས་སུ་མ་མཆིས་པ་གྲུབ་པར་བརྟེན་ཕ་བོང་ཁ་པས་ཁོང་གི་ཐུགས་རིག་སྒྱུ་རྩལ་ལ་བསྟོད་བསྔགས་ཆེན་པོ་གནང་བ་མ་ཟད། སྐབས་དེར་ཏཱ་ལའི་བླ་མ་བཅུ་གསུམ་པ་ཆེན་པོ་མཚན་ཤུགས་དང་ཐུགས་ཞིབ་ཚགས་པས་བཀའ་བཅད་ཕེབས་རྟོགས་དང་བཅས་མངོན་ཆུང་གིས་འདྲ་བརྙན་དེ་ལས་ཆེ་བ་ཞིག་འབྲི་བ་གནང་དགོས་པའི་བཀའ་མངགས་ལྟར་ལེགས་སྒྲུབ་མཛད་པ་བཅས་དེ་ནས་བཟུང་ཕ་བོང་ཁ་པས་ཐུགས་མཉེས་ཆེན་པོ་གནང་། དེ་ནས་དཔལ་ལྡན་འབྲས་སྤུངས་སུ་གྲྭ་སར་ཞུགས་གནང་བའི་ཐོབ་ཁུངས་སྒོ་མང་གྲྭ་ཚང་གི་སྐུ་འབུམ་ཁམས་ཚན་ཡིན། གྲྭ་ཚང་གི་དཔེ་ཆ་བ་གཞན་དག་དང་མཉམ་དུ་དགེ་བཤེས་ཤེས་རབ་རྒྱ་མཚོ་ཁོང་གི་དཔེ་ཆའི་དགེ་རྒན་དུ་མཛད་ནས་མཚན་ཉིད་ཀྱི་རིག་ལམ་ལ་མུ་མཐུད་གསན་བསམ་དང་བགྲོ་གླེང་མཛད་པས་གསེར་ས་འོག་དང་མདངས་ནམ་མཁར་འཕྲོ་བའི་དཔེ་ལྟར་མཁས་པའི་གྲགས་སྙན་དེ་མ་ཐག་ཏུ་ཁྱབ། "འཇམ་དབྱངས་དགུན་ཆོས་སོགས་མཁས་མང་ལུང་རིགས་ཀྱི་མགྲིན་པའི་རྫ་ཛ་མངོན་པར་བརྡུང་བའི་ཁྲིད་དུའང་ཁོང་གིས་མི་འཇིགས་རིག་པའི་ང་རོ་ཆེས་ཆེར་སྒྲོག་སྟེ་ཏྲེ་ཧོར་སྐྱུར་དཔོན་དང་། མི་ཉག་སྐྱུར་དཔོན་སོགས་དགེ

པའི་བཤེས་གཉེན་ཆེན་པོ་རྣམས་དང་དམ་བཅའ་བཞག་པས་ཁོང་གི་སྐན་གྲགས་ཕྱོགས་བརྒྱར་ཁྱབ་པ་ཞིག་བྱུང་འདུག དམ་པ་དེ་ཉིད་ཀྱི་ཞལ་ནས་ཀྱང་དེ་དུས་རྩོད་པ་གནང་མཁན་གྱི་ནང་དུ་མཆོག་ཏུ་གྱུར་པ་ནི་ཏྲེ་ཧོར་སྐྱོར་དཔོན་ཞུ་བ་དེ་རེད་གསུངས། ”① ཚུལ་དང་། རག་ར་སྤྲུལ་སྐུས་གསུངས་པར། “འབྲས་སྤུངས་སྒོ་མང་གྲྭ་ཚང་ལ་དཔྱིད་ཆོས་དང་དབྱར་ཆོས་ཆེན་མོ་གཉིས་ཀྱི་བར་དེར་ཐུག་ཆོས་གྲྭ་ཞེས་གཞུང་གོང་འོག་གཉིས་དང་། སྐབས་བཞི་པ་ཕར་ཕྱིན་བཅས་ཀྱི་འཛིན་གྲྭ་ཡར་མར་རྩོད་པ་གཏུགས་ཏེ་མཁས་པའི་རྣམ་དཔྱོད་ཀྱི་རྩལ་སྟོན་བྱེད་ཀྱི་ཁྱད་པར་ཅན་ཞིག་ཡོད་པས། དགེ་ཆོས་རིན་པོ་ཆེ་གྲྭ་སར་བཞུགས་སྐབས་འཛིན་གྲྭ་ལྷག་མ་དེར་རྣམ་དཔྱོད་འགྲན་ཟླ་བྲལ་བའི་སོག་པོ་ཏལ་ཏ་ལེགས་ལྡན་ཞུ་བ་དང་། ཏལ་ཏ་དགེ་བཤེད་ཐུབ་བསྟན་ཉི་མ། ཏལ་ཏ་ངག་དབང་ཉི་མ་ལ་སོགས་པ་དང་། འཛིན་གྲྭ་འོག་དེར་སྒོ་མང་མཚོ་ཁ་བློ་བཟང་། འཇུར་ཆེད་རྒྱ་འོ། མཚོ་ཁ་དགེ་བཤེས་ཡར་འཕེལ་དང་། མཚོ་ཁ་དགེ་བཤེས་ཡང་དག་ལ་སོགས་པ་རྣམ་དཔྱོད་འགྲན་ཟླ་བྲལ་བ་མང་པོ་ཞིག་ཡོད་འདུག དགེ་ཆོས་གྲྭ་སར་ཕེབས་པ་ནས་བཟུང་ཕལ་ཆེར་ལོ་བཞིའི་རིང་ལོ་ལྟར་ཐུག་ཆོས་གྲྭའི་རྩོད་པ་དགེ་ཆོས་ཀྱི་འཛིན་གྲྭ་རང་རྒྱལ་ཁ་ཐོབ་བགྱི་ཡོད་འདྲ་ཞིང་། ……དབྱར་ཆོས་ཆེན་མོའི་སྐབས་ཚོགས་ཆེན་རྗེ་གཙལ་དུ་བློ་གསལ་གླིང་གི་དབུ་མ་བདག་འགོག་དམ་བཅར་ཕེབས་འདུག ……སྐབས་དེར་གྲྭ་ཚང་བློ་གསལ་གླིང་ནས་མཁས་པ་སུ་ཕེབས་པ་གསལ་པོར་མ་ཤེས། ཡོངས་གྲགས་ལ་ནི་མི་ཉག་སྐྱོར་དཔོན་ཞུ་བ……ཁོང་བཞེངས་ནས་རྩོད་པ་མཛད་

① （དགེ་འདུན་ཆོས་འཕེལ་གྱི་རྟོགས་བརྗོད་དག་པའི་སྣང་བ་）

འདུག་ཀྱང་། དགེ་ཆོས་རིན་པོ་ཆེ་རིག་པའི་འཕྲུལ་སྐྱེན་པའི་སྐབས་ཀྱིས་དེའི་དགོང་མོ་མི་ཉག་སྐྱོར་དཔོན་རྟགས་གསལ་ཆད་དེ། ཅི་གསུང་འདི་གསུང་མེད་པར་རྩལ་ནག་གི་འཕྱུང་འབྲུལ་བཞེས་…… དགོས་པ་བྱུང་འདུག”① ཅེས་གསལ་བ་དང་། མི་རྒྱན་ཤེས་རྒྱམ་པས་ཉིད་ཀྱི་གསུང་ལས། “སློ་གླིང་མཁས་པའི་གཙོ་བོ་མི་ཉག་སྐྱོར་དཔོན་གྱིས་རྟགས་གསལ་ཞིག་བཏང་བྱུང་བས། ད་ལན་ཨ་མཚར་གྱི་འདི་ལ་བསམ་གནག་ཅིག་བྱེད་བསམ། གཞན་དང་མི་འདྲ་བའི་ལན་འགའ་ཞིག་བཏབ་པས་རྩོད་པ་ཁྲོག་གིས་ཆད་དེ་ཅི་ཡང་སྨྲ་རྒྱུ་མེད་པར་ཀྲོང་ངེར་བསྡད་སོང་། ཧ་ཧ་གསུངས།”② ཞེས་དྲངས་འདུག འོན་ཀྱང་གདན་སར་བཞུགས་རིང་ཁོང་གིས་དོན་གཉེར་མཛད་པའི་ལྟ་བའི་ཕུ་ཐག་དེ་ད་དུང་ཆོད་ཐུབ་པ་ཞིག་མ་བྱུང་བར་མངོན་ཏེ་ཁོང་རང་གི་གསུང་དྲངས་པར། “འབྲས་སྤུངས་སུ་སྡོད་རྒྱུན་རིང་དཔེ་ཆ་ལ་དོ་སྣང་ཡེ་མ་བྱས། སྟོ་འབུད་བྱེད་ཙམ་དུ་འདྲ་རིས་སྣ་ཚོགས་བྲིས། སངས་རྒྱས་ཀྱི་སྐུ་ནི་མ་བྲིས་གསུངས།” ཞེས་འཁོད་པ་དེ་ནི་ལྟར་སྣང་གི་དཔེ་ཆ་འཛིན་སྐྱོར་ཁྲིད་ལུང་① སོགས་ལ་ཐུགས་སྣང་མ་མཛད་གསུང་བ་ལོས་ཡིན་མོད། དེའི་ཐོག་ནས་ཐུགས་ཀྱི་རེ་འདོད་མ་རྫོགས་པ་དེ་ཤུགས་ལས་མངོན་ཐུབ། འབྲས་སྤུངས་སུ་ལོ་ལྔ་དྲུག་ཙམ་བཞུགས་རིང་ལའང་འཛམ་དགྲངས་བཞད་པའི་ཡིག་ཆར་སྤར་བཞིན་དོགས་སློང་མཛད་པའི་རྐྱེན་གྱིས་སོག་རིགས་དཔེ་ཆ་བ་འགའ་ཤས་ཁོང་ཁྲོ་ལངས་ཏེ་ཁོང་ལ་ལུང་རིགས་ཀྱི་ལན་དུ་ལག་པ་བརྟེགས་ནས་ཉེས་བརྡུང་ཡང་གང་འཚམས་ཐོག་པར་

---

① （དགེ་འདུན་ཆོས་འཕེལ་གྱི་ལོ་རྒྱུས་ཕྱི་པར་མ་དེབ་ངོས39 –45）

② （དགེ་འདུན་ཆོས་འཕེལ་གྱི་རྣམ་ཐར་མདོར་བསྡུས་）

གྲགས་པ་མ་ཟད། གང་ལྟར་མུ་མཐུད་བཞུགས་མ་ཆགས་པ་ལྟ་བུའི་གནས་ཚུལ་བྱུང་ཞིང་། རང་གི་དོན་གཉེར་ལྟ་བའི་གནད་འགག་དེ་བོད་དུ་ཕུགས་རྩ་ཆོད་པ་ཞིག་ཡོད་པའི་ཐུགས་ཀྱི་རེ་ཐག་ཀྱང་ཕལ་ཆེར་ཆད་པའི་སྐབས་དེ་འདྲ་ཞིག་ལ། རྒྱ་གར་གྱི་བླ་མ་རཱ་ཧུ་ལ་ཞེས་པ་རས་སེར་པོའི་ཆོས་གོས་སོགས་དགེ་སློང་གི་ཆ་བྱད་ཅན་ཞིག་ལྷ་སར་འཁོར་ཡོད་པ་དེས་མཁས་དབང་གང་གི་མཁྱེན་རབ་ཀྱི་སྙན་གྲགས་ཐོས་པས། རྒྱ་གར་ཁུལ་ནང་པ་སངས་རྒྱས་པའི་བསྟན་པ་དེ་སྔ་ས་ནས་ཕྱི་རོལ་མུ་སྟེགས་བྱེད་ཀྱིས་བསྣུབས་ཏེ་མིང་གི་ལྷག་མ་ཙམ་དུ་གྱུར་གཤིས། ར་ཧུ་ལས་དེ་སྔ་བོད་དུ་བསྒྱུར་བའི་བཀའ་དང་བསྟན་བཅོས་རྣམས་སླར་ཡང་སམ་སྐྲི་ཏའི་སྐད་དུ་ཕར་བསྒྱུར་རྒྱུའི་བྱ་བ་ཁྱད་པར་ཅན་དེ་མཁས་དབང་འདིས་སྒྲུབ་པར་རྗེ་ཐོགས་པའི་རེ་བ་སྐྱེས་ཏེ་ཁོང་ལ། “ད་ཕན་རྒྱ་བོད་ཀྱི་བར་དུ་ལོ་ཙཱ་བའི་རྒྱུ་འགྲུལ་གྱི་རྒྱུན་ཆད་ནས་ཡུན་རིང་པོ་སོང་ཟིན། ཁྱེད་ཀྱིས་རྒྱ་གར་དུ་ཕེབས་ནས་སམ་སྐྲི་ཏའི་སྐད་ལ་སྦྱོང་བ་མཛད་དེ་ཕྱིས་ཀྱི་ལོ་ཙཱ་བ་ཞིག་མཛད་དགོངས་ན་ང་དང་མཉམ་དུ་རྒྱ་གར་ལ་ཕེབས་དགོས།”①ཞེས་ཞུས་པ་ཞལ་གྱིས་བཞེས། དམ་པ་གང་གི་ལྷུགས་རྩོམ་ནའང་འདི་ལྟར་སྣང་སྟེ། “དེ་ཡང་ཁོ་བོ་གཞོན་ནུ་ཞིག་ནས་རྒྱ་གར་གྱི་ཡུལ་དེར་ལན་གཅིག་སླེབས་ན་སྙམ་པ་ཡང་ཡང་ཡོད་ཅིང་། དབུས་སུ་སླེབས་ནས་འབྲས་སྤུངས་སུ་ལོ་བདུན་ཙམ་སོང་བ་དང་། རྒྱ་གར་ནས་པཎྜི་ཏ་ར་ཧུ་ལ་བྱ་བ་ཞིག་བོད་དུ་ཕྱིན་པ་དང་འཕྲད་ནས་འགྲོ་བའི་སྐུལ་མ་བཏབ་པ་བཞིན་འདོད་ཐོག་ཏུ་སྨིན་ཏེ་ཆས་སོ།” ཞེས་དང་། “དེ་ཡང་ཐོག་མར་པཎྜི་ཏ་དང་ངེད་ཅག་འཕན་ཡུལ་དང་། ར་སྒྲེང་སོགས་སུ

① （རྟོགས་བརྗོད་དག་པའི་སྣང་བ་）

གནས་བསྐོར་ལ་སོང་། ཞར་ལ་པཎྜི་ཏའི་ཐད་ནས་ལེགས་སྦྱར་ཡང་ཕྲན་བུ་བསླབ་པའི་འགོ་ཚུགས། ཁོང་ལ་དངུལ་ཡང་མང་པོ་འདུག་ཅིང་། བོད་སྐད་ཀྱང་ཐལ་ཆེར་ཕྱིས་པ་ལོ་བདུན་པའི་ཚོད་ཙམ་མཁྱེན། ལྷ་སའི་སྒྲུ་དྲག་འགའ་རེས་མགོ་འདྲེན་ཡང་བཟང་བར་བརྟེན་དགོན་སྡེ་དེ་རིགས་ཀྱི་ནང་རྟེན་རྣམས་ཞིབ་ཏུ་མཇལ་རྒྱུ་བྱུང་།”①ཞེས་འཁོད་པ་ལྟར་འཕན་པོ་ཁུལ་གྱི་བཀའ་གདམས་པའི་གདན་ས་ཁག་དང་། རྒྱལ་ལྷ་ཁང་། དེ་ནས་སྟག་ལུང་བརྒྱུད་རྭ་སྒྲེང་སོགས་གནས་གཟིགས་གནང་སྟེ་སླར་ཡང་ལྷ་སར་ཕེབས་འདུག ཕྱི་ལོ1934བོད་རབ་བྱུང་བཅུ་དྲུག་པའི་ཤིང་ཁྱི་ལོའི་ཧོར་ཟླ་བདུན་པ་ཙམ་ལ་ཡར་འབྲོག་བརྒྱུད་ནས་རྒྱལ་རྩེ་དང་། བཀྲ་ཤིས་ལྷུན་པོ། ཞ་ལུ་རི་ཕུག་སོགས་སུ་ཕེབས་ཤིང་། ཞ་ལུ་རི་ཕུག་དང་། སྤོས་ཁང་ཚོགས་པ། ངོར་ས་སྐྱ་སོགས་སུ་གོང་གསལ་ར་ཏུ་ལར་ལྷ་སའི་དཔོན་རིགས་ཀྱི་མགོ་འདྲེན་བཟང་པོ་ཡོད་པའི་སྟབས་ཀྱིས་ཤིང་ཏ་ལའི་ལོ་མར་བྲིས་པ་སོགས་ཀྱི་རྒྱ་དཔེ་འཛམ་གླིང་ན་དཀོན་པ་པོད་ཆེ་ཆུང་བརྒྱ་ཕྲག་ཙམ་ཞིབ་གཟིགས་གནང་བའི་གོ་སྐབས་ཐོབ་པ་བཞིན་ཁ་བྱང་རྣམས《གསེར་གྱི་ཐང་མ་》②ནང་ཞིབ་འགོད་གནང་འདུག་གོ།

ས་སྐྱ་ནས་ཉྫ་ངོས་ཀྱི་རྩ་བྲ་བརྒྱུད་དྲང་སོ་དང་། དེ་ནས་དིང་རི། གཉའ་ནང་བཅས་ནས་བལ་ཡུལ་དུ་ཕེབས་འདུག གང་གི་ཞལ་ལས་“བལ་ཡུལ་ནས་ཉྫ་ནུབ་ངོས་སུ་ཙམྤ་ཀི་ནི་བྲ་བའི་ལ་བརྒལ་ཏེ་མི་རིང་བར་རྒྱ་གར་གྱི་ལྕགས་ལམ་འཕྲད། རང་ལོ་སོ་གཉིས་སུ་སོན་པའི་(1934)དགུན་ཟླ་ར་བའི་

① (རྒྱལ་ཁམས་རིག་པས་བསྐོར་བའི་གཏམ་རྒྱུད་གསེར་གྱི་ཐང་མ་ལྷུགས་པར་དེབ་ངོས7)

② (དགེ་འདུན་ཆོས་འཕེལ་གྱི་གསུང་རྩོམ་ལྷུགས་པར་དེབ་དང་པོ་)

ཆོས་བཅོ་བརྒྱད་ལ་གནྡའི་ཆུ་འཕྲུང་ཞིང་། སོ་དེའི་དགུན་ཧྲིལ་པོར་སྲིན་བུ་མཆོད་ཀྱིལ་དུ་ལྷུང་བ་ལྷ་བུ་སྐྱོ་ཉམས་དང་བཅས་གྲོང་ཁྱེར་སྐྱ་ནར་གྱི་བུར་བསྟོད་དོ།"① ཞེས་གསུངས་འདུག

"པཎྜི་ཏ་ར་ཏུ་ལའི་ཐོག་མའི་འདུན་པར་རྐྱེན་དབང་བར་ཆད་ཀྱི་ཁོང་ལ་མི་ཁོམ་པའི་གནས་ཚུལ་ཞིག་བྱུང་ངེས་པས་དམ་པ་དེ་རྒྱ་གར་གྱི་ཡུལ་གྲུ་གཞན་ལ་ཡུན་རིང་བཞུགས།"② ཞེས་གསལ་ཞིང་། དེ་ཡང་འབྲས་ལྗོངས"སྒང་ཏོག་དང་། རྡོར་སྒྲིང་དུ་ཡུན་རིང་ཙམ་བཞུགས་ཞོར་ཡེ་ཤུའི་ཆོས་ལུགས་པ་ཨ་མ་རྒན་མོ་ཞིག་ནས་དབྱིན་ཡིག་བསླབས་བཞིན་ལྷོ་གོས་གཉིས་ཀ་སྦྱལ་འདུག་པ་ཕྱིས་སུ་ཡང་ངའི་ཨ་རྒན་མོ་དེ་དྲིན་ཆེ་གསུངས་ཀྱི་ཡོད།" ③ཅེས་བཀོད་འདུག དེ་ནས་ཀ་སྨུག་ཏུ་ཕེབས་ཏེ་ཁུ་ནུ་མཐར་ཕྱིན་དང་མཇལ་ཞིང་། ཁོང་གི《བོད་དབྱིན་སྐད་གཉིས་ཤན་སྦྱར》དེབ་འབྲི་རྒྱུ་ལ་རོགས་རམ་ཡང་མཛད་འདུག དེ་དུས་སྤྱན་བསལ་ཀུན་འཕེལ་ལགས་དང་། ལྷང་ཙན་གུང་ཟུར། སྤོམ་མདའི་ཨ་ཕོ་རབ་དགའ་སོགས་ཀྱང་མཇལ་འདུག③

དེ་ནས་རྒྱ་གར་ཡུལ་དབུས་སུ་ཕེབས། སམ་སྐྲི་ཏ་རྫ་བའི་གསན་སྦྱོང་གནང་ས་ནི་ཡུལ་ཝ་ར་ཎ་སི་ཡིན་འདུག་ཅིང་། དེ་སྐབས་ཁུ་ནུ་བླ་མ་བསྟན་འཛིན་རྒྱལ་མཚན་དང་ཡང་མཇལ། དེ་ནས་ཁོང་གིས་ལེགས་སྦྱར་དང་ཧིན་དུའི་སྐད་ཡིག་ལེགས་པར་གསན་སྦྱོང་གནང་རྗེས་གནས་གཅིག་ཏུ་མ་བཞུགས

① (གསེར་གྱི་ཐང་མ་ལྷུགས་དེབ་ངོས40)

② ④(རྟོགས་བརྗོད་དག་པའི་སྣང་བ་)

③ (དགེ་ཆོས་ལོ་རྒྱུས་དེབ་ངོས47)

པར་རྒྱ་གར་གྱི་གྲགས་ཅན་གནས་ཆེན་ཁག་དང་། གྲོང་ཁྱེར། གནའ་ཤུལ་རིག་རྫས་ཁྱབ་ཁུལ་གང་སར་ཕེབས་པ་མ་ཟད། དེ་དག་གི་སྔར་གྱི་མིང་དང་དེང་དུས་ཀྱི་བརྡ་གསར་པར་ཇི་ལྟར་འབོད་པ། སྔར་དང་ད་ལྟའི་གནས་ཚུལ་འགྱུར་བ་སོགས་ངོ་མཚར་དོན་སྙིང་ལྡན་པ་མཐའ་དག་ཞིབ་བརྗོད་ཀྱིས་ཐོ་འགོད་དང་། ལ་ལར་ཕྱུག་བྲིས་རི་མོར་ཕབ་སྟེ་ཕྱི་རབས་ལ་སྟོན་པའི་མཛད་རྗེས་གྲངས་ཀྱི་མི་ལང་བ་གསོག་འཇོག་སོགས་མཛད་ཡོད། འོན་ཀྱང་རྒྱ་གར་དུ་བཞུགས་རིང་སིཀྐ་ལར་ཕེབས་ནས་ཡུན་གང་འཚམས་བཞུགས་པ་དང་། དེ་མིན་གྲགས་ཅན་གྱི་ཡུམ་གྲུ་མང་པོར་སྦྱོངས་རྒྱུ་གནང་འདུག་ཀྱང་། དེ་དག་སྔ་ཕྱི་ལོ་དུས་གང་ལ་ཡིན་སོགས་ད་ཕན་དགེ་འདུན་ཆོས་འཕེལ་མཆོག་གི་ལོ་རྒྱུས་བྲིས་པ་བཞི་ལྔ་ཙམ་མཇལ་བ་རྣམས་ཞིབ་བསྡུར་བྱས་རུང་། ཚོད་ཚོད་ཙམ་ལས་ཡིད་རྟོན་འཕེར་བ་ཞིག་མ་རྙེད་ཅིང་། གང་ལྟར་ཁོང་སྤྱི་ལོ1934བོད་ཤིང་ཁྱི་ལོ་མཇུག་ནས། སྤྱི་ལོ1945བོད་ཤིང་བྱ་ལོའི་ཟླ་བ་བཞི་པ་བར་ཕྱིན་ལོ་ངོ་བཅུ་གཉིས་ཙམ་ཞིག་རྒྱ་གར་ཕྱོགས་བཞུགས་པའི་བར་དེར་སྤྱི་ལོ1938ལོར་རྒྱ་གར་གྱི་སླམ་ར་ཧུ་ལ་དང་། རི་མོ་མཁས་པ་ཀན་ཞལ་གྲུཏྟི་སོགས་མཉམ་དུ་དཔལ་ས་སྐྱའི་གཙུག་ལག་ཁང་དུ་ཕེབས་ནས། སྐབས་དེའི་ཕུན་ཚོགས་ཕོ་བྲང་གི་བདག་ཆེན་ལ་ས་སྐྱར་ཡོད་པའི་ཏ་ལའི་ལོ་མ་ལ་བྲིས་པ་སོགས་གནའ་དུས་ཀྱི་རྒྱ་དཔེ་རྩ་ཆེན་རྣམས་མཇལ་ཆོག་པ་ཞུས་པར་ཞལ་བཞེས་ཐོབ། དེ་དག་ཞིབ་ཏུ་གཟིགས་པ་མ་ཟད། གལ་ཆེ་བ་མང་པོ་ཞལ་བཤུས་ཀྱང་བྱེད་ཐུབ་པ་བྱུང་འདུག ལྷ་ཁང་ཆེན་མོའི་ཐེམ་སྐས་རིང་མོ་དེའི་སྟེང་གི་གཡས་ཕྱོགས་སུ་ཕྱུག་དཔེ་ལྷ་ཁང་བྱ་བ་ཞིག་ཏུ། བོད་ཆེ་ཆུང་བཞི་བཅུ་མ་ལོང་ཙམ་གྱི་ཁྲིད་དུ། རྣམ་འགྲེལ་གྱི་འགྲེལ་པ་དང་རྒྱན་སྣ་ཚོགས་སོགས་བཞུགས་པ་རྣམས་ཀྱི་མཚན་བྱང་

གསུང་རྩོམ།[①]ནང་ཞིབ་ཏུ་འཁོད་པ་མ་ཟད། "གཞན་རྒྱ་ནག་གི་བཀའ་འགྱུར་ཐོག་དྲིལ་ལ་དཔར་བཏབ་པ་ཆེས་ངོ་མཚར་ཅན་ཞིག་ཀྱང་སྔོ་ཏུམ་ན་བཞུགས།" ②ཞེས་གསལ་ལོ།

དེ་ནས་སླར་ཡང་རྒྱ་གར་དུ་ཐེབས་འདུག ཁོང་གི་དངོས་སློབ་ཆོས་མཛད་པའི་རྣམ་ཐར་དང་། རྟོགས་བརྗོད། ལོ་རྒྱུས་ཞེས་པ་དེ་དག་གི་ནང་གང་གི་བསླབ་སྟོམ་ཉམས་པའི་སྐོར་གསལ་འགོད་གནང་མི་འདུག་ཀྱང་། གང་ཉིད་ཀྱིས་ལྷང་ཀ་ལའི་ཡུལ་དུ་མཛད་པའི་གསུང་མགུར་གྱི་ནང་།

"ཆེ་འདོད་རེ་བའི་གཞི་མ་མེ་ནང་དུ་བསྲེགས་ཤིང་།།
མི་འདོད་འཁྲུལ་གྱི་བཙུན་ཚུགས་ཐལ་དོང་དུ་བསྒྱུར་ཏེ།།
གང་དྲན་སེམས་རྗེས་འབྲང་བ་སྨྱོན་པ་ཡི་སྤྱོད་པས།།
སྟོང་ས་དང་སྟོང་ས་སུ་རྒྱུ་བའི་གུ་ཡང་ཤིག་བྱུང་ན།།"

ཞེས་རང་གི་བཞེད་དོན་གསལ་པོར་གསུངས་པས་རང་ཅག་ལོ་རྒྱུས་འབྲི་མཁན་གྱིས་གཡོལ་ཐབས་བྱེད་དགོས་དོན་ཕྲ་ཙམ་མེད། དེ་ཡང་གསུང་མགུར་དེ་ཉིད་ལས།

"རི་བོ་སྣང་དྲུག་སྟོང་ས་ནས་རི་དྭགས་བཞིན་འཁྱམས་ཏེ།
ཐག་རིང་རྒྱུས་མེད་མི་ཡི་རྒྱལ་ཁམས་སུ་སླེབས་ནས།
མདོ་མེད་འཁྱེར་མོའི་ཕྱོགས་ལ་སེམས་ཀྱི་གཤིས་ཤོར་ནས།
དྲིན་ཅན་ཕ་མ་བརྗོད་པའི་བུ་ཏུལ་ང་སྐྱེ་བ།"

ཞེས་གསུངས་པ་དག་ལ་དཔགས་ན་དགེ་སྦྱོང་གི་བསླབ་སྟོམ་ནི་ཕྱི་རྒྱལ་

---

① ②(རྒྱལ་ཁམས་རིག་པའི་སྐོར་གཏམ་རྒྱུད་གསེར་གྱི་ཐང་མ་དེབ31 –33)

དུ་བཞུགས་རིང་མེད་པར་ཆགས་པ་མཚོན་གྱི་འདུག

ཆོས་ལུགས་ཀྱི་ལྷ་སྨྱུད་སོགས་ཉམས་ཞིབ་མཛད་པའི་དོན་དུ་རྒྱ་གར་གྱི་ཡུལ་ཕྱོགས་དུ་མར་ཕྱིན་པ་མ་ཟད། གནས་བརྟན་པའི་བསྟན་པའི་གནས་གཞི་སེང་ལའི་གླིང་ཕྲན་དུའང་འབད་པ་ཆེན་པོས་ཕེབས། སེང་ལའི་གནས་ཡིག་ངོ་མཚར་ཅན་སྤྱན་མེད་པ་དེ་འབྲི་བར་མཛད། ཡུལ་དེའི་ཁྱད་དུ་འཕགས་པའི་ཡུལ་ལྗོངས་དང་། ཤིང་སྡུ། བྲ་བྲིཨུ། དགོན་པ། གླིང་མཐར་གནས་པའི་མི་རིགས་གདོད་མའི་འཚོ་བར་རོལ་མཁན་སོགས་ཀྱི་གཟུགས་དབྱིབས་མཐོང་བ་ཙམ་གྱིས་ཡིད་འགུག་པ་དུ་མ་ཕྱག་རིས་སུ་མཛད་ཡོད་པར་གྲགས། ལྷག་པར་འཛམ་གླིང་ས་ཕྱོགས་གཞན་ན་སངས་རྒྱས་ཆོས་ལུགས་པ་ཀུན་གྱིས་སྟོན་པའི་བཀའ་གཙོ་གྲས་སུ་བརྩི་བ་སྔོན་ཆད་བོད་དུ་མ་འགྱུར་བའི་མདོ་སྡེའི་སྡེ་སྣོད་དུ་བསྡུས་པ“ཆོས་ཀྱི་ཚིགས་སུ་བཅད་པ”ཞེས་པ་དེ་བོད་ཀྱི་སྐད་དུ་ལེགས་པར་བསྒྱུར་ཏེ་གཏན་ལ་ཕེབས་པར་མཛད་འདུག

རྒྱ་གར་དུ་བཞུགས་རིང་སྐབས་ཤིག་ལ་ཨུ་རུ་སུའི་རི་མོ་མཁས་ཅན་ནེ་གོ་ལ་སི་ཟེར་བའི་བུ་རོལ་རིག་བྱ་བ་ཞིག་གིས་ཀུ་ལུར་གདན་དྲངས་ཏེ། འགོས་ལོ་གཞོན་ནུ་དཔལ་གྱིས་མཛད་པའི《ཆོས་འབྱུང་དེབ་ཐེར་སྔོན་པོ་》དབྱིན་ཡིག་ཏུ་བསྒྱུར་གྲོགས་མཛད་དེ་ཡུལ་དེར་དུས་ཡུན་གང་འཚམས་ཤིག་བཞུགས་པར་མཛོན།

དེ་ནས་གྲོང་ཁྱེར་ཀ་ལི་ཀ་ཏ་སོགས་སུ་ཕེབས། སྐབས་དེར་འཚོ་བའི་ཆ་རྐྱེན་ཡང་དཀོན་པས་སྐྱུ་ངལ་ཆེ་ཙམ་བྱུང་ཞིང་། དབྱིན་ཇིའི“རྒྱ་གར་གཞུང་ནས་དམ་པ་འདི་ལ་བོད་ཡིག་ཏུ་ཡོད་པའི་ཆོས་དང་། རིག་གནས་སྐོར་ཁག་གཅིག་(དབྱིན་ཡིག་ཏུ་)བསྒྱུར་རྒྱུའི་ལས་འགན་ཕུལ་བ་འཚོ་བ་དོན་གཉེར་གྱི་

སྐད་དུ་དེ་དོན་མི་མཛད་མཐུ་མེད་ལྟར་ROYAASIATIGSOGIET-VO ཞེས་བྱ་བའི་ཚན་པའི་ནང་དུ་ཕྱག་ལས་གནང་མུས་སྐབས། ཟེར་ཐོས་སུ་ཨ་རིའི་མི་ཞིག་གིས་རྒྱ་གར་སྲིད་གཞུང་དང་འབྲེལ་བ་བྱས་ནས་ཧོང་ཨ་རིར་གདན་འདྲེན་ཞུ་རྩིས་བྱས་སྐད་དང་། ཡང་ཁ་ཅིག་གིས་ཕ་རན་སིའི་གདན་ཞུ་བྱ་རྩིས་བྱས་སྐད་ཟེར་བ་གང་ལྟར་ཨ་རིའམ་ཕ་རན་སི་གང་ཡིན་གྱི་མི་ཞིག་གིས་ཐོགས་ཐོབ་ཆེན་པོ་འབུལ་དན་དང་བཅས་གདན་ཞུ་བྱས་པ་སྐབས་དེར་དམ་པ་དེ་ཉིད་ལ་འཚོ་བའི་ཐོག་སྐྱ་ངལ་ཡོད་པ་དང་། ཡུལ་གྲུ་གཞན་ལ་གཟིགས་མོ་དང་བཅས་ཕེབས་རྒྱུར་ཞལ་གྱིས་བཞེས་ཀྱང་། རྒྱ་གར་གཞུང་གིས་འགྲུལ་བཞུད་ལག་འཁྱེར་མ་ཕུལ་བར་བཀག་ཐོག དམ་པ་དེ་ཉིད་གར་ཕེབས་སར་དབྱིན་ཇིའི་མི་ཞིག་བྱ་ར་བར་ཆེད་བཙུགས་བྱས་པ་མཁྱེན་ཚོར་བྱུང་ནས་ཐ་ཤལ་གྱི་བྱེད་སྟངས་དེ་རིགས་ཐུགས་ལ་མ་བབས་ཁར། ཁྲི་བྱང་རིན་པོ་ཆེ་དང་། བཀའ་བློན་ཀ་ཤོད་པ་གཉིས་ནས་བོད་ལ་ཚུར་ཕེབས་དགོས་པའི་ཞབས་བསྐུལ་འཕྲིན་ཡིག་ནན་པོ་ཕུལ་བ་...... བཅས་གང་ལྟར་བོད་ལ་ཕྱིར་ལོག་ཕེབས་དགོངས་གཏད་དེ་རྒྱ་གར་གཞུང་ནས་ཕུལ་བའི་ལས་འགན་རྣམས་ཀྱང་ཅམ་འཛོག་མཛད།"① ཅེས་གསལ་བ་ལྟར་སྤྱི་ལོ1945བོད་ཤིང་བྱ་ལོ་འགོར་རྒྱ་གར་ནས་ཚུར་ལམ་ཧ་དབང་བརྒྱུད་ཕེབས་ཤིང་། དབྱིན་ཇི་བཙན་རྒྱལ་རིང་ལུགས་པས་དེ་སྔ་སྤྱི་ལོ1914ལོར་ཁྲིམས་དང་འགལ་བའི་སྐྱིག་གཡོམ་གྱི་སྒོ་ནས་བཟོ་རྩིས་བྱས་པའི་"མ་ཁེ་མ་ཧུང་གི་ས་ཐིག་ཟེར་བའི་ས་མཚམས་ཀྱི་གནས་ཚུལ་ལ་བརྟག་དཔྱད་གནང་ཆེད་ཇོག་ཁྲིས་བསྣམས་ཏེ་ཕེབས་བཞིན་

---

① (རྩོམ་བརྗོད་དག་པའི་སྐོར་《བོད་ལྗོངས་ཞིབ་འཇུག》1983ལོའི་དུས་དེབ་གཉིས་པ་)

ཕེབས་བཞིན་དེའི་རྒྱུད་ཀྱི་གནས་ཚུལ་བརྗོད་གཙོད་དང་འབྲེལ་ས་ཁྲ་འགོད་གནང་མཛད་པ་རེད་ཅེས་གཞན་ལས་ཐོས།”①ཞེས་དང་། “དབྱིན་ཇིས་དམ་པ་དེ་ཉིད་ལ་དོགས་ཟོན་བྱེད་པ་ཡང་གནད་དོན་འདི་ཚོ་དང་འབྲེལ་བ་ཡོད་ངེས་ཡིན་ཞེས་བཤད་ན་མི་འོས་པ་མེད་”②ཅེས་གསལ་བ་ལྟར་མཐའ་མ་ཁོང་ལ་མ་ཉེས་ཁྲིམས་གཅོད་ཕོག་པའི་རྐྱེན་རྩ་ཞིག་ཡིན་པར་མི་རྣམས་ཀྱིས་དོགས་པ་བྱེད་ཀྱི་ཡོད།

དེ་ནས་ལྷ་སར་ཕེབས་པའི་སྐོར་ཀན་པོ་ཤེས་རབ་རྒྱ་མཚོས་བྲིས་པའི་ཁོང་གི་རྣམ་ཐར་ནང་། དགེ་འདུན་ཆོས་འཕེལ“ལྷ་སར་ཕེབས་འདུག་ཟེར་བ་ཐོས་འཕྲལ་ཕྱིན་པས་སྣ་མང་ཁང་གསར་ནང་བཞུགས་འདུག་པ་དང་མཇལ། ང་རང་གི་སེམས་ལ་རྒྱ་གར་དུ་ལོ་མང་བསྡད་ནས་བོད་དུ་ཕེབས་པ་ཞིག་ཡིན་སྐབས་འགྱུར་ལྡན་ཉམས་ཆེན་རྫིག་མདོག་ཁ་པོ་ཞིག་ཡོད་ཡོང་སྙམ་པ་ཡོད་ཀྱང་དེ་འདྲ་མི་འདུག ཞལ་རས་ཁྱུམས་ཉམས་ཅམ་ལ་མདུན་སོ་གཉིས་ཀྱི་སོ་ཤོ་ཤིན་ཏུ་དཀར་ལ་འཛུམ་ཉམས་ཅན། རས་རྒྱ་སྨུག་གི་ཕྱུ་པ་སྙིན་པ་ཞིག་འདུག དངོས་རྫས་ལྷུགས་སྣམ་ནག་པོ་ཆེན་པོ་ཞིག་དང་། མེ་ཐབ་ཨེ་སི་གྲིབ་གཅིག ཏ་ཡང་ཆུང་ཆུང་གཅིག མལ་ཆས་དོད་ཙམ་ཞིག་ལས་ཅི་ཡང་མི་འདུག”②ཅེས་གསལ་ཞིང་། ཁོང་“གདན་ཞུ་མཛད་པོ་ཁྲི་བྱང་རིན་པོ་ཆེ་དང་བཀའ་བློན་ཀ་ཤོད་པ་གཉིས་ཀྱི་མདུན་ཕེབས་འདུག་པར་ཁྲི་བྱང་རིན་པོ་ཆེ་ནས‘ ཕྱིན་

---

① ②（རྟོགས་བརྗོད་དག་པའི་སྣང་བ་《བོད་ལྗོངས་ཞིབ་འཇུག》1983ལོའི་དུས་དེབ་གཉིས་པ་）

② （དགེ་འདུན་ཆོས་འཕེལ་གྱི་རྣམ་ཐར་མདོར་བསྡུས་）

ཚད་ཁྱེད་ལ་སྐྱུ་ངལ་ག་རེ་བྱུང་རུང་འདི་གར་ཕེབས་ཞིག’ གསུངས་ཡོད་ཚོད། བཀའ་བློན་ཀ་ཤོད་པས་ནི། ‘དགེ་འདུན་ཆོས་འཕེལ་ཟེར་བ་དེ་ཁྱོད་རང་ཡིན་པས། ཁྱོད་ནི་མཚོ་སྔ་བ་སུར་པན་འཚོང་མཁན་འདྲ་པོ་ཞིག་འདུག’ ཅེས་གསུངས་ཏེ་ཐོག་མར་གདན་ཞུའི་ཡི་གེ་ཕུལ་བའི་སྐོར་ཙམ་ཡང་བྱུང་མི་འདུག” ① ཅེས་གསལ་བ་བཞིན་ཁོང་གི་སྙན་གྲགས་རྒྱང་ནས་ཐོས་པ་དང་། དངོས་སུ་མཇལ་བའི་བར་ལ་ཡིད་མི་ཆེས་པའི་སྣང་བ་ཞིག་ཕལ་གྱིས་འཆར་གྱི་ཡོད་པར་སྣང་། གང་ཉིད་ཀྱི་གསུང་རྩོམ་ཀ་བཤད་ཅིག་གི་ཚ་སྟེར།

“ཙ་རིའི་གནས་བསྐོར་བྱེད་པ་མིང་གི་དོན།
ཚ་གྲང་དཀའ་ཐུབ་སྤྱོད་པ་ལྟོ་ཡི་དོན།།
ཇོ་ཡའི་གསུང་རབ་ཀློག་པ་ཡོན་གྱི་དོན།
ཞ་ལེར་བསམས་ན་ཐམས་ཅད་ནོར་གྱི་དོན།”

ཞེས་གསུངས་པ་ནི་སྐྱེ་བོ་ཐ་མལ་བ་སྤྱིའི་སྤྱོད་ཚུལ་ལ་གསུངས་པ་ལས། ཁོང་རང་ཉིད་ལ་ལྟོས་ན་རྒྱལ་ཁམས་བསྐོར་ནས་དཀའ་སྤྱད་འབད་བརྩོན་ལོ་བཅུ་ཕྲག་རིང་གནང་བ་དེ་ཐམས་ཅད་ཀྱི་འབྲས་བུ་ནི། ཇི་ལྟར་བུང་བས་ལ་ལུང་སྦྱུལ་ནས་དྲི་ཞིམ་མེ་ཏོག་གང་ན་ཡོད་པ་དེའི་ཉིང་བཅུད་བླངས་ཏེ་རོ་ལྡན་སྦྲང་རྩིའི་ཕུང་པོ་གསོག་པ་དེ་བཞིན་དུ་རང་ཅག་བོད་མི་རིགས་ཀྱི་ཆེད་དུ་ཆོས་དང་འཇིག་རྟེན་ལུགས་ཀྱི་གཙུག་ལག་གསར་རྙིང་མཐའ་དག་གི་ཉིང་ཁུ་གསར་དུ་བཞེས་ཏེ་མི་རིགས་རང་ཉིད་ཀྱི་ཡི་གེའི་ཐོག་བསྡུས་ནས་གསོག་འཇོག་གནང་བ་གོང་གསལ་ལྷུགས་སྐམ་ནག་པོ་ཆེན་པོ་གཅིག་རང་ཡོད་པ་དེ་ནང་རིན་ཐང་

① （རྟོགས་བརྗོད་དག་པའི་སྣང་བ་）

གཞལ་དུ་མེད་པའི་ལྷུགས་རྩོམ་དང་དཔྱད་གཞིའི་ཡིག་རིས་འབའ་ཞིག་གིས་ཕྱུར་བུར་གཏམས་པ་དེ་ཁོ་ན་ལགས་སོ། ཁོང་གི་བླ་ན་འཕགས་པའི་མཛད་སྒྲིད་དེ་ལྟ་བུ་ནི་ཆོས་སྲིད་གསར་རྙིང་གང་གི་ཆ་ནས་དཔྱད་ན་ཡང་མིའི་ཁྱུ་མཆོག་གི་སྒྲིད་བཟང་འགྲན་ཟླ་བྲལ་བ་ཞིག་ཡིན་པར་སུ་ཞིག་གིས་བསྙོན་པར་ནུས། གལ་ཏེ་ཕྱོགས་རིས་ཀྱིས་མིག་ལྡོང་པ་ལ་ལས་དགོད་པར་བྱེད་པ་དག་མཆིས་ན་ནི། མཁས་དབང་གང་ཉིད་ཀྱིས།

"མངོན་འགྱུར་རྟགས་ཀྱི་བདེན་པ་ངོ་སྤྲོད་ཀྱང་།

ངམ་ནག་བཞིན་གྱི་གཉེར་མ་མི་སངས་པ།

མདོར་ན་ཕྲག་དོག་ཅན་གྱི་སྐྱེས་བུ་དེའི།

དགའ་བའི་དངོས་པོ་གཞན་གྱི་རྒུད་པ་ཉིད།"

ཅེས་གསུངས་པའི་མན་ངག་ཟབ་མོ་འདི་ཉིད་ཀྱིས་མཇུག་བསྡུ་བ་ལས་ཐབས་གཞན་མ་མཆིས་སོ།

དེ་ནས་ཁོང་ལྷ་སར་ཕེབས་ཡོད་པའི་གནས་ཚུལ་དང་སྔན་གྲགས་གཅིག་ནས་གཉིས་སུ་ཁྱབ་མ་ཐག གདན་སའི་བླ་སྤྲུལ་དང་། དགེ་བཤེས། ས་གནས་སྲིད་གཞུང་གི་དཔོན་རིགས་སེར་སྐྱ། ཨ་མདོ་བ་དང་ཁམས་པ། དེ་མིན་གྲོང་མི་སོགས་རིག་གནས་ལ་དོན་གཉེར་ཡོད་ཟེར་མཁན་མང་པོ་ཁོང་མཇལ་ས་ཨེ་རག་མི་རག་ལྟ་བུ་བྱེད་པ་མ་ཟད། འདི་དང་དེའི་དཔེ་ཁྲིད་ཞུ་མཁན་ཡང་དུས་ཚོད་མི་འདང་བ་ཙམ་གྱིས་བཅར་མི་ཐུབ་པར་འདོད་པ་སྣང་གང་ཐུབ་ཀྱི་ཁྲིད་དང་སློབ་སྟོན་གནང་བར་གྲགས། རྒྱ་གར་གནས་ཆེན་ཁག་ལ་བགྲོད་པའི་ལམ་ཡིག་སོགས་དེ་སྟོན་མཛད་པའི་གསུང་རྩོམ་འགའ་ཞིག་ལེགས་པར་གཏན་ལ་ཕབ་པ་དང་། ལྷག་པར་དུ་རྒྱལ་རབས་དེབ་ཐེར་དཀར་པོ་རྩོམ་པའི་དབུ་

འཛུགས་པར་མཛད་འདུག དེ་སྐོར་ཧོར་ཁང་བསོད་ནམས་དཔལ་འབར་མཆོག་ནས་གསུངས་པར། "དམ་པ་འདི་ཉིད་རྒྱལ་ཁབ་ཕྱི་ནང་གང་དུ་བཞུགས་རིང་ལོ་རྒྱུས་ཀྱི་གནད་དོན་མང་པོར་དཔྱད་པ་གཏིང་ཟབ་གནང་བ་བརྒྱུད་བོད་ཀྱི་རྒྱལ་རབས་ཤིག་རྩོམ་བཞིན་ནར་མར་ཡོད་ཙང་། བར་སྐབས་མཐུན་རྐྱེན་མ་ཚང་བ་ལྟ་བུས་དེ་མུར་ལུས་པ་……ད་ཆ་རྒྱལ་རབས་རྩོམ་པའི་ཆ་རྐྱེན་སྒྲིན་པར་གཟིགས་ནས་ཁོ་བོ་དང་རྒྱུན་གཏན་མཇལ་འཛོམས་སྐབས། རྒྱ་གར་དུ་བཞུགས་པ་དེའི་ཚེ་ཤིན་ཙང་དང་། ཧུན་ཧོང་སོགས་ཀྱི་ས་ཆ་ནས་ཐོན་པའི་སྤྱར་ཆོས་རྒྱལ་དུས་སྐབས་ཀྱི་ཡིག་རྙིང་དུམ་བུ་འགའ་ཕྱག་ཏུ་སོན་པའི་རྐྱེན་གྱིས་བོད་ཀྱི་རྒྱལ་རབས་རྩོམ་པའི་འདུན་པ་ཤུགས་ཆེན་འཁྲུངས་པའི་སྐོར་དང་། རྒྱལ་རབས་དེ་འདྲ་ཞིག་བསྒྲུབས་ན་ལེགས་པོ་ཡོང་མོད། འོན་ཀྱང་རྐྱེན་དབང་བར་ཆད་ཇི་ཡོང་ངེས་པ་མེད་ཅེས" དང་། "ཁྱེད་ནས་ཀྱང་རྒྱལ་རབས་རྩོམ་རྒྱུར་མཐུན་འགྱུར་རོགས་རམ་གནང་བ་དེ་ཡག་པོ་རེད།"① ཅེས་གསུང་ཚུལ་འཁོད་པ་མ་ཟད། 1946བོད་མེ་ཁྱི་ལོའི་ཟླ་བ་གཉིས་པའི་ཚེས་ལྔ་ཉིན་མཁས་དབང་མཆོག་དང་། ཧོར་ཁང་སྐུ་འཁོར་བཅས་ལྷ་སའི་སྐྱིད་ཆུ་བསྒྲལ་ནས་ར་མ་སྒང་ས་གནས་སུ་ཕེབས་ཏེ་གནའ་དུས་བཙན་པོ་ཁྲི་ལྡེ་སྲོང་བཙན་གྱི་སྐབས་བཞེངས་པའི་སྐར་ཆུང་རྡོ་རྗེ་དབྱིངས་ཀྱི་གཙུག་ལག་ཁང་གི་གནས་ཤུལ་དུ་ཡོད་པའི་བཀའ་གཏོགས་ཀྱི་རྡོ་རིང་དེའི་ཡི་གེ་ཆ་ཚང་སྐྱོན་མེད་དུ་གནས་པ་ཞིབ་བཤུས་གནང་། དེ་དུས་ཧོར་ཁང་ལ་ཁོང་གིས"སྐར་ཆུང་གི་

---

① (རྟོགས་བརྗོད་དག་པའི་སྣང་བ་)

རྗེ་རིང་འདི་ལ་བརྟེན་ནས་རྒྱལ་རབས་ཀྱི་ནོར་འཁྲུལ་འགའ་ཤས་ཡོ་བསྲང་ཐུབ།”① ཅེས་ཀྱང་གསུང་འདུག དེ་ནས་མངའ་བདག་ཁྲི་རལ་པ་ཅན་གྱི་སྐབས་བཞེངས་པའི་ཆུ་ཤར་རྗེ་དཔེ་མེད་བཀྲ་ཤིས་དགེ་འཕེལ་གྱི་གཙུག་ལག་ཁང་གནས་ཡུལ་དུ་ཕེབས་ཏེ་ཞིབ་བརྟག་གནང་། དེ་གར་རྗེ་རིང་ཞིག་འདུག་ཀྱང་དེ་ལ་ཡི་གེ་མི་འདུག་པར་ཁོང་གིས། “དེ་ནི་རྗེ་རིང་ལ་ཡི་གེ་བསྐོ་བའི་སྐབས་མ་བྱུང་བ་ཡིན་ངེས”② ཞེས་གསུང་འདུག དེ་ནས་ལྷ་སར་ཕྱིར་ཕེབས་ནས་རྒྱལ་རབས་དེབ་ཐེར་དཀར་པོ་རྩོམ་འཕྲིའི་དབུ་འཛུགས་མཛད། སྐབས་དེར་ཡོན་བདག་ཧོར་ཁང་མཆོག་སྐུ་སྲུང་དུ་དཔོན་གནང་སྐབས་ལ་བརྟེན་ནོར་གླིང་སྐུ་སྲུང་དམག་སྒར་ནང་དུ་དཔོན་གྱི་ལས་ཤག་ཅིག་ཡོད་པ་དེ་གར་ས་ཆ་གཙང་ཞིང་། ཁ་ཁྱེ་སེམས་པ་བཅས་ལ་བརྟེན་ལོ་རྒྱུས་རྩོམ་འབྲི་མཛད་ཡུལ་དེར་གནང་འདུག ཧོར་ཁང་གི་གསུང་ལས། “དེ་རྗེས་མེ་ཁྱི་ཧོར་ཟླ་བཞི་པའི་ཉིན་ཞིག་དམག་སྒར་དུ་རང་ཉིད་སྡོད་བྱ་གཙང་ཉིན་དམ་པ་དེ་ཉིད་ཕེབས་ཏེ། ང་ཉུབ་ང་གཉིས་འདིར་བསྡད་ནས་སང་ཞོགས་ང་ཁྲི་བྱང་རིན་པོ་ཆེའི་སྐུ་མདུན་དུ་དེབ་དཀར་གྱི་འགོ་རྩོམ་སྒོག་ལྟེ་ཁ་ཤས་ཤིག་སྤྱན་ཞུར་ཕུལ་ཡོད་པ་དེ་ལེན་དུ་འགྲོ་གི་ཡིན། དེ་ནས་ང་ཚོ་ལྷ་སར་མཉམ་དུ་ལོག་འགྲོ’ ཞེས་གསུང་” ཚུལ་གསལ། “དེའི་སང་ཉིན་སྤྱི་དྲོ་ནོར་གླིང་ཕོ་བྲང་གི་ལྟེགས་རིའི་ནང་དུ་འཇུར་ཏ་སྐྱོན་ན་མི་འགྲིག་གསུངས་ཏེ་དམག་དཀྱུས་ཤིག་ནས་ལྷམ་སྒོལ་རྩེ་ཞིག་གཡར་བ་བཞེས་ནས་ནོར་གླིང་དུ་ཕེབས་ཏེ་དེ་ནས་མགྱོགས་པོ་ཚུར་ལོག་ཕེབས་བྱུང་། ཁོང་གིས‘ ངས་རྩོམ་བཞིན་པའི་རྒྱལ་རབས་ལ་སྲིད་སྐྱོང་སྟག་བྲག་རིན

① ②(རྟོགས་བརྗོད་དག་པའི་སྣང་བ་)

པོ་ཆེ་ནས་ཡག་པོ་བྱུང་འདུག་གསུངས་ཚུལ་དང་། ཁྲི་བྱང་ནས་ཀྱང་མཐོང་ཆེན་པོ་གནང་གི་འདུག་’ ཅེས་ཐུགས་མཉེས་མཉེས་ངང་གསུངས་བྱུང་། ……སྲིད་སྐྱོང་སྟག་བྲག་གིས་རྒྱལ་རབས་དེ་ཡག་པོ་འདུག་ཅེས་གསུངས་ཀྱང་། དོན་དུ་ཉིན་དེའི་དགོང་མོ་དམ་པ་དེ་ཉིད་དོ་དམ་བྱ་རྩིས་ཡོད་པ་རེད།”① ཅེས་གསལ་བ་ལྟར་དེ་ཉིན་ཡོན་མཆོད་གཉིས་སྐུ་སྲུང་དམག་སྒར་ནས་ཞབས་ཐང་མར་སོག་ཕེབས་པའི་ཡར་ལམ་ཞོལ་རྫོ་རིང་ཕྱི་མའི་ལྷེབས་ཀྱི་ཡི་གེ་རྣམས་ལ་རྒྱང་ཤེལ་སྤྱད་ནས་ཞིབ་གཟིགས་ཀྱང་གནང་འདུག དེ་ནས་རྩེར་ཁང་དུ་མཉམ་ཕེབས་ཡུད་ཙམ་བཞུགས་ནས་ལྷ་ས་དབང་ལྡན་དཔལ་འབར་ནང་ཁོང་རང་གི་བཞུགས་ཤག་ཏུ་ཕྱིར་ལོག་གནང་འདུག་པའི་ནུབ་མོ་སྟེ། ཕྱི་ལོ1946ཐོད་རབ་བྱུང་བཅུ་དྲུག་པའི་མེ་ཁྱི་ལོའི་ཟླ་བ་བཞི་པ་ཙམ་ཞིག་ལ་དེ་སྐའི་བོད་ས་གནས་སྲིད་གཞུང་གི་བཀའ་ཤག་ལས་ཁུངས་ནས། ལྷ་ས་གྲོང་ཁྱེར་གྱི་ཁྲིམས་ཁང་སྣང་རྩེ་ཤག་གི་མི་དཔོན་གཉིས་ལ་བཀའ་ཕབ་སྟེ་མཁས་པའི་དབང་པོ་མི་ཡི་ཉི་མ་ལྷ་བུ་དེ་ཉིད་མ་ཉེས་ཁག་གཡོགས་ཀྱི་སྒྲིན་ནག་སྟུག་པོས་གློ་བུར་བསྒྲིབས་པ་ལྟར་འཛིན་བཟུང་ཁྲིམས་སྲུན་དུ་བཅུག་པ་མ་ཟད། ཁོང་གི་བཞུགས་ཤག་ལ་སྒོ་རྒྱ་བྱས་ཐོག་ཕྱག་དཔེ་དང་བཀའ་རྩོམ་སོགས་ཡིག་རིགས་ཡོངས་རྫོགས་བསྡུས་ནས་རེ་རེ་བཞིན་ཞིབ་བཤེར་ནན་པོ་ཡང་བྱས་འདུག ཁོང་འཛིན་བཟུང་བྱེད་པའི་དོན་རྐྱེན་སྐོར་ལ་དབང་སྒྱུར་མཁན་དེ་ཚོས་ཁོང་གི་ཕྱག་སོར་རི་མོའི་འདུ་བྱེད་ལ་བྱུང་ཚུབ་པའི་སྐད་གྲགས་ཀུན་ཤེས་ཡོངས་ཁྱབ་དེ་བེད་སྤྱད་ནས་བོད་དངུལ་བརྒྱ་ལོར་རྫུས་མ་མང་པོ་ཐོན་པའི་རི་མོ་ནི་དགེ

① （རྟོགས་བརྗོད་དག་པའི་སྣང་བ་དེབ་ངོས19）

འདུན་ཆོས་འཕེལ་གྱིས་བྲིས་པ་རེད་ཟེར་བའི་རྫུན་ནག་དེ་འདྲ་ཞིག་བཀྲམས་ཏེ་མི་མང་རྣམས་རྫོངས་སུ་བཅུག་པར་གྲགས། དོན་དངོས་ནི་“སྐབས་དེར་རྒྱ་གར་(དབྱིན་ཇིའི་)གཞུང་གིས་བོད་སྡོད་སྐུ་ཚབ་དབྱིན་ཇི་རི་ཙར་སྲི་སན་ལ་དགེ་འདུན་ཆོས་འཕེལ་བོད་དུ་བསྐྱོད་སོང་། ཁོ་པ་ནི་རྒྱ་གར་གུང་ཁྲན་ཏང་ནང་ཞུགས་ཡོད་པ་དང་། ད་དུང་སྤོམ་མདའ་རབ་དགའ་དང་། ལྕང་ཅན་གུང་། ཀུན་འཕེལ་སོགས་ཀྱང་ཡོད་པ་དེའི་སྐོར་བཀའ་ཤག་ལ་འབྲེལ་བ་བྱེད་དགོས་པའི་གསང་ཏར་བཏང་ཡོད་འདུག”①ཅེས་གསལ་བ་ལྟར་སྐབས་དེའི་བོད་ཀྱི་དབང་འཛིན་པ་མཐོ་རིམ་ཉུང་ཤས་རྣམས་ནི་དབྱིན་ཇིའི་ངོ་ཚབ་དེའི་གང་བཤད་ཀྱི་རྗེས་སུ་རྒྱུགས་མཁན་ཞིག་ཡིན་སྟབས། “གཙོ་བོས་ཇི་ལྟར་བཀའ་བསྐུལ་པ། དེ་དག་ཐམས་ཅད་བདག་གིས་བགྱི།” ཞེས་པ་ལྟར་བྱས་ནས་བྱུང་བ་ཞིག་ཡིན། མཁས་དབང་དེ་ཉིད་ཀྱིས་སྨྲ་ས་ནས།

“གཞན་ཕན་སྙིང་རྗེའི་སྟུམ་དང་བྲལ་ན་ཡང་།
རིག་རྩལ་ཐབས་མཁས་སློག་གི་ཆོ་འཕྲུལ་གྱིས།
དྲང་པོའི་མི་ལ་འཁྲུག་པོའི་ལམ་སྟོན་པ།
སྤྲ་སེར་སྤྲེའུའི་རིགས་ལ་དོགས་ཟོན་མཛོད།”

ཅེས་ནུབ་ཕྱོགས་བཙན་རྒྱལ་རིང་ལུགས་པའི་གཡོ་འཕྲུལ་ཕུང་སྒྱུར་ལ་དོགས་ཟོན་བྱེད་དགོས་པའི་ཉེན་བརྡ་སློབ་སྟོན་གནང་ལ་འཁེལ་བ་ཞིག་གནང་ཡོད་མོད། ཕུང་འདྲེ་དེ་དག་གི་སྣང་ངོར་སྨན་མཆོག་དུག་ཏུ་འགྱུར་བའི་ལྡོག་ཕྱོགས་ཀྱི་ནུས་པ་ཐོན་པ་ཙམ་ལས་མ་བྱུང་བ་ནི་སྨོས་ཅི་དགོས།

---

① （རྟོགས་བརྗོད་དག་པའི་སྣང་བ་དེབ་ངོས21）

ཕོང་ལ་གནམ་རྗེ་མགོ་ལྡུང་ས་ཀྱི་ཆག་སྒོ་དེ་འཕྲད་སྐབས་བླ་ཆེན་དང་དཔོན་ཆེན་ཆོས་ནི་སྐྱབས་རོགས་གང་ཡང་མ་ཐོབ་པར་སྣང་ཞིང་། དེ་མིན་རྒྱུན་དུ་འབྲེལ་གཏུགས་ཞུ་མཁན་མང་ཆེ་བ་ཡང་གང་གི་གསུང་ལས།

"དགའ་བར་མཐོང་ཚེ་དྲུང་དུ་འདུད་བྱེད་ཅིང་།
སྡུག་པོར་མཐོང་ཚེ་རྒྱང་ནས་ཡིབ་བྱེད་པ།
ཕལ་པའི་སྐྱེ་བོ་ཀུན་གྱི་ཆོས་ཉིད་དེ།
སྔ་མོའི་དུས་ནས་ཁོ་བོས་ཤེས་པ་ལགས།"

ཞེས་གསུངས་པ་ལྟར་འགག་རྩ་དེ་འདྲར་ཐུག་སྐབས་ཆོས་ཉིད་དེ་ལས་གཡོལ་ཐུབ་མཁན་ཕལ་ཆེར་མ་བྱུང་བ་འདྲ་རུང་། དམ་པ་གང་གི་དངོས་སློབ་ཧོར་ཁང་བསོད་ནམས་དཔལ་འབར་མཆོག་དང་། བཀྲས་མཐོང་རག་ར་སྤྲུལ་སྐུ་སྐུ་མཆེད་གཅེན་མོ་དང་བཅས་ནས་རྐྱེན་ངན་དེ་གསན་མ་ཐག་ཕྱོགས་གཅིག་ནས་རྒྱུན་དུ་མཉེས་པའི་གསོལ་ཆས་དང་། གཟིམ་ཆས་གསར་པ། བཞེས་ཐ་སིག་རས་སོགས་བརྟོན་སྲུང་པར་དངུལ་དངོས་ཀྱིས་བརྟན་པ་དང་བཅས་རྟག་ཏུ་འབུལ་གཏོང་གནང་བ་དང་། ཕྱོགས་གཞན་ཞིག་ནས་བརྟོན་ལས་སྒྲོལ་ཐུབ་རེས་སྐབས་དེའི་བཀའ་སློན་བླ་མ་རམ་པ་དང་། བཀའ་སློན་ཤུན་ཁང་པ། ཟུར་ཁང་པ། ཀ་ཤོད་པ་བཅས་ལ་སྐྱབས་རྟེན་དང་སྙིགས་དངོས་བརྒྱུད་ཐབས་སྒོ་གང་ཟབ་ཀྱིས་ཞུ་བསྐུལ་མཛད་འདུག་ཀྱང་། དོན་ཕན་ཏིལ་འབྲུ་ཙམ་ཡང་བྱུང་མི་འདུག་པ་མ་ཟད། ལ་ལས་ནི་དེ་བས་ཐབས་སྡུག་པའི་ངོ་ཚ་ཁྲེལ་མེད་ཀྱི་གདོང་རིས་མངོན་ཚུལ་རག་རས་བརྩམས་པའི་དགེ་འདུན་ཆོས་འཕེལ་གྱི་ལོ་རྒྱུས་ཞེས་པའི་ནང་འཁོད་འདུག་རུང་། ཡི་གེ་མང་དོགས་ཀྱིས་འདིར་མ་སྤྲོས། དེ་ལྟར་ཕོང་སྣང་རྩེ་ཤག་བརྟོན་ཁང་ཐོག་བརྩེགས་གཉིས་པའི་ལྡེ་ཁྱུག་ཁང་ཆུང་

ཞིག་ཏུ་བཙོན་འཇུག་བྱས་ཤིང་། བཀའ་ཞིབ་ཆེད་བསྐོས་ཀྱིས་གཙུག་ལག་ཁང་ཕྱོགས་རྒྱུད་དུ་ཁྲིད་ནས་ཞུ་བ་ལེན་པ་སོགས་བྱས་པ་མ་ཟད། ཉེས་རྟགས་ར་སྤྲོད་མ་ཐུབ་པས་བཀའ་ཤག་ནས་བཀའ་བློན་ཆེ་གེ་མོས་ཚ་འདྲི་བྱེད་དགོས་པའི་བཀའ་ཕབ་པར་བརྟེན་ཧ་ལྟག་ལྔ་བཅུ་ཙམ་ཞིག་ཀྱང་སྐུ་ལུས་སྟེང་མནར་གཅོད་ཕོག་པར་གྲགས། དེབ་ཐེར་དཀར་པོ་འཕྲོ་སྐྱོང་སྐོར་རྟོར་ཁང་ནས། "ཕོད་མེ་ཕྱི་ལོ་1946 རྟོར་ཟླ་བཅུ་གཅིག་པའི་ཚེས་སུམ་ཅུ་ཉིན་དེབ་ཐེར་དཀར་པོ་འཕྲོ་སྐྱོང་གཞུང་རྒྱུའི་སྐོར་ཁོ་པོས། བཙོན་ཁང་དུ་གསང་ཐབས་ཀྱི་ཡི་གེ་ཞིག་ཕུལ་བའི་བཀའ་ལན་དུ། 'ཡིད་སྨུག་པའི་དུས་འདི་འདྲར་ཡང་ཐོག་མའི་ཕུགས་བསམ་མ་བཏང་བ་ངོ་མཚར་ཆེ། རྒྱལ་རབས་འདི་ལ་བར་ཆད་ཅིག་འབྱུང་སྙམ་པ་དང་པོ་ནས་བློ་ལ་ཡོད་ཀྱང་། བར་ཆད་འདི་ཙམ་ཆེས་ཐལ་བ་ལགས། འོན་ཀྱང་རྗེ་མི་ལས། བླ་མའི་གདམས་ངག་མི་ཟབ་ན། བདུད་ཀྱི་བར་ཆད་ཅི་ལ་ཡོང་། ཞེས་གསུངས་པ་ལྟར་ལགས། བཙན་པོ་རྣམས་ལ་འགོ་བའི་ལྷ་ཞིག་དང་། ལྷ་དེ་ཚོ་ལ་ནུས་པ་ཞིག་ཡོད་ན་ད་དུང་རྒྱལ་རབས་འདི་འགྲུབ་པའི་རེ་བ་ཙམ་ཡོད། དེ་མིན་ཁོ་བོ་ལ་ནི་སྐྱབ་མཁན་སུ་ཡང་མེད། ཁ་སང་ཞུ་བ་ལེན་སྐབས་ཁོ་བོས་བོད་ལ་སེམས་ངན་བྱས་མེད་པའི་རྒྱུ་མཚན་དུ་རྒྱལ་རབས་འདི་འདྲ་ཡོད་ཚུལ་བཤད་པར། ཁོ་པ་ཚོས་ཚིག་ལ་སྦྲ་བཏགས་ཏེ་རྒྱལ་རབས་འདི་འདྲ་ཞིག་གིས་བོད་ལ་ཕན་པ་འབྱུང་བ་དང་། སྤྱོམ་མདའ་རབ་དགའ་ལ་འཆར་ཅན་གྱི་ཡིག་འགྲུལ་བྱས་པ་འདི་ཚབས་གང་ཆེ་ཞེས་ལེགས་ཉེས་གོ་ལྡོག་ནས་བཙན་པོས་ཧམ་པ་སྐྱོད་ཀྱི་འདུག་པས། རང་རེས་རྒྱལ་རབས་རྩོམ་འཕྲོ་ཅན་འདི་ཙམ་ལུས་པ་བྱུང་ནའང་ད་ལན་གྱི་ཁོ་བོའི་ནག་ཉེས་ཆེ་ཆུང་ཅི་ཡིན་བོད་ཀྱི་ཤེས་ལྡན་ཡོངས་ཀྱི་མདུན་དུ་མ་འོངས་པ་ན་ཐག་ཆོད་པ་ཞིག་འོང་ངེས་

པ་ཡིན། དེ་དུས་སྙིང་དེ་ལས་ཚོམས་པ་དང་སློ་ཁ་དེ་ལས་ཁེངས་པ་འོང་རྒྱུ་མེད་’ ཅེས་འཁོད་པ་དང་། རྗོམ་འཕྲོ་ཅན་གྱི་རྒྱལ་རབས་ཀྱི་ཚིགས་མཚམས་སུ་འགོད་རྒྱུའི་ལྟེགས་རྗོམ་ཤོ་ལོ་ཀ་གཅིག་ཕྱུ་དེ་ཡང་བཙོན་ཁང་ནས་སྐྱེལ་བ་མ་ཟད་‘ རྒྱལ་རབས་རྗོམ་འཕྲོ་ཅན་དེ་རེ་ཞིག་རྫོགས་སོ་’ འགོད་དགོས་ཞེས་ཀྱང་གསལ་ལོ”①ཞེས་འཁོད་པ་དང་། དེབ་དཀར་ཤིང་པར་དུ་བསྐྲུན་གནང་སྐོར་“ པར་བསྐྲུན་ཐད་མི་མོ་ཕག་ (སྤྱི་ལོ1947) ལོ་ང་རང་མདོ་སྨད་དུ་བསྐྱོད་དགོས་ཀྱི་ལྷ་སར་སྡོད་ཡོང་མ་བྱུང་བའི་བར་དེར། ཁོ་བོས་གཉེར་མངགས་ཞུས་པ་བཞིན་དགེ་བའི་བཤེས་གཉེན་ཆོས་ཀྱི་གྲགས་པས་འགན་བཞེས་གནང་ནས་པར་དུ་བསྐྲུན”②ཞེས་གསལ་བ་ལྟར་ཧོར་ཁང་ནས་ཡོན་བདག་གནང་སྟེ་པར་བཀོ་མཛད་པ་ཡིན་ནོ།

མི་ཕག་ལོའི་ལྷ་ལྡན་སྨོན་ལམ་ཆེ་མོ་འཚོགས་ཉེའི་སྐབས་སྤྱིར་ལམ་སྣང་རྩེ་ཤག་གི་བཙོན་པ་ཚང་མ་སྨོན་ལམ་རིང་ཞོལ་དཔའ་སྡེང་བཙོན་ཁང་དུ་སྤོ་དགོས་པ་ལྟར་མཁས་དབང་མཆོག་ཀྱང་ཞོལ་གྱི་བཙོན་ཁང་དུ་བསྐྱལ་ཞིང་། མདོར་ན་སྤྲ་ཕྲེ་གང་ལའང་ཁོང་གིས་ནག་ཉེས་འདི་བྱས་གསལ་བསྒྲགས་གང་ཡང་བྱ་རྒྱུ་མ་ཉེད་པ་སོགས་ལ་བརྟེན་ཞོལ་དུ་སྤོས་རྗེས་བཞུགས་ཡུལ་ཡང་བཙོན་ཁང་སྟེང་གི་ཁང་ཆུང་ཞིག་ནང་བཞག་ཅིང་། དམ་དྲག་ཀྱང་ཅུང་ཟད་ལྷོད་དུ་སོང་བ་མ་ཟད། སྨོན་ལམ་གྲོལ་རྗེས་བཙོན་པ་བྲིངས་སྣང་རྩེ་ཤག་ཏུ་རང་འཛུགས་སྐྱེལ་སྐབས་ཁོང་ཞོལ་དུ་མུ་མཐུད་བཞག་འདུག་པ་བཅས་ཐུན་བུ

① (དགེ་ཆོས་ཀྱི་རྟོགས་བརྗོད་དག་པའི་སྣང་བ་)

② (རྟོགས་བརྗོད་དག་པའི་སྣང་བ་)

ཐུགས་བཟོས་བདེ་རུ་ཕྱིན་པར་སྣང་། དེ་གར་ལོ་གཉིས་ཙམ་ཞིག་བཞུགས་མཐར་སྤྱི་ལོ1949ཝོད་ས་སླང་ལོའི་དགུན་དུས་ཙམ་ལ་འབྲས་ སྤུངས་སྒྲུ་འབུམ་ཁམས་ཚན་ནས་ཁག་ཐེག་བྱས་ཏེ་སྣང་རྩེ་ཤག་ལས་ཁུངས་སུ་སླད་ཕྱིན་ཚུལ་མཐུན་ཞུ་རྒྱུ་ཟེར་བའི་རྒྱུན་སྲོལ་གན་རྒྱ་ཞིག་བླངས་ནས་གློད་བགྲོལ་བཏང་འདུག དེ་སྐབས་མི་རྒན་ཤེས་རབ་རྒྱ་མཚོ་ལྷ་སར་བཞུགས་འདུག་པས་ཁོང་གིས་བྲིས་པའི་ནང་“སྒོ་ཐེའུ་བཀྲོལ་དངོས་ཆས་རྣམས་ནི་འབུས་ཟོས་ནས་མི་ལ་རས་པ་རང་ཁྲིམ་དུ་སླེབས་པ་དང་མཚུངས། དཔེ་ཆའི་སྐམ་ནི་གར་སོང་མི་འདུག” ཅེས་དང་། “བཙོན་ཁང་ནས་བཏོན་པ་དང་མཇལ་བས། སྐྲ་སྐེ་འཁོར་མ་སྐྱེས། ན་བཟའ་རལ་ཇོལ་དྲི་མ་ཅན། སྐུ་ཤ་སྐེམ་རིད་དུ་གྱུར་འདུག་པར་ཡུད་ཙམ་བརྒྱལ་བ་ལྷ་བུས་ཅི་ཟེར་མེད་པ་ཞིག་བྱུང་”①ཞེས་གསལ་ཞིང་། སེར་བྱེས་ཧར་གདོང་ཁམས་ཚན་མིན་ནམ་སྐམ་པ་ཞིག་ནས་ཤ་གསར་སྣང་གི་ཕར་ཙམ་དེར་བཞུགས་ནས་ཁང་པ་ཞིག་ཡུལ་ཚུལ་ཡང་འཁོད་འདུག

ཁོང་བཙོན་དུ་བཞུགས་རིང་། རང་གིས་སྐུ་ཚེའི་རིང་བོད་ཀྱི་ཤེས་བྱ་རིག་པའི་རྒྱུན་བཟང་པོ་རྣམས་བཟུང་ཞིང་། དེ་ལ་མཐའ་དཔྱོད་དང་འཕེལ་རྒྱས་གསར་གཏོད་ཡོང་ཐབས་བཅས་ཀྱི་ཆེད་དུ་སྒོ་གསུམ་གྱི་སྐྱུ་ངལ་དང་ཉེན་ཉོགས་ལ་མ་འཛེམས་པར་ནུས་པ་གང་ཡོད་འདོན་གནང་མཛད་པའི་མཐའ་འབྲས་སུ་བོད་ཀྱི་དབང་འཛིན་པ་དེ་ཆོས་དགྲ་གཉེན་པོ་ལྟོག་ནས་མཁས་པའི་དབང་པོ་དེ་ལ་མི་ཆོས་ལས་འདས་པའི་མནར་གཅོད་དྲག་པོ་བཏང་རྐྱེན་ཐུགས་ཡིད་གཏིང་ནས་མུག་པ་ནི། ཁྲིམས་མུན་ནང་མཛད་པའི་དེ་ཉིད་ཀྱི་གསུང་

① (དགེ་ཆོས་རྣམ་ཐར་དེབ་ངོས22)

ལས།

“ཕྲག་དོག་ཁྲག་གིས་སྨྱོས་པའི་ཨུ་ཚུགས་སྟག
འཛིགས་པའི་ང་རོ་སྒྲོག་པའི་ཚང་ཚོང་ནང་།
གཅིག་པུར་ལུས་པའི་བདེན་པའི་བུ་ཆུང་ལ།
ཤེས་རབ་ཅན་གྱིས་སྙིང་རྗེའི་ཡུལ་དུ་དགོངས།”

ཞེས་གསུངས་པ་ལས་མཚོན་པར་ནུས་ཤིང་། དེ་ལྟ་བུའི་ཐུགས་ཕམ་ཞིང་ཡིད་ཡོངས་སུ་ཆད་པའི་ཟུག་རྔུ་རེ་ཞིག་བག་ལ་ཞ་བའི་ཕྱིར་བཞེས་རག་མཚོད་ནས་དྲན་ཤེས་སྤྲིད་ཐབས་གནང་རྒྱུ་ཕོ་ན་ལས་ཐབས་གཞན་མ་མཆིས་པར་བརྟེན་གདུང་སེམས་མཉམ་སྐྱེ་ཞུ་མཁན་ཚོས་ཀྱང་ཐུགས་འདོད་དང་བསྟུན་ཆེད་བཞེས་རག་ནར་མར་འབུལ་ཐབས་བྱས་པ་བཅས་གོམས་གཤིས་སུ་གྱུར་པ་ལྟ་བུ་ཆགས་ཡོད། མི་རྒན་ཤེས་རྒྱམ་པས། ཕོང་“བཙོན་ཁང་ནས་ཐར་ཚུན་ཆད་སྤྱོད་ལམ་ཐམས་ཅད་ལ་ཆ་འཛོག་གཏན་ནས་བྱེད་མི་ཤེས་པ་ཞིག་ཏུ་གྱུར། ཕྲན་བུ་འབུལ་མི་འདྲ་བྱུང་ནའང་དགའ་དགའ་མི་བྱེད། ཨ་རག་ཚད་མེད་བཏུང་། ཐ་མི་ཁ་ཤིག་རས་འཐེན། དངུལ་དངོས་ལ་བདག་སྤྲོད་མི་བྱེད་པ་ཞིག་བྱས་སོང་།”①ཞེས་གསལ་ཞིང་། ཞལ་སློབ་ཧོར་ཁང་མཆོག་ནི་སྐབས་དེར་ཆབ་མདོར་ཕེབས་དགོས་བྱུང་ནས་བཞུགས་མེད་པ། 1951ལོར་ལྷ་སར་ཕྱིར་ཕེབས་འཕྲལ་ཕོང་མཇལ་བའི་སྐོར་གསུངས་སྐབས་ཀྱང་། “དམ་པ་དེ་ཉིད་བཙོན་ཁང་ནང་བཞུགས་རིང་བཞེས་རག་བཞེས་གོམས་སུ་གྱུར་ཏེ་ཕྱིས་ཐུགས་དགོངས་རྒྱུན་གཏན་ལྟར་རང་བཞིན་དུ་མ་གནས་པ་ལྟ་བུའི་སྣང་

① （དགེ་འདུན་ཆོས་འཕེལ་གྱི་རྣམ་ཐར་དེབ་ངོས23）

ཚུལ་མཐོང་དུས་སྐྱེ་བོ་ཀུན་གྱིས་འདི་ལྟ་བུའི་མཁས་པ་འཕྲོ་བརྟག་ཏུ་བཏང་སོང་ཞེས་ཤིན་ཏུ་ཕངས་པོ་བྱེད་ཀྱང་བྱ་ཐབས་མེད། ”① ཅེས་གསུངས་འདུག་པ་མ་ཟད། ཁོང་ལ་དེ་ལྟ་བུའི་གནོད་འཚེ་དང་བར་ཆད་བཟོ་མཁན་ཕྱི་ནང་གི་གདོན་འདྲེ་དེ་ཚོར་མི་རིགས་ཁག་གི་རིག་གནས་ལས་རིགས་པ་ཚོས་ད་ལྟའང་མི་བཟོད་པའི་ཁོང་ཁྲོ་བྱེད་ཀྱིན་ཡོད།

དེ་ལྟ་བུའི་རྐྱེན་ངན་གྱི་འབྲས་བུ་ལས་སློང་གཞི་ཐོག་ཚུལ་སྐོར་མི་ཀྭན་ཤེས་རབ་རྒྱ་མཚོས། “དེ་འདྲ་ཞིག་ལ་ཅུང་སྐུ་ཁམས་མི་བདེ་བ་ཞིག་བྱུང་ནས་གློ་ལུ་མང་པོ་ཅན་ཞིག་མཛད་འདུག་པར། ཐ་མ་དང་ཨ་རག་མང་དྲགས་ནི་རེད་ཅུང་ཟད་ཉུང་ཙམ་མཛད་ན་ཞུས་པས་དེ་ཡང་མི་ཉན་བཞིན་དུ་ཇེ་ཡོད་གྱིས་ཆུ་གསོག་གི་སྐྲང་གཞི་བཞག་བྱུང་། འདི་སྐབས་བཞུགས་གནས་བར་སྐོར་ལྷོ་ངོས་སོ་ནམ་ལས་ཁུངས་ཀྱི་སྟེང་ངོས་ལྟུགས་རིལ་ནང་ཡིན། བླ་སྨན་པ་ནས་སྨན་གང་དྲག་གནང་སོང་ཡང་ཕན་ཐོགས་མ་བྱུང་། ”② ཞེས་གསུངས་འདུག་ཧོར་ཁང་གིས་མཛད་པའི་རྟོགས་བརྗོད་ནང་། “དེའི་དུས་བོད་འདི་བཙན་རྒྱལ་རིང་ལུགས་ཀྱི་འཆིང་ཐག་ལས་དུས་གཏན་དུ་གྲོལ་ཏེ་མེས་རྒྱལ་ཁྱིམ་ཚང་ཆེན་པོའི་ནང་རྒྱ་བོད་མི་རིགས་མཐུན་སྒྲིལ་དམ་ཟབ་ཀྱི་གྲོས་མཐུན་དོན་ཚན་བཅུ་བདུན་ལ་མིང་རྟགས་བཀོད་རྗེས་ཡིན་སྐབས་བོད་བཞུགས་ཀྲུང་དབྱང་སྐུ་ཚབ་ཀྲང་ཅིན་ཨུའུ་བོད་དུ་སྟོན་ཕེབས་ཀྱིས་ལྷ་ས་ཁྲི་སྨོན་དུ་བཞུགས་པར་གམ་བཅར་ལས་བྱེད་མི་སྣ་ཞིག་ཆེད་དུ་མཇལ་འཕྲད་ལ་ཕེབས་པའི་སྐོར་ང་ལ་

① (རྟོགས་བརྗོད་དག་སྣང་)

② (དགེ་འདུན་ཆོས་འཕེལ་གྱི་རྣམ་ཐར་དེབ་ངོས26)

གསུངས་དོན། ‘ངས་ཀྱང་དབྱང་སྐུ་ཚབ་ཀྱི་གམ་བཅར་ལས་བྱེད་པར། སྡེ་པ་གཞུང་གིས་ང་འདི་འདྲ་བཟོ་དགོས་དོན་གང་ཁྲན་ཏང་དམར་པོ་རེད་ཟེར་བྱུང་ཞུས་པ་ཡིན་’ གསུངས། ཀྱང་དབྱང་སྐུ་ཚབ་ཀྱང་ཅིན་ཞུས་མཉམ་དུ་ཁྲིད་ཕེབས་ཀྱི་སྨན་པ་མཁས་པ་ཞིག་གིས་སྐུ་ཁམས་ལ་བརྟག་དཔྱད་ཀྱང་བྱས་ཏེ་ད་ནི་སྐུ་འཚོ་དཀའ་བར་གྱུར་ཅེས་ཞུས་འདུག མཐར་ལྕགས་ཡོས་（སྤྱི་ལོ1951）ཧོར་ཟླ་བརྒྱད་པའི་ཚེས་བཅུ་བཞིའི་དགོང་དྲོ་ལྷ་སའི་ཆུ་ཚོད་བཞི་པ་ཙམ་ལ་ལྷ་སར་སྐུ་གཤེགས་ཤིང་། དེ་སྐབས་དགུང་གྲངས་བཞི་བཅུ་ཞེ་དགུར་ཕེབས་ཡོད། ཁོང་སྐུ་གཤེགས་ཁར་གོ་འཇོ་བླ་ཆུང་ཨ་ཕོ་ལགས་སོགས་ང་ཚོ་རེ་ཟུང་སྐུ་འགྲམ་ན་ཡོད། སྡེ་པ་གཞུང་ནས་དབྱེ་འབྱེད་ཀྱིས་ཕྱིར་སྒྲོད་ཞུས་པའི་གསུང་རྩོམ་ལྷག་འཕྲོ་ཕྱག་ཏུ་ཡོད་པ་རྣམས་ལ་གཟིགས་ཏེ་ཞལ་ཆེམས་སུ། ‘ངའི་ཕ་གཞིས་འདི་ཁྱེད་ཀྱིས་ཉར་དགོས་’ ཞེས་” ①གསུངས་ནས་ཐུགས་རེ་བཅོལ་གནང་ལྟར་སྐུ་ཞབས་ཧོར་ཁང་མཆོག་ནས་འཕྲོ་ལུས་ཀྱི་གསུང་རྩོམ་ཕྱག་བསྟར་མ་རྣམས་ཐུགས་ཉར་གནང་འདུག་ཙང་། “རིག་གནས་གསར་བརྗེ” ཟེར་བའི་ཀླུང་རླབས་ནག་པོ་དེ་ལངས་སྐབས་ཐོར་གྱུར་དུ་སོང་བ་རྗེས་སུ་ཀྱང་གོ་སྤྱི་ཚོགས་ཚན་རིག་ཁང་གི་མི་རིགས་ཞིབ་འཇུག་ཟོའི་ནས་མཁས་དབང་གང་དེའི་གསུང་རྩོམ་དེ་སྟ་དཔེ་བཤུས་མཛད་པ་རྣམས་གཡར་པོ་ལྷུག་སྤྲོལ་གནང་བ་སོགས་སྐུ་ཞབས་ཧོར་ཁང་མཆོག་ནས་ལོ་མང་རིང་འཐབ་འཚོལ་མཛད་པར་བརྟེན་མ་དཔེ་བཤུས་མ་ཁག་མི་ཉུང་བ་ཞིག་སྔར་ཡང་ཕྱག་སོན་བྱུང་བ་རྣམས་བོད་ལྗོངས་སྤྱི་ཚོགས་ཚན་རིག་ཁང་ནས་ལྕགས་པར་ཐོག་དེབ་གསུམ་དུ་བྱས་

① （རྟོགས་བརྗོད་དག་སྣང་）

ནས་དཔེ་སྐྲུན་གནང་བ་བཅས་མཁས་དབང་མཆོག་དེའི་གསུང་རྩོམ་ལྷག་ལུས་རྣམས་མྱུར་སྐྱོབ་མཛད་ཐུབ་པ་འདི་ནི་བོད་ཀྱི་ཤེས་རིག་ལ་སྨན་པའི་ཕྱག་རྗེས་ཐུལ་དུ་བྱུང་བ་ཞིག་ཡིན་ལ། མཁས་དབང་གང་གི་ཐུགས་རེ་ཆུད་ཟོས་སུ་མ་གྱུར་པ་ཞིག་ཀྱང་བྱུང་བ་ལགས་སོ།

མཁས་དབང་དགེ་འདུན་ཆོས་འཕེལ་གྱི་གསུང་རྩོམ་ཆ་ཚང་འདི་ཙམ་ཡོད་ཅེས་སུས་ཀྱང་བརྗོད་ཐབས་བྲལ་རུང་། ད་ཕན་དཔེ་ངོ་བཞུགས་མིན་ལ་མ་ལྟོས་པ་ང་ཚོའི་མཐོང་ཐོས་ཀྱི་ཡུལ་དུ་གྱུར་པའི་དཔེ་ཐོ་ཙམ་བཀོད་པར། 《ཕྱི་རོལ་པའི་གྲུབ་མཐའི་རྣམ་བཞག་》དེབ་ཆེ་བ་གཅིག《ཤིན་ཏུ་སྦྲ་བའི་རིག་ལམ་ངོ་མཚར་ཅན་》ཤོག་གྲངས་བརྒྱ་དང་ལྔ་བཅུ་ཅན། 《ཕྱི་རོལ་པའི་གྲུབ་མཐའི་རྣམ་བཞག་རྒྱས་པ་》 《ཕྱི་རོལ་པ་ནང་པན་ཚུན་མི་མཐུན་པའི་གནད་གསལ་བར་བསྟན་པ་》 《ལྷ་ས་ནས་རྫོར་གླིང་བར་གྱི་ལམ་ཡིག་》 《སིང྄་ལའི་གནས་ཡིག་》སྤྱི་ལོ1937ལོ་ཕར་ཙ་སིར་བཞུགས་དུས་ལྷུགས་རྩོམ་མཛད་པའི་《རྒྱ་གར་གནས་ཡིག་》ཡང་སྤྱི་ལོ1945ལོར་ལྷུགས་རྩོམ་མཛད་པའི་《རྒྱ་གར་གྱི་གནས་ཆེན་ཁག་ལ་བགྲོད་པའི་ལམ་ཡིག་རྒྱས་པ་》《འཛམ་གླིང་རྒྱས་བཤད་》 《འཛམ་གླིང་ཤེས་བྱ་ཉོས་པའི་དེབ་》རྒྱ་གར་གྱི་མཚན་ཉིད། ཡུལ་ལུགས་བཟའ་བཏུང་ཆས་གོས། ཡུལ་ལྗོངས། ལོ་བྲང་། རྫོ་རིང་སོགས་ཀྱི་འདྲ་རིས་བརྒྱ་དང་ཉི་ཤུ་རྩ་ལྔ་རྒྱུ་མཚན་འགྲེལ་བཤད་ཅན་དང་། སྨན་དང་ཟས་རིགས་ཀྱི་རོ་ཉི་ཤུ་བཅས་གསལ་བའི་དེབ་ཆེ་བ་གཅིག 1938ལོར་གྲོང་ཁྱེར་ཆེན་པོ་བཙོམ་བརླག་ཏུ་མཛད་པའི་《འདོད་པའི་བསྟན་བཅོས་》 《རྟི་མ་ལ་ཡའི་བསྟན་བཅོས་》(སེང་གེའི་སྐོར་)《རྒྱལ་རབས་དེབ་ཐེར་དཀར་པོ་》(རྩོམ་འཕྲོ་ཅན་)《རྒྱལ་ཁམས་རིག་པས་བསྐོར་བའི་གཏམ་རྒྱུད་གསེར་

གྱི་ཐང་མ་》《སྨྲའི་ཟིན་བྲིས་》《དབུ་ཚད་ཀྱི་དཀའ་བའི་གནད་》《འདུ་བྱེད་མཐའ་དཔྱད་》《བདག་མེད་དྲིས་པ་ཞེས་བྱ་བ་》《རང་བཞིན་ངེས་པ་》《གཏམ་གྱི་ཚོགས་ཉིན་མཚན་བདུན་པ་》《ལེགས་སྦྱར་བང་མཛོད་》《སུམ་ཏགས་ཀྱི་སྐོར་ཐོར་བུ་》《སྙན་དངགས་ཀྱི་དཀའ་གནད་ཐོར་བུ་》《ལྷ་ས་དང་། ཞོལ། བསམ་ཡས་སོགས་ཀྱི་རྡོ་རིང་ངོ་བཤུས་ཉིད་ཀྱིས་མཆན་འགོད་མཛད་པ་》གཞན་ཡང་《ནོར་བུ་ཀེ་ཏ་ཀའི་སྐོར་》དང་། 《ཚུ་ཤིང་གི་སྐོར་》《མེ་ཏོག་ཙམ་པ་ཀའི་སྐོར་》《ཨུ་དུམ་ཝ་རའི་མེ་ཏོག་གི་སྐོར་》《གངས་རིའི་སྐོར་》《ཞང་དགའ་བའི་བློ་གྲོས་ལ་དྲི་ལན་》《རྟུལ་ཚུང་ལ་དཔྱད་པའི་སྐོར་》སོགས་དཔྱད་རྩོམ་ཐུང་གྲས་མང་པོ། དེ་མིན་《བོད་སྐད་ཀྱི་བསླབ་བྱ་》གཉིས་པ་དང་གསུམ་པ། 《སྒྲོལ་མ་གཡང་འཛོམས་ལ་གནང་བའི་བསླབ་བྱ་》 《ཀ་ལི་ཀ་ཏ་ནས་གནང་བའི་མགུར་མ་》 《བཙོན་ཁང་ནས་གནང་བའི་གསུང་མགུར་》《ཧྲདྒ་ལའི་ཡུལ་དུ་མཛད་པའི་གསུང་མགུར་》སོགས་ལུགས་ཟུང་གི་བསླབ་བྱ་དང་ཞལ་གདམས་དུ་མ། 《བླ་བྲང་ལ་བསྐུར་བའི་ཀ་རྩོམ་》དང་། 《ཐལ་སྐད་ཀ་རྩོམ་》《ཨ་མཆོད་ཀྱི་ངང་ཚུལ་》《ཧྲ་བུ་མཐར་ཕྱིན་ལ་གནང་བའི་ཀ་རྩོམ་》སོགས་ཀ་ལིའི་ཕྲེང་སྒྲིག་གིས་མཚོན་ཆབ་ཤོག་གི་རིམ་པ་ཧ་ཅང་མང་པོ། ཉིད་ཀྱི་གསུང་རྩོམ་ལ་བསྲེས་ལྷད་ཡོད་མེད་ཀྱི་ཀླན་ཀ་ཅན་《དབུ་མའི་རྣམ་བཤད་ཀླུ་སྒྲུབ་དགོངས་རྒྱན་》《སྔར་ན་མེད་པའི་བློ་སྐྱེད་》བྱ་བ་ལ་སོགས་པ་དེ་སྔའི་ཀ་སྒྲུག་བོད་ཡིག་གསར་འགྱུར་མེ་ལོང་ཐོག་རྩོམ་ཐུང་དུ་མ་འགོད་སྤེལ་གནང་མྱོང་འདུག་པ་བཅས་རེ་རེ་ནས་བརྗོད་ཀྱིས་མི་ལང་ཞིང་། ད་དུང་ང་ཚོས་མཐོང་བ་ལྟར་བཞག་དཔེ་མིང་ཙམ་ཡང་སྨྲ་འཛིན་གྱི་བུ་གར་མ་ཆུད་པའི་གསུང་རྩོམ་ཇི་སྙེད་ཅིག་ཡོད་ངེས་པས་རང་ཅག་ཚང་མས་འཚོལ་ཞིབ་

 སྤྱུར་སྐྱོབ་བྱ་རྒྱུ་ནི་ཅི་ལས་ཀྱང་གལ་ཆེ་བར་མཐོང་། གང་ལྟགས་ཤེ་ན། དམ་པ་དེ་ཉིད་ཀྱི་ལྡུགས་རྩོམ་ཡིན་ཕྱིན་ཆ་ཚང་བ་སྨྲས་ཅི་ཐ་ན་ཟོ་ལོ་ཀ་རེ་ཟྭང་ལའང་རང་རེའི་བློ་སྒོ་འབྱེད་པའི་ནུས་པ་གཞན་དང་མི་འདྲ་བ་ཞིག་ཡོད། འདིར་དཔེ་མཚོན་ཙམ་ཞིག་དྲངས་ན།

“ཐམས་ཅད་ཁོང་དུ་སྡིད་པ་ཟབ་མོར་རྟོམས།
ཀུན་ལ་རྡོགས་པ་ཟ་བ་གྲུང་པོར་བྱེད།
རྙིང་པ་ཐམས་ཅད་ལྷ་ཡི་སྒྲོལ་དུ་བསྒྲགས།
གསར་པ་ཐམས་ཅད་བདུད་ཀྱི་འཕྲུལ་དུ་སེམས།
ངོ་མཚར་ཕལ་ཆེར་ཐན་ལྟས་ཉིད་དུ་སྒོམ།
ཆོས་ཀྱི་རྒྱལ་ཁམས་ཏེ་ཧྲོ་ཏ་ཡི་སྒྲོལ།
འདི་ནི་ད་ལྟའི་བར་དུ་རང་རེའི་སྒྲོལ།”

ཞེས་བོད་རྙིང་པའི་སྤྱི་ཚོགས་ཀྱི་འདུ་ཤེས་ལ་ཕྱོགས་བསྡོམས་གནང་བ་དང་། དེ་བཞིན་རང་ཅག་བོད་ཀྱི་བཙན་པོའི་རྒྱལ་རབས་འཆད་པའི་སྐབས་སུ་ཡང་།

“འདི་ནི་རང་བྱུང་བདེན་པའི་ཟླ་བ་སྟེ།
སྐྱོན་མེད་དུང་གི་ཁ་དོག་གསལ་བ་ལ།
ཕྱོགས་ལྷུང་ལར་རྒྱའི་རྡ་བ་རིང་བ་ཡི།
མི་སྤྱུག་རི་བོང་གཟུགས་དེ་ཅི་ལ་བྲི།”

ཞེས་གསུངས་པ་སོགས་ང་ཚོས་བོད་ཀྱི་སྤྱི་ཚོགས་དང་ལོ་རྒྱུས་ལ་དབྱེ་ཞིབ་བྱེད་སྐབས་སྨག་རུམ་གྱི་ཁྲོད་དུ་སྒྲོག་སྒྲོན་གཏད་པ་ལྟར་བློ་སྐྱེད་སྟེར་ཐུབ་པ་ལྟ་བུ་ཡིན།

གཞན་ཡང་མཁས་དབང་དེས་ལེགས་སྦྱར་སོགས་ལས་བོད་ཡིག་ཏུ་བསྒྱུར་གནང་མཛད་པའི་བཀའ་དང་བསྟན་བཅོས་ལ་མཚོན་ནའང་། 《ནག་པོ་སྤྱོད་པས་མཛད་པའི་ཨེ་ཝཾ་གྱི་རྣམ་བཤད་རི་མོ་ཅན་》དང་། 《ཆོས་ཀྱི་ཚོམས་སུ་བཅད་པ་》《ར་ཏྣ་ཡ་ཙའི་རྟོགས་བརྗོད་》《བྱ་ལེན་མ་མངོན་པར་ཤེས་པའི་ཟློས་གར་》《དཔལ་ནག་པོའི་གླུ་དད་པའི་རྣལ་འབྱོར་》ཞེས་བྱ་བ་ལེའུ་བཅུ་གཉིས་པ། 《ལེགས་ལྡན་ནག་པོའི་གླུ་》《ལས་ཀྱི་རྣལ་འབྱོར་》《དམ་ཚིག་སྒྲོལ་མའི་སྐོར་》ལ་སོགས་པ་གསར་དུ་བསྒྱུར་ཞིང་གཏན་ལ་ཕབ་པར་མཛད་པ་ནི་ཉིད་ཀྱི་གསུངས་ལས།

"མི་ལོ་བརྒྱད་བརྒྱའི་ཡུན་ལ་རྒྱ་གར་དུ།
མ་སླེབས་ཕྱི་དལ་ཅན་གྱི་ལོ་ཙཱ་བ།
ལེགས་སྦྱར་བསྟན་བཅོས་དངོས་སུ་ཀློག་པ་ཞིག
ད་ལྟ་མ་ག་ཧྣ་ན་མཆིས་སོ་ལོ།"

ཞེས་གསུངས་པ་ལྟར་དེ་དག་ནི་དུས་རབས་ཉེར་ཤུ་པའི་བོད་མི་རྣམས་ཀྱི་སྤོབས་པ་ཞིག་ཡིན་པ་མ་ཟད། ད་དུང་ཁོང་གིས《སྤྱོད་འཇུག་ཆེན་མོ་》ཆ་ཚང་ཡང་བོད་ཡིག་ནས་དབྱིན་ཇིའི་ཡི་གེར་བསྒྱུར་གནང་མཛད་ཡོད་དོ།

དེ་ལྟར་ཉེ་རབས་སུ་བྱོན་པའི་ངེས་པ་དོན་གྱི་པཎྜི་ཏ་ཆེན་པོ་དགེ་འདུན་ཆོས་འཕེལ་གྱི་ལོ་རྒྱུས་རགས་བསྡུས་འདི་ནི། རྟོགས་བརྗོད་དག་པའི་སྣང་བ་ལ་གཞི་བཅོལ་ཏེ། དགེ་འདུན་ཆོས་འཕེལ་གྱི་རྣམ་ཐར་མདོར་བསྡུས་དང་། ལོ་རྒྱུས་མདོར་བསྡུས་སོགས་ནས་ཀྱང་ཁ་སྐོང་ཅུང་ཟད་བཅས་བྱས་ཏེ་སྒྲིག་པ་ལགས་སོ།

ས་བཅད་བརྒྱད་པ། མཇུག་བྱང་དང་། དཔྱད་གཞིའི་སྐོར།

མཇུག་བྱང་།

འདིར་བོད་ཀྱི་གདོད་མའི་ལོ་རྒྱུས་མཚོན་ཙམ་ནས་འགོ་བཙུགས་ཏེ་བོད་ཞི་བས་བཅིངས་འགྲོལ་ཐོབ་པའི་བར་གྱི་གལ་ཆེའི་དུས་རབས་སོ་སོའི་ནང་གི་ལོ་རྒྱུས་ཀྱི་བྱུང་བ་རགས་པ་ཙམ་རྣམས་རྩུང་བརྒྱུད་རིམ་ཡོད་པའི་སྒོ་ནས་ཐོག་མའི་སྒྲིག་རྩོམ་ཅི་ཐུབ་གང་ནུས་ཤིག་ཞུས་ཁུལ་ཡིན། ཕྱིར་ན་བདག་ཅག་སྒྲིག་རྩོམ་པ་ཟུང་ལ་འདི་ལྟ་བུའི་རྒྱ་ཆེ་ལ་གཏིང་ཟབ་ཅིང་། རྟོག་འཛིངས་ཏ་ཅང་ཆེ་བའི་བརྩམ་བྱ་འབྲི་བའི་སྤྱོངས་པ་དང་ཆ་རྐྱེན་ཉུས་སྟབས་ཀྱི་སྤུ་ལྟར་དབེན་ཡང་། གཙོ་བོ་ཀྲོངས་ཏང་ཤུད་དང་མི་དམངས་སྲིད་གཞུང་གི་འགངས་ཆེའི་ཐུགས་འཁུར་དང་། སྤྱི་ཚོགས་ཚན་རིག་ཁང་ཏང་ཤུད་ཀྱི་ཐད་ཀའི་འགོ་ཁྲིད་དང་སློབ་སྟོན་འོག འབྲེལ་ཡོད་སྡེ་ཚན་དང་མཁས་པ་མང་པོའི་རོགས་རམ་རྒྱབ་སྐྱོར་གནང་བ་བཅས་ལ་བརྟེན་ནས། བོད་ཀྱི་ལོ་རྒྱུས་རགས་རིམ་ཙམ་འཁོད་པའི་ཐོག་མའི་དཔེ་དེབ་སྟོད་སྨད་བར་གསུམ་འདི་འདོན་སྤེལ་ཞུ་ཐུབ་ཙམ་བྱུང་། ལྷག་པར་བདག་ཅག་ལ་ཏཱ་ལའི་བླ་མ་སྐུ་ཕྲེང་བཅུ་གསུམ་པའི་སྐབས་ཀྱི་ལོ་རྒྱུས་དཔྱད་གཞིའི་རྒྱུ་ཆ་གལ་ཆེ་བ་མང་པོ་ཞིག་མ་འཛོམས་པར་བརྟེན། ཐོག་མའི་རྒྱང་བསྒྲགས་གཏམ་བཤད་ཀྱི་བརྗོད་གཞི་ལྷུགས་རྩོམ་མཛད་པ་པོ་རང་སྐྱོང་

ལྗོངས་སྲིད་གྲོས་ཀྱི་དྲུང་ཆེ་སྐུ་གཞོན་མཁས་དབང་ཕུན་ཚོགས་ཚེ་རིང་ལགས་མཆོག་ལ། སྔར་ཡང་སྣོན་འཕྲི་དག་བཅོས་གང་དགོས་དང་འབྲེལ་བསྐྱར་རྩོམ་ཡོང་བ་ཞེས་སྐབས་བསྐུལ་ཞུས་པར་རྣམ་མང་མཛད་བརྒྱའི་གསེང་དབར་ལ་གོང་གསལ་ཏཱ་ལའི་བླ་མ་བཅུ་གསུམ་པའི་སྐབས་ནས་བོད་ཞི་བའི་བཅིངས་བཀྲོལ་བར་གྱི་ལོ་ཚན་བཅུ་བཞི་ཆ་ཚང་སྐྱུང་ལ་འཛོམས་མེད་ཀྱི་རྩོམ་འབྲི་རོགས་རམ་གནང་བྱུང་བ་བཅས་ལ་འདིར་ཆེད་དུ་བཀའ་དྲིན་ཆེ་ཞེས་ཞུ་རྒྱུ་ཡིན།

གཞན་ཡང་སྤྱི་ལོ་གཡུ་ཐྲེང་སྟོད་ཆ་འགྲེམ་སྤེལ་ཞུས་པའི་རྗེས་སུ་འབྲེལ་ཡོད་མཁས་དབང་དང་། ཀློག་པ་པོ་མི་ཉུང་བ་ཞིག་གིས་བདག་ཅག་ལ་བསྐུལ་མ་མཛད་ཆེད་ལེགས་སོའི་དབུགས་དབྱུངས་དང་འབྲེལ་ཚད་གཞི་མི་འདྲ་བའི་གདེང་འཇོག་མཛད་པ་མ་ཟད། ལྷག་པར་རྒྱལ་ཁབ་རིམ་པའི་ཆེད་མཁས་དགེ་རྒན་ཆེ་མོ་དུང་དཀར་བློ་བཟང་འཕྲིན་ལས་མཆོག་ནས་ཀྱང་གཡུ་ཐྲེང་སྟོད་ཆ་རྩོམ་འབྲིའི་སྐོར་གདེང་འཇོག་གང་ལེགས་གནང་བ་དང་ཆབས་ཅིག་བསྟན་པ་ཕྱི་དར་གྱི་ལོ་ཚིགས་ཐད་གལ་ཆེའི་དགོངས་འཆར་ཡང་ལྷུག་སྤྲོས་གནང་བྱུང་བར་སྙིང་ཐག་པ་ནས་ཐུགས་རྗེ་ཆེ་ཞུ་རྒྱུ་དང་། འབྱུང་འགྱུར་བསྟན་པ་ཕྱི་དར་གྱི་ལོ་རྒྱུས་ཞིབ་འཇུག་ལ་སྨན་སྣད་མཁས་དབང་དུང་དཀར་མཆོག་གི་གལ་ཆེའི་དགོངས་འཆར་གྱི་སྙིང་པོ་ཡང་འདིའི་གཤམ་ལྷན་འདེབས་ཀྱི་ཚུལ་དུ་བཀོད་ཡོད། ད་དུང་དེ་འདྲའི་གནད་དོན་མི་ཉུང་བ་ཞིག་ཆགས་ཡོད་པ་གོར་མ་ཆག་པ་དང་། དུས་མཚུངས་སྒྲིག་རྩོམ་ཞུ་ཕྱུགས་དང་དཀར་ཆག་འགོད་སྟངས་སོགས་ལའང་སྐབས་འགར་དགོས་གལ་ཆེ་བ་ཁ་ཤས་མདོར་བསྡུས་དྲགས་པ་དང་། ལ་ལར་ཉོག་བཤད་མང་དྲགས་པ་སོགས་ཀྱི་སྐྱོན་ཆའང་བྱུང་ཡོད། གཞན་ཡང་དུས་རབས་སོ་སོའི་བོད་ཀྱི་དཔལ་འབྱོར་འཕེལ་འགྲིབ་ཀྱི་ལོ་རྒྱུས་

ཀྱིས་མཚོན་པའི་གལ་ཆེའི་དོན་གནད་འགའ་ཞིག་ཐད་དཔྱད་གཞིའི་རྒྱུ་ཆ་རྩ་བ་ནས་མ་འཛོམས་པས་གསལ་པོ་འགོད་མ་ཐུབ་པ་སོགས་མདོར་ན་གཙོ་བོ་བདག་ཅག་རྩོམ་པ་པོའི་ཐོས་པ་དང་ཤེས་ཚད་དམན་པ་ལས་བྱུང་བའི་སྐྱོན་ནམ་ནོར་འཁྲུལ་ཅི་རིགས་པ་ཞིག་གཡོལ་ཐབས་མེད་པར་འབྱུང་སྲིད་པ་དེ་དག་ལ་གཟིགས་བོར་གནས་པའི་ལོ་རྒྱུས་མཁས་དབང་དང་། རྒྱ་ཆེའི་གཟིགས་པ་པོ་རྣམས་ནས་ཚད་མཐུད་ཡོ་བསྲང་གི་སློབ་སྟོན་ཡོང་བ་ཞུ་རྒྱུ་ཡིན།

དེ་མིན་ ཆབ་སྲིད་ བསམ་ བློའི་ ཕྱོགས་ ལྡངས་ ཀྱི་ ཀུན་ སློང་ གཞན་ ཞིག་བཟུང་སྟེ་བདེན་པ་མེད་བཞིན་དུ་རྟོག་གེའི་ཟླན་ཀ་འཚོལ་མཁན་ཡང་ཡོང་སྲིད་མོད་དེ་རིགས་ལ་ནི། མཁས་དབང་དགེ་འདུན་ཆོས་འཕེལ་མཆོག་ནས་ཉམས་མྱོང་ཕྱོགས་བསྡོམས་གནང་བའི་གསུང་།

རྒྱུ་མཚན་མེད་པར་བརྗོད་ན་ཡིད་ཆེས་ཤིང་།
རྒྱུ་མཚན་བཙལ་ཏེ་སྨྲས་ན་བརྙས་བྱེད་པའི།
སྐྱེ་བོ་རྨོངས་པའི་སེམས་ཀྱི་གཤིས་ལུགས་འདི།
ཚད་མའི་འཇུག་པ་ཀུན་ལས་འདས་པ་ལགས།”

ཞེས་པ་ འདི་ ཉིད་ ལན་ དུ་ བྱིན་ ནས་ རྣམ་ དཔྱོད་ དང་ ལྡན་ པ་ རྣམས་ ཀྱི་ དཔྱད་བྱར་འོས་པ་ལས། མང་དུ་སྨྲ་བ་ནི་རང་གཞན་གྱི་དུས་ཚོད་ཆུད་འཛའ་བའི་རྒྱུ་ལས་མ་འདས་སོ།

བདག་ཅག་གི་རེ་བའི་སྙིང་པོ་ནི་སྐད་རང་ཅག་བོད་ཀྱི་ལོ་རྒྱུས་འདི་རིམ་བཞིན་ཆ་ཚང་དང་། ཡང་གང་དག བརྒྱུད་རིམ་ཚར་དུ་ཏེ་དངས། དེ་བས་དོན་དངོས་དང་མཐུན་པ་ཞིག་གསར་རྩོམ་ཡོང་བའི་སྔ་གོན་དུ་འགྱུར་བ་ཞིག་དང་། མིག་སྔར་བོད་རིགས་གཙོ་བོར་གྱུར་བའི་རང་ལྗོངས་ཀྱི་མི་རིགས་

ཁག་གི་ལས་བཟོ་དང་མང་ཚོགས་རྣམས་ཀྱིས་བོད་ཀྱི་སྔོན་བྱུང་ལོ་རྒྱུས་རགས་རིམ་ཙམ་ཞིག་མཁྱེན་རྟོགས་གནང་རྒྱུར་དཔེ་དེབ་མང་པོ་འཚོལ་གཟིགས་མ་དགོས་པ་སྟབས་བདེ་ཡོང་བ་དང་། ལོ་རྒྱུས་ཀྱི་དོན་དངོས་རྟོགས་པ་བརྒྱུད་རྒྱལ་གཅེས་རིང་ལུགས་ཀྱི་བསམ་པ་གོང་མཐོར་འགྱུར་བ། ཡིན་མིན་གྱི་དབྱེ་བ་གསལ་པོར་འབྱེད་ཐུབ་པ་མ་ཟད། སྔར་གྱི་ལོ་རྒྱུས་དང་ད་ལྟའི་བདེ་སྐྱིད་བསྡུར་ནས་མ་འོངས་པར་དེ་བས་མཛེས་སྡུག་ལྡན་ལ་དཔལ་ཡོན་འབུམ་ཕྲག་འབར་བའི་བོད་ལྗོངས་གསར་པ་ཞིག་འཛུགས་སྐྲུན་བྱེད་པའི་ཆེད་འབད་པ་ལྷུར་བརྒྱར་འཕེལ་བའི་འགྲུལ་ཤུགས་སུ་འགྱུར་བར་སྨོན་འདུན་ཞུ་བ་ལགས་སོ། སྒྲིག་རྩོམ་པས། སྤྱི་ལོ1991ལོའི་ཟླ1ཚེས5ལ།

བོད་ཀྱི་ལོ་རྒྱུས་གསུ་ཕྲེང་སྒྲིག་རྩོམ་བྱེད་སྐབས་
དཔྱད་གཞིའི་ཡིག་རིགས་ཀྱི་དཀར་ཆག

དཔེ་མིང་	རྩོམ་པ་པོ།	བརྩམ་དུས།
1. རྒྱལ་རབས་དེབ་ཐེར་དཀར་པོ།	དགེ་འདུན་ཆོས་འཕེལ།	སྤྱི་ལོ1946རབ་བྱུང་16མེ་ཕྱི་ལོ།
2. ཆོས་འབྱུང་མཁས་པའི་དགའ་སྟོན།	དཔའ་བོ་གཙུག་ལག་ཕྲེང་བ།	1545རབ་བྱུང་9ཤིང་སྦྲུལ་ལོ།
3. ཏུན་ཧོང་ནས་ཐོན་པའི་བོད་ཀྱི་ལོ་རྒྱུས་ཡིག་རྙིང་།		དུས་རབས་བདུན་པ་ནས་དགུ་པ་བར།
4. ཆོས་འབྱུང་མེ་ཏོག་སྙིང་པོ་སྦྲང་རྩིའི་བཅུད།	ཉང་རལ་ཉི་མ་འོད་ཟེར།	དུས་རབས་བཅུ་གཉིས་པ།
5. རྒྱལ་རབས་	ས་སྐྱ་གྲགས་པ་རྒྱལ་མཚན།	དུས་རབས་བཅུ་གསུམ་པ།
6. རླངས་ཀྱི་པུ་ཏི་བསེ་རུ་རྒྱས་པ།	རླངས་བྱང་ཆུབ་འདྲེ་བཀོལ། ཕག་གྲུ་བྱང་ཆུབ་རྒྱལ་མཚན།	དུས་རབས་བཅུ་གཅིག་ པ། དུས་ རབས་བཅུ་བཞི་པ།

7. འབེལ་གཏམ་ ལུང་གི་སྙིང་པོ།	སྨན་རི་སློབ་གྲྭར་ བསྟན་འཛིན་རྣམ་དག	དུས་རབས་ 20སྨད་ཆ།
8. རྗེ་འབངས་རྣམས་ ཀྱི་རིགས་རུས་གསལ་ བའི་སྒྲོན་མེ།	ལྷ་བཙུན་ངག་ དབང་ཕུན་ཚོགས།	1608རབ་བྱུང་ 10ས་སྤྲེ་ལོ།
9. སྟོན་གྱི་གཏམ་ མེ་ཏོག་ཕྲེང་བ།	ཞིའུ་པཎྜི་ཏ།	དུས་རབས་བཅུ་ གསུམ་པ།
10. རྒྱལ་པོའི་ བཀའ་ཐེམས།	ཨ་ཏི་ཤས་གཏེར་ ནས་བཞེས་པར་གྲགས།	དུས་རབས་བཅུ་ གཅིག་པ།
11. མ་ཎི་བཀའ་ འབུམ།	གྲུབ་ཐོབ་དངོས་གྲུབ་ སོགས་ཀྱིས་གཏེར་ ནས་བཞེས་པ།	དུས་རབས་བཅུ་ གཉིས་པ།
12. རྒྱའི་ཐང་དེབ་ གསར་རྙིང་།	ཀྲང་ཀྲའོ་ཡོན་དང་ ལིའུ་ཞུས་སོགས། ཨོའུ་དབྱང་ཞིའུ་དང་ སུང་ཆིས་སོགས།	941ལྕགས་གླང་ལོ། 1060ལྕགས་བྱི་ལོ།

13. མཁས་པ་ལྡེའུའི་རྒྱ་བོད་ཀྱི་ཆོས་འབྱུང་རྒྱས་པ།	མཁས་པ་ལྡེའུ།	དུས་རབས་བཅུ་གཉིས་པ།
14. ཡམ་བུ་བླ་སྣང་གི་དཀར་ཆག་འབྲིང་པོ།		
15. རྒྱལ་རབས་དཔྱིད་ཀྱི་རྒྱལ་མོའི་གླུ་དབྱངས།	ཏཱ་ལའི་བླ་མ་ལྔ་པ་ཆེན་པོ།	1643རབ་བྱུང་11ཆུ་ལུག
16. རྒྱལ་རབས་གསལ་བའི་མེ་ལོང་།	ས་སྐྱ་བསོད་ནམས་རྒྱལ་མཚན། དགོན་གཉེར་དཔོན་ལེགས་པའི་ཤེས་རབ།	1328རབ་བྱུང་6ས་འབྲུག 1388རབ་བྱུང་7ས་འབྲུག
17. བོད་ཀྱི་གནའ་རབས་ཡིག་ཆ་གཅེས་བསྡུས།	ཕྱོགས་སྒྲིག	དུས་རབས7 –9
18. ཆོས་འབྱུང་བསྟན་པའི་རྒྱལ་མཚན།	ལྡེའུ་ཇོ་སྲས།	དུས་རབས་བཅུ་གསུམ་པ།

19. ཡར་ལུང་ཇོ་བོའི་ཆོས་འབྱུང་།	ཡར་ལུང་ཇོ་བོ་ཤཱཀྱ་རིན་ཆེན།	1436རབ་བྱུང7མེ་འབྲུག
20. རྒྱལ་རབས་འཕྲུལ་གྱི་ལྡེ་མིག	པཎ་ཆེན་བསོད་ནམས་གྲགས་པ།	1538རབ་བྱུང9ས་ཁྱི།
21. རྒྱ་བོད་ཡིག་ཚང་མཁས་པ་དགའ་བྱེད།	སྟག་ཚང་པ་དཔལ་འབྱོར་རྒྱ་མཚོ།	1434རབ་བྱུང7ཤིང་སྟག
22. ཚལ་ པའི་ དེབ་ དམར།	ཚལ་པ་ཀུན་དགའ་རྡོ་རྗེ།	1346རབ་བྱུང6མེ་ཁྱི།
23. བོད་ཀྱི་སྤྱི་རབས་ཁྲིམས་སྲོལ་ཡིག་ཆ་བདམས་བསྒྲིགས།		ཕྱོགས་སྒྲིག
24. པདྨ་འབྱུང་གནས་ཀྱི་རྣམ་ཐར་ཡིད་ཆེས་གསུམ་ལྡན།	ཇོ་ནང་ཏཱ་ར་ནཱ་ཐ།	དུས་རབས་བཅུ་དྲུག་སྨད།

25. དབའ་བཞེད།	རྦ་གསལ་སྣང་།	དུས་རབས་8པ།
26. བོད་ཀྱི་རྫོ་རིང་ཡི་གེ་དང་དྲིལ་བུའི་ཁ་བྱང་།	ཕྱུགས་སྒྲིག	དུས་རབས་7 – 9པ།
27. བཙན་པོ་ཁྲི་ལྡེ་སྲོང་བཙན་གྱི་ལོ་རྒྱུས་མདོ་ཙམ་བརྗོད་པ།	དོན་གྲུབ་རྒྱལ།	1984རབ་བྱུང་16ཤིང་བྱི།
28. ཆོས་འབྱུང་བསྟན་པའི་པདྨ་རྒྱས་པའི་ཉིན་བྱེད།	འབྲུག་པ་པདྨ་དཀར་པོ།	དུས་རབས་16སྨད་ཆ།
29. དཔོན་ཞང་དབུ་སྙུང་རྫོ་རིང་གི་ཡི་གེ		823ཙུ་ཡོས།

30. བཙན་པོའི་གདུང་རབས་ཆོག་ཞུང་དོན་གསལ།	ཀ་ཐོག་རིག་འཛིན་ཚེ་དབང་ནོར་བུ།	1743རབ་བྱུང་12ཤིང་གླང་།
31. ཆོས་འབྱུང་རིན་པོ་ཆེའི་མཛོད།	བུ་སྟོན་རིན་ཆེན་གྲུབ།	1322རབ་བྱུང་5ཆུ་ཁྱི།
32. བསྟན་རྩིས་གསལ་བའི་ཉིན་བྱེད།	མང་ཐོས་ཀླུ་སྒྲུབ་རྒྱ་མཚོ།	1566རབ་བྱུང་8མེ་སྟག
33. ལོ་རྒྱུས་ངོ་མཚར་ཆུན་པོ།	ཉི་ལྡེ་ནམ་མཁའ་བཟང་པོ།	དུས་རབས་བཅུ་དྲུག་པའི་འགོ།
34. རྒྱལ་རབས་གསེར་གྱི་ཕྲེང་བ།		དུས་རབས་བཅུ་བདུན་པ།
35. ལ་དྭགས་རྒྱལ་རབས།		དུས་རབས་ཉི་ཤུ་པ།

36. དེབ་ཐེར་སྔོན་པོ།	འགོས་ལོ་གཞོན་ནུ་དཔལ།	1478རབ་བྱུང་8ས་ཁྱི།
37. བསྟན་འགྱུར་དཀར་ཆག་ངོ་མཚར་རྒྱ་གཏེར་འཕེལ་བའི་ཟླ་བ་གསར་པ།	ཞུས་ཆེན་ཚུལ་ཁྲིམས་རིན་ཆེན།	1744རབ12ཤིང་བྱི།
38. ཐུའུ་བཀྭན་གྲུབ་མཐའ།	ཐུའུ་བཀྭན་ཆོས་ཀྱི་ཉི་མ།	1802རབ་བྱུང་13ཆུ་ཁྱི།
39. ཆོས་འབྱུང་བསྟན་པའི་རྒྱ་མཚོར་འཇུག་པའི་གྲུ་ཆེན།	ངོར་ཆེན་དཀོན་མཆོག་ལྷུན་གྲུབ།	དུས་རབས་བཅུ་བདུན་པ།
40. ས་སྐྱའི་གདུང་རབས་རིན་ཆེན་བང་མཛོད།	ས་སྐྱ་ངག་དབང་ཀུན་དགའ་བཀྲ་ཤིས།	1629རབ་བྱུང་11ས་སྦྲུལ།

41. ཆོས་འབྱུང་དཔག་བསམ་ལྗོན་བཟང་།	སུམ་པ་ཡེ་ཤེས་དཔལ་འབྱོར།	1748 རབ་བྱུང་13 ས་འབྲུག
42. དཔལ་སྣར་ཐང་ཆོས་སྡེའི་ལོ་རྒྱུས།	བཀྲས་ལྷུན་ལོ་རྒྱུས་ཚོགས་ཆུང་།	1985 རབ་བྱུང་16 ཤིང་གླང་།
43. འབྲི་གུང་གདན་རབས་གསེར་ཕྲེང་།	འབྲི་གུང་བསྟན་འཛིན་པདྨའི་རྒྱལ་མཚན།	1803 རབ་བྱུང་13 ཆུ་ཕག
44. དུ་ཀུ་ལའི་གོས་བཟང་གླེགས་བམ་ཀ་པ།	ཏཱ་ལའི་བླ་མ་ལྔ་པ་ཆེན་པོ།	དུས་རབས་17 སྨད་ཆ།
45. གྲུང་གོའི་བོད་ས་གནས་ཀྱི་ལོ་རྒྱུས་ཡིག་ཚང་ཕྱོགས་བཏུས།	ཕྱོགས་སྒྲིག	1986 རབ་བྱུང་16 མེ་སྟག

46. ཏྲ་ལའི་བླ་མའི་རྣམ་ཐར་བོད་ཡིག་དེབ།	ཡཱ་ཧན་ཀྲང་།	1986ལོར་བསྒྱུར་བ།
47. གུང་ཐང་རྒྱལ་རབས་དངས་ཤེལ་འཕྲུལ་གྱི་མེ་ལོང་།	ཀ་ཐོག་རིག་འཛིན་ཚེ་དབང་ནོར་བུ།	1749རབ་བྱུང་13ས་སྦྲུལ།
48. ཐ་སྙད་རིག་གནས་ལྔའི་བྱུང་ཚུལ་གསལ་བར་བྱེད་པ།	འདར་སྟོད་དགྲ་འདུལ་དབང་པོ།	དུས་རབས་བཅུ་དྲུག་པ།
49. གསུང་རྣམ་སྤྱོད་ཚུལ་གསལ་བར་སྟོན་པ་ནོར་བུའི་ཕྲེང་བ།	པཎ་ཆེན་བློ་བཟང་ཆོས་རྒྱན།	དུས་རབས་17དུས་དཀྱིལ།
50. ལྷོའི་ཆོས་འབྱུང་འཇམ་མགོན་སྨོན་མཐའི་ཕྲེང་བ།	འབྲུག་བསྟན་འཛིན་ཆོས་རྒྱལ།	

51. དུ་ཀུ་ལའི་གོས་བཟང་གླིགས་པམ་ཁ་པ།	ཏཱ་ལའི་བླམ་ལྔ་པ་ཆེན་པོ།	དུས་རབས་17སྨད།
52. དུ་ཀུ་ལའི་གོས་བཟང་གླིགས་པམ་ང་པ།	སྡེ་སྲིད་སངས་རྒྱས་རྒྱ་མཚོ།	དུས་རབས་17 དུས་མཇུག
53. ཏཱ་ལའི་དྲུག་པའི་རྣམ་ཐར་རབ་གསལ་གསེར་གྱི་སྙེ་མ།	སྡེ་སྲིད་སངས་རྒྱས་རྒྱ་མཚོ།	1701རབ་བྱུང་12ལྕགས་ཡོས།
54. ཏཱ་ལའི་བདུན་པའི་རྣམ་ཐར་དཔག་བསམ་རིན་པོ་ཆེའི་སྙེ་མ།	ལྕང་སྐྱ་རོལ་པའི་རྡོ་རྗེ།	1818རབ་བྱུང་14ས་སྟག
55. ཏཱ་ལའི་བརྒྱད་པའི་རྣམ་ཐར་འཛམ་གླིང་མཐའ་གྲུ་ཡངས་པའི་རྒྱན།	དེ་མོ་ཐུབ་བསྟན་འཇིགས་མེད།	དུས་རབས་19 དུས་འགོ

56. འཛམ་བའིད་རྣམ་ཐར་ངོ་མཚར་སྐལ་བཟང་འཇུག་ངོགས།		
57. ཚངས་དབྱངས་རྒྱ་མཚོའི་གསང་རྣམ་ལྷའི་ཏམ་བུ་རའི་སྒྲ་དབྱངས།	ལྷ་བཙུན་ངག་དབང་རྡོ་རྗེ།	
58. རང་ རྣམ་ སྐལ་བཟང་དགའ་སྟོན།	སྐྱི་ལུང་བློ་བཟང་རྣམ་རྒྱལ།	དུས་རབས18པ།
59. མི་དབང་པོ་ལྷ་བའི་རྟོགས་བརྗོད།	མདོ་མཁར་ཞབས་དྲུང་ཚེ་རིང་དབང་རྒྱལ།	1733རབ་བྱུང་12ཆུ་གླང་།
60. མདོ་མཁར་ཞབས་དྲུང་གི་བྱུང་བ་བརྗོད་པ་བྲོལ་མེད་ངག་གི་རོལ་མོ།	མདོ་མཁར་ཚེ་རིང་དབང་རྒྱལ།	1763རབ་བྱུང་13ཆུ་ལུག

61. དགའ་བཞིའི་བྱུང་བ་བརྗོད་པ་ བྲོལ་མེད་གཏམ་གྱི་རོལ་མོ།	རྡོ་རིང་བསྟན་འཛིན་དཔལ་འབྱོར།	1806རབ་བྱུང་13མེ་སྟག
62. རང་རྣམ་འོད་དཀར་ཅན་གྱི་ཕྲེང་བ།	པཎ་ཆེན་བློ་བཟང་ཡེ་ཤེས།	དུས་རབས་18སྟོད་ཆ།
63. ལྕང་སྐྱ་རོལ་པའི་རྡོ་རྗེའི་རྣམ་ཐར།	ཐུའུ་བཀྲའ་ཆོས་ཀྱི་ཉི་མ།	དུས་རབས་18སྨད་ཆ།
64. ཕོ་བྲང་པོ་ཏ་ལའི་ལོ་རྒྱུས་ཕྱོགས་སྒྲིག	རིག་རྫས་བདག་གཉེར་ཨུ་ཡོན་ལྷན་ཁང་།	1987རབ་བྱུང་17མེ་ཡོས།
65. རྒྱལ་རབས་ཆོས་འབྱུང་ཤེལ་དཀར་མེ་ལོང་།	རག་ར་སྤྲུལ་སྐུ་ངག་དབང་བསྟན་པའི་རྒྱལ་མཚན།	1822རབ་བྱུང་14ཆུ་རྟ།

66. རྟ་ཚོག་བསྟན་པའི་མགོན་པོའི་རྣམ་ཐར་དད་པའི་པདྨོ་འཛུམ་པ།		དུས་རབས་19 དུས་སྟོད།
67. ཚུ་སྒང་ཞང་ཞུ་ཚུར་ཕུལ་གྱི་དེབ།	གཞུང་ཡིག	1793རབ་བྱུང་13ཆུ་སྒང་།
68. དེ་སྔའི་བོད་ས་གནས་ཀྱི་དངུལ་ལོར་གནས་བསྡུས་དེབ།		
69. ཏྭ་ལའི་དགུ་པའི་རྣམ་ཐར་དད་པའི་ཡིད་འཕྲོག	དེ་མོ་ཐུབ་བསྟན་འཇིགས་མེད་རྒྱ་མཚོ།	1820རབ་བྱུང་14ལྕགས་འབྲུག
70. བོད་དང་བར་ཁམས་རྒྱ་སོག་བཅས་ཀྱི་ བླ་སྤྲུལ་སྐྱི་ཕྲེང་གི་དེབ་གཞུང་།	གཞུང་ཡིག	1814རབ་བྱུང་14ཤིང་ཁྱི།

71. ཏྭ་ལའི་བཅུ་པའི་རྣམ་ཐར་ངོ་མཚན་ནོར་བུའི་ཕྲེང་བ།	རྒྱལ་དབང་སྤྲུལ་སྐུ་བློ་བཟང་འཕྲིན་ལས་རྣམ་རྒྱལ།	དུས་རབས་19 སྟོད་ཆ།
72. ཏྭ་ལའི་བཅུ་གཅིག་པའི་རྣམ་ཐར་ངོ་མཚར་ལྷའི་རོལ་མོ།	རྒྱལ་དབང་སྤྲུལ་སྐུ་བློ་བཟང་འཕྲིན་ལས་རྣམ་རྒྱལ།	དུས་རབས་19 དུས་དཀྱིལ།
73. བསྐྱུར་བཀོད་བཀའ་ཤག་རྒྱ་དེབ།	གཞུང་ཡིག	1842རབ་བྱུང་14ཆུ་སྟག
74. ཏྭ་ལའི་བཅུ་གཉིས་པའི་རྣམ་ཐར་དངས་ཤེལ་མེ་ལོང་།	ཕུར་ལྕོག་བློ་བཟང་ཚུལ་ཁྲིམས་བྱམས་པ་རྒྱ་མཚོ།	དུས་རབས་19 སྨད་ཆ།
75. སྨན་རྩིས་མཁྱེན་རབ་ནོར་བུའི་ཧོ་ཊ་བརྗོད་སྐལ་ལྡན་ཡིད་འཕྲོག	ཡོན་ཀྲང་བྱམས་པ་འཕྲིན་ལས།	1985རབ་བྱུང་16ཤིང་གླང་།

76. ལྕགས་རི་འགྲོ་ཕན་རིག་བྱེད་སྤྱིང་གི་བྱུང་བརྗོད་གསལ་བའི་སྒྲོན་མེ།	ཐུབ་བསྟན་ཚེ་རིང་།	1985རབ་བྱུང་16ཤིང་གླང་།
77. སྨན་རྩིས་ཁང་གི་གདན་རབས།	ཡོན་ཀྲང་བྱམས་པ་འཕྲིན་ལས།	1985རབ་བྱུང་16ཤིང་གླང་།
78. དགེ་འདུན་ཆོས་འཕེལ་གྱི་རྟོགས་བརྗོད་དག་པའི་སྣང་བ།	ཧོར་ཁང་བསོད་ནམས་དཔལ་འབར།	1983རབ་བྱུང་16ཆུ་ཕག
79. དགེ་འདུན་ཆོས་འཕེལ་གྱི་རྣམ་ཐར་མདོར་བསྡུས།	མི་ཀྲན་ཤེས་རབ་རྒྱ་མཚོ།	1972རབ་བྱུང་16ཆུ་བྱི།
80. དགེ་འདུན་ཆོས་འཕེལ་གྱི་ལོ་རྒྱུས་མདོར་བསྡུས།	རག་ར་ཐུབ་བསྟན་ཆོས་དར།	1979རབ་བྱུང་16ས་ལུག

81. རྒྱལ་ཁམས་རིག་པས་བསྐོར་བའི་གཏམ་རྒྱུད་གསེར་གྱི་ཐང་མ།	དགེ་འདུན་ཆོས་འཕེལ།	དུས་རབས་20སྟོད་ཆ།
82. སྦྲ་བཞེད།	སྦྲ་གསལ་སྣང་།	དུས་རབས་བརྒྱད་པ།
83. གཡུ་ཐོག་ཡོན་ཏན་མགོན་པོའི་རྣམ་ཐར།	ཇོ་བོ་ལྷུན་གྲུབ་བཀྲ་ཤིས།	
84. མྱང་སྟོད་སྨད་བར་གསུམ་གྱི་ཆོས་འབྱུང་མཁས་པའི་འཇུག་ངོགས།	ཇོ་ནང་ཏཱ་ར་ནཱ་ཐ།	དུས་རབས་བཅུ་བདུན་སྟོད་ཆ།
85. ཆོས་འབྱུང་ངོ་མཚར་རྒྱ་མཚོ།	སྟག་ལུང་ངག་དབང་གྲགས་པ།	1845རབ་བྱུང་14ཤིང་སྦྲུལ།
86. ཚོང་ཁ་པ་ཆེན་པོའི་རྣམ་ཐར་ཐུབ་བསྟན་མཛེས་རྒྱན།	འབྲུག་རྒྱལ་དབང་ཆོས་རྗེ།	1845རབ་བྱུང་14ཤིང་སྦྲུལ།

87. ཚོང་ཁ་པ་ཆེན་པོའི་རྣམ་ཐར་དད་པའི་འཇུག་ངོགས།	མཁས་གྲུབ་དགེ་ལེགས་དཔལ་བཟང་།	དུས་རབས་བཅོ་ལྔ་པ།
88. དགེ་འདུན་གྲུབ་ཀྱི་རྣམ་ཐར་ནོར་བུའི་ཕྲེང་བ།	ཡེ་ཤེས་རྩེ་མོ།	1494རབ་བྱུང་8ཤིང་སྟག
89. དགེ་འདུན་གྲུབ་ཀྱི་རྣམ་ཐར་མཛད་པ་བཅུ་གཉིས་པ།	ཀུན་དགའ་རྒྱལ་མཚན།	1497རབ་བྱུང་8མེ་སྦྲུལ།
90. འཇམ་དབྱངས་ཆོས་རྗེ་བཀྲ་ཤིས་དཔལ་ལྡན་པའི་རྣམ་ཐར་རབ་གསལ་སྒྲོན་མེ།	ལ་སྟོད་པ་ཀུན་དགའ་རྒྱལ་མཚན།	དུས་རབས་བཅོ་ལྔ་པ།
91. བཀྲ་ཤིས་ལྷུན་པོའི་ལོ་རྒྱུས་གསལ་བའི་ཉི་མ།	བཀྲས་དགོན་ལོ་རྒྱུས་རྩོམ་འབྲི་ཚོགས་ཆུང་།	1983རབ་བྱུང་16ཆུ་ཕག

92. ཕག་གྲུའི་གདན་རོན་འགའ་ཞིག་སྐོར།	ཡཱ་ཧན་ཀྲང་།	1989རབ་བྱུང་17ས་སྦྲུལ།
93. ཆོས་རྗེ་ཆེན་པོ་སེ་འབྲས་དགའ་གསུམ་གྱི་བྱུང་བ་མདོ་ཙམ་བརྗོད་པ།	འབྲོག་མི་བྱམས་པ་བློ་གྲོས།	1985རབ་བྱུང་16ཤིང་གླང་།
94. རབ་བརྟན་ཀུན་བཟང་འཕགས་ཀྱི་རྣམ་ཐར།	འཇིགས་མེད་གྲགས་པ།	1419རབ་བྱུང་7ས་ཕག
95. བོད་ཀྱི་དཀར་ཆག་རིག་པ།	དུང་དཀར་བློ་བཟང་འཕྲིན་ལས།	1984རབ་བྱུང་16ཤིང་བྱི།
96. བྱང་བདག་རྣམ་རྒྱལ་གྲགས་བཟང་གི་རྣམ་ཐར།		

97. བོད་ཀྱི་གསོ་རིག་སྨན་རྫས་ཀྱི་ཐོག་མའི་བྱུང་ཚུལ།	ཡོན་ཏན་བྱམས་པ་འཕྲིན་ལས།	1985རབ་བྱུང་16ཤིང་གླང་།
98. བསྟན་འཛིན་གྱི་སྐྱེས་བུ་རྒྱ་བོད་དུ་བྱོན་པའི་མིང་གི་རྣམ་གྲངས།	ཀློང་རྡོལ་ངག་དབང་བློ་བཟང་།	དུས་རབས་བཅོ་བརྒྱད་པ།
99. བུ་སྟོན་རྣམ་ཐར་སྙིམ་པའི་མེ་ཏོག	སྒྲ་ཚད་པ་རིན་ཆེན་རྣམ་རྒྱལ།	1366རབ་བྱུང་6མེ་རྟ།
100. ཐང་སྟོང་རྒྱལ་པོའི་རྣམ་ཐར་ནོར་བུའི་མེ་ལོང་།	འགྱུར་མེད་བདེ་ཆེན།	1609རབ་བྱུང་10ས་བྱ།
101. དེབ་ཐེར་སྔོན་པོའི་དཔེ་སྐྲུན་གྱི་འགོ་བརྗོད།	དུང་དཀར་བློ་བཟང་འཕྲིན་ལས།	

102. པོ་ཏོང་ཕྱོགས་ལས་རྣམ་རྒྱལ་གྱི་རྣམ་ཐར།	འཇིགས་མེད་འབངས།	1453རབ་བྱུང་8ཚེ་བྱ།
103. རྒྱ་གར་ཆོས་འབྱུང་དེབ་ཐེར་གྱི་རྩོམ་པ་པོའི་མཛད་བྱུང་།	ཐུབ་བསྟན་ཉི་མ།	1986རབ་བྱུང་16མེ་སྟག
104. སློབ་དཔོན་པདྨའི་རྣམ་ཐར་ཟངས་གླིང་མ་དང་ཆབས་ཅིག་བཀོད་པ།		
105. རིན་སྤུངས་པའི་གདུང་རབས།	ཡར་ལུང་པ་ཨ་འབུམ།	དུས་རབས་བཅོ་ལྔ་པ།
106. གཙང་སྟོད་རྒྱལ་པོའི་རྣམ་ཐར་ཕྲིས་མ།		དུས་རབས་བཅུ་བདུན་པ།

107. འབྲས་སྤྱོངས་ཞུ་ལན།	སྡེ་སྲིད་སངས་རྒྱས་རྒྱ་མཚོ།	དུས་རབས་བཅུ་བདུན་པ།
108. དྭངས་ཤེལ་མེ་ལོང་།	སྡེ་སྲིད་སངས་རྒྱས་རྒྱ་མཚོ།	དུས་རབས་བཅུ་བདུན་པ།
109. གསེར་སྡོང་དཀར་ཆག་ཐར་གླིང་རྒྱ་མཚོར་བགྲོད་པའི་གྲུ་རྫིང་།	སྡེ་སྲིད་སངས་རྒྱས་རྒྱ་མཚོ།	1692རབ་བྱུང་12ཆུ་སྤྲེ།

ཧུང་དཀར་སློ་བཟང་འཕྲིན་ལས་མཆོག་གི་གལ་ཆེའི་དགོངས་འཆར་གྱི་སྙིང་དོན།

“ངེད་ཀྱི་འདོད་པའི་བསྟན་པ་ཕྱི་དར་གྱི་ལོ་ཚིགས་འདི་ནི་ནེལ་པ་པཎྜི་ཏ་སྨོན་ལམ་ཚུལ་ཁྲིམས་ཞེས་སྣར་ཐང་གི་མཁས་པ་ཆེན་པོ་དེས་རབ་བྱུང་དྲུག་པའི་ཆུ་ལུག(1343)ལོར་བརྩམས་གནང་མཛད་པའི་ཆོས་འབྱུང་མེ་ཏོག་ཕྲེང་བ་དང་། ཛོ་ནང་ཏཱ་ར་ནཱ་ཐས་མཛད་པའི་རྒྱང་སྟོད་སྨད་ཀྱི་ཆོས་འབྱུང་ལྷུགས་དཔར་མའི་གྲངས153. 8པར་གསལ་བའི་དགག་སྒྲུབ་རྒྱབ་རྟེན་དང་བཅས་པ་འཁོད་པ་ལྟར།

བླ་ཆེན་དགོངས་པ་རབ་གསལ་ནི། གླང་དར་མས་བསྟན་པ་བསྣུབས་པར་གྲགས་པའི་ལྕགས་བྱ། (841)ལོའི་རྗེས་ནས་ལོ་ལྔ་བཅུ་འདས་པའི་ཆུ་བྱི(892)ལོར་འཁྲུངས། དགུང་ལོ་བཅུ་དྲུག་ལོན་སྐབས་འཕན་ཡུལ་སྣང་གསལ་ལྷ་ཁང་གི་ལྡེབས་བྲིས་གཟིགས་ནས་ལོ་བདུན་ཙུ་ལྷག་ཙམ་དུ་སླེབས་པའི་རྒན་མོ་ཞིག་གི་ངག་ལས་ཁོ་རང་ཆུང་བྱིས་པའི་དུས་རབ་བྱུང་མཐོང་མྱོང་བ་དང་། སྨར་གཡོ་གཙང་གསུམ་མདོ་ཁམས་སུ་བཞུགས་ཡོད་པའི་གནས་ཚུལ་བཅས་གསན་ནས་མདོ་ཁམས་སུ་ཕེབས། ལོ་ཤས་རིང་འདུལ་བའི་གཞུང་ལུགས་ལ་གསན་སྦྱོང་མཛད། དགུང་ལོ་ཉི་ཤུར་ཕེབས་པ་ལྕགས་ལུག(911)ལོར་སྨར་གཡོ་གཙང་གསུམ་གྱིས་མཁན་སློབ་གསང་སྟོན་བཅས་མཛད་ནས་རབ་བྱུང་བསྙེན་རྫོགས་ཆབས་ཅིག་ཏུ་བཞེས། དེ་དུས་སྨར་གཡོ་གཙང་གསུམ་དགུང་ལོ་དགུ་བཅུ་ལྷག་ཙམ་དུ་ཕེབས་ཟིན། དེ་ནས་ལོ་ལྔ་སོང་བ་མེ་བྱི(916)ལོར་བླ་ཆེན་དགུང་ལོ་ཉི་ཤུ་རྩ་ལྔར་ཕེབས་སྐབས་སྤྱང་གོང་ཡེ་ཤེས་གཡུང་དྲུང་སོགས་མཁས་བཙུན་མི་དྲུག་གིས་སྨར་གཡོ་གཙང་གསུམ་གྱི་དྲུང་དུ

བསྙེན་རྫོགས་ཞུ་བར་བཙར་ཡང་། ཁོང་རྣམ་པ་གསུམ་པོ་སྐུ་ན་ཏ་ཙང་སྨིན་པས་སློབ་མ་སྐྱོང་རྒྱུར་སྐུ་ངལ་ཆེ་བར་བརྟེན། བླ་ཆེན་སྐབས་དེར་བསྙེན་རྫོགས་བསྒྲུབས་ནས་ལོ་ལྔ་ལས་སོང་མེད་པས་གཞན་ལ་རབ་བྱུང་བསྙེན་རྫོགས་ཀྱི་སྡོམ་པ་གནང་བའི་ལོ་ཚད་ལོན་མེད་ཀྱང་། འདུལ་བ་ལ་མཁས་ཤིང་བྱང་ཆུབ་པ་དང་། གནས་ཀྱི་བླ་མར་འོས་པའི་ཡོན་ཏན་གཞན་དག་ཚང་ཡོད་པས་བཙོམ་ལྡན་འདས་ཀྱིས་བཀས་བཅད་གནང་བའི་དམིགས་བསལ་གྱི་དགོངས་པ་དང་མཐུན་པར་བཀའ་ཡི་གནང་བ་ཐོབ་པ་བཞིན། མཁས་བཙུན་མི་དྲུག་པོ་རབ་བྱུང་དང་བསྙེན་རྫོགས་མཛད། དེ་དུས་མཁས་བཙུན་མི་དྲུག་གི་ནང་ཚན་སྤྱང་གོང་ཡེ་ཤེས་གཡུང་དྲུང་སློབ་མ་མང་པོ་དང་བཅས་ཕེབས་ཞེས་གསལ་བ་ལྟར་ན། སློབ་མ་མང་པོ་གསོ་སྐྱོང་གནང་ཐུབ་པའི་ལོ་ཚོད་དུ་ཕེབས་ཟིན་པས་དགུང་ལོ་སུམ་ཅུ་ཡས་མས་ཙམ་ཞིག་ཡིན་པར་ཚོད་དཔག་བྱེད་ཐུབ།

དེ་ནས་ཁོང་རྣམས་བསྙེན་རྫོགས་གནང་ནས་ལོ་བཅུ་སོང་དུས་ཏེ་མེ་ཁྱི་(926)ལོར་སྤྱང་གོང་དགུང་ལོ་བཞི་བཅུ་ཡས་མས་སུ་ཕེབས་དུས་ཁོང་གི་དྲུང་ནས་གྲུམ་ཡེ་ཤེས་རྒྱལ་མཚན་གྱིས་བསྙེན་རྫོགས་ཞུས། (དེ་དུས་གྲུམ་ཡེ་ཤེས་རྒྱལ་མཚན་དགུང་ལོ་ཉི་ཤུར་ཕེབས་ཟིན་) གྲུམ་ཡེ་ཤེས་རྒྱལ་མཚན་བསྙེན་རྫོགས་གནང་ནས་ལོ་བཅུ་དང་། དགུང་ལོ་སུམ་ཅུར་ཕེབས་པ་མེ་སྤྲེ(936)གཞི་ནས་དབུས་གཙང་གི་མཁས་པ་མི་བཅུ་གཉིས། (སྟོན་ལ་ཕེབས་པ་བདུན་དང་། ཁོང་རྣམས་ཡར་ཕེབས་པ་དང་ལམ་དུ་ཕྲད་པ་རྗེས་སུ་ཕྱིན་པ་ལྔ་ཡོད། དེ་རྣམས་སོ་སོའི་མཚན《ནེལ་པ་ཆོས་འབྱུང་》དང《སྦྱང་ཆོས་འབྱུང་》གཉིས་སུ་གསལ་བ་ལྟར་ཡིན་) སྟོན་ལ་ཕེབས་པ་བདུན་གྱི་ནང་གི་ཀླུ་མེས་ཤེས་རབ་ཚུལ་ཁྲིམས་དང་། འབྲིང་ཡེ་ཤེས་ཡོན་ཏན་སོགས་མི་ལྔས་དགེ་སློང་དང་།

རྒྱ་དང་གཞོན་པན་གཉིས་ཀྱིས་དགེ་བསྙེན་ཞུས། ཀླུ་མེས་སོགས་མཁས་པ་སྟོན་ཕྱིན་མི་ལྔ་པོ་དེས་བསྙེན་རྫོགས་བཞེས་ནས་ལོ་བཅུ་དང་། ཀླུ་མེས་དགུང་ལོ་སོ་བཞིར་ཕེབས་པ་སབ་བྱ་(949)ལོར་ཀླུ་མེས་ཀྱིས་ལྷ་སའི་ལ་མོར་ཚག་དེའུ་དང་། མོང་ར་སྦྲད་འཁྱིལ། བ་ལམ་གྱི་གནས་གཞི་བཅས་བརྩིགས། ལོ་འདིར་བསྟན་པ་བསྐྱབས་པའི་ལྕགས་བྱ་ནས་རྩིས་ན་ལོ་ངོ་བརྒྱ་དང་དགུ། རྩིལ་པོ་བརྒྱ་དང་བརྒྱད་སོང་བ་དེ་སྨད་དར་དང་ཕྱི་དར་བར་གྱི་བར་སྟོང་ཡིན། ཀླུ་མེས་ཀྱིས་ལྷ་སར་བསྟན་པའི་གནས་གཞི་དགེ་འདུན་གྱི་སྡེ་བཙུགས་པའི་ལོ་འདི་ལ་བསྟན་པ་ཕྱི་དར་གྱི་འགོ་ཚུགས་པ་ཟེར། གནས་གཞི་བཏབ་པའི་ཕྱི་ལོ་ལྕགས་ཁྱི་(950)ལོར་ཀླུ་མེས་ཀྱི་དངོས་སློབ་ཀ་བ་བཞི་(1. སྨན་ཡེ་ཤེས་ཤེས་རབ། 2. རྫོག་བྱང་ཆུབ་འབྱུང་གནས། 3. ཞང་སྣ་ནམ་པ་རྡོ་རྗེ་དབང་ཕྱུག 4. གྲུ་མེར་ཚུལ་ཁྲིམས་འབྱུང་གནས་)བྱུང་བའི་ནང་གསེས་སྨན་དང་རྫོག་གཉིས་རབ་ཏུ་བྱུང་ཞེས་གསལ་བས་དགུང་ལོ་བདུན་ཡན་ཆད་ལ་ཕེབས་ཟིན་པར་བསྟན། གོང་གསལ་ཀ་བ་བཞིའི་གྲས།

རྫོག་བྱང་ཆུབ་འབྱུང་གནས་ནི། ཀླུ་མེས་དང་རྫོ་བོ་རྗེ་ཨ་ཏི་ཤ་གཉིས་ཀའི་དངོས་སློབ་ཡིན། རྗོ་བོ་རྗེ་བོད་དབུས་གཙང་དུ་མ་ཕེབས་གོང་ཀླུ་མེས་ཀྱིས་ལྷ་སར་བསྟན་པའི་གནས་གཞི་བཙུགས་པའི་ཕྱི་ལོ་ལྕགས་ཁྱི་(950)ལོར་ཀླུ་མེས་ཀྱི་དྲུང་དུ་རབ་ཏུ་བྱུང་བར་བཤད་པས་དེ་དུས་དགུང་ལོ་བདུན་ནས་བཅུ་ཡས་མས་མ་གཏོགས་བསྙེན་རྫོགས་གནང་རྒྱུའི་ལོ་ཚད་ལ་ཕེབས་མེད་པས་དེ་དུས་དགུང་ལོ་བཅུ་ཡས་མས་ཡིན། རྗོ་བོ་རྗེ་མངའ་རིས་ནས་བོད་དབུས་གཙང་དུ་ཕེབས་པའི་ཕྱི་ལོ་རྫོག་གིས་བྲག་ཡེར་པར་གདན་དྲངས་ནས་བསྙེན་བཀུར་ཟབ་རྒྱས་ཕྱག ཆོས་མང་པོ་གསན་པ་རྗོ་བོའི་རྣམ་ཐར་ཚང་མར་གསལ་

བས་དེ་ དུས་ རྫོག་ དགུང་ ལོ་ ཉི་ ཙམ་ མཐོ་ ཡང་ དགུ་ བཅུ་ གོ་ ལྔ་ ཡས་ མས་ ལས་ ཕེབས་མེད།

ཞང་སྣ་ནམ་པ་རྡོ་རྗེ་དབང་ཕྱུག་ནི། གླུ་མེས་ཀྱི་དངོས་སློབ་ཀ་བ་བཞིའི་གྲས་ཡིན་པ་མ་ཟད། རྡོ་པོ་རྗེའི་དངོས་སློབ་གྲགས་ཆེ་བའི་གྲས་སུ་ཡང་ཡོད། ཞང་གི་འཁྲུངས་ལོ་མེ་བྱི་(976) དགུང་ལོ་སོ་བདུན་པ་ཆུ་བྱི་(1012) ལོར་གླུ་མེས་ ཀྱི་ དྲུང་ ནས་ བསྙེན་ རྫོགས་ ཞུས། ལོ་ དེར་ འཕན་ པོའི་ རྒྱལ་ ལྷ་ ཁང་ བཏབ། དེ་ནས་ལོ་ངོ་བརྒྱད་དང་ཞང་གི་དགུང་ལོ་ཞེ་བཞིར་ཕེབས་སྐབས་འཁྲོམ་སྟོན་དགུང་ལོ་བཅུ་དྲུག་ལ་ཕེབས་པས་ཞང་གི་དྲུང་ནས་དགེ་བསྙེན་གྱི་སྡོམ་པ་ཞུས། རྡོ་པོ་རྗེ་མངའ་རིས་ནས་བོད་དབུས་གཙང་དུ་གདན་འདྲེན་ཞུ་བར་མངའ་རིས་མང་ཡུལ་བར་དུ་ཕེབས་ཏེ་རྡོ་པོ་དང་མཇལ་ནས་རྡོ་པོའི་སློབ་མ་གྲགས་ཆེ་བའི་གྲས་སུ་ཡོད། རྡོ་པོ་རྗེ་སྐུ་གཤེགས་ནས་ལོ་བདུན་དང་། ཞང་གི་དགུང་ལོ་གྱ་ལྔ་པ་ལྕགས་བྱི་(1060) ལོར་དགོངས་པ་མྱ་ངན་ལས་འདས།

ཁུ་སྟོན་བརྩོན་འགྲུས་གཡུང་དྲུང་ནི། རྡོ་པོ་རྗེའི་སློབ་མ་ཡིན་པ་དང་། ནག་ཚོ་ལོ་ཙྪ་བ་དང་དགུང་མཉམ་ཡིན་པ་ཡོངས་གྲགས་ཡིན། ཁོང་ནི་གླུ་མེས་དངོས་སློབ་ཀ་བ་བཞིའི་གྲས་ཡིན་པའི་གླུ་མེར་ཚུལ་ཁྲིམས་འབྱུང་གནས་ལས་རབ་བྱུང་ཞུས་པ་ལོ་རྒྱུས་མང་པོའི་ནང་གསལ་བས། དེ་དུས་གྲུ་མེར་བསྙེན་རྫོགས་གནང་ནས་ལོ་བཅུ་སོང་ཟིན་པ་དང་། དགུང་ལོ་སུམ་ཅུར་ཕེབས་ཟིན་པ་ར་འཁྲིད་བྱུང་བ་མ་ཟད། ཐང་པོ་ཆེ་དགོན་པ་བཏབ་པའི་ལོ་དེར་གྲུ་མེར་ཚུལ་འབྱུང་གླུ་མེས་ཀྱི་དྲུང་ནས་བསྙེན་རྫོགས་གནང་བ་ནེལ་པ་པཎྜི་ཏའི་ཆོས་འབྱུང་ལས་གསལ་བས། ཐང་པོ་ཆེ་བཏབ་པའི་ལོ་ནི་རབ་བྱུང་མ་ཚུགས་གོང་གི་དྲུག་ཅུ་སྐོར་སྟོན་མའི་མེ་སྦྲུལ་(1016) ལོ་ཡིན་པ་བསྟན་རྩིས་ཕལ་ཆེ་བའི་

ནང་འཁོད་ཡོད་ཅིང་། ཐང་པོ་ཆེ་བཏབ་ནས་ཡུན་རིང་མ་སོང་བར་ཀླུ་མེས་ཚོ་པ་དང་སྟག་སྟེ་ཚོ་པའི་བར་འཁྲུགས་པ་བྱུང་སྟེ་སྟག་སྟེ་རྣམས་ཕམ། དེས་ནད་མ་ཐེག་པར་སྟག་པ་རྣམས་ཀྱིས་ཀླུ་མེས་ལ་མཐུ་རྒྱབ་པར་བརྟེན་ཀླུ་མེས་ལ་མཛེ་ནད་ཐོག་སྟེ་ལོ་ཤས་སོང་ནས་སྐུ་འདས་པའི་དམར་གདུང་ཐང་པོ་ཆེའི་དགོན་པའི་མཆོད་རྟེན་འོད་འབར་གྱི་ནང་བཞུགས་ཞེས་ཆོས་འབྱུང་འགའ་ཞིག་ལས་གསལ།

གཟུས་རྡོ་རྗེ་རྒྱལ་མཚན་ནི། ཀླུ་མེས་དང་ཇོ་བོ་རྗེ་གཉིས་ཀའི་དངོས་སློབ་ཡིན་ཅིང་། ཇོ་བོ་རྗེ་བོད་དུ་མ་ཕེབས་གོང་ཀླུ་མེས་སློབ་དཔོན་དུ་བསྟེན་ནས་འདུལ་བ་ལ་སྦྱང་པ་མཐར་ཕྱིན་པར་མཛད། ཇོ་བོ་རྗེ་བོད་དུ་ཕེབས་རྗེས་ཐེག་པ་ཆེ་ཆུང་གི་ཆོས་མང་པོ་གསན་ནས་སློབ་མའི་གཙོ་བོའི་གྲས་སུ་ཡོད།

རྔོག་ལེགས་པའི་ཤེས་རབ་ནི། ཇོ་བོ་རྗེའི་དངོས་སློབ་ཡིན་པ་ཡོངས་གྲགས་དང་། ཇོ་བོ་རྗེ་བོད་དུ་མ་ཕེབས་གོང་དབུས་གཙང་མཁས་པ་མི་བཅུ་གཉིས་ཀྱི་གྲས་འབྲིང་ཡེ་ཤེས་ཡོན་ཏན་གྱི་དྲུང་དུ་རབ་ཏུ་བྱུང་བ་ལོ་རྒྱུས་ཚང་མའི་ནང་གསལ་ཞིང་། འབྲིང་དགུང་ལོ་མཐོན་པོར་མ་ཕེབས་བར་དུ་རབ་བྱུང་བསྙེན་རྫོགས་ཀྱི་མཁན་པོ་མ་གནང་བར་སྒོམ་སྒྲུབ་གཙོ་བོར་གནང་ནས་བཞུགས་ཞེས་ལོ་རྒྱུས་འགའ་ཞིག་ལས་གསལ།

གོང་གསལ་དེ་རྣམས་ངེད་ཀྱིས་རང་ལུགས་སུ་འདོད་པའི་བསྟན་པ་ཕྱི་དར་གྱི་ལོ་ཚིགས་ཀྱི་ཁུངས་ཞུས་པ་ཡིན་ཅིང་། དེ་ལྟར་མིན་པར་དབུས་གཙང་གི་མཁས་པ་མི་བཅུས་བླ་ཆེན་དང་དངོས་སུ་མཇལ་ནས་སྡོམ་པ་ཞུས་པའི་ངག་རྒྱུན་ཡོངས་གྲགས་ལ་ཁུངས་སུ་བྱས་ན། བསྟན་པ་བསྐྱབས་པའི་ཚུགས་བྱ་ནས་ཇོ་བོ་རྗེ་བོད་དབུས་གཙང་དུ་ཕེབས་པའི་སྤྱ་ལོའི་ཚུགས་སྦྲུལ་བར་ལོ་ཉིས་བརྒྱ་

བཅུ་མེད་གཅིག་ཡོད་པའི་ལོ་ཚིགས་དེ་ཁས་ལེན་ཐབས་མེད་པ་མ་ཟད། ཐང་བོད་དཔོན་ཞང་མཐུན་འབྲེལ་གྱི་རྡོ་རིང་བསླངས་པའི་ལོ་ཚིགས་དེ་ཡང་དྲུག་ཅུ་སྐོར་གཅིག་ཕྱིས་འགྱངས་མ་བྱས་ན་འགྲིག་ཐབས་མེད་པའི་འགལ་བ་ཇི་ལྟར་སྤྱོང་ཞེས་སྨྲ་ན་ལན་གྱིས་དཔྱལ་བར་འགྱུར་ལགས་པ་བཅས་ཁོ་བོས་ཡུན་རིང་དཔྱད་པའི་མཇུག་བསྡོམས་འདིར་དཔྱད་ཞིབ་ཡོད་པ་ཞུ་རྒྱུར། བོད་ལྗོངས་སློབ་ཆེའི་དགེ་མིང་དུང་དཀར་བློ་བཟང་འཕྲིན་ལས་ཀྱིས་ད་ལྟ་ཐུལ།”

བོད་ཀྱི་ལོ་རྒྱུས་རགས་རིམ་གཡུ་ཡི་ཕྲེང་བ།
(སྨད་ཆ།)

སྒྲིག་རྩོམ་པ།	ཆབ་སྤེལ་ཚེ་བརྟན་ཕུན་ཚོགས། ནོར་བྲང་ཨོ་རྒྱན།
དཔེ་སྒྲིག་འགན་འཁུར་བ།	ཆབ་སྤེལ་ཚེ་བརྟན་ཕུན་ཚོགས། ནོར་བྲང་ཨོ་རྒྱན།
བསྐྲུན་པར་མཐའ་ཞུས།	གཞོན་ནུ་ནོར་བཟང་།
སྒྲིག་རྩོམ།	བོད་ལྗོངས་སྤྱི་ཚོགས་ཚན་རིག་ཁང་ནས་སྒྲིག་རྩོམ་བྱས།
དཔེ་སྐྲུན་འགྲེམ་སྤེལ།	བོད་ལྗོངས་བོད་ཡིག་དཔེ་སྙིང་དཔེ་སྐྲུན་ཁང་ནས་བསྐྲུན།
པར་འདེབས།	སི་ཁྲོན་འཇའ་ཚོན་པར་འདེབས་ཚད་ཡོད་ཀུང་སི།
དེབ་ཚད།	850 × 1168 1/32
པར་ཤོག	69.4
པར་གཞི།	2016ལོའི་ཟླ8པར་པར་གཞི་གཉིས་པ་བསྒྲིགས།
པར་ཐེངས།	2024ལོའི་ཟླ10པར་པར་ཐེངས་ལྔ་པ་བཏབ།
པར་གྲངས།	13,001－18,000
དཔེ་རྟགས།	ISBN978－7－80589－844－5
རིན་གོང་།	(སྟོད་ཆ། བར་ཆ། སྨད་ཆ།) སྒོར། 145.00